〔清〕阮　元等撰集

經籍籑詁

上册

中華書局

圖書在版編目(CIP)數據

經籍籑詁/(清)阮元等撰集. -北京:中華書局,1982.4
(2021.10重印)
ISBN 978-7-101-00884-5

Ⅰ.經… Ⅱ.阮… Ⅲ.古籍-訓詁-中國-清代 Ⅳ.H131.7

中國版本圖書館CIP數據核字(2005)第151233號

經 籍 籑 詁

(全二册)

〔清〕阮　元等撰集

*

中 華 書 局 出 版 發 行

(北京市豐臺區太平橋西里38號　100073)

http://www.zhbc.com.cn

E-mail:zhbc@zhbc.com.cn

北京瑞古冠中印刷廠印刷

*

787×1092毫米 1/16・151印張

1982年4月第1版　2021年10月北京第5次印刷

印數11401-12300册　定價:360.00元

ISBN 978-7-101-00884-5

出版説明

我們今天讀先秦兩漢的古籍或出土文字資料，都需要正確訓解字義。這往々需要兩種辦法：一是查找《説文》、《爾雅》之類的小學書籍；一是查找古籍中的漢唐舊注。但是，一個字的字義訓解往々散見各書，查找起來極不方便。

清代的乾嘉學者認為：『讀書當先通訓詁，始能治經。』（臧庸《與顧子明書》《拜經堂文集》卷三）在這種思想指導下，他們除了以極大的精力用心箋釋《説文》《爾雅》等小學書籍外，還注意將散見諸書的漢唐舊注滙輯成書，以便查找應用。

首先提出這種意見的是著名學者戴震，後來朱筠也有類似的想法，但都限於條件未能成書。乾隆六十年（一七九五年），阮元任浙江學政。因他素好訓詁之學，到任後便組織人力，『分籍纂訓，依韵歸字』，搜集小學專書及漢唐舊注中的舊訓分纂成冊。後又聘精於訓詁之學的臧庸總其成，於嘉慶三年（一七九八年）纂成《經籍籑詁》一百○六卷（後又續輯補遺若干條附於每卷之後）。本書搜羅宏富，前人説它『展一韵而衆字畢備，檢一字而諸訓皆存』（王引之序）。『經典之統宗，訓詁之淵藪。取之不盡，用之不竭』（臧庸後序）。皆非溢美之詞。

但本書的優點並不止此。清代訓詁學的一大成就是得音義相通之理，以音訓義。高郵王念孫尤擅此道。王氏是阮元的同郡先輩，阮的學術多受其影響。所以本書本『聲音訓詁，一以貫之』（本書凡例）之旨，注意通假關係，收録音訓文字。對漢碑中的通假字及古人名與字互相訓義的例子也予以收録。這些都反映了清代乾嘉學者的學術成就。所以本書不僅々是舊注的羅列而已！

本書刻本已罕見，即解放前世界書局影印本亦不可多得。爲了適應學術界的需要，我們就阮氏琅嬛仙館原刻本影印出版。原刻本中明顯的脱、衍、誤字均予改正。因原書按韵目排列，查找不便，这次我們在書前附以筆劃索引，以供檢索。對於本書引用各書中同字異寫的情況，另制『同字異體表』附於索引之後，以便讀者對照應用。

中華書局編輯部一九八一年五月

經籍籑詁序

有文字而後有詁訓有詁訓而後有義理詁訓者義理之所由出非別有義理出乎詁訓之外者也詩烝民之篇曰天生烝民有物有則民之秉彝好是懿德宣尼賛爲知道之言而其詩述仲山甫之德本於古訓是式古訓者詁訓也詁訓之不忘乃能全乎民秉之彝詁訓之於人大矣哉昔唐虞典謨首稱稽古姬公爾雅詁訓具備孔子大聖自謂好古敏以求之又

云信而好古而深惡夫不知而作者由是刪定六經歸于雅言文也而道卽存焉漢儒說經遵守家法詁訓傳箋不失先民之旨自晉代尚空虛宋賢喜頓悟笑問學爲支離棄注疏爲糟粕談經之家師心自用乃以俚俗之言詮說經典若歐陽永叔解吉士誘之爲挑誘後儒遂有誣召南爲淫奔而刪之者古訓之不講其貽害于聖經甚矣我

國家崇尚實學儒教振興一洗明季空疏之陋今少司農儀徵阮公以懿文碩學受知

九重敭歷八座累主文衡首以經術爲多士倡謂治經必通訓詁而載籍極博未有會最成一編者往歲休寧戴東原在書局實刱此議大興朱竹君督學安徽有志未果公在館閣日與陽湖孫淵如大興朱少白桐城馬魯陳相約分纂鈔撮羣經未及半而中輟乃於視學兩浙之暇手定凡例卽字而審其義依韻而類其字有本訓有轉訓次敘布列若網在綱擇浙士之秀者若干人分門編錄以教授歸安丁小雅董

其事又延武進臧在東專司校勘書成凡百有十六卷公旣任滿赴

闕將刊梨棗嘉惠來學以予粗習雅故貽書令序其緣起夫六經定于至聖舍經則無以爲學學道要於好古蔑古則無以見道此書出而窮經之彥焯然有所遵循鄉壁虛造之輩不得滕其說以衒世學術正而士習端其必由是矣小學云乎哉嘉慶四年夏六

月嘉定錢大昕序

經籍籑詁序

訓詁之學發端於爾雅旁通於方言六經奧義五方殊語既略備於此矣嗣則叔重說文稚讓廣雅探賾索隱厥誼可傳下及玉篇廣韻集韻亦頗蒐羅遺訓而所據之書或不可考且舊書雅記經史傳注未錄者猶多至於網羅前訓徵引羣書考之著錄家罕見有此惟舊唐志載天聖太后字海一百卷諸葛潁桂苑珠叢一百卷新唐志載顏真卿韻海鏡源三百六十卷自古字書韻書未有若此之多者意其詳載先儒訓釋是以卷帙浩繁而惜乎其書之已逸也曩者戴東原庶常朱笥河學士皆欲纂集傳注以示學者未及成編吾師雲臺先生欲與孫淵如編脩朱少河孝廉共成之亦未果及先生督學浙江乃手定體例逐韻增收總彙名流分書類輯凡歷二年之久編成一百十六卷展一韻而衆字畢備檢一字而諸訓皆存尋一訓而原書可識所謂握六藝之鈐鍵廓九流

之潭輿者矣夫訓詁之旨本於聲音揆厥所由實同條貫如周南關雎篇左右芼之傳訓芼爲擇後人不從而不知芼苗聲近義同左右芼之之芼傳以爲擇猶田苗蒐狩之苗白虎通以爲擇取爾雅芼搴也亦與擇取之義相近也召南甘棠篇勿翦勿拜箋訓拜爲拔後人不從而不知拜與拔聲近而義同也邶風柏舟篇不可選也傳訓選爲數後人不從而不知選算古字通朱穆絶交論作不可算也鄭注論語何足

算也以算爲數正與此同義也新臺篇籧篨不鮮箋訓鮮爲善後人不從而不知爾雅鮮省二字皆訓爲善正是一聲之轉且下云籧篨不殄殄讀曰腆其義亦爲善也小雅采綠篇六日不詹傳訓詹爲至後人不從而不知詹之爲至載於爾雅乃古之方言是以方言亦云楚語謂至爲詹也曲禮急繕其怒鄭讀繕爲勁後人不從而不知繕之爲勁乃耕仙二部之相轉猶辨秩東作通作平秩平平左右亦作便蕃左右

也學記術有序鄭注云術當爲遂聲之誤也後人不從而妄改爲州而不知術遂古同聲故月令審端徑術注云術周禮作遂也若乃先儒訓釋偶疏而後人不知改正者亦多有之如易屯六二女子貞不字陸績訓字爲愛已覺未安至宋耿南仲誤讀女子許嫁笄而字之文遂以字爲許嫁更不可通不如虞翻訓爲妊娠之善也堯典克諧以孝烝烝乂不格姦傳訓烝烝乂爲進進以善自治頗爲不辭不如蔡邕九疑

山碑讀以孝烝烝爲句且依廣雅烝烝孝也之訓爲善也皐陶謨萬邦作乂禹貢萊夷作牧雲夢土作乂史記夏本紀皆以爲字代作字文義未安不如用詩駉篇傳訓作爲始之善也禹貢嵎夷既略傳謂用功少曰略乃望文生義不如訓略爲治之善也康誥遠乃猷裕乃以民寧傳讀猷字爲句而訓猷爲謀不如斷猷裕爲句而用方言猷裕道也之訓爲善也詩鄘風定之方中篇匪直也人檜風匪風篇匪風發兮匪

車偈兮小雅小旻篇如匪行邁謀箋並訓匪爲非不如用左傳杜注訓匪爲彼之善也王風中谷有蓷篇暵其濕矣傳箋並解爲水濕與暵字之義相反不如讀濕爲曝用通俗文欲燥曰曝之善也魏風陟岵篇行役夙夜無寐傳以爲寤寐之寐不如讀寐爲沫而用楚辭注沫已也之訓爲善也小雅南有嘉魚篇烝然罩罩烝然汕汕傳依爾雅云罩罩篧也汕汕樔也不如說文訓爲魚游水貌之善也菁菁者莪篇我心

則休釋文正義並以休爲美不如用國語注休喜也之訓爲善也北山篇我從事獨賢箋以爲賢才之賢不如毛傳訓賢爲勞之善也菀柳篇無自暱焉傳訓暱爲近與無自瘵焉之文不類不如廣雅暱病也之訓爲善也都人士篇序衣服不貳從容有常鄭訓從容爲休燕不如緇衣正義訓爲舉動之善也大雅緜篇曰止曰時箋訓時爲是與曰止異義不如訓時爲止之善也卷阿篇有馮有翼傳云道可馮依以爲輔

翼不如訓爲馮馮翼翼滿盛之貌爲善也民勞篇無縱詭隨傳云詭人之善隨人之惡以叠韻之字而上下異訓不如讀隨爲譎而訓詭譎之善也雲漢篇昊天上帝則不我虞箋訓虞爲度文義未允不如訓爲有與助之善也月令養壯佼正義以佼爲形容佼好與壯異義不如訓佼爲健之善也桓十一年左傳且四虞四邑之至也昭六年傳始吾有虞於子杜注並訓爲度不如訓爲望之善也宣十二年傳董澤之蒲

可勝既乎杜訓既爲盡不如讀既爲塈用摽有梅詩傳塈取也之訓爲善也襄二十五年傳馮陵我敝邑不可億逞杜訓億爲度逞爲盡不如訓爲盈滿之善也後之覽是書者去鑿空妄談之病而稽於古取古人之傳注而得其聲音之理以知其所以然而傳注之未安者又能博考前訓以正之庶可傳古聖賢著書本旨且不失吾師纂是書之意歟歲在屠維協洽相月之朔弟子高郵王引之謹序

經籍籑詁後序

少宗伯儀徵阮公視學浙江以經術倡迪士子思治經必先通詁訓庶免鑿空逃虛之病而倚古以來未有彙輯成書者因遴拔經生若干人分籍纂訓依韻歸字授之凡例示以指南朞年分纂成更選其尤者十人每二人彙編一聲知鏞堂留心經詁精力差勝嘉慶三年春移書來常州屬以總編之役鏞堂不辭謭陋謹遵宗伯原例申明而整齊之以告諸君子復

延舍弟禮堂相佐請諸宗伯檄仁和臧生宋咸熙來司收掌對讀乃鍵戶謝人事暑夜汗流蚊積猶校閱不置書吏十數輩執筆候寫雖極繁劇匆猝不敢以草率了事與同纂諸君往復辨難國子監生嚴杰仁和附生趙坦頗不以鏞堂為悠謬其所編書亦精審不苟皆學行交篤士也自孟夏始至仲秋告竣凡五閱月共成書一百一十六卷可謂經典之統宗詁訓之淵藪取之不竭用之無窮者矣蓋非宗伯精心卓識雄才大力不足以與刱造之功而非諸君子分纂之勤亦不能彙其成也卷袟繁重限於時日未盡覆檢原書而易書詩三禮蒼頡字林釋文楚辭等纂稿每科為之審正經子有失載正文並補錄之校閱之下更隨筆改訂刪煩鉤要分并歸合而條次其先後俾秩然有章論其大端實足為有功經學之書倘不知者指其小舛支支節節而議之是欲擿泰山之片石問河海於斷潢矣又烏足與語學問之事哉書既

成宗伯將授之剞劂以嘉惠來學鏞堂因識其顛末以告海內治經之士時嘉慶戊午年秋九月三日武進

臧鏞堂識於浙學使院之譔詁齋

經籍纂詁凡例

一經傳本文卽有詁訓如和會也勤勞也周書諡法基始也命信也國語周語下需須也師衆也易彖上傳畜君者好君也孟子梁惠王下親之也者親之也大戴記哀公問於孔子敬文之恭也忠文之實也正德之道也端德之信也並周語下忠德之正也信德之固也左氏文元年傳禮身之幹也敬身之基也成十三年傳元體之長也亨嘉之會也襄九年傳陳水屬也火水妃也昭九年傳黃中之色也裳下之

飾也昭十二年傳漢水祥也水火之牡也昭十七年傳春曰祠夏曰礿公羊桓八年傳春曰田夏曰苗穀梁桓四年傳師衆以順爲武左氏襄三年傳經緯天地曰文昭廿八年傳咨才爲諏魯語下咨親爲詢左氏襄四年傳止戈爲武宣十二年傳皿蟲爲蠱昭元年傳無患曰樂樂義曰終大戴記小辨約信曰誓涖牲曰盟禮記曲禮下以及乾爲天易說卦傳震爲土左氏閔元年傳乾剛坤柔易雜卦傳屯固比入左氏閔元年傳之類皆詳爲采入

一傳注有云某某也易乾子夏傳元始也豐子夏傳茀小也詩關雎傳淑善逑匹也某者某也書大傳顓者事也禹者輔也某者某也某也書大傳堯者高也饒也舜者推也循也某猶某也周禮天官序官注體猶分也佐猶助也某謂某某冢宰注鄭司農云士謂學士兩謂兩丞某之言某也詩召南箋蘋之言賓也藻之言澡也某某曰某論語鄭注同門曰朋同志曰友以某爲某曰某周禮醢人注鄭大夫杜子春皆以拍爲膊謂脅也某某某某貌論語鄭注恂恂恭順貌便便言辨貌某某某之辭某是某某之稱儀禮士冠禮注吾子相親之辭子男子之美稱伯仲叔季長幼之稱甫是丈夫之美稱某讀爲某論語鄭注

純讀爲緇厲讀爲賴某讀曰某禮記曲禮注扱讀曰吸縉讀曰勁某讀如某呂覽季夏注飭讀如勑士容注胕讀如府某讀如某某之某考工記注鄭司農云函讀如國君含垢之含㴉讀如再扐而後卦之扐某讀若某某之某儀禮鄉飲酒禮注如讀若今之若聘禮注數讀若不數之數某古某字詩鹿鳴箋視古字也禮記曲禮注或者攘古讓字古曰某今曰某周禮外史注古曰名今曰字論語鄭注古者曰名今世曰字古聲某某同詩東山箋古者聲栗裂同也常棣箋古聲塡寘塵同古字某某同論語鄭注古字材哉同耳周禮外府注齎資同耳其字以齊次爲聲從貝變易古字亦多或故書作某周禮天官序官注嬪故書作賓典枲注故書齎作資古

文某爲某今文某爲某儀禮士冠禮注今文扃爲鉉古文鼏爲密古文紒爲結今文禮作醴禮記緇衣注吉當爲告告古文誥字之誤也某某或爲某某周禮小宰注杜子春云廉辨或爲廉端掌舍注杜子春云棘門或爲材門某誤爲某大戴記保傅盧注瞽與皷聲誤也夜史爲字誤某當爲某周禮醢人注齊當爲齏內司服注狄當爲翟某聲近某內司服注鄭司農云屈者音聲與闕相似禕與展相似康成謂禕揄狄展聲相近長言短言公羊莊廿八年傳注伐人者爲客讀伐長言之見伐者爲主讀伐短言之內言外言公羊宣八年傳注言乃者內而深言而者外而淺急言緩言淮南本經注騰讀近殆緩氣言之墜形注旄讀近綢繆之繆急氣言乃得之之類聲音

詁訓一以貫之今並纂入

一有以詁訓代正文者如史記五帝紀引堯典克明俊德作能明馴德愼徽五典作愼和五典夏本紀引禹貢覃懷厎績作覃懷致功九江孔殷作九江甚中大戴記夏小正乃伏傳作而伏少閒繁諸注作繁者今並纂入詩邶谷風有洸有潰毛傳云洸洸武也潰潰怒也周頌肅雝和鳴樂記云肅肅敬也雝雝和也皆長言申明之義茲並纂入

一左氏爲古文公穀爲今文字多假借兩漢去古未遠所書碑碣亦假借爲多古人名與字皆有詁訓今並纂録因三者體與正訓稍殊故俱隸於每字之末

一歸字謹遵　佩文韻府爲主一字數音則各審其反切歸之如有重見則詳前而略後

一歸字以所訓之字歸韻如逑匹也歸入尤部雙字如窈窕美容曰窈美心曰窕分繫篠部窈窕二字

下參差則歸於侵部參下崔嵬則歸於灰部崔下

一　佩文韻府未載之字據廣韻補録廣韻所無據集韻補録凡一字數體通作或作之類皆據集韻附歸韻府中有一句內上下兩字可歸者例歸上一字而上一字爲韻府所無下一字韻府有者則變例歸下一字

一同一詁而文有詳略者俱仍其舊不加增減如元始也爲第一次元者始也次元者善也長也次元

猶首也可類推若同一元始也而諸書叠見者則以易書詩爲次同一易而先後叠見者則以經之先後爲次同一卦一句而諸儒之詁叠見者則先王弼本注次荀馬鄭虞依照時代元始也有無也字者統於元始也之下不加區別若諸書俱無也字則仍舊作元始不以意增加

一重見者雖數十見皆采以證字有定詁義有同訓

一詁以聲相近者前列者如一東東動也風汎也衷中也三肴爻效也二腫腫鍾也一送恫痛也二沃屬續也此其例

一詁有以本訓前列者如一東同合也隆高也三肴匏瓠也一董孔甚也二腫冢大也一送衆多也貢獻也二沃足止也篤厚也此其例

一詁以本義前列其引伸之義展轉相訓者次之名物象數又次之其詁訓繁多名物叢積者先後之次略依爾雅十九篇之目

一引用羣經倣陸氏釋文之次先易書詩次周禮儀禮禮記次左氏公羊穀梁次孝經論語等爾雅爲詁訓之祖舉而冠諸方言廣雅之前孟子爲孔曾之亞尊而尚之荀卿楊雄之上趣不同而尊經之意一也

一引經易書詩舉一字周禮左氏等舉二字考工記不稱周禮前漢書稱漢書後漢書稱後漢陸德明稱周易音義尚書音義毛詩音義今仍舉易書詩各經正文下祇稱釋文以從簡省尚書大傳稱書大傳大

戴禮記稱大戴記逸周書稱周書淮南子稱淮南呂氏春秋稱呂覽呂覽但載孟春本生等小篇名不載孟春紀有始覽開春論等總題猶書但稱堯典禹貢不稱虞書夏書詩但稱關雎鵲巢不稱周南召南也孝經老子卷帙無多不載章名

一十三經舊注以現立學官者列於前餘依時次如易詁先王弼而後荀虞書詁先孔傳而後馬鄭王左氏先杜預而後賈服爾雅先郭璞而後舍人樊

光李巡孫炎有不詳姓氏者但稱舊注

一羣籍本注皆不稱姓非本注則稱姓以別之如易王弼韓康但稱注慈明仲翔則稱荀注虞注書僞孔但稱傳季長康成則稱馬注鄭注周禮鄭大夫鄭司農則稱大夫注司農注杜子春注則稱杜注河上公章句但稱老子注王弼注則稱王注郭象但稱莊子注司馬彪則稱司馬注

一裴駰自言則稱史記集解引用各家舊說則加引某某三字如集解引賈逵等師古自言則稱漢書集注引用各家舊注則加引某某三字如集注引應劭等

一前後漢書有總題小題今單舉小題不稱總題如景十三王單稱河間獻王傳不稱景十三王儒林單稱楊何傳丁寬傳不稱儒林循吏但稱文翁傳王成傳不稱循吏後漢三國準此

一同一詁同一書而先後數十見者皆依本書次序連寫惟於篇名加墨匡爲誌至易一書始加又字以別之另一條始加圓圈以隔之

一凡韻字皆丨而廣雅史漢騷選每多異文若一概作丨勢必盡改舊書今遇異體者仍寫正字不作丨

一正文與注並采者其注但稱某書注以避重複

一卷次謹遵　佩文韻府一韻爲一卷其卷帙繁多者亦倣韻府例每卷分爲上下

一此書采輯雜出衆手傳寫亦已數過譌舛之處或亦不免凡取用者宜檢查原書以期確實至於遺漏諒亦不少現在杭州節署延友搜查續爲補遺若干卷刊刻嗣出以裨學者

儀徵阮元伯元氏手訂

經籍籑詁補遺凡例

一補遺採書悉依舊例前所失採俱爲增入又許氏說文及孔氏易書詩左傳禮記疏賈氏周禮儀禮疏舊皆未採今悉補籑每字下廣韻集韻某同及或作某通作某巳見前編今從省不書王君所編說文依唐韻分歸今依原採附於各字之首

經籍籑詁姓氏

總籑

武進臧鏞堂在東

武進臧禮堂和貴

總校

歙縣方起謙牧夫

錢塘何元錫夢華

收掌

仁和湯燧古巢

仁和宋咸熙德輝

分籑

山陰何蘭汀易王弼注李鼎祚集解　老子河上公章句王弼注　列子張湛注　殷敬順釋文

平湖朱爲弼書孔傳馬鄭王注　書異同考

嘉善孫鳳起詩毛傳鄭箋　韓詩　詩異同考

歸安丁授經周禮鄭注　儀禮鄭注

歸安丁傳經 禮記鄭注 大戴記盧辯注

錢塘諸嘉樂 左傳杜注 嚴輯古注

錢塘吳文健 公羊何注 穀梁范甯集解

歸安邵保初 論語何晏集解皇侃義疏 孝經鄭注 方言郭注

黃巖施 彬 爾雅

烏程周中孚 孟子趙注孫奭音義周氏孟子四考 賈誼新書 太元范望集解 法言李軌注

仁和趙 坦 爾雅郭注舍人樊光等注 齊民要術 越絕書

蕭山王端履 經典釋文 古經解鉤沈 三傳異同 人名字異同

嘉興丁子復 國語韋注 國策高誘注 孫穀古微書

仁和孫同元 周書孔晁注 墨子 韓非子

錢塘梁祖恩 董輯書大傳 周髀算經趙注 顏氏家訓

仁和宋咸熙 韓詩外傳

臨海洪頤煊 劉熙釋名 小爾雅

臨海洪震煊 方言

蕭山徐 鯤 廣雅 楚辭王注 文選注

海寧陳 鱣 孫輯蒼頡篇 任輯字林 埤蒼 聲類 通俗文

海寧倪 綬 獨斷 一切經音義 華嚴經音義 翻譯名義

海鹽吳東發 隸釋 隸續

歸安楊鳳苞 史記裴駰集解司馬貞索隱張守節正義

烏程張 鑑 漢書顏注蕭該音義 三國志裴注

會稽顧廷綸 後漢書李賢注 晉書何超音義

錢塘嚴 杰 家語王肅注

會稽劉九華 呂覽高注 淮南子高注

蕭山陶定山 管子房注 荀子楊注 封氏聞見記

臨海沈河斗 孝經唐明皇注 穆天子傳郭注 春秋繁露 鬼谷子 鶡冠子 鹽鐵論 論衡 匡謬正俗

蕭山傅學灝 莊子郭象注

錢塘吳克勤 山海經郭注 水經酈注

開化張立本 白虎通 風俗通 新序 說苑 列女傳

錢塘陸堯春 素問王砅注

分韻

仁和宋咸熙上平聲

海寧倪綬下平聲

錢塘諸嘉樂上聲

仁和孫同元去聲

歸安丁授經入聲

編韻

臨海洪頤煊上平聲九佳以上

臨海洪震煊上平聲十灰以下

蕭山徐鯤下平聲八庚以上

錢塘潘學敏下平聲九青以下

仁和趙坦上聲十八巧以上

黃巖施彬上聲十九皓以下

仁和趙春沂去聲十七霰以上

仁和金廷棟去聲十八嘯以下

錢塘嚴杰入聲九屑以上

錢塘梁祖恩入聲十藥以下

覆校

武進臧鏞堂在東

武進臧禮堂和貴

刊板覆校

甘泉林慰曾仲雲

經籍籑詁補遺姓氏

總校

蕭山徐　鯤

分校

仁和宋咸熙

仁和孫同元

補纂

鎮洋王　瑜說文

仁和宋咸熙易王弼注李鼎祚集解　易疏
儀禮鄭注　儀禮疏　左傳杜注
嚴輯古注　左傳疏　公羊何注　公羊疏
穀梁范甯集解　穀梁疏　三傳異同
韓詩　韓詩外傳　詩異同考　太元范望
集解　法言李軌注　呂覽高注　鬼谷子
鶡冠子

烏程周中孚詩毛傳鄭箋　詩疏　爾雅郭注
舍人樊光等注　淮南子高注
顏氏家訓

錢塘嚴　杰周禮鄭注　周禮疏　禮記鄭注
禮記疏

臨海洪震煊書孔傳馬鄭注　書疏　論語何
晏集解皇侃義疏　國語韋注

國策高誘注　風俗通　越絕書　春秋繁
露　賈誼新書　大戴記盧辯注　論衡
鹽鐵論　韓非子　董輯書大傳　說苑
新序　墨子　周髀算經趙注　匡謬正俗

臨海洪頤煊經典釋文　山海經郭注　水經
酈注　隸釋隸續

蕭山徐　鯤史記裴駰集解司馬貞索隱張守
節正義　漢書顏注　蕭該音義
後漢書李賢注　文選注

錢塘姜遂登孟子趙注　孝經鄭注　老子河
上公章句王弼注　管子房注
荀子楊注　列子張湛注殷敬順釋文　莊
子郭象注　穆天子傳　素問王砅注

海寧倪　綬白虎通　周易孔晁注　劉熙釋
名　一切經音義　華嚴經音義
方言　廣雅　孫輯蒼頡篇　任輯字林
埤蒼　聲類　通俗文

編韻

仁和孫同元上平聲

臨海洪震煊下平聲

仁和宋咸熙上聲

仁和趙　坦去聲

仁和趙春沂入聲

經籍籑詁總目

經籍籑詁目錄索引

附同字異體

令				仜		仕		付		代		伎		仙		佡	以		仟	
七三	七四五	一七八〇	一七九一	二五	三七	九七〇	九八七	一四七四	一四八九	一五七四	一五八九	一七五九	一七七二	四八三	四九三	五一九	九六二	九八三	五〇五	五一七
仉		参		仡		仛	仢	仔		仞		兄		冉		册	冬		尻	凥
九〇九	一八五二	二〇四	二一三	一九八二	一九八七	三〇二	三九〇	一三五	一五八	一六〇五	一六一五	七〇六	七一八	一三四〇	一三四四	三三九	三八	三五	二一三	二一四
出		凸		凹	刌	刊		扐		功		加		匄		句		匈	包	
一九四〇	一九六四	一九九九	二〇五五	三一八一	三一	四三七	四五二	二一九	二三五	一四	一三	六一六	六二四	一五四八	一五五五	八三六	八四九	一五九七	五六一	五六八
北			匜				半		卉		占				卯			卢	去	
一五八六	二九九	三三三	一二六	一四八	九七五	九九〇	一六四三	一六五四	九九七	一〇〇一	八九二	九〇〇	一八四五	一八四八	七四九	一三〇〇	一三〇二	一八三四	一〇一八	一〇二五
		叏	叚	古		可		叵		右				卟	句				囚	
一四四九	一四五六	五九二	一九〇二	一〇三一	一〇五五	一三三五	一三三三	一三一八	一三三三	一三〇〇	一三一五	一八一四	一八一六	二九九	二五五	二七〇	一四六九	一四八六	八二三	八三
叴		只		史		㕣	四		司			叱		台				叨	召	
八二九	八四五	九三〇	九四八	九六五	九八五	一一八二	一三九六	一四三三	八五	一〇四	一四一五	一九五三	一九六九	一二八	一五四	三二一	三三一	五八一	一六九六	一七〇四
叫		叩			囟		圹	圣	夃	外		夗		夲	央		夰	失		奴
一六九八	一七〇五	一三三三	一八二三	一八三三	三三四	三三八六	一三四六	三〇一	二七六	一五四四	一五五三	一一三〇	一一三六	五九二	六三八	六五四	一三三三	一九四八	一九六七	二四〇
	孕		宁		宂			宄		尒	尼				尻		㞍	屵	屴	屼
二六三	一八〇一	一八〇五	一〇〇七	一〇三一	八三九	九一九	九二五	九四八	九五六	九九二	一二五	一四七	一九六〇	一九七三	五八三	五九一	一二七一	二〇二七	八七七	九九三
巧		左				巨		市		布		帔	羊	平				幼		
一三〇〇	一三〇二	一三二五	一三三二	一七三四	一七三七	一〇一七	一〇二五	九四四	九五四	一四六三	一四八三	九九四	一三一九	五〇三	五一五	七〇一	七一六	一七〇八	一八一三	一八二八
庀		弁				弗		必		忉	戊		戹		打		扑	扏	扎	扒
九七三	九八九	四四五	四五五	一六七七	一六九〇	一九八〇	一九八七	一九五五	一九七〇	五八二	一八二〇	一八三一	二三四	二四二	三七九	三九三	一八七五	八四一	九七九	二〇七五
扔		扐		斥		旦		朮			本		未		末		朩	札		正
七八八	七九五	三一三	三二八	三四八	三六二	一六四三	一六五三	一九五四	一九六九	二〇二九	一一三三	一一三三	一四三七	一四四四	二〇一四	二〇二三	一六一八	二〇三〇	二〇三四	七三一

	汎		汁		汀		永		民			氐			母		夕			
二〇三	三九	二四七	二四〇	七八	七九	二八四	二七五	二七一	二四八	一〇八	二五四	二八〇	二三四	一九六	二五四	二〇八	二〇三	一九〇	一七八	七四
田		用		生		甘		瓦		玉		犯		犮		瓜	氶	沘		汍
四七六	一三六二	一三五九	七八	七〇六	八八	八二	一三四五	一三八	一九一四	一九〇三	一三五〇	一三四七	二〇二七	二〇二	六三	六一四	一三九一	一九六二	九八九	九七四
	矢		矛		目		皿		皮		白		疋		甲		由		申	
九八二	九五八	八二三	八二五	一八〇八	一八五六	一三八五	一三八〇	九九	七三	二一三六	二一三〇	一二四三	二一三	三八三	三七七	八一八	八〇〇	三六八	三四二	四九一
丞		西	六畫		防	阡	邡	肌	聿		立		穴			禾		示		石
七三	一八四九	一八四三		二三三〇	二三一七	七六九	九九三	二三一九	二三七四	二三四五	二三三四	二〇六四	二〇四一	六〇七	五九八	三〇〇	一四二七	一四〇九	二三六	二一九
伎		伉	伈		仿		亥		充		亦		交	辛			亘	丞	甬	
一四〇	一七七四	一七六五	一三一九	二三六六	一三五二	一〇九八	一〇九三	三〇	一一	二二六四	二二五三	五六七	五五九	五三	一八〇五	一八〇一	五三	八七	一八六	七八九
	仫		仲				企		伐		伏	吏		伍		休			仳	
六一	五三	一三五七	一三五三	一四二九	一四一三	九五三	九三八	二〇〇五	一九九二	一八九〇	一八六二	一七一三	一〇五九	一〇四〇	八二三	八一三	九九三	九七九	一四一	九九一
兕		光		兆		似		伊		伋		价		仰	件	仵				任
五一	六五二	六三三	一一九七	一一九一	九八四	九六四	一四五	一一三	二三四八	二三四一	一五七一	一五六五	二三六四	二三五〇	一一八二	一〇三五	一八三八	一八三五	八七四	八六六
刓		冰		冱	冊		再				共		全	兆				先		
四四三	七九〇	七七五	一四九〇	一四七八	二二二八	一五九三	一五八四	一三六三	一三六一	五九	四九	四九五	四八八	一〇六六	一六九一	一六八〇	四八九	四七三	九二七	九二四
匈	匃	劦		劣	劢			刖		刎			刏		列	刧	划		刑	
五一	二〇二一	二三七四	二〇六六	二〇四八	一六二四	二〇一三	二〇〇九	一九九九	一一三三	一二一八	一五五八	一八五	一七八	二〇六三	二〇三九	二〇三六	一七三五	七六五	七三	四五四
旨	叒	叏	厷	𠨷		印		危	即	卭	卉		卉		匠		匡		旨	
六八三	二一六	一二九九	九九一	一五七一	一六一三	一五九九	一〇一	七五	一九七五	一六九四	二三五八	一四四五	一四四〇	一七一二	一七五九	六八四	六五九	九五三	九三九	六〇
		向					后		名		同		吉	吳		吏		吐		吁
一七七一	一七五九	一七五七	一八三三	一八二三	一三三四	一三一六	一三〇三	七四四	七三二	二五	一	一九六六	一九四四	一七五三	一三八五	一三七〇	一〇五六	一〇三三	二六六	二四七

吃 一九七九 一九八六 各 二二〇〇 二二一五 吒 二二五八 合 二三五〇 二三五六 叩 一一三 一五六 因 三三六 三六六 回 三一三 三二七 一五八五 囟 一六二一 一六一七 圭 二八八 二九八 在 一〇八七 一〇九六 一五八四

一五九三 圱 五〇九 圪 一九八八 圮 一三九 一六〇 九七四 九八九 地 一三六八 一三八五 多 五九三 六〇五 夙 一八八〇 一八九七 夸 六一九 六二六 夷 七六 一〇二 妄 一七六四 一七七三 奸 四四三 四五四

妓 四七一 妖 二二三九 如 一九七 二〇九 妊 一二四七 一七四六 效 一三三二 妁 二〇九六 二二一三 妃 一七〇 一八二 攷 九九四 好 一三〇五 一三一七 一七三二 一七六八 存 四〇八 四二五 宇 一〇二八 一〇五四 守 一三〇〇

一三一五 一八一〇 一八二六 灾 一八二三 宅 二二三三 二二三七 安 四三三 四五〇 字 一三七一 一三八六 寺 一三七六 一三八八 屰 二一六八 屵 二一一六 岏 二〇〇一 屾 三八〇 屹 一九八三 屺 九六九 九八六 巟 六八三 六九五

州 八〇七 八二〇 肖 二〇七四 厄 一三三五 帍 六八三 帆 九〇七 一八五三 帉 一六二三 一六一八 幵 五〇五 五一七 年 四七八 四九一 𢆶 八五三 延 五二一 异 一四一五 一四三一 式 二三〇三 二三二四 弙 二六二 [illegible] 二七五

弛 九三七 九五一 弜 一三七一 彴 二〇九四 忓 二七二 忏 四五六 一六五〇 忖 二一三一 二一三六 忕 一五二八 一五三八 忩 一五九二 忔 一九八四 一九八八 忉 二一〇二 二一八二 忚 二九一 忋 一〇九五 忍 一四四七 戎 五 二七

戍 一四七一 一四八七 戊 一九五四 一九六九 扛 六三 六六 扞 一六四六 一六五六 扤 二〇〇〇 二〇〇九 扣 一三〇七 一三一八 扜 二六二 二七三 扚 二一九八 二一八二 扢 二〇〇一 二〇一〇 扟 三六五 三八〇 扡 九九二

攱 一四三三 㔟 一四一九 攷 二二三三 收 八二一 八二三 一八二二 㫃 一二三五 早 二一〇五 二一一七 旬 三五二 三七二 旭 一九一〇 一九一七 㠯 一一九八 曲 一九〇四 一九一四 曳 一五一八 一五三三 有 一三九五 一三一三 朾 七四〇

七四八 七四九 朽 一三〇五 一三一七 束 一四三二 朴 一八九五 朱 二二三 二三五 朳 三六三 朷 七九五 朹 八四一 机 九七四 九八九 杈 二〇三六 枓 八五三 朶 一三三七 一三三三 朻 一三一三 朸 二三一九 二三三二 次 一三七四

一三八七 此 九三四 九五〇 死 九六〇 九八二 毕 二〇一〇 汁 六八〇 江 六三 六六 汙 二四三 二六四 六一九 六二六 一四七五 汗 四四三 一六四四 一六五四 汏 六二一 一二七 一五五〇 一五五六

污 一四八九 汕 一六六四 一六六七 汎 三 一八五一 一八五四 汍 四五五 汘 五一九 汔 一九八二 一九八八 汋 二〇九四 二一三 汥 二六六 池 七五 一〇〇 汜 九六四 九八四 汝 一〇〇九 一〇三二 汛 一六一七 汐 一六九三

卲				卣	匥		医	匼		匣	匧		劭	勅	劮		劬		助	
二一九	一三一九	一三一〇	八五一	八三九	一六八三	一五三八	一五二九	五二一	三八四	三七八	一八三四	一七〇四	一六九七	一四四三	一九六一	二六六	二四七	一四五七	一四五〇	二三八四
			否	呟		呀		吾		吝	叜	底	屆	居	压	邵		卵	夘	
一三一五	一三〇一	九五三	九四〇	七三九	六二五	六一八	二六三	二四一	一六一四	一六〇四	二〇一一	九九〇	一九一九	一〇六六	二三五九	一七〇八	一一四六	一一四〇	一四三〇	一七〇七
	呂		含		吟	吺		吞			吹	呐	向	呥		吠	吡		呈	吥
一〇二〇	一〇〇五	八八七	八八〇	八七二	八六一	八五一	四二六	四一三	一三九四	九八	七〇	二〇五八	二〇三六	八九九	一五九一	一五八〇	九七九	七四三	七二九	二三五四
吼			吮		君		吳		吸	昏				告	呁		吻		听	启
一三〇四	一一七八	一一六六	一一〇八	三九五	三八五	二六四	二四一	三四八	三四一	二〇二九	一九一八	一九一三	一七一六	一七一〇	一六一三	一一三〇	一一一六	一一〇八	一一〇四	一〇八二
	均		圻	坍	坣			坐	坒		坏		坊	圃		囮		困	国	咉
三七三	三五三	一八五	一七九	二二六九	六九四	一九六二	一四三〇	一四一四	一四二〇	三三一	三三	六五七	六四七	一一三	八四〇	六〇九	一六三五	一六二八	三七九	二〇五八
奄	夽	夋		夆		壯	坄	圿	圪		坌		坎	坽				坐		坋
三七九	一二三	三七九	一五五七	六三	一七七〇	一七五七	二一七〇	二〇三三	一九八四	一六三六	一六三三	一三三五	一三三一	一三二七	一七三七	一七三四	一三三三	一三二七	一二三〇	二一八
姍	妧		姘		妣		妓	娀	妘		妒	妉			妨		夼			夾
一三四五	一六五一	一七九五	一三八二	九五三	九四三	九五〇	九三四	六二一	三九八	一四八八	一四七三	八八四	一七六七	六八五	六六〇	一五七二	一五六七	二三八五	二三八〇	一三四六
妑		好		妊		妎		妥		姊	妗		妖	妢		妐	妦		妠	妟
六三二	二二一	二〇一	一八三九	一八三八	一五五七	一五五一	一三三三	一三一七	九五三	九四一	九〇三	五五三	五三七	三九三	六一	五四	五四	二三五四	一八四三	一六六八
宋				宏		完		孚		孜		孝				孛	妷		妙	姒
一三五九	七九四	七八五	七二〇	七一三	四五五	四四五	二六七	二五〇	一五四	一二八	一七一五	一七一〇	二〇〇九	一九九九	一五九三	一五八四	二〇七五	一七〇四	一六九六	九六四
岑	岏		岐	岕		局		尿		尾		屌	尥		尨	尪	孖	宊	㝑	
八六四	四四六	一〇八	九四	一九〇〇	一九一六	一九〇七	一七〇六	一七〇〇	一〇〇一	九九六	一六三	一四二	一七〇七	六六	六三	二七四	一九七五	五四	一六九三	一三六二
紗		帊	帒	帗	帎		帉		希		巵		巫	巠		巡	邑		岌	
五五六	一七五一	一七四六	三三三	三五八	一五七二	三九八	三九二	一八三	一七五	一〇五	八七	二三三	二一七	七六九	三七二	三五二	二〇六九	二二四八	二三四二	八七四

戊 四七一
㡱 一三四三 一三四八
庵 四一九 一一三五
序 一〇一六 一〇二四
延 四八四 四九三 七四九
廷 七五四 七六六 一八〇五
弄 一三五三 一三五七
弃 一六三
弟 一〇七三 一〇七九 一五二二 一五三四
㚇 六二八

妀 三九九
形 七五一 七六五
彤 五三 六一
彷 六八〇 六九三
役 一三一五 一三一八
彶 一三四九
忱 八六六 八七四
忘 六四六 六五七 一七六五
怖 一五五二 一五八六 一五九六
忶 四二〇 四三〇
忬 六二七

志 一三六九 一三八五
忮 一四〇一 一四二四
忲 一五五〇
忨 一六五一 一六六〇
忧 一八三三
忒 三二四 三三九
忡 二二 二四 五五
忪 四二二
忳 一四八九
忤 一五六七
忦 一五七三 二〇三三 一一〇二
忍 一一二一
忸 一三二〇

忌 一三九三 一四二二
快 一五六三 一五六九
戋 三三四
戒 一五六〇 一五六八
成 七二七 七四三
我 一三三五 一三三一
房 一〇五三
戺 九七〇 九八七
抌 八三九 八五一 一三二九
抆 一二八 一一三
抗 一七六三 一七三

抪 二〇二九
扶 二三三 二三五 二三四 二七〇
批 二八六 二九七 二〇五八 二〇七三
抏 四四八 四五七
抔 八二七 八四九
技 九四六 九五五
抎 二一五 二一九
抝 二〇〇三
抩 八五五 八九〇
抐 二〇〇三

抇 二〇〇一 二〇一〇
折 二九五 二〇四四 二〇四五 二〇六五
扮 三九三 二一九 一一三
扳 四六六 四七一
抛 五六三 五六九
抓 五六六 一七一三
投 八二六 八四五
扲 八九九
扢 一五八六
扽 一六三三
抈 二〇〇〇

二〇〇九
扴 二〇三三 二〇三五
抑 三一二 三一六
扱 三八一 三八五
抒 一〇〇七 一〇一二
抗 一一七三
把 一二四一 一二四六
抉 二〇五一 二〇六八
攻 一五 三
敁 一〇六五
改 一〇八六 一〇九五
攺 九九四 一〇九九

於 二八三
肝 二五五
旱 二三八 一二四五
旰 一六六〇 一六四八 一六五七
更 六九七 七一四 一七八七
肜 三 三四
宋 六九二
杠 六三 六六
杅 二五五 二七〇
杇 二五九 二七三
材 三一九 三二九

村 四一〇 四二五
杜 一〇四四 一〇六一
杖 一三五三 一三六六
杏 一三八五
杕 一五二七 一五三七
杆 一六五一 一六五九
杙 一三二八 一三一三
束 一九〇八 一九一六
杓 五三五 五五二 二〇九一 二一二
杉 九〇七 九一〇

杬 二〇一三
杈 六三二 六二六
杞 九六八 九八六
李 九六八 九八六
杝 九七八 九九二
杘 九九五 一四一三
朴 一一九八
杒 一六一八
欣 一四四六
吹 三一七
砍 二一四
步 一三九四 一四八四
奴 四五六
毎 一〇九三 一〇九八

汸 六八〇
沈 八五八 八七一 一三一五 一三一八 一八三八
沆 一三五三 一三六五
沛 一五四七 一五五四
汶 一六一三 一六二五
汴 一六九〇
沁 一八三三 一八三八
汥 一六一
法 三九〇 三九七
沅 四一三 四二六
汪 六七三

邪 邢 祁 郝 邑 邦 那 邶 邯 酉 里

六四 六三 七三 七六五 二三五 一五五七 三三五 三四五 六四 六六 五九八 六〇七 三三九 三三四 一七三 二九八 一三〇 一三〇七 一三八 九六六 九八五

防 阬 阰 阮 阯 阪 阸

六六九 六八 六九八 七一五 一四三 一三三 一三三 九七五 九九〇 一二四 一一三 一一五

八畫

弗 乖 乳 事 亞

二五三 三〇三 三〇九 一〇三六 一〇五八 一三六七 一三八四 一五三九

亟 京 享 依 侅 侒 佼 佗 佯 併 佹

一四五 一五一 三三 三三九 七〇一 七一六 一三五 三六七 一六 一四 三四 三三 四五六 五六五 五七〇 一三〇三 六三 六六六 六八七 一七八八 二〇三

供 侇 佳 來 侖 侉 侄 侀 使 侍

二一七 四七 五八 一三六一 一三六三 一四 一六五 三〇二 三〇九 三一九 三三〇 三六四 三七九 六二八 六六四 七六三 九六六 九八五 一三八〇 一三九〇 一三九二

侕 例 侟 侑 佶 侄 侙 佰 侗 侊 侃

一四三〇 一四一九 一四三五 一五〇八 一五二五 一六八四 一八四 一八二六 一九五四 一九六九 一九六〇 三一九 三三二 三六七 三 三五 九二五 七四八 一二四三 一二四七 一六五八

侏 侎 侁 佺 侑 侈 佹 佪 佻 佩 侚 佾

一八八七 二五八 二七三 三六〇 三七六 五一六 八四〇 八五二 九三七 九五一 九七五 九九二 五三九 五五三 一二九一 一五七四 一五八九 一六二二 一六二八 一九五六 一九七〇

佸 侐 佮 佷 侔 係 兖 兟 兒 兔 兩 其

二〇二〇 二〇七 三一八 三二二 三五八 七六八 八一五 八二三 三一〇 二一七 八七六 二三 九 一四六八 一三五三 一三六六 一七六五 一七七三 三 一三 一五〇

典 具 岡 宷 冽 凭 函 券 刻

一四二五 一二五七 一一七四 一四六六 一四八五 六五〇 六五八 一三九 一六〇 二〇五八 二〇七二 七六七 七九三 八八〇 八八七 九〇六 九〇九 一六三〇 一六三五 二三〇二 二三二四

刳 刲 刺 刵 到 刱 制 刪 刮 刹 刽 刷

二五六 二七一 二八九 二九八 一三九六 一四三 二〇九 二〇六 二一五五 一四〇九 一四二七 一七三 一七八 一三三 一四九四 一五一〇 二〇一一 二〇三三 二〇三五 二一〇二 二〇三三

劾 劫 勅 匊 甸 甬 匌 亘 卒

二〇三六 一五八六 一五九五 三〇八 三三七 一九七五 二〇三三 二〇三五 八四三 一八七八 一八九六 五八三 五九一 八五五 三五四 三五八 二一七〇 一九五三 一九六九 一九九三 一九九八

卓 卑 協 卦 卣 [illegible] 卷 卻 厎 厓

二〇〇六 二〇〇八 一九二五 一九三四 九三 一〇八 三六三 三一七 一五五九 一五六八 七九六 一二九二 一一九八 五〇四 五一六 一二六三 一二七六 一四三三 一五八六 三〇三 三〇九

		岩		岱	岭	胄		岬		岫		岸		岵	岠	峌		尾	屐	
二六八	二五七	二〇一	一五九一	一五八一	七〇	六七	二八六	二八二	一八二七	一八二三	一六五二	一六三九	一〇六四	一〇五一	一〇八	一四三	三四九	三四三	一九〇一	一九八五

	帕		帙	帒		帔	帤		帖	带			帗		巷	尚		岪		岷
二〇三六	二〇三三	一九六九	一九五四	一五九一	一四二	一三九四	四九	三七〇	三六〇	一六一	二〇八	一九八八	一九八三	一三六五	一三六四	一五四〇	一九八八	一九八三	三七四	三五七

	庖	庘	店				庇	㡯	庋		幷		幸	并	帯			帑		帛
五六九	五六二	二三八一	一八四八	一四三二	一四二六	一四一六	一四〇五	二二三	二〇二九	七四三	七三三	一二八四	一三七八	一七〇八	一三一七	一二六六	一二五三	二七三	二三八	二二五

弨		弤		弣		弧		弢		弦	弆			弃		庚		府		底
五四一	一〇八〇	一〇七六	一〇五七	一〇三五	二三七	二一八	五九一	五八三	四九〇	四七六	一九〇二	一〇二六	一〇一九	七一四	六九七	一〇五四	一〇三九	一〇七八	一〇七三	九七六

	怙	怦	怭	忬			忞		彼	㣧		徂		征		往	彔	帚	弩	
一〇五七	一〇三五	七三六	一九六一	一〇一九	三七六	三六〇	九四九	九三	三八九	二六九	二三五	七四四	七三〇	二三六九	二三六〇	一八九九	一四三五	一〇五八	一〇三六	五五四

		怛		怚	怬		怳		忠	怯	㤹		怴		怺	恐		怖		怲
二〇三六	二〇一八	一六五九	一四五九	一四五五	一四二〇	二七〇	二六一	七	四	二七八	二〇三三	二〇〇三	一九六三	一九七〇	一九五六	一五九六	一四九〇	一四七七	一七八七	二八六

念	怐			性			怕		忿	忩		忝		怟	㤈	怗	㤀	怞		怏
一八四五	一八二四	一七九一	一七八一	二六八	二五七	一七五二	一六二三	二一〇	二一八	一五七三	一三四四	一二四一	一六〇	一三九	五三	三六七	一九六三	一八三四	一七七五	一七六七

戔		怫		怪		怓		怮		怊	怩		怡		怍		忽		怢	
四五六	一九八八	一九八二	一五六八	一五六〇	五七〇	五六五	八五一	五四四	五三六	五四四	一五四	一四七	一二五	二二一四	二〇九八	二〇〇七	一九九五	二〇二三	二〇〇三	一八四八

扊		所			戾	扆	扂		房				戕	㦱	戔	戓		或		
二三四三	一〇一三	一〇一三	一五五七	一五一四	一五〇四	一三四九	一四八〇	六五三	六三六	六九三	六九二	六八〇	六七七	一二四八	九〇四	八九〇	三三一	三一八	五一六	五〇五

拒		抨	抲		抪			抾		拉	抶		拄					拕		拌
一〇二一	七四七	七三八	六二〇	一四八〇	二七五	二八六	二八二	一四三	二三五七	二三五二	一九七三	一〇六四	一〇五一	一七三五	一三三一	二三五	六〇八	六〇二	一六五三	四四六

	批		拈		抽			抯		拓		抹				拔		抴	抦	
九九三	九七九	九〇一	八九五	八二一	八一〇	二二四	六二七	六三二	二一一三	二〇九六	二〇三五	二〇一七	二〇三四	二〇三〇	二〇二四	二〇一六	一五四一	一五三〇	二八二	一〇三三

泧	泼	沭				沬				泄	沵		泔	泙		河			沽	
二〇〇三	二〇三	一九七四	二〇二四	二〇二五	一五九六	一五三一	二〇六五	二〇四六	一五三六	一五三六	九九五	八八九	八八四	七四七	六〇五	五九三	一〇六六	二六八	三三二	三四五

	沾		泗		油				泱	沺						沮		法	沰	
九〇三	八九七	八四七	八三三	八一八	八〇一	二三四四	二三四九	六六四	六三八	五〇八	一四五九	一四四四	一〇四四	一〇一四	二一〇	二〇〇	三八三	三七六	三〇〇	二〇二七

	泡		沿	泒		泭	洛		沓			泏		況	泪		洒		洞	泚
五七〇	五六四	五一六	五〇三	二七四	二七	二五五	三六	二三五七	二三五三	二〇一	一九七五	一九六二	一七七二	一七六二	一四〇二	一四三三	一三九七	一三九二	一三九〇	九七九

泥				治				泊		泆		泝				沴		泠		波
二六八	一三八五	一三七〇	一四七	一一四	二二六八	二三五七	二三一〇	二〇九〇	一九七二	一九五八	一四九〇	一四七八	一五三三	一五二〇	一八三	一七三	七六七	七五八	六〇六	五九六

炅	炳		炎			炕		泐		沸		沼		泯	沝		泑			
一三九〇	一一三	九〇一	八九三	一七七四	一七六六	六八三	二三一八	二三三三	一四四四	一四二八	一二九五	一二八六	一一二三	一一〇三	九九三	一三三	八四二	一五三六	一五三五	二九八

效	爸		爭	全		炒	災	炈				炙		炖		炘		炊		
九九二	一一三〇	七二	七三	八七六	一三〇三	一三〇一	三一〇	二二六〇	二二六三	二二五〇	一七四九	一七四三	四三一	四三一	三九八	三九一	一〇七	九一	一五三九	一三九三

		狙	狜		狘	犾	狋		狖	狂		物		牧	犻	牥		版		牀
一四五四	二〇七	一九三	三八六	二〇一〇	二〇〇一	三九九	一〇四	一八三〇	一八一七	一四九三	一九八四	一九七六	一八九〇	一八六三	一五五七	六八三	一一五四	一一五〇	六五四	六三九

	玫	玟		玩	玞		狀	狕	狛		狗	狍	犾	㹞		狐		狎		狦	
三三三	三三五	一三七一	一六五四	一六四二	二二四	一七七〇	一七五六	一三〇三	二二一八	二二九八	一三二四	五六七	五三二	三九九	二三七	三二八	二三八四	二三七九	一六六八	四六六	一四五八

			疝			疛	疠	走			畀		㕽		玦	玫		玠	玤	玲	玢
一六六七	一六六四	四七一	四六七	一八三三	一八二三	一三一二	二六〇	二三六八	一四三五	一四三六	一四〇五	一九三五	一九二七	二〇六七	二〇四九	二〇二一	一五七〇	一五六四	九一七	八九〇	三六四

	知		直	盰		盱		盲		盂		盂	盅	尫		尻		的		疢	疙
一〇〇	七四	三三三	二九八	一四八	二六六	一四七	七一五	六九八	一七九三	一七八五	一三三	二一八	六九三	四四八	一四八	一二四	二三八六	二三七八	一八三〇	一八九	一四八二

		秅			和	秈		禹		祀		祁		礿		社	砥	砣		矸	矼
一四八〇	六二七	六二〇	一七三三	六〇五	五九五	五〇八	一〇五四	一〇二八	九八四	九六五	一四九	一一八	三一二	二〇九五	二四五	二三九	三〇三	二〇〇〇	一六五八	一六五〇	六二三

礿 秉 空 岁 穹 竺 糾 罕 罔 罗

一四九一 一一九八 三七九 三八五 三 三〇 九一五 一三五四 三五三 三六四 九 一九 一八七六 一八九五 一九一八 一三〇九 一三一九 一二四一 一二四七 一三六〇 一三七〇 二八二

羌 耈 肩 肪 肮 肬 肺 育 肧 肱 肯 肭 肵

六六二 六八五 一四九二 四七五 四九〇 六四五 六五六 六八三 六九五 一三三七 一五八一 一五九一 一八六七 一八九二 三二四 三一三 七八五 七九四 一三九〇 一三九三 二〇三二 一七八

肦 肫 肴 胥 胏 股 胖 肣 肥 䏁 肸 胐 胅 臥

三九一 三七九 五五九 五六七 五七一 九七三 九八八 一〇三一 一〇五五 一三六五 一九五六 一九七〇 一七一 一八二 二一四 一六一八 一一九三 一三三〇 二〇七三 一七三四 一七三七

臤 臾 臽 舍 舠 芟 芳 芃 芜 芇 芘 芙 芸 芫

四七一 一六一九 二四九 二六七 一八五四 二一七〇 五八二 五九〇 三九三 六三六 六五三 六八〇 八七六 一四四三 一六三 二五五 二七〇 三八九 三九六 四一八 四二九

芽 苿 芰 芾 芷 芮 芪 芬 芹 芚 花 芣 芩

六一四 六三三 八四〇 八五三 一四〇一 一四二四 三六 九六三 九八三 一五三〇 一五三四 一六一 三八四 三九四 三八〇 三八九 四一七 六二三 六八三 六九五 八六八

芰 芺 芡 芥 芴 芼 茇 茲 芭 芛

八七五 九〇八 九一〇 一三一五 一三三二 一三四一 一三四五 一五六二 一五六九 一九八三 一九八八 五八二 一三三 一七三五 一七三〇 二三四三 三三四九 五一〇 六一八 六二六 九七九

芋 芓 虎 虰 虬 甹 衄 衦 表 衫 袖 衩

九九三 一九六二 一九七四 一〇一九 一〇二五 一〇三一 一〇五五 七六三 八二八 八四五 七六九 一九五〇 一九六八 一六六〇 一一八四 一一九四 九〇七 九一〇 一四〇 九九二 一五六六

豖 軋 迒 迊 迋 迖 迓 迎 近

一九〇三 二〇三一 二〇三五 六八二 六九五 二〇六 二〇九 二三一 二三六五 一七六七 一七七五 一四一六 一七四五 一五三一 七八 七九 一七八七 一七九四 二一七 二一三〇 一四一六

返 迻 迺 邲 邳 邯 邴 耶 鄂 邮 邻 郇

一四三一 一六二三 一六二五 一一三三 一一三三 一九八三 二八九 四一三 一九七四 一三三 一五一 四五六 八八四 一三七九 一三八五 一七八八 三三 五九二 三八九 二七五 五七一

邱 邸 郚 邵 采 金 長

八一〇 八三一 一〇七三 一〇七八 三四 三三 一六九七 一七〇四 一〇八六 一〇九五 一四一七 一五八五 一五九四 一六六八 八六三 八七三 六三六 六五三 一三五八 一三六九 一七六七

門 阜 陀 阬 阹 阿 阽 阻 陂 陏

四〇七 四二四 一三〇三 一三一六 五九六 六〇六 二五五 二六六 二〇一 二一一 五五四 六〇五 八九七 九〇二 一〇一三 一〇二三 七〇 九八 一四一六 一四三一 一〇五二

垢		垗	垑		垝		垂		垤		型	垚		垣	垔	垐		垓		囿
一三〇五	一一九八	一一九二	九九二	九六八	九七三	九八	六九	二〇七〇	二〇五五	七六五	七五四	五五五	四三三	四〇二	三七八	一六三	三三二	三三	一八二八	一八一四
夆	复			夎		堔		垒						垠		垘	垎		垡	垍
二〇二二	一九〇〇	一三五五	三五	三三	一三三三	一三一七	九九一	九七八	四二八	四一七	三九八	三七一	三四八	二三三	二三二〇	二二六八	二〇〇九	二〇〇〇	一四三四	一三一七
	奐			奓	奊		奏		[illegible]					契	奆		奎		奕	
一六五六	一六四八	一七四七	六二七	六二〇	二〇六〇	一八二五	一八〇九	一五四〇	一五二〇	二〇七四	二〇六九	二〇五三	一五一三	一五〇一	四五八	二九八	二八九	二二六三	二二四八	二〇二七
姱		妍		娃		威		姨		姿		娍		姜				姣	姟	[illegible]
六二〇	四九一	四七九	三一〇	三〇六	一八二	一七三	一四五	二一	一〇三	七九	三六	二四	六八五	六六二	一三〇三	一三〇一	五七一	五六六	三三六	一八六
姝			姼	[illegible]		姬		姻	[illegible]	[illegible]		姞					姪	[illegible]	耍	姥
二五二	九八九	九七三	一五九	一三七	九一七	一〇四	八五	三七三	三五四	二〇六二	二〇六一	一九七一	一九五八	二〇七一	二〇五八	一九七〇	一九五五	一四三五	一〇六六	一〇三八
	孩		姦	姶			姡		姤	婇		[illegible]		姽		姚	姺		姰	
三三一	三二一	四六九	四六三	二三五八	二〇三四	二〇二八	二〇二三	一八三二	一八二二	一三三五	一三三四	一三二九	九九一	九七七	五五一	五三三	三七七	三七九	三六四	二六八
旭	[illegible]		耐		封		客	宄	宦		宧		[illegible]		室		宥		宣	孨
一七〇二	一七三八	一五九二	一五八三	五七	四三	二二三六	二二一九	一三六三	一一九八	一六六六	一六六二	一六〇	一三九	一九六四	一九四〇	一八二五	一八〇七	四九五	四八八	二一八二
峋	峌		[illegible]		峙		岍	峘		峐	眉	[illegible]		屋		屑		屍	[illegible]	[illegible]
三七五	二〇六二	九九二	九七八	九八七	九七一	五一八	五〇八	四四七	三三三	三二四	一五七二	九九五	一八八八	一八五五	一五四二	一四三四	一四七	二一五	一三三五	一四一七
		帥	[illegible]	[illegible]	帞	[illegible]		帟		帝			帣		[illegible]			巹	巸	[illegible]
一九七一	一九五七	一四二〇	一三九二	三八〇	一六八一	二二五六	一五四一	二二六三	二二四九	一五一三	一五〇二	一六九三	一六八二	一二七三	六九五	六八三	一二二〇	一二一八	一六四	二〇七四
庇		庢	康		庤				度		[illegible]	庡		庠		幽		帤		帢
一四四	一九七一	一九五八	一四一六	九八九	九七四	二一〇九	二〇八八	一四八三	一四六三	二二七〇	二三五九	一〇〇〇	六九〇	六七三	八四五	八二七	二一二	二〇一	二二八五	二二八〇
		彖	[illegible]		弭			弮	[illegible]	[illegible]		弇		弈		建		庥		庣
一六五八	一六五〇	九九五	一五三八	九五一	九三六	一六八七	一六七三	五一六	三	一四七九	八八八	八八二	二二六三	二二四九	一六三五	一六二九	八四七	八三三	五五六	五四四

彥 一六七四 一六六八　徉 六六六　徠 一三八 一六〇　待 一〇八九 一〇九七　徊 三一四 三一八　侗 九一六　徇 一六〇七 一六一六　佫 二六八　很 一二八 一二四　後 二九六 三一四 一八三　律 一四六 一九六六　忼 二六

㤞 六二二　恔 一九二 一七一三 一七一六　㤥 一五八七 一五九六　恞 一三八　恗 二五九　恢 三一三 三一七　恇 六八〇 六九三　恒 七八六 七四　㤨 三七 九二三 九二六　恃 九四四 九五五　恉 九七九 九九三

态 一九六三　恋 一九七五　恎 二〇六〇　恫 二一 三五 一三五五　恖 八六 一〇五 一三七〇　愧 一五三〇 一四一　忽 二〇 三四　㤫 二五九 二七三　恂 三五八 三七五　恮 五一一 五二一　恌 五三九　恬 八九五

九〇一　恀 九七七　恑 九七七 九九一　怨 一六二七 一六三四　恤 一九五〇 一九六八　恪 二〇九四 二一二一　㤫 二一三三　急 二一三五 二一四五　恰 二一八五　恈 八四二　怒 一〇五〇 一〇六四 一四六七 一四八五　息 一〇九〇 一〇九七

恨 一六二七 一六三四　恊 三七五　戢 一五八七　屋 一四五五 三五四 三五八　扁 五〇三 五一五 一六五 一一七　扃 七六一 七六八　核 一〇九四　按 一六四四 一六五四　持 八七 一〇五　挎 二六二　拱 九一三 九二六

揻 九二三　指 九三九 九五二　挂 一五五九 一五六八　拜 一五六二 一五六九　拵 一六八四　挃 一九五八 一九七三　拮 一九六〇 二〇七三　挒 二〇七三　拭 三一一　掴 三七八　挏 九一五 九一七　捆 一一三八 一一三四　挙 一四三三　拒 一六一一

一六二七　挑 五二四 五四七 五八三 五九一 一一八八 一一九六　捰 一三三〇　拘 一六八一　括 二〇一六 二〇三五　格 二二五七 二二六八　拾 二三三七 二二四六　根 四二〇 四三〇　拏 六二二 六二七　拯 一三九〇 一三九三

拹 三八六　攱 九七七　敂 一三九　故 一四六八 一四八五　政 一七八一 一七九一　敁 一〇七六　敆 二二六七　敃 一二一四　敄 一四九三　斛 一六六〇　斫 二〇九七 三一四　斪 二六〇 二七三　施 七四 一〇〇 一四一三 一四一五 一四二九

一四三二　斿 七九九 八一七　昶 一三五一 一三六五　昱 一八八〇 一八九七　春 二四六 三七〇　昞 三八二　昧 一五七八 一五九〇 二〇一三 二〇二八　昜 六九四　是 九三〇 九四八　映 一七八四 一七九二　曹 二二六九　昫 二二七五

一四八一 一四九二　星 七五六 七六六　昴 一三〇〇 一三〇三　昳 二〇五一 二〇六八　昨 二〇九六 二一一三　昭 五三三 五五一　昲 一四四三　昪 一六九二　皁 一三三三　曷 二〇一三 二〇二三　柱 一〇四一 一〇六〇　染 一三三九 一三四四

柲 一四一三 一四二九 二〇七四　杴 二〇三三　柆 三五九　𣏌 二三　枯 二四四 二六五　柸 三一七　柯 五九六 六〇六　枰 七〇一 七一六 一七八八　柑 八八八 八九九　柜 一〇一八 一〇二五　某 一三〇九 一三一九　枻 一五三〇

相		楞	柛			柴	莱	栨		栟		柩		柄		柘	枺		柰	
六四六	五五四	五四〇	三六二	三〇九	三〇三	一六五	三七三	二〇二九	二〇二五	二〇一七	一八三一	一八二〇	一七九六	一七八四	一七五一	一七四六	一五五一	一五五五	一五四八	一五三三
柙		栅	柮		柷			柚		相		柶		柍		東		枳	枯	
二三八一	二三四三	二三三四	二〇三七	一八九七	一八八一	一八七九	一八二七	一八二三	一七七〇	一七五四	一四三三	一三九七	一三七〇	一三六二	一一五五	一一五三	九四九	九三〇	九〇三	六五七
	柧							枸				枹		柎		柂	栀	栘	柊	
二七三	二五八	一三一九	一三一〇	一〇五七	一〇五三	一〇三五	八五四	三五七	八三八	五六六	三七一	三五六	二六八	三五一	一三三五	一六五	一五六	一四〇	二四	三八五
枷		柖	柌				柅		柏		柞		柝	柣		柳			柢	柃
六一八	五五七	五四六	一三八	九九四	九七九	一五九	一三七	二三三九	二三二六	二三一四	二〇九八	二三一三	二〇九六	一九六〇	一三一四	一三九七	一五一九	一〇七九	一〇七三	七七〇
殎	殂	殑	歫		欱	畂	歁	吹	欨		梻	架	梡		柀		臬		柔	
六七九	二六一	二〇六三	一〇二六	二七二	二五七	一九七五	一四三二	三〇八	一七三五	一九八八	一九八三	一七四四	一三三三	九九一	九七七	九八六	九六八	八二二	八〇八	六二五
洪	浚		洲		洋	洨	毦		毖		毒		段	殝		殆		殄	殍	
一七	一六五九	八二〇	八〇七	六八七	六六六	五七一	五四五	一四二六	一四〇六	一九一六	一九〇七	一六五六	一六四七	一一一五	一〇九七	一〇九〇	一一七八	一一六七	三六	六九三
	洒	洔		洧		洭		汧				洹			洼	洏			洟	
一二七三	一一三一	九九四	九八二	九五九	六九三	六八〇	五一七	五〇六	四五六	四四七	四二九	四一八	六二六	六一九	三一一	一五三	一五三八	一五四	二八	三
		泚				洞		洸	洇		洄	洓	洦		洌		洊	洅		
一〇八〇	一〇七四	九三四	一三五六	一三五三	九一七	九一五	六九二	六七八	三七八	三三一	三三三	二一七〇	二一六七	二〇六八	二〇五三	一六九一	一六八一	一五九七	一五七一	一五六六
洚				洗	洈	洐	洺		洮		泉		洵		洙	洚				洶
一三六五	一一七九	一一六九	一〇七八	一〇七一	九九一	七四八	七四七	五九〇	五八一	四九二	四八二	三七六	三六〇	二七一	二五五	六七	九六六	九三三	六〇	五一
	炳	炬		炫	洳		津		洽		洫		洛		活	渢		派	洶	洎
一三八五	一三七九	一〇二三	一六八〇	一一八三	一四五四	三七〇	三四七	二三八三	二三七六	二三二九	二三一五	二二〇七	二〇八三	二〇二四	二〇一四	一八八七	一五六八	一五五九	一五三八	一四二五
牭	牪	牠	牱	叟	爯	妥		爰	炥		炱		炮	炪	炟		炭		炣	炊
一四一八	七四八	六〇三	六〇二	二〇七五	七九五	一一三一	四二七	四一三	二〇二九	三三三	三二四	五六九	五六三	二〇七四	二〇二七	一六五四	一六四四	一三九二	一三八八	二〇二九

一四三四　牰 一八三　牲 七〇七 七一八　牴 一〇七三 一〇七九　狡 一三〇〇 一三〇三　狩 一八一〇 一八二六　狟 四五七　昊 三八一 三一八　狣 一九三　犴 一六六五 一六九三　狧 三三五 三五九　兹 九一 一〇七 一六五

珌 一九五七 一九七一　珂 五九九 六〇七　玼 一三九 九七三 九八八 一〇八一　珊 四四三 四五四　珇 一〇三五 一〇五七　玷 一三四一　珍 三四五 三七〇　皇 六四三 六五六　玲 七五八 七六七　珣 一三三〇　珀 三五三

珉 三四九 三七一　珈 六一九 六二六　瓬 六八四　瓰 三六二 一三七〇　瓩 一三三四　瓪 一二五五　瓴 八九〇　瓮 一三五八　甚 一三三四 一三二八 一八三八　甿 六九六 二六三　畎 一二六七 一一七八　畐 一九〇〇　畏 一四三八 一四四四

畇 三六〇 三七六　畋 五〇五 五一七　界 一五六〇 一五六八　畄 一四四　映 一五三九　畚 三二七三　疢 一一〇九 一一一五 一六二一 一六一七　疣 八二九 八四五　疲 一六三三 一六三七　痄 九〇三　疷 一二八 一五四　疿 九八〇

九九五　疥 一五六四 一五七〇　疙 一九八四　疫 二四九 二六三　疾 二〇七三　瘢 三三五九　癸 九六一 九八三　發 二〇二九　皆 三〇六 三一〇　盅 三五　盆 四一〇 四二五　盈 七一四 七四三　盃 五五七　眈 八二 八八八

眅 四六六 四七一 一二五三　県 五四五 五五六　眄 一二六四 一二七七 一六八一 一六九三　昦 二〇七五　昏 一四　看 四三七 四五二　眗 五一〇　盾 一一〇二 一一一一　眕 一五二九 一五三九　眆 一五九六 二〇二二　盼 一六六三

一六六六　眊 一七三三 一七二九　眉 八〇 一〇三　眇 一八六 一九五　省 三七七 三八四　眍 二〇二九　眏 二〇七三　矜 七七九 七九二　殺 二八三　矪 一三三三 一八八六　矧 一二〇八 一二一四　砊 六六四　砿 七四〇　砌 一五一五

砉 二五三　砏 三六四 三七九 三九三　砭 八九五 九〇一 一八四七　砎 一五六六 一五七三 二〇三三　破 三三五五　砅 七八八 一五二四　祊 七二四 七四五　祉 九七一 九八八　𥘵 九九三　祈 一七三 一八二　祆 五一七

祓 一五五〇 一五五六　禹 五一 二四六 二六五 一四九二　科 五九六 六〇六　秔 六九八 七一五　秋 八〇五 八一九　秕 九七四 九八九　秭 九七六 九九〇　秅 一四四七　秎 一六二四　秏 一七三 一七二九　秒 二一九五

穿 四八九 四九五　穽 一七八六 一七九三　突 一九九五 二〇〇七　窀 三六三 三七七　窆 二〇五九 二〇七三　竑 七四〇　竽 二四六 二六六　竿 四三六 四五一　笁 一八八七　籵 三七　籸 三六五　敉 一〇三三　紅 一七 三三

紆 二二六 二三六　紂 一三〇九 二一九　紃 三六一 三七六　紈 四二八 四五三　約 一七〇三 二〇八三 二一〇六　紇 二〇〇〇 二〇〇九　紉 三六三 三七七　紀 九四五 九五五　缸 六四 六六　缶 八五三　罕 六三二

耆		耈		者		羿	狃	翡		羑		美	罨		置	罣		罟		罘
一三四三	一三一八	一三〇八	一三四四	一三三七	一五三七	一五三七	一三五五	三七	一三三〇	一三一一	九五二	九三九	一三九一	六三五	六一八	一四九三	一〇五七	一〇三五	八四八	八三四

		胠		脈	胇		胘			胖	肆		耔	耐		耏	耑		耎	
一四五四	二二	二〇二	二三九	二三七	二〇七四	五一九	五〇九	一六五七	一六四九	四四五	三七八	九九〇	九七五	六一〇	一五三	一二六	四五七	二八〇	二七〇	一八四九

	冑	脫		背		胃				胐	胹		胂	背		胈	胓		胡	
一八二三	一八二二	一七六八	一五八九	一五七六	一四四五	一四三九	二〇〇一	一五九五	二〇〇三	九九八	四四八	三七八	三六三	一四一	二〇二九	二〇三三	七三九	三三七	三三七	三八六

胎		胥	胉		胅		胙		胗		胜		胞	胕		胊		胝	胛	
三三一	二〇七	一九一	二二〇三	二〇七三	二〇五九	一四八七	一四七〇	一二一三	一二〇四	七六九	七六三	五六九	五六三	二六二	二六六	二四七	一五二	一二四	三二八一	一八二七

	苣	苷		苹		苛	華		苙		苾		范	苧	彤	舡		甹	舁	
一〇三三	一〇一三	八八九	七四六	七三四	六〇七	五九九	四五八	三四八	三四一	一九七〇	一九五五	一三五〇	一三四八	一〇〇七	八七六	六六五	七七〇	七六三	二三三	三三一

茵		英	苘			苗			苴			茈		若		茇		茂		苦
八四一	七一五	七〇〇	六六四	一九〇三	五五二	五三六	六一九	二一〇	一九	九九二	九七八	一三六	二二〇七	二〇八五	二〇二六	二〇一九	一八二六	一八二一	一〇六〇	一〇四三

苟			茆			苑	苵	芝		苶		苞	苻	苳			苗	苡		苫
一三〇八	一三三〇	一三〇三	一三〇一	一二三四	一二一三	一二三三	九九三	九二三	七六七	七五八	五六八	五六一	二五〇	六一	二〇三三	二〇三二	一九五九	九八四	九〇三	八九八

	虐		苐		苊				茄		茅		茗		苔	茍		茶	英	
二二一〇	二〇九〇	一九八七	一九八〇	一〇八一	一〇七六	六二五	六一八	六〇九	六〇三	五六八	五六〇	五四八	五三六	三三九	三一八	二二三三	三六七	二〇七三	二〇七三	一三一八

衪			術			衍	蚉		蚝	虫	虷	蚘			虺					虹
一三三四	一六四九	一二四七	一二四三	一六八一	二一七四	二一五八	六八〇	二一六七	二一五六	一八二三	四四八	三三三	一〇〇一	九九七	三三三	三三二	一三六五	一三五八	三三三	一八

	衸				衽		衯		衧	表	衹		衳	衲		衵	神	衶		衭
一五七二	一五六六	一八三九	一八三七	一三二八	一三三五	三九八	三九二	三七七	三六三	二七三	一四〇	六二	五三	三三五四	一九七二	一九五九	二五	二〇三三	二七四	二六一

	貞		計		訄	訒		訇	訃		計			訂				要		袂
七四三	七二七	一七〇七	一七〇二	八五三	八四一	七九五	七四六	七三六	一四七九	一五一〇	一四九四	一二九三	一三九一	七六三	一七〇四	一六九七	五五三	五三六	一五一四	一五〇五

負 赴 赳 趴 軍 軌 迸 述 迷 迴 迟 迪
二九八 一三四 一四七 一四九〇 一三三〇 一三三〇 一四九三 三八六 三九五 九四三 九三三 一三四一 一九五二 一九六八 二〇一〇 二二八 二二九二 二二六〇 二二七〇 二二八〇 二二八七

迤 延 迭 迮 迫 迮 迢 迦 迨 郊 郊 郝 邽
九四六 九五五 一〇八二 二〇五七 二〇七二 二三〇一 二二四九 二二六三 二二五七 二二六七 五三五 五四八 六三二 一〇九四 一〇九九 一三四 五六〇 五六七 一二七 一三九 二九八

耶 郎 郏 郁 郅 郎 郑 郎 郇 郎 邸 郃 郍 挪 酓
六一七 六二四 六九四 一五九六 一六七八 一八九六 一九五八 一九七一 二三七八 二二七〇 二三〇〇 二三六一 二三七六 九七五 一三一〇 一三一九 二三五四 二三五八 二一三 一〇六五 八三一

酊 重 陝 陔 陝 陑 陊 陋 陌 降
八四六 二三九二 四五 五七 九一九 九二五 一三五九 一三六二 一八六 三三 三三 四 一三五 二五八 一八一〇 二一九 二三六 六四 六七 一三四 一三六五

陊 限 面 革 韋 韭 音 頁 風 飛 食
一三九 一三四 一三一五 一二五四 一六六九 一六八四 二一三 二一四一 一六八 一八一 一三〇六 一三一七 八六三 八七三 二〇七三 一〇 一九 一七〇 一八二 一四〇〇 一四二四

首 香
二九三 三二二 一二九五 一三一三 一八二〇 一八三一 六三一 六五一

十畫

皕 学 烝 乘 乱 亳 倅 倌
一三四三 一九三六 一六五 七七六 七九一 一八〇四 一九七八 一四一九 二〇九四 二一三 三一 四四七

倉 倓 俯 倍 倇 倂 倅 倦 傍 倞 倄 倯
一六六八 六四三 六五六 八六五 八八九 一〇四八 一〇六三 一〇九一 一〇九七 一一三〇 一二八〇 一七九四 一五八三 一五九三 一六七五 一六八九 一七六五 一七八八 一七九四 一八〇五 五四

倀 倭 倚 倰 倒 俸 值 倩 𠍽 借
六六二 六八五 七八八 九七六 九九〇 一一七〇 一一八〇 三一九 一七二五 一七三〇 一三六三 一四一四 一四三〇 一六七七 一六九〇 一七八七 一七九四 一六九五 一七四一 一七四九 二一六五

偓 倢 俺 俱 俳 倡 脩 倱 傷 候 倣 倏 倬
一七四七 二三六八 二三七三 二三七五 三一六 三二六 三〇七 三二一 六八五 一七七五 八〇四 八一九 一一三〇 一四一六 一四三三 一八二五 一八八一 一八九八 一八〇二 一八九八 一九二五

倕 倭 倠 倪 倫 脩 倗 俾 偶 倍 倇 俐
一九三四 二一九 一三九 一六〇 六〇三 一四三 一六四 二八四 二九六 三二五 三七二 五六六 五七一 一〇九四 七九六 九四六 九五五 一〇六七 一三二一 一四四三 一七三五

倠 倜 倨 倔 兼 冔 冓 家 冡 冣 冥 冤
一七七五 二一八一 二一八八 一四五三 一四五八 一九八三 八九三 九〇一 二一五五 二一七〇 一八一六 一八二九 三六 九一〇 九二五 一三三六 一四八一 一四九三 七五九 七六八 四〇四

刱		剡			剖		剜		凋	涸		清		凍	涵		凌	淒	淞	
一七六五	一三四四	一三四一	一三一七	一三〇六	一〇五一	四五四	四四三	五四八	五三四	一四九三	一七九四	一七八七	一三五七	一三五三	八九〇	七九〇	七七四	二九〇	五一	四三
		剟		剮		剝	剞		剔		剛	剒	契	刻	到				制	
二〇七三	二〇五八	二〇二〇	一九八七	一九八二	一九三四	一九二六	二〇三七	二八六	二七九	六六六	六六五	二〇三	二〇三六	一一五三	六二二	九九〇	九七五	一五八	一三六	一七七三
	厤			厞			厝	厦	卸	匿		匪		勞	勗		務	勑		勍
一五九	一三七	一四四七	一八五	一七八	二〇〇	一四八九	一四七五	一三九二	一七五一	二〇一	一〇〇三	九九九	三三	二六	二一五	一四八五	一四六七	七三九	七四六	七三五
	哺		哽	哥		哮	唇		唬		唁		唐		叟	厔	厩	厓		原
一四八九	一四七五	一三八五	一三七九	六〇七	五六九	五六四	三七八	六六	六三	一六九一	一六七九	六五八	六四八	八四七	八三三	一三五四	二八九	八七七	四三	四〇一
	唈		哭	唄		哯		哼			哨				員	唊		哲	啞	喊
二三五三	二三四一	一八九二	一八六八	一五六六	一一八一	一一七一	一〇五七	一〇三五	一七〇七	一七〇一	五四〇	五一四	四九八	三九七	三八九	二三七四	二〇六六	二〇四八	一八〇二	一五六六
		圂		圃		圄	圁		哿		唉	貉		唏		唅	哱	哦		唌
一六六五	一六三七	一六三三	一〇五六	一〇三三	一〇二〇	一〇〇四	三六四	二三一	二三四	三三	三四	二七〇	一〇〇三	一〇〇〇	八八九	八八三	八四一	六〇八	五三三	五二三
			垺	埕	埍		垷		埋		埂		城	垠	埅	埒		埣		垸
二〇六七	二〇五〇	八四三	二六三	二〇六〇	一一八一	一一七九	一一六九	三一〇	三〇五	二八六	二八一	七四三	七二九	一七六八	一六二八	一〇一九	七四九	七四〇	一六五九	四四八
娑		奘		奚	奊	尪	夎				夏		袁		埃	垐	埇	坶		埏
五九八	一三七〇	一三六二	二九六	二八三	二〇七三	八八五	一七三七	一七四八	一七四〇	一三四六	一三四〇	二〇七二	二〇五九	三三九	三一七	二二六〇	一九二八	一九〇二	五一五	五〇一
	娛	㛂		娄			娙			娠	姡	娪	娓		娧				娣	
二三	二五	二三七四	二〇七五	二〇六二	七六六	七五四	七四七	一六一一	三七六	三六二	三三五	二六一	六五	一五五七	一五五〇	一五三六	一五二六	一〇七九	一〇七四	六〇七
	娭		娩			娗	㛗		娥		娖		娉	㛭	娌			娋		娟
一五三	一三六	一二三五	一二三〇	一三九二	一三八九	七六二	六二〇	六〇六	五九六	一九三三	一九二四	一七九四	一七八七	一六六五	九七五	二一八	一七一三	五六六	五一三	四九六
	害		宮		宬		家		宸		宰	宦	㝃		孫	娜			娓	
一五五四	一五四六	一四九三	一四八一	七四九	七四〇	六三三	六二三	三七三	三五五	一〇九六	一〇八八	六九五	一六三八	四二四	四〇七	一二三五	一四一七	一〇〇三	一〇〇〇	一〇九九

宮 七 六　宵 五三八 五四九　宴 一二七 一六七三 一六八七　宋 三三五 三三三　容 四三 三五六　窘 三九八　專 二七四　辱 一九〇六 一九一五　尋 一三四五　射 一七四四 一七五〇 二二四七 二二六二　寀 二二六八

廼 三二　廽 一七〇七　廻 九五三　屖 二九一 三〇〇　屒 二二一五　展 二一六〇 二一七五 一六九三　屑 二〇三八 二〇六三　屛 一〇三六　展 二二三二 二二四二　屔 三〇〇　屡 三二六　沂 三六五　峴 一五五六　峬 二六二　峌 七五九 七七〇

峽 三二六 三八三　峴 二〇四　峰 五六　峗 三三　峩 五九八 六〇七　島 三〇八 三一九　峻 三三〇　峕 一七二一　峮 三六四　峻 一六〇三 一六二四　崼 三三七三　邕 五四 六〇　差 九三 一〇七 三〇三 三〇九

六一七 六三五　帨 一五二六 一五三六　席 二二三 二三七　帢 三八六　帪 三六二　帆 三七四　師 七八 一〇一　帨 一七一三　座 五七一　庮 八二九 八五一 一三一一 一三二〇　废 九七五 九八九　庫 一四七三 一四八七

店 一〇一九　庳 一四一五　庭 七五四 七六六　弄 五二〇　弈 一六九三　弰 五二〇　弸 二〇六〇　弱 二〇八一 二〇六　或 一八〇〇　徒 三二一 三二八　徑 一七九六 一八〇三　徎 三六七　⿰彳夆 六三　徐 一一四 三〇八　⿰彳希 三〇八　恔 五七一

悌 一〇七三 一〇七九　恨 一七六六　恙 一七六六 一七七四　悅 二〇四五 二〇五八 二〇六五　恭 四七 五八　恐 九二 九二六　悚 九二三 九二六　恥 九七一 九八八　⿰忄巠 三九三　恚 一四〇四 一四二五　恣 一三九六 一四三三

悟 一四七一 一四七五 一四八七　悈 一五六六 一五七二　悖 一五八三 一五九三 一九六八 二〇〇八　恧 一八七六 一八九五　恝 二〇三四　烈 二〇七三　悝 三一 三一 九七五　恩 四二二 四二六　悁 五〇四 五一六　悪 九〇三

悃 二二六 二二三四　悍 二二四三 二二四八 一六四六 一六五五　悄 二一九〇 二一九七　悒 二二四三 一四八　悕 一八〇　悇 二一七五 一四五五　悔 一〇八六 一〇九五 一五八六 一五九五　恁 一三三六 一八四〇　息 二二九七 三三三

念 二三四　悛 五〇四 五二六　悀 九二三　恕 一四五三 一四五七　扆 九九七 一〇〇一　扊 一二四四　扇 一六〇一 一六八五　捖 四四八 四四七　拳 五〇〇 五二四　抄 六〇〇　捝 二〇二九　捄 二五八 二七三 八三三 八四七

振 三五六 一六〇三 一六二四　拲 九二三 九二六　挙 九二三 九二七　挭 一三八一　捕 一四七四 一四八九　捂 一四九一　捋 二〇〇三　挈 二〇五一 二〇六八　捇 二二五八 二二六九　挾 二三六五 二三七三　[illegible] 二三七四　捐 四九六 五一三

捎 五六四 五六九　捏 七三九　挸 一一七一　捍 一六五一 一六五九　捉 一九二四 一九三三　挹 二二四七 二二四八　择 六三　捈 二六一 二一七五　挺 五〇三 五一五　捊 五六六 八五四　挴 一〇九四　挽 一一三〇 一一三六　扼 一一三〇

敊	㪨	敍		搨			㨢		挨				拏	挎	捋	捔		椎		挺
二七〇	一六一	一五九	一九八	一九二一	一六三七	一六三三	一五八六	一〇八五	一〇八三	六三五	六一八	二一	二〇〇	二〇三六	二〇一〇	一九三三	一七三六	一七三三	二九二	二六八
旂	斟				料		攸	敚		救		致		效		敉	敘	攽	敍	耽
一七三	二〇三三	一七〇六	一六九九	五三四	五四一	三三五七	三五三	一八五	一八〇七	一八一三	一三八九	一三七七	一七一四	一七〇九	九八九	九七三	二三五七	一八三四	一四一四	三三七四
	晉	晅		時				晏		晐		旆		旅			旄		旃	
一六一三	一六〇一	四二九	一〇三	八一	一六六六	一六六三	一六五八	一六五〇	三三三	三二四	一五三三	一四三五	一〇一〇	一〇〇六	一七二六	五八七	五七四	四九三	四八四	一八二
	案	栿	栟	核		朓		朔				朕		書	晁	晀		晃		晊
一六五四	一六四三	一三三九	六八一	三三五	一一九六	一一八七	一九三三	一九二四	一八四〇	一三三六	一一一四	一一〇八	二〇五	一八八	五四三	二三七三	二三六八	二三五七	一九七三	一九五八
桓				栽		栖			枅			梀		栭	梆	梁		校		柰
四三八	一五九四	一五八五	三三〇	三二〇	二九七	二八五	五〇五	二九六	二八三	二九〇	一五八	一三六	一三三	一二四	六三	五四	一七二五	一七一〇	一六九三	一六八二
楝		桔		桯		栗			栫	栔			栵		桂		栲	栱	栞	
二五八	二〇七三	二〇五九	一九七一	一九五八	一九六七	一九四九	一六九二	一六八一	一六三七	一五三四	二〇七四	二〇六一	一五二九	一五一三	一四九九	一三三三	一三一四	九二三	四五六	四五三
栓		栒		桅		株		栘	桻	柴		桄	桠		桐		栻		栚	
五二一	三八〇	三六五	九一	三三四	二三四	二一九	一五七	一三四	六七	一四一四	一七七六	六八三	一四三	二五	二	三三一	三一八	二一〇	二六〇	二六九
桑		根	栙				格		桀			栝	栜		栠		桁	桗		桃
六六四	四二六	四一三	二三八六	二三一八	二二一四	二二一三	二〇九六	二〇七一	二〇五七	二〇二六	二〇一九	一八四九	一五七一	一三二九	一三二七	七三五	六七五	六〇四	五八七	五七四
殄	殂	殐	殆	殑	欱	欶	歐		欯	欻				欬	櫻	栜		栩		
二四	二七五	一八八四	二七五	三四三	三五九	一九〇一	一四三四	一九七三	一九六一	二〇〇三	一五九三	一五八四	一五六六	一五五八	一四一六	二〇一九	一三三七	一〇六四	一〇五一	六八六
			殺				殷		散	殽		殔	殁		殈	𣧑		殉		殊
二〇三五	二〇三一	一五七〇	一五六四	四六六	三九七	三八九	三八〇	一九三五	一九二八	三三四	一四三〇	一四	九七九	二八八	二八一	二一〇三	一六一六	一六〇八	二三四	二三〇
			涕		流	泫			浪	洋		氣	跌			毣		毨		毗
一五二三	一五〇一	一〇七九	一〇七四	八一七	七九八	七三九	一七七〇	一七五六	六七〇	五八六	一四四四	一四三七	二〇七五	一九三一	一八九八	一八八二	一二八〇	一二七〇	一五〇	一三〇

浃	浙	浡	洹		泰		酒		浦			涑		涇		浯	浝		涗	洙
三六五	二〇六九	二〇〇〇	一八二四	一五五三	一五四三	一三一三	三九五	一〇六一	一〇四四	一八八三	八三一	八九九	七九五	七三一	二七五	三六一	六七	一二四〇	一五五九	一二四
涂	泽		涉		浥		涅		浞	涀	涢	浧		涔		消		涓	浺	
二〇三	三六	二三七〇	二三六一	二三四八	二三四三	二〇六九	二〇五三	一九三三	一九二三	一六八一	一五七三	一三八二	八七五	八六七	五四九	五三八	四九三	四七九	二四	二三七一
浔		浴	涖		浩		浼		海		浟		浮	涐		涏		涎		
二〇七五	一九一七	一九〇九	一五三八	一三三	一三一三	一〇九八	一〇九三	一〇九六	一〇八七	八四七	八三三	八二三	八一四	六二〇	五一八	五〇七	五一三	四九七	二七五	二六一
			烓		烘	烗	烄		衮	浸		浚	涊	浘		涘		涌		涒
一三九四	一三九一	九九五	二九〇	三三	一九	一五七三	一三〇三	四三一	四二二	一八三六	一六一七	一六一〇	一一七〇	一〇〇〇	九八七	九七〇	九二五	九二一	四三一	四二一
	牂	爹		烝		烙		焦	㶴	烋	烑		烏	烟		烕		烈		烜
六九一	六七五	一三三九	七八九	七七三	二二一五	二〇九九	一三三一	一三三一	九九二	五六四	五四六	二六四	二四三	三七八	二〇七〇	二〇五四	二〇六四	二〇四〇	一一三五	一一三〇
	狿		㹱	狽			狷		狹	狱		狠	㹁		牷		特		牸	狣
一六九二	五一九	三一五	二〇九九	一五五〇	一六九一	一六七九	一一六九	三一八三	三一七六	一六五三	六五四	六三九	一三二一	五一五	五〇三	三三二六	三三〇七	一四二四	一四〇〇	一一九二
珽	珹		珵	珛				珥	珙		珓		班	珫		猪		狻	狢	狿
一六四	一九六二	一九三三	一九二三	一八三三	一四二七	一四〇八	九八五	九六六	九二六	一二四三	一三二八	四六八	四六一	三三	五九二	五八五	四五六	四四七	一九一八	七六九
瓬		瓻	瓳		瓞	㼌	瓟	珕	珝	珢	珦		珩		珧		珣		珠	玴
二三五六	七六八	七五八	二六二	二〇六八	二〇五三	一〇六五	五六六	一三三九	一〇六五	三七九	一七七五	七四六	七三五	五五五	五四三	三七七	三六二	二三五	二三	一五一
			留				畛	畐		畢				畜		畔		甡		瓴
一八二九	一八一六	八一七	七九九	一一三三	一一〇四	三七七	三六三	六九四	一九六七	一九四九	一八九二	一八六九	一八三一	一八一九	一六五三	一六四一	三七七	三六三	一六〇	一三九
疼	疸		痐	𤵸		痁		疽		疵		疣		病	症	奎		奄		畟
五三	二〇一一	一六五九	二一四四	九九五	九〇二	八九七	二一〇	一九	一〇九	九六	二〇〇三	一九七五	一七九二	一七八四	一四八一	三六八	二二四	二一八	三三九	三二四
盇	盂	益	盅	盄		盈		疱	疤	疿		痂		疲		疾		府		痀
二〇六八	二二四三	二二一四	一九七四	一〇二六	一八五三	九九九	一七一六	一七一三	二〇三三	一四四三	六二七	六二〇	一〇七	九二	一九六五	一九四三	一〇六五	一〇五三	二一七三	二一五八

	罣	罛		罠		罘	羔		羒		羖		翌	翃	翅		扇	翁		
二〇四	一五六	二二四	二一〇	三九	三七五	五六五	五七八	五八九	三九二	三九八	一〇三三	一〇五五	六九五	七五五	一三八三	一三九一	三三五九	一八	三三	三九〇
	耄		耘		耕		耽		耿		耾	聃		聆	耗		玥		肁	胲
三九七	一七三三	一七三九	三八八	三九六	七一二	七三〇	八二一	八八八	三八〇	三八五	七三九	八三三	八八八	八七七	一四三三	一四三九	二〇一二	二〇三四	一二九八	三三六
	脊		胹		脛	胯			胱	胴	朒		胸		胮	脂		胻		肜
三三四	二三一	二四一	一三四	一五七	一六三	一四八八	一七四六	一七五一	六六一	九一六	一八八〇	一八九七	四四	五七	六七	九〇	一〇六	六八三	七四八	九九五
脃		朓	胳		能				胥		脈	脊			臭		臬		帥	
一五一八	一五三二	一七〇六	二二〇三	二二一七	三三四	三三二	七八四	七九三	七八六	七九五	七八八	一八四七	三二七九	三二八四	一八一三	一八二八	二〇五〇	二〇六八	一五八七	三〇〇一
舀		舑	舲	航		舫		般					荄		茭		荒		茫	荸
二六〇	二九九	八五	一八三九	六六三	六八五	一七六一	一七七三	四四六	四五五	四六三	四六九	三〇六	三一〇	三一三	五六四	五六九	六五九	六八四	六七三	一四一九
	荽	莪	茸				茨		茎		茬		蒂	荂			荑		茥	
一四三五	一六五九	二三	四六	五八	九一九	九二五	九三	一〇七	一四三	一六三	一四二	一六四	一六五	二五七	二七一	六二〇	二八一	二九四	二九二	三〇〇
荁	茞	荆		茵	荐		茜	荺		盍	茦		茵		茝	茞		草		苗
四四八	六八二	七〇二	七一六	一五四一	一六八二	一六九三	一六九一	二〇五〇	二〇六七	二〇七三	二一六〇	二一七〇	三三六	三六六	三七八	一〇九二	一〇九八	一三一三	一三一〇	一九一一
	茱	荀		荃		莽	荇		茗		茬	荏		茷		莱	茯		苦	
一九一八	二七四	三六一	三七六	五〇四	五一六	一一六五	一二八〇	一二八五	一二八八	一二九二	一三一〇	一三一六	一三一九	一五四〇	二〇一〇	一五九〇	一八八三	一八九九	二〇三二	二〇二八
苜	著		荅		茹						茇		荔	荔	莨	茈	華	虒		虔
二〇七五	二二五七	二二六八	二三五四	二三五八	二〇〇	二一〇	一〇〇九	一〇二二	一四五四	一四五八	五四三	五五五	一五二五	一五三五	一六三三	一七四七	一九六三	一二九	一五四	四九八
	虒		虓	蚢	蚑			蚍		蚨		蚖		蚼	蚟	蚅	蚩		蚦	
五二四	五六四	五七〇	一五九〇	一三六一	一三五	一五八	一四一四	一四一	一六三	二五四	二六九	四一八	四二九	五三一	六八二	三五八	二八	一五四	八九八	九〇三
蚣		蚚		蚙	蚌		蚊	蚡		蚝	蚆	蚓		蚒	蚗	蚇	蚸		衄	
六二	五三	一七九	一八五	八七七	九二八	九二九	一〇五三	一二九	一一三	一四三〇	六二〇	一一〇四	一一一三	一八八六	二〇七三	三三五九	三三	八四一	一八七五	八九五

陵 一六二 雀 一九八 隼 一〇三 二一一 隻 二五三 二六五 馬 一三六 一三四 骨 一九九〇 二〇〇四 高 五七八 五八九 彭 五四三 五五五 八三九 一七〇三 一七〇八 門 一八三四 閛 一七六三 一七七三 鬲 二五三

三六四 鬼 九六六 一〇〇一

十一畫

乾 四三七 四五一 四九八 五一四 偉 四三〇 偏 四八七 四九四 停 七五五 七六六 侵 九九九 侄 二三二〇 偕 三〇三 三〇九 倴 二〇八 二一四 偃 二二五 二一三

価 一一七三 一六八一 一六九二 便 一六四八 一六五七 偪 一六八三 一八九九 偞 二二六八 二二七三 偲 二一二 二三六 二三四 偍 二九二 偎 三二五 三三三 偵 七三七 七四七 一七八八 一七九四 假 二二四一 二二四六

一七四三 一七四九 偶 一三〇三 一三一六 偈 一五〇九 一五一五 二〇五六 二〇七一 偺 一五八六 側 三二〇〇 三二一四 傡 七八一 七九二 偷 八二五 八四四 徛 九八〇 九四四 傯 一三五八 候 一八〇七 偉 九九八 一〇〇二

偦 一〇一九 倶 一一八二 傎 一三二三 一三三二 偞 一四三四 偋 一六九四 健 一六二八 一六三四 偓 一九二九 一九三五 兜 八三六 八四九 覔 二三三〇 减 一三四七 渫 二三八一 凰 六七〇 六八九 劇 二二〇〇 二二一六 副 一八一七 一八三〇

三二八 三三一 剬 四四五 二一七三 二一八二 剻 八四三 剎 五一二 劇 一八八二 一八九八 勈 二一六九 勘 一八四三 勤 三〇八 三二七 勖 一九一八 動 九二三 九二六 匏 五六二 五六九 匐 一八八一 三三〇 匙 二一四

一四六 匾 二一七〇 匭 九四八 九五六 區 三二一 二二四 八三九 匿 二三〇七 二三二六 匬 八五五 奉 二〇二三 斟 二三四九 卙 二三四九 卒 三二一 卷 一六五 厠 一三九二 參 八六七 八七五 八七八 八八六 曼 三七八

叙 一七九五 唹 二〇三 啍 四二五 四二七 啳 五三二 商 六六八 六八八 啚 九九三 唳 一五二六 一五三六 啐 一五六七 啐 一五八七 一五九五 唴 一七六八 一七七六 啀 三〇七 唪 九一七 啞 二四七 唵 一三三四 唶 一七四七 一七五三

二一五五 二二六六 啄 一八七四 一八九四 一九三六 啯 二二五八 啞 二二五五 二二六六 啑 二二八〇 二二八五 啙 九七三 九八九 呈 一〇六七 啯 一一〇九 唬 一七五三 唱 一七五六 一七七〇 啾 二二八九 唲 二一八 唯 一六三 九四三

九五四 喒 四一八 啁 五六五 五七〇 八三四 唫 八七七 一三二六 一三二九 啟 一〇七〇 一〇七八 唸 一六九三 唾 一七三六 售 一八〇八 一八二五 啗 一八四一 一八四三 啒 二〇〇三 啜 二〇五六 二〇七一 圈 二一二九 二一三五

一一八二 一六三三 圍 七四〇 圉 一〇〇四 一〇三〇 國 二三九一 二三三〇 培 三三三 三三一 一三三〇 埢 五一二 五一三 埻 一一〇九 一二一五 執 二三四〇 二三四七 基 八四 一〇四 堇 三九八 埴 一四〇八 二三二六

堆		埤		場	埱	埾			堁		堂		堅		域		堊		堅	
三一六	一五七	一三四	二二六五	二二五三	一九〇〇	一四四七	一七三三	一三三四	一三三九	六五二	六三三	四九〇	四七五	二三三五	二三〇四	二二一四	二〇九八	一四九二	一四八一	二三三〇
夠	夎		壺		堀	堲			埽	埫		埝	堋		垷	埩		埵	堥	
八五四	一二七一	二三七	二二八	二〇一〇	二〇〇一	一七〇二	一七二六	一三三〇	二三一〇	九二三	三六九	一八四七	一八〇五	一五三三	一五一九	一二八七	二三三四	三二九	三三五	三三九
婪		娵		娸		婉	娄		姘		婆	婘			婠	婄	奞	奯		奡
八八四	二七〇	二五四	一五九	一三七	一二三四	一二二六	九〇三	七四八	七四〇	六〇八	五九九	五二二	二〇三三	四五七	四四八	三三五	一六三	三一九	一七三〇	一七二五
					婁		婓		婕	婩		婧		婭		娶		婞	婍	
一四八一	八四四	八二五	二七四	二六七	二四九	一八五	一七九	三三七三	三三六八	一八五四	一七九五	一七八八	一七五一	一七四五	一四八八	一四七三	二三九三	二三九〇	九九一	八八九
嫛	嬨		嬔		婢	姪	婤		婚		婗	婎	婔		婥	婔		婟	婐	婜
六〇九	五二〇	一六三七	一六三三	九五一	九三六	八七六	八五三	四二六	四一一	三〇〇	二九一	一六四	二二〇三	二二〇二	一七一七	一六五三	一四九三	一四八一	一三三四	四七三
宗		寂	寇		寄	寋		寅		密		孰	媘		娺	媡		娽		婦
一〇九二	二二八五	二二七四	一八二六	一四二二	一三九二	一三三三	三七三	三五五	一九六六	一九四五	一八九九	一八八三	二三五八	二〇三六	二〇三三	一八九九	一八九七	一八七九	一三一四	一三九七
		屏	尳	尰		尉						將		專	寠			宿	寁	
一三七五	七六八	七六〇	九九一	一三三四	一四四四	一四三八	一七七〇	一七五五	六九一	六八六	六七五	六六三	五一三	四九七	二〇三	一八九〇	一八六三	一八二五	一八〇九	一〇九八
崝	崍			崎		崧	崞				崒		崆		崇		屝	屠	屚	
七四〇	三三三	九八〇	一五九	一三六	三四	三	二二一八	二〇〇八	一九九九	一九七一	一九五七	六七	六五	二八	六	一四四六	一四四二	一九八八	一八三四	二三八四
崛		崟		崩		崢	嵗	峭		崙		崔	崥		崑		崋	峨	崦	
一九八一	八七五	八六七	七九三	七八二	七四五	七三四	六九六	五六三	四二八	四一七	三三一	三三二	一三四	四二九	四一九	一七五一	一七四六	一二五五	八九八	七四八
帷		常	㡋		帳		帶			帴	帹	帡	巷	巽		巢	巹		嵐	
八六	六五三	六三七	二三八二	一七七〇	一七五六	一五五三	一五四四	二〇三六	一六八四	一一七二	三三八二	三三八二	一〇〇三	九九五	五六七	五五九	三三三三	二〇一〇	二〇〇二	一九八七
庯		庚		㢋		庘	庇	㢈		庳		庶	庵		麻	康	庰	幷	㡓	
四二	一〇五六	一〇三四	九九二	九七八	九五一	九三七	六二七	三三三	一四三二	一三三	一四五八	一四五三	八八〇	六二三	六二二	三六	一三八七	四七一	五一九	一〇五

旋 旇 勇　斬 斫　斛　斜 敵　敎 敪　斂 敝　敘 敳

四九六 一五九 二六〇 一三五〇 一三四八 一三三四 一八九二 一八六八 六二三 六二四 九一五 一七一四 一七〇九 一三九四 一二一〇 一一〇〇 一六一九 一〇三四 一〇一五 一六五九 一五六九

晢　晤 暴　晨　晡　既　族 旋 旓　旎　旌

二〇五七 一五三七 一五二八 一四八七 一四七一 一一五五 三六六 三三七 二六九 二五四 一四四五 一四四〇 一八八九 一八六〇 一四三二 一三四三 九九〇 九七五 七四一 七二三 五一三

曼　曹　書　朘　晦　晩　晞　晛　晟 晫

一六三六 一六三三 四四七 五八八 五七七 一八二六 一八一〇 一六一六 一六〇九 一五九〇 一五七八 一一三二 一一二三 一八三 一一七五 一六九二 一六八二 一七九四 一七八七 一五八八 二〇七一

梡　梓 根　梁　梯　梳　脕　朗　朚　望　冕

一二四四 九八一 九五八 六九一 六五五 六四一 二九七 二八六 二〇七 一九三 一一三六 一一三〇 一三六五 一三五〇 六九四 六八三 一七六九 一七五四 六四七 一一七五 一一五九

梗　梂 桱　桭　梐　梧　梵　梲

一二八三 一三七三 八五四 八四一 七七〇 三七六 三六〇 一〇七六 三〇〇 二九一 一四七九 二六四 二四一 一八五四 一八五二 二四 三〇七三 二〇二九 二〇〇九 二〇〇〇 一二四八

桯　梢　梋　梱 棠　梩　梜 桲　梀　械 栟

七六九 七六二 五六九 五六二 五二〇 五一〇 一一三四 一一二七 四三二 一四一 一五七 一一四 三二八六 三二七三 三二六八 二〇〇二 一九一九 一八八二 一五六九 一五六二 一三五八

條　梃　梅　桴　梨 桵 梔 桻　梬　梠 梣

五四八 五二五 五一五 五〇二 三一八 三一四 八四八 八三四 二六七 二五〇 二九三 二七八 一六三 一五七 一三二 五三 三八六 三八二 一〇三五 一〇一七 八七六

梮　桶　梫　梭　杸 梷　桼　桷　梏　梴　梟

一九九 九一七 九二五 一三二九 一三二六 八六九 一六一九 五九九 二九〇 二七〇 二〇七五 一九六七 一九四八 一九三三 一九二二 一九一七 一九一〇 一三九二 一三八八 五四八 五二七

𣪘　殹 殑　殍 殏 欶　欸　欲　欷 欶　款 欮

八五四 一五三九 一四四 一八八四 一一九七 一一九〇 八四一 八五四 一五六六 三三二 三三三 一九一六 一九〇七 一四四六 一四四二 一四四 一七八 三三八一 一九三四 一九二五 一一一四

涫　淳　淤　淙　涳 毨 毹 毦　毬 毵 毧　毫 毦

四四七 一一一〇 三七二 三五〇 四五九 一四五四 二〇一 六五 五九 六七 三六 二六一 五四四 一八二四 八二三 八一四 一七三五 六二二 五八六 五七三 五一〇

清 淲 淀　淬 淶 淚　淡　深　涪　涼

一八九八 一八八一 一七三四 一六七九 一五九三 一五八三 一五三二 一三八五 一八四四 八四三 一三三七 八八四 八三八 八七一 八五八 八五四 八四一 六五四 六三七 一六五二 四五六

液		浚	湅				涯				淇		淒		涞		清		淩	
二二八	二三九	二七三	二	二四	一三五五	一三五八	一三	一四五	三〇三	三〇九	一二四	一五三	二七九	二九四	三三六	三三四	七一三	七一二	七八八	七九五
淋		涵		湖	淹		淺		滓	[illegible]	淹	淕	涿		淅		減			淔
八六八	八七五	八〇〇	八八七	八八六	八九五	九〇一	一二五七	一二七四	一三九〇	一四八一	二二六九	一八五二	一八八五	一九二五	一九三四	二一八〇	二二八八	三三一四	三三二九	三三二九
	逮	淲	混		洪		淉	淌	渒			浙	淖		淑		涸		淮	
三三二	二三六八	八五四	一二九	一三五	一二七	一二八〇	一三三五	一三七三	一四三三	一五三八	一五三八	一六四九	一七一二	一七一五	一八七〇	一八九三	二〇九四	二二一二	三〇四	三一〇
淪		涽	淵		淆		淘	溇	淨	溯		淫		淦		溇	[illegible]		淰	
三五三	三七二	四二	四七九	四九二	五六四	五七〇	五八三	六〇四	七四八	七八八	七九五	八五九	八七三	八八四	一八四四	一八九三	一〇九四	一三二二	一三三六	一三三八
		滔	涶	淦	淨		淊	淄		涺	淥	淈		湝		焍		烹		焉
一三四八	一三五〇	一三三七	一七三五	一七五三	一七八五	一七九三	二〇一三	一二四	一五三	二一二	一九一八	二〇〇〇	二〇〇九	二二五四	二三五八	二九二	一五三〇	七〇〇	七一五	五〇〇
	[illegible]	焃	焆		烽		烯	烻		烰		焅	焰	焕	煑		[illegible]		焌	
五一四	一九八四	二三五八	五〇八	二〇七三	四六	五八	一八〇	五一三	五三三	八三八	八五一	一九一八	二八九	三一四	三九一	三九八	一〇〇〇	一〇〇三	一一四四	一六三三
		爽		牑	[illegible]	牽		[illegible]	牼		[illegible]	犁		[illegible]		牿			[illegible]	
一六三七	一九七五	一三五四	一三六七	一九三七	一四一七	四七八	四九一	六〇七	七一五	七四六	二七五	二七八	二九三	一〇五三	一〇六六	一九〇二	一九一三	一九一八	二〇六二	二〇七五
猝		猗				猜		[illegible]	猎	猑	猇	猖	猓	[illegible]	猊		猚	猈		猘
一九九八	二〇〇八	一三	一五五	九一	一三三五	三一	三三一	一二五五	二二〇〇	四二〇	五七一	六六八	一二三九	二一六九	二八五	二九六	三一一	三〇八	一〇八五	一五三三
	奘	猛		率		玈		琂	琅		珶	瑯		球		[illegible]	珵	理		琄
一五三五	一三七一	一三七九	一三八五	一九四六	一九六六	二一四	二一〇	四三〇	六七三	六九〇	一五四二	六二〇	六二七	八三四	八四七	八五四	七三七	九六七	九八五	二一六九
現	琈	珽		琇		琀		[illegible]	[illegible]			瓷		[illegible]	[illegible]	甌	瓶	甜		産
一八八六	八三八	一二八九	一三九二	一八二三	一八三三	一八四二	一八四三	一九三七	二三六	一四七八	一四九〇	一二七	一五三	二〇六〇	三二六八	一四三	二五八	八九五	九〇一	一二五二
	[illegible]	畦		時		異		略		痎		痒			痍		痔		痏	
一二四四	八二	二一九〇	二一九八	九六二	九八三	一三七七	一三八八	二〇七八	二二〇五	三〇七	三一〇	六八一	六九四	一三四九	一二五	一一三	九七一	九八八	九七七	九九〇

痓 一四八
瘷 二〇三一
瘂 六一
疹 四四七 九九五
痤 五〇四
痞 二三五五
痕 四二三 四二六
晈 一一八七 一一九五
盇 四四八
盍 一八三三
眯 一〇七五 一〇八〇
眹 一一〇八 一一一四
眷 一六七五 一六八九
眭 一六四 一五四二

眲 一六五
眶 六七七
⿰目耳 二二五九
眮 九一六 一三五八
眵 一五九
眪 三〇〇
眴 三六三 一六八〇 一六九一
⿰目全 五二一
眳 三九一
眾 一三五六
眺 一六九九 一七〇五
聒 二〇三六
略 二二〇一 二二一七
眽 二二六八
眸 八一五 八二三

眼 二一五〇 二一五四
⿰禾㐱 二二〇四
硎 七五三
硈 二〇三三 二〇三六
硐 九一五
研 四七九 四九一
硌 二二〇〇
硍 二一五三
祥 六六五 六八六
票 五四六 五五八 一七〇二 一七〇八
祩 二一七六
祧 五三九 五五三
祪 九七七

九九一
祴 一〇一七 一〇二五
祭 一五〇六 一五一四 一五六五 一五七〇
祫 二三七九 二三八四
稄 一六五九
⿰禾列 一五四一
秸 二〇三二 二〇三五
梨 二〇七四
移 六八 九八 一四三五
秳 二〇三三 二〇六八
⿱穴孚 二七六
窔 一七〇〇

一七〇六
窐 二八九 二九八 六二八
窒 一九五五 一九六九
窕 一一八八 一一九六
⿱穴官 一一九八
⿱穴它 一七四七
章 六三三 六五三
竟 一七八五 一七九三
笵 一三五〇
笠 二二四〇 二三四七
⿱竹妥 二二三
笨 一一三六
笴 一一四一 一一四七

二三四
笘 九〇四 二三六九
笡 一七四七
笪 二〇二七
符 二三三 二三五
笙 七〇七 七一八
笭 七六三 七七〇
笱 一三〇七 一三一八
笫 一五三一
笏 一六三八
笮 二〇九八 二二一四 二二五七 二二六七
笞 九六 一〇九

一〇九八
笯 二五三 六一九 一四九三
笢 三五九 三七五 二一五
笲 四一八 四二九
笳 六一七 六二五
笥 一三八三 一三九一
第 一四九七 一五二一
笰 一九八四 一九八八
粒 二三三九 二三四七
粔 一〇一九 一〇二六

粖 二〇三三
粗 一〇六六
粢 一四三三
粤 一九九七 二〇〇八
粕 二〇九五 二一一三
紘 四七六 四九〇 一六八一
紽 六〇〇
紵 一〇〇七 一〇二二
紸 一四八一
絆 一六四八 一六五六
絖 二〇七三
⿰糹正 七四九
紲 一五三一 一五四一 二〇五六

二〇七一
紺 一八四二 一八四四
紱 一九七九 一九八六
絨 二〇一〇
紳 三四三 三六九
絅 七六二 七六九 二三九一
紬 八三三 八四七
紫 九三八 九五三
組 一〇三六 一〇五七 一六六五
紻 一三七一
累 一三七五 一三八八

細 一五〇八 一五一五
組 一六六八
絀 一九七五
終 五 二七
絁 一三一 一五五
絇 二四七 二六六
紨 二六〇 二七四
紙 二九九
紴 六一〇
紾 一一〇五 一一一三
紩 一九五九 一九七三
絧 一四三
紿 一〇九二 一〇九八

紹 一一八六 一一九五
缾 一六八四
⿰缶占 一八四九
⿰缶乏 二三五五 二三五九
冐 一六七九 一六九一
羜 一〇〇八 一〇三一
羕 一七六七 一七七四
⿱此羊 一六二
羝 二七九 二九四
羞 八〇四 八一九
翊 二三三 二三八
翌 二一八
翏 一九八八

聊	聃	聑		聐	耠	耚		耟		習	猴		翏	飿		猘	猢	猢	犕	獗
五三七	二〇三六	一四一九	九〇四	八九九	一五九	一二八	九八四	九六四	三四五	三三六	一九六〇	一八三四	一八二三	七六八	三七三	三五八	一三七	三八六	一三四	二〇〇〇
脛		脤		脯		脉		豚		脣			脫		脘	联	聇		聆	
三九〇	二一一三	二一〇五	一〇六〇	一〇四三	八五一	八二八	四三五	四〇九	三七三	三五一	二〇三四	二〇一四	一五六八	一二四七	一二四三	二〇七五	二一〇八	七六八	七五九	五四九
	脬				脡		脢	胮	脂	脞	腥	齒		脥	脴		脰	䏶		
五七一	五六六	二九三	二八八	五三二	五一〇	三三三	三三三	六五	一七一四	一三三九	七四一	一三七	二三八二	二〇七六	二〇六一	一八二六	一八二五	一七九五	一八〇四	一八〇〇
舨	舲		船		舳		舸	舤	舷		舂	腏			腹	脪		腁		腦
一五三〇	七五八	五一三	四九七	一八九七	一八七九	三三一	三三四	九〇九	五〇一	五六	四一	二一五	五一六	五〇三	三三四	一六二六	二〇七五	二一七三	二一一九	二一〇九
药		茲		菩	莢	梵	莨		惹		莎				莞		莘	舥	舴	舶
三七九	二七三	二五九	二七五	二六二	二〇五九	二〇三二	六九三	六九三	六八一	六〇八	五九九	一二五五	一二五三	四五五	四四六	三七五	三五八	二〇〇一	二五六	二四六
莊	胥		董	茸		莢	萊		茜		堇	莆		莍		茎		茆		
六四二	五七一	一八八六	一六五	三三六九	三三七一	三三六四	一九二〇	一八九八	一八八二	一六二三	一二一八	一〇六三	八五三	八四一	七三二	七三三	六六七	六六三	一二一五	一二〇九
	荼		莃		耘		菱				莫	荊	莧	荹	莇		莒		菌	
二六三	二三九	一八六	一七九	一六三	一四三	一五三	一二九	三二六七	三二五三	二二一一	二〇九二	二〇五三	一六六七	一四九三	一四五六	一〇二四	一〇一五	一九八四	七四七	六五六
葡		菈		莥		莠	莓		被		莛		莪				荷	菥		莩
一四三三	一四二八	一四一〇	一三三〇	一三二一	一三一八	一三〇八	一〇九九	三二六〇	九七九	七六六	七五五	六〇八	六〇一	一三三一	一三三五	六〇六	五九七	三五九	二六七	二五〇
	處		虖	虘	䖓		虙	菟		蔓	葱		著	荻		萑		莝	莜	莚
一〇三三	一〇一〇	二一七	二五六	六二〇	二七五	一八九九	一八八三	一四九一	一三三九	一三三六	一二一四	一一一四	一一〇九	二一七六	二一一八	二一〇三	一七三七	一七三四	一七〇七	一六八一
		蚷	蚰	蛅	蚰		蛆	蚾		蛰	蚶	蚲		蛄	蚿			蛇	虓	
二〇六三	二〇二八	二〇一三	一九八八	九〇四	八三九	二一〇	二〇〇	二〇六〇	二〇三五	二〇一三	八〇四	七三九	二六八	二五三	五〇五	六〇三	六二四	一二〇四	一九八九	一四四九
		術		衙		蚴	蛋		蛁	蛤	独	蚱	蚨	蚔		蚹		蚼		蚳
一九四三	一四三一	一四一六	一六九一	一六八〇	一三一三	八四二	六二三	五五六	五四五	三二六	五三	二一五七	二〇六〇	一五九七	一四九二	一四八〇	一三一三	二六〇	一五六	一三三

	裕		袼	袳	袧	袾		裀	袹			袺	袸	袴		袿	衺		袚	
三八四	三七九	三一七	三〇三	九二	三六五	二七四	三七八	三六三	二五六	二〇五九	二〇三六	二〇三三	一六八二	一四八八	二九八	二六九	一三九	一九八	一九二	一九六五
	訧		訪				觖	覓	覞		覒		規		覂		衮	袈		御
八五三	八二九	一七七三	一七六一	二〇七三	二〇五九	二〇一三	一四三三	二八五	一四三五	一七二六	五九三	一〇〇	七五	九二五	九二一	一八三一	一八二一	六二七	二一	二〇三
		訬		設	訒		訟	誇		許		訛	訽		訩		訥	訮		訝
二一八九	五七一	五六六	二〇六六	二〇四八	二〇三四	一三六三	一三六〇	一〇七六	一〇三三	一〇一一	六〇八	六〇〇	三六三	六〇	五一	二〇〇七	一九九七	九〇四	一七五一	一七四五
貧		責		販		豽	豝		豝	豛	豟			豉		谺	谹		訣	
三五〇	二四二	二三五	一六三六	一六三一	二〇三五	二〇三三	一九三一	六二六	六一九	二一七〇	二五八	一四九二	一四二七	一四〇八	二六七	二五六	七四八	二〇六五	二〇四六	二一九六
赽	赶		赾	赹	趀		赼		赦	赧		貫		貨		貶		貪	貥	
二〇五九	一四八一	一一三	二一九	七四九	一六三	一六一	一四〇	一七四九	一七四一	二五三	一六五四	一六四三	一七三七	一七三四	一三四四	一三三九	八八	八一	三六五	三七一
軜	軖		軘	䡊		趹		趿	跃		趾	趼			跂		趺			趽
三五四	六九四	四二八	四一八	二六三	二〇七〇	二〇五四	二三五七	二三五三	九九〇	九八三	九六三	一二六八	一四一三	九八六	九六九	二六八	二五一	七四九	七四〇	六八二
	逗		逝	逜		逑		連		逋	軙	䡇		軬	軠		軞		軝	
一八二八	一八一五	一五一四	一五〇七	一四八一	八四七	八三四	四九四	四八六	一六九	二五三	一九三六	一七六八	一二三六	一二三〇	八七〇	五九一	五八四	一五八	一三六	二三五七
	透				造		遂				逢	退		逞		逍		速		逐
一八二九	一八一六	一七二九	一七二三	一三一八	一三〇八	二六三	二三九	五八	四六	三五	三	一五七三	一二八四	一二七六	五五六	五四四	一八九三	一八七一	一八九〇	一八六一
郥	郁		郴	郰		郪		郭			部		郯	郱		逡		通		逖
二一八九	一三四六	八七五	八六八	八五三	二九九	二九一	二一〇七	二〇八四	一三一二	一〇六〇	一〇四〇	八八九	八八三	七七〇	三七五	三五九	三三	一八	二八五	二一七五
釭		野	酘	酌		酗	酓	酛		酖	郠		郵	郤	郚	郛		郳	郫	郶
二	一三四四	一三三七	一八二三	一六一九	一四九一	一四八〇	九一二	二〇二九	八八九	八八五	一〇五七	八一六	七九七	六九五	六二八	五二〇	三〇〇	二九一	一五八	一三七一
鈔		釳		釣		釧	釵	叙		釦	鈛		釬				欽			
一一九〇	一九八七	一九八二	一七〇五	一六九八	一六八九	一六七七	三〇九	三〇二	一三三〇	一三二一	三二六	一六五七	一六四八	一五五六	一五五〇	一五三四	一五三二	六六	六三	三五

釪 二〇六二 二〇七五　趼 三一五　閉 一五〇六 一五二四 二〇五五　閈 一六四八 一六五七　問 一六二〇 一六二四　陪 三一六 三一九　陊 一二三七　陭 一六二　陳 二四六 三七〇　陵 七七四 七九九　陬 八三五 八四四　陖 一二八三

陸 一八六二 一八九〇　陫 一〇〇〇　陲 一一〇八　陴 一一二四 一一五三　隃 四三二　陶 五四〇 五七六 五八八　陰 八六三 八七三　陮 一〇九九　陷 一八五二 一八五三　堅 二一九九　堆 三一七　雄 二三三〇　雀 二〇八二 二二〇六　雩 二四六

二六六　雪 二〇三九 二〇六三　彭 三八六　靪 七六九 三九一　頃 七三七 七四七 三七六　項 三九〇 三九三　頄 八四〇 八五三　飢 一一一 一四三　飤 四一九　馗 一三三 一五二　魚 一八七 二〇五　鳥 一二八五

一二九四　鹵 一〇三八 一〇五八　鹿 一八六〇 一八八九　麥 三一六 二三九

十二畫

亱 五八五　傛 六二 九二七　傞 六〇二 六〇九　傍 六一三 六八九　傓 一六九三　傚 一七一三 一七一六　傔 一八四七 一八四九　傑 五四

傲 一四一八　傳 一四七三 一四八八　傣 一四八〇 一四九二　傆 一六三六　個 一六八三　傒 二六四　傀 三一三 三二三 九二三　傜 五二三 五五一　傖 七一四 七四五　傑 二〇四六 二〇六六　御 二一〇三 二一一七　[illegible] 五九二　兟 三七七

逸 四四八　託 一四九三　凓 一九五九 一九七三　凔 六八〇 六九三 一七七五　割 二〇一五 二〇二四　厠 一五三〇 一五四〇　剴 三一六 三三四　剩 三五五　創 六四六 六五七 一七六七 一七七四　剸 一五三九　勞 五八一 五九〇

一七三三 一七二八　勗 一九二一　勝 七七七 七九一 一七九七 一八〇三　勛 二〇六〇　匑 二四　匲 二九一　匼 六九五　博 二〇八四 二一〇七　厥 一九九六 二〇〇七　厨 二一六　盧 三三五五　麻 二一七三 二八四 二八八　叙 一五四〇

喧 四〇四 四二三　喑 八六七 八七五 八三七　喗 二一一五　善 二一五七 二一七四 一六八〇 一六九一　喨 二六三　啻 一四一三 一四二九　喭 一六四九 一六五七　啇 三三三　喈 三〇六 三一〇　喓 五四一　喪 六七一 六八九

一七六五 一七七三　喃 九六八　喊 一三三三 一三四八　嗑 一三三四 一三五〇　嗸 二二〇一 二二一六　喫 二二七八 二二八六　喋 二三六六 二三七三　喁 五〇 六〇　單 四三三 四五〇 五〇八 五一九 一二四 一二六七

一二六八　喿 七六九　喘 一二六四 一二七　喟 一四四七 一五六五 一五七一　喝 一五六五 一五七〇 二〇三五 二〇一八　嗣 一九〇一　[illegible] 一九〇二　嗢 二〇〇一 二〇〇九　咢 二三四九　喦 二三七四　舶 二六一　嗳 四三〇 四三〇 一六五二

喬 五三七 五五二　喤 六七九 六九三 七一三　喉 八二五 八四四　啾 八三一 八四六　[illegible] 八八五　喚 一六四六 一六五五　喞 一九五六 一九七〇　[illegible] 一四四　喙 一五七九 一五九一　喔 一九三五　圍 一六九 一八一　堚 四三〇

惡	悽		悹	㥢	惼	惌		惲			惢	惉		愔	惀		愃	徯		
二五六	二〇二	一六五八	一六五〇	一四一七	一二六七	一二三〇	一二一〇	一二一八	一三二〇	九九三	一〇六三	九〇三	八七五	八六六	八四〇	一一三六	五三一	一三三〇	一八九一	一八六四
惑	惮	愷		惠		惎			惰	愐			愞		㥘					
三〇六	二六〇	一五四一	一五一一	一四九八	一四三五	一四〇三	一七三五	三七七	三三三	一一九	一七三七	一七二四	一二六六	一〇六五	一〇五三	三〇四	二〇七八	一四九〇	一四七七	二七一
			愓	愲		惴	惺			惕	㥔		悲		惵		愜		愊	
一五五六	一五五〇	一五三五	一五三三	一四四三	一四三九	一四一一	七五六	三七一	一二六三	六八四	二七五	一〇三	八〇	三一七三	三一六七	三一七一	三一六四	三一三三	三一一八	三一三六
愎	㤵	㦣		愀	悠		㥖	惇		惶	愋		愉	怗		惻		愁		愕
三三八	一八四七	一三三二	一三三二	一二九〇	一〇〇三	九二七	九二三	七七七	六八九	六七〇	四二〇	二二四	二三	三一六九	三一二八	三一一三	二八八	二八一	三二四	二〇九八
屋	屍		屝	屖		戢		戟		戠	惱	㥟	惰	愇	慈	惛		㦜	㥑	
一〇四七	九八〇	一八二	一一七	一一四三	三四五	三三四	三三九	三二六	三三一	三一九	三一九	一二八二	一〇三六	一〇〇〇	五三九	四二八	三二一	三〇七	一四三	三三三
揠	挈	揕	𢭏	揀	掅	揩	揥		楴	棓	揙		揃	搯		揨	揎		揮	
二〇三三	二〇二二	一八三九	一三四四	一一五三	九七九	三〇六	一八〇六	一五三八	一五三八	一三三四	一一八三	一一八〇	一一七〇	八五三	七四八	七四〇	五五九	一八二	一六八	一〇六三
		揯		揚			擊	揌				提	揊	揋	揳				揲	
一〇八二	七九五	七八八	六五一	六三一	五一〇	四七一	四六七	三三六	二九四	二八〇	一五六	一三三	三一九	二六〇	二〇七五	三一七三	三一六八	二〇七〇	二〇五四	二〇三五
		援	揆		揄	搜				揖	揾				揭		掌			揣
一六七九	四二六	四一三	三〇七	二六七	二四九	二五	三四八	三四七	三四三	三三九	二〇〇三	二〇七〇	二〇五四	一五三六	一五三六	一三六七	一三五四	一三一九	九五三	九三八
	揟	插		揤	揘		換			掣		揜		㨐		揗		捶	揰	揘
二三	二〇四	三八三	三三三	三一九	二〇五三	一六五五	一六四六	二〇四八	一五三四	一五一二	一三三六	一三三三	一三三三	一三一二	一六一二	一一一五	九五三	九三八	九二四	七三九
	斛	斜		斝		敍		握	掾		撰		揆		揉					揵
一〇五七	一〇三五	六九五	二四七	二四二	一〇九	九五	一九三五	一九二九	一六八八	一一八〇	一一五四	九八三	九六一	八四七	八三三	一一三四	一一三六	五三三	四三一	四二二
替		晻	㬰	晽		晴	晬	晼	晵			晾		旐				斮		斯
一五〇八	一三三六	一三三	一〇七六	八七七	七三	七一四	一五九三	一一七	一〇八一	一七七五	六九四	六八一	一一九六	一一八九	三一五	二〇九九	一九三三	一九二四	一〇八	九四

	朞		期		最		會		智		暑	暘	晫		景		晶		晳	
一五三	一三五	一〇四	八三	一五五四	一五四六	七九三	七八三	一三八八	一三七六	九五六	九四七	二一七〇	一九三〇	一三八三	一三七三	七四一	七二四	二八五	二七五	一五一五
棪		棨	棎	棓		栟		椖		椋		棬		棺		椌	腄			朝
一三四二	一〇八〇	一〇七五	八九八	八四一	七四七	七三八	七四七	七三八	六九四	六八一	五一六	五〇五	四五四	四四三	六七	六五	一五七	五五〇	五三〇	五二九
棷		棱		棼		棶			椅		棊		棱		椁	椊		棜		
八三九	七九三	七八四	三九六	三八九	三三四	三三六	九九一	一五七	一三四	一〇三	八二	二三七三	二三六八	二一一八	二三〇三	二〇〇一	一四五九	一四五四	一八四七	一三四五
	椓	椷				植		棟	棭				棧		棒		棽		森	
一九三四	一九二六	一六六〇	三三二五	三三〇五	一四二四	一四〇〇	一三五七	一三五三	一三四三	一六六七	一一五四	一一五一	三八〇	九二九	九二八	八七六	八六九	八七五	八六七	八五一
	棗	棵		棍		棋		棐	柴		棖		棠	榦		椒		棻		棫
三一七	三〇五	二四八	二三六	二三〇	一〇六六	一〇五三	一〇〇三	九九九	九九一	七四六	七三四	六八五	六六〇	六〇三	五五〇	五三一	三九九	三九三	三二九	三二四
棌	棯	楁		楰	椆		棚	棔		棆			椑		椎		棘		㮚	棝
一五九五	一三二七	一三一三	一〇五七	一〇三五	八五三	七一五	六九九	四一九	三七九	三六四	二八三	二九七	二八六	一四六	一一三	三三二六	三三〇六	一九一九	一九一二	一四九三
						敦	楷		極	椶		棣			椐	椔		集	榴	椈
一六三三	一五九三	一五八四	四四七	四二五	四〇九	三三三	三三五八	三三三三	三二九六	三〇七五	一五三五	一五二四	一四五五	二一一	二〇二	一三九	三三四五	三三三五	二〇一一	一八八六
	斌		斂	殹	軙		駇		敞		敗		𢿦		敢				散	
三七七	三六三	二二七四	二二六九	一五四二	一〇八一	一四三三	一四一六	一二六五	一二五一	一二三五	一三三〇	一九三六	一九三一	一三三五	一三三一	一六五三	一六四一	一二四六	一二四〇	一六三六
殘	殕	㟉	峰	歆		欲	歃	𣢲	欯		款		欺		欻		傚	敟		斐
四三五	一三一二	一九〇〇	一四一八	一一九三	一三三三	八九〇	一三三一	一九〇一	一七四七	一二四六	一二四〇	一〇九	九六	一九八七	一九八二	一五一三	一五〇四	一一八三	一〇〇三	九九九
渟		湔		渾		毱		毳	耗	毰	毀		殛	殔		殙	㱦	殖	殏	
七五五	五一七	五〇五	四二四	四〇六	一八九八	一八八三	一五三三	一五一八	三三六	一二六三	一八三三	二三三九	二二二四	一四一八	四三二	四二二	一六二	二三〇四	二八二	四五一
湛		湘		湮	減		湝		湖		渠		湆	湢		渡	涿	浚		游
八六八	六五七	六四六	三七六	三六〇	三三六	三一〇	三〇七	二三七	二一八	二〇六	一八九	二三四九	二二四三	一六八四	一四八三	一四六三	一四二〇	一三一九	八一八	八〇一

痞	痼		痡	瘙	瘁				疏		晙			畫	猷				番	
九七四	八四〇	二七〇	二五四	六五	三八〇	一四五八	一四五三	二〇七	一九三	一六一六	一六〇八	二二四〇	二三二九	一五五九	二六〇	六〇九	六〇三	四二七	四一四	二一〇

	發		登		痛		㾛	痠	痗		痤	瘇		痟	痏	瘃		痣	瘞	
二〇〇六	一九九四	七九二	七八一	一三五七	一三五三	一三二九	一三二六	四四九	一五八四	六二〇	六〇四	九八〇	五五四	五四一	五〇四	一九一八	一四二三	一三九七	一二八六	九八九

賑	夐		眼		睇		睆				盛		盜		皴		皓	皔		皕
一六二一	一一三七	一七七五	一七六八	一五三三	一五一八	一一五五	一一五三	一七九一	一七八二	七四三	七二九	一七二七	一七一九	三七四	三五六	三二六	一三〇四	一一四	三三三	一四三五

睄		眽	䀲	賊		睎	脩		睉			睋	瞐		睊		睍		睥	脛
一九二五	六九五	六八二	一八八七	六〇三	一八六	一七九	八五四	六一〇	六〇四	一六九三	一六八三	五〇八	一六九四	一六九一	一六七九	一一七九	一一六九	一一五四	一一五一	三八六

硞		确	硟	硪		硯		碏		硬	磃	碧		硜		硍	矬		短	
一九三五	一九三七	一九三	一六九三	六一〇	一六八六	一六七二	二〇七五	二〇六二	一七九四	一七八七	九二九	九二七	七四六	七三五	六九一	六七五	六〇三	一一四六	一一三九	一九三四

	稍	秧	補	秸		稅		稂		稊				祲	禘	䄄			視	祴
五一八	五〇八	三六九	一〇五二	二九六	一五一五	一五〇八	六九二	六七八	二九四	二八〇	一八三九	一八三七	八七六	八六八	二〇二八	五三二	一四三三	九五二	九三九	三三四

窘		窖	寑	窒	稭	稵			稌		稃		稀	程		稍		稈		程
二一〇六	一七一六	一七一三	二〇七三	一八〇五	一九一三	一〇六六	一〇六四	一〇五〇	二五九	二七一	二五五	一八三	一七五	一九三二	一七一六	一七一三	一一四八	一一四三	七四四	七二九

筑		筀		等		筐		笄	節	笡		筊	竢		竣		童		竦	
一八七六	一四九三	一四八一	一三九二	一三八九	六八八	六六九	二九五	二八三	五八	五四	五七〇	五六五	九九四	三七六	三六一	二六	二七	九二六	九二三	一一一三

笘	筏	笵		筝		筍	符	筌			筋		筞		筳		筒		策	
二〇一九	一九九六	一七〇三	一三五八	一三五五	一一一	一一〇三	六八三	四九七	三九五	三八七	三八〇	二七四	二六一	一六四	一四三	一三五八	二六	二三七	二二三	一八九五

統		綾	絑	綅		粥		粦	臬		粟		粢		筆		答		笿	
一三六〇	一三〇三	一三〇一	一〇八一	三三三	一八九一	一八六六	一六一七	一六一〇	一三二一	一九一四	一九〇四	一五〇	一三	一九六四	一九四〇	二三五六	二三五〇	二二一七	二二〇二	二〇二六

絪		絜		經		結		絓		絝		絥		絠	絙				絭	
三七八	二〇七二	二〇五八	二〇六九	二〇五二	二〇六四	二〇四一	一五七一	一五六五	一四八八	一四七三	一四三四	一四一八	一〇九九	一〇九四	四五七	一六九三	一六六五	一六三六	一六三三	一三六二

絑		絓	絛		絖	絩	絳		綅	絺	絢		絎	結	絡		給		絲	
二六〇	二七四	五一九	五七三	五八六	六九五	一一九九	一三六四	一三六五	一四一八	一五七一	一六七八	一六九〇	一七八八	二〇七四	二〇八八	二二〇九	二二三七	三二四六	八五	一〇四
絫		絮		絕		䍄		罦		罩	羠		翄	翔		翗	翛	翁		耆
九三三	九五〇	一四五〇	一四五七	二〇三九	二〇六三	九二八	九二九	二三五	八四八	一七一三	一四一	九九三	一一九六	六六一	六八五	一五四一	五三九	三二四三	三二四八	一三〇
	耋		耓		耠	聑		聒		腔		肼	胼	腑	脊		腤	腃	腕	
一五五	二〇五一	二〇六八	一九二	三〇〇	三三五四	三三六九	三三七四	二〇一七	二〇二五	六五	六七	五〇六	五一七	二〇六三	一〇七五	一〇八〇	一一三二	一四三三	一六四七	一六五六
脺	腋	[illegible]		脼		胾		腊		[illegible]		腌		腓		腎		䐃		腆
三〇〇三	三四五	四四八	四五六	一一六三	一一七〇	一四〇八	一四二七	二一五一	二二六四	三二一七	三三三〇	三三八二	三三八六	一七一	一八二	一一〇五	一一三二	一二〇九	一二一四	一二六五
	脹	脾		脽		腴		禽		腰	腍	腜	䐄	腒		腏	臦	臯		臬
一一七	一七六六	一一四	一四七	一一六	一五三	一一三	一三四	八六一	八七	一〇九八	一三六	一五八七	一八五四	一〇三	三一	二〇七五	一七七五	五七五	五八八	一四一五
	[illegible]	舀	舄		舒		舜		舼	舸	艞	落	[illegible]	菹		萊			落	萅
一四三一	一九七三	三一七	三三五	三四三	一八八	三〇五	一六〇四	一六一四	五四	三三	五八四	一三八	一六二	一九八	三〇九	三〇四	三一三	一四五六	二七六	四六三
	莦	蚈	落	蛟		菏		荓				萍		蛢	蒎		菩		菀	
四六九	五〇九	五一〇	五五七	五六二	五六九	六〇三	六〇九	七四一	七四九	七六三	七七〇	七八一	七六八	七七〇	一〇七五	一〇八〇	一〇九五	一〇九九	一一二七	一一三四
莌	菤		菼		萃		莀	蚤		菁	菐	蛛	萋	菘	萁		萋		萊	
一一七三	一一七二	一一八二	一一三三	一一三六	一三九三	一四三二	一五三七	一六八三	一六九三	一九〇二	一九一九	二一一七	二一七三	七	三一	一五〇	二七九	二九四	三三〇	三三〇
菆				華				菁	菊	菴	菶		莽			菻	莿	蓭	萄	
四四九	四五七	八一七	八四九	六一三	六二三	三六六	七三三	七四一	七三九	八八九	九一五	九一七	一〇五三	一二五七	一三六八	一三三九	一四三三	一七二五	一七二六	一七三一
菱	菝	菥		菈	蓮		菲			萞		萇		萬		萌		菌		菓
一八四七	二〇三三	二一八〇	二一八八	三三五四	三三八一	三三八五	一七〇	九九九	一〇〇二	四三〇	四三〇	六六三	六八六	六七八	六九二	七一一	七三〇	一一〇三	一一一三	一一二五
菡	菋		菌	蓇		莧	菽		萎				萑				菰	萮	萄	
三六二	一四四三	一四四七	一四九三	一六〇九	一六一六	一六六四	一八七〇	一八九三	一一四	一四六	一四一四	一四三〇	一三八	一五九	四四七	四五五	二七六	四三二	五七四	五八七

艸			菰	草		葯	菝		菊		菔		菜		葩		萏	菳	[illegible]	萿
一三六三	二七六	二三八	二三〇	二八九	二八六	二七八	一八八七	一八九〇	一六六一	二三三〇	一八〇〇	一五九〇	一五七六	一四四七	一四四三	一三三六	一三三二	八七七	七四八	五八五
畫		蛙	蛦		蛩		虜		虛		蓎		蓑		菡	蔹			菟	
三二一	三二〇	三〇七	一五九	五八	四七	一〇六三	一〇四七	二〇七	一九四	二〇〇三	一九八九	一九一九	一九一三	一三三六	一三三二	五三〇	一四七九	二六八	二五三	二七一
蛤	蛒	蛥	蛞	蛫		蛛		蛐	蚰	蛪		蛚		蛣			蛭		蛘	蛸
二三五二	二二五七	二〇五六	二〇三二	九九一	二三四	二三〇	一六三	一四三	四三〇	二〇六〇	二〇六七	二〇五〇	一九七二	一九五九	一〇五四	一九七〇	一九五五	二一七〇	二三六二	三三五
裂			裋		補		裁	祱	裗	衙	衕		街	衆		衈	蜊	蚌	蛝	
二〇四三	一四九三	一〇六五	一〇五二	一〇五八	一〇三七	三三〇	二一九	一五四〇	八四〇	一六八四	一三五八	三〇九	三〇三	一三五二	一四二七	一四〇八	三二九	八四八	四六七	二二五七
覘		覡		覃	覂		裙		裕		祰	裘		裒	袶	補			裎	
八九七	二〇七四	二〇六〇	八八六	八七八	三〇〇	三九五	三八五	一四八七	一四七一	一三三三	三一六	九七八	八四八	八三六	二四	二〇六〇	二一八六	二一八一	三七七	二〇六四
詠		註		詑		解		觚	觥		觛				觜	覞		覗		
一七八三	一四八七	一四七〇	六〇九	六〇二	一〇八四	一〇八二	二三八	二三〇	六七	一二四八	一二四四	九五〇	九三四	一五九	一三七	三〇〇	一六〇	一三九	一八四九	九〇二
訛	詁	訳	訵				訾		訹		証	詍		詀	詌	評		訶	訦	
九九二	八九八	一六五	一四三	九五三	九四〇	一五〇	一三〇	一九七四	一九六二	一七九四	一七八八	一五四一	一〇六三	一〇四九	八八六	七〇二	六〇七	五九九	二〇五九	一七九二
診		詆	評		詑		詘	䛎			訣		詛		詈			詷		詎
二二〇四	一〇七八	一〇七二	二七五	一五四	二一八	一九八七	一九八二	一八三三	一七八八	一七七五	一七六八	一四五八	一四五三	一四二八	一四一〇	一七九四	一七八八	一二九〇	一〇三五	一〇一八
豠		詔	誂		詖			詒	設		詞		詄	詥		詐		訴		
二〇四	一七〇四	一六九六	一六三六	一四二六	一四〇六	一四一四	一〇九八	一〇九二	六二二	一〇四	八三	二〇七三	二〇六〇	一七八八	一七五〇	一七四四	一四八七	一四七三	一六二一	一二三
	買		貨			貰		貳		貯		貂	䝟	豾	豰	豿		象	豨	
一〇八	一〇八二	一〇九	九六	一七五一	一五三三	一五一九	一四二二	一三九三	一〇二二	一〇一〇	五四七	五二四	六八三	一三八	一九一九	一八二四	二三六四	一二五〇	一五九	二三
				費		貱	貶		貽		貿		貸		貾	貼		貺		貴
一九八九	一四四六	一四四四	一四三八	一四三三	一四三二	一四一六	一〇二五	一五三	一二六	一八二九	一八一七	一五九〇	一五七九	一五七	一二五	二三七〇	一七七二	一七六一	一四四四	一四三七

賀		赧	越				趄		越	趁			趆	趙	超		趀	跎	跇	
一七三三	一七三六	一二五五	一九九一	二〇〇五	二〇一九	二〇二六	二〇三	二二三	九九二	一二七一	一六〇九	一六二七	二四八、	二五六	五三九	五三〇	二〇七三	六〇九	一五三〇	一五四一
跋		跋		𧿒				跳		距		跙	跕		跔	跈		跗		跖
二〇〇三	二〇一〇	二〇一八	二〇三五	七三九	七四八	一三六三	一三七一	九七八	九九二	一〇二三	一〇三三	一〇一八	二三六七	二三七三	二二七〇	一二七一	一二八一	一四七九	一四九一	一五三八
跑	趺		跲		跛		𨀁		軏		軲	軻		軒	軷		軹		軶	
一九三二	二〇五三	二〇六九	三二六	三三四	一三二八	一三三三	一九八四	一九八八	二二四七	二二六三	二六三	六〇七	一三三三	七四一	二〇一九	二〇三六	九三〇	九四九	二六八	二七九
軮		軸		軥					軱			軨		軵		軫		軼		
二三六三	一三七一	一八六一	一八九〇	二四七	二六六	八三五	八四八	一八三四	二二五四	二二七〇	一〇八〇	七六三	七九〇	九二三	九二六	二一〇〇	二一一〇	一九五四	一九六九	二〇五六
軺		蚤		希	幸		逭		迸		逌	逵		遣		迸	逴			透
五五三	五五一	七六八	七九五	一二三〇	二三九	二三七	一六四九	一六五八	一七八六	一七九三	一八六六	一一九	一四九	二〇三	二一七	三八〇	一九三〇	一九三六	二〇一	一三八
	遛	廼	進		逮				遂	逯		遜	鄆		都		郟	鄙		鄄
一六〇	五三〇	五三三	一五九九	一六一三	一五三〇	一五三三	一五八〇	一五九一	一九〇一	一九一三	一九一八	一九六二	一六二三	一六二五	二四四	二六五	一五三九	一六三二	一六三六	一六九二
部		鄂		都	鄃	鄉		御	郞	郿		郯		鄐	酡	酣		酤		
一五八四	一五九三	二〇九三	二三三	二〇一	二七四	七〇六	七一八	八四〇	一八三四	一三四	一五七	一二八	一六〇	一八〇	六〇一	八三三	八八八	二六八	一〇五〇	一〇六三
	酘	酟	酢		酓	量				鈁		鈧		鈇		釾	鈃	鈑		鈍
一四七八	二〇二三	八九九	二〇九七	二一二三	一六三七	八六七	八六七	一七九九	一七一	六八〇	六九三	八六九	八七六	二五一	二六八	六六	七六三	一一五三	一二五五	一六三〇
	鈁	鈎		鈋		欽		鈐		釿	鈲	鈒	鈔				鈀		鈗	鈕
一六三五	二九九	三五三	三七三	六〇四	六一〇	八六一	八七三	八九六	九〇三	二一四	二八八	三五八	五六二	五六八	一七一三	一七一六	六二二	六二七	一一一五	一三一八
釗	鈇		鉄		閔		閍	悶		閌		開		閑		閡		閏		間
一六一八	二〇五九	二〇七三	二〇五九	二〇七三	一二〇三	一一一三	一六一八	一六三〇	一六三五	一七六七	一七四	三一七	三一九	四六五	四七〇	七一三	七三〇	一六〇三	一六一四	四六四
閇				閈		隊		陙	階		陝		陼			隋		隅		隄
四六五	四七〇	一六六一	一六六六	一五三九	一五七二	一五七三	一五八八	一七九	三〇三	三〇九	七八七	七九五	一〇一九	一〇三五	一〇六七	一三三五	一七三七	二二五	二三三	二七九

	隈		陽		隕	陽	隆		隃			隍		隉		隊		雇	雄	雄
二九四	三三	三一七	六二九	六五一	七四九	二一〇四	三	三〇	三五六	二七一	一四九二	六七〇	六八八	二〇五三	二〇六九	一一七三	一一八二	一四六九	六九五	九

	集	雁	雅		雉	雱	雲		霁	雺		靪	靯	靬		靸	乾	靮		靫
二六	一四三	五三〇	一三三八	一三四五	九〇四	六八一	三八二	三九四	一七九五	三八九	三九七	二七三	一〇五三	四二八	一六五九	三〇二	二〇一一	二一八〇	二二八七	三〇九

靭		項		須		順		頊	飥	扊	馮				畢	馭	馭		骩	
一六一〇	一六一七	九二八	九二九	二一九	二三	一六〇〇	一六一三	一九〇一	二〇九五	一一八三	九	二九	七八七	七九五	四七一	二〇三六	一四五〇	一四五七	九七二	九八八

骱		高	髟		鬯		黃		黍		黑		黹		十三畫	亄			亂	
二〇〇三	二〇一一	二一八七	四一七	四二八	一九五四	一九六九	六四二	六五六	一〇〇九	一〇三三	三三〇〇	三三二四	九七九	九九四		一四一八	一四三四	一九六二	一六四〇	一六五三

亶		雍		傭		傹	傳		僄			傮		傾		僉		傴		傸
一一四三	一一四七	一三六一	一三六三	四八	五九	一七八八	五〇〇	五一四	五四四	一七〇三	一七〇七	五八五	五九二	七三三	七四五	八九七	九〇二	一〇五一	一〇六五	一三六三

債		僅		僞	傳		僆	傲		傶		僦	催	傰	僂			備		僈
一五六〇	一五六八	一六〇九	一六一六	一六三七	一六七一	一六八六	一六八一	一七二二	一七二八	一九一二	一九一九	三三四九	三二八	七八八	八三八	一〇五二	一〇六五	一三七八	一三八九	一六五二

僡	傷		傱		傺		僁		僩	僇				傪		偋	與		凗	凙
一六六八	六六七	六八七	九二三	九二七	一五三二	一五三四	二〇五九	二〇七三	二二六〇	五六六	一八三三	一八二一	一八六八	八八五	八八九	一七九五	一四五三	一四五八	三二七	一九七四

務	剸				剽			剾	剺			劁	剷	劊		劉	勤		勢	勢
一五七	四四九	四五七	二一七〇	二一八〇	五四四	一七〇〇	一七〇六	八三八	一九六一	一九七四	二〇七六	二四	一六五九	二〇五九	二〇七三	八四三	三八七	三九五	五九二	一四九五

	勳	勣	募			勦			勠		匯		匲	匰	厦	埤	叜	𠫬		嗞
一五一〇	一七〇七	二一七三	一四七〇	一四八六	二一六七	五六五	五七〇	八四〇	一八八三	一八九九	一〇九二	一〇九八	二三三三	三九三	九九四	九七八	一一六四	一九六三	二〇六一	一四三

	嗃				嗟		嗙	嗛			嗌		嗔	嗜		嗦	嗄	嗀		嗕
一六五	五六五	五七〇	二〇九九	二一一五	六一七	六二四	七四八	九一二	一三四一	一三四五	二二五二	二二六四	五三〇	一四〇九	一四二七	一四七九	一七四五	一八八五	一九三七	二一〇三

	嗇		嗑		嗤	嘆	嗣		桑	嗒		嗚			嗁		嗂	嗥	辟	噌
二一八	二一六	二二三〇	二二五三	二三五七	一一〇	二二一五	一三九四	一四一二	一七一六	二三五四	二三五八	二六一	二一七五	一四八一	二一八一	二一九五	五二六	一七〇二	九七七	二三八一

一九三六 搓 六〇三 六〇九 搪 六八〇 捘 八二二 揁 一一七一 搒 一七九五 搳 一〇三四 二〇三七 搇 二三五三 二一六五 搷 五〇九 揻 九七九 一四一八 一四三四 摲 一一三一 一一三七 搢 一六一〇 一六二七 搙 一九二二 一九三一

搣 二〇八一 二〇七四 搏 二〇九〇 二一一〇 搞 二一五八 二一六九 揖 五四 九二七 揑 六五 摑 四二〇 二一三一 二〇三三 搋 四三一 搜 八三三 損 一一三四 一一三三 搵 一一一九 一六三三 一六三七 搰 二〇〇〇 二〇〇九

搥 三二五 搖 五三三 五三一 搯 五八五 五九二 三三八〇 搶 六七七 六九二 搫 八三二 八四六 搨 八四七 摅 九八〇 搬 二〇三〇 搮 二〇七四 搔 五七八 五八九 一七三二 撊 一八四七 一八四九 搦 一九三〇 一九三六

三六八 敳 一〇六六 敦 一三三〇 数 一七二六 敬 一七七七 一七八九 敞 一一一〇 敫 三一六 敵 三三八二 散 一一一五 斒 四六六 斛 五四三 五五五 斟 八五七 八七一 新 三三七 三六六 旓 五六五 五七〇 旒 七九九 八一七

猧 一三三五 暆 一五七 暉 一六八 一八〇 暄 四〇四 四三三 普 一〇三八 一〇五九 暈 一六二一 一六二四 暗 一八四一 一八四三 暑 一〇〇九 一〇三三 暏 一〇六六 暘 六六六 六八七 睸 一三三三 暅 一八〇二 暍 二〇〇〇 二〇〇九

二〇二〇 暐 九九九 瞖 一一〇九 一一一五 暇 一七四〇 一七四九 會 一五四三 一五四九 一五五三 一五五五 膄 三 椸 一三九 一五五 楎 一七八 四三〇 楄 五〇八 五一九 榔 六七〇 楟 七五五 七六六 棗 一三八一

一三九〇 楦 一六三三 楶 二〇五六 二〇七一 椷 一七九 一八五 椿 三五七 楂 六一六 六二四 榔 六三〇 椹 八六五 楲 九〇八 九一二 楮 一〇一〇 一〇三三 楚 一〇一三 一〇二三 楷 一〇八三 一〇八五 葉 一一七一 一一八一

楝 一六八〇 一六九一 楱 一八二三 一八三三 楅 一八七九 一八九七 三三三〇 楋 二〇二七 榫 二〇三四 楔 二〇五三 二〇六八 榏 二三五七 椳 三三三 椯 五一二 二三三五 楊 六三〇 六五一 楨 七三六 七四六 楧 七四八 楛 一〇五〇

一〇六四 楷 一三八七 楣 一七三〇 楇 一七三八 楬 二〇〇一 二〇〇九 二〇三三 二〇五六 二〇七一 楉 二一〇二 楫 二三六二 二三七一 業 二三七七 二三八三 楓 二 三〇 椶 三 三五 楡 三三〇 楰 三三四 三七三

梗 五〇六 五一七 楹 七三五 七四二 楸 八〇五 八三〇 楀 一〇六五 楯 一二〇三 一一一一 楥 一六三七 椴 一二四八 一六五〇 一六六〇 椱 一八三四 梁 二一一八 楣 一一一 一四五 楈 三一三 椽 五〇〇 五一四 一六七四

椒 五八四 椵 六二八 楑 九四四 椲 一〇〇三 楗 一一三六 一一三三 一六三八 楺 一三二一 一三三〇 椒 一八三三 楙 一八二三 一八三三 椉 一八八二 一八九八 楃 一九三五 梋 二〇七二 歆 八六七 八七五 歅 三六〇 三七六 歁 九〇九

殖	殜		碎	殭		歲		歃	飲	歙		歛		歐	歔			歡		
三二五	一六五二	一九七四	一九六二	九二七	一五一〇	一四九六	二三八四	二三七九	一八三五	一七〇七	二六七	二四九	二〇〇六	一九九四	一四三四	二一七〇	五三三	五二一	一三三七	一三三四
		溶	瑜	毹			毻		殿		毀		毃		[illegible]	[illegible]		婑	殟	殗
九二三	五九	四八	二六八	二〇二〇	一七三八	一七三五	一五五二	一六八四	一六六九	九四九	九三二	二二八	二八一	一五九五	一五八六	一五三二	一四三〇	一四二四	二〇〇二	二六八二
	滈	滓			溓				溟		溏		滂		溠	溾	滾		滋	
一三三二	一三一三	九八八	一三四五	一三四二	九〇四	一三九二	一三八八	七七八	七七〇	六九一	六六二	六九一	六七五	六二七	六三〇	四三〇	一四	一〇五	八六	九二六
滅	溧		溽		溥		溝		滆		滇		源		溙		溢	滙	滀	涎
二〇四四	一九七三	一九一八	一九一二	一〇六四	一〇五二	八四五	八二七	六二〇	六〇二	五一七	五〇六	四三三	四〇一	三七六	三六〇	一九六八	一九五〇	一九三七	一八八七	一八二四
滮				滑	消		溷	混	溳	澢		溫		湞	溰		溘		溼	
一六三	二〇三六	二〇三三	二〇〇八	一九九九	一七〇三	一六三六	一六三一	一三六一	一三三五	九九三	四二四	四〇七	三九八	三九二	一七八	二三五七	二三五四	二三四五	二三三六	二〇六五
滓	潤	溞	滁		滌	滐	流	溜			準		滃	溲		滄		滔		溾
一四五九	一三四一	五八五	二一二	二一八六	二一七	二〇六一	二〇〇三	一八一五	二〇七三	一一〇三	一一一	九一七	九一五	八三三	六六九	六七一	五八九	五七九	一〇九四	三〇八
賨		煉		煁		煙		煩	煤		煔		煎				煇			溺
一七〇三	一六九四	一六八三	八七六	八六九	四九〇	四七六	四三三	四〇三	三一五	一八四九	一八四七	四九三	四八三	一一三六	一一三	一八一	一六八	二八五	二七五	二一六
煌	熜	熯			煜		照	煟			煦			煬	煓		煨		熙	煠
六六九	二四	二〇七四	三七二	一八九七	一八七九	一七〇三	一六九五	一四三三	一四九〇	一四七七	一〇三四	一七七四	一七六六	六七七	四四八	三三二	三三三	一〇九	九五	二三六八
犎		牏		牒		[illegible]		牑	爺		煣		煒	煆		煥		煖	焭	
五三	八四八	二五八	三一七〇	三一六〇	三三三	三一一九	五二〇	五一〇	六二〇	一三二一	一三三三	一〇〇二	九九八	六二〇	一六五五	一六四六	一二四五	一二一八	九二四	六六八
瑚		瑁		瑄	獒		獀	[illegible]	獅		猾	猷	獄	[illegible]		猷	猳		犍	猥
三一八	一七三〇	一七二五	五一七	五〇六	二二〇一	八五三	八四一	八四〇	一一〇	二〇三四	二〇三〇	一八八四	一六四	一三五〇	八一八	八〇二	六三	四三八	四一八	二八三
瑗		瑀	瑝		瑜	瑒	琲		瑞	瑛	瑓		瑟		瑇		瑊	瑬	瑎	
一六七九	一〇六四	一〇五〇	六九六	二一三四	二一三〇	一七七六	一五九四	一三八八	一三七六	七一五	二〇二七	一九六八	一九五〇	一五九五	一五八六	九一〇	九〇八	二三四	三二一	二三七

甓	軝	瓻	瓡	瓬		瓶			瓿	璭				瑑	瑋	琜		瑕	瑂	
一八四九	一三五五	一三八二	三〇八	一五九五	七六八	七六〇	一三一八	一三〇七	二三五八	一九六三	一六九四	一六八四	一一七八	一一六七	一〇〇〇	八四一	六二四	六一五	一六三	一六九一
瘀	瘄	瘖		曖	齡				當		畸		畹	甜	㪍	甥		甀		甞
一四五四	一二四四	三三五	二〇七三	二〇五八	一〇三五	一七七二	一七六二	六九〇	六七三	一五七	一三四	一二三四	一二三七	八八四	八六九	一三八二	二九七	二八六	一七七六	一七六八
瘅		痿		瘍		痼			痱	瘕		瘌	瘃	瘶	瘂	㽽		痳	痶	
一四〇	一五七	一三四	二二六九	二二五九	一四八四	一四六五	一〇九九	一八四	一七八	三三三二	二〇二七	二〇二一	一九一二	一五九六	一三四三	九七八	八七六	八六九	二〇二八	一四五九
盬				盟		盡				㪔	瓶		痾	瘌		瘁		瘖		
一三三三	一七九四	一七八八	七一七	七〇四	三三五七	三三五五	三三七〇	三三六〇	三三一六	二二〇〇	三八二	六〇七	五九九	一五二八	一四三四	一四一八	四三一	三六四	一四二六	一四〇六
	晴				睚	睘	䁥		曹	䁞		睟		睒	睕		睧	睃	盝	
一三八一	七三三	一五七一	一五六六	三二一	三〇八	七四〇	二七四	三五	二一	一六一八	一四二三	一三九九	一三四六	一三四二	一二三〇	一五三九	一〇三六	五四四	一八七九	一三三六
睨	䁓	睌	睔	睧			睢	睗		督	瞖	睯		睫		睪		睦		睞
一五一九	一一五五	一一五三	一一三六	四三一	一四三一	一五一	一三	二一七〇	一九一七	一九〇九	一二五五	一八五	二三七一	三三六四	二二六九	二三五九	一八九四	一八七四	一五九四	一五八五
碄	硻		䃏		碕		碎	碆	矮		雉	矲	綣		猎		睩		睥	
八六九	六二七	一一五三	五一三	一八五	一七九	一五八九	一五七六	六〇二	一〇八五	九八二	九五九	二九一	一五九七	二二六九	二二五八	一八九九	一八八三	一五三四	一五三三	一五三三
	禁	祾		祺	䘹		碏	碌	碯	硋		碓		碑		硯	磍		碏	䃞
一八三八	一八三五	七八八	一五三	一二七	一五八七	三三五八	三三五四	一八九七	一三三三	二二六七	一五九二	一五八三	九九	七〇	一一三六	一一三一	七四八	二二一五	二二〇〇	一五八六
稞		稛		稙		稑	稌	稕	稡		稾	稤		祿		禂	禆		祼	祴
一三四八	一二三六	一二〇八	三三三二	三三一九	一八九七	一八八〇	三三三	一六一八	一五五八	一三一八	一三二五	二四	一八八九	一八五八	二三三三	二五八	一二九	一六五八	一六五〇	五五七
竫	竱	竨	竮	竷		窟		窞		窠		窢	窣		稗		稔			稠
一三八二	一三四八	三二一七	一〇九九	二〇三六	二〇〇六	一九九四	一三三六	一三三三	六〇七	五九八	三三三三	三二六一	二〇一一	一五六九	一五六三	一三二八	一三三五	一七〇七	八二二	八〇九
箣		箕		筑	筭		筯		筮	筬		筠		筣	筦		箕	竰	竦	
四四八	三三八五	三三八一	一八九五	一八七六	一六四二	一五四二	一五三一	一五一五	一五〇九	七四〇	三七一	三四八	二二〇四	一九三二	一一四八	一三七三	六七六	一八九九	一四三三	二三八六

四五六
筲 五四四 五六九
筥 一〇一五 一〇二四
筡 二〇三 二七五
箏 二六〇 二七四
筳 四八四 四九三 七六三 七六九
筋 一九三六
筰 二一八
箾 二 二六 六六六
粱 六八七 一六四六
粲 一六五五

粰 八三八
糎 一四四三
綈 二六一 二九五
綜 四四七 一一三七
綐 一五五一
綀 二一三
經 七五〇 七六四 一六〇一
綠 八三四 八四七
綆 一三七九 一三八五
綍 一九八〇 一九八六
綮 二〇七四
約 二一〇一 二一一六
綊 三三七四

絿 三八二
綃 五三九 五四九
綎 七六三 七六九
紹 一〇一九
絹 一六七四 一六八八
綏 一一八 一四九
絺 一一九 一四九
緜 四三〇
綖 五〇一 五一五
綎 七六二 七六九
綒 一一〇九
絻 一六二三 一六二五
綌 三三五四

二六五
綅 八七五 八九七
罝 一三六七 一三八四
罧 一八三八
罫 二六九
罭 三二四 三二九
罪 一〇九九
罩 一七一六
罨 三三三
罹 一七一六
罯 三五四 一六七六
羑 一六八九 七四八
羥 一三七一
義 一三八六
羣 三八五 三九四

翣 三四三 三八二 三八六
耡 二〇三 二二
耥 一四五九 一七一三
耦 一九一三
聖 一七八二 一七九二
聘 一七八六 一七九三
肂 一四一一 一四二八
肆 一三七八 一三八九
肅 一八六六 一八九二
腣 二九九
腴 一六六 一六三三

一七三一
腊 三二一
腜 三三五 三三三
腰 五三六 五五二
[illegible] 八五三
腩 一三三四
腠 一八二二 一八三三
[illegible] 三二六八 三二七三
腡 六〇四
腸 六四九 六五八
腥 七五六 七六七 一八〇五
腲 一〇九四
腨 二一七三 二一八三

腸 一五三〇 二〇三
腫 九一八 九二四
腶 一六五一 一六六〇
腹 一八六一 一八九〇
腯 一九九九 二〇〇九
腳 二〇八二 二二〇六
[illegible] 一四三
腬 八三九 八五一
腞 一二八三
腦 一三〇八 一三一九
腛 一九三二
與 一九八 二一〇

一〇〇八 一〇三一
舅 一三〇五 一三一七
艆 六八二
艂 六五
艅 二三
艀 八四一
艁 一三三三
艇 三六八 三九二
萁 三
葹 一一七
葷 三八八 三九六
萱 四〇四 四一三
萍 五一〇
蒿 五一〇 一一八一
菖 七四九

萷 一六八二 一六九三
葵 二〇〇三
萿 二〇一三
落 二〇八〇 二二〇五
葑 五一 六〇 一三六三
葳 一七八 一八五
葽 五四一 五五四
葝 七三九 七四八
葴 八六九 八七六
葙 八九九
著 一〇三五 一四五〇 一四五七

二〇八九 二一一〇
萸 二一七三 二一八二
葚 一三一五 一三二八
[illegible] 一四三五
菄 一六八三
葬 一七五九 一七一
葍 一八八三 一八九八
莚 一九七四
葀 二〇三二
葉 二三六〇 二三七〇
蓖 一三八 一六〇
[illegible] 一四〇
葛 六九四

菌 九五九 九八二
葸 九八〇 九九四
萬 一〇六五
萬 一六二七 一六三四
萺 一七三二
葛 二〇一六 二〇二四
葶 二〇八九
葃 二一〇三
葥 二三二九
葺 二三四一 二三四八
葱 一八 三三
葼 三 四
萮 二五八
葋 二六〇

萸 二六七　䔛 六〇四　葩 六一六 六二四　葟 六八三　萩 八四〇 八五三　葳 八九〇　董 九一三 九一六　葆 一三一一 一三二〇　葹 一五三〇 二〇六一 二〇七四　葰 一六一三 一六一九　葎 一九七五　葵 八五 一〇四　蓄 一一三

一五一　一四三五　䓡 三六五　䕒 四六七 四七一　葭 六一八 六二五　蒴 九七八 九九二　葦 九九七 二〇〇二　蕢 一三一一 一三二〇　菽 三二一五 一八三三　葯 一九二九 二〇九九 三二一五　虘 一六一　豦 一四五五　搋 一八四三

一八四四　虞 二一四 三一三　號 五七六 五八八 一七一八 一七二七　蛡 二八一　蛝 六七三 六九〇　蛻 一五二五 一五三六 一五五〇　蚤 四八 五九　蛛 五三 六一　蛇 六五　蛵 七七九　蛷 八四一　蜅 一〇五三

蛙 一〇七六　蜃 一一〇六　蜇 二〇六一　蝀 二八二　蛺 二三七三　蜎 五〇五 五一七 一一六九　蛸 五四二 五五五　蛘 九七八　蜆 一一七九 一六八一　蜀 一九〇八 一九一六　蜂 四六 五八　蜒 五〇六　蛾 五九六 六〇六　蜓 七五五

七六六 一一六七 一一七八　蚜 八三四 八四八　蜏 一八三三　蜉 二〇三三 二〇六二 二〇七五　蛹 九二一 九二六　衙 六一六 六二四 一〇一七 一〇二五　衛 九二三　䘺 一一三〇　裧 一一三四　䘹 一五八七　䘸 二一五九　䘴 五一二

裘 八一三 八二三　裺 八九〇 一八五三　裲 一三六三　裴 一五四一　裬 一七〇三　䙄 二三四九　裮 六八一　裹 九六八 九八六 一四一六　裸 一三一八 一三一三　裔 一五〇五 一五一四　裼 二一七九 二一八六　裛 二二四三 二二八六　裨 一一九

一一五四 一一五四　裯 二二五四 五八二 五九〇 八三三 八四七　視 二九〇　裪 五八三　裾 一八九 二〇六　裟 六二〇　裝 六四五 六五六　褔 一九八三　覜 一七〇一 一七〇七　覛 二一五六　觠 五一三 五一三 一六八二

觟 三〇一 二二四四 二二四八　觛 四三〇　觜 一五三八 一五三八　觥 六九九 七一五　觤 九七七 九九一　觡 二一一三 二一六五　解 一五六五 一五七〇　該 三一八 三一九　詨 五六五 一七一三　詳 六六六 六八七　䛕 六八三

六九五　詶 八四〇 八五三　詑 一七四五 一七五一　詩 八二 一〇三　詼 三三三 三三二　詽 四六七 五一九　誇 六一六 六二四　䛔 六一八　誄 九六一 九八三　試 一三八〇 一三九〇　詠 一四一六 一四三二　誀 一四一九

詣 一五一七 一五三二　詿 一五六六 一五七一　詰 一九五四 一九六九　詯 九九三　詷 三一 三五 一三五五　誅 二二〇 二二四　詢 三五七 三七五　詵 三六〇 三七六　詮 五〇四 五一六　詹 八九五 九〇一　詾 九二三

詭 九三三 九五〇　誃 九七八 九九二　誂 一二九二 一二九八　話 一五六三 一五六九　誚 一五九五　詺 一七八八　詬 一八一七 一八三〇　詻 二二五七 二二六八　詥 二三五八　詡 一〇五〇 一〇六四　詪 一一三一 一一三六　豋 一六九三　豊 一〇八〇

豋		豥	豢		豣		狪	豦	豰	豤		豠				貏	貊		貅	貉
七八二	七九二	三二六	一六八三	一六六六	五〇五	五一七	二三	三三	一五一	四二	一二三六	四一五	四二七	四四三	四五四	一四一九	二五四	二六五	八三三	二〇九七

	貀	貄	資		賁						賄		賈				賊		賂	
三一四	三一七	一四八	一一〇	一四五	三九一	三九七	四一七	四一八	一四一三	一四二九	一〇八六	一〇九五	一〇三三	一〇五五	一二四一	一三四六	一三〇一	一三三四	一四六一	一四八三

賃		貧	貤		赳	趀	趆	趙	趌		趍	趎	趉		趚	趛	趞	跠	跬	
八三七	八三九	三八二	三一七	三三二	一六三	七八八	七七五	八三三	九六一	九七三	一五九	二五七	五五六	七〇三	一〇八一	二五七	五三	一三八	九七四	九八九

趼		跨		跮		跚	跦	跧		跳		跪		跣		路		跢	跲	
一六八一	一六九三	七四五	一七五二	一九六一	一九七三	四五五	二五八	五〇七	五一八	五三六	五四八	九四六	九五五	一二六五	一一七	一四六〇	一四八二	一五五一	三八一	三八五

趐	跟		軿	輆	軮	較				輛	輧	軭		輁	輂	載				輊
一六〇	四一七	四二八	七七〇	一〇九四	一四三〇	一七一二	一七一六	一九一三	一九三三	一四三	二九二	六八二	六九四	九二三	九二三	一〇八八	一〇九七	一五七五	一五八九	一四一〇

軾		葷		輇	輈		軫		輅		衛	辡	辠		辟			農		逾
三〇四	三三五	一九一	一九一八	五三三	八一三	八一三	一〇七六	一〇八一	一四六一	一四八二	一六九二	二〇一九	一〇八八	一〇九六	二二四四	二二四五	二二六一	一三八	五五	八二一

	遈		道		遂		運		迦	達		逼		遄		過				遏
八二	一一七二	一一八二	一三〇六	一三一七	一三九五	一四一二	一六一〇	一六二四	六二七	二〇一三	二〇一三	三三〇九	三三一七	五〇四	五一六	五九七	六〇七	一七三三	一七三六	六八四

	遇		遢		遌		逾			遑		遁	逸		違		逮		遐	部
一七七六	一四六〇	一四八二	二〇一七	二〇三五	二〇九五	二一一三	二四八	二六七	六六〇	六八四	一六三七	一九四七	一九六七	一六九	一八一	五〇九	五一九	六一七	六二五	五六六

			鄍	郯		都	鄑	截	鄘		郝	郥		鄌	鄒		鄔		鄎	鄉
一二三	二〇九九	二一一五	七七〇	八四一	八五三	一九〇二	一五八	一五九六	一九一三	一九一八	二三五九	三九一	三九八	五三三	八三三	八四七	一〇五五	一〇五七	二二一九	六三一

	酬		酐	截			酮		酩	酓	酪		鉈	鉉		鉒	鉟	鉦		鉞
六五一	八〇八	八二〇	一四一七	一五八七	一五九六	三六	九一六	一三九三	一三四六	二〇九一	三二一	六一六	一一六六	一一七八	一四七九	一一五七	七三一	七四四	一五三八	一九九四

鈵	鉥	鉣	鋻	鈿		鉠	鉆	鋁	鉅		鈯	鉀	鉛		鉎	鈴			鉤	
二〇〇六	一七八八	一九七五	二三八六	一六一	四七七	四九一	六八一	九〇四	九八〇	一〇一二	一〇一三	一〇〇二	二三八一	四九六	五一三	七三九	七五七	七六七	八二六	八四五

十四畫

劃 勦 勱 勞 勡 勥 匓 匱 匵 徝 㣧

二〇三六 二五七 二六八 一六八三 一六九三 一四二三 一四二九 一五四一 二〇〇三 二〇一〇 二一六三 二一七〇 六九四 一四五九 一八三三 四四八 四五六 一四〇三 一四二五 一八三四 一六五

厮 厰 㕓 厭 嗊 嗾 嗥 嗻 嗤 嘔

二三五 二五三 八七七 九七九 九九三 一二四五 一八四五 一八四八 二三六四 二三七一 一一〇九 一三一〇 一八三三 一五四〇 二〇七五 一七五三 一九六一 二五七 二七三 八三七 八四九

啓 嗚 嘌 嘈 㗀 嘉 嘏 嘒 嘆 慼 嘖 嘁 嘑 嗺

三一 五〇三 五四六 五五八 五七八 五八四 五九一 六二五 六三三 一三四三 一三四七 一五二八 一五三七 一六五九 一八八六 一九〇一 二三五三 二三六五 二三六四 二七五 三三三

嘗 嘗 嘂 噐 嗼 嘄 鳴 噴 嘞 嘅 嘐 團 圖

六二八 六四七 六五七 一六九八 一七〇五 二一〇三 二三五六 五四六 五五八 七〇四 七一七 一三三三 一三三七 一三五八 一五五八 五六六 五七一 四三九 四五三 二四〇 二六三

墉 塵 境 塾 墍 墐 墆 墊 墄 堋 塿

四八 五九 二四六 三七〇 二一七四 二一八三 一八七八 一八九六 二〇四 二九六 三六三 一六一〇 一六一七 一五三二 一五三四 二〇七三 一八四六 一八四八 二三八 七八 八五五

塼 墼 堀 墀 墋 壽 夐 賫 夥 夢

一三一〇 一七五三 一四一六 一四三一 一四四三 一四四六 一八〇七 八八 一〇六 一三三七 一三二一 一三三〇 一八〇八 一八二五 一七八七 一七九四 三六一 三七六 一三二八 一三三四 二三五六

婤 奪 奧 嫙 嫡 嫠 㛃 嫛 嫣 嫥 嫖 嫧

五四五 二〇一五 二〇二四 二〇五九 五二一 五三二 二二八〇 二二八七 一二六 一五三 一四一 一六二 九七九 三〇〇 一五三二 五〇八 一六三七 五三二 五五八 一七〇二 五八五

𡢈 嫗 嫩 嫢 嫧 嫫 嫿 嫭 嫚 嬋 嬒 媿 嫪

五九二 一四一七 一四三三 一四七四 一四八九 一六二五 一七三一 二六〇 二七〇 二三六 二七一 一四五九 一四八〇 一四九一 一六六四 一六六七 一九六一 一三三四 一三三七 一四二〇 一三三七

嫪 康 寧 蜜 寡 寙 寞 察 寥 寤 實

一七五五 一七三〇 六六二 六九五 七五五 七六六 一九五〇 一九六八 一三三八 二二四五 一八四七 二〇九八 二二一四 二〇三一 二〇三四 五二七 五四九 一四七一 二〇〇三 一九四一 一九六五

對 僊 僊 屢 屦 屣 嶇 嶅 嶆 嶁 嶊 嶁 嵮 嵸

一五七七 一五九〇 九二 二〇〇三 二〇二 一四七八 一四九〇 三六 九三五 九三〇 二四九 五七〇 五八四 二一九〇 一五七 九九〇 一〇三五 一〇五七 二一七〇 三 九一五

巢 𢁉 嵺 廖 幖 幇 幘 幗 幔 幕 幓 廘 廓

五六六 六八〇 八六八 八七五 一八三四 五四〇 五五四 一四一七 一五四〇 二三三 二二四二 一五九五 二二五三 一六四五 一六五五 二〇八二 二一〇六 一五四〇 二〇六一 一八八五 二〇九二

	徫		徵	彰		彰		彄		彝	廖	廙	廔		廕			廑	座	
三〇一	一四四	一四〇	一七八	五四三	六八八	六六八	八四八	八三五	二六五	二五一	一八三二	三三二	八五四	一三四	一五三	一六八	一六二	三九八	三三	三二一

	慱	慬			慺		慒		[illegible]		愬		慷		慂	慞		慈	情	傪
四五四	四四三	三九二	八四八	二七一	二五五	六一	五三	三三二	三三〇	二六五	二五三	一七〇	一三六三	九二六	九二二	六七九	一〇六	八九	五八	一三四

		慇		慢		慁	慖	㥵	慔	慛	恇	慽		愿				慓		慲
三九八	三九二	三八〇	一六六六	一六六三	一六三六	一六三三	一五九五	一四九三	一四八一	三三五	三三〇	二八九	一六三六	一六三一	一七〇二	二一九六	二一八九	五四六	四五八	四四九

	慴		慣	愻		態		慘				憀	慯	慥		慨		慟		憲
二二七二	二二六五	一六六七	一六六三	一六三七	一五八九	一五七六	一三三五	一三三一	八五三	八四〇	五五四	五四一	一七七五	一七二五	一五九二	一五八二	一三五七	一三五四	一六二六	三九二

摘	摚		摧	摍	樎	捘		摝		摬	撈				摯	截	㦸	戫		戩
二二四七	二〇六〇	一九三三	一九二三	一九〇〇	一八八五	一七一三	一八八四	一三五八	一七九五	一三八一	一一七三	一一七九	一一六九	五一八	五〇七	一九七三	一九一三	一九〇二	一一七八	一一六六

	摲		摳					摽		摶		㨷	撈		摫	摏		摭		
一三四九	九〇九	八四八	八三五	一七〇七	一一九六	一一八九	五五五	五四二	一六八四	四三九	一六二六	三六四	二二三	一五八	一三五	五三	二二六六	二二五五	二二八五	二二六三

摼	摚		摣	摞	摱				摧	翑			摵		摦	摴		摕	摙	
七四八	六八四	六二七	六二二	六〇四	四三二	一〇九九	一〇九四	三一八	三一六	一九〇〇	二六九	二五八	一八二一	一七五三	一七四七	一四一	二〇六〇	一五三八	一一七三	一三五一

	摻		摷			摎	摒	摖		摡				摮		摐	摸	摛		摟
九一〇	九〇八	一一九九	五六七	八五一	八三八	五六六	三一一	一五三八	一五九六	一四四三	六一〇	六〇四	四五七	四四九	六六	六四	二〇九七	一〇五三	八四八	八三五

旖		旗		斡	斠	㪅	戫		敳	數	敵			敲	敺		摺	摜		
一六三	一〇四	八二	二〇二六	二〇二〇	一九三六	一六四	九四四	三三五	三二六	一五五七	九九一	一七二三	五六九	五六三	九八〇	三七二	三六六	一六六八	一三五〇	一三四八

槎		槁		榮	樀		榱	朢		朅	朄	暜		暢		暟	㬍	暠		暝
一二四八	一三三〇	一三一〇	七一七	七〇五	一三七	一五三	一三五	一七七五	二〇七四	二〇六一	一六一七	一五九六	一七一	一七五九	一〇九四	三一七	一六二三	三一五	七六九	七六三

	髤	槙				榦	榬		榛	梩		榑		楷	榷	棚	槏			榜
八四七	八三三	五三〇	一六五八	一六五〇	四五四	四四三	四一八	三七三	三五四	三一一	二七四	二六〇	一五七	一三四	一九三三	一九三一	一三五一	一七九四	一七八七	一三五四

榗 一六九三　構 一八一六 一八二九　梼 一八一九 一八三一　穀 一八八四 一八九九　椈 二一五八 二一六九　榯 一三七　梱 四一〇　梘 一六一　梢 二〇〇一　櫻 二一一七 二一三三　榻 二一五一 二一五六　榕 二一五四 二一五八　槐 一五六 一五八

榹 一四〇 一六三　槐 三〇七 三一四 三一八　樛 三七九　榣 四五六 五五七　槄 五八二 五九〇　槔 五九一　槍 六四七 六五七　榴 七九九　橯 八四一　槌 一四一三 一四二九　榭 一七四〇 一七四八　榺 一八〇五　樧 二〇三三

榔 二〇五五 二一七　槵 二三一　歊 五四三 五五五　歎 一二四一 一四四九　歑 一四〇 一六一　歌 五九三 六〇五　歈 二七五　歙 五五七　歛 二八五　歷 二一三 二八四　歰 二三九 二四七　殦 二一六　殜 二六八　殪 三三六

三三四　殟 四二一 三〇二　殞 二〇七　毀 三七 五三　毃 一九三二 一九三七　毇 二〇三　毓 一八七九 一八九七 六八二　麾 一六五三　乾 一六五九　毤 五三　毦 二三五五　毼 二三五九 一六一八　氂 三八九　氳 六六八　漳 六八八

濂 六八三 六九五　滎 七六一 七六八　滸 一〇八〇 一〇六四　漄 一一三三 一一五五　演 一一六四 一一七七　滰 一一六二 一三七一　漾 一七五三 一七六九　滝 一八一四　漉 一八七六 一八九五　漼 一九一九　滔 一九六一　漷 二〇九六 二一一三

漘 三五八 三七五　漙 四四三 四五四　漣 四八七　潙 五三二　漂 五三八 五五三 一七〇一　漕 五七四 一七三三 一七二九 五八五　漖 五九二 八二五　漚 八四四 一八二二 一八三三 八九六 九〇二　漸 一三四〇

一三四四　滿 一一三九 一一四六　漤 一一六三 一三七一　澒 一三九一　淰 一三四六　漬 一四〇八 四二七　滯 四九九 一五三三　漢 一六三九 一六五三　潄 一八一六　漱 一八二九　漆 一九四八 一九六七　漊 二三五七 一〇六六　淳 二六一　漼 三三五

一〇九三 一〇九八　漫 四四三 四五四 一六四四 一六五五　瀘 六二八　澗 七八八　滮 八四三　滷 一〇三五　澔 一三一六　準 一九六〇　澈 二〇五四 二〇七〇　漠 二〇八九 二一〇九　潩 二二三三　漯 二三五三 二三五七　漎 六七　漪 一一五

漁 一八七 二〇五　潒 八〇三 一三二一 一三三〇　激 一〇三五　溉 一五八 一五九二　漻 五四〇 五五三　潬 五七〇　漲 一七六一　漏 一八〇九 一八二六　滲 一八三七 一八三九　羨 一四四　熇 五四〇 五五四 一八九八 二〇九九

二一一五　煻 六八二　烊 七四九　熒 七六二 七六八　熑 九〇四　煽 一六七一 一六八五　熣 一九一八　熬 一五八八 二三三三　熅 三九〇 三九七　熉 三九九　熢 三一五　熏 三八七 三九六　熂 一四四一　熄 三二六 三二〇　熊 九

二九　爾 九三五 九五一　牄 六九四　牿 一五六五 一五七一　犒 一七二五 一七三〇　犖 一九三〇 一九三六　犞 一九三六　犪 三六四　犛 二〇三一 二〇三五　犓 二一七三　犙 八四三　獄 一九〇六 一九一五　獑 九一一　獏 二七六　獶 四六六

	瑤		瑰	堅	瑣	環			瑱			瑳	璃		璆			璆		
五三一	五三三	三一八	三一五	一六六〇	一三一七	一九七三	一六九一	一六七九	一六一一	一三三四	六〇八	六〇〇	一一八	一三五〇	一三四八	一三〇三	一三〇一	五七一	一六三六	一六三三
甃		甀	瓴	甌	甓	題	甎				甄		瓻	瓞	瓆		璢	瑪		瑲
一八二〇	一四三一	一四一六	一三五八	一三一二	一一八二	一〇七六	三三七三	五一五	五〇二	三七四	三五七	五二〇	五一〇	五一〇	一三一三	一三〇三	一三〇一	一〇六六	六九二	六七八
	瘍		瘕	瘑	瘊		瘏		瘖	瘺	疐		疑		睬	骿		睓	觚	
六九一	六七四	六二六	六二一	六〇三	三三五	二七〇	二五四	八七五	八六七	五三一	一四三四	一〇四	八四	八五一	八三九	七七〇	一七三五	五一七	一三八一	一八三一
	監	皺	皵		皸	罰	暍	瘃		瘦	瘷		瘓			瘉		瘧	瘍	瘺
九一〇	九〇七	一八三四	一〇五三	三九八	三九二	八五四	二〇二二	一五三二	一八八五	一八二三	一八二三	一〇六七	一〇五三	一〇六四	一〇五一	二五五	二一一三	二〇九四	二〇二一	一四八〇
瞜		睺	睮		睼		睵	䁅	䁏	瞘	䁦	睦	䁆		睃		盡	盡		
九一五	八五〇	八三八	二五七	一四三二	二九〇	三三八五	三三八一	三三一七	一一九三	一一七一	三三四	三〇〇	一六三七	一三一九	一三一〇	一一一一	一一〇三	三八〇	一八五四	一八五一
	碪	碌	緣	鍚	鍵	種		瞃				瞀	睧		睽	瞑		敲	暖	
八七一	八五八	一五九五	一五九七	六九四	一一三〇	五三	二〇二八	二〇一三	一八三三	一八二一	八五一	八三九	三六四	二九八	二八九	二二六〇	二〇〇九	二〇〇〇	一一三六	九一七
禘	碫				碣		碞				碭	碬		碩		碧		磕		碶
一五三〇	一六五〇	二〇六六	二〇四八	二〇〇八	一九九八	九一一	九〇八	一七七四	一七六六	六九一	六七五	六二七	二二六四	二二五一	二二三八	二二二四	三三五八	一五五六	一一七八	一一六六
稉	積	禐	禕		禓			禎		禔	禗		福		禊		禋		禖	
一六五〇	九九〇	一〇二六	一一三九	六九四	六八一	七四六	七三七	三七八	二八一	一六一	一四三	一八八八	一八五八	一五三四	一五三一	三七四	三五七	三三一	三三二	一五三三
窪	稰	稜				種	程		稷		稭	稍	稨		禍				稱	
六一九	一〇一七	一一三〇	一一六三	一一六一	九二四	九一八	六九五	三六	二三	二〇二三	二〇一三	一八二三	一三三四	一三三三	一三一八	一八〇四	一八〇〇	七九二	七八一	一六六〇
	箋		箕		管	箬	管	箜		颯				竭		端		窬	窨	
四八九	四七三	一四六	一一三	一二四五	一二三八	九〇四	八五四	二四	三三五七	三三五二	二〇六九	二〇五三	二〇〇六	一九九三	四五二	四三八	二六七	二四八	一八三九	六二六
		箄		箇		箅			算				箘	箎		箑		箱	箖	箣
九九二	九七八	一三七	一七三六	一七三三	一五二八	一四三五	一六五四	一一四七	一一四二	一一一三	一一〇四	三七七	三六二	一一三	三八五	三六六	九〇一	八九五	八六九	七三九

	絣		粺	粡		粼	粿		粻		精		粹		[illegible]	鈲		箙		箏
七四七	七三八	一五七一	一五六五	八四〇	三七五	三五九	一三三九	六九四	六八一	七四一	七三三	一四二〇	一三九二	一二三六	一二三〇	二七一	一八九六	一八七七	七三二	七三三
	綦	綃		綻		綷		綟		綜		綰	綩		綣		縏	綍		緂
一四七	一二五	一九〇〇	一六六七	一六六四	一五八六	一五五一	一五三七	一五二八	一三六三	一三六一	一二四四	一二三三	一二三一	一二三六	一二九	一〇八〇	一〇七五	一〇六五	九三	八九八
網	緋		緁		緎	緈		[illegible]		綺		綝		緅		綾			綪	縷
六七一	一八二	二二七三	二二六七	二三三九	二二一四	一三九三	一七七四	一二五五	九五〇	九二四	八七六	八六八	八五三	八三九	七九〇	七七五	一六九二	七四九	七四〇	二九九
	綸	綼		緌		維	縦		緆		綽		[illegible]		網		緄		緊	
三七二	三五一	一四四	一五一	一二四	一〇五	八七	六三	二二八七	二二七九	二二一一	二〇九二	一九一九	一九一三	一三六九	一三五九	一二三四	一二一八	一二一三	一一〇七	六八九
		綴	[illegible]	總	[illegible]	綌			綬	綞		[illegible]		[illegible]	綯			綢		
二〇四九	一五一四	一五〇七	六〇三	二〇〇三	一八四七	一三三〇	一八二三	一三一五	一三〇〇	一三三〇	一〇九六	一〇八七	七四九	七四〇	五八一	八四五	八二九	五八一	四七一	四六六
	翠	[illegible]	[illegible]	[illegible]	[illegible]	巽	罬		罳	[illegible]		署	罧		罰	罯	錇		緑	
一三八九	一三八〇	二〇六二	一四三三	三〇八	三三	一八二	二〇七五	一四六	一一三	二二八六	一四五七	一四五〇	八七七	二〇〇五	一九九三	一三三七	一八三四	一九一六	一九〇七	二〇六七
			聞	[illegible]		耤		[illegible]		[illegible]				翟	翫		翡	[illegible]		[illegible]
一六二四	一六二〇	三九三	三八二	二二八二	二一六七	二一五六	九六八	八四三	一八三	一一七三	二二八五	二二七五	二二六四	二二五三	一六六〇	一四四六	一四四二	一一七〇	二二八五	二二八〇
膊		[illegible]	臉		腐		脊		膀		膏		肯		肇			聚		聥
二〇九八	三七八	三六四	二二五九	一〇五八	一〇三七	一〇三一	一〇〇七	六九三	六八一	五八九	五八〇	五五三	五三九	一一九六	一一八九	一四九二	一〇五九	一〇三九	一〇六五	一〇五三
絡	眷		臺		臧	[illegible]	膌	[illegible]	膇	[illegible]	[illegible]		[illegible]	脆	[illegible]	[illegible]		[illegible]	[illegible]	
一三四六	一一八一	三三九	三一八	六九〇	六七二	二一〇三	二〇五九	二三一九	一四一三	一三三五	九一六	三一〇	三〇七	二八六	一六三	一三三五	一二三六	一一三一	二二五三	二二一五
	蓑		蒿	蒐	蒤		蒲		蓉		蒙		[illegible]	[illegible]	[illegible]		舞	踏		碭
六〇八	五九九	五八八	五七五	四三〇	二六一	二三六	三二七	五六	四二	三三	一六	七七〇	七六三	一四三	一八八五	一〇五四	一〇二九	二三五八	九八九	九七三
蒺		蓄	[illegible]			蓍	蒡	蓑	菹			蒟	葶		蒹	[illegible]		蒖	蓎	蒫
一九六〇	一八九三	一八六九	一七六八	二〇三六	二〇三四	一五五二	一三六二	一一三一	一〇六六	一四九二	一〇五七	一〇三五	九九四	九〇二	八九六	八五一	二二八九	七六〇	六八二	六二二

一九七三　蘼 二三五四 二二六五　蕰 二二五九　蕃 一一三 一四五　蒱 一二五三　蓁 三六一 三七六　蒝 四三〇　慈 九三三　蔵 一二八六　蓋 一五四四 一五三三　蒜 一六五七　替 一六八四　蓐 一九一〇 一九一七　尊 二二一七　蒿 二一五八 二二八二

二一八八　蕺 二三七〇　夢 二〇 二四 一三五三 一三五六　蕳 八五三　荳 九九五 九九九　蒔 一四一九 一四三五　墓 一四六九 一四八六　替 二〇〇三　稙 二一三 二五六 二七一　蓚 五四四 五五六　蕎 五五八　幕 五九二

蒼 六五〇 六五八　蒗 六八二　蒐 八三三 八四七　蓊 九一五 九一七　蓏 一三二八 一三三三　蒨 一六七七 一六八九　蓌 一七三五　蓷 一九三二　蔆 二〇三三 二〇三五　蓨 二〇三 二二三　蒓 三五〇 三七三　蓀 四一六 四二八

葳 一四八　蒸 七七三 七八九　薡 八五四　蓩 三一五 三三三 一四八一 一八三四　蓊 二〇九九 二一一五　蚋 三三五四　虒 一〇二三 一〇三三　蜿 四一九 四二九 一一二七 一一二四　蜳 四二九　蜷 五〇九　蝡 一五三七　蛰 一四一

蜻 七三六 七〇六　蠢 九三　蛣 九七八　蝬 一二五三 一六六五　蜽 一三五八 二三六八　蝀 一三五八　蜡 一七四六 一七五一　蜑 二一一七　蜥 二一八一 二一八八　蜮 三三一〇 二二二八　蛝 六八一　蛬 一〇〇〇 一〇〇三 一四四二 一四四六

蜬 一二〇九　蜎 一二八三　蜾 一三三七 一三三三　蜠 一三七〇　蝸 一五三八 一五三七　蜅 二〇六二　蜴 二二五三 二二六五　蜲 一三七　蜱 一四〇　蟉 一八五 一〇〇三　蜺 二九〇 二九九 二〇五七 二〇七一　蜦 三七七　蜩 五三六 五四八

蜪 五八四　蚤 一二四三 一二四七　蜭 一三三七 一八四三　蜼 一四一四 一四三〇 一八三三　蝄 一九〇一　蜬 八八四 八九〇　蜢 三八〇 三八五　蝷 一八八五　蝃 二〇六一　衉 一八四四　衝 一六九四　褌 四〇六 四二四　裷 四三〇　褊 一二七八

裑 二〇〇三　䘵 二六一　褚 一〇一〇 一〇三三　褔 一一三〇 一一三五　裱 一一三〇　襩 一九一八　褋 二二六七 二二七三　褆 二九九　裴 三三三 三三一　襦 四五七　裳 六七三 六九〇　裹 一三一七 一三三三 一七三五　裂 一九二一 一九一七

褐 二〇一五 二〇二四　褈 五四　褕 二五五 二七一 五四三 五五五　褓 一三三二 一三三〇　製 一五〇七 一五一五　褑 一六八二　複 一八七八 一八九六　褘 一七 一八四　褖 一六五〇 一六五八　覛 三三一〇　覞 九〇三　覡 二八〇

二一八七　覞 一七〇七　解 一四七　觫 八三四 八四七　說 一五二四 二〇四一 二〇六四　誩 一七八八 一七九四　詿 一四三　誣 二四六 二六五　誧 二五九 二七三　誠 七二九 七四三　誙 七三九　語 一〇〇四 一〇二〇 一四五四

誌 一三九七 一四三三　誓 一五〇八 一五一五　誡 一五六〇 一五六八　誖 一五八五 一五九四 二〇〇一 二〇〇九　諫 一九一三 一九一九　誯 五三三　誒 一四八七　誚 一六九九 一七〇五　諟 二〇六三　誐 六一〇　誕 一二四一 一二四六　誔 一三九一

誘		誨		誥		詐	誑		諦	誒	誦		認		谽		豋	豉	豪	
一三〇六	一三一七	一五七七	一五九〇	一七二	一七二八	一七五二	一七六七	一七七四	一九八四	一四	一三六〇	一三六二	一四一三	一四三〇	八三	八九	七四〇	八六九	五七三	五八六
豦	豧	豯	豵		豨				貍		賓		賕			賑		賦		貼
一四四七	二七四	三八〇	一八二	一八三三	一六八	一四	九八	一〇〇三	九一	一〇七	三四四	三六九	八三四	八四八	一八二四	一二〇六	一二一三	一四六三	一四八三	三九九
賏	賔		賖		赫		赩	趚		趣	趙		趄	趖	趛		踉	跿	䟴	䟓
七四九	一五八七	一五九六	六一六	六二四	三五〇	三六三	三七〇	一四三	三一七	三三四	一一九二	一一九七	一九一三	六二〇	三八〇	一八二四	六七七	二六三	三七六	一五三〇
	跏	踃	䠅	踄	䟺		蹐		𤼿		踆		踊		踞		跼	輕		
一五四一	三六九	五四四	一一三七	一四九三	一五五一	一五五七	一四三	一六三	一八八六	一九〇一	三六〇	三七五	九二	九二五	九七九	九九四	一九一一	七三一	七四四	一七八七
輔		輒		輸	輓	輗	輤		辡	遠				遘		遣				遝
一〇三六	一〇五七	三六七	三七三	五〇九	一一三五	一七一三	三六一	一一一五	一一八二	一一三三	一一三三	一六三一	一六三六	一八一六	一八二九	一二五七	一二七四	一六八〇	一六九一	三三五三
	遙		遞			通	遜		鄘		郞	郭		鄞		鄿	鄢			鄹
三五七	五三	五五一	一〇七四	一五三三	一五五五	九二七	一六三〇	一六三五	五〇	六〇	二七四	六七四	六九一	三六三	三九八	四五六	五〇八	五一九	一一二九	五三〇
鄟		鄠	郲	鄋	鄘				鄺	鄙		鄜	𨛜	舥	鄭		鄣		鄉	
五三	一一六九	一〇六六	一九七三	二七四	三三五	三三四	二九一	一五六七	六一〇	九四七	九五六	一〇六七	一三六六	一五七一	二〇二	二一一七	五四五	五五七	五六六	五七一
鄝		酺				酵	酮	酲		酴		酹			酷		酸		酭	銃
一九二	一九八	二三三	二六八	一四七七	一四九〇	一七一三	五三三	七三〇	七四四	二六一	二七四	一五三〇	一五五六	一五八五	一九一〇	一九一七	四三九	四五三	一六一六	一三五八
鉸	鉷	鋈		釧		銍		銅		鉵		鉹			銖		銓		銚	
一七三	三七	三三	六一	七三三	七六五	一九五八	一九七三	二	二五	三五	六一	一二七	九七八	九九二	三一〇	三一四	四九七	五一三	五四三	五五五
銘		鉼	鋌		銛		衘		鋺	銑		鉻	鋠	鉿	銀		閡			
七六〇	七六八	七六九	八六九	八七六	八六五	九〇一	九〇七	九一〇	九一二	一二五七	一二七四	二一七	二八二	三五四	三七一	三四八	一〇九五	一〇九九	一五八七	一五九六
閨		陽	閏		閥		閣		閤		障			陋	隕	陞		隩	際	
二八九	二九八	二〇五九	三五九	三七五	一九九七	二〇〇七	二〇八〇	二一〇五	二三五一	二三五六	六七四	一七六〇	一七七一	二七四	七四九	二八二	二九五	一三三三	一四九九	一五一三

隟 五六七 五七三
雇 二七五
雑 三一七
需 二四八 二六六
霣 二八一
霢 八七七
零 二〇三 二一七
霧 一〇六七
靟 一七八八
靟 一七八九
[illegible] 四五〇
靶 六一〇
鞁 一九七四
靾 二〇六三
鞅 三四九 三六四
靼 三〇三 三〇六一 二〇七四
鞊 三六九 三七四
鞫 二六三
鞄 五七一 一九三七
靶 二一三
鞃 七八五 七九四
鞁 一四一六 一四三三
鞡 一四三三 一五六七 一五七三 一五九六
韍 一九八〇 一九八六
韶 五三三 五三一
頌 一六三
頔 一九七五 二八一
彭 二〇八 二一四
領 三一四 二八三
頏 一八二四
頗 六〇〇 六〇八 三一八
頤 一六三八
頫 一六八三
颮 二〇六〇
颯 一九六三 二〇〇三
颰 一九七五
颱 一三四
颳 六二一
颲 一三一三
餂 一九六〇 一九七三
餇 二一五七 二六八
餗 二〇三八
餋 一四〇
餂 八九七 九〇三
餛 二九一 七六三
飽 一二〇〇 二三〇一
飵 一四八一 二〇三 三一八
餈 一九八四
餙 二一七 三〇一 三三四
飴 一一六 一四八
餇 一四四四
飶 一九六一
餤 二〇三〇
駁 三九九
駇 一三九 一六一
駟 一九五八 一九七一
幣 三四三
駖 一五六六 一五七三
駉 一七七六
駮 一九二六 一九三四
駁 三三五三 三三五七
駝 一一〇九
駃 二〇五九 二〇七三
骯 四四八
骰 二〇三三 二〇三六
髣 一三三三
髯 八九二 九〇〇
髦 五七三 五八六
髩 一五六五 一五七一
鬩 一八三
敲 三九二
魁 三一三 三一七
魂 四〇六 四二四
魃 一四〇 一四三三
魆 一八〇
傀 一七五三
魠 二一六
鳽 四四八 四五六
鳶 四九六 五一三
鳳 一三五三 一三五六
鳴 一一七 一五九
麩 三一六 三三四
麪 三〇〇九
麽 六〇一 六〇九 三一七 三三三
麼 三三五
鼻 一三八二 一三九〇
齊 二七七 二九三 一五三三

十五畫

壼 一三四
儀 七二 九九
僵 四五六 五〇六
僳 一四三〇
儨 一六八二
億 二三〇七 二二六
僵 六六二 六八五
僿 一五四一
僨 一六二三 一六二五
價 一七四四 一七五〇
僸 一八三八 一八三九
儉 二〇二
儇 五〇三 五一六
儈 六〇四
儌 二八六 一七八八 一七九四
儏 三六九 三七四
儋 八四 八九
儉 一三八 一三四三
儈 一五四九 一五五五
僾 一五八〇 一五九〇
儁 一六〇四 一六一四
僱 二三五五
僻 二三三五 二四二
儳 一六三七
冪 二七六 二八五
冪 二八九
凜 一三三五 一三二八
[illegible] 一九一九
剽 一九二 一九八 三一六
劌 一五二七 一五三六
剸 一九六一
劇 三三四 二四三
劋 三八二
劉 七九九 八一八
劊 一五一 一五五七
勩 四四九
勴 一四五四 一四五九
勤 一五六六 一五七一
劈 二八二 二八八
[illegible] 三六四 三七一
匳 八九三 九〇〇
厱 一三九 一六〇
厲 一四九九 一五一二
厭 八九〇 九〇八
鴈 一六六一 一六六六
廦 二八九
[illegible] 三七六
嘮 五七一
噌 七六七
噂 一二九 一二五
噈 一八三 一八九八
嘻 一二七

一三
嘶 二八六 二九七
嘵 五四〇 五五四
嘲 五六一 五六八
噉 一二三〇 一三三五
嘾 一三三七
噁 一五三九
嘹 一七〇三
噎 二〇四六 二〇六六
噓 一九四 二〇八
嘽 四四五 四五五 一二七三 一二八二
嘬 一五六四

一五七〇
噴 一五六六
嘼 一八三三
嗚 一二七
嘫 五三三
噍 五四〇 五四六 五五四 八三八 一七〇二 一七〇六
嗃 五四六
嘷 五八四 五九一
噃 六〇二 六〇九
嘸 一〇六七
[illegible] 一五六七
噢 一八八六
[illegible] 三四九
嘰 一七八

嘯 一七〇三 一六九五，
嘺 一九六三 一九七四
增 七八二 七九三
墫 三六五 一二三七
墡 一二六七
[illegible] 五四五 一二九九
墝 五六五 五七〇
[illegible] 一五三七
壚 一九七 二〇九
墠 一二六六 一二七八
墣 一九二七 一九三五

墼 二〇六一
墨 二九五 三三三
墲 二六〇
[illegible] 三〇〇
墦 四二四
墮 三一 一五〇 一三三七 一三三三 一三二四
堨 一三一五
隥 一三八三 一三九一
墱 一八〇一
[illegible] 三六二
糞 二〇二九
嬏 一二八一
嬉 九〇
[illegible] 二六一 二七四

嬈 五四〇 五五四 一二八六 一二九五 一七〇二
嫽 五四五 五五六 一二九三 一二九九
[illegible] 一三四六
嫺 四六五 四七一
嬋 五〇六 五一七
嫛 二〇六〇 二〇七四
嫖 三三三
嫣 一一五 一四七
嬃 二七三
嬌 五三二

五五〇 一一九〇
嫶 五五八
嫯 一〇一九
嫵 一〇三五 一〇五七
嫤 一四三三
[illegible] 一六九三
[illegible] 一三三九 一三三四
[illegible] 一六八三
嬧 二一五四 二一六五
寮 五二八
[illegible] 一四八七
寬 四四三 四五三
[illegible] 九一
寫 一三三九 一三四六
審 一三三四

一三二八
寐 一〇八一
寂 一五五七
層 七八三 七九三
屢 一三九一 一六九二
履 九六〇 九八二
屧 三二六六
嶙 三六三 三七七
嶟 三七九 四一九
嶒 七八四
嶢 五二八 五四九
嶚 五四五
嶜 八七六
嶡 二〇〇三 二〇二三

巃 二〇一三
嶠 五四三 五五五 一六九八 一七〇五
嶕 五四五
嶓 六〇三 六〇九
嶔 八六七 八七五
[illegible] 一〇九九
[illegible] 一三一九
[illegible] 三一七三
幢 六五 六七
幟 一三八四 一三九一
[illegible] 一四一九
幝 一一七〇 一一八〇
幞 一九一二

一九一七
幠 二五三 二六九
幡 四一四 四二七
幣 一四九九 一五一三
[illegible] 一九八九
廚 二二六
摩 六〇〇 六〇八
廣 一三五五 二三六七 一七六六 一七七四
廠 一六八一
廟 一六九五 一七〇三
廇 一八二九
廛 四八五 四九四

廞 一八一三 一八二七
[illegible] 八六九 八七七，
廡 一〇三九 一〇五九
廢 一五七七 一五九〇 一五九五
彈 四三四 一六四六 一六五六
影 一三七三 一三八三
徹 二〇四七 二〇六六
德 一四三一 二二九二 二三三一
徵 七八〇 七九二

九四四 九五五
[illegible] 二二四四 二三五八
憧 五〇 五九
憐 四七六 四九〇
慶 六六二 六八五 一七八四 一七九二
憎 七八三 七九三
惷 五一 六五 六七 一三六五
憑 五二一
憢 五四五 五五七

憂 七九八 八一七
慼 八二三 八八八
憭 一一九三 一一九八
慦 一四三五
慧 一四九九 一五二一
憓 一五三七
懘 一五三八 一五六六
憚 一八四三
慾 一九二八 一九三五
感 二二七七
憾 二三〇八 二三二七
憋 二三二九
慹 二三四三 二三四八

愭 二九一 一五三〇
憪 四七一 一一五三
憫 一二〇三 一二三
憿 一三七一
憬 一三八〇 一三八五
慮 一四四九 一四五六
憒 一五八四 一五九三
憫 一六三三
惲 一六四六 一六五六
憮 二五八 二七三 一〇四八 一〇六三
憣 四三一

憔 五四四 五五六
慫 九三 九二七
像 一三七一
慫 一九一〇
憭 二三五八
憕 七九五
慰 一四三八 一四四四
嫕 一五三七
憜 一七三五
憍 二〇五九 二〇七三
戩 一一六九 一一八〇
截 二〇四九 二〇六七
戮 一八六八 一八九二
擅 六五 六七

撈 五八四
撛 一一〇九
撙 一一二八 一一三四
攓 一一三七
揀 一一八三
撤 二〇五三 二〇六九
掔 五一〇 五二〇
撩 五二七 五四九
撓 五七五 五八七 一三〇一 一三〇三
摮 五八五 五九二
擊 八九〇 一三四九

捲 二三四三
撎 一四一八 一五三〇 一五四二
摯 一四〇七 一四三六
撼 一四一八 一四三四
撢 一八四四
撅 二〇〇〇
揳 二〇六〇
據 二〇四
摹 二三 二六八
撊 五〇六 五一八
撣 四四六 五二一 一二四九
撑 七三四
撐 七四五

攔 一一五三
擱 一一五五
攢 一四四七
撮 二〇一八 二〇三六
機 二二五五 二二六六
撝 一二七 一五三
撨 五四四
擒 八六一 八七三
撫 一〇四三 一〇六一
撚 一一六六 一一七八
撟 一一九〇 一一九七
播 一七三三 一七三五 一七三六

撻 一九六二 一九七四
擦 一六五
擣 八九八
撰 一二五一 一一七〇
攢 一六二四
撥 二〇一六 二〇三五
敵 二一七四 二一八四
敷 二二四 二三五
敹 五四四 五五五
數 一〇三八 一〇五八 一四六六 一四八五 一九二四 一九三三

戰 一九七四
斛 二三八二
旟 一一九八
瞀 一四三
暯 一二四三 一六四九 一六五七
暳 一三二
瞟 一七〇二 一七〇七
暫 一八四三 一八四四
暱 一九五五 一九六九
暜 二〇六一 二〇七四
暴 一七三二 一七六八 一八七 一八九五
暶 五一三

椑 一四〇
樈 七四八
樜 一七五三
榕 一九六一
槉 一九七三
樀 二八二 二八八
檣 三三三
樁 六七
樗 一九九 二二〇
樞 二三六 二三六
樠 四一九 四二九
標 五三五 一一九七
槽 五八一 五九〇
槿 一一一八
槧 一三三四 一三四六

槸 一五三三 一五三四
構 一五二九 一五三八
樥 一五五一
檦 一八三三
橄 一八八〇
械 一八八三 一八九八 二二六〇
樕 一八九七
模 二三六 二三六
樺 三六五
榛 六一三 六二三
樝 六二二 六二六
樓 八二五 八四四

樏 九八九
梢 一八八五
権 一九三三
樿 一九七三
樅 五一 六〇
樊 四〇三 四二三 四三一
橾 四一八
橇 五五四
槩 一五八〇 一五九一
樂 一七二三 一九二三 一九三三 二〇八〇 二〇五
樸 五六六 五七一
樛 八三八

	槮		槷	槢		㪋		歐				歎		獻	殣		殰	殤		熯
八五〇	八七五	一三三	一三一	三四三	三四八	六八〇	六九三	八三五	八四八	一三〇七	一三一八	一四〇〇	一六五三	二七五	一六〇七	一六一五	三一七	六四五	六五六	一八三三
毅		殿	瞉	氅		氉	毾	氃		潼		澮	澿	澇		滕		澈	潫	
一四四〇	一四四五	一三三〇	一八三四	二五	二三	五六二	三七七	五四	八〇四	一九	三三	三八〇	五六九	五八三	五九一	七六五	七六四	二〇五四	二四	二三三
澌				澐	潰			澆		潮		潢				澎		潭		潛
一一三	一五六	二六六	二九七	三六八	四九五	四六八	一二四〇	五二七	五九九	五三〇	五四〇	六七一	六六九	一七六七	一七三五	七三九	七四八	八六八	八六六	八四四
	澒		潸	潦			潁		槃	潡	澍		潓	澑	澀	潔		澗	澂	
九〇一	九〇四	九一七	一二五四	一三一〇	一三二〇	一七六六	三二六	二二四	三二四	一三三三	一四七〇	一四八七	一五二三	一六二八	二〇〇三	二〇四三	二〇六四	四七三	七七四	七九九
澴	潤	潬	潾		潤	澈		潰		潤		澗		澉		澴		潘		潍
一〇五五	一二三五	一二四四	一三五七	一三六六	一四四三	一五三三	一五四四	一五八〇	一五九一	一六〇〇	一六二三	一六六一	一六六六	三三四三	三三四八	二〇	二四	四四五	四五五	六二〇
潕	潒		澩	潐		潲	澳		澓	澕	潟		潗		澰		潺			漿
一〇六五	三三八	二六八	一四四四	一七〇二	一七〇七	一七一三	一八六六	一八九五	一八八二	一九六三	二三六六	三一七	三三四一	三三四八	三三四三	三三四八	四六五	四七一	五一七	六四一
	澪		潩		潏			熒	熸	熢	熟		熛		熬		熷		熰	熛
六五五	八六六	八七一	一二三三	一六六八	一九五七	一九七一	二〇三三	七六九	七七〇	三二四	一八六九	一八八九	五四〇	五五四	五六三	五九〇	五六五	五九三	八四三	八三〇
			熯			㷼		熱		燁	熜	熮	熲		熨	熠		熵	㢊	熾
八四六	一三三〇	一三三九	一六二一	一六五三	一六五九	一三三七	一五三七	二〇四三	二〇六四	一九七三	九一七	五五七	一三九〇	一三九三	一九八三	三三四三	三三四八	一六六〇	六八三	一五五五
犒	犛			犝		犣	犗		犙	犚	獤	獥	獠			獒		獟		獋
三八三	三一三	一三六	五七〇	一二一九	一二三	三三三	一四一七	一四三三	八八九	一四四三	三七八	三五五	五四一	五五四	一七〇八	五六二	五五〇	一七〇三	一七〇七	四六七
獨	獦	獢	獡	獝		璇		璋			瑩				璗	璚	璃		瑾	
四七三	四〇三	五五七	三〇三	一九六〇	一九三	五五九	五一九	六六八	六六八	七七五	七六五	七七	一八〇〇	一八〇四	八三三	三三	四一九	四九	三三	一六〇九
	璉		璨	璀		璁	璆		璪		瓡	瓝	綵	瓻		甗	甋			義
一六一七	一六六	一一六	二〇三	一〇九三	一〇六	三五	八六	八四九	一三五	一三三	一四三	四二	五五七	五四	六一	一八五三	一五六八	一五七	二〇六	一七三

踘 一八七九
踞 一四五四 一四五八
踻 一九八四 一九八八
蹝 二〇六三
踏 三三五三
躿 一三五五
躸 一四〇
輓 三九九 四一八
輧 五〇一 五一五
輬 六九四
輨 一一四四 一一四八
輘 七六六
輢 九七八 九九一 一四三〇
輚 一一五三 一一五五 一六六三
輂 一一五九 一一七五
輺 一六二〇
輤 一六八二 一六九二
琠 一八八五 一九〇〇
輫 三三五
輥 一一三四
輠 三三八 三三四 三四四
輞 三六一
輩 一五七四 一五八九
暈 一九一九
輗 二八五 二九六 一七一六
輪 三五二 三七二
輣 七三四 七四五
輖 八四〇 八五三
輜 一三三三
𨏊 一五三一
𨎠 三九〇
輟 二〇五七 二〇七一
辤 九〇三 一〇八
雙 一五九六
遮 六一六 六二四
逹 一九七四
適 二三三 二四三 二八〇 三八七
遷 二〇四
遭 五七七 五八八
遰 一五三三 一五三五
遨 三二九
遳 六〇四
遱 八五四
遞 二一六 一一三 一六二九 一六三五
遺 一六六八
鄎 三六
鄰 三四 三六九
鄙 七八七 七九五
鄯 一六七九 一六九一
鄭 一七八五 一七九二
鄠 八八九
舊 三三三
鄲 四四三 四五四
鄹 二一八一 二一八六
鄬 一四〇 一六一
朁 二九一 二九九
鄱 六一〇
鄦 一〇三六
鄚 一八三三
鄒 二四九
鄘 二七五
鄩 八七六
鄺 一四一三
鄧 一八〇〇 一八〇四
醅 三二九
醇 三三〇 三七二
醁 六七九 一七七六
醉 一三八三 一三九一
醃 八九八
醆 一一五三 一一五五
醋 一四七六 一四八九
醬 一六三
醙 三二六
醑 一六〇九
醊 一五一九 一五三三 二〇五三
銻 二九九
鉼 五九二
銀 六八一 六九三
銳 一五〇四 一五一三
鋈 一九一三 一九一八
鋤 一九二 二〇七
鋙 二〇三
鋪 二四五 二六五
鋞 七六九
銶 八三四
鋑 一三四八 一三五〇
鋬 一五四〇
鋏 三三六 三三七 三三七四
鋗 五一九
銷 五二九 五五〇
鋘 六二〇 六二七
鋇 一五三二
鋒 四六 五八
鋂 三三三 三三二
鋌 二八八 一三九二
鋊 一九一九
銽 二〇二九
鋝 二〇五六 二〇七〇
鋋 五〇二 五一五
銼 六一〇 一七三五 一七三七
鋚 八五五
鉿 八八五
閜 三六〇 三七六
閬 一七六六 一七七四
閱 二〇四九 二〇六七
閣 一九五 二〇八
闇 一一三七 一二四
隫 三二六 三二八
隖 一六一
隝 二七三
隥 一八〇一 一八〇五
隸 一四一九
維 二〇三
霡 八七五
霈 一五三〇
霂 一八九八
雪 三六七 三七二
震 三八六 一五九八 一六三
霄 五三九 五四九
霆 七三四 七六六
靚 一三八〇 一三八五
靠 一七三〇
鞋 三〇二 三〇九
鞏 九三 九二六
鞘 一四三三
鞦 一八八五
鞜 二一七
鞈 三八六
鞎 四一八 四二八
鞠 二五八 二一六九
夔 一八六
犛 一六三三 一六三六 一六八三
齡 二三五三 二三五七
頦 三二四 三二三
頩 七八三
頼 一五九六
頪 一五九六
頮 二〇一九 二〇二六
頡 二〇三三 二〇五三 二〇六九
頤 二一一四
頯 一三六 一五八
頥 三二四

墺		墾		墽	墿	壂				壝	墉		壇				壅		圜	
一九〇二	一二四	一二六	五七一	五四五	三五九	一七三	一二〇	一一八	三五四	三八四	一三六二	四五〇	四三四	九二五	九一九	六〇	五〇	四六八	四六一	一七〇六
嬩	嫺	嬐				嬛	[illegible]		嬙		嬴		嬗		奮	奯	奰		壁	壓
三三	一四四七	九〇四	七四七	七三八	五一六	五〇三	一五七一	六五四	六三八	七四二	七二五	一六九三	五三三	一六三五	一六三一	二〇二八	一六三七	三八四	二七二	一六八二
嶧		嵲		嶼	尵		導	寯		寰		憲		學		[illegible]	[illegible]	嬒	[illegible]	嬰
二二四	一〇九七	一〇九二	一〇三五	一〇一七	二九九	一七三七	一七一八	一六一三	四六八	四六〇	一六三五	一六二九	一九三六	一九三〇	一五三五	一五三三	一六二四	一五五七	一一八二	九一
	廥		廨	磨		廩		[illegible]	[illegible]		幨		幧		幩		嵒	嶰	嶲	
一五五六	一五四九	一〇六六	一〇五三	五九七	一三一八	一三三四	二八九	二八二	一九一三	一八四七	八九四	五五六	五四四	三九七	三九一	一九三四	一九二六	一〇八三	九七二	二六五
憝	慒	憶		懇	[illegible]		懍	[illegible]		憑				徼	[illegible]		彊		廦	廨
八八四	三	三〇七	一五九四	一五八五	一四三	一三一八	一三三五	一三七	七九一	七七八	一七〇五	一六九九	五五三	五三九	一四三四	三六五	一三五一	二八九	三五九	一五五九
	懲	懟		懆			懁	懙		懅	懫		憾	懋	懃		憙		憤	
二〇七四	二〇六一	一五四二	一三一一	一三一三	一六九二	一六八二	五〇六	一一二	一四五九	二〇四	三五八	一八四三	一八四一	一六一五	一六〇七	一四三〇	一四一四	一一三〇	一一一六	一八四三
	擁		戰	[illegible]		懊		懈	懀	憩				憺		憸	憿	[illegible]		懌
九二五	九一九	一六八五	一六七一	二〇〇三	一七三〇	一七三五	一五六八	一五五九	一五五〇	一五一九	一八四四	一八四二	一三三五	一一三〇	九〇三	八九七	五五六	三八〇	二六二	二四八
據	撾				操				擐	擒	擮		撻		撼	擓		擊		擅
一四五〇	六一八	一七二七	一七一九	五八六	五七三	一六六七	一六六四	四七一	四六六	二六九	二〇六〇	二〇三五	二〇一七	一三三六	一三三	三〇八	二〇六七	二〇五〇	一六九〇	一六七八
敿		整	斁		擗	[illegible]	[illegible]	[illegible]	撿				擔		擇	揹			擕	
一一九三	二三八四	三七七	五五七	二六五	二五二	一八八五	八六九	一五一	一三四五	一四一	八八九	八八三	二六二	二四六	二〇二	三八五	三八一	二〇三六	二〇三三	一四五七
瞶	瞵			瞖	瞀		[illegible]	瞟		瞱		瞦		曉	曇	曋	暾	曈	斂	
一四四三	一六八二	一四四一	一四二五	一四〇二	一三三七	一三一一	一三一三	三八七	三七一	三六四	一五三五	一五三四	二一九四	二一八五	八八六	八八六	四〇九	四四	一六六〇	二一九九
			橑				橈	[illegible]	樺		樴	[illegible]	橉		檜	榼			橦	縣
一三三	一一五	五五四	五四一	一七一五	一七一一	五五一	五三三	三〇〇	二六二	一三三一	三三七	一四一九	一一〇九	七九三	七八三	二九〇	六七	六五	三六	三三五九

橫 六九八 七一五 一七八七 一七九四
橦 八八九 一三四三
樹 一〇三四 一〇五七 一四六二 一四八三
樴 一四一四 一四三〇
檍 一五四三
樾 一九九八 二〇〇八
檿 一九九八 二〇〇八
檕 二〇五九
橐 二〇八九 二二〇九
蝀 三七 五九二
橌 三一 一二五五
樿 一二七一 一二八一
樻 一四一四 一四三〇
樸 一八七八 一八九六 一九二七 一九三五
檇 一六四
橁 三六五 三八〇
橎 四三一
橪 五〇九 五三〇 一二八一
樵 五三〇 五五〇
橋 五三七 五五三
橰 五八三
檎 八七五
橡 一二五〇 一三六四
檥 一三三六
槖 一五三八
麭 一七一六
艓 一八〇三
檫 一六五
機 一七三 一八三
橙 七三 七三
橚 一三〇三
楬 一三一五
樍 一三一九 一三三四
橨 一四四七
橋 一九五〇 一九六八
橃 二〇一〇
歊 一六四
歔 二〇三 二一二
歛 二二四二 二二四八 二二六七 二二七二
歗 一七〇七
殪 一五二六 一五二六
殢 一五二八
殫 四三二 四五〇
毇 九七七 九九一
毈 一六五〇
氌 一七五二
氃 三九三
氄 四三一
毦 一九一三
氅 二二六五
氈 七八七 七九五
㲧 九一九 九二五
澬 一〇〇
澶 五〇八 五一九 一六五一 一六五九
濂 八九九
潏 一五二八
淩 一八三九
濆 三八九 三九六
濋 一〇三五
澣 一一四一 一一四七 一六六〇
漱 一六九二
澾 二〇三〇
濃 四五 五七
潤 一八五
澞 三五八
濄 六〇三 六〇九
澠 七九一
澧 一〇七四 一〇七九
澡 一三一四 一三一一
濎 一三九一
濠 一四五五
潞 一四六一 一四八二
濊 一五五〇 一五五六 二〇二〇
漃 一五八七
濁 一九二八 一九三五
澤 二二〇 二三六
澂 一七八 一八四
濍 八五三
澹 八八五 一一三〇 一八四二 一八四四
澥 一〇八三 一〇八五
滜 一〇九九
澨 一五二六 一五三六
澮 一五四八 一五五五
激 二一七四 二一八四
澱 一六七九 一六九一
潚 一八八六 一九〇二
燐 三六一 三七六
燊 三八〇
熷 七九六
齌 一三二九
熾 一四〇〇 一四二四
熹 二八 一五四
燕 四七六 一六七三 一六八七
燒 五三二 五五一 一七〇一
燎 五四四 一一九一 一一九七 一六九八 一七〇五
燂 八九〇
燅 八九七 九〇二
熸 八九八 九〇三
㷗 一六六八
燀 五〇五 二一六九 二一八〇
[illegible] 一六五
燔 四一三 四二六
燋 五三二 五五〇 一七二六 二二〇二
燄 一三三八 一三四三
煝 一四一七
燠 一八七六 一八九五
燴 二二四三
燈 七八二 七九三
燽 八六八 八七五
燬 七四八
煸 一三〇二 一三一六
犝 三 三五
獳 五八五 五九二
獘 一五〇一 一五一三
獧 一六八二 一六九二
獨 一八七〇 一八九三
獡 二〇二二
獬 一〇八三 一〇八五
獫 一三四二 一三四五 一八四七 一八四九
獪 一五四八 一五五五 一五六六 一五七一
獥 二八一
璘 三五九
璙 五五六
璜 六七〇 六八九
璔 八七七
瑓 三二九
墊 三三三
環 三八五
璞 一九二七 一九三五
璑 二六二 二七三

璡 三七七 一六〇九　璠 四一四 四二七　璣 一七五 一八三　璒 七九五　瑪 一九〇〇　瓢 五三六 五五三　瓤 八四三　甂 六八〇　甈 一八八五　甌 二一八三　甎 四九八 五一三　甌 八二五 八四四　甄 三一七　薨 七二一 七三〇

甗 三一二　甃 五三　瘩 八九〇　暯 一六五一　瞜 八三七 八四九　瘯 一八二三 一八九九　癃 三九二 三九八　瘭 五四六　瘱 一五三九　瘵 一五三〇 一五五一　瘢 一五七一　瘶 一八一六 一八二九　瘴 一四三四　瘻 一八三三 一八三三　瘼 二〇九九

三一五　瘲 六二 一三六三　瘬 一七〇三　瘳 八〇 八三　瘵 一五三〇 一五六三 一五七〇　癄 一八三八　癹 一五八七　戲 六三〇　熳 一一三〇　盧 六三　盬 一〇六六　盦 三三五九　盥 一三九 一四六 一六五〇 一六五八　瞜 二一〇三

瞟 五四六 一二九三 一二九八　瞞 四四五 四五五　睍 一四一七 一四三三　瞖 一五三三　睯 一五三〇　瞘 一九六三　瞠 七二四　瞢 七八七　瞛 五三　瞭 一五一八 一五三七　穜 三七七　穛 五四　磨 一七三七　確 一九二八 一九三五　磆 二一八二

二八九　磩 五六五　磛 九二三　磢 三五三　磬 一七九七 一八〇三　磻 二一〇三　磧 二一三四 二二四三　礒 二八三　磦 一〇九一　磫 五四　禮 五八五　祇 一二一 一四五　䮰 五〇 六〇　穅 六七一 六八九　穎 三二六 一三八四

積 一四〇二 一四二四 二二二七 二二三九　穌 二三九 二七三　穗 九一五　穊 一四〇三 一四三五　穄 一五三二 一五三四　穆 一八七三 一八九四　穉 一四〇八 一四三七　窩 二一六〇　窺 九五 一〇九　窳 一七四七　窮 一八四九　窾 一九〇〇

窶 一〇五〇 一〇六四　窻 六四 六六　窵 一七〇七　窸 二〇三七　竂 二〇三七　窗 二〇三七　竱 四四八 一一七三 一一八二　篙 五七八 五八九　簷 六八二　篛 九〇四　篨 一〇一七　簣 二一八三　簏 一四六　簀 三六五　箾 五六六 五七一

篝 八三七 八四九　篧 九九八 一〇〇三　築 一八七三 一八九四　篤 一九〇九 一九一七　篙 二一八三　籃 三三五五　簀 三九八　篹 一六六四 一六六七　篳 一九五六 一九七〇　篛 三七　篩 一五三　篦 二八二 二九五　箵 五八五　篗 八四三

篠 二八四 二九四　絛 二一　糢 一三〇八 一三一九　粲 二〇二一 二〇二七　縒 一六三　縗 三三 三三　縈 七三三 七五五　縢 七八六 七九四　縑 八九四 九〇一　縡 一〇九四 一五八六 一五九四　縞 三一五 一三三

綱 一三三七　縊 一四二一 一四二九　縌 二二五七 二二六八　縝 三七八 一二〇七　緻 一四一〇 一四二八　縉 一六一〇 一六一七　縓 一六八一 一六九二　縠 一八七五 一八九五　縟 一九一〇 一九一七　縛 二〇八六 二一〇八　縜 三六二 三七七

縕 三九〇 三九七 四一六 一一三 一六三三　縣 四八一 四九二 一六六九 一六八五　縪 一九六一 一九七四　縎 二〇〇三 二〇一一　纂 三一八　縦 二九九　繁 四四九 四五七　縋 一四一四 一四三〇　繢 一五八八 一五九七

緺 一八二〇 一八三一　罃 七二三 七三一　罷 一八〇二 一八九八　羃 三七〇　羅 一二九 一一四　罼 一九五九 一九七三　罽 一四三五　罻 一四四二　䍡 四一八 四二九　羳 三〇三　翷 七三九　翯 一九三三 一九三三　翰 四三三 一六三九

一六五二　翻 二三三 二四一　翺 三三五　耩 九六八　聵 五一〇　聛 一〇九四 一〇九九　聱 五六五 五七〇　聰 一八 三三　聭 一四一七　膧 三　膳 一六七一 一六八五　膱 三三〇 三三三　膵 二七四　膮 五四一 五五四

腅 五四六　膹 一〇〇〇 一一一九 一一三二　膩 一四一三 一四二九　膣 一五三〇　膫 一七〇七　膻 一八四三　膝 二〇六〇　膴 二二三 二六九 一〇四九　膰 四一三 四二六　膲 五四〇 五五四　膞 五四五　䐿 一八八三　膬 二〇七六　機 一八五

[illegible] 八五三 一七〇三　舄 五三二　舵 二〇五一 二〇六八　臻 三三四 三七三　臺 一四三四　[illegible] 六〇三　舉 一〇一四 一〇二四　興 一八〇一 一八〇五　艖 六一九　艙 二八二　艘 五八九　艗 八四一　艦 八七六　菓 一九〇 二〇八　蕍 二六〇

蘎 四四八　蕭 五三三　薀 七四八　蕁 一一二八 一一三四　蕩 二三五九 二三六九 一七六七 一七七五　蘅 一三九一　蕾 一四九三　藹 一五五七　[illegible] 一九一二 一九一八　蕤 九三 一〇八　蘄 一四一 一六三　蕘 五三二 五五二　琴 八六九

葳 一一六八 一一七九　蓺 一一九三　蔁 一二三七 一三三九　蕗 一四八一 一四九三　蕙 一五〇九 一五一五　蕨 一九九七 二〇〇七　䓇 三三一九　蓷 四四六 四五五　[illegible] 四五八　蕑 四六四 四七〇　蔏 七九五　蕖 一〇〇〇　蔥 一〇〇三　蕢 一〇八三

蕇 一一七 一一八〇　蓸 一三五五　蕡 一四〇四 一四二五 一五六五 一五七〇　薇 一五〇三 一五一三　蔑 一五三一 一五五一 一五五七　蔽 一五五八　蕺 三三四八　蕪 二一七 二三三　蕦 二六〇　蔾 二九〇　蕃 四〇三 四二三　蕉 五三一

五五〇　蕎 五四三　蕕 八三一 八四六　薐 九〇四　蔿 九七二 九八八　薜 一〇八三 一〇八五　蓴 一四九三　蕣 一六一七　薁 一八〇二 一八九八　蕧 一八八五 一九〇〇　蔦 二三五九　[illegible] 三三四三　[illegible] 一四一 九七九 九九三　蔬 一九三

二〇七　[illegible] 七六八　[illegible] 一二三三　蕝 一五三一 二〇五四 二〇七〇　蕎 一九六二　虢 四六七 四七三　虜 一六三三 一六三七　盧 二四一 二六四　[illegible] 二六一　[illegible] 二六一　虤 四七三　螭 八八 一〇六　螗 六七七 六九二　螟 七六〇

七六八　螢 七六一　螊 八九八 九〇三　蝙 一六九三　螓 三六二 三七七　蠹 八四〇　螜 一八八四　[illegible] 二〇三　[illegible] 三三五　蝹 三九二 三九八　螘 九四六 九五五 九九七　螖 一〇〇一　螉 二〇三三 三 二四 三六

螔 一四〇　螝 一四三 一六三 一〇九九 一五八七 一五九五　螐 二六三　螇 二九三　蜺 二九一 三〇〇　螌 四六六 四七一　螣 七八八 七九五 三一五 三三九　蟉 八四三　[illegible] 六二一　蟨 一八一　蠡 一三四 一三三

遷 遼 還 遶 遺 遲 遴 邀 遲 選

一六一六 四八二 四九三 五二七 五四九 九八〇 一九七三 一一八六 八九 一〇六 一四一三 一四二九 八九五 一四八一 一四九三 一八三三 七九 一〇三 一四〇八 一四二七 一一五九

適 鄰 鄧 鄯 縐 鄶 [illegible] 醐 醓 醍 醒 [illegible]

一一七五 一六七三 一九五六 一九七〇 一六二 二〇二八 三八三 九一六 一五四九 一五五六 一一三〇 二六八 八六九 八七六 二九一 一〇七五 一〇八〇 七五六 七六七 一三八八 二六一

醙 醬 錞 錟 錧 鉼 錠 錡 錢 鋞 錎 錯

一八三四 一三二一 一三三〇 一八三四 三六一 三七六 八八三 八八九 一二四四 三八三 一八〇一 一八〇五 一三三 九七二 九八八 四八三 四九三 一一七〇 六二七 八八五 一四七五

錴 錕 錤 錮 鋻 錫 錐 錍 錔 錀 錭 錚

一四八九 二〇八四 二二〇七 三三八二 一二一三 一二一七 一二八〇 一四六五 一四八四 一六九二 二二七二 三二八四 一一二 一四五 一三四 一五七 三七九 三九九 五八五 五九二 七三六

錦 錘 鋑 錎 錨 鋸 録 錣 鍇 騎 閼 閹

七四六 一三二三 一三二七 一四一五 一四二三 一四三五 一八五三 一三五 一五八 一四五四 一四五八 一九〇六 一九一五 二〇三三 二〇三六 三三五八 一三三〇 二〇〇〇 二〇一八 二〇二六 八九八

閾 閭 闇 閻 網 閵 閱 閜 闋 隧 隨 隮

九〇三 三二一五 三三二九 六七八 六九二 四一二 四二六 八九四 九〇一 一五六七 一六一二 一六一八 三二八〇 三二八七 一三三四 二〇七〇 一四三三 一三九八 八七 一〇五 一〇八五

險 隋 隩 隵 雕 雔 霅 霎 霖 雩 霝 霏 霙 霓

一三三八 一三四三 一四三六 一七三〇 一七二八 一八五三 五三五 五四八 八五三 九〇一 八九四 二九九 八七一 八五七 八七五 八八五 八九〇 一一七〇 一八一 七三九 二八四

霰 霱 霍 靜 鞴 靦 靿 鞔 靳 鞂 鞅 鞘 覞 覨

二九六 九〇三 一〇五三 一〇六五 二〇九三 三一七七 三一八四 一四九三 一一四八 六二七 一五二一 一五四一 一八三四 三二八六 五一〇 五二〇 一二八一 三一七〇 四四九 四五八 一一三二

肇 鞎 鞘 鞙 諲 諱 熲 頭 頸 頰 頤 頻 頥

一一三七 五四三 一二四四 五六五 五七〇 一七〇〇 一七〇六 七四〇 三 七三九 八二六 八四五 三二七九 三二八五 三三六三 三二七一 九七 一〇九 三四七 三七〇 四三一

顋 頪 頷 頨 頲 頣 頳 劂 餕 餔 餈 [illegible] [illegible]

一五九七 六〇三 八八五 一三三二 一三三五 九七九 九九三 三八八 三九二 二〇二八 三六四 三七九 一九七三 一五四〇 二五四 二六九 一四八〇 一四九二 一五四一 一五八七 一五九六

餗 餑 餐 餇 餛 餘 餐 餓 餞 諳 諄 醂 [illegible]

一八八二 一八九七 二〇〇〇 四三四 四五〇 五三三 三三八二 一九一 二〇六 八三九 一七三三 一七三六 一六〇八 一六一六 一〇七五 一〇八〇 二〇〇〇 二〇〇九 二〇六〇 八八五 八九〇

幪		幬		嶽		嶺	對				嶷	嶸		屨		賽		孺		
二〇	八四七	八三四	一九三三	一九二三	二八三	二七四	一五八八	三二九	三一五	一四七	一一四	七四六	一四八七	一四七二	一五九二	一五八三	一四九〇	一四七七	一七〇三	一一九八
	懦	懠				應		徽	𢕕		彌	虙	彝	憶	幟	幭		㡟		
二七三	二五九	一五二七	一八〇三	一七九八	七九〇	七七五	一八二	一六八	七七〇	一〇六	八八	一五三九	二〇一二	一六二四	二八九	二〇三	八九〇	八八六	九一五	三四
		戲		戴	懲		懇		懲	憨	懇	懞		懜		懋	懝	懕	懥	懃
一三七三	一五六	一三三	一五九〇	一五七九	二八二	一一三四	一二八	一五七〇	一五六四	二八六	一〇三五	二四	一八〇五	二三	一八二七	一八二一	一五九〇	一五三九	一四一七	三九二
擥	擎		擊		擣		擬	擣	擡		擩	擱		擯				擠	擻	
八八六	七〇八	二八四	二七三	一三一九	一三〇九	九八八	九七一	八四二	三二五	一〇六五	一四二	一九九六	一六一六	一六〇八	一五三四	一五三二	二九七	二八七	五八五	一三八七
	數			斂	斁	斀	斅		擘		擢	攕		擈		擎	擧			擭
一四九一	一四七九	一八四八	一八四五	一三三八	三九九	三五五	一九三六	二六六	二一四	一九三五	一九二八	一一四	一九三四	一九二七	一七〇七	一七〇二	九九一	二六八	一四九二	一四八〇
檣		樻		檍		檖	檣		檀	檥		㬎	曖	暴	旚		斷	斢		
六四七	三九九	三九三	二三三〇	二三一七	一四二三	一三九九	一一七一	四五一	四三四	一六五	一七七四	一七六七	一五八三	一七三二	五五八	一九三四	一九二五	一九〇二	二六五	二二五四
檐	檡	檄	[illegible]			檠		檛	檖	橾	檬		襟	檕		檟		檉		櫑
八九一	二一五九	一三八六	九一五	一七九四	一七八七	七〇八	六三五	六一八	五三三	二七四	二〇四	一八四〇	一八三八	一五三九	一三四七	一二四三	七四七	七三七	六八五	六六二
壁		歛			歟		歠	歗	檗	橚		檄		檜		檇		檢	檓	
二一六〇	一三四三	八八六	一九一七	一九一一	一三三六	三三三	三一九	四三一	二一六六	一八八六	二一八四	二一七四	一五五五	一五四八	一四三二	一四一七	一三四四	一三三八	九七七	九〇〇
		濘				濟		濙	濠		濱		氈		毚	轂	殰	殨	殯	殭
一八〇五	一八〇一	二三九〇	一五二一	一四九七	一〇七九	一〇七四	二三九一	七六二	五八一	三六九	三四四	四九三	四八四	九一一	九〇八	一九二八	一五九五	一六二六	一六二三	六八一
澍		濩			濫			濛		瀝		濔		濤		濡		鴻		滴
一五八七	二二八	一四七三	一八四五	一八四一	一三四八	九一五	三三	一六	二八六	二七八	一〇七六	九七八	六八八	五七五	二三三	二九	三三	一七	二八四	二七四
	濯	號	澤		濮		澶		瀆	潭			濞			梟	濕	濊		濬
一九二九	一七一三	一四一六	九九四	一八九六	一八七七	二〇二九	一六九四	一六一七	一一〇九	一五七一	一五三七	一五二七	一四三三	一九三六	一九三一	一三〇一	一一三	二〇二八	一六一六	一六〇七

爗		燭		燦		黠			燥	燮		燮		燧		營	熝		灉	
二五九	一九一五	一九〇四	一六五五	一六四六	一三四四	一三三九	一七三二	一三一九	一三一〇	三七四	三七三	三六六	一四三三	一三九八	七四二	七三五	五八五	一五五	一三一	一九三五

壘	㺖		獲		獮		獳		獱	獜	[illegible]		牆	燩	燠		燬	[illegible]		[illegible]
二六二	二三六	二四二	二三三	二七九	二六八	八五四	二五八	三七九	三六四	三六四	六九四	六八六	六六四	二八二	一七三〇	九四九	九三三	八九九	三七二	三六六

	[illegible]	[illegible]	璬	琥	璨		璐	璥	璪		璫		環		璩		璵	[illegible]	璲	
一六一八	一六一三	二四	一二九八	一七三二	一六五五	一四八三	一四六一	一三八六	一三一三	六九〇	六七三	四六八	四六〇	三三	二〇三	二一〇	一九八	一九七三	一三九九	一三七〇

癀		療	[illegible]			[illegible]		甛	瞵	瞳	瞫	[illegible]		甒	甔		甃		[illegible]	甋
三三三	一七〇六	一七〇二	一三三四	一七三二	一七二六	五八六	四五八	四四九	一六一八	一二四七	八八五	一六五	一〇六三	一〇四八	四四九	一六二	一四一	一八〇四	一八〇〇	一七八八

盭				盪		曉	癖		癃	癄	[illegible]	[illegible]		瘉						癉
四四八	一七七五	一七六七	二六五	一三五二	二九八	二九二	三六九	三四	二〇	一七〇八	一七〇三	九九一	四七一	四六七	一七三五	一六〇〇	一三三四	一三三九	四五五	四四五

瞷	瞶		瞰		瞫		瞭			瞔	曉	瞦		瞵		瞳	盤	盨	盦	盩
三七九	三一一	一八四三	一八四二	一三三九	一三三六	一二九五	一二八七	一八四七	九〇四	八九九	八五〇	一六四	三七七	三六三	二六	二	一八六	一〇六七	五四六	八五三

[illegible]		磷		矯		矰	[illegible]		瞪		瞬	[illegible]		瞴		瞥	瞶	睠		[illegible]
一四一	一六一〇	三五九	一二九五	一二八七	七九三	七八三	二〇五四	一八〇五	七三六	一六一五	一六〇六	一四三二	一〇五三	八五五	二〇六七	二〇五〇	一四四三	一三六二	四七一	四六六

福	稟		禦		禪		禫		禧	磴		磯		碼		[illegible]	磻		磿	磽
一八三	一五四二	一〇三〇	一〇〇五	一六九〇	一六七八	一二五六	一三三	一五六	一三一	一八〇一	一八三	一七五	二六六	二五五	九九五	九八〇	六二一	二八八	二八二	一七二三

窾	窺	寮		穖		穛	[illegible]		穮	[illegible]		穗	穃			穜				禨
二一四三	七四八	五五六	一〇〇三	一〇〇〇	一九三三	一九二四	一四一七	一五八七	一〇九四	一九三六	一四二一	一三九四	一三三三	六三	三五	三	一四四六	一四四一	一八五	一七九

	[illegible]	篻		[illegible]		篧		簏	簇	篰	篷	增	簰	[illegible]	復			竈	竅	
一五三五	一五三三	五五五	五〇四	四五七	一九三六	一九三二	一八九六	一八七八	一八七六	一三三	一二五三	七四九	三〇七	二〇七〇	一九〇〇	六八〇	一五三五	一五三三	六五三	二四八

[illegible]	[illegible]		簉	簁		篼		簃	篷		箋		簂		[illegible]		簍		簎		簣
八五三	五七〇	一八三三	一八二三	九九二	八五一	八三九	一五八	一三五	一九	二〇七〇	二〇五四	一五九五	一五八七	一二四八	一二四三	一〇三五	八五一	二二六七	二二五六	二二六四	二二五一

邀 遾 邂 遂 避 鄗 郰 鄚 醵 醝 醟

一五六九 五三七 五五三 一五三二 一五三四 一五六六 一五七一 二七三 二八四 一三八三 一三九二 八五三 一〇五二 二四 一三五五 三六 六〇二 七三八 七四七 一七八七 一七九四

醠 醢 醨 醏 醞 醠 醜 鍦 鋑 鍇

一九六一 一九七四 一〇八八 一〇九六 二九〇 五四 六二 二一九 一六二一 一六二五 一三七一 一七七四 一三〇一 一三一五 一三五 一五八 一四一四 一四三〇 八二五 八四七 二九一

鍼 鍞 鍇 錆 鍖 鍊 鍥 鍱 鍉 鍝 鍋 鍜 鍚

八五七 八七一 八九八 八七七 一三三三 一三三六 一〇八三 一〇八五 一〇九四 一三二七 一六七二 一六八七 二〇五一 二〇六八 二二六八 二二七三 一五八 二五八 六〇三 六二七 六七七

鍡 鍔 鍾 鍰 鍠 鍧 鍭 鎀 鍛 鍑

六九二 七三三 一〇九四 一〇九八 二〇九一 二一一〇 三九 五五 四六〇 四六八 六九六 七三三 七四五 七三六 八三五 八四八 一八二三 八四三 一六四八 一六五七 一八二三

鍤 鍏 鍓 鍵 鍨 鍪 鍒 闇 闊

一八三三 二三七九 二三八四 一七九 一〇〇〇 三六四 五〇九 五一九 一一六八 一一七九 五三二 八三五 八四八 八五一 八六五 八八九 一三三二 一三三五 一八四四 二〇一四 二〇二四

闍 闉 闋 闅 闃 闐 闈 闕 隊 隮 隰 隱

二五七 二七三 三五五 三七三 四三七 四五一 一一九三 三九二 三九八 二〇三六 二二八〇 二二八七 一六九 一八一 二〇五五 五八五 一五三一 三三四〇 三三四七 一一一六 一一三〇

隸 隸 雜 雖 雚 雛 霍 霜 霝 霞 霈 震 醘 鞔

一六二三 一六二六 一五〇六 一五一四 一五九七 一六八四 一三五 一五八 八四〇 一四八一 一三四六 六三八 六五四 二一一八 六二三 六二三 七七〇 二一五五 二一六六 一四一六 四三〇

鞬 鞚 鞝 鞭 鞥 鞶 鞠 鞞 韆 鞍 鞜 韕 韓 韔 韱 顧

一一四八 一三五四 一三六一 二三三三 三三五九 四七一 五八四 一八七七 一八九六 九七三 一三九三 二三六九 二〇七五 二三五八 四二一 四三二 四五〇 一七六六 一七七四 九〇三 四六七

頷 頞 頫 頤 顆 頔 頒 顈 頠 頣 頲 颸

四七一 一三九九 一四三三 一八〇一 一四一 一四三五 八九〇 一三三三 一三二七 一三二八 一三三四 一六四 二六〇 二七三 三一一 四三一 一〇七六 一〇八〇 一七九五 一九三六 六八一

颼 飆 颾 餤 館 餅 餦 餞 餕 餘 養

六九四 一四一 三三三 二〇〇三 二〇一一 八八五 二一三九 二一四六 一六五〇 一六五八 二三七五 二二八四 六九四 二一六三 一一七 一六八一 一六九二 一八〇五 三三八二 一七八 一〇〇三

饕 餫 餧 餬 餱 餲 餟 醃 䤔 駢 騴 騂 駾 駹

二二五八 二二六九 五八五 一〇八九 一〇九七 一四一二 一四二九 一八八六 二三一七 二〇六二 二〇七五 二二五四 二二六六 八八四 一八五 六八二 七三八 七四七 一五五一 一五五七 六四

六六　駱一六五　騋九一三　騔一〇八三　颿三七四　駽五〇六 五一七 一六八一　騁三一六 三八四　騂一六四九 一六五七　駼三六八　騀三一九 三二四　駿八六九 八七四　騃九八〇 一〇八三 一〇八五　駿一六〇二

一六二四　骲六八二　髆一〇五三　骾三八一 三八六　髇一二九三 一二九　鬅一五三八　鬐五六三 五六九　鬔三三　鬒六二八 六三五　鬴一〇四〇 一〇六〇　䰳一八〇二　鮮四八三 四九三 一二六五 一二七七　鮫五六三

五六九　鮞一三三 一三六　鮬三五九　鮧三八一 二九五　鮭三〇七　鯕九二三　鮪九五九 九八二　鮚一九七四 二〇六一　鮤九二七　鮦一〇七五　鮆一〇八〇　鮢一八八六　鮨一四二 一六五　鮡五四五 一二九六　鯱七九六

鮖一八二三　鮥二二〇一 二二一六　䑪二二五八　鴐二〇四　鴔三〇八　鴃五六六 五七一 一三〇三　鴉五〇九 五一九　鴒一三一二　鴦一四一三　鴩一五三七　鷗一七六八　鴶一九六三 二〇三三　鴷二〇六一　鳷二二三二　鴜一六二　鴆一五五一

鴲一六二　鴹二七　鴴八二八 八三一　鵃八五一　鵀八六八 一八三九　鴽一九一九　鴰二〇二〇 二〇二六　鵅二〇三 二一一七 二一五七　駕二〇三 二三　鴾八四三　麋八八 一〇六　麄一六三　麈三〇〇　麗五一九

磨九四七 九五六　麓一八七二 一八九四　麩八三五 八四八　黈一三一一 一三三〇　黇八九九 九〇四　黏八九四 九〇一　黚八七七 九〇四　黜一九五一 一九六八　黖二〇二七　黛一五八〇　黝一三〇七 一三一八　黻一九七九

一九八六　黿四〇二 四三　鼣一五八六　鼢三九二 一三三　鼩八九〇　鼤一六二四　鼾四八 一六五九　齌二九〇 二九　齋三〇五 三一〇　齔二一八 一一三 一六〇九 一六一七　龜八三九　龠二〇九五 二一三

十八畫

儲一九六 二〇九　儭一六〇六　儶九七八　儱一五六六　儦一八八三 一八九八　瀨一五三八　剺二〇七四　龐三 六七　叢一八 三三　嚘八二九 八四五　嚚三五九 三七五　鞄一三〇三　嘇一三一五　嚜一四一七

嚗一九三二　嚛一九一八　嚬一九七三　壙一七六五 一七七四　壘九六一 九八三　嫳一五〇三　奭二一五 二六四　嬰一四〇六 一四六　嬬三二〇　嬡五二一　嬛五三三 五二二　姁一〇六五　熮一三二　嬫二二〇三　寱一五三三 一五三四

廜一八二　屩二〇九五 二二一三　巂二九〇 二九九　辭二〇三六　戳二〇三七 二〇五三　懨二七〇　懱二〇〇三 二〇六〇 二〇七四 二一八三　彍二三〇一 二二一六　彝九六 一〇九　懣一二四三 一二四八 一六三七　慈一一七二

一八二　懩一二七一　懮一三二　懘一五三七 一五三七　懕八九六 九〇二　懟一四一 一四二九　懪一九二七　懱二〇六〇 二〇七三　懇三〇八　懰八五三 一三一〇　懫一四一五 一九六〇 一九七三　懖二〇二八　戀一四一八　擴五五八

擴 二〇四　擿 二五四、二六六　擾 一八五、一九四　櫇 二八二　擜 二五四、二六五　壓 二六七、三七二　攄 一九九、二一〇　擺 一〇八三　擥 一一三〇、一三三五　攕 二〇六〇　攃 二一〇一、二一八二　攛 二三六七、二三七三　斁 一六三三

一六三七　斵 一五四〇　斷 一一四一、一一四七、一六三九、一六五三　斸 一六五三　旛 四〇四、四二三　旞 五五七　曙 一四五〇、一四五七　曤 一五八八　曝 二三四三　曜 一六九七、一七〇四　朦 三、三五　槗 一六二　櫅 二九二、三〇〇

檳 三七八　縱 二三八六　檫 二〇三三　橐 五五七　檮 五八二、五九〇　檽 一〇五三、一四八一　檷 一〇八一　櫜 一一三六　檿 一三四二、一三四五　櫛 一九七三　櫪 二一七三、二一八四　槷 一三三四、一三三七　檻 一三四七、一三五〇　樓 一七五三、二二〇三

二一八　榑 二一六八　櫆 二三五八　樵 三六三、三七七　棱 五〇九　檼 一六二四、一六二六　樸 一八八七　檯 一一〇九、一一一四　鶣 一一七三　機 一五三九　櫂 一七一三、一七一六　歸 一七七、一八四　殯 一六〇六、一六一五　嬪 一四一六　嬖 二一八三

觳 八五三　農 一七一三　瀘 五〇二　濂 五四一、五五四　瀁 一三六〇　瀋 一三一六、一三一八　瀀 八四〇、八五二　瀙 一八〇五　瀆 一八六三、一八九一　瀑 一七三〇、一八七六　漻 五六七　瀏 八三〇、八四六、一三一九　涇 一七五二　濼 一八九九

二〇九六　澥 一九七五、二三三〇　澌 三六八　濾 三六八　燹 一六九、二八〇　燾 一七三四、一七三〇　燙 二三一九、二三三三　燼 一六〇四、一六一四、一六一八　燿 一六九七、一七〇四　爵 二〇八一、二一〇六　辨 一六八三　犢 二九二　獷 一三六二

二三七〇、二三八〇、二三八五　獺 二〇六二　獨 九七九　獵 二三六〇、二三七〇　璂 一三九、一六〇　瓀 五一六　瑋 二〇三六　璬 二八九　璿 五〇七、五一八　瓊 七三三、七四五　璣 一五三二、一五三四　璧 二三六、二三九　甗 一六五

龔 一三五三、一三五七　甑 八四四、八八九　甓 二七八、二八六　甖 二九二　癉 一一四三、一一四七、一〇九一　瘤 一六二四　瘠 四五九　癭 四六八、一五三三　瘍 一五三五、一七九　癥 一〇一七　癩 一一七三　瘑 二三三五　癖 一一八七　皦 一一九五

皷 一一七二　盪 六八一　盬 一〇四九、一〇六三　矑 一一八一　瞽 一〇四九、一〇六三　瞿 二四七、二六六、一四七九、一四九一　矎 一一八二　瞽 二〇六〇、二〇七四　瞁 二三五九　瞻 八九三、九〇一　瞼 一三四三、一三四五　瞖 四二九　礓 六七九

礎 一〇一三、一〇三三　磬 三六九　礏 三三五四、三三五八　礙 一四三〇　礜 一四五五、一四五九　礵 一八八三、一八九八　禮 一〇六八、一〇七七　禬 一五四九、一五五六　積 一三八、一六〇　穜 一一七　臬 二二一五、一七三一　穟 一三九九、一四二三

穡 三二一六、二三三〇　穢 一五七六、一五九〇　穭 一五五一、一五五七　竄 一六四五、一六五五　竅 一六九六、一七〇四　竵 三一一　嬴 一七三八　簩 五八一　簜 一三五三、二三六五　籡 一六一一　篁 二〇五三　籃 五三　鋌 三〇七　簝 五四一、五五四

簣 六七一 六八九 簪 八六五 八七四 簠 一〇四九 一〇六三 簟 一三三九 一三四四 一八四九 篳 四四五 四五五 築 六八二 籣 一二〇九 一二一五 簡 一二五〇 一二五四 籥 一二五五 簀 一四〇四 一五六六 遷 一五四二 箭 一六八二

籤 二〇六三 簙 二〇九一 三二一 篻 二六〇 籍 二七五 簥 五四六 篤 一七四七 籅 一八八六 一九〇一 簦 七八三 七九二 簨 一二〇七 一二一三 篘 一四三三 簽 一五八五 一五九四 糟 一三三六 糧 六六三 六八六 積 一四一七 繜 四二九

繪 七七八 七九一 縈 九七七 九九〇 織 一四〇〇 三三〇六 三三二六 繕 一六七九 一六九一 繚 五四五 一一九一 一一九七 繖 一二四〇 一二四六 繞 一二八六 一二九五 一七〇一 繐 一五三〇 一五四〇 纂 一二四三 一二四八

繟 一一七三 一一八一 繢 一五八二 一五九二 縹 三三三三 繙 四一四 四二七 繎 五三一 繑 五五八 纈 九二三 一〇五二 一〇六六 纅 三二四九 三二六八 繦 三二五七 三二六八 繣 一五七一 三二五八 三二六九 繏 一六八三 繑 一九五九

一九七三 繜 四〇八 四三五 羼 一〇七六 罶 一三一九 罺 五六五 羂 一一七九 覊 四五七 羳 四二〇 四三〇 䍦 一六八三 翻 七八八 翹 五三八 五五三 翿 一五三九 翻 四〇四 四二三 翮 五四六 翱 五七六 五八八 翩 一九六二

職 二一九一 二三三〇 聶 二三六八 二三七三 聵 一五六四 一五七〇 聽 二〇〇三 臍 二七八 二九三 臏 四四六 臑 二五八 二七三 五八四 五九一 一七二六 臕 三九二 膞 一四一七 臎 九七九 一四一八 舊 一八二一 一八二七

舉 五一〇 五三〇 艘 二〇三三 薺 一三一 一一五五 一〇六八 一〇七七 薸 五四三 蔽 五五七 一七二六 藥 七四九 蘗 一一七三 蓁 一四三 一六四 藐 三七八 藏 六三八 六五四 一七六一 一七七三 薵 八四一 薿 九七一

九八八 蘧 九七三 九八八 薾 九九五 一〇七六 耤 一七四一 一七四九 二二五一 二二六四 藶 二二七八 藪 二二八八 夢 三六 藜 二九二 藍 八八三 八八九 薱 一五八六 蘘 一六二二 蘍 一七七五 蘦 二〇〇三 薰 三八七 三九六

藑 七三八 七四七 貌 一二八九 一二九六 一九三七 亂 一六六四 一六六七 藕 二〇一三 二〇六一 二〇七四 僕 二一〇三 蓋 一六〇六 一六一五 藋 一七〇六 虘 一四九三 虧 一〇八 號 二三五七 二二六八 蟧 五八三 五九一 蟙 二二一九

蟯 五四三 五五五 蟥 六八三 六九五 鼇 七三八 蟫 八六六 八七五 蟌 一五三九 一五三八 蟨 二〇〇〇 二〇〇九 蟲 四 二七 蟬 四八五 四九四 蟃 六二 蟒 一三六一 騷 一五五七 螵 三三一七 三三二 蛢 二九一

蟠 四三〇 四四二 四五三 蟭 五四六 五五七 蟜 五四六 五五七 一一九〇 一一九七 蟡 九一 蟓 三六三 三七〇 蟣 一八五 九九九 一〇〇三 蟜 一九七四 衞 五一 六〇 襚 一三九九 一四二三 襢 一六八二

襟 八六一 八七三
襛 三三 六一 一八八四
襡 一九一三 一九一九
襗 二一一七 二三五六 二三六七
襜 八九五 九〇三
襖 一三三一
襘 一五四九 一五五五
覆 一八一三 一八二七 一八七四 一八九四
覩 六七
覭 二一九三 二一九九
覲 一六〇八 一六一六
靚 二一六〇
覷 一四五四
觴 六四一 六五五
謫 六八四 二一五〇 二一六三
諻 一七六八
謶 二二〇一
譸 二一七三
譼 二一九一
謰 五三三
警 五六六 五八三 五九一
謳 八二五 八四四
謹 二一一七 二一二〇
謦 二八九 三九二
謕 一五三〇 一五三八
謸 一七二六
諑 一九六〇
謷 二三七四
譙 一四二
謨 三三七 三三六
謾 四四五 四五五 一六五〇 一六五八 一六六四 一六六七
謯 六二一 六二七
謱 八五四 一〇三五
謣 一四七八 一四九〇
謻 一三五
諰 一三五八
謲 八九〇
謬 一八一八 一八三〇
謵 二三四九 三六七
禝 四四九
磟 五四四 五五五
豐 二 三〇
豢 一八八四
豵 三 三四
貐 六二
貙 二四八 二六六
貗 二六三
貘 二一五三 二一六五
贄 一四〇七 一四二六
贀 一四一七
贅 一五二五 一五三六
賾 二一五一 二一六四
趮 五五八
趲 一八四四
趨 四七二
趩 二一七一
趫 一〇六六
𧾊 八八五
蹢 二一五九 二一八〇 二一八七
蹠 二一五四 二一六六
踳 五三
蹛 一五三三 一五五七
躉 一五三九
蹷 一八七三 一八九四
楚 二三七四
蹡 六七八 六九二
蹜 一八八〇
蹕 一九五三 一九六八
蹤 四六
軀 二二一 二三五
轆 一八八〇
轚 七四八
轉 一一五八 一一七四 一六八一 一六九二
輩 一四一八 一四三四
轄 一五二七 一五三七
轊 一六六〇
轗 三
轍 五四 六三
轈 五六五 五七〇
轇 五六六
邃 一三九八 一四三三
遷 九三五 九五一
過 二二三〇
邈 一九二六 一九三四
蓬 一五五七
鄒 八五一
鄞 二一八二
鄭 一六三七
醀 三三 六〇
醨 一五〇
醫 八六 一〇四
醧 八四二 一四五五 一四五九
𨣧 一三四六
醳 一五三九
醪 五八〇 五九〇
醦 一三四九
醬 一七六二 一七七二
釐 一一三 一四六
鎵 三七
鎔 四八 五九
鎡 一四三 一六四
鎛 六九五
鎣 七四〇 一八〇五
鎬 一三一三 一三一一
鎰 一九五五 一九七〇
鎝 八四三
鎭 一六〇〇 一六一三
鏄 二〇九六 二一一三
鎧 一〇八九 一〇九七
鎲 二一七三
鎚 一一三 一五六 三三三 三三二
鎞 二八二
鎼 三〇〇
鎗 七〇〇 七一五
鎎 一四四七
鎩 一五六四 一五七〇 二〇三三 二〇三六
鎖 一三三三
鏗 一三三二
閼 一九九〇 二〇〇五
闐 五〇一 五一五
闋 一四二〇
闖 一八三八 一八三九
闔 二三五二 二三五七
闓 一〇九四 一〇九九
闙 二三五三 二三五七
闌 二〇五一 二〇六八
離 九九五
雜 二三五一 二三五六
雗 一六五一 一六五九
雚 一六四八 一六五六
雙 六四 六七
雛 二三四 二三五
雞 二八二 二九五
臒 二〇九七 二一一四
霦 九〇三
霣 二一〇八

鞬	鞞		鞫		鞦		鞭	鞥	鞨		鞮	鞧		韗	鞁		霧	霤	霆	
四二五	三五九	一八九六	一八七七	八四六	八三〇	五一三	四九七	二六〇	三〇三〇	二九四	二七九	一八二	一六二六	一六三三	二六二	一四八五	一四六七	一八五五	一三八	二二四
顣		額	頞		類		顏		韹		韙	韍	韛	韍		韘	韏	韡	韖	
一三三四	二三九	二二六	一五七二	一三九〇	一三八〇	四六九	四六二	六九五	六八三	一〇〇二	九九八	一六六〇	一〇〇〇	六二七	三七二	三六六	一九〇〇	二八六	八五二	四三七
餃		颾		颺		颸		颼	頦	頴	顒	顓		顛			題	顛	類	
八四一	一九八八	一四三三	六八五	六六二	一四七	一一五	八四七	八三二	一一三五	一三九四	六二七	五六五	五一八	五〇七	一五三三	二九四	二八〇	一六九四	一四二	一三三七
餘		餞		餱	餭				餲	餸	餳	餮	餐	餪		餚		餬		餌
一五八六	五三三	四一八	八四八	八三五	六八〇	二〇三二	一五六五	一五四一	一五三〇	二六三三	七四五	二〇六七	二〇五〇	一二四八	一三三〇	九七七	二六八	二五二	一六二六	一六二三
騅	駢		騉		騑	騤		騋		騏				騎		騈			馥	馤
一三三	一六五八	四三〇	四二〇	一八二	一七〇	一八八五	三三二	三三三	一四九	一三〇	一三九〇	一三八〇	一〇八	九四	五一五	五〇一	三一九	一八九三	一八七一	一五五〇
	髣	髺		鬈				髀		髑			髁		骿	騄	騇		駒	
二六九	二五九	八五五	五一六	五〇五	一〇八〇	一〇七五	九五一	九三五	二八九	二五九	一七六八	一七三五	一三四三	五一八	五〇八	一九三	二三四	五九一	五八四	一五二
鯇	鰲		鯇		鯊		魏		魋	魍	魖	魊		魌		鬻	鬵		鬃	
二〇三	二四八	一二五五	一二三	六六	六八	一四四	一四三八	三三	三三五	一六一	二七五	二二七	一五六	一三	八七四	八六五	一四四七	一五八七	一〇九二	二一九〇
	鶄	鵵	鵙	鴹		鵜	鯇		鯀	鯪	鯚		鯉	鯙	鮰	鮔		鯁		鯅
七六九	七六三	二〇七六	六八二	六八〇	二九五	二八一	一一八三	一一三四	一一三八	一〇九二	二五八	九八六	九六八	八六九	三七四	一三二	一三八五	一三八〇	七四九	七四〇
鷹	鮹	駿	鶵	鴠		鵖	鵂		鵆		鵲	鵚		鵝		鵌		鵚	鵙	鵻
三六四	五四五	一六二八	一六二一	一四一九	三二四九	三二四四	三二六〇	一九一八	一九二三	一九一六	一九〇八	八四一	六〇六	五九六	三三	二〇三	一八五	一八	一六五一	九三四
	黠		藁	黐		黼			黈			黆	麭	麯			麋			麇
二〇三四	二〇三〇	一一八一	一一七三	二六〇	一〇九九	九七九	一三四八	一三四四	三〇〇	一三六三	一三六一	二四	一七二四	一三三〇	一〇五三	一〇二七	二五九	一一〇九	三七六	三六三
鼩		鼨		鼬	鼪		鼯	鼮	鼧	鼜		鼖	黿	鼂	鼁	鼇	鼈			黟
二四七	三三五	三三	一八三二	一八二二	一六二	二六七	二五六	七七〇	九二七	六一	三九八	三九一	八四二	二七三	五五五	一九〇二	一四五五	三〇〇	一六〇	一三八

驋	騜		騤		騛	騝	騢		騥	騖		髂		髃			⿰骨曷	顛	鬋	
三	六八三	六九五	二八	一二四	一八四	五〇八	六一九	六二六	八四〇	一四六七	一四八五	一七四七	一七五三	三五七	一三二	一三二	二〇三	三二六	五〇八	二六九
	鬐	鬌		鬊		鬆	鬏		鬉	鬷			⿺鬼頁		鯨		⿰魚卒	鯜	鯕	鯠
二八〇	一八八六	一六二	一三八	一六〇九	一六二六	三三	五九二	八二七	一四四七	三三	三六	九一七	一〇五四	一〇九九	七〇八	七一九	一九六二	三七三	一六四	三三四
鯖	鯪	鯫		鯥	⿰魚昔	鰅		鯤		⿰魚果	鯙	⿱者魚		鯢		⿰魚卑	鯛	⿰魚爭	⿰魚幼	鯦
七三七	七八六	八五〇	一三二	一八八五	三〇一	五四	六二	四一六	四二八	一三四八	一七一七	一四三	二九〇	二八五	二九六	三〇八	五五六	七四〇	一三〇	一三三
	⿱制魚	⿰魚臽	⿰魚兩		鶉		鵷		鵯	鶁	鶀	⿰麦鳥	鶆		鶄		鵡		鵱	
一八二四	一五三九	一八五四	一八八六	一九〇〇	三五六、	三七四	四一九	四二九	七三三	七四七	一六四	二九一	三六	三四	七三六	七四六	一〇五一	一〇六四	一八八五	一九〇〇
鶓		⿰或鳥	鵾		⿰芺鳥	⿰鳥隹		鶅	鵬	鵩		鶇		鵫		鶋	鶃	鶌		鵽
二〇八八	二〇九	三一九	四一六	四二八	一三三	一二四	一五七	三七九	七六五	一八七六	一八九五	一八二三	一八九八	一九六二	一九七三	二〇三	一四八一	一九八四	一九八八	二〇三
	麖		麗				麒		麔		⿺麥果	⿺麥卑		麴		麑	⿰黃夾	⿰黃夭	⿰黑虎	黼
二〇三六	七三四	七四六	一二四	一五三	一四九五	一五一〇	一五五	一五八	一三二	一三三	一三九	一四〇	一六三	一八七五	一八九五	八五三	九〇四	九〇四	六五	一〇四八
	⿰巤戈		鼗	鼭	⿰鼠它	⿰鼻瓜	齍		齖	齗		齘		龏	**二十畫**	⿲亻𠂤帚	⿰䜌刂	勸		匷
一〇六三	五七七	五八八	三五八	一四三	二一七	二〇〇四	一三六	一五三	六三〇	三五五	三七四	一五六五	一五七〇	六三		一四三	二九二	一六三〇	一六三五	三一八
囒	嚶		嚴			嚵		嚳		壤		孃	孀	嬻	嬯		⿰孚鳥	孽		寶
四八	七三五	七四六	八九二	九〇〇	九二一	九〇八	九二一	一九二三	一九一八	一三五九	一三六九	六九四	六八〇	一八九九	一九三三	一一九	一七一六	二〇五五	二〇七〇	三〇四
	⿸尸歷	巆	巇	巉		⿰巾韱		廮	廯	彍	懷	愁	懸		攘				攕	攖
三一六	三八九	七三九	一一九	九〇七	九一〇	八九八	九〇三	二八七	五〇八	五四三	一七六八	一六三	一九三二	一九三七	六七六	六九一	三五八	三六八	一四〇	七三六
	⿰扌爾	攙		戴	斆		旟		曨	⿱薛日	曣	⿰月卑	朧	櫱		櫡		櫰		櫬
七四六	三六九	九〇八	九二	一五七二	一七二三	一七二六	一九八	三〇九	三五五	一六九三	一六八二	一六五	三四	一七	三三	二〇三	二二三	三〇七	三一〇	一六〇六
	櫫	櫨		櫝	橙	櫞	櫪	瀼		灊	瀵		⿰氵鄰	瀾			瀟		瀶	⿰氵閵
一六一五	二〇二	二五三	二六九	三七九	二〇六一	一四五六	二六〇	六七七	六九二	七四七	一六二四	一六二六	五二一	四三七	四五一	一六五〇	五四一	五五四	八七六	一三三七

燎		爓		瀷	㶏				瀰	瀹		瀺		激		瀸	瀿	瀎		灟
一一九三	一八四六	九〇四	三三〇	三一七	三九二	一〇八〇	九五一	九三六	一五三	三一六	一三五一	一三四九	六四六	一三四一	九〇三	八九八	四三〇	二〇六八	一五四一	一五三〇
盤	皪	癓	癳	癒	皺	嚦	疈	璺		瓏	獼	玃				獻		犨		犧
一五三三	三七九	二〇六二	三〇〇	一四八一	一四五五	六二〇	三一八	一六二三	三	一七	一四一	一四一	一六三四	一六二七	六〇九	六〇三	八四六	八三	一四八	二一六
穖	穳	礁		礫	礴	礩	礒				礧		礪		礦	纙	礸		矍	盭
二〇七四	三八一	五五四	三八七	三七九	三一七	一九七二	二〇三四	一五九四	一五八五	一〇九七	一〇九二	一五三二	一五一七	三八五	三八〇	一〇八三	一六五二	三一五	三〇〇	一五三四
糴	驟	糯	籠	籆		籃		籋		籍		籌	籖	籓		競	竷		竇	穭
一七〇七	一三四九	一七三五	三八一	三一七	八八	八八三	三七三	三六八	三三八	三二四	八二	八〇九	三六二	一二四	一七九三	一七八五	一三三七	一八二八	一八一五	一〇一七
翻	攊	羺		繼		纀		纂	總		纁		繾		繻		辮		繽	
三七四	三八二	八四二	一五三三	一五一八	一八九八	一八八三	二四八	二四三	二一九	三九六	三八八	二八〇	二七〇	三六六	二四七	二七八	二六六	三七八	三六四	三八三
藹		藻		蘂		藷		蘢	艦	艨		臚		臛	聹	耀				翽
一五四七	三一六	三〇四	九五〇	九三四	三三	二〇四	四七	三六	一三四七	三三	三二	三〇〇	三一四	二〇九七	七六二	一六九七	一七三〇	一七二五	五九一	五八三
	蘋		蘆					蘄		蘀		藿	蘜	蘋	蘏		蘓	藸	蘸	
三七〇	三四八	二六四	二四三	三九八	三九二	一八六	一五三	一三六	三一四	二〇九七	三一〇	二〇九一	一九〇〇	一五五〇	三九一	三三三	三一四	三一三	一九三二	一五五四
蠖		蠓	蠑		蠙		蠐	蠁	蘊	蘔		薵	蘅		蘇		蘭	蘐		蘰
二〇九六	九一七	九一五	七三八	三七七	三六二	二九三	二七八	三七九	四一八	一四一六	八九〇	八八五	七三五	二六四	二四二	一六一五	一六〇七	三〇一	六九二	六七八
觀		贓	覷		齎		嬰				襮	襳	襬		襭		蠗	蠽	蠱	
六二一	一八六	一四三	一四九三	一五七	一三五	一九三七	一八八四	三一三	二〇九六	一九一八	一九一三	一四八一	一六一	二〇六八	二〇五二	一九三七	一九三一	一四一三	五五七	三一三
	警	譨	誦	譞		議		譜	譠		譩	警		觱		觸				覺
三八三	三七五	八四三	七八八	五一九	一三九一	一三八三	一〇五六	一〇三三	四四八	一七八	一六四	二八九	一九三六	一九三二	一九一七	一九〇九	一九三三	一九二二	一七一六	一七一三
	賺		贏	豔		譽		譬	讂		警		譣	譄		譯	譔		譟	譪
一八五四	一八五三	七四三	七二五	三一六	一四五七	一四四九	一四二八	一四一一	一七二六	一七〇七	一七〇三	一三四五	九〇四	八九七	二六三	二四九	一七五三	一七二七	一七一九	一五七三

贜 一六三七　瞻 一八四五 一八四八　驗 一八四七　趨 一〇六　躂 二〇三　還 四三一　趬 一七五 一七三〇　趫 一九九　踷 二〇三 二二 二〇〇　蹝 一四七六 三六〇 三七〇　躁 一七三三 一七三九　躅 一九一〇 一九二七　蹴 一七〇八

躄 二五五 二六七　轙 一二六 九一　轗 一三三 一三七　轚 二八二 二八八　轖 二三〇　轘 四六六 一六六四 一六六七　鄹 六四　酃 七三 七六九 二八七　鄉 九二　醷 三二八　醲 四八 五九　醴 一〇七一

一〇七八　醵 一四五四 一四五九 二〇九七 二一四　醳 二五五 二六六　醶 一三四九 一八四九　釋 二四五 二六三　鐘 四〇 五五　鐓 三三五 一五八五 一五九四　鐏 一六三三 一六三七　鐁 一四一　鐐 五四四 五五五

一七〇二　鐃 五六三 五六九　鐄 七三八　鐔 八六五 八七四 八八四　鏳 八七七　鐕 八六五 八八九　鐱 二一四 一六六〇　鏧 一四一三　鐼 一六二六　鐝 二〇〇三　鉼 一三六三　鐀 一四二五　鐗 一六六五 一六六八　鏷 一九一三　鎜 二〇六〇

二〇七四　鐇 四三〇　鐎 四三 五五五　鐈 五五七　鏶 二二四九　鏬 三八〇 四六七　鐥 二三五　鐆 一四三　鏺 二〇三 二〇二九　鐍 二〇五三 二〇六九　闞 一三四八 一八四三 一八四四 一八五三　闓 二六五 二一七　闠 一五八四

一五九三　闟 三〇七 九七八 九九一　闤 五五八　闥 三四三 二二四九　闢 一七七五　隫 一八九九　隲 一九五六 一九七〇　歡 一六五一 一六五九 一四三三　雛 五四　霾 八六九　霽 一六六九　霰 一六八四 一八二八　霤 四六六　霮 七七〇　霎

靄 三四八　霱 一九六〇 一九七三　韄 一八五　韛 五四　鞹 二〇九八 二一四　韝 一八二四　鞻 八三九　鞴 一四三〇 一五六五 一五七一　鞲 一九一三　韸 五四　韂 九九〇　韠 一九五七 一九七一　韽 八四 八八九　類 二三三　顑 一六二

飄 五三八 五五三　飂 八二九 八四六　饇 一四八〇　饉 一六〇七 一六一五　馨 七五六 七六六　驀 四二七 四九九 五一四　騯 七四七　騰 七八五 七九四　騵 四二二　騹 五一七　鶾 一六五九　體 一四一八　騣 一六六五　驄 三三

騩 一三八 一七九 一四三三　騱 二〇四 二九六　騊 五九二　騬 七八八 七九五　騮 七九九 八一八　騶 八二三 八三三　騪 八四一　騷 五七九 五八九　驏 一六八三　髊 一四一四 一四三〇　髆 二二一三　[illegible] 二〇七五　鬏 九〇三

鬌 一二四　鬆 一七七六　鬐 二〇三四　鬠 一二三 一五六　鬢 一二〇八　鬶 二二五九 二二八九　鬷 四五七　鬲 二二七九 二二八七　鰤 二九一　鯿 五〇四 五一六　鯙 七六三　鰌 八三〇 八四六　鰸 一二三九 一一三五　鰊 一六九二　鰈 二三五五

二三五九　鰅 二五七 二七三　鰓 三六 三五　鰑 六八一　鯹 七五六 七六七　鮰 七九六 一八〇五　鯷 一五三八　鯼 二四　鯸 八四三　鯸 八五四　鰒 一九二七 一九三五 二三　鮹 六二七　鰕 二九一　䳆 五二二　鳽 二〇〇三　鴛

瓘		瓤	疊	癭		癬	礴	盥	矙		禳		穰			穙	竊	籠		籟
一六四九	一六五七	六七七	三七〇	三七九	三八五	二六九	二八〇	二六〇	二〇三六	二〇九六	六七六	六九一	六六三	六六六	二三五一	一四四七	二〇四九	一六	三三	一五四六
	籗	籜	籚		篙	籛	籥		籞	籙	糴		纑			繝	羇		聾	聽
一五五四	二〇三	三二一	二五八	二七三	一六五	五〇八	一〇一七	一〇三五	一五三三	一九〇六	二七五	二八五	二五七	二七三	一三四三	一三三	一五五	一六	三三	七五九
		臞		臛	臟		嚮	艫		蘺		蘴		蘸	蘘	蘲	蘬		纖	
一七九七	一八〇三	二二八	二三三	五三三	一七六三	一七七三	三二六	二五三	二六九	一三六	一五三	二三	二五三	三四八	二五三	二三八	一八六	一〇〇〇	三二一九	三三三一
蠪		蠩	蠡	蠹	蠦	蠶		衊	襲		襬	襶		覼	覾	覿		讈	讀	
二四	三六	二〇三	四一八	一四七三	二六一	二〇四九	二〇六七	三三三	三三八	三四六	一七八八	八九八	九〇三	四七一	四三一	二一七五	二一八五	一八九九	一八六三	一八九一
讄	讋	變		讞	巘		玁	贖	趲	趨	趯	躚		躑		躕	躓		躋	躒
九九〇	一五四〇	一六七〇	一六八五	三六八	一七九	一八五	三六九	一九〇九	一九七三	一九七四	三一八	四八六	四九四	二五三	二六五	一八八二	一四〇八	一四二七	二六五	二八二
躐		轠		轢		轡		邎	邁	酈		[illegible]	酇					醶	醼	鑢
二三六七	二三七二	三三五	三三三	二七九	二八七	一三八三	一三九一	八五三	一四九二	一四〇	二八八	四三〇	六二一	一二四三	一二四七	一六四九	一六五七	二〇三三	一三四六	五八三
	鑐	鑿		鑄		鏤	鑑		鑊		闟		霽		霰	霿	靆	霸		霾
五九一	二六〇	七四〇	一八〇五	一四七三	一四八八	一三五五	一八五一	一八五三	二〇九二	二一一	一〇七六	一〇八〇	一四九四	一五一〇	四五七	二四	一四三四	一五八四	一五九四	三〇五
	韄	韂	韣			韽	響		顫		顡	巔	顩			顯	飋	飉	饔	
三一〇	一四八〇	三三七二	一八七九	一八九七	一九一九	九〇九	一三五三	二三六六	一六七八	一六九〇	一三一六	一五九四	一三一六	一三四二	一三四五	五八五	一九六二	一八八六	五〇	六〇
饘		饗		饖		驐	驓	驎		驍		驔		驚	驢	驒				驏
五〇三	五一五	五八二	五九〇	一五八七	一五九六	四一八	七八七	一六二〇	一六二七	五四一	五五四	八七八	一三四三	一四三二	二〇三	四四八	五二〇	六〇三	一六〇九	四六七
	驊		驕		騹	驈		髒	髑	鬆	鬺			鬢		鬚		鬸	鬻	
四七一	六一九	六二六	三一二	五五〇	九九三	一九五九	一九七三	二〇一〇	一四三三	五五七	四六七	四七二	二〇三三	一四一七	一四三三	二一九	二三四	一八〇五	一六五	一八七五
	魑	魖	[illegible]	鱅	鰪	鰸	鱄			鰱		鱁	鰷	鰿	鰻	鰹	鱋	鰴	鱉	鷩
一八九五	五六七	二二三	一八五	六一	八四三	二七四	四四九	五二一	一二八二	五二一	五三一	一八八五	一九六二	二五八	四五六	五〇九	八五四	一七九	二二三	一四一八

二十三畫

同字異體

二畫
巳同巳
四畫
廾同廾
允胤字避諱
元玄字避諱
五畫
井同井
回同回
歹同歹
疒同疒
六畫
冊同册
卮同卮
并同幷
弜同弜
汚同汙
交琰字諱
七畫
究同究
叟同叟

宏弘字避諱
廷同廷
炮同炮
抛同抛
攺同改
歧同歧
殁同殁
芝同芝
八畫
保同保
併同併
刑同刑
亙同亘
咒同呪
呐同呐
奈同柰
奔同奔
奐同奐
坭同坭
徊同徊
玫同數

涙同淚
災同災
斫同斫
姍同姍
九畫
乘同乘
俞同俞
冠同冠
剛同剛
刱同刱
卤同卣
埶同埶
卸同卸
隽同隽
姸同姸
迤同迤
屏同屏
蚤同蚤
庰同庰
昪同昪
形同形
怱同怱

昂同昂
戕同昝
畒同畝
疲同疲
禺顒字避諱
竺同竺
罝同罝
罕同罕
罟同罟
脉同脉
脈同脈
粤同粤
那同那
鼻同鼻
十畫
亂同亂
冢同冢
勑同勑
愕同愕
尋同尋
埧同埧
扼同扼

晃同晃
梆同梆
桒同葉
殂同殂
殄同殄
殆同殆
妭同妭
殃同殃
珏同珏
琰同琰字避諱
留同畱
奄同奄
笄同笄
罣同罣
腴同腴
胼同胼
脉同脉
致同致
莽同莽
迸同迸
十一畫
候同候

厠同廁
啐同啐
冥同冥
眞同眞
冤同冤
屢同屢
搒同搒
梨同梨
羕同羕
浼同浼
犁同犁
甁同甁
梨同梨
粵同粵
買同買
英同英
筑同筑
鹵同鹵
研同研
赶同赶
趼同趼
較同較

郵同郵
郭同郭
崔同崔
十二畫
傲同傲
麻曆字避諱
廚同廚
嘔同嘔
塝同塝
壺同壺
業同業
奧同奧
媼同媼
寢同寢
遑同遑
廌同廌
強同强
愜同愜
掣同掣
搵同搵
撰同撰
捏同捏

晳同晳
崒同崒
淄同淄
瑰同瑰
瘌同瘌
瘃同瘃
瘓同瘓
罩同罩
耋同耋
耆同耆
皋同皋
飛同飛
菴同庵
華曄字避諱
莧同莧
蒡同蒡
落同落
蛢同蛢
蝀同蝀
舩同舩
趑同趑
軛同軛

傘同傘
鄭同鄭
閒同閒
歆同歆
髡同髡
十三畫
備同備
僩同僩
粃同粃
廛同廛
督同督
墁同墁
穀同穀
寎同寎
寃同寃
嶁同嶁
塗同塗
應同應
慍同慍
擻同擻
敲同敲
敫同敫

啓同啓
教同教
榼同榼
椰同椰
榹同榹
欬同欬
殟同殟
猝同猝
殗同殗
殑同殑
矮同矮
殖同殖
溫同溫
滊同滊
煜燁字避諱
煮同煮
爽同爽
甍同甍
甆同甆
嘗同嘗
獃同獃
瘌同瘌

瘞同瘞
痺同痺
瘑同瘑
缾同缾
曹同曹
裨同裨
筑同筑
緼同緼
罥同罥
罨同罨
靚同靚
督同督
蓋同蓋
葘同葘
萸同萸
彪同彪
蛻同蛻
趍同趍
軿同軿
輧同輧
翬同翬
粹同粹

飧同飧
養同養
鬧同鬧
十四畫
翕同翕
甥同甥
飼同飼
牌同牌
壼同壼
堠同候
墫同墫
夐同夐
勢同勢
媲同媲
寐同寐
遶同遶
熩同熩
島同島
獎同獎
戧同戧
摘同摘
摍同摍

朢同望 櫜同櫜 榴同橊 榛同榛 榜同榜 槔同槹 榔同榔 歔同歔 歷同歷 殜同殜 毀同毀 漱同漱 齘同齘 𪘲同𪘲 𨊻同𨋍 瘠同瘠 畫同畫 睧同睧 種同穜 磕同磕 禎同禛避諱字 塼同塼

箭同箭箭 篥同篥 筋同筋 絣同絣 巽同巽 罬同罬 罧同罧 罨同罨 曹同曹 㡘同㡘 嬴同嬴 蔌同蔌 航同航 萻同萻 蜩同蜩 蜎同蜎 謏同謏 豨同豨 豝同豝 趜同趜 趠同趠 通同通

遱同建 舥同舥 酼同醢 鈲同鈲 颬同颬 飼同飤 麽同麽 十五畫 𧇊同𧇊 僐同僐 僝同僝 劍同劍 嘒同噂 噢同噢 嗒同嗒 墕同壔 獎同獎 嫤同嫤 媢同媢 窮同窮 尉同尉 㢓同㢓

勢同勢 纖同纖 廢同癈 廇同廇 廄同廄 懟同懟 懊同懊 截同截 撤同徹 瞎同瞎 幹同幹 橄同橄 殃同殃 澌同澌 涶同涶 溜同溜 澳同澳 熜同熜 弊同弊 瞿同瞿 𪘲同𪘲 壹同壹

壼同壼 瘦同瘦 瘤同瘤 栗同栗 節同節 緇同緇 紺同紮 罷同罷 罩同罩 鼻同寡 蓋同蓋 補同補 䑨同䑨 諜同諜 贅同贅 賆同賆 趚同趚 𨌘同𨌘 辤同辭 韓同韓 鄭同鄭 墨同墨

隩同隩 餅同餅 𩗗同𩗗 鴋同鴋 馱同馱 麛同麛 十六畫 僞同僞 壒同壒 墣同墣 屢同屢 嬌同嬌 婈同婈 媦同媦 𢤫同𢤫 㒒同㒒 慤同慤 慹同慹 慠同慠 㥠同㥠 慒同懜 縣同縣

替同替 𣙙同杝 橛同柣 楬同檮 楔同檠 艬同艬 楓同槸 槹同槹 嫦同嫦 頫同頫 羨同羨 煝同煝 燬同燬 燠同燠 獵同獵 墊同墈 璟同境 瑒同璹 癊同癊 𩎤同𩎤 稯同稃 碻同矺

窻同窗 窨同窨 篡同篡 箆同箆 範同範 縕同縕 縣同縣 腴同腴 萑同萑 薀同蕚 莫同莫 薦同薦 虢同戲 蝹同蝹 褻同褻 覠同覠 穀同穀 穀同穀 譔同譔 豎同豎 穀同穀 輜同輜

轂同轂 邇同邇 遐同遐 閱同閱 霤同霤 駢同駢 駒同駒 魌同魌 十七畫 奭同奭 嚏同嚏 磬同磬 塹同塹 壐同壐 嬛同嬛 懱同懱 彪同彪 徳同徳 廬同廬 懙同懋 敲同敲 𨀈同𨀈

𣝷同獘 樸同樸 窽同窽 殯同殯 殯同殯 瀝同瀝 獜同獜 璞同璞 瘚同瘚 瘼同瘼 皞同皞 睡同睡 硾同硾 褶同褶 𥞊同𥞊 竄同竄 寠同寠 䍚同䍚 糒同糒 䌘同䌘 羂同羂 羨同羨

臂同臂 臄同臄 螺同蠃 蟅同蟅 襁同襁 谿同谿 簦同簦 豯同螇 鐉同鐉 錨同錨 鎞同鎞 韜同韜 頹同頹 飄同飄 颫同颫 麗同麗 鼂同鼂 十八畫 僭同僭 飧同飧 嘄同嘄 嬾同嬾

寫同寫 廨同廨 嶭同嶭 懥同懥 擐同擐 斷同斷 樵同杝 櫪同櫪 嬖同嬖 殯同殯 漾同漾 瀨同瀨 獺同獺 璬同璬 璽同璽 瓊同瓊 瘴同瘴 箭同箭 篤同篤 篂同篂 簧同簧 繈同繈

頦同頦 臍同臍 罶同罶 羴同羴 摯同摯 蟄同蟄 閧同閧 蘼同蘼 亂同亂 虧同虧 蛢同蛢 鐖同鐖 盨同盨 衡同衡 鬏同鬏 鶵同鶵 轊同轊 輂同輊 鶇同鶇 鄭同鄭 鐕同鐕 闋同闋

隰同隰 鞋同鞋 韞同韞 飄同飄 餱同餱 騊同騊 駿同鵔 龐同龐

十九畫

儥同儥 匵同匵 噆同噆 嬛同嬛 懮同懮 撲同撲 斢同斢 檈同檈 繁同繁 澺同澺 滈同滈 潛同潛 灑同灑

憯同憯 熚同燁 犪同犪 嗟同嗟 谿同谿 磐同磐 嬴同嬴 蘿同蘿 蕺同蕺 褻同褻 誣同誣 謏同謏 蹢同蹢 轜同輀 鄮同鄮 騁同騁 鬄同鬄 鬆同鬆 鼂同鼂

二十畫

嬴同嬴 嬻同嬻

孽同孼 歷同歷 愁同愁 懷同懷 攜同攜 瞢同瞢 櫚同櫚 殭同殭 潚同潚 學同學 瓚同瓚 皻同皻 盭同盭 瞯同瞯 穳同穳 攊同攊 翻同翻 鼖同鼖 覭同覭 覶同覶 辭同辭 轐同轐

醭同醭 餲同陝 隫同隫 雔同雔 霤同霤 霚同霚 鞲同鞲 鞴同鞴 鶠同鶠 鯋同鷥 鼦同鼦

二十一畫

㦨同㦨 䰰同䰰 檃同檃 櫔同櫔 櫰同櫰 瀵同瀵 燡同燡 犦同犦 雞同雞 疊同疊

癠同癠 瞽同瞽 瞗同瞗 䌛同䌛 繐同繐 纀同纀 羅同羅 翻同翻 穮同穮 蘇同蘇 蕡同蕡 蘉同蘉 朢同諲 趞同趞 邅同邅 躋同躋 遺同遺 鐮同鐮 鏷同鏷 黮同霮 飅同飅 鐂同餾

驎同驎 麗同麗

二十二畫

寥同寥 懿同懿 攝同搌 彝同彝 曄同曄 癭同癭 篡同篡 簪同簪 繫同繫 疇同疇 譽同譽 蘱同藙 虩同虩 蠹同蠹 讚同讀 轘同轘 趨同趨 邎同邎 騷同騷

鷙同鷙 鶯同鷟 鷯同鷯 聾同聾 齬同齬

二十三畫

檈同檈 雝同雝 獿同獿 甗同甗 疊同疊 盬同盬 饕同饕 糷同糷 畫同畫 譖同譖 饗同饗 賸同賸 醼同宴 醬同醬 獺同獺 額同額

鱮同鱮 鷗同鷗 麴同麴

二十四畫

攣同攣 礦同磨 蠮同蠮 邊同邊 轞同輯 驖同驖 鱡同鰂 鼇同鼇 䯝同䯝

二十五畫

孿同孿 鸒同鸒 纋同緩 蘭同蘭 羈同羈 趲同趲 鬣同鬣 鱠同鱠

鷬同難 趯同趯 贛同贛 麩同麩

二十七畫

蘱同藙 鬘同鬘

二十八畫

癳同癳 躪同躪 鸁同鸁

三十畫

癴同癴

經籍籑詁卷第一

上平聲

經筵講官南書房行走禮部左侍郎兼署吏部左侍郎前提督浙江學政阮元譔

一東

東｜動也廣雅釋詁一又漢書律麻志上○｜者動
也續漢書五行志注引風俗通○｜方者動方也
物之動也藝文類聚歲時部上引書大傳○｜方者
動方也萬物始動生也白虎通五行○｜方者陽氣
始動萬物始生同上○｜方天下皆生也同上○｜
方者陽也白虎通情性○｜方木也論衡形勢○｜
方者木春秋繁露五行相生○｜方者木也白虎通
五行○｜風木風也淮南覽冥故｜風至而酒湛溢
注○震爲｜易既濟｜鄰殺牛虞注○｜者日之初
素問五運行大論｜方生風注○｜君日也廣雅釋

天○｜宮世子也呂覽審應寡人之在｜宮之時注
○｜郊農郊也呂覽仲春命田舍｜郊注○｜洛邑
也詩車攻駕言徂｜傳○｜｜藩魯國也詩閟宮俾
侯于｜箋○｜方齊也詩烝民城彼｜方傳○｜人
譚人也詩大東｜人之子傳○｜籠與涷瀧同荀子
議兵隴種｜籠而退耳注○漢書古今人表｜不訾
韓子說疑
作董不識

同｜合也儀禮少牢饋食禮｜祭于豆祭注又漢書
志未合也孟子滕文公下未｜而言注○｜共也周
禮司市以泉府｜貨而斂賒注又左氏成元年傳是
齊楚｜我也注○｜猶共也大元圖方｜九州注○
｜齊也詩車攻我馬既｜傳又後漢馬融傳注○｜
猶齊也周禮大司徒六曰｜衣服注○｜聚也詩吉
日獸之所｜箋○｜亦聚也文選東京賦獸之所｜

薛注○既｜言已聚也詩豳風我稼既｜箋○｜皆
也廣雅釋詁三○｜猶俱也詩七月｜我婦子箋○
｜猶一也國語周語其惠足以｜其民人注○｜等
也呂覽審己雖當與不知｜注愛類除民之害｜注
○｜和呂覽君守離世別羣而無不｜注○｜和｜｜
也易同人釋文○｜謂和｜也周書成開衆和乃｜
注○｜和合也禮記樂記樂統｜注○｜猶和也平
也禮記禮運是謂大｜注○｜謂平之也禮記月令
｜度量注○｜之言詷也禮記祭統鋪筵設｜几注
○｜猶通山海經海內經伯陵｜吳權之妻阿女緣
婦注○｜謂協好惡也禮記樂記樂者謂｜｜注○
謂威其不協僭差者周禮大宗伯以軍禮｜｜邦國注
○｜人親也易雜卦傳○｜甲謂完堅齊等管子大
匡｜｜甲十萬注○共處曰｜｜國語鄭語以｜於王庭
注○一心不二曰｜國語周語龢｜可觀注○好惡
不殊謂之｜後漢劉梁傳○｜者大｜天下書顧命

上宗奉｜瑁馬注○巽爲｜易象上傳｜人于野虞
注象下傳其志不｜｜虞注繫辭上傳二人｜心虞注
○凡二｜故言｜｜公羊莊四年傳其餘從｜｜注
○｜方百里周禮小司徒注引司馬注○方百里爲
｜考工記匠人爲溝洫又淮南本經諸侯一｜注○
方百里爲一｜左昭廿三年傳土不過｜注○地方
百里曰｜國語楚語四封不備一｜注又家語正論
列國一｜｜注○十終爲｜周禮小司徒注引司馬法
○殷見曰｜周禮大宗伯又詩車攻會｜有繹傳又
周禮大宰大朝覲會｜注又論語先進如會｜鄭注
○殷｜卽殷見也周禮大行人殷｜以施天下之政
注○殷眺曰｜後漢班彪傳下注○｜陰律也周禮
春官序官注○｜爵名書顧命上宗奉｜瑁傳○｜
酒柸書顧命鄭注○故書｜作銅周禮典同掌六律
六｜之和注○周禮大司樂掌六律六｜漢書郊祀
志下作六律六鍾○左氏成二年傳蕭｜叔子史記

齊世家作蕭桐叔子○國語鄭語以丨于王庭漢書五行志下之上作止於夏廷

銅 丨陰也周禮典同以辨天地四方陰陽之聲以爲樂器司農注○丨梁山名文選蜀都賦外負丨梁於宕渠劉注○丨人郎金狄也文選西征賦金狄遷於灞川注○丨鼓郎駱越也水經溫水注○史記仲尼弟子傳丨鞮伯華大戴記衛將軍文子作桐提

桐 丨痛也廣雅釋詁二○丨者痛也白虎通喪服○丨洞也法言學行丨子之命也注○丨者陰也白虎通喪服○丨梧丨也山海經北山經虢山其下多丨椐注又呂覽季春丨始華注又淮南時則丨始華注○丨地名也書序伊尹放諸丨鄭注○丨湯葬地也書序伊尹放諸丨傳○板丨山名也楚辭哀時命望闐風之板丨注○丨丨讀爲通通漢書禮樂志集注○漢史晨後碑丨丨車馬於瀆上通作丨

童 丨使也廣雅釋詁一○丨猶獨也易觀丨觀釋文引馬注○丨丨盛也廣雅釋訓○丨寡有太元衝○丨無知大元錯○巫見宛察謂之慧反慧爲丨賈子道術○頑丨丨昏固陋也國語鄭語而近頑丨窮固注○山無草木曰丨釋名釋長幼又荀子王制山不丨而百姓有餘材也注又管子侈靡丨不丨而用贍注○丨無草木也文選吳都賦岡岵丨丨劉注○丨土地無草木也莊子徐無鬼丨土之地釋文○丨未成人之稱也禮記雜記稱陽丨某甫注○小丨若云未成人也禮記曲禮下自稱於其君曰小丨注○成丨十五以上禮記內則成丨舞象注○成丨八歲以上穀梁昭十九年傳羈貫成丨注○丨牙謂幼小也後漢崔駰傳注○丨未冠者之稱禮記檀弓下與其鄰丨汪踦往注○丨子未冠之稱也儀禮喪服記丨子唯當室緦注又禮記玉藻丨子之節也注又論語先進丨子六七人皇疏○丨子未成人禮記少儀丨子曰聽事注又孟子滕文公下有丨子以黍肉餉注○丨子隸子弟若內豎寺人之屬儀禮既夕禮記丨丨子執帚注○女子之未笄者稱丨釋名釋長幼○丨妾也易大畜丨牛之牿釋文引劉注○丨牛無角之牛也易大畜丨牛之告虞注○丨牛無角牛也易大畜釋文○丨羊之無角者也詩抑彼丨而角傳○牛羊之無角者曰丨釋名釋長幼○丨子刀謂小刀也後漢南匈奴傳注○艮爲丨易觀丨觀虞注大畜丨牛之告虞注○襜褕謂之丨容小爾雅廣服○丨當作同列子黃帝狀不必丨而智丨注○左氏成十七年傳胥丨韓子內儲下作胥僮又易蒙丨蒙釋文丨字書作僮禮記曲禮曰小丨釋文丨本作僮○易大畜丨牛釋文丨廣蒼作犝○千丨縣史記建元以來王子侯者年表曰故重也一作千鍾水經淇水注○國語晉語胥丨亦曰胥之昧

僮 丨稚也廣雅釋言○丨癡也廣雅釋詁三○丨無知國語晉語丨昏不可使謀注○丨丨蒙不達也國語魯語使丨子備官而未之聞邪注○丨丨竦敬也詩采蘩被之丨丨傳○丨猶賤也後漢馮衍傳注○丨御皆使者也後漢明德馬皇后紀注○丨奴婢也史記貨殖傳丨手指千集解○丨者婢妾之總稱漢書衛青傳注○禮記射義丨丨釋文本作童

瞳 丨重也膚膜相裹重也釋名釋形體○丨目珠子也一切經音義十九引埤蒼○丨未有知貌莊子知北遊汝丨焉如新生之犢釋文引李注

筩 丨長也廣雅釋詁二○丨竹管也一切經音義二引三蒼郭注○丨灑皆釣名也文選江賦丨灑連鋒注

中丨正也後漢陳寵傳注○丨平也國語晉語夫以
回蠶國之丨注○丨猶均也考工記弓人斲摯必
丨注○丨猶忠也周禮大司樂丨和祗庸孝友注○
丨忠信也太元窮民好丨注○丨丨和也易蒙以亨行
時丨也釋文又白虎通五行○丨丨和也論語雍也
丨庸之爲德也皇疏○丨者順也莊子在宥丨而不
可不高者德也釋文○丨始太元元錯○丨猶成也
禮記禮器因名山升丨于天注○丨同長也墨子經
上○丨閒也荀子非相五帝之丨無傳政注○丨丨
閒禮記儒行儒有衣冠丨注○丨半也列子力命得
亦丨亡亦丨釋文○丨內也後漢列女傳注○丨者
藏也禮記鄉飲酒義○丨謂穿之也考工記桃氏丨
其莖司農注○丨也者天下之大本也禮記中庸○
丨者天之用也春秋繁露循天之道○丨者天地之
太極也同上○丨者天氣也素問六微旨大論○丨
心也史記樂書四暢交於丨正義又太元達丨冥獨

達注又淮南原道以丨制外注說山則丨不平也注
○丨猶心也史記樂書情動於丨正義○丨丨心也
太元翕翕冥丨注○丨心丨也禮記文王世子禮樂
交錯於丨注○丨者心志也法言修身其爲丨也宏
深注○喜怒哀樂之未發謂之丨禮記中庸○丨精
神也莊子田子方爾於丨也殆矣夫釋文○丨身也
禮記檀弓下文子其丨退然如不勝衣注又國語楚
語余左執鬼丨注○履其正者乃可爲丨孟子離婁
下章指○丨者履丨丨和之氣所生孟子離婁下丨也
養不丨注○丨謂丨丨正之道也論語子張允執厥丨
皇疏○內思畢心曰知丨大戴記小辨○自五月至
八月爲歲之丨洪範五行傳歲之丨注○丨旬爲月
之丨洪範五行傳月之丨注○隅丨至日跌爲日之
丨洪範五行傳日之丨注○夜半爲丨洪範五行傳
星辰莫同注○丨月半也素問六節藏象論表正於
丨注○丨頭容直禮記玉藻頭頸必丨注○丨謂關

與婚事穀梁桓九年傳爲之丨者歸之也注○丨謂
罪正所定周禮小司寇以三刺斷庶民獄訟之丨注
○丨民善治民也莊子徐無鬼丨民之士榮官釋文
引李注○受丨謂受獄訟之成也周禮鄉士士師受
丨注○丨央者士君官也春秋繁露五行相生○丨
央土也白虎通五行○門丨門之正也儀禮聘禮每
門每曲揖注○國丨城內也考工記匠人國丨九經
九緯注○丨藏謂內藏也後漢蓋勳傳注○丨署內
署也同上○丨人內人也同上○丨書內丨之書也
後漢伏湛傳注○丨大夫王國之官也後漢齊武縯
王傳注○丨都官謂京師諸官府也後漢光武紀上
注○丨都官吏在京師之官吏也後漢樊準傳注○
五丨謂五藏素問陰陽類論五丨所主注○丨耀天
王也後漢襄楷傳○丨祀猶南祀也書大傳丨祀大
交霍山注○丨岳嵩高也後漢隗囂傳注○丨牟在
春秋之時爲鄭之堰也水經注引薛瓚注漢書○丨

衣言在小衣之外大衣之丨也釋名釋衣服○丨帶
若今之褌襂儀禮既夕禮記婦人則設丨帶注○丨
閭丨算器也儀禮大射儀賓之弓矢與丨籌豐注○
丨所以盛算也周禮大史飾丨司農注○丨讀曰仲
漢書宣帝紀集注元帝紀集注百官公卿表下集注
八見古今人表集注律厤志上集注二見食貨志下
集注郊祀志上集注二見五行志下之下集注地理
志下集注溝洫志集注二見霍光傳集注谷永傳集
注儒林傳序集注費直傳集注嚴彭祖傳集注義縱
傳集注咸宣傳集注郭解傳集注原涉傳集注外戚
傳下集注王莽傳上集注王莽傳下集注○古以丨
爲仲顏氏家訓書證○丨蘥與仲虺同荀子堯問其
在丨蘥之言也注○丨之當反音張匡謬正俗七○
書呂刑士制百姓于刑之丨後漢梁統傳作爰制百
姓于刑之衷○禮記月令丨丁釋文丨本作仲左氏
文六年丨行鍼虎釋文丨本作仲襄十九年丨子戎

子釋文丨本作仲○書仲虺之誥建丨釋文丨本或
作忠孝經丨心釋文丨本亦作忠○漢張遷碑丨謇
於朝魏橫海將軍呂君碑君以丨勇忠皆作丨○戰
國策秦策丨期推琴說苑作申旗○莊子知北遊丨
而歎曰釋文
丨崔本作卬
衷 丨中也左氏閔二年傳用其丨注僖廿八年傳今
天誘其丨注又國語周語其君齊明丨正注魯語
作而不丨注楚語直而不丨注又漢書敘傳上集注
○丨正也左氏昭六年傳楚辟我丨注○丨當也左
氏昭十六年傳發命之不丨注○丨也者適也呂覽
適音○丨猶適也左氏僖廿四年傳服之不丨注○
丨節適也左氏莊六年傳而後立丨焉注○丨善也
書皐陶謨和丨哉傳湯誥降丨于下民傳又左氏哀
廿七年傳故寡君使瑤察陳丨焉注又左氏哀十一
年傳天若不識不丨釋文又一切經音義二引尚書

注又廣雅釋詁一又國語晉語鬼神降丨注私志雖
丨注吳語今天降丨於吳注又家語正論天誘其丨
注又荀子子道孝子不從命乃丨注又呂覽順民願
一與吳徼天下之丨注○丨誠也荀子成相欲丨對
言不從注○丨懷也左氏宣九年傳皆丨其衵服注
○丨中心也文選王文憲集序莫不總制淸丨注○
丨謂中心也文選五君詠深丨自此見注○丨表別
外之辭也文選五君詠注引蒼頡○丨之爲言不輕
不重之謂也後漢梁統傳○丨音之適也呂覽適音
○丨者襦在丨也穀梁宣九年傳或丨其襦注○國
語楚語又能齊肅丨正周
禮春官序官注作中正
忠 丨誠也荀子禮論其丨至矣注○丨恕也國語周
語考中度衷丨也注○丨正也呂覽孝行事君不
丨注○丨厚也書大傳出而不止是不丨也注又國
語周語丨非親禮注又楚辭湘君交不丨兮怨長注

○丨者厚也白虎通崩薨又論衡問孔○丨愛也呂
覽至忠權勳其心以丨也注○丨猶愛也呂覽至忠
將以丨於君王之身注○丨猶稱也管子禁藏丨人
之和注○丨者中此者也大戴記曾子大孝○丨中
心也論語學而爲人謀而不丨乎皇疏○丨謂盡中
心也論語里仁丨恕而已矣皇疏憲問丨焉能勿誨
乎皇疏○丨言以中心周禮大司徒知仁聖義丨和
注○愛利出中謂之丨賈子道術○出自心意爲丨
國語周語言丨必及意注○考中度衷爲丨國語周
語○教人以善謂之丨孟子滕文公上○以正輔人
謂之丨鹽鐵論刺議○丨者久愈親者也鶡冠子學
問○丨者惇愼此者也荀子君子○義明而物親丨
也莊子繕性○上思利民丨也左氏桓六年傳○丨
文之實也國語周語又後漢朱穆傳注○丨者義之
主也後漢鮑永傳○丨德之正也左氏文元年傳又
大戴記衛將軍文子○丨者德之厚也賈子大政上

○有丨德之美也賈子道德說○丨臣事君也論語
述而文行丨信釋文○吏以愛民爲丨賈子大政上
○稱良吏曰丨論衡荅佞○危身奉上曰丨周書謚
法○逆命而利君謂之丨荀子臣道○逆命利君謂
之丨說苑臣術○彊其君所不能爲丨也袁宏後漢
紀引孟子○言合稷契之謂丨法言孝至○臣以下
不非其君上爲丨後漢范升傳○外內倡和爲丨左
氏昭十二年傳○除闇以應外謂之丨國語晉語○
中能應外丨也國語周語○丨信禮之本也禮記禮
器○丨謂衣服之物禮記曲禮上不竭人之丨注○
史記仲尼弟子傳孔丨
集解引家語丨字子蔑
蟲 有足謂之丨爾雅釋蟲○有足曰丨列子黃帝禽
獸丨蛾釋文○丨有足者也爾雅釋蟲釋文○丨
之爲言屈申也古微書引春秋考異郵○風爲丨家
語執轡○丨狩也淮南覽冥狡丨死注○煩氣爲丨

淮南精神○｜｜而熱詩雲漢藴隆｜｜傳○詩草
蟲釋文｜本或作虫靈臺昆｜釋文｜本或作虫○
詩雲漢｜｜韓詩作炯○春秋
｜牢春秋繁露竹林作蟲牢
沖｜虛也文選魏都賦帝德｜矣注引字書演連珠
山盈川｜注又太元少地自｜注又淮南原道｜
而徐盈注○｜虛也中也一切經音義廿六引字書
○｜猶虛也文選潘正叔贈陸機詩注引字書褚淵
碑文注引字林○｜中也文選鶺鴒賦注引字書又
老子道｜而用之注○｜調也淮南詮言謂之太｜
注○｜至也呂覽重言飛將｜天注○｜猶升也素
問解精微論惋則｜陰注○｜童書盤庚下肆予｜
人傳○｜稚也漢書翟義傳集注○幼少在位曰｜
後漢沖帝紀注○｜漠｜虛恬漠也文選七命｜漠
公子注○｜｜聲也詩七月鑿冰｜｜釋文○｜｜
垂飾貌詩蓼蕭鞗革｜｜傳○｜｜鑿冰之意詩七

月鑿冰｜｜傳○書金縢惟予｜人弗及
知史記魯周公世家作惟予幼人弗及知
終｜極也廣雅釋詁一又漢書嚴助傳集注○｜窮
也廣雅釋詁四○｜盡也釋名釋喪制○｜謂盡
也素問診要經終論願聞十二經脈之｜注○｜畢
也國語周語庶人｜食注魯語｜則講於會注○｜
竟也爾雅釋言彌｜也注○｜者竟也孟子萬章下
是以未嘗有所｜三年淹也注○｜猶竟也論語衛
靈公吾嘗｜日不食皇疏又文選幽通賦｜保己而
貽則兮注○｜猶卒竟也論語堯曰天祿永｜皇疏
○｜猶已也左氏僖廿四年傳婦怨無｜注○｜成
也國語周語純明則｜注○｜猶成也國語周語故
高朗令｜注○｜充也儀禮士冠禮廣｜幅注○｜
卒也國語周語今自大畢伯仕之｜也注又呂覽音
律審民所｜注○｜死也國語周語司民協孤｜注
○｜謂｜沒也文選報孫會宗書送其｜也注○坤

爲｜｜易訟｜朝三拕之虞注萃有孚不｜虞注彖上
傳｜｜則有始虞注○坤爲永｜易象下傳君子以永
｜知敝虞注○事卒爲｜禮記檀弓上君子曰｜注
○｜樂義曰｜大戴記小辨○君子曰｜禮記檀弓上
文王世子文王九十七乃｜注○老者曰｜周禮疾
醫死｜則各書其所以注○十成爲｜周禮小司徒
注引司馬法○｜遂猶充備也禮記鄉飲酒義節文
｜遂焉注○三辭曰｜辭不許也儀禮士冠禮賓禮
辭許注○｜始者物之極莊子達生遊乎萬物之所
｜始注○｜古久也莊子大宗師｜古不忒釋文引
崔注○齊人之言｜古猶言常也考工記總目則於
馬｜古登阤也注○歲｜自周季冬也周禮宰夫歲
｜注大司徒歲｜注○旦至食時爲｜朝易訟｜朝
三褫之釋文引馬注○自旦及食時爲｜朝詩采綠
｜朝采綠傳○｜日風爲｜風詩終風｜風且暴傳
○｜風西風也詩終風釋文引韓詩○｜南長安南

山也後漢班彪傳注○｜葵椎也考工記玉人杼上
｜葵首注又禮記內則注杼上｜葵首釋文又後漢
馬融傳注○｜牛棘爾雅釋木○｜即馬棘也爾
雅釋木注○爾雅釋草蔠葵蘩露釋文｜本作蔠
戎｜大也書盤庚上乃不畏｜毒于遠邇傳又詩緜
｜醜攸行傳思齊肆｜疾不殄傳民勞｜雖小子
傳烝民纘｜祖考傳韓奕纘｜祖考傳江漢肇敏｜
公傳烈文念茲｜功傳又爾雅釋詁又後漢宋宏傳
注○｜大也宋魯陳衛之閒或曰｜方言二○｜相
也詩常棣烝也無｜傳又爾雅釋言○｜拔也廣雅
釋詁三○｜拔也自關而東江淮南楚之閒或曰｜
方言三○｜汝也後漢周舉傳注○｜猶女也詩民
勞｜雖小子箋崧高｜有良翰箋烝民纘｜祖考箋
韓奕纘｜祖考箋江漢肇敏｜公箋○｜者兇也通
鑑注引風俗通○｜者強惡也白虎通禮樂○西方
曰｜禮記王制又周禮職方氏辨其邦國都鄙四夷

八蠻七閩九貉五丨六狄之人民司農注○西辟之民曰丨大戴記千乘○丨狄夷蠻皆氏羌之別種也左氏隱二年經公會丨于濳注○離爲丨易同人丨伏于莽虞注夬莫夜有丨虞注象上傳自我致寇虞注象下傳君子以除丨器虞注○丨兵也易象下傳君子以除丨器虞注又禮記檀弓上丨事乘驪注中庸壹丨衣注又國語周語以致丨於商牧注制丨以果毅注丨商必克注晉語必有女丨注非丨則非吾所知也注吳語王不如設丨注又淮南時則以習五丨注又文選東京賦丨士介而揚揮薛注○丨軍旅也家語弟子行材任治丨注○丨器軍器也禮記王制丨器不粥於市注○丨謂伐惡書大禹謨惟口出好興丨傳○郎丨謂兵事周禮巾車以郎丨注○丨醜大衆爾雅釋天丨醜攸行注○五丨謂五兵弓矢殳矛戈戟也禮記月令以習五丨注○五丨五兵謂刀劍矛戟矢也呂覽季秋以習五丨注○刀劍矛戟矢曰五丨淮南時則以習五丨注○元丨兵車也文選閒居賦其西則有元丨禁營注○小丨兵車也詩小戎小丨俴收傳又國語齊語故五十人爲小丨注○丨路兵車也禮記月令乘丨路注○丨車革路也周禮戎僕掌馭丨車注○丨車革路之等也詩六月丨車既飭箋○丨路王在軍所乘也周禮車僕掌丨丨路之萃注○丨路白路也呂覽孟秋乘丨路注○丨叔謂之荏菽爾雅釋草○丨叔胡豆管子戒出冬蔥與丨叔布之天下注○丨宣王尸犬丨之神名也山海經大荒北經犬丨有赤獸名曰丨宣王尸注○爾雅釋言釋文丨本作械釋畜釋文爲丨本作駥○易解致丨釋文丨本作寇

崇 書作崈○丨高也考工記總目丨於軫四尺注輪已丨注旊人丨尺注梓人廣與丨方注匠人堂丨三尺注廣與丨方注又儀禮大射儀大侯之丨見鵠于參注又禮記檀弓上於是封之丨四尺注王制樂

正丨四術注文王世子丨德也注明堂位丨坫注又爾雅釋詁又國語周語不丨藪注封丨九山注天所丨之子孫注夫宮室不丨注魯語若爲小而丨注齊語唯女是丨注晉語其子孫不可不丨也注又後漢班彪傳上注班彪傳下注二見又文選思元賦二女感於丨嶽兮舊注○丨充也書君奭其終出于不祥馬注又儀禮鄉飲酒禮丨酒注鄉射禮丨酒注大射儀主人不丨酒注燕禮主人不丨酒注有司徹再拜丨酒注又禮記樂記六成復綴以丨注又爾雅釋詁又釋名釋道又荀子賦會不丨日注又楚辭招魂汜丨蘭些注○丨重也書盤庚中高后丕乃丨降罪疾傳又詩鳧鷖福祿來丨傳又公羊僖三十一年傳不丨朝而徧雨乎天下者注又爾雅釋詁又後漢李固傳注○丨終也詩蝃蝀丨朝其雨傳河廣曾不丨朝箋又國語楚語思念前世之丨替注又淮南氾論不丨朝而雨天下注○丨聚也書酒誥矧曰其敢丨飲傳又左氏隱六年傳芟夷蘊丨之注僖廿四年傳棄德丨姦注文十八年傳丨飾惡言注昭元年傳丨卒也注又廣雅釋詁三又漢書五行志中之下集注○丨積也廣雅釋詁一○丨尚也漢書禹貢傳集注○丨尊也國語周語丨立上帝明神而敬事之注○丨猶尊也禮記祭統丨事宗廟社稷注○丨厚也詩烈文維王其丨之箋○丨長也左氏成十八年傳今將丨諸侯之地注○丨猶益也國語周語用巧變以丨天災注○丨多也爾雅釋宮八達謂之丨期孫注○丨叢也小爾雅廣詁○丨立也詩烈文維王其丨之傳○丨猶興也文選東京賦進明德而丨業薛注○丨飾也國語周語容貌有丨注楚語容貌之丨注○丨亦爲充盛爾雅釋詁丨充也注○丨高盛也後漢杜篤傳注○丨丨高貌也文選廿泉賦丨丨圜丘注○八達曰丨期釋名釋道○丨國名禮記明堂位十鼎注○崈鯀國國語周語有崈伯鯀注○丨山南裔

也書舜典放驩兜于丨山馬注又後漢馮勤傳注朱穆傳注○丨丨牙家語終記設丨殷也注○丨牙上飾卷然可以縣也詩有瞽丨牙樹羽傳○崈古丨字漢書郊祀志上集注地理志上集注地理志下集注○詩文王有聲既伐于丨書大傳作既伐于崈○書牧誓是丨是長漢書谷永傳作是宗是長○考工記總目丨於戈四尺釋文丨本作古崈字○左氏宣元年經晉趙穿帥師侵丨公羊作柳

嵩 或作崧○丨高也爾雅釋詁○丨者高也風俗通山澤○丨言其高大也白虎通巡狩○丨竦也亦高稱也釋名釋山○山大而高曰嵩爾雅釋山○山大而高曰丨釋名釋山○丨高爲中嶽爾雅釋山○丨高中嶽也東謂太室西謂少室總名丨也文選懷舊賦注引戴延之西征記○崧音丨本亦作丨晉書音義上○桐柏碑宮廟丨峻三公山碑厥體丨厚唐扶頌丨如不傾聳皆作丨

菘 江東呼蕪菁爲丨爾雅釋草須葑蓯舊注○丨須聲相近同上

弓 丨穹也張之穹隆然也釋名釋兵○丨有緣者謂之丨爾雅釋器○骨飾兩頭曰丨爾雅釋器丨有緣者謂之丨李注○坎爲丨易解得黃矢虞注旅射雉一矢亡虞注繫辭下傳丨矢者器也虞注○坎爲丨輪易說卦傳○丨矢者器也易繫辭下傳○丨矢所以征不義伐無道也白虎通考黜○揮作丨一切經音義十六引世本○禮天子雕丨諸侯彤丨大夫嬰丨士盧丨公羊定四年傳挾丨而去楚注○大丨者武王之戎丨也穀梁定八年傳○丨蓋橑也考工記輪人丨鑿廣四枚注○今文改丨爲弦儀禮鄉射禮記侯道五丨丨注

躬 丨身也詩谷風我丨不閱箋氓丨丨自悼矣箋烝民王丨是保箋又周禮小司寇不丨丨坐獄訟注又儀

禮鄉射禮記倍中以爲丨注又禮記少儀不疑在丨注樂記致禮以治丨則莊敬注祭義致禮以治丨則莊敬注又公羊宣十五年傳丨足以亡爾注又論語里仁恥丨之不逮也皇疏述而丨行君子皇疏鄉黨鞠丨如也皇疏衞靈公丨自厚而薄責於人皇疏堯曰天之麻數在爾丨皇疏又爾雅釋詁又廣雅釋親又漢書刑法志集注司馬相如傳下集注引張揖又太元周還遇丨外注大丨自鑢注又法言先知丨上人績注○丨猶身也論語子路吾黨有直丨者皇疏又文選東京賦丨追養於廟祧薛注○丨體也史記司馬相如傳丨䐡胝無胈索隱引張揖又呂覽孝行嚴親之遺丨也注○體中曰丨易渙渙其丨荀注○丨親也漢書敘傳上集注又呂覽孟春丨耕帝籍田注○丨猶親也儀禮士昏禮記已丨命之注○丨猶已也禮記樂記不能反丨注○丨恭也禮記緇衣匪其止共釋文引皇本云○丨行者政之始也大戴記子張問入官○坤爲丨易蹇匪丨之故虞注震震不于其丨虞注○坤身稱丨易蒙見金夫不有丨虞注○命圭七寸謂之丨圭考工記玉人○論語子路吾黨有直丨者釋文丨鄭本作弓○書牧誓其于爾丨有戮史記周本紀作其于爾身有戮○禮記樂記不能反丨史記樂書作不能反己○詩谷風我丨不閱禮記表記作我今不閱

宮 丨中也爾雅釋樂丨謂之重釋文引劉歆又漢書律麻志上○丨者中也白虎通五行又風俗通聲音引劉歆鐘律書○丨之言中也史記天官書皆曰紫丨索隱引元命苞○丨之爲言中也廣韻引白虎通○丨者中也君也爾雅釋樂丨謂之重劉注○丨者容也含也白虎通禮樂○丨君也廣雅釋詁一○丨者音之君也淮南天文○丨聲之主也國語周語○丨者中央之音也春秋繁露循天之道○土謂丨

白虎通禮樂○丨土也呂覽季夏其音丨注又淮南
時則其音丨注○丨土聲也素問金匱眞言論其音
丨注○丨謂土音大而和也素問陰陽應象大論在
音爲丨注○黃鐘爲丨淮南天文○丨羽在左君也
物也禮記玉藻左丨羽注○丨縣四面縣也周禮小
胥王丨縣司農注又禮記郊特牲諸侯之丨縣注○
四面有牆故謂之丨縣周禮小胥王丨縣司農注○
新丨小雅逸篇也儀禮燕禮記下管新丨注○丨謂
圍障之也禮記喪大記君爲廬丨之注○丨謂圍繞
之爾雅釋山大山丨小山霍注○丨隱蔽之言周禮
內宰以陰禮教六丨注○艮爲丨易剥貫魚以丨人
寵虞注困入于其丨虞注○丨穹也屋見於垣上穹
隆然也釋名釋宮室○室謂之丨爾雅釋宮○丨猶
室也楚辭招魂實滿丨些注○丨廟也詩采蘩公侯
之丨傳又呂覽重己其爲丨室臺榭也注○丨宗廟
也詩雲漢自郊徂丨箋○楚丨謂宗廟也詩定之方

中作于楚丨箋○丨廟親之神靈所憑居穀梁成三
年傳其哀禮也注○下丨親廟也禮記文王世子諸
子諸孫守下丨下室注○羣公稱丨禮記明堂位以
禘禮祀周公于太廟注○羣公稱丨公羊文十三年
傳○羣公曰丨穀梁文十三年傳○丨者存時所居
緣生事死因以爲名後漢明帝紀注○天子行所立
名曰行丨文選吳都賦行丨之基歟劉注○婦人稱
寢曰丨周禮內宰以陰禮教六丨注○六丨謂后也
同上○皇后正寢一燕寢五是爲六丨後漢皇后紀
注○丨謂墻垣也禮記儒行儒有一畝之丨注○丨
謂壝土以爲墻處周禮司儀丨旁一門注○丨謂壝
土爲埒以象牆壁也儀禮覲禮爲丨方三百步注○
丨壇營域也禮記祭法王丨祭日也注○司丨天子
曰小宰儀禮燕禮司丨尊于東楹之西注○司丨大
宰之屬掌丨廟者也儀禮公食大夫禮記司丨具几
注○丨卿謂爲大長秋也後漢宦者傳注○丨室妻

子也荀子大略賜予其丨室注○丨者五神之舍也
素問生氣通天論陰之五丨注○王丨曰壇禮記祭
法王丨祭日也注○丨斗北斗魁星也禮斗威儀丨
斗端明注○三丨謂紫丨太微文昌也楚辭遠遊後
文昌使掌行兮注○丨淫刑也書呂刑丨辟疑赦傳
○丨謂幽閉也後漢光武紀下注○士庶人外淫者
丨割列女傳貞順○丨者丈夫則割其勢女子閉於
丨中周禮司刑丨罪五百注○丨者女子淫亂執丨
中不得出也古微書引尚書刑德放○丨者女子淫
執置丨中不得出也丈夫淫割去其勢也白虎通五
刑○丨當爲官周禮小宰掌建邦之丨刑杜注○穀
梁桓十四年傳內之三丨釋文丨本作官○漢書古
今人表幽王丨涅呂覽當染注作官皇○
書君奭南丨括釋文引馬本作南君括
融 丨明也御覽引崔靈恩禮記義宗又釋名釋邸又
國語鄭語命之曰祝丨注又史記屈原賈生傳彌

丨倫正義引顧野王又文選月賦淪精而漢道丨注
○丨朗也左氏昭五年傳明而未丨注又後漢李膺
傳注○丨高也左氏昭五年傳明而未丨服注○丨
丨也詩既醉昭明有丨傳又爾雅釋詁又國語周語
顯丨昭明注又文選東京賦昭明有丨薛注○丨長
也宋衛荆吳之閒曰丨方言一○丨者續也白虎通
號○丨猶通也文選景福殿賦品物咸丨注○丨猶
銷也文選遊天台山賦丨而爲川瀆注○丨和樂
也左氏隱元年傳其樂也丨丨注○淳曜天地曰祝
丨祝睦後碑○祝丨者屬續也白虎通五行○丨泄
動貌也文選景福殿賦隨雲丨泄注○丨裔聲長貌
文選笙賦泓宏丨裔注○丨風艮之風也後漢蔡邕
傳下注○再成銳上爲丨邱爾雅釋邱○銳上曰丨
邱釋名釋邱○丨與形古字通文選思元賦展洩洩
以形
形注

雄
｜｜威勢盛也楚辭大招｜｜赫赫注○｜張猶
熾盛也後漢班超傳注○虹雙出色鮮盛者爲｜
後漢馬融傳注引郭璞○以翼右掩左｜爾雅釋鳥
○匽戟謂之｜戟廣雅釋器○易繫辭正義引帝王
世紀伏羲曰皇｜氏禮記月令正義作黃熊
○國語吳語王孫｜吳越春秋作王孫駱

熊
｜｜光氣炎盛相焜燿之貌山海經西山經其光
｜｜注○有｜者獨宏大道德也白虎通號○黃
帝有天下號曰有｜同上○｜爲獸猛白虎通鄉射
○左氏文十八年傳仲｜潛夫論五德志作仲雄○
左氏昭十二年經楚殺其大夫
成｜公羊作成然穀梁作成虎

穹
｜｜大也爾雅釋詁○｜窮詩七月｜窒熏鼠傳東
山洒埽｜窒箋○｜隆亦爲大也爾雅釋詁｜大
也注○｜隆天之形也太元元告天｜隆而周乎下
注○｜崇高貌文選長門賦鬱並起而｜崇注○｜
隆長曲貌文選西京賦閣道｜隆注遊天台山賦跨
｜隆之懸磴注○｜隆巃起回窌也文選上林賦｜
隆雲橈郭注○｜蒼蒼天也爾雅釋天○｜蒼蒼天
詩桑柔以念｜蒼傳○皇｜天也文選寡婦賦仰皇
｜兮歎息注○｜谷深谷也文選西都賦注引韓詩
章句又後漢班彪傳上注○｜窒鼠穴也詩東山洒
埽｜窒箋○｜讀如｜蒼之｜考工記韗人｜者三
之一注○｜讀爲志無空邪之空考工記韗人司農
注○史記天官書如羣畜｜閭索隱引
鄒氏云一作弓閭天文志亦作弓音｜

馮
｜閎皆大也莊子知北遊彷徨於｜閎釋文引李
注○｜恚盛貌方言二｜怒也楚曰｜注○｜氣
言憤畜不通之氣也莊子
盜跖侅溺于｜氣釋文

窮
｜終也漢書律厤志上集注引孟康○｜巳也淮
南原道並應無｜注○｜竟也小爾雅廣詁○｜

盡也論語堯曰四海困｜皇疏又莊子養生主指｜
於爲薪注又列子湯問飛衛之矢先｜注又淮南脩
務｜道本末注○｜極也廣雅釋詁一又後漢酷吏
傳注又荀子富國縱欲而不｜注又法言重黎卒｜
時戮注又呂覽決勝則不可｜矣注安死智巧｜屈
注又楚辭雲中君橫四海兮焉｜注又文選西京賦
目覩｜薛注東京賦不｜樂以訓儉薛注○｜困也
國策秦策公孫衍欲｜張儀注○｜窘也楚辭天問
阻｜西征注○｜貧也廣雅釋詁四○坤稱｜易彖
下傳志｜災也虞注○｜謂終始莊子庚桑楚與物
｜者物入焉注○｜無喜太元元衝○｜思索太元
元錯○｜於道之謂｜風俗通窮通又莊子讓王又
呂覽愼人○說而不能｜也大戴記曾子立事○｜
謂爲物所困也荀子富國離居不相待則｜注○｜
謂計無所出也荀子禮論亂則｜注○｜者罰之也
呂覽振亂○｜謂不省之人周書常訓上賢而不｜
注○｜謂｜宛失職周禮大僕以待達｜者與遽令
司農注○鰥寡孤獨曰｜呂覽季春賜貧｜注愼大
以振｜困注又淮南時則助貧｜注○無告者所謂
｜民也莊子天下吾不敖無告注○｜民夭民之｜
而無告者周禮大司寇以肺石達｜民注○｜者有
四曰矜曰寡曰孤曰獨周禮大司徒三曰振｜注○
｜流極於此山也山海經大荒南經赤水｜焉注○
不｜不止也禮記儒行儒有博學而不｜注○｜君
小國迫脅之君也管子脩身不如事｜君而順焉注
○｜髮北方無毛地也莊子逍遙遊｜髮之下釋文
引崔注○｜髮北極之下無毛之地也莊子逍遙遊
釋文引司馬注○有｜國名書五子之歌有｜后羿
傳○｜石山名也淮南墬形弱水出自｜石注○｜
奇天神也淮南墬形｜奇廣莫風之所生也注○｜
奇號曰神狗山海經西山經邽山有獸焉名曰｜
奇注○儀禮聘禮注鞠｜如也釋文｜本作躳

風｜放也左氏僖四年傳惟是｜馬牛不相及也服
注又廣雅釋言○｜猶放也詩北山或出入｜議
箋○｜放也氣放散也釋名釋天○｜汜也其氣博
汜而動物也釋名釋天○｜之爲言萌也白虎通八
風○｜之爲言萌也其立字虫動於八中者爲風古
微書引春秋考異郵○｜氣也廣雅釋言又淮南汜
論｜先萌焉注○｜動也廣雅釋詁一○｜化也國
策秦策從｜而服注又漢書百官公卿表上集注引
張晏禮樂志集注司馬相如傳下集注楊雄傳下集
注儒林傳集注二見又呂覽先識此亡國之｜也注
審分此亡國之｜也注又淮南本經天下莫不從｜俗
注徹眞而外淫于世俗之｜注又楚辭憂苦思余俗
之流｜兮注○｜猶化呂覽適音而移｜平俗者也
注○｜俗呂覽音初聞其聲而知其｜注○｜教也
書說命下時乃｜傳又漢書武帝紀集注○｜吹也
廣雅釋言○｜落也呂覽審時如此者不｜注○｜

運氣也素問六元正紀大論其運｜清熱注○｜者
陽氣也素問瘧論○谷｜陽氣也楚辭謬諫虎嘯而
谷｜至兮注○｜土氣也易說卦傳巽爲｜陸注又
書洪範曰｜鄭注○｜土也爲木妃書洪範星有好
｜鄭注○｜木令也素問五常政大論脾其畏｜注
○｜木｜也淮南天文虎嘯而谷｜至注○｜木化
也素問五常政大論｜雲並興注○｜者木之氣也
其音角也春秋繁露五行五事○｜巽也易繫辭上
傳潤之以｜雨虞注○巽爲｜易說卦傳又後漢張
衡傳注○｜衆也廣雅釋詁三○｜羽也廣雅釋器
○｜采也國語晉語｜聽臚言於市注○大塊噫氣
其名爲｜莊子齊物論○｜者天地之使也文選風
賦注引河圖帝通紀○｜者天之號令文選東京賦
聲與｜翔薛注又素問陰陽應象大論東方生｜注
天元紀大論神在天爲｜注○｜者天之命令也易
象上傳｜行天上九家注○｜者天之號令所以敎

人也後漢蔡邕傳下○｜者天之號令所以譴告人
也後漢寇榮傳注○｜者天之號令所以譴告人君
者後漢蔡邕傳注張奐傳注○｜於陽則爲陰於陰
則爲大臣之象南齊書五行志引洪範五行傳○八
｜坎爲廣莫｜艮爲條｜震爲明庶｜巽爲清明｜
離爲景｜兌爲閶闔｜坤爲涼｜乾爲不周｜太元
元挩挩擬之八｜注○八｜者東方嬰兒｜南方大
弱｜西方剛｜北方大剛｜東北方凶｜東南方弱
｜西南方謀｜西北方折｜素問八正神明論○｜
師箕也周禮大宗伯以槱燎祀司中司命飌師雨師
司農注○｜師者箕星也風俗通祀典○｜伯箕星
也後漢班彪傳下注又淮南原道使｜伯埽塵注○
｜伯神箕星也其象在天能興｜獨斷上○｜角謂
候四方四隅之｜以占吉凶也後漢郞顗傳注○繫
水土之｜氣故謂之｜漢書地理志下○｜言賢聖
治道之遺化也周禮大師曰｜注○｜迹｜化之迹

也後漢朱浮傳注○｜歌也論衡明雩引論語｜乎
舞雩說○｜曲也山海經大荒西經太子長琴始作
樂｜注○｜者諸侯之詩詩國風釋文○動物曰｜
詩序｜｜也釋文引劉氏說○由我化物則謂之｜
北堂書鈔引周續之詩序義○｜謂諷動也後漢皇
甫嵩傳注○｜謂｜采漢書何武傳集注○｜問｜
猷令問後漢高彪傳注○｜｜涼也論語先進｜乎
舞雩皇疏○｜乾身也論衡明雩引論語｜乎舞雩
說○厥陰爲｜素問天元紀大論寒暑燥濕｜火注
○｜者百病之長也素問玉機眞藏論○｜府穴名
也素問熱論其脈連於｜｜府注○東｜草也文選吳
都賦東｜扶留劉注○｜｜主蟲大戴記易本命○凡
蟲爲｜之字論衡商蟲○牝牡相誘謂之｜左氏僖
四年傳惟是｜馬牛不相及也服注○｜走逸書費
誓馬牛其｜鄭注○青徐言｜蹴口開脣推氣言之
釋名釋天○｜兗豫司冀橫口合脣言之同上○｜

或作分淮南原道春｜至注○｜讀曰諷漢書食貨
志下集注藝文志集注燕王澤傳集注齊悼惠王肥
傳集注灌嬰傳集注婁敬傳集注梁孝王武傳集注
衞青傳集注霍去病傳集注司馬相如傳集注三見
卜式傳集注嚴助傳集注王褒傳集注賈捐之傳集
注朱雲傳集注常惠傳集注鮑宣傳集注韋元成傳
集注趙廣漢傳集注三見馮野王傳集注孔光傳集
注朱博傳集注何武傳集注楊雄傳上集注二見楊
雄傳下集注三見董賢傳集注匈奴傳上集注三見
匈奴傳下集注二見西南夷傳集注二見南粵王傳
集注西域傳上集注元后傳集注二見王莽傳上集
注二見王莽傳下集注敘傳上集注敘傳下集注二
見又後漢崔琦傳注○詩序
｜｜也釋文｜崔本作諷

楓 ｜欐欐爾雅釋木○｜樹厚葉弱莖大風則鳴故
曰｜爾雅釋木舍人注○｜香木也文選西京賦

梓棫梗｜薛注○｜木卽令｜香樹山海經大荒南
經有木生山上名曰｜木注○｜柙皆香木名也文
選吳都賦木則
｜柙櫟檍劉注

豐 ｜大也易彖下傳又詩豐年｜年多黍多稌傳又
考工記函人欲其｜也注又矢人羽｜則遲注弓
人角欲青白而｜末注又方言一又國語周語畜義
｜功謂之仁注又漢書五行志下之上集注又後漢
班彪傳注又太元大｜牆峭阯注又莊子山木夫｜
狐文豹釋文引司馬注又楚辭懷沙謹厚以爲｜注
○｜者大也易序卦傳○｜厚也國語周語艾人必
｜｜注｜民人也注晉語今晉侯不量齊德之｜否注
｜｜兄弟之國注利以｜民注又後漢胡廣傳注又楚
辭大招｜肉微骨注○｜猶厚也周禮大司徒其民
｜肉而庳注○｜盛也國語楚語不爲｜約舉注又
文選東京賦仁洽道｜薛注○｜茂也詩湛露在彼

｜草傳生民茀厥｜草箋又禮記曲禮下𠀤曰｜本
注又國語周語｜殖九藪注○｜饒也文選西京賦
地沃野｜薛注東京賦外｜葭菼薛注○｜滿也廣
雅釋詁二○｜多故也易雜卦傳○凡物之大貌曰
｜方言一○燕趙之閒言圖大謂之｜方言二○｜
腆厚光大之義易豐釋文○｜之爲義闡宏微細通
夫隱滯者也易豐注○｜融盛貌文選琴賦｜融披
離注○｜形林木貌也後漢馬融傳注○｜盈肥滿
也文選神女賦貌｜盈以莊姝兮注○｜年大有年
也詩豐年｜年多黍多稌箋○趙魏之郊燕之北鄙
凡大人謂之｜人方言二○｜文王所都書畢命至
于｜傳○｜文王廟所在書召誥則至于｜馬注○
｜水卽泡水也水經泗水注○｜可眞射爵者儀禮
大射儀賓之弓矢與中籌｜洗○｜形似豆卑而大
儀禮燕禮有｜注○｜承尊器如豆而卑儀禮聘禮
記有｜注○｜所以承觶者也如豆而卑儀禮公食

大夫禮加于｜注○｜以承尊也說者以爲若井鹿
盧近似豆大而卑矣儀禮大射儀有｜注○罰爵之
｜作人形｜國名其君坐酒亡國戴杅以爲戒聶崇
義三禮圖○｜莞書顧命敷重｜席傳○｜席刮凍
竹席書顧命敷重｜席鄭注○｜字從豆𧯷聲儀
禮大射儀有｜注○｜四忠反易豐釋文引字林

充 ｜滿也左氏襄卅一年傳寇盜｜斥注又廣雅釋
詁二又漢書董仲舒傳集注又後漢郭伋傳注又
孟子萬章下｜類至義之盡也注又呂覽重己味衆
珍則胃｜注又素問湯液醪醴論津液｜郭注解精
微論髓者骨之｜也注又文選東京賦龍輅｜庭薛
注○｜猶滿也離騷蘇糞壤以｜幃兮注懸命伊皐
之倫以｜廬注○｜盈淮南兵略此善爲｜蔡者也
注○｜實也穀梁莊廿五年傳言｜其陽也注又漢
書蕭望之傳集注又荀子儒效若夫｜虛之相施易
也注又呂覽下賢精｜天地而不竭注正名不肖者

之丨注審分丨以卑下注又淮南精神使神滔蕩而
不失其丨注○丨塞也廣雅釋詁三又釋名釋首飾
又小爾雅廣詁○丨大也淮南說山近之則鍾音丨
注○丨猶大呂覽必已禍丨天地注○丨猶全也列
子仲尼南郭之貌丨心慮注○丨備也公羊桓四年
傳三曰丨君之庖注又小爾雅廣言○丨猶足周禮
大府以丨府庫注○丨當也漢書楊雄傳上集注又
後漢班彪傳下注○丨猶居也周禮圉師射則丨椹
質注○丨行也廣雅釋詁一○丨猶覆也禮記玉藻
服之襲也丨美也注○丨猶肥也周禮地官序官丨
人注又儀禮特牲饋食禮宗人視牲告丨注○丨養
也方言十三又廣雅釋詁一○丨竟也小爾雅廣詁
一陰陽姦謂之丨周書文政丨虛爲害注○誠立而
敢斷輔善而相義者謂之丨大戴記保傅○丨盈猛
厲荀子子道顏色丨盈注○丨丨詘歡喜失節之貌禮
記儒行不丨詘於富貴注○丨丨詘踴躍參擾之貌家

語儒行不丨詘於富貴注○幅廣爲丨方言一○丨
耳盛飾也詩旄邱褎如丨耳傳○丨耳塞耳也詩旄
邱褎如丨耳箋○宋司徒皇父字丨石左氏文十一
年傳○丨或爲統禮記儒行不丨詘於富貴注○丨
本或作珫晉書音義中○漢石門
頌八方所達益域爲丨衝作丨

隆丨高也小爾雅廣詁又國策齊策雖丨薛之城注
又史記高祖紀丨準而龍顏集解引應劭又漢書
高帝紀集解引應劭王吉傳集注又後漢光武紀上
注李固傳注又孟子音義上引丁音又呂覽期賢段
干木之丨注又淮南氾論丨衝以攻注○丨盛也禮
記檀弓上道丨則從而丨釋文又國語晉語無德而
福丨注吳語大夫奚丨於越注又國策秦策當秦之
丨丨注又呂覽論威此義兵之所以丨也注序意災月
丨注長利子孫彌丨注又淮南氾論世主之丨也注
又楚辭怨思棄丨波而南度兮注○丨猶盛也禮記

樂記是故樂之丨注○丨者盛也高也史記禮書是
謂太丨索隱○丨猶高也盛也素問生氣通天論曰
中而陽氣丨注○丨上也易大過棟丨虞注○丨長
也漢書王莽傳上集注○丨猶尊也荀子致士君者
國之丨也注○丨厚也荀子儒效有師法則丨積矣
注禮論故三年以爲丨注○丨猶厚也史記禮書以
丨殺爲要索隱○丨多也淮南繆稱禮不丨注○丨
猶多也禮記祭義須禽丨諸長者注○丨猶備也荀
子賦皇天丨物以示下民注○丨豐厚荀子禮論以
丨殺爲要注○丨謂尊盛之也禮記經解是以先王
丨之也注○丨崇高也文選西京賦乃丨崇而宏敷
薛注○丨崇竦起也文選子虛賦丨崇嵂崒郭注○
丨積不平貌文選海賦鬱沏迭而丨積注○丨禮謂
盛行禮也禮記經解丨禮由禮謂之有方之士注○
丨丨而雷詩雲漢藴丨蟲蟲傳○豐丨爲雷文選思
元賦雲師䨺以交集兮注○豐丨雷也後漢張衡傳

注又淮南天文豐丨乃出注○豐丨雷公也水經河
水注又文選思元賦豐丨軒其震霆兮舊注○雲師
謂之豐丨廣雅釋天○豐丨曰雲師文選思元賦雲
師䨺以交集兮注○宛中丨爾雅釋山○丨山中央
高爾雅釋山注○丨屈奄也廣雅釋器○車枸簍南
楚之外謂之蓬或謂之丨屈方言九○丨強言體丨
而強也釋名釋車○丨當作格呂覽察微吳楚以此
大丨注○詩彼都人士箋無丨殺也釋文丨俗本作
降

空丨通也漢書張騫傳集注引蘇林○丨孔也漢書
張騫傳集注李廣利傳集注鮑宣傳集注○丨穴
也漢書百官公卿表上集注○丨穿也漢書鮑宣傳
集注○丨猶穿也漢書溝洫志集注○丨大也詩白
駒在彼丨谷傳○丨猶虛也論語先進屢丨皇疏○
丨猶虛中也論語先進屢丨集解○丨息也文選別

賦巡腎楹而丨捹注○丨待也方言十三又廣雅釋
詁二○丨盡也詩大東杼柚其丨傳又爾雅釋詁○
丨滅無也文選西京賦察貳廉丨薛注○不執著爲
丨後漢西域傳注○丨丨愨也呂覽下賢丨丨乎其
不爲巧故也注○丨丨無識也論語子罕丨丨如也
皇疏○丨窮匱也論語先進屢丨皇疏○丨首拜頭
至手所謂拜手也周禮大祝三曰丨首注○司丨掌
營國邑詩緜乃召司丨箋○司丨主水土之官也淮
南時則命司丨注○司丨水土之官也後漢王梁傳
○丨石石穴也荀子解蔽丨石之中有人焉注○丨
穴巖穴也淮南原道丨穴之中足以適情注○丨桑
山名也周禮大司樂丨桑之琴瑟注又楚辭大司命
踰丨桑兮從女注○北戴斗極爲丨桐爾雅釋地○
丨桑瑟名也楚辭大招定丨桑只注○丨奪卽蛇皮
脫也山海經中山經峽山多丨奪注○詩白駒在彼
丨谷韓詩作在彼穹谷○論語子罕丨丨如也釋文
鄭本作悾悾○列子黃帝至
人潛行不丨釋文丨本作室

丨共也荀子解蔽此心術之丨患也注又文選高
公 唐賦丨樂奚穀注○丨猶共也禮記禮運天下爲
丨注○丨者通也白虎通爵○丨廣也釋名釋言語
○丨詳也淮南原道此俗世庸民之所丨見也注○
丨平也淮南脩務何可以丨論乎注○丨者爲言平
也古微書引春秋元命苞○丨正也廣雅釋詁一又
呂覽貴公昔先聖王之治天下也必先丨注故老聃
則至丨矣注大樂平出於丨注序意則知無由丨注
又淮南原道與民同出于丨注○丨方淮南主術羣
臣丨正注○丨功也詩六月以奏膚丨傳○丨事也
詩采蘩夙夜在丨箋天保于丨先王傳靈臺矇瞍奏
丨傳文王有聲王丨伊濯箋江漢肇敏戎丨傳酌實
維爾丨允師傳又周禮均人豐年則丨旬用三日焉
注又爾雅釋詁○丨君也詩臣工敬爾在丨傳又周

禮冢人掌丨墓之地注又儀禮喪服丨爲適子之長
殤中殤注又禮記雜記上丨七踊注昏義敎於丨宮
注又穀梁隱元年傳言君之不取爲丨也注又論語
子罕出則事丨卿皇疏鄉黨入丨門皇疏季氏祿之
去丨室五世矣皇疏又爾雅釋詁又釋名釋親屬○
丨國君也儀禮既夕禮丨賵元纁束注○丨者國人
尊君之稱也孟子滕文公上注○丨子君之庶子也
儀禮喪服記丨子爲其母注○丨邑君邑也公羊昭
五年傳不以私邑累丨邑也注○丨幣君之賜也儀
禮聘禮上賓之丨幣私幣皆陳注○丨猶官也周禮
牛人掌養國之丨牛注巾車掌丨車之政令注○居
其官曰丨周禮職喪凡丨有司之所共注○丨士在
官之士儀禮鄉射禮記大夫與則丨士爲賓注○立
制及衆曰丨周書謚法○伯能移善於衆與百姓同
謂之丨周書太子晉○丨之爲言丨正無私也白虎
通爵又古微書引春秋元命苞○兼覆無私謂之丨

賈子道術○無私爲丨太元昆人寄命于丨注○丨
志無私也周書謚法注○丨無私也大戴記子張問
入官大城而丨治之注○丨者對私之名列子天瑞
丨道也注○丨諸侯也通典引儀禮喪服馬注又國
語周語丨行下衆注王丨立飫注○五等諸侯民皆
稱曰丨穀梁僖五年經冬晉人執虞丨注○丨祖也
史記外戚世家封丨昆弟索隱○夫之兄曰丨丨釋名
釋親屬○丨長老之號漢書畦閔傳集注○丨者老
人之稱漢書田叔傳集注○丨相呼尊老之稱漢書
溝洫志集注○凡尊老周晉秦隴謂之丨方言六○
丨爵書武成丨劉克篤前烈傳又詩公劉正義引書
大傳○天丨謂天子也後漢南匈奴傳注○丨者臣
之極也易益告丨用圭注小過丨弋取彼在穴注○
丨五等之上穀梁桓十八年傳薨稱丨舉上也注○
丨上丨也國語楚語升以爲丨注○王者之後稱丨
公羊隱五年傳○丨二王之後及王之上丨周禮大

宗伯丨執桓圭注○丨謂上丨九命及二王後也孟
子萬章下丨一位注○天子三丨稱丨公羊隱五年
傳○坐而論道謂之三丨考工記總目○三丨者所
以參五事也說苑臣術○三丨者天子之相獨斷上
○三丨司馬司徒司空也大戴記保傅注引今尚書
說○三丨者司空司馬司徒也韓外傳八○丨孤也
儀禮大射儀若有諸丨則先卿獻之注又禮記燕義
不以丨卿爲賓注○諸丨大國之孤也儀禮鄉射禮
記若有諸丨注○諸丨者謂大國之孤也燕禮若有
諸丨注○諸丨大國有孤卿一人儀禮大射儀諸丨
阼階西北面東上注○丨大國之孤四命也儀禮士
喪禮升丨卿大夫注○大國有孤四命謂之丨儀禮
鄉飲酒禮諸丨大夫注○諸侯之子稱丨子諸侯之
孫稱丨孫論衡感類○丨族諸侯同族也禮記文王
世子丨族其有死罪盧注○丨司馬國司馬也周禮
夏官序官家司馬各使其臣以正於丨司馬注○丨

有司亦士之屬命於君者儀禮特牲饋食禮記若有
丨有司私臣皆殺脀注○丨邑謂六遂餘地周禮載
師以私邑之田任甸地注○丨丨門也詩羔羊退食
自丨傳○丨府三丨府也後漢靈帝紀注○丨堂學
校也詩七月躋彼丨堂傳○丨館與丨所爲曰丨館
禮記曾子問○丨館者丨宮與丨所爲也禮記雜記
上○丨館若今縣官舍也禮記曾子問注○丨車門
名丨車所在因以名焉後漢光武紀下注○丨車署
名也丨車所在故以名焉後漢和帝紀注○丨兄丨今
俗呼兄鍾語之轉耳爾雅釋親夫之兄爲兄丨注○
今文丨爲君儀禮聘禮丨使卿贈如覿幣注○左氏
襄七年傳丨登亦登漢書五行志中之上作君登亦
登○詩靈臺矇瞍奏丨楚辭章句作矇瞍奏工○左
氏昭廿五年傳季丨鳥說文作空鴰○陳球碑丨子
完適齊爲丨正工作丨○樊安碑以丨德加位功
作丨○丨非字辟方史記周本紀索隱引皇甫謐

功 丨事也詩七月載纘武丨傳崧高世執其丨傳又
穀梁宣十二年傳又小爾雅廣詁又後漢宋宏傳
注又太元密並天丨也注○丨成也周禮槀人乃入
丨于司弓矢及繕人注又洪範五行傳維鮮之丨注
又爾雅釋詁○丨成丨也國語齊語相陳以丨注○
丨攻也攻治之乃成也釋名釋言語○丨勝也周禮
大司馬若師有丨注又爾雅釋詁○丨名也呂覽誣
徒從師苦而欲學之丨也注○國丨曰丨周禮司勳
又國語晉語無丨庸者不敢居高位注○能成德法
者爲有丨大戴記盛德○始取天下爲丨賈子數甯
○以富樂民爲丨賈子大政上○有益者謂之丨春
秋繁露考功名○用力曰丨漢書高祖功臣年表○
丨謂王業後漢張奮傳注○丨丨臣也禮記大傳二
曰報丨注○丨謂有大勳也後漢應劭傳注○丨吏
職也周禮宮正稽其丨緒注○丨戰丨也荀子議兵
隆禮效丨上也注○丨農丨周禮大司寇上丨糾力

注○丨以養民大戴記四代○丨者人所貪也禮記
表記與仁同丨注○丨牢也國語齊語辨其丨若注
○丨謂堅利管子七法器械不丨注○丨謂堅美管
子小匡辨其丨苦注○丨謂器之精好者荀子王制
辨丨苦注○丨精好加丨丨者也荀子議兵械用兵革
丨完便利者强注○九丨丨謂九職也周禮大府掌九
貢九職九丨之貳注○婦丨謂絲枲周禮九嬪婦德
婦言婦容婦丨注○小丨者兄弟之服也儀禮喪服
傳○大丨八升若九升小丨十升若十一升儀禮喪
服記○丨布鍛濯灰治之布也儀禮士喪禮冪奠用
丨布注○丨布灰治之布也儀禮既夕商祝免袒執
丨布入注○丨裘卿大夫所服周禮司裘季秋獻丨
裘司農注○故書丨爲工鄭司農工讀爲丨周禮肆
師凡師不丨注○丨字或作攻漢書董賢傳集注○
書舜典惟時亮天丨史記五帝紀作惟時相天事○
書金縢公乃自以爲丨史記魯周公世家作公乃自

以爲質○史記孝武紀申丨封禪書丨作公○易繫辭注則有經營之丨也釋文丨本作迹

工 審曲面執以飭五材以辨民器謂之百丨考工記總目○巧者述之守之世謂之丨同上○巧心勞手以成器物曰丨公羊成元年傳何以書注○作巧成器曰丨漢書食貨志上○丨作器物者周禮大宰五曰事之式注○凡執技藝者稱丨儀禮燕禮庶丨于西階上注○善其事曰丨詩楚茨丨祝致告傳○丨能攻玉者周禮天官序官玉府丨八人注○三玉爲一丨也淮南道應元玉百丨注○丨官也書堯典允釐百丨傳又詩臣工嗟嗟臣丨傳又儀禮少牢饋食禮皇尸命丨祝注又周書大戒朕聞維時兆厥丨注又廣雅釋詁四又小爾雅廣言又國語魯語夜儆百丨注鄭語擇臣取諫丨注又漢書薛宣傳集注谷永傳集注引李奇又法言先知躬丨人績注○丨者官也後漢袁紹劉表傳注○丨能也大戴記文王官人進退丨故注○丨巧也廣雅釋詁三又華嚴經音義下引韻譜又史記酈生陸賈傳丨女下機索隱又楚辭招魂丨祝招君背行先些注○丨巧師也論語衛靈公丨欲善其事皇疏○丨大師也儀禮鄉飲酒禮丨不辭洗注○丨樂師也文選舞賦諸丨莫當注○丨樂官書益稷丨以納言傳○丨樂人也大戴記保傳丨誦正諫注又文選長笛賦丨人巧士注○樂人稱丨禮記樂記乙賤丨也注○丨瞽矇歌諷誦詩者也儀禮燕禮席丨于西階上注○丨女功也文選長楊賦丨不下機注○巽爲丨易說卦傳○桑飛自關而東謂之丨爵方言八○古者丨與功同字周禮肆師凡師不功注○丨與紅同文選在元城與魏太子牋女丨吟詠於機杼注○書皐陶謨天丨人其代之漢書律麻志作天功人其代之益稷苗頑弗卽丨史記夏本紀作苗頑不卽功○書堯典允釐百丨史記五帝本紀作信飭百官漢書律麻志作允釐百

官○左氏昭廿六年傳丨賈不變釋文丨本作商

攻 丨治也書甘誓左不丨于左傳又周禮瘍醫凡療瘍以五毒丨之注竈人丨竈用春時注又論語爲政丨乎異端集解又皇疏先進小子鳴鼓而丨之皇疏顏淵丨其惡皇疏又周書羅匡車不雕丨注又廣雅釋詁三又小爾雅廣詁又國語楚語庶民丨之注又漢書董賢傳集注又呂覽上農農丨粟工丨器注又管子版法丨之以官注○丨猶治也考工記總目凡丨木之工七注○丨猶習也後漢范升傳注○丨作也詩靈臺庶民丨之傳○丨猶作也左氏昭卅一年傳丨難之士注○丨善也爾雅釋詁○丨堅也詩車攻我車旣丨傳又後漢班彪傳下注馬融傳注○丨者堅也文選魏都賦物背窳而就丨劉注○丨堅家語六本巧而好度必丨注○丨巧也國策西周策是丨用兵注○丨擊也廣雅釋詁一○丨擊國策秦策寬則兩軍相丨注○丨猶今人言擊也史記劉敬叔孫通傳丨苦食啖集解引徐廣○丨摩也易繫辭下傳愛惡相丨虞注○丨錯也詩鶴鳴可以丨玉傳○丨伐也廣雅釋詁三○丨謂奪其計使不成也周書大武四丨者注○丨者責也責讓之也論衡順鼓○丨說則以辭責之周禮大祝五曰丨六曰說注○丨說祈名周禮庶氏以丨說禬之注○丨禜祈名周禮翦氏以丨禜攻之注○丨祭名也周禮大祝五曰丨司農注○丨謂楼伐其林木山海經大荒南經有雲雨之山禹丨雲雨注○丨駒也者敎之服車數舍之也大戴記夏小正執陟丨駒傳○丨犍也廣雅釋獸○河北切丨字爲古琮與工公功三字不同顏氏家訓音辭○丨當爲功荀子議兵械用兵革丨完便利者强注○左氏宣二年傳丨靈公於桃園釋文丨本作弒

【蒙】丨冒也易明夷以丨大難釋文又周禮方相氏掌
丨熊皮注又左氏襄十四年傳丨荆棘注又漢書
宣帝紀集注淮南厲王長傳集注又灌夫傳集注翟
方進傳集注又後漢光武紀上注荀彧傳注又呂覽
知接丨衣袂而絶乎壽宮注又淮南主術萬人丨之
而不徧注○丨見冒亂也書洪範曰丨恒風若鄭注
○丨者君臣上下相冒亂也後漢郎顗傳○丨載也
國語晉語籧篨丨瘳注○丨覆也詩君子偕老丨彼
縐絺傳又左氏襄十年傳而丨之以甲以爲櫓注定
六年傳以小忿丨舊德注又方言十二又小爾雅廣
詁又國語楚語猶丨耳也注○丨奄也爾雅釋言○
丨蔽也漢書揚惲傳集注○丨裹也左氏昭十三年
傳以幕丨之注○丨被也國語晉語閒丨甲冑注又
漢書成帝紀集注禮樂志集注杜欽傳集注東方朔
傳集注梅福傳集注陳湯傳集注諸葛豐傳集注孫
寶傳集注王嘉傳集注董賢傳集注○丨猶被也漢

書五行志中之下集注司馬遷傳集注○丨猶被也
冒也漢書叔孫通傳集注○丨冒也犯也漢書東方
朔傳集注○丨犯也漢書嚴助傳集注○丨欺也左
氏僖廿四年傳上下相丨注又服注昭元年傳又使
圉丨其先君注昭八年傳甚哉其相丨也注昭廿八
年傳丨王與令尹注又後漢酷吏傳注○無以致天
下曰丨易蒙釋文引稽覽圖○丨厖也詩小戎丨伐
有苑箋○丨有太元元文冈丨相極注○丨雜而著
易雜卦傳○丨戎以言亂也詩旄邱狐裘丨戎傳○
丨戎亂貌詩旄邱釋文○丨者亡之主也太元元文
○丨盛貌楚辭自悲微霜降之丨丨注○丨丨也
易蒙釋文○丨者丨也物之穉也易序卦傳○丨穉
也易蒙釋文○丨幼小之貌易序卦傳物生必丨鄭
注○丨童丨也文選幽通賦呇孤丨之眇眇兮曹注
○艮爲童丨易蒙匪我求童丨虞注○丨士側謂下
士書伊訓具訓于丨士傳○丨謙稱也文選西京賦

丨竊惑焉薛注○丨氣也後漢郎顗傳注○丨日光
不明丨丨然也釋名釋天○丨不明也素問六節藏
象論徇丨招尤注○丨陰闇也書洪範曰丨傳又後
漢黃瓊傳注○丨丨暗也廣雅釋訓○丨南方也夏
也物之修長也皆可得而載也太元元文○丨山也
詩閟宮奄有龜丨傳○丨羽二山名書禹貢丨羽其
藝鄭注○蔡丨二山名書禹貢蔡丨旅平傳○西至
日所入爲大丨爾雅釋地○丨討羽也詩小戎丨伐
有苑傳○丨俱其首丨茸然荀子非相仲尼之狀面
如丨俱注○丨王女爾雅釋草○丨郎唐也爾雅釋
草注○放皐之山有木焉其名曰丨丨木服之不惑山
海經中山經○南方有鳥焉名曰丨鳩荀子勸學○
丨鳩鷦鷯也荀子勸學注○丨頌猱狀爾雅釋獸○
丨讀爲厖荀子榮辱爲下國駿丨注○丨當爲蔑荀
子勸學注○書洪範曰丨周禮大卜注作曰蟊史記
宋微子世家作曰霧漢書五行志作曰霿○爾雅釋

地西至日所入爲大丨釋文丨作濛○史記宋微子
世家曰霧集解引徐廣曰一作曰被○孟子離婁下
逢丨荀子作逢門
鹽鐵論作逢須
【濛】丨雨貌詩東山零雨其丨傳○丨汜日所入也文
選蜀都賦沛若丨汜之涌波劉注○詩東山零雨
其丨楚辭章句十
二作零雨其蒙
【籠】丨土丨也淮南說山貂裘而負丨注○丨受土丨
也淮南精神負丨土注○丨竹簏也周禮司弓矢
充丨箙矢注○丨古草名管子地員其山
之淺有丨與斤注○丨脫鴿也廣雅釋鳥
【聾】丨闇也左氏宣十四年傳鄭昭宋丨注○丨無知
也淮南說林雖丨蟲而不自陷注○丨不聞也莊
子逍遙遊丨者無以與乎鐘鼓之聲釋文○丨無所
聞也呂覽尊師其聞不若丨注○丨耳不聞也文選

七命注引蒼頡○耳不聞宮商曰丨論衡別通○耳
不別五音之和曰丨國語晉語丨瞶不可使聽注○耳
耳不能別淸濁之聲則謂之丨韓非子解老○上無
聞則謂之丨說苑正諫○丨籠也如在蒙籠之內聽
不察也釋
名釋疾病
龒 通作櫳○櫳疏也一切經音義十二引蒼頡○櫳
舍也廣雅釋室○丨牢也同上○櫳所以㡿禽獸
也華嚴經音義上引三蒼○珠櫳以珠飾
疏也文選鮑明遠翫月詩蛾眉蔽珠櫳注
瓏 丨聲也廣雅釋詁四○丨玲金玉之聲太元唐亡
彼丨玲注○禱旱玉爲丨漢書楊雄傳音義引字
林○丨力東切文選
東都賦注引埤蒼
洪 丨大也書堯典湯湯丨水方割傳又洪範傳又詩
長發丨水芒芒傳又爾雅釋詁又漢書武帝紀集

注成帝紀集注郊祀志下集注董仲舒傳集注司馬
相如傳下集注翟方進傳集注翟義傳集注楊雄傳
上集注四見敘傳下集注又後漢質帝紀注班彪傳
上注蔡邕傳下注又孟子滕文公下丨水也注又素
問六元正紀大論丨水迺從注又文選西京賦丨鐘
萬鈞薛注東京賦丨恩素蓄薛注典引鋪觀二代丨
纖之度蔡注○丨纖猶大小也後漢班彪傳下注○
丨祀大祀也晉書引劉向洪範五行傳○丨代也書
康誥乃丨大誥治鄭注○秀穎德行之謂丨法言孝
至○丨池名也文選東京賦於東則丨池淸蘌薛注
○書益稷丨水滔天史記夏本紀作鴻水滔天洪範
緜陻丨水宋微子世家作緜陻鴻水洪範天乃錫禹
洪範九疇宋微子世家作天乃錫禹鴻範九等洪範
不畀洪範九疇宋微子世家作不從鴻範九等後漢
書質帝紀作
鴻範九疇

紅 丨絳也白色之似絳者也釋名釋采帛○丨赤白
也楚辭招魂丨壁沙版注○丨赤色貌史記司馬
相如傳丨杳渺以眩湣索隱引晉灼○丨卽朱也法
言吾子或問蒼蠅丨紫注○縓謂之丨廣雅釋器○
丨者中祥大祥以丨爲緣領也史記孝文本紀服大
丨十五日小丨十四日集解引應劭○丨蘢古爾雅
釋草○丨功也史記孝文本紀索隱引劉德○曲丨
山名也水經漆水注○丨讀曰功漢書景帝紀集注
○丨讀曰工漢書酈食其傳集注董仲舒傳集注○
丨字當爲絳漢書侯表傳集注○漢周憬功勳銘自
瀑亭至乎曲丨綏民校尉熊君碑詔
書除補桂陽曲丨長曲江皆作曲丨
鴻 丨大也史記夏本紀丨水滔天索隱又漢書禮樂
志集注又後漢班彪傳下注二見又太元元文丨
文無范注元瑩丨本五行注元告故元 綸天元注
又呂覽愛類名曰丨水注又淮南原道與天地丨洞

注要略此丨烈之泰族也注又楚辭逢紛丨永路有
嘉名注又文選魯靈光殿賦丨爌炾以爣閬張注○
厖丨皆大也文選封禪文湛恩厖丨注○丨盛也呂
覽執一神農以丨注○丨代也爾雅釋詁○丨傭也
考工記梓人摶身而丨注○鴈之大者曰丨楚辭悼
亂丨鸕分振翅注○丨大鴈也易漸丨漸于干虞注
○大曰丨詩鴻鴈丨鴈于飛傳又左氏襄十六年傳
賦丨鴈之卒章注又後漢班彪傳注○丨丨鴈也楚
辭招魂煎丨鶬些注○丨水鳥也易漸丨漸于干注
又後漢蔡邕傳注○丨鳥之長脰者也儀禮鄉射禮
記以丨脰韜上二尋注○丨取飛有行列也禮記曲
禮上前有車騎則載飛丨注○丨鵠大鳥楚辭初放
斥逐丨鵠兮注○丨丨鶴也楚辭大招鵾丨羣晨注
○丨丨水也楚辭天問不任汨丨注○丨卽洪水也
荀子成相禹有功抑下丨注○丨池池名也水經穀
水注○丨都門名後漢靈帝紀注○能精思著文連

結篇章者爲丨儒論衡超奇○丨讀子贛之贛淮南精神澒濛丨洞注○丨與洪古字通文選四子講德論夫丨均之世注○鴻或丨字同胡工反一切經音義十一引聲類○鴻古丨字漢書司馬相如傳上集注○古文鴻作琟一切經音義十二○禮記少儀注丨殺之意釋文丨本作洪樂記注聲之丨殺也釋文丨丨本作洪緇衣注深淵丨丨波釋文丨本作洪

虹 丨攻也純陽攻陰氣也釋名釋天○丨陰陽交氣也呂覽孟冬丨藏不見注○丨謂陰陽交接之氣而著之形色華嚴經音義下引蔡雍月令○丨陽氣之動也釋名釋天○丨陰中之陽也淮南時則丨藏不見注○丨天氣也禮記聘義氣如白丨注○日旁氣白者爲丨古微書引尚書琁璣鈐○凡日旁氣色白而純者名爲丨後漢郎顗傳○丨者雜色也淮南天文丨蜺彗星者天之忌也注○丨螮蝀也蔡邕月

令章句又集韻引字林又山海經海外東經虹虹各有兩首注又淮南時則丨始見注○丨蝃蝀也文選西京賦亘雄丨之長梁薛注○丨螮蝀也兗州謂之丨呂覽季春丨始見注○螮蝀謂之丨禮記月令丨始見注○雄曰丨藝文類聚引蔡邕月令又爾雅釋天釋文引郭音義又文選西京賦丨旃蜺旄薛注○雄爲丨淮南天文丨蜺彗星者天之忌也注○丨蜺陰氣也後漢楊賜傳注○陰陽交爲丨霓古微書引春秋元命苞○丨俗亦呼爲青絳也爾雅釋天螮蝀丨也釋文○丨采旗也楚辭遠逝建丨采以招指注○古文丨作玒一切經音義四○蚻或作丨漢書天文志集注引如淳

叢 或作蔉亦作藂○丨聚也廣雅釋詁三又呂覽達鬱而萬災丨至矣注○丨總也書益稷元首丨脞哉馬注○丨細也後漢馮衍傳注○丨脞總聚小小之事書益稷鄭注○丨脞細碎無大略書益稷傳○

丨收也廣雅釋詁三○聚木曰丨淮南俶眞獸走丨薄之中注○柴棘爲丨楚辭招魂丨菅是食些注○菆丨物萑葦之屬周禮大司徒其植物宜丨物注○丨古藂字漢書東方朔傳集注○江南詩古本皆爲丨聚之丨顏氏家訓書證○藂或爲族書大傳卿雲藂藂注○詩葛覃傳灌木丨木也釋文丨俗作藂本作最○公羊僖卅三年取丨左氏作取訾婁

翁 集韻翁或从頁○丨父也廣雅釋親○丨者父也漢書高帝紀下集注○丨者老人之稱漢書匈奴傳上集注○凡尊老周晉秦隴謂之公或謂之丨方言六○頸項也廣雅釋親○丨頭下毛山海經西山經天帝之山有鳥焉黑文而赤丨注○丨音汲甕之甕同上

葱 丨蒼也詩采芑有瑲丨珩傳○青謂之丨禮記玉藻三命赤韍丨衡注又爾雅釋器○丨青色也荀

子性惡桓公之丨注○丨淺青爾雅釋器注○丨青之異色爾雅釋器孫注○葱蘢皆青盛貌也文選江賦潛薈葱蘢注○葱翠翳色也文選射雉賦停僮葱翠徐注○丨齊桓公劒名荀子性惡注○丨嶺西域山也後漢馬融傳注○丨嶺山名在敦煌西後漢章帝紀注○丨嶺山其上多丨因以爲名後漢班超傳注引西河舊事○其山高大上生葱故曰葱嶺水經河水注○丨蒲莞也廣雅釋草

聰 丨聞也詩兔爰尚寐無丨傳○丨聽也廣雅釋詁四○聽曰丨春秋繁露五行五事○遠聽曰丨楚辭沈江遭僨君之不丨注○聞審謂之丨管子宙合○丨者能聞事而審其意也春秋繁露五行五事○耳徹爲丨莊子外物○莊子人閒世注見耳而責師曠之丨釋文丨本作聽

通 丨達也小爾雅廣詁又呂覽論人丨則觀其所禮注簡選此不丨乎兵者之論注○丨至也國語晉

語道遠難｜注。｜洞也無所不貫洞也釋名釋言語。｜開也漢書何武傳集注。｜猶共也後漢來歷傳注。｜連比也周書大聚與田疇皆｜注。｜利也呂覽達鬱血脈欲其｜也注。｜猶順也淮南主術則治道｜矣注。坎爲｜易說卦傳象上傳唯君子爲能｜天下之志虞注象下傳而其志｜也虞注中正以｜虞注象下傳知｜塞也虞注繫辭下傳困窮而｜虞注。往來不窮謂之｜易繫辭上傳。推而行之謂之｜同上。｜者不滯之謂也荀子不苟則可謂｜士矣注。｜知淮南主術天下之物無不｜者注。｜也者得也莊子齊物論。｜謂得其理荀子正名足以相｜則舍之矣注。君子｜於道之謂｜風俗通窮通又莊子讓王。博覽古今者爲｜人論衡超奇。因水入水曰｜漢書地理志上集注。井十爲｜周禮小司徒注引司馬法。人迹所及爲｜莊子則陽而反在｜達之國注。｜天冠名也文選東京賦冠｜天薛注。眸子明而不正曰｜視言｜達目匡一方也釋名釋疾病。｜問謂相稱謝也禮記曲禮上嫂叔不｜問注。｜姪也廣雅釋詁一。｜者姪｜公羊莊廿七年傳公子慶父公子牙｜乎夫人注。旁淫曰｜左氏桓十八年傳齊侯｜焉服注又小爾雅廣義又國語晉語｜於驪姬注。凡淫曰｜左氏襄廿五年傳莊公｜焉服注。陸｜字接輿高士傳

【蓬】｜叢也山海經海內經元狐｜尾注。｜蒿也列子天瑞攓｜而指釋文又楚辭沈江若縱火於秋｜注。｜草名也詩騶虞彼茁者｜傳。｜蒿草萊之閒也後漢邊讓傳注。｜非直達者也莊子逍遙遊夫子猶有｜之心也夫注。｜者短不暢曲士之謂莊子逍遙遊釋文引向注。｜｜盛貌詩采菽其葉｜｜傳。｜｜風貌莊子秋水｜｜然起于北海釋文引李注。｜龍猶｜轉風貌楚辭怨思飄風｜龍注。｜勃氣出貌文選笙賦鬱｜勃以氣出注。｜累猶扶持也史記老莊申韓傳則｜累而行索隱引劉氏。｜者蓋也史記老莊申韓傳索隱。｜髮｜頭亂髮山海經西山經玉山西王母｜髮注。｜廬蘧篨覆也淮南本經民之專室｜廬注。｜萊海中山名也楚辭傷時從安期兮｜萊注。屏｜郎并封也語有輕重耳山海經大荒西經有獸左右有首名曰屏｜注。莊子說劍皆｜頭突鬢釋文｜本作縫

【蓬】車枸簍南楚之外謂之｜方言九。枸簍今亦通呼｜方言九注

【烘】｜燎也詩白華卬｜于煁傳又爾雅釋言又廣韻引字林。｜以火燎也爾雅釋言舍人注。｜具凶甘凶二反爾雅釋言釋文引字林

【潼】｜益也廣雅釋詁二。｜｜高貌文選高唐賦沬｜｜而高厲注

【瞛】｜盲也廣雅釋詁三。｜盲者也楚辭懷沙｜瞍謂之不章注。目不見曰｜呂覽達鬱｜箴注。有目眹而無見謂之｜周禮春官序官瞽｜司農注。｜有目眹而無見也詩有瞽箋瞽｜也釋文。有眸子而無見曰｜詩靈臺｜瞍奏公傳又國語周語｜誦注晉語｜瞍不可使視注又後漢竇融傳注。無珠子曰｜文選演連珠注引韓詩章句。｜目有眸無珠子古今韻會引字林。｜有眸子而失明蒙蒙無所別也釋名釋疾病。｜僮｜也楚辭沈江龔幸君之發｜注。人未學問曰｜論衡量知。｜者竹木之類也同上。｜與蒙古字通文選長楊賦迺今日發｜注

【朧】朣｜欲明也｜力東切文選秋興賦注引埤蒼、

怱｜｜明也呂覽下賢｜｜乎其心之堅固也注
礲磨也廣雅釋詁三○｜磨也穀梁莊廿四年傳
礱斲之｜之釋文又國語晉語斲其椽而｜之注又
荀子性惡鈍金必將待｜厲然後利注○礲磨盡也
淮南說林舌之與齒孰先礲也注○｜厲也詩閟宮
傳枚枚｜密也釋文○卜礪也廣雅釋器○｜礪之
也書大傳斲其材而｜之注○礲石名也法言學行
夫有刀者
礲諸注

罿｜網也文選鸚鵡賦尚何懼於｜罻注○｜罬也
詩兔爰雉離于｜傳又爾雅釋器○罬謂之｜爾
雅釋器○施羅于車上曰｜詩兔爰釋文引韓詩○
｜鳥網也後漢班彪傳上注○鳥罟謂之｜法言淵
騫忼辭免｜注○｜｜上凶
反詩兔爰釋文引字林

螽廣韻蝝同○春秋之｜者蟲災也藝文類聚引劉
向洪範五行傳○｜蟲災也穀梁桓五年傳僖十
五年傳○｜猶衆也公羊文三年傳記異也注○｜
之爲言衆暴寡也古徵書引春秋佐助期○蝝者煩
擾之所生公羊桓五年傳記災也注○始生曰蝝大
曰蝝公羊宣十五年傳未有言蝝生者注○｜一曰
蝗也列子仲尼折春蟲之股釋文○｜蝗類也山海
經東山經見則｜蝗爲敗注○｜蝗子也爾雅釋蟲
蛗｜蠜李注○今人謂蝗子爲｜詩草蟲釋文引毛
詩艸木疏○｜斯蚣蝑也詩螽斯｜斯羽傳又後漢
荀爽傳注○斯｜蚣蝑也詩七月五月斯｜動股傳
○｜蜙蝑之屬穀梁桓五年經｜注○｜蚣蝑之屬
左氏桓五年經｜注○｜斯名蚣蝑一名春黍似蝗
而小太平御覽引毛詩提綱○｜似蝗而小今謂之
土蝶爾雅釋蟲土｜蠰谿注○｜蝗引無也廣雅釋
蟲○｜螌蟲也太元遇罔遇｜注○｜醜奮爾雅釋

蟲○禮記郊特牲注螟｜之屬釋文｜本作蝝左氏
僖十五年八月｜釋文｜本作蝝公羊作蝝○爾雅
釋蟲阜｜蠜釋文｜本作螽公羊哀十三年蝝釋文
蝝本作｜○｜古文螽同止戎反一切經音義十

灃書禹貢｜水攸同漢書地理志作酆水逌同東會
于｜作東會于酆○書禹貢正義引地理志｜水
出扶風鄠縣東南漢書地理志
右扶風鄠縣作酆水出東南

癃｜病也史記平原君虞卿傳臣不幸有罷｜之病
集解引徐廣又後漢光武紀下注引蒼頡○｜病
篤疾淮南覽冥平公｜病注○｜小便
不通素問五常政大論其病｜閟注

幪｜覆也周書太子晉若能｜予反而復之注又廣
雅釋詁二○｜巾也書大傳下刑墨｜注又方言
四又廣雅釋器○巾主覆者故名｜方言四注○幪
｜葢覆也法言吾子然後知夏屋之爲帡｜也注○

｜｜茂也
廣雅釋訓

夢｜｜亂也詩抑視爾｜｜傳又正月視天｜｜釋
文又爾雅釋訓○｜｜昏昏之亂也爾雅釋訓孫
注○｜｜煩懣亂也爾雅釋訓顧野王注○｜｜惡
貌也詩正月釋文引韓詩○壽｜吳子乘左氏襄十
年傳注○｜亡忠反左氏
昭廿年傳釋文引字林

濛集韻或作瀠○｜水會也詩鳧鷖鳧鷖在｜傳又
文選吳都賦效獲｜注○｜水外之高者也詩鳧
鷖箋○｜厓也廣雅釋邱○瀠與｜同文
選謝靈運經湖中瞻眺詩仰聆大壑瀠注

訌通作虹○｜潰也詩召旻蟊賊內｜傳○虹潰也
詩抑實虹小子傳又爾雅釋言○｜爭訟相陷人
之言也詩召旻箋○爾雅釋
言釋文虹顧作｜李本作降

葼 丨小也廣雅釋詁二○丨木之細枝者也文選魏都賦弱丨係實劉注○木細枝謂之杪青齊兖冀之閒謂之丨方言二

緵 丨罾也爾雅釋器丨罟謂之九罭釋文○丨今之百囊罟是亦謂之罾今江東謂之丨爾雅釋器注○丨八十縷也史記孝景本紀令徒隸衣七丨布正義

嵕 三丨山在聞喜文選上林賦注引郭璞三蒼

豵 獸一歲爲丨廣雅釋獸○一歲爲丨周禮大司馬大獸公之司農注○一歲曰丨詩騶虞壹發五丨傳○豕一歲曰丨詩七月言私其丨傳○豕之大者謂之豣小者謂之丨下爾雅廣獸○丨豕生六月也爾雅釋獸釋文引字林○豕生三丨爾雅釋獸○豕生三曰丨詩騶虞箋又七月箋○周禮大司馬注一

歲爲丨 釋文作猣

凍 暴雨謂之丨爾雅釋天○暴雨爲丨楚辭大司命使丨雨兮灑塵注○今江東呼夏月暴雨爲丨雨爾雅釋天注○丨瀧沾濕貌荀子議兵隴種東籠而退耳注

忡 丨丨憂也爾雅釋訓○丨丨猶衝衝也詩草蟲憂心丨丨傳又後漢東平憲王蒼傳注

崧 丨高貌詩崧高丨高維嶽傳○高大曰丨爾雅釋山山大而高丨李注○丨即嵩也俱高大之貌爾雅釋山釋文○山大而高曰丨詩崧高傳○山大而高丨爾雅釋山○詩崧高丨高維嶽禮記孔子閒居注作嵩高維嶽○公羊莊四年注丨高維嶽釋文丨本作嵩爾雅釋山釋文丨本作嵩

彤 丨者丨丨不絕公羊宣八年傳繹者何注○丨者相尋不絕之意爾雅釋天商曰丨孫注○商曰丨爾雅釋天○祭之明日又祭殷曰丨書高宗彤日傳○丨與融同後漢張衡傳注○丨本或作肜晉書音義中

芃 丨丨美貌詩下泉丨丨黍苗傳○丨丨長大貌詩黍苗丨丨黍苗傳○丨丨木盛貌詩棫樸丨丨棫樸傳○丨小獸貌詩何草不黃有丨者狐傳

酆 丨鄗二水名後漢馮衍傳注○左氏文七年傳丨舒漢書古今人表作豐舒○漢書古今人表丨侯律厤志引逸書作豐

麷 丨熬麥也儀禮有司徹丨蕡注○熬麥曰丨周禮籩人其實丨蕡注○丨麥之牙蘖也荀子富國取其將若撥丨注

釭 丨轂鐵也後漢班彪傳上注○車丨齊燕海岱之閒謂之鍋自關而西謂之丨方言九

饛 丨滿簋貌詩大東有丨簋飧傳

雺 集韻或作霿霧○丨冒也洪範五行傳厥咎丨注○丨者氣澤鬱鬱冥冥也書洪範曰蒙鄭注○天氣下地不應曰丨爾雅釋天○霧天氣下地不應也晉書音義上○霿與蒙同文選甘泉賦霧集而蒙合兮注○爾雅釋天釋文丨本作霧

瞢 丨晦也太元曹丨復睒天注○丨不明也一切經音義廿六引三蒼○丨丨猶夢夢也太元曹丨丨之離注○丨慚也小爾雅廣言○丨久而益憂太元元衝○丨剸跙太元元錯

恫 丨痛也詩思齊神罔時丨傳又爾雅釋言又廣雅釋詁二又國語晉語神罔時丨注又後漢和帝紀

注張衡傳注又文選思元賦｜後辰而無及舊注○｜猶痛也史記燕召公世家百姓怨｜索隱○｜無知貌晉書音義中○詩思齊神罔時｜說文人部作神罔時侗詩桑柔哀｜中國釋文｜本作痌

總｜數也詩羔羊素絲五｜傳○周禮掌客注十筥曰｜釋文｜本作緵

嵸龍｜皆峻貌史記司馬相如傳崇山龍｜正義引郭云

椶｜今｜木山海經中山經實如｜莢名曰植楮注○｜｜一名栟閭音馬騣之騣山海經西山經石脆之山其木多｜注

逢｜｜和也詩靈臺鼉鼓｜｜傳○｜｜鼓聲也詩靈臺釋文引埤蒼○詩靈臺釋文｜｜本作韸一切經音義八引詩鼉鼓｜｜作韸韸

侗｜未成器之人也論語泰伯｜而不愿集解引孔注○｜謂籠｜未成器之人也論語泰伯皇疏○書顧命在後之｜說文言部作在夏后之詷

犝｜牛爾雅釋畜○｜牛名爾雅釋畜釋文引字林○｜今無角牛爾雅釋畜注

爞集韻烔或作爞○烔爞也廣雅釋詁二○烔爞氣烔廣韻引字林○烔謂燒草傳火焰盛也華嚴經音義下引韓詩傳○｜｜熏也爾雅釋訓○烔烔然熱貌也一切經音義四引埤蒼○｜｜旱熱熏炙人爾雅釋訓注

悾｜｜誠也廣雅釋訓○｜｜誠愨也論語泰伯｜｜而不信鄭注○｜｜誠懇之貌後漢劉瑜傳注○｜｜信愨之貌太元勤勞有恩勤｜｜注○｜｜謂野愨也論語泰伯皇疏○｜｜愨愨也論語泰伯集解引包注

朦｜豐也廣雅釋詁四○｜豐也自關而西秦晉之閒凡大貌謂之｜方言二

慒周禮遂人注甿猶｜釋文｜本作懵

嚨｜謂喉｜爾雅釋鳥亢鳥｜注○｜｜亢鳥之頸也爾雅釋鳥樊注

龐｜｜充實也詩車攻四牡｜｜傳

葓一作葒○葒馬蓼也廣雅釋草

㚇｜聚也廣雅釋詁三○金｜者馬冠也後漢馬融傳注

朡｜繫也呂覽開春叔嚮爲之奴而｜注○三｜國名書序遂伐三｜傳○書序遂伐三｜史記殷本紀作遂伐三㚇

朣｜朧欲明也｜徒東切文選秋興賦注引埤蒼○｜｜朦言未晤也後漢張衡傳注

戙｜杙也廣雅釋室

穜本作重○｜厚也廣雅釋詁三○先種後孰謂之｜周禮內宰而生｜稑之種司農注又晉書音義中○早種晚熟爲重呂覽任地種重禾不爲重注○後熟曰重詩七月黍稷重穋傳○種直龍反五經文字引字林○詩七月黍稷重穋釋文重本作種○周禮內宰而生｜稑之黍稷重穋釋文｜本作童○詩七月黍稷重穋周禮種稑釋文｜本作種○詩七月黍稷重穋周禮內宰注作黍稷種稑說文禾部作黍稷種稑

詷｜共也書顧命在後之侗馬注又禮記祭統正義引字林

⿰舟同 丨舟也廣雅釋水

鼨 丨鼠爾雅釋獸○丨豹文鼠也爾雅釋獸釋文引字林○籒文丨作鼨一切經音義一

茙 丨菽即大荳也列子力命進其丨菽釋文引鄭元○丨菽即胡荳也列子力命釋文○爾雅釋草菺丨葵釋文丨本作戎

駥 絕有力丨爾雅釋畜○馬八尺爲丨同上○丨即馬高八尺爾雅釋畜絕有力丨注○爾雅釋畜絕有力丨釋文丨本作戎

芎 丨丨窮也楚辭愍命莞丨棄於澤洲兮注○丨藭一名江蘺山海經西山經其草多葯䕡丨藭注

渢 丨丨浮貌漢書地理志下集注○丨丨中庸之聲左氏襄卄九年傳美哉丨丨乎注

汎 丨丨羣浮也史記司馬相如傳索隱引廣雅○古文丨作渢同一切經音義十五

蘴 丨蕪菁苗也齊民要術三引字林○丨蕘蕪精也廣雅釋草○丨蕪菁也陳楚之郊謂之丨方言三○丨今江東字作菘方言三注

珫 丨音充本或作玩晉書音義上

倥 丨侗無知也法言學行丨侗顓蒙注○丨偬窮困也後漢卓茂傳注引字書又張衡傳注引埤蒼○丨偬猶困苦也楚辭思古愁丨偬於山陸注○丨音日弄反漢書楊雄傳音義引字林

⿰工刂 丨鈺謂之丨廣雅釋器

艨 丨艟舟也廣雅釋水○外狹而長曰丨衝釋名釋船

懜 行充其宜謂之義反義爲丨賈子道術

襱 廣韻⿰衤同同○袴齊魯之閒或謂之丨方言四○今俗呼袴踦爲丨方言四注○⿰衤同亦丨字異耳方言四無⿰衤同之袴注○丨音鮦魚方言四注

⿰車悤 丨輪或曰丨言輻總入轂中也釋名釋車

稯 丨猶束也周禮掌客車秉有五籔注○丨丨聚貌莊子則陽是丨丨何爲者釋文引李注○十筥曰丨儀禮聘禮記又國語魯語出丨禾秉芻缶米注○筥十曰丨廣雅釋器○丨六百四十斛也國語魯語注○丨子工反儀禮聘禮釋文引字林○古文丨作緵儀禮聘禮記注○莊子則陽釋文丨本作揔

鬷 丨總也詩東門之枌越以丨邁箋又烈祖丨假無言傳又左氏昭廿年傳丨嘏無言注○丨數詩東

門之枌傳○詩烈祖丨假無言禮記中庸作奏假無言

猣 犬生三丨爾雅釋畜

韸 丨丨聲也廣雅釋訓

⿱髟夅 丨鬆髮亂貌集韻引字林

螉 蠓丨蜂也廣雅釋蟲○蠭燕趙之閒謂之蠓丨方言十一○丨蠮似蠭爾雅釋蟲釋文引字林

儱 丨有也廣雅釋詁一

○以下據廣韻錄 **⿰羊東** 丨音屋棟之棟山海經北山經泰戲之山有獸焉其名曰丨丨注

集韻或从犬○狪音吟恫之恫山海經東山經泰

狪 山有獸焉名曰狪狪注

㼧 丨甃也廣雅釋室
佟 丨竟也廣雅釋詁三
蔠 丨葵蘩露爾雅釋草
柊 丨楑椎也廣雅釋器
沖 丨瀜沆瀁深廣之貌文選海賦注
㓐 丨卣屬集韻引字林
娀 有丨國名也丨讀如嵩高之嵩淮南墜形有丨在不周之北注
匑 集韻或作躳○丨丨謹敬也廣雅釋訓○匑匑謹敬貌也史記魯周公世家匑匑如畏然集解引徐廣○丨丨音窮窮同上○史記魯周公世家匑匑集解引徐廣曰一本作夔夔

鄸 左氏昭二十年經曹公孫會自丨出奔宋穀梁丨作夢
㤝 丨憂也廣雅釋詁一
𦬇 都鄉正街彈碑丨丨黍稷芃作丨
寷 丨大也廣雅釋詁一
䵄 丨莊子謂黈黃也大戴記子張問入官丨絖塞耳注
箜 丨篌師延所作靡靡之樂也後出於桑間濮上之地蓋空國之侯所存也釋名釋樂器
䅝 丨稾也廣雅釋草

愩 丨懣也漢書敘傳上音義引李奇○丨惑也漢書敘傳上音義引孟康○丨憒也漢書敘傳上音義引字林
靀 集韻濛或作靀○丨丨雨也廣雅釋訓
𪌟 丨麴也方言十三又廣雅釋器○𪌟有衣麴方言十三注○丨糒也廣雅釋器
𨏬 丨轒也廣雅釋器○車轒齊謂之丨方言九○車轒上者謂之丨小爾雅廣器
𥢓 丨穧也廣雅釋詁四
蠪 丨朾螘爾雅釋蟲○蚵丨蜥蜴也廣雅釋魚○苦丨蝦蟆也同上
𡿖 丨坑也廣雅釋水

螉 丨蟲在牛馬皮者爾雅釋蟲釋文引字林
繱 集韻或作總○總青也廣雅釋器○丨絹也同上○經絲絹曰丨一切經音義十二引通俗文
蟌 水蠆化為丨丨青蜓也淮南說林水蠆為丨注
鏓 大鑿曰丨御覽七百六十三引通俗文
熜 集韻燪或省熜○燪炬也廣雅釋器
鯼 丨魚出南海頭中有石一名石首文選江賦注引字林
袶 爾雅釋草困衱丨釋文丨本作袶
○以下據集韻錄
懞 丨厚也管子五輔敦丨純固注

[illegible] 丨箂也廣雅釋器

搜 手捉頭曰丨一切經音義十六引通俗文

[illegible] 丨禪衣也廣雅釋器

仜 丨有也廣雅釋詁一

哅 丨丨喧聲也荀子解蔽掩耳而聽者聽漠漠而以爲丨丨注

神 丨禪當爲沖澹荀子非十二子丨禪其辭注

經籍纂詁卷第一

經籍纂詁卷第一補遺

上平聲

兵部侍郎兼都察院右副都御史巡撫浙江等處地方提督軍務兼理糧餉阮元譔集

一東

東 說文丨動也从木官溥說从日在木中凡丨之屬皆从丨○丨方生長之方書謚稷笙鏞以間鄭注○丨方物所以生也太平御覽一百九十六引白虎通○丨方木也萬物之所以始生也素問玉機眞藏論○丨方木也淮南天文○丨君日也漢書郊祀志上晉巫祠五帝丨君注

同 說文丨合會也从冃从口○丨齊也書舜典丨律度量衡釋文引王注○丨等也呂覽義賞與無勝丨注爲欲與無立錐之地丨注不苟與賢主丨注務大與三王之佐丨注○丨謂齊等漢書律厤志上乃

丨律度量衡注○丨輩也一切經音義六引廣雅釋詁○丨異而俱於之一也墨子經上⊙丨重體合類同上○丨食上下無異饌也左氏文十六年傳振廩丨食注○丨謂神人相應國語周語然後可丨也注○殷見曰丨詩巧言君子屢盟箋○衆覜曰丨論語先進如會丨集解引鄭注○丨丨盟左氏僖八年傳不赴於丨注○百里曰丨水經河水注引風俗通○六丨合陰聲者也周禮大司樂以六律六丨注

銅 說文丨赤金也从金同聲○赤者曰丨漢書食貨志上及金刀龜貝注○丨爲物之至精漢書律厤志上○取丨之名以合於同也漢書律厤志上用丨者名自名也注

桐 說文丨榮也从木同聲○丨亦響木也穆天子傳五乃樹之丨注○丨輕脫之貌也漢書廣陵王胥傳毋丨好逸注

【筒】丨竹管也一切經音義廿二引三蒼

【童】說文丨男有辠曰奴奴曰丨女曰妾从䇂重省聲○籀文丨中與竊中同从廿廿以爲古文疾字○丨稚也易觀丨觀釋文引鄭注○人幼稚曰丨公羊疏廿六引易蒙鄭注○十五曰丨釋名釋長幼○丨子謂幼小之男子禮記喪服四制婦人丨子不杖疏○僮昏疾也廣雅釋訓○丨昏謂年在幼丨昏闇無知詩褰裳傳狂行丨昏所化也疏○丨子未成人之名也禮記曲禮上丨子不衣裘裳疏○丨者未成人之稱年十九以下皆是也詩芄蘭序箋惠公以幼丨卽位疏○丨未冠之稱易蒙丨蒙釋文引鄭注○丨子未冠之名詩抑疏○丨者未冠之名左氏僖九年傳注小丨者疏○凡在喪王曰小丨左氏僖九年傳○夫人自稱曰小丨者謙也言已智能寡少如丨蒙也白虎通嫁娶○小丨者丨蒙幼未之稱左氏僖九

年傳注○丨無草木也漢書公孫宏傳山不丨注○山林不茂爲丨周禮司書注丨枯則不稅疏○左氏哀十一年傳公爲與其嬖丨汪錡乘釋文本亦作僮

【僮】說文丨未冠也从人童聲○丨謂隸妾也漢書賈誼傳今民賣丨者注引如淳○丨謂奴漢書司馬相如傳上卓王孫丨客八百人注○童奴婢也漢書貨殖傳童手指千注引孟康○張公神碑騄白鹿兮從仙僮嚴訢碑人僮偄偄丨皆作僮

【瞳】童子目之眸子漢書陳勝項籍傳贊舜目重童子注

【筩】說文丨斷竹也从竹甬聲○丨竹丨也如今官受密事丨也漢書趙廣漢傳又教吏爲缿丨注引孟康

【中】說文丨和也从口丨上下通𠁦古文丨𠁩籀文丨○丨丨正淮南主術是以丨立注○正午爲丨太元周植丨樞注○日丨西南也墨子經上○丨平也一切經音義廿五引廣雅○丨謂丨心詩關雎序情動於丨疏○丨謂丨和之氣也漢書律厤志上民受天地之丨以生注○丨音丨和之音也國語周語詠之以丨音注○丨和謂忠信也詩皇皇者華周爰咨諏箋○丨德丨庸之德舞也國語周語道之以丨德注○凡行不迂僻則謂之丨書洪範疏○丨者天下之所終也春秋繁露循天之道○丨立謂無比也周書程典上丨立而下比注○丨者不大不小也漢書律厤志上以子穀秬黍丨者注○丨半也列子力命亾亦丨注○夜丨夜半也左氏桓七年經夜丨星隕如雨釋文○半之爲泰丨太元元圖○丨氣謂月半也書洪範疏○丨氣者月半之氣也左氏僖五年傳注日南極疏○日丨春分也呂覽任地凡草生藏日丨

出注○日丨謂春分之日書堯典日丨星鳥傳○日丨春秋分也左氏莊廿九年傳日丨而出注○春秋分而晝夜等謂之日丨左氏莊廿九年傳疏引釋例○丨者謂日之長短與夜丨分故春秋二節謂之春分秋分也左氏莊廿九年傳疏○丨開也禮記玉藻士丨武疏又周禮㡯人注士日丨則二雙疏○丨猶閒也禮記喪服小記亾則丨一以上而祔注○丨猶內也禮記月令注此月之丨疏又國策秦策又有母在丨注○丨冓內冓也詩牆有茨丨冓之言傳○丨卽裏考工記弓人注則角裏傷疏○丨央土也淮南天文○丨謂受算之器禮記投壺司射奉丨疏○丨之形刻木爲之狀如兕鹿而伏背上立圜圈以盛算同上○丨者天子之書也漢書藝文志劉向以丨古文易經注○丨仲也古字通書大傳丨祀大交霍山注○丨宜爲忡方言十二惙㤝丨也注

【衷】說文丨裏褻衣从衣中聲春秋傳曰皆丨其衵服○丨中也國語晉語丨而思始注楚語而又能齊肅丨正注○丨中心也文選宋郊祀歌薦饗王丨注○丨謂中心恕之詩關雎序哀窈窕箋○丨與忠字異而義同詩關雎序箋當爲丨疏

【忠】說文丨敬也从心中聲○丨謂恕也國語晉語注○丨直也孝經進思盡丨疏引字詁○中心曰丨周禮大司徒疏○於文中心爲丨詩關雎序箋謂中心恕之疏皇皇者華箋中和謂丨信也疏又左氏昭六年傳故誨之以丨疏○於文中心爲丨言中心愛物也左氏桓六年傳所謂道丨於民疏○丨謂盡中心禮記祭義祀之丨也釋文○丨者內盡於心也禮記禮器丨信禮之本也疏中庸丨恕違道不遠疏○丨是盡心之事書仲虺之誥顯丨遂良疏○丨者與人無隱盡心奉上也左氏文十八年傳丨肅共懿疏○丨以爲利而強低也墨子經上○所謂丨者久愈親者也鶡冠子學問二○丨爲令德左氏昭十年傳○丨者臣之高行也管子形勢解○彊其君之所不能爲丨後漢書郅惲傳○無私丨也左氏成九年傳○竭意不諱丨也國策趙策○外強內溫丨也左氏昭十二年傳○臨患不忘國丨也左氏昭元年傳○公家之利知無不爲丨也左氏僖九年傳

【蟲】說文有足謂之丨無足謂之豸从三虫凡丨之屬皆從丨○有足曰丨周禮大司徒注鱗物魚龍之屬疏○虺蛇無足之物故謂之丨也詩斯干箋虺蛇之丨疏○丨是鳥獸通名禮記儒行鷙丨攫搏疏○鳥亦稱丨詩雞鳴箋丨飛薨薨疏○丨丨是熱氣蒸人之貌詩雲漢傳丨丨而熱疏○爾雅釋蟲釋文本亦作虫○唐扶頌德及草虫丨作虫

【沖】說文丨涌搖也从水中聲讀若動○丨童聲相近皆是幼小之名書盤庚下疏

【終】說文丨絿絲也从糸冬聲𠔬古文丨○丨盡也禮記儒行不能丨其物疏又呂覽音律數將幾丨注○丨竟也左氏昭十三年傳求丨事也注○丨亦竟之義詩漸漸之石傳卒竟疏○丨謂丨竟也禮記鄉飲酒義節文丨遂焉疏○丨事謂事畢也禮記表記事君愼始而敬丨疏○丨古猶永古也文選吳都賦藏埋於丨古劉注○諸言法陰之類皆曰丨鬼谷子捭闔○從旦至食時爲丨朝詩蝃蝀崇朝其雨傳○日旦至食時爲丨朝淮南氾論不崇朝而雨天下者注○丨南周之名山中南也詩終南丨南何有傳○書君奭其丨出于不祥釋文丨馬本作崇

【戎】廣韻戎同○說文戎兵也从戈从甲○丨兵也書康誥殪丨殷疏又詩雨無正丨成不退傳又論語子路亦可以卽丨矣集解引包注○丨亦兵也書立政其克詰爾丨兵疏○丨馬兵馬也淮南泰族庫馬動而丨馬驚注○丨車注○丨車君所乘兵車也左氏桓七年傳鬬丹獲其丨車注○丨車也左氏宣十二年傳注元丨疏○丨右軍右也左氏桓七年傳與其丨右少師注○西方曰丨公羊隱三年經公會丨于潛注又周書職方五丨六狄之人民注○丨山夷也左氏文十六年傳丨伐其西南注○丨丨者華形貌詩何彼襛矣傳襛猶丨丨也疏○丨叔也穀梁莊卅一年經齊侯來獻丨捷釋文○丨菽也穀梁莊卅一年傳○丨叔大豆也爾雅釋草丨叔疏引孫注○丨菽巨豆也周書王會山丨丨菽注○丨叔胡豆也漢書天文志西北丨叔爲注引孟康○丨叔卽胡豆也爾雅釋草注又樊光舍人李巡注○詩抑弓矢丨兵潛夫論勸將作弓矢戈兵○詩韓奕纘丨祖考白帖五十作纂我祖考

崇 說文丨嵬高也从山宗聲○丨高也文選西京賦
與黃比丨薛注引史記○丨丨高山也國語周語
融降於丨山注○天子曰丨城言丨高也初學記廿
四引白虎通○丨重也禮記明堂位殷之丨牙疏引
皇氏又儀禮鄉射禮注盛禮巳丨疏○丨終也文選
陸士衡樂府門有車馬客行注引國語賈注○上下
爲丨周禮司裘注廣與丨方疏○八達謂之丨期爾
雅釋宮○丨丨牙旌旗飾也禮記檀弓上設丨殷也
注○崈古丨字漢書郊祀志下莽遂崈鬼神淫祀注
○左氏宣元年經晉趙穿帥師侵崈釋文本亦作丨
○袁良碑勉崈協同丨作崈

嵩 說文新附丨中岳丨高山也从山从高亦从松韋
昭國語注云古通用崇字○丨者高也言峻大也
漢書揚雄傳上瞰帝唐之丨高兮注○崧郎丨也俱
是高大之貌爾雅釋山釋文○公羊莊四年傳注丨

高維嶽釋文本亦作崧○爾雅釋山釋文崧又作丨

弓 說文丨以近窮遠象形古者揮作丨周禮六丨王
丨弧丨以射甲革甚質夾丨庾丨以射干侯鳥獸
唐丨大丨以授學射者凡丨之屬皆從丨○以木曰
弧以角曰丨漢書韓安國傳弧丨趺獵注

躬 廣韻躳同○說文躳身也从身从呂躳躬或从弓
○丨身也詩商頌譜商者契所封之地疏引契握
湯說契注○丨猶身也易艮注止求諸身疏○直丨
直身而行論語子路吾黨有直丨者集解引孔注○
丨親也禮記祭義齊戒沐浴而丨朝之疏○丨謂身
親有之漢書刑法志聖人旣丨明悊之性注○丨身
親行之漢書公孫宏傳丨率以正而遇民信也注

宮 說文丨室也从宀躳省聲凡丨之屬皆从丨○丨
之爲言宣也史記天官書中丨天極星索隱引元

命苞○丨者謂心也管子心術上○丨心之宅猶靈
臺也管子心術上潔其丨注○土爲丨左氏昭廿五
年傳注丨商角徵羽疏又太元元數五爲中祿注○
丨則土也鬼谷子陰符其惟丨乎注○丨者法土之
壅水北堂書鈔引白虎通○戊巳爲丨也太元元數
聲生於日注○黃鐘爲丨禮記樂記律小大之稱注
又國語周語律以平聲注○八十一絲爲丨周禮大
師注如錦繡之有文章疏○院宇謂之丨禮記文王
世子注下丨親廟也疏○論其四面穹隆則曰丨禮
記曲禮上三十曰壯有室疏○言其牆屋則稱之爲
丨左氏宣十二年傳注大丨鄭祖廟疏○社丨中有
室屋者史記管蔡世家正義引鄭衆左氏章句○丨
卽廟也左氏宣十二年傳疏○大山曰丨水經盧江
水注引爾雅○丨淫刑也孝經五刑之屬三千疏引
孔安國○丨淫刑也男子割腐婦人幽閉漢書刑法
志丨罪五百注○丨割淫刑禮記文王世子公族無

丨刑注○丨陰刑也漢書百官公卿表上晉繇作士
正五刑注○丨割其陰也漢書武帝紀晝象而民不
犯注○丨割陰爲奄人呂覽知接豎刀自丨注○丨
割臏墨劓刖皆以刀鋸刺割人體也禮記文王世子
其刑罪則纖剸注○丨人官侍也淮南人閒丨人得
戟注○坎爲丨易說卦釋文引九家注○艮爲丨室
易觀闚觀虞注○艮爲丨闕易解公用射隼于高墉
之上集解象上傳養賢也集解

融 說文丨炊气上出也从鬲蟲省聲融籀文不省○
丨明也史記楚世家命曰祝丨集解引虞翻○丨
祝丨也國語周語丨降於崇山注○火正曰祝丨左
氏昭廿九年傳○祝丨明貌左氏昭廿九年傳注

雄 說文丨鳥父也从隹厷聲○走亦曰丨周禮庖人
注凡鳥獸未孕曰禽疏○丨謂丨桀於人也周書
周祝維彼大心是生丨注○丨爲之丨豪也漢書鮑
宣傳易長丨注○丨謂爲之長帥也漢書東方朔傳

贊其滑稽之丨乎注○丨先之屬老子知其丨王注
○日爲丨太元元告日月丨雌之序注
熊說文熊獸似豕山居冬蟄从能炎省聲凡丨之屬
皆从丨○丨獸也左氏昭七年傳今夢黃丨入于
寢門賈注○丨山野之獸漢書五行志中之上○丨
羆皆猛獸勇鬬者也列子黃帝丨羆狼豹貙虎爲前
驅注○丨似豕之獸爾雅釋獸丨虎醜孫注○周禮
庖人注六獸釋文干注丨作狟
穹說文丨窮也从穴弓聲○丨石大石也漢書司馬
相如傳上觸丨石注引張揖○丨隆大石貌史記
司馬相如列傳觸丨石集解引張揖○丨言形丨隆
也漢書司馬相如傳下肇自顥丨生民注○丨謂鼓
木腹丨隆者考工記鞾人丨者三之一注○仰視天
形丨隆而高其色蒼蒼故曰丨蒼文選古辭傷歌行
注引爾雅李注○丨天也文選謝惠連詠牛女詩瞬
目矖曾丨注○丨獸名史記天官書如羣畜丨閭索

隱引宋均○丨廬氈帳也漢書楊雄傳下破丨廬注
又文選長楊賦破丨廬注引音義
馮說文馮馬行疾也从馬仌聲○丨輔也漢書百官
公卿表上更名左丨翊注引張晏○丨丨也續漢
書郡國志左丨翊注引決錄注
窮說文窮極也从穴躳聲○丨盡也禮記樂記丨高
極遠而測深厚疏○丨謂丨盡禮記禮運欲一以
丨之疏○丨極也呂覽下賢與物變化而無所終丨
注○丨亦極也呂覽執一丨日月注○丨猶終也詩
考槃序使賢者退而丨處箋○丨或有前不容尺也
墨子經上○無丨無形也淮南道應太清問於無丨
注○丨困荀子富國亂則丨矣注○丨匱也荀子脩
身不丨丨而通者積焉注○丨謂全無生業左氏昭
十四年傳分貧振丨疏○無三年之畜謂之丨乏淮
南主術○丨射字相類水經巨馬水注

風說文丨八丨也東方曰明庶丨東南曰清明丨南
方曰景丨西南曰涼丨西方曰閶闔丨西北曰不
周丨北方曰廣莫丨東北曰融丨丨動蟲生故蟲八
日而化从虫凡聲凡丨之屬皆从丨凬古文丨○丨
猶放也公羊莊元年傳注必持丨旨疏○丨聲也文
選祭顏光祿文注引廣雅○丨采也文選奏彈王源
注引國語賈注○丨者號令天之威怒後漢書郞顗
傳○丨爲號令易象下傳丨行天上疏又太元元掜
掜擬之八丨注○丨謂政教所施周禮合方氏注謂
丨俗所高尚疏○大人丨聲故謂之丨孝經移丨易
俗疏引韋昭○丨者教之始天之使也素問天元紀
大論神在天爲丨注五運行大論東方生丨注○丨
化淮南主術亾國之丨注慕義從丨注○上以丨化
下下以丨刺上主文而譎諫言之者無罪聞之者足
以戒故曰丨詩關雎序○丨丨也教也丨以動之教
以化之同上○是以一國之事繫一人之本謂之丨

同上○諸侯之詩爲丨左氏昭二十年傳三類疏○
化霑一國謂之丨詩關雎序王者之丨疏○丨土地
丨俗也漢書五行志下之上夫天子省丨以作樂注
引應劭○丨與俗對則小別散則義通詩谷風序疏
○丨乃天地之氣詩匪風傳非有道之丨疏○天之
偏氣怒者爲丨淮南天文○地出雲爲雨起氣爲丨
春秋繁露五行對○丨是震動之氣易文言傳丨從
虎疏○八方之氣謂之八丨左氏襄廿九年傳八丨
平注○陰陽散爲丨丨氣無根也文選風賦注引五
經通義○丨陰陽擊發氣也文選風賦注引物理志
○丨者陽中之陰大臣之象也漢書天文志○丨寒
氣生也素問至眞要大論大丨數舉注○丨漂物者
也管子形勢解○丨者宣而疾易象上傳山下有丨
何妥注○丨巽也易象下傳水火相息虞注○丨爲
土周禮大宗伯注雨師畢也者疏○丨爲土味左氏
昭元年傳注謂金味辛疏○丨木也素問五常政大

論丨寒並與注○丨木氣素問五運行大論丨勝溼注○丨爲木氣素問陰陽應象大論丨勝溼注○丨者善行而數變素問風論○丨者百病之長也同上○丨者百病之始也素問生氣通天論骨空論○丨喘息之象也太元斷決其聾鼽注○凡蟲爲丨之字論衡商蟲○詩風雨丨雨如晦白帖二作陰雨如晦○周禮大宗伯以槱燎祀飌師風俗通祀典作以秞燎祀丨師

楓 說文丨木也厚葉弱枝善搖一名欇从木風聲○丨樹脂可爲香今之丨膠香也漢書司馬相如傳上華丨枰櫨注○丨樹似白楊葉圓而岐有脂而香今之丨香是爾雅釋木注

豐 說文丨豆之丨滿者也从豆象形一曰鄉飲酒有丨侯者凡丨之屬皆从丨豐古文丨○丨大也周禮鄉師注匠師主丨碑之事疏又國語周語其亦必有丨敗也哉注○自關而西秦晉之閒凡大貌謂之朦或謂之厖丨其通語也方言二○丨者多大之名盈足之義易豐丨亨疏○財多德大故謂之爲丨同上○丨胗亦肥多之義詩楚茨箋庶胗也疏○丨之言膴充滿意也易豐釋文引鄭注○丨盛也呂覽當染弟子彌丨注○丨者至盛易象下傳日中則昃荀注○丨草茂草也漢書司馬相如傳下涉丨草注○丨形似豆而卑儀禮鄉飲酒禮命弟子設丨注○丨水亦曰䆳水音戎並聲相近水經淮水注○詩文王有聲作丨伊匹周禮大宗伯疏作築地伊匹

充 說文丨長也高也从儿育省聲○丨滿也禮記玉藻注人君丨之疏○丨實淮南主術此皆有丨於內注○丨者實也詩山有扶蘇傳子丨良人也疏○丨亦實也呂覽正名不肖者之丨注○丨是誠實詩山有扶蘇箋人之好忠良之人疏○丨郋塞也儀禮士喪禮瑱丨耳疏○丨猶襲也禮記玉藻服不丨疏

○丨謂道也管子內業敬發其丨注

隆 說文隆豐大也从生降聲○丨高也易略例丨墀永歎注○丨盛也荀子禮論夫是之謂大丨注引司馬貞○丨屈也文選魯靈光殿賦丨崛岉乎青雲張注○丨窮舉鬐也漢書司馬相如傳下詘折丨窮注引張揖○丨丨雷聲也漢書揚雄傳下丨丨者絕注○丨丨是雷聲不絕之狀詩雲漢傳丨丨而雷疏○豐丨雲師也漢書司馬相如傳下涉豐丨之滂濞注引應劭○丨穹所謂車簦者耳漢書季布傳置廣柳車中注○丨讀如厖降之降書大傳丨谷注○定本丨作降詩都人士箋無丨殺也疏

空 說文丨竅也从穴工聲○丨孔也後漢書章帝紀省冰紈方丨縠吹綸絮注○丨郇孔也漢書張騫傳小國當丨道注○丨廓也文選左太沖詠史詩寥寥丨宇內注○丨乏也後漢書賈逵傳屢丨則從孤竹之子於首陽山矣注○司丨主土不言土言丨者丨尚主之何況於實以微見著白虎通封公侯○司丨掌營城郭主丨土以居民書洪範四曰司丨馬注○司丨掌居民之官書洪範鄭注○丨首頭至于地穆天子傳五再拜丨首注○丨首者先以兩首拱至地乃頭至手是爲丨首也以其頭不至地故名丨首周禮大祝三曰丨首疏

公 說文丨平分也从八从厶八猶背也韓子曰背厶爲丨○丨正也呂覽審分清靜以丨注士容志必不丨注又淮南主術是故丨道通注棄丨道而用朋黨注○丨者正也言正行其事孝經而況於丨侯伯子男乎疏引舊解○丨之言正丨正無私公羊隱元年傳隱丨也疏引春秋說○自營爲厶八厶爲丨左氏昭七年傳注王臣丨疏引環濟要略○背私謂之丨韓非子五蠹○丨謂不私也漢書張釋之傳法者

天子所與天下丨共也注○丨平者職之衡也荀子
王制○兼制而博用者丨也太元元攤○丨謂顯然
爲之也漢書吳王濞傳丨卽山鑄錢注胡建傳丨穿
軍垣以求賈利注○丨父也廣雅釋親○丨君也詩
旣醉丨丨尸嘉告箋○臣皆尊其君呼之曰丨儀禮旣
夕禮丨丨國君也疏○五等之爵雖尊卑殊號臣子稱
其君父皆稱爲丨左氏隱元年春秋經傳集解疏○○
祭於丨助祭於君也禮記曲禮上凡祭於丨者注○
丨子謂先君之子禮記大傳丨子是也注○丨諸侯
也史記周本紀丨行不下衆正義引曹大家又漢書
劉向傳相維辟丨注韋元成傳相維辟丨注○丨謂
諸侯左氏宣十六年傳丨當享注○諸侯稱丨禮記
祭法曰丨厲疏又左氏春秋序所稱之丨疏○丨是
諸侯之號禮記禮運故仕於丨日臣疏○丨者五等
諸侯也禮記檀弓上丨之喪疏○丨者五等諸侯之
總名左氏昭七年傳王臣丨疏○丨謂諸侯爲王卿

士者也國語魯語丨帥之以征不德注○諸侯雖五
等臣子皆稱丨從高稱也春秋辨疑二引啖助春秋
集傳○諸侯之子稱丨子丨子之子稱丨孫儀禮喪
服傳又左氏隱八年傳丨命以字爲展氏注又白虎
通姓名○諸侯之臣稱君曰丨詩緜古丨亶父箋○
王者之後稱丨禮記王制疏引援神契又春秋繁露
爵國○周之法二王之後稱丨周禮巾車注其畫服
猶如上丨疏○二王之後稱丨禮記王制注封王者
之後爲丨丨疏又周禮內宰疏引孝經緯○二王之後
稱公大國稱侯皆千乘周禮大宗伯疏引孝經援神
契○天子三丨稱丨春秋繁露爵國○三丨臣之最
尊者也北堂書鈔五十引五經異義○丨上爵也漢
書五行志下之上丨常於利注○丨者五等之爵最
尊公羊隱元年傳昧者何注○丨卿大夫者何謂也
內爵稱也白虎通爵○丨謂官之常職也周禮職喪
疏○凡事足以施天下則稱王次天下之大者則稱

丨易謚告丨用圭注○丨者仁德之正號不必三事
大夫也後漢書鄭元傳○丨者臣之極易解丨用射
隼于高墉之上疏○丨者臣子之稱也公羊桓十八
年傳葬我君注○丨者臣子之私稱公羊隱元年傳
隱丨也疏引春秋說○丨子是凡常之總號公羊閔
元年傳季子來歸注○丨子者名號之美稱左氏宣
十七年傳丨在曰丨子疏昭元年傳注招實陳侯毋
弟疏○丨子當時之寵號左氏宣元年傳遂以夫人
婦姜至自齊注○丨子亦是寵號左氏宣元年傳疏
○詩江漢肇敏戎丨後漢書朱閎傳作肇敏戎功

功

說文丨以勞定國也从力从工工亦聲○丨事也
書呂刑惟府辜丨疏○國丨曰丨公羊桓元年傳
注明試以丨疏○堅好者謂之丨荀子勸學問楛者
勿告也注○據其勳業謂之丨書堯典疏○丨利民
也墨子經上○丨者安主上利萬民者也管子明法
解○丨沽謂善惡周禮酒正注又有丨沽之巧疏○

丨謂善者爲上等周禮司兵注等謂丨沽上下疏○
丨卽麤也禮記服問注服其丨衰服麤衰疏○天子
巡守曰巡丨左氏昭五年傳大有巡丨注

工

說文丨巧飾也象人有規榘也與巫同意凡丨之
屬皆从丨𢀜古文丨从彡○丨能也禮記曲禮下
天子之六丨疏○能其事曰丨周禮眡瞭注相爲扶
丨疏○丨能成物荀子正名道之丨宰也注○丨謂
作丨周禮天官序官玉府疏○丨百丨之官國語周
語丨協革注○百丨執技以事上者國語周語丨諫
注○丨樂人也左氏襄四年傳丨歌文王之三注十
四年傳丨誦師諫注○丨習樂者也漢書賈誼傳丨
誦箴諫注○丨樂師左氏襄廿八年傳使丨爲之誦
茅鴟注昭九年傳而遂酌以飮之注○丨謂樂正也
禮記鄉飮酒義丨入升歌三終注○樂官亦稱丨儀
禮燕禮注樂記師乙疏○丨亦瞽也左氏襄十四年

傳疏〇丨瞽矇也國語楚語宴居有師丨之誦注〇丨瞽師官也國語魯語故丨史書世注〇丨謂瞽矇善歌諷誦詩者也儀禮大射儀乃席丨于西階上少東注〇丨當爲正也禮記文王世子注旣歌謂樂正告正歌備也疏〇丨人當爲陶人荀子性惡然則器生于丨人之僞注

攻 說文攻擊也从攴工聲〇丨治也禮記學記善問者如丨堅木疏又左氏襄十五年傳使玉人爲之丨之注〇丨謂擊之書仲虺之誥兼弱丨昧疏〇非丨謂闘非也荀子富國非闘而日爭注〇丨謂穿窬而盜也漢書游俠郭解傳臧命作姦剽丨注〇書甘誓左不丨于左右不丨于右墨子明鬼下丨俱作共

蒙 說文丨玉女也从艸冢聲〇丨冒淮南氾論丨死亾之罪注脩務丨矢石注〇丨冒犯也漢書鼂錯傳丨矢石注賈山傳忠臣之所以丨死而竭知也注〇丨亦被也漢書杜欽傳申生丨無罪之辜注〇丨謂覆蔽之漢書衞綰傳常丨其罪注〇丨蘢覆蔽之貌也漢書鼂錯傳屮木丨蘢注〇丨者君臣上下相冒亂也後漢書郎顗傳〇丨蘢草木所丨蔽處也漢書楊雄傳上獵丨蘢注〇丨茸言亂貌史記晉世家集解引左氏僖五年傳狐裘尨茸服注〇丨爲物之稺也易蒙干注〇丨謂丨稚卑小之稱書伊訓具訓于丨士疏〇丨者丨丨物初生形是其未開著之名也公羊疏廿六引易蒙鄭注〇丨瞽丨書洪範曰丨王注〇丨士謂丨闇之士書伊訓疏引顧氏說〇丨者徵昧闇弱之名易蒙丨亨疏〇丨謂闇昧也幼童於事多闇昧是以謂之童丨焉左氏僖九年傳注童丨幼末之稱疏〇丨猶遭也易明夷以丨大難釋文引鄭注〇丨籠深通貌漢書楊雄傳上紛丨籠以棍成注〇丨籠膠葛貌文選甘泉賦紛丨籠以棍成注〇丨服虔〇齊人謂萌爲丨也易序卦傳物生必丨鄭注〇丨天氣下也漢書楊雄傳上霧集丨合兮注〇

丨與霧亦通史記宋微子世家曰霧索隱〇孟子離婁下逢丨史記龜策傳作蠭門漢書藝文志王褒傳皆作逢門

濛 說文丨微雨也从水蒙聲

籠 說文丨舉土器也一曰笭也从竹龍聲〇丨所以盛土也漢書王莽傳上荷丨負鍤注〇丨所以盛鳥文選鸚鵡賦閉以雕丨注〇丨箙皆盛矢物周禮司弓矢充丨箙矢疏〇丨落謂藤蘿之相丨絡也史記屈原賈生列傳注奴丨落索隱〇丨讀與龍同漢書衞青傳青至丨城注〇東丨與涷瀧同荀子議兵隴種東丨而退耳注〇孔耽神祠碑放龍羅之雉丨作籠

聾 說文丨無聞也从耳龍聲〇耳不聽五聲之和爲丨左氏僖廿四年傳〇丨謂耳不聞聲禮記王制瘖丨跛躃斷者疏〇丨聵疾也廣雅釋訓

櫳 說文丨房室之疏也从木龍聲又櫳檻也从木龍聲〇櫳所以盛禽獸欄檻也一切經音義十引三蒼〇櫳疏檻也漢書外戚傳下房櫳虛兮風泠泠注

瓏 〇丨玲明見貌也漢書楊雄傳上和氏丨玲注引晉灼〇丨玉聲玲丨也韻會引埤蒼

洪 說文丨洚水也从水共聲

紅 說文丨帛赤白色从糸工聲〇丨是南方色閒禮記玉藻裳閒色疏〇丨紫閒色不正集說五引論語鄉黨孔注〇丨纁之類也論語鄉黨丨紫鄭注〇俗呼丨草爲蘢鼓語轉耳爾雅釋草注〇丨亦工也漢書哀帝紀害女丨之物注引如淳〇漢書例以丨爲功漢書文帝紀服大丨十五日注引晉灼〇丨與

功同漢書文帝紀注

【鴻】說文丨丨鵠也从鳥江聲○丨大也淮南子高敘○丨謂粗大禮記樂記注聲之丨殺也疏○丨大鳥也詩九罭丨飛遵渚箋○大曰丨小曰鴈文選嘯賦又似丨鴈之將雛注○丨丨鴈也禮記曲禮上前有車騎則載飛丨疏○丨隨陽鳥易漸丨漸于陸集解

【虹】集韻或書作𧈧○說文丨螮蝀也狀似蟲从虫工聲明堂月令曰丨始見𧉗籒文丨从申申電也○丨天氣之戒詩蝃蝀蝃蝀在東箋○螮蝀謂之𧈧漢書天文志抱珥𧈧蜺注引如淳

【叢】說文丨聚也从丵取聲○丨遽也廣雅釋詁一○丨謂眾也漢書酷吏傳贊罔密事丨注○木聚故稱丨太元聚示於丨社注○丨是聚義詩鳧鷖傳潨水會也疏○丨謂草木岑蔚者也漢書陳勝傳又閒令廣之次所旁丨祠中注○藂藂言和氣應也書大傳卿雲藂藂注○古丨字似冣字顏氏家訓書證○丨或作聚義亦通後漢書馮衍傳下惡丨巧之亂世兮注○禮記喪大記注欑猶菆也釋文本亦作丨○孟子離婁上爲丨驅爵者晉書段灼傳作爲藪驅雀者○殺阮陰碑蘐鵠伯鸞丨作蘐

【翁】說文丨頸毛也从羽公聲○丨謂父也漢書項籍傳吾丨卽汝丨注○丨鴈頸也漢志禮樂志殊丨雜注引孟康

【蔥】說文蔥菜也从艸悤聲○丨靈輜車名左氏定九年傳載丨靈注○蔥靈衣車也有蔥有靈左氏定九年傳賈注

【聰】說文丨察也从耳悤聲○丨聽也易象下傳丨不明也疏○聽曰丨書洪範○獨聽者謂丨韓非子

外儲說右上○聽於無聞曰丨文選述高帝紀丨明神武注引項岱○丨謂耳聞之也書舜典達四丨疏

【驄】說文丨馬青白雜毛也从馬悤聲

【騣】說文新附丨馬鬣也从馬㚇聲

【通】說文通達也从辵甬聲○丨達也呂覽愼勢舟車之所丨注疑似患人之博聞辨言而似丨者注分職丨乎用非其有注高義俗難謂之窮丨也注又淮南脩務丨於物者注○丨達理也史記趙世家丨有補民益主之業正義○丨塞猶窮達也文選西征賦位有丨塞之遇注○丨智達道之人淮南繆稱丨智得而不勞注○上丨謂仕道達於君也禮記儒行上丨而不困注○丨亦徹也漢書高帝紀下丨侯諸將注引應劭○往來不窮謂之丨易象下傳動不窮也虞注○丨謂上下相稱也漢書司馬相如傳上夸條直暢注○丨者丨知眾事故稱聖人詩小旻傳人有丨聖者疏○丨謂陳道之也漢書夏侯勝傳先生丨正言注○井十爲丨詩甫田歲取十千箋○兌爲丨易說卦傳爲巫虞注

【蓬】說文丨蒿也从艸逢聲莑籒文丨省○丨是禦亂之草禮記內則射人以桑弧丨矢六疏○薄南楚謂之丨薄方言五○丨顆猶裸顆小冢也漢書賈山傳曾不得丨顆蔽冢而託葬焉注引臣瓚○東北人名土塊爲丨顆漢書賈山傳注引晉灼

【烘】說文丨尞也从火共聲詩曰卬丨于煁

【潼】說文丨水出廣漢梓丨北界南入墊江从水童聲

【矇】說文丨童丨也一曰不明也从目蒙聲○丨瞍疾也廣雅釋訓○詩靈臺丨瞍奏公白帖六十一作

朧 說文新附丨矇丨也从月龍聲

藭 說文藭营藭也从艸竆聲

悤 說文悤多遽悤悤也从心囪囪亦聲○丨與聰同漢書郊祀志下丨明上通注

礱 說文丨礦也从石龍聲天子之桷椓而丨之○丨磨也文選上書諫吳王注引國語賈注○丨亦磨也漢書枚乘傳磨丨底厲注

螽 說文丨蝗也从䖵冬聲冬古文終字螽丨或从虫衆聲○丨卽螟也漢書劉向傳水旱饑螽丨螟注○丨卽阜丨卽今之蝩蟲也漢書五行志中之下桓公五年秋丨注○公羊桓五年經螽釋文本亦作蚤

癃 廣韻亦作㿉○說文癃罷病也从疒隆聲㾾籀文癃省○㿉疲病也漢書高帝紀下年老癃病勿遣注○膀胱不利爲丨素問宣明五氣篇○丨小便不得也素問奇病論有癃者注○癃謂不得小便也素問刺瘧論小便不利如癃狀注

幏 集韻幏或作丨○丨巾也荀子正論墨黥注○大巾謂之𢂊嵩嶽之南陳穎之閒謂之𢂊亦謂之幏方言四

夢 說文丨不明也从夕瞢省聲○丨丨者言王政昏亂之意也詩抑疏

潨 說文小水入大水曰丨从水从衆詩曰鳧鷖在丨○丨宵如叢詩鳧鷖疏○丨者地高之貌同上

訌 說文丨讀也从言工聲詩曰蟊賊內丨

葼 說文青齊沇冀謂木細枝曰丨从艸㚇聲

緵 今江南呼丨罟爲百囊網也詩九罭傳釋文○丨八十縷也漢書王莽傳中丨布二匹注引孟康○詩九罭丨罟釋文字又作緫

嵏 說文丨九丨山在馮翊谷口从山㚇聲○丨山名史記司馬相如列傳夷丨築堂集解引郭璞○山之高聚者曰嵏漢書司馬相如傳上夷丨築堂注

豵 說文丨生六月豚从豕從聲一曰一歲丨尚叢聚也○詩騶虞壹發五丨釋文字又作猣

涷 說文丨水出發鳩山入於河从水東聲

曨 丨矓欲明也文選文賦注引埤蒼

忡 說文丨憂也从心中聲詩曰憂心丨丨○丨惱怖意也方言十二○惙惙中也注

崧 丨者山形竦然詩崧高疏

肜 丨者相尋不絕之意書高宗肜日疏○謂之丨者丨是不絕之意穀梁宣八年傳祭之旦日之享賓也注○商謂之丨詩絲衣序繹賓尸也箋

芃 說文丨艸盛也从艸凡聲詩曰丨丨黍苗

酆 說文酆周文王所都在京兆杜陵西南从邑豐聲○詩文王有聲作邑于豐文選西征賦注作作邑于丨

䴶 說文丨煑麥也从麥豐聲讀若馮

釭 丨壁中之橫帶也漢書外戚傳下壁帶往往爲黃金丨注

饛 說文丨盛器滿皃从食蒙聲詩曰有丨簋飧

霿 丨天氣下地不應闇冥也書洪範曰蒙王注○曰丨兆氣蒙闇也書洪範七稽疑疏○丨言蒙昧爾雅釋天曰丨注○霿霧謂霧晦不分似霧也素問至眞要大論則霧淸暝注○丨聲近蒙書洪範疏引鄭注

瞢 說文丨目不明也从苜从旬旬目數搖也○丨視不審諦也文選洞簫賦瞪丨忘食注○丨愧也文選魏都賦有靦丨容劉注○丨與夢同漢書敘傳上棄於丨中而虎乳之注

璁 說文丨石之似玉者从玉悤聲讀若蔥

恫 說文丨痛也一曰呻吟也从心同聲○丨痛也詩桑柔衣丨中國箋○丨聲類於痛書康誥疏

椶 說文丨栟櫚也可作萆从木㚇聲

逢 詩靈臺鼉鼓丨丨呂覽季夏注作鼉鼓譯譯淮南時則注作鼉鼓洋洋太平御覽五百八十二作鼉鼓逢逢

侗 說文丨大皃从人同聲詩曰神罔時丨○書顧命在後之丨釋文馬本作詷

犝 說文新附丨無角牛也从牛童聲古通用僮

爞 說文新附丨旱气也从火蟲聲

朦 說文新附丨月丨朧也从月蒙聲

嚨 說文丨喉也从口龍聲○丨丨財可見也爾雅釋鳥亢鳥丨舍人注

曨 說文新附丨曈丨也从日龍聲

𧮰 說文丨大長谷也从谷龍聲讀若聾

䕺 說文丨草叢生皃从艸叢聲

㚇 說文丨斂足也鵲鵙醜其飛也丨从夂兇聲

艐 說文丨船著不行也从舟㚇聲讀若莘

穜 丨晚也續漢禮儀志上力田丨各耰訖注引賀循○丨晚秔稻之屬續漢禮儀志上注引周禮內宰干注○詩閟宮黍稷重穋釋文本又作穜

詷 說文丨共也一曰譀也从言同聲周書曰在夏后之丨○丨共之丨言旁作同故古文字林皆訓丨爲共是漢魏之時字義如此是以讀同爲丨今則總爲一字禮記祭統注同之言丨也疏

盅 說文丨器虛也从皿中聲老子曰道丨而用之

鼨 說文丨豹文鼠也从鼠冬聲

駥 說文新附駥馬高八尺从馬戎聲

芎 廣韻营同○說文营藭香艸也从艸宮聲芎司馬相如說营或从弓○丨藭今麻陽呼爲江離史記司馬相如列傳丨藭昌蒲索隱引郭璞○丨藭似藁本文選子虛賦丨藭昌蒲注引司馬彪

蘴 丨與葑字雖異音實同詩谷風傳葑須也疏

忼 |心動也集韻引埤蒼

玒 說文|玉也从玉工聲

家 說文|覆也从冂豕

洚 說文|水不遵道一曰下也从水夅聲

𢈔 說文|屋階中會也从广怱聲

稯 說文布之八十縷爲|从禾㚇聲稅籒文|省○莊子則陽是||何爲者釋文字亦作緵一本作稯

鬷 說文|釜屬从鬲㚇聲○|釜也廣雅釋器○|謂麻縷每數一升而用緵紀之詩東門之枌傳|數疏

堫 說文|種也一曰內其中也从土㚇聲

螉 說文|蟲在牛馬皮者从虫翁聲

龓 說文|兼有也从有龍聲讀若聾

酮 |馬酪也一曰酢也集韻引埤蒼

○以下據廣韻錄 橦 |華者樹名|其花柔毳可績爲布也文選蜀都賦布有|華劉注

𦬕 說文|艸也从艸中聲

𥤮 爾雅釋詁就|也釋文本又作終

𩅧 說文|小雨也从雨眾聲明堂月令曰|雨

洛 說文汝水也从水夂聲夂古文終

娀 說文娀帝高辛之妃偰母號也从女戎聲詩曰有|方將○|契母之本國名詩元鳥傳有|氏釋文

𨛱 說文|夏侯氏諸侯夷羿國也从邑窮省聲

𨟚 說文𨟚姬姓之國从邑馮聲

寷 說文|大屋也从宀豐聲易曰|其屋

涳 說文|直流也从水空聲

䮵 說文䮵驢子也从馬冡聲

醿 說文|䣞生衣也从酉冡聲

鸏 說文鸏水鳥也从鳥蒙聲

幏 說文|蓋衣也从巾冡聲

𧄧 說文|灌渝从艸夢聲讀若萌

瀧 說文|雨||皃从水龍聲

蘢 說文|天蕭也从艸龍聲

蠪 說文|丁螘也从虫龍聲

鉷 ｜弩牙碎致也集韻引埤蒼

仜 說文｜大腹也从人工聲讀若紅

粠 說文｜陳臭米从米工聲

羾 說文新附｜飛聲从羽工聲

䧆 說文｜鳥肥大｜｜也从隹工聲鳿｜或从鳥

𩹉 說文｜魚名从魚翁聲

䈵 說文｜竹皃从竹翁聲

繱 說文｜帛青色从糸蔥聲○周禮掌客注十筥曰繱釋文本又作緵

鏓 說文｜鎗｜也一日大鑿平木者从金悤聲○以木通其中皆日｜文選長笛賦｜硐隤墜注

俑 說文｜痛也从人甬聲

蝬 說文｜蝓｜也从虫從聲

○以下據集韻錄

覓 說文｜突前也从見冃○｜｜沒猶抵觸也一切經音義九引國語賈注

錄 ｜鏊也廣雅釋器

㤨 說文｜戰栗也从心共聲

𣪘 說文｜擊空聲也从殳宮聲

○以下附錄

𨋕 說文｜二東轛从此闕

經籍籑詁卷第一補遺終

經籍纂詁卷第二　上平聲

經筵講官南書房行走戶部左侍郎兼署兵部左侍郎前提督浙江學政阮元撰集

二冬

冬　｜之爲言終也白虎通五行○｜終也廣雅釋詁四又漢書律厤志上又太元元文罔北方也｜也注○｜終也物終成也釋名釋天○｜終也物皆終藏也太元元數爲北方爲｜注○｜｜終也萬物於是終也初學記引蔡邕月令章句○｜｜中也管子四時其時曰｜注○｜中也物方藏於中也藝文類聚歲時部引書大傳○｜之爲言中也中者藏也禮記鄉飲酒義○｜陰也呂覽孟春孟春行｜令注○｜爲太陰獨斷上○｜者太陰之選也春秋繁露官制象天○坎爲｜易象上傳而四時不忒虞注○水爲｜

春秋繁露五行對○｜水素問金匱眞言論｜勝夏注○｜水氣也春秋繁露天地之行○｜者天地之威也春秋繁露威德所生○｜喪物之氣也春秋繁露天辨在人○｜氣藏洪範五行傳厥罰恒寒注○｜哀氣也故藏春秋繁露陰陽義○｜哀志也春秋繁露天辨在人○｜爲元英爾雅釋天○｜爲安寧爾雅釋天○｜閉藏萬物周禮目録○｜者五穀成熟物備禮成後漢張純傳○物至則反｜夏是也新序善謀○｜扈氏農正趣民蓋藏獨斷上○｜瓜瓠也廣雅釋草

農　｜厚也書洪範｜用八政傳又漢書五行志上集注○｜者濃也論語子路吾不如老｜皇疏又古微書引禮含文嘉又風俗通皇霸○｜勉也廣雅釋詁三○｜天下之本也後漢班彪傳注陳忠傳注○｜者天下之本風俗通祀典○辟土殖穀曰｜公羊成元年傳注○闢土殖穀曰｜漢書食貨志上○種曰｜｜收曰穡左氏襄九年傳其庶人力於｜穡注○三｜平地山澤也周禮大宰一曰三｜生九穀司農注○三｜原隰及平地周禮大宰一曰三｜｜生九穀注○｜者民也春秋繁露五行相勝○｜｜人也莊子讓王石戶之｜釋文引李注○｜田畯也禮記郊特牲饗｜注○司｜者田官也春秋繁露五行相生○飭力以長地財謂之｜｜夫考工記總目○｜父司徒書酒誥｜父傳○先｜｜郎神｜炎帝也後漢明帝紀注○先｜蓋神｜之神獨斷上○東南辰爲｜祥淮南墜形注○｜祥房星也國語周語｜祥晨正注○｜祥天駟即房星也文選東京賦｜祥晨正薛注○東南神州曰｜土淮南墜形○｜郊田野也後漢馬融傳注○｜輿三蓋所謂耕根車也文選東京賦｜輿軨木薛注○｜讀爲醲書洪範｜用八政鄭注○｜古文農蓐二形同一切經音義十

宗　｜尊也書舜典禮于六｜傳汝作秩｜傳禹貢江漢朝｜于海傳又詩鳧鷖公尸來燕來｜傳公劉君之｜之箋雲漢靡神不｜傳又周禮目録又周禮大宗伯夏見曰｜注又儀禮士昏禮記｜爾父母之言注又禮記檀弓上天下其孰能｜予注又孝經爲之｜廟以鬼享之鄭注又洪範五行傳禦王極於｜始注又周書王會天元駹｜馬十二注太子晉王子汝將爲天下｜乎注又釋名釋宮室又國語晉語又不能｜人注又漢書景帝紀集注百官公卿表上集注郊祀志上集注五行志上集注藝文志集注兒寬傳集注二見王吉傳集注韋元成傳集注馮立傳集注翟方進傳集注谷永傳集注楊雄傳上集注又後漢班彪傳注傳毅傳注又呂覽孟冬天子乃祈來年於天｜注又太元永永｜道也注聚｜其高年注又法言重黎文宣靈｜與鄭密上下注又文選東京賦｜上帝於明堂薛注典引正位度｜蔡注○｜爲尊

左氏隱十一年傳周之丨盟賈注〇丨者尊也白虎
通宗廟〇大丨者尊之統也儀禮喪服傳〇丨者尊
也爲先祖主者丨人之所尊也白虎通宗族〇丨尊
也主也素問平人氣象論其動應衣脈丨氣也注〇
丨尊也亦主也一切經音義九引字林〇丨亦主穆
天子傳六喪丨伊扈注〇丨長也太平御覽引五經
通義〇丨者長也風俗通山澤正失〇丨本也廣雅
釋詁三又國語晉語禮之丨也注又呂覽下賢以道
爲丨注離謂是非之丨也注又淮南天文月者陰之
丨也注說山吾將反吾丨矣注〇丨本丨也國語晉
語曲沃君之丨也注〇丨原根本也荀子非十二子
丨原應變注〇丨衆也廣雅釋詁三又周書程典商
王用丨讒注又楚辭招魂室家遂丨注〇丨者衆也
易同人同人于丨荀注〇丨聚也廣雅釋詁三〇丨
謂所丨仰也後漢黨錮傳注〇丨者萬物之丨也老
子言有丨王注〇乾爲丨易睽厥丨噬膚虞注〇同

祖曰丨左氏昭三年傳肸之丨十一族注〇同姓爲
丨楚辭思古丨鬼神之無次注〇丨同丨也國語晉
語終滅羊舌氏之丨者注〇丨亦族也文選爲袁紹
檄豫州所愛光五丨注〇丨者族之始也管子輕重
戊〇五丨五服內之親故也後漢宦者傳注〇五丨
謂上至高祖下及元孫後漢袁紹傳注〇丨者祖禰
之正體禮記喪服小記尊祖故敬丨注〇〇丨大丨禮
記內則祇事丨子丨婦注〇丨繼别爲大丨收族者
周禮大宰五曰丨以族得民注〇繼别爲大丨繼禰
爲小丨書大傳丨室有事族人皆侍終日注〇繼别
爲丨繼禰者爲小丨禮記喪服小記〇丨者世父爲
小丨典丨事者也儀禮喪服傳有餘則歸之丨注〇
丨室大丨之家儀禮士昏禮記則教于丨室注〇丨
適子也書大傳孽伐其丨注〇丨子者適長子也儀
禮士昏禮記丨子無父母命之注〇丨子謂王之適
子詩板丨子維城箋〇丨婦族人之婦儀禮特牲饋

食禮記丨婦北堂注〇外丨姑姊妹之女禮記喪大
記外命婦率外丨哭于堂上北面注〇丨丨人也禮
記禮運丨祝在廟注〇丨人小丨伯書顧命授丨人
同傳〇丨公大臣也詩思齊惠于丨公箋〇丨者主
祭祀之官荀子正論出門而丨祝有事注〇丨伯主
禮之官周禮春官序官司農注〇丨人有司主禮者
也儀禮士冠禮丨人告事畢注〇丨丨庿也家語哀
公問政設爲丨祧注〇丨謂丨廟周禮肆師凡師甸
用牲于社丨丨杜注〇丨室大丨之廟也詩采蘋丨室
牖下傳〇丨丨公丨神也詩思齊惠于丨公傳〇禘郊
祖丨謂祭祀以配食也曰祖曰丨通言耳禮記祭法
有虞氏禘黃帝而郊嚳祖顓頊而丨堯注〇祖丨者
不毀之名有德者謂之丨家語廟制古者祖有功而
丨有德注〇中丨謂太戊也書無逸背在殷王中丨
鄭注〇高丨謂武丁也書無逸其在高丨時鄭注〇
丨遷主也周禮肆師凡師甸用牲于社丨丨注〇丨器

祭器也禮記中庸陳其丨器注〇丨丨事丨廟之事儀
禮士昏禮記承我丨事注〇丨社丨也詩鳧鷖既燕
于丨注〇丨丨社也文選褚淵碑文鳴控弦於丨稷
注〇夏見曰丨周禮大宗伯又詩沔水朝丨于海箋
〇瞽丨官也廣雅釋室〇瞽丨殷學也禮記明堂位
〇瞽丨樂師瞽矇之所丨禮記明堂位注〇天丨謂
日月星辰也禮記月令天子乃祈來年於天丨注〇
不居四時天地者名爲六丨太元元告神遊乎六丨
注〇丨邱邑中所丨也釋名釋邱〇丨膾國名莊子
齊物論欲伐丨膾胥敖釋文引司馬注〇左氏成五
年傳晉伯丨
穀梁作伯尊

鍾 丨聚也左氏昭廿一年傳器以丨之注昭廿八年
傳而天丨美於是注又釋名釋形體又國語周語
丨而藏之注澤水之丨也注丨水豐物注又太元銳
萬丨貞注又一切經音義八引纂文〇鐘叢也小爾

雅廣詁○丨當也文選舞鶴賦注引曹植九詠章句又勸進表注○丨注意也莊子天地以二缶丨惑而所向不得矣釋文引司馬注○丨器也後漢班彪傳注○丨量器也孟子告子上萬丨則不辯禮義而受之注○四釜爲丨後漢郎顗傳注○鬴十則丨考工記㮚氏量之以爲鬴注○釜十曰丨廣雅釋器○缶二謂之丨小爾雅量○六斛四斗曰丨左氏襄廿九年傳戶一丨注又後漢郎顗傳注酈炎傳注又莊子人閒世粟則受三丨釋文引司馬注○六斛四斗爲丨管子輕重乙十丨之家不行注○丨六斛四斗左氏昭三年傳釜十則丨注○鍾十斛也淮南要略一朝用三千鍾贛注○畚草器若今市所量穀者是也齊人謂之丨公羊宣六年傳有人荷畚注○丨酒器也一曰樂器集韻引字林○丨鈴也廣雅釋器○丨官主鑄錢之官也後漢隗囂傳注○丨山崑崙也淮南俶眞譬若丨山之玉注○丨山卽陰山水經河水

注○丨水卽嶠水也水經鍾水注○穆天子傳丨山作春字音同耳山海經西山經丨山注○丨葢章聲之轉耳漢書百官公卿表上集注○丨者章聲之轉也漢書廣川惠王越傳集注○左氏桓十一年公會宋公于夫丨公羊作童穀梁釋文引麋氏作童○莊子天地以二缶丨惑而所適不得矣釋文丨本作踵

鍾 集韻通作鍾○丨之爲言動也白虎通禮樂○丨者動也白虎通五行又御覽廿七引風俗通○丨者動也言陽氣於黃泉之下動養萬物也白虎通五行○鍾種也太元元數黃鍾生林鍾注○鍾者種也漢書律厤志上○丨者氣之所種也淮南天文○丨聚呂覽季夏律中林丨注○丨者聚也淮南天文音比黃丨注○鍾聚也細也國語周語二閒夾鍾注○律中黃鍾言陽氣踵黃泉而出獨斷上○丨金也禮記郊特牲以丨次之注又呂覽仲夏飭鍾磬柷敔注又淮南汜論諭寡人以義者擊丨注○金曰丨白虎通禮樂引樂記又風俗通聲音又楚辭大招叩丨調磬注○鍾空也內空受氣多故聲大也釋名釋樂器○丨兌音也白虎通禮樂引樂記○丨音之君也淮南本經大丨鼎注○丨樂器也爾雅釋樂釋文引字林○鍾虡以銅爲之後漢董卓傳注○

鍾之用反禮記明堂位釋文引字林

龍 丨和也詩酌我丨受之傳長發何天之丨傳又廣雅釋詁三又家語弟子行荷天之丨注○丨彰也廣雅釋言○丨寵也易師承天寵也釋文引王肅本又詩蓼蕭爲丨爲光傳酌我丨受之箋又廣雅釋言又後漢高彪傳注○丨駹也周禮巾車革路丨勒注○震爲丨易說卦傳文言傳雲從丨虞注繫辭下傳丨蛇之蟄虞注○丨之爲言萌也陰中之陽也故言丨舉而雲興古微書引春秋元命苞○丨水物也呂覽召類以丨致雨注又考工記畫繢之事水以丨注○大曰丨離騷麾蛟丨以梁津兮注○丨介蟲陰物

也楚辭謬諫丨舉而景雲往注○丨神獸也國語魯語水之怪曰丨罔象注○甲蟲三百有六十而丨爲之長家語執轡○丨鱗蟲之長後漢張衡傳注○鱗蟲之精者曰丨大戴記曾子天圓○有角曰丨後漢仲長統傳注又離騷駟玉虬以乘鷖兮注天問焉有虬丨注○有角爲丨淮南覽冥駕應丨注○有鱗曰蛟丨楚辭天問應丨何畫注○有鱗曰蛟丨有翼曰應丨有角曰蘢丨無角曰蜿丨丨能高能下能小能巨能幽能明能短能長淵深是藏敷和其光介龜也廣雅釋魚○丨蟲之生於淵行無形游於天者也洪範五行傳時則有丨蛇之孼注○丨獸之難害者也隋書五行志下引洪範五行傳○丨取其變化也禮記明堂位周丨章注○丨陽類貴象也漢書五行志下引洪範五行傳○夫白丨天帝貴畜也說苑正諫○丨虎者獸之貴者也太元遇兩兕鬬注○水之怪丨罔象說苑辨物○丨君也廣雅釋詁一又呂覽介

立有丨于飛注〇丨也者人主之辟也賈子容經〇
丨者陽類君之象也續漢書五行志注引風俗通〇
九丨本周時殿名也門上有三銅柱柱有三丨相紖
繞故曰九丨文選東京賦九丨之內薛注〇丨雀飛
廉也文選東京賦丨雀蟠蜿薛注〇丨章謂山丨之
章後漢仲長統傳注〇丨章袞丨之服也後漢鄧禹
傳注〇丨旍交丨爲旍也文選東京賦咸丨旍而繁
纓薛注〇丨淵劒也廣雅釋器〇丨舟大舟也刻爲
丨文淮南本經丨舟鷁首注〇丨星角亢後漢安帝
紀注〇靈星火星也一曰丨星獨斷上〇丨巢地名
也水經江水注〇丨門山名周禮大司樂丨門之琴
瑟注〇丨門水名也水經汳水注〇丨門河所經今
絳州縣也後漢馮衍傳下注〇丨門河之隘也淮南
本經〇丨門河水所下之口後漢李膺傳注〇丨門
本有水門鯩魚遊其中上行得上過者便爲丨故曰
丨門淮南脩務鑿丨門注〇丨紅草也詩山有扶蘇

隰有游丨傳〇丨木丨須也廣雅釋草〇丨沙䖆黃
也同上〇丨蘋馬蓼也同上〇丨蹏瓜屬也同上〇
秀丨巢也廣雅釋木〇飛丨鳥名也文選西京賦聯
飛丨薛注〇丨魚陵居如狸一曰鰕一曰鼈魚其爲
魚也如鯉山海經海外西經〇馬八尺以上爲丨周
禮廋人又儀禮覲禮天子乘丨注又禮記月令駕蒼
丨注〇馬八尺曰丨文選東京賦丨輅充庭薛注〇
馬高八尺爲丨後漢馮衍傳下注〇馬高八尺曰丨
後漢馬融傳注〇馬高八尺以上曰丨後漢班彪傳
下注〇丨與隆聲相近隆高也蓋古人之言耳如胥
須之類也孟子音義上引丁音〇龔古丨字漢書南
粵王傳集注引晉灼〇丨讀爲駹周禮巾車駹車雚
蔽杜注又犬人用駹可也司農注〇丨當爲尨考工
記玉人上公用丨司農注〇丨當作寵詩長發何天
之丨箋〇丨宜爲龔家語子路初見王事若丨注〇
易說卦爲丨釋文丨虞于本作駹〇爾雅釋草紅丨

古釋文丨本作蘢〇詩長發何天之丨大戴記衛將
軍文子作何天之寵〇周禮廋人馬八尺以上爲丨
爾雅釋畜注引作駥〇史記仲尼弟子傳楚公孫丨
字子石〇史記仲尼弟子傳公孫丨索隱作蘢亦作
寵〇列子仲尼子以公孫
丨之鳴注公孫丨字子秉

舂

丨猶衝也史記魯周公世家丨其喉集解引服虔
〇丨撞也釋名釋樂器〇丨者婦人犯罪不任軍
役之事但令丨以食徒者後漢明帝紀注〇山海經
丨字作鍾音同耳穆天子傳二示女丨山之瑤注〇
爾雅釋蟲注俗呼丨
黍釋文丨本作蝽

松

丨猶容也公羊文二年傳練主用栗注〇丨者所
以自竦動白虎通宗廟〇丨木也詩山有扶蘇山
有喬丨傳〇丨櫝長三尺其矜宜輕以丨作之也釋
名釋兵〇丨象容反爾雅釋木釋文引字林〇韓詩

外傳赤丨丨子淮
南齊俗丨作誦

衝

丨當也廣雅釋詁三〇丨猶向山海經海外北經
有一蛇首丨南方注〇丨突國策齊策使輕車銳
騎丨雍門注〇丨隧也楚辭河伯丨風起兮水橫波
注〇丨動也方言十二〇丨出之貌莊子天道而目
丨然注〇丨謂應水刻數之平氣也素問離合眞邪
論無逢其丨丨而寫之注〇太丨肝脈氣也素問至眞
要大論太丨絕注〇丨丨車也詩皇矣與爾臨丨傳
〇丨撞車也後漢光武帝紀上注〇丨戰車左氏定
八年傳主人焚丨注〇丨兵車也所以丨突敵城也
淮南說山折丨萬里注〇丨所以臨敵城丨突壞之
淮南汜論隆丨以攻注〇丨車大鐵著其轅端馬被
甲車被兵所以丨于敵城也淮南覽冥大丨車注〇
丨交道左氏昭元年
傳及丨擊之以戈注

容｜寬也易象上傳君子以｜民畜衆虞注｜保民无疆虞注又廣雅釋詁三○｜含也史記樂書廣則｜姦正義○｜受也荀子解蔽故曰心｜注○｜用也釋名釋姿容○｜濬也廣雅釋詁二○｜法也老子孔德之｜釋文引鍾注○｜猶法也呂覽士容此國士之｜也注○坤爲｜易象上傳｜保民无疆虞注○文禮謂之｜韓外傳四○｜儀也後漢劉昆傳注○｜儀｜也禮記祭義漆漆者｜也釋文○｜｜儀也國語周語棄毅行｜注○｜威儀也禮記雜記戚｜稱其服注○｜貌也楚辭招魂華｜備些注○｜謂｜貌也周禮鄉大夫二曰｜司農注○｜狀也老子孔德之｜釋文引簡文注○｜飾也廣雅釋詁二○｜禮｜也後漢曹褒傳注○｜悅也呂覽似順夫順令以取｜者注○｜止威儀也孝經｜止可觀注○｜止猶動靜禮記月令有不戒其｜止者注○｜謂趨翔儀禮士相見禮不爲｜注○婦｜謂婉

娩周禮九嬪婦德婦言婦｜婦功注○口｜弄口禮記少儀數噍毋爲口｜注○｜與游戲貌也史記司馬相如傳彌節｜與索隱又離騷遵赤水而｜與注○｜與猶從｜也後漢馮衍傳注○｜與寬裕之貌文選洞簫賦｜與而施惠注○｜與言自得也史記司馬相如傳翺翔｜與索隱引郭璞○｜謂羽衞也荀子正論居則設張｜負依而坐注○｜包六行也周禮鄉大夫二曰｜注○｜光小卻也孟子盡心上｜光必照焉注○｜｜猶和同也後漢左雄傳注○｜｜飛揚之貌漢書禮樂志集注○｜裔高低之貌文選東京賦紛焱悠以｜裔薛注○｜臺行禮｜之臺淮南覽冥｜臺振而掩覆注○｜謂之防爾雅釋宮○｜車｜飾之車後漢祭遵傳注○｜謂幨車山東謂之裳幃或曰幢｜周禮巾車皆有｜蓋司農注○｜車婦人所載小車也其蓋施帷所以隱蔽其形｜也釋名釋車○｜｜刀也詩芄蘭｜兮遂兮箋○

佩刀或曰｜刀有刀形而無刃備儀｜而已釋名釋兵○茂華光澤竝通而不相凌｜也管子水地○｜者乏也待獲者所蔽也周禮射人三侯三獲三｜司農注○｜者治轂爲之形｜也考工記輪人｜轂必直注○｜謂象式考工記函人凡爲甲必先爲｜司農注○｜謂雕飾文選鄒陽獄中上書以左右先爲之｜也注○｜華芙蓉草花淮南墜形屈龍生｜華注○｜與頌同周禮鄉大夫四曰和｜司農注○楊統碑庶考斯之頌儀｜作頌○莊子胠篋｜成氏六韜大明作庸成氏

蓉　爾雅釋草注別名芙｜釋文｜本作容

庸｜用也書堯典疇咨若時登｜傳又詩兔爰尚無｜傳南山齊子｜止傳又左氏莊十四年傳｜非貳乎注僖廿四年傳｜｜勳注文十八年傳靖譖｜回注宣十五年傳所謂｜｜祇祇者注襄廿五年傳｜

以元女大姬配胡公注又廣雅釋詁四又大戴記曾子制言上｜孰能親汝乎注又國語周語｜勳長老注其安｜刑注自顯｜也注魯語｜何傷注晉語吾｜知天之不授晉注越語請姑無｜戰注又家語始誅｜勿｜以卽汝心注在厄｜知其終始乎注又漢書王尊傳集注王式傳集注引文穎郭解傳集注敘傳下集注又後漢郅惲傳注梁統傳注鄭興傳注劉瑜傳注又管子輕重丁齊東豐｜而糴賤注正致刑其民｜心以蔽注又呂覽下賢吾｜敢驁霸王乎注又楚辭哀時命｜詎知其吉凶注又文選魯靈光殿賦軒晃以｜張注○｜也者用也莊子齊物論○｜之言用也禮記內則勿｜疾怨注○｜｜用也廣雅釋訓○｜猶何也管子大匡雖得賢｜必能用之乎注○｜猶何用也文選秋興賦注引莊子司馬注○｜詎猶言何用也莊子齊物論｜詎知吾知之非不知耶釋文引李注○｜以也法言重黎天子制公侯伯

子男也｜節注○｜使也廣雅釋詁一○｜代也方
言三又廣雅釋詁三○｜償也小爾雅廣言○｜功
也書舜典有能奮｜熙帝之載傳又馬注益稷笙鏞
以閒鄭注又詩崧高以作爾｜箋又周禮大司徒十
有二曰以｜制祿注春官序官典｜器注眡瞭擊頌
磬笙磬注又禮記樂記又從而｜之注又左氏僖廿
七年傳車服以｜注昭十三年傳吾｜多矣注昭卅
二年傳而伯父有｜施注又國語周語服物昭｜注
又漢書食貨志上集注韋元成傳集注引孟康又後
漢王暢傳注又孟子盡心上利之而不｜注又荀子
大略｜｜勞勞注又管子輕重甲北海之衆無得聚
｜注又文選東京賦厥｜孔肆薛注○民功曰｜周
禮司勳又國語晉語無功｜者不敢居高位注○保
｜安有功者周禮大宰五曰保｜注○｜器有功者
鑄器銘其功周禮春官序官典｜器司農注○｜勞
也詩兎爰尚無｜箋又爾雅釋詁又後漢張衡傳注

又文選思元賦｜織路於四裔兮舊注○｜｜勞也
爾雅釋訓○｜勳也後漢朱景王杜馬劉傅堅馬傳
注○｜法也太元中首尾信可以為｜注元文故首
尾可以為｜也注○｜善也小爾雅廣言○｜大也
太元內遇｜夷注○｜常也易文言傳｜言｜行九
家注又書皐陶謨自我五禮有｜哉傳又禮記中庸
君子中｜注又論語雍也中｜之為德也集解又皇
疏又爾雅釋詁又漢書雋不疑傳集注又後漢馮衍
傳注胡廣傳注左雄傳注獨行傳注又孟子告子上
｜敬在兄注又荀子不苟｜言必信之｜行必慎之
注又淮南泰族北不可以為｜注○｜猶常也禮記
中庸｜德之行注○｜謂凡常無奇異也文選魏都
賦超百王之｜｜注○｜有常也周禮大司樂中和
祗｜孝友注○｜常人也莊子德充符其與｜亦遠
矣釋文引崔注○｜凡｜也國語齊語君之｜臣也
注又荀子脩身｜衆而野注○｜衆也淮南原道此

俗世｜民之所公見也注○｜易也詩節南山視天
不傭釋文引韓詩○｜猶傭傭無節目之辭公羊莊
卅二年傳｜得若是乎注○｜薄也後漢西羌傳注
○｜｜微小貌漢書梅福傳集注○水｜溝也禮記
郊特牲祭坊與水｜注○｜器伐國所獲之器周禮
典庸器掌藏樂器｜器注○｜姓也詩桑中美孟｜
矣傳○｜國名也文選陸士衡荅賈長淵詩｜岷稽
顙注○｜濮在江漢之南書牧誓及｜蜀羌髳微盧
彭濮人傳○詩崧高以作爾｜釋文｜本作墉又儀
禮士喪禮注疾時處北｜下釋文｜本作墉又禮記
郊特牲君南向于北｜釋文｜本作墉又左氏襄九
年傳祝宗用馬于四｜釋文｜本作墉○詩那｜鼓
有斁釋文｜本作鏞○書皐陶謨帝｜作歌史記夏
本紀作帝用作此歌○書舜典舜生三十徵｜論衡
氣壽作徵用○史記周本紀
成王名誦竹書紀年作名｜

封｜爵諸侯也一切經音義十三引字林○｜謂故
無土地者也禮記樂記｜黃帝之後於薊注○無
土建國曰｜公羊隱元年傳褒之也注○建國㠯土
地曰｜一切經音義廿三引聲類○｜國也國語楚
語鄭幾不｜注○｜疆也左氏僖三十年傳既東｜
鄭注襄三十年傳田有｜洫注○｜界也小爾雅廣
詁又呂覽孟春皆修｜疆注樂成使田有｜洫注○
｜猶界也周禮保章氏所｜｜域注○｜起土界也
周禮大司徒制其畿疆而溝｜之注○｜謂立｜於
疆為界周禮大司馬制畿｜國注○｜聚土也史記
商君傳開阡陌｜疆正義○聚土曰｜周禮地官序
官｜人注又禮記檀弓上於是｜之崇四尺注○積
土為｜禮記樂記｜比干之墓注又國語齊語正其
｜疆注○積土增山曰｜漢書霍去病傳集注○雍
本曰｜國語吳語今天王既｜殖越國注○中｜中
央壤也儀禮士喪禮北面指中｜而筮注○｜謂壇

也周禮肆師丨于大神注○丨亦壇也書大傳丨十
有二山注○丨謂聚土爲壇後漢光武帝紀下注○
丨謂負土石於泰山之陰爲壇而祭天也大戴記保
傅丨泰山而禪梁甫注○丨冢也廣雅釋邱○丨築
土爲壟禮記檀弓上我見丨之若堂者矣注○穿土
稱丨易繫辭下傳不丨不樹虞注○諸臣曰丨周禮
家人以爵等爲邱丨之度注○墳塋謂之丨小爾雅
廣名○丨埋藏之左氏文三年傳丨殽尸而還注○
丨埸也方言十又廣雅釋詁三○丨原也左氏昭二
年傳宿敢不丨殖此樹注○丨塗也廣雅釋室○楚
郢以南蟻土謂之丨方言十○丨建呂覽觀世周之
所丨四百餘注○丨立也廣雅釋詁四○丨者廣也
白虎通封禪○丨厚也國語晉語引黨以丨巳注今
君起百姓以自丨也注楚語是勤民以自丨也注○
丨崇也漢書武帝紀集注引孟康○丨大也書舜典
丨十有二山傳又詩烈文無丨靡于爾邦傳殷武丨
建厥福傳又左氏昭廿八年傳謂之丨豕注又周書
寤儆有茲丨福注又廣雅釋詁一又小爾雅廣詁又
國語周語翟丨豕豺狼也注丨崇九山注又漢書楊
雄傳下集注又後漢張衡傳注馬融傳注又文選西
京賦探丨狐薛注○丨亦大也山海經大荒北經竹
南有赤澤水名曰丨淵注○丨戎散亂也莊子應帝
王紛而丨戎釋文引崔注○○夫丨者表有德水經㶟
水注○丨者立石高一丈二赤尅之風俗通正失○
丨禪刻石紀號也文選吳都賦注引孝經鉤命訣○
丨者金泥銀繩白虎通封禪○丨父國名禮記明堂
位丨父鼂注○丨謂印丨之也後漢安帝紀注○桑
丨者桑主也方其下而銳其上而中穿之加金山海
經中山經○丨狐大狐也離騷又好射夫丨狐注招
魂丨狐千里些注○丨豕大猪也山海經海內經有
丨豕注○丨豨大豕淮南本經丨豨脩蛇注○丨豨
神獸也楚辭天問丨豨自躲注○丨獸象也後漢南

蠻西南夷傳注○丨古之字也易繫辭下傳不丨不
樹虞注○丨康叔名書康誥小子丨傳○齊慶丨字
子家見左氏
襄廿八年傳

胸 亦作匈○丨膺也素問腹中論丨滿腹脹注○
胷猶啌也啌氣所衝也釋名釋形體○丨猶前也
文選魏都賦開丨殷衞注○貫匈國其爲人匈有竅
山海經海內南經○胷鳴榮原屬考工記梓人以胷
鳴者注○考工記梓
人釋文胷本作骨

雍 丨和也書堯典黎民於變時丨傳又大戴記盛德
外水曰辟丨注又漢書成帝紀集注高惠高后孝
文功臣表集注劉向傳集注河間獻王德傳集注又
後漢章帝紀注皇后紀注朱浮傳注陳忠傳注楊震
傳注又文選羽獵賦乃祇莊丨穆之徒注○丨丨和
也漢書韋元成傳集注又後漢鍾離意傳注○丨穆
和也漢書楊雄傳上集注○丨歡聲貌家語正論千
乃丨注○丨巳食之樂也淮南主術奏丨而徹注○○
丨在周頌臣工之什周禮樂師帥學士而歌徹注○
丨之爲言壅也白虎通辟雍○丨者壅之以水象敎
化流行也同上○辟丨所以行禮樂宣德化也同上
○三丨明堂辟丨靈臺也後漢陳忠傳注○丨父作
舂杵一切經音義十八引世本○少室山在丨氏一
曰緱氏山海經海內東經○丨讀曰壅漢書武帝紀
集注元帝紀集注二見溝洫志集注二見劉向傳集
注淮南厲王長傳集注中山靖王勝傳集注魏相傳
集注京房傳集注諸葛豐傳集注匡衡傳集注匈奴
傳贊集注朝鮮王傳集注○丨讀曰擁漢書夏侯嬰
傳集注楊雄傳上集注又荀子致仕隱忌丨蔽之人
注○左氏莊八年傳齊丨廩國語楚語注作雝○左
氏哀七年傳仲丨後漢崔琦傳注引列女傳作仲廱
○史記孔子世家丨渠孟子作癰疽○史記仲尼弟

子傳冉｜
字仲弓
｜｜厚貌詩蓼蕭零露｜｜傳

濃｜猶累也詩無將大車祇自｜兮箋○｜累之儀禮少牢饋食禮蓋二以｜注○｜兼言累積也後漢呂强傳注○｜世猶累世也史記春申君傳王無

重｜世之德索隱○｜再也廣雅釋言○｜者再也史記建元以來侯者年表｜會期索隱○｜陪也禮記內則｜醴注○｜猶多也左氏成二年傳｜器備注○｜沓是多饒積厚之意顏氏家訓書證○｜明謂旣明又使明也荀子致士｜明退姦注○｜謂藏氣｜叠素問玉機眞藏論名曰｜强注○｜謂懷孕也詩大明傳身｜也釋文○｜身謂身中有身則懷姙者也素問奇病論人有｜身九月而瘖注○｜屋複笮也考工記匠人四阿｜屋注○卜帟復帟周禮掌

次設｜帟注○｜主道也禮記檀弓下又儀禮士喪禮用二鬲于西牆下注又家語曲禮子夏問○木也縣物焉曰｜儀禮士喪禮｜木刊鑿之注○｜較其較｜卿所乘也釋名釋車○｜陽天也後漢馬融傳上注○酉在辛曰｜光淮南天文○｜陰地中也後漢張衡傳注○｜魯地國語魯語宿於｜館注○｜卽羲書呂刑乃命｜黎傳○｜當爲童禮記檀弓下與其鄰｜汪踦往注○爾雅釋天太歲在辛曰｜光史記厤書作昭陽

從｜隨也詩旣醉｜以孫子箋又禮記檀弓下如有｜而弗及注學記又｜而庸之注緇衣言｜而行之注又左氏隱六年傳長惡不悛｜自及也注又公羊莊十三年傳曹子手劒而｜之注又國語晉語無以｜二三子注吳語以｜逸王志注又呂覽恃君骨不足以｜利避害注○｜猶隨也周禮鄰長則｜

而授之注又儀禮鄉飲酒禮賓及衆賓皆｜之注又禮記雜記弔非｜主人也注○｜者隨｜也公羊隱八年傳稱人則｜不疑也注○｜佐謂隨｜而已後漢周燮傳注○｜逐也詩還並驅｜兩肩兮傳○｜容猶在後也後漢馮衍傳下注○｜重也爾雅釋詁○｜羣也大戴記夏小正鹿人｜傳○｜合也國策秦策｜而伐齊注○｜猶牽也淮南氾論禽獸可羈而｜也注○｜順也禮記樂記率神而｜天注孔子閒居氣志旣｜注又左氏定八年經｜祀先公注又洪範五行傳以其月｜其禮注又漢書五行志中之上集注杜欽傳集注又後漢質帝紀注周舉傳注又家語正論使亂大｜注又管子勢順守其｜注四稱行義不｜注又呂覽愼勢以重使輕｜注又素問生氣通天論血氣皆｜注腹中論居齊下爲｜注○｜猶順也素問四氣調神大論惟聖人｜之注○言順曰｜左氏昭十一年傳不昭不｜注○｜服｜公羊

宣十二年傳告｜注○｜就也廣雅釋詁三又漢書高帝紀上集注又後漢丁鴻傳注○｜猶就也禮記曲禮上必操几杖以｜之注檀弓下｜而謝焉注○｜遂也小爾雅廣言○｜自也爾雅釋詁○｜由也漢書張騫傳集注○｜因也由也漢書外戚傳上集注○｜行也廣雅釋詁一○不｜者弗行大戴記夏小正嗇人不｜傳○｜爲也老子故｜事於道者注民之｜事注又管子正世知得失之所在然後｜事注○｜事謂舉動｜事於道者也老子故｜事於道者王注○父之叔父爲｜祖祖父父之叔母爲｜祖祖母爾雅釋親○父之｜父舅弟爲｜祖父同上○震爲｜易坤或｜王事虞注益告公｜虞注○位高道大者｜說苑說叢○言正曰｜漢書五行志中之上集注○言曰｜｜者可｜春秋繁露五行五事○｜憂懼卒至之貌也太元夫卒而｜而注○｜者求吉得吉之言儀禮少牢饋食禮占曰｜注○｜｜容

也莊子至樂丨然以天地爲春秋釋文○丨容舉動
也廣雅釋訓又楚辭懷沙孰知余之丨容注又文選
琴賦丨容祕翫注○丨容閒暇也史記畱侯世家良
嘗閒丨容步游下邳圯上索隱○丨容謂安緩比類
也素問陰陽類論陰陽丨容注○丨道旁也莊子正
樂丨然以天地爲春秋釋文引司馬注○楚覩丨字
子玉見左氏昭十三年傳○丨牛子顏氏家訓書證
引延篤戰國策音義○丨讀如富父舂戈之舂禮記
樂記待其丨容注○丨讀曰縱論語八佾丨之集解
又漢書鼂錯傳集注杜欽傳集注二見徐樂傳集注
貢禹傳集注韋賢傳集注趙廣漢傳集注張敞傳集
注谷永傳集注○丨或爲松禮記學記待其丨容注
○丨極之淵一曰忠極之淵山海經海內北經
○書益稷汝無面丨史記夏本紀作女無面諛

逢 丨遇也左氏宣三年傳莫能丨之注又爾雅釋詁
又史記司馬相如傳丨涌原泉索隱引張揖又楚

辭天問而親以丨殆注○丨謂丨遇素問離合眞邪
論卒然丨之注○丨迎也國語周語道而得神是謂
丨福注又孟子告子下丨君之惡注又楚辭天問丨
彼白雉注○丨迎也自關而西或曰丨方言一○丨
遻也爾雅釋詁○丨見也爾雅釋詁又洪範五行傳
是離丨非沴注○丨大也書洪範子孫其丨吉馬注
又荀子非十二子其衣丨注儒效丨衣淺帶注○丨
猶大也禮記儒行衣丨掖之衣注又列子黃帝丨衣
徒也釋文○今河閒以北煑穜麥賣之名曰丨周禮
籩人朝事之籩注○丨讀曰熢漢書司馬相如傳下
集注

縫 丨合也廣雅釋詁二○丨紩也丨或爲逢或爲豐
禮記玉藻丨齊倍要注

蹤 丨跡也楚辭怨上擬斯兮二丨注○丨從也人形
從之也釋名釋言語○從讀曰丨漢書淮南厲王
長傳集注張湯傳集注○詩羔羊傳可以從跡也釋
文從本作丨○漢石門頌君其繼縱夏承碑紹縱先
軌郭仲奇碑有山甫之縱魯峻碑比縱豹產趙圉令
碑羨其縱高外黃碑莫與比縱丨作縱○楊著碑追
蹤曾參
丨作蹤

茸 丨艸皃文選湖中瞻眺詩注引蒼頡○丨竹頭有
文也文選南都賦注引埤蒼○丨次也漢書司馬
遷傳集注
引蘇林

蜂 ○本作蠭○蠭飛蟲螫人者爾雅釋蟲釋文引字林
○丨蟲名廣韻引蒼頡○土蠭爾雅釋蟲○木蠭
同上○土丨蠮螉也廣雅釋蟲○丨陽物也論衡言
毒○蠭起猶言蠭午也史記項羽紀楚蠭起之將集
解引如淳○蠭午雜沓也史記項羽紀索隱○丨準
高鼻也史記秦始皇紀正義○蠭古丨字漢書項籍

傳集注又管子輕重丁蠭螫也注○禮記中庸注謂
土丨也釋文丨本作蠭○左氏僖廿二年傳蠭蠆有
毒釋文蠭本又作蠭俗作丨文元年傳蠭目而豺聲
釋文蠭本作丨○禮記內則注范蠭也釋文蠭本作
丨○史記秦始皇紀丨準
集解引徐廣曰一作隆
刃其末曰丨言若蠭刺之毒利也釋名釋兵○劒

鋒 其末曰丨丨末之言也釋名釋兵○丨起謂如丨
刃齊起言銳而難拒也荀子王制嘗試之說丨起注
○丨俠言如其丨之利也後漢袁紹傳注○鏠與丨
同晉書音義上○史記五帝紀陳丨漢
書古今人表作陳豐大戴記帝繫作隆

烽 本作熢○邊方備警急作高土臺臺上作桔皐桔
皐頭有兜零以薪草置其中常低之有寇卽燃火
舉之以相告曰丨後漢光武帝紀下注○熢望也廣
雅釋詁一○熢虜望也方言十二○熢今云丨火是

也方言十二注○冠首曰丨漢書五行志上集注
引晉灼○丨或作㒓漢書五行志上集注引孟康
蛩 丨丨郎丨丨鉅虛也山海經海外北經北海內有
素獸焉狀如馬名曰丨丨注○丨蟬蠛蠓之屬也
淮南本經飛丨滿野注○丨一曰蝗也沇州謂之螣
同上○蚰蜒江東又呼丨方言十一注○丨懼也廣
雅釋詁二○丨供恐也方言六○丨供戰慄也荊吳
曰丨㤨方言六○丨丨懷憂貌楚辭靈懷志丨丨而
懷顧兮注○丨讀詩小
珙之珙淮南本經注
恭 丨肅也廣雅釋言○丨拱也自拱持也釋名釋言
語○丨敬也爾雅釋詁又漢書賈誼傳集注○丨
者敬也春秋繁露五行五事○內曰丨漢書五行志
中之上○貌曰丨春秋繁露五行五事○貌正曰丨
漢書五行志中之上集注○謙爲丨國語魯語陷而
入於丨注○謙接謂之丨論語季氏貌思丨皇疏○
接遇愼容謂之丨賈子道術○不懈于位曰丨書堯
典允丨克讓鄭注○責難於君謂之丨孟子離婁上
○夙夜敬事曰丨國語周語夙夜丨也注○執事堅
固曰丨周書謚法○正德美容曰丨後漢和帝紀注
引謚法○敬事尊上曰丨後漢章德竇皇后紀注引
謚法○敬事供上曰丨周書謚法○芘親之闕曰丨
周書謚法○尊賢敬讓曰丨○尊賢讓善曰丨
同上○尊賢貴義曰丨同上○執禮御賓曰丨同上
○愛民長弟曰丨同上○知過能改曰丨獨斷下○
既過能改曰丨周書謚法○淵源流通曰丨同上○
丨在貌書無逸嚴丨寅畏鄭注又禮記少儀賓客主
丨丨注○丨謂乾乾夕惕也荀子解蔽仁者之思也丨
注○丨則壽大戴記武王踐阼○丨奉也書甘誓今
予惟丨行天之罰傳○丨是遜從論語學而丨近於
禮皇疏○丨近謂不敢放誕也荀子脩身行而供冀
注○晉書以黃頭小人爲丨顏氏家訓書證○書皐

陶謨愿而丨史記夏本紀作愿而共甘誓今予惟丨
行天之罰夏本紀作今予惟共行天之罰牧誓今予
發惟丨行天之罰周本紀作今予發維共行天之罰
君奭大弗克丨上下漢書王莽傳作大不克共上下
○書堯典象丨滔天漢書王尊傳作象龔滔天
○老子注非唯丨其乏而已釋文丨本作供
供 丨具也爾雅釋詁○丨謂大也書大傳維時丨祀
六沴注○丨進也廣雅釋詁二○丨奉也周書謚
法敬事丨上曰恭注○丨養也廣雅釋言
○丨帳丨設帷帳也後漢班彪傳下注
琮 丨半璧也儀禮聘禮束帛加丨釋文○圓中牙外
曰丨白虎通瑞贄引禮○丨八方象地周禮大宗
伯以黃丨禮地注○丨之爲言宗也象萬物之宗聚
也白虎通瑞贄○五等諸侯享天子用璧享后用丨
周禮小行人璧以帛丨以錦注○君享用璧夫人用
丨天地配合之象也儀禮聘禮束帛加璧束帛加丨
注○聘于夫人用璋享用丨儀禮聘禮
○丨以發兵公羊定八年傳璋判白注
悰 丨樂也廣雅釋詁一
龍 丨天蘥爾雅釋草○丨蓯聚會也淮南俶眞繽紛
丨蓯注○丨蓯聚合也淮南俶眞譬若周雲之丨
蓯注
凶 丨空也就空亡也釋名釋言語○傷人曰丨漢書
五行志下之上○丨惡也廣雅釋詁三○丨逆也
呂覽愼勢以輕使重丨注○丨謂悖其德禮也孝經
而皆在于丨德注○丨咎也爾雅釋言○丨夭也漢
書五行志下之上○丨終也書洪範一曰丨短折馬
注○未齔曰丨洪範五行傳厥極丨短折注○天有
四時不時曰丨周書武順○三穀不收謂之丨墨子
七患○丨丨年也周禮大司樂大丨注○丨荒無年

也周禮掌客丨荒殺禮注○丨丨謂丨年饑荒也周禮
司關國丨札司農注○丨歲飢饉也孟子告子上丨
歲子弟多暴注○丨門北出門也淮南兵略鑿丨門
而出注○丨事后王喪朝于祖廟之奠周禮天府凡
吉丨之事注○丨器明器也周禮閽人喪服丨器不
入宮注又禮記曲禮上丨器不入公門注○丨器若
族喪器者也周禮鄉師鄉共吉丨禮樂之器注○丨
拜稽顙而后拜謂三年服者周禮大祝六曰丨擽注
○丨服者弔服也周禮鄉師比共吉丨二服注○禦
丨辟丨邪氣也山海經北山經譙明之山有獸焉名
曰孟槐可以禦丨注○左氏昭卅二年傳必受其丨
漢書律厤志下作必受其咎○詩思齊箋其將無有
殈禍釋文
殈本作丨

【墉】丨城也易解射隼于高丨之上釋文又詩皇矣以
伐崇丨傳又詩良耜其崇如丨傳又左氏襄九年

傳祀宗用馬於四丨注又後漢伏湛傳注班彪傳下
注又文選魏都賦於是崇丨濬洫劉注○庸城也詩
崧高以作爾庸傳○丨謂城也文選西京賦橫西洫
而絶金丨薛注○丨容也所以蔽隱形容也釋名釋
宮室○丨牆也詩行露何以穿我丨傳又儀禮士冠
禮陳服于房中西丨下注士昏禮尊于室中北丨下
注席于北丨下注又國語晉語猶無基而厚丨注又
文選魯靈光殿賦崇丨岡連以嶺屬張注○丨墻也
楚辭離世孤雌吟於高丨兮注○庸牆也儀禮士喪
禮注疾時處北庸下釋文○牆謂之丨爾雅釋宮又
儀禮士喪禮祝負丨南面注又禮記郊特牲君南鄉
於北丨下注○牆謂之庸書大傳天子賁庸注○高
曰丨書梓材既勤垣丨釋文引馬注○丨院也廣雅
釋室○巽爲丨易同人乘其丨虞注○詩皇矣以伐
崇丨後漢伏湛傳作以伐崇庸○爾雅釋宮牆謂之
丨釋文丨本作墉○書顧命傳寢于北丨釋文丨本

作牖公羊定元年注於
北丨下釋文丨本作牖

【鏞】大鐘謂之丨爾雅釋樂○大鐘曰庸詩那庸鼓有
斁傳○丨大鐘也書益稷笙丨以閒傳又詩靈臺
賁鼓維丨傳又文選東京賦宮懸金丨薛注○庸大
也爾雅釋樂李注○庸深大之聲爾雅釋樂孫注

【傭】丨役也史記陳涉世家嘗與人丨耕索隱引廣雅
○丨役也謂役力受直曰丨一切經音義六引孟
氏○丨賣力也一切經音義六引蔡邕勸學注○庸
厮賤之人也楚辭懷沙固庸態也注○丨均也詩節
南山昊天不丨傳又爾雅釋言○詩
節南山昊天不丨釋文引韓詩作庸

【溶】丨丨波貌楚辭逢紛體丨丨而東回注○丨廣大
貌也後漢張衡傳注○丨丨廣大貌楚辭愍命心
丨丨其不可量兮注○丨盛貌也文選甘泉賦丨方
皇於西清注○丨滴猶蕩動也文選高唐賦洪波淫

淫之丨
滴注

【鎔】冶器法謂之丨史記平準書姦或盜摩錢裏取丨
集解引呂靜○丨炭鑪所以行消鐵也文選上蕭
太傅固謝奪禮啟注引蒼
頡○丨鈹也廣雅釋器

【醲】丨厚也廣雅釋詁三

【蛬】蜻蛚楚或謂之丨方言十一○蜻蛚梁國呼丨方
言十一注

【邛】丨勞也禮記緇衣惟王之丨注又爾雅釋詁○丨
病也詩小旻亦孔之丨傳巧言維王之丨箋又廣
雅釋詁一又家語辨政惟王之丨注○丨邱也詩防
有鵲巢丨有旨苕傳○丨筰皆西南夷國名後漢公
孫述傳注○丨丨距虛亦馬屬穆天子傳一丨丨距
虛走百里注○爾雅釋地與丨丨駏驉比釋文丨本

作
龔
共丨敬也史記屈原賈生傳丨承嘉惠集解引張晏
又漢書王莽傳集注引服虔○供恭也荀子脩身
行而供冀注○貌正曰丨左氏昭十一年傳不道不
丨注○丨具也詩小明靖丨爾位箋又爾雅釋詁又
國語周語事之丨給注魯語不丨有法注○丨具物
也爾雅釋詁舍人注○丨給左氏隱十一年傳不能
丨億注○丨猶給也周禮羊人丨其羊牲注○丨執
也荀子榮辱受小丨大丨注○丨猶授也周禮大祝
九曰丨祭注○丨法也書九共序九丨九篇馬注又
詩長發受小丨大丨傳○丨工官稱書堯典丨工方
鳩僝功傳○丨工水官名書堯典丨工方鳩僝功鄭
注○丨謂供其職事書舜典汝丨工傳○丨工霸九
州者山海經海外北經丨工之臣曰相柳氏注○丨
國名詩皇矣正義引魯詩說○丨地名左氏隱元年

傳生莊公及丨叔段釋文○丨水所謂降水也降讀
當如郕降于齊師之降水經濁漳水注○古之恭字
或作丨詩韓奕虔丨爾位箋○丨與恭同山海經海
內東經濟水出丨山南東邸注○供宜爲丨古恭字
也家語入官富而能供注○丨讀曰恭書大傳若是
丨禦注又漢書宣帝紀集注元帝紀集注平帝紀集
注異姓諸侯王表集注諸侯王表集注王子侯表上
集注高惠高后孝文功臣表集注外戚恩澤侯表集
注禮樂志集注二見郊祀志下集注二見五行志中
之下集注三見下之上集注下之下集注吳芮傳集
注齊悼惠王肥傳集注傳寬傳集注代孝王參傳集
注梁懷王揖傳集注賈誼傳集注二見張釋之傳集
注二見韓安國傳集注景十三王傳集注趙敬肅王
彭祖傳集注齊懷王閎傳集注廣陵厲王胥傳集注
王褒傳集注東方朔傳集注鮑宣傳集注韋元成傳
集注二見夏侯勝傳集注京房傳集注翼奉傳集注

宣元六王傳集注孔光傳集注王商傳集注翟義傳
集注二見谷永傳集注二見王嘉傳集注師丹傳集
注外戚傳上集注三見王莽傳上集注四見王莽傳
中集注二見敘傳上集注○丨讀爲恭或讀爲拱荀
子王霸天子丨己而已注○丨讀曰供漢書昭帝紀
集注律厤志上集注食貨志上集注郊祀志上集注
郊祀志下集注二見嚴助傳集注二見東方朔傳集
注疏廣傳集注王尊傳集注孫寶傳集注毋將隆傳
集注二見匡衡傳集注薛宣傳集注翟義傳集注谷
永傳集注杜鄴傳集注王嘉傳集注揚雄傳上集注
朱邑傳集注西南夷傳集注外戚傳下集注王莽傳
上集注二見○丨讀爲拱荀子賦聖人丨手時幾將
矣注○丨讀曰龔漢書百官公卿表上集注古今人
表集注律厤志下集注刑法志集注郊祀志下集注
項籍傳集注盧綰傳集注荊王賈傳集注匈奴傳上
集注王莽傳中集注二見○詩巧言匪其止丨韓詩

作匪其止恭○書孔安國序魯丨王釋文丨本作恭
詩巧言匪其止丨釋文丨本作恭大東箋丨之無怨
釋文丨本作恭卷阿箋丨己正南面而立釋文丨本
作恭抑溫溫丨人釋文丨本作恭禮記檀弓上是以
爲丨世子也釋文丨本作恭表記靖丨爾位釋文丨
本作恭緇衣靖丨爾位釋文丨本作恭左氏僖十年
傳改葬丨太子釋文丨本作恭僖十六年傳雍丨有
寵于衛丨姬釋文丨本作恭僖廿七年傳杞不丨也
釋文丨本作恭昭廿八年傳丨子之廢釋文丨本作
恭穀梁隱三年注宋丨公釋文丨本作恭僖卅六年
傳注譏僖公不丨釋文丨本作恭○莊子天地至無
而供其求釋文供本作恭○詩關雎箋丨荇菜釋文
丨本作供采蘋序丨祭祀矣釋文丨本作供十月之
交箋禮下丨上役釋文丨本作供楚茨箋后夫人主
丨籩豆釋文丨本作供板箋無財貨以丨其事釋文
丨本作供禮記曲禮丨給鬼神釋文丨本作供檀弓

注幕人職丨焉釋文丨本作供儀禮聘禮注有司當具委積之具釋文丨本作供左氏隱三年傳注不丨奉王喪釋文丨本作供隱九年傳不丨王職釋文丨本作供隱十一年傳君謂許不丨釋文丨本作供閔二年傳不丨是懼釋文丨本作供僖四年傳王祭不丨釋文丨本作供僖廿四年傳注皆恭卒丨之釋文丨本作供僖卅一年傳丨其乏困釋文丨本作供文九年傳注求金以丨葬事釋文丨本作供穀梁桓十四年傳以丨粢盛釋文丨本作供僖廿六年傳注以丨假借之役釋文丨本作供論語鄉黨子路丨之釋文丨本作供○書孔序魯丨王釋文丨本作龔○禮記緇衣匪其止丨釋文丨皇本作躬○莊子讓王丨伯得乎丨首釋文本或作邛首○禮記祭法丨工氏家語五帝德作龔工氏左氏成七年傳楚丨王呂覽權勳作龔王○苑鎖碑靖供衛上丨作供

憧 丨丨意未定也易咸釋文引劉注○丨丨懷思慮也易咸丨丨往來虞注○丨丨從來也廣雅釋訓○丨丨往來不絕貌易咸釋文引王肅注○丨丨行貌易咸釋文引馬注○易咸釋文丨京作憧繫辭下丨丨往來釋文丨本又作憧

鄘 左氏昭廿一年傳宋城舊丨釋文丨本作墉

顒 顒顒昂昂君之德也爾雅釋訓○顒君德有威容貌易象上傳有孚顒若虞注○顒敬也易觀有孚顒若馬注○顒顒溫貌詩卷阿顒顒卬卬傳○顒顒體貌溫潤也爾雅釋訓孫注○顒大貌詩六月其大有顒傳

喁 丨魚口上見魚容反晉書音義上引字林○丨丨衆口向上也後漢隗囂傳注○丨丨口向上也史記司馬相如傳丨丨然皆爭歸義正義○丨古文顒同一切經音義十三

邕 丨丨和也漢書兒寬傳集注○丨載也爾雅釋言○丨讀曰壅漢書王莽傳中集注○爾雅釋言丨載也釋文丨本作擁

壅 丨底言否塞不通也孟子題辭正途丨底音義引張音○丨曲隈也史記司馬相如傳批巖衝丨索隱引司馬彪

癰 丨壅也氣壅否結裹而潰也釋名釋疾病○丨腫膿瘡也素問五常政大論分潰丨腫注○丨喉氣著喉中不通稽成丨也釋名釋疾病○鼻不知香臭曰丨論衡別通

饔 熟食曰丨詩祈父有母之尸丨傳○熟曰丨左氏桓十四年傳曹人致餼注又文選東京賦丨餼浹

平家陪薛注○丨熟肉公羊昭廿五年傳餕丨未就注○丨孰肉儀禮特牲饋食禮記尸卒食而祭饎饔雍爨注○丨飧熟食也孟子滕文公上丨飧而治注○具食曰丨漢書杜欽傳集注○牲殺曰丨儀禮聘禮君使卿韋弁歸丨餼五牢注○朝曰丨孟子滕文公上丨飧而治注○丨割亨煎和之稱周禮天官序官內丨注○雝亨煎之官也國語周語佐雝者嘗焉注○雍人掌割烹之事者儀禮少牢饋食禮雍人摡鼎匕俎于雍爨注○雍正羣吏掌辨體名肉物者儀禮有司徹雍正執一匕以從注○雍正官名也儀禮特牲饋食禮雍正作豕注○大禮曰丨餼周禮司儀致飧如致積之禮注○丨餼既相見致大禮也周禮掌客丨餼九牢注○丨既將幣之禮致禮於客莫盛於丨周禮外饔凡賓客之飧丨饔食之事注○詩祈父有母之尸丨韓外傳丨作雍○禮記聘義設雍餼釋文雍本作丨○史記索隱引系本吳孰哉居藩籬

宋衷曰孰
哉仲雍字
【從】亦作從○從豎也漢書周勃傳集注○從長也廣雅釋詁二又小爾雅廣言○長爲從史記周本紀正義○經曰丨楚辭沈江不別橫之與丨注○南與北合爲丨淮南覽冥丨橫閒之注○南北爲從史記蘇秦傳衡人者索隱又漢書項籍傳集注引孟康又太元瑩曰從與橫注元圖以從橫天地之道注○又南北曰從一切經音義三引韓詩傳○於數者東西爲從儀禮鄉射禮十純則縮而委之注大射儀十純則縮而委之注○霤以東西爲從儀禮鄉飲酒禮記磬階閒縮霤注○關東爲從史記周本紀與諸侯約從集解引文穎又漢書項籍傳集注引文穎又後漢馮衍傳注○關東曰從呂覽不侵孟嘗君爲從注○從謂合從漢書鼂錯傳集注○以利合曰從史記周本紀集解引臣瓚又後漢彭寵傳注王常傳注○丨

橫四散也文選魯靈光殿賦丨橫騎驛注○從生人也周書文傳從生盡以養一丈夫注○從音驄馬之驄山海經大荒南經南旁名曰從淵注○丨或作蹤後漢荀彧傳注○詩南山衡從其畝釋文丨韓詩作由
【樅】丨木名爾雅釋山注不知堂密之有美丨釋文○丨松葉柏身爾雅釋木又文選西京賦木則丨栝椶柟薛注○丨柏葉松身文選蜀都賦椶枒楔丨劉注○丨崇牙也詩靈臺虡業維丨傳○丨衡牙也詩靈臺釋文○丨音丨木之丨漢書高帝紀上集注引蘇林
【賨】亦作賨○賨稅也廣雅釋詁二○丨布南蠻賦也後漢南蠻傳注○巴人呼賦爲丨因謂之丨人晉書音義下

【膿】丨醲也汁醲厚也釋名釋形體○古文盥丨二形今作膿同一切經音義十一
【凇】丨凍洛也五音篇海引字林
【忪】丨惶也晉書音義下○丨古文伀同一切經音義十三
【惷】丨愚也禮記哀公問寡人丨愚冥頑釋文又儀禮士昏禮某之子丨愚釋文又廣雅釋詁一○丨愚無所知也一切經音義十七引蒼頡解詁○丨亦愚無知之貌也淮南氾論愚夫丨婦注○丨讀人謂丨然無知之丨也籠口言乃得淮南墬形其人丨愚注○丨丑凶反儀禮士昏禮釋文引字林
【衝】丨揬也廣雅釋詁四○丨動也廣雅釋詁一○丨丨行也廣雅釋訓○丨丨車也後漢伏湛傳注
【葑】丨菜名也詩采苓采丨采丨傳○丨須也詩谷風采丨采菲傳○丨蕪菁也詩谷風釋文引草木疏

○丨蔓菁詩桑中爰采丨矣箋○丨蔓菁也陳宋之閒謂之丨禮記坊記采丨采菲注○菰草叢生其根盤結名曰丨晉書音義下引珠叢
○詩谷風采丨釋文丨字書作蘴
【匈】丨恐懼貌管子任法皆虛其丨以聽其上注○丨奴一曰獫狁山海經海內南經丨奴注
【兇】丨丨謂不料事宜之可否也素問移精變氣論粗工丨丨注
【洶】丨丨磕磕皆水聲也文選吳都賦注
【訩】丨訟也詩節南山降此鞠丨傳又泮水不告于丨箋又爾雅釋言○丨盈也爾雅釋詁○訩訩喧譁之聲與丨同荀子天論君子不爲小人匈匈也輟行注
【禺】丨魚名周書王會注○丨讀爲偶管子海王丨筴之商曰二百萬注

雝 廣韻䳍同○｜和也詩何彼襛矣曷不肅｜傳清廟肅｜顯相傳又國語晉語非德不當｜注○｜｜和也禮記樂記又詩思齊｜｜在宮傳雝有來｜｜箋○｜俞晉地也國語魯語次於｜俞注○｜澤也詩振鷺于彼西｜傳○｜者河｜水也水經瓠子河注引許愼說○｜｜鴈聲和也詩匏有苦葉｜｜鳴鴈傳○䳍鶵雅也廣雅釋鳥○詩雝有來｜｜漢書劉向傳韋元成傳作有來雍雍○詩蓼蕭和鸞｜｜賈子容經作和鸞噰噰有瞽肅｜和鳴爾雅釋言注作肅噰和鳴○｜讀爲壅荀子法行不｜不塞注

噰 ｜聲也爾雅釋言○關關｜｜音聲和也爾雅釋詁○｜｜喈喈民協服也爾雅釋訓○爾雅釋訓釋文｜本或作雍又作廱

廱 ｜和也禮記王制天子曰辟｜注○｜｜和也爾雅釋訓○辟｜官也廣雅釋室○天子曰辟｜禮記王制○｜讀曰雍漢書五行志下之上集注二見○詩文王有聲鎬京辟｜鹽鐵論繇役作鎬京辟雍○爾雅釋天在戊曰著｜釋文｜字又作雍本或作黎○莊子徐無鬼雞｜也釋文｜本作壅

丰 ｜豐也小爾雅廣言○｜豐滿也詩丰子之丰兮傳○｜茸衆飾貌文選長門賦羅｜茸之遊樹兮注○｜容悅茂貌文選謝靈運經湖中瞻眺詩升長皆｜容注○｜階也廣雅釋室

鏦 ｜矛也廣雅釋器○｜小矛也淮南兵略修鎩短｜注又華嚴經音義上引淮南許注○矛吳揚江淮南楚五湖之閒或謂之｜方言九○｜摐也史記南越尉佗傳欲｜嘉以矛集解引韋昭東越傳卽｜殺王索隱○｜猶摐也後漢馬融傳注○｜音從容之從史記吳王濞傳索隱又漢書吳王濞傳集注引蘇林○｜音七凶反史記南越尉佗傳索隱引字林

銎 銃謂之｜廣雅釋器○矛骹謂之｜方言九○｜卽矛刃下口方言九注

慒 ｜慮也爾雅釋言○爾雅釋言釋文｜本作悰

𩅽 𩅽𩅽露也廣雅釋訓

蜙 集韻蜙或省作蚣亦書作蚣○｜蝑｜蝍蛆也一切經音義引字林○舂黍又名｜蝑方言十一舂黍謂之蚣蝑注○蜙蝑也俗呼舂黍爾雅釋蟲蚣螽蝑注○蚣蝑蠢黍也廣雅釋蟲○｜蝑一名斯螽詩螽斯傳螽斯｜蝑也釋文○蜙蝑卽今所謂舂黍也爾雅釋蟲舍人注○｜蝑幽州謂之舂黍蝗類也詩螽斯傳釋文引草木疏○蜙先凶反詩螽斯釋文引字林○爾雅釋蟲注｜蜙也釋文｜本作蝓

摏 ｜猶衝也左氏文十一年傳富父終甥｜其喉注

蹖 ｜蹋也廣雅釋詁二

𠠝 廣韻𠝤同○𠝤刺也廣雅釋詁一

穜 集韻或从重○｜短矛也一切經音義三引蒼頡

犎 ｜野牛也初學記廿九引字林○｜｜牛也音妃封反今有此牛形小髆上有｜是也一切經音義十四引周成難字

跫 ｜喜貌莊子徐無鬼｜然而喜矣釋文引司馬注○｜悚也莊子徐無鬼釋文○｜行人之聲同上

灉 河有｜爾雅釋水○水自河出爲｜同上○｜反出同上○｜卽河水決出而復入者爾雅釋水｜反入注○書禹貢｜沮會同史記夏本紀作雍沮會同

襛｜｜猶戎戎也詩何彼襛矣何彼｜矣傳○詩何彼｜矣序釋文｜本作茙

蝩小曰｜大曰蝗一切經音義十一引張斐解晉律

樁｜末也廣雅釋詁一

毦｜罽也廣雅釋器又一切經音義十一引字林○｜以毛爲飾一切經音義十二引纂文○｜而容反一切經音義十一引字林

篷｜籠奄也廣雅釋器○車枸簍宋魏陳楚之閒或謂之｜籠方言九

彤｜赤也書文侯之命｜弓一傳又爾雅釋畜｜白雜毛騢注又廣雅釋器又小爾雅廣詁又詩靜女釋文閟宮傳｜白雜毛曰騢釋文爾雅釋畜｜白雜毛騢釋文又文選西京賦｜庭煇煇薛注射雉賦｜｜

盈窻以美發徐注○｜赤色也素問六元正紀大論爲｜雲注○｜丹也左氏哀元年傳器不｜鏤注又國語周語器無｜鏤注○｜丹色也文選漢高祖功臣頌｜雲畫聚注○｜丹漆也左氏哀元年傳釋文○｜赤弓左氏僖廿八年傳｜弓一｜矢百注○｜弧赤弓後漢班彪傳下注○｜弓朱弓也詩彤弓｜弓弨矣傳又山海經海內經帝俊賜羿｜弓素矰注又管子輕重丁不得不以｜弓石壁注又荀子大略諸侯｜弓注○禮諸侯｜弓公羊定四年傳挾弓而去楚注○｜管筆赤管也詩靜女貽我｜管箋○｜管赤管筆也後漢皇后紀上注○｜纁也書顧命皆麻冕｜裳傳○｜魚國名國語晉語夷鼓｜魚氏之甥也注○｜古文赨蚒二形同一切經音義十三

瞛｜光也文選七命怒目電｜注

○以下據廣韻錄

疼｜痛也廣雅釋詁二｜痺也氣｜｜然煩也釋名釋疾病○聲類｜作癑一切經音義七

螐｜音形弓之彤山海經西山經松果之山有鳥其名曰｜渠注

𣪠｜聲也廣雅釋詁四

𢥞｜｜憂也廣雅釋訓○｜｜憂心貌楚辭雲中君極勞心兮｜｜注

𥝝｜刺也廣雅釋詁一

鉵集韻或从蟲○鉊鏅謂之鉵廣雅釋器

赨赨赤也太元疑赨黃疑金中注○｜卽赤也管子地員｜莖黑秀箭長注

𢘜｜懼也廣雅釋詁二

𤭛｜瓨也廣雅釋器○｜甖也江湘之閒謂之｜方言五

噥｜嗔語廣韻引字林

伀｜懼也廣雅釋詁二○夫之兄又曰兄｜言是已所敬忌見之怔忪自肅齊也釋名釋親屬○俗或謂舅曰章又曰｜同上

笗｜無節筩集韻引字林

衳｜幝也廣雅釋器

籦｜籠竹名也文選南都賦注引戴凱之竹譜又文選長笛賦注

妐 爾雅釋親夫之兄爲兄|釋文|本作公

鶲 |邕也廣雅釋鳥

龔 |巫也廣雅釋詁四

褈 集韻褈或从重○褈褣襜褕也廣雅釋器

鷛 |鸈似鴨而鷄足文選吳都賦鸂鶒|鸈劉注

𤭁 |瓶也廣雅釋器

搈 |動也廣雅釋詁一

𥤮 |飾也廣雅釋詁二

鰫 |魧也廣雅釋魚

𨿅 雜桂林之中或曰鏦方言八

𩌄 |被|也集韻引字林

𥠱 |矛有二横曰|穳集韻引字林

嫆 |好也廣雅釋詁一○好趙魏燕代之閒或曰|方言一○|言|容也方言一注

𤭟 |甂也廣雅釋器

𨎩 |迹也廣雅釋詁三

磫 |礭礪也廣雅釋器○細礪謂之|礭一切經音義九引通俗文

篷 |竹頭有交文齊民要術十引字林

搑 |收也廣雅釋詁三

舼 集韻栱或作舼○|舟也廣雅釋水○|小舟也後漢馬融傳注○艐小而深者謂之栱方言九○栱郎長|也方言九注

倯 |罵也廣雅釋詁三○|伀方言七○|伀贏小可憎之名也方言七注

𩌮 |牽船也廣韻引通俗文

倯 |罵也廣雅釋詁三○庸謂之|方言三○|猶|保|也今隴右人名孏爲|方言三注

蝬 春黍謂之蚣蝑方言十一

○以下據集韻録

䤵 |重釀也集韻引字林

從 ||走貌也漢書楊雄傳上音義引字林

○以下附録

𣏂 |諧也廣雅釋詁三

𩂻 ||言氣之往來也素問陰陽離合論陰陽||注

經籍纂詁卷第二

經籍籑詁卷第二補遺　上平聲

兵部侍郎兼都察院右副都御史巡撫浙江等處地方提督軍務兼理糧餉臣阮元纂

二冬

冬 說文｜四時盡也从仌从夂夂古文終字𠔃古文｜从日○｜終也立｜之時萬物終成太平御覽廿八引崔靈恩三禮義宗○｜主藏春秋繁露陽尊陰卑○｜者陰氣畢下故萬物藏管子形勢解○｜主閉藏充實不虛禮記中庸注水神則信疏引皇氏○｜殺左氏閔二年傳○｜爲水王禮記禮運注竭猶負戴也疏○坎爲｜易象上傳應乎天而時行虞注

農 廣韻農同○說文農耕也从晨囟聲𨐨籀文農从林𨏈古文農蕽亦古文農○｜是力田之名左氏襄九年傳注種曰｜疏○｜食之本漢書五行志上｜用八政注引張晏○｜天下之本也漢書景帝紀溝洫志○｜天下之大本也漢書文帝紀○｜天下之本務莫大焉同上○｜者與德之本也漢書宣帝紀○｜夫田官也爾雅釋言畯｜夫也疏引孫注

宗 說文｜尊祖廟也从宀从示○｜尊也漢書地理志上江漢朝｜于海注○｜者尊也詩思齊箋｜公大臣也疏又禮記王制至于岱｜疏○｜盟尊盟左氏隱十一年傳周之｜盟賈注○六｜天地神之尊者周禮大宗伯疏引古尚書說○｜謂先帝有德可尊者也漢書郊祀志上鼎宐視｜禰注○德高可尊故號高｜書說命序高｜夢得說傳○古者所以必有｜何也所以長和睦也大｜能率小｜小｜能率羣弟通其有無所以紀理族人者也白虎通宗族○繼別爲｜禮記大傳○｜是祖之正允禮記大傳敬｜故收族注○父之黨爲｜族爾雅釋親○大｜王之同姓之適子也詩板大｜維翰箋○｜適子也詩白華序以孽代｜箋○｜謂｜子也詩黃鳥復我諸兄箋○百｜百族也荀子王制百｜城郭立器之數注○｜屬也素問至眞要大論歸其所｜注○｜本也淮南原道聲之大｜也注與形俱出其｜注時則是故上帝以爲物｜注精神而能守其｜注主術無爲者道之｜注又呂覽謹聽百禍之｜也注○｜亦本也淮南主術此聲之｜也注○大｜｜事本也淮南要略靡散大｜注○｜主也易睽厥｜噬膚疏○｜猶主也左氏昭二年傳禮之｜也注○夏見曰｜儀禮覲禮鄭目錄○｜器祭祀之器左氏襄廿五年傳晉侯以｜器樂器注○八十一縷謂之｜｜卽古之升也儀禮喪服傳注布八十縷爲升疏○｜｜皆當爲禜字之誤也禮記祭法幽｜注

鍾 說文｜酒器也从金重聲○釜十則｜左氏昭三年傳○｜六斛四斗禮記王制上農夫食九人疏又史記貨殖列傳果菜千｜正義○六斛四斗爲｜漢書食貨志下必有萬｜之臧注引孟康主父偃傳率三十｜而致一石注○｜聚也周禮地官序官澤虞注澤水所｜也疏○今關中俗婦呼舅爲｜漢書廣川惠王越傳背尊章嫖以忽注

鐘 說文｜樂｜也秋分之音物穜成从金童聲古者垂作｜｜或从甬○｜者秋分之氣北堂書鈔百八引五經通義○｜音之器也左氏昭廿一年傳○｜律之名呂覽侈樂作爲千｜注○金曰｜漢書律厤志上又淮南說林猶｜石之一調注○｜聚也國語周語四閒林｜注又淮南天文音比林｜注○｜之言陽氣｜聚於下也國語周語故名曰黃｜注○｜大｜也國語周語細鈞有｜無鎛注

龍 說文丨鱗蟲之長能幽能明能細能巨能短能長春分而登天秋分而潛淵从肉飛之形童省聲凡丨之屬皆从丨。丨蟲類也史記老莊申韓列傳夫丨之爲蟲也正義。丨水物也左氏昭廿九年傳又淮南天文丨舉而景雲屬注。丨者水物也左氏昭廿五年傳注謂山丨華蟲疏。丨水畜也易略例召雲者丨注。丨者變化之物易乾潛丨勿用疏。丨陽氣在東爲文在南爲明也太元元文丨出于中注。丨魚也淮南兵略疾如駭丨注。丨魚之類也論衡福虛。丨東方之獸也論衡驗符。丨東方宿天德之貴神左氏昭卅二年傳賈注。丨歲星也周禮保章氏疏又左氏襄廿八年傳注。丨角亢也左氏桓五年傳丨見而雩服注。丨尾尾星也左氏僖五年傳丨尾伏辰注又國語晉語丨尾伏辰注。辰爲丨論衡言毒。乾爲丨易說卦釋文引荀爽集解。丨杓也廣雅釋器。馬高八尺爲丨文選東京賦乘鸞輅而駕蒼丨注。丨輔玉名左氏昭廿九年傳使獻丨輔於齊侯注。丨讀爲尨漢上傳九引易說卦傳爲丨鄭注

舂 說文舂擣粟也从廾持杵臨臼上午杵省也古者雝父初作舂。水丨卽水碓也後漢書西羌傳水丨河漕注。丨容謂重撞擊也禮記學記待其從容注。丨常謂藻井之飾也周書作雒丨常畫旅注

松 說文丨木也从木公聲案丨或从容。松古丨字也漢書地理志下武威郡蒼松注。丨當爲沿書禹貢沿于江海釋文

衝 丨者從傍丨突之稱詩皇矣疏。丨丨車也後漢書伏湛傳與爾臨丨注。丨蓯相入貌漢書司馬相如傳下騷擾丨蓯注引張揖。丨牙以玉爲之其狀如牙以丨突前後也詩女曰雞鳴傳珩璜琚瑀丨牙之類疏

容 集韻頌通作容。說文丨盛也从宀谷古文丨从公又頌皃也从頁公聲額籀文。丨謂丨受也易象上傳丨保民無疆疏。丨貌也左氏昭九年傳物有其丨注。丨卽儀也禮記少儀注祭祀之丨注。丨貌威儀丨顏也左氏宣十四年傳於是有丨貌采章注。有丨言威儀敬愼也詩楚茨濟濟蹌蹌箋。丨飾也禮記喪大記振丨疏。丨寬也漢書五行志下之上。頌寬頌也漢書王莽傳中赤煒頌平注引晉灼。丨宏也文選答賓戲遇時之丨注引項岱。丨謂雕刻加飾漢書鄒陽傳注。丨與閑舒也漢書禮樂志澹丨與注。丨丨隨衆上下也漢書翟方進傳何持丨丨之計注。丨丨謂禮樂之官禮記樂記使之行商丨而復其位疏。丨猶事也史記樂書樂之丨也正義。丨者以革爲之可以丨身故云丨也儀禮鄉射禮注丨謂之乏疏。頌讀曰丨漢書刑法志當鞠繫者頌繫之注吳王濞傳頌共禁不與注楊雄傳上奮六經以攄頌注王莽傳中赤煒頌平注。頌讀與丨同漢書儒林傳而魯徐生善爲頌注古者頌與丨同漢書惠帝紀皆頌繫注。頌或作丨淮南脩務而不期於洪範商頌注。或丨爲客字禮記祭義丨以遠疏。丨當爲睿洪範五行傳思心之不丨注。莊子天地此謂德人之丨釋文依注當作客

蓉 說文新附丨芙丨也从艸容聲

庸 廣韻古文𩫏。說文丨用也从用从庚庚更事也易曰先庚三日又𩫏用也从亯从自自知臭香所食也讀若丨。丨用也禮記中庸鄭目錄又左氏成十五年傳無丨注又昭十六年傳丨次比耦注又國

語吳語王其無丨戰注越語時爲之丨注○丨亦用
也左氏昭十二年傳而無丨毀疏○民功曰丨左氏
昭廿五年傳爲政事丨力行務注又公羊隱元年傳
疏○丨常也史記佞幸列傳寵最過丨索隱○丨亦
常也漢書韋元成傳厥駟有丨注○丨和也一切經
音義廿三引廣雅○丨愚也輔行傳宏決八之二引
廣雅○丨者通也公羊隱元年傳君之始年也疏引
春秋說○丨者所以受水亦以泄水禮記郊特牲祭
坊與水丨疏○丨聲近用故爲用也書堯典疏又左
氏襄廿五年傳疏○詩那丨鼓有斁文選東京賦注
作鏞鼓有斁

封 說文對爵諸侯之土也从㞢从土从寸守其制度
也公侯百里伯七十里子男五十里𡉚古文丨省
𡊨籀文从圭○丨丨國也國語楚語將何以丨矣注
○丨侯列士丨邑也淮南時則毋以丨侯注○丨謂

賜之爲采邑左氏昭廿七年傳注季子本丨延陵疏
○丨國也國語楚語不可以丨注○丨竟左氏成二
年傳無入而丨注○丨疆竟內近郊地左氏定十一
年傳居丨疆之閒注○丨人典丨疆者左氏隱元年
傳爲潁谷丨人注○丨人守丨疆者左氏桓十一年
傳蔡丨人注○丨人掌疆界者荀子堯問繒丘之丨
人注○丨丨土築也續漢祭祀志上○丨謂增高其
上土也穆天子傳二而丨口隆之葬注○丨者謂丨
土爲壇柴祭告天代興成功也續漢祭祀志下○崇
其壇場則謂之丨續漢祭祀志上注引袁宏○穿溝
出土於岸郎爲丨周禮大司徒疏○丨者聚土之名
也左氏僖二年傳注故傳言丨疏○丨謂聚土爲墳
禮記王制不丨不樹注○丨謂墳之也禮記檀弓上
吾見丨之若堂者矣疏○丨識之左氏文三年傳丨
殺尸而還賈注○丨厚也國語楚語是聚民利以自
丨也注○丨脩皆大也淮南脩務吳爲丨豨脩蛇注

○丨禪者古不灾之名也漢書郊祀志上○丨傳猶
今之驛劵史記孟嘗君列傳更丨傳索隱

胸 亦作匈○說文匈膺也从勹凶聲胷或从肉○丨
猶內呂覽先己謀失于丨注○考工記梓人以胷
鳴者釋文本亦作骨又作胷干本作骨賈馬作胃劉
本作胷

雍 丨和也禮記樂記肅丨和鳴疏又太元元測都序
百穀時丨注○丨亦和也漢書王莽傳上黎民時
丨注○丨丨和也禮記樂記○丨穆和也漢書楊雄
傳上乃祗莊丨穆之徒注○丨者河水溢出爲小流
也漢書鄒陽傳是以申徒狄蹈丨之河注○丨是孰
食故曰丨字孰哉也史記吳太伯世家太伯弟仲丨
索隱○丨讙字相近義得兩通禮記檀弓下言乃讙
疏○詩匏有苦葉丨丨鳴鴈太平御覽三洪氏楚辭
補注並作噰噰鳴雁○書無逸言乃丨禮記坊記史
記魯周公世家並作言乃讙

濃 說文濃露多也从水農聲詩曰零露丨丨

重 丨謂丨累也禮記雜記下注丨則諱之疏又素問
氣交變大論丨感於邪注○丨謂丨疊左氏成二
年傳疏○太歲在辛曰丨光爾雅釋天○丨讀復丨
之丨呂覽期賢此之謂丨傷注

從 廣韻古作从○說文从相聽也从二人凡从之屬
皆从从○丨順也左氏昭五年傳丨而不失儀注
又素問玉機眞藏論脈丨四時注至眞要大論有丨
取而得者注五常政大論補上下者丨之注○丨謂
順也素問五常政大論有氣丨不康注通評虛實論
滑則丨注○丨謂順丨也素問陰陽別論人有四經
十二丨注三部九候論九候皆丨者注○丨謂順其
敎令禮記郊特牲婦人丨人者也注○丨謂隨順也
素問刺禁論丨之有福注○丨隨也左氏昭廿八年
傳丨使之收器者注○丨丨行也漢書韓信傳稱疾

不朝｜注○｜就也左氏成十七年傳｜而歌之注○｜逐也左氏成十六年傳晉韓厥｜鄭伯注○｜猶服也左氏襄十年傳｜之將退注○｜送也呂覽節喪諸養生之具無不｜者注○｜不自專左氏昭廿六年傳姑慈而｜注○氣同謂之｜素問六元正紀大論｜逆柰何注○言曰｜書洪範○｜謂立也周書周祝故萬物之所生也性於｜注○｜容閒語也漢書嚴助傳助侍燕｜容注○｜容謂休燕也詩都人士序｜容有常箋○周禮司儀客刅拜辱于朝釋文本又作｜○無極山碑从上至體｜作从

逢 說文｜遇也从辵峯省聲○｜掖大掖也禮記儒行衣｜掖之衣釋文○｜衣儒服寬而長大列子黃帝注引莊子向秀注○卜曰｜筮曰遇論衡卜筮○｜相承本作縫義亦通後漢書吳延史盧趙傳贊｜掖臨師注

縫 說文｜以鍼紩衣也从糸逢聲○｜卽皮之界緎詩羔裘傳紽數也疏○｜飾羔裘之名爾雅釋訓緎羔裘之｜也注○國策趙策鯷冠秫｜史記作却冠秫絀

茸 說文｜艸｜｜皃从艸聰省聲○｜木名管子地員其杝其｜注○｜謂蒲華也文選謝靈運經湖中瞻眺詩新蒲含紫｜注

峯 說文新修字義峯山耑也从山夆聲

蜂 本作蠭○說文蠭飛蟲螫人者从䖵逢聲𧓉古文省○蠭午猶雜沓也漢書劉向傳蠭午並起注引如淳○蠭與鋒同漢書藝文志蠭出並作注項籍傳楚蠭起之將注楊雄傳下機駭蠭軼注韓王信傳及其蠭東鄉注趙廣漢傳專厲彊壯蠭氣注○𧓉與鋒同漢書中山靖王勝傳讒言之徒𧓉生注○爾雅釋蟲土蠭釋文本又作𧓉字又作｜○周公禮殿記變異蠭起｜作蠭李翊夫人碑飛𧓉蠢兮｜作𧓉

鋒 集韻鏠同○說文鏠兵耑也从金逢聲○｜刃端也漢書蕭望之傳底厲｜鍔注○｜刃芒端也漢書王褒傳清水焠其｜注○｜戈戟刃也漢書陳勝項籍傳贊銷｜鍉注○｜字或作蜂後漢書光武帝紀上寇盜｜起注

烽 本作𤇍○說文𤇍燧候表也邊有警則舉火从火逢聲○𤇍土魯也史記周本紀幽王爲𤏲燧正義○𤇍如覆米籅縣著挈皐頭有寇則舉之漢書司馬相如傳下聞𤇍舉燧燔注引孟康

蛩 說文｜｜獸也一曰秦謂蟬蛻曰｜从虫巩聲

筇 集韻通作邛○｜竹出興古盤江以南竹中實而高節可以作杖文選蜀都賦於是邛竹緣嶺劉注

慵 說文新附｜嬾也从心庸聲

恭 集韻或作恭○說文恭肅也从心共聲○｜敬也文選聖主得賢臣頌｜惟春秋法五始之要注引服虔弔屈原文｜承嘉惠兮注引張晏○｜謂｜恪儀禮喪服傳注必求其寬裕慈惠溫良｜敬疏○貌曰｜書洪範○｜在貌書無逸儼｜寅畏鄭注○在貌爲｜在心爲敬禮記曲禮上疏引何允○｜者貌多心少孝經若夫慈愛｜敬疏引皇侃○貌多心少爲｜心多貌少爲敬禮記曲禮上是以君子｜敬撙節疏○｜謂以禮自持禮記樂記｜儉而好禮疏○既過能改曰｜國語楚語可不謂｜乎注○書甘誓汝不｜命墨子明鬼下作若不共命○詩小明靖共爾位禮記表記作靖｜爾位

供 說文｜設也从人共聲一曰｜給○史晨奏銘春秋行禮以共煙祀｜作共

琮 說文丨瑞玉大八寸似車釭从玉宗聲

悰 說文丨樂也从心宗聲○丨樂也文選遊東田詩注引漢書韋昭注○丨亦樂也漢書廣陵王胥傳出入無丨爲樂亟注

淙 說文丨水聲也从水宗聲

凶 說文丨惡也象地穿交陷其中也凡丨之屬皆从丨○丨訟也史記五帝本紀頑丨不用正義○丨恐懼也國語晉語敵入而丨注○不順政故曰丨周書大聚若其丨土陋民注○丨謂年穀不熟周禮均人丨札疏大宗伯注故爲丨烖疏○丨荒謂年穀不熟周禮司市國丨荒札喪疏司稼注丨荒則損疏肆師注大故謂水旱丨荒疏典瑞注丨荒則民有遠者疏朝士若邦丨荒札喪寇戎之故疏○歲丨者謂水旱災害也禮記曲禮下歲丨年穀不登疏○陰爲丨太元元文陳陰陽以戰其吉丨者也注○未齔曰丨丨史記宋世家一曰丨短折集解引鄭元○兇讀與丨同漢書藝文志然星事兇旱注○三公山碑攘去寇兇丨作兇譙敏碑降兹㐫疾丨作㐫

墉 說文丨城垣也从土庸聲𩫖古文丨○丨城也左氏昭十八年傳祈於四丨注○丨者城也詩韓奕傳言高其城疏○丨謂之牆儀禮既夕禮記乃寢于適室疏○丨牆也易解公用射隼于高丨之上疏○丨謂垣牆也爾雅釋宮疏引李注○丨壁也禮記喪大記負丨南面疏○易同人乘其丨釋文鄭作庸

鏞 說文大鐘謂之丨从金庸聲○西方之樂謂之丨書皋陶謨笙丨以閒鄭注○丨亦名鑮爾雅釋樂注○詩那庸鼓有斁釋文依字作丨

傭 說文丨均直也从人庸聲○庸謂賃也漢書周勃傳取庸苦之不與錢注○庸即謂賃作者漢書司馬相如傳上與庸保雜作注○庸義亦與庸賃同漢書食貨志上教民相與庸輓犂注○庸賣功庸也漢書高惠高后文功臣表咸作庸保之中注

溶 說文丨水盛也从水容聲○丨然閑暇皃也漢書揚雄傳上丨方皇於西清注

鎔 說文丨冶器法也从金容聲○丨謂鑄器之模範也漢書董仲舒傳猶金之在丨注○以金曰丨韻會引通俗文○丨形容也作錢模也漢書食貨志下冶丨炊炭注引應劭

醲 說文醲厚酒也从酉農聲

蛬 丨一名蟋蟀爾雅釋蟲蟋蟀丨李注

邛 說文邛地在濟陰縣从邑工聲○丨丨獸似距虛負蟨而走也周書王會獨鹿丨丨距虛善走也注

共 丨具也禮記表記靖丨爾位疏○丨法也書九共序釋文引王注又家語弟子行受大丨小丨注○率事以信爲丨左氏昭十二年傳○丨者治身克謹當官理治也左氏文十八年傳忠肅丨懿疏○丨工天神也淮南墜形丨工景風之所生也注○丨工主水官也漢書刑法志顓頊有丨工之陳以定水害注引文穎○丨當爲具周禮內饔凡掌丨羞注○丨讀曰供漢書王莽傳中受取賕賂以自丨給注王莽傳下丨酒食具資用注○丨讀與供同漢書郊祀志下丨粢盛注○丨讀與龔同漢書劉輔傳上迺從繫輔丨工獄注○詩小明靖丨爾位漢書宣元六王傳作靖恭爾位

憧 說文丨意不定也从心童聲

鄘 說文鄘南夷國从邑庸聲○庸字或作|漢書地理志下詩風邶庸衛國是也注

顒 說文顒大頭也从頁禺聲詩曰其大有顒○顒顒卬卬波高貌也文選七發注○顒顒體貌敬順也荀子正名顒顒卬卬注○顒是嚴正之貌易觀有孚顒若疏

喁 說文|魚口上見从口禺聲○||衆口向上也漢書司馬相如傳下||然注王莽傳上天下||注

邕 說文|四方有水自|城池者从川从邑𡿧籀文|

壅 |謂障而不使行左氏昭元年傳勿使有所|閉湫底注

癰 說文癰腫也从疒雝聲○孟子萬章上孔子於衛主|疽史記孔子世家作雍渠韓非子作雍鉏說苑至公作雍雎

饔 廣韻饔同○說文饔孰食也从食雝聲○熟食曰|周禮天官序官內|疏又左氏隱十年傳注逆之以|飧疏○熟日饔詩瓠葉序雖有牲牢饔飧箋○|者養肉之名左氏桓十四年傳疏○|和也周禮天官序官疏○|人食官左氏昭廿五年傳與|人檀通注○詩瓠葉序雖有牲牢饔飧釋文字又作|

縱 |履也淮南覽冥|矢躡風注○||衆也漢書禮樂志般||注○|音入相縱勇作惡漢書禮樂志注引晉灼

龔 說文|給也从共龍聲

樅 說文|松葉柏身从木從聲

賨 說文|南蠻賦也从貝宗聲○盤瓠之後輸布一匹二丈是謂|布文選魏都賦注引風俗通

膿 廣韻盥同○說文盥腫血也从血膿省聲膿俗盥从肉農聲○|厚之味也文選七發甘脆肥|注

衝 說文|通道也从行童聲春秋傳曰及|以戈擊之

葑 說文|須從也从艸封聲

匈 ||喧擾之意漢書高帝紀下天下||注○||讙擾之意也漢書項籍傳天下||注○||讙議之聲漢書東方朔傳君子不為小人之||而易其行注○|奴北狄之別名也周書王會|奴樓煩注

洶 |涌跳起也漢書司馬相如傳上|涌彭湃注又文選上林賦注引司馬彪○|旭勇貌文選羽獵賦||旭旭注引韋昭○||旭旭鼓動之聲也文選羽獵賦注

訩 集韻詾同○說文詾說也从言匈聲訩或省詾或从兇

雝 說文||鸎也从隹邕聲○|渠水鳥詩常棣脊令在原箋○詩何彼襛矣曷不肅|文選注五十七初學記俱作曷不肅雍

噰 通作雍廣韻喈同○喈喈和也文選遊天台山賦注引爾雅

廱 說文|天子饗飲辟|从广雝聲○辟|是學也禮記玉藻注明堂在國之陽疏○辟|者築土雝水之外圓如壁四方來觀者均也詩泮水思樂泮水箋○|者擁之以水象教化流行也文選閒居賦注

引白虎通○丨主熟食官漢書百官公卿表上有丨太宰注引文穎

丰 廣韻丯同○說文丯艸盛丯丯也从生上下達也○丨面貌豐滿也詩丰釋文○丨容也文選謝靈運經湖中瞻眺詩升長皆丨容注引郭璞○丨者面色丨然詩丰疏○詩丰釋文方言作妦

鱅 說文丨魚名从魚庸聲○丨似鰱而黑史記司馬相如列傳鰅丨鰬魠集解引郭璞

鏦 說文丨矛也从金從聲⿰金彖或从彖○丨謂撞殺之也史記吳王濞列傳卽使人丨殺吳王索隱引鄒氏

銎 說文丨斤斧穿也从金巩聲

懵 說文懵慮也从心瞢聲

蚣 集韻蜙同○說文蜙蝑以股鳴者从虫松聲蚣蜙或省○丨蝑舂黍詩螽斯釋文引楊雄許愼說

瓏 集韻瓏同○說文瓏禱旱玉龍文从玉从龍龍亦聲

艟 說文丨陷陣車也从車童聲○丨樓也文選辯亡論上衝輣息於朔野注引字略

灉 說文丨河丨水在宋从水雝聲

襛 說文襛衣厚貌从衣農聲詩曰何彼丨矣

鼕 集韻𪔵同○說文𪔵鼓聲也从鼓隆聲

彤 說文丨丹飾也从丹从彡彡其畫也○丨赤也卽赭白也文選赭白馬賦題注○丨赤色也漢書王莽傳上丨弓矢注○丨弓赤弓也詩彤弓序釋文○丨謂丹楹國語周語丨鏤爲美注○丨字从丹故丨赤書文侯之命疏○國語周語器無丨鏤賈子禮容語下作器無蟲鏤

○以下據廣韻錄

苳 說文丨艸也从艸冬聲

疼 說文痋動病也从疒蟲省聲

鉵 說文丨相屬从金蟲省聲讀若同

⿱冬龜 說文⿱冬龜龜名从龜夂聲夂古文終字

赨 說文丨赤色也从赤蟲省聲

衳 集韻幒衳同○說文幒幝也从巾悤聲一曰帙幒或从松○褌陳楚江淮之閒謂之衳方言四

伀 說文丨志及衆也从人公聲

妐 女丨謂壻之姊也禮記昏義注室人謂女丨女叔諸婦也疏

⿱庸鳥 丨野鳥也史記楚世家小臣之好射鵙雁羅丨集解引呂靜○丨小鳥名史記楚世家索隱引劉氏

⿰豸庸 ⿰犭庸⿰牛庸竝同○說文丨猛獸也从豸庸聲○⿰犭庸獸類也史記司馬相如列傳獸則⿰犭庸旄貘犛集解引徐廣○⿰犭庸似牛領有肉堆也文選上林賦⿰犭庸旄貘犛注引郭璞○⿰犭庸今之犎牛也史記司馬相如列傳⿰犭庸旄貘犛索隱○庸牛卽今之犎牛也漢書司馬相如傳上庸旄貘犛注

鷛 說文丨鳥也从鳥庸聲○庸渠卽今之水雞也漢書司馬相如傳上煩鶩庸渠注○丨渠一名章渠也史記司馬相如列傳煩鶩丨渠索隱引郭璞

⿰容瓦 說文丨器也从瓦容聲

傛 丨丨猶言奔奔也便習之意也漢書外戚傳上至武帝制倢伃娙娥丨華充依注

鰅 說文丨魚名皮有文出樂浪東暆神爵四年初捕收輸考工周成王時揚州獻丨从魚禺聲

穜 說文丨先種後孰也从禾童聲

緟 說文丨增益也从糸重聲

夆 說文夆啎也从夊丰聲讀若縫

摓 說文丨奉也从手夆聲

⿰彳夆 說文丨使也从彳夆聲讀若螽

⿰車從 集韻⿰車從同○說文⿰車從車迹也从車從省聲

髶 集韻髶同○說文丨亂髮也从髟茸省聲○髶髦頭丨騎也文選東京賦髶髦被繡薛注

桏 說文桏椶椐木也从木邛聲

䀬 丨晌兆哇也集韻引埤蒼

○以下據集韻錄

⿰酉茸 說文丨酒也从酉茸聲

縱 說文丨絨屬从糸从從省聲

瘲 說文瘲病也从疒從聲

鰫 說文丨魚也从魚容聲

龔 說文丨慤也从廾龍聲

⿱𦥑鬲 說文丨所以枝鬲者从爨省鬲省

經籍籑詁卷第二補遺終

經籍籑詁卷第三

上平聲

經筵講官南書房行走禮部左侍郎兼署兵部左侍郎前提督浙江學政阮元撰集

三江

江 丨貢也廣雅釋水○丨者貢也所出珍物可貢獻
也風俗通山澤○丨公也諸水流入其中所公共
也釋名釋水○丨共也水經江水注引釋名○三丨
者岷丨松丨浙丨也水經沔水注引郭景純說○三
丨松丨錢唐浦陽丨也國語越語三丨環之注○丨三
湘沅水皆共會巴陵頭故號爲三丨之口山海經中
山經帝之二女是常遊於丨之淵澧沅之風交瀟湘
之淵注○南丨自潯陽而分爲九皆東會於大丨山
海經中山經是在九丨之閒注○丨北丨山海經中
山經崌丨水出焉注○丨山之南郎窮山之際也山

海經大荒西經丨
山之南棲爲吉注
杠 丨牀其丨北燕朝鮮之閒謂之樹自關而西秦晉之
閒謂之丨方言五○丨公也衆乂所公共也釋名
釋車○丨橦也儀禮鄉射禮記丨長三仞注○丨銘
橦也儀禮士喪禮竹丨長三尺注○丨今之旌也文
選陸士衡挽歌詩注引賀循葬禮○丨竿也禮
記檀弓注以練綢旌之丨釋文又晉書音義下
丨通作杠○杠方橋也孟子離婁下十一月徒杠成
音義引張音○丨慤實貌莊子人閒世且德厚信
丨釋文引
簡文注
釭 丨空也其中空也釋名釋車○矢關西曰丨丨交
也言有交刃也釋名釋兵
扛 丨舉也廣雅釋詁又匡謬正俗六又史記項羽紀
力能丨鼎集解引韋昭又漢書項籍傳集注淮南

厲王長傳集注廣陵厲王胥傳集注又文選吳都賦
翹關丨鼎注○兩人對舉爲丨後漢費長房傳注○
丨鼎橫關對舉也後漢虞延傳注○丨字或作舡匡
謬正俗六○丨與舡同文選西京賦烏獲丨鼎注
厖 丨大也爾雅釋詁又方言一又左氏成十六年傳
民生敦丨注又國語周語敦丨純固注又漢書司
馬相如傳下集注又後漢張衡傳注○丨鴻皆大也
文選封禪文湛恩丨鴻注○丨深之大也方言一○
丨豐也廣雅釋詁四○丨豐也自關而西秦晉之閒
凡大貌或謂之丨方言二○丨厚也詩長發爲下國
駿丨傳又荀子榮辱爲下國駿蒙注又家語弟子行
爲下國駿丨注○丨厚重也後漢孔融傳注○丨有
也爾雅釋詁○丨雜也文選四子講德論丨眉耆耇
之老注○丨亂也書周官不和政丨傳○丨蒼也文
選思元賦尉丨眉而郎潛兮舊注○丨當爲尨周禮
牧人凡外祭毀事用尨可也杜注○詩長發爲下國

駿丨荀子榮辱作爲下國駿蒙大
戴記衛將軍文子作爲下國恂蒙
尨 丨狗也詩野有死麕無使丨也吠傳又爾雅釋畜
○丨丨茸也謂猛狗或曰丨亦狗名穆天子傳四
丨狗注○丨雜也後漢劉寵傳注○丨雜色左氏閔
二年傳衣之丨服注○丨謂雜色考工記玉人上公
用龍司農注○雜色曰丨國語晉語以丨衣純注○
丨謂雜色不純周禮牧人凡外祭毀事用丨可也杜
注○丨蒼雜色也後漢張衡傳注○丨茸亂貌左氏
僖五年傳狐裘丨茸注○故書丨作厖杜子春云厖
當爲丨周禮牧人凡外祭毀事用丨可也注○左氏
襄四年傳丨圉漢書古今人表作厖圉史記夏本紀
正義作
龍圉
哤 丨雜言曰丨小爾雅廣訓○丨聒雜聲也文選長笛
賦丨聒其前後者注○丨亂也管子小匡雜處則

其言丨注○丨亂貌國語齊語雜處則其言丨注

駹 馬面顙皆白惟丨爾雅釋畜○丨蒼色易說卦傳震爲丨虞注○丨襍色易說卦爲龍釋文引干注○震爲丨易說卦傳○丨車邊側有漆飾也周禮巾車丨車藿蔽注○丨舊讀作龍易說卦傳虞注○故書丨作龍杜子春云龍讀爲丨周禮巾車注○故書丨作龍周禮犬人用丨可也注○漢書古今人表元安王丨史記作驕

窗 或作窗○丨聰也於内窺外爲聰明也釋名釋宮室○丨正牖也一切經音義三引蒼頡解詁○丨闒也廣雅釋室○丨助戶爲明考工記匠人四旁兩夾丨注○天丨高丨也文選魯靈光殿賦天窗綺疎張注○瑣丨丨爲瑣文也文選鮑明遠翫月詩玉鉤隔瑣丨注○牕牖丨同晉書音義中

摐 丨撞也廣雅釋言又漢書司馬相如傳上集注

鏦 丨音窻華嚴經音義上引聲類

邦 大曰丨丨封也封有功於是也釋名釋州國○丨國也國語周語后非衆罔與守丨注○大曰丨小曰國丨之所居亦曰國周禮大宰以佐王治丨國注○丨疆國之境周禮大宰釋文引干注○上丨猶上國也文選吳都賦習其弊邑而不覩上丨者注○坤爲丨易益利用爲依遷丨虞注象上傳王公設險以守其丨虞注○坤爲大丨易既濟三年有賞于大丨虞注○丨門城門也儀禮既夕至于丨門注○丨中在城郭者周禮大宰一曰丨中之賦注○丨伯方伯卽州牧也書召誥命庶殷侯甸男丨伯傳○丨伯石經作粉邦𢂁三形同一切經音義四○丨當字誤爲鄉大戴記用兵鄉大無紀注○易蹇以正丨也釋文丨

荀陸本作國○書堯典協和萬丨史記五帝紀作合和萬國漢書地理志論衡藝增作協和萬國皐陶謨亮采有丨史記夏本紀作亮采有國皐陶謨無教逸欲有丨漢書王嘉傳作亡敖佚欲有國益稷萬丨作又史記夏本紀作萬國爲治禹貢三丨底貢厥名夏本紀作三國致貢其名成賦中丨作成賦中國二百里男丨夏本紀作二百里任國漢書地理志作二百里男國微子天毒降災荒殷丨史記宋微子世家作天篤下菑亡殷國牧誓我友丨冢君周本紀作我有國冢君洪範使羞其行而丨其昌宋微子世家作使羞其行而國其昌無逸嘉靖殷丨魯周公世家作密靖殷國呂刑有丨有土史記周本紀墨子尚賢下作有國有土○詩皇矣王此大丨左氏昭廿八年傳作王此大國○論語季氏且在丨域之中矣釋文丨本作封而謀動干戈於丨内釋文丨鄭本作封

缸 廣韻同瓨○瓨瓶也廣雅釋器

降 丨下也詩草蟲我心則丨傳出車我心則丨箋○丨猶下也穀梁莊三十年傳○丨者自伏之文公羊莊八年傳曷爲不言丨吾師注○丨大呂覽古樂丨通漻水以導河注○丨讀如庬丨之丨書大傳丨谷元玉注

瀧 丨瀆也廣雅釋詁二○丨涿猶瀨滯也方言七丨涿謂之霑積注

雙 丨二也廣雅釋詁四○丨匹也楚辭守志嗟英俊兮未爲丨注○飛鳥曰丨方言六○丨丨之鳥一身二首尾有雌雄隨便而偶常不離散公羊宣五年傳其諸爲其丨丨而俱至者與正義引舊說○南海之外有三青獸相并名曰丨丨山海經大荒南經

【㦝】|懼也文選魏都賦矆焉相顧劉注
【逄】孟子|蒙呂覽具備作蠭蒙
【腔】廣韻羫古文腔○羫羊腊也似羊四耳九尾目在
背御覽九百二引字林
【撞】|猶擊也文選東都賦然後|鍾告罷注○|刺
也廣雅釋詁一又國策秦策迫則杖戟相|注○
|鏗也文選東京賦|洪鐘薛注○|摐猶
揘畢也文選西京賦徒搏之所|摐薛注
【幢】|翳也關東關西皆曰|方言二○|童也其貌
童童然也釋名釋兵○|謂之幏廣雅釋器○|
謂之幩即舟中之|蓋也後漢班彪傳上注○|蓋
將軍刺史之儀也文選馬汧督誄殊以|蓋之制注
○|容|童也施之車蓋童童然以隱蔽形容也釋
名釋牀帳○||羽貌文選東京賦樹羽||薛注

○周禮巾車注或曰|容釋文|本作潼○魯
峻石壁畫像小史騎持幢小史幢矛|皆作幢
【淙】|瀆也廣雅釋詁二
【橦】|者旗之竿也後漢馬融傳注○|百尺也文選
海賦決帆摧|注○|華者樹名|其花柔毳可
績爲布也文選蜀都
賦布有|華劉注
【娏】|女神名玉篇女部引埤蒼
【惷】|愚生而癡騃童昏者周禮司刺三赦曰|愚注
【谾】|谷空貌廣韻引字林○||深通貌漢書司馬
相如傳下集注○|長大貌史記司馬相如傳深
山之||索隱引蕭該○|古⿰谷龍字史記司馬相如
傳索隱引晉灼○|或作⿰谷龍史記司馬相如傳索隱
引蕭
該
【⿰黑尨】|私也方言十三又廣雅釋詁四
【蛖】|大蛤中有珠淮南說林|象之病人之寶也注
○|螻螻蛄類爾雅釋蟲蛖|螻注○爾雅釋蟲
釋文|
本作駹
【⿰禾叜】|種也廣雅釋地
○以下據
廣韻録【肛】|腫也廣雅釋詁二
【痝】|然腫起貌素問評熱病論面胕|然壅注○|
然言腫起也素問風論面|然浮腫注○|然訒
面目浮起而色雜也素問奇
病論有病|然如有水狀注

【⿰耳農】|耳中聲也玉篇引埤蒼
【膖】|腫也廣雅釋詁二
【舡】|舟也廣雅釋水
【椌】|楬謂柷敔也禮記樂記聖人作爲鞉鼓|楬壎
篪注○|柷也禮記樂記釋文
【崆】|山貌也文選南都賦注引字書
【艂】|舟也廣雅釋水
○附録【擺】|舉也晉書音義上

經籍籑詁卷第三

經籍籑詁卷第三補遺　上平聲

兵部侍郎兼都察院右副都御史巡撫浙江等處地方提督軍務兼理糧餉阮元纂

三江

江 說文｜水出蜀湔氐徼外崏山入海从水工聲○｜以南水無大小俗人皆呼爲｜書禹貢九｜孔般疏○｜離香草也漢書司馬相如傳上｜離蘪蕪注引張揖

杠 說文｜牀前橫木也从木工聲

釭 說文｜車轂中鐵也从金工聲

扛 說文｜橫關對舉也从手工聲

厖 說文｜石大也从厂尨聲○畫雜羽之文於伐故曰｜伐詩小戎蒙伐有苑箋

尨 說文｜犬之多毛者从犬从彡詩曰無使｜也吠○｜雜色也漢書五行志中之上衣以｜服注○｜取日出時色雜也漢上傳九引易說卦傳爲龍鄭注○｜涼左氏閔二年傳○｜偏衣左氏閔二年傳不獲而｜注○詩野有死麕無使｜也吠太平御覽六百九十六作無使龐也吠

哤 說文｜｜異之言从口尨聲一曰雜語讀若尨

駹 說文｜馬面顙皆白也从馬尨聲○｜青馬也漢書匈奴傳上東方盡｜注○｜謂雜色牲周禮犬人用｜可也疏

窗 廣韻囪同○說文窻通孔也从穴悤聲又囪在牆曰牖在屋曰囪象形凡囪之屬皆从囪窗或从穴四古文

摐 ｜撞也史記司馬相如列傳｜金鼓集解引漢書音義○｜擊也文選子虛賦｜金鼓注引韋昭○上撩稱｜太元逃喬木維｜注

鏦 ｜撞也史記東越列傳卽｜殺王索隱引劉氏○｜猶撞也後漢書馬融傳｜｜特肩注○｜謂｜刺之也漢書南粵王傳欲｜嘉以矛注○｜謂以矛戟撞之漢書吳王濞傳使人｜殺吳王注○｜謂以戈刺殺之史記吳王濞列傳卽使人｜殺吳王索隱

邦 說文邦國也从邑丰聲㫮古文○｜國也周禮鄉師凡｜事疏又廣雅釋詁四○｜者國也周禮外

府掌｜布之出入疏○｜國皆謂諸侯之國周禮大宰以佐王治｜國疏○｜國據畿外周禮方士注其職掌｜國都鄙稍甸郊野之地域疏朝士則令｜國都家縣鄙慮刑貶疏○｜國是畿外之辭詩瞻卬箋｜國無有安定者疏○｜國謂畿外諸侯詩抑箋布政于｜國都鄙也疏○坤爲｜易彖下傳可以正｜也虞注○坤爲大｜易彖下傳乃化｜也虞注○坤爲異｜易復以其國君虞注○坤爲｜國易豫利建侯行師虞注中孚我有好爵虞注○古字｜封同書康誥疏○詩烈祖｜畿千里文選注三作封畿千里廿五作京畿千里

缸 集韻瓨同○說文｜瓨也从缶工聲又瓨似罌長頸受十升讀若洪从瓦工聲○瓨長頸罌也史記貨殖列傳醯醬千瓨集解引徐廣又漢書貨殖傳注

降　集韻夅同○說文夅服也从夂㐄相承不敢竝也○丨下也後漢書東平憲王蒼傳我心則丨注○丨之者何取之也公羊莊三十年傳

雙　說文丨隹二枚也从雔又持之○二隻曰丨禮記少儀加於一丨疏○吳仲山碑節度無隻丨作隻

龐　說文龐高屋也从广龍聲

逢　孟子丨蒙淮南作逢蒙史記龜策傳作蠭門漢書藝文志王褒傳皆作逢門莊子作蓬蒙

腔　說文新附丨內空也从肉从空空亦聲

撞　說文丨丮擣也从手童聲

幢　說文新附丨旌旗之屬从巾童聲○丨旄丨也漢書韓延壽傳建丨棨注引晉灼○丨麾也漢書韓延壽傳注○丨本或作罿後漢書班固傳上撫鴻丨注

椿　說文新附丨橛杙也从木舂聲

橦　說文丨帳極也从木童聲

惷　說文丨愚也从心舂聲○丨愚生而癡騃者漢書刑法志三曰丨愚注

漎　丨丨疾貌也文選甘泉賦風丨丨而扶轄兮注

○以下據廣韻錄

舩　說文丨舉舟也从舟公聲

浝　說文丨水也从水尨聲

牻　說文丨白黑雜毛牛从牛尨聲

涳　說文丨直流也从水空聲

鬞　丨丨髮亂集韻引埤蒼

栙　說文丨丨雙也从木夅聲讀若鴻

洚　說文丨水不遵道一曰下也从水夅聲

胮　丨肛脹也集韻引埤蒼

椌　說文丨柷樂也从木空聲

崆　丨嶆崆山石高峻之貌文選南都賦注

䚋　說文䚋視不明也一曰直視从見舂聲

○以下據集韻錄

[illegible]　說文丨幬帳之象从冂㞢其飾也

[illegible]　說文丨涂也从水从土尨聲讀若

經籍纂詁卷第三補遺終

經籍籑詁卷第四

經筵講官南書房行走禮部左侍郎兼署兵部左侍郎提督浙江學政阮元撰集

上平聲

四支

支 與枝同○｜持也後漢蘇竟傳注○｜猶持也後漢郭泰傳注○｜載也爾雅釋言○｜｜計也後漢竇憲傳注○｜猶計也大戴記保傅燕｜｜地計衆注○｜猶堪也國語越語皆知其資財不足以｜長久也注○枝猶擬也史記魯仲連鄒陽傳枝桓公之心索隱○｜猶拒也國策西周策魏不能｜注○｜拄也國語周語天之所｜不可壞也注○枝柱也莊子齊物論師曠之枝策也釋文引司馬注○小柱爲枝史記項羽紀莫敢枝梧集解引瓚曰○枝柱言無根而倚立也文選魯靈光殿賦漂嶢峴而枝柱張注○謰謱拏也南楚或謂之｜注方言十○枝梧猶枝捍也史記項羽紀集解引如淳○｜離分散也文選魯靈光殿賦｜離分赴注○｜離形體｜離不全貌莊子人閒世｜離疏者釋文引司馬注○｜離偃者也莊子德充符闉曲｜離無脤釋文引司馬注○｜繚｜分繚繞言委曲巡警也荀子富國其候徼｜繚注○枝指謂指有岐也莊子駢拇駢拇枝指釋文引崔注○枝指手有六指也莊子駢拇釋文引三蒼○｜｜子也詩文王本｜百世傳○｜子庶昆弟也儀禮士昏禮記｜子則稱其宗注○小｜謂胡也郎今之戟傍曲｜後漢呂布傳注○寅卯爲枝枝月之靈也廣雅釋天○江氾枝分東入大江縣治洲上故以枝江爲稱水經江水注○白鮮｜絹也亦名縞也一切經音義廿一引纂文○｜音神祇之祇漢書郊祀志上集注○詩文王本｜百世左氏莊六年傳作本枝百世○春秋繁露王道引公羊傳｜解作枝解

枝 ｜謂莖也素問移精變氣論草茇之｜注○｜旁引如樹｜也荀子解蔽心｜則無知注○詩芄蘭芄蘭之支說苑脩文作芄蘭之｜○左傳秦公孫｜史記李斯傳作公孫支○秦公孫｜字子桑見左氏僖九年傳注

移 ｜猶施也史記田叔傳如有｜德於我集解引徐廣○｜徙也國語齊語則民不｜注○｜易也呂覽蕩兵而工者不能｜注下賢桀乎其必不渝｜也注○｜易其行也孟子滕文公下貧賤不能｜注○｜就也荀子大略｜而從所仕注○｜猶推之也列子周穆王化人｜之注○｜去也楚辭大招思怨｜只注○｜遺也廣雅釋言○｜離也莊子庚桑楚合者｜畫釋文○｜轉也廣雅釋詁四又荀子王制使相歸｜也注○｜動也國語晉語弗能｜也注○｜變也文選洛神賦於是精｜神駭注○｜猶傍也禮記大傳絶族無｜服釋文○｜之言靡迆也禮記玉藻手足毋｜注○｜避也廣雅釋詁三○｜猶歸呂覽義賞賞重則民｜之注○｜敓也廣雅釋詁三○｜禪也廣雅釋詁一○實少而名多曰｜也周書寶典｜潔干清注○幾廉倚跌謂之｜韓外傳六○披然曰｜是莊子庚桑楚○以物與人曰｜漢書楊雄傳上集注引如淳○｜之言羡也禮記郊特牲以｜民也注○｜書也後漢安帝紀注○｜猶傳也漢書燕刺王旦傳集注引如淳韓延壽傳集注○｜病謂作文｜而稱病也後漢翟酺傳注○承屋曰｜周書作誃設｜注○｜讀如水氾之｜猶廣大也禮記表記衣服以｜之注○｜當爲侈考工記輿人飾車欲侈杜注亮人侈弇之所由興司農注○禮記大傳絶族無｜服釋文｜本作施

爲 ｜｜作也周禮典同以｜樂器注又儀禮燕禮閽人｜大燭於門外注大射儀閽人｜燭於門外注又

禮記樂記豢豕丨酒注又論語述而不圖丨樂之至
於斯也集解引王注憲問丨命皇疏又國語魯語季
武子丨三軍注楚語其丨不匱財注又漢書禮樂志
集注又荀子禮論非順孰脩丨之注又呂覽貴生譬
之若官職不得擅丨注與其所以丨注知接何以丨
之莽莽也注又列子周穆王二日丨注又文選東京
賦丨無丨薛注○丨猶作也論語先進魯人丨長府
皇疏○丨猶作奏也論語述而不圖丨樂之至於斯
也皇疏○丨施也廣雅釋詁三又呂覽長利弗丨也
注○丨行也國語晉語諸侯之丨注○丨猶行也禮
記檀弓上不仁而不可丨也注又論語顏淵丨之難
皇疏○丨猶用也漢書賈捐之傳集注○丨治也左
氏文六年傳何以丨民釋文又左氏昭元年傳弗可
丨也巳注昭十八年傳大丨社注又小爾雅廣詁又
淮南原道是故天下之事不可丨也注又國語周語
丨川決之使導注齊語敢問丨此若何注晉語疾不
可丨也注鄭語其又可丨乎注又漢書刑法志集注
律厤志上集注蕭何傳集注賈誼傳集注杜欽傳集
注又呂覽去私其誰可而丨之注先己可以丨天下
注壹行以勸則必丨注又山海經中山經鼓鍾之山
有草名曰焉酸可以丨毒注大騩之山有草其名曰
蓷可以丨腹病注○丨者治也論語子路善人丨邦
百年皇疏○丨猶治也左氏襄三十年傳不可丨也
注又論語里仁能以禮讓丨國乎皇疏先進由也丨
之皇疏又山海經南山經怪水有旋龜可以丨底注
○丨亦治也史記扁鵲倉公傳及所能治病者集解
引徐廣○丨言治護之也山海經海內經九邱黃帝
所丨注○丨理國策齊策値所以丨國者不同耳注
○丨丨成也廣雅釋詁三又國語晉語黍不丨黍注又
漢書天文志集注引孟康○丨癒也廣雅釋詁一○
丨有也孟子滕文公上將丨君子焉注○丨助也國
策魏策臣請問文之丨魏注○丨使也國語晉語丨

後世之丨見之也注○丨猶使也易井丨我心惻注又
國語魯語其丨後世昭前之令聞也注○丨猶學也
論語述而抑丨之不厭皇疏陽貨汝丨周南召南矣
乎皇疏子張是以君子不丨也皇疏○丨猶置也後
漢袁譚傳注○丨猶屬也國策秦策不戰而已丨秦
矣注○丨猶前也莊子養生主指窮于丨薪釋文○
丨猶數也禮記曲禮上則主人請入丨席注○丨不
言也周書芮良夫無曰予丨注○丨猶解說也孟子
告子下固哉高叟之丨詩也音義引丁音○丨猶差
擇周禮世婦丨齍盛注○性之動謂之丨莊子庚桑
楚○丨間有間也孟子盡心下丨間不用注○丨音
無丨之丨漢書高帝紀上集注引應劭○丨或丨違
荀子臣道君子不丨也注○今月令作丨爲詐僞禮
記月令毋或作丨注○易繫辭丨易者其於中古乎
釋文丨本作作○左氏成九年傳丨將改立君者釋
文丨本作僞定十二年傳子丨不知釋文丨本作僞
○論語述而不圖丨樂之至於斯也釋文丨本作嬀
○詩天保吉蠲丨饎周禮蜡氏注作吉圭惟饎○公
丨郎公叔務人見
左傳昭廿五年

垂 丨邊也史記司馬相如傳坐不丨堂索隱引樂彥
又文選王仲宣詠史詩兄弟哭路丨注○丨猶邊
也莊子逍遙遊其翼若丨天之雲釋文引崔注○丨
下也荀子富國丨事養民注○丨縣也漢書司馬相
如傳下集注引張揖○丨係也春秋元命苞士丨一
人宋均注○丨拱言無爲也後漢清河孝王慶傳注
○丨拱言無所指麾者也大戴記保傅桓公丨拱無
事而朝諸侯注○丨髮童幼也後漢鄧禹傳注○丨
髮謂童子也後漢呂強傳注○丨臣名書舜典僉曰
丨哉傳○丨舜共工書顧命丨之竹矢傳○丨堯之
時共工也禮記明堂位丨之和鐘注○丨比葉爾雅
釋草○丨與唾同荀子臣道邊境之臣處則彊丨不

喪注○舜典丨荀子
解蔽呂覽重己作倕
吹 出氣急曰丨玉篇引聲類○丨助也方言十二又
廣雅釋詁二○丨寒也老子或呴或丨注○丨猶
然也文選海賦丨炯九泉注○竹曰丨丨推也以氣
推發其聲也釋名釋樂器○丨猶籟也莊子齊物論
夫言非丨也釋文引崔注○莊子逍遙游生物之以
息相丨也釋文引崔本作炊○丨當作炊炱之炊顏
氏家訓
書證
陂 山旁曰丨言丨陁也釋名釋山○丨者謂高峯山
丨爾雅釋地丨者曰阪李注○丨崖也國語越語
故濱於東海之丨注○丨者繁也言因下鍾水以繁
利萬物也風俗通山澤○丨池也廣雅釋地○丨鄣
也國語周語澤不丨注○丨澤障也詩澤陂彼澤之
丨傳○澤障曰丨書泰誓上惟宮室臺榭丨池侈服

傳又後漢班彪傳上注○畜水曰丨禮記月令毋漉
丨池注又國語周語丨唐污庳注又淮南說林十頃
之丨注○丨北髮反阪也亦所以爲隰之限域也詩
坻釋文引字林○丨壅也國語吳語丨漢以象帝舜
注○丨陁險也廣雅釋邱○丨衺也廣雅釋詁二○
丨衺也陳楚荆揚曰丨方言六○丨傾也文選魏都
賦北岡隒而無丨劉注○丨陁長陛也楚辭招魂侍
丨陁些注○丨池旁頹貌也文選上林賦丨池貏豸
郭注○丨水世謂之百荅水山海經中山經婁涿之
山丨水出于其陰注○丨與詖同荀子成相讒人罔
極險丨傾側此之疑注○丨或作野淮南俶眞是故
百姓曼衍於淫荒之丨注○爾雅釋地丨者曰丨釋
文丨本作坡○書洪範無偏無丨釋文丨
本作頗○孫叔敖碑波障源湶丨作波
碑 宮必有丨所以識日景引陰陽也凡丨引物者宗
廟則麗牲焉以取毛血其材宮廟以石窆用木儀

禮聘禮上當丨南陳注○丨桓楹也禮記喪大記四
綍二丨注○丨被也此本葬時所設也施鹿盧以繩
被其上引以下棺也臣子追述君父之功美以書其
上後人因焉無故建於道陌之頭顯見之處名其文
就謂之丨也釋名釋典藝○方者謂之丨後漢竇憲
傳注○丨以敘德文選文賦丨披文以相質注○夫
封者表有德丨者頌
有功水經濰水注
奇 丨異也國語晉語丨生怪注又漢書高帝紀上集
注又文選東京賦丨樹珍果薛注又楚辭涉江余
幼好此丨服兮注○奇異也廣雅釋言○丨丨異也
荀子正名聲音清濁調竽丨聲以耳異注○丨者異
之也史記外戚世家因欲丨兩女索隱○非常曰丨
淮南脩務喻於道者不可動以丨注○詭異亂羣謂
之丨老子而爲丨者王注○丨詐也老子以丨用兵
注正爲丨注○丨長也淮南詮言聖人無屈丨之服

注又一切經音義十二引淮南許注○丨恒者言丨
病也素問玉版論要○丨謂丨繆不偶之氣而與經
脈繆處也素問三部九候論其病者在丨邪注○丨
謂邪不正管子白心丨身名廢注○丨謂權譎以勝
敵也管子小問以丨注○丨者擊其不備後漢袁紹
傳注○丨衺譎觚非常周禮宮正去其淫怠與其丨
衺之民注○丨衺若今媚道周禮內宰禁其丨衺注
○丨偉誇大也荀子非相足以爲丨偉偃却之屬注
○丨說謂譎誑之言管子七法一體之治者去丨說
注○丨衣珍異之衣荀子非相丨衣婦飾注○丨服
衣非常周禮閽人丨服怪民不入宮注○丨車獵車
之屬禮記曲禮上國君不乘丨車注○丨車不如法
之車禮記曲禮釋文引何注○丨車丨邪不正之車
禮記曲禮釋文○丨賌陰陽丨秘之要淮南兵略刑
德丨賌之數注○江神謂之丨相廣雅釋天○不丨
丨也楚辭招魂麗而不丨注○公羊文十二年注丨

巧異端也釋
文丨本作琦
宜 丨義也國語晉語將施於丨注○丨之言義也文
選東京賦丨無嫌於往初薛注○丨事也爾雅釋
詁○丨猶當也漢書張騫傳集注又呂覽當賞爵祿
之所加者丨注○丨安也漢書地理志下集注○丨
適也淮南本經旁薄衆丨注○丨得其所也文選補
亡詩注引蒼頡○丨美也太元狩好是丨德注○丨
猶善也禮記內則子甚丨其妻注○丨求見使祐也
爾雅釋天孫注○丨肴也詩女曰雞鳴與子丨之傳
又爾雅釋言○丨飲酒之肴也爾雅釋言李注○祭
社曰丨書泰誓上丨于冢土傳○丨出兵祭社之名
左氏成十三年傳成子受脤於社注○起大事動大
衆必先有事乎社而後出謂之丨爾雅釋天○類丨
造皆祭名禮記王制丨乎社注○丨陽大縣也名爲
縣其實郡也新序雜事一○詩角弓如食丨饇釋文

丨韓詩
作儀
儀 丨宜也詩烝民我丨圖之傳○丨宜也得事宜也
釋名釋典藝○丨義也詩鳲鳩其丨一兮箋○容
服有義謂之丨賈子道術○丨正也太元元圖丨用
二九注○丨善也詩斯干無非無丨箋我將丨式刑
文王之典傳又左氏昭六年傳丨式刑文王之典服
注丨形文王服注又周書太子晉是之謂丨注又爾
雅釋詁又國語魯語堯能單均刑法以丨民注又管
子侈靡不丨之毋助注○丨法也國語周語度之於
軌丨注百官軌丨注示民軌丨也注又後漢張湛傳
注班彪傳下注又太元養克復可以爲丨注又淮南
精神可以爲天下丨注又楚辭怨思承皇考之妙丨
注又文選東京賦司丨辨等薛注○丨者法也鬼谷
子內揵退爲大丨注○丨準也國語周語丨之於民
注不丨生物之則注○丨則也文選東京賦丨姬伯

之渭陽薛注○丨匹也詩柏舟實維我丨傳烝民我
丨圖之箋又禮記表記我丨圖之注又爾雅釋詁又
國語周語丹朱馮身以丨之注○丨賢也廣雅釋言
○丨禮也文選東京賦敬愼威丨薛注○丨言也周
書寶典是謂四丨注○丨我也詩角弓如食宜饇釋
文引韓詩○丨見也廣雅釋詁三○丨向也漢書外
戚傳上集注引晉灼○丨望也呂覽處方射者丨毫
而失牆注○丨來也廣雅釋言○丨來也陳潁之閒
曰丨方言二○丨榦也爾雅釋詁○丨表亦體榦爾
雅釋詁注○丨謂表也管子禁藏法者天下之丨也
注○丨威丨也詩相鼠人而無丨箋○丨容也廣
雅釋訓○丨有容丨書益稷鳳皇來丨傳○丨形容
丨形體也文選褚淵碑文丨形長遞注○丨酌有威
丨多也周禮司尊彝鬱齊獻酌司農注○丨適猶言
丨注也後漢竇融傳注○丨謂君南面臣北面父坐
子伏之屬周禮大司徒五曰以丨辨等注○丨謂風

俗也荀子正論諸夏之國同服同丨注○丨猶法象
也文選演連珠是以丨天步晷而修短可量注○丨
謂法象之也文選西征賦丨景星於天漢注○兩丨
天地也文選潘安仁爲賈謐作贈陸機詩注引易王
肅注又太元元數旁擬兩丨注又呂覽大樂太一出
兩丨注又文選勸進表聖姿合於兩丨注○三丨謂
天地人也太元元攡三丨同科注○太丨天之帝庭
習威丨之處也楚辭遠遊朝發軔於太丨注○大丨
太極也以生天地謂之大成形之始謂之丨文選勵
志詩大丨幹運注○丨謂渾丨以銅爲之置於靈臺
王者正天文之器也後漢明帝紀注○丨弩招顏也
淮南齊俗夫一丨不可以百發注○故書丨爲義周
禮小宗伯肆丨爲位注肆師治其禮丨注○故書丨
或爲義杜子春讀爲丨謂九丨周禮大司徒五曰以
丨辨等注○故書丨作義鄭司農義讀爲丨周禮典
命掌諸侯之五丨注○今文丨皆爲犧或爲議儀禮

有司徹其脀體丨也注○丨當爲義聲之誤也禮記
緇衣臣丨行不重辭注○丨當爲羲仲之後也書大
傳丨伯樂舞蘘哉注○丨或作祿荀子臣道秦之張
丨注○詩楚茨禮丨卒度韓詩作禮義卒度○國語
周語無射所以宣布哲人之令德示民軌丨儀禮大
射儀注作示民軌義○國語楚語采服之丨周禮春
官序官司農注作采服之宜○左氏隱元年傳郲丨
父漢書鄒陽傳作義父○呂覽當染當師闔閭有臣
文之丨墨子作文義○左氏襄廿九年經衞世叔
丨公羊作世叔齊○楊信碑追念義刑丨作義

皮 丨被也被覆體也釋名釋形體○丨毛者肺之合
也素問欬論○丨者脈之部也素問皮部論○丨
離也廣雅釋詁三○丨剝也廣雅釋言○艮爲丨易
遯執之用黃牛之革虞注○丨裘也公羊宣十二年
傳丨不蠹注○丨乃太古未有禮文之服白虎通紼
冕○丨虎豹丨周禮大宗伯孤執丨帛注小行人璋

以丨注○丨虎豹之丨儀禮聘禮庭實丨則攝之注
○丨鹿丨儀禮士昏禮儷丨注○丨謂鹿丨也淮南
時則更丨幣注○丨麋鹿丨也儀禮聘禮乘丨設注
儷丨注○丨狐貉之裘孟子梁惠王下事之以丨幣
注○丨帛儷丨束帛也儀禮士昏禮記丨帛必可制
注○丨幣鹿丨元纁束帛也呂覽仲春更丨幣注○
丨弁天子朝服大戴記公冠公冠四加元冕注○丨
弁者以白鹿丨爲冠象上古也儀禮士冠禮丨弁服
注○丨弁謂以白鹿丨爲冠象上古也荀子富國士
丨弁服注○以鹿丨爲之謂之丨弁釋名釋首飾○
丨車遣車之革路周禮司裘大喪廞裘飾丨車注○
丨軒虎丨爲之也獨斷下○丨傳強也秦晉言非其
事謂之丨傳方言七○丨樹獸名儀禮鄉射禮記則
丨樹中注○今文丨樹爲繁豎儀禮鄉射禮記注○
漢書古今人表司
徒丨毛詩作番

兒 丨子也廣雅釋親○男曰丨女曰嬰玉篇引蒼頡
○丨齒亦壽徵詩閟宮黃髮丨齒箋○丨踵東根
也廣雅
釋草

離 丨麗也易彖上傳說卦傳繫辭下傳蓋取諸丨注
又易離釋文○丨者麗也易序卦傳○丨附也易
否疇丨祉九家注又文選思元賦松喬高跱孰能丨
舊注○丨附麗也太元應五枝丨如注○丨著也太
元元攡丨乎僞者注又莊子則陽子獨先丨之曰釋
文○丨兩也禮記曲禮上丨坐丨立注○丨並也後
漢和熹鄧皇后紀注○丨列也楚辭招魂丨樹脩幕
注○丨陳也左氏昭元年傳楚公子圍設服丨衞注
○丨待也廣雅釋詁二又方言十二○丨謂亥位之
別也管子侈靡昭穆之丨注○丨歷也國語晉語非
天不丨數注又史記天官書月所丨列宿索隱引韋
昭蘇秦傳我丨兩周正義又漢書律厤志上集注引

臣瓚楊雄傳上集注引晉灼匈奴傳下集注又後漢
寇榮傳注○丨遭也淮南氾論丨者必病注又漢書
藝文志集注劉向傳集注張陳王周傳贊集注賈誼
傳集注三見霍去病傳集注王褒傳集注趙充國傳
集注蕭望之傳集注馮奉世傳贊集注楊雄傳上集
注西南夷傳集注外戚傳下集注王莽傳中集注又
後漢順帝紀注鄧訓傳注馮衍傳上注馮衍傳下注
左雄傳注又楚辭天問卒然丨蠥注又文選思元賦
循法度而丨殃舊注○丨猶遭也後漢郭伋傳注○
丨被也史記管蔡世家無丨曹禍索隱又後漢班彪
傳上注東平憲王蒼傳注杜根傳注張衡傳注○丨
罹也文選思元賦循法度而丨殃注○丨卽罹史記
管蔡世家無丨曹禍索隱○丨猶過也儷也儀禮大
射儀中丨維綱注○丨分也廣雅釋詁一○丨猶分
也列子仲尼形名丨也注○參蠡分也秦晉曰丨方
言六○丨散也太元元測都序丙明丨章注又呂覽

大樂丨則復合注又淮南精神丨爲八極注〇丨澂
也廣雅釋詁三〇丨去也廣雅釋詁二又列子天瑞
而未相丨也釋文又淮南俶眞皆欲丨其童蒙之心
注〇丨丨列也呂覽誣徒合則弗能丨注又離騷序〇
丨別丨丨也莊子馬蹄性情不丨釋文〇丨違也呂覽
論威形性相丨注〇丨猶違也管子任法信近親愛
者不能丨也注〇丨遠也廣雅釋詁一又漢書律厤
志上集注引應劭〇丨開也文選思元賦丨朱脣而
微笑兮舊注〇丨避也後漢劉盆子傳注〇丨畔也
國語楚語邇者騷丨注吳語民人丨落注〇丨失也
國語周語聽淫日丨其名注〇丨絶也國策秦策則
是我丨秦而攻楚也注〇丨割也儀禮士冠禮丨肺
注〇丨搼儀禮既夕丨肺注〇丨猶搼也儀禮鄉飲
酒禮記肺皆丨注鄉射禮記肺皆丨注特牲饋食禮
記丨肺一注〇丨刚也廣雅釋言〇丨憂也詩四月
亂丨瘼矣傳又左氏宣十二年傳亂丨瘼矣注又洪
範五行傳是丨逢非沴注〇丨乖丨荀子王霸四方
之國有侈丨之德則必滅注〇丨者不和也淮南本
經是故上下丨心注〇二國會曰丨公羊桓二年傳
丨不言會注〇四聚爲一丨管子乘馬〇丨肺舉肺
也儀禮士虞禮丨肺注〇丨皮者兩皮也白虎通嫁
娶〇丨丨長貌初學記引韓詩〇丨丨剥裂貌楚辭
思古曾哀悽欷心丨丨兮注〇丨丨垂也詩湛露其
實丨丨傳〇丨丨貫垂之貌文選西京賦朱實丨丨
薛注〇丨丨黍貌也御覽引韓詩黍離彼黍丨丨說
〇丨丨不親事之貌荀子非十二子丨丨然注〇丨
至丨別前後至也公羊襄五年傳丨至不可得而序
注〇和丨謂次序其聲縣也禮記明堂位垂之和鐘
叔之丨磬注〇〇丨經章斷句絶也禮記學記一年視
丨經辨志注〇不可會聚曰丨析論語季氏邦分崩
丨析集解引孔注〇丨縱謂丨於俗而步去荀子非
十二子丨縱而跂訾者也注〇丨縱謂丨於俗而放

縱荀子非十二子注〇丨灑鏤鏤之貌文選洞簫賦
鏤鏤丨灑注〇丨褷淋滲毛羽始生之貌文選海賦
鳧雛丨褷鶴子淋滲注〇丨婁刻鏤之貌文選景福
殿賦丹綺丨婁注〇丨樓攢聚衆木貌文選長門賦
丨樓梧而相撐注〇丨樓衆木交加之貌文選魯靈
光殿賦嶔崟丨樓注〇出之子爲丨孫爾雅釋親〇
出之子曰丨孫言遠丨己也釋名釋親屬〇落丨壁
落也國語楚語爲之關籥藩丨注吳語孤用親聽命
於藩丨之外注〇遠其部曲爲丨局後漢袁紹傳注
〇丨局姦也風俗通過譽〇羅謂之丨方言七〇丨
卽羅也史記五帝紀旁羅日月星辰索隱〇羅丨皆
行列物也方言七注〇大琴謂之丨爾雅釋樂〇丨
麗也物皆附麗陽氣以茂也釋名釋天〇丨明也大
戴記公冠丨顯先帝之光耀注又廣雅釋詁四〇丨
亦南也周髀算經下夏至從丨注〇丨上易雜卦傳
〇丨者火也易象上傳丨麗也荀注〇二丨日月也
文選傳長虞贈何劭王濟詩二丨揚清暉注〇丨月
所歷困學紀聞引蔡邕月令章句〇丨者陰卦易象
上傳荀注〇剛而包柔爲丨漢書五行志中之下〇
丨耳國鏤丨其耳分令下垂以爲飾卽儋耳也山海
經海內南經丨耳國注〇長丨朱鳥也文選思元賦
前長丨使拂羽兮舊注〇鵕丨丨怪鳥屬也爾雅釋鳥
〇丨南活莌爾雅釋草〇江丨丨香草名也離騷江丨
與辟芷兮注〇丨讀如儷偶之儷禮記月令宿丨不
貸注〇丨當爲雜書亦或爲雜周禮形方氏無有華
丨之地杜注〇丨與螭同後漢竇憲傳注班彪傳下
注〇丨則配禹顏氏家訓書證〇詩七月傳倉庚丨
黃也釋文丨本作鵹作鸝同〇左氏昭十三年傳注
落丨也釋文丨本作籬〇詩黍離彼黍丨丨說文禾
部作彼黍穲穲〇詩兔爰雉丨于罦漢書注作雉罹
于罦〇論衡說日引詩月丨于畢作月麗
于畢〇國策燕策高漸丨論衡書虛作麗

施 ｜設也漢書董仲舒傳集注○｜猶設也史記韓
世家｜三川而歸正義○｜設也立也漢書蒯通
傳集注○｜張設也史記田敬仲完世家而王以｜
三川正義○｜猶展也史記范雎蔡澤傳利｜三川
正義○｜謂展其材也荀子臣道爪牙之士｜則仇
讐不作注○｜陳也國語晉語爲大戮｜注○陳尸
曰｜國語晉語秦人殺冀芮而｜之注○｜延也淮
南脩務名｜後世注○｜猶著也禮記祭統勤大命
｜于烝彝鼎注○｜賦也大戴記曾子天圓陽｜而
陰化也注○｜行也論語爲政｜於有政集解引包
注又皇疏又淮南脩務聲｜千里注○｜行也廣
雅釋訓○｜與也漢書武帝紀集注○｜予也廣雅
釋詁三○｜舍也楚辭天問大何三年不｜注○｜
用也後漢賈復傳注又莊子秋水何少何多是謂謝
｜釋文引司馬注又淮南原道｜之無窮而無所朝
夕注○｜宜也淮南氾論譬若斤斧椎鑿之各有所
｜也注○｜善也詩何人斯我心易也釋文引韓詩
○｜惠也國語晉語夫齊侯好示務｜注○｜｜德
也國語晉語｜舍分寡注○｜猶敎也禮記學記不
陵節而｜之爲孫注○｜功勞也左氏僖廿四年傳
｜者未厭注○｜微曲也淮南齊俗去非者非披邪
｜也注○｜發音也孟子公孫丑上孟｜舍之所養
勇也注○乾爲｜易象下傳后以｜命誥四方虞注
○｜｜難進之貌詩邱中有麻將其來｜｜傳○｜｜
｜舒行伺閒獨來見己之貌詩邱中有麻箋○｜｜
猶扁扁喜悅之貌孟子離婁下｜｜從外來注○｜｜
所以爲旄羽珥周書王會樓煩以星｜注○｜者大
尺之名也其長七尺管子地員夫管仲之匡天下也
其｜七尺注○｜讀爲弛周禮遂人與其｜舍者注
○｜讀亦弛也周禮遂師辨其｜舍與其可任者注
○｜讀亦爲弛周禮土均與其｜舍注遂大夫與其
可｜舍者注○｜當爲弛周禮小司徒凡征役之｜

舍注○｜讀曰移史記萬石張叔傳劒人之所｜易
集解引如淳又漢書衞綰傳集注引如淳又荀子儒
效若夫充虛之相｜易也注○｜宜爲與家語正論
｜生戮死注○爾雅釋草卷｜草釋文｜本作葹○
鄭豐｜字子旗見左氏昭十六年傳○齊欒｜字子
旗見左氏昭三年傳○魯巫馬｜字子旗見史記仲
尼弟子傳○齊弦｜字
子多見左氏哀四年傳

知 ｜猶覺也呂覽情欲而終不自｜注又淮南脩務
七年而後｜注○｜猶解也史記淮南衡山傳且
吳何｜反索隱○｜聞也國語楚語不｜其以匱之
也注○｜猶聞也列子仲尼所願｜也注○｜猶見
也呂覽自知｜於顏色注○｜猶欲也禮記樂記｜
誘於外注○｜猶別也呂覽有始以寒暑日月晝夜
｜之注又淮南說林故見其一本而萬物｜注○｜
猶爲也呂覽長見三年而｜鄭國之政注○｜猶發
也呂覽報更齊王｜顏色注○｜猶得也呂覽審應
其在於民而君弗｜注○｜謂性識荀子王制草木
有生而無｜注○心徹爲｜｜莊子外物○多能非以
脩蕩是則謂之｜荀子解蔽○所以｜之在人者謂
之｜荀子正名○｜接也墨子經上○｜者接也莊
子庚桑楚○｜匹也詩隰有萇楚樂子之無｜箋又
爾雅釋詁○｜愈也南楚病愈者或謂之｜方言三
○｜瘉也廣雅釋詁一○所｜通問相｜也儀禮既
夕所｜則賵而不奠注○由人曰｜之自己｜曰覺
焉公羊宣六年傳趙盾｜之注○｜讀爲智荀子富
國故相率而爲之勞苦以務佚之以養其｜也注正
名故｜者之言也注臣道有能比｜同力注賦無｜
無巧善治衣裳注子道｜者若何注○｜或爲和荀
子天論所志於陰陽者已其見｜之可以治者矣注
大略審節而不｜不成禮注○｜｜本作寘莊子人閒
世莫之｜避釋文○｜一本作如列子仲尼不｜務

內觀所願
丨也釋文
馳 丨丨行也淮南原道執元德於心而化丨若神注○
丨丨犇也廣雅釋室○丨競也文選東京賦煌火丨丨
而星流薛注○丨善蹫人也禮記曲禮上入國不丨
注○丨放不扣周禮田僕大夫丨注○直騁曰丨後
漢光武紀上注○車馬曰丨書允征嗇夫丨釋文又
左氏昭十七年傳嗇夫丨注○丨施也文選神女賦
序五色竝丨注○丨騁猶宣布也文選北山移文騁
西山之逸議注○丨騁田獵也呂覽任數丨騁而因
耳矣注○丨驅自恣
也詩板無敢丨驅傳
池 停水曰丨書泰誓上惟宮室臺榭陂丨侈服傳又
後漢班彪傳上注○有水曰丨呂覽重己昔先聖
王之爲苑囿園丨也注○無水曰隍有水曰丨易泰
城復于隍虞注○穿地通水曰丨禮記月令毋漉陂

丨注○丨城丨丨也詩東門之池東門之丨傳○通丨
城壕也文選蕪城賦通丨既已夷注○丨謂陂障之
水道也周禮雍氏掌溝瀆澮丨之禁注○殊坎謂之
丨小爾雅廣名○丨者象宮室之承霤以竹爲之狀
如小車笭衣以青布儀禮既夕一丨注○丨者緣飾
之名匡謬正俗七○丨之言施也禮記樂記咸丨備
矣注○堯曰咸丨獨斷上○歲在戊午名曰咸丨丨漢
西嶽山亭碑○塡丨當爲貭徹聲之誤也禮記檀弓
上主人旣祖塡丨注○左氏襄九年傳而何敢差丨
釋文丨本作沱○左氏桓十二年經盟于曲丨公羊
作毆蚝○莊子大宗師穿
丨而養給釋文丨本作地
規 正員之器曰丨漢書高帝紀下集注引韋昭○丨
者正圓之器荀子正論是丨磨之說也注○書圓
曰丨一切經音義二十引通俗文○圓曰丨離騷偭
丨矩而改錯注○丨員也史記禮書丨矩誠錯索隱

又後漢馬融傳注○丨圜也太元元攡而生乎丨注
又楚辭大招曲眉丨只注又文選思元賦泯丨矩之
員方舊注○丨圓也後漢魯丕傳注又呂覽自知欲
知方圓則必丨矩注又淮南主術是故能進退履繩
而旋曲中丨注○丨畫也國語周語其母夢神丨其
臀以墨注又漢書燕剌王旦傳集注陳湯傳集注○
丨丨畫而有之國語周語丨方千里以爲甸服注○
丨摹也文選東京賦丨遵王度薛注○丨圖也文選
東京賦丨摹踰溢薛注○丨法也文選東京賦則同
丨乎般盤薛注○外丨爲玉衡也史記天官書索隱
引書大傳注○丨猶有也國語楚語不丨東夏注○
丨諫也後漢趙憙傳注又淮南主術是故心知丨而
師傅諭導注○丨諫也國語楚語其又以丨爲瑱也
注又呂覽達鬱近臣盡丨注○丨猶諫也文選東京
賦卒無補於風丨薛注○丨丨諫也國語楚語在輿
有旅賁之丨注○丨丨細小貌莊子庚桑若丨丨然

若喪父母釋文○丨丨小見之貌荀子非十二子瞡
瞡然注○丨丨失神貌莊子庚桑釋文引李注○丨丨
丨驚視自失貌莊子秋水丨丨然自失也釋文○丨丨
丨亦戎也周書王會丨丨以麟注○張表碑頪桀未
合丨
作頪
危 丨高也莊子盜跖去其丨冠釋文引李注○丨猶
高也禮記緇衣則民言不丨言注又論語憲問皇
疏又後漢馮衍傳注第五倫傳注○丨由高也鬼谷
子決丨而美名者注○丨亦高謂峻也後漢梁冀傳
注○丨高險也國語晉語檣木不生丨注○丨垝也
史記律書○丨阢也阢阢不固之言也釋名釋言語
○丨殆也孝經高而不丨鄭注又漢書東平思王傳
集注引孟康○丨險也漢書外戚傳下集注○丨傾
險也管子大匡承事不敬而違老治丨注○丨傾隕
也呂覽壹行强大行之丨注○丨敗也呂覽驕恣不

知化者舉自丨注○丨謂毁敗管子禁藏吏不敢以
長官威嚴丨其命注○丨正也廣雅釋詁二○丨然
獨正之貌莊子繕性丨然處其所注○丨厲也論語
憲問丨言丨行集解引包注又皇疏○丨難也呂覽
本味犯丨行苦注○丨疑呂覽明理日以相丨注○
丨亡也國策秦策魏必丨注又呂覽分職國家之所
以亡注○人民流散曰丨家語執轡○丨謂不安其
所居也管子治國民貧則丨鄉輕家注○丨謂不自
安戒懼之謂也荀子解蔽處一丨之注○丨者言其
近死猶有生者也素問三部九候論少氣不足以息
者丨注○丨欲毁害之也禮記儒行有比黨而丨之
者注○丨言謂不畏丨難而直言也後漢黨錮傳注
○丨足側足也荀子榮辱丨足無所履者凡在言也
注○國丨謂有兵寇之難周禮小司寇一曰詢國丨
注○丨棟上也禮記喪大記中屋履丨注又史記魏
世家痤因上屋騎丨集解○西爲丨淮南天文○虛

經籍籑詁 卷四 四支 夷 十七

丨爲宗廟周禮大司樂黃鍾爲宮注○三丨西方山
也楚辭遠逝馳六龍于三丨兮注○易渙注不在丨
劇釋文丨本作厄○左氏僖廿八年傳注丨疑之理
釋文丨本作佹○莊子繕性丨然去其所而反其性
巳釋文丨司馬本作恑○莊子繕性釋文丨崔本作
垝○莊子漁父苦心勞形以丨其眞釋文丨本作僞
夷丨平也書堯典厥民丨傳又詩草蟲我心則丨箋
出車玁狁于丨傳節南山式丨式巳傳桑柔亂生
不丨傳召旻實靖丨我邦傳又左氏成十六年傳將
塞井丨竈而爲行也注昭十七年傳丨民者也注又
周書大明武是爲大丨注祭公用丨居之大商之衆
注又國語周語亂生不丨注五日丨則注晉語丨竈
堙井注不丨於先子注魯語賢者病急而讓丨注又
史記趙世家兄弟之通義也集解引徐廣司馬相如
傳散渙丨陸索隱引司馬彪又漢書高帝紀下集注
成帝紀集注禮樂志集注項籍傳集注陳餘傳集注

田儋傳集注張良傳集注陸賈傳集注司馬相如傳
上集注二見司馬相如傳下集注梅福傳集注楊雄
傳上集注二見匈奴傳上集注王莽傳上集注又後
漢魯恭傳注鄭宏傳注郭泰傳注又孟子盡心下丨
考其行注又太元釋四國之丨注夷首注執丨內注
逃逃水之丨注又家語弟子行式丨式巳注五帝德
莫不丨說注又老子丨道若類注視之不見名曰丨
釋文引顧注又管子地員其人丨姤注又呂覽察微
克丨而後去之注知化丨其宗廟注又淮南原道馳
騁丨道注本經直道丨險注又楚辭憂苦巡陸丨之
曲衍兮注又文選西京賦襄岸丨塗薛注參塗丨庭
薛注王文憲集序丨雅之體注○丨者平也漢書郊
祀志上集注又匡謬正俗八○丨上平上爾雅釋邱
丨上洒下不漘李注又孫注○丨平太元元衡○丨
平易太元元錯○丨易皆平也文選封禪文故軌迹
丨易易遵也注○丨易也書禹貢三百里丨馬注又

經籍籑詁 卷四 四支 夷 十六

詩節南山君子如丨傳天作有丨之行傳有客降福
孔丨傳又文選注引韓詩章句又爾雅釋詁又漢書
地理志上集注又後漢南蠻西南夷傳注○丨常也
書顧命丨玉傳又詩皇矣串丨載路傳瞻卬靡有丨
屆傳又周書武穆丨德之用注又孟子告子上民之
秉丨注○丨儀言有常儀也文選劇秦美新罔不丨
儀注○丨猶儕也禮記曲禮上在醜丨不爭注又史
記留侯世家皆陛下故等丨集解引徐廣○丨陳也
禮記喪大記奉尸丨于堂釋文○丨尸也同上○丨
說也詩風雨云胡不丨傳節南山既丨既懌箋那亦
不丨懌傳○丨悅也爾雅釋言又太元內遇庸丨注
又楚辭離世心翬翬而不丨注○丨喜也楚辭陶壅
羨余術兮可丨注○丨毁也一切經音義九引國語
賈注○丨傷也易明夷虞注又釋文又左氏成十三
年傳芟丨我農功注襄廿六年傳王丨師熠注昭五
年傳明丨日也注又白虎通五行又小爾雅廣言又

國語晉語將止不面丨注又漢書五行志中之上集
注揚雄傳下集注又後漢張酺傳注班超傳注崔駰
傳注李膺傳注又孟子離婁上則反丨矣注又太元
元數大呂生丨則注夷丨其牙注離木芺金丨注晦
丨其右目注又淮南天文庚子干丙子丨注〇丨亦
傷也左氏成十六年傳察丨傷注〇丨者傷也易序
卦傳〇明丨誅也易雜卦傳〇丨滅也廣雅釋詁四
又國語周語是以人丨其宗廟注又後漢宦者傳注
又老子名曰丨釋文引鍾會注又荀子君子故一人
有罪而三族皆丨注又楚辭惜賢丨蠢蠢之溷濁注
〇丨猶滅也後漢光武帝紀下注引廣雅〇丨殺也
左氏隱六年傳芟丨蘊崇之注〇丨猶殺也後漢班
彪傳上注〇丨創也漢書婁敬傳集注〇金創爲丨
左氏成十六年傳察丨傷服注〇丨除也漢書酷吏
傳集注〇丨敭也廣雅釋詁三〇丨踞也論語憲問
原壤丨俟集解引馬注又皇疏〇丨倨也荀子脩身

不由禮則丨固僻違注〇丨者僻丨無禮義白虎通
禮樂〇無色曰丨老子名曰丨注〇視之不見名曰
丨老子〇安心好靜曰丨周書謚法〇克殺秉政曰
丨同上〇丨由不行也後漢馬融傳注〇丨猶猶豫
也楚辭湘君君不行兮丨猶注抽思低佪丨猶注〇
丨靡積弛也文選射雉賦或乃崇墳丨靡徐注〇丨
庚者藏車之所文選辯亡論上旋皇輿於丨庚注〇
丨矛丨常也其矜長丈六尺不言常而曰丨者言其
可丨滅敵亦車上所持也釋名釋兵〇丨鋤類也管
子小匡惡金以鑄斤斧鉏丨鋸欘注〇丨之以鉤鎌
迫地芟之也若今取茭矣周禮薙氏曰夏至而丨之
注〇丨之言尸也實冰于槃中置之尸牀之下所以
寒尸尸之槃曰丨槃牀曰丨牀衾曰丨衾移尸曰丨
于堂皆依尸而爲言者也周禮淩人大喪共丨槃冰
注〇丨槃承尸之槃儀禮士喪禮士有冰用丨槃可
也注〇丨衾覆尸之衾儀禮士喪禮牀笫丨衾注〇

丨衾覆尸柩之衾也同上〇丨玉東丨之美玉書顧
命丨玉馬注〇丨玉東北之珣玗琪也書顧命鄭注
〇丨則者易其則也淮南天文〇丨則陽律也竹管
音與丨則和太陽氣衰太陰氣發萬物肅然因法成
性故曰律中丨則呂覽孟秋律中丨則注〇丨則七
月也丨傷則法也陽衰陰發萬物彫傷應法成性故
曰丨則淮南天文音比丨則注〇丨傷也則法也是
月陽衰陰盛萬物凋傷應法成性故曰丨則也淮南
時則律中丨則注〇丨則申之氣也七月建焉而辰
在鶉尾周禮大師丨則注〇丨則長五寸七百二十
七分寸之四百五十一同上〇丨海也越絕書吳內
傳〇丨丨圻也國語周語蠻丨要服注〇東辟之民
曰丨大戴記千乘〇東方曰丨禮記王制又周禮職
方氏辨其邦國都鄙四丨八蠻七閩九貉五戎六狄
之人民司農注又後漢東夷傳〇方千里曰國畿其
外方五百里曰侯畿又其外方五百里曰甸畿又其

外方五百里曰男畿又其外方五百里曰釆畿又其
外方五百里曰衛畿又其外方五百里曰蠻畿又其
外方五百里曰丨畿周禮大司馬〇方千里曰王畿
其外方五百里曰侯服又其外方五百里曰甸服又
其外方五百里曰男服又其外方五百里曰釆服又
其外方五百里曰衛服又其外方五百里曰蠻服又
其外方五百里曰丨服周禮職方氏〇丨者觝也通
鑑注引風俗通〇丨者柢也言仁而好生萬物柢地
而出後漢東夷傳注引風俗通〇丨有九種曰畎丨
于丨方丨黃丨白丨赤丨元丨風丨陽丨後漢東夷
傳〇丨萊丨也書堯典宅嵎丨馬注〇淮丨二水名
書禹貢淮丨蠙珠暨魚馬注〇丨水郎蠻水也水經
沔水注〇丨水郎很山清江也蜀人見其澄清因名
曰清江也水經夷水注〇丨儀邢邑也國語齊語桓
公築丨儀以封之注〇留丨香草也離騷畦留丨與
揭車兮注〇辛丨香草也楚辭湘夫人辛丨楣兮葯

房注山鬼辛丨車兮結桂旗注〇丨羊神獸國語周
語丨羊在牧注〇丨羊土神淮南本經丨羊在牧注
〇丨發聲周禮行夫焉使則介之注〇尸古丨字也
孝經仲尼居釋文〇尸古丨字漢書高帝紀上集注
地理志上集注〇丨讀爲彝禮記明堂位夏后氏以
雞丨注〇丨或作遅淮南原道昔者馮丨大丙之御
也注〇丨或爲電淮南天文庚子干丙子丨注〇丨
槃或爲珠槃周禮玉府則共珠槃玉敦司農注〇易
明夷丨于左股釋文丨子夏本作睇又作睼〇禮記
喪大記奉尸丨于堂釋文丨本作俠〇爾雅釋木無
姑其實丨釋文丨本作梗〇易渙匪丨所思釋文丨
荀本作弟〇左氏僖元年邢遷于丨儀公羊作陳儀
〇左氏哀十年薛伯丨卒公羊作寅〇鄭靈公丨字
子貉見左氏昭廿八年傳〇鄭靈公丨字子蠻見左
氏成二年傳〇史記田完世家完生穉孟丨索隱
引世本作丨孟思〇郪丨字子顏見廣韻顏字注

師 二千有五百人爲丨周禮夏官序官〇二千五百
人爲丨易師釋文引馬注又書益稷州十有二丨
釋文又詩采芑陳丨鞠旅箋棫樸六丨及之箋又周
禮量人營軍之壘舍注又穀梁隱二年無侅帥丨入
極注又白虎通三軍又呂覽季秋丨旅必興注〇丨
二千五百人周禮小司徒五旅爲丨注〇二千五百
人稱丨天子六丨方伯二丨諸侯一丨公羊隱五年
傳曷爲或言率丨注〇二千五百人爲丨帀自爲丨
字意也一切經音義十八引字林〇五旅爲丨周禮
小司徒又詩黍苗我丨我旅箋又白虎通三軍〇丨
者軍旅之名易師何晏注〇丨者軍旅之通稱左氏
隱十年傳取三丨焉注〇丨謂六軍之衆也國語魯
語天子作丨注〇六丨猶六軍也後漢馮緄傳注〇
丨一州周禮夏官序官注〇十都爲丨初學記州郡
部引書大傳又廣雅釋地〇丨衆也易象上傳又書
堯典丨錫帝曰傳又書中候四嶽丨舉注又詩采芑

丨干之試傳文王殷之未喪丨箋韓奕燕丨所完傳
又禮記大學殷之未喪丨注又左氏哀五年傳丨乎
丨乎注又穀梁文九年傳又白虎通京師又爾雅釋
詁又史記齊太公世家丨乎丨乎集解引服虔又漢
書元帝紀集注禮樂志集注又集注引孟康翼奉傳
集注谷永傳集注又太元遇及丨蔓貞注又家語辯
政會不惠我丨注又楚辭天問丨何以尚之注荊勳
作丨夫何長先注〇丨者衆也易序卦傳〇丨者何
衆也公羊桓九年傳又後漢光武紀下注〇丨者衆
大之辭穀梁宣元年傳以其大之也注〇丨丨衆也
廣雅釋訓〇伍兩卒旅丨軍皆衆之名周禮小司徒
五人爲伍五伍爲兩四兩爲卒五卒爲旅五旅爲丨
五丨爲軍注〇軍丨旅卒兩伍皆衆名也周禮夏官
序官凡制軍注〇坤爲行丨易象上傳而況建侯行
丨乎九家注〇丨憂易雜卦傳〇丨憂也廣雅釋詁
一〇丨人也爾雅釋言〇丨長也書益稷州十有二

丨鄭注又周禮地官序官鄉丨注又禮記檀弓卜人
丨扶右釋文又左氏昭元年傳爲元冥丨服注又釋
文又國語晉語官丨之所材也注楚語位宁有官丨
之典注又漢書鼂錯傳集注又荀子儒效夫是之謂
人丨注王制夫是之謂人丨注議兵夫是之謂人丨
注正論海內之民莫不願得以爲君丨注是誅民之
父母而丨民之怨賊也注又呂覽孟冬乃命水虞漁
丨注又淮南時則乃命水虞漁丨注〇丨者長也漢
書百官公卿表上集注引應劭〇丨猶長也周禮天
官序官甸丨注〇正丨胥皆長也周禮地官序官鄉
老注〇丨卽君也後漢傳燮傳注〇丨官也廣雅釋
詁四〇丨天子所丨法書周官立大丨傳〇丨太丨
也詩大明維丨尚父傳〇丨太丨周之三公也詩節
南山赫赫丨尹傳〇丨尹三公也後漢郎顗傳注〇
丨尹若冢宰之屬也孝經赫赫丨尹鄭注〇丨諸侯
之丨書堯典丨錫帝曰鄭注〇丨諸侯丨氏有德行

以敎民者周禮大宰三曰丨以賢得民注○丨氏大
夫官書顧命丨氏傳○丨氏亦中大夫也掌司朝得
失之事詩十月之交楀維丨氏箋○丨辟小宰宰夫
也周禮宰夫二曰丨掌官成以治凡注○丨長也小
臣之長一人猶天子大僕正君之服位者也儀禮燕
禮小臣丨一人在東堂下注○小臣丨正之佐也儀
禮大射儀小臣丨納諸公卿大夫注○僕人正僕人
之長丨其佐也儀禮大射儀僕人正徒相大丨僕人
丨相少丨注○司馬丨正之佐也儀禮大射儀司馬
丨命負侯者執旌以負侯注○丨樂丨也周禮條狼
氏誓丨曰三百注○大丨樂丨也孟子梁惠王下召
大丨曰注○丨樂官也禮記樂記子贛見丨乙而問
焉注○丨樂官之長呂覽仲夏命樂丨注○丨樂丨
瞽也淮南脩務邯鄲丨有出新曲者注○丨瞽丨目
無見者也呂覽重己是丨者之愛子也注○丨爲瞽
者也太元曹丨或導射注○丨盲者也太元衆丨孕

唁之注○太丨瞽者宗伯之屬下大夫大戴記保傳
太丨持銅而御戶左注○大丨上工也掌合陰陽之
聲敎六丨以六律爲之音者也儀禮燕禮大丨告于
樂正曰注○大丨少丨工之長也凡國之瞽矇正焉
儀禮大射儀僕人正徒相大丨僕人丨相少丨注○
大夫若君賜之樂謂之大丨儀禮鄉飲酒禮大丨則
爲之洗注○君賜大夫樂又從之以其人謂之大丨
也儀禮鄉射禮大丨則爲之洗注○甸丨主共野物
官之長周禮天官序官甸丨注○醫丨衆醫之長周
禮天官序官醫丨注○工丨工官之長也禮記月令
命工丨效功注○工丨主工匠之吏孟子梁惠王下
工丨得大木注○場丨治場圃者孟子告子上今有
場丨注○漁丨掌魚官也呂覽季夏令漁丨伐蛟注
○丨導之敎順大戴記保傳○丨道之敎訓賈子保
傳○丨敎人以道者之稱也周禮地官序官丨氏注
○丨也者敎之以事而喻諸德者也禮記文王世子

○丨儒鄉里敎以道藝者周禮大司徒四曰聯丨儒
注○智如泉源行可以爲表儀者人丨也韓外傳五
○古者年七十而致仕老於鄉里大夫名曰父丨士
名曰少丨儀禮鄉飲酒禮主人就先生而謀賓介注
○丨女丨也詩葛覃言告丨氏傳○丨之言師也周
禮地官序官注○丨循也太元窮丨在心也注○丨
順也莊子秋水益丨是而無非釋文○丨訓也漢書
百官公卿表上集注引應劭○丨者人之模範也法
言學行○丨者所以正禮也荀子脩身○丨者所從
取法則者也淮南主術是故心知規而丨傳諭導注
○丨者亦使人法效之者也荀子王制夫是之謂人
丨注○丨丨相丨法書臯陶謨百僚丨丨傳○丨丨
謂相丨法也文選東京賦百僚丨丨薛注○天子所
都曰京丨京大也地下之衆者莫過於水地上之衆
者莫過於人京大丨衆也故曰京丨也獨斷上○豕
生三丨爾雅釋獸○犬生二丨爾雅釋畜○活丨科

斗也爾雅謂之活東山海經東山經湖水其中多活
丨注○丨或作帥漢書鼂錯傳集注○丨或作鯢山
海經北山經歷虢之水其中有丨魚食之殺人注○
魯公子益丨字衆父見左傳隱元年注○陳顓孫丨
字子張見史記弟子傳○公羊文十六年盟于丨邱
穀梁作犀邱○書舜典震驚朕丨史記五帝紀作振
驚朕
衆

姿 丨資也資取也形貌之稟取爲資本也釋名釋姿
容○丨材也漢書谷永傳集注○天丨天然之丨
也文選長笛賦唯
笛因其天丨注

遲 集韻或作遟○丨徐也呂覽審分公作則丨注○
丨丨徐也爾雅釋訓○丨丨緩也易歸妹丨歸有待
釋文又廣雅釋詁二○丨丨舒緩也詩七月春日丨
丨傳○遟久也廣雅釋詁三○丨待也易歸妹釋文

引陸注○丨顡也不進之言也釋名釋言語○丨晩
也易歸妹釋文又廣雅釋詁三又離騷恐美人之丨
莫注○丨丨長也廣雅釋訓○丨丨長遠也詩采薇
行道丨丨傳○丨丨行也楚辭惜賢時丨丨其日進
兮注○丨丨舒行貌詩谷風行道丨丨傳○丨丨疑
不全之貌也後漢鄧張徐張胡傳注○丨郎夷也古
者丨夷通用匡謬正俗八○丨籀文作遲同一切經
音義十四○詩四牡周道倭丨釋文丨韓詩作夷

龜 也介蟲之精者曰丨大戴記曾子天圓○丨之言久
○丨之爲言久也白虎通著龜○丨之爲言舊也論
衡卜筮○丨陰白虎通著龜○丨陰之老也白虎通
著龜引禮雜記○丨貨也廣雅釋詁四○丨象也左
氏僖十五年傳○丨者決疑之物也易損十朋之丨
注○丨可以決吉凶楚辭惜誓放山淵之丨玉兮注
○丨蟲之生于水而游于春者屬木洪範五行傳時

則有丨孽注○離爲丨易說卦傳頤舍爾靈丨虞注
損十朋之丨虞注繫辭上傳莫善乎蓍丨虞注○兌
爲澤丨艮爲山丨坤爲地丨震爲木丨易損十朋之
丨侯注○丨爲印太元格丨緺厲注○丨謂印文也
後漢西域傳注○丨拘坼也莊子逍遙遊善爲不丨
手之藥者釋文引向注○不丨之藥其藥能令人手
不丨文坼裂也一切經音義五引莊子舊注○丨山
也詩閟宮奄有丨蒙傳○丨鼎國之守器後漢宦者
傳注○丨背之隆高當心左氏宣十二年傳射麋麗
丨注又服注○丨古追反爾雅釋魚釋文引字林○
爾雅釋魚丨三足賁釋文丨本作鼃○
宋公子圍丨字子靈見左氏成五年傳

眉 丨媚也有嫵媚也釋名釋形體○丨老也廣雅釋
詁一○丨老也東齊曰丨方言一○丨言秀丨也
方言一注○丨壽秀丨也詩南山有臺遐不丨壽傳
○丨壽秀丨亦壽徵詩閟宮丨壽無有害箋○丨壽
豪丨也詩七月以介丨壽傳○古文丨作麋儀禮士
冠禮丨壽萬年注○古文丨爲微儀禮少牢饋食禮
丨壽萬年注○眉古丨
字漢書楊雄傳上集注

悲 丨傷也廣雅釋詁二○丨猶傷也詩鼓鐘憂心且
丨傳○丨悵也廣雅釋詁三○丨哀也淮南精神
故終身爲丨人注○丨悼呂覽誣徒此學者之所丨
也注○丨痛也廣雅釋詁二○丨谷西南方之大壑
言其深峻臨其上令人丨思故
曰丨谷淮南天文至於丨谷注

之 丨往也詩何彼襛矣王姬丨車箋碩鼠誰丨永號
箋鶴鳴樂彼丨園箋桑柔旣丨陰女箋崧高定申
伯丨宅箋又禮記檀弓上丨死而致死之注又左氏
哀五年傳何黨丨乎注又論語公冶長違之丨一邦
皇疏憲問丨三子告皇疏陽貨子丨武城皇疏又爾
雅釋詁又漢書高帝紀上集注高帝紀下集注二見

呂后紀集注文帝紀集注成帝紀集注律麻志上集
注五行志中之上集注地理志下集注陳勝傳集注
二見陳餘傳集注韓信傳集注二見息夫躬傳集注
鼂錯傳集注鄒陽傳集注二見膠西于王端傳集注
李廣傳集注又荀子禮論無性則僞丨無所加注大
略諸侯非問疾弔喪不丨臣之家注又素問宣明五
氣陰出丨陽則怒注○丨往也趣也漢書文帝紀集
注○丨適也禮記大學人丨其所親愛而辟焉注又
論語陽貨末丨也已皇疏又小爾雅廣詁又列子湯
問臣恐彼國之不可升丨也釋文○丨至也詩柏舟
丨死矢靡它箋又國策秦策義渠君丨魏注秦丨楚
者多資矣注又史記秦始皇紀距丨稱始皇正義又
法言重黎卒丨屏營注又呂覽重己而牛恣所以丨
注貴生必察其所以丨注彼且奚以此丨也注○丨
就丨也孟子告子下則六師移丨注○或丨東西轉
移丨貌家語觀周人皆或丨注○丨其呂覽音初丨

子是必大吉注○丨是也莊子知北遊知以丨言也
釋文引司馬注又管子小稱故丨身者使丨愛惡注
山權數丨龜爲無貲注○丨猶是也詩蓼莪欲報丨
德箋又莊子徐無鬼丨狙也釋文○丨子者是子也
禮記大學丨子于歸注○丨閒也爾雅釋詁○丨發
聲也禮記射義又使公罔丨裘注○丨語助禮記射
義釋文又左氏僖廿四年傳介丨推不言祿注○丨
猶用也國策齊策丨其所短注○丨乘即上車也公
羊宣六年傳子丨乘矣注○丨而頰頌也考工記梓
人作其鱗丨而注○莊子徐無鬼丨狙也釋文丨本
作是○左傳僖廿四年介丨推呂覽介立作介子推
論語孟丨反莊子大宗師作孟子反○書無逸惟耽
樂丨從漢書鄭崇傳作惟耽樂是從○詩伐檀寘丨
河之側兮漢書地理志下作寘諸河之側○孟子皆
悅而願爲丨氓矣周禮載師
注作皆悅而願爲其民矣

芝 丨茝草也後漢馬融傳注○丨木丨也禮記月令
疏引盧植禮記注○元丨神草也楚辭謬諫拔搴
元丨兮注○丨蓋也後漢張衡傳注○丨小蓋也文
選思元賦左青琱以揵丨兮舊注○三蓋車名耕根
車一名丨車親耕
耤田乘之獨斷下

時 丨期也物之生死各應節期而止也釋名釋天○
丨者期也陰陽消息之期也白虎通四時○丨者
所以記歲也管子山權數○丨天丨也國語越語丨
將有反注又太元元瑩革之匪丨注○天丨謂丨日
支干五行王相孤虛之屬也孟子公孫丑下天丨不
如地利注○丨四丨也周禮宮正以丨比宮中之官
府次舍之衆寡注鄙師以丨數其衆庶注又禮記祭
法埋少牢於泰昭祭丨也注又公羊隱六年傳首丨
過則書注又呂覽誠廉丨祀盡敬注○丨謂四丨易
彖上傳應乎天而丨行虞注○四丨者天之吏也淮
南天文○陰陽之專精爲四丨同上○三丨者成歲
之要丨孟子篇敘○丨謂春秋也易象下傳二篇應
有丨虞注○丨謂冬夏也易象下傳損剛益柔有丨
虞注○三丨謂春夏秋後漢明帝紀注○三丨秋夏
冬也後漢魯恭傳注○丨朝夕也儀禮既夕記觶俟
丨而酌注○丨謂旦中夕也太元元數丨數辭違注
○丨漏盡周禮閽人以丨啓閉注○丨謂即丨也後
漢竇武傳注○大丨者咸池也小丨者月建也淮南
天文○丨寒溫也考工記總目天有丨注○六氣謂
之丨素問六節藏象論欬論五藏各以其丨受病注
○丨亦世也文選北征賦故丨會之變化兮注○丨
者名有所當也管子七法丨也注○當其可之謂丨
禮記學記○因其可之曰丨說苑建本○丨中者也
詩賓之初筵以奏爾丨傳○丨行丨而後行也禮記
玉藻丨行注○遇不遇者丨也韓外傳七又說苑雜
言○艮爲丨易象下傳與丨偕行虞注象下傳宜待

丨也虞注繫辭下傳待丨而動虞注○艮爲對丨易
象上傳先王以茂對丨虞注○丨是也書堯典黎民
於變丨雍傳又詩駟鐵奉丨辰牡傳十月之交豈曰
不丨傳文王帝命不丨傳緜曰止曰丨箋生民丨維
姜嫄箋公劉于丨處處于丨廬旅于丨言言于丨語
語箋江漢丨靡有爭箋我將于丨保之箋訪落率丨
昭考傳敬之佛丨仔肩箋又考工記㮚氏丨文思索
注又儀禮士冠禮孝友丨格注又禮記內則共帥丨
注又左氏宣十二年傳鋪丨繹思注又周書文酌三
假丨權要注又爾雅釋詁又國語周語肆於丨夏注
又史記五帝紀丨播百穀草木集解引王肅又漢書
成帝紀集注引應劭王莽傳上集注敘傳下集注引
李奇又孟子梁惠王上丨日害喪注又家語五帝德
播丨百穀注又管子版法務丨因勝之注又文選東
京賦曰止曰丨薛注諷諫詩丨靡不練注○丨者是
也論語鄉黨丨哉丨哉皇疏引虞氏贊○丨猶是也

大戴記保傅此丨務也注〇丨何也廣雅釋言〇丨
有周書皇門維丨及胥學于非夷注〇丨謂有常荀
子王制政令丨注〇丨調也太元元測都序而百穀
丨雍注〇丨節也呂覽盡數食能以丨注〇丨善也
廣雅釋詁一又詩頍弁爾殽既丨傳〇丨令月令也
後漢陳寵傳注〇丨令謂月令也後漢明帝紀注〇
丨律者即月令孟春律中太蔟仲春律中夾鍾之類
後漢明帝紀注〇丨朝者順四丨而朝也公羊隱元
年傳注〇丨揖平推手也周禮司儀丨揖異姓注〇
丨祀四丨所常祀謂山川以下至四方百物周禮牧
人凡丨祀之牲必用牷物注〇丨序謂各依其方而
祭之後漢班彪傳下注〇丨薦陳之早晚周禮小宗
伯告丨于王注〇丨女猶處女也莊子逍遙游猶丨
女也釋文〇室中謂之丨爾雅釋宮〇帝之囿丨天
帝苑囿之丨節也山海經西山經崑崙之邱神陸吾
司天之九部及帝之囿丨注〇丨出般陽周禮職方
氏其浸菑丨注〇丨英梅爾雅釋木〇丨主豕大戴
記易本命〇丨夜司夜謂雞也莊子齊物論見卵而
求丨夜釋文引司馬注〇丨善棄頌爾雅釋獸〇丨
讀曰蒔書舜典播丨百穀鄭注〇旹古丨字晉書音
義中〇儀禮士冠禮嘉薦亶丨釋文丨劉本作古旹
字〇詩君子于役雞棲于塒釋文丨本作塒〇左氏
昭十二年注北入丨水釋文丨本作溡〇書舜典惟
丨懋哉史記五帝紀作維是勉哉皐陶謨咸若丨史
記夏本紀作皆若是湯誓丨日曷喪史記殷本紀作
是日何時喪〇詩般於皇丨周白虎通封禪作於皇
明
周

詩 丨志也呂覽愼大若告我曠夏盡如丨注又楚辭
悲回風竊賦丨之所明注〇丨之言志也洪範五
行傳時則有丨妖注〇丨之爲言志也古微書引春
秋說題辭〇丨言是其志也荀子儒效〇丨者志之

所之後漢禰衡傳注〇丨之也志之所之也釋名釋
典藝〇丨者此之志者也賈子道德說〇丨言其志
也禮記學記〇丨言其志說苑修文〇丨者持也古
微書引詩含神霧〇丨之言承也禮記內則丨負之
注〇丨猶承也儀禮特牲饋食禮丨懷之注少牢饋
食禮丨懷之注〇丨思也毛詩指說引梁簡文說〇
丨意也廣雅釋言〇丨所以合意歌所以詠丨也國
語魯語下〇發言爲丨漢書禮樂志集注藝文志集
注〇丨以言志文選文賦丨緣情而綺靡注〇丨謂
樂章荀子勸學丨者中聲之所止也注〇丨賦雅樂
楚辭大招投丨賦只注〇丨者中聲之所止也荀子
勸學〇丨弦歌諷諭之聲也北堂書鈔引鄭氏六藝
論〇丨謂四方之歌謠荀子王制審丨商注〇誦之
曰丨國語周語丨以道之注〇丨者所以記物也管
子山權數〇丨禮者先王之陳迹也莊子外物儒以
丨禮發冢注〇孔子采萬國之風正雅頌之名集而
謂之丨文選三都賦序〇丨者志之所之也在心爲
志發言爲丨詩大序〇丨商當爲誅賞字體及聲之
誤荀子王制
審丨商注

棊 亦作棋〇簙或謂之丨方言五〇圍丨弈也廣雅
釋言〇棋謂博棋也山海經中山經休與之山其
上有石焉名曰帝臺之棋注〇丨郎所執之子後漢
張衡傳注〇丨列如丨之布列後漢宦者傳注〇丨
美箭所出地名也淮南
原道鑾丨衞之箭注

旗 熊虎爲丨丨期也言與衆期於下軍將所建象其
猛如熊虎也釋名釋兵〇熊丨五斿謂與士卒爲
期于其下故曰丨也史記高祖本紀索隱引字林〇
以丨者立丨期民於其下也周禮大司馬司馬以丨
致民注〇熊虎爲丨周禮司常又國語吳語載白丨
注又後漢光武紀上注又呂覽季夏以爲丨章注〇

熊虎爲丨師都之所建考工記輈人熊丨六斿注○
丨畫熊虎者也周禮大司徒以丨致萬民注○熊與
虎曰丨淮南時則建元丨注○熊虎曰丨廣雅釋天
又淮南時則建靑丨注○丨軍幟名各有色與金鼓
俱舉使士卒望而爲陳者公羊莊卅一年傳丨獲而
過我也注○丨所以立兵也所以利兵也所以偃兵
也管子兵法○丨軍械也呂覽愼大釁鼓丨甲兵注
○東方法靑龍曰丨古微書引河圖握矩記○加文
章曰丨公羊宣十二年傳莊王親自手旌注○丨者
旌丨也所以別尊卑序貴賤也禮稽命徵天子之丨
九仞注○丨表也左氏閔二年傳佩衷之丨也注又
漢書五行志中之上集注○丨覆也呂覽諭大昔舜
欲丨古今而不能注○丨章旌丨及章識也禮記月
令以爲丨章注○鑾丨者編羽毛列繫橦旁俗人名
之曰雞翹車非也獨斷下○丨亭市樓也文選西京
賦丨亭五重薛注○東北曲十二星曰丨後漢章帝

紀注○丨讀爲箕荀子富國壽于丨翼注○史記
弟子傳魯巫馬施字子丨家語弟子作字子期

辭 丨猶告也禮記檀弓上使人丨於狐突注當事而
至則丨焉注曾子問其丨於賓注○丨說也易繫
辭釋文○丨猶解說也禮記表記故仁者之過易丨
也注○丨請也國語魯語魯大夫丨而復之注晉語
大夫丨之注○丨所以通情也禮記表記無丨不相
接也注○丨者別也呂覽士節過北郭騷之門而丨
注○丨遣也呂覽士容田駢聽之畢而丨之注○丨
謂言丨文選報任少卿書其次不辱丨令注○丨者
說事之言丨荀子正名丨也者兼異實之名以論一
意也注○丨也者兼異實之名以論一意也荀子正
名○言而不行爲丨費禮記曲禮不丨費釋文○丨
猶書也穀梁定十四年傳其丨石尚士也注○成文
爲丨荀子正名丨合於說注○丨爻丨也易繫辭上
傳辯吉凶者存乎丨注鼓天下之動者存乎丨注○

丨詩人所歌詠之丨孟子萬章上不以文害丨注○
丨丨氣謂政敎也詩板丨之輯矣箋○丨案猶今案
牘也後漢周紆傳注○丨布丨訟泉物者也周禮司
市辟布者司農注○卬之其音淸搏徹遠純而不殺
丨也管子水地○故書協丨命作叶詞命周禮大行
人協丨命注○易繫辭釋文丨本作詞禮記曲禮釋
文丨本作詞○易繫
辭釋文丨本作詞

詞 丨告也禮記曾子問其丨于賓曰釋文○丨嗣也
令撰善言相續嗣也釋名釋典藝○丨當爲辭周
禮大行人協辭命司農注○
丨古辭字漢書敘傳上音義

期 丨會也廣雅釋詁四又國語周語丨於司里注又
荀子正名散名之加於萬物者則從諸夏之成俗
曲丨注命不喩然後丨注又淮南天文星辰者天之
丨也注又離騷指西海以爲丨注天問孰丨去斯注

又文選長笛賦馳趣丨而赴節注○丨物之所會也
荀子正論故凡言議丨命是非以聖王爲師注○丨
謂委曲爲名以會物也荀子正名丨命也者辨說之
用也注○丨要也漢書武帝紀集注引李奇○丨度
呂覽懷寵徵斂無丨注○丨當也書大禹謨丨于予
治傳○丨猶必也漢書路溫舒傳集注○丨待也莊
子寓言年先矣而無經緯本末以丨年耆者是非先
也注○丨猶常也史記萬石張叔傳丨爲不絜淸正
義○丨辭也詩頍弁實維何丨箋○丨時也禮記曲
禮梁曰薌其釋文又廣雅釋言○丨將事之日也國
語周語及丨命於武宮注○丨謂知其時候荀子不
苟四時不言而百姓丨焉注○坎月離日爲丨易歸
妹歸妹愆丨虞注○坤爲喪丨易繫辭下傳喪丨无
數虞注○丨謂欲賣買丨決于市也周禮司市凡萬
民之丨于市者注○前丨前所訊之日也周禮大宰
前丨十日注○爲丨肅諸官而皆至定祭早晏之丨

儀禮少牢饋食禮爲丨于廟門之外注〇丨命也者
辨說之用也荀子正名〇武帝將出必與北地良家
子丨於殿門故曰丨門後漢銚期傳注〇丨頤老也
廣雅釋詁一〇百年曰丨頤書大禹謨耄丨倦于勤
傳又釋名釋長幼〇八達謂之崇丨爾雅釋宮〇丨
當爲綦荀子富國丨文理注〇丨臭味注〇丨當
爲斯荀子禮論故情貌之變足以別吉凶明貴賤親
疏之節丨止矣注〇詩頍弁釋文丨本作其〇禮記
射義耄丨稱道不亂釋文丨本作旗〇左傳定四年
楚子丨史記楚世家作子綦越絕書平王內傳作子
其〇國策秦策中丨推琴說苑作申旗史記魏世家
作中旗〇史記晉世家索隱引系本曼丨譙周作曼
旗〇楚公子結字子
丨見左氏定四年傳

祠 春祭曰丨穀梁桓八年經春正月己卯烝注又爾
雅釋天又說苑修文〇春曰丨詩天保禴丨烝嘗

傳又公羊桓八年傳又春秋繁露深察名號〇春曰
丨者物微故丨名之白虎通宗廟〇春曰丨丨者以
正月始食韭也春秋繁露四祭〇丨春祭名爾雅釋
詁釋文〇丨祭也書伊訓伊尹丨于先王釋文又公
羊莊八年丨兵釋文又爾雅釋詁又國策齊策楚有
丨者注〇始生故曰丨善其司也春秋繁露祭義〇
丨食也爾雅釋天孫注〇丨之言食爾雅釋天注又
孫注〇丨猶食也猶繼嗣也春物始生孝子思親繼
嗣而食之故曰丨因以別死生公羊桓八年傳春曰
丨注〇得求曰丨周禮小宗伯大裁及執事禱丨于
上下神示注〇求得曰丨禮記曲禮禱丨祭祀釋文
〇丨報福周禮女祝凡內禱丨之事注〇丨者交接
之辭周禮大祝一曰丨注〇丨謂筵牲與日也周禮
簭人七曰巫丨注〇丨位壇場屏攝之位也淮南時
則脩除丨位注〇丨當爲辭周禮大祝司農注〇吳
人呼丨祀爲鴟祀故以丨代鴟字顏氏家訓書證〇

詩生民傳以太牢丨于高禖釋文丨
本作祀〇堯廟碑將辭帝堯丨作辭

基 丨始也詩昊天有成命夙夜丨命宥密傳又儀禮
士喪禮度茲幽宅兆丨注又爾雅釋詁又國語周
語自后稷之始丨靖民注晉語丨於其身注滅禍不
自其丨必復亂注又漢書哀帝紀集注枚乘傳集注
引服虔又後漢班彪傳下注又家語論禮夙夜丨命
宥密注又淮南原道高者必以下爲丨注又華嚴經
音義上引賈逵〇丨本也詩南山有臺邦家之丨傳
又荀子王霸是綦定也注又家語正論邦家之丨注
又素問天元紀大論肇丨化元注〇丨謀也爾雅釋
詁〇丨經也爾雅釋言〇丨者經也賈子禮容語下
〇丨業所以自經營爾雅釋言注〇丨業也太元元
瑩物失其丨注又淮南主術建以爲丨注〇丨設也
爾雅釋言〇丨據也在下物所依據也釋名釋言語
〇丨所蹈也易繫辭下傳德之丨也注〇坤爲丨易

繫辭下傳虞注〇丨門塾之丨詩絲衣自堂徂丨傳
〇古文丨作期儀禮士喪禮度茲幽宅兆丨注〇爾
雅釋詁釋文丨本作諆〇詩昊天有成命夙夜
丨命宥密禮記孔子閒居作夙夜其命宥密

疑 丨猶惑也國策秦策而三人丨之注〇丨猶豫不
果也周書王佩時至而丨注〇丨者事之害也史
記淮陰侯傳〇格好也是而丨惡也非太元元衡〇
丨者不知神之來否禮記問喪其反也如丨注〇丨
猶恐也禮記雜記皆爲丨死注〇丨怪也淮南氾論
有立武者見丨注〇丨戾也爾雅釋言〇丨定也詩
桑柔靡所止丨傳〇丨者亦止爾雅釋言注〇丨似
也漢書司馬相如傳下集注〇丨之言擬也周禮司
服爲大夫士丨衰注〇丨度之儀禮士相見禮不丨
君注〇丨者事之役也後漢馮衍傳〇丨自下上至
之詞也禮記燕義不以公卿爲賓而以大夫爲賓爲
丨也注〇坎爲丨易豫勿丨虞注象下傳羣丨亡也

虞注三則丨也虞注无所丨也虞注行丨也虞注○
前日丨禮記文王世子正義引書大傳○丨正立也
自定之貌儀禮公食大夫禮賓立于階西丨立注○
丨正立自定之貌儀禮士昏禮婦丨立于席西注鄉
飲酒禮賓西階上丨立注○丨止也有矜莊之色儀
禮鄉射禮賓升西階上丨立注○丨哀十四升哀周
禮司服爲大夫士丨哀司農注○丨縗丨擬也擬於
吉也釋名釋喪制○丨或爲凝荀子解蔽以可以知
人之性求可以知物之理而無所丨止之注
○易坤陰始丨也釋文丨荀虞姚本作凝

姬 丨者姓也白虎通姓名○丨周姓也文選東京賦
周丨之末薛注○后稷母履大人跡而生后稷故
周姓曰丨論衡奇怪○丨基也廣雅釋言○丨者本
也史記三代世表○丨居也列子黃帝丨將告汝注
○丨伯文王爲西伯也文選東京賦儀丨伯之渭陽
薛注○丨姜大國之女後漢應劭傳注○丨姜水名

也國語晉語黃帝以丨水成炎帝以姜水成注○丨丨
衆妾之總稱漢書文帝紀集注引如淳○衆妾爲丨
漢書文帝紀集注○史記六
國年表韓丨索隱丨一作跽

絲 丨琴瑟也周禮大師金石土革丨木匏竹注又太
元元挽擊石彈丨注○朱丨朱絃也文選鮑明遠
樂府白頭吟直如朱丨繩注○丨桐琴也文選月賦
於是丨桐練響注○金石丨竹樂之器也禮記樂記
○丨衣祭服也詩絲衣丨衣其紑傳○丨也者以爲
囮也考工記弓人○丨黹未詳蓋亦喪車之飾也荀
子禮論無幭丨鬣縷翣其須注○丨讀爲緌荀子禮
論注○詩絲衣丨衣其紑說文系部作素衣其紑

司 丨主也書大禹謨茲用不犯于有丨傳又詩羔裘
邦之丨直傳又禮記文王世子樂正丨業注又左
氏僖廿一年傳實丨太皞與有濟之祀注襄廿七年
傳邦之丨直注又周書命訓命丨德注又洪範五行

傳維貌是丨注又廣雅釋詁三又小爾雅廣言又國
語魯語不能事疆場之丨注楚語乃命南正重丨天
以屬神注又漢書敘傳下集注又後漢班彪傳上注
楊賜傳注又山海經西山經槐江之山神招英丨之
注又法言重黎或問南正重丨天注又呂覽自知湯
有丨過之士注又淮南時則太皞句芒之所丨者萬
二千里注又文選東京賦丨儀辨等及丨鐸授鉦丨
執遺鬼薛注射雉賦丨其雄雌徐注○丨所主也書
允征遐棄厥丨傳○丨言主之也山海經大荒南經
黃鳥于巫山丨此元蛇注○丨主守也鬼谷子捭闔
而守丨其門戶注○丨猶察也周禮師氏居虎門之
左丨王朝注媒氏丨男女之無夫家者而會之注禁
殺戮掌丨斬殺戮者注○丨察猶督察也後漢陳元
傳注○丨日月之長短言察日月晷度之節山海經
大荒西經有人名曰石夷處西北隅以丨日月之長
短注○有丨臣也廣雅釋詁一○有丨其所屬吏也

周禮泉府與其有丨辨而授之注○有丨府史之屬
也禮記玉藻有丨二尺有五寸注○有丨羣吏有事
者謂主人之吏所自辟除府史以下也今時卒史及
假吏皆是也儀禮士冠禮有丨如主人服注○有丨
丨人也禮記雜記上有丨麻衣布衰布帶注○衮丨
三公也文選褚淵碑文雖秩輕於衮丨注○九丨九
卿也文選景福殿賦三事九丨注○丨州丨隸校尉
所主也釋名釋州國○丨隸校尉董領京師及三輔
三河宏農後漢魯恭傳注○以掌徒隸而巡察故曰
丨隸後漢光武紀上注○丨門若今城門校尉主王
城十二門也後漢班彪傳上注○書高宗
肜日王丨敬民史記殷本紀作王嗣敬民

葵 丨揆也詩采菽天子丨之傳板則莫我敢丨箋又
爾雅釋言○終丨椎也爲椎於其杼上明無所屈
也考工記玉人杼上終丨首注○地丨地蘆也廣雅
釋草○丨當爲綦莊子大宗師南伯子丨釋文引李

注○詩采菽天子丨之
爾雅釋言注引作揆

醫丨巫也廣雅釋詁四○丨乳丨也國語越語將免
者以告公令丨丨守之注○丨無閭在遼東周禮職
方氏其山鎮曰丨無閭注○丨內則所謂或以酏爲
醴凡醴濁釀酏爲之則少淸矣丨之字從殹從酉省
也周禮酒正二曰丨注○糟音聲與莤相似丨與臆
亦相似文字不同記之者各異耳此皆一物周禮酒
正辨四飲之物司農注○爾雅釋
地丨無閭楚辭遠遊作微於閭

帷丨圍也所以自障圍也釋名釋牀帳○在旁曰丨
在上曰幕皆以布爲之周禮幕人掌丨幕幄帟綬
之事注○在旁曰丨一切經音義三引字林○在傍
曰丨文選寡婦賦注引纂要○木帳曰丨楚辭憫上
鵾集兮丨幄注○丨帳也廣雅釋器○丨幔也禮記
曲禮丨簿之外不趨釋文○丨扆帝座也文選安陸

昭王碑文獻替丨扆注○丨幄謂謀謨之臣也後漢
郎顗傳注○丨裳婦人之車也詩氓漸車丨裳傳○
丨古文違同一切經音義九○莊子漁父孔子逍遙
乎緇丨之林釋文丨本作惟○詩氓漸車丨裳儀禮
士昏禮疏作
漸車幃裳

思丨司也凡有所司捕必靜丨忖亦然也釋名釋言
語○丨念也孟子公孫丑上丨與鄉人立注○丨
所丨念禮記玉藻書丨對命注○丨慮也漢書王莽
傳上集注又荀子解蔽仁者之丨也恭注○丨願也
詩文王丨皇多士箋又後漢徐穉傳注○丨悲也文
選勵志詩吉士丨秋注○凡言相憐哀江濱謂之丨
方言十○坎爲丨易咸朋從爾丨虞注象下傳君子
以丨不出其位虞注繫辭上傳履信丨乎順虞注○
宮爲丨漢書律厤志上○丨屬土書洪範五曰丨鄭
注又書洪範正義引洪範五行傳○司幽生丨士不

妻丨女不夫山海經大荒東經○丨辭也詩漢廣不
可求丨傳文王丨皇多士傳又周禮司市上旌于丨
次司農注又漢書孔光傳集注○丨猶辭也左氏僖
廿二年傳天維顯丨注宣十二年傳鋪時繹丨注○
丨皆聲之助禮記中庸矧可射丨注○丨次若今市
亭也周禮司市上旌于丨次注○恖[齒恖]也廣雅釋言
○丨當爲司字聲之誤也周禮司市注○詩泉水序
丨之至也釋文丨本作恖○虞丨字幕見國語魯語
注

滋丨益也左氏襄八年傳事丨無成注昭元年傳其
虐丨甚注昭三年傳宮室丨侈注昭十六年傳爲
罪丨大注又小爾雅廣詁又國語周語故能保世以
丨大注其抑下丨甚注晉語我皐丨益注從欒伯之
言可以丨注鄭語其殺也丨速注又漢書高后紀集
注律厤志上集注禮樂志集注刑法志集注吳王濞

傳集注田蚡傳集注二見膠西于王端傳集注吾邱
壽王傳集注儒林傳贊集注循吏傳集注朝鮮王傳
集注外戚傳下集注又文選東京賦鳥獸皐丨薛注
○丨猶益也公羊宣六年傳靈公聞之怒丨注○丨
長也國語齊語遂丨民注又後漢史弼傳注○丨亦
長呂覽明理草木庳小不丨注○丨繁也文選思元
賦丨令德於正中兮舊注○丨茂也後漢張衡傳注
○丨蒔也離騷余既丨蘭之九畹兮注○丨潤也華
嚴經音義上引韻圃○丨熙潤悅貌文選洞簫賦吸
至精之丨熙兮注○丨濁也左氏哀八年傳何故使
吾水丨注○丨黑也左傳哀八年釋文引字林○丨
作孖同子思反一切經音義十三引聲類○丨古文
孖磁二形同一切經音義三○左傳哀八年何故使
吾水丨釋文丨本作茲○堯廟碑丨丨汲汲孳孳通
作丨
丨

持｜跱也跱之於手中也釋名釋姿容○｜守也國
語越語有｜盈注○｜猶守呂覽慎大｜之其難
者也注○｜執也後漢蘇章傳注○｜者執也翻譯
名義九引音義指歸○｜謂執｜素問皮部論名曰
樞｜注○｜謂見劫執也管子小問則人｜莫之弑
也危哉注○｜制也荀子正名猶引繩墨以｜曲直
注○｜扶也文選東京賦西朝顛覆而莫｜薛注○
｜扶助也荀子禮論文飾聲樂恬愉所以｜平奉吉
也注○｜扶翼也荀子解蔽故能｜管仲而名利福
祿與管仲齊注○｜猶得也呂覽至忠將以忠於君
王之身而｜千歲之壽也注○｜謂不失德也老子
｜而盈之王注○｜重謂守正也後漢任光傳注○
｜久者知止足也後漢列女傳○｜養保養也荀子
榮辱以相｜養注○｜滿不發也後漢第五倫傳注
○｜方受命者名也文選南都賦注引春秋考異郵
注○｜虎謂以虎皮爲弓衣武士執｜者也荀子正

論｜虎注○左氏昭元年傳子與子家｜之釋文｜
本作特○左氏昭十九年傳以｜其世而已釋文｜
本作
特

隨｜順也廣雅釋詁一又莊子庚桑能脩然乎釋文
引崔注○｜從也易隨釋文又漢書楊雄傳下集
注○｜謂｜從素問瘧論瘧氣｜經絡沈以內薄注
○｜任也大戴記武王踐阼｜天之時注○｜猶聽
也史記魏世家｜安陵氏而亡之正義○｜循也淮
南脩務｜山栞木注○｜逐也廣雅釋詁三○｜行
也廣雅釋詁一○｜謂趾也易艮不拯其｜注○｜
｜宜也易繫辭下傳蓋取諸｜注○｜无故也易雜
卦傳○｜不能屈伸也文選七發四支委｜注○｜
旋相｜回旋也荀子天論列星｜旋注○巽爲｜易
象下傳志在｜人虞注○距｜者物橫畫也始前足
至東頭爲距後足來合而南面爲｜儀禮鄉射禮記

距｜長武注○｜兕惡獸名也呂覽至忠射｜兕中
之注○書禹貢｜山刊木史記夏本紀作行山表木
○莊子讓王卞｜
荀子成相作卞隨

擬｜駷也方言十又一切經音義十六引埤蒼

維｜隅也廣雅釋言又素問氣交變大論土不及四
｜注○｜持也文選長笛賦注引字林又周書職
方大小相｜注又後漢桓郁傳注○｜持之周禮節
服氏司農注○四｜持之也國策秦策其寧於太山
四｜注○｜綱也楚辭天問斡｜焉繫注又文選西
京賦振天｜薛注○｜綱猶宗指也後漢馮衍傳注
○｜繫也詩白駒縶之｜之傳又後漢徐穉傳注○
｜係也廣雅釋詁二○｜謂繫聯其足儀禮士相見
禮｜之以索注○繫船爲｜方言九｜之謂之鼎注
○繫馬曰｜公羊昭廿五年傳且夫牛馬｜婁注○

｜猶連結也周禮大司馬以｜邦國注○｜｜之以
縷周禮節服氏｜王之大常注○｜離也淮南天文
未在己曰屠｜注○｜者度也念也史記三王世家
○｜傒也爾雅釋詁○委｜卽委蛇也山海經大荒
南經赤水之東爰有委｜注○｜流枝校垂貌也太
元達蒼木｜流注○傒有上下綱其邪制躬舌之角
者爲｜儀禮大射儀中離｜綱注○諸侯｜舟爾雅
釋水○｜當爲絹儀禮大射儀中離｜綱注○｜與
唯同荀子子道非｜下流水多邪注○盧｜當
爲雷雍字之誤也周禮職方氏其浸盧｜注

巵｜圓酒器也莊子寓言｜言日出釋文引李注○
｜一名觶酒器也文選三都賦序劉注○｜匜酒
漿器禮記內則敦牟｜匜注○羽｜卽羽觴也文選
沈休文三月三日率爾成篇詩金瓶汎羽｜注○｜
言謂支離無首尾言也莊子寓言釋文引司馬
注○觚古｜字漢書高帝紀下集注引應劭

【麋】丨麈也廣雅釋獸○丨獸名似鹿也楚辭湘夫人
丨何食兮庭中注○丨似鹿而大也山海經中山
經荊山其獸多閭丨注○丨大如小牛鹿屬山海經
西山經西皇之山其獸多丨注○丨鹿屬也以冬至
日解角爾雅釋獸釋文引字林○丨以冬至解角者
也一切經音義八引蒼頡○丨迷也漢書五行志中
之上集注引李奇○丨之言迷也白虎通鄉射○丨
之爲言迷也漢書五行志中之上○丨之爲言猶迷
也公羊莊十七年傳冬多丨注○丨猝也楚辭招魂
丨散而不可止些注○丨謂爛也素問氣厥論上爲
口丨注○丨老也方言十二○丨猶眉也方言十二
注○丨草也太元去庭有丨注○水草交謂之丨詩
巧言居河之丨傳○水草之交曰丨左氏僖廿八年
傳余賜女孟諸之丨注○丨鬻丨骿髓醢或曰丨鬻
醬也周禮醢人昌本丨鬻司農注○丨與眉同荀子
非相伊尹之狀而無須丨注○詩巧言居河之丨釋

文丨本作湄左氏襄十四年傳注居河之丨釋文丨
本作湄○爾雅釋草蘄茝丨蕪釋文丨本作蘪○詩
巧言居河之丨爾雅釋水注作居河之湄

【螭】丨猛獸也文選西都賦注引歐陽尚書說又文選
曹子建樂府白馬篇勇剽若豹丨注○丨山神獸
形左氏宣三年傳丨魅罔兩注又服注○丨山神獸
形或曰如虎而噉虎左氏文十八年傳以禦丨魅賈
注○丨似虎而鱗漢書楊雄傳音義引韋昭○丨虎
類也龍形漢書楊雄傳音義引鄭氏○丨若龍而黃
北方之地螻漢書楊雄傳音義引字林○丨龍之別
也呂覽舉難丨食乎清而游乎濁注○丨龍屬後漢
馬融傳注○無角曰丨龍後漢張衡傳注
○丨雌龍也漢書楊雄傳音義引李奇
○丨旌幡也穀梁莊廿五年傳置五丨注○大丨不

【麾】在九旗中以正色言之則黑夏后氏所建周禮巾
車建大丨注○丨執旄以指撝也秦漢以來卽以所
執之旄名曰丨謂丨幢曲蓋者也文選思元賦前祝
融使舉丨兮舊注○丨指丨也文選五君詠一丨乃
出守注○丨招也左氏隱十一年傳周丨而呼注○
手指曰丨一切經音義一引字詁○舉手曰丨或言
以手教曰丨離騷丨蛟龍以梁津兮注大招近禹丨
只注○丨之言快也齊人所善曰丨禮記禮器不丨
蚤注○丨今作撝同呼皮反一切經音義一引字詁
○詩宛邱箋舞者所持以指丨釋文丨本
作撝○丨亦作戲史記項羽紀丨下正義
塓塗也廣雅釋室○丨殿上地也後漢班彪傳上

【墀】注○金丨猶金卮也文選七啟金丨玉箱注○丹
丨以丹與蔣離合用塗地也文選魏都賦丹丨臨猋
劉注○以丹漆地故稱丹丨文選魏都賦注引漢典
職儀○易略例隆
丨釋文丨本作坻

【彌】集韻瓕通作彌○丨益也小爾雅廣詁又國語晉
語讒言丨興注守學丨惇注又呂覽貴生其虧丨
甚者也注先已其索之丨遠者注又文選東京賦歷
世丨光薛注○丨猶益也儀禮士冠禮記三加丨尊
注○丨廣也華嚴經音義上引易劉瓛注又漢書楊
雄傳下集注○丨大也太元元告而天地丨陶之謂
神明不窮注○丨深也廣雅釋詁三○丨遠也左氏
哀廿五年傳以肥之得備丨甥也注又史記屈原賈
生傳丨融爚正義引顧野王又文選西京賦丨望廣
潒薛注○丨滿也漢書五行志下之上集注蘇武傳
集注司馬相如傳上集注司馬相如傳下集注又華
嚴經音義上引漢書音義○丨遍易繫辭丨綸天地
之道釋文引京注○丨猶徧也周禮大祝丨祀社稷
禱祠注又楚辭思古佌倠倚於丨楹注○丨覆也文
選子虛賦罘網丨山郭注○丨猶覆也文選西京賦
丨皐被岡薛注○丨猶掩也文選西京賦跨谷丨皐

薛注○丨斂也漢書楊雄傳上集注○彌合也方言十二○彌合也廣雅釋詁二○丨猶絡也淮南原道横之而丨于四海注○彌縫也方言十三○彌縫也廣雅釋詁二○丨縫猶補合也左氏昭二年傳敢拜子之丨縫敝邑注○丨久也周書謚法又小爾雅廣詁又楚辭招魂順丨代些注○彌久也廣雅釋詁三○彌竟也史記司馬相如傳罘罔彌山正義又漢書司馬相如傳上集注元后傳集注又文選西京賦丨望廣潒注○丨猶極也文選西京賦態不可丨薛注○丨終也易繫辭丨綸天地之道釋文引荀注又詩生民誕丨厥月傳卷阿俾爾丨爾性傳閟宮丨月不遲箋又爾雅釋言又國語周語其飾丨章注又後漢班彪傳下注邊讓傳注又文選思元賦雖丨高而弗違舊注○丨猶低也穆天子傳六丨丨旗以節之注○丨丨猶稍稍也後漢楊震傳注○丨綸纏裹也文選文賦注引易王肅注○丨綸猶纏裹也華嚴經音義上引漢書拾遺○茀離卽丨離丨離猶蒙蘢耳爾雅釋詁覭髳茀離也注○泰丨相儀之士也周書王會其右泰士臺右丨士注○丨氣貫日也周禮眂祲七日丨注○丨者白虹丨天也周禮眂祲司農注○丨跡不甲也於五行傳爲青黑之祥也呂覽明理有豕生而丨注○乾餘骨之沫爲斯丨莊子至樂○故書丨作迷周禮眂祲注○丨讀曰救周禮小祝丨裁兵注○丨讀曰弭漢書王莽傳上集注○丨讀爲弭荀子禮論絲末丨龍所以養威也注○丨當聲誤爲迷也大戴記保傅丨子瑕不肖而任事注○丨靡音有輕重耳漢書西域傳下集注○儀禮士喪禮注巫掌招丨以除疾病釋文丨本作弭○左傳宣二年提丨明史記晉世家作眯明桓五年高渠丨史記秦本紀作眯○左傳定六年丨子瑕大戴記作迷○衛公孫丨牟字之子見左傳哀十一年

○漢石門頌歷世壐久丨作壐

慈丨字也字愛物也釋名釋言語○丨愛也國語周語惠文之丨也注丨保庶民注晉語甚寬惠而丨丨於民注又漢書武帝紀集注引文穎○上愛下曰丨左氏昭廿八年傳丨和徧服曰順服注○親愛利子謂之丨賈子道術○惻隱憐人謂之丨同上○丨幼謂愛幼少也周禮大司徒一曰丨幼注○丨烏烏也廣雅釋鳥

遺丨亡也易泰不遐丨虞注又莊子徐無鬼而未始出域有丨類矣釋文○遺亡也廣雅釋言○丨失也左氏成十六年傳君惟不丨德刑注又後漢桓郁傳注又呂覽貴公荆人有丨弓者注論人言無丨者注重言故言無丨者注又淮南原道古之人有居巖穴而神不丨者注○丨離也廣雅釋詁三又楚辭湘君丨余佩兮澧浦注○丨留也漢書文帝紀集注溝洫志集注陳勝傳集注梅福傳集注匈奴傳上集注又後漢竇融傳注○丨猶留也史記孝文紀丨財足索隱又後漢蔡邕傳注杜篤傳注○丨謂留餘也史記陳涉世家不如少丨兵索隱○丨餘也左氏昭三年傳及丨姑姊妹注又史記樂書有丨味者矣正義又淮南脩務死有丨業注又離騷願依彭咸之丨則注又文選西京賦丨光儵爚薛注歎逝賦顧舊要於丨存注○遺餘也廣雅釋詁三○丨猶餘也禮記樂記有丨音者矣注○丨棄也漢書鼂錯傳集注又列子說符得人丨契者注又文選大將軍讌會詩丨華反質注○丨弃也史記魯仲連鄒陽傳丨公子糾索隱○丨猶舍也呂覽下賢夫相萬乘之國而能丨之注○丨廢呂覽情欲歡樂無丨注○丨墮也廣雅釋詁二又楚辭思古目眇眇而丨泣注○丨忘也後漢荀爽傳注又家語五刑相陵者生於長幼無序而丨敬讓注○丨棄忘也禮記祭義而老窮不丨釋文○丨猶脫也忘也禮記鄉飲酒義知其能弟長而無丨

矣注○行迅謂之丨風呂覽本味丨風丨風之乘注○丨風風之疾者也文選聖主得賢臣頌追奔電逐丨風注○丨光言光彩射也後漢張衡傳注○丨玉丨玉名山海經海外北經平邱爰有丨玉注○丨讀曰隨詩角弓莫肯下丨箋○丨讀如詩曰棄予如丨之丨周禮地官序官丨人司農注○丨一作嶉史記淮南衡山傳子孫無丨類集解引徐廣○禮記祭義而窮老不丨釋文丨本作匱○莊子天下道則無丨者矣釋文丨本作貴○莊子田子方注丨蛇其步釋文丨本作逶○詩角弓莫肯下丨荀子非相作莫肯下隧

肌 丨僕也膚幕堅僕也釋名釋形體○丨肉也廣雅釋器○丨或作肥呂覽審時使入丨澤注○丨一作顏列子黃帝丨色皯黯釋文

脂 丨膏也國語越語句踐載稻與丨於舟以行注○膏凝曰丨爾雅釋器冰丨也孫注○丨肪也一切經音義二十引廣蒼○丨肥凝者禮記內則丨用蔥注○釋者爲丨大戴記易本命注○丨美也謂榮祿也太元童出泥入丨注○丨砥也著面柔滑如砥石也釋名釋首飾○有羽者丨大戴記易本命○有角曰丨一切經音義十六引三蒼○有角無齒者丨家語執轡○丨牛羊屬考工記梓人丨者注○丨羊屬家語執轡注○桑鳸竊丨爾雅釋鳥

雌 丨者陰之目也素問陰陽類論二陰爲丨注○丨柔弱也淮南原道是故聖人守淸道而抱丨節注○鳥翼左掩右丨爾雅釋鳥○爾雅釋鳥其丨鴂釋文丨本作鷗

披 丨分也漢書西域傳上集注○丨猶分也亦丨折也一切經音義十三引纂文○丨分析也史記魏其武安侯傳不折必丨正義○丨發也漢書薛宣傳集注○丨張也廣雅釋詁一○丨開也文選琴賦丨

重壤以誕載兮注○丨解也淮南齊俗丨斷擙檖注○丨蔽也廣雅釋詁三○丨散也東齊器破曰丨方言六○丨丨長貌楚辭大司命靈衣兮丨丨注怨思服雲衣之丨丨注○丨拂風貌莊子天運孰居無事而丨拂是釋文○丨丨鬤鬤解亂貌也楚辭思古髮丨丨以鬤鬤兮注○兩傍引之曰丨丨擺也各於一旁引擺之備傾倚也釋名釋喪制○丨柩車行所以丨持棺者有紐以結之謂之戴周禮司士執丨注○丨者扶持棺險者也周禮司士司農注○今文丨皆爲藩儀禮既夕設丨注○晉寺人丨字伯楚見晉語

〔四〕

嬉 丨戲也廣雅釋詁三又後漢張衡傳注又文選西京賦爲水丨薛注○丨戲笑也一切經音義三引蒼頡○江沅之閒戲或謂之丨方言十○丨樂也文選思元賦追漁父以同丨注○丨遊也華嚴經音義下引切韻○丨興也論語摘輔象隕邱受延丨注○古今人表末丨晉語作妹喜

尸 丨主也書五子之歌太康丨位傳康王之誥序康王既丨天子傳又詩采蘋誰其丨之傳又禮記學記當其爲丨注又左氏成十七年傳殺老牛莫之敢丨注又穀梁隱五年傳卑不丨大功注又爾雅釋詁又國語晉語殺老牛莫之敢丨注董伯爲丨注又漢書朱雲傳集注鮑宣傳集注外戚傳下集注又太元衆丨將班于田注堅喪于丨注又法言問道丨諸聖注又淮南詮言聖人不爲名丨注又楚辭天問載丨集戰何所急注○丨者主也莊子天下皆願爲之丨注○丨或詁爲主此丨神象當從主訓之言陳非也禮記郊特牲注○丨主也孝子之祭不見親之形象心無所繫立丨而主意焉儀禮士虞禮祝迎丨注○丨陳也詩祈父有母之丨饔傳又禮記郊特牲又左氏莊四年傳楚武王荊丨注宣十六年傳荊丨而舉

注又爾雅釋詁又國語晉語殺三郤而丨諸朝注○丨陳也言形體在也禮記曲禮下注○丨之爲言陳也失氣亡神形體獨陳白虎通崩薨○丨之爲言矢也陳也御覽引邱季彬禮統○丨宋也爾雅釋詁○坎爲丨易師或輿丨虞注○丨神象也禮記郊特牲又祭統丨在廟門外注○祭必有丨者節神也禮天子以卿爲丨諸侯以大夫爲丨卿大夫以下以孫爲丨夏立丨丨殷坐丨周旅酬六丨公羊宣八年傳繹者何注○丨丨所祭者之孫也祖之丨則主人乃宗子禰之丨則主人乃父道儀禮特牲饋食禮主人降立于阼階東注○大夫士以孫之倫爲丨儀禮特牲饋食禮筮某之某爲丨注○男男丨女女丨必使異姓不使賤者儀禮士虞禮記○丨未葬之通稱左氏隱元年傳贈死不及丨注○既定死曰丨丨舒也骨節解舒不復能自勝斂也釋名釋喪制○在牀曰丨禮記曲禮下問喪又公羊僖卅三年傳吾將丨爾焉注○丨謂不知人事無辭讓也禮記表記近而不諫則丨利也注○丨解者言將登仙假托爲丨以解化也後漢方術傳注○丨官猶丨祿後漢梁冀傳注○丨俎神俎也儀禮特牲饋食禮記丨俎注○丨雜中之主顏氏家訓書證引延篤國策音義○丨鳩戴勝也詩鵲巢序德如丨鳩釋文引楊雄說又廣雅釋鳥○丨鳩鵠鵴也後漢袁紹傳注○

詩鵲巢序釋文丨本作鳴

貍 俗作狸○丨伏獸似貙爾雅釋獸釋文引字林○貔關西謂之貍方言八○丨貓也廣雅釋獸○丨善搏者也行則止而擬度焉其發必獲是以量侯道灋之也周禮射人則以丨步注○丨之伺物每舉足者止視遠近爲發必中也是以量侯道取象焉儀禮大射儀司馬命量人量侯道與所設乏以丨步注○狸猶殺也文選獄中上書自明注引宋均論語讖注○丨之言不來也儀禮大射儀奏丨首注又禮記射

義以丨首爲節釋文○丨首逸詩會孫也儀禮大射儀注○丨首曾孫周禮樂師諸侯以丨首爲節司農注○丨頭瓜屬

也廣雅釋草

吹 丨累猶動升也莊子在宥而萬物丨累焉釋文引司馬注○丨與吹同荀子仲尼可丨而俛也注○

莊子在宥釋文丨本作吹

湄 水草交曰丨丨眉也臨水如眉臨目也水經川歸之處也釋名釋水○水草交爲丨爾雅釋水○水中有草木交會曰丨爾雅釋水李注○丨水隒也詩蒹葭在水之丨傳○丨水溫水也考工記㡛氏湅絲以涚水漚其絲司農注○爾雅釋

水釋文丨本或作漝湄溦濔四字

離 一作杝○丨離也以柴竹作之疏離離然也釋名釋宮室○柴落爲丨楚辭招魂瓊木丨些注○柴垣曰杝一切經音義十四引通俗文○杝桃山桃也大戴記夏小正梅杏杝桃則華傳煮梅傳

丨益也漢書五行志下之下集注楊雄傳下集注

玆 匈奴傳上集注匈奴傳下集注○丨此也書大禹謨念丨在丨傳金縢丨攸俟鄭注呂刑越丨麗刑鄭注又詩泉水丨之永歎箋正月今丨之正箋下武媚丨一人箋昭丨來許箋緜築室于丨箋召旻維今之疚不如丨箋閔予小子念丨皇祖箋又考工記㮚氏丨器維則注又儀禮士昏禮記以丨初昏使某將注士喪禮度丨幽宅兆基注又左氏昭元年傳丨心不爽注又公羊桓八年傳士不及丨四者注又論語子罕文不在丨乎集解引孔注又皇疏又爾雅釋詁又國語周語必丨君之子孫實續之注晉語使丨四人者爲之注欲試之丨圉注我教丨暇豫事君注丨可以親注又後漢劉梁傳注又孟子萬章上惟丨臣庶注又太元翕天不之丨注又呂覽重言丨故不言注

又離騷委厥美而歷丨注天問受賜丨醢注惜誦矯丨媚以私處兮注悼亂伊余今念丨注又文選東京賦則大庭氏何以尚丨注三都賦序匪啻于丨注西征賦旋牧野而歷丨注弔魏武帝文膺靈符而在丨注○丨今也廣雅釋言○丨年也呂覽任地今丨美禾注○丨者蓐席也爾雅釋器蓐謂之丨注○丨者藉席之名荀子正論注引徐廣○龍丨或曰郎今龍鬚席荀子正論琅玕龍丨華覲以爲實注○丨飛郎伏飛也後漢馬融傳注○丨與髭同荀子正論琅玕龍丨華覲以爲實注○書大誥卜陳惟若丨漢書翟方進傳作丨陳惟若此○書皋陶謨邇可遠在丨史記夏本紀作近可遠在巳○詩下武昭丨來許漢碑作昭哉來許○左氏僖五年經公孫丨如牟公羊作慈○左氏僖八年經宋襄公丨父公羊作慈父

差 丨次也漢書董仲舒傳集注蕭望之傳集注○差次也廣雅釋詁三○丨謂制等級也荀子大略丨爵祿注○丨池不齊一左氏襄廿一年傳而何敢丨池注○丨丨不齊貌荀子正名丨丨然而齊注○丨須猶意須也淮南道應丨須夫子也注○禮記祭統明尊卑之丨釋文丨本作等

疲 或作罷○丨勞也廣雅釋詁二○罷勞也廣雅釋詁一又國語周語上下不罷注吳語今吳民既罷注○罷之言罷勞也禮記少儀師役曰罷注○丨極也廣雅釋詁一○罷極也離騷時曖曖其將罷兮注○丨病也爾雅釋詁瘽痒疧疵釋文引字書○罷病也國語齊語罷士無伍罷女無家注○丨病困之狀莊子齊物論苶然丨役釋文引簡文注○丨謂瘦也管子小匡以丨馬犬羊爲幣注○罷不任用也國語齊語天下諸侯罷馬以爲幣注○罷謂弱不任事也荀子正論聖王沒有埶籍者罷不足以懸天下注○罷弱不任事者荀子非相君子賢而能容罷注○罷

辜披磔牲以祭若今時磔狗祭以止風周禮大宗伯以疈辜祭四方百物司農注○罷讀曰丨漢書高帝紀上集注二見成帝紀集注二見王子侯表上集注古今人表集注刑法志集注食貨志上集注二見食貨志下集注溝洫志集注三見項籍傳集注二見陳勝項籍傳贊集注陳餘傳集注韓信傳集注二見英布傳集注吳王濞傳集注劉歆傳集注田叔傳集注齊悼惠王肥傳集注婁敬傳集注蒯通傳集注賈誼傳集注二見鼂錯傳集注汲黯傳集注賈山傳集注二見韓安國傳集注李廣傳集注霍去病傳集注司馬相如傳上集注司馬相如傳下集注公孫宏傳集注李廣利傳集注二見司馬遷傳集注嚴助傳集注二見朱買臣傳集注終軍傳集注趙充國傳集注陳湯傳集注三見韋元成傳集注淮陽憲王欽傳集注楊雄傳下集注龔遂傳集注淳于長傳集注匈奴傳集注四見匈奴傳下集注二見西南夷傳集注西域傳上集注二見王莽傳中集注王莽傳下集注二見又荀子成相曷謂罷國多私注基必施辨賢罷注○罷通作丨國語楚語國民罷焉注○丨作疲爾雅釋詁釋文引聲類○詩采繁箋無罷倦之失釋文罷本作丨左傳成十六年而罷民以逞釋文罷本作丨昭十九年勞罷死轉釋文罷本作丨○左氏襄三十年楚子使薳罷來聘公羊作薳頗○楚薳罷字子蕩見左氏襄廿七年傳

茨 屋以草蓋曰丨丨次也次比草爲之也釋名釋宮室○丨以茅覆屋也晉書音義中○丨茅覆屋禮記檀弓注謂丨瓦也釋文○丨蓋屋草也荀子禮論屬丨倚廬注○丨屋蓋也詩甫田如丨如梁箋瞻彼洛矣福祿如丨箋○丨蓋屋也荀子禮論抗折其須以象槾丨番閼也注又莊子讓王環堵之室丨以生草釋文引李注○丨門蓋穀梁成二年傳茨雍門之丨釋文○丨蓋也周禮圉師丨牆則剪闔注又穀梁

成二年傳注○丨覆也廣雅釋詁二○丨聚也廣雅
釋詁三○丨積也詩甫田如丨如梁傳又廣雅釋詁
一○丨積土塡滿之也淮南泰族丨其所決而高之
注○丨蒺藜爾雅釋草又穀梁文三年傳茅丨盡矣
注○丨字或作餈周禮籩人羞籩之實糗餌粉餈司
農注○爾雅釋草丨蒺藜釋文丨本作薋○莊子徐
無鬼將見大隗于具丨之山釋文丨司馬本作疢○
詩楚茨禮記玉藻注作楚薺○詩楚茨楚楚者丨楚
辭注一作
楚楚者薋

【卑】丨庳也廣雅釋言○丨下也一切經音義八引蒼
頡又國語周語晉侯執玉丨注又史記張釋之傳
丨之毋甚高論索隱○人皆赴高己獨赴下丨也管
子水地○丨謂謙下荀子脩身丨溼重遲貪利注○
丨小也左氏僖廿二年傳公丨邾注○丨微也國語
周語王室其將丨乎注晉語今周室少丨注○丨賤

也國語晉語何以丨我注又後漢馮衍傳注○丨柔
弱也文選神女賦順序丨調心腸注○丨者諂也鬼
谷子摩○丨者尊之充也管子樞言○丨陬愧懼貌
莊子天地子貢丨陬失色釋文引李注○丨陬顏色
不自得也莊子天地釋文○丨溼謂過謙恭而無禮
者荀子脩身丨溼重遲貪利注○丨溼亦謂遲緩也
同上○丨謂子弟之屬禮記喪服小記養丨者否注
○丨高謂山澤也禮記樂記丨高已陳注○丨耳即
齊語所謂辟耳管子封禪束馬懸車上丨耳之山注
○丨絻與裨冕同荀子禮論丨絻黼黻文織注○丨
讀爲俾荀子宥坐丨民不迷注○丨音畀予之畀漢
書鄒陽傳集注引服虔○易繫辭上天尊地丨釋文
丨本作埤知崇禮丨釋文丨本作埤○詩正月謂天
蓋丨釋文丨本作庳○左傳哀廿七年丨下之則可
行也釋文丨本作早○新序義勇田
丨說苑作田基水經渠水注作田英

【辤】廣韻辭同○辭讓也禮記哀公問固臣敢無辭而
對注又公羊隱元年傳隱於是焉而辭立注○辭
辭讓也禮記坊記無辭而行情則民爭注○事同曰
讓事異曰辭儀禮鄉飲酒禮主人坐奠爵于階前辭
注○辭不受也儀禮聘禮記辭曰非禮也敢注又國
語周語王勞之以地辭注晉語趙簡子賞之辭注○
辭讓不受也論語雍也與之粟九百辭集解引孔注
○辭不敢受也呂覽高義雖與之必辭注○丨猶不
從公羊哀三年傳以王父命丨父命注○禮辭辭不
敏也儀禮燕禮賓少進禮辭注○禮辭一辭而許也
再辭而許曰固辭三辭曰終辭不許也儀禮士冠禮
賓禮辭許注○辭謝也呂覽觀世嬰可以辭而無棄
乎注○辭去也呂覽
行論願辭不爲臣注

【虧】丨損也小爾雅廣言又淮南精神無天下不丨其
性注○丨滅也漢書何武傳集注○丨少也廣雅

釋詁三○丨毀也爾雅釋詁又呂覽察今其時已與
先王之法丨矣注○丨去也廣雅釋詁二○丨歇也
離騷唯昭質其猶未丨注芳菲菲而難丨兮注大司
命願若今兮無丨注又文選思元賦允塵邈而難丨
舊注○丨猶歇也後漢張衡傳注○左傳閔
二年齊公子無丨漢書古今人表作無詭

【蕤】草木華曰丨文選文賦注引纂要○丨者下也白
虎通五行○丨繼也漢書律厤志上又太元元數
應鍾生丨賓注○丨委丨柔貌也國語周語四曰丨
賓注○丨賓者安而服也淮南天文○丨賓陽律也
是月陰氣萎丨在下象主人陽氣在上象賓客呂覽
仲夏律中丨賓注○丨賓五月也陰氣萎丨在下似
主人陽在上似賓客故曰丨賓也淮南天文音比丨
賓注○丨賓午之氣也五月建焉而辰在鶉首周禮
大師丨賓注○丨賓長六寸八十
一分寸之二十六周禮大師注

騎丨支也兩腳枝別也釋名釋姿容○丨倚也漢書
爰盎傳集注引如淳○乘馬爲丨楚辭招魂步丨
羅些
注
跂二達謂之丨旁爾雅釋宮○丨道旁出也爾雅釋
宮注又孫注○二達曰丨旁物兩爲丨在邊曰旁
此道並通出似之也釋名釋道○丨丨路也文選舞
鶴賦臨丨矩步注○丨行貌也後漢桓彬傳注○丨
丨行貌文選笙賦注引字林○岐知意也詩生民克
岐克嶷傳○丨嶷謂有識知也文選吳都賦丨嶷繼
體劉注○丨衆管也以其分別故謂之丨文選笙賦
光丨儼其偕列注○丨舌國其人舌皆丨或云支舌
也山海經海外南經丨舌國注○丨字書作忮謂樹
枝橫首也華嚴經音義上○丨音岐華嚴經音義上
引切韻○爾雅釋宮釋文丨本作技
○孫叔敖碑少見技首蚍丨作技

岐丨山名詩序從丨周釋文○岐山名也文選思元
賦郇岐趾而臚情舊注○丨阯山足也後漢張衡
傳注○巽爲丨易升王用享于丨山荀注○郊古丨
字漢書郊祀志下集注匈奴傳上集注○丨古文嶅
跂二形同一切經音義九○丨山當音爲
奇江南皆呼爲神祇之祇顏氏家訓音辭
誰丨猶何也呂覽貴信丨人不親注○丨何問之也
文選過秦論陳利兵而丨何注○丨問也漢書眭
宏傳集注引孟康○丨推也有推擇言不能一也釋
名釋言語○丨者別人之意也莊子天運不至乎孩
而始丨注○丨謂未有主也後漢光武紀上注○丨
發語辭爾雅釋訓丨昔昔也注○詩桑柔丨能執熱
黑子尚賢中
作執能執熱
斯丨此也詩殷其靁何丨違丨傳采薇彼路丨何箋
正月哀我人丨箋角弓至于已丨亡箋柳丨言之

玷箋又詩瓠葉有兔丨首釋文又儀禮喪服君服丨
服矣注又禮記中庸其丨以爲舜乎注又左氏襄三
年傳使臣丨司馬注又論語里仁丨辱矣皇疏公冶
長丨焉取丨皇疏再丨可矣皇疏雍也丨人也皇疏
何莫由丨道也皇疏述而不圖爲樂之至於丨也皇
疏丨仁至矣皇疏泰伯於丨爲盛集解引孔注又皇
疏子罕逝者如丨夫不舍晝夜皇疏先進子路問聞
丨行諸皇疏顏淵請事丨語矣皇疏憲問如丨而已
乎皇疏季氏其丨之謂與皇疏又書中候何丨丨若眞
注又爾雅釋詁又文選鸚鵡賦故每言而稱丨注○
丨猶耳也禮記玉藻二爵而言言丨注○丨語辭詩
小弁弁彼鸒丨釋文○丨語詞後漢胡廣傳注○丨
須近也淮南繆稱丨須害儀注○丨須猶須臾也禮
記祭義禮樂不可丨須去身注○丨裂也廣雅釋詁
二○丨分也廣雅釋詁一○丨析也書酒誥有丨明
享鄭注又詩墓門斧以丨之傳○丨離也爾雅釋言

又列子黃帝不知丨齊國幾千萬里注○丨離也齊
陳曰丨方言七○丨析之離爾雅釋言孫注○丨盡
也詩皇矣王赫丨怒箋板無獨丨畏箋又禮記檀弓
下我喪也丨沾注○丨猶盡也呂覽報更丨食之注
○丨敗也廣雅釋詁三○丨禁禁切地無足者儀禮
鄉飲酒禮丨禁注鄉射禮丨禁注○丨彌蟲名莊子
至樂乾餘骨之沫爲丨彌釋文引李注又列子天瑞
丨彌爲食醯釋文○丨白也今俗語丨白之字作鮮
齊魯之閒聲近丨詩瓠葉有兔丨首箋○雞丨當爲
笄纚聲之誤也禮記問喪雞丨徒跣注○丨或當爲
斟荀子解蔽桀蔽於末喜丨觀注○左傳哀二年去
丨役釋文丨本作厮○莊子齊物論注豁然確丨也
釋文丨本作澌○書君陳丨謀丨猷春秋繁露竹林
作此謀此猷○詩巧言胡丨畏忌漢書賈山傳作胡
此畏忌○孟子庾公之丨左氏襄十四
年傳作庾公差漢書古今人表作茬

私兼覆無丨謂之公反公爲丨賈子道術○自營爲
丨厶一切經音義七引蒼頡○丨非公也論語鄉黨
丨覿皇疏○丨恤也所恤念也釋名釋言語○丨之
猶言恩之也禮記郊特牲丨之也注○丨謂獨受恩
厚也儀禮燕禮寡君君之丨也注○丨利也呂覽長
利而以丨其子孫注○丨愛也國策秦策王雖有萬
金弗得丨也注齊策丨我也注又呂覽去私子人之
所丨也注慎大以示民無丨注○竊愛爲丨離騷皇
天無丨阿兮注○丨邪也呂覽知分不以感丨傷神
注有度奚道知其不爲丨注又淮南本經無所丨愛
注○丨小也廣雅釋詁二○丨小也自關而西秦晉
之郊梁益之閒凡物小者謂之丨小方言二○丨猶
異也呂覽貴公不丨一物注○丨獨孟子盡心上有
丨淑艾者注○丨猶獨呂覽孝行身者非其丨有也
注○丨惟也呂覽似順以臣丨之鐸可賞也注○家
臣稱丨儀禮士相見禮夫子之賤丨注○士臣於大

夫者曰丨人禮記玉藻於大夫曰外丨注○丨臣自
己所辟除者儀禮特牲饋食禮記若有公有司丨臣
皆殽脀注○丨人家臣己所自謁除也大夫言丨人
明不純臣也士言丨臣明有君之道儀禮有司徹獻
丨人于阼階上注○丨子庶孽也周書皇門其善臣
以至于有分丨子注○姊妹之夫曰丨詩碩人譚公
維丨傳○女子謂姊妹之夫爲丨爾雅釋親○姊妹
互相謂夫曰丨言於其夫兄弟之中此人與己姊妹
有恩丨也釋名釋親屬○丨者無正親之言爾雅釋
親孫注○不以公事行曰丨行公羊莊廿七年傳通
乎季子之丨行也注○丨名遊俠之徒也列子黃帝
善養丨名注○丨喪謂其父母儀禮聘禮若有丨喪
注○丨喪妻女子之喪也禮記雜記上大夫有丨喪
之葛注○丨邑臣邑也公羊昭五年傳不以丨邑累
公邑也注○自卿士大夫之家曰丨館禮記曾子問
○丨館者自卿大夫以下之家也禮記雜記上○丨

館卿大夫之家也禮記喪大記丨館不復注○丨燕
服也詩葛覃薄汚我丨傳○公幣君之賜也丨幣卿
大夫之幣也儀禮聘禮上賓之公幣丨幣皆陳注○
丨民田也詩噫嘻駿發爾丨傳○丨小便左氏襄十
五年傳師慧過
宋朝將丨焉注
窺通作闚○丨視也廣雅釋詁一○闚視也史記刺
客傳闚以重利索隱○闚小視易豐釋文引聲類
○闚傾頭門內視也又小視也文選神女賦注引字
林○丨謂舉足而視也左氏桓二年傳而下無覬覦
服注○闚視也凡相竊視南楚謂之闚方言十○竊
覸稱闚易觀闚觀虞注○丨見呂覽君守莫得丨乎
注○離日爲闚易豐闚其戶虞注○闚闞望尊位也
文選魏都賦距遠闚以闚闞注○闚諫者視人君顏
色而諫也後漢李雲傳注○禮記禮運皆可俯而丨
也釋文丨本作闚○易觀闚觀釋文闚本作丨穀梁

序可得而闚也釋文闚本作丨公羊成二年傳踊于
踣而闚客釋文闚本作丨○吳仲山廟未嘗闚城丨
作
闚
攲丨器傾丨易覆之器荀子宥坐孔子觀于魯桓公
之廟有丨器焉注○呂箸取物曰丨丨音羈一切
經音義十五
引通俗文
熙丨光也爾雅釋詁又國語周語緝丨亶厥心注又
後漢班彪傳下注○丨光明也文選歸去來辭注○
引聲類○緝丨光明也禮記大學於緝丨敬止注○
緝丨皆明也禮記緇衣於緝丨敬止注○丨廣也書
堯典庶績咸丨傳又國語周語注又後漢和熹鄧皇
后紀注竇憲傳注班彪傳下注爰延傳注楊震傳注
禰衡傳注○丨盛也後漢竇武傳注○丨興也書堯
典釋文又爾雅釋詁又漢書禮樂志集注敘傳下集

注○丨戲也淮南俶眞鼓腹而丨注人間臣不敢以
死爲丨注又文選登徒子好色賦出咸陽丨邯鄲注
○丨歡笑也列子力命注引字林○丨丨和樂聲左
氏襄廿九年傳廣哉丨丨乎注○丨丨和樂貌漢書
禮樂志集注匈奴傳集注○丨丨和樂之貌荀子儒
效丨丨兮其樂人之臧也注○丨丨和盛周書太子
晉萬物丨丨注○丨丨淫放多情欲也老子衆人丨
丨注○書堯典庶績咸丨史記五帝紀作衆功皆興
漢書律厤志作衆功皆美○書舜典有能奮庸丨帝
之載史記五帝紀作有能奮庸美堯之事者○史記
魯周公世家煬公
丨索隱云一作怡
欺 丨詐也國策秦策蘇秦丨寡人注○丨誑也荀子
性惡則所聞者丨誣詐僞也注○丨妄也莊子應
帝王是丨德也釋文引簡文注○丨誤也呂覽有意
則不可丨矣注○仁義修立謂之任反任爲丨賈子

道術○丨謂遙相語也
論語雍也可丨也皇疏
疵 通作呰○丨病也爾雅釋詁又禮記禮運是謂丨
國注又漢書平帝紀集注中山靖王勝傳集注又
荀子不苟非毁丨也注又莊子逍遥遊使物不丨癘
釋文又列子黄帝物無丨厲釋文又呂覽悔過是師
必有丨注精諭殷雖惡周不能丨矣注○呰病也漢
書翟義傳集注○丨多病也周書謚法平易不丨曰
簡注○丨闕病也國策齊策齊貌辨之爲人也多丨
注○丨瑕也易繫辭上小丨釋文引馬注書大誥知
我國有丨馬注○丨毁也莊子逍遥遊釋文引司馬
注○丨贅淮南汜論故目中有丨注○丨讀爲訾荀
子不苟非毁丨也注○丨古文疵同一切經音義二
○爾雅釋木楄無丨釋文丨本作朼○史記弟子傳
江東人矯丨字子庸漢
書儒林傳作橋庇子庸

貲 丨貨也廣雅釋詁四○丨財也文選贈王中書詩
注引蒼頡又漢書司馬相如傳上集注○丨積財
也史記張釋之馮唐傳以丨爲騎郎索隱引字苑○
平財賄曰丨一切經音義三引通俗文○丨量也後
漢陳蕃傳注○無丨無價也管子山權數之龜爲無
丨注○立龜爲寶號曰無丨管子山權數一日而舋
之以四牛立寶曰無丨注○史記楚
世家楚王熊丨淮南說山注作熊庇
呰 丨擊也廣雅釋詁三又漢書高帝紀上集注又後
漢章帝紀注○丨杖擊也荀子正論捶丨臏腳注
○抽呰者丨
列女傳辯通
羈 集韻䩭同○丨馬絡頭也史記司馬相如傳丨縻
勿絶索隱又後漢魯恭傳注○革絡頭曰丨離騷
余雖好修姱以鞿丨兮注○䩭檢也所以檢持制之
也釋名釋車○䩭音丨勒靼也御覽三百五十八引

埤蒼○丨勒也廣雅釋器○馬曰丨牛曰縻文選難
蜀父老注引應劭漢官儀○馬曰丨國語晉語從者
爲丨紲之僕注○丨馬丨左氏僖廿四年傳臣負丨
紲注○丨牽也呂覽決勝而有以丨誘之也注○丨
係也後漢杜篤傳注○丨寄也廣雅釋詁三又史記
陳杞世家丨旅之臣集解引賈逵又漢書陳餘傳集
注引張晏○不丨言材質高遠不可丨繫也文選報
任少卿書僕少負不丨之才注○不丨謂才行高遠
不可丨繫也文選獄中上書自明使不丨之士與牛
驥同皁注○午達曰丨禮記內則男角女丨注○公
羊襄廿七年傳夫負丨縶釋文丨本作覊○穀梁昭
十九年傳丨貫成童釋文丨本作䩭○左傳僖廿四
年僖負丨晉語作負羇○魯子家丨字駒見
荀子大略注○張遷碑西覊六戎丨作覊
彝 丨常也書湯誥無從匪丨傳又詩烝民民之秉丨
傳又左氏襄十九年傳取其所得以作丨器注昭

十五年傳故能薦丨器於王注又穀梁序丨倫攸斁釋文又爾雅釋詁又國語周語無從非丨注不亦觽丨乎注又後漢董卓傳注袁譚傳注又文選東京賦銘勳丨器薛注○丨法也漢書王莽傳上集注○丨灋也周禮春官序官司尊丨注○丨器也爾雅釋器○丨亦尊也周禮春官序官注○丨尊丨宗廟之器國語周語而火焚其丨器注○鬱鬯曰丨周禮春官序官注○六丨雞丨鳥丨斝丨黃丨虎丨蜼丨周禮小宗伯辨六丨之名物注○宗丨宗廟樽也書序班宗丨鄭注○宗丨謂宗廟之鬱鬯樽也書益稷宗丨鄭注○尊丨皆受酒之器國語周語出其尊丨注○宗丨虎也書益稷鄭注○書洪範丨倫攸斁史記宋微子世家作常倫所斁我不知其丨倫攸敘作我不知其常倫所序是丨是訓作是夷是訓○詩烝民民之秉丨孟子告子上作民之秉夷○禮記明堂位夏后氏以雞夷周禮司尊彝司農注作夏后氏以雞丨

髭 口上曰丨丨姿也爲姿容之美也釋名釋形體○丨音訾穆天子傳四升于丨之隥注

頤 丨頷也方言十又廣雅釋親○丨頷也後漢周燮傳注○丨者口車輔之名也易頤鄭注○丨或曰輔車或曰牙車或曰頰車或曰鼸車凡繫於車皆取在下載上物也釋名釋形體○丨或曰鼸車鼸鼠之食積於頰人食似之故取名也同上○丨有土象也丨面爲下部下部爲地乃地利也春秋元命苞后稷岐丨自求宋注○丨養也禮記曲禮上百年曰期丨注又爾雅釋詁又廣雅釋詁一又漢書敘傳下集注又後漢班彪傳下注又文選典引微胡瑣而不丨注○丨者養也易序卦傳○丨養正也易雜卦傳○丨者所由飲食自養也易象下傳丨貞吉宋衷注○丨養亦享也文選魏都賦觀享丨賓注○丨養也動於下止於上上下咀物以養人也釋名釋形體○百年曰期丨丨養也老昏不復知服味善惡孝子期於盡養道而已也釋名釋長幼○朶丨者嚼也易頤朶丨注○丨指謂舉丨指麾也莊子天地手指丨指釋文○丨者助聲之辭史記陳涉世家夥丨涉之爲王沈沈者索隱引服虔○丨輅蟲名莊子至樂丨輅生乎食醯釋文引司馬注○丨輅蟲也列子天瑞丨輅黃軦釋文○丨或爲霝也禮記玉藻端行其霤如矢注

經籍籑詁卷第四

經籍籑詁卷第四補遺　上平聲

兵部侍郎兼都察院右副都御史巡撫浙江等處地方提督軍務兼理糧餉阮元撰集

四支

支 與枝同。說文丨去竹之枝也从手持半竹凡丨之屬皆从丨𣎆古文丨。丨者取丨條之義儀禮喪服傳丨子可也疏。丨子庶子也禮記曲禮上丨子不祭疏。枝枝子荀子儒效以枝代主注。丨者順節史記扁鵲倉公列傳夫以陽入陰丨蘭藏者生正義引素問。大撓探五行之情占斗剛所建於是始作甲乙以名日謂之幹作子丑以名日謂之枝續漢書律麻志上注引月令章句。十二辰子丑之等是丨甲乙丙丁之等是幹周禮鄉士注和合丨幹善日疏。十二辰爲陰爲枝公羊昭廿五年傳注辰爲臣疏

枝 說文丨木別生條也从木支聲。丨謂樹丨也易繫辭下傳其辭丨疏。丨柱言意相節郤不順從也漢書地理志下而漢中淫失丨柱注。水別於他水入於大水及海者命曰丨水管子度地

移 說文丨禾相倚丨也从禾多聲一曰禾名。丨謂丨易素問移精變氣論惟其丨精變氣注。丨成謂易子而敎也周書文政幼子丨成注。是無常在故曰丨莊子庚桑楚披然曰丨是注。在旁而及曰丨禮記大傳絕族無丨服疏。丨謂靡迤搖動也禮記玉藻手足毋丨疏。丨猶大也禮記表記衣服以丨之釋文

爲 說文丨母猴也其丨禽好爪爪母猴象也下腹丨母猴形王育曰爪象形也[illegible]古文丨象兩母猴相對形。丨作也禮記祭法注。丨記者之微意也疏。丨猶作也禮記檀弓上注練而丨衰疏又周禮酒人掌丨五齊三酒疏又公羊桓四年傳二曰賓客疏莊八年傳注丨久稽留之辭疏。丨治也左氏昭六年傳弗可丨矣注又國語晉語則晉可丨也注又呂覽至忠請以死丨王注察今丨其國與此同注離謂此丨國之禁也注舉難說桓公以丨天下注審時夫稼丨之者人也注又淮南原道故天下神器不可丨也注假眞與造物者丨人注精神猶未足丨也注。丨猶治也左氏成十六年傳秦伯使醫緩丨之注。丨治國也國語越語令大夫種丨之注。丨猶用也禮記郊特牲帝牛不吉以丨稷牛疏。丨故也淮南時則堅致丨上注。不丨不丨不成也淮南本經五穀不丨注。丨後立後也論語憲問求丨後於魯集解引孔注。丨窮知而縣於欲也墨子經上。丨是助語禮記曾子問注無用丨疏。丨薪猶前薪也莊子養生主指窮于丨薪注。詩采苓人之丨言疏引定本作僞言白帖九十二亦作僞言。孟子梁惠王上善推其所丨而已矣說苑引作善推其所有而已

垂 廣韻埀同。說文埀遠邊也从土𠂹聲。丨堯之巧工也呂覽重巳丨至巧也注。周禮垂氏釋文本又作華

吹 說文丨嘘也从口从欠。丨者言丨嘘可成亦紗也後漢書章帝紀省冰紈方空縠丨綸絮注

陂 說文陂阪也一曰沱也从𨸏皮聲。丨畜也文選海賦注引淮南高注。蓄水曰丨漢書高帝紀上嘗息大澤之丨注。障澤之水使不流溢謂之丨書泰誓上疏。丨者是隄防之指號匡謬正俗五。丨池江旁小水漢書司馬相如傳上衍溢丨池注引郭璞

碑 說文丨豎石也从石卑聲

奇 說文丨異也一曰不耦从大从可。丨謂丨異禮記祭義雖有丨邪而不治者疏。丨技謂丨異技能書泰誓下作丨技淫巧疏。非常爲丨淮南主術珍怪丨物注。丨材非常之材淮南主術則丨材佻長而干次注。丨丨怪非常意漢書五行志中之上尨丨無常注引應劭。丨謂權詐也史記田單列傳以丨丨勝索隱

宜 集韻宐同。說文宐所安也从宀之下一之上多省聲㝯古文丨𡧯亦古文丨。丨義也禮記禮器丨次之疏。丨丨其事也詩鳧鷖公尸來燕來丨傳。丨謂於事得丨卽是其義禮記中庸義者丨也疏。丨適也淮南主術皆失其丨矣注。仍得曰丨詩小宛丨岸丨獄箋。起大事動大衆必先有事乎社而後出謂之丨詩緜迺立冢土傳。以出師而祭社謂之丨漢書五行志中之上成肅公受脤于社注。丨者祭社之名左氏成十三年傳注丨社之肉也疏。祭社名爲丨左氏閔二年傳注丨社之肉疏。丨謂合丨荀子大略不時丨不敬注。詩假樂丨君丨王釋文作且君且王。詩文王丨鑒于殷禮記大學作儀鑒于殷

儀 說文丨度也从人義聲。丨宜也禮記大學丨監于殷疏。丨善也左氏襄十三年傳丨刑文王疏。丨法也太元養可以爲丨注。丨仇皆訓匹也故名仇字丨書文侯之命疏。丨禮丨也文選王元長曲水詩序注引書大傳注。丨表者言爲禮丨之表率漢書哀帝紀爲宗室丨表注。丨象也禮記緇衣丨刑文王疏。有丨而可象謂之丨左氏襄卅一年傳。丨者萬物之程式也管子形勢解。察其貌謂之丨左氏昭廿五年傳是丨也非禮也疏。二丨謂天地穀梁序該二丨之化育疏。兩丨謂乾坤也易繫辭上傳兩丨生四象虞注。丨與宐同漢書地理志下伯益能丨百物以佐舜注

皮 說文剝取獸革者謂之丨从又爲省聲凡丨之屬皆从丨𠖎古文丨𡰥籀文丨。有毛則曰丨儀禮聘禮注丨韋同類疏。丨革犀兕也國語楚語若杞梓丨革焉注。丨冠田獵之冠也左氏襄十四年傳不釋丨冠注。丨弁者何謂也所以法古至質冠之名也白虎通紼冕。丨氏古諸侯也周書史記丨氏以亡注

兒 說文兒孺子也从儿象小丨頭囟未合。男曰丨女曰嬰一切經音義二引三蒼。稱丨者以其幼弱故係其父漢書項籍傳外黃令舍人丨年十三注引臣瓚。稱爲丨者言其尚幼少也漢書張湯傳湯爲丨守舍注。丨齒齒落更生細者也詩閟宮黃髮丨齒釋文。丨字書作齯同上

離 說文離黃倉庚也鳴則蠶生从隹离聲。丨麗也各得安其所麗謂之丨易離王用出征注否疇丨祉疏。丨附也太元劇儔丨之劇注又後漢書張衡傳注。丨猶併也易兌麗澤釋文引鄭注。丨猶去也易漸丨羣醜也釋文引鄭注。丨亦歷也漢書西域傳上丨一二句注。丨遭也史記屈原賈生列傳故憂愁幽思而作丨騷集解引應劭。丨亦遭也漢書楚孝王囂傳丨于惡疾注循吏朱邑傳遭丨凶災注。丨被也後漢書李固杜喬傳贊終丨罔極注。丨應也文選劇秦美新非新室其疇丨之注。丨別呂覽誣徒合則弗能丨注。丨謂別丨應用素問陰陽離合論是故三陽之丨合也注。丨經謂丨析經理禮記學記疏。丨謂析居不和也禮記學記禮勝則丨注。丨也者明也萬物皆相見南方之卦也易

說卦傳○丨跂違俗自絜之貌荀子非十二子綦谿利跂注○物生亦曰丨周禮鞮鞻氏注西方曰侏丨疏○二國會曰丨穀梁定十年傳丨會不致注○黍丨丨亦謂秀而垂也詩黍離箋我以黍丨丨時至疏○丨火也左氏昭五年傳○丨雉也易巽田獲三品虞注○丨夏易象下傳損剛益柔有時虞注○絲聲爲丨禮記樂記絲聲哀疏引崔氏說○丨山梨也漢書司馬相如傳上檗丨朱楊注又文選子虛賦注引張揖○稻米隨而生者爲丨與稻相似淮南泰族丨先稻熟注○丨聲留丨爾雅釋樂大琴謂之丨孫注○丨與麗古字通文選潘安仁爲賈謐作贈陸機詩婉婉長丨注○易離丨王公也釋文鄭作麗○丨訓與螭同史記周本紀如豺如丨集解引徐廣○丨一作罹文選盧子諒贈劉琨詩契闊百罹注○爾雅丨丨或作栗詩旄邱傳流丨鳥也疏○詩漸漸之石月丨丨于畢淮南原道注作月麗于畢

施 集韻通作𢻫○說文丨旗皃从㫃也聲亝欒丨字子旗知丨者旗也𢻫敷也从攴也聲讀與丨同○丨設淮南脩務敎順丨續注○丨用也禮記禮器丨則行疏又淮南脩務在所設丨注○丨者用於天下禮記樂記疏○丨猶布也文選閒居賦陰謝陽丨注○丨者舍也左氏昭五年傳注又取其令名疏引劉炫○丨舍猶與廢也後漢書王充王符仲長統傳論丨舍之道注○丨猶劾也左氏昭十四年傳乃丨邢侯服注○丨行罪也左氏昭十四年傳丨生戮死注○丨衺淮南要略接徑直丨注○丨猶西斜也史記屈原賈生列傳庚子日丨兮索隱○丨者謂有以爲生管子地員鳥獸安丨注○乾爲丨易象上傳稱物平丨虞注○詩新臺得此戚丨說文作得此䵻黿

知 說文丨詞也从口从矢○丨猶覺也淮南原道而不自丨也注○丨識也禮記大學故好而丨其惡

疏○不丨猶不識也禮記儒行邱不丨儒服疏○丨也者以其智過物而能貌之若見墨子經說上○乾爲丨易象下傳君子以永終丨敝虞注○孟子告子下然後丨生於憂患荀子注作智○孟子告子下不丨者以爲爲肉也其丨者以爲爲無禮也說苑丨作善

馳 說文丨大驅也从馬也聲○走馬謂之丨詩山有樞傳婁亦曳也疏

池 丨積水也國語周語囿有林丨注○停水不流謂之丨書泰誓疏○丨者穿地引水詩召旻箋丨水之澤疏○丨者下田畜水之處詩白華箋丨水之澤疏○丨者陂丨也漢書宣帝紀丨籞未御幸者注引應劭○丨城丨也左氏成八年傳與渠邱公立于丨上注○丨城邊丨也漢書食貨志上湯丨百步注○丨丨言其包容浸潤也漢書禮樂志咸丨備矣注○丨施也初學記十五引五經通義又周禮大司樂注言

其德無不施疏○丨者柳車之丨也禮記檀弓上丨視重霤疏○丨以竹爲之如小車笭禮記喪大記二丨注○丨謂織竹爲籠禮記喪大記疏

規 說文丨有法度也从夫从見○丨矩方員之至也孟子離婁上○丨矩者方員之至也荀子禮論又史記禮書○丨矩者方員之正也管子法法○丨者正圓之器也詩沔水序丨正也箋○丨正圓器管子宙合多備丨軸者注○丨圓太元元圖天道成丨注○丨員之也淮南脩務其曲中丨注○丨所以爲圓也孟子告子上必以丨矩注○丨謂圓形素問陰陽應象大論觀權衡丨矩而知病所生注○丨者所以丨圜器械令得其類也漢書律麻志上○丨者所以員萬物也淮南時則○丨者天之形太元元告神象二生丨注○丨正也左氏昭十六年傳子寧以他丨我注○丨謂正其已失詩鶴鳴序誨宜王也疏○

以恩親正君曰丨詩沔水序丨宣王也箋○丨亦諫
也左氏襄十四年傳注丨正諫誨其君疏○偃豬之
地九夫爲丨四丨而當一井也左氏襄廿五年傳丨
偃豬賈注○丨之者思也太元元攡○丨也者所以
表柔虛素問陰陽應象大論注

危 說文丨在高而懼也从产自卪止之凡丨之屬皆
从丨○丨高也文選七命注引論語鄭注○丨不
安也國策西周策竊爲君丨之注○丨者謂聲不安
也禮記樂記羽亂則丨疏引崔氏○孤獨而䎨謂之
丨荀子君道○丨北方元武之宿淮南時則旦丨中
注昏丨中注

夷 說文丨平也从大从弓東方之人也○丨平也易
豐遇其丨主疏又左氏成十八年傳注丨庚疏襄
十六年傳爲丨故也注昭十七年傳丨民者也服注
又爾雅釋詁雉陳也樊注又呂覽似順往而丨夫壘

注又淮南說林邱丨而淵塞注又文選羽獵賦創淫
輪丨注引張晏○丨平也所以削平草地國語齊語
惡金以鑄鉏丨斤欘注○丨易皆平也漢書司馬相
如傳下故軌迹丨易易遵也注○丨平易也老子大
道甚丨而民好徑注○丨平殄也漢書楊雄傳下南
越相丨注○丨傷也國語晉語丨請無筋骨注○丨
者傷也易豐遇其丨主虞注明夷傳丨於左股九家
注○丨亦傷也漢書律厤志上丨當傷之物也注○
丨滅也易象下傳明丨蜀才注○丨靡丨而漸平也
文選笙賦或案衍丨靡注○丨是齊等之言詩桑柔
傳丨平疏○丨之言尸也禮記喪大記男女奉尸丨
于堂注○尸之衾曰丨衾尸之牀曰丨牀儀禮士喪
禮注俟之言尸也疏○諱俘中國謂之丨左氏襄十
年傳謂之丨俘注○丨則言陰氣之賊萬物也史記
律書○五曰丨則所以歌詠九則平民無貳也國語
周語○丨則所以平民無貳也國語周語以丨則之

上宮畢之注○丨爲四方總號左氏文十六年傳注
戎山丨也疏○四丨者東丨西戎南蠻北狄之總號
也穀梁序四丨交侵疏○東方曰丨公羊隱二年傳
公會戎于潛注又周書職方辨其邦國都鄙四丨八
蠻七閩九貉五戎六狄之人民注又呂覽功名蠻丨
反舌注恃君丨穢之鄉注○東方爲九丨白虎通禮
樂○四丨海外也淮南原道四丨納職注○丨爲長
故開口引聲而言之考工記廬人注酋丨長短名疏
○丨庚吳晉往來之要道左氏成十八年傳以塞丨
庚注○𡰥讀與丨同漢書樊噲傳與司馬𡰥戰碭東
注○丨丨作彝音義同詩瞻卬傳丨常也疏○書堯典
宅嵎丨丨釋文尚書考靈耀及史記作禺銕又五帝本
紀索隱云今文尚書及帝命驗竝作禺鐵說文作嵎
銕○魏元丕碑彝戎賓服丨作彝

師 說文二千五百人爲丨从帀从𠂤𠂤四帀衆意也
𠦪古文丨○二千五百人爲丨易序卦傳故受之

以丨九家注又穀梁襄十一年傳天子六軍注又淮
南時則丨旅竝興注○丨二千五百人之帥也左氏
成十八年傳丨不陵正注○丨衆也易象上傳地中
有水丨虞注又書洪範丨尹惟日疏又禮記緇衣出
入自爾丨虞注又周禮司常注謂之丨都疏○丨者
衆也書泰誓下王乃大巡六丨疏又詩公劉傳是京
及大衆所宜居之野疏又左氏隱二年經莒人入向
疏○丨者衆之通名書洪範疏○丨三軍之衆也國
語魯語元侯作丨注○丨田謂起大衆以田也周禮
甸祝丨甸注○丨是衆人總名左氏襄十三年傳注
魯丨也疏○丨掌軍旅之官若司馬也書洪範八曰
丨鄭注○丨旅所以討有罪荀子禮論丨旅有制注
○丨謂征伐周禮州長若國作民而丨田行役之事
疏○丨謂出丨征伐周禮肆師凡丨甸疏○丨封也
風俗通祀典○凡言丨者訓其徒也禮記曲禮下疏
引干寶○丨道之教訓漢書賈誼傳○丨者教人以

不及穀梁僖卅二年傳注丨資辨說注○丨教示以善道者禮記內則使爲子丨丨注○丨教之丨也禮記學記丨無當於五服疏○丨法也左氏襄十四年傳丨保萬民疏又管子八觀什一之丨注○丨所以取法則淮南脩務以趣明丨注○丨丨相丨法也漢書敘傳下高平丨丨注引鄧展○溫故知新曰丨一切經音義二引謚法○尊嚴能憚曰丨同上○故丨也者所以學爲君也禮記學記○丨樂丨也左氏襄十年傳舞丨題以旌夏注又國語楚語宴居有丨工之誦注○樂丨稱丨左氏襄十一年傳注皆樂丨名疏○丨瞽丨呂覽達鬱矇箴丨誦注○丨少丨國語周語丨箴注○丨樂工漢書禮樂志自卿大夫丨瞽以下注○丨郎大丨之官無目瞽矇之長也儀禮鄉飲酒禮注丨晃見疏○太丨樂官穆天子傳六祭口祝報祭觴太丨注又穀梁序就太丨而正雅頌疏○大丨掌樂大夫左氏襄十四年傳使大丨歌巧言之卒章注○大丨三公也詩板大丨維翰箋○將卑丨衆曰丨穀梁隱五年傳○將卑丨衆稱丨公羊隱五年傳○將卑丨衆但稱丨左氏隱五年傳衞丨入郕注○戰稱將敗稱丨左氏桓十三年經戰齊丨疏○丨比胡革帶鉤也史記匈奴列傳黃金胥紕一索隱引延篤戰國策注

姿 說文丨態也从女次聲

遲 說文遲徐行也从辵犀聲詩曰行道丨丨䢜丨或从𡰥遟籀文丨从犀○丨慢也荀子宥坐陵丨故也注○丨謂性非敏速也漢書杜周傳周少言重丨注○丨丨者日長而暄之意詩七月傳丨丨舒緩也疏○三公山碑懸俗陵迡丨作迡繁陽令楊君碑徲𢓭樂志丨作𢓭婁壽碑徲𢓭衡門丨作𢓭

龜 說文丨舊也外骨內肉者也从它丨頭與它頭同天地之性廣肩無雄丨鼈之類以它爲雄象足甲尾之形凡丨之屬皆从丨𠁁古文丨○丨龍甲鱗之宗列子黃帝解六畜之語者注○丨北方之靈禮記禮運丨以爲畜注○丨謂靈射之屬禮記玉藻卜人定丨注○丨筴君之卜筮所須也禮記曲禮下倒筴側丨於君前有誅疏○丨者是天下之寶也史記龜策列傳○艮爲山丨易象上傳觀我朵頤侯注○丨篕聲相近禮記禮器注大夫刻爲丨耳疏

眉 集韻眉同○說文眉目上毛也从目象眉之形上象頟理也凡眉之屬皆从眉○丨井邊也若人目上之有丨漢書游俠陳遵傳居井之丨注○九十曰鮐背或曰丨壽藝文類聚引釋名○北海相景君銘不永麋壽丨作麋

悲 說文丨痛也从心非聲○丨謂顧念也漢書高帝紀下游子悲故鄉注○肝虛而肺氣并之則爲丨素問宣明五氣篇并於肺則丨注○夫丨樂者德之邪也淮南精神

之 集韻㞢同○說文㞢出也象艸過屮枝莖益大有所丨一者地也凡㞢之屬皆从㞢○丨往也易象下傳愼所丨也疏又漢書司馬相如傳下易本隱以丨顯注兒寬傳丨北地視畜數年注燕刺王旦傳王孺等丨長安注王褒傳皆丨太子宮注東方朔傳起丨東箱注霍光傳將軍丨廣明都郎屬耳注自丨符璽取節十六注陳湯傳彼亾則無所丨注自以無所丨注夏侯勝傳陛下出欲何丨注谷永傳恣所欲丨注外戚傳上從其家丨長安注嫗卽與翁須逃走丨平鄉注王莽傳下丨兗州塡撫所掌注又素問氣府論分丨所在穴空注○丨爲語助詩漢廣箋丨子是子也疏○丨是助句辭也禮記樂記長言丨也疏○丨語辭也禮記檀弓上南宮縚丨妻丨姑丨喪疏○丨適也論語陽貨末丨也已集解引孔注○丨子者

是子也爾雅釋訓○丨子是子也詩桃夭丨子于歸箋鵲巢丨子于歸箋江有汜丨子歸箋伯兮丨子無裳箋揚之水彼其丨子箋羔裘彼其丨子箋汾沮洳彼其丨子箋椒聊彼其丨子箋候人彼其丨子箋伐柯我覯丨子箋裳裳者華我覯丨子箋采綠丨子于狩箋○丨子者論五方之言是子也爾雅釋訓疏引李注○丨人是人也詩日月乃如丨人兮箋○丨子男子也詩東門之枌子仲丨子箋○詩殷武四方丨極荀悅漢紀元帝永光二年作四方是則後漢書王充傳潛夫論浮侈作四方是極○孟子萬章上封丨有庳後漢書袁紹傳注作封諸有鼻○孟子萬章上夫然後丨丨中國文選注作夫然後歸中國○孟子萬章上不丨益而丨啟書疏作不歸益而歸啟

芝 説文芝神艸也从艸从㞢○無華葉而生者曰丨栭禮記內則疏引庾蔚○丨木椹也禮記內則疏引賀氏○丨草蒻也漢書司馬相如傳下咀噍丨英兮嘰瓊華注引張揖

時 説文時四丨也从日𡳿聲旹古文丨从㞢日○丨四丨也左氏昭七年傳歲丨日月星辰服注又素問天元紀大論願聞五運之主丨也注○丨謂四丨太元元圖丨監地營注○三丨謂春夏秋管子問毋於三丨注○三丨春夏秋左氏桓六年傳謂其三丨不害注○丨所以記啟閉也漢書律厤志上○丨謂旦中夕也太元元數星丨數從注○丨事四丨貢職左氏襄廿六年傳將歸丨事于宰旅注○丨賜謂四丨珍異以賜諸賓客儀禮聘禮注四丨珍美新物也疏○不丨丨謂觸歲月左氏襄十八年傳南師不丨注○不丨丨也詩文王帝命不丨傳○應順天常不愆丨丨候謂之丨雨素問六元正紀大論雨迺丨降注○丨丨謂得丨荀子大略不丨宎不敬注○丨事之徵也左氏閔二年傳○丨會也文選北征賦注引爾雅○丨難也國語鄭語丨至而求用注○丨謂心所尊者也詩賓之初筵箋○丨見者言無常期周禮大宗伯丨見曰會注○有丨猶言有數也禮記檀弓下日月有丨將葬矣注○丨雀梅爾雅釋木注○書伊訓丨謂巫風墨子非樂上作是謂巫風泰誓下祝降丨喪墨子非命下作祝降其喪○孟子萬章下孔子聖之丨者也韓詩外傳丨作中○無極山碑給四旹祠具丨作旹

詩 説文詩志也从言寺聲訨古文丨省○丨者志之所之也毛詩序○在心爲志發言爲丨同上○丨者志也詩關雎序王者之風疏天保序疏節南山箋疏○丨之爲言志也詩譜序然則丨之道疏引春秋説題辭○丨者人志意之所之適也詩關雎序丨者志之所之也疏○丨者志德之理而明其指令人緣之以自成也賈子道德説○丨者持也詩譜序然則丨之道疏引詩緯含神霧○丨有三訓承也志也持也詩譜序疏○發見於言乃名爲丨詩關雎序發言爲丨疏○丨者辭也在辭爲丨毛詩指説引梁簡文説○丨謂言詞也禮記樂記丨言其志也疏○誦言爲丨詩關雎序而形於言疏○誦其言謂之丨漢書藝文志又詩關雎序先王以是經夫婦疏○在事爲丨詩譜序疏引春秋説題辭○丨書義之府也左氏僖廿七年傳○丨是樂章左氏襄四年傳注文王之三疏○丨者樂章也穀梁序就太師而正雅頌疏○丨是樂歌禮記學記不能安丨疏○丨者歌詠歡樂也禮記孔子閒居丨亦至矣疏○丨者弦歌諷喻之聲也詩譜序大庭軒轅疏引六藝論

棊 説文丨博丨从木其聲○行丨謂大博也淮南泰族故行丨者注○丨者簺之狀史記日者列傳旋式正丨索隱○棊者所執之子左氏襄廿五年傳注弈圍棊疏

旗 說文熊丨五游以象罰星士卒以爲期从㫃其聲
周禮曰率都建丨
辭 說文丨訟也从辛𤔔猶理辜也𤔔理也𤕰籒文丨
从司○丨言語也禮記曲禮上安定丨疏○丨謂
文丨易文言傳脩丨立其誠疏○丨責讓之左氏昭
九年傳丨于晉注○丨遣之左氏襄廿二年傳丨入
人者注○詩板丨之輯矣說文作詞之𦐈矣
詞 說文丨意內而言外也从司从言
期 說文丨會也从月其聲𠀇古文丨从日丌○丨要
也書大禹謨傳釋文○丨猶要也禮記曲禮上百
年曰丨頤注○丨必也左氏哀十六年傳丨死非勇
也注○從旦至暮爲丨左氏昭廿三年傳丨焉注○
百年曰丨頤禮記曲禮上○旄丨或爲旄勤禮記射
義旄丨稱道不亂者不注○左氏定四年楚子丨貫

子誰難說苑正諫作子綦○武梁祠堂畫象綦於其
頭丨作其
祠 說文春祭曰丨品物少多文詞也从示司聲仲春
之月丨不用犧牲用圭璧及皮幣○春曰丨禮記
王制天子諸侯宗廟之祭注○春物始生孝子思親
繼嗣而食之故曰丨公羊定八年傳注言祀者疏○
周以禘爲殷祭更名春祭曰丨禮記祭義春禘秋嘗
注○求福謂之禱報賽謂之丨周禮小祝將事侯禳
禱丨之祝號疏○祈請求福曰禱得福報賽曰丨周
禮喪祝以祭祝禱丨焉疏○丨飲食也漢書景帝紀
弔禭丨賵注引應劭○師出曰丨兵入曰振旅丨者
丨五兵矛戟劍楯弓矢周禮肆師注引異義公羊說
○丨神丨也漢書陳勝傳又聞令廣之次所旁叢丨
中注○詩天保禴丨烝嘗易萃虞注引作禴祭烝嘗
基 說文丨牆始也从土其聲○丨始也國語周語夙
夜丨命宥密注○丨亦始漢書外戚傳序故易丨

乾坤注○丨胎皆始也漢書枚乘傳福生有丨禍生
有胎注引服虔○丨謀也禮記孔子閒居夙夜其命
宥密注○牆屋以下者爲丨左氏成十三年傳身之
丨也疏○丨門塾之丨也漢書郊祀志上自堂徂丨
注○丨當作㫷後漢書郎顗傳於詩三丨注○孟子
公孫丑上雖有鎡丨齊民要術作雖有鎡錤
疑 說文疑惑也从子止矣聲○丨擬也禮記燕義疏
○丨謂是非不決禮記坊記所以章丨別微疏○
丨止謂有所不爲荀子解蔽而無所丨止之注○獻
丨猶致難也列子湯問其妻獻丨曰釋文○丨謂博
聞達識可決丨惑者荀子堯問得丨者存注○震爲
丨易象下傳行未丨也虞注
姬 說文丨黃帝居丨水以爲姓从女𦣞聲○丨衆妾
之總稱史記齊太公世家王丨徐丨蔡丨索隱○
丨內官也漢書文帝紀母曰薄丨注引臣瓚○丨是
語助之辭也禮記郊特牲二日伐鼓何居疏

絲 說文丨蠶所吐也从二糸凡丨之屬皆从丨○丨
爲弦禮記月令疏引易通卦驗注
司 說文丨臣丨事於外者从反后凡丨之屬皆从丨
○丨主也禮記曲禮下曰丨徒疏又文選荅賓戲
劉向丨籍注引項岱○凡言丨者總其領也禮記曲
禮下疏引周禮干注又周禮司關丨貨賄之出入者
疏○掌事曰丨左氏春秋序魯史記之名也疏
蕬 說文蕬菜也从艸絲聲
醫 說文丨治病工也殹惡姿也丨之性然得酒而使
从酉王育說一曰殹病聲酒所以治病也周禮有
丨酒古者巫彭初作丨○丨之爲言意也後漢書方
術郭玉傳○爾雅釋地有丨無閭釋文李本作毉○
周禮酒正注丨之字從殹釋文殹本或作毉

帷 說文在旁曰丨从巾隹聲𢃔古文丨○丨障也禮記喪大記丨之疏○在旁曰丨在上曰荒皆所以衣柳也禮記喪大記君龍丨注○丨荒所以衣柳禮記檀弓上注牆柳衣也疏○丨柳車邊障也禮記喪大記君龍丨疏○丨裳謂朝祭之服其制正幅如丨論語鄉黨非丨裳鄭注○丨作幃文選悼亾詩注引聲類○丨或爲幃文選七發如素車白馬丨蓋之張注

思 廣韻恖同○說文恖容也从心囟聲凡恖之屬皆从恖○丨計慮也禮記曲禮上儼若丨疏○丨是心之所慮書洪範五曰丨疏○丨丨慮漢書五行志中之上五曰丨注引應劭○丨者心慮所行使行得中也書洪範疏○發慮在心謂之丨毛詩指說引梁簡文說○謀慮不忩曰丨後漢書皇后紀下注引謚法○丨辭也禮記中庸神之格丨疏又左氏宣十二年傳鋪時繹丨注○丨語辭也漢書王褎傳丨皇多

士注○丨是語之辭不爲義也左氏宣十二年傳疏○丨所以知遠也素問陰陽應象大論在志爲丨注○坤爲丨易象上傳君子以教丨无窮虞注○詩泮水丨樂泮水禮記禮器疏作斯樂泮水○詩我行其野言歸丨復唐石經作言歸斯復○詩我行其野不丨舊姻白虎通嫁娶作不惟舊因

滋 說文丨諡也从水玆聲一曰丨水出牛飲山白陘谷東入呼沱○丨諡也左昭廿六年傳吾丨不從也注又一切經音義二引左氏隱元年傳無使丨蔓服注又國語魯語其讎不丨大乎注越語民乃藩丨注又呂覽懷寵行地丨遠注○丨亦諡也漢書吳王濞傳徵求丨多注酷吏咸宣傳盜賊丨起注○丨者言萬物丨於下也史記律書

持 說文持握也从手寺聲○丨謂執丨之也左氏昭元年傳疏○丨謂相執丨也素問六元正紀大論徐者爲病丨注○執而不釋謂之丨詩鳧鷖序能丨盈守成疏○丨謂扶丨佐助也漢書劉向傳及丞相御史所丨注○丨之言無所取與左氏昭元年傳子與子家丨之注○弈棋謂不能相害爲丨左氏昭元年傳疏

隨 說文隨从也从辵墒省聲○丨從也國策秦策而王丨之矣注○丨逮應召也淮南兵略百姓之丨逮肆刑注○丨入不竝行也儀禮聘禮凡庭實丨入注○丨者謂丨時之宜也易繫辭下傳蓋取諸丨疏

癡 說文癡不慧也从疒疑聲

維 說文丨車蓋丨也从糸隹聲○丨念也詩維天之命序釋文引韓詩○丨者綱也左氏昭十年傳居其丨首疏○丨綱所以張也管子禁藏法令爲丨綱注○兩係稱丨易隨乃從丨之虞注○丨謂丨持素

問陰陽類論二陽爲丨注○丨丨謂聯繫之漢書嚴助傳猶泰山而四丨之也注○丨所以繫船漢書賈誼傳亾丨楫注○丨連四船爾雅釋水諸侯丨舟注○丨連四舟爾雅釋水諸侯丨舟孫注○中央左右相丨持者曰丨舟爾雅釋水李注○丨訓度史記秦楚之際月表丨萬世之安索隱○四角爲丨也淮南天文東北爲報德之丨也注○詩板价人丨藩漢書王莽傳作介人惟藩○詩烈祖丨民所止禮記大學書大傳作惟民所止○詩長發濬哲丨商後漢書班固傳注作濬哲惟商

卮 說文丨圜器也一名觛所以節飲食象人卪在其下也易曰君子節飲食凡丨之屬皆从丨○丨酒器也禮記內則敦牟丨匜釋文○丨飲酒圓器也漢書高帝紀下上奉玉丨注引應劭○丨煙支也紫赤色也史記貨殖列傳地饒丨薑集解引徐廣○丨鮮支也史記貨殖列傳若千畝丨茜集解引徐廣

麈說文丨鹿屬从鹿米聲丨冬至解其角○丨是澤
獸周禮獸人夏獻丨疏又左氏莊十七年經冬多
丨疏○丨似水牛史記司馬相如列傳沇牛麈丨正
義○齊人謂丨爲獐考工記畫繢之事山以章注○
丨者迷也周禮司裘注用虎熊豹丨之皮疏○丨郎
眉也考工記梓人注謂丨衡也疏○丨眉也古字通
用漢書王莽傳下赤丨聞之注○爾雅釋鳥丨鴟釋
文字林作鶥
螭說文螭若龍而黃北方謂之地螻从虫离聲或云
無角曰丨○龍子爲丨漢書司馬相如傳上蛟龍
赤丨注引文穎○丨山神獸形也漢書司馬相如傳
上注引如淳又後漢書竇憲傳丨虎之士注○丨雌
龍也漢書司馬相如傳上注引張揖
麾本作摩○說文摩旌旗所以指丨也从手靡聲○
丨夏之正色周禮巾車木路疏引鄭志○丨鳥翼

以爲幢丨也太平御覽六百八十引月令章句○丨
旌旗之名州將之所建也文選頭陁寺碑文軍丨命
服之序注
墀說文丨涂地也从土犀聲禮天子赤丨○丨水中
丨也易略例隆丨永歎注
彌說文镾久長也从長爾聲○丨諡也呂覽當染從
屬丨衆注○丨猶諡也呂覽節喪國丨大注○丨
者增諡之義左氏哀廿三年傳注丨遠也疏○丨大
易繫辭上傳故能丨綸天地之道虞注○丨廣也文
選遊天台山賦注引劉瓛周易義○丨滿也史記司
馬相如列傳丨山跨谷正義○丨亦滿也漢書司馬
相如傳上掩平丨澤注○丨謂丨縫補合易繫辭上
傳故能丨綸天地之道疏○丨縫猶補合也後漢書
左周黃傳論丨縫衮闕注○丨猶稍稍也漢書揚雄
傳上豈或帝王之丨文哉注○丨丨猶稍稍也漢書

韋賢傳丨丨其失注引應劭○丨宗官名周書王會
丨宗㫄之注
慈說文丨愛也从心茲聲○丨謂愛之深也左氏莊
廿七年傳夫禮樂丨愛疏○丨者愛出於心恩被
於物也左氏文十八年傳宣丨惠和疏○丨者篤愛
之名禮記曲禮上稱其丨也疏○丨愛敬進之禮記
內則丨以旨甘注○丨柔淮南本經家給人足父丨
注○丨者孜孜孝經若夫丨愛恭敬疏引皇侃○丨
者父母之高行也管子形勢解○丨母知其嗜欲者
禮記內則其次爲丨母注○丨謂恩丨儀禮喪服傳
注必求其寬裕丨惠溫良恭儉疏
遺說文遺亡也从辵貴聲○丨失也易小過注飛鳥
丨其音聲疏又淮南主術必丨天下之大數注○
丨猶失也呂覽貴當所言無丨策注○丨棄也易泰
不遐丨疏略例或有丨爻而舉二體者注又文選歎

逝賦丨聖人之洪寶注○遺離也廣雅釋言○丨置
也禮記檀弓下天不丨耆老疏○丨餘也文選七啟
注引漢書如淳注○丨亦餘也史記樂書有丨味者
矣正義○丨忘忽忘也漢書刑法志三日丨忘注○
丨風猶餘聲也淮南原道結激楚之丨風注○丨謂
意不存錄孝經不敢丨小國之臣疏引劉炫○丨蛇
猶透迤也漢書東方朔傳丨蛇其迹注○詩鴟鴞序
公乃爲詩以丨王釋文本亦作貽○書泰誓上丨厥
先宗廟弗祀墨子天志中作棄厥先神祇不祀非命
上作禍厥先神禔不祀
肌說文丨肉也从月几聲○丨膚血氣之情也春秋
繁露度制
脂說文戴角者丨無角者膏从肉旨聲○凝者爲丨
釋者爲膏禮記內則丨膏以膏之疏
雌說文丨鳥母也从隹此聲○陰本爲丨廣雅釋天
曹憲音引詩緯○對文則飛曰丨雄走曰牝牡散

則可以相通詩南山傳雄狐相隨疏○月爲卜太元元告日月雄丨之序注○丨後之屬也老子守其丨王注

【披】說文从旁持曰丨从手皮聲○丨猶分也左氏成十八年傳而丨其地注○丨析也左氏昭五年傳又丨其邑注○丨柩行夾引棺者禮記檀弓上設丨周也注○丨靡言精體低垂史記項羽本紀漢軍皆丨靡正義

【尸】說文丨陳也象臥之形凡丨之屬皆从丨○丨主也周禮地官序官司稽疏又左氏襄廿七年傳非歸其卜盟也注又穀梁莊廿三年傳以是爲丨女也注○丨猶主也周禮玉府注丨盟者執之疏地官序官司虣疏○丨祭主也淮南主術其猶零星之丨也注○丨祭神之主淮南說山丨祝齋戒注○丨所以象神詩天保君曰卜爾傳○丨節神者也詩楚茨鼓鐘送丨箋○丨鳲布穀類也或曰鶻鵃也山海經西山經鳥多丨鳩注

【貍】說文丨伏獸似貙从豸里聲○丨首詩篇名也禮記投壺請奏丨首注○丨首者諸侯之不來者史記封禪書○丨步謂一舉足爲一步于今爲半步周禮射人則以丨步張之侯司農注○貍一名不來史記封禪書集解引徐廣

【炊】說文丨爨也从火吹省聲○丨爨也漢書五行志下之下析骸而丨之注○丨謂爨火也漢書枚乘傳一人丨之注○丨謂饎爨也漢書郊祀志上族人丨之屬注○先丨古丨母之神也史記封禪書先丨之屬正義

【湄】說文水艸交爲湄从水眉聲○丨水草木交合也爾雅釋水舍人注○丨謂水草交際之處水之岸也詩蒹葭傳丨水隒也疏○丨是水岸同上

【茲】說文丨艸木多益从艸絲省聲○丨此也左氏隱十一年傳無寧丨許公復奉其社稷注襄廿一年傳念丨在丨注昭廿六年傳丨不穀震盪播越注又國語楚語丨故不言注○丨滋也素問五藏生成論故色見青如草丨者死注○丨者藉草之名史記周本紀衛康叔封布丨集解引徐廣○丨白一名駮周書王會丨白者注○漢時丨其郎今之鋤也周禮薙氏注以丨其所生者疏○丨免與滋勉同管子小問由乎丨免注○詩文王有聲昭丨來許續漢祭祀志注引東觀漢紀作昭哉來許○魏孔羨碑咨可謂命世大聖丨作咨

【差】丨池者往飛之貌詩燕燕傳必丨池其羽疏

【疲】說文疲勞也从疒皮聲○丨嬾也唐僧輔行傳宏決二之一引蒼頡○罷癈於事也漢書賈誼傳坐罷軟不勝任者注○罷謂乏於德義者管子小匡罷士無伍注○罷謂困極罷弊周禮大司寇注有似于罷疏○師役曰罷禮記少儀○罷癃背疾也言腰曲而背癃高史記平原君虞卿列傳臣不幸有罷癃之病索隱○丨老淮南俶眞故丨馬之死也注○丨音罷軍之罷漢書地理志上千乘郡被陽注引如淳○罷讀曰丨漢書夏侯嬰傳漢王急馬罷注

【茨】說文丨以茅葦蓋屋从艸次聲○丨蓋屋草也荀子禮論屬丨倚廬注○丨以茅覆屋也史記太史公自序正義○屋蓋曰丨史記太史公自序茅丨不翦正義又漢書司馬遷傳注○丨謂蓋覆也書梓材

惟其塗塈丨疏○詩牆有茨說文作牆有薺○莊子徐无鬼將見大隗于具丨之山釋文一本作次

【皁】說文丨賤也執事者从ナ甲聲○丨下也禮記中庸必自丨疏○丨謂地體丨下易繫辭上傳丨高以陳疏○丨猶近也穀梁僖十五年傳德薄者流丨注○丨讓禮之宗也左氏昭元年傳○丨讓德之基也左氏文元年傳○丨謂其才德薄左氏昭廿五年傳語丨宋大夫注○丨居雅鳥周禮羅氏注鳥謂丨居鵲之屬疏○書無逸文王丨服釋文馬本作俾○西狹頌減高就埤丨作埤

【辤】說文丨不受也从辛从受受辛宜丨之辞籀文丨从台○辭讓之左氏襄十年傳荀偃辭注○辭不見左氏僖廿四年傳且辭焉注○辭之與讓其義亦通也禮記聘義注三讓而后傳命疏

【虧】說文虧气損也从亏雐聲虧虧或从兮○丨崩皆謂毀壞也詩閟宮不丨不崩箋○丨謂減損易謙天道丨盈而益謙疏○不足曰丨令管子立政○易謙天道丨盈釋文馬本作毀盈

【甤】說文丨艸木華垂皃从艸甤聲○丨綏也文選甘泉賦鸞鳳紛其銜丨注引晉灼○四日丨賓所以安靖神人獻酬交酢也國語周語○丨賓者言陰氣幼少故曰丨賓陽不用事故曰賓史記律書

【陲】說文陲危也从𨸏垂聲○

【騎】說文丨跨馬也从馬奇聲○丨謂跨之史記袁盎晁錯列傳不丨衡索隱又漢書爰盎傳注

【岐】集韻跂同○說文跂足多指也从足支聲○丨丨飛行貌文選笙賦翾翾丨丨注○丨丨將行貌文選笙賦注引漢書音義

【岐】集韻郊同○說文郊周文王所封在右扶風美陽中水鄉从邑支聲岐郊或从山因丨山以名之也

嶅古文郊从枝从山○郊亦丨字漢書地理志下賜受郊鄷之地注○丨水名也水經渭水注引漢書音義

【誰】說文丨何也从言隹聲○詩匪風丨將西歸說苑善說作孰將西歸○公羊僖廿一年傳注丨誒劫質諸侯求其國釋文本亦作詐○河東人呼丨與葵同史記孝武本紀汾陰脽上索隱

【斯】說文丨析也从斤其聲詩曰斧以丨之○丨此也易繫辭上傳如丨而已者也疏又詩商頌譜商者契所封之地疏引中候握河紀注○丨語辭也禮記文王世子故父在丨爲子疏○丨澌也澌盡之名儀禮鄉飲酒禮注丨禁疏○丨離也詩板無獨丨畏箋○丨須猶須臾也漢書禮樂志丨須忘禮注○詩螽斯釋文丨爾雅作蜇

【私】通作厶○說文丨禾也从禾厶聲北道名禾主人曰丨主人又厶姦衺也韓非曰蒼頡作字自營爲厶凡厶之屬皆从厶○自環者謂之丨韓非子五蠹○丨邪也淮南主術而丨道塞矣注○丨猶曲也國策秦策賞不丨親近注○丨相親愛左氏襄廿三年傳獻子丨焉注○丨暱所親愛也左氏襄廿五年傳非其丨暱注○無丨無所愛憎也淮南脩務而公正無丨注○丨者下之所以侵法亂主也管子任法○丨行謂以己事也禮記曲禮下大夫丨行注○丨覿以臣禮見故曰丨見荀子大略丨覿丨見也注○丨覿丨以己禮覿主國之君以其非公聘正禮故謂之丨禮記聘義賓丨面丨覿疏○丨嬖臣妾國語晉語君多丨注○丨人家臣也詩崧高遷其丨人傳○丨屬家衆也左氏宣十七年傳請以其丨屬注○謂吾姨者我謂之丨詩碩人傳姊妹之夫曰丨疏○退適治事之處爲丨也詩緇衣箋居丨朝之服也疏○丨

廩假錢也史記張釋之馮唐列傳丨養錢集解引服
虔〇詩碩人譚公惟丨說文繫傳作譚公惟厶
窺 說文丨小視也从穴規聲又闚閃也从門規聲〇
丨猶見呂覽精諭弗能丨矣注〇丨嫌伺人之私
也禮記少儀不丨密注〇目而近戶闚之象也易豐
闚其戶集解
攲 說文丨持去也从支奇聲
熙 說文熙燥也从火巸聲〇丨光也文選七啟丨天
曜日注〇丨亦福也漢書禮樂志大矣孝丨注〇
丨廣也詩昊天有成命於緝丨傳〇丨興也詩酌時
純丨矣箋〇丨戲也淮南說山則摶矢而丨注脩務
木丨丨者注〇丨歎辭漢書翟義傳丨我念孺子注〇
丨丨縱情欲也列子楊朱丨丨然以俟死釋文〇丨
與禧同漢書禮樂志丨事備成注〇膠東令王君斷
碑庶績咸喜丨作喜

欺 說文丨詐丨也从欠其聲〇祿不遂行茲謂丨漢
書天文志中之下引京房易傳〇丨猒大首也文
選魯靈光殿賦仡丨猑以鵰䀹注
疵 說文疵病也从疒此聲〇丨病也後漢書左周黃
傳贊累章國丨注〇呰病也文選西征賦注引漢
書韋昭注〇丨癘謂災變也穀梁序鬼神爲之丨癘
注〇呰讀與丨同漢書翟義傳固知我國有呰災注
〇呰與丨同漢書敘傳下䰍尹之呰注
貲 說文丨小罰以財自贖也从貝此聲漢律民不繇
丨錢二十二
笞 說文丨擊也从竹台聲〇丨者所以教之也漢書
刑法志
羈 說文羈馬絡頭也从网从馽馽馬絆也䩛羈或从
革〇馬絡頭曰丨漢書刑法志是猶以鞿而御䮫

究注郊祀志下天子猶丨縻不絕注〇丨馬絡頭也
漢書司馬相如傳下注〇丨牽也呂覽誣徒丨神於
世注〇丨者隻也禮記內則男角女丨疏〇交午翦
髮爲飾曰丨貫穀梁昭十九年傳丨貫成童釋文〇
丨縻繫聯之意漢書郊祀志下注〇東方曰丨呂覽
慎勢不用象譯狄鞮注
彝 說文丨宗廟常器也从糸糸綦也廾持米器中實
也彑聲此與爵相似周禮六丨雞丨鳥丨黃丨虎
丨蜼丨斝丨以待祼將之禮彝𢑴皆古文丨〇丨常
也周禮萍氏注書酒誥則曰無丨酒疏〇丨酒常酒
也韓非子說林上〇丨法也書君奭茲迪丨敎疏又
禮記明堂位注夷讀爲丨疏〇丨尊也禮記祭統勤
大命施于烝丨鼎注〇盛鬯者爲丨書分器序班宗
丨疏〇宗廟之器稱丨文選東京賦銘勳丨器辭注
〇丨祭宗廟酒器也漢書王莽傳上官司丨器注〇
丨丨器常用之器也同上

髭 廣韻頾俗作丨〇說文頾口上須也从須此聲
頤 集韻𦣝同〇說文𦣝顄也象形凡𦣝之屬皆从𦣝
頤篆文𦣝𩠐籀文从首〇丨頷下也漢書東方朔
傳擢項丨注〇丨養也易頤自求口實鄭注又文選
幽通賦皓丨志而弗傾注引項岱〇口車動而上因
輔嚼物以養人故謂之丨易頤自求口實鄭注

經籍籑詁卷第四補遺

經籍纂詁卷第四下

經筵講官南書房行走禮部左侍郎兼署吏部左侍郎前提督浙江學政阮元撰集

上平聲

四支下

資丨財也易旅喪其丨九家注又詩板喪亂蔑丨傳又國語周語於是乎量丨幣注齊語無受其丨注晉語困而有丨注又史記五宗世家遂爲無眥省正義又漢書爰盎鼂錯傳贊集注引張晏又家語辨政喪亂蔑丨注○丨謂財也周禮巾車入齎于職幣杜注○丨財幣也國策秦策秦之楚者多丨矣注○丨用也周書皇門丨告予元注又廣雅釋詁四又後漢曹褒傳注又太元親其志丨戚注又老子善人之丨注又管子法法丨有天下利在一人注又淮南主術以水爲丨注氾論故因其丨以讐之注○丨猶用也

禮記少儀致馬丨於有司注○丨行用也儀禮聘禮記問幾月之丨注○丨謂財用管子入國使其知識故人受丨於上而祠之注○丨利也後漢杜喬傳注○丨貨也廣雅釋詁四○丨賂也國語楚語若丨東陽之盜注○丨貸也莊子逍遥游丨章甫而適諸越釋文引李注○丨價也管子山至數國筴出於穀軌國之筴貨幣乘馬者也注○丨糧也左氏僖卅三年傳惟是脯丨餼牽竭矣注○丨稟也國語晉語丨困窮注○丨者蓄也史記信陵君傳如姬丨之三年索隱○丨取也考工記總目或通四方之珍異以丨之注又儀禮喪服傳不足則丨之宗注又禮記明堂位是以天下丨禮樂焉注又表記率法而强之丨仁者也注又孝經丨於事父以事母而愛同注又書大傳丨[illegible]於天子之國注又廣雅釋詁二又小爾雅廣言又釋名釋姿容又國語越語夏則丨皮注又漢書韓延壽傳集注又孟子離婁下則丨之深注又太元費

于人佽丨注元攡丨陶虛無注又老子善人之丨王注又鬼谷子權說之者丨之也注又文選補亡詩丨生仰化注張景陽雜詩注引莊子司馬注○丨者取也太元元首都序萬物丨形注○丨與國策齊策太子何不倍楚之割地而丨齊注○丨給也國策秦策王丨臣萬金注又漢書項籍傳集注又莊子大宗師堯何以丨汝釋文○丨猶給也史記李斯傳以丨敵國索隱又呂覽情欲又損其生以丨天下之人注○丨者給濟之謂莊子大宗師堯何以丨汝注○丨操也考工記總目或通四方之珍異以丨之注又廣雅釋言○丨猶操也禮記喪服四制丨於事父以事君而敬同注○丨猶減也儀禮少牢饋食禮丨黍于羊俎兩端注○丨藉也史記留侯世家宜縞素爲丨集解引晉灼○丨猶藉也文選皇太子釋奠會詩丨此夙知注○丨送也莊子德充符不以翣丨釋文引李注○丨質也漢書張良傳集注引晉灼鼂錯傳集注

○丨材也漢書酷吏傳集注○丨才也史記袁盎鼂錯傳丨適逢世集解引張晏又淮南主術乘於人丨以爲羽翼也注○丨時也淮南精神隨其天丨注○丨問也廣雅釋詁二○丨謀也禮記表記事君先丨其言注○今麤布亦謂之丨荀子禮論丨麤衰經菲總菅屨注○丨猶丨也太元元圖福之丨者也注○丨猶齋也漢書嚴助傳集注○古文丨作齎儀禮聘禮記問幾月之丨注○故書丨作齊杜子春云齊當爲丨讀如冬丨絺之丨考工記總目司農注○丨或爲飲禮記明堂位是以天下丨禮樂焉注○丨與齊同荀子哀公丨苴衰苴杖者不聽樂注○丨與齎同荀子禮論丨麤衰經菲總菅屨注○丨當爲齊聲之誤也禮記昏義爲后服丨衰注○丨當爲至齊魯之語聲之誤也禮記緇衣丨冬祈寒注○易旅得其丨斧釋文丨子夏及衆家本皆作齊○禮記昏義釋文丨本作齋○莊子德充符不以翣丨釋文丨崔本作

杦○儀禮聘禮記問幾月之丨周禮外府注作問幾月之齎○柳敏碑天憒鰥口丨作憒

糜 丨饘也廣雅釋器○丨糒也同上○丨煮米使丨爛也釋名釋飲食○粥之稠者曰丨爾雅釋言注丨也釋文○丨散也荀子富國以糜敝之注○丨草薺亭歷之類呂覽孟夏丨草死注

飢 丨餓也爾雅釋天釋文引字林○丨詞也廣雅釋詁四○丨一作𠘧史記殷本紀西伯伐丨國集解引徐廣○丨古文餼又作饑同一切經音義八

衰 丨微也書咸有一德傳終始而丨微釋文○丨小也左氏襄廿九年傳其周德之丨乎注○丨下也淮南泰族乘丨而流注○丨懈也楚辭涉江年既老而不丨注○丨肌膚消也呂覽去宥人之老也形益丨注○丨謂病丨退也素問瘧論丨則氣復反入注○丨丨瘦瘠之貌也太元衆兵丨丨注○丨老也淮

南主術年丨志憫注又文選東京賦因進距丨薛注○穀梁僖十五年注爲一世與丨釋文丨本作喪○晉趙丨字子餘見左氏僖廿四年傳

錐 丨利也釋名釋用器○丨金鏃箭羽之矢也淮南兵略疾如丨矢注○丨刀喻小事也後漢樊準傳注

姨 妻之姊妹曰丨詩碩人邢侯之丨傳又左氏莊十年傳蔡哀侯曰吾丨也注○妻之姊妹同出爲丨爾雅釋親○妻之姊妹曰丨丨弟也言與己妻相長弟也釋名釋親屬○妻之女弟爲丨呂覽長攻吾妻之丨也注○母之姊妹曰丨釋名釋親屬

楣 丨謂之梁爾雅釋宮○丨梁也爾雅釋宮釋文引埤蒼又文選西京賦繡栭雲丨薛注○丨前梁也

儀禮鄉飲酒禮主人阼階上當丨注○丨門樞之橫梁爾雅釋宮釋文引呂伯雍○丨梠也廣雅釋室○丨眉也近前各兩若面之有眉也釋名釋宮室○正中曰棟次曰丨前曰庪儀禮鄉射禮記序則物當棟堂則物當丨注○杜丨所謂梁闇儀禮喪服傳剪屏柱丨注○爾雅釋宮釋文丨本作楣

夔 丨一足獸也莊子秋水丨憐蚿釋文○丨形如鼓而一足莊子達生山有丨釋文引司馬注○丨一足越人謂之山繅或作猱富陽有之人面猴身能言國語魯語木石之怪曰丨罔蜽注○木石之怪曰丨後漢馬融傳注○木之怪丨罔兩說苑辨物○丨木石之怪如龍有角鱗甲光如日月文選東京賦殘丨魖與罔像薛注○丨牛郎爾雅所謂魏山海經中山經岷山多丨牛注○丨丨悚懼之容書大禹謨丨丨齊慄傳○丨丨齋栗敬愼戰懼也孟子萬章上注○丨龍二臣名書舜典讓于丨龍傳○書舜典丨水經

江水注作歸○左氏僖廿六年楚人滅丨公羊作隗

祇 丨地神也文選顏延年曲水詩序皇丨發生之始注○天曰神地曰丨國語魯語及百辟神丨注又呂覽季冬天地之神丨注○天神曰靈地神曰丨翻譯名義五引尸子○地神曰丨後漢班彪傳下注○地曰丨書微子今殷民乃攘竊神丨之犧牷牲用馬注又釋文又論語述而禱爾於上下神丨皇疏○地丨所祭於北郊謂神州之神及社稷周禮大司樂舞咸池以祭地示注○丨號若曰后土地丨也獨斷上○柔丨地也文選月賦柔丨雪凝注○丨安也詩何人斯俾我丨也箋○丨大也易繫辭下傳无丨悔注又後漢郎顗傳注○示讀曰丨漢書地理志上集注○故書丨爲示杜子春云示當爲丨周禮大祝凡大禋祀肆享祭示注

涯丨畔也漢書司馬相如傳上集注○重丨池邊也
文選西京賦浸石菌於重丨薛注○丨垠重安之
貌也淮南天文
氣有丨垠注

伊丨維也詩何彼襛矣維絲丨緡傳雄雉自詒丨阻
傳蒹葭所謂丨人傳又爾雅釋詁又文選典引丨
考自遂古蔡注○丨惟也儀禮士冠禮嘉薦丨脯注
又漢書地理志下集注董仲舒傳集注又後漢班彪
傳下注傳毅傳注又楚辭悼亂丨余兮念兹注又文
選西京賦豈丨不虞思于天衢薛注歎逝賦丨天地
之運流注○丨是也漢書禮樂志集注楊雄傳上集
注○丨猶是也太元廓丨德攸興注○丨因也詩溱
洧丨其相謔箋○丨俟也爾雅釋詁○丨辭也詩都
人士匪丨垂之箋○丨發語辭爾雅釋詁注○丨推
也周書大匡展盡不丨注○丨優屈曲佞媚之貌後
漢趙壹傳注○丨鬱不通文選洞簫賦憤丨鬱而酷

䛐注○丨鬱煩熱貌文選景福殿賦感乎溽暑之丨
鬱注○丨耆古王者號今姓有丨耆氏周禮秋官序
官丨耆氏注○丨尹字氏書汝鳩汝方序丨尹去亳
適夏傳○昔有莘氏女采桑于丨川得嬰兒于空桑
中長而有賢德殷以爲尹曰丨尹也水經伊水注○
丨水名也文選沈休文應詔樂遊苑詩弔民丨水潯
注○丨威委黍也詩東山丨威在室傳○丨蒲塞即
優婆塞也中華翻爲近住言受戒行堪近僧住也後
漢楚王英傳注○丨當作緊詩雄雉自詒丨阻箋蒹
葭所謂丨人箋東山丨可懷也箋白駒所謂丨人箋
正月丨誰云憎箋○宋樂丨字子僕見左傳文七年
疏引世本○共王丨扈見史記周本紀索隱引世本
作緊○書洪範鯀陻洪
水漢石經作丨鴻水

蓍丨草也詩下泉浸彼苞丨傳○丨耆也廣雅釋草
○丨之爲言耆也藝文類聚草部下引洪範五行
傳又白虎通蓍龜又論衡卜筮○乾爲丨易繫辭上
傳莫善乎丨龜虞注○丨陽白虎通蓍龜○丨陽之
老也白虎通蓍龜引禮雜記○卿大夫之丨長五尺
儀禮少牢饋食禮乃釋韇立筮注○丨似藾蕭青色
科生易說卦釋文引毛詩草木疏○丨筮也楚辭匡
機丨察兮踴躍注○丨者冊也易說卦傳幽贊於神
明而生
丨荀注

追丨隨也方言十二○丨猶隨也離騷背繩墨以丨
曲兮注○丨逐也廣雅釋詁三又漢書貨殖傳集
注○丨丨寇也周禮士師以比丨胥之事注○丨丨
寇賊也周禮小司徒唯田與丨胥竭作司農注○丨丨
逐寇也周禮小司徒以比丨胥注脩閭氏而比其丨
胥者注○以兵逐之曰丨公羊莊十八年公丨戎于
濟西注○丨送也詩有客薄言丨之箋○丨猶召也
管子七臣七主馳車充國者丨寇之馬也注○丨言

補也素問調經論是謂丨之注○丨享謂丨祭遷廟
之主周禮司尊彝凡四時之閒祀丨享朝享注○丨
享朝享謂禘祫也周禮司尊彝司農注○丨貊戎狄
國也詩韓奕其丨其貊傳○禮記檀弓丨然如不勝
衣釋文丨
本作退

緇亦作紂集韻或作純○丨滓也泥之黑者曰滓此
色然也釋名釋采帛○七入爲丨考工記鍾氏○
七入爲丨黑色也儀禮既夕記丨純注○凡染黑
五入爲緅七入爲丨儀禮士冠禮丨帶注○染纁者
三入而成又再染以黑則爲緅緅今禮俗文作爵言
如爵頭色也又復再染以黑乃成丨矣考工記鍾氏
三入爲纁五入爲緅七入爲丨注○丨染黑七入者
也論語鄉黨丨衣羔裘皇疏○丨黑也廣雅釋器○
丨黑色詩緇衣丨衣之宜兮傳○丨黑繒也爾雅釋
天丨廣充幅長尋曰旐孫注○丨謂黑繒管子七臣

七圭女不丨注〇丨帶黑繒帶也儀禮士冠禮丨帶
注〇衣以丨裳以緅象天地也儀禮既夕記丨純注
〇純服亦冕服也互言之爾純以見繒色冕以著祭
服禮記祭統以共純服以共冕服注〇純當爲丨古
文丨字或作絲旁才禮記玉藻大夫佩水蒼玉而純
組綬注〇純實丨字也古丨以才爲聲周禮媒氏入
幣純帛注〇詩行露傳紂帛不過五兩釋文紂本作
純丰箋紂衣纁袡釋文紂本作純禮記檀弓紂衣釋
文紂本作純〇詩丰箋紂衣纁袡釋文紂
本作丨禮記檀弓紂衣釋文紂本作丨

箕丨龍尾爾雅釋天丨斗之閒注〇南丨丨星也詩
巷伯成是南丨傳〇丨伯風師也後漢張衡傳注
〇風伯神丨星也其象在天能與風獨斷上〇丨國
名也書洪範王訪于丨子馬注〇丨木名國語鄭語
檿弧丨服注〇丨踵前闊後狹似丨後平貌文選高
唐賦丨踵漫衍注〇丨賦似丨然斂民財多取意也

淮南氾論頭會丨賦注〇易明夷丨子之明丨釋文
丨本作其劉向作荄滋〇尚書丨子北魏孝文帝弔
比干碑作其子〇孔丨字
子京見史記孔子世家

椎丨擊也爾雅釋訓釋文引字林又史記張釋之馮
唐傳五日一丨牛索隱〇丨謂擊之也後漢馮衍
傳注〇丨用打物者也一切經音義廿二引蒼頡〇
丨推也釋名釋用器〇拙語爲丨漢書周勃傳集注
引應劭〇脊節之謂丨素問刺熱篇三丨下閒主脅
中熱注〇丨讀曰鎚書帝命驗握石丨注雒書靈准
聽注〇丨獨髻也後漢度尚傳注〇爾
雅釋訓注謂丨曾也釋文丨本作槌

羆丨如熊黃白文爾雅釋獸〇丨如熊而黃書禹貢
熊丨釋文〇丨似熊而黃後漢班彪傳下注〇丨
似熊山海經西山經嶓冢之山獸多犀兕熊丨注〇
書牧誓如虎如貔如熊如丨史記周本紀作如虎如
羆如豺
如離

罳丨思也釋名釋宮室

篪廣韻䶵同〇丨以竹爲之長尺四寸有八孔後漢
明帝紀注〇丨以竹大二尺長尺二寸七孔一孔
上伏橫吹之呂覽仲夏調竽笙壎丨注〇丨七空周
禮笙師掌教龡竽笙塤籥簫丨篴管舂牘應雅司農
注〇丨竹也六孔有距橫吹之通典引蔡邕月令章
句〇竹曰丨詩何人斯仲氏吹丨傳〇丨嗁也聲從
孔出如嬰兒嗁聲也釋名釋樂器〇䶵竽樂器名也
楚辭東君鳴䶵兮吹竽注〇蘇辛公作丨一切經音
義十八引世本〇丨讀池澤之池淮南時則調竽丨
注〇壎丨或爲簨虡禮記樂記聖人作爲鞉鼓椌楬
壎丨注〇爾雅釋樂大丨
謂之沂釋文丨本作䶵

釐丨理也詩臣工王丨爾成箋又國語周語丨改制
量注又漢書外戚傳上集注又後漢皇后紀注〇
丨治書堯典允丨百工傳〇丨猶改也後漢梁統傳
注〇丨福也漢書文帝紀集注引如淳禮樂志集注
〇丨祭祀福胙也史記屈原賈生傳方受丨集解引
徐廣〇丨祭餘肉也史記屈原賈生傳集解引應劭
〇丨賜也詩江漢丨爾圭瓚傳〇丨賜也理也書序
帝丨下土方馬注〇丨賜也亦祭餘肉也玉篇引蒼
頡〇丨予也詩既醉丨爾女士傳〇丨貪也方言十
三又廣雅釋詁二〇丨孿也廣雅釋詁三〇陳楚之
閒凡人嘼乳而雙產謂之丨孳方言三〇質淵受諫
曰丨周書謚法〇有伐而還曰丨同上〇丨蔓華爾
雅釋草〇丨僖也史記齊太公世家魯又更立丨公
集解引徐廣〇丨讀曰僖漢書古今人表集注律厤
志下集注五行志上集注張良傳集注楊雄傳上集
注匈奴傳上集注〇丨與僖同文選魯靈光殿賦序

遂因魯僖基兆而營焉注○丨讀曰禧漢書禮樂志集注○丨本字作禧假借用耳漢書文帝紀集注○丨古文氂猍二形一切經音義十七○書堯典允丨百工史記五帝紀作信飭百官丨降二女于嬀汭作舜飭下二女於嬀汭○國策韓策昭丨侯莊子作昭僖侯○史記杞世家索隱郁丨譙周云名鬱來○墨子禽滑丨漢書儒林傳作禽滑氂○呂覽尊師作黎當染作𪎭

萎 丨草木菸也一切經音義九引聲類○萎猶悴也文選謝元暉暫使下都詩時菊萎嚴霜注○丨頓也史記孔子世家哲人其丨乎集解引王肅○丨病也禮記檀弓上哲人其丨乎注又離騷雖丨絕其亦何傷兮注○丨腰耎弱也後漢馬援傳注○丨與委古字通文選楮白馬賦長委離兮注○禮記檀弓釋文委本作丨

匙 匕謂之丨方言十三○匕或謂之丨一切經音義十四引通俗文○北方人名匕曰丨晉書音義上○丨匕也廣雅釋器

澌 冰流曰丨初學記七引風俗通○丨流冰也息移反晉書音義下引字林

脾 丨裨也在胃下裨助胃氣主化穀也釋名釋形體○丨之爲言併也所以積精稟氣也白虎通情性○丨之爲言附著也古微書引春秋元命苞○丨卑也廣雅釋親○丨止也方言十二又廣雅釋詁三○丨者胃之主古微書引春秋元命苞○丨胃者倉廩之官五味出焉素問靈蘭秘典論○丨者土之精上爲北斗主變化者也古微書引春秋元命苞○丨者土之精也白虎通情性○丨者土也白虎通五祀○丨屬土呂覽孟春祭先丨注又淮南時則祭先丨注○丨屬木呂覽孟春注又淮南時則注○丨信也白虎通情性○丨爲雷淮南精神○丨析百葉也儀禮旣夕丨析注○丨析牛百葉也周禮醢人丨析蠯醢司農注○丨讀爲雞丨肶之丨儀禮旣夕注

坻 丨小渚也詩蒹葭宛在水中丨傳○丨水中之高地也詩甫田如丨如梁箋○丨岸也文選南都賦注引郭璞上林賦注○丨所以止船也文選思元賦伏靈龜以負丨兮舊注○丨丨蟻冢易略例釋文○爾雅釋水小渚曰丨釋文丨本作泜又作墀

嶷 亦作疑○九丨其山九谿皆相似故云九疑古者總名其地爲蒼梧也山海經海內經蒼梧之淵其中有九丨注○羅巖九舉異嶺同勢遊者疑焉故曰九疑山水經湘水注

治 丨將理之義也孟子離婁上丨人不丨音義引張音○丨主也素問太陰陽明論脾者土也丨中央

注○丨整也呂覽振亂欲民之丨也注○丨猶簡習也周禮大宗伯丨其大禮注○丨者理其相抵冒上下之差也周禮司約丨神之約爲上注○丨謂共辨周禮宰夫掌小官之戒令帥執事而丨之注○丨化也素問五常政大論丨而善下注○君師者丨之本也大戴記禮三本○丨古古之丨世也荀子正論丨古無肉刑而有象刑注

驪 馬黑色曰丨禮記檀弓上戎事乘丨注○丨深黑色馬也詩駉釋文引字林○丨純黑色馬禮記檀弓釋文○丨黑馬也家語五帝戎事乘丨注○純黑曰丨詩駉有丨有黃傳○純黑爲丨楚辭招魂青丨結駟兮注○馬色黑而青曰丨後漢李忠傳注○盜丨爲馬細頸丨黑色也穆天子傳一盜丨注○丨黑色爾雅釋畜丨馬白跨驈注又孫注○丨黑也小爾雅廣詁○駷牡丨爾雅釋畜○丨龍黑龍莊子列禦

冠而丨龍頷釋文○丨丨猶羅列駢駕之也文選西京
賦丨駕四鹿薛注○丨丨駕併駕也後漢冠恂傳注○
丨馬駢馬也呂覽執一今御丨馬者注○丨戎西戎
之別在丨山者也國語晉語獻公卜伐丨戎注○丨
聲聲相近漢書張騫傳集注○丨軒急言之曰力虔
漢書地理志下集注○禮記大學注時辟丨姬之難
釋文丨本作麗○禮記大學注時辟丨姬之難釋文
丨本作孋○詩渭陽序晉丨姬左宣二年傳作麗姬○
左莊廿八年傳女以丨姬穀梁僖十年傳作麗姬○
詩渭陽序晉丨姬淮南說林作孋姬竹書作離姬

嫣 丨傷也方言十二

颶 丨風也廣雅釋詁四○丨疾也文選吳都賦翼丨
風之颶颶劉注引班固○丨疾風也後漢馬融傳
注又文選吳
都賦劉注

屍 丨人死也春秋元命苞示戴尸首以寸者注○周
禮大司樂丨出入則令奏肆夏釋文丨本作尸

綦 青黑曰丨書顧命四人丨弁鄭注○丨文雜色也
禮記玉藻世子佩瑜玉而丨組綬注○丨雜色也
禮記玉藻釋文○丨丨文也詩出其東門縞衣丨巾
箋○丨綵也廣雅釋器○丨巾蒼艾色女服也詩出
其東門縞衣丨巾傳○丨結也皮弁之縫中每貫結
五采玉十二以爲飾謂之丨周禮弁師會五采玉璂
注○丨玉名周書王會王元繚璧丨十二注○丨屨
繫也禮記內則偪屨著丨注○丨屨係也所以拘止
屨也儀禮士喪禮組丨繫于踵注○鞮屨也其緣謂
之無綵其絇謂之丨廣雅釋器○丨履文也後漢劉
盆子傳注○丨蹇也廣雅釋詁三○雨足不能相過
齊謂之丨穀梁昭二十年傳○丨連併也穀梁昭二
年傳釋文引劉兆注○丨極也荀子王霸目欲丨色
耳欲丨聲注宥坐若不可尚賢以丨之注○丨謂窮
極之時荀子王霸及其丨也注○車下鐵陳宋淮楚
之間謂之畢大者謂之丨方言九○丨月爾後漢馬
融傳注引爾雅○丨讀如馬絆丨之丨儀禮士喪禮
組丨繫于踵注○丨當爲基荀子王霸是丨定也注
國一丨明與國信之注○丨或爲甚傳寫誤耳荀子
王霸目欲丨色耳欲丨聲注○爾雅釋天注用丨組
飾旄之邊釋文丨本作纂○詩出其東門縞衣丨巾
說文糸部作縞衣綥巾○張公神碑運置丨陽丨水
湯湯揚清波
淇通作丨

怡 丨懌也史記五帝紀舜讓於德不懌集解引徐廣
○丨喜也廣雅釋詁一○丨悅也禮記內則下氣
丨色注○丨說也國語周語有慶未嘗不丨注晉語
主色不丨注○丨樂也爾雅釋詁○丨心之樂也爾
雅釋詁舊注○丨丨和順之貌也論語子路切切偲
偲丨丨如也集解引馬注○丨丨和從之貌也論語

子路皇疏○丨丨謙順貌論語子路鄭注○丨蕩丨
悅放蕩也文選舞賦序餘日丨蕩注○丨古文嬰同
一切經音義一○史記周本紀丨
悅婦人集解引徐廣曰丨一作辭
丨和也孝經仲丨居疏引張禹又廣雅釋詁三○

尼 丨首首象丨邱山中下四方高也後漢高獲傳注
○三蒼丨旁益邱
顏氏家訓書證

漪 丨瀾水波也文選吳都賦劉注○丨益語辭也文
選吳都賦刷盪丨瀾注○爾雅釋水河水淸且瀾
丨釋文丨
本作猗

纍 亦作累漢書作絫廣韻亦作縲○丨索也廣雅釋
器又太元逃見于丨注○縲索也後漢皇后紀注
○丨文索也漢書楊雄傳音義引字林○縲黑索也
論語公冶長雖在縲絏之中集解引孔注又皇疏○

丨緉也小爾雅廣器○累綸也莊子外物揭竿累釋文引司馬注○丨繫也左氏成三年傳爾釋丨囚注又後漢公孫瓚傳注○丨係也漢書司馬遷傳集注○累猶繫也禮記儒行不累長上注○縲絡也廣雅釋器○係累猶縛結也孟子梁惠王下係累其子弟注○累紲所以束縛人淮南氾論解于累紲之中注○丨拘也廣雅釋言○丨囚繫也左氏僖卅三年傳不以丨臣釁鼓注○丨丨頓極貌也太元差足丨丨注○不以辠死曰丨漢書揚雄傳上集注引李奇○延罪無辜曰丨書大傳大罪勿丨注○丨丨羸憊貌也禮記玉藻喪容丨丨注○累解嬰累解釋也荀子富國和調累解注○丨蔓也詩南有嘉魚甘瓠丨之傳○丨丨不絕之貌漢書五行志下之下集注○丨所以盛甲也國語齊語諸侯甲不解丨注○累騰皆乘匹之名禮記月令乃合累牛騰馬注○累讀爲縲荀子成相箕子累注○累讀曰丨漢書五行志下之下集注○詩樛木葛藟丨之楚辭注十八作葛藟虆之○詩樛木葛藟丨之釋文丨本作虆南有嘉魚甘瓠丨之釋文丨本作虆○禮記樂記丨丨如貫珠釋文丨本作累○古今人表絫祖大戴記帝繫史記五帝紀作嫘祖史記索隱引皇甫謐作累祖史記正義作傫祖海內經史索隱作雷祖

匜 槃丨盥器也儀禮既夕槃丨注

犧 牲純色者爲丨山海經西山經羭山祠之以百丨注○丨牲毛羽完具也周禮牧人凡祭祀共其丨丨牲注○色純曰丨書微子今殷民乃攘竊神祇之丨牷牲用傳又大戴記曾子天圓注○純色曰丨國語周語奉丨牲注晉語宗廟之丨注○丨純毛也書微子鄭注又禮記曲禮下天子以丨牛注○丨純也詩閟宮享以騂丨傳○丨牲也史記司馬相如傳丨雙觡共抵之獸集解引漢書音義又呂覽行論宋公肉袒執丨注○丨者牲也淮南說山生子而丨注○宗廟曰犓豢山川曰丨牲大戴記曾子天圓○祭天地宗廟曰丨後漢魯恭傳注○三丨祭天地宗廟之丨也後漢班彪傳下注○丨讀曰希淮南俶眞百圍之木斬而爲丨尊注○易繫辭包丨氏之有天下也釋文丨本作羲書孔安國序庖丨氏之有天下也釋文丨本作羲○易繫辭釋文丨本作戲又書孔安國序釋文丨本作戲

飴 丨餳也禮記內則棗栗丨蜜以甘之釋文又廣雅釋器又後漢明德馬皇后紀注又呂覽異用仁人之得丨注○丨小弱於餳怡怡然也釋名釋飲食○丨亦甘也後漢馬融傳注○丨丨鹽鹽之恬者今戎鹽有焉周禮鹽人王之膳羞共丨鹽注○丨籀文作𩚏同一切經音義十八

而 丨辭也易屯宜建侯丨不寧釋文又太元失卒丨從丨注劇麃丨半丨汁○丨詞也廣雅釋詁四○丨語辭也後漢左周黃傳論注○丨語助左氏宣四年傳不其餒丨注○丨爲皆助語也荀子王霸既能當一人則身有何勞丨爲注○丨緩辭也穀梁宣八年傳○丨乃也書大傳是用知不畏丨神之怒注○丨猶乃也禮記檀弓下丨曰然注○言丨者外而淺公羊宣八年傳曷爲或言丨注○丨若也管子山權數賜若大夫之服以終丨身注○丨如也易象下傳用晦丨明虞注又國策齊策丨此者三注又史記屈原賈生傳化變丨嬗索隱引韋昭又孟子滕文公上九一丨助注又荀子仲尼財利至則言善丨不及也注○丨丨亦如也詩都人士垂帶丨厲箋○丨何如何左氏昭四年傳牛謂叔孫見仲丨何注○丨一如一也荀子議兵和傳丨一注○丨後猶然後也儀禮聘禮記君還丨后退注○丨往猶已上也荀子彊國故自四五萬丨往者注○丨夫謂凡夫也莊子列禦寇如丨夫者注○丨能也呂覽去私其誰可丨爲之注

不屈施丨治農夫者也注士容柔丨堅虛丨實注又
淮南原道行柔丨剛用弱丨强注○丨汝也周書大
開武今丨言維格注又小爾雅廣詁又國語魯語將
易丨次注吾冀丨朝夕脩我注吳語余一人兼受丨
介福注晉語蘘丨言戲乎注吾定丨爵祿注又國策
齊策剗丨類注又史記越世家我令丨父霸索隱齊
悼惠王世家顧丨父知田耳索隱張儀傳我不盜丨
璧索隱又漢書韓信傳集注劉向傳集注韓安國傳
集注江都易王非傳集注王嘉傳集注匈奴傳上集
注元后傳集注敘傳上集注又莊子齊物論丨果非
也邪注則陽靈公奪丨里之釋文寓言丨睢睢盱盱
釋文又呂覽知士剗丨類注又淮南氾論丨盜金於
市中何也注○丨女也左氏宣十五年傳余丨所嫁
婦人之父也注昭二十年傳余知丨無罪也注定七
年傳丨必死注哀十四年傳是丨子殺余之弟也注
○丨猶女也詩桑柔予豈不知丨作箋又儀禮聘禮

丨不善乎注又禮記月令以固丨閉注專丨農民注
○丨猶汝矣大戴記保傳丨置屍於北堂注曾子天
圓丨聞之云乎注○丨之言女也禮記中庸抑丨强
與注○之丨頰頷也考工記梓人作其鱗之丨注○
丨一本作姑列子湯問穆王始悅丨歎釋文○莊子
人閒世宅丨寓于不得已釋文丨崔本作如○莊子
外物召丨來釋
文丨本作女

【鴟】丨鴟鸋鴂爾雅釋鳥○丨鴟鸋鴂也詩鴟鴞丨鴟
丨鴟傳○丨鴟鸋鴂鳥名也文選檄吳將校部曲
注引韓詩○丨鴟鸋鴂貪鳥也楚辭憂苦丨鴟集於
木蘭注○丨梟貪惡之鳥也太元沈赤肉丨梟厲注
○丨鴟惡聲之鳥也御覽引馬融周禮注○丨梟惡
鳥書呂刑釋文又楚辭初放近習丨梟注○丨鵂也
一切經音義九引字林○丨鵂怪丨也廣雅釋鳥○
丨丨鵂也謂之老菟夜鳴人屋上也夜則目明合聚
人爪以著其巢中晝則無所見淮南主術丨夜撮蚤
蚊注○丨鵂鶹與委梟同莊子秋水丨鵂夜撮釋文
引崔注○鴟久鵂鶹之屬山海經海外南經狄山爰
有鴟久注○鴟久即鵂鶹也山海經大荒南經有氾
天之山爰有鴟久注○丨鴟鳥也詩鴟鴞序釋文○
丨輕也書呂刑丨義姦宄馬注○丨肩上竦也後漢
梁冀傳注○丨顧身不動而迴顧也後漢華陀傳注
○丨夷革囊國語吳語盛以丨夷而投之於江注○
鵄與丨同本亦作鳴晉書音義上○古文丨鵄二形
今作鵄同一切經音義六○爾雅釋鳥釋文丨本作
鵄

【推】丨猶進也舉也禮記儒行不弗丨注○丨猶度也
管子海王受人之事以重相丨注○丨猶因也公
羊昭卅一年傳於是丨而因之也注○丨遷也後漢
王充王符仲長統傳論注○丨謀也太元元圖馴幽

丨厤注○丨方謂方頭競進也後漢段熲傳注○丨
步謂丨究日月五星之度昏旦節氣之差後漢馮緄
傳注○大戴記衛將軍文子介山子丨史記弟子傳
作介山子然○左傳介子丨荊楚歲時記引琴操作
介子綏○晏子春秋
丨侈韓子作侅侈

【靡】亦作靡○丨係也廣雅釋詁二○靡繫也荀子儒
效鄭也胥靡之人注○丨縛也小爾雅廣言○靡
繫縛也與丨義同荀子正論藉靡舌繹注○丨索也
廣雅釋器○丨牛紖也史記司馬相如傳羈丨勿絕
索隱○丨牛繮也後漢魯恭傳注引蒼頡○丨丨牛轡
也晉書音義中○丨散也漢書律麻志上集注引晉
灼○靡散也易中孚吾與爾靡之釋文又漢書文帝
紀集注食貨志上集注董仲舒傳集注嚴助傳集注
主父偃傳集注楊王孫傳集注陳湯傳集注谷永傳
集注楊雄傳下集注西域傳集注王莽傳下集注○

靡碎也漢書賈誼傳集注廣川惠王越傳集注王溫
舒傳集注元后傳集注又文選吳都賦請攘臂而靡
之注○靡損也國語越語靡王躬身注○靡
散猶消滅也楚辭離世名靡散而不彰注

璃 瑠｜火齊珠也晉書音義中引字林

祁 ｜大也詩吉日其｜孔有傳又小爾雅廣詁○｜
｜衆貌漢書韋賢傳集注○｜｜衆多也詩七月
采蘩｜｜傳烈祖來假｜｜箋又後漢皇后紀注○
｜｜徐也詩大田興雨｜｜傳又爾雅釋訓又漢書
食貨志上集注又後漢班彪傳下注○｜｜徐靚也
詩韓奕｜｜如雲傳○｜｜舒遲也詩采蘩被之｜
｜傳○｜｜行來貌漢書韋元成傳集注○｜之言
是也齊西偏之語也禮記緇衣資冬｜寒注○｜上
尸反太原縣左氏昭卄八年釋文引字林○｜當作
麎詩吉日箋○史記晉世家示眯明索隱曰鄒誕生

音｜彌郎左傳提彌明○詩吉日其｜孔有爾雅釋
獸疏作其麎孔有○爾雅釋地燕有昭餘｜釋文｜
本作底○左傳成八年｜奚呂覽開春風俗通十反
易林旅之隨並作祈奚○公羊宣六年傳｜彌明左
傳釋文｜作祇○潛夫論氏姓｜父史記索隱引世
本作睪夷父○宋樂｜字子梁見左氏昭廿二年傳

綏 ｜安也書禹貢五百里｜服傳又詩樛木福履｜
之傳南有嘉魚嘉賓式燕｜之箋楚茨以｜後祿
傳鴛鴦福祿｜之箋桓｜萬邦箋那｜我思成箋又
烈祖｜我眉壽釋文又左氏宣十二年傳｜萬邦注
又公羊宣十二年傳使帥一二耋老而｜焉注又論
語子張｜之斯來集解引孔注又皇疏又周書謚法
又大戴記夏小正｜多士女傳又爾雅釋詁又史記
三王世家北州以｜集解引臣瓚又漢書武帝紀集
注地理志上集注董仲舒傳集注韋元成傳集注谷
永傳集注二見敘傳上集注又後漢班彪傳下注○
｜｜安泰之貌荀子儒效｜｜兮其有文章也注○
｜撫也廣雅釋言○｜舒也廣雅釋詁四○｜謂垂
舒之也禮記曲禮上武車｜旌注○｜遲也文選洞
簫賦時恬淡以｜肆注○｜止也國語齊語以勸｜
謗言注○｜却也三國武帝紀注引魏書又文選奏
彈曹景宗注引司馬法注○古名退軍爲｜左氏文
十二年傳乃皆出戰交｜注○｜｜匹行貌詩有狐
有狐｜｜傳○｜所以引升車者儀禮士昏禮授｜
注既夕記約｜約轡注○｜執以登車者禮記曲禮
上執策｜釋文○｜登車所執文選子虛賦繆繞玉
｜郭注○｜車｜也詩韓奕淑旂｜章釋文○靶謂
之｜廣雅釋器○艮｜君｜也禮記少儀負良｜注
○｜大｜也詩韓奕淑旂｜章傳○｜亦緌也禮記
雜記以其｜復注○｜謂旌旗之屬也同上○｜亦
旌旗之｜也禮記明堂位有虞氏之｜注○｜夏后
氏之旌也其形袞袞然也釋名釋兵○｜廉薑也儀

禮既夕記實｜澤焉注○｜當爲緌禮記王制天子
殺則下大｜注○｜當爲緌讀如冠蕤之蕤禮記明
堂位夏后氏之｜注喪大記皆戴｜注○｜當爲緌
讀如蕤賓之蕤字之誤也禮記雜記注○故書｜爲
禯杜子春云當爲｜周禮夏采以乘車建｜復于四
郊注○士冠禮及玉藻冠緌之字故書亦多作｜者
今禮家定作蕤同上○｜或爲葳蕤之蕤荀子儒效
｜｜兮其有文章也注○｜周禮作墮禮記曾子問
不｜祭不配注○｜當爲墮儀禮士虞禮記不｜祭
注○｜讀曰妥禮記曲禮下大夫則｜之注○｜讀
爲妥禮記曲禮下國君｜視注○｜或作挼挼讀爲
墮儀禮少牢饋食禮上佐食以｜祭注○｜亦當作
挼古文爲肵同上○｜皆當作挼儀禮有司徹其｜
祭注○詩車攻傳天子發抗大｜釋文｜本作緌韓
奕釋文｜本作緌周禮夏采以乘車建｜釋文｜本
作緌禮記雜記以其｜復釋文｜本作緌○禮記明

堂位夏后氏之丨周禮夏采注作夏后氏之
緌○儀禮有司徹注不丨祭釋文丨本作隋
【逵】九達謂之丨爾雅釋宮○道九達曰丨淮南說林
楊子見丨路而哭之注○九交道曰丨文選思元
賦神丨眛其難覆兮舊注○九達曰丨齊魯謂道多
爲丨師此形然也釋名釋道○丨九達之道詩兔罝
施于中丨傳○丨九達道也太元爭爭于丨注○塗
方九軌曰丨左氏宣十二年傳至於丨路注○丨道
方九軌也左氏隱十一年傳及大丨注桓十四年傳
入及大丨注○丨道也後漢張衡傳注○丨水中之
穴道交通者山海經中山經合水多騰魚居丨注○
丨水中穴道交通者文選江賦潛丨傍通注○爾雅
釋宮釋文
丨本作馗
【吚】丨內悲也五百家韓詩注四引字林

【巇】丨者罅也鬼谷子抵巇○丨釁隙也鬼谷子抵巇
注○丨道嶮丨之道文選洞簫賦趨丨道兮注
【酏】丨今之粥內則有黍丨○丨歃粥稀者之清也周禮
酒正四曰丨注○酏粥清也穆天子傳六脯棗酏
注○丨薄粥也禮記內則釋文○丨粥也禮記內則
饘丨注黍丨注○丨酒也廣雅釋器○丨餐也周禮
醢人丨食糝食注○丨食以酒丨爲餅周禮醢人司
農注○丨讀曰餈禮記內則粉丨釋文爲丨釋文○
丨讀如詩虵虵碩言之虵呂覽重己其爲飲食丨醴
也注○禮記內則粉丨釋文丨本作餰○禮記內則
以與稻米爲丨周禮醢
人注作以與稻米爲餈
【絺】葛之精者曰丨書益稷丨繡傳又小爾雅廣服○
丨葛精者穆天子傳五丨紵三十篋注○丨葛也
精曰丨麤曰綌國語越語冬則資丨注○丨綌葛也
精曰丨麄曰綌淮南主術丨綌綺繡注○精曰丨詩
葛覃爲丨爲綌傳○丨細葛書禹貢厥貢鹽丨傳又
儀禮大射儀冪用錫若丨注又論語鄉黨袗丨綌釋
文又呂覽孟夏天子始丨注又淮南原道于越生葛
丨注○丨細葛練也論語鄉黨皇疏○丨葛也後漢
王充王符仲長統傳論注○丨綌葛也論語鄉黨禎
丨綌集解引孔注○丨布葛屬儀禮士虞禮冪用丨
布注○丨讀爲黹書益稷丨繡鄭注○今文丨或作
綌儀禮大射儀注○禮記喪大記浴用丨巾釋文丨
本作綌○儀禮大射儀釋文丨劉本作絡○詩采菽
箋謂丨衣也釋文丨本作黹○儀禮覲禮注孤丨卿
大夫元釋文丨劉本作希禮記
曾子問注丨冕釋文丨本作希
【羲】丨施也廣雅釋詁三○丨丨和謂日也文選秋懷
詩傾丨無兩丑注○丨和日也後漢王符傳注崔
駟傳注○朱丨日也文選郭景純遊仙詩朱丨將由
白注○丨和日御也離騷吾令丨和弭節兮注天問

丨和之末揚注○日御謂之丨和廣雅釋天○丨和
蓋天地始生主日月者也山海經大荒南經注○丨
氏掌天官書堯典乃命丨和馬注○丨古字戲今字
書孔安國序伏丨氏之有天下也釋文引張揖字詁
○管子封禪虙丨易繫辭作犧管子
輕重戊易釋文引孟京易俱作戲
【羸】丨瘠也廣雅釋言又國語楚語民之丨餒注○丨
弱也左氏桓六年傳請丨師以張之注又國語周
語此丨者陽也注○丨疲也禮記問喪身病體丨釋
文○丨劣也禮記問喪身病體丨釋文又淮南繆稱
小子無謂我老而丨我注○丨劣人也淮南詮言兩
人相鬭一丨在側注○丨病也國語魯語民丨幾卒
注楚語恤民之丨注○丨惡也廣雅釋詁三○丨極
也廣雅釋詁一○丨無文淮南脩務今劒或絕側丨
文注○丨葉盡也呂覽首時衆林皆丨注○丨豕謂
牝豕也易姤丨豕孚蹢躅注○丨大索所以繫豕者

也易姤宋衷注○丨大索也易大壯丨其角釋文引馬注○丨鉤羅也易井丨其瓶虞注○丨累也恒累於人也釋名釋言語○丨讀爲累易姤丨豕釋文引陸注○易大壯釋文丨虞作纍張作蘽王肅作縲蜀才作累○井丨其瓶釋文丨本作累

肢 本作胑通作支○胑枝也似木之枝格也釋名釋形體○支謂四支後漢西羌傳注○四體謂之四丨孟子盡心下四丨之於安佚也注○左右手各握五左右足各履五曰四枝周書武順○四支謂股肱也易文言傳暢于四支虞注○四枝手足周書武順注○四支者諸陽之本也素問陽明脈解

騏 青黑曰丨書顧命四人丨弁鄭注○丨青黑色書顧命馬注○蒼祺曰丨詩駟有騂有丨傳○丨丨文也詩小戎駕我丨馵傳鳲鳩其弁伊丨傳○丨綦文也詩鳲鳩釋文○騹讀爲丨謂青驪文如博棊荀

子性惡驊騮騏驥注○丨駿馬也莊子秋水丨驥驊騮釋文引李注○丨驥駿馬也離騷乘丨驥以馳騁兮注○丨馬名文選吳都賦四丨龍驤劉注○驥不角者丨爾雅釋獸○不角者曰丨周書王會俞人雖馬注○丨當作璂詩鳲鳩其弁伊丨箋○詩鳲鳩其弁伊丨周禮弁師注作其弁伊綦

訾 集韻亦作訿○丨量也國語齊語丨相其質注又漢書枚乘傳集注引李奇又後漢馮勤傳注又淮南原道息耗減益通於不丨注○丨相也呂覽知度丨功丈而知人數注○丨思也禮記少儀不丨重器注毋丨丨衣服成器注○丨限也管子君臣上吏嗇夫盡有丨程事律注七臣七主貧富之不丨注○丨何也湘潭之原荊之南鄙謂何爲曾或謂之丨若中夏言何爲也方言十○丨毀也呂覽審應公子沓丨之注舉難魯國以丨注又淮南氾論丨行者不容於衆注○口毀曰丨禮記喪服四制丨之者是不知禮之

所由生也注○丨病也禮記檀弓下亦非禮之丨也注○丨歎恨也周書太子晉四荒至莫有怨丨注○博而窮者丨也荀子榮辱○訿不思稱乎上之意爾雅釋訓釋文引字林○翕翕訿訿莫供職也爾雅釋訓○娵丨元武宿也爾雅釋天娵觜之口李注○今江東人語云丨爲聲如斯方言十注○訿與丨古字通後漢翟酺傳注○丨與貲同後漢馮勤傳注○丨當作貲列子力命丨兄弟也釋文○左傳昭廿一年注不丨小忿釋文丨本作呰○尸子東不丨韓子說疑作董不識

獅 通作師○師師子也後漢班彪傳上注○師子似虎正黃有頿耏尾端茸毛大如斗後漢順帝紀注

奇 陽數丨白虎通嫁娶○丨隻也淮南墬形丨股民注又御覽七百五十引風俗通○一算爲丨儀禮鄉射禮大射儀又禮記投壺又大戴記投壺○丨拜謂一拜也周禮大祝七曰丨擽大夫注○丨猶虧也

儀禮鄉射禮一算爲丨注○丨主辰大戴記易本命○丨肱之國其人一臂三目有陰有陽山海經海外西經○有人名曰吳回丨左是無右臂山海經大荒西經○丨讀爲丨偶之丨周禮大祝杜注○丨讀曰倚同上○周禮媒氏注參天兩地而丨數釋文丨本作倚

嗤 丨笑也後漢隗囂傳注○丨與蚩同文選詠懷詩嗷嗷今自蚩注

𣬈 今作毗○丨輔也荀子宥坐天子是庳注○毗輔也詩節南山箋又家語始誅天子是毗注○毗助也莊子在宥人大喜耶毗于陽釋文引司馬注○毗并也莊子在宥釋文○毗厚也詩節南山天子是毗傳○丨明也方言十三又廣雅釋詁四○毗劉暴樂也爾雅釋詁○丨懣也方言十二○毗懣也廣雅釋詁二○丨廢也方言十三○毗劉爆爍之意也爾雅釋詁毗劉暴落也舍人注○毗舍利維邪離國也水

經河水注引釋氏西域記○詩節南山天子是毗荀子宥坐作天子是庳○詩節南山釋文毗王本作埤○爾雅釋詁毗劉暴樂也釋文毗樊本作庀○左氏哀五年城毗公羊作比

咨亦作諮○訪問於善爲｜左氏襄四年傳○訪問於善曰｜詩皇皇者華周爰｜諏傳○｜謀也詩臣工來｜來茹箋又爾雅釋詁又國語周語｜於故實注晉語｜於二虢注又漢書武帝紀集注敘傳下集注又後漢呂強傳注○｜亦謀也書舜典｜十有二牧傳○｜諏謀也後漢章帝紀注○｜謨也後漢班彪傳下注○｜議也國語周語｜之前訓注○諮難也淮南脩務周爰諮謨注○｜嗟也書堯典帝曰｜傳又詩蕩文王曰｜傳又漢書韋賢傳集注二見又文選思元賦｜姡嫭之難竝兮舊注○｜嗟也爾雅釋詁○｜｜嗟也論語堯曰｜爾舜皇疏○｜嗟歎也後漢郎顗傳注○｜嗟歎辭呂覽行論文王流

涕而｜之注○｜此也爾雅釋詁○江東曰｜此亦知聲之轉也方言十｜諮不知也注○易蒙注不諮于闇釋文諮本作資略例不諮于闇釋文諮本作資○詩皇皇者華周爰｜度釋文｜本作諮○書堯典｜四岳史記五帝紀作嗟四嶽○書堯典下民其｜史記五帝紀作下民其憂○詩皇華周爰｜諏淮南脩務作周爰諮謨

隓本作陊俗作隳○｜毀也左氏定十二年經叔孫州仇帥師｜郈注又穀梁定十二年釋文又國語周語不｜山注又史記秦始皇紀｜壞城郭正義又漢書高惠高后孝文功臣表集注刑法志集注五行志上集注五行志中之上集注五行志中之下集注溝洫志集注陳勝項籍傳贊集注二見淮南厲王長傳集注蒯通傳集注賈誼傳集注鄒陽傳集注韓安國傳集注司馬遷傳集注吾邱壽王傳集注韋元成傳集注薛孫寶傳集注翟方進傳集注貨殖傳集注薛宣傳集注匈奴傳上集注西南夷傳集注元后傳集注王莽傳上集注王莽傳下集注又荀子議兵猶以錐刀｜太山也注又莊子胠篋中｜｜四時之施釋文○隳毀也老子或挫或隳釋文○｜者毀也漢書宣帝紀集注○｜毀壞之也穀梁隱六年傳輸者｜也釋文○｜壞也國語魯語｜會稽注晉語是毀壞前言注必｜其壘培注○陊壞也方言十三又廣雅釋詁一○隳壞呂覽順說隳人之城郭注○｜損也左氏昭廿八年傳毋｜乃力注○隳危也老子注○｜輸也左氏昭四年傳寡君將｜幣焉服注○｜廢也後漢列女傳注○隳廢呂覽必己愛則隳注○｜布也左傳昭四年寡君將｜幣焉釋文○下祭曰｜｜之猶言｜下也儀禮士虞禮祝命佐食｜祭注○隋尸之祭也周禮小祝贊隋注○黍稷之祭爲｜祭儀禮少牢饋食禮同祭于豆祭注○隋

尸所祭肺脊黍稷之屬周禮守祧既祭則藏其隋注○隋謂神前所沃灌器名周禮守祧司農注○齊魯之閒謂祭爲｜儀禮士虞禮注○｜讀曰隳後漢崔寔傳注○古文｜爲肵儀禮少牢饋食禮上佐食以綏祭注○今文｜爲綏特牲少牢或爲羞失古正矣儀禮士虞禮注○｜與挼讀同耳同上○詩正月箋輸｜也釋文｜本作墮○禮記月令毋有壞｜釋文｜本作隳○周禮守祧既祭則藏其隋儀禮士虞禮注作既祭則藏其｜

其｜辭也禮記曲禮下梁曰薌｜注○｜語辭也禮記曲禮釋文○｜讀荄備之荄也淮南時則爨｜燧火注○禮記曲禮釋文｜本作箕○禮記曲禮梁曰香｜周禮大祝注作梁曰香其

其｜注○｜詞也廣雅釋詁四○｜諸辭也公羊桓｜｜辭也詩庭燎夜如何｜釋文又太元穳可與過

六年傳丨諸以病桓與注○丨發聲也書大傳禹丨跳注又史記孝文紀謂天下何丨安之索隱○丨者楚言也史記高祖紀丨以沛爲朕湯沐邑集解引風俗通○丨者丨先祖也禮記中庸踐丨位注○易繫辭死丨將至釋文丨本作期○左傳僖廿四年懼者丨衆矣釋文丨本作甚○春秋邾庶丨漢書地理志作期

其 丨語助也齊魯之閒聲如姬書微子若之何丨鄭注○詩昊天有成命夙夜丨命宥密釋文丨本作基

粢 通作齊○丨稷爾雅釋草又孟子滕文公下以供丨盛注○丨稷也周禮甸師以共齍盛注又淮南精神糲丨之飯注又楚辭招魂稻丨穱麥注○丨一名稷稷粟也今江東呼粟爲稷也爾雅釋草舍人注○丨黏稷也今苗及穀似粟爾雅釋草釋文引字林○丨粟也山海經海內經爰有膏菽注○今江東人呼粟爲丨爾雅釋草注○丨白樑粟或呼爲丨爾雅釋草釋文引陶注本草○丨六穀也周禮肆師表齍盛告絜注○六丨謂六穀黍稷稻粱麥苽周禮小宗伯辨六齍之名物注○丨稻餅也列子力命食則丨糲釋文○黍稷曰丨書泰誓犧牷丨盛釋文又左氏桓二年傳丨食不鑿注桓六年傳丨盛豐備注又公羊桓十四年傳丨盛委之所藏也注又穀梁桓十四年傳天子親耕以供丨盛注○器實曰齊在器曰盛詩甫田以我齊明傳○器實曰丨國語周語上帝之丨盛注楚語王后必自舂其丨注○丨盛也周禮鬯人禜門用瓢齎杜注○齊者每有祭祀以度量節作之周禮酒正辨五齊之名注○丨盛者祭祀之主也周禮甸師喪事代王受眚烖注○齊號黍曰薌合粱曰香萁之屬也獨斷上○故書齊爲齍周禮司尊彝

鬱齊獻酌注○齊或爲丨禮記祭統以共齊盛注○杜子春讀齊皆爲丨周禮酒正注○齊讀皆爲丨周禮司尊彝杜注○丨讀齊衰之齊淮南精神注○齊當爲資讀如冬資絺之資考工記總目或通四方之珍異以資之杜注○丨讀爲齊聲之誤也禮記禮運丨醍在堂注○禮記曲禮稷曰明丨釋文丨本作粱

睢 亦作濉○爾雅釋地注今在濉陽縣東北釋文濉本作丨

睢 丨仰目也文選西京賦注引字林○丨仰白目怒貌也史記伯夷傳暴戾恣丨正義○丨矎大視也一切經音義八引聲類○丨盱視聽貌列子黃帝而丨丨而盱盱釋文○丨盱質朴之形文選魯靈光殿賦厥狀丨盱張注○丨丨元氣也廣雅釋訓○丨丨盱盱跋扈之貌莊子寓言老子曰而丨丨盱盱而誰與居注○丨刺喻禍亂也文選南都賦方今天地之丨刺注○丨音癰疽之疽山海經中山經景山丨水出焉注○丨火隹反易豫釋文引字林

蠡 丨分也楚曰丨方言六○丨猶羅也書考靈曜取六項加三旁丨順餘之注○丨與蠃古字通文選東征賦諒不登欑而椓丨兮注○越范丨字少伯見呂覽當染注○

噫 集韻或作意○丨憶也憶念之故發此聲丨之也釋名釋言語○丨歎也詩噫嘻丨嘻成王傳○丨歎聲也易繫辭下傳丨亦要存亡吉凶崔憬注又莊子大宗師許由曰丨釋文引李注○丨不平聲論語子路丨斗筲之人皇疏○意不平聲也莊子天道老聃曰意釋文引司馬注○丨不平之聲也論語子張丨言游過矣皇疏○丨者不平之聲史記魯仲連鄒陽傳丨嘻亦太甚矣索隱○丨心不平之聲也論語子路集解引鄭注○丨丨不寤之聲禮記檀弓下曰丨毋注丨弗果從注○丨丨痛傷之聲也論語先進丨天

喪子集解引苞注又皇疏○丨恨辭書金縢信丨公命傳○意恚聲淮南繆稱意而不戴注○丨咄嗟貌公羊哀十四年傳子曰丨注○丨辭也易震丨喪貝釋文繫辭丨釋文引王肅注又莊子大宗師釋文引崔注○丨謂呼意而名也莊子大宗師釋文○丨噫有所多大之聲也詩噫嘻丨嘻成王箋○禮記檀弓丨我喪也斯覞釋文丨本作意莊子大宗師釋文丨本作意

騅 蒼白雜毛丨爾雅釋畜○蒼白雜毛曰丨詩駉有丨有駓傳○馬蒼白雜毛爲丨山海經大荒東經東北海外又有三青馬三丨注

馗 丨隱也與逵同爾雅釋宮釋文引字林○中丨丨中九交之道也文選蕪城賦注引韓詩章句○中丨菌爾雅釋草○丨古逵字三國志注引三蒼○爾雅釋草釋文丨舍人本作鳩○爾雅釋草釋文丨本作頄

菑 丨亦作甾○丨草也書大誥厥父丨釋文○茂草曰丨淮南本經丨榛穢聚注○丨反草也易无妄不丨畬釋文引董注又詩皇矣其丨其翳釋文引韓詩○今江東呼初耕地反草爲丨爾雅釋地田一歲曰丨注○反土爲丨漢書翟義傳集注○丨始災殺其草木也爾雅釋地孫注○丨田一歲也易无妄不丨畬釋文引馬注○田一歲曰丨易无妄虞注又書大誥厥父丨釋文又詩采芑于此丨畝傳又禮記坊記不丨畬凶注又爾雅釋地○緇耕也廣雅釋地○甾孽也廣雅釋草○甾業也廣雅釋詁四○木立死甾爾雅釋木○木立死曰丨詩皇矣其丨其翳傳又史記河渠書穨竹林兮楗石丨集解引韋昭○以當死害生曰丨爾雅釋木李注○丨謂插也後漢楊賜傳注○丨謂輻入轂中者也考工記輪人察其丨蚤不齵注○博立梟棊亦爲丨考工記輪人司農注○丨周埒垣也所以分別內外衛威儀今大學辟雍作側字公羊昭廿五年傳以人爲丨注○丨淄齊二水名淮南道應丨澠之水合注○丨出萊蕪周禮職方氏其浸丨時注○丨讀如雜廁之廁謂建輻也泰山平原所樹立物爲丨聲如截考工記輪人司農注○丨讀爲不丨而畬之丨考工記弓人丨栗不迤司農注○丨讀爲災荀子脩身丨然必以自惡也注○丨與椔同荀子非相周公之狀身如斷丨注○詩皇矣釋文丨本作甾爾雅釋地釋文丨本作甾

輜 丨重車也文選東京賦薛注○丨謂車之有防蔽可以重載者管子問鄉師車丨注○丨軿有擁蔽之車也後漢齊武王縯傳注○丨重有衣車也文選東京賦終日不離其丨重注○軿車有衣蔽無後轅其有後轅者謂之丨宋書禮志引字林○丨載衣物車前後皆蔽若今庫車集韻引字林○丨車載丨重臥息其中之車也釋名釋車○丨廁也所載衣物雜廁其中也同上○有邸曰丨同上○有邸曰丨無邸曰軿玉海七十九引字林○丨柳車也廣雅釋器○丨靜也老子不離丨重注

褵 丨通作縭○婦人之褘謂之縭爾雅釋器○丨婦人之褘也詩東山親結其丨傳又後漢馬援傳注○縭今之香纓文選思元賦獻環琨與琛縭兮舊注○縭緌也爾雅釋器釋水○縭帶也文選思元賦注引韓詩章句○縭者繫也爾雅釋言注○縭介也爾雅釋言○丨與離古字通也文選女史箴施衿結丨注○爾雅釋器釋文縭本作丨

邳 丨下丨也禮記曲禮注丨郯之東釋文

錡 丨三腳釜也方言五鍑江淮陳楚之間謂之丨注○有足曰丨左氏隱二年傳筐筥丨釜之器注○

丨木屬詩破斧釋文引韓詩○鑿屬曰丨詩破斧又鈌我丨傳○詩破斧釋文丨本作奇○左傳成十六年晉呂丨宏明集蕭琛難范縝神滅論作呂齮

胝 丨皮厚也荀子子道手足胼丨以養其親注○丨繭也漢書貢禹傳集注○丨躪也文選難蜀父老注引三蒼解詁

緌 丨繫也爾雅釋器緌丨也注釋水緌丨也注○丨纓也爾雅釋詁○丨冠飾也後漢楊彪傳注○丨冠之飾也家語冠頌其丨也吾未之聞注○丨纓飾儀禮士冠禮記其丨也注○丨纓之飾也禮記內則冠丨纓注○丨有虞氏之旌也注旄竿首其形桑桑然也釋名釋兵○丨謂蜩喙長在腹下禮記檀弓下范則冠而蟬有丨注○丨或為蕤禮記玉藻緇布冠繢丨注○禮記玉藻繢丨釋文丨本作蕤○禮記檀

弓喪冠不丨釋文丨本作綏

鰭 丨脊也禮記少儀夏右丨注○丨背上鬣也文選上林賦揵丨掉尾郭注○爾雅釋器注謂削丨也釋文丨本作鱗

栭 丨謂之楶爾雅釋宮○丨斗也文選西京賦繡丨雲楣薛注○禮記內則芝丨釋文丨本作檽

迤 迤衺也廣雅釋詁二○迤邪也文選東京賦立戈迤戛薛注○丨謂著戈於車邪倚也考工記總目既建而丨司農注○迤謂邪行絕理者弓發之所從起考工記弓人菑栗不迤司農注○丨颺邪起也文選海賦𣵀泊柏而丨颺注○迤𡾰邪平之貌文選洞簫賦倚巇迤𡾰注○無丨謂革不齵考工記鮑人欲其無丨也司農注

蛇 丨丨淺意也詩巧言丨丨碩言傳○莊子天運乃至委丨丨釋文丨本作施

陴 埤城上女垣國語晉語反其陴注○埤堄女牆也廣雅釋室○丨城也左氏宣十二年傳賈注○丨城上僻倪左氏宣十二年傳守丨者皆哭注○城上垣曰睥睨亦曰丨丨裨也言裨助城之高也釋名釋宮室○墉墻謂之丨小爾雅廣器○丨腳也音楊子愛骭一毛之骭呂覽明理有鬼投其丨注

淇 丨水名也詩泉水亦流于丨傳桑中送我乎丨之上矣傳○丨水大水也詩竹竿丨水在右傳

漦 丨沫也詩白華箋卜藏其丨釋文又漢書五行志下之上五行志下之上集注引應劭敘傳上集注引應劭○丨龍所吐沫龍之精氣也國語鄭語卜請其丨而藏之吉注○丨血也漢書五行志下之上○丨盠也爾雅釋言○丨遙也廣雅釋詁二○丨音牛齝之齝漢書五行志下之上集注引鄭氏○左傳昭

九年注武功所治丨城釋文丨本作薘

淄 丨黑也後漢皇后紀注又太元更化白于泥丨注○濰丨兩水名書禹貢濰丨其道鄭注○丨澠齊之兩水名也呂覽精諭丨澠之合注○書禹貢濰丨其道漢書地理志作惟甾其道○武班碑齊國臨菑丨作菑

麗 丨施也書多方不克開于民之丨傳呂刑越茲丨刑鄭注○丨著也易離釋文又左氏宣十二年傳射麋丨龜注○丨連也易兌丨澤釋文○丨歷也詩魚麗魚丨于罶傳○丨譙高樓也莊子徐無鬼君亦必無盛鶴列於丨譙之閒注○丨讀曰驪漢書匈奴傳上集注○丨與驪同晉書音義上○詩渭陽序文公遭丨姬之難釋文丨本作驪○儀禮鄉飲酒禮乃歌魚丨釋文丨本作離

氅 器｜毛也一切經音義九引三蒼○氂毛也廣雅釋六術○｜長毛也後漢岑彭傳注○十髮爲｜賈子言注○｜罽也爾雅釋言○毛｜所以爲罽爾雅釋注○｜毛罽也邊人績羊毛而作爾雅釋言舍人注○｜馬尾也淮南說山馬｜截玉注○禮記經解差若豪｜釋文｜本作氂公羊昭廿四年杞伯鬱｜釋文｜本作氂○爾雅釋言釋文｜本作毳

繢 ｜繫也文選宋文皇帝元皇后哀策文注引韓詩又後漢張衡傳注○｜綫也詩采菽紼｜維之傳○｜以韜髮者也以｜爲之因以爲名釋名釋首飾○｜筰也詩采菽釋文引韓詩○｜筰也麤可以筰物也釋名釋采帛○詩采菽紼｜維之爾雅釋水作紼縭維之

朞 ｜通作期廣韻稘同○｜匝也後漢左雄傳注○｜一匝也文選西京賦三百餘｜薛注○匝一月曰

期管子侈靡若旬虛期於月津注○匝四時曰｜書堯典｜三百有六旬有六日傳又後漢班彪傳下注○｜三百六十五日四分日之一也素問氣交變大論上虛天｜注○｜者復其時也白虎通喪服○期年也漢書王尊傳集注○稘季也廣雅釋詁一○期十二月也再期二十五月也孝經援神契喪不過三年以期增倍注○期卒也廣雅釋言○期天道一變禮記喪服小記期而除喪注○｜年天道一備大戴記本命｜而生臏注○古文｜皆作基儀禮士虞禮記｜而小祥注○書堯典｜三百有六旬有六日說文禾部作稘三百有六旬史記五帝紀作歲三百六十六日漢書律麻志作歲三百有六旬有六日○易繫辭當期之日釋文期本作｜儀禮喪服傳注則士之妾子爲母期矣釋文期本作｜左傳莊九年期成釋文期本作｜僖八年期年狄必至釋文期本作｜僖廿三年期期而不至釋文期本作｜襄九年行之期年釋文期本作｜公羊襄廿八年注正取期月釋文期本作｜孝經再期釋文期本作｜莊子外物期年不得魚釋文期本作｜○漢靈臺碑基年鮨魚復生楊著碑未基有成劉曜碑基月嚴舉碑示萬基｜皆作基

廝 ｜役也漢書司馬相如傳下集注引應劭又淮南覽冥｜徒馬圉注○廝役也謂賤役者也一切經音義七引字書○廝賤也後漢鄭元傳注周燮傳注○斯賤也後漢左雄傳注○廝養賤人也後漢馬融傳注○廝臺賤人也後漢黨錮傳注○廝舍賤役人之舍後漢桓帝紀注○艾草爲防者曰｜公羊宣十二年傳｜役扈養注○廝使也廣雅釋詁一○｜微也漢書嚴助傳集注引張晏○廝微也後漢烏桓鮮卑傳注○｜分也史記河渠書乃｜二渠以引其河集解引漢書音義○廝散也廣雅釋詁三

痍 ｜傷也公羊成十六年傳王｜也釋文又廣雅釋詁四又漢書季布傳集注又後漢王昌傳注又一切經音義二引三蒼○王｜者何傷乎矢也公羊成十六年傳○｜侈也侈開皮膚爲創也釋名釋疾病○｜創也漢書匈奴傳上集注○體創曰｜一切經音義二引通俗文○左傳成十三年芟｜我農功釋文｜本作夷

榱 ｜桷也淮南本經榱檐｜題注○桷或謂之｜在檼旁下列衰衰然垂也釋名釋宮室○｜隱也淮南主術脩者以爲櫚｜注○｜椽也左傳襄卅一年棟折｜崩釋文又廣雅釋室○｜亦椽也荀子哀公仰視｜棟注○｜亦椽也有三名一曰椽二曰桷三曰｜文選魯靈光殿賦騰蚍蟉虯而遠｜張注○周人名椽曰｜爾雅釋宮釋文引字林○｜題屋霤也孟子盡心下｜題數尺注

媄｜婦人賤稱廣韻引蒼頡○｜婢也廣雅釋詁四○｜戲也漢書禮樂志集注楊雄傳上集注二見又楚辭招魂｜光眇視注

墤｜壇也晉書音義上○｜壇與堳埒也周禮大司徒設其社稷之｜注○｜謂壇及堳埒也周禮封人掌設王之社｜注○｜謂委土爲墠壇所以祭也周禮鬯人社｜用大罍注

齍｜盛祭祀所用穀也粢稷也穀者稷爲長是以名云周禮甸師以共｜盛注○｜盛謂黍稷稻粱之屬可盛以爲簠簋實周禮春人祭祀共其｜盛之米注○｜黍稷禮記禮運注五曰｜號釋文引皇注○｜王｜玉敦受黍稷器周禮九嬪凡祭祀贊玉｜注○｜讀爲粢周禮小宗伯辨六｜之名物注○｜讀皆爲齊和之齊周禮司尊彝鬱齊獻酌司農注○詩采蘋箋其｜盛釋文｜本作粢周禮春人釋文｜本作粢

蘺江｜香草也文選吳都賦江｜之屬劉注○江｜香草也蘼蕪一名江｜卽芎藭苗也後漢張衡傳注○爾雅釋草｜南活莌釋文｜本作離莞苻｜釋文｜本作離

轙｜載轡謂之｜爾雅釋器○｜軛上環也轡所貫也後漢張衡傳注引爾雅郭注○｜所以縛衡也淮南說山遺人車而稅其｜注○｜僕人嚴駕待發之意也漢書禮樂志集注引如淳○｜待也漢書禮樂志集注引孟康

脽臀謂之｜廣雅釋親○｜謂臀肉也素問脈解太陽所謂腫腰｜痛者注至眞要大論腰｜重强內不便注五常政大論反腰｜痛注○｜邱類也水經汾水注引應劭○鄈音與葵同彼鄉人呼葵音如誰

故轉而爲｜字耳漢書武帝紀集注

蘄｜求也荀子儒效跨天下而無｜注又莊子逍遙遊以爲一世｜乎釋文引李注齊物論不悔其始之｜生乎注又釋文養生主不｜畜于樊中注又釋文天運今｜行周于魯釋文○｜水出江夏｜春縣北山後漢袁術傳注

耏集韻或从寸○｜多須貌後漢章帝紀注○耐者輕刑之名也後漢陳寵傳注

嫠通作釐○｜寡婦也左氏昭廿四年傳｜不恤其緯注又後漢盧植傳注○釐寡婦也家語好生鄰之釐婦注○寡婦曰｜左氏襄廿五年傳｜也何害注昭十九年傳已爲｜婦注又小爾雅廣義又後漢列女傳注○寡婦曰釐後漢西羌傳注○寡婦爲｜後漢劉翊傳注○釐婦寡婦也詩巷伯傳鄰之釐婦釋文○左傳襄廿五年釋文｜本作釐爾雅釋器｜婦之笱謂之罶釋文｜本作釐

貔｜一名曰豹虎類也書牧誓鄭注○｜豹屬出貉國爾雅釋獸釋文引字林○｜似虎或曰似熊遼東人謂之白羆詩韓奕獻其｜皮釋文引詩草木疏○｜執夷虎屬也書牧誓如虎如｜傳○｜猛獸也詩韓奕獻其｜皮傳○｜白狐爾雅釋獸○｜卽白狐也詩韓奕釋文○｜貓也廣雅釋獸○｜貍別名也方言八｜注○書牧誓如虎如｜史記周本紀作如虎如羆

僖小心畏忌曰｜獨斷下○｜或作釐列子力命齊｜公釋文

貽通作詒○｜遺也書孔安國序以｜後代釋文五子之歌｜厥子孫傳又禮記內則思｜父母令名注又爾雅釋言又國語周語欲以｜女注又後漢朱浮傳注班彪傳下注又家語正論｜厥孫謀注又楚

辭天問元鳥致丨注又文選幽通賦終保己而丨則兮曹注○詒遺也詩雄雉自詒伊阻傳谷風既詒我肄箋天保詒爾多福傳小明自詒伊戚箋思文詒我來牟箋有駜詒孫子箋又考工記梓人詒女曾孫注又禮記表記詒厥孫謀注又後漢班彪傳上注袁紹傳注又離騷相下女之可詒注惜誦固煩言不可結而詒兮注○詒猶傳也詩文王有聲詒厥孫謀箋○詒寄也詩子衿子寧不嗣音韓詩說○詒託猶假寄穀梁定元年傳夫請者非可詒託而往也注○詒音義與丨同孟子題辭以詒後人音義引丁音○飴遺也漢書劉向傳集注○丨蹈也今此爲駘古字通後漢馮衍傳注○誒詒解倦貌莊子達生公反誒詒爲病釋文引司馬注○誒詒失魂魄也莊子達生釋文引李注○詩雄雉釋文丨本作詒靜女丨我彤管釋文丨本作詒斯干我父母丨罹釋文丨本作詒思文釋文丨本作詒○爾雅釋魚元貝丨貝釋文丨本作

貽○詩思文丨我來牟漢書劉向傳作飴我釐麰○考工記梓人詒女曾孫儀禮大射儀注作丨女曾孫

祺丨吉也詩行葦壽考維丨傳又爾雅釋言○丨祥也詩維清維周之丨釋文又儀禮士冠禮壽考惟丨注又爾雅釋言又荀子成相請牧丨明有基注○丨祥也吉也荀子非十二子丨然注○丨祥吉之先見爾雅釋言注○丨福也漢書禮樂志集注引如淳○詩維清釋文丨本作禎○詩駉傳蒼丨曰騏釋文丨本作騏

葹丨枲耳也廣雅釋草又離騷薋菉丨以盈室兮注

嘻丨歎息之聲大戴記少閒公曰丨注○丨悲恨之聲禮記檀弓上夫子曰丨注又史記張儀傳其妻曰丨索隱○丨哀痛之聲列子天瑞國氏曰丨注○丨發痛語首之聲公羊僖元年傳慶父聞之曰丨注○丨者驚恨之歎也史記魯仲連鄒陽傳噫丨亦太甚矣索隱○丨乃驚而怒之辭也史記廉頗藺相如傳相視而丨索隱○丨怒貌呂覽行論聞之曰丨注○丨勑也詩噫嘻噫丨丨成王傳○丨懼聲左氏定八年傳從者曰丨注○丨丨笑聲易家人釋文引馬注○丨丨笑也易家人婦子丨丨侯注○丨笑樂之貌也太元樂人丨鬼丨注○丨丨悅也素問至眞要大論粗工丨丨以爲可知注○易家人釋文丨丨陸本作喜喜張本作嬉嬉

撝丨猶離也易謙丨謙釋文引馬注○丨猶舉也易謙丨謙荀注○丨丨猶佐也太元元數事貌用恭丨肅注○丨指丨也易謙釋文○丨亦麾也後漢班彪傳下注○丨與麾同後漢劉盆子、傳注○丨義與麾同易謙釋文○丨與麾音義同文選典引靡號師矢敦奮丨之容注○丨郎麾字古通用後漢皇甫嵩傳

注

鸝廣韻鵹同○鵹黃楚雀爾雅釋鳥○鵹黃黃麗留也或謂之黃栗留也爾雅釋鳥釋文引詩草木疏○自關而東謂之倉庚自關而西謂之鸝黃方言八○黃丨廣志作黃離留一切經音義十八

瓷丨白瓶長頸大果反文選笙賦注引字林

鶿亦作鷀○丨鷧爾雅釋鳥○鸕鷀似鶂而黑鷀音磁文選南都賦注引蒼頡

鈹錟謂之丨方言九○今江東呼大矛爲丨方言九注○丨兩刃小刀也文選吳都賦羽族以觜距爲刀丨劉注○鑱謂之丨廣雅釋器○丨鉏也同上○丨與披同荀子成相吏謹將之無丨滑注○丨與披同或曰丨當爲鈒傳寫誤耳荀子正名疾養倉熱滑丨輕重以形體異注

【琦】丨瑋也玉篇一引埤蒼又後漢仲長統傳注○丨讀爲奇異之奇荀子非十二子玩丨辭注

【骴】集韻或作髊○骨有肉曰髊呂覽異用澤及髊骨注

【疷】丨病也詩無將大車祇自丨兮傳白華俾我丨兮傳又爾雅釋詁○爾雅釋詁釋文丨本作疲

【洟】丨鼻液也一切經音義二引三蒼○自鼻曰丨易萃齎咨涕丨虞注又禮記檀弓垂涕丨釋文○坎爲涕丨易象下傳喪過乎哀虞注○丨丨古文鶃同一切經音義二

【騤】丨丨彊也詩采薇四牡丨丨傳○丨丨盛也廣雅釋訓○丨丨不息也詩桑柔四牡丨丨傳○丨丨猶彭彭也詩烝民四牡丨丨傳○丨丨行貌國語周語四牡丨丨注○丨瞿走貌文選西京賦丨瞿夼觸薛注

【唲】丨嘔嬰兒語聲也荀子富國丨嘔之注○丨齵錯梧也淮南要略攙挬丨齵之郄也注

【訑】集韻或作詑○訑訑者自足其智不嗜善言之貌孟子告子下則人將曰訑訑注○訑訑菡言辭不正欺罔於人自誇大之貌孟子音義下引張音

【駓】黃白雜毛丨爾雅釋畜○黃白雜毛曰丨詩駉有騅有丨傳○丨丨走也廣雅釋訓○丨丨走貌楚辭招魂逐人丨丨些注○丨音丕走也父之反詩駉釋文引字林

【熹】丨廣韻或作熺○熺熾也廣雅釋詁三○丨熾盛也匡謬正俗五○丨美也廣雅釋詁○有功安人曰丨後漢和熹鄧皇后紀注○熺火明貌文選贈五官中郎將詩明鐙熺炎光注○熺炭炭之有光也文選海賦熺炭重燔注○熺星之明管子侈靡有時而星熺注○丨亦熙字也熙光明也文選歸去來辭注引

聲類○唐扶頌治致雍丨熙通作丨○漢靈臺碑神龍所丨嬉通作丨

【孜】通作孳○丨丨劇也廣雅釋訓○丨丨勸勉不怠書泰誓下爾其丨丨傳○孳孳不怠之意後漢魯恭傳注○孳孿也廣雅釋詁三○孳蕃也孳滋古字通文選蕪城賦注引聲類○孳與丨同文選景福殿賦聖上猶丨丨靡忒注○孳與丨同古字通用孟子盡心上孳孳爲善者音義引張音○孳滋古字通文選蕪城賦孳貨鹽田注○書益稷予思日丨丨史記夏本紀作予思日孳孳

【台】丨我也書禹貢祇丨德先傳湯誓非丨小子馬注又爾雅釋詁又漢書敘傳下集注引如淳又後漢班彪傳下注張衡傳注○丨予也爾雅釋詁○丨養也漢書地理志上集注○丨養也晉衛燕魏曰丨方言一○丨悅也史記太史公自序虞舜不丨索隱○丨怡懌也史記太史公自序諸呂不丨集解○丨猶

頤也方言一注○丨懼也廣雅釋詁二○丨失也廣雅釋詁二○丨失也宋魯之閒曰丨方言六○丨讀曰嗣後漢班彪傳下注

【蚩】丨癡也釋名釋姿容又後漢劉盆子傳注○丨駭也文選文賦注引聲類○丨輕也廣雅釋詁三○丨侮也文選西京賦注引蒼頡○丨相輕侮也一切經音義十七引蒼頡○丨悖也方言十二又後漢袁紹傳注○丨亂也廣雅釋詁三○丨戲也小爾雅廣言○丨笑也一切經音義廿三引蒼頡○欰笑也欰與丨同文選文賦或受欰於拙目注○丨丨者敦厚之貌詩氓氓之丨丨傳○丨丨殷厚之貌後漢崔駰傳注○九黎之君號曰丨尤書呂刑丨尤惟始作亂傳○丨尤少昊之末九黎君名書呂刑馬注○丨尤作兵者山海經大荒東經應龍處南極殺丨尤與夸父注○丨尤庶人之貪者也大戴記用兵○或云丨

尢古之諸侯妄耳一曰衆人之貪者也大戴
記用兵注○丨古文嵬同一切經音義十二
罹 丨憂也詩兔爰逢此百丨傳斯干無父母詒丨傳
小弁我獨于丨箋又爾雅釋詁又家語辯政亂丨
瘼矣注○丨遭也漢書文帝紀集注公孫宏傳集注
敘傳上集注○丨被書湯誥丨其凶害傳○丨毒也
爾雅釋言○書洪範不丨于告史記宋微子世家作
不離于告○詩兔爰雉丨于羅釋文丨本作離斯干
毋父母詒丨釋
文丨本作離
禆 丨益也國語鄭語若以同丨同注又史記衛將軍
驃騎傳得右賢丨王索隱引賈逵○丨補也國語
晉語丨輔先君注而丨諸侯之闕注○丨子也廣雅
釋詁三○丨助也漢書項籍傳集注○丨販買賤賣
貴以自丨益文選西京賦丨販夫婦薛注○丨之爲
言埤也天子六服大裘爲上其餘爲丨以事尊卑服

之而諸侯亦服焉儀禮覲禮侯氏丨冕注○丨之言
卑也天子六服大裘爲上其餘爲卑荀子禮論卑絻
黼黻文織注○丨之爲言卑也以事尊卑服之荀子
富國大夫丨冕注○丨衣衮之屬也禮記樂記丨冕
搢笏注○丨冕公衮侯伯鷩子男毳也禮記玉藻丨
冕以朝注○衮冕之屬通謂之丨冕家語辯樂丨冕
搢笏注○左傳襄廿九年丨
諶漢書古今人表作卑諶
禆 禆副將晉書音義中○丨師偏師也文選爲袁紹
檄豫州授以丨師注
虒 廣韻傂本作虒○傂輪也太元止車纍其傂注○
左傳襄十年狄丨彌漢書古今人表作斯彌
魑 丨魅山澤之神文選東京賦捎丨魅薛注○山澤
怪謂之丨魅一切經音義二引通俗文○丨三蒼
作螭一切
經音義六

荽 丨香菜也文選閒居賦注引韻略○胡荽香菜也
一切經音義十五引韻略○字苑荽作葰同私隹
反一切經音義廿四○丨與荾
同文選閒居賦蓼丨芬芳注
紕 集韻紕同○丨緣也廣雅釋詁二○丨邊緣也禮
記玉藻縞冠素丨注○在旁曰丨禮記雜記下丨
以爵韋六寸注○丨飾也爾雅釋言○丨理也廣雅
釋詁二○丨理也秦晉之閒曰丨方言六○紕丼也
廣雅釋言○丨所以織組也詩干旄素絲丨之傳○
丨氏罽也後漢南蠻西南夷傳注引纂文○毞罽丨
也後漢南蠻西南夷傳注○丨
讀如埤益之埤禮記玉藻注
椸 亦作箷○榻前几趙魏之閒謂之丨方言五○丨
可以枷衣者禮記曲禮上不同丨枷注○丨衣架
也禮記曲禮釋文○丨架也一切經音義十三引蒼
頡○竿謂之丨禮記內則男女不同丨枷注○箷竿

也爾雅釋宮釋文引字林○丨格也一切經音義十
三引蒼頡○埤蒼箷作丨同一切經音義十三○古
文提㮴二形今作丨同一切經音義十
二○箷上支反爾雅釋器釋文引字林
倕 丨堯之巧工也淮南說山人不愛丨之手而愛己
之指注○丨堯巧工也山海經海內經又有不距
之山巧丨丨葬其西注○丨舜之共工荀子解蔽丨作
弓注○丨丨作規矩一切經音義廿五引世本○丨讀
詩惴惴其栗之惴
也淮南說山注
丕 丨大也書大禹謨嘉乃丨績傳又釋文又古泰誓
丨天之大律鄭注又左氏僖廿八年傳奉揚天子
之丨顯休命注昭三年傳昧旦丨顯注又周書寶典
敬位丨哉注皇門遠士丨承注又爾雅釋詁又漢書
匡衡傳集注敘傳下集注又後漢班彪傳上注班彪
傳下注又孟子滕文公下丨顯哉注又文選東京賦

眛旦丨顯後世猶怠薛注○丨丨大也爾雅釋訓○
丨奉也漢書郊祀志下集注○丨丨莊也小爾雅廣言
○丨大邳山在河東國語周語檮杌次於丨山注○
丨讀曰負書金縢是有丨子之責於天鄭注○丨字
或作本漢書匡衡傳集注○書禹貢三苗丨敘史記
夏本紀作三苗大序○書金縢是有丨子之責于天
史記魯周公世家作
是有負子之責于天

琪 玗丨玉屬也于其二音穆天子傳四玗丨注

僛 丨丨舞也廣雅釋訓○丨丨舞不能自止也詩賓
之初筵屢舞丨丨傳

耆 亦作耆○耆老也詩皇矣箋武耆定爾功箋又左
氏宣十二年傳耆昧也釋文又廣雅釋詁二又文
選西京賦搏耆龜薛注○耆至也至老境也禮記曲
禮六十曰耆釋文引賀瑒注○六十曰耆禮記曲禮

上又周書謚法保民耆艾曰胡注又國語吳語有父
毋耆老而無昆弟者以告注○六十曰耆耆指也不
從力役指事使人也釋名釋長幼○七十曰耆後漢
韋彪傳注引禮記○耆艾師傅也東齊人謂尊爲耆
艾國語周語耆艾修之注○耆長也爾雅釋詁○耆
彊也左氏昭廿三年傳不懦不耆注○耆彊也周書
謚法又廣雅釋詁一○耆惡也詩皇矣上帝耆之傳
又武釋文○耆今人謂之耆頭文選七發薄耆之炙
注○耆童老童顚頊之子山海經西山經騩山神耆
童居之注○龍丨卽龍支後漢西羌傳注○耆本或
作黎史記周本紀敗耆國正義引鄒誕生○
耆一作阢史記周本紀敗耆國集解引徐廣

衰 丨差也左氏昭卅二年傳遲速丨序注又國語齊
語相地而丨征注又荀子王制相地而丨政注又
管子小匡相地而丨其政注又淮南說林大小之丨
然注○丨差降左氏襄廿五年傳自是以丨注○丨

詞草上下相重次也管子地
員凡彼草物有十二丨注

惟 丨思也詩生民載謀載丨箋又爾雅釋詁又方言
一又文選贈文叔良詩注引字林又漢書宣帝紀
集注二見成帝紀集注律厤志集注劉向傳集注張
良傳集注萬石君奮傳集注鼂錯傳集注鄒陽傳集
注董仲舒傳集注公孫宏傳集注司馬遷傳集注二
見嚴助傳集注終軍傳集注楊惲傳集注魏相傳集
注二見夏侯勝傳集注蕭望之傳集注翟方進傳集
注翟義傳集注王嘉傳集注外戚傳上集注又後漢
鄧隲傳注馮衍傳注橋元傳注又淮南精神丨像無
形注○丨凡思也方言一○丨思念也後漢何進傳
注○丨念也詩維天之命序釋文引韓詩○丨謀也
爾雅釋詁又廣雅釋詁四○丨陳也國語魯語師尹
丨旅注○丨宜也呂覽知分子丨之矣注○丨有也
文選東京賦卜丨洛食薛注○丨有也是也文選甘

泉賦丨漢十世注○丨是也文選東征賦丨永初之
有七兮注○丨獨呂覽義賞而不失君臣之禮者丨
赦注○唯獨也易彖下傳唯君子爲能通天下之志
虞注又廣雅釋詁三又老子唯道是從注又呂覽異
寶其唯此也注又離騷唯昭質其猶未虧注○唯者
獨也白虎通論○言唯著異也禮記奔喪唯父母之
喪注○丨辭也文選羽獵賦注引韓詩章句又孟子
滕文公下丨士無田注又離騷丨庚寅吾以降注○
丨詞也廣雅釋詁四○丨辭也蓋語之發端匡謬正
俗二○丨發語之辭也文選江賦丨岷山之導江注
○丨讀爲唯荀子大略丨丨而亡者誹也注○唯當
爲雖字之誤也禮記表記唯天子受命于天注○唯
讀爲雖荀子性惡然則唯禹不知仁義法正不能仁
義法正也注○古文尚書皆爲維字今文尚書變爲
丨字匡謬正俗二○莊子庚桑唯蟲能蟲釋文唯
本作雖○左傳定六年小丨子釋文丨本作帷

猗 ｜美也漢書武帝紀集注又後漢班彪傳下注又｜華嚴經音義上引淹師文選音義○｜｜美盛貌詩淇奧綠竹｜｜傳○｜｜衆盛貌文選琴賦靡靡｜｜注○｜長也詩節南山有實其｜傳○｜依也詩淇奧｜重較兮釋文○｜倚也詩淇奧箋○｜加也詩巷伯｜于畝邱傳○角而束之曰｜詩七月｜彼女桑傳○｜辭也莊子大宗師而我猶爲人｜釋文引崔注○｜歎也國語晉語｜兮違兮注○｜歎辭詩那｜與那與傳○｜亦歎辭也後漢班彪傳下注○｜嗟歎辭詩猗嗟｜嗟昌兮傳○｜與歎美之詞也詩潛｜與漆沮箋○｜儺柔順也詩隰有萇楚｜儺其枝傳○｜移至順之貌列子黃帝吾與之虛而｜移釋文○｜狔柔弱下垂貌文選高唐賦｜狔豐沛注○｜靡隨風之貌文選嘯賦藉皋蘭之｜靡注○｜萎隨風之貌文選江賦隨風｜萎注○｜楗也廣雅釋獸○｜犗犬廣韻引字林○詩隰有萇楚

｜儺其華楚辭章句八作旖旎其華○詩伐檀河水清且漣｜釋文｜本作漪○詩猗嗟序釋文｜本作欹

劑 ｜齊也爾雅釋言○｜翦齊也後漢劉梁傳注○｜｜今券書也周禮大司寇以兩｜禁民獄注○｜謂券書也周禮司約掌邦國及萬民之約｜注○｜小賈也文選魏都賦質｜平而交易劉注○約｜各所持券也周禮士師正之以傳別約｜注○約｜要盟之載辭及券書也周禮大史凡邦國都鄙及萬民之有約｜者藏焉注○質｜者爲之券藏之也周禮質人凡賣價者質｜焉注○質｜謂市中平賈今時月平是也周禮小宰七曰聽賣買以質｜司農注○質｜月平賈也質大賈｜小賈周禮質人司農注○質｜｜月平周禮司市以質｜結信而止訟司農注○質｜謂兩書一札同而別之長曰質短曰｜周禮小宰注○質｜謂兩書一札而別之也若今下手書言保物要還矣周禮司市注

絁 本作纚○纚紬也廣雅釋器

羈 ｜寄也左氏莊廿二年傳｜旅之臣注又賈注又文選思元賦顧｜旅而無友兮舊注○｜寄客也左氏昭七年傳單獻公棄親用｜注○｜旅過行寄止者周禮遺人以待｜旅注○故書｜作奇周禮委人以甸聚待｜旅注○故書｜作寄周禮遺人注

伾 ｜｜有力也詩駉以車｜｜傳○｜｜衆也廣雅釋訓○山再成曰｜書禹貢至于大｜傳○｜山一成禹貢指南引字林○｜父之反六經正誤四引字林○書禹貢至于大｜史記夏本紀作至于大邳○書禹貢釋文｜本作岯或作阫

說文作薋通作茨○茨蒺藜也詩牆有茨牆有茨傳楚茨楚楚者茨箋○薋蒺藜也離騷薋菉葹以盈室兮注

薺 采｜雍｜振羽皆樂章也禮記仲尼燕居和鸞中采｜客出以雍徹以振羽注

黧 ｜黑也一切經音義二十引字書○黧黑而黃也晉書音義上○斑黑謂之｜黮也一切經音義七引通俗文

偲 切切｜｜相切責之貌論語子路切切｜｜怡怡如也集解引馬注○切切｜｜相切磋之貌也論語子路皇疏○｜才也詩盧令其人美且｜傳○論語子路釋文｜本作愢

濰 ｜水出箕屋山水經注廿六引字林○｜水名左氏襄十八年傳東侵及｜釋文○｜淄兩水名書禹貢｜淄其道鄭注○書禹貢｜淄其道漢書地理志作惟甾其道書禹貢｜淄其又釋文｜本作惟○

書禹貢丨淄其乂釋文丨本作維左傳襄十八年東侵及丨釋文丨本作維

提 丨丨羣貌詩小弁歸飛丨丨傳○左氏宣二年傳丨獮明公羊宣六年傳作祁

叩 亦作屎○詩板民之方殿屎說文口部作民之方唸丨

塒 鑿垣而栖爲丨爾雅釋宮○寒鄉鑿墻爲雞作棲曰丨爾雅釋宮李注○鑿牆而棲曰丨詩君子于役雞棲于丨傳

魌 亦作倛集韻頛或作魌○頛醜也廣雅釋詁三○倛方相也韓侍郎云四目爲方相兩目爲倛荀子非相仲尼之狀面如蒙倛注○欺魄土人也列子仲尼果若欺魄焉注○欺猥大首也文選魯靈光殿賦佹欺猥以鶌眹注

犛 丨丨牛也國語楚語巴浦之犀丨兕象注○丨牛旄牛屬也山海經中山經荆山其中多丨牛注○丨牛黑色出西南徼外後漢班彪傳上注

鮞 丨未成魚也國語魯語魚禁鯤丨注○丨細魚文選西京賦擽鯤丨薛注

褷 丨五倍也孟子滕文公上或相倍丨注○丨謂半倍而益之孟子滕文公上丁音引開元禮文字

祇 丨敬也詩長發上帝是丨箋又周禮大司樂中和丨庸孝友注又禮記內則丨事宗子宗婦注孔子閒居上帝是丨注又左氏僖卅三年傳子不丨注宣十二年傳庸庸丨丨注又周書大武三丨人死注成開丨應八方注又爾雅釋詁又一切經音義廿一引字林又國語周語王其丨祓監農不易注又史記孔子世家余丨回留之索隱又漢書韋元成傳集注又後漢章帝紀注李固傳注又孟子萬章上丨載見瞽瞍注又離騷又何芳之能丨注又文選羽獵賦乃丨莊雍穆之徒注幽通賦乃二雅之所丨曹注○丨亦敬也禮記月令丨敬必飭注○丨丨敬也廣雅釋訓又漢書廣陵厲王胥傳集注○丨適也易義海撮要引陸績注又詩我行其野亦丨以異傳何人斯丨攪我心箋無將大車丨自塵兮箋又左氏僖十五年傳丨以成惡注襄廿七年傳丨成惡名注襄廿九年傳多見疎也服注又論語顏淵亦丨以異集解引鄭注又廣雅釋言又國語周語而丨以覿武注晉語丨以解志注而丨取憂也注又漢書鄒陽傳集注竇嬰傳集注韓安國傳集注司馬遷傳集注又莊子列禦寇丨三年而緩爲儒注又文選東京賦丨以昭其愆尤薛注思元賦俟河之淸丨懷憂舊注○祇是也文選東京賦祇吾子之不知言也薛注○丨病也詩何人斯俾我丨也傳○丨辭也易復無丨悔釋文又易坎丨既平注○丨或作振禮記內則丨見孺子注○易

復釋文丨王肅本作禔坎釋文丨京本作禔○易復釋文丨九家本作敍○左傳襄廿九年丨見疎也釋文丨本作多○書金縢罔不丨畏史記魯周公世家作罔不敬畏書費誓丨復之史記魯周公世家作敬復之○書皐陶謨日嚴丨敬六德史記夏本紀作日嚴振敬六德○書無逸治民丨懼史記魯周公世家作治民震懼

禧 丨福也爾雅釋詁又漢書賈誼傳集注揚雄傳上集注○丨告也爾雅釋詁

巇 莊子在宥投三苗于三丨釋文丨本作危

庳 丨下也晉書音義上又法言孝至丨則秦儀鞅斯亦忠嘉矣注○丨衆水之所湊也太元增澤丨其容注○丨讀爲毗荀子宥坐天子是丨注

居 丨辭也左氏成二年傳誰丨後之人必有任是夫注〇丨讀爲姬姓之姬齊魯之閒助語也禮記檀弓上何丨注〇丨讀爲姬語之助也何丨怪之也禮記郊特牲何丨注〇丨猶故也莊子齊物論何丨乎釋文引司馬注

餈 集韻或从齊〇餌或謂之丨方言十三〇餚餌也廣雅釋器〇合蒸曰餌餅之曰丨周禮籩人羞籩之實糗餌粉丨司農注〇丨漬也烝燥屑使相潤漬餅之也釋名釋飲食〇故書丨作茨周禮籩人注〇禮記內則注粉餌與丨釋文丨本作粢

鬐 丨脊也儀禮士喪禮進丨注士虞禮記魚進丨注又文選西京賦瞰宛虹之長丨薛注〇古文丨爲耆儀禮士喪禮注士虞禮記注

桅 丨子椅桃也廣雅釋木〇桑樹一半有甚半無甚名爲丨爾雅釋木桑辦有甚丨舍人注又樊注

澌 丨索也方言十三〇丨水索也一切經音義十二引字林〇丨流水也晉書音義下引字林〇丨盡也方言三又廣雅釋詁一

踦 丨奇也凡全物而體不具梁楚之閒謂之丨雍梁之西郊凡嘼支體不具者謂之丨方言二〇丨者奇也御覽六百九十七引風俗通〇丨隻也漢書段會宗傳集注引應劭〇丨跂踦蹇也國語魯語丨跂畢行注〇丨足也淮南齊俗男女切丨注〇丨不足也太元元瑩或贏或丨注〇丨步足不能相過也書大傳其跳者丨也注〇丨邪也大戴記子張問入官失言勿丨注〇前足左白丨爾雅釋畜

蟕 丨大龜也楚辭招魂露雞臛丨注〇丨大龜似猬也爾雅釋魚釋文引字林〇丨龜也以胃鳴漢書楊雄傳音義引字林〇丨蠵丨大龜也山海經東山經深澤其中多丨龜注

戲 丨悲也廣雅釋詁三〇丨衰也廣雅釋詁二〇丨化也易繫辭庖犧氏之王天下也釋文引京孟本〇丨者獻也法也古徵書引禮含文嘉〇丨大旗也史記高帝紀兵罷丨下正義〇丨讀曰麾漢書高帝紀上集注韓信傳集注二見吳王濞傳集注灌夫傳集注李廣傳集注衞青傳集注楊雄傳上集注〇丨與羲同荀子成相文武之道同伏丨注〇丨與羲同音許宜反後漢光武紀上注〇丨古麾字漢書灌夫傳集注引晉灼〇丨一作麾史記淮陰侯傳居丨下集解引徐廣〇禮記月令注伏丨氏釋文丨本作羲左傳僖廿一年注太皞伏丨釋文丨本作羲莊子人閒世伏丨九蘧之所行終釋文丨崔本作羲〇禮記月令注伏丨氏釋文丨本作犧左傳僖廿一年注太皞伏丨釋文丨本作犧莊子人閒世伏丨九蘧之所

行終釋文丨崔本作犧〇禮記月令注伏丨氏釋文丨本作巇〇辛通達李仲曾造橋碑丨險登陵巇通作丨

鎚 亦作錘〇錘重也廣雅釋詁三〇倍錙曰錘淮南詮言雖割國之錙錘以事人注〇八銖曰錘淮南說山有千金之璧而無錙錘之礛諸注冠錙錘之冠注

蚳 丨蚍蜉子也禮記內則腶脩丨醢注〇丨蚍蜉子周禮鼈人釋文〇丨蛾子周禮鼈人祭祀共蠯蠃以授醢人杜注醢人蚳丨醢注〇丨蟻子也禮記內則丨醢釋文〇丨螘卵也大戴記夏小正抵丨傳〇螘其子丨爾雅釋蟲〇丨螘子可以爲醢國語魯語蟲舍丨蝝注〇蚍蜉建平人呼丨方言十一蚍蜉燕謂之蛾蛘注〇爾雅釋魚餘貾釋文丨字或作貾

畸 丨田之殘也論語學而集解三百一十六里有丨釋文○丨衺也廣雅釋詁二○丨異也莊子天下南方有丨人焉釋文引李注○丨奇異也莊子大宗師敢問丨人釋文引司馬注○丨不耦也莊子大宗師釋文引司馬注○丨者不偶之名謂偏也荀子天論丨則不可爲注○丨謂不齊也荀子天論墨子有見于齊無見于丨注○丨音踦隻之踦漢書宣帝紀集注引蘇林

鵻 丨夫不也詩四牡翩翩者丨傳○鳩小者梁宋之間謂之鵻方言八○丨壹宿之鳥詩南有嘉魚翩翩者丨傳○丨禮爾疋謂禪苙秦人謂之祀祝間蠶時晨鳴人舍者鴻鳥皆畏之淮南說林鳥力勝日而服於丨禮注○詩大車傳菼丨也釋文丨本作萑○詩四牡釋文丨本作隹

戣 丨兵也集韻引字林○丨瞿皆戟屬書顧命一人冕執丨傳○丨瞿蓋今三鋒書顧命鄭注

劘 靡屑也漢書揚雄傳上集注引應劭○靡磨切也荀子性惡靡使然也注

椅 丨梓爾雅釋木○丨梓屬詩定之方中丨桐梓漆傳○梓實桐皮曰丨詩定之方中釋文引毛詩草木疏○丨木名也詩湛露其桐其丨釋文

胹 丨熟也自關而西秦晉之郊曰丨方言七○丨熟也廣雅釋詁三○丨煮也左傳宣二年宰夫丨熊蹯不熟釋文

橬 丨杜也爾雅釋言

埤 丨益也廣雅釋詁一○丨助也廣雅釋詁二○丨予也方言十三又廣雅釋詁三○丨厚也詩北門政事一丨益我傳又節南山天子是毗釋文引王肅又爾雅釋詁○丨卑也漢書五行志中之下集注○丨下也漢書劉向傳集注又後漢梁冀傳注又荀子非相是以終身不免丨汙傭俗注○丨亦下也後漢袁紹傳注○丨下濕也國語晉語松柏不生丨注○丨讀爲卑荀子宥坐其流也丨下裾拘必循其理注

磁 丨石也一切經音義二引埤蒼○丨石可以取鐵山海經北山經匠韓之水其中多丨石注

栘 唐棣丨爾雅釋木

崥 丨山足也太元增賴彼峽丨注○丨崹漸平貌也文選七命金岸丨崹注

錍 丨鏑也廣雅釋器○凡箭鏃胡合嬴者其廣長而薄鐮謂之丨方言九

郿 丨地名詩崧高于錢于丨傳○左氏莊廿八年冬築丨公羊穀梁作微

痿 丨病也廣雅釋詁一○丨痺也人垂反爾雅釋草釋文引字林○丨無力也素問陰陽別論及爲丨

厥腨痟注○丨謂萎無力也素問藏氣法時論善肌肉丨注○丨不能行呂覽盡數處足則爲丨爲蹷注○丨躄不能行也呂覽重己多陽則丨注○病兩足不能相過曰丨漢書哀帝紀贊集注引如淳○丨音萎枯之萎漢書哀帝紀贊集注引蘇林

釃 丨分也漢書溝洫志集注引孟康○丨下酒也晉書音義中○丨酒濾也後漢馬援傳注○以筐曰丨以藪曰醑詩伐木丨酒有藇傳○麗湿也廣雅釋詁二○丨字書作麗同所宜所解二反一切經音義十六

离 山神謂之丨廣雅釋天

梩 丨土轝也孟子滕文公上蓋歸反虆丨而掩之音義引丁音○丨臿也廣雅釋器○臿東齊謂之丨

方言五

【誃】丨冰室門名廣韻一引埤蒼○丨門冰室門也文選東京賦丨門曲榭薛注○丨刀支反晉書音義下引字林

【貾】餘丨黃白文爾雅釋魚

【孋】禮記檀弓注丨姬之讒釋文丨本作麗左傳昭廿八年注晉申生以丨姬廢釋文丨本作麗○禮記檀弓注釋文丨本作驪

【隹】丨鷂也廣雅釋鳥○丨其鳺鴀爾雅釋鳥

【齌】通作齊亦作𧞉○齊緝也儀禮喪服傳齊衰之經釋文又禮記深衣下齊如權衡以應平注○齊者何緝也儀禮喪服傳○齌縗也廣雅釋詁二○齊緝也凡五服之衰一斬四緝緝裳者內展之緝衰者外展之儀禮喪服若齊注○齊之爲言齊也太平御覽引禮記外傳○期曰丨丨齊也釋名釋喪制○衣下曰齊論語鄉黨攝齊升堂集解引孔注○齊裳下緝也禮記曲禮上去齊尺注玉藻足如履齊注又家語好生齊以受教注○齊裳下縫也論語鄉黨皇疏○齊衰四升儀禮喪服記

【簃】連謂之丨爾雅釋宮○連閣曰丨御覽一百八十四引通俗文

【鐳】六銖曰丨淮南說山有千金之璧而無丨錙之礛諸注冠丨丨錘之冠注○六兩曰丨淮南詮言雖割國之丨錘以事人注○八兩曰丨禮記儒行雖分國如丨銖注又荀子議兵得一首者則賜贖丨金注○八兩爲丨荀子富國割國之丨銖以賂之注又家語儒行視之如丨銖注○丨錘銖兩也呂覽應言今割國之丨錘矣注

【陑】丨在河曲之南書湯誓序升自丨傳

【雖】丨詞也廣雅釋詁四○丨或爲唯禮記少儀丨有君賜注雜記下以喪冠者丨三年之喪可也注○丨或作離荀子解蔽是以與治丨走而是已不輟也注○書五子之歌丨悔可追釋文丨本作雖

【蚑】集韻或作跂○丨行淮南原道丨蟯貞蟲注○丨丨行也晉書音義中○跂跂行貌漢書東方朔傳集注○凡生類之行皆謂之丨文選七發丨蟜螻蟻注○凡生類之行皆曰丨文選洞簫賦丨行喘息注琴賦況丨行之衆類注○凡生之類行皆丨也文選七命于時昆丨感惠注○丨蛷多足蟲也一切經音義九引聲類○務求謂之丨蛷一切經音義九引通俗文○丨讀鳥跂步之跂也淮南原道蠉動丨作注

【摫】丨裁也廣雅釋詁二○丨裁也梁益之間裂帛爲衣曰丨方言二

【鍦】集韻或作鉇○丨矛也文選吳都賦藏丨於人劉注○鉇矛也廣雅釋器○矛吳揚江淮南楚五湖之間謂之丨方言九

【仔】丨克也廣雅釋言○丨肩克也詩敬之佛時丨肩傳○丨肩任也詩敬之箋

【觺】丨丨猶狺狺角利貌也楚辭招魂其角丨丨些注

【譆】丨歎聲也莊子齊物論丨善哉技釋文引李注○丨丨熱也左氏襄三十年傳丨丨出出注○丨與嘻古字通也文選七啟元微子俯而應之曰丨有是言乎注

【麒】丨麟者元枵之次陰之精也鶡冠子度萬

檐 丨屋連緜也婢祇切文選西京賦注引聲類○丨梠秦名屋綿聯楚謂之梠也文選景福殿賦丨梠緣邊注

茈 丨藄蕨也廣雅釋草○丨葳蘧麥也同上○丨莀丨草也同上○丨草一名丨戻中染紫也山海經西山經勞山多丨草注○丨虒不齊也史記司馬相如傳柴池丨虒索隱引張揖○爾雅釋草芍鳧丨釋文丨本作茈

委 丨丨美也爾雅釋訓○丨丨行之貌爾雅釋訓孫注○丨丨者行可丨曲縱迹也詩君子偕老丨丨佗佗傳○丨蛇逶衺也廣雅釋訓○丨蛇長貌文選南都賦駿瑕丨蛇注○丨蛇聲長貌文選琴賦婉順敘而丨蛇注○丨蛇順貌左氏襄七年傳丨蛇丨蛇注○丨蛇至順之貌莊子應帝王嘗與之虛而丨蛇

釋文○丨蛇行可從迹也詩羔羊丨蛇丨蛇傳○丨蛇丨曲自得之貌詩羔羊箋○丨隨曲順從也後漢竇憲傳注○丨它行貌也後漢儒林傳序注○丨佗德之美貌也一切經音義三引韓詩○丨蛇泥鰌莊子達生食之以丨蛇釋文引司馬注○丨蛇大鳥吞蛇莊子達生釋文引李注○詩羔羊丨虵丨虵釋文引韓詩作逶迤○詩君子偕老丨丨佗佗爾雅釋訓釋文引顧舍人作褘褘它它○唐扶頌在朝逶隨費鳳別碑君有逶虵之節丨作逶○衡方碑褘隋在公丨蛇作褘隋○童子逢盛碑當遂逶迆丨蛇作逶迆

秠 丨一稃二米爾雅釋草

頯 廣韻作頄○丨面權也易夬壯于丨注○頄面顴頰間骨也易夬釋文引翟注○頄顴也易夬釋文○丨權也莊子大宗師釋文引李注○丨厚也廣雅釋詁三○丨質朴無飾也莊子大宗師釋文引王注○丨大朴之貌莊子大宗師其頯丨注○丨者中央廣兩頭銳爾雅釋魚蚆博而丨注○易夬釋文頄蜀才本作仇○莊子大宗師釋文丨向本作頯天道而頯丨然釋文丨司馬本作頯○莊子天道釋文丨本作顊

蘼 丨蕪香草山海經西山經浮山有草焉名曰薰草臭如丨蕪注○丨蕪似蛇牀而香其根即芎藭也後漢馮衍傳注○爾雅釋草蘠丨虋冬釋文丨本作䕷

軝 丨長轂之丨也詩采芑約丨錯衡傳○輪韓楚之閒或謂之丨方言九○約丨轂飾也詩烈祖約丨錯衡箋

剞 丨巧工鉤刀也淮南俶眞鏤之以丨剧注○支旁作刀劍之刀亦是丨字顏氏家訓書證引呂忱○丨音倚穆天子傳二至于丨閭氏注

桋 丨赤楝爾雅釋木○丨赤楝也詩四月隰有杞丨傳○爾雅釋木女桑丨桑釋文丨本作荑

摛 集韻或省作攡○丨舒也後漢班彪傳上注○摛舒也廣雅釋詁四○攡舒也音丑支反漢書楊雄傳音義引字林○丨布也漢書敘傳上集注又後漢馮衍傳注○攡張也太元元攡注幽攡萬類注○攡張之太元元挩○攡者張也漢書楊雄傳下音義引宋忠○丨鏤丨布其彫鏤也文選魏都賦壯翼丨鏤於青霄注

崎 丨嶇傾側也廣雅釋訓○丨嶇不安也一切經音義四引埤蒼○丨嶇不安之貌文選歸去來辭注引埤蒼○周憬功勳銘增陖陗兮甚嶇陭丨通作陭

胔 骨有肉曰丨淮南說林海不受流丨注○丨謂骨之尚有肉者也後漢寇榮傳注○肉腐曰丨後漢質帝紀注

箄 今江南亦名籠爲丨方言十三篆小者秦晉之閒謂之丨注

黐 丨黏也廣雅釋詁四○丨木膠也一切經音義二引字書

邿 左氏襄十三年取丨公羊作取詩

齝 集韻或作齝○牛曰丨爾雅釋獸○齝古咍字爾雅釋獸注呼齝爲齛釋文引字書○齝三蒼作齝一切經音義九○齝音式之反一切經音義九引韻集○詩無羊箋呞而動其耳釋文呞本作丨亦作齝

蜲 丨蛇聲餘詁曲也文選西京賦聲清暢而丨蛇薛注○丨丨蜿蜿龍蛇之貌文選高唐賦注○丨與逶同文選舞賦丨蛇姌嫋注

噅 丨口不正也文選辨命論注引通俗文○丨醜也廣雅釋詁二○丨讀楚蔿氏之蔿淮南脩務啳睽哆丨注

靡 丨毇也廣雅釋詁三○丨壞也廣雅釋詁一○丨屑也離騷精瓊丨以爲粻注

娸 丨醜也廣雅釋詁二又漢書枚乘傳集注敘傳下集注引晉灼

觶 丨音支酒器禮記檀弓釋文引字林

樆 爾雅釋木梨山丨釋文丨本作離

姼 南楚瀑涯之閒謂父妣曰母丨稱婦考曰父丨方言六○丨丨好貌漢書敘傳下集注

柅 丨丨蓁蓁茂盛貌也文選蜀都賦劉注○丨制動之主易姤繫于金丨注○易姤釋文丨王肅作抳子夏作鑈蜀才本作尼

榯 丨直豎貌文選高唐賦嚉兮若松丨注

鼒 小鼎謂之丨詩絲衣鼐鼎及丨傳○丨子鼎爾雅釋器舊注○鼎圜弇上謂之丨爾雅釋器又詩絲衣箋○丨鼎也廣雅釋器○詩絲衣鼐鼎及丨史記武帝紀封禪書作鼐鼎及哉

糜 集韻亦書作䵚○䵚穄也廣雅釋草

狓 丨古披字漢書揚雄傳上集注○丨與披同文選甘泉賦丨桂椒而鬱栘楊注

觜 丨蠵大龜亦瑇瑁之屬後漢杜篤傳注

緦 三月曰丨麻丨絲也績麻細如絲也釋名釋喪制○謂之丨者治其縷細如絲也儀禮喪服丨者十五升注○丨聚也廣雅釋詁三○丨十五升布抽其半者周禮典枲掌布丨縷紵之麻草之物注○丨亦十五升去其半有事其縷無事其布周禮司服爲諸侯丨衰司農注○丨者十五升抽其半有事其縷無事其布曰丨儀禮喪服傳○丨麻布衰裳而麻經帶也儀禮喪服丨麻三月者注○外親之服皆丨也儀禮喪服傳

厜 丨才規反爾雅釋山釋文引字林○爾雅釋山崒者丨㕒釋文丨本作厓又作差

鉹 丨曲也一名甑鼎讀詩記引崔靈恩集注

鳲 丨鳩鴶鵴爾雅釋鳥又詩召南正義引埤蒼○丨鳩秸鞠也詩鳲鳩丨鳩在桑傳○丨梟卽鴟鴞也

後漢仇覽傳注○詩鳲鳩丨鳩在桑漢書鮑宣傳說
苑反質皆作尸鳩在桑○詩鳲鳩釋文丨本作尸

蘪 丨從水生爾雅釋草○丨蕪也方言十三○丨蕪
似蛇牀而香也山海經中山經洞庭之山其草多
葌蕪
注

柌 丨柄也廣雅釋器

犪 丨牛柔謹也爾雅釋畜釋文引字林

萑 丨蓷爾雅釋草○丨芜蔚草也一作蓷管子地員
薛下於丨注

靁 丨雷也廣雅釋天

豾 丨貍也廣雅釋獸又爾雅釋獸釋文引字林○貔
北燕朝鮮之閒謂之豾方言八

泜 丨肆也山海經北山經敦與之山丨水出于其陰
注○丨丨齊貌後漢蔡邕傳注○丨音祇敬之祇
漢書陳餘
傳集注

菭 丨地衣也管子地員五蘟之狀黑土黑丨注○菭
水中魚衣周禮醢人司農注○菭箈萌周禮醢人
菭菹鴈醢注○爾雅釋草
注水丨也釋文丨本作苔

蓖 丨草也其生似樹也一切經音義八引三蒼○丨
麻其生似樹者也一切經音義二引韻集

踑 丨踞也廣雅釋詁三又文選魯靈光殿賦却負載
而蹲丨張注○廙踞也廣雅釋詁三○丨蹲也廣
雅釋
言

彨 丨黑也廣雅釋器

積 丨積也廣雅釋詁二

侇 爾雅釋言丨悅也釋文丨本作夷

徥 丨丨行也廣雅釋訓

郱 丨邱故漢氏之方澤也澤中有方邱故謂之方澤
邱郎丨邱也水經汾水注

透 丨丨迤邪之貌文選笙賦餘簫外丨注○丨迤
曲也後漢荀爽傳注○丨佗者行可委曲迹也亦
自得之貌一切經音義十九引詩透透佗佗傳○丨
虵長貌楚辭怨思帶隱虹之丨虵注○丨移長貌楚
辭靈懷遵曲江之丨移兮注○丨迤長貌也文選登
樓賦路丨迤而修迥兮注○丨蛇欲平貌也文選甘
泉賦躡不周之丨蛇注○丨遲歷遠之貌詩四牡周
道倭遲傳○丨迤公正貌詩羔羊委蛇委蛇釋文引

韓
詩

耚 丨耕也廣雅釋地

騩 丨馬淺黑色晉書音義上○丨淺黑色同上○丨
讀曰魏莊子讓王居心于魏闕之下釋文引司馬
注○丨音巍一音隗嵬之
隗山海經西山經丨山注

蘲 通作虆集韻或作蔂○虆盛土籠也孟子滕文公
上蓋歸反虆梩而掩之劉注○虆梩籠臿之屬可
以取土者也孟子滕文公上注○蔂土籠也淮南說
山蔂成城注○虆土籠也或作蔂孟子滕文公上音
義引丁音○詩緜傳捄虆也
釋文虆字或作樏或作丨

踋 丨蹢躅也文選鸚鵡賦注引韓詩章句○丨蹢
猶衺回也後漢蘇竟傳注○丨蹢不能去之貌荀

子禮論則必徘徊焉鳴號焉躑躅焉丨蹰焉注○丨蹰相連貌文選魯靈光殿賦西廂丨蹰以閒宴注○踦跦與丨跦同文選文賦始躑躅於燥吻注○踦跦與丨蹰古字通文選嘯賦丨跦步趾注○詩靜女搔首丨蹰韓詩作搔首躊躇○禮記三年問蹢躅也釋文蹢本作丨

圯 丨橋也東楚謂之丨史記留侯世家良嘗閒從容步游下邳丨上集解引徐廣

瓵 甌瓿謂之丨爾雅釋器○丨瓦器受斗六升爾雅釋器孫注

覝 丨視也廣雅釋詁一○視自江而北或謂之丨方言十

璂 廣韻璂同○璂讀如薄借綦之綦周禮弁師會五采玉璂注○璂讀如綦車轂之綦周禮弁師司農注○周禮弁師釋文璂本作琪

㕒 丨音危爾雅釋山釋文引字林○爾雅釋山釋文丨本或作展又作嶬

倭 詩四牡周道丨遲韓詩作周道威夷漢書地理志作周道郁夷○詩四牡釋文丨本作委

鐫 丨錐也廣雅釋器○丨鼎也同上○丨謂日旁氣四面反鄉如暈狀也周禮眡祲三曰丨司農注○丨讀如童子佩丨之丨謂日旁氣刺日也周禮眡祲注

忯 丨丨愛也爾雅釋訓○丨丨和適之愛也爾雅釋訓李注○沂古丨字漢書高惠高后孝文功臣表集注引晉灼

𢧵 蠽陳楚宋魏之閒或謂之丨方言五○今江東通呼勺爲丨方言五注

劉 丨解也方言十三又廣雅釋詁

宧 東北隅謂之丨爾雅釋宮○東北隅曰丨丨養也東北陽氣始出布養物也釋名釋宮室○東北者陽氣始起育養萬物故曰丨丨養也爾雅釋宮李注○東北陽氣始起萬物所養故謂之丨爾雅釋宮舍人注

罙 丨深詩殷武丨入其阻傳○丨冒也詩殷武箋

禕 丨美也爾雅釋詁又文選東京賦侯其丨而薛注○丨丨者心之美爾雅釋訓舍人注

籭 集韻或作簛簁○簁古文丨簛二形一切經音義六○簁與篩同晉書音義下

玼 丨與疵同後漢呂強傳注○丨當爲疵作丨者古字通也後漢黃憲傳注○周禮內司服注丨兮丨兮釋文丨本作瑳

剺 丨務也廣雅釋言

觭 角一俯一仰丨爾雅釋畜○傾角曰丨爾雅釋畜樊注○丨邸戲江宜二反一角低一角仰爾雅釋畜釋文引字林○丨隻也漢書五行志中之下集注○丨讀如諸戎掎之掎周禮大卜二曰丨薈注○丨讀爲奇偉之奇其字直當爲奇周禮大卜杜注○丨音奇偶之奇漢書五行志中之下集注引服虔

徛 丨步橋也廣雅釋室○石杠謂之丨爾雅釋宮

椔 不斃頓丨爾雅釋木立死甾注○丨側吏反爾雅釋木釋文引字林

以下據
○廣韻録

𧺆 丨爾也廣雅釋器

駊 丨強也廣雅釋詁一○強健曰丨御覽三百八十六引通俗文

䄂 丨袖也廣雅釋器○袉衣褏也史記司馬相如傳揚袉卹削集解引徐廣○袉衣長皃史記司馬相如傳集解引埤蒼○丨曳也漢書司馬相如傳上集注○袉謂緣袉之言施以緇緣裳象陽氣下施儀禮士昏禮主人爵弁纁裳緇袉注

歋 丨歈手相笑也後漢王霸傳注

抸 丨加也廣雅釋詁二

虒 守宮東齊海岱謂之丨螔方言八○丨螔似蜇易今所在通言蛇醫耳方言八注

䖅 丨几吹反左氏襄七年傳釋文引字林

郗 丨怒也廣雅釋詁二

覣

𢊤 丨共也廣雅釋言

糜 碎糠曰丨御覽八百五十四引通俗文

秡 丨稅也廣雅釋詁二

䥫 䥫耕也廣雅釋地

犤 丨牛爾雅釋畜○丨牛庳小今之㹁牛也爾雅釋畜注

魃 丨小兒鬼文選東京賦況丨蜮與畢方薛注

䡇 丨横首枝也集韻引字林

祇 汙襦自關而西或謂之丨裯方言四○丨祓巨兒之移反法服也一切經音義十四引字苑

趌 丨丨行也廣雅釋訓

伎 丨丨舒皃詩小弁維足丨丨傳

㩻 丨擊也廣雅釋詁三

猗 丨非也廣雅釋詁四

榹 下支謂之丨槭廣雅釋木

堤 丨毋卽知毋草廣韻引字林

酈 丨离字亦同晉書音義中○左氏僖元年敗莒師于丨穀梁作麗

蠡 丨蚰蜒也廣雅釋蟲

饕 丨嗛食皃管子形勢丨食者多所惡也注

鬻 丨鬻也廣雅釋器

躌 丨隻也謂一身集韻引字林

鵸 鵸牝丨爾雅釋鳥

䗁 丨麴也廣雅釋器○丨麴也北鄙曰丨方言十三

蜱 螗蠰其子丨蛸爾雅釋蟲

鷉 丨沇鳧爾雅釋鳥○丨亡支反爾雅釋鳥釋文引字林

榹 丨桃山桃爾雅釋木

⿸疒虒 ｜病也廣雅釋詁一

⿱斯瓦 ⿰斯瓦瓶也廣雅釋器○甊謂之｜方言五○｜甊破也集韻引字林○｜聲散也一切經音義二引埤蒼○凡病而嚳嚳而聲散曰｜一切經音義十四引通俗文

⿱艹斯 ｜草生水中其花可食齊民要術十引字林

⿰石斯 ｜磨也廣雅釋詁三

蟴 ｜螽蜙蝑爾雅釋蟲○爾雅釋蟲釋文｜本作蜇

禠 ｜福也爾雅釋詁又後漢張衡傳注

鐁 ｜｜彌也斤有高下之跡以此｜彌其上而平之也釋名釋用器

經籍纂詁　卷四下　四支下　⿸疒虒至儶　廿三

獼 ｜猴金也論衡物勢○禮記樂記注｜猴也釋文｜本作彌

籋 亦作篣○篣篾也今中國蜀土人謂竹篾爲篣也一切經音義十五引聲類○篣竹篾也一切經音義十一引字林○篣折竹笢也一切經音義十五引字林

胔 ｜瘻也大戴記用兵六畜餧｜注

鼅 鼅蜘同○鼅鼄鼄蝥爾雅釋蟲○｜鼄鼄蝥也自關而東趙魏之郊謂之鼅鼄自關而西秦晉之閒謂之鼄蝥方言十一○土鼅鼄爾雅釋蟲○草鼅鼄同上○蜘蛛古文作鼅鼄二形同一切經音義十二

頿 ｜好也廣雅釋詁一

儶 ｜傀也方言十二

颸 ｜風遲也音隈文選江賦注引埤蒼

纗 ｜網也太元樂絕其｜注

嫢 ｜細也自關而西秦晉之閒凡細而有容謂之｜方言二○｜盈怒也燕之外郊朝鮮洌水之閒凡言呵叱者謂之｜盈方言七○｜｜小成貌方言二注

頛 顙圖也廣雅釋詁三○顙畫也廣雅釋詁四

觿 ｜觽也廣雅釋器

柴 石鍼謂之｜廣雅釋器

蒒 爾雅釋草注｜也者莎｜釋文｜本作蓨

經籍纂詁　卷四下　四支下　颸至仳　廿四

𧲥 ｜豶爾雅釋獸○俗呼小豶豬爲｜子爾雅釋獸注

𡔛 ｜才何士知二反左氏昭十六年釋文引字林

羠 ｜犍也廣雅釋獸○｜驃羊也一切經音義十七引聲類○羯｜並犍羊也一切經音義五

鏔 ｜戟也廣雅釋器○凡戟而無刃秦晉之閒或謂之｜方言九

蚍 ｜蜉大螘爾雅釋蟲○｜蜉郎大螘也小者郎名螘也爾雅釋蟲舍人注○茈蠃紫色螺也山海經南山經洵水其中多茈蠃注

枇 ｜杷本出於胡中馬上所鼓也推手前曰｜引手卻曰杷象其鼓時因以爲名也釋名釋樂器

仳 ｜別也小爾雅廣言○｜醜也廣雅釋詁二○｜倠古之醜女｜讀人得風病之靡淮南脩務嫫毋

丨隹
注
阰丨山名在楚地史記劉敬叔孫通傳索隱引埤蒼
魠河丨魠也廣雅釋魚
諸丨怒也廣雅釋詁二
訵丨陰知也廣韻引字林
趚丨猝也廣雅釋詁二
屎丨猝也廣雅釋詁二
絧丨補也廣雅釋詁四

茋集韻或从氏○芪母東根也廣雅釋草○牛丨牛
郗也同上○爾雅釋木丨茱丨著釋文引舍人本丨
作柢
秖丨穗也廣雅釋草
稽集韻稽或从禾○稽種也廣雅釋地
鮨魚謂之丨爾雅釋器○丨鮓屬也爾雅釋器注○
蜀人取魚以爲丨爾雅釋器舊注○內則謂丨爲
膾儀禮公食大夫禮牛丨注○丨鰭也廣雅釋器○
今文丨作鮨儀禮公食大夫禮注○丨止尸反爾雅
釋器釋文
引字林
蛜丨威委黍爾雅釋蟲○爾雅釋蟲釋文丨本作伊

鰲丨鮧鮷也爾雅釋魚釋文引埤蒼
𢤪丨悸也方言十二
睽丨醜也廣雅釋詁二○丨讀䕫淮南脩務啳丨哆
噅注
𪀖丨鳩鷄鳩也廣雅釋鳥○鳩自關而西秦漢之間
其小者或謂之丨鳩方言八
𨂊丨踤也廣雅釋言○丨蹷跳也文選江賦注引埤
蒼○丨柎也廣雅釋器
螝丨郎是雄蛹郎是雌爾雅釋蟲丨蛹正義引孫炎
擩集韻或作㨎擩○丨猶染也儀禮公食大夫禮以
辯丨于醢注○擩醢者染於醢儀禮特牲饋食禮
右取菹擩于醢注○丨祭以肝肺菹丨鹽醢中以祭
也周禮大祝六曰丨祭司農注○丨揾也漢書司馬

相如傳上集注○擩拄也廣雅釋詁四○丨
讀爲虞芮之芮周禮大祝六曰丨祭杜注
䖉丨減也廣雅釋詁二
讙丨就也廣雅釋詁三
灅丨水一曰治水水經灅水注
矖睩視也廣雅釋詁一
儽集韻傫或作儽○傫勞也廣雅釋詁二○傫傫疲
也廣雅釋訓○丨丨敗也老子丨丨兮若無所歸
釋文○丨丨欺也同上○老子
釋文丨丨河上公本作乘乘
躨丨跜動貌文選魯靈光殿賦頷若動而丨跜注

隽 丨顧也廣雅釋言

儶 丨使也方言十三

鶥 丨音眉爾雅釋鳥釋文引字林

覹 覹覞也廣雅釋詁三

黴 丨黑也廣雅釋器○丨敗也廣雅釋詁三

鼶 宛野謂鼠爲鼶方言八

岯 山一成曰丨後漢和帝紀注○一成坯爾雅釋山○一重曰坯爾雅釋山李注

魾 丨大鱯爾雅釋魚

髬 丨髵作毛鬣也文選西京賦猛毅丨髵薛注

倠 丨醜也廣雅釋詁二○丨讀近虺仳丨一說讀曰莊維也淮南脩務嫫母仳丨注

訿 𢘍同○丨誤也廣雅釋詁三○𢘍用心并誤也文選魏都賦兼重𢘍以貤繆注引廣蒼

咦 丨笑也廣雅釋詁一

姬 集韻或省巸○巸長也方言十二又廣雅釋詁二○喜湘潭之閒曰紛怡或曰巸巳方言十○女謂之丨太元內謹于丨執注○左傳襄十年注所殺公子丨等釋文丨本作熙

㼣 丨甎也廣雅釋室

柩 洴斗謂之丨廣雅釋器

鼭 丨鼠爾雅釋獸

禗 丨音近枲漢書禮樂志集注引孟康

綦 丨月爾爾雅釋草

䑴 丨艃舟也廣雅釋水

輀 丨柳車也廣雅釋器○輿棺之車曰丨丨耳也縣於左右前後銅魚搖絞之屬耳耳然也釋名釋喪制

鶀 爾雅釋鳥鶀鵋丨釋文丨本作欺

䶞 丨齧也廣雅釋詁三

抾 丨摸去也齊趙之總語也丨摸猶言持去也方言六

筶 丨櫛也廣雅釋器

鶅 丨鵃軌爾雅釋鳥○雉東方曰丨爾雅釋鳥○爾雅釋鳥東方曰丨周禮染人注丨作甾

詧 丨告也廣雅釋詁三

嗞 丨笑也廣雅釋詁一

鎡 集韻通作兹○丨錤鉏也廣雅釋器○兹其鉏也周禮薙氏注以兹其斫其生者釋文○丨基田器耒耜之屬孟子公孫丑上雖有丨基注

茬 俗作茬○茬草亦盛也漢書尹齊傳音義引字林○茬山名也水經河水注

○以下據集韻録【羨】丨乾也廣雅釋詁二

【徥】丨丨言丨丨也方言二凡細而有容或謂之丨注○丨丨行皃方言六丨行也注

【疪】丨讀爲其顙有疪之疪謂耒下岐考工記車人爲耒丨司農注○丨讀爲棘刺之刺考工記車人注

【瞝】丨謂歷覯也史記屈原賈生傳丨九州而相君兮索隱

【攠】丨所擘之處丨擘也考工記梟氏于上之丨謂之隧注

【綼】飾裳在幅曰丨在下曰緆儀禮既夕記縓丨緆注

【昏】丨視文選長笛賦特麚丨髟注

【灖】丨灖雪霜之貌丨讀䍦縰之䍦淮南原道雪霜丨灖注

【翯】南方曰丨爾雅釋鳥○丨南方雉名集韻引字林○丨女知反爾雅釋鳥釋文引字林○爾雅釋鳥釋文丨本作鶅

【侇】丨之言尸也儀禮士喪禮丨于堂注既夕丨牀餜于階閒注○今文丨作夷儀禮士喪禮注

【疕】丨頭瘍亦謂禿也周禮醫師凡邦之有疾病者丨瘍者造焉注

【堳】丨厓也廣雅釋邱

【䵚】丨然赤黑貌也方言十三丨色也注

【徲】丨丨徍來也廣雅釋訓

○以下附録【讉】丨怒也廣雅釋詁二

【殹】丨幕也方言十一

經籍籑詁卷第四下

經籍籑詁卷第四下補遺　上平聲

兵部侍郎兼都察院右副都御史巡撫浙江等處地方提督軍務兼理糧餉阮元譔集

四支下

貲 說文丨貨也从貝次聲○丨財也漢書食貨志下量丨幣注引應劭○丨材也荀子性惡今人之性生而離其朴離其丨注○丨取也易乾萬物丨始釋文引鄭注又孝經丨於事父以事母而愛同疏引孔傳○丨用也呂覽懷寵以奪敵丨注○丨卽貨物也周禮巾車注蠢讀爲丨疏○丨謂器之丨財左氏隱五年傳注以丨器備疏○丨材質也漢書董仲舒傳又有能致之丨注○丨材量也文選盧子諒贈劉琨詩注引漢書晉灼注與山巨源絕交書吾不如嗣宗之賢注○丨謂天性也漢書陳平傳然大王丨侮人注○丨者人之行也孝經鄭注○今文丨作齎儀禮少牢饋食禮丨黍于羊俎兩端注

糜 說文丨糝也从米麻聲○稠者曰丨左氏昭七年傳饘於是疏○靡與丨古字通文選盧子諒荅劉琨詩靡軀不悔注荅客難至則靡耳注○禮記問喪鄰里爲之饜粥釋文本亦作丨

飢 說文丨餓也从食几聲○丨者不足於食也詩衡門可以樂丨箋

衰 丨陵謂丨弱陵遲穀梁序昔周道丨微疏

錐 說文丨銳也从金隹聲

姨 說文妻之女弟同出爲丨从女夷聲○據父言之謂之丨據子言之當謂之從母但子效父語亦呼爲丨左氏襄廿三年傳注丨昆弟疏

楣 說文楣秦名屋櫋聯也齊謂之檐楚謂之梠从木眉聲○丨謂之梁禮記喪服四制高宗諒闇注○前梁謂之丨儀禮喪服傳注翦屏柱丨疏○丨門戶上橫梁爾雅釋宮注○棟南一架謂之丨儀禮聘禮注入堂深疏○棟南一架爲前丨儀禮士昏禮當阿疏少牢饋食禮室中迫狹疏

夔 說文丨神魖也如龍一足从夊象有角首人面之形○木石之怪曰丨漢書楊雄傳上梢丨魖而抶獝狂注引孟康○丨舜時典樂者也禮記樂記丨始制樂以賞諸侯注○丨楚之別封左氏僖廿六年傳丨子不祀祝融注

祇 廣韻示同○說文丨地丨提出萬物者也从示氏聲○丨者地神詩鳧鷖序神丨祖考疏○地神曰丨漢書楊雄傳上登乎頌丨之堂注○土丨原隰及平地之神也周禮大司樂及土示注○土丨者五土之總神謂社周禮大司樂疏引駁異義○示者鬼神所以示人也漢書江充傳祟在巫蠱注○周禮大宰祀大神示亦如之釋文本又作丨大宗伯掌建邦之天神人鬼地示之禮釋文本或作丨○墨子天志中引書棄厥先神丨不祀非命上作禍厥先神禔不祀

涯 說文新附丨水邊也从水从厓厓亦聲

伊 說文丨殷聖人阿衡尹治天下者从人从尹○丨維也後漢書班固傳下丨考自遂古注○丨耆古天子號也禮記郊特牲丨耆氏始爲蜡注又釋文○丨委一名委黍一名鼠婦詩東山丨威在室陸疏○丨讀當爲緊詩正月丨誰云憎箋

蓍 說文丨蒿屬生千歲三百莖易以爲數天子丨九尺諸侯七尺大夫五尺士三尺从艸耆聲○丨之

言者𥃳禮記曲禮上凡卜筮者疏引劉向〇丨陽也禮記曲禮上假爾泰筮有常疏〇丨曰筮國語晉語愛疑決之以卜筮注公子親筮之注〇丨數也易說卦傳觀變于陰陽而立卦注

追 說文追逐也从辵𠂤聲〇丨和柔皃禮記檀弓下丨然如不勝衣釋文

緇 說文丨帛黑色也从糸甾聲〇丨黑色也漢書敘傳下涅而不丨注〇丨亦元之類儀禮士冠禮注丨帶韠疏〇紂衣絲衣也禮記檀弓上爵弁絰紂衣疏〇丨衣者居私朝之服也詩緇衣箋〇純亦丨也禮記祭統君純冕立於阼疏〇紂帛亦丨也詩行露傳紂帛不過五兩疏〇丨以絲爲形才爲聲故誤爲純字周禮媒氏疏〇古丨紂二字竝色若據布爲色者則爲丨字若據帛爲色者則爲紂字儀禮士冠禮注純衣疏〇鄭氏之意凡言純者其義有二一絲旁才是古之丨字一是絲旁屯是純字但書文相亂雖

是丨字竝皆作純禮記祭義注純服亦冕服也疏

箕 說文簸也从竹𠀠象形下其丌也凡丨之屬皆从丨𠀠古文丨省𠤳亦古文丨𠁽亦古文丨𠥩籀文丨匯籀文丨〇丨者言萬物根棋史記律書〇丨去棄物禮記曲禮上以丨自鄉而扱之注〇丨是去物之具禮記少儀執丨膺擖疏〇丨柳丨也禮記學記必學爲丨疏〇丨用器也漢書平帝紀通于器物注引孟康〇丨謂舒展兩足狀如丨舌也禮記曲禮上坐毋丨疏〇丨踞屈膝坐其形如丨史記張耳陳餘列傳索隱引崔浩〇丨踞謂伸其兩腳而坐漢書陸賈傳尉佗魋結丨踞注〇丨踞者謂屈兩腳其形如丨漢書陳餘傳高祖丨踞罵詈注

椎 廣韻槌同〇說文丨擊也齊謂之終葵从木隹聲〇丨打也一切經音義廿二引三蒼〇槌及檛竝擊鼓杖也後漢書文苑禰衡傳衡方爲漁陽參檛注〇丨不撓曲直至如丨史記絳侯周勃世家其丨少文如此集解引韋昭〇丨謂訥鈍也漢書周勃傳注引服虔〇丨謂樸鈍如丨也漢書周勃傳注〇俗謂髮落頭禿爲丨匡謬正俗六〇齊人謂丨爲終葵考工記玉人注終葵丨也疏

羆 說文羆如熊黃白文从熊罷省聲䨸古文从皮〇丨如熊色黃白也爾雅釋獸舍人注

罳 說文新附罘罳屏也从网思聲

篪 廣韻䶵同〇說文䶵管樂也从龠虒聲篪䶵或从竹〇丨以竹爲之七孔亦笛之類也漢書禮樂志主調丨員二人注〇丨以竹爲之六孔有底北堂書鈔一百十一引雷氏五經要義〇丨九空周禮笙師疏引禮圖〇䶵以竹爲之長尺四寸有八孔廣雅釋樂

釐 說文丨家福也从里𠩺聲〇丨理也後漢書張曹鄭傳贊〇丨我國祭注〇丨福也文選甘泉賦逆丨三神者注引服虔〇丨賜也儀禮少牢饋食禮來女孝孫注〇丨祭餘肉也漢書賈誼傳上方受丨坐宣室注引應劭〇丨謂祭祀餘胙也文選宋郊祀歌注引漢書臣瓚注〇丨麰麥也漢書劉向傳〇丨讀曰僖漢書高帝紀下魏安丨王注〇丨讀曰禧漢書揚雄傳上逆丨三神者注〇丨又讀與來同漢書劉向傳飴我丨麰注〇周禮獸人注謂虞人丨所田之野釋文本亦作萊

萎 丨柔荑也素問氣交變大論悉丨蒼乾注

匙 說文丨匕也从匕是聲

凘 說文凘流仌也从仌斯聲

脾說文丨土藏也从肉卑聲○丨丨土也禮記月令疏
引異義今文尚書歐陽說○丨者土也素問腹中
論○丨木也禮記月令疏引異義古文尚書說

坻集韻或作渚○說文丨小渚也詩曰宛在水中丨
从土氏聲汷丨或从水从夂渚丨或从水从耆○
小渚曰丨爾雅釋水○丨水中小洲也史記屈原賈
生列傳得丨則止集解引張晏○丨水中山也文選
上林賦臨丨丨注壑注引鄧展○丨水中沙微起出水
者也史記司馬相如列傳臨丨注壑正義○丨謂水
中隆高處也漢書司馬相如傳上注○丨水中高處
也漢書司馬相如傳上下磧厤之丨注○丨下阪道
也文選上林賦下磧厤之丨注引張揖○丨殿基也
文選景福殿賦爾丨鄂之鏘鏘注○丨場也梁宋之
閒蚍蜉䵷鼠之場謂之丨方言六○渚至也廣雅釋
水

嶷說文九嶷山舜所葬在零陵營道从山疑聲

治說文丨水出東萊曲城陽邱山南入海从水台聲
○丨正也儀禮喪服傳注異姓主名丨際會疏又
禮記大傳異姓主名丨際會疏○丨謂修丨也禮記
禮運以丨政也疏○丨之亦謂共辨之周禮宰夫師
有司而丨之疏○書盤庚序將丨亳殷正義引束晳
說孔子壁中尚書作將始宅殷

驪說文丨馬深黑色从馬麗聲○丨深黑漢書匈奴
傳上北方盡丨注○盜丨卽荀子之纖離者也列
子周穆王左驂盜丨而右山子釋文○犂讀與丨同
漢書西域傳上西與犂靬條支接注

嬀說文丨虞舜居丨汭因以為氏从女為聲○丨水
名也漢書律麻志下處虞之丨汭注元后傳舜起
丨汭注○丨陳姓也左氏隱三年傳曰厲丨注莊廿
二年傳有丨之後注

颸說文新附丨涼風也从風思聲

屍說文屍終主从尸从死○丨亦作死字史紀魯周
公世家以其丨與之索隱

綦集韻綥同○說文綥帛蒼艾色从糸畀聲詩曰縞
衣綥巾未嫁女所服一曰不借綥又新修字義綦
綥或从其○色之青黑者名為丨詩小戎傳騏騏文
也疏○丨者青色之小別詩出其東門傳丨巾疏○
丨赤黑色書顧命四人丨弁王注○丨是文章之色
詩出其東門箋丨丨文也疏○丨極也荀子正論斯
臭味注○丨履跡也漢書楊雄傳上注引晉灼○丨
履下飾也漢書楊雄傳上履欃槍以為丨注外戚傳
下思君兮履丨注○丨谿盍與跂義向荀子非十二
子丨谿利跂注○書顧命四人丨弁釋文馬本作騏

怡說文丨和也从心台聲○丨悅也書金縢公乃為
詩以丨王鄭注○丨懌也史記太史公自序諸呂

不台集解引徐廣

尼說文丨從後近之从尸匕聲○丨是也周書文酌
三丨注○丨蟲也孝經仲丨居釋文引援神契○
孝經仲丨居釋文字作尼○夏堪碑仲泥何怪丨作
泥

纍說文丨綴得理也一曰大索也从糸畾聲○丨索
也漢書李廣傳以劍斫絕丨注○縲黑索也史記
管晏列傳在縲紲中正義○丨自四係以待命左氏
襄廿五年傳使其衆男女別而丨注○丨猶禍也太
元劇骨丨其肉注○十黍為絫漢書律麻志上不失
黍絫注引應劭○丨牛父牛也呂覽季春紀乃合丨
牛騰馬注○纍牛謂相纍之牛禮記月令乃合纍牛
騰馬疏○丨丨重積也漢書佞幸石顯傳印何丨丨
注○丨讀如詩葛丨之丨呂覽季春紀注○絫音壘
蠡漢書律歷志上注引孟康○絫字讀亦音丨紲之

丨漢書律厤志上注
匜 丨沃盥器也左氏僖廿三年傳奉丨沃盥注○丨
者盛水器也左氏僖廿三年傳疏○丨受一斗流
長六寸漆赤中諸侯以象飾天子以黃金三禮圖十
三引梁正禮圖
犧 說文丨宗廟之牲也从牛羲聲賈侍中說此非古
字○丨者牲之純色也左氏莊十年傳丨牲玉帛
疏○純色曰丨禮記月令循行丨牲疏引王肅○丨
純色禮記祭義丨牷祭牲疏○丨謂純毛色周禮丨
牲之物孔服注○純美爲丨國語周語憚其丨也注
○丨牲也漢書司馬相如傳下丨雙觡共抵之獸注
引服虔○丨者寵養祭牲之名左氏昭廿二年傳自
憚其丨也疏○丨者畜養之名耳同上○丨賦以稅
出牲禮記曲禮下丨賦爲次注○丨主養牲漢書百
官公卿表上屬官有廩丨注○丨牲牛羊全體者也

漢書禮樂志河龍供鯉醇丨牲注○鳥獸全具曰丨
易繫辭下傳包丨氏釋文引鄭注○此言丨謂牛禮
記曲禮下丨賦爲次疏○三丨鴈鶩雉也左氏昭廿
五年傳三丨服注
飴 說文丨米糱煎也从食台聲𩚬籒文丨从異省○
丨美食也太元玉干于邸丨注○丨蜜餌甘也周
禮疾醫五味醯酒丨蜜薑鹽之屬注○丨讀與貽同
漢書劉向傳丨我釐麰注
而 說文而頰毛也象毛之形周禮曰作其鱗之丨凡
丨之屬皆从丨○丨汝也易解解丨拇疏又國語
楚語今丨敢來何也注又淮南脩務丨以爲不丨注
又呂覽忠廉幸汝以成丨名注報更丨名爲誰注期
賢不如丨賢也注不苟退將論丨罪注○丨女也左
氏襄十四年傳是丨子殺余之弟也注昭十八年傳
乃毀于丨鄉注定八年傳丨先疏○丨亦汝漢書五
行志中之上昔丨高祖注蒯通傳我今令丨家追女

矣注○丨猶如也文選報任少卿書丨用流俗人之
言注引蘇林○丨者何難也公羊宣四年傳○丨者
句絕之辭漢書韋賢傳心其好丨注○丨如何是語
辭左氏昭四年傳見仲丨何疏○丨與若義竝通也
詩猗嗟傳頎長貌疏○丨讀爲若聲之誤也周禮旅
師丨用之注○鄭讀丨曰能易屯宜建侯而不寧釋
文○易繫辭傳結繩丨治論衡齊世作結繩以治○
詩都人士垂帶丨厲禮記內則注作垂帶如厲淮南
氾論注作垂帶若厲
鴟 廣韻雎同○說文雎鵻也从隹氏聲鴟籒文雎从
鳥○丨丨鵂怪鳥也漢書賈誼傳丨鴞翺翔注○
丨蓋今所謂角丨也漢書郊祀志上丨梟羣翔注○
丨夷生牛皮也史記越世家自謂丨夷子皮索隱○
以皮作丨鳥形名曰丨夷丨夷皮榼也史記魯仲連
鄒陽列傳子胥丨夷索隱引韋昭○丨夷榼形史記

伍子胥列傳盛以丨夷革集解引應劭○丨夷郎令
之盛酒丨夷滕漢書鄒陽傳子胥丨夷注○東宮舊
事呼丨尾爲祠尾顏氏家訓書證
推 丨舉也公羊莊十年傳注丨兵入竟疏○丨求也
舉也淮南原道因其自然而丨之注○丨求也淮
南本經可以厤丨得也注○丨求也奉也淮南主術
丨之而弗獸注○丨行也淮南主術夫丨而不可爲
之勢注說山此類之丨者也注○丨猶知也淮南說
林類不可必丨注
縻 說文丨牛轡也从糸麻聲𦃇丨或从多○馬曰羈
牛曰丨文選難蜀父老注引應劭漢官儀○牛靷
曰丨漢書郊祀志下天子猶羈丨不絕注○丨牛靷
也漢書司馬相如傳下羈丨勿絕注○丨牛轡也文
選王仲宣詠史詩涕下如綆丨注○靡碎滅也漢書
東方朔傳至則靡耳注○丨散也易中孚釋文引埤

蒼○易中孚吾與爾靡之釋文本又作｜陸作𢇁京
作劘
祁 說文祁太原縣从邑示聲○｜徐也後漢書左雄
傳與雨｜｜注○｜｜徐行也漢書韋賢傳｜｜
我徒注○匈奴呼天爲｜連漢書霍去病傳去病至
｜連山注○｜提音相近史記晉世家示眯明也索
隱
綏 說文｜車中把也从糸从妥○｜安也書大誥｜
予曰疏又詩民勞以｜四方箋○｜卻也左氏文
十二年傳交｜疏引舊說○｜｜是匹行之貌詩南
山傳｜｜然無別疏○｜｜赤蛟貌漢書禮樂志赤
蛟｜｜注○｜卽今之所謂采緌垂鑷者也漢書司
馬相如傳上繆繞玉｜注○｜登車索禮記曲禮上
取貳｜疏○｜是升車之索詩韓奕箋｜所引以登
車疏○｜者挽以上車之索左氏哀二年傳子良授

太子｜疏○｜旌旗之屬也禮記明堂位夏后氏之
｜注○｜有虞氏之旌旗也禮記王制天子殺則下
大｜注○｜以旄牛尾爲之綴于橦上所謂注旄于
干首者周禮夏采以乘車建｜復于四郊注○緌謂
注旄竿首也禮記明堂位有虞氏之｜疏○緌謂注
旄牛尾於杠首所謂大麾禮記明堂位夏后氏之｜
注○｜是減毀之名禮記曾子問注｜周禮作隋疏
○｜是｜安之義同上○｜古妥字也漢書燕剌王
旦傳北州以妥注○經中｜字絲旁者著妥其音訓
爲委禮記雜記上注｜當爲緌疏○詩南山雄狐｜
｜玉篇作雄狐夊夊○禮記王制則下大｜則下小
｜說苑修文作則下大綏則下小綏
逵 ｜九｜道也詩兔罝施于中｜釋文○詩兔罝施
于中｜文選蕪城賦注引韓詩作施于中馗
酏 ｜粥也周禮醢人注｜食以酒｜爲餅疏○｜當
爲餰禮記內則粉｜注○｜當從餰禮記內則以

與稻米爲｜注
絺 說文｜細葛也从糸希聲○精曰｜麤曰綌詩君
子偕老傳｜之靡者爲縐疏○｜細葛也禮記曲
禮上巾以｜疏又漢書高帝紀下賈人毋得衣錦繡
綺縠｜紵罽注○｜是細葛禮記喪大記浴用｜巾
疏｜綌紵不入疏○葛之精者曰｜漢書地理志上
貢鹽｜注○｜綌葛也禮記曲禮下袗｜綌不入公
門疏○｜綌紵者當暑之褻衣也禮記喪大記｜綌
紵不入注○｜爲繡文詩大車箋衣績而裳繡疏○
｜讀爲紩三禮圖一引書益稷鄭注○書益稷｜繡
周禮司服注引作希繡○｜讀爲繡謂刺也左氏昭
廿五年傳爲九文疏引書鄭注
羲 說文｜气也从兮義聲○書堯典｜和論衡是應
作曦和

羸 說文｜瘦也从羊羸聲○｜謂劣弱也漢書南粵
王傳其衆半｜注○｜亦瘦之別名左氏昭元年
傳注而體｜露疏○｜謂無威力漢書鄒陽傳身在
貧｜注○｜露骨也左氏昭元年傳注而體｜露疏
○｜露是露骨之名其義與倮相近同上○｜拘纍
纏繞也易大壯｜其角疏○｜鄭讀曰虆易井｜其
瓶釋文
肢 說文胑體四胑也从肉只聲｜胑或从支○四支
猶人手足易文言傳而暢于四支疏○四｜謂手
足也管子君臣下四｜六道注
騏 說文｜馬青驪文如博棊也从馬其聲○馬之青
黑色者謂之｜詩鳲鳩傳｜｜文也疏○詩候人
其弁伊｜釋文或亦作璂

訾 丨量也文選王仲宣詠史詩注引國語賈注○丨丨
丨財也漢書膠西于王端傳遂爲無丨省注○丨丨
嗟歎之辭也漢書禮樂志丨黃其何不徠下注○丨
與貲同漢書董仲舒傳選郞吏又以富丨注楊雄傳
上富旣與地虖侔丨注○丨與貲同漢書杜周傳家
丨累巨萬矣注蓋寬饒傳用不丨之軀注○丨讀與
貲同漢書景帝紀今丨算十以上迺得官注地理志
下高丨富人注司馬相如傳上以丨爲郞注貨殖宣
曲任氏傳爲天下高丨注佞幸石顯傳賞賜及賂遺
丨一萬萬注
奇 陽數丨易坤初六干注又禮記月令注木生數三
注○丨隻也禮記投壺一算爲丨疏○丨隻不耦
也漢書李廣傳以爲李廣數丨注引孟康○丨餘也
禮記投壺一算爲丨疏又管子禁藏旁入丨利注○丨
丨謂有餘也漢書食貨志下首長八分有奇注○丨
羨謂時有餘衍也史記貨殖列傳時有丨羨索隱○

丨謂成數之餘不滿者也漢書劉向傳率三歲五月
而壹食注○丨贏謂有餘財而蓄聚丨異之物也漢
書食貨志上操其丨贏注○丨謂殘餘物也同上○
丨殘餘物也漢書食貨志下呂收丨羨注○丨則一
也儀禮鄉射禮注若干丨疏○丨者分也周髀算經
上注得句一丈一萬九千一百九十七里有丨甄鸞
重述引經曰○天動爲圓其數丨周髀算經上圓屬
天注○五人爲丨詩南山葛屨五兩箋○丨讀爲丨
偶之丨荀子脩身倚魁之行注
毗 說文丨人臍也从囟囟取气通也从比聲○詩節
南山天子是丨隋書律厤志作天子是裨
咨 說文謀事曰丨从口次聲○丨歎也後漢書張衡
傳丨姤嫮之難並兮注○丨是歎辭詩蕩傳丨嗟
也疏○丨者歎息之言漢書王莽傳下丨虖羣公注
○尚書小民惟曰怨丨禮記緇衣作小民惟曰怨資

○曹全碑聖主諮諏丨作諮
隓 說文敗城𨸏曰隓从𨸏差聲𡐦篆文○丨毀也左
氏僖卅三年傳丨軍實而長寇讎注哀十二年傳
是丨黨而崇讎也注又史記孔子世家丨會稽索隱
又漢書趙尹韓張兩王傳贊以失身丨功注又後漢
書齊武王縯傳以丨宗緒注寇恂傳而先丨大信注
○丨亦毀也漢書師丹傳空去一國泰祖不丨之祀
注○丨是滅毀之名禮記曾子問注綏周禮作丨疏
○丨廢也淮南脩務故名立而不丨注○定本隳作
丨詩正月箋輸丨也疏○墮卽丨字漢書刑法志法
度墮注
萁 說文萁豆莖也从艸其聲○丨草似荻而細漢書
五行志下之上檿弧丨服注○丨豆莖也漢書楊
惲傳落而爲丨注

丨然猶必爾左氏襄廿三年傳丨然注○沛人語
其 初發聲皆言丨史記高祖本紀集解引風俗通○
詩蕩丨命匪諶說文作天命匪忱○書甘誓御非丨
馬之正墨子明鬼下作御非爾馬之政○左氏襄廿
四年傳注計丨城是也釋文漢書作斤
其 集韻丌同○說文丌下基也薦物之丌象形凡丌
之屬皆从丌讀若箕同○丨語辭詩庭燎夜如何
丨疏○丨與幾同易否丨亾集解○詩讀丨爲基聲
之誤也禮記孔子閒居夙夜其命宥密注
醨 說文醨薄酒也从酉离聲讀若離
粢 廣韻齋同○說文齋稷也从禾齊聲秋齋或从次
○丨稷也禮記曲禮下稷曰明丨疏郊特牲邱乘
共丨盛疏又儀禮士虞禮明齊溲酒注○丨者稷也
史記李斯列傳丨糲之食索隱○丨是稷之別名左

氏桓二年傳疏○丨亦諸穀總名同上○丨是黍稷
之別名亦爲諸穀之總號左氏桓六年傳疏○丨是
穀之體也同上○丨謂黍稷周禮小祝齍當爲丨疏
○訓丨爲稷者以稷爲五穀之長周禮肆師注丨六
穀也疏○六穀曰丨周禮甸師注丨稷也疏○黍稷
曰丨漢書文帝紀以給宗廟丨盛注○丨當爲齊周
禮酒正注丨醍在堂疏○丨字从米以次爲聲周禮
小宗伯注齍讀爲丨疏○齊與資古今字異詩楚茨
箋齊減取也疏○詩甫田以我齊明釋文本又作齎
又作齍同○禹廟殘碑資盛三牲丨作資

睢 丨水名左氏成十五年傳出舍于丨上注

睢 說文丨仰目也从目隹聲○丨丨仰目視貌也漢
書五行志中之下萬衆丨丨注○丨丨盱盱聽視
之貌也淮南俶眞於此萬民丨丨盱盱然注○丨盱
者小人喜悅之貌易豫盱豫悔疏○丨盱小人喜悅

佞媚之貌也易豫盱豫悔向注

噫 集韻或作懿○丨心不平之聲論語子張丨言游
過矣集解引孔注○丨者心不平之聲書金縢信
丨公命疏○丨噫皆是歎聲詩噫嘻傳疏○丨歎聲
也漢書董仲舒傳贊丨天喪余注公孫劉田王楊蔡
陳鄭傳贊斗筲之徒注○丨乎歎辭漢書溝洫志丨
乎何以御水注○丨嗚歎傷之貌也後漢書袁安傳
未嘗不丨嗚流涕注○意烏恚怒聲也漢書韓信傳
項王意烏猝嗟注引晉灼○古人發聲多云丨禮記
曾子問注丨歆警神也疏○懿有所痛傷之聲也詩
瞻卬懿厥哲婦箋○懿與丨字雖異音義同詩瞻卬
疏○詩意嘻序釋文意又作丨○書金縢信丨公命
釋文馬本作懿

騅 說文丨馬蒼黑雜毛从馬隹聲○蒼白雜毛曰丨
漢書項籍傳騅馬名丨注

馗 說文丨九達道也似龜背故謂之丨丨高也从九
从首逵丨或从辵从坴

菑 說文丨不耕田也从艸甾易曰不丨畬菑丨或省
艸○凡植物于地中謂之丨考工記輪人爲輪察
其丨蚤不齵注○丨謂殺草書大誥厥丨疏○丨殺
草之名詩采芑傳田一歲曰丨疏○丨者災也同上
○田一歲曰丨詩大田俶載南畝箋又漢書翟義傳
厥父丨注○丨插也漢書張安世傳送以輕車介士
注○丨亦甾耳義與傳同漢書溝洫志隤林竹兮揵
石丨注○詩皇矣其丨其翳爾雅釋木注作其椔其
翳

輜 說文丨軿車前衣車後也从車甾聲○丨車也後
漢書竇憲傳雲丨蔽路注○丨衣車也漢書淮南
厲王長傳載以丨車注韓安國傳擊丨重注楊雄傳
上駿雷丨注○丨車衣車也漢書張良傳彊載丨車

注○丨重載物之車也左氏宣十二傳注丨重也疏
○蔽前後以載物謂之丨車載物必重謂之重車人
挽以行謂之輦丨重輦一物也同上

縭 說文縭以絲介履也从糸离聲○離袿衣之帶也
漢書外戚傳下申佩離以自思注○詩東山親結
其縭文選奏彈王源注作親結其丨

邳 說文邳奚仲之後湯左相仲虺所封國在魯薛縣
从邑丕聲○丨或爲丕文選景福殿賦櫺檻丨張
注

胝 說文丨腄也从肉氐聲

緌 說文丨系冠纓也从糸委聲

鰭 ｜是脊儀禮少牢饋食禮左首進腴疏○｜者魚背上鬐也史記司馬相如列傳揵｜擢尾正義

栭 說文｜屋枅上標也从木而聲爾雅曰｜謂之楶○｜謂之節禮記禮器山節藻梲注○｜今欂櫨也爾雅釋宮｜謂之楶李注○江淮之閒呼小栗爲｜爾雅釋木栭｜舍人注○無華葉而生者曰芝｜禮記內則疏引庾蔚○無華而實者名｜皆芝屬也禮記內則疏引王肅○｜軟棗禮記內則疏引賀氏○爾雅釋木栭檽釋文字又作｜

迆 ｜謂靡｜境界廣被之意詩秦譜其封域東至｜山疏

陴 說文陴城上女牆俾倪也从𨸏卑聲○｜城上小牆左氏宣十二年傳疏○｜堞俾倪短牆短垣女牆皆一物也同上○｜厓也廣雅釋邱

淇 說文淇水出河內共北山東入河或曰出隆慮西山从水其聲

漦 說文｜順流也一曰水名从水𠩺

淄 甾字或作｜古今通用也漢書地理志上惟甾其道注

麗 易兌｜澤釋文鄭作離

氂 說文｜牛尾也从犛省从毛○十豪爲｜漢書律麻志上不失豪｜注引孟康○凡言｜者毛之强曲者也漢書五行志中之上天雨白｜注○毛之强曲者曰｜漢書王莽傳中以｜裝衣注○｜字或作犛同上○周禮樂師注｜牛釋文字或作犛

瀰 說文新附瀰大水也从水彌聲諸家不收今附之字韻末

篩 ｜以竹筵爲之漢書賈山傳｜土作阿房之宮注

稘 說文稘復其時也从禾其聲虞書曰稘三百有六旬○｜卽匝也書堯典傳匝四時曰｜疏○｜四時書堯典王注○期期年也國語齊語桓公令官長期而書伐注○期謂十二月爲一期也漢書律麻志上當期之日注○周禮質人邦國朞釋文本或作｜○左氏昭廿三年傳叔孫旦而立期焉釋文本又作｜

廝 ｜養馬之賤者史記蘇秦列傳｜徒十萬索隱○｜謂炊烹供養雜役史記蘇秦列傳正義○｜徒謂雜役之賤者史記張儀列傳而｜徒負養在其中矣索隱○｜賤者也史記張耳陳餘列傳有｜養卒集解引如淳○｜破析也漢書楊雄傳下蹂屍輿｜注○析薪爲｜史記張耳陳餘列傳集解引韋昭○｜取薪者也漢書陳餘傳有｜養卒注引蘇林○｜析薪者漢書嚴助傳｜輿之卒注○｜畱言其前後離｜不相逮及也漢書西域傳上然尚｜畱甚衆注

氏 ｜讀曰支漢書韓安國傳若是則北發月｜注韋元成傳破東胡禽月｜注

痍 說文痍傷也从疒夷聲

榱 說文｜秦名爲屋椽周爲之｜齊魯謂之桷从木衰聲○桷謂之｜爾雅釋宮○｜椽也漢書司馬相如傳上華｜璧璫注○｜卽椽也左氏莊廿四年經注桷｜也疏○｜屋椽也漢書楊雄傳上炕浮柱之飛｜兮注

娭 醜稱曰｜太平御覽三百八十二引通俗文

齍〔說文〕丨黍稷在器以祀者从皿齊聲○器實曰丨在器曰盛丨盛謂飯食也〔詩豐年傳〕廩所以藏丨盛之穗也疏○器實曰丨〔周禮舂人〕疏○丨黍稷也〔周禮外宗〕王侯以樂羞丨疏○丨謂黍稷〔周禮大宗伯〕奉玉丨疏○丨字從皿以齊爲聲〔周禮小宗伯〕疏

蘺〔說文〕蘺江蘺蘪蕪从艸離○丨江丨香草也〔文選江賦〕繁蔚芳丨注

脽〔說文〕丨尻也从肉隹聲○丨臀也〔漢書東方朔傳〕連尻丨注○丨者以其形高起如人尻丨故以名云〔漢書武帝紀〕汾陰丨上注

蘄〔說文〕丨艸也从艸斳聲江夏有丨春亭

耏多髮曰丨史記高祖功臣侯者年表索隱引〔字林〕○丨謂頰旁毛也〔漢書高帝紀下〕耏以上請之注○丨亦頰旁毛也〔漢書西域傳上〕而有桃拔師子犀牛注○輕罪不至于髡完其丨鬢故曰丨〔漢書高帝紀下〕注引應劭○古丨字從彡髮膚之意也〔同上〕○法度之字皆从寸後改如字〔漢書高帝紀下〕應劭注引杜林○丨水名〔左氏襄三年傳〕乃盟于丨外注○丨如聲相近〔水經瓠子水注〕

嫠〔說文新附〕丨無夫也从女𠩺聲○〔詩巷伯傳〕鄰之嫠婦釋文依字作丨○〔左氏昭廿四年傳〕嫠不恤其緯釋文本又作丨

貔〔說文〕丨豹屬出貉國从豸毘聲詩曰獻其丨皮周書曰如虎如丨丨猛獸豼或从比○丨貅亦摯獸也〔禮記曲禮上〕前有摯獸則載丨貅注○丨執夷虎屬也〔漢書司馬相如傳上〕生丨豹注引郭璞○丨一名執夷一名白狐其子爲豰遼東人謂之白熊〔詩韓奕〕獻其丨皮陸疏○〔詩韓奕〕獻其丨皮釋文本亦作

貁

僖〔說文〕丨樂也从人喜聲○有過爲丨〔周書謚法〕○史記丨字皆作釐〔詩柏舟序箋〕共伯丨侯之世子疏○〔詩蟋蟀序〕剌晉丨公也史記作釐侯

鸃〔說文〕丨鵔丨也从鳥義聲秦漢之初侍中冠鵔丨冠

貽〔說文新附〕丨贈遺也从貝台聲經典通用詒○丨遺也〔詩斯干〕無父母詒罹釋文○詒遺也〔左氏莊卅一年傳〕無不饋詒也疏○定本丨作遺字〔詩鴟鴞〕乃爲詩以遺王疏

祺〔說文〕祺吉也从示其聲禥籒文从基○定本集注丨字作禎〔詩維清傳〕禎祥也疏

嘻丨強笑也〔漢書灌夫傳〕夫怒因丨笑曰注○丨丨喜笑之貌也〔易家人〕婦子丨丨疏○丨丨驕佚喜笑之意〔易家人〕婦子丨丨釋文引鄭注○丨丨旭旭自得之貌〔漢書楊雄傳上〕注

撝丨鄭讀爲宣〔易謙〕丨謙釋文

鸝鵹黃一名倉庚〔禮記月令〕疏引〔爾雅釋鳥〕舊注○鵹黃一名楚雀〔爾雅釋鳥〕李注

瓷〔說文新附〕丨瓦器从瓦次聲

鶿亦作鷀○〔說文〕鷀鸕鷀也从鳥茲聲

鈹〔說文〕丨大鍼也一曰劍如刀裝者从金皮聲○丨亦刀耳〔漢書高惠高后文功臣表〕隆慮克侯周竈以長鈹都尉擊項籍注

洏〔說文〕丨洝也一曰煮孰也从水而聲

疷 說文疷病也从疒氐聲○丨者滯之病也爾雅釋詁丨病也疏引孫注

洟 自鼻白丨易萃齎咨涕丨釋文引鄭注

騤 說文丨馬行威儀也从馬癸聲詩曰四牡丨丨○詩桑柔傳丨丨不息也疏○詩采薇四牡丨丨說文作四牡騤騤

訑 訑當借讀爲丨孟子告子下訑訑音義引丁音

怩 說文新附忸丨慙也从心尼聲

欙 廣韻亦作樏○說文丨山行所乘者从木纍聲虞書曰予乘四載水行乘舟陸行乘車山行乘丨澤行乘輴○樏史記作橋漢書作梮書益稷傳山乘樏釋文

駓 說文丨黃馬白毛也从馬丕聲○詩駉有騅有丨釋文字又作駍

熹 說文熹炙也从火喜聲○熺炊熾火之熾也淮南時則湛熺必潔注○訢讀爲丨丨烝也禮記樂記天地訢合注○丨天地氣禮記樂記疏○訢丨聲相近同上

孜 說文孜汲汲也从攴子聲周書曰丨丨無怠又孳汲汲生也从子茲聲𢆶籒文孳从茲○丨丨不怠之意漢書成帝紀羣公丨丨注○孳孳不怠之意也漢書王莽傳上孳孳不已者注○丨丨不怠也漢書貢禹傳孳孳於民俗之所寡注○孳孳不怠也漢書孔光傳孳孳而已注谷永傳宜夙夜孳孳注○丨丨言不怠也漢書蕭何傳尚復孳孳得民和注○孳字與丨同同上○孳與丨同漢書東方朔傳此士所以日夜孳孳注王吉傳孳孳於民俗之所寡注谷永傳宜夙夜孳孳注○孳讀與滋同漢書律麻志上孳萌萬物注○孟子盡心上孳孳爲善者後漢書樊準傳注意林皆作丨丨孔叢子作滋滋○冀州從事郭君碑亦世孳孳丨作孳

台 說文言說也从口㠯聲○古文丨爲嗣文選典引有于德不丨淵穆之讓注引漢書韋昭注○書湯誥肆丨小子墨子兼愛下作惟予小子履

蚩 說文蚩蟲也从虫㞢聲○丨輕侮也一切經音義廿二引三蒼

罹 說文新附罹心憂也从网未詳古多通用離○丨憂也文選幽通賦故遭丨而贏縮注引項岱○丨被也史記管蔡世家無離曹禍索隱○丨亦遭也漢書敘傳上故雖遭丨阸會注○書湯誥丨其凶害釋文本亦作羅○尹宙碑遭離㾕疾丨作離

裨 說文丨接益也从衣卑聲○丨之爲言埤者讀從詩政事一埤益我取丨陪之義儀禮覲禮疏○丨冕絺冕元冕也禮記曾子問大祝丨冕注○丨冕者公衮侯伯鷩子男毳禮記曾子問冕而出視朝注○丨謂以繪綵飾其側禮記玉藻素帶終辟注○裿作襦謂之丨襦廣雅釋器○西狹頌緣崖俾閣丨作俾○土純碑陰共出義錢埤石碑直唐扶頌諸學徒相埤助丨皆作埤

裨 丨海小海也史記孟子荀卿列傳於是有丨海環之索隱○丨王小王也若言丨將也漢書衛青傳得右賢丨王十餘人注

虒 說文丨委丨虎之有角者也从虎厂聲

魑 說文魑鬼也从鬼从离离亦聲○丨山神也漢書王莽傳中以禦丨魅注○丨魅山林異氣所生爲

八害者左氏文十八年傳以禦丨魅注

菱 廣韻菱蔆同○說文蔆蘧蔆可以香口从艸俊聲○菱華中齊也漢書外戚傳上函菱荴以俟風兮注引孟康

紕 丨既祥之冠也禮記玉藻縞冠素丨注○韠旁緣謂之丨禮記雜記下疏

椸 說文新附丨衣架也从木施聲○丨榻前机也爾雅釋宮釋文引字林○橫者曰丨則以竿爲之禮記內則不敢縣於夫之楎丨疏

㔻 廣韻㔻同○說文丨大也从一不聲○丨大也漢書司馬相如傳下王者之卒業注○丨亦大也漢書王莽傳上竝集㔻作注○㔻或作丕後漢書耿秉傳與太醫令吉㔻注○爾雅釋詁丨大也釋文字又作㔻○左氏襄十年傳生秦丨兹釋文一本秦不兹

僛 說文僛醉舞皃从人欺聲詩曰屢舞丨丨

耆 說文丨老也从老省旨聲○丨耋皆老也禮記射義丨耋好禮注○六十曰丨禮記射義丨耋好禮釋文又荀子致仕丨艾而信注○年至五十丨艾禮記檀弓上五十以伯仲疏○丨老致仕及鄉中老賢者禮記王制丨老皆朝于庠注○丨老謂死王事者之父周禮槁人若饗丨老孤子士庶子疏○丨強也周書謚法丨意大定曰景注○丨卽黎也書西伯戡黎序周人乘黎疏○周禮籥章注伊丨氏之樂釋文又作帆阢

衰 丨殺也左氏桓二年傳皆有等丨注○丨者差也左氏襄廿九年傳其周之丨乎疏○丨城謂以丨次受功賦也漢書五行志下之下而不丨城注○丨讀維縄之維淮南氾論黃丨微注

惟 說文丨凡思也从心隹聲○丨思也禮記曲禮上注其民施而不丨報疏學記丨其未曉疏又漢書翟義傳丨經蓺分析注○丨亦思也漢書韋賢傳不丨履冰注○丨有也文選長笛賦注引字林○丨字今作維漢書地理志上丨甾其道注

猗 說文丨犗犬也从犬奇聲○丨美也文選漢武帝賢良詔丨歟偉歟注引如淳○丨是心內不平詩丨嗟傳丨嗟歎辭疏○丨違猶依違耳漢書孔光傳丨違者連歲注○詩七月丨彼女桑文選七發注作倚彼女桑○詩代檀河水清且漣丨爾雅釋水作河水清且瀾漪文選吳都賦注引作河水清且漣漪

絁 說文⿰糸璽粗緒也从糸璽聲

羇 丨寄也漢書陳餘傳兩君丨旅注引張晏○丨客也一切經音義四引廣雅

伾 說文丨有力也从人丕聲詩曰以車丨丨○山再重曰丨漢書地理志上至于大丨注○山一成爲丨漢書溝洫志至于大丨注引鄭氏○爾雅釋山一成坯釋文或作丨

薺 說文丨蒺蔾也从艸齊聲詩曰牆有丨又薋艸多皃从艸資聲○丨禮經或作薋又作茨漢書禮樂志猶古采丨肆夏也注○齊字或作丨又作茨漢書賈誼傳步中采齊注

黧 丨黃黑也一切經音義廿二引字林

濰 說文丨水出琅邪箕屋山東入海徐州浸夏書曰丨淄其道从水維聲○丨水出琅邪史記夏本紀集解引書禹貢鄭注

【提】丨丨羣飛皃詩小弁歸飛丨丨釋文

【吅】說文丨唸丨呻也从口尸聲○詩板民之方殿屎釋文或作欿丨又作殿脲

【塒】說文雞棲垣爲塒从土時聲○詩君子于役雞棲于時釋文本亦作丨

【魌】廣韻䫏同○說文䫏醜也从頁其聲今逐疫有䫏頭○䫏頭也淮南精神猶䫏醜也注

【犛】丨牛黑色出西南徼外漢書司馬相如傳上庸旄貘丨注引張揖○丨牛卽今之貓牛者漢書司馬相如傳上注

【鮞】說文丨魚子也一曰魚之美者東海之丨从魚而聲讀若而

【蓰】五倍曰丨孟子滕文公上音義引史記徐廣注○孟子滕文公上或相倍丨音義丨丁從竹下徙史記作倍灑

【祇】說文丨敬也从示氏聲○丨敬也禮記內則丨見孺子注○丨亦爲敬書臯陶謨日嚴丨敬六德疏○丨莊敬也漢書楊雄傳上乃丨莊雍穆之徒注○丨大也易復无丨悔侯注又釋文引韓注○丨病也易復釋文引鄭注○丨當爲坻易坎丨旣平釋文引鄭注

【魮】說文新附丨文丨魚名从魚比聲

【禧】說文丨禮吉也从示喜聲

【居】丨丨猶與也左氏襄廿三年傳國有人焉誰丨注○丨丨語辭禮記檀弓上何丨疏○丨諸者語助也詩柏舟箋日君象也月臣象也疏

【餈】說文丨稻餅也从食次聲䆅丨或从米𩟄丨或从齊○丨謂乾餌餅之也周禮籩人糗餌粉丨注○今之丨糕皆餅之名周禮籩人注餅之曰丨疏

【鬐】說文新附丨馬鬣也从髟耆聲○丨鬣也儀禮公食大夫禮注寢右進丨也疏○丨背上鬣也文選魯靈光殿賦注引郭璞

【梔】說文新附丨木實可染从木巵聲○桑㯲有莛丨爾雅釋木

【澌】說文澌水索也从水斯聲○丨盡也方言十三丨索也注○丨水索也文選難蜀父老注引字書

【踦】說文丨一足也从足奇聲

【蠵】丨大龜也漢書楊雄傳上抾靈丨注引應劭○丨龜類也文選東京賦淵游龜丨辥注○丨觿丨龜屬也漢書禮樂志馮夷切和疏寫平注引晉灼

【戲】丨大將之旗也漢書項籍傳丨下騎從者八百餘人注○丨謂軍之旌麾也漢書高帝紀上諸侯罷丨下注○漢書通以丨爲麾同上○漢書通以丨爲旌麾及指麾字漢書項籍傳注○丨亦險也漢書杜周傳贊業因勢而抵陒注○陒讀與丨同同上○丨讀與麾同漢書灌夫傳馳入吳軍至丨下注朝鮮王傳郎令左將軍丨下執縛樓船將軍注

【鎚】說文錘八銖也从金垂聲○銖六則錘錘暉也一切經音義二十引風俗通

【蚳】說文丨螘子也从虫氏聲周禮有丨醢讀若祁䖸籀文丨丨从䖵𧈅古文丨从辰土○丨蟻卵爾雅釋蟲注○丨蟁也一切經音義五引廣雅○孟子丨鼃蜀石經作蠠鼃

畸 說文｜殘田也从田奇聲

鵻 ｜鶉也一切經音義十五引廣雅○｜其今小鳩也一名鵖鳩幽州人或謂之鷎鵖梁宋之閒謂之｜揚州人亦然詩四牡翩翩者｜陸疏○左氏昭十七年傳注祝鳩鵻鳩也釋文本又作隹本或作鶽

戣 說文周制侍臣執｜立于東垂兵也从戈癸聲

劌 ｜謂切｜太元元挸｜之於事注

褫 說文｜奪衣也从｜虒聲讀若池

椅 說文｜梓也从木奇聲○｜即楸爾雅釋木注

胹 說文｜爛也从肉而聲○過熟曰｜左氏宣二年傳宰夫｜熊蹯疏引字書

榰 說文｜柱砥古用木今以石从木耆聲易曰｜恆凶

埤 說文｜增也从土卑聲○｜與庳同荀子非相是以終身不免｜汙傭俗注

鈹 長｜長刃兵也為力而劍形漢書高惠高后文功臣表隆慮克侯周竈以長｜都尉擊項籍注

腄 說文腄瘢胝也从肉垂聲

栘 說文｜棠棣也从木多聲○唐棣一名｜爾雅釋木舍人注○｜廄名也漢書昭帝紀｜中監蘇武注引蘇林○｜地名漢書昭帝紀注引應劭

錍 說文｜鈭｜也从金卑聲

嶉 集韻或作崒○說文崒危高也从山卒聲

郿 說文郿右扶風縣从邑眉聲

暆 說文｜日行｜｜也从日施聲樂浪有東｜縣讀若酏

痿 說文痿痺也从疒委聲○｜亦痺病也漢書哀帝紀贊即位｜痺注○｜風痺病也漢書韓王信傳如｜人不忘起注○｜風痺疾也漢書昌邑哀王髆傳疾｜行步不便注○｜謂｜弱無力以運動素問痿論五藏使人｜何也注○骨｜言骨弱而無力也素問至眞要大論少氣骨｜注○｜音蹞躄漢書哀帝紀贊注引如淳

釃 ｜謂以筐漉酒詩伐木｜酒有藇釋文引葛洪

桵 說文｜白｜棫从木妥聲

离 說文离山神獸也从禽頭从内从屮歐陽喬說｜猛獸也

梩 ｜者或解以為插也或解以為鍬也周禮鄉師注｜一｜一鋤疏

貾 集韻通作蚳○餘蚳貝甲黃為質白為文彩爾雅釋木餘｜黃白文李注

剺 說文｜剝也劃也从刀𠩺聲○｜割也後漢書耿秉傳或至梨面流血注又文選長楊賦分｜單于注引韋昭○梨與｜同謂剝析也漢書楊雄傳下分梨單于注

隹 說文｜鳥之短尾總名也象形凡｜之屬皆从｜

齎 說文｜緶也从衣齊聲○齊謂裳之下畔禮記玉藻縫齊倍要疏○齊謂裳下緝也禮記玉藻齊如流疏見所尊者齊遬疏引皇氏○｜衣下之裳漢書朱雲傳攝｜登堂注○齊即纚也禮記雜記上注其

縷在齊軒之閒疏○禮記曲禮上去齊尺釋文本又作丨

簃 說文新附丨閣邊小屋也从竹移聲說文通用誃

錙 說文丨六銖也从金甾聲○三錘則丨丨減也一切經音義二十引風俗通○八兩爲丨禮記儒行雖分國如丨銖疏引算法

雖 說文丨似蜥蜴而大从虫唯聲○丨假令也禮記少儀丨請退可也疏○丨者與奪之辭易彖下傳丨凶居吉疏

蚑 說文丨行也从虫支聲○跂跂行也淮南原道澤及跂蹺注○跂行凡有足而行者也漢書匈奴傳上跂行喙息蠉動之類注○凡有足而行者稱跂行也漢書禮樂志跂行畢逮注○跂行有足而行者也漢書公孫宏傳跂行喙息注○跂躍猶齟齬不正之道也淮南俶眞夫挾依於跂躍之術注○丨讀車丨之丨淮南脩務丨行蟯動之蟲注○丨讀車丨轍之丨淮南俶眞丨行噲息注

規 丨裁也方言二

郫 說文郫蜀縣也从邑卑聲

鍦 鉇與丨同矛也荀子議兵宛鉅鐵鉇注

仔 說文丨克也从人子聲○詩敬之佛時丨肩說苑君道作弗時孜肩

鄑 說文鄑宋魯閒地从邑晉聲

麒 說文丨仁獸也麇身牛尾一角从鹿其聲○騏驎獸之聖者也論衡講瑞○丨似麟而無角漢書司

馬相如傳上丨麟角端注引郭璞○雄曰丨雌曰麟漢書司馬相如傳上注引張揖

梍 說文丨梠也从木皀聲讀若枇杷之枇

委 丨丨佗佗寬容之美也詩君子偕老疏引爾雅李注○丨丨佗佗皆佳麗美豔之貌爾雅釋訓注○丨丨佗佗皆行步之美詩君子偕老疏○丨蛇丨曲自得之貌後漢書楊秉傳然逶迤退食注○丨佗行貌也後漢書任李萬邳劉耿傳贊丨佗還旅注○丨丨蛇順從之貌左氏襄七年傳疏○詩君子偕老丨丨佗佗一切經音義十九作逶逶佗佗說文引爾雅作褘褘禬禬

鍉 丨卽匙字後漢書隗囂傳奉盤錯丨注○丨卽匙後漢書隗囂傳注引字詁

秠 說文丨一稃二米从禾丕聲詩曰誕降嘉穀惟秬惟丨天賜后稷之嘉穀也○丨者一稃二米言一皮之內有兩米也詩大田傳謂孚甲始生疏

頯 說文丨權也从頁𠔉聲○丨夾面也易夬釋文引鄭注○丨面也易夬翟元注○丨頰閒骨同上○易夬壯于頯釋文鄭作丨

軝 說文丨長轂之丨也以朱約之从車氏聲詩曰約丨錯衡軝丨或从革○丨者長轂之名詩烈祖箋約丨疏○轂謂之丨詩采芑傳長轂之丨也疏

剞 丨曲刀也漢書揚雄傳上般倕弃其丨劂兮注引應劭

桋 說文丨赤棟也从木夷聲詩曰隰有杞丨○丨名赤棟也爾雅釋木舍人注

摛 說文摛舒也从手离聲○丨布也文選答賓戲丨藻如春華注引韋昭

崎 ｜嶇不平也文選鸚鵡賦注引埤蒼

眵 說文｜目傷眥也从目多聲一曰瞢兜

邿 說文邿附庸國在東平亢父｜亭从邑寺聲春秋傳曰取｜○｜小國也任城亢父縣有｜亭左氏襄十三年經取｜注

齝 說文｜吐而噍也从齒台聲爾雅曰牛曰｜

蛦 蛦｜鳥名也如今之所謂山雞其雄色斑雌色黑出巴東文選蜀都賦蛦｜山棲劉注

爢 說文爢爛也从火靡聲○｜屑也漢書楊雄傳上精瓊爢與秋菊兮注引應劭

娸 說文｜人姓也从女其聲杜林說｜醜也○｜謂詆欺也漢書李陵傳隨而媒櫱其短注引服虔

𡖅 ｜多也文選西京賦清酤｜注引廣雅

姼 ｜｜惕惕愛也漢書敘傳下｜｜公主注引孟康

柅 ｜者在車之下所以止輪令不動也易姤繫于金｜馬注

鼒 說文｜鼎之圜掩上者从鼎才聲詩曰鼐鼎及｜鎡俗｜从金从兹○圜弇上謂之｜漢書郊祀志上鼐鼎及｜注

䵆 說文｜穄也从黍麻聲

旇 說文｜旌旗披靡也从㫃皮聲

觜 說文｜鴟舊頭上角｜也一曰｜觿也从角此聲○雄曰毒冒雌曰｜蠵漢書楊雄傳上法靈蠵注引應劭○｜蠵大龜也文選吳都賦捫｜蠵注

厜

䕻 說文｜艸木相附｜土而生从艸麗聲易曰百穀艸木｜於地

緦 說文緦十五升布也一曰兩麻一絲布也从糸思聲𢘓古文｜从糸省○｜則絲也但古之｜絲字通用儀禮喪服傳注｜麻疏○｜者五服最下穀梁莊三年傳｜舉下注

厜 說文厜厜㕒山顛也从厂垂聲

趍 說文趍趙久也从走多聲○｜多也文選景福殿賦注引廣雅

鳲 ｜鳩王鳩也左氏昭十七年傳｜鳩氏注○｜鳩鴶鵴今梁宋之間謂布穀爲鴶鵴一名擊穀一名桑鳩詩鳲鳩｜鳩在桑陸疏○｜鳩戴勝也廣雅釋鳥○｜鳩布穀類也太平御覽九百廿一引爾雅謝

氏注○｜鳩或謂紡澤虞其別號也爾雅釋鳥鶭澤虞孫注

蘪 說文｜｜蕪也从艸麋聲○｜蕪蘄茝也漢書司馬相如傳上江離｜蕪注引張揖○｜蕪即芎藭苗也漢書司馬相如傳上注○｜蕪一名江離漢書司馬相如傳上注引藥對

萑 說文｜艸多皃从艸隹聲

甤 說文｜艸木實｜｜也从生𥠖省聲讀若綏

䨘 廣韻霣同○說文霣雨聲从雨眞聲讀若資

秜 說文稻今年落來年自生謂之｜从禾尼聲

耛 集韻枱同○說文枱耒耑也从木台聲鈶或从金辝籀文从辝

【汦】說文丨水在常山从水氐聲

【䖒】說文丨蒿也从艸毗聲○丨草名也一切經音義二引三蒼

【澬】說文丨久雨涔丨也一曰水名从水資聲

【黟】黟字本作丨漢書地理志上丹陽郡黟注

【穦】說文丨積米也从禾資聲詩曰丨之秩秩

【瓻】說文新附丨酒器从瓦稀省聲

【𢓊】說文丨行平易也从彳夷聲

【鄈】說文鄈河東臨汾地即漢之所祭后土處从邑癸聲○丨音與葵同漢書武帝紀汾陰脽上注

【逶】說文逶迤衺去之皃从辵委聲蟡或从虫爲○丨蛇旗貌也漢書禮樂志旗丨蛇注

【藣】說文丨艸也从艸罷聲○旇謂之丨爾雅釋器

【跱】集韻峙同○說文峙躇也从止寺聲○丨躕連閣傍小室也文選魯靈光殿賦西廂丨躕以閒宴張注○丨或作路文選魯靈光殿賦注○詩靜女搔首丨躕說文繫傳作搔首峙躕

【[艸移]】說文丨艸萎丨从艸移聲

【諆】說文丨欺也从言其聲

【圯】說文東楚謂橋爲丨从土已聲○楚人謂橋曰丨漢書張良傳注引服虔

【瓵】說文瓵甂謂之丨从瓦台聲○瓿甊小罌長沙謂之丨爾雅釋器注○丨瓦器受斗六升史記貨殖

列傳集解引孫叔然

【覞】丨視也方言十

【璂】說文丨弁飾往往冒玉也从玉綦聲璂丨或从基

【㕒】說文丨厜丨也从厂義聲

【倭】說文丨順皃从人委聲詩曰周道丨遲○詩四牡周道丨遲白帖卅五作周道逶遲

【鑴】丨是錐類周禮眡祲疏○丨大鐘廣川書跋二引字林

【忯】說文丨愛也从心氏聲

【檥】丨舡勹也一切經音義十八引三蒼

【劙】丨割也荀子彊國則丨盤盂注

【宧】說文丨養也室之東北隅食所居从宀𦣝聲○丨日側之明爾雅釋宮孫注

【翄】集韻翅同○說文翄飛盛皃从羽支聲

【冞】說文冞周行也从网米聲詩曰冞入其阻宷冞或从宀○丨者深入之意詩殷武傳丨深疏

【籭】說文丨竹器也可以取粗去細从竹麗聲

【觭】說文丨角一俯一仰也从角奇聲

【徛】說文丨舉脛有渡也从彳奇聲

【彲】丨本亦作螭史記齊世家所獲非龍非丨索隱

○以下據廣韻錄

汥 說文丨水都也从水支聲

馶 說文丨馬彊也从馬支聲

鳷 雉同○說文雉鳥也从隹支聲一曰雉度

迻 說文迻遷徙也从辵多聲

𠩠 說文丨歠也从次厂讀若移

歋 說文丨人相笑相丨瘉从欠虒聲

䧦 說文䧦鄭地阪从𨸏爲聲春秋傳曰將會鄭伯于丨

鄬 說文鄬地名从邑爲聲

痿 說文痿病也从疒委聲

覣 說文丨好視也从見委聲

鬌 說文丨髮隋也从髟隋省

龡 說文丨音律管壎之樂也从龠炊聲

鮍 說文丨魚名从魚皮聲

䥯 集韻䥯同○說文䥯梠屬从金罷聲讀若嬀

襬 帬自關而東或謂之丨方言四

趀 說文趀緣大木也一曰行皃从走支聲

芪 說文丨丨毋也从艸氏聲

䖒 說文丨古陶器也从豆虍聲凡丨之屬皆从丨

𢻫 說文丨危嶇也从危支聲

𣧑 說文丨棄也从歺奇聲俗語謂死曰大丨

𤘩 說文丨虎牙也从牙从奇奇亦聲

䣀 說文䣀臨淮徐地从邑義聲春秋傳曰徐丨楚

䈕 說文丨簣屬从竹是聲

禔 說文丨安福也从示是聲易曰丨既平

萛 說文丨艸也从艸是聲

謧 說文謧詍多言也从言离聲

鴜 說文丨鸃丨也从鳥此聲

𪕬 說文丨鼠似雞鼠尾从鼠此聲

㠿 丨布名集韻引埤蒼

鈭 說文丨錍斧也从金此聲

姕 說文丨婦人小物也从女此聲詩曰屢舞丨丨

頿 說文丨須髮半白也从須卑聲○丨髯貌玉篇須部引聲類

䴽丨絪餅麴方言十三注

䚈說文丨司人也从見它聲讀若馳

䵹說文丨鼀丨詹諸也詩曰得此䵹丨言其行丨丨从黽爾聲

𧎝說文丨姑丨强蚌也从虫施聲

𩅰說文丨小雨財零也从雨鮮聲讀若斯

榹說文丨槃也从木虒聲

㴲說文丨水出趙國襄國東入湡从水虒聲

鼶說文丨鼠也从鼠虒聲

嘶丨聲散也一切經音義七引聲類

蘄丨草生水中其花可食史記司馬相如列傳葴丨苞荔集解引徐廣

禠說文丨福也从示虒聲

齹說文齹齒參差从齒差聲

縒說文縒參縒也从糸差聲

誺丨不知也沅澧之閒凡相問而不知荅曰丨方言十

𥻗集韻粎同○說文粎潰米也从米尼聲交阯有粎泠縣

羋說文丨羊名蹏皮可以割桼从羊此聲

鼅說文丨鼄蟊也从黽智省聲蜘或从虫

𨡋集韻𨡋同○說文𨡋酒也从酉智省

旖說文丨旗丨施也从㫃奇聲

陭說文陭上黨陭氏阪也从𨸏奇聲

檹說文丨木丨施也从木旖聲賈侍中說丨即椅木可作琴

𧼮說文𧼮𧼮隲輕薄也从走虒聲讀若池

𩏠說文丨綏也从革巂聲

惢說文丨心疑也从三心讀若易旅瑣瑣

嫢說文丨媞也从女規聲讀若癸秦晉謂細要爲丨

鬹說文丨三足釜也有柄喙讀若嬀从鬲規聲

夂說文丨行遲曳丨丨象人兩脛有所躧也凡丨之屬皆从丨

𨾊說文丨飛也从隹陊聲

欈欈丨木名實可食集韻引埤蒼

泜說文丨箸止也从水氏聲

鴲說文丨瞑丨也从鳥旨聲

𦯠說文丨蒞也从艸泜聲盜丨或从皿皿器也

⿰木彝 說文丨木也从木彝聲

琵 說文新附丨丨琶樂器从珡比聲

芘 說文丨艸也一曰丨茮木从艸比聲

䏢 說文丨牛百葉也从肉皀聲一曰鳥丨胵䏢丨或从比

蚍 蠶同○說文蠶丨蜉大螘也从䖵比聲蚍蠶或从虫比聲○丨蜉亦呼蟞蜉方言十一丨蜉注

枇 說文丨杷木也从木比聲

胵 說文丨鳥胃也从肉至聲一曰丨五藏總名也

郗 說文郗周邑也在河內从邑希聲

赼 集韻或作次○說文赼趄行不進也从走次聲○次卻行不前也易夬其行次且釋文引馬注○丨趄行止之礙也易夬釋文引王肅○次且行不前進也易夬疏○易夬其行次且釋文次鄭作趀

趀 說文趀蒼卒也从走朿聲讀若資○易夬其行次且釋文鄭作丨

屖 丨此也集韻引蒼頡

垐 說文丨以土增大道上从土次聲堲古文丨从土即虞書曰龍朕堲讒說殄行堲疾惡也

茎 說文丨丨藸艸也从艸至聲

謘 說文丨語諄丨也从言屖聲

𦻨 說文丨茅莠也从艸私聲

⿰王厶 說文丨石之似玉者从王厶聲讀與私同

⿰虫伊 集韻⿰虫尹同○說文⿰虫尹威委黍委黍鼠婦也从虫伊省聲○丨威名委鼠爾雅釋蟲舍人注

梨 說文丨果名从木秎聲秎古文利

⿱黎心 說文丨恨也从心黎聲一曰怠也

螝 丨蛹爾雅釋蟲

⿸疒褱 說文丨滅也从疒褱聲一曰耗也

琟 說文丨石之似玉者从玉隹聲讀若維

唯 丨發語之辭漢書張良傳丨無復立者注○丨獨也國策秦策丨儀之所甚願爲臣者注又文選別賦注引國語賈注又老子丨施是畏注

灅 說文丨水出鴈門陰館累頭山東入海或曰治水也从水纍聲

奞 說文丨鳥張毛羽自奮也从大从隹讀若睢凡丨之屬皆从丨

⿰足𢍏 說文丨脛肉也一曰曲脛也从足𢍏聲讀若逵

⿱歸見 說文丨注目視也从見歸聲

𢍏 說文丨持弩拊从廾肉讀若逵

瑂 說文瑂石之似玉者从玉眉聲讀若眉

黴 說文丨中久雨青黑从黑微省聲

魾 說文丨大鱯也其小者名鮡从魚丕聲○丨䱱也爾雅釋魚釋文引廣雅

䫙 說文丨短須髮皃从須否聲

倠 說文丨伛丨醜面从人隹聲

婎 說文丨姿丨姿也从女隹聲一曰醜也

眭 說文新附丨深目也亦人姓从目圭聲

顀 說文丨出額也从頁隹聲

秖 陳留人謂舉田爲丨漢書刑法志提封萬井注引蘇林

檇 說文丨以木有所擣也从木雋聲春秋傳曰越敗吳於丨李

狋 說文丨犬怒皃从犬示聲一曰犬難得代郡有丨氏縣讀又若銀

巸 說文丨廣𦣝也从𦣝巳聲𢀈古文丨从戶

⿰王𦣝 說文丨石之似玉者从玉𦣝聲讀若貽○丨五色之石也玉篇引蒼頡

⿲犭𦣝犬 說文丨司空也从㹜𦣝聲復說獄司空

鶀 丨小鴈也史記楚世家小臣之好射丨鴈羅鸗索隱

藄 說文丨月爾也从艸綦聲

鯕 說文丨魚名从魚其聲

輀 輀同○說文丨喪車也从車而聲○輭車載喪車漢書王莽傳下此似輭車注

⿱竹𦣝 說文丨取蟣比也从竹𦣝聲

斄 說文丨微畫也从文𠩺聲

⿱𠩺又 說文丨引也从又𠩺聲

甾 說文東楚名缶曰丨象形凡丨之屬皆从丨𠙹古文

茬 俗作茬○說文丨艸皃从艸在聲濟北有丨平縣○茬平城世謂之時平城蓋茬時音相近耳水經河水注

鶅 東方曰丨雉左氏昭十七年傳五雉爲五工正注○東方曰丨雉摶埴之工也左氏昭十七年傳賈注又爾雅釋鳥樊注

歖 集韻憘同○說文丨卒喜也从欠喜聲○憘歎聲也後漢書蔡邕傳試潛聽之曰憘注

媐 說文丨丨說樂也从女𦣝聲

瞦 說文丨目童子精也从目喜聲讀若禧

誒 集韻或作唉○說文丨可惡之辭从言矣聲一曰丨然春秋傳曰丨丨出出○丨歎聲漢書韋賢傳勤丨厥生注○唉歎辭也文選諷諫詩注引方言○小兒啼聲曰唉文選諷諫詩勤唉厥生注引應劭

欪 說文丨丨戲笑皃从出欠聲

譩 丨譆穴也素問骨空論大風汗出灸丨譆注

鎡 集韻通作兹○兹基鉏也漢書樊酈滕灌傳靳周傳贊雖有兹基注引張晏○孟子公孫丑上雖有

丨基漢書樊噲傳贊長短經皆作茲基

嗞 說文丨嗟也从口茲聲

○以下據集韻錄

訳 丨謂也廣雅釋言○丨調也集韻引廣雅○丨謂也有本作只詞廣雅釋言曹憲音

孈 說文丨愚戇多態也从女巂聲讀若隓

⿱𡕒火 說文丨束炭也从火𡕒聲讀若䶢

⿱此小 或从人○佌池參差也文選上林賦佌池茈虒注引張揖

𠂹 說文丨艸木華葉丨象形凡丨之屬皆从丨⿰禾勿古文

⿱斯言 丨亦訓善爾雅釋詁釋文引字書○丨古斯字爾雅釋詁鮮善也釋文引沈旋

儷 說文丨棽丨也从人麗聲

椸 丨架也五經文字引字林

⿰冎卑 說文丨別也从冎卑聲讀若罷

鬻 說文丨健也从䰜米聲

⿰會卑 說文丨謚也从會卑聲

䈇 說文丨簝也从竹鬲聲

乀 說文丨流也从反丿讀若移凡丨之屬皆从丨

⿰虛瓜 丨瓢也一切經音義十八引廣雅

檥 說文丨榦也从木義聲

鮨 說文丨魚䏽醬也出蜀中从魚旨聲一曰鮪魚名

⿰木絫 說文丨木實也从木絫聲

⿰扌絫 丨理也廣雅釋詁二

⿰絫瓦 丨甎也廣雅釋宮

侇 丨之言移也禮記雜記上注尸亦移之于此釋文引隱義○丨息也禮記雜記上注釋文

咦 說文南陽謂大呼曰丨从口夷聲

駓 趨曰丨行曰騃文選西京賦注引韓詩章句

荋 說文丨艸多葉皃从艸而聲沛城父有揚丨亭

聏 或作聏○莊子天下以聏合歡釋文崔本作丨○聏色厚貌莊子天下釋文引司馬注○聏和也莊子天下釋文

玆 說文丨黑也从二玄春秋傳曰何故使吾水丨

𠩺 說文丨坼也从攴从厂厂性坼果孰有味亦坼故謂之丨从未聲

荲 說文丨艸也从艸里聲讀若釐

𠤕 說文丨未定也从匕𠤗聲𠤗古文矢字

○附錄腝丨有骨醢也从肉耎聲臡丨或从難

經籍籑詁卷第四下補遺終

經籍纂詁卷第五　上平聲

經筵講官南書房行走禮部左侍郎兼署兵部左侍郎前提督浙江學政阮元撰集

五微

微 丨隱行也一切經音義十四引字林○丨隱匿也
左氏襄十九年傳崔杼丨逆光服注○丨匿也左
氏哀十六年傳其徒丨之注○丨薇也國語晉語設
丨薄而觀之注○丨謂逃藏也爾雅釋詁注○丨無
也詩式微式丨式丨傳伐木丨我弗顧傳又論語憲
問丨管仲集解引馬注又小爾雅廣詁又國語周語
郤至曰丨我晉不戰矣注且夫戰也丨謀注晉語丨
郤至王必不免注丨子吾幾不爲人矣注雖丨秦國
注又漢書欒布傳集注樊噲傳集注周昌傳集注韋
元成傳集注韓延壽傳集注淮陽憲王欽傳集注外

戚傳下集注元后傳集注王莽傳上集注王莽傳下
集注又呂覽適威丨召公虎注○丨猶無也禮記檀
弓下丨與注○丨細也後漢陳寵傳注又荀子非相
葉公子高丨小短瘠注又老子名曰丨釋文又楚辭
大招豐肉丨骨注○丨纖也法言修身君子丨愼厥
德注○丨小也廣雅釋詁二又孟子公孫丑上則具
體而丨注○丨喻小也公羊宣十二年傳而丨至乎
此注○丨細小也素問異法方宜論其治宜丨鍼注
○丨少也列子周穆王悲心更丨釋文○丨猶少也
禮記祭義雖有奇邪而不治者則丨矣注○丨猶非
也禮記檀弓下雖丨晉而已注○丨亦非也呂覽離
俗丨獨舜湯注○丨離也廣雅釋詁三○丨明也廣
雅釋詁四○丨妙也文選登徒子好色賦口多丨辭
注○丨謂丨妙漢書杜欽傳贊集注○丨精妙也荀
子解蔽養一之丨榮矣而未知注○丨者精妙之謂
也荀子解蔽未可謂丨也注○丨要眇覩未萌之萌
也呂覽蕩兵有巨有丨注○丨謂褒貶沮勸荀子勸
學春秋之丨也注○丨丨言陰謀密事也呂覽精諭人
可與丨言乎注○丨丨幽靜也文選琴賦密丨丨其
清閒注○丨丨幽靜貌文選南都賦清廟肅以丨丨
注○丨昧幽隱文選歸田賦諒天道之丨昧注○丨丨
妙精盡也荀子議兵諸侯有能丨妙之以節注○丨
妙猶細小也淮南俶眞以摸蘇牽連物之丨妙注○
丨眇爲見始知終也淮南說山此皆丨眇可以觀論
者注○丨賤也華嚴經音義上引書王肅注○丨者
謂士也公羊隱元年傳內之丨者也注○丨謂其形
丨小也周禮典同丨聲韽注○志丨意細也禮記樂
記是故志丨噍殺之音作注○骭瘍爲丨詩巧言既
丨且尰傳又爾雅釋訓○搏之不得名曰丨老子○
無形曰丨老子注○式丨式丨者丨乎丨者也詩式
微箋又爾雅釋訓○丨謂虧損薄食也國語越語丨
者則是行注○丨謂虧傷也詩柏舟胡迭而丨傳○

丨謂不明也詩日月之交彼月而丨此日而丨箋○
丨不明也後漢安帝紀注○五月陰氣始生故曰丨
陰後漢魯恭傳注○丨陰謂一陰爻生也後漢蔡邕
傳注○三丨者三正之始萬物皆丨後漢章帝紀注
○三丨三正也後漢陳寵傳注○丨坼內國名書微
子傳○丨采地名書微子之命序命丨子啟代殷後
鄭注○丨讀枚滅之枚淮南氾論黃衰丨注○丨至
書或作危至考工記輪人欲其丨至也司農注○爾
雅釋訓既丨且尰釋文丨字書作癥○丨或作魏讀
從丨音史記殷本紀丨子啟索隱○丨一作微史記
欒布傳使人丨驗集解引徐廣張丞相傳丨甚
集解引徐廣○論語丨生高戰國策作尾生高

薇 丨垂水爾雅釋草○丨菜也詩草蟲言采其丨傳
○丨菜始生也詩采薇采丨采丨傳○丨似藿也
後漢申屠蟠傳注

暉 馳丨日也文選謝元暉蹔使下都詩馳丨不可接
注○丨如文德之貌也太元覘厥德丨如注○丨
目鴆鳥也天將晏靜丨目先鳴淮南繆稱丨目知晏
注○易未濟其丨吉也釋文丨本作輝○莊子天下
不丨于數度釋
文丨崔本作渾

煇 通作輝○丨光也詩庭燎庭燎有丨傳○煇光也
漢書韋元成傳集注○朝日爲輝三國管輅傳注
引輅別傳○丨謂日光炁也周禮眡祲掌十丨之灋
司農注○丨煌光耀也文選西京賦叛赫戲以丨煌
薛注○丨煌珮光貌文選思元賦珮綝纚以丨煌舊
注○丨丨赤色貌文選西京賦彤庭丨丨薛注○德
丨顏色潤澤也禮記樂記故德丨動於內注○丨者
甲吏之賤者也禮記祭統○丨周禮作韗禮記祭統
注○丨與輝同晉書音義中○
漢修堯廟碑表著燿銘丨作燿

徽 三糾繩曰丨穀梁疏引陸德明易疏○三股爲丨
易坎係用丨纆劉注○三股曰丨穀梁宣三年注
纆用丨纆釋文○丨糾繩也後漢西羌傳注○丨繩
名穀梁宣三年注釋文○丨索也穀梁疏引馬融易
傳又廣雅釋器○丨纆黑索也易坎虞注○丨束也
廣雅釋詁三○丨止也爾雅釋詁○丨美也書舜典
慎丨五典傳又詩角弓君子有丨猷傳思齊大姒嗣
丨音箋又左氏文十八年傳慎丨五典注又後漢獻
帝伏皇后紀注○丨善也書舜典馬注又爾雅釋詁
○鼓琴循絃謂之丨文選文賦注引淮南許注○丨
鶩彈也淮南主術鄒忌一丨而威王終夕悲感於憂
注○丨讀繀車之繀淮南脩務參弦復丨注○丨讀
紛麻縗車之縗也淮南主術注○丨音以繩丨弩之
丨漢書揚雄傳下音義引應劭○丨與揮古字通文
選東京賦戎士介而揚丨注○書舜典
慎丨五典史記五帝紀作慎和五典

揮 集韻或作攉○丨動也廣雅釋詁一又鬼谷子抵
巇丨之於太山之本注又文選舞賦順微風丨若
芳注○丨振也國策齊策丨汗成雨注○攉猶移也
太元元告天渾而攉注○丨散也易乾六爻發丨釋
文引王肅說卦發丨于剛柔釋文引王廙又後漢鄭
孔荀傳注○丨竭也爾雅釋詁○丨灑也國語晉語
公子使奉匜沃盥既而丨之注○丨湔也左氏僖廿
三年傳既而丨之注○丨斥猶縱放也莊子田子方
丨斥八極注○丨斥猶放縱也又奮迅也列子黃帝
丨斥八極釋文○丨霍疾貌文選文賦紛紜丨霍注
○丨霍謂丸劍之形也文選西京賦跳丸劍之丨霍
薛注○丨爲肩上絳幟如燕尾者也文選東京賦戎
士介而揚徽薛注○振去餘酒曰丨禮記曲禮飲玉
爵者弗丨釋文○丨黃帝臣也一切經音義十六引
世本宋注○丨當爲煇文選王仲宣從軍詩良苗實
巳丨注○丨與翬古字通文選西征賦終奮翼而高

丨注○易乾六爻發丨釋文丨本作煇
○鄭公孫丨字子羽見左襄廿四年傳

翬 集韻或書作獋○丨飛也方言十二又廣雅釋詁
三又後漢馬融傳注○丨丨飛也文選西京賦游
鶤高丨薛注○獋獋飛也廣雅釋訓○丨丨飛貌也
方言十二注○鷹隼醜其飛也丨爾雅釋鳥○伊洛
而南素質五采皆備成章曰丨同上○伊洛而南素
質五色皆備成章曰丨詩斯干如丨斯飛箋○素質
五采備具文章鮮明曰丨爾雅釋鳥李注○丨雉屬
爾雅釋鳥注○丨雉也文選射雉賦有五色之名丨
徐注○丨亦揮也後漢馬融傳注○公羊隱四年魯
公子丨魯世家作揮○魯公子丨字羽父見左傳隱
四
年

韋 丨柔皮也一切經音義十四引字林○丨皮繩喻
緩也文選王文憲集序無待丨弦注○以韎丨爲

之謂之｜弁釋名釋首飾○｜弁以韎｜爲弁又以
爲衣裳周禮司服凡兵事｜弁服注○｜弁韎｜之
弁兵服也而服之者皮｜同類取相近耳其服蓋韎
布以爲衣而素裳儀禮聘禮君使卿｜弁歸饔餼五
牢注○｜藩｜蔽前後國語晉語｜藩木楗以過
朝注○｜豕｜彭姓也詩長發｜顧既伐箋○有人於
名曰石夷來風曰｜
山海經大荒西經

【闈】｜就也方言十二○｜裹也廣雅釋詁四○｜者
周也易繫辭上傳範｜天地之化九家注○｜之
圜之也考工記廬人以其一爲之被而｜之注○｜徑
尺爲｜莊子人閒世絜之百｜釋文引李注○｜環
八尺爲一｜莊子人閒世三｜四｜釋文引崔注○
｜謂札要廣厚考工記函人以其長爲之｜注○以
兵守城曰｜公羊莊十年傳｜不言戰注○得曰取
不得曰｜公羊成三年傳不聽也注○伐而言｜者

取邑之辭也伐而不言｜者非取邑之辭也公羊襄
十二年傳○九｜九州也詩長發帝命式于九｜傳
又家語論禮帝命式于九｜注○九｜九州之界也
禮記孔子閒居帝命式于九｜注○｜｜一本作國列
子說符｜其城釋文○易繫辭釋文｜本
作違○古今人表楚靈王｜楚世家作回

【幃】｜盛香之囊離騷椴又欲充夫佩｜注○｜帳也
文選悼亡詩注引聲類又文選七發如素車白馬
｜蓋之張注○｜嫌也一切經音義三引蒼頡○｜
謂之縢離騷蘇糞壤以充｜兮注○裳正幅曰｜國
語鄭語王使婦人不｜而譟之注○在傍曰｜後漢
仲長統傳注○愧｜綵也廣雅釋器○｜裳童容也
詩氓漸車｜裳箋○爾雅釋器婦人
之｜謂之縭釋文｜本作褘又作徽

【闈】宮中之門謂之｜左氏閔二年傳共仲使卜齮賊
公於武｜賈注又公羊宣六年傳自閨而出者注
又爾雅釋宮又文選西京賦寔開高｜薛注○宮中
門謂之｜後漢桓帝紀注○宮中小門謂之｜左氏
閔二年傳共仲使卜齮賊公於武｜注又後漢陰皇
后紀注班彪傳上注宦者傳注○宮中之門曰｜門
禮記雜記夫人至入自｜門注○｜者宮中相通小
門也爾雅釋宮孫注○｜宮中小門也儀禮士冠禮
注母在｜門之外釋文又左氏哀十四年傳攻｜與
大門注○｜宮中之巷門周禮保氏使其屬守王｜
注○｜門如今東西掖門儀禮士虞禮記主婦亦拜
賓注○｜廟中之門曰｜考工記匠人｜門容小扃參
个注○｜巷門左傳昭十三年遇諸棘｜以歸釋文
引孔晁○｜門也國語吳語乃匍匐將入棘｜注

【違】｜去也詩殷其靁何斯｜斯傳節南山惡怒是｜
傳又禮記檀弓下｜而君薨注又左氏閔二年傳
不如｜之注成十七年傳吾能｜兵注昭二十年傳
淫樂不｜注哀廿七年傳｜穀七里注又論語公冶

長棄而｜之皇疏又大戴記曾子制言下弗｜則殆
於罪注又國語晉語猶兮｜兮注離｜而得所注又
後漢丁鴻傳注又家語子路初見｜山十里注困誓
君子｜傷其類者也注又離騷來｜棄而改求注○
｜猶去也禮記雜記｜諸侯之大夫注中庸忠恕｜
道不遠注表記事君三｜而不出竟注又後漢隗囂
公孫述傳注又太元攡欲｜則不能注○｜離也
廣雅釋詁三○｜行也書酒誥薄｜農父馬注○｜
遠也爾雅釋詁又國語魯語無乃｜｜乎注齊語天威
不｜顏咫尺注又後漢逸民傳注○｜避也國語周
語未能｜難注晉語夫陳不｜忌注又以｜蠻夷以
重之注又後漢楊彪傳注張衡傳注陳蕃傳注張儉
傳注袁譚傳注又文選思元賦雖彌高而弗｜舊注
○｜辟也左氏莊四年傳｜齊難也注成三年傳其
弗敢｜注成十六年傳乃皆左右相｜於淖注○｜｜
猶辟也禮記緇衣太甲曰天作孽猶可｜也注○｜｜

猶易也文選西京賦能丨之者寡矣薛注○丨偝也廣雅釋詁二○丨畔也周書芮良夫無道左右臣妾乃丨注○丨不從也左氏哀十四年傳目其丨者不過數人注○丨失也後漢朱景王杜馬劉傅堅馬傳注○丨邪也國語周語以違其丨注晉語若有丨質注○丨僻也漢書王尊傳集注○丨猶戾也禮記大學而丨之俾不通注○丨不正也太元禮懷其丨注○丨恨也文選幽通賦丨世業之可懷曹注○丨張也詩谷風中心有丨釋文引韓詩○丨奔之也左氏哀八年傳君子丨注○丨奔放也左氏定十年傳凡諸侯之大夫丨注○丨奔亡也後漢臧洪傳注○書堯典靜言庸丨論衡恢國作靖言庸回三國陸抗傳作靖譖庸回

霏 丨雲飛貌文選石壁精舍詩雲霞收夕丨注○霏霏雲起貌漢書揚雄傳上集注○丨丨雨也廣雅釋訓○丨丨集貌楚辭怨上雹霰兮丨丨注○丨甚貌詩北風雨雪其丨傳○丨丨甚也詩采薇雨雪丨丨傳○霏古丨字漢書揚雄傳上集注

菲 丨丨芳貌楚辭東皇太一芳丨丨兮滿堂注○丨丨香也廣雅釋訓○丨丨花美貌也文選吳都賦瞱兮丨丨劉注○丨丨高下不定之貌也後漢梁鴻傳注○丨丨猶勃勃離騷芳丨丨其彌章注○繩丨今時不借也儀禮喪服傳繩丨也注

妃 丨嬎也爾雅釋詁○丨合也同上○丨對也同上○丨匹也同上○丨者匹也丨匹者何謂相與爲偶也白虎通嫁娶○嘉耦曰丨左氏桓二年傳○陰耦爲丨漢書五行志上○丨卽夫人與后參職王者一后三夫人呂覽季春后丨齋戒注○某丨某妻也儀禮少牢饋食禮以某丨配某氏注

騑 在服之左曰驂右曰丨文選陽給事誄如彼丨駟配服驂衡注○服馬外爲丨馬後漢章帝紀注○丨丨行不止之貌詩四牡四牡丨丨傳○丨丨疲也廣雅釋訓○左氏襄十年盜殺鄭公子丨公羊作斐○鄭公子丨字子駟見左傳襄八年

飛 通作蜚○丨羽蟲也素問五常政大論其主丨蠹蛆雉注○○離爲丨鳥易明夷明夷于丨荀注小過丨鳥遺之音虞注○丨肉禽鳥也太元唐明珠彈于丨肉注○外譽而得其情曰丨鬼谷子飛箝丨而箝之注○丨謂作聲譽以丨揚之同上○丨揚不從軌度也淮南精神使行丨揚注○無儀法程式丨搖而無所定謂之丨蓬後漢明帝紀注○丨闥闔上門也後漢班彪傳上注○丨廉觀名後漢馮衍傳注○其上重屋曰丨廬在上故曰丨也釋名釋船○凡箭鏃三鐮者謂之羊頭其三鐮長六尺者謂之丨亩方言九○丨書者無根而至若丨來也卽今匿名書也後漢梁松傳注○日入爲丨泉莊子逍遙游而御六氣之辯釋文引李注○風師謂之丨廉廣雅釋天○丨廉風伯也離騷後丨廉使奔屬注○丨廉扇蘆也廣雅釋草○丨芝烏毒也同上○丨蛇音螣蛇乘霧而丨者山海經中山經柴桑之山多丨蛇注○蝙蝠自關而東或謂之丨鼠方言八○丨鼠蝛蠼也廣雅釋鳥○丨廉神禽能致風氣身似鹿頭如雀有角而蛇尾文如豹文後漢班彪傳上注引前書音義○蜚廉獸名長毛有翼淮南俶眞騎蜚廉而從敦圄注○丨黃乘黃也出西方狀如狐背上有角壽千歲淮南覽冥丨黃伏皁注○丨兔馬名日行萬里馳若兔之丨因以爲名呂覽離俗丨兔要褭注○丨兔騕褭古駿馬也後漢禰衡傳注○丨生鼪也文選吳都賦追丨生劉注○丨讀爲匪考工記梓人且其匪色必似鳴矣司農注○蜚讀曰丨漢書五行志中之上集注三

見○蜚古丨字史記周本紀蜚鴻滿野正義又漢書
宣帝紀集注成帝紀集注五行志中之下集注司馬
相如傳上集注司馬相如傳下集注東方朔傳集注
王莽傳下集注二見又文選子虛賦蜚纖垂髾注封
禪文蜚英聲注○蜚與丨同文選鷦鷯賦翰舉足以
沖天注○書序有丨雉升鼎耳而雊漢書五行志作
有蜚雉登鼎耳而雊○孟子丨廉史記秦本紀作蜚
廉○槀長蔡湛頌丨陶唐氏其孰能□□□斯乎孔
耽碑丨其學
也非通作丨

非 丨不也漢書蕭望之傳集注引服虔○丨者丨其
貞也淮南說林其守節丨也注○丨者不善之詞
淮南俶務世俗衰廢而丨學者多注○丨違也廣雅
釋言○丨猶失也禮記禮運丨禮也注○丨惡也淮
南俶務立是廢丨注○丨排也人所惡排去也釋名
釋言語○丨責也穀梁隱五年傳丨隱也注桓十二

年傳丨與所與伐戰也注文四年傳丨成禮於齊也
注宣十五年傳私田稼不善則丨吏注襄廿五年傳
丨巢之不飾城而請罪丨吳子之自輕也注○丨咎
也呂覽愼行動作者莫不丨令尹注○丨猶咎也呂
覽審已大丨上注○丨猶罪也呂覽安死吾不丨闕
注長見將以丨不穀注○丨者譏也史記李斯傳丨
世而惡利索隱○丨猶譏也呂覽大樂有丨樂者矣
注又淮南氾論而墨子丨之注○丨猶譏呵也淮南
氾論天下不丨其服注○丨者譏訶其闕也呂覽當
務備說丨六王五伯注○丨恨也國語晉語今既無
事矣而丨丨緜注○丨奸丨也史記孝文紀憪然念外
人之有丨丨集解引漢書音義○却丨冠宮門僕射等
服之獨斷下○丨讀曰誹漢書鼂錯傳集注王尊傳
集注○丨或爲誹荀子解蔽百姓怨丨而不用注○
丨與飛古字通文選盧子諒贈崔溫詩徒煩飛子御
注○左傳襄十四年注聞君過則丨謗釋文丨本作

誹○魯泰丨字子
之見史記弟子傳

扉 闔謂之丨爾雅釋宮○丨門闔也左氏襄廿八年
傳子尾抽桷擊丨三注○丨宮門闔也文選思元
賦叫帝閽使闢丨兮舊注○丨門扇也左傳襄廿八
年釋文○丨戶扇也荀子禮論無帾絲歶縷翣其貊
以象菲帷幬尉也注○丨門丨也儀禮士喪
禮丨闔東丨注又禮記喪大記西北丨薪釋文
丨猶厚也國策秦策而丨仁義之誠注○丨盛也

肥 廣雅釋詁二○丨饒裕易遯釋文引子夏傳○丨
薄也列子黃帝口所偏丨注○乾盈爲丨易遯丨遯
虞注○堅土之人丨大戴記易本命注○丨者象地堅
實大戴記易本命注○西北台州曰丨土淮南墬形
○西北桂州曰丨土後漢張衡傳注○歸異出同流
丨丨爾雅釋水○所出同所歸異爲丨泉詩泉水我思
丨丨泉傳○水異出流行合同曰丨爾雅釋水舍人注

○所出同所歸異曰丨泉本同出時所浸潤少所歸
各枝散而多似丨者也釋名釋水○水所出異爲丨
列子黃帝丨水之潘爲淵釋文○丨泉博物志謂之
澳水水經淇水注○丨水出艮餘山水經注廿二引
字林○丨胡膰也國語吳語建丨胡注○牛羊曰丨
左氏桓六年傳吾牲牷丨腯服注○丨鶌鳩也廣
雅釋鳥○詩泉水釋文丨本作淝○
丨說文字林作肥列子黃帝釋文

腓 集韻萉通作腓○丨腨也廣雅釋親○丨腸也易
咸釋文引王廙注○丨腳膞易咸咸其丨虞注○
艮小爲丨易艮艮其丨虞注○丨體躁動者也易咸
注○丨避也詩生民釋文又廣雅釋詁三○丨辟也
詩采薇小人所丨傳生民牛羊丨字之傳○萉避也
漢書敘傳上音義引韋昭又文選幽通賦安慆慆而
不萉兮曹注○丨變也詩四月釋文引韓詩○丨病
也詩四月百卉具丨傳○丨者脫其膚也白虎通五

刑○丨當作芘詩采薇箋○芘音牛羊丨字之丨漢
書敍傳上音義○易咸釋文丨荀本作肥艮釋文丨
本作
肥
威丨有丨而可畏謂之丨賈子容經○誠動可畏謂之
丨賈子道術○丨畏也詩常棣死喪之丨傳巧言
昊天已丨傳又禮記表記德丨維丨釋文又左氏昭
七年傳死喪之丨注又國語周語動則丨注晉語則
民丨矣注則民不丨注丨兮懷兮注是以內龢而外
丨注又穆天子傳五皇人丨儀注又呂覽論威行凶
德必丨注又文選東京賦其取丨也重矣薛注○丨
則也爾雅釋言又詩有客既有淫丨傳○丨德也廣
雅釋言○丨則也法也後漢李固傳注○丨丨儀也
禮記學記收其丨也注○丨者所以行令也韓非子
詭使○乾爲丨易家人有孚丨如虞注繫辭下傳以
丨天下虞注○彊毅信正曰丨周書謚法○猛以彊

果曰丨同上○猛以剛果曰丨同上○丨畏也可畏
懼也釋名釋言語○丨震國策齊策聲丨天下注○
丨力也廣雅釋詁二○丨也者力也呂覽蕩兵○丨
害也老子民不畏丨注○丨虐也後漢杜詩傳注○
丨柄謂周禮之八柄後漢丁鴻傳注○丨神言尊嚴
也文選魯靈光殿賦又似乎帝室之丨神張注○丨
猶葳蕤也文選甘泉賦昭華覆之丨丨注○丨蕤羽
貌文選東京賦羽蓋丨蕤薛注○丨夷險也文選西
征賦注引韓詩章句○姑謂之丨廣雅釋親○丨謂
弓淵角之中央與淵相當考工記弓人恒當弓之畏
杜注○丨弧星名也文選思元賦彎丨弧之拔刺兮
舊注○西陵丨夷爾雅釋地○丨夷長脊而泥爾雅
釋獸○書洪範丨用六極史記宋微子世家漢書五
行志谷永傳作畏用六極○莊子庚桑楚羿必得之丨
也釋文丨
本作式

祈丨求福也一切經音義廿二引字林又文選東京
賦丨丨禠禳災薛注○丨求福祥也山海經中山經
熊山丨丨璆冕舞注○丨求也詩賓之初筵以丨爾爵
傳又禮記禮器祭祀不丨注祭法相近於坎壇注又
左氏昭十二年傳祭公謀父作丨招之詩賈注又廣
雅釋詁三又國語周語無有丨也注凡我宗祝爲我
丨死注又漢書武帝紀集注又後漢張衡傳注又莊
子天地雖有丨嚮釋文引司馬注又家語觀鄉射又
觀鄉射以丨爾爵注郊問則又丨穀于上帝注又呂
覽孟春乃以元日丨穀於上帝注季夏爲民丨福注
孟冬天子乃丨來年於天宗注安死而丨美衣侈食
之樂注又文選東京賦丨福乎上元薛注○丨猶求
也禮記郊特牲祭有丨焉注儒行不丨土地注○丨
告也爾雅釋詁○丨叫也爾雅釋言○丨報也詩行
葦以丨黃耇傳○丨請禱也山海經南山經自天虞
之山以至南禺之山其祠皆一白狗丨注○丨嗥也

謂爲有災變號呼告神以求福周禮大祝掌六丨注
○丨爲民求福叫告之詞也爾雅釋言孫注○丨祭
者叫呼而請事爾雅釋言注○丨瘞禱請已埋之也
山海經中山經自景山至琴鼓之山其祠用一雄雞
丨瘞注○治典不殺曰丨獨斷下○丨父司馬也詩
祈父丨父子王之爪牙傳○丨之言是也齊西偏之
語也禮記緇衣資冬丨寒注○丨者語辭也史記黥
布傳而王幾是乎索隱○故書丨爲幾杜子春讀幾
當爲丨周禮肆師及其丨珥注○丨讀曰哲書帝命
驗丨昌失籥注○丨當爲進機之機周禮肆師及其
丨珥注○丨樂當爲新穀書大傳丨樂已
入注○齊公子丨字子高見呂覽愼行注
旂丨旗名交龍爲丨呂覽孟春載青丨注○交龍爲
丨周禮司常又詩出車丨旐央央傳采芑丨旂央
央箋韓奕淑丨綏章傳載見龍丨陽陽箋閟宮龍丨
承祀箋烈祖龍丨十乘箋又後漢明帝紀注又淮南

齊俗故有大路龍丨注○交龍曰丨國語晉語取號之丨注吳語皆白常白丨注○交龍爲丨丨倚也畫作兩龍相依倚諸侯所建也釋名釋兵○交龍爲丨諸侯之所建也考工記輈人龍丨九斿注又儀禮覲禮載龍丨弧韣注○大丨九丨之畫交龍者周禮巾車建大丨注○交龍爲丨左氏定四年傳分魯公以大路大丨注○北方法元蛇曰丨古微書引河圖握矩記○有鈴曰丨爾雅釋天○丨旌有鈴者孟子萬章下士以丨注○鈴在丨上丨者畫龍爾雅釋天孫注○丨旌旗之屬文選吳都賦丨魚須劉注○丨旗也離騷鳳皇翼其承丨兮注○丨有九旒天子制也後漢淸河王慶傳注○大丨大常也儀禮覲禮載大丨注○禮記玉藻丨十有二旒釋文丨本作旗爾雅釋天旗丨釋文丨本作旗○榮丨字子祺見史記弟子傳

【畿】方千里曰王丨周禮職方氏○邦丨方千里周禮大行人○方千里爲丨淮南本經古者天子一丨注○千里曰丨周禮大司徒制其丨疆而溝封之注○丨方千里取象於日一寸爲正同上○丨疆也詩烈祖邦丨千里傳○丨限也後漢孔融傳注○丨猶限也周禮大司馬乃以九丨之籍注○去王城五百里曰丨周禮野廬氏至于四丨注○丨九丨周禮小司徒注○丨門內也詩谷風薄送我丨傳○故書丨爲近周禮大司馬注○穀梁隱元年注天子丨內釋文丨本作圻○禮記大學邦丨千里釋文丨本作幾

【機】丨所以主弩之放發鬼谷子飛箝料氣勢爲之樞丨以迎之隨之注○丨弩牙也易繫辭樞丨之發釋文引王廙注又書太甲上若虞丨張注又禮記緇衣若虞丨張注又後漢馮異傳注班彪傳上注仲長統傳注又莊子齊物論其發若丨括釋文○弩牙曰丨莊子胠篋夫弓弩畢弋丨變之知釋文引李注○弩含括之口曰丨言如丨之巧也亦言如門戶之樞丨開闔有節也釋名釋兵○丨臂弩身也楚辭京時命外迫脅於丨臂兮注○丨捕獸丨檻也後漢趙壹傳注○丨發動所由也禮記大學其丨如此注○丨者動之微素問離合眞邪論知丨道者不可挂以髮注○丨者發內而動外爲近而成遠不疾而速不行而至見其爲之不知其所以爲管子七法存乎明於丨數而丨數無敵注○丨發也漢書鼂錯傳集注引孟康又淮南原道則內有以通于天丨注俶眞今矰繳丨而在上注○樞丨發動也國語周語耳目心之樞丨也注○丨要也周書大武此七者伐之丨也注又國策秦策聽者存亡之丨注齊策而戰勝存亡之丨決矣注又淮南氾論此皆達於治亂之丨注○丨巧也列子仲尼大夫不聞齊魯之多丨乎注○丨理淮南主術治亂之丨注○丨危也大戴記本命丨其文之變也注又淮南原道處高而不丨注○丨論疾

也淮南精神名實不入丨發於踵注○丨者羣有之始列子天瑞皆出于丨注○丨謂丨心也文選頭陁寺碑文導亡丨之權注○天丨自然也文選文賦注引莊子司馬注○丨械巧詐也淮南原道故丨械之心藏於胸中注○丨渾天儀可轉旋故曰丨書舜典在璇丨玉衡馬注○轉運者爲丨書舜典鄭注○丨天文也洪範五行傳六事之丨以縣示我注○丨衡也後漢李固傳注○丨衡北斗也後漢郅惲傳注○北斗魁星第三爲丨後漢郎顗傳注○丨朱也廣雅釋室○丨輿尸之牀也禮記曾子問遂輿丨而往注○書孔安國序撮其丨要釋文丨本作幾○堯廟碑據旋丨之政周公禮殿記旋丨常離璣作丨

【幾】丨微也書皐陶謨一日二日萬丨傳又穀梁莊七年傳中之丨也注又論語里仁事父母丨諫集解引包注又皇疏又廣雅釋詁四又漢書高帝紀上集注引鄭氏又後漢陳寵傳注○丨者動之微也後漢

光武紀下注○丨者事之微也後漢鄧禹傳注○丨
者事之先見者也後漢邳彤傳注○丨者動之微吉
之先見者也易繫辭下傳○丨者神妙也易繫辭下
傳其殆庶丨乎虞注○丨謂從無以適有也管子水
地萬物莫不盡其丨注○丨者去无入有理而无形
不可以名尋不可以形覩者也易繫辭下傳丨者注
○理初始微曰丨易乾可與丨也釋文○丨近也易
屯君子丨釋文小畜月丨望虞注又詩瞻卬箋又禮
記樂記知樂則丨於禮矣注又左氏襄十一年傳國
丨亡注襄廿八年傳楚不丨十年注昭十六年傳丨
爲之笑服注又論語子路言不可若是其丨也皇疏
又爾雅釋詁又國語魯語民羸丨卒注晉語公子丨
矣注又史記孝武紀冀至殊庭焉索隱又漢書高帝
紀上集注文帝紀集注食貨志上集注藝文志集注
英布傳集注引臣瓚張良傳集注賈誼傳集注韓安
國傳集注匈奴傳贊集注又後漢馬援傳注宋宏傳

注桓榮傳注南匈奴傳注又荀子榮辱知不丨者不
可與及聖人之言注解蔽類是而丨君子也注妄辨
而丨利注又太元斂奚可丨也注盛丨後之傾注割
七日丨絶注元攡則元之道丨矣注又法言先知先
知其丨丨於神乎注重黎丨乎丨乎注又老子輕敵丨
喪吾寶注又呂覽誣徒嗜其脯則丨矣注本業丨終
者注大樂則丨於知之矣注又淮南原道則丨於道
矣注又文選東京賦一言丨於喪國薛注○丨丨庶也
史記老莊申韓傳則丨矣索隱○丨庶丨也淮南要
略所以使學者孳孳以自丨也注○丨猶殆也爾雅
釋詁丨哉殆危也注○丨殆近也史記留侯世家丨
敗而公事索隱○丨初也易繫辭上傳丨事不密虞
注○丨會也後漢臧宮傳注○丨終也淮南繆稱君
子丨注○丨盡也莊子齊物論適得而丨矣注三子
之知丨丨乎注又適得而丨矣釋文○丨連也易屯釋
文○丨丨期詩楚茨如丨如式傳○丨其也易歸妹月

丨望虞注○丨豈也孟子告子上其好惡與人相近
也者丨希注○丨辭也易屯釋文又荀子賦聖人共
手時丨丨將矣注大略丨爲知計哉注○丨法也小爾
雅廣詁○丨要也法言先知或問爲政有丨注○丨
危也詩瞻卬維其丨矣傳又左氏宣十二年傳利人
之丨丨注又爾雅釋詁又廣雅釋詁一又國語周語而
王丨頓乎注又漢書高帝紀上集注鄒陽傳集注引
李奇又荀子堯問女以魯國驕人丨矣注又法言重
黎如辯人丨矣注淵騫忼辭免罿丨矣哉注○丨謂
望也史記晉世家毋丨爲君索隱呂不韋傳則子無
丨得與長子索隱○丨希無丨也孟子離婁下注○
丨萌兆也與機同荀子解蔽危微之丨注○丨哭會
也左氏定元年傳易丨而哭注○丨附纏爲沂鄂也
禮記少儀車不雕丨注○丨謂漆飾沂鄂也禮記郊
特牲丹漆雕丨之美注○丨謂附纏之也禮記哀公
問車不雕丨注○丨讀爲刉周禮犬人凡丨珥沈辜

注○丨讀爲祓周禮犬人司農注○丨讀爲豈荀子
大略丨丨爲知計哉注○丨一作豈史記黥布傳集解
引徐廣○易繫辭極深而研丨也釋文丨本作機○
易屯釋文丨子夏作近中孚月丨望釋文丨京作近
○易歸妹月丨望釋文丨荀本作既中孚釋文丨荀
作既○儀禮聘禮注以丨丨是服釋文丨本作譏○莊
子天道丨乎後言釋文丨司馬本作頎○書皐陶謨
一日二日萬丨漢書王嘉傳作一日二日萬機○費
鳳別碑庶畿昔子夏丨作畿○左
氏昭廿二年宋仲丨公羊作機
通作幾○丨非也楚辭大招誅丨罷只注○丨非

譏
言也史記游俠傳二者交丨正義○丨譴也廣雅
釋言○丨猶譴也公羊隱二年傳外逆女不書此何
以書丨注○丨問也廣雅釋詁二○幾察也管子版
法幾行義勝之注小匡使關市幾而不正注問上必
幾之注○幾猶察也禮記玉藻御瞽幾聲之上下注

○幾謂察也史記李斯傳去其幾也正義○丨呵察
也禮記王制關執禁以丨注又家語王言關丨市鄽
皆不收賦注○丨諫也廣雅釋詁四又楚辭天問殷
有惑婦何所丨注○丨怨也廣雅釋言○丨丨異服
丨異言禮記王制注○幾呵其衣服持操及疏數者
周禮宮正幾其出入注○幾呵察也禮記作丨荀子
王制關市幾而不征注○幾通作丨國語齊語使關
市幾而不征注○周禮司關司農注引孟子關丨而
不征作關
幾而不征
【磯】丨磧也廣雅釋水○丨水中磧石也一切經音義
十五引埤蒼○丨大石激水也晉書音義中○丨
激也孟子告子下
是不可丨也注
【鞿】丨韁在口曰丨離騷余雖好修姱以丨羈兮注○丨
古羈字漢書刑法志集注引晉灼

【璣】珠之不圜者曰丨呂覽重己而愛己之一蒼璧小
丨注○丨珠不圜者也後漢安帝紀注○丨珠之
不圓者後漢賈琮傳注○丨小珠也書禹貢丨組釋
文引字書又一切經音義九引字林又文選長楊賦
賤瑇瑁而疏珠丨注○丨珠類書禹貢厥篚元纁丨
組傳○丹丨珠屬也文選吳都賦頳丹明丨劉注○
丨者幾也微也御覽時序部十四引書大傳○丨轉
也御覽引范甯書注○丨為轉運書鈔儀飾部一引
書大傳○丨衡玉者書舜典在璿丨玉衡傳○琁丨
斗魁也大元元攡正玉衡之平注○廉隅為丨楚辭
謬諫貫魚眼與珠丨注○丨與機同文選宋文皇帝
元皇后哀策文仰陟天丨注○易略例璇丨釋文丨
本作機
又作幾
【僟】飢通○穀不熟為丨爾雅釋天又呂覽制樂歲害
則民丨注○穀不熟為飢淮南天文天下大飢注

○穀不熟曰丨詩雨無正降喪丨饑傳又呂覽明理
流散循丨無日矣注○穀不熟曰飢國策西周策秦
飢而宛亡注○丨穀不熟爾雅釋天釋文引字林○
乏穀為丨論語先進因之以丨饉皇疏○五穀不收
謂之丨墨子七患○二穀不升謂之丨穀梁襄廿四
年傳又韓外傳八○二穀不升曰丨廣雅釋天又後
漢光武紀上注○丨食不足淮南說山寧一月丨注
○有死傷曰大丨無死傷曰丨公羊襄廿四年經大
丨注○丨九衣反禮記檀弓釋文引字
林○爾雅釋天釋文丨本作古飢字
【稀】通作希○丨疏也廣雅釋詁三○希疏也論語先
進鼓瑟希皇疏又老子名曰希釋文
【希】丨罕也爾雅釋詁○丨丨少也論語公冶長怨是用
丨皇疏季氏蓋十世丨不失矣集解引孔注又老
子知我者丨注○丨鮮也呂覽原亂禍丨不及身注
○丨遠也孟子盡心上其所以異於深山之野人者

幾丨注○丨靜也老子釋文○聽之不聞名曰丨老
子○無聲曰丨老子注○丨望也後漢黨錮傳注又
莊子讓王夫丨世而行釋文引司馬注○丨仰周髀
算經下丨望北極中大星注○丨求也後漢盧植傳
注○丨慕也後漢趙壹傳注○丨猶冀望也後漢吳
良傳注○丨磨也廣雅釋詁三○丨摩也燕齊摩鋁
謂之丨方言七○丨刺粉米無畫也周禮司服祭社
稷五祀則丨冕注○丨與稀通文選鮑明遠詠史詩
明星辰未稀注陸士龍為顧彥先贈婦詩知音世所
丨注○丨與稀同古字通文選曹子建朔風詩朱華
未丨注○左傳昭十七年注北方曰丨雉釋文丨本
作鵗○周禮酒正注王服鷩冕丨冕所祭也釋文丨
本作絺司服祭社稷五祀
則丨冕釋文丨本作絺
【睎】丨乾也詩蒹葭白露未丨傳湛露匪陽不丨傳又
禮記玉藻髮丨用象櫛注又左氏文四年傳於是

乎賦湛露注又廣雅釋詁二又一切經音義十八引字林又後漢張衡傳注又淮南說山上食丨粿注又楚辭少司命丨女髮兮陽之阿注又文選思元賦丨余髮於朝陽舊注琴賦旦丨幹於九陽注○丨暴也暴五穀之類東齊北燕海岱之郊謂之丨方言七○丨燥也方言十三○丨明之始升詩東方未明東方未丨傳○丨消也楚辭疾世塵漠漠兮未丨注

衣 凡服上曰丨依也人所丨以芘寒暑也釋名釋衣服○上曰丨下曰裳呂覽仲秋具飭丨裳注○上曰丨詩綠衣綠丨黃裳傳東方未明顛倒丨裳傳又後漢皇后紀注又離騷集芙蓉以爲裳注逢紛丨納納而掩露注又文選魯靈光殿賦丨裳有殊張注○丨上也法言修身惜乎丨未成而轉爲裳也注○丨隱也廣雅釋器○丨者隱也白虎通衣裳○丨服也書武成一戎丨傳○乾爲丨易訟或錫之鞶帶侯

經籍纂詁 卷五 五微 衣 依 十九

注歸妹其君之袂虞注既濟繻有丨袽虞注繫辭下傳厚丨之以薪虞注○乾在上爲丨易繫辭下傳垂丨裳而天下治虞注○丨謂禕以下至褖丨詩葛覃薄澣我丨箋○丨裾也淮南齊俗楚莊王裾丨博袍注○丨謂褌爾雅釋水以丨涉水爲厲注○丨二尺有二寸儀禮喪服記○長丨素純布丨也儀禮聘禮主人長丨練冠以受注○浴丨已浴所丨之丨以布爲之其制如今通裁儀禮士喪禮浴丨於篋注○丨車前戶所以載丨服之車也釋名釋車○丨當爲齋壞字也禮記檀弓下丨衰而繆絰注○丨讀如殷聲之誤也齊人言殷聲如丨虞夏商周氏者多矣今姓有丨者殷之冑與禮記中庸壹戎丨注○書顧命設黼扆漢石經作黼丨

依 丨倚也詩那丨我磬聲傳又論語述而丨於仁集解又國語晉語未有所丨注○丨者倚也論語述而皇疏○丨恃也廣雅釋詁三○丨保也楚辭怨世余生終而無所丨注○丨助也漢書禮樂志集注○丨稱也管子侈靡則臣有丨駟之祿注○丨準也後漢竇憲傳注○丨祿也方言十三○丨尾也大戴記夏小正六月初昏斗柄正在上傳○丨之言愛也詩載芟有丨其士箋○丨思慕之意後漢章帝紀注○丨思戀之貌文選寡婦賦猶丨丨以憑附注蘇子卿古詩思心常丨丨注○丨違猶徘徊也文選七啟丨違厲響注○丨茂木貌詩車舝彼平林傳○丨盛貌文選注引韓詩章句○丨纏紘也撻弼側矢道也皆以章爲之儀禮既夕記設丨撻焉注○戶牖之閒謂之丨亦作扆扆丨音同荀子正論居則設張容負丨而坐注○博丨廣譬喻也丨或爲衣禮記學記不學博丨注○周禮太宰注立丨前南面釋文丨本作扆儀禮聘禮注司宮乃于丨前設之釋文丨本作扆禮記曲禮天子當丨而立釋文丨本作扆明堂位天子負斧丨釋文丨本作扆

經籍纂詁 卷五 五微 沂 巍 廿

沂 丨水名出泰山蓋南至下邳入泗國語吳語北屬之丨注○丨水名書禹貢釋文論語先進浴乎丨釋文○淮丨二水名書禹貢淮丨其乂鄭注○丨山丨水所出也在蓋周禮職方氏其山鎮曰丨山注○大麃謂之丨爾雅釋樂○麃聲悲丨悲也爾雅釋樂孫注○爾雅釋樂釋文丨或作齗又作沂

巍 丨高也方言六○丨丨高貌漢書儒林傳集注元后傳集注王莽傳上集注又文選思元賦瞻崑崙之丨丨兮舊注○丨丨大貌也楚辭遠逝貌揭揭以丨丨注○丨丨高大也文選劇秦美新令萬世常戴丨丨注○丨丨高大貌文選琴賦崛丨丨而特秀注○丨丨者高大之稱也論語泰伯丨丨乎舜禹之有天下也集解○丨丨高大之稱也論語泰伯皇疏

歸

｜返也廣雅釋言○｜往也廣雅釋詁一○｜就
也廣雅釋詁三○｜終也呂覽報更以之所｜注
○｜藏也易說卦傳萬物之所｜也虞注○｜者不反
之辭也國語晉語｜羅於晉注○｜者不反之辭左
氏隱元年經天王使宰咺來｜惠公仲子之賵注莊
廿六年傳出曰來｜注○凡去其國國逆而立之曰
入復其位曰復｜諸侯納之曰｜左氏成十八年傳
○燕遊曰｜禮記少儀○｜嫁也易泰帝乙｜妹虞
注歸妹虞注又國語晉語秦伯｜女五人注○｜謂
｜夫家也禮記喪大記喪父母既練而｜注○婦人
謂嫁曰｜易泰帝乙｜妹注又易歸妹釋文又詩葛
覃言告言｜傳江有汜之子｜又箋南山齊子由｜箋
又左氏隱元年傳故仲子｜於我注又公羊隱二年
傳又史記管晏傳有三｜反坫正義又漢書禮樂志
集注公孫宏傳集注又後漢陰皇后紀注荀爽傳又
荀爽傳注○婦人謂嫁爲｜論語八佾管氏有三｜

集解引苞注○婦人謂嫁曰｜反曰來｜穀梁隱二
年傳○婦人之義嫁曰｜反曰來｜穀梁成五年傳
○凡諸侯之女｜寧曰來出曰來｜左氏莊廿六年
傳○大｜曰來｜公羊莊廿七年傳○｜者大｜也
公羊文十八年經夫人姜氏｜于齊注○大｜者廢
棄來｜也公羊莊廿七年傳注○｜｜宗也詩燕燕
之子于｜傳○｜猶謝也後漢桓榮傳注○｜猶委
任也後漢順帝紀注○｜遺也廣雅釋詁三○｜饋
也國語晉語敵｜之下執政注○｜猶餉也論語陽
貨｜孔子豚皇疏微子齊人｜女樂皇疏○｜妹女
之終也易雜卦傳○｜妹者衰落之女也易彖下傳
｜妹人之終始也干注○謂姪之子爲｜孫爾雅釋
親○姪之子曰｜孫婦人謂嫁曰｜姪子列故其所
生爲孫也釋名釋親屬○｜藏黃帝周禮大卜二曰
｜藏杜注○｜藏者萬物莫不｜而藏於其中周禮
大卜注○｜來言反其本也書大傳名曰｜來注○

｜卽夔｜鄉蓋夔鄉矣水經江水注引樂緯宋注○
秭｜縣縣故｜鄉地理志曰｜子國也水經江水注
○秭｜蓋楚子熊繹之始國而屈原之鄉里也水經
江水注引宜都記○屈原有賢姊聞原放逐亦來｜
因名之曰秭｜水經江水注引袁山松○｜讀曰夔
書中候讓於益｜注○｜或爲懷禮記緇衣私惠不
｜德注○｜讀爲饋荀子王制使相｜移也注○今
文｜或爲饋儀禮聘禮君使卿韋弁｜饔餼五牢注
○今文｜作饋儀禮聘禮記夕夫人｜禮注○｜一
作饋史記周本紀以｜周公于兵所集解引徐廣○
追來爲｜顏氏家訓雜藝○論語先進詠而｜釋文
｜鄭本作饋陽貨｜孔子豚釋文｜鄭本作饋微子
齊人｜女樂釋文｜鄭本作饋○書武城｜馬于華
山之陽史記周本紀作縱馬於華山之陽漢書張良
傳作休馬華山之陽○書序王命唐叔｜周公于東
作｜禾史記魯周公世家作成王命唐叔以餽周公

於東土作餽禾○孟子滕文公下而饋孔子蒸豚注
引論語陽貨｜孔子豚｜作饋○論衡知實引論語
｜孔子豚作饋孔子豚○魯公孫｜父字子家見左
傳宣十年楚仲｜字子家見左傳文十年鄭公子｜
生字子家見左傳文十二年齊析｜父字子家見
左傳襄十八年○蔡｜生字聲子見左傳昭二年

禕

｜衣畫翬者周禮內司服｜衣注○｜衣畫衣也
周禮內司服司農注○王后之上服曰｜衣畫翬
雉之文於衣也釋名釋衣服○｜衣蓋王后之上服
今帝服之所未詳穆天子傳二天子大服冕｜注○
｜帨巾也爾雅釋器婦人之｜謂之縭孫注○｜郎
今之香纓也｜邪交落帶繫于體因名爲｜爾雅釋
器注○｜蔽郄也廣雅釋器○蔽郄江淮之閒謂之
｜方言四○｜讀如翬禮記玉藻王后｜衣注○｜
揄狄展聲相近緣字之誤也周禮內司服掌王后之
六服注○｜當爲鞠字之誤也禮記玉藻再命｜衣

注

誹 |明惡也墨子經上

痱 |病也爾雅釋詁○|痛小腫也一切經音義廿五引字略

欷 亦作唏○|歔泣餘聲也文選閒居賦注引蒼頡○唏歎聲史記十二諸侯年表紂爲象箸而箕子唏索隱○唏與|同後漢劉盆子傳注○|古文唏同一切經音義十二

豨 |豕也廣雅釋獸○楚人謂豕爲|淮南本經封|脩蛇注○豬南楚謂之|方言八○|大豕也莊子知北遊履|也每下愈況釋文引李注○封|大豕淮南本經封|脩蛇注○封|神獸也楚辭天問封|自躰注○|豕足也爾雅釋獸注江東呼|釋文

溦 凡物傷溼曰溦一切經音義十五引通俗文○爾雅釋邱谷者溦釋文溦本作湄

徽 集韻通作徽○徽章也通典引盧植禮記注○徽識也左氏昭廿一年傳揚徽者公徒也注○徽幟名也國策齊策章子爲變其徽章注○|幡也廣雅釋器○徽謂旌旗旍也通典引王肅禮記注○徽號旌旗之名也禮記大傳殊徽號注

楎 樴在牆者謂之|爾雅釋宮○|杙也禮記內則不敢縣於夫之|椸注○考工記匠人引爾雅在牆者謂之|作在牆者謂之杙

餥 |食也爾雅釋言又廣雅釋詁二○|食也陳楚之內相謁而食麥饘謂之|方言一

屝 |隱也儀禮士虞禮|用席注特牲饋食禮|用筵注有司徹|用席注文爾雅釋言○|隱也謂隱奥之處也荀子禮論無帾絲歶縷翣其須以象菲帷幬尉也注○古文|作茀儀禮有司徹|用席注

葳 |蕤盛貌楚辭初放上|蕤而防露兮注○|蕤盛貌文選文賦紛|蕤以駁遝注○|蕤亂貌史記司馬相如傳紛綸|蕤索隱引張揖○|蕤委頓也史記司馬相如傳索隱引胡廣○|蕤翠華貌文選南都賦望翠華兮|蕤注

肵 |敬也儀禮少牢饋食禮主人羞|俎注又禮記曾子問無|俎釋文○|之爲言敬也禮記郊特牲○|之爲言敬也所以敬尸也儀禮少牢饋食禮載于|俎注○|謂心舌之俎也儀禮少牢饋食禮佐食升|俎鼏之注

刉 |刺也廣雅釋詁一○|劃也周禮小子注祈或爲|釋文引字書○|斷也同上○刉猶封也山海經中山經尸水祠之刉一牝羊注○刉亦割刺之名山海經中山經其祠毛用一雄雞一牝豚刉注○刉衈者釁禮之事也用毛牲曰刉羽牲曰衈周禮小子而掌珥于社稷祈于五祀注○刉衈釁禮之事用牲毛者曰刉羽者曰衈周禮士師凡刉珥則奉大牲注

嘰 |小食也史記司馬相如傳|瓊華集解引徐廣○|食也漢書司馬相如傳下集注引張揖○|唬也淮南繆稱紂爲象箸而箕子|注

鵗 北方曰|爾雅釋鳥○周禮染人掌染絲帛注引爾雅曰|作曰希

譩 譆與|同歎聲也列子黃帝仲尼曰譆釋文○|譆在背下俠脊傍二寸素問骨空論

溰 ||高白之貌也文選七發浩浩||注

婓 丨牛爾雅釋畜○丨生畏反黑色而大重三千斤爾雅釋畜釋文引字林

媿 丨丨往來皃漢書揚雄傳下集注○曹景完碑大女桃丨丨作妃

頎 丨長皃詩碩人碩人其丨傳猗嗟丨而長兮傳又家語辯樂丨然長注○丨長也莊子天道幾乎後言釋文引司馬注○丨至也禮記檀弓上丨乎其至也注○丨惻隱之皃禮記檀弓釋文

碕 集韻隑同○丨曲岸頭也丨與圻同文選江賦注引埤蒼○丨長邊也文選吳都賦注引淮南許注○隑長也漢書司馬相如傳下集注引張揖○丨與圻同文選謝靈運富春渚詩臨圻阻參錯注鮑明遠樂府苦熱行焦煙起石圻注

圻 方千里曰王丨周書職方○地方千里曰丨家語正論天子一丨注○方千里為丨左氏昭卅三年傳今土數丨注○丨者天子之境也路史國名紀八注引書大傳○丨界也周書職方注○丨父謂司馬主封畿之事書酒誥冽惟若疇丨父鄭注○丨父司馬書酒誥傳○丨岸丨堮也後漢明帝紀注○丨與畿同文選射雉賦畫墳衍而分畿注○儀禮喪服注天子丨內之民釋文丨本作畿○周禮大司馬乃以九畿之籍注引左傳襄廿五年天子一丨作天子一畿

禨 丨祆祥也史記五宗世家索隱引埤蒼○丨祆祥也居衣切文選辨亡論注引字林○丨祥也列子說符楚人鬼而越人丨注又淮南人閒越人丨注○丨謂福祥也匡謬正俗七○丨祥求福也史記五宗世家不好治宮室丨祥集解引服虔○丨祥吉凶也淮南氾論是故因鬼神丨祥而為之立禁注○丨祭也廣雅釋天○丨鬼俗也漢書趙敬肅王彭祖傳集注○丨衈者釁禮之事周禮肆師及其祈珥注○丨

字或作鐖漢書趙敬肅王彭祖傳集注○丨音珠璣之璣漢書天文志集注引晉灼

睎 丨視也廣雅釋詁一○丨眄也東齊青徐之閒曰丨方言二○丨望也廣雅釋詁二又後漢班彪傳上注又淮南氾論引而伸之可直而丨注

騩 丨馬淺黑色也後漢班超傳注

○以下據廣韻録

鐖 丨鉤也廣雅釋器○鉤或謂之丨方言五○丨縣物鉤廣韻引埤蒼

⿸疒幾 丨足瘡爾雅釋訓釋文引三蒼

徽 魚有力者丨爾雅釋魚○丨鯨魚之有力者也文選吳都賦丨鯨輩中於羣犗劉注○爾雅釋魚釋文丨本作鰴

⿰衤畾 丨重衣皃子回反爾雅釋訓釋文引字林

鍏 臿宋魏之閒或謂之丨方言五

⿰韋攴 丨衺也廣雅釋詁二○丨盭也廣雅釋詁四○丨懤菲刺也廣雅釋訓

隇 丨陝險也廣雅釋邱

楲 丨虎子也史記萬石張叔傳集解引賈逵解周官○丨窬褻器也史記萬石張叔傳集解引呂靜

⿰豈幾 丨汔也爾雅釋詁

蚚 丨蟲也集韻引字林○丨巨希反爾雅釋蟲釋文引字林

玂 犬生一丨爾雅釋畜

莃 ｜菟葵爾雅釋草

悕 ｜悲也公羊成十六年傳在招邱｜矣注又昭九年傳存陳｜矣釋文

郼 ｜讀如衣今兖州人謂殷氏皆曰衣呂覽慎大夏民親｜如夏注

○以下據集韻錄

悕 ｜乾也小爾雅廣言

鬿 ｜堆奇獸也楚辭天問｜堆焉處注

經籍纂詁卷第五

經籍纂詁卷第五補遺

兵部侍郎兼都察院右副都御史巡撫浙江等處地方提督軍務兼理糧餉阮元撰集

上平聲

五微

微 說文微隱行也从彳敚聲春秋傳曰白公其徒微之○｜謂纖隱左氏春秋序其｜顯闡幽疏○｜謂幽隱不著禮記坊記所以章疑別｜疏○｜言隱｜不顯之言也漢書藝文志昔仲尼沒而｜言絕注引李奇○｜無也左氏成十六年傳雖｜先大夫有之疏又國語楚語雖｜楚國注越語｜君王之言注又呂覽驕恣先王｜春居注自知文侯｜翟黃注○｜亦無也漢書貢禹傳｜孔子之言注○｜細淮南脩務鬢眉｜豪注○｜謂幽｜禮記學記｜而臧疏○知｜謂幽昧文選西征賦注引易繫辭下傳舊注

○｜者不見也禮記檀弓下禮有｜情者疏引何允○｜妙淮南脩務書傳之｜者注○｜謂精妙也漢書食貨志下而殺之甚｜注匈奴傳下二者皆｜注○｜殺也禮記檀弓下疏○｜虧｜也漢書劉向傳彼月而｜注○｜言猶密謀也列子說符人可與｜言乎注○｜伺問之也漢書游俠郭解傳使人｜知賊處注○三｜者何謂也陽氣始施黃泉萬物動｜而未著也白虎通三正○其人貧賤謂之｜書舜典序虞舜側｜疏○｜尰皆水溼之疾也爾雅釋訓疏引孫注

薇 說文｜菜也似藿从艸微聲薇籀文薇省○｜山菜也詩草蟲言采其｜陸疏○｜蕨也史記伯夷列傳采｜而食之索隱○｜草也詩草蟲傳疏引定本

暉 說文｜光也从日軍聲

有輝

【煇】說文｜光也从火軍聲○｜｜光儀也禮記玉藻｜如也疏○詩庭燎庭燎有｜文選注二十作庭燎有輝

【徽】說文｜衺幅也一曰三糾繩也从糸微省聲○｜繩也漢書楊雄傳下免於｜索注○｜美書舜典愼｜五典釋文引王注○｜琴｜也漢書楊雄傳下高張急｜注○｜疾貌也文選羽獵賦｜車輕武注引晉灼○｜與揮古通用文選爲袁紹檄豫州揚素揮以啟降路注

【揮】說文｜奮也从手軍聲○｜揚也易說卦發｜於剛柔釋文引鄭注○｜發也鬼谷子抵巇｜之于太山之本注○｜灑也文選潘安仁在懷縣詩注引國語賈注○｜振去餘也禮記曲禮上飲玉爵者弗｜疏○｜振去水使手乾儀禮特牲饋食禮注又不｜疏

【翬】說文｜大飛也从羽軍聲一曰伊雒而南雉五采皆備曰｜詩曰如｜斯飛○｜｜其飛疾羽聲也爾雅釋鳥鷹隼醜其飛也｜舍人注○｜雉名詩斯干如｜斯飛釋文○｜亦雉屬爾雅釋鳥注○｜翟雉名也禮記玉藻王后禕衣注○伊洛之南曰｜雉左氏昭十七年傳五雉爲五工正注又賈注又爾雅釋鳥樊注○｜雉自質五采爲文也爾雅釋鳥孫注○伊洛而南雉素質五色皆備成章曰｜釋名釋衣服○｜者鳥之奇異者也詩斯干箋

【韋】說文｜相背也从舛囗聲獸皮之｜可以束枉戾相｜背故借以爲皮｜凡｜之屬皆从｜羹古文｜○去毛熟治則曰｜儀禮聘禮注皮｜同類疏○孰曰卜生曰革漢書鄭崇傳每見曳革履注○｜熟皮禮記曲禮下注獸工函鮑韗｜裘也疏○｜與圍同漢書成帝紀大木十｜以上注○張遷碑晉陽佩瑋｜作瑋

【圍】說文｜守也从口韋聲○｜就也廣雅釋詁三○｜周｜也易略例是故範｜｜天地之化而不過注○｜謂周｜易繫辭上傳範｜天地之化疏○棋者所執之子以子｜而相殺故謂之｜左氏襄廿五年傳注弈｜棋疏○｜與韋同古今字變爾史記曹相國世家渡｜津索隱○左氏昭十三年傳子｜論衡吉驗作子圍

【幃】說文｜囊也从巾韋聲

【闈】說文｜宮中之門也从門韋聲○宮中之門曰｜左氏哀十四年傳攻｜與大門服注○｜門也左氏昭十三年傳過諸棘｜以歸釋文○｜謂相通小門也爾雅釋宮注○｜門是旁側之門禮記雜記下

夫人至入自｜門疏○｜門或爲帷門禮記雜記下注

【違】說文｜離也从辵韋聲○｜離也詩谷風中心有｜傳○｜去也國語魯語則請納祿與車馬而｜署注晉語以禍爲｜注○｜避也國語晉語｜周難於晉國注○｜異也文選沈休文學省愁臥詩注引廣雅又贈馮文熊遷斥邱令詩注引國語賈注○｜徘徊也詩谷風箋○｜或作愇文選幽通賦｜世業之可懷注

【霏】說文新附｜雨雪皃从雨非聲

【妃】說文｜匹也从女已聲○｜配也禮記曲禮下天子之｜曰后疏○｜者配匹之言非有尊卑之異左氏隱元年傳惠公元｜孟子疏○｜者名通適妾同上○｜嬙貴者左氏哀元年傳宿有｜嬙嬪御焉

注

騑 說文丨驂旁馬从馬非聲○馬在中曰服在外曰丨丨亦名驂續漢輿服志上在左丨馬軛上注引徐廣○名丨者以駟馬有丨丨之容左氏桓三年傳注驂丨馬疏

緋 說文新附丨帛赤色也从糸非聲

飛 說文丨鳥翥也象形凡丨之屬皆从丨○丨絕迹而去也漢書天文志彗孛丨流注引孟康○丨兔要褭古之駿馬也呂覽離俗○蜚鴻蠛蠓也史記周本紀蜚鴻滿野索隱引高誘○離爲丨易乾丨龍在天虞注○韓勑後碑蜚于倉天丨作蜚

非 說文丨違也从飛下翄取其相背凡丨之屬皆从丨○丨不也禮記檀弓下卜刀匕是共疏引皇氏

文漢書陳餘傳陳王丨必立六國後注○丨責也穀梁宣十五年傳丨稅畝之災也注○書呂刑何敬丨刑何度丨及墨子尚賢下丨字俱作不

扉 說文丨戶扇也从戶非聲

肥 說文丨多肉也从肉从卪○丨充也禮記月令贍丨瘠疏

腓 說文丨脛腨也从肉非聲○丨腸也在足之上易艮艮其丨疏○丨丨腸也易咸釋文引王廙○丨足之丨腸也易咸咸其丨疏○丨膞腸也易咸釋文引鄭注

威 說文丨姑也从女从戌漢律曰婦告丨姑○有丨而可畏謂之丨左氏襄卅一年傳○丨畏也易大有丨如吉疏又國語晉語見懷思丨注楚語無有嚴丨注○丨虐皆惡也論衡譴告○丨謂丨儀考工記

弓人注故書畏作丨疏○丨謂丨重禮記祭義嚴丨儼恪疏○丨蕤羽毛之貌文選景福殿賦流羽毛之丨蕤注○丨紆丨夷紆餘流長之貌也文選謝元暉郡內登望詩丨紆距遙甸注

祈 說文丨求福也从示斤聲○丨求福也漢書孔光傳俗之丨禳小數注楊雄傳上於是欽柴宗丨注○丨求也禮記射義又呂覽用民不審其種而丨民之用注適威民日夜丨用而不可得注○丨亦求也周禮大祝丨福祥疏○丨猶禱也求也詩噫嘻序春夏丨穀于上帝也箋○丨告也詩行葦箋○丨告天地及先祖也禮記大傳丨於社注○祭山川曰丨沈考工記玉人注丨文引小爾雅○丨圻畿同詩祈父序箋○古者丨圻畿同字得通用詩祈父序疏○丨或作刉或作畿周禮小子而掌珥于社稷注○詩祈父高陽令楊著碑作頎甫

旂 說文丨旗有眾鈴以令眾也从㫃斤聲○交龍爲丨漢書郊祀志下賜爾丨鸞注○有鈴曰丨續漢輿服志上注引禮記盧植注○丨軍之旌旗左氏僖五年傳取虢之丨注○丨旌旗之屬也禮記明堂位有虞氏之丨注○丨旗是九旗之總名左氏桓二年傳注畫於丨旗疏○丨當爲緌但注旄竿首末有旒緌禮記明堂位疏○禮記明堂位丨十有二旒釋文本又作旗

畿 說文丨天子千里地以遠近言之則言丨也从田幾省聲○方千里曰丨國語楚語而至于有丨田注○丨王丨後漢書朱浮傳爰自丨夏注○丨謂王丨也後漢書董卓傳論毀裂丨服注○丨者期限之名詩谷風疏○丨是丨限之所禮記郊特牲丹漆雕幾之美疏○殷之與周稱丨唐虞稱服禮記王制天子之縣內疏○詩邦丨千里周禮方千里曰王丨書大傳注俱作圻

機說文主發謂之丨从木幾聲○丨主發動易繫辭上傳君子之樞丨丨翟元注○震主動故曰丨也易繫辭上傳荀注○丨丨弩牙也易屯君子幾釋文引鄭注○丨弩丨關言其疾也淮南原道其用之也若發丨注○丨是轉關故爲弩牙書太甲上疏○丨者丨關書孔序撮其丨要疏○丨謂關丨禮記大學其丨如此疏○丨樞丨也文選曹顏遠思友人詩淸丨發妙理注○丨雲梯之屬也國策宋策公輸般爲楚設丨注○丨者以木爲之狀如牀無脚及軶簣也禮記曾子問遂輿丨而往疏○俠髖爲丨素問骨空論○丨當作幾易繫辭上極深而研幾也釋文引鄭注

幾說文丨微也殆也从𢆶从戍戍兵守也𢆶而兵守者危也○丨微也易繫辭下傳丨者動之丨疏○丨謂丨微之事易繫辭上傳丨事不密疏○適動微之會則曰丨易繫辭上傳惟丨也注○凡丨微者乃從无向有其事未見乃爲丨也易屯君子丨疏○丨者去无入有有理而未形之時易文言傳可與丨也疏○丨近也易屯君子丨虞注否其亾其亾集解又周禮占夢注數將丨終疏又論語子路言不可以若是其丨也集解引王注又史記黔布列傳丨是乎集解又呂覽音律數將丨終注審分至知不丨注驕恣丨爲天下笑矣注愼行患丨及令尹注自知則丨無忠臣矣注又淮南說林丨易助也注○丨庶丨也漢書東方朔傳可丨而見也注○丨冀也書孔序庶丨有補於將來疏盤庚下傳言當庶丨相隱括疏又禮記檀弓上其庶丨乎疏○丨辭也易小畜月丨望疏○丨爲語辭易屯疏○丨謂沂鄂禮記少儀則車不雕丨疏○丨與畿字相涉禮記郊特牲丹漆雕丨之美疏○易屯君子丨釋文鄭作機○公羊定元年經晉人執宋仲丨于京師釋文本或作機

譏說文丨誹也从言幾聲○幾察也管子五輔幾而不征注○丨謂呵察禮記王制關丨而不征疏○幾謂呵禁周禮大司徒六曰去幾疏○幾幾异服識异言也國語齊語使關市幾而不征注

磯說文新附丨大石激水也从石幾聲

鞿以繩縛馬口謂之丨漢書刑法志是猶以丨而御䮍突注引孟康

璣說文丨珠不圜也从玉幾聲○丨謂珠之不圜者也漢書江都易王非傳亦遺建荃葛珠丨注○丨珠之不圓者史記李斯列傳傳丨之珥索隱又漢書地理志上厥棐元纁丨組注東方朔傳垂珠丨注○丨似珠而小周書王會請令以珠丨瑇瑁象齒文犀翠羽菌鶴短狗爲獻注○丨爲轉運書舜典在璿丨玉衡疏

饑說文穀不孰爲丨从食幾聲○穀不熟爲丨漢書元帝紀救民丨饉注○穀不熟曰丨國語晉語晉丨注○穀不成熟曰丨爾雅釋天李注○丨饉倉庾不盈也詩楚茨序丨饉降喪箋○穀梁宣十年經丨釋文本或作飢

稀說文丨疏也从禾希聲

希丨庶也文選西征賦注引廣雅○丨亦聲餘史記十二諸侯年表箕子唏索隱○丨乾也周禮地官序官澤虞注水丨曰藪疏○丨覲相也漢書董仲舒傳丨世用事注

晞說文丨乾也从日希聲○丨乾燥也禮記玉藻髮丨用象櫛疏○丨是日之光氣詩東方未明疏

衣說文丨依也上曰丨下曰裳象覆二人之形凡丨之屬皆从丨○丨身之章也左氏閔二年傳○丨

所以蔽形風俗通愆禮○丨衞體寒論衡譏日○丨猶覆蓋列子天瑞則爲黽蠙之丨注○丨所以明貴賤漢書五行志中之上丨身之章也注○丨服所以表貴賤也管子君臣旌之以丨服注○丨裳也禮記曲禮上摳丨趨隅疏○丨謂裳也禮記曲禮上兩手摳丨疏○素丨者謂素裳也詩素冠庶見素丨兮箋○丨是陽從奇數周禮司服注九章疏○丨卽身也儀禮喪服記注明與身參齊疏○乾爲丨易說卦釋文引荀爽集解○丨取象乾居上覆物易繫辭下傳垂丨裳而天下治九家注

依 說文丨倚也从人衣聲○丨謂丨倚也禮記學記不學博丨疏○丨違者不決也漢書韋元成傳丨違者一年注○丨違不決之意也漢書律厤志上丨違以惟注○丨違言不專決也漢書劉歆傳猶丨違謙讓注○丨韋諧和不相乖離也漢書禮樂志丨韋饗昭注

沂 說文丨水出東海費東西入泗从水斤聲一曰丨水出泰山葢青州浸

巍 說文巍高也从嵬委聲○丨丨者高貌漢書儒林傳丨丨乎其有成功也注

歸 說文丨女嫁也从止从婦省𠂤聲𨺅籒文省○丨嫁也禮記大學之子于丨疏○女謂嫁爲丨禮記禮運女有丨疏○婦人謂嫁爲丨詩七月箋悲則始有與公子同丨之志疏又左氏僖十五年傳遇丨妹之睽疏○婦人謂嫁曰丨易泰帝乙丨妹九家注○女人生有外成之義以夫爲家故謂嫁曰丨也易漸女丨吉疏○婦人生以父母爲家嫁以夫爲家故謂嫁曰丨公羊隱二年傳婦人謂嫁曰丨注○從娣而行謂之丨易歸妹丨妹以娣疏○丨者有所往之稱左氏莊廿七年傳疏引釋例○丨不反之辭左氏莊廿七年傳出曰來丨注○丨者不反之稱周禮大宗伯注天王使石尚來丨脤疏○言大丨者不反之辭

詩燕燕序箋戴嬀於是大丨疏○丨者丨其所也穀梁僖廿八年傳○丨據嚮家之辭詩采薇序杕杜以勤丨也疏○古者謂死人爲丨人爾雅釋訓注引尸子又列子天瑞○丨終也呂覽求人丨已君乎注○丨饋也禮記曾子問不丨肉疏○丨遺也左氏閔二年傳丨公乘馬注昭廿四年傳丨王乘舟注○丨者遺也左氏莊卅一年經注捷獲也疏引釋例○丨謂丨遺也禮記內則子弟猶丨器疏○丨依丨詩蜉蝣於我丨處箋○丨當作愧國策秦策狀有丨色注

褘 說文丨蔽厀也从衣韋聲周禮曰王后之服丨衣謂畫衣○丨衣六服之首王后之上服詩葛覃傳婦人有副丨盛飾疏○丨王后之上服禮記明堂位夫人副丨立于房中注○丨衣是王后之服禮記玉藻再命丨衣疏○丨當爲翬周禮內司服丨衣疏

痱 丨病也文選謝靈運戲馬臺集詩注引詩百卉具腓毛傳○丨風病也史記魏其武安侯列傳聞郎恚病丨索隱又漢書灌夫傳郎陽病丨注○丨風漢書賈誼傳又類辟且病丨注

欷 說文丨歔也从欠稀省聲

狶 集韻或从犬○狶膏猪脂也史記田完世家狶膏棘軸索隱

溦 說文溦小雨也从水微省聲

幑 說文幑幟也以絳幑帛箸於背从巾微省聲春秋傳曰揚幑者公徒○徽號旌旗之名也後漢書魯恭傳唯正朔服色犧牲丨號器械而已注

騑 說文丨馬逸足也从馬从飛司馬法曰飛衞斯輿

厞 丨是屋簷也禮記喪大記甸人取所徹廟之西北厞丨薪用爨之疏○丨謂西北隅丨隱之處禮記喪大記疏引熊氏

葳 丨蕤羽飾貌漢書司馬相如傳上錯翡翠之丨蕤注

刉 丨衈者釁禮之事周禮犬人凡幾珥沈辜注○毛牲曰丨羽牲曰衈周禮肆師注珥當爲衈疏

嘰 說文丨小食也从口幾聲○丨食也酉陽雜俎酒食引廣雅

鵗 北方曰丨雉左氏昭十七年傳五雉爲五工正注

馡 丨丨香也集韻引廣雅

婓 說文丨往來丨丨也一曰醜貌从女非聲○丨丨往來貌也漢書楊雄傳上丨丨遲遲而周邁注

碕 丨曲岸也漢書楊雄傳上探巖排丨注○埼曲岸也漢書地理志上會稽郡鄞注○埼曲岸頭也漢書司馬相如傳上激堆埼注引張揖○曲岸頭曰隑隑郇丨字漢書司馬相如傳下注○隑郇丨字謂曲岸頭也史記司馬相如列傳臨曲江之隑州索隱

圻 天子所居千里曰丨左氏襄十五年傳甸采衞大夫注○丨界也文選辯亡論上風衍遐丨注○周司馬掌封畿之甲兵故謂之丨父左氏襄十六年傳賦丨父注○丨亦畿字漢書文帝紀封丨之內注

禨 丨祥揔謂鬼神之事也漢書趙敬肅王彭祖傳不好治宮室丨祥注

○以下據廣韻錄

敳 說文敳妙也从人从攴豈省聲

𥳑 說文丨竹也从竹微聲籢籀文从微省

獋 說文新附丨獸名从犬軍聲

褘 說文丨重衣皃从衣圍聲爾雅曰丨丨𧞤𧞤

湋 說文丨回也从水韋聲○丨淵也廣雅釋水

囗 說文丨回也象回帀之形凡丨之屬皆从丨

潿 說文丨不流濁也从水圍聲

𢾺 說文丨戾也从攴韋聲

靟 說文丨毛紛紛也从毳非聲

䀏 說文丨大目也从目非聲

蜰 說文丨盧丨也从虫肥聲

楲 說文丨丨窬褻器也从木威聲

媁 說文丨不說皃从女韋聲

魕 說文丨鬼俗也从鬼幾聲淮南傳曰吳人鬼越人丨

𧯛 說文丨𢻃也訖事之樂也从豈幾聲

𦡅 說文丨頰冈也从冈幾聲讀若譏

蚚 說文丨強也从虫斤聲

蟣 今江東呼水中蛭蟲入人肉者爲丨爾雅釋魚蛭丨注

蘄丨馬御也文選西京賦結駟方丨薛注

磯說文新附丨大石激水也从石幾聲

⿺走幾說文⿺走幾走也从走幾聲

僟說文丨精謹也从人幾聲明堂月令歲將丨終

⿱幾血說文丨以血有所刏涂祭也从血幾聲

莃說文丨兔葵也从艸稀省聲

睎說文丨望也从目稀省聲海岱之閒謂眄曰丨

⿰女衣說文丨女字也从女衣聲讀若衣

⿰阝衣說文丨酒泉天丨阪也从𨸏衣聲

蘬說文丨薺實也从艸歸聲

○以下據集韻錄

覹說文丨司也从見微聲

⿰東韋說文丨束也从東韋聲

㐆說文丨歸也从反身凡丨之屬皆从丨

⿴衣韋說文丨衺也从衣韋聲

經籍籑詁卷第五補遺終

經籍纂詁卷第六

經筵講官南書房翰林戶部左侍郎兼署兵部左侍郎提督浙江學政阮元撰集　上平聲

六魚

魚｜蟲之生於水而游於水者也洪範五行傳時則有｜孽注○｜者介鱗之物書古太誓白｜入于王舟馬注○｜陰類也隋書五行志下引洪範五行傳○｜者蟲之隱者也易象下傳豚｜吉注○｜木精論衡指瑞○｜亦謂白鰓藏周禮鼈人秋獻龜｜注○｜水物以頭枚數陰中之物取數於月十有五日而盈儀禮特牲饋食禮記｜十有五注○巽爲｜｜易剝貫｜以宮人寵虞注姤包有｜虞注中孚豚｜吉虞注繫辭下傳以田以｜虞注○｜鯉鮒之屬也呂覽孟春｜上冰注○鮮｜曰脡祭獨斷上○中有

岱嶽與其五穀｜鹽生焉爾雅釋地○｜麗言太平年豐物多也儀禮鄉飲酒禮乃閒歌注燕禮乃閒歌｜麗注○南有嘉｜言太平君子有酒樂與賢者共之也儀禮鄉飲酒禮乃閒歌注燕禮閒歌注○｜服矢服也詩采芑簟茀｜服箋○｜刀｜兵如刀者也書大傳｜刀注○｜石頭中石也書大傳｜石注○｜劍｜兵如劍也書大傳｜劍注○｜腸劍也廣雅釋器○｜｜腸文理屈辟若｜｜腸者良劍也淮南脩務夫純鉤｜｜腸之始下型注○｜山卽吾山也水經濟水注○｜伯青蚨也廣雅釋蟲○｜獸名左氏閔二年傳歸夫人｜軒服注○二目白魚爾雅釋畜○二目白曰｜詩駉有驔有｜傳○｜當作吾列子黃帝姬｜語汝注○詩駉釋文｜字書作驗字林作䲒○爾雅釋畜二目白｜釋文｜本作䲒○｜太史名周書王會相者太史｜大行人皆朝服有繁露注○魯公子｜字奚斯見詩閟宮正義○韓詩外傳梁｜說苑作邸吾子

漁取魚曰｜易繫辭以佃以｜釋文引馬注○｜取魚也詩魚麗傳獺祭魚然後｜釋文○｜奪也漢書宣帝紀集注引如淳○飾詐以釣君利謂之｜利管子法禁｜利蘇功注○｜讀若相語之語呂覽季夏乃命｜師注○｜讀相語之語也淮南時則乃命｜人注○｜讀如論語之語呂覽季冬命｜師始｜注○｜讀論語之語淮南時則命｜師始｜注○｜讀告語淮南原道朞年而｜者爭處湍瀨注○｜聲類作戲戲二體華嚴經音義下○○｜大篆作瀏同上○｜古文作戲一切經音義六○今月令｜師爲榜人禮記月令命｜師伐蛟注○禮記月令命｜師始｜人周禮戲人注作命｜師爲梁○詩魚麗傳獺祭魚然後｜釋文｜本作戲○周禮戲人釋文戲本作魚

初｜始也穀梁隱五年傳又爾雅釋詁又易既濟｜吉虞注又詩生民厥｜生民箋又離騷皇覽揆余于｜度兮注又天問遂古之｜注○｜者始也穀梁宣十五年傳又大戴記夏小正｜歲祭耒傳又淮南本經神明定於天下而心反其｜｜注○｜者何始也公羊隱五年傳宣十五年傳○｜始也下也易繫辭下傳｜帥其辭虞注○｜始生也離騷｜既與余成言兮注○｜者數之始易繫辭下傳其｜難知注○太｜者氣之始也白虎通天地引乾鑿度○｜慮陽上升而始謀也書大傳名曰｜慮注○梁益之閒謂鼻爲｜方言十三○｜猶故也儀禮覲禮伯父帥乃｜事注○｜爲故也太元養復繼之｜注○｜謂故事禮記檀弓下夫魯有｜注○｜謂性命之本莊子繕性無以反其性情而復其｜注○｜舒也廣雅釋詁四○｜者地氣也素問六微旨大論○史記伯夷傳索隱夷齊之父名｜字子朝

書｜者文字書序釋文○｜心畫也法言問神○｜
六｜之品周禮大司徒禮樂射御｜數注○六｜
象形會意轉注處事假借諧聲也周禮保氏五曰六
｜司農注○｜如也廣雅釋言○｜者如也古微書
引書璿璣鈐○｜者如也舒也紀也古微書引孝經
援神契○｜記也廣雅釋言○｜記之周禮黨正而
｜其德行道藝注○｜庶也紀庶物也亦言著也著
之簡紙永不滅也釋名釋書契○書著也廣雅釋言
○｜著此竹帛謂之｜｜者此之著者也賈子道德說
○｜者言也韓非子喻老○｜言是其事也荀子儒
效○｜所以紀政事荀子勸學注○｜者政事之紀
也荀子勸學○｜籍也左氏哀十五年傳｜社五百
服注○｜謂六經也荀子天論萬物之怪｜不說注
○奏記轉易其名謂之｜論衡對作○｜謂簿｜契
其最凡也周禮司會凡在｜契版圖者之貳注○司
｜主計會之簿｜周禮天官序官司｜注○｜謂録

其名籍管子霸形市｜而不賦注○｜社謂以社之
戶口｜於版圖荀子仲尼與之｜社三百注○｜契
符｜也周禮小宰司農注○｜契取予市物之券也
其券之象｜兩札刻其側周禮質人掌稽市之｜契
注○｜契謂出予受入之凡要凡簿｜之最目獄訟
之要辭皆曰契周禮小宰六曰聽取予以｜契注○
｜刀給｜簡札有所刊削之刀也釋名釋兵○｜卦
者筮人以方寫所得之卦也儀禮士冠禮｜卦注○
｜佐主幹文｜後漢蔡邕傳注○羽｜即羽檄也文
選詠霍將軍北伐詩羽｜時斷絶注○坤爲｜易繫
辭下傳易之以｜契虞注○齊
孫｜字占見左傳昭十九年

舒｜展也廣雅釋詁三又小爾雅廣言又素問氣交
變大論其政｜啟注○｜勃展也東齊之間凡展
物謂之｜勃方言六○｜散也淮南本經贏縮卷｜
注○｜啟也素問五常政大論其令條｜注○｜詳

也淮南原道｜之幎於六合注○｜徐也詩野有死
麕｜而脫脫兮傳常武王｜保作傳又考工記弓人
斲目必荼司農注○｜遲也詩月出｜窈糾兮傳○
｜遲也廣雅釋詁四○｜舉遲也書洪範曰｜恒燠
若鄭注○｜緩也爾雅釋言又公羊成元年注｜恒
奧若釋文又洪範五行傳朓則侯王｜注又漢書司
馬相如傳下集注又後漢蔡邕傳注又淮南說山其
聲｜揚注○｜謂徐緩穀梁桓十四年傳聽遠音者
聞其疾而不聞其｜注○｜猶慢也史記五帝紀貴
而不｜索隱○｜蘇也楚通語也方言十○｜敘也
爾雅釋詁○｜緒也同上○望｜月御也離騷前望
｜使先驅兮注○｜鴈鶩爾雅釋鳥○｜鴈鶩也儀
禮聘禮記出如｜鴈注○｜鳧鶩爾雅釋鳥○楚公
子追｜字子南見左傳襄廿二年○左傳襄廿三年
晉魏｜史記魏世家索隱引世本作荼○楚
辭懷沙｜憂娛哀史記屈原賈生傳｜作舍

居｜坐也國語魯語｜吾語女注○｜猶坐也後漢
蔡邕傳注○｜謂坐也周禮凡以神仕者以猶鬼
神示之｜注○｜猶安坐也禮記樂記｜吾語女注
○｜猶復座也論語陽貨｜吾語汝皇疏○｜處也
易繫辭則｜可知矣釋文又漢書燕刺王旦傳集注
○｜猶處也周禮大史掌建邦之六典注○｜士道
藝處士也禮記玉藻｜士錦帶注○｜所呂覽精諭
聞蜻皆從女｜注○｜止呂覽愼人胼胝不｜注○
｜不動也素問平人氣象論前曲後｜注○｜安呂
覽上農無有｜心注○｜安｜也荀子正論｜則設
張容負依而坐注○｜錯安｜也荀子非相｜錯遷
徙注○｜閒｜也孝經仲尼｜釋文引王注○｜謂
閒｜孝經注○｜｜講堂也孝經釋文引鄭注○｜
也室太元元錯○｜得乎位太元元衝○｜據也廣
雅釋言○｜猶當也禮記王制數各｜其上之三分
注○｜近也呂覽誣徒｜則不安注○｜治也周書

作繼農｜郚得以庶士注○｜者不逐於外也莊子
天地欲同乎德而心｜矣注○清淨無爲之謂｜老
子無狎其所｜王注○｜静而思道也孝經仲尼｜
釋文引孔注○｜謂未仕者文選補亡詩彼｜之子
注○｜蓄也國語晉語假貸｜賄注○｜猶畜也論
語公冶長臧文仲｜蔡皇疏○｜停蓄也史記平準
書廢｜居邑索隱引劉氏○｜謂所宜｜積者書益
稷懋遷有無化｜傳○｜猶壅閉也呂覽圜道一有
所｜則八虛注○天子以天下爲家故所在稱｜轂
梁僖廿四年經天王出｜于鄭注○○廣｜謂天下也
孟子滕文公下｜天下之廣｜注○○｜墳墓也詩葛
生歸于其｜箋又後漢蔡邕傳注○○｜謂牧庌所處
周禮趣馬辨四時之｜治注○艮爲｜易頤｜貞吉
虞注彖下傳二女同｜虞注二女同｜虞注象下傳
｜德則忌虞注君子以｜賢德善俗虞注王｜无咎
虞注｜位中也虞注君子以愼辨物｜方虞注繫辭

上傳君子｜其室虞注繫辭下傳剛柔雜｜虞注○
艮爲穴｜易繫辭下傳上古穴｜而野處虞注○｜
｜惡也爾雅釋訓○｜｜不狎習之惡爾雅釋訓李
注○｜｜懷惡不相親比之貌詩羔裘自我人｜｜
傳○｜讀曰｜處之｜呂覽圜道有所｜則八虛注
○吳楚之人謂｜爲于封氏聞見記○禮記中庸君
子｜易以俟命論衡幸偶作君子處易以俟命孟子
｜於於陵論衡刺孟作處於於陵○爾雅釋草望乘
｜釋文｜
本作車
裾｜｜裒也淮南齊俗楚莊王｜衣博袍注○袪謂之
注○｜倨也倨倨然直亦言在後常見踞也釋名釋
衣服○｜｜衣服盛貌荀子子道由是｜｜何也注
○｜與倨同荀子宥坐其流
也埤下｜拘必循其理注

車｜古者曰｜聲如居言行所以居人也今曰｜聲
近舍｜舍也行者所處若居舍也釋名釋車○｜
輿也考工記輿人輿人爲｜注○｜木也墨子小取
○｜士大夫所乘易賁舍｜而徒崔注○禮天子大
路諸侯路｜大夫大｜士飾｜公羊昭廿五年傳注
○｜副也太元元文爲｜爲馬注○｜貳｜也周禮
巾車陳｜注○｜戎｜也詩江漢既出我｜箋○道
｜朝夕及燕出入之｜儀禮既夕記道｜載朝服注
○乘｜玉路周禮夏采以乘｜建綏復于四郊注○○
皮｜遣｜之革路周禮司裘大喪廞裘飾皮｜注○○
素｜｜殷路也禮記郊特牲乘素｜貴其質也注○胡
奴｜東胡以罪沒入官爲奴者引之殷所制也釋名
釋車○｜巾｜也儀禮聘禮記肸肉及庾｜注○｜
載柩｜周禮謂之蜃｜雜記謂之團儀禮既夕記遂
匠納｜于階間注○坤爲｜易剝君子德｜虞注大
畜輿說腹虞注解負且乘虞注○坎爲｜易小畜尚

得載虞注賁舍｜而徒虞注睽見輿曳載鬼一｜虞
注○坤爲大｜易說卦傳其于輿也虞注○坤爲｜
輿易大畜日閑輿衛虞注○｜爲月大戴記保傳側
聽則觀四時之運注○頤或曰輔｜或曰牙｜或曰
頰｜或曰𩨶｜凡繫於｜皆取在下載上物也釋名
釋形體○揭｜｜芳草也一名芞輿離騷畦留夷與揭
｜兮注○｜搞鶌杔也廣雅釋鳥○｜或爲居禮記
禮運天子以德爲｜注○莊子徐無鬼若乘日之｜
釋文｜元嘉本作居○易大有大｜以載釋文｜蜀
才本作輿賁舍｜而徒釋文｜張本作輿困困于金
｜釋文｜本作輿○書｜服以庸春秋繁露度制作
鞏｜服有庸○詩出車我出我｜荀子大略作我出我
輿出｜彭彭史記匈
奴傳作出輿彭彭
渠○｜者水所居也風俗通山澤○｜坑也廣雅釋水
○｜溝也呂覽上農不敢｜地而耕注○｜匽所

以制水荀子非相府然若丨匽鼴拓之於己也注○
丨弭禆海也國語齊語丨弭於有渚注○河所丨并
千七百一川色黃爾雅釋水○丨大也書允征殲厥
丨魁傳又周禮鍾師肆夏呂叔玉注又漢書王褒傳
集注田叔傳集注司馬相如傳下集注孫寶傳集注
薛宣傳集注咸宣傳集注又後漢光武紀上注又荀
子彊國是丨衡入穴而求利也注○鯱帥也廣雅釋
言○丨丨盛也廣雅釋訓○丨丨不寬泰之貌荀子
脩身有法而無志其義則丨丨然注○丨丨猶勤勤
也詩權輿於我乎夏屋丨丨箋○丨思文也周禮鍾
師肆夏呂叔玉注○肆夏繁遏丨皆周頌也同上○
肆夏繁遏丨所謂三夏矣周禮鍾師杜注○丨罔也
書大傳取大貝如車丨注○轆輞也廣雅釋器○丨
車輞言跰脚也山海經海內經韓流丨股注○車丨
車軔也書顧命傳如車丨釋文○丨謂車輮所謂牙
考工記車人丨三柯者三司農注○丨二丈七尺謂

罔也其徑九尺考工記車人注○丨眉玉飾之溝瑑
也周禮典瑞駔圭璋璧琮琥璜之丨眉注○杷宋衛
之閒謂之丨挐或謂之丨疏方言五○丨衝攻城之
大車也或作距衝荀子彊國是丨衝入穴而求利也
注○丨門旗名管子小匡丨門赤旂注○蜉蝣秦晉
之閒謂之蠑蠁方言十一○丨耳丨也一切經音義
四引埤蒼○丨讀爲遽古字丨遽通荀子脩身有法
而無志其義則丨丨然注○詩澤陂傳荷夫丨也釋
文丨本作蕖爾雅釋草荷夫丨丨也釋文丨本作蕖○
詩蜉蝣傳蜉蝣丨略也釋文丨本作蝶○爾雅釋鳥
鸒鴿雝丨釋文丨本作鸊○左氏定十五年齊侯衛
侯次于丨蒢公羊作蘧蒢穀梁作蕖蒢○史記孔子
世家雍丨孟子作癰疽韓
子作雍鉏說苑作雍雎

蕖 丨芋也其莖謂之葋廣雅釋草○芋丨卽芋魁也
一名蹲鴟大葉其根亦可食也後漢馬融傳注

余 丨我也爾雅釋詁又家語觀周亦莫丨敢侮注又
離騷皇覽揆丨于初度兮注○丨身也爾雅釋詁
又左氏僖九年傳丨敢貪天子之命無下拜注○丨
卑謙之身也爾雅釋詁舍人注○丨舒遲之身也爾
雅釋詁孫注○四月爲丨爾雅釋天○四月萬物皆
生枝布葉故曰丨丨舒也爾雅釋天李注○丨當爲
餘聲之誤也周禮委人凡其丨聚以待頒賜注○爾
雅釋天釋文丨本作舒○爾雅釋草荅接丨釋文丨
本作荼○史記匈奴傳比丨索隱曰漢書作比疏
○爾雅釋天四月爲丨詩小明箋作四月爲除

予 丨我也爾雅釋詁又詩河廣跂丨望之箋陟岵父
曰嗟丨子行役箋葛生丨美亡此箋墓門訊丨不
顧箋祈父丨王之爪牙箋鯀丨曰有疏附箋桑柔雖
曰匪丨箋小毖丨又集于蓼傳又禮記檀弓注自丨
不能及釋文祭義今丨忘孝之道注中庸人皆曰丨
知注丨懷明德注又公羊襄廿九年傳尚速有悔於

丨身注哀十四年傳天喪丨注又論語八佾起丨者
商也集解引包注又皇疏雍也丨所否者皇疏述而
天生德于丨皇疏丨有亂臣十人皇疏泰伯啟丨足
皇疏子罕且丨與其死於臣之手也皇疏先進天喪
丨皇疏陽貨丨與爾言皇疏堯曰丨小子履皇疏又
後漢張衡傳注又孟子離婁下丨未得爲孔子徒也
注告子下丨不屑之教誨也者注又太元戾其心丨
覆夫諝注翕正丨也注又呂覽贊能夷吾佐丨注又
楚辭少司命芳菲菲兮襲丨注○丨亦我也白虎通
號○非丨武非我武功也禮記坊記非丨武注○丨
余古今字禮記曲禮下丨一人注○古文丨爲于儀
禮士喪禮抽扃丨左手注○丨無余音匡謬正俗三
○莊子至樂丨果觀乎釋文丨本作
子○魯宰丨字子我見史記弟子傳

譽 丨之爲言名也古微書引孝經援神契○則燕則
丨言國安則有名丨禮記射義則燕則丨注○丨

游也左氏昭二年傳宣子丨之服注○丨或爲與禮記射義注

輿集韻或作轝○轝車也呂覽報更嘻君轝注○丨猶車也獨斷上○丨者車之總名也後漢光武紀下注○丨謂軫軸也荀子禮論丨藏而馬反告不用也注○丨載也廣雅釋詁二又後漢光武紀下注○丨舉也釋名釋車又廣雅釋詁一○轝舉也廣雅釋詁一○丨衆也周禮夏官序官丨司馬注又左氏僖廿八年傳聽丨人之謀注成二年傳無令丨師淹於君地注哀廿四年傳使求從丨人注又國語魯語敢犒丨師注晉語敢犒丨師注丨人謂之注又漢書嚴助傳集注引張晏又後漢楊震傳注烏桓鮮卑傳注又呂覽決勝蹝斯丨白徒注季秋丨受車以級整設於屏外注又淮南兵略此丨之官也注又文選東京賦丨徒不勞薛注○丨衆也佐皁舉衆事也左氏昭七年傳皁臣丨服注○丨多也廣雅釋詁三○天子車馬衣服器械百物曰乘丨獨斷上○丨鬼南方之宿後漢郎顗傳注○丨地道也後漢王景傳注又文選甘泉賦注引淮南許注○坤爲轝易困困于金轝虞注○坤爲大轝易說卦傳大有大丨以載虞注大壯壯于大丨之腹虞注○丨鵴鵴爾雅釋鳥○丨機或爲餘機禮記曾子問遂丨而往注○丨謣或作邪謣呂覽淫辭前呼丨謣注○易大畜丨說輻釋文丨本作轝○易剝君子得丨釋文丨董本作車論語鄉黨丨中不內顧釋文丨本作車老子雖有舟丨釋文丨河上本作車○周禮大司樂注在東井丨鬼之外釋文丨本作與左傳襄二年使正丨子賂夙沙衞丨釋文丨本作與襄十年王叔陳生與伯丨爭政釋文丨本作與襄卅一年生去疾及展丨釋文丨本作與定五年囚闉丨罷釋文丨本作與莊子逍遙遊吾聞言于接丨釋文丨本作與大宗師子祀子丨釋文丨本作與○史記弟子傳曾參字子丨家語作字子與論語楚狂接丨莊子逍遙遊釋文作接與○爾雅釋草藕車乞丨釋文丨本作薁又作蒢○左傳成二年韓厥夢子丨國語晉語注作子鍼○

公西丨如字子上見史記弟子傳

餘丨饒也國策秦策不得煖衣丨食注又淮南精神適情不求丨注○丨猶多也呂覽辯上亦無使有丨注○丨皆也廣雅釋詁三○丨衆也周書羅匡丨子務藝注○丨子猶衆子也書大傳丨子皆入學注○丨子謂羨也周禮小司徒大故致丨子司農注○丨于官氏也呂覽離俗平阿之丨子注○丨久也廣雅釋詁三○丨謂過度荀子富國不求其丨注○丨非也廣雅釋詁四○丨皇臾之船名後漢馬融傳注○艅艎舟也廣雅釋水○丨蚔貝黃白文曰丨蚔詩巷伯釋文引字書○越人謂鹽曰丨越絕書外傳記地傳○史記屈原賈生傳丨何畏懼索隱曰楚辭丨並作余○古今人表臾丨昧春秋昭十五年作夷末

胥丨相也爾雅釋詁又書盤庚序民咨丨怨傳又詩雨無正淪丨丨以鋪箋角弓無丨遠矣箋緜聿來丨宇傳公劉于丨斯原傳桑柔載丨及溺箋不丨以穀箋閟宮壽丨與試箋又後漢書注引韓詩又禮記表記無能丨以寧注又公羊桓三年傳丨命者何相命也注又周書度訓何以丨役也注作維凡工賈丨市注皇門維時及丨學于非夷注又方言六丨由輔也注又史記屈原賈生傳傳說丨靡索隱引晉灼李斯傳丨人者正義又漢書楚元王傳集注引晉灼楊雄傳下集注引張晏敘傳下集注又後漢楊彪傳注馬融傳注蔡邕傳注又孟子離婁上載丨及溺注又管子法法四者備體則丨足注又莊子應帝王是于聖人也丨易釋文引簡文注山木猶且丨疏于江湖之上下釋文引李注又列子力命丨如志也釋文又文選東京賦于斯丨洎薛注晉武帝華林園集詩人丨悅欣注○丨者相也賈子禮○丨之爲言猶相也穀

梁桓三年傳○丨命者何相命也同上○丨皆也爾
雅釋詁又詩桑扈君子樂丨傳角弓民丨然矣箋抑
無淪丨以亡箋韓奕侯氏燕丨箋有駜干丨樂兮箋
又漢書楊雄傳上集注○丨皆也東齊曰丨方言七
○丨輔也吳越曰丨方言六○丨助也廣雅釋詁二
○丨視也管子樞言與人相丨注君臣丨令而動者
也注○丨疏也莊子應帝王是于聖人也丨易釋文
引司馬注○丨少也謂少時也列子天瑞胡蝶丨也
釋文○丨待管子大匡將丨有所定也注姑少丨丨其
自及也注○丨須也漢書楊雄傳下集注敘傳上集
注引應劭又孟子萬章上帝將丨天下而遷之焉注
又莊子山木猶且丨疏于江湖之上下釋文引司馬
注○丨猶須也史記趙世家而丨之入集解廉頗藺
相如傳丨後令正義扁鵲倉公傳丨與公往見之集
解引徐廣○丨醬也周禮庖人注青州之蟹丨釋文
○丨先於反蟹醬也周禮庖人釋文引字林○蟹丨

取蟹藏之使骨肉解丨丨然也釋名釋飲食○丨靡
刑罪之名也呂覽求人傳說殷之丨靡注○丨靡刑
徒人也荀子儒效鄉也丨靡之人注又莊子庚桑楚
丨靡登高而不懼釋文引司馬注○丨靡腐刑也莊
子庚桑楚釋文引崔注○丨靡癃人也莊子庚桑楚
釋文○丨樂官也禮記喪大記大丨是斂衆丨佐之
注○丨餘里落之壁書大傳不愛人者及其丨餘注
○丨敖國名莊子齊物論欲伐宗膾丨敖釋文引司
馬注○姑丨即姑蘇也文選吳都賦造姑蘇之高臺
注○丨讀如宿偦之偦周禮士師以比追丨之事注
○丨讀爲偦周禮偦閭氏而比其追丨者注○丨當
爲祝字之誤禮記喪大記大丨是欽衆丨佐之注○
丨須古人通用史記廉頗藺相如傳索隱○書大誥
誕鄰丨伐于厥室漢書翟方進傳作欲相伐于厥室
詩公劉聿來丨宇新序雜事作聿來相宇○史記匈
奴傳丨紕索隱曰漢書作犀毗○列子天瑞乾餘丨

之沐釋文丨
南華經作骨

狙 丨獨猴也後漢黨錮傳注○丨一名獦狚似猿而
狗頭莊子齊物論猿猵丨以爲雌釋文引司馬注
○猵丨一名獦狚莊子齊物論釋文引崔注○丨伺
也漢書諸侯王表集注引應劭又荀子大略藍苴路
作似知而非注又管子七
臣七主從丨而好小察注

鋤 亦作鉏○鉏犂也一切經音義十二引三蒼○鉏
茲其也一切經音義十九引蒼頡○丨助也去穢
助苗長也釋名釋用器○鉏藉也周禮司巫及蒩館
杜注○詩甫田箋使民丨作耘耔釋文丨本作助○
爾雅釋鳥鷺舂丨釋文丨本作鉏○左傳僖卅三年
注耨鉏也釋文鉏本作鋤○爾雅釋樂注背上有二
十七鉏鋙釋文鉏本作丨○孔子世家黎鉏左傳定
九年作犂彌韓子內儲說作黎且○左傳宣三年鉏

麑呂覽過理作沮麛孔子世家黎鉏意林引韓子作
黎沮○魯公鉏亦作公彌見左傳襄廿三年○齊公
子鉏亦作南郭且
于見左傳哀六年

疏 俗作疎廣韻或作綖紨○丨通也廣雅釋詁一又
國語周語丨爲川谷以導其氣注又漢書司馬相
如傳下集注又孟子滕文公上禹丨九河注又荀子
禮論丨房檖貌越席牀笫几筵所以養體也注大略
丨知而不法注解蔽丨觀萬物而知其情注又淮南
本經丨川而爲利注又文選魏都賦丨通溝以濱路
劉注○丨開也文選述祖德詩隨山丨濬潭注○丨
嘯也文選王撫軍庾西陽集別作一首注引蒼頡○
丨徹也國語晉語公令丨軍而去之注○丨理也文
選江賦濯翮丨風注○丨滌也國語楚語教之樂以
丨其穢而鎭其浮注○丨分也史記黥布傳集解引
漢書音義又漢書英布傳集注引張晏又淮南原道

襄子｜隊而擊之注又文選陽給事誄｜爵紀肅注
○｜稀也楚辭東皇太一｜緩節兮安歌注○｜希
也呂覽辯士不知其稼之｜而不適也注○｜外也
春秋文曜鉤亢爲｜廟宋注○｜遠也文選長楊賦
注引字書又漢書谷永傳集注引晉灼又家語賢君
故夫不比於數而比於｜注又呂覽愼行王巳奪之
而｜太子注又楚辭大司命不寖近兮愈｜注○｜
遲也廣雅釋詁四○｜猶遲也淮南說林若以燧取
火｜之則弗得注○｜長淮南氾論體大者節疏注
○疏大也太元元首都序三位疏成注止車轂均｜
注○｜索也獲索相遠也釋名釋言語○｜識也廣
雅釋詁二○｜治也廣雅釋詁三○｜布陳也楚辭
湘夫人｜石蘭兮爲芳注○｜躍布散也淮南俶眞
今夫萬物之｜躍枝舉注○○｜徒跣也淮南道應子
佩｜揖注○狩則來太元元衝○狩也進太元元錯
○率下親上曰｜附詩緜予曰有｜附傳○｜謂窻

也史記禮書｜房牀第几席索隱○｜房通明之房
也荀子禮論注○疏刻鏤也文選魯靈光殿賦天窗
綺疏張注○｜鏤也文選東京賦注引蔡邕月令章
句○｜通刻其頭禮記明堂位般以｜勺注○｜刻
穿之也文選西京賦交綺豁以｜寮薛注○｜鏤謂
雕鏤也後漢馬融傳注○｜壁琮者通於天地周禮
典瑞｜壁琮以斂尸注○｜謂飾畫之也管子問大
夫｜器注○｜匕匕柄有刻飾者儀禮有司徹覆二
｜匕于其上注○｜匕形如飯東以棘爲之三禮圖
引舊圖○龍｜杓也廣雅釋器○紡纚絲織之曰｜
｜寥也寥寥然也釋名釋采帛○｜者言其經緯｜
也同上○｜哀也書大傳諸侯｜杼注○齊｜齊衰
也孟子滕文公上齊｜之服注○｜屨者蔍蒯之菲
也儀禮喪服傳○疏字爲或余漢書匈奴傳上集注
○故書｜爲揟周禮巾車｜飾司農注○｜字本作
跡漢書趙充國傳集注○國策魏策東有淮穎沂黃

煮棗海鹽無疏
史記作無胥
疏｜通作疏○菜謂之｜小爾雅廣物○可食之菜曰
｜周書大匡無播｜注○菜｜曰疏淮南主術秋
畜疏食注○｜食菜食也論語述而飯｜食飲水集
解引孔注又皇疏○｜菜也一切經音義十七引字
林○疏菜也周禮太宰注疏不熟曰饉釋文又莊子
山木猶月胥疏于江湖之上下釋文引司馬注○草
實曰｜國語魯語能殖百穀百｜注○草實曰疏食
呂覽仲冬有能取疏食注○草木之實爲｜食禮記
月令有能取｜食田獵禽獸者注○｜草有實者後
漢呂強傳注○疏草也莊子山木釋文引李注○凡
草菜可食者通名爲｜爾雅釋天疏不熟爲饉注○
疏材百草根實可食者周禮大宰八曰臣妾聚斂疏
材注○疏粳米禮記稻曰嘉疏家語終記含以疏米
三具注○疏麤也謂糲米也詩召旻彼疏斯粺箋○

｜食麤食也論語鄉黨雖｜食菜羹皇疏○｜食糲
食也孟子萬章下雖｜食菜羹注○疏糲麤也文選
魏都賦非疏糲之士所能精劉注○疏之言麤也禮
記玉藻客飧主人辭以疏注○｜猶麤也論語憲問
飯｜食皇疏○疏猶麤也儀禮喪服傳食疏食注疏
衰裳齊注○疏麻神麻也楚辭大司命折疏麻兮瑤
華注○疏與｜通荀子富國然後葷菜百疏以澤量
注○疏卽古｜字文選獄中上書自明此鮑焦所以
忿於世注○｜讀若糈莊子天道鼠壤有餘｜釋文
引司馬注○禮記射義注樹著｜曰圃釋文｜本作
疏論語憲問釋文｜本作疏○禮記曲禮稷曰嘉疏
釋文疏本作｜論語述而釋文疏本作｜○周禮大
祝五曰齍號注引曲禮
稻曰嘉｜作稻曰嘉疏
梳｜櫛也廣雅釋器○○｜麛者爲比麤者爲｜史記匈
奴傳索隱引蒼頡○○｜言其齒疏也釋名釋首飾

虛丨空也易升升丨邑釋文又廣雅釋詁三又國策
秦策丨桃人注又漢書楊雄傳集注又太元毅懷
威滿丨注失刺丨滅刃注元攡資陶丨無注丨形萬
物注元數地則丨三注又呂覽審應不可以丨名爲
也注又淮南說山是以丨禍距公利也注〇丨者空
也史記吳起傳批亢擣丨索隱〇丨閒也爾雅釋詁
〇丨孔竅也淮南氾論若循丨而出入注〇丨亦希
也呂覽辯土不知其稼居地之丨也注〇丨無也文
選西京賦有憑丨公子者薛注〇無者爲丨丨素問調
經論〇居宅無人曰丨莊子人閒世國爲丨厲釋文
引李注〇國無人謂之丨周書文政無丨不敗注〇
丨無水也淮南說林川竭而谷丨注〇丨不穎不栗
呂覽辯土就之則丨注〇丨根不實也呂覽辯土丨
稼先死注〇道者所從接物也其本者謂之丨賈子
道術〇丨者道之舍也淮南詮言〇丨心也淮南俶
眞是故丨室生白注〇丨者心齋也莊子人閒世〇
丨明亦心也文選王文憲集序非丨明之絕境注〇
丨無欲也淮南氾論恒丨而易足注〇道言而飾其
辭丨也大戴記曾子立事〇丨者氣出也素問刺志
論〇丨者聶辟氣不足素問調經論〇丨謂眞氣不
足也素問玉機眞藏論此謂五丨注〇丨謂精氣奪
也素問調經論陰之生丨李何注〇丨弱也呂覽行
論齊國以丨也注〇丨病呂覽圜道八丨甚久則身
羸注〇其丨其徐威儀容止也爾雅釋訓〇丨邪威
儀謙退也爾雅釋訓孫注〇丨徐狐疑也文選幽通
賦承靈訓其丨徐兮曹注〇坤爲丨易晉受茲介福
虞注象下傳損益盈丨虞注象下傳君子以丨受人
虞注承丨雀也虞注〇坤爲空丨易豐闃其无人虞
注〇坤消爲丨易象上傳君子尙消息盈丨虞注〇
陰爲丨太元元攡丨實盪注〇元椃丨也爾雅釋天
〇顓頊之丨丨也同上〇北陸丨也同上〇丨次也
國語晉語實沈之丨晉人是居注〇丨元武之中星

書堯典宵中星丨傳〇丨北方元武之宿書大傳主
秋者丨昏中注〇丨元武中丨宿也書堯典鄭注〇
丨危爲宗廟注周禮大司樂黃鍾爲宮注又洪範五行
傳簡宗廟注〇太丨謂天也文選遊天台山賦太丨
遼廓而無閡注〇六丨六位也易繫辭下傳周流六
丨注〇九丨九位也太元元圖九丨設闢注〇丨者
所以列應天之精氣也素問五運行大論〇丨邪者
八正之丨邪氣也素問八正神明論〇對孤爲丨後
漢方術傳注〇丨讀爲居聲之誤也荀子大略仁非
其里而丨之非禮也注〇古今人表秦不丨師古注
丨或作宇〇古今人表
秦不丨尸子作不空

噓出氣緩曰丨玉篇引聲類〇吐氣爲丨莊子齊物
論仰天而丨釋文〇丨謂呼也太元元攡丨則流
體注〇丨息也莊子齊物論釋文引向注〇丨噏猶
吐納也文選海賦丨噏百川注〇丨言丨唏也山海

經大荒西經日月山有神人名曰丨注〇丨吸於悒
皆唏泣貌也楚辭憂苦長丨吸以於悒兮注〇丨與
欷古字通文選七
發丨丨唏煩酲注

徐丨舒也爾雅釋天太歲在辰曰執丨李注〇丨遲
也廣雅釋詁四〇丨緩國策宋策臣請受邊城丨
其攻而留其日注〇丨丨緩也素問三部九候論注
中手丨丨然者病注〇丨丨者詳愼也老子孰能濁以
靜之丨淸王注〇坤爲丨易困乃丨有說虞注〇丨
丨安隱貌莊子應帝王其臥丨丨釋文引司馬注〇
丨丨寐之狀也莊子應帝王釋文引簡文注〇丨丨
疑懼貌易困釋文〇丨丨者疑懼之辭也易困來丨丨
丨注〇丨者皆其之辭也關東語公羊成十五年傳
魯人丨傷歸父之無後也注〇濟東曰丨州爾雅釋
地又說苑辨物〇淮海閒其氣寬舒稟性安丨故曰
丨丨舒也爾雅釋地李注〇丨州丨舒也土氣舒緩

也釋名釋州國○丨之爲言舒也言陰牧內安詳也
古微書引春秋元命苞○邪讀如丨詩北風其虛其
邪箋○丨長鄉鬼督郵也廣雅釋草○周禮雍氏注
伯禽以出師征丨戎釋文丨劉本作郐○莊子應帝
王釋文丨丨崔本作袪袪

豬豕子丨爾雅釋獸○蹋丨車重網縵輪有畫田獵
棄之獨斷下

閭丨尻也廣雅釋詁二○丨里也廣雅釋室又呂覽
期賢魏文侯過段干木之丨而軾之注又淮南脩
務魏文侯過其丨而式之注又楚辭思古違郢都之
舊丨兮注○丨門也荀子大略弔者在丨注○丨里
門也文選西京賦注引字林又後漢卓茂傳注又呂
覽仲夏門丨無閉注又淮南時則門丨毋閉注又文
選西京賦便旋丨閭薛注○里門謂之丨後漢安帝
紀注○丨謂里門周禮秋官序官脩丨氏注○丨當

道門公羊成二年傳相與踦丨而語注○五比爲丨
周禮大司徒○二十五家爲丨周禮閭胥各掌其丨
之徵令司農注○丨二十五家周禮大司徒五比爲
丨注○州黨族丨比鄉之屬別周禮地官序官鄉老
注○左右一卒曰丨周書武順○丨者聚也水聚族
之處故稱丨也文選養生論注引莊子司馬注○丨
獸名如驢一角或曰如驢岐蹄儀禮鄉射禮記於郊
則丨中注○丨卽羭也一名山驢山海經北山經縣
雍之山其獸多丨注○爾雅釋地醫無丨漢書
地理志丨作慮○楚公子丨字子啟見左傳注

廬丨寄也詩公劉于時丨旅傳又小爾雅廣言又國
語齊語衛人出丨於曹注○寄止曰丨丨慮也取
自覆慮也釋名釋宮室○丨舍也左氏閔二年傳立
戴公以丨於曹注襄三十年傳丨井有伍注又廣雅
釋室又後漢馬援傳注○丨賓客行道所舍周禮秋
官序官野丨氏注○丨草屋也荀子正名屋室丨庾

葭藁蓐尙机筵而可以養形注○丨居也文選西京
賦恨阿房之不可丨薛注思元賦姑純懿之所丨舊
注○丨猶居也後漢張衡傳注○丨謂宿衛之丨後
漢班彪傳上注○丨若今野候徙有房也周禮遺人
十里有丨注○丨倚丨也舍堊室也親者貴者居倚
丨疏者賤者居堊室周禮宮正大喪則授丨舍辨其
親疏貴賤之居注○倚木爲丨在中門外東方北戶
儀禮既夕記居倚丨注○丨嚴者也禮記雜記○其
上屋曰丨象丨舍也釋名釋船○艮爲丨易剥小人
剥丨虞注○丨嬀姓之國國語周語丨由荊嬀注○
丨柳晉地國語晉語軍於丨柳注○丨山彭澤之山
也水經廬江水注○丨矛戟矜柲也考工記總目輪
輿弓丨匠車梓注○丨讀爲纑謂矛戟柄竹欑柲或
曰摩鐧之器考工記總目秦無丨司農注○莊子讓
王而自沈于丨水釋文丨本作膚○
考工記總目秦無丨釋文丨本作蘆

諸丨辭左氏文五年傳不祀忽丨注又服注○丨詞
之總也一切經音義廿四引聲類○其丨辭也公
羊桓六年傳其丨以病桓與注○丨之也儀禮士昏
禮記視丨衿鞶注又左氏桓十三年傳見莫敖而告
丨天之不假易也注又穀梁莊廿四年傳迎者行見
丨舍見丨注又論語學而告丨往而知來者皇疏雍
也堯舜其猶病丨皇疏述而子曰有丨皇疏子罕韞
匱而藏丨皇疏先進子路問聞斯行丨皇疏顏淵吾
豈得而食丨皇疏子路定公問一言而可以興邦有
丨皇疏憲問與文子同升丨公皇疏堯舜其猶病丨
皇疏又廣雅釋言又國語齊語輕過而移丨甲兵注
魯語行丨國人注又漢書公孫劉田王楊蔡陳鄭傳
贊集注王貢兩龔鮑傳集注敘傳上集注敘傳下集
注又後漢張衡傳注劉梁傳注又文選思元賦疇克
謀而從丨舊注○丨猶之也論語學而其丨異乎人
之求之與也皇疏告丨往而知來者集解引孔注○

丨於也儀禮鄉射禮則薦丨其席注聘禮會丨其幣注又廣雅釋言又文選張景陽雜詩注引莊子司馬注○丨猶於也禮記射義射求正丨己注○丨之乎也小爾雅廣訓○丨丨便便辯也爾雅釋訓○丨衆也廣雅釋詁三又淮南脩務丨人皆爭學之注○丨非一也一切經音義廿四引蒼頡篇○丨母庶母也禮記曲禮上丨母不漱裳注○丨子主公卿大夫士之子者或曰庶子周禮夏官序官丨子注○丨君謂老男老女也管子海王今吾非藉之丨君吾子而有二國之藉者注○丨侯物生有爲者也易繫辭下傳能研丨侯之慮注○丨于大掖衣也如婦人之袿衣後漢光武紀上注○方丨五石之精作圓器似杯仰月則得水也華嚴經音義上引淮南許注○望丨明都也在睢陽周禮職方氏其澤藪曰望丨注○槐江之山北望丨毗鷹鸇之所宅也山海經西山經○丨毗山名山海經西山經注○流黄丨毗長右皆山名

山海經南山經柜山西臨流黄北望丨毗東望長右注○丨毗水名山海經南山經浮玉之山東望丨毗注○丨毗之水水出丨毗山也山海經北山經求如之水滑水出焉而西南流注于丨毗之水注○丨稽攝提天神之名也淮南墬形○丨比天神也淮南墬形注○乾桃乾梅皆曰丨禮記內則注名丨爲濫釋文○桃丨藏桃也丨儲也藏以爲儲待給冬月用之也釋名釋飲食○丨慮山櫐爾雅釋木○丨慮奚相爾雅釋蟲○左氏襄廿六年傳棄丨堤下漢書五行志中之下作棄之隄下昭元年傳屬丨參地理志下作屬之參國語魯語使有司求丨故府五行志下之下作試求之故府○爾雅釋地宋有孟丨書禹貢作孟豬史記夏本紀作明都○大戴記少閒繁丨注作繁者○吳記丨稽郢史記越世家作柘稽○楚沇丨梁字子高見莊子人閒世釋文

除 丨樓陛也文選西都賦修丨飛閣注引上林賦司馬彪注○東丨階也文選東京賦登自東丨薛注○丨道也廣雅釋室○丨治也禮記曲禮下馳道不丨注又國語周語身聳儲潔注又國策秦策扁鵲請丨注○丨修也易象下傳君子以丨戎器虞注○丨癒也廣雅釋詁二○愈或謂之丨方言三○丨去也詩斯干風雨攸丨釋文又廣雅釋詁二又國語晉語丨閭以應外謂之忠注又素問鍼解苑陳則丨之者注○丨謂去也素問奇病論治之以蘭丨陳氣也注○丨潔好也老子朝甚丨王注○丨猶脩治易萃丨戎器釋文引王肅姚陸注○丨猶開通也呂覽去宥姦人路丨注○丨涂治其道涂也荀子議兵辟門丨涂以迎吾入注○丨丨吏淮南兵略夫論丨謹注○修丨芟掃之周禮典祀則帥其屬而修丨注○丨謂驅逐荀子議兵丨阨其下注○丨慝誅惡逆也考工記玉人以丨慝注○四月爲丨詩小明日月方丨箋

○卯爲丨淮南天文○丨冬毛微墮也淮南天文是故春夏則羣獸丨注○易萃釋文丨本作儲又作治荀本作慮

儲 丨積也漢書平帝紀集注又後漢明帝紀注章帝紀注班彪傳上注陳忠傳注○丨待也漢書五行志上集注○丨峙也漢書楊雄傳下集注○丨待也文選東京賦丨乎廣庭薛注○丨峙猶蓄積也後漢和熹鄧皇后紀注○丨謂丨蓄精思也文選安陸昭王碑文秋丨無以競巧注○丨副君也一切經音義二引蔡邕勸學篇○丨嫡謂太子也後漢安帝紀注○丨君副主言設以待之文選西征賦注引元命苞宋注○丨與猶攝業也淮南要略合三王之風以丨與扈治注○攝葉丨與不舒展貌楚辭哀時命衣攝葉以丨與兮注○丨與猶尚羊無所主之貌一曰褎大貌淮南本經陰陽丨與注○丨與扈治褎大意也

淮南俶眞｜與扈治注

如 ｜從也左氏宣十二年傳有律以｜己也注○｜隨也列子力命胥｜忘也釋文○｜行也左氏昭三年傳君子｜祉注○｜往也書洛誥王｜弗敢及天基命定命傳又爾雅釋詁又國語晉語有｜河水注又史記司馬相如傳弟俱｜臨邛索隱又漢書高帝紀上集注高帝紀下集注盧綰傳集注司馬相如傳上集注引張揖鄧通傳集注外戚傳上集注二見敘傳上集注又荀子大略學者非必爲仕而仕者必｜學注又呂覽尊師｜山林注又文選東京賦獨微行其焉｜薛注○｜之也國語周語南冠以｜夏氏注晉語以其賞｜伯樂氏注又呂覽首時與將軍之節以｜秦注正名走而之穀注又楚辭涉江迷不知吾之所｜注又文選思元賦嫪天道其焉｜舊注○｜適也小爾雅廣詁○｜至也呂覽贊能生與之｜國注○自此適彼曰｜春秋本義引陸希聲春秋左傳通例○外相朝皆言｜左氏桓五年經齊侯鄭伯｜紀注○｜似也漢書爰盎傳集注○｜若也論語子路｜知爲君之難也皇疏又廣雅釋言又漢書劉向傳集注昌邑哀王髆傳集注劉屈氂傳集注霍光傳集注陳湯傳集注韋元成傳集注京房傳集注匡衡傳集注孔光傳集注谷永傳集注二見黃霸傳集注○｜猶若也論語先進｜用之皇疏子張｜得其情皇疏○猶比也史記孝武紀可爲觀｜緱氏城集解引韋昭○｜均也廣雅釋言○｜當也國策宋策夫宋之不足｜梁也注○｜謀也爾雅釋詁○｜辭也易屯屯遭｜釋文引子夏傳又太元飾言無追｜注應六幹羅｜注又文選歸田賦安知榮辱之所｜注○｜而也左氏隱七年傳及鄭伯盟歃｜忘服注僖廿六年傳室｜懸磬注莊七年經夜中星隕｜雨注又穀梁莊七年經夜中星隕｜雨注○｜柰也文選東京賦｜之何其以溫故知新薛注○｜猶柰也公羊昭十二年傳子苟｜之何注定八年傳○｜丈夫何注○｜之何猶柰是何也論語先進皇疏○｜｜子何者猶言柰我何也論語子罕匡人其｜予何皇疏○且｜假設之辭公羊隱元年傳且｜桓立注○｜即不｜齊人語也公羊隱元年傳｜勿與而已矣注○二月爲｜爾雅釋天○｜者以物相授與之言書舜典｜五器鄭注○｜讀爲而荀子儒效鄉是｜不臧倍是｜不亡注○｜當爲知荀子成相讒夫多進反覆言語生詐態人之｜態不｜備注○以｜爲儒顏氏家訓音辭○詩常武｜震｜怒釋文｜本作而○禮記曾子問｜爵弁而用布釋文｜本作加曾子問注｜有兄弟釋文｜本作加○漢書五行志上引昭公六年左傳大｜象之作大而象之○漢書五行志上引僖公廿年穀梁傳則｜疏之然作則若疏翟方進傳引文公十八年左傳｜｜鷹鸇之逐鳥雀作

若鷹鸇之逐鳥爵○孝經高而不危滿而不溢漢修堯廟碑作高｜不危滿｜不溢○成陽靈臺碑感赤龍交｜生堯武榮碑仁｜不壽武梁石室畫像赴火｜亡而通作｜

墟 通作虛○虛邱也易升升虛邑釋文○虛猶邱也史記呂后紀朱虛侯正義○｜邱｜也呂覽貴直使人之朝爲草而國爲｜注○虛山下基也爾雅釋水河出崑崙虛注○｜山下基也山海經海外南經崑崙｜｜四方注○｜者山下之地爾雅釋水孫注○｜尻也廣雅釋詁二○｜故所居也文選西征賦注引聲類○｜者虛也風俗通山澤○虛漕虛也詩定之方中升彼虛矣傳○虛朾宋地國語晉語始合諸侯於虛朾以救宋注○｜讀曰虛漢書地理志上集注○虛讀曰｜漢書五行志中之下集注五行志下之下集注地理志下集注二見項籍傳集注賈誼傳集注司馬相如傳下集注公孫宏傳集注東方朔

傳集注二見韋元成傳集注楊雄傳上集注二見楊
雄傳下集注元后傳集注王莽傳上集注王莽傳下
集注二見○虛讀爲丨荀子解蔽此其所以喪九牧
之地而虛宗廟之國也注哀公亡國之虛則必有數
蓋爲注○詩定之方中升彼虛矣釋文虛本作丨禮
記檀弓虛墓之閒釋文虛本作丨左傳哀十三年以
六邑爲虛釋文虛本作丨爾雅釋水河出崑崙虛釋
文虛本作丨莊子天運以遊逍遙之虛釋文虛本作
丨秋水拘于虛也釋文虛本作丨徐无鬼至鄧之虛
釋文虛本作丨○列子湯問名曰歸丨釋文丨或作
塘○左氏桓十二年公會宋公于虛毀
梁作郯○華山廟碑𤹌用邱虛丨作虛

菹 集韻或作蘫○凡醯醬所和細切爲齏全物若牒
爲丨周禮醢人以五齊七醢七丨三臡實之注○
全物爲菹一切經音義一引通俗文○蓋謂之蘫廣
雅釋器二水草之丨芹茆之屬禮記祭統水草之丨

注○七丨韭菁茆葵芹箈筍丨周禮醢人以五齊七
醢七丨三臡實之注○丨阻也生釀之遂使阻於寒
溫之間不得爛也釋名釋飲食○藏菜曰丨離騷后
辛之丨醢兮注○丨澤生草者也今青州謂澤有草
者爲丨孟子滕文公下驅蛇龍而放之丨注○今吳
人呼田獵草地爲丨音置穆天子傳六紐丨之獸
注○草枯曰丨管子輕重甲請君伐丨薪注○丨即
芭苴一名芭蕉後漢馬融傳注○詩關雎箋荇菜之
丨釋文丨本作菹儀禮少牢饋
食禮菲丨丨在南釋文丨本作菹

琚 丨佩玉名詩木瓜報之以瓊丨傳又女曰雞鳴箋
珩璜丨瑀釋文○丨瑀總曰玼珠赤者曰丨或曰
丨石次玉大戴記保
傳丨瑀以雜之注

旟 錯革鳥曰丨爾雅釋天又公羊宣十二年傳莊公
親自手旌注○鳥隼爲丨周禮司常又國語吳語

皆赤常赤丨注○鳥隼曰丨詩干旄孑孑干丨傳出
車旐丨旐斯傳江漢既設我丨箋桑柔丨旐有翩傳
○鳥隼爲丨丨譽也軍吏所建急疾趨事則有稱譽
也釋名釋兵○鳥隼爲丨州里之所建考工記輈人
鳥丨七斿注○南方法赤鳥曰丨古微書引河圖握
矩記○丨揚也詩都人士髮則有丨傳○丨枝丨揚
起也詩都
人士箋

璵 丨璠美玉左氏定五年傳陽虎將以丨璠斂注○
左傳定五年釋文丨本作與○楊統碑器其璵璠
之質丨
作璵

與 一作歟○丨辭也易象上傳物丨无妄注又漢書
武帝紀集注○丨語辭也論語公冶長于予丨改
是釋文○丨不定之辭也論語衛靈公非丨皇疏○
丨語不定之辭也論語學而求之丨皇疏○丨疑貌

莊子大宗師丨乎其觚而不堅也釋文○歟邪也呂
覽自知可反歟注○丨譽也廣雅釋詁四○丨丨威
儀中適之貌也論語鄉黨丨丨如也集解引馬注○
丨丨猶徐徐也論語鄉黨皇疏○丨丨翼翼蕃廡貌
詩楚茨我黍丨丨我稷翼翼箋○丨讀曰歟漢書文
帝紀集注二見武帝紀集注二見宣帝紀集注成帝
紀集注刑法志集注郊祀志下集注魏豹田儋韓信
傳贊集注楚元王傳贊集注二見曹參傳集注萬石
衞直周張傳贊集注董仲舒傳集注六見齊懷王閎
傳集注燕刺王旦傳集注平當傳集注京房傳集注
翟方進傳集注谷永傳集注二見杜鄴傳集注楊雄
傳下集注董賢傳集注外戚傳上集注外戚傳下集
注三見敘傳上集注○丨讀爲歟荀子子道衣丨繆
丨不女聊注○莊子天地其亂而後治之丨釋文丨
本作邪○左傳成十一年且丨伯丨爭政釋文丨本
作與昭十四年欲立著邱公之弟展丨釋文丨本作

與○爾雅釋鳥｜頸鵜釋文｜本作鸒○論
語陽貨可與事君也｜哉釋文｜哉本作無

畬 三歲曰｜爾雅釋地又詩臣工如何新｜傳○｜
田三歲也易无妄不菑｜釋文引馬注○田一歲
曰菑二歲曰｜禮記坊記不菑｜注○田二歲曰｜｜
易无妄虞注○悉耨曰｜易无妄釋文引董注○｜
和也田舒緩也
爾雅釋地孫注

疽 ｜癰也廣雅釋詁二又後漢朱穆傳注○｜久癰
後漢劉焉傳注○｜癰瘡也後漢虞詡傳注○｜
瘡名也一切經音義四引廣蒼○｜猶惡創也後漢
烏桓鮮卑傳注○｜痤皆惡瘡也呂覽盡數辛水所
多｜與痤人注○｜｜病也莊子田子方
卬是以日徂徂作｜釋文引司馬注

苴 ｜藉也禮記曲禮苞｜簞笥釋文又漢書郊祀志
上集注引晉灼○｜猶藉也儀禮士虞禮｜刌茅

長五寸束之注○｜所以藉祭也孝子始將納尸以
事其親爲神疑於其位設｜以定之耳儀禮士虞禮
取黍稷祭于｜三注○苞｜謂編束萑葦以裹魚肉
也禮記少儀苞｜注○｜苞裹也書禹貢傳｜以白
茅釋文又禮記內則編萑以｜之釋文又管子霸言
夫上夾而下｜注○｜苞也禮記禮運飯腥而｜肉
釋文○｜謂草之騶薈管子七臣七主｜多縢蓋注
○｜草蒯也呂覽貴生其土｜以治天下注○｜水
中浮草也詩召旻如彼棲｜傳○枯曰｜楚辭悲回
風草｜｜比而不芳注○｜麻子也詩七月九月叔｜
傳○｜｜麻之有子者左氏襄十七年傳｜經帶杖注｜
○｜有子之麻儀禮喪服傳｜經杖釋文○｜有子
麻也莊子讓王｜布之衣而自飯牛釋文引李注○○
｜｜麻麻之有蘊者苧麻是也齊民要術二引崔寔○
｜經者麻之有蕡者也儀禮喪服傳○｜經斬衰之
經也｜麻者其貌｜以爲經服重者尚麤惡儀禮士

喪禮｜經大鬲注○｜惡貌也所以首其內而見諸
外也禮記閒傳○｜杖竹也儀禮喪服傳又禮記喪
服小記問喪又荀子哀公資衰｜杖者不聽樂注○
｜杖謂以｜惡色竹爲之杖荀子禮論齊衰｜｜杖注
○｜謂蒼白色自死之竹也荀子哀公注○｜或爲
組禮記禮運然後飯腥而｜熟注○｜讀曰租史記
封禪書集解引如淳○｜或讀爲狙荀子大略籃｜
路似知而非注○｜讀爲姐荀子大略注○｜音同
酢呂覽貴生注○莊子讓王｜布之衣而自飯
牛釋文｜本作麤○高頤碑闕斷苞組｜作組

樗 ｜惡木也詩七月采荼薪｜傳我行其野蔽芾其
｜傳○｜木名莊子逍遙遊人謂之｜釋文○｜
鳩｜｜雜也廣雅釋蟲○史記｜
里子傳索隱引紀年作樗里疾

攄 ｜舒也廣雅釋詁四又後漢和熹鄧皇后紀注班
彪傳上注又文選西京賦心猶憑而未｜薛注○

｜舒也尹於反漢書敘傳音義引字林○｜抒也淮
南脩務｜書明指以示之注○｜張也廣雅釋詁一
○｜張舒也史記司馬相如傳｜之無窮集解引廣
雅○｜申也漢書敘傳上集注○｜布也漢書司馬
相如傳下集注○｜散也漢書楊雄傳上集注又文
選舞賦｜予意以宏觀兮注○｜猶騰也後漢張衡
傳注○｜｜一作臚史記司
馬相如傳集解引徐廣

於 ｜尻也廣雅釋詁二○｜猶在也呂覽期賢衞有
士十人｜吾所注○｜猶厚也呂覽不侵而猶以
人之｜己也爲念注○｜代也爾雅釋詁○｜于也
廣雅釋言○｜發聲也左氏定五年經｜越入吳注
○｜乎行仁恩之貌莊子天地｜乎以葢衆釋文○
｜乎夸誕貌莊子天地釋文引司馬注○今文｜爲
于儀禮士昏禮記至｜某之室注大射儀士御｜大
夫注○莊子天地釋文｜乎本作吙吁○周禮肆師

封丨于大神注引大傳
祈丨社作祈于社
茹食菜曰丨漢書董仲舒傳集注王莽傳上集注○
丨食也後漢孔奮傳注陳蕃傳注○丨菜也後漢
馬融傳注○丨茅根易泰拔茅丨虞注○丨相牽引
之貌也易泰注○丨牽引也易泰釋文○丨藘茅蒐
爾雅釋草○丨藘茅蒐也詩東門之墠丨藘在阪傳
○丨藘蒨草也詩東門之墠釋文○丨藘茅蒐之染
女服也詩出其東門縞衣丨藘
傳○爾雅釋草釋文丨本作蕠
蛆集韻胆同○丨蝶馬蚿也廣雅釋蟲○馬蚿北燕
謂之丨蝶方言十一○丨螫也一切經音義十三
引字書○蠅乳肉中曰胆一切經音義一引三蒼○
肉中蟲謂之胆字从肉一切經音義廿二引通俗文
○胆千余反一切經音義二引字林○
莊子齊物論蝍且甘帶釋文且本作丨

且丨辭也詩山有扶蘇乃見狂丨傳又文選西京賦
其樂只丨注○丨語助也易夬其行次丨釋文引
馬注○丨助句辭孟子告子上注乃見狂丨音義引
丁音○丨多貌詩韓奕籩豆有丨箋○六月爲丨爾
雅釋天○易夬釋文
丨本作趄又作跙
沮丨水詩緜自土丨漆傳○漆丨岐周之二水也詩
潛猗與漆丨傳○漆丨二水名亦曰洛水書禹貢
又東過漆丨傳○沔水一名丨水闞駰曰以其初出
丨洳然故曰丨水也縣亦受名焉水經沔水注○丨
謂菜沛禮記王制山川丨澤注○岸崩謂之丨左傳
莊十一年若丨岸崩山釋文○丨與雎同文選江賦
汲引丨漳注○雎與丨同文選登樓賦倚曲丨
之長洲注○婁壽碑榮且溺之耦耕丨作且
袪丨袂也詩遵大路摻執子之丨兮傳羔裘羔裘豹
丨傳又左氏僖五年傳披斬其丨注又服注又國

語晉語勃鞮斬其丨注又後漢張衡傳注○丨袂末
也詩羔裘釋文○丨袖也楚辭哀時命左丨挂於榑
桑注○丨衣袖列子周穆王執化人之丨注○丨袖
口也儀禮喪服記丨注○丨丨口也禮記玉藻丨尺
二寸注○丨謂褏緣丨口也禮記檀弓上長丨注○
丨尺二寸儀禮喪服記又禮記儒行衣逢掖之衣注
○丨舉也後漢班彪傳上注○丨猶舉也文選舞
賦黼帳丨而結組兮注○丨虛也釋名釋衣服
祛丨丨彊健也詩駉以車丨丨傳○祛去也廣雅釋
詁二又文選南州桓公九井詩惑祛吝亦泯注
挐丨橈也莊子漁父方將杖丨而引其船釋文引司
馬注○丨亂也文選吳都賦注引淮南許注○丨
首亂頭也草與髮并編爲丨首淮南覽冥美人丨首
墨面而不容注○丨讀上谷茹縣之茹淮南本經芒
繁紛丨注○公羊僖元年
獲莒丨釋文丨本作茹

臚丨敘也爾雅釋言又史記司馬相如傳攄之無窮
集解引徐廣○丨陳也漢書禮樂志集注三見一
引應劭又文選思元賦郎歧趾而丨情舊注○丨陳
之也周禮司儀皆旅擯注○上傳語告下爲丨漢書
叔孫通傳集注引蘇林○從上語下曰丨莊子外物
大儒丨傳曰釋文引向注○傳從上下爲丨史記劉
敬叔孫通傳丨句傳集解引漢書音義○行上語爲
丨也文選東京賦丨人列注○丨傳也國語晉語風
聽丨言於市注又太元元掜丨湊羣辟注○丨附也
史記孝景紀典客爲大行索隱引韋昭○丨旅聲相
近漢書敘
傳下集注
糈丨粒也莊子天道鼠壤有餘蔬釋文引司馬注○
丨米所以享神淮南說山巫之用丨注○丨精米
所以享神也離騷懷椒丨而要之注○丨祀神之米
名或作疏非也山海經南山經凡䧿山之首丨用稌

米注
砠　本作岨○土戴石爲｜爾雅釋山○石山戴土曰
｜詩卷耳陟彼｜矣傳○石載土曰岨岨巉然也
釋名釋山○詩卷耳陟彼｜
矣說文山部作陟彼岨矣
洑　｜澓洑也一切經音義二引字林○水中可居爲
洲三輔謂之｜方言十二
瀦　水所停止深者曰豬書禹貢大野既豬馬注○水
所停曰豬書禹貢傳○水澤所聚謂之都亦曰｜
水經涑水注○豬都也南方謂都爲豬禮記檀弓上
汙其宮而豬焉注○南方謂都爲豬書禹貢彭蠡既
豬鄭注○孟豬澤名書禹貢被孟豬傳○書禹貢大
野既豬史記夏本紀作大野既都彭蠡既豬作彭蠡
既都滎波既豬作滎播既都被孟豬作被明都至于
豬野作至于都野○周禮職方氏其川滎雒注引禹

貢滎波既豬作滎播既都○周禮稻人以｜畜
水司農注引左傳襄廿五年規偃豬作規偃｜
阹　｜闌也因山谷以遮獸也文選吳都賦｜以九疑
劉注○因山谷遮禽獸爲｜文選上林賦江河爲
｜郭注○因山谷遮禽
獸曰｜後漢馬融傳注
胠　｜開也史記老莊申韓傳｜篋正義○｜發也莊
子胠篋將爲｜篋探囊發匱之盜釋文○從旁開
爲｜莊子胠篋釋文引司馬注○｜脅也廣雅釋親
○｜謂脅上也素問六節藏象論支鬲｜脅注○右
翼曰｜左氏襄廿三年傳｜商子車御侯朝注又賈
注○｜亦作脅山海經南山經柢山鮭魚其羽在鮭
下
注
好　｜幸也字亦从女史記外戚世家索隱引聲類○
｜助也史記外戚世家尹婕｜索隱引韋昭

帤　大巾嵩嶽之南陳潁之間謂之｜方言四○｜讀
爲襦有衣絮之絮考工記弓人厚其｜司農注○
｜謂弓中裨考工
記弓人司農注
雎　集韻鴡同○鴡鳩王鴡爾雅釋鳥○｜鳩王鴡也
詩關雎關關｜鳩傳○關｜言后妃之德儀禮鄉
飲酒禮乃合樂注燕禮遂歌鄉樂注○迒｜難行也
廣雅釋訓○秦策范｜韓子外儲說左上作范且
諝　集韻通作胥○｜謂象之有才知者也周禮大行
人屬象胥注○胥讀如｜謂其有才知爲什長周
禮天官序官胥十有二人注○胥有才知之稱周禮
地官序官閭胥注春官序官大胥注○胥有才智之
名也詩桑扈君子樂胥箋又後漢班彪傳下注○胥
其有才知者也周禮秋官序官象胥注○胥多智也
文選初去郡詩注引莊子司馬注○｜謀也淮南本
經設詐｜注○正師胥皆長也周禮地官序官鄉老

注○胥宰官之吏儀禮大射儀胥薦主人于洗北西
面注○胥膳宰之吏也儀禮燕禮胥薦主人于洗北
西面注○胥樂官也禮記喪大記大胥是斂注又書
大傳胥與就膳徹注○胥伺捕盜賊也周禮小司徒
以比追胥注○胥讀爲｜周禮大行人
注○㥠古文｜同一切經音義十二
蘧　｜芙蕖文選西京賦｜藕拔薛注○｜蔬似土菌
生菰草中今江東啖之甜滑音同氍毹爾雅釋草
出隊｜蔬注○｜廬猶傳舍也莊子天運仁義先王
之｜廬也注又釋文引司馬注○｜｜有形之貌莊
子齊物論則｜｜然周也釋文引李注○｜然有形
之貌莊子大宗師｜然覺釋文○｜｜高也文選魯
靈光殿賦揭｜｜而騰湊注○爾雅釋草大菊｜麥
釋文｜本作遽○莊子齊物論釋文｜｜崔本作據
據大宗師釋文｜本作據○禮記檀弓｜伯玉從釋
文｜本作璩○公羊定十五年齊侯衞侯次于｜篨

穀梁作蕖蒢○左傳襄十四年丨伯玉淮南泰族作璩伯玉

腒 丨腊也夏用丨備腐臭也穀梁莊廿四年傳男子之贄羔鴈雉丨注○丨脯也廣雅釋器○丨乾雉也周禮庖人夏行丨鱐膳膏臊司農注又禮記內則夏行丨鱐注又儀禮士相見禮夏用丨釋文穀梁莊廿四年傳羔鴈雉丨釋文○丨雉腊也禮記內則釋文引盧注○丨久也廣雅釋詁三○丨央也廣雅釋言

鐻 丨金食器名後漢張奐傳注○丨金銀器之名山海經中山經魋武羅穿耳以丨注

鶋 爾雅釋鳥鸒斯鵯丨釋文丨本作居

椐 丨樻也詩皇矣其檉其丨傳○丨樻木腫節中杖山海經北山經虢山其下多桐丨注○丨丨彊彊

相隨之貌文選七發注

紓 丨緩也詩采菽彼交匪丨傳又左氏莊三十年傳以丨楚國之難注僖卅三年傳不然丨我注文六年傳難必抒服注文丨六年傳姑丨死焉注成三年傳而求丨其民注成九年傳而丨晉使注成十六年傳可以丨憂注又左傳成二年而丨于難釋文又方言十二又國語魯語敢告滯積以丨執事注又後漢龐參傳注荀或傳注又呂覽異用今之人學丨注○丨解也左氏僖廿一年傳是崇皡濟而脩祀丨禍也注襄廿九年傳必三年而後能丨注又後漢左周黃傳注○丨解也緩也後漢孔融傳注○周禮士師注緩刑丨丨民心也

釋文丨本作舒

袽 丨敗衣也易既濟繻有衣丨虞注○丨者殘幣帛可拂拭器物也易既濟盧氏注○衣丨所以塞舟漏也易既濟注○丨絲丨也易既濟釋文○易既濟釋文丨子夏作茹京作絮

躇 踞止也廣雅釋詁三○躊丨猶豫也廣雅釋訓○躊丨猶徘徊也後漢張衡傳注○躊丨者從容也莊子外物聖人躊丨以興事釋文○丨跱躊丨疎跱文選琴賦優遊丨跱注○躊丨猶蹢躅也後漢馮衍傳注○躊丨猶躑躅也文選琴賦或怨嫭而躊丨注○丨步跐蹈皆踐踏之貌列子天瑞若丨步跐蹈釋文

櫫 丨杙也廣雅釋室

趄 趑丨行止之礙也易夬其行次且釋文引王肅注○易夬其行次且新序雜事五作其行趑丨

璩 丨玉名也丏丨也一切經音義廿二引字書

鴽 丨鴾母爾雅釋鳥又禮記月令田鼠化為丨注○丨無母儀禮公食大夫禮上大夫庶羞二十加於下大夫以雉兔鶉丨注○丨無母也禮記月令田鼠化為丨釋文○丨鴿青州謂之鴾母周雒謂之丨幽州謂之鵅也呂覽季春田鼠化為丨注○丨鶉也青徐謂之鴾幽冀謂之鶉淮南時則田鼠化為丨注○丨鶉鵪之屬禮記月令釋文引蔡云○丨鵪也大戴記夏小正田鼠化為丨傳○丨鵪也廣雅釋鳥○丨子鶉爾雅釋鳥

屠 爾雅釋天太歲在己曰丨維史記厤書作祝犁

筡 丨析也析竹謂之丨方言十三○今江東呼篾竹裹為丨方言十三注○丨折也廣雅釋言○丨分也廣雅釋詁一

歔 丨欷啼皃楚辭悲回風增丨欷之嗟嗟兮注○丨欷涕泣皃也一切經音義五引字林○丨欷懼皃或曰哀泣之聲也離騷曾丨欷余鬱邑兮注○老子或丨或吹釋文丨河上公本作呴

耡 丨稅也廣雅釋詁二○丨粟民相助作一井之中所出九夫之稅粟也周禮旅師掌聚野之丨粟屋粟閒粟注○丨者里宰治處也若今街彈之室於此合耦使相佐助因放而爲名周禮里宰以歲時合耦于丨注○鄭大夫讀丨爲藉杜子春讀丨爲助謂起民人令相佐助周禮遂人以興丨利甿注○丨讀爲助謂相佐助也周禮里宰杜注○丨讀爲藉周禮里宰司農注

𥹸 丨麫也廣雅釋器

蠩 瞻諸鼀䵶也書大傳濟中瞻諸注○詹諸月中蝦蟇淮南說林月照天下食於詹諸注○爾雅釋魚鼀䵶蟾丨釋文丨本作諸

唹 丨笑也廣雅釋詁一

驉 爾雅釋地與邛邛駏丨比釋文丨本作虛又作𧇊

雓 雞大者蜀蜀子丨爾雅釋畜

籧 篨宋魏之間或謂之丨苗其麤者謂之丨篨方言五○丨篨葦席淮南本經若簟丨篨注○丨篨廗也廣雅釋器○籧篨謂之丨篨同上○丨篨口柔也爾雅釋訓又詩新臺丨篨不鮮箋○丨篨巧言也爾雅釋訓舍人注○丨篨巧言好辭以口饒人是謂口柔爾雅釋訓李注○丨蒢偃也淮南脩務丨蒢戚施注○丨篨偃人國語晉語丨篨不可使俛注○丨篨不能俯者詩新臺傳○丨篨之疾不能俯口柔之人視人顏色常亦不伏因以名云爾雅釋訓注又孫注○爾雅釋訓釋文丨本作篨○禮記月令具曲植丨筐釋文丨本作筥

𡨥 集韻腒同○腒𦟀也廣雅釋詁三

櫧 丨似柞山海經中山經前山其木多丨注

鵌 鳥鼠同穴其鳥爲丨其鼠爲鼵爾雅釋鳥○鳥名曰丨鼠名曰鼵山海經西山經鳥鼠同穴之山注○爾雅釋畜蜀子丨釋文丨本作餘

呿 丨丨張口頻伸也一切經音義四引埤蒼○丨謂欠丨丨素問寶命全形論丨吟至微注○丨開呂覽重言君丨而不唫注

藇 藷丨署預也廣雅釋草

鋙 亦作峿○岨峿不安皃文選文賦或岨峿而不安注

咀 丨嚼也一切經音義廿二引通俗文又後漢張衡傳注○丨嚾也廣雅釋言○丨齰也一切經音義六引字林○丨噍也文選思元賦注引蒼頡○丨噍也又含味也一切經音義廿二引三蒼○丨丨口和嚼之謂管子水地三月如丨丨者何注○丨嚾者九竅而胎生大戴記易本命○丨嚾人及獸屬大戴記易本命注

蒢 菗丨地榆也廣雅釋草

涂 十二月爲丨爾雅釋天

藷 草|薁今江南單呼爲|語有輕重耳山海經北山經景山其上多草|薁注

○以下據廣韻録

緑 親屐也其緣謂之無|廣雅釋器○無|絲也廣雅釋器

樣 |箍也廣雅釋室

懅 |亦慙也後漢王霸傳注○|忙也後漢徐登傳注

擧 舁同○|舉也對舉曰|也一切經音義十六引蒼頡○舁舉也廣雅釋詁二

揟 集韻偦通○杜子春讀|爲沙周禮巾車疏飾小服皆疏注○偦謂司搏盜賊也周禮士師以比追胥之事注

伹 |鈍也廣雅釋詁三

坥 |場也螾蝪謂之|方言六

豠 |豕也廣雅釋獸

攄 |擊也廣雅釋詁三

○以下據集韻録

菸 |音乙餘反今關西言|山東言蔫蔫音於言反江南亦言矮矮又作萎於爲反|邑無色也一切經音義十引韻集

籧 |篨也廣雅釋器○|篨也江沔之間謂之|方言十三

○以下附録

帾 |讀爲魚荀子禮論無帾絲|縷翣其貌以象菲帷幬尉也注

䱟 |鱓魚屬山海經海外西經女戚女祭居兩水閒戚操魚|注

𩸞 |魮之魚亦珠母蚌類山海經西山經濫水多𩸞|魮之魚是生珠玉注

遽 |恕也太元元瑩古者不|不虞注

經籍纂詁卷第六

經籍纂詁卷第六補遺　上平聲

兵部侍郎兼都察院右副都御史巡撫浙江等處地方提督軍務兼理糧餉阮元纂

六魚

【魚】說文｜水蟲也象形｜尾與燕尾相似凡｜之屬皆从｜○｜亦蟲之屬也詩斯干箋虺蛇之蟲疏○｜亦蟲之別名詩靈臺序以及鳥獸昆蟲焉疏○｜陰蟲也易井井谷射鮒集解○｜爲陰物易剝貫｜何注○｜者水精儀禮有司徹｜十有五而俎疏｜引中候○兩目白曰｜爾雅釋畜舍人注○｜服｜服傳○｜服｜獸之皮也詩采薇象弭｜服傳○｜服｜獸之皮也詩采薇陸疏○爾雅釋魚釋文字又作魚

【漁】說文𤄬捕魚也从鱻从水漁篆文𤄬从魚○｜捕魚也漢書地理志下舜｜靁澤注彭越傳常｜鉅

野澤中爲盜注○｜謂捕魚也漢書王莽傳中以｜采爲業注○｜者若言｜獵也漢書宣帝紀欲其毋侵｜百姓注○｜言若｜獵之爲也漢書景帝紀｜奪百姓注○｜者謂侵奪取之若｜獵之爲也漢書何並傳以氣力｜食閭里注○｜師掌魚官也呂覽季夏命｜師伐蛟注○｜讀論語之語也淮南說林｜者走淵注○易繫辭下以佃以｜釋文本亦作魚○左氏隱五年傳公將如棠觀魚者釋文本亦作｜

【初】說文｜始也从刀从衣裁衣之始也○｜始也穀梁宣十五年傳○太｜氣之始也廣雅釋天○太｜者氣之始也列子天瑞○｜者發始之辭易蒙｜筮告疏○位始故稱｜易乾｜九干注○居第一之位故稱｜易乾疏○凡倒本其事者皆言｜也左氏隱元年傳｜鄭武公疏○｜者未生而得生莊子天地一之所起注○｜吉朔日也詩小明二月｜吉傳

【書】說文書箸也从聿者聲又序著於竹帛謂之｜｜者如也○｜者著德之理於竹帛而陳之令人觀焉以著所從事賈子道德說○｜者舒也尚書序題疏○｜者言之記同上○｜者以筆畫記之辭尚書序謂之尚｜疏○｜者言事之經禮記王制注｜禮者事疏○｜即簡策是也周禮春官序官典命注命謂王遷秩羣臣之｜疏○以｜｜木邊言其事刻其木謂之｜契也書序釋文引鄭元○｜契所以決斷萬事也易繫辭下傳聖人易之以｜契注○五經總名爲｜論衡正說○｜者五經六籍總名也史記禮書索隱○五經六籍咸謂之｜史記禮書正義○｜｜簿領也禮記曲禮下振｜端｜於君前有誅疏○｜｜當爲畫周禮大司馬各｜其事與其號焉注

【舒】說文｜伸也从舍从予予亦聲一曰｜緩也○｜散也淮南原道｜之幎於六合注○｜者遲緩之

言詩月出疏○｜遲也左氏襄廿八年傳更之以鶩疏○｜遲閑雅也禮記玉藻君子之容｜遲疏○｜物之枝葉發｜爾雅釋天四月爲余孫注○｜惰也書洪範曰豫王注○｜詳也淮南原道｜安以定注○知罪不誅茲謂｜漢書五行志中之下引京房易傳○詩閟宮荊｜是懲史記建元以來侯者年表作荊荼是徵

【居】說文｜蹲也从尸古者｜从古踞俗｜从足○｜處也呂覽離俗仁者｜之注達鬱卒不｜趙地注又淮南墬形寢｜直夢注○｜謂｜處也詩蟋蟀箋又當主思於所｜之事疏又禮記樂記｜鬼而從地疏○｜謂坐也周禮凡以神仕者以猶鬼神仕之｜注○｜安坐也詩東方未明序疏○所｜所止也荀子不苟惟所｜以其類至注○到彼新邑謂之｜書仲丁序疏○｜者｜其所也穀梁僖廿四年傳○天

子以天下爲家故所在稱丨左氏僖廿四年經天王出丨于鄭注○丨謂儲也漢書張湯傳丨物致富注引服虔○丨亦法也史記樂書禮丨成物索隱○丨生者左氏僖九年傳送往事丨注○丨謂墳墓也漢書地理志下歸于其丨注○艮爲丨易隨利丨貞虞注革丨貞吉虞注○尻案說文从尸几聲今丨字乃箕丨字也廣雅釋詁二曹憲音○書泰誓上乃夷丨弗事上帝神祇墨子非命上作紂夷處不肯事上帝鬼神

裾 說文丨衣袍也从衣居聲讀與居同○丨衣後丨也或作祛方言四注

車 丨以行陵陸墨子節用上○丨駕牛馬周禮族師及其六畜丨輂疏○丨所以駕馬周禮縣師及其六畜丨輂之稽疏○坤爲丨易小畜丨脫輹虞注○坎爲丨易井井收勿幕虞注○震爲丨左氏閔元年

傳丨從馬注僖十五年傳丨說其輹注○乾爲大丨易象上傳大轝以載盧氏注○丨震也國語晉語丨上水下必伯注○丨雷也國語晉語丨班內外注○禮記王制則止佐丨佐丨止說苑修文作則止佐轝佐轝止

渠 說文丨水所居从水桊省聲○丨亦溝也禮記曲禮上門閭溝丨必步疏○丨大也左氏襄四年傳注納夏一名丨疏○丨漸也一曰甲名淮南氾論丨幨以守注○丨荅鐵疾藜也漢書鼂錯傳具藺石布丨荅注引蘇林○丨彌禪海之名管子小匡丨彌於河陼注○今西有丨搜國疑[illegible]丨字穆天子傳四爰有[illegible]溲之口注

蕖 芙渠別名芙蓉江東呼荷爾雅釋草荷夫渠注

余 說文丨語之舒也从八舍省聲○丨朕皆我也左氏僖十二年傳丨嘉乃勳注

予 丨我也詩小弁丨之佗矣箋

輿 說文丨車丨也从車舁聲○丨車也漢書嚴助傳丨轎而隃領注引服虔○丨郎車也漢書梁孝王武傳景帝使使持乘丨駟注○丨車牀也禮記曲禮下注木工輪丨弓廬匠車梓也疏○丨則車牀禮記明堂位鉤有曲丨者也疏○丨車士也文選東京賦注引漢書韋昭注○丨主駕車者漢書嚴助傳廝丨之卒注○丨人作車者也孟子滕文公下則梓匠輪丨注○丨師主兵車左氏成二年傳司馬司空丨師注○丨猶盡載之意漢書淮南王安傳案丨地圖注引蘇林○丨猶抗也禮記曾子問遂丨機而往疏○丨衆也左氏襄三十年傳食丨人之城杞者注昭八年傳丨嬖袁克注九年傳虐其丨臣注又公羊昭二

十年傳注世子幸丨守國疏引春秋說文又呂覽爲欲與爲丨隸同注○丨尉軍尉主發衆使民左氏襄三十年傳而廢其丨尉疏引服注○丨隸皆賤官左氏昭四年傳丨人納之注○乾爲丨易象上傳丨脫輹盧注○坤爲丨易象上傳六四元吉侯注○丨車字異義同詩黃鳥傳子車氏疏○孟子離婁下以其乘丨濟人於溱洧太平御覽丨作車十二月丨梁成詩甫田疏丨作車

餘 說文丨饒也从食余聲○丨末也公羊春秋序此世之丨事疏○丨子庶子也漢書食貨志上丨子亦在于序室注引蘇林○未任役爲丨子同上○大夫庶子爲丨呂覽報更張儀魏氏丨子也注○丨夫者一家一人受田其丨老少尚有丨力者孟子滕文公上丨夫注○有丨者閒暇之謂也莊子天道則用天下而有丨注○丨皇舟名左氏昭十七年傳獲其乘舟丨皇注○祝丨或作桂荼山海經南山經其名

日祝丨注○吳仲山碑父有余財丨作余

胥 說文丨蟹醢也从肉疋聲○丨相荀子儒效丨靡之人注○丨皆也列子天瑞胡蝶丨也注○丨樂官也書大傳丨與就膳徹注○大丨小丨皆樂官屬也禮記王制小丨大丨注○丨靡刑名也漢書楚元王交傳二人諫不聽丨靡之注引應劭賈誼傳說丨靡注引張晏○丨靡腐刑也史記屈原賈生列傳傳說丨靡索隱引徐廣○丨靡古者相隨坐輕刑之名漢書楚元王交傳注引晉灼○丨靡相隨之刑漢書賈誼傳注○丨餘箕子名左氏僖十五年傳疏引莊子司馬彪注○丨犀聲相近史記匈奴列傳黃金丨紕一索隱○丨犀與師竝相近同上○丨須古今字耳詩桑扈疏○詩角弓民丨傚矣潛夫論班祿作民斯效矣

狙 丨獼猴也廣雅釋獸○掩索取也自關而西曰索或曰丨方言六○丨伺也方言六注○丨伺人之閒隙也文選廣絕交論注引漢書音義

鋤 亦作鉏○說文鉏立薅所用也从金且聲○鉏耰謂鉏木也史記陳涉世家鉏耰棘矜索隱

疏 集韻䟽通○說文丨通也从㐬从疋疋亦聲又䟽門戶疏窻也从疋疋亦聲囱象䟽形讀若疏又延通也从爻从疋疋亦聲○丨通也禮記樂記朱絃而丨越疏○丨達謂丨朗通達禮記樂記丨達而信疏○丨除也文選遊天台山賦注引國語賈注○丨亦遠也漢書楊雄傳下是以遐方丨俗注○丨亦闊遠也漢書鼂錯傳射丨及遠注○丨也者言與親丨遠禮記祭義進而不愉丨也疏○丨亦賤也文選長楊賦賤瑇瑁而丨珠璣注引廣雅○丨搜索也漢書趙充國傳丨捕山閒虜注引蘇林○丨謂條錄之漢書蘇武傳數丨光過失注○丨謂分條也漢書杜周傳後主所是丨為令注○丨分流漢書溝洫志九川既丨注○丨刻也禮記明堂位丨屏疏○丨屏刻之為雲器蟲獸禮記明堂位注○丨讀為沙周禮典瑞丨璧琮以斂尸注○丨鬚音相近也荀子正論龍茲注○詩汝墳簝不能為疎遠者計也釋文疎亦作丨○禮記月令其器丨以達玉篇疋部作其器延以達

蔬 說文新附丨菜也从艸疏聲○丨菜也漢書元帝紀救民饑饉注○疏菜也漢書地理志下疏食果實之饒注○丨謂菜也漢書鄒陽傳此鮑焦所以憤於世也注○丨謂菜丨禮記月令有能取丨食田獵禽獸者疏○疏草菜之可食者國語周棄能播殖百穀疏注○疏是草之實周禮委人疏○凡疏材草木有實者也周禮委人凡疏材木材注○疏麤也禮記禮器丨犧尊丨布鼏疏○丨卽麤也禮記雜記上注麤衰斬者疏喪大記皆丨食水飲疏○丨取用草之義卽爾雅云丨不熟之丨儀禮喪服削杖布帶丨屨疏○丨丨如總也釋名釋喪制○丨布謂麤布禮記禮運丨布以冪疏

梳 說文丨理髮也从木疏省聲

虛 丨丨也詩北風其丨其邪傳○丨空也禮記曲禮上丨坐盡後疏又國策秦策莫敢以丨願望於上注○丨空名也續漢五行志六○太丨謂空元之境素問天元紀大論太丨寥廓注○丨不實國策秦策囷倉丨丨注○有其器而無其位故曰丨左氏文二年傳作丨器疏○丨無者道之所居也淮南精神○丨无靜也素問上古天眞論恬惔丨无注○丨者情無所念慮也淮南原道是故貴丨者注○丨者無藏也管子心術上○丨者道也呂覽有度淸明則丨注○天之道曰丨管子心術上○天曰丨同上○丨者萬

物之始也管子心術上○丨者道之常也史記太史公自序○陰道丨素問太陰陽明論○丨爲丨僞管子弟子職志毋丨邪注○丨徐懷疑也漢書敘傳上承靈訓共丨徐兮注引孟康○丨徐者謙丨閑徐之義詩北門疏○坤爲丨易歸妹无實虛注○四消入坤爲丨易象下傳天地盈丨虛注○丨口謂酳也禮記曲禮上客不丨口注○丨口謂食竟飲酒蕩口禮記曲禮上疏

噓 說文丨吹也从口虛聲

徐 說文丨安行也从彳余聲○丨丨安行貌易困釋文引馬注○丨州或作舒州國策齊策楚威王戰勝於丨州注○易困來丨丨釋文子夏作荼荼王肅作余余

豬 說文丨豕而三毛叢居者从豕者聲

閭 說文丨里門也从門呂聲周禮五家爲比五比爲丨丨侶也二十五家相羣侶也○丨里門也漢書異姓諸侯王表丨閻偪於戎狄注食貨志上發丨左之戍注陳勝傳發丨左戍漁陽九百人注鼂錯傳後入丨取其左注循吏傳序興于丨閻注○里門曰丨漢書張良傳表商容丨注○巷門曰丨周禮地官序官丨胥疏○丨里也淮南脩務以年之少爲丨丈人說注○二十五家爲丨禮記月令疏引月令章句又周禮地官序官鄉老疏引司馬法○三鄰爲丨華嚴經音義下引書大傳○丨陣名周書武順左右一卒曰丨注○北唐以丨丨似隃冠周書王會○丨盧聲相近荀子性惡辟丨注

廬 說文丨寄也秋冬去春夏居从广盧聲○丨田中屋也漢書食貨志上餘二十晦以爲丨舍注○在田曰丨公羊宣十五年傳什一行而頌聲作矣注○在壄曰丨漢書食貨志上○丨者宿止之處漢書王莽傳下數俱至國師殿中丨注○直宿曰丨文選西都賦周丨千列注引漢書張晏注○直宿所止曰丨漢書嚴助傳君厭承明之丨注○殿中所止曰丨漢書金日磾傳日磾小疾臥丨注○丨謂殿中所宿止處也漢書佞幸董賢傳詔令賢妻得通引籍殿中止賢丨注○精丨講讀之舍後漢書儒林傳論精丨暫建注○艮爲丨易象上傳小人剝丨侯注○左氏桓十三年傳羅與丨戎兩軍之釋文本或作盧成十三年經曹伯丨卒于師釋文本亦作盧公羊成十三年經曹伯丨卒于師釋文本亦作盧○孟子屋丨子廣韻作屋盧子

驢 說文丨似馬長耳从馬盧聲

諸 說文丨辯也从言者聲○丨丨是語辭禮記郊特牲或丨遠人乎疏○丨之也易艮注止求丨身疏又

禮記檀弓上吾聞丨夫子疏文王世子君王其終撫丨疏教之以事而喻丨德者也疏禮運協丨義而協疏又論語學而告丨往而知來者集解引孔注又國語魯語配胡公而封丨陳注○丨於也禮記禮運始丨飲食疏郊特牲而鹽丨利疏樂記邱之聞丨萇宏疏祭義是故君子合丨天道疏施丨後世而無朝夕疏祭統非丨人疏大學是故君子有丨已疏中庸施丨已而不願疏失丨正鵠疏徵丨庶民疏鄉飲酒義合丨鄉射疏又周禮師氏注教之以事而諭丨德者也疏○丨衆也禮記祭統丨德之發也疏○丨丨母衆妾也禮記內則擇於丨母與可者注○丨庶一也於丨侯卽爲庶子於天子則爲丨子周禮宮正注王之庶子職疏○丨者衆雜之辭禮記內則注名丨爲濫疏○丨者非一之辭禮記檀弓下丨達官之長杖疏○言丨者非一之義周禮漿人注涼以水和酒也疏○丨柘甘柘也漢書司馬相如傳上丨柘巴且注引

張揖○丨菹也禮記內則桃丨疏引王肅○紀莒之閒名丨爲濫禮記內則漿水醷濫注○詩韓奕丨娣從之白虎通嫁娶作姪娣從之○孟子告子下必形丨外說苑丨作於

除 說文丨殿陛也从𨸏余聲○丨殿陛之道也漢書王莽傳下自前殿南下椒丨注○丨謂門屏之閒漢書蘇武傳扶輦下丨注○丨者治也易萃象上傳君子以丨戎器疏○丨道謂丨治新路左氏莊四年傳注更開直道疏○丨去也易萃丨戎器釋文引鄭注○凡言丨者丨故官就新官也漢書景帝紀初丨之官注引如淳○丨余字雖異音實同也詩小明箋四月爲余疏

儲 說文丨待也从人諸聲○丨豫備也漢書何並傳丨兵馬以待之注○預貯米粟謂之丨峙書費誓傳皆當丨峙疏○丨謂蓄積之以待無也文選曹子建贈丁翼詩小人德無丨注○丨胥猶言有餘也漢

書楊雄傳下木雍槍纍以爲丨胥注引服虔○丨胥蕃落之類也文選長楊賦木擁槍纍以爲丨胥注引韋昭○丨與相羊也漢書楊雄傳上丨與虖大溥注引服虔○丨邸猶府藏也文選王元長曲水詩序盈衍丨邸注

如 說文丨从隨也从女从口○丨往也左氏昭廿八年傳御以丨臯疏○丨者往也左氏莊廿五年經注皆書丨疏又公羊成二年傳注使耕者東西丨晉地疏○丨亦往也漢書司馬遷傳出則不知所丨往注○丨之也國語魯語公父文伯之母丨季氏注○丨若也禮記少儀臣丨致金玉貨貝於君疏雜記上丨於道疏雜記下丨三年之喪疏○丨亦若也漢書西南夷傳丨以先帝所立注○丨似詩羔裘傳丨濡潤澤也疏○丨而也禮記曾子問注丨有昆弟及諸父疏又漢書五行志下之下○丨辭也易晉晉丨摧

丨疏又漢書敘傳下榮丨辱丨注引張晏○丨語辭易小畜有孚攣丨疏大有厥孚交丨疏○丨者丨此義禮記玉藻受一爵而色洒丨也疏○丨何猶柰何詩綢繆丨此良人何疏○丨讀若今之若儀禮鄉飲酒禮公丨大夫入注○書秦誓中不丨仁人墨子兼愛中作不若仁人

墟 通作虛○說文虛大丘也崑崙丘謂之崑崙虛古者九夫爲井四井爲邑四邑爲丘丘謂之虛从丘虍聲○虛謂丘丨漢書賈誼傳凡十三歲而社稷爲虛注○丨故居也漢書王莽傳上名曰凶虛注○丨故所居也文選西征賦注引聲類○凡舊居皆曰虛禮記檀弓下虛墓之閒疏○虛者舊居之處也左氏昭十七年傳大辰之虛也疏○今故廬居處高下者亦名爲丨風俗通山澤○丨毀滅無後之地禮記檀弓下注○虛讀曰丨漢書地理志上東郡濮陽注王莽傳贊遂令天下城邑爲虛注○虛讀爲丨荀子儒

效虛殷國注

菹 說文丨酢菜也从艸沮聲蕰或从皿蘁或从缶又蕰醢也从血菹聲蘁蕰或从缶○丨者即是蘁也儀禮公食大夫禮注昌蒲本丨也疏○牒者爲丨細切者爲蘁周禮醢人其實韭丨疏○丨謂醢也漢書刑法志丨其骨肉於市注

琚 說文丨瓊丨从玉居聲詩曰報之以瓊丨○丨瑀所以納閒在玉之閒今白珠也續漢輿服志下注引纂要

旟 說文丨錯革畫鳥其上所以進士衆丨衆也从㫃與聲周禮曰州里建丨○鳥隼曰丨國語周語丨旐有黼注○丨以革爲之置於旐端爾雅釋天錯革鳥曰丨李注

璵 說文新修字義丨丨璠也从玉與聲○丨璠魯之寶玉左氏定五年傳疏引說文○丨璠是一玉名左氏定五年傳疏○丨璠美玉文選潘正叔贈陸機詩豈無丨璠注

歟 說文歟安气也从欠與聲○丨發聲也漢書文帝紀朕之不明丨嘉之注引如淳○丨辭也國語晉語將丨幾人注○歟辭也文選漢武帝賢良詔猗歟偉歟注引如淳○丨語辭禮記中庸注其諸君子樂道堯舜之道丨疏○丨是語辭禮記檀弓上喪不剝奠也丨疏檀弓下殺厲丨疏學記注亦忽不可得見丨疏雜記下問丨賜丨疏○丨是語助也詩采蘋箋此其義也丨丨疏○丨疑辭也禮記檀弓上注翣以布衣木如襦丨丨疏聘義爲玉之寡而瑉之多丨疏○丨是疑辭也禮記玉藻注天子狐白之上衣皮弁服丨丨疏雜記上注然則遣車載所包遣奠而藏之者丨疏又周禮牛人注樴人者謂牧人充人丨疏○丨邪詞

也淮南精神不識天下之以我備其物丨注○丨讀曰歟漢書貢禹傳意豈有所恨丨注王嘉傳材難不其然丨注○周禮大司樂注丨鬼之外釋文本亦作與

畬 說文丨三歲治田也易曰不菑丨从田余聲○三歲曰丨詩采芑于彼新田傳○丨和柔之意詩采芑疏○爾雅釋地三歲曰丨釋文本或作畭

疽 說文疽癰也从疒且聲○丨癰創也漢書項籍傳丨發背死注○丨癰瘡也漢書陳平傳丨發背而死注○孟子萬章上孔子於衛主癰丨史記孔子世家作雍渠韓非作雍鉏說苑作雍雎

苴 說文丨履中艸从艸且聲○丨履中之藉也漢書賈誼傳冠雖敝不以丨履注○丨茅藉也漢書郊祀志上席用丨稭注○丨者亦以草藉器而貯物也禮記曲禮上凡以弓劍苞丨簞笥問人者疏○丨麻

之有實者淮南本經衰經丨杖注○丨者黯也禮記喪服小記丨杖疏○丨是黎黑色禮記閒傳疏○丨讀如租漢書郊祀志上注引如淳○丨字本作葙假借用漢書郊祀志上注○詩召旻如彼棲丨一切經音義廿五作如彼棲柤

樗 說文樗木也从木虖聲

攄 丨舒也文選荅賓戲卒不能丨首尾注引項岱

於 ○丨者夷言發聲也左氏宣八年傳盟吳越而還疏○丨越夷言也穀梁定五年經丨越入吳注引舊說○丨越卽越也夷言發聲左氏定十四年經丨越敗吳於檇李疏○丨邑短氣貌漢書成帝紀贊言之可爲丨邑注中山靖王勝傳孟嘗爲之丨邑注○丨邑短氣也漢書楊雄傳上雖增欷以丨邑兮注○丨邑煩寃愁苦也史記刺客列傳乃丨邑曰索隱引劉氏

茹 ○丨藘蒨也廣雅釋草○丨藘一名蒨可以染絳爾雅釋草孫注○丨藘一名茜可以染絳爾雅釋草李注○丨藘茅蒐蒨草也一名地血齊人謂之茜徐州人謂之牛蔓詩東門之墠丨藘在阪陸疏

蛆 廣韻本作胆○說文胆蠅乳肉中也从肉且聲

且 說文丨薦也从几足有二横一其下地也凡丨之屬皆从丨○丨往也詩溱洧士曰既丨釋文

沮 說文丨水出漢中房陵東入江从水且聲○丨水卽漢水也史記夏本紀至于荆山正義

祛 說文丨衣袂也从衣去聲一曰丨褢也褢者褏也丨尺二寸春秋傳曰披斬其丨○丨袂也淮南人閒攘丨薄腋注○其袂近口又別名爲丨左氏僖五年傳疏○丨謂袂末禮記玉藻丨尺二寸疏○丨爲

砠

袂之末詩遵大路疏○丨是袖頭之小稱詩羔裘疏

袪 袪開也廣雅釋詁三○袪開散漢書兒寬傳合袪於天地神祇注引李奇

挐 丨牽引也漢書楊雄傳上熊羆之丨攫注○丨相連引也漢書嚴安傳禍丨而不解注○丨謂相引也後漢書馮衍傳上禍丨未解注○丨攫惶遽也文選羽獵賦熊羆之丨攫注引韋昭○丨讀人性紛丨不解之丨淮南本經巧爲紛丨注

櫚 栟丨椶也皮可以爲索文選南都賦楈枒栟丨注引上林賦張揖注

臚 說文丨皮也从肉盧聲膚籀文丨○腹前曰丨也一切經音義廿二引釋名○丨陳也史記六國表丨於郊祀索隱○丨亦陳也漢書敘傳下大夫丨岱注○丨傳也次以傳上令也文選東京賦丨人列注引漢書韋昭注○丨猶行也文選東京賦注引漢書蘇林注

岨 廣韻同岨○說文岨石戴土也从山且聲詩曰陟彼岨矣○丨土山上有石者爾雅釋山注又孫注○詩卷耳陟彼砠矣釋文本亦作丨

瀦 說文新附丨水所亭也从水豬聲○豬者停水之名左氏襄廿五年傳規偃豬疏○豬謂畜水漢書王莽傳上而豬其宮室以爲汙池注○書禹貢被孟豬釋文釋文左傳及爾雅皆作孟諸

阹 說文丨依山谷爲牛馬圈也从阜去聲○因山谷爲牛馬圈謂之丨蕭該漢書楊雄傳音義引三蒼○丨遮禽獸圍陣也漢書楊雄傳下以網爲周丨注引李奇○丨獵者圍陳遮禽獸也漢書司馬相如傳上江河爲丨注引蘇林

胠 丨亦脇也素問欬論則兩丨下滿注○丨謂腋下脇也素問玉機眞藏論則兩脇丨滿注

伃 廣韻伃同○說文伃婦官也从人予聲○伃美稱也漢書昭帝紀母曰趙倢伃注外戚傳上至武帝制倢伃娙娥傛華充依各有位注

帤 說文丨巾丨也从巾如聲一曰幣巾○考工記弓人注讀爲襦有衣絮之絮釋文本亦作丨

篨 說文丨籧丨也从竹除聲

雎 集韻鴡同○說文鴡王鴡也从鳥且聲○鴡鳩王鴡也左氏昭十七年傳鴡鳩氏注○丨鳩幽州人謂之鷲而楊雄許愼皆曰白鷢詩關雎關關丨鳩陸疏

蘧 說文丨丨麥也从艸遽聲○丨蒢口柔漢書敘傳下舅氏丨蒢注

腒 說文北方謂鳥腊曰丨从肉居聲傳曰堯如腊舜如丨○丨乾昫後漢書崔駰傳論奉贄以結好注

鸈 說文鸈雝鸈也从鳥渠聲

椐 說文丨樻也从木居聲○丨樻卽今靈壽是也詩皇矣其檉其丨陸疏○丨樻爾雅釋木○丨樻腫節可作杖爾雅釋木釋文引樊孫注

紓 說文丨緩也从糸予聲○丨緩也後漢書馮衍傳上敵人丨怨注○詩采菽彼交匪丨荀子勸學作匪交匪舒

袽 集韻絮同○說文絮絜緼也一曰敝絮从糸奴聲易曰需有衣絮○絮塞也廣雅釋詁三

躇 集韻躇同○說文丨峙躇不前也从足屠聲

趄 說文新修字義丨趑丨也从走且聲

璩 說文新附丨環屬从玉豦聲見山海經

鴽 說文翟牟母也从隹奴聲鴽翟或从鳥○丨鴾也青州呼鴾母爾雅釋鳥注○丨鴾一云鴾母爾雅釋鳥李注○丨蝙蝠禮記內則雉兔鶉鷃疏引皇氏

滁 說文新附丨水名从水除聲

綀 說文新附丨布屬从糸束聲

歔 說文丨欷也从欠虛聲一曰出气也

耡 丨助也周禮遂人以興丨利甿疏里宰以歲時合耦於丨疏○漢時在街置室檢彈一里之民於此合耦使相佐助因放而名丨也周禮里宰注若今街彈之室疏

据 說文丨戟挶也从手居聲

㻬 丨琈玉名山海經西山經小華之山其陽多丨琈之玉注

摴 說文新附丨舒也又丨蒲戲也从手雩聲○丨蒲老子作之用丨今人擲之為戲也一切經音義二引博物志

蝑 說文丨蜙丨也从虫胥聲

籧 說文丨丨篨粗竹席也从竹遽聲○丨篨疾也廣雅釋訓○丨篨戚施本人疾之名詩新臺疏○丨篨口柔不能俯也詩新臺丨篨不鮮釋文

櫧 丨似采柔漢書司馬相如傳上沙棠櫟丨注引郭璞○丨似柃葉冬不落漢書司馬相如傳上注引張揖

鵌 丨似鵽而小黃黑色爾雅釋鳥注

魖 說文丨耗鬼也从鬼虛聲○丨耗鬼也漢書揚雄傳上梢夔丨而抶獝狂注引孟康

疋 說文丨足也上象腓腸下从止弟子職曰問丨何止古文以為詩大丨字亦以為足字或曰胥字一曰丨記也凡丨之屬皆从丨

懙 丨丨行步安舒也漢書敘傳下長倩丨丨注引蘇林

蒢 說文丨黃丨職也从艸除聲

藷 說文丨丨蔗也从艸諸聲○丨蔗甘蔗也文選南都賦丨蔗薑蹯注引漢書音義以下據

𩺰 說文丨二魚也凡丨之屬皆从丨

○廣韻錄

涺 說文丨水也从水居聲

𧖴 說文丨丨蟝也从䖵巨聲

豦 說文丨鬥相丮不解也从豕虍豕虍之鬥不解也讀若蘮蒘艸之蘮司馬相如說丨封豕之屬一曰虎兩足舉

蘮 說文丨蒘也似蘇者从艸豦聲

艅 說文新附丨艎舟名从舟余聲經典通用餘皇

瀩 說文丨水也从水旟聲

嬩 說文丨女字也从女與聲讀若余

舁 說文丨共舉也从臼从廾凡丨之屬皆从丨讀若余

䱬 說文丨魚也从魚胥聲

楈 說文丨木也从木胥聲讀若芟刈之芟

揟 說文丨取水沮也从手胥聲武威有丨次縣○周禮巾車注故書疏爲丨釋文本又作揟

䢸 說文䢸右扶風鄠鄉从邑且聲

蒩 說文丨茅藉也从艸租聲禮曰封諸侯以土丨以白茅

伹 說文丨拙也从人且聲

坥 說文益州部謂螾場曰丨从土且聲

豠 說文丨豕屬从豕且聲

俆 說文丨緩也从人余聲○丨遲也廣雅釋詁四

藸 集韻通作著○說文丨莖丨也从艸豬聲○爾雅釋木蒤莖著釋文舍人本作都樊本作屠

𨛜 說文𨛜地名从邑如聲

笶 集韻凵同○說文凵盧飯器以柳爲之象形凡凵之屬皆从凵笶凵或从竹去聲

魼 說文丨魚也从魚去聲○丨比目魚也漢書司馬相如傳上禺禺魼鰨注引郭璞○鱋一作丨史記司馬相如列傳禺禺鱋鰨集解引徐廣

𣏌 說文丨板也从木去

○以下據集韻錄 菸 說文丨鬱也从艸於聲一曰婑也

尻 說文丨處也从尸得几而止孝經曰仲尼丨丨謂閒丨如此

㡹 說文丨人相依丨也从广且聲

𠎝 說文丨二余也讀與余同

○以下附錄 擧 說文丨對舉也从手輿聲

經籍纂詁卷第六補遺終

上平聲

經筵講官南書房總裁兵部左侍郎兼署戶部左侍郎提督浙江學政阮元撰集

七虞

虞 丨度也書大禹謨儆戒無丨傳太甲上若丨機張
傳又詩文王有丨殷自天傳閟宮無貳無丨箋又
周禮地官序官山丨注又儀禮士昏禮記惟是三族
之不丨注又禮記少儀隱情以丨注又左氏桓十一
年傳且日丨四邑之至也注桓十七年傳而備其不
丨注成八年傳其孰以我爲丨注襄三年傳不丨之
不戒注昭四年傳君苟無四方之丨注昭六年傳始
吾有丨於子注又周書寤儆天下不丨注又大戴記
文王官人營之以物而不丨注又爾雅釋言又國語
周語以待不丨注以待不廷不丨之患注齊語澤立

三丨注晉語其若不丨何注吳語今伯父有荊蠻之
丨注又漢書異姓諸侯王表集注百官公卿表上集
注辛慶忌傳集注又後漢楊彪傳注又孟子離婁上
有不丨之譽注又管子七臣七主故主丨而安注○
丨者億度之謂莊子庚桑楚藏不丨以生心注○不
丨非度也詩抑用戒不丨傳○丨望也廣雅釋詁一
○丨驚也廣雅釋言○丨憂也太元元瑩古者不遷
不丨注○丨備也國語晉語衛文公有邢翟之丨注
○丨有也廣雅釋詁二○丨猶專也易中孚丨吉注
○丨擇也廣雅釋詁一○丨欺也廣雅釋詁二○丨
誤也詩閟宮無貳無丨傳○丨猶回也呂覽忠廉利
不足以丨其意注○丨助也廣雅釋詁二○丨樂也
周書酆謀三丨注又漢書禮樂志集注三見又呂覽
愼人許由丨乎潁陽注○丨者樂也白虎通號又論
衡正說○丨安也易中孚丨吉荀注又儀禮既夕三
丨注又廣雅釋詁一又國語周語丨於湛樂注○丨

猶安也儀禮士虞禮釋文○丨安神也禮記喪服小
記報葬者報丨注○丨猶安神也公羊文二年傳丨
主用桑注○丨喪祭也儀禮特牲饋食禮宗人執畢
先入注又禮記檀弓下以丨易奠注○丨爲喪祭卒
哭爲吉祭儀禮士虞禮記三丨卒哭注○返葬而祭
謂之丨也家語曲禮子貢問豈若速返而丨乎注○
既葬還祭於殯宮曰丨謂丨樂安神使還此也釋名
釋喪制○丨喪祭名丨安也骨肉歸於土精氣無所
不之孝子爲其彷徨三祭以安之朝葬日中而丨不
忍一日離儀禮既夕三丨注○丨安也士既葬其父
母迎精而反日中而祭之於殯宮以安之儀禮目錄
○丨祭天子九諸侯七卿大夫五士三其奠處猶吉
祭公羊文二年傳丨主用桑注○丨官也呂覽孟冬
乃命水丨魚師注○丨人官也大戴記夏小正丨人
入梁傳○丨掌水官也淮南時則乃命水丨漁師注
○丨掌山澤之官書舜典汝作朕丨傳○丨人掌山

澤之官禮記檀弓下丨人致百祀之木注又家語正
論招丨人以弓注又呂覽季夏乃命丨人注○丨山
澤之官後漢何進傳注○野丨掌山澤之官呂覽仲
冬野丨教導之注○野丨謂主田及山林之官禮記
月令命野丨毋伐桑柘注○野丨主材官呂覽季春
命野丨無伐桑柘注○郊丨掌山澤之官也文選王
元長曲水詩序充仞郊丨注○丨衡掌山澤之官主
山澤之民者周禮大宰三曰丨衡作山澤之材注○
丨人主囿之官呂覽愼小丨人以告注○丨人守苑
囿之吏也孟子滕文公下招丨人以旌注○丨主田
獵之地者也禮記緇衣若丨機張注○丨典鳥獸之
官穀梁莊廿八年傳丨之非正也注○丨謂丨人掌
禽獸者易屯卽鹿无丨虞注○丨者囿之司獸者也
賈子禮○丨中謂丨人萊所田之野及弊田植丨旗
於其中致禽而珥焉周禮獸人及弊田令禽注于丨
中司農注○八丨周八士皆在丨官伯達伯适仲突

仲忽叔夜叔夏季隨季騧國語晉語詢於八｜注引
賈唐云○｜氏書堯典曰｜舜鄭注○｜國名書泰
誓傳｜芮質厥成釋文○｜國名今太陽縣穆天子
傳六乃宿于｜注○上｜縣地名｜賓晉太康地記
曰舜避丹朱于此故以名縣百官從之故縣北有百
官橋亦云禹與諸侯會事訖因相｜樂故曰上｜水
經漸江水注○｜鹽騶｜也書大傳名曰｜注○｜
與娛通文選謝元暉始出尙書省詩歡｜讌兄弟注
○｜與娛古字通文選羽獵賦宏仁惠之｜注○｜
與娛同後漢馬融傳上注○驩｜義當作歡娛古字
通用耳孟子盡心上驩｜如也丁音○騶｜或作吾
文選東京賦注引劉芳詩義疏○｜吳聲相近史記
孝武紀索隱○公羊定四年師師伐鮮｜釋文｜本
作吳○莊子讓王許由｜于潁濱釋文｜本作娛○
詩絲衣不吳不敖史記孝武紀作不｜不驁○左傳
禧五年｜仲漢書地理志吳越春秋作吳仲○史記

晉世家唐叔
｜字子于
愚　｜鈍也文選登徒子好色賦｜亂之邪臣注○｜
謂無機智也荀子不苟｜則端愨而法注○｜者
不達之稱也論語爲政不違如｜皇疏○不知而出
之｜也新序節士○非是是非謂之｜荀子脩身○｜
言者不善則謂之｜賈子修政語下○深知禍福謂
之知反知爲｜賈子道術○簡士苦民者是謂｜賈
子大政上○知不用而言｜也大戴記保傅注引賈
子○惷｜生而癡騃童昏者周禮司刺三赦曰惷｜
注○｜直之｜也論語先進柴也｜集解○
莊子則陽匿爲物而｜不識釋文｜本作遇
娛　｜樂也詩出其東門聊可與｜傳又周書程典諸
侯不｜注又廣雅釋詁一又漢書五行志中之上
集注又離騷夏康｜以自縱注東君羌色聲兮｜人
注惜誦設張辟以｜君兮注抽思聊以｜心兮注懷

沙舒憂｜哀兮注招魂｜酒不廢注又文選西京賦
窮身極｜薛注○｜者樂也史記屈原賈生傳索隱
○｜亦樂也一切經音義三引字林○｜戲也漢書
司馬相如傳上集注○｜安也莊子讓王許由虞于
潁濱釋文○｜與虞古字通用文選張景陽詠史詩
朝野多歡｜注○古文虞今作｜同牛俱反一切經
音義三引字詁○詩出其東門釋文｜本作吳○
史記屈原賈生傳引楚辭懷沙舒憂｜哀｜作虞
隅　｜方也太元周周無｜注○｜猶方也淮南原道
經營四｜注○｜一｜謂其分也荀子榮辱安知
廉恥｜積注○｜廉也詩抑維德之｜傳又漢書馮
奉世傳贊集注又後漢東平憲王蒼傳注又太元元
攡上下無｜注○｜角也論語述而舉一｜皇疏又
廣雅釋言又後漢劉寬傳注又淮南本經衣無｜差
之制注○｜角也亦謂之弦周髀算經上徑｜五注
○邱｜邱角也詩緜蠻止于邱｜箋○｜旁也楚辭

逢尤豺狼鬬兮我之｜注○｜目角眼視也文選西
京賦｜目高眶薛注○｜曲室中之區｜淮南氾論
此見｜曲之一指注○宮｜城｜謂角浮思也考工
記匠人宮｜之制七雉城｜之制九雉注○｜城｜
也文選行藥至城東橋詩注○峻｜城｜也文選蕪
城賦峻｜又巳頹注○｜强天祇也淮南墬形○日
至于衡陽是謂｜中淮南天文○｜隈也廣雅釋邱
○｜谷虞淵也列子湯問｜谷之際注○｜｜山國
語魯語守封｜之山者也注○｜猶崖也呂覽有始
齊之海｜注○｜一作嵎晉書音義中○左傳昭廿
五年陷西北｜以入釋文｜本作堣○爾雅釋地齊
有海｜釋文｜本作嵎釋水注河出崑崙西北｜釋
文｜本作嵎○綏民校尉碑泣淚路堣｜作堣○李
翊碑聲冠方嵎｜作嵎○劉熊碑養以之福惟德之
偶｜
作偶

芻 程謂之｜〔小爾雅廣物〕○｜謂蕘也〔禮記祭統〕士
執｜注○｜草也〔禮記月令〕案｜豢釋文〔莊子列
禦寇〕食以｜菽釋文○生曰｜〔小爾雅廣物〕○草食
曰｜〔國語楚語〕｜豢幾何注又〔孟子告子上〕猶｜豢
之悅我口注○草養曰｜〔淮南時則〕案｜豢注○飼
牲曰｜〔左傳昭十三年〕注｜蕘者釋文○｜猶養也
〔儀禮少牢饋食禮注〕繫于牢而｜之釋文○養牛羊
曰｜〔周禮充人〕｜之三月注又〔禮記月令〕案｜豢注
○牛羊曰｜〔大戴記曾子天圓〕注又〔左傳襄卅一年
注〕祭以｜豢爲足釋文又〔荀子榮辱〕今使人生而未
嘗睹｜豢稻粱也注又〔莊子齊物論〕牛羊曰｜釋文
引司馬注又〔呂覽仲秋〕案｜豢注〔季冬〕供寢廟之｜
豢注○｜給牛馬〔周禮掌客〕惟｜稍之受注○｜馬
草也〔文選長楊賦〕蹂踐｜蕘注○｜秣養牛馬禾穀
也〔周禮大宰〕七曰｜秣之式注○｜豢猶犧牲〔禮記
月令〕共寢廟之｜豢注○宗廟曰｜豢山川曰犧牲

〔大戴記曾子天圓〕○｜蕘采薪者〔詩板〕詢于｜蕘傳
○｜蕘採薪者也〔後漢魯丕傳注〕〔胡廣傳注〕〔盧植傳
注〕○｜蕘下民之事也〔禮記坊記〕詢于｜蕘注○｜
靈束茅爲人馬也〔後漢光武帝紀下注〕○｜靈束茅
爲人馬謂之靈者神之類〔禮記檀弓下〕塗車｜靈注
○｜狗束｜爲狗以謝過求福〔淮南齊俗〕譬若｜狗
土龍之始成注○｜或爲犓〔禮記祭統〕士執
｜注○〔爾雅釋草〕菉王｜釋文｜本作蒭

無 易作无或作亡○天屈西北爲无〔易乾〕厲无咎釋
文引王述說○｜慮也〔管子心術下〕至不至｜注
○｜虛｜也一切經音義六引〔聲類〕○｜不也〔老子〕
其｜正注○｜猶不也〔文選東京賦〕宜｜嫌於往初
辭注○｜易猶不｜也〔禮記三年問〕｜易之道也注
○｜亦不亦也〔國語周語中〕｜亦擇其柔嘉注○｜
｜形也〔太元元攡〕資陶虛｜注○｜閒也〔爾雅釋詁〕
○有而｜益於治曰｜〔公羊莊四年傳〕上｜天子下
｜方伯注○｜亦亦也〔國語魯語〕彼｜亦詈其同類
注○｜乃猶得｜〔公羊宣十二年傳〕｜乃失民臣之
力乎注○｜達山名〔山海經西山經〕河水東注于｜
達注○｜終本山戎國也〔後漢吳漢傳注〕○｜夷馮
夷也山海經云冰夷穆天子傳云河伯｜夷之所都
居注○｜傷狀如小兒赤黑色赤爪大耳長臂一云
水神名莊子達生水有罔象釋文引司馬注○｜姑
其實夷〔爾雅釋木〕○｜讀爲舞〔周禮鄉大夫〕五曰興
舞杜注○｜讀爲憮〔荀子禮論〕｜帾絲䋹縷翣其須
注○〔左傳襄廿七年〕曰棠无咎釋文无本亦作｜○
〔左傳昭二十年〕｜縱詭隨釋文｜本作毋○〔書皐陶
謨〕｜敎逸欲有邦〔漢書王嘉傳〕作吿繇曰亡敖佚欲
有國○〔書益稷〕｜若丹朱傲〔漢書劉向傳〕作毋若丹
朱敖○〔書洪範〕｜偏｜黨〔漢書東方朔傳〕作不偏不
黨車千秋傳作毋偏毋黨○〔書洛誥〕咸秩｜文〔漢書
翟方進傳〕作咸秩亡文○〔儀禮覲禮注〕引〔左傳僖九

年〕｜下拜作毋下拜又〔春秋繁露祭義〕引〔詩小明〕｜
恒安息作毋恒安息又〔史記宋微子世家〕引〔書洪範〕
｜有淫朋人｜有比德｜虐煢獨于其｜好德｜偏
｜頗｜有作好｜有作惡｜偏｜黨｜黨｜偏｜反
｜側一極｜凶｜字十五見皆作毋〔高祖功臣侯年
表〕量侯須毋索隱曰〔漢書〕作須｜〔魯周公世家〕引〔書〕
｜逸作毋逸○〔漢書東方朔傳〕引〔書洪範〕｜偏｜黨
作不偏不黨〔谷永傳〕引〔論語〕食｜求飽居｜求安作
居不求安食不求飽○〔易略例〕｜六爻釋文｜亦作
損○〔爾雅釋地〕醫｜閭〔楚辭遠遊〕作微於閭○〔老子注〕
谷中央｜谷也釋文｜本作𧮫○〔列子黃帝〕无其文
釋文无諸家本或作旡○〔左氏宣十五年〕仲孫蔑會
齊高固于｜婁〔公羊〕作牟婁○〔管子封禪〕｜懷氏〔古
今人表〕作亡懷氏〔左傳昭十三年〕賓須｜〔古今人表〕
作賓須亡〔左傳昭十五年〕費｜極〔古今人表〕作費亡

極

蕪 丨薉也廣雅釋詁二○丨穢也國語周語田疇荒丨注又呂覽辯士弗除則丨注○丨草也小爾雅廣言○不治曰丨楚辭招魂牽於俗而丨穢注○丨豐也爾雅釋詁○丨蕃滋生長也爾雅釋詁釋文○丨蒲也楚辭哀郢孰兩東門之可丨注○爾雅釋詁釋文丨古本作隸○爾雅釋草注丨菁屬釋文丨本作蔓

巫 事鬼神曰丨書伊訓時謂丨風傳○丨者事鬼神禱解以治病請福者也男曰覡女曰丨公羊隱四年傳於鍾丨之祭焉注○丨女丨也後漢臧洪傳注○神在女曰丨淮南精神鄭之神丨注○在女曰丨國語楚語○女曰丨荀子正論出戶而丨覡有事注又列子黃帝有神丨自齊來釋文又呂覽侈樂作爲丨音注○醫師在女曰丨淮南說山丨之用糈注○丨覡見鬼者周禮男亦曰丨國說楚語注○丨男丨也書序伊陟贊于丨咸馬注○丨以告廟易巽用史丨荀注○丨能制神之處位次主者周禮春官序官男丨注○丨掌招彌以除疾病儀禮士喪禮丨止于廟門外注○兌爲丨易說卦傳○丨咸神丨也後漢張衡傳注○丨咸古神丨也離騷丨咸將夕降兮注○丨咸丨官書序伊陟贊于丨咸鄭注○丨彭丨抵丨陽丨履丨凡丨相皆神醫也山海經海內西經開明東有丨彭丨抵丨陽丨履丨凡丨相注○丨氏書君奭時則有若丨賢傳○丨師爲蠱故曰丨蠱後漢和帝陰皇后紀注○丨鼓猶妄說也法言君子人以丨鼓注○丨咸國在登葆山羣丨所從上下也山海經海外西經○丨混經旁顏氏家訓書證○楚申公丨臣字子靈見左傳襄廿六年○齊雍丨字易牙見左氏僖十七年疏

于 丨於也書呂刑王曰吁馬注又詩采蘩丨沼丨沚傳燕燕遠送丨野傳擊鼓丨以求之箋谷風比子丨毒箋無衣王丨興師箋正月丨何從祿箋都人士行歸丨周箋文王侯丨周服箋公劉丨胥斯原箋丨時處處丨時廬旅丨時言言丨時語語箋江漢至丨南海箋我將丨時保之箋有駜丨胥樂兮箋又禮記大學惟命不丨常注又論語爲政孝丨惟孝皇疏又爾雅釋詁又國語周語肆丨時夏注又史記屈原賈生傳請問丨服兮索隱又孟子萬章下殺越人丨貨注又太元晝丨人攸資注又離騷攝提貞丨孟陬兮注又文選東京賦丨時蒸明薛注丨斯之時薛注○丨丨者於也公羊隱元年公及邾儀父盟丨眛注○丨越猶言於越荀子勸學丨越夷貉之子注○丨乎也呂覽審應然則先王聖丨注○丨曰也詩東門之枌穀旦丨差箋六月王丨出征箋車攻之子丨苗箋小弁我獨丨罹箋桓於昭丨天箋又左氏宣十二年傳丨民生之不易注又爾雅釋詁又漢書楊雄傳上集注○丨往也詩桃夭之子丨歸傳雨無正維曰丨仕傳小旻伊丨胡底箋采綠之子丨狩箋棫樸周王丨邁箋崧高丨邑丨謝箋江漢丨疆丨理箋又漢書韋元成傳集注○丨以猶言往以也詩采蘩丨以采蘩箋○丨茅往取茅也荀子大略晝爾丨茅注○丨遠也漢書景十三王傳集注○丨遠辭也公羊莊元年傳築丨外非禮也注○丨求也爾雅釋言○丨猶爲也儀禮士冠禮宜之丨假注○丨杅也論語子路子之迂也鄭注○丨大也書大傳名曰朱丨注○丨大也丨通語也方言一○丨謂君禮禮記檀弓下丨則丨注○丨無所知貌莊子應帝王其覺丨丨釋文引司馬注○丨丨寐之狀也莊子應帝王釋文引簡文注○丨丨多難之貌也太元飾白舌丨丨注○丨喁聲之相和也莊子齊物論前者唱丨而隨者唱喁釋文引李注○丨丨諸眞也齊人語也公羊哀六年傳

陳乞使人迎陽生丨諸其家注○丨思多鬚之貌左
氏宣二年傳丨思丨思注○銑閒謂之丨考工記鳧
氏爲鍾○丨鍾脣之上袪也考工記鳧氏銑閒謂之
丨司農注○丨吳也淮南原道丨越生葛絺注○丨
章山名山海經大荒西經故成湯伐夏桀丨章山克
之注○丨軒丨也一名蕕生於水中渙後漢馬融傳
注○今文丨爲於儀禮既夕記寢東首丨北墉下注
○丨讀爲迂禮記文王世子況丨其身以善其君乎
注○丨鄭氏讀爲迂家語子夏問況丨其身注○丨
讀曰爲儀禮聘禮記賄在聘丨賄注○論語爲政孝
丨惟孝釋文丨本作乎詩式微序黎侯寓丨衛釋文
丨丨本作乎又列子周穆王於丨余一人釋文丨又作
乎○周禮天官序官注引召誥攻位丨洛汭作攻位
於雒汭甸師司農注引文王世子則磬丨甸人作則
磬於甸人大史注引左傳桓十七年以授百官丨朝
作以授百官於朝司農注引鄉射禮丨郊則閭中作

於郊則閭中丨竟則虎中作於竟則虎中又儀禮大
射儀注引考工記梓人不屬丨王所作不屬於王所
覲禮注引聘禮記少退丨君之次作少退於君之次
士喪禮注引喪大記遷尸丨堂作遷尸於堂又左傳
哀二年晉董安丨風俗通王霸劉向新論和性作安
於○魏大饗碑丨赫斯怒於作丨○史記賈生傳請
問丨服兮索隱
云漢書作予

盂 盌謂之丨方言五○丨與杅同文選答客難安於
覆丨注○左氏僖廿一年會于丨公羊作霍穀梁
作雩○鄭石丨字㚖
見左傳襄廿二年

臞 丨瘠也爾雅釋言又史記司馬相如傳形容甚丨
索隱引韋昭又漢書司馬相如傳下集注○丨痠
也爾雅釋言舍人注○丨瘦也史記司馬相如傳集
解引徐廣○丨肉之痠也爾雅釋言舊注○丨耗也

太元爭赫河丨注○丨與癯同文選安陸昭王碑文
癯瘠改貌注○爾雅釋言釋文丨本作癯○周禮大
司徒注瘠丨也釋文丨又作燿○周禮
廛人注久則瘦丨腐敗釋文丨本作臞

衢 四達謂之丨爾雅釋宮又易大畜何天之丨釋文
引馬注○四達曰丨齊魯間謂四齒杷爲欋欋杷
地則有四處此道似之也釋名釋道○路丨郭內丨
道四達謂之丨公羊宣十二年傳放乎路丨丨注○丨丨
四達道大戴記子張問入官必於四面之丨丨注○丨丨
交通四出也爾雅釋宮孫注○四達各有所至曰丨丨
爾雅釋宮李注○道六通謂之丨淮南繆稱猶中丨丨
而致尊邪注○九交道曰丨楚辭天問靡蓱九丨注
○丨道也荀子大略二者亂之丨丨也注又文選魯靈
光殿賦旖天丨以元亨張注○丨丨道兩道也今泰俗
猶以兩爲丨古之遺言歟荀子勸學行丨丨路者不至
注○丨路也楚辭遭厄躡天丨兮長驅注○丨涂岐

路也荀子王霸楊朱哭丨涂注○其枝四丨言枝交
互四出山海經中山經宣山其上有桑焉其枝四丨
注○其枝五丨言樹枝交錯相重五出有象丨路
也山海經中山經有木焉名曰帝休其枝五丨注

儒 通天地人曰丨法言君子○丨者區也言其區別
古今後漢杜林傳注引風俗通○丨者濡也韓外
傳五又論語雍也女爲君子丨皇疏○丨之言優也
和也言能安人能服人也禮記儒行釋文○丨諸侯
保氏有六藝以敎民者周禮大宰四曰丨以道得民
注○師丨丨鄉里敎以道藝者周禮六司徒四曰聯師
丨注○丨丨學士禮記玉藻注懦者所畏釋文引皇本
○能說一經者爲丨生論衡超奇○丨術士之稱漢
書司馬相如傳下集注○丨柔也廣雅釋詁四又漢
書司馬相如傳下集注○丨丨謂懦弱畏事荀子脩身
偷丨轉脫注○丨順也素問皮論名曰樞丨注○儒
愚也廣雅釋詁一○丨輸愚也方言十二○丨輸猶

懦撰也方言十二注○丨短也廣雅釋詁二○丨孔子道也淮南俶眞丨墨乃始列道而議注○丨服謂章甫之冠縫掖之衣也後漢儒林傳注○魯峻碑學爲偄宗丨作偄○漢修堯廟碑濡術之宗衡方碑少以濡術丨作濡濡

濡 丨漬也詩匏有苦葉濟盈不丨軌傳○丨漬也廣雅釋詁二○丨溼也漢書谷永傳集注又荀子禮論不沐則丨櫛三律而止注又素問五常政大論其發丨滯注○丨潤也史記刺客傳無丨忍之志索隱○如丨潤澤也詩羔裘羔裘如丨傳○如丨言鮮澤也詩皇皇者華六轡如丨箋○丨安也莊子徐无鬼有丨需者釋文○丨滯猶稽也孟子公孫丑下是何丨滯也注○丨需謂偷安須臾之頃莊子徐无鬼釋文○丨謂水利也素問至眞要大論寒入下焦傳爲丨寫注○丨有汁也素問五常政大論其實絡丨注○凡丨謂亨之以汁和也禮記內則丨豚包苦實蓼注○丨溺也史記扁鵲倉公傳今客腎丨正義○丨人于反水名也出涿郡東入漆一切經音義六引蒼頡○丨須水名也後漢荀彧傳注○丨需者豕蝨是也莊子徐无鬼○丨古軟字管子版法藏溫丨注

襦 襦謂之丨方言四○西南蜀漢曲領或謂之丨同上○丨袴也左傳昭廿五年徵褰與丨釋文○丨煗也言溫煗也釋名釋衣服○丨細密之羅周禮羅氏蜡則作羅丨司農注○作丨謂之裨丨廣雅釋器○丨讀爲繻有衣絮之繻周禮羅氏司農注○丨字亦作褕方言四注○儀禮聘禮注今之褕也釋文丨本作繻

須 丨需也易歸妹歸妹以丨虞注○丨俟也文選東京賦以丨消啟明薛注○丨待也易歸妹釋文又

儀禮士昏禮記某敢不敬丨注又史記廉頗藺相如傳胥後令索隱又漢書食貨志上集注吳王濞傳集注賈誼傳集注梁懷王揖傳集注燕刺王旦傳集注朱買臣傳集注楊惲傳集注趙充國傳集注二見兩龔傳集注馮奉世傳集注淮陽憲王欽傳集注王莽傳上集注王莽傳中集注二見王莽傳下集注又後漢桓帝紀注王昌傳注朱穆傳注張衡傳注第五訪傳注又荀子富國丨孰盡察注禮論皆使其丨足以容事注解蔽作之則將丨道者之虛則入將注○丨亦待也儀禮士喪禮擯者出告丨注又管子入國虛心平易以待丨注○丨止也書五子之歌序丨于洛汭馬注○丨丨臾也荀子王制罷不能不待丨而廢注○丨臾少時也文選北征賦聊丨臾以婆娑注○丨臾陰陽吉凶立成之法也後漢方術傳注○丨捷敗也南楚凡人貧衣被醜敝謂之丨捷方言三○丨捷狎翣也方言三注○丨漕衞邑也詩泉水思丨與漕傳○丨葑蓯爾雅釋草○魚曰丨爾雅釋獸○易歸妹釋文丨荀陸本作嬬○魯樊丨字子遲見論語注左氏哀十年傳史記弟子傳○宋樂丨字夷父見左傳文十八年疏

鬚 本作須○頤下曰丨丨秀也物成乃秀人成而須生也亦取須體幹長而後生也釋名釋形體○須直謂頤下須周禮冥氏則獻其皮革齒須備司農注○須之爲物上附者也易賁賁其須注○儀禮士喪禮注斷爪揃丨也釋文丨本作須莊子漁父丨眉交白釋文丨本作須○左傳昭廿六年有君子白皙鬒須眉釋文須本作丨

株 丨根也廣雅釋草又後漢虞延傳注○丨根本也史記平準書命曰丨送徒集解引應劭又後漢崔駰傳注○丨蔕也漢書食貨志下集注引如淳○丨根蔕也史記平準書集解引如淳○丨駒枯樹本也

列子黃帝若厥丨駒釋文○東夷之樂曰丨離公羊昭廿五年傳以舞大夏注○西方曰丨離後漢班彪傳下注○丨離舞曲名言象物生丨離也書大傳舞丨離注○三丨樹其爲樹如柏葉皆爲丨一曰其爲樹若彗山海經海外南經

誅 丨責也左氏莊八年傳丨屨於徒人費注襄卄一年傳丨求無厭注定十年傳有司若丨之注又論語公冶長於予與何丨集解引孔注又皇疏又國語周語翟人來丨殺譚伯注晉語臣丨於揚干注吳語無有丨焉注又漢書董仲舒傳集注又後漢獻帝紀注孔僖傳注又管子大匡反丨屨於徒人費注○丨丨賁也廣雅釋詁二○丨猶責也白虎通誅伐○丨丨責也周禮司救掌萬民之衺惡過失而丨讓之注○丨責讓也周禮大宰八日丨以馭其過注○丨治也淮南時則阿上亂法者丨注○丨罰也禮記曲禮上齒路馬有丨注○丨猶罰也禮記雜記不敢辟丨注○丨傷也易雜卦傳明夷丨也注又釋文引陸注○丨殺也廣雅釋詁一又國策秦策使復姚賈而丨韓非注○丨戮國策秦策曲撓而丨注○丨者討伐殺戮之名荀子仲尼文王丨四注○丨除也國語晉語故以惠丨患注○丨滅也易雜卦傳釋文引荀注○罪及餘人曰丨丨株也如株木根枝葉盡落也釋名釋喪制

蛛 丨蝥丨也太元遇僔丨罔注○丨蝥蟱蜍也廣雅釋蟲

殊 丨異也玉篇引蒼頡又史記司馬相如傳騰丨榛正義又漢書董仲舒傳集注鄭崇傳集注又太元元攡位各丨輩注又呂覽貴當此賢者不肖之所以丨也注又淮南本經由近知遠而萬丨爲一注○丨丨猶過也後漢梁竦傳注○丨猶甚也呂覽貴己有丨弗知慎者注○丨猶大也文選西京賦超丨榛薛注

○丨猶離也管子入國丨身而後止注○丨絕也廣雅釋詁四又漢書宣帝紀集注韓信傳集注淮南厲王長傳集注董仲舒傳集注昌邑哀王髆傳集注韓延壽傳集注○丨絕也異也漢書高帝紀下集注○丨者訓絕匡謬正俗八○丨絕猶斷絕也後漢曹褒傳注○丨斷也廣雅釋詁一○丨決也莊子在宥今世丨死相枕釋文引司馬注○丨誅也莊子在宥釋文○丨死也莊子在宥釋文引字林○丨者死之也義與誅同匡謬正俗八引應劭○丨死謂斬刑丨絕也後漢光武帝紀上注○莊子在宥釋文丨崔本作殀

銖 六豆爲一丨說苑辨物○十絫之重爲丨荀子富國割國之錙丨以賂之注○丨鈍也廣雅釋詁三○楚人謂刃頓爲丨淮南齊俗其兵戈丨而無刃注

瑜 丨玉也淮南繆稱碧丨糞土也注○丨玉中美禮記聘義釋文○丨其中間美者禮記聘義瑕不揜丨注○丨亦美玉名山海經西山經瑜山祠之瘞用百丨注○孚丨言美色也一切經音義十三引纂文

榆 丨木名也莊子逍遙遊我決起而飛槍丨枋釋文○丨州里名也水經洞過水注引服虔○丨猶寫也太元瑩丨漏卒刻注○丨讀爲搖素問骨空論折使丨臂齊肘注○周禮疾醫注岐伯丨柎釋文丨本作俞○左氏襄卄三年次于雍丨公羊作雍渝○古今人表定王丨史記作瑜周語注作揄

諛 丨諂也漢書項籍傳集注鮑宣傳集注又呂覽先識善丨之士注○曲從爲丨周書芮良夫惟以貪丨爲事注○從命病君謂之丨說苑臣術○以不善和人者謂之丨荀子脩身○丨悅順貌管子五行丨然告民有事注○丨言者博而于智鬼谷子權○丨與俞義同荀子脩身注○莊子天地以己丨人釋文

丨本作衆

愉 集韻或从女○丨說也廣雅釋詁三○丨悅也呂覽禁塞以丨其意注又素問上古天眞論以恬丨爲務注○丨歡荀子富國爲之出死斷亡而丨者注○丨喜也廣雅釋詁一○丨和也淮南本經其心丨而不僞注○丨丨和也廣雅釋訓○丨丨顏色和也論語鄉黨丨丨如也皇疏○丨丨和悅之貌也文選東京賦其樂丨丨薛注非有先生論注○丨丨懌也漢書禮樂志集注引李奇○丨丨和樂貌漢書禮樂志集注○丨樂也詩山有樞他人是丨傳又爾雅釋詁又漢書司馬相如傳上集注又後漢張衡傳注又荀子王霸形體好佚而安重閒靜莫丨焉注又楚辭東皇太一穆將丨兮上皇注○婾樂也漢書地理志下集注韋賢傳集注○婾與丨同樂也文選諷諫詩我王以婾注○丨往也悅也史記司馬相如傳心丨

於內索隱引張揖○丨逸耽樂縱逸也文選江文通雜體顏特進詩測恩躋踰逸注○丨勞也爾雅釋詁○丨解呂覽勿躬而莫敢丨綖注○勞苦者多惰丨今字或作窳同爾雅釋詁注○丨服也爾雅釋詁○丨吳歌也文選吳都賦吳丨越吟劉注○丨讀曰偸詩山有樞他人是丨箋○詩山有樞他人是丨漢書地理志作它人是婾○禮記坊記注言不丨于死亡釋文丨本作偸公羊桓七年注則民不丨釋文丨本作偸

腴 丨腹下也禮記少儀冬右丨注○腹之下肥曰丨漢書地理志下集注○丨肥也漢書敘傳上集注○丨有似於人穢禮記少儀君子不食圂丨注

區 丨別也華嚴經音義上引論語馬注○丨猶別也後漢黨錮傳注○丨小也廣雅釋詁二○丨丨小也廣雅釋訓○丨丨言小也文選與彭寵書奈何以丨丨漁陽而結怨天子注○丨丨小貌左傳襄十七年宋國丨丨釋文又公羊宣十五年傳以丨丨之宋注又漢書禮樂志集注陳勝項籍傳贊集注陸賈傳集注鄒陽傳集注○丨丨愛也廣雅釋訓○丨丨得志貌也呂覽務大丨丨焉相樂也注○丨宅也淮南原道縱志舒節以馳大丨注○丨虛也太元元攡回行九丨注○九丨猶易六虛也同上○丨域也後漢方術傳注○丨丨域也文選東京賦造我丨夏吳薛注○天丨謂四方上下也文選東京賦盈溢天丨薛注○六丨上下四方也文選思元賦上下無常窮六丨注○八丨八方之丨也文選長楊賦洋溢八丨注○八丨四方四隅也文選蜀都賦茂八丨而菴藹焉劉注○九丨九服也文選赭白馬賦磬九丨而率順注○丨陬隅隙之閒也文選東京賦目察丨陬薛注○水丨河中也文選吳都賦鏡水丨劉注○具丨今

吳縣西南太湖也尚書謂之震澤山海經南山經浮玉之山北望具丨注○丨藏物處荀子大略言之信者在乎丨益之閒注○器名丨者與卬同義同上○豆四謂之丨小爾雅廣量○玉十謂之丨爾雅釋器○雙玉曰瑴五瑴爲丨爾雅釋器注○

黃帝內經鬼臾丨亢倉子作鬼容卬

驅 廣韻古文毆○丨馳也楚辭惜賢丨子僑之犇走兮注又文選東京賦軼五帝之長丨薛注○丨犇也廣雅釋室○丨行也儀禮士昏禮乃丨注○毆謂駕馭之也荀子彊國胡不毆此勝人之埶注○毆與丨同文選東京賦成禮三毆薛注○毆古丨字文選風賦毆溫致溼注○詩小弁箋有先毆走之者釋文毆本作丨禮記郊特牲注索室毆疫釋文毆本作丨

軀 丨區也是衆名之大總若區域也釋名釋形體

朱｜赤也廣雅釋器又孟子盡心下惡紫恐其亂｜也注又楚辭招魂｜顏酡些注大招𩑶｜顏只注怨思垂明月之元珠注○｜赤色也楚辭遠逝歷硯融于｜冥注又文選西京賦｜實離離薛注○｜淺赤也山海經中山經有鳥焉名曰鴸直身而｜目注○｜丹也楚辭招魂網戶｜綴注｜塵筵些注又文選東京賦丹首元製薛注○｜猶丹也史記呂后紀｜虛侯正義○｜深纁也詩七月我｜孔陽傳○凡染絳一入謂之縓再入謂之赬三入謂之纁｜則四入與儀禮士冠禮爵弁服纁裳注○｜｜紱也後漢宦者傳注○｜芾黃｜芾也詩采芑｜芾斯皇傳○｜紱南方之物也易困｜紱方來注○｜衮以｜爲質也荀子富國天子袾褘衣冕注○丹｜堯子書益稷無若丹｜傲傳○離｜卽離婁也孟子離婁上注○｜虎熊羆二臣名書舜典讓于｜虎熊羆傳○乾爲｜易困虞注○西南曰｜天呂覽有始○西南方

曰｜天淮南天文○｜陽也西南爲少陽故曰｜天淮南天文注○｜明日也廣雅釋天又楚辭招魂｜明承夜兮注○｜光火德也文選南都賦曜｜光於白水注○西方曰｜離後漢陳禪傳注○中陵｜滕爾雅釋地○｜提山名也水經若水注○有樹赤皮支幹青葉名曰｜木山海經大荒西經○離｜木名也見莊子今圖作赤鳥山海經海外南經狄山爰有離｜注○｜草者赤草也可以染絳別尊卑也白虎通封禪○｜鳥鳳也後漢張衡傳注○｜烏謂赤烏也後漢班彪傳下注○呼雞曰｜｜俗說雞本｜公化而爲之今呼雞皆｜｜也初學記三十引風俗通○莊子達生紫衣而｜冠釋文｜司馬本作俞○書益稷無若丹｜傲說文夰部作若丹絑奡○左氏昭廿一年蔡侯｜出奔楚穀梁｜作東○古今人表｜庶其春秋作邾庶其○列子湯問離｜文選琴賦注引愼子作離珠

珠｜水精國語楚語｜足以禦火災注○圜澤爲｜楚辭謬諫貫魚眼與｜璣注○圓者爲｜淮南人閒翡翠｜璣注○｜陰中之陽淮南墬形水圓折者有｜注○｜者陰之陽也故勝火大戴記勸學又管子侈靡○｜陰中之陽也有光明故岸不枯淮南說山淵生｜而岸不枯注○｜所以禦火災國語楚語竈｜齒角注○明｜重寶也太元唐明｜彈于飛肉注○水方折者有玉員折者有｜山海經南山經英水多白玉注引尸子○西方之美者有霍山之多｜玉焉爾雅釋地○素質紅裏謂之｜貝文選蜀都賦注引相貝經○｜翠｜柱也文選七啟｜翠之珍注○｜服｜襦之屬以｜飾之也文選吳都賦則｜服玉饌劉注○｜崖言｜若崖也後漢杜篤傳注○｜澤此澤出｜因名之曰今越巂平澤出靑｜是穆天子傳二舍于｜澤注○故書｜爲夷周禮玉府則共｜槃玉敦注○｜與朱同後漢袁安傳注○國策齊

策巖下有貫｜者元和姓纂作貫殊

趨集韻或从足○｜走也公羊桓二年傳｜而救之注又孟子公孫丑上其子｜而往視之注又莊子胠篋則負匱揭篋擔囊而｜釋文引李注又呂覽舉難追逃者｜注又淮南俶眞夜半有力者負而｜注○｜行也廣雅釋詁二○｜而張足曰｜禮記曲禮下帷薄之外不｜注又孝經注不爲｜翔釋文○步張足曰｜禮記少儀執龜筴不｜注○疾行曰｜｜赴也赴所期也釋名釋姿容○｜疾行也論語子罕過之必｜集解引包注又皇疏○｜疾走也論語微子｜而避之皇疏○｜疾步也孝經釋文○｜疾於步周禮樂師｜以采齊司農注○門外謂之｜爾雅釋宮○外門謂之｜禮記玉藻｜以采齊注○｜謂路門至應門周禮大馭｜以采薺注○｜謂於朝廷周禮樂師｜以采齊注○｜疾也廣雅釋詁一○｜

速也荀子哀公丨駕召顏回注○丨急也莊子徐无鬼丕命相者丨射之釋文○丨謂促也史記天官書其丨舍而前曰嬴索隱○丨逐呂覽必己於是相與丨之注○丨向也禮記曲禮注擠丨也釋文曲禮摳衣丨隅釋文又史記伯夷傳丨舍有時正義孟嘗君傳君獨不見夫朝丨市者乎索隱又鬼谷子中經謂振窮丨急注○丨嚮也漢書欒布傳集注鄭當時傳集注金日磾傳集注○丨猶向文選盧子諒贈劉琨詩趣舍罔要注○丨者向也附也史記商君傳秦人皆丨令索隱○丨就也禮記曲禮注擠丨也釋文○丨歸也荀子議兵完全富足而丨趨注又淮南俶眞若周員而丨注○丨者赴敵尚疾之漸也周禮大司馬車驟徒丨注○丨謂車速行荀子正論騶中韶護以養耳注○丨者速藏之意荀子禮論丨輿而藏之注○丨投節也淮南俶眞而手會綠水之丨注○丨下下短也莊子外物修上而丨下釋文引李注○蹻足也廣雅釋獸○丨讀如趣孟子告子下其丨一也音義下引張音○丨讀爲促荀子王制丨孝弟注哀公丨駕召顏回注○丨或爲走大戴記保傅丨行不得注○故書丨作跢鄭司農云跢當爲丨書亦或爲丨周禮樂師丨以采齊注○詩猗嗟巧丨蹌兮釋文丨本作趍爾雅釋地注丨則頓釋文丨本作趍○周禮朝士丨且辟釋文丨本作趣禮記玉藻一節以丨釋文丨本作趣○禮記曲禮摳衣丨隅釋文丨本作走

扶 丨傳也傅近之也釋名釋言語○丨附也漢書天文志集注引晉灼○丨護也方言十三○丨援也國語晉語侏儒丨盧注○丨攀也淮南原道丨搖抮抱羊角而上注○丨助也國策宋策若丨梁伐趙注又漢書高帝紀上集注百官公卿表上集注引張晏又太元進或杖之丨注○丨治也淮南本經丨撥以爲正注○丨旁也淮南人閒去高木而巢丨枝注○丨於猶丨丨疏也史記司馬相如傳垂條丨於集解引郭璞○丨丨疏槃跚貌淮南脩務舞丨疏注○丨搖發動也淮南覽冥丨搖而登之注○丨丨幼小之貌也太元礥赤子丨丨注○拜於婦人爲丨自抽丨而上下也釋名釋姿容○丨風疾風也淮南覽冥降丨風注○丨搖風名也莊子逍遙遊搏丨搖羊角而上者釋文○上行風謂之丨搖莊子逍遙遊釋文引司馬注○丨木丨桑也在湯谷之南淮南墬形丨木在陽州注○丨桑東方地論衡說日○丨搖神木也莊子在宥將東遊過丨搖之枝釋文引司馬注○丨蘇丨胥皆小木也詩山有扶蘇山有丨蘇傳○丨桑木也山海經海外東經湯谷上有丨桑十日所浴注又論衡說日○丨桑日所出之木也淮南道應丨桑受謝日照宇宙注○丨桑日所出在暘谷中其桑相丨而生後漢張衡傳注○丨竹卬竹也高節實中中杖也名之丨老竹山海經中山經龜山多丨竹注○丨留藤也文選吳都賦東風丨留劉注○丨拔似麟無角後漢章帝紀注○丨聲近酺漢書天文志集注引鄭氏○丨當爲蟠漢書天文志集注引鄭氏○丨字或作杖漢書高帝紀上集注○丨服與匍匐音義同文選長楊賦丨服蛾伏注○字林丨丨作颫爾雅釋天釋文○禮記檀弓丨服救之釋文丨服本作匍匐○左傳昭廿一年丨伏而擊之釋文丨服本作匍匐

符 丨信也漢書司馬遷傳集注又後漢杜詩傳注又文選報任少卿書修身者智之丨也注○丨付也書所敕命於上付使傳行之也亦言赴也執以赴君命也釋名釋書契○丨節者如今宮中諸官詔丨也周禮掌節門關用丨節注○丨節相合之物也荀子儒效晻然若合丨節注○丨約也淮南主術以一合萬若合丨者也注○丨猶法也文選辯亡論上抑有前丨注○丨驗也後漢祭彤傳注又淮南本經審於

丨者怪物不能惑也注○丨徵兆也史記蘇秦傳𤆡
秦丨曰正義○丨道也呂覽精諭天丨同也注○丨
瑞也史記孝武紀以風丨應合于天地集解引晉灼
又後漢班彪傳下注○丨謂甘露醴泉之屬禮記仲
尼燕居注萬物之丨長釋文○丨采玉之横文也文
選蜀都賦丨采彪炳劉注○丨甲猶孚甲也史記律
書言萬物剖丨甲而出也索隱○丨拔形似麟而
無角後漢班超傳注○丨卽繻也後漢郭丹傳注

梟 丨野鴨名也爾雅釋鳥舒丨鶩舍人注又李注○
在野舒飛遠者爲丨爾雅釋鳥某氏注○在野曰
丨後漢班彪傳下注○丨疊也廣雅釋鳥○丨水鳥
也詩梟鷖丨鷖在涇傳○丨山也詩閟宮保有丨繹
傳

雛 生噣丨爾雅釋鳥○丨鳥子也爾雅釋鳥釋文○
丨鳥子生而能自啄者同上○鳥生子而啄者曰

丨後漢竇憲傳注○生啄曰丨楚辭離世哀枯楊之
怨丨注○生而自食曰鶵列子湯問視來丹猶鶵鷇
也釋文○丨隨母食者管子五行不癘丨鷇注○丨
鳳類也爾雅釋鳥釋文○鵷鶵亦鳳屬山海經南山
經南禺之山有鳳皇鵷鶵注○丨春鶵也呂覽仲夏
天子以丨嘗黍注○丨雞也禮記月令以丨嘗黍釋
文○丨新雞也淮南時則以丨嘗黍注○丨雞子也
匠于反爾雅釋鳥釋文引字林○丨籀文作鶵一切
經音義四○李翊夫人碑頌顒悲兮涕隕雰雛丨
作頌顒○古今人表顏燭丨師古注卽顏涿聚也

敷 丨布也書禹貢禹丨土鄭注又詩小旻丨于下土
傳又漢書禮樂志集注陳湯傳集注又後漢和熹
鄧皇后紀注張宗傳注班彪傳上注班彪傳下注東
平憲王蒼傳注又家語致思丨其五教注又素問寶
命全形論木丨者其葉發注氣交變大論其德丨和
注又離騷跪丨衽以陳辭兮注又文選西京賦篠簜

丨衍薛注東京賦武士星丨薛注○丨分也書禹貢
禹丨土馬注又漢書地理志上集注○丨陳也書舜
典丨奏以言傳又漢書宣帝紀集注引應劭成帝紀
集注敘傳下集注又後漢章帝紀注又家語弟子行
丨奏其勇注○丨猶鋪也穆天子傳六丨筵席注○
丨猶徧也詩賚丨時繹思傳○丨治也孟子滕文公
上舉舜而丨治焉注○丨大也詩常武鋪敦淮濆釋
文引韓詩○丨蕍華開貌文選吳都賦異荂蓲蕍劉
注○丨古文作尃同一切經音義二○儀禮特牲饋
食禮注爲神丨席也釋文丨本作鋪○書康王之誥
用丨遺後人休說文攴部作用敷遺後人○書禹貢
禹丨土史記夏本紀作興人徒以傅土洪範用丨錫
厥庶民宋微子世家作用傅錫其庶民曰皇極之丨
言作曰王極之傅言極之丨言作極之傅言詩長發
丨奏其勇大戴記衛將軍文子作傅奏其勇○詩賚
丨時繹思左傳宣十二年作鋪時繹思○書文侯之

命丨聞在下史記晉世家作布聞在下後漢東平憲
王傳作傅聞在下○書舜典丨奏以言史記五帝紀
作徧告以言漢書文帝紀成帝紀作傅納以言○書
皋陶謨翕受丨施史記夏本紀作翕受普施○史記
夏本紀引禹貢篠簜既丨作竹箭既布引皋陶謨丨
同日奏罔功作布同善惡則毋功晉世家引文侯之
命丨聞在下作布聞在下○書顧命丨重蔑席說文
苜部作布重莧席詩長發丨政優優左傳成二年昭
廿年作布政優優春秋繁
露循天之道作布政優優

夫 丨丈丨也禮記曲禮若丨坐如尸釋文○丨謂丈
丨禮記檀弓丨由賜也見我釋文○丨之言丈丨
也禮記郊特牲注○丨丨猶言此丈丨也禮記檀弓
上丨丨也爲習於禮者注○若丨言若欲爲丈丨也
禮記曲禮上若丨注○丨丨也者丨也丨也者以知帥
人者也禮記郊特牲○丨丨者膚也言其智膚敏宏意

林引風俗通○丨扶也廣雅釋親○丨者扶也大戴記本命○丨之言扶禮記曲禮下注○丨之言扶也後漢和帝紀注○丨者扶也扶以人道者也白虎通嫁娶○丨者扶也以道扶接也白虎通三綱六紀○大丨之爲言大扶扶進人者也故傳曰進賢達能謂之卿大丨白虎通爵○丨猶治也禮記王制丨圭田無征注○丨賦也言消息百姓均其役賦續漢書百官志注引風俗通○震爲丨易蒙見金丨虞注小畜丨妻反目虞注大過老婦得其士丨虞注漸丨征不復虞注彖上傳同人于野虞注彖下傳丨丨虞注繫辭上傳二人同心虞注序卦傳然後有丨婦虞注○震剛爲丨易蒙納婦虞注○震爲元丨易睽遇元丨虞注○大丨君也廣雅釋詁一○丨丨大丨也莊子田子方于是旦而屬之丨丨釋文引司馬注○丨猶人人也文選東京賦丨懷貞節薛注○丨人猶人人也左氏襄八年傳丨人愁痛注○丨人衆人也淮南

本經丨人相樂注○以道匡君非禮不運稱大丈丨孟子滕文公下景春曰章章指○賤丈丨貪人可賤者也孟子公孫丑下有賤丈丨焉注○殘賊之人謂之一丨孟子梁惠王下○將必降爲匹丨故謂之一丨也孟子梁惠王下注○丨謂餘丨也孟子滕文公上音義引丁音○丨一丨也孟子公孫丑上廛無丨里之布注○二田爲一丨管子乘馬○晦百爲丨周禮小司徒九丨爲井注引司馬法○畝百爲丨左氏襄廿五年傳丨井衍沃注○丨稅者百畝之稅周禮載師凡民無職事者出丨家之征注○丨猶兵也左氏哀元年傳丨屯晝夜九日注○丨者天也後漢列女傳○丨者妻之天也後漢列女傳注○婦人稱丨曰良人文選寡婦賦注引劉熙孟子注○良人丨也孟子離婁下其良人出注○丨人天子丨人考工記玉人丨人以勞諸侯司農注○丨人王后也記時諸侯僭稱王而丨人之號不別是以同王后於丨人也

考工記玉人注○諸侯曰丨人禮記曲禮下○諸侯之妃曰丨人丨扶也扶助其君也釋名釋親屬○公侯之妃曰丨人丨之爲言扶也獨斷上○丨人重位也列女傳節義○丨妻牉合也儀禮喪服傳○丨婦化之始也大戴記保傳詩之關雎注○丨婦者人倫之始也列女傳貞順○丨婦人倫之始王化之端後漢荀爽傳○丨家猶言男女也周禮小司徒以稽國中及四郊都鄙之丨家九比之數注遂人以歲時登其丨家之衆寡注○無丨家謂男女之鰥寡者周禮媒氏司男女之無丨家者而會之注○丨或爲傳禮記郊特牲注○丨讀曰扶漢書地理志下集注○故書射丨丨爲射矢周禮樂師燕射帥射丨以弓矢舞注○丨丨古讀爲大丨莊子田子方釋文○費鳳别碑鴻若飛鷹鴳鯱若丨虓虎丨通趺

膚 丨布也布在表也釋名釋形體○丨者人肉皮上之薄纇也論語顏淵丨受之愬皇疏○良爲丨易

噬嗑噬丨虞注剝剝牀以丨虞注睽厥宗噬丨虞注夬臀无丨虞注姤臀无丨虞注○丨肉也廣雅釋器○丨切肉也丨或爲胖禮記內則麋丨魚醢注○丨脅革肉儀禮少牢饋食禮雍人倫丨九注○丨豕肉也唯燖者有丨儀禮聘禮丨鮮魚鮮腊設扃鼏注○丨者柔脆之物也易噬嗑噬丨注○柔脆肥美曰丨易噬嗑釋文○丨膏也漢書董賢傳集注引孟康○丨美也詩狼跋公孫碩丨傳文王殷士丨敏傳又廣雅釋詁一又漢書劉向傳集注敘傳下集注引劉德又法言淵騫雖古之丨使注○丨大詩六月以奏丨公傳又孟子離婁上殷士丨敏注○丨傅也廣雅釋詁四○丨離也廣雅釋詁三○丨剝也廣雅釋言○丨理皮丨丨文理也荀子性惡骨體丨理好愉佚注○丨理肌丨之文理荀子榮辱骨體丨理辨寒暑疾養注○丨受謂皮丨之不經於心胸文選東京賦所謂末學丨受薛注○丨受謂得皮丨之言而受之不深

知其情核也後漢張法滕馮度楊傳注○側手爲丨
公羊僖卅一年傳丨寸而合注○牀之丨謂薦席易
象上傳剥牀以丨崔注○辨上稱丨易剥
剥牀以丨虞注○易剥釋文丨京本作篕

紆 丨縈也漢書楊雄傳下集注○丨回也文選高唐
賦水澹澹而盤丨兮注○丨屈也漢書敘傳上集
注又楚辭憂苦志丨鬱其難釋注○丨屈曲淮南本
經盤丨刻儼注○丨曲也考工記矢人中弱則丨注
又後漢胡廣傳注又楚辭惜誦心鬱結而丨軫注懷
沙鬱結丨軫兮注○丨垂也文選東京賦丨皇組辥
注○丨軫猶盤曲也後漢馮衍傳下注○丨索也廣
雅釋詁三○丨行虵屬考工記梓人連行丨行注

輸 丨傾委也荀子成相春申道綴基畢丨注○丨聚
也廣雅釋詁三○丨盡也左氏襄九年傳丨積聚
以貸注○丨寫也廣雅釋言○丨語也國策秦策常
以國情丨楚注○丨愚也廣雅釋詁二○丨更也廣

雅釋詁三○丨挩也方言十二○丨墮也詩正月載
丨爾載箋又公羊隱六年鄭人來丨平釋文又廣雅
釋言○丨者墮也穀梁隱六年傳○丨平猶墮成也
公羊隱六年傳○兵丨謂師還有司還兵也周禮司
兵及其受兵
丨亦如之注

樞 丨戶丨也易繫辭丨機之發釋文引王廙注又荀
子富國人君者所以管分之丨要也注○丨門臼
易繫辭釋文○丨謂之椳爾雅釋宮○丨達北方謂
之落時爾雅釋宮○丨所以主門之動靜鬼谷子飛
箝料氣勢爲之丨機以迎之隨之注○丨本也淮南
原道經營四隅還反於丨注○丨始也太元事事在
丨注○丨主運轉者也管子水地其丨在水注○丨
者居中以運外動而不窮者也管子樞言注○丨要
也莊子齊物論謂之道丨釋文○丨謂丨要素問皮
部論名曰丨持注○丨要大要總名也荀子正名然
則所爲有名與所緣有同異與制名之丨要不可不
察也注○丨機制動之主易繫辭上傳君子之丨機
注○丨機近要之官也後漢明德馬皇后紀注○丨
機也要髀股動搖如丨機也釋名釋形體○丨謂髀
丨也素問繆刺論令人留于丨中注○天丨正當齊
兩傍同身寸之二寸也素問至眞要大論言其病半
所謂天丨也注○北斗七星第一名天丨後
漢崔駰傳注○丨謂斗丨也後漢梁冀傳注

厨 丨主食者也一切經音義十五引蒼頡○丨者言
能以財救人者也後漢黨錮傳○爾雅釋宮注今
呼之丨簃連觀也
釋文丨本作蹰

俱 丨皆呂覽蕩兵與始有兵丨注○丨偕國策齊策
而儀與之丨注又呂覽知士劑貌辨丨注○丨亦
齊同之意也文選顔延年和謝監靈運詩年往志不
偕注○丨猶同也一也素問三部九候論所謂後者

應不丨
也注

駒 馬二歲曰丨周禮廋人教駣攻丨司農注校人執
丨司農注○五尺曰丨呂覽仲夏則縶騰丨注○
五尺以上曰丨詩漢廣言秣其丨傳○馬五尺以上
曰丨詩白駒序釋文○馬六尺以下曰丨詩株林乘
我乘丨箋○丨形麟色牛角後漢班彪傳上注○元
丨者蟺也大戴記夏小正元丨賁傳○元丨蚍蜉子
也法言先知吾見元丨之步注○蚍蜉西南梁益之
閒謂之元丨方言十一○詩皇皇者華我馬維丨釋
文丨本
作驕

模 集韻亦作橅○丨所㨾文章之範書大傳纘乎其
猶丨繡也注○丨法也小爾雅廣詁○丨法之也
一切經音義十四引聲類○丨䔖木名穆天子傳四
事皇天子之山丨䔖注○橅讀曰丨漢書蕭望之傳

集注○撫讀曰摹漢書韋元成傳集注○
撫音規摹之摹漢書劉向傳集注引應劭
謨 亦作暮○丨謀也書大禹謨傳皐陶謨傳又詩抑
訏丨定命傳又爾雅釋詁又漢書敘傳上集注敘
傳下集注又後漢崔駰傳注張衡傳注左雄傳注又
孟子萬章上丨葢都君咸我績注又太元元圖邪丨又
高吸注又文選幽通賦丨先聖之大猷兮曹注○謩
謀也左氏襄卄一年傳聖有謩勳注○丨亦謀也後
漢張衡傳注南匈奴傳注○丨僞也爾雅釋詁○丨
者謀而不忠爾雅釋詁注○丨器名周禮鬯人司農
注○丨當爲蜃書亦或爲蜃周禮鬯人凡山川四方
用蜃杜注○史記夏本紀引書皐陶謨丨明弼諧作
謀明輔和○詩抑
釋文丨本作漠
蒲 丨草也詩揚之水不流束丨傳○丨丨蒻也詩韓
奕維筍及丨傳○丨深丨也詩韓奕箋又國語吳

語其民必移就丨贏於東海注○丨丨柳詩揚之水
箋○丨楊柳左氏襄十二年傳董澤之丨注○丨亦
柳也後漢馬融傳注○丨合丨如鳧頭也禮記明堂
位周以丨勺注○丨席也家語顏回妾織丨注○丨
以爲席周禮澤虞共其葦丨之事注○丨爲席所以
安人周禮大宗伯男執丨璧注○丨平以丨作之其
體平也釋名釋牀帳○丨葦所以爲席可卷者也荀
子不苟與時屈伸柔從若丨葦注○丨蘇鈹也廣雅
釋器○草圓屋曰丨丨敷也總其上而敷下也釋名
釋宮室○丨車以丨裹輪取其安後漢逸民傳注○
丨昌亦有鹽澤之稱也水經河水注○丨類匈奴中
海名後漢班超傳注○丨盧蜾蠃謂土蜂也禮記中
庸丨盧也注○丨盧今之細腰蜂也一名蠮螉禮記
中庸丨盧也釋文○丨盧蜾蠃也謂土蜂也取螟蛉
而化子以爲子家語哀公問政猶丨盧也注○丨梢
良馬也晉書音義上○丨伏卽匍匐也文選七發丨

伏連延注○丨或爲浦周禮職方氏其澤藪曰弦丨
司農注○丨字或作滿漢書郊祀志上集注○左傳
成十年立公子州丨以爲君釋文丨本作滿○左傳
昭十三年奉壺飲冰以丨伏焉釋文丨本又作匍亦
作扶○書序將遷其君于丨姑史記周本紀作遷其
君薄姑○左傳成十年晉厲公名州丨疏作州滿
胡 丨何也書太甲下弗慮丨獲弗爲丨成傳又詩日
月丨能有定傳君子偕老丨然而天也丨然而帝
也箋風雨云丨不夷傳伐檀丨取禾三百廛兮箋瞻
卬伊丨爲慝箋又廣雅釋詁三又國語周語丨可與
也注晉語丨可壅也注楚語丨美之爲注又史記曹
相國世家與窋丨治乎索隱又漢書食貨志上集注
陳餘傳集注英布傳集注劉向傳集注蕭何傳集注
曹參傳集注賈誼傳集注二見賈山傳集注王褒傳
集注又莊子列禦寇闔丨嘗視其良釋文又楚辭天
問丨羿䠶夫河伯注又文選東京賦道丨不懷薛注

○丨之言何也詩生民丨臭亶時箋桑柔丨斯畏忌
箋○丨互也在咽下垂能斂互物也釋名釋形體○
下垂曰丨禮記深衣注謂丨下也釋文○丨大也周
書謚法又廣雅釋詁一○丨猶遐也遠也儀禮士冠
禮永受丨福注○丨壽也詩載芟丨考之寧傳○丨
耇元老之稱左氏僖廿二年傳雖及丨耇注○九十
曰鮐背或曰丨耇咽皮如雞丨也釋名釋長幼○彌
年壽考曰丨周書謚法○保民耆艾曰丨周書謚法
又獨斷下○丨簋禮器名夏曰丨左氏哀十一年傳
丨簋之事注○夏曰丨左氏哀十一年傳賈注又服
注○丨戟也廣雅釋器○援直刃也丨其孑考工記
冶氏丨三之司農注○丨粉丨餬也脂和以塗面也
釋名釋首飾○丨餅作之大漫沍也亦言以丨麻著
上也釋名釋飲食○丨仲名書蔡仲之命小子丨傳
○方邱丨邱爾雅釋邱○丨蘇者其木下流故曰丨
蘇丨下也蘇流也爾雅釋木丨蘇李注○丨蘇者木

流多散丨蘇然爾雅釋水孫注○丨今匈奴考工記
總目丨無弓車司農注○丨者山戎之别種御覽七
百九十九引風俗通○丨者互也言其被髮左衽言
語贄幣事殊互也同上○丨豆跭蹉也廣雅釋草○
丨蝶蛺蝶也莊子齊物論莊周夢爲丨蝶釋文引司
馬崔注至樂其葉爲丨蝶釋文引司馬注○丨蝶卽
蛺蝶也列子天瑞丨蝶胥也釋文○爾雅釋鳥鴽丨
鳥釋文丨本作鴽○韓勑碑丨輂器用瑚通作丨
丨者都也言流瀆四面所猥都也風俗通山澤○

湖 太丨有五丨故謂之五丨隔丨洮丨射丨貴丨及
太丨爲五丨後漢馮衍傳下注○五丨謂長蕩丨太
丨射丨貴丨滆丨也虞翻曰是丨有五道故曰五丨
韋昭曰五丨今太丨也尚書謂之震澤水經沔水注
○五丨今太丨也國語越語戰於五丨注○丨謂洞
庭丨後漢梁冀傳注○丨池也廣雅釋地
○丨大池也楚辭遠逝就申胥於五丨注

瑚 夏曰丨論語公冶長丨璉也集解引包注又鄭注
○漢修堯廟碑地致墦瑚石闕二坐墦瑚卽璠丨

乎 丨詞也廣雅釋詁四○丨於也呂覽貴信又況丨
人事注○丨極也廣雅釋詁一○丨爾者歎而不
怨之辭也孟子盡心下然而無有丨爾注○禮記中
庸見丨著龜釋文丨本作於○莊子人閒世且幾有
翦丨釋文丨崔本作于列子黃帝今汝之鄙至此丨
釋文丨本又作于○大戴記曾子制言上注引中庸
莫見丨隱莫顯丨微作
莫見於隱莫顯於微

壺 丨酒器也周禮掌客丨四十注○丨酒尊也儀禮
聘禮八丨設于西序注○丨禮器腹方口圓曰丨
反之曰方丨有爵飾公羊昭廿五年傳國子執丨漿
注○丨大一石禮記禮器門內丨注○丨所以盛飲
周禮挈壺氏掌挈丨以令軍井注○丨盛水器也周
禮夏官序官挈丨氏注○丨漏水之器也禮記喪大

記狄人出丨注○丨脰脩七寸口徑二寸半丨高尺
二寸受斗五升丨腹脩五寸大戴記投壺○丨器名
禮記投壺投丨之禮釋文又穆天子傳六是曰丨觴
注○丨投丨也文選吳都賦拚射丨博注○丨謂瓦
鼓周禮秋官序官丨涿氏注○方丨一曰方丈列子
湯問方丨釋文○丨禮也太元事瞽子提丨注居家
無丨丨注少女提丨注○丨瓠也詩七月八月斷丨傳
○丨乾瓠也楚辭招魂元蠭若丨注○今江東呼棗
大而銳上者爲丨丨猶瓠也爾雅釋木丨棗注○棗
形上小下大似瓠故曰丨爾雅釋木孫注○蠭其大
而蜜謂之丨蠭方言十一○爾雅釋木丨棗釋文丨
本作楛○呂覽下賢丨邱子古今人表作狐邱子林

狐 丨是獸一名野干多疑善聽翻譯名義五引輔行
記○丨獸之長尾者也易未濟小丨虞注○丨野
獸之妖者易未濟干注○坎爲丨同上○艮爲丨易
屯卽鹿无虞虞注解田獲三丨虞注○艮爲小丨易

未濟小丨汔濟虞注○丨者隱伏之物易解注○丨
者人之所攻也說苑善說○丨貍獸名詩七月取彼
丨貍釋文○丨性多疑故曰丨疑後漢馬援傳注○
蝍蛉六足四翼蟲也江東名爲丨黎方言十一蜻蛉
謂之蝍蛉注○短丨蜮也廣雅釋魚○令丨晉邑名
國語晉語使令丨文子佐之注○古今人表丨黶史
記弟子傳作壺左傳
哀十五年作盂黶

弧 丨木弓也考工記輈人凡揉輈欲其孫而無丨深
注○丨弓也易睽釋文儀禮大射儀注朵其有丨
矢之威釋文又國語鄭語檿丨箕服注又家語觀鄉
射懸丨之義也注又文選魏都賦燕丨盈庫而委勁
劉注○坎爲丨易睽先張之丨虞注繫辭下傳丨矢
之利虞注○坎爲弓丨易象下傳君子以除戎器虞
注○往體寡來體多曰王丨周禮司弓矢王弓丨弓
注○丨所以張縿之弓也儀禮覲禮載龍旂丨韣注

○丨旌旗所以張幅也禮記明堂位戴丨綢注○丨丨之爲言豫也說苑修文○丨盭也廣雅釋詁四○丨丨戾也楚辭謬諫正法丨而不公注○丨張罿罦之屬所以局絹禽獸周禮冥氏掌設丨張注○丨星名也後漢張衡傳注又楚辭守志彀天丨兮䠶狡注又文選西京賦丨旌枉矢薛注○丨亦星名也楚辭守志彀天丨兮䠶狡注○天狼下有四星曰丨後漢杜篤傳注○丨讀爲淨而不汙之汙考工記輈人凡揉輈欲其孫而無丨深杜注○易睽後說之丨釋文丨亦作壺京馬鄭王肅翟子元作壺○左傳莊十八年注蜮短丨也釋文丨本作狐○丨一作壺周易會通引易陸績注

孤 丨獨也廣雅釋詁三又後漢馬融傳注○無父曰丨國語周語司民協丨終注又淮南原道童子不丨注時則存丨獨注○丨無父之稱楚辭離世閔空宇之丨子兮注○幼無父曰丨淮南時則注脩務以

養丨孀注○幼而無父曰丨後漢光武帝紀下注又孟子梁惠王下○幼而無父謂之丨御覽人事部百十八引書大傳○少而無父者謂之丨禮記王制○三十以下無父稱丨禮記深衣如丨子衣純以素注○無父曰丨丨顧也顧望無所瞻見也釋名釋親屬○丨顧也易睽睽丨遇元夫虞注○丨負也後漢明德馬皇后紀注○丨棄也國語吳語以心丨句踐注○丨遠也漢書終軍傳集注○丨特也書禹貢嶧陽丨桐傳周官曰三丨傳○丨小也特也史記老莊申韓傳雖欲爲丨豚索隱○偏丨謂喪父也文選寡婦賦少伶俜而偏丨兮注○丨子者死王事者之子也周禮外饔邦饗耆老丨子注○死政之老死國事者之父母也丨其子周禮司門以其財養死政之老與其丨注○無子曰丨呂覽懷寵求其丨寡注○丨寡謙稱也呂覽士容南面稱寡注○丨寡人君之謙稱也呂覽君守君名丨寡而不可障壅注○丨者特也

卑於公尊於卿故曰丨後漢城陽恭王祉傳注○丨丨特位尊呂覽離俗遇高唐之丨注○三少卿也謂之丨大戴記保傅於是爲置三少皆上大夫也注○丨王之丨三人副三公論道者周禮掌次丨卿有邦事注○所使於四鄰諸侯者非其人謂之丨荀子君道○丨臣謂丨陋之臣也文選東京賦由余以西戎丨臣薛注○謂子爲丨屠後漢南匈奴傳注○丨謂六甲之丨辰後漢方術傳注○丨竹國名出竹文選東京賦丨竹之管薛注○丨竹竹特生者周禮大司樂丨竹之管注○世以山不連陵曰丨山丨都聲相近疑卽所謂都山也水經滱水注○丨都聲相近史記秦始皇紀以攻龍丨慶都正義

辜 丨罪也書大禹謨與其殺不丨傳又詩正月民之無丨箋雲漢何丨今之人箋又公羊宣六年傳天乎無丨注又漢書路溫舒傳集注陳咸傳集注又後漢馮衍傳注又莊子則陽至齊見丨人焉釋文又淮

南本經殺不丨之民注○丨辠也爾雅釋詁○丨禮義之罪也爾雅釋詁舊注○丨謂應死人也莊子則陽至齊見丨人焉釋文引李注○丨謂磔牲以祭也周禮小子凡沈丨侯禳司農注○罷丨披磔牲以祭若今時磔狗祭以止風周禮大宗伯以疈丨祭四方百物司農注○丨之言枯也謂磔之周禮掌戮殺王之親者丨之注○丨固也謂規固販鬻以求利也一切經孛經抄音義引漢書音義○丨必也漢書律麻志集注引孟康○丨障也後漢靈帝紀注○十一月爲丨爾雅釋天○莊子則陽至齊見丨人焉釋文丨元嘉本作幸○史記屈原賈生傳亦夫子之丨也索隱曰漢書作故

姑 父之姊妹爲丨爾雅釋親○父之姊妹稱丨詩泉水問我諸丨傳○父之姊妹曰丨丨故也言於己爲久故之人也釋名釋親屬○王父之姊妹爲高祖王丨爾雅釋親○父之從父姊妹爲從祖丨父之從

祖姊妹爲族祖丨同上○婦稱夫之母曰丨同上○
夫之母曰丨後漢桓帝紀注○夫之母曰丨亦言故
也釋名釋親屬○夫之母曰丨沒曰先丨國語魯語
吾聞之先丨注○丨在則曰君丨丨沒則曰先丨爾
雅釋親○婦謂夫之庶母爲少丨同上○母爲外丨
禮記坊記壻親迎見於舅丨注○舅之母爲外丨爾
雅釋親○謂我姪者我謂之丨左氏僖十五年傳姪
其從丨注○親如母而非母者丨也白虎通三綱六
紀○丨故也廣雅釋親又太元元數南呂生丨洗注
○丨者故也白虎通五行三綱六紀○丨之言古尊
老之名也爾雅釋親孫注○丨且也詩卷耳我丨酌
彼金罍傳又左氏隱元年傳子丨待之注莊八年傳
丨務脩德以待時乎注文十六年傳丨紓死焉注宣
十二年傳子丨整軍而經武乎注成二年傳余丨翦
滅此而朝食注昭廿八年傳丨巳若何注又小爾雅
廣言又國語魯語丨從君乎注晉語壹丨謀睦乎注

又後漢朱穆傳注張衡傳注二見又孟子梁惠王下
丨舍女所學而從我注公孫丑上丨舍是注又家語
屈節丨巳若何注又管子心術丨形以形注○丨者
且也周書周祝故惡丨幽注○丨之言諸也史記吳
太伯世家索隱引宋忠○丨洗三月也丨故也洗新
也陽氣養生去故就新故曰丨洗也淮南天文音比
丨洗注○丨故洗新也是月陽氣養生去故就新淮
南時則律中丨洗注○丨洗陽律也丨故洗新是月
陽氣發生去故就新也呂覽季春律中丨洗注○丨
洗者陳去而新來也淮南天文○丨潔也國語周語
六律三曰丨洗注○丨洗辰之氣也三月建焉而辰
在大梁周禮大師丨洗注○丨洗長七寸九分寸之
一同上○丨蘇臺名國語吳語以罷民於丨蘇注○
丨蘇吳臺名也文選吳都賦造丨蘇劉注○
丨蘇宮之臺也在吳昌門外近湖國語越語以上丨
蘇注○丨篾今太湖是也國語越語西至於丨篾注

○丨北丨地名楚辭抽思低佪夷猶宿北丨兮注○丨
谿大木也穆天子傳六天子乃釣于河以觀于丨谿
之木注○無丨丨榆也爾雅釋木無丨注○詩卷
耳我丨酌彼金罍說文夂部作我夃酌彼金罍
觚 丨禮器也一升曰爵三升曰丨也論語雍也丨不
丨集解引馬注○丨三升考工記梓人○二升曰
丨禮記禮器貴者獻以爵注又廣雅釋器○爵一升
丨二升觶三升角四升散五升儀禮特牲饋食禮記
實二爵二丨四觶一角一散注引舊說○丨禮酒器
也論語雍也皇疏○丨酒爵也論語雍也釋文○丨
器也大戴記曾子事父母執觴丨杯豆而不醉注○
丨角也漢書郊祀志下集注○丨稜也莊子大宗師
其丨而不堅也釋文引崔注○丨法也太元大自削
以丨注元攡占之以其丨注○丨特立不羣也莊子
大宗師釋文引王注○丨方也漢書酷吏傳集注○
丨亦方也後漢杜林傳注○丨木之方者古人用之

以書猶今之簡也文選文賦或操丨以率爾注○丨
木簡也同上○丨劒栫淮南主術操其丨招其末注
○古文丨皆爲觶儀禮燕禮坐取丨洗注○今文從
此以下丨皆爲爵儀禮燕禮賓洗南坐奠丨注○爾
雅釋地丨竹釋
文丨本作孤
菰 本作苽○苽雕胡也周禮膳夫食用六穀司農注
○苽彫胡也周禮太宰注無秫大麥而有粱苽釋
文又禮記內則蝸醢而苽食雉羹注○丨凋胡也淮
南詮言丨飯㹀牛弗能甘也注○苽者蔣實也其米
曰彫胡淮南原道浸潭苽蔣注○丨粱蔣實謂雕苽
也楚辭大招設丨粱只注○丨蔣也其米謂之胡廣
雅釋草○丨丨蔣也文選江賦泛之以遊丨注○苽
蔣草也淮南天文大旱苽封熯注○丨吹鞭也丨者
撫也言其節撫威儀風俗通聲音引漢書舊注○苽
讀觚哉之觚淮南原道注○周禮大宰注釋文苽本

作丨禮記曲禮注丨蔬之屬也釋文丨本作菻禮記內則釋文菻本作丨○校官碑履丨竹之廉孤作丨

徒 丨步也國語吳語丨遽來告注又漢書司馬相如傳上集注引郭璞又莊子徐无鬼無丨驥于鍿壇之宮釋文引司馬注又文選上林賦丨車之所轥轢郭注○丨猶步也論語先進吾不丨行以爲之椁皇疏○丨步行也易賁舍車而丨虞注○步行曰丨詩黍苗我丨我御箋○步兵曰丨莊子徐無鬼無丨驥於鍿壇之宮注○丨師步卒也國語吳語師師丨丨以爲過賓於宋注○丨衆也公羊昭八年傳簡車丨也注又周書芮良夫實蕃有丨注又白虎通封公侯又漢書東方朔傳集注二見又後漢仲長統傳注又淮南原道而堅强者死之丨也注覽冥廝丨馬圉注又文選西京賦實蕃有丨薛注東京賦結丨營薛注○丨黨也左氏宣十二年傳原屏咎之丨也注襄三十年傳豈爲我丨注又孟子滕文公下聖人之丨也注

又呂覽報更與天下之賢者爲丨注○丨謂黨與也管子版法外之有丨禍乃始牙注○丨從者左氏昭四年傳旦而皆召其丨注○丨從者也國語晉語后子謂其丨注○丨門丨也論語先進非吾丨也皇疏○丨謂學丨漢書韋賢傳集注○其丨學其業者也孟子滕文公上其丨數十人注○丨謂弟子也華嚴經音義下引莊子司馬注又呂覽誣徒視丨如己注○丨空也詩中谷有蓷箋丨用凶年深淺爲厚薄釋文又左氏襄廿四年傳齊師丨歸注又論語陽貨夫召我者而豈丨哉皇疏又一切經音義三引聲類又國語晉語吾豈將丨殺之注諸臣之委室而丨退者注又史記司馬相如傳家居丨四壁立索隱引孔文祥又漢書司馬相如傳上集注嚴安傳集注又後漢班彪傳上注又文選荅蘇武書猶復丨首奮呼注○丨猶空也儀禮鄉射禮記以爵拜者不丨作注又禮記檀弓上丨使我不誠於伯高注王制君子耆老不丨行注問喪雞斯丨跣注○丨空默之謂也列子黃帝以此勝一身若丨注○丨但也漢書欒布傳集注汲黯傳集注李陵傳集注董仲舒傳集注王溫舒傳集注引應劭又後漢南匈奴傳注又呂覽離俗惕然而寤丨夢也注○丨猶但也呂覽異用非丨網鳥也注○丨猶獨也華嚴經音義下引劉熙○丨空手也儀禮大射儀僕人正丨相大師注○丨袒也廣雅釋詁四○丨跣也史記張儀傳丨裼以趨敵索隱○司丨之職掌天下土地之圖人民之數詩十月之交番維司丨箋○司丨掌丨役之事詩緜乃召司丨箋○司丨卿丞相也後漢應劭傳注○司丨者金也春秋繁露五行相生○人丨謂胥丨給徭役者也荀子王霸人丨有數注○丨塵賤之事也易象上傳舍車而丨崔注○丨使也廣雅釋詁一○丨輂也詩車攻丨御不驚傳○丨道旁也列子天瑞食于道丨者釋文○丨當作從詩中谷有蓷箋丨用凶年深淺爲厚薄

釋文引沈注○詩載驅箋丨爲淫亂之行釋文丨本作從○列子天瑞食于道丨者釋文丨或作從

經籍纂詁卷第七

經籍纂詁卷第七補遺　上平聲

兵部侍郎兼都察院右副都御史巡撫浙江等處地方提督軍務兼理糧餉阮元撰集

七虞

虞 說文丨騶丨白虎黑文尾長於身仁獸食自死之肉从虍吳聲詩曰于嗟乎騶丨。丨度也詩雲漢則不我丨箋又禮記緇衣出入自爾師丨注又周禮肆師泣戒不丨也疏又國語楚語以戒不丨者也注吳語曾足以爲大丨乎注。丨亦度也周禮地官序官澤丨疏。丨安也儀禮士虞禮鄭目錄。丨者安也周禮喪祝注檀弓曰葬日丨疏。丨欺也淮南繆稱郎鹿無丨注。丨望也方言十二。丨掌山澤之官名史記五帝本紀集解引書舜典馬注。丨人主林麓之官也禮記喪大記丨人設階注。丨者葬日還殯宮安神之祭名禮記檀弓下日中而丨疏。禮平旦而葬日中反而祭謂之丨穀梁文元年傳喪主于丨注。禮葬日爲丨左氏昭十五年傳注天子諸侯除喪疏。石經古文丨作㕦左氏隱元年傳注以手理自然成字疏。丨與娛同漢書禮樂志合好效歡丨泰一注王褒傳丨丨說耳目注車千秋傳尉安衆庶注魏相傳則君安丨而民和睦注東平思王宇傳足以正身丨意注匡衡傳未有游丨弋射之宴注谷永傳愼節游田之丨注楊雄傳上宏仁惠之丨注楊雄傳下反五帝之丨注匈奴傳上無以自丨注外戚傳下勉丨精兮極樂注元后傳可以丨侍太子者注莽欲丨樂以市其權注

愚 說文丨戇也从心从禺禺猴獸之丨者。丨無所知也亦鈍也一切經音義廿二引三蒼又一切經音義十七引蒼頡解詁。丨者癡也詩抑靡哲不丨疏。丨謂無知守眞順自然也老子將以丨之王注。丨不智見也素問解精微論請問有毚丨朴漏之問注

娛 說文丨樂也从女吳聲。定本丨作吳詩絲衣傳吳譁也疏

隅 說文陬也从阜禺聲。丨猶角也禮記曲禮上摳衣趨丨疏。丨者角也詩抑維德之丨疏

芻 說文丨刈草也象包束艸之形。丨刈草也漢書賈山傳丨蕘採薪之人注。食草曰丨禮記月令案丨豢疏引王肅。丨食馬草也禮記曲禮上以足蹙路馬丨有誅疏。丨者飼牛馬之草也詩板傳丨蕘薪采者疏又左氏昭十二年傳滛丨蕘者疏。丨所以飼牛馬漢書楊雄傳上麋鹿丨蕘注。丨靈束草爲人馬以神靈名之也釋名釋喪制。芻古文丨一切經音義二。孟子梁惠王下丨蕘者往焉三輔黃圖長短經丨皆作蒭

無 說文𣞤亾也从亾無聲无奇字丨通於元者虛丨道也王育說天屈西北爲无。丨不也禮記三年問丨易之道也疏。丨亦不亦也國語晉語丨亦晉之柔嘉是以甘食注。丨與勿同也詩采苓苟亦丨與傳。丨發聲語助史記貨殖列傳寧爵毋刀集解引漢書音義。丨發聲助也漢書貨殖傳寧爵毋刀注引孟康。亾丨也後漢書列女樂羊子妻傳當日知其所亾注。无通于元者虛无通也易乾厲无咎釋文。亾讀曰丨漢書古今人表亾懷氏注律厤志上六曰亾射注晁錯傳辠人亾帑注司馬相如傳上亾是公者注梅福傳此高祖所以亾敵於天下也注蕭望之傳宜亾此害注王莽傳上踰羣妾亾幾注。易屯卽鹿无虞風俗通山澤作郎鹿丨虞。書洪範丨偏丨黨王道蕩蕩丨黨丨偏王道平平墨子兼愛下作王道蕩蕩不偏不黨王道平平不黨不偏。書呂刑鰥寡丨蓋墨子尚賢中作鰥寡不蓋。論衡儒

𢓴引書丨逸作毋佚君子所其丨逸作君子所其毋佚。詩民勞丨縱詭隨左氏昭廿四年傳作毋縱詭隨以謹丨艮潛夫論述教作以謹是艮。詩蕩時丨背丨側漢書五行志中之下作吕亾背亾仄。論語丨違論衡問孔作毋違。孔龢碑功垂无窮丨作无

【蕪】說文蕪薉也从艸無聲。丨穢也文選魏都賦注引國語賈注。孟子土地荒丨說苑修文作土地荒穢

【巫】說文丨祝也女能事無形以舞降神者也象人兩褎舞形與工同意古者丨咸初作丨凡丨之屬皆从丨。𢍰古文丨。丨是禱神之人左氏僖廿一年傳注主祈禱請雨者疏。丨者接神之官左氏襄廿九年傳乃使丨以桃茢先祓殯疏。丨掌神之位次者也漢書高帝紀下則有秦晉梁荆之丨注引文穎。

在女曰丨漢書郊祀志上。丨謂丨覡易巽用史丨紛若疏。丨覡亦通稱耳漢書郊祀志上注

【于】說文亐於也象气之舒亐从丂从一一者其气平之也凡亐之屬皆从亐。丨於詩崧高丨邑丨謝箋。丨謂往也詩七月傳丨貉疏。丨語辭後漢書皇甫嵩朱儁傳贊亦弭丨越注。丨是語辭禮記文王世子疏。丨發語聲也戎蠻之語則然丨越猶言句吳耳漢書貨殖傳辟猶戎翟之與丨越注。丨越人發語聲文選吳都賦注引春秋杜注。丨南方越名也文選吳都賦注引漢書音義。丨謂廣大禮記檀弓下丨則丨疏。丨音近迂同上。書吕刑鰥寡有辭丨苗墨子尚賢中作有辭有苗

【盂】說文盂飯器也从皿亐聲。丨食器也若盋而大今之所謂盋丨也漢書東方朔傳置守宮丨下注。丨田獵陳名左氏文十年傳宋公爲右丨注

【臞】說文丨少肉也从肉瞿聲。臞是細小之義周禮廛人疏

【衢】說文四達謂之丨从行瞿聲。四達謂之丨荀子王霸注。秦俗以兩爲丨同上。丨四交通易大畜何天之丨虞注。壤正方四面受敵謂之丨國管子國蓄。丨道也周禮保氏注舞交丨疏又左氏昭二年傳尸諸周氏之丨注

【儒】說文丨柔也術士之稱从人需聲。丨之言優也柔也禮記目錄丨行疏。丨者濡也以先王之道能濡其身同上。丨弱也禮記玉藻注儒者所畏釋文。凡有道術皆爲丨漢書司馬相如傳下列僊之丨注。丨有道德之稱也周禮太宰注丨諸侯保氏疏。丨浩居而自順者也墨子非儒下

【濡】說文丨水出涿郡故安東入漆涑从水需聲。丨溼也詩羔裘傳如丨潤澤也疏又禮記曲禮上丨

肉齒決疏。丨丨溼氣力未盡淮南俶眞𠜸之猶丨注。丨如潤澤之理易賁賁如丨如疏。丨謂煩撋其髮禮記喪大記丨濯棄于坎疏引皇氏。丨難聲相近水經濡水注。禮記祭義雨露既濡釋文本亦作丨

【襦】說文丨短衣也从衣需聲一曰𩈷衣。丨無右也方言四注。禮記內則衣不帛丨袴釋文字又作[illegible]

【須】丨待也詩皇矣箋天丨假此二國疏又禮記雜記下敢不敬丨以俟命疏又漢書何敞傳上書丨報注張衡傳猶人涉卬否有丨者也注循吏衛颯傳丨後詔書注第五訪傳若上丨報注。丨丨臾也荀子性惡不待頃矣注。丨搖丨臾也漢書禮樂志神奄留臨丨搖注引晉灼。丨有才智之稱易歸妹歸妹

以丨釋文引鄭注。丨才智之稱詩桑扈疏引鄭志。丨薞蕪爾雅釋草。詩匏有苦葉卬丨我友爾雅釋詁疏作卬須我友

鬚 說文須面毛也从頁从彡凡須之屬皆从須。在頤曰須漢書高帝紀上美須髯注

株 說文丨木根也从木朱聲。丨根本也漢書食貨志下名曰丨送徒注引應劭。凡鬭雞勝者爲丨史記平準書命曰丨送徒索隱引文穎。西夷之樂曰丨離詩鼓鐘以籥不僭傳

誅 說文丨討也從言朱聲。丨責也禮記曲禮下振書端書於君前有丨疏。丨謂兼通責讓之罪非專謂丨殺也易蠱注使令治而後乃丨也疏。小國敖大國入焉曰丨國語晉語

蛛 廣韻本作鼄。說文鼄鼅鼄也从黽朱聲蛛鼄或从虫

殊 說文殊死也从歺朱聲漢令曰蠻夷長有罪當殊之。丨異也呂覽論人同類而智丨注又淮南主術不如豺狼伎能丨也注修務絕國丨俗僻遠幽閒之處注丨體而合于理注。丨別也禮記大傳丨徽號疏。丨絕也後漢書光武帝紀上辠非犯丨死注。丨猶絕也文選琴賦注引漢書音義。丨者死也與誅同指史記蘇秦列傳不死丨而走集解引風俗通義。丨死斬刑也漢書高帝紀下其赦天下丨死以下注引韋昭

銖 說文丨權十分黍之重也从金朱聲。丨者物繇忽微始至於成著可殊異也漢書律麻志上。十黍爲絫十絫爲一丨漢書律麻志上不失黍絫注引應劭。十黍爲絫十絫爲丨禮記儒行雖分國如錙丨疏引算法。丨爲十絫儀禮既夕注二十四兩曰溢疏

瑜 說文丨瑾丨美玉也从玉俞聲。丨美玉禮記聘義疏引字林。丨是玉之美者禮記玉藻世子佩丨玉而綦組綬疏。丨美貌也漢書禮樂志象載丨注

榆 說文丨白枌从木俞聲。山丨一名梗有刺筴可以爲蕪荑者也一切經音義廿三引字林

諛 說文丨諂也从言臾聲。丨諂言也漢書韋賢傳唯丨是信注。不擇是非而言謂之丨莊子漁父

愉 說文丨薄也从心俞聲論語曰私覿丨丨如也。丨丨和樂貌也漢書禮樂志高賢丨丨民所懷注。丨丨顏色和也漢書東方朔傳丨丨呴呴注。丨丨顏色和貌也禮記祭義其進之也敬以丨注。丨丨和悅之貌禮記祭義丨丨乎其忠也疏。丨丨呴呴和悅之貌也文選非有先生論注

腴 說文丨腹下肥也从肉臾聲。丨豬犬腸也禮記少儀君子不食圂丨疏。丨者氣之所聚儀禮公

食大夫禮注乾魚近丨疏。丨道之美者也文選答賓戲味道之丨注引項岱

區 說文丨踦丨藏匿也从品在匸中品衆也。丨丨謂小也漢書楚元王傳豈爲丨丨之禮哉注。丨丨小意也漢書楊王孫傳何必丨丨獨守所聞注。丨者小室之名漢書胡建傳穿北軍壘垣以爲賈丨注。丨謂居止之所也漢書張敞傳發起賊主名丨處注。丨居處所在爲丨漢書食貨志下坐肆列里丨謁舍注引如淳。丨廬者若今之仗宿屋矣漢書百官公卿表上衛尉注引胡廣

驅 說文丨馬馳也从馬區聲敺古文从攴。隨從曰丨文選琴賦注引蒼頡。策馬謂之丨詩山有樞傳婁亦曳也疏。駈與丨音義同皆謂駈馬疾行也詩載驅傳薄薄疾丨聲也疏。敺與丨同漢書禮樂志而獨敺以刑罰注韓信傳經所謂敺市人而戰之也注田叔傳孟舒豈敺之哉注賈誼傳或敺之以法

令注晁錯傳毆略畜産注賈山傳與之馳毆射獵注鄒陽傳毆白徒之衆注路溫舒傳上下相毆注韓安國傳深入長毆注燕刺王旦傳旄頭先毆注主父偃傳夫匈奴行盜侵毆注劉屈氂傳毆四市人注陳湯傳必遁逃遠舍注辥廣德傳先毆光祿大夫張猛注儒林傳毆適戍以立號注游俠原涉傳涉毆上茂陵注匈奴傳上毆侵上郡保塞蠻夷注毆畜産遠遁逃注匈奴傳下毆牛畜去注毆婦女弱小且千人去注歐畜産注毆之而已注毆畜産去甚衆注南粤王傳反毆而入伏波營中注王莽傳中茂多毆衆遠居注毆致越信注○毆與丨同漢書郊祀志下先毆失道注○毆讀與丨同漢書百官公卿表下廷尉毆注○歐亦丨字漢書食貨志上今歐民而歸之農注○易比王用三丨釋文鄭作毆○詩還並丨從兩肩兮釋文丨本又作駈○孟子盡心下丨騁田獵文選注丨作馳

軀 說文丨體也从身區聲

朱 說文朱赤心木松柏屬从木一在其中○色淺曰赤色深曰丨禮記月令乘丨路疏○以纁入赤爲丨儀禮士昏禮注凡染黑疏○丨正色也論語陽貨惡紫之奪丨也集解引王注漢書杜欽傳惡紫之奪丨注○丨血色左氏成二年傳左輪丨殷注○火色丨考工記輈人爲輈注鶉火丨鳥宿之咮疏○丨弦練絲淮南泰族丨弦漏越注○論語微子丨張釋文鄭作侏張

珠 說文丨蚌之陰精从王朱聲春秋國語曰丨以禦火災

趨 說文趨走也从走芻聲○丨疾也禮記曲禮上遭先生於道丨而進疏○丨疾丨也禮記玉藻走而不丨疏○丨丨今之捷步則丨疾行也詩猗嗟傳蹌巧丨貌疏○丨疾步也漢書賈誼傳趨中肆夏注○丨猶向也禮記曲禮上摳衣丨隅疏○丨歸也淮南氾論故終身而無所定丨注○趨讀曰丨漢書賈誼傳趣中肆夏注○丨與蘙音聲相似皆是夜守戒也周禮鎛師注音聲相似疏

扶 說文丨佐也从手夫聲𢪃古文扶○丨謂下車國策衛策車至門丨注○丨櫄亦草名管子地員莖葉如丨櫄注○禮記喪服四制不言而事行者丨而起釋文丨或作杖○左氏宣二年傳遂丨以下釋文服虔注作跣

符 說文丨信也漢制以竹長六寸分而相合从竹付聲○丨合也文選甘泉賦同丨三皇注引文穎○丨謂諸所合丨以爲契者也漢書高帝紀上封皇帝璽丨節注○丨驗淮南修務故有丨於中注○丨瑞也漢書楊雄傳下方將俟元丨注○丨猶瑞應漢書外戚傳上又耳曩者所夢曰丨注○丨相命也文選

荅賓戲守爾天丨注引項岱○丨鬼目也漢書司馬相如傳上葴持若蓀注○丨甲猶孚甲也史記律書甲者言萬物剖丨甲而出也索隱

鳧 說文丨舒丨鳧也从鳥几聲○野鴨曰丨家鴨曰鶩禮記曲禮下庶人之摯匹疏○舒丨鶩也禮記內則舒丨翠注○丨水鳥之謹愿者也詩女曰雞鳴弋丨與鴈陸疏

雛 說文丨雞子也从隹芻聲鶵籀文丨从鳥○丨鳥之小者禮記內則丨燒疏○丨謂小鳥禮記內則丨尾不盈握弗食疏○生而自啄曰丨漢書東方朔傳鳥哺鷇也注引項昭○禮記內則烝丨釋文字又作鶵

敷 說文敷㪃也从攴尃聲周書曰用敷遺後人○丨布也周禮大司樂注禹治水傳土疏又小爾雅廣

詁○|者布散之言與陳設義同書舜典傳|陳疏○|謂布地而生也漢書地理志上篠簜既|注○|與言開舒也漢書禮樂志|與萬物注○尃本或作|後漢書荀淑傳僉緝熈汪爽肅尃注○詩長發|政優優家語正論後漢書陳寵傳作布政優優

夫 說文|丈|也从大一以象簪也周制以八寸爲尺十尺爲丈人長八尺故曰丈夫凡|之屬皆从|○|扶也禮記曲禮下有|人疏○|之言扶也大能扶成人也左氏昭七年傳大|臣士疏○國君之妻稱之曰|人者明當扶進|人謂非妾也國人尊之故稱君|人也白虎通嫁娶○|者治也周禮天官序官宰|疏○|男子之總名詩車攻射|既同疏○|子男子也禮記緇衣|子凶疏○震一索而得男故曰一|國語晉語一|之行也注○|起郎子與也詩女曰雞鳴子興視夜疏○|者妻之天也儀禮喪服傳○|人者正嫡之稱穀梁僖八年傳言|人必以其氏姓注○陽稱|太元歛|牽於車注○|傳相也詩墓門|也不良傳○衍沃之地畝百爲|左氏襄廿五年傳井衍沃賈注○|讀大|之|淮南覽冥|陽燧取火於日注○莊子田子方見一丈|釣釋文本或作丈人

膚 |是革外之薄皮禮記禮運|革充盈疏○公羊僖卅一年傳|寸而合書大傳作扶寸而合

紆 說文紆詘也从糸亐聲一曰縈也○|屈也文選琴賦則盤|隱深注○|詘曲折也漢書楊雄傳上超|詘之清澄注引孟康

輸 說文|委|也从車俞聲○|寫也書呂刑|而孚疏○|爲隳壞之義詩正月疏

樞 說文|戶|也从木區聲○|門扇所由開閉者也漢書五行志下之上視門|下當有白髮注○|戶|也左氏襄廿五年傳疏引易繫辭鄭注○卜本也一切經音義四引廣雅○|者所以主動轉之微素問陰陽離合論少陽爲|注○艮爲門故曰|易繫辭上傳君子之|機荀注○|主開閉易繫辭上傳翟元注○詩山有|釋文作蓲爾雅釋木注作藲

廚 說文|庖屋也从广尌聲○|者造食之處左氏閔二年傳注膳|膳疏○|謂飲食漢書宣帝紀飾|傳注引韋昭○|行道飲食處漢書王莽傳中|傳勿舍注

俱 說文|皆也从人具聲○|亦徧之意也左氏襄二年傳降福孔皆疏

駒 說文馬二歲曰|三歲曰駣从馬句聲○馬五尺以下爲|淮南修務夫馬之爲草|之時注○馬八尺以下曰|也淮南時則執騰|注○年齒幼少故謂之|漢書劉德傳武帝謂之千里|注

模 說文|法也从木莫聲讀若嫫母之嫫○以木曰|韻會引通俗文○|法也一切經音義廿四引廣雅○|象也禮記內則淳母注○|狀猶規矩公羊定四年傳注治國有狀疏○橅亦|後漢書文苑杜篤傳橅未央注○鄭固碑作卋幙式|作幙

謨 集韻古作譕○說文|議謀也从言莫聲虞書曰咎繇|𠻬古文|从口○爲天下計者謂之謨臣管子形勢謨臣者注○書序皋陶矢厥|釋文字又作謩○書伊訓聖|洋洋墨子非樂上作嗚呼舞佯佯○楊統碑謩茲蕡猶|作謩

蒲 說文|水艸也可以作席从艸浦聲○|柔滑之物詩澤陂有|與荷箋○|杓也廣雅釋器○|伏郎匍匐也左氏昭十三年傳注|伏竊往飲季孫疏○|服郎匍匐史記蘇秦列傳嫂委蛇|服索隱

○書序將遷其君于丨姑釋文馬作薄

胡 說文丨牛顄垂也从肉古聲○丨何也禮記禮運丨不遑死疏表記注瑕之言丨也疏又左氏文十五年傳丨不相畏疏又呂覽愛士人主其丨可以無務行德愛人乎注○丨猶何也禮記中庸君子丨不慥慥爾疏○丨曷皆何也漢書王褒傳則丨禁不止曷令不行注○丨之與何方言之異耳書太甲下疏○丨頸也漢書金日磾傳日磾捽丨投何羅殿下注引晉灼○丨謂頸下垂肉也漢書郊祀志上有龍垂丨顄下迎黃帝注○丨簋行禮所用之器左氏哀十一年傳疏○丨蘇下流急疾之貌也漢書溝洫志有徒駭丨蘇鬲津注

湖 說文丨大陂也从水胡聲揚州浸有五湖浸川澤所仰以灌溉也○丨深水漢書元帝紀江海陂丨

園池注○大澤畜水南方名之曰丨書禹貢傳吳南太丨名疏

瑚 說文丨珊丨也从王胡聲

乎 說文丂語之餘也从兮象聲上越揚之形也○丨而語助也漢書地理志下竢我於著丨而注○丨者疑辭禮記檀弓上鹿裘亦用絞丨疏○丨是疑辭也禮記檀弓上其大功丨疏○疑而問之故稱丨也易繫辭上傳其不可見丨疏○丨者猶疑之矣儀禮聘禮古之遺禮丨疏○丨者謙退之辭禮記少儀子亟食於某丨疏○孟子盡心下同丨流俗合丨汚世論衡丨作於

壺 說文壷昆吾圜器也象形从大象其蓋也凡壺之屬皆从壺○丨者所以盛也漢書東方朔傳○丨乃盛酒之器周禮秋官序官壺涿氏注丨謂瓦鼓疏○丨亦尊也禮記禮器門內丨疏○丨者以丨爲尊周禮司尊彝其饋獻用兩丨尊注

狐 說文丨祆獸也鬼所乘之有三德其色中和小前大後死則丘首从犬瓜聲○丨之爲獸其性多疑每渡冰河且聽且渡故言疑者而稱丨疑漢書文帝紀朕丨疑注○丨鼦鼠也太元視丨鼦之毛注○瓠讀與丨同漢書景武昭宣元成功臣表瓠讘侯杆者注

弧 說文丨木弓也从弓瓜聲一曰往體寡來體多曰丨○丨弓也周禮冥氏掌設丨張疏又左氏僖十五年傳注晉卜筮之史疏○丨木弓也漢書藝文志弦木爲丨注○木弓曰丨漢書五行志下之上厭丨其服注王莽傳下丨矢之利注○以木曰丨以角曰弓漢書韓安國傳丨弓韣獵注○丨以竹爲之其形爲弓以張縿之幅禮記明堂位載丨韣疏○丨者言萬物之吳落且就死也史記律書

孤 說文丨無父也从子瓜聲○無父曰丨衛湜集說卅六引成伯璵禮記外傳又國語晉語恤丨寡注又淮南時則存丨寡注○民生而無父母謂之丨子管子輕重已○丨謂嗣子也禮記雜記上丨子須矣疏○丨子謂年未三十者禮記曲禮上丨子當室注○丨子死事者之子太平御覽二百一引左氏哀廿七年傳陳成子屬丨子三日朝舊注○丨謂死王事者子孫管子中匡起諸丨注○丨謂無人周書周祝國丨國屠注○丨亦稱公禮記王制王者之制祿爵疏○丨者特立無德能者也禮記曲禮下自稱曰丨疏

辜 說文丨辠也从辛古聲𦍒古文丨从死○丨榷專周也漢書陳咸傳沒入丨榷財物注○丨較猶梗概也孝經蓋天子之孝也疏引劉炫○丨謂疈磔牲體以祭周禮犬人凡幾珥沈丨疏○丨卽枯也荀子

正論斬斷枯磔注○丨較字亦作酤推史記汲鄭列
傳注丨較索隱

姑 說文丨夫母也从女古聲○父之姊妹爲丨公羊
莊三年傳請後五廟以存丨姊妹注○謂我姪者
我謂之丨左氏僖十五年傳姪其從丨注○丨且也
國語越語請丨無庸戰注○丨猶且也禮記內則丨
與之注○三日丨洗所以修潔百物考神納賓也國
語周語

觚 說文丨鄉飲酒之爵也一曰觴受三升者謂之丨
从角瓜聲○二升曰丨論語雍也丨不丨集解○
二升曰丨丨寡也飲當寡少詩卷耳疏引異義韓詩
說○丨寡也禮記禮器疏引異義○丨八稜有隅者
史記酷吏列傳破丨而爲圜索隱引應劭○丨盧扈
魯也漢書司馬相如傳上蓮藕丨盧注引張晏○丨
當爲觶考工記梓人爲飲器丨三升注

苽 說文苽雕苽一名蔣从艸瓜聲○苽蔣也漢書司
馬相如傳上蓮藕丨盧注引郭璞

徒 廣韻辻同○說文辻步行也从辵土聲○丨步兵
也左氏隱八年傳彼丨我車注○丨兵步兵左氏
襄元年傳敗其丨兵于洧上注○丨兵步卒左氏僖
廿八年傳丨兵千注○丨兵者步卒也左氏襄廿五
年傳丨兵疏○丨謂步卒禮記祭義五十不爲甸丨
疏○步行謂之丨行故步兵謂之丨兵也左氏襄元
年傳疏○丨八眾漢書刑法志卒正三年簡丨注○
丨衆也漢書食貨志上賦共車馬甲兵士丨之役注
○丨空也詩角弓箋則丨居一處怨恚之疏又禮記
玉藻丨坐不盡席尺疏喪服小記從服者疏大傳有
丨從疏又周禮夏采注亦因先王有丨綏者疏又儀
禮鄉飲酒禮注丨相也疏而不丨爵疏又國語吳語
然而不可丨許也注○丨者空也公羊莊三十年傳
丨葬乎叔爾疏○丨猶空也左氏文二年經注丨以

逆祀疏襄元年傳注丨兵疏○丨謂空手儀禮聘禮
上介丨以公賜告注○丨但也史記酷吏列傳丨請
名禍猾吏索隱引服虔又文選羽獵賦丨角搶題注
引晉灼○丨亦但也漢書楊雄傳上丨角搶題注
○丨黨也淮南俶眞分丨而訟注○丨謂客之旅
禮記檀弓上其丨趨而出注○丨事也管子七法則
官丨毀注○被刑謂之丨論衡四諱○丨人謂無兵
甲者管子參患將丨人注○丨處丨行或曰獨處也
荀子仲尼雖在貧窮丨處之埶注○無舟而渡水曰
丨涉爾雅釋訓疏引李注

經籍籑詁卷第七補遺終

經筵講官南書房翰林禮部左侍郎兵部左侍郎提督浙江學政阮元撰集

七虞下

【涂】通作塗又作涂○丨道也爾雅釋邱當丨梧邱注又國策齊策而不利說丨也注又文選東京賦經丨九軌薛注○塗道也論語陽貨遇諸塗集解引孔注又國策齊策臨淄之塗注又山海經海內西經流黃酆氏之國有塗四方注又水經伊水注又孟子梁惠王上塗有餓莩注又呂覽淫辭亡緇衣求之塗注又楚辭逢紛信中塗而叛之注又憂苦塗漫漫其無時注又文選上林賦馳鶩乎仁義之塗郭注○丨郎道也爾雅釋宮路旅丨也注○國中三道曰塗易說卦傳爲大塗鄭注○中丨樓閣閒陛道文選上林賦長丨中宿郭注○塗路也文選思元賦凍雨沛其灑塗舊注○塗道路也論語陽貨遇諸塗皇疏○塗亦道路也論語陽貨道聽而塗說皇疏○當丨卽當仕路也文選郭景純遊仙詩長揖當丨人注○涂度也人所由得通度也釋名釋道○五涂徑畛涂道路也周禮司險設國之五溝五涂注○徑畛涂道路皆所以通車徒於國都也徑容牛馬畛容大車涂容乘車一軌道容二軌路容三軌周禮遂人凡治野注○震爲大塗易說卦傳○涂亦塗也古字通用後漢班彪傳上注○涂與丨同荀子儒效鄉也混然涂之人也注○周禮量人量其市朝州涂軍社之所里釋文涂本作塗禮記王制士遇之涂釋文丨本作塗內則涂皆乾釋文涂本作塗爾雅釋邱堂涂梧邱釋文涂本作塗○論語陽貨遇諸塗釋文塗本作涂○考工記匠人注引爾雅堂丨謂之陳作堂涂謂之陳○漢書食貨志贊引孟子塗有餓莩作野有餓莩○周憬功勳銘行旅語於涂陸塗作涂○石門頌墬路歭艱塗作墬

【塗】丨泥也詩角弓如丨丨附傳又廣雅釋詁三又孟子公孫丑上坐於丨炭注○丨汙也後漢班彪傳上注○丨丨飾也穀梁襄廿四年傳臺榭不丨注○丨杜也杜塞孔穴也釋名釋宮室○丨丨厚貌楚辭逢紛白露紛紛以丨丨兮注○丨凍釋也詩出車雨雪載丨傳○凍丨者凍下而澤上多也大戴記夏小正凍丨傳○丨炭者若陷泥墜火喻窮困之極也後漢趙憙傳注○丨苦也後漢南匈奴傳注○丨山國名書益稷娶于丨山傳○醜丨亦山名山海經西山經洋水西南流注于醜丨之水注○三丨大行轘轅崤澠水經伊水注引服虔說○四嶽三丨陽城大室荊山終南九州之險也新序善謀九○書益稷娶于丨山說文屾部作嫛於嵞山

【荼】丨苦菜爾雅釋草○丨苦菜也詩谷風誰謂丨苦傳緜堇丨如飴傳又楚辭傷時堇丨茂兮敷疏注○丨茗之類爾雅釋木檟苦丨釋文○樹小如梔子冬生葉可煑作羹飲今呼早采者爲丨晚取者爲茗一名荈蜀人名之苦丨爾雅釋木注○丨也者以爲君薦蔣也大戴記夏小正取丨傳○丨萑葦之莠爲蔣楮之也大戴記夏小正灌丨傳○丨萑苕也詩鴟鴞予所捋丨傳○丨英丨也詩出其東門有女如丨傳○丨茅秀也儀禮既夕記茵著用丨注又國語吳語望之如丨注○丨茅莠周禮地官序官掌丨注○丨丨茅莠疏材之類也周禮掌荼徵野疏材之物注○丨芳秀物之輕者飛行無常詩出其東門箋○丨苦也國語周語寧爲丨毒注○丨白也太元守與丨有守注○丨借也廣雅釋詁二○丨借也方言十二○丨毒苦也書湯誥弗忍丨毒傳○丨猶徒也方言十二注○丨緩也書大傳厥咎丨注○丨丨舒遲也易困

來｜｜虞注○｜｜內不定之意易困釋文引子夏傳○｜｜古舒字荀子大略諸侯御｜注○｜音｜毒之｜漢書高帝紀上集注引鄭氏○｜｜與塗古字通用文選爲石仲容與孫皓書生人陷｜炭之艱注○爾雅釋草委｜葉釋文｜本作蒤詩頁耜以薅｜蓼爾雅釋草注引作以茠蒤蓼○左氏哀六年齊陳乞弑其君｜

公羊作舍

圖 ｜｜畫也廣雅釋詁四又史記司馬相如傳不可勝｜｜集解引郭璞又文選子虛賦不可勝｜郭注○｜象也國語周語省其典｜｜刑法注又太元元掜○｜｜者象也太元元圖注○｜謂畫物象也文選宋孝武宣貴妃誄稱｜照言注○｜度也廣雅釋詁一又釋名釋典藝○｜猶規度也後漢杜篤傳注○｜法也楚辭懷沙前｜未改注○｜計也公羊莊十三年傳君不｜與注○｜謀也詩常棣是究是｜傳又儀

禮聘禮君與卿｜事注又禮記表記我儀｜之注又爾雅釋詁又國語晉語寇知其釁而歸｜焉注又國策秦策願大王｜之注又史記周本紀受九鼎而｜犯索隱又漢書溝洫志集注韓信傳集注黥布傳集注吳王濞傳集注賈山傳集注齊懷王閎傳集注東方朔傳集注朱雲傳集注霍光傳集注鮑宣傳集注京房傳集注孫寶傳集注蕭望之傳贊集注楊雄傳下集注黃霸傳集注匈奴傳上集注二見匈奴傳下集注西域傳贊集注敘傳下集注又後漢鄧禹傳注竇融傳注又荀子儒效｜回天下於掌上而辯白黑注臣道以環主｜私爲務注又家語弟子行允德｜｜義注又淮南說林難與有｜注又離騷不顧難以｜｜後兮注○｜猶謀也禮記檀弓上伯氏不出而｜吾君注○｜亦謀也禮記緇衣毋以內｜外注○｜爲之謀也國語晉語伯氏苟出而｜吾君注○｜猶謀慮也論語述而不｜爲樂之至於斯也皇疏○｜議也廣雅釋詁四○｜猶議也左氏襄十年傳惟大國｜之注○｜議之也呂覽似順君其｜之注○｜取也國策秦策而天下可｜也注○｜河｜也後漢光武帝紀上注又文選東方朔畫贊陰陽｜緯之學注郭有道碑文探綜｜緯注○河｜八卦書顧命河｜傳○河｜｜出于河帝王聖者之所受書顧命鄭注○｜書河｜洛書也後漢班彪傳下注○｜書卽讖緯符命之類也後漢桓譚傳注○睿｜孔聖之｜畫也文選皇太子釋奠會詩睿｜炳睟注○｜謂模寫土地之形荀子榮辱循法則度量形辟｜籍注○｜地｜也周禮小宰三曰聽閭里以版｜司農注○｜謂邦國本｜周禮小司徒地訟以｜正之注○｜土地形象田地廣狹周禮司會凡在書契版｜者之貳注○土地之｜若今司空郡國輿地｜周禮大司徒之職掌建邦之土地之｜注○｜王及后世子之宮中吏官府之形象也周禮內宰掌書版｜之灋注○

｜謂畫其地形及邱壟所處而藏之周禮冢人掌公墓之地辨其兆域而爲之｜注○｜啚二形同一切經音義八引詔

定古文官書

屠 多所誅殺曰｜後漢光武帝紀上注○｜裂剝也楚辭天問何勤子｜母注○｜謂爲人分裂也周書周祝國孤國｜注○｜壞也廣雅釋詁一○｜謂毀其城殺其民若｜者然也荀子議兵不｜城注○未在己曰｜維言萬物各成其性故曰｜維｜別維離也淮南天文未在己曰｜維注○｜地名也詩韓奕出宿于｜｜傳○｜申澤闟騆謂之緐渾澤矣水經河水注○｜｜各胡貌後漢公孫瓚傳注○詩鴟鴞子口卒｜釋文｜本作瘏○左傳昭九年晉｜蒯禮記檀弓下作杜蕢

奴 ｜從坐而沒入縣官者男女同名周禮司厲其｜注○古者從坐男女沒入縣官爲｜周禮天官序

官奚三百人注○丨戮也律坐父兄沒入爲丨呂覽
開春叔嚮爲之丨而股注○俘因爲丨周書作維俘
維九邑注○水黑曰盧不流曰丨水經瀘
水注○不流曰丨後漢光武帝紀上注
【呼】集韻通作虖嘑○丨外息也一切經音義七引字
林○丨謂氣出素問離合眞邪論候丨引鍼注○
丨噏吐納也後漢朱穆傳注○丨吸謂咽氣養生也
後漢仲長統傳注○丨吸氣入而寒書大傳陰盛則
丨吸萬物而藏之內也注○丨發聲也左氏文元年
傳江芊怒曰丨注○丨出聲也書大傳其歌之丨也
注○丨號丨也禮記曲禮城上不丨釋文○丨謂叫
丨素問陰陽應象大論在聲爲丨注○嘑鳴也廣雅
釋詁二○評鳴也廣雅釋詁二○丨猶命也儀禮特
牲饋食禮記凡祝丨佐食許諾注○丨謂稱舉荀子
儒效丨先生以欺愚者而求衣食焉注○丨虛儦之
聲禮記檀弓上曾子聞之瞿然曰丨注○謼古丨字

漢書息夫躬傳集注賈誼傳集注灌夫傳集注王莽
傳下集注○古字或作烏虖今字或作烏丨漢書司
馬遷傳集注○詩蕩式號式丨漢書敘傳作式號式
謼○詩蕩釋文丨本作謼○爾雅釋言注相丨食爲
養釋文丨本作評○爾雅釋言注江東評卞爲驅釋
文評本作丨○莊子讓王仰天而丨曰釋文丨本作
歎
【吾】丨我也儀禮士冠禮願丨子之教之也注又爾雅
釋詁○丨者我也太元勤羈角之丨注○丨子相
親之辭儀禮士冠禮注○丨子謂小男小女也管子
海王丨子食鹽二升少半注○丨禦也後漢光武帝
紀上注○丨者禦也漢書百官公卿表集注引應劭
○丨丨不敢自親之貌丨讀如魚國語晉語暇豫之
丨丨注○騶丨丨亦作虞也周書曰會耳大傳謂之
侄獸山海經海內北經林氏國有珍獸名曰騶丨注

【梧】丨桐木也禮記雜記杵以丨釋文○丨者東方之
草春木也賈子胎教○丨琴也莊子齊物論惠子
之據丨也釋文引司馬注○丨琴瑟也莊子齊物論
釋文引崔注○丨支也後漢徐登傳注○如丨如八
相枝丨聲音吾子之吾山海經北山經滑魚其音如
丨注○丨在梁上兩頭相觸牾也釋名釋宮室○蒼
丨丨山名也後漢郅惲傳注○蒼丨之山即九疑山也
山海經海內南經蒼丨之山注○當途丨郚爾雅釋
郚○當途曰丨郚丨忤也與人相當忤也釋名釋郚
○丨鼠當爲鼫鼠葢本誤爲鼯字傳寫又誤爲丨耳
荀子勸學丨鼠
五技而窮注
【吳】丨譁也詩絲衣不丨不敖傳泮水不丨不揚箋○
丨丨大也方言十三○丨本也廣雅釋詁三○丨虞
也大伯讓位而不就歸封之於此虞其志也釋名釋
州國○三丨丨與丨郡會稽水經漸江水注○丨山

古文以爲汧山也水經渭水注引地理志○丨回祝
融弟亦爲火正也山海經大荒西經有人名曰丨回
注○丨夷狄也新序節士○國志以天上有口爲丨
顏氏家訓書證○戰國策以丨爲吾文選西征賦雖
勉勵於延丨注○詩絲衣不丨不敖史記武帝紀作
不虞不驚○詩泮水不丨不揚漢書郊祀志作不吳
不揚○衡方碑不
虞不揚丨作虞
【租】丨積也詩鴟鴞釋文引韓詩○丨爲詩鴟鴞予所
蓄丨傳○丨稅也廣雅釋詁二○在工商曰丨籍
管子國蓄丨籍者所以彊求也注○在農曰丨稅管
子國蓄注○丨飽茅裹肉也周禮司巫及蒩館杜注
○丨音如丨稅之丨三
國朱然傳注引襄陽記
【盧】水黑曰丨後漢光武帝紀上注○土黑曰丨丨然
解散也釋名釋地○丨黑色也荀子性惡鉅闕辟

閭注○丨黑也書文侯之命丨弓一傳又太元守辭于丨首注○丨牟猶規矩也淮南原道丨牟六合注○丨矛戟之柲國語晉語侏儒扶丨注○丨彭在西北書牧誓及庸蜀羌髳微丨彭濮人傳○丨水卽久合水也水經濰水注○丨鸕鷀也文選上林賦箴疵鵁丨郭注○丨休老鵁也廣雅釋鳥○丨田犬詩盧令丨令令傳○丨當爲盧荀子富國君丨屋妾注○禮記明堂位注刻欂丨釋文丨本作檽○左傳昭二十年蔡侯丨卒釋文丨本作盧○書牧誓及庸蜀羌髳微丨彭濮人史記周本紀作及庸蜀羌髳微纑彭濮人○左氏成十三年曹伯丨卒于師公穀作盧

鑪 或作爐亦作罏○鑪缶也廣雅釋器○丨謂之瓮莊子大宗師皆在丨捶之閒耳釋文引崔注○丨累土爲之以居酒瓮四邊隆起一面高如鍛丨故名丨字或作壚後漢孔融傳注○冶爲丨太元將丨鈞否注○爐火所居也文選廣絶交論注引聲類○丨熏丨也文選江文通雜體休上人詩膏丨絶沈燎注○丨猶肆也後漢左慈傳注○丨酒肆也史記司馬相如傳而令文君當丨集解引韋昭○爾雅釋天注卽今夜獵載丨照也釋文丨本作壚

蘆 未秀曰丨已秀曰葦淮南脩務銜丨而翔注○葦未莠爲丨大戴記夏小正灌荼傳○丨葦也淮南俶眞丨苻之厚注○蕪菁其紫華者謂之丨菔方言三○丨菔力何蒲柏反似菘紫花者謂之丨菔一切經音義二引字林○丨菔今江東名爲温菘方言三注○丨菔音羅一切經音義五引三蒼○丨來都反一切經音義四引音隱

蘇 丨息也漢書武帝紀集注引應劭○更息曰丨禮記樂記蟄蟲昭丨注○丨生也淮南時則蟄蟲始

動丨注○更生曰丨一切經音義十八引聲類○更生爲丨顏氏家訓雜藝○死而復生稱丨易震震丨丨虞注○死而復生謂之丨小爾雅廣名○丨瘖也楚辭橘頌丨世獨立注○丨取也離騷丨糞壤已充幃兮注○丨猶索淮南脩務丨援世事注○因少構多謂之丨功管子法禁漁利丨功注○丨丨躁動貌易震釋文引王肅注○丨丨疑懼貌易震釋文○丨丨尸祿素餐貌易震釋文引馬注○丨析羽也史記司馬相如傳索隱引孟康○凡下垂爲丨文選東京賦注引摯虞決疑要注○丨荏類爾雅釋草○丨荏屬也方言三注○丨桂荏爾雅釋草注○丨亦荏也關之東西或謂之丨方言三○丨草也廣雅釋草又莊子天道丨者取而爨之釋文引李注○丨草也江淮南楚之閒曰丨方言三○丨或言菜也方言三注○丨樵列子周穆王若累塊積丨焉注○丨取草也史記淮陰侯傳樵丨後爨集解引漢書音義○丨尾也史記司馬相如傳蒙鶡丨集解引徐廣○鳥尾爲丨史記司馬相如傳索隱引決疑注○丨塗之義有似浮屠後漢東夷傳注○丨猶蘆語轉也方言三注○丨讀爲傃荀子議兵丨刃者死注○書仲虺之誥后來其丨釋文丨本作穌○竹書曹戴伯名丨史侯表作穌

烏 純黑而反哺者謂之丨小而腹下白不反哺者謂之雅丨白項而羣飛者謂之燕丨白脰丨也雅丨鸒也小爾雅廣鳥○丨謂卑居鵲之屬周禮羅氏掌羅丨鳥注○丨者孝鳥論衡指瑞○丨反哺之鳥至孝之應也文選典引三足軒翥於茂樹蔡注○丨孝鳥陽精天意丨在日中從天以昭孝也古微書引春秋元命苞○陽成於三故日中有三足丨丨者陽精文選蜀都賦注引春秋元命苞○丨者陽之精後漢班彪傳下注○丨鳶善鈔盜便汙人周禮射鳥氏以弓矢毆丨鳶注○丨詞也廣雅釋詁四○丨於

也淮南原道扜丨號之弓注○丨猶焉也漢書司馬
相如傳下集注○丨何也漢書匡衡傳贊集注○丨
猶何也漢書賈誼傳集注○丨安也呂覽明理丨聞
至樂注又文選吳都賦丨聞梁岷有陟方之館劉注
○丨者安也史記司馬相如傳余尙惡聞若說索隱
○丨猶安也淮南時則天子丨始乘舟注○丨乎吁
嗟也小爾雅廣訓○丨丨歎其氣至素問寶命全形
論見其丨丨注○軏上者謂之丨啄小爾雅廣器○
槅軛也所以扼牛頸也馬曰丨啄下向又馬頸似丨
開口向下啄物時也釋名釋車○丨滸南方夷號也
後漢靈帝紀注○丨滸南夷別名也文選吳都賦丨
滸狼䑃劉注○丨足草名也莊子至樂則爲丨足釋
文引司馬注又列子天瑞丨足之根釋文○陵舄得
鬱棲則爲丨足莊子至樂○丨籚射干也廣雅釋草
○丨蕬蓄也同上○丨號柘桑也淮南俶眞丨號之
弓注○丨號柘名以爲弓文選吳都賦欂丨號劉注
○丨號桑柘其材堅勁丨峙其上及其將飛枝必橈
下勁能復巢丨隨之丨不敢飛號呼其上伐其枝以
爲弓因曰丨號之弓也淮南原道注○
丨急言之聲如鷄漢書西域傳上集注

汙　丨本作洿廣韻污同○停水曰洿一切經音義八引
三蒼○停水曰丨後漢李通傳注○水不流謂之
丨左氏隱三年傳潢丨行潦之水服注○水淺不流
曰污呂覽達鬱故水鬱則爲污注○濁水不流曰洿
一切經音義十二引字林○丨洿也如洿泥也釋名
釋言語○污濁也漢書昌邑哀王髆傳集注王尊傳
集注酷吏傳贊集注○洿濁也廣雅釋詁三○丨窪
也大戴記少閒丨池土察注○污下也漢書蓋諸葛
劉鄭孫毋將何傳贊集注○洿下也漢書外戚傳上
集注○丨下也孟子公孫丑上丨不至阿其所好注
又荀子非相是以終身不免埤丨傭俗注○污者若
污下莊子齊物論似污者釋文引司馬注○丨曲也

左傳序盡而不丨釋文左傳成十四年盡而不丨釋
文○汙曲也漢書鄒陽傳集注○洿深也廣雅釋詁
三又楚辭天問川谷何洿注○洿聚也廣雅釋詁三
○丨濫也大戴記子張問入官羣臣服丨矣注○洿
漫也文選嘯賦大而不洿注○丨塗也一切經音義
三引字書○丨涴泥著物也書允征舊染丨俗釋文
○丨渟水之處荀子王制丨池淵沼川澤謹其時禁
注○豬水處謂之丨亦地之下者也荀子非相是以
終身不免埤丨傭俗注○污潢也史記屈原賈生傳
彼尋尋之污瀆兮索隱○大曰潢小曰污國語周語
猶塞川原而爲潢污也注○污瀆潢污之小渠也史
記老莊申韓傳污瀆之中自快索隱○污壑大壑淮
南原道而蹪蹈于污壑穽陷之中注○洿水猶滄水
也淮南精神其在洿也注○污邪下地田也史記滑
稽傳污邪滿車集解引司馬彪○丨窬猶丨邪也爾
雅釋詁注今字或作窊釋文○污煩也詩葛覃薄污
我私傳○污勞事左氏昭元年傳處不避污注○丨
穢也荀子儒效行不免於丨漫注○污辱也漢書鼂
錯傳集注○丨慢法言先知若丨人老注○丨惡也
後漢樂節王暢傳注○丨猶殺也禮記檀弓上道丨
則從而丨注○丨穢行也荀子富國百姓曉然皆知
其丨漫暴亂而將大危亡也注○放理潔靜謂之行
反行爲污賈子道術○弃義從欲者丨也列女傳貞
順○丨吏貪吏也孟子滕文公上是故暴君丨吏注
○污膺陷胷也淮南說山文王污膺注○丨與洿古
字通文選西征賦宗祧丨而爲沼注○禮記表記注
污澤也釋文污本作洿爾雅釋邱注頂上污下者釋
文污本作洿○左傳文六年治舊洿釋文洿本作丨
○左傳襄卅一年污人以時塓館宮室釋文污本作
圬○禮記曲禮注相瀸丨也釋文丨本作汗○周禮
小司徒注引孟子暴
君丨吏作暴君姦吏

【枯】丨燥也荀子勸學淵生珠而崖不丨注○腒乾也廣雅釋詁三○丨魚猶乾魚也莊子外物早索我于丨魚之肆釋文引李注○丨猶病也淮南原道終身運丨形于連嶁列埒之門注○挫丨棄不用也楚辭愍上芳藹兮挫丨注○骨無肉曰丨呂覽異用澤及髊骨注○丨弃市暴屍也荀子正論斬斷丨磔注○丨城謂故都也太元差過其丨城注○丨山榆也周禮壺涿氏注檮讀爲丨釋文○丨榆木名周禮壺涿氏杜注○禮記聘義注止如丨木釋文丨本作槁

【麤】亦作粗又作觕俗作麄○丨錯也相遠之言也釋名釋言語○丨大也廣雅釋詁一○粗大也同上○觕大也呂覽孟夏其器高以粗注○粗猶大也禮記月令其器高以觕注○粗麄也禮記樂記其聲粗以厲注○粗猶丨也漢書司馬相如傳下集注○觕丨疏也呂覽異寶其知彌觕注○丨猶疏也微也禮記儒行丨而翹之注○粗略也史記樂書粗厲猛起正義○粗猶略也文選東京賦故粗爲賓言其梗槩如此薛注○粗謂粗略也素問移精變氣論粗工兇兇注○粗疏略也荀子正名愚者之言芴然而粗注○精粗謂萬物大小也禮記樂記凝是精粗之體注○丨布也荀子禮論資丨衰經菲總菅屨注○丨功大功也儀禮喪服傳冠者沽功也注○麄屨也廣雅釋器○丨履也南楚江沔之閒總謂之丨方言四○粗庵也廣雅釋室○丨古麄字漢書禮樂志集注○丨與麄同列子說符得其精而忘其丨注○禮記儒行丨而翹之釋文丨本作麄左傳哀十三年丨則有之釋文丨本作麄○禮記檀弓注謂精麄廣狹釋文麄本作丨左傳襄十七年晏嬰麄衰斬釋文麄本作丨○周禮司市注引王制布帛精丨作布帛精麄○周禮大司馬注引公羊莊十年傳觕者曰侵作粗者曰侵○婁壽碑麤絺大布之衣丨作麤

【都】凡邑有先君之主曰丨無曰邑邑曰築丨曰城左氏莊廿八年傳○有宗廟先君之主曰丨丨一切經音義廿一引字林○邑有先君之宗廟曰丨孟子公孫丑下王之爲丨者注○邑有先君之廟曰丨楚辭悲回風惟佳人之永丨兮注○國有先君宗廟曰丨呂覽仲秋建丨邑注○國城曰丨丨者國君所居人所丨會也釋名釋州國○國曰丨周書職方辨其邦國丨鄙注○丨國丨也書文侯之命簡恤爾丨鄭注○丨國也廣雅釋詁四又國語吳語丨鄙蔫饑注又呂覽孟夏無伏于丨注○羣丨諸采邑也周禮宰夫掌治灋以攷百官府羣丨縣鄙之治注○丨四百里外距五百里王子弟所封考工記匠人以爲丨城之制注○丨王子弟所封及三公衆采地也周禮夏官序官注○丨王子弟及公卿之采地周禮方士掌丨家注○丨謂王子弟所封及公卿所食邑周禮春官序官丨宗人注○丨鄙公卿大夫之采邑王子弟所食邑周召毛聃畢原之屬在畿內者周禮大宰以八則治丨鄙注○丨鄙王子弟公卿大夫采地其界曰丨鄙所居也周禮大司徒凡造丨鄙注○丨家王子弟公卿及大夫之采地也周禮朝大夫掌丨家之國治注○丨家之鄉邑謂王子弟及公卿大夫所食采地周禮大宗伯乃頒祀于邦國丨家鄉邑注○小丨卿之采地大丨公之采地王子弟所食邑也周禮載師以小丨之田任縣地以大丨之田任畺地注○四縣爲丨丨方二十里也呂覽貴因再徙成丨注○四縣爲丨周禮小司徒○四縣爲丨方四十里四丨方八十里旁加十里乃得方百里爲一同也積萬井九萬夫周禮小司徒注○五百里爲丨周禮載師以廛里任國中之地司農注引司馬法○四百里以外至五百里曰丨周禮縣士掌野注○甸去國二百里稍三百里縣四百里丨五百里周禮司會掌國之官府郊野縣丨之百物財用注○四郊去國百里邦甸二

百里家削三百里邦縣四百里邦丨五百里周禮大
宰六曰邦丨之賦注○丨謂京丨文選歸田賦遊丨
邑以永久注○丨謂京邑也文選藉田賦居靡丨鄙
注○下邑曰丨詩干旄在浚之丨傳又國語晉語翟
之廣莫於晉爲丨注○十邑爲丨廣韻引書大傳○
州十爲丨管子度地○○十鄉爲丨廣雅釋地○四鄉
命之曰丨管子乘馬○丨城也華嚴經音義下引漢
書音義○丨邑國策秦策王不如因而賂一名丨注
○城郭之邑曰丨詩都人士彼丨人士箋○城郭之
域曰丨後漢班彪傳上注○人所聚曰丨公羊僖十
六年六鷁退飛過宋丨注○民所聚曰丨穀梁僖十
六年傳○人之所聚曰丨後漢東平王蒼傳注○八
丨猶八方也文選西京賦取殊裁於八丨薛注○丨
居也漢書東方朔傳集注引如淳○丨藏也廣雅釋
詁四○丨聚也廣雅釋詁三又管子水地水以爲丨
居注○丨謂所聚也書堯典曰幽丨傳○丨謂聚會

也文選東京賦其西則有平樂丨場薛注○丨大也
廣雅釋詁一又漢書燕刺王旦傳集注○丨凡也廣
雅釋訓○丨總也華嚴經音義上引漢書拾遺又後
漢光武紀下注○丨猶總也漢書西域傳上集注○
丨猶大也總也漢書鄭吉傳集注○丨盛也小爾雅
廣言○丨者美也漢書司馬相如傳上集注○丨閑
也詩有女同車洵美且丨傳又國語楚語使富丨那
豎贊焉注○丨雅也史記司馬相如傳姣冶嫺丨索
隱引郭璞○丨猶姣也史記司馬相如傳甚丨集解
引韋昭○丨閑美之稱漢書司馬相如傳上集注○
丨長謂體貌丨閑而雅性長厚也文選三國名臣序
贊子瑜丨長注○子丨世之美好者也詩山有扶蘇
不見子丨傳○丨於也爾雅釋詁又史記司馬相如
傳終丨攸卒集解引漢書音義又漢書司馬相如傳
下集注又孟子萬章上謨蓋丨君咸我績注○丨於
歎美之辭書堯典驩兜曰丨傳○師丨六鄉六遂大

夫也謂之師丨丨民所聚也周禮司常師丨建旗注
○丨部者丨統其衆也後漢齊武王縯傳注○丨尉
秦官也後漢彭脩傳注○丨尉本郡尉秦官也掌佐
守典武職秩比二千石景帝更名丨尉後漢光武帝
紀上注○丨官從事主察舉百官犯法者後漢符融
傳注○丨官從事主洛陽百官朝會與三府掾同也
後漢竇武傳注○丨內主藏官名後漢竇武傳注○
丨試也漢書霍光傳集注引孟康○椵楬杙也江東
呼丨方言五㰐燕之東北朝鮮洌水之閒謂之椵注
○帝之密丨天帝曲密之邑山海經中山經青要之
山實惟帝之密丨注○帝之下丨天帝丨邑之在下
者也山海經西山經崑崙之邱實惟帝之下丨注○
丨梁縣俗謂蘭爲丨梁山因以號縣受名焉水經資
水注○縣爲一丨之會故曰江丨也水經淮水注引
應劭地理風俗記○堯山在北堯母慶丨山在南登
堯山見丨山故望丨縣以爲名也水經滍水注引張

晏○澤中有邱丨邱爾雅釋邱○澤中有邱曰丨邱
言蟲鳥往所丨聚也釋名釋邱○水澤所聚謂之丨
亦曰瀦水經涑水注○丨野澤郎休屠澤也古文以
爲豬野也水經丨野在武威縣北注○九水所潛故
曰九丨山海經中山經和山實惟河之九丨注○丨
池也廣雅釋地○三天子之丨一本三天子之鄣山
山海經海內經南海之內有山名三天子之丨注○
周禮職方氏注滎波既丨釋文丨本作豬○國策秦
策大破荆襲郢取洞庭五丨
韓非子作五湖史作五渚

鋪丨陳也廣雅釋詁二又詩常武丨敦淮濆釋文○
丨布也左氏宣十二年傳丨時繹思注又廣雅釋
詁三又後漢班彪傳下注○丨徧也詩雨無正淪胥
以丨箋又漢書敘傳下集注又後漢班彪傳下注○
丨止也方言十二又廣雅釋詁三○丨頒索也東齊
曰丨頒猶秦晉言抖藪也方言六○金丨門丨首以

金爲之文選蜀都賦金丨交映劉注○金丨以金爲
丨首也文選長門賦擠玉戶以撼金丨兮注○銀丨
以銀爲丨首也文選景福殿賦青瑣銀丨注○丨
病也詩雨無正釋文○詩常武釋文丨韓詩作敷

禺
丨番丨也文選吳都賦選自閩丨劉注○丨谷丨
淵日所入也今作虞山海經大荒北經夸父不量
力欲追日景逮之於丨谷注○丨彊天神也呂覽求
人丨彊之所注○丨强北海神也列子湯問丨强釋
文○丨彊字元冥水神也山海經海外北經北方丨
彊注○丨京丨彊也山海經大荒東經丨虢生丨丨
京注○公叔丨人春秋傳曰公叔務人禮記檀弓下
公叔丨人遇負杖入保者息注○丨與隅同列子湯
問釋文○丨猶區也管子後靡是爲十丨注○丨寄
也史記封禪書木丨龍欒車一駟集解引漢書音義
又後漢袁紹
劉表傳注

嵎
丨封丨山名家語辯物汪芒氏之君守封丨者也注
○丨夷地名書禹貢丨夷既略傳又馬注○東表
之地稱丨夷書堯典宅丨夷傳○東方之地曰丨夷
後漢東夷傳注○丨海隅也書堯典馬注○丨與隅
同列子周穆王西極之南丨有國焉釋文
○書堯典宅丨夷史記五帝紀作居郁夷

誣
丨加也廣雅釋詁二○丨予也廣雅釋詁三○丨
諂與也吳越曰丨方言六○丨謗也漢書孫寶傳
集注○丨欺也廣雅釋詁二○丨妄也大戴記曾子
立事喜之而觀其不丨也注○丨猶妄也禮記曾子
問故丨於祭也注○丨罔也禮記樂記丨上行私而
不可止也注又國語周語丨其王也注晉語蠱君而
丨國人注○丨罔也以惡取善曰丨國語晉語且夫
欒氏之丨晉國也久矣注○加誅無辠曰丨國語周
語其刑矯丨注○加誅無罪曰丨一切經音義十二
引國語賈注○不能行而言之丨也大戴記曾子立

事○不進賢達能者丨也說苑至公○三不適謂之
丨禮記射義正義引書大傳○不信曰丨禮記表記
故其受祿不丨注○漢書薛宣傳
引論語焉可丨也作焉可憮也

竽
丨笙之大者以匏爲之呂覽仲夏調丨笙壎箎注
○丨三十六簧周禮笙師掌敎龡丨笙塤籥簫箎
篴管春牘應雅司農注又呂覽仲夏注○丨管三十
六簧也風俗通聲音○女媧作簧其後隨作丨三十
六管一切經音義八引古史考○笙以匏爲之故曰
匏也丨亦是也其中汙空以受簧也釋名釋樂器○
丨笙類所以導衆樂者也荀子正名聲音清
濁調丨奇聲以耳異注○丨八音之首同上

雩
舞號丨也爾雅釋訓○丨旱請雨祭名使童男女
各八人舞而呼丨故謂之丨公羊桓五年傳注○
丨吁嗟求雨之祭也禮記月令大丨帝注○請雨祭
謂之丨丨吁也論語先進風乎舞丨皇疏○丨吁也
嗟而求雨後漢安帝紀注○丨禜亦謂水旱壇也丨
之言吁嗟也禮記祭法丨禜注○丨者旱祭請雨之
名穀梁桓五年經大丨注○大丨者何旱祭也公羊
桓五年傳○丨旱祭也周禮司巫則帥巫而舞丨注
又晉書音義上又呂覽仲夏大丨帝注又淮南時則
大丨帝注○丨祭旱之名也後漢仲長統傳注○丨
所雨之祭初學記引崔靈恩周禮義宗○丨遠也遠
爲百穀求膏雨也左氏桓五年經大丨服注○丨者
爲旱求者也穀梁定元年傳○丨求雨之禱也荀子
天論丨而雨何也注○丨夏祭所以祈甘雨左氏襄
五年傳秋大丨注○丨祭天也左氏莊卅二年傳丨
講於梁氏注○丨祭名左傳桓五年釋文○至其秋
秀實之時而無雨則丨丨而得之則書丨喜祀有益
也禮記玉藻至于八月不雨君不舉注○丨得雨曰
丨不得雨曰旱穀梁僖十一年傳○螮蝀謂之丨爾
雅釋天○丨朱地丨或爲宇穀梁僖卅一年經會于

丨注○丨越俱反爾
雅釋天釋文引字林
【吁】丨歎也書呂刑王曰丨傳○丨者駭歎之聲法言
君子丨是何言歟注○丨嗟歎辭也文選謝元暉
和王著作八公山詩注引韓詩章句○丨嗟嗟歎之
辭也史記伯夷傳丨嗟徂兮索隱○丨嗟嗚呼也小
爾雅廣訓○丨驚也文選東京賦曰丨漢帝之德薛
注○丨疑怪之辭書堯典帝曰丨嚚訟可乎傳○丨
者疑怪之辭後漢北海王興傳注○丨憂也詩卷耳
云何丨矣傳○丨然也方言十二○丨譍也廣雅釋
詁一○丨吹氣聲也禮記檀弓曾子聞之曰丨釋文
○丨荼氣出而溫書大傳陽盛則丨荼萬物而養之
外也注○莊子在宥對雲將曰丨釋文丨本作呼
○詩卷耳云何丨矣爾雅釋詁注作云何盱矣
【盱】丨張目貌列子黃帝而丨丨釋文引蒼頡○丨張
目也火於切文選西京賦注引字林○丨丨張目

之貌荀子非十二子丨丨然注○丨仰目也列子黃
帝釋文○丨舉眉大視也文選魏都賦乃丨衡而詰
曰劉注○丨謂舉眼也方言二注○丨雙也燕代朝
鮮洌水之閒曰丨方言二○丨憂也爾雅釋詁○丨
病也詩何人斯云何其丨箋都人士云何丨矣箋○
丨大也易豫丨豫釋文引王肅注○丨丨元氣也廣
雅釋訓○丨睢丨也易豫釋文○睢丨小人喜悅佞
媚之貌也易豫向注○睢睢丨丨跋扈之貌莊子寓
言而睢睢丨丨注○丨虺烋爾雅釋草○丨火孤反
又火于反易豫釋文引字林○易豫釋文丨子夏作
紆京作汙姚作旴○公羊昭卅一年傳有子焉謂之
丨釋文丨本作盱○爾雅釋詁恙寫悝丨釋文丨本
作忓○蔡公孫丨字霍見左氏哀四年傳
【瞿】丨丨瞪視之貌荀子非十二子丨丨然注○丨丨
勤勤也素問靈蘭秘典論窘乎哉消者丨丨注○

丨句也莊子達生旋而蓋矩釋文引司馬注○戕丨
皆戟屬書顧命一人冕執丨傳○戕丨蓋今三鋒矛
書顧命鄭注○莊子在宥崔丨問于老聃曰釋文
丨崔本作臞○魯商丨字子木見史記弟子傳
【劬】丨勞也禮記內則見於公宮則丨注○丨亦勞也
楚辭思古躬丨勞而瘏悴注○丨勞病也爾雅釋
詁○丨勞病苦也詩凱風母氏丨勞傳鴻鴈丨勞子
野傳○丨數也詩鴻鴈釋文引韓詩又廣雅釋詁三
【朐】丨脯及乾肉之屈也儀禮士虞禮記丨在南注○
屈曰丨申曰脡公羊昭廿五年傳與四脡脯注○
屈中曰丨禮記曲禮上左丨右末注又儀禮鄉飲酒
禮注左丨右末釋文○丨遠也管子侈靡有時而丨
注○丨山名也後漢桓帝紀注○左傳
昭廿六年繇丨汰輈釋文丨本作軥
【絇】丨屨頭飾也禮記玉藻不屨丨注又禮記檀弓繩
屨無丨釋文○丨屨鼻頭以屨綵飾之後漢明帝

紀注○丨屨屨頭有絇飾色也家語五儀然則章甫
丨屨注○丨屨飾如刀衣鼻在屨頭上以餘組連之
止足坼也儀禮士喪禮綦結于跗連丨注○丨之言
拘也以為行戒狀如刀衣鼻在屨頭儀禮士冠禮黑
屨青丨繶純注○丨謂之拘著舄屨之頭以為
行戒周禮屨人青句注○丨謂之救爾雅釋器
【軥】丨車軛也兩軛又馬頸者左氏襄十四年傳射兩
丨而退服注○朐車軛左氏昭廿六年傳繇朐汰
輈注○鸞丨柳車也廣雅釋器○丨引也廣雅
釋詁一○丨與拘同荀子榮辱丨錄疾力注
【鼩】丨鼠爾雅釋獸
【繻】丨者衣布帛端末之識也易既濟盧氏注○丨色
也廣雅釋詁二○丨宜曰濡易既濟丨有衣袽注
○左氏隱二年紀履丨來逆女公羊穀梁作
緰○左傳桓六年申丨丨管子大匡作申俞

【需】丨須也易象上傳〇丨待也莊子大宗師聶許聞之丨役釋文引王注〇丨不進也易雜卦傳〇丨疑也左氏哀六年傳丨事之下也注又釋文〇丨者疑也史記田敬仲完世家丨事之賊也索隱〇丨懦弱持疑也左傳哀六年釋文〇丨積也廣雅釋言〇丨訓養易需釋文〇丨者飲食之道也易序卦傳〇丨丨讀爲畏丨之丨考工記輀人馬不契丨司農注

【貙】丨似貍爾雅釋獸〇丨貗似貍爾雅釋獸〇丨似貍而大爾雅釋獸釋文引字林〇丨虎屬北堂書鈔一百五十五引字林〇丨虎屬也或曰能化爲人也文選吳都賦猰貐丨象劉注〇丨氓謂丨人也文選蜀都賦貙丨氓於蔞草劉注〇貙本亦作丨晉書音義上〇宋華丨字子皮見左傳昭十八年

【殳】丨杖也廣雅釋器又文選西京賦竿丨之所揘畢薛注〇丨如杖長尋有四尺周禮司戈盾授旅賁丨注〇丨長尋有四尺考工記盧人〇丨長丈二考工記總目注〇丨長丈二而無刃詩伯兮伯也執丨傳〇三刃枝其柄自關而西謂之柲或謂之丨方言九〇丨矛丨殊也長丈二尺而無刃有所撞挃於車上使殊離也釋名釋兵〇丨斨伯與二臣名書舜典讓於丨斨暨伯與傳〇鼓延丨三子名山海經海內經伯陵同吳權之妻是生鼓延丨始爲侯注〇舜典丨斨古今人表作朱斨

【俞】丨然也書堯典帝曰丨子聞傳又周禮大宗伯注帝曰丨咨伯釋文又禮記內則男唯女丨注又爾雅釋言又漢書楊雄傳上集注引張晏楊雄傳下集注又後漢桓榮傳注〇丨丨者然也漢書司馬相如傳下集注〇丨荅也漢書禮樂志集注〇丨安呂覽知分丨然而以待耳注〇丨進也漢書禮樂志集注食貨志上集注〇丨益也國語越語辭丨卑禮丨尊注〇俞益也廣雅釋詁一〇甚丨言無巳大戴記文王

官人其入人甚丨注〇丨丨然從容自得之貌莊子天運無爲則丨丨注〇背脊曰丨素問奇病論治之以膽募丨注〇離丨卽離朱山海經大荒南經赤水之東爰有離丨注〇莊子駢拇呴丨仁義釋文丨本作呴

【逾】亦作踰〇丨越也書禹貢丨于洛傳又漢書地理志上集注〇踰越也詩將仲子無踰我里傳又論語爲政不踰矩皇疏又一切經音義一引字林又淮南繆稱可謂不踰於理乎注又文選東京賦規摹踰溢薛注〇踰度也國語吳語銜枚踰江注又史記平準書行西踰隴集解引漢書音義又漢書食貨志下集注引孟康又呂覽長攻豈能踰五湖九江注〇踰渡也廣雅釋詁二〇丨過後漢傳毅傳注〇踰猶過也淮南主術志之所在踰于千里注〇踰越並過也後漢班彪傳下注〇踰邁也呂覽樂成固難踰也注〇踰躍也漢書司馬相如傳上集注引郭璞〇踰遠也廣雅釋詁一又漢書陳湯傳集注引如淳敘傳下集注〇踰遙也後漢班超傳注〇丨益也呂覽務大此所以欲榮而丨辱也注又淮南原道火丨然而消丨亟注主術亂乃丨甚注〇踰等父兄黨也禮記少儀尊長於己踰等注〇踰垣謂驀墻也素問陽明脈解踰垣上屋注〇踰封越竟也或爲越疆禮記雜記不踰封而弔注〇踰言遠淡語也踰或爲遙禮記投壺毋踰言注〇隃字與踰同文選上林賦隃絕梁注〇字書踰作丨同一切經音義一〇書武成師丨孟津釋文丨本作踰〇書禹貢丨于洛史記夏本紀作踰于洛

【窬】丨門邊小竇也一切經音義九引三蒼〇丨門旁小丨也音臾禮記儒行釋文引三蒼解詁〇丨竇也論語陽貨皇疏〇丨丨牆也論語陽貨集解其猶穿丨之盜也與引孔注〇丨行淸也史記萬石張叔

傳集解引賈逵解周官○｜空也淮南氾論乃
爲｜木方版注○論語陽貨釋文踰本作｜
覦｜｜欲也漢書游俠傳集注又漢書敘傳上音義○
｜｜謂有所冀望也華嚴經音義上引珠叢○窬與
｜同文選勸進表狡寇窺窬
注褚淵碑文窺窬神器注
揄｜引也廣雅釋詁一又漢書禮樂志集注司馬相
如傳上集注引張揖楊雄傳下集注又後漢班彪
傳上注○｜曳也史記司馬相如傳｜紵縞正義○
｜｜謂垂手衣內而行也莊子漁父被髮｜袂釋文○
｜｜脫也方言十二又廣雅釋詁四○｜｜翟也禮記
雜記上大夫不｜絞屬於池下注喪大記｜絞纁紐
注○｜鋪䖵也荊揚江
湖之閒曰｜鋪方言二
臾｜甌｜窳下之地荀子大略流瓦止於甌｜注○｜
容聲相近漢書古今人表集注郊祀志上集注○

黃帝內經鬼｜區漢書藝文
志亢倉子賢道並作鬼容邸
歈｜謳皆歌也楚辭招魂吳｜蔡謳注
渝｜變也易訟｜安貞虞注又釋文豫成有｜虞注
隨官有｜虞注又詩羔裘舍命不｜傳板敬天之
｜箋又左氏隱六年經鄭人來｜平注又釋文桓元
年傳｜盟無享國注僖四年傳專之｜注僖卅四年
傳于是乎又｜周召釋文僖卅八年傳有｜此盟注
昭卅二年傳敬天之｜注又穀梁隱元年傳其盟｜
也釋文定十一年注｜｜盟惡之也釋文又爾雅釋言
又國語周語弗震弗｜｜注又後漢班彪傳下注楊震
傳注蔡邕傳注酷吏傳注又太元周厥戒｜注童修
其元鑒｜注又呂覽下賢桀乎其必不｜移也注又
淮南原道久而不｜注又文選鸚鵡賦庶彌久而不
｜注幽通賦曷｜色兮曹注思元賦俗遷｜而事化

兮舊注○｜易也文選西京賦漢載安而不｜薛注
嘻敢以｜薛注○｜解也太元格裳格鞶鉤｜注○
｜亦溢也文選海賦沸潰｜溢注○爾雅釋言釋文
｜舍人本作繻○左氏隱六年鄭人來｜平公羊穀
梁作
輸
嘔周景功勳銘嘔倚｜作嘔
蔞｜草中之翹翹然詩漢廣言刈其｜傳
鏤｜讀蔞數之蔞淮南俶眞蹠｜金石注
婁｜牽也詩山有樞釋文引馬注○｜亦曳也詩山
有樞弗曳弗｜傳○｜斂也荀子非相式居屢驕
注○｜｜疏也管子地員五穀之狀｜｜然注○苻
｜尪傴內疾瘺落爾雅釋木瘺木苻｜某氏注○苻

｜｜一名瘺木無枝木也爾雅釋木李注○繫牛曰｜
公羊昭廿五年傳且夫牛馬維｜注○北方有獸名
曰｜韓外傳五○郲人呼郲聲曰｜故曰郲｜禮記
檀弓郲｜復之以矢釋文○郲人語聲後曰｜故曰
郲｜｜公羊隱元年公及
郲｜儀父盟于眛釋文
夫｜發聲周禮司烜氏掌以｜遂取明火於日司農
注○｜辭也國策齊策子靖郭君之所聽受｜注
又孟子盡心下｜舜惡得而禁之注○｜語辭左氏
宣二年傳公嗾｜獒焉服注○｜語助也文選報任
少卿書而事乃有大謬不然者｜注○｜歎辭也孟
子告子上必子之言｜注○｜復也文選思元賦穫
我所求｜何思舊注○｜襓劍衣也｜或爲煩皆發
聲禮記少儀襲之加｜襓與劍焉注○｜遂陽遂也
周禮司烜氏掌以｜遂取明火於日注○｜容薕華
也淮南本經｜容芰荷注○｜不楚鳩也爾雅釋鳥

佳其鳺鴀釋文○丨不一名浮鳩詩四牡傳鵻丨不
也釋文引草木疏○丨讀大丨之丨淮南覽冥丨陽
燧取火於日注○詩澤陂傳荷丨渠也釋文丨本作
芙○詩四牡傳鵻丨不也釋文丨本作鳺○詩都人
士箋臺丨須也
釋文丨本作扶
苻 丨鬼目爾雅釋草○丨蘆之中白丨讀麪䴸之䴸
也淮南俶眞蘆丨之厚注
莩 丨葉裡白皮也後漢章帝紀注○丨孰也法言修
身糟丨曠沈注○丨如葭丨之丨目精之表也法
言修身
柳注
孚 丨信也易需有丨光亨釋文泰勿恤其丨虞注大
有厥丨交如虞注觀有丨馬注中孚有丨孿如虞
注又釋文序卦傳故受之以中丨注又書湯誥上天
丨佑下民傳又詩文王萬邦作丨傳下武成王之丨

箋又禮記緇衣萬國作丨注成王之丨注又左氏襄
十三年傳萬邦作丨注昭六年傳萬邦作丨注又公
羊僖十五年傳季氏之丨也注又周書皇門訖亦有
丨以助厥辟注又爾雅釋詁又國語周語制義庶丨
以行之注又漢書刑法志集注五行志下之上集注
谷永傳集注又後漢李王鄧來傳注班彪傳下注南
蠻西南夷傳注又太元交冥交有丨注親丨其內注
竈丨無害注禮丨無成注唫丨乾脯注聚乃後有丨
注疑遇貞丨注元數假太元丨貞注○中丨信也易
雜卦傳○丨大信也左氏莊十年傳小信未丨注又
後漢酷吏傳注○丨誠信也後漢魯恭傳注○丨信
也亦生也一切經音義七引字林○丨生也廣雅釋
詁一○卵化曰丨音方付反一切經音義二引通俗
文○坎爲丨易隨丨于嘉虞注大壯征凶有丨虞注
晉罔丨裕虞注家人有丨威如虞注睽交丨虞注解
朋至斯丨虞注姤羸豕丨蹢躅虞注井勿幕有丨虞

注革已日乃丨虞注豐有丨發若虞注中孚虞注未
濟君子之光有丨吉虞注有丨于飲酒虞注○丨尹
玉貌家語問玉丨尹旁達信也注○丨瑜言美色也
一切經音義十三引纂文○丨猶務躁也易姤注○
丨讀爲浮丨或作妥或爲扶禮記聘義丨尹旁達注
○丨匹于反一切經音義六引字林○易需釋文丨
又作專○書呂刑五辭簡丨史記周本紀作五辭簡
信呂刑簡丨有衆周本紀作簡信有衆○書高宗肜
日天旣丨命正厥德史記殷本紀作天旣附命正厥
德漢書孔光傳作天旣付命正厥德漢石經亦作付
命
桴 棟謂之丨爾雅釋宮○丨極也棟也爾雅釋宮釋
文引字林○重丨重棟也文選景福殿賦重丨乃
飾注○丨編竹木也大者曰筏小者曰丨也論語公
冶長乘丨浮于海集解引馬注○丨者編竹木也大

曰筏小曰丨論語公冶長皇疏○小泭曰丨國語齊
語乘丨濟河注○丨舟也文選吳都賦浮石若丨劉
注○丨擊鼓杖也後漢第五倫傳注○丨擊鼓槌也
後漢西羌傳注○丨鼓椎也素問天元紀大論如鼓
之應丨注○丨嫗伏也大
戴記夏小正雞丨粥傳
郛 丨郭也左氏隱五年傳伐宋入其丨注僖十二年
傳諸侯城衛楚邱之丨注文十五年經入其丨注
定八年傳攻廩邱之丨注又公羊文十五年經入其
丨釋文昭廿九年傳丨之也注又穀梁文十五年經
入其丨注又周書作雒丨方七十里注又國語吳語
以焚其北丨焉注入其丨注又後漢東平憲王蒼傳
注○郭亦謂之丨丨者亦大也初學記廿四引
風俗通○丨者何恢郭也公羊文十五年傳○伐
軍獲曰丨國語晉語今晉寡德而安丨女注○
俘 國取人曰丨一切經音義十三引國語賈注○囚

敵曰丨爾雅釋詁李注○丨因也詩殷武箋而丨虜
其士衆釋文又左氏莊六年經齊人來歸衞丨注僖
廿二年傳楚子使師縉示之丨馘注宣十二年傳其
丨諸江南釋文○丨取也書序丨厥寶玉傳又左氏
定十五年傳胡子盡丨楚邑之近胡者注又爾雅釋
詁○丨罸也小爾雅廣言○左氏莊六年齊人來歸
衞丨公羊
穀梁作寶

柎 丨柢也廣雅釋言○丨注也儀禮士冠禮以魁丨
之注○今江東人呼草木子房爲丨音府一曰丨
花下鄂音丈夫字或作跗音符山海經西
山經崇吾之山有木焉員葉而白丨注

趺 丨者俯也匡謬正俗六

鈇 丨鉞也列子說符人有忘丨者注○丨斧也後漢
獻帝紀注引蒼頡○丨椹也質也文選策魏公九

錫文注引蒼頡○丨鑕櫍也後漢李固傳注引字林
○丨鑕椹也後漢李固傳注○丨莝刃也後漢公孫
瓚傳注○丨剉刃也後漢馮魴傳注○丨鑕要斬之
罪公羊昭廿五年傳君不忍加之以丨鑕注○丨鉞
所以斷大刑白虎通攷黜○丨音
大夫之夫漢書尹翁歸傳集注

迂 丨遠也論語子路子之丨也皇疏又史記孝武紀
事如丨誕正義又漢書藝文志集注王吉傳集注
揚雄傳下集注敘傳上集注又後漢王暢傳注又太
元內丨彼黃牀注又呂覽先己寡人以爲丨言也注
○迃遠也廣雅釋詁一○丨猶遠也論語子路集解
引包注○丨曲也後漢蔡邕傳注○丨僻書盤庚中
丨乃心傳○丨邪也國語晉語不度而丨求注○丨
失也荀子榮辱失之己反之人豈不丨乎哉注○丨
久猶良久也後漢劉寬傳注○迂迂回加誣於人國
語周語郤犨見其語迂注○丨塗曲縈之貌也太元

羨其次丨塗注○論語
子路釋文丨本作于

姝 丨好也廣雅釋詁一又太元視視無丨注○袾好
也廣雅釋詁一○丨好貌也一切經音義六引字
林○姝嫿好也趙魏燕代之閒曰丨方言一○丨美
也後漢崔寔傳注○丨美色也詩靜女靜女其丨傳
又後漢和熹鄧皇后紀注○丨妖貌莊子徐無鬼有
暖丨者釋文○丨順貌詩干旄彼丨者子傳○丨者
初昏之貌詩東方之日彼丨者子傳○丨古文姼同
一切經音義六○詩靜女靜女其丨說文衣部作靜
女其袾○國策楚策閭丨子
奢荀子韓詩外傳作閭娵

躕 踟躇猶踟丨也後漢仲長統傳注

拘 丨止也廣雅釋詁三○丨猶檢也淮南氾論賢者
立禮而不肖者丨焉注○丨猶限也後漢王霸傳

注○丨隔也廣雅釋詁一○丨急也素問至眞要大
論筋肉丨苛注○丨丨急也素問五常政大論其動
緛戾丨緩注○艮爲丨易說卦傳○艮手爲丨易隨
丨係之虞注○緛短爲丨素問生氣通天論○丨丨
不申也莊子大宗師將以予爲此丨丨也釋文引王
注○丨丨體丨攣也莊子大宗師釋文引司馬注○
丨丨好貌淮南精神其以我爲此丨丨邪注○丨錄
謂自檢束也荀子榮辱朐錄疾力注○丨守謂守而
勿失荀子脩身丨守而詳注○丨攣猶丨束也後漢
曹褒傳注○丨儒猶褊狹也後漢左周黃傳注○丨
音鉤謂曲者也後漢鄧訓傳注○丨絜謂自丨束而
絜其身者後漢仲長統傳注○丨罷圜也淮南齊俗
丨罷拒折之容注○丨繆之國一手把繆一曰利繆
之國山海經海外北經○丨舊作狗易說卦傳艮爲
丨虞注○丨讀爲鉤荀子宥坐其流也埤下裾丨注
○丨與句同荀子哀公古之王者有務而丨領者矣

注○丨一作囚史記留侯世家釋箕子之囚集解引徐廣○周禮山虞注山林國之有不丨日也釋文丨本作佝○莊子逍遙遊注能令手不丨拆釋文丨本作跔○書酒誥盡執丨說文手部作盡執抲

摹 集韻亦作摸○丨法也文選東京賦注引聲類又後漢仲長統傳注又文選東京賦規萬世而大丨薛注○丨刑也廣雅釋詁四○摸撫也廣雅釋言○丨數也太元元攡攔神明而定丨注○丨索取也太元法丨法以中克注○丨廣求也亡具反漢書楊雄傳音義引字林

酺 丨飲也廣雅釋詁四○合聚飲食爲丨漢書文帝紀集注○丨之爲言布也漢書文帝紀集注○↑布也後漢明帝紀注○丨者爲人物烖害之神也周禮族師春秋祭丨亦如之注○丨字或作脯漢書文帝紀集注○故書丨或爲步周禮族師注

捕 丨盧卽蒲且也文選勵志詩丨盧紫繳注

糊 俗作粘○丨黏也文選蕪城賦注引字書○粘饘也廣雅釋器

餬 丨寄也廣雅釋詁三○丨寄也寄食爲丨方言二○丨食也莊子人閒世足以丨口釋文引李注○丨饘也爾雅釋言○丨鬻也左氏隱十一年傳而使丨其口於四方注

鴣 鷓丨鳥其鳴自呼飛但南不北形如雌雉一切經音義十六引字指○鷓丨鳥似服鳥而大一切經音義十六引埤蒼

沽 丨買也論語鄉黨丨酒市脯釋文○丨賣也論語子罕求善賈而丨諸集解引馬注又皇疏○丨賣之也後漢李雲傳注○丨謂衒賣也後漢逸民傳注○丨猶略也禮記檀弓上以爲丨也注○丨猶麤也

冠尊加其麤麤功大功也儀禮喪服傳冠者丨功也注

呱 丨子啼聲文選幽通賦注引字林○丨泣聲也詩生民后稷丨矣釋文○丨丨號也廣雅釋訓

蛄 丨䗐強蚌爾雅釋蟲○螻螲謂之螻丨方言十一

菟 丨奚顆涷爾雅釋草○左氏隱十一年傳使營丨裘公羊隱四年傳作吾使脩塗裘○左傳莊三十年丨鬬穀於丨漢書敘傳丨作檡廣韻丨作䖘

砮 丨鏃也國語魯語楛矢貫之石丨注

膴 丨脯也廣雅釋器○丨膺肉周禮腊人凡祭祀共豆脯薦脯丨胖凡腊物司農注○丨牒肉大臠所以祭者周禮內饔凡掌共羞脩刑丨胖骨鱐以待共膳注○丨謂夾脊肉周禮腊人大夫注○刑丨謂夾

脊肉或曰膺肉也周禮內饔司農注○丨牒生魚爲大臠周禮籩人朝事之籩其實麷蕡白黑形鹽丨鮑魚鱐注○丨大也詩小旻釋文又儀禮公食大夫禮士羞庶羞皆有大注○大者臧之大臠丨者魚之反覆丨又詁曰大二者同矣則是丨亦牒肉大臠周禮腊人注○丨法也詩小旻民雖靡丨箋○丨讀如般冔之冔刳魚時割其腹以爲大臠也儀禮有司徹皆加丨祭于其上注○詩小旻釋文丨韓詩作膴

幠 丨大也爾雅釋詁○丨大也東齊海岱之閒或曰丨方言一○丨覆也詩斯干君子攸芋箋又儀禮士冠禮記殷冔注士喪禮丨用斂衾注又廣雅釋詁二又釋名釋宮室又荀子禮論無幠絲歶縷翣其須注○丨覆之爲其形露儀禮既夕丨用夷衾注○丨有也爾雅釋詁○丨敖慢也禮記投壺毋丨毋敖注

鼯 丨鼠夷由爾雅釋鳥○丨鼠也文選蕪城賦階鬬麏丨注○爾雅釋鳥釋文丨本作䳏

簍 籠南楚江沔之閒或謂之丨方言十三○丨籠落也楚辭懷沙鳳皇在丨兮注

駑 丨駘也廣雅釋言又廣韻引字林○丨鈍馬也楚辭謬諫丨駿雜而不分兮注○丨惡馬也莊子馬蹄注丨驥名適于身而足釋文○今謂馬之下者爲丨文選王命論是故丨蹇之乘注○丨謂材下如丨馬者也荀子脩身庸衆丨散注

逋 丨亡也書武成爲天下丨逃主傳又左氏僖十五年傳六年其丨注又廣雅釋言又國語晉語辱收其丨遷裔胄而建立之注又漢書武帝紀集注戾太子傳集注陳湯傳集注丙吉傳集注翟義傳集注○丨亡也負也漢書義縱傳集注○丨逃也易象上傳歸丨竄也荀注○丨竄也廣雅釋言○丨違也後漢光武帝紀上注○丨遲也廣雅釋詁四○丨稅謂欠田租也後漢光武帝紀下注

艫 船尾謂之丨小爾雅廣器○丨船後也文選吳都賦巨檻接丨劉注

壚 丨黃黑色土也楚辭思古倘佯丨阪注○丨埴丨地也呂覽辯土凡耕之道必始於丨注○丨土也廣雅釋地○丨讀纑繩之纑淮南墬形丨土人大注○丨讀繩纑之纑淮南覽冥契黃纑注

徂 丨往也書大禹謨汝丨征傳允征允后承王命丨征傳又詩氓自我丨爾箋四月六月丨暑傳小明我征丨西箋楚茨丨賚孝孫箋緜自西丨東箋桑柔云丨何往箋天作彼丨矣岐箋又皇矣侵阮丨共釋文又爾雅釋詁又漢書燕剌王旦傳集注楊雄傳上集注敘傳上集注又後漢張衡傳注南蠻西南夷傳注又穆天子傳三丨北丨西山注又楚辭懷沙汩丨南土注又文選思元賦從蓐收而遂丨舊注又文選諷諫詩歲月其丨注○丨猶往也詩四月箋○丨往也丨齊語也方言一○丨去也楚辭抽思實沛丨兮注

○丨猶行也詩駉思馬斯丨箋○丨存也爾雅釋詁○丨猶始也詩四月箋○丨者往也死也史記伯夷傳吁嗟丨兮索隱○丨落死也漢書楊雄傳上集注又孟子萬章上放勳乃丨落注○丨落丨祚也禍祚殞落也丨亦往也言往去落也釋名釋喪制○丨落猶彫落也文選陸韓卿奉荅內兄希叔詩殂落固云是注○丨徠山亦曰尤徠之山也水經汶水注引鄒山記○莊子則陽巳死不可丨釋文丨本作阻○莊子田子方郎是以日丨釋文丨司馬本作疽

孥 通作帑○妻子曰丨國語鄭語寄丨與賄焉注楚語見藍尹亹載其丨注○帑妻子也左氏文六年傳宣子使臾駢送其帑注○丨妻子也國語晉語以其丨適西山注又孟子梁惠王下罪人不丨注○丨妻丨五經文字引字林○丨子也書甘誓予則丨戮汝傳又小爾雅廣言又後漢光武帝紀上注○帑子也詩常棣樂爾妻帑傳又左氏襄十四年傳并帑於戚注又漢書文帝紀集注引應劭○古者謂子孫曰帑禮記中庸樂爾妻帑注○丨子弟也太元衆丈人摧丨注○帑虜也後漢朱馮虞鄭周傳注○帑雌也漢書天文志集注引晉灼○鳥尾曰帑左氏襄廿八年傳以害鳥帑注○丨讀曰奴後漢仲長統傳注○帑讀曰丨漢書鼂錯傳集注○書湯誓予則丨戮汝史記殷本紀作予則帑僇女○書甘誓予則丨戮汝漢書王莽傳作予則奴戮汝○禮記中庸釋文帑本作丨

櫨 丨柱上柎也爾雅釋宮釋文引字林○丨柱上柎卽梁上短柱也淮南本經標林欂丨注○丨在柱端如都丨負屋之重也釋名釋宮室○丨薄柱上方木也山東江南皆曰枅自陝以西曰榙一切經音義一引三蒼○丨卽欂也爾雅釋宮注釋文○丨屋也淮南脩務不可以爲丨棟注○丨橐丨文選南都賦

注引郭璞上林賦注

鋪 丨日申時食也莊子盜跖釋文引字林○丨夕食也一切經音義九引三蒼○丨食也廣雅釋詁二○丨哺也如餳而濁可哺也釋名釋飲食○丨賜也太元大或益之丨注○日至于悲谷是謂丨時淮南天文

晡 丨日昳時也文選神女賦序丨夕之後注

玗 丨琪玉屬也穆天子傳四丨琪注○丨琪赤玉屬也山海經海內西經開明北有丨琪樹注

蚨 丨虷蛐蜒也廣雅釋蟲○蛐蜒趙魏之閒或謂丨虷方言十一

諏 丨謀也詩生民箋則丨謀其日釋文周禮太宰注前期前所丨之日也釋文又儀禮特牲饋食禮不

丨日注又漢書敘傳上集注引應劭○丨聚謀也子于反漢書敘傳音義引字林○咨事爲丨詩皇皇者華周爰咨丨傳○今文丨皆爲詛儀禮特牲饋食禮注

娵 丨當作頞梁王魏嬰之美人曰閭丨漢書楊雄傳上音義引韋昭

扶 四指爲丨書大傳丨寸而合注○鋪四指曰丨禮記投壺籌室中五丨注

趺 集韻通作砆○砆武夫石似玉山海經南山經會稽之山其下多砆石注

裯 丨牀帳也詩小星抱衾與丨箋

母 丨讀曰模禮記內則淳丨注

軱 丨槃結骨莊子養生主而況大丨乎釋文引崔注

罛 丨魚罟詩碩人施丨濊濊傳○丨魚網也國語魯語水虞於是乎講丨罶注又文選吳都賦同丨共羅劉注○丨大网淮南說山好魚者先具罟與丨注○罛者以柴積水中以取魚魚聞擊舟聲藏柴下壅而取之罛讀沙糝今沇州人擊柴水中搏魚爲罛幽州名之爲涔也淮南說林罛者扣舟注

瘏 丨病也詩卷耳我馬丨矣傳鴟鴞予口卒丨傳又楚辭思古躬劬勞而丨悴注○丨懼也爾雅釋詁○詩卷耳釋文丨本作屠

玈 通作盧○丨黑弓左氏僖廿八年傳丨弓矢千注○禮士盧弓公羊定四年傳挾弓而去楚注○盧作丨古今字異耳史記匈奴傳昌圍侯盧卿索隱○詩形弓箋丨弓矢千釋文丨本作旅左傳僖廿八年丨弓矢千釋文丨本作旅

痡 丨病也書泰誓下毒丨四海傳又爾雅釋詁又後漢蔡邕傳注引韓詩○丨亦病也詩卷耳我僕丨矣傳○丨人疲不能行之病爾雅釋詁孫注○詩卷耳釋文丨本作鋪

毋 丨無也禮記檀弓下其丨以嘗巧者乎注○丨勿也文選思元賦丨緜攣以倖己兮舊注○丨者禁之也論衡譴告○丨禁止之辭禮記檀弓下曰噫丨注○無禁辭也荀子法行無內人之疏而外人之親注○丨禁辭詩角弓丨教猱升木箋○丨猶今人言莫也禮記曲禮丨不敬釋文○丨發聲語助史記貨殖傳寧爵丨刁集解引漢書音義○丨追者言其追大也白虎通紼冕○丨讀曰無後漢劉昆傳注○古文丨爲無儀禮士昏禮記夙夜丨違命注士相見禮丨上於面丨下於帶注公食大夫禮庶羞西東丨過四列注○古文丨作無儀禮士相見禮丨改注○詩白駒丨金玉爾音釋文丨本作無儀禮鄉飲酒禮注

不言丨周釋文丨本作無禮記曾子問命丨哭釋文
丨本作無孝經丨忝爾祖釋文丨本作無論語學而
丨友不如己者釋文丨本作無子路丨倦釋文丨本
作無丨欲速釋文丨本作無爾雅釋詁注丨漉陂池
釋文丨本作無○儀禮大射儀注引考工記
梓人丨或若女不寧侯作無或若女不寧侯

杅 丨浴器也禮記玉藻出丨注○丨盛湯漿儀禮旣
夕丨兩丨注○丨飲水器公羊宣十二年傳古者丨
不穿注○盌謂之丨後漢明帝紀注引方言○丨椀
屬也亦作盂後漢呂强傳注○丨亦盂也後漢崔駰
傳注○大丨山名也山海經西山經黑水西流于大
丨注○今文丨爲桙儀禮旣夕兩丨注○丨丨卽于
于也自足之貌荀子儒效是丨丨亦富
人矣注○儀禮旣夕釋文丨本作芋

訏 丨大也詩溱洧洵丨且樂傳生民實覃實丨傳抑
丨謨定命傳又爾雅釋詁○訏大也廣雅釋詁一

○丨大也中齊西楚之閒曰丨方言一○丨丨大也
詩韓奕川澤丨丨傳○丨謂張口嗚呼也詩生民箋
○丨亦作芋方言一注○詩溱洧釋文
丨韓詩作盱爾雅釋詁釋文丨本作盱

芙 丨蓉荷華也文選東京賦丨蓉覆水薛注○丨蓉
蓮華也離騷爲丨蓉以爲裳注楚辭招魂丨蓉始
發注湘君搴丨蓉兮木末注○爾
雅釋草荷丨渠釋文丨本作扶

顱 丨頭也文選射雉賦擬青丨而點項徐注○丨腦
蓋也一切經音義十九引字書○丨頟也後漢馬
融傳注○丨謂頟顙也爾雅釋畜注俗所謂漫顱徹
齒釋文引字書○丨顱類也後漢西羌傳注○爾雅
釋畜注釋文
髗字書作丨

盱 丨日始出易豫盱豫釋文引姚注○丨大也漢書
地理志下集注谷永傳集注引晉灼

昪 般曰丨獨斷下○丨作昪詩文王釋文引字林

句 丨當爲約聲之誤也周禮屨人青丨注○禮記明
堂位注無丨作磬釋文丨本作劬○左氏僖廿二
年取須丨公
羊作須朐

洙 丨水名左氏莊九年浚丨釋文公羊莊九年浚丨
釋文

褕 丨襜丨也史記司馬相如傳揄獨繭之丨褕集解
引徐廣○丨美也史記淮陰侯傳丨衣甘食索隱

羭 夏羊牡丨爾雅釋畜○丨牝羊也又黑羊也列子
天瑞老丨之爲猨也釋文○丨美也左氏僖四年
傳攘公之丨注○丨山
神也山海經西山經

瘉 丨病也爾雅釋詁又詩斯干無相猶矣箋鼓鐘其
德不猶箋○丨勞病也爾雅釋詁舊注○丨賢也

國語晉語東方
士孰爲丨注

慺 丨丨謹敬之貌也一切經音義七引字書○丨丨
猶勤勤也後漢楊賜傳注

膢 食新曰貙丨風俗通祀典

稃 丨麤糠也詩生民傳秠一丨二米也釋文引字書
○爾雅釋草秠一丨二米釋文丨本作殍脬

泭 或作筣○編竹木以渡水曰丨楚人曰丨秦人曰
撥楚辭惜往日乘氾丨以下流注○編木曰丨國
語齊語方舟設丨注○小筏曰丨爾雅釋言舫丨也
釋文引郭璞○筣筏也廣雅釋水○庶人乘丨爾雅
釋水○詩漢廣傳方丨也釋文丨本作筣又作桴
或作柎○爾雅釋言釋文丨本作筣又樊作坿

罦 罬謂之丨爾雅釋器○丨覆車也詩兔爰雉離于
丨傳又爾雅釋器○丨覆也太元迎丨于牆屋注

○丨雉網也後漢馬融傳注○詩兔爰雉離于丨說文网部作雉離于罦

靑丨者一名地節一名黃芝後漢華陀傳注○丨

麩 古文作麱同一切經音義十二

枹 丨擊鼓杖也後漢董宣傳注○丨擊鼓槌管子小匡介胄執丨立於軍門注○丨讀曰桴漢書地理志下集注○丨桴二字同體一切經音義二引詔定官書○丨本與桴同晉書音義中

隃 丨遙也漢書趙充國傳集注引鄭氏○丨猶遙也古字通後漢馮衍傳注○丨讀曰遙漢書英布傳集注趙充國傳集注○史記周本紀毀隃丨集解引世本作榆三代世表作毀渝

嫫 丨母醜女也楚辭怨世丨母勃屑而日侍注○丨母古之醜女淮南說山丨母有所醜注脩務丨母仳倠也注○丨母醜女黃帝時人荀子賦丨母力父是之嘉也注○丨讀如模範之模淮南脩務注

艀 艇短而深者謂之丨方言九○艇之小者曰丨小爾雅廣器○丨今江東呼艀丨者方言九注丨子隄名也後漢明帝紀注○丨口所謂丨中也

瓠 爾雅以爲周焦穫矣水經瀘水注丨池出鹵城周禮職方氏其川丨池嘔夷注○丨

虖 沱河今在雁門鹵城縣陽水北穆天子傳一北循丨沱之陽注○丨讀曰呼漢書武帝紀集注楚元王傳贊集注賈誼傳集注鼂錯傳集注董仲舒傳集注二見孔光傳集注○丨古乎字漢書楊雄傳上集注

蒩 丨之言藉也周禮司巫及丨館注○丨葴也廣雅釋草又文選蜀都賦注引埤蒼○丨士虞禮所謂苴刌茅長五寸束之者是也周禮鄉師共茅丨注○澤生草言丨文選蜀都賦注引孟子綦母邃注○丨草名也亦名土茄文選蜀都賦樊以丨圃劉注○丨當爲菹以茅爲菹若葵菹也周禮鄉師杜注○丨讀爲鉏周禮司巫杜注○鄭大夫讀丨爲藉周禮鄉師注

惡 丨安也左氏桓十六年傳丨用子矣注襄廿八年傳丨識宗釋文又國策秦策丨有不戰者乎注又後漢班彪傳下注又太元元文氣形丨得在而不反乎注又呂覽本生遁焉性丨得不傷注貴直意丨能丨注○丨猶安也左氏哀七年傳丨賢而逆之注○丨何也後漢馬融傳注又家語曲禮子貢問有亡丨乎齊注○丨於也太元元文而丨入乎逆注○丨於何也穀梁定九年傳丨得之注又大戴記武王踐阼丨乎危以忿𧀈注又史記大宛傳丨睹本紀所謂崑崙者乎索隱○丨猶於何也大戴記武王踐阼丨有藏之約注又史記外戚世家丨能識乎性命哉索隱又文選劇秦美新丨可以已乎注○丨乎於何也小爾雅廣訓○丨乎猶於何也禮記檀弓吾丨乎哭諸釋文又禮記檀弓下吾丨乎用吾情注又公羊桓六年傳丨乎淫注又論語里仁丨乎成名皇疏○丨何猶言是何也家語困誓丨何也注○丨乎至猶何所至公羊莊十二年傳魯侯之美丨乎至注○丨有猶何有寧有此之類也公羊昭卅一年傳丨有言人之國賢若此者乎注○曰丨者深嗟歎孟子公孫丑下曰丨是何言也注○丨者不安事之歎辭也孟子公孫丑上曰丨是何言也注○丨讀曰烏漢書酷吏傳集注○丨當爲呼聲之誤也禮記禮器必先有事于丨池注○禮記禮器釋文丨本作虖

刳 丨剖也漢書王莽傳中集注又後漢董卓傳注○丨狄也方言十二○丨屠也一切經音義二十引蒼頡又廣雅釋詁三○刲丨博異語也禮記內則刲之丨之注○丨謂除消其土也文選蕪城賦丨濬洫注○莊子天地君子不可以不丨心焉釋文丨崔本作軒

髃 集韻或从肉。腢肩頭也儀禮既夕記即牀而奠當腢注。公羊桓四年注達于右丨釋文丨本作腢

漊 丨水名源出今澧州崇義縣西北山後漢章帝紀注

堬 丨冢也廣雅釋邱。冢秦晉之閒或謂之丨方言十三

荂 丨榮也爾雅釋草。今江東呼華爲丨音敷爾雅釋草華丨也注。芺薊其實丨爾雅釋草。芺與薊莖頭皆有蘛臺名丨丨即其實音俘爾雅釋草芺薊其實丨注。丨本作莩晉書音義中。莊子天地折揚皇丨釋文丨本作華

斞 丨挹也儀禮士冠禮注。尊升所以丨酒也釋文。斞酌也廣雅釋詁四。又文選思元賦斞白水以爲漿舊注。丨謂酌也後漢張衡傳注。斞抒也廣雅釋詁二。丨水斗也禮記喪大記注以爲丨水斗釋文。丨容四升也禮記喪大記注釋文

芋 丨大也詩斯干君子攸丨傳又方言十三又廣雅釋詁一。丨猶訏也方言十三注。詩斯干釋文丨本作吁

姁 丨丨和好貌漢書韓信傳集注。丨婾和悅貌文選舞賦丨婾致態注

欨 丨欯也廣雅釋言

嘔 丨以軀色下人謂形柔而人苟大戴記文王官人其貌固丨注。丨夷祁夷與出平舒周禮職方氏其川虖池丨夷注

趎 莊子庚桑楚南榮丨釋文丨漢書古今人表作南榮疇或作儔又作壽淮南作南榮幬亦作疇。莊子庚桑楚南榮丨賈子勸學作跦

氀 毛布曰丨一切經音義十四引通俗文。丨毲毛布也一切經音義二引聲類。丨罽也廣雅釋器。丨力于反麁罽也一切經音義十四引字林。丨毲罽也後漢烏桓鮮卑傳注

闍 丨臺也爾雅釋言。丨謂之臺爾雅釋宮。丨城臺也詩出其東門出其闉丨傳。丨積土如水渚可以望氣祥也爾雅釋宮孫注。丨讀當如彼都人士之都謂國外曲城之中市里也詩出其東門箋

睮 丨丨自媚貌漢書韋賢傳集注引如淳

纑 丨布縷也爾雅釋器釋文引字林。丨麻縷也左傳昭十九年注因紡丨釋文。練麻曰丨孟子滕文公下妻辟丨注。練絲曰丨也文選張景陽雜詩注引孟子劉注。丨閒虛也墨子經上

鰅 丨鱅短狐類也楚辭大招丨鱅短狐注

枸 軸限者謂之丨御覽七百七十六引通俗文。車丨簍宋魏陳楚之閒謂之筱秦晉之閒自關而西謂之丨簍方言九。丨根樹也文選吳都賦栟櫚丨根劉注。丨根盤錯也山海經海內經有木名曰建木百仞無枝有九欘下有九丨注

欋 齊魯閒謂四齒杷爲丨釋名釋道。丨疏附離也太元進進以丨疏注

鸕 集韻鱸或作鸕。丨丨鷀也後漢馬融傳注。丨鷲也楚辭悼亂鴻丨兮振翅注。鸕鷀似鶂而黑文選南都賦注引蒼頡。丨鷀似鶂而黑水鳥也一切經音義十九引字林。丨諸雉爾雅釋鳥

【蝺】蟱丨青蚨也廣雅釋蟲

【鍝】丨鋸也後漢杜篤傳注引埤蒼

【臑】丨若熟爛也楚辭招魂丨若芳些注大招鼎丨盈室注○丨微動也荀子臣道丨而動注○肩臂丨肱骨儀禮少牢饋食禮肩臂丨注○丨若膊胳觳之折以大夫之餘體儀禮鄉射禮記折脊脅肺丨注○丨與蝡同荀子臣道注○丨人于反又音羊朱反周禮祭僕釋文引字林

【獳】左氏僖卄八年曹豎侯丨廣韻注丨作獳○左傳成十年晉景公名丨史侯表作據

【跦】丨丨跳行貌左氏昭卄五年傳鸜鵒丨丨注又漢書五行志中之上集注

【牏】丨版也廣雅釋器○丨築垣短板也史記萬石張叔傳取親中裠廁丨集解引徐廣

【蕍】廣韻蕦同○蕦與蕍同文選吳都賦異荂蓲蕦注

【侏】丨短也廣雅釋詁二○丨儒短者國語晉語丨儒不可使援注○丨儒短人也禮記王制丨儒注○丨儒短人能爲俳優也後漢張升傳注○丨儒短人可戲弄者荀子王霸俳優丨儒婦女之請謁以悖之注○朱儒未成人也太元童比子朱儒注○朱儒梁上戴蹲跪人也淮南主術短者以爲朱儒枅櫨注○無道爲丨丨太元斷勇丨之尌注○丨丨無所知也太元童修丨丨注○四夷之樂西方曰丨離周禮鞮鞻氏掌四夷之樂注○西方曰丨離獨斷上○丨離蠻夷語聲也後漢南蠻西南夷傳注○丨音朱周禮甸祝釋文引字林

【⿰魚孚】丨⿰魚爾魚也晉書音義下引埤蒼

【憮】丨張也廣雅釋詁一○丨同也兼也漢書薛宣傳集注引蘇林○丨大也詩巧言亂如此丨傳又漢書張敞傳集注引應劭又後漢崔琦傳注○丨傲也爾雅釋言○丨敖也詩巧言箋

【澞】陵夷水丨爾雅釋山○爾雅釋山釋文丨本作虞

【禂】丨禱也周禮甸祝杜注○丨讀如伏誅之誅今侏大字也周禮甸祝丨牲丨馬注

【翑】馬後足皆白丨爾雅釋畜○爾雅釋畜釋文丨本作狗

【㼡】丨瓶也廣雅釋器○甇陳魏宋楚之閒或曰丨方言五

【⿰俞瓦】丨瓶也廣雅釋器○甇陳魏宋楚之閒曰丨方言五

【瓿】丨甊即盆也方言五缶謂之丨甊注

【穤】稷穰謂之丨廣雅釋草

【嬬】偄也廣雅釋詁四○丨好也廣雅釋詁一

【陓】爾雅釋地秦有楊丨釋文丨本作紆○爾雅釋地秦有楊丨呂覽作秦之楊華淮南作秦之楊紆

【捄】丨虆也詩緜之陾陾傳○丨捊也詩緜箋○丨音俱詩緜釋文引字林

【柧】丨棱也廣雅釋言○八稜爲丨一切經音義十八引通俗文○丨棱殿堂上最高之處也後漢班彪傳上注○丨與觚同文選西都賦上觚稜而棲金爵注

【籚】丨筐也廣雅釋器

【痀】丨僂背曲疾也列子黃帝見丨丨僂者承蜩釋文

穌|生也廣雅釋詁一○|害也廣雅釋言○|滿
也廣雅釋詁二○|取也同上
麻麔|庵也廣雅釋室○屋平曰麔|廣韻十一模
引通俗文
杇或作圬○圬墁也論語公冶長不可圬也集解引
王注○圬謂圬墁之使之平泥也論語公冶長皇
疏○圬人塗人也文選魏都賦葺墻冪
室劉注○論語公冶長釋文|本作杇
於|者烏聲書堯典僉曰|鄭注○|嗟也易繫辭
下傳|稽其類侯注○|歎辭也詩文王|昭于
天傳清廟|穆清廟傳又後漢班彪傳注又孟子告
子下|荅是也何有注又孟子音義下引張音丁音
○|者歎之詩文王正義引書大傳○|歎美辭也
史記太史公自序受命|穆清正義引顏云○|歎
美之辭也史記夏本紀皐陶曰|正義又後漢班彪
傳下注○|戲歎辭也文選非有先生論先生曰|

戲可乎哉注○|戲歎美之詞後漢岑彭傳注○|
赫歎美之詞後漢光武帝紀下注○|赫歎美也後
漢班彪傳注○|穆歎美之詞後漢和帝紀注○|
穆歎美也後漢章帝紀注○|乎讀爲嗚呼歎美之
聲荀子仲尼|乎夫齊桓公有天下之大節焉注王
霸|乎君人者亦可以察若言矣注○|乎語之韻
絶爾雅釋詁繇|也注○|䖘虎也廣雅釋獸○楚
人謂乳穀謂虎於菟左氏宣四年傳○|菟虎也江
淮閒謂虎爲|菟文選吳都賦|菟之族劉注○虎
江淮南楚之閒或謂之|䖘方言八○|讀曰烏漢
書劉向傳集注司馬遷傳集注二見東方朔傳集注
楊王孫傳集注韋賢傳集注孔光傳集注楊雄傳上
集注董賢傳集注敘傳下集注又穆天子傳三|鵲
與處注○|卽古烏字匡謬正俗二引聲類○今文
尚書悉爲|戲字古文尚書悉爲嗚呼字而詩皆云
|乎字中古以來文籍皆爲嗚呼字匡謬正俗二○

詩雲漢王曰|乎春秋繁露郊祀作王曰嗚呼○左
傳莊三十年鬬穀|菟玉篇|作烏○楚鬬穀|菟
字子文見左
傳宣四年
誧|諫也廣雅釋詁四○|謀也同上○|大也廣
雅釋詁一
㤿|怯也廣雅釋詁四
鮬|邱于反爾雅釋魚釋文引字林
悆|喜也廣雅釋詁一○|說也廣雅釋詁三○|
愉悅也方言十二○|愉猶呴愉也方言十二注
鸜|鵒鳥也考工記總目|鵒不踰濟注○|鵒鴝
鵒也山海經中山經又原之山其鳥多|鵒注○
左氏昭卄五年有|鵒來巢釋文|本作鴝○穀梁
昭卄五年有|鵒來巢釋文|本作鸛○公羊作鸛
鵒

懦|弱也國語魯語說侮不|注晉語少|於諸侯
注○|讀爲儒荀子禮論苟怠惰偷|之爲安若
者必
危注
稌||稻也山海經南山經凡䧿山之首其祠之禮
稰用|米注○|稻穬也山海經南山經自柜山
至于漆吳之山
其祠稰用|注
麌鹿牡|爾雅釋獸○|音吳爾雅釋獸釋文引字
林
○廣韻録以下據
湡|番隅|讀愚戇之愚淮南本經曲拂
邅回以像|浯注
苙|荑薞蘠爾雅釋草

⿱竹無 ｜竹黑皮竹浮有文齊民要術十引字林

墲 凡葬而無墳謂之墓所以墓謂之｜方言十三○｜謂規度墓地也方言十三注

骬 ｜肯也廣雅釋親

疞 ｜病也廣雅釋詁一

氍 亦作毹○｜罽也廣雅釋器○｜毹織毛爲席也北堂書鈔卅二引聲類○織毛褥謂之氍毹廣韻引風俗通○織毛褥曰毹毹細者謂之毾㲪一切經音義二引通俗文○毹毹字苑作｜毹同强朱雙朱反一切經音義十四○爾雅釋草注音同｜毹釋文｜本作翟

鴝 蝴蝶胥也化而爲蟲生於竈下其狀若脫其名爲｜掇莊子至樂○鴝掇蟲名列子天瑞鴝掇干日

釋文

斪 ｜斸鉏也一名定爾雅釋器｜斸謂之定舍人注○｜斸鋤也爾雅釋器李注○爾雅釋器釋文｜本作拘○考工記車人注引爾雅｜斸謂之定作句欘謂之定

葋 ｜艼熒爾雅釋草

蚼 蚍蜉齊魯之閒謂之｜蟓方言十一○元｜蠪也廣雅釋蟲

盨 ｜樹種也廣韻引聲類

嬬 妻謂之｜廣雅釋親○｜妾也易歸妹歸妹以須釋文引陸注

須 ｜待也爾雅釋詁又漢書翟方進傳集注

蕦 爾雅釋草臺夫｜釋文｜本作須｜葑蓯釋文｜本作須

鑐 ｜著甲周身若褐炙故曰｜管子禁藏被蓑以當鎧｜注

⿰黍夫 ｜黏也廣雅釋詁四

螸 螽醜｜爾雅釋蟲○爾雅釋蟲釋文｜施本作螽

蕍 ｜蕮爾雅釋草○｜榮爾雅釋草○｜猶敷｜亦華之貌爾雅釋草｜芛葟華榮注

輸 ｜餘也廣雅釋詁三又五音集韻引字林

舀 ｜抒也廣雅釋詁二

絑 ｜堯子也淮南泰族而｜弗能統也注

榑 ｜木大木也呂覽求人禹東至｜木之地注○｜木｜桑淮南時則｜木之地注○｜桑在登保之山東北方也淮南墬形暘谷｜桑在東方注○｜木扶桑二音山海經東山經無皐之山東望｜木注

枎 ｜疏分布也華嚴經音義上引漢書音義

⿰食夫 ｜餔也廣雅釋器

筟 受緯曰｜御覽八百二十引通俗文

尃 ｜花之通名爲鋪花朶謂之敷易說卦釋文引干注○震爲｜易說卦傳○｜古敷字漢書禮樂志集注○易說卦釋文｜本作尃○古尃字與專相似寫書者多不能別其名宜爲｜也三國華陀傳注

紨 ｜紬也廣雅釋器

氉 丨解也廣雅釋詁一

鴀 丨甫於反爾雅釋鳥釋文引字林○爾雅釋鳥隹其丨鴀釋文丨本作夫

袪 丨襓劍衣也廣雅釋器

褔 丨卽小兒次衣也方言四繄袼謂之丨注

葍 丨華也文選吳都賦劉注○丨與敷同文選吳都賦異荂丨蘛注

笶 箄篗謂之丨廣雅釋器

匍 丨手行也一切經音義十三引字林○丨匐言盡力也詩谷風丨匐救之箋○丨匐猶顚蹷或作扶服禮記問喪故丨匐而哭之注○丨匐小兒時也丨猶捕也藉索可執取之言也釋名釋姿容○詩生民誕實丨匐釋文丨本作扶○詩谷風丨匐救之禮記檀弓下作扶服救之

瓬 丨甈也廣雅釋室

裥 集韻或書作𧝝○𧝝袖也廣雅釋器○袺謂之丨同上

𦨭 丨音辜磔之辜漢書地理志上集注引孟康

𧽤 丨息也廣雅釋詁二

𡟺 丨且也廣雅釋詁三○嫭榷也廣雅釋言○嫭榷凡也廣雅釋訓

酴 丨酒也廣雅釋器

涂 丨害也廣雅釋詁三

捈 丨引也廣雅釋詁一○丨抒也廣雅釋詁二○丨鋭也廣雅釋詁四

𨡅 丨醬也廣雅釋器○丨投也味相投成也釋名釋飲食

蒤 丨虎杖爾雅釋草○丨委葉同上○爾雅釋草姚茎丨蒤釋文丨本作涂

䖘 今江南山夷呼虎爲丨方言八虎或謂之於丨注

虍 丨虎文也廣韻引字林

滹 丨本或作滹晉書音義下

浯 丨蒼梧淮南本經曲拂邅回以像浯丨注

菩 今江東人呼荏爲丨方言三注

嫮 丨美女也集韻引埤蒼○女靑徐人曰丨○丨忤也始生時人意不喜忤忤然也釋名釋長幼

攄 丨張也方言十二○丨引也廣雅釋詁一

黸 丨黑也廣雅釋器又方言三丨瞳之子謂之縣注

獹 丨韓良犬也初學記廿九引字林

蠦 丨蠦蜰蝪也廣雅釋魚○秦晉西夏守宮或謂之丨蠦方言八

殂 丨落死也爾雅釋詁又書舜典帝乃丨落傳○丨落堯死之稱爾雅釋詁李注○書堯典帝乃丨落孟子萬章上作放勳乃徂落○爾雅釋詁釋文丨本作徂

嗚 集韻歍或作嗚○丨吟也周禮銜枚氏禁嘂呼歎丨於國中者注○丨舒也氣憤懣故發此聲以舒

爲之也釋名釋言語○｜歎辭也文選陸士衡赴洛道中詩注引韓詩章句○｜呼歎辭匡謬正俗二○｜呼駭歎之聲法言先知｜呼天先秋而後春乎注○歍唈失聲也淮南覽冥孟嘗君爲之增欷歍唈流涕注○歍嘔猶噴吒山海經大荒北經相繇食于九土其所歍所尼即爲源澤注○歍與｜同文選拜中軍記室辭隋王牋或以歍唈注○歍讀鴛鴦之鴛也淮南覽冥注○書洪範｜呼漢書五行志作烏嘑○左傳襄三十年｜呼必有此夫釋文｜本作烏論語八佾子曰｜呼釋文｜本作烏○北海相景君碑歍歔哀哉｜作歍

【弙】｜張也廣雅釋詁一

【螐】爾雅釋蟲蚅｜蠋釋文｜本作烏

【扜】｜引也呂覽壅塞因｜弓而射之注○扜揚也方言十二又廣雅釋詁四

【陓】｜衺也廣雅釋詁二

【峬】｜峭好形貌廣韻引字林

【軲】｜車也廣雅釋器

【挎】｜持也儀禮鄉飲酒禮｜越注○｜除也易繫辭下傳｜木爲舟九家注○易繫辭釋文｜本作刳周禮故書｜爲梓杜子春云梓當爲｜｜讀爲枯周禮

【橭】壺涿氏則以牡｜午貫象齒而沈之注

【麤】齊人謂草屨曰屝荊州人曰｜｜｜措也言所以安措足也釋名釋衣服

【[illegible]】｜賭勝廣韻引字林

【韄】｜折皮具牛牽船廣韻十一模引通俗文

【鱄】｜鯆鱅也廣雅釋魚○｜鯆魚名一云魚子也呂覽本味洞庭之｜東海之鮞注

○以下據集韻錄

【[illegible]】｜鞍也廣雅釋器

【胕】｜腫也山海經西山經竹山有草名曰黃雚浴之已疥又可以已｜注

【璑】｜惡玉名周禮弁師瑉玉三采司農注

【貗】｜貒子也集韻引字林○｜力于反爾雅釋獸釋文引字林

【跿】｜跔躍也史記張儀傳｜跔科頭集解○偏舉一足曰｜跔同上

【垺】｜靡煩也淮南要略贏有無之情注

【埒】｜大之殷也莊子秋水

【軒】｜柳車也廣雅釋器

經籍纂詁卷第七下

經籍籑詁卷第七下補遺 上平聲

兵部侍郎兼都察院右副都御史巡撫浙江等處地方提督軍務兼理糧餉阮元纂

七虞下

途 塗道也禮記仲尼燕居皆由此塗出也疏又左氏昭四年傳三塗服注又呂覽論人事心乎自然之塗注○塗路也禮記曾子問塗邇故也疏儒行道塗不爭險易之利疏又文選聖主得賢臣頌忽若篲氾畫塗注○涂道路也漢書禮樂志大朱涂廣注○塗道路也荀子性惡塗之人可以爲禹注○孟子梁惠王上塗有餓莩而不知發鹽鐵論作野有餓殍不知收也

塗 說文新附丨泥也从土涂聲○丨泥也漢書五行志上積土丨注五行志下之上見豕負丨注王褒

傳忽若篲氾畫丨注敘傳上振拔洿丨注又文選荅賓戲振拔洿丨注○丨污也文選西都賦注引廣雅○丨亦塈也書梓材惟其丨塈茨疏○丨者漸洳徑也漢書東方朔傳○丨泥漸洳也太平御覽卅七引書禹貢馬注○丨車以泥丨爲車也釋名釋喪制

荼 說文丨苦丨也从艸余聲○丨苦菜也後漢書史弼傳誰謂丨苦注○丨茅莠也考工記鮑人之事欲其無迤也注○丨野菅白茅也漢書禮樂志顏如丨注引應劭○丨者今俗所謂兼錐也漢書禮樂志注○丨痛也一切經音義十二引廣雅○丨讀爲舒舒徐也考工記弓人斲目必丨司農注○丨讀爲舒遲之舒禮記玉藻諸侯丨注○丨古文舒假借字鄭司農云丨讀爲舒考工記弓人寬緩以丨注

圖 說文丨畫計難也从口从啚啚難意也○丨謀也漢書息夫躬傳豫丨未形注馮野王傳內足與丨身注○丨即謀也詩板傳猶丨也疏○丨亦謀也漢書食貨志上迺駿而丨之注○丨謂謀而取之漢書高帝紀上羽可丨注○丨謂謀而賞之漢書高帝紀下未能盡丨其功注○韓勑後碑改畫聖象如古啚口丨作啚

屠 說文丨刳也从尸者聲○丨滅之也史記絳侯周勃世家丨渾都索隱○丨謂誅殺其人也文選陽給事誄相望丨潰注○丨謂破取城邑誅殺其人如丨六畜然漢書高帝紀上今丨沛注

奴 說文丨丨婢皆古之辠人也周禮曰其丨男子入于辠隸女子入于舂藁从女从又㚢古文丨从人○男女徒總名爲丨漢書刑法志其丨男子入于罪隸注引李奇○高丨縣民俗語訛謂之高樓城也水經河水注

呼 說文吒外息也从口乎聲○謼字與丨同漢書景武昭宣元成功臣表下摩侯謼毒尼注○謼與丨同漢書景武昭宣元成功臣表以匈奴謼連累單于率衆降注○戲讀曰丨漢書東方朔傳先生曰於戲注楊王孫傳於戲古不爲也注佞幸董賢傳於戲傷哉注○丨音髐箭之髐漢書東方朔傳舍人不勝痛丨謈注引鄧展○周禮雞人大嚀旦以嘂百官釋文本又作丨○丨又作乎列子周穆王於乎釋文○詩抑於乎小子楚辭章句一作嗚丨小子

吾 說文丨我自稱也从口五聲○丨我也禮記雜記下丨子不見大饗乎疏○丨身也老子丨將鎮之以無名之樸注○丨猶禦也續漢百官志四執金丨本注○孟子梁惠王下丨之不遇魯侯後漢書注丨作余李郃集荅皇甫湜書作予○丨當爲五國策西周策丨得將爲楚王屬怒於周注

【梧】說文丨丨桐木从木吾聲一名櫬○丨桐木名孟子告子上舍其丨檟注○丨桐柔木也詩卷阿丨桐生矣傳○丨桐也禮記雜記上杵以丨疏

【吳】說文丨姓也亦郡也一日丨大言也从夨口㕦古文如此○丨譁也詩泮水不丨不揚釋文○丨古之建國也漢書高帝紀下○丨大伯之後魯同姓也禮記坊記魯春秋猶去夫人之姓曰丨注

【租】說文丨田賦也从禾且聲○丨訓始也詩鴟鴞疏○丨謂課稅禮記玉藻關梁不丨疏○詩鴟鴞予所蓄丨釋文本又作祖

【盧】說文丨飯器也从皿𠙴聲𠤮籀文丨○黑色曰丨黑色也漢書王莽傳下是猶紲韓丨而責之獲也注○丨丨弓矢注○丨黑也文選上林賦丨橘夏孰注引晉

灼○丨酒丨漢書司馬相如傳上乃令文君當丨注引郭璞○丨者賣酒之區也漢書食貨志下率開一丨以賣注○丨酒瓮也漢書食貨志下注引臣瓚○丨所以居罌漢書趙廣漢傳推破丨罌注○丨目童子也漢書楊雄傳上玉女無所眺其清丨兮注引服虔○丨白雉也漢書司馬相如傳上箴疵鵁丨注引張揖

【鑪】說文丨方丨也从金盧聲○丨橐埵皆冶具淮南齊俗丨橐埵坊注

【蘆】說文丨丨菔也一日薺根从艸盧聲○丨葦也漢書司馬相如傳上蓮藕觚盧注引郭璞又淮南覽冥積丨灰以止淫水注○丨菔蕪菁屬紫花大根俗呼雹葖爾雅釋草葖丨萉注○丨草也詩騶虞傳葭丨也釋文

【蘇】說文丨桂荏也从艸穌聲○丨者死而更生之名也左氏襄十年傳丨而復上者三疏○丨丨不安也易震釋文引鄭注○丨丨畏懼不安之貌易震疏○丨取草也漢書韓信傳樵丨後爨注又文選魏都賦注引漢書晉灼注

【烏】說文丨孝烏也象形孔子曰烏盱呼也取其助气故以爲丨呼凡丨之屬皆从丨𦈏古文丨象形㫃象古文丨省○丨於何也史記大宛列傳惡睹本紀所謂崑崙者乎索隱又漢書司馬相如傳上丨有先生者注丨足道乎注司馬相如傳下丨謂此乎注酷吏傳序惡能勝其任而媮快乎注楊僕傳丨足以驕人哉注○丨乎猶於何也公羊桓六年傳惡乎淫釋文○丨歎辭也漢書韋賢傳於赫有漢注○丨有孝名史記周本紀流爲丨集解引書鄭注

【洿】說文洿濁水不流也一日窳下也从水夸聲○停水曰丨漢書溝洫志以爲丨澤注○丨停水也漢書翟義傳莽盡壞義第宅丨池之注○洿停水也漢書敘傳上振拔洿塗注○丨者池停水之名詩十月之交傳下則丨疏○水不泄爲丨漢書賈誼傳彼尋常之丨瀆兮注○不洩謂之丨文選苔賓戲龍潛於潢丨注引左氏傳服注○丨下也漢書王莽傳上而豬其宮室以爲丨池注又文選西征賦注引漢書音義○丨穢也一切經音義二引字林○丨穢行也荀子性惡所見者丨漫淫邪貪利之行也注○洿者穢之別名不絜之稱也左氏文六年傳注治理洿穢疏○丨濁穢漢書昌邑哀王髆傳王行丨於庶人注○污謂貪穢也漢書食貨志上暴君污吏注○丨不絜也漢書鄒陽傳回面丨行注○污猶相染污也文選雪賦污隨染成注○洿沫涕洟也漢書外戚傳上洿沫悵兮注引孟康○丨澣相對則丨亦澣名以澣丨

垢者辭而用功深故因以丨爲辭私服之名耳詩葛覃箋辭謂濯之耳疏○汙與污同漢書貢禹傳所謂素餐口祿汙朝之臣也注外戚傳下汙穢不修注

桔 說文丨槀也从木古聲夏書曰唯箘輅丨木名也○丨謂丨槁易大過丨楊生稊疏○丨槀謂草木經冬零落者也漢書禮樂志丨槀復產注○丨虛也大元差過其丨城注○川澤無水曰丨周禮司書注童丨則不稅疏○丨旱謂其水慘澁而無光也管子水地齊晉之水丨旱而運注○丨謂無姑山榆易大過丨楊生稊釋文引鄭注○國策齊策下壘丨丘說苑作壘於梧丘○或者丨與鼯辜義同荀子正論斬斷丨磔注

麤 說文丨行超遠也从三鹿凡丨之屬皆从丨○丨厲抗厲也漢書禮樂志丨厲猛奮之音作注○粗

厲亢厲史記樂書集解引禮記樂記王肅注○粗厲謂人君性氣粗疏威厲禮記樂記疏○粗略也文選辯亾論下注引漢書音義○粗猶略也文選難蜀父老請爲大夫粗陳其略注引韋昭○丨三升布左氏襄十七年傳晏嬰丨縗斬疏○粗古粗字文選辯亾論下百度之缺粗修注○惸郎丨周禮大司馬之職粗者曰侵疏○禮記樂記其聲粗以厲說苑修文作其聲壯以厲○周禮大司馬注粗者曰侵釋文本亦作丨

都 說文有先君之舊宗廟曰都从邑者聲周禮距國五百里爲都○國有先君之宗廟曰丨無曰邑淮南時則可以築城郭建丨邑注○邑有先君之主曰丨左氏閔元年傳分之丨城服注○邑有先君之主曰則曰丨周禮家宗人注與丨同疏○天子治居之城曰丨舊丨曰邑華嚴經音義下引風俗通○下邑謂之丨左氏隱元年傳大丨不過三國之一疏○丨亦一名邑同上○丨方三十二里周禮小司徒疏○中央爲丨淮南天文○丨爲四方最也淮南天文注○丨聚也淮南墬形幽丨之門注○丨者聚居之處詩丨人士疏○丨邑者人之聚也左氏莊廿九年傳龍見而畢務疏引釋例○丨者人所聚會之處詩出其東門箋闍讀當如彼丨人士之丨疏○丨鄙謂畿內采邑詩抑箋布政于邦國丨鄙疏○丨凡衆也漢書兒寬傳嘗爲弟子丨養注○丨大指也漢書楊雄傳下請略舉凡而客自覽其切焉注○丨閑也左氏昭十六年傳注洵美且丨疏○丨者美好閑習之言詩有女同車疏○丨謂美好而閑習於禮法詩山有扶蘇傳子丨世之美好者也疏

鋪 說文丨箸門丨首也从金甫聲○丨布也小爾雅廣詁○丨是布散之義左氏宣十二年傳疏○丨

病也詩江漢淮夷來丨傳○門扇飾謂之丨首太平御覽一百八十八引通俗文○丨門首也漢書楊雄傳上排玉戶而颺金丨兮注引李奇○門之丨首所以銜環者也漢書哀帝紀銅龜蛇丨首鳴注○詩常武丨敦淮濆後漢書馮緄傳作敷敦淮濆

禺 丨謂事端初見也管子侈靡將合可以丨注○丨丨魚牛也史記司馬相如列傳丨丨鱅鰅集解引徐廣

嵎 說文丨封丨之山在吳楚之閒汪芒之國从山禺聲○書堯典宅丨夷釋文尙書考靈耀及史記作禺銕史記索隱云今文尙書及帝命驗並作禺鐵○孟子盡心下虎負丨後漢書馬融傳注引作隅

誣 說文丨加也从言巫聲○丨加也書仲虺之誥矯丨上天疏○丨欺也左氏襄十四年傳不可丨也

注昭廿六年傳祇取丨焉注○無能受官謂之丨上管子重令不丨於上注○以薄獲厚爲丨也呂覽務本今功伐甚薄而所望厚丨也注○三不適謂之丨說苑修文

竽 說文竽竹三十六簧也从竹亏聲○丨類管用竹爲之形參差象鳥翼周禮笙師疏引通卦驗注○丨象笙三十六管宮管在中央廣雅釋樂○丨笙類也三十六簧漢書禮樂志丨工員二八注○丨也者五聲之長者也韓非子解老

雩 說文丨夏祭樂于赤帝以祈甘雨也从雨亏聲䨁或从羽丨羽舞也○丨宗祭水旱也禮記祭法○丨禜祭水旱也廣雅釋天○丨祭天求雨也禮記禮器注龍見而丨疏○丨祭山川而祈雨也左氏桓五年傳服注○丨之言遠也左氏桓五年傳疏○丨者吁嗟求雨之聲周禮女巫疏引春秋考異郵○丨求雨之術吁嗟之周禮女巫疏引董仲舒說○丨音近吁禮記月令注必先祭其本乃丨疏

吁 說文吁驚也从口亏聲○丨疑怪之辭也漢書揚雄傳下丨謂之茲邪注○于嗟者美之也詩騶虞于嗟乎騶虞箋○書呂刑丨來釋文馬作于墨子尚賢下作於

盱 說文盱張目也从目亏聲一曰朝鮮謂盧童子曰盱○丨衡舉眉揚目也漢書王莽傳上丨衡厲色注○丨謂睢丨易豫丨豫悔疏○丨大也漢書地理志下恂丨且樂注谷永傳又廣丨營表注引晉灼

瞿 說文丨鷹隼之視也从隹从䀠䀠亦聲凡丨之屬皆从丨讀若章句之句

劬 說文新附丨勞也从力句聲

朐 說文丨脯挺也从肉句聲

絇 說文丨纑繩丨也从糸句聲讀若鴝○用物穿屨頭爲丨禮記曲禮上疏引師說○丨謂屨頭以絛爲鼻周禮屨人注舄屨有丨有繶有純者飾也疏○丨爲拘著屨頭以容受繫穿貫也其屈之形似漢時刀衣鼻也禮記曲禮下鞮屨素簚疏○丨者屨鼻頭有飾爲行戒儀禮喪服傳注吉屨無丨也疏○丨繶純之屬儀禮檀弓上注白屨無丨疏

軥 丨車軛卷者左氏襄十四年傳射兩丨而還注○丨車軛下曲者左氏襄十四年傳疏○朐丨字通用耳左氏襄廿六年傳疏

鼩 說文丨精丨鼠也从鼠句聲○丨鼠小鼱丨也亦名鼱丨爾雅釋獸注

繻 說文丨繒采色从糸需聲讀若易丨有衣○丨符也書帛裂而分之若券契矣漢書終軍傳關吏子

軍丨注引張晏○丨帛邊也漢書終軍傳注引蘇林○易既濟丨有衣袽釋文子夏作襦

需 集韻或作⿰需刂○說文丨須也遇雨不進止須也从雨而聲易曰雲上于天丨○丨者待也易彖上傳丨有孚疏○丨疑也左氏哀十四年傳釋文○丨謂不充滿考工記弓人薄其帤則丨注○丨事之下也左氏哀六年傳○丨事之賊也左氏哀十四年傳○丨是懦弱之意左氏哀六年傳疏○丨役儒弱爲役也莊子大宗師聶許聞之丨役釋文引李注○丨鄭讀爲秀易需釋文○⿰需刂讀爲柔丨之丨考工記鮑人之事欲其柔滑而腥脂之則丨注○故書丨作⿰需刂同上

貙 說文丨丨獌似貍者从豸區聲○丨似貍而大漢書司馬相如傳上蟃蜒丨犴注引郭璞○丨虎屬漢書武帝紀五日膢注引蘇林

殳 說文丨以杸殊人也禮丨以積竹八觚長丈二尺建于兵車旅賁以先驅从又几聲凡丨之屬皆从丨○丨木杖也淮南齊俗揹笏杖丨注○丨長丈二而無刃左氏昭廿三年傳執丨而立于道左注

俞 說文俞空中木爲舟也从亼从舟从巜巜水也○丨郇踰也史記蒙恬列傳而丨弗立索隱○脈之所注爲丨素問欬論注引靈樞經○莊子駢拇雖通如丨兒釋文淮南子一本作申兒疑申當爲與

逾 說文逾逃進也从辵俞聲周書曰無敢昏丨○踰越也周禮野廬氏禁野之橫行徑踰者疏○踰謂過越也漢書匡衡傳疏者踰內注○踰越勝之也淮南道應子發攻蔡踰之注○丨遠也漢書敘傳下福丨刺鳳注○丨益也書泰誓日月丨邁疏○丨滋益甚也淮南原道亂乃丨滋注

窬 說文丨穿木戶也从穴俞聲一曰空中也○丨小窬竇也漢書胡建傳穿丨不繇路注

覦 說文丨欲也从見俞聲

揄 說文丨引也从手俞聲○丨出淮南主術丨策于廟堂之上注

萸 說文丨茱丨也从艸臾聲○茱丨一名藙也文選蜀都賦蒟蒻茱丨劉注

臾 說文束縛捽挫爲丨从申从乀

歈 說文新附丨歌也从欠俞聲切韻云巴丨歌也案史記渝水之人善歌舞漢高祖采其聲後人因加此字○丨歌也廣雅釋樂

渝 說文丨變汚也从水俞聲一曰丨水在遼西臨俞東出塞○丨變也文選補亡詩湼而不丨注○丨然也易訟丨安貞釋文引鄭注

蔞 說文丨艸也可以亨魚从艸婁聲○丨丨蒿也詩漢廣言刈其丨陸疏

婁 詩山有樞弗曳弗丨玉篇手部作弗曳弗摟

夫 丨者發語之辭易小畜注○丨言血者疏○丨者發語之辭禮記禮運丨禮之初疏樂記丨武之備戒之已久疏○丨辭也左氏僖廿四年傳丨袪猶在疏○丨語辭也易比後丨凶疏○丨語助也左氏隱三年傳命以義丨注又禮記中庸如此丨疏○丨是疑怪之辭左氏昭十四年傳猶義也丨疏○丨不滿之辭呂覽審應申子說我而戰爲吾相也丨注○丨猶凡也孝經若丨慈愛恭敬疏引劉瓛○丨人衆人也淮南本經丨人相樂注○丨丨人也亦猶彼人耳漢書賈誼傳丨將爲我危注○丨容蓮華也漢書司馬相如傳上外發丨容蕍華注引應劭○丨不鳥之鷇謹者詩四牡翩翩者鵻箋

莩 說文丨艸也从艸孚聲○丨葭裏之白皮也漢書中山靖王勝傳非有葭丨之親注○孚者米外之粟皮詩大田箋謂孚甲始生疏

孚 說文丨卵丨也从爪从子一曰信也𤓽古文丨从呆呆古文保○信發於中謂之中丨易中孚疏○乃丨大信著也易革巳日乃丨干注○丨覆也國語周語信文之丨也注○丨浮也浮者在外之名禮記聘義丨尹旁達疏○丨瑜言美色也一切經音義十九引纂文

桴 丨謂木表之麤皮也詩角弓箋附木丨也疏○丨編竹木大曰栰小曰丨詩漢廣疏引論語鄭注○丨鼓槌也左氏成二年傳右援丨而鼓釋文○丨擊鼓柄也左氏成二年傳釋文引字林○丨所擊鼓也周書周祝下不善故有丨注

郛 說文䣈郭也从邑孚聲○丨郭也左氏成十四年傳入其丨注襄十五年傳於是乎城成丨注

俘 說文丨軍所獲也从人孚聲春秋傳曰以爲丨馘○死者取左耳曰馘生者曰丨周禮環人注折馘執丨而還疏○丨所得囚左氏僖廿二年傳示之丨馘注

柎 說文丨闌足也从木付聲○丨鄂足也詩常棣鄂不韡韡箋○丨把中考工記弓人方其峻而高其丨疏○古聲不丨同詩常棣箋

趺 跗與丨同文選補亾詩白華絳趺注

鈇 說文丨莝斫刀也从金夫聲○丨鉞謂大柯斧穀梁莊元年傳注禮有九錫疏引舊說○丨所以斫人如今莝刃也漢書戾太子傳不顧丨鉞之誅注○丨斫莝刃也漢書尹翁歸傳至以丨自剄而死注○

丨莝刃也漢書楊雄傳下製以質丨注

迂 說文迂避也从辵亐聲○丨遠也文選荅賓戲彼豈樂爲丨闊哉注引項岱○丨回遠也漢書郊祀志上言神事如丨誕注○丨謂回遠也漢書郊祀志上然則怪丨阿諛苟合之徒注○丨爲迴遠禮記文王世子疏○丨猶廣也大也禮記文王世子況于其身以善其君乎疏○丨是廣大之義禮記檀弓下于則于疏○丨夸誕也漢書五行志中之上叔丨季伐注○國語周語郤犨見其語迂賈子禮容語下作其語訏

姝 集韻㚾同○說文丨好也从女朱聲又㚾好也从女殳聲詩曰靜女其㚾

拘 說文丨止也从手从句句亦聲○丨曲礙也漢書司馬遷傳使人丨而多畏注

毹 說文新附毹氍毹也从毛俞聲

摹 說文丨規也从手莫聲○卜若畫工規模物之丨漢書高帝紀下規丨宏遠矣注引鄧展○丨者如畫工未施采事丨之矣漢書高帝紀下注引韋昭○丨者索而得之太元元圖規生三丨注

酺 說文丨王德布大歓酒也从酉甫聲○丨扶聲近漢書天文志奢爲扶注引鄭氏

醐 說文新附醍丨酪之精者也从酉胡聲

糊 本作黏○說文黏黏也从黍古聲粘黏或从米

餬 說文丨寄食也从食胡聲○丨是饘鬻別名左氏隱十一年傳疏○丨者以鬻食口之名同上○莊子人閒世足以丨口釋文字或作互或作餂

酤 說文丨一宿酒也一曰買酒也从酉古聲

鴣 說文新附丨鷓丨也从鳥古聲○鷓丨如雞黑色其鳴自呼文選吳都賦鷓丨南翥而中留劉注

沽 說文丨水出漁陽塞外東入海从水古聲○論語求善價而丨諸玉篇反部作求善價而夃諸

呱 說文丨小兒嗁聲从口瓜聲詩曰后稷丨矣

蛄 說文丨螻丨也从虫古聲

䖘 集韻䖘○說文新附䖘楚人謂虎爲烏䖘从虎兔聲○檡字或作丨漢書敘傳上謂虎於檡注

駼 說文丨騊丨也从馬余聲

砮 說文丨石可以爲矢鏃从石奴聲夏書曰梁州貢丨丹春秋國語曰肅慎貢楛矢石丨○丨鏃也漢

書五行志下之上石丨注引應劭○丨石名可爲矢鏃漢書地理志上厲砥丨丹注○丨丹也廣雅釋器

臚　說文臚無骨腊也楊雄說鳥腊也从肉無聲周禮有丨判讀若謨○丨魚肉總有也周禮內饔疏○丨又詁爲大同上○丨與大一也周禮腊人丨胖注

幠　說文幠覆也从巾無聲○丨大也詩小旻傳疏○丨覆也禮記喪大記丨用斂衾疏○丨覆也言所以自覆飾也禮記郊特牲周弁殷冔夏收疏

驁　丨凡馬之稱非駿者也漢書王陵傳陛下不知其丨下注

逋　說文逋亾也从辵甫聲逋籒文丨从捕○丨逃也書大誥于伐殷丨播臣疏○丨亦逃也書武成爲天下丨逃主疏

艫　說文丨舳丨也一曰船頭从舟盧聲○丨船前頭刺櫂處也漢書武帝紀舳丨千里注引李斐

壚　說文丨剛土也从土盧聲○丨謂土之剛黑者也漢書地理志上下土墳丨注○丨疏也禮書卅四引書禹貢鄭注

徂　廣韻𨑩同○說文𨑩往也从辵且聲𨑩齊語徂𨑩或从彳𨘲籒文从虘○丨往也詩駉疏引王肅又左氏宣十二年傳我丨維求定疏○丨行也詩桑柔云丨何往箋又文選思舊賦途旋反而北丨注○不係於前與變俱往故曰丨莊子田子方邛是以日丨注○詩閟宮丨來之松水經注卅四作岨徠之松

孥　帑子也禮記中庸疏又漢書王莽傳中子則奴戮女注○帑子孫也禮記中庸釋文○於人則妻子爲帑於鳥則鳥尾爲帑禮記中庸疏○帑者細弱之名於人則妻子爲帑於鳥則鳥尾曰帑左氏襄廿八年傳疏○帑者細弱之號妻子俱得稱之左氏文六年傳疏○丨戮者或以爲奴或加刑戮耳匡謬正俗二○字書帑從子經傳妻帑亦從巾左氏文六年傳疏○帑讀與丨同謂妻子也漢書地理志下君若寄帑與賄注○帑讀與丨同假借字也漢書文帝紀盡除收帑相坐律令注○帑讀與丨同漢書景帝紀罪人不帑注武帝紀赦吳楚七國帑注韋元成傳罪人不帑注

瀘　說文新附丨水名从水盧聲

櫨　說文丨柱上柎也从木盧聲伊尹曰果之美者箕山之東青鳧之所有丨橘焉夏孰也一曰宅丨木出宏農山也○丨合欂也史記司馬相如列傳索隱引古今字林○丨今黃丨木也漢書司馬相如傳上華楓枰丨注

餔　說文丨日加申時食也从食甫聲𥂝籒文从皿浦聲○丨丨食之丨漢書高帝紀上呂后因丨之注○以食食人亦謂之丨同上

晡　餔謂日加申時也今爲丨字也後漢書王符傳非朝餔不得通注○下丨謂日下於丨時申之後五刻也素問標本病傳論夏下丨注○丨謂食也左氏昭五年傳注丨時謂僕疏○丨時謂日西食時也同上

玗　說文玗石之似玉者从王亏聲

蚨　說文丨青丨水蟲可還錢从虫夫聲○丨母螲蟷也鬼谷子內揵若丨母之從其子也注

諏　說文丨聚謀也从言取聲

【娵】丨訾是亥次之號禮記月令注日月會於丨訾疏

【扶】丨則膚也禮記王制注握謂長不出膚疏○四指曰丨丨廣四寸禮記投壺閒以二矢半疏

【跔】說文丨天寒足丨也从足句聲

【軱】丨戾大骨莊子養生主而況大丨乎注

【罛】說文丨魚罟也从网瓜聲詩曰施丨濊濊

【瘏】說文瘏病也从疒者聲詩曰我馬丨矣○丨馬疲不能進之病爾雅釋詁疏引孫注

【郚】說文郚東海縣故紀侯之邑也从邑吾聲

【玈】說文新附丨黑色也从玄旅省聲義當用黸○丨字從玄故丨黑也書文侯之命疏○丨者爲黑也

詩彤弓疏○丨弓黑弓也詩彤弓箋丨弓矢千釋文○丨弓黑也史記晉世家丨弓矢千集解引左氏僖廿八年傳賈注○丨郎盧古丨弓字亦然也史記高祖功臣侯者年表昌國侯盧卿索隱

【痡】說文痡病也从疒甫聲詩曰我僕丨矣

【毋】說文丨止之也从女有奸之者凡丨之屬皆从丨○丨者禁戒之辭書皋陶謨無教逸欲有邦疏○言丨所以禁其辭書大禹謨帝曰丨傳○丨是禁辭禮記內則淳丨疏○丨止之辭也音與無同漢書高帝紀上丨得鹵掠注○丨猶不也禮記檀弓上有丨過禮疏○丨猶勿也禮記檀弓下其丨以嘗巧者乎疏○古人言丨猶今人言莫書大禹謨疏○丨與無同漢書地理志上泰山郡注○丨讀與無同漢書地理志上益州郡丨棳注牂郡毋單注

【杅】丨俗之盆也禮記玉藻疏○丨若今馬盂矣公羊宣十二年傳疏○丨是杅字若今食㑥矣公羊宣十二年傳疏引舊說

【邘】說文邘周武王子所封在河內野王是也从邑于聲又讀若區

【訏】說文訏詭譌也从言亏聲一曰訏謩齊楚謂信曰訏○詩溱洧洵丨且樂漢書地理志作恂盱且樂○詩生民實覃實丨說文口部引作實覃實吁○詩韓奕川澤丨丨太平御覽卅七作川澤訏訏

【芺】說文新附丨蓉也从艸夫聲○丨蓉蓮華也文選子虛賦外發丨蓉菱華注引應劭

【幮】丨帳也似廚形也廣韻引陸該字林

【齵】人之牙齒參差謂之丨考工記輪人爲輪察其菑蚤不丨注○丨齒重生也謂齒不齊平者也一切經音義十五引蒼頡

【顱】說文丨須丨首骨也从頁盧聲○盧顱骨也漢書武五子傳贊頭盧相屬於道注

【矑】丨目童子也文選甘泉賦玉女亾所眺其清丨兮注引服虔

【冔】丨殷冠名也丨憮也憮之言覆言以覆首也釋名釋首飾○丨是殷之祭冠禮記曾子問注布弁如爵弁而用布疏○謂之丨者十二月之時施氣受化詡張而後得牙故謂之丨丨白虎通紼冕

【句】左氏僖廿一年傳須丨水經濟水注引作須朐

【戵】廣韻鑺同○說文鑺兵器也从金瞿聲

【邾】說文邾江夏縣从邑朱聲○左氏隱元年經丨儀父公羊作丨婁儀父

洙 說文丨水出泰山蓋臨樂山北入泗从水朱聲○
丨泗魯水名禮記檀弓上吾與女事夫子於丨泗
之閒注○丨者何水也公羊莊九年傳
褕 說文褕翟羽飾衣从衣俞聲一曰直裾謂之襜褕
○丨襜丨也漢書司馬相如傳上注引張揖
羭 說文羭夏羊牡曰羭从羊俞聲○美善之字皆從
芉故丨爲芙也左氏僖四年傳疏
蝓 說文蝓虒蝓也从虫俞聲
慺 丨丨謹愼也文選求通親親表注引尚書傳
膢 說文丨楚俗以二月祭飲食也从肉婁聲一曰祈
穀食新曰離丨
稃 說文丨穭也从禾孚聲粰丨或从米付聲

泭 丨併木以渡爾雅釋水庶人乘丨注○丨編木以
渡爾雅釋水李注○方木置水中爲丨栰也爾雅
釋言舫丨也孫注○丨謂之簰方言九
麩 說文丨小麥屑皮也从麥夫聲麱丨或从甫
枹 說文丨擊鼓杖也从木包聲○丨者鼓椎所以擊
鼓也漢書酈陸朱劉叔孫傳贊舍丨鼓而立一王
之儀注○丨擊鼓之椎也漢書李尋傳猶丨鼓之相
應也注○丨謂鼓椎也史記司馬穰苴列傳援丨鼓
之急正義○丨讀曰膚本丨鼓字也漢書地理志下
金城郡丨罕注
隃 丨與踰同謂越制漢書賈誼傳則貴賤有等而下
不踰矣注○丨與踰同漢書霍去病傳丨烏盭注
嚴助傳輿轎而丨領注匡衡傳卑不丨尊注揚雄傳
上壹觀夫票禽之紲丨注外戚傳下丨越禮制注循

吏黃霸傳獄中再丨冬注南粵王傳兵不能丨領注
○丨字與踰同漢書司馬相如傳上丨絕梁注王莽
傳中丨徼外麻益州注○丨讀與踰同漢書楊雄傳
上丨於穆之緝熙兮注
𡟪 廣韻亦作嫫○說文嫫母都醜也从女莫聲○丨
讀模範之模淮南說山丨母有所美注
箛 說文丨吹鞭也从竹孤聲○丨篳二竹名文選南
都賦篠簳丨篳注
虖 說文丨哮丨也从虍乎聲
蒩 丨謂祭前藉也周禮鄉師共茅丨大夫注
惡 丨安也呂覽忠廉汝丨能乎注謹聽夫堯丨得賢
天下而試舜注務本丨得無患乎注遇合所遇丨
得不苟注愼大丨得不懼注權勳丨能給若金注長
利又丨能與國士之衣哉注求人丨用天下注○丨

於何也漢書王貢兩龔鮑傳丨虖成其名注外戚傳
下又丨有上官博陸宣成之謀注○丨謂於何也漢
書郊祀志上丨敢言方哉注竇田灌韓傳贊丨能救
斯敗哉注外戚傳上丨能識乎性命注○丨乎猶於
何也禮記檀弓上有㠯丨乎齊疏○丨猶言烏荀子
法行孔子曰丨賜是何言也注○丨讀與烏同漢書
司馬相如傳下又丨可以已哉注
刳 說文丨判也从刀夸聲○丨剔謂刳剔也書泰誓
上丨剔孕婦疏
躣 廣韻衢同○說文躣行皃从足瞿聲衢行皃从彳
瞿聲
校 說文丨軍中士所持殳也从木从殳司馬法曰執
羽从丨
荂 集韻雩同○說文雩艸木華也从𠂹亏聲凡雩之
屬皆从雩荂雩或从艸从夸

斞 說文丨挹也从斗臾聲〇丨挹也文選思元賦注引毛詩傳〇丨容四升禮部韻略一引何允毛詩隱義

芋 丨當作幠詩斯干箋〇丨讀如亂如此幠以聲相近故誤耳詩斯干疏

姁 丨丨和好貌也史記淮陰侯列傳言語嘔嘔索隱引鄧展

欨 說文丨吹也一曰笑意从欠句聲〇呴嘘皆開口出氣也漢書王襃傳呴嘘呼吸如僑松注

嘔 丨喻和悅貌漢書王襃傳是以丨喻受之注引應劭〇丨丨猶區區也史記淮陰侯列傳言語丨丨索隱〇煦與丨同文選劇秦美新上下相丨注〇煦與丨同文選非有先生論愉愉煦煦注

嬃 說文丨女字也楚詞曰女丨之嬋媛賈侍中說楚人謂姊爲丨从女須聲

咮 說文丨鳥口也从口朱聲

闍 說文丨闉丨也从門者聲〇丨積土爲之所以觀望爾雅釋宮疏引李注〇丨是城上之臺謂當門臺也詩出其東門疏

纑 說文丨布縷也从糸盧聲〇丨紵屬可以爲布史記貨殖列傳林竹穀丨集解引徐廣

鰅 丨皮有文史記司馬相如列傳丨鰫鰬魠集解引徐廣〇丨魚有文采漢書司馬相如列傳上丨鰫鰬魠注引郭璞

鸕 說文鸕鸕鷀也从鳥盧聲〇丨丨鷀也史記司馬相如列傳鸃鵝鷀丨集解引郭璞

臑 丨謂肘後禮記雜記上注包牲取下體疏〇丨前肩之美也淮南詮言周公殽丨不收於前注〇丨臂羊豕也儀禮鄉飲酒禮釋文引字林

侏 丨儒疾也廣雅釋訓〇丨儒短人也禮記檀弓上自敗於臺駘始也疏〇朱儒短人不能走者漢書刑法志師朱儒注〇左氏襄四年傳朱儒是使釋文本或作丨

憮 禮肉鑾亦謂之丨詩巧言疏〇詩巧言亂如此丨唐石經作亂如此幠

鴸 丨山海經南山經柜山有鳥焉其狀如鴟而人手其音如痺其名曰

忬 說文忬憂也从心亏聲讀若吁

翑 說文丨羽曲也从羽句聲

捄 說文丨盛土於梩中也一曰擾也詩曰丨之陾陾从手求聲

柧 說文丨棱也从木瓜聲又丨棱殿堂上最高之處也

箊 說文丨會稽山一曰九江當丨也民以辛壬癸甲之日嫁娶从竹余聲虞書曰予娶丨山

籚 說文丨積竹矛戟矜也从竹盧聲春秋國語曰朱儒扶丨

痀 說文痀曲脊也从疒句聲

穌 說文丨把取禾若也从禾魚聲

杇 說文丨所以涂也秦謂之杇關東謂之槾从木亏聲〇杇鏝也所以泥飾牆也漢書董仲舒傳不可杇也注〇杇人塗者左氏襄卅一年傳杇人以時塓館公室注〇杇是塗之所用因謂泥牆屋之人爲杇人左氏襄卅一年傳疏〇杇頂言頂上窊也史記孔子世家生而首上圩頂索隱

於 丨者歎辭詩臣工箋丨美乎疏○丨歎辭也漢書賢傳丨劉向傳丨穆清廟注司馬遷傳受命丨穆清注韋賢傳丨昔君子注敘傳下丨惟帝典注○丨爲歎美之辭詩文王箋丨美乎疏○丨卽嗚字歎之辭也書堯典疏○丨謂嗚呼禮記緇衣丨緝熙敬止疏○丨戲歎聲也漢書司馬遷傳曰丨戲注○丨戲猶言嗚呼矣禮記大學丨戲前王不忘疏○楚人謂乳穀謂虎丨檡漢書敘傳上○丨乎丨戲皆古之嗚呼之字詩清廟疏○丨嗚古今字耳詩文王疏○丨戲讀曰嗚呼漢書韋元成傳丨戲後人注王莽傳上丨戲豈不休哉注王莽傳中丨戲敬天之休注○詩抑丨乎小子楚辭章句二作嗚呼小子

誧 說文丨大也一曰人相助也从言甫聲讀若逋

怤 說文丨思也从心付聲

鴝 丨鵒北方之鳥左氏昭廿五年經疏○丨鵒夷狄穴藏之禽漢書五行志中之下○左氏傳作丨鵒公羊傳作鸛鵒考工記總目丨鵒不踰濟疏

懦 說文丨駑弱者也从心需聲○丨柔也漢書兒寬傳然丨於武注○丨下也文選陸士衡樂府猛虎行注引國語賈注

帑 說文丨金幣所藏也从巾奴聲

楰 說文丨鼠梓木从木臾聲詩曰北山有丨

○以下據廣韻錄

湡 說文丨水出趙國襄國之西山東北入浸从水禺聲

堣 說文丨丨夷在冀州陽谷立春日日值之而出从土禺聲尚書曰宅丨夷

犓 說文丨以芻莖養牛也从牛芻芻亦聲春秋國語曰丨豢幾何

莁 丨荑一名無姑一名蘮蒘爾雅釋草疏本草

璑 說文璑三采玉也从玉無聲

[阝無] 說文䧍宏農陜東陬从𨸏無聲

衧 集韻衧同○說文衧諸衧也从衣亏聲

謣 說文丨妄言也从言雩聲謣丨或从荂

扜 說文丨指麾也从手亏聲

䩏 說文丨轅內環靼也从革亏聲

㮕 說文丨茦也从木入象形目聲

氍 說文新附丨丨毹毾㲪皆氊緂之屬蓋方言也从毛瞿聲

灈 說文丨水出汝南吳房入瀙从水瞿聲

斪 說文丨斫也从斤句聲

[龜句] 說文[龜句][龜冓]屬頭有兩角出遼東从龜句聲

[走瞿] 說文丨走顧皃从走瞿聲

嬬 說文丨弱也一曰下妻也从女需聲

䇓 說文丨待也从立須聲𥪉或从芻

祩 丨裯也廣雅釋器○丨古朱字荀子富國故天子
丨裷衣冕注
茱 說文丨丨茰茱屬从艸朱聲
几 說文丨鳥之短羽飛丨丨也象形凡丨之屬皆从
丨讀若殊
鄃 說文鄃清河縣从邑俞聲
鰸 說文丨魚名狀似蝦無足長寸大如叉股出遼東
从魚區聲
䧢 說文軀敺也从𠂤區聲○丨者踦軀也漢書諸侯
王表至虖阸丨河洛之閒注引應劭
絑 說文丨純赤也虞書丹朱如此从糸朱聲
嶁 嶁山顛也後漢書馬融傳瘻疏嶁領注引字林○
丨山顛也集韻引埤蒼

䣚 說文䣚南陽穰鄉从邑婁聲
榑 說文丨桑神木日所出也从木尃聲
枎 說文丨丨疏四布也从木夫聲○扶疏四布也漢
書司馬相如傳上垂條扶疏注○扶疏分布也漢
書揚雄傳下支葉扶疏注
鄜 集韻鄜同○說文鄜左馮翊縣从邑麃聲
筟 說文丨筳也从竹孚聲讀若春秋魯公子彄
豧 說文丨豕息也从豕甫聲
尃 說文丨布也从寸甫聲○丨布也史記司馬相如
列傳雲丨霧散集解引徐廣

庯 說文丨石閒見从广甫聲讀若敷
紨 說文丨布也一曰粗紬从糸付聲
邞 說文邞琅邪縣一名純德从邑夫聲
衭 說文丨襲丨也从衣夫聲
𩵼 說文丨鯕魚出東萊从魚夫聲
尪 說文尪股尪也从尢亐聲
䇬 說文丨梓雙也从竹朱聲
𡘋 說文丨目邪也从䀠从大大人也

𢄼 說文丨繒端裂也从巾俞聲
橾 說文丨車轂中空也从木喿聲讀若藪
匍 說文丨手行也从勹甫聲○丨伏也廣雅釋詁三
𪕰 亦作鼯○說文鼯斬鼯鼠黑身白署若帶手有長
白毛似握版之狀類蝯蜼之屬从鼠胡聲
泒 說文丨水起鴈門葰人戍夫山東北入海从水瓜
聲
𡣖 說文丨保任也从女𦎫聲
𦝄 說文丨膊大脯也集韻引埤蒼
酴 說文丨酒母也从酉余聲讀若廬

㹔 說文丨黃牛黃文从牛余聲讀若涂

涂 說文丨水出益州牧靡南山西北入澠从水余聲

䣝 說文䣝左馮翊鄜陽亭从邑屠聲

捈 說文丨臥引也从手余聲

⿰余阝 說文絕邾下邑地从邑余聲魯東有丨城讀若涂

筡 說文丨折竹筤也从竹余聲讀若絮

嘑 說文丨號也从口虖聲

評 說文誇召也从言乎聲

歔 說文丨溫吹也从欠虖聲

虍 說文丨虎文也象形凡丨之屬皆从丨

雐 說文丨鳥也从隹虍聲

䰧 說文丨鬼皃从鬼虎聲

浯 說文丨水出琅邪靈門壺山東北入濰从水吾聲

⿱艸吾 說文丨艸也从艸吾聲楚詞有丨蕭艸

攎 說文丨挐持也从手盧聲

黸 說文齊謂黑爲丨从黑盧聲

⿱髟盧 說文丨鬣也从髟盧聲

⿸虍甾 說文⿸虍甾𠙴也从甾虍聲讀若盧同𦈢篆文⿸虍甾鑪籀文⿸虍甾

殂 說文丨往死也从歺且聲虞書曰放勛乃丨落⿰歺作古文丨从歺从作

嗚 丨呼歎也素問徵四失論丨呼注○丨呼歎辭也漢書武帝紀烏虖注董仲舒傳烏虖注又荀子儒效丨呼而莫之能應注

歍 說文丨心有所惡所吐也从欠烏聲一曰口相就

弙 說文弙滿弓有所鄉也从弓亏聲

抪 說文丨捫持也从手布聲○丨亦布散也漢書中山靖王勝傳塵埃丨覆注○丨敷也謂敷舒之也一切經音義十六引字書

⿰歺古 說文丨枯也从歺古聲

⿱艸麤 說文丨艸履也从艸麤聲

悇 丨憛憂皃廣韻引廣雅○丨憛禍福未定也後漢書馮衍傳下注引廣蒼

○ 以下據集韻錄

⿰忄禺 說文丨懼也琅邪朱虛有丨亭从心禺聲

昫 說文丨日出溫也从日句聲北地有丨衍縣

⿰句阝 說文⿰句阝地名从邑句聲

⿱竹稍 說文丨飯筥也受五升从竹稍聲秦謂筥爲丨

祩 丨詛也集韻引廣雅
獏 丨白狐元丨則黑狐周書王會不令支元丨注
鬻 說文丨鍵也从鬻古聲
夃 說文秦以市買多得爲丨从了从夊益至也詩曰我丨酌彼金罍
菰 說文丨艸多皃从艸狐聲江夏平春有丨亭
洿 丨洿卑曲不平也文選長笛賦運裛丨洿注
○以下附錄
佸 丨括也廣雅釋言

經籍籑詁卷第七下補遺終

經籍籑詁卷第八

經筵講官南書房翰林戶部左侍郎兼署兵部左侍郎前提督浙江學政阮元譔集

上平聲

八齊

齊|整也廣雅釋言又國語周語外內|給注又荀
子富國必將脩禮以|朝注○|整|也易旅得
其|斧釋文引張晏詩楚茨既|既稷釋文○|同
也左氏襄廿二年傳以受|盟注又國語楚語民瀆
|盟注吳語背其|盟注又漢書揚雄傳上集注又
莊子則陽子來年變|釋文引司馬注又楚辭雲中
君與日月兮|光注哀郢楫|揚以容與兮注招魂
爛|同些注二八|容注又文選東京賦憲先靈而
|軌薛注咸池不|度於鼃咬薛注○|一也左氏
成十一年傳|盟所以質信也注又國語周語其君

|明衷正注晉語安用|盟注楚語明|肅以耀之
臨注又淮南齊俗注○|等也漢書食貨志下集注
引如淳又莊子漁父以化於|民釋文引李注又呂
覽觀世與我|者注又淮南精神|死生注脩務故
立天子以|一之注○|列也淮南原道|靡曼之
色注○|皆也史記平準書民不|出于南畝集解
引李奇○|中也書呂刑天|于民馬注又左氏文
十八年傳|聖廣淵注又爾雅釋言又爾雅釋地岠
|州以南注又列子湯問猶|州也注黃帝不知斯
|國幾千萬里注○|猶正也易繫辭上傳|小大
者存乎卦王肅注○|平也後漢和帝紀注○|限
也家語曲禮子貢問有亡惡乎|注○|翦也儀禮
既夕記馬不|髦注○|利也漢書王莽傳下集注
引應劭○|壯也爾雅釋言○|疾也爾雅釋詁又
廣雅釋詁一又書大傳多文而|給注又荀子臣道
|給如響注性惡|給便敏而無類注○|亦疾爾

雅釋言|壯也注○|速也史記五帝紀幼而徇|
集解○|減取也詩楚茨既|既稷箋○|者度也
古微書引春秋說題辭○|猶言辯也易繫辭上傳
|小大者存乎卦注○|巽爲|易巽喪其|斧虞注
○難禁之謂|韓非子詭說○執心克莊曰|周書
謚法○資輔供就曰|同上○|德也史記五帝紀
索隱○|肅也左氏文二年傳子雖|聖注○|無
倦淮南脩務一言而萬民|注○|得其適也淮南
詮言捉得其|注○|謂無所闕也荀子王霸四者
|也注○|謂無偏無頗也荀子脩身|明而不竭
注○|也者言萬物之潔|也易說卦傳○|落終
也言象物之終也|或爲聚書大傳冬伯之樂舞|
落注○○|也地在勃海之南勃|之中也釋名釋
州國○|所以爲|者卽天|淵名也水經淄水注
引地理風俗記○|者三代之遺聲也|人識之故
謂之|禮記樂記○|回水如磨|也莊子達生與

|俱入釋文引司馬注○|洄水如磨|也列子黃
帝與|俱入釋文○|冠或曰長冠竹裹以纚高七
寸廣三寸形制如板獨斷下○|車金路王自整|
之車也周禮齊右前|車注○|居柳之中央若今
小車蓋上蕤矣以三采繪爲之上朱中白下蒼著以
絜元士以下有貝儀禮既夕|三采注○|斧黃鉞
斧也易旅釋文引張軌注○|斧征伐斧也以整|
天下也晉書音義上引張晏○|諧者志怪者也莊
子逍遙遊○|讀爲躋禮記樂記地氣上|注○詩
讀湯|爲湯躋禮記孔子閒居至于湯|注○|或
爲醮禮記郊特牲壹與之|注○詩甫田箋以我|
明釋文|本作齎○周禮樂師趨以采|釋文|本
作薺○禮記孔子閒居釋文|本作隮○莊子盜跖
齒如|貝釋文|本作含○國策齊策|貌辨呂覽
知士作劑貌辨漢書古今人表注引呂覽作劇貌辨
○晉女|字叔侯見左傳昭元年○楚任不|字子

選見史記仲尼弟子傳○魯宓不丨字子賤見史記仲尼弟子傳

【蠐】蝤丨蝎爾雅釋蟲○蝤丨蝎蟲也詩碩人領如蝤丨傳○烏足之根爲丨螬莊子至樂○爾雅釋蟲蟦丨螬釋文丨本作齊

【臍】丨劑也腸端之所限劑也釋名釋形體

【黎】丨衆也書堯典丨民於變時雍傳又詩天保羣丨百姓箋雲漢周餘丨民箋又禮記大學以能保我子孫丨民注又爾雅釋詁又漢書景帝紀集注成帝紀集注引應劭酷吏傳集注王莽傳下集注敘傳上集注敘傳下集注又後漢班彪傳下注第五鍾離宋寒傳注左雄傳注又楚辭天問而丨伏大說注○丨齊也詩桑柔民靡有丨傳又淮南主術百姓丨民注○丨不齊也詩桑柔箋○丨遠也史記衞將軍驃騎

傳遲明索隱○丨猶比也史記高帝紀丨明圍宛城三帀索隱呂后紀丨明孝惠還集解引徐廣○丨老也方言十二○丨凍棃壽徵也國語吳語今王播棄丨老注○土青曰丨似丨草色也釋名釋地○丨小疏也書禹貢厥土青丨馬注○丨卽和書呂刑乃命重丨傳○丨高辛氏之火正謂祝融也文選思元賦覩有丨之圮墳舊注○丨國名書西伯戡黎序周人乘丨釋文詩式微序丨侯寓于衞釋文又後漢班彪傳下注○合丨水名書禹貢至于合丨傳○枝扈丨卽恒水也水經河水注○丨鵜丨大奚反一切經音義十七引三蒼解詁○菞古丨字漢書匈奴傳贊集注○丨讀爲梨荀子堯問顏色丨黑而不失其所注○丨與離音相近文選辯亡論上丁奉離斐以武毅稱注○書禹貢厥土青丨史記夏本紀作其土青纏○書西伯戡黎說文邑部作西伯戡𨛫○史記孔子世家丨鉏左傳定九年作犂彌意林引韓子作棃沮

○韓勑後碑口口菞民丨作菞○桐柏廟碑棃庶賴祉丨作棃○魯峻碑陰魏郡犂陽三公山碑羣犂百姓丨作犂

【犁】集韻犂或作𥟖○丨利也利發土絶草根也釋名釋用器○丨耕也廣雅釋地又漢書匈奴傳下集注○丨謂耕丨也論語雍也皇疏○丨雜文也論語雍也丨牛之子集解○丨文也雜文曰丨論語雍也皇疏○丨色如貍也論語雍也釋文○丨牛不純色淮南說山髡屯丨牛注○丨牛牛似虎文者山海經東山經𪊚䗫之山食水出焉其中多鱅鱅之魚其狀如丨牛注○丨猶比也史記齊太公世家丨明至國索隱晉世家丨廿五年索隱○丨猶遲也史記齊太公世家索隱○丨然猶栗然莊子山木丨然有當于人之心釋文引司馬注○丨結也史記南越尉陀傳丨旦集解引呂靜○鮐背之耇稱丨老書泰誓中播

棄丨老傳○丨如桔梗也廣雅釋草○𥟖鼠蚡鼠也方言六𥟖鼠之場注○稽顙樹領當依古本作丨顙樹領漢書楊雄傳下音義○禮記少儀丨而不提心釋文丨本作離○左傳莊五年郳丨來來朝公羊穀梁作黎○宋司馬丨字子牛見論語孔注

【藜】丨藿大戴記曾子制言下聚橡栗丨藿而食之注○爾雅釋蟲蒺丨蝍蛆釋文丨本作𥠖○城埧碑丨首愛口黎作丨婁壽碑䅻穃蔬菜之食丨作䅻

【梨】丨山樆爾雅釋木○丨言面色如凍丨方言一老燕代之北鄙曰丨注○丨謂面如凍丨之色也荀子堯問顏色丨黑而不失其所注○九十曰鮐背或曰凍丨皮有班點如凍丨色也釋名釋長幼○丨老也廣雅釋詁一○丨老也燕代之北鄙曰丨方言一○丨比也史記酷吏傳丨求索隱○丨分也淮南齊

俗伐梗枏豫樟而剖丨之注○丨卽務字古通用也
務割也後漢耿秉傳注○丨割也荀子五輔是故博
帶丨注○丨刊也同上○詩韓
奕箋丨比公也釋文丨本作黎
【蠡】瓠瓢爲丨御覽七百六十二引通俗文○丨蠬蝓
也廣雅釋魚○丨丨猶歷歷行列貌也楚辭惜賢
覽芷圃之丨丨注○丨臺
亦曰升臺水經睢水注
丨黑也楚辭逢紛顏黴丨以沮敗兮注○黎黑也
【黧】廣雅釋器又史記衛將軍驃騎傳索隱引鄒氏○
斑黑謂之黎黧一切
經音義六引通俗文
【妻】敵夫曰丨詩十月之交豔丨煽方處箋○丨者齊
也與夫齊體白虎通嫁娶○丨之言齊也禮記曲
禮下注內則聘則爲丨注○丨者齊也荀子君子天
子無丨告人無匹也注○丨齊也廣雅釋親○士庶

人曰丨丨齊也夫賤不足以尊稱故齊等言也釋名
釋親屬○庶人曰丨禮記曲禮下○丨八十一御丨
周禮謂之女御以其御序於王之燕寢禮記曲禮下
天子有丨注○諸侯之丨稱爲小君後漢齊武王縯
傳注○小丨妾也後漢趙孝王良傳注○嫗謂之丨
廣雅釋親○巽爲丨易小畜夫丨反目虞注○兌爲
丨易困不見其丨虞注○丨者夫之陰也漢書杜欽
傳○丨也者親之主也禮記哀公問又大戴記哀公
問於孔子又家語大婚解○
夫丨胖合也儀禮喪服傳
丨丨盛也文選藉田賦注引韓詩章句○丨丨茂
【萋】也廣雅釋訓○丨丨茂盛貌詩葛覃維葉丨丨傳
○丨丨猶蒼蒼也詩蒹葭蒹葭丨丨傳○丨丨雲行
貌詩大田有渰丨丨傳○丨丨梧桐之貌爾雅釋訓
舍人注○藹藹丨丨臣盡力也爾雅釋訓○丨斐文
章相錯也詩巷伯丨兮斐兮傳○丨且敬愼貌詩有

客有丨有且傳○詩蒹葭蒹葭丨丨釋文丨本作淒
○詩巷伯丨兮斐兮說文糸部作緀兮斐兮○詩大
田有渰丨丨韓外傳作有弇淒淒說文水
部作有渰淒淒呂覽務本作有晻淒淒
西南曰丨風呂覽有始○丨風坤氣所生一曰涼
【淒】風呂覽有始注○丨丨涼風也詩四月秋日丨丨
傳○丨寒風也詩綠衣丨其以風傳○丨丨雲起貌
漢書食貨志上集注○丨丨流貌楚辭悲回風涕泣
交而丨丨兮注○丨滄薄寒也素問氣交變大論其
德丨滄注○丨洌皆疾貌史記司馬相如傳儵聊丨
洌集解引漢書音義○詩四月秋日丨丨釋文丨本
作棲○詩風雨風雨丨丨說文水部作風雨湝湝
丨丨悲也廣雅釋訓○丨丨飢病貌也後漢周黃
【悽】徐姜申屠傳注○哀哀丨丨懷報德也爾雅釋訓
○爾雅釋訓釋
文丨本作萋

【隄】或作堤○丨謂之梁爾雅釋宮○大曰丨小曰隥
文選蜀都賦峻岨塍埒長城劉注○丨防也障也
爾雅釋宮李注○丨謂高爲之也周書作雒丨唐注
○丨限也漢書東方朔傳集注引蘇林○丨謂積土
爲封限也後漢班彪傳上注○丨所以防水荀子王
制脩丨梁注○堤瓶甂下安也淮南詮言瓶甂有堤
注○丨丨或作陖古字耳山海經北山經丨山注○丨
古文隄同一切經音義二○禮記月令完丨防釋文
丨本
作提
【羝】丨牂羊也三歲曰丨一切經音義八引字林○丨
羖羊也易大壯丨羊觸藩釋文引張注○丨牡羊
也一切經音義十四引三蒼○丨羊牡羊也
詩生民取丨以軷傳○丨雄也廣雅釋獸
【鞮】丨革履也周禮春官序官釋文引字林○履禪者
謂之丨方言四○丨履也廣雅釋器○丨履無鉤

之菲也禮記曲禮下丨屨素簸注○丨屨四夷舞者
所屝也今時倡蹋鼓沓行者自有屝周禮春官序官
丨鞻氏注○西方曰狄丨者禮記王制○丨之言知也
今冀部有言狄丨者禮記王制注○丨鞮也廣雅釋
詁四○丨智也廣雅釋詁三○鞮丨素合都奚反一
切經音義十四引字苑○左傳昭十六年鼓子鳶丨
晉語作宛支○史記晉世家宦者履丨文選報任少
卿書注宦者傳論注作履貂○史記仲尼弟子傳銅
丨伯華大戴記
衛將軍作伺提

低 丨舍也廣雅釋詁四○丨屯也楚辭招魂軒輬既
丨注○丨距也史記平準書封君皆丨首仰給集
解引晉灼○丨佪謂婣遊也華嚴經音義上引
埤蒼○丨回劉流回轉之貌後漢張衡傳注

氐 丨羌夷狄國在西方者也詩殷武自彼丨羌箋○
丨西方夷狄國詩殷武釋文○小月丨西胡國名

後漢竇融傳注○丨僰邛筰並西南夷號後漢杜篤
傳注○丨柢也廣雅釋言○丨本也荀子宥坐雅周
之丨注○天根丨也爾雅釋天○丨房東方之宿後
漢蘇竟傳注○穀梁隱二年注皆丨羌之別種釋文
丨本
作底

稊 集韻稊通○丨稺也楊葉未舒稱丨易大過枯楊
生丨虞注○丨者楊之秀也易大過枯楊生丨注
又釋文○梯也者發孚也大戴記夏小正柳梯傳○
稊英爾雅釋草○稊似稗布地生穢草爾雅釋草注
○丨稗類也文選射雉賦丨菽蘩粺徐注○丨草也
莊子秋水不似丨米之在太倉乎釋文引李注○丨
米小米也莊子秋水釋文引司馬注○丨者所爲豆
實大戴記夏小正時有見丨始收傳○丨與荑同文
選風賦被荑楊注勸進表生繁華於
枯荑注○爾雅釋草釋文稊本作丨

題 丨識也左氏襄十年傳舞師丨以旌夏注○書稱
丨丨諦也審諦其名號也亦言第因其次第也釋
名釋書契○丨額也爾雅釋言頟丨也注又山海經
北山經石者之山有獸焉文丨白身名曰孟極注又
後漢杜篤傳注南蠻西南夷傳注又太元視粉其丨
頯注○丨頟也廣雅釋親○丨頭也詩清人箋矛矜
近上及室丨釋文禮記檀弓注丨湊也釋文○丨馬
頟上當顱如月形者也莊子馬蹄齊之以月丨釋文
引崔注○宋楚之閒謂盎爲丨後漢隗囂傳注○平
丨鏑也廣雅釋器○凡箭向者謂之平丨方言九○
平丨今戲射箭頭丨如羊頭也方言九注○丨肩鴿
也春秋考異郵陰陽氣貪故丨肩多注○詩麟趾傳
定丨也釋文
丨本作顛

提 丨挈也國語吳語建旌丨鼓注越語范蠡乃左丨
鼓注又淮南要略丨名責實注○丨持也太元盛

丨禍揮撣注又家語六本衣襭而丨贄注又管子輕
重乙以是與天子丨衡爭秩於諸侯注○丨舉也漢
書刑法志集注引李奇英布傳集注欒布傳集注○
丨猶舉也周禮田僕王丨馬而走注○一手曰丨淮
南俶眞丨挈天地注○丨地也臂垂所持近地也釋
名釋姿容○丨起也書帝命驗河圖子丨注○丨用
也太元事豎子丨壺注○丨裝也管子山權數百金
之丨注○丨擲也漢書吳王濞傳集注周勃傳集注
陳遵傳集注王莽傳下集注二見○丨猶擲也史記
絳侯周勃世家以冒絮丨文帝索隱引蕭該○丨弃
也太元晦腊丨明德注○丨猶絕也禮記少儀牛羊
之肺離而不丨心注○丨舒緩也荀子脩身不由禮
則勃亂丨僈注○丨猶正也太元元攡疑者丨之注
○丨丨謂有所揚舉也管子白心爲善乎毋丨丨注
○丨丨安也淮南說林丨丨者射注○丨丨安諦也
詩葛屨好人丨丨傳○丨丨行步之安也爾雅釋訓

媞媞安也孫注○丨封凡也廣雅釋訓○丨讀如攝丨之丨謂馬上鼓有曲木丨持鼓立馬髦上故謂之丨丨周禮大司馬師帥執丨司農注○穀梁僖二年注不言丨其耳釋文丨本作題○詩葛屨好人丨丨楚辭注十三作好人媞媞○左氏宣二年傳其右丨彌明知之公羊宣六年傳作祁彌明

荑 集韻苐同○草陸生曰丨一切經音義十九引通俗文○凡草之初生通名曰丨文選郭景純遊仙詩陵岡掇丹丨注○丨茅之始生也詩靜女自牧歸丨傳○丨者茅始熟中穰也既白且滑御覽九百九十六引風俗通○丨者楊之秀也後漢徐登傳注○丨與稊音義同文選從遊京口北固應詔詩原隰丨緑柳注○莊子知北遊在苐稗釋文丨本作稊

蹏 一作蹄○丨足也廣雅釋獸○丨底也足底也釋名釋形體○丨猶地也漢書外戚傳集注引孟康

○坎爲薄蹄易說卦傳○蹄馬足也穀梁昭八年傳馬候蹄釋文○蹄馬足甲也莊子馬蹄馬足可以踐霜雪釋文引司馬注○丨趍走也淮南脩務夫墨子跌丨而趍注○蹄蹋也禮記月令注相蹄齧也釋文○蹄者所以在兔莊子寓言○蹄兔涼也係其脚故曰蹄也莊子外物釋文○丨兔網文選吳都賦罠丨連綱劉注○蹄兔罥也莊子外物蹄者所以在兔釋文○丨古蹄字漢書百官公卿表上集注貨殖傳集注○禮記月令注相蹄齧也釋文丨本作踶

嗁 或作啼○丨呼也左氏莊八年傳豕人立而丨㕧注○謕古啼字漢書嚴助傳集注王莽傳下集注○禮記雜記注亡毋啼號釋文啼本作諦莊子駢拇齕之則啼釋文啼崔作諦

⿱雨虒 丨⿱雨虒雲廣韻引字林

締 丨結也史記秦始皇紀合從丨交集解引漢書音義

⿰虫弟 集韻蝭同○蛥蚗自關而東或謂之蝭蟧方言十一

綈 丨厚繒也史記范雎蔡澤傳取丨袍賜之索隱匈奴傳赤丨綠繒索隱又後漢楊厚傳注○繒之厚者謂之丨管子輕重丁魯梁之民俗爲丨注○丨繒也後漢王符傳注○丨似⿰虫弟蟲之色綠而澤也釋名釋采帛

鮷 集韻鮷鯷同○鮷鮎也廣雅釋魚○鯷鮎也一切經音義十九引字林○鯷青州人呼鮎鯷爾雅釋魚釋文引字林

禔 丨福也方言十三又廣雅釋言○丨安也易復无祇悔釋文引陸績注坎丨既平京注又虞注又漢

書司馬相如傳下集注又法言修身士何如斯可以丨身注○丨安也音匕匙之匙顏氏家訓書證引蒼頡○丨喜也方言十三又廣雅釋詁一

鵜 丨鴮鸅爾雅釋鳥○丨洿澤鳥也詩候人維丨在梁傳○丨丨鶘污澤也禮記表記維丨在梁注○鵜胡污澤鳥淮南齊俗鵜胡飲水數斗而不足注○丨亦曰淘河詩候人釋文○丨鶘水鳥也一名淘河莊子外物魚不畏網而畏丨鶘釋文○丨汙澤之鳥一名淘河禮記表記釋文○丨鶘一名推河也一切經音義十七引毛詩草木疏○丨鴂一名鶗鴂離騷恐丨鴂之先鳴兮注○鸐鶘今丨鶘山海經東山經沙水其中多鸐鶘注

媞 丨丨好貌也楚辭怨世西施丨丨而不得見兮注○丨丨安也爾雅釋訓○丨安也廣雅釋詁一○

蕩其實丨爾雅釋草○緹也者其實也大戴記夏小正緹縞傳

緹　丨帛丹黃色他迷切文選西京賦注引字林○丨赤色繒也後漢應劭傳注○丨赤黃色後漢安帝紀注○丨赤色也晉書音義上○丨丹色也文選贈五官中郎將詩明月照丨幕注○丨厚繒也史記滑稽傳張丨絳帷正義又後漢宦者傳注○赤丨縓色也周禮草人赤丨用羊注○丨者成而紅赤如今下酒矣周禮酒正四曰丨齊注○丨齊色赤如丨也釋名釋飲食

篦　丨刷也一切經音義十四引小學篇

鎞　集韻鈚同○霍葉曰鈚一切經音義十一引通俗文

陛　廣韻狴同○狴獄牢也家語始誅夫子同狴執之注

雞　廣韻籀文从鳥○丨畜之有冠翼者洪範五行傳時則有丨禍注○丨者東方之牲也賈子胎教又風俗通祀典○丨曰翰音禮記曲禮下又獨斷上○鷄曰翰音易中孚翰音登于天虞注○巽爲丨易說卦傳又中孚翰音登于天虞注○丨之爲言佳也春秋說題辭○丨屬宗伯木也周禮庖人凡用禽獸注○宗伯主丨周禮小宗伯辨其名物而頒之于五官司農注○丨取其守時而動周禮大宗伯工商執丨注○丨陳楚宋魏之閒謂之鸊鴟方言八○丨彝鳥彝謂刻而畫之爲丨鳳凰之形周禮司尊彝祼用丨彝鳥彝注○灌尊夏后氏以丨夷禮記明堂位○鷄斯髺也廣雅釋詁四○丨頭水中芡幽州謂之雁頭淮南說山丨頭已瘻注○丨廱卽丨頭也一名芡莊子徐无鬼丨廱也釋文引司馬注○丨毒烏頭也淮南主術天下之物莫凶於丨毒注○鷄狗獳哺公也廣雅釋草○丨斯神馬也淮南道應得騶虞丨斯之乘注○丨駭文犀也楚辭離世弃丨駭於筐簏注○丨斯當笄纚聲之誤也禮記問喪丨斯徒跣注

稽　丨考也易繫辭下傳於丨其類注又書堯典曰若丨古帝堯傳又易繫辭釋文周禮醫師歲終則丨其醫事釋文莊子天下以丨爲決釋文又周書小明武丨之以古注又大戴記文王官人多丨而儉貌注又廣雅釋言又小爾雅廣言又史記樂書丨之度數正義平準書以丨市物集解引如淳樗里子甘茂傳滑丨多智正義又漢書武帝紀集注律厤志上集注禮樂志集注郊祀志下集注賈誼傳集注公孫宏傳集注韋元成傳集注王莽傳中集注王莽傳下集注敘傳下集注又後漢班彪傳上注胡廣傳注又荀子非相後世言惡則必丨焉注儒效是大儒之丨也注解蔽以贊丨之萬物可兼知也注參丨治亂而通其度注又家語三恕奇偉不丨注又管子侈靡今周公斷指滿丨斷首滿丨斷足滿丨注弟子職是協是丨

注又鬼谷子捭闔粵若丨古聖人之在天地閒也注又文選魯靈光殿賦粵若丨古張注劇秦美新厎丨之於秦紀注○丨猶考也周禮小司徒以丨國中及四郊都鄙之夫家九比之數注○丨猶考也議也禮記緇衣必丨其所敝注○丨猶考也治也周禮質人掌丨市之書契注○丨計也史記樗里子甘茂傳正義又漢書賈誼傳集注引應劭司馬遷傳集注○丨猶計也周禮大司馬簡丨鄉民注○丨猶計也合也周禮小宰二曰聽師田以簡丨司農注○丨計也考也荀子王制兼聽而時丨之注○丨考也計也漢書藝文志集注○丨猶考也計也周禮宮正丨其功緒注○丨問也廣雅釋詁二○丨疑也史記樗里子甘茂傳正義引顏師古○丨猶叩也太元元攡丨其門注○丨同也書堯典鄭注又廣雅釋詁四又史記三王世家維丨古索隱引高貴鄉公樗里子甘茂傳索隱引鄒誕又家語儒行古人與丨注又老子亦丨式

王注○丨合也廣雅釋詁二○丨猶合也禮記儒行
古人與丨注○丨當也廣雅釋詁三○丨者當也史
記三王世家○丨至也莊子逍遙遊大浸丨天而不
溺釋文引司馬注○丨留也後漢馬援傳注班彪傳
上注○丨止也後漢杜篤傳注○丨留也止也一切
經音義九引字林○丨停也後漢彭寵傳注○丨停
留也管子水地秦之水泔最而丨注○丨留待也史
記平準書索隱引韋昭○丨者停留也同上○丨礙
也漢書公孫宏傳集注○丨貯滯也史記平準書集
解引李奇○自知曰丨管子白心○至地曰丨顙荀
子大略○下衡曰丨首同上○司丨察留連不時去
者周禮地官序官胥師司丨注○禹合諸侯大計東
治之山因名會丨水經河水注○禹合諸侯計于此
命曰會丨會丨者會計也水經漸江水注○會丨之
山四方山海經南山經○會丨之山古防山也亦謂
之爲茅山又曰棟山水經漸江水注○丨唐尚書云
棨戟也鄭後司農以爲計兵名籍也國語吳語擁鐸
拱丨注○書洪範七丨疑說文卜部作卟疑○禮記
射義再拜丨首釋文丨徐本作䭫○老子
知此兩者亦丨厥式釋文丨河上作楷

笄

丨者簪也所以繫持髮公羊僖九年傳字而丨之
注○丨卷髮者周禮追師爲副編次追衡丨注○
丨所以卷髮禮記喪服小記齊衰帶惡丨以終喪注
○丨係也所以丨冠使不墜也釋名釋首飾○丨簪
也國語晉語析委丨注吳語去丨注又淮南齊俗中
國冠丨注又文選東京賦玉丨綦會薛注○丨鬣也
廣雅釋器○丨簪屬山海經西山經竹山有獸焉毛
大如丨名曰豪彘注○丨今簪也禮記內則櫛縰丨
總注○丨今時簪也儀禮士昏禮姆纚丨宵衣在其
右注○丨今之簪有丨者屈組爲紘垂爲飾無丨者
纓而結其條儀禮士冠禮皮弁丨爵弁丨注○丨內
子首服衡丨也國語楚語欲丨之其可乎注○丨衡

丨也詩君子偕老副丨六珈傳○丨婦人首飾淮南
脩務設丨珥注○纚丨丨首服儀禮特牲饋食禮主婦
纚丨宵衣注○古丨者象丨也儀禮喪服傳○吉丨
以象爲之刻鏤其首以爲飾穀梁文九年傳注○惡
丨者櫛丨也儀禮喪服傳○櫛丨者以櫛之木爲丨
或曰榛丨儀禮喪服傳櫛丨丨也注○箭丨長尺吉丨
尺二寸儀禮喪服傳○箭丨篠竹也儀禮喪服
箭丨注○女十五而丨國語鄭語既丨而孕注

枅

構謂之丨廣雅釋室○丨柱上方木文選魯靈光
殿賦注引蒼頡○柱上方木曰丨一名楷山東江
南皆曰丨自陝以西曰楷一切經音義十四引三蒼
○丨讀曰雞也淮南主術短者以爲朱儒丨櫨注○
丨讀雞丨或作刮也不丨者不
施構櫨淮南精神素題不丨注

兮

丨詞也廣雅釋詁四○丨語辭也史記樂書高祖
過沛詩三侯之章索隱○詩伐檀河水清且漣猗
漢石經
猗作丨

奚

丨何也論語爲政丨其爲爲政皇疏八佾丨取於
三家之堂皇疏述而汝丨不曰皇疏先進丨爲於
邱之門皇疏子路子將丨先皇疏亦丨以爲皇疏憲
問丨而不喪皇疏又一切經音義八引蒼頡又小爾
雅廣言又國語魯語丨啻其聞之也注吳語大夫丨
隆於越注又國策秦策丨以遽言叱也注齊策丨以
薛爲注又漢書高帝紀下集注文帝紀集注禮樂志
集注徐樂傳集注又孟子萬章上丨而不知也注又
太元羨丨不遵也注又法言淵騫將不仁丨用爲注
又呂覽情欲尚將丨及注貴直水丨自至注又文選
廣絕交論客丨此之問注○丨若何如也禮記檀弓
下吾欲暴尪而丨若注○丨女奴也周禮春官序官
丨四人注○丨隸女奴男奴也周禮禁暴氏凡丨隸
聚而出入者則司牧之注○古者從坐男女沒入縣

官爲奴其少才知以爲丨今之侍史官婢或曰丨宦女周禮天官序官丨三百人注○丨奄附子也一歲爲萮子二歲爲烏喙三歲爲附子四歲爲烏頭五歲爲天雄廣雅釋草○左氏桓十七年及齊師戰于丨穀梁作郎○孟子百里丨史記秦紀作傒管子小問作徯○左傳祁丨大戴記衛將軍文子作徯史記晉世家作傒○魯公子丨斯字子魚見左傳閔二年○晉祁丨字黃羊見呂覽去私注

蹊 丨徑也左氏宣十一年傳牽牛以丨人之田注又莊子馬蹄山無丨隧釋文引李注又文選西京賦迒杜丨塞薛注長笛賦是以閒介無丨注○丨路也後漢張衡傳注又文選思元賦不識丨之所由舊注○丨邅也廣雅釋室○步所用道曰丨丨徯也言射疾則用之故還傒於正道也釋名釋道

傒 丨危也廣雅釋詁一○丨也弱太元元錯○丨也出太元元衡○丨繫囚之繫讀若雞淮南本經丨

人之子女注○左傳昭卅二年衞彪丨呂覽必已注作彪奚

徯 丨待也爾雅釋詁又太元徯陽氣有丨注○邪道曰丨一切經音義七引通俗文○丨醯危也東齊掎物而危謂之丨醯方言六○周愓功勳銘小丨乃平又岸參天兮無路蹊作丨

騱 前足皆白丨爾雅釋畜○爾雅釋畜釋文丨本作雞

鼷 丨鼠爾雅釋獸○丨小鼠也爾雅釋獸釋文引字林○丨鼠者鼠中之微者公羊成七年傳丨鼠食郊牛角注

鷖 丨鳧屬詩鳧鷖鳧丨在涇傳○丨鷗也一名水鴞詩鳧鷖釋文引蒼頡解詁○丨丨鼬也以名自呼大如雞生卵於荷葉上後漢班彪傳上注引周處風土記○九疑山有五采之鳥名曰丨後漢張衡傳注○丨鳳凰別名也離騷駟玉虬以乘丨兮注○丨讀爲鳧丨之丨丨總者青黑色以繒爲之周禮巾車彫面丨總司農注○故書丨或作緊周禮巾車注○詩九罭箋不宜與鳧丨之屬釋文丨本作翳

⿱殹土 丨塵也廣雅釋詁三

黳 丨黑也廣雅釋器

倪 丨弱小繫丨者也孟子梁惠王下反其旄丨注○丨分也莊子齊物論何謂和之以天丨釋文引李注○丨袠也廣雅釋詁二○丨傲也管子正世力罷則不能無墮丨注○爾雅釋魚左丨不類釋文丨本作晲○莊子齊物論釋文丨崔本作霓○莊子大宗師不知端丨釋文丨本作淣○莊子王丨漢書古今人表作王兒○孔宙碑黎庶以康費鳳別碑黎儀瘁傷斤彰長田君碑安惠黎儀丨作儀

齯 丨齒壽也爾雅釋詁○丨齒齒墮更生細者爾雅釋詁注○九十曰鮐背或曰丨齒大齒落盡更生細者如小兒齒也釋名釋長幼○詩閟宮黃髮兒齒釋文兒本作丨爾雅釋詁黃髮兒齒釋文兒本作丨通作蜺○蜺爲絜貳爾雅釋天○陰陽交爲虹丨

霓 古微書引春秋元命苞○雄曰虹雌曰蜺文選西京賦虹旃蜺旄薛注○雌曰丨爾雅釋天蝃蝀虹也釋文引郭音○闇者爲雌曰蜺後漢楊賜傳注○蜺雌虹也爾雅釋天注○丨虹也孟子梁惠王下若大旱之望雲丨也注○丨齧也其體斷絕見於非時此災氣也傷害於物如有所食齧也釋名釋天○丨者氣也起在日側其色青赤白黃古微書引河圖稽耀鉤○日旁赤青者爲蜺古微書引尚書琁璣鈐○丨日傍之氣後漢崔駰傳注○蜺者斗之亂精也後漢楊賜傳注○丨天邊氣也文選東京賦雲旗拂丨薛注○蜺邪氣也後漢楊賜傳注○雲丨惡氣也離騷

率雲丨而來御注○蜺雲之有色似龍者也楚辭天問白蜺嬰茀注○蜺龍形而五色文選魏都賦髣若元雲舒蜺以高垂劉注○丨際也莊子齊物論何謂和之以天丨釋文引崔注○蜺讀曰齧漢書天文志上集注引如淳○爾雅釋天釋文丨本作蜺

猊 狻丨獅子亦食虎豹穆天子傳一狻丨注

鯢 雄曰鯨雌曰丨文選吳都賦修丨吐浪劉注○丨鯨之雌者也一切經音義十九引異物志○丨鯨魚也莊子應帝王丨桓之審爲淵釋文引簡文注○丨大者謂之蝦爾雅釋魚○丨大魚也列子黃帝丨桓之潘爲淵釋文○丨大魚魚之賊也呂覽貴直鮒入而丨居注○丨小魚也莊子外物守丨鮒釋文引李注○丨拒魚所處之方穴也莊子應帝王釋文引崔注

軦 丨者輹端橫木以縛枙者也論語爲政大車無丨集解引苞注○丨礙車也晉書音義下○丨五支反論語爲政釋文引字林

醯 廣韻俗作醯○丨酢也禮記內則和用丨釋文○醯酢也廣雅釋器○丨酢酒也論語公冶長或乞丨焉皇疏○丨醬以丨和醬儀禮公食大夫禮宰夫自東房授丨醬注○丨醬者以丨和醬生人尚褻味儀禮士昏禮丨醬二豆注○丨穀陽也醯肉陰也儀禮聘禮丨醯百甕注○丨危也廣雅釋詁一○丨雞者甕中之蠛蠓莊子田子方其猶丨雞與注○丨雞蠛蠓也列子天瑞丨雞生乎酒釋文○丨雞若酒上蠛蠓也莊子田子方釋文引司馬注○丨呼奚反一切經音義二引字林

西 丨丨方者何也鮮方也御覽時序部九引書大傳○丨方者遷方也萬物遷落也白虎通五行○丨遷也漢書律厤志上○丨方者陰始起萬物禁止白虎通五行○丨方煞傷成物白虎通五行○丨方亦金殺成萬物也白虎通情性○丨方者金也白虎通五行又春秋繁露五行相生○丨方金也其星白虎也論衡物勢○兌爲丨易隨王用享于丨山虞注小過自我丨郊虞注既濟不如丨鄰之禴祭虞注象上傳自我丨郊施未行也虞注○禮丨方以立秋謂白精之帝而少昊蓐收食焉周禮大宗伯以白琥禮丨方注○丨者隴丨之丨書堯典宅丨鄭注○丨土謂長安也文選述高帝紀注引三蒼解詁○丨旅丨戎遠國也後漢馬融傳注○丨陵丨喻鴈門爾雅釋地○丨岳華山書舜典至于丨岳傳○丨傾雍州之山也水經桓水注引書鄭注○丨傾山禹貢中條山也水經西傾山注○丨海海在其丨也釋名釋州國○河丨在河水丨也釋名釋州國○丨學周小學也禮記祭義祀先賢于丨學注○丨房丨廂荀子正論五祀

執薦者百人侍丨房注○丨阿丨榮也國語晉語執鉞立於丨阿注○丨園上林苑也文選東京賦大閱丨園薛注○丨荊卽楚舞也文選南都賦怨丨荊之折盤注○丨施美女也楚辭怨世丨施媞媞而不得見兮注○丨有先音匡謬正俗八○丨先聲相近史記趙世家正義○漢嚴發碑丨遲衡門棲作丨○陳少丨字子夏見左傳宣十一年

栖 亦作棲○鳥所止宿曰棲史記吳太伯世家棲於會稽索隱○棲雞宿處文選寡婦賦雞登棲而斂翼注○山處曰棲國語越語越王句踐棲於會稽之上注○保山曰棲史記越世家棲於會稽索隱引鄒誕○登山曰棲莊子徐无鬼以甲楯三千棲于會稽釋文引李注○山居爲棲吉者言無凶夭山海經大荒西經江南之山棲爲吉注○棲息也後漢張衡傳注○棲謂棲息也詩召旻如彼棲苴釋文○棲著也

詩賓之初筵傳舉鵠而棲之于侯釋文○棲鼓也廣
雅釋詁三○棲牀也孟子萬章上二嫂使治朕棲注
○棲遲息也爾雅釋詁○棲遲行步之息爾雅釋詁
舍人注○棲遲遊息也詩衡門可以棲遲傳○棲遲
遊息也爾雅釋詁注○棲遲游息也後漢張衡傳注
○棲遲偃息也後漢蘇竟傳注○棲遲猶偃息也後
漢馮衍傳注○棲遑不安居之意也文選荅賓戲棲
棲遑遑注○棲棲簡閱貌也詩六月六月棲棲傳

犀 丨似豕爾雅釋獸○丨形似豕而大今徼外所送
有山丨有水丨水丨之皮有珠甲山丨則無國語
越語今夫差衣水丨之甲者億有三千注○丨似水
牛庳脚脚爲三角黑色穆天子傳一牛馬丨注○丨
似牛而豬頭黑色有三角一在頂上一在額上一在
鼻上後漢班彪傳上注○丨似水牛山海經南山經
禱過之山其下多丨兕注○丨牛好食棘一切經音
義八引三蒼○南方之美者有梁山之丨象焉爾雅

釋地○丨緦也廣雅釋言○丨堅也漢書馮奉世傳
集注引晉灼○今俗謂刀兵利爲丨丨堅也後漢張
衡傳注○刀兵利爲丨漢書馮奉世傳集注引如淳
○丨劒飾法言孝至帶我金丨注○以丨皮作之曰
丨盾釋名釋兵○丨渠楯也丨皮爲之文選吳都賦
戶有丨渠劉注○莊子則陽丨首聞而恥之釋文丨
元嘉本作齒○詩碩人齒如瓠
丨爾雅釋草注作齒如瓠棲

澌 丨盡也禮記曲禮注死之言丨也釋文○禮記曲
禮注釋文丨本作凘○禮記檀弓注死之言丨也
釋文丨
本作斯

嘶 集韻廝通○丨聲散也一切經音義十引埤蒼○
廝散也東齊聲散曰廝秦晉聲變曰廝器破而不
殊其音亦謂之廝方言六○廝噎也楚曰廝同上○
丨當聲誤爲斯大戴記文王官人其聲斯醜注○禮

記內則注猶丨也
釋文丨本作斯

梯 丨階也廣雅釋室又國語越語以爲亂丨注○丨
謂憑也山海經海內北經西王母丨几而戴勝杖
注○丹丨丹墀也文選謝靈運擬
鄴中集阮瑀詩躧步陵丹丨注

鼙 丨小鼓也儀禮大射儀應丨在其東注又文選藉
田賦注引字林○丨裨也裨助鼓節也釋名釋樂
器○凡大鼓之側有小鼓謂之應丨朔丨詩緜鼛鼓
弗勝箋○鞞與丨同文選藉田賦鼓鞞硠隱以砰磕
注○鞞亦作丨晉書音義上○鞞
陛奚反一切經音義三引字書

椑 丨匾榼謂之丨廣雅釋器○齊人謂柯斧柄爲丨則
丨隋圜也考工記廬人是故句兵丨注○丨讀爲
鼓鼙之鼙考工
記廬人司農注

膍 亦作肶○丨牛百葉也莊子庚桑楚臘者之有丨胲
釋文引司馬注○百葉謂之丨胵廣雅釋器○丨
厚也詩采菽福祿丨之傳○肶厚也爾雅釋
詁○詩采菽福祿肶之韓詩作福祿肶之

㼰 丨瓶也廣雅釋器○罃謂之丨方言五

批 集韻搥同○丨擊也廣雅釋詁三又淮南說林在
於丨伉注○丨擊也父迷父節二反左氏莊十二
年釋文引字林○丨裨也兩相裨助共擊之也釋名
釋姿容○丨推也洪範五行傳則會丨之六沴注○
搥轉也廣
雅釋詁四

躋 丨陞也爾雅釋詁又小爾雅廣言○丨升也詩蒹
葭道阻且丨傳斯干君子攸丨傳長發聖敬日丨
傳又左氏文二年經大祀於太廟丨僖公注又穀梁
文二年傳又易震丨於九陵釋文詩七月丨彼公堂

釋文禮記禮器注丨僖公釋文又國語魯語丞將丨
僖公注晉語聖敬日丨注又漢書敘傳下集注又後
漢桓帝紀注韋彪傳注班彪傳上注又家語弟子行
是以日丨注○隮升詩蝃蝀朝隮于西傳又周禮宗
伯注隮僖公釋文又儀禮士虞禮記隮祔爾于爾皇
祖某甫注又文選西京賦累層構而遂隮薛注○丨
者何升也公羊文二年傳○隮者升氣也周禮眡祲
九曰隮司農注○隮升雲也詩候人南山朝隮傳○
丨登也漢書五行志中之上○丨登也東齊海岱之
閒謂之丨方言一○丨猶墜也書微子今爾無指告
予顛隮馬注○隮虹也周禮眡祲九曰隮注○今文
隮爲齊儀禮士虞禮記隮祔爾于爾皇祖某甫注○文
故書隮作資周禮眡祲注○禮記樂記地氣上齊釋
文齊本作丨公羊文二年齊僖公釋文齊本作丨○
詩長發聖敬日丨禮記孔
子閒居注作聖敬日齊

齏本作齏亦作齊○淹韭曰齏凡醯醬所和細切曰
齏一切經音義一引通俗文○凡醯醬所和細切
爲丨全物若牒爲菹周禮醢人以五齊七醢七菹三
虀實之注○齏菹也廣雅釋器○齊醬屬也禮記曲
禮上徹飯齊以授相者注○丨齊也與諸味相濟成
也釋名釋飲食○齏和也莊子知北遊故以是非相
齏也注又釋文○齏碎也莊子大宗師齏萬物而不
爲義釋文引司馬注○齏亂也莊子列御寇而齏其
所患釋文○變而相雜故曰齏莊子天道齏萬物而
不爲戾注○齊當爲丨五丨昌本脾析蜃豚拍深蒲
也周禮醢人以五齊七醢七菹三虀實之注○禮記
曲禮徹飯虀釋文虀本作齊○禮記曲禮操醬齊釋
文齊本
作虀

齎丨持也廣雅釋詁三○丨猶持也與賫通後漢蔡
邕傳注○丨持資賻也易萃丨咨涕洟虞注○丨

行道之財用也周禮外府共其財用之幣丨注○丨
資糧也禮記奔喪注容待丨也釋文○與人物曰丨
史記貨殖傳丨貸子錢索隱○丨猶付也儀禮聘禮
記又丨皮馬注○丨裝也廣雅釋言○丨送也廣雅
釋詁四○丨猶送也周禮小祝設道丨之眞注○丨
進也國策西周策王何不以地丨周最注○丨所給
予人以物曰丨今時詔書或曰丨丨計吏周禮掌皮歲
終則會其財丨丨注○丨咨嗟歎之聲易萃丨咨涕洟
注又釋文○丨咨悲聲怨聲易萃釋文引馬注○丨
泊者水迴入涌出之貌列子黃帝與丨俱入與汨俱
出注○丨當爲粢道中祭也漢儀每街路輒祭周禮
小祝設道丨之眞杜注○丨讀爲齊周禮鬯人禜門
用瓢丨注○杜子春讀丨爲粢同上○故書丨爲資
周禮典婦功以授嬪婦及內人女功之事丨注○故
書丨作資周禮典枲以待時頒功而授丨注○丨或
爲資周禮掌皮司農注又史記吳太伯世家索隱○

丨或爲資今禮家定丨作資周禮外府共其財用之
幣丨司農注○丨資同耳其字以齊次爲聲從其變
易古字亦多或周禮外府注○周禮典婦功注故書
丨爲咨釋文丨本作粢○左傳昭元年注始禮自丨
其一釋文丨本作賫○莊子列御
寇萬物爲丨送釋文丨本作濟

擠丨排也漢書項籍傳集注引臣瓚又莊子徐无鬼
而與舟人鬬釋文引司馬注○丨隊也左氏昭十
三年傳知丨
於溝壑矣注

迷丨惑也爾雅釋言又楚辭惜誦丨不知寵之門注
涉江丨不知吾之所如注哀命志眘丨而不知路
注又文選思元賦何丨故而不忘舊注○丨誤也廣
雅釋詁三又離騷及行丨之未遠注○坤爲丨易坤
先丨九家注○坤冥爲丨易復丨復虞注○凡失其
所欲之路而妄行之則爲丨韓非子解老○丨陽猶

亡陽也莊子人閒世丨陽丨陽無傷吾行注○丨陽
伏陽也謂詐狂莊子人閒世釋文引司馬注○招搖
之山有木焉其狀如穀而黑理其華
四照其名曰丨穀山海經南山經

【麛】亦作麑○鹿子丨爾雅釋獸○丨鹿子也禮記檀
弓注吉時丨裘釋文內則秋宜犢丨膳膏羶釋文
○麑鹿子也論語鄉黨素衣麑裘皇疏又釋文又管
子五行不夭麑麇注○鹿子曰丨呂覽孟春無丨注
○鹿子曰麑國語魯語獸長麑麇注又後漢劉陶傳
注又文選西京賦效獲麑麇薛注○丨麋鹿子周禮
迹人禁丨卵者注○丨麛也廣雅釋獸○丨孤之摯
也儀禮士相見禮如丨丨執之注引或曰○狙麑力士
國語晉語使狙麑賊之注○詩魚麗傳大夫不丨不
卵釋文丨本作麑儀禮聘義注素衣丨裘釋衣丨本
作麑禮記檀弓注吉時丨裘釋文丨本作麑王制不
丨不卵釋文丨本作麑爾雅釋獸其子丨釋文丨本
作麑○爾雅釋獸狻麑釋文麑本作猊○論語鄉黨
素衣麑裘儀禮聘禮注作素衣丨裘○漢書古今人
表鉏丨左傳宣二年作
鉏麑說苑立節作鉏彌

【泥】丨涵也涵近也以水沃土使相黏近也釋名釋宮
室○坤土得雨爲丨易震震遂丨虞注○丨近乎
外者也易象上傳需于丨崔注○水潦所止丨邱爾
雅釋邱○水潦所止曰丨邱其止汙水留不去成丨
也釋名釋邱○高平方與縣東有丨母亭如甯左氏
僖七年經盟於甯母注○丨中衛邑也詩式微胡爲
乎丨中傳○丨水出北地郁郅蠻夷中晉書
音義中○爾雅釋邱釋文丨字作尼又作坭

【臡】醢有骨者謂之丨爾雅釋器○醢有骨謂之丨儀
禮公食大夫禮昌本南麋丨注○有骨爲丨無骨
爲醢周禮醢人司農注○有骨曰丨呂覽本味鱣鮪
之醢注○醢有骨者曰丨丨呢也骨肉相傳呢無汁
也釋名釋飲食○麋丨麋骭髓醢或曰麋丨醬也周
禮醢人司農注○三丨亦醢也作醢及丨者必先膊
乾其肉乃後莝之雜以梁麴及鹽漬以美酒塗諸瓶
中百日則成矣周禮醢人朝事之豆注○三丨麋鹿
麋丨也周禮醢人以五齊七醢七菹三丨實之注○
今文丨皆作麋儀禮公食大夫禮昌本南麋丨注○
丨作腝人兮反儀禮公食大夫禮釋文引字
林○禮記郊特牲注麋丨釋文丨本作麑

【谿】通作溪○水注川曰丨爾雅釋水又國語晉語丨
谿可盈是不可饜也注又文選蜀都賦含丨懷谷
劉注○水注川曰溪公羊僖三年傳桓公曰無障谷
注○水出於山入於川曰丨爾雅釋水李注○丨亦
澗也左氏隱三年傳澗丨沼沚之毛注○山瀆無所
通丨丨爾雅釋山○無水曰丨呂覽察微若高山之與
深丨注○丨谷也史記天官書川塞丨㹞集解引徐
廣○谿谷也廣雅釋山○谿空也莊子外物則婦姑
勃谿釋文○丨盧呂覽適音則耳丨極注○武陵有
五溪謂雄溪樠溪無溪酉溪辰溪其一焉水經沅水
注○肉之小會爲丨素問氣穴論○丨者肉之小會
名也素問六節藏象論此四支八丨之朝夕也注○
太丨腎脉氣也素問至眞要大論太丨絶注○丨子
爲弩所出國名也或曰丨蠻夷也以柘桑爲弩因曰
丨子楊鄭國善爲弩匠因以爲名也淮南俶眞丨子
之弩注○莊子田子方數稱丨工釋文丨司馬本作
雞

【圭】亦作珪○丨瑞玉也論語鄉黨執丨皇疏○丨瑞
也禮記聘義以丨璋聘注○珪玉也後漢崔駰傳
注○丨者玉也說苑修文○丨所執以爲瑞節也儀
禮聘禮記丨與繅皆九寸注○丨璋特達瑞也儀禮
聘禮束帛加璧束帛加琮注○珪璋玉也後漢劉儒
傳注○丨銳象春物初生周禮大宗伯以青丨禮東

方注○銳上方下曰珪莊子馬蹄孰爲珪璋釋文引李注○珪者兌上白虎通瑞贄○乾爲｜｜桓｜也易益告公用｜虞注○珪以朝公羊定八年傳璋判白注○珪璧所用聘好之物荀子富國珪璧將甚碩注○珪之爲言｜也白虎通瑞贄○｜之言珪潔也考工記匠人九夫爲井注○｜潔也周禮蜡氏令州里除不蠲注又廣雅釋詁三又孟子滕文公上必有｜田注○｜絜也儀禮士虞禮記｜爲而哀薦之注○｜珪守邑符信左氏哀十四年傳司馬牛致其邑與珪焉注○弓以玉者謂之珪爾雅釋器○｜瓚祼器也禮記祭統君執｜瓚注○｜瓚圭爵也禮記王制賜｜瓚注○土｜所以致四時日月之景也周禮大司徒以土｜之灋注○｜窬門旁窬也穿牆爲之如｜矣禮記儒行篳門｜窬注○｜窬穿牆爲之如｜也家語儒行蓽門｜窬注○六十四黍爲一｜廣韻引孟子注○禮記王制賜｜瓚釋文｜本作珪○書金縢植璧秉珪史記魯周公世家作戴璧秉｜○周禮蜡氏注引小雅吉蠲爲饎作吉｜惟饎○孟子白作白珪

｜魏策

閨 宮中之門謂之闈其小者謂之｜爾雅釋宮又公羊宣六年傳自｜而出者注○小門謂之｜離騷｜中既邃遠兮注○｜小門也荀子解蔽俯而出城門以爲小之｜也注○｜竇小戶穿壁爲戶上銳下方狀如圭也左氏襄十年傳篳門｜竇之人注○｜閤也楚辭逢尤念靈｜兮與重深注○｜閤也國策齊策至中｜注○｜內也太元沈沈耳于｜注○金｜金馬門也文選別賦金｜之諸彥注○金｜即金門也文選謝元暉始出尚書省詩既通金｜籍注○左傳襄十年蓽門圭竇之人釋文｜木作圭

袿 ｜婦人上衣也晉書音義下引字林○｜婦人之上服後漢張衡傳注○婦人上服曰｜其下垂者

上廣下狹如刀圭也釋名釋衣服○｜重繒爲飾爾雅釋器注｜衣之飾釋文○｜袖也廣雅釋器

窐 ｜甑下孔楚辭哀時命璋珪雜於甑｜兮注○｜容汙下也呂覽任地子能以｜爲突乎注○｜卸窊也史記樂書嘗得神馬渥洼水中索隱

睽 ｜目少精也一切經音義一引廣蒼○｜睢張目貌文選魯靈光殿賦顒顒䫉而｜睢注○｜乖也易繫辭下傳蓋取諸｜注睽鄭注又莊子天運下｜山川之精釋文○｜菲也廣雅釋言○｜者乖也易序卦傳○｜離也後漢馬融傳注○｜外也易雜卦傳○｜猶乖離法言重黎天下孤｜注○｜乖離之象左氏僖十五年傳歸妹之｜注○｜音圭易睽釋文引字林

奎 ｜爲毒螫主庫兵後漢蘇竟傳○莊子徐无鬼｜蹄曲隈釋文｜本作睽

刲 ｜刺也易歸妹士｜羊無血釋文引馬注又國語楚語｜羊擊豕注○｜刺也易歸妹虞注○｜亦刺也後漢馬融傳注○｜刲也廣雅釋言○｜屠也廣雅釋詁三○｜刺割也左傳僖十五年士｜羊釋文○｜刲博異語也禮記內則｜之刲之注○｜謂殺之儀禮少牢饋食禮司馬｜羊注○｜取國策齊策｜魏之東野注

擕 ｜提也廣雅釋詁四○｜引也淮南覽冥相｜於道注○｜連也漢書天文志集注引孟康○｜離也左氏僖七年傳招｜以禮注僖廿八年傳不如私許復曹衛以｜之注又周書武順均伯勤勞而無｜注又國語周語百姓｜貳注節度不｜注民乃｜貳注晉語亦固太子以｜之注不若私許復曹衛以｜之注又後漢張衡傳注袁紹傳注又文選思元賦結精遠遊使心｜舊注○息政外交曰｜周書謚法○

愈政外交曰丨獨斷下

畦 丨共呼種之名五十畝爲丨離騷丨畱夷與揭車今注○田五十畝曰丨丨埒也一切經音義十七引蒼頡○今俗以二十五畝爲小丨以五十畝爲大丨也孟子滕文公下病於夏丨劉注○埒中曰丨莊子天地方將爲圃丨釋文引李注○丨猶區也楚辭招魂倚沼丨瀛兮注

觿 丨所以解結成人之佩也詩芄蘭童子佩丨傳○丨解結錐禮記內則釋文○小丨解小結也丨貌如錐禮記內則小丨金燧注○丨本亦作鑴晉書音義上○禮記內則釋文丨本作鑴

烓 丨明也方言十二又廣雅釋詁四

蘻 丨蘆萯葤也廣雅釋草○蘻丨木名坎爲蘻丨易困據于蘻丨虞注○孫叔敖碑愛育丨口又繼高

陽重丨五臯子文之統祝睦後碑祝君兆自丨辛黎作丨

淒 丨寒也左氏昭四年傳春無丨風注○丨寒貌文選思元賦寒風丨其永至兮舊注○丨風寒風也後漢寇榮傳注○丨冷也文選思舊賦寒冰丨然注

桋 詩四月隰有杞丨釋文丨本作荑

睼 丨視也文選思元賦親所丨而弗識兮舊注

緊 丨發聲也左氏僖五年傳民不易物惟德丨物服注襄十四年傳丨伯父是賴注○丨語助左氏隱元年傳丨我獨無注○丨是也詩雄雉箋伊當作丨釋文左傳僖五年惟德丨物釋文又國語周語豈丨多寵注吳語丨起死人而肉白骨也注又漢書敘傳下集注○丨猶是也後漢應劭傳注○丨至也廣雅釋詁二○丨蒙也左氏襄十四年傳丨伯父是賴服注

裞 衣裗謂之丨爾雅釋器○丨謂裗也爾雅釋器釋文

蜺 丨寒蜩爾雅釋蟲○丨寒螿禮記月令注謂丨也釋文○蟬黑而赤者謂之丨方言十二

橀 爾雅釋木魄榽丨釋文丨本作醯

鷈 丨須鸁爾雅釋鳥○丨鷿丨似鳧而小膏中瑩刀爾雅釋鳥注○野鳧其小而好沒水中者南楚之外謂之鷿鷈方言八

嶲 丨周爾雅釋鳥

酅 丨紀季之邑國語齊語東至於紀丨注○丨齊地春秋本義引陳岳春秋折衷論○丨邱陵險阻者

左氏僖廿八年傳楚師背丨而舍注○左氏僖廿五年公追齊師至巂釋文巂本作丨○左氏莊三年紀季以丨入于齊釋文丨本作攜○左氏僖廿六年公追齊師至丨公羊作巂

轞 丨通作巂○巂猶規也謂輪轉之度巂或爲縈禮記曲禮上立視五巂注○車輪轉一周爲巂禮記曲禮釋文

篦 篝筌謂之丨廣雅釋器○丨次也廣雅釋詁三

○以下據廣韻錄

[广齊] 丨卽丨狠也後漢南蠻西南夷傳注

[齊女] 丨好也廣雅釋詁一

[齊魚] 丨鯠爾雅釋魚

遟 丨遲也廣雅釋詁四○丨徐也文選舞賦注引蒼頡

[illegible] 丨國名廣雅釋詁注西伯堪丨釋文○爾雅釋詁注釋文丨本作黎

[illegible] 丨欺也廣雅釋詁二○丨悔欺慢也廣雅釋訓

鶈 丨鸎怪鳥屬也廣雅釋鳥

郪 左氏文十六年盟于丨邱公羊作師邱穀梁作犀邱

袛 丨裯襘褕也廣雅釋器

[illegible] 丨籃也廣雅釋器

[illegible] 丨寄食廣韻引字林○酪酥謂之丨餬一切經音義七引通俗文

䚷 丨視也廣雅釋詁二

醍 丨醐一切經音義十四引文字集略

鷤 集韻或作鶗○丨鴂子鳺也廣雅釋鳥○丨鴂布穀也後漢張衡傳注○鶗鴂鳥名同上

鼶 丨鼠爾雅釋獸

鮷 今亦呼鮎為丨山海經北山經決決之水其中多人魚其狀如丨魚注

厗 丨或作蹄漢書地理志下集注引孟康

鶙 丨鶘鵜也廣雅釋鳥

豍 丨豆蹓豆也廣雅釋草

[illegible] 丨慊也廣雅釋器

蜺 狗蝨曰丨一切經音義十一引通俗文○丨牛蝨也御覽九百五十二引字林

棿 丨牢也廣雅釋室

[illegible] 丨短也廣雅釋詁二

[illegible] 丨蛾也廣雅釋蟲

[illegible] 丨鑿也廣雅釋詁一○丨堅也吳揚江淮之閒曰丨方言二

豯 豚或謂之丨方言八○丨豚也廣雅釋獸○丨養在長廣周禮職方氏其澤藪曰丨養注○杜子春讀丨為奚同上

[illegible] 丨譍也廣雅釋詁一○丨然也南楚凡言然者或曰丨方言十

郳 丨國名穀梁莊五年丨黎來來朝釋文○左氏莊五年丨黎來來朝公羊丨作倪○左氏莊十五年宋人齊人邾人伐丨公羊作伐兒

婗 丨子也廣雅釋親

[illegible] 丨欺也廣雅釋詁二

屖 丨義與棲遲同息也久也或作犀牛字誤也孟子盡心下若崩厥角稽首注音義引丁音

㔸 匾丨薄也今俗呼廣薄為匾丨關中呼婢丨補迷反一切經音義六引纂文○丨他奚反一切經音義六引韻集

櫅 丨白棗爾雅釋木

𣬈 丨短也廣雅釋詁二

鸂 丨鶒水鳥也文選吳都賦丨鶒鸂鶒劉注

螇 蛥蚗齊謂之丨螰方言十一

谿 丨簇也廣雅釋器

䅅 丨耕也廣雅釋地

茥 丨葐爾雅釋草○靑州呼丨爾雅釋草注

溪 丨音圭爾雅釋水釋文引字林

蒵 丨菇王瓜也廣雅釋草○爾雅釋草爾雅釋草鉤丨菇釋文

騱 丨如馬一角不角者騏爾雅釋獸○爾雅釋獸釋文丨本作騱

𢤪 丨本作䳓

攜 丨離也廣雅釋詁三○丨或作攜離也國語晉語

攜 丨民國移心焉注楚語民之精爽不丨貳者注○周禮凡以神仕者注引楚語民之情爽不丨貳者作民之情爽不攜貳者

纗 丨系也文選思元賦丨幽蘭之秋華兮舊注○丨者卽係囊之繩也文選思元賦注

劙 丨剞也廣雅釋言

○以下據𤈦丨焦也史記龜策傳梁卵丨黃正義集韻録

軒 丨丨當作軝周禮大馭右祭兩軝祭軓杜注○或讀丨爲簪笄之笄周禮大馭杜注

○附録偍難進曰丨荀子脩身○丨與提媞皆同謂弛緩也荀子脩身注

經籍籑詁卷第八

經籍籑詁卷第八補遺　上平聲

兵部侍郎兼都察院右副都御史巡撫浙江等處地方提督軍務兼理糧餉阮元譔集

八齊

齊　說文𪗇禾麥吐穗上平也象形凡𪗇之屬皆从𪗇○無有貴賤謂之丨民若今平民矣漢書食貨志下亂丨民注○丨一也國語楚語而又能丨肅衷正注○丨等也淮南精神壺子之視死生亦丨矣注又文選羽獵賦以贍丨民注引如淳○丨正詩小宛八之丨聖傳○中正謂丨詩小宛箋中正通知之八疏○丨中也管子內業節適之丨注○丨者中也率心由道舉事皆中也左氏文十八年傳疏○丨疾也荀子非十二子丨給便利注○丨急便利皆捷速也荀子脩身丨給便利注○丨度也員也水經濟水注引春秋說題辭○丨謂同力荀子議兵民丨者強注○丨謂一時同也禮記學記大時不丨疏○丨謂共牢而食同尊卑也禮記郊特牲壹與之丨注○丨卽斬斷之義詩閟宮箋翦斷也疏○丨謂整丨禮記中庸丨明盛服疏○丨丨謂整丨之貌禮記祭義丨丨乎其敬也疏○丨丨恭慤貌也禮記玉藻廟中丨丨注○丨丨自收持嚴正之貌也禮記玉藻疏○丨所以爲丨曰天丨也漢書郊祀志上○丨於萬民故曰丨淮南原道此丨民之所以淫泆流湎注○丨民凡民丨于民也淮南俶眞又況丨民乎注○丨古之建國也漢書高帝紀下○丨當爲濟荀子王霸以國丨義注○丨讀齌之齌丨捷皆疾淮南說山力貴丨知貴捷注○國語周語外內丨給賈子禮容語下作外內肅給

蠐　集韻同𧓏○說文𧓏𧓏𧑒也从虫齊聲○丨螬謂之蟦丨關東謂之蝤丨梁益之閒謂之蝎爾雅釋蟲蟦丨螬蝤丨蝎孫注○烏足之根爲丨螬列子天瑞○詩碩人領如蝤蠐釋文本亦作丨又作齊

臍　集韻同齎○說文齎肶齎也从肉齊聲

黎　說文𪏮履黏也从黍𥝩省聲𥝩古文利作履黏以黍米○丨蒸皆衆也後漢書班固傳下巡靖丨蒸注○丨烝衆庶也漢書司馬相如傳下覺寤丨烝注○丨亦徐緩之意也漢書高帝紀上遲明圍宛城三帀注○丨比也史記酷吏列傳之旁郡國丨求索隱○丨黑也史記衞將軍驃騎列傳遲明索隱○丨黔皆黑也漢書鮑宣傳蒼頭廬兒注引孟康○丨小疏也書禹貢厥土青丨王注○丨陰官也漢書郊祀志上命火正丨司地以屬民注引應劭○書序周人乘丨釋文尚書大傳作耆○書西伯戡丨大傳作戗耆

犂　集韻犂同○說文犂耕也从牛𪏮聲○丨黑也史記南越列傳丨旦索隱○丨雜也漢書樊酈滕灌傅靳周傳贊仲尼稱丨牛之子注

藜　說文丨艸也从艸𪏮聲○丨草名也史記孔子世家雜離索隱○丨草似蓬也漢書司馬遷傳丨藋之羹注○丨似藋而表赤史記太史公自序丨藋之羹正義○丨蘆薥蘜也廣雅釋草

黧　丨黔皆黑也漢書鮑宣傳蒼頭廬兒注

蠡　丨瓠瓢也漢書東方朔傳以丨測海注引張晏○丨猶羅也文選石闕銘序注引尚書考靈耀鄭注

妻　說文丨婦與夫齊者也从女从屮从又又持事丨職也㚣古文丨从肖女肖古文貴字○丨之言齊齊於夫也詩十月之交疏○丨齊也後漢書方術樊英傳○丨者齊也禮記曲禮上注○丨稱室疏○丨者夫之合春秋繁露基義○丨子家之貴者孝經而況於丨子乎注○丨爲正適左氏昭十一年傳注蓬副

倅也疏○丨稱室禮記曲禮上三十曰壯有室注○
卿丨曰內子大夫丨曰命婦禮記曾子問注內子大
夫丨也疏○周家大夫丨曰內子禮記曲禮下庶人
曰丨疏
萋 說文丨艸盛从艸妻聲詩曰萋萋丨丨○丨丨青
草貌也漢書外戚傳下中庭丨兮鮮草生注
凄 說文丨雲雨起也从水妻聲詩曰有渰丨丨○丨
丨雲與貌後漢書左雄傳有渰丨丨注○丨滄大
涼也素問五常政大論丨滄數至注○丨淚寒涼之
意也漢書外戚傳上秋氣潛以丨淚兮注
悽 說文丨痛也从心妻聲○丨愴傷悼之貌淮南本
經丨愴之志注○丨愴寒冷也漢書王褒傳不憂
至寒之丨愴注
隄 說文丨唐也从𨸏是聲

羝 說文丨牡羊也从羊氐聲○丨牡羊也漢書郊祀
志上其牲用騂駒黃牛丨羊注蘇武傳使牧丨注
○丨羊牡羊也漢書江都易王非傳與丨羊及狗交
注○吳羊牡一歲曰牡䍦三歲曰丨廣雅釋嘼羊屬
○丨羊股羊也易大壯疏○周頭煇丨煇丨者羊也
周書王會
鞮 說文丨革履也从革是聲○丨鞪卽兜鍪也漢書
韓延壽傳被甲丨鞪居馬上注楊雄傳下丨鍪生
蟣蝨注又文選長楊賦注○丨知也禮記王制西方
曰狄丨釋文○丨與知聲相近禮記王制疏
低 說文新附丨下也从人氐氐亦聲○丨昂者仾貴
仾賤也史記平準書物踊騰糶索隱○丨徊猶徘
徊也漢書司馬相如傳下丨徊陰山注○丨回猶言
徘徊也漢書楊雄傳上淚丨回而不能去兮注○丨
回紆衍也漢書楊雄傳下大道丨回注

氐 丨亦羊稱史記匈奴列傳西接丨羌索隱引纂文
○丨羌地羌不同故謂之丨羌今謂之丨矣周書
王會丨羌以鸞鳥注○丨首猶俯首也漢書食貨志
下封君皆丨首仰給焉注
稊 集韻蕛通○說文蕛蕛苵也从艸稊聲○丨楊秀
之始生者漢書五行志中之下枯楊生丨注○丨
者楊柳之丨易大過注楊之秀也疏○易大過枯楊
生丨釋文鄭作荑
題 說文丨頟也从頁是聲○丨額也史記司馬相如
列傳赤首圜丨集解引郭璞○丨頟也漢書楊雄
傳上徒角搶丨注注又文選上林賦赤首圜丨注引
張揖○丨謂額也禮記王制雕丨交趾注○丨頭也
漢書楊雄傳上璇丨玉英注引應劭又續漢禮儀志
下注引漢書音義又文選宋孝武宣貴妃誄注引漢
書韋昭注又淮南本經橑檐榱丨注○丨名也詩商
頌譜商者契所封之地疏引契握湯說契注○丨者

表識之言詩淸人箋喬矛矜近上及室丨疏○丨或
作頭詩麟之趾傳定丨也疏○禮記王制雕丨交趾
白虎通禮樂作雕踶交趾
提 說文丨挈也从手是聲○丨謂丨撕之漢書賈誼
傳故迺孩丨有識注○丨挈言相扶持也漢書陳
餘傳況以兩賢王左丨右挈注○丨攜謂牽將行禮
記曲禮上長者與之丨攜注○丨衡猶言相丨攜也
漢書杜周傳贊相與丨衡注引如淳○丨撮凡也文
選西都賦丨封五萬注引臣瓚○丨封者大舉其封
疆也漢書地理志下丨封田注
荑 說文丨艸也从艸夷聲○丨是蕛之新生者詩七
月傳女桑丨桑也疏○丨木更生易大過枯楊生
稊釋文引鄭注○孟子告子上不如丨稗長短經作
不如稊稗

蹏 一作蹄○說文丨足也从足虒聲○枝蹏枝足也爾雅釋畜騉駼枝蹄趼舍人注○丨研者謂其丨下平也漢書百官公卿表上牧橐昆丨令丞注

嗁 或作啼○說文丨號也从口虒聲○啼卽泣也儀禮既夕禮記哀有甚有否疏

銻 說文丨鎕丨也从金弟聲

綈 說文丨厚繒也从糸弟聲○丨厚繒也漢書文帝紀贊身衣弋丨注賈誼傳自衣皁丨注張安世傳身衣弋丨注東方朔傳身衣弋丨注禹貢傳衣丨履革注王嘉傳乘輿席緣丨繒而已注佞幸董賢傳柱檻衣以丨錦注匈奴傳上赤丨綠繒注外戚傳下盛緣丨方底注又後漢書宦者傳序土木被緹繡注○丨今之麤袍史記范睢蔡澤列傳乃取其一丨袍以賜之正義○丨赤也儀禮覲禮注如今丨素屏風也疏

騠 說文丨駃丨也从馬是聲

鮷 集韻鮷鯷同○說文鮷大鮎也从魚弟聲○鮷似鮨文選蜀都賦鮷鱧魦鱨注○國策趙策鯷冠秫縫史記作却冠秫絀

鵜 說文鶇胡污澤也从鳥夷聲丨鶇或从弟○丨鶘卽汙澤也一名淘河漢書五行志中之下昭帝時有丨鶘注○丨一名洿澤爾雅釋鳥丨鴮鸅舍人注○丨水鳥詩候人維丨在梁陸疏

媞 丨丨行步之安也爾雅釋訓丨丨安也疏引孫注

緹 丨縉謂鮮明之衣後漢書應劭傳丨縉十重注

折 丨丨安舒貌禮記檀弓上吉事欲其丨丨爾注又釋文

篦 說文新附丨導也今俗謂之丨从竹皀聲

陛 說文丨牢也所以拘非也从非陛省聲

雞 說文丨知時畜也从隹奚聲鷄籀文丨从鳥○丨丨者小畜主司時起居人漢書五行志中之上○丨爲貌丨又知時象春故屬木周禮庖人注丨屬宗伯木也疏○丨木畜禮記月令食菽與丨注○丨爲木畜禮記月令注麥實有孚甲疏○丨或作笄後漢書隗囂傳王孟塞丨頭道注○丨水卽桂水也丨桂聲相近水經鍾水注

稽 說文丨畱止也从禾从尤旨聲凡丨之屬皆从丨○丨畱也管子君臣是以令出而不丨注○丨固猶停畱也後漢書段熲傳丨固熲軍注○丨貯滯也漢書食貨志下以丨市物注引李奇○丨考也周禮鄉師丨其鄉器疏○丨攷也易繫辭下傳虞注又侯注○丨之言考也禮記樂記丨之度數疏○丨計也周禮內宰丨其功事疏縣師及其六畜車輦之丨疏遂人以歲時丨其民疏○丨同也詩元鳥箋古帝天也疏引尚書緯○丨顙觸地無容禮記檀弓上拜而後丨顙釋文○丨首頭至地頭下緩至地也左氏僖五年傳士蔿丨首疏

笄 說文丨簪也从竹幵聲○丨今簪也史記趙世家名之爲摩丨之山正義○丨首飾列子周穆王設丨珥注○丨婦人之首飾如今象牙擿史記張儀列傳故至今有摩丨之山集解○丨謂骨丨禮記問喪注雞斯當爲丨纚疏○丨者所以安髮周禮追師注王后之燕居亦纚以丨總而已疏○凡諸設丨有二

種一是紒內安髮之丨一是皮弁爵弁及六冕固冠之丨儀禮士冠禮設丨疏

栟 說文丨屋櫨也从木幷聲

兮 說文丨語所稽也从丂八象气越亏也凡丨之屬皆从丨○丨是語辭古文尚書丨爲猗禮記大學斷斷丨疏○詩甫田禾幾見丨釋文一本作見之○老子淵丨似萬物之宗釋文河上作乎

奚 說文丨大腹也从大𦣞省聲𦣞古文系字○丨何也呂覽貴公臣丨能言注謹聽丨自知其身之不逮也注遇合離惡丨傷注傾勢則丨以易臣注不苟枝無罪丨請注分職必任巧匠丨故注

嵇 說文新附丨山名从山稽省聲奚氏避難特造此字非古

蹊 丨卽徑也周禮遂人注徑容牛馬疏○丨謂徑道也漢書李廣蘇建傳贊下自成丨注

㜎 說文丨女隸也从女奚聲

徯 丨待也書益稷惟動丕應丨志傳○丨隧徑道也漢書貨殖傳繳弋不施於丨隧注

騱 說文丨驒丨馬也从馬奚聲

谿 丨空也莊子外物則婦姑勃丨釋文

鼷 說文丨小鼠也从鼠奚聲○丨小鼠也漢書中山靖王勝傳臣聞社丨不灌注○丨小鼠也卽今所謂甘鼠者漢書五行志中之上丨鼠食郊牛角注○丨鼠之最小者或以謂耳鼠爾雅釋獸注○丨鼠爾雅釋獸丨鼠釋文引博物志○丨有螫毒者爾雅釋獸注○丨鼠有螫毒如鼠狼爾雅釋獸孫注○丨卽鼶鼩也爾雅釋獸李注

鷖 說文丨鳧屬从鳥殹聲詩曰鳧丨在梁○丨鳧屬後漢書馬融傳鴐鵞鶬鷂丨注○故書丨或作緊周禮巾車雕面丨總注

⿱殹土 說文丨塵埃也从土殹聲

黳 說文黳小黑子从黑殹聲

倪 說文丨俾也从人兒聲○丨研及然聲皆相近漢書貨殖傳迺用范蠡計然注

齯 說文丨老人齒从齒兒聲

霓 通作蜺○說文丨屈虹青赤或白色陰气也从雨兒聲○蜺雌虹也後漢書張衡傳蜺旋飄而飛揚注○蜺日旁氣也漢書五行志下之上○蜺者斗之精也續漢書五行志五注引演孔圖

猊 廣韻麑同○說文麑狻麑獸也从鹿兒聲

鯢 說文丨刺魚也从魚兒聲○雄曰鯨雌曰丨左氏宣十二年傳注鯨丨大魚名疏引裴淵廣州記○鯨鯢猶言鳳丨猶言凰也文選吳都賦劉注

輗 說文丨大車轅耑持衡者从車兒聲⿰車宜丨或从宜棿丨又从木

醯 說文丨酸也作丨以鬻以酒从鬻酒並省从皿皿器也○丨則酸也周禮疾醫五味丨酒飴蜜薑鹽之屬注○丨酢也左氏昭二十年傳水火丨醢鹽梅疏○丨是釀穀爲之酒之類儀禮聘禮注丨穀陽也疏○丨穀陽也周禮掌客注丨在碑東疏○禮記郊特牲丨醢之美釋文本又作醓內則實諸丨以柔之釋文本又作醓又周禮天官序官丨人釋文本又作醓又論語公冶長或乞丨焉釋文亦作醯

【西】集韻𠧧同○說文𠧧鳥在巢上象形日在𠧧方而鳥棲故因以爲東𠧧之𠧧凡𠧧之屬皆从𠧧棲丨或从木妻𠧧古文丨𠧧籒文丨

【栖】亦作棲○棲卽舉也詩賓之初筵箋舉者舉鵠而棲之於侯也疏○迡遟卽棲遟也文選甘泉賦靈迡遟兮注○棲與犀字異音同詩碩人傳瓠犀瓠瓣疏○婁壽碑徲徲衡門丨作徲繁陽令楊君碑徲伲樂志丨作伲

【犀】說文丨南徼外牛一角在鼻一角在頂似豕从牛尾聲○丨丨皮也可用爲甲國語齊語贖以丨甲一戟注

【澌】丨猶消盡也荀子大略惡言死焉注引鄭康成

【嘶】集韻㾷通○說文㾷散聲从疒斯聲○丨聲破也漢書王莽傳中大聲而丨注○㾷謂咽痛也方言六㾷噎也注○丨謂酸丨古之丨字單作斯耳禮記內則注沙猶丨也疏

【梯】說文丨木階也从木弟聲○丨猶階也文選應德璉侍五官中郎將建章臺集詩注引國語賈注○丨者構木瞰高也史記孟子荀卿列傳注爲雲丨之械索隱

【鼙】說文丨騎鼓也从鼓卑聲

【椑】說文丨圜榼也从木卑聲○丨榼謂今之偏榼也史記大宛列傳注飲器丨榼索隱○丨榼卽今之偏榼所以盛酒耳漢書張騫傳以其頭爲飲器注○丨卽櫬是也左氏襄二年傳注櫬棺也疏○親身之官名之曰丨同上

【㼰】說文丨甖謂之丨从瓦卑聲

【批】說文𢪔反手擊也从手毘聲

【躋】廣韻隮同○說文丨登也从足齊聲商書曰告予顚丨○丨升也易震丨于九陵疏○隮升也禮記樂記地氣上齊注○隮訓爲升周禮眡祲注隮者升氣也疏○隮亦虹也詩蝃蝀箋朝有升氣於西方疏○隮亦日之光氣同上○周禮春官序官注隮僖公釋文隮本又作丨

【齏】說文𩐎墜也从韭次𠂔皆聲齏𩐎或从齊○若牒爲菹細切爲虀周禮醢人其實韭菹疏○丨亦得爲菹故云菹也儀禮公食大夫禮注昌蒲本菹也疏

【齎】說文丨持遺也从貝齊聲○丨謂將衣食之具以自隨也漢書食貨志下行者丨注○行道曰丨周禮典婦功以授嬪婦及內人女功之事賫取絲枲疏○杜子春丨讀爲資周禮典婦功以授嬪婦及內人女功之事疏○杜子春云丨讀爲資周禮巾車入丨于職幣注○丨與資同漢書霍去病傳丨數十乘注又荀子大略丨盜糧借賊具也注○丨字與資同謂資裝也漢書霍去病傳約輕丨注○周禮小宗伯受其將幣之丨釋文本又作賫

【擠】丨排也淮南兵略丨其揭揭注

【迷】說文丨惑也从辵米聲○坤爲丨暗易繫辭下傳百官以治萬民以察虞注○坤爲先丨易復丨復集解

【麛】說文丨鹿子也从鹿弭聲○丨鹿子也漢書貨殖傳蝝魚丨卵注○丨是鹿子儀禮士相見禮如丨

執之者疏○丨乃鹿子之稱而凡獸子亦得通名也禮記曲禮下士不取丨卵疏○大者曰鹿小者曰丨禮記檀弓上注吉時丨裘疏

泥 說文丨水出北地郁郅北蠻中从水尼聲○土得雨爲丨塗易睽見豕負塗虞注

臡 丨字林作腝謂有骨醢也爾雅釋器有骨者謂之丨釋文○爾雅釋器有骨者謂之丨釋文本又作臡

谿 通作溪○說文丨山瀆無所通者从谷奚聲○水注川曰溪漢書司馬相如傳上振溪通谷注引張揖○丨子弩也太平御覽引廣雅○左氏文十六年傳子越自石溪釋文本又作丨

圭 亦作珪○說文丨瑞玉也上圜下方公執桓丨九寸侯執信丨伯執躬丨皆七寸子執穀璧男執蒲璧皆五寸以封諸侯从重土楚爵有執丨珪古文丨从玉○丨璧瑞玉也禮記曲禮下操幣丨璧疏○以器言之謂之丨執以行禮謂之瑞禮記聘義疏○珪所以還何以爲珪信瑞也白虎通瑞贄○丨璋玉中之貴也禮記禮器丨璋特疏○丨璋是玉之成器詩卷阿箋是玉之丨璋也疏○丨絜也禮記曲禮上注爲汗生不絜也疏○丨絜白也禮記王制夫丨田無征疏○六十四黍爲丨漢書律麻志上不失丨撮注引孟康○丨自然之形陰陽之始也漢書律麻志上注引應劭

閨 說文丨特立之戶上圜下方有似圭从門圭聲○丨閤宮中小門也漢書司馬相如傳上奔星更於丨闥注

袿 丨長襦也廣韻引廣雅○漢時有丨袍其袍下之襈以繒爲之禮記雜記上注如今丨裏袍襈重繒矣疏

窐 丨寥空深貌文選高唐賦注引廣雅

邽 說文邽隴西上丨也从邑圭聲

睽 說文丨目不相視也从目癸聲○丨孤乖剌之意也漢書諸侯王表大者丨孤橫逆注五行志下之上丨孤見豕負塗注○丨者乖異之名易睽丨小事吉疏○丨謂乖離易繫辭下傳蓋取諸丨疏○丨乖也左氏僖十五年傳遇歸妹之丨疏○兌下離上爲丨同上○丨者丨而通也易略例下

奎 說文丨兩髀之閒从大圭聲○丨者主毒螫萬物也丨而藏之史記律書○丨踽開足也文選西京賦丨踽盤桓薛注

刲 說文丨刺也从刀圭聲易曰士丨羊

攜 說文丨提也从手巂聲○丨猶提也公羊襄廿七年傳丨其妻子注○丨離也左氏成十八年傳逞姦而丨服疏又文選登石門最高頂詩注引國語賈注○丨謂離貳者也漢書西南夷兩粵朝鮮傳贊豈古所謂招丨以禮注

畦 說文丨田五十畝曰丨从田圭聲○一丨二十五畝史記貨殖列傳千丨薑韭集解引徐廣○丨猶壠史記貨殖列傳集解引韋昭○丨區也漢書食貨志上菜茹有丨注

觿 說文丨佩角銳耑可以解結从角巂聲詩曰童子佩丨○丨解結之器詩芄蘭童子佩丨釋文○丨所以解結也管子白心若有適丨解注

蠵 說文丨大鼅也以胃鳴者从虫巂聲蠵司馬相如說丨从夐

鸝 集韻𪆾同○說文𪆾黃也从隹黎聲一曰楚雀也其色黎黑而黃

緀 說文丨白文皃詩曰丨兮斐兮成是貝錦从糸妻聲

褆 說文丨衣厚丨丨从衣是聲

㡗 幱丨赤紙廣韻引埤蒼

卟 說文丨卜以問疑也从口卜讀與稽同書云丨疑

繄 說文丨戟衣也从糸殹聲一曰赤黑色繒○丨猶是也詩雄雉自詒伊阻箋蒹葭所謂伊人箋東山伊可懷也箋白駒所謂伊人箋

蜺 說文丨寒蜩也从虫兒聲

鷈 說文丨鸊丨也从鳥虒聲

巂 說文丨周燕也从隹屮象其冠也冏聲一曰蜀王望帝婬其相妻慙亾去化爲子丨鳥故蜀人聞子丨鳴皆起云望帝○丨周燕別名爾雅釋鳥丨周孫注○丨周名燕燕又名鳦爾雅釋鳥舍人注○丨猶規也禮記曲禮上立視五丨注○車輪轉一周爲丨禮記曲禮上疏○丨規聲相近禮記曲禮上釋文○丨本又作巂規也禮記曲禮上釋文

鑴 說文丨瓽也从金巂聲

鄬 說文鄬東海之邑从邑巂聲

霋 說文霽謂之丨从雨妻聲

○以下據廣韻錄

⿱齊妻 說文丨等也从齊妻聲

⿱齊女 說文丨材也从女齊聲

鍗 說文丨利也从金𢎨聲讀若齊

⿰糸虒 說文丨繫丨也一曰維也从糸虒聲

⿺辶黎 說文丨徐也从辵黎聲○丨與黎同文選舞賦黎收而拜注

⿰𥝩阝 說文丨殷諸侯國在上黨東北从邑𥝩聲𥝩古文利商書西伯戡丨

郪 說文郪新丨汝南縣从邑妻聲

袛 說文丨丨禂短衣从衣氏聲

腣 丨胿腹胅也集韻引埤蒼

奃 說文丨大也从大氏聲讀若氏

⿺尣是 說文𨓍篪不能行爲人所引曰𨓍䚓从允从爪是聲

紙 說文丨絲滓也从糸氏聲

䚦 說文丨顯也从見是聲

鷤 丨字或作鶗漢書楊雄傳上徒恐丨鴂之將鳴兮注

厗 說文丨唐丨石也从厂犀省聲

錿 說文丨器也从金虎聲

趧 說文丨丨婁四夷之舞各自有曲从走是聲

螕 說文丨齧牛蟲也从虫毘聲

梐 說文丨丨枑也从木陛省聲

禾 說文丨木之曲頭止不能上也凡丨之屬皆从丨

豯 說文丨生三月豚腹丨丨皃也从豕奚聲

螇 說文丨丨鹿蛁蟟也从虫奚聲○今俗呼似蜙蝑而細長飛翅作聲者爲丨蚸爾雅釋蟲蟿螽丨蚸注

郋 說文郋汝南卲陵里从邑自聲讀若奚

⿰奚黽 說文丨水蟲也薉貉之民食之从黽奚聲

嫛 說文丨婗也从女殹聲

黟 說文丨黑木也从黑多聲丹陽有丨縣

郳 說文郳齊地从邑兒聲春秋傳曰齊高厚定丨田○丨卽小邾也左氏襄六年傳遷萊于丨疏

婗 說文丨嫛丨也从女兒聲一曰婦人惡皃

㯕 說文丨櫪丨也从木斯聲

屖 說文丨遲也从尸辛聲

⿱斯言 說文⿱斯言悲聲也从言斯省聲

櫅 說文丨木也可以爲大車軸从木齊聲○丨卽棗子爾雅釋木丨白棗注

⿰民見 說文丨反頂受水丘从丘泥省聲

⿰民見 集韻覭同○說文覭病人視也从見氏聲讀若迷

屔 說文丨反頂受水丘从丘泥省聲

⿸鹿圭 說文丨鹿屬从鹿圭聲

⿰耒圭 說文丨丨叉可以劃麥河内用之从耒圭聲

茥 說文丨缺盆也从艸圭聲○丨覆葐也爾雅釋草注

⿰盾圭 說文丨盾握也从盾圭聲

驨 丨如馬而有一角公羊疏引爾雅釋獸丨如馬舍人注

𢤱 說文丨有二心也从心巂聲

纗 說文丨維綱中繩从糸巂聲讀若畫或讀若維

⿱西圭 說文丨姓也从西圭聲

黊 說文丨鮮明黃也从黃圭聲

⿺尢巂 說文丨𢑥丨也从尣从爪巂聲

⿰目开 說文丨蔽人視也从目开聲讀若攜手一曰直視也昔人目或在下

睳 丨瘠人視貌一曰健而無德一曰目瞢集韻引埤蒼

○以下據集韻錄【徲】〔說文〕丨久也从彳犀聲讀若遲

【鑗】〔說文〕丨金屬一曰剝也从金黎聲

【鱺】〔說文〕丨魚名从魚麗聲

○以下附錄【鮭】丨讀傒徑之傒也〔淮南俶眞〕於是萬民乃始憢丨離跂注

經籍籑詁卷第八補遺終

經籍籑詁卷第九

經筵講官南書房翰林吏部左侍郎兼署戶部左侍郎前提督浙江學政阮元纂

上平聲

九佳

佳 丨善也廣雅釋詁一又老子夫丨兵者釋文又楚辭大招麗以丨只注○丨大也廣雅釋詁二又國策中山策丨麗人之所出也注○丨美淮南說林丨人不同體注○丨好也廣雅釋詁一又淮南脩務形夸骨丨注○丨飾也老子夫丨兵者注○丨己帝魁之母也文選東京賦注引孝經鉤命訣鄭注

街 丨道也廣雅釋室○丨謂道也素問水熱穴論此腎之丨也注○丨大道也文選西京賦丨衢相經薛注○丨交道也一切經音義三引三蒼○丨者攜也離也四出之路攜離而別也御覽一百九十五引

風俗通○丨猶陰陽多也管子五行六多所以丨天地也注○昴畢閒爲天丨後漢蘇竟傳注○莊子徐无鬼適當渠公之丨釋文丨本作術

鞋 韻會作鞵○鞵解也著時縮其上如履然解其上則舒解也釋名釋衣服

鞞 丨籍也廣雅釋器

柴 枯枝爲丨楚辭愍命樹枳棘與薪丨注○老木稱丨太元勤丨不却注○小者合束謂之丨丨以給燎禮記月令收秩薪丨注○丨多筋幹易說卦爲瘠釋文引京注○丨祭時積丨加牲其上而燔之書舜典丨望秩于山川馬注○丨者考績燎也書舜典鄭注○丨祭天告至也禮記王制丨而望祀山川注○丨塞也莊子外物丨生乎守注○丨池參差也史記司馬相如傳丨池茈虒集解引徐廣○丨轂賤者之車後漢袁紹傳注○丨車賤車也後漢謝夷吾傳注○丨車弊惡之車也後漢趙壹傳注○丨字林作祡詩時邁釋文○祡或通作丨列子湯問聚柴積而焚之釋文○禮記王制釋文丨本作柴○漢樊毅修華嶽碑柴燎壇埋丨通作柴○禮記禮器燔丨於爨儀禮特牲饋食禮記注作燔燎於爨○衛高丨字子羔見論語注左氏哀十五年傳史記仲尼弟子傳

釵 丨叉也象叉之形因名之也釋名釋首飾

靫 丨鞴矢藏也廣雅釋器○箭箙曰步丨一切經音義十一引通俗文

差 丨擇也爾雅釋詁釋畜又詩東門之枌穀旦于丨箋吉日既丨我馬傳又漢書眭宏傳集注○丨擇之儀禮既夕記丨盛之注○丨磨也廣雅釋詁三○丨僭也廣雅釋詁二○庾公丨字子魚見左氏襄十

四年

厓 或作崖○崖岸也荀子勸學淵生珠而崖不枯注又太元元數九地三爲沚崖注○丨水邊也爾雅釋水滸水丨孫注釋邱望丨洒而高岸注○崖垠也淮南本經肆畛崖之道注○崖廉也漢書司馬相如傳上集注引孟康○丨方也廣雅釋詁二○丨亦重之義也文選甘泉賦注○爾雅釋邱釋文丨本作涯○左氏襄廿八年傳伯有廷勞于黃崖釋文崖本作涯莊子秋水兩涘渚崖之閒釋文崖本作涯

涯 丨水濱也後漢馬融傳注○詩葛藟傳水丨曰滸釋文丨本作厓公劉傳芮水丨也釋文丨本作厓○詩北山傳濱丨也釋文丨本作崖左氏成十四年傳注澨水丨也釋文丨本作崖莊子養生主吾生也有丨釋文丨本作崖

階 亦作堦○丨陛也書大傳御史奏雞鳴于丨下注
○浮堦飛陛也文選景福殿賦浮堦乘虛注○丨
爵之次也文選藉田賦森奉璋以丨列注○丨梯也
國語周語夫婚姻禍福之丨也注又後漢公孫瓚傳
注又孟子萬章上捐丨注○丨梯也如梯之有等差
也釋名釋宮室○丨梯也箕虡之屬禮記喪大記狄
人設丨注○丨所乘以升屋者禮記喪大記虞人設
丨注○丨升也後漢張衡傳注○丨上進者禮記少
儀不得丨主注○丨道左氏昭廿四年傳誰生厲丨
注○丨猶道也左氏襄廿四年傳懼而思降乃得其
丨注○丨因也小爾雅廣詁○坤稱丨易繫辭上傳
則言語以爲丨虞注○三台謂之三丨三公之象也
後漢崔駰傳注○易繫辭則言
語以爲丨釋文丨姚本作機

偕 丨俱也詩擊鼓與子丨老傳陟岵夙夜必丨傳杕
杜卜筮丨止箋又禮記喪服小記父母之喪丨注

射義注及計丨物也釋文又左氏莊七年傳與雨丨
也注僖廿四年傳與女丨隱注又廣雅釋言又國語
晉語丨出丨入注又史記樂書名與功丨正義儒林
傳當與計丨索隱又後漢明帝紀注又孟子梁惠王
上古之人與民丨樂注公孫丑上故油油然與之丨
注又楚辭湘夫人將騰駕兮丨逝注○丨者俱也漢
書武帝紀集注○丨猶俱也禮記樂記名與功丨注
○丨同也管子版法丨度量注○丨謂同爲事管子
版法習故能丨注○丨齊等也荀子大略唯其丨矣
注○丨次也漢書武帝紀集注○丨偏也左氏襄二
十年傳降福孔丨注○丨丨強壯貌詩北山丨丨士
子傳○詩無衣與子丨行漢書地理志趙充國辛慶
忌傳贊皆作與子皆行○左傳星霣如雨與
雨丨也論衡說日作星賈如雨與雨俱也

諧 丨和也爾雅釋詁又書堯典克丨以孝傳又小爾
雅廣言又漢書禮樂志集注又法言孝至德卜頑

嚚注○丨猶調也周禮調人掌司萬民之難而丨和
之注○丨謂平論定其價也後漢張讓傳注○丨耦
也廣雅釋詁四○書堯典克丨以孝史記五帝紀作
能和以孝○書皋陶謨謨明弼丨史記夏本紀作謀
明輔和○書舜典八音克
丨說文龠部作八音克龤

骸 丨骨也廣雅釋器○丨人骨也公羊宣十五年傳
析丨而炊之注○膝解爲丨關素問骨空論○丨
關謂膝解也素問骨空論立而暑解治其丨關注○
俠膝之骨爲連丨素問骨空論○左氏宣十五年傳
析丨以爨釋文丨本作骨哀八
年析丨以爨釋文丨本作骨

排 丨推也廣雅釋詁三○丨者推移之謂也莊子大
宗師獻笑不及丨注○丨猶斥也淮南原道丨閶
闔注○丨擯却也後漢賈逵傳注○丨壅也孟子滕
文公上丨淮泗注○丨迮謂蹙迫也後漢竇融傳注

○丨檄輔正弓弩之器荀子性惡然而不得丨檄則
不能自正注○丨鍛家丨也一切經音義引東觀漢
記音義○丨囊卽今囊袋也後漢楊璇傳注○
莊子在宥人心丨下而進上釋文丨崔本作俳

乖 廣韻乖同○丨差也楚辭怨世吾獨丨刺而無當
兮注○乖差也廣雅釋詁四○乖離也廣雅釋詁
三○乖偝也廣雅釋詁二○乖衺也同上○剛柔得
適謂之和反和爲丨賈子道術○丨謂失於常度也
後漢班彪傳下注○丨舛不齊也
文選西征賦人度量之丨舛注

懷 丨抱也文選北征賦注引蒼頡○丨包也書堯典
蕩蕩丨山襄陵傳又漢書地理志上集注○丨抱
謂包韞也文選皇太子釋奠會詩丨仁憬集抱智蓄
至注○丨藏也文選安陸昭王碑文注引論語讖宋
注○丨猶囊也淮南覽冥丨萬物注○在衣爲丨楚
辭懷沙丨瑾握瑜兮注○在袖曰丨楚辭愍命丨椒

聊之謞謞兮注○丨和也詩皇皇者華每丨靡及傳
板丨德維寧傳又漢書諸侯王表集注谷永傳集注
二見○丨和爲每丨國語魯語注○丨私曰丨詩將
仲子仲可丨也箋○丨私爲每丨詩烝民每丨靡及
箋○丨來也爾雅釋言又易旅丨其資注又詩南山
曷又丨止箋時邁丨柔百神傳又周禮夏官序官丨
方氏注又國語周語以丨柔之注又漢書郊祀志上
集注五行志上集注張安世傳集注陳遵傳集注西
南夷兩越朝鮮傳贊集注又後漢班彪傳下注張衡
傳注蔡邕傳注又太元唐奔鹿丨鼷注又淮南原道
在身者不知何遠之所能丨注又楚辭天問何以丨
之注又文選東京賦道胡不丨薛注○丨來也安也
禮記學記近者悅服而遠者丨之注又漢書食貨志
上集注○來自關而東周鄭之郊齊魯之閒或曰丨
方言二○丨回也本有去意回來就已也亦言歸也
來歸已也釋名釋姿容○丨歸也書大禹謨黎民丨

之傳又詩匪風丨之好音傳皇矣予丨明德傳泮水
丨我好音箋又禮記禮器故物無不丨仁注中庸予
丨明德注又論語公冶長少者丨之孔注又廣雅釋
詁二又國語周語無所依丨注晉語戎狄丨之注又
家語執轡而兆民丨之注又文選述高帝紀保此丨
民注○丨猶歸之也周書成開政治民丨注○丨亦
歸變文耳文選上林賦悠遠長丨郭注○丨依也後
漢吳漢傳注○丨止也爾雅釋詁○丨至也爾雅釋
詁又詩泉水有丨于衛箋鼓鍾丨允不忘箋又禮記
表記聿丨多福注又法言孝王漢德其可謂允丨矣
注○丨者至也爾雅釋詁丨止也注○丨至也齊楚
之會郊或曰丨方言一○丨思也周書謚法又爾雅
釋詁又詩卷耳嗟我丨人傳野有死麕有女丨春傳
蝃蝀丨昏姻也箋載馳女子善丨箋南山曷又丨止
傳東山伊可丨也箋常棣兄弟孔丨傳小明豈不丨
歸箋大明聿丨多福箋又左氏宣八年傳辟不丨也

注宣十四年傳丨於魯矣注又方言一又國語周語
陽樊丨我王德注晉語威兮丨兮注何其丨也注又
史記禮書諸侯不敢丨索隱又漢書禮樂志集注嚴
助傳集注王貢兩龔鮑傳贊集注敘傳上集注又後
漢耿弇傳注班彪傳下注張衡傳注蔡邕傳注杜篤
傳注西域傳注又顏氏家訓文章又太元樂無不丨
也注又淮南覽冥羣臣準上意而丨當注又離騷爾
何丨乎故宇注僕夫悲余馬丨兮注河伯惟極浦兮
寤丨注哀郢出國門而軫丨兮注懷沙傷丨永哀兮
注九懷序又文選西京賦豈伊不丨歸于枌榆薛注
幽通賦違世業之可丨曹注思元賦私湛憂而深丨
兮舊注○丨思也來也漢書韋賢傳集注○丨念也
楚辭悲回風惟佳人之獨丨兮注○丨猶懸念也後
漢班彪傳下注○丨傷也詩終風願言則丨傳○丨
安也詩終風箋雄雉我之丨矣箋揚之水丨哉丨哉
箋又論語里仁君子丨德集解引孔注又皇疏公冶

長少者丨之集解引孔注又國語晉語丨之以典言
注又後漢明帝紀注張衡傳注又呂覽誣徒丨於俗
注懷寵民丨其德注又文選東京賦四靈懋而允丨
薛注典引丨保鰥寡之惠浹蔡注○丨亦安也周禮
小宰以丨賓客注○丨柔也左氏襄十四年傳王室
之不壞服注又呂覽音律以丨遠方注○丨侒也淮
南主術不知而辯慧丨給注○執義揚善曰丨周書
謚法又獨斷下○慈仁哲行曰丨後漢章德竇皇后
紀注○慈仁短折曰丨周書謚法○褒古丨字漢書
外戚傳下集注○古字褱丨同漢書地理志上集注
○褱孕古文丨孕字一切經音義十八引三蒼○書
堯典蕩蕩丨山襄陵漢書地理志作蕩蕩褱山襄陵

淮

丨圍也圍繞揚州北界東至海也釋名釋水○丨
均也廣雅釋水○丨者均其勢也水經淮水注引
春秋說題辭○丨者均其務也風俗通山澤引書
大傳○大水丨也淮南時則雉入大水爲蜃注○丨

夷二水名書禹貢丨夷蠙蛛暨魚馬注○丨沂二水
名書禹貢丨沂其乂鄭注○丨暴雨之名也書大傳
丨雨注○丨榮二祝氏之官也周書王會祝丨氏榮
氏次之注○丨極地名山海經海內東經汝水入丨
極西北注○丨或爲雎周禮職方氏其川丨泗司農
注○左氏昭十二年傳有酒如丨釋文丨本作濰○
唐扶頌匯夷
來降丨作匯
豻 丨獸也似狗而長毛其色黃呂覽季秋丨則祭獸
注○丨似狗而長尾其色黃淮南時則丨乃祭獸
注○丨似狗白色有爪牙迅捷善搏噬也一切經音
義三引蒼頡解詁○丨似貊白色史記索隱引杜林
○丨狗足爾雅釋獸○丨狼屬狗足爾雅釋獸釋文
引字林○丨目目豎也後漢梁冀傳注○丨虎貪獸
後漢郅
惲傳注

儕 丨等也禮記曲禮注夷猶丨也釋文又左氏僖廿
三年傳晉鄭同丨注成二年傳況吾丨乎注又一
切經音義一引字林又漢書五行志中之上集注又
家語好生吾丨小人也注○丨輩也左氏宣十一年
傳吾丨小人釋文又廣雅釋詁一○丨猶輩類禮記
樂記故先王之喜怒皆得其丨也注○丨耦也漢書
楊雄傳
上集注
埋 一作薶○丨藏也國語吳語諺曰狐丨之注○薶
藏也廣雅釋詁四○丨塞也爾雅釋言○薶污也
淮南俶眞塵垢弗能薶注○祭山林曰丨周禮大宗
伯以貍沈祭山林川澤注○葬不如禮曰丨丨瘞也
趨使腐朽而已也釋名釋喪制○貍物龜鼈之屬自
貍藏伏於泥中者周禮鼈人以時簎魚鼈龜蜃凡貍
物司農注○貍物亦謂鱴刀含漿之屬周禮鼈人注
○貍蟲蠯肌求之屬周禮赤犮氏凡隙屋除其貍蟲

注○薶讀倭語之倭淮南俶眞塵垢弗能薶注○詩
鳧鷖箋有瘞丨之象釋文丨本作薶○周禮族師相
與葬丨釋文丨本作貍○禮記月令掩骼丨胔周禮
秋官序官蜡氏注作掩骼貍骴○周禮大宗伯以貍
沈祭山林川澤犬人注
作以丨沈祭山川林澤
霾 風而雨土爲丨爾雅釋天○風而雨土曰丨丨晦
也言如物塵晦之色也釋名釋天○丨雨土也詩
終風終風
且丨傳
齋 經典通用齊○齊潔也國語楚語爲齊敬也注○
丨自禋潔呂覽孟秋天子乃丨注○丨戒也楚辭
大司命吾與君兮丨速注○丨戒潔也亦齊也一切
經音義十八引字林○齊之爲言齊也齊不齊以致
齊者也禮記祭統○洗心曰齊易繫辭上傳聖人以
此齊戒注○齊莊也詩思齊思齊大任傳又禮記內

則進退周旋愼齊注孔子閒居聖敬日齊注又國語
楚語齊敬之勤注又文選登徒子好色賦潔丨俟兮
惠音聲注○齊難齊莊可畏難也禮記儒行儒有居
處齊難注○齊敬也詩采蘋有齊季女傳又廣雅釋
詁一又孟子公孫丑下弟子齊宿而後敢言注○齊
嚴也左氏昭十三年傳下善齊肅注○齊嚴敬貌也
論語鄉黨必齊如也集解引孔注○丨憟也廣雅釋
言○齊遬謙慤貌也禮記玉藻見所尊者齊遬注○
定之之謂齊齊者精明之至也禮記祭統○丨者言
己之意念專一精明也書鈔九十引白虎通○齊者
先祭之名也論語述而子之所愼齊皇疏○齊謂祭
祀時禮記曲禮上立如齊注○齊車金路禮記曾子
問載于齊車注○丨車祭祀所乘金輅也禮記曾子
問載于丨車以行釋文○齊讀曰丨漢書高帝紀上
集注禮樂志集注二見郊祀志上集注二見五行志
中之下集注藝文志集注賈誼傳集注田延年傳集

注○齊當作丨易旅得其齊斧釋文引虞喜志林○詩采蘋有齊季女釋文齊本作丨思齊序釋文齊本作丨生民箋齊肅當神明意也釋文齊本作丨洞酌箋齊絜之誠釋文齊本作丨雲漢箋無不肅齊而尊敬之釋文齊本作丨那箋齊之曰釋文齊本作丨烈祖箋神明來至我致齊之所釋文齊本作丨周禮磬師齊夏釋文齊本作丨儀禮士冠禮齊則緇之釋文齊本作丨聘禮注意欲齊戒沐浴釋文齊本作丨士喪禮注疾者齊釋文齊本作丨既夕禮有疾疾者齊釋文齊本作丨禮記曲禮立如齊釋文齊本作丨曾子問載于齊車釋文齊本作丨王制天子齊戒受諫釋文齊本作丨月令天子乃齊釋文齊本作丨郊特牲三日齊釋文齊本作丨祭統君子乃齊釋文齊本作丨左氏昭十三年傳使五人齊而長入拜釋文齊本作丨昭廿五年昭子齊于其寢釋文齊本作丨哀十四年孔邱三日齊釋文齊本作丨穀梁桓十四年注齊戒躬桑釋文齊本作丨僖廿三年傳以齊終也釋文齊本作丨孝經齊必變食釋文齊本作丨論語鄉黨齊必有明衣釋文齊本作丨鄉黨集解紺者齊服盛色釋文齊本作丨莊子人閒世齊吾將語若釋文齊本作丨應帝王試齊且復相之釋文齊本作丨在宥乃齊戒以言之釋文齊本作丨天運尸祝齊戒而將之釋文齊本作丨○桐栢廟碑齋絜沈祭丨作齋

蝸 丨螺也文選東京賦供丨蠯與蔆芡薛注○丨小牛螺也俗名黃犢莊子則陽釋文引三蒼○蜁丨小螺也文選江賦鸚螺蜁丨注○丨牛螔蝓也廣雅釋魚○丨蟲有兩角俗謂之丨牛莊子則陽有所謂丨者釋文引李注○丨睆目疾也淮南俶眞贏瘉丨睆注

娃 丨好也廣雅釋詁一○吳俗謂好女爲丨文選吳都賦幸乎館丨之宮劉注○南楚以好爲丨烏佳

反御覽三百八十一引通俗文○丨美也吳楚衡淮之閒曰丨吳有館丨之宮方言二○反丨爲於乖顏氏家訓音辭引蒼頡訓詁

哇 集韻或作䵷○丨謳也文選七命注引蒼頡○䵷咬淫聲也文選東京賦咸池不齊度於鼃咬薛注○䵷者非法之曲不正之音非謂水中䵷黽之聲也匡謬正俗六○丨衺也廣雅釋詁二○丨丨展轉之貌也太元飾利口丨丨注○丨嘔也莊子大宗師其嗌言若丨釋文引簡文注○丨結也莊子大宗師釋文引崔注○丨與䵷同文選東京賦咸池不齊度於鼃咬注

皆 丨俱也詩緜百堵丨興傳又左氏哀十一年傳丨死丨殯注又國語晉語吾不與丨斃注○丨猶並也儀禮聘禮丨行注丨行至于階讓注○丨同也小爾雅廣言○丨偏也詩豐年降福孔丨傳○丨嘉也廣雅釋言○書湯誓予及女丨亡孟子梁惠王上丨作偕

荄 丨根爾雅釋草○丨根也方言三又廣雅釋草又太元親還自丨也注○丨草根也後漢魯恭傳注○草丨謂草根也素問移精變氣論草丨之枝注○韭根曰丨御覽九百七十六引通俗文○俗呼韭根爲丨爾雅釋草丨根注○今俗名韭根爲丨方言三丨根也注

喈 丨丨鳴之和楚辭悼亂鶬鶊兮丨丨注○丨丨和聲也太元樂鐘鼓丨丨注○丨丨和聲之遠聞也詩葛覃其鳴丨丨傳○噰噰丨丨民協服也爾雅釋訓○丨丨猶將將詩鼓鐘鼓鐘丨丨傳○丨丨猶鏘鏘也詩烝民八鸞丨丨傳○丨丨疾貌詩北風北風其丨傳

揩 丨磨也廣雅釋詁三○丨摩也口階切文選西京賦注引字林○丨揩摩也一切經音義十八引韻

集○丨聚也廣雅釋詁三○丨擊謂柷敔禮記明堂位拊搏玉磬丨擊注

膎 丨肉也廣雅釋器

蛙 與鼃同○鼃蝦蟆也廣雅釋魚又國語晉語沈竈產鼃注又晉書音義上○鼃蝦蟇也後漢張衡傳注又列子天瑞若鼃爲鶉釋文○丨謂蝦蟇也禮記月令注螻蟈丨也釋文○鼃蝦蟇類也荀子正論坎井之鼃注○鼃似蝦蟆烏佳反晉書音義下引字林○鼃水蟲形似蝦蟆莊子秋水子獨不聞夫埳井之鼃乎釋文引司馬注○鼃黽蝦蟆也國語越語鼃黽之與同陼注○鼃黽蝦蟇屬書或爲掌去蝦蟇周禮秋官序官蟈氏司農注○鼃蟈長股也廣雅釋魚○鼃始也方言十二又廣雅釋詁一

渻 丨丨流也廣雅釋訓○丨丨猶湯湯詩鐘鼓淮水丨丨傳

痎 丨瘧也廣雅釋言○丨瘧瘦之瘧也素問四氣調神大論秋爲丨瘧注○丨瘦也素問陰陽應象大論秋必丨瘧注○丨猶老也素問瘧論於丨瘧皆生於風注○丨老也亦曰瘦也素問生氣通天論秋爲丨瘧注

櫰 丨槐大葉而黑爾雅釋木○槐樹葉大色黑者名爲丨爾雅釋木注

槐 守宮丨葉晝聶宵炕爾雅釋木○丨之言懷也周禮朝士面三丨三公位焉注○史記夏本紀帝丨索隱引世本作芬

鮭 今名鯸鮐爲丨魚山海經北山經敦薨之水其中多赤丨注○丨蘁如小兒莊子達生倍阿丨蘁釋文引司馬注○莊子達生釋文丨本作蛙

簰 亦作箄集韻簰或从水○丨筏也廣雅釋水○箄木筏也後漢鄧訓傳注○泭謂之簰方言九○木曰丨爾雅釋言舫泭也釋文引郭注○箄船縛竹木爲箄以當船也後漢南蠻西南夷傳注

蠯 丨蜯也周禮鼈人祭祀共丨蠃蚔杜注○蜱蜯也儀禮既夕蜱醢注○丨蛤也周禮鼈人司農注醢人脾析丨醢司農注○今江東呼蚌長而狹者爲蠯爾雅釋魚蜌蠯注

緺 丨爲綬謂小綬也太元格䆬丨厲注○丨紫青色也後漢南匈奴傳注

騧 黃馬黑喙曰丨詩小戎丨驪是驂傳又爾雅釋畜釋文引字林○白馬黑脣駩黑喙丨爾雅釋畜○今之淺黃色者爲丨馬爾雅釋畜注○論語季丨廣韻作季瓜

𨵦 丨闢也國語魯語丨門與之言注

𩏂 𩏂塞也廣雅釋詁三○丨之言却也文選東京賦丨於東階薛注

啀 丨齜犬相丨拒也一切經音義六引埤蒼

挨 今省作挨○挨推也列子黃帝攩拯挨扰釋文

俳 丨優樂也文選注引三蒼○丨樂也後漢書皇后紀注引聲類○丨戲也一切經音義十引蒼頡○丨倡也文選上林賦注引三蒼○丨嘯也一切經音義廿二引三蒼○丨廢也素門脈解則爲瘖丨注

鎈 今俗作簁○簁聲類作篩所佳反一切經音義六

○以下據廣韻錄

㥟 丨悝也廣雅釋詁四

䙆 丨袂也廣雅釋器○丨袖也同上

鯶 黑鯉謂之丨廣雅釋魚

咼 斜戾曰丨一切經音義六引通俗文

⿰麥瓜 丨磨也廣雅釋詁三

⿰羊見 丨羺羊也御覽九百二引字林○丨羺胡羊也一切經音義十四引埤蒼○羊卷毛者謂之丨羺胡羊也丨音女佳反一切經音義十引通俗文

崽 崽子也廣雅釋言○丨者子也湘沅之會凡言是子者謂之丨若東齊言子矣方言十○丨子聲之轉也方言十注

吙 丨息也廣雅釋詁二

鶛 丨劉疾爾雅釋鳥

猈 左氏昭十三年傳與史丨先入釋文丨本作⿱竹猈

⿴衣隹 襀謂之丨廣雅釋器○丨續斷也廣雅釋草

⿰扌雁 丨拭也廣雅釋詁二○丨磨也廣雅釋詁三

⿰糹惠 丨慧也廣雅釋詁一○虔儇慧也晉謂之丨方言二

崴 丨嵬不平也又重累貌文選吳都賦注引埤蒼○丨嵬崔巍高貌楚辭抽思軫石丨嵬注

溾 丨濁也廣雅釋詁三

⿰齒柰 丨齧也廣雅釋詁三

⿰彳希 丨解也廣雅釋詁一

○以下據集韻録

睚 丨裂也後漢竇憲傳注黨錮傳注

鵧 丨父佳反爾雅釋鳥釋文引字林

經籍籑詁卷第九

經籍籑詁卷第九補遺　上平聲

兵部侍郎兼都察院右副都御史巡撫浙江等處地方提督軍務兼理糧餉阮元撰集

九佳

佳　說文丨善也从人圭聲○丨俠皆美人之稱也漢書禮樂志俠嘉夜注引如淳○丨俠猶丨麗漢書外戚傳上丨俠函光注引孟康

街　說文丨四通道也从行圭聲

鞋　說文鞵革生鞮也从革奚聲

柴　集韻祡通作柴○說文丨小木散材从木此聲又祡燒柴樊燎以祭天神从示此聲虞書曰至于岱宗祡禰古文祡从隋省○丨告天地及先祖也禮記大傳丨於上帝注○祭山曰燔丨續漢祭祀志上注引書舜典范甯注○丨積丨而燔漢書郊祀志上丨望秩于山川注○柴積柴也漢書楊雄傳上於是欽柴宗祈注○脩華嶽碑柴燎堙埋丨作柴

釵　說文新附丨笄屬从金叉聲本只作叉此字後人所加

靫　鞴丨盛箭室韻會引埤蒼○步叉人所帶以箭叉於其中也釋名釋兵

差　說文差貳也差不相值也从左从𠂹差籒文差从二

厓　說文丨山邊也从厂圭聲又崖高邊也从屵圭聲○丨方也廣雅釋詁四○崖然進趨不安之貌莊子天道而容崖然注

涯　丨方也文選古詩注引廣雅○丨垠重安之貌也淮南天文氣有丨垠注

階　說文階陛也从𨸏皆聲○丨謂梯也易繫辭上傳則言語以爲丨疏○丨因也文選博奕論注引廣雅○丨謂升次也漢書匡衡傳但以無丨朝廷注○丨所由上下也詩瞻卬維厲之丨箋

偕　說文丨彊也从人皆聲詩曰丨丨士子一曰俱也○丨俱也易文言傳與時丨行疏又禮記樂記名與功丨釋文○丨者俱也詩賓之初筵箋○丨亦俱也漢書文帝紀丨之大道注○丨謂同爲事管子五輔習故能丨注○孟子公孫丑上故由由然與之丨列女傳作油油然與之處

諧　說文丨詥也从言皆聲○丨和也禮記樂記嘽丨慢易疏又左氏襄十一年傳無所不丨注○丨亦和也漢書禮樂志八音克丨注○丨者和韻之言也漢書東方朔傳卽妄爲丨語曰注○丨辨列子周穆王予一人不盈於德而丨於樂注

骸　說文丨脛骨也从骨亥聲○膝下爲丨關素問骨空論

排　說文丨擠也从手非聲

乖　集韻乖同○說文乖戾也从𥫗而𠔁𠔁古文别

懷　說文丨念思也从心褱聲○丨思也禮記檀弓上注辟不丨也疏又左氏昭十二年傳晏語之不丨注又文選東征賦注引論語里仁君子丨德孔注又懷舊賦題注○丨之訓思也來也止也詩板疏○丨來淮南繆稱丨遠易矣注○丨歸也左氏成八年傳小國所望而丨也注又淮南主術遠者丨其德注汜論同丨其德注又文選思元賦痛火正之無丨兮注○丨安撫也禮記中庸丨諸侯疏○丨藏包裹之義

書堯典疏○褢本丨字漢書外戚傳下元延二年褢子注○褢亦丨字漢書地理志上左馮翊褢德注○武榮碑咸褢傷愴丨作褢北海相景君碑銘驚憧傷褢丨作褢

濉 說文丨水出南陽平氏桐柏大復山東南入海从水隹聲○丨四瀆水也左氏昭十二年傳有酒如丨釋文○丨讀濉同上○丨讀曰匯史記五帝本紀丨在江丨荆州正義○丨丨一作匯史記南越列傳及江丨以南集解引徐廣

豺 說文丨狼屬狗聲从豸才聲○丨摯搏之獸形似狗漢書郊祀志上丨獺有祭注○丨似貊白色史記司馬相如列傳搏丨狼正義○左氏昭廿八年傳是丨狼之聲也釋文本又作犲

儕 說文丨等輩也从人齊聲春秋傳曰吾丨小人

薶 說文薶瘞也从艸貍聲○丨謂祭山林周禮鬯人注裸當爲丨疏○周禮校人及葬貍之釋文本亦作丨

霾 說文丨風雨土也从雨貍聲詩曰終風且丨○風而雨土爲丨詩終風終風且丨釋文○丨大風揚塵從上下也爾雅釋天孫注○爾雅釋天釋文霾本今作丨

齋 說文丨戒潔也从示齊省聲𥜽籀文丨从襲省音禱○齊者齊潔之名穀梁莊卅二年傳以齊終也注○齊是爲祭之事禮記檀弓上非致齊也疏○齊肅莊敬也漢書郊祀志上齊肅聰明者注

媧 說文丨古之神聖女化萬物者也从女咼聲嫷籀文丨从咼○女丨古天子風姓列子湯問女丨氏練五色石以補其闕注

娃 說文丨圜深目皃或曰吳楚之閒謂好曰丨从女圭聲

哇 集韻或作掩○說文丨諂聲也从口圭聲讀若醫○丨邪也文選東京賦注引法言李軌注○掩邪音也漢書王莽傳贊紫色掩聲注引應劭○掩不正之音也漢書敘傳上淫掩而不可聽者注引李奇○掩者樂之淫聲非正曲也漢書王莽傳贊注

皆 說文丨俱詞也从比从白○丨俱也呂覽去宥形與智丨衰耶注○丨亦同之義詩閟宮箋咸同也疏○丨讀如人倦之解文選蜀都賦百果甲宅注引周易鄭注

荄 說文丨艸根也从艸亥聲

喈 說文丨鳥鳴聲从口皆聲一曰鳳皇鳴聲丨丨

膎 說文丨脯也从肉奚聲○孰食爲丨太元逃費我丨功注○丨今人作鮭字如此失之廣雅釋器曹憲音

蛙 說文鼃蝦蟇也从黽圭聲○鼃黽卽蝦蟇也考工記梓人爲筍虡注脰鳴鼃黽屬疏

湝 說文丨水流丨丨也从水皆聲一曰丨丨寒也詩曰風雨丨丨

痎 說文痎二日一發瘧从疒亥聲

櫰 丨卽槐之類也葉大而黑也漢書西域傳上櫰丨梓竹漆注

䋙 說文丨大絲也从糸皆聲

蠯 丨卽蛤周禮掌蜃注互物蛤蚌之屬疏○蜱與丨同文選東京賦供蝸丨與蔆芡注

緺 說文丨綬紫青也从糸咼聲○紫綬名丨其色青紫續漢輿服志皆綠綬三采綠紫紺注○丨青紫色續漢輿服志注引何承天

䡨 說文䡨連車也一曰却車抵堂爲丨从車差省聲讀若遲

俳 說文丨戲也从人非聲○丨雜戲也漢書枚乘傳詼笑類丨倡注○丨雜戲者也漢書廣川惠王越傳今倡丨贏戲坐中注○丨優諧戲也漢書霍光傳擊鼓歌吹作丨倡注○丨優倡優荀子王霸丨優注

○以下據廣韻錄 ⿰忄象 說文丨怨恨也从心象聲讀若膎

⿰衤奚 丨衣袖也集韻引埤蒼

咼 說文丨口戾不正也从口咼聲

齜 說文齜齒相斷也一曰開口見齒之皃从齒柴省聲讀若柴

竵 說文丨不正也从立𡙕聲

誽 詁丨言不正集韻引埤蒼

猚 說文丨鳥也从隹犬聲睢陽有丨水

洼 說文丨深池也从水圭聲

崽 丨聲如宰方言十凡言是子者謂之丨注

啓 丨笑也集韻引廣雅

䁠 說文丨小視也从目買聲

⿰月皆 說文丨臞也从肉皆聲

⿰馬皆 說文丨馬和也从馬皆聲

瑎 說文丨黑石似玉者从玉皆聲讀若諧

龤 說文丨樂和丨也从龠皆聲虞書曰八音克丨

𠦒 說文丨背呂也象脅肋形凡丨之屬皆从丨

褱 說文丨俠也从衣眔聲一曰橐

⿰鹵褱 丨鹽也酉陽雜俎酒食引廣雅

褢 說文丨袖也一曰藏也从衣鬼聲

瀤 說文丨北方水也从水褱聲

⿰糸頁 丨頭肤也廣韻引聲類

椳 丨枯木根廣韻引聲類

搱 丨摩也集韻引廣雅

○以下據集韻錄 䁧 丨舉眼也漢書杜欽傳報丨眦怨注○丨眦舉目皆也漢書司馬遷傳塞丨眦之辭注

⿱圭虫 說文丨蠆也从虫圭聲○丨蠍也一切經音義五引廣雅

俙 說文丨訟面相是从人希聲○丨感動之意也文選封禪文丨然改容注引張揖○丨或爲沛文選

封禪文注

【嚌】｜｜衆聲也【文選北征賦】鵾雞鳴以｜｜注

經籍籑詁卷第九補遺終

經籍籑詁卷第十　上平聲

經筵講官南書房行走禮部左侍郎兼署兵部左侍郎提督浙江學政阮元譔集

十灰

【灰】火之滅者爲丨禮記月令毋燒丨注○列子黃帝丨然有生矣釋文丨本作全

【恢】集韻或作𢘫○丨大也易屯注丨宏博施釋文睽注丨詭譎怪釋文書孔序丨宏至道釋文左傳襄四年用不丨于夏家釋文莊子齊物論丨恑譎怪釋文又公羊文十五年傳丨郭也注又一切經音義七引字林又漢書韋賢傳集注匈奴傳下集注王莽傳上集注又後漢竇憲傳注班彪傳下注馬融傳注荀或傳注又楚辭守志配稷契兮丨唐功注○𢘫大也廣雅釋詁一○丨亦大也一切經音義三引蒼頡○

丨廣也漢書敘傳下集注二見○丨亦備也呂覽君守有事則有不丨矣注○丨㚖廣大之貌文選舞賦舒丨㚖之廣度兮注○丨丨容衆之貌荀子非十二子丨丨然注○莊子齊物論丨恑譎怪釋文丨觤文作弔○漢靈臺碑遂踐帝宮遂帝制兮丨作遂○祝睦碑君膺𢈈懿量丨作𢈈

【魁】丨猶首也天文北斗丨爲首杓爲末禮記檀弓上不爲丨注○丨主也廣雅釋詁三○丨帥也書允征殲厥渠丨傳○丨大也廣雅釋詁一又漢書江充傳集注匈奴傳下集注又荀子脩身倚丨之行注又楚辭憂苦律丨放乎山閒注○丨藏也太元中酋酋大丨注周吉凶之丨注積丨而顏而注元告神之丨也注○丨大帥也後漢黨錮傳注○小阜曰丨國語周語丨陵糞土注○川阜曰丨史記趙世家敗周人於范丨之西正義引賈逵○丨梧邱虛壯大之意史記酈侯世家計丨梧奇偉集解引應劭○丨梧壯大

之貌後漢臧洪傳注趙壹傳注○丨堆高貌楚辭怨思陸丨堆以蔽視兮注○丨纍促迫也楚辭憫上丨纍擠摧兮常困辱注○丨岸大度也文選吳都賦丨岸豪傑劉注○丨岸雄傑也廣雅釋訓○丨頭猶科頭也後漢東夷傳注○吳丨盾也廣雅釋器○盾大而平者曰吳丨本出於吳爲丨帥所持也釋名釋兵○丨神名文選東京賦仰不睹炎帝帝丨之美注○帝丨神農名文選東京賦薛注○帝丨黃帝子孫也文選東京賦注引宋衷春秋傳○八丨上帝開塞之將也後漢蘇竟傳○芋丨芋根也後漢許楊傳注○丨瘣爾雅釋木○丨陸爾雅釋魚○丨蛤也考工記巟氏涗之以蜃司農說○丨蜃蛤儀禮士冠禮以丨柎之注

【隈】丨水曲中也爾雅釋邱隩丨孫注○丨水曲也列子黃帝因復指河曲之淫丨釋文又文選琴賦觸

巖𡿖丨注○丨山曲也後漢班彪傳上注又管子形勢大山之丨注○丨厓也文選西征賦憑高望之陽丨注○丨曲也文選江文通雜體許徵君詩采藥白雲丨注○丨猶隅也文選魏都賦考之四丨劉注○丨隱蔽之處左氏僖廿五年傳丨入注○丨股閒也莊子徐无鬼奎蹏曲丨釋文引向注○丨弓淵也儀禮大射儀順左右丨注○畏讀如秦師入丨之丨考工記弓人恒當弓之畏注○丨一回反爾雅釋邱釋文引字林○爾雅釋邱釋文丨本作渨列子黃帝釋文丨一作隅

【回】或作迴○丨轉也詩雲漢昭丨于天傳又荀子儒效圖丨天下於掌上而辨白黑注○丨旋也離騷丨朕車以復路兮注遠逝徵九神于丨極兮注○丨流旋也荀子致仕水深則丨注○丨曲也國語晉語若之何其丨於富也注又漢書趙廣漢傳集注又後漢城陽孝王祉傳注馬武傳注虞詡傳注蔡邕傳注

○迴曲也文選東京賦迴行道乎伊闕薛注○丨運也楚辭大司命使涷雨兮灑塵注○迴猶運也太元元攡天日迴行注○迴通也呂覽貴因溝迴陸注上德德迴乎天地注○丨違也詩大明厥德不丨傳又左氏昭廿六年傳厥德不丨注又後漢蘇竟傳注○丨猶違也詩常武徐方不丨箋○丨邪也書泰誓下崇信姦丨傳又詩小旻謀猶丨遹傳鼓鐘其德不丨傳又左氏文十八年傳靖譖庸丨注昭二十年傳不爲利疚於丨注又國語周語求福不丨注晉語以縱其丨注公室之不丨注又漢書鄒陽傳集注賈捐之傳集注又後漢任光傳注竇融傳注馮衍傳注崔駰傳注劉瑜傳注杜喬傳注盧植傳注劉梁傳注又法言學行彼以其丨注又家語曲禮子夏問不爲利病於丨注又楚辭抽思何丨極之浮浮注又文選劇秦美新丨而味之者極妖愆注○丨衺也廣雅釋詁二又漢書王商傳集注○迴邪也文選幽通賦叛迴穴其若玆兮曹注○丨易也後漢郎顗傳注○丨亂也漢書禮樂志集注○丨邪辟也文選西征賦注引韓詩章句又禮記禮器禮釋丨注○迴迂難也淮南氾論則天下納其貢職者迴也注○丨謂丨皇也文選甘泉賦目駭耳丨注○丨邪不正也史記樂書丨邪曲直正義○丨穴猶紆曲也後漢盧植傳注○凡事不能定者迴穴文選風賦迴穴錯迕注○丨泬猶橋互不齊一也後漢王充王符仲長統傳注○丨丨光貌後漢張衡傳注○丨丨光明貌文選思元賦焱丨丨其揚靈舊注○丨謂其形微圜也丨則其聲淫衍無鴻殺也周禮典同丨聲衍注○丨建若兵車四乘也呂覽悔過今袀服丨建注○丨風謂之飄風楚辭悲回風悲丨風之搖蕙兮注○迴翔水復流也文選七發迴翔靑篾注○丨波若水波也淮南本經詭文丨波注○爾雅釋水過辨丨川釋文丨本作洄○淮南氾論則天下納其職貢者迴也注迴或作固○魯顏丨字子淵見史記仲尼弟子傳

徊 徘丨郞遲遲也文選南都賦總萬乘兮徘丨注○徘丨便旋也廣雅釋訓○徘丨回旋飛翔之貌荀子禮論則必徘丨焉注

槐 丨之言懷也周禮朝士面三丨三公位焉注○丨之言歸也古微書引春秋元命苞○面三丨三公之位也獨斷上○丨當爲楸爾雅釋木丨小葉曰榎注

枚 幹曰丨詩汝墳伐其條丨傳○丨條也廣雅釋木○丨長也廣雅釋詁二○丨微也詩東山勿士行丨傳○丨凡也方言十三又廣雅釋言○丨收也廣雅釋詁三○十分寸之一謂之丨考工記輪人○丨一分考工記輪人注○篆閒謂之丨考工記梟氏○丨鍾乳也考工記梟氏司農注○丨馬檛也左氏襄十八年傳以丨數闔注○丨如箸銜之有繣結項中周禮大司馬徒銜丨而進注○銜丨止言語囂讙也丨狀如箸橫銜之爲之繣結於項周禮秋官序官銜丨氏注○銜丨水無聲也文選七發銜丨檀桓注○丨雙丨屋內重檐也文選景福殿賦雙丨既修注○丨丨礱密也詩閟宮實實丨丨傳○丨丨閒暇無人之貌也詩閟宮釋文引韓詩○丨謂歷卜之書大禹謨丨丨功臣傳○左傳襄廿一年識其丨數釋文丨本作版

梅 丨枏爾雅釋木○丨枏也詩終南有條有丨傳墓門墓門有丨傳○荆州曰丨揚州曰枏益州曰赤梗似豫章無子也爾雅釋木樊注○丨似杏而酢也山海經中山經靈山其木多桃李丨杏注○丨杏類也齊民要術四引詩義疏○丨木名也詩標有梅釋文○煮丨爲豆實也大戴記夏小正煮丨傳○丨醋

書說命下爾惟鹽｜傳○書說命下釋文｜亦作楳
詩摽有梅釋文｜韓詩作楳○詩墓門墓門有｜列
女傳八作
墓門有楳
【媒】｜謀也詩行露箋釋文又廣雅釋詁四○｜之言
謀也謀合異類使和成者今齊人名麴[illegible]曰｜周
禮地官序官｜氏注○｜者少養雉子至長狎人能
招引野雉因名曰｜文選射雉賦徐注○｜｜晦貌
莊子知北遊｜｜
晦晦釋文引李注
【煤】｜炱煙塵也呂覽任數｜炱入甑中注
【瑰】或作瓌○｜珠也左氏成十七年傳聲伯夢涉洹
或與已瓊｜食之注○瓊｜石而次玉詩渭陽瓊
｜玉佩傳○｜｜美也文選舞賦｜姿譎起注○｜奇
也文選西京賦｜異日新薛注紛｜麗以參靡薛注

東京賦｜異譎詭薛注○｜奇貨也文選西京賦瓌
貨方至薛注○瓌瑋奇特也莊子天下其書雖瓌瑋
釋文○｜瑋奇好也文選西京賦何工巧之｜瑋薛
注○｜瑋琦玩也廣雅釋訓○｜瑋珍奇也玉篇一
引埤蒼○瓊｜玉名左傳曰贈我以瓊
｜旋回兩音穆天子傳四枝斯瓊｜注
【雷】說文作靁○陰陽相薄感而爲｜淮南天文○陰
陽合爲｜古微書引春秋元命苞○俱則靁大戴
記曾子天圓○｜者陰中之陽也白虎通封公侯○
｜陽氣也易象下傳｜在天上崔注○｜火也論衡
雷虛○｜者土之氣也其音宮也春秋繁露五行五
事○｜動物之氣也易震鄭注○｜轉氣也淮南原
道｜以爲車輪注○｜硍也如轉物有所硍｜之聲
也釋名釋天○有聲名曰｜公羊隱九年傳記異也
注○｜謂大聲生於太虛靈暝之中也素問五常政
大論逎爲｜霆注○｜者天地之鼓古微書引河圖

帝通紀○｜者所以開發萌芽辟陰除害後漢郎顗
傳○｜者號令其德生養同上○｜震也易繫辭上
傳鼓之以｜霆虞注○震爲｜易說卦傳○震氣爲
｜呂覽仲春｜乃發聲注○震爲動爲｜後漢李膺
傳注○｜於天地爲長子南齊書五行志引洪範五
行傳○｜者人君之象同上○｜諸侯之象也初學
記天部上引洪範五行傳○｜獸｜神也山海經大
荒東經橛以｜獸之骨注○｜之發聲物皆同應言
無是非者謂之｜同後漢翟酺傳注○｜之發聲衆
物同應俗人無是非之心出言同者謂之｜同後漢
桓譚傳注○靁鼓靁鼗皆謂六面有革可擊者也周
禮大司樂靁鼓靁鼗司農注○｜鼓八面鼓也周禮
鼓人以｜鼓鼓神祀注又文選東京賦｜鼓鼗鼗薛
注○｜樽象｜之形論衡亂龍○｜罇刻畫雲｜之
形論衡語增○｜首山名今在河東蒲坂縣南也穆
天子傳四至于｜首注○｜夏澤名書禹貢｜夏旣

澤傳○｜夏在城陽周禮職方氏其浸盧維注○｜
澤大澤也淮南墬形｜澤有神注○西龜曰靁屬周
禮龜人○靁古｜字漢書梁孝王武傳集注○靁古
｜字漢書郊祀志下集注二見地理志下集注劉向
傳集注中山靖王勝傳集注司馬相如傳上集注京
房傳集注王莽傳集注又文選上林賦車騎靁起注
○靁與｜古今字也文選長笛賦靁歎頹息注○盧
維當爲｜雍字之誤也周禮職方氏其浸盧維注○
周禮職金注作檑｜椎榑之類釋文｜沈
本作礌○漢禮器碑｜洗觴觚罍通作｜
【罍】｜器也爾雅釋器○｜罇也廣雅釋器○｜祭器
詩泂酌可以濯｜傳○｜酒器也後漢班彪傳下
注○｜酒罇也爾雅釋器孫注○｜大器左氏昭廾
四年傳惟｜之恥注○大｜瓦｜周禮鬯人社壝用
大｜汁○小｜謂之坎爾雅釋器○山｜夏后氏之
尊也禮記明堂位○尊彝爲上｜爲下卣居中爾雅

釋器孫注○凡設水用丨儀禮少牢饋食禮司宮設丨水于洗東有枓注○丨天子以玉飾諸侯大夫皆以黃金飾士以梓詩卷耳釋文引韓詩○詩卷耳我姑酌彼金丨漢書文三王傳注作酌彼金罍

隤 通作頽本作積○丨下也漢書史丹傳集注○隤下也廣雅釋詁一○丨墜也漢書蘇武傳集注司馬相如傳上集注司馬遷傳集注○丨降也漢書楊雄傳上集注○頽落也文選長笛賦感迴飇而將頽注○丨猶遺也文選歎逝賦注引韓詩章句○隤壞也廣雅釋詁二○丨衺也廣雅釋詁二○丨安也易繫辭下傳丨然示人簡矣虞注○丨猶安也太元元告地丨而靜注○頽順也禮記檀弓上頽乎其順也注○丨順貌禮記曲禮注丨然順也釋文○丨柔貌也易繫辭下傳丨然示人簡矣注又釋文引馬注○丨柔順貌後漢黃憲傳注○頽唐隕墜貌文選洞簫賦頽唐遂往注○積陵謂積廢陵遲後漢趙咨傳注

○焚輪謂之頽爾雅釋天○迴風從上下曰頽爾雅釋天孫注○焚輪暴風從上下降謂之頽頽下也爾雅釋天李注○頽風之焚輪者也詩谷風維風及頽傳○下流曰頽史記河渠書水頽以絕商顏集解引瓚曰○陰腫曰丨氣下丨也釋名釋疾病○丨者車承或言跋躓之躓也淮南原道先者丨陷注○古文積墳二形今作丨同一切經音義六○易繫辭釋文丨孟作退陸董姚本作妥○禮記曲禮注釋文丨本作頽○爾雅釋天釋文頽本作積又作丨○帝繫女丨漢書古今人表作女潰史記楚世家索隱引世本作女嬇

摧 丨折也廣雅釋詁一○丨挫也楚辭憂苦折銳丨矜凝氾濫兮注○丨沮也詩北門室人交徧丨我傳○丨退也易晉晉如丨如釋文○丨推也廣雅釋詁三○丨至也詩雲漢先祖于丨傳又爾雅釋詁又

文選東京賦五精帥而來丨薛注○丨至也丨楚語也方言一○丨極也太元元圖丨上萬物注○丨趣也太元衆丈人丨挈注○丨憂愁也易晉虞注○丨芻也詩鴛鴦釋文○丨者刺譏之言詩北門箋○丨莝也詩鴛鴦丨之秣之傳○丨今莝字也詩鴛鴦箋○丨當作嗺詩雲漢箋○詩北門釋文丨本作漼○詩北門室人交徧丨我韓詩作室人交徧讙我○繁陽令楊君碑哀矣慛傷郭究碑萬夫憛慛丨作慛○侯成碑鴻儀催零金廣延母紀產碑五內催碎丨作催○費鳳別碑肝確意悲丨作確

堆 丨沙丨也文選上林賦激丨埼郭注○隴丨山名也楚辭疾世踰隴丨兮渡漠注○碓古丨字史記河渠書鑿離碓集解引晉灼○崔古丨字漢書溝洫志集注○儀禮士冠禮注追猶丨也釋文丨本作塠爾雅釋水注呼水中沙丨爲墠釋文丨本作塠○周憬巧勳銘殄絕犂魋丨作魋

陪 丨重也禮記曲禮下自稱曰丨臣某注又論語季氏丨臣執國命集解引馬注又皇疏又漢書禮樂志集注游俠傳集注○丨猶重也國語魯語士有丨乘注○丨增也左氏定四年傳分之土田丨敦注○丨益也廣雅釋詁二○丨加也左氏昭五年傳飧有丨鼎注○丨朝也爾雅釋言○丨輔也漢書文帝紀集注引文穎○丨臣也廣雅釋詁一○諸侯之臣曰丨臣左氏僖十二年傳丨臣敢辭注○丨重也諸侯之臣於天子故曰丨臣左氏僖十二年傳服注○丨隸郎丨臺後漢袁紹傳注○丨乘參乘謂車右也周禮齊右行則丨乘注○羞鼎則丨鼎也以其實言之則曰羞以其陳言之則曰丨儀禮聘禮羞鼎三注○詩蕩以無丨無卿釋文丨本作培○書禹貢至于丨尾史記夏本紀作至于負尾漢書地理志作至于倍尾

【柸】本作桮○丨盤盎盆盞之總名也大戴記曾子事父母執觴觚丨豆而不醉注○豆莒自關東西謂之桮落方言五○桮棬柸素也孟子告子上義猶桮棬也注○桮棬屈木爲之也孟子音義下引張音○丨或作桮字同山海經海內北經蛇巫之山有人操丨而東向立注

【崔】丨嵬高也廣雅釋詁四○丨丨高也廣雅釋訓○丨嵬高大貌文選吳都賦丨嵬嶢岩劉注○丨謂爲狂險之行者也荀子非十二子喬宇丨瑣注○丨當與傀義同同上○詩谷風維山崔丨釋文丨本作漸漸之石箋卒者崔丨也釋文丨本作嵬○鄘閣頌高山崔嵬兮崔丨作崔嵬

【推】丨去也詩雲漢則不可丨傳○丨謂伐也禮記月令天子三丨釋文○丨輴也前也一切經音義六引蒼頡○丨退位也素問六節藏象論丨餘於終注○丨丨盛也漢書韋元成傳集注○一往一來曰丨

刃公羊定四年傳丨刃之道也注○莊子天運孰居無事丨而行是釋文丨司馬本作誰

【開】丨闢也爾雅釋言○丨達也小爾雅廣詁○丨通周書程典愼德德丨注又國語晉語夫樂以丨山川之風注又呂覽樂成夫丨善豈易哉注○丨猶啟周書武順注○丨門中也莊子人閒世攘臂于其閒釋文引崔注○丨戶楚謂之闓方言六○丨發皆始也後漢馮衍傳下注○丨塞猶取捨也文選永明九年策秀才文丨塞所宜注○丨闔治亂之際也老子天門丨闔王注○一卒居前曰丨周書武順○丨謂喘息老子注○丨謂皮膚發泄素問生氣通天論丨闔不得注○丨謂諫爭有所發起禮記檀弓下曩者爾心或丨予注○丨謂發頭角禮記學記丨而弗達注○丨謂勸課荀子富國丨其源注○北斗第六星爲丨陽後漢張衡傳注○卜丨明獸天獸也山海經海內西經丨明獸立崑崙上注○丨紂之庶兄名啟歸周後封於宋此云丨者蓋漢景帝諱劉向改之也荀子議兵微子丨封於宋注○閞古丨字匡謬正俗二引張揖古今字詁○闓亦丨字一切經音義十三引聲類○易繫辭丨物成務釋文丨王肅作闓○莊子秋水今吾無所丨吾喙釋文丨本作闢又作闓○管子大匡衞公子丨方呂覽知接作啟方

【哀】丨傷也孟子離婁上舍正路而不由丨哉注○丨痛也廣雅釋詁二○丨亦痛也呂覽禁塞亦可以悲丨矣注○丨丨悲也廣雅釋訓○丨猶愍也穆天子傳五天子作詩三章以丨民注○丨愛也呂覽報更人主胡可以不務丨士注○丨愛也愛乃思念之也釋名釋言語○丨氣爲太陰而當冬春秋繁露陽尊陰卑○丨冬之荅也春秋繁露爲人者天○蚤孤短折曰丨周書謚法○恭仁短折曰丨周書謚法又漢書哀帝紀集注引應劭○恭人短折曰丨獨斷下又穆天子傳六爲盛姬謚曰丨淑人注○丨丨悽悽

懷報德也爾雅釋訓○丨謂救患分裁周禮大宗伯以凶禮丨邦國之憂注○喪祭稱丨儀禮士虞禮記丨子某丨顯相注○丨謂親者服焉疏者含禭周禮大宗伯以喪禮丨死亡注○丨駘醜貌莊子德充符曰丨駘它釋文引李注○丨牢西南夷號後漢班彪傳下注○丨益字之誤也丨當爲衷文選毛詩序丨窈窕注

【埃】丨塵也廣雅釋詁三又後漢鄭元傳注又離騷溘丨風余上征注○丨謂風揚塵也一切經音義廿四引蒼頡○灰塵曰丨一切經音義十七引通俗文○丨青塵也素問至眞要大論風淫所勝則太虛丨丨昏注○淸丨猶淸塵也文選謝宣遠張子房詩淸丨播無疆注○丨堨塵也後漢班彪傳上注○丨土霧也素問五常政大論丨冒雲雨注○丨白氣似雲而薄也素問六元正紀大論山澤丨昏注○丨一作㶣

列子黃帝丨
不漫釋文
臺 四方而高曰丨詩靈臺經始靈丨傳又公羊莊卅
一年經春築丨丨于郎注又爾雅釋宮又淮南精神
今高丨層榭注○土方而高曰丨又呂覽重己其爲宮
室丨榭也注○積土四方而高曰丨呂覽仲夏可以
處丨榭注又淮南時則處丨榭注○積土爲高曰丨
左氏哀元年傳次有丨榭陂池焉注○積土高丈曰
丨淮南本經崇丨榭之隆注○積土曰丨國語楚語
故先王之爲丨榭也注○土高曰丨書泰誓上惟宮
室丨榭陂池侈服傳又左傳襄卅一年無觀丨榭釋
文又後漢班彪傳上注○闍者謂之丨禮記月令可
以處丨榭注禮器不丨門注○無木謂之丨楚辭招
魂層丨累榭注○丨持也築土堅高能自勝持也釋
名釋宮室○丨猶持也淮南俶眞丨簡以游太清注
○丨支也方言十三又廣雅釋言○丨所以望氛祥

而備災害國語楚語夫爲丨榭將以教民利也注○
鹿丨紂錢府呂覽愼大賦鹿丨之錢注○夏曰均丨
獨斷上○琅琊丨今琅琊在海邊有山嶕嶢特起狀
如高丨此卽琅琊丨也山海經海內東經琅琊丨在
渤海之閒注○尚書爲中丨御史爲憲丨謁者爲外
丨文選爲袁紹檄豫州注引應劭漢官儀○丨閣謂
尚書也後漢仲長統傳注○丨給丨下徵召也左氏
昭七年傳僕臣丨服注○丨賤官主使令者孟子萬
章下蓋自是丨無餽也注○丨隸賤職也後漢濟南
安王康傳注○丨待也廣雅釋詁二○丨輩也廣雅
釋詁一○丨匹也東齊海岱之閒曰丨自關而西秦
晉之閒物力同者謂之丨敵方言一○南山有丨言
太平之治以賢者爲本儀禮鄉飲酒禮乃閒歌注燕
禮閒歌注○丨所以禦暑詩都人士丨笠緇撮傳○
丨夫須爾雅釋草○丨夫須也詩南山有臺南山有
丨傳都人士箋○丨一名夫須莎草也御覽引毛詩

題綱○丨當爲壺字之誤也春秋傳作狐鮐禮記檀
弓上自敗於丨鮐始也注○丨或作宮淮南氾論夏
丨
注
苔 青丨水垢也淮南泰族生以青丨注
該 丨備也穀梁哀元年傳此丨之變而道之也注又
後漢竇憲傳注班彪傳下注張衡傳注又管子小
問四言者丨注又離騷齊桓聞以丨輔注○丨亦備
也楚辭招魂招具丨備注○丨兼也太元元攡嘿而
丨之者注元數時丨注元圖旁丨終始注○丨咸也
方言十二○丨包也家語正論大聖無不丨注又楚
辭天問丨
秉季德注
才 通作材○材用也國語周語讓文之材也注又呂
覽異用故聖人於物也無不材注○材裁也國語

鄭語材兆物注○丨智也淮南主術任人之丨難以
至治注○材道也禮記學記教人不盡其材注又廣
雅釋詁三○丨多材也詩駉思馬斯丨傳○丨力
也論語子罕既竭吾丨皇疏○材伎能也文選西京
賦侲僮程材薛注○材丨德也易繫辭下傳彖者材
也注○材謂藝能管子五輔士脩身功材注○材身
也文選七啟注引莊子司馬注○材謂其質性也禮
記中庸必因其材而篤焉注○材謂材幹可以立身
者素問上古天眞論人年老而無子者材力盡邪注
○丨者謂人之有俊丨者孟子離婁下丨也養不丨
注○材伎武藝過人者猶漢之材官也荀子王制案
謹募選閱材伎之士注○賢不肖者材也韓外傳七
○材謂當其分荀子解蔽經緯天地而材官萬物注
○材猶旁也管子地員山之材注○三丨天地人後
漢張衡傳注班彪傳下注○五丨金木水火土也後
漢馬融傳注○古字材哉同耳論語公冶長無所取

材集解引鄭注○古作材字與哉字同論語公冶長皇疏○材古裁字國語晉語官師之所材也注○材與財同荀子富國治萬變材萬物注○材讀若裁國語魯語夫苦匏不材於人注○材或爲裁荀子解蔽經緯天地而材官萬物注○莊子列禦寇有感搖而不丨釋文丨本作性○莊子大宗師司馬丨其母死釋文丨崔作牛○漢書平帝紀引論語舉賢丨作舉賢材王嘉傳引論語丨難作材難○禮記學記注引易兼三丨而兩之丨作材

材 丨本也史記五帝紀節用水火丨物正義○條直爲丨楚辭懷沙丨朴委積兮注○丨貢木丨也周禮大宰五曰丨貢司農注○丨物八丨也周禮大行人其貢丨物注○丨貢櫄榦栝柏篠簜也周禮大宰注○丨明器之丨儀禮士喪禮獻丨于殯門外西面北上注○杒古丨字玉篇引聲類○莊子徐无鬼天下馬有成丨釋文丨本作才○史晨後碑還所斂民錢丨財通作丨

財 丨寶也國語魯語用軌之丨者爲姦注○丨貨也廣雅釋詁四○丨幣帛也禮記坊記先丨而後禮則民利注○丨泉穀也周禮大宰以九賦斂丨賄注宰夫乘其丨用之出入注○丨謂泉穀周禮大司徒以斂丨賦注○粟米布帛曰丨荀子富國丨之末也注○丨謂璧琮享幣也禮記聘義此輕丨而重禮之義也注○丨所謂門關之委積也周禮司門以其丨養死政之老與其孤注○達丨周恤之孟子盡心上有達丨者音義引陸注○丨淺也僅也漢書李陵傳集注○丨與纔古通用字漢書杜欽傳集注○丨與纔同史記孝文紀遺丨足索隱又文選羽獵賦丨足以奉郊廟注○丨與裁古通用字漢書司馬遷傳集注○丨與裁同荀子非十二子一天下丨萬物注儒效然而通乎丨萬物養百姓之經紀注王制丨萬物

注天論丨非其類以養其類注○丨同裁字訓管子心術聖人因而丨之注○丨與材古字通文選魏都賦丨以工化注○易泰丨成天地之道釋文丨荀本作裁○書武成散鹿臺之丨史記齊太公世家留侯世家作散鹿臺之錢○史記五帝紀引大戴記養丨以任地作養材以任地○漢書律厤志下引易泰后以丨成天地之道作裁成天地之道○孫叔敖碑陰各遺一子丨八九歲西狹頌財容車騎纔通作丨

裁 丨制也廣雅釋言又國策秦策大王丨其罪注又淮南繆稱度伎能而丨制之者聖人也注又楚辭大招爲螻蟻之所丨注又文選西京賦取殊丨於八都薛注○丨猶制也字或爲材禮記喪大記衷衾質殺之丨猶肓也注○丨節也爾雅釋言○丨度淮南主術取民則不丨其力注○丨裂也廣雅釋詁二○丨斷也管子形勢丨大者衆之所比也注○丨僅也與纔同後漢馬援傳注○丨與纔同後漢第五倫傳注○丨與纔同古字通後漢安帝紀注○丨與財古字通文選五等論財其親疏之宜注○易繫辭化而丨之釋文丨本作財○郭旻碑雖立碑頌丨作載字纔作丨

來 集韻倈通作來○丨至也詩采薇我行不丨傳又爾雅釋詁○丨猶歸也左氏文七年傳其誰丨之注○丨還也易雜卦傳而升不丨也注○丨猶還也國策秦策使者未丨注○丨猶反也詩采薇箋○丨猶致也呂覽不侵不足以丨士矣注○直丨曰丨公羊莊廿七年傳○在內稱丨易豐丨章有慶譽虞注○之內爲丨易咸憧憧往丨虞注○丨者自外之文左氏隱元年經天王使宰咺丨歸惠公仲子之賵注○外之前定之辭謂之丨穀梁昭七年傳○丨者謂未至之事也論語微子丨者猶可追也皇疏○凡諸侯之女歸寧曰丨左氏莊廿七年傳○丨哀也使丨入己哀之故其言之低頭以招之也釋名釋言語○丨

丨勑也周禮樂師詔丨瞽皐舞司農注○丨勤也爾雅釋詁又詩大東職勞不丨傳下武昭茲丨丨許箋文王有聲遹追丨孝箋江漢丨旬丨宣箋○丨丨强事也爾雅釋詁舍人注○丨丕成也呂覽辯土二一時而五六死故不能爲丨注○倈伸也廣雅釋詁四○元孫之子爲丨孫爾雅釋親○元孫之子曰丨孫此在無服之外其意疏遠呼之乃丨也釋名釋親屬○丨鳩爽鳩也爾雅釋鳥鷹鶆鳩樊注○丨讀曰釐儀禮少牢饋食禮丨女孝孫注○史記夏本紀丨始滑索隱曰古文尚書作在治忽今文作采政忽○爾雅釋詁勞丨强事釋文丨本作勑又作賚○爾雅釋訓不誒不丨也釋文丨本作徠又作逨○爾雅釋木椋卽棶釋文棶本作丨○爾雅釋鳥鷹丨鳩釋文丨本作鶆○書禹貢因桓是丨漢書地理志作因桓是倈○詩思文貽我丨牟漢書劉向傳作飴我釐麰○漢修堯廟碑爲勑元丨福賚作丨○漢書古今人表晉船人固丨說苑尊賢作固乘師古曰卽固桑也

萊 丨草也詩南山有臺北山有丨傳又禮記王制注謂丨沛釋文引庾注○田廢生草曰丨詩楚茨序田丨多荒釋文○草所生曰丨禮記王制注釋文引何允注○丨藜也莖葉皆似菉王芻今兖州人蒸以爲茹謂之丨蒸譙沛人謂雞蘇爲丨齊民要術十引詩義疏○丨野也越絕書吳內傳○郊外謂之丨周禮縣師而辨其夫家人民田丨之數注○丨休不耕者同上○丨謂休不耕者周禮遂人丨五十晦注○丨除其草丨也周禮山虞則丨山田之野注○丨芟除可陳之處周禮大司馬虞人丨所田之野注○虞人丨所田之野芟除其草丨令車得驅馳周禮大司馬虞人丨所田之野司農注○丨國名穀梁宣七年公會齊侯伐丨釋文○丨夷地名書禹貢丨夷作牧傳○丨今東丨國語齊語丨茁徐夷吳越注○齊靈公滅丨丨民播流此谷邑落荒蕪故曰丨蕪禹貢所謂丨夷也水經淄水注

栽 丨閣也廣雅釋室○丨讀如文王初載之載丨猶植也今人名草木之植曰丨築牆立版亦曰丨丨或爲茲禮記中庸故丨者培之注○載讀曰丨謂生物也禮記中庸上天之載注○出土爲丨蘖論衡骨相

哉 丨始也書武成丨生明傳又詩文王陳錫丨周箋又書大傳儀伯樂舞蘘丨注又爾雅釋詁又漢書律厤志下集注○丨閒也爾雅釋詁○丨視也廣雅釋詁一○丨載詩文王陳錫丨周傳○爾雅釋詁初丨首基釋文丨本作栽○爾雅釋詁注茂丨茂丨釋文丨本作才○莊子應帝王紛而封丨釋文丨崔作戎○列子黃帝怭然而封丨釋文丨一作戎○詩文王陳錫丨周國語周語作陳錫載周○書伊訓朕丨自亳孟子萬章上丨作載

災 本作烖廣韻灾同○凡火人火曰火天火曰丨左氏宣十六年傳○天火爲丨古微書引春秋考異郵○天曰災國語周語火無災燀注○火自出燒之曰丨公羊桓十四年傳○大者曰丨小者曰火公羊襄九年傳○國曰丨邑曰火穀梁昭九年傳○灾烖也火所燒滅之餘曰裁言其於物如是也釋名釋天○丨灺也廣雅釋語四○天反時爲丨左氏宣十五年傳又新唐書五行志二引洪範五行傳○丨甾也廣雅釋言○烖危也爾雅釋詁○丨禍也文選東京賦祈禠禳丨薛注○丨之言傷也白虎通災變引春秋潛潭巴○丨害也書舜典眚丨肆赦傳又後漢陳寵傳注又呂覽大樂免於丨注又楚辭招魂恐自遺丨些注○菑害也呂覽審時稼就而不穫必遇天菑注○害物曰丨詩正月正義引洪範五行傳○傷害

曰灾易復有灾眚釋文引子夏傳○丨者有害於人
物隨事而至者公羊隱五年傳記丨也注○春一物
枯即爲丨後漢徐防傳○春一草枯即爲丨後漢應
劭傳○丨丨傷二穀以上書丨公羊桓十四年經御廩
丨注○○丨謂水旱蟲螟之類國語周語古者天降丨
戾注○烖水火也周禮大司樂大烖注○大烖水火
爲害周禮司服大烖注○禍烖謂遭水火周禮大宗
伯以弔禮哀禍烖注○天烖疫癘水旱也周禮大祝
國有大故天烖注○天烖日月晦食地烖崩動也周
禮膳夫天地有烖則不舉注○禍烖新有兵寇水火
也周禮掌客禍烖殺禮注○灾饑兵也國語周語所
以禦灾也注○小者謂之丨丨者天之譴也春秋繁
露必仁且知○大丨者何大瘠也公羊莊二十年傳
○丨謂罪惡穀梁莊廿二年傳丨紀也注○坎爲丨
易象下傳過旬丨也虞注○坎爲丨眚易旅斯其所
取丨虞注小過是謂丨眚虞注○灾籒文作𤆎丨同

一切經音義六○菑古丨字漢書揚雄傳上集注○
菑古丨字漢書燕刺王旦傳集注嚴助傳集注董賢
傳集注匈奴傳下集注○易復釋文灾本作丨○詩
閟宮無丨無害釋文丨本作灾又作菑○孝經丨害
不生釋文丨本作灾○書舜典眚丨肆赦史記五帝
紀作眚烖過赦微子天毒降丨荒殷邦宋微子世家
作天篤下菑亡殷國○左傳襄三十年爲宋丨故周
禮大宗伯作宋烖故○左昭元年傳則水旱癘疫之
丨周禮鬯人注作則水旱癘疫之不時
○冀州從事郭君碑降此殄甾丨作甾

猜 丨疑也左氏昭三年傳寡君丨焉注又左傳僖九
年耦俱無丨釋文又廣雅釋言又漢書王溫舒傳
集注引應劭○丨嫌也後漢張衡傳注○丨懼也
廣雅釋詁二○丨恨也方言十二又小爾雅廣言

胎 丨始也漢書枚乘傳集注引李奇○丨始養也爾
雅釋詁丨始也舊注○胚丨未成亦物之始也爾
雅釋詁注○丨養也汝潁梁宋之閒曰丨方言二○
丨逃也方言十三又廣雅釋詁三○在孕曰丨漢書
禮樂志集注○九竅者丨生莊子知北遊○丨獸丨
懷姙未育者也淮南時則毋覆巢殺丨夭注○丨獸
丨也淮南本經刳丨殺夭注○爾雅釋詁肇祖元
丨釋文丨本作台○孔耽碑背有丨衣台作丨

台 魁下六星兩兩而比曰三丨後漢郎顗傳注○丨
謂三丨三公象也後漢安帝紀注○三公在天爲
三丨後漢劉元傳注○丨之言鮐也詩行葦黃耇丨
背箋○丨背大老也詩行葦傳○黃髮丨背皆壽徵
也詩閟宮黃髮丨背箋○丨與能同文選盧子諒贈
劉琨詩三丨摛朗注王文憲集序時粲位亞丨司注
王仲宣誄三丨樹位注褚淵碑文丨衡之望斯集注
○詩行葦黃耇丨背爾雅釋訓作鮐背○左氏襄十
二年圍丨穀
梁作圍邰

孩 丨少也廣雅釋詁三○丨幼也國語吳語而丨童
焉比謀注○丨小兒笑也文選寡婦賦注引字林
○丨提二三歲之閒在繈褓知丨笑可提抱者也孟
子盡心上丨提之童注○丨古才反一切經音義九
引字林○咳古文丨同一切經音義九○詩角弓傳
而童丨慢之釋文丨本作咳禮記內則丨而名之釋
文丨本作咳○老子聖人皆咳之釋文
咳本作丨○夏承碑咳孤憤泣丨作咳

豗 相丨相擊也文選海賦磊匒匌而相丨注

虺 丨穨病也爾雅釋詁○丨隤病也詩卷耳我馬丨
隤傳○丨穨人病之通名爾雅釋詁注○丨隤馬
罷不能升高之病
爾雅釋詁孫注

悝 丨猶嘲也文選東京賦而丨繆公於宮室注

洄 逆流而上曰泝丨爾雅釋水○逆流而上曰遡丨○丨詩蒹葭遡丨從之傳○丨丨惛也爾雅釋訓○丨與回同也文選七發丨闇悽愴焉注○爾雅釋訓僾僾丨丨釋文丨本作惘

禖 ○丨祭也廣雅釋天○丨祀也漢書王莽傳中集注○變媒爲丨神之也禮記月令以太牢祠於高丨注

縗 亦作衰○丨之言摧也所以表其中心摧痛儀禮喪服斬丨裳釋文○三日不生生者成服曰丨丨摧也言傷摧也釋名釋喪制○經之言實衰之言摧言實摧痛於中也後漢郭丹傳注○凡服上曰衰下曰裳儀禮喪服斬衰裳注衰注○衰斬衰也儀禮喪服記衰三升三升有半注○凡衰外削幅裳內削幅儀禮喪服記○衰長六寸博四寸同上○衰三升三升有半其冠六升以其冠爲受受冠七升同上○齊衰四升其冠七升以其冠爲受受冠八升同上○繐衰四升有半其冠八升同上○衰讀曰崔杼之崔也淮南本經衰絰苴杖注○左傳襄廿三年墨丨冒絰釋文丨本作衰

崔 丨嵬土山之戴石者詩卷耳陟彼丨嵬傳○石戴土謂之丨嵬爾雅釋山○土載石曰丨嵬因形名之也釋名釋山○丨嵬山巔也詩谷風維山丨嵬傳○丨嵬山形也楚辭傷時觀浮石兮丨嵬注○丨嵬高貌也楚辭涉江冠切雲之丨嵬注又文選西都賦丨嵬層構注○丨巍高貌楚辭初放高山丨巍兮注○丨巍皆峻貌史記司馬相如傳丨巍嵯峩正義引郭云○丨嵬高峻之貌文選琴賦確嵬岑嵓注○丨丨高大貌詩南山南山丨丨傳○丨丨動貌莊子大宗師丨乎不得已乎釋文引向注○丨丨速貌莊子大宗師釋文引簡文注○魯讀丨爲高論語公冶長丨子弒齊君鄭注○西狹頌刻石確嵬丨嵬作催嵬

裴 裴回謂縈繞淹留後漢蘇竟傳注○蒯鄉名楚漢春秋作憑成侯史記傅靳蒯成傳索隱

培 丨益也禮記中庸故栽者丨之注○丨重也莊子逍遙遊而後乃今丨風釋文○丨塗也廣雅釋室○補丨猶治也禮記喪服四制苴衰不補墳墓不丨注○壘墼曰丨國語晉語若見壘丨注○丨屋後牆也淮南齊俗鑿丨而遁之注○丨田側也呂覽辯土高丨則拔注○莊子逍遙遊釋文丨本作陪○呂覽至忠申公子丨說苑立節作子倍

坏 瓦未燒者丨一切經音義十五引字林○丨未成瓦也太元干或賜之丨注○丨者墫之未燒之名也史記張釋之馮唐傳盜長陵一丨土索隱○丨上器之未燒者郭璞注爾雅曰丨胎物之始也後漢崔駰傳注○丨益也禮記月令蟄蟲丨戶注○坯慢也法言先知柔則坯注○山一成坯爾雅釋山○爾雅

釋地釋文坯本作伾○莊子大宗師堪丨得之釋文丨崔作邳

駘 丨馬銜脫也後漢崔寔傳注○丨登躡也史記天官書與相丨藉集解引蘇林○左傳昭九年魏丨芮岐畢釋文丨本作郃○左傳昭元年臺丨論衡別通水經注六並作臺台

垓 丨階次也史記孝武紀壇三丨集解引徐廣○丨重也史記孝武紀集解引李奇又漢書司馬相如傳下集注引服虔○十經謂之丨御覽七百五十引風俗通○丨堤名在沛郡續漢郡國志注引三蒼張注○丨古文絯亥二形今作姟同一切經音義三○丨一作陔史記孝武紀索隱引鄒氏

陔 丨隴也文選補亡詩注引聲類○丨重也漢書禮樂志集注引如淳郊祀志上集注○丨丨夏樂章也賓出奏丨夏以爲行節也儀禮燕禮奏丨注○丨夏樂章也其歌頌類也以鍾鼓奏之其篇今亡儀禮

大射儀奏丨注○丨丨夏其詩亡周禮賓醉而出奏丨夏丨夏者天子諸侯以鍾鼓大夫士鼓而已儀禮鄉射禮樂正命奏丨注○丨丨夏也丨之言戒也終日燕飲酒罷以丨爲節明無失禮也儀禮鄉飲酒禮賓出奏丨注○祴戒也詩湛露箋謂丨夏也釋文○祴讀如丨鼓之丨周禮鍾師祴夏杜注○肆夏當爲丨夏禮記禮器肆夏而送之注○詩湛露箋釋文丨本作祴禮記禮器注釋文丨本作祴

騋 馬八尺以上爲龍七尺以上爲丨六尺以上爲馬周禮廋人○馬七尺以上曰丨詩定之方中丨牝三千傳○七尺以上爲丨禮記檀弓注丨牝釋文○丨馬六尺以上也詩定之方中釋文○丨牝驪牝爾雅釋畜

徠 丨古往來字也漢書武帝紀集注景帝紀集注禮樂志集注○丨古來字也文選甘泉賦丨祇郊禋注○爾雅釋言格懷丨也釋文丨本作來爾雅釋親元孫之子爲丨孫釋文丨本作來

䰄 或作思○思白頭貌左氏宣二年傳于思于思賈注

皚 丨白也廣雅釋器○丨丨霜雪之貌也後漢張衡傳注

鋂 丨鐶也廣雅釋器○丨一環貫二也詩盧令盧重丨傳

傀 集韻或作傀○丨盛也廣雅釋詁二○傀盛也傀自關而西秦晉之間語也方言二○丨公回反偉也莊子列禦寇釋文引字林○丨大也文選謝靈運齋中讀書詩注引莊子司馬注○丨偉大貌也荀子性惡天下不知之則丨然獨立天地之間而不畏注○丨猶怪也周禮大司樂大丨異裁注○傀丨字玉篇三引聲類○丨讀曰瑰文選謝靈運初去郡詩注引莊子司馬注○丨與瑰同荀子性惡注

焞 丨丨盛也詩采芑嘽嘽丨丨傳又漢書陳湯傳集注○詩采芑嘽嘽丨丨漢書韋元成傳作嘽嘽推推

萑 丨雛也詩中谷有蓷中谷有丨傳○丨益母草木蟲魚疏引三蒼○丨茺蔚也詩中谷有蓷序釋文引韓詩○丨臭穢爾雅釋草萑丨劉注

欸 丨然也南楚凡言然者曰丨方言十○丨譬也廣雅釋詁一○丨嘆也楚辭涉江丨秋冬之緒風注

絯 丨束也廣雅釋詁三

崍 丨山邛丨山也水經江水注

誒 丨調也廣雅釋詁四○丨嘲也漢書枚乘傳集注引李奇○丨啁也文選東方朔畫贊注引字書

煨 丨煑也廣雅釋言○丨熅也廣雅釋詁四

緭 丨宜作隈顏氏家訓書證

脢 廣韻脥同○胂謂之丨廣雅釋親○脥脊側肉也禮記內則取牛羊麋鹿麕之肉必脥注○脥夾背內禮記內則釋文○丨心之上口之下也易咸咸其丨釋文

塺 塺土曰丨一切經音義十二引通俗文○丨塵也廣雅釋詁三又楚辭惜賢愈氣[illegible]其如丨注

鎚 亦作追○追治玉石之名周禮天官序官追師注○追彫也金曰彫詩棫樸追琢其章傳○追猶治也周禮追師爲副編次追衡笄注○追鐘鈕也孟子盡心下以追蠡注○詩棫樸追琢其章荀子富國作彫琢其章

頍 通作追○追冠名周禮追師司農注○追師掌冠
冕之官故弁主王后之首服同上○追猶堆也儀
禮士冠禮記毋追注○追亦堆字今爲追
古字假借之也文選七發踰岸出追注

肧 爾雅釋詁注丨胎未成釋文丨本作胚

桅 丨船弦板也淮南說林遽契其舟丨注○其前立
柱曰丨丨巍也巍巍高貌也釋名釋船○丨讀如
左傳襄王出居鄭地氾
之氾也淮南說林注

唉 丨驚問也管子入國甪立諫鼓於朝而備訊丨注
○丨應聲莊子知北遊丨予知之釋文○丨慢譍
也一切經音義十二引字書○丨吟也一切經音義
十二引蒼頡○丨歎恨發聲之辭史記項羽紀曰丨
索
隱

鮐 丨魚名書泰誓傳丨背之耇釋文詩行葦箋台之
言丨也釋文○九十曰丨背背有丨文也釋名釋
長幼○丨老也秦晉之郊陳兗之會曰耇丨方言一
○丨背壽也爾雅釋詁○丨背背皮如丨魚爾雅釋
詁
注

炱 積烟爲丨煤一切經音義十五引通俗文○炱謂
炱煤也素問六節藏象論黑如炱者死注○炱黑
色也素問風論其色炱注○丨與台古
字通文選舞賦舒恢丨之廣度兮注

纔 丨暫也廣雅釋言○丨淺也漢書鼂錯傳集注楊
雄傳下集注○丨少也漢書文帝紀集注○丨暫
也淺也漢書賈山傳集注○丨微也劣也僅也一切
經音義廿二引三蒼○丨微見也一切經音義二引
三蒼○丨作裁一切經
音義二引國語賈注

邰 一作斄○丨姜嫄之國也詩生民卽有丨家室傳
○斄音丨在始平一音來晉書音義下○斄讀曰
丨漢書趙禹傳集注王莽傳上集注○丨一作斄史
記周本紀其母有丨氏女正義○穀梁襄十三年帥
師伐丨釋文丨本作台○詩生民卽有
丨家室白虎通京師作卽有台家室

頦 丨醜也廣雅釋詁二

能 丨似熊國語晉語今夢黃丨入於寢門注○丨獸
也左氏昭七年傳今夢黃丨賈注○丨獸名左傳
昭七年夢黃丨入于寢門釋文○鼈三足丨爾雅釋
魚○鼈三足曰丨論衡是應○丨三足鼈也左傳襄
卅一年夢黃丨入于寢門釋文○丨讀曰台漢書郊
祀志上集注○丨與台同文選皇太子釋奠會詩台
保兼徽注○丨古台字書刑德放三公象三丨矣注
○丨古台字也文選月賦增華台室注○左傳昭七
年夢黃丨入于寢
門釋文丨本作熊

焥 丨爇也廣雅釋詁二○丨熾也廣雅釋詁三○丨
烗也廣雅釋言

儓 丨臣也廣雅釋詁一○丨醜也廣雅釋詁二○丨
當也廣雅釋詁三○丨農夫之醜稱也南楚凡罵
庸賤謂之田丨方言三○佅丨駑鈍貌
或曰僕臣丨亦至賤之號也方言三注

賅 丨備也國語吳語執箕箒以丨姓於王宮注○丨
備也小爾雅廣言又莊子齊物論賅而存焉釋文
引司馬注○賅兼也莊子齊物論釋文引簡
文注○丨咸也廣雅釋言○丨包也同上

侅 丨偏也莊子盜跖丨溺于馮氣釋文○飲食至咽
曰丨莊子盜跖釋文

峐 山無草木丨爾雅釋山

偎 丨愛也列子黃帝不丨不愛釋文○丨亦愛也山海經海內經天毒丨人愛人注○丨仿佛貌不審也列子黃帝釋文引字林

濰 丨水卽桂水也水經鍾水注

隗 大丨神名也莊子徐无鬼將見大丨于具茨之山釋文○大丨大道也同上

捼 丨奴回反手按也一切經音義十五引三蒼

咍 丨笑也楚人謂相啁笑曰丨楚辭惜誦又衆兆之所丨注○丨蚩笑也楚人謂相調笑爲丨一切經音義十六引字書○丨笑也廣雅釋詁一○楚人謂相笑爲丨文選吳都賦東吳王孫囅然而丨劉注

擡 擧振謂之丨一切經音義十七引通俗文○丨動也廣雅釋詁一

○以下據廣韻録

渨 丨病也爾雅釋詁釋文引字林

渨 丨沒也廣雅釋詁一

蛕 丨腹中蟲也一切經音義十一引蒼頡訓詁

玫 丨瑰火齊珠也玉篇引蒼頡又漢書楊雄傳音義引字林又文選西都賦翡翠火齊注引韻集○丨瑰琅玕也出昆侖關明山也一切經音義六引張揖○丨莫回反瑰瑚魁反石之美好口丨圓好曰瑰一切經音義二引字林○丨瑰石珠也一切經音義六引郭璞

腜 丨肥也廣雅釋訓○丨丨美也文選魏都賦丨丨坰野劉注○丨胎也廣雅釋親○丨猶無幾何詩小旻民雖靡膴釋文引韓詩

偏 丨身身不見用丨丨然也丨讀雷同之雷淮南俶眞然而不免於丨身注

轠 丨擊也漢書陳遵傳集注

魋 丨如小熊竊毛而黃爾雅釋獸○丨獸如熊黃而小爾雅釋獸釋文引字林

蹪 蹪蹇也廣雅釋言○丨蹪也淮南說林人莫丨於山注○丨蹪也楚人讀蹪爲丨淮南原道足丨趎埳注○楚人謂蹪爲丨淮南說山萬人之丨注

䭔 丨膏丨也御覽八百五十一引埤蒼

搥 丨擿也廣雅釋詁四○丨及擿並擊鼓杖也後漢禰衡傳注○磓猶激也文選海賦五嶽鼓舞而相磓注○丨古文磓同一切經音義十二

慛 丨憂也廣雅釋詁一○丨丨悲也廣雅釋訓

䣙 丨鄉在城父縣音衰史記䣙城傳索隱引三蒼○丨音陪漢書周緤傳注引字林

婄 丨醜也廣雅釋詁二

脴 丨版也廣雅釋器

輫 箱謂之丨方言九○丨箱也廣雅釋器

痦 丨創也廣雅釋詁一○丨痂也廣雅釋言

㷟 丨燽毛廣韻引字林

藬 丨牛蘈爾雅釋草○詩我行其野箋遂牛丨也釋文丨本作蘈

屡 一履也廣雅釋器○履西南梁益之閒或謂之一方言四○一字或作屦方言四注

嶁 一塗也廣雅釋室

醖 一一飯廣韻引字林

㞜 一赤子陰也廣韻引聲類

㚊 一多也廣雅釋詁三

跆 一或作蹈漢書天文志集注引蘇林

豥 豕四蹢皆白一爾雅釋獸○一下才反爾雅釋獸釋文引字林

剴 一切詩雨無正正義引書大傳注○一磨也廣雅釋詁三○一鐮也集韻引字林

姟 一大數也一切經音義九引字林○一備也數極於一萬萬曰一國語鄭語行一極注

胲 一指毛皮也史記扁鵲倉公傳奇一正義引顧野王○一軍中約也史記扁鵲蒼公傳正義引許慎○一備也廣雅釋詁二

餩 一餌謂之一方言十三○一餳也廣雅釋器

麧 一麴也廣雅釋器○一麴也晉之舊都曰一方言十三○今江東人呼麴爲一方言十三注

犛 一旄牛莊子逍遙遊今夫一牛釋文引司馬注應帝王執一之狗釋文引李注○周禮樂師注旄牛者犛之尾釋文犛或作犛或作一

㹕 一貔陳楚江淮之閒謂之一方言八

淶 一出廣昌周禮職方氏其浸一易注

鶆 一音來一鳩鷹也爾雅釋鳥釋文引字林○一當爲鶆字之誤耳左傳作鶆鳩是也爾雅釋鳥鷹一鳩注

𣬰 古文犛練二形今作一同一切經音義三

庲 一舍也廣雅釋室

棶 一椋也爾雅釋木釋文引字林

渽 一水出蜀水經注卅三引字林

偲 偲佞也廣雅釋言

蛤 一黑貝也大才反爾雅釋魚釋文引字林

鰓 一難也太元密小一大君在注○一懼貌也荀子議兵諰諰然常恐天下之一合而軋己也注引漢書蘇林注○一音魚一之一漢書高帝紀上集注引蘇林

揌 一動也廣雅釋詁一

敳 左傳文十八年隤一史記五帝紀索隱作隤凱潛夫論五德氏姓作隤凱

𣧑 一胎也廣雅釋親

隑 一立也廣雅釋詁四○一企立也東齊海岱北燕之郊委痿謂之一企方言七○一長也廣雅釋詁二○一陭也方言十三又廣雅釋言○江南人呼梯爲一方言十三注

○以下據集韻錄磑丨皚也廣雅釋詁一○丨丨高貌文選魯靈光殿賦泪丨丨以璀璨注

⿰言貴 汝南人呼欺爲丨詑方言三注

欸 丨笑也廣雅釋詁一

暟 丨美也方言十三○丨丨美德也方言十三注

漼 丨豈霜雪也廣雅釋訓

筱 車枸簍宋魏陳楚之閒謂之丨方言九

轛 丨式之植者衡者也考工記輿人參分軹圍去一以爲丨圍注○丨讀如繫綴之綴謂車輿軨立者也立者爲丨橫者爲軹書丨或作軨考工記輿人司農注○丨者以其鄉人爲名考工記輿人注

○附錄桮 楚人謂恨不得爲丨治也淮南道應上駕丨治注

經籍籑詁卷第十

經籍籑詁卷第十補遺

長部侍郎兼都察院右副都御史巡撫浙江等處地方提督軍務兼理糧餉阮元纂

上平聲

十灰

灰 說文死火餘㶳也从火从又又手也火既滅可以執持○火死爲丨釋名釋天

恢 說文丨大也从心灰聲

魁 說文丨羹斗也从斗鬼聲○丨者斗之所用盛而枃之本也故言根本者皆云丨漢書游俠傳序原涉爲丨注○丨根本也漢書酷吏尹賞傳賞所置皆其丨宿注○斗身爲丨漢書梅福傳授以丨柄注○丨斗之首漢書天文志注引孟康○斗第一星至第四爲丨淮南天文斗杓爲小歲注○平旦建者丨漢

書天文志○丨首也書武成傳而紂爲丨注疏○丨主也莊子庚桑楚猶之丨然釋文○丨安也同上○丨大貌也漢書張陳王周傳贊丨梧奇偉注○丨壘壯貌也漢書鮑宣傳者艾丨壘之士注引服虔○木偒作鬼爲丨字顏氏家訓書證○考工記㡀氏注以丨枓之釋文又作魓

隈 說文隈水曲隩也从𨸏畏聲○丨曲深處魚所聚也淮南覽冥漁者不爭丨注

囘 說文丨轉也从口中象丨轉形囘古文○丨繞也漢書李廣傳東道少丨遠注○丨曲繞也漢書食貨志下爲渭漕丨遠注○丨謂繞過漢書楊雄傳上丨安邑注○丨謂却行也素問玉版論要篇神轉不丨注○迴風旋風也爾雅釋天迴風爲飄注又李注○丨穴轉旋之意也漢書敘傳上畔丨穴其若茲兮注○丨邪也國語魯語若君縱私丨而棄民事注晉語夫以丨鸞國之中注○丨正心也左氏昭卅

一年傳不爲利丨注○丨謂乖違禮記樂記丨邪曲
直疏○迴是迂也書盤庚中疏

徊 徘徊猶傍偟不進之意也漢書高后紀徘丨往來
注○徘丨謂不得其所也漢書息夫躬傳鸞徘丨
分注

槐 說文丨木也从木鬼聲○丨懷也淮南時則九月
官候其樹丨注

枚 說文枝榦也可爲杖从木从攴詩曰施于條丨○
竹曰个木曰丨史記貨殖列傳正義引釋名○纛
者曰檛細者曰丨文選長笛賦裁已當簻便易持注
○丨是籌之名也書大禹謨丨卜功臣疏○今八數
物云一丨兩丨是籌之名也左氏昭十二年傳南蒯
丨筮之疏

梅 說文丨枏也可食从木每聲楳或从某○荆州曰
丨楊州曰枏爾雅釋木丨枏疏引孫注○丨果實

似杏而酢左氏昭二十年傳水火醯醢鹽丨疏○丨
杏類也詩摽有梅摽有丨陸疏○丨丨猶微微謂微
昧也禮記玉藻疏○丨或作蘶山海經中山經其木
多丨梓注

媒 說文丨謀也謀合二姓从女某聲○丨謂遘合會
之漢書司馬遷傳隨而丨孽其短注引臣瓚○丨丨
如丨娉之丨漢書司馬遷傳注○齊人謂麴餅爲丨
同上○齊人名麴餅曰丨漢書李陵傳隨而丨蘖其
短注○丨酒敎漢書李陵傳注引孟康

瑰 說文丨玫丨从玉鬼聲一曰圜好○丨石珠也一
切經音義三引字林○丨是美石之名也詩渭陽
傳瓊丨石而次玉疏○丨大也文選謝靈運初去郡
詩注引莊子司馬注○瓌瑋珍琦也文選西都賦注
引埤蒼

雷 集韻靁同○說文靁陰陽薄動靁雨生物者也从
雨畾象回轉形𩂩古文靁𩇓亦古文靁𩆷籀文靁
閒有回回靁聲也○陰陽相薄爲丨淮南墬形○丨
者太陽之激氣也論衡雷虛○丨電陽也穀梁隱九
年傳陰陽錯行注○丨者陽氣春夏用事易象上傳
澤中有丨翟元注○丨陽氣亦謂龍也易象上傳丨
出地奮崔注○丨天氣也論衡難歲○丨所以動物
易噬嗑先王以明罰勑法侯注○丨卽研也兵法守
城用礌石以擊攻者左氏襄十年傳注射在矢石閒
注○詩殷其靁釋文靁亦作丨

罍 丨酒罇也詩卷耳我姑酌彼金丨釋文○丨盛酒
尊爾雅釋器注○丨大夫器也天子以玉諸侯大
夫皆以金士以梓詩卷耳疏引異義韓詩說○金丨
酒器也諸臣之所酢人君以黃金飾尊大一碩金飾
龜目蓋刻雲雷之象詩卷耳疏引異義毛詩說○丨
刻木爲之詩卷耳疏引三禮舊圖○丨者取象雲雷

周禮司尊彝皆有丨疏引異義○丨猶雲雷也畫爲
山雲之形也禮記明堂位山丨夏后氏之尊也疏○
丨字雖與雷別以聲同故以雲雷解之周禮司尊彝
注山丨亦刻而畫之爲山雷之形疏

隤 通作頹本作穨○說文隤下隊也从𠂤貴聲又穨
秃皃从秃貴聲○丨謂下之也漢書食貨志上因
丨其土注○下流曰頹漢書溝洫志注○頹風從上
而下之名詩谷風傳頹風之焚輪者也疏○頹然不
逆之意也禮記檀弓上頹乎其順也疏

催 說文丨相擣也从人崔聲詩曰室人交偏丨我

摧 說文丨擠也从手崔聲一曰挏也一曰折也○丨
退也易晉晉如丨如疏○丨謂仆落素問五常政
大論其變振拉丨拔注○丨鄭讀南山崔崔之崔易
晉釋文

堆 說文𠂤小阜也象形凡𠂤之屬皆从𠂤○丨高阜也漢書司馬相如傳上激丨埼注○崔岸也漢書溝洫志鑿離崔注引晉灼○爾雅釋水注釋文丨字或作雁又作追

陪 說文陪重土也一曰滿也从𨸏咅聲○丨重也後漢書袁紹傳拔於丨隷之中注○丨貳謂副貳王者則三公也詩蕩傳無丨貳也疏○丨鰓奮怒之貌也文選射雉賦敷藻翰之鰓徐注○倍讀曰丨漢書地理志上至于丨尾注○丨憑聲相近漢書周緤傳更封緤爲鄘成侯注○書禹貢釋文丨尾漢書作橫尾

杯 本作桮○說文桮𩰪也从木否聲匧籀文桮○盃椷盞盌閜槃盬桮也桮其通語也方言五

醅 說文丨醉飽也从酉咅聲

嵬 說文丨高不平也从山鬼聲凡丨之屬皆从丨○丨說狂妄之說荀子正論夫是之謂丨說注

推 說文丨排也从手隹聲○丨謂丨排禮記祭義丨而放諸東海而準疏○丨猶移也淮南汜論故恩丨則懦注○丨移猶轉易也淮南脩務與物丨移注○丨是遠離之辭詩雲漢疏○丨也者以其所不取之同於其所取者予之也墨子小取

開 說文丨張也从門从幵闢古文○丨通也文選魏都賦注引國語賈注○丨導謂丨通導達荀子儒效教誨丨導成王注○以陽闢坤謂之丨物易繫辭上傳冒天下之道如斯而已者也虞注○丨闓猶丨闢也漢書禮樂志參侔丨闓注引晉灼○丨謂陳說也漢書鄒陽傳欲丨忠於當世之君注○丨謂有所啟白史記曹相國世家終莫得丨說集解引如淳○丨靜動靜也管子幼官凡物丨靜注○闓讀與丨同漢書兒寬傳發祉闓門注匈奴傳上迺遣闓陵侯將兵別圍車師注今欲與漢闓大關注○書序東郊不開釋文舊讀皆作丨馬本作闢○韓勑碑前闓九頭以升言教丨作闓

哀 說文丨閔也从口衣聲○丨謂丨怨也禮記樂記疏○丨悼者心神震動詩羔裘傳悼動也疏○丨當爲衷詩關雎序丨窈窕箋○莊子天下注而性命丨矣釋文本或作喪○柳敏碑嗚呼懷哉丨作懷

埃 說文丨塵也从土矣聲

臺 說文臺觀四方而高者从至从之从高省與室屋同意○丨積土四方爾雅釋宮注○丨積土爲之所以觀望爾雅釋宮疏引李注○丨草名詩都人士傳丨所以禦暑疏○丨一名夫須爾雅釋草舍人注

苔 廣韻菭同○說文菭水衣从艸治聲○菭水氣所生也漢書外戚傳下華殿塵兮玉階菭注

該 說文丨軍中約也从言亥聲讀若心中滿丨○丨者備也穀梁序丨二儀之化育注

才 通作材○說文丨艸木之初也从丨上貫一將生枝葉一地也凡丨之屬皆从丨○適用曰材史記仲尼弟子列傳無所取材集解引鑾肇○丨有治能而參國政者列子仲尼東里多丨釋文○丨多丨也詩盧令其人美且偲箋

材 說文丨木挺也从木才聲○丨橫木也國語晉語駕而乘丨注○丨謂橫地細小之木也左氏哀二年傳駕而乘丨疏○丨是木之實周禮委人注凡疏丨草木有實者也疏○丨即物也周禮閭師任衡以山事貢其物疏○丨謂皮革齒牙骨角毛羽也左氏隱五年傳其丨足以備器用疏○詩公劉箋伐取丨木釋文一本作林

財 說文丨人所寶也从貝才聲○丨物也禮記禮器注○丨設於地丨疏○丨謂貨丨管子七法丨不盡天下丨其糧用也管子度地給卒丨足注○丨卽米也周禮舍人分其丨守疏○丨謂米穀也周禮大司徒則令邦國移民通丨疏○丨用帛穀貨賄也周禮職方氏與其丨用九穀六畜之數要注○丨謂其祿廩管子度地卒部校長官佐各丨足注○丨是地稅周禮遂師注丨賦稅之事疏○坤爲丨易象下傳不傷丨虞注○坤富稱丨易象上傳后以丨成天地之道虞注○丨與纔同漢書文帝紀見馬遺丨足注李陵傳丨令陵爲助兵注霍光傳長丨七尺三寸注酷吏尹賞傳丨數十百人注匈奴傳下餘丨三千人到康居注○丨讀與纔同漢書楊雄傳上丨足以奉郊廟注○丨字與纔同史記孝文本紀見馬遺丨足索隱○丨與才同漢書李廣利傳士丨有數千注○丨與裁同漢書成帝紀丨振貸注賈誼傳唯陛下丨幸注鼂錯傳唯陛下丨擇注竇嬰傳輒令丨取爲用注張安世傳唯天子丨哀注王吉傳唯陛下丨擇焉注翼奉傳唯陛下丨察注李尋傳唯丨留神注師丹傳雒陛下丨覽衆心注佞幸石顯傳唯陛下哀憐丨幸注○丨與裁通用漢書王莽傳上唯陛下哀憐丨幸注

裁 說文丨制衣也从衣𢦏聲○丨制也文選東京賦注引國語賈注○丨謂善能丨斷穀梁序公羊辨而丨注○丨謂減省之也漢書食貨志上而丨其賈以招民注○丨謂自刑殺也漢書賈誼傳跪而自丨注○丨與才同漢書王貢兩龔鮑傳序丨日閱數人注○丨與纔同漢書高惠高后文功臣表丨什二三注○丨或爲材文選長笛賦丨巳當適便易持注

來 說文丨周所受瑞麥丨麰一丨二縫象芒朿之形天所丨也故爲行丨之丨詩曰詒我丨麰凡丨之屬皆从丨○丨亦歸也書大禹謨傳懷歸也疏○丨亦歸之義詩匪風傳懷歸也疏○丨者有所反之言左氏莊廿七年傳出曰丨歸疏引釋例○丨者信也易繫辭下傳○丨賜也儀禮特牲饋食禮丨女孝孫釋文○丨將丨也荀子解蔽不閔丨注○丨者丨朝也穀梁隱元年傳○丨者丨中國也穀梁昭廿五年傳○右者丨周髀算經下○在內稱丨易比終丨有它吉虞注復朋丨无咎虞注○坎在內稱丨易坎丨之坎坎虞注○之內曰丨也易震震丨虩虩虞注○乾陽信內稱大丨易泰小往大丨虞注○健而順在內故曰大丨易象上傳內健而外順何注○丨謂先心易繫辭上傳神以知丨虞注○書呂刑惟貨惟丨釋文馬本作求

萊 說文丨蔓華也从艸來聲○丨草名詩南山有臺北山有丨陸疏○丨爲草之總名詩南山有臺疏○丨者草穢之名詩十月之交傳高則丨疏○田廢生草謂之丨詩楚茨序田丨多荒疏○丨謂芟其草丨以爲殺圍之處左氏襄四年傳注虞人掌田獵疏

栽 丨植也禮記中庸故丨者培之釋文○凡蒔草謂之丨文選潘安仁在懷縣詩稻丨肅芊芊注○丨者樹立之語左氏莊廿九年傳注樹板榦疏○築牆立版謂之丨左氏哀元年傳注丨設版築爲圍壘疏○丨者豎木以約版也同上

哉 說文丨言之閒也从口𢦏聲○丨始也書伊訓朕丨自亳傳○丨者疑而量度之辭禮記曾子問孔子曰祭丨疏○丨載義同詩皇矣箋載始也疏載見傳載始也疏○丨與載古字通詩文王傳丨載疏

災 廣韻同烖○說文天火曰烖从火𢦏聲灾或从宀火秋古文从才災籀文从巛○丨水火也禮記曲

禮下注烖謂丨患喪病疏○烖謂水丨也周禮大宗伯注烖謂凶烖疏○天反時爲丨謂風雨不節孝經丨害不生疏引皇侃○害物曰丨易復有丨眚釋文引鄭注○害物爲丨左氏莊七年經注皆記異也疏○丨者害物之名公羊襄九年傳注丨者離本辭注○據其害物謂之丨左氏宣十五年傳天反時爲丨疏○丨然丨害在身之貌荀子脩身菑然必以自惡也注○坤稱丨也易象下傳志窮丨也虞注○坎爲丨眚易復有丨眚虞注○體坎故稱丨也易象上傳不犯丨也虞注○上動體坎故稱丨易无妄无妄之丨虞注

猜 說文丨恨賊也从犬青聲○丨惡也史記酷吏列傳徒請名禍猾吏索隱

胎 說文丨婦孕三月也从肉台聲○丨謂在腹中未出禮記月令毋殺孩蟲丨夭飛鳥疏○丨始也爾雅釋詁○丨殆義同詩七月傳丨殆疏

台 丨音胞胎漢書高后紀呂丨注引蘇林

孩 說文咳小兒笑也从口亥聲丨古文咳从子○丨小兒也漢書賈誼傳故迺丨提有識注○丨者小兒笑也漢書王莽傳上丨提之子注

虺 丨隤者病之狀詩卷耳傳丨隤病也疏

悝 說文丨啁也从心里聲春秋傳有孔丨一曰病也

洄 說文丨溯丨也从水从回○水轉曰丨也華嚴經音義下引三蒼

禖 說文丨祭也从示某聲○丨祀也續漢禮儀志上注引月令章句○高丨祀名詩生民傳以太牢祠于郊丨疏引月令章句○高丨先王子孫之祠也事物紀原二引雷氏五經要義○丨求子之神也漢書戾太子傳爲立丨注○因其求子故謂之丨續漢禮儀志上注引盧植禮記注○丨猶媒也詩生民傳疏引月令章句○變媒言丨神之也禮記月令以太牢祠于高丨注○媒字从女今从示旁爲之示是神明告示之義禮記月令注變媒言丨疏

縗 亦作衰○說文丨服衣長六寸博四寸直心从系衰聲○衰喪服也禮記檀弓上衰與其不當物也疏○衰之言摧也左氏桓二年傳苴經帶杖菅屨疏○丨在胸前左氏襄十七年傳晏嬰麤丨斬注○左氏襄廿七年傳繐衰裳縷細而希釋文本亦作丨○左氏襄卅一年傳三易縗釋文本又作丨亦作衰○孟子滕文公上注齊衰也音義衰或作丨同

崔 說文丨大高也从山佳聲○丨嵬高貌漢書楊雄傳上前殿丨巍兮注○丨巍石山上有土者爾雅釋山石戴土謂之丨嵬注又孫注○丨錯交雜也文選上林賦丨錯癹骫注引郭璞○丨隤猶言蹉跎也漢書廣川惠王越傳月丨隤時不再注

裴 說文丨長衣皃从衣非聲

培 說文丨敦土田山川也从土咅聲

坏 說文丨丘再成者也一曰瓦未燒从土不聲○丨未成瓦也太元干或錫之丨注○丨壁也漢書楊雄傳下或鑿丨以遁注

駘 說文丨馬銜脫也从馬台聲

垓 說文丨兼丨八極地也國語曰天子居九丨之田从土亥聲○丨坫垠堮也淮南俶眞設於無丨坫之宇注○丨讀入飲食太多以思下丨淮南俶眞注

陔 說文餧階次也从自亥聲

騋 說文馬七尺爲丨八尺爲龍从馬來聲詩曰丨牝驪牡

倈 丨古往來之字也漢書武帝紀氐羌丨服注○倈古來字漢書景武昭宣元成功臣表徐方旣來注

皚 說文丨霜雪之白也从白豈聲

鋂 說文丨大鎖也一環貫二者从金每聲詩曰盧重丨

傀 集韻或作儡○說文丨偉也从人鬼聲周禮曰大丨異瓌丨或从玉裹聲○丨美也一切經音義十引廣雅○儡言瓌瑋也方言二儡盛也注○丨然大悟解之貌莊子列禦寇達生之情者丨注

萑 說文丨萑也从艸推聲詩曰中谷有丨

欸 說文丨訾也从欠矣聲

詼 丨謂嘲也漢書公孫宏傳談笑多聞注○丨嘲戲也漢書東方朔傳朔雖丨笑注

煨 說文丨盆中火从火畏聲

脢 說文丨背肉也从肉每聲易曰咸其丨○在脊曰丨易咸咸其丨疏引子夏傳○丨夾脊肉也易咸虞注○丨者心之上口之下易咸注

鎚 亦作追○追治玉石之名周禮追師注追猶治也疏○追亦治玉也詩棫樸追琢其章箋

頧 通作追○無追冠也廣雅釋器○夏統十三月爲正其飾最大故曰毋追白虎通紼冕

胚 說文丨婦孕一月也从肉不聲○婦孕三月而丨爾雅釋詁注丨胎未成釋文引淮南子及文子○丨凝血爾雅釋詁注釋文

唉 說文丨譍也从口矣聲讀若埃

鮐 說文丨海魚名从魚台聲○丨海魚也漢書貨殖傳丨鮆千斤注○丨背老人氣衰皮膚消瘠背若丨魚也爾雅釋詁丨背壽也疏引舍人注○耇丨言背皮如丨魚方言一陳兗之會曰耇丨注

炱 說文丨灰丨煤也从火台聲

荄 說文丨草根也从艸亥聲○丨草根也後漢書魯恭傳萬物養其根丨注○草根曰丨漢書禮樂志根丨以遂注○核亦丨字也漢書五行志中之上則孕毓根核注

邰 說文炎帝之後姜姓所封周棄外家國从邑台聲右扶風斄縣是也詩曰卽有丨家室○丨后稷所封國也詩生民卽有丨家室釋文○斄讀曰丨漢書翟義傳殺右輔都尉及斄令注○斄讀與丨同漢書郊祀志下后稷封于斄注地理志上右扶風斄注地理志下昔后稷封斄注樊噲傳從攻雍斄城西登注王莽傳下屬縣斄嚴春注○斄字或作丨後漢書董卓傳封斄鄉侯邑千戸注○丨卽斄古今字異耳史記周本紀封棄於丨索隱

頦 說文丨醜也从頁亥聲

能 三足鼈者丨山海經中山經從水其中多三足鼈注○鼈三足曰丨史記夏本紀正義引束晳發蒙

記○魁下六星兩兩相比者曰三丨漢書天文志○古時以今丨字爲三台之字是古者以耐字爲今之丨字丨字爲三台之字後世以來廢古耐字以三台之丨替耐字之變而爲丨也又更作三台之字是今古變也禮記樂記注耐古書丨字也疏○禮記王制注晉侯夢黃丨入國釋文李本作熊

椳 說文丨門樞謂之丨从木畏聲

衃 說文丨凝血也从血不聲

晐 說文丨兼丨也从日亥聲○丨備也廣雅釋詁二

侅 說文丨奇丨非常也从人亥

峐 丨猶屺字爾雅釋山山無草木丨釋文引三蒼字林聲類

䅘 說文齊謂麥曰丨从禾來聲○丨麰之麥一麥二稃周受此瑞麥廣韻引埤蒼

䚡 說文丨角中骨也从角思聲○丨謂骨外皮滑澤者禮記樂記注無丨曰觡疏

偎 丨亦愛也列子黃帝不丨不愛注

○以下據廣韻錄

渨 說文丨沒也从水畏聲

颹 丨風遲也文選江賦注引埤蒼

蚘 蛕同○說文蛕腹中長蟲也从虫有聲

玫 說文丨火齊丨瑰也一曰石之美者从玉文聲○丨瑰火齊珠也左氏成十七年傳注瑰珠也疏引呂靖韻集又漢書司馬相如傳上赤玉丨瑰注引晉灼○丨瑰石珠也史記司馬相如列傳赤玉丨瑰集解

腜 說文丨婦始孕丨兆也从肉某聲

䍙 說文䍙网也从网每聲

儡 說文丨相敗也从人畾聲讀若雷

瓃 說文丨玉器也从玉畾聲

櫑 說文丨龜目酒尊刻木作雲雷象象施不窮也从木畾聲罍丨或从缶罍丨或从皿𦉜籀文丨

轠 丨轤連屬貌漢書楊雄傳上丨轤不絕注引孟康○丨轤環轉也漢書楊雄傳上注

㿉 丨陰病集韻引埤蒼

𢈈 說文丨屋从上傾下也从广隹聲

魋 說文新修字義丨似熊从鬼隹聲○丨顏謂顏貌丨回若丨梧然也史記丨顏蹙齃膝攣索隱

𧮩 說文丨譟也从言魋聲

蹪 丨躓楚人謂躓也淮南脩務以一丨之難注

𡶳 說文丨高也从屵隹聲

敦 說文敦怒也詆也一曰誰何也从攴𦎫聲○如覆丨者丨丘爾雅釋丘○丨盂也爾雅釋丘注

嗺 丨嗟也詩雲漢先祖于摧箋○丨者咨嗟告困之辭詩雲漢疏

郼 說文丨河東聞喜縣从邑非聲

𨞏 說文𨞏右扶風鄠鄉从邑崩聲沛城父有丨鄉讀若陪

䫀 說文丨曲頤也从頁不聲

磑 丨礱也文選思元賦行積冰之丨丨兮注引方言○丨丨高貌文選高唐賦振陳丨丨注○丨丨崇積也漢書禮樂志美芳丨丨師古注引孟康○古字丨與皚同後漢書張衡傳行積冰之丨丨兮注

朘 屡同○說文新附丨赤子陰也从肉夋聲或从血○朘赤子之命原也老子未知牝牡之合而朘作精之至也注

咍 說文丨蚩笑从口从合

𣪠 說文丨攺大剛卯也以逐精鬼从殳亥聲

嬯 說文丨遲鈍也从女臺聲闒丨亦如之

⿱竹怠 說文丨竹萌也从竹怠聲

跆 丨登躡也漢書天文志兵相丨籍注引蘇林○丨踏也今為此駘古字通後漢書馮衍傳上更相駘籍注

郂 說文郂陳畱鄉从邑亥聲

⿰歹豈 說文丨殺羊出其胎也从歺豈聲

剴 說文丨大鎌也一曰摩也从刀豈聲○大鎌謂之丨史記淮南衡山列傳鑯鑿棘矜也集解引徐廣

祴 說文丨宗廟奏丨樂从示戒聲

胲 說文丨足大指毛也从肉亥聲○丨足大指也莊子庚桑楚臘者之有膍丨釋文○丨當寅也史記扁鵲倉公列傳奇咳正義引顧野王○丨備也莊子庚桑楚釋文引崔注

⿰齒豈 說文丨齧牙也从齒豈聲

⿰麥才 說文丨餅籟也从麥才聲

斄 說文丨彊曲毛可以箸起衣从犛省來聲庲古文丨省

琜 說文丨瓄玉也从玉來聲

淶 說文丨水起北地廣昌東入河从水來聲

鯠 爾雅釋魚鰲丨釋文字林作鯠

鶆 丨鳩鷹廣韻引埤蒼

棶 丨椋也爾雅釋木釋文引埤蒼

𡿧 說文丨害也从一雝川春秋傳曰川雝為澤凶

𢦏 說文丨傷也从戈才聲

職 丨視也廣雅釋詁二

偲 說文丨彊力也从人思聲詩曰其人美且丨

赼 說文赼疑之等赼而去也从走才聲

⿺走里 說文⿺走里畱意也从走里聲讀若小兒孩

【鰓】丨音愼而無禮則葸之葸〔漢書刑法志〕引蘇林

【敳】〔說文〕敳有所治也从支豈聲讀若𤢕

【隑】丨企脚躄不能行也〔方言七〕委痿謂之丨企注

○以下據【𡖝】說文丨大也从多𢀖聲

集韻錄

【侅】丨奄也〔廣雅釋器〕

【鐓】或書作鐜○〔說文〕鐓下垂也一曰千斤椎从金敦聲

【核】〔說文〕丨蠻夷以木皮爲篋狀如籢尊从木亥聲

○以下附錄【㛤】〔說文〕丨不肖也从女否聲讀若竹皮箁

【䰠】丨亦魑魅之類也〔山海經西山經〕是多神丨注

【㹎】丨牛特牛也丨讀葛藟之藟〔淮南時則〕乃合丨牛騰馬注

經籍籑詁卷第十補遺終

經籍纂詁卷第十一

經筵講官南書房行走禮部左侍郎兼署兵部左侍郎前提督浙江學政阮元撰集

上平聲

十一眞

眞 |實也淮南俶眞注○|誠也荀子勸學|積力久則入注○|正也漢書河閒獻王德傳集注○|猶正也文選古詩識曲聽其|注○|不變也淮南本經質|而素樸注○|身也莊子山木見利而忘其|釋文引司馬注又淮南本經精神反於至|注○|此也廣雅釋言○|在性分之內莊子秋水謹守而勿失是謂反其|注○|者所以受於天也莊子漁父○|者精誠之至也同上○|者不假於物而自然也莊子大宗師而況其|乎注○|氣者經氣也素問離合眞邪論○能體純素謂之|人莊子刻意○||人謂成道之人也素問上古天眞論余聞上古有|人者注○|牙謂牙之最後生者素問上古天眞論故|牙生而長極注○莊子山木|冷禹曰釋文|司馬本作直

因 |依也呂覽盡數|智而明之注○|就也廣雅釋詁三又國語鄭語其民沓貪而忍不可|也注○|仍也文選東京賦|秦宮室薛注○|猶順也呂覽君守必有|也注○|猶便也呂覽順說而心猶可服|矣注○|猶受也國策秦策願於|計注○|舊也管子心術|也者非吾所顧故無顧也注○|親也詩皇矣|心則友傳又論語學而|不失其親集解引孔注又廣雅釋詁三○|猶親也儀禮喪服傳與|母同注又論語學而皇疏○|也者|人之情也長短經引孟子○|也者舍己而以物爲法者也管子心術○||也者無益無損也同上○||連接也周書作雒北|于郟山注○|緣謂依附以生輕重也後漢陳寵傳注○有神名曰||乎民山海經大荒南經○左傳襄四年伯|史記夏紀正義引世紀作伯姻○史記齊太公世家齊威王名|齊國策趙策作嬰齊

茵 又作鞇○|車席也詩小戎釋文○|車蓐也史記酷吏傳未嘗敢均|伏索隱○|車中蓐也文選西征賦爾乃端策拂|注○|著褥也禮記少儀|席注○|褥也後漢班彪傳上注又穆天子傳六贈用|褥注○鞋鞲謂之鞇廣雅釋器○鞇因也因與下輿相連著也釋名釋車○文鞇車中所坐者也用虎皮爲之有文采同上○文|虎皮也詩小戎文|暢轂傳○|所以藉棺者儀禮既夕加|用疏布|注

辛 |新也御覽引崔靈恩禮記義宗○|之言新也禮記月令其日庚|注○|之爲言自新潔也南齊書引盧植郊特牲注○|新也物初新者皆收成也釋名釋天○|者陰始成白虎通五行○|金也後漢丁鴻傳注○|自克|也藝文類聚引五經通義○|所以煞傷之也白虎通五行○|謂酸痛素問氣厥論膽移熱於腦則|頞鼻淵注○|苦窮也周書柔武以匡|苦注○|金味周禮瘍醫以|養筋注又素問陰陽應象大論|勝酸注○江南曰辣中國曰|韻會引聲類○|謂椒薑也楚辭招魂|甘行些注○太歲在|曰重光爾雅釋天○月在|曰塞同上○酉在|曰重光淮南天文○|西夷同上○|卯戌也同上○帝嚳有天下號曰高|白虎通號○高|者道德大信也同上○|氏郞鄷氏也山海經海內經有國名曰流黃|氏注○陽華之山多苦|其味酸甘山海經中山經○曾顏|字子柳見家語弟子

【新】｜初也廣雅釋言○言｜有舊也穀梁定元年傳○言｜有故也穀梁僖廿年傳○其言｜有故也穀梁莊廿九年傳○修舊曰｜詩新臺序釋文引馬注又詩閟宮｜廟奕奕箋○繕故曰｜公羊莊廿九年傳｜延廐者何注○言｜者皆以物不可用更造之辭左氏莊廿九年經春｜延廐注○｜鮮清絜之貌也太元務｜鮮自求珍注○｜宮者禰宮也穀梁成三年傳○田二歲曰｜詩臣工如何｜畬傳○二歲曰｜田詩采芑于彼｜田傳又爾雅釋地○｜秦地名水經河水注○｜雉辛夷也文選甘泉賦列｜雉於林薄注○｜夷亦樹也其花甚香後漢馮衍傳注○書金縢惟朕小子其｜迎馬本｜作親○詩閟宮｜廟奕奕獨斷作寑廟奕奕

【薪】大者可析謂之｜｜施炊爨禮記月令收秩｜柴注○｜蒸給炊及燎麤者曰｜細者曰蒸周禮委

人以式灋共祭祀之｜蒸材木注○木大曰｜小曰蒸周禮甸師以｜蒸役外內饔之事注○大者曰｜小者曰蒸淮南主術冬伐｜蒸注○大曰｜管子輕重甲則是農夫得居裝而賣其｜蕘注○麤曰｜詩無羊以｜以蒸箋又左氏昭廿年傳數之｜蒸釋文○巽爲｜易繫辭下傳厚衣之以｜虞注○｜火熸火也莊子養生主指窮于爲｜火傳也釋文引崔注○采｜郎｜爾雅釋木

【晨】｜早也爾雅釋詁○｜早朝也國語晉語丙之｜龍尾伏｜注○｜明也詩庭燎夜鄉｜箋○｜先明也周禮司寤氏禦｜行者注○｜伸也旦而日光復伸見也釋名釋天○｜時文選東京賦農祥｜正薛注○晨修也廣雅釋器○｜主守門｜夜開閉也後漢王龔傳注○｜門主｜夜開閉者後漢蔡邕傳下注○東南神州曰｜土後漢張衡傳注○｜風鸇爾雅釋鳥○｜風鸇也詩晨風鴥彼｜風傳○｜風今之鷂藝文類聚引劉楨毛詩義問○晨古｜字漢書律厤志下集注○｜當爲蜃書亦或爲蜃周禮赤友氏以蜃炭攻之司農注○爾雅釋鳥釋文｜本或作鷐○詩晨風鴥彼｜風說文鳥部作鴥彼鷐風○漢書律厤志下引左傳傳五年丙之｜作丙之辰

【辰】｜日月所會書堯典厤象日月星｜傳允征｜弗集于房傳又周禮保章氏掌天星以志星｜日月之變動注○｜謂日月所會十二次書堯典鄭注舜典禋于六宗鄭注又周禮大宗伯以實柴祀日月星｜注○｜日月之會國語周語｜在斗柄注○｜日月之所會也書洪範四曰星｜馬注○｜日月之交會也國語晉語龍尾伏｜注○日月之會謂之｜左氏昭七年傳○日月之會曰｜周書小開武一｜以紀日注○星｜日月之會孟子離婁下星｜之遠也注○｜星月交會也管子四時西方曰｜注○｜北

｜也素問上古天眞論辯列星｜注○｜北極也太元元挩星｜不相觸注○北｜北極也文選西京賦望北｜而高與薛注○北｜北極星也楚辭遠遊綴鬼谷於北｜注○北極謂之北｜論語爲政譬如北｜集解引鄭注○北｜北極天之中也常居其所公羊昭十七年傳注○｜大火也左氏昭元年傳遷閼伯於商邱主｜注又國語晉語且以｜出而參入注○大火謂之大｜爾雅釋天○大｜者何大火也大火爲大｜伐爲大｜北｜亦爲大｜公羊昭十七年傳○｜星房星東方之宿蒼龍之體也楚辭遠遊｜奇傳說之託｜星注○｜馬謂房心星也國語周語｜馬農祥也注○｜龍星也文選蘇子卿古詩注引法言宋注○龍星明者以爲時候故曰大｜爾雅釋天大｜房心尾也注又孫注○｜爲龍後漢鄭元傳注又論衡言毒○｜爲農祥洪範五行傳奪民農時注○｜也者星也大戴記夏小正｜則伏傳○｜謂日

月星也文選東京賦建丨旒之太常薛注○三丨日
月星也後漢鄭興傳注仲長統傳注○日月星爲三
丨丨書盆稷日月星丨傳○丨時也詩東方未明不能
丨丨夜傳驅鐵奉時丨牡傳小弁我丨安在傳車舝丨
彼碩女傳抑遠猶丨告傳桑柔我生不丨箋又公羊
昭十七年傳大火爲大丨注又國語周語當丨注晉
語而天之大紀也注又漢書敘傳上集注又後漢獻
帝紀注班彪傳下注崔駰傳注張衡傳注又太元狩
白日臨丨注童東丨以明注樂丨于天注又楚辭涉
江夕宿丨陽注又文選吳都賦艮丨征劉注○丨亦
時也爾雅釋訓注○丨十二時也太元元數丨寅卯
注○不丨不時也爾雅釋訓○丨支也南齊書引蔡
邕月令章句○丨十二丨也國語楚語擇其令丨注
又文選月賦順丨通爥注○丨十二丨從子至亥也
呂覽孟春乃擇元丨注○丨謂從子至亥周禮硩蔟
氏十有二丨之號注○子丑謂之丨史記龜策傳日

丨不全集解○丨子丑也儀禮士冠禮吉月令丨注
○丨巳之位在東南論衡言毒○丨晉淮南天文○
丨振也廣雅釋言○丨者震也白虎通五行○丨則
振之也淮南天文○丨伸也物皆伸舒而出也釋名
釋天○丨爲水墓又爲土墓顏氏家訓風操引陰陽
說○詩車舝丨彼碩女列女傳八作展彼碩女○左
氏宣十一年盟于丨陵穀梁作夷陵
○楚公子丨字子商見左傳成十年

臣 丨者堅也厲志自堅固也白虎通三綱六紀○丨
者堅也古微書引孝經援神契○丨臣也廣雅釋
詁二○丨服也國策秦策而欲以力丨天下之主注
又漢書王陵傳集注引晉灼○丨繕也廣雅釋言○
事君不貳是謂丨國語晉語○丨者君之陰也漢書
杜欽傳○丨君之股肱耳目儀禮士喪禮乃赴于君
注○股肱丨也文選陳琳爲袁紹檄豫州注引書大
傳○才不應世者爲丨莊子齊物論其遞相爲君丨

乎注○仕於公曰丨禮記禮運○世丨先世舊丨也
孟子梁惠王下有世丨之謂也注○有世賢丨稱曰
舊丨孟子梁惠王下章指○貴丨室老士也儀禮喪
服貴丨注○小丨掌正君之法儀者儀禮士喪禮小
丨二人執戈先二人後注○丨妾男女貧賤之稱周
禮大宰八曰丨妾注○丨妾厮役之屬也書費誓鄭
注○丨男子賤稱孝經不敢失於丨妾鄭注○男曰
丨書費誓丨妾逋逃傳○丨謂囚俘禮記少儀丨則
左之注○日爲君辰爲丨公羊昭廿五年傳注○坤
爲丨易觀觀國之光虞注遯畜丨妾虞注蹇王丨蹇
蹇虞注損得丨无家虞注小過遇其丨虞注繫辭上
傳丨不密虞注序卦傳然後有君丨虞注○坤爲衆
丨易象下傳君子以施祿及下虞注繫辭下傳百官
以治虞注○陰稱爲丨易益鄭注○陰爲丨後漢仲
長統傳注○水陰爲丨漢書李尋傳集注○商爲丨
禮記樂記又儀禮鄉射禮偃旌以商注大射儀以宮

以商注又漢書律麻志上○莊子盜跖而管仲爲丨
釋文丨本作相○史記樂穀傳樂丨公集解一作巨
公○鄭公子魚丨字僕
叔見左傳文十八年

人 天地合氣命之曰丨素問寶命全形論○氣凝爲
丨論衡論死○精氣爲丨淮南精神○故丨者其
天地之德陰陽之交鬼神之會五行之秀氣也禮記
禮運○故丨者天地之心也五行之端也食味別聲
被色而生者也同上○丨者天之貴物也白虎通三
軍○丨者神之主後漢班彪傳下注○物之所尊曰
丨太元元文○丨仁也仁生物也故易曰立丨之道
曰仁與義釋名釋形體○丨猶仁也論語顏淵與丨
恭而有禮皇疏○丨仁也廣雅釋詁四○丨也謂施
以丨恩也禮記表記仁者丨也注○丨者衆辭也穀
梁莊十七年傳宣十五年傳○稱丨衆辭穀梁隱八
年傳可言公及丨不可言公及大夫注○舉丨衆之

辭也穀梁莊十三年傳○其稱丨以立之何也得衆
也穀梁隱四年傳○丨謂衆庶也文選東京賦守位
以仁薛注○丨謂朋友九族也論語憲問修己以安
丨集解引孔注○丨謂丨君百里諸侯也老子丨多
伎巧注○將卑師少稱丨左氏隱二年經莒丨入向
注○丨猶臣也史記燕召公世家而以啟丨爲吏索
隱○丨內史也儀禮聘禮記主丨使丨與客讀諸門
外注○鄉丨鄉大夫也禮記鄉飲酒義鄉丨士君子
尊于房戶之閒注○丨其屬胥徒也周禮掌訝則使
丨道之注○宮丨卽宮婢也後漢皇后紀上注○丨
謂道丨也老子丨之所畏注○丨謂凡丨小丨也列
子仲尼丨之游也注○乾爲丨易履不咥丨虞注彖
上傳丨道惡盈而好謙虞注象下傳君子以虛受丨
虞注繫辭上傳丨所助者虞注繫辭下傳丨謀鬼謀
虞注○震爲丨易比邑丨不戒虞注彖上傳同丨于
野虞注○言多行少者丨也說苑敬愼○爲不爲者

丨也說苑雜言○有心爲之丨也莊子庚桑楚聖丨
工乎天而拙乎丨注○一樹百穫者丨也管子權修
○以筋力用者謂之丨○後漢仲長統傳○丨舞者手
舞周禮樂師司農注○丨舞無所執以手抽爲威儀
周禮樂師有丨舞注○宗廟以丨同上○星辰以丨
舞周禮樂師司農注○越丨謂丨鍛也越絕書吳內
傳○丨魚卽鮑也山海經北山經決決之水其中多
丨魚注○沅澧之原凡言相憐哀謂之嘖或謂之無
寫江濱謂之思皆相見驩喜有得亡之意也九疑湘
潭之閒謂之丨兮方言十○丨也讀如相丨偶之丨
禮記中庸仁者丨也注○易繫辭何以守位曰丨釋
文丨王肅本作仁○書堯典敬授丨時史記五帝紀
作敬授民時○漢書律厤志上食貨志上藝文志李
尋傳引書堯典敬授丨時皆作敬授民時五行志中
之上引左傳襄卅一年
丨生幾何作民生幾何

仁丨猶存也禮記仲尼燕居郊社之禮所以丨鬼神
也注○丨者丨此者也大戴記曾子大孝又禮記
祭義又荀子君子○丨者人也禮記中庸表記又春
秋繁露仁義法又家語哀公問政○丨也者人也孟
子盡心下○丨之爲言人也春秋繁露仁義法○丨
人心也孟子告子上○丨者義之本順之體也禮記
禮運○丨信之器也大戴記四代○溫良者丨之本
也敬愼者丨之地也寬裕者丨之作也孫接者丨之
能也禮節者丨之貌也言談者丨之文也歌樂者丨
之和也分散者丨之施也禮記儒行○成己丨也禮
記中庸○以德予人者謂之丨管子戒○非其所欲
勿施於人丨也管子小問○恕則丨也大戴記衞將
軍文子○德無不容丨也莊子繕性○親而不可不
廣者丨也莊子在宥○所謂丨者同好者也鶡冠子
學問○同和者丨也鶡冠子泰鴻○分均丨也呂覽
當務○樂之者見謂丨賈子修政語上○爲天下得

人者謂之丨孟子滕文公上○貴賢丨也賤不肖丨
也荀子非十二子○受規諫丨也新序雜事四○何
以守位曰丨易繫辭下傳○與民利者丨也周書本
典○上下相親謂之丨禮記經解○寬惠行德謂之
丨韓非子說使○畜義豐功謂之丨國語周語○君
子雖行不受必忠曰丨大戴記曾子制言中○順諫
者丨也白虎通諫諍○以君成禮弗納於淫丨也風
俗通皇霸○丨宅也法言修身○丨人之安宅也孟
子離婁上○夫丨天之尊爵也人之安宅也孟子公
孫丑上○丨恩也禮記檀弓上狐死正邱首丨也注
禮器丨之至也注又論語泰伯則民興於丨丨皇疏○
丨猶恩也論語陽貨子之不丨也皇疏○丨丨有恩者
也禮記喪服四制丨者可以觀其愛焉注○丨愛也
墨子經說下○丨者愛也漢書公孫宏傳集注○丨
以愛之禮記樂記○積愛爲丨說苑修文○丨體愛
也墨子經上○丨者愛之効也鹽鐵論刑德○愛由

情出謂之丨韓外傳四〇丨文之愛也國語周語〇
丨者文之慈愛國語周語注〇丨謂忠愛之道荀子
非相是以小人辨言險而君子辨言丨也注〇丨謂
愛說也荀子君子故丨者丨此者也注〇丨愛也故
親荀子大略〇愛在人謂之丨春秋繁露仁義法〇
丨者愛人荀子議兵〇丨者愛人之名春秋繁露仁
義法〇愛人利物之謂丨莊子天地〇丨愛人以及
物周禮大司徒知丨聖義忠和注〇丨者丨愛之及
物也太元元攡兼愛之謂丨也注〇丨者兼愛之迹
莊子大宗師回忘丨義矣注〇丨者兼愛之名耳莊
子天地澤及萬物而不爲丨注〇心兼愛人謂之丨
賈子道術〇理生昆羣兼愛之謂丨也太元元攡〇
博愛於人爲丨國語周語〇丨者好生白虎通情性
〇長之謂丨太元元文丨疾乎不丨注〇長養萬物
曰丨太元元數性丨注〇丨者不忍也施生愛人也
白虎通情性〇丨者不忍同上〇丨忍也好生惡殺

善含忍也釋名釋言語〇君子以其不殺爲丨說苑
至公〇丨者不殺之禁也顏氏家訓歸心〇乾爲丨
易繫辭下傳小人不恥不丨虞注〇陽氣丨論衡初
稟〇東方曰丨論衡驗符〇木神則丨禮記中庸天
命之謂性注〇木爲丨也大戴記盛德宗伯之官以
成丨注〇丨者右也禮記表記〇丨者德之出也賈
子大政上〇有丨德之美也賈子道德說〇丨者行
之宗後漢鮑永傳〇丨者行之盛也論語子罕與命
與丨集解〇丨者天下之表也禮記表記〇丨義也
者明君之性也賈子大政上〇丨義人之善也老子
絕丨棄義王注〇上丨謂行丨之君老子上丨爲之
注〇丨人也者國之寶也新序雜事四〇三丨箕子
微子比干也後漢王符傳注〇丨者謂乳母也大戴
記保傳丨者養之注〇太平之人丨爾雅釋地〇木
食之人多爲丨者山海經西山經中曲之山櫰木食
之多力注引尸子〇夫水淖弱以清而好灑人之惡

丨也管子水地〇夫玉溫潤以澤丨也同上〇鳳皇
膺文曰丨腹文曰信山海經南山經〇鳳鳥膺文曰
丨背文曰義山海經海內經〇雞見食相呼丨也新
序雜事五〇丨頻卽檳榔也文選上林賦丨頻并閭
注〇丨亦當言民聲之誤也禮記表記以德報怨則
寬身之丨也注〇丨者情志好生愛人故其爲人以
丨其立字二人爲丨古微書引春秋元命苞〇禮記
禮運注何以守位曰丨釋文丨本作人〇易乾體丨
足以長人釋文丨荀京董本作信
〇韓勑碑四方士丨人通作丨

神 陽之精氣曰丨大戴記曾子天圓〇聖人之精氣
謂之丨禮記樂記幽則有鬼丨注又史記五帝紀
明鬼丨而敬事之正義〇精氣謂之丨易繫辭上傳
是故知鬼丨之情狀鄭注〇陽氣導物而生故謂之
丨論衡論死〇氣之清者爲丨後漢李固傳〇乾爲
丨易彖上傳鬼丨害盈而福謙虞注彖下傳況於鬼

丨乎虞注說卦傳爲巫虞注〇丨陽曰丨晉書引劉
向洪範五行傳〇火之精爲丨素問解精微論〇丨
謂易也易繫辭上傳唯丨也虞注鼓之舞之以盡丨
虞注〇丨也者妙萬物而爲言者也易說卦傳又太
元元告元生丨象二注〇丨者妙萬物而爲言太元
元告然後爲丨鬼也注〇陰陽不測之謂丨易繫辭
上傳又素問天元紀大論〇丨不測者也管子內業
有丨自在身一往一來莫之能思注〇丨也者變化
之極易繫辭上傳注〇丨妙無方書大禹謨乃聖乃
丨傳〇丨無形無方也老子天下丨器王注〇隱藏
謂之丨易繫辭下傳通丨明之德九家注〇丨寂然
不動感而遂通者也易繫辭下傳精義入丨注〇丨
順物而動莊子在宥丨動而天隨注〇丨者生之本
也史記太史公自序〇人所生者丨也同上〇丨者
生之制也後漢班彪傳下注又淮南原道〇丨者人
之守也淮南精神注〇丨者道德丨氣發於性也賈

子道德說○聲氣者丨也史記太史公自序集解引
韋昭○丨精丨也淮南原道則丨無由入矣注○精
丨亦謂精氣也禮記聘義精丨見於山川注○丨丨
明也荀子脩身莫丨一好注○丨者恍惚太陽之氣
也白虎通情性○丨陽氣君象也後漢郎顗傳注○
丨人之丨也呂覽禁塞費丨傷魂注○丨謂五藏之
丨也老子谷丨不死注○丨精魂之妙者太元元數
脩丨注○丨謂精魂荀子天論形具而丨生注○魂
氣上升於天爲丨大戴記曾子天圓注○鬼之靈者
曰丨史記五帝紀依鬼丨以制義正義○丨者引物
而出禮記禮運列於鬼丨注○丨者申也風俗通怪
神○丨者伸也論衡論死○丨者信也風俗通皇霸
又古微書引禮含文嘉○丨陳也廣雅釋詁二○丨
化呂覽具備人心不丨注○丨性呂覽精通丨出於
忠注○丨治也爾雅釋詁○丨御也呂覽誣徒羈丨
於世注○丨愼也爾雅釋詁○丨重也同上○聖而

不可知之之謂丨孟子盡心下○知人所不知謂之
丨淮南兵略○聖不可窮之謂丨呂覽決勝○安仁
立政曰丨獨斷下○利用出入民咸用之謂之丨易
繫辭上傳○民無能名曰丨周書謚法○康若樂流
謂之丨賈子道德說○盡善挾洽之謂丨荀子儒效
○聖人謀之於陰故曰丨鬼谷子摩○莫不受命不
可爲名故謂之丨鶡冠子道瑞○丨德行也法言修
身聖人曰丨注○丨德之理也賈子六術道德說○
丨者智之淵也淮南俶眞○丨謂丨智通悟素問八
正神明論何謂丨注○天丨曰丨人丨曰鬼呂覽順
民使上帝鬼丨傷民之命注○天丨曰丨史記五帝
紀明鬼丨而敬事之正義又後漢班彪傳下注又淮
南時則禱鬼丨注精神役使鬼丨注○天曰丨書微
子今殷民乃攘竊丨祇之犧牷牲用馬注又釋文又
論語述而禱爾於上下丨祇皇疏又國語魯語及百
辟丨祇注又呂覽季冬天地之丨祇注○在天爲丨

易繫辭上傳而行鬼丨也虞注○丨謂天易文言傳
況於鬼丨乎荀注○上丨天也家語問禮以降上丨
注○天丨謂五帝及日月星辰也周禮大司樂以祀
天丨注○百丨列宿也禮記禮運百丨受職焉注○
丨明謂羣丨也禮記表記皆事天地之丨明注○鬼
丨謂百辟卿士也禮記曲禮下臨諸侯畛於鬼丨注
○鬼丨百丨也大戴記曾子天圓爲鬼丨主注○山
林川谷邱陵能出雲爲風雨見怪物皆曰丨禮記祭
法○山林川谷能興致雲雨者皆曰丨後漢光武帝
紀上注○凡山林能興致雲雨者皆曰丨後漢明帝
紀注○丨祇衆靈之通稱非唯天地而已文選海賦
惟丨是宅亦祇是廬注○三丨天地人也文選甘泉
賦逆釐三丨者注○鬼丨謂先聖先賢也禮記樂記
樂者敦和率丨而從天禮者別宜居鬼而從地注○
丨祀祀天丨也周禮鼓人以雷鼓鼓丨祀注○丨號
尊其名更爲美稱若曰皇天上帝也獨斷上○丨約

謂命祀郊社羣望及所祖宗也周禮司約治丨之約
爲上注○丨靈者天地之本而爲萬物之始也說苑
修文○丨明者積精微全粹之所成也鶡冠子泰録
○丨明猶陰陽也春秋元命苞春者丨明推移注○
暗與丨會謂之丨遇莊子養生主臣以丨遇釋文引
向注○從手放意無心而得謂之丨欲莊子養生主
官欲止而丨欲行釋文引向注○丨器謂天位也後
漢翟酺傳注○丨器帝王之位後漢崔駰傳注○丨
器喻帝位也後漢河閒孝王開傳注○丨器帝位也
文選東京賦竊弄丨器薛注○丨寶帝位也後漢皇
后紀上注○不離於精謂之丨人莊子天下○丨人
者無心而順物者也莊子人閒世此乃丨人之所以
爲大祥也注○丨人卽今所謂聖人也莊子逍遙遊
藐姑射之山有丨人居焉注○丨人卽聖人也莊子
外物聖人之所以駴天下丨人未嘗過而問焉注○
丨算智算若丨也後漢王渙傳注○丨廬謂廟祠也

管子五行貨曋丨盧注〇丨明臺名也後漢班彪傳
上注〇丨謂非禽獸之聲若或叫于宋大廟譆譆出
出者周禮庭氏若丨也注〇墓前開道建石柱以爲
標謂之丨道後漢中山王焉傳注〇丨域幽冥也太
元元文乃窮乎丨域注〇丨民之邱言上有丨人山
海經海內經有九邱曰丨民之邱注〇丨潢亦水名
未知所在文選東京賦溺女魃於丨潢薛注〇丨謂
水丨龍罔象周禮壺涿氏若欲殺其丨注〇丨物著
也易繫辭上傳是興丨物以前民用陸注〇丨雀謂
鳳也後漢馮衍傳注〇一曰丨龜爾雅釋魚〇魌郎
丨字山海經中山經青
要之山魁武羅司之注
親丨愛也孟子滕文公上信以爲人之丨其兄之子
注〇丨猶愛也孝經故丨生之膝下注〇丨近也
廣雅釋詁三〇丨愛也近也一切經音義九引蒼頡
〇丨比也呂覽貴信不能相丨注〇丨襯也言相隱

襯也釋名釋親屬〇丨者屬也禮記大傳〇丨之也
者丨之也大戴記哀公問於孔子又禮記郊特牲哀
公問〇丨父母也禮記奔喪始聞丨喪注問喪丨始
死注〇丨謂父母公羊莊卅二年傳君丨無將注〇
丨謂身丨禮記祭義其丨也愨注〇丨躬丨也公羊
莊卅二年傳辭曷爲與丨弒者同注〇丨猶自也禮
記文王世子世子丨齊元而養注〇丨至丨也公羊
莊卅七年傳坐而視之則丨丨注〇丨長父兄也禮
記祭義立愛自丨始教民睦也立敬自長始教民順
也注〇丨六丨也國語周語愛丨禮新注〇六丨夫
婦父子兄弟也後漢馮衍傳注〇六丨謂父子兄弟
夫婦也後漢秦彭傳注〇丨謂在五屬之內儀禮喪
服記丨則月算如邦人注〇丨緦服以內也周禮掌
戮凡殺其丨者焚之法〇丨丨若堯丨九族也周禮
大宰一曰丨丨注〇丨者使之相丨人君有食宗族
飲酒之禮所以丨之也周禮大宗伯以飲食之禮丨

宗族兄弟注〇丨附疏太元元錯〇丨丨乎善太元
元衝〇同人丨也易雜卦傳〇丨猶知也國策秦策
不能丨國事也注〇丨謂仁恩荀子不苟交丨而不
比注〇慈保庶民丨也國語周語又說苑辨物〇不
可得再見者丨也說苑敬愼〇禮記祭義莪及于丨
釋文丨本作身〇史記孟嘗君傳而聽丨弗索隱引
戰國策
作祝弗
申丨身也物皆成其身體各丨束之使備成也釋名
釋天〇丨者身也白虎通五行〇丨束也漢書宣
帝紀集注薛宣傳集注又淮南原道約車丨轄注〇
丨伸也廣雅釋詁四〇丨者呻之也淮南天文〇丨
展也文選洛神賦丨禮防以自持注〇丨重也爾雅
釋詁又書堯典丨命羲叔傳書序帝舜丨之傳又詩
采菽福祿丨之傳假樂自天丨之傳烈祖丨錫無疆
傳又儀禮士冠禮乃丨爾服注士昏禮記丨之以父

母之命注又禮記月令命有司丨嚴百刑注丨嚴號
令注雜記上丨加大帶於上注又左氏成十六年傳
蕁食丨禱注又國語魯語丨之以盟誓注吳語令句
踐丨禍無良注又漢書元帝紀集注禮樂志集注谷
永傳集注王莽傳上集注王莽傳下集注又後漢朱
穆傳注又荀子富國爵服慶賞以丨重之注又離騷
雜丨椒與菌桂兮注惜誦丨侘傺之煩惑兮注蠥丨
椒以爲糧注涉江露丨辛夷死林薄兮注離世丨誠
信而罔違兮注〇丨亦重也荀子王霸案丨重之以
貴賤殺生注正名丨之以命注〇丨尋也國語晉語
丨盟而還注〇丨丨重也離騷丨丨其詈余注〇丨
丨丨容也廣雅釋訓〇丨丨整敕之貌漢書石奮傳集
注〇丨丨者心和也論語述而皇疏〇丨丨夭夭和
舒之貌也論語述而丨丨如也夭夭如也集解引馬
注〇再令曰丨荀子富國爵服慶賞以丨重之注〇
丨孫矢名國語晉語丨孫之矢集於桓鉤注〇丨丨

伯也詩崧高維｜及甫箋○｜姜姓之國平王之舅
詩揚之水不與我戍｜傳○｜姜姓之國國語晉語
太子出奔｜注○許州向｜姜姓也炎帝後水經陰
溝水注引世本○｜齊淮南天文○正東陽州曰｜
土淮南墬形○｜復也陰氣盡於北陽氣復起東北
故曰｜土淮南墬形注○｜爲破淮南天文○｜猴
也論衡物勢二見○易巽先甲三日釋文｜本作甲
○書益稷天其｜命用休史記夏本紀作天其重命
用休○楚鬬宜｜字子西見左傳僖廿
六年楚公子｜字子西見左傳哀六年

伸 古作信通作申○｜展也廣雅釋詁三○｜理也
廣雅釋詁二○｜直也廣雅釋詁三○信極也詩
擊鼓不我信兮傳○｜用淮南氾論小節｜而大略
屈注○志倦則欠體倦則｜儀禮士相見禮君子欠
｜注○｜頻｜也禮記少儀君子欠｜注又淮南精
神熊經鳥｜注○｜謂放恣也管子七臣七主芒主

目｜五色注○信無縮緩考工記鮑人則革信也注
○｜臾猶押引和調之也淮南本經｜臾四時注○
命圭七寸謂之信圭侯守之考工記玉人之事○｜
讀爲身荀子儒效是猶傴｜而好升高也注○古文
｜作信儀禮士相見禮君子欠｜注○信讀如屈｜
之｜假借字也信或爲申禮記儒行竟信其志注○
信讀曰｜古通用字漢書蕭何傳集注○信讀曰｜
漢書律麻志上集注二見劉向傳集注賈誼傳集注
三見張馮汲鄭傳集注杜欽傳集注司馬遷傳集注
王褒傳集注東方朔傳集注趙充國傳集注王吉傳
集注韋元成傳集注馮奉世傳集注朱邑傳集注敘
傳下集注又後漢王符傳注○信讀曰｜漢書五行
志上集注杜欽傳集注楊雄傳下集注敘傳下集注
王莽傳上集注又後漢班彪傳下注杜篤傳注○信
讀爲申古通用字漢書宣帝紀贊集注○信讀爲申
文選吳都賦闔閭信其威劉注○信音申古字通後

漢桓帝紀注○古信申同字漢書高惠高后孝文功
臣表集注○｜音辛顏氏家訓音辭引字林○易繫
辭引而｜之釋
文｜本作信

紳 ｜大帶也書大傳諸侯皆莫不依｜端冕以奉祭
祀者注又禮記雜記麻者不｜注又論語鄉黨加
朝服拖｜集解引包注又皇疏衛靈公子張書諸｜
皇疏又後漢陳忠傳注又荀子禮論縉｜而無鉤帶
矣注哀公然則夫章甫絇屨｜而縉笏者注｜委章
甫有益于仁乎注又家語五儀｜帶搢笏注又文選
拜陵廟詩東｜入西寢注○｜大帶所以自｜約也
禮記內則端韠｜注○｜束也廣雅釋詁三○｜謂
大帶垂之三尺後漢第五倫傳注○｜帶之垂者也
禮記玉藻｜長制注○｜帶也廣雅釋器又後漢朱
景王杜馬劉傳堅馬傳注楊彪傳注又莊子天地搢
笏｜修釋文○禮記玉藻｜長制釋文｜本作申

身 ｜㑗也廣雅釋詁四○｜伸也可屈伸也釋名釋
形體○｜躬也考工記梓人上兩个與其｜三注
○｜親也爾雅釋言○｜我也爾雅釋詁○今人亦
自呼爲｜爾雅釋詁注○坤爲｜易艮不獲其｜虞
注象下傳反｜之謂也虞注君子以反｜修德虞注
繫辭上傳言出乎｜虞注則失｜虞注｜必危虞注
藏器于｜虞注｜安而國家可保也虞注君子安其
｜虞注不足以滅｜虞注○｜者親之枝也大戴記
曾子本孝險塗隘巷節注○｜也者親之枝也禮記
哀公問又大戴記哀公問於孔子又家語大婚○｜
者親之遺體也大戴記曾子大孝○｜也者父母之
遺體也禮記祭義○｜空也老子大患若｜釋文引
河上注○｜重也詩大明大任有｜傳○｜腹也或
謂妊｜也易艮其｜虞注○中｜謂中年書無逸
文王受命惟中｜鄭注○｜圭躬圭蓋皆象以人形
爲琢飾文有麤縟耳欲其愼行以保｜圭皆長七寸

周禮大宗伯侯執
信圭伯執躬圭注
賓 丨敬也周禮鄉大夫以禮禮丨之司農注又周書
克殷乃命宗祝祟丨饗禱之于軍注又廣雅釋詁
一又管子四稱不丨事左右注○丨者敬也言陽氣
上極陰氣始起故丨敬之也白虎通五行○丨導也
書堯典寅丨出日傳又漢書律厤志上又列子黃帝
丨者以告釋文○丨道也太元元數應鍾生蕤丨注
○丨列也廣雅釋詁一又楚辭天問啟棘丨商注○
丨協也禮記樂記諸侯丨服注○丨從也書堯典馬
注○丨服也爾雅釋詁又國語楚語其不丨也久矣
注○丨伏也史記司馬相如傳將往丨之索隱引賈
逵○丨擯書舜典丨于四門鄭注○丨却也書多士
予惟四方罔攸丨馬注○丨客也莊子徐無鬼以丨
寡人久矣釋文引李注又呂覽高義比於丨萌注○
丨者接人以義者也禮記鄉飲酒義○飲酒之禮賢

者爲丨其次爲介儀禮士冠禮贊冠者爲介注○賢
者爲丨其次爲介又其次爲衆丨儀禮鄉飲酒禮主
人就先生而謀丨介注○丨諸侯也書康王之誥丨
稱奉圭兼幣傳○丨僚友羣士也儀禮士喪禮有丨
則拜之注○丨寮友助祭者書大傳大宗已侍於丨
奠注○乾尊稱丨易姤不利丨虞注○丨恭貌莊
子德充符彼何丨丨以學子爲釋文引司馬注○丨
丨猶賢賢也莊子德充符釋文引張注○丨丨有所
親疏也莊子德充符釋文引崔注○丨丨好名貌莊
子德充符釋文引簡文注○丨階阼階也呂覽安死
造丨阼也注○丨器者尊俎笙瑟之屬周禮鄉師州
共丨器注○丨貢皮帛之屬周禮大宰二曰嬪貢司
農注○丨連者木名也其狀連累相承白虎通封禪
○丨爵者老爵也棲宿於人堂宇之閒有似丨客故
謂之丨爵呂覽季秋丨爵入大水爲蛤注○丨雀者
老雀也棲宿於人堂宇之閒如丨客者也故謂之丨

雀淮南時則丨雀入大水爲蛤注○來丨言其客止
未去也禮記月令鴻雁來丨注○丨當爲儐周禮司
儀丨使者如初之丨注丨亦如之注○丨應言擯周
禮大行人相其禮丨而見之釋文引劉注○丨讀爲
鬢莊子說劒皆蓬頭突丨釋文引司馬注○丨本作
儐列子黃帝釋文○莊子徐无鬼以丨寡人久矣釋
文丨本作擯○莊子列禦寇丨
者以告列子釋文丨本作儐
濱 丨涯也書禹貢海丨廣斥傳又詩北山率土之丨
傳又禮記射義注南澗之丨釋文又左氏昭五年
傳率土之丨注又公羊僖四年傳何不還師丨海注
又國語晉語又爲惠公從予於渭丨注又荀子君子
率土之丨注又楚辭逢紛吟澤畔之江丨注又文選
子虛賦畋於海丨郭注羽獵賦丨渭而東注○丨厓
也詩采蘋南澗之丨傳又廣雅釋邱○丨水涯也一
切經音義七引字林又楚辭遠逝朝四靈于九丨注

○丨水厓也淮南原道射沼丨之高鳥注○丨水涓
也文選思元賦顧繽處彼湘丨注○丨水際也素問
異法方宜論海丨傍水注○丨水邊方言十江丨謂
之思注○丨邊也後漢袁安傳注○丨近也國語齊
語是以丨於死注又後漢明帝紀注杜篤傳注○丨
猶近也後漢班彪傳上注○丨與賓同音也文選羽
獵賦丨渭而東注○詩北山率土之丨漢書王莽傳
作率土之賓○書禹貢海丨廣斥漢書地理志作海
瀕廣
潟
鄰 丨近也書益稷臣哉丨哉傳又詩正月洽比其丨
傳又廣雅釋詁三又小爾雅廣詁又漢書董仲舒
傳集注又後漢卓茂傳注又荀子哀公百姓淺然不
識其丨注又管子水地丨以理者知也注又文選東
京賦始於宮隣薛注○丨猶近也左氏僖廿二年傳
協比其丨注○丨亦近也後漢南匈奴傳注○丨緊

也管子五行五穀丨熟注○丨報也論語里仁必有丨皇疏○隣比也淮南精神與德爲隣注○五家爲丨丨周禮遂人又禮記問喪丨里爲之糜粥以飲食之注又論語雍也以與爾丨里鄉黨平集解引鄭注又莊子則陽何謂邱里之言釋文引李注○五家爲伍又謂之丨丨連也相接連也釋名釋州國○古者八家爲丨禮記雜記正義引書大傳○八家爲丨韓外傳四又廣雅釋地○丨丨里也禮記檀弓下與其丨重汪踦往皆死焉注○縣鄙鄭里丨遂之屬別也周禮地官序官遂大夫注○丨里鄭鄙縣遂猶郊內比閭族黨州鄉也周禮遂人以土地之圖經田野注○兌西震東稱丨易小畜富以其丨虞注○東丨謂紂國中也西丨謂文王國中也禮記坊記易曰東丨殺牛不如西丨之禴祭注○丨國敵也新序善謀○丨丨衆車聲也詩車鄰有車丨丨傳○丨讀爲磨而不磷之磷考工記鮑人則雖敝不甐司農注○丨或爲談禮記檀弓下注○丨說文作粦又作燐皆鬼火也列子天瑞馬血之爲轉丨也釋文○从古丨字漢書敘傳上集注二見○孫根碑至于東叩大虐戕仁衡立碑宜享難老彭祖爲叩丨作叩○詩車鄰序釋文丨本作轔○漢書地理志下引詩序車丨作車轔

鱗 丨蟲三百有六十而龍爲之長家語執轡○丨物魚龍之屬周禮大司徒其動物宜丨物注○丨魚龍之屬淮南墜形介丨者夏食而冬蟄注○丨龍蛇之屬禮記月令其蟲丨注○丨龍虵之屬考工記梓人丨者注○丨謂魚蛇之族類素問五運行大論其蟲丨丨注○介丨熊羆魚蛇之屬大戴記易本命注○丨魚屬也呂覽孟春其蟲丨注○丨魚也太元竅水無丨注○丨甲也廣雅釋詁四○丨者甲兵之符也後漢謝弼傳○介丨夏食冬蟄大戴記易本命○丨施施玉於死者之體如魚丨也呂覽節喪含珠丨施

注○丨施玉紐也淮南齊俗含珠丨施注○丨淪相次貌文選長笛賦波瀾丨淪注○丨眴無涯也文選西京賦坻崿丨眴注○丨羅若丨之羅也文選羽獵賦丨羅布烈注○丨集相次也文選難蜀父老丨集仰流注○周禮大司徒釋文丨劉本作麵

麟 廣韻麐同○麐麕身牛尾一角爾雅釋獸○丨牝麒也爾雅釋獸釋文○大鹿曰丨文選東京賦解罘放丨薛注○丨麕身牛尾馬足黃色員蹄一角角端有肉音中鐘呂行中規矩王者至仁則出詩麟趾序釋文引詩草木疏○丨狀如麕一角而戴肉設武備而不爲害所以爲仁也公羊哀十四年傳注○毛蟲三百有六十而丨爲之長家語執轡○毛蟲之精者曰丨大戴記曾子天圓○丨者仁獸也公羊哀十四年傳又周書王會又太元衆丨或賓之温注○丨木之精也古微書引春秋演孔圖○丨者木精公羊哀十四年傳反袂拭面注○丨中央也軒轅大角獸也古微書引孝經援神契○○丨瑞獸也左氏哀十四年西狩獲丨釋文穀梁序丨感化而來應釋文○麐瑞應獸名爾雅釋獸李注○丨者大平之符聖人之類公羊哀十四年傳孔子曰吾道窮矣注○獲丨春秋終也大戴記保傅春秋之元注○丨光明也文選劇秦美新炳炳丨丨注○麐力人反爾雅釋獸釋文引字林○丨與燐古字同用文選劇秦美新注○爾雅釋獸釋文麐本作丨

珍 丨寶也華嚴經音義上引國語賈注○金玉爲丨淮南主術丨怪奇物注又楚辭招魂多丨怪些注○丨貴也左氏文八年傳書曰公子遂丨之也注又文選東京賦奇樹丨果薛注○丨重也廣雅釋詁三○丨美也爾雅釋詁又廣雅釋詁一又華嚴經音義上引國語賈注○丨善也禮記儒行儒有席上之丨

以待聘注○丨純也太元元數參丨睟精注○丨異
呂覽順民味禁丨注○丨獻也爾雅釋詁○獻丨物
曰丨爾雅釋詁舍人注○丨寶美道也太元閑固丨
寶注○丨圭王使之瑞節周禮典瑞丨圭注○丨謂
肴羞之屬後漢明帝紀注○丨八丨也後漢班彪傳
下注又文選東都賦嘉丨御注○丨謂淳熬淳母炮
豚炮牂擣丨漬熬肝膋也周禮膳夫丨用八物注○
丨異蒲萄枇杷之屬周禮場人而樹之果蓏丨異之
物注○丨異四時食物也周禮質人掌成之貨賄人
民牛馬兵器丨異注廛人凡丨異之有滯者注○丨
怪奇異之食也荀子正論食飲則重太牢而備丨怪
注○丨怪猶奇異也公羊昭卅一年傳有丨怪之食
注○丨當為鎮書亦或
為鎮周禮典瑞杜注

瞋丨張目晉書音義上引字林○丨張也廣雅釋詁
二又莊子秋水晝出丨目而不見邱山釋文引司

馬注○莊子秋水
釋文丨本作瞋

塵丨土左氏昭三年傳湫隘囂丨注○丨久也爾雅
釋詁又後漢張衡傳注又文選思元賦允丨邈而
難虧舊注○丨居之久也爾雅釋詁孫注○委丨坋
丨也楚辭怨世高陽無故而委丨注○丨埃天地閒
氣如蓊鬱似丨埃塲也莊子逍遙遊丨埃也釋文引
崔注○丨垢猶染汙莊子逍遙遊釋文○凡非眞性
皆丨垢也莊子齊物論而遊乎丨垢之外注達生芒
然彷徨乎丨垢之外注○丨事丨俗之事也文選陶
淵明赴假還江陵詩遂與丨事冥注○丨承丨也楚
辭招魂朱丨筵些注○麴丨綵也廣雅釋器○因丨
蚍床也廣雅釋草○莊子大宗師芒然彷
徨乎丨垢之外釋文丨垢崔本作塚均

陳丨列也周禮掌客皆丨注又廣雅釋詁一又國語
齊語丨妾數百注又漢書外戚傳下集注又後漢

崔駰傳注又呂覽貴直無使齊之大呂丨之廷注又
淮南俶眞利害丨于前注又楚辭東皇太乙丨竽瑟
兮浩倡注招魂來着丨些注又文選西京賦丨虎旅
於飛廉薛注高唐賦振丨礓礓注○丨猶列也周禮
司市以丨肆辨物而平市注○丨丨列也周禮肆師
展器丨告備注○丨張設也左氏隱五年傳丨魚而
觀之注○丨敷也漢書韋元成傳集注○丨布也國
語周語丨錫載周注○敷布也廣雅釋詁三○丨施
也漢書劉向傳集注引應劭匡衡傳集注○丨道也
漢書哀帝紀集注引李斐○丨猶說也文選古詩歡
樂難具丨注○丨亦示也國語齊語相丨以功注○
丨猶處也周禮內宰丨其貨賄注○丨猶居也史記
龜策傳三瓦而丨之索隱引劉氏○丨久也史記平
準書於是大農丨集解引韋昭又素問鍼解菀丨則
除之者注○丨謂久也素問奇病論治之以蘭除丨
氣也注○丨詩謂采其詩而視之禮記王制命大師

丨詩注○丨器樂懸也穀梁定四年傳徙丨器注○
丨卦謂揲蓍布卦也荀子王制鑽龜丨卦注○丨師
猶列師衆也文選東京賦丨師鞠旅薛注○丨筋革
者省兵甲也大戴記夏小正丨筋革傳○堂途謂之
丨爾雅釋宮○丨堂塗也詩何人斯胡逝我丨傳○
丨堂塗也言賓主相迎丨列之處也釋名釋宮室○
丨寶刀也廣雅釋器○靡丨紂二邑也周書世俘侯
來命伐靡集于丨注○丨嬀姓也國語魯語分丨以
肅慎氏之貢注○丨田聲相近史記田敬仲完世家
以丨字為田氏索隱游俠傳東陽田君孺索隱○丨
或作陵楚人聲禮記檀弓下工尹商陽與丨弃
疾追吳師注○左傳丨完史記世家作田完

春集韻古作萅○丨蠢也漢書律厤志上又管子四
時其時曰丨注又楚辭大招丨氣奮發注○丨蠢
也廣雅釋言○丨含名蠢古微書引春秋元命苞○
丨之為言蠢也禮記鄉飲酒義二見○丨蠢也萬物

蠢然而生也釋名釋天○丨者蠢也蠢蠢搖動也風俗通祀典○丨猶蠢也蠢動生之貌也禮記鄉飲酒義注○丨蠢也取物蠢動始於東方故爲丨也太元元數爲東方爲丨注○丨之爲言猶偆偆也春秋繁露陽尊陰卑○丨之爲言偆偆動也白虎通五行○丨出也物之出也御覽時序部三引書大傳○丨者出生萬物周禮目録○丨爲少陽其氣始出生養獨斷上○丨爲青陽爾雅釋天○丨爲發生同上○丨者天之和也春秋繁露威德所生○丨陽呂覽孟春行冬令注○丨者少陽之選也春秋繁露官制象天○丨木也呂覽孟春孟丨行夏令注又素問金匱眞言論丨勝長夏注○木王卽謂之丨白虎通五行○木主丨洪範五行傳厥罰恒雨注○木爲丨春秋繁露五行對○震爲丨易象上傳而四時不忒虞注○慶爲丨春秋繁露四時之副○形爲丨論衡無形○○丨氣溫養故上親大戴記保傅上親而貴仁注○丨喜氣也故生春秋繁露陰陽義○丨愛志也春秋繁露天辨在人○丨者天地開辟之端養生之始法象所出四時本名也公羊隱元年傳丨者何歲之始也注○丨者天地交通萬物始生陰陽交接之時也白虎通嫁娶○丨者四時之始後漢班彪傳上注○丨者歲之始也後漢明帝紀注○丨者何歲之始也公羊隱元年傳又後漢郎顗傳注○一時三月謂之三丨九十日謂之九丨文選琴賦注引纂要○丨酒謂丨時作至冬始熟也文選東京賦致歡忻於丨酒注○丨酒凍醪也詩七月爲此丨酒傳○丨扈氏農正趣民耕種獨斷上○丨路東方道也文選東京賦飛雲龍於丨路薛注○萅草綵也廣雅釋器○丨秋國之鑑也說苑建本○丨秋以二始擧四時記萬事之名孟子離婁下魯之丨秋注○丨秋紀人事之善惡而目以天時謂之丨秋國語晉語羊舌肸習於丨秋注○丨秋言丨秋冬夏終而成歲擧丨秋則冬夏可知也丨秋書人事卒歲而究備丨秋溫凉中象政和也故擧以爲名也釋名釋典藝

津　丨濟渡處也論語微子使子路問丨焉集解引鄭注又後漢張衡傳注○丨渡水處也論語微子皇疏○自黃河泛舟而渡者皆爲丨也水經河水注○丨因也廣雅釋水○丨天漢也國語周語日在析木之丨注○箕斗之閒漢丨也爾雅釋天○丨水也國語晉語亦爲君之東遊丨梁之上注○丨崖也呂覽求人日出九丨注○丨峽名也水經濁漳水注引孟康○丨鄉里名也水經江水注○丨潤也周禮大司徒其民黑而丨注○丨明潤貌管子侈靡若旬虛期於月丨注○丨汁也一切經音義五引蒼頡○丨液也文選沈休文新安江水詩注引字書○丨液汁也一切經音義廿五引三蒼○丨液者水也素問湯液醪醴論丨液充郭注○丨進也汁進出也釋名釋形體○丨姑螻姑也廣雅釋蟲○周禮大司徒其民黑而丨釋文丨本作濜○莊子庚桑楚丨丨乎猶有忍也釋文丨崔本作律律

秦　丨津也其地沃衍有津潤也釋名釋州國○丨四塞之國風俗通祀典○丨四塞國也說苑善說○大丨一名梨萁水經河水注引釋氏西域記○丨香草也又云丨木名也文選風賦離丨衡注

頻　丨數也周書文酌三丨注○丨急也詩桑柔國步斯丨傳○丨竝也國語楚語羣神丨行注○丨近也華嚴經音義下引國語賈注○丨比也廣雅釋詁三○丨丨比也廣雅釋訓○丨猶比也詩桑柔箋○丨厓也詩召旻不云自丨傳○丨頻也易巽虞注○丨憂丨也易復釋文引馬注○丨丨蹙之貌易復丨復注○丨蹙不樂而窮不得已之謂也易巽丨巽注○丨當作濱詩召旻箋○丨亦作嚬同孟子滕文公下己丨顣曰音義引丁音○丨字或作賓漢書司馬相如傳上集注○易復釋文丨本作嚬禮記少儀注

丨伸也釋文丨本作嚬○詩桑柔
國步斯丨說文目部作國步斯矉

蘋 芣其大者丨爾雅釋草○丨大萍也詩采蘋于以
采丨傳又左氏隱三年傳丨蘩薀藻之菜注○丨
大丨水藻也呂覽本味崑崙之丨注○丨水草也後
漢班彪傳下注○丨澹水上浮萍麤大者謂之丨小
者爲萍後漢華陀傳注○沈者曰丨詩采蘋序釋文
引韓詩○丨之言賓也詩采蘋箋○采丨言卿大夫
之妻能循其法度儀禮鄉飲酒禮乃合樂注○采丨
言卿大夫之妻能修其法度也儀禮燕禮遂歌鄉樂
注○蕡亦丨字也文選陸士衡
擬靑靑陵上柏詩注引字書

顰 丨慼憂愁不樂之狀晉書音義下

嚬 丨丨眉也易復頻復釋文○丨慼憂貌文選魯靈
光殿賦憯丨蹙而含悴注

銀 白金謂之丨爾雅釋器○赤丨丨之精也山海經
北山經少陽之山其下多赤丨注○丨廉鍔也大
戴記衛將軍文子丨乎如斷注○丨臺仙人所居也
後漢張衡傳注○新論以金昆爲丨顏氏家訓書證
○丨與垠同荀子成
相刑稱陳守其丨注

垠 集韻通作沂○丨限也太元元文横横出於無丨
注○丨咢也後漢張衡傳注○丨界也後漢班彪
傳下注○沂崖也漢書敘傳上集注引晉灼○丨亦
崖也文選海賦則南澰朱崖注○丨岸涯也楚辭怨
思山峻高以無丨兮注○絕丨天邊之地也文選鵬
鵩賦或託絕丨之外注○丨形狀也淮南覽冥不見
朕丨注○圻丨字也淮南俶眞通于無圻注○莊子
逍遙游注託之于絕丨之外釋文丨本作限○漢帝
堯碑億不殄兮祉無沂孔
彪碑永永無沂丨作沂

筠 丨竹之青皮也禮記禮器如竹箭之有丨釋文引
鄭云

巾 丨謹也二十成人士冠庶人丨當自謹修四教也
釋名釋首飾○丨所以拭汙垢儀禮士冠禮沐丨
一注○用丨用拭之也同上○丨猶衣也周禮春官
序官丨車注○丨以葛爲之形如帢後漢郭泰傳注
○丨功布也儀禮士喪禮丨待于阼階下注○布丨
環幅不鑿儀禮士喪禮○丨處士所服文選秋胡詩
脫丨千里外注○丨隱者之飾文選北山移文濫丨
北岳注○丨幅丨也後漢韋彪傳注○大丨蔽厀也
廣雅釋器○蔽厀魏宋南楚之閒謂之大丨方言四
○丨冪所以覆尊彝國語周語靜其丨冪注○布丨
籩丨也籩豆具而有丨盛之也特牲饋食禮有籩丨
儀禮士喪禮布丨注○以衣被車謂之丨也華嚴經
音義下引珠叢○丨丨箱也所以盛書文選皇太子
釋奠會詩丨卷充衍注○丨丨箱也文選宋孝武宣

貴妃誄丨見餘軸注○丨車主車官也文選西京賦
丨車命駕薛注○丨車宗伯之屬下大夫二人大戴
記保傅此丨車教之道也注○丨車於天子宗伯之
屬掌裝衣車者亦使張侯侯丨類儀禮大射儀遂命
量人丨車
張三侯注

囷 丨圜倉考工記匠人丨窌倉城注○丨圓倉詩伐
檀釋文○圓曰丨方曰倉呂覽仲秋修丨倉注○
圓曰丨方曰鹿國語吳語而丨鹿空虛注○圓者爲
丨詩伐檀胡取禾三百丨兮傳○員曰丨國策秦策
丨倉虛注○圜曰丨荀子榮辱餘刀布有丨窌注○
丨廩也同上○丨芼也淮南要略捍搏丨注○丨音
如倉丨之丨山海經
北山經神丨之山注

民 丨氓也廣雅釋言○夫丨之爲言萌也萌之爲言
也盲也賈子大政下○丨冥也論語泰伯丨可使

由之鄭注○丨者冥也書呂刑苗丨弗用靈鄭注○
丨者瞑也春秋繁露深察名號○丨之號取之瞑也
同上○丨泯無所知者荀子禮論人有是士君子也
外是丨也注○丨無知之稱書多士序遷殷頑丨鄭
注○丨丨衆貌詩載芟丨丨其鹿釋文引韓詩○丨
者君之本也穀梁桓十四年傳僖廿六年傳○丨者
諸侯之本也賈子大政上○丨國之根也三國志陸
抗傳○丨神之主國語魯語丨和而後神降之福注
○丨人神之主也風俗通祀典○丨者吏之程也賈
子大政下○丨者萬世之本也賈子大政上○古者
有四丨一曰德能居位曰士二曰辟土殖穀曰農三
曰巧心勞手以成器物曰工四曰通財粥貨曰商公
羊成元年傳譏始邱使也注○古者有四丨有士丨
有商丨有農丨有工丨穀梁成元年傳○丨者士農
工商也說苑政理○丨謂百姓也文選東京賦丨忘
其勞薛注○丨者賢不肖之材也賈子大政下○卑

而不可不因者丨也莊子在宥○坤爲丨易象上傳
則刑罰清而丨服虞注聖人養賢以及萬丨虞注象
下傳丨忘其勞虞注不害丨虞注象上傳定丨志虞
注以左右丨虞注君子以振丨育德虞注容保丨无
疆虞注觀丨也虞注象下傳君子以勞丨勸相虞注
繫辭上傳加乎丨虞注繫辭下傳致天下之丨虞注
則丨不應也虞注因貳以濟丨行虞注○坤爲萬丨
易繫辭下傳萬丨以察虞注○天子曰兆丨諸侯曰
萬丨獨斷上○秦謂丨爲黔首呂覽大樂說黔首注
○先丨謂上古之君也禮記坊記先丨有言注○人
之所舍謂之天丨莊子庚桑楚○天丨知道者也孟
子盡心上有天丨者注○凡丨無異知者也孟子盡
心上凡丨也注○丨宮中吏之家人也周禮宮正去
其淫怠與其奇衺之丨注○人丨吏子弟周禮內宰
分其人丨以居之注○人丨謂刑人奴隸逃亡者周
禮朝士凡得獲貨賄人丨六畜者注○人丨奴婢也

周禮質人掌成市之貨賄人丨牛馬兵器珍異注○
司丨星名謂軒轅角也周禮小司寇孟冬祀司丨注
○司丨軒轅角也周禮天府若祭天之司丨司禄注
司民司寇及孟冬祀司丨之日注○文昌宮三能屬
軒轅角相與爲體近文昌爲司命次司中次司禄次
司丨周禮司民司農注○書皋陶謨安丨則惠後漢
左雄傳作安人則惠○書無逸懷保小丨漢書谷永
傳作懷保小人○書呂刑天齊于丨後漢楊賜傳作
天齊乎人○孝經丨之
行也釋文丨本作人

珉 亦作玟碈○琘石次玉者楚辭愍命藏琘石於金
匱兮注○丨石之似玉者荀子法行君子之所以
貴玉而賤丨者何也注○丨石似玉家語問玉爲玉
之寡而丨之多歟注○白丨石似玉者山海經中山
經岐山其陰多白丨注○碈石似玉或作玟禮記聘
義敢問君子貴玉而賤碈注○故書琘作璑周禮弁

師琘玉
三采注

緡 丨綸也詩何彼襛矣維絲伊丨傳又爾雅釋言○
緡繩也江東謂之綸爾雅釋言注○丨繩也莊子
齊物論置其滑丨釋文引崔注○丨絲也史記平準
書賈人丨錢集解引李斐又後漢烏桓鮮卑傳注○
丨錢貫也史記酷吏傳出告丨令正義方受告丨索
隱○丨釣繳也文選吳都賦迎潮水而振丨劉注○
丨施也廣雅釋詁三○丨施也秦曰丨方言六○丨
合也莊子則陽雖使邱陵草木之丨注○丨被也詩
抑言丨之絲傳○吳越之閒脫衣相被謂之丨縣方
言六○丨盛也莊子則陽釋文引司馬注○丨無心
之謂也莊子在宥當我丨乎釋文引司馬注○莊子
在宥釋文丨本作泯○左氏僖廿六年圍丨穀梁作
圍
閔

貧無財者謂之丨家語七十弟子〇無財謂之丨莊子讓王〇無財之謂丨韓外傳一又新序節士〇無財曰丨一切經音義一引蒼頡又呂覽季春賜丨窮注又淮南時則助丨窮注〇乏財曰丨論語學而丨而無諂皇疏〇丨者士之常也說苑雜言

蒓通作蓴〇蒲穗謂之蓴廣雅釋草

淳不澆曰丨後漢張衡傳注又文選思元賦何道貞之丨粹兮舊注〇丨和也素問五常政大論化丨則醎守注〇丨厚也淮南齊俗澆天下之丨注又文選東京賦丨化通於自然薛注〇丨濃也一切經音義七引三蒼〇丨大也國語鄭語以丨燿惇大注〇丨盡也漢書食貨志上集注引晉灼〇淳瀆也廣雅釋詁二〇丨沃也考工記鍾氏丨而漬之注又儀禮士虞禮丨尸盥注又禮記內則丨熬注又國語周語

經籍籑詁 卷十一 十一真 貧至醇 三九

王乃丨濯饗醴注〇丨丨流動貌莊子則陽禍福丨丨釋文引王注〇丨鈎古大銳劒也淮南覽冥區冶生而丨鈎之劒成注〇丨沃稍注之儀禮特牲饋食禮記丨沃注〇丨鹵埆薄之地左氏襄廿五年傳表丨鹵注〇丨鹹也左氏襄廿五年傳賈注〇丨耦也左氏襄十一年傳廣車軘車丨十五乘注〇丨讀如丨尸盥之丨周禮質人壹其丨制注〇故書淳爲敦周禮內宰出其度量淳制注〇今文丨作激儀禮特牲饋食禮記丨沃注〇詩終南箋渥丨漬也釋文丨本作厚

醇醇厚也廣雅釋詁三〇丨厚也文選東京賦春醴惟丨薛注琴賦旨酒清丨注〇丨一也厚也漢書陳湯傳集注〇不雜曰丨漢書陳湯傳集注〇不變曰丨文選吳都賦非丨粹之方壯劉注引班固〇丨美也漢書敘傳上集注引應劭〇醜美也廣雅釋詁一〇醇鈞劒也廣雅釋器〇莊子繕性澆丨散朴釋文丨本作淳

純丨專也國語周語能帥舊德而守終丨固注〇丨一也淮南覽冥丨溫以淪注〇丨一不尨駮也國語鄭語建九紀以立丨德注〇不雜曰丨易文言傳丨粹精也崔覲注〇丨者不雜者也莊子齊物論參萬歲而一成丨注〇丨丨不雜糅也淮南原道丨德獨存注〇丨猶皆也考工記玉人諸侯丨九注又禮記緇衣事丨而祭祀注〇丨猶篤也左氏隱元年傳丨孝也注〇丨大也詩賓之初筵錫爾丨嘏箋卷阿丨嘏爾常矣箋維天之命文王之德之丨傳載見俾緝熙予丨嘏箋酌時丨熙矣箋閟宮天錫公丨嘏箋又周書寶典樂獲丨嘏注又爾雅釋詁又國語周語俾莫不任肅丨恪也注又漢書禮樂志集注楚孝王囂傳集注又文選魯靈光殿賦承蒼昊之丨般張注〇丨善也史記漢興以來諸侯年表非德不丨索隱

經籍籑詁 卷十一 十一真 純 四十

又漢書楚孝王囂傳集注楊雄傳下集注又法言君子序君子丨終領聞注〇丨丨美也呂覽士容丨乎其若鍾山之玉注〇至美曰丨離騷昔三后之丨粹兮注〇丨好也方言十三又廣雅釋詁一〇丨文也方言十三又廣雅釋詁三〇丨絲也論語子罕今也丨集解引孔注又皇疏又廣雅釋器又後漢陳元傳注〇丨緣也周禮司几筵設莞筵紛丨司農注又儀禮士冠禮青絇繶丨注鄉飲酒禮記蒲筵緇布丨注鄉射禮記蒲緇布丨注公食大夫禮記緇布丨注又公羊定八年傳龜青丨注又淮南本經積牒璇石以丨脩碕注墜形丨方千里注〇飾衣曰丨謂領與袂儀禮既夕記緇丨注〇丨衣絲衣也餘衣皆用布唯冕與爵弁服用絲耳儀禮士冠禮丨衣注〇丨衣絲衣儀禮士昏禮丨衣纁袡注〇丨丨全也儀禮士昏禮腊一肫注〇合升左右胖曰丨丨猶全也儀禮少牢饋食禮腊一丨而鼎注〇丨猶全也耦陰陽儀禮鄉射

禮注大射儀注○二算爲丨儀禮鄉射禮大射儀○丨四只制丈八尺儀禮聘禮擇幣制元纁束注引朝貢禮○丨量名也淮南墬形丨丈五尺注丨方千里注○丨鉤利劒名淮南脩務夫丨鉤魚腸之始下型注○丨謂中外皆善禮記郊特牲貴丨之道也注○丨也者謂其不虧其神也莊子刻意○丨和諧也後漢班彪傳下注○丨如和諧也論語八佾丨如也集解○丨如感人之貌論語八佾鄭注○丨樸大素也淮南要略不剖判丨樸注○古文丨爲鈞儀禮士昏禮注○醇與丨同史記平準書自天子不能具鈞駟索隱○丨讀爲均服之均周禮司几筵設莞筵紛丨司農注○丨或爲煩禮記緇衣事丨而祭祀注○丨讀爲緇論語子罕鄭注○樊毅修華嶽碑天惟醇佑萬國以康丨作醇

脣 丨緣也口之緣也釋名釋形體○丨者齒之垣所以扶神設端古微書引春秋元命苞○圜其外者謂之丨考工記㮚氏量之以爲鬴注○爾雅釋草蕢牛蓨釋文蓨本作丨

倫 丨輩也廣雅釋詁一○丨類也史記秦始皇紀丨侯索隱樂書論丨無患正義又漢書司馬相如傳上集注敘傳下集注又荀子富國人丨並處注○丨猶類也禮記曲禮下儗人必於其丨注樂記樂者通丨理者也注論丨無患注又後漢郭泰傳注○丨等也國策宋策內臨其丨注又荀子儒效人丨盡矣注○丨謂等丨後漢崔駰傳注○丨匹呂覽誣徒身狀出丨注○丨伍也國語晉語且臣之丨注○丨比也儀禮既夕記丨如朝服注○丨猶比也禮記中庸毛猶有丨注○丨謂親疏之比也禮記文王世子如其丨之喪注○丨理也書舜典無相奪丨傳又儀禮公食大夫禮丨膚七注又禮記學記教之大丨也注又穀梁序彝丨攸斁釋文又大戴記子張問入官羣臣僕之丨也注又國語晉語而以國丨數而遺之注又

漢書禮樂志集注五行志上集注引應劭儒林傳集注外戚傳上集注又後漢齊武王縯傳注班彪傳下注董卓傳注袁譚傳注又荀子大略義之丨也注又莊子天道實者丨矣注○丨亦理也後漢馮衍傳注○丨理次也大戴記文王官人女何慎乎非丨注○丨物理也荀子解蔽聖也者盡丨者也注○丨理也道也淮南精神莫得其丨注○丨道也理也論語微子言中丨集解引包注○丨道詩正月有丨有脊傳○丨謂人道也禮記樂記樂行而丨清注○丨擇也儀禮少牢饋食禮雍人丨膚九注○丨之言順也禮記禮器丨也注○丨序孟子離婁下察於人丨注○丨正也太元昆同一丨也注○丨猶義也禮記祭統夫祭有十丨焉注○丨紀也家語入官羣僕之丨也注○丨勞也爾雅釋詁○丨人丨荀子臣道丨類以爲理注○人丨者人事也孟子滕文公上皆所以明人丨也注○今文丨或作論儀禮公食大夫禮丨膚七注○古文丨爲輪儀禮既夕記丨如朝服注○丨丨當爲論荀子儒效人丨盡矣注○莊子齊物論有丨有義釋文丨崔本作論○呂覽古樂伶丨氏漢書律厤志作伶綸氏古今人表作泠淪

綸 丨倫也作之有倫理也釋名釋采帛○丨綬也禮記表記其出如丨釋文○丨青絲綬也後漢仲長統傳注○丨如青絲繩也法言孝至五兩之丨注○丨糾青絲綬也後漢班彪傳上注○丨今有秩嗇夫所佩也禮記緇衣王言如絲其出如丨注○丨絮也淮南齊俗丨組節束注○丨似絮而細後漢章帝紀注○丨釣繳也詩采綠言丨之繩箋○丨大繳也淮南說山下言若丨注○丨琴瑟絃也莊子齊物論而其子又以文之丨釋文引崔注○丨經理也一切經音義一引易注○丨纏裹也易繫辭彌丨天地之道釋文引王肅○丨者繩也謂牽縛縮貉之今俗語亦然爾雅釋詁貉縮丨也注○丨牽也太元元告故元

鴻丨天无注○丨遊也易繫辭釋文引荀注○丨沒
也史記司馬相如傳紛丨葳蕤索隱引胡廣○丨道
也廣雅釋詁三○丨知也易繫辭釋文引京注○丨
似丨東海有之爾雅釋草○丨藺聲相似史記白起
王翦傳秦攻韓緱氏藺索隱○易
未濟注經丨屯蹇釋文丨本作論
輪有輻曰丨無輻曰輇儀禮既夕記遂匠納車于階
閒注引許叔重說○丨謂牙也考工記輪人望而
眡其丨注○丨車輪也方言九注○丨綸也言彌綸
也周帀之言也釋名釋車○坎爲丨易未濟曳其丨
姚注○坎爲弓丨易說卦傳○丨人輿人作車者孟
子滕文公下則梓匠丨輿注○丨轉呂覽大樂天地
車丨注○丨從也周禮大司徒周知九州之地域廣
丨之數注又儀禮既夕記廣尺丨二尺深三尺注又
禮記檀弓下廣丨揜坎注○丨鈞丨也文選江賦或
揮丨於懸碕注○丨鈞丨也謂爲車以收鈞緡也文

選西征賦徒觀其鼓枻迴丨注○丨丨囷言高大禮
記檀弓下美哉丨焉注○丨囷謂屈曲貌文選吳都
賦丨囷虯蟠注○易說卦
傳爲弓丨釋文丨本作倫
淪丨沒也書微子今殷其丨喪傳又廣雅釋詁一又
後漢順帝沖帝質帝紀注又淮南覽冥純溫以丨
注又楚辭愍命或沉丨其無所達兮注○丨入也漢
書鄒陽傳集注敘傳下集注引應劭又淮南原道丨
天門注精神丨於不測注本經則與道丨注○丨濟
也廣雅釋詁二○丨率也詩雨無正丨胥以鋪傳小
旻無丨胥以敗箋抑無丨胥以亡傳又爾雅釋言○
丨沒謂沒於水中也後漢馬融傳注○丨者用法之
深刻也楚辭遠逝微霜降而下丨兮注○小波爲丨
爾雅釋水○水小波曰丨丨倫也水文相次有倫理
也釋名釋水○從流而風曰丨丨文貌文選月賦注
引韓詩章句○丨小風水成文轉如輪也詩伐檀河

水淸且丨猗傳○書微子今殷其丨喪史記宋微子
世家作今殷其典喪○詩雨無正丨胥以鋪韓詩作
熏胥以痛
旬十日曰丨書五子之歌十丨弗反傳又呂覽季春
而甘雨至三丨注○十日爲丨左氏宣十一年傳
事三丨而成注又書堯典三百有六丨釋文穀梁桓
十四年傳必有兼丨之事焉釋文又呂覽季夏三丨
二日注○丨十日也書大禹謨三丨苗民逆命傳又
周禮宰夫丨終則令正日成注又儀禮少牢饋食禮
筮丨有一日注又禮記曲禮上丨之外注又呂覽孟
夏而甘雨至三丨注○五丨五十日也孟子梁惠王
下五丨而舉之注○丨時也文選魏都賦量寸丨劉
注○丨均也易豐雖丨无咎注又釋文又管子侈靡
丨身行注○丨言陰均也詩桑柔其下侯丨傳○丨
偏也詩江漢來丨來宣傳○丨偏也滿也漢書翟方

進傳集注○丨猶徇也太元昆奚足丨也注○丨郎
巡也管子入國入國四丨注○丨治也廣雅釋詁三
又小爾雅廣詁○丨始皇天名也楚辭遠遊造丨始
而觀淸都注○丨始妖氣也文選東京賦欃槍丨始
薛注○丨當爲均聲之誤也易說卦坤爲均今亦或
作丨也禮記內則丨而見注○丨均也讀如營營原
隰之營易坤爲均今書亦有作丨者周禮均人豐年
則公丨用三日焉注○丨當作營詩桑柔其下侯丨
箋○易豐雖丨无咎釋文丨荀作均劉昞作鈞○穀
梁桓十四年傳必有兼丨之事焉釋文丨本作甸
巡天子省方謂之丨守左氏莊廿一年傳王丨虢守
注○丨狩者何丨者循也狩牧也謂天子丨行守
牧也文選東都賦注引逸禮○丨者循也白虎通巡
狩又風俗通山澤○丨猶循也公羊隱八年傳注○
丨行也視所守也書大傳維元祀丨守注○丨行之
書舜典歲二月東丨守傳○丨行也周禮掌固晝三

丨之注又左氏襄九年傳丨丨丈城注又廣雅釋詁一
又國語晉語臣從君還軫丨於天下注又太元元測
都序丨乘六甲注元攡陰陽更丨注又呂覽孟秋丨
彼遠方注又文選射雉賦丨邱陵以經略兮徐注○○
丨守者行視所守也書舜典歲二月東丨守鄭注○
丨守行視所守也周禮土訓王丨守注○丨問行問
民閒也周禮司諫丨問而觀察之注○丨其道脩行
治道路也周禮遂師賓客則丨其道脩注○丨靖丨
狩而安之也文選典引丨靖黎蒸蔡注○丨撫也後
漢班彪傳下注○丨徧也左氏桓十二年傳三丨數
之注○故書丨作巡周禮鄉師丨其前後之屯注○
丨讀如沿漢之沿禮記祭義陰陽長短終始相丨注
丨擾也史記司馬相如傳乃駕丨駮之駟集解引

馴 漢書音義又淮南說林馬先丨而後求良注○丨
犪也廣雅釋言○丨狎也禮記曲禮注養則丨釋文
○丨順也漢書萬石君石奮傳集注司馬相如傳上

集注引張揖公孫宏傳集注又後漢魯恭傳注又太
元元首都序丨乎元注干貞丨注羨厲之丨注永永
終丨首注元瑩天道乃丨注元圖丨幽推厤注又家
語好生鳥獸丨德注又列子黃帝無不柔丨者釋文
○丨猶順也易象上傳丨致其道九家注○丨從也
易坤丨致其道釋文引向注○丨善也廣雅釋詁一
又史記管蔡世家皆有丨行索隱○丨訓也史記五
帝紀不雅丨正義○學不陵節而施之曰丨說苑建
本○丨奉令太元元錯
○丨臣保也太元元衡

鈞 三十斤曰丨周禮大司寇入丨金注又禮記月令
丨衡石注又文選西京賦洪鐘萬丨薛注○三十
金曰丨管子小匡小罪入以金丨注○三十斤爲丨
後漢趙典傳注馮衍傳注陳忠傳注又呂覽適音大
不出丨注仲秋正丨石注○三十斤謂之丨家語正
論趙簡子賦晉國一鼓鐵注○三十斤爲一丨說苑

辨物○百丨三十斤也孟子梁惠王上吾力足以舉
百丨注告子下今也舉百丨注○秤二謂之丨小爾
雅衡○今東萊稱或以大半兩爲丨十丨爲環重六
兩大半兩考工記冶氏重三鋝注○丨銓呂覽仲春
丨衡石注○丨範也史記魯仲連鄒陽傳獨化於陶
丨之上索隱引張晏○丨陶丨也莊子齊物論而休
乎天丨釋文引崔注○陶爲丨太元將鑪丨否注○
丨者均也漢書律厤志上○丨同也國語晉語丨之
死也注若之何其丨之也注又孟子告子上丨是人
也注○丨等也國語晉語丨之死不若聽君之命注
又漢書灌夫傳集注又呂覽功名取則行丨也注貴
信丨其死也注又淮南俶眞然而失木性丨也注時
則丨衡石注○丨猶等也禮記投壺丨則曰左右丨
注○丨調也國語周語細丨有鍾無鎛注○丨平也
爲四方主故曰丨天呂覽有始注○中央曰丨天呂
覽有始又淮南天文○洪丨大丨謂天也文選張茂

先荅何劭詩洪丨陶萬類注○莊子齊物論釋文丨
本作均○丨一本作均列子湯問一丨而連六鼇釋
文○史記平準書自天子不能
具丨駟索隱曰漢書作醇駟

均 丨平也詩節南山秉國之丨傳又周禮大司徒以
土丨之灋注小司徒乃丨土地注又周書大匡權
內外以立丨注大聚市有五丨注又國語周語度律
丨鍾注其餘以丨分公侯伯子男注魯語堯能單丨
刑法以儀民注吳語食土不丨注又漢書地理志上
集注又太元止車轂丨疏注又呂覽孟夏以桑爲丨
注又淮南原道因天地之自然則六合不足丨也注
○丨猶平也周禮地官序官丨人注土丨注○丨丨
平書禹貢丨于江海馬注○丨丨平丨荀子富國忠信
調和丨和丨辨之至也注○丨同也左氏僖五年傳
丨服振振賈注又服注又國語晉語丨是惡也注楚
語君王丨之注又荀子君子德雖如舜不免刑丨注

○丨等也史記酷吏傳未嘗敢丨茵伏索隱又素問
五常政大論五化丨衡注○丨調也詩皇皇者華六
轡既丨傳又周禮大司樂掌成丨之灋司農注又離
騷字余曰靈丨注惜誓二子擁瑟而調丨注○丨易
也爾雅釋詁○丨賦也廣雅釋言○丨猶調度也周
禮內宰丨其稍食注○丨謂度其多少周禮司稼掌
丨萬民之食注○主多少之數者丨也列女傳母儀
○丨陶者之輸也管子七法猶立朝夕於運丨之上
注○丨輸官名屬司農後漢劉盆子傳注○丨者丨
鍾木長七尺有弦繫之以丨鍾者度鍾大小清濁也
漢大予樂官有之國語周語律所以立丨出度也注
○丨長八尺施絃以調六律五聲文選思元賦注引
樂汁圖徵宋注○丨長八尺施絃以調六律也後漢
張衡傳注○丨所丨聲也文選思元賦考治亂於律
丨兮舊注○天丨者天倪也莊子寓言○坤爲丨易
說卦傳○丨丨田也爾雅釋訓釋文引字林○丨田

者始除田也言農夫急除田也大戴記夏小正農率
丨田傳○丨古韻字也文選嘯賦音丨不恒注○丨
讀曰沿書禹貢丨于江海鄭注○左氏僖五年傳丨
服振振釋文丨本作袀○詩節南山秉國之丨漢書
律麻志作秉國之鈞○史記周本紀引書呂刑其罪
惟丨作惟鈞其過○漢書律麻志下五行志中之上
引左氏僖五年傳丨服振振皆作袀服振
振○魏大饗碑夏啟丨臺之饗鈞作丨

臻 通作轃○丨至也詩泉水遄丨于衛傳雲漢饑饉
薦丨傳又考工記㮚氏允丨其極注又爾雅釋詁
又爾雅釋詁薦摯丨也注又國語晉語喪亂其丨注
楚語禍災薦丨注又華嚴經音義上引韻圃又漢書
武帝紀集注二見霍去病傳集注董仲舒傳集注司
馬相如傳下集注公孫宏傳集注王吉傳集注谷永
傳集注敘傳下集注引張晏又文選劇秦美新靡不
宣丨注○轃至也漢書楊雄傳上集注○轃與丨同

至也文選甘泉賦是時未轃夫
甘泉也注○丨乃也爾雅釋詁

榛 丨木名丨實似栗而小禮記曲禮下婦人之摯椇
丨脯脩棗栗注○丨似栗而小周禮籩人饋食之
籩其實棗㮚桃乾藤丨實注又國語周語丨楛濟濟
注又孟子盡心上音義引丁音○丨子似栗而小山
海經西山經下多丨楛注○丨似梓實如小栗也禮
記曲禮釋文○亲似梓實如小栗音莊巾反詩鳲鳩
釋文引字林○丨小栗左氏莊廿四年傳女贄不過
丨栗棗脩注○亲栗也廣雅釋木○丨木名詩簡兮
山有丨傳又詩鳲鳩其子在丨釋文禮記檀弓丨以
爲笄釋文○丨木也文選西京賦超殊丨薛注○木
叢生曰丨廣雅釋木○蓁木曰丨淮南原道隱于丨
薄之中注○丨木叢生詩鳲鳩釋文引字林○木聚
曰丨淮南本經蓄丨穢聚埒畝注○聚木曰丨淮南
原道木處丨巢注○丨聚也廣雅釋詁三○丨丨盛

貌漢書司馬相如傳下集注○丨丨梗穢貌漢書楊
雄傳上集注○梓字亦作丨孟子章指謂之柚梓音
義引丁音○丨與榛同文選蜀都賦榛栗罅發注○
禮記曲禮釋文丨本作亲○詩簡兮釋文丨本作蓁

姻 壻之父曰丨丨因也女往因媒也釋名釋親屬○
壻之父曰丨詩我行其野不思舊丨箋節南山瑣
瑣丨亞箋○壻之父爲丨爾雅釋親又荀子富國婚
丨娉內送逆無禮注○壻父曰丨左氏昭廿五年傳
爲父子兄弟姑姊甥舅昏媾丨婭注定十三年傳荀
寅范吉射之丨也注又後漢順帝紀注○女氏稱昏
壻氏稱丨儀禮士昏禮記某以得爲外昏丨注○丨
壻家新唐書音義列傳廿六引字林○丨外親也左
氏僖五年傳皆弦丨也注○昏丨謂嫁取也壻曰昏
妻曰丨禮記經解昏丨之禮注○丨者婦人因夫而
成故曰丨白虎通嫁娶○丨猶親也左氏隱元年傳
外丨至注○婣親於外親周禮大司徒孝友睦婣任

恤注○古文婣丨二形今作因一切經音義二○
詩我行其野不思舊丨白虎通嫁娶作不惟舊因
丨曲成也詩出其東門出其丨闍傳○丨曲也莊
闉 子德充符丨跂支離無脤釋文引司馬注馬蹄丨
扼鷙曼釋文引李注○丨塞也易屯困窮闉厄釋文
又淮南兵略無刑罰之威而相爲斤丨要遮者注○
丨猶塞也周禮掌蜃以共丨壙之蜃注○
丨跂傴者也莊子德充符釋文引崔注
宸 丨屋霤國語越語而爲儆邑丨宇注○丨天地之
交宇也文選西京賦消雰埃於中丨薛注○丨與
辰同文選王元長曲水
詩序是以得一奉丨注
寅 丨濵也演生物也釋名釋天○丨者演也白虎通
五行○丨演也廣雅釋言○丨則萬物螾螾也淮
南天文○丨太陽也素問脈解○丨木也漢書律厤
志上○丨木也其禽虎也論衡物勢○丨楚淮南天

文○丨爲建同上○丨進也爾雅釋詁○丨敬也爾
雅釋詁又書堯典丨賓出日傳又周書祭公丨哉丨
哉注又後漢殤帝紀注竇憲傳注班彪傳下注又太
元元數辰丨卯注元圖丨贊柔微注○言汙潦水名
丨淮南說林丨邸無壑注○書堯典丨賓出日史記
五帝紀作敬道日出舜典夙夜惟丨五帝紀作夙夜
維敬無逸嚴恭丨畏僞
周公世家作嚴恭敬畏
嬪 丨婦也書堯典丨于虞傳又詩大明曰丨于京傳
又詩推度災主八丨注又周禮天官序官九丨注
又爾雅釋親又山海經海外北經務隅之山九丨葬
于陰注○丨者婦也後漢荀爽傳○丨婦人之美稱
也周禮大宰七曰丨婦注○丨婦人有法度者之稱
也禮記曲禮下死曰考曰妣曰丨注○天子妾有丨
丨賓也諸妾之中見賓敬也釋名釋親屬○妾御曰
丨丨華嚴經音義下引國語賈注○丨婦官也國語齊

語九妃六丨注○丨嬙婦官也左氏昭三年傳以備
丨嬙注又國語晉語僃丨嬙焉注○丨婦九丨世婦
周禮典婦功以授丨婦注○丨物婦人所爲物也周
禮大行人其貢丨物司農注○丨貢絲枲周禮大宰
二曰丨貢注○丨物絲枲也周禮大行人注○丨故
書作賓周禮大宰注○故書丨作頻周禮大行人注
齗 丨齒根也文選魯靈光殿賦注引蒼頡○丨丨辯
爭之貌漢書公孫劉田王楊蔡陳鄭傳贊集注○
丨丨是鬭爭之貌史記魯周公世家丨丨如也索隱
引徐廣○丨丨如也讀如論語誾誾如也史記魯周
公世家
索隱
旻 秋爲丨天爾雅釋天○秋曰丨天白虎通四時○
秋萬物成熟皆有文章故曰丨天爾雅釋天李注
○秋曰丨天秋殺氣也書多士丨天大降喪于殷馬
注○丨天秋天也幽陰氣也孟子萬章上號泣于丨

天注○秋曰丨天丨閔也物就枯落可閔傷也釋名
釋天○丨猶愍也愍萬物彫落爾雅釋天注○仁閔
覆下故稱丨天左氏哀十六年傳丨天不弔注○仁
覆愍下謂之丨天書大禹謨日號泣于丨天傳○仁
覆愍下謂之丨書多士不弔丨天釋文○丨閔也詩
黍離傳則稱丨丨天釋文○周禮大祝六曰誄司農注
引左傳哀十六年丨天不弔作閔天不淑○張壽碑
顥天不弔丨作顥○平輿令薛君碑遘此竺丨閔作
丨
彬 丨文也廣雅釋詁三○丨丨雜半貌也論語雍也
文質丨丨鄭注○丨丨文質相雜之貌也論語雍
也集解引包注○丨丨文質相半也論語雍也皇疏
○丨丨文章貌漢書司馬遷傳集注公孫劉田王楊
蔡陳鄭傳贊集
注儒林傳集注

鶉｜鶉屬爾雅釋鳥鶉｜注○｜鶉｜鳥詩序｜之
奔奔釋文○｜鶉｜鶉也列子天瑞田鼠之爲｜也釋
文○｜鶉也淮南齊俗夫蝦蟇爲｜注○｜鳥也詩
伐檀胡瞻爾庭有縣｜兮傳○｜子鳼爾雅釋鳥○
｜火朱鳥宿之柳其屬有星星七星考工記輈人以
象｜火也注○｜火星鳥也國語晉語｜之賁賁注
○｜火午之宿也後漢張衡傳注○｜火星也左氏
僖五年傳｜之賁賁注○｜火次名周分野也國語
周語歲在｜火注○｜居如｜之居猶言野處莊子
天地夫聖人｜居而鷇食釋文○｜居謂無常處也
莊子天地釋文○鶉｜
作䳜雜廣韻引字林
皴｜皮細起也一切經音義廿二引字略○｜皮｜
皵也樹皮甲麤厚亦曰｜皵一切經音義二十引
埤
蒼

遵｜循也詩汝墳｜彼汝墳傳遵大路｜大路兮傳
又周書謚法又爾雅釋詁又漢書元后傳集注又
後漢馮衍傳注傳毅傳注又孟子梁惠王下｜海而
南注又呂覽長攻不備｜理注又離騷旣｜道而得
路注哀郢｜江夏以流亡注又文選東京賦規｜王
度薛注｜節儉薛注登徒子好色賦｜大路兮攬子
袪注○｜猶循也太元晦或｜之行注○｜率詩酌
｜養時晦傳○｜行也方言十二又廣雅釋詁一○
｜自也爾雅釋詁○｜習也華嚴經音義上引三蒼
○｜表也廣雅釋詁四○｜俊也方言二○｜羊棗
爾雅釋木○｜一作選史記周
本紀｜修其緒集解引徐廣
循｜順也左氏文十一年傳國人弗徇服注又書中
候配永｜機注又漢書禮樂志集注吳王濞傳集
注董仲舒傳集注二見司馬相如傳上集注匡衡傳
集注循吏傳集注西南夷傳集注又後漢班彪傳下

注又淮南俶眞可切｜把握而有數量注本經五星
｜軌注○｜巡也華嚴經音義上引珠叢○｜遵也
楚辭天問昏微｜迹注○｜述也廣雅釋言○｜隨
也淮南原道｜天者與道游者也注說山故｜迹者
注○｜順從也荀子性惡上不｜於亂世之君注○
｜猶履也易未濟注｜難在正釋文○｜因也順也
漢書杜周傳集注○｜從也由也漢書武帝紀集注
○｜大也呂覽明理流散｜饑無日矣注○｜表也
廣雅釋詁四○｜｜次序貌也論語子罕夫子｜｜
然善誘人集解○｜｜次序也論語子罕皇疏○｜｜
｜然順動貌素問離合眞邪論其行於脉中｜｜然
注○｜謂摩｜漢書李陵傳集注○｜猶緣｜也論
語鄉黨足踧踖如有｜皇疏○｜古文作徇一切經
音義三引三蒼○｜古文作徇同一切經音義一○
詩江漢箋使｜流而下釋文｜本作順○莊子大宗
師以德爲｜釋文｜本作修天地｜于道之謂備釋

文｜本作修○論語子罕夫子
｜｜然孟子章指作恂恂然
振｜動也太元元瑩斗｜天而進注元文發動足以
｜㝜注○｜猶拼也檢也周禮職幣｜掌事者之
餘財注○｜止也莊子齊物論｜于無竟釋文引崔
注○｜救也呂覽季春｜乏絕注又淮南時則｜乏之
絕注○｜贍也呂覽懷寵而｜恤之注○｜｜仁厚
也易蠱｜民釋文又詩螽斯宜爾子孫｜｜兮傳麟
之趾｜｜公子傳○｜｜仁厚貌也後漢章帝八王
傳注○｜｜信厚也詩殷其靁｜｜君子傳○｜｜
威武也國語晉語均服｜｜注○｜｜盛貌左氏僖
五年傳均服｜｜注○｜｜袀服之貌漢書五行志
中之上集注○｜｜羣飛貌詩有駜｜｜鷺傳○燕
齊之閒官婢女廝謂之｜方言三○｜廞盛怒貌也
太元衆虎
虓｜廞注

甄丨也者陶人旋轉之輪也後漢郅惲傳注○陶人作瓦器謂之丨後漢班彪傳下注引漢書音義○丨甎也廣雅釋室○㘸下謂之丨廣雅釋室○丨明也後漢光武帝紀下注安帝紀注孔奮傳注張法滕馮度楊傳注爰延傳注郭符許傳注○丨表也文選西征賦丨大義以明責注○丨別也後漢魯丕傳注○丨積也周書謚法丨心動懼曰頃注○薄聲丨周禮典同○丨猶掉也鍾微薄則聲掉周禮典同注○丨隔也莊子天運唯循大變無所湮者釋文引簡文注

禋精意以享丨也國語周語又說苑辨物○精意以享謂之丨書舜典丨于六宗傳○丨精意以享也書舜典馬注○丨潔祀也音一人反漢書楊雄傳音義引字林○潔祀曰丨國語周語不丨於神注楚語丨潔之服注○絜齊以享謂之丨祀左氏隱十一年傳而況能丨祀許乎注○丨潔也小爾雅廣詁又國

語楚語丨其酒醴注○丨絜敬也左氏桓六年傳以致其丨祀注○丨絜敬之祭也爾雅釋詁孫注○丨敬詩生民克丨克祀傳○丨之言煙周人尚臭煙氣之臭聞者周禮大宗伯以丨祀祀昊天上帝注○丨之言煙書舜典鄭注○丨芬芳之祭書洛誥則丨于文王武王鄭注○煙祭也字當爲丨書大傳煙于六宗注○丨煙也潔也精也山堂考索引崔靈恩禮記義宗○丨祀祭天神也周禮大祝凡大丨祀肆享祭示注○丨祭也爾雅釋詁○丨祀也詩維清肇丨迄用有成傳○詩維清釋文丨本作煙○史晨奏銘以供煙祀魏受禪表煙于六宗丨作煙

岷丨山漢書以爲瀆山者也水經丨山在蜀郡湔氏道西注○丨山山名書禹貢丨嶓既藝傳又文選陸士衡荅賈長淵詩庸丨稽顙注○丨丨山文選吳都賦爲鬪梁丨有陟方之館劉注○書禹貢丨山導江漢書地理志作崏山道江丨山之陽作㟭山之陽○書禹貢丨嶓既藝史記夏本紀作汶嶓既蓺丨山之陽作汶山之陽○詩江有汜傳丨山道江釋文丨本作崏

諄集韻或作啍通作訰肫○丨告曉之熟詩抑釋文引埤蒼○啍啍以已誨人也莊子胠篋釋夫恬淡無爲而悅夫啍啍之意啍啍已亂天下矣注○丨誨謂殷勤教告也後漢班彪傳上注○忳懇誠貌也禮記中庸肫肫其仁注○丨佐也國語晉語以丨趙鞅之故注○丨丨重頓之貌漢書五行志中之上集注○丨芒望之丨丨察之芒芒故曰丨芒莊子天地丨芒將東之大壑釋文引李注○訰訰亂也爾雅釋訓○訰訰煩懣亂也爾雅釋訓顧舍人注○訰雜亂之貌荀子哀公繆繆肫肫注○丨芒霧氣也莊子天地釋文○丨古文訰同一切經音義十二○肫與訰同荀子哀公注○肫之閏反儀禮士昏禮釋文引字林

○肫肫讀如誨爾忳忳之忳禮記中庸注○肫肫或爲純純同上○詩抑誨爾丨丨禮記中庸注作誨爾忳忳○詩抑釋文丨本作訰○爾雅釋訓釋文訰本作丨

橁丨木一名櫄莊子逍遙遊上古有大丨者釋文引司馬注○丨木名也一名櫄列子湯問上古有大丨者釋文

詢咨親爲丨左氏襄四年傳又國語魯語○親戚之謀爲丨詩皇皇者華周爰咨丨傳○丨謀也爾雅釋詁又書舜典丨事考言傳丨于四岳傳又詩皇矣丨爾仇方箋又周禮鄉大夫退而以鄉射之禮五物丨衆庶司農注小司寇以致萬民而丨焉司農注又禮記坊記丨于芻蕘注又左氏成十三年傳秦大夫不丨于我寡君注襄八年傳兆云丨多注又國語晉語丨於八虞注又後漢胡廣傳注又文選東京賦丨

朝政薛注○丨信也爾雅釋詁○丨均也書大傳丨
十有二變注○書舜典丨于四岳史記五帝紀作謀
于四
嶽

恂
丨信也大戴記衞將軍文子爲下國丨蒙注又漢
書地理志下集注又列子周穆王且丨士師之言
可也釋文○丨信也宋衞汝頴之閒曰丨方言一○
丨忱也小爾雅廣言○丨丨謹信之貌漢書馮立傳
集注郭解傳集注○丨丨敬也廣雅釋訓○丨丨恭
愼貌論語鄉黨鄭注○丨丨恭順貌論語子罕夫子
循循然善誘人鄭注○丨丨恭順之貌後漢劉平傳
注○丨丨温恭貌也論語鄉黨丨丨如也集解引王
注又皇疏○丨丨誠謹貌漢書李廣蘇建傳贊集注
○丨恐貌莊子齊物論則惴慄丨懼釋文○丨戰也
莊子齊物論釋文引崔注○丨遽也莊子徐無鬼丨
然弃而走釋文引司馬注○丨盱樂貌也詩溱洧洵

訏且樂釋文引韓詩○吳人呼瞬目爲丨目列子黃
帝有丨目之志釋文○丨字或作峻讀如嚴峻之峻
言其容貌嚴栗也禮記大學丨栗也注○莊子田子
方女恤然有丨目之志釋文丨目李本作眴○史記
李將軍傳悛悛如鄙人索隱曰漢書作丨丨○祝睦
後碑鄉黨逡逡朝廷便便丨丨作逡逡○劉修碑其
于鄉黨遜遜如
也丨丨作遜遜

漘
丨厓也詩伐檀寘之河之丨兮傳又廣雅釋邱○
丨水涯後漢班彪傳下注○丨水隒也詩葛藟在
河之丨傳○夷上洒下不丨爾雅釋邱注○夷上平坦
而下水深者爲丨爾雅釋邱注○夷上平上洒下陗
下故名丨爾雅釋邱李注○平上陗下故名曰
丨爾雅釋邱孫注○詩伐檀釋文丨本作脣

莘
詩大明纘女維丨傳○丨丨國也國語鄭語若前
丨丨號也國語周語有神降於丨注○丨大姒國也

河後丨注○丨長貌詩魚藻有丨其尾傳○丨多也
莊子徐無鬼禍之長也茲丨釋文引李注○辞多也
廣雅釋詁三○丨丨多貌也文選七發丨丨將將注
○丨丨衆多也國語晉語丨丨征夫注又後漢班彪
傳下注○丨字或作侁往來貌文選高唐賦縰縰丨
丨注○史記齊太公世家遂殺子糾于笙瀆索隱曰
鄒誕生本作丨瀆○莊子徐無鬼釋文丨本作莘○○
楚辭天問有丨氏古今人表作有㜪呂覽作有侁○
古今人表干
丨墨子作辛

堙
亦作陻○丨塞也詩泮水箋謂丨井刊木之類釋
文又左氏襄廿五年傳井丨木刊注又服注又廣
雅釋詁三又國語周語墮高丨庳注晉語夷竈丨井
注又漢書溝洫志集注司馬相如傳下集注又後漢
張儉傳注又山海經北山經常銜西山之木石以丨
于東海注又呂覽無義欲丨之責注○陻塞書洪範

鯀陻洪水傳又漢書五行志上集注引應劭○陻塡
也漢書石奮傳集注○丨沈也後漢周黃徐姜申屠
傳注○丨沒也國語周語丨替隸圉注又漢書溝洫
志集注引如淳○丨土山也左氏襄六年傳丨之注
○丨距丨上城具公羊宣十五年傳宋華元亦乘丨
而闚之注○丨古文垔𡏖二形今作咽同一切經音
義十二○書洪範鯀陻洪水說文土部作鯀垔洪水
○史記屈原賈生傳獨丨鬱兮索隱曰漢書作壹鬱
○華嶽碑柴燎
壇埋禋通作壇

屯
丨者物之始生也易序卦傳○丨難也易屯釋文
又廣雅釋詁三又後漢皇后紀上注班彪傳下注
又莊子外物慰暋沈丨釋文引司馬注又文選幽通
賦紛丨邅與蹇連兮曹注○丨者盈也易序卦傳○
丨盈也易屯釋文○丨衆也後漢班彪傳下注○丨
從也後漢張衡傳注○丨固左氏閔元年傳○丨見

而不失其居
易雜卦傳
駰陰白雜毛｜爾雅釋畜○陰白雜毛曰｜詩皇皇
者華我馬維｜傳駰有｜有騢傳○｜者目下白
也爾雅釋畜樊注○｜乙巾
反爾雅釋畜釋文引字林
呻｜吟也禮記學記｜其佔畢注又廣雅釋詁二○
｜吟聲也素問陰陽應象大論在聲爲｜注○｜
誦也莊子列禦寇釋文引崔注○｜謂吟詠學問之
聲也莊子列禦寇釋文○｜吟吟咏之謂莊子列禦
寇｜吟裘氏之地注○
｜或爲慕禮記學記注
粼｜｜清徹也詩揚之水白石｜｜傳○｜堅中爾
雅釋草○｜良振反爾雅釋畜釋文引字林○詩
揚之水釋文｜本作磷○爾雅
釋畜青驪｜驒釋文｜本作驎

磷｜薄也論語陽貨磨而不｜集解引孔注
轔｜｜車聲楚辭大司命乘龍兮｜｜注又文選東
京賦隱隱｜｜薛注○｜聲也廣雅釋訓○｜
轢也後漢廉范傳注○｜戶限也楚人謂之｜｜讀
似鄰急氣言乃得之也淮南說林不發戶｜注○楚
人謂門切爲｜｜讀近藺急舌言
之乃得也淮南說山牛車絶｜注
璘璘文也廣雅釋詁三○｜斑文貌文選景福殿賦
注引埤蒼○｜彬玉光色雜也文選西京賦瑤珉
｜彬
薛注
瀕｜水涯也後漢張衡傳注○｜涯也後漢隗囂傳
注○｜今濱詩召旻不云自｜釋文引張揖字詁
○｜猶邊也漢書地理志下｜南山
集注○｜或作濱漢書賈山傳集注

嚚口不道忠信之言爲｜國語晉語｜瘖不可使言
注○言不忠信爲｜書堯典｜訟可乎傳○親愛
利子謂之慈反慈爲｜賈子道術○｜惡也一切經
音義二十二引蒼頡○｜愚也廣雅釋詁一○書堯
典｜訟史記五
帝紀作頑凶
罠｜麋網文選吳都賦｜蹏連網劉注○｜釣也爾
雅釋器釋文引字林
箟今江東呼篠竹裏爲箂亦名爲｜也方言十三析
竹謂之箂注
閩｜越名也秦幷天下以其地爲｜中郡文選吳都
賦選自｜禺劉注○｜越卽西甌亦在岐海中山
海經海內南經｜在海中注○｜蠻之別也周禮職
方氏辨其邦國都鄙四夷八蠻七｜九貉五戎六狄
之人民注○｜南蠻之別周禮秋官序官｜隸注○
白鳥也者謂｜蚋也大戴記夏小正丹鳥羞白鳥傳

○｜音文飾之文漢書高帝紀下集注引應劭○史
記田完世家田檷生湣孟莊索隱引世本作｜孟克
豳｜詩｜風七月也周禮籥章龡｜詩注○｜籥邠
國之地竹｜詩亦如之周禮籥章掌土鼓｜籥司
農注○｜籥邠人吹籥之聲章周禮籥章掌土鼓｜
籥注○邠者文盛貌也太元文次四斐如邠如注○
｜與邠同文選北征賦息郇邠之邑鄉注○邠與｜
同文選西征賦化流岐｜注○古文郴｜二形今作
邠同一切經音義十二○詩甫田箋吹｜雅釋文
｜本作邠○爾雅釋地西至邠國釋文邠本作｜
集韻亦作後○｜退也爾雅釋言○後退也漢書
逡王莽傳上集注○｜循也方言十二○｜疾也禮
記大傳｜奔走注○｜巡不進也後漢隗囂傳注○
｜巡却去也爾雅釋言注○體懃曰｜小爾雅廣義
○日運爲躔月運爲｜方言十二○｜表也廣
雅釋詁四○鄭固碑｜遁退讓｜巡作｜遁

踆丨退也文選東京賦已事而丨薛注○以足逆蹋
曰丨公羊宣六年傳祁彌明逆而丨之注○丨丨
大雀容也文選西京賦大雀丨丨薛注○丨猶蹲也
謂三足烏丨讀丨巍之丨淮南精神日中有丨烏注
○丨古蹲字莊子外物釋文引字林又山海經南山
經箕尾之山尾丨于東海注○丨或作俊古蹲字山
海經大荒東經有一大人丨其上
注○丨丨與踆同也文選東京賦注

畇丨丨墾辟貌詩信南山丨丨原隰傳○丨丨田也
爾雅釋訓○詩信南山釋文丨本作畇爾雅釋訓
釋文丨本作畇○詩信南山丨丨
原隰周禮均人注作當當原隰

侁丨丨行聲也楚辭招魂往來丨丨注○丨讀曰莘
呂覽本味有丨氏注

歏丨疑也莊子天運唯循大變無所湮者釋文引司
馬注

塡丨丨然滿足之貌荀子非十二子丨丨然注○丨丨
久也詩桑柔倉兄丨兮傳瞻卬孔丨不寧傳○古
今人表大丨新序作大眞御覽
四百四引韓詩外傳作大顚

誾丨丨敬也廣雅釋訓○丨丨中正貌也論語鄉黨
丨丨如也集解引孔注又皇疏○丨丨中正也論
語先進丨丨如也皇疏○丨丨忠正也後漢張酺傳
注○丨丨忠正貌後漢袁安傳注○訔訔語也廣雅
釋訓○丨古文訔同
一切經音義十二

泯丨滅也國語周語靡國不丨注今將大丨其宗祊
注魯語必不丨其社稷注又漢書敘傳上集注又
後漢班彪傳下注張衡傳注○丨丨
合也莊子在宥當我緡乎釋文

畋丨丨和也史記司馬相如傳集解引漢書音義○丨
丨和也漢書司馬相如傳下集注引孟康○丨和
貌史記司馬相如傳丨
丨睦睦集解引徐廣

忞丨丨心所不了法言問神傳千里之丨丨者注

洵丨渦水也水經陰溝水東南至沛爲渦水注引呂
忱○丨信也詩靜女丨美且異箋叔于田丨美且
仁箋有女同車丨美且都箋溱洧丨訏且樂箋宛邱
丨有情兮傳○丨均也爾雅釋言又詩羔裘丨直且
侯傳○丨偏之均也爾雅釋言李注○丨龕也爾雅
釋言○丨遠詩擊鼓于嗟丨兮傳○詩溱洧釋文丨
韓詩作恂擊鼓釋文丨本作詢靜女釋文丨本作詢
○詩擊鼓吁嗟丨矣釋文丨韓詩作夐○詩羔裘丨
直且侯韓外傳作恂直且侯○漢書地
理志下引詩丨訏且樂作恂盱且樂

溱丨水名也詩褰裳褰裳涉丨傳○丨洧鄭兩水名
詩溱洧丨與洧傳○丨洧鄭二水名後漢馮衍傳

注○丨丨衆也詩無羊室家丨丨傳○丨丨盛貌後
漢班彪傳下注○丨丨子孫衆多也詩無羊箋○詩
溱洧丨與洧說文
水部作濸與洧

詵丨問也廣雅釋詁二○丨丨衆多也詩螽斯螽斯
羽丨丨兮傳

駪丨丨衆多之貌詩皇皇者華丨丨征夫傳○詩皇
皇者華丨丨征夫韓外傳作莘莘征夫楚辭注九
作侁侁
征夫

桭丨屋宇穩也文選魏都賦暉鑒柍丨劉注

湮丨落也爾雅釋詁○丨沒也廣雅釋詁二又莊子
天下釋文又文選封禪文丨滅而不稱者注○丨
塞也左氏昭廿九年傳鬱丨不育注又賈注又莊子
天運唯循大變無所丨若釋文引李注天下昔者禹

之堙洪水釋文○丨亦滯也莊子天運釋文○丨沈落也爾雅釋詁注○莊子天運釋文丨司馬本作歎簡文作甄

儐 丨遁也廣雅釋詁三

燐 久血爲丨血淮南氾論○丨死人之血也論衡論死○精在地暴露百日則爲丨遙望炯炯若燃火也淮南氾論注○丨血精似野火招之應聲而至血灑汚入以簪招之則不至淮南說林抽簪招丨注丨出也易泰以其彙釋文引董注○丨大也方言

夤 十二又廣雅釋詁一○丨敬也漢書敘傳下集注引鄧展○丨脊肉易艮列其丨虞注○丨夾脊肉也易艮釋文引馬注○丨當脊中之肉也易艮注○丨縁出也文選吳都賦丨縁山嶽之岊注○丨縁布藤丨上貌文選吳都賦劉注○縯猶遠也縯讀允嗣之允淮南墜形九州之外乃有八縯注○易艮釋文丨荀本作臂○殺阮君神祠碑於是殺阮以爲之丨限作丨

荀 丨國名周書王會唐叔丨叔周公在左注○漢宣帝名詢劉向編錄故以丨丨卿爲孫卿也荀子儒效秦昭王問于孫卿子曰注○左傳僖二年丨息濟夫論志氏姓作郇息○趙丨況荀子儒效作孫卿

郇 丨晉地國語晉語師退次於丨注○丨陽當是新陽聲相近史記蘇秦傳北有陘塞丨陽索隱○揹與丨同文選北征賦息丨郇之邑鄉注○詩丨伯周書王會作荀伯

錞 丨丨于也圜如碓頭大上小下樂作鳴之與鼓相和周禮鼓人以金丨和鼓注○丨于形如碓頭與鼓相和國語晉語戰以丨于丁寧注○丨于樂器名形似椎頭山海經中山經嬰梁之山上多蒼玉丨于元石注○丨丨于大鍾也淮南兵略鼓丨相望注○丨于唐尚書云鐲非也丨于與鐲各異物軍行鳴之與鼓相應也國語吳語鳴鍾鼓丁寧丨于注○丨矜下銅鐏也淮南說林丨丨之與刃注○丨矛戈之丨也讀若頓淮南原道猶丨丨之與刃注○鐏低也廣雅釋詁四○丨猶堤埻也山海經西山經騩山是丨于西海注○丨讀頓首之頓淮南說林注○周禮小師注和丨于釋文丨本作淳

竣 丨止也廣雅釋詁三○丨退伏也國語齊語有司已於事而丨注

紃 集韻儀禮作絢約○丨條也詩采蘋序織紝組丨釋文又禮記內則織紝組丨注○丨絛也廣雅釋器○丨施諸縫中若今時條也禮記雜記丨以五采注○丨圜縧縚也集韻引字林○丨條也謂編麻爲之纑繩之屨也荀子富國布衣丨屨之士注○丨亦繶婉轉意也淮南說林條可以爲繶不必以丨注○

丨者法也淮南精神以道爲丨注○丨與循同荀子非十二子終日言成文典及丨察之注○丨或讀爲穿荀子富國注○今文絢作約儀禮聘禮記絢組注○絢聲類以爲約字儀禮聘禮釋文○古今人表楚熊丨史記楚世家作熊徇

蓁 丨丨茂也廣雅釋訓○丨丨盛貌也文選東都賦靈臺詩注引韓詩章句○丨丨至盛貌詩桃夭其葉丨丨傳○丨丨美盛貌禮記大學其葉丨丨注○丨丨茂盛貌後漢張衡傳注○丨丨積聚之貌楚辭招魂蝮蛇丨丨注○丨丨戴也爾雅釋訓○詩桃夭其葉丨丨通典禮十九作其葉溱溱

輑 丨丨相連之貌文選南都賦隄塍相丨注

礩 丨丨拔難太元元錯○丨物生之難也太元礩首○丨難也太元礩陽氣微動注○丨大戚太元元衡

侲燕齊之閒養馬者謂之ㄧ方言三○ㄧ養馬者廣韻引字林○女廝婦人給使者亦名ㄧ方言三官婢女廝謂之ㄧ注

帳飤馬橐燕齊之閒謂之ㄧ方言五○ㄧ囊也廣雅釋器

籈所以鼓敔謂之ㄧ爾雅釋樂○戛敔之木名爲ㄧ爾雅釋樂李注○ㄧ以竹長尺也爾雅釋樂釋文引字林

謓ㄧ敬也爾雅釋詁

麌麌牝ㄧ爾雅釋獸○ㄧ麌牝也周禮大司馬注愼讀爲ㄧ釋文

娠ㄧ身也廣雅釋詁四○ㄧ有身也國語晉語昔者大任ㄧ文王注○ㄧ謂懷妊禮記月令注今有ㄧ者釋文○身多作ㄧ古今字漢書高帝紀上集注引孟康

柛木自弊ㄧ爾雅釋木

螓ㄧ謂蜻蜻也詩碩人箋○ㄧ首顙廣而方詩碩人ㄧ首蛾眉傳○詩碩人ㄧ首說文頁部作顊首

紉ㄧ索也廣雅釋詁三又離騷ㄧ秋蘭以爲佩注豈惟ㄧ夫蕙茝注○ㄧ結束也楚辭離世情素潔於ㄧ帛注○單爲ㄧ楚辭惜誓并ㄧ茅絲以爲索注○今亦以綫貫針爲ㄧ方言六注○ㄧ盭也廣雅釋詁四○單展曰ㄧ御覽七百六十六引通俗文○擘楚謂之ㄧ方言六

蠙玭亦作ㄧ大戴記保傅玭珠以納其閒注

鄿ㄧ今ㄧ縣國語越語東至於ㄧ注

縝ㄧ籠綱者考工記梓人ㄧ寸焉司農注○ㄧ讀爲竹中皮之ㄧ同上

奫ㄧ潫迴復之貌文選吳都賦泓澄ㄧ潫注

麏與麏麕同○ㄧ麞也爾雅釋獸釋文引字林○麏麞也周禮庖人注麋鹿熊麏野豕兔釋文公羊哀十四年傳有麏而角者釋文○ㄧ獐也左氏哀十四年傳逢澤有介ㄧ焉釋文○麏獐也青州人謂之麏詩野有死麏釋文引詩草木疏○ㄧ束縛也左氏哀二年傳羅無勇ㄧ之注哀八年傳ㄧ之以入注○麏與ㄧ音義同文選蕪城賦階鬭麏鼯注○爾雅釋獸麛久ㄧ足釋文ㄧ本作麕○詩野有死麏序釋文麏本作麕禮記內則麏脯釋文麏本作麕周禮庖人注釋文麏本作麕○詩野有死麏序釋文麏本作ㄧ禮記內則釋文麏本作ㄧ左傳昭廿五年注釋文麏本作ㄧ公羊哀十四年傳有麏而角者釋文麏本作ㄧ

○周禮庖人注釋文麏干本作麞○周禮醢人注引少儀麕爲辟雞作ㄧ爲辟雞○左氏昭元年楚子ㄧ卒公穀作卷○左氏文十一年楚子伐ㄧ公羊作圈○左傳昭元年楚夾敖名ㄧ史記楚世家作員索隱作麏

篃ㄧ亦篠類中箭山海經中山經暴山其木多篃ㄧ注

鶞春鳸鳻ㄧ爾雅釋鳥○鳻ㄧ言分循也爾雅釋鳥樊注○爾雅釋鳥春鳸鳻ㄧ左傳疏引賈逵作春鳸分循○爾雅釋鳥釋文ㄧ本作遁

珣東方之美者有醫無閭之ㄧ玗琪焉爾雅釋地○ㄧ玗琪玉屬爾雅釋地注

掄ㄧ擇也詩殷武箋升景山ㄧ材木釋文又廣雅釋詁一又國語晉語君ㄧ賢人之後注○ㄧ猶擇也

周禮山虞凡邦工入山林而丨材不禁注○丨貫也廣雅釋言○丨理也詩殷武箋釋文

窀 丨厚也左氏襄十三年傳惟是春秋丨窆之事注又後漢趙咨傳注劉陶傳注

櫄 廣韻杶同○丨木似樗樹材中車轅吳人呼丨音輴車或曰輴車山海經中山經成侯之山其上多丨木注○杶木名書禹貢杶幹栝柏釋文又文選吳都賦緜杬杶櫨劉注○書禹貢釋文丨本作櫄

僎 古文禮丨皆作遵禮記鄉飲酒義介象陰陽也注○古文禮丨作遵遵謂鄉人爲卿大夫來觀禮者丨或爲騶禮記少儀介爵酢爵丨爵皆居右注○遵者謂此鄉之人仕至大夫者也今來助主人樂賓主人所榮而遵灋者也因以爲名儀禮鄉飲酒禮遵者降席注○今文遵爲丨或爲全同上○今文遵爲丨儀禮鄉射禮大夫若有遵者注

鶞 西方曰丨爾雅釋鳥○左傳昭十七年注西方曰丨雉釋文丨本作蹲○周禮染人注引爾雅曰丨作曰蹲

袀 丨同也兵服上下無別故曰丨服呂覽悔過今丨服回建注○丨戎服也晉書音義上○丨純服淮南齊俗尸祝丨袨注○丨純也漢書王莽傳下集注○丨同也文選吳都賦六軍丨服劉注○丨紺繒也獨斷下○丨服黑服也左氏僖五年傳均服振振服注

甡 丨丨衆多也詩桑柔丨丨其鹿傳○丨丨聚貌詩大雅釋文引聲類

墐 丨讀如斤斧之斤也呂覽季秋皆丨其戶注

昣 丨界也小爾雅廣詁又太元達大達無丨注元攡而冥其丨注元文天炫炫出於無丨注元圖日月

丨營注○丨田閒道爾雅釋言障丨也釋文○徑丨涂道路皆所以通車徒於國都也徑容牛馬丨容大車涂容乘車一軌道容二軌路容三軌周禮遂人凡治野注○丨根也太元礥不見其丨注○楚人謂澤濁爲丨挈淮南要略棄其丨挈注

嶙 丨峋山崖之貌也文選魏都賦注引埤蒼

瞵 丨視貌文選射雉賦丨悍目以旁睞徐注○丨視不了也玉篇引蒼頡○丨璘文貌文選甘泉賦注引埤蒼

獜 丨獸名似豕黃身白首廣韻引埤蒼

眴 丨謂眩也莊子田子方女怵然有丨目之志釋文引李注○瞤古文丨同一切經音義十八○丨音旬日之旬漢書地理志下集注引應劭○丨音荀文選西京賦注引埤蒼

斌 禮記王制注並行丨丨然釋文丨本作彬

○以下據廣韻錄

胂 胉謂之丨廣雅釋親

裀 複襂謂之丨廣雅釋器

杁 丨屋閒木人集韻引字林

訠 丨欺也廣雅釋詁二

顮 丨瀗也方言十二又廣雅釋詁二

矉 丨蹙頞曰丨莊子天運釋文引通俗文○丨蹙者愁貌莊子至樂矉蹙深丨蹙頞曰釋文引李注

翷　丨飛也廣雅釋詁三

獜　丨健也廣雅釋詁二

㨷　丨善也廣雅釋詁一

謓　丨怒也廣雅釋詁二

䐜　丨引起也玉篇引埤蒼○丨大也太元爭股脚丨如注

𤛓　丨牛名也一切經音義十六引字略

螾　丨一名蟯蟮也淮南說山丨無筋骨之强注

繽　丨盛貌也離騷九嶷丨其竝迎注○丨丨衆也廣雅釋訓○丨紛盛貌一切經音義六引字林又後漢班彪傳上注又離騷佩丨紛其繁飾兮注○丨紛風吹貌文選東京賦矛旗丨紛薛注○丨紛亂貌也後漢張衡傳注又文選思元賦思丨紛而不理舊注○丨紛雜糅也淮南俶眞丨紛蘢蓯注○丨紛能整理也文選長笛賦條決丨紛注

翸　丨丨飛也廣雅釋訓

獱　丨獺也廣雅釋獸○丨似狐青色居水中食魚文選羽獵賦注引三蒼解詁

圁　丨陰作圜陰史記匈奴傳索隱引三蒼○圜字本作丨誤爲圜字漢書地理志下集注

麐　丨或作麐山海經中山經扶豬之山有獸焉其名曰丨注

頵　左氏文元年楚世子商臣殺其君丨公羊穀梁作髡○春秋繁露滅國引左傳楚王丨作楚王髠

岩　丨嶙相連之貌文選南都賦或丨嶙而纚聯注

瘽　丨病也詩桑柔多我覯丨箋

睧　丨讀織絹繳宓丨無間孔之丨也淮南原道潧丨於勢利注

錉　丨算也廣雅釋言○丨稅也廣雅釋詁二

玢　丨豳文理貌也文選上林賦丨豳文鱗郭注

攽　丨減也廣雅釋詁二

砏　丨礙大聲也一切經音義八引埤蒼

輴　丨殯車也禮記檀弓下天子龍丨而椁幬注○輿謂輁軸也國君謂之丨荀子禮論輿藏而馬反告不用也注○輁狀如長牀穿桯前後著金而關軹焉大夫諸侯以上有四周謂之丨天子畫之以龍儀禮既夕遷于祖用輴注

犉　丨牛黑脣丨爾雅釋畜○黃牛黑脣曰丨詩無羊九十其丨傳良耜殺時丨牡傳又周禮牛人注九十其丨釋文又爾雅釋畜某氏注○周禮地官序官注引小雅九十其丨作九十其犉

楯　丨齗也廣雅釋器

姰　丨狂也廣雅釋詁四

棆　丨無疵爾雅釋木○丨梗屬似豫章爾雅釋木注

侖　丨思也廣雅釋詁二

踚 丨行也廣雅釋詁一

墫 丨丨喜也爾雅釋訓○丨舞貌爾雅釋訓舍人注○詩伐木蹲蹲舞我說文士部作丨丨舞我

扟 從上取曰丨一切經音義十五引通俗文○丨減也廣雅釋詁二

籸 物滓曰丨一切經音義十五引通俗文

阠 丨陵名集韻引字林○丨所人反爾雅釋地釋文引字林

樽 牀杠東齊海岱之閒謂之丨方言五

○以下據砱集韻録 砱砱難致之貌太元難拔石砱砱注

蒖 丨箭也廣雅釋草

[illegible] 丨本也廣雅釋詁三

[illegible] 丨丨衆多貌也太元元告人丨丨而處乎中注

[illegible] 丨豫相連延貌文選洞簫賦密漠泊以丨豫注○丨豫獸逃走也文選洞簫賦注引字書

膞 丨骼股骨儀禮少牢饋食禮丨骼注

橁 丨木名左氏襄十八年傳孟莊子斬其丨以爲公琴注

栒 丨木中枚也山海經北山經繡山其木多丨注

[illegible] 丨纓也呂覽離俗丹績之丨注

沍 丨淪迴旋之貌文選江賦丨淪流瀿注

經籍籑詁卷第十一

經籍纂詁卷第十一補遺　上平聲

兵部侍郎兼都察院右副都御史巡撫浙江等處地方提督軍務兼理糧餉阮元撰集

十一眞

【眞】說文丨僊人變形而登天也从匕从目从乚乚音隱八所乘載也𡗓古文丨○丨者自然之道也漢書楊王孫傳以反吾丨注○丨無假也莊子田子方其爲人也丨注○丨人丨德之人淮南覽冥隱丨人之道注○所謂丨人者性合于道也淮南精神○丨宅太虛之域列子天瑞歸其丨宅注○丨者愼之固也韓非子解老○震讀曰丨後漢書班固傳下邱陵爲之搖震注

【因】說文丨就也从口大○丨是就之義也詩常武傳仍丨疏○就能而用故曰丨也管子心術上丨其

能者注○舍已而隨物故曰丨管子心術上注○丨者君之綱也史記太史公自序○冢宰專政茲謂丨漢書五行志下之下引京房易傳

【茵】說文丨車重席从艸因聲鞇司馬相如說丨从革○丨蓐也漢書霍光傳加畫繡絪馮注丙吉傳此不過汙丞相車丨耳注○丨車中蓐也漢書酷吏周陽由傳同車未嘗敢均丨馮注○丨車上蓐也漢書五行志中之上御者在丨上注引蘇林○丨者車上之褥用皮爲之詩小戎疏○丨者藉棺外下褥禮記禮器注丨在下疏○絪亦丨漢書霍光傳注引如淳

【辛】說文丨秋時萬物成而孰金剛味丨丨痛卽泣出从一从辛辛辠也丨承庚象人股凡丨之屬皆从丨○丨新也禮記月令注因以爲日名焉疏○丨取其萬物皆新熟也太元元數日庚丨注○丨取齊戒自新之義也漢書禮樂志以正月上丨注○丨者言萬物之丨生史記律書○丨金也詩十月之交朔日丨卯箋○丨金味素問陰陽應象大論丨傷酸注五運行大論丨勝酸注

【新】說文丨取木也从斤亲聲○丨者易舊之意左氏僖二十年經注言丨以易舊疏○丨剖始製也淮南齊俗而刀如丨剖硎注○三歲曰丨田禮記坊記不菑畬凶注○丨治擇之名也禮記內則棗曰丨之注○古者丨信同音漢書王莽傳上信鄉侯佟上言注○詩閟宮丨廟奕奕周禮隸僕注呂覽季春紀注續漢祭祀志下竝作寢廟奕奕

【薪】說文丨蕘也从艸新聲○丨樵也大樵曰丨禮記曲禮下某有負丨之憂疏○丨蒸柴樵之名詩正月傳丨蒸言似而非疏○伐木析之謂之丨詩棫樸傳萬民得而丨之疏○丨一名蕘櫬爾雅釋木孫注

【晨】廣韻晨古文晨○說文晨早昧爽也从臼从辰辰時也辰亦聲丮夕爲𡖍臼辰爲晨皆同意凡晨之屬皆从晨○丨旦也禮記曲禮上昏定而丨省疏○丨亦得名旦周禮司寤氏疏○丨謂夜之將旦左氏莊廿九年傳注丨見東方疏○昏鼓四通爲大鼜夜半三通爲戒周禮鼓人注引司馬法○夜丨向明爲丨左氏僖五年傳丙之丨疏○大丨謂寅後九刻大明之時也素問標本病傳論冬大丨注○丨門者閽人也論語憲問丨門曰集解

【辰】集韻曟通作辰○說文丨震也三月陽气動靁電振民農時也物皆生从乙匕象芒達厂聲也丨房星天時也从二二古文上字凡丨之屬皆从丨辰古文丨又曟日月合宿爲辰从會从丨丨亦聲○丨日月所會也漢書律麻志上麻象日月星丨注○丨者日月之會周禮大師注而丨在星紀疏○丨者日月

之會而建所指也漢書律麻志下〇丨日月所會之宿易繫辭上傳範圍天地之化而不過九家注〇丨謂日月別行會于宿度從子至於丑爲十二丨書洪範疏〇丨謂日月所會一歲十二會從子至亥也左氏昭七年傳歲時日月星丨疏〇丨子至亥也南齊書九引禮記月令盧注〇從子至亥十二者謂之丨左氏襄廿七年傳注謂斗建指申疏〇從子至亥爲十二丨左氏成九年傳注浹丨十二日也疏〇子丑寅卯之等謂之爲丨禮記月令乃擇元丨注〇日月之會爲丨漢書律麻志上注引臣瓚〇日月之會曰丨左氏僖五年傳龍尾伏丨注〇日月所會之處謂之爲丨禮記月令日在營室疏〇一歲日月十二會所會謂之丨左氏昭七年傳注〇丨時也言日月聚會有時也左氏昭七年傳疏〇丨時也書堯典疏又禮記鄉飲酒義注三光三大丨也疏又考工記匠人注極星謂北丨疏又管子侈靡丨其外注又文選甘

泉賦注引爾雅注〇食時爲丨書無逸疏〇丨北丨也文選顏延年讌曲水詩儀丨作貳注〇北極天之中以正四時謂之北丨爾雅釋天北極謂之北丨孫注〇北極天心居北方正四時謂之北丨爾雅釋文李注〇丨大火左氏昭元年傳服注〇大火謂之丨也左氏昭七年傳疏〇大丨房心尾也爾雅釋天又左氏昭十七年傳有星孛于大丨注〇於天文房尾爲大丨左氏昭卅一年傳注日在丨尾疏〇丨尾龍尾也左氏昭卅一年傳日月在丨尾注〇參伐謂之大丨廣雅釋天〇水之精氣上爲丨星三百六十五日一周天素問金匱眞言論上爲丨星注〇丨爲月家語執轡〇丨爲壽星左氏襄廿八年傳注歲星本位在東方疏〇丨爲商星左氏昭元年傳〇丨卽二十八星也周禮大宗伯注星謂五緯疏〇三丨日月星也左氏桓二年傳三丨旂旗注昭十七年傳三丨有災注又漢書律麻志上而三丨之會交矣注〇三丨謂日月星左氏桓二年傳服注〇丨謂斗建漢書律麻志上於是丨在申注引孟康〇丨十二丨也左氏昭七年傳服注〇丨振也禮記月令注觀斗所建疏〇丨者言萬物之蜄也史記律書〇丨取其延長太元元數丨戌丑未注

臣 說文丨牽也事君也象屈服之形凡丨之屬皆从丨〇丨者君之合春秋繁露基義〇佐君之謂丨素問至眞要大論〇丨則事人之稱無定名也詩正月箋人之尊卑有十等疏〇丨者人道也莊子在宥〇丨治煩去惑者也左氏成二年傳〇丨爲股肱管子君臣上而後合爲一體注〇古人相與語多自稱丨自卑下之道也漢書高帝紀上丨少好相人注引張晏〇丨至賤之稱禮記禮運故仕於公曰丨疏〇丨妾家之賤者孝經不敢失於丨妾注〇四封之內執會而朝名曰丨韓非子難一〇丨謂諸侯也詩臣

工嗟嗟丨工箋〇丨猶實也管子山至數謂之幣乘馬注〇陰爲丨易繫辭下傳陰卦偶疏〇月爲丨白虎通日月又太元圖象月闚而日溢注〇丨謂征伐所獲民虜者也禮記少儀丨則左之疏〇丨當爲巨荀子王制小之丨之注〇恧古丨字論語泰伯釋文〇恧古文丨字論語先進釋文〇孟子告子下子柳子思爲丨鹽鐵論作子思子原爲之卿

人 說文丨天地之性最貴者也此籒文象臂脛之形凡丨之屬皆从丨〇有七尺之骸手足之異戴髮含齒倚而食者謂之丨列子黃帝〇沖和氣者爲丨列子天瑞〇德氣同歸故謂之丨也素問寶命全形論注〇丨者身之本也管子權修〇凡言丨者終其身也禮記曲禮下疏引周禮干注〇稱丨者衆辭也公羊莊十七年經齊丨殲于遂注〇大夫而曰丨者衆辭詩載馳箋許丨許大夫也疏〇丨微者也穀梁

僖廿六年傳襄八年傳○王丨王之徵官也左氏莊六年傳王丨子突救衞注○將卑師少稱丨公羊隱五年傳○丨謂賢丨荀子王制王奪之丨注○丨謂賢良荀子大略主道知丨注○丨謂先丨禮記中庸善繼丨之志疏○丨謂百姓管子君臣下是故以丨役上注○丨謂匹夫匹婦賤身左氏昭七年傳猶能馮依於丨注○丨民猶言大家周禮遂人以歲時稽其丨民疏○丨民謂奴僕周禮縣師而辨其夫家丨民田萊之數疏○丨民據家之奴僕周禮方士注而辨其夫家丨民田萊之數疏○詩青蠅讒丨罔極史記滑稽傳作讒言罔極○詩賓之初筵箋丨無次也釋文一本丨作叉○張休涯涘銘行人過茲丨作人

【仁】說文丨親也从人从二忎古文丨从千心𡰥古文丨或从尸○丨有也廣雅釋詁一○參和爲丨左氏襄七年傳○同愛天下之物無有偏私故謂之丨太元攡○致利除害兼愛無私謂之丨漢書公孫

宏傳○丨者君之所以愛也漢書董仲舒傳○丨者謂其中心欣然愛人也韓非子解老○丨者恩之效也淮南齊俗○丨者積恩之見證也淮南繆稱○丨謂丨恩相親偶也禮記中庸丨者人也疏○丨施也禮記禮運丨之節也疏○丨是施恩及物禮記曲禮上道德丨義疏○丨謂施惠丨厚禮記中庸肫肫其丨疏○春夏行賞爲丨周禮師氏注敏德丨義順時者也疏○春爲丨禮記鄉飲酒義假之丨也疏○東方謂之丨公羊疏引五行傳○丨者德之光韓非子解老○丨是行之美名詩叔于田箋言叔信美好而又丨疏○貴貴親賢曰丨殺身成人曰丨一切經音義六引謚法○丨謂丨人荀子仲尼以爲丨則必聖注富國將以明丨之文通丨之順也注

【神】說文禃天丨引出萬物者也从示申聲○丨引也玉篇引廣雅○丨卽引也考工記匠人建國置槷以縣疏○丨者心之寶也淮南精神○丨人之精爽也文選七啟可以和丨注○丨者氣也左氏莊卅二年傳注有丨聲以接人疏○丨者魂魄之氣詩楚茨箋丨安歸者疏○言其精氣謂之丨詩楚茨箋其鬼丨又安而享其祭祀疏○丨主生氣之精越絕書內傳枕中○丨謂精靈禮記禮運鬼丨之會疏○丨是天之別體禮記禮器鬼丨之祭疏○丨者天丨詩鳧鷖序丨祇祖考疏○丨謂先丨也文選東京賦丨具醉止薛注○丨聰明正直而壹者也左氏莊卅二年傳○丨者丨妙元通不可測量易繫辭上傳故丨无方疏○以內知外曰丨文選述高帝紀聰明丨武注引項岱○丨無期也素問天元紀大論注○能冥能昏是謂丨人春秋繁露立元神○丨讀如引周禮馮相氏冬夏致日疏○詩皇矣傳致其社稷羣丨釋文本或作羣臣

【親】說文丨至也从見亲聲○丨謂愛養之漢書谷永傳以丨萬姓注○丨師謂丨愛其師禮記學記五年視博習丨師疏○丨謂父母也禮記大傳自仁率丨丨疏又漢書南粵王傳迺爲佗丨家在眞定注○丨丨謂父母也禮記喪服小記丨丨尊尊疏○丨九族左氏昭十四年傳祿勳合丨注○丨指族內禮記曲禮上兄弟丨戚疏○丨謂五屬之內及外丨有服者周禮小司寇一曰議丨之辟疏○丨者謂舅所生禮記喪服小記祔於丨者注○丨謂支子甥舅國語鄭語非丨則頑注○丨黨援也左氏僖五年傳輕則失丨注○丨民之結也國語晉語

【申】說文申神也七月陰气成體自申束从臼自持也吏臣餔時聽事申旦政也凡申之屬皆从申𠁈古文申𢑓籀文申○丨重也考工記總目注丨言數也疏又左氏哀廿六年傳丨開守陴注○丨者重也詩

旱麓序丨以百福干祿焉疏○丨重猶再三也荀子仲尼疾力以丨重之注○丨言自約束也漢書章元成傳畏忌是丨注○丨謂約束之漢書文帝紀勒兵丨敎令注淮陽憲王欽傳丨諭朕意注○丨約束之耳漢書元帝紀公卿其明察丨敕之注○丨堅也禮記月令注觀斗所建疏○丨者言陰用事丨賊萬物史記律書○丨取其爛熟太元元數辰丨酉注○丨徒卽司徒耳但語音訛轉故字亦隨改史記留侯世家以良爲韓丨徒集解引徐廣○莊子大宗師丨徒狄釋文崔本作司徒狄

伸 說文伸屈伸从人申聲○申明白也後漢書鄧騭傳罪無申證注○丨卽終極之義詩擊鼓疏○從冬至北來日諠長故曰信周髀算經下注○古者舒申字皆爲信周禮大宗伯疏○信當爲身聲之誤也周禮大宗伯侯則信圭注○信古之申字考工記輪人信其程圍疏○信古丨字詩擊鼓疏

紳 說文丨大帶也从糸申聲○丨大帶也論語衛靈公子張書諸丨集解引孔注又漢書郊祀志上縉丨者弗道注引臣瓚○丨卽大帶也儀禮喪服記注與有司丨齊也疏○大帶之垂者名之爲丨左氏桓二年傳注鞶丨帶也疏○丨是帶之名同上○以帶束要垂其餘以爲飾謂之丨同上○丨重也禮記玉藻疏又儀禮喪服記疏○屈而重故曰丨同上○丨謂帶之垂者丨重也禮記玉藻幷紐約疏○所以必有丨帶者示敬謹自約整也白虎通衣裳

身 說文丨躳也象人之丨从人厂聲凡丨之屬皆从丨○丨謂中儀禮鄉射禮記注躳丨也疏○坤爲丨易中孚我有好爵虞注象下傳君子以恐懼修省虞注○丨者治之本也管子權修○詩大明大任有丨一切經音義一作太任有娠

賓 說文丨所敬也从貝宍聲賓古文○丨服也詩采蘋箋蘋之言丨也疏○丨卽客也左氏襄廿七年傳客一坐所尊疏○丨亦客也詩吉日箋御丨客者疏○客旅謂之丨史記日者列傳比周丨正集解引徐廣○丨者敵主人之稱詩臣工箋天子有不純臣之義疏引駁異義○丨掌諸侯之官也書洪範七曰丨王注○丨掌諸侯朝覲之官周禮大行人是也書洪範鄭注○丨朝聘者禮記郊特牲丨入大門而奏肆夏注○丨謂諸侯周禮司几筵注國丨老臣也疏○丨卿大夫士也儀禮旣夕禮丨眡者將命注○卿大夫曰丨尸與祭同日詩絲衣序繹丨尸也箋○丨主人之僚友儀禮士冠禮主人戒丨注○丨是同僚之等儀禮士冠禮注擯者告期于丨之家疏○丨壻也儀禮士昏禮丨東面荅拜注士昏禮記丨至注

濱 丨涯也國語吳語其民必移就蒲嬴于東海之丨注又漢書嬰敬傳自海丨來歸之注董仲舒傳故

太公起海丨而卽三公也注○丨水涯也漢書禮樂志於水丨得古磬十六枚注○丨是四畔近水之處詩北山疏○丨本或作賓文選難蜀父老率土之丨注○瀕今丨詩召旻不云自頻釋文引張揖字詁○詩采蘋南澗之丨宋書何尚之傳作南澗之瀕○詩北山率土之丨白虎通喪服作率土之賓

鄰 集韻古作厸○說文鄰五家爲丨从邑粦聲○丨近也左氏襄廿九年傳丨於善疏○厸近也漢書敘傳上亦厸悳而助信注引劉德○丨猶親也左氏昭十二年傳倍其丨者注○丨邑也漢書楊雄傳上武義動於南丨注楊雄傳下殊丨絕黨之域注○五家爲丨論語衛靈公雖州里行乎哉集解引鄭注又淮南時則制百縣注○北海相景君銘郣邦歸向丨作郣

鱗 說文丨魚甲也从魚粦聲○丨獸東方青龍也管子幼官以丨獸之火爨注

麟 說文｜大牝鹿也从鹿粦聲又麐牝麒也从鹿吝聲○｜麕身牛尾馬蹄有五彩腹下黃高丈二詩麟之趾疏○｜似鹿牛尾一角馬蹄也周書王會規規以｜注○雄曰麒雌曰｜漢書司馬相如傳上麒｜角端注引張揖○｜者仁獸聖王之嘉瑞也左氏哀十四年經西狩獲｜注○｜瑞獸也詩麟之趾釋文○麐靈獸也爾雅釋獸疏引孫注○｜中央上獸左氏哀十四年經服注○｜中央軒轅大角之獸禮記禮運疏引異義左氏說○｜西方毛蟲詩麟之趾疏引駁異義又禮記禮運疏引異義陳欽說○｜木精禮記禮運疏引異義公羊說○左氏定九年傳注若｜為田獲釋文本又作驎○穀梁序｜感化而來釋文本又作驎

珍 說文｜寶也从玉㐱聲○｜異謂非常美食左氏文十六年傳時加羞｜異疏

瞋 說文｜張目也从目眞聲眡祕書｜从戌○｜目張目也漢書項籍傳羽｜目叱之注

塵 集韻𪋻同○說文𪋻鹿行揚土也从麤从土𪋻籒文○｜埃猶竘冥也淮南脩務以逍遙仿佯於｜埃之外注○古者｜東同也書盤庚中陳于茲疏

陳 說文敶宛丘舜後嬀滿之所封从𨸏从木申聲𨻰古文｜○｜列也禮記少儀則｜酒執修以將命疏○｜謂｜列禮記經解繩墨誠｜疏○｜謂列奏之漢書食貨志下大司農｜臧錢注○｜久舊也漢書文帝紀或以｜粟注○｜謂久舊也漢書食貨志上｜｜相因注○｜椽猶經營馳逐也史記貨殖列傳｜椽其閒得所欲索隱○｜顓頊之族也左氏昭八年傳○｜大皡之虛也左氏昭十七年傳○｜水屬也左氏昭九年傳○敶是軍｜故訓為乘周禮稍人注丘乘四丘為乘疏

萅 集韻隸作萅○說文萅推也从艸从日艸｜時生也屯聲○｜者天之所以生也漢書董仲舒傳○｜是生養之時禮記郊特牲注｜論夏禘疏○｜為發生之始素問天元紀大論生成之終始也注○｜者陽氣始上故物生管子形勢解○東方者｜｜主施生禮記中庸注木神則仁疏引皇氏疏○東方為｜太元達菩木惟流注○東為｜左氏隱三年傳娶於齊東宮疏○｜者木始治素問水熱穴論○｜歲之始也漢書郊祀志上古天子常以｜解祠注引張晏○｜者歲之始也漢書高帝紀下拜婁敬為奉｜君注引張晏○｜者四時之始禮記禮運以四時為柄疏○｜為陽之首周禮外史注謂若魯之｜秋疏○｜夏陽也禮記王制｜秋教以禮樂注○｜為陽中禮記月令其祀戶注○｜秋猶言四時也詩閟宮｜秋匪解箋○震為｜易象上傳應乎天而時行虞注○｜讀如蠢考工記梓人則｜以功注○孔謙碣

修曾秋經｜作曾

津 集韻𣺘同○說文津水渡也从水𦘔聲𦩠古文津从舟从淮○｜是渡處書禹貢又東至于孟｜疏○｜湊也史記天官書絕漢曰天潢索隱引元命包宋均注

秦 說文｜伯益之後所封國地宜禾从禾舂省一曰｜禾名𥡏籒文｜从秝○｜謂螓首史記扁鵲倉公列傳其尺索刺麤而毛美奉髮索隱

頻 ｜蹙也易復｜復虞注○｜者｜蹙憂戚之容也易巽｜巽疏○詩召旻箋不云自｜列女傳八作不云自濱○孟子滕文公下已｜顣曰文選弔魏武文注白帖俱作嚬蹙

蘋 廣韻薲同○說文薲大萍也从艸賓聲○｜今水上浮萍是也其粗大者謂之｜小者曰萍詩采蘋

于以采|陸疏

顰 說文顰涉水顰蹙从頻卑聲|蹙謂人|眉蹙頞憂貌也文選弔魏武帝文注

嚬 引孟子○|蹙憂貌文選江賦江妃含|而矊眇注

銀 說文|白金也从金艮聲○白者曰|漢書食貨志上及金刀龜貝注

垠 |限也謂橋也漢書敘傳上音義引韋昭○|厓也漢書楊雄傳上開北|受不周之制注敘傳上研桑心計於無|注○|岸也漢書司馬相如傳下舒節出乎北|注○沂水上橋也文選大將軍讌會詩注引漢書文穎注○魏大饗碑復九圻之彊寓|作圻

筠 說文新附|竹皮也从竹均聲○|亦潤色在外者禮記聘義孚尹旁達疏

巾 說文|佩|也从冂|象系也凡|之屬皆从|○|者衣也左氏宣二年傳注旄車公行之官疏○|所以飾首風俗通愆禮○|以帨手禮記內則盥卒授|注○|所以自潔清儀禮士昏禮御授姆授|注

囷 說文|廩之圜者从禾在口中圜謂之|方謂之京

民 說文|眾氓也从古文之象凡|之屬皆从|𢑍古文|○|者冥也詩靈臺序|始附也箋又周禮黨正注其黨之|疏遂人注變|言氓疏○|者眞也書君陳疏○夫|神之主也左氏桓六年傳僖十九年傳○|者君之體也春秋繁露爲人者天地○|者國之本也淮南主術○|安土者也續漢五行志四○|者人也左氏成十三年傳|受天地之中以生疏○|謂人也左氏昭廿五年傳注行者人所履行疏○|者人之大名詩小旻傳昔曰先|疏○|謂氓庶貴賤者皆是也左氏莊廿三年傳所以整|也疏○先|古賢人也書伊訓疏引國語賈注○坤陰爲|易象上傳聖人養賢以及萬|虞注○坤爲|眾易象上傳君子以容|畜眾虞注○坤爲|易剝君子德車虞注繫辭上傳吉凶與|同患虞注

珉 說文|石之美者从玉民聲○|石之次玉者也漢書司馬相如傳上琳|昆吾注引張揖○瑉似玉之石禮記聘義釋文○碈美石禮記聘義疏引字林○|玉名也文選西都賦注引郭璞上林賦注○禮記玉藻士佩瓀玟釋文字又作砇○禮記聘義敢問君子貴玉而賤碈釋文字亦作瑉○周禮弁師瑉玉三采釋文本又作|

緡 說文|釣魚繁也从糸昏聲吳人解衣相被謂之|○|綸皆繩名也爾雅釋言疏引孫注○|絲也以貫錢也漢書武帝紀初算|錢注引李斐○|錢貫也文選永明九年策秀才文注引漢書孟康注○|謂錢貫也漢書食貨志下賈人之|錢注○|有仍之姓也史記吳世家后|方娠集解引左氏賈注

貧 說文|財分少也从貝从分分亦聲穷古文从宀分○無財謂之|詩北門疏○|者困於財詩北門終窶且|傳○|者家少貨財左氏昭十四年傳分|振窮疏○爲君不節下而自節者謂之|韓非子解老○大體|窮相類細言窮困於|左氏昭十四年傳疏

蒓 通作蓴。說文蓴蒲叢也从艸專聲

淳 說文淳淥也从水𦎧聲。不雜爲丨漢書循吏黃霸傳澆丨散樸注。丨郎沃也周禮赤犮氏注丨之以灑之疏

醇 說文醇不澆酒也从酉𦎧聲。丨專厚也漢書萬石君傳慶丨謹而已注。丨厚不虛華也淮南氾論古者人丨工龎注。醇不雜也漢書食貨志上自天子不能具醇駟注。丨者不雜也漢書賈山傳不能爲丨儒注。丨謂色不雜也漢書禮樂志河龍供鯉丨犧牲注。丨不澆雜漢書景帝紀贊黎民丨厚注。丨者不雜言其醲也漢書爰盎傳賈二石丨醪注

純 說文丨絲也从糸屯聲論語曰今也丨儉。丨壹也國語晉語九德不丨注吾聞之德不丨注。一色成體謂之丨漢書梅福傳。丨專也文選七發注引國語賈注。丨謂不雜禮記中庸文王之德之丨疏。丨大也爾雅釋詁疏引尸子廣澤。丨孝丨臣者謂大孝大忠也左氏隱元年傳疏。丨精好也漢書地理志下織作冰紈綺繡丨麗之物注。丨絲也漢書王褒傳難與道丨緜之麗密注。丨謂幅之廣狹儀禮聘禮注丨四只疏。丨匹端名史記蘇秦列傳錦繡千丨集解。凡絲緜布帛等一段爲一丨史記張儀列傳乃以文繡千丨索隱

脣 說文丨口耑也从肉辰聲頣古文丨从頁

倫 說文丨輩也从人侖聲一曰道也。丨謂輩也禮記曾子問注族人以其丨代之疏。丨類也禮記樂記樂行而丨淸疏又儀禮士相見禮別有丨也疏。丨匹類也禮記曲禮下儗人必於其丨疏。丨理也詩關雎序厚人丨疏又左氏襄廿九年傳注無相奪丨疏又荀子解蔽以亂其丨也注。丨道也禮記中庸行同丨疏。丨道理也論語微子而亂大丨集解引包注。丨猶例也禮記禮器禮之大丨疏。丨膚謂豕之皮革爲之儀禮公食大夫禮丨膚七疏

綸 丨則繩之別名詩抑傳緍被也疏。丨謂經丨牽引易繫辭上傳故能彌丨天地之道疏。丨絡易繫辭上傳虞注。丨謂綱也易象上傳君子以經丨疏引姚信說

輪 說文有輻曰丨無輻曰輇从車侖聲。東西爲廣南北爲丨周禮大司徒周知九州之地域廣丨之數疏引馬注。丨囷委曲也文選七發注引漢書張晏注。丨或爲綸文選西征賦徒觀其鼓世迴丨注

淪 說文小波爲丨从水侖聲詩曰河水淸且丨漪一曰沒也。丨沒也詩正月箋地厚而有陷丨也疏。丨沈也華嚴經音義上引廣雅。詩雨無正丨胥以鋪漢書敘傳晉灼注云齊韓魯詩作薰又漢書楚元王傳應劭注作論。周禮大宗伯注謂神在混丨者也釋文本又作崙

勻 說文丨少也从勹二

旬 說文丨徧也十日爲丨从勹日訇古文。丨十日也淮南齊俗丨亦至之注。十日爲丨呂覽貴卒丨日取之注。丨作徇音義同詩江漢疏

巡 說文丨視行皃从辵川聲。丨行也禮記祭義君丨牲疏又左氏襄卅一年傳事則丨之注。丨宮行夜左氏襄卅一年傳僕人丨宮注。遁讀與丨同漢書雋疏于薛平彭傳贊平當逡遁有恥注敘傳下逡遁致仕注

【駉】說文丨馬順也从馬川聲○丨謂擾也漢書武帝紀南越獻丨象注○丨是順之義周禮大宰注擾猶丨也疏○丨猶狎順也易象下傳丨至其道疏○丨性行調順唐僧輔行傳宏訣八引字林○丨善也禮記曲禮上注養則丨疏○丨臣保也太元元衝○丨古訓字史記五帝本紀能明丨德集解引徐廣孝文本紀敎丨其民正義○丨一作訓史記萬石張叔列傳丨行孝謹集解引徐廣

【鈞】說文丨三十斤也从金勻聲銞古文丨从旬○三十斤爲丨左氏定八年傳顏高之弓六丨注又漢書律厤志上○三十斤曰丨考工記輪人注稱兩輪丨石同疏○丨重三十斤考工記㮚人重一丨注○丨等也左氏成六年傳善丨從衆注又淮南繆稱丨之哭也注○丨同也左氏昭廿八年傳丨將皆死注○丨同其聲左氏襄廿六年傳若多鼓丨聲注○丨所以丨音之法也國語周語大不出丨注○丨陶人

作瓦器法下轉旋者一曰天也淮南原道丨旋轂轉注○陶家名模下圓轉者爲丨漢書鄒陽傳獨化於陶丨之上注引張晏○陶家名轉者爲丨漢書鄒陽傳注○今造瓦者謂所轉者爲丨漢書賈誼傳大丨播物注○作器下所轉者名丨史記魯仲連鄒陽列傳索隱引張晏

【均】說文丨平偏也从土从勻勻亦聲○丨平也國語齊語井田疇丨注又淮南兵略賦丈丨注○丨者丨平其聲禮記月令丨琴瑟管簫疏○丨同也周禮司几筵注純讀爲丨服之丨疏○丨服者謂兵戎之事貴賤上下同此服也左氏僖五年傳疏○丨郎準音與純同周禮司几筵疏○丨與韻同文選嘯賦注引晉灼子虛賦注

【臻】說文丨至也从至秦聲○臻郎丨字也漢書王莽傳上百蠻並臻注○臻與丨同漢書王吉傳則福祿其臻而社稷安矣注○臻字與丨同漢書禮樂志四極爰臻注

【榛】廣韻亲同○說文丨木也从木秦聲一曰菆也又亲果實如小栗从木辛聲春秋傳曰女摯不過亲栗○丨栗屬詩定之方中樹之丨栗陸疏○聚木爲丨淮南主術入丨薄險阻也注○丨木叢生也文選魏都賦注引漢書服虔注○丨訓至也禮記曲禮下注丨實似栗而小疏○丨聲近虔取其虔於事也左氏莊廿四年傳注皆取其名以示敬疏○丨字或作蓁蓋一木也詩簡兮疏○詩定之方中樹之丨栗說文作樹之亲栗○詩旱麓丨楛濟濟說文作榗楛濟濟

【姻】說文丨壻家也女之所因故曰丨从女从因因亦聲婣籀文丨从𣶒○壻之親屬名之曰丨禮記昏義目錄疏○壻之黨爲丨兄弟爾雅釋親○壻黨稱丨也詩丰序箋昏丨之道疏○婦之父曰丨左氏昭

九年傳王有丨喪服注○妻父爲丨左氏昭九年傳疏○丨是外親同上○丨是外親之總名左氏襄廿三年傳公有丨喪疏○平輿令薛君碑婣族畢口丨作婣

【闉】說文丨城內重門也从門垔聲詩曰出其丨闍○丨塞也周禮稻人薙人丨壙疏○丨是門外之城郎今之門外曲城是也詩出其東門疏

【宸】說文宸屋宇也从宀辰聲

【寅】說文寅髕也正月陽气動去黃泉欲上出陰尚彊象宀不達髕寅於下也凡丨之屬皆从丨鋻古文丨○丨引也禮記月令注觀斗所建疏○丨進也詩六月元戎十乘箋○丨言萬物始生螾然也史記律書○丨歲陰也史記律書攝提格索隱○丨丨爲天漢之津禮記月令注以火訛相驚疏○殷曰丨車先疾

也詩六月元戎十乘傳

嬪 說文丨服也从女賓聲○丨婦人之美稱禮記曲禮下有丨疏○丨婦謂國中婦人有德行者周禮太宰疏○丨御賤者左氏哀元年傳宿有妃嬙丨御焉注○丨然多貌也漢書王莽傳上丨然成行注○丨爵丨也太元從幽丨之月注

斷 丨丨分辨之意也漢書地理志下丨丨如也注○丨丨忿嫉之意也漢書劉向傳朝臣丨丨注○丨東州語也史記魯周公世家集解引徐廣

旻 說文丨秋天也从日文聲虞書曰仁閔覆下則稱丨天○丨愍也書大禹謨疏○丨閔也詩召旻序○秋曰丨天周禮大宗伯疏引今尚書歐陽說○仁覆閔下則稱丨天詩黍離悠悠蒼天傳○詩雨無正丨天疾威釋文本作丨天

彬 古作份○說文份文質備也从人分聲論語曰文質份份彬古文份从彡林林者从焚省聲○丨丨文質相半之貌論語雍也文質丨丨孔注○丨丨雜半之貌後漢書章帝紀文質丨丨注○丨丨文質備也漢書敘傳下孝哀丨丨注○孫根碑陰孫斌初丨作斌

鶉 說文鶉鶉屬从隹𦎫聲○丨一名鶉其雄名鵲其牝名痺爾雅釋鳥疏引李注

皴 說文新附丨皮細起也从皮夋聲

遵 說文丨循也从辵尊聲○丨循也文選文賦丨四時以歎逝注○謂之丨者方以禮樂化民欲其丨法之也儀禮鄉飲酒禮大夫若有丨者注○丨或作尊後漢書光武帝紀上擊更始郾王尹丨注○孟子梁惠王下丨海而南續漢郡國志三注作吾循海而南

循 說文丨順行也从彳盾聲○丨自也爾雅釋詁○丨從也文選陸士衡苔張士然詩注引廣雅○丨遵也淮南氾論大人作而弟子丨注○丨隨也淮南氾論常故不可丨注而丨俗未足多也注○丨猶追述也禮記少儀毋丨往疏○丨謂摩順也漢書李陵傳而數數自丨其刀環注○丨行視也漢書東方朔傳徼丨長楊以東注○丨丨一爲輴輴素問離合眞邪論其行於脈中丨丨然注

甄 丨陶謂造成也後漢書班固傳下丨殷陶周注○埏埴爲器曰丨陶文選景福殿賦注引法言李注○丨表也文選光武紀贊注引尚書緯鄭注○丨窯也廣雅釋宮○丨讀爲丨燿之丨周禮典同薄聲丨注○左氏莊十四年經會于丨釋文或作鄄

禋 說文丨潔祀也一曰精意以享爲丨从示垔聲𥘳籒文从宀○丨絜祀也書舜典丨于六宗釋文引王注○絜精以祀謂之丨漢書郊祀志上丨于六宗注○精意以享謂之丨後漢書光武帝紀上丨于六宗注○齊祭神曰丨穆天子傳二以丨□昆侖之丘注○丨也者埋祭之言也續漢祭祀志中注○丨之言煙周禮大司寇若丨祀五帝疏○丨之言煙也續漢祭祀志中注引吳商○丨者煙氣煙熅也詩生民傳丨敬疏引袁準○丨是祭之名詩生民傳丨敬疏○丨者祭天之名詩維清箋周禮以丨祀祀昊天上帝疏○丨祀郊禖之時詩生民克丨克祀疏

岷 集韻或作崏汶嵍○說文嵍山在蜀湔氐西徼外从山敄聲○蜀山謂之崏山廣雅釋山○丨山江水所從出管子霸形望汶山注○汶與崏同謂汶江也列子湯問貉踰汶則死矣釋文○汶一作崏又作

岐史記夏本紀汶嶓既蓺索隱

諄 說文諄告曉之孰也从言𦎫聲讀若庉○丨丨告喻之熟也漢書司馬相如傳下不必丨丨注○丨丨告之丁寧史記司馬相如列傳集解引徐廣

詢 說文新附丨謀也从言旬聲○丨諮丨也左氏哀二年傳丨可也注

恂 說文丨信心也从心旬聲○丨丨恭順貌也後漢書樊宏陰識傳贊丨丨苗允注文苑趙壹傳失丨丨善誘之意注

峋 說文新附丨嶙丨也从山旬聲

漘 說文丨水厓也从水脣聲詩曰寘河之丨○丨是水岸詩葛藟疏

莘 莊子達生邱有峷釋文本又作丨○郭輔碑桒桒昆嗣丨作桒

屯 說文丨難也象草木之初生屯然而難从屮貫一一地也尾曲易曰丨剛柔始交而難生○丨者天地造始之時也易彖上傳天造草昧注○丨厚也國語晉語○陽動而止故丨如也易屯丨如荀注

駰 說文丨馬陰白雜毛也从馬因聲詩曰有丨有騢

呻 說文丨吟也从口申聲

粼 說文丨水生厓石閒丨丨也从巛粦聲○丨竹類也爾雅釋草注○詩揚之水白石丨丨文選劉公幹贈從弟詩作白石磷磷

轔 說文新附丨車聲从車粦聲○丨輪也儀禮既夕禮注軸狀如轉丨疏

瀕 說文頻水厓人所賓附頻蹙不前而止从頁从涉凡頻之屬皆从頻○丨水厓也漢書成帝紀行舉丨河之郡注○丨水涯也漢書諸侯王表北界淮丨注地理志上海丨廣潟注賈山傳丨海之觀畢至注○丨厓也漢書雋不疑傳竊伏海丨注○丨涯也漢書伍被傳轉海丨之粟注鮑宣傳欲使海丨仄陋自通遠矣注淮陽憲王欽傳又聞北海之丨注王莽傳下昭如海丨注敘傳下條支之丨注○丨河言傍河也漢書成帝紀注

嚚 說文丨語聲也从㗊臣聲𡀛古文丨○口不道忠信之言爲丨左氏僖廿四年傳

罠 說文罠釣也从网民聲○丨兔罟也文選七命注引廣雅○丨兔罟也集韻引廣雅○丨音旻天然兔丨也文選七命張脩丨注

笢 竺竹也其表曰丨廣雅釋草

閩 說文丨東南越蛇種从虫門聲○丨蠻之別周書職方七丨九貉注

豳 集韻邠同○說文邠周太王國在右扶風美陽从邑分聲又豳美陽亭即丨也民俗以夜市有丨山从山从豩闕○丨郎邠方言十三秦丨之閒曰穀注○丨即邠也古今字異耳史紀周本紀慶節立國於丨索隱○詩公劉于丨斯館白虎通京師作于邠斯觀

逡 說文逡復也从辵夋聲○丨言有次第也漢書公孫宏傳則羣臣丨注引李奇○丨循却退也文選上林賦注引廣雅

踆 丨鵕謂芋也漢書貨殖傳下有丨鵕注

⿰夋兔 說文新附丨狡兔也从兔夋聲〇齊有良兔曰東郭丨〔新序雜事五〕

昀 丨丨言懇辟也〔爾雅釋訓〕注

侁 〔說文〕丨行皃从人先聲

歅 〔莊子徐无鬼〕召九方丨釋文淮南子作九方皐

塡 〔說文〕丨塞也从土眞聲

誾 〔說文〕丨和說而諍也从言門聲〇訢讀與丨丨同謹敬之皃也〔漢書萬石君傳〕僮僕訢訢如也注

忞 〔說文〕丨彊也从心文聲周書曰在受德丨讀如旻

洵 〔說文〕丨過水中也从水旬聲

溱 〔說文〕丨水出桂陽臨武入匯从水秦聲〇丨與臻同〔漢書谷永傳〕暴風三丨注〇丨字與蓁同〔漢書王褒傳〕萬祥畢丨注〇丨亦與臻同〔漢書王莽傳上〕聖瑞畢丨注〇〔詩無羊〕室家丨丨〔潛夫論夢列〕作室家蓁蓁

詵 〔說文〕丨致言也从言从先先亦聲詩曰螽斯羽丨丨兮〇丨丨羣聚之皃〔詩桑柔傳〕甡甡衆多也疏〇〔詩螽斯〕丨丨兮〔說文〕作辡辡兮

駪 〔說文〕丨馬衆多皃从馬先聲〇〔詩皇皇者華〕丨丨征夫〔說苑奉使〕作莘莘征夫

桭 丨屋梠也〔漢書揚雄傳上〕日月纔經於柍丨注引服虔

湮 〔說文〕丨沒也从水垔聲

儐 丨敬也〔禮記禮運〕山川所以丨鬼神也疏〇丨者報也〔周禮司儀注〕丨主君也疏〇擯賓以禮曰丨〔禮記禮運〕丨鬼神疏

燐 久血爲丨左氏昭七年傳今夢黃熊疏引〔張叔皮論〕〇丨螢火也〔詩東山〕熠燿宵行傳〇丨者鬼火之名非螢火也〔詩東山〕疏〇〔詩東山傳〕熠燿丨也釋文字又作⿰虫粦

夤 〔說文〕丨敬惕也从夕寅聲易曰夕惕若丨𡖟籒文〇丨勤也〔易泰〕以其夤釋文引鄭注〇〔易艮〕列其丨釋文鄭本作⿰月寅

荀 說文新附丨艸也从艸旬聲

郇 〔說文〕郇周武王子所封國在晉地从邑旬聲讀若泓

錞 丨卽丨于〔左氏宣四年傳〕著于丁寧疏

竣 〔說文〕丨偓丨也从立夋聲國語曰有司已事而丨〇丨伏也〔廣雅釋詁三〕

紃 〔說文〕丨圜采也从糸川聲〇薄闊爲組似繩者爲丨〔禮記內則〕織紝組丨疏

蓁 〔說文〕丨艸盛皃从艸秦聲

侲 丨養馬人也〔後漢書文苑杜篤傳〕虜僜丨注引〔方言〕

⿰足辰 〔說文〕丨動也从足辰聲

麎 〔說文〕丨牡麋也从鹿辰聲〇丨麋牝也〔詩吉日〕其祁孔有箋

娠 〔說文〕丨女妊身動也从女辰聲春秋傳曰后緡方丨一曰宮婢女隸謂之丨〇丨女妊身動也〔左氏

昭元年傳注褱胎爲震疏○丨疑卽身也廣雅釋言
曹憲音○丨音身也禮記月令疏引漢書音義
【璡】說文丨石之似玉者从玉進聲讀若津
【螓】詩碩人丨首蛾眉太平御覽三百八十作秦首蛾
眉
【紉】說文丨繟繩也从糸刃聲○丨擘也廣雅釋言○
丨猶摩也管子霸形裸體丨胸稱疾注
【蠙】說文玭珠也从王比聲宋宏云淮水中出玭珠玭
珠之有聲丨夏書玭从虫賓丨是蚌○之別名書
禹貢淮夷丨珠曁魚疏○書禹貢淮夷丨珠曁魚釋
文字又作蚍
【縜】說文丨持綱紐也从糸員聲周禮曰丨寸
【麇】與麏麇同○說文丨麞也从鹿囷省聲麕籒文不
省○丨麞也廣雅釋獸又文選蕪城賦注引公羊

傳劉兆注○麕是獐也詩野有死麕疏○左氏哀十
四年傳逢澤有介丨焉釋文本有作麋
【箘】丨竹筍也呂覽本味越駱之丨注
【珣】說文丨醫無閭之丨玗琪周書所謂夷玉也从玉
旬聲一曰玉器讀若宣○丨玗琪玉名也淮南墬
形有醫毋閭之丨玗琪焉注
【蜦】說文丨蛇屬黑色潛于神淵能興風雨从虫侖聲
讀若戾艸蜧丨或从戾
【窀】說文丨葬之厚夕从穴屯聲春秋傳曰丨穸從先
君于地下
【櫄】說文杶木也从木屯聲夏書曰杶榦栝柏丨或从
熏杻古文杶○杶木似樗而實漢書地理志上杶
榦栝柏注○杶榦栝柏四木名史記夏本紀集解引
書禹貢鄭注

【僎】丨輔主人者禮記鄉飲酒義介丨象陰陽也釋文
○丨謂鄉人來觀禮副主人者也禮記少儀介爵
酢爵丨爵皆居右疏
【鶤】西方曰丨雉攻木之工也左氏昭十七年傳五雉
爲五工正賈注又爾雅釋鳥樊注
【袀】丨服黑衣漢書五行志中之上丨服振振注○丨
皁服也續漢輿服志下注引吳都賦注
【姺】說文丨殷諸侯爲亂疑姓也从女先聲春秋傳曰
商有丨邳
【甡】說文丨眾生並立之皃从二生詩曰丨丨其鹿○
丨卽詵字詩桑柔傳丨丨眾多也疏
【[矛+堇]】古作矜○說文矜矛柄也从矛今聲○矜柄也廣
雅釋器○矜矛柄淮南兵略伐棘棗而爲矜注○
矜謂矛柄也詩清人疏○矛吳揚江淮南楚五湖之
閒謂之鍦其柄謂之矜方言九○矜戟柄史記陳涉

世家鉏櫌棘矜索隱平津侯主父列傳舊棘矜索隱
○矜者戟之把也漢書徐樂傳舊棘矜注○矜與丨
同謂矛鋋之把也漢書陳勝項籍傳贊鉏櫌棘矜注
○矜今字作丨方言九注○矜字又作穃同詩清人
箋矛矜近上及室題釋文○丨通作矜史記匈奴列
傳索隱引古今字詁
【畛】丨謂地畔之徑路也詩載芟傳丨場也疏○丨是
地畔道路之名詩載芟箋丨謂舊田有徑路者疏
【嶙】說文新附丨峋深厓皃从山粦聲○丨峋節級貌
漢書楊雄傳上嶔嶙丨峋注
【瞵】說文瞵目精也从目粦聲○丨㻞文貌漢書楊雄
傳上壁馬犀之丨㻞注
【斌】禮記樂記注欲其並行丨丨然釋文本又作彬
【兟】說文丨進也从二先贊从此闕

○以下據廣韻錄
禛敬避廟諱○說文禛以眞受福也从示眞聲

唇 說文丨驚也从口辰聲

蘔 說文丨豕首也从艸甄聲

胂 說文胂夾脊肉也从肉申聲○丨謂兩髁丨也素問繆刺論兩丨之上注

烟 丨丨元氣也廣雅釋訓○丨熅氣也後漢書張衡傳天地丨熅注○丨丨熅熅陰陽和一相扶貌也文選典引蔡注

絪 丨縕天地合氣也漢書楊雄傳上丨縕元黃注○易繫辭下天地丨縕釋文丨本又作氤

垔 說文丨塞也尚書曰鯀丨洪水从土西聲𡋯古文丨

洇 說文丨水也从水因聲

裀 丨褥也廣雅釋器

㧢 說文丨就也从手因聲

鷐 說文丨丨風也从鳥晨聲

茞 說文丨艸也从艸臣聲

𨚴 說文𨚴地名从邑臣聲

㑗 說文丨神也从人身聲

晨 說文晨引也从又昌聲昌古文申

䰠 說文丨神也从鬼申聲

檳 丨榔一名櫻文選上林賦仁頻并閭注引仙藥錄

矉 說文丨恨張目也从目賓聲詩曰國步斯丨

䰨 說文丨鬼皃从鬼賓聲

駗 說文丨馬載重難行也从馬㐱聲

獜 說文丨健也从犬粦聲詩曰盧丨丨

鰍 說文丨魚也从魚秋聲

𦘔 說文丨聿飾也从聿从彡俗語以書好爲丨讀若津

謓 說文丨恚也从言眞聲賈侍中說丨笑一曰讀若振○丨今人作嗔字如此失之廣雅釋言曹憲音

䐜 說文丨起也从肉眞聲

縝 丨紛眾盛也漢書司馬相如傳上丨紛軋芴注引孟康

蔩 說文丨兔瓜也从艸寅聲

螾 丨邱蚓也史記封禪書黃龍地丨見集解引應劭○丨丨動生貌淮南天文則萬物丨丨也注

繽 丨紛舞貌也漢書司馬相如傳上鄢郢丨紛注引李奇○丨紛交雜也漢書楊雄傳上暗纍以其丨紛注○丨紛眾疾也漢書楊雄傳上丨紛往來注

闉 說文闉闕也从門賓省聲讀如賓

櫇 說文顮木也从木顮聲

獱 丨小獺也漢書楊雄傳上蹈丨獺注

𧮂 說文𧮂匹也从言頻聲

䖒 說文丨兩虎爭聲从虤从曰讀若憖

珢 說文丨石之似玉者从玉艮聲

頵 說文丨頭丨丨大也从頁君聲

囩 說文丨回也从口云聲

䓵 說文丨茇也茅根也从艸均聲

捪 說文丨撫也从手昏聲一曰摹也○丨循也廣雅釋詁四○丨順也廣雅釋詁一

錉 說文丨業也賈人占丨从金昏聲

鴖 說文丨鳥也从鳥昏聲

汃 說文丨西極之水也从水八聲爾雅曰西至丨國謂四極

砏 丨矶硼軋波相激之聲也文選南都賦注

肫 說文丨面頯也从肉屯聲○丨丨懇誠之貌禮記中庸丨丨其仁疏○丨或作純儀禮士昏禮丨脾不升注

輴 輴同○說文輴車約輴也从車川聲周禮曰孤乘夏輴一曰下棺車曰輴○丨皆當爲載以輇車之輇聲之誤也禮記喪大記君葬用丨注○丨讀若牛行丨之丨也淮南說山引丨者爲之止也注○書益稷傳泥行乘丨史記河渠書作泥行蹈橇尸子作泥行乘蕝漢書溝洫志作泥行乘毳○禮記雜記上注有載柩以楯之禮釋文一本作丨

𢅥 說文丨載米䉛也从巾盾聲讀若易屯卦之屯

橁 說文丨大木可爲鉏柄从木粤聲

姰 說文丨鈞適也男女併也从女旬聲

𦎫 說文丨孰也从亯从芉讀若純一曰鬻也𦎫篆文丨

陙 說文陙水𠂤也从𠂤辰聲

𡗤 說文丨大也从大屯聲讀若鶉

犉 說文犉黃牛黑脣也从牛𦎫聲詩曰九十其丨○詩無羊九十其丨釋文本又作犉

瞤 說文丨目動也从目閏聲

棆 說文丨毋杶也从木侖聲讀若易卦屯

侖 說文丨思也从亼从冊侖籀文丨

踚 丨方言爲藥廣雅釋詁一曹憲音

夋 說文丨行丨丨也一曰倨也从夊允聲

嶟 丨丨概緻也漢書楊雄傳上掫北極之丨丨注引晉灼

灥 說文｜三泉也闕凡｜之屬皆从｜

潧 說文｜水出鄭國从水曾聲詩曰｜與洧方渙渙兮

鏄 ｜小鑿廣韻引埤蒼

轃 說文｜大車簀也从車秦聲讀若臻

扟 說文｜从上挹也从手卂聲讀若莘

𣡡 說文｜衆盛也从木驫聲逸周書曰疑沮事闕

屾 說文｜二山也凡｜之屬皆从｜

燊 說文｜盛皃从焱在木上讀若詩曰莘莘征夫一曰役也

阢 說文阢陵名从𠂤兀聲

㾕 說文㾕寒病也从疒辛聲

○以下據曟說文｜房星爲民田時者从晶辰聲晨集韻錄曟或省

儿 說文｜仁人也古文奇字人也象形孔子曰在人下故詰屈凡｜之屬皆从｜

盡 說文｜气液也从皿𦘔聲

豩 說文｜二豕也豳从此闕

𧕟 說文｜蟲也从䖵冥聲

螴 ｜蜳讀曰沖融莊子外物｜蜳不得成釋文引司馬注

憌 說文｜憂也从心鈞聲

橁 說文｜杶也从木筍聲

栒 ｜讀與荀同漢書地理志上右扶風｜邑注

㡄 說文｜領耑也从巾旬聲

𧼯 說文𧼯行𧼯𧼯也从走夌聲

𡬳 說文｜丞皃从丞叡聲讀若紃

慇 說文｜痛也从心殷聲

棧 ｜｜衆盛皃漢書息夫躬傳蓁棘｜｜注

○以下附錄殷說文作樂之盛稱｜从㐆从殳易曰｜薦之上帝

筋 說文｜肉之力也从力从肉从竹竹物之多者凡｜之屬皆从｜

菦 說文｜菜類蒿从艸近聲周禮有｜菹

芹 說文｜楚葵也从艸斤聲

經籍纂詁卷第十一補遺終

經筵講官南書房行走禮部左侍郎兼署兵部左侍郎前提督浙江學政阮元撰集

十二文

文　丨飾也廣雅釋詁二又荀子儒效取是而丨之也注賦功被天下爲萬世丨注○丨猶飾也禮記玉藻大夫以魚須丨竹注○丨丨飾也孝經言不丨釋文○丨謂脩飾荀子禮論貴本之謂丨注○丨成也論語憲問丨之以禮樂集解引孔注○丨勉也廣雅釋詁三○丨猶動也禮記樂記禮自外作故丨注○丨丨章也論語八佾丨獻不足故也皇疏述而丨莫吾猶人也皇疏子罕博我以丨皇疏又淮南本經發動而成於丨注○丨謂丨章漢書王莽傳上集注○丨有丨章也國語晉語斂而有丨注○丨爲丨章所

爲禮記仲尼燕居丨爲在和注○丨道藝也論語學而則以學丨鄭注○丨謂道藝者也後漢第五訪傳注○丨丨辭也國語晉語吾不如衰之丨也注○丨丨詞也國語楚語則丨詠物以行之注○丨謂辨說之詞也荀子非相丨而致實注○丨典法也國語周語有不享則脩丨注○丨謂法度也荀子禮論丨之至也注○丨謂尊卑之差制也書大傳周人之教以丨注○丨禮丨荀子非相丨久而息注○禮由外作故丨禮記樂記○丨禮法也國語周語以丨脩之注○丨章禮法也禮記大傳考丨章注○丨猶理也莊子應帝王鄉吾示之以地丨釋文引崔注○丨理謂節丨條理也荀子正名而禮義丨理亡焉注○丨采樂之威儀也禮記樂記丨采節奏注○丨采謂節奏合也禮記樂記省其丨采注○丨采節奏聲之飾也禮記樂記○坤爲丨易說卦傳又象上傳君子以懿丨德虞注又國語楚語地事丨注○丨謂坤也易繫辭下傳其辭丨虞注○睟丨之道或淳或班太元元錯○丨者所以分物也鶡冠子泰錄○丨多故太元元衡○貴本之謂丨大戴記禮三本○丨猶美也善也禮記樂記以進爲丨注○丨謂才美禮記祭義以進爲丨注○丨者德之總名國語周語夫敬丨之恭也注○丨德之至也說苑修文○丨人丨德之人也詩江漢告于丨人傳○丨諡也呂覽首時開丨王賢注○諡曰丨詩文王丨王在上箋○經天緯地曰丨詩皇矣比于丨王傳又呂覽首時注○經緯天地曰丨左氏昭廿八年傳又周書諡法又國語周語思丨后稷注又獨斷下○經緯天地謂之丨書堯典欽明丨思安安馬注○丨經天地書大禹謨乃武乃丨傳○博聞曰丨司徒椽梁休碑○道德博聞曰丨周書諡法○學勤好問曰丨同上○慈惠愛民曰丨同上○慈惠愛民諡曰丨白虎通諡引禮諡法○錫民爵位曰丨周書諡法○愍民惠禮曰丨同上○施爲丨

也同上○丨祖天也天爲丨書舜典受終于丨祖馬注○有儀而可象謂之丨賈子容經○丨謂威儀丨采淮南詮言止成丨注○丨名謂節丨威儀荀子正名丨名從禮注○丨謂敬事之威儀也荀子富國禮節將甚丨注○丨謂言不鄙陋也荀子性惡多言則丨而類注○丨博者心質之飾也莊子繕性丨滅質博溺心郭注○丨致謂前人無罪丨飾致於法中也後漢陳寵傳注○丨身刻畫其身以爲丨也穀梁哀十三年傳祝髮丨身注○雕丨謂刻其肌以丹青涅之禮記王制被髮丨身雕題交趾注○丨華也論語雍也丨質彬彬皇疏○丨畫飾也文選七啟爾乃御丨軒注○丨爲藻飾太元元掜○青與赤謂之丨考工記畫繢之事又周禮典絲共其絲纊組丨之物注又荀子富國黼黻丨章注又國策秦策丨章不成注○丨者象也淮南天文注○丨謂畫也禮記月令丨繡有恒注○丨字也書序由是丨籍生焉釋文又左

氏宣十五年傳故丨反正爲乏注又國語晉語夫丨
蟲皿爲蠱注○依類象形故謂之丨封氏聞見記○
丨篇辭也禮記樂記使其丨足論而不息注○丨詩
書也國語周語小不從丨注○丨書也淮南本經足
以周旋理丨注○丨書名也禮記中庸不考丨注○
丨者古之遺丨也論語學而則以學丨集解引馬注
○古丨先王之典籍也文選劇秦美新古丨畢發注
○丨詩之丨章所引以興事也孟子萬章上不以丨
害辭注○丨卽五經六籍也論語學而皇疏○空書
爲丨論衡書說○集札爲丨論衡超奇書說○著於
竹帛爲丨史封氏聞見記○丨約謂丨書要約也後
漢南蠻西南夷傳注○丨者會集衆采以成錦繡會
集衆字以成詞誼如丨繡然也釋名釋言語○丨丨
織國語晉語丨錯其服注○丨織畫及繡錦周禮玉
府兵器丨織注○丨織染絲織爲丨章也荀子禮論
卑絻黼黻丨織注○丨繡繡衣服也孟子告子上所

以不願人之丨繡也注○丨裘丨狐之裘也文選七
啟被衣裘注○丨鞹車中所坐者也用虎皮爲之有
丨采釋名釋車○丨竿翠羽爲丨飾也後漢班彪傳
注○黃丨黃芩也廣雅釋草○丨丨木也文選吳都
賦丨欀楨橿劉注○凡可用之木爲丨木莊子人閒
世若將比予於丨木耶注○丨玉樹五采玉樹山海
經海內西經開明北有丨玉樹注○丨魚有斑彩也
山海經中山經睢水其中多丨魚注○丨貝卽紫貝
也山海經大荒南經赤水爰有丨貝注○丨馬畫馬
爲丨也後漢南匈奴傳注○丨馬卽吉量也山海經
海外西經奇肱之國乘丨馬注○丨虎雕虎也山海
經海外南經狄山爰有丨虎注○丨犀犀之有丨彩
也後漢馬援傳注○孝經言不丨釋文丨本作聞○
史記六國年表魯丨侯集解引徐廣曰一作潛魯周
公世家丨公索隱曰系本作潛○易繫
辭上遂成天地之丨釋文丨陸本作爻

聞 丨耳之聰也墨子經上○丨智也廣雅釋詁三○
丨丨知也國策齊策我未丨者注又呂覽異寶名不
可得而丨注重言謀未發而丨於國注○丨猶受也
國策秦策義渠君曰謹丨令注○丨名也漢書哀帝
紀贊集注楊雄傳下集注○丨者達之名論語顏淵
是丨也皇疏引繆協○丨猶達也淮南主術而臣情
得上丨注○丨或爲問也荀子堯問不丨卽物
少至注○易晉注丨平幽昧釋文丨本作文

紋 丨古文作彣一切經音義十

蟁 通作蚊○蜎化爲蚊一切經音義十五引通俗文
○楚謂之蚊後漢崔駰傳注○丨七巾反爾雅釋
鳥釋文引字林○丨首猶微細也淮南主術夫權輕
重不差丨首注○莊子天運蚊虻噆膚釋文蚊本作
丨○爾雅釋鳥鳥顛丨
母釋文丨本作鴟

雲 陰陽合爲丨古微書引春秋元命苞○地氣上爲
丨素問陰陽應象大論○丨者起於山而彌於天
南齊書五行志引洪範五行傳○丨金氣所生也淮
南墜形錬火生丨注○丨濕氣也素問五常政大論
風丨並興注○丨猶云云衆盛意也又言運也運行
也釋名釋天○丨之爲言運也動陰路觸石而起謂
之丨合陽而起以精運也古微書引春秋說題辭○
丨運氣布恩普也藝文類聚引賀述禮統○丨者雨
之具也後漢郎顗傳○丨雨水也論衡龍虛○丨雨
者天之膏潤文選東京賦澤從丨游薛注○丨雨土
化也素問五常政大論埃冒丨雨注○丨者天地之
本也古微書引河圖帝通紀○坎在天爲丨易小過
密丨不雨虞注○坎升天爲丨易象上傳密丨不雨
虞注○上坎爲丨易象上傳丨行雨施虞注○坎爲
元丨易既濟婦喪其茀虞注○丨師雨師也文選思
元賦丨師䨴以交集兮舊注○丨師畢星也文選西

京賦察丨師之所憑薛注〇丨師屏翳也後漢張衡
傳注〇丨漢天河也後漢桓帝紀注班彪傳上注張
衡傳注馬融傳注〇仍孫之子爲丨孫爾雅釋親〇
仍孫之子曰丨孫言去己遠如浮丨也釋名釋親屬
〇黃帝曰丨門大卷言其德如丨之所出周禮大司
樂舞丨門大卷注〇丨樽刻雷丨之象論衡亂龍〇
丨旂丨氣之象旂旗者呂覽明理有其狀若懸旂而
赤其名曰丨旂注〇丨車即樓車稱丨言其高也後
漢光武帝紀上注〇丨輜輜車也稱丨言多也後漢
竇憲傳注〇丨和山名周禮大司樂丨和之琴瑟注
〇丨和地名也周禮大司樂司農注〇楚有丨夢爾
雅釋地〇丨瞢在華容周禮職方氏其澤藪曰丨瞢
注〇書禹貢丨土夢作乂釋文丨徐本作云〇
漢書古今人表丨都杜預春秋世族譜作靈都

氛 丨氣也左氏襄廿七年傳楚丨甚惡注昭二十年
傳梓慎望丨注又文選述祖德詩而不纓垢丨注

〇丨天氣也後漢張衡傳注〇丨惡氣也左氏昭十
五年傳喪丨也注又楚辭逢紛吸精粹而吐丨濁兮
注〇凶氣爲丨國語楚語臺不過望丨祥注〇丨祲
也後漢崔駰傳注〇丨祲丨也國語楚語高不過望
國丨注〇丨侵氣象也凶曰丨國語晉語獻公田見
翟祖之丨注〇丨粉也潤氣著草木因寒凍凝色白
若粉之形也釋名釋天〇丨旄丨氣爲旄也文選思
元賦丨旄容以天旋兮注〇古文丨雰同一切經音
義十
三

分 丨半也公羊莊四年傳師喪丨焉注又後漢淸河
孝王慶傳注又荀子禮論然則何以丨之注仲尼
以齊之丨奉之而不足注又列子周穆王晝夜冬丨
注又呂覽貴生六欲丨得其宜也注〇丨猶半也禮
記月令死生丨注又後漢光武帝紀下注〇丨彊半
彊也管子海王令鹽之重升加丨彊注〇中秋之月

陽在正西陰在正東謂之秋丨秋丨者陰陽相半也
春秋繁露陰陽出入〇丨等也晝漏五十刻夜漏五
十刻故曰日夜丨也呂覽仲秋日夜丨注〇丨等呂
覽仲春日夜丨注〇丨離也莊子漁父遠哉其丨乎
道也釋文引司馬注〇丨猶解也後漢寇恂傳注〇
丨裂也素問五常政大論丨潰癰腫注〇丨別也呂
覽仲夏死生丨注〇丨火呂覽首時隱匿丨竄注〇
丨辯皆別也禮記曲禮上丨爭辯訟注〇丨坐別坐
也後漢趙壹傳注〇丨異也荀子不苟是君子小人
之丨也注〇丨猶異也呂覽功名賢不肖不可以不
相丨注〇民有異心曰丨論語季氏邦丨崩離析集
解引孔注〇丨謂丨張也莊子庚桑介而離巳釋文
〇丨猶散列子黃帝用志不丨注〇丨予也廣雅釋
詁三又國語魯語以丨大姬注〇丨與也左氏昭十
四年傳丨貧振窮注〇丨猶偏也左氏哀元年傳熟
食者丨而後敢食注〇丨播種也論語微子五穀不

丨皇疏〇丨猶理論語微子鄭注〇丨明也呂覽察
傳是非之經不可不丨注〇十氂爲丨賈子六術〇
以黍生之爲一丨說苑辨物〇丨毛也一曰𣨼淮南
主術則寸丨丨可得而察也注〇丨丨恐恨也呂覽愼
大紛紛丨丨注〇穀梁莊三十年傳周之丨子也釋
文丨本作介莊子漁父遠哉其丨乎道也釋文丨本
作介〇禮記少儀注斷丨之也釋文丨本作个
〇書盤庚女丨猷念以相從漢石經作女比

紛 丨亂也左氏昭十六年傳獄之放丨注又廣雅釋
詁三又史記司馬相如傳丨綸葳蕤索隱引胡廣
汲鄭傳丨更之爲集解引如淳又漢書劉向傳集注
敘傳下集注又楚辭招魂班其相丨些注〇丨亂貌
也莊子應帝王丨而封哉釋文引崔注又楚辭惜誦
丨逢尤以離謗兮注招魂班其相分些注〇丨丨般
亂也呂覽愼大丨丨分分注〇丨丨亂起貌漢書楊
雄傳上集注〇丨丨雜亂貌荀子解蔽湣湣丨丨注

○丨紜亂貌文選文賦丨紜揮霍注關中詩丨紜齊萬注又楚辭怨思腸丨紜以繚轉兮注○丨紜猶沓亂也後漢馮衍傳注○丨紜喻亂也後漢光武帝紀下注○丨擾亂也文選神女賦序丨丨擾擾注○丨錯憒亂也楚辭憂苦心丨錯而不受注○丨丨衆也廣雅釋訓○丨丨衆多也後漢班彪傳上注○丨丨衆多之貌也文選西都賦注○丨紜衆多之貌也文選四子講德論丨紜天地注○丨變也易巽用史巫丨若荀注○丨猶雜也文選西京賦丨瑰麗以參靡薛注○丨丨動擾之貌書帝命驗東南丨丨注○丨綸猶雜蹂也後漢班彪傳下注○丨眊也漢書楊雄傳上集注○丨結根也老子解其丨注○丨難也漢書楊雄傳上集注○丨丨猶藉藉史記屈原賈生傳般丨丨其離此九兮索隱○丨如有文章也太元覑鸞鳳丨如注○丨綸猶浩博也後漢井丹傳注○丨泊飛薄也文選蜀都賦羽族丨泊劉注○丨猋飛揚貌文選舞賦丨猋若絶注○丨盛也易巽用史巫丨若釋文又文選東京賦丨猋悠以容裔薛注○丨盛貌離騷丨吾既有此內美兮注東皇太乙五音丨兮繁會注○丨盛多貌離騷丨總總其離合兮注○丨縕盛貌楚貌橘頌丨縕宜修注○丨紜盛貌也後漢班彪傳注○丨葩盛多貌文選長笛賦丨葩爛漫注○丨葩翢張貌文選琴賦霍濩丨葩注○丨葩謂舒張貨物使覆映文選吳都賦丨葩蔭映注○丨纚不善也廣雅釋訓○丨拏相牽也史記衞將軍驃騎傳漢匈奴相丨拏正義引三蒼解詁○丨挐相著牽引也文選舞賦般丨拏兮注○丨喜也廣雅釋詁一○丨怡喜也湘潭之閒曰丨怡方言十○丨如綴有文而狹者周禮司几筵設莞筵丨純注○丨純謂以組爲緣文選東京賦次席丨純薛注○丨帨拭物之佩巾也今齊人有言丨者禮記內則左佩丨帨注○丨放也防其放弛以拘之也釋名釋車○丨讀爲豳又

讀爲和粉之粉周禮司几筵司農注○周禮內司服注丨帨線纊之屬釋文丨本作帉禮記內則丨帨釋文丨本作帉○周禮弁師注沛國人謂反丨爲韐釋文丨本作紟

芬 丨和也方言十三又廣雅釋詁三○丨丨香也詩鳧鷖燔炙丨丨傳又廣雅釋訓○丨丨香氣盛也文選東京賦燔炙丨丨薛注○丨薌言至芳絜也荀子非相欣驩丨薌以送之注○丨馥色盛香散狀文選吳都賦丨馥肸蠁劉注○丨花草之香氣也荀子正名香臭丨鬱腥臊洒酸奇臭以鼻異注○丨丨盛美也文選甘泉賦懿懿丨丨注○丨葩取其盛貌也一切經音義七引聲類○丨丨然壤起貌管子地員丨然若灰注○丨草也廣雅釋草○丨蕕水蘇也同上

焚 丨燒也周禮掌戮凡殺其親者丨之注又論語鄉黨廐丨皇疏又廣雅釋言又呂覽義賞而憂其死不丨也注○丨之者何樵之也樵之者何以火攻也公羊桓七年傳○丨火田也左氏桓七年經丨咸邱注○丨萊除草也後漢馬融傳注○丨謂霹靂時燒大樹也莊子外物乃丨大槐釋文引司馬注○丨乾也廣雅釋詁二○丨斃也左氏襄廿四年傳象有齒以丨其身注○丨讀曰僨僨僵也左氏襄廿四年傳服注○丨古文焚燌二形同一切經音義二○詩雲漢如惔如丨釋文丨本作樊

墳 丨大也詩苕之華牂羊丨首傳又周禮司烜氏共丨燭庭燎注又左氏昭十二年傳是能讀三丨五典賈注又爾雅釋詁又書序三丨釋文○三丨三王之書家語正論三丨五典注又文選東京賦三丨五典既泯薛注○伏羲神農黃帝之書曰三丨後漢周榮傳注○三丨五典三皇之書也後漢張衡傳注○三丨丨分也論三才分天地人之始其體有三也釋名釋典藝○丨分也廣雅釋詁一又楚辭天問地方

九則注○丨起也後漢明帝紀注○丨丨大防爾雅釋
邱又爾雅釋地丨莫大於河丨注○丨大防也詩汝
墳遵彼汝丨傳○丨大防今呼爲塘文選射雉賦崇
丨夷靡徐注○水崖曰丨周禮大司徒辨其山林川
澤邱陵丨衍原隰之名物注○水涯曰丨後漢楊李
翟應霍爰徐傳注○丨厓也廣雅釋邱○丨謂厓岸
狀如丨墓名大防也爾雅釋邱李注○丨土也廣雅
釋地○土之高者曰丨禮記檀弓上古也墓而不丨
注○水中高者爲丨楚辭哀郢登大丨以遠望兮注
○丨地大也青幽之閒凡土而高且大者謂之丨方
言一○青幽之閒土高且大者通之曰丨文選射雉
賦畫丨衍而分畿徐注○丨卽大陵也方言一注○
丨莫大於河丨爾雅釋地○丨冢也廣雅釋邱○冢
秦晉之閒謂之丨方言十三○又呼冢爲丨也方言
十三冢自關而東大者謂之邱注○丨如如丨墓也
列子天瑞丨如也釋文○丨謂築土後漢謝夷吾傳

注○土之怪曰丨羊後漢張衡傳注○丨羊土之怪
其形似羊後漢馬融傳注○故書丨爲賁周禮司烜
氏注○詩汝墳遵彼汝
丨爾雅釋水注丨作濆

羣 獸三爲丨國語周語又列女傳仁智○獸三曰丨
詩吉日或丨或友傳○物三稱丨易象下傳丨疑
亡也虞注離丨醜也虞注繫辭上傳物以丨分虞注
○自三以上爲丨國語周語獸三爲丨注○丨非一
也文選文賦注引法言宋注○丨會合也荀子非十
二子壹統類而丨天下之英傑注○丨衆也禮記祭
法王爲丨姓立社注又呂覽恃君則利出於丨注又
楚辭惜誦反離丨而贅肬注○丨者衆也說苑奉使
○丨衆聚皆多之名也史記周本紀獸三爲丨人三
爲衆女三爲粲正義引曹大家○丨類周書周祝用
其則必有丨注○丨謂同門朋友也禮記檀弓上吾
離丨而索居注○丨謂親之黨也禮記三年問因以

飾丨注○丨后公卿之徒也文選東京賦丨后旁戾
薛注○丨后諸侯也後漢班彪傳下注○丨吏將帥
也後漢班彪傳下注○左氏哀六年傳寘丨公子于
萊釋文丨本作諸○書舜典覲四岳丨牧史記五帝
紀作見四嶽諸牧漢書
郊祀志作見四嶽諸牧

裙 同帬○丨下裳也丨羣也聯接羣幅也釋名釋衣
服○繞衿謂之帬方言四○丨自關而東或謂之
襬同上○帬俗人呼接下
江東通言下裳方言四注

君 丨羣也廣雅釋言○丨者羣也韓外傳五又春秋
繁露深察名號○丨之爲言羣也白虎通號○丨
羣也丨下之所歸心也白虎通三綱六紀○從之成
羣曰丨周書謚法○侯能成羣謂之丨周書太子晉
○丨者不失其羣者也春秋繁露滅國○丨者善羣
也荀子王制○丨者温也春秋繁露深察名號○丨

者元也同上○丨者原也同上○丨之爲言也考也
賈子大政下○繼天者丨也後漢班彪傳下注○丨
天也國語魯語夫丨人者注○丨者天也鶡冠子道
瑞○丨者人也家語執轡○丨者民之原也荀子君
道○夫丨者民之父母也賈子春秋又新序刺奢○
丨人者國之證也春秋繁露立元神○丨神之主也
民之望也新序雜事一○丨師者治之本也大戴記
禮三本○丨者權也春秋繁露深察名號○賞慶刑
威曰丨詩皇矣克長克丨箋又禮記樂記克長克丨
注又左氏昭廿八年傳又周書謚法○丨也者掌令
者也春秋繁露堯舜不擅移○爲天下萬物而除其
害者謂之丨韓外傳五○丨者治辨之主也荀子禮
論○丨者萬物之主也老子事有丨王注○丨者儀
也荀子君道○丨者言一世之所宗也後漢黨錮傳
○能以使下謂之丨荀子王制○令行於境內國雖
不安不至於廢易遂亡謂之丨荀子正論○天子諸

侯及卿大夫有地者皆曰｜儀禮喪服傳｜至尊也
注○｜謂有地者也儀禮喪服傳○於其國曰｜禮
記曲禮下○｜者國之本也後漢酷吏傳注○｜侯
也呂覽貴當治人者不於事於｜注○｜諸侯也國
語周語夫事｜者注○｜先｜也詩天保｜曰卜爾
傳○｜嗣｜也儀禮喪服｜服斯服矣注○｜女｜
也禮記玉藻｜命屈狄注○女｜｜適妻也儀禮喪
服妾之事女｜注○妾謂夫之嫡妻曰女｜夫爲男
｜故其名妻爲女｜也釋名釋親屬○｜婦謂后也
詩楚茨｜婦莫莫箋○｜母父之適妻也儀禮喪服
｜母之父母從母注○異姓婦女以恩澤封者曰｜
比長公主獨斷上○｜子謂夫也後漢列女傳注○
凡妾稱夫曰｜禮記內則｜巳食徹焉注○｜侯列
侯之尊稱漢書劉屈氂傳集注○｜者尊之稱也後
漢寇恂傳注○尊之曰｜書君奭傳○時之所賢者
爲｜莊子齊物論其遞相爲｜臣乎注○｜子子者
大夫之美稱也通典引陳銓儀禮喪服注○｜子謂
卿大夫士也禮記鄉飲酒義鄉人士｜子注○｜子
大夫士也禮記玉藻｜子狐青裘注○｜子士已上
禮記玉藻古之｜子必佩玉注○｜子在位者之通
稱荀子大略｜子聽律習容而後士注○樂道者謂
之｜子法言道術○薰然慈仁謂之｜子莊子天下
○｜子者德民之稱管子侈靡｜子者勉於紀人者
也注○｜子也者人之成名也禮記哀公問又大戴
記哀公問於孔子○｜子有道德之稱也荀子解蔽
類是而幾｜子也注○｜子國中有盛德者儀禮鄉
飲酒禮以告于先生｜子可也注○｜子謂鄉大夫
及國中賢者也儀禮士相見禮凡侍坐于｜子注○
｜子謂衆賢也禮記中庸｜子胡不慥慥爾注○｜
子謂乾易象上傳｜子以厚德載物虞注｜子以飲
食晏樂虞注｜子以作事謀始虞注｜子以懿文德
虞注｜子以辨上下虞注｜子以儉德避難虞注｜

子以類族辨物虞注｜子以明庶政虞注｜子以多
識前言往行虞注象下傳｜子以遠小人虞注｜子
以自昭明德虞注｜子以反身修德虞注｜子以見
善則遷虞注｜子以施祿及下虞注○｜子謂乾三
易象下傳｜子以立不易方虞注○｜子謂文王易
繫辭上傳是故｜｜子所居而安者虞注○｜子大賢
次聖之人易革｜｜子豹變干注○大｜聖人也易師
大｜有命干注○心居中虛以治五官夫是之謂天
｜荀子天論○｜｜子國其人好讓不爭山海經海外
東經○是山湘｜｜之所遊處故曰｜山水經湘水注
○乾爲｜易說卦傳又歸妹其｜之袂虞注象上傳
反｜｜道也虞注繫辭上傳｜不密虞注序卦傳然後
有｜｜臣虞注○乾爲大｜易師大｜｜有命虞注○乾
在下爲小｜易歸妹虞注○陽爲｜｜後漢仲長統傳
注○陽稱爲｜易益鄭注○日稱｜｜禮記祭法王宮
祭日也注○宮爲｜禮記樂記又儀禮鄉射禮舉旌
以宮注大射儀以宮以商注○土爲｜漢書李尋傳
集注○書呂刑｜帝清問下民釋文｜本作皇○左
氏隱三年經｜氏卒公羊穀梁作尹氏卒○左氏
昭二十年傳棠｜尚謂其弟員釋文｜本作尹
｜圍也四千人爲｜二千五百人爲師一字从勹音
軍 補交反包車爲｜｜帀自爲師皆字意也一切經音
義十八引字林○｜｜圍也廣雅釋言○｜｜屯也國策
齊策｜於邯鄲之郊注又呂覽權勳以｜｜於秦周注
○｜猶屯也國語晉語｜於廬柳注○萬有二千五
百人爲｜周禮夏官序官○萬二千五百人爲｜論
語衛靈公｜旅之事集解引鄭注○｜萬二千五百
人周禮小司徒五師爲｜注○一萬二千五百人
也論語述而子行三｜則誰與皇疏○萬人爲｜齊
制也周則萬二千五百人爲｜｜國語齊語萬人爲一
｜注○萬二千五百人爲一｜｜三｜三萬七千五百
人也白虎通三軍○五師爲｜周禮小司徒又白虎

通三軍○丨一鄉周禮夏官序官注○丨以井田立數公羊定十三年傳以地正國也注○伍兩卒旅師丨皆衆之名周禮小司徒注○丨師旅卒兩伍皆衆名也周禮夏官序官注○丨實謂丨之所資也後漢宋宏傳注○丨實謂甲兵糧儲也後漢朱浮傳注○丨假吏謂丨中權置吏也後漢光武帝紀下注○丨容丨之容表言矛劒等也文選吳都賦丨容蓄用劉注

勤 丨勞也周書謚法又爾雅釋詁又詩賚文王旣丨止傳又國語周語無丨民於遠注不佞以丨叔父注晉語且丨君身注楚語是丨民以自封也注故變而不丨注又呂覽首時丨以待時注又淮南主術事丨財匱注又楚辭天問何丨子屠母注又文選思元賦敢怠遑而舍丨舊注○丨丨勞也論語微子四體不丨皇疏○盡心盡力無所愛惜爲丨左氏僖廿八年傳令尹其不丨民注○丨仂也廣雅釋詁四○丨憂呂覽古樂丨勞天下注不廣丨天子之難注○丨謂憂勞禮記問喪服丨三年注○丨助我也國語晉語秦人丨我矣注○丨謂憔悴國事後漢應劭傳注○丨勞辱之事也禮記檀弓上服丨至死注○丨謂執勞辱之事也禮記玉藻丨者有事則收之注○丨苦法言先知或問民所丨注○丨苦而無功也太元元衝○丨蹶蹶太元元錯

斤 集韻釿同○丨钁也一切經音義十四引國語賈注○丨謹也板廣不可得削又有節則用此丨之所以詳謹令平滅斧跡也釋名釋用器○釿剸也一切經音義十四引蒼頡○十六兩爲一丨說苑辨物○二鍰四兩謂之丨小爾雅衡○丨者明也漢書律麻志上○莊子在宥于是乎釿鋸制焉釋文釿本作丨

筋 丨靳也肉中之力氣之元也靳固於身形也釋名釋形體○故書丨或作薊考工記弓人强者在內而摩其丨注○地丨枸杞也廣雅釋草○爾雅釋地有幽都之丨角焉釋文丨本作觔

勳 廣雅勛古文○丨功也爾雅釋詁又書堯典曰放丨傳又釋文又周禮夏官序官司農注又左氏襄廿一年傳聖有謩丨注昭四年傳孟孫爲司空以書丨注又國語周語庸丨長老注魯語其丨銘於景鍾注又漢書百官公卿表上集注引應劭又後漢班超傳注又楚辭天問丨闔夢生注荆丨作師夫何長注又文選東京賦銘丨彝器薛注○王功曰丨周禮司勳又禮記明堂位成王以周公爲有丨勞於天下注祭統功烈丨勞慶賞聲名注○以德立宗廟定社稷曰丨史記高祖功臣年表○丨之言闔也漢書百官公卿表上集注引如淳○丨帥也後漢蔡邕傳注○故書丨作勛鄭司農云勛讀爲丨周禮夏官序官司丨注○夏承碑策薰著于王家丨作薰○袁良碑不問勳欠勛作勳

薰 丨香草左氏僖四年傳一丨一蕕注○丨香家語致思丨蕕不同器而藏注○丨香氣也文選別賦陌上草丨注○丨帥也漢書敘傳下集注引晉灼○丨草蕙草也廣雅釋草○浮山有草焉名曰丨草臭如蘼蕪山海經西山經○禮記檀弓注丨之類釋文丨本作纁○禮記內則注一丨一腐釋文熏本作葷又作君

曛 丨赤黃也素問六元正紀大論爲丨注○丨黃蓋昏時楚辭思美人與丨黃以爲期注

熏 通作薰○薰火煙上出也文選演連珠注引字書○薰火烟上出也字從黑文選雪賦燎薰爐兮炳明燭注○薰猶蒸也後漢馬援傳注○丨灼也詩雲漢憂心如丨傳○丨感動也呂覽離謂衆口丨天注

○丨薰然溫和貌莊子天下薰然慈仁釋文○丨丨和說也詩鳧鷖公尸來止丨丨傳○丨丨和悅貌文選東京賦具醉丨丨薛注○丨丨坐不安之意詩鳧鷖箋○東南曰丨風呂覽有始○易艮厲薰心釋文薰荀本作勳○詩雲漢憂心如丨釋文丨本作燻○禮記禮器元衣丨裳釋文丨本作纁明堂位注丨白縿素釋文丨本作纁○詩鳧鷖公尸來止丨丨說文作公尸來燕醺醺

纁三入爲丨考工記鍾氏○三染謂之丨爾雅釋器○三入謂之丨儀禮士冠禮爵弁服丨裳注○染丨者三入而成考工記鍾氏注○三染其色已成爲絳絳丨一名也爾雅釋器李注○丨謂絳也周禮染人夏丨元注○丨帛絳也爾雅釋天丨帛縿注○丨赤也廣雅釋器○丨邊組側赤也儀禮士冠禮丨邊注○丨淺絳也爾雅釋器釋文引字林○丨裳淺絳裳儀禮士冠禮注○元丨者天地之色以爲祭服周禮染人注○元丨之卒元居三丨居二儀禮聘禮制元丨束注○故書丨作纁周禮染人注○今文丨皆作熏儀禮士冠禮注士昏禮元丨束帛注○左氏哀十一年傳駮之以元丨釋文丨本作勳

葷丨辛菜也一切經音義十八引蒼頡又荀子富國然後丨菜百蔬以澤量注○丨辛物葱韭之屬食之以止臥儀禮士相見禮膳丨注○丨薑及辛菜也丨或作焄禮記玉藻有丨桃茢注○古文丨作薰儀禮士相見禮注○薰與丨同文選養生論薰辛害目注

耘或作芸○丨除草也詩甫田或丨或耔傳又詩載芟千耦其芸釋文左氏昭元年傳注穮丨也釋文又後漢崔駰傳注○芸除草也論語微子皇疏又後漢陳寔傳注○除草曰芸也論語微子植其杖而芸集解引孔注○丨去草文選東京賦咸懋力以丨耔薛注○丨鋤也華嚴經音義上引韻圃○丨耨耔也楚辭愍命丨藜藿與蘘荷注○芸謂有草可芸鋤也荀子富國郊草不瞻曠芸注○芸治也孟子盡心下而芸人之田注○丨除也廣雅釋詁三又史記南越尉佗傳索隱○詩甫田或丨或耔漢書食貨志作或芸或芓○爾雅釋詁注言丨耨精釋文丨本作芸○詩甫田釋文芸本作丨載芟千耦其芸釋文芸本作丨周禮甸師注耨芸芓也釋文芸本作丨穀梁定元年注耕芸之功未畢釋文芸本作丨論語微子釋文芸本作丨○論語微子植其杖而芸漢石經作丨○史記南越尉佗傳不戰而丨集解引徐廣曰漢書作殞

云丨言也書微子我舊丨刻子馬注又詩何人斯伊誰丨從傳又公羊文二年傳大旱之日短而丨災

注又國語晉語誰丨救之注若無天乎丨注又荀子解蔽口可劫而使墨丨注又楚辭天問伏匿穴處爰何丨注○丨能自言其能也蓋戰國時以言能爲丨能當時之語也荀子非十二子無能而丨能者也注○丨詞也文選傳長虞贈何劭王濟詩注引韓詩章句○丨語辭也史記封禪書文公獲若石丨索隱○丨足句之辭史記封禪書其聲殷丨集解引瓚曰○丨爾絕語之辭也孟子公孫丑下是何足與言仁義也丨爾注○丨乎辭也公羊莊卄四年傳然則曷用棗栗丨乎注○丨有也廣雅釋詁一○丨猶友也詩正月昏姻孔丨箋○丨運也周旋運布膚寸而合西行則雨也呂覽圜道雲氣西行丨丨然注○丨旋也詩正月傳又左氏僖卄二年傳昏姻孔丨注○丨猶旋也左氏襄卄九年傳其誰丨之注○丨遠也廣雅釋詁一○詩正月釋文丨本作員

芸｜香草也禮記月令｜始生注又後漢陳寵傳注馬融傳注○｜芳菜也呂覽本味陽華之｜注○｜蒿菜名也呂覽仲冬｜始生注○｜似邪蒿可食大戴記夏小正注○｜蒿似邪蒿香可食藝文類聚引蒼頡○｜臺謂之胡菜御覽九百八十引通俗文○｜黃盛也詩裳裳者華｜其黃矣傳○｜｜者華葉盛老子夫物｜｜注○采｜爲廟采也大戴記夏小正采｜傳

棼｜複屋之棟後漢班彪傳上注○｜棟也同上○｜｜閣也廣雅釋室○｜亂也左氏隱四年傳治絲而｜之也釋文○｜與枌古字通文選七命枌栱嵯峨注○｜讀爲蕡蕡麻以爲蔽周禮巾車｜蔽注○史記魯周公世家獲喬如弟｜如左傳作焚如○國策楚策｜冒勃蘇鮑注｜冒卽蚡冒

汾｜水也詩汾沮洳彼｜沮洳傳○｜出｜陽周禮職方氏其浸｜潞注○｜水名左氏桓三年傳逐

翼侯于｜陽釋文又國語晉語我命之｜陽之田百萬注○｜｜洮二水名水經涑水注引賈逵○｜大也詩韓奕｜王之甥傳○莊子逍遙遊｜水之陽釋文｜司馬崔本作盆

濆｜涯詩常武鋪敦淮｜傳○水涯曰｜後漢馮緄傳注○｜泉直泉也廣雅釋水○｜泉者何直泉也直泉者何涌泉也公羊昭五年傳○｜淪相糾貌文選海賦渭｜淪而滀潔注○｜者汝別也水經汝水注○｜動亂也管子勢以待天下之｜作也注○公羊昭五年敗莒師于｜泉穀梁作賁泉

枌 榆白｜爾雅釋木○｜白榆也詩東門之枌東門之｜傳○榆白曰｜禮記內則｜榆注○榆白者名｜爾雅釋木孫注

雰 寒｜曰氣也素問六元正紀大論寒｜結爲霜雪注○｜霜也楚辭悲回風漱凝霜之｜｜注○｜｜雪貌詩信南山雨雪｜｜傳○｜｜雪霜貌楚辭怨思雪｜｜而薄木兮注○｜｜雨也廣雅釋訓○｜埃塵穢也文選西京賦消｜埃於中宸薛注

氳｜子書作稸同於云反盛貌也亦香也一切經音義五

員｜衆也廣雅釋詁三○｜益也詩正月｜于爾幅傳○｜有也廣雅釋詁二○｜古文作云詩烈祖景｜維何箋○｜讀曰鄖漢書古今人表集注○詩出其東門聊樂我｜釋文｜本作云韓詩作魂○左氏文十一年傳注姑幕縣南有｜亭釋文｜本作鄖○左氏莊四年傳注東北入｜水釋文｜本作溳○史記楚世家子｜立索隱曰左傳作麕○楚伍｜字胥見國語楚語

欣 書天地｜合正義○｜｜喜也廣雅釋訓○｜｜又作忻別作訢○｜喜也廣雅釋詁一又史記樂

喜貌楚辭東皇太一君｜｜兮樂康注○｜樂也爾雅釋詁○｜｜然樂也詩鳧鷖旨酒｜｜傳○｜｜戴也國語晉語是以民能｜之注○訢訢謹敬之貌漢書萬石君奮傳集注○忻察也一切經音義三引埤蒼○兔絕有力｜爾雅釋獸○爾雅釋獸釋文｜本作忻○史記高祖紀魏將皇｜正義｜一作訢○史記趙世家荀｜漢書古今人表作荀訢○左傳成十三年曹公子｜時漢書古今人表作剎時○曹公子｜時字子臧見左成十三年傳○左氏成十三年傳使公子｜時釋文｜本作頴

芹 楚葵爾雅釋草○｜楚葵也周禮醢人｜菹兔醢注○｜菜也詩采菽言采其｜箋○｜水菜也詩采菽釋文又詩泮水薄采其｜箋○詩泮水薄采其｜白虎通辟雍作薄采其荇

殷｜中也爾雅釋言又書堯典以｜仲春馬鄭注又周禮大行人｜相聘也注掌客｜膳大牢注又史

記天官書衡丨南斗集解引瓚曰孔子世家故丨運
之三代正義又漢書天文志集注引晉灼地理志上
集注又文選魯靈光殿賦承蒼昊之純丨張注○丨
者中也白虎通號又論衡正說○丨正也書堯典傳
又廣雅釋詁一又法言問道丨之以中國注又列子
天瑞德丨哀焉釋文○丨衆也詩溱洧丨其盈矣傳
又周禮大宰陳其丨注又大戴記夏小正浮游有丨
傳又廣雅釋詁三又莊子應帝王天根遊于丨陽釋
文引司馬注秋水埒大之丨也釋文又通典引崔靈
恩周禮義宗又淮南兵略士卒丨彰注○丨猶衆也
周禮大宗伯丨見曰同注職方氏王丨國亦如之注
○朔望祭曰丨奠所用丨衆也釋名釋喪制○丨大
也廣雅釋詁一又漢書韋元成傳集注又莊子山木
翼丨不逝釋文引司馬注○丨猶大也禮記喪大記
主人具丨奠之禮注○丨盛也易象上傳丨薦之上
帝鄭注又易豫釋文引馬注又儀禮士喪禮月半不

丨奠注又左氏成十六年傳方事之丨也注襄廿二
年傳丨以少牢注又公羊文二年傳五年而再丨祭
注又周書武穆揔之以咸丨注又大戴記文王官人
志丨如深注又國語晉語方事之丨注吳語其民丨
衆注又國策齊策丨衆富樂注又漢書藝文志集注
又後漢郎顗傳注張純傳注楊賜傳注黃瓊傳注又
文選西京賦百物丨阜薛注東京賦六合丨昌薛注
蕪城賦板築雉堞之丨注魯靈光殿賦丨五代之純
熙注○丨丨盛也漢書禮樂志集注○丨猶多也書
禹貢九江孔丨鄭注○丨富法言孝至務在丨民阜
財注○丨深也文選歎逝賦在丨憂而弗違注○丨
當也史記天官書索隱引宋均又衡丨中州正義又
莊子外物其不丨非天之罪注○丨聲也史記封禪
書其聲丨云集解引瓚曰○丨丨聲也漢書郊祀志
上集注○丨猶震也漢書司馬相如傳上集注引郭
璞○丨猶隱也文選上林賦丨天動地注○丨痛也

雅釋詁二○丨憂也文選顏延年夏夜詩慕類抱情
丨注○丨丨憂也爾雅釋訓○丨軫盛也漢書楊雄
傳上集注○丨軫盛貌也文選羽獵賦丨丨軫軫注
○丨轔言盛多也文選魏都賦振丨轔而軍裝注○
丨賑謂富饒也文選西京賦鄉邑丨賑薛注○丨事
朔月月半薦新之奠也禮記曾子問有丨事則之君
所注○丨治律周禮大宰陳其丨司農注○盤庚即
位自奄遷于北蒙曰丨水經藹水注○昔盤庚所遷
改商曰丨水經穀水注○夏丨周者有天下之大號
也白虎通號○丨讀曰隱漢書楊雄傳上集注○丨
丨或爲殷殷文選王元長曲水詩序丨丨均乎姚澤
注○詩北門憂心丨丨釋文丨本作慇○易豫釋文
丨京本作隱○書堯典以丨仲秋史記五帝紀作
以正中秋禹貢九江孔丨夏本紀作九江甚中

沄 丨沇也爾雅釋言○丨丨沸流楚辭哀歲流水兮
丨丨注

昕 丨明也廣雅釋詁四又小爾雅廣詁○丨日欲出
禮記祭義及大丨之朝釋文○大丨季春朔日之
朝也禮記祭義
及大丨之朝注

蕡 集韻或書作黂○黂麻也廣雅釋草○爾雅釋草
丨枲實釋文丨本作賁

縕 丨枲也後漢崔寔傳注○丨饋也廣雅釋詁四○
丨丨巡並行貌也後漢馬融傳注

翁 丨丨飛也廣雅釋訓

熅 烟丨丨天地之蒸氣也文選魯靈光殿賦含元氣之
烟丨丨張注○絪縕陰陽和一相扶貌也後漢班彪
傳下注○烟烟丨丨陰陽和一相扶貌也文選典引
蔡注○烟丨和貌文選思元賦天地烟丨舊注○丨
丨元氣也廣雅釋訓○欣
熅可安謂之丨賈子道術

〡飾也詩碩人朱〡鑣鑣傳

【蕡】〡麻也周禮草人彊檃用〡司農注○麻曰〡周禮籩人其實蕡〡注○〡麻實儀禮喪服傳麻之有〡者也釋文○〡大麻子禮記內則菽麥〡釋文○〡枲實也周禮籩人其實蕡〡注考工記弓人牛筋〡濟注又春秋疏引馬融儀禮喪服注○〡㸐枲實也儀禮有司徹蕡〡注又禮記內則〡稻注○〡實貌詩桃夭有〡其實傳○〡獨麻燭也周禮司烜氏共〡燭庭燎司農注○〡藹爾雅釋木○蘇周鄭之閑謂之公〡方言三○禮記內則釋文〡本作黂

【賁】鼀三足〡爾雅釋魚○鼀三足曰〡論衡是應○鼀三足者名〡山海經中山經狂水其中多三足鼀注○〡大也書大傳天子〡庸注○〡大鼓也詩靈臺〡鼓維鏞傳○〡者何也走於地中也大戴記夏小正元駒〡傳○〡星客星也又作孛星淮南天文〡星墜而勃海決注○〡星客星也淮南俶眞〡星墜而勃海決注○〡沸起也穀梁僖十年傳覆酒於地而地賁注○〡讀爲憤憤怒氣充實也禮記樂記奮末廣〡之音作注○〡氣充也史記樂書奮末廣〡正義○〡讀爲憤憤然也荀子彊國下比周〡潰以離上矣注○〡與鼖古字同文選演連珠〡鼓密而含響注○詩靈臺釋文〡本作鼖攷工記韗人謂之〡鼓釋文〡本作鼖○左氏宣十七年傳苗〡皇國語晉語作苗棼皇說苑善說作盆皇○王政碑口研典〡〡墳通作〡〡

【焄】〡謂香臭也禮記祭義〡蒿悽愴注○〡辛菜也家語五儀則志不在於食〡注○論語鄉黨集解齋禁〡物釋文〡本作葷

〡〡光盛貌漢書楊雄傳上集注

【鄖】或作䢵○〡國名左氏桓十一年傳〡人軍于蒲騷釋文○䢵國名左氏宣二年傳從其母畜于䢵釋文○〡楚邑也國語楚語楚昭王奔〡注○左氏宣二年傳釋文䢵本作〡○左氏成七年傳囚〡公鍾儀釋文〡本作員襄九年傳使皇〡命校正出馬釋文〡本作員○左氏哀十二年傳公會衛侯宋皇瑗于〡公羊作運

【豶】劇豕稱〡易大畜〡豕之牙虞注○〡謂犍豬爾雅釋獸豶〡釋文○〡犍也廣雅釋獸○豕去勢曰〡易大畜釋文引劉注○〡豕之去勢者易義海撮要引陸績注

【羵】土之怪曰〡羊國語魯語○土之怪〡羊也說苑辨物○土神謂之〡羊廣雅釋天○〡羊雌雄不成者國語魯語唐注

【鼖】大鼓謂之〡爾雅釋樂又周禮鼓人以〡鼓鼓軍事注考工記韗人謂之〡鼓注○〡大鼓也文選東京賦〡鼓路鼗薛注○〡鼓大鼓也書顧命〡鼓鄭注○〡鼓長八尺書顧命傳又周禮鼓人注○周禮鼓人以〡鼓鼓軍事大司馬注作以賁鼓鼓軍事

【朌】集韻頒同○頒大首貌詩魚藻有頒其首傳○頒衆貌詩魚藻釋文引韓詩○〡賦也禮記王制釋文○〡猶賦也儀禮聘禮記〡肉及廋車注○〡讀爲班禮記王制名山大澤不以〡注○古文〡作粉儀禮聘禮記注

【饙】〡稔也爾雅釋言○餴餾也詩泂酌可以餴饎傳○蒸之曰〡爾雅釋言孫注○〡蒸米一切經音

義十六引字書○丨一蒸飯爾雅釋言釋文○餴一蒸米也詩泂酌釋文引字書○今呼餈飦爲丨爾雅釋言注○丨分也衆粒各自分也釋名釋飲食○爾雅釋言釋文丨本作餴○詩泂酌釋文餴本作丨○詩泂酌可以餴饎說文食部作可以丨饎

臐 丨香也廣雅釋器○丨羊臛也儀禮聘禮膷丨膮釋文○膷丨膮今時臛也牛曰膷羊曰丨豕曰膮皆香美之名也儀禮公食大夫禮膷以東丨膮牛炙注○古文丨作薰同上

皸 手足坼裂曰丨一切經音義十一引通俗上○丨跛也廣雅釋言

帉 廣韻亦作帉○帉巾也廣雅釋器○大巾謂之帉方言四○丨拭物巾禮記內則紛丨釋文○丨幘也廣雅釋器

磤 丨聲也廣雅釋詁四○丨雷聲也文選景福殿賦注引毛萇傳○雷聲曰丨一切經音義八引通俗文○殷靁聲也詩殷其靁殷其靁傳

慇 爾雅釋訓丨丨惇惇釋文丨本作殷○孫叔敖碑以丨潤國家殷通作丨

濦 丨水出潁川陽城少室山東入潁晉書音義上

㥯 丨哀也廣雅釋詁一

懃 丨賴也廣雅釋言○丨丨懇懇忠款之貌也文選報任少卿書注

慬 丨勇也列子說符無以立丨於天下注

厪 厪古勤字漢書文帝紀集注引晉灼揚雄傳下集注○丨古以爲勤字漢書敘傳下集注○丨今勤字也文選長楊賦注引古今字詁

瘽 丨病也爾雅釋詁○爾雅釋詁釋文丨本作懃

齦 丨齧也廣雅釋詁三○丨哂也大元密琢齒依丨注○丨丨戲笑之貌也大元爭爭射丨丨注

閺 閺古丨字漢書戾太子傳集注引孟康○閺音聞古字也後漢鄭興傳注○閺字本從旻其後轉訛遂作門中受耳漢書戾太子傳集注

衯 丨丨裶裶衣長貌史記司馬相如傳索隱引郭璞○丨丨亂也廣雅釋訓

蝹 丨蜦行貌文選江賦神蜧丨蜦以沈遊注

溳 左氏桓十一年傳注雩杜縣東南有丨城釋文丨本作鄖

魵 丨鰕爾雅釋魚

羒 羊牡丨爾雅釋畜○丨牂羊爾雅釋畜釋文引字林

轒 丨柳車也廣雅釋器

鼢 集韻蚡同○丨鼠爾雅釋獸○丨地中行鼠百勞所化廣韻引字林○蚡音丨鼠之丨漢書武帝紀集注引蘇林○爾雅釋獸釋文丨字亦作蚡或作鼖

蘄 丨丨茞蘽蕪爾雅釋草○山丨當歸也廣雅釋草○丨丨馬御也文選西京賦結駟方丨薛注○丨讀曰祈或作勤呂覽振亂丨有道注○丨古芹字爾雅釋草薛山丨釋文

○以下據廣韻錄

敵 丨糜上汁集韻引字林

【盼】丨胡地名也考工記總目丨胡之笴杜注○丨胡
胡子之國在楚旁考工記總目注○丨讀爲焚咸
邱之焚書或爲邠
考工記總目杜注
【鴳】爾雅釋鳥春鳸丨鶞左傳疏引賈逵作春扈分循
○爾雅釋鳥釋文丨本作分
【橨】丨柎也廣雅釋器
【棻】丨茂盛也後漢班彪傳上注○丨與紛古字通文
選西都賦桑麻鋪丨注
【扮】丨猶并也太元元數以丨天十八也注
【氄】丨毦罽也廣雅釋器
【砏】丨聲也廣雅釋詁四

○據集韻錄【芰】丨讀抆滅之抆淮南精神芒丨漠閔注

經籍籑詁卷第十二

經籍籑詁卷第十二補遺 上平聲

兵部侍郎兼都察院右副都御史巡撫浙江等處地方提督軍務兼理糧餉阮元纂

十二文

【文】說文丨錯畫也象交丨凡丨之屬皆从丨又序倉頡之初作書蓋依類象形故謂之丨○丨畫飾也文選七啟爾乃御丨軒注○丨謂丨飾易文言傳丨言曰疏○丨飾也荀子禮論以貴賤爲丨注○物相雜故曰丨易繫辭下傳○青與赤謂之丨左氏昭廿五年傳五章以奉五色注又呂覽季夏黼黻丨章注又荀子非相美于黼黻丨章注○青與赤爲丨淮南時則黼黻丨章注○春陽生物煥有丨章故謂之丨太元永○丨者物象之本左氏宣十五年傳注故丨反正爲乏疏○物爲丨春秋繁露玉杯○丨自官也

淮南繆稱○丨者所以接物也同上○丨法天白虎通三教○德能經緯順從天地之道故曰丨左氏昭廿八年傳服注○丨者愛之徵也呂覽召類○丨者德惠之表論衡福虛○丨多故太元元衡○丨字也左氏昭元年傳於丨皿蟲爲蠱注○丨謂書也漢書孫寶傳前日君男欲學丨注○丨者聖王之辭也賈子大政上○離爲丨明易賁天丨也虞注困赤紱方來集解○艮爲丨易象下傳君子以朋友講習虞注○丨旄謂染之爲丨綵也荀子王制西海則有皮革丨旄焉注○丨翰鳥有丨采者周書王會蜀人以丨翰注○丨馬畫馬也史記宋世家丨馬四百疋集解引左傳王肅注○丨或作長山海經西山經其鳥皆丨首注

【聞】說文丨知丨也从耳門聲䎽古文从昏○丨人謂有名爲人所丨知者也荀子宥坐魯之丨人也注

○丨聲名也漢書韋賢傳以休令丨注○丨博丨也
漢書武帝紀故詳延天下方丨之士注○丨名謂名
得通達也禮記少儀某固願丨名於將命者疏

蟁 說文丨齧人飛蟲从䖵民聲蟁丨或从昬以昬時
出也蚊俗丨从虫从文○丨古蚊字漢書中山靖
王勝傳聚丨成靁注匈奴傳下譬猶丨蝱之螫注

雲 說文丨山川气也从雨云象丨回轉形凡丨之屬
皆从丨云古文省雨𠆤亦古文丨○山氣爲丨論
衡藝增○丨水氣也易略例丨者龍注○丨是水氣
易文言傳丨從龍疏

氛 說文丨祥气也从气分聲雰丨或从雨○丨惡氣
也漢書元帝紀是以丨邪歲增注董仲舒傳丨氣
充塞注司馬相如傳下清丨而后行注

分 說文丨別也从八从刀刀以丨別物也○丨別淮
南脩務丨白黑利害注○丨別也呂覽離謂賢不
肖不丨注當賞此賢不肖之所以丨也注辨土丨之
以地注○丨者別也穀梁莊三十年傳注丨子疏○
丨者自三微而成著可丨別也漢書律厤志上○丨
謂散離也漢書陳湯傳使亡逃丨竄注○丨等也淮
南時則日夜丨注○故丨也者有不丨也莊子齊物
論○十稞爲一丨淮南主術夫寸生於稞注

紛 說文丨馬尾韜也从糸分聲○丨亂也文選弔屈
原文般丨丨其離此尤兮注引李奇○丨亂雜也
漢書揚雄傳上上洪丨而相錯注○丨然亂意也漢
書王莽傳中白黑丨然注○丨綸亂貌文選封禪文
丨綸威蕤注引張揖○丨丨雜亂也漢書敘傳下湎
湎丨丨注○丨丨言其多漢書禮樂志羽毛丨注○
丨員多貌也漢書禮樂志六丨員注○丨若者盛多
之貌易巽用史巫丨若疏⊙丨云盛貌漢書司馬相

如傳下威武丨云注○丨丨云興作之貌漢書禮樂志
丨云六幕浮大海注○丨丨構讒意也漢書賈誼傳
般丨丨其離此郵兮注引孟康○丨挐亂相持搏也
漢書霍去病傳昏漢匈奴相丨挐注○丨旗旒也文
選羽獵賦靑雲爲丨注引韋昭

芬 說文芬艸初生其香分布从屮从分分亦聲芬芬
或从艸○丨苦味也春秋繁露天地之行○丨亦
謂衆多漢書禮樂志丨哉芒芒注

焚 丨燒也左氏成十三年傳遂從而盡丨之注○丨
是燒也左氏襄廿四年傳疏○丨炙俱燒也書泰
誓上丨炙忠良疏○丨燎皆火燒之名詩雲漢傳惔
燎之也疏○丨杅謂丨蹂而牽掣也史記張儀列傳
秦得燒掇丨杅索隱

墳 說文丨墓也从土賁聲○丨謂積土也漢書劉向
傳稱古墓而不丨注○丨大也書孔序謂之三丨
疏○伏犧神農黃帝之書謂之三丨言大道也書孔
序○三丨三皇之書左氏昭十二年傳是能讀三丨
五典賈注○丨羊雌雄未成者也史記孔子世家集
解引唐固○丨羊土之精也淮南氾論丨井生丨羊注
○傳音以丨汾音同詩韓奕傳汾大也疏○張納功
德敘綜賁典丨作賁

羣 說文丨輩也从羊君聲○丨衆也荀子非十二子
合丨者也注○丨者衆也呂覽召類○丨綱諸陽
也太元元首都序贊上丨綱注○丨朋友也禮記學
記樂其友而信其道疏○丨朋友也禮記曲禮上丨
居五人疏○丨謂禽獸共聚也禮記曲禮下大夫不
掩丨疏○獸三爲丨史記周本紀○物三稱丨易象
上傳不亂丨也虞注說卦傳爲衆虞注○丨謂五服
之親也禮記三年問因以飾丨疏

【裙】說文君下裳也从巾君聲裠帬或从衣
【君】說文丨尊也从尹發號故从口𠙺古文象丨坐形
○丨者何也曰能羣也荀子君道○從之成羣是
爲丨矣漢書刑法志○丨者國之元春秋繁露立元
神○丨者國之隆也荀子致仕○丨臣萌通約也墨
子經上○丨者臣之稟命也孝經要丨者無上注又
疏引孔傳○丨者臣之天也文選注卅七引何休墨
守○丨者民之天也管子樞言先民與地則得矣注
○丨者民之心也春秋繁露爲人者天地○夫丨神
之主也民之望也左氏襄十四年傳○丨者謂爲之
丨也漢書西域傳上而塞王南丨罽賓注○好惡不
易是爲丨國語晉語○或稱丨子何道德之稱也白
虎通號○丨子者其可以居上位子下民有德之美
稱也左氏桓二年傳丨子以督爲有無丨之心疏○
丨子在位者左氏襄十三年傳丨子尚能而讓其下

注○丨王侯也禮記檀弓上君復於小寢疏○丨天
子諸侯也禮記玉藻丨與尸行接武疏○丨謂天子
諸侯也禮記玉藻丨羔幦虎犆疏○天子諸侯皆稱
丨禮記昏義注公丨也疏○丨謂天子禮記玉藻丨
之右虎裘疏表記以敬事其丨長疏○大丨謂天子
也易比大丨有命疏○丨諸侯也禮記曲禮下丨無
故玉不去身疏檀弓上丨即位而爲椑疏內則后王
命冢宰疏喪大記丨大夫徹縣疏○丨公謂諸侯也
書說命中樹后王丨公疏○丨者五等諸侯也禮記
檀弓下丨之適長殤疏○丨子謂卿大夫也禮記檀
弓下丨子不能爲謀也注○丨子卿大夫也荀子儒
效丨子不知無害爲治注○丨官主也淮南說林無
其丨形者也注○丨子謂師也禮記學記丨子知至
學之難易而知其美惡疏○丨子是夫之大名詩葛
覃箋與女有嫁于丨子之道疏○婦人謂夫爲丨子
上下之通名詩關雎序以配丨子疏○妻謂夫爲丨

丨上下通稱詩東門之池序而思賢女以配丨子也
疏○妾謂夫爲丨者不得體之加尊之也儀禮喪服
傳妾謂丨注○乾爲丨子易象上傳丨子尚消息盈
虛虞注○乾稱丨子易文言傳丨子以成德爲行虞
注○民爲丨子易革丨子豹變虞注○日爲丨白虎
通日月又太元元圖象月闕而日溢注
【軍】說文丨圜圍也四千人爲丨从車从包省丨兵車
也○萬二千五百人爲丨詩閟宮公徒三萬箋又
左氏成二年傳晉作六丨注襄十一年傳季武子將
作三丨注又穀梁襄十一年經作三丨注引司馬法
○萬有二千五百人爲丨易序卦傳故受之以師九
家注○丨者兵之大名周禮夏官序官注此周爲六
丨之見于經也疏

【勤】說文丨勞也从力堇聲○丨勞也國語周語丨百
姓以爲已名注又淮南原道用之而不丨注氾論
肩荷負儋之丨也注○丨者陳其勞苦詩采薇序杕
杜以丨歸也疏○丨惜也詩鴟鴞恩斯丨斯疏引王
肅○丨者心企望之詩江有汜序丨而無怨疏○丨
行也禮記祭統丨大命施於烝彝鼎疏
【斤】說文丨斫木也象形凡丨之屬皆从丨○丨形似
鉏而小國語齊語惡金以鑄鉏夷丨欘注○丨爲
十六兩儀禮既夕禮記二十四兩曰鎰疏○十六兩
爲丨漢書律麻志上○十六兩爲一丨考工記桃氏
注重三丨十二兩疏
【筋】丨氣之堅結者素問五藏生成論諸丨者皆屬於
節注○丨者肝之養素問六節藏象論其充在丨
注
【勳】說文丨能成王功也从力熏聲勛古文丨从員○
丨功也左氏襄十四年傳祿丨合親注○丨猶闒

也續漢書百官志二光祿丨注引胡廣○武梁祠堂畫象帝堯放勳丨作勳尹宙碑勛功有章丨作勛

【薰】說文蘍香艸也从艸熏聲○丨香草也非葷辛之字儀禮士相見禮注古文葷作丨疏○丨香草漢書兩龔傳丨以香自燒注○丨草一名蕙史記司馬相如列傳蕙圃衡蘭索隱引本草

【熏】說文熏火煙上出也从屮从黑屮黑丨象也○薰燒灼也易艮厲薰心疏○丨灼俱焚炙之義詩雲漢疏○丨言丨灼之漢書杜欽傳欲以丨轑天下注○丨猶丨炙之史記酷吏列傳以焄大豪索隱○丨氣烝也漢書路溫舒傳虛美丨心注○薰者謂相薰蒸亦漸及之義耳漢書敘傳下薰胥以刑注○丨風至之貌也文選魏都賦蕙風如薰注引家語王肅注○丨帥也後漢書蔡邕傳注引韓詩○薰帥也漢書敘傳下胥灼注引齊魯韓詩○荀氏以丨為勳讀作動易艮利丨心虞注○爾雅釋訓炎炎丨也釋文本

亦作燻或作薰

【醺】說文醺醉也从酉熏聲詩曰公尸來燕丨丨

【纁】說文纁淺絳也从糸熏聲○丨絳也禮記雜記上丨袡為一疏又漢書地理志上厥棐元丨璣組注○丨是赤色也禮記檀弓上注縓丨之類疏○丨是赤之淺者書顧命傳彤丨也疏○丨朱同類禮記玉藻注元表丨裏疏○丨是朱之小別同上○赤與黃郎是丨色周禮司服注凡冕服皆元衣丨裳疏○丨是地色禮記曾子問執束帛疏○丨是地色亦黃之雜故為閒色禮記玉藻裳閒色疏○丨是色當从糸旁為之儀禮士冠禮疏

【葷】說文丨臭菜也从艸軍聲○丨葱韭之屬也荀子哀公志不在於食丨注○丨桃茢辟凶邪也禮記玉藻膳於君有丨桃茢注○丨字與薰同漢書霍去病傳所獲丨允之士注○丨鄭注論語作焄義亦通儀禮士相見禮疏

【耘】或作芸○說文耘除苗閒穢也从耒員聲藉耘或从芸○芸除草也漢書食貨志上○芸字與丨同漢書王莽傳中終年耕芸注○論語微子植其杖而芸釋文多作丨字

【云】丨言也禮記樂記故聖人曰禮樂丨丨疏○丨丨者多言也漢書金安上傳教當丨丨注○丨語辭也禮記喪大記注若承霤然丨疏又漢書郊祀志上其聲殷殷丨注○丨傳聲之亂也漢書郊祀志上注○丨丨猶言如此如此也漢書汲黯傳吾欲丨丨注○丨有也文選陸士衡荅賈長淵詩注引漢書應劭注○丨運動貌也管子戒四時丨下注○丨翔猶解散國策秦策丨翔不敢校注○丨員古今字助句辭也

詩出其東門聊樂我員疏○古文丨員字同詩元鳥箋員古文作丨疏

【芸】說文丨艸也似目宿从艸云聲淮南子說丨艸可以死復生○丨蒿菜名淮南時則丨始生注

【棼】說文丨複屋棟也从林分聲○丨丨同惡書呂刑泯泯丨丨疏○爾雅釋天焚輪謂之頹釋文本或作丨

【汾】說文丨水出太原晉陽山西南入河从水分聲或曰出丨陽北山冀州浸

【濆】說文丨水厓也从水賁聲詩曰敦彼淮丨○丨水世亦謂之大濦水是或丨濦之聲相近矣水經汝水注○爾雅釋水汝有丨釋文本亦作涓

【枌】說文丨榆也从木分聲○丨白榆也漢書郊祀志上禱豐丨榆社注引晉灼地理志下東門之丨注

雰 詩信南山雨雪丨丨白帖二作雨雪紛紛

員 丨郎云也書秦誓若弗云來疏○丨與云同漢書韋賢傳追思黃髮注

欣 說文丨笑喜也从欠斤聲又訢喜也从言斤聲又之惡○忻闓也从心斤聲司馬法曰善者忻民之善閉民然常自以爲治注○訢訢聲和貌也史記萬石張叔列傳集解引韋昭○○忻忻爲過制也淮南原道是故其爲懽不忻忻注○訢古丨字漢書萬石君傳僮僕訢訢如也注引晉灼王吉傳訢訢焉注○訢亦丨字漢書昭帝紀丞相訢薨注○訢與丨同漢書成帝紀汝南太守嚴訢注王子侯表上荼陵節侯訢注○訢字與丨同漢書王訢傳注○訢讀與丨同漢書賈山傳天下皆訢訢焉注

殷 丨中也左氏昭九年傳孟僖子如齊丨聘服注○丨中也謂三年之時中而無事故稱丨也禮記聘義注所謂丨相聘也疏○丨亦中漢書刑法志丨天人之和注引李奇○丨大也禮記曾子問服除而后丨祭疏有丨事則之君所疏又周禮牛人注謂丨奠遣奠也疏大宗伯注率五年而再丨祭疏丨頫謂服朝之歲疏○丨猶大也禮記王制注此蓋夏丨之祭名疏又周禮籩人注謂丨奠事疏○丨盛大也漢書禮樂志丨薦之上帝注○丨盛也禮記曾子問注言不足者謂丨奠時疏又國語周語丨富生物也注越語民衆丨注○丨祭盛也禮記曾子問服除而后丨祭疏引盧氏○丨丨轔盛貌也漢書揚雄傳上振丨轔而軍裝注○丨丨聲盛也漢書禮樂志丨丨鐘石注○丨猶衆也儀禮覲禮注此謂時會丨同也疏○士稱丨與旅同周禮大宰注丨衆也疏○丨靁聲也詩殷其靁丨其靁傳○書呂刑維丨于民墨子尚賢中作維假於民○詩北門憂心丨丨楚辭章句十六作憂心隱隱

沄 說文丨轉流也从水云聲讀若混

昕 說文丨旦明日將出也从日斤聲讀若希○丨者明也日未出巳名爲丨生詩匏有苦葉傳謂大丨之時疏○丨卽明之始儀禮士昏禮記注用丨使者疏○丨猶明也禮記文王世子大丨鼓徵疏○丨讀爲軒言天北高南下若車之軒禮記月令目疏

黂 黂麻也太平御覽引廣雅○丨麻子也淮南齊俗夫胡人見丨注○丨麻之有實者丨讀傳曰有蜚不爲災之蜚淮南說山見丨而求成布注○丨麻之有實者丨讀左傳有蜚不爲災之蜚也淮南說林丨不類布注

緼 說文丨紼也从糸昷聲○丨赤黃之色詩候人傳一命丨芾釋文

翂 亦作翂○翂翂翐翐羽翼聲莊子山木釋文引李注○翂翂翐翐舒遲貌一云飛不高貌莊子山木釋文引司馬注○莊子山木翂翂翐翐釋文字或作[illegible]

煴 說文丨鬱煙也从火昷聲○丨謂聚火無焱者也漢書蘇武傳置丨火注○烟丨氣也後漢書張衡傳天地烟丨注○易繫辭下天地烟縕釋文本又作氳

幩 說文丨馬纏鑣扇汗也从巾賁聲詩曰朱丨鑣鑣

蕡 說文丨襍香艸从艸賁聲○丨是子麻儀禮喪服傳苴經者麻之有丨者也疏○丨弦也廣雅釋器

賁 丨有文飾黃白色易賁釋文引王肅注○丨鬲也素問脈要精微論內以候鬲注○考工記韗人謂

之丨鼓釋文本或作皾

焄 丨香臭之氣耳禮記祭義丨蒿悽愴釋文

炘 丨熱也文選甘泉賦垂景炎之丨丨注引廣雅

紜 或有諱雲者呼紛丨爲紛煙顏氏家訓風操

鄖 說文䢵漢南之國从邑員聲漢中有䢵關

豶 說文丨羠豕也从豕賁聲○丨除也易大畜注能丨其牙疏引褚氏說

妘 說文丨祝融之後姓也从女云聲䰟籀文丨从員

鼖 說文丨大鼓謂之丨丨八尺而兩面以鼓軍事从鼓賁省聲鞼丨或从革賁不省

饙 說文餴滫飯也从食奔聲饙餴或从賁餴饙或从奔

宭 說文丨羣居也从宀君聲

皸 說文新附丨足坼也从皮軍聲○丨折裂也漢書趙充國傳手足丨裂注引文穎

帉 本作帉○說文帉楚謂大巾曰帉从巾分聲

慇 丨丨然痛也詩正月憂心丨丨傳○詩憂心丨丨楚辭十六作憂心慇慇

廑 說文廑少劣之居从广堇聲○丨亦勤字也漢書敘傳下廑阿之丨注

瘽 說文瘽病也从疒堇聲

堇 說文堇黏土也从土从黄省凡丨之屬皆从丨𡋦𡏳皆古文丨

垠 說文丨地丨也一曰岸也从土艮聲圻丨或从斤○丨涯也文選荅賓戲漢良受書於邳丨注引晉灼

齦 齗同○說文齗齒本也从齒斤聲

鄞 說文鄞會稽縣从邑堇聲

闉 廣韻俗作闅○說文丨低目視也从旻門聲宏農湖縣有丨鄉汝南西平有丨亭○闅讀與聞同漢書王莽傳下從闅鄉南出棗街作姑注

衯 說文丨長衣皃从衣分聲

蝹 丨丨動也集韻引廣雅

溳 說文丨水出南陽蔡陽東入夏水从水員聲

篔 丨簹竹名也文選吳都賦其竹則丨簹箖箊劉注

澐 說文江水大波謂之丨从水雲聲

魵 說文丨魚名出薉邪頭國从魚分聲○丨小鰕別名爾雅釋魚丨鰕釋文引郭云

羒 說文丨牂羊也从羊分聲

轒 說文丨淮陽名車穹隆丨从車賁聲○丨轀匈奴車也漢書揚雄傳下砰丨轀注引應劭○丨比尼羅丨一切經音義十三引字林

蘄 丨茝一名薇蕪一名江蘺爾雅釋草丨茝疏引本草

○以下據廣韻錄

彣 說文丨鬣也从彡从文凡丨之屬皆从丨

駁 說文丨馬赤鬣縞身目若黃金名曰丨吉皇之乘周文王時犬戎獻之从馬从文文亦聲春秋傳曰丨馬百駟畫馬也西伯獻紂以全其身○白馬朱鬣丨廣雅釋獸

憤 說文丨憂皃从心員聲

䢵 說文丨物數紛丨亂也从員云聲讀若春秋傳曰宋皇鄖

䭭 䭭丨香也集韻引廣雅

𨏥 說文丨大車後壓也从車宛聲

壼 說文壼壹丨也从凶从壺不得泄凶也易曰天地壹丨

鳻 亦作鳻○說文鳻鳥聚皃一曰飛皃从鳥分聲○鳻鳩東齊海岱之閒或謂之戴丨方言八○戴丨戴勝也廣雅釋鳥

櫎 丨平仲木別名廣韻引埤蒼

棻 棻同○說文棻香木也从木芬聲○丨亦棻字也漢書楊雄傳下而豐子尋歆子丨復獻之注○丨或作橤漢書王莽傳上歆子丨注

𨶖 說文丨鬬連結𨶖紛相牽也从門燹聲

錀 丨兔奄丨廣韻引埤蒼

所 說文丨二斤也从二斤

犾 說文丨兩犬相齧也从二犬凡丨之屬皆从丨

菥 說文丨艸多皃从艸菥聲江夏平春有丨亭

○以下據集韻錄

熉 丨黃貌也漢書禮樂志珠丨黃注引如淳

敳 說文丨朋侵也从攴从豈豈亦聲

斦 說文丨犬吠聲从犬斤聲

經籍纂詁卷第十二補遺終

經籍纂詁卷第十三 上平聲

經筵講官南書房行走禮部左侍郎兼署兵部左侍郎提督浙江學政阮元撰集

十三元

元|始也易乾|亨利貞子夏傳又書大傳|祀代泰山注又爾雅釋詁又史記趙世家兄弟之通義也集解引徐廣又漢書律厤志上司馬相如傳下集注二見敘傳下集注引張晏又太元𩕟|貞有終注將|厲注賽|亟否貞注○|者始也春秋繁露王道又匡謬正俗八○|者氣之始也易彖上傳大哉乾|九家注又大戴記保傅春秋之|節注○|者吉之始也說苑奉使○始萬物爲|易乾魏徵說○|年者何君之始年也公羊隱元年傳又文選東都賦注引春秋元命苞○|首也詩閟宮建爾|子傳

又儀禮士冠禮始加|服注又左氏僖卅三年傳狄人歸其|注哀十一年傳歸國子之|注又爾雅釋詁又漢書昭帝紀集注敘傳下集注二見又後漢和帝紀注安帝紀注又孟子滕文公下勇士不忘喪其|注○|猶原也春秋繁露重政○|者端也古微書引春秋元命苞○春秋變一謂之|春秋繁露重政○變一爲|公羊隱元年傳注○|年者何|宜爲一文選東都賦注引春秋元命苞○|長也玉篇一部引韓詩又廣雅釋詁四又史記項羽紀魯|集解引服虔又漢書王莽傳上集注又後漢章帝紀注○|善之長也書舜典惇德允|傳泰誓中剝喪|良傳又國語晉語故曰|注○|者善之長也易文言傳又太元守守|有注又淮南時則擇|日注○|體之長也左氏襄九年傳○|大也書大禹謨汝終陟|后傳又詩六月|戎十乘傳采芑方叔|老傳又禮記文王世子一有|良注又漢書哀帝紀集注食貨志下集注引臣瓚又後漢班彪傳下注崔駰傳注崔瑗傳注謝夷吾傳注又太元應|離之極注又楚辭天問稷維|子注又文選東京賦|祀惟稱薛注祚靈主以|吉薛注○|侯大國之君也國語魯語|侯作師注○|憝大惡也法言修身何|憝之有注○|戎大戎謂兵車也韓詩六月章句○|龜大龜也書金縢今我即命于|龜馬注○|善也禮記王制天子之|士注月令乃以|日祈穀于上帝盧注又左氏文十八年傳謂之八|注又賈注又國語周語衆非|后何戴注晉語人之有|君注吳語伯父多歷年以沒|身注又漢書楊雄傳下集注王莽傳中集注又後漢張衡傳注又呂覽孟春天子乃以|日祈穀于上帝注乃擇|辰注仲春擇|日注○||善也國策秦策子||注又史記孝文紀索隱引國策高注○|寶呂覽召類聖人之|也注○|典歷始曰|漢書律厤志上○始建國都曰|

周書謚法○行義說民曰|同上○仁義說民曰|獨斷下○主義行德曰|周書謚法○能思辯衆曰|同上○|頭也禮記曲禮下牛曰一|大武注○|首頭也周書武順|首曰末注○|服冠也後漢順帝紀注○|服謂加冠也後漢安帝紀注○|君也廣雅釋詁一○|首君也文選陸機辯亡論上注引書大傳○|子世子也儀禮士冠禮記天子之|子猶士也注○|妃嫡夫人也後漢皇后紀上注○|士上士也荀子正論小侯|士次之注○|天也後漢班彪傳下注又淮南原道執|德於心而化馳若神注萬物|同也注化育|燿注叔眞弊其|光注本經||至碭而運照注說山是謂|同注○|氣也淮南本經注○|者氣也公羊隱元年傳君之始年也注○|氣天氣也後漢明帝紀注又楚辭守志食|氣兮常存注○|氣天之氣也後漢趙咨傳注○|氣者謂開闢陰陽之書也後漢方術傳注○

丨爲天精謂之精氣後漢郎顗傳注○四千五百歲
爲一丨後漢董卓傳注○四千六百一十七歲爲一
丨論衡調時○丨日上日也書舜典月正丨日傳丨○
丨日正日也文選東京賦於是孟春丨日薛注○丨
辰吉辰也後漢張衡傳注○丨辰蓋郊後吉亥也禮
記月令乃擇丨辰注○丨伏道也淮南原道無忘丨
伏注○丨光丙明也淮南俶眞注○丨丨猶喁喁可
憐愛貌史記孝文紀集解引顧野王○丨丨猶言喁
喁可矜憐之辭也後漢光武帝紀上注○丨丨謂黎
庶也同上○丨戎兵車也後漢竇憲傳注○丨戎戎
車也後漢班彪傳下注○丨戎車在軍前啟突敵陣
周所制也釋名釋兵○史記楚世家考烈王名熊丨
索隱作熊完○伯夷名丨字
公信見史記伯夷傳索隱

原 一作邍○廣平曰丨詩緜周丨膴膴箋公劉于胥
斯丨箋又禮記月令周視丨野注禮運不使渚者

居中丨注又左氏桓元年傳凡平丨出水爲大水注
襄廿五年傳町丨防注又爾雅釋地又國語周語猶
其有丨隰衍沃也注又家語致思放牛馬於丨藪注
又呂覽孟春阪險丨隰注季春周視丨野注又淮南
時則周視丨野注○廣平曰丨丨元也如元氣廣大
也釋名釋地○邍地之廣平者周禮夏官序官邍師
注○高平曰丨詩皇華于彼丨隰傳又周禮大司徒
辨其山林川澤邱陵墳衍丨隰之名物注又左氏僖
廿八年傳丨田每每注又後漢班彪傳上注又離騷
字余曰靈均注初放長於丨壄注○高平曰大丨書
禹貢既修大丨傳又古微書引春秋說題辭○高平
謂之太丨小爾雅廣器○大而高平者謂之太丨水
經汾水注引書大傳○高平曰太丨丨端也平而有
度水經汾水注引春秋說題辭○上平曰丨公羊昭
元年傳○可食者曰丨爾雅釋地○陸阿山田可種
穀者亦曰丨爾雅釋地可食者曰丨孫注○謂土地

寬博而平正名之曰丨爾雅釋地李注○丨丨田也
周禮大卜三曰丨兆注○丨陸也國語魯語高山峻
丨注○丨元也釋名釋地○丨端也廣雅釋地又水
經汾水注引春秋說題辭○丨本也史記司馬相如
傳邇陝游丨集解引漢書音義又漢書元帝紀集注
引晉灼司馬相如傳下集注引孟康東方朔傳集注
匡衡傳集注又後漢劉愷傳注又荀子儒效俄而丨
仁義注王制夫是之謂有丨注禮論文理之丨也注
又莊子天地君丨于德而成于天釋文又管子兵法
一之丨也注又呂覽異用此存亡治亂死生之丨注
又淮南原道注墜形黃水三周復其丨注又文選神
女賦志未可乎得丨注○丨猶本也禮記孔子閒居
必達於禮樂之丨注○丨丨本也論語陽貨鄉丨德
之賊也皇疏○丨再也周禮馬質禁丨蠶者注又禮
記文王世子未有丨注又爾雅釋言又後漢光武帝
紀上注又淮南泰族丨蠶一歲再收注○丨者再也

史記高帝紀以沛宮爲高祖丨廟集解○丨重也漢
書禮樂志集注叔孫通傳集注○丨陳也莊子天道
因任已明而丨省次之釋文○丨察也管子戒春出
丨農事之不本者謂之游注○丨免也後漢羊續傳
注劉焉傳注○丨臣名書伊陟原命序馬注○丨大
夫氏也詩東門之枌南方之丨傳○丨兆有周之兆
周禮大卜三曰丨兆杜注○周丨沮漆之閒也詩緜
周丨膴膴傳○周之丨地在岐山之陽詩緜箋○丨
羊似吳羊而大角出西方後漢鮮卑傳注○周禮大
司徒釋文丨本作邍○考工記梓人注榮丨屬釋文
丨本作螈○禮記學記或丨也釋文丨本作源○左
氏昭三年傳滕子丨卒公羊丨作泉○爾雅釋言釋文
丨舍人
本作厵

源 注省作原○原泉之所自出也淮南原道原流泉浡
注○丨泉所出也禮記學記或丨也注○丨水水

之泉丨也荀子法行涓涓丨水注○水本
曰丨文選典引斟酌道德之淵丨蔡注
黿丨似鼈而大也一切經音義二引三蒼○大鼈爲
丨魚屬也楚辭河伯乘白丨兮逐文魚注○丨大
黿也文選蜀都賦丨黿水處劉注○丨或爲蚖國語
鄭語化爲元丨注○丨鼂從黿顏氏家訓書證○孟
子盡心下注鄭子公染指黿羹
之類左氏宣四年傳黿作丨
園樹果蓏曰園丨其樊也周禮大宰二曰丨圃毓草
木注○樊圃謂之丨周禮載師以場圃任丨地注
○樹果曰丨呂覽重己昔先聖王之爲苑囿丨池也
注○木果曰丨易賁賁于邱丨虞注○種樹曰丨一
切經音義一引蒼頡解詁○樹菜蔬曰丨荀子大略
大夫不爲場丨注○丨謂塋域後漢光武帝紀上注
光武帝紀下注○丨援也从口袁聲御覽八百廿四
引風俗通○列子黃帝令毛邱丨傳之釋文丨一本

作
圂
猨一作猿○猿似猴而大臂長便捷色黑後漢班彪
傳上注○詩角弓傳猱丨屬釋文丨本作猿爾雅
釋獸猱丨善援
釋文丨本作蝯
轅丨車也國語晉語作丨田注引或說○丨援也車
之大援也釋名釋車○丨門卬車以其丨表門穀
梁昭八年傳置旃以爲丨門注○丨易也國語晉語
作丨田注引賈注○國語晉語作丨田左傳丨作爰
○左氏僖四年齊人執陳丨濤
塗公羊穀梁丨作袁廣韻作爰
垣丨牆也詩板大師維丨傳又左氏襄卅一年傳盡
毀其館之丨釋文又後漢蘇不韋傳注○卑曰丨
書梓材既勤丨墉馬注○丨援也人所依阻以爲援
衞也釋名釋宮室○丨築牆四周以藏穀也荀子富

國丨窌倉廩者財之末也注○長丨縣名
也山海經海內東經山在郁郅長丨北注
煩丨勞也禮記樂記衞音趨數丨志注又廣雅釋詁
二又國策秦策不可以丨大臣注○丨猶劇也周
禮司隸則役其丨辱之事注○丨擾也廣雅釋詁三
○丨亂也考工記弓人夏治筋則不丨注又國語楚
語若民丨可教訓注又呂覽音初世濁則禮丨注又
淮南精神丨氣爲蟲注○丨繁也釋名釋言語○丨
多也淮南俶眞其德丨而不能一注主術法省而不
丨注○丨衆也大戴記少閒列五王之德丨丨如繁
諸乎注○丨謂丨躁素問生氣通天論丨則喘喝注
○丨辱也淮南俶眞以物丨其性命乎注○無益者
謂之丨春秋繁露考功名○丨撋猶挼莏也詩葛覃
釋文引阮孝緒字略○禮記祭義數則丨丨則不敬
漢書韋元成傳作
數則瀆瀆則不敬

繁丨多也詩正月正月丨霜傳又周禮鍾師肆夏呂
叔玉注又左氏昭三年傳景公丨于刑注又公羊
僖廿二年傳春秋詞繁而不殺者正也注又廣雅釋
詁三又小爾雅廣詁又漢書劉向傳集注又後漢班
彪傳下注又荀子天論丨啟蕃長於春夏注又淮南
繆稱獄丨而無邪注○丨猶多也左氏成十七年傳
今衆丨而從余注○丨衆也廣雅釋詁三又淮南氾
論當市丨之時注又離騷佩繽紛其丨飾兮注東皇
太一五音紛兮丨會注○丨憤衆積之貌淮南俶眞
丨憤未發注○丨數也淮南原道箠策丨用者非致
遠之術也注○丨猶盛也禮記鄉飲酒義獻酬辭讓
之節丨注○丨廡茂盛也後漢張衡傳注○如丨者
言如萬物之丨蕪也大戴記少閒列五王之德煩煩
如丨諸乎注○丨華美麗也後漢班彪傳上注○武
冠或曰丨冠今謂之大冠獨斷下○丨弱大弓名左
氏定四年傳封父之丨弱注○丨弱良弓所出地也

因以爲弓名呂覽具備今有羿蠭蒙丨弱於此而無
弦注〇丨縟聲之細也文選琴賦翕韡曄而丨縟注
〇丨瘠廉肉聲之鳴殺也禮記樂記使其曲直丨瘠
廉肉節奏注〇丨遏執僾也周禮鍾師肆夏呂叔玉
注〇肆夏丨遏渠皆周頌也同上〇肆夏丨遏渠所
謂三夏矣周禮鍾師杜注〇丨由胡爾雅釋草〇丨
由胡者丨母也丨旁勃也大戴記夏小正采丨傳〇
丨母蒡葧也廣雅釋草〇大戴記爭鬭之獄丨矣漢
書禮樂志作
爭鬭之獄蕃

蕃 丨息也左氏僖廿三年傳其生不丨注又國語周
語民之丨庶注子孫丨育之謂也注魯語丨庶物
也注越語民乃丨滋注〇丨丨息也周禮大司徒以
丨鳥獸注掌畜掌養鳥而阜丨敎擾之注〇丨滋也
書洪範庶草丨廡傳又國語晉語不能丨廡注又文
選東京賦草木丨廡薛注〇丨多也易晉錫馬丨庶

釋文又詩騶虞序庶類丨殖釋文又周書芮良夫實
丨有徒注又漢書成帝紀集注引章昭律麻志上集
注禮樂志集注二見刑法志集注二見食貨志集注
董仲舒傳集注公孫宏傳集注嚴安傳集注魏相傳
集注谷永傳集注二見儒林傳贊集注貨殖傳集注
王莽傳下集注又文選西京賦寔丨有徒薛注〇丨
茂也荀子天論繁啟丨長於春夏注又淮南主術五
穀丨植注〇丨茂也盛也素問四氣調神大論此謂
丨秀注〇丨盛也太元應應丨貞注〇丨蕪豐也後
漢班彪傳下注〇震爲丨鮮易說卦傳〇丨車耳也
太元積至于丨也注〇丨籬落也國語晉語以丨爲
軍注〇九州之外謂之丨國周禮大行人〇丨國謂
九州之外夷服鎭服丨服周禮巾車以封丨國注〇
諸侯爲天子丨屏故曰丨衞後漢章帝紀注〇方千
里曰國畿其外方五百里曰侯畿又其外方五百里
曰甸畿又其外方五百里曰男畿又其外方五百里

曰采畿又其外方五百里曰衞畿又其外方五百里
曰蠻畿又其外方五百里曰夷畿又其外方五百里
曰鎭畿又其外方五百里曰丨畿周禮大司馬〇丨
前漢魯國丨縣應劭曰鄱國也音皮晉書音義中〇
丨靑丨山海經西山經陰山其草多茆丨注〇丨郎
鵁山海經北山經涿光之山其鳥多丨注〇杜子春
讀丨爲藩樂周禮大司徒九曰丨樂司農注〇丨
與繁古字通文選上林賦彎丨弱注〇書洪範庶草
丨廡史記宋微子世家作庶草繁廡〇書微子之命
以丨王室釋文丨本作藩禮記禮器注丨服之國釋
文丨本作藩穀梁序北丨迴軫釋文丨本作藩〇禮
記明堂位黃馬丨鬣釋文丨本作番〇嚴舉碑位至
丨車轓
作丨

樊 丨藩也詩東方未明折柳丨圃傳靑蠅止于丨傳
又爾雅釋言又莊子山木遊乎雕陵之丨釋文引

司馬注〇丨蕃也管子侈靡有差丨注又文選蜀都
賦丨以菹圃劉注〇丨圃之藩也爾雅釋言孫注〇
丨所以籠雉也莊子養生主澤雉十步一啄百步一
飮不蘄畜乎丨中注〇丨藩也所以籠雉也莊子養
生主釋文引李注〇丨中猶籠中也莊子養生主釋
文引崔注〇丨邊也廣雅釋言〇丨傍也莊子則陽
鳥則休乎山丨釋文引李注〇丨陰也莊子則陽釋
文引司馬注〇丨崖也淮南精神以游于天地之丨
注〇鞅其下飾曰丨纓其形丨丨而上屬纓也釋名
釋車〇丨謂今馬大帶也周禮巾車丨纓十有再就
注〇丨馬大帶詩采芑傳鉤膺丨纓也釋文〇丨纓
馬飾也以罽飾之周禮大行人丨纓九就注〇丨桐
昆侖山名也淮南墬形丨桐在昆侖閶闔之中注〇
丨讀如鞶帶之鞶周禮巾車注〇丨讀如麥飯之飯
淮南墬形注精神注〇詩靑蠅止于丨漢書昌邑王
傳作止于藩說文爻部作止于楙史記滑稽傳作止

于蕃論衡商蟲作止於藩○禮記曲禮注馬丨纓
也釋文丨本作緐○莊子山木釋文丨本作墜
翻丨丨飛也廣雅釋訓○丨飛貌文選張子房詩注
引韓詩章句○丨動貌文選海賦丨動成雷注○
丨然改變貌荀子彊國反然舉惡桀紂而貴湯
武注○丨車謂機車以引水後漢張讓傳注
旛丨幡也其貌幡幡然也釋名釋兵
暄丨温也素問五運行大論其性爲丨注
萱丨草今之鹿葱也文選養生論注引名醫別錄○
丨與諠通文選西陵遇風詩無丨將如何注
喧禮記大學赫兮丨兮釋文丨本作咺
寃丨屈也漢書武帝紀集注息夫躬傳集注○丨詘
也廣雅釋詁四○丨曲也廣雅釋詁二○丨桂也

經籍籑詁　卷十三　十三元　翻至言　九

廣雅釋言○丨煩丨也楚辭離世哀枯楊之丨雛
注○古文丨愆二形今作怨同一切經音義七
出口爲丨論衡書說又楚辭惜誦丨與行其可迹
言
兮注初放丨語納謳注○丨者出氣也論衡祀義
○發氣爲丨書旅獒丨以道接傳○氣在口爲丨國
語周語○生民之音曰丨三國管輅傳注引輅別傳
○氣激於喉中而濁謂之丨封氏聞見記○發端曰
丨周禮大司樂興道諷誦丨語注○丨從也廣雅釋
詁一○丨端也廣雅釋言○丨宣也宣彼此之意也
釋名釋言語○丨者所以在意莊子外物○發志爲
丨大戴記四代○丨心聲也法言問神○直丨曰丨論
詩公劉于時丨丨傳又廣韻引字林○出己曰丨
語泰伯曾子丨曰皇疏○丨謂先發口也禮記喪服
四制齊衰之喪對而不丨注○丨丨己事也禮記雜
記丨而不語注○丨語也禮記哀公問然後丨其喪
算注○丨猶語也周禮冡人丨鑾車象人注大祝丨

甸人讀禱司農注○丨道也詩東門之池可與晤丨
傳又國策齊策文有以事夏侯公矣勿丨注○丨說
呂覽大樂其可與丨樂乎注○丨者說也論語子罕
子罕丨利皇疏○丨講說也荀子非相然而不好丨
不樂丨則必非誠士也注○丨猶議也離騷初既與
余成丨兮注○丨謀也呂覽義賞文公用咎犯之丨
注○丨問也廣雅釋詁二○丨謂有故所問也禮記
曲禮上君丨不宿於家注○○有丨有所告請若有所
問也儀禮聘禮若有丨注○丨丨問其不如灋度者
周禮冡人及葬丨鑾車象人司農注○丨者謂王策
命也詩彤弓受丨藏之箋○丨號令也國語周語有
不祀則修丨注○丨謂會同盟要之辭禮記曲禮上
士載丨注○下丨於上曰表又曰丨丨其意也釋名
釋書契○婦丨謂辭令周禮九嬪婦德婦丨婦容婦
功注○足丨夸毗之辭法言吾子足丨足容注○丨
口之利也墨子經上○丨者風波也莊子人間世○

經籍籑詁　卷十三　十三元　言　十

乾爲丨易訟或錫之鞶帶九家注象上傳丨相克也
九家注君子以多識前丨往行虞注○震爲丨易需
小有丨虞注師利執丨虞注泰自邑告命虞注夬聞
丨不信虞注困有丨不信虞注震婚媾有丨虞注艮
丨有孚虞注漸小子厲有丨虞注象上傳君子以教
思无窮虞注繫辭上傳擬之而後丨虞注出其丨善
虞注丨出乎身虞注同心之丨虞注德丨盛禮丨恭
虞注繫辭下傳其丨曲而中虞注變動以利丨虞注
說卦傳說丨乎兌虞注○丨震也易明夷主人有丨
九家注○火爲丨論衡言毒○丨屬金書洪範二曰
丨鄭注又書正義引洪範五行傳○商爲丨漢書律
厤志上○丨身之文也左氏僖廿四年傳又國語晉
語○丨貌之機也國語晉語○丨者行之指也大戴
記曾子立事又韓外傳四○丨之者行之役也說苑
權謀○丨語者士之道路也新序雜事二○丨行君
子之樞機說苑君道○夫丨行者君子之樞機說苑

說叢○丨我也詩葛覃丨告師氏傳采蘩薄丨還歸
箋草蟲丨丨采其蕨箋柏舟靜丨思之箋終風寤丨不
寐箋氓丨旣遂矣箋女曰雞鳴弋丨加之箋汾沮洳
丨采其莫箋小戎丨念君子箋彤弓受丨藏之傳黃
鳥丨旋丨歸箋我行其野丨就爾居箋大東睠丨顧
之箋北山丨采其杞箋采菽丨采其芹箋采綠薄丨
歸沐箋文王永丨配命傳下武永丨配命箋載見永
丨保之箋又禮記聘義丨念君子注又爾雅釋詁又
孟子公孫丑上永丨配命注又莊子山木丨與偕之
釋文○丨亦我也詩都人士丨從之邁箋○丨閉也
爾雅釋詁○丨丨喜也廣雅釋訓○丨丨和敬貌禮
記玉藻二爵而丨丨注○丨丨高大也詩皇矣崇墉
丨丨傳○丨丨猶蘖蘖將壞貌詩皇矣箋○大簫謂
之丨丨爾雅釋樂○爾雅釋樂釋文丨本作管○易震
笑丨啞啞釋文丨本作語一切經音義六引易作笑
語啞啞○書堯典靜丨庸違三國陸抗傳作靖譖庸
回

軒 車有藩曰丨左氏閔二年傳鶴有乘丨者服注○○
屬車有藩者曰丨文選東京賦屬車九九薛注○
丨大夫車左氏閔二年傳注僖廿八年傳而乘丨者
三百人也注哀十五年傳服冕乘丨注○丨安車也
一切經音義六引聲類○後重曰丨御覽七百七十
三引通俗文○丨輿也書大傳不得乘朱丨注○丨
丨車家語五儀冕而乘丨注○丨謂丨車漢書外戚
傳上集注○丨車也左氏哀十一年傳外州人奪之
丨以獻注○車曰丨文選魯靈光殿賦丨冕以庸張
注○丨車通稱也文選別賦朱丨繡軸注○朱軒車
使者所乘後漢陳忠傳注○丨輬皆輕車名也楚辭
招魂丨輬旣低注○皮丨以虎皮爲之文選東京賦
鑾旗皮丨薛注○皮丨虎皮爲之也獨斷下○文丨
文錯之丨也國策宋策舍其文丨注○丨長廊之有

牕也文選魏都賦周丨中天注○丨長廊之有牕文
選琴賦若乃高丨飛觀注○丨長廊之牕也文選左
太沖雜詩披丨臨前庭注七命承倒景而開丨注○
丨長牕也文選陸士衡樂府吳趨行回丨啟曲阿注○
○丨窗也文選謝宣遠答靈運詩開丨滅華燭注○
丨長廊也文選沈休文學省愁臥詩愁人掩丨臥注
○高丨堂左右長廊之有牕者文選蜀都賦開高丨
以臨山劉注○方丨倂窗也文選景福殿賦方丨九
戶注○文丨彫窻也文選七啟爾乃御文丨注○文
丨彫窗文選嘯賦披文丨而騁望注○丨謂檻上板
也華嚴經音義上引漢書音義○丨檻版也文選別
賦月上丨而飛光注○丨殿檻闌板也後漢張奐傳
注○丨樓板也後漢班彪傳上注延篤傳注○丨版
也楚辭招魂檻層丨些注○丨殿檻也文選七啟注
○丨闌校也後漢獻穆曹皇后紀注○丨舉也文選
海賦翔霧連丨注○丨起也史記樂書武坐致右憲

左正義○丨起望也文選射雉賦鬱丨翥以餘怒徐
注○丨飛貌文選五君詠交呂旣鴻丨注贈蔡子篤
詩歸雁載丨注○丨翥謂飛翔上下也後漢班彪傳
下注○丨丨將止之貌楚辭悼亂鸖鴿兮丨丨注○
丨丨寬悅之貌莊子天地君子不可不刳心焉釋文○
丨轅黃龍體女主後宮之象也後漢郎顗傳○丨
轅者後宮也後漢郎顗傳注○丨轅者帝妃之舍也淮
南天文○丨轅爲后妃洪範五行傳以妾爲妻注○
宮縣四面縣丨縣去其一面周禮小胥王宮縣諸侯
丨縣司農注○丨縣去南面辟王也周禮小胥注○
諸侯丨縣丨縣闕一面也故謂曲縣之樂家語正論
請曲縣之樂注○丨城者缺南面以受過也公羊定
十二年傳百雉而城注○肉腥
細者爲膾大者爲丨禮記內則

藩 丨籬也左氏哀十二年傳丨衞侯之舍注又廣雅
釋室又後漢光武帝紀下注又荀子禮論抗折其

須以象檯茨番闕也注又文選甘泉賦電儵忽於牆丨注○丨離也左氏昭十三年傳乃丨爲軍注○丨籬落也易大壯羝羊觸丨丨釋文引馬注○丨離壁落也國語楚語爲之關籥丨籬注吳語孤親聽命於丨離之外注○丨樊也後漢楊震傳注○丨屏也詩板价人維丨傳又後漢光武帝紀上注○丨服屏四境也周書職方注○丨蔽也一切經音義二十引蒼頡又楚辭自悲閒南丨蔽而欲往兮注○丨亦蔽也後漢馬融傳注○丨飾丨蔽文飾也荀子榮辱以相丨飾注○方千里曰王畿其外方五百里曰侯服又其外方五百里曰甸服又其外方五百里曰男服又其外方五百里曰采服又其外方五百里曰衞服又其外方五百里曰蠻服又其外方五百里曰夷服又其外方五百里曰鎮服又其外方五百里曰丨服周禮職方氏○方千里曰王圻其外方五百里爲侯服又其外方五百里爲甸服又其外方五百里爲男服又其外方五百里爲采服又其外方五百里爲衞服又其外方五百里爲蠻服又其外方五百里爲夷服又其外方五百里爲鎮服又其外方五百里爲丨服周書職方○丨域也莊子大宗師吾顧遊于其丨釋文引崔注○丨崖也莊子大宗師釋文引司馬注又向注○丨車之有障蔽者左氏襄廿三年傳以丨載欒盈注○丨今時小車丨漆席以爲之周禮巾車漆車丨蔽注○丨盾盾可以丨衞者如今之扶蘇與周禮司戈盾設丨盾注○丨屏兩旁之星也後漢蘇竟傳注○丨當爲播讀如后稷播百穀之播周禮大司樂播之以八音杜注○詩東方未明傳樊丨也釋文丨本作蕃韓奕箋今之丨也釋文丨本作蕃禮記明堂位注丨服釋文丨本作蕃左氏昭廿六年傳以丨屏周釋文丨本作番

魂 丨人之精氣曰丨御覽五百四十九引禮記外傳○丨者芸也白虎通情性○丨芸也芸芸動也古微書引孝經援神契○丨猶伝伝也行不休也白虎通情性○丨者橐也越絕書枕中○丨人之陽精也陽精爲丨陰精爲魄呂覽禁塞費神傷丨注○丨者精氣也論衡紀妖○丨者陽之精也楚辭大招丨魄歸來注○丨者身之精也楚辭招魂丨魄離散注○丨神也詩出其東門釋文引韓詩○䰟人陽神也淮南說山魄問於䰟注○䰟陽神淮南精神其䰟不騰注○情性之神曰丨魄洪範五行傳時則有下人伐上之痾注○心之精爽是謂丨魄後漢左雄傳注又賈子禮容語下○人生始化曰魄既生魄陽曰丨左氏昭七年傳○丨陽物謂乾神也易繫辭上傳遊丨爲變虞注○神爲丨大戴記曾子天圓陽之精氣曰神注○天氣爲丨漢書楊王孫傳集注又淮南主術○死氣爲丨太元中巓靈氣形反注○遊丨言其遊散也易繫辭上傳注○丨丨衆多之貌也太元告丨丨萬物注○由丨丨也者動也小蟲動也大戴記夏小正昆小蟲傳○熊熊丨丨皆光氣炎盛相焜燿之貌山海經西山經其光熊熊其氣丨丨注

渾 丨濁也華嚴經音義上引切韻○丨亂也素問三部九候論其應疾中手丨丨然者病注○丨丨言脈氣濁亂也素問脈要精微論丨丨革至如涌泉注○丨運也太元瑩周丨歷紀注○丨盛也廣雅釋詁二○丨大也廣雅釋訓○丨丨言無端緒也素問瘧論無刺丨丨之脈注○丨丨洪流也法言問神丨丨若川注○丨丨天之儀丨淪而行也太元元首都序丨行無窮注○丨者守舉貞老子丨兮其若濁注○丨梱丨肥滿也方言二丨盛也注○丨敦不開通之貌左氏文十八年傳謂之丨敦注○丨字或作昆又作混漢書景武昭宣元成哀功臣表集注

褌 丨貫也貫兩腳上繫要中也釋名釋衣服○丨陳楚江淮之閒謂之䙤方言四

【溫】丨和也淮南時則純丨以綸注○丨丨和柔貌詩
小宛丨丨恭人傳○丨謂顏色和也詩燕燕終丨
且惠箋○丨柔也詩小宛飲酒丨克釋文引王肅注
○丨柔也爾雅釋訓○丨丨柔貌漢書王莽傳上
集注○丨柔和也詩賓之初筵丨其恭箋○丨
丨寬柔也詩抑丨恭人傳○丨寬柔貌荀子不苟
丨丨恭人注○柔暢謂之丨論語季氏色思丨皇疏
○丨潤也論語子張即之也丨皇疏○丨和潤也論
語述而子丨而厲皇疏子張即之也丨皇疏引袁氏
注○丨有潤澤之貌荀子脩身然後丨丨然注○
丨厚也漢書成帝紀集注史丹傳集注○丨猶厚也
漢書百官公卿表上集注○丨淳謂凡味之厚也文
選七發飲食則丨淳甘膬注○丨猶足也荀子榮辱
其丨厚矣注○丨善也廣雅釋詁一○丨煗也廣雅
釋詁三○丨氣謂陽氣也素問調經論不寫則丨氣
去注○丨風炎風也後漢張衡傳注○丨谷言冬煖

也穆天子傳一爰有丨谷樂都注○丨水一曰煖水
水經延江水注○丨源即湯谷也山海經大荒東經
有谷曰丨源谷注○丨尋也論語爲政丨故而知新
集解○丨丨燖也論語爲政皇疏○丨丨是尋繹之義
亦是燖煖之義也同上○丨讀如燖丨之丨謂故學
之孰矣後時習之謂之丨禮記中庸丨故而知新注
○丨籍也禮記內則柔色以丨之注○丨蘊藉也詩
小宛飲酒丨克釋文○丨汾轉之貌也文選七發所
丨汾者注○丨蠖猶惛憒也史記屈原賈生傳
蒙世之丨蠖索隱○禮記內則釋文丨本作蘊

【孫】子之子爲丨爾雅釋親○丨者子之子儀禮喪服
丨適人者注○丨順也廣雅釋親○丨遜也遜遁
在後生也釋名釋親屬○丨猶後也爾雅釋親注○
丨謂爲祖後者禮記雜記下子丨曰哀注○丨絡小
絡也素問氣穴論顧閒丨絡谿谷注○綠車名曰皇
丨車天子有丨乘之以從獨斷下○丨竹竹枝根之
末生者周禮大司樂丨竹之管注○丨一作
絲方言十一蜻蛚南楚之閒謂之蚭丨注

【門】閫謂之丨廣雅釋室○一扇曰戶兩扇曰丨又在
于堂室曰戶在于宅區域曰丨一切經音義十四
引字書○丨捫也在外爲人所捫模也釋名釋宮室
○丨守也廣雅釋詁三○丨禁要也淮南原道萬物
有所生而獨知守其丨注○丨以閉藏自固也白虎
通五祀○丨口也老子閉其丨丨注○丨謂所出者也
荀子賦莫知其丨注○乾爲丨易同人同人于丨虞
注說卦傳爲丨闕虞注○乾爲道丨坤爲義丨易繫
辭上傳道義之丨虞注○艮爲丨闕易說卦傳○艮
爲鬼丨易觀盥而不薦鄭注○王有五丨外曰皋丨
二曰雉丨三曰庫丨四曰應丨五曰路丨路丨一曰
畢丨周禮閽人掌守王宮之中丨之禁司農注朝士
掌建邦外朝之灋司農注○閉謂之丨爾雅釋宮○
丨國丨也周禮鬯人禜丨用瓢齎注又穀梁莊廿五

年經秋大水鼓用牲于社于丨注○丨城丨呂覽仲
夏丨閭無閉注○丨大丨也儀禮聘禮釋幣于丨注
○丨謂路寢丨也周禮大史閏月詔王居丨注○公
丨朝之外丨穀梁莊元年傳主王姬者必自公丨出
注○祭丨丨廟丨也穀梁桓三年傳毋不出祭丨注
丨外寢丨丨外禮記喪服小記哭朋友者於丨外之右
南面注○丨外大丨外也儀禮聘禮柩止于丨外注
○皇丨鄭郭丨公羊宣十二年傳勝乎皇丨注○龍
丨魯丨丨也春秋感精符龍丨溺驂宋均注春秋考異
郵龍丨之下血如江注○軍丨立旌爲丨注若今牙丨
矣國語齊語立於軍丨注○渠丨旗名兩旗所建以
爲軍丨國語齊語渠丨赤旂注○天丨戌亥之閒乾
所據者後漢郎顗傳注○天丨謂北極紫微宮老子
天丨開闔注○天丨謂天下之所由從也老子王注
○天丨大道也莊子天運天丨弗開矣釋文○龍丨
山名周禮大司樂龍丨之琴瑟注○龍丨河水所下

之口後漢李膺傳注○司丨若今城丨校尉主王城
十二丨周禮地官序官司丨注○國丨謂城丨司丨
之官周禮充人繫于國丨注○丨子大夫適子國語
晉語育丨子注○丨人弟子也禮記檀弓下丨人至
注○治身天丨謂鼻孔老子注○神丨眞心脈氣素
問至眞要大論神丨絕注○丨尸謂魄丨素問脈要
精微論是丨尸不要也注○黃帝曰雲丨獨斷上○
士二祀曰丨曰行儀禮既夕乃行禱于五祀注○丨
秋爲少陰其氣收成祀之於丨獨斷上○丨尸主出
入禮記祭法王爲羣姓立七祀注○丨冬一名滿冬
爾雅釋草蘠蘼虋冬注○蠭丨卽蠭
蒙荀子王霸羿蠭丨善服射者也注

尊 丨高也考工記輪人部丨一枚注以其一爲之丨
注又廣雅釋詁四又漢書文帝紀集注枚乘傳集
注又呂覽必已丨則虧注○天以高爲丨白虎通封
禪○丨重也左氏昭五年傳丨地也注又國策秦策

公大臣之重者也注又呂覽審爲可謂能丨生矣注
○丨崇重也論語堯曰丨五美皇疏○丨貴也孟子
盡心上丨德樂義注○丨敬也廣雅釋詁二○丨者
敬也史記梁孝王世家○丨可敬也華嚴經音義上
引珠叢○丨謂父兄禮記喪服小記養丨者必易服
注○丨君也文選江文通雜體謝臨川詩注引春秋
元命苞宋注○丨丨謂爲天子諸侯也太戴記本命
注○貴貴丨丨義之大者也大戴記本命○莊子胠
篋丨盧氏外紀引六
韜金樓子作宗盧

罇 本作尊通作樽○尊酒器也禮記明堂位尊用犧
象山罍注又爾雅釋器注皆盛酒尊釋文又淮南
繆稱猶中衢而致尊邪注○樽酒器淮南詮言樽之
上元樽注○置酒曰尊儀禮士冠禮側尊注○尊酒
也呂覽情欲尊酌者衆則速盡注○六尊獻尊象尊
壺尊著尊大尊山尊周禮小宗伯辨六尊之名物司

農注○二尊兩甒也儀禮少牢饋食禮乃啟二尊之
蓋冪注○樽如酒器縛之于身浮于江湖可以自渡
莊子逍遙遊何不慮以爲大樽釋文引司馬注○樽
止也淮南要略樽流遁之觀注○尊字書作樽一切
經音義十四○爾雅釋器注釋文尊本作樽莊子馬
蹄孰爲犧尊釋文尊本作樽○禮記少儀樽者釋文
樽本作尊左傳襄卄三年新樽絜之釋文樽本作尊
昭十五年樽以魯壺釋文樽本作尊莊子逍遙遊何
不慮以爲大樽釋文樽本作尊○左傳昭十五
年樽以魯壺周禮司尊彝司農注作尊以魯壺

存 丨在也公羊隱三年傳有天子丨注又孟子離婁
下以其丨心也注告子上雖丨乎人者注又荀子
非十二子使天下混然不知是非治亂之所丨者有
人矣注又呂覽應同召寇則無以丨矣注○丨卽在
爾雅釋詁注○丨丨在也爾雅釋訓○丨省也周禮
司尊彝大喪丨奠彝注○丨察也禮記禮運處其所

丨注大傳五曰丨愛注又爾雅釋詁○丨猶問也後
漢馬援傳注張衡傳注○丨勞問也國策秦策無一
介之使以丨之注○丨頫省聘問臣之禮也周禮小
行人○丨頫省者王使臣於諸侯之禮所謂問問也
周禮大行人歲徧丨三歲徧頫五歲徧省注○丨者
賞之也呂覽振亂○丨前也楚辭大招遽爽丨只注
○丨至也荀子議兵所丨者神注○丨猶止息也後
漢崔駰傳注○丨亡猶安危也史記五帝紀丨亡之
難索隱○丨亡猶死生也史記五帝紀正義○丨謂
心丨素問寶命全形論能丨八動之變注○丨著則
謂其思念也禮記祭義
致愛則丨致慤則著注

蹲 丨踞也廣雅釋詁三○丨丨舞皃詩伐木丨丨舞
我傳○丨聚也左氏成十六年傳丨甲而射之注
○古丨字作踆史記貨殖傳下有丨鴟集解引徐廣
○丨鴟大芋也其形類丨鴟文選蜀都賦丨鴟所伏

劉注○詩伐木
釋文丨木作墫
【敦】丨厚也詩北門王事丨我傳又常武鋪丨淮濆釋
文閟宮丨商之旅釋文引王注又禮記曲禮上丨
善行而不怠注樂記及夫丨樂而無憂注又左氏成
十六年傳民生丨厖注昭卄三年傳丨陳振旅注定
四年傳分之土田陪丨注又周書太子晉君有廣德
分任諸侯而丨信注又國語周語丨厖純固注又漢
書哀帝紀集注敍傳下集注又後漢班彪傳下注又
荀子榮辱以丨比其事注議兵百姓莫不丨惡注成
相處之丨固注禮論是君子之所以爲悼詭其所丨
惡之文也注又呂覽達鬱丨顏而土色者注又素問
五常政大論土曰丨阜注又楚辭招魂丨脄血拇注
○丨猶厚也管子問則無丨於權人以困貌德注○
丨者質厚老子丨兮其若朴注○丨匠厚作棺也孟
子公孫丑下使虞丨匠注○丨信也素問上古天眞

論長而丨敏注○丨大也方言一又漢書地理志下
集注引應劭○敦大也廣雅釋詁二○丨大也陳鄭
之閒曰丨方言一○丨厖厚大也後漢朱穆傳注酷
吏傳注○丨沌也淮南天文困丨之歲注○丨盛爾
雅釋天孫注○丨勉也爾雅釋詁又漢書楊雄傳下
集注又文選典引靡號師矢丨奮撝之容蔡注○丨
勸也後漢陳寔傳注○丨和樂貴同也禮記樂記樂
者丨和注○丨者致也淮南兵略丨六博注○丨洽
詩閟宮丨商之旅箋○丨斷也莊子逍遙遊斷髮文
身釋文引司馬注說劒試使士丨劒釋文引司馬注
○丨迫詩北門釋文引韓詩常武釋文引韓詩○丨
猶迫逼也後漢班彪傳下注○丨猶逼也後漢韋彪
傳注○丨比精審躬親之謂荀子彊國則不勝夫丨
比於小事者矣注○不理萬情謂之丨樸孟子滕文
公上有爲神農之言章指○丨囷盛怒貌也文選甘
泉賦白虎丨囷乎昆崙注○丨音屯亦積聚也後漢

馬融傳注○丨猶投擲也詩北門箋○一卒居後曰
丨周書武順○丨牟黍稷器也禮記內則丨牟卮匜
注○大陰在午歲名曰丨牂淮南天文○丨牂丨盛
牂壯也言萬物皆盛壯也淮南天文注○邱一成爲
丨邱爾雅釋邱○如覆丨者丨邱同上○今江東呼
地高堆者爲丨爾雅釋邱注○丨圄似虎而小一曰
仙人名也淮南俶眞騎蜚廉而從丨圄注○丨古文
惇同一切經音義二○丨與屯同文選甘泉賦丨萬
騎於中營兮注○丨當作屯詩常武箋○丨讀曰屯
漢書禮樂志集注楊雄傳上集注○讀丨爲純周禮
內宰出其度量灋制杜注○丨讀爲頓荀子禮論注
○丨一作敏史記蒙恬傳帝以高之丨於事也集解
引徐
廣
【暾】丨漸出貌也文選射雉賦丨出苗以入場徐注

【屯】丨聚也詩野有死麕箋純讀如丨釋文又廣雅釋
詁三又漢書禮樂志集注楊雄傳上集注又莊子
寓言火與日吾丨也釋文又文選謝靈運遊南亭詩
注引莊子司馬注又文選思元賦丨騎羅而星布舊
注○人所聚曰丨漢書陳勝傳集注○丨東也史記
蘇秦傳錦繡千純索隱引高誘○丨厚也國語晉語
厚之至也故曰丨注○丨滿也廣雅釋詁二○丨阜
也莊子至樂生于陵丨釋文引司馬注又列子天瑞
生於陵丨釋文○丨陳離騷丨余車其千乘兮注○
丨戍也管子輕重乙置丨籍農注○丨守也左傳哀
元年夫丨晝夜九日釋文○勒兵而守曰丨史記傅
靳蒯成傳將丨集解引律○丨亦郵也一切經音義
一引字書○故書丨或爲臀鄭大夫讀丨爲課殿杜
子春讀爲在後曰殿周禮鄉師巡其前後之丨注
豬其子謂之丨方言八○彘豬也其子曰丨小爾
【豚】雅廣獸○丨小豕也爾雅釋獸釋文引字林○丨

遁也太元瞢丨其埻注〇丨丨曰腯肥獨斷上〇丨丨主
內陰類也國語越語生女子二壺酒一丨注〇丨者
獸之微賤者也易象下傳丨魚吉注〇豚耳馬莧也
廣雅釋草〇豘亦丨字晉書音義下〇世人作豚或
豘或丨或豘並失之曹憲廣雅注
〇易中孚丨魚釋文丨黃本作遯

【村】通作邨〇邨國也廣雅釋詁四

【盆】甇甂自關而西或謂之丨方言五〇甇謂之丨廣
雅釋器〇丨謂瓦缶也莊子至樂莊子方踞箕鼓
丨而歌釋文〇丨以盛水儀禮士喪禮新丨槃瓶廢
敦重鬲皆濯注〇丨所以盛血周禮牛人共其牛牲
之互與其丨簝司農注〇丨炊器也禮記禮器盛于
丨注〇丨掩也禮記祭義釋文〇三丨手者三淹也
禮記祭義夫人繅三丨手注〇瓮與丨同晉書音義
上〇儀禮喪大記士倂瓦丨士喪禮注作士倂瓦槃

〇漢李翕析里橋郙閣
頌丨溢口滿溢通作丨

【奔】丨走也左氏宣二年傳既合而來丨服注又爾雅
釋言又國語晉語見王必下丨注又漢書武帝紀
集注又呂覽士節將出丨注〇丨者走也公羊隱元
年傳丨也注〇大路謂之丨爾雅釋宮〇丨猶逐也
穀梁宣十八年傳是以丨父也注〇丨獨赴也文選
舞鶴賦丨機逗節注〇丨猶疾也考工記弓人忿埶
以丨注〇丨變也有急變丨赴之也釋名釋姿容〇
丨亦落也文選謝靈運七里瀨詩徒旅苦丨峭注〇丨
丨走使令也國語魯語士有陪乘告丨走也注〇丨
奏使人歸趨之詩緜予曰有丨奏箋〇犇命謂丨走
來歸其命者荀子議兵犇命者不獲注〇丨命謂有
命卽丨赴之後漢張法滕馮度楊傳注〇擢選精勇
聞命丨丨走謂之丨命後漢宋均傳注〇喻德宣譽曰
丨奏詩緜傳〇丨不由媒氏也國語周語有三女丨

之注〇丨丨乘匹之貌詩鶉之丨丨序釋文引韓詩
〇丨觸唐突也文選西京賦駭瞿丨觸薛注〇丨佚
僵仆也列子仲尼先亟丨佚注〇震爲丨易渙丨其
机虞注〇流星大而疾曰丨爾雅釋天丨星爲彴約
舊注〇丨蜂小蜂也一名土蜂莊子庚桑丨蜂不能
化藿蠋釋文引司馬注〇丨蛇螣蛇也淮南覽冥後
丨蛇注〇犇古丨字漢書昭帝紀集注禮樂志集注
刑法志集注五行志中之上集注二見韓王信傳集
注衞青傳集注霍去病傳集注張延壽傳集注司馬
遷傳集注終軍傳集注楊惲傳集注胡建傳集注陳
湯傳集注二見丙吉傳集注匈奴傳上集注西南夷
傳集注元后傳集注王莽傳中集注王莽傳下集注
〇犇與丨同荀子議兵犇命者不獲注勞苦煩辱則
必犇注彊國舉去桀紂而犇湯武注〇古文驥今作
丨同一切經音義四〇丨或爲衍禮記內則丨則爲
妾注〇丨月或作宎肉淮南覽冥短娥竊以丨月注

書牧誓弗迓克丨史記周本紀作不禦克
犇〇書君奭傳胥附丨走釋文丨本作本
丨說也文選西京賦不可勝丨薛注〇丨綸也論

【論】語序名曰丨語集解釋文〇丨輪也同上〇丨次
也同上〇丨理也易象上傳君子以經丨荀注又禮
記王制必卽天丨釋文論語序名曰丨語集解釋文
〇丨猶理呂覽行論以堯爲失丨注〇丨之言倫也
詩靈臺於丨鼓鍾箋〇丨撰也論語序釋文〇丨思
也詩靈臺於丨鼓鍾傳〇丨知也淮南說山以近丨
遠注〇丨猶知呂覽直諫所以不可不丨也注〇丨
擇也國語齊語丨比協材注〇丨猶擇呂覽當染古
之善爲君者勞於丨人注〇丨謂討丨選擇之也荀
子王霸若夫丨一相以兼率之注〇丨猶丨量呂覽
論人此賢主之所以丨人也注〇丨決也後漢陳寵
傳注〇決罪曰丨後漢魯恭傳注〇丨除丨賢除吏
淮南兵略夫丨除謹注〇丨或爲倫荀子性惡少言

則徑而省丨而法注○易屯君子以經丨釋文丨本
作綸禮記中庸經丨天下之大經釋文丨本作綸
坤丨地也易說卦傳又國語周語遇乾之否注又家
語問禮吾得乾丨焉注埶轡此乾丨之美也注○
丨也者地也易說卦傳○丨土也左氏莊廿二年傳
又國語晉語○丨順也易說卦傳又國語晉語順以
訓之注○巛順也廣雅釋詁一○丨順也上順乾也
釋名釋地○丨柔易雜卦傳○巛柔也廣雅釋詁四
○丨母也國語晉語○丨臣也國語周語注○丨臣
道也易象下傳明出地上順而麗乎大明崔憬注○
丨陰物也易繫辭上傳○效法之謂丨同上○闔戶
之謂丨同上○乾丨物之始也大戴記保傅易之乾
巛注○巛與丨同晉書音義中○易坤釋文丨本作
巛詩采薇箋時丨用事釋文丨本作巛○詩天作箋
巛以節能釋文巛本作丨左傳昭
廿九年巛之剝釋文巛本作丨

昏丨日入也太元裝于丨注曹昏辰利于月注○
丨闇也旦明也日入後漏三刻爲丨日出前漏三
刻爲明文選新刻漏銘注引五經要義○丨冥也文
選雪賦時既丨注○丨明謂晝夜也文選勸進表臣
聞丨明迭用注○日至于虞淵是爲黃丨淮南天文
○丨闇也書大禹謨丨迷不恭傳又呂覽有度不丨
乎其所已知注又楚辭天問丨微遵迹注○丨暗也
莊子在宥遠我丨乎釋文○丨丨損也陽精損滅也釋
名釋天○丨沒也書益稷下民丨墊鄭注○丨代也
爾雅釋詁○丨迷呂覽誣徒丨於小利注○丨瞀書
益稷下民丨墊傳又後漢崔駰傳注○丨亂也書牧
誓丨棄厥肆祀弗荅傳又左氏昭十四年傳己惡而
掠美爲丨注又後漢馬融傳注又呂覽貴直先生之
老歟丨歟注又楚辭涉江固將重丨而終身注○丨
闇亂也國語晉語僮丨不可使謀注○若丨如闇昧丨
也老子我獨若丨注○丨無心之謂也莊子在宥遠

我丨乎釋文引司馬注○窈冥丨默皆了無也莊子
在宥至道之精窈窈冥冥至道之極丨丨默默注○
狂惑曰丨國語周語無夭丨札瘥之憂注○丨狂荒
之疾國語晉語君子失心鮮不夭丨注○己惡而掠
美爲丨左氏昭十四年傳○短折曰夭未名曰丨左
氏昭十九年傳札瘥夭丨注又賈注○未名曰丨後
漢周舉傳注○丨强也書盤庚上不丨作勞傳又爾
雅釋詁○丨夙夜之勉也爾雅釋詁孫注○丨亦陰
陽交時也白虎通嫁娶○丨者親迎之時也太元内
黃丨于飛注○士娶妻之禮以丨爲期因而名焉儀
禮目錄○丨其官名也詩召旻丨椓靡共箋○合丨
槿也文選新刻漏銘注引周處風土記○丨讀曰敃
敃勉也書盤庚上鄭注○
書盤庚釋文丨本作暋
婚通作昏○丨者昏時行禮故曰丨白虎通嫁娶○
婦之父曰丨言壻親迎用昏又恒以昏夜成禮也

釋名釋親屬○婦之父爲丨荀子富國丨姻娉内送
逆無禮注○婦之父曰昏左氏隱十一年傳如舊昏
媾注○妻父曰丨後漢順帝紀注○妻父曰昏左氏
昭廿五年傳爲父子兄弟姑姊甥舅昏媾姻亞注○
婦之父母壻之父母相謂丨姻爾雅釋親○婦之父
壻之父相謂昏姻詩我行其野昏姻之故箋○丨婦
家廣韻引字林○女氏稱昏壻氏稱姻儀禮士昏禮
記其以得爲外昏姻注○昏姻謂嫁取也壻曰昏妻
曰姻禮記經解昏姻之禮注○冠丨人之始也大戴
記保傅禮之冠丨注○大昏萬世之嗣也禮記哀公
問○昏禮享聘者所以別男女明夫婦之義也大戴
記盛德○昏禮者禮之本也禮記昏義○詩谷風宴
爾新昏列女傳賢
明作讌爾新丨
闇丨者守門之賤者也禮記祭統○丨守門者左氏
襄廿九年經丨弒吳子餘祭注○丨守門者也左

傳定二年丨乞肉焉釋文○丨人守門者禮記檀弓下丨人爲君在弗內也注○丨掌守中門之禁令也禮記內則丨寺守之注○丨主門者後漢張衡傳注○丨主門也文選思元賦叫帝丨使闢扉兮舊注○丨主門者也離騷吾令帝丨開關兮注○丨人主門易說卦傳爲丨寺宋注○丨人門人也儀禮燕禮丨人爲大燭於門外注○丨者何門人也刑人也公羊襄廿九年傳○丨人司昏晨以啟閉者刑人墨者使守門周禮天官序官丨人注○丨卽刖足者後漢宦者傳注○艮爲丨寺易說卦傳○艮爲丨丨守門人易艮厲薰心虞注○

古丨作熏字同上

【痕】丨腫也廣雅釋詁二○創瘢曰丨一切經音義十八引通俗文○丨瘡瘢也晉書音義下引字林○丨根也急相根引也釋名釋疾病○丨纂文作服同胡根反一切經音義十八

【根】丨本也淮南原道萬物有所生而獨知守其丨注○丨猶本也後漢伏侯宋傳注○丨者書之所謂柢也韓非子解老○丨柢下本也史記魯仲連鄒陽傳蟠木丨柢集解引張晏○丨謂盡其丨本後漢西羌傳注○丨始也廣雅釋詁一○丨元也老子是謂天地丨注又管子七法丨天地之氣注○法駕上所乘曰金丨車駕六馬獨斷下○三蓋車名耕丨車同上○天丨氐亢之閒也國語周語天丨見而水涸注○丨猶株也漢書楊雄傳上集注○丨生寄生也文選思元賦桑末寄夫丨生兮舊注

【恩】丨愛詩鴟鴞丨斯勤斯傳○丨者仁也禮記喪服四制○丨隱也廣雅釋詁四

【吞】丨咽也廣雅釋言○丨滅也廣雅釋詁四又國策西周策兼有丨周之意注秦策可以并諸侯丨天下注又楚辭天問而交丨揆之注○丨舟大魚也後漢杜篤傳注

【騵】騵馬白腹丨爾雅釋畜○騵馬白腹曰丨詩大明駟丨彭彭傳○丨騵馬白腹禮記檀弓上戎事乘丨注又家語五帝戎事乘丨注○赤馬白腹曰丨一切經音義十七引三蒼○黃馬白腹曰丨淮南主術騎丨馬而服駒駼注

【沅】丨水名出牂牁東北過臨丨縣至長沙入洞庭湖後漢光武帝紀下注○丨水出牂牁故且蘭東北經辰州潭州嶽州經洞庭湖入江也後漢南蠻傳注○丨水出廣漢後漢臧宮傳注○丨湘水名也離騷濟丨湘以南征兮注

【嫄】詩斯干箋妣先妣姜丨也釋文丨本作原周禮大司樂注先妣姜丨也釋文丨本作原○詩生民閟宮姜丨史記周本紀作姜原

【湲】潺丨水流貌也文選謝靈運七里瀨詩注引雜字

【媛】美女曰丨後漢列女傳注

【援】丨引也詩皇矣無然畔丨釋文又禮記緇衣不丨其所不及注又爾雅序丨據徵之釋文又廣雅釋詁一又漢書劉向傳集注酈食其傳集注路溫舒傳集注杜欽傳集注陳湯傳集注王吉傳集注蕭育傳集注孔光傳集注翟方進傳集注匈奴傳下集注外戚傳下集注又後漢隗囂傳注馮衍傳注又淮南精神夫造化之攫丨物也注又楚辭惜誦又何以爲此丨也注○丨猶引也爾雅釋獸猱猿善丨釋文○丨猶引也取也禮記儒行上弗丨注○丨牽引也荀子性惡不肖者敢丨而廢之注○丨持也淮南脩務丨豐條注○丨謂牽持之也禮記中庸不丨上注○丨助也左氏宣十八年傳使我殺嫡立庶以失大丨者

仲也夫服注又國策秦策楚國丨也注楚人丨韓以拒秦注又文選關中詩偏師作丨注○丨攀也呂覽下賢莫之丨也注○丨所攀丨以爲助也國語魯語夫爲四鄰之丨注○丨直刃也考工記冶氏丨四之司農注又後漢呂布傳注○爾雅釋訓注所以結好丨釋文丨本作媛○史記六國年表義渠來賂繇諸乞丨集解曰一作爰○詩皇矣無然畔丨漢書敘傳注作無然畔換

膰 通作燔○丨祭肉左氏僖廿四年傳天子有事丨焉注又家語子路初見若致丨於大夫注○燔祭肉也左氏襄廿二年傳與執燔焉釋文○丨祭餘肉也後漢列女傳注○脤丨社稷宗廟之肉周禮大宗伯以脤丨之禮親兄弟之國注○丨肉也廣雅釋器○繙肉也廣雅釋器○周禮內饔注肉物胾丨之物釋文丨本作燔○穀梁定十四年傳熟曰丨釋文丨本作膰

蹯 貍狐貓狗醜其足丨爾雅釋獸○丨足也廣雅釋獸○丨掌也周禮服不氏注熊丨不熟釋文左氏文元年傳請食熊丨而死釋文又公羊宣六年傳熊丨不熟注又爾雅釋獸其足丨釋文又國語楚語願食熊丨不獲而死注○丨古文作丣爾雅釋獸其足丨釋文

燔 丨炙也儀禮有司徹次賓羞羊丨注又禮記少儀丨亦如之注○丨炙肉也儀禮特牲饋食禮兄弟長以丨從注○丨炙謂炙肉也文選東京賦丨炙芬芬薛注○傅炙者爲丨孟子告子下丨肉不至注○傳火曰丨詩生民載丨載烈傳○加火曰丨詩瓠葉炮之丨之傳又家語問禮以炮以丨注○丨加於火上禮記禮運以炮以丨注○腥曰脤熟曰丨公羊定十四年傳○丨用肉詩行葦或丨或炙箋○丨丨肉也詩楚茨或丨或炙箋○丨取膟膋詩楚茨傳○丨從於獻酒之肉炙也周禮量人制其從獻脯丨之數

鼂注○丨乾也廣雅釋詁二○丨燒也史記平津侯主父傳丨其蘢城索隱又漢書藝文志集注嚴安傳集注又莊子盜跖抱木而丨死釋文又列子黃帝藉芿丨林釋文○丨焚也漢書宣帝紀集注儒林傳集注○丨猶焚也爾雅釋天釋文○祭天曰丨柴爾雅釋天○重丨猶重然也文選海賦熺炭重丨注○左氏襄廿二年傳與執丨焉釋文丨本作膰

爰 集韻鶢通作爰○丨曰也詩凱風丨有寒泉箋碩鼠丨得我所箋鴻鴈丨及矜人傳鶴鳴丨有樹檀箋四月丨其適歸箋公劉丨方啟行箋丨衆丨有箋又爾雅釋詁又漢書禮樂志集注司馬遷傳集注又太元元數丨質所疑沛○丨于也書盤庚上既丨宅于茲鄭注又詩卷阿亦集丨止箋又爾雅釋詁又漢書外戚傳下集注○丨於也書咸有一德丨革夏正傳盤庚上既丨宅于茲傳無逸丨暨小人鄭注又詩擊鼓丨居丨處箋桑中丨采唐矣傳皇皇者華周丨咨諏箋采芑亦集丨止箋斯干丨居丨處丨笑丨語箋緜丨及姜女箋周丨執事傳又儀禮士冠禮丨字孔嘉注又左氏文四年傳丨究丨度注宣十二年傳丨其適歸注又爾雅釋詁又漢書食貨志上集注五行志上集注又後漢梁統傳注又荀子賦丨有大物注又楚辭天問眩妻丨謀注陽離丨死注而館同丨止注有莘丨極注南土丨底注伏匿穴處丨何云注○丨於及也史記司馬相如傳丨周郅隆索隱○丨於是也文選思元賦丨整駕而亟行舊注○丨丨緩也爾雅釋訓○丨丨緩意詩兔爰有兔丨丨傳○丨換也史記司馬相如傳索隱引韋昭又漢書張湯傳集注○丨易也左氏僖十五年傳晉於是乎作丨田服注又小爾雅廣詁又史記酷吏傳傳丨書集解引蘇林○丨愁也廣雅釋詁二○丨哀也方言十二○丨恚也楚曰丨不欲譍而強畣之意也方言六○丨

發蹤之貌也一切經音義廿三引韓詩○｜居雜縣爾雅釋鳥○｜居雜縣也國語魯語海鳥曰｜居注○｜居海鳥也爾雅釋鳥李注○鶢鶋鳥也似鳳文選吳都賦鶢鶋避風劉注○書洪範土｜稼穡史記宋微子世家作土曰稼穡○詩四月｜其適歸家語辨政作奚其適歸○爾雅釋鳥釋文｜本作鶢○漢書古今人表狐｜呂氏春秋作狐援師古曰卽狐咺

薠 ｜讀猿猴蹯噪之蹯狀如葴葴如葭也淮南覽冥路無莎｜注

蘩 ｜皤蒿爾雅釋草又左氏隱三年傳蘋｜蕰藻之菜注○｜皤蒿也詩采蘩于以采｜傳○｜白蒿也所以生蠶詩七月采｜祁祁傳○｜之醜秋爲蒿爾雅釋草○｜莚葵爾雅釋草○采｜言國君夫人不失職儀禮鄉飲酒禮乃合樂注燕禮遂歌鄉樂注○詩采蘩釋文｜本作繁爾雅釋草｜由胡釋文｜本作繁

幡 ｜反也孟子萬章下既而｜然改曰注○｜亦藩也呂覽觀表綠圖｜薄注○｜猶翩翩也詩巷伯捷捷｜｜傳○｜｜失威儀也詩賓之初筵威儀｜｜傳○｜｜瓠葉貌詩瓠葉｜｜傳○｜纚偏｜也史記司馬相如傳落英｜纚集解引郭璞○｜飛揚貌也史記司馬相如傳索隱○｜與翻同孟子萬章下音義引張音又荀子大略君子之學如蛻｜然遷之注

墦 ｜冢也廣雅釋邱○｜閒郭外冢閒也孟子離婁下卒之東郭｜閒之祭者注

繙 ｜煩冤也莊子天道于是｜十二經釋文引司馬注

轓 ｜車箱也畫爲文彩後漢董卓傳注○｜車之蔽也漢書景帝紀注引聲類○｜輿也小爾雅廣言○｜箱也廣雅釋器文後漢蔡邕傳注○水碓曰｜車廣韻十八隊引通俗文○｜音藩義同晉書音義上

番 ｜更代也列子湯問迭爲三｜釋文○｜氏詩十月之交｜維司徒箋○｜禺山海經謂之賁禺者也水經泿水注○詩十月之交箋非此篇之所謂｜也釋文｜本作潘韓詩作繁○左傳襄四年注曾國｜縣東南釋文｜本作蕃○無極山碑鳥獸草木｜茂隆口白石神君碑永永｜昌蕃皆作｜

璠 璵｜魯之寶玉當音餘煩江南皆音藩屏之藩顏氏家訓音辭

反 ｜治也廣雅釋詁三○｜讀曰幡漢書谷永傳集注○｜讀曰翻漢書張安世傳集注

諼 集韻諼亦作諠萲通作諼○｜忘也詩淇奧終不可｜兮傳考槃永矢弗｜箋又禮記表記注少詐

｜釋文又爾雅釋訓○萲忘也爾雅釋訓○諠忘也禮記大學終不可諠兮注又漢書敘傳上集注引應劭○諠草忘憂也文選謝惠連西陵遇風詩注引韓詩章句○｜草令人忘憂詩伯兮焉得｜草傳○｜詐也禮記少儀注覆｜之也釋文少｜詐釋文公羊僖廿一年傳注謂｜劫質諸侯釋文又文三年傳爲｜也注又漢書師丹傳集注○｜欺也廣雅釋詁二○諠言語詾詾往來也一切經音義四引三蒼○｜｜譁禮記少儀注釋文○諠譁也諠聲也驚呼也一切經音義十二引聲類○古文｜譁二形今作諠同一切經音義廿二○諠與喧同晉書音義中○諠古文作吅又作讙同一切經音義廿二○詩伯兮焉得｜草釋文｜本又作萱或作蘐○詩伯兮焉得｜草說文艸部作安得藼艸韓詩作焉得諠草爾雅釋訓釋文作焉得萲草○詩淇奧終不可｜兮禮記大學作終不可諠兮○平輿令薛君碑永矢不愃｜作愃

○衙方碑國外浮誒誒郎丨讙字

狟 一作狟○丨獸名詩伐檀胡瞻爾庭有縣丨兮傳○貉子曰丨丨詩伐檀箋又初學記引劉楨毛詩義問○丨貆也周禮草人鹹潟用丨注○丨豪豬也山海經北山經譙明之山有獸焉其狀如丨而赤豪注○狟狟豚也淮南齊俗狟狢得埵防注○毫彘狟豬也狟或作貆山海經西山經竹山毫彘注

哼 丨丨以已悔人也莊子肱篋丨丨已亂天下矣注○丨丨以己誨人之貌莊子肱篋而悅夫丨丨之意釋文○丨丨多言家語五儀無取丨丨注○丨丨少智貌莊子肱篋釋文引司馬注○丨丨重遲之貌詩大車大車丨丨傳○丨與諄同荀子哀公無取口丨注○詩大車大車丨丨廣韻作大車嗷嗷○莊子肱篋釋文丨向本作哼

焞 焞明也廣雅釋詁四○丨丨近日月之貌也國語晉語天策丨丨注○丨丨無光燿也左氏僖五年傳天策丨丨注○詩采芑嘽嘽丨丨釋文丨本作哼

塤 壎同○丨燒土爲之大如鴈卵周禮小師掌教鼓鼗柷敔丨簫管絃歌注○壎以土爲之大如鴈子其上爲六孔呂覽仲夏調竽笙壎篪注○丨燒土爲之大如雁子有六孔後漢明帝紀注○丨燒土爲之也風俗通聲音○丨六孔周禮小師司農注○土曰壎詩何人斯伯氏吹壎傳○土曰丨白虎通禮樂引樂記又風俗通通聲音○坤爲丨淮南天文涼風至注○壎坎音也白虎通禮樂引樂記○壎之爲言薰也陽氣於黃泉之下薰烝而萌白虎通禮樂○丨喧也聲濁喧喧然也釋名釋樂器○壎音如諠譁之諠山海經大荒東經有壎民之國注○壎篪或爲簨虡禮記樂記聖人作爲鞉鼓椌楬壎篪注

鴛 丨鴦匹鳥詩鴛鴦丨鴦于飛傳又後漢馬融傳注○丨鴦於袁烏艮反一切經音義二引字林

掀 丨舉也左氏成十六年傳乃丨公以出於淖注又廣雅釋詁一○丨舉出也火氣也左氏成十六年傳釋文引字林○丨引也左氏成十六年傳丨公出于淖釋文

鞬 丨弓弢也國語晉語右屬櫜丨注○丨弓藏也廣雅釋器○藏弓爲丨後漢南匈奴傳注○藏弓謂之丨後漢董卓傳注○所以藏弓謂之丨方言九○弓韔謂之丨續漢禮儀志注引通俗文○丨弓衣左氏僖廿三年傳右屬櫜丨釋文○丨箭服也後漢西羌傳注○丨以藏箭後漢馬融傳注○馬上曰丨丨建也弓矢並建立於其中也釋名釋兵○丨猶束也後漢崔寔傳注

昆 晜同○晜兄也爾雅釋親○丨兄也詩葛藟謂他人丨傳又儀禮喪服丨弟注又國語吳語其父子丨弟不相能注又漢書敘傳上集注引孟康又後漢張衡傳注又文選思元賦雖逢丨其必噬舊注○丨兄也謂兄爲丨丨明也尊而言之也論語先進人不閒於其父母丨弟之言皇疏○兄之子弟之子相謂爲從父晜弟爾雅釋親○從母之男子爲從母晜弟同上○丨弟四體也儀禮喪服傳○丨明也禮記王制丨蟲未蟄注又釋名釋親屬○丨同也漢書楊雄傳上集注又太元元攡理生丨羣注○丨也同太元元錯○丨大同太元元衡○丨渾也太元中丨侖旁薄幽注元數丨侖天地注○丨衆也漢書成帝紀集注又後漢孔融傳注○丨者衆也大戴記夏小正丨小蟲抵蚳傳○丨盛也廣雅釋詁二○丨寬裕太元元錯○晜後也爾雅釋親孫注○丨後也書大禹謨丨命于元龜傳又左氏哀十八年傳丨命於元龜注又爾雅釋言又國語晉語使寡君之紹續丨裔注又楚辭大招正始丨只注○丨裔皆後世也文選吳都

賦虞魏之丨顧陸之裔劉注○來孫之子爲晜孫爾
雅釋親○來孫之子曰丨孫丨貫也恩情轉遠以禮
貫連之耳釋名釋親屬○丨吾古王者號山海經大
荒南經白淵丨吾之師所浴也注○丨彌西域國也
後漢杜篤傳注○丨山丨侖也淮南詮言丨山之玉
瑱注○丨侖山名後漢明帝紀注○丨侖山名在西
北其高萬九千里河之所出淮南原道蹈騰丨侖注
○丨吾山名谿水內出善金山海經大荒南經注○
丨吾之邱此山出名金也山海經海內經有九邱曰
丨吾之邱注○丨吾龍劒也列子湯問西戎獻丨吾
之劒注○丨蟲謂溫生寒死之蟲也禮記祭統丨蟲
之異注○丨蟲暑生寒死螟螽之屬爲害者也禮記
郊特牲丨蟲毋作注○蚰蟲之總名也爾雅釋蟲釋
文○蜫古文蚰同一切經音義九○丨讀曰混漢書
鼂錯傳集注○爾雅釋親注謂兄爲晜釋文晜本作
丨○史記惠景閒侯者年表侯公孫丨邪漢書丨作

渾○丨蟲或作鬼神淮南主術禽獸丨蟲與之陶化
注○綏民校尉碑以示後緄丨作緄○張休涯涘銘
宜乎丨侖峴
崘作丨侖

琨 丨丨璧也文選思元賦獻環丨與琛縭兮舊注○瑤
丨皆美玉書禹貢瑤丨篠簜傳○丨美石也書禹
貢釋文○丨瑤皆美石也文選吳都賦其琛賂則丨
瑤之阜劉注○書禹貢瑤丨篠簜漢書地理志作瑤
瑻筱簜○名丨自稱
爲衮顏氏家訓音辭

鶤 鶤同○雞三尺爲鶤爾雅釋畜○丨丨雞楚辭大
招丨鴻羣晨注○丨鷄鳥也好鳴文選吳都賦丨
鷄鶤鳴劉注○鶤雞水鳥太元裝鶤雞朝飛注○鶤
卽丨雞也文選西京賦注引穆天子傳注○鶤雞鳳
皇之別名淮南覽冥軼鶤雞於姑餘注○丨與鶤同
文選西京賦翔鶤仰而不逮注南都賦鸕鶤丨鸕注

○爾雅釋畜釋
文鶤本作丨

鯤 丨魚子爾雅釋魚又禮記內則濡魚卵醬實蓼注
又文選西京賦攡丨鮞薛注○丨魚子也國語晉
語魚禁丨鮞注○凡魚之子總名丨也爾雅釋魚注
又李注○北冥有魚其名爲丨莊子逍遙遊○有魚
焉其廣數千里未有知其脩者其名爲丨同上○丨
大魚名也莊子逍遙遊釋文○丨鯨魚也列子湯問
其名爲丨釋文○丨或
作攔也禮記內則注

緼 丨赤黃色也禮記玉藻士佩瓀玟而丨組綬注○
丨赤黃之閒色所謂韎也禮記玉藻一命丨韍幽
衡注○丨亂也
廣雅釋詁三

捫 丨持也詩抑莫丨朕舌傳○丨撫持也一切經音
義三引字林○丨摸也一切經音義三引聲類又

史記高帝紀乃丨足曰索隱又漢書高帝紀上集注
司馬相如傳上集注又後漢和熹鄧皇后紀注又素
問舉痛論丨而可得柰何注○丨循謂手摸素問離
合眞邪論必先丨而循之注○丨猶循也素問舉痛
論
注

蓀 丨香草也楚辭抽思數惟丨之多怒兮注又文選
上林賦葴持若丨郭注

飧 熟食曰丨詩伐檀不素丨兮傳又儀禮聘禮宰夫
朝服設丨釋文○孰食曰丨國語周語膳宰致丨
注晉語僖負羈饋丨置璧焉注○丨熟食謂黍稷也
詩大東有饛簋丨傳○饔丨熟食也夕曰丨孟子滕
文公上饔丨而治注○丨夕食也周禮宰夫掌其牢
禮委積膳獻飲食賓賜之丨牽注○丨食也周禮司
儀致丨如丨積之禮注○丨客始至之禮周禮外饔
凡賓客之丨饔饗食之事注○丨客始至所致禮周

禮宰夫注○丨者客始至王人所致之禮也詩大東
箋○丨客始至致小禮也周禮掌客丨五牢注○小
禮曰丨周禮司儀致丨如致積之禮注○食不備禮
曰丨儀禮聘禮宰夫朝服設丨注○小飯曰丨史記
淮陰侯傳將傳丨集解引如淳○丨者美主人之食
也禮記玉藻客丨主人辭以疏注○丨勸食也禮記
玉藻君未覆手不敢丨注○丨水澆飯也詩伐檀釋
文引字林○丨散也投水於中解散也釋名釋飲食
○丨讀如魚丨
之丨詩伐檀箋

惇 丨厚也爾雅釋詁又書舜典丨德允元傳洛誥丨
宗將禮鄭注又國語晉語守學彌丨注鄭語以淳
燿丨大注又漢書成帝紀集注公孫宏傳集注王莽
傳中集注又後漢班彪傳下注○丨史史丨厚是也
禮記內則皆有丨史注○丨丨仁厚之貌也後漢第
五倫傳注○惇信也廣雅釋詁一○丨信也燕曰丨

方言七○丨亦誠信貌方言七注○丨古文敦同一
切經音義一引蒼頡解詁○書皐陶謨丨敍九族史
記夏本紀作敦序九族禹貢終南丨物夏本紀作終
南敦物○書舜典丨德史記五帝紀作厚德○三公
山碑有終南之
敦物丨作敦

芚 丨丨然無知而直往之貌莊子齊物論聖人愚丨
注○丨渾沌不分察也莊子齊物論釋文引司馬
注○丨厚貌也莊子齊物論釋文引
崔注○丨束也莊子齊物論釋文

賁 丨憤怒也禮記樂記而虎丨之士說劒也注○丨
丨丨爭鬭惡視也禮記表記鶉之丨丨注○丨謂氣
奔也素問繆刺論無故善怒氣上走丨上注○虎丨
先儒言如猛虎之奔孟子盡心下虎丨三千人音義
引丁音○丨丨鶉火星貌也國語晉語鶉之丨丨注
○丨丨鳥星之體也左氏僖五年傳鶉之丨丨注○

禮記大學一言丨
事釋文丨本作僨

崙 侖論也太元中昆侖旁薄幽注元數昆侖天地注
○侖音論說之論山海經南山經侖者之山注○
爾雅釋邱三成爲崑丨邱周
禮司儀注作三成爲昆侖邱

髡 丨剔也楚辭涉江接輿丨首兮注○鑿顛者丨列
女傳辯通○丨梱爾雅釋木○丨屯醜牛貌淮南
說山丨屯犁牛注○丨當作完周禮掌戮丨者使守
積司農注○左氏成十年鄭釐公名丨頑穀梁丨作
頵史記十二諸侯年表丨作惲○穀梁襄七年鄭伯
丨頑如會釋文丨本作頵又作郡禮記王制注丨者
釋文丨本作完○周禮掌戮丨者使
守積漢書刑法志作完者使守積

惛 惛凝也廣雅釋詁三○丨不明也國策秦策皆丨
於教注○丨迷丨也列子黃帝以黃金樞者丨注

○惛謂迷惛也方言十惃愍頓愍惛也注○惛亦不
憭也詩民勞釋文○丨猶悶也後漢張衡傳注○丨
丨微暗貌管子四時六丨丨注○丨憊猶晦瞑也荀
子賦往來丨憊注○丨亂也大戴記曾子立事怒之
而觀其不丨也注○惛惛亂也廣雅釋訓○惛怓大
亂也詩民勞以謹惛怓傳○名失則丨大戴記虞戴
德○惛怓讙譁也詩民勞箋○惛讀憂悶之悶呂覽
本生下爲匹夫而不惛注○左傳文元年注言丨亂
之人釋文
丨本作昏

跟 足後曰丨又謂之踵釋名釋形體○足後曰丨在
下方著地一體任之象木根也釋名釋形體○丨
踵也文選思元賦跕焦原而丨趾
舊注○丨足踵也後漢張衡傳注

垠 丨厓也廣雅釋邱○丨塄端崖也文選西京賦注
引淮南許注

今呼重蠶爲丨爾雅釋言原再也注

輓 丨柳車也廣雅釋器

橾 橾摴蒲采名也一切經音義十三引文字集略

健 亦作飦○飦饘也廣雅釋器○飦音揵牛之揵穆天子傳三諸飦獻酒于天子注

騬 丨去畜勢也廣韻引字林

軘 丨車兵車名左氏宣十二年傳使丨車逆之注○丨車戎者所乘也釋名釋車○丨車屯守之車左氏宣十二年傳服注

樻 篋丨也究豫之閒謂之丨方言五○丨所以巖飾之管子霸形於是今之縣鐘磬之丨注

蘊 丨藻之類也顏氏家訓書證引郭注三蒼

唔 丨丨目所不見法言問神著古昔之丨丨注

輥 輿革前謂之丨爾雅釋器○輿車前以革爲飾曰丨爾雅釋器李注

甗 丨如甑一孔儀禮少牢饋食禮廩人概甑丨匕與敦于廩爨注○甑自關而東謂之丨方言五○丨玉丨穀梁成二年傳以紀侯之丨來注○丨玉甑公羊成二年傳與我紀侯之丨注

緷 百羽謂之丨爾雅釋器○丨束也廣雅釋詁三○丨大束也爾雅釋器釋文引埤蒼又周禮大卜釋文引字林

犍 丨從牛也一切經音義十一引字林○丨犗也一切經音義十三引字書○丨割也一切經音義十四引字書○以刀去陰曰丨一切經音義十四引通俗文○丨音如丨牛之丨山海經北山經單張之山有獸焉名曰諸丨注○丨字書作犍同居言反一切經音義十三

杬 丨魚毒爾雅釋木○丨大樹也文選吳都賦緜丨杶櫨劉注○丨椹也廣雅釋器○爾雅釋木釋文丨本作芫

羱 丨如羊爾雅釋獸○丨野羊大角者也爾雅釋畜釋文引字林

芫 丨華中藥山海經中山經首山草多芫丨注

蚖 丨五丸反蠑丨蛇醫也爾雅釋魚釋文引字林○丨古文螈同一切經音義六○丨木名也管子地員其木宜丨菕與杜松注

袁 左氏成二年及齊國佐盟于丨婁穀梁作爰婁○左氏僖四年齊人執陳丨濤塗釋文丨本作轅

洹 丨水出晉魯之閒水經注九引字林

蹯 丨小蒜也文選南都賦諸蔗薑丨注

蠜 負丨蟅也廣雅釋蟲○爾雅釋蟲阜螽丨釋文丨本作螌

笲 丨竹器名儀禮士喪禮貝三實于丨注○丨竹器而衣者其形蓋如今之筥䈂籚矣儀禮士昏禮婦執丨棗栗自門入注○丨器名以葦若竹爲之其形如筥衣之以青繒以盛棗栗脯脩之屬禮記昏義婦執丨釋文○丨器名儀禮聘禮巷幣實于丨釋文

咺 丨寬綽貌列子力命嘽丨釋文○丨寬閒心腹貌同上○國策齊策齊負郭之民有孤狐丨者呂覽

貴直作狐援漢書古今人表作狐爰

㬰 丨井無水一皮反左氏宣十二年釋文引字林○丨井廢井也左氏宣十二年傳目于丨井而拯之釋文

鶵 丨鶵鸞鳳之屬也莊子秋水南方有鳥其名丨鶵釋文引李注○丨鶵鳳類也文選吳都賦丨鶵擾其閒劉注○李翊夫人碑顏顏悲兮涕隕零丨鶵作顏顏

蜿 丨丨蝹蝹也廣雅釋訓○丨丨蝹蝹龍形貌也文選西京賦狀丨丨以蝹蝹薛注

樠 丨木木名左氏莊四年傳卒於丨木之下注○丨丨謂脂出丨丨然也莊子人閒世以爲門戶則液丨丨釋文引司馬注

崑 邱三成爲丨崙邱爾雅釋邱○三成曰丨崙邱如丨崙之高而積重也釋名釋邱○丨崙山名也文選蜀都賦北指丨崙劉注○丨崙乃西方之山後漢張衡傳注○丨崙山河源所從出楚辭河伯登丨崙兮四望注○丨崙之邱是實惟帝之下都山海經西山經○海內丨崙之墟言海內者明海外復有丨崙山山海經海內西經海內丨崙之墟注○丨崙墟在西北去嵩高五萬里地之中也水經河水○丨崙之山三級下曰樊桐一名板桐二曰元圃一名閬風上曰層城一名天庭是爲大帝之居水經河水注引崑崙說○阿耨達太山即丨崙山海經大荒東經○丨崙即阿耨達山也水經河水注○丨猶高也後漢荀爽傳注○周禮大司樂地示則主丨崙釋文丨崙本作混淪○莊子大宗師堪坏得之以襲崐崘釋文崐本作崐○爾雅釋邱三成爲丨崙邱周禮司儀注作三成爲昆侖邱

轀 丨輬柳車也廣雅釋器

璊 丨頳也詩大車毳衣如丨傳○詩大車毳衣如丨說文毛部作毳衣如璊

虋 俗作虋詩作穈○丨赤苗爾雅釋草○穈赤苗也詩生民維穈維芑傳○虋冬一名滿冬今作門俗作耳山海經中山經條谷之山其草多虋冬注○丨丨七昆反爾雅釋草釋文引字林○爾雅釋草釋文丨丨本作虋蘠蘼丨冬釋文丨本皆作門亦作虋

亹 丨山絕水也詩鳧鷖鳧鷖在丨傳○丨者水流夾山岸若門晉書音義上○丨者水流夾山閒兩岸深若門也後漢馬援傳注○丨之言門也詩鳧鷖箋

嶟 丨丨山貌漢書楊雄傳音義引字林

臀 說文作屍○丨尻也玉篇引聲類又國語周語故名之曰黑丨注○丨殿也高厚有殿遌也釋名釋形體○屍微也廣雅釋詁四○坎爲丨易夬丨无膚虞注姤丨无膚虞注○故書臀作脣考工記㮚氏其丨一寸注

庉 風與火爲丨爾雅釋天○丨丨熾盛之貌爾雅釋天注○丨舍也廣雅釋室○爾雅釋天釋文丨本作炖

湓 丨水名見潯陽記晉書音義上

棔 丨表也廣雅釋詁四○丨順也廣雅釋詁一

噴 丨吒也一切經音義十三引蒼頡○丨沫跳沫也文選長笛賦濆瀑丨沫注○丨古文歕同一切經

音義十三

【拫】丨引也廣雅釋詁一

【純】丨束也國策秦策錦繡千丨注○丨束猶包之也詩野有死麕白茅丨束傳○丨繒法言孝至被我丨繢注○丨疋端名也穆天子傳三錦組百丨注○丨讀如屯詩野有死麕箋

以下據【源】丨度也廣雅釋詁一

○廣韻録

【䬧】丨餌也廣雅釋器○餌或謂之丨方言十三

【瀿】楚人謂水暴溢爲丨文選江賦注引淮南許注

【羳】丨羊黃腹爾雅釋畜

經籍纂詁　卷十三　十三元　張至卷　四十一

【鐇】丨椎也廣雅釋詁二○丨鏟也後漢杜篤傳注引埤蒼

【襎】丨幞也廣雅釋器

【喛】丨恚也秦晉曰丨不欲膺而強畣之意也方言六○丨哀也方言十二

【愋】丨知也方言十二○丨智也廣雅釋詁三

【翻】丨飛也廣雅釋詁三○丨丨飛也廣雅釋訓

【蝖】蝖螬自關而東或謂之丨螜方言十一

【䭴】丨貪也廣雅釋詁二

【䄅】丨幞也廣雅釋器

【轓】丨軬也廣雅釋詁三○丨還也廣雅釋詁四

【鱕】東人謂斧斤之斤爲丨文選吳都賦鰌龜丨鯌劉注

【籓】丨箕也廣雅釋器

【𩪠】集韻或作腱○腱筋之大者禮記内則釋文引隱義○腱筋頭也楚辭招魂肥牛之腱注○丨筋鳴也集韻引字林

【赶】丨走也管子君臣下心道進退而刑道滔丨注○舉尾走曰丨一切經音義十六引通俗文○丨謂逡巡曲也管子君臣下心道進退而刑道滔丨注

【梱】未判爲丨一切經音義十二引纂文○合薪曰丨一切經音義四引通俗文○丨古文鯤同一切經

經籍纂詁　卷十三　十三元　轓至騉　四十二

音義十二

【𤟤】丨子猨類文選吳都賦丨子長嘯劉注

【忶】心亂曰丨一切經音義二十引通俗文

【捆】丨全物者也一切經音義四引三蒼

【菎】丨薔也廣雅釋草○丨玉或言丨蕗今之箭囊也楚辭招魂丨蔽象棊注

【惃】丨亂也廣雅釋詁三

【猑】丨䮰野馬也後漢馬融傳注

【騉】丨蹄趼善陞甗爾雅釋畜○丨駼枝蹄趼善陞甗同上○丨蹄者涸蹄也爾雅釋畜舍人注○爾雅

釋畜釋文

丨本作昆

殟 丨病也廣雅釋詁一○丨極也廣雅釋詁一

豱 豕奏者丨爾雅釋獸

𤬪 𤬪蛌瓜屬也廣雅釋草

𪉩 丨鹽也廣雅釋器

涒 太歲在申曰丨灘爾雅釋天○太陰在申歲名曰丨灘淮南天文○歲在申名丨灘丨大也灘循也萬物皆大循其情性也呂覽序意歲在丨灘注○丨大灘修也言萬物皆修其精氣也淮南天文丨灘之歲注○言萬物皆循精氣故曰丨灘爾雅釋天李注○丨灘萬物吐秀傾垂之貌爾雅釋天孫注○丨灘

誇人短舌不能言爲丨灘也呂覽序意注

䵍 集韻或作𪏁○𪏁黃也廣雅釋器○丨讀曰車笔之笔鉅姓腹丨字也呂覽去私墨者有鉅子腹丨注

𣪠 丨擊也廣雅釋詁三

忳 丨自念貌離騷丨鬱邑余侘傺兮注○丨丨憂貌也楚辭惜誦中悶瞀之丨丨注

菕 丨木名也管子地員其木宜蚖丨與杜松注

豤 丨減也廣雅釋詁二

殙 丨病也廣雅釋詁一○丨極也廣雅釋詁一○殙歺也廣雅釋詁三○丨音悶謂絕氣之悶呂覽論威死丨之地注

衮 熅同○丨熻也廣雅釋詁二○熅熅也廣雅釋詁四

○以下據集韻録

魭 丨當作黿書大傳河丨注

揵 丨舉也史記司馬相如傳丨鰭擢尾正義

𩦹 丨止也廣雅釋詁三

揾 丨抐没也類篇引字林

涽 丨丨思慮昏亂也荀子賦丨丨淑淑注

炖 丨赫也方言十三

○以下附録

𩏽 丨復貌管子白心丨乎其圜也丨丨乎莫得其門注

幡 丨讀作翻列子周穆王丨校四時釋文

經籍籑詁卷第十三

經籍籑詁卷第十三補遺　上平聲

兵部侍郎兼都察院右副都御史巡撫浙江等處地方提督軍務兼理糧餉阮元纂

十三元

元 說文丨始也从一从兀○丨始周髀算經下天以元更丨作紀麻注○丨者氣之始禮記禮運必以天地爲本疏○丨者吉之始也呂覽召類○丨者始也首也左氏昭十二年傳疏○丨者始也長也左氏隱元年傳惠公丨妃孟子疏襄九年傳疏○丨長也左氏僖廿七年傳謀丨帥疏襄四年傳注丨侯牧伯疏九年傳注史據周易疏又漢書高帝紀上魯丨公主注引服虔○丨善之長也左氏昭十二年傳又漢書律麻志上○丨者善之長也儀禮既夕禮丨士則葬用輁軸疏○丨體之長也漢書律麻志上○丨者氣

之本善之長穀梁隱元年傳疏○丨者氣之本也善之長也左氏隱元年經注欲其體丨以居正疏○丨善也言其善於事也左氏文十八年傳謂之八丨疏○丨善也艮也文選思元賦幸二八之遌虞兮注○丨丨善意也漢書文帝紀以全天下丨丨之民注武帝紀勸丨丨注○丨大也易彖上傳其惟丨永貞乎疏又書酒誥惟丨祀疏引顧氏又左氏宣十二年傳注丨戎疏成十八年傳魏絳爲司馬疏昭十三年傳丨戎十乘疏○丨者辭之所謂大也漢書董仲舒傳○丨侯大國之君也儀禮士相見禮注天子所以享丨侯也疏○丨氣也文選幽通賦渾丨運物曹注○丨丨尊天也漢書禮樂志惟泰丨尊注引李奇○丨首君也書益稷丨首起哉傳○天子之士獨稱丨士何士賤不得體君之尊故加丨以別於諸侯士也白虎通爵○丨士謂天子之士儀禮既夕禮疏○丨妃嫡夫人也左氏文二年傳娶丨妃以奉粢盛注昭八年

傳陳哀公丨妃注○上美爲丨易坤黃裳丨吉干注○丨者端也公羊隱元年傳丨者氣也疏引春秋說

原 一作邍○丨謂水泉之本也說文邍高平之野人所登从辵备彔闕漢書食貨志下猶塞川丨爲潢洿也注五行志下之上丨必塞注○水本曰丨漢書司馬相如傳下乃堙洪丨注○丨本也禮記王制必丨父子之親疏又呂覽本味冀州之丨注又文選洞簫賦注引廣雅○丨謂思其本也漢書劉向傳丨秦魯之所消以爲戒注○丨謂尋其本也漢書薛宣傳丨心定罪注○高平曰丨周禮遂大夫注善相丘陵阪險丨隰土地所宜疏又漢書地理志上丨隰底績注○丨丨平高地也史記夏本紀丨隰底績正義○廣平曰丨漢書貨殖傳於是辯其土地川澤丘衍沃丨隰之宜注○丨隰者地形高下之別名詩載芟箋丨隰謂新發田也疏○丨丨也易比丨筮元永貞于注

源 說文厵水泉本也从灥出厂下原篆文从泉○丨水泉之本漢書禮樂志猶濁其丨而求其清流注○丨水本也文選文賦或沿波而討丨注○丨爲委本禮記學記或丨也疏○衆水始所出爲百丨禮記月令命有司爲民祈祀山川百丨注○孟子萬章上故丨丨而來說文作源源

黿 說文丨大鼈也从黽元聲○丨者元也續漢五行志五注○丨似鼈而大也漢書五行志下之上蔡化爲丨注○丨蝱蜴也漢書五行志下之上注引韋昭

園 說文丨所以樹果也从口袁聲○丨者種菜殖果之處詩騶虞序丨囿之樂焉疏○種樹曰丨一切經音義十九引三蒼○丨所以種木也詩將仲子無踰我丨傳○所以種植謂之丨漢書高帝紀上故秦苑囿丨池注○丨圃也禮記曾子問葬于丨疏○丨者圃之蕃詩將仲子疏○有蕃曰丨詩騶虞序疏○

丨者外畔籓籬之名詩七月傳春夏爲圃疏

猨 一作猿集韻蝯同○說文蝯善援禺屬从虫爰聲○猿謂善緣木之丨也考工記總目貉踰汶則死注○猿似獮猴而大山海經南山經堂庭之山多白猿注

轅 說文丨輈也从車袁聲○楚陳以丨爲主故以丨表車左氏宣十二年傳注捩丨疏○丨爰同漢書地理志下制丨田注引孟康

垣 說文丨牆也从土亘聲𩏂籀文从𩫏○丨牆也漢書諸侯王表大師惟丨注蕭何傳爲家不治丨屋注○丨者小牆之名詩板疏○丨或作𡍯或作根或作埋傳寫謬錯山海經西山經其陽多嬰丨玉注○孟子滕文公下踰丨而辟之後漢書陳元傳論丨作牆

煩 說文丨熱頭痛也从頁从火一曰焚省聲○丨猶數攪動也史記樂書水丨則魚鼈不大正義○德無常茲謂丨漢書五行志下之上引京房易傳○言汙丨者謂澣垢衣者用功丨多亦以丨爲澣名詩葛覃箋丨丨撋之用功深疏

緐 丨多也禮記樂記丨文簡節之音作疏○丨謂丨多禮記樂記注丨瘠廉肉疏○丨弱弓也初學記引廣雅○丨弱封父子之弓荀子性惡丨弱鉅黍古之良弓也注○肆夏一名丨左氏襄四年傳金奏肆夏之三注

蕃 說文丨艸茂也从艸番聲○丨盛也文選荅賓戲得氣者丨滋注引項岱○丨滋也漢書王莽傳下庶草丨殖注○丨滋言其生乳多左氏桓六年傳注雖告神以博碩肥腯疏○丨亦多也漢書文帝紀以害農者丨注吾邱壽王傳此盜賊所以丨也注○丨息也周禮牧人而阜丨其物疏閩隸而阜丨教擾之疏又國語越語夫婦以丨注○丨者是丨育之字周禮大司徒注杜子春讀丨樂爲藩樂疏○丨赤也禮記明堂位周人黃馬丨鬣疏○丨箱也續漢輿服志上金薄繆龍爲輿倚較注○詩椒聊丨衍盈升文選景福殿賦注作蔓延盈升

樊 集韻棥通○說文樊鷙不行也从廾从棥棥亦聲又棥藩也从爻从林詩曰營營青蠅止于棥○丨馬腹帶周禮大行人丨纓九就疏○丨卽鞶也字之異耳左氏成二年傳注繁纓疏

翻 說文新附丨飛也从羽番聲或从飛

旛 說文丨幅胡也从㫃番聲

晅 廣韻煖同○說文煖溫也从火爰聲

萱 說文藼令人忘憂艸也从艸憲聲詩曰焉得藼艸蕿或从煖萱或从宣

喧 集韻吅同○說文吅驚嘑也从二口凡吅之屬皆从吅讀若讙○丨忘也禮記大學赫兮丨兮者注

冤 說文丨屈也从兔从冂兔在冂下不得走益屈折也○丨抑也一切經音義廿二引廣雅

言 說文言直言曰言論難曰語从口䇂聲凡言之屬皆从言○出口爲丨詩關雎序而形於丨疏又左氏襄廿七年傳志以發丨疏○丨出舉也墨子經上○丨是口之所出書洪範二曰丨疏○發口爲丨左氏昭九年傳志以定丨注○丨猶道也詩蒹葭序丨古之君子箋○丨謂口道說詩蒹葭序疏○丨者意之聲書孔序疏○丨謂宰意爲語書大禹謨無稽之丨勿聽疏○丨議國策秦策而使天下之士不敢丨

注○丨猶問也禮記曾子問召公問於周公疏○丨謂教令也詩抑愼爾出話箋○丨行君子之樞機易繫辭上傳○丨者萬物之宗也鶡冠子環流○乾爲丨易訟終朝三褫之侯注說卦釋文引荀爽集解○艮爲丨左氏昭五年傳于人爲丨注○丨者明象者也易略例○丨者象之踊也同上○讀丨爲闇義亦通也禮記玉藻二爵而丨丨斯疏引皇氏○詩大東睠丨顧之後漢書劉陶傳作眷然顧之荀子宥坐作眷焉顧之

軒 說文丨曲輈藩車从車干聲○丨曲旃也謂丨車有藩蔽也左氏定九年傳注犀丨卿車疏○車有轓曰丨文選羽獵賦俄丨冕注引韋昭○車有轓者謂之丨續漢輿服志上皁轓右騑注○厠或曰丨前有伏似殿丨也釋名釋宮室○丨長廊之有牕也文選曹子建贈徐幹詩流猋激櫺丨注○丨檻板也文

選甘泉賦據軨丨而周流兮引韋昭○丨檻上板也文選曹子建雜詩注引漢書韋昭注○丨楯下版也文選上林賦宛虹拖於楯丨注引司馬彪○丨懸三而其形曲周禮小胥諸侯丨懸司農注○丨切肉如藿葉也禮記內則皆有丨釋文○丨菹類也禮記內則野豕爲丨注少儀野豕爲丨注○丨子猶草也漢書司馬相如傳上奄閭丨于注引張揖○丨起也禮記樂記致右憲左疏○丨讀爲憲禮記內則皆有憲注○丨或爲胖同上

藩 說文丨屏也从艸潘聲○丨籬也易大壯羝羊觸丨疏又漢書諸侯王表介人惟丨注戾太子傳止于丨注○丨梔也廣雅釋宮○丨者園圃之籬可以屏蔽行者詩板疏○丨謂車兩邊御風爲丨蔽儀禮既夕記丨蔽疏○丨樂謂閉藏樂器而不作周禮大司徒九曰蕃樂杜注

魂 說文䰟陽气也从鬼云聲○精氣爲丨周禮夏采注復謂始死招丨復魄疏又太元數存丨注○出入之氣謂之丨儀禮上喪禮復丨疏○人之歔吹出入之氣爲丨周禮大宗伯注丨氣歸于天疏○䰟主死氣之舍也越絕書外傳枕中○附氣之神爲丨也左氏昭七年傳魄陽曰丨疏○丨魄神靈之名同上○物本爲丨廣雅釋天曹憲音引詩緯○隨神而往來者謂之丨素問宣明五氣篇注靈樞經

渾 說文丨混流聲也从水軍聲一曰洿下皃○丨大也文選幽通賦丨元運物曹注

褌 說文幝幒也从巾軍聲丨幝或从衣

溫 說文丨水出犍爲涪南入黔水从水昷聲○丨謂顏色丨潤禮記經解丨柔敦厚疏○丨謂丨潤儀禮喪服傳注必求其寬裕慈惠丨良恭敬疏○陽氣丨論衡寒溫○丨厚言富足也漢書張敞傳居皆丨

厚注○丨字定本作蘊詩雲漢傳蘊蘊而暑疏

孫 說文子之子曰丨从子从系系續也○子子丨丨引無極也爾雅釋訓○丨謂子丨禮記表記詒厥丨謀疏

門 說文丨聞也从二戶象形凡丨之屬皆从丨○丨丨者出入之正道周易撮要二引易同人陸傳○丨丨元牝之所由也老子元牝之丨王注○丨子鄉之適子左氏襄九年傳及其大夫丨子注○丨謂口也管子心術上開其丨注○丨謂耳目也同上○乾坤爲丨戶易乾文言曰姚注○艮爲丨易象上傳闚觀女貞集解繫辭下傳重丨擊柝鄭注○坤爲丨庭左氏莊廿二年傳庭實旅百注

尊 丨重也呂覽上農主位丨注淮南說林名丨於實也注○天貴故丨易繫辭上傳天丨地卑虞注○

至丨謂帝王也淮南精神視至丨窮寵注○丨亦君父之稱爾雅釋器注皆盛酒丨釋文○敬之故號爲丨漢書文苑趙壹傳不道屌丨門下注○丨章猶言舅姑也漢書廣川惠王越傳背丨章嫖以忽注

【罇】說文㕡酒器也从酋廾以奉之周禮六尊犧尊象尊箸尊壺尊太尊山尊以待祭祀賓客之禮尊彝或从寸○盛酒者爲尊書分器序疏○尊者彝爲上罍爲下周禮鬯人廟用脩注○作犧牛及象於其背爲丨家語相魯且犧象不出門注○爾雅釋器注皆盛酒尊釋文本又作丨

【存】說文丨恤問也从子才聲○丨謂省問之漢書嚴助傳使重臣臨丨注○丨省視也漢書文帝紀丨問長老注○丨謂道德丨在也禮記中庸其人丨疏○丨謂保其終也易繫辭上傳成性丨丨疏

【蹲】說文丨踞也从足尊聲○丨丨行有節也漢書楊雄傳上穆穆肅肅丨丨如也注○丨鴟大芋史記

貨殖列傳下有丨鴟集解引漢書音義○丨鴟芋也史記貨殖列傳正義

【敦】集韻通作惇○說文㥏厚也从心𦎫聲○丨厚也易艮丨艮吉疏臨丨臨疏○丨謂厚重也漢書鮑宣傳丨外親小童注○丨謂厚重之左氏僖廿七年傳說禮樂而丨詩書疏○丨和謂丨重其所和也禮記樂記樂者丨和疏○丨圉盛怒也漢書楊雄傳上白虎丨圉虖昆侖注○丨猶殿周書武順一卒居後曰丨注○丨丘丘一成之形象也爾雅釋丘丘一成爲丨丘孫注○丨丘形如覆丨丨器似盂同上○丨讀曰燾周禮司几筵每丨一几注○詩行葦序箋丨史受之釋文本又作惇○孟子萬章下薄夫丨韓詩外傳作薄夫厚

【屯】丨聚也後漢書張衡傳丨騎羅而星布注○勒兵而守曰丨文選東都賦陳師按丨注臣瓚引律說

【豚】說文豕小豕也从彖省象形从又持肉以給祠祀凡丨之屬皆从丨丨篆文从肉豕○丨豕之小者孟子滕文公下疏引論語陽貨孔注○丨組實禮記雜記下丨肩不揜豆注○丨曰腯肥禮記曲禮下○詩閟宮傳毛炰丨也釋文字又作豘○穀梁桓八年傳注薦尚黍肫釋文本又作丨○爾雅釋蟲注貀丨也釋文本又作肫

【村】通作邨○說文邨地名从邑屯聲

【盆】說文丨盎也从皿分聲○丨實二鬴厚半寸脣寸考工記陶人○丨鬻鹽丨也漢書食貨志下官與牢丨注引如淳

【奔】說文奔走也从夭賁省聲與走同意俱从夭○丨趨也國語晉語卜刑之臣注○丨走猶赴趣也左

氏昭卅一年傳將丨走之注○丨命言急也漢書昭帝紀及發犍爲蜀郡犇命注引李斐○丨者窘迫而去逃死四鄰不以禮出也左氏宣元年經注放者受罪黜免疏引釋例○丨星流星也漢書司馬相如傳上丨星更於閨闥注又文選上林賦注○詩鶉之奔奔鶉之丨丨禮記表記作鶉之賁賁

【論】說文丨議也从言侖聲○丨或爲倫禮記王制必卽天丨丨注

【坤】說文丨地也易之卦也从土从申土位在申○丨地也故稱乎母易說卦傳○丨所以載物易象上傳剝牀以足虞注○丨者純陰易彖上傳至哉丨元九家注○丨臣道也易坤先迷後得虞注○丨妻道也易坤虞注又崔注○丨臣道也妻道也易坤集解引盧注○夫丨天下之至順也易繫辭下傳○孔龢碑則象乾巛丨作巛

昏 說文丨日冥也从日氐省氐者下也一曰民聲○
丨日至于蒙谷是謂定丨淮南天文○日入三商爲
丨儀禮士昏禮鄭目錄○日入爲丨書大禹謨疏○
日入後二刻半爲丨書堯典疏○失志爲丨左氏哀
十六年傳○丨亂也國語楚語而廢幽丨爲注○丨
謂惑也漢書五行志中之上禮失則丨注○已惡而
略美爲丨家語正論○丨椓皆奄人也詩召旻丨椓
靡共箋
婚 通作昏○說文丨婦家也禮娶婦以昏時婦人陰
也故曰丨从女从昏昏亦聲䰟籀文丨○婦之父
爲丨爾雅釋親○婦之黨爲丨兄弟同上○婦黨稱
昏詩丰序箋丨姻之道疏○若據男女身則男曰昏
女曰姻若據親言之則女之父曰昏壻之父曰姻周
禮大宗伯注異姓王昏姻甥舅疏○壻之親屬名之
曰姻女之親屬名之爲昏禮記昏義目錄疏○昏禮
者將合二姓之好上以事宗廟而下以繼後世也禮

記昏義○指其好合之際謂之昏姻詩丰序箋疏○
昏謂丨姻配合也漢書鼂錯傳男女有昏注○昏謂
娶妻也漢書王莽傳中昏以戊寅之旬爲忌日注
閽 說文丨常以昏閉門隸也从門从昏昏亦聲○以
主門晨昏開閉謂之丨穀梁襄廿九年傳丨門者
注○丨者古主門官也漢書百官公卿表上更名光
祿勳如淳注引胡公○丨守門人也儀禮喪服傳注
丨寺之屬釋文穀梁襄廿九年丨弑吳子餘祭釋文
○丨守門者也漢書五行志下之上丨殺吳子注○
丨門者寺人也穀梁襄廿九年傳○丨宮門也文選
魏都賦重丨洞出劉注
痕 說文痕胝瘢也从疒艮聲
根 說文丨木株也从木艮聲○丨本也列子天瑞烏
足之丨爲蠐螬注○丨拔丨生之草先也淮南墬
形丨拔生程若注
恩 說文丨惠也从心因聲○丨之言殷也詩鴟鴞箋
殷勤於此稚子疏
吞 說文丨咽也从口天聲
沅 說文丨水出牂柯故且蘭東北入江从水元聲
嫄 說文丨台國之女周棄母字也从女原聲
援 說文丨引也从手爰聲○丨引也文選遊天台山
賦注引國語賈注○丨也者曰子然我奚獨不可
以然也墨子小取○孟子離婁上嫂溺不丨淮南注
作嫂溺而不拯
膰 集韻繙同○說文繙宗廟火孰肉从炙番聲春秋
傳曰天子有事繙焉以饋同姓諸侯○左氏說宗

廟之肉名曰丨公羊穀梁云孰居俎上曰丨周禮大
宗伯疏引許愼五經異義○丨祭肉也左氏成十三
年傳祀有執丨注又漢書五行志中之上祀有執丨
注引應劭○祭肉有燔而薦者因謂祭肉爲燔也左
氏成十三年傳疏
蹯 廣韻同蹞○蹞蹊者弩名漢書哀帝紀贊卽位痿
痺注
燔 說文丨爇也从火番聲○丨焚燒也漢書東方朔
傳丨之於四通之衢注○丨者火燒之名詩楚茨
箋丨丨肉也疏○傳火曰丨周禮內饔注胾丨之屬
疏○丨謂丨肉禮記少儀丨亦如之疏○祭天曰丨
柴周禮小司寇凡禋祀五帝疏○丨祭天也漢書終
軍傳奉丨燧於郊宮注○丨一爲燥非也素問生氣
通天論體若丨炭注○公羊定十四年傳熟曰丨釋
文本亦作膰又作繙

爰 集韻趄通○說文丨引也从𠬪从于籀文以爲車轅字又趄田易居也从走亘聲○丨曰也詩定之方中丨伐琴瑟箋又左氏文十三年傳注義取俟伯哀恤鰥寡疏○丨亦曰也書洪範土丨稼穡疏又漢書五行志上土丨稼穡注○丨曰也發語辭也漢書禮樂志丨五止注司馬遷傳丨及公劉注○丨於也漢書司馬遷傳丨及公劉注○丨丨緩意也漢書李廣傳爲人長丨臂注○丨易也文選永明九年策秀才文注引國語賈注

薠 說文丨青丨似莎者从艸煩聲○青丨似莎而大生江湖雁所食漢書司馬相如傳上薛莎青丨注引張揖

蘩 說文丨白蒿也从艸繁聲○丨陸菜左氏隱三年傳蘋丨蘊藻之菜疏

袢 丨延是熱之氣也詩君子偕老傳是當暑丨延之服也疏

幡 說文丨書兒拭觚布也从巾番聲○丨謂從輕而出漢書食貨志下獄少反者注

繙 說文丨冕也从糸番聲

轓 丨小車兩屛也漢書景帝紀車朱兩丨注引如淳

番 說文獸足謂之丨从釆田象其掌蹞丨或从足从煩㺢古文丨○丨丨讀爲藩荀子禮論抗折其貊以象槾茨丨闕也注

璠 說文丨璵丨魯之寶玉从玉番聲孔子曰美哉璵丨遠而望之奐若也近而視之瑟若也一則理勝二則孚勝○堯廟碑致墦塒石闟巠丨作墦

反 丨謂丨使從輕也史記平準書獄少丨者索隱○丨丨奏使從輕也漢書雋不疑傳有所平丨注○丨宇者若屋宇之丨中低而四旁高也史記孔子世家生而首上圩頂索隱

諼 說文丨詐也从言爰聲○丨詐也禮記少儀注險阻出奇覆丨之處也疏○丨詐言也漢書王吉傳反懷詐丨之辭注○左氏成十六年傳注諠譁也釋文本又作喧

貆 貈似狐善睡其子名丨詩集傳名物鈔四引字林○狟猪吴楚呼爲鸞猪山海經西山經名曰毫彘注

啍 說文𠾚口气也从口𦎫聲詩曰大車丨丨○丨丨行之皃詩大車疏

焞 說文焞明也从火享聲春秋傳曰丨燿天地○楚丨卽契所用灼龜也周禮菙氏掌共燋契注

塤 說文壎樂器也以土爲之六孔从土熏聲○丨燒土爲之其形銳上而平底六孔吹之漢書律厤志上土曰丨注○丨象稱錘以土爲之有六孔廣雅釋樂○壎篪俱是樂器詩板傳如壎如篪疏○丨字或作壎漢書律厤志上注○壎周禮小師職作丨古今字異耳詩彼何人斯傳土曰壎疏

鶱 說文丨飛皃从鳥寒省聲○丨丨飛也廣雅釋訓

鴛 說文丨丨鴦也从鳥夗聲

掀 說文丨舉出也从手欣聲春秋傳曰丨公出于淖○丨出春秋亦訓爲舉廣雅釋詁一曹憲音

鞬 說文丨所以戢弓矢从革建聲○丨弓衣也漢書韓延壽傳帶弓丨羅後注○丨讀爲鍵謂藏閉之也後漢書馬融傳注引禮記鄭注

【昆】廣韻罤同○說文丨同也从日从比又罤周人謂兄曰罤从弟从眔○丨兄也左氏昭十六年傳君之丨孫注○丨夷西戎也詩采薇序西有丨夷之患箋○丨獸名也漢書百官公卿表上牧槖丨蹏令丞注○丨蹏好馬名也漢書百官公卿表上注引應劭○丨或爲焜文選甘泉賦燋蒸丨上注○丨字或作混又作緄漢書匈奴傳上周西伯昌伐畎夷注○丨混畎聲相近同上○詩采薇序西有丨夷之患釋文本又作混○孟子梁惠王下文王事丨夷曹植集求自試表作文王事犬夷

【琨】說文丨石之美者从玉昆聲虞書曰揚州貢瑤丨瑻丨或从貫○丨珸石之次玉也史記司馬相如列傳琳瑉丨珸索隱引司馬彪○丨珸字或作昆吾史記司馬相如列傳索隱○書禹貢瑤丨篠簜釋文馬本作瑻

【鵾】同鶤○說文鶤鶤雞也从鳥軍聲讀若運

【鯤】丨鰥字異蓋古字通用或鄭本作丨也詩敝笱箋鰥魚子也疏○丨當爲鯨莊子逍遙遊其名爲丨釋文引崔譔

【捫】說文丨撫持也从手門聲詩曰莫丨朕舌

【蓀】說文新附丨香艸也从艸孫聲

【飧】說文丨餔也从夕食○熟食爲丨左氏昭五年傳丨有陪鼎注○孰食曰丨國語晉語里克辟奠不丨而寢注○丨爲飯之別名詩伐檀疏○丨謂用飲澆飯於器中也禮記玉藻君未覆手不敢丨疏

【惇】說文惇厚也从心𦎫聲○丨厚也書皐陶謨丨敘九族鄭注○丨勉也文選西都賦命夫丨誨故老注引爾雅○禮記樂記樂者丨和釋文本亦作敦

【賁】丨讀與奔同言如猛獸之奔漢書百官公卿表上更名虎丨郎注○丨與奔同言爲奔走之任也漢書百官公卿表上衞士旅丨注

【崙】說文新附丨崑丨也从山侖聲○地中央曰崑丨禮記曲禮下疏引括地象

【髡】說文丨鬄髮也从髟兀聲髨或从元○丨截也一切經音義二引廣雅

【惛】集韻惽同○說文丨不憭也从心昏聲又惛怓也从心民聲○丨謂不了漢書劉向傳臣甚丨焉注

【跟】說文丨足踵也从足艮聲𧿹丨或从止

【垠】丨厓也漢書禮樂志覽西丨注

【潘】亦作潘○潘廿注也一切經音義十三引蒼頡

【弴】說文弴畫弓也从弓𦎫聲

【掄】說文丨擇也从手侖聲

【軘】說文丨兵車也从車屯聲

【鞎】說文車革前曰丨从革艮聲

【緷】十縳爲丨穆天子傳三天子於是載羽百車注

【犍】說文新附丨犗牛也从牛建聲亦郡名

【靬】丨讀與軒同漢書張騫傳抵安息奄蔡犂丨條支身毒國注

杬 丨大朮爾雅釋木注

羱 丨野羊也其角堪爲䉶月小榼也出西方似吳羊而大角也角重於肉江南呼爲丨羝一切經音義八引字林

芫 說文丨魚毒也从艸元聲

蚖 說文丨榮丨蛇醫以注鳴者从虫元聲○丨蜥蜴也象龍國語鄭語化爲元黿注

袁 說文丨長衣皃从衣叀省聲

洹 說文丨水在齊魯閒从水亘聲○丨水出汲郡林慮縣東北至魏郡長樂縣入淸水左氏成十六年傳聲伯夢涉丨注

䪥 說文丨小蒜也从韭番聲○䪥小蒜也文選南都賦注引字書

蠜 說文丨自丨也从虫樊聲

笲 丨有衣者儀禮士昏禮記丨緇被纁裏加于橋注

晅 丨乾也易說卦傳日以丨之釋文引京注○易說卦傳日以丨之釋文本又作暅

帵 說文丨幡也从巾夗聲

鵷 丨鶵鳳屬也史記司馬相如列傳丨鶵孔鸞集解引郭璞

蜿 丨丨動也集韻引廣雅

樠 說文丨松心木从木㒼聲○丨丨木名其心似松漢書西域傳下山多松丨注○丨木名管子地員其木乃丨注○丨讀人姓丨氏之丨淮南墬形泥塗淵出丨山注○此字之音或爲曼或爲朗若以㒼爲聲當作曼以㒳爲聲當作朗字體難定或㒳爲之音左氏莊四年傳注丨木疏

鼲 說文丨鼠出丁零胡皮可作裘从鼠軍聲

崑 說文新附丨丨崙山名从山昆聲漢書楊雄文通用昆侖○昆侖西戎之別名也周書王會正西昆侖狗國注

璊 說文丨玉䞓色也从玉㒼聲禾之赤苗謂之虋言丨玉色如之玧丨或从允

虋 說文丨赤苗嘉穀也从艸釁聲○丨今之赤粱粟爾雅釋草注○丨芑是伯夷叔齊所食首陽山草也齊民要術引爾雅釋草舍人注○穈作亹音同耳詩生民疏

亹 山絕水曰丨漢書景武昭宣元成功臣表先登石丨注○丨者水流峽山岸深若門也漢書地理志下金城郡浩丨注

繜 說文繜薉貉中女子無絝以帛爲脛空用絮補核名曰丨衣狀如襜褕从糸尊聲

蜳 螴丨讀言忡融言怖畏之氣忡融兩溢不安定也莊子外物螴丨不得存釋文

飩 丨丨餅也一切經音義十五引廣雅

臀 廣韻屍同○說文屍髀也从尸下丌居几脽屍或从肉隼○隱伏在下而漏孔穴丨之象也易象下傳丨困于株木干注○鄭大夫讀丨爲課殿杜子春讀爲在後曰殿爲前後屯兵也周禮鄉師巡其前後左右之屯注

噴 說文｜吒也从口賁聲一曰鼓鼻○｜嚏也一切
經音義十六引廣雅
拫 今吳楚俗猶謂牽引前卻爲｜格也漢書灌夫傳
引繩排｜注
以下據 蒝 說文｜艸木形从艸原聲
○廣韻錄
羳 說文｜黃腹羊从羊番聲
蟠 說文｜鼠婦也从虫番聲
鼶 說文｜鼠也从鼠番聲讀若樊或曰鼠婦
𨞛 說文｜京兆杜陵鄉从邑樊聲
獂 說文｜犬鬭聲从犬番聲

緐 說文｜馬髦飾也从糸每聲春秋傳曰可以稱旌
｜乎緐｜或从㚋㚋古文弁
瀿 說文｜大波也从水旛聲
喛 ｜恚也廣雅釋詁二
䚭 說文｜揮角皃从角雚聲梁隱縣有｜亭又讀若
縛
觛 說文｜角匕也从角亘聲讀若讙
㴗 集韻同涴○涴或作㴗音冤枉之冤山海經西山
經涴水出焉注
蒬 說文｜棘｜也从艸冤聲
豌 集韻𩋆同○說文𩋆量物之𩋆一曰抒井𩋆古以
革从革冤聲｜𩋆或从宛

琂 說文｜石之似玉者从玉言聲
籓 說文｜大箕也从竹潘聲一曰蔽也
腱 集韻或作腱○腱肉也廣雅釋器
赶 說文赶舉尾走也从走干聲○思慮果敢曰趕周
書謚法
楎 說文｜六叉犂一曰犂上曲木犂轅从木軍聲讀
若渾天之渾
忶 ｜心悶也廣韻引埤蒼
倱 說文｜人姓从人軍聲
𨍭 說文｜輓輷也从車軍聲

堚 集韻𡋯同○說文𡋯土也洛陽有大𡋯里从土軍
聲
菎 集韻同薞○說文薞艸也从艸𦊆聲
䖵 說文｜蟲之總名也从二虫凡｜之屬皆从｜讀
若昆
㱎 說文｜昆于不可知也从欠鰥聲
騉 ｜者其蹄正堅而平似研也爾雅釋畜李注○｜
騉之馬枝蹄如牛而下平爾雅釋畜孫注○｜騉
其迹枝平似趼亦能登高厤危險也爾雅釋畜李注
○｜騉外國之名爾雅釋畜舍人注
𥁕 說文｜仁也从皿以食囚也官溥說
轀 說文｜臥車也从車𥁕聲

䫒 說文丨繫頭殟也从頁昏聲

𣮰 說文丨以毳爲𦈌色如虋故謂之丨虋禾之赤苗也从毛㒼聲詩曰毳衣如丨

涒 說文丨食已而復吐之从水君聲爾雅曰太歲在申曰丨灘

黗 丨黑也廣雅釋器

⿱竹殿 說文⿱竹殿榜也从竹殿聲

梱 集韻㮯或从困○說文㮯梡木未析也从木圂聲

殙 說文丨瞀也从歺昏聲○丨殟欲死也一切經音義十二引聲類

歕 說文丨吹气也从欠賁聲

㶣 說文丨炮肉以微火溫肉也从火衣聲

⿰扌虔 說文丨相援也从手虔聲

○以下據集韻錄

⿺走睘 說文⿺走睘疾也从走睘聲讀若讙

揵 丨舉也文選上林賦丨鰭掉尾注引郭璞

⿰樊見 說文丨覞也从見樊聲讀若幡

⿰樊頁 說文丨大醜皃从頁樊聲

橎 說文丨木也从木番聲讀若樊

燓 說文丨焚燒田也从火棥棥亦聲

痻 丨字從病而以昏爲聲是昏忽之病詩桑柔箋丨病也疏

睧 丨讀纖絹緻宓丨無閒孔之丨也淮南原道漠丨於勢利注

⿰困頁 說文丨無髮也一曰耳門也从頁困聲

炖 丨火盛熾之皃方言十二注

陯 說文丨山阜陷也从𨸏侖聲

惀 說文丨欲知之皃从心侖聲

○以下附錄

⿰巾夒 說文丨墀地以巾撋之从巾夒聲讀若水溫⿰㬎隹也一曰箸也

經籍纂詁卷第十三補遺終

經籍籑詁卷第十四　上平聲

經筵講官南書房行走禮部左侍郎兼署兵部左侍郎提督浙江學政阮元撰集

十四寒

【寒】丨者冬氣也素問熱論今夫熱病者皆傷丨之類也注。丨水氣也書洪範曰丨鄭注。丨水令也素問五常政大論。丨水也素問五常政大論風丨並興注。丨者陰氣也素問瘧論。丨扞也扞格也釋名釋天。丨滿也廣雅釋詁一。丨薄也左氏閔二年傳雖知其丨注。丨歇也左氏哀十二年傳亦可丨也注又服注。丨暑更也呂覽君守夏熱之下化而爲丨注。丨乾也易繫辭上傳一丨一暑虞注。乾爲丨易說卦傳又繫辭下傳丨往則暑來虞注。丨風坎氣所生一曰廣莫風呂覽有始注。北方

曰丨風呂覽有始又淮南墬形。太陽爲丨素問天元紀大論丨暑燥溼風火注。丨暑陰陽也呂覽愼人爲丨暑風雨之序矣注。丨燠猶苦樂文選東京賦齊急舒於丨燠薛注。丨心謂戰慄也文選高唐賦丨心酸鼻注。丨蟬謂寂默也後漢杜密傳注。丨今脠肉也文選七啟丨芳苓之巢龜注。北極之山曰丨門後漢張衡傳注。丨將水鳥淮南說林丨將翔水注。蠦謂之丨蜩丨蜩瘖蜩也方言十二。丨與韓同文選七啟丨芳苓之巢龜注。丨與韓古字通也文選曹子建樂府名都篇丨鼈炙熊蹯注。左氏襄八年傳丨泥古今人表作韓泥又呂覽觀表丨風淮南作韓風

【韓】丨羊丨兎丨雞本法出丨國所爲也猶酒言宜成醪蒼梧清之屬也釋名釋飮食。丨盧天下之壯犬也後漢馮衍傳注。乾荒即丨流也山海經海內經昌意降居若水生丨流注

【翰】白丨白鶾也亦名鶾雞又曰白雉山海經西山經嶓冢之山鳥多白丨注。丨白丨山海經中山經岷山其鳥多丨鷩注。丨毛之長大者文選羽獵賦注引書大傳注。丨長毛也書大傳取白狐青丨注。丨幹也詩崧高戎有良丨箋。爾雅釋鳥鶾天雞釋文鶾本作丨

【丹】丨赤也廣雅釋器。丨淺於赤儀禮鄉射禮記凡畫者丨質注。丨水猶赤水也楚辭惜誓涉丨水而馳騁兮注。天陰欲雨輒有赤氣故名曰丨水矣水經夷水注。丨秫赤粟考工記鍾氏染羽以朱湛丨秫司農注。丨彤也左氏莊廿三年傳丨桓宮之楹服注又國語吳語皆赤常赤旟丨甲注。丨朱類書禹貢礪砥砮丨傳。丨者別是彩名亦猶黑白黃皆云丨也山海經大荒西經爰有白丨青丨注。丨丨砂也荀子王制南海則有羽翮齒革曾青丨干焉注又文選吳都賦顏丨明璣劉注。丨矸丨砂也荀

子正論加之以丨矸注。丨干丨沙也蓋一名丨干荀子王制注。岠齊州以南戴日爲丨穴爾雅釋地。丨穴之人智同上。丨邱晝夜常明也楚辭遠遊仍羽人於丨邱兮注。丨山此山純出丨朱也山海經大荒北經有始州之國有丨山注。鶇鳫鷭丨爾雅釋鳥。丨鳥也者謂丨良也大戴記夏小正丨鳥羞白鳥傳。詩終南顏如渥丨韓詩作顏如渥沰赭也。鄭然丨字子革見左氏襄十九年傳。丨朱堯子書益稷無若丨朱傲傳

【殫】通作單。丨盡也一切經音義七引書緯乃丨文祖注又廣雅釋詁一又漢書諸侯王表集注溝洫志集注引如淳蒯通傳集注二見司馬相如傳上集注引郭璞杜欽傳集注谷永傳集注楊雄傳上集注楊雄傳下集注又後漢班彪傳上注又呂覽本味相爲丨智竭力注又淮南說山池中魚爲之丨注又楚

辭憂苦猶未丨於九章注又文選西京賦丨所未見
薛注鳥獸丨薛注東京賦人力丨薛注不丨物以昭
仁薛注好丨物以窮寵薛注穆穆之禮丨薛注○單
盡也詩天保俾爾單厚箋又左氏襄廿七年傳單斃
其死注又爾雅釋天太歲在卯曰單閼李注又國語
魯語堯能單均刑法注晉語若外單善注鄭語夏禹
能單平水土注又漢書地理志下集注枚乘傳集注
楊王孫傳集注王嘉傳集注又後漢光武帝紀下注
袁張韓周傳注宦者傳注邊讓傳注南匈奴傳注二
見又荀子宥坐若不可廢不能以單之注富國必至
於貧單國舉然後已注又莊子列禦寇單千金之家
釋文又列子黃帝單憊於戲笑釋文又呂覽重己尾
絕力勯注禁塞自今單脣乾肺注○單亦盡也後漢
南匈奴傳注○單者盡也史記春申君傳索隱○歲
單謂三月月盡之後也禮記祭義歲既單矣注○丨
極盡也斃也爾雅釋木釋文引字林○單者無羨卒

也詩公劉其軍三單箋○丨病也淮南覽冥丨盡大
半注○單與丨同後漢南匈奴傳注○單亦作丨史
記春申君傳王之威亦單矣集解引徐廣○單
或爲丨荀子宥坐若不可廢不能以單之注
丨獨也禮記閒傳麻葛重注○丨一也漢書枚乘
單 傳集注○丨物之丨名也荀子正名丨足以喻則
丨注○丨辭猶偏辭也後漢明帝紀注○丨辭謂無
証據也後漢朱浮傳注○丨外謂無守固後漢西羌
傳注○丨于者廣大之貌史記匈奴傳匈奴丨于集
解引漢書音義○南丨之臺蓋鹿臺之異名也水經
淇水注○丨信也書洛誥乃丨文祖德馬注○禮記
儒行注庶人丨衣釋文丨本作禪○孝經注衾爲丨
被釋文丨本作殫○莊子讓王丨以反一日之無故
而不可得也釋文丨本作蕲○詩天保俾爾丨厚爾
雅釋詁某氏注作亶○爾雅釋天太
歲在卯曰丨閼正義引孫本作蟬焉

安 丨定也爾雅釋詁○丨靜也一切經音義十五引
蒼頡又廣雅釋詁四○丨止也爾雅釋詁又國策
秦策而丨其兵注○丨徐也左氏襄七年傳吾子其
少丨注又漢書五行志中之上集注蒯通傳集注○
丨猶徐也漢書文帝紀集注雋不疑傳集注王莽傳
上集注○丨者徐也史記孝文紀謂天下何其丨之
索隱○丨平也儀禮少牢饋食禮心皆丨下切上注
○丨猶善也國語晉語君父之所丨也注○丨習也
呂覽樂成三世然後丨之注○丨晏也晏晏然和喜
無動懼也釋名釋言語○丨樂也淮南氾論而百姓
丨之注○坤爲丨易繫辭下傳丨而不忘危虞注君
子十其身虞注○共給之之爲丨莊子天地○寬容
和平曰丨後漢安帝紀注○好和不爭曰丨周書謚
法○丨猶內也荀子仲尼丨忘其怒注○丨謂意氣
歸向之也論語爲政察其所丨皇疏○丨謂不使漏
溢荀子王制丨水臧注○丨身嘿處也易繫辭下傳

利用丨身九家注○丨行不奔馳也後漢崔駰傳注
○丨制謂丨於國之制度不敢踰分荀子王霸百姓
莫敢不丨制注○丨難不逃難也荀子富國其戰士
丨難注○丨辭也易象上傳丨行也注○丨語助也
荀子榮辱俄則屈丨窮矣注○丨語助猶言抑也荀
子勸學丨特將學雜識志順詩書而已耳注○丨焉
也漢書吳王濞傳集注劉向傳集注張良傳集注陸
賈傳集注蒯通傳集注張釋之傳集注鄒陽傳集注
董仲舒傳集注公孫宏傳集注嚴助傳集注霍光傳
集注鮑宣傳集注王尊傳集注史丹傳集注○丨猶
焉也漢書趙幽王友傳集注杜周傳集注霍光傳集
注尹賞傳集注○丨猶烏也文選東京賦丨處先生
注○丨何也素問脈要精微論此皆丨生注瘧論夫
病溫瘧與寒瘧而皆丨舍注○丨猶何也素問示從
容論又丨足以明之注痺論痺之丨生注○丨處猶
烏處若言何處文選西京賦言於丨處先生薛注○

丨車蓋阜坐乘今吏所乘小車也釋名釋車〇丨丨車
坐乘車凡婦人車皆坐乘周禮巾車丨車注〇丨車
坐乘之車後漢明帝紀注樊準傳注〇丨邑禹都也
水經涑水注〇丨或爲隖大戴記保傳丨陵任周瞻
注〇丨或作案荀子勸學丨特將學雜識志順詩書
而已耳注〇史記秦始皇紀丨上息民索隱曰賈誼
書丨作案〇論語公冶長斯焉取斯新序雜事二作
斯丨取斯〇左氏定十年傳會于丨甫公羊作會于窐
〇左氏哀六年傳丨孺子史記侯表作晏〇左氏定
十三年傳董丨于韓子內儲說上淮南道應俱作闕
于

難 丨憚也人所忌憚也釋名釋言語〇丨艱丨也莊
子說劒瞋目而語丨丨釋文〇丨丨爲也國語晉語
甚哉善之丨也注〇丨惡也
國策中山策陰簡丨之注

餐 俗作飡〇丨吞食也詩伐檀釋文引字林〇飡食
也廣雅釋詁二〇晝飯爲丨方言一相謁而丨注
〇小飯曰丨漢書韓信傳集注引如淳〇丨乾也乾
入口也釋名釋飲食〇丨水澆飯也列子說符而下
壺丨以餔之注〇丨美也文選褚淵碑文丨東野之
祕寶注〇丨古飡字漢書韓信傳集注梁孝王武傳
集注〇飧古飡字漢
書王莽傳下集注

灘 丨修也淮南天文涒丨之歲注〇丨循也呂覽序
意歲在涒丨注〇丨單盡也爾雅釋天太歲在申
曰涒丨李注〇丨大安他安二反爾雅釋天釋文引
字林〇爾雅釋天太歲在申曰涒丨漢孔廟禮器碑
作涒歎〇爾雅釋
天釋文丨本作攤

壇 築土而高曰丨華嚴經音義上引漢書音義〇封
土曰丨儀禮聘禮爲壝丨釋文又禮記祭法一丨
一墠注又穀梁定十年傳兩君就丨釋文〇累土爲
丨荀子儒效君子言有丨宇注〇丨丨築土書金縢爲
三丨傳又釋文〇丨謂築土後漢光武帝紀上注〇
土基三尺土階三等曰丨公羊莊十三年傳莊公升
丨注〇丨謂築土起堂獨斷上〇丨丨堂基管子五輔
利丨宅注〇丨土堂書金縢爲三丨丨馬注〇丨猶堂
也楚辭大招南房小丨注〇丨折封土爲祭處也丨
之言坦也坦明貌也禮記祭法燔柴於泰丨注〇去
祧爲丨獨斷上〇丨祭也禱之故爲丨也莊子山木
爲丨于郭門之外釋文引李注〇丨場也淮南要略
標舉終始之丨也注〇平丨廣坦爲丨楚辭謬諫畜
梟鴛鵝雞鶩滿堂丨兮注〇丨在野所以講列士衆
誓告之處國語吳語王乃之丨列注〇楚人謂中庭
爲丨淮南說林腐鼠在丨注〇三丨形如人築丨相
累也山海經南山經成山四方而三丨注〇俊丨水
狀似土丨因名舜丨山海經大荒南經緡淵有水四

方名曰俊丨注〇丨讀爲廛周禮載師以廛里任國
中之地司農注〇杜子春讀丨爲廛周禮地官序官
廛人杜注〇丨字或作禫漢書禮樂志集注〇詩東
門之壇序釋文丨本作墠〇莊子至樂遊之丨陸釋
文丨司馬本作澶〇武
梁碑前設磹砠丨作磹

丨強靭之木詩將仲子無折我樹丨傳〇丨陰木

檀 也淮南時則其樹丨注〇丨木名也詩伐檀序釋
文又文選南都賦注引蒼頡〇丨坦也摩之使坦然
平也釋名釋用器〇丨車役車也詩杕杜丨車幝幝
傳〇丨車兵車也後漢劉陶傳注〇丨臺名也大戴
記保傳餚公以紱於丨注〇高彪碑貧畜萑丨壇通
作丨〇周憬功勳銘
丨杝提口撢通作丨

彈 丨拚也廣雅釋言

殘丨餘也呂覽權勳達子又帥其丨卒注○丨毀也
文選歎逝賦夫何往而不丨注○丨有所毀也史
記樊酈滕灌傳凡二十七縣丨丨集解引張晏○丨傷
也華嚴經音義下引蒼頡○丨壞國策齊策則汝丨
矣注○丨瘽也漢書杜欽傳集注引服虔○丨猶惡
也方言十南楚凡人丨罵謂之鉗注○丨害也國策
秦策張儀之丨樗里疾也注又呂覽權勳大利之丨
也注○丨殺也周禮大司馬放弒其君則丨之注○
丨猶殺也文選東京賦丨夔魖與罔像薛注○丨滅
也國策秦策昔智伯瑤丨范中行注○丨滅之也國
策衞策魏文侯欲丨中山注○賊義曰丨詩民勞國
無有丨傳○賊義者謂之丨孟子梁惠王下○攻義
者爲丨丨說苑指武○晉魏河內之北謂林曰丨方言
一○丨丨謂多所殺傷也史記樊酈滕灌傳集解引瓚
曰○丨丨賊殺之列子說符遂共盜而丨之注○丨謂
丨害素問寶命全形論百姓聞之以爲丨賊注○丨

賊謂丨害人荀子致仕丨賊加累之譖注○五丨五
刑丨丨殺之氣也山海經西山經是司天之厲及五丨
注○丨白蓋煑肉之異名
也文選七命髦丨象白注

干 集韻戰通作干○丨求也書大禹謨罔違道以丨
百姓之譽傳又詩旱麓丨祿豈弟傳假樂丨祿百
福箋又論語爲政子張學丨祿集解引鄭注又皇疏
又爾雅釋言又國語周語丨祿愷悌注晉語是養吾
疾而丨吾祿也注又漢書食貨志下集注終軍傳集
注尹翁歸傳集注又後漢劉趙淳于江劉周趙傳注
又孟子公孫丑下則是丨澤也注又荀子議兵丨賞
蹈利之兵也注又莊子徐無鬼其欲丨酒肉之味耶
釋文引李注又管子小匡寡人欲脩政以丨時于天
下注又淮南齊俗犯邪而丨免注又離騷既丨進而
務入兮注天問丨協時舞注惜誦欲儃佪以丨傺兮
注離世蹇離尤而丨詬注又文選思元賦欲巧笑以

丨媚兮舊注○丨得也小爾雅廣言○丨犯也書允
征以丨先王之誅傳又左氏文四年傳其敢丨大典
以自取戾乎注又公羊宣十二年傳以丨天禍注又
國語晉語則上下不丨注趙孟使人以其乘車丨行
注非其官也而丨之注楚語夫子不以其私欲丨國
之典注而欲薦芰以丨之注吳語君若無卑天子以
丨其不祥注又漢書地理志下集注陳湯傳集注楊
僕傳集注嚴延年傳集注又後漢和熹鄧皇后紀注
朱浮傳注胡廣傳注又文選西京賦丨雲霧而上達
薛注○丨謂犯也史記管蔡世家乃背晉丨宋索隱
○不丨謂不犯也周書武順危言不丨德曰正注○
丨觸也楚辭謬諫恐犯忌而丨諱注○丨亂也淮南
說林不得相丨注○丨狂也太元元衝○不待禮見
曰丨公羊定四年傳以丨闔廬注○見不以禮曰丨
穀梁定四年傳挾弓持矢而丨闔廬注○丨謂冒進
後漢皇甫嵩傳注○丨猶箇也漢書食貨志下集注

○丨猶空也禮記大傳丨祫及其高祖注○丨扞也
詩兔罝公侯丨城傳采芑師丨之試傳又左氏成十
二年傳公侯丨城注襄廿五年傳陪臣丨掫服注又
爾雅釋言又後漢龐參傳注○丨者扞也方言九注
○丨盾也詩公劉丨戈戚揚箋又儀禮既夕記丨笮
注又禮記檀弓上寢苫枕丨注文王世子春夏學丨
戈注禮器朱丨設錫注樂記及丨戚羽旄謂之樂注
又廣雅釋器又小爾雅廣器又國語周語載戢丨戈
注又後漢崔寔傳注又太元爭爭丨及矛鞧注又家
語曲禮子夏問寢苫枕丨注又淮南時則執丨戚戈
羽注○丨楯也書大禹謨舞丨羽于兩階傳牧誓比
爾丨傳又儀禮既夕甲冑丨笮注又通典引五經通
義又公羊昭廿五年傳朱丨注又春秋元命苞帝嚳
戴丨注又論語季氏而謀動丨戈於邦內集解引孔
注又後漢郎顗傳注儒林傳注又孟子梁惠王下丨
戈戚揚注又荀子解蔽其翼若丨注又家語儒行禮

義以爲丨櫓注又莊子讓王扢然執丨而舞釋文又
呂覽仲夏執丨戚注明理有天丨注論威豈必用枹
鼓丨戈哉注愼人執丨而舞注又文選上林賦舞丨
戚郭注○戰盾也廣雅釋器○戢楯也太平御覽三
百五十七引埤蒼○盾自關而東或謂之丨方言九
○朱丨赤盾禮記祭統朱丨玉戚以舞大武注○朱
丨赤大盾也禮記明堂位朱丨玉戚注○總丨持盾
也禮記樂記總丨而山立注○丨舞者所持謂楯也
周禮春官序官司丨注○丨儛持盾武儛也山海經
中山經熊山其祠丨儛注○丨儛萬儛丨楯也山海
經中山經首山其祠丨儛注○丨鹵皆楯也文選吳
都賦丨鹵殳鋋劉注○丨櫓小楯大楯也禮記儒行
禮義以爲丨櫓注○丨謂楯也能爲人扞難而不使
害人故聖王貴之以爲武樂公羊宣八年傳萬者何
丨舞也注○丨戈萬舞象武也禮記文王世子春夏
學丨戈注○丨舞者兵舞周禮樂師有丨舞司農注

○兵事以丨周禮樂師司農注○山川以丨周禮樂
師注○丨在朝太元元錯○丨將劍名文選吳都賦
佩丨將劉注○丨將劍也廣雅釋器○丨將利劍也
楚辭離世秉丨將以割肉注○丨隊劍也廣雅釋器
○丨飯飯而暴乾之也釋名釋飲食○丨江邊地也
管子小問昔者吳丨戰注○水畔稱丨易漸鴻漸于
丨釋文引陸注○丨墝埆之處也詩考槃考槃在澗
釋文引韓詩○地下而黃曰丨文選吳都賦長丨延
屬劉注○丨厓也詩伐檀寘之河之丨兮傳○丨涯
也易漸鴻漸于丨釋文引翟注○丨水邊也史記春
申君傳而不知丨隊之敗索隱○丨澗也詩斯干秩
秩斯丨傳○丨山閒澗水也易漸釋文引荀注王肅
注○小水從山流下稱丨易漸鴻漸于丨虞注○公
射大侯大夫射參士射丨儀禮大射儀○射丨香草
楚辭愍命掘荃蕙與射丨兮注○野丨似狐而小能
緣木一切經音義十四引子虛賦司馬彪郭璞等注

○射丨巢於絕巖高木也一切經音義六引廣志○
丨古文作奸同一切經音義十三○丨讀曰扞左氏
襄廿五年傳陪臣丨掫釋文引徐注○丨讀爲矸荀
子王制南海則有羽翮齒革曾青丹丨焉注○丨當
爲玕同上○左氏成十二年傳公侯丨城釋文丨本
作扞○爾雅釋木棧木丨木釋文丨樊本作杆○莊
子田子方方將被髮而丨釋文丨本作乾○古今人
表燕子丨晏子春秋雜上作燕士泯子午○古今人
表丨莘呂
覽作羊辛

肝 丨幹也廣雅釋親○丨幹也於五行屬木故其體
狀有枝幹也凡物以木爲幹也釋名釋形體○丨
木之精也白虎通情性○丨者木之精也白虎通情
性三見○丨木之精蒼龍之位也古微書引春秋元
命苞○丨之爲言干也白虎通情性○丨者將軍之
官謀慮出焉素問靈蘭祕典論○夫丨者中之將也

素問奇病論○丨者罷極之本魂之居也其華在爪
其充在筋素問六節藏象論○丨木也呂覽孟秋祭
先丨注又淮南時則祭先丨注精神丨爲風注○丨
金也呂覽孟秋祭先丨注又淮南精神丨主耳注○
丨爲風淮南精神○丨仁白虎通情性○丨丨炙也
儀禮士昏禮贊以丨從注特牲饋食禮賓長以丨從
注○丨牢丨也儀禮有司徹賓羞丨注
○土赤曰鼠丨似鼠丨色也釋名釋地

竿 丨竹也文選西京賦丨殳之所揘畢薛注○丨竹
梃也古寒切文選道路憶山中詩注引字林○丨
筍之初生也管子禁藏毋拊丨注○丨箭幹也文選
鮑明遠樂府嚴秋筋丨勁注○丨謂之箷爾雅釋器
○丨牘謂竹簡爲書以相問遺莊子列禦寇不離苞
苴丨牘釋文引司馬注○丨摩謂相逼近也今俗以
事干人者謂之相干
摩後漢董卓傳注

乾 丨燥也古今韻會引字林又國策齊策今韓梁之目未嘗丨注又呂覽愛類丨東土注別類溼之則爲丨注又淮南說山漆見蟹而不丨注○丨晞呂覽禁塞單脣丨肺注○丨都老也方言十○陽浮慕爲丨史記酷吏傳始爲小吏卜没正義○得利爲丨漢書張湯傳集注引如淳○離爲丨卦易說卦傳○離爲丨肉易噬嗑噬丨胏陸注○丨肉堅也易噬嗑噬丨肉注○丨肉牲體之脯也儀禮士冠禮有丨肉折俎注○丨肉牲體之脯也如今涼州烏翅矣儀禮士虞禮記有丨肉折俎注○大物解肆丨之謂之丨肉若今涼州烏翅矣周禮腊人掌丨肉注○丨豆謂腊之以爲祭祀豆實也禮記王制一爲丨豆注○分丨切豬肉以梧分丨其中而和之也釋名釋飲食○鵁掇千日爲鳥其名爲丨餘骨莊子至樂○丨昧亦山名也山海經東山經𣗳螽之山北臨丨昧注○是水冬丨而夏流實惟丨河山海經北山經○丨讀爲丨燥之丨三國傳艆傳注

闌 丨閑也廣雅釋言○丨遮也廣雅釋詁二○丨妄也漢書汲黯傳集注引應劭○丨言希也史記高祖紀酒丨集解引文穎○丨猶盡也文選謝靈運永初三年詩述職期丨暑注○丨猶晚也文選宋孝武宣貴妃誄白露凝兮歲將丨注○飲酒者半罷半在謂之丨史記高祖紀集解○半在半罷謂之丨文選琴賦於是曲引向丨注○縱失曰闌一切經音義廿二引通俗文○闌卽所謂蘭錡兵架也管子小匡輕罪入蘭盾鞈革二戟注○蘭與丨同列子說符宋有蘭子者釋文○史記屈原傳令尹子蘭新序作丨

欄 與闌同○丨牢也廣雅釋室○闌干猶縱橫也文選吳都賦珠琲闌干劉注○蘭干獠言紵後漢南蠻西南夷傳注○蘭卽丨也後漢東夷傳注○堯廟碑階陛欗楯欄楯作欗楯

瀾 丨水波文選四子講德論天下安丨注○大波爲丨爾雅釋水○大波曰丨文選文賦或龍見而鳥丨注○丨水中大波也孟子盡心上必觀其丨注○風行水波成文曰丨丨連也波體轉流相及連也釋名釋水○侯成碑泣涕汍蘭丨作蘭○周景功勳銘威怒定兮混瀾瀾丨作瀾

蘭 丨香草易繫辭上傳其臭如丨虞注又左氏宣三年傳夢天使與己丨注○丨香草也文選東京賦注引易鄭注又穀梁昭八年傳艾丨以爲防注又離騷紉秋丨以爲佩注○丨澤丨也文選江賦櫻以丨紅注○丨卽澤丨也後漢馮衍傳注○秋丨香草生水邊秋時盛也文選東京賦秋丨被涯薛注○蓄丨爲沐浴也大戴記夏小正蓄丨傳○巽爲丨易繫辭上傳虞注○丨有芳若丨也後漢邊讓傳注○丨膏以丨香煉膏也楚辭招魂丨膏明燭注○木丨大樹也文選蜀都賦其樹則有木丨梫桂劉注○丨槐當是丨茝別名荀子勸學丨槐之根是爲芷注

看 丨視也廣雅釋詁一○丨口甘反顏氏家訓音辭引字林

刊 丨削也左氏襄廿五年傳井堙木丨服注又左傳序則丨而正之釋文又廣雅釋詁三又後漢班彪傳上注朱穆傳注孔融傳注又文選西京賦丨層平堂薛注○丨猶削也禮記雜記上丨其柄與末注○丨除也左氏襄廿五年傳注又後漢馬援傳注馬融傳注○栞識也廣雅釋詁二○丨定也廣雅釋詁四○丨剟治儀禮士喪禮重木丨鑿之注○丨剥互言耳皆謂斫去次地之皮周禮柞氏夏日至令丨陽木而火之冬日至令剥陰木而水之注○栞古丨字漢書地理志上集注○古文丨爲竿儀禮既夕記抗木丨注○書禹貢隨山丨木說文木部漢書地理志作隨山栞木史記夏本紀作行山表木○書禹貢九山

丨旅史記夏本紀漢書地理志作九山栞旅○蔡湛
碑栞銘樹石高彪碑栞稱著功魯峻碑無物不栞丨
皆作
栞
丸丨完也廣雅釋詁四○丨猶專也太元干丨鑚于
內注○丨取也文選長笛賦丨梴彫琢注○丨丨
易直也詩殷武松柏丨丨傳○
丨卽箭箙也後漢南匈奴傳注
丨丨武貌書牧誓尚丨丨傳又漢書敘傳下集注
桓又後漢高彪傳注○丨丨武也廣雅釋訓○丨丨
威也爾雅釋訓又漢書趙充國傳集注○丨丨威武
貌詩泮水丨丨于征傳○丨講武類禡也詩周頌序
○丨武志也詩桓序注○服遠爲丨周書謚法○克
敵服遠曰丨後漢桓帝紀注○辟土服遠曰丨周書
謚法○辟土兼國曰丨周書謚法又獨斷下○克敬
勤民曰丨周書謚法○丨大詩長發元王丨撥傳○

丨憂也方言一○丨盤丨也莊子應帝王鯢丨之審
爲淵釋文引簡文注又列子黃帝鯢丨之潘爲淵釋
文○四植謂之丨禮記檀弓下三家視丨楹注○雙
植謂之丨丨宮室之象所以安其上也丨圭蓋亦以
丨爲瑑飾圭長九寸周禮大宗伯公執丨圭注○命
圭九寸謂之丨圭公守之考工記玉人之事○丨是
隴坂名其道盤丨旋曲而上故名曰丨水經桓水注
引書鄭注○陳楚俗丨聲近和史記孝文紀索隱○
陳宋之閒言丨聲如和漢書尹賞傳集注○丨聲如
和匡謬正俗五引如淳漢書音義○莊子應帝王鯢
丨之審爲淵釋文丨崔本作拒○書
牧誓尚丨丨說文犬部作尚狟狟
紈丨素也廣雅釋器又後漢章帝紀注又淮南齊俗
弱錫羅丨注脩務曳齊丨注又文選藉田賦注引
淮南許注○丨煥也細澤有
光煥煥然也釋名釋采帛

端丨正也禮記曲禮下振書丨書於君前有誅注祭
義以丨其位注又大戴記保傅有司參夙興丨冕
注武王踐阼王齊三日丨冕注又廣雅釋詁一又國
語晉語知程鄭丨而不淫注直能丨辯之注又漢書
外戚傳下集注又後漢張衡傳注又呂覽盡數和精
丨容注○丨猶正也禮記月令決訟獄必丨平注又
後漢張衡傳注○丨直也禮記玉藻丨行頤霤如矢
注又漢書河閒獻王德傳集注又後漢孔融傳注又
淮南主術其民樸直丨慤注○丨正也直也漢書賈
誼傳集注○丨正直也太元元告曲而丨注○丨首
也荀子非相小辯不如見丨注又素問六節藏象論
立丨於始注○丨者首也孟子公孫丑上仁之丨也
注○丨始也家語禮運五行之丨注○丨本也禮記
禮器二者居天下之大丨矣注○耑末也廣雅釋詁
一○丨業也廣雅釋詁四○丨際也後漢趙咨傳注
○丨厓也淮南主術運轉而無丨注○緤末紀緒也

南楚或曰丨方言十○東理不辟謂之丨賈子道術
○實中其聲者謂之丨史記太史公自序○丨志不
邪曲也荀子臣道橋然剛直折丨志注○丨然不傾
倚之貌荀子非十二子丨然注○凡南方正門皆謂
之丨文選魏都賦南丨逌遵注○凡正門皆謂之丨
門文選景福殿賦開南丨之豁達注○丨門南方正
門文選東京賦啟南丨之特闈薛注○丨闈正門也
後漢班彪傳上注○丨丨門太微宮南門也後漢李固
傳注○序丨東序頭也儀禮鄉射禮主人坐奠爵于
序丨注○丨者取其正也周禮司服其齊服有元丨
素丨注○禮衣丨正無殺故曰丨左氏昭元年傳吾
與子弁冕丨委服注○衣有襛裳者爲丨周禮司服
丨其齊服有元丨素丨司農注○丨元衣也禮記樂記
丨冕而聽古樂注○丨元丨也論語先進丨章甫集
解引鄭注○丨元丨之服穀梁僖三年傳桓公委丨
注又論語先進皇疏○元丨卽朝服之衣易其裳耳

儀禮士冠禮元丨注○元丨士入廟之服也儀禮士
冠禮主人元丨爵韠注○元丨士莫夕之服又服以
事其廟儀禮士昏禮使者元丨至注○丨衣齊服也
家語五儀丨衣元裳注○丨委禮衣也後漢蔡邕傳
注○丨委禮衣委貌謂冠袖長而裳齊委至地也文
選吳都賦蓋丨委之所彰劉注○丨拜猶言丨拱荀
子不苟若丨拜而議注○倍丈謂之丨小爾雅度○
二丈爲一丨二丨爲一兩所謂匹也左氏昭廿六年
傳以幣錦二兩注○丨內題也考工記輪人鑿丨一
枚注○鉤丨桃枝屬山海經西山經嶓冢之山其上
多桃枝鉤丨注○耑古丨字漢書藝文志集注○丨
當爲冕字之誤也禮記玉藻元丨而朝日於東門之
外注○丨亦當爲冕字之誤也禮記玉藻諸侯元丨
以祭注○丨讀爲喘荀子勸學丨而言注○考工記
磬氏已下則摩其耑釋文耑本作丨○禮記樂記丨
如貫珠史記樂書作殷如貫珠○史記天官書隋北

丨兌索隱曰漢書
天文志丨作耑

湍丨水行疾也文選南都賦注引淮南許注○丨急
水也淮南說山稻生於水而不能生於丨瀨之流
注○丨急流悍水也淮南墜形丨水人輕注○丨瀨
也廣雅釋水又楚辭抽思長瀨丨流注○丨瀨水淺
流急少魚之處也淮南原道朞年而漁者爭處丨瀨
注○丨水圜也謂丨水丨縈水也孟子告子上性猶
丨水也注○丨波流也孟子告子上音義引陸注○
丨疾也釋名釋疾病又史記河渠書水丨悍集解引
韋昭

酸丨酢也廣雅釋器○丨木味周禮瘍醫以丨養骨
注○丨者以達生也白虎通五行○木味丨丨者
鑽也萬物應陽鑽地而出呂覽孟春其味丨注○木
味丨丨之言鑽也萬物鑽地而生淮南時則其味丨

注○丨暑浥之丨氣也荀子正名香臭芬鬱腥臊洒
丨奇臭以鼻異注○丨遜也遜遁在後也言腳疼力
少行遁在後似遜遁者也釋名釋疾病○丨鼻
鼻辛丨淚欲出也文選高唐賦寒心丨鼻注

團丨圓也一切經音義十一引字林○專圜也周禮
大司徒其民專而長注○丨圓垂貌後漢張衡傳
注○揣與丨古字通文選長
笛賦冬雪揣封乎其枝注

摶丨圜也文選江文通雜體張廷尉詩注引莊子司
馬注○丨圜也考工記梓人丨身而鴻注盧人刺
兵丨注引人紾而丨廉注又文選范彥龍古意贈王
中書詩注引莊子司馬注○丨圜也楚人名圜爲丨
楚辭橘頌圓果丨兮注○楚人名員曰丨也楚辭九
辯槩精氣之丨丨兮注○丨圜厚也考工記輪人則
是丨以行石也注○丨讀如丨黍之丨謂圜也考工
記矢人欲生而丨注○丨專也漢書天文志集注引

如淳○不丨入不專一也呂覽適音不收則不丨注
○丨著也廣雅釋詁三○丨聚也管子霸言不丨不
聽注見本夫丨國不在敦古注○丨謂結聚也管子
內業丨氣如神萬物備存注○丨丨垂貌文選思元
賦志丨丨以應懸兮舊注○控丨愛生之意也文選
鵩鳥賦何足控丨注○手團曰丨一切經音義九引
通俗文○丨飯也一切經音義二引三蒼○百羽爲
丨周禮羽人○丨羽數束名也周禮羽人注○丨古
專字史記秦始皇紀丨心壹志索隱○周禮羽人百
羽爲丨穆天子傳三注作百羽爲縛○史記屈原賈
生傳何足控丨
索隱本作控揣

攢丨聚也文選西都賦注引蒼頡又漢書司馬相如
傳上集注又後漢馮衍傳下注班彪傳上注又文
選西京賦丨珍寶之玩好薛注○丨聚貌纂與丨古
字通文選笙賦歌棗下之纂纂注○丨从聚聲文選

琴賦複疊丨仄注○丨仄丨聚貌文選長笛賦踾踧
丨仄注○叢丨羅布也楚辭哀歲甪畐兮丨叢注○
四里爲丨呂覽季秋制百縣注引周禮○丨古文儹
同一切經音義十二○鑽與丨通後漢班彪傳上注
○禮記內則楂梨曰
丨之釋文丨本作鑽
官 丨之爲言宣也古微書引春秋元命苞○丨正也
呂覽本生此丨之所自立也注○丨主也管子宙
合不丨於物而旁通於道注○丨司主也荀子解蔽
埶亂其丨也注○丨猶公也史記孝文紀五帝丨天
下索隱○丨猶事也禮記樂記樂之丨也注天地丨
矣注○丨猶職也國語晉語固醫丨也注○丨猶任
也荀子天論夫是之謂天丨注○丨猶法也禮記禮
運其丨於天也注○丨猶仕也禮記雜記下丨於大
夫者之爲之服也注○丨職分也家語禮運其丨於
天也注○丨小政也呂覽務本治丨可也注○丨言

各有所司主也荀子正名緣天丨注○丨謂不夫其
任荀子解蔽經緯天地而材丨萬物注○丨謂各當
其任無差錯也荀子解蔽則萬物丨矣注○艮爲丨
易繫辭下傳百丨以治虞注○六丨丨六卿也文選皇
太子釋奠會詩六丨視命注○大丨謂上公九命之
丨呂覽孟秋無以封侯立大丨注○丨小臣也呂覽
愛士廣門之丨也注○小丨士也周禮宰夫掌小丨丨
之戒令注○里丨謂里尉也管子戒進二子於里丨丨
注○丨師中士下士禮記祭法丨師一廟注○居丨
謂士以下儀禮士相見禮與居丨者言注○百丨小
吏曰天丨後漢班彪傳下注○丨謂牛人羊人舍人
委人之屬周禮掌訝則戒丨修委積注○丨人刻位
之人荀子王霸則是丨人使吏之事注○丨人羣吏
也荀子彊國丨人益秩注○丨人任人荀子天論丨
人守天而自爲守道也注○丨謂朝廷治事處也禮
記玉藻在丨不俟屨注○丨丨府也周禮士師二曰

丨禁注○丨謂丨舍漢書賈誼傳集注○丨謂版圖
文書之處禮記曲禮下在丨言丨注○丨謂其文書
財用也禮記王制百里之內以供丨注○丨居丨者
也禮記學記凡學丨先事注○丨田庶人在丨者其
家所受田也周禮載師以丨田牛田賞田牧田任遠
郊之地注○丨田者公家之所耕田周禮載師司農
注○丨施謂建百丨施布職事荀子王霸論德使能
而丨施之者注○丨精神所在也謂人有五官五府
孟子告子上耳目之丨注○四丨耳目鼻口也呂覽
貴生在四丨者注○天丨耳目鼻口心體也荀子正
名緣天丨注○耳目鼻口形能各有而不相能也夫
是之謂天丨荀子天論○專所司察而後動謂之丨丨
知莊子養生主丨知止而神欲行釋文引向注○丨
知謂有所掌在也莊子養生主釋文引崔注○正義
辨方曰知丨大戴記小辨○易
隨丨有渝釋文丨蜀才本作館

觀 丨視也穀梁桓六年傳丨婦人也釋文又廣雅釋
詁一又呂覽愼小卑則不能以小丨上注又文選
東京賦丨者狹而謂之陋薛注○丨見也漢書敘傳
上集注引應劭○丨睹也文選西京賦嗟內顧之所
丨薛注○丨廣瞻也論語爲政丨其所由皇疏○丨
占也漢書天文志集注引晉灼○丨翰也望之延頸
翰翰也釋名釋姿容○丨示也左氏襄十一年傳圍
鄭丨兵于南門注昭五年傳楚子遂丨兵於坻箕之
山注又爾雅釋言又國語周語先王耀德不丨兵注
吳語寡君未敢丨兵身見注又後漢皇后紀注班彪
傳下注蓋勳傳注又呂覽博志此其所以丨後世已
注○丨指示也後漢班彪傳上注○丨多也詩有瞽
永丨厥成釋文又爾雅釋詁○丨遊呂覽季春禁婦
女無丨注○常事曰視非常曰丨丨淮南原道而五色
之變不可勝丨也注○非常曰丨丨丨無事之辭也穀
梁莊廿三年傳○非常曰丨穀梁隱五年傳○地上

之木爲丨南齊書五行志引洪範五行傳○丨當爲
勸管子七法立少而丨多注○易略例尋象以丨意
釋文丨本作見○莊子天運名譽之丨釋文丨司馬
本作讙○周禮保章氏吕丨妖祥漢書地理志上作
吕視
吉凶
冠丨者帷也所以帷持其髮也白虎通紼冕○丨貫
也所以貫韜髮也釋名釋首飾○丨首飾也文選
蜀都賦注引蔡邕月令章句○丨至尊也禮記問喪
○丨緇布丨也儀禮士冠禮執丨者升一等注○緇
布丨今小吏丨其遺象也儀禮士冠禮緇布丨注○
丨元丨也禮記雜記士弁而祭於公丨而祭於己注
○元丨委貌也儀禮士冠禮主人元丨注○丨弁委
貌其服緇布衣亦積素以爲裳周禮司服凡甸丨弁
服注○皮丨弁也孟子萬章下以皮丨注○白布丨
今之喪丨是也儀禮士冠禮記大古丨布注○衰三

升三升有半其丨六升以其丨爲受受丨七升儀禮
喪服記○齊衰四升其丨七升以其丨爲受受丨八
升同上○繐衰四升有半其丨八升同上○丨者所
以別成人也說苑修文○丨帶猶縉紳謂吏人也文
選西京賦丨
帶交錯薛注
鸞丨鳥鳳皇屬也廣雅釋鳥○丨似雞瑞鳥也山海
經西山經女牀之山有鳥名曰丨鳥注○丨鳥者
赤神之精鳳皇之佐雞身赤毛色亦被五彩鳴中五
音後漢章帝紀注○女牀山有鳥五采名曰丨後漢
張衡傳注○丨俊鳥也楚辭涉江丨鳥鳳皇日以遠兮注○
丨鳳俊鳥也離騷丨皇爲余前戒兮注○丨
雞鳥名或作欒山海經西山經泰器之山
觀水出焉是多文鰩魚其音如丨雞注
鑾通作鸞○丨鈴也廣雅釋器○鑾鈴也文選上林
賦鳴玉鸞郭注○鸞和皆鈴也所以爲車行節也

韓詩內傳曰鸞在衡和在軾禮記經解升車則有鸞
和之音注○鸞在衡和在軾皆以金爲鈴周禮大馭
以鸞和爲節注○鸞鳥在衡和在軾鳴相應和後世
不能復致鑄銅爲之飾以金謂之鸞輅也呂覽孟春
乘鸞輅注○鸞在衡和在軾皆金鈴也後漢班彪傳
上注○鸞設衡者也後漢輿服志注引魯詩又白虎
通車旂○丨在衡文選東京賦丨聲噦噦薛注○鸞
在衡禮記玉藻在車則聞鸞和之聲注○在衡爲鸞
大戴記保傅○丨鈴也在鑣後漢明帝紀注○鸞鈴
也在鑣後漢張衡傳注○在鑣曰鸞詩蓼蕭和鸞雝
雝傳○丨設於鑣後漢崔寔傳注○鸞在鑣詩烈祖
八鸞鶬鶬箋又左氏桓二年傳錫鸞和鈴注又服注
○鸞鸞鑣也文選思元賦鳴玉鸞之譻譻舊注○鸞
車有虞氏之路也禮記明堂位○鸞爲車節文選東
京賦鸞以節塗薛注○鸞有鸞和也禮記明堂位注
○鸞刀宗廟割切之刀環有和鋒有鸞公羊宣十二

年傳右執鸞刀注○鸞刀刀有鸞者言割中節也詩
信南山執其鸞刀傳○鸞旗謂以象鸞鳥也文選東
京賦鸞旗皮軒薛注○鸞旗俗人名曰雞翹文選東
京賦注引蔡邕車服志○鸞或爲欒禮記明堂位注
欒曲枅謂之丨廣雅釋室○丨柱上曲木兩頭受櫨
者文選西京賦結重欒以相承薛注○丨欒也其
體上曲欒拳然也釋名釋宮室○丨木名生雲雨山
山海經海內南經弱水中有木其實如丨注○丨丨
瘠貌詩素冠棘人丨丨兮傳○丨繭爾雅釋蟲○故
書丨作欒考工記梟氏兩丨謂之銑注○詩素冠棘
人丨丨兮說文肉部作棘人臠臠兮○考工記梟氏
兩丨謂之銑釋文丨本作鸞○古今人表宋景公兜
丨史記
作頭曼
巒丨山墮爾雅釋山○丨山長而狹也文選蜀都賦
岡丨糾紛劉注○山形長狹者荊州謂之丨爾雅

釋山注。山小而高銳曰丨後漢馬融傳注。丨山小而銳也文選蜀都賦劉注。山脊曰丨楚辭守志陟玉丨兮逍遙注。丨小山也楚辭自悲登丨山而遠望兮注。丨山也史記司馬相如傳諭以封丨集解引漢書音義又文選西京賦陵丨超壑薛注。王丨崑崙山也楚辭守志注。三丨卽封丨觀也文選甘泉賦度三丨兮偈棠棃注

歡 或作懽。丨喜也廣雅釋詁一。丨樂也同上。懽猶合也國策秦策而大國與之懽注。丨謂飲食禮記曲禮上君子不盡人之丨注

寬 丨綽也爾雅釋言。丨緩也國語吳語將必丨然有伯諸侯之心焉注。丨猶遠也國語周語以恭給事則寬於死注。丨猶愛也禮記表記以德報怨則丨身之仁也注。丨丨宏也荀子堯問其爲人丨

好自用以愼注。丨謂度量丨宏書皐陶謨丨而栗鄭注。丨能容衆詩淇奧丨兮綽兮傳。優賢不逮謂之丨賈子道術。行不崖異之謂丨莊子天地。晉女丨字叔褒見晉語注

盤 本作槃俗作柈。盂謂之槃廣雅釋器。槃承盥器也國語吳語奉槃匜以隨諸御注。槃承盥水者禮記內則少者奉槃注。槃匜盥器也儀禮旣夕槃匜注。槃以盛棄水儀禮士虞禮記執槃西面注。槃承渜濯儀禮士喪禮新盆槃瓶廢敦重鬲皆濯注。夷槃承尸之槃儀禮士喪禮士有氷用夷槃可也注。槃器名也太元斂畜槃而衍注。漢禮器制度大槃廣八尺長丈二尺深三尺漆赤中周禮凌人大喪共夷槃氷注。丨樂也書五子之歌乃丨遊無度傳又漢書敘傳下集注又後漢張衡傳注又文選西京賦丨于游畋薛注東京賦式宴且丨薛注。槃樂也詩考槃考槃在㵎傳又後漢郅惲傳注楊賜傳注馬融傳注又文選射雉賦若乃耽槃流遁徐注。丨桓旋也易屯丨桓利居貞馬注。丨桓便旋也文選西京賦奎踽丨桓薛注。丨桓不進也文選幽通賦斿丨桓而且俟曹注。丨桓者動而退也易象上傳雖丨桓荀注。丨盓旋遶也文選海賦丨盓激而成窟注。槃卽爾雅九河鉤槃之河也後漢公孫瓚傳注。槃夷謂創傷也莊子駢拇注或以槃夷之事釋文。丨讀如丨桓之丨周髀算經上環而共丨注。柈古文作鎜籀文作槃同一切經音義八。洀古丨字管子小問意者君乘駮馬而洀桓迎日而馳乎注。禮記喪大記君設大丨釋文丨本作槃。莊子秋水注或以槃夷之事釋文槃夷本作瘢痍。禮記喪大記君設大丨大夫設夷丨儀禮士喪禮作君設大槃大夫設夷槃。書序丨庚釋文丨本作般盤庚釋文丨本作般。書五子之歌乃丨遊無度釋文丨本作槃。爾雅釋訓注義見伯兮考槃釋文槃本作

丨。書無逸文王不敢丨于遊田後漢書郅鄆傳作昔文王不敢槃于游田。書君奭時則有若甘丨史記燕召公世家作甘般。史記屈原賈生傳大專槃物漢書作大鈞播物。書盤庚釋文及古今人表並作般庚。史記三代世表楚熊丨楚世家作熊勝。張表碑畔桓利貞丨桓作畔桓。侯成碑以禮膌桓丨桓作膌桓

蟠 通作盤。丨曲也廣雅釋詁一。丨屈也書大傳。丨龍賁信於其藏注。槃屈也後漢班彪傳上注。盤辟也淮南人閒子發盤罪威王注。丨猶周也春秋文耀鉤圜軫七丨注。丨委也家語致思下丨於地注。丨猶委也禮記樂記及夫禮樂之極乎天而丨乎地注。丨聚也莊子應帝王鯢桓之審爲淵釋文引司馬注。丨蜿半漢皆形容也文選東京賦龍雀丨蜿天馬半漢薛注。盤謂盤礴廣大貌文選

七發軋盤涌裔注○盤石盤薄大石也荀子富國則國安于盤石注○未陞天龍謂之|龍方言十二○||龍也淮南本經盤紆刻儼注○|鼠負爾雅釋蟲○盤瓠者高辛氏之畜狗也水經沅水注○論語鄉黨集解盤辟貌也釋文盤本作磐○爾雅釋蟲|鼠負釋文|本作鑿○爾雅釋蟲注蟠鼠負盤釋文盤本作盤

漫 |敗也涇俶爲|方言十三○|汗呂覽誠廉以|吾身也注離俗又欲以其辱行|我注○||長也漢書楊雄傳上集注○|淹皆謂水潦|漭潰物也方言十三注○|者偏食其身公羊定十五年傳|也注

斡 亦作幹○|井欄也莊子秋水跳梁于井|之上釋文引司馬注○井幹井欄也文選西都賦注引

莊子司馬注○井幹臺之通稱也文選同謝諮議銅雀臺詩注

汗 |漫不可知之也淮南道應吾與|漫期于九垓之外注

鄲 單盡也城郭從邑故加邑部|之名蓋指此以立稱矣水經濁漳水注○|盡也後漢光武帝紀上注

姍 |好也廣雅釋詁一○||行貌漢書外戚傳上集注○|古訕字漢書諸侯王表集注王尊傳集注石顯傳集注

珊 ||聲也文選神女賦拂墀聲之||注

玕 琅|石而似玉書禹貢厥貢惟球琳琅|傳○琅|珠也書禹貢鄭注○唐扶頌道路琅|闌干通作琅|

奸 |犯也左氏昭二十年傳是再|也注又小爾雅廣言又漢書五行志中之上集注五行志下之上集注劉向傳集注董仲舒傳集注薛宣傳集注敘傳上集注○|猶犯也左氏襄十四年傳臣敢|之注○|魛也廣雅釋詁四○|求也漢書孔光傳集注黃霸傳集注○左傳成十六年|時以動釋文|本作干

狟 貆子|爾雅釋獸

刓 园圓也莊子齊物論五者园而幾向方矣釋文引司馬注○|謂|圜無稜角也後漢孔融傳注○|削楚辭懷沙|方以爲圜兮注○|斷也廣雅釋詁二○|印印角|也文選魏都賦朝無|印劉注

○|音|角之|漢書韓信傳集注引蘇林○园即|字後漢孔融傳注

剜 |削也一切經音義四引埤蒼○|削也一切經音義二引字林

漙 或作霻○||然盛多也詩野有蔓草零露|兮傳○霻露貌音上兖反匡謬正俗一引字林○詩野有蔓草釋文|本作團

慱 ||憂也爾雅釋訓○||憂勞也詩素冠勞心||兮傳

棺 考陽作木|有虞氏用瓦||完也關之也一切經音義十三引古文○|之爲言完所以藏尸令完全也白虎通崩薨○|完也廣雅釋詁四○||關也關閉也釋名釋喪制○周尸爲|字經爲之|櫬衣衾而舉之鄭注

【驩】集韻鴅通作驩○鴅然和順貌管子侈靡鴅然若謞之靜注○丨兜臣名書堯典丨兜曰傳○丨古歡字一切經音義十六引三蒼○丨與歡同荀子大略夫婦不得不丨注○丨虞義當作歡娛古字通用耳孟子盡心上丨虞如也音義引丁音○虞書丨兜古文尚書作鴅吺廣韻注作鵃○左氏文六年經晉侯丨公羊作讙史記晉世家作歡

【讙】丨喧也荀子儒效通乎四海則天下應之如丨注○丨譁也史記陳丞相世家諸將盡丨索隱又漢書司馬相如傳上集注○丨喧譁也荀子彊國百姓丨敖注○丨讓也廣雅釋詁二○丨讓也北燕曰丨方言七○丨鳴也廣雅釋詁二○丨言語諭諭也一切經音義九引三蒼○丨喜悅也書無逸言乃丨鄭注又禮記檀弓下言乃丨注○丨頭國或曰丨朱國山海經海外南經○丨或爲歡禮記樂記鼓鼙之聲

丨注○丨當爲歡聲之誤也禮記坊記注○丨古文作吅又作諠同一切經音義十二○詩車攻傳無丨譁之聲釋文丨本作諠左氏昭元年傳不得惡丨譁之聲釋文丨本作諠

【鑽】丨謂之鍴方言九○丨穿也晉書音義上○丨臏刑國語魯語其次用丨笮注○樝梨曰丨之爾雅釋木○丨龜謂以火爇荆菙灼之也荀子王制丨龜陳卦注○丨命卜以所卜事而灼之文選江賦注引莊子司馬注○丨與攢同文選西林賦列刃丨鏃注○儀禮士喪禮注所以丨龜者釋文丨一本作灼

【磐】丨大石也文選海賦注引聲類○聚石稱丨易漸虞注○丨山石之安者也易漸鴻漸于丨注○丨礴廣大貌文選江賦判門闕竦而丨礴注○丨山中丨紆易漸釋文引馬注○丨謂丨桓不去後漢宋意傳注○丨桓旋也易屯釋文引馬注○丨牙謂相連結後漢滕撫傳注○易屯丨桓釋文丨本作盤又作槃○爾雅釋山注多丨石釋文丨本作盤

【鞶】丨大帶也左氏桓二年傳○丨厲游纓服注又法言寡見又從而繡其丨帨注○丨帶大帶易訟或錫之丨帶虞注○丨紳帶也一名大帶左氏桓二年傳丨厲游纓注○丨紳帶也左氏莊廿一年傳后之丨鑑與之釋文○丨大也易訟釋文引馬注○丨今之馬大帶也文選東京賦咸龍旂而繁纓薛注○丨帶也廣雅釋器又文選思元賦注引字林○丨帶也字或作縏後漢儒林傳注○革帶曰丨太元格裳格丨鉤渝注○鞙謂之丨廣雅釋器○丨帶宗廟之服易訟或錫之丨帶荀注○丨小囊盛帨巾者男用韋女用繒有飾緣之則是丨裂與禮記內則男丨革女丨絲注○丨囊也男丨革女丨絲所以盛帨巾之屬儀禮士昏禮記施丨注○丨小囊盛帨巾也後漢張衡傳注○丨所以帶佩也文選思元賦䊵貞亮以爲

丨兮舊注○丨鑑王后婦人之物左氏莊廿一年傳以后之丨帶予之服注○易訟釋文丨王肅作槃

【瘢】丨痕也一切經音義三引蒼頡○丨漫也生漫故皮也釋名釋疾病

【鏝】丨槾墁同○丨謂之杇爾雅釋宮○丨一名杇塗工作具也爾雅釋宮李注○丨塗工之器論語公冶長集解杇丨也釋文○槾茨猶塈茨也荀子禮論抗折其額以象槾茨番閼也注○丨丨戟也廣雅釋器○戟東齊秦晉之閒謂其大者曰丨丨胡其曲者謂之鉤釨丨胡方言八○槾杇也荀子禮論注○槾貪也廣雅釋詁二○墁與謾同孟子滕文公下毀瓦畫墁音義引張音○論語公冶長集解釋文槾本作丨○爾雅釋宮釋文丨本作槾又作墁

【鬗】丨丨長貌漢書禮樂志集注引如淳

謾｜相詆闌也史記孝文紀而後相｜索隱引韋昭○｜緩也廣雅釋詁二○｜欺也廣雅釋詁二○｜欺毀也荀子非相儹則｜之注○｜訑者窮辱之合也說苑敬愼○｜懼也廣雅釋詁二○｜台懼也燕代之閒曰｜台方言一○虔儇慧也秦謂之｜方言一○｜慧也廣雅釋詁一

瞞｜目皆平貌莊子天地釋文引字林○｜｜閉目之貌荀子非十二子酒食聲色之中則｜｜然注○｜慙貌莊子天地子貢｜然慙俯釋文引李注○莊子天地釋文｜司馬本作憮崔本作憮○衛子還成郎｜成見左氏哀十六年傳

潘｜米瀾也禮記內則燂｜請靧注○｜瀾也廣雅釋器○｜作潘同敷緣反泔也一切經音義十六引蒼頡○｜米汁也禮記王制注沐用｜釋文喪大記注取其｜以爲汁釋文左氏哀十四年傳使疾而

遺之｜沐釋文○｜淅米汁也儀禮士喪禮受｜煮于垼釋文○｜淅米汁禮記內則釋文○｜淅米汁也一切經音義十五引字林○｜米汁可以浴頭左氏哀十四年傳使疾者遺之｜沐注○｜洄流也列子黃帝鯢桓之｜爲淵釋文○｜回流所鍾之域也莊子應帝王鯢桓之審爲淵釋文引崔注○｜湓也管子五輔決｜渚注○｜本作水之瀊洄之瀊列子黃帝釋文○周禮稾人注雖其｜瀾茭餘釋文｜本作蕃

嘽｜｜喘息之貌詩四牡｜｜駱馬傳○謾台脅闊懼也南楚江湘之閒謂之｜｜咺方言一○｜｜喜樂也詩崧高徒御｜｜傳○｜｜寬綽貌禮記樂記其樂心感者其聲｜以緩注○｜｜閑暇有餘力之貌詩常武箋○｜｜衆也詩采芑戎車｜｜傳又漢書陳湯傳集注韋元成傳集注○｜｜然盛也詩常武王旅｜｜傳○詩四牡｜｜駱馬說文疒部作𤺊𤺊駱馬

剬｜作剸同之完反一切經音義十一引聲類

胖｜胷大也禮記大學心廣體｜注

弁｜樂也詩小弁｜彼鸒斯傳○｜名出於槃槃大也言所以自光大也儀禮士冠禮記周｜注○｜者古冠之大稱委貌緇布曰冠周禮夏官序官｜師注

豻｜胡地野犬淮南道應元豹黃羆青｜注

簞｜笥笠盛食器員曰｜方曰笥文選思元賦寶蕭艾於重笥兮注○｜葦器也圓曰｜方曰笥公羊昭廿五年傳高子執｜食注○｜笥盛飯食者禮記曲禮上凡以弓劒苞苴｜笥問人者注○｜飯器國

語吳語觴酒豆肉｜食注○｜竹器也圓曰｜後漢東平憲王蒼傳注○圓曰｜禮記曲禮上凡以弓劒苞苴｜笥問人者注○圓曰｜後漢張宗傳注○｜簞笥儀禮士喪禮櫛於｜注○｜笥也儀禮士冠禮櫛實于｜注又左氏宣二年傳而爲之｜食與肉注又論語雍也一｜食集解引孔注又鄭注又後漢樊英傳注又孟子滕文公下則一｜食注○｜小笥左氏哀廿年傳與之一｜注○｜筐也廣雅釋器○𥶢陳楚宋魏之閒或謂之｜方言五○｜如箱篋之屬竹筥之屬也論語雍也皇疏○｜木或作箪晉書音義上

癉｜旱也史記扁鵲倉公傳風｜客病正義

完｜全也漢書高帝紀上集注○｜堅也荀子王制尚｜利注○｜治孟子萬章上父母使舜｜廩注

○｜謂全具也文選王仲宣從軍詩許歷爲｜士注
○｜然自得貌後漢袁術傳注○｜者謂不加髡鉗
而築城也後漢明帝紀注○不以物挫志之謂｜莊
子天地○輪敝三材不失職謂之｜考工記輪人○
豆曰｜｜音桓一切經音義七引通俗文○｜瓶野
羊也後漢馬融傳注○｜字書作羦音戸官反與｜
字通同上○詩燕燕序生子名｜釋文｜本
作皃穀梁隱三年殺其君｜釋文｜本作皃

岏 ｜高也廣雅釋詁四

莞 ｜苻蘺爾雅釋草○｜苻蘺也楚辭愍命｜芎藁
於澤洲兮注○｜草叢生水中基圓江南以爲席
詩斯干上｜下簟釋文○｜葱蒲或曰｜蒲齊名耳
關西云｜穆天子傳二爰有萑葦｜蒲注○今西方
人呼蒲爲｜蒲爾雅釋草注○｜小蒲之席也詩斯
干下｜上簟箋○｜藺也廣雅釋草○爾雅釋草釋

文｜本作莞○爾雅釋草注似｜藺釋文｜本作
萑○｜一作莧列子天瑞老韭之爲｜也釋文

貛 狠壯｜爾雅釋獸○｜關西謂之貒方言八○｜
豚也方言八注○｜｜鳥名其形未聞呂覽本味
｜｜之炙注○｜子丸反
爾雅釋獸釋文引字林

臗 ｜尻也廣雅釋親又一切經音義二引埤蒼○髖
髂也廣雅釋親○髖緩也其脽皮厚而緩也釋名
釋形體

般 ｜樂也爾雅釋詁又詩般箋又周書祭公允乃詔
皐桓于黎民｜注又後漢班彪傳下注又荀子賦
忠臣危殆讒人服矣注又太元樂民神羣鳥之｜注
○｜亦樂也荀子仲尼｜樂奢汰注○｜大也方言
一又廣雅釋詁二又孟子公孫丑上｜樂怠敖注盡
心下｜樂飲酒注○｜槃桓也史記屈原賈生傳｜
紛紛其離此尤兮索隱○｜桓不進也廣雅釋訓○
｜任也廣雅釋詁二○｜巡守而祀四嶽河海也詩
般序○鈎盤言河水曲如鈎屈折如盤也爾雅釋水
鈎｜李注○｜水涯堆也史記孝武紀集解引漢書
音義○｜囊也所以盛朝夕所需以備舅姑之用穀
梁桓三年傳諸母｜注○｜音面｜之｜漢書地理
志上集注引如淳○左氏莊十四年傳商書｜庚釋
文｜本作盤襄九年祀｜庚于西門之外釋文｜本
作盤爾雅釋水鈎｜釋文｜本作盤○穀梁桓三年
傳諸母｜申之曰釋文｜本作鞶○易漸鴻漸于磐
史記孝武紀作鴻漸于｜｜○爾雅釋水鈎｜釋文｜
李本作般○孟子顏｜古今人表作顏敢○巴郡太
守張納碑｜桓弗就盤作｜｜
○郭旻碑加有瑕｜瘢作｜｜

拌 ｜棄也廣雅釋詁一○｜棄也楚凡揮棄物謂之
｜方言十○｜江東又呼撇方言十注○｜分呂

覽古樂瞽瞍｜五絃之瑟注○｜析呂覽論威
以木擊木則｜注○｜｜徃來也廣雅釋訓

撣 ｜提也廣雅釋詁四○｜｜然敬也太元盛提禍
｜｜注

萑 易作萑○葭菼名薍至秋盛則謂之｜一切經音
義十二引詩草木疏○薍爲萑詩七月八月萑葦
傳○萑如葦而細者周禮司几筵其柏席用萑注○
萑細葦也儀禮公食大夫禮記加萑席尋注○萑細
葦儀禮特牲饋食禮藉用萑注○萑葦類莊子則陽
爲性萑葦釋文○萑葦也禮記曲禮注謂萑竹釋文
○萑蘆也禮記內則編萑以苴之釋文○萑葦蒹葭
也易說卦傳爲萑葦九家注○蘿細葦席也周禮巾
車駹車萑蔽注○震爲萑葦易說卦傳○今文萑皆
爲莞儀禮公食大夫禮記加萑席尋注○萑讀曰唯
淮南俶眞萑葦炫煌注○詩小
弁萑葦淠淠韓詩作雚葦洴淠

【萑】丨老鵵爾雅釋鳥
【芄】丨蘭草也詩芄蘭丨蘭之支傳○丨蓐也淮南原
道禽獸有丨注○詩芄蘭序釋文丨本作丸
【綄】丨候風也楚人謂之五兩也文選江賦注引淮南
許注○丨纏也廣雅釋詁四
【巑】丨高也廣雅釋詁四○丨岏銳山也文選和王著
作入山詩注引字林又楚辭憂苦登丨岏以長企
兮注
【欑】丨聚也文選靈光殿賦注引蒼頡○丨猶菆也禮
記喪大記君殯用輴丨至於上注○塗曰丨丨木
於上而塗之也釋名釋喪制○儀禮士喪禮注大夫
殯以幬丨置于西序釋文丨劉本作攢○禮記喪大
記丨至于上丨之于西序儀禮士
喪禮作攢之于上攢之于西序

【敦】丨聚也詩行葦丨彼行葦傳○丨猶專專也詩東
山有丨瓜苦傳○丨似盤音堆穆天子傳六丨壺
尊四
十注
【倌】丨人主駕者詩定之方中命彼丨人傳
【緐】丨纓馬飾左氏成二年傳丨纓以朝注○丨纓在
馬膺前如索帬者是也獨斷下○丨纓者君之駕
飾也賈子審微○丨與鞶古字通文選東京
賦咸龍旂而丨纓注七啟飾玉輅之丨纓注
【曼】丨猶丨丨遠貌楚辭哀郢丨余目以流觀兮注○丨
丨丨長貌楚辭悲回風終長夜之丨丨兮注○丨
長也淮南氾論侯同丨聲之歌注○壇丨丨平博也史
記司馬相如傳案衍壇丨索隱引司馬彪○曼聲善
歌也淮南覽冥丨聲吞炭注○丨頰細理也淮南脩
務丨頰皓齒注○丨帛細帛也淮南氾論非能具綈
綿丨帛注○丨胡之纓謂麤纓無文理也莊子說劍
丨胡之纓釋文引司馬注○丨無也小爾雅廣詁
【痑】丨丨疲也廣雅釋訓
【褌】丨單也大戴記夏小正往耰黍丨傳○無裏曰丨
釋名釋衣服○丨衣言無裏也同上○江淮南楚
之閒謂之褋關之東西謂之丨衣方言四○陳魏宋
楚之閒謂之襜襦或謂之丨襦同上○覆襗謂之丨衣偏
丨謂之丨襦同上○袧繵謂之丨同上○今或呼衫
爲丨襦方言四注○丨褠也廣雅釋詁一○仲秋下
句碑孤嗣丨
筭單作丨
【貒】丨獸似豕而肥其子名貗爾雅釋獸釋文引字林
○丨子貗爾雅釋獸○丨貛也廣雅釋獸○丨豚
也爾雅
釋獸注

【峘】小山岌大山丨爾雅釋山○丨大山爾雅釋文引
埤蒼
【洹】丨丨流也廣雅釋訓○丨丨盛貌御覽引韓詩方
丨丨兮注
【狻】丨麑如虦貓食虎豹爾雅釋獸○丨猊獅子亦食
虎豹穆天子傳一丨猊注○丨丨猊也一日師子
文選西京賦
批窳丨薛注
【涫】丨丨沸貌荀子解蔽丨丨紛紛孰知其形注○列
子黃帝進丨漱巾櫛釋文丨莊子作盥
【灓】集韻灓或从欒○灓漬也廣雅釋詁二○國策魏
策灓水齧其墓後語作蠻水
【羉】彘罟謂之丨爾雅釋器○丨彘網也後漢馬融傳
注○丨幕也爾雅釋器注○爾雅釋器釋文丨本
作
罠

○以下據廣韻錄

【寒】爾雅釋草葴丨漿釋文丨本作寒

【虷】丨井中赤蟲也一名蛸莊子秋水還丨蟹與科斗釋文

【匰】丨笥也廣雅釋器○丨器名周禮司巫則共丨主杜注

【𥂕】丨盂也廣雅釋器○盂謂之榼河濟之閒謂之丨盎方言十三

【譠】丨欺也廣雅釋詁二○丨謾欺謾之語也方言十○丨緩也廣雅釋詁二

【𦛝】俗謂羊豬脂爲丨考工記鮑人注讀爲羊豬戔戔之戔釋文○在骨曰丨御覽八百六十四引通俗文○在胃曰丨一切經音義三引通俗文

【[illegible]】箭謂之丨廣雅釋器

經籍籑詁 卷十四 十四寒 寒至鼾 三三

【驒】丨丨喘息之貌漢書敘傳下集注○丨丨盛也漢書敘傳下集注引鄭氏

【殘】殂同○丨拚也廣雅釋詁二○殂餘也廣雅釋詁三

【盌】丨盂也廣雅釋器

【鳱】丨鴠山鳥是月陰盛故不鳴淮南時則丨鴠不鳴注○鳱鴠鶡也廣雅釋鳥

【韊】丨盛弩矢史記信陵君傳集解引字林

【躝】丨踐也文選上林賦丨元鶴郭注

【囒】丨哰謰謱也廣雅釋訓○丨哰拏也東齊周晉之鄙曰丨哰丨哰亦通語也方言十

【鼾】丨呼于反一切經音義十四引字苑

【萑】丨堇類也冬用堇夏用丨禮記內則堇丨枌榆免薧注○丨似堇而葉大也禮記內則釋文○丨堇類也儀禮士虞禮記冬用丨注又後漢馬融傳注○丨堇屬儀禮特牲饋食禮記夏葵冬丨注

【[illegible]】丨病也廣雅釋詁一

【垸】丨燒骨以桼和曰丨一切經音義十八引通俗文○丨以桼和之一切經音義十八引蒼頡訓詁○十量名讀爲丸考工記冶氏重三丨丨司農注○丨轉也淮南時則員而不丨注

【捖】丨讀爲刮考工記總目刮摩之工五司農注

【抏】丨挫也漢書司馬相如傳上集注○丨者耗也史記平準書百姓抏獘以巧法索隱○丨頓也文選上林賦丨士卒之精郭注○丨訛也漢書食貨志下集注○丨與玩同荀子王霸縣樂奢泰游丨之脩注

經籍籑詁 卷十四 十四寒 萑至煓 三四

○丨五官反史記平準書索隱引三蒼

【䯈】丨髖也廣雅釋親

【逸】丨兔子也廣雅釋獸

【竱】丨齊也廣雅釋詁四

【豌】丨豆蹓豆也廣雅釋草

【婠】丨好也廣雅釋詁一

【䵎】丨黃也廣雅釋器

【煓】丨赫也方言十三

痠　丨痛也廣雅釋詁二
剸　截斷曰丨一切經音義十四引通俗文○丨截也文選聖主得賢臣頌注引字林○丨裁也文選長笛賦注引字林○丨杜丸反一切經音義九引字林
敁　穀梁僖九年傳丨木如榑釋文丨本作欑
劗　丨剪也丨讀鬻欑之欑淮南主術是猶以斧丨毛注
鸛　丨鷒鶝鶔如雀短尾射之銜矢射人爾雅釋鳥
奞　丨始也丨化也方言十二○餋匕也廣雅釋詁三
鷻　鶉鵰也詩四月匪鶉匪鳶傳○鷻鵰也廣雅釋鳥○詩四月匪鶉匪鳶說文鳥部作匪鷻匪鳶
幋　丨巾也廣雅釋器○丨覆衣巾也後漢儒林傳注
搫　丨除也廣雅釋詁三
鵥　丨鶋鵂鶹之屬山海經北山經北嚻之山有鳥焉名丨鶋宵飛而晝伏注
𥈕　丨丨視也廣雅釋訓
媻　丨丨徃來也廣雅釋訓○丨珊匍匐上下也史記司馬相如傳丨珊勃窣索隱
縏　丨小囊也禮記內則施丨袠注
𢠵　丨讀籣簫無逢際之丨淮南俶眞乃始丨觟離跂注
𦳝　丨當也廣雅釋詁三

鞔　丨補也廣雅釋詁四○丨覆也一切經音義十四引蒼頡
縵　丨欲亭顏氏家訓勉學引字林
𤮉　丨甎也廣雅釋室○丨瓪大甎也一切經音義十三引埤蒼
䣯　丨部也一切經音義七引字林

○以下據集韻錄

勯　丨讀曰單呂覽重己尾絕力丨注
嚾　丨蓋字與讙譁同孟子滕文公下衆楚人咻之注音義引丁音
鱄　丨音團扇之團山海經南山經黑水其中有丨魚注
攣　丨茆鳧葵也廣雅釋草

經籍籑詁卷第十四

經籍籑詁卷第十四補遺　上平聲

長鄉侍郎兼都察院右副都御史巡撫浙江等處地方提督軍務兼理糧餉阮元纂

十四寒

寒　說文寒凍也从人在宀下以茻薦覆之下有仌○丨是冷之極書洪範疏○陰氣丨論衡寒溫○積涼爲丨素問至眞要大論平以寒涼注○水爲丨禮記禮器饗帝於郊注○丨爲水氣素問陰陽應象大論丨勝熱注○丨是國名左氏襄四年傳伯明后丨棄之疏

韓　丨姬姓國也詩韓奕序釋文

丹　說文丹巴越之赤石也象采丨井丶象丨形凡丨之屬皆从丨㫙古文丨彬亦古文丨○丨赤石也

所謂丨沙者也漢書地理志上厲砥砮丨注○丨丨沙也漢書司馬相如傳上其土則丨青豬堊注引張揖○丨者丨砂書禹貢礪砥砮丨疏○丨朱赤色禮記郊特牲繡黼丨朱中衣疏○丨鳥鷩雉也左氏昭十七年傳丹鳥氏注○丨良是蟲禮記月令注羣鳥丨良疏○丨良是螢火禮記月令疏引皇氏○峴城東北二十里有丨山世謂之几山丨几字相類水經巨洋水注

殫　丨通作單○說文丨殛盡也从歺單聲○單盡極也漢書王褒傳不單頃耳而聽已聰注又淮南天文單閼之歲注說林一夕之丨注○單盡也書君奭丕單稱德疏又禮記郊特牲單出里疏大傳戚單於下疏○單亦盡也漢書韓信傳糧食單竭注○丨匱皆盡也漢書杜欽傳丨天下之財注○歲單謂三月月盡之後也禮記祭義歲既單矣疏

單　說文丨大也从吅甲吅亦聲闕○太歲在卯曰丨閼爾雅釋天○太陰在卯歲名曰丨閼淮南天文○丨者堵也越紀書吳內傳○丨讀明揚之明淮南天文注○丨閼一作亶安史記麻書端蒙丨閼二年集解引徐廣

安　說文丨靜也从女在宀下○丨謂安靜易彖上傳丨貞之吉疏○丨處也左氏文十一年傳自丨于夫鍾注○自丨猶處也左氏文十一年傳服注○丨語辭也猶言何也易彖下傳丨行也疏

鞌　說文丨馬鞁具也从革从安

難　說文鷬鳥也从鳥堇聲難鷬或从隹難古文鷬難古文鷬雖古文鷬○丨者戒懼之辭詩桑扈箋不自丨以亡國之戒疏○王君鄉道碑無所畏難丨作難

餐　說文丨吞也从食奴聲湌丨或从水○湌所謂吞食物也漢書高后紀列侯幸得賜丨錢奉邑注○湌小食也漢書高后紀注引韋昭○孰食曰湌同上○丨錢賜廚膳錢也漢書高后紀注○丨湌同一字耳同上○丨與湌同漢書高后紀注引應劭

灘　說文灘水濡而乾也从水鷬聲詩曰灘其乾矣灘俗灘从隹

壇　說文丨祭丨場也从土亶聲○丨祭先祖也廣雅釋天○築土爲丨漢書文帝紀其廣增諸祀丨場珪幣注韋元成傳丨墠則歲貢注○築土而高曰丨漢書高帝紀上設丨場注○積土爲丨漢書郊祀表上能知四時犧牲丨場注○除地封土爲丨左氏襄廿八年傳舍不爲丨注○丨是平地詩東門之墠傳則茹藘在阪疏○去祧爲丨禮記祭法又周禮春官序官疏引國語丨場之所孔注○丨神位之所也周

禮山虞注修除治道路場丨疏〇丨墠字異而作此丨字讀音曰墠蓋古字得通用也今定本作墠詩東門之墠傳墠除地町町者疏〇丨讀如同墠之墠周禮大司馬之職則墠之注〇鄭司農云丨讀從憚之以威之憚書亦或爲墠同上

【檀】說文丨木也从木亶聲

【殘】說文丨賊也从歺戔聲〇丨謂傷害也漢書食貨志上是天下之大丨也注〇丨謂多殺戮也漢書高帝紀下馬邑不下攻丨之注〇害義謂之丨漢書臣瓚注引孟子舊注〇丨切也華嚴經音義下引蒼頡〇丨墮也淮南本經丨高增下注〇沒身爲丨文選曹子建三良詩注引國語賈注〇周禮注丨餘字作戔考工記鮑人注或者讀爲羊猪戔之戔釋文

【干】說文干犯也从反入从一凡丨之屬皆从丨〇丨犯也國語鄭語代相丨也注〇丨亦犯也左氏襄廿三年傳丨國之紀注〇干楯淮南氾論揚丨戚注〇丨盾也山海經海外西經形天操丨戚以舞注又漢書董仲舒傳朱丨玉戚注〇丨楯也禮記樂記干戚旄狄以舞之疏又左氏宣八年經注萬舞名疏〇干丨伐皆盾之別名也詩小戎傳伐中丨也疏〇丨澗也漢書劉向傳斯丨之詩是也注〇丨水涯也易漸鴻漸于丨疏〇丨水傍故停水處易漸釋文引鄭注〇丨掫行夜左氏襄廿五年經陪臣丨掫注〇丨讀爲豻儀禮大射儀丨五十注〇丨與豻同文選上書吳王則無國而不可丨注〇周禮司裘注丨五十釋文本又作豻

【肝】說文丨木藏也从肉干聲〇丨木也禮記月令疏引異義今文尚書歐陽說〇丨金也禮記月令疏引異義古文尚書說

【竿】說文丨竹梃也从竹干聲〇丨謂之箷禮記內則不敢縣于夫之楎箷注

【乾】說文丨上出也从乙乙物之達也倝聲𠃸籒文丨〇丨沒謂無潤及之如取他人也史記酷吏列傳始爲小吏丨沒正義〇丨沒隨勢沈浮也史記酷吏列傳集解引徐廣〇丨沒射成敗也史記酷吏列傳集解引服虔〇丨肉脯屬也禮記曲禮上丨肉不齒決疏〇丨豆脯羞之屬漢書禮樂志丨豆上奏登歌注〇丨讀丨燥之丨淮南氾論丨鵠知來而不知往注〇丨當爲爲幹易說卦爲丨卦釋文引鄭注〇易說卦爲丨卦釋文董作幹〇周禮籩人注於福室中糗幹之釋文又作丨

【闌】說文丨門遮也从門柬聲〇蘭謂遮蘭之漢書王莽傳中與牛馬同蘭注〇無符傳出入爲丨漢書汲黯傳丨出財物如邊關乎注引臣瓚〇無符籍妄入宮曰丨漢書成帝紀丨入尚方掖門注引應劭〇凡人物不知生出者謂之蘭也列子說符釋文

【瀾】說文大波爲丨从水闌聲漣丨或从連

【蘭】說文丨香艸也从艸闌聲〇丨是芬香之草詩澤陂傳蕳丨也疏〇丨槐香草荀子勸學丨槐之根注〇丨香草也左氏宣三年傳夢天使與己丨賈注〇丨謂丨草也素問奇病論治之以丨注〇丨是草之貴者穀梁昭八年傳艾丨以爲防注〇丨郎令澤丨也漢書司馬相如傳上衡丨芷若注〇丨秋丨史記司馬相如列傳衡丨芷若索隱引張揖〇丨木丨也文選景福殿賦於是丨栭積重注〇丨者橫節史記扁鵲倉公列傳夫以陽入陰支丨藏者正義引素問

看說文丨睎也从手下目翰丨或从倝
刊說文丨剟也从刀干聲
丸說文丨圜傾側而轉者从反仄凡丨之屬皆从丨
○詩殷武松柏丨丨白帖一百作松柏桓桓
桓說文丨亭郵表也从木亘聲○木貫表柱四出名
丨史記孝文紀注交午柱索隱○丨大也禮記檀
弓下三家視丨楹疏○丨丨威武貌書牧誓尚丨丨
鄭注○丨者威武之志詩桓序丨武志也疏○丨丨
烈烈皆威猛之貌爾雅釋訓注
紈說文丨素也从糸丸聲○丨素也漢書地理志下
織作冰丨綺繡純麗之物注敘傳上在於綺襦丨
絝之閒注○丨素今之絹也漢書元帝紀齊三服官
注○丨白熟也漢書地理志下注引如淳

端說文丨直也从立耑聲○丨直也麗也素問五常
政大論其氣丨注○丨正也淮南時則丨權槩注
○丨亦正周禮小宰注或爲廉丨疏○以其但正幅
故朝服亦得丨名然六冕皆正幅故亦名丨儀禮士
冠禮易服不朝服者疏○丨謂本也左氏昭六年傳
民知爭丨矣注○丨猶始也公羊莊十三年傳注時
曹子丨劒疏○丨始用五行者也禮記禮運五行之
丨也疏引王氏○丨首也荀子富國至于疆場而丨
已見矣注○丨猶首也禮記禮運疏○丨頭也禮記
檀弓上柏椁以丨疏喪大記注五寸謂丨方也疏○
丨謂頭緒也詩載驅序箋故猶丨也疏又禮記禮運
心之大丨也疏中庸執其兩丨疏○丨緒也文選陸
士衡樂府君子行禍集非無丨注○丨體之無序而
最前者也墨子經上○丨是無同也墨子經說上○
丨德之信也國語周語○丨元丨之服也國語楚語
聖王正丨冕注○丨元丨朝服也荀子不苟若丨拜
而議注○丨元丨士服也禮記內則丨韠紳注○丨
委朝服左氏昭十年傳丨委立于虎門之外注○丨
委禮衣也左氏昭元年傳吾與子弁冕丨委注哀七
年傳太伯丨委以治周禮注○丨當爲冕大戴禮盧
注引禮記玉藻元丨以祭孫炎注
湍說文丨疾瀨也从水耑聲○急流曰丨漢書溝洫
志水丨悍注○丨瀨急流淮南俶眞丨瀨旋淵呂
梁之深注
酸說文丨酢也从酉夋聲關東謂酢曰丨䤋籀文丨
从畯○丨可用收斂也素問陰陽應象大論在味
爲丨注○丨醋水也素問至眞要大論嘔丨善飢注
○丨木味素問陰陽應象大論丨勝甘注○凡物之
味八者皆木氣之所生也素問陰陽應象大論木生
丨注○萬物味丨者皆始自木氣之生化也素問五

運行大論木生丨注○丨木狐桃也廣雅釋草
團說文丨圜也从囗專聲○丨持也文選鵩鳥賦何
足控丨注引孟康○丨謂握領也史記田完世家
馮因丨三國之兵索隱○丨飛而上也莊子逍遙遊
丨扶搖而上者釋文引司馬注○丨或作摶文選鵩
鳥賦注引如淳
攢丨聚也左氏昭元年傳注爲營丨用幣疏○丨治
擇之名也禮記內則柤梨曰丨之注
官說文官吏事君也从宀从𠂤𠂤猶衆也此與師同
意○丨君也廣雅釋詁一○丨者管也禮記王制
王者之制祿爵疏○丨者亦是管攝爲號周禮天官
目錄疏○丨者管領爲名儀禮士冠禮注德大者爵
以大丨疏○丨謂分職在位禮記學記大德不丨疏
○人心執掌與丨同稱故人心所主謂之丨易隨丨

有渝疏○戚伯著碑調宵沛土丨作官

觀丨視也禮記少儀丨君子之衣服服劒乘馬弗賈疏○丨示也漢書敘傳下周穆丨兵注引張晏○丨猶覽視也禮記禮器丨天下之物疏○非常曰丨淮南脩務以丨禍福注○丨者見物看之據彼生稱詩棫樸箋猶丨視也疏○古文周田丨文王之德爲割申勸寧王之德今博士讀爲厥亂勸寧王之德禮記緇衣周田丨文王之德注○丨當爲勸禮記緇衣疏

冠說文丨絭也所以絭髮弁冕之總名也从冖从元元亦聲丨有法制从寸○丨爲首飾論衡譏日○禮以丨名服禮記雜記上素端一注○丨者首服之總名左氏昭元年傳注弁冕丨也疏○丨者首服之大名左氏桓二年傳注冕丨也疏襄廿五年傳注猶應自有丨疏引劉炫○丨冕通名左氏桓二年傳注經

丨上覆疏○元丨委貌也禮記玉藻元丨朱組纓注○元丨元端也禮記文王世子則世子親齊元而養注

鸞說文丨亦神靈之精也赤色五采雞形鳴中五音頌聲作則至从鳥䜌聲周成王時氐羌獻丨鳥○丨丨鳥也漢書司馬相如傳上苑雛孔丨注引張揖○丨神鳥也漢書息夫躬傳丨徘徊兮注○丨大於鳳亦歸於仁義者也周書王會氐羌以丨鳥注○雄曰鳳鴅曰凰其雛爲丨鷟初學記三十引毛詩草蟲經

鑾通作鸞○說文丨人君乘車四馬鑣八丨鈴象鸞鳥聲和則敬也从金从鸞省○鸞鄖鈴也詩信南山傳鸞刀刀有鸞者疏○鸞亦以金爲鸞鳥而銜鈴馬施於鑣上漢書五行志上登車有和鸞之節注○在軏曰鸞讀詩記引韓詩○在軏曰鸞漢書司馬相如傳上鳴玉鸞注引郭璞○鸞謂有鸞之車也漢書郊祀志下賜爾旂鸞注

欒說文丨木似欄从木䜌聲禮天子樹松諸侯柏大夫丨士楊○丨櫨一也有曲直之殊耳文選魏都賦丨櫨疊施注

巒說文丨山小而銳从山䜌聲○丨山小而銳爾雅釋山丨山墮釋文引埤蒼○山小而銳曰丨漢書楊雄傳上籤丘跳丨注

歡說文丨喜樂也从欠雚聲

寬說文丨屋丨大也从宀萈聲○丨謂德量丨大禮記樂記丨而靜疏○丨謂丨宏儀禮喪服傳注必

求其丨裕慈惠溫良恭敬疏○丨性之裕者爾雅釋言丨綽也疏引孫注○震爲丨仁易文言傳丨以居之虞注

盤說文槃承槃也从木般聲鎜古文从金丨籀文从皿○槃辟猶言槃旋也漢書何武傳召見槃辟雅拜注○丨桓不進也文選西京賦注引廣雅○丨互丨結而交互也漢書谷永傳百官丨互注○槃猶轉也與播義同史記屈原賈生列傳大專槃物兮索隱○左氏定六年傳定之丨鑑釋文丨又作鞶○石經尚書殘碑般□既□丨作般

蟠盤曲文選琴賦則盤紆隱深注○丨木屈曲之木也漢書鄒陽傳丨木根柢注○丨冤屈也淮南兵略龍蛇丨却注○丨委地也管子內業丨滿九州注○丨聚也列子黃帝鯢旋之潘爲淵注引莊子簡文

注○丨止不行也漢書天文志奢爲抶注引鄭氏○丨瓮器底蟲爾雅釋蟲丨鼠負注

漫 丨者加陵之辭書堯典傳若丨天疏

韓 集韻韓幹同○說文韓井垣也从韋取其帀也倝聲○井幹者井上木欄也漢書郊祀志下立神明臺井幹樓注○幹者井上四交之幹漢書枚乘傳單極之統斷幹注引晉灼○幹者交木井上以爲欄者也漢書枚乘傳注○幹正也文選西京賦注引韓詩章句○幹或爲翰其義竝同漢書郊祀志下注

鄲 說文鄲邯丨縣从邑單聲○單盡也城郭從邑故加邑云漢書地理志下趙國邯丨注引張晏

攤 說文新附丨開也从手難聲

珊 說文丨丨瑚也赤生於海或生於山从玉刪省聲

玕 說文琅丨也从玉干聲禹貢雝州球琳琅丨玗古文丨

奸 說文丨犯淫也从女从干干亦聲○丨犯也左氏宣十二年傳事不丨矣注昭元年傳女皆丨之注又莊子天運以奸者七十二君釋文引三蒼

貆 說文丨貉之類从豸亘聲○詩伐檀胡瞻爾庭有縣丨兮釋文本亦作狟

刓 說文丨剸也从刀元聲一曰齊也○丨鑊也一切經音義十三引廣雅○丨丨斷無復廉鍔也史記酈生陸賈列傳刻印丨而不能授集解引孟康○丨與摶同漢書韓信傳刻印丨忍不能予注引蘇林

剜 說文新附丨削也从刀宛聲

溥 說文新附丨露皃从水專聲○詩野有蔓草零露丨兮匡謬正俗一詩古本有水旁作專者亦有單作專字者後人輒改爲之丨字讀爲團圓之丨

傳 丨爲息也太元元文

棺 說文丨關也所以掩尸从木官聲○周尸爲丨孝經爲之丨椁衣衾而舉之注○所以有丨椁何所以掩藏形惡也不欲令孝子見其毀壞也白虎通崩薨○丨者榫也公羊昭二十年傳注持丨綍從疏○禮記曲禮上注引丨索釋文本亦作引車喪大記御丨用羽葆釋文一本作御柩

驩 說文丨馬名从馬雚聲○鄭季宣殘碑虞放鴅□丨作鴅

讙 說文丨譁也从言雚聲○丨譁也後漢書劉盆子傳爭言丨呼注○丨譁衆議也漢書何竝傳衆庶丨譁注外戚傳下以息衆丨注○丨衆聲也漢書霍光傳又閭民閒丨言注○丨謂丨囂也禮記樂記疏

○丨躍而議也漢書陳平傳諸將盡丨注○鼓鼙之聲丨禮記樂記

鑽 說文丨所以穿也从金贊聲○丨髕刑也漢書刑法志其次用丨鑿注引韋昭○丨丨去其髕骨也漢書刑法志注

磐 止中石丨紆故稱丨也易漸鴻漸于丨疏○定本鉤丨作鉤般詩大月箋鉤鉤丨行曲直有正也疏

鞶 說文丨大帶也易曰或錫之丨帶男子帶丨婦人帶絲从革般聲○丨帶謂大帶也易象下傳以訟受服疏○丨是帶之別稱左氏桓二年傳疏○男子所以有丨帶者示有金革之事也白虎通衣裳

瘢 說文瘢痍也从疒般聲○丨創痕也漢書朱博傳視其面果有丨注王莽傳上誠見君面有丨注

鏝 說文丨鐵杇也从金曼聲槾丨或从木又槾杇也从木曼聲

鬗 說文丨髮長也从髟㒼聲讀若蔓

謾 說文丨欺也从言曼聲

瞞 說文丨平目也从目㒼聲

潘 說文丨淅米汁也一曰水名在河南滎陽从水番聲

嘽 說文丨喘息也一曰喜也从口單聲詩曰丨丨駱馬○丨丨衆也廣雅釋訓○詩四牡丨丨駱馬漢書敘傳注作驒驒駱馬

跚 散一作丨史記平原君傳槃散行汲索隱

弁 詩小弁漢書杜欽傳作小卞

簞 說文丨笥也从竹單聲漢律令丨小筐也傳曰丨食壺漿○丨笥也漢書貨殖傳而顏淵丨食瓢飲注○圓曰丨周禮籩人注

癉 丨黃病漢書藝文志五藏六府丨十二病方四十卷注○丨謂熱也素問奇病論名曰脾丨注

完 說文丨全也从宀元聲古文以爲寬字○丨謂不虧其體但居作也漢書刑法志丨者使守積注○丨不加肉刑髡鬄也漢書惠帝紀皆丨之注引孟康○丨猶保守左氏昭十五年傳不如丨舊注

瓛 說文丨桓圭公所執从玉瓛聲

莞 說文丨艸也可以作席从艸完聲○丨夫離也今謂之葱蒲漢書東方朔傳丨蒲爲席注

貛 說文丨野豕也从豕雚聲

髖 說文丨髀上也从骨寬聲○丨髀上也漢書賈誼傳至于丨髀之所注

般 說文丨辟也象舟之旋从舟从殳殳所以旋也般古文丨从支○丨旋也易明夷夷于左股釋文引王肅注○丨連貌也漢書揚雄傳上㴾㴾離宮丨以相燭兮注○丨山石之安者漢書郊祀志上鴻漸于丨注○丨礴謂箕坐也莊子田子方則解衣丨礴釋文引司馬注○丨讀與盤同漢書谷永傳丨樂游田注○孟子盡心下丨樂飲酒文選注作盤遊飲酒○莊子田子方釋文丨字又作槃

萑 說文丨薍也从艸隹聲○萑薍也漢書貨殖傳萑葦竹蕭注○雈薍也卽今之荻也漢書敘傳茶萑苕也疏○萑是薍草也禮記內則編萑以苴之疏○萑葦也禮記曲禮上注不漑謂萑竹之器也疏○萑葦之藂穆天子傳五休于深萑注○萑葦竹之類也易說卦傳疏○萑蒲澤名左氏昭二十年傳取人于萑蒲之澤注○萑葦炫煌采色貌也淮南俶眞注○詩小弁萑葦淠淠說文雜言作菀葦淠淠

雈 說文丨鴟屬从隹从𦫳有毛角所鳴其民有旤凡丨之屬皆从丨讀若和

汍 說文新附丨泣淚皃从水丸聲○萑蘭泣涕闌干也漢書息夫躬傳涕泣流兮萑蘭注引臣瓚○雚與丨同文選歐陽堅石臨終詩揮筆涕丨瀾注○雚與丨古今字同文選弔魏武帝文涕垂睫而丨瀾注

芄 說文丨丨蘭莞也从艸丸聲詩曰丨蘭之枝○萑蘭草名也漢書息夫躬傳涕泣流兮萑蘭注引張晏○丨蘭一名蘿摩幽州人謂之雀瓢詩芄蘭丨蘭之支陸疏

欑 說文丨積竹杖也从木贊聲一曰穿也一曰叢木○丨聚也文選顏延之應詔觀北湖田收詩注引

廣雅○丨謂柄之入鑿處考工記序注竹丨柲疏

繁 丨謂馬腹帶也禮記禮器大路丨纓一就疏○丨馬飾丨纓也左氏哀廿三年傳其可以稱旌丨乎注

鰻 說文丨魚也从魚曼聲

襌 說文丨衣不重从衣單聲○丨有衣裳而無裏禮記玉藻丨爲絅注○丨襦如襦而無絮也釋名釋衣服

忓 說文丨極也从心干聲

韊 廣韻韊同○說文丨所以盛弩矢人所負也从竹闌聲○丨盛弩矢者也漢書韓延壽傳抱弩負丨

注○丨盛弩箭箙也漢書韓延壽傳注引如淳○韊謂以盛矢如今之胡簏而短也史記信陵君列傳負韊矢索隱

讕 說文丨詆丨也从言闌聲讕丨或从閒○丨誣讕也漢書梁共王買傳王陽病抵丨置辭注○滿丨謂欺罔也漢書谷永傳滿丨誣天注

貒 說文丨獸也从豸耑聲讀若湍○貛貒關西謂之丨方言八

洹 丨或爲園文選魏都賦淇丨之箘注

狻 說文丨丨麢如虢貓食虎豹者从犬夋聲見爾雅

眢 說文丨目無明也从目夗聲

涫 說文丨鬻也从水官聲酒泉有樂丨縣

○以下據廣韻錄

邯 說文邯趙丨鄲縣从邑甘聲

邗 說文邗國也今屬臨淮从邑干聲一曰丨本屬吳

匰 說文丨宗廟盛主器也周禮曰祭祀共丨主从匚單聲

侒 說文丨宴也从人安聲

⿰無刂 丨笴也廣雅釋器

儃 說文丨丨何也从人亶聲

貚 說文丨貙屬也从豸單聲

䏼 𣧠同○說文𣧠禽獸所食餘也从歺从肉

戔 說文丨賊也从二戈周書丨丨巧言

𣦼 說文丨殘穿也从又从歺凡丨之屬皆从丨讀若殘

鳱 丨鵠小鳥捷黠者也周禮司裘注謂之鵠者疏

迁 說文迁進也从辵干聲讀若干

䣶 說文䣶地名从邑乾聲

⿵門䜌 說文丨妄入宮掖也从門䜌聲讀若闌

栞 說文栞槎識也从木㺛聲夏書曰隨山栞木讀若刊栞篆文从幵

緄 說文｜緩也从糸亘聲

豲 說文｜逸也从豕原聲周書曰｜有爪而不敢以撅讀若桓

羦 萈同○說文萈山羊細角者从兔足苜聲凡萈之屬皆从萈讀若丸寬字从此

狟 說文｜犬行也从犬亘聲周書曰尚｜｜

寏 說文｜周垣也从宀奐聲院｜或从𨸏

捖 考工記總目司農注｜讀爲刮疏｜讀爲刮者舌爲聲刀爲形左形右聲刮摩之義

抏 ｜訛盡也漢書吾邱壽王傳海內｜敝注

褍 說文｜衣正幅从衣耑聲

𧣾 說文｜角｜獸也狀如豕角善爲弓出胡休多國从角耑聲

耑 說文｜物初生之題也上象生形下象其根也凡｜之屬皆从｜

豌 集韻𧯷同○說文𧯷豆飴也从豆夗聲

婠 說文｜體德好也从女官聲讀若楚郤宛

䵎 說文｜黃黑色也从黃耑聲

䨞 說文｜小雨也从雨酸聲

篿 說文｜圜竹器也从竹專聲

剸 集韻𣃔同○說文𣃔截也从首从𢇍｜或从刀專聲

鷻 說文鷻雕也从鳥敦聲詩曰匪｜匪鳶○詩四月匪鶉匪鳶釋文字或作鷻

菆 ｜叢也禮記檀弓上｜塗龍輴以椁疏

毌 說文｜穿物持之也从一橫貫象寶貨之形凡｜之屬皆从｜讀若冠

虊 集韻虊同○說文虊鳧葵也从艸攣聲

𣣋 說文｜欠皃从欠䜌聲

灓 說文｜漏流也从水䜌聲

曫 說文｜日且昏時从日䜌聲讀若新城䜌中

鸛 說文｜專畐蹂如鵲短尾射之銜矢射人从鳥雚聲○考工記總目鸛鵒不踰濟釋文本又作鸜

酄 說文酄魯下邑从邑雚聲春秋傳曰齊人來歸｜

𩐋 說文｜車衡三束也曲轅鞼縛直轅𩍯縛从革爨聲讀若論語鑽燧之鑽𩏽｜或从革贊

幋 說文｜覆衣大巾从巾般聲或以爲首鞶

𩭹 說文｜臥結也从髟般聲讀若槃

搫 說文｜｜擭不正也从手般聲

𥈞 說文｜轉目視也从目般聲

縏 禮記內則施｜袠釋文字又作槃

䰉 說文｜｜姍下色从黑般聲

⿰忄㒳 說文｜忩也｜兜也从心㒳聲

㒳 說文｜平也从廿五行之數二十分爲一辰㒳｜平也讀若蠻

鞔 說文｜履空也从革免聲

𠔿 說文｜相當也闕讀若宀

⿰番去 ｜輩也一切經音義七引廣雅

𠦒 說文｜箕屬所以推棄之器也象形凡｜之屬皆从｜官溥說

○以下據集韻錄

⿱艹睆 說文｜夫蘺也从艸睆聲

⿱大亘 說文｜奢｜也从大亘聲

灡 說文｜潘也从水蘭聲

⿱吅莧 說文｜呼也从吅莧聲讀若讙

⿱艹尊 ｜聚也廣雅釋詁三

經籍纂詁卷第十四補遺終

經籍籑詁卷第十五　上平聲

經筵講官南書房翰林戶部左侍郎兼署吏部左侍郎前提督浙江學政阮元譔集

十五刪

刪　丨削也漢書丙吉傳集注○丨刊也漢書刑法志集注○丨除也一切經音義一引三蒼○卜定也一切經音義一引聲類○丨定其義也後漢孔奮傳注

潸　丨涕下貌詩大東丨焉出涕傳○卜者謂長垂淚也史記扁鵲倉公傳流涕長丨索隱

關　丨閉也方言十二又呂覽當務夫妄意丨內注又淮南覽冥城郭不丨注○丨所以閉也廣韻引聲類○丨者隔也史記梁孝王世家有所丨說於景帝索隱○丨塞也廣雅釋詁三○丨要塞也呂覽仲夏

丨市無索注又淮南時則丨市無索注○丨驛也廣雅釋詁四○丨通也史記佞幸傳公卿皆因丨說索隱又後漢張步傳注○丨貫也漢書王嘉傳集注○丨猶入也書大傳雖禽獸之聲猶悉丨於律注○丨涉也後漢宦者傳注張升傳注○丨由也漢書董仲舒傳集注霍光傳集注○丨交也太元元測都序升降相丨注○坤闔為閉丨易象上傳以至日閉丨虞注○丨竟上門禮記王制丨執禁以譏注○丨界上之門周禮地官序官司丨注○丨者所以司出入也素問水熱穴論腎者胃之丨也注○丨在境所以察出禦入藝文類聚引蔡邕月令章句○古者竟上為丨以譏異服識異言儀禮聘禮乃謁丨人注○丨者諸侯之陬隊也而外財之門戶也萬人之道行也管子問○丨譏而不征禮記王制又大戴記王言○六丨丨丨名家語顏回置六丨注○四丨長安也文選光武紀贊四丨重擾注○丨下地名也水經湘水注○

河丨縣蓋取河之丨塞也水經河水注○丨墓門也周禮巾車及墓嘷啟丨注○丨斧斧名也後漢馬融傳注○丨丨和聲也詩關雎丨丨雎鳩傳○丨丨音聲和也爾雅釋詁○丨謂丨弓呂覽壅塞中丨而止注○丨引弓左氏昭廿一年傳豹則丨矣注○腘上為丨素問骨空論○丨當為開荀子臣道時丨內之注○詩小弁箋丨弓而射之釋文丨本作彎左氏昭廿一年傳豹則丨矣釋文丨本作彎○莊子人閒世荀子古今人表丨龍逢潛夫論志氏姓作豢龍

瘝　或作瘝○瘝病書康誥恫瘝乃身傳召誥厥終智藏瘝在鄭注

彎　丨引也廣雅釋詁一又小爾雅廣詁又淮南原道丨綦衛之箭注又文選思元賦丨威弧之拔剌兮舊注○丨牽也漢書司馬相如傳上集注引文穎○丨挽弓也文選西京賦丨弓射乎西羌薛注

闤　丨市門文選西京賦注引蒼頡○丨市巷也文選蜀都賦丨闠之裏劉注○丨市營也文選西京賦通丨帶闠薛注○丨遭也廣雅釋室○丨胡關切文選西京賦注引蒼頡

還　丨返也爾雅釋言○丨反也國語越語天有丨形注又漢書元帝紀集注引李奇又呂覽行論宋公服以病告而丨師注○丨行反也詩何人斯丨而不入箋○睛轉復反為丨國語周語視無丨注○丨復荀子王霸舜禹丨至王業丨起注又淮南原道久淫而不丨注○丨回也漢書龔遂傳集注又穆天子傳四河水之所南丨注又莊子庚桑楚巨魚無所丨其體釋文○丨猶回也漢書淮陽憲王欽傳集注○丨及也漢書地理志下集注○丨謂至也周書周祝故時之丨也無私貌注○丨猶退儀禮鄉飲酒禮主人荅拜丨賓拜辱注○丨謂收丨漢書劉向傳集注○丨圭歸其玉也周禮司儀致饔餼丨圭司農注○丨

積也方言十三○左氏襄十年傳丨鄭而南釋
文丨本作環哀三年道丨公宮釋文丨本作環
環 肉好若一謂之丨爾雅釋器○空邊等爲丨穆天
子傳二黃金之丨注○玉空邊等爲丨山海經海
外西經夏后啟右手操丨注○其孔及邊肉大小適
等曰丨爾雅釋器肉好若一謂之丨李注○丨玉丨
丨還也國語晉語驪姬使奄楚以丨釋言注○丨金
玉之丨國語吳語莫如此以丨瑱通相問也注○丨
佩佩丨佩玉也所以爲行節也禮記經解行步則有
丨佩之聲注○丨現並玉佩也後漢張衡傳注○所
以懸㯉宋魏陳楚江淮之閒或謂之丨方言五○丨
取可循而無窮禮記玉藻孔子佩象丨五寸注○是
非反覆相尋無窮謂之丨莊子齊物論樞始得其丨
中以應無窮注○丨繞也國語齊語丨山於有牢注
吳語吳之與越三江丨之注越語三江丨之注又山
海經海外北經范林方三百里洲丨其下注海內東

經湘水出舜葬東南陬西丨之注又漢書食貨志下
集注溝洫志集注常山憲王舜傳集注霍去病傳集
注陳湯傳集注韋顏傳集注翟義傳集注又莊子大
宗師其妻子丨而泣之釋文引李注說劒王三丨之
釋文又呂覽節喪以丨其外注○丨猶繞也文選西
京賦譬衆星之丨極薛注○丨謂圓繞如丨素問奇
病論丨齊而痛注○丨圍呂覽愛士晉人已丨繆公
之車矣注○丨猶圍也周禮秋官序官丨人注○丨
旋也大戴記保傅亟顧丨面注又國策齊策丨山者
三注又楚辭天問丨埋天下注○丨言轉旋也山海
經大荒北經相繇九首蛇身自丨注○丨周也左氏
昭十六年傳丨而塹之及泉注又國語越語丨會稽
三百者以爲范蠡地注○丨謂丨周素問脉要精微
論當消丨自巳注○丨主丨繞其主不使賢臣得用
荀子臣道丨主圖私爲務注○丨猶卻也周禮夏官
序官丨人注○丨謂筮可致使不也周禮簭人九曰

巫丨注○丨炙實貌管子五行地競丨注○丨珠也
文選思元賦獻丨琨與琛縭兮舊注○重丨子母丨
也詩盧令盧重丨傳○今東萊稱或以大半兩爲鈞
十鈞爲丨丨重六兩大半兩考工記冶氏重三鋝注
○丨堵面一堵也禮記儒行丨堵之室注又後漢樊
英傳注○刀其本曰丨形似丨也釋名釋兵○上丨
頭肘也禮記玉藻瓜祭上丨注○丨狗其爲人獸首
人身一曰蝟狀如狗山海經海內北經○丨幅廣袤
等也儀禮士喪禮布巾丨幅注○丨經末無餘散麻
圜如丨也釋名釋喪制○丨經弔服之經禮記檀弓
下請緦衰而丨經注○丨經即弁經服周禮司服凡
弔事弁經服司農注○丨經者大如緦之麻經纏而
不糾周禮弁師弁而加丨經注○古文丨作還儀禮
士喪禮布巾丨幅注○故書丨或作轘杜子春云當
爲丨考工記匠人丨涂七軌注○周禮野廬氏注車
有丨轅坻閣釋文丨本作轘○國策楚策范丨史記

甘茂傳作范蜎古今人表蜎子郎丨淵○左氏襄十
四年齊靈公名丨公羊作瑗○袁良碑而無環堵丨
作環
鐶 丨釧也文選曹子建樂府美女皓腕約金丨注○
金傷作患爲丨字顏氏家訓書證
鋑 丨六鋝也書呂刑其罰百丨馬注○丨六兩也書
呂刑鄭注又釋文○罰六兩曰丨丨黃鐵也書呂
刑傳○鋝謂之丨小爾雅廣量○書呂刑其罰百
丨其罰千丨史記周本紀作其罰百率其罰千率
寰 天子以千里爲丨文選魏都賦劉注引尹更始穀
梁傳注○丨猶畿也文選江文通雜體顏特進詩
鶩望分丨隧注○丨內圻內也穀梁隱元年傳丨內
諸侯釋文○天子畿內大夫有采地謂之丨內諸侯
穀梁隱元年傳注○天子畿內大夫有采地者謂之
丨內諸侯穀梁定四年傳丨內諸侯也注○丨古縣

字穀梁隱元
年傳釋文
圜 ｜｜繞也漢書郊祀志下集注又後漢儒林傳注○
｜｜一中同長也墨子經上○｜者象土周布于四
時禮記月令其器｜以閎注○｜天也太元元攡｜
方之相研注○｜謂天也太元元攡｜則杌棿注○
｜陽氣形勢也太元釋｜煦釋物注○乾爲｜易說
卦傳○｜鐘應鐘也隋志引周禮馬融解詁○｜鐘
夾鐘也隋志引周禮賈逵解○｜流回水也家語致
思｜流九千里注○｜邱方邱就其方｜名之也釋
名釋邱○｜土獄也詩正月傳則役之｜土釋文○
獄又謂之｜土言築土表牆其形｜也釋名釋官室
○｜牆獄也文選報任少卿書幽於｜牆之中
注○｜與圓同列子說符｜流九十里釋文
班 集韻或作辨○｜次也儀禮既夕明日以其｜祔
注士虞禮記明日以其｜祔注又禮記曲禮上｜

朝治軍注又左氏桓六年傳使魯爲其｜注又廣雅
釋詁三又小爾雅廣詁又國語周語｜三之注爲｜
爵貴賤以列之注則以｜加一等益虔注國有｜事
注魯語以正｜爵之義注齊語｜序顛毛注又史記
晉世家｜｜在九人下集解引服虔○｜位也左氏文
六年傳｜｜在九人注○｜位次也文選東京賦尊卑
以｜薛注○｜序也廣雅釋言○｜列也孟子萬章
下周室｜爵祿也注○｜列也北燕曰｜方言三○
｜齊等之貌也孟子公孫丑上若是｜乎注○｜｜
明貌後漢趙壹傳注○｜分也國語周語而｜先王
之大物注○｜別也左氏襄十八年傳有｜馬之聲
注○｜布也周禮宮伯以時頒其衣裘注大史頒告
朔于邦國司農注又左氏襄廿六年傳｜荆相與食
注又廣雅釋詁三又漢書禮樂志集注郊祀志上集
注五行志下之下集注鄭吉傳集注王莽傳下集注
又後漢光武帝紀下注明帝紀注馬融傳注陳留老

父傳注又太元衆尸將｜于田注○辨布也漢書王
莽傳上集注引孟康又王莽傳中音義引孟康○｜
賦也爾雅釋言又國語周語其適來｜貢注○｜徧
也國語晉語車｜外內注又楚辭天問何往營｜祿
注○｜徧賦與也爾雅釋言李注○｜告也呂覽仲
夏｜馬正注○｜春｜布春令後漢崔駰傳注○｜
者布徧還之辭公羊僖卅一年傳｜其所取侵地于
諸侯也注○｜還也書舜典｜瑞于羣后傳又漢書
趙充國傳集注又後漢鄧騭傳注○｜蹟也易屯乘
馬｜如虞注○｜如相牽不進貌易屯釋文引子夏
傳○｜如槃桓不進也文選演連珠注引易王肅注
○古文｜或爲辨辨氏姓或然今文爲胖儀禮士虞
禮記明日以其｜祔注○｜書或爲版周禮司士掌
羣臣之版司農注○辨或作｜漢書王莽傳中音義
引孟康○辨讀曰｜漢書王莽傳上集注○書分器
序｜宗彝釋文｜本作般○左氏襄十八年傳有｜

馬之聲爾雅釋言注引作般○左氏僖五年曹伯｜
卒公羊作般○楚鬬｜字射師左氏莊三十年傳疏
引服虔說○鄭公子｜｜字子如見左氏成十二年傳
○世本東周惠公名｜韓子內儲說下作名根○田
｜見檀弓疏及史記索隱引世本史記田完世家又
名盤集解又作塈○衡方碑斑敘口口楊著碑頎父
斑爵張壽碑登斑敘優魏孔羡碑斑宗彝鄘閣頌雖
昔魯斑｜作斑○隸續平輿令薛君碑鬢白號恒鬢
白郎
｜白
斑 廣韻辬同○雜色曰｜禮記王制｜白者不提挈
注○辬文貌也雜色爲｜一切經音義十二引蒼
頡○辬文也廣雅釋詁三○貣古｜字文章貌易賁
釋文引傅氏○｜虎文也文選七啟拉虎摧｜注○
班文虎豹之皮也文選上林賦被｜文注○｜駮雜
色也楚辭憂苦雜｜駮與闒茸注○｜白者髮雜色

也禮記祭義丨白者不以其任行乎道路注○辨華敷大也文選西京賦上辨華以交紛薛注○丨分也廣雅釋詁二○丨亂貌離騷丨陸離其上下注○禮記檀弓注丨白釋文丨本作頒

頒 丨布也小爾雅廣詁又文選東京賦布教丨常薛注○丨之言分也禮記祭義丨禽隆諸長者注○丨冰者分冰以授大夫也大戴記夏小正丨冰傳○丨禽謂以予羣臣周禮小宗伯遂丨禽注○丨馬分夫婦之駒也大戴記夏小正傳○丨者斑也頭半白曰丨斑斑然者也孟子梁惠王上丨白者注○丨斌相雜之貌也文選藉田賦士女丨斌而咸戾注○丨讀爲班布之班謂班賜也周禮大宰八曰匪丨之式司農注○丨讀爲班周禮宮伯以時丨其衣裘注大宗伯乃丨祀于邦國都家鄉邑注大史丨告朔于邦國司農注又禮記明堂位丨度量注○丨與班古字通文選馬汧督誄狄隷可丨注○書洛誥乃惟孺子

丨說文攴部作乃惟孺子攽亦作班○丨還也爾雅釋言又廣雅釋詁四○丨

般 旋也易明夷夷于左股釋文引馬王本○股反也漢書賈誼傳集注引孟康○丨行也廣雅釋詁一○丨布也與班同文選甘泉賦逞逞離宮丨以相屬兮注○丨丨文采之貌也史記司馬相如列傳丨丨之獸索隱○丨臂前脛丨丨然也禮記內則馬黑脊而丨臂漏注○丨臂臂毛有文周禮內饔馬黑脊而丨臂螻注○丨與班同文選甘泉賦丨倕棄其剞劂兮注○丨與斑古字通文選西京賦奮鬣被丨注○般從丹漢書賈誼傳集注引字林○左氏成十三年鄭公子丨釋文丨本作班穀梁襄三十年蔡世子丨釋文丨本作班○檀弓下公輸丨墨子作盤○楚鬭丨字子揚見左氏成十二年傳○檀弓下公輸丨孟子注列子湯問作班○左氏莊卅二年傳魯公子丨史記魯世家作斑○山海經海內經注丨世本云牟

蠻 南辟之民曰丨大戴記千乘○南方曰丨禮記王制又周禮職方氏辨其邦國都鄙四夷八丨七閩九貉五戎六狄之人民司農注○丨南丨也詩角弓如丨如髦傳○丨慢也書禹貢三百里丨丨馬注○丨者慢也通鑑注漢紀廿五引風俗通○丨丨傷也廣雅釋詁三○丨之言緡也書禹貢鄭注○丨者執心違邪白虎通禮樂○方千里曰國畿其外方五百里曰侯畿又其外方五百里曰甸畿又其外方五百里曰男畿又其外方五百里曰采畿又其外方五百里曰衞畿又其外方五百里曰丨畿周禮大司馬○方千里曰王畿其外方五百里曰侯服又其外方五百里曰甸服又其外方五百里曰男服又其外方五百里曰采服又其外方五百里曰衞服又其外方五百里曰丨服周禮職方氏○方千里曰王圻其外方五百

里爲侯服又其外方五百里爲甸服又其外方五百里爲男服又其外方五百里爲采服又其外方五百里爲衞服又其外方五百里爲丨服周書職方○丨丨圻也國語周語丨夷要服注○丨方丨畿之外也詩抑用逷丨方箋○丨夷者天下之足也賈子解縣威不信○丨丨比翼鳥也爾雅作鶼鶼鳥也山海經西山經崇吾之山有鳥焉相得乃飛名曰丨丨注○左氏昭十六年經楚子誘戎丨子殺之公羊作戎曼子

顏 丨額也廣雅釋親○丨額也小爾雅廣服又素問刺熱篇心熱病者丨先赤注○丨額也汝潁淮泗之閒謂之丨方言十○丨頟顙也史記高祖紀隆準而龍丨集解引應劭○丨眉目之閒國語齊語天威不違丨咫尺注○丨見也大元積魁而丨而注○丨之言氣畔也古微書引春秋元命苞○郝丨字夷父

見左氏莊五年
傳疏引世本
姦 丨奸也言奸正法也釋名釋言語○丨者以正從
邪也莊子徐无鬼夫丨病也故勞之釋文引王注
○丨邪也文選西京賦丨宄是防薛注○丨私也廣
雅釋詁四○私自許者丨也莊子徐無鬼夫神者好
和而惡丨注○丨僞也廣雅釋言○遂僞曰丨周書
常訓○丨惡也楚辭招魂多賊丨些注○丨亂也淮
南主術各守其職不得相丨注○在內曰丨在外曰
宄一切經音義一引三蒼○亂在內爲丨楚辭惜賢
盪渨涹之丨咎兮注○由內曰丨書舜典寇賊丨宄
鄭注○亂在外爲丨左氏成十三年傳○亂在外曰
丨漢書元帝紀集注魏相傳集注○凡亂在外爲丨
後漢杜林傳注○在外爲丨漢書刑法志集注○在
外曰丨書舜典傳又後漢李固傳注○用軌之財者
爲丨國語魯語○丨盜也廣雅釋詁四○盜器爲丨

左氏文十八年傳○愚民曰丨大戴記虞戴德
○禮記曲禮傾則丨三國孫皓傳注作旁則邪
菅 丨茅也廣雅釋草又史記封禪書而雍丨廟集解
引李奇又荀子禮論資麤衰經菲繐丨屨注又淮
南齊俗必有丨屩跐蹻注又楚辭招魂叢丨是食些
注○丨茅屬爾雅釋草白華野丨注又山海經南山
經凡䧿山之首其祠白丨爲席注○丨茅類也山海
經西山經天帝之山下多丨蕙注○丨菲也荀子哀
公斬衰丨屨杖而啜粥者注○茅已漚爲丨詩東門
之池可以漚丨釋文○丨草也左氏襄十七年傳丨
屨釋文儀禮喪服傳丨屨者釋文○丨當爲姦管子
牧民野蕪曠則民乃丨注○丨一作管晉書音義下
攀 丨引也廣雅釋詁一又國語晉語丨輦卽利而舍
注○丨翻也連翻上及之也釋名釋姿容○𠬞㬥
也漢書楊雄傳上集注引晉灼○𠬞古丨字漢書司
馬相如傳上集注○楊雄傳上集注○莊子馬蹄可

丨援而窺釋文丨本作扳○
張壽碑樊援持車丨作樊
頑 心不則德義之經爲丨書堯典父丨傳又呂覽愼
大暴戾貪丨注○丨愚也廣雅釋詁二○丨鈍也
廣雅釋詁三○丨貪孟子盡心下丨夫廉注○丨童
童昏固陋也國語鄭語而近丨童窮固注○左氏襄
七年經鄭伯髡丨
如會公羊作髡原
山 丨產也廣雅釋山○丨產也產生物也釋名釋山
○丨宣也廣雅釋言○丨之爲言宣也含澤布氣
調五行也古微書引春秋說題辭○丨彰也廣雅釋
言○積石曰丨周禮大司徒辨其丨林川澤邱陵墳
衍原隰之名物注○丨土之聚也國語周語○陰含
陽故石凝爲丨水經禹貢山水澤地所在注引春秋
說題辭○丨者地之基文選琴賦注引春秋運斗樞
○丨者氣之苞所以含精藏雲故觸石而出古微書

引春秋元命苞○丨五嶽也文選顏延年曲水詩序
丨瀆效靈注○丨晉之境家語正論未及丨而還注
○丨川國之鎮也穀梁成五年傳注○丨者途之險
隔也易隨王用亨于西丨注○景丨謂墳也文選爲
范始興作求立太宰碑表瞻彼景丨注○艮爲丨易
說卦傳又象上傳丨下有險侯果注象上傳丨下出
泉虞注象上傳地險丨川邱陵也虞注謙咸遯損鄭
注升王用亨于岐丨荀注○艮爲丨夫象也後漢荀
爽傳注○丨者陽位君之象也穀梁成五年經梁丨
崩注引許說○丨者陽精德澤所由生君之象公羊
成五年傳外異不書注○丨君位也後漢楊賜傳注
○丨之於地君之象也南齊書五行志引洪範五行
傳○丨立猶正立也禮記樂記總干而丨立注○丨
立不搖動也禮記玉藻丨立注○丨冕謂畫丨於衣
而服冕卽衮冕也荀子大略天子丨冕注○丨取其
仁可仰也禮記明堂位夏后氏丨注○高丨冠齊冠

也一曰側注高九寸鐵爲卷梁不展筩無丨秦制行
人使官所冠今謁者服之獨斷下○方丨冠以五采
縠爲之漢祀宗廟大予八佾樂五行舞人服之同上
○丨罍亦刻而畫之爲丨雲之形周禮司尊彝其再
獻用兩丨尊注○丨尊丨罍也周禮司尊彝司農注
○丨藏謂銅銀之屬藏在丨者管子四時毋發丨川
之藏注○丨靈丨神也後漢班彪
傳下注○七曰丨龜爾雅釋魚

鰥 集韻通作矜○老而無妻曰丨孟子梁惠王下○
老而無妻謂之丨御覽人事部百十八引書大傳
○老而無妻者謂之矜禮記王制○老無妻曰丨詩
鴻鴈哀此丨寡傳又詩桃夭序國無丨民釋文又淮
南時則存丨寡注○六十無妻曰丨後漢光武帝紀
下注○丈夫六十無妻曰丨孝經不敢侮於丨寡鄭
注○丈夫無妻曰丨管子入國○無妻曰丨書堯典
有丨在下傳又孝經釋文又楚辭天問爻何以丨注

○無妻曰矜詩何草不黃何人不矜箋又詩正義引
書大傳○無室家之端故謂之丨丨者無妻之名書
堯典正義引書大傳○無妻曰丨丨昆也昆明也愁
悒不寐目恒丨丨然也故其字从魚魚目恒不閉者
也釋名釋親屬○丨病也爾雅釋詁○矜病也後漢
和帝紀注○丨大魚詩敝笱其魚魴丨傳○書堯典
有丨在下史記五帝紀作有矜在
民間○益州太守碑鰥寡丨作鰥

閒 丨猶中也管子內業充攝之丨此謂和成注○丨
不及旁也墨子經上○丨裏也莊子人閒世攘臂
于其丨釋文引司馬注○丨容也漢書文帝紀集注
○丨猶容也禮記文王世子遠近丨三席注○丨空
也漢書高帝紀上集注○丨隙也史記魯周公世家
故君臣多丨集解引賈逵又漢書張安世傳集注司
馬遷傳集注蕭望之傳贊集注○丨簡也事功簡省
也釋名釋言語○丨頃也莊子大宗師莫然有丨釋

文引崔李注○有丨謂有頃之丨也文選東京賦憮
然有丨薛注○丨介一也文選長笛賦是以丨介無
蹊注○丨分別也莊子天運食于苟丨之田釋文引
司馬注○丨丨有所丨別也莊子齊物論小知丨丨
釋文○丨關設牽也詩車牽丨關車之牽兮傳○丨
關猶展轉也後漢荀彧傳注○丨關猶崎嶇也後漢
鄧騭傳注馬援傳注○黃丨弩名也一名黃肩文選
射雉賦捧黃丨以密彀徐注○丨音中丨之丨史記
陳涉世家又丨令吳廣之次近所旁叢祠中索隱引
服虔○左氏昭廿二年經大蒐于昌丨公羊作昌姦

蕑 丨蘭也詩溱洧方秉丨兮傳澤陂有蒲與丨傳又
廣雅釋草○丨蓮也詩溱洧釋文引韓詩○丨當
作蓮詩
澤陂箋

艱 丨難也書益稷暨稷播奏庶丨食鮮食傳又詩北
門莫知我丨箋何人斯其心孔丨箋鳧鷖無有後

丨箋又國語魯語固國之丨急是爲注又離騷哀民
生之多丨注○丨亦難也詩中谷有蓷遇人之丨難
矣傳○私丨謂家難也文選懷舊賦余既有私丨注
○丨根也如物根也釋名釋言語○丨險也易泰丨
貞吉虞注○坎爲丨易大壯丨則吉虞注○囏阨猶
困乏也周禮遺人以恤民之囏阨注○囏阨饑乏也
周禮鄉師而賙萬民之囏阨注○囏古丨字周禮鄉
師釋文又史記楚世家熊囏集解引史記音隱又漢
書異姓諸侯王表集注韋元成傳集注翟義傳集注
楊雄傳上集注○丨籀文作囏一切經音義六○故
書囏阨作權阨周禮遺人注○書益稷暨稷播奏庶
丨食史記夏本紀作與稷予衆庶難得之食○書大
誥有大丨于西土罔不反曰丨大永思丨遺大投丨
于朕身惟大丨人漢書翟方進傳作有大難于西土
無不反曰難大長思厥難遺
大解難於予身惟大囏人

【閑】丨防也易家人丨有家釋文又文言傳丨邪存其
誠宋衷注又左氏昭六年傳丨之以義注又漢書
刑法志集注○丨法也家語五儀德不踰丨注○丨
灋也廣雅釋詁一○丨猶法也論語子張大德不踰
丨集解引孔注又皇疏○丨正也廣雅釋詁一○丨
遮也廣雅釋詁二○丨闌也易家人釋文引馬注又
國語楚語而遠備丨之注○丨限也太元親中心丨
也注○丨猶限也漢書戾太子傳集注○丨闌也易
大畜日丨輿衞注又釋文○丨閑也太元閑丨其藏
注○丨座寒太元元錯○丨謂扞禦穀梁桓二年傳
孔安丨丨也注○丨習也易大畜釋文引馬注又詩卷
阿旣丨且馳箋駟鐵四馬旣丨傳又爾雅釋詁又孟
子滕文公下丨先聖之道注又荀子脩身多見曰丨
注○閈習也文選東京賦旣佶且閑薛注○坎爲丨
習易大畜虞注○丨之者何貫之詩六月正義引書
大傳○多見曰丨荀子脩身○丨孤大元元衡○丨

梐枑周禮虎賁氏
舍則守王丨注
【閒】通作閑○丨暇也左氏昭五年傳丨而以師討焉
注又楚辭湘君期不信兮告余以不丨注○閑暇
也漢書東方朔傳集注○丨靜也楚辭招魂待君之
丨些注又文選登徒子好色賦玉爲人體貌丨麗注
○丨息也國語晉語可以少丨注○丨淸丨也文選
魯靈光殿賦西廂踟躕以丨宴張注○空寬曰丨楚
辭招魂像設君室靜丨安些注○丨大也書大傳丨
尾倍其身注又文選魏都賦注引韓詩章句○丨猶
閑也謂私也史記黥布傳索隱引鄒氏○丨私也漢
書韓王信傳集注○丨微也漢書郊祀志上集注○
丨行猶微行史記越世家請丨行言之索隱○丨燕
猶淸淨也國語齊語處士使就丨燕注○退燕避人
曰丨居禮記孔子閒居釋文○閑閑無所容貌莊子
齊物論大知閑閑釋文引李注○閑閑廣博之貌莊

子齊物論釋文引簡文注○閑閑動搖也詩皇矣臨
衝閑閑傳○閑閑然男女無別往來之貌詩十畝之
閒桑者閑閑兮傳○丨民謂無事業者周禮大宰九
曰丨民無常職司農注○丨粟丨民無職事者所出
一夫之征粟周禮旅師掌聚野之耡粟屋粟丨粟注
○丨閑字也史記留侯世家良嘗丨從容步游下邳
圯上索隱○丨讀曰閑史記司馬相如傳雍容丨雅
集解引韋昭又漢書劉歆傳集注賈誼傳集注司馬
相如傳上集注三見司馬相如傳下集注二見公孫
宏傳集注杜欽傳集注東方朔傳集注蔡義傳集注
趙充國傳集注丙吉傳集注張敞傳集注蕭望之傳
集注谷永傳集注二見揚雄傳上集注龔遂傳集注
貨殖傳集注宛孔氏傳集注○丨讀爲閑荀子王霸
幽丨隱辟注○以丨爲閑顏氏家訓書證○詩十畝
之閒桑者閑閑兮釋文丨本作閑爾雅釋訓注近處
優丨釋文丨本作閑莊子逍遙游注足于身故丨于

世也釋文丨本作閑則陽縣
衆丨者也釋文丨本作閑
【嫻】丨雅也後漢北海靖王興傳注○閑雅也文選舞
賦注引埤蒼○丨雅猶沈靜也後漢馬援傳注○
史記司馬相如傳姣冶丨
都索隱云漢書本作閑
【鷳】丨鴟老鵰也廣雅釋鳥
【孱】丨小貌大戴記曾子立事君子博學而丨守之注
○丨弱小貌也史記張耳陳餘傳索隱引服虔○
懦弱爲丨漢書陳餘傳集注引孟康○丨仁謹貌史
記張耳陳餘傳索隱引韋昭○丨音如潺湲之潺史
記張耳陳餘傳
集解引孟康
【潺】丨流貌一切經音義十三引字林

【殷】丨音近烟今人呼赤黑為丨色左氏成二年傳左輪朱丨注

【煸】丨文章謂之丨爛一切經音義五引通俗文○丨爛文貌也一切經音義五引埤蒼

【湲】潺丨流貌文選思元賦注引字林又楚辭湘君橫流涕兮潺丨注○潺丨流貌也後漢張衡傳注又文選七發注引字書○潺丨水流貌也一切經音義十七引字書又晉書音義中

【綸】丨綬也廣雅釋器○丨今有秩嗇夫所帶糾青絲丨爾雅釋草丨似丨注○古今人表鄭成公丨師古曰左傳作輪

【販】丨匹姦反左氏哀四年釋文引字林

【擐】丨貫也左氏成二年傳丨甲執兵注又後漢蔡邕傳注袁紹傳注○丨貫著也淮南要略躬丨甲冑注○丨是穿著之名顏氏家訓書證○丨甲衣甲也一切經音義十七引國語賈注○丨當作擐音宣顏氏家訓書證引蕭該

【轘】丨車裂也左氏宣十一年傳丨諸栗門注○車裂曰丨左氏桓十八年傳丨高渠彌注○車裂曰丨丨散也肢體分散也釋名釋喪制○車丨謂車裂也周禮條狼氏誓馭曰車丨注○丨裂以車裂也後漢呂强傳注○丨轅也文選沈休文應詔樂遊苑詩函丨方解帶注○丨轅謂路形若轅而又丨曲管子地圖凡兵主者必先審知地圖丨轅之險注○丨轅道路險隘凡十二曲將去復還故曰丨轅元和郡縣志引左傳舊注

【扳】丨援也廣雅釋言○丨引也公羊隱元年傳諸大夫丨隱而立之注又一切經音義九引字林○禮記喪大記注欲丨援釋文丨本作攀

【瞯】丨眄也吳揚江淮之閒或曰丨方言二○丨目病也吳江淮之閒曰丨爾雅釋畜釋文引蒼頡○馬一目丨爾雅釋畜○丨古文驎同一切經音義十四○丨音馬丨眼之丨漢書郅都傳集注引應劭

【猏】丨狠也廣雅釋獸○丨惡健犬也漢書王莽傳中音義引韋昭○丨音若訕漢書宣帝紀集注引應劭

【黫】丨黑色廣韻引字林

【訕】丨謗也廣雅釋詁二○丨謗毀也論語陽貨惡居下流而丨上者集解○丨猶謗毀也論語陽貨皇疏

【患】丨憂呂覽重言卿大夫恐懼丨之注○丨猶難也呂覽權勲君奚丨焉注○丨禍也孝經孝無終始而丨不及者鄭注

【獌】爾雅釋獸貆丨似貍釋文丨本作貓

○以下據廣韻錄

【⿱宀彎】丨音如湖水灣澳之灣三國孫休傳注引吳錄

【槾】丨關門機數還切廣韻二十七刪引通俗文

【⿰羊患】丨似羊無口御覽九百二引字林

【鳻】鳻自關而西秦漢之閒其大者謂之丨鳩方言八

【螌】丨蝥旻青也廣雅釋蟲

⿱艹姦 丨蘭也一切經音義十二引聲類○丨菅似茅也山海經中山經青要之山有草焉其狀如丨名曰荀草注○丨亦菅字山海經中山經吳林之山其中多丨草注○丨字書與蕑同丨蘭也一切經音義二

疝 丨病也廣雅釋詁一

癇 丨病也廣雅釋詁一○今謂小兒瘨曰丨一切經音義十引聲類

⿰馬閒 丨音閑爾雅釋木釋文引字林

蛝 丨馬蚿爾雅釋蟲

賢 丨堅也廣雅釋詁一

顅 丨長脰貌考工記梓人數目丨脰注○故書丨或作䫲鄭司農云䫲讀爲鬜頭無髮之鬜考工記梓人注

掔 丨擊也廣雅釋詁三

鬜 丨鬢禿也周禮梓人釋文引字林

虥 丨士山反爾雅釋文引字林

僝 史記五帝紀引書堯典方鳩丨功作旁聚布功

轏 丨輣也廣雅釋器

鏟 小鑿曰丨御覽七百六十三引通俗文

訮 丨怒也廣雅釋詁二

經籍籑詁 卷十五 十五刪 ⿱艹姦至訮 七

羥 丨羣羊相積也一曰羊羴羊相厠也御覽九百二引字林○丨黑羊也一切經音義十二引字書○丨黑也廣雅釋器

虨 丨文也廣雅釋詁三

⿰犭單 丨犬噬也一切經音義十八引埤蒼

○據集韻攔攤丨隔也若手相闌付故字有手也太元元丨韻錄丨神明而定摹注

經籍籑詁卷第十五

經籍籑詁 卷十五 十五刪 羥至攔 八

經籍籑詁卷第十五補遺　上平聲

兵部侍郎兼都察院右副都御史巡撫浙江等處地方提督軍務兼理糧餉阮元譔集

十五刪

刪 說文刪剟也从刀冊冊書也○就而減削曰丨書孔序丨詩爲三百篇疏

潸 說文丨涕流皃从水㪔省聲詩曰丨焉出涕○丨垂涕貌漢書中山靖王勝傳丨然出涕注

關 說文丨以木橫持門戶也从門𢇇聲○丨通也禮記曾子問注丨中言之疏又儀禮喪服傳注丨巳許嫁疏○丨者通也書五子之歌丨石和鈞疏○丨穿也禮記雜記下見輪人以其杖丨轂而輠輪者疏○丨衡也國語周語丨石龢鈞注○丨竟上門也禮記王制丨譏而不征疏○丨門丨之征也國語周語注○丨丨和聲也漢書楊雄傳上王雎丨丨注○楗後爲丨素問骨空論注○孟子告子下越人丨弓而射之文選吳都賦注作越人彎弓而射我

癏 或作瘝○書康誥恫瘝乃身後漢書和帝紀注引作恫矜乃身

彎 說文丨持弓關矢也从弓䜌聲

闤 說文新附闤市垣也从門睘聲

還 說文還復也从辵睘聲○丨者迴反之辭詩崧高箋丨南者疏○丨歸也廣雅釋詁二○丨謂迴面也漢書項籍傳羽丨叱之注○丨謂卻退也漢書周昌傳昌丨走注○丨繞也左氏襄十年傳丨鄭而南注○丨遶也史記楚世家丨射圍之東索隱○丨丨繞也漢書司馬相如傳上旋丨乎後宮注引郭璞○丨猶顧也左氏昭二十年傳無所丨忌注○丨者事未畢之辭也穀梁襄十七年傳○丨一作班史記封禪書日見四岳諸牧丨瑞集解引徐廣

環 說文環璧也肉好若一謂之丨从玉睘聲○肉好若一謂之丨荀子大略反絕以丨注○丨圜也莊子庚桑楚釋文引廣雅○丨謂循丨也素問診要經終論閒者丨也注○丨謂如丨之繞盤迴而不去也素問氣交變大論久留而丨注○丨繞也國語晉語我翟之民實丨之注○丨遶也漢書韋賢傳我徒我丨注○丨謂旋也周禮樂師丨拜以鐘鼓爲節司農注○詩盧令盧重丨白帖九十八作盧重鐶○周禮筮人九曰巫丨禮記曲禮上疏引作九曰筮旅○孟子公孫丑下丨而攻之而不勝晉書段灼傳作圜圍而攻之有不剋者

鬟 說文新附丨總髮也从髟睘聲

鍰 說文丨鋝也从金爰聲虞書曰罰百丨○丨率也周禮職金疏引古尚書說○丨讀與環同漢書五行志中之上謂宮門銅丨注外戚傳下宮門銅丨也注

寰 說文新附丨王者封畿內縣也从宀睘聲○丨內者王都在中諸侯四面遶之故曰丨內也穀梁隱元年傳疏

圜 丨謂周繞之漢書高五王傳丨悼惠王冢園邑注○丨謂均而通也漢書食貨志下立九府丨法注○丨卽錢也漢書食貨志下注引李奇

班 說文丨分瑞玉从玨从刀○丨謂布行也漢書翟義傳丨度量注○丨謂賦與也爾雅釋言丨賦也

孫注○丨次也國語魯語晉不以故丨注○丨列也
左氏昭二年傳送從逆丨注○丨還也左氏襄十年
傳請丨師注○丨告也淮南時則丨馬政注○丨如
者謂相牽不進也易屯乘馬丨如疏引子夏傳○楚
人謂虎丨漢書敘傳上○易屯乘馬丨如釋文鄭本
作般

斑 說文辬駁文也从文辡聲○班有文也太元元錯

頒 說文丨大頭也从頁分聲一曰鬢也詩曰有丨其
首○丨分也禮記禮運丨爵位疏又周禮大胥秋
丨學合聲疏○丨賦也文選馬汧督誄狄隸可丨注

般 丨久也文選弔屈原文丨紛紛其離此尤兮注引
李奇○丨相連也漢書禮樂志丨縱縱注○般與
班同漢書東方朔傳魯丨為將作注○般字與班同
漢書鄒陽傳使僕人殺子丨注○般字與斑同耳從

丹青之丹漢書司馬相如傳般般之獸注○丨讀與
班同漢書禮樂志丨裔裔注五行志中之上為世子
丨所殺注楊雄傳上丨倕弃其剞劂兮注○左氏襄
三十年經蔡世子丨昭十一年經楚子虔誘蔡侯丨
白虎通誅伐俱引作班

蠻 說文丨南丨蛇種从虫䜌聲○南方曰丨公羊隱
二年傳公會戎于潛注又周書職方辨其邦國都
鄙四夷八丨七閩九貉五戎六狄之人民注又呂覽
功名丨夷反舌注○南方為八丨白虎通禮樂○丨
者閩也南夷之名史記吳太伯世家太伯之犇荆丨
索隱○丨慢也禮儀簡慢書禹貢三百里丨王注○
丨用事差簡慢周書職方又其外方五百里為丨服
注○丨者縻也周禮大司馬之職又其外方五百里
曰丨畿疏○丨之言縻周禮職方氏又其外方五百
里曰丨服疏○丨謂以文德丨幕而覆之漢書地理

志上三百里丨注○丨氏城俗以為麻解城葢丨麻
讀聲近水經汝水注

顔 說文丨眉目之閒也从頁彥聲顏籀文○丨謂額
也左氏僖九年傳注常在丨面之前疏○丨行猶
鴈行在前行故曰丨也漢書嚴助傳以逆執事之丨
行注引文穎

姦 說文丨私也从三女悬古文丨从心旱聲婁籀文
婁从人中女○丨私亦盜也淮南氾論丨符節注
○盜人器用謂之為丨左氏文十八年傳疏○丨謂
邪謀也漢書五行志上及有丨謀注引臣瓚○不誠
之行故曰丨周書寶典十丨注

菅 說文丨茅也从艸官聲○丨茅也漢書禮樂志顏
如荼注郊祀志上而雍丨廟祠注引李奇賈誼傳
若刈草丨然注○丨屨草屨左氏襄十七年傳杖丨
屨注○丨蘭也漢書地理志下方秉丨兮注○巳漚

為丨詩白華白華丨兮傳○白華於野巳漚名之為
丨詩白華箋

攀 說文𠬜引也从反廾凡𠬜之屬皆从𠬜攀𠬜或从
手从樊○平輿令薛君碑命不可𠬜丨作𠬜劉脩
碑扣馬攀輪丨作攀

頑 說文丨棞頭也从頁元聲○心不則德義之經為
丨左氏僖廿四年傳○不可告請故曰丨左氏僖
廿八年傳喜賂怒丨注○丨頓謂無廉隅也漢書陳
平傳士之丨頓者利無恥者注引如淳○丨謂蠻夷
戎狄也國語鄭語非親則丨注○孟子萬章下丨夫
廉韓詩外傳漢書王貢傳序後漢王暢傳袁宏漢紀
北史鄭述祖傳藝文類聚竝作貪夫廉長短經作貪
夫自廉

山 說文丨宣也宣气散生萬物有石而高象形凡丨
之屬皆从丨○積石曰丨周禮大宰注三農平地

丨澤也疏○丨物之高者也管子形勢解○丨是地之高者左氏莊廿二年傳于上上丨也疏○丨者地之高峻易象上傳天下有丨疏○丨者高而靜易象上傳丨下有風何注○丨川是地之別體也禮記禮器社稷丨川之事疏○黃圖謂陵冢爲丨漢書地理志下非獨爲奉丨園也注引如淳○艮爲丨陸易象下傳信及豚魚也荀注○丨人虞官左氏昭四年傳丨人取之注

鰥 說文丨魚名从魚眔聲○丨魚子也詩敝笱其魚魴丨箋○無妻曰丨衛湜集說卅六引成伯璵禮記外傳○匹夫爲丨管子揆度○無妻無子謂之老丨管子輕重己○老而無妻曰丨詩桃夭序國無丨民也箋○舜生三十不娶謂之丨詩摽有梅序男女得以及時也疏○丨寡年老不復嫁娶之名也詩桃夭疏○當從軍未老不早還見室家亦謂之矜同上○矜與丨同禮記王制老而無妻者謂之矜疏○矜與丨古今字詩何草不黃箋無妻曰矜疏○丨或作矜同蓋古今字異詩桃夭序疏○詩桃夭序國無鰥民釋文本亦作丨○詩敝笱其魚魴丨太平御覽九百四十作其魚魴鯤○詩鴻雁序至于矜寡釋文本又作丨○詩何草不黃何人不矜書大傳作何人不丨○詩烝民不侮矜寡國策秦策注新序雜事四作不侮丨寡○禮記王制老而無妻者謂之矜釋文本又作丨○北海相景君銘元元鰥寡曹全碑撫育鰥寡丨皆作鰥

閒 說文丨隙也从門从月閒古文丨○丨中丨也漢書嚴助傳而丨獨數百千里注○丨者猶言中丨之時也漢書文帝紀丨者諸呂用事擅權注○丨厠也易屯注不容他丨疏○丨謂比日也漢書敘傳上丨顏色瘦黑注○丨關猶言崎嶇展轉也漢書王莽傳下丨關至漸臺注

蕑 丨蘭也太平御覽三十引韓詩○丨卽蘭香草也○詩溱洧方秉丨兮陸疏○丨蘭香也詩溱洧釋文詩溱洧方秉丨兮漢書地理志下作方秉菅兮

艱 說文艱上難治也从堇艮聲囏籀文丨从喜○丨難也爾雅釋詁又易大有丨則无咎虞注○丨難謂有非常若崩壞也儀禮士喪禮無有後丨注○丨亦難也但古人之語字重耳詩七月序致王業之丨難也疏○書益稷奏庶丨食釋文馬本作根○周禮小司徒而賙萬民之囏阨釋文本亦作丨○劉脩碑少罹囏苦丨作囏

閑 說文丨闌也从門中有木○丨闌養馬之所也漢書百官公卿表上龍馬丨駒注○丨是欄衛禁防之名也左氏襄廿一年經注盈不能防丨其母疏○丨謂防衛也左氏昭六年傳丨之以義疏○丨亦防禁之名詩敝笱序不能防丨文姜疏○言丨見其丨衛周禮牛人注牢固也疏○丨習也易家人丨有家釋文引鄭注○丨之者習之周禮大司馬之職注因蒐狩而習之疏

閒 丨空隙也漢書鮑宣傳願賜數刻之丨注翼奉傳願復賜丨注○丨謂空隙也漢書曹參傳時丨自從其所諫參注○丨言有空隙也漢書公孫宏傳今事少丨注○丨謂空隙之時也漢書李尋傳唯弃須臾之丨注○○丨謂空隙無事之時漢書鄒陽傳乘丨而請曰注○丨謂事務之隙漢書季布傳侍丨果言如朱家指注○丨謂清閒也禮記曲禮上少丨疏○閒幽閒也文選曹子建樂府美女篇美女妖且閒注○閒靜言無欲也淮南本經閒靜而不躁注○閒暇不驚恐也文選鵩鳥賦貌甚閒暇注○丨私也後漢書邱禹傳因留宿丨語注獨行譙元傳丨寃歸家注○丨行猶微行後漢書馮異傳異丨出行屬縣注○

閑大也謂閑然大也文選魏都賦注引韓詩章句○閑閑盛也廣雅釋訓○丨郎閑字也漢書疏廣傳老人即以丨暇時爲廣言此計注○丨讀曰閑文選上林賦靈圄燕於丨館注

嫺 說文丨雅也从女閒聲○閒都雅麗也漢書司馬相如傳上妖冶閒都注○丨或作閒文選上林賦妖冶丨都注

鷳 說文鷳鷴也从鳥閒聲○白鷳本或作白丨謂鳥也後漢書班固傳上招白鷳注

孱 丨顏不齊也漢書司馬相如傳下驤以丨顏注

潺 說文新附丨水聲从水孱聲○丨湲水流貌也一切經音義十七引字書○丨湲丨水流貌也文選謝靈運七里瀨詩注引雜字

綸 說文丨青絲綬也从糸侖聲○丨似丨爾雅釋草

眅 說文丨多白眼也从目反聲春秋傳曰鄭游丨字子明

憪 說文丨愉也从心閒聲

擐 禮記王制注謂丨衣出其臂歷釋文依字作擐

扳 丨纏猶牽引也文選謝靈運還舊園詩質弱易丨纏注

瞯 說文丨戴目也从目閒聲江淮之閒謂眂曰丨○丨音小兒癇病也史記酷吏列傳濟南丨氏集解引漢書音義○爾雅釋畜馬一目瞯釋文本又作丨字林作騆

○以下據廣韻錄

𢇇 說文丨織絹从糸貫杼也从絲省丱聲

𩡧 說文𩡧馬一歲也从馬一絆其足讀若弦一曰若環

㡾 說文丨屋牝瓦下一曰維綱也从广閔省聲讀若環

螌 說文丨丨蝥毒蟲也从虫般聲

𢍏 說文𢍏賦事也从菐从八八分之也八亦聲讀若頒一曰讀若非

葌 說文丨艸出吳林山从艸姦聲

奻 說文丨訟也从二女

鬝 說文丨鬢禿也从髟閒聲

疝 丨心腹氣病漢書藝文志五藏六府丨十六病方四十卷注

邖 說文邖地名从邑山聲

癇 說文癇病也从疒閒聲

騆 說文馬一目白曰丨二目白曰魚从馬閒聲

覵 說文丨很視也从見肩聲齊景公之勇臣有成丨者

顅 說文丨頭鬢少髮也从頁肩聲周禮數目丨脰

掔 說文丨固也从手臤聲讀若詩赤舄丨丨

臤 說文丨堅也从又臣聲凡丨之屬皆从丨讀若鏗鏘之鏗古文以爲賢字

堅 丨堅也廣雅釋詁二

虥集韻本作虦○說文虦虎竊毛謂之虦苗从虎戔聲竊淺也○爾雅釋獸虎竊毛謂之虦貓釋文字又作丨

𤟹亦作狠○說文狠吠鬭聲从犬艮聲

虤說文丨虎怒也从二虎凡丨之屬皆从丨

羥說文丨羣羊相積也一曰黑羊从羊垔聲

彪說文虨虎文彪也从虍彬聲

○以下據集韻錄攽說文攽分也从攴分聲周書曰乃惟孺子丨亦讀與彬同

趨說文趨行遲也从走曼聲

輴說文丨車丨釘也从車眞聲讀若論語鏗爾舍瑟而作又讀若堅

嫛說文丨美也从女臤聲

○以下據附錄擱禮記內則注或作丨也釋文本又作擱

圓說文丨圜全也从口員聲讀若員

澖丨讀閑放之閑言無垠虛之貌淮南俶眞甘暝于澖瀾之域注

經籍纂詁卷第十五補遺終

經籍籑詁卷第十六

下平聲

經筵講官南書房行走禮部左侍郎兼署兵部左侍郎前提督浙江學政阮元撰集

一先

先 丨始也廣雅釋詁一○丨猶前也儀禮大射儀丨首注又史記樂書行成而丨正義○丨猶蚤也禮記月令草木蚤死注○丨猶速也呂覽辯士其生也必丨注○丨猶上也呂覽權勳故太上丨勝注○丨猶尚也呂覽先己五帝丨道而後德注○乾爲丨易同人丨號咷而後笑虞注睽丨張之弧虞注文言傳丨天而天弗違虞注○丨謂首唱也荀子脩身以善丨人者謂之教注○丨謂宜其言也莊子秋水楚王使大夫二人往丨焉釋文○丨謂祖也文選報任少卿書行莫醜於辱丨注○丨丨生也史記匈奴傳其儒丨集解○丨謂位在下也禮記樂記行成而丨注○丨昔曰丨民詩小旻匪丨民是程傳那丨民有作傳○丨靈丨聖之神靈文選東京賦憲丨靈而齊軌薛注○丨生學人之通稱也文選三都賦序元晏丨生曰注○丨生長者有德者稱國策衛策乃見梧下丨生注○丨生長老丨己以生者也國策齊策孟嘗君讌坐謂三丨生注○學士年長者故謂之丨生孟子告子下丨生將何之注○丨生老人教學者禮記曲禮上從於丨生注○丨生長兄弟儀禮有司徹其丨生之脅折注○丨生致仕者也儀禮士相見禮若丨生異爵者注○丨生鄉中致仕者儀禮鄉飲酒禮主人就丨生而謀賓介注○軍行在前曰丨登釋名釋船○丨登丨赴敵也後漢賈復傳注○丨策謂預知也後漢劉寬傳注○丨馬導馬也荀子正論諸侯持輪扶輿丨馬注○丨入言入處其俗也文選東京賦𣪠其所以丨入薛注○丨死謂未死之前也後漢張奮傳注○丨施西施一也文選神女賦西施掩面注四子講德論毛嬙西施注○丨讀爲洗易繫辭上傳聖人以此丨心集解引韓康伯○丨或作洗漢書百官公卿表上集注引如淳

前 丨亦先也禮記中庸可以丨知注○丨戒謂先射請戒之儀禮鄉射禮記司射丨戒之注○丨猶故也禮記檀弓上我未之丨聞也注○丨謂目丨漢書嚴助傳集注○丨謂丨代帝王後漢班彪傳下注○歬進也廣雅釋詁二○丨道也儀禮士虞禮祝丨尸注士虞禮記尸謖祝丨注○丨猶導也儀禮特牲饋食禮尸謖祝丨主人降注○丨爲王道也周書克殷百夫荷素質之旗于王丨注○丨謂撥也考工記冶氏長內則折丨注○故書丨爲先周禮男巫王弔則與祝丨注○周禮太宰丨期十日釋文丨本或作先

千 十百謂之丨御覽七百五十引風俗通○丨列言多也後漢班彪傳上注○丨室謂黎庶後漢循吏傳贊注○丨乘一國也呂覽不苟天下有不勝丨乘者注○丨伯卽阡陌也管子四時正丨伯注○丨眠光色盛貌文選文賦淸麗丨眠注○丨與芊古字通文選高唐賦肅何芊芊注○丨或爲卒荀子賦丨歲必反古之常也注○列子湯問猶數丨丈釋文丨一本作十

阡 南北曰丨史記秦本紀索隱引風俗通○南北爲丨後漢光武紀上注鮑永傳注○河東以東西爲丨史記秦本紀開丨陌索隱

箋 通作牋○丨薦也後漢衛宏傳注○牋表也後漢胡廣傳注引周成雜字○丨表也識也詩鄭箋釋文引字林○丨書也廣雅釋詁四○丨云也廣雅釋言○詩鄭箋釋文丨本亦作牋

天 丨顚也廣雅釋言○丨豫司兗冀以舌腹言之丨顯也在上高顯也青徐以舌頭言之丨坦也坦然

高而遠也釋名釋天○丨之爲言陳也韻補引賁述
禮統○丨之爲言鎭也居高理下爲人鎭也白虎通
天地○丨之爲言鎭也神也陳也珍也施生爲本運
轉精神功效陳列其道可珍重也爾雅釋天釋文引
禮統○丨之言鎭也居高理下爲人經緯故其字一
大以鎭之也爾雅釋天釋文引春秋說題辭○丨陽
也呂覽有始丨徵以成注○丨者陽也規也文選東
京賦規丨矩地注引范子○丨氣也論衡談天○丨
爲積氣顏氏家訓歸心○丨者氣之所總出也鶡冠
子泰錄○淸者爲丨論衡談天○淸輕者爲丨後漢
班彪傳下注引易乾鑿度○淸輕上爲丨莊子天地
丨地雖大釋文引禮統○積陽爲丨素問陰陽應象
大論○淸陽爲丨同上○至高謂之丨荀子儒效○
丨者轉於下而運於上洪範五行傳○丨養也莊子
馬蹄命曰丨放釋文引崔注○丨者施生白虎通封
公侯○丨者統理萬物周禮目錄○丨者萬物之祖

春秋繁露順命○丨也者萬物之總名也莊子齊物
論敢問丨籟注○丨無爲也莊子在宥廣成子之謂
丨矣注○無爲爲之之謂丨莊子天地○丨謂無爲
自然之道荀子解蔽莊子蔽於丨而不知人注○凡
所謂丨皆明不爲而自然莊子山木有人丨也有丨
亦丨也注○丨者自然也莊子天道先明丨而道德
次之注○丨也者自然也莊子大宗師庸詎知吾所
謂丨之非人乎注○丨者自然之謂也莊子大宗師
知丨之所爲者丨而生也注○皆知其所以成莫知
其無形夫是之謂丨荀子天論○丨文也鶡冠子夜
行○丨身也呂覽本身以全其丨也注論人若此則
無以害其丨矣注大樂全其丨注侈樂則必失其丨
矣注去宥別宥則能全其丨矣注又淮南原道不以
人易丨注聖人不以人滑丨注○丨性也呂覽本生
以全丨爲故者也注又淮南原道不以人易丨注○
丨大也廣雅釋詁一又國策齊策右丨唐注○丨君

也爾雅釋詁又詩蕩丨降慆德傳○丨丨位也論語
堯曰丨之麻數在爾躬皇疏○丨謂王者孟子離婁
上丨之方蹶注○丨者神也鶡冠子度萬○神之所
形謂之丨鶡冠子天權○丨者百神之大君也春秋
繁露郊祭○丨者百神之君也王者之所最尊也同
上○上丨上帝也淮南覽冥上丨之誅也注○丨位
帝位也文選東京賦偷安丨位薛注○皇丨北極大
帝也書君奭格于皇丨鄭注○丨謂昊旻之事大戴
記保傳上無取於丨注○丨宗謂日月星辰也禮記
月令天子乃祈來年於丨宗注○乾爲丨易說卦傳
大有自丨右之虞注大畜何丨之衢虞注中孚翰音
登于丨虞注象上傳故丨地如之虞注而丨下隨時
虞注丨丨行也虞注丨之命也虞注象下傳日月得丨
虞注丨丨地之大義也虞注丨地睽虞注丨丨地革虞注
宜照丨丨下也虞注順乎丨虞注乃應乎丨丨也虞注文
言傳先丨而丨弗違虞注○乾爲丨道易象上傳道

大行也虞注○顙額爲丨易睽其人丨且劓虞注○
剠鑿其額曰丨易睽釋文引馬注○丨剠也易睽其
人丨且劓釋文○丨地者形之大者也莊子則陽○
丨地者元氣之所生萬物之祖後漢班彪傳下注引
禮統○丨地者萬物之總名也莊子逍遙遊若夫乘
丨地之正注○丨地者萬物之父母也莊子達生○
丨地者性之本也大戴記禮三本○丨子號丨之子
也春秋繁露郊祭○丨子言丨帝之子也文選東京
賦曰允矣丨子者也薛注○丨子者丨下之表也列
女傳貞順○君丨下曰丨子禮記曲禮下○主祭於
丨曰丨子大戴記誥志○丨子覆地載謂之丨子說苑
修文又白虎通爵引援神契○德侔丨地者皇丨右
而子之號稱丨子春秋繁露順命○能養丨之所生
而勿攖之謂之丨子呂覽本生○人之所舍謂之丨
民丨之所助謂之丨子莊子庚桑楚○不離於宗謂
之丨人莊子天下○無人之情則自然爲丨人莊子

庚桑楚忘人因以爲丨人矣注〇丨下海內也呂覽
不苟丨下有不勝千乘者注〇丨下謂外及四海也
禮記曲禮下君丨下曰丨子注〇丨門者上帝所居
紫微宮門也淮南原道訓丨門注〇丨門者萬物之
都名也謂之丨門猶云衆妙之門也莊子庚桑楚是
謂丨門注〇丨元猶乾元也後漢陳忠傳注〇丨經
謂孝也後漢班彪傳下注〇丨德丨覆之德荀子王
制夫是之謂丨德注〇丨聲雷霆之聲後漢竇憲傳
注〇丨兵言兵威之盛如丨也文選長楊賦夫丨兵
四臨注〇丨機神馬淮南俶眞夫與跂蹺同乘丨機
注〇丨馬銅馬也文選東京賦丨馬半漢薛注〇丨
揖推手小舉之周禮司儀丨揖同姓注〇丨乙殷湯
名也文選東京賦慕丨乙之弛呂薛注〇丨虞帥尸
虞也山海經大荒西經有人反臂名曰丨虞注〇丨
吳水伯山海經大荒東經有神人名曰丨吳注〇朝
陽之谷神曰丨吳是爲水伯山海經海外東經〇魯

讀丨爲夫今從古論語陽貨丨何言哉鄭注〇丨當
爲先字之誤禮記緇衣惟尹躬丨見于西邑夏注〇
丨子當爲太子書大傳大師取大學之賢者登之
丨子注〇易說卦參丨兩地釋文丨或作夫者非
【堅】丨固也爾雅釋詁〇丨定也固也素問腹中論二
者其氣急疾丨勁注〇丨剛也呂覽審分丨窮廉
直注〇丨寒剛太元元衝〇丨強也廣雅釋詁二〇
丨謂丨牢一切經音義三引字書〇丨致功牢也淮
南時則丨致爲上注〇丨長也周書謚法又廣雅釋
詁四〇丨好呂覽貴信其穀不丨注辯土均者其生
也必丨注〇丨謂好車後漢和熹鄧皇后紀注〇彰
義掩過曰丨周書謚法〇設矛伐之說爲丨莊子齊
物論故以丨白之昧終釋文引崔注〇丨白謂丨石
白馬之辯也莊子齊物論故以丨白之昧終釋文〇
左氏宣四年鄭襄公丨公羊成四年作臤公羊疏引
穀梁作賢玉篇引作䋤〇漢書古今人表懿王丨史

記周本紀作囏〇公羊定十四年公會齊
侯衛侯于丨釋文丨本又作掔左氏作牽
【肩】丨任也書盤庚下朕不丨好貨傳〇丨勝也爾雅
釋詁〇丨強之勝也爾雅釋詁舍人注〇丨克也
爾雅釋詁〇丨卽尅耳爾雅釋詁丨勝也注〇丨作
也爾雅釋詁〇丨堅也釋名釋形體〇丨臂肱骨
儀禮少牢饋食禮丨臂臑注〇北方有比丨民焉迭
食而迭望爾雅釋地〇獸三歲曰丨詩還並驅從兩
丨兮傳又後漢馬融傳注引韓詩薛君傳〇獸三歲
爲丨廣雅釋獸〇丨丨直貌莊子德充符其脰丨丨
釋文引簡文注〇丨丨猶元元也莊子德充符釋文
引崔注〇丨丨羸小貌莊子德充符釋文引李注〇
詩還釋文丨本亦作豜〇詩還並驅從兩丨兮說文
豕部作並驅从兩豜兮〇漢書古今人表公丨子史
記弟子傳作公堅
子家語作公賓子

【賢】丨善也文選東京賦必以肆奢爲丨薛注〇丨猶
善也禮記內則獻其丨者於宗子注〇丨明呂覽
尊師丨主弗內之於朝注〇丨勞也詩北山我從事
獨丨傳又廣雅釋詁一〇丨猶能也老子不尚丨王
注〇丨才也淮南脩務周室以後無六子之丨注〇丨
丨者多才也穀梁文六年傳使仁者佐丨者注〇丨
豪者也呂覽恃君有力者丨注〇倍英曰丨白虎通
聖人引禮別名記〇丨謂心明智遠素問解精微論
有丨不肖未必能十全注〇丨者亞聖之名荀子哀
公則可謂丨人矣注〇丨有善行也周禮大宰三曰
進丨注〇丨有德行者周禮小司寇三曰議丨之辟
注〇丨者有德行者周禮鄉大夫而興丨者能者注
〇行道者謂之丨賈子道術〇人之清者爲丨春秋
繁露通國身又後漢李固傳〇學之者見謂丨賈子
修政語上〇言行相應則謂之丨論衡問孔〇以財
分人之謂丨莊子徐無鬼〇乾爲丨人易繫辭上傳

丨人在下位虞注有以尚丨也虞注繫辭下傳苟非
其人虞注○艮爲丨人易象上傳聖人養丨虞注○
丨大也廣雅釋詁一○丨猶厚也國策秦策丨於兄
弟注○丨羣也廣雅釋詁二○丨多也小爾雅廣詁
○丨猶多也呂覽順民則丨於千里之地注○丨愈
也國語晉語敬丨於請注又呂覽任數而丨於有知
有爲注○丨猶勝也儀禮鄉射禮右丨於左左丨於
右注又論語陽貨爲之猶丨乎已皇疏又國策秦策
尚丨在晉陽之下注○丨獲勝黨之算也儀禮大射
儀取丨獲執之注鄉射禮釋獲者遂進取丨獲注○
丨主治主也呂覽蕩兵世有丨主秀士注○丨大穿
也考工記輪人去一以爲丨司農注○校官碑親臤
寶智師臤作朋袁良
碑優臤之寵丨作臤

【弦】丨堅正也莊子外物詳稽乎諡釋文○丨弓丨喻
急也文選王文憲集序無待韋丨注○丨月半之

名也其形一旁曲一旁直若張弓施丨也釋名釋天
○月中分謂之丨論衡四諱○離爲丨淮南天文景
風至注○丨春脉木氣也素問平人氣象論毛而有
丨曰春病注○鼓陽勝急曰絃素問陰陽別論○丨
或爲汧周禮職方氏其
澤藪曰丨蒲司農注

【絃】通作弦○丨琴瑟也淮南主術故古之爲金石管
丨者注○弦琴瑟也淮南原道列管弦注○丨謂
琴瑟也周禮小師掌教鼓鼗柷敔塤簫管丨歌注○
弦謂鼓琴瑟也禮記樂記故北面而弦注○弦鼓瑟
者也禮記投壺命弦者曰請奏貍首注○絲曰丨白
虎通禮樂引樂記又風俗通聲音○丨索也廣雅釋
器○弦謂以絲播詩禮記文王世子春誦夏弦注○
弦謂弦歌莊子讓王匡坐而弦釋文○丨離音也白
虎通禮樂引樂記○孫叔敖碑去不
善如絕紖祝睦碑紖頌興丨皆作紖

【煙】亦作烟○丨迸火也一切經音義十四引三蒼○
丨明也文選登巴陵城樓詩注引蒼頡○烟烟元
氣也廣雅釋訓○丨埃土氣也素問五常政大論丨
埃朦鬱注○丨臭也廣雅釋器○丨氣之臭聞者周
禮大宗伯以禋祀
祀昊天上帝注

【燕】丨宛也北方沙漠廣平此地在涿鹿山南宛宛然
以爲國都也釋名釋州國○丨國名今涿郡薊縣
是也詩甘棠序注後封于丨釋文○丨今漁陽薊縣
國語齊語以丨爲主注○丨國名左氏隱五年傳衞
人以丨師伐鄭釋文穀梁桓十二年傳丨人釋文襄
廿九年傳高止出奔北丨釋文○丨北丨國詩韓奕
丨師所完王注○丨京山亦管涔之異名也水經
汾水出太原管涔山注○丨支劒也廣雅釋器

【蓮】荷其實丨爾雅釋草○丨蕅實也淮南本經益樹
丨芰注○丨謂房也爾雅釋草注○丨讀丨芊魚

之丨也淮南本經注○苓古丨字也文選七發蔓草
芳苓注○苓與丨同文選七啟寒芳苓之巢龜注○
丨一作苓史記龜策傳龜千歲
乃游丨葉之上集解引徐廣

【憐】廣韻怜俗○丨愛也爾雅釋詁○丨愛也汝潁之
閒曰丨宋魯之閒曰牟或曰丨方言一○自關而
西秦晉之閒凡相敬愛謂之亟陳楚江淮之閒曰丨
同上○丨職愛也言相愛丨者吳越之閒謂之丨職
方言七○矜丨撫掩之也爾雅釋訓○丨哀也方言
一又廣雅釋詁一○怜綴也廣雅釋言○丨鄰聲相
近史記高祖功臣侯年表以駢鄰從索隱引
姚氏○丨讀爲吝荀子解蔽無邑丨之心注

【田】丨敶也廣雅釋詁二○丨敶也謂敶列種穀之處
爾雅釋地郊外謂之牧釋文引李注○丨塡也五
稼塡滿其中也釋名釋地○丨土也廣雅釋地○丨
野也楚辭大招丨邑千畛注○丨種禾稼也一切經

音義一引蒼頡○丨一夫之所佃考工記匠人丨首倍之注○丨人所捊治也禮記禮運人情以爲丨注○丨者擇種而種之說苑雜言○坤爲丨易繫辭下傳耒耨之利虞注○東方爲丨淮南天文○地中稱丨易巽丨獲三獵虞注○地上稱丨易恒丨无禽虞注○穀地爲丨國語周語丨疇荒蕪注○穀地曰丨國語齊語丨地均則民不憾注○已耕者曰丨釋名釋地○據人功作力競得而丨之則爲之丨書禹貢厥丨惟中中鄭注○丨多邑少稱丨公羊桓元年傳○五制爲一丨管子乘馬○丨謂丨畯主農之官也禮記月令命丨舍東郊注○丨祖主丨之官山海經大荒北經叔均乃爲丨祖注○龍星左角曰天丨則農祥也後漢東夷傳注○丨獵也易師丨有禽虞注又詩騶虞序蒐丨以時釋文又左氏莊八年傳遂丨於貝邱注僖廿四年傳其後余從狄君以丨渭濱注襄三十年傳請丨焉注哀十一年傳使其女僕而丨

注又家語正論齊侯出丨注又國語齊語丨狩畢弋注又漢書司馬相如傳上集注又莊子應帝王虎豹之文來丨釋文引李注又呂覽音初孔甲丨于東陽萯山注又淮南本經焚林而丨注又離騷羿淫遊以佚丨兮注又文選射雉賦彼遊丨之致鶩徐注○丨謂獵也周禮小司徒唯丨與追胥竭作司農注○丨丨獵也周禮田僕以丨以鄙注○丨四時丨獵周禮巾車以丨注○丨取禽也詩大叔于田叔于丨傳○以罟取獸曰丨易繫辭下傳以丨以漁虞汴○丨者習兵之禮周禮甸祝掌四時之丨注○丨者蒐狩之總名也古者肉食衣皮服捕禽獸故謂之丨公羊桓四年傳狩者何丨狩也注○四時之丨皆爲宗廟之事也春曰丨夏曰苗秋曰蒐冬曰狩穀梁桓四年傳○春謂之丨何春歲之本舉本名而言之也白虎通田獵○丨大鼓也詩有瞽應丨縣鼓傳○丨路木路也周禮田僕掌馭丨路注○丨車木路也考工記總目丨車之輪注○丨矢謂焰矢考工記矢人兵矢丨矢五分注○丨鼠鼸鼠也呂覽季春丨鼠化爲鴽注○丨鼠鼢鼶鼠也淮南時則丨鼠化爲鴽注○丨與敂同文選西京賦逞欲畋敂注○丨當作朄詩有瞽應丨縣鼓箋○詩有瞽應丨縣鼓周禮大師注禮記明堂位注爾雅釋樂注並作應朄縣鼓○孝經注丨獵釋文丨本作佃○左傳哀十二年注隙地閒丨釋文丨本作地○戰國策丨單貫子胎㲉作陳單○史記趙世家丨不禮墨子作佃

塡 廣韻寘同○寘塞也廣雅釋詁三○丨塞也漢書王尊傳集注○丨謂土丨塞也荀子大略丨如也注○丨塞實貌也家語困誓則丨如也注○丨加也華嚴經音義上引國語賈注○丨滿也漢書鄭當時傳集注○丨盡詩小宛哀我丨寡傳○丨丨重遲也莊子馬蹄其行丨丨釋文引崔注○丨丨質重貌莊

子馬蹄釋文○丨丨詳徐貌莊子馬蹄釋文○丨丨旗立牢端貌淮南兵略不擊丨丨之旗注○丨鼓音也孟子梁惠王上丨然鼓之注○寘軨即軨坂也今在河東大陽縣穆天子傳五爲之石主而口寘軨注○古聲丨寘塵同詩常棣烝也無戎箋○古者聲寘丨塵同也詩東山烝在桑野箋○丨與闐同文選西都賦闐城溢郭注○嗔與丨同荀子大略嗔如也注○丨古文寘同一切經音義二○丨池當爲奠徹聲之誤也禮記檀弓上主人既祖丨池注○爾雅釋木煮丨棗釋文丨本或作顛同○莊子馬蹄其行丨丨釋文淮南作莫莫

鈿 丨金花也一切經音義廿二引字略○丨謂金花華嚴經音義上引文字集略○金丨婦人首飾也華嚴經音義上引珠叢

年 丨取禾一熟爾雅釋天周曰丨注〇丨取禾穀一熟爾雅釋天孫注〇五穀皆熟爲有丨也穀梁桓三年傳〇五穀大熟爲大有丨穀梁宣十六年傳〇丨穀也呂覽任地有丨瘞土注〇丨天氣也禮記文王世子古者謂丨齡注〇丨者仍也白虎通四時〇丨進也進而前也釋名釋天〇丨謂太歲所在大戴記公冠維某丨某月上日注〇丨者十二月之總號公羊隱元年傳君之始丨也注〇四時具然後爲丨公羊隱六年傳〇四時具而後爲丨穀梁桓元年傳〇丨歲終也太元事十丨不誨注〇朔數曰丨周禮大史正歲丨以序事注〇周曰丨爾雅釋天又獨斷上〇坤爲丨易既濟三丨克之虞注未濟三丨有賞于大邦虞注〇丨齒也呂覽下賢坐必以丨注〇丨祝求永貞也周禮大祝二曰丨祝司農注又獨斷上

顚 丨頂也爾雅釋言又國語齊語班序丨毛注〇丨謂高之頂管子小匡糞除其丨旄注〇丨額也小爾雅廣服〇丨首也周髀算經下以繩繫表丨注〇丨上也方言六又廣雅釋詁一〇丨末也廣雅釋詁一〇丨下也大元疑丨疑遇幹客注〇養下曰丨易頤丨頤注〇自上下曰丨離騷厥首用夫丨隕注〇丨倒也易鼎鼎丨趾釋文又楚辭愍命丨衣以爲裳注〇丨覆言反倒書允征丨覆厥德傳〇丨倒反覆也荀子富國有掎挈伺詐權謀傾覆以相丨倒以靡敝之注〇丨頓也楚辭逢紛椒桂羅以丨覆兮注〇丨蹪也荀子正論蹎跌碎折不待頃矣注〇丨仆也詩蕩丨沛之揭傳又漢書五行志中之上集注又後漢徐穉傳注〇丨沛僵仆也論語里仁丨沛必於是集解引馬注又皇疏〇丨沛猶僵仆也後漢伏湛傳注〇丨踣也後漢隗囂傳注〇丨墜也漢書五行志中之上集注〇丨隕也書盤庚中丨越不恭傳微子今爾無指告予丨隮傳又文選東京賦西朝丨覆而莫持薛注〇丨殞也易雜卦傳大過丨也虞注又左氏哀十一年傳其有丨越不共服注又小爾雅廣言〇丨丨專一貌莊子馬蹄其視丨丨釋文引崔注〇丨丨憂思貌也禮記玉藻色容丨丨注〇丨沛狽狽也後漢臧宮傳論注〇丨冥猶迷惑也莊子則陽因丨冥乎富貴之地釋文引司馬注〇馰顙白丨爾雅釋畜〇白丨的顙也詩車鄰有馬白丨傳〇丨棘女术也廣雅釋草〇丨讀爲闐聲之誤也禮記玉藻盛氣丨實注〇詩賓之初筵箋無使丨仆釋文丨本作傎〇禮記玉藻色容丨丨釋文丨本作巔

巔 頂上曰丨素問脉解故狂丨疾也注〇丨上首也素問五常政大論其動掉眩丨疾注〇丨下也太元中丨靈氣形反注〇丨殞楚辭惜誦行不羣以丨越兮注

牽 丨引也廣雅釋詁一又國策齊策鉤不能丨注又楚辭招魂丨於俗而蕪穢注〇丨挽也廣雅釋言〇丨猶繫也文選西京賦此丨乎天者也薛注〇丨連也廣雅釋詁四〇丨弦也使弦急也釋名釋姿容〇丨生牢也周禮掌客丨四牢注〇丨牲牢可丨而行者周禮宰夫掌其牢禮委積膳獻飲食賓賜之飧丨司農注〇牲生曰丨左氏僖卅三年傳惟是脯資餼丨竭矣釋文〇在前曰丨在旁曰徬周禮罪隸牛助爲丨徬注〇丨徬在轅外輓牛也人御之居其前曰丨居其旁曰徬周禮牛人共其兵車之牛與其丨徬注〇令出而不行謂之丨管子法法〇丨物謂爲物所丨制後漢黨錮傳注〇丨拙丨率庸拙也文選沈休文和謝宣城詩丨拙謬東汜注〇丨挺機躡列子湯問以目承丨挺注〇河鼓謂之丨牛詩大東睆彼丨牛傳〇擥右丨字漢書揚雄傳上集注又文選羽獵賦擥象犀注〇左氏定十四年公會齊侯衛侯于丨公羊作堅〇易夬丨羊于易釋文丨子夏傳作掔公羊僖二年傳丨馬而至釋文丨本作掔

【姸】丨好也廣雅釋詁一○娥𡟮好也自關而西秦晉之故都曰丨方言一○俗通呼好爲丨方言一注○丨研也研精於事宜則無蚩謬也釋名釋姿容○丨蚩亦好惡也文選文賦序丨蚩好惡可得而言注○丨蚩猶美惡也文選江文通雜體張廷尉詩浪迹無丨蚩注

【研】丨審也文選東京賦丨覈是非薛注○丨喻思慮也文選弔魏武帝文注引易鄭注○易繫辭丨幾也釋文蜀本作揅

【眠】丨泯也無知泯泯也釋名釋姿容○丨猶瞑也後漢馮衍傳注○丨亂也廣雅釋詁三○丨言佯死也山海經東山經餘峩之山有獸焉見人則丨名曰犹狳注○丨娗欺謾之語也方言十○丨娗中國相輕易蚩弄之言也方言十注○丨娗欺謾之語也謂以言相輕嗤弄也又不開通貌列子力命丨娗釋文

【淵】丨集韻古作㘙○丨深也詩燕燕其心塞丨傳定之方中秉心塞丨箋又左氏文十八年傳齊聖廣丨注襄廿九年傳丨乎憂而不困者也注又賈注又爾雅釋天太歲在亥曰大丨獻孫注又廣雅釋詁三又小爾雅廣詁又太元閑中心丨也注又漢書敘傳下集注○水深曰丨文選典引斟酌道德之丨源蔡注○丨丨深也廣雅釋訓○丨穆深美之辭也文選典引有于德不台丨穆之讓蔡注○丨源林藪論深邃也後漢班彪傳下注○丨藏也爾雅釋天太歲在亥曰大丨獻李注又淮南天文大丨獻之歲注○丨潭也論語泰伯如臨深丨孔注○丨池也國語晉語而汾河涑澮以爲丨注○㘙谷也廣雅釋山○丨室也楚辭招魂旋入雷丨注○丨府書武成萃丨藪傳○丨水之府奧也山海經中山經驕山神鼉圍恒遊于雎漳之丨注○回丨水也文選吳都賦剖巨蚌於回丨注○虞丨日所入也楚辭遠逝囚靈元於虞丨注○丨者靜默之謂耳莊子應帝王鯢桓之審爲丨注○乾初爲丨易象下傳求深也虞注○坎在下爲丨易象上傳入于丨也荀注○鯢桓之審爲丨莊子應帝王○止水之審爲丨同上○流水之審爲丨同上○丨丨鼓聲也詩采芑伐鼓丨丨傳○簫弣之閒曰丨丨宛也言宛曲也釋名釋兵○丨讀爲深列子黃帝心如丨泉釋文○今月令丨爲深禮記月令丨澤井泉注○詩那鞉鼓丨丨說文鼓部作𪔂鼓𪔏𪔏丨水小流丨丨然也一切經音義十二引字林○

【涓】丨流小流也文選海賦丨流決瀼注○丨澮小流也文選江賦商搉丨澮注○丨丨流也廣雅釋訓○丨丨清新之色文選射雉賦泉丨丨而吐溜徐注○丨潔也漢書陳勝傳集注○丨絜也漢書高惠高后孝文功臣表集注曹參傳集注外戚傳集注○丨除也漢書禮樂志集注○丨擇也文選魏都賦丨吉日注○丨坑也廣雅釋水○丨人今中人也國語吳語

乃見其丨人嚋注○丨工元反爾雅釋水釋文引字林

【蠲】丨除也廣雅釋詁三又後漢班超傳注盧植傳注又文選劇秦美新應時而丨注○丨亦除也方言三或謂之丨注○丨潔也詩天保吉丨爲饎傳又左氏襄九年傳盟神不丨要盟注又小爾雅廣詁又國語周語明神弗丨注晉語於是乎國人弗丨注楚語不丨其爲注又後漢張衡傳注又文選思元賦湯丨體以禱祈兮舊注○丨絜也漢書郊祀志上集注○丨者潔也穆天子傳天子具丨齊牲全注○丨猶潔也周禮宮人除其不丨注○丨明也爾雅釋言又書多方不丨烝馬注又左氏襄十四年傳惠公丨其大德注又後漢楊厚傳注○丨清明貌爾雅釋言注○丨瘉也廣雅釋詁一○愈或謂之丨方言三○丨讀曰圭也呂覽尊師必丨絜注○丨讀如吉圭惟饎之圭周禮蜡氏令州里除不丨注○詩天保吉丨爲饎

韓詩作吉圭爲饎儀禮士虞禮記注周禮蜡氏注皆作圭○魏元丕碑餘類不輯丨作輯

邊　丨垂也爾雅釋詁○丨方也廣雅釋詁四○丨丨境也國語吳語頓顙於丨注○丨邑九州之外禮記玉藻其在丨邑注○丨者陽氣所爲流毒所加也論衡言毒○微者疾謂之丨同上○丨近也史記高帝紀齊丨楚集解引文穎又漢書韓信傳集注○丨謂相接穀梁定十二年傳丨乎齊也注○丨偏倚也禮記檀弓上齊衰不以丨坐注○丨要橐爾雅釋木

籩　竹豆謂之丨爾雅釋器○竹謂之丨後漢儒林傳上注○竹曰丨周禮天官序官丨人注又論語泰伯丨豆之事皇疏又家語問禮丨豆鉶羹注○丨竹器如豆者其容實皆四升周禮籩人掌四丨之實注○丨竹器容四升國語周語品其百丨注○丨亦禮器爾雅釋器竹豆謂之丨注○丨豆禮器也後漢朱浮傳注儒林傳上注○丨祭棗栗之祭儀禮特牲饋食禮祝贊丨祭注

編　丨聯也漢書張敞傳集注○丨連也文選西京賦丨町成篁薛注○丨錄穀梁桓元年傳春秋丨年注○丨次也後漢蘇竟傳注○以繩次物曰丨一切經音義廿三引字林又一切經音義二引聲類○丨結也楚辭悲回風丨愁苦以爲膺注○丨紩也廣雅釋器○丨織也一切經音義廿三引字引○丨文織也一切經音義八引蒼頡○取物交織謂之丨也華巖經音義下引珠叢○丨丨髮爲之也釋名釋首飾○丨丨列髮爲之其遺象若今假紒矣周禮追師爲副丨丨次追衡笄注○丨結謂丨髮也文選四子講德論丨結沮顏注○丨列謂丨戶也文選喻巴蜀檄非丨列之民注○杜子春丨讀爲丨書之丨周禮磬師擊丨鍾注○丨布千反詩有瞽釋文引聲類字林

元　敬避廟諱○元天也廣雅釋言又漢書禮樂志集注又太元元首都序馴乎元注元數方嬴則元注元圖夫元也者注元告元生神象注又老子同謂之元注是爲元牝注微妙元通注又楚辭招魂縣火延起兮元顏烝注又文選東京賦淸風協於元德薛注祈福乎上元薛注○天又謂之元元縣也如縣物在上也釋名釋天○元者天也道也後漢張衡傳注引桓譚新論○元道也德也後漢張衡傳注○元訓道德之訓也後漢張衡傳注○元道也廣雅釋詁三○元謂道也文選齊竟陵文宣王行狀闢元闡以闡化注○元通也文選東京賦睿哲元覽薛注○元靜也文選三都賦序元晏先生曰注○元猶深也後漢張衡傳贊注○元深隱也荀子正名交喩異物名實元紐注○元遠也素問天元紀大論在天爲元注○元神也文選東京賦元謀設而陰行薛注○元者神之魁也太元元告元生神象注○心藏神內爲元太元中神戰于元注○元物之極也老子滌除元覽注○天以不見爲元太元元告○地以不形爲元同上○人以心腹爲元同上○元猶幽也後漢馬融傳注○元幽遠也文選文賦注引字書○元謂幽潛書舜典元德升聞傳○元謂幽深難知荀子正論上周密則下疑元矣注○元者幽寂之謂也後漢馮衍傳下注○元微幽元精微也文選七啟元微子隱居大荒之庭注○元策猶妙策也後漢崔駰傳注○元符天符也文選劇秦美新元符靈契注○元者冥也老子同謂之元王注○元謂元冥素問陰陽應象大論其在天爲元注五運行大論在天爲元注○元言高遠而黯黑也素問六元正紀大論太虛深元注○元黑也書禹貢厥篚元纖縞傳又論語堯曰敢用元牡皇疏又廣雅釋器又小爾雅廣詁又漢書五行志下之上集注地理志上集注又淮南覽冥若乃至於元雲之素朝注又楚辭招魂元玉之梁些注又文

選東京賦六元虬之奕奕薛注羽獵賦注引蔡邕月令章句補亡詩奕奕元霄注○元也者黑也大戴記夏小正元校傳○黑光曰元楚辭怨思垂明月之元珠注○元黑類也禮記檀弓上牲用元注○元英純黑也楚辭怨世偏與乎元英異色注○元墨也楚辭懷沙元文處幽兮注○元赤黑色詩何草不黃何草不元箋○元黑而有赤也詩七月載元載黃傳○凡元色者在緅緇之閒其六入者與考工記鍾氏三入爲纁五入爲緅七入爲緇注○元天色書禹貢禹錫元圭傳○天謂之元考工記畫繢之事○震爲元黃易說卦傳○元黃者天地之雜也易文言傳○元熏者天地之色也穀梁僖卅一年傳免牲者爲之緇衣纁裳注○元纁者天地之色周禮染人夏纁元注○元纁取其順天地也公羊莊廿二年經公如齊納幣注○曾孫之子爲元孫爾雅釋親○元孫元縣也上縣於高祖最在下也釋名釋親屬○元者言親屬微

昧也爾雅釋親曾孫之子爲元孫注○元黃病也爾雅釋詁○元黃人病之通名爾雅釋詁注○元黃馬更黃色之病爾雅釋詁孫注○元酒水也家語問禮故元酒在室注○元酒涚水儀禮士昏禮記酌元酒注○元酒新水也儀禮士冠禮元酒在西注○元尊明水也呂覽適音上元尊而俎生魚注○元秬黑黍也後漢班彪傳下注○元黃謂繒綺也後漢張衡傳注○元元冠也禮記雜記委武元縞而后蕤注○元冠委貌也禮記玉藻元冠朱組纓注○元端諸侯朝服大戴記公冠公冠四加元冕注○元端黑衣接神之道穀梁僖卅一年傳有司元端奉送注○元端其袖下正直端方與要接也釋名釋衣服○元裳齊服也家語五儀端衣元裳注○元製皁衣也文選東京賦冄首元製薛注○元甲鐵甲也後漢竇憲傳注○元輅黑輅呂覽孟冬乘元輅注○北方曰元天呂覽有始又淮南天文○元明大明也呂覽有始命曰元

明注○九月爲元爾雅釋天○歲在壬曰元黓淮南天文○元者水也楚辭靈懷元輿馳而並集兮注○元冥水神也後漢張衡傳注○元冥者入冥也白虎通五行○元海北方之海淮南墬形流水就通而合於元海注○元圃在崑崙山上文選東京賦右睨元圃薛注○元堂北向堂也呂覽孟冬天子居元堂左个注○元砥黑石也淮南墬形元天六百歲生元砥注○元水名莊子知北遊知北遊於元水之上釋文○元鳥鳦也詩元鳥天命元鳥傳○元鳥燕也禮記月令元鳥至注又呂覽仲春元鳥至注仲秋元鳥歸注又楚辭天問元鳥致貽注○元鳥者燕也大戴記夏小正陟元鳥蟄傳○元鳥謂鶴也文選思元賦子有故於元鳥兮舊注○○元豹黑豹也山海經中山經卽谷之山多元豹注○元武謂龜蛇也後漢張衡傳注○元武謂龜蛇位在北方故曰元後漢馮衍傳注○元武北方之神龜蛇合體後漢王梁傳注○元武

水神之名後漢王梁傳○元貝貽貝爾雅釋魚○元駒褭驂爾雅釋畜○元與懸通後漢張衡傳注○元與懸古字通文選東京賦右睨元圃薛注○元或讀爲眩荀子正論上周密則下疑元矣注解蔽水勢元也注○元當爲袞字之誤大戴記公冠公冠四加元冕注○元字或作云云元相似轉寫誤耳陸君云云當爲元太元元數方嬴則元注○爾雅釋天太歲在壬曰元黓史記麻書作橫艾

縣 丨繫也荀子正論聖王沒有埶籍者罷不足以丨天下注○丨係也荀子寓言若參者可謂無所丨其罪乎注○丨謂繫屬也管子侈靡丨人有主注○丨謂聯繫荀子彊國然而丨之以王者之功名注○丨聯繫之也荀子彊國今巨楚丨吾前注○丨久丨繫以久長荀子性惡加日丨久注○丨解無所係也莊子大宗師此古之所謂丨解也釋文引向注○丨縊也國語晉語驪姬請使申生處曲沃以速丨注○

懸謂如懸物之動也素問通評虛實論脉懸小者何
如注○懸謂如懸物物動而絕去也素問大奇論懸
去棗華而死注○懸絕謂如懸物之絕去也素問玉
機眞藏論其至皆懸絕沈濇者命曰逆四時注○丨
丨繩正豆之柄考工記旊人豆中丨注○丨遠也淮
南主術其於御兵刃丨矣注○懸消也太元進曰飛
懸陰注○懸猶停也後漢皇甫規傳注○丨抗也廣
雅釋言○丨視也淮南精神殖華可止以義而不可
丨以利注○希高慕遠故曰丨天莊子在宥其動也
丨而天釋文引向注○丨稱也漢書刑法志集注引
服虔賈山傳集注○丨謂錘也禮記經解故衡誠丨
不可欺以輕重注○丨樂器鐘磬之屬也禮記曲禮
下祭事不丨注○樂丨謂鐘磬之屬丨於筍簴者周
禮小胥正樂丨之位注○丨簨簴也荀子王霸丨樂
奢泰游抏之脩注○丨鐘磬也儀禮燕禮樂人丨注
○丨鼓周鼓也詩有瞽應田丨鼓傳○丨與金作也

禮記仲尼燕居入門而丨與注○丨燧邊候淮南泰
族丨燧木轉注○懸刀弩牙後刀也一名機文選射
雉賦揆懸刀徐注○丨聯聯受雀頭著柄者一曰辟
帶也淮南本經丨聯房植注○丨祭山之名也山海
經中山經歷兒冢也丨以吉玉注○埋於山上曰丨
爾雅釋天祭山曰庪丨孫注○白達素丨爾雅釋畜
○丨薄股也後漢馬援傳注引銅馬相法○懸封謂
直下棺不爲埏道也後漢周磐傳注○丨讀爲懸荀
子非相知行淺薄曲直有以丨矣注○丨本作懸吾
書音義上○左傳昭十二年注攸懸危之貌釋文懸
本又
作丨

泉 丨水從中以益者也詩召旻丨之竭矣傳○丨源
小水之源詩竹竿丨源在左傳○增丨天漢也楚
辭守志食時至兮增丨注○丨錢也管子輕重丁今
齊西之粟釜百丨注○貨丨徑一寸重五銖右文曰
貨左文曰丨直一也周禮外府掌外布之入出注○
大丨徑一寸二分重十二銖文曰大丨直十五貨丨
同上○其藏曰丨其行曰丨取名於水丨其流行無
不徧同上○餘丨白黃文爾雅釋魚○故書丨或作
錢周禮地官序官丨府司農注○丨古文作洤同一
切經音義十二○爾雅釋魚餘丨白黃文釋文丨本
或作蠑○孫叔敖碑波障源湶楊
君石門頌平阿湶泥丨皆作湶

遷 廣韻䙴古文遷○丨去也詩巷伯既其女丨傳○
䙴登也五音篇海引字林○丨徙也爾雅釋詁又
易益利用爲依丨邦虞注繫辭下傳爲道也屢丨虞
注又詩氓以我賄丨傳伐木丨于喬木箋賁之初筵
舍其坐丨丨傳殷武是斷是丨傳又儀禮鄉射禮命弟
子贊工丨丨樂于下注既夕丨于祖用軸注又左氏宣
十二年傳將丨大國之迹於鄭注襄廿九年傳丨而
不淫服注又國語晉語受命不丨爲敬注丨裔胄而

建立之注又漢書食貨志贊集注司馬相如傳上集
注又後漢朱穆傳注又孟子萬章上處仁丨義注又
離騷忽緯繣其難丨注天問何以丨之注橘頌受命
不丨注○丨卽徙也楚辭懷沙離慜而不丨兮注○
丨謂徙之於彼文選西京賦既丨既引注○丨移也
左氏襄廿八年傳使無丨也注昭四年傳吾不丨矣
注又國語齊語不見異物而丨焉注晉語重無乃難
丨乎注又呂覽明理有社丨處注又淮南本經則德
丨而爲僞矣注又文選思元賦俗丨渝而事化兮舊
注○䙴移也廣雅釋言○丨猶移也論語雍也不丨
怒皇疏○丨易也左氏昭五年傳未改禮而又丨之
注又國語晉語死不丨情注又文選西京賦既丨既
引薛注○丨猶變易也禮記大傳有百世不丨之宗
注○丨亡辭也穀梁莊十年傳○丨離散也國語晉
語成而不丨注○丨轉退也國語吳語彼近其國有
丨注○丨延退旋也文選西京賦丨延邪睨薛注○

丨延徐退也文選舞鶴賦丨延遲暮注○丨延却退左氏襄十四年傳晉人謂之丨延之役注○丨延却退貌文選南都賦翹遙丨延注○丨延却行去也文選神女賦丨延引身注○丨延猶偁佯也淮南主術丨延而入之注○丨正改正朔也後漢班彪傳下注○國丨謂徙都改邑也周禮小司寇二曰詢國丨注○丨之言訕也詩巷伯既其女丨箋○丨猶僊耳漢書王莽傳下集注○丨或爲還禮記曲禮上跪而丨屨注○國三老袁良碑僊修城之鄗魏元丕碑有畢萬者僊去仕晉尹宙碑支判流僊丨皆作僊

仙 僊同○老而不死曰丨丨遷也遷入山也故其制字人傍作山也釋名釋長幼○丨匕也廣雅釋詁三○僊輕順貌管子宙合適善備也僊也注○僊僊然舞貌詩賓之初筵屢舞僊僊傳○僊僊舞也廣雅釋訓○僊僊坐起之貌莊子在宥僊僊乎歸矣注○蝙蝠自關而東或謂之僊鼠方言八○丨鼠蚰蠷也廣雅釋鳥○僊古丨字漢書王莽傳下集注○僊俗丨字同私延反玉篇引聲類

鮮 丨好也廣雅釋詁一○丨好也南楚之外通語也方言十○丨明好也淮南俶眞華藻鏄丨注○丨潔也後漢班彪傳上注又文選西都賦丨顥氣之淸英注○丨善也爾雅釋詁又詩新臺籧篨不丨箋車牽丨我覯爾箋皇矣度其丨原箋○丨規明貌莊子天運丨規之獸釋文引李注○丨榮華也文選登徒子好色賦寤春風兮發丨榮注○丨生魚也禮記內則冬宜丨羽注○丨魚也周禮庖人冬行鱻羽膳膏犢杜注○丨魚鱠也文選蜀都賦丨以紫鱗劉注○丨魚中鱠者也詩韓奕魚鼈丨魚箋○鳥獸新殺曰丨書益稷暨益奏庶丨食傳○新殺曰丨史記酈生陸賈傳數見不丨索隱引如淳○丨新殺者儀禮既夕魚腊丨獸注○丨殺也洪範五行傳維丨之功注○丨生殺者也一曰生肉也文選蜀都賦割芳丨劉注○生肉爲丨淮南泰族以奉宗廟丨犧之具注○丨謂生肉周禮庖人凡其死生鱻薧之物司農注○丨生肉也史記司馬相如傳割丨染輪集解引郭璞○丨生也書益稷暨益奏庶丨食馬注又周禮獻人辨魚物爲鱻薧注又漢書司馬相如傳上集注引李奇○丨者何也秋取嘗也書大傳○丨訊也御覽時序部九引書大傳○丨卑衮帶頭也楚辭大招若丨卑只注○丨支絹也廣雅釋器○丨牟東夷國國語晉語與丨牟守燎注○丨規小獸也莊子天運丨規之獸釋文○丨規小蟲也同上○丨析聲相近史記五帝紀析支渠摉索隱

錢 丨者金幣之名古曰泉後轉曰丨國語周語景王二十一年將鑄大丨注○列丨金釭也文選景福殿賦離離列丨注○南人以丨爲涎顏氏家訓音辭○丨古作泉字史記天官書下有積丨集解引徐廣

煎 熬乾也廣雅釋詁二○丨火乾也凡有汁而乾謂之丨方言七○丨盡也方言十三○煎盡也廣雅釋詁二

然 丨之言焉也禮記檀弓下穆公召縣子而問丨注○丨猶而也禮記祭義國人稱願丨曰注○丨猶爾也史記張耳陳餘傳相丨信以死索隱引葛洪要用字苑○丨丨上議猶豫留住之頃也公羊僖卅三年傳丨而晉人與姜戎邀之肴而擊之注○丨果丨也周禮巾車丨樸髤飾注○丨如此也論語憲問子曰其丨皇疏衛靈對曰丨皇疏陽貨子曰丨皇疏○丨如是也禮記大傳其義丨也注又孟子公孫丑下吾何爲獨不丨注又淮南主術治國則不丨注○丨猶如公羊定八年傳皆說如息注○丨猶是也太元務厥道丨也注○丨膺也廣雅釋詁二○丨成也廣雅釋詁三○丨猶宜也淮南原道不易自丨也注○

丨猶明也淮南覽冥葵之鄉日雖有明智弗能丨也
注○自丨繼本名也文選盧子諒贈劉琨詩注引樂
氏鬼谷子注○自丨謂道也文選遊天台山賦運自
丨之妙有注○丨謂丨谷素問調經論志有餘則寫
丨筋血者注○𦓤古丨字漢書五行志中之下集注
陳湯傳集注召信臣傳集注西域傳下集注又後漢
侯瑾傳注又文選劇秦美新𦓤除仲尼之篇籍注○
𦓤古丨火字漢書地理志下集注○倪研及丨聲皆
相近漢書貨殖傳集注○史記貨殖傳計丨漢書敘
傳作計研越絕書作計倪吳越春秋作計硯徐靈府
文子注
作計鈃
【延】丨長也爾雅釋詁又左氏成十三年傳君亦悔禍
之丨注又論語摘輔象隕邱受丨嬉注又方言一
又離騷丨佇乎吾將反注大司命結桂枝兮丨竚注
靈懷指日月使丨照兮注○丨丨長也廣雅釋訓○

丨年長也凡施於年者謂之丨方言一○丨相連丨
也文選魏都賦丨閣允宇以經營注○丨引也漢書
武帝紀集注又呂覽重言丨之而上注又文選江文
通雜體顏特進詩樂闋丨皇眄注○丨頸引領也呂
覽順說莫不丨頸舉踵注○丨道也禮記曲禮上主
人丨客祭注○丨進也爾雅釋詁又周禮男巫掌望
祀望衍授號注又儀禮覲禮擯者丨之曰升注少牢
饋食禮祝筵尸注特牲饋食禮祝丨尸注士虞禮尸
及階祝丨尸注又禮記射義出丨射曰注又國語魯
語相丨食鼈注○丨及也書大禹謨賞丨于世傳○
丨猶饒也及也國策齊策倍楚之割而丨齊注○丨
徧也方言十三又廣雅釋詁二○丨散也小爾雅廣
言○丨閒也爾雅釋詁○丨陳也爾雅釋詁又國語
晉語使張老丨君譽於四方注○由後詔相之曰丨
儀禮少牢饋食禮祝丨尸注○從後詔禮曰丨儀禮
覲禮擯者丨之曰升注○在後詔侑曰丨儀禮特牲

饋食禮祝丨尸注○丨冕上覆也禮記玉藻前後邃
丨注○丨冕之覆在上是以名焉周禮弁師丨紐注
○丨樓高樓也淮南本經丨樓棧道注○丨麃者法
麃也穀梁莊廿九年傳○丨維委蛇山海經海內經
有神人名曰丨維注○丨居怍鳥屬也廣雅釋鳥○
丨或爲誓禮記射義使子路執弓矢出丨射注○漢
書古今人表赧王
丨史記索隱作誕
【筵】丨衍也舒而平之衍衍然也釋名釋牀帳○丨席
也詩賓之初筵賓之初丨箋又行葦或肆之丨釋
文又儀禮士冠禮蒲丨二注鄉飲酒禮記蒲丨緇布
純注鄉射禮記蒲丨緇布純注燕禮司宮丨賓于戶
西東上注又國語周語布几丨注又楚辭招魂朱塵
丨些注○丨席也廣雅釋器○丨亦席也周禮春官
序官司几丨注○丨布席也儀禮士冠禮丨于東序
注○丨爲神布席也儀禮士昏禮主人丨于戶西注

○丨席也長九尺文選東京賦度堂以丨薛注○鋪
陳曰丨藉之曰席詩行葦或肆之丨釋文又周禮春
官序官司
几丨注
【氈】丨旃也毛相著旃旃然也釋名釋牀帳○老子注
必知丨裘釋文丨本作旃爾雅釋草注音丨氍毹
釋文丨本
亦作旃同
【旃】或作旜○丨之也詩陟岵上愼丨哉傳又左氏桓
十年傳虞公求丨注襄廿八年傳其將聚而殲丨
注又廣雅釋言又漢書楊惲傳集注又後漢應劭傳
注張衡傳注○丨焉也小爾雅廣訓○丨之言焉也
詩采苓舍丨舍丨箋○丨謂旜也文選西京賦樹修
丨薛注○丨旌旗也文選陸士衡樂府飲馬長城行
收功單于丨注○丨旌旗之名穀梁昭八年傳置丨
以爲轅門注○旜旌旗屬也儀禮聘禮使者載旜注

○旜旃旗之屬儀禮既夕記載旜注○因章曰丨爾
雅釋天又孟子萬章下庶人以丨注○通帛爲丨詩
干旄傳孤卿建丨釋文又文選西京賦虹丨蜺旄薛
注○通帛爲旜周禮常司又儀禮鄉射禮記龍旜注
○通帛曰丨左氏僖廿八年傳亡大旆之左丨注定
四年傳以大路少帛綪茷丨旃注又文選東京賦琠
弩重丨薛注○丨通帛也孟子萬章下庶人以丨注
○通帛爲旜孤卿之所建儀禮既夕記注○通帛爲
丨丨戰也戰戰恭己而巳通以赤色爲之無文采三
孤所建象無事也釋名釋兵○古文旜作膳儀禮聘
禮載旜注○古文旜爲膳儀禮既夕記注○古文旜
皆爲膳儀禮聘禮注○爾雅釋天太歲在乙曰丨蒙
史記厤書
作端蒙

鱣 丨丨鯉也詩碩人丨鮪發發傳四月匪丨匪鮪箋○
丨丨大鯉也詩潛有丨有鮪箋○丨今江東呼爲黃

魚爾雅釋魚丨注○丨魚大魚也山海經西山經渭
水鱣魚其狀如丨魚注○丨大魚口在頷下長二三
丈江南呼黃魚詩碩人釋文○丨大魚長丈餘細鱗
黃首白身短頭口在腹下淮南氾論牛蹏之涔不能
生丨鮪注○丨鮪大魚也呂覽本味丨鮪之醢注○
丨古文鱣同一切經音義十一○丨音竹仚反宋書
謝靈運傳注引字引○丨魚或作鮎魚山
海經西山經渭水鱣魚其狀如丨魚注

羶 集韻羴同○羴羊臭也御覽九百二引字林○丨
臭也廣雅釋器○丨者脂氣匡謬正俗三○膏丨
羊脂也周禮庖人冬行鱻羽膳膏丨杜注○羊冷毛
而毳丨周禮內饔○丨木香丨也呂覽孟春其臭丨
注又淮南時則其臭丨丨注○羴式延切御覽九百二
引字林○丨當爲馨聲之誤也禮記祭義燔燎丨薌
注

蟬 丨續也方言一○丨猶伸也史記屈原賈生傳單
閼之歲索隱○丨懼也廣雅釋詁二○丨毒也方
言十三○丨出也楚曰丨方言一○丨嫣連也漢書
揚雄傳上集注引應劭○丨聯不絕貌文選吳都賦
丨聯陵邱劉注○丨蜎言竹姸雅也文選吳都賦檀
欒丨蜎注○丨蜩也禮記檀弓下范則冠而丨有緌
注○丨蟪蛄也詩蕩釋文引字林○寒丨也者蝭蟧
也大戴記夏小正寒丨鳴傳○寒丨寒蜩謂蜺也禮
記月令寒丨鳴注○丨蜕丨所解皮也後漢竇憲傳
注張衡傳注○大戴記帝繫窮丨史記五帝紀索隱
引世本
作窮係

纏 集韻纏同○丨遶也後漢董卓傳注○丨束也廣
雅釋詁三○丨索也淮南道應臣有所與供儋丨
采薪者九方歅注○丨居也後漢王莽傳中集注引
孟康○丨謂丨綿也太元元攡萬物乃丨注○丨猶

牽引也文選謝靈運還舊園詩息陰謝所牽注○纏
郎丨字也漢書古今人表集注○漢書古今人表安
陵纏國策作
安陵君壇

廛 又作鄽○丨居也周禮遂人夫一丨司農注又廣
雅釋詁二又孟子滕文公上願受一丨而爲氓注
○丨尻也東齊海岱之閒或曰丨方言三○一夫之
居曰丨詩伐檀胡取禾三百丨兮傳○都邑之空地
曰丨文選西京賦丨里端直薛注○丨城邑之居周
禮遂人夫一丨注○丨民居之區域也周禮載師以
丨里任國中之地注○丨民居區域之稱周禮地官
序官丨人注○丨謂市內百姓之居荀子王制定丨
宅注○丨里者若今云邑里居矣周禮載師以丨里
任國中之地注○丨市宅也孟子公孫丑上市丨而
不征注○丨市物邸舍禮記王制市丨而不稅注○
丨市邸舍也後漢班彪傳上注○鄽市中置物處管

子五輔市鄽而不稅注〇丨市中空地周禮地官序
官丨人杜注〇丨謂市中之地未有肆而可居以畜
藏貨物者也周禮廛人凡珍異之有滯者司農注〇
丨市中空地未有肆城中空地未有宅者周禮載師
司農注〇丨布者貨賄諸物邸舍之稅周禮廛人掌
斂市紋布總布質布罰布丨布注〇征丨者貨賄之
稅與所止邸舍也周禮司關與其征丨注〇故書丨
爲壇杜子春讀壇爲丨周禮地官序官丨人注〇故
書丨或作壇周禮載師注〇詩伐檀胡取
禾三百丨兮釋文丨本亦作壥又作廛

𨗴丨踐也漢書律麻志上集注五行志下之下集注
〇丨猶踐也方言十二丨麻行也注〇丨脚所踐
處爾雅釋獸麋其跡丨注〇丨迹也廣雅釋詁三〇
丨循也方言十二〇丨行也廣雅釋詁二〇丨麻行
也日運爲丨方言十二〇丨徑也漢書律麻志上集
注引應劭〇丨次也後漢張衡傳注〇丨舍也漢書

律麻志上集注引孟康又呂覽圜道月丨二十八宿
注〇丨表也廣雅釋詁四〇丨息也文選思元賦丨
建木於廣
都兮舊注

連丨結也呂覽期賢民相丨而結之注〇丨屬也國
語楚語雲丨徒州注又列子湯問丨于形物亦然
注〇丨續也廣雅釋詁二又莊子秋水五常之所丨
釋文引崔注〇丨縷不解也一切經音義十四引字
林〇丨緜長貌莊子大宗師丨乎其似好閉也釋文
引李注〇丨者引也孟子梁惠王下從流上而忘反
謂之丨注〇丨丨徐也詩皇矣執訊丨丨傳〇從流
上而忘反謂之丨孟子梁惠王下〇丨諸侯合從者
也孟子離婁上丨諸侯者次之注〇丨步謂足相隨
不相過也禮記曲禮上丨步以上注〇丨綱言不絕
也文選吳都賦民號丨綱劉注〇丨蜷長曲貌也文
選甘泉賦蛟龍丨蜷於東厓兮注〇丨卷長曲貌文

選思元賦偃蹇夭矯娩以丨卷兮注〇丨卷曲貌文
選南都賦蛾眉丨卷注〇丨娟眉曲細也史記司馬
相如傳長眉丨娟索隱引郭璞〇丨娟言曲細也文
選上林賦長眉丨娟郭注〇丨娟細貌文選舞賦眉
丨娟以增繞兮注〇丨嘍猶離嘍也委曲之類淮南
原道終身運枯形于丨嘍列埒之門注〇丨犿相從
之貌莊子天下而丨犿無傷也釋文〇丨犿皆宛轉
貌莊子天下釋文引李注〇丨釋也禮記玉藻丨用
湯釋文〇丨猶釋也禮記玉藻注〇丨亦難也易蹇
往蹇來丨釋文引馬注〇丨蹇丨也莊子大宗師丨
乎其似好閉也釋文引崔注〇丨蹇難也漢書揚雄
傳下集注引張晏〇丨輦也易蹇往蹇來丨虞注〇
丨輦名所以載作器人挽者管子海王行服丨軺輦
者注〇橫木關杜爲丨楚辭招魂刻方丨些注〇四
里爲丨國語齊語又管子小匡〇丨山虙戲周禮大
卜上一曰丨山杜注〇名曰丨山似山出內氣也周禮

大卜上一曰丨山注〇丨石西北山淮南天文日至于
丨石注〇丨異翅爾雅釋草〇丨行魚屬考工記梓
人丨行紆行注〇丨讀往蹇來丨之丨荀子非十二
子其容簡丨注〇丨讀腐爛之爛淮南天文日至于
丨石注〇丨讀陵聾幽州陵陵蓮之丨淮南原道終
身運枯形于丨嘍列埒之門注〇丨讀爲輦周禮鄉
師正治其徒役與其輂輦司農注〇丨讀曰輦莊子
讓王民相丨而從之釋文引司馬注〇古書丨作聯
周禮大宰三曰官聯司農注〇丨古文聯同一切經
音義三〇周禮巾車丨車組輓釋文丨本亦作輦〇
禮記明堂位四丨釋文丨本又作璉〇史記
趙世家公仲丨漢書古今人表作公中達

聯丨丨綿不絕也一切經音義二十引聲類〇丨連
也廣雅釋詁四〇丨謂連事通職相佐助也周禮
大宰三曰官丨司農注〇丨猶合也周禮大司徒三
曰丨兄弟注〇丨娟微曲貌文選神女賦眉丨娟似

蛾揚兮注○｜翩將墜貌文選文賦浮藻｜翩注○
｜讀爲連周禮大宰司農注○周禮大司徒三曰｜○
｜兄弟釋文｜
一本作聚
連風行水成文曰｜詩伐檀河水清且｜猗傳○風
行水成文曰｜漪文選吳都賦濯明月於｜漪劉
注○｜｜流貌也楚辭憂苦泣下｜｜注○｜｜沵
垂之貌太元減劉｜｜注○｜｜泣貌詩氓泣涕｜
｜釋文○｜｜泣下貌漢書韋賢傳集注○詩漸漸
之石箋涉入水之波｜矣釋文｜一本作瀾○詩伐
檀河水清且｜猗爾雅釋
水注作河水清且瀾漪
篇｜程也廣雅釋器○｜卽常典也文選遊天台山
賦故事絕於常｜注○著文爲｜論衡書說○｜
籍謂詩書也後漢班彪傳下注○易泰｜
｜不富釋文子夏傳作翩翩古文作偏偏

偏不正曰｜鬼谷子決終無惑｜注○｜衺也廣雅
釋詁二○｜頗也荀子不苟通則驕而｜注○｜
不平書洪範無｜無陂傳○｜半也左氏閔二年傳
衣身之｜注又國語晉語君賜我｜衣注又呂覽士
容則室｜無光注○｜｜有一也國語晉語距非聖
人必｜而後可注○｜｜亡謂闕一也荀子禮論三者
｜亡焉無安人注○｜舟猶特舟也後漢隗囂傳注
○｜少也書泰誓惟截截善｜言馬注○達於樂而
不達於禮謂之｜禮記仲尼燕居又家語論禮○｜
邊列子楊朱雖殊方｜國注○｜遠也後漢東夷傳
注○｜｜方也國語晉語今晉國之方｜諸侯注○
｜方也廣雅釋詁四○｜屬也左氏襄十九年傳舉
其｜注又小爾雅廣言○｜佐也左氏襄三十年傳
令尹之｜注○在旁與己同曰｜儀禮覲禮記｜駕
不入王門注○○五十人曰｜左氏宣十四年傳卒｜
之兩服注○二十五乘爲｜左氏昭元年傳｜爲前

拒服注○車戰二十五人爲｜左氏桓五年傳先｜
後伍注引司馬法○車九乘爲小｜十五乘爲大｜
左氏成七年傳舍｜兩之一焉注引司馬法○易益
｜辭也釋文｜孟作偏○詩桑柔旟旐有｜釋文｜
本亦作翩○莊子人閒世
巧言｜辭釋文｜本作諞
便｜辯也論語季氏友｜佞集解引鄭注又漢書敘
傳下集注○｜｜辯也爾雅釋言○｜｜言辯貌
論語鄉黨｜｜言集解引鄭注○｜佞謂辯而巧也
論語季氏友｜佞皇疏○｜習也淮南原道｜之也
注○｜謂｜習也禮記表記故自謂｜人釋文○｜
利也淮南本經行快而｜於物注又楚辭愍命斥讒
夫與｜嬖注○｜嬛輕利也文選上林賦｜嬛綽約
郭注○｜安也廣雅釋詁二○｜猶成也呂覽忠廉
夫殺妻子焚之而揚其灰以｜事也注○｜｜閑雅
之貌詩采菽平平左右釋文引韓詩○｜辟恭敬太

過也列子力命｜辟釋文○｜蕃數也左氏襄十一
年傳｜蕃左右注○｜娟縈盈雪迴委之貌文選雪
賦初｜娟於墀廡末縈盈於帷席注○｜
娟則嬋娟也文選南都賦傴紹｜娟注
｜連也廣雅釋詁四又文選思元賦｜日月而不
緜衰舊注○｜纏也楚辭招魂鄭｜絡些注○引繩
爲｜史記劉敬叔孫通傳爲｜蕞索隱引韋昭○｜
遠也文選陸士衡樂府飲馬長城窟行去家邈以｜
注○｜施也廣雅釋詁三○｜施也趙曰｜方言六
○｜猶彌漫穀梁文十四年傳｜地千里注○｜禱
也廣雅釋詁二○｜弱也漢書嚴助傳集注○｜小
也廣雅釋詁二○｜落也淮南兵略｜之以方城注
○｜紬也廣雅釋器○綿猶湎湎柔而無文也釋名
釋采帛○｜｜長也廣雅釋訓○｜｜不絕貌詩緜
｜｜瓜瓞傳又荀子王霸｜｜常以結引馳外爲務
注○｜｜長不絕之貌詩葛藟｜｜葛藟傳○｜｜

密意也文選洛神賦思｜｜而增慕注○｜｜言詳
密也爾雅釋訓｜｜麃也孫注○｜｜靚也詩常武
｜｜翼翼傳○｜｜麃也爾雅釋訓○綿綿微細家
語觀周綿綿不絕注○｜｜乎謂動息微也素問方
盛衰論｜｜乎屬不滿目注○｜｜言微微似有而
不甚應手也素問脈要精微論｜｜以去注○｜｜
瓜初生也左氏哀十七年傳｜｜生之瓜注○綿聯
猶連蔓也文選西京賦緜垣綿聯薛注○｜攣係貌
文選思元賦毋｜攣以倖已兮舊注○綿攣猶牽制
也後漢張衡傳注○｜邈廣遠貌文選吳都賦島嶼
｜邈劉注○｜藐遠視貌文選上林賦微睇｜藐郭
注○｜藐視遠貌也史記司馬相如傳微睇｜藐索
隱引郭璞○｜羃微貌文選魏都賦薄戍｜羃注○
綿蠻文貌文選景福殿賦注引薛君韓詩章句○｜
蠻小鳥也詩緜蠻｜蠻黃鳥傳○｜馬羊齒爾雅釋
草○詩常武｜｜翼翼釋文｜｜韓詩作民民同詩

𢧵芃｜｜其麃釋文
｜｜韓詩作民民

全

｜完也國策秦策楚國不尚｜事注○｜猶具也
禮記祭統不明其義君人不｜注○｜猶備也列
子天瑞天地無｜功注○｜猶順也呂覽本生以｜
天爲故者也注○｜猶愈也周禮醫師十｜爲上注
○｜無瑕病考工記弓人得此六材之｜注○｜無
虧缺也淮南時則視肥臞｜粹注○｜德言無玷缺
也後漢桓榮傳注○｜純玉也考工記玉人天子用
｜注○｜純色也考工記玉人司農注○｜十五日
時也文選吳都賦與月虧｜注引春秋保乾圖宋注
○有鐘有磬爲｜儀禮大射儀笙磬西面其南笙鐘
注○易繫辭以｜身也釋文｜本亦作存○易乾注
處終而能｜｜其終釋文｜一本作令○老子未知牝
牡之合而｜作釋文｜
河上作峻本一作朘

宣

｜徧也爾雅釋言又詩文王｜昭義問箋緜迺｜
迺畝釋文公劉既順迺｜傳桑柔秉心｜猶箋江
漢來旬來｜箋雝｜哲維人箋又周禮小司寇乃｜
布于四方注又左氏文十八年傳｜慈惠和注又國
語周語寬肅｜惠注所以｜養六氣九德也注魯語
牧相｜序民事注楚語明行以｜翼之注又國策秦
策｜言之於朝廷注又漢書禮樂志集注又後漢張
衡傳注又淮南時則以給宗廟之服必鮮以明注又
文選劇秦美新靡不｜臻注典引然後｜二祖之重
光蔡注○｜遍也管子小匡公｜問其鄉里而有考
驗注○｜徧布也呂覽圜道｜通下究注○｜布也
書皐陶謨日｜三德傳又後漢張法滕馮度楊傳論
注班彪傳下注○｜散也左氏昭元年傳於是乎節
｜其氣注○｜猶放也國語周語爲民者｜之使言
注○｜猶發也文選東京賦武節是｜薛注○｜發
揚也國語周語施以｜之注○｜揚也左氏宣十二

年傳寵光之不｜注○｜猶揚也禮記禮運瘞繒｜
祝嘏辭說注○｜謂播｜揚之家語禮運瘞繒｜祝
嘏注○｜示也詩鴻鴈謂我｜驕傳又左氏宣九年
傳公卿｜淫注又小爾雅廣言又後漢仲長統傳注
○｜露荀子正論上｜明下則治辨矣注○｜顯也
詩淇奧赫兮咺兮釋文引韓詩○｜明也左氏僖廿
七年傳未｜其用注又國語晉語武子｜法以定晉
國注知右行辛之能以數｜物定功也注○｜通也
管子心術去欲則｜｜則靜矣注又呂覽古樂故作
爲舞以｜導之注○｜猶通也左氏昭元年傳｜汾
洮注又賈注○｜緩也爾雅釋言○聖善周聞曰｜
周書謚法又獨斷下○施而不成爲｜周書謚法○
時耕曰｜詩緜迺｜迺畝箋○頭髮晧落曰｜考工
記車人半矩謂之｜注○黑白雜爲｜髮易說卦爲
｜髮釋文○半矩謂之｜考工記車人○壁大六寸
謂之｜爾雅釋器○｜室般宮名一曰｜室獄也淮

南本經武王破紂牧野殺之于丨室注○丨古文愷同一切經音義一○考工記車人半矩謂之丨釋文丨本或作寡

鐫 丨鐫也有所鐫入也釋名釋用器○丨鑿也廣雅釋言又漢書王莽傳下集注○丨猶鑿也淮南本經丨山石注○丨謂丨鑿也後漢隗囂傳注○丨琢也晉趙謂之丨方言二○丨謂琢鑿之後漢盧芳傳注○丨謂鑿丨也方言二注○

鋑古文鐫字一切經音義十一

丨敗也公羊宣十二年傳古者杅不丨注○丨丨

穿 壁也論語陽貨其猶丨窬之盜也與集解引孔注○詩行露何以丨我屋釋文丨本亦作穿禮記學記注丨鑿之器也釋文丨字又作穿

川 丨穿也穿地而流也釋名釋水○水流而分交錯相穿故曰丨也爾雅釋水所渠并千七百一丨色

黃李注○丨氣之導也國語周語○丨流水也周禮地官序官丨衡注○流者曰丨國語周語防民之口甚於防丨注丨不染注○流源爲丨楚辭招魂丨谷徑復注○注瀆曰丨周禮大司徒辨其山林丨澤邱陵墳衍原隰之名物注○泉流注海曰丨廣韻引蔡邕月令章句○坎爲丨易象上傳山丨邱陵也虞注○坎爲大丨易泰包巟虞注益利涉大丨虞注中孚利涉大丨虞注○大丨者大難也易需利涉大丨何妥注○三丨涇渭汧也淮南俶眞三丨涸注本經江河三丨絕而不流注○丨坑也廣雅釋水○丨竅也山海經北山經倫山有獸焉其丨在尾上注○卜丨垂遲之貌也太元難大車丨丨注○丨字或爲水漢書高帝紀上集注

經籍籑詁卷第十六

經籍籑詁卷第十六補遺　下平聲

兵部侍郎兼都察院右副都御史巡撫浙江等處地方提督軍務兼理糧餉阮元撰集

一先

先 說文丨前進也从儿从之凡丨之屬皆从丨○丨相次爲言禮記郊特牲丨路三就疏○丨者丨人謂祖考漢書禮樂志而背死忘丨者衆注○丨猶言丨生也漢書梅福傳夫叔孫丨非不忠也注○丨生師也禮記曲禮上從於丨生疏玉藻見丨生疏○丨生生成人也論語憲問見其與丨生並行也集解引包注○丨民謂上古之君也禮記坊記丨民有言注○丨王丨丨世之王左氏昭廿六年傳昔丨王之命注○乾爲丨王易象下傳丨王以享於帝立廟虞注○丨古謂聖賢之道也淮南脩務耳未嘗聞丨古注○死

亡謂之丨論衡四諱○丨謂紹介也漢書酈食其傳莫爲我丨注○相丨猶相讓也禮記儒行爵位相丨也注○丨馬前馬也漢書百官公卿表上注引如淳

前 說文歬不行而進謂之歬从止在舟上○丨讀曰泉左氏昭廿二年傳取丨城服注○丨讀爲繼翦之翦周禮巾車木路丨樊鵠纓注

千 說文丨十百也从十从人

阡 說文新附丨路東西爲陌南北爲丨从𨸏千聲○丨陌田閒道也漢書成帝紀出入丨陌注○丨陌謂驛塍也史記商君列傳開丨陌正義○南北曰丨史記商君列傳正義又漢書成帝紀注

箋 說文丨表識書也从竹戔聲○丨表識書也一切經音義十三引字林

韉 說文新附丨馬鞁具也从革薦聲

天 說文丨顚也至高無上从一大○丨之爲言顚也禮記月令目疏引春秋說題辭○丨之言瑱詩君子偕老傳疏引元命苞○丨身也呂覽爲欲順其丨也注○丨者身也藝文類聚引白虎通○丨是積氣書洪範疏○丨也者神明之所根也鶡冠子泰鴻○丨陽也易文言傳飛龍在丨張注○丨謂日也禮記王制疏○丨謂父也詩柏舟母也丨只傳○丨者人之始也史記屈原賈生列傳○丨者羣物之祖也漢書董仲舒傳○丨者自然之分列子仲尼樂丨知命故不憂注○丨倪者自然之分也莊子齊物論何謂和之以丨倪注○丨道元亨日新之道論語公冶長夫子之言性與丨道集解○丨道七政變動之占也後漢桓譚傳注引論語公冶長鄭注○丨子王者之通稱禮記曲禮下注今漢於蠻夷稱天子疏○匈奴謂丨爲撐犁漢書匈奴傳上○刻額爲丨易睽其人丨且劓疏○莊子德充符獨成其丨釋文崔本作大○莊子大宗師丨而生也釋文向崔本作失

堅 說文丨剛也从臤从丨○丨土也廣雅釋地○丨謂尊勝管子任法如天地之丨注○乾爲丨剛易遯莫之勝說虞注

肩 說文肩髆也从冈象形肩俗丨从戶○丨是大獸詩還傳三歲曰丨疏○四歲爲丨周禮大司馬之職大獸公之注○丨麉字雖異音實同也詩騶虞疏○黃丨郎黃門也漢書李廣傳自以大黃射其裨將注引晉灼

賢 說文丨多才也从貝臤聲○有德謂之丨詩烝民序任丨使能疏○丨是德盛之名書仲虺之誥佑丨輔德疏○丨是有德成之稱禮記曲禮上丨者狎而敬之疏○丨謂德行丨良禮記學記就丨體遠疏○丨良謂有德行禮記月令遂丨良疏○丨人謂丨過於人也荀子榮辱固有以丨人矣注○丨謂勝者也禮記投壺某丨於某若干純疏○丨愈猶勝也淮南說山無以歲丨昔日愈昨也注○丨丨猶崇重也禮記禮運以丨勇知疏○再適謂之丨丨禮記射義疏引書傳○乾爲丨人易彖上傳養丨也集解○次聖人者謂之丨人素問上古天眞論其次有丨人者注○丨人知道術德行者也管子君臣出于丨人注○匈奴謂丨曰屠耆漢書匈奴傳上

弦 說文丨弓丨也从弓象絲軫之形凡丨之屬皆从丨○丨謂兩頭相望者考工記磬氏注必先度一矩爲句一矩爲股而求其丨疏○丨者言其月光正半如弓丨也書允征疏○端直以長故曰丨素問玉機眞藏論○凡弓弩琴瑟丨皆從弓廣雅釋詁三曹憲音

絃 弦琴瑟之弦漢書禮樂志絙弦二員六人注○弦琴瑟之屬禮記學記不能安弦疏○丨之謂以琴瑟播之詩子衿傳丨之舞之疏

煙 說文丨火气也从火垔聲烟或从因𡏳古文䆴籀文从宀○丨炎丨火之微細者後漢書蔡邕傳燿丨炎之毁爍注○浮丨燥氣也素問六元正紀大論草樹浮丨注

蓮 說文丨芙蕖之實也从艸連聲○丨芙蕖實也詩澤陂有蒲與蕑箋○丨荷之實也漢書司馬相如傳上丨藕觚盧注引張揖

憐 說文憐哀也从心粦聲○爾雅釋言注可矜憐者釋文本今作丨

【田】說文丨陳也樹穀曰丨象四口十阡陌之制也凡丨之屬皆从丨○穀丨曰丨禮記月令疏引月令章句○丨者地之表而有人功者也易乾見龍在丨干注○凡言丨者指墾土之處公羊哀十二年傳疏○丨一井也國語魯語季康子欲以丨賦注○丨謂一井之丨公羊哀十二年傳譏始用丨賦也注○丨業也孟子離婁下然後收其丨里注○丨謂耕作也漢書高帝紀上令民得丨之注○丨獵也易解丨獲三狐虞注又禮記郊特牲唯爲社丨疏又左氏宣二年傳宣子丨於首山注○丨者丨獵也易恆丨无禽疏○丨謂丨獵周禮州長而師丨行役之事疏○丨謂畋獵書無逸不敢盤于遊丨疏○丨者獵之別名以取禽於丨因名曰丨詩叔于田疏○四時之丨總名爲丨何爲丨除害也白虎通田獵○丨夫則野夫也禮記郊特牲野夫黃冠疏○丨犬丨獵所用也禮記少儀田犬疏○丨鼠者嗛鼠也大戴記夏小正丨鼠出傳○古文周丨觀文王之德爲割申勸寧王之德今博士讀爲厥亂勸寧王之德禮記緇衣周丨觀文王之德注○丨當爲申禮記緇衣疏○古丨陳聲同詩東山烝在桑野釋文○丨辰聲相近水經洧水注○詩閟宮土丨附庸周禮大司徒注引作土地附庸

【塡】廣韻寘同○說文寘塞也从宂眞聲○寘塞也詩東山傳烝寘也釋文引字書○丨式也淮南詮言昆山之玉丨注○丨滿也一切經音義二引廣雅○丨淤謂壅泥也漢書溝洫志注丨閼之水注○寘赦聲緩也文選長笛賦窾圖寘赦注○古書丨與塵同詩瞻卬傳丨久疏○古者塵丨字同詩桑柔疏○古者寘丨塵三字音同可假借而用之故也詩東山疏○丨字讀與寘同漢書貢禹傳以丨後宮注

【鈿】說文新附丨金華也从金田聲

【秊】說文秊穀孰也从禾千聲春秋傳曰大有秊○據月言丨白虎通四時○三王言丨同上○丨歲載祀異代殊名而其實一也左氏春秋序必表丨以首事疏○比丨每歲也禮記王制比丨一小聘注○丨稔也禮記文王世子疏○丨訓爲稔左氏桓二年傳有丨疏○丨穀熟也御覽引廣雅○五穀皆熟書有丨左氏桓三年經有丨注

【顚】說文丨頂也从頁眞聲○丨頂也後漢書蔡邕傳誨於華丨胡老日注○丨亦額也詩麟之趾傳定題也疏○丨隕也文選七命注引國語賈注○丨倒也易大畜丨頤拂經疏○丨是倒頓之名詩蕩傳丨仆疏○丨踣也易鼎丨趾鄭注○丨沛僵仆也漢書敘傳上履丨沛之埶注○丨塞也禮記玉藻盛氣丨實疏○周禮典瑞注杜左右丨及在口中者釋文儀禮作巔○莊子馬蹄其視丨丨釋文淮南作瞋瞋

【𩠐】丨謂上丨則頭首也素問奇病論人生而有病丨疾者注○丨謂身之上丨素問方盛衰論頭痛丨疾注

【牽】說文丨引前也从牛象引牛之縻也玄聲○丨拘也呂覽離俗不丨於埶注○摼扼也文選羽獵賦摼象犀注引韋昭○丨謂丨連易小畜丨復疏○丨謂丨偪禮記學記道而弗丨則和疏○丨謂牛羊豕左氏僖廿三年傳惟是脯資餼丨竭矣注○生曰丨詩瓠葉序箋

【姸】說文丨技也一曰不省錄事一曰難侵也一曰惠也一曰安也从女幵聲讀若研

【研】說文丨䃺也从石幵聲○丨精也易繫辭下傳能丨諸侯之慮疏○丨平也爾雅釋畜騉蹄趼釋文引舍人注

眠 說文瞑翕目也从目冥冥亦聲○瞑古丨字文選陸士衡苔張士然詩薄暮不遑瞑注養生論則達旦不瞑注

淵 說文丨回水也从水𣶒象形左右岸也中象水皃𣶒丨或省水圂古文从口水○深水謂之丨左氏文十八年傳疏○水深謂之丨書武成萃丨藪疏○丨水深之貌也禮記中庸丨丨其丨疏○水出地而不流命曰丨水管子度地○丨水也文選王文憲集序注引論語撰考讖○水積則成丨也山海經大荒東經生甘丨注○丨淵字相似時有字錯爲丨也水經穀水注○詩六月伐鼓丨丨崔靈恩集注作伐鼓鼘鼘

涓 說文丨小流也从水肙聲爾雅曰汝爲丨○丨人主潔除之人漢書陳勝傳勝故丨人將軍呂臣注

蠲 說文丨馬丨也从虫目益聲勹象形明堂月令曰腐艸爲丨

邊 說文邊行垂崖也从辵臱聲

籩 說文籩竹豆也从竹邊聲匴籀文籩○以竹曰丨漢書地理志下飲食以丨豆注劉歆傳棄丨豆之禮注○竹曰丨漢書禮樂志嘉丨列陳注○丨豆禮食器左氏僖廿二年傳加丨豆六品注○丨豆禮食之器也漢書劉歆傳注○校官碑匴豆用敶丨作匴

編 說文丨次簡也从糸扁聲○丨次列也漢書賈誼傳丨之徒官注○丨列次也漢書東方朔傳齒若丨貝注○丨聯次之漢書路溫舒傳丨用寫書注○丨謂聯次之也漢書張良傳出一丨書注○丨謂聯次簡牘也漢書諸葛豐傳丨書其罪注○丨所以聯次簡也漢書儒林傳讀之韋丨三絕注○丨列謂丨戶也漢書司馬相如傳下非丨列之民注○丨戶者言列次名籍也漢書高帝紀下爲丨戶民注○凡鍾十六枚同爲一簨簴爲丨鍾初學記十六引三禮舊圖

元 敬避 廟諱○說文元幽遠也黑而有赤色者爲元象幽而入覆之也凡元之屬皆从元𢆯古文元○元猶聖也文選江文通雜體顏特進詩下輦降元宴注○元遠也文選東京賦睿哲元覽注引廣雅○元幽深也荀子解蔽水埶元也注○元亦幽深難測也荀子解蔽疑元之時注○元取其幽微太元元數神元冥注○齊之元也以陰幽思也禮記郊特牲○元陰色禮記郊特牲疏○元水色也漢書地理志上禹錫元圭注○元天色文選大將軍讌會詩元暉峻朗注○元是天色禮記曾子問執束帛疏玉藻衣正色疏大夫元華疏○元鄗緇色之小別詩羔裘箋緇衣羔裘疏○元黑繒書禹貢厥篚元纖縞傳

○元黃病之變色詩卷耳我馬元黃疏○元冥水官也左氏昭元年傳爲元冥師注又服注○○元冥水神左氏昭十八年傳禳火于元冥同祿注○元官主禮天之官也管子幼官共元官注

縣 廣韻通用懸○說文丨繫也从糸持県○有繫謂之縣文選吳都賦劉注引莊子○丨謂開立之漢書食貨志下夫丨法以誘民注○丨樂肆左氏昭十六年傳適丨閒注○縣鍾架也文選長笛賦磬襄弛懸注○此本古之丨字耳後人轉用爲州縣字乃更加心以別之漢書高帝紀下丨隔千里注○丨古懸字漢書元帝紀丨蠻夷邸門注禮樂志高張四丨注西域傳上其西則有丨度注敘傳下丨象著明注

泉 說文泉水原也象水流出成川形凡丨之屬皆从丨○丨與錢今古異名周禮地官序官泉府疏○漢書以貨丨爲白水真人顏氏家訓書證

遷 說文遷登也从辵䙴聲拪古文遷从手西○丨徙也禮記曲禮上疏而丨屨疏又國語晉語今君實丨注又文選幽通賦斡流丨其不濟兮注引項岱○丨者移也論語雍也不丨怒集解○丨謂丨移易繫辭下傳吉凶以情丨疏○發其舊都謂之丨書仲丁序仲丁丨于囂疏○丨之何取之也公羊莊元年傳○䙴與丨同也漢書郊祀志上常山王有罪䙴注僊同○說文僊長生僊去从人从䙴䙴亦聲○仙

仙 壽考之跡列子黃帝丨聖爲之臣注○古亦以僊爲丨字漢書郊祀志上求僊人羨門之屬注○詩賓之初筵屢舞僊僊文選蜀都賦注作屢舞蹮蹮

鮮 說文丨魚名出貉國从魚羴省聲○丨謂新華也漢書廣川惠王越傳衣服常丨於我注○丨明也易說卦傳爲蕃丨疏○丨扁輕疾皃漢書楊雄傳上丨扁陸離注○丨扁戰鬬軍陳皃也文選羽獵賦丨

扁陸離注引服虔○丨魚也老子治大國若烹小丨注○丨野獸左氏襄三十年傳惟君用丨注○新殺爲丨左氏宣十二年傳獸人無乃不給于丨注○丨謂新殺之肉也漢書陸賈傳數擊丨注

錢 說文丨銚也古田器从金戔聲詩曰庤乃錢鎛○酒肴曰丨漢書高后紀列侯幸得賜餐丨奉邑注引韋昭○丨本名泉言貨之流如泉也史記平準書龜貝金丨索隱○古者謂丨爲泉布禮記檀弓上子碩欲以賻布之餘具祭器注

煎 說文丨熬也从火前聲

然 說文丨燒也从火肰聲䕼或从艸難○丨謂如此也禮記曲禮上注不當丨也疏○丨猶如此禮記少儀爲人從事者亦丨疏學記夫丨疏○丨如是也呂覽應言墨者師曰丨注又淮南說林有所劫以丨也注有丨之者也注脩務衆人則不丨注○丨猶是也禮記曲禮上注其丨明矣疏○丨猶如是也周禮大司徒丨則百物阜安疏又禮記檀弓上我死則亦丨疏檀弓下禮道則不丨疏文王世子雖丨必赦之疏玉藻席上亦丨疏雜記上雖王父母在亦丨疏仲尼燕居子曰丨疏孔子閒居何爲其丨疏三年問焉使倍之疏○丨謂中也周禮眡祲注謂計其吉凶丨否多少疏○不丨不用命左氏莊廿三年傳征伐以討其不丨注○丨者丨上語詩關雎序丨則關雎麟趾之化疏又左氏春秋序丨則春秋疏○丨者語助詩魚麗傳皆得其所丨疏○丨果丨也周禮巾車丨複髮飾注○丨獸名也周禮巾車疏引賈氏○詩葛屨宛丨左辟說文人部作宛如左辟

延 說文丨長行也从㢟丿聲○丨秀皆長也文選洛神賦丨頸秀項注○丨引是漸長之義詩生民傳

覃長疏○丨陳也文選魏都賦注引國語賈注○丨丨衆皃也續漢五行志二○丨冕上覆也續漢輿服志下前後邃丨注○千乘有丨鄉縣世人謂故城爲從城延從字相似水經瓠子水注

筵 說文丨竹席也从竹延聲周禮曰度堂以丨丨一丈○設之曰丨坐之曰席禮記祭統鋪丨設同几疏○初在地者一重卽謂之丨重在上者卽謂之席周禮司几筵疏○丨坐神席也席敷陳曰丨禮記檀弓下有司以几丨舍奠於墓在疏

氈 說文丨撚毛也从毛亶聲

旃 說文丨旗曲柄也所以丨表士衆从㫃丹聲周禮曰通帛爲丨旜丨或从亶○丨亦之也漢書王貢兩龔鮑傳舉茲以丨注○丨帳也文選石季倫王明君辭注引漢書音義○丨旗之名也漢書田蚡傳立

曲丨注○通帛爲丨左氏定四年傳丨旌賈注又漢書司馬相如傳上靡魚須之撓丨注引郭璞○通帛曰丨漢書田蚡傳立曲丨注引如淳○丨與旜同漢書王吉傳細丨之上注

鱣 說文丨鯉也从魚亶聲鱣籒文丨

羶 說文羴羊臭也从三羊凡羴之屬皆从羴丨羴或从亶○丨當爲馨聲之誤也禮記郊特牲然後焫蕭合丨薌注

蟬 說文丨以旁鳴者从虫單聲

纏 說文丨繞也从糸廛聲○丨踐歷也漢書王莽傳中歲丨星紀注

廛 說文丨一畝半一家之居从广里八土○丨一百畝也文選藉田賦注引漢書音灼注○丨謂城邑

之居也文選陸士衡樂府君子有所思行注引漢書鄭德注○市內空地曰丨禮記王制市丨而不稅疏○丨謂邸舍周禮司關與其征丨疏○丨讀裹纏之纏淮南本經導丨潤注

躔 說文丨踐也从足廛聲○丨處也亦次也文選月賦注引漢書韋昭注○丨循也廣雅釋詁四○麋其跡丨爾雅釋獸

連 說文丨負丨也从辵从車○丨合也一切經音義三引廣雅○丨猶聚也禮記王制十國以爲丨注○丨是丨接禮記王制疏○丨謂兼獲也史記司馬相如列傳丨駕鵝正義○丨謂重累獲之也漢書司馬相如傳上丨駕鵝注○丨遲久之意易蹇往蹇來丨釋文引鄭注○丨延相續貌文選七發蒲伏丨延注○丨卷屈曲也漢書司馬相如傳上丨卷欐佹注○丨蜷句曲貌漢書楊雄傳上蛟龍丨蜷於東厓兮

注○丨卷句踡也漢書司馬相如傳下躩以丨卷注引張揖○丨娟孅弱也漢書外戚傳上美丨娟以脩嫮分注○丨蹇言語不便利也文選解嘲孟軻雖丨蹇注引蘇林○丨尹射官左氏襄十五年傳屈蕩爲丨尹注

聯 說文丨連也从耳耳連於頰也从絲絲連不絕也○丨郎連也周禮大宰三曰官丨疏

篇 說文丨書也一曰關西謂榜曰丨从竹扁聲○丨簡也漢書公孫宏傳著之于丨注○丨謂竹簡也漢書鼂錯傳著之于丨注○丨謂簡也漢書武帝紀著之于丨注○丨卽卷也書虞書疏○丨者徧也言出情鋪事明而徧者也詩關雎五章章四句疏

偏 說文丨頗也从人扁聲○丨不盡左氏成十五年傳桓氏雖亡必丨注○丨謂倦略禮記樂記禮粗

則丨矣疏○丨謂不周備也同上○丨謂見其一隅荀子不苟丨傷之也注○丨者半廂之名左氏襄三年傳注丨屬也疏

便 說文便安也人有不便更之从人更○丨辟巧辟論語季氏友丨辟集解引馬注○丨旋庳小貌方言十三牋短也注○丨辟謂左右小臣親信者也荀子王制事其丨辟注○丨嬖左右小臣寵幸者也荀子富國觀其丨嬖注

緜 說文丨聯微也从系从帛○好者爲丨惡者爲絮禮記玉藻纊爲袍疏○丨薄力也漢書嚴助傳且越人丨力薄材注引孟康○丨丨微細之辭詩緜疏○丨丨舒緩之意詩常武疏○詩緜蠻丨蠻黃鳥禮記大學作緡蠻黃鳥

全 說文仝完也从入从工全篆文仝从王純玉曰丨𠓜古文仝○兩體不分乃謂之丨易艮注不分丨體疏○丨謂德丨荀子彊國案用夫端誠信丨之君子治天下爲注○丨人則聖人也莊子庚桑楚唯丨人能之注○丨謂死人也呂覽別類不可以爲丨者也注

宣 說文丨天子丨室也从宀亘聲○丨用也左氏昭廿七年傳而弗敢丨也注○丨行也素問五常政大論大政迺丨注○丨徧也國語周語所以丨布哲人之令德注○丨訓爲徧也發也詩緜疏○丨明也書舜典疏引虞喜丨夜說○丨所以施教也國語周語○善聞周達曰丨後漢書朱穆傳注引諡法○曹伯盧謚丨言桓聲之誤也禮記檀弓下曹桓公卒于會注

鐫 說文丨穿木丨也从金雋聲一曰琢石也讀若瀸○丨琢石也漢書異姓諸侯王表丨金石者難爲功注○丨謂琢鑿也漢書薛宣傳故使掾平丨令注○丨謂琢鑿之也漢書溝洫志可丨廣之注

穿 說文丨通也从牙在穴中○丨謂壙中也漢書外戚傳下衛士投丁姬丨中注○丨謂發冢也荀子正論亂今厚葬飾棺故抇也注

川 說文丨貫穿通流水也虞書曰濬くく距丨言深くく之水會爲丨也凡丨之屬皆从丨○流曰丨國語周語不防丨注○丨水之通流者也漢書地理志上丨曰三江注○丨謂水之通流者也漢書刑法志除山丨洗斥注○丨者水貫穿而通流也漢書李尋傳皆丨水漂踊注○丨是流水左氏宣十二年傳注坎爲丨疏十五年傳丨澤納汙疏○水之出於他水溝流於大水及海者命曰丨水管子度地○名丨謂四瀆也左氏襄十一年傳注疏○坎爲丨左氏宣十二年傳丨壅爲澤注○坎爲大丨易頤利涉大丨虞注渙利涉大丨虞注象上傳利涉大丨虞注

經籍籑詁卷第十六補遺終

經籍纂詁卷第十六下　下平聲

經筵講官南書房翰林戶部左侍郎兼署兵部左侍郎提督浙江學政阮元撰

一先下

【緣】丨因也荀子禮論凡丨而往埋之注正名然則所
爲有名與所丨有同異與注徵知則丨耳而知聲
可也丨目而知形可也注又漢書黃霸傳集注外戚
傳上集注〇丨因丨也文選謝靈運還舊園詩永絕
平生丨注〇丨順也莊子養生主丨督以爲經釋文
引李注又文選魏都賦注引莊子司馬注又管子侈
靡故丨地之利注〇丨歷也漢書五行志中之上集
注〇丨繞也荀子議兵丨之以方城注〇丨表也廣
雅釋詁四〇丨循仗物而行者也莊子列御寇丨循
偃俠困畏不若人三者俱通達注〇丨廢也方言十

三〇丨卽捐也管子侈靡好丨而
好駔注〇懸裺謂之丨方言四

【鳶】丨鴟也詩四月匪鶉匪丨釋文又禮記曲禮則載
飛丨釋文又爾雅釋天注載鳶及鳴丨釋文又後
漢蓋勳傳注引字林又後漢馬援傳注梁冀傳注馬
融傳注〇丨鴟也詩旱麓正義引蒼頡解詁〇鳥
丨善抄盜便汙人周禮射鳥氏以弓矢敺鳥丨注〇
丨鴟也穆天子傳一鳥丨注〇丨肩肩井升出國語
晉語丨肩而牛腹注〇丨尾射干也廣雅釋草〇丨
音緣穆天子傳一鳥丨注〇禮記中庸丨飛戾天釋
文丨字又作鳶爾雅釋鳥丨烏醜釋文丨字亦作鳶
〇左傳昭十六年鼓子丨鞮晉語作苑支〇張公神
碑鳶鴟巢兮乳
俳佪丨作鳶
鉛同〇鉛青金也似錫而色青後漢隗囂傳注〇

【鉛】丨者錫也史記屈原賈生傳丨刀爲銛索隱〇丨
華粉也文選洛神賦丨華弗御注〇丨與沿同荀子
榮辱丨之重之注反鉛察之而俞可好也注禮論則
必反鉛過故鄉注〇漢書古今人表
丨陵卓子韓子外儲說作延陵卓子

【捐】丨棄也穀梁宣十八年傳丨殯注又一切經音義
六引蒼頡篇又廣雅釋詁一又漢書高帝紀下集
注司馬相如傳上集注匈奴傳上集注又文選西京
賦丨哀色注〇丨弃也荀子賦德厚而不丨注〇掮
要也廣雅釋言〇環謂之丨爾雅釋器〇貧乞者爲
丨漢書食貨志上集注引孟康〇不得其尸曰丨丨
於他境也釋名釋喪制〇丨因絹反爾雅釋器釋文
引字林〇莊子大宗師不以心丨道釋文丨郭作揖
崔云或作楫〇莊子則陽注
丨其名也釋文丨本亦作損

【旋】丨轉也史記日者傳丨式正棊索隱又楚辭招魂
丨入雷淵注〇丨圓也莊子達生丨而蓋矩釋文

引司馬注〇丨回也文選神女賦注引字林〇丨還
也廣雅釋詁四又小爾雅廣言又華嚴經音義下引
切韻〇丨謂左循天度而行素問天元紀大論七曜
周丨注〇丨速也漢書董仲舒傳集注〇秦晉凡物
樹稼早成熟謂之丨方言六〇周丨容止也國語周
語周丨序順注〇丨小便左氏定三年傳夷射姑丨
焉注〇鍾縣謂之丨考工記鳧氏〇丨屬鍾柄所以
縣之也考工記鳧氏注〇渾儀中筩爲丨璣史記天
官書索隱引書大傳注〇丨室曲屋也文選魯靈光
殿賦丨室㛹娟以窈窕注〇丨室以丨玉飾室也一
說室丨丨機關可轉丨故曰丨室淮南墜形傾宮丨室
注〇丨淵深淵也淮南俶眞湍瀨丨淵呂梁之深注
〇丨蟲者丨以蟲爲飾也考工記鳧氏丨蟲謂之幹
司農注〇今時丨有蹲熊盤龍辟邪考工記鳧氏注
㛹丨迴曲貌文選魯靈光殿賦旋室㛹丨以窈窕

【娟】注

【船】丨循也循水而行也釋名釋船○丨木也墨子小取○舟自關而西謂之丨方言九○越人謂丨爲須慮越絕書吳內傳○共鼓貨狄作舟丨一切經音義十七引世本○丨車治載之具太元將跌丨跋車注○天丨星名後漢明帝紀注

【涎】本作次集韻或作㳄○丨口液也爾雅釋言釋文引字林○次口液也孝經注穿窬盜竊者則釋文○次唾也一切經音義十一引三蒼○慕欲曰㳄一切經音義十一引字林○丨丨光澤之貌漢書五行志中之上集注外戚傳下集注○丨諸書作次㳄沮三形同一切經音義二○丨諸書作次㳄唾侃四形同一切經音義廿五

【鞭】丨所以擊馬國語晉語其左執丨弭注○鞕擊也廣雅釋詁一○丨官刑國語魯語薄刑用丨朴注○論語述而雖執丨之士釋文丨或作硬○莊子達生視其後者而丨之釋文丨崔本作趧○劉寬碑故能去鞕捬如獲其情丨作鞭

【銓】廣韻硂同○丨稱也國語吳語無以丨度天下之衆寡注又文選文賦注引蒼頡篇○丨所以稱物也文選文賦注引聲類○稱謂之丨廣雅釋器○丨丨卽稱爾雅釋言釋文○丨亦平也爾雅釋言坎律丨丨也樊注○硂度也廣雅釋詁一○丨與筌同文選魏都賦闕銁繩之筌緒注

【筌】丨丨捕魚之笱文選頭陁寺碑文然爻繫所丨注○丨丨捕魚之器文選謝靈運入華子崗詩丹邱徒空丨注江文通雜體許徵君詩一時排冥丨注○丨丨捕魚器今之斗回也文選吳都賦丨鮔鱨劉注○丨丨捕魚之器以竹爲之𥱼魚笱屬文選江賦夾漉羅丨注

【專】丨擅也廣雅釋言又國語周語夫榮公好丨利注魯語獲骨焉節丨車注晉語末獲丨也注又淮南主術所以剬有司使無丨行也注○丨謂自丨擅不與衆同也列子力命自丨釋文○丨獨也左氏襄十九年傳是丨黜諸侯服注又國語晉語非起也敢丨承之注又呂覽簡選不可爲而不足丨恃注又淮南氾論行無丨制注又素問陰陽類論丨丨陰則死注○丨猶獨也論語子路不能丨對集解○丨猶單也禮記曲禮上有喪者丨席而坐注郊特牲三獻之介君丨席而酢焉注○丨一也易說卦震爲旉釋文引姚注又呂覽必己而無肎丨爲注又淮南精神夫血氣能丨於五藏注○丨丨一也易繫辭上傳其靜也丨注○丨齊也廣雅釋言○丨任也老子丨氣致柔能嬰兒注又素問解精微論夫心者五藏之丨精也注○丨猶司也禮記檀弓下爾丨之注○丨業也廣雅釋詁四○丨致淮南主術羣臣輻湊莫敢丨君注○

丨猶厚也儀禮士虞禮記用丨膚爲折俎注○丨權重也國策秦策孰與文信侯丨注○丨自是也左氏襄廿九年傳子容丨注○丨謂不請也後漢樊儵傳注○丨謂自納於己大戴記子張問入官有善勿丨注○丨造私造也荀子王制不敢丨造於家注○丨行謂不度是非好復言荀子榮辱信而不見敬者好剸事也注○丨者事之所以不成也大戴記子張問入官○震爲丨易說卦傳○子母相得曰丨淮南天文○八十一乘爲丨左氏昭元年傳丨爲右角服注○丨持小室也淮南本經民之丨室蓬廬注○丨室小室也淮南脩務獨守丨室而不出門注○丨轉也廣雅釋言○丨員也漢書五行志下之上集注引孟唐○丨一作剸史記吳太伯世家乃求勇士丨諸隱○易繫辭其靜也丨釋文丨陸作摶○左氏昭二十年傳若琴瑟之丨壹釋文丨本作摶

【甎】詩傳作塼○丨方大謂之甗甈一切經音義四引通俗文○塼涂以涂壘塼也荀子正論譬之是猶以塼涂塞江海也注○塼章沿反爾雅釋宮釋文引字林

【圓】本作圜通作員○圜天也呂覽序意爰有大圜在上注○丨天也淮南本經戴丨履方注○丨者天也淮南兵略○丨謂天也後漢呂强傳注○圜天道也呂覽圜道圜道也注○天道曰丨大戴記曾子天圓又淮南天文○上首之謂丨大戴記曾子天圓○圜圜也廣雅釋詁三○丨謂周也詩長發幅隕既長箋○丨豐滿也呂覽審時其粟丨而薄糠注○丨者運而不窮易繫辭上傳丨而神注○員者行也素問八正神明論○丨謂水也大戴記曾子天圓注○員輪丸之屬也淮南原道員者常轉注○丨折者陽也淮南墬形水丨折者有珠注○圜鑿是孔也史記孟子荀卿傳欲内圜鑿索隱○圜鍾夾鍾也周禮大司樂圜鍾爲宮注○圜謂圜土也圜土謂獄城也今獄城曰圜周禮秋官序官司圜司農注○圜土者獄城也獄必圜者規主仁周禮比長則唯圜土内之注○圜土謂獄也獄城圜周禮大司徒其附于刑者歸于士司農注○故書圜或作圍考工記梟氏六分其厚以其一爲之深而圜之注○故書圜或作員考工記輪人取諸圜也司農注○圜亦丨字也文選西京賦圜闕竦以造天注引字書○易繫辭丨而神釋文丨本又作員

【員】丨數也漢書尹翁歸傳集注○丨均詩烈祖景丨維河傳○丨丨謂似急也素問刺熱論其逆則頭痛丨丨注

【乾】丨健也易說卦傳又廣雅釋詁二又後漢丁鴻傳注○丨丨健也廣雅釋訓○天易謂之丨丨丨健也健行不息也釋名釋天○丨剛易雜卦傳○丨剴也廣雅釋詁二○丨天也易說卦傳又廣雅釋言又穀梁序丨綱絶紐釋文又後漢班彪傳下注又太元元文乘丨之剛注又家語問禮吾得丨坤焉注執轡此丨坤之美也注○丨君也廣雅釋詁一○丨天也君也國語周語遇丨之否注○丨陽物也易繫辭下傳○丨西北之卦也易說卦傳○成象謂之丨易繫辭上傳○闔戶謂之丨同上○丨丨敬也文選東京賦懋丨丨薛注○丨丨進不倦也呂覽士容丨丨乎取舍不悅注○丨坤物之始也大戴記保傅易之丨巛注○南方有鳥名曰丨吉食其子不擇肉子常不遂列女傳仁智

【虔】丨敬也詩殷武方斲是丨傳又左氏莊廿四年傳以告丨也注成十二年傳丨卜於先君也注又廣雅釋詁一又周書祭公丨丨在位注又國語魯語以告丨也注糾丨天刑注又華嚴經音義上引國語賈注又漢書刑法志集注又荀子議兵有丨秉鉞注又文選西京賦豈伊不丨思于天衢薛注○丨慧也方言一又廣雅釋詁一○丨謾也方言十二○丨固也詩韓奕丨共爾位傳長發有丨秉鉞箋又漢書武帝紀集注又集注引孟康五行志上集注○丨[illegible]固也後漢班彪傳下注○丨少也廣雅釋詁三○丨殺也廣雅釋詁一又左氏成十三年傳丨劉我邊陲注○丨殺也靑徐淮楚之閒曰丨方言三○丨殺也秦晉之北鄙燕之北郊翟縣之郊謂賊爲丨方言一○丨劉殺也文選魏都賦席卷丨劉劉注○丨劉皆殺也後漢光武帝紀下注張法滕馮度楊傳贊注○矯丨謂撓擾書呂刑奪攘矯丨鄭注○强取爲丨漢書武帝紀集注引韋昭○椹謂之丨詩殷武方斲是丨箋○丨人羌號也後漢安帝紀注○穀梁昭十一年傳楚子丨釋文丨或作乾○爾雅釋宮椹謂之榩釋文榩本亦作丨○史記韓世家景侯丨索隱引紀年本

作
處
愆 亦作㥶廣韻愆俗○丨過也易歸妹歸妹丨期虞
注又文選劉越石扶風歌注引易王肅注又書大
禹謨帝德罔丨傳說命下其永無丨傳又詩氓匪我
丨期傳楚茨式禮莫丨箋假樂不丨丨不忘箋蕩既丨
爾止箋又儀禮士昏禮記夙夜無丨注又左氏昭四
年傳則冬無丨陽注昭十五年傳好惡不丨注宣十
一年傳不丨于素釋文又論語季氏侍於君子有三
丨集解引孔注又皇疏又國語吳語舍其丨令注又
漢書宣帝紀集注五行志中之上集注五行志中之
下集注東方朔傳集注匡衡傳集注又後漢章帝紀
注王梁傳注阜陵質王延傳注張綱傳注又孟子離
婁上不丨不忘注又太元樂亡彼丨虞注法終于丨
注去動有丨注又楚辭哀郢何百姓之震丨注又文
選東京賦必三思以顧丨薛注○㥶過也爾雅釋言

又禮記緇衣不㥶于儀注○愆過也後漢馬防傳注
○丨過期也文選遊西池詩美人丨歲月注○丨違
也漢書王莽傳中集注○丨蹇之也列子黃帝而已
无丨注○丨惡疾也左氏昭卄六年傳王丨於厥身
注○丨短也文選東京賦祇以昭其丨尢薛注○㥶
古丨字漢書蕭望之傳集注○愆古文寋遌二形籀
文作㥶今作丨同一切經音義三○詩氓匪我丨期
釋文丨字又作㥶詩蕩既丨爾止釋文丨本又作㥶
○左氏昭卄一年傳豐丨釋文丨本或作衍○丨本
又作騫列子黃帝而已无丨釋文○書牧誓不丨于
六步七步不丨于四伐五伐六伐七伐史記周本紀
作不過六步七步不過于四伐五伐六伐七伐○詩
假樂不丨不忘文選注卄三作不愆不忘春秋繁露
郊語作不騫不忘○詩抑不丨于儀禮記緇衣作不
㥶于
儀

騫 丨虧也詩天保不丨不崩傳無羊不丨不崩傳○
丨損也漢書鼂錯傳集注○丨違也後漢李固杜
喬傳注○丨咎也荀子正名永思丨兮注○丨飛也
廣雅釋詁三○丨丨飛也廣雅釋訓○丨舉頭貌也
楚辭大招王廼丨只注○丨聳皆驚懼之意也文選
顏延年侍遊曲阿後湖詩注○丨與愆通文選劉越
石扶風歌惟昔李丨期注○左氏襄卄六
年傳注拂衣丨裳也釋文丨本或作褰

權 錘謂之丨廣雅釋器○稱錘曰丨禮記月令正丨
概注又呂覽仲春正丨概注又淮南時則端丨槩
注○丨稱錘莊子胠篋爲之丨衡以稱之釋文引李
注○丨秤錘後漢魯丕傳注○丨秤衡也呂覽仲秋
平丨衡注○丨銓衡也孟子梁惠王上丨然後知輕
重注○丨衡秤也素問至眞要大論如丨衡之不得
相失也注○丨衡皆稱也楚辭惜誓同丨槩而就衡
注○丨衡平也淮南本經謹於丨衡注○丨謂稱分

之也考工記㮚氏不耗然後丨之注○丨者稱也所
以別輕重公羊桓十一年傳以爲知丨也注○丨秤
也論語堯曰謹丨量集解引苞注○丨稱也禮記大
傳立丨度量注又論語堯曰謹丨量皇疏又荀子非
相不丨輕重注○冬爲丨丨者所以丨萬物也淮南
時則○丨所以平輕重者荀子不苟欲惡取舍之丨
注○丨者所以知輕重也管子權修三注○丨者稱
之丨所以知輕重者也荀子正名故人無動而不可
以不與丨俱注○丨謂平其輕重後漢朱景王杜馬
劉傅堅馬武傳注○於所體之中而丨輕重之謂丨
墨子大取○丨平也考工記弓人角與幹丨注又禮
記王制必原父子之親立君臣之義以丨之注又國
語齊語式丨以相應注丨節其用注○丨爆也漢書
郊祀志上集注引如淳○丨重也國策齊策以太子
丨王也注又漢書律厤志上○丨勢也國策齊策恐
田忌欲以楚丨復於齊注○丨援助之勢也國策秦

策齊宋在繩墨之外以爲丨注○丨謂勢重周書大
戒丨先申之注○丨變也荀子臣道丨險之平注○
丨謂變也後漢崔寔傳注○變謂之丨韓外傳二引
孟子○丨者反經而善也孟子離婁上嫂溺援之以
手者丨也注○於正道雖違逆而事有成功者謂之
丨後漢馮衍傳注○前枉而後義者謂之中丨春秋
繁露竹林○丨者聖人之所獨見也淮南氾論○丨
者知也禮記喪服四制○丨機也莊子應帝王吾見
其杜丨矣注○丨謀也淮南主術任輕者易丨注氾
論言者丨也注○丨謂丨謀鬼谷子捭闔度丨量能
注○丨譎也春秋繁露玉英○丨猶苟且也文選魏
都賦丨假日以餘榮注○丨時謂不依禮也後漢梁
商傳注○丨輿始也爾雅釋詁又詩權輿于嗟乎不
承丨輿傳又漢書楊雄傳上集注又太元元圖百卉
丨輿注○丨頰丨也文選赭白馬賦兩丨協月注○
丨兩頰文選洛神賦靨輔承丨注○丨黃華爾雅釋

草○丨黃英爾雅釋木○易夬
注面丨也釋文丨字書作顴

[桊] 丨力也詩巧言無丨無勇傳又三國呂布傳注○
人勇爲丨國語齊語有丨勇股肱之力注○丨丨
愛也廣雅釋訓○丨丨猶勤勤也後漢明帝紀注明
德馬皇后紀注○丨丨忠謹之貌漢書司馬遷傳集
注○丨丨奉持之貌禮記中庸得一善則丨丨服膺
注○丨與權同文選吳都賦覽將帥之丨勇注○丨
或作卷文選報任安書注引聲類○莊子人閒世其
細枝則丨曲釋文丨本亦作卷○左傳莊十九年鬻
丨後漢孔融傳作鬻權○李
翊夫人碑勤養捲捲丨作捲

[椽] 桷或謂之丨丨傳也相傳次而布列也釋名釋宮
室○丨椽也圓曰丨方曰桷左氏桓十四年傳大
宮之丨釋文○圓曰丨穀梁莊廿四年傳刻桓公桷
釋文○丨椽也國語晉語斲其丨而礱之注○丨猶
梯也管子侈靡椽能踰則丨於踰注○
左傳音切丨爲徒緣顏氏家訓音辭

[傳] 丨猶轉呂覽必己人倫之丨則不然注○丨移也
禮記內則父母舅姑之衣衾簟席枕几不丨注○
丨者延也莊子養生主指窮於爲薪火丨也釋文○
丨引也漢書武五子傳贊集注○丨通也後漢朱穆
傳注○丨遠也後漢王允傳注○丨禪也淮南精神
故舉天下而丨之於舜注○丨猶禪也國策秦策欲
丨商君注○丨者相丨繼續也莊子養生主指窮於
爲薪火丨也釋文○丨授呂覽不屈願得丨國注○
丨謂丨述禮記祭統丨著于鍾鼎也釋文○丨丨世
也禮記明堂位天下丨之久矣注○丨送也呂覽上
德丨鉅子於田襄子注○丨至呂覽順民人事之丨
也注○丨謂丨逮漢書張湯傳集注○丨猶說也禮
記樂記有司失其丨也注○丨執也孟子萬章下庶
人不丨質爲臣注○丨謂逮捕而考之也後漢張禪

傳注○丨謂丨舍漢書宣帝紀集注○丨乘之名也
素問玉機眞藏論○丨說所齎操及所適周禮掌節
必有節以丨輔之注○丨言猶出言也儀禮士相見
禮妥而後丨言注○丨家謂家事丨子孫也後漢鄭
元傳注○魯讀丨爲專今從古論語學而丨不習乎
鄭注○古文丨作傳儀禮覲禮四丨擯注○故書丨
爲傳杜子春云傳當作丨書亦或爲丨周禮訓方氏
誦四方之丨道注○丨或爲博荀子議兵和丨而一
注○禮記檀弓注何丨
乎釋文丨一本作傳

[焉] 丨安也廣雅釋詁一又論語爲政人丨廋哉皇疏
公冶長斯丨取斯皇疏子罕丨知來者之不如今
也皇疏子路丨知賢才而舉之皇疏○丨猶安也文
選思元賦匪仁里其丨宅兮舊注○丨言安也文選
東京賦獨微行其丨如薛注○丨猶何也論語子路
丨用稼皇疏○丨者於也公羊宣六年傳則無人閨

丨丨者注○丨猶於也呂覽季春天子丨丨始乘舟注○丨丨爾猶於是也公羊隱二年傳託始丨丨爾注◎丨猶然禮記三年問丨使倍之注○丨由然也禮記三年問丨使倍之釋文○丨發聲也同上○丨耳者懇至之辭孟子梁惠王上盡心丨丨耳矣注○丨丨耳乎哉皆辭也論語雍也汝得人丨耳乎哉集解引孔注○丨耳乎哉皆是送句之辭也論語雍也汝得人丨耳乎哉皇疏○丨者鳥名或云語辭皆音於惢反顏氏家訓音辭引字書○丨字訓何訓安音於惢反於丨逍遙於丨嘉客丨用佞丨丨得仁之類是也若送句及助詞音矣惢反故稱龍丨丨故稱血丨有民人丨有社稷丨託始丨爾晉鄭丨依之類是也顏氏家訓音辭引葛洪字苑○故書丨爲馬周禮縫人喪縫棺飾丨注○公羊襄廿九年傳僚丨得爲君乎釋文丨本又作惡○孝經續丨大丨釋文續丨本今作莫

芊 丨丨茂也廣雅釋訓○丨丨茂盛貌列子力命鬱鬱丨丨釋文○丨丨碧貌文選藉田賦碧色肅其丨丨注○丨蒹青盛貌也文選江賦涯灌丨蒹注○丨丨螗蜋也廣雅釋蟲○丨眠與盱瞑音義同文選南都賦青冥盱瞑注

舷 舷謂之丨廣雅釋水○丨船丨也亦名舷一切經音義十六引埤蒼

咽 丨丨鼓節也詩有駜鼓丨丨傳○詩有駜釋文丨本又作鼝

闐 丨丨盛也廣雅釋訓○丨丨聲也同上○丨丨羣行聲爾雅釋天振旅丨丨注○丨音塡塞之塡漢書武帝紀集注引鄧展○詩采芑振旅丨丨說文口部作振旅嗔嗔

駢 二馬曰丨漢書高惠高后孝文功臣表集注○丨併也書大傳然後得乘飾車丨馬注又莊子駢拇丨拇枝指釋文引李注又文選琴賦丨馳翼驅注○丨丨猶併也文選東都賦丨丨部曲注甘泉賦丨丨羅列布注○丨者并幹也史記管蔡世家欲觀其丨脅集解引韋昭○丨並也漢書楊雄傳上集注又後漢蔡邕傳注董卓傳注又法言先知政吏丨惡注又文選七命丨武齊轍注○丨猶並也文選西京賦夾蓬萊而丨羅注○丨列也文選甘泉賦丨交錯而曼衍兮注○丨猶陳列也後漢班彪傳下注○丨猶重也春秋元命苞顓頊丨幹注○丨田聚也文選笙賦丨田獵欐注○丨鄰猶比鄰也史記高祖功臣侯年表以丨憐從索隱引姚氏○丨脇今丨幹也丨骿通文選吳都賦猿臂丨脇劉注○丨讀曰頻頻猶並也春秋元命苞禹之時民大樂其丨注○莊子天下田丨釋文引愼子作田廣

軿 丨車丨屏也四面屏蔽婦人所乘牛車也釋名釋車○丨車有衣蔽無後轅宋書禮志引字林○丨猶屏也自隱蔽之車後漢楚王英傳注○丨衣車也後漢梁冀傳注引蒼頡○無邸曰丨釋名釋車○丨車也廣雅釋器

綎 丨冠上覆左氏桓二年傳衡紞紘丨注○丨弋善反冠上覆左氏桓二年釋文引字林○丨冕上覆也詩葛覃傳夫人紘丨釋文○丨冕上之覆也國語魯語公侯之夫人加之以紘丨注○纓屈而上者謂之紘丨家語正論加之以紘丨注○丨綬呂覽勿躬而莫敢愉丨注○丨以旃反一切經音義三引三蒼

埏 丨竟也方言十三又廣雅釋詁三○丨和也老子丨埴以爲器注又管子任法猶埴之在丨也注○丨揉也一切經音義十三引淮南許注○丨擊也荀子性惡故陶人丨埴而爲器注○丨池也廣雅釋地○八丨地之八際也一切經音義十九引漢書音義○丨墓隧也文選楊仲武誄注引聲類○丨隧今入

墓道也後漢
陳蕃傳注
饘 飦同集韻檀同○丨糜也左氏僖卄八年傳甯子
職納橐丨焉注○丨糜也方言一凡相謁而食麥
丨注又後漢樊儵傳注臧洪傳注又家語觀周丨於
是注○檀糜也管子山權數湯七年旱禹五年水民
之無檀賣子者注○飦糜粥也孟子滕文公上飦粥
之食注○丨厚粥也禮記內則丨飽釋文○丨鬻餬
屬左氏昭七年傳丨于是鬻于是注○
禮記檀弓丨粥之食釋文丨本又作飦
顫 丨表也文選海賦注引書緯鄭注○丨土也廣雅
釋地○丨丨小鳥飛貌楚辭悼亂鶉鵪兮丨丨注
○丨己仙反一切
經音義六引字林
邅 丨轉也廣雅釋詁四○丨轉也楚人名轉曰丨離
騷丨吾道夫崑崙兮注湘君丨吾道兮洞庭注○

丨丨迴也文選長笛賦遞相乘丨注○丨丨迴運轉也
楚辭離世下江湘以丨迴注○丨迴轉流也淮南本
經曲拂丨迴注○丨如惟日不進之貌易屯丨如釋
文引馬注○丨回猶委曲也淮南原道丨迴川谷之
閒注○丨回猶倘佯也淮
南覽冥丨迴蒙汜之渚注
挻 丨柔也老子釋文引聲類○丨柔丨老子丨埴以
為器釋文○丨謂柔丨漢書敘傳下集注○丨緩
也廣雅釋詁二○丨長也廣雅釋詁二又老子釋文
引字林○丨取也方言一又廣雅釋詁一○自關而
西秦晉之閒凡取物而逆謂之篡楚部或謂之丨
方言一○老子丨埴以為器釋文丨如淳作繫
梴 丨長貌詩殷武松桷有丨傳○稚櫟陳魏宋楚自
關而東謂之丨方言五
鋋 丨延也達也去此至彼之言也釋名釋兵○丨小
矛鐵矜史記匈奴傳索隱引埤蒼○丨小矛也後
漢班彪傳下注○丨矛也後漢馬融傳注○矛吳揚
江淮南楚五湖之閒或謂之丨方言九○穳謂之丨
廣雅釋器○丨鏦也華
嚴經音義上引聲類
嘕 集韻嘕同○丨笑貌也楚辭大招宜笑丨只注○
丨丨喜也廣雅釋訓○嘕樂也方言十三又廣雅
釋詁一○嘕嘕歡
貌方言十三注
漹 丨水今在洛西洛郎成周也音纏穆天子傳四曰
自宗周丨水以西注○丨理也廣雅釋水
翩 丨飛貌詩泮水丨彼飛鴞傳○丨丨飛也廣雅釋
訓○丨疾飛也文選鷦鷯賦注引字林○丨連丨
也後漢張衡傳注○丨丨輕舉貌易泰篇篇不富釋
文引向注○丨丨往來貌詩巷伯緝緝丨丨傳又文
選吳都賦絺交丨丨注○丨丨自得之貌文選鷦鷯
賦丨丨然有以自樂也注○丨丨自喜之貌漢書敘

傳下集注○丨丨在路不息也詩桑柔旟旐有丨傳
○丨丨動搖不休止之意國語周語旟旐有丨注○
丨丨戲撞形也文選西京賦上下丨丨薛注○丨飄
疾貌文選思元賦鶩丨飄而不禁舊注○丨飄亦疾
貌後漢張衡傳注○詩巷伯緝緝丨丨釋文丨字
又作扁○易泰篇篇不富釋文子夏傳作丨丨
扁 漢書古今人表史丨文選運命論注引六韜作丨
宋書符瑞志作史編○莊子天道輪丨漢書古今
人表作
輪邊
平 丨丨辯治也詩采菽丨丨左右傳○丨丨辯治不
絶之貌左氏襄十一年傳便蕃左右服注○丨讀
曰便漢書敘傳下集注○詩采菽丨丨釋文引韓詩
作便便○詩采菽丨丨左右左氏襄十一年傳作便
蕃左
右

樳 梠或謂之｜｜緜也緜連榱頭使齊平也釋名釋宮室

牷 ｜純也周禮牧人以共祭祀之牲｜司農注犬人用｜物司農注○｜猶純也禮記表記牲｜禮樂齊盛注○｜純色也禮記表記牲｜禮樂齊盛釋文○｜純色完全也左氏桓六年傳吾牲｜肥腯注○｜體完具書微子今殷民乃攘竊神祇之犧｜牲鄭注又周禮牧人以共祭祀之牲｜注○｜謂體全具也山海經西山經凡西山之首其餘十七山之屬皆毛｜用一牢祠之注○體完曰｜書微子今殷民乃攘竊神祇之犧｜牲傳○體充曰｜大戴記曾子天圓注○山川曰犧｜大戴記曾子天圓○周禮犬人用｜物釋文｜本亦作全禮記表記牲｜禮樂齊盛釋文｜本亦作全○禮記曲禮注犧｜毛也釋文｜一本作純

脧 ｜又作㞜玉篇引聲類

儇 ｜利也詩還揖我謂我｜兮傳○｜疾也荀子榮辱靡之｜之注○｜慧也方言一又廣雅釋詁一○｜佞也楚辭惜誦忘｜媚以背衆兮注○｜謾也方言十二○｜與翾義同輕薄巧慧之子也荀子非相鄉曲之｜子注○｜與還同荀子禮論設掩面｜目鬠而不冠笄矣注○詩還揖我謂我｜兮釋文｜韓詩作嬛

翾 ｜小飛也荀子不苟喜則輕而｜注○｜飛也廣雅釋詁三又後漢張衡傳注○｜｜飛也廣雅釋訓○｜｜初起也文選笙賦注引字林○｜與儇同荀子不苟喜則輕而｜注

嬛 ｜｜猶婉婉也史記司馬相如傳柔橈｜｜索隱引張揖○｜｜骨體耎弱長豔貌也史記司馬相如傳索隱引郭璞○｜｜容也史記司馬相如傳索隱引廣雅○嬛續也楚曰嬛方言一

沿 與沿同○從水而下曰沿順流也一切經音義廿二引字林○順流而下曰｜書禹貢｜于江海傳○順流爲｜左氏昭十三年傳王｜夏注○｜順水行也書禹貢｜于江海鄭注○｜順流左氏文十年傳｜漢泝江注○沿順也國語吳語率師沿海泝淮注○｜猶因也述也禮記樂記故明王以相｜也注○｜循也荀子榮辱鉛之重之注反鉛察之而俞可好也注禮論則必反鉛過故鄉注○沿緣也左氏定四年傳子沿漢而與之上下注○｜或作緣禮記樂記故明王以相｜也注○書禹貢｜于江海史記夏本紀漢書地理志作均江漢

還 集韻或作儇○｜轉也禮記內則左｜授師釋文又國語楚語將｜玩吳國於股掌之上注又楚辭招魂引車右｜注○｜謂轉也史記李將軍傳三人｜射正義○周而復始故曰｜也太元周｜於家注○｜旋也山海經北山經歸山有獸焉其名曰驒善｜注○｜繞也公羊莊十年傳以地｜之也注成二年傳師｜齊侯注又漢書食貨志上集注又荀子禮論設掩面儇目鬠而不冠笄注成相比周｜主黨與施注又文選上林賦旋｜乎後宮郭注○｜圜也禮記檀弓下右｜其封注○｜之言便也禮記檀弓上｜葬縣棺而封注○｜便｜也左氏僖十五年傳晉戎馬｜濘而止注○｜便旋不進左氏宣十二年傳少進馬｜注○｜便捷之貌詩還予之｜兮傳○儇疾也廣雅釋詁一○｜猶疾也禮記檀弓下｜葬而無椁注○｜旋疾也史記天官書殃｜至索隱○｜者事未畢也穀梁文十三年傳宣十八年傳○｜者事未畢之辭也穀梁襄十九年傳○｜者事未畢也遯也穀梁莊八年傳○｜顧視也莊子秋水｜虷蟹

與科斗釋文引司馬注○丨眂顧瞻也後漢張衡傳注○丨辟逡巡也禮記曲禮則丨辟再拜稽首釋文○丨味捻棗爾雅釋木○丨讀曰旋漢律厤志上集注賈誼傳集注董仲舒傳集注鼂錯傳集注徐樂傳集注貢禹傳集注史丹傳集注楊雄傳上集注二見楊雄傳下集注原涉傳集注王莽傳上集注○丨或作逮漢書楊雄傳上集注○詩十畝之閒行與子丨兮釋文丨本亦作旋禮記玉藻周丨中規釋文丨本亦作旋祭義周丨出戶釋文丨本亦作旋○詩還序釋文引韓詩作嫙○莊子庚桑楚巨魚無所丨其體釋文丨崔本作逮○詩還子之丨兮漢書地理志作子之營兮

悁 丨憂貌也一切經音義二十引聲類○丨丨憂也後漢張衡傳注○丨恚也後漢竇融傳注○丨丨恚忿後漢陳蕃傳注○丨忿恨也文選思元賦注引字林○丨含怒也於元切文選洞簫賦注引字林○

丨丨猶悒悒也詩澤陂中心丨丨傳○丨邑憂憤也後漢邊讓傳注○丨略橈也考工記廬人刺兵欲無蜎司農注

痟 丨痠疼也素問陰陽別論及爲痠痟厥腨丨注○丨與悁通文選謝靈運登臨海嶠詩顧望脰未悁注

鯿 鯾同○鯾卽魴也山海經海內北經大鯾居海中注○丨魴之類也後漢馬融傳注○丨大也爾雅釋魚釋文引字林○爾雅釋魚注似丨而大鱗釋文丨字又作鯾

詮 丨具也廣雅釋詁三又晉書音義中引字林○丨就也淮南詮言注○擇言曰丨一切經音義十引通俗文○丨言者謂譬類人事相解喻也一切經音義十引淮南注

痊 丨除也莊子徐無鬼今予病少丨釋文引李注又文選閒居賦注引莊子司馬注

悛 丨改也書泰誓上惟受罔有丨心傳又詩小旻箋心猶不丨釋文魚藻箋而無丨心釋文又左氏成十三年傳康猶不丨注襄四年傳羿猶不丨注襄七年傳亦無丨容注昭三年傳君日不丨注又國語魯語戾之事君也不敢不丨注楚語庶丨而更乎注而不以潔丨德注動而不丨注又周書芮良夫遂弗丨注又漢書五行志中之上集注○丨改也自山而東或曰丨方言六○丨更也廣雅釋詁三○丨覺也小爾雅廣言○丨改竊也左氏襄廿八年傳亦無丨志注○丨止也左氏隱六年傳長惡不丨注又小爾雅廣詁又國語周語其有丨乎注○丨次也左氏哀三年傳外內以丨注○丨敬也廣雅釋詁一

荃 丨香草也離騷丨不揆余之中情兮注又莊子外物丨者所以在魚釋文○丨者所以在魚莊子外物○丨魚笱也莊子外物釋文○丨字本作絟漢書江都易王非傳集注

篿 楚人名結草折竹以卜曰丨離騷索藑茅以筳丨兮注

遄 丨速也爾雅釋詁又易損已事丨往注又詩相鼠胡不丨死傳崧高式丨其行箋又左氏宣十二年傳亂庶丨沮注定十年傳涉佗亦丨矣哉注又後漢章帝紀注又文選寡婦賦曜靈曀而丨邁兮注謝靈運初去郡詩理棹丨還期注○丨疾也爾雅釋詁又詩泉水丨臻于衛傳巧言亂庶丨沮傳烝民式丨其歸傳又禮記禮運胡不丨死注又左氏文二年傳亂庶丨沮注昭三年傳亂庶丨巳注又太元元告月丨而日湛注○易損釋文丨荀作顓

卷 丨曲也詩卷阿有丨者阿傳○丨猶區也禮記中庸一丨石之多注○丨婁猶拘攣也莊子徐無鬼有丨婁者釋文○丨讀曰拳漢書賈捐之傳集注○丨亦篕字一切經音義二引聲類○丨邱權反左傳

莊廿二年釋文引字林○古文顴捲𢍰三形今作丨
同一切經音義十五○禮記檀弓女手之丨然釋文
丨本又作拳○莊子逍遙遊丨曲而不中規矩釋文
丨本又作𢍰同○詩澤陂碩大且丨釋文丨本又作
婘同

【顴】丨頯也廣雅釋親○丨骨謂目下當外眥也素問
刺熱論丨骨熱病也注

【鬈】丨好貌詩盧令其人美且丨傳○卷好貌詩澤陂
碩大且丨傳○丨當爲權詩盧令箋

【攣】丨連也易小畜有孚丨如釋文引馬注○丨急也
素問皮部論寒多則筋丨骨痛注○痿躄爲丨素
問疏五過論○丨夷芍藥也廣雅釋
草○易小畜釋文丨子夏傳作戀

【棬】集韻圈䀇同○圈屈木所爲謂卮匜之屬禮記玉
藻母沒而杯圈不能飲焉注○盂海岱東齊北燕

之閒或謂之䀇方言五
○䀇盂也廣雅釋器

【燀】丨炊也小爾雅廣言

【戔】丨傷也廣雅釋詁四○丨丨顯見貌易賁束帛丨
丨釋文○丨丨猥積貌易賁釋文引黃注○丨丨
委積貌易賁釋文引馬注○丨丨委積之貌也文選
東京賦旅束帛之丨丨薛注○丨丨禮之多也易賁
釋文引薛注○易賁束帛丨丨釋文丨丨子夏傳作
殘殘周禮槁人注雖其潘灡丨餘釋文丨本亦作殘

【豣】廣韻猏俗○三歲爲丨詩七月獻丨于公傳○獸
三歲曰猏也呂覽知化猶懼虎而刺猏注○麢絕
有力丨爾雅釋獸○豕之大者謂之丨小爾雅廣獸
○詩七月獻丨于公周禮大司馬注作獻肩于公

【幵】罕丨羌之別種也漢書趙充國傳集注○正西弇
州曰丨土後漢張衡傳注引河圖○㚇丨爲井字

之訛也漢書趙
充國傳集注

【純】丨猶全也耦陰陽也儀禮鄉射禮二算爲丨注大
射儀二算爲丨注○二算爲丨儀禮鄉射禮大射
儀又禮記投壺又大戴記投壺○合升左右胖曰丨
丨猶全也儀禮少牢饋食禮腊一丨而鼎注○丨數
也史記蘇秦傳
錦繡千丨索隱

【蜎】丨蠉爾雅釋魚○丨蟲也爾雅釋魚釋文○丨蟲
貌也一切經音義三引字林又爾雅釋魚釋文○
丨丨蠋貌桑蟲也詩東山丨丨者蠋傳○丨亦掉也
謂若井中蟲丨之丨考工記廬人刺兵欲無丨注○
故書丨或作絹考工記廬人注○丨
或作蠉古文翾同一切經音義三

【仟】丨與芊同文選遊東田詩遠樹曖丨丨注

【涓】丨浣也一切經音義八引字林○丨澣也漢書昌
邑哀王髆傳集注○丨濯也一切經音義十八引
三蒼○湔洒也廣雅釋詁二○丨汙也丨灑國策齊
策以臣之血丨其衽注○水傷沾曰丨一切經音義
十四引通俗文○丨水一曰半浣水也下注江水經
注卅三引字林○丨水出綿道玉壘山後漢任文公
傳注

【枅】丨櫨也莊子齊物論似丨似圈釋文引簡文注
○丨音肩柱上方木也莊子齊物論釋文引字林

【蚿】丨馬丨蟲也莊子秋水夔憐丨丨憐蛇釋文引司
馬注

【畋】丨獵也呂覽直諫以丨于雲夢注○取獸曰丨文
選丨獵題注引禮記王制馬注

【佃】取獸曰丨易繫辭以丨以漁釋文○易繫辭釋文
丨本亦作田詩信南山箋則又成王之所丨釋文

丨本亦作田○左傳昭二十年齊侯至自丨釋文丨本亦作出

磌 丨蹎也廣雅釋室○丨聲響也公羊僖十六年傳聞其丨然釋文穀梁僖十六年傳注聞其丨然釋文○瑱與丨通後漢班彪傳下注○公羊僖十六年傳釋文丨本或作砰

蹎 丨與顚同荀子正論丨跌碎折不待頃矣注

滇 丨丨盛貌漢書禮樂志集注引應劭○丨零羌名後漢安帝紀注○隆者曰丨盾本出於蜀蜀丨所持也或曰羌盾言出於羌也釋名釋兵

汧 丨水出隴右扶風也爾雅釋地釋文引字林○丨水名後漢隗囂傳注○水決之澤爲丨爾雅釋水○水決入澤中者名爲丨爾雅釋水注○丨漂也文選七發注引聲類○丨出不流爾雅釋水○丨水不

流行也列子黃帝丨水之潘爲淵釋文

胼 丨跰同○丨併也漢書貢禹傳集注○丨固也太元堅陰形丨冒注○丨謂手足勞駢併也荀子子道手足丨胝以養其親注○病不能行故跰蹮也莊子大宗師跰蹮而鑑于井曰釋文引司馬注○莊子大宗師釋文跰蹮崔本作邊鮮

蠙 丨珠珠名書禹貢淮夷丨珠暨魚傳○丨蚌也書禹貢釋文○書禹貢釋文丨字又作蚍

⿱齊言 鸄鸄聲也廣雅釋訓

諓 丨丨巧辨之言也國語越語又安知是丨丨者乎注○丨丨者賤也鹽鐵論國病

蜒 丨長貌也楚辭大招蝮蛇丨只注

孱 丨惡也廣雅釋詁三

嬋 丨娟此豸姿態妖蠱也文選西京賦增丨娟以此豸薛注○丨媛枝相連引也文選南京賦垂條丨媛注○丨媛猶牽引也離騷女嬃之丨媛兮注湘君女丨媛兮爲余太息注哀郢心丨媛而傷懷兮注○丨連族親也楚辭逢紛惟楚懷之丨連注

儃 丨丨舒閒之貌莊子田子方丨丨非不趨釋文引李注○丨回運轉也楚辭惜誓丨回而不息注○丨佪猶低佪也楚辭惜誦欲丨佪以干傺兮注

梴 丨杞也似梓文選西京賦梓棫丨楓注引上林賦郭注

瑄 璧大六寸謂之丨史記孝武本紀有司奉丨玉集解引孟康○丨璧名晉書音義上

懁 丨研辨也莊子列禦寇有順丨而達者釋文引王注○丨急腹也莊子列禦寇釋文引三蒼

駽 青驪丨爾雅釋畜○青驪曰丨詩有駜駜彼乘丨傳○丨今之鐵驄爾雅釋畜注

撋 或作擩亦作換○擩揾也文選子虛賦割鮮染輪注○擩猶染也儀禮公食大夫禮以辯擩于醢注○換醢者染於醢儀禮特牲饋食禮右取葅換醢注○擩祭以肝肺葅擩鹽醢中以祭也周禮大祝六曰擩祭司農注○擩讀爲虞芮之芮周禮大祝六曰擩祭杜注

蝝 丨蝮蜪爾雅釋蟲○丨復陶也可食國語魯語蟲舍蚳丨注○丨蝗子也爾雅釋蟲李注又左氏宣十五年經冬丨生釋文引董仲舒○丨蝗子未有翅者爾雅釋蟲注○丨蚍蜉子左氏宣十五年經釋文引劉歆○丨螽子也左氏宣十五年經冬丨生注又後漢陸康傳注陳忠傳注○丨卽蝶也始生曰丨大

曰螺公羊宣十五年傳未有言丨生者注○丨螽蜩蟬之類生于火而藏于秋者也屬金洪範五行傳時則有介蟲之孽注○丨之言緣也穀梁宣十五年傳丨非災也注

【淀】或作漩○漩洄也華嚴經音義下引切韻

【璿】通作璇琁○丨者還也御覽時序部十四引書大傳○丨美玉書舜典在丨璣玉衡傳○琁美玉也後漢安帝紀注○丨玉類也音旋穆天子傳一丨珠注○丨瑰玉名穆天子傳四枝斯丨瑰注○琁瑰亦玉名山海經大荒西經有沃之國爰有璇瑰注○丨璣也周髀算經下欲知北極樞丨周四極注○琁璣斗魁也太元元攡以通琁璣之統注○丨璣謂北辰句陳樞星也說苑辨物○琁淵玉池也文選蕪城賦琁淵碧樹注○琁瑤石之似玉以飾室臺也淮南本經紂爲琁室瑤臺注○琁室以琁玉文飾其室也呂覽過理作爲琁室注○琁或作旋言室施機關可轉旋也淮南本經注○爾雅釋詁注在丨璣玉衡釋文丨又作璇○書舜典在丨璣玉衡史記律書作旋璣玉衡

【𢕟】𢕟與也廣雅釋器○丨鑿土器音步典反史記張耳陳餘傳正義引郭璞三蒼解詁

【顓】丨者專也白虎通號又風俗通皇霸○丨猶專通典引五經通義○丨者事也風俗通皇霸引書大傳○丨善淮南覽冥猛獸食丨民注○丨頊者寒縮也白虎通五行○丨蒙頑愚也法言學行倥侗丨蒙注○丨者爲璣淮南人閒○丨與專同漢書賈捐之傳集注○漢書古今人表丨孫左氏莊十一年傳作歂孫

【篇】圖同○篅謂之丨廣雅釋器○丨判竹爲之盛穀者一切經音義十二引字林○圖以草作之團團然也釋名釋宮室○丨亦作圖時緣反圓倉也一切經音義十二引蒼頡篇

【跧】丨𨀬匍匐也廣雅釋言

【褰】或作襃集韻攐通○丨袪也禮記曲禮上暑無丨裳注又楚辭遠逝丨虹旗於玉門注○攐摳也廣雅釋言○丨開也文選射雉賦丨微罟以長眺徐注○丨縮也漢書司馬相如傳上集注引張揖○丨縐縮蹙之也史記司馬相如傳襞積丨縐索隱引蘇林○丨袴也左氏昭廿五年傳徵丨與襦注又集韻引字林○袴謂之丨小爾雅廣服○袴齊魯之閒謂之襱方言四○丨裳涉水也後漢崔駰傳注○詩褰裳序釋文丨本或作騫

【搴】本作攓○丨拔也爾雅序丨其蕭根釋文又漢書溝洫志集注季布欒布田叔傳贊集注引李奇賈誼傳集注司馬遷傳集注陳湯傳集注又後漢杜篤傳注○攓拔也列子天瑞攓蓬而指注○丨猶拔也爾雅釋言芼丨也某氏注○丨取也爾雅釋言芼丨也釋文又小爾雅廣詁又家語致思丨旗執馘注又史記劉敬叔孫通傳斬將丨旗之士索隱引許愼又漢書溝洫志集注引如淳賈誼傳集注引如淳又離騷朝丨阰之木蘭兮注○攓取也南楚曰攓方言一○攓取也楚謂之攓方言十○丨手取也楚辭湘君丨芙蓉兮木末注○拔取曰丨史記劉敬叔孫通傳集解引臣瓚○丨卷也史記劉敬叔孫通傳集解引張晏○攓慢也淮南齊俗望我而笑是攓也注○丨柜朐爾雅釋草○攓一曰騫方言十攓取也注○爾雅序丨其蕭根釋文丨字又作攓○爾雅釋言釋文丨與搴同又作蹇

【蔫】丨葾也廣雅釋詁四

嫣　丨音鄢陵之鄢漢書韓王信傳集注

裕　衎遻也廣雅釋室

瘨　丨病也詩雲漢胡寧丨我以旱箋召旻丨我饑饉箋○丨風病也一切經音義十三引聲類○丨狂也廣雅釋詁四○多喜曰丨素問腹中論石藥發丨注○病初發歲一發不治月一發不治月四五發名曰丨病素問長刺節論○詩雲漢胡寧丨我以旱釋文丨韓詩作疹

岍　丨山名書禹貢導丨及岐釋文○書禹貢釋文丨字又作汧

緶　丨緁也廣雅釋詁一

骿　丨內傳作駢并幹也國語晉語聞其丨脅注

䅌　集韻或作蕳○蕳麥丨也文選射雉賦覵悶蕳葉徐注○蕳與丨並同文選射雉賦注

廯　丨倉也廣雅釋室○丨藏穀鮮絜也爾雅釋言廩丨也孫注

䢊　丨更也廣雅釋詁三

驙　丨難也廣雅釋詁三○白馬黑脊丨廣雅釋獸

澶　丨湉安流貌文選吳都賦丨湉漠而無涯注○丨漫靡迤陵原之形文選西京賦薛注○丨丈仙反丨水在宋左氏襄三十年傳釋文引字林○丨淵卽繁淵也亦謂之浮水焉水經河水注丨于者廣大之貌也言其象天丨于然也後漢南匈奴傳注

單　○丨大貌文選甘泉賦丨埢垣兮注○太陰在卯歲名曰丨閼淮南天文○丨盡閼止也陽氣推萬物而起陰氣盡止也淮南天文注○丨周也漢書揚雄傳上集注○丨讀明揚之明淮南天文注

驗　白馬黑脣丨爾雅釋畜○爾雅釋畜釋文丨孫本作犉本或作驎

騝　騝馬黃脊丨爾雅釋畜○爾雅釋畜釋文丨本或作騫

鄢　丨郢楚都也楚辭遭厄見丨郢兮舊字注○丨當作鄢鄭地也春秋辨惑引趙匡春秋集傳○丨作隝左氏莊廿八年傳釋文引字林○丨一作焉史記晉世家楚兵敗于丨陵集解引徐廣

籛　帝嚳彭丨史記楚世家集解引虞翻云名翦

沺　丨丨水勢廣大無際之貌廣韻引字林

楄　丨柎棺中笭牀也左氏昭廿五年傳惟是丨柎所以藉幹者注○丨附陽馬之短桷也文選景福殿

賦爰有禁丨注

睊　丨明也文選江賦注引蒼頡篇

鱻　丨小魚也文選南都賦注引聲類○丨食謂魚鼈也書益稷暨益奏庶鮮食鄭注○丨少也漢書敘傳上集注○丨古鮮字漢書敘傳上集注

秈　丨稉也廣雅釋草○丨不黏稻也江南呼稉爲丨一切經音義四引聲類

鬋　丨鬢也楚辭招魂盛丨不同制注

鸇　晨風一名丨丨摯鳥也爾雅釋鳥晨風丨舍人注○丨土丨也孟子離婁上爲叢敺爵者丨也注○丨者黑色食爵大于爵害爵也新序雜事四○丨似鷂青色詩晨風釋文引草木疏○丨鷂屬爾雅釋鳥

注又集韻引字林○丨亦鴟屬也山海經西山經諸毗鷹丨之所宅也注○丨尸先反詩晨風釋文引字林○丨己仙反左傳文十八年釋文引字林○詩晨風釋文丨字又作鸇

揎 廣韻揎同○手發衣曰揎儀禮士虞禮注鉤袒如今揎衣也釋文○揎揎臂也先全反禮記王制釋文引字林○揎貪也廣雅釋訓一○揎音宣顏氏家訓書證引字林○丨古文作揎同一切經音義二十○儀禮士虞禮注釋文丨又作擐

堧 亦作壖○丨者內垣之外游地也漢書鼂錯傳集注○壖餘也漢書食貨志上集注

琁 廣韻同璇○琁玉石次玉者也山海經中山經升山黃酸之水其中多琁玉注○丨美玉也後漢李固傳注○篿吳楚之閒或謂之篿丨方言五○篿丨竹器方言五注

潫 奫丨迴復之貌文選吳都賦泓澄奫丨注

猭 ⿰犭聯丨逃也文選吳都賦注引埤蒼○聯丨走也文選西京賦毚兔聯丨薛注○獑丨獸逃走也文選洞簫賦注引字書○獑丨相連延貌文選洞簫賦密漠泊以獑丨注

鍵 戶鑰自關而東陳楚之閒謂之丨方言五○丨古文閮鍵二形同一切經音義廿一

踡 丨傴僂也楚辭憫上丨跼兮寒局數注○丨跼不伸也一切經音義十二引埤蒼

蜷 丨局詰屈不行貌離騷丨局顧而不行注○連丨巫迎神導引貌也楚辭雲中君靈連蜷兮既留注

○以下據廣韻錄

[illegible] 三里曰丨玉篇引蒼頡篇

⿰巾前 ⿱艹⿰巾前幡也廣雅釋器

⿰木箋 沈香其次在心白之閒不甚精堅者置之水中不沈不浮與水平者名曰丨香翻譯名義六引異物志

⿺辶戔 丨至也廣韻引埤蒼

⿰扌戔 丨本作⿰忄戔音書音義下

鳽 丨鵁鶄爾雅釋鳥○丨音肩爾雅釋鳥釋文引字林

菺 丨戎葵爾雅釋草

麉 鹿絕有力丨爾雅釋獸

鰹 丨大鮦爾雅釋魚

胘 胃謂之丨廣雅釋器

橪 丨丨支木也文選上林賦枇杷丨柿郭注

纏 丨縷不解也一切經音義四引字書

輷 丨丨衆車聲也文選琴賦注引蒼頡篇

鷏 丨蟁母爾雅釋鳥

搷 丨揚也方言十二又廣雅釋詁四○丨擊也楚辭招魂丨鳴鼓些注

傎 傎同○丨倒也廣雅釋言○詩山有扶蘇箋其用臣顛倒釋文傎本亦作顛○儀禮士喪禮注或傎倒衣裳釋文傎本又作顛○穀梁宣十一年注傎倒上下釋文傎本又作顛

縴 丨紋挽舟繩集韻引字林

蚈 丨馬蠸也淮南兵略若丨之足注○丨馬蚿也幽冀謂之秦渠丨讀奚徑之奚也淮南時則腐草化爲丨注○丨馬蚿也丨讀如蹊徑之蹊幽州謂之秦渠一曰螢火也呂覽季夏腐草化爲丨注○丨馬丨幽州謂之秦渠丨讀蹊徑之蹊也淮南說林善用人者若丨之足注

掔 丨固也爾雅釋詁○丨然亦牢固之意爾雅釋詁注○丨厚也爾雅釋詁○丨然厚貌爾雅釋詁注○丨牽也莊子徐無鬼丨好惡釋文引司馬注○丨引去也莊子徐無鬼釋文引崔注○丨本與摼揩物同爾雅釋詁釋文引郭音義○丨亦牽字苦田反引前也一切經音義十三引三蒼

硏 丨磨也廣雅釋詁三

聙 丨聽也廣雅釋詁四○丨注意聽也玉篇引埤蒼

矈 丨密也爾雅釋言

蹁 丨膝頭曰腨或曰丨丨扁也亦因形而名之也釋名釋形體○丨蹁躚盤姍也一切經音義十引廣雅○丨古文傷同一切經音義十二

𤬰 白丨瓜屬也廣雅釋草

賆 丨益也廣雅釋詁一

剈 刓剜也廣雅釋詁四

鞙 丨縣也所以縣縛軛也釋名釋車

梋 丨圖也廣雅釋詁三○丨盂也廣雅釋器○梋謂之叠盂謂之銚銳木謂之丨快方言十三○規模曰丨一切經音義二十引通俗文

矎 丨視也廣雅釋詁一○丨丨目不正也文選魯靈光殿賦目丨丨而喪精張注

甂 題自關而西謂之丨方言五○丨甂瓦器名也楚辭謬諫丨甌登於明堂兮注

萹 丨苻止爾雅釋草○丨蓄也楚辭思美人解丨薄與雜菜兮注

牑 丨版也廣雅釋器○牀其上版衞之北郊趙魏之閒或曰丨方言五

兹 丨滋也音如草初生之青色也素問六節藏象論如草丨者死注

䙳 丨音如元礥手之礥三國孫休傳注引吳録

眴 丨精轉視貌大戴記本命三月而徹丨注

𣮌 丨延屬也廣雅釋器○細葛謂之丨翅御覽八百十九引通俗文

䙴 丨遷也廣雅釋言○丨去也漢書律麻志下集注引鄧展○丨古遷字漢書律麻志下集注地理志下集注○𠵽古遷字漢書郊祀志上集注韋賢傳集注二見

漧 丨草茂貌廣韻引字林

䕼 丨蘷也廣雅釋詁二

𣄠 丨顛也湘江之閒謂之丨方言十○今連平人呼頷爲丨方言十注

脡 生丨以一分膾二分細切合和挻攪之也釋名釋飲食

鏈 鉛礦謂之｜廣雅釋器
撣 ｜援牽引也廣雅釋訓○｜音纏束之纏漢書宣帝紀集注引鄭氏
⿰亶羽 ｜飛也廣雅釋詁三
⿰犭連 ｜飛也廣雅釋詁三
鰱 ｜鱮也廣雅釋魚
⿰氵聯 ｜沇聲相近山海經北山經王屋之山｜水出焉注
媥 ｜輕也廣雅釋詁三○｜姺徶㣯衣服婆娑貌史記司馬相如傳集解引郭璞注
矊 ｜脈也楚辭招魂遺視｜些注○黸瞳之子謂之｜方言二○｜言｜邈也方言二注○｜眇遠視

貌文選江賦江妃含嚬而｜眇注
蝒 集韻蝒同○｜馬蜩爾雅釋蟲○蝒馬蜩也廣雅釋蟲○蟬其大者謂之蟧或謂之｜馬方言十一○｜亡千反爾雅釋蟲釋文引字林
顯 ｜孿也廣雅釋詁三○｜雙也南楚江淮之閒曰｜方言二
⿰目全 ｜⿰目枼也廣雅釋言
愃 今江東人呼快爲｜方言二逞苦快也注
剶 ｜剔也廣雅釋詁一
櫞 ｜果名似橘玉篇引埤蒼○枸｜似橘大如飯簇可以浣濯漚葛紵也今出番禺以南縷切蜜漬爲

糝食之甚佳一切經音義廿四引廣志○枸｜音矩緣北戸錄注引字林
檈 ｜一縣反爾雅釋木釋文引字林
㔯 ｜篹也廣雅釋器○炊篹或謂之｜方言五○｜江東呼淅籤方言五注
嫙 ｜好也廣雅釋詁一○｜好貌詩還釋文引韓詩
嫚 ｜｜容也廣雅釋訓
膞 ｜崇四尺方四寸考工記旊人○｜讀如車輇之輇考工記旊人器中｜注
鱄 左氏襄廿七年衛侯之弟｜出奔晉公羊作縛穀梁作專
⿱斷言 ｜斷也廣雅釋詁一

輲 輇同○輇輪也廣雅釋器○｜速也與遄同穆天子傳六是曰壺｜注○輇量人也莊子外物而後世輇人諷說之徒釋文引李注○｜讀爲輇或作槫禮記雜記上至於家而說輤載以｜車注○莊子外物釋文｜本或作軨又或作輕
椯 ｜差也太元難狂馬｜木注
歂 ｜口氣引也廣韻引字林
恮 ｜懂也廣雅釋詁四
栓 ｜盂也廣雅釋器○｜釘也廣雅釋器
鮻 大鰥謂之｜廣雅釋魚

捷 丨搴也漢書司馬相如傳上集注又文選上林賦丨鰭掉尾郭注○丨者持之令固也鬼谷子內揵注

畚 丨卷也爾雅釋畜角三丨羷舊注○丨局觓跧也廣雅釋訓

婘 嫿同○丨好也廣雅釋詁一○嫿好也廣雅釋詁一○丨好貌詩還釋文引韓詩

蠸 丨與父爾雅釋蟲○丨守瓜爾雅釋蟲○丨瓜中黃甲蟲也列子天瑞瞀芮生乎腐丨釋文○丨蚡鼠也莊子至樂瞀芮生于腐丨釋文○丨蟲名也莊子至樂釋文引司馬注

臛 丨醜也廣雅釋詁二

捲 丨治也廣雅釋詁三

嬛 丨好也廣雅釋詁一○丨丨柔屈貌漢書司馬相如傳上集注

○以下據集韻錄

碊 丨跂也廣雅釋詁三

僊 丨爛丨健狡也方言十二嫣娗丨也注

誸 丨急也莊子外物謀稽乎丨注

棸 丨㲉也廣雅釋詁三

唌 丨沫也文選江賦噴浪飛丨注○丨讒言捷急之貌後漢梁鴻傳注

烻 丨起貌文選景福殿賦流景外丨注

鷏 丨音甄一名栫穆天子傳二爰有丨鳥之山注

鶣 丨鷏輕貌文選舞賦丨鷏燕居注

㝵 丨表也廣雅釋詁四

脠 丨短也方言十三又廣雅釋詁二

癏 丨心憂憊之病也爾雅釋詁丨病也舍人注

隕 丨均也詩長發幅丨既長傳○丨當作圓圓謂周也詩長發箋

纙 丨幘也廣雅釋器

埢 丨垣圜貌文選甘泉賦單丨垣兮注

惓 丨劇也淮南人閒是猶病者已丨注○丨讀曰拳漢書戾太子傳集注

○以下附錄

顓 丨頟也廣雅釋親

啳 丨讀權衡之權急氣言之淮南脩務丨脥哆噅注

䙚 丨褌也廣雅釋器

經籍纂詁卷第十六下

經籍籑詁卷第十六下補遺　下平聲

兵部侍郎兼都察院右副都御史巡撫浙江等處地方提督軍務兼理糧餉阮元撰集

一先下

緣 丨循也廣雅釋詁四○丨謂夤丨素問五藏生成論鍼石丨而去之注○丨當爲褖周禮內司服丨衣疏○丨衣者實作褖衣也同上

鳶 說文鳶鷙鳥也从鳥屰聲○戴鵄也漢書五行志中之下有戴焚其巢注梅福傳夫戴鵄遭害注○丨鵄也漢書五行志中之上有丨焚巢殺子之異也注路溫舒傳臣聞烏丨之卵不毀注○丨今時鵄也禮記曲禮上則載鳴丨疏○丨鵄之類鳥之貪惡者也詩旱麓丨飛戾天箋

鉛 說文鉛青金也从金㕣聲○丨青金也漢書地理志上丨松怪石注○青者曰丨漢書食貨志上及金刀龜貝注○丨錫也書禹貢丨松怪石疏○鉛者錫之類也漢書江都易王非傳或髡鉗以鉛杵舂注

捐 說文丨棄也从手肙聲○丨亦棄也左氏昭十一年傳注盡則棄丨疏○丨謂民有飢相棄丨者或謂貧乞者爲丨漢書食貨志上而國亡丨瘠者注引孟康○丨骨不埋者同上

旋 說文丨周丨旌旗之指麾也从㫃从疋疋足也○丨疾也史記天官書殃還至索隱○丨謂丨反也易履其丨元吉疏○丨謂盤丨也列子黃帝鯢丨之潘爲淵釋文○丨音桓云盤桓也同上○丨目鳥名也文選上林賦交精丨目注引司馬彪

娟 說文新附丨嬋丨也从女肙聲

船 說文丨舟也从舟鉛聲

涎 說文次慕欲口液也从欠从水凡次之屬皆从次㳄次或从侃㰹籀文次○丨小兒唾也一切經音義二引三蒼

鞭 說文鞭驅也从革便聲𠆯古文鞭

銓 說文丨衡也从金全聲○丨權衡也漢書王莽傳中考量以丨注引應劭○丨稱錘文選褚淵碑文注引漢書韋昭注○丨次也文選魏都賦注引左氏傳杜注

專 說文丨六寸簿也从寸叀聲一曰丨紡丨○丨獨也呂覽辯土樹墝不欲丨生而族居注○東西隮已謂之爲丨左氏襄廿六年傳丨祿以周旋疏○丨滿也文選江賦注引國語賈注○丨猶弁合制領之謂也史記田完世家馮因摶三國之兵集解引徐廣○丨丨圜貌也漢書賈捐之傳顓顓獨居一海之中注○丨丨猶區區也同上○丨自是也漢書五行志中之上子容丨注○丨讀曰鈞史記屈原賈生列傳大丨槃物兮索隱○剸讀與丨同漢書蕭何傳上以此剸屬任何以關中事注

甎 詩斯干傳瓦紡塼也釋文本又作專

圜 說文圜天體也从囗睘聲○中吾規者謂之丨墨子天志中○圜一中同長也墨子經上○圜規寫交也墨子經說上○天動爲丨周髀算經上丨屬天注○丨君也鬼谷子捭闔是謂丨方之門戶注○丨謂君道也管子君臣丨者運注○圜土獄也詩正月傳則役之圜土釋文○圜與丨同列子說符圜流九十里釋文○禮記郊特牲注魯以無冬至祭天於圜邱之事釋文本又作丨

【員】說文丨物數也从貝口聲凡丨之屬皆从丨鼎籀文从鼎○丨數也漢書高惠高后功臣表東茅敬侯劉到子告坐事國人過丨注○丨者周迹之言詩元鳥傳丨均疏

【乾】說文丨上出也从乙乙物之達也倝聲乾籀文丨○丨天也左氏莊廿二年傳○丨者君卦也易文言傳元者善之長也九家注上下无常荀注是以君子弗用也荀注象上傳或躍在淵荀注○丨丨自強之意漢書王莽傳上終日丨丨注○左氏昭廿九年傳在丨之姤釋文本亦作乹

【虔】說文丨虎行皃从虍文聲讀若矜○丨固也爾雅釋詁

【愆】集韻或从寒省○說文愆過也从心衍聲寒或从寒省䛤籀文○失所爲丨左氏哀十六年傳○丨失也左氏昭廿六年傳用丨厥位注○寒過也周書諡法○詩假樂不丨不忘說苑建本作不愆不忘

【騫】說文丨馬腹縶也从馬寒省聲○丨與搴同漢書酷吏楊僕傳非有斬將丨旗之實也注○丨拔取之同上

【權】說文丨黃華木从木雚聲一曰反常○稱錘謂之丨左氏文六年傳爲之律度疏○丨稱也國語周語丨輕重以振救民注○丨謂秤丨素問陰陽應象大論觀丨衡規矩注○丨者銖兩斤鈞石也所以稱物平施知輕重也漢書律麻志上○丨謂斤兩也漢書律麻志上謹丨量注○丨者稱也所以銓量輕重詩狡童序疏○丨者所以知輕重管子兵法不知兵丨者也注○丨衡者所以起輕重之數也管子明法解○丨重也左氏文六年傳疏又廣雅釋詁三○丨秉也文選五等論注引國語賈注○丨勇壯也詩盧令其人美且鬈箋○丨方便也文選頭陁寺碑文導亡機之丨注○丨也者反常者也後漢書周章傳論○丨者反於經然後有善者也公羊桓十一年傳○丨也者所以察中外素問陰陽應象大論注○丨火烽火也史記封禪書通丨火集解引張晏

【拳】說文丨手也从手关聲

【椽】說文丨榱也从木彖聲

【傳】丨逮捕也漢書劉屈氂傳以姦丨朱安世注○丨聞也荀子非相而况于千世之丨也注○言丨者取丨述之意儀禮鄭氏注疏○丨謂陰陽之氣流丨也素問陰陽離合論積丨爲一周注○植謂之丨爾雅釋宮○左氏襄廿六年卷首傳注丨寫失之釋文一本作轉

【焉】說文丨鳥黃色出於江淮象形凡字朋者羽蟲之長烏者日中之禽舄者知太歲之所在燕者請子之候作巢避戊己所貴者故皆象形焉亦是也○丨於何也漢書公孫宏卜式兒寬傳贊丨能致此位乎注○丨猶何也左氏昭九年傳則戎丨取之注○丨猶安也論語公冶長如丘者丨不如丘之好學也疏引衞瓘集注○丨爾猶於是公羊定元年傳則未知已之有罪丨爾注○丨亦然也禮記三年問丨使弗及也疏○丨丨是語辭禮記三年問故先王丨爲之立中制節疏○但言丨絕語辭公羊宣六年傳則無人丨注○丨慮無慮猶言大凡也荀子議兵丨慮率用賞慶刑罰埶詐注○定本丨作也詩樛木序而無嫉妬之心丨疏○禮記三年問加隆丨爾也釋文一本作爲○論語子罕丨知來者之不如今也新序雜事五作安知來者之不如今又孟子萬章下爾丨能浼我哉韓詩外傳作彼安能浼我哉○孟子離婁上其

予丨往聖賢羣輔錄引書大傳作其子曷往○孟子離婁上則眸子瞭丨則眸子眊丨白帖作則童子瞭然則童子眊然

躚 說文新附䠙蹁躚旋行从足䙴聲

芊 說文丨艸盛也从艸千聲

咽 說文丨嗌也从口因聲○丨喉龍漢書息夫躬傳丨已絕注○丨頸也漢書楊雄傳下搤其丨注○丨喉也後漢書方術華佗傳見有病丨塞者注○詩有駜鼓丨丨文選東京賦注引作鼓鼝鼝

闐 說文丨盛貌从門眞聲○丨字與窴同漢書游俠原涉傳人無賢不肖丨門注西域傳上一出于丨注○詩采芑振旅丨丨文選魏都賦作振旅輷輷

駢 說文丨駕二馬也从馬并聲○丨並也莊子駢拇釋文引廣雅○丨訓比也左氏僖廿三年傳疏○丨脅合幹左氏僖廿三年傳曹共公聞其丨脅注○丨衍言其竝廣大也漢書楊雄傳上丨衍佖路注○丨隣謂並兩騎為軍翼也漢書高惠高后文功臣表柏至靖侯許盎以丨隣從注○丨蹎史記作胼胝謂手足生胝也孟子滕文公下章指故禹稷丨蹎音義引丁音○左氏僖廿三年傳晉公子重耳丨脅國語晉語作骿脅論衡骨相作仳脅

軿 有邸曰輜無邸曰丨玉海七十九引字林

綖 丨者冕上覆詩葛覃傳公侯夫人紘丨疏

埏 說文新附丨八方之地也从土延聲○羨謂冢中神道史記秦始皇本紀藏閉中羨正義

饘 說文丨糜也从食亶聲周謂之丨宋謂之餬○厚曰丨希曰粥禮記檀弓上丨粥之食疏

甄 說文丨匋也从瓦垔聲○丨作瓦之人也漢書董仲舒傳唯丨者之所為注

挻 說文丨長也从手从延延亦聲○丨柔也一切經音義十七引字林○丨擊也文選長笛賦注引漢書如淳注○丨音丨起漢書賈誼傳則因而丨之矣注引服虔

梴 說文丨木長也从木延聲詩曰松桷有丨○詩殷武松桷有丨白帖一百作松桷有梃御覽九百五十三作松桷有延

鋋 說文丨小矛也从金延聲○丨鐵杷短矛也漢書鼂錯傳此矛丨之地也注司馬相如傳上丨猛氏注○丨鐵杷小矛也漢書匈奴傳上短兵則刀丨注○丨鐵矜小矛也漢書楊雄傳下兗丨瘢耆注○丨似矛鐵柄史記匈奴列傳短兵則刀丨集解引韋昭

翩 說文丨疾飛也从羽扁聲○丨是旌旆行而舒張之貌詩桑柔傳丨丨在路不息也疏○詩巷伯緝緝丨丨說文作咠咠幡幡

艑 丨舟特舟也漢書貨殖傳𨍏乘丨舟注

平 丨辯義通而古今之異耳詩采菽傳丨丨辯治也疏

櫋 說文櫋屋櫋聯也从木臱省聲

牷 說文丨牛純色从牛全聲○丨完也禮記祭義犧丨祭牲疏○體完曰全禮記月令循行犧牲視全具疏引王肅○體完曰全牲或曰全色純也穆天子傳二宿人陳牲全五口具注

腠 丨謂轉褰蹴也漢書董仲舒傳民日削月丨注引孟康○丨音鐫石漢書董仲舒傳注引蘇林○俗語謂縮朒爲丨縮同上

儇 說文儇慧也从人瞏聲○丨利言其便利馳逐詩還傳丨利也疏

翾 說文翾小飛也从羽瞏聲

嬛 說文嬛材緊也从女瞏聲春秋傳曰嬛嬛在疚

璿 丨玫石次玉者禮記玉藻士佩丨玫而縕組綬疏○禮記玉藻士佩丨玫釋文丨徐又作瓀同

沿 說文丨緣水而下也从水㕣聲春秋傳曰王丨夏○沿順流也左氏昭十三年傳王沿夏釋文○丨因也禮記樂記不相丨樂疏○丨謂因而增改也禮記樂記故明王以相丨也注○書禹貢沿于江海釋文鄭本作松馬本作均

還 丨轉也禮記少儀丨屨疏○丨味短味爾雅釋木丨味棯棗注○爾雅釋木丨味棯棗釋文字林作檈

悁 說文丨忿也从心肙聲愈籒文

鯿 說文鯾魚名从魚便聲鯿鯾又从扁

詮 說文丨具也从言全聲○丨之言善也論語先進異乎三子者之撰釋文引鄭注

佺 說文丨偓丨僊人也从人全聲

悛 說文丨止也从心夋聲○丨改也國語楚語有過必丨注吳語無使失丨注○丨改也改革前意也左氏昭九年傳爲是丨而止疏○丨是退前創改之義故爲改也書泰誓上傳丨改也疏

荃 說文丨芥脃也从艸全聲○丨細布屬也漢書江都易王非傳亦遺建丨葛注引蘇林○丨細葛也漢書江都易王非傳注引臣瓚

遄 說文丨往來數也从辵耑聲易曰巳事丨往○丨疾貌也禮記禮運胡不丨死釋文

卷 丨者丨聚之義卽族類也周禮大司樂注黃帝曰雲門大丨疏○大丨卽大章周禮大司樂雲門大丨疏

鬈 說文丨髮好也从髟卷聲詩曰其人美且丨

拳 說文丨係也从手𢍜聲○丨兩膝曲也史記范雎蔡澤列傳魋顏蹙齃膝丨集解○丨如者相牽繫不絕之名也易中孚有孚丨如疏○丨引也易小畜有孚丨如虞注○丨一作攣史記范雎蔡澤列傳集解引徐廣

弮 丨弩弓也漢書司馬遷傳張空丨注引李奇○丨弓弩丨也漢書李陵傳士張空丨注引文穎○丨字與絭同漢書李陵傳注

棬 圈眅也淮南原道天下爲之圈注淑眞萬物一圈也注○海岱之閒謂盌爲𥂁孟子告子上音義丁音引方言

戔 丨丨委積之貌也文選演連珠注引易王肅注○束帛丨丨委積之貌易賁六五之吉虞注○王君廟門斷碑束帛有琖丨作琖

【豜】說文｜三歲豕肩相及者从豕幵聲詩曰並驅從兩｜兮

【幵】說文｜平也象二干對構上平也凡｜之屬皆从｜

【純】｜全也禮記投壺二筭爲｜疏

【祆】說文新附｜胡神也从示天聲

【蜎】｜｜擾擾然也考工記廬人注｜亦掉也疏

【媊】說文｜甘氏星經曰太白上公妻曰女｜女｜居南斗食厲天下祭之曰明星从女前聲

【仟】｜謂千錢漢書食貨志上有｜伯之得注○｜佰謂千人百人之長也史記陳涉世家俛仰｜陌之中索隱○｜伯田閒之道也漢書食貨志上開｜伯注○南北曰｜漢書食貨志上注地理志下開｜伯注

【湔】說文｜水出蜀郡緜虒玉壘山東南入江从水前聲一曰手瀚之○｜拔翦拂音義同也文選廣絕交論翦拂使其長鳴注

【畋】說文畋平田也从攴田周書曰畋尒田○｜獵也文選子虛賦與使者出｜注引司馬彪○春曰｜御覽八百卅一引韓詩內傳

【佃】｜治田也漢書韓安國傳即上言方｜作畤注

【磌】｜瑱與｜古字通文選西都賦雕玉瑱以居楹注○｜字說文玉篇字林等無其字學士多讀爲砰據公羊古本並爲｜字張揖讀爲｜是石聲之類不知出何書也公羊僖十六年傳聞其｜然疏

【蹎】說文｜跋也从足眞聲○｜歷蹎也漢書貢禹傳誠恐一旦｜仆氣竭注○｜讀塡寘之塡淮南覽冥其行｜｜注

【⿰馬眞】｜與顛音義同也文選繁休伯與魏文帝牋自左｜史妠謇姐名倡注

【滇】說文｜益州池名从水眞聲○｜音振旅闐闐漢書禮樂志泛泛｜｜從高斿注引晉灼○顛與｜同文選上林賦文成顛歌注○顛郎｜字史記司馬相如列傳上注

【汧】說文｜水出扶風｜縣西北入渭从水幵聲

【胼】｜胝謂手足生胝也孟子滕文公下章指故禹稷駢蹎音義引丁音

【蠙】｜珠珠名漢書地理志上淮夷｜珠臮魚注○｜字或作玭同上

【鼘】說文｜鼓聲也从鼓𣶒聲詩曰鼗鼓｜｜

【潺】｜湲激流也漢書溝洫志河湯湯兮激｜湲注○｜湲水流貌文選洞簫賦注引雜字

【孱】說文｜迮也一曰呻吟也从孨在尸下○冀州人謂懦弱爲｜漢書陳餘傳吾王｜王也注引孟康

【嬋】說文新附｜｜娟態也从女單聲

【楩】｜即今黃｜木也漢書司馬相如傳上｜柟豫章注

【瑄】說文新附｜璧六寸也从玉宣聲

【駽】說文｜青驪馬从馬肙聲詩曰駜彼乘｜○｜色青黑之閒爾雅釋畜青驪｜孫注

【⿰田耎】說文｜城下田也一曰｜郤也从田耎聲

撊 禮記少儀注擩于俎釋文本又作撊
蝝 說文丨復陶也劉歆說丨蚍蜉子董仲舒說蝗子
也从虫彖聲○丨蝗蠹之有翼者漢書五行志中
之下引劉歆○丨謂蝗也周禮鼈人注蟲舍蚳丨疏
○丨小蟲也漢書貨殖傳丨魚麛卵注
淀 說文丨囘泉也从水旋省聲
璿 說文丨美玉也从玉睿聲春秋傳曰丨弁玉纓璿
古文丨叡籀文丨○丨美玉也史記天官書索隱
引書舜典馬注又漢書郊祀志上舜在丨璣玉衡注
箯 說文丨竹輿也从竹便聲○丨輿者編竹木以爲
輿如今之食輿矣漢書陳餘傳丨輿前注
顓 說文丨頭丨丨謹皃从頁耑聲○丨與專同漢書
諸侯王表丨作威福注食貨志上又丨川澤之利

注五行志上丨斷於外注丨會宋晉注五行志中之
上丨君害上注地理志下急疾丨己注項籍傳丨國
主斷注何以得丨主約注王陵傳而平丨爲丞相注
樊噲傳用事丨權注爰盎傳大臣丨制注蘇武傳光
丨權自恣注董仲舒傳而丨爲自恣注終軍傳丨之
可也注王訢傳使君丨殺生之柄注蔡義傳苟用可
丨者注陳湯傳丨命蠻夷中注于定國傳何必丨焉
注韋元成傳不敢自丨注夏侯勝傳如俛拾地芥耳
注京房傳石顯丨權注李尋傳外戚丨命注張敞傳
季氏丨魯注諸葛豐傳非得丨之也注鄭崇傳乃反
爲一臣所丨制邪注毋將隆傳得丨征伐注馮奉世
傳則丨之可也注楊雄傳下倥侗丨蒙注儒林嚴彭
祖傳各丨門教授注貨殖宣曲任氏傳兼業丨利注
佞幸石顯傳上閒邊言顯丨權注匈奴傳下計不丨
制注朝鮮王傳不能丨決注外戚傳上上亦寵之丨
房燕注外戚傳下姊弟丨寵十餘年注元后傳上遂

謙讓無所丨注王莽傳中莽選諸生能丨對者注○
丨讀與專同漢書高后紀丨兵秉政注五行志中之
上大夫始丨事注梅福傳王莽丨政注○丨謂專寵
漢書五行志中之下妃后有丨注○子張姓丨孫今
曰申祥周秦之聲二者相近禮記檀弓上召申祥而
語之注○言申與丨聲音相近禮記檀弓上疏
篅 說文丨以判竹圜以盛穀也从竹耑聲○丨圓也
廣雅釋詁三○丨笔受穀器丨讀顓頊之顓淮南
精神與守其丨笔有其井一實也注
跧 說文丨蹴也一曰卑也絭也从足全聲○丨伏也
廣雅釋詁三
湲 說文新附丨潺丨水聲从水爰聲
褰 說文丨絝也从衣寒省聲春秋傳曰徵丨與襦○
丨袴也漢書五行志中之上徵丨與襦注

搴 丨拔也漢書叔孫通傳故先言斬將丨旗之士注
○丨斬取也漢書季布欒布田叔傳贊身履軍丨
旗者數矣注引孟康○攓卷取也淮南兵略攓亘旗
注○芼丨皆擇菜也爾雅釋言芼丨也孫注
蔫 說文丨菸也从艸焉聲
瘨 說文丨病也从疒眞聲一曰腹張
岍 書禹貢導丨及岐釋文丨馬本作開
緶 說文丨交枲也一曰緁衣也从糸便聲
骿 說文丨并脅也从骨并聲晉文公丨脅
䅌 說文丨麥莖也从禾肙聲

郔 說文延鄭地从邑延聲

驙 說文丨駗丨也从馬亶聲易曰乘馬丨如

澶 說文丨丨淵水在宋从水亶聲

單 丨于匈奴天子之號也漢書文帝紀以諭朕志从丨于注

仚 說文丨人在山上从人从山

譞 說文譞譞慧也从言圜省聲

絟 說文丨細布也从糸全聲

鄢 說文鄢南郡縣孝惠三年改名宜城从邑焉聲○丨當作鄔春秋辨疑一引啖助春秋集解

楄 說文丨丨部方木也从木扁聲春秋傳曰丨部薦幹

鋗 說文丨小盆也从金肙聲○丨鳴玉聲也漢書禮樂志展詩應律丨玉鳴注引晉灼○丨郎鈴也史記李將軍列傳不擊刁斗索隱○丨郎銚也今俗或呼銅銚漢書李廣傳不擊刁斗自衛注

鱻 說文丨新魚精也从三魚不變魚○丨生肉也周禮庖人丨薨之物釋文

狿 玉丨獸名也文選羽獵賦靳巨丨注引服虔○巨丨麎也怒走者爲丨文選西京賦圈巨丨薛注

鸇 說文丨鸇風也从鳥亶聲鸇籀文丨从廛○國策宋策宋康王之時有雀生鸇新序作爵生丨

堧 堧邊史記漢興已來諸侯王年表廟堧垣索隱○堧謂緣河邊地史記河渠書故盡河堧棄地集解引韋昭○丨城郭旁地漢書翟方進傳稅城郭丨及園田注引張晏○堧垣廟境外之墟史記漢興已來諸侯王年表廟堧垣索隱○堧垣外垣短牆也史記漢興已來將相名臣年表廟堧垣索隱○堧垣牆外之短垣也史記五宗世家坐侵廟堧垣爲宮索隱○堧地神道之地也史記李將軍列傳坐侵孝景園堧地索隱○丨音畏懦之懦漢書申屠嘉傳太上皇廟丨垣也注引如淳

琁 丨琁室以琁玉文飾其室也呂覽過理作爲琁室注

鍵 丨關牡也所以止扉顏氏家訓書證引月令章句

○以下據廣韻錄

汘 說文丨水也从水千聲

㡎 說文丨幡幟也从巾前聲

𨑹 說文丨自進極也从辵聿聲

訮 說文丨諍語丨丨也从言幵聲

㡘 說文丨布出東萊从巾弦聲

鳽 說文丨鵁鶄也从鳥幵聲

麉 說文丨鹿之絕有力者从鹿幵聲

𪚰 說文丨龍耆脊上丨丨从龍幵聲

胘 說文丨丨百葉也从肉弦省聲

㤟 說文丨急也从心从弦弦亦聲河南密縣有丨亭

伭 說文丨很也从人弦省聲

蓝 說文丨艸也从艸弦聲

嬅 說文丨有守也从女弦聲

趑 說文丨急丢也从丢弦聲

楄 丨棗也史記司馬相如列傳枇杷丨柹集解引徐廣〇丨丨支香草也漢書司馬相如傳上枇杷丨柹注引張揖

嗔 說文丨盛气也从口真聲詩曰旅旅丨丨

鄭 說文𨛫左馮翊谷口鄉从邑季聲

槇 說文丨木頂也从木真聲一曰仆木也

趍 說文丨丢頓也从丢真聲

驒 丨騱巨虛之屬史記匈奴列傳騊駼丨騱集解引徐廣〇丨騱駏驉類也漢書司馬相如傳上蛩蛩丨騱注引郭璞

雃 說文丨石鳥一名雝鶔一曰精列从隹幵聲春秋傳秦有士雃

掔 說文丨摩也从手研聲

矏 說文丨目旁薄緻宀宀也从目𦣝聲

鬗 說文丨髮皃从髟𦣝聲讀若宀

嵩 說文丨丨不見也一曰丨丨不見省人从宀𦣝聲

蹁 說文丨足不正也从足扁聲一曰拖後足馬讀若苹或曰偏

弲 說文丨角弓也洛陽名弩曰丨从弓肙聲〇丨弦也集韻引廣雅

削 說文丨挑取也从刀肙聲一曰窐也

趧 說文丨行皃从丢肖聲

鷍 說文丨鳥𦶏也从𪇰𦣝聲

蜎 丨丨佩玉皃續漢輿服志下丨丨佩璲注〇詩大東丨丨佩璲釋文字或作琄

圓 說文丨規也从口肙聲〇丨圓也廣雅釋詁三

梋 丨圓也廣雅釋詁三

甂 說文甂似小瓿大口而卑用食从瓦扁聲

蝙 說文丨丨蝠也从虫扁聲

猵 說文丨獺屬从犬扁聲獱或从賓

牑 說文丨牀版也从片扁聲讀若邊〇丨履屬方言五或曰丨注

趫 說文丨丢意从丢𦣝聲

䙴 說文䙴升高也从舁囟聲䙴䙴或从卩𨑟古文䙴

鄄 說文䣯地名从邑䙴聲

蓮 說文丨艸皃从艸津聲

肰［說文］｜犬肉也从肉犬讀若然𦍀古文｜䎐亦古文｜

繎［說文］｜絲勞也从糸然聲

蘳［說文］｜艸也从艸難聲

䘰［說文］｜車溫也从衣延聲

⿰禾亶［說文］｜⿰㐱禾也从秊亶聲

脠［說文］｜生肉醬也从肉延聲

鏈 通作連○［說文］｜銅屬从金連聲○鉛錫璞名曰連［漢書食貨志下］注引李奇○連似銅［漢書食貨志下］殽以連錫注引應劭○連錫之别名也［漢書食貨志下］注引孟康○連鉛之未鍊者［史記貨殖列傳］金錫連集解引徐廣

㢟［說文］｜安步｜｜也从廴从止凡｜之屬皆从｜

鰱［說文］｜魚名从魚連聲

慩［說文］｜泣下也从心連聲易曰泣涕慩如

⿰齒聯［說文］｜齒見皃从齒聯聲

媥［說文］｜輕皃从女扁聲

瘺［說文］瘺牛枯也从疒扁聲

諞［說文］｜便巧言也从言扁聲周書曰㦂㦂善｜言論語曰友｜佞

蝒［說文］｜馬蜩也从虫面聲

⿰虫丏［說文］｜蛜蚗蟬屬讀若周天子赧从虫丏聲

宀［說文］｜交覆深屋也象形凡｜之屬皆从｜

⿱宀宀［說文］｜宀宀不見也闕

檈［說文］｜圜案也从木睘聲

⿰木還［說文］｜｜味稔棗从木還聲

嫙［說文］｜好也从女旋聲

嬽［說文］｜好也从女𥈠聲讀若蜀郡布名

恮［說文］｜謹也从心全聲

譔［說文］｜專教也从言巽聲

鐉［說文］｜所以鉤門戶樞也一曰治門戶器也从金巽聲

嫥［說文］嫥壹也从女專聲一曰女｜｜○｜捖和調也［淮南俶眞］｜捖剛柔注

輲 兩輪爲｜車梯也［墨子經說下］○輇車柩車也［禮記喪大記］君葬用輴注○輇字或作團是以又誤爲國［同上］○團與輇聲相類［禮記喪大記疏］○｜輇字雖異其義同［周禮遂師注］蜃禮記或作槫或作輇疏

鄟［左氏定八年傳］晉師將盟衞侯于｜澤釋文本亦作⿰阝專

輇 說文丨蕃車下庳輪也一曰無輻也从車全聲讀若饌

歂 說文丨口气引也从欠耑聲讀若車輇

鰱 丨似鱓漢書司馬相如傳上鰅鱅丨魠注引郭璞○丨似鯉而大也史記司馬相如列傳鰅鱅丨魠集解引漢書音義

⿰虔阝 說文⿰虔阝河東聞喜聚从邑虔聲

䇂 說文丨辠也从干二二古文上字凡丨之屬皆从丨讀若愆張林說

⿺辶虔 說文丨蹇行丨丨也从辵虔聲讀若愆

攐 說文丨摳衣也从手褰聲

觠 說文丨曲角也从角𢍏聲

蠸 說文丨蟲也一曰大螫也讀若蜀郡布名从虫雚聲

齤 說文丨缺齒也一曰曲齒从齒𢍏聲讀若權

𧽊 說文丨行丨趢也一曰行曲脊皃从走雚聲

捲 說文丨气勢也从手卷聲國語曰有丨勇一曰丨取也○丨卽拳也史記孫子吳起列傳不控丨索隱○丨握猶掌握也後漢書張堪傳丨握之物注

䜌 說文丨亂也一曰治也一曰不絕也从言絲𢿢古文丨○丨育人足攣躃之攣漢書蕭何傳南丨長喜爲鄼侯注引蘇林

漹 說文丨水出西河中陽北沙南入河从水焉聲○丨水俗亦曰慮水慮丨聲相近水經汾水注

以下據集韻錄

葥 說文丨王萯也从艸湔聲

○莊子外物謀稽乎丨釋文向本作弦

誸

𠄎 說文丨艸木乃盛也从二乃

酀 說文丨地名从邑燕聲

⿰酉肙 說文丨⿰酉爾酒也从酉肙聲

肙 說文丨小蟲也从肉口聲一曰空也

唌 說文丨語丨嘆也从口延聲○爾雅釋言注漉漉出丨沫釋文字當作次又作涎

烻 丨光盛起文選魯靈光殿賦丹桂歘絕而電丨注

⿰飠建 說文鬻鬻也从鬻侃聲餰鬻或从食衍聲飦或从干聲⿰飠建或从建聲

嘫 說文丨語聲也从口然聲

謰 說文丨丨謱也从言連聲

⿺辶侃 說文丨過也从辵侃聲

尋 丨循也廣雅釋詁四

亘 說文亘求亘也从二从回回古文回象亘回形上下所求物也

叀 說文丨專小謹也从幺省屮財見也屮亦聲凡丨之屬皆从丨𢀿古文丨𠀅亦古文丨

⿰木遄 〔說文〕｜木也从木遄聲

癵 ｜病也〔爾雅釋詁〕

𢍰 〔說文〕𢍰樊也从廾䜌聲

埢 ｜垣圜貌也〔漢書揚雄傳上〕單｜垣兮注

惓 ｜｜忠謹之意〔漢書劉向傳〕｜｜之義也注○｜讀與拳同〔同上〕

○以下附錄

餇 〔說文〕｜猒也从食肙聲

⿰言肙 ｜作嗛也〔墨子經上〕

繵 ｜緣謂脉纏繞胃也〔史記扁鵲倉公列傳〕動胃｜緣正義

蟺 ｜｜如蜩蟬之蛻化也〔文選鵩鳥賦〕變化而｜注○｜｜相連也〔同上〕

嬗 ｜傳也〔淮南精神〕以不同形相｜也注

經籍籑詁卷第十六下補遺終

經籍籑詁卷第十七　下平聲

經筵講官南書房行走禮部左侍郎兼署兵部左侍郎提督浙江學政阮元纂集

二蕭

【蕭】丨肅也論語季氏而在丨牆之內也皇疏又釋名釋宮室又漢書五行志下之下集注又後漢唐檀傳注○丨之言肅也論語季氏而在丨牆之內也集解引鄭注○丨蒿也廣雅釋詁二○丨萩爾雅釋草○丨卽蒿爾雅釋草注○丨蒿也詩下泉浸彼苞丨傳蓼蕭蓼彼丨斯傳又山海經中山經槖山多丨注又後漢張衡傳注又文選陶徵士誄注引莊子司馬注○丨萩蒿也莊子列禦寇特緯丨而食者釋文○丨薌蒿也禮記郊特牲然後焫丨合羶薌注○丨香蒿也周禮甸師祭祀共丨茅大夫注又漢書禮樂志

集注引李奇○丨所以共祭祀詩采葛彼采丨兮傳○丨丨風聲也文選劉軻歌風丨丨兮易水寒注○丨飂風聲也素問五常政大論其德霧露丨飂注○丨瑟聲也文選吳都賦翕茸丨瑟注○丨條深靜也淮南齊俗故丨條者形之君注○丨曼丨條曼延言高遠也文選景福殿賦丨曼雲征注○丨晨言秋晨也言秋晨丨瑟文選南州桓公九井詩哲匠感丨晨注○丨牆謂屏也論語季氏集解引鄭注○丨牆謂門屏也漢書五行志下之下集注○丨牆在門內丨肅也臣將入於此自肅敬之處也釋名釋宮室○丨字或爲茜周禮甸師祭祀共丨茅杜注

【簫】或作箾○丨肅也其聲肅肅然清也釋名釋樂器○丨之言肅公羊傳哀十四年疏引樂說宋注○丨者中呂之氣也萬物生於無聲見於無形勠也肅也白虎通禮樂○丨籟也淮南齊俗若風之過丨注○丨編小竹詩有瞽丨管備舉箋又周禮小師掌敎鼓鼗柷敔塤丨管絃歌注○丨樂器編管爲之國語魯語今伶丨咏歌及鹿鳴之三注○丨編竹有底末書引蔡邕月令章句○丨今之歌竹丨也呂覽仲夏均琴瑟管丨注○丨今之歌丨是也淮南時則修鞀鼙琴瑟管丨注○洞丨長丨無底也文選蜀都賦吹洞丨劉注○箾舞曲也史記吳太伯世家見舞象箾南籥者集解引賈逵○丨韶舜所制樂書益稷丨韶九成鄭注○丨箾也廣雅釋草○丨邪也禮記曲禮上右手執丨注○弓其末曰丨言丨梢也釋名釋兵○丨弓末也儀禮鄉射禮右執丨注大射儀右執丨注○丨弭頭也禮記曲禮上注○丨與篠通文選長笛賦林丨蔓荊注

【挑】丨穿也廣雅釋詁三○丨抉也一切經音義一引聲類○丨謂招呼也列子楊朱釋文引蒼頡篇○

丨謂之敿讀如或舂或抭之抭字或作丨者秦人語也儀禮有司徹二手執丨匕枋以挹湆注于疏匕注○今人丨作抭同上○儀禮有司徹注或作丨釋文丨本又作抭○莊子大宗師撓丨無極釋文丨又作兆

【貂】丨鼲並鼠屬後漢烏桓鮮卑傳注○漢表序豎丨管子作豎刀

【刁】無升謂之丨斗方言十三○刀斗謂小鈴也方言十三注○刀斗形如銷無緣漢書李廣傳集注引蘇林○刀斗以銅作鐎受一斗晝炊飯食夜擊持行夜名曰刀斗漢書李廣傳集注引孟康○調調刀刀皆動搖貌莊子齊物論釋文引向注

【凋】通作彫○丨傷也廣雅釋詁四○彫傷也左氏昭八年傳民力彫盡注又荀子子道故勞苦彫萃而

能無失其敬注○雕傷也國語周語民力雕盡注○丨落也文選思元賦卉既丨而已育舊注○雕不實也呂覽辯土寒則雕注

彫 亦作雕○丨畫也左氏宣二年傳厚斂以丨牆注又廣雅釋詁四又史記晉世家厚斂以丨牆集解引賈逵又漢書貢禹傳集注又文選西京賦天子乃駕丨軨薛注○雕畫也禮記少儀車不雕幾注又後漢王符傳注杜篤傳注又淮南本經雕琢之飾注又文選子虛賦左烏號之雕弓郭注○丨飾也一切經音義二引三蒼○丨謂丨飾也史記禮書救其丨敝索隱○丨飾畫書五子之歌峻宇丨牆傳○雕謂有雕飾也文選東京賦下雕輦於東廂薛注○丨謂丨畫爲文飾荀子大略天子丨弓注○雕雕謂雕飾文采也荀子法行故雖有珉珉雕雕注○丨斲也後漢文苑傳贊注○丨鏤也廣雅釋言○雕鏤也國語晉語秦穆公衡雕戈出見使者注○丨謂刻鏤也後漢皇后紀注○雕刻鏤也書顧命雕玉仍几傳又禮記王制雕題交趾釋文○丨丨琢刻畫也論語公冶長朽木不可丨也集解引包注○丨丨鏤刻畫也論語公冶長朽木不可丨也皇疏○雕刻飾其直者也禮記明堂位爵用玉琖仍雕注○雕俗謂浮僞之俗管子七法一體之治者去奇說禁雕俗也注○雕雕章明之貌荀子議兵雕雕焉縣貴爵重賞於其前注○雕雕猶昭昭也同上○王謂之雕荀子富國故爲之雕琢刻鏤注○丨琢治飾玉也孟子梁惠王下必使玉人丨琢之注○雕文謂刻其肌以丹青涅之禮記王制被髮文身雕題交趾注又後漢南蠻西南夷傳注○丨弓謂有刻畫也文選東京賦丨弓斯彀薛注○丨俎畫飾之俎也莊子達生尻乎丨俎之上釋文○雕虎有文也後漢張衡傳注○丨啄鳥食貌文選吳都賦丨啄蔓藻劉注○故書雕或爲舟考工記總目玉楖雕矢磬注○雕或爲舟考工記總目杜注○琱字與丨同漢書貢禹傳集注○琱與丨古字通也文選南都賦琢琱狎獵注○古文丨琱二形今作雕同一切經音義二○鵰與丨同荀子富國鵰琢刻鏤注○論語漆雕開古今人表作丨○周禮食醫注苽丨胡也釋文丨劉本作凋論語公冶長漆丨開釋文丨本或作凋同子罕然後知松柏之後丨也釋文丨依字當作凋○劉寬碑疾雕飾丨作雕

雕 或作鵰○鵰摯鳥也書古太誓流之爲鵰馬注○鵰大鷙鳥也漢書李廣傳集注○鵰鶚鷙鳥也後漢張衡傳注○丨似鷹山海經南山經其狀如丨而有角注○鵰眈如鵰之視也文選魯靈光殿賦仡欺猲以鵰眈注○丨籀文作鵰同一切經音義六

迢 丨嶢高貌也文選魯靈光殿賦丨嶢倜儻注○丨遰遠貌文選吳都賦曠瞻丨遰劉注○丨遰遠望懸絶也一切經音義二十引吳都賦劉注

條 丨長也書禹貢厥木惟丨傳又詩椒聊遠丨且傳○丨遠也太元元圖丨暢乎四注○條達也漢書律厤志上集注禮樂志集注○丨者生也白虎通八風○丨者達生也古微書引春秋考異郵○丨分也暢也漢書禮樂志集注○丨直也理也素問五常政大論其令丨舒注○丨書也廣雅釋詁四○丨猶理也文選四子講德論進者樂其丨暢注○丨事丨也後漢章帝紀注○丨丨枝也廣雅釋言○枝曰丨詩汝墳伐其丨枚傳○丨丨稻也詩終南有丨有梅傳又爾雅釋木稻山榎孫注○桑柳醜丨爾雅釋木○丨桑落采其葉也詩七月蠶月丨桑箋○丨丨智也爾雅釋訓○丨丨智思深長爾雅釋訓注○丨丨亂也廣雅釋訓○丨丨然歗也詩中谷有蓷丨其歗矣傳○丨暢丨直通暢也文選文賦洞丨暢而罕節兮注○

丨風艮卦之風一名融淮南天文距日冬至四十五日丨風至注○丨風震氣所生也一曰明庶風淮南墬形丨風之所生也注○艮爲丨風太元元挩挩擬之八風注又淮南墬形諸稽攝提丨風之所生也注○東北風爲丨風山海經南山經丨風自是出注○丨鳴丨也楚辭天問何丨放致罰注○丨讀爲條周禮巾車丨纓五就注○詩終南有丨有梅釋文丨本亦作樤○爾雅釋木柚丨釋文丨字又作樤○爾雅釋訓丨丨秩秩釋文丨丨舍人本作攸攸○張平子碑都封樹之蕭蓧丨作蓧○蔡湛頌蕭滌而雲消丨作滌

髫 丨髦也後漢伏湛傳注引埤蒼○丨髮也後漢周燮傳注又文選七命注引埤蒼○丨剪髮也後漢邊讓傳注○丨髮謂童子垂髮也後漢伏湛傳注○丨與齠古字通也文選七命元齠巷歌注○齠一本作丨晉書音義下

跳 丨躍也晉書音義中引字林又列子湯問丨往助之釋文○丨者躍之閒爾雅釋言窕閒也舍人注○丨謂疾去也史記荊燕世家遂丨驅至長安索隱○超踊爲丨史記高祖紀索隱引通俗文○丨上也廣雅釋詁一○丨條也如草木枝條務上行也釋名釋姿容○丨走也史記高帝紀漢王丨索隱引如淳○其丨者踦也御覽人事部四引書大傳○丨脫獨去也史記荊燕世家索隱○丨或作眺列子湯問丨往助之釋文

蜩 丨蟬也詩小弁鳴丨嘒嘒傳蕩如丨如螗傳又禮記內則爵鷃丨范注又考工記梓人注旁鳴丨蜺屬釋文莊子逍遙遊丨與學鳩笑之曰釋文引司馬注達生見痀僂者承丨釋文又列子黃帝見痀瘻者

承丨注○丨螗也詩七月五月鳴丨傳○丨蜋丨螗丨爾雅釋蟲○良丨也者五采具大戴記夏小正良丨鳴傳○唐丨者匽也大戴記夏小正唐丨鳴傳○三輔以西爲丨梁宋以東謂丨爲蝘爾雅釋蟲舍人注○蟬楚謂之丨宋衛之閒謂之螗丨陳鄭之閒謂之蜋丨方言十一○闇丨軈也廣雅釋蟲○軈謂之寒丨寒丨瘖丨也方言十一○寒丨螿也方言十一注○丨甲蟬蛻皮也莊子寓言予丨甲也釋文引司馬注

苕 丨草也詩防有鵲巢邛有旨丨傳○丨草名詩苕之華釋文○丨草之丨也文選文賦或丨發穎豎注○丨陵丨爾雅釋草○丨陵丨也詩苕之華丨之華傳○丨葦之秀也荀子勸學繫之葦丨注○丨饒也幽州謂之翹饒齊民要術十引詩義疏○丨與蔦同文選檄吳將校部曲鷯鳩之鳥巢於葦丨注○左氏成十六年舍之于丨邱公羊作招邱

調 丨和也廣雅釋詁三又呂覽長見皆以爲丨矣注又察今一鼎之丨注又淮南俶眞耳分八風之丨注又離騷摯咎繇而能丨注謬諫恐操行之不丨注○丨謂和平之漢書張良傳集注○丨猶和合也周禮地官序官丨人注○丨適淮南說林不同味而皆丨於口注○丨謂丨適素問上古天眞論丨於四時注○合得密周謂之丨賈子道術○丨謂弓强弱與矢輕重相得詩車攻弓矢旣丨箋○丨欺也廣雅釋詁二○丨謿也廣雅釋言○丨啁也同上○丨偶和合之謂也莊子知北遊丨而應之德也偶而應之道也注○丨和不爭競也荀子臣道丨和樂也注○丨悅者情之道也大戴記子張問入官○丨護營護也史記留侯世家煩公幸卒丨護太子集解引如淳○丨丨刁刁動搖貌也莊子齊物論而獨不見之丨丨之

ヲヲ
乎注
梟 丨鴟爾雅釋鳥○丨鴟惡聲之鳥詩瞻卬爲丨爲鴟箋○丨鴟卽鴟丨也其子適大還食其母後漢朱浮傳注○丨流離鳥也自關而西謂丨爲流離其子適大還食其母一切經音義二十引毛詩草木疏○丨鶹鵂也形似鴞而靑白出于山卽惡聲鳥也楚人謂服鳥亦鴟類也山東名鶹鵂俗名巧婦一切經音義十九引字林○丨雄也淮南原道爲天下丨注○丨健也漢書高祖紀上集注引應劭○丨卽驍也後漢劉焉傳注○丨謂最勇健也漢書張良傳集注○丨勇也若六博之丨也漢書高祖紀上集注引張晏○丨猶勝也猶六博得丨則勝後漢張衡傳注○丨猶顚也管子地員其山之丨注○丨懸也後漢張旋傳注○丨懸首於木也後漢桓帝紀注○丨楊山神名卽狒狒也楚辭哀時命使丨楊先導兮注○丨陽山精也人形長大面黑色身有毛足反踵見人而笑淮南氾論山出丨陽注○丨與澆同荀子非十二子以丨亂天下注○北海相景君銘鴟梟不鳴丨作梟

澆 丨濆也廣雅釋詁二○丨薄也後漢蔡邕傳贊注又淮南齊俗丨天下之淳注又文選陸士衡招隱詩注引淮南許注○丨古多力者也楚辭天問惟丨在戶注○丨與澆同文選永明九年策秀才文自岷俗丨施注○澆爲丨音義同文選頭陁寺碑文丨風下黷注

聊 丨辭也詩椒聊釋文○丨且略之辭也詩泉水丨與之謀箋園有桃丨以行國箋○丨且也廣雅釋詁三又離騷丨逍遙以相羊注雲中君丨遨遊兮周章注○丨猶且也詩素冠丨與子同歸兮箋○俚丨謂苟且也方言三俚丨也注○丨願也詩泉水丨與之謀傳○丨樂也楚辭逢尤心煩憒兮意無丨注○丨賴也國策秦策百姓不丨生注又漢書賈誼傳集注廣川惠王越傳集注又荀子子道衣與繆與不女丨注○丨浪放也文選羽獵賦丨浪乎宇內注○丨浪放曠貌文選吳都賦相與丨浪乎昧莫之坰劉注○丨慄恐懼之貌文選七發丨兮慄兮注○丨啾百鳴也楚辭怨思耳丨啾而懍恍注

遼 丨遠也廣雅釋詁一○丨丨遠也廣雅釋訓○丨丨遠貌楚辭憂苦山修遠其丨丨兮注○丨假之公羊桓十一年傳少丨緩之注

寥 丨深也廣雅釋詁三○丨藏也廣雅釋詁四○丨者空無形老子寂兮丨兮注○丨廓虛靜貌文選甘泉賦閌閬閬其丨廓兮注○丨廓高遠也文選上林賦歷五帝之丨廓注○丨朗謂心虛目明也文選遊天台山賦恣心目之丨朗注○丨落星稀之貌也文選謝元暉京路夜發詩曉星正丨落注○丨狠猶嬖擾也後漢杜篤傳注○莊子大宗師乃入于丨天一釋文丨本亦作廖

撩 丨取也廣雅釋詁一又爾雅釋器注今之丨罟釋文○丨理也廣雅釋詁二○理亂謂之撩理一切經音義十四引通俗文

僚 寮同○丨官也詩板及爾同丨傳又法言重黎今何丨也注又後漢崔駰傳注○寮官也爾雅釋詁又國語晉語勿寮勿從注又漢書哀帝紀集注○同官爲寮左氏文七年傳又穀梁莊十六年傳外內寮一疑之也注○同官曰寮國語魯語今吾子之教官寮注○丨工皆官也書皋陶謨百丨師師傳○丨友同官者禮記曲禮上丨友稱其弟也注○丨勞也共勞事也左氏昭七年傳隸臣丨服注○詩大東百丨是試釋文字又作寮同○祝睦碑尞屬欽熙魏元丕碑訓咨羣尞寮作尞

寮|空也廣雅釋詁三○|小空也一切經音義一
引蒼頡篇○|小窗也文選西京賦注引蒼頡篇
○論語公伯|史記弟子傳作公伯僚說文穴
部作公伯寮史記索隱作公伯繚又作公伯遼
堯|嶢也廣雅釋言○|猶嶤嶤也至高之貌白虎
通號○|者高也饒也風俗通皇霸引書大傳○
|諡也書堯典曰若稽古帝|馬注○|亦美諡也
論衡須頌○翼善傳聖諡曰|白虎通諡引禮諡法
○翼善傳聖曰|書堯典曰若稽古帝|馬注又國
策秦策|伐驩兜注又漢書古今人表集注引張晏
又獨
斷下
嶢|高也方言六又廣雅釋詁四○|者言高遠也
文選西京賦表|闕於閶闔薛注○||高貌漢
書揚雄傳上集注○||危也廣雅釋訓○嶤持也
廣雅釋詁三○嶕|高也後漢班彪傳上注○嶕|

高貌文選陶潛挽歌詩注引字林○|崢高峻貌後
漢張衡傳注○嶤薛高峻之貌文選魏都賦抗旗亭
之嶤薛注○|峴不安之貌文選魯靈光殿賦漂|
峴而枝柱注○嶕|崝嶸皆高峻之皃也方言六巍
|崝嶸高也注○|謂|
山之闕也後漢杜篤傳注
幺|小也漢書食貨志下集注○不長曰|文選王
命論注引通俗文○|麽皆微小之稱也漢書敘
傳上集注○|幼爾雅釋獸○|小豚爾雅釋獸釋
文引字林○最後生者俗呼爲|豚爾雅釋獸注
集韻宵古作𣅳○|夜也書堯典|中星虛傳又
宵詩小星肅肅|征傳七月|爾索綯傳又儀禮燕
禮|則庶子執燭於阼階上注大射儀|則庶子執
燭於阼階上注士喪禮|爲燎于中庭注既夕記|
爲燎于中庭注又穀梁襄三十年傳|不下堂注又
爾雅釋言又爾雅釋天|田爲燎釋文又家語困誓

|爾索綯注又漢書張敞傳集注孝武李夫人傳集
注又淮南要略其喜怒與晝|寒暑並明注又楚辭
怨思霧|晦以紛闇注○|亦夜也漢書中山靖王
勝傳集注○|定昏也周禮司寤氏禁|行者注○
|陽氣消也爾雅釋言|夜也舍人注○太|長夜
之中也淮南精神甘暝太|之宅注○晢霄幽冥也
楚辭疾世閔晢霄兮靡睹注○|類也漢書刑法志
集注引應劭○|物佀也淮南要略浸想|類注○
|化也漢書刑法志集注引孟康○|使也方言十
三○|之言小也禮記樂記|雅肆三注○|猶小
也文選江文通雜體鮑參軍詩注引春秋演孔圖宋
注○不由明坦之塗者謂之|人莊子列御寇|人
之離外刑者金木訊之注○|綺屬也儀禮特牲饋
食禮主婦纚笄|衣注○|義與肖同漢書刑法志
集注○|讀爲詩素衣朱綃之綃儀禮士昏禮姆纚
笄|衣在其右注○書堯典|中星虛史記五帝紀

作夜中星虛○詩揚之水箋繡當爲|釋文|本亦
作綃儀禮特牲饋食禮纚笄|衣釋文|依字作綃
禮記郊特牲注繡讀
爲|釋文|或作綃
消|散也文選西京賦|霧埃於中宸薛注○|爍
也素問皮部論熱多則筋弛骨|注○|滅也廣
雅釋詁四又文選七發|息陽陰注○陰用事爲|
易象下傳|不富也荀注○|不見也文選東京賦
以須|敵明薛注○|謂內|素問通評虛實論凡
治|癉仆擊偏枯痿厥氣滿發逆注○||中之疾
也後漢李通傳注○多食數溲謂之|中素問腹中
論夫子數言熱中|中不可服高粱芳草石藥注○
|削也言減削也釋名釋言語○|弱也如見割削
筋力弱也釋名釋疾病○|激激竭也腎氣不周於
胷胃中津潤|渴故欲得水也釋名釋疾病○|搖
猶觀望也後漢馮衍傳注○|河上地也詩清人清

人在丨傳○丨古文痟同一切經音義十四○丨或
作消列子黃帝紀丨子釋文○禮記檀弓丨搖乎門
釋文本又
作逍遙
【霄】丨日旁氣也漢書揚雄傳集注○丨摩天赤氣也
後漢仲長統傳注○雨霓爲丨雪爾雅釋天注○霓
冰雪雜下者謂之丨雪爾雅釋天注○丨雲也後漢
張衡傳注又文選補亡詩奕奕元丨注○丨微雲也
文選思元賦涉清丨而升遐兮舊注○慶丨卽慶雲
也文選謝宣遠張子房詩慶丨薄汾陽注○丨夜呂
覽明理有丨見注○丨冥也文選魯靈光殿賦丨靄
靄而晻曖張注○丨霏高峻貌也淮南原道上遊於
丨霏之野注○丨讀紺綃之綃淮南原道上遊於丨
霏之野注倣眞蕭條丨霏注○丨讀消息之消淮南
原道乘雲陵丨注○爾雅
釋天釋文丨本亦作消

【綃】丨綺屬也禮記玉藻元丨衣以裼之注儀禮士昏
禮姆纚笄宵衣在其右注引魯詩○丨輕縠也文
選洛神賦曳霧丨之輕裾注○生絲繒曰丨一切經
音義十五引通俗文○丨頭丨鈔也鈔髮使上從也
釋名釋首飾○丨今之帆綱也以長木爲之所以挂
帆也文選海賦維長丨注○丨者竹孚俞也文選吳
都賦泉室潛織而丨劉注○禮記
檀弓上丨幕魯也釋文丨又作綃
【銷】焇同○焇乾也廣雅釋詁二○丨生鐵也文選七
命注引淮南許注○丨小也莊子則陽其聲丨釋
文引司馬注○丨猶散也文選恨賦丨落湮沈注○
丨弃謂散壞也管子五行䐢婦不丨弃注○鍤或曰
丨丨削也能有所穿削也釋名釋用器○
丨讀紺綃之綃淮南氾論丨車以鬬注
【超】丨高也華嚴經音義上引韻圃○丨遠也廣雅釋
詁一○丨遠也東齊曰丨方言七○丨卓也舉腳
有所卓越也釋名釋姿容○丨速也漢書揚雄傳上
集注引應劭○丨過也後漢馮衍傳注○丨渡也廣
雅釋詁二○丨越也楚辭抽思丨回志度注傷時丨
五嶺兮嵯峨注○丨然遠避而不處也老子雖有榮
觀燕處丨然注○丨搖不安也楚辭謬諫蹇丨搖而
無冀注○丨距猶跳躍也史記白起王翦傳方投石
丨距索隱○丨乘巨踊車上也
呂覽悔過丨乘者五百乘注
【朝】丨早也爾雅釋詁○丨旦也禮記奔喪注明日之
丨夕釋文又莊子大宗師而後能丨徹釋文○丨
日出時也禮記祭義周人祭日以丨及闇注○旦曰
丨禮記文王世子丨夕至于大寢之門外釋文○自
正月盡四月爲歲之丨洪範五行傳歲之丨注○平
旦至食時爲日之丨洪範五行傳日之丨注○上旬
爲月之丨洪範五行傳月之丨注○初昏爲丨洪範
五行傳星辰莫同注○將晨爲丨同上○日在甲上

稱丨易訟終丨三褫之虞注○三丨歲首朔日也文
選東都賦春王三丨注○三丨歲月日丨文選東京
賦夏正三丨薛注○丨事謂淸丨未食先進寒具口
實之籩周禮籩人丨事之籩司農注○丨事謂祭宗
廟薦血腥之事周禮籩人注○景丨謂日未中而景
中立表處大西遠日也周禮大司徒日西則景丨多
陰司農注○山東曰丨陽詩卷阿于彼丨陽傳又爾
雅釋山○丨陽日也後漢張衡傳注○平旦爲丨霞
莊子逍遙遊而御六氣之辨釋文引李注○丨露言
易盡也後漢王符傳注○東夷之樂曰丨離白虎通
禮樂○丨離者萬物微離地而生同上○丨生木菫
也國策秦策而不壽於丨生注○丨歌晉邑國語魯
語伐取丨歌注○丨歌者歌不時也水經淇水注○
丨鮮故箕子國也水經浿水注○丨晁古字同也文
選羽獵賦於是天子乃以陽晁注○左氏昭十五年
經蔡丨吳出奔鄭公羊作昭吳○左氏昭廿二年王

子丨漢書古今人表作子鼂○左氏昭七年衛史丨漢書古今人表作史鼂

朝 問丨召也楚辭遠逝丨四靈於九濱注○丨者召而問之也春秋繁露諸侯○丨見也呂覽淫辭孔穿丨注○丨者見也白虎通朝聘○丨正也呂覽直諫朞年不聽丨注○丨猶會也禮記王制耆老皆丨于庠注○丨早丨也呂覽貴因丨要甲子之期注○丨丨猶丨也欲其來之早周禮大宗伯春見曰丨注○丨丨者義之理也管子乘馬○春見曰丨周禮大宗伯又禮記經解聘問之禮注○諸侯春見曰丨禮記曲禮下注○諸侯春見天子曰丨詩沔水丨宗于海箋○諸侯春丨天子曰丨史記魏其武安侯傳不得入丨請集解引律又漢書宣帝紀集注引如淳又後漢和帝紀注明德馬皇后紀注並引漢律○諸侯來曰丨公羊隱十一年傳桓九年傳又春秋繁露王道○諸侯相見曰丨穀梁桓九年傳僖五年傳○於天子曰

丨儀禮聘禮記問諸侯注○天子無事與諸侯相見曰丨禮記王制○天子當宁而立諸公東面諸侯西面曰丨禮記曲禮下○陪位爲丨爾雅釋言陪丨也注○小水入大水曰丨文選古意訓到長史溉登琅邪城詩金溝丨灞滻注○丨日春分之時也禮記玉藻元端而丨日於東門之外注○丨享謂受丨政於廟周禮司尊彝凡四時之閒祀追享丨享注○丨聘之禮所以明義也大戴記盛德○丨聘之禮者所以正君臣之義也大戴記朝事○丨宮室也老子丨甚除注○丨謂君臣謀政事之處也禮記曲禮下在丨言丨注○丨謂大門外儀禮公食大夫禮賓丨服拜賜于丨注○丨大寢門外禮記月令賞公卿諸侯大夫於丨注○治丨在路門外羣臣治事之丨周禮大宰王眡治丨注○治丨在路門之外周禮宰夫之職掌治丨之灋注○應門內曰丨儀禮經傳通解引書大傳○中丨內丨也文選魏都賦左則中丨有赩

劉注○東丨東宮也文選顏延年應詔讌曲水詩君彼東丨注○丨廷謂天子也後漢北海靖王興傳注王允傳注○丨家猶國家也後漢應劭傳注○丨物謂丨儀文物也後漢明帝紀贊注○丨侯諸侯有功德者天子特命爲丨侯獨斷上○丨服展衣書大傳釋丨服注○丨當爲國書大傳七十者杖於丨注釋牛女爲江丨江丨者所以開神潤化故其氣遄急

潮 古微書引春秋元命苞

囂 嚻讙也周禮司虣禁其鬭囂者注○丨喧嘩也左氏成十六年傳在陳而丨注○丨聲左氏昭三年傳湫隘丨塵注○丨華也國語楚語而以金石匏竹之昌大丨庶爲樂注○丨衆也淮南脩務莫丨大心注○丨丨虛也廣雅釋訓○嚻閑也爾雅釋言○丨丨然自得之志無欲之貌也孟子萬章上丨丨然曰注○丨丨自得無欲之貌孟子盡心上人知之亦丨丨丨注○丨丨憂世之貌莊子駢拇天下何其丨丨也

釋文引崔注○丨古文貫同一切經音義九

樵 廣韻蕘同○丨薪也左氏桓十二年傳請無扞採丨者以誘之注又公羊桓七年傳焚之者何丨之也注又爾雅釋木釋文引字林○蕘薪也廣雅釋木○丨取薪也漢書韓信傳集注○丨薪蒸淮南氾論木鉤而丨注○丨之者何以火攻也公羊桓七年傳○以丨燒之故因謂之丨之丨之齊人語公羊桓七年傳焚之者何丨之也注○丨與譙同謂爲高樓以望敵也漢書趙充國傳集注○爾雅釋木注指解今丨薪釋文丨字又作蕉

譙 丨呵也廣雅釋言○丨讓也方言七○丨責讓也管子立政里尉以丨于游宗注○齊楚宋衛荆陳之間曰丨自關而西秦晉之間凡言相責讓曰丨讓方言七○丨丨殺也詩鴟鴞予羽丨丨傳○丨訴猶

禍惡也呂覽誣徒不可丨詬遇之注○丨呵音誰何猶借訪也史記萬石張叔傳不丨丨呵索隱○丨門謂門上爲高樓以望者耳樓一名丨故謂美麗之樓爲麗丨漢書陳勝傳集注○丨亦呼爲巢同上○丨巢聲相近同上○丨字或作譙方言七注○詩鴟鴞予羽丨丨釋文丨本或作燋同○莊子徐無鬼君亦必無盛鶴列于麗丨之閒釋文丨本亦作嶕○譙敏碑其先故國師丨贛漢書作焦贛

驕 亦作憍○丨泰也呂覽貴生多以富貴丨得道之人注○丨寵也國策秦策故丨張儀以五國注○丨慢國策秦策王兵勝而不丨注○丨慢之也呂覽期賢吾安敢丨之注○丨謂言行謀從恃知而慢也禮記少儀諫而無丨注○丨欺也老子果而不丨注○丨壯貌詩碩人四壯有丨傳○丨謂不習也周書皇門譬若畋犬丨用逐禽注○憍惕也廣雅釋詁三○憍高也莊子達生方虛憍而恃氣釋文引李注○

憍高仰頭也莊子達生釋文引司馬注○無禮爲丨孝經在上不丨鄭注○倨簡曰丨楚辭離騷保厥美以丨敖兮注○人臣輕上曰丨韓非子八說○陵上慢下曰丨論語學而富而無丨皇疏○居上位而不恤其下丨也新序雜事二○丨鶩縱恣也史記司馬相如傳低卬夭蟜以丨鶩兮索隱引張揖○丨忿謂若傲很明德忿類無期之類也書大傳禦貌於喬忿注○恃國家之大矜民人之衆欲見威於敵者謂之丨兵漢書魏相傳○恃衆憑彊謂之丨兵後漢袁紹傳○平逢之山有神焉其狀如人而二首名曰丨蟲山海經中山經○丨或作驕山海經北山經晉水其中多鮆魚食之不丨注○詩甫田維莠丨丨楊子脩身作莠喬喬○詩駟驖載獫歇丨爾雅釋畜注作獢○詩株林乘我乘丨釋文丨或作駒字○駟驖載獫歇丨釋文丨本又作憍○禮記中庸居上不丨釋文丨本亦作喬○公羊襄十九年傳爲其憍蹇釋文憍本又作丨

嬌 漢書古今人表丨極山海經大荒西經注引世本作驕福史記楚世家集解引世本作高綱

焦 丨臭也廣雅釋器○蕉黑也廣雅釋器○丨燥呂覽應言少泊之則丨丨而不熟注○丨烈也太元元數臭丨注○丨火香丨丨淮南時則其臭丨注○凡氣因火變則爲丨素問金匱眞言論其臭丨注○三丨者決瀆之官水道出焉素問靈蘭秘典論○丨僥短人長三尺者荀子富國是猶烏獲與丨僥搏也注○丨僥短人之國也長不滿三尺淮南墬形西南方曰丨僥注○丨穫周地詩六月整居丨穫傳○周有丨穫爾雅釋地○丨石名也文選思元賦跕丨原而跟趾舊注○沃丨海所瀉源水注處也一切經音義一引江賦郭注○旨隽蠉蛸也廣雅釋蟲○丨明水鳥樂稽耀嘉丨明至爲雨備注○丨或作巢淮南主術

撟之丨門注○周禮鬱人注以煑之丨中釋文丨本又作鐎○禮記內則濡炙之舉丨釋文丨字又作燋

蕉 丨草芥也莊子人閒世死若以國量乎澤若丨釋文引向注○丨芟刈也莊子人閒世釋文引崔注○丨萃陋賤之人左氏成九年傳無棄丨萃注○丨與樵同列子周穆王覆之以丨注○丨萃憔悴古通字後漢應劭傳注

椒 丨木名詩椒聊序釋文○丨香木也離騷雜申丨丨與菌桂兮注○丨芬香也詩東門之枌貽我握丨傳○丨猶飶也詩載芟有丨其馨傳○丨芬芳之物詩載芟釋文引唐風椒聊王注○丨香物所以降神也離騷懷丨糈而要之注○丨爲樹小而叢生下有草木則蕪死山海經中山經琴鼓之山其木多穀柞丨柘注○丨酒置丨酒中也後漢邊讓傳注○皇后稱丨房取其蕃實之義也後漢獻帝伏皇后紀引漢

官儀〇后妃以丨塗壁取其繁衍多子故曰丨房後
漢第五倫傳注〇丨房者皇后所居以丨泥塗也後
漢李固傳注〇丨屋卽丨房也後漢皇后紀贊注〇
土高四墮曰丨邱離騷馳丨邱且焉止息注〇山丨
山頂也文選月賦菊散芳於山丨注〇詩載芟有丨
其馨釋文丨沈作俶〇公羊文九年經楚子使丨來
聘釋文丨一本作萩〇爾雅釋木檓大丨釋文丨字
又作茮〇爾雅釋木茮樧醜莍釋文茮本今作丨〇
左氏文九年經楚子使丨來聘穀梁作萩〇左傳襄
廿六年楚丨鳴楚語作湫鳴左傳昭三年子服丨昭
十三年傳作子服湫哀元年敗越于夫丨史記伍子
胥傳作夫湫〇左傳文九年鬭丨穀梁作萩釋文作
菽

【燋】丨炬也所以燃火者也儀禮士喪禮楚焞置于丨
注〇丨謂炬其存火周禮菙氏掌共丨契以待卜

事注〇丨讀爲細目丨之丨或曰如薪樵之樵謂所
爇灼龜之木也故謂之樵周禮菙氏杜注〇丨悴也
淮南氾論丨而不謳注〇丨悴
作顦顇一切經音義六引三蒼

【饒】丨多也廣雅釋詁三又小爾雅廣詁〇丨益也廣
雅釋詁一〇丨猶益也後漢張霸傳注〇丨逸也
淮南脩務沃地之民
多不才者丨也注

【橈】丨舩小楫也楚辭湘君蓀丨兮蘭旌注〇丨小檝
也後漢岑彭傳注〇丨短檝也後漢吳漢傳注〇
丨刺船棹也淮南主術夫七尺之丨而制船之左右
者以水爲資注〇楫謂之丨方言九又小爾雅廣器
〇丨曲也左氏成二年傳師徒丨敗注〇丨曲折也
易大過棟丨釋文〇丨時槃也法言重黎分無妄之
丨注〇丨挑猶宛轉也莊子大宗師丨挑無極釋文
引李注〇丨挑循環之名莊子大宗師釋文引簡文

注〇丨丨讀煩嬈之嬈也淮南主術夫七
尺之丨而制船之左右者以水爲資注

【蕘】草薪曰丨左氏昭十三年傳淫芻丨者釋文〇大
曰薪小曰丨管子輕重甲則是農夫得居裝而賣
其薪丨注〇丨蕪菁也魯
齊之郊謂之丨方言三

【燒】丨爇也廣雅釋詁二〇丨燋也釋名釋喪制〇丨
煙於火中也禮記內則雛丨注〇死於火者曰丨
釋名釋喪制〇丨虜郎
丨羌也後漢馬援傳注

【遙】丨遠也廣雅釋詁一又釋名釋車又漢書禮樂志
集注引如淳又楚辭招魂倚沼畦瀛兮丨望博注
〇遙遠也漢書郊祀志下集注引如淳〇丨遠也梁
楚曰丨方言六〇丨疾行也南楚之外或曰丨同上
〇丨丨遠也廣雅釋訓〇丨淫也九疑荊郊之鄙謂
淫曰丨方言十〇丨言心丨蕩也方言十九注〇丨

猶漂丨放流貌也楚辭大招無遠丨只注〇遙古丨
字也漢書郊祀志下集注〇詩清人河上乎逍丨釋
文丨本又作搖〇莊子逍
遙遊釋文丨字亦作搖

【傜】丨役也漢書蕭何傳集注〇丨衺也方言六〇丨
言佻丨也方言六注〇丨緩也謂不迫速也荀子
王霸佻其期日注〇自山而西凡物細大不純者謂
之丨方言六〇禮記王制注不給其丨役釋文丨本
又作
繇

【姚】丨好也方言十三又廣雅釋詁一〇丨冶妖美也
荀子禮論其立文飾也不至於窕注〇丨舜姓也
山海經大荒南經帝俊妻娥皇生此三身之國丨姓
注〇丨莖涂薺爾雅釋草〇丨與遙同荀子榮辱其
功盛丨
遠矣注

搖丨作也爾雅釋詁○丨動也廣雅釋詁一又史記
屈原賈生傳丨增翮逝而去之正義又莊子則陽
復命丨作釋文又淮南原道扶丨抮抱羊角而上注
又楚辭招魂鏗鍾丨簴注又文選長笛賦有所丨演
注○丨上也方言十二又廣雅釋詁一○丨治也廣
雅釋詁三○丨疾也廣雅釋詁二○丨扇疾也燕之
外鄙朝鮮洌水之間曰丨扇方言二○丨丨不安之
貌漢書五行志中之上集注○丨丨憂無所愬詩黍
離中心丨丨傳○丨丨無所託大戴記武王踐阼若
風將至必先丨丨注○丨漾飛貌也文選沈休文詠
湖中雁詩刷羽同丨漾注○丨刖危貌也文選七命
丨刖峻挻注○丨翟畫丨雉之文於衣也江淮而南
靑質五色皆備成章曰丨釋名釋衣服○隋今爲丨
音同史記貨殖傳果隋嬴蛤正義○丨或作遙漢書
禮樂志集注引如淳○丨丨與遙同文選甘泉賦皐丨
泰一注○詩黍離中心丨丨爾雅釋訓作愮愮○考

工記矢人夾而丨之釋文丨本又作揺○禮
記明堂位注今之步丨釋文丨本又作繇
謠丨徒歌曰丨詩園有桃我歌且丨傳又國語晉語童
歌謂之丨爾雅釋樂又列子周穆王西王母爲王丨注○徒
行歌曰丨國語晉語辨妖祥於丨注○有章句曰歌
無章曲曰丨初學記十五引韓詩章句○丨聲消搖
也爾雅釋樂孫注○丨謂無絲竹之類獨歌之爾雅
釋樂舊注○丨謂毁也離騷丨諑謂余以善淫注○
丨言謂聽百姓風丨善惡而黜陟之也後漢劉陶傳
注
軺丨車也廣雅釋器○丨馬車也國語齊語服牛丨
馬注○丨遙也遙遠也四向遠望之車也釋名釋
車

瑤丨石似玉淮南本經紂爲琁室丨臺注○丨石之
次玉者也楚辭東皇太一丨席兮玉瑱注○石次
玉名曰丨離騷望丨臺之偃蹇兮注○丨瓊也後漢
張衡傳注○瓊丨美玉詩木瓜報之以瓊丨傳○丨
玉也楚辭涉江吾與重華遊兮丨之圃注招魂丨漿
蜜勺注○丨華玉華也楚辭大司命折疏麻兮丨華
注○丨琨皆美玉書禹貢丨琨篠簜傳○瑕丨亦玉
名丨音遙穆天子傳四瑕丨也注○丨爵所以亞王
酬賓也周禮內宰凡賓客之祼獻丨爵皆贊注○丨
爵謂尸卒食王既酳尸后亞獻之其爵以丨爲飾周
禮內宰丨爵亦如之注○丨光謂北斗杓弟七星也
淮南本經丨光者資糧萬物者也注○丨光和氣之
見者也同上○丨谿丨岸也後漢張衡傳注○丨或
作瑶淮南本經紂爲琁室丨臺注○蕃與丨同文選
別賦借丨草之徒芳注○國語晉語荀
丨墨子作荀搖淮南脩務注作荀繇

韶磬同○丨紹也論語八佾子謂丨皇疏○丨者紹
也古微書引春秋元命苞○丨之言紹也禮記樂
記注又漢書禮樂志集注○丨繼也禮記樂記又廣
雅釋詁四○丨繼堯也風俗通聲音○丨者昭也春
秋繁露楚莊王○丨舜樂名書益稷簫丨九成傳又
論語八佾子謂丨集解引孔注又後漢班彪傳下注
又莊子至樂奏九丨以爲樂釋文○舜曰大丨一曰
大招獨斷上○大磬舜樂也言其德能紹堯之道也
周禮大司樂舞雲門大卷大咸大磬大夏大濩大武
注○九磬讀當爲大丨字之誤也周禮大司樂九磬
之舞注○左氏襄廿九年傳見舞丨濩者釋文
丨本或作招○丨古文磬同一切經音義七
昭丨明也書益稷以丨受上帝傳文侯之命丨升于
上馬注又詩鹿鳴德音孔丨箋大明丨事上帝箋
抑昊天孔丨箋訪落率時丨考箋又儀禮士冠禮丨
告爾字注又禮記祭法埋少牢於泰丨注孔子閒居

丨假遲遲注中庸亦孔之丨注表記丨事上帝注又禮記仲尼燕居丨然若發矇釋文又左氏宣十四年傳鄭丨宋聾注昭十二年傳式丨德音注又廣雅釋詁四又國語魯語夫祀丨孝也注晉語丨舊族注鄭語惟荊實有丨德注又太元疑疑彊丨注又史記范雎蔡澤傳無以丨姦正義又漢書景帝紀集注律厤志集注禮樂志集注郊祀志上集注五行志上集注五行志中之上集注鄒陽傳集注董仲舒傳集注司馬相如傳集注引文穎吾邱壽王傳集注終軍傳集注楊胡朱梅云傳贊集注韋元成傳集注匡衡傳集注谷永傳集注楊雄傳集注引服虔又後漢馮異傳注張衡傳注又呂覽任數目之見也藉於丨注又離騷唯丨質其猶未虧注大招白日丨只注傷時惟昊天兮丨靈注又文選東京賦丨誠心以遠喻薛注文德既丨薛注○丨亦明也書堯典百姓丨明傳又漢書匡衡傳集注○丨顯也左氏定四年傳以丨周公

之明德注又國語周語丨神能孝注晉語私必丨注又後漢郅惲傳注○丨光也爾雅釋詁又詩既醉介爾丨明箋雲漢丨回于天箋○丨見也爾雅釋詁又詩文王於丨于天傳時邁明丨有周箋○丨明見也爾雅釋詁丨見也注○丨曉也禮記樂記蟄蟲丨蘇注○丨道淮南繆稱可以消澤而不可以丨誋注○明者爲丨國語魯語○父爲丨穀梁文二年傳祫祭者毀廟之主注又國語魯語宗有司曰非丨穆也注又續漢祭祀志下○父曰丨周禮小宗伯辨廟祧之丨穆注又公羊文二年傳陳于大祖注○丨德有勞曰丨周書謚法○容儀恭美曰丨同上○聖聞周達曰丨同上○聲聞宣遠曰丨獨斷下○丨丨明也楚辭雲中君爛丨丨兮未央注○丨丨猶耿耿小明也禮記中庸斯丨丨之多注○丨丨明且達也老子俗人丨丨注○丨丨明顯之貌荀子非十二子丨丨然注○丨丨謂陽明之上素問陰陽類論上合丨丨注

○丨丨狹小之貌禮記中庸斯丨丨之多正義○丨穆猶特牲少牢饋食之禮衆兄弟也禮記祭統凡賜丨爲一穆爲一注○丨穆者所以別父子遠近長幼親疏之序而無亂也禮記祭統○子在癸曰丨陽淮南天文子在癸曰丨陽注○丨儀後宮官也文選西京賦是時後宮嬖人丨儀之倫薛注○丨餘祁在鄔周禮職方氏其澤藪曰丨餘祁注○燕有丨余祁爾雅釋地○丨宜爲招家語正論祭公謀父作祈丨注○丨一作韶史記李斯傳丨虞武象者索隱○丨或爲照荀子賦幽晦登丨注○書武成丨我周王爾雅釋詁注引逸書作釗我周王○爾雅釋天大歲在癸曰丨陽史記厤書作尙章○周禮小史奠世繫辨丨穆釋文丨或作佋○禮記中庸丨丨之多釋文丨本亦作炤同亦孔之丨釋文丨本又作炤同○穀梁僖廿七年齊侯丨卒釋文丨或作照○老子俗人丨丨釋文丨一本作照○左傳襄廿八年楚康王丨史記

楚世家作招○左傳僖廿七年齊孝公名丨穀梁僖廿七年釋文作照○譙敏碑盛德炤明丨作炤○鄒令景君闕銘遠近照聞劉熊碑誕生照明孫叔敖碑處幽晻而照明嚴訢碑去斯照照富春丞張君碑刊照厥勳丨皆作照

招 丨召也楚辭惜誦有丨禍之道注○丨猶召也文選郭有道碑文幾行其丨注○丨者召也以手曰丨楚辭招魂序○丨呼也廣雅釋詁二又漢書息夫躬傳集注引張晏○丨號召之貌詩匏有苦葉丨丨舟子傳○丨丨聲也詩匏有苦葉釋文引韓詩○丨求也漢書刑法志集注引孟康季布傳集注引孟康○丨來也廣雅釋言○丨至也呂覽本生命之曰丨蹷之機注○丨舉也國語周語好盡言以丨人過注又漢書五行志中之上集注引蘇林陳勝項籍傳贊集注引蘇林又淮南主術操其觚丨其末注○丨

猶舉也後漢班彪傳上注○丨謂掉也素問六節藏
象論徇蒙丨尤注○丨延謂引致之也荀子議兵○丨
延募選注○丨麾指揮也荀子成相呂尚丨麾注○
丨指指麾也楚辭遠逝建虹采以丨指注○丨丨福
也周禮男巫春丨弭以除疾病注○丨復謂丨魂復
魄也後漢趙咨傳注○丨埻藝也呂覽盡數反脩于
丨注別類射丨者欲其中小也注○丨埻的也呂覽
本生共射其一丨注○丨冒也孟子盡心下又從而
丨之注○丨搖斗建淮南時則孟春之月丨搖指寅
注○丨搖斗杓也淮南兵略雖順丨搖注○丨搖北
斗杓星也楚辭靈懷撫丨搖以質正注○丨搖星在
北斗杓端主指者禮記曲禮上丨搖在上注○丨搖
北斗第七星禮記曲禮上丨搖在上釋文○丨搖攝
提星名也後漢張衡傳注○丨搖元戈天狼並星名
也後漢馬融傳注○丨搖猶彷徨也文選甘泉賦徘
徊丨搖注○丨明也左氏昭十二年傳祭公謀父作

祈丨之詩賈注又文選東京賦丨有道於側陋薛注
○丨繼也樂叶圖徵舜曰大丨注○丨爲賓客御覽
樂部九引書大傳○丨雍皆樂章名也書大傳丨爲
賓客而雍爲主人注○丨一本作枯指取物也列子
湯問汝何蚩而三丨注○丨與翹同文選吳都賦翹
關扛鼎注○丨讀曰韶漢書禮樂志集注楊雄傳上
集注○周禮大司徒注大丨大夏釋文丨本亦作韶
○史記十二侯表楚康王丨索隱本作略○左傳昭
元年陳公子丨史記陳蔡世家索隱作昭○史記管
蔡世家陳司徒丨索隱曰或作茗又作昭○繁陽令
楊君碑三公
並丨翹作丨

飆 風俗作飈通作猋○扶搖謂之猋爾雅釋天○猋暴
風從下上爾雅釋天注○猋上也風從下升也文
選魏都賦丹墀臨猋劉注○扶搖暴風從下升上故
曰猋猋上也爾雅釋天李注○迴風從下上曰猋爾
雅釋天孫注○回風爲猋禮記月令猋風暴雨總至
注○飇風也廣雅釋詁四○飇風也後漢張衡傳注
○猋去疾皃楚辭雲中君猋遠舉兮雲中注○丨回
謂亂也後漢光武帝紀贊注○猋遠逝也文選封禪
文武節猋逝注○猋蕉芀爾雅釋草○丨必遙反爾
雅釋天釋文引字林○猋與飇同文選長笛賦感迴
飇而將積注○飇與猋同文選曹子建雜詩何意迴
飇舉注○猋與飇古字通也文選長楊賦猋騰波流
注○猋與飆同古字通文選曹子建贈徐幹詩流猋
激櫺軒注○飇與猋同古字通也文選鮑明遠樂府
放歌行素帶曳長飇注○禮記月令猋風暴雨釋文
猋本又作飄○莊子天運故有焱氏爲之頌曰釋文
焱本亦作炎○朱龜
碑武氣飆騰丨作飆

標 丨末也廣雅釋詁一又管子霸言大本而小丨注
又淮南要略丨舉終始之壇也注又文選西京賦

鳳騫翥於甍丨薛注又素問六微旨大論此所謂氣
之丨注○丨書也廣雅釋詁四○丨猶表識也文選
江賦丨之以翠翿注○丨立也文選王文憲集序黃
琬之早丨聰察注○丨謂上首也素問天元紀大論
少陰所謂丨也注○丨者病之始素問六微旨大論
本丨不同注○建丨立物以爲之表識也文選遊天
台山賦赤城霞起而建丨注○丨枘猶相稱揚也後
漢黨錮傳注○丨林柱類淮南本經丨林構櫨注○
丨讀刀末之鏢淮南
天文本丨相應注

杓 丨郎柄後漢崔駰傳注○丨北斗柄弟七星淮南
倣眞攙搶衡丨之氣注○丨末也廣雅釋詁一○
丨引也淮南道應孔子勁丨北門之關注
○丨所擊也淮南兵略爲人丨者死注

鑣 丨謂之钀爾雅釋器○丨苞也在旁苞斂其口也
釋名釋車○丨勒也楚辭靈懷斷丨銜以馳騖兮

注○丨馬勒旁鐵也文選舞賦揚丨飛沫注○丨馬銜外鐵也一名扇汗又曰排沫詩碩人釋文○丨丨盛貌詩碩人朱幩丨丨傳○丨丨盛也廣雅釋訓○古文丨爲苞儀禮既夕禮木丨注

瓢 丨瓠也論語雍也一丨飲集解引孔注○丨瓠片也論語雍也皇疏○丨謂瓠蠡也周禮鬯人禁門用丨齎杜注○蠡陳楚宋魏之閒或謂之丨方言五○丨瓠勺也江南曰丨巇蜀人言巇蠡一切經音義十八引三蒼○故書丨作剽周禮鬯人注

菑 丨者禾也生曰丨秀曰禾公羊莊七年傳無丨注○生爲丨古徵書引春秋運斗樞○禾之秀者曰丨一切經音義十二引蒼頡篇○丨稼也淮南本經長丨秀注○丨嘉穀也詩碩鼠無食我丨傳○春丨春秋繁露深察名號○春曰丨公羊桓四年傳○夏曰丨穀梁桓四年傳又禮記王制則歲三田注○夏田爲丨周禮大司馬遂以丨田注○夏獮爲丨爾雅釋天○夏獮曰丨詩車攻之子于丨傳又文選魏都賦既丨既狩劉注○夏謂之丨何擇去其懷任者也白虎通田獵○因爲丨除害曰丨穀梁桓四年傳注○丨爲丨除害也左氏隱五年傳夏丨注○丨爲丨稼除害爾雅釋天注○丨毛也公羊桓四年傳注○丨若毛取之說苑修文○丨衆也廣雅釋詁三○丨末也廣雅釋詁一○丨允也離騷高帝陽之丨裔兮注○丨傷也廣雅釋詁三○三丨國名書舜典竄三丨于三危傳○丨蓨爾雅釋草○虞書三丨山海經作三毛○左傳宣十七年丨賁皇說苑善說作釁蚠黃

貓 丨似虎淺毛者也詩韓奕有丨有虎傳

要 丨徼也呂覽悔過丨門而窺之注愛類非以丨利也注○丨邀也荀子儒效行禮丨節而安之注○丨求也孟子告子上以丨人爵注又呂覽勸學以丨不可必注直諫將以丨利矣注○丨取也國策秦策丨絕天下注又淮南原道以丨飛鳥注○丨得也呂覽貴生所丨輕也注○丨約也荀子王霸臣下曉然皆知其可丨也注又淮南原道而柔弱者道之丨也注又呂覽本味聖王之道丨矣注○丨約置也呂覽順民此取民之丨也注○丨結也國語晉語以丨晉國之成注○丨猶結也國語魯語夫盟信之丨也注○丨成也詩蘀兮倡予丨女傳又小爾雅廣詁又呂覽簡選以丨甲子之事於牧野注○丨正也淮南墬形丨之以太歲注○丨中也太元達不丨止洫注○丨猶會也禮記樂記丨其節奏注○丨遮也漢書趙充國傳集注○丨謂遮止之也管子君臣丨淫佚注○丨屈也文選洛神賦解玉佩以丨之注○丨劫也漢書文帝紀集注引文穎○臣約束君曰丨公羊莊十三年傳丨盟可犯注○舊丨猶久丨也文選歎逝賦顧舊丨於遺存注○丨丨時趣時也荀子富國僩然丨時務民注○丨節自丨約以節義謂立節也荀子禮論孰知夫出死丨節之所以養生也注○丨眇好貌楚辭湘君美丨眇兮宜修注○丨婠舞容也楚辭傷時音晏衍兮丨婠注○丨服蠻服也周禮大行人又其外方五百里謂之丨服注○方二千里之內爲丨服周書王會○丨者丨結好信而服從之國語周語蠻夷丨服注○丨者言可丨束以文教後漢章帝紀注○㬮古丨字漢書地理志下集注○丨或爲優禮記深衣丨縫半下注○丨或爲徼文選西京賦徼行丨屈薛注○爾雅釋木邊丨丨棗釋文丨字或作樓

腰 本作要通作膂○膂者腎之府素問脈要精微論在肺當丨痛也注○膂爲腎府素問金匱眞言論俞在丨股注○要褸也詩葛屨要之襋之傳○坎爲要易艮艮其限虞注○要約也在體之中約結而小

也〔釋名釋形體〕○要襦形如襦其要上翹下齊要也〔釋名釋衣服〕○棺束旁際曰小要其要約小也〔釋名釋喪制〕○要讀爲｜〔荀子富國〕詘要橈膕注○〔馮緄碑〕｜要金紫｜作要

徼｜要也〔莊子在宥〕此以人之國僥倖也釋文〔寓言〕老聃西遊于秦｜于郊釋文又〔文選琴賦〕｜隙趨危注○｜遮也〔文選西京賦〕不｜自遇薛注○｜遇也〔莊子徐無鬼〕吾與之｜樂於天｜食於地注〔寓言〕釋文○｜招也〔荀子儒效〕小人則日徼其所惡注○｜抄也遮也〔列子黃帝〕｜於郊釋文○｜字書作儌同〔一切經音義十一〕

鷦｜小鳥也〔楚辭守志〕今其集兮惟｜注○｜惡聲之鳥也〔詩墓門〕有｜萃止傳〔泮水〕翩彼飛｜傳又〔漢書賈誼傳〕集注○｜小鳩〔莊子齊物論〕見彈而求｜炙釋文引司馬注○｜大如班鳩綠色其肉甚美

〔莊子齊物論〕釋文引詩草木疏○｜似鳩而青色〔山海經西山經〕曰於之山其鳥多｜注

喬｜高也〔書禹貢〕厥木惟｜傳又〔詩伐木〕遷于｜木傳〔時邁〕及河｜嶽傳〔般〕隋山｜嶽箋又〔爾雅釋詁〕又〔廣雅釋詁四〕又〔孟子梁惠王下〕非謂有｜木之謂也注○｜上竦也〔詩漢廣〕南有｜木傳○｜高曲也〔爾雅釋木〕句如羽｜舊注又〔列子湯問〕周以｜陟釋文○山銳而高曰｜形似橋也〔釋名釋山〕○｜山之重巃也〔列子湯問注〕○｜矛矜近上及室題所以縣毛羽〔詩清人〕二矛重｜箋○上句曰｜〔爾雅釋木〕○小枝繚上爲｜〔同上〕○如木楸曰｜〔同上〕○槐棘醜｜〔同上〕○句如羽｜〔同上〕○｜木上竦少陰之木也〔淮南原道〕｜木之下注○重｜累荷也〔詩清人〕二矛重｜傳○｜詰意不平也〔莊子在宥〕天下始｜詰卓鷙釋文引崔注○｜桀俊逸也〔文選射雉賦〕何調翰之｜桀徐注○〔詩時邁〕及河｜嶽〔淮南泰族〕作及河嶠岳○〔詩漢廣〕釋文｜本亦作橋〔清人〕釋文重｜〔韓詩〕作鷸○〔禮記樂記〕傲辟｜志釋文｜本亦作驕〔坊記〕富斯｜釋文｜本亦作驕

橋｜高也〔詩山有扶蘇〕釋文引王注又〔大戴記衛將軍文子〕其｜大人也注○｜高勁〔莊子則陽〕於是｜起釋文引王注○｜者父道也文選王文憲集序注引〔書大傳〕又〔說苑建本〕○｜井上桿槔〔禮記曲禮〕上奉席如｜衡注○｜桔槔上衡也〔淮南本經〕｜直植立而不動注○爲機重其前輕其後命曰｜〔說苑文質〕○｜所以庪笄其制未聞〔儀禮士昏禮記〕加于｜注○｜泄者人之殃也〔荀子榮辱〕○今文｜爲鎬〔儀禮士昏禮記〕加于｜注○｜與矯同〔荀子儒效〕｜飾其性情注○〔詩山有扶蘇〕山有｜松釋文｜本亦作喬○〔漢書儒林傳〕魯｜庇子庸〔史記弟子傳〕作矯

僑〔廣韻〕喬同○｜寄也〔列子說符〕昔有異技干｜人者釋文○僑寄也〔一切經音義一〕引〔字林〕○僑客也〔廣雅釋詁四〕○寄客爲僑〔一切經音義四〕引〔字林〕○｜蹻謂動作也〔太元元告〕天僵健而｜蹻注○〔左氏文十一年傳〕獲長狄｜如釋文｜本文作僑〔穀梁成二年傳〕叔孫｜如釋文｜本亦作僑○〔左氏成二年傳〕叔孫｜如〔漢書五行志〕作僑如○郕公孫｜〔後漢陳寵傳〕〔呂覽下賢〕注並作喬○〔樊敏碑〕松｜協軌〔議郎碑〕有｜宰鄭僑皆作｜

妖通作祅又作訞○｜妍也〔一切經音義一〕引〔三蒼〕○｜巧也〔廣雅釋詁三〕又〔文選上林賦〕注引〔字書〕○｜｜容也〔廣雅釋訓〕○｜蠱淑豔也〔文選舞賦〕貌嬈妙以｜蠱兮注○祅殀也〔廣雅釋言〕○｜殀也殀害物也〔釋名釋天〕○｜異也〔莊子大宗師〕美｜善老釋文引簡文注○｜怪也〔呂覽愼大〕若國有｜乎注

察賢疾病丨厲去矣注又楚辭天問丨夫曳衒注○丨惡也國語晉語辨丨祥於謠注○丨者禍之先者也呂覽制樂○子女專曰娱大戴記千乘○地反物爲丨左氏宣十五年傳○丨亦魃也後漢張衡傳注○丨孼者天所以警天子諸侯也說苑敬愼○丨祥善惡之徵周禮眡祲以觀丨祥注○娱娱茂也廣雅釋訓○丨一作夭史記周本記所棄丨子集解引徐廣○訞與丨同荀子非十二子則可謂訞怪狡猾之人矣注○莊子大宗師美丨釋文引崔本作狡本又作夭○詩白華箋丨大之人釋文丨本又作妖○禮記禮運注丨孼之疾釋文丨又作祅○左氏昭廿六年傳秦人降丨釋文丨本又作訞○爾雅釋詁注世以祅言爲訛釋文祅本又作丨同

○曹景完碑訞賊張角丨作訞

天 丨少也詩隰有萇楚丨之沃沃傳○丨長也書禹貢厥草惟丨馬注○丨丨少長也文選高唐賦聯

延丨丨注○少長曰丨書禹貢厥草惟丨傳○丨丨美盛貌禮記大學桃之丨丨注○丨災也詩正月丨丨是椓釋文○丨謂不明而惡素問玉機眞藏論色丨不澤注○丨謂死色異常之候也素問三部九候論五藏已敗其色必丨注○草木未成曰丨國語魯語澤不伐丨注○丨丨盛貌詩凱風棘心丨丨傳○丨丨其少壯也詩桃夭桃之丨丨傳○丨麋子也淮南本經刳胎殺丨注○麋子曰丨呂覽孟春無殺孩蟲胎丨注又淮南時則毋覆巢殺胎丨注○丨丨者貌舒也論語述而丨丨如也皇疏○申申丨丨和舒之貌也論語述而集解引馬注○詩桃

夭桃之丨丨說文木部作桃之枖枖

漂 丨浮也漢書陳勝項籍傳贊集注敘傳上集注又文選思元賦丨通川之碄碄舊注○丨猶流也文選文賦辭浮丨而不歸注○丨動也漢書中山靖王勝傳集注○丨搖蕩之也文選長楊賦丨崐崘注○丨猶吹也詩蘀兮風其丨女傳○丨輕貌文選魯靈光殿賦丨嶢峴而枝柱注○土白曰丨丨輕飛散也釋名釋地○丨凌謂丨蕩凌駕也文選長笛賦丨凌絲簧注○丨槩謂摩近之也後漢杜篤傳注○詩蘀兮風其丨女釋文丨本亦作飄○莊子則陽丨疽疥癰釋文丨本亦作瘭○書牧野血流丨杵論衡語增作血流

浮杵

飄 丨風貌楚辭山鬼東風丨丨兮神靈雨注○丨風疾風也詩何人斯其爲丨風釋文又莊子齊物論丨風則大和釋文引司馬注又老子丨風不終朝注○丨風迴風也詩卷阿丨風自南傳○丨風暴起之風詩何人斯其爲丨風傳○丨風旋轉風也素問六元正紀大論少陽所至爲丨風注○丨風無常之風離騷丨風屯其相離兮注○迴風爲丨爾雅釋天又離騷丨風屯其相離兮注大司命令丨風兮先驅注

逢尤丨風起兮揚塵埃注○迴風曰丨詩匪風匪風丨兮傳○丨疾也呂覽觀表聖人則不可以丨矣注○丨丨飛貌文選秋興賦雁丨丨而南飛注○丨落也莊子達生雖有忮心者不怨丨瓦釋文引李注○丨丨雨雪貌文選西京賦雨雪丨丨薛注○丨忽如風之疾也文選舞賦雲轉丨留注○丨眇聲清長貌文選嘯賦冽丨眇而淸昶注○丨讀曰猋漢書蒯通傳集注○詩蓼莪丨風發發釋文丨本又作票

翾 丨舉也廣雅釋詁一又漢書刑法志集注引蘇林又淮南脩務丨尾而走注○丨猶懸也文選曹子建雜詩丨思慕遠人注○丨茂盛貌文選歎逝賦翫春丨而有思注○丨羽也楚辭招魂砥室翠丨注○丨尾也廣雅釋言又後漢班彪傳下注又文選江賦蜎蠕森衰以垂丨注○丨丨危也爾雅釋訓又詩鴟鴞予室丨丨傳○丨丨衆也廣雅釋訓○丨丨遠貌左氏莊廿二年傳丨丨車乘注又服注○丨丨薪貌

詩漢廣｜｜錯薪傳○｜遙輕舉貌文選南都賦｜
遙遷延注○雜｜綵也廣雅釋器○爾雅釋草連異
｜釋文｜
字亦作藋

倏｜然自然無心而自爾之謂莊子大宗師｜然而
往釋文引向注○｜然往來不難之貌莊子大宗
師釋文引崔注○｜｜敝也詩鴟鴞予尾｜｜傳○
莊子大宗師釋文｜本又作翛○莊子庚桑能｜然
乎釋文｜
崔本作隨

祧｜之言超也超上去意也禮記祭法遠廟爲｜注
○｜祭也廣雅釋天○｜遠意親盡爲｜家語廟
制遠廟爲｜注○｜遠廟也家語哀公問政設爲宗
｜注○｜遠祖廟左氏昭元年傳其敢愛豐氏之｜
注○｜遷主所藏之廟周禮小宗伯辨廟｜之昭穆
注○曾祖之廟曰｜左氏襄九年傳以先君之｜處

之服注○遷主所在曰｜儀禮聘禮不腆先君之｜
注○遷主所藏曰｜周禮守祧掌守先王先公之廟
｜注○遠廟曰｜周爲文王武王廟遷主藏焉周禮
春官序官守｜注○周｜文武爲｜四時祭之而已
獨斷上○｜祭遷主周禮守祧其｜則守
｜勦至之注○故書｜作濯周禮守祧注

佻｜偷也爾雅釋言又左氏昭十年傳視民不｜注
又國語周語而郤至｜天以爲己力注○｜薄之
偷也爾雅釋言｜偷也李注○｜輕也一切經音義
五引字書又離騷余猶惡其｜巧注○｜疾謂輕疾
也方言十二注○｜佚也一切經音義五引廣雅○
｜疾也方言十二○｜縣也方言七又廣雅釋詁四
○趙魏之閒曰｜燕趙之郊縣物於臺之上謂之｜
方言七○了｜縣物貌方言七注○姦仁爲｜國語
周語○｜｜契契愈遐急也爾雅釋訓○｜｜獨行
貌詩大東｜｜公子傳○｜與偕同緩也荀子王霸

｜其期日注○詩大東｜｜公子楚辭注十六作苕
苕公子○詩大東｜｜釋文引韓詩作嬥嬥○詩大
東釋文｜｜
本或作窕

恌｜愉也詩鹿鳴視民不｜傳○｜理也方言十三
○｜與慆同訓也爾雅釋訓懽懽慆慆憂無告也
釋文○詩鹿鳴視民不｜左氏昭
十年傳說文人部作視民不佻

徼｜要也左氏文二年傳寡君願｜福於周公魯公
注宣十二年傳而｜怨於楚注成十三年傳豈敢
｜亂注襄十六年傳孟孺子速｜之注昭三年傳｜
福於大公丁公注又左氏僖四年傳君惠｜福于敝
邑之社稷釋文成元年傳劉康公｜戎釋文又國語
晉語以｜天禍注吳語吾欲與之｜天之衷注又史
記匈奴傳｜極而取之索隱又漢書陳勝傳集注引
如淳韓彭英盧吳傳贊集注伍被傳集注司馬相如

傳上集注趙充國傳集注丙吉傳集注楊雄傳上集
注原涉傳集注匈奴傳上集注匈奴傳下集注敘傳
上集注又後漢王霸傳注吳祐傳注○｜要其勝負
左氏昭廿三年傳請遂伐吳以｜之注○｜邀也後
漢荀彧傳注○｜抄也論語陽貨惡｜以爲智者集
解引孔注○｜遮也廣雅釋詁二○｜求呂覽順民
願一與吳｜天下之衷注士容非｜而矜其名也注
○｜者求也史記匈奴傳患其｜一時權索隱○儌
謂儌倖也漢書五行志中之上集注○｜幸者伐性
之斧也說苑敬愼○｜與邀同荀子儒效小人則日
｜其所惡注○｜或作激漢書楊雄傳上集注敘傳
上集注○論語陽貨惡｜以爲智者釋文｜鄭本作
絞

膋膫同○｜脂也廣雅釋器○｜腸閒脂禮記內則
肝｜注○膟｜腸閒脂也禮記郊特牲取膟｜燔

燎升首注○膟丨血與腸間脂也禮記祭義取膟丨
乃退注○丨是牛腸間脂也禮記祭義釋文引字林
○丨脂膏也丨以升臭詩信南山取其血丨簝○丨
脂膏詩楚茨傳燔取膟丨釋文○膫明也詩含神霧
男儒弱女高膫注○詩信南山取
其血丨說文肉部作取其血膫
鷯 丨鷯爾雅釋鳥○丨力雕反爾雅釋鳥釋文引字
林
漻 丨流呂覽古樂降通丨水以導河注○丨淸也廣
雅釋詁一○丨瀨小水別名文選西京賦擿丨瀨
薛注
僥 丨猶求也後漢吳漢傳注○丨倖求利不上之貌
莊子在宥此以人之國丨倖也釋文○僬丨西南
蠻之別名國語魯語僬丨氏長三尺注○丨與儌同
文選陳情表庶劉丨倖保卒餘年注○莊子在宥釋

文丨字
或作儌
嘵 丨丨懼也詩鴟鴞予維音丨丨傳
哨 丨小也後漢馬融傳注○秦晉之西鄙自冀隴而
西使犬曰丨方言六
藮 丨香草名也楚辭怨上芳丨兮挫枯注○齊曰茝
晉曰丨史記司馬相如傳索隱引埤蒼
枵 丨耗名也左氏襄廿八年傳○丨之言秏秏亦虛
意爾雅釋天元丨虛也注○丨之言秏秏虛之意
也爾雅釋天孫注○丨然大貌文選謝
靈運永初三年詩注引莊子司馬注
熇 丨熱貌也文選魏都賦注引埤蒼
膲 丨讀若物醮炒之醮也淮南天文月死而嬴蛖丨
注

噍 丨噭也禮記樂記其聲丨以殺注○丨咀嚼也一
切經音義一引蒼頡篇
嬈 丨煩也淮南俶眞夫人之事其神而丨其精注○
丨煩丨也淮南原道其神不丨注俶眞傷死者其
鬼丨
注
颻 丨飄丨也文選幽通賦丨颻風而蟬蛻兮曹注○
丨與搖同文選恨賦搖風忽起注
愮 丨悸也方言十二○丨亂也廣雅釋詁三○丨療
治也江湘郊會謂醫治之曰丨丨又憂也方言十
○丨俗云猒丨病方言十注○懽愮丨丨憂無告也
爾雅釋訓○爾雅釋訓釋文丨本又作傜樊本作遙
又作
挑
陶 書孔安國序皐丨謨釋文丨本又作繇

幖 丨幡也廣雅釋器○徽號曰丨一切經音義五引
通俗文
熛 集韻熛或省○丨光也後漢班彪傳下注○票飛
光也太元沈見票如累明注○丨飛火也文選嘯
賦注引字林○丨火飛也文選思元賦揚芒丨而絳
天兮注○丨火燗也文選吳都賦火烈丨林劉注○
丨風熾也文選思元賦揚芒丨而絳天兮舊注○飛
火曰丨漢書敘傳下集注○丨怒如丨之聲文選風
賦激颺丨怒注○丨古文
作票一切經音義十三
麃 丨丨武貌詩淸人駟介丨丨傳○丨丨盛也漢書
劉向傳集注○丨丨亦和擾也周書太子晉志氣
丨丨注○丨郎莓也今江東呼爲藨莓爾雅釋草
藨丨注○爾雅釋訓綿綿丨也釋文丨字書作穮
儦 丨丨行也廣雅釋訓○丨丨趨也詩吉日丨丨俟
俟釋文○丨丨衆貌詩載驅行人丨丨傳○詩吉

日丨丨俟俟後漢馬融傳引韓詩作駓駓俟俟說文人部作伾伾俟俟○詩吉日釋文丨本作麃又作爊

穮 通作麃亦作穮○穮耘也左氏昭元年傳是穮是蔉注○麃耘也詩載芟緜緜其麃傳○穮耕也廣雅釋地○穮耕禾閒也方遙反詩載芟釋文引字林

瀌 丨丨雨也廣雅釋訓○丨丨雪盛貌詩角弓釋文○詩角弓雨雪丨丨韓外傳作雨雪麃麃

葽 丨盛貌也漢書禮樂志集注引孟康○丨草也詩七月四月秀丨傳○丨莠也廣雅釋草○丨莠屬穆天子傳注○丨繞蕀蒬爾雅釋草○丨音四月秀丨漢書禮樂志集注引孟康

喓 丨丨聲也詩草蟲丨丨草蟲傳○丨丨鳴也廣雅釋訓

弨 丨弛貌詩形弓丨形弓丨兮傳

蹻 丨丨行也廣雅釋訓○蹻舉足也一切經音義十六引蒼頡解詁○蹻舉足行高也一切經音義十七引蒼頡解詁○蹻猶翹也漢書高帝紀下集注引文穎○丨壯也呂覽悔過皆以其氣之丨注○丨今爲蹻古字無定也文選七啟蹻捷若飛注○丨與蹻同文選赭白馬賦軍駛丨迅而已注○獢與丨同文選西京賦丨悍虓豁注○蹻音如今作樂蹻行之蹻漢書高帝紀下集注引如淳○漢書古今人表女丨帝嚳作女憍吳越春秋無余傳作女嬌史記夏本紀索隱引世本作女媧

瀟 丨者水清深也水經湘水注○丨丨暴疾也詩風雨風雨丨丨傳

鰷 丨白鰷也詩潛丨鱨鰋鯉箋

驍 丨健也廣雅釋詁二又史記韓長孺傳丨騎將軍集解引應劭○丨勇也史記韓長孺傳集解引張

晏

獠 宵田爲丨爾雅釋天○宵獵爲丨漢書司馬相如傳上集注引文穎○今江東亦呼獵爲丨或曰即今夜獵載鑪照也爾雅釋天注○丨夜獵也爾雅釋天釋文○丨獵也史記司馬相如傳丨於蕙圃集解引郭璞又文選蜀都賦將饗丨者劉注○爾雅釋天釋文丨或作燎

憀 丨賴淮南兵略吏民不相丨注○丨且也音留玉篇引聲類○丨亮聲清也文選笙賦勃慷慨以丨亮注○丨亮聲清徹貌亦與聊字義同文選琴賦新聲丨亮注

料 丨量也漢書韓信傳集注蒯通傳集注賈誼傳集注鄒陽傳集注二見司馬遷傳集注趙充國傳集注馮奉世傳集注○丨理也廣雅釋詁二○丨度也文選吳都賦下丨物土劉注○丨數也國語晉語宣

王丨民於太原注○大鼗謂之麻小者謂之丨爾雅釋樂○丨者聲清而不亂爾雅釋樂注○丨戾小而徹也文選射雉賦衷丨戾以徹鑒徐注

橑 丨椽也淮南本經丨檐橑題注○丨葢弓也大戴記保傅二十八丨以象列星注

簝 丨籠也廣雅釋器○丨受肉籠也周禮牛人共其牛牲之互與其盆丨司農注

膮 丨香也廣雅釋器○丨豕臛也儀禮聘禮膷臐丨釋文又禮記內則膷臐丨釋文○丨豕羹也禮記內則釋文引字林○膷臐丨丨今時臛也牛曰膷羊曰臐豕曰丨皆香美之名也儀禮公食大夫禮膷以東臐丨牛炙注○丨火佼反禮記內則釋文引字林

痟 丨丨病也廣雅釋詁一○丨首疾也管子地員終無丨醒注○丨亦頭病也文選蜀都賦味蠲癘丨劉

注○丨酸削也周禮疾醫春時有丨首疾注○丨酸削也疼痛也列子黃帝指摘无丨癢釋文○丨猶哀微也史記太史公自序申呂肖矣集解引徐廣○丨癢謂疼癢也列子黃帝指摘无丨癢釋文

【蛸】蠨丨長蹻爾雅釋蟲○蠨丨長蹻也詩東山蠨丨在戶傳○蠨丨長𨈶蜘蛛也太平御覽引劉禎毛詩義問

【鼂】晁鼂同○鼂蟲名廣韻引蒼頡篇○丨旦也楚辭哀郢甲之丨吾以行注○丨一本作蜩列子黃帝見痀瘻者承蜩釋文○鼂古朝字漢書五行志上集注爰盎鼂錯傳集注司馬相如傳上集注嚴助傳集注又文選上林賦鼂采琬琰注長笛賦壄雉鼂雊注○晁古朝字漢書景帝紀集注

【歊】丨氣出貌後漢班彪傳下注○丨氣上出貌文選勵志詩注引張揖字詁○丨丨氣盛也漢書敘傳

下集注○丨霧水霧之氣文選吳都賦丨霧漨涬劉注

【鐎】丨音譙郡之譙溫器也漢書李廣傳集注○丨溫器有柄斗似銚無緣音焦史記李將軍傳索隱引埤蒼○丨容一斗似銚無緣也一切經音義十五引字林○丨溫器也三足有柄一切經音義十五引韻集○丨溫器也有柄即刀斗也一切經音義十五引聲類

【鷮】丨丨雉爾雅釋鳥○丨雉也詩車舝有集維丨傳○丨似雉而長尾走且鳴山海經中山經女几之山其鳥多白丨注○雉之健者爲丨文選西京賦游丨高翬薛注

【鷦】丨鷯也廣雅釋鳥○丨鳥始小後大者也詩小毖傳桃蟲丨也釋文○丨鷯工雀也廣雅釋鳥○丨鷯桃雀也俗呼爲巧婦爾雅釋鳥桃蟲丨注○丨鵬鳥也文選吳都賦稽丨鵬劉注○丨朋俊鳥楚辭遠逝從元鶴與丨朋注○丨明鳳凰屬也廣雅釋鳥○丨鵬小鳥也文選鷦鷯賦序又莊子逍遙遊丨鷯巢于深林釋文引李注○桑飛即丨鷯也又名丨鸎方言八桑飛注○左氏昭十七年傳注祝鳩鷦鳩也釋文鷦本或作丨

【繇】丨憂也爾雅釋詁○丨役也今河東謂治道爲丨道淮南精神今夫丨者揭钁臿注○丨者役也漢書高帝紀上集注引應劭○大丨謂作役也山海經南山經堯光之山有獸焉名曰猾褢見則縣有大丨注○丨役亦爲憂愁也爾雅釋詁注○丨茂書禹貢厥草惟丨傳○丨抽也書禹貢厥草惟丨馬注○丨搖也素問氣交變大論筋骨丨復注○丨搖動也史記蘇秦傳二日而莫不盡丨索隱○丨卦辭也國語晉語其丨曰注○丨讀曰傜漢書高帝紀上集注二見文帝紀集注景帝紀集注昭帝紀集注二見宣帝

紀集注食貨志上集注食貨志下集注溝洫志集注蕭何傳集注貢禹傳集注韓延壽傳集注文翁傳集注貨殖傳集注匈奴傳下集注○丨讀與傜同漢書韓延壽傳集注○書禹貢厥草惟丨說文艸部作厥艸惟蘇○詩民勞箋丨役煩多釋文丨本亦作傜禮記檀弓注謂時丨役釋文丨本亦作傜左氏哀十一年傳注丨役煩釋文丨本或作傜○周禮追師注其遺象若今步丨矣釋文丨本或作搖○禮記雜記給丨役釋文丨本又作傜○韓勑碑復顏氏并官氏邑中繇發以尊孔心丨作繇

【標】丨擊也左氏哀十二年傳無不丨也注又廣雅釋詁三○丨辟也公羊莊十三年傳曹子丨劒而去之注○丨麾也孟子萬章下丨使者出諸大門之外注○丨高舉貌管子侈靡丨然若秋雲之遠注○丨拂敷也淮南脩務擭援丨拂注○丨刀削末銅也晉匹么反漢書王莽傳音義引字林○丨讀刀丨之丨

淮南俶務攫
援丨拂注

窯 窰同○窰燒瓦竈也一切經音義十一引蒼頡篇
又一切經音義十五引字林○陶竈曰丨一切經
音義一引
通俗文

珧 丨玉丨亦蚌屬山海經東山經嶧皐之水多蜃丨
注○丨蜯屬也以蜯飾弓弭爾雅釋器以蜃者謂
之丨釋文○丨玉丨卽小蚌爾雅釋魚蜃小者丨注
○以蜃者謂之丨爾雅釋器又詩瞻彼洛矣傳天子
玉琫而丨珌釋文○丨弓名也楚辭天問馮
丨利決注○爾雅釋魚釋文丨衆家本作濯

銚 丨削也能有所穿削也莊子外物丨鎒於是乎始
脩釋文○丨芸苗器也國策秦策無把丨推耨之
勢注○丨盂也廣雅釋器○大鋤謂之丨管子海王
耕者必有一耒一耜一丨注○鐈鬲㲃銷謂之丨廣

雅釋器○盌謂之盂或謂之丨銚方言五○盂謂之
丨銚方言十三○長丨長矛也呂覽簡選可以勝人
之長丨利兵注○丨弋羊桃也廣雅釋草○丨讀曰
葦茗之茗呂覽簡選可以勝人之長丨利兵注○丨
古文銚同一切經音義十四○爾雅
釋草蔓楚丨弋釋文丨字或作銚

鷂 丨雉爾雅釋鳥○江淮而南靑質五彩皆備成章
曰丨同上○爾雅釋鳥靑質五彩皆備成章曰丨
周禮內司服注
染人注並作搖

褕 廣韻亦作揄○揄翟畫搖者周禮內司服褘衣揄
狄闕狄注○褘褕狄展聲相近同上

釗 丨勉也爾雅釋詁○丨勉也秦晉曰丨自關而東
周鄭之閒曰勵丨方言一○丨見也爾雅釋詁○
丨遠也廣雅釋詁一○丨遠
也燕之北郊曰丨方言七

髟 丨長髦也文選長笛賦特麚昏丨注

薸 玉篇藾同○藾萍也廣雅釋草○薸流也無根水
中草淮南墬形容華生薸注○水中浮萍江東謂
之丨爾雅釋
草萍蓱注

蟯 丨微小之蟲也淮南原道澤及跂丨注○丨讀饒
淮南原道蚑丨貞蟲注○丨讀饒多之饒淮南俶
務蚑行丨
動之蟲注

嶠 銳而高丨爾雅釋山○爾雅釋山銳而高丨史記
五帝紀正義作山銳而高曰橋

轎 丨音橋梁謂隘道輿車也漢書嚴助傳集注引服
虔○丨今竹輿車也江表作竹輿以行是也漢書
嚴助傳集
注引臣瓚

彯 丨與摽字同文選袁陽源傚曹子建樂府白馬篇
丨丨節去函谷注

荍 丨蚍衃爾雅釋草○丨芘芣也詩東門之枌視爾
如丨傳○丨今荊葵也爾雅釋草丨蚍衃注

蕎 丨卬鉅爾雅釋草○丨今藥草大戟也爾雅釋草
注

䃤 丨[illegible]也廣雅釋器

斛 集韻或作枭○丨穿也廣雅釋詁三○枭臿也廣
雅釋器○丨謂之疀爾雅釋器○臿燕之東北朝
鮮洌水之閒謂之丨趙魏之閒謂之枭方言五○丨
亦鍫聲之轉也方言五注○丨古鍬字爾雅釋器注

鋚 丨轡也詩蓼蕭丨革沖沖傳○丨革謂轡也詩韓
奕丨革金厄箋○丨革轡首也詩載見丨革有鶬
箋○丨革轡首垂也
詩采芑鉤膺丨革箋

敹 丨謂穿徹之書費誓善丨乃甲胄注○書費誓善丨乃甲胄史記魯周公世家作陳爾甲胄

鐐 白金謂之銀其美者謂之丨爾雅釋器○詩瞻彼洛矣傳丨琫而鏐珌釋文丨本又作璙

鏐 丨深也廣雅釋詁三○丨空也同上

怮 丨憂也廣雅釋詁一○丨丨憂也廣雅釋訓

逍 丨遙儴徉也廣雅釋訓○丨遙遊戲也楚辭湘君聊丨遙兮容與注○丨遙相羊皆遊也離騷聊丨遙以相羊注○丨遙須臾也楚辭守志陟玉巒兮丨遙注○詩清人河上乎丨遙釋文丨本又作消莊子逍遙遊釋文丨亦作消

揱 丨纖殺小貌也考工記輪人欲其丨爾而纖也注○丨讀爲紛容丨參之丨考工記輪人司農注○丨如桑螵蛸之蛸考工記輪人注

經籍籑詁 卷十七 二蕭 敹至䍃 聖

怊 丨悵也莊子天地釋文引字林○丨悵恨貌也楚辭謬諫然丨悵而自悲注

燎 丨庭丨也國語周語火師監丨注晉語與鮮牟守丨注○設大燭於庭謂之庭丨國語周語設庭丨注○奈古丨字漢書禮樂志集注郊祀志下集注二見○丨古文燎同一切經音義廿一

毊 大磬謂之丨爾雅釋樂○丨形似犁錧以玉石爲之爾雅釋樂注○丨喬也喬高也謂其聲高也爾雅釋樂孫注○大磬聲清燥故曰丨丨燥也爾雅釋樂李注

憔 丨悴憂貌也楚辭離世身丨悴而考旦注○丨悴癄病也國語吳語而日以丨悴注

䍃 丨瓶也廣雅釋器○丨甖也淮汝之閒謂之丨方言五

鉊 丨鎌也廣雅釋器○鉊錐也同上○刈鉤江淮陳楚之閒謂之丨方言五○錐謂之鉊方言十三

賿 貝居陸丨爾雅釋魚○爾雅釋魚釋文丨字亦作焱

剽 丨截也一切經音義十引蒼頡篇○丨疾也考工記弓人則其爲獸必丨注○丨表皆謂徽識也周禮肆師表齍盛告絜注

幧 帩頭自河以北趙魏之閒曰丨頭方言四

翲 丨丨飛也廣雅釋訓○丨者輕也史記太史公自序閒不容丨忽索隱

僄 丨輕也楚凡相輕薄謂之相仍或謂之丨也方言十

○以下據廣韻錄

橚 丨大木也文選蜀都賦杞丨椅桐劉注

經籍籑詁 卷十七 二蕭 鉊至琱 聖

踃 丨跳也文選舞賦注引埤蒼

⿰肖毛 丨先要反毛貌也一切經音義十四引字林

睃 丨先么反目有睟無珠子也詩靈臺釋文引字林

撨 撨擇也廣雅釋詁一○丨拭也廣雅釋詁二

庣 丨過也漢書律麻志上集注引鄭氏○丨音條桑之條同上

蓧 丨蓨爾雅釋草○論語微子以杖荷丨釋文丨本又作條又作莜

刟 丨斷也廣雅釋詁一

琱 丨畫也漢書東方朔傳集注

【紹】｜短也廣雅釋詁二

【蛁】｜蟬也太元飾｜鳴喁喁注○蛥蚗自關而東謂之蛁蟧方言十一○蛁或作蟟詩蕩正義引字林

【芀】爾雅釋草猋藨芀釋文｜字或作苕

【鳭】｜鷯剖葦爾雅釋鳥○｜鷯江東呼蘆虎爾雅釋鳥注

【[illegible]】｜大也廣雅釋詁一

【弴】廣韻詩亦作敦○敦弓畫弓也詩行葦敦弓既堅傳

【瞗】｜視也廣雅釋詁一

【鮡】魾小者｜爾雅釋魚

【嬥】｜細腰貌廣韻引聲類○｜｜往來貌詩大東佻佻公子釋文引韓詩

【[illegible]】毛茂謂之｜毤一切經音義十四引通俗文

【[illegible]】｜磔也廣雅釋言

【[illegible]】｜耳鳴也玉篇引埤蒼

【飉】｜風也廣雅釋詁四○｜｜風也廣雅釋訓○微風曰｜初學記一引風俗通

【[illegible]】｜院也廣雅釋室

【嫽】｜嬈戲弄也一切經音義八引纂文

【嶚】遼高也廣雅釋詁四○｜｜山高而相戾也文選南都賦嵣岮｜刺注

【繚】｜繞經絲廣韻引字林

【髎】｜八｜也一切經音義十八引字林○尻骨謂之八｜一切經音義十八引通俗文○尻骨謂八｜一曰夜蹄史記貨殖傳索隱引埤蒼

【顤】｜高也廣雅釋詁四

【憢】｜懼也爾雅釋訓釋文引字林○｜｜懼也爾雅釋訓○爾雅釋訓惴惴｜｜釋文｜本又作嘵

【膮】｜膮也廣雅釋詁二

【顟】｜頭大也玉篇引蒼頡篇○｜大也廣雅釋詁一

【鱙】｜小鰌也廣雅釋魚

【鄡】史記仲尼弟子傳｜單集解引徐廣曰一作鄔

【墽】｜棄也廣雅釋詁一

【[illegible]】｜鹽也廣雅釋器

【[illegible]】｜哌鳴玉篇五引埤蒼

【呺】莊子逍遙遊非不｜然大也釋文｜本亦作号崔作諤

【劁】｜斷也廣雅釋詁一○｜刈也廣雅釋言○｜刓也同上

【[illegible]】｜耳鳴也文選吳都賦注引埤蒼

【嶕】｜高也廣雅釋詁四

醮 |憂也廣雅釋詁一

簥 大管謂之|爾雅釋樂○聲高大故曰||高也爾雅釋樂李注○大管聲高大故曰||者高也爾雅釋樂舍人注

噍 |謂急也禮記樂記其聲|以殺釋文

蟭 |子肜反爾雅釋蟲釋文引字林

襓 夫|劒衣也禮記少儀加夫|與劒焉注○|劒衣也廣雅釋器

嬈 |姣也廣雅釋詁一○|戲也廣雅釋詁三○|遊也江沅之閒謂戲爲|方言十

姚 |光也淮南要略挾日月而不|注

榣 |木大木也國語晉語|木不生危注又山海經西山經槐江之山西望大澤其陰多|木之有若注

䠛 |跳也廣雅釋詁二○|跳也陳鄭之閒曰|方言一

柖 浴牀謂之|廣雅釋器

瘭 |疽也一切經音義十八引埤蒼○|音必燒反通典百九十六注引埤蒼○|方遙反疽病也一切經音義十一引字林○癰成爲|一切經音義四引廣蒼○|疽謂病瘡膿出也莊子則陽漂疽疥癰釋文

蔈 黃華|爾雅釋草○|蓩荼同上○黃華名|爾雅釋草黃華|舍人注○|卽芀爾雅釋草|蓩荼注○|禾穗粟孚甲之芒也淮南天文秋分|定注○||讀如詩有貓有虎之貓古文作秒也同上

⿰鳥鳥 ||水乘高瀉浪觸石流響世人因聲以納稱水經沁水注

⿰月㚇 |腫也廣雅釋詁二

麃 |麃爾雅釋草○|鹿藿也廣雅釋草○|蒯草名通典引陳銓儀禮喪服注

蟜 詩泮水||虎臣釋文|本又作矯亦作蹻

⿱喬皿 |盂也廣雅釋器○椀謂之|方言十三

趬 |行疾貌史記衞將軍驃騎傳誅獟悍索隱

票 |猶飄飄也後漢張衡傳注○輕爂輕脆者周禮草人輕爂用犬注

鏢 刀鋒曰|續漢輿服志注引通俗文

慓 |急也廣雅釋詁二

瞟 |明察也一切經音義十八引埤蒼

嘌 ||無節度也詩匪風匪車|兮傳○詩匪風釋文|本又作票○詩匪風匪車|兮說文口部作匪車嘌兮

嘺 |詠也廣雅釋言○|不知是誰也玉篇五引埤蒼

⿰喬羽 |飛也方言十二

○撩集韻錄

嘄 蛥蚗江東人呼|蟧方言十一蛥蚗注○|陽卽彿彿也文選羽獵賦羂|陽注

經籍籑詁卷第十七補遺　下平聲

兵部侍郎兼都察院右副都御史巡撫浙江等處地方提督軍務兼理糧餉阮元纂

二蕭

蕭〔說文〕丨艾蒿也从艸肅聲○丨蒿也〔漢書鼂錯傳〕萑葦竹丨注○丨香蒿也〔詩生民傳〕取丨合黍稷疏○丨香物之微者〔詩蓼蕭〕蓼彼丨斯箋○萩一名丨〔爾雅釋草〕李注○丨萩今人所謂萩蒿者是也〔詩生民〕取丨祭脂陸疏○丨然猶騷然勞動之皃〔漢書食貨志下〕丨然煩費矣注○丨然猶騷然擾動之皃也〔漢書張湯傳〕北邊丨然苦兵注

簫〔說文〕丨參差管樂象鳳之翼从竹肅聲○籟謂之丨〔廣雅釋樂〕○丨編竹爲之長尺有五寸初學記十六引〔五經通義〕○丨舜樂也〔漢書禮樂志〕丨勺羣慝注引晉灼○洞丨丨之無底者〔漢書元帝紀贊〕吹洞丨注引如淳○丨謂兩頭〔考工記注〕短者居丨疏○丨弓頭〔禮記曲禮上〕右手執丨疏

挑〔說文〕丨撓也从手兆聲一曰摷也國語曰郤至丨○掘高也〔廣雅釋詁四〕○〔國策秦策〕楚人有兩妻者人誂其長者〔後語〕誂作丨

貂〔說文〕丨鼠屬大而黃黑出胡丁零國从豸召聲○丨短也〔釋名釋船〕○丨席連丨皮以爲席也〔釋名釋牀帳〕○貂古丨字也爾雅釋獸注今鼦似貂釋文引〔字書〕

刁刁斗小鈴如宮中傳夜鈴也〔史記李將軍列傳〕不擊刁斗以自衛索隱引荀悅○調調丨丨動搖皃也〔莊子齊物論〕而獨不見之調調乎之丨丨乎注○刁卽貂也〔後漢書宦者傳序〕則豎刁亂齊注

凋 說文丨半傷也从仌周聲○丨弊也史記酷吏列傳斵雕而爲朴索隱引晉灼○國策秦策爲其丨榮也史記作割榮後語作害榮○吳仲山碑約身剮己丨作剮○張表碑殞芝華兮殲彥良丨作殞

彫 說文丨琢文也从彡周聲○丨畫也漢書司馬相如傳上左烏號之雕弓注引郭璞○雕謂刻鏤禮記郊特牲丹漆雕幾之美疏○金曰丨詩棫樸追琢其章傳○丨琢皆治玉之名詩有客箋言敦琢者疏○丨胡菰米也漢書司馬相如傳上東蘠丨胡注引張揖○敦雕古今字詩有客疏○敦與丨古今之異詩行葦傳敦弓畫弓也疏○禮記郊特牲丹漆丨幾之美釋文又作雕明堂位丨篹釋文本又作雕

雕 說文丨鷻也从隹周聲鵰籀文从鳥○鵰鳥也漢書李廣傳是必射鵰者也注引文穎○丨鶚也史記李將軍列傳是必射丨者也索隱引服虔○丨一名鶚史記李將軍列傳索隱引韋昭○雕鳶貪殘之

鳥也詩四月匪鶉匪鳶傳○鵰當爲鴉書古太誓流之爲鵰鄭注○詩小宛箋鶻鵰釋文字林作鵃

迢 說文新附丨丨遰也从辵召聲

條 說文丨小枝也从木攸聲○丨丨暢也漢書地理志上中繇木丨注○丨遠也禮記樂記感丨暢之氣疏○丨謂疏錄之漢書丙吉傳分丨中都官注○丨謂分丨之也漢書外戚傳下其丨刺史大長秋白之注○丨槄也今山楸也詩終南有丨有梅陸疏○丨亦木名也詩汝墳傳枝曰丨疏○丨風鳴丨言其迅也淮南俶眞猶丨風之時麗也注○丨風卽東風也禮記月令東風解凍疏○丨當爲滌器之滌周禮秋官序官丨狼氏杜注

髫 說文新附丨小兒垂結也从髟召聲

跳 說文丨蹶也从足兆聲一曰躍也○丨躍也謂足絕地而高舉也左氏襄廿五年傳注特丨此者疏○丨謂走也漢書高帝紀上漢王丨注引如淳○丨獨出意也漢書高帝紀上注引晉灼○丨輕身而獨出也漢書項籍傳漢王丨注○踏踰跳丨也自關而西秦晉之閒曰丨方言一

蜩 說文丨蟬也从虫周聲詩曰五月鳴丨𧋍丨或从舟○丨蟬也漢書五行志中之上如丨如螗注司馬相如傳上蛭丨蠼蝚注引張揖○丨宮中小青蟬也爾雅釋蟲孫注○丨螗多聲之蟲詩蕩疏○寒丨謂蜺也禮記月令寒蟬鳴注○鳴丨蟬也宋衛謂之丨陳鄭云蜋海岱之閒謂之蟬丨通語也詩蕩如丨如螗陸疏○丨蟬一物方俗異名耳詩七月疏○丨蟉掉頭也漢書司馬相如傳下丨蟉偃蹇注引張揖

苕 說文丨艸也从艸召聲○丨一名陵時爾雅釋草注引本草又詩苕之華陸疏○丨丨饒也幽州人

謂之翹饒詩防有鵲巢邛有旨丨陸疏

調 說文丨和也从言周聲○丨和也淮南天文故黃鐘之律九寸而宮音丨注○丨平均也漢書食貨志下巨丨盈虛注○丨和適之令得其所也漢書張湯傳丨護之尤厚注○丨者治其器物習其事之言禮記月令丨竽笙篪簧注○丨者調和音曲禮記月令疏○丨竽謂丨和竽笙之聲也荀子正名聲音清濁丨竽奇聲以耳異注○土均主丨卽是和義周禮土均疏

梟 說文丨不孝鳥也日至捕梟磔之从鳥頭在木上○丨惡鳥漢書司馬相如傳上射游丨注引張揖○丨惡逆之鳥漢書郊祀志上用一丨破鏡注引張晏○丨鳥名食母漢書郊祀志上注引孟康○丨不祥之鳥也漢書郊祀志上鴟丨羣翔注○丨土丨也漢書郊祀志上注○丨丨羊也漢書司馬相如傳上

注引郭璞○丨縣首於木上漢書高帝紀上丨故塞
王欣頭注○縣首於木上曰丨史記秦始皇本紀二
十人皆丨首集解○懸首於木上曰丨文選關中詩
注引漢書音義○丨縣首於木也史記高祖本紀丨
故塞王欣頭櫟陽市索隱又漢書高帝紀注○丨謂
斬其首而懸之也漢書陳湯傳丨俊禽敵之臣注

澆 說文丨洪也从水堯聲○同波爲丨文選南都賦
注引王逸楚辭注○澆與丨同文選陸士衡招隱
詩安事丨醇樸注○莊子繕性澆醇散朴釋文本亦
作丨

聊 說文丨耳鳴也从耳卯聲○丨賴也文選思元賦
愁鬱悒其難丨注引賈逵○丨浪言游放也漢書
楊雄傳上丨浪乎宇內注○丨且皆語助也詩椒聊
椒丨且疏○料者丨爾雅釋木

遼 說文丨遠也从辵尞聲○丨巢彭濞蘊積貌也淮
南俶眞丨巢彭濞而爲雨注○廣闊丨丨之字當

作丨遠之丨而作勞者以古之字少多相假借詩漸
漸之石箋邦域又勞勞廣闊疏

寥 玉篇廫亦作寥○說文廫空虛也从广膠聲○丨
廓天上寬廣之處漢書司馬相如傳下猶焦明已
翔乎丨廓注○嵺廓廣遠也漢書司馬相如傳下上
嵺廓而無天注○丨廓遠大之度也漢書鄒陽傳今
欲使天下丨廓之士注○丨廓宏遠也漢書楊雄傳
上閌閬其丨廓兮注○丨廓空曠也漢書楊雄傳
上歷五帝之丨廓注○丨讀曰聊同上

撩 說文丨理也从手尞聲

僚 同官爲丨儀禮士冠禮主人之丨友疏士喪禮注
丨友羣臣也疏又爾雅釋詁注○書皐陶謨百丨
師師釋文本又作寮又禮記雜記下注同丨將爲亂
釋文本又作寮○左氏文七年傳同官爲寮釋文本
又作丨又爾雅釋詁寮官也釋文字又作丨○高彪
碑遼蕪感慟楊統碑百遼歎傷李翊碑顯名遼疇丨
皆作遼○謁者景君墓表百遼失氣丨作遼○夏堪
碑官遼臨㖞丨作遼○楊君石門頌百遼咸從丨作
遼

堯 說文丨高也从垚在兀上高遠也㚧古文丨○翼
善傳聖曰丨書堯典序疏引謚法

嶢 說文丨焦丨山高皃从山堯聲○嶕丨高皃也漢
書楊雄傳下泰山之高不嶕丨注

幺 說文丨小也象子初生之形凡丨之屬皆从丨

宵 說文丨夜也从宀宀下冥也肖聲○丨夜也左氏
桓九年傳鄾人丨潰注○丨是昏之末周禮司寤
氏禁丨行者疏○丨小也禮記學記丨雅肄三釋文
○丨扈氏農正夜爲民驅獸獨斷上○丨扈唶唶夜

爲農驅獸者也左氏昭十七年傳九扈爲九農正賈
注又爾雅釋鳥丨扈嘖嘖舍人注又樊注○丨音近
小禮記學記注丨之言小也疏

消 說文丨盡也从水肖聲○丨謂丨散素問脉要精
微論當丨環自已注○坤者陰死爲丨史記厤書
起丨息正義引皇侃○闕爲丨太元元文月闕其摶
注○不足爲丨素問脉要精微論○丨搖逍遙也文
選上林賦丨搖乎襄羊注引司馬彪○癉成爲丨中
素問脉要精微論○定本丨丨作儵儵也詩鴟鴞傳
儵儵敝也疏

霄 說文丨雨霓爲丨从雨肖聲齊語也○丨盡蕩也
墨子經說上

綃 說文丨生絲也从糸肖聲○丨繒名也禮記郊特
牲繡黼丹朱中衣注○丨綺御覽八百十六引劉

芳毛詩義疏○丨是繒綺別名詩楊之水箋繡當爲丨疏○輕丨今之輕紗也漢書元帝紀齊三服官注

銷 說文丨鑠金也从金肖聲

超 說文超跳也从走召聲

朝 說文𠦝旦也从倝舟聲○丨者早旦之名詩蝃蝀傳從旦至食時爲終丨疏○丨卽昧爽也詩栢舟箋禮子昧爽而丨疏○丨謂日出時周禮司儀不丨不夕疏○詁丨平旦左氏僖廿八年傳詁丨相見注○終丨自旦及食時也左氏僖廿七年傳終丨而畢注○月丨月初也荀子禮論月丨卜日注○言丨夕卽東西也考工記匠人建國以正丨夕疏○日言丨何日晝見夜藏有丨夕故言丨也白虎通四時○山東丨乃見日故曰丨陽爾雅釋山李注○丨陽丨先見日爾雅釋山孫注○丨陽旦卽見日爾雅釋山注

○丨菌丨生暮死之蟲也生水上狀似蠶淮南道應丨菌不知晦朔注

丨丨見也漢書韓信傳稱疾不丨從注○旦見君

朝 謂之丨左氏成十二年傳丨而不夕疏○以朝旦拜日爲丨漢書郊祀志上朝丨日注○丨者諸侯見王之辭詩漸漸之石箋使之丨於王疏○丨謂聽丨也荀子宥坐丨七日而誅少正卯注○丨丨廷也禮記曲禮上班丨治軍疏○丨王之外丨也禮記王制大司寇聽之棘木之下注○丨宗者本諸侯於天子之禮詩沔水疏○丨廷是君臣之總辭詩東方未明序丨廷興居無節疏○丨服吉服禮記雜記上宰丨服疏○五年一丨備文德而明禮義也因用朝時見故謂之丨藝文類聚卅九引白虎通○丨儛山名也又言丨水名也孟子梁惠王下吾欲觀於轉附丨儛注

潮 集韻淖同○說文淖水朝宗于海从水朝省○潮者據朝來也文選江賦注引抱朴子

囂 說文丨聲也气出頭上从㗊从頁頁首也貿丨或省○丨然飢意也文選養生論則丨然思食注○丨然閑暇貌爾雅釋言䁓閑也注○丨丨者是不聽之狀詩板疏

樵 說文丨散木也从木焦聲○丨木薪也漢書楊雄傳上丨蒸焜上注○丨取薪也史記淮陰侯列傳丨蘇後爨集解引漢書音義又文選魏都賦注引漢書音灼注

驕 說文丨馬高六尺爲丨从馬喬聲詩曰我馬維丨一曰野馬○無禮爲丨孝經在上不丨注○丨謂恃已凌物左氏隱三年傳丨奢淫泆疏○丨謂士卒不肅也國語周語師輕而丨注○丨者至恩之辭詩谷風傳僑丨也疏

嬌 說文新附丨姿也从女喬聲

焦 說文𤓯火所傷也从火雥聲雧或省○丨僥短人長三尺者荀子正論以丨僥而戴太山也注○丨僥民長三尺短之至也山海經海外南經丨僥國注

蕉 說文丨生枲也从艸焦聲

椒 廣韻茮同○說文茮茮莍从艸尗聲○丨是木名詩椒聊疏○丨聊丨也詩椒聊丨聊之實傳○丨郎所食丨樹也漢書司馬相如傳上桂丨木蘭注○丨取芬香之名也漢書王莽傳下自前殿南下丨除注○上高四壁曰丨邱文選謝惠連泛湖出樓中翫月詩注引廣雅

燋 說文丨所以然持火也从火焦聲周禮曰以明火爇丨也○丨卽蒸儀禮既夕注燭用蒸疏

饒 說文丨飽也从食堯聲

橈 輯謂櫂之短者也今吳越之人呼爲丨漢書元后傳輯濯越歌注

蕘 說文丨薪也从艸堯聲○丨草薪也漢書賈山傳芻丨採薪之人注楊雄傳上麋鹿芻丨注○丨者供燃火之草也詩板傳芻丨薪采者疏又左氏昭十三年傳注芻丨者疏○丨蕪菁也廣雅釋草

燒 說文丨爇也从火堯聲○丨焫猶滅壞國策秦策則秦且丨焫獲君之國注

遙 說文新附丨逍丨也又遠也从辵䍃聲○丨遠也漢書司馬相如傳下登閬風而丨集兮注引張揖又文選弔屈原文丨增擊而去之注引李奇○丨長也莊子秋水故丨而不悶注○踰讀曰丨漢書陳湯傳踰集都賴注

傜 廣韻或作傜○說文傜喜也从人䍃聲自關以西物大小不同謂之傜

姚 說文丨虞舜居丨墟因以爲姓从女兆聲或爲丨嬈也史篇以爲丨易也○丨僄丨言飛揚也漢書禮樂志雅聲遠丨注

搖 說文丨動也从手䍃聲○丨動也史記蘇秦列傳二日而莫不盡繇索隱○丨謂丨動也素問骨空論能使揄臂齊肘注○丨者不定管子心術上○丨謂身動丨也秦人猶丨聲相近禮記檀弓下咏斯猶注○丨丨是心憂無所附著之意詩黍離疏○丨光則招丨也禮記曲禮上注又畫招丨星於旌旗上疏○周禮小師注持其柄丨之釋文本亦作遙○爾雅釋天扶丨謂之猋釋文字林作颻○詩鴟鴞風雨所漂丨鄭注尚書大傳作風雨所漂颻

謠 集韻䚻同○說文䚻徒歌从言肉○徒歌曰丨周禮大司樂疏又漢書五行志中之上晉獻公時童丨曰注敘傳上考遘愍以行丨注又穆天子傳三西王母爲天子丨注○徒歌謂之丨言無樂而空歌其聲逍遙然也左氏僖五年傳童丨云疏

軺 說文丨小車也从車召聲○丨小車也漢書食貨志下異時算丨車注○丨立乘小車也漢書平帝紀立丨併馬注引服虔○丨車輕小之車也漢書貨殖傳丨車百乘注○丨馬車也史記貨殖列傳其丨車百乘注引徐廣

瑤 說文丨玉之美者从玉䍃聲詩曰報之以瓊丨○丨玉也左氏昭七年傳賂以丨甕玉櫝斝耳注○丨玉名周禮內宰注丨爵謂尸卒食疏○丨是玉名禮記明堂位疏○丨是玉之別名詩公劉傳丨言有美德也疏○丨石而似玉者也漢書禮樂志眺丨臺注引應劭○丨琨美石次玉者也書禹貢丨琨篠簜王注○丨之爲物在玉石之間與玉小別故或以爲石或以爲玉左氏昭七年傳疏

韶 說文丨虞舜樂也書曰簫丨九成鳳皇來儀从音召聲○丨亦紹也左氏襄廿九年傳見舞丨濩者疏

昭 說文丨日明也从日召聲○丨明也詩下武序能丨先人之功焉箋又左氏宣二年傳戎丨果毅疏又國語周語丨其大也注晉語是丨余饑也注丨考靈公注敢丨告於皇祖文王注又續漢祭祀志下注引決疑要注○丨亦明也左氏昭十三年傳注咸須丨告神明疏又漢書匡衡傳丨無欲之路注○丨顯也國語楚語而爲之丨明德注○丨謂明曉此理左氏宣二年傳疏○丨取其鄉明公羊文二年傳陳於

太祖注○父爲丨漢書韋元成傳○上室爲丨中室爲穆下室爲孫嗣令子賈子六術○丨華玉名淮南泰族贈以丨華之玉注○太歲在癸曰丨陽爾雅釋天○左氏昭十三年傳子丨論衡吉驗作子招

招 說文丨手呼也从手召聲○丨搖跳蹈也漢書司馬相如傳下又猗抳以丨搖注引張揖○丨搖翺翔也史記孔子世家丨搖市過之集解引徐廣○丨搖申動之貌漢書禮樂志體丨搖若永望注○丨繼堯也漢書禮樂志○丨樂名也呂覽古樂修九丨六列六英注○丨讀與翹同漢書禮樂志兼雲丨給祠南郊注

飆 說文飆扶搖風也从風猋聲颮飆或从包○猋疾風也漢書刑法志猋起雲合注五行志下之上厥風大猋發屋注息夫躬傳矰若浮猋注韓安國傳至如猋風注司馬相如傳上雷動猋至注楊雄傳下猋

騰波流注敘傳上其餘猋飛景附注○猋謂疾風從下而上也漢書司馬相如傳上注○飇同風也漢書楊雄傳上風發飇拂注○猋風也文選思元賦乘猋忽兮馳虛無注引服虔甘泉賦注

杓 說文丨枓柄也从木从勺○丨斗柄也漢書天文志攜龍角注引孟康○丨斗端星也漢書律麻志上玉衡丨建注引如淳○斗第五至第七爲丨淮南天文斗丨爲小歲注○魁爲首丨爲末禮記檀弓上不爲魁注○用昏建者丨漢書天文志

鑣 說文丨馬銜也从金麃聲𧤗丨或从角○丨馬勒旁鐵也續漢輿服志上注引爾雅注

瓢 說文瓢蠡也从瓠省票聲○丨瓠勺也漢書貨殖傳而顏淵簞食丨飲注

苗 說文丨艸生於田者从艸从田○丨謂禾未秀詩黍離箋稷則尚丨疏○丨謂旱夭後漢書章帝八王傳贊或秀或丨注○丨爲丨除害也漢書刑法志夏拔舍以丨注○丨者毛也說苑修文引春秋傳○夏田爲丨擇取不孕任者若治丨去不秀實者爾雅釋天孫注○丨民謂九黎之君也書呂刑丨民弗用靈鄭注

貓 詩韓奕有丨有虎釋文本又作猫又禮記郊特牲迎丨釋文本又作猫

要 丨求之也漢書地理志上五百里丨服注○丨丨辭左氏襄十年傳與伯輿合丨注○丨約也呂覽審應而人主之所執其丨矣注察賢丨在得賢注○丨者約束之義書禹貢五百里丨服疏○久丨舊約也論語憲問久丨不忘平生之言集解引孔注○丨謂禁丨素問脉要精微論是門戶不丨也注○丨當爲惡周書大武一丨不羸注

腰 說文要身中也象人要自臼之形从臼交省聲𡝩古文要○丨者身之大關節所以司屈伸素問痿論注○要衣要也漢書張騫傳竟不能得月支要領注○要謂裳之上畔禮記玉藻縫齊倍要疏○丨經猶帶經也史記孔子世家孔子丨經索隱

邀 丨求也文選廣絕交論注引國語賈注

鴞 說文丨鴟丨寧鴂也从鳥号聲○丨惡聲之鳥也賈誼所賦鵩鳥是也詩泮水陸疏

喬 說文丨高而曲也从夭从高省詩曰南有丨木○丨上竦也漢書地理志上中夭木丨注○丨木枝上竦也詩漢廣南有丨木釋文

橋 說文丨水梁也从木喬聲○丨戾也呂覽離謂其與丨言無擇注○丨一作輂書益稷疏引史記河

渠書山行郎丨徐廣注

僑 說文丨高也从人喬聲○丨才也一切經音義四引廣雅○丨字或作蟜或作喬漢書劉向傳與王褒張子丨等並進對注○公羊僖四年傳注袁丨如釋文一本作驕

妖 廣韻同娱○說文娱巧也一曰女子笑皃詩曰桃之娱娱从女芺聲○丨冶美好也漢書司馬相如傳上丨冶閑都注○不常有而忽見曰丨論衡自紀○凶之先見謂之丨左氏僖十六年傳疏○言其怪異謂之丨左氏宣十五年傳疏○凡草木之類謂之丨丨猶夭胎言尚微漢書五行志中之上○丨猶夭胎言尚微也左氏宣十五年傳疏○丨猶傷也禮記中庸必有丨孽疏○衣服歌謠草木之怪爲丨同上○丨者何謂也衣服乍大乍小言語非常白虎通災變○丨孽者上天降災之名詩十月之交箋丨孽疏○丨災亦通言耳左氏宣十五年傳疏○訞與丨同漢書文帝紀今法有誹謗訞言之罪注楊惲傳爲訞惡言注○訞字與卜同漢書藝文志請官除祅祥十九卷注○訞郎丨字漢書谷永傳訞辭曰注

夭 丨幼少也史記周本紀所棄妖子出於路者集解引徐廣○丨盛皃也漢書地理志上中丨木喬注○丨丨谷也廣雅釋訓○丨謂草木之方長未成者也漢書貨殖傳澤不伐丨注○麋子曰丨淮南主術不取麛丨注○丨殺也後漢書蔡邕傳丨丨是加注引毛詩箋○丨鳥惡鳴之鳥周禮哲蔟氏掌覆丨鳥之巢注

漂 說文漂浮也从水票聲○丨然高遠意漢書楊惲傳丨然皆有節槩注

飄 說文飄回風也从風票聲○詩卷阿票風自南釋文本亦作丨

翹 說文丨尾長毛也从羽堯聲○丨起發也禮記儒行麤而丨之疏○丨丨高貌詩漢廣疏

祧 說文新附丨遷廟也从示兆聲○遠廟爲丨禮記祭法○去廟爲丨周禮春官序官疏引國語孔注○丨是遠祖也漢書韋玄成傳二丨則時享注○遠祖曰丨漢書王莽傳中定丨廟注○遠祖廟爲丨左氏襄廿三年傳失守宗丨注○諸侯以始祖之廟爲丨左氏襄九年傳以先君之丨處之注○丨祭先祖也廣雅釋天○將丨而去之故曰丨御覽五百廿九引許慎五經異義○丨者五世六世之祖宋書五十五引禮記祭法有二丨王肅注

佻 說文丨愉也从人兆聲詩曰視民不丨○丨或作嬥音葦苕文選魏都賦注引爾雅郭注○爾雅釋訓丨丨契契文選魏都賦注作嬥嬥契契

徼 說文丨循也从彳敫聲○丨要求也漢書嚴安傳民離本而丨末矣注○丨遮也文選封禪文丨麋鹿之怪獸注引漢書音義

膋 說文膫牛腸脂也从肉尞聲詩曰取其血膫丨膫或从勞省聲○丨腸閒脂也漢書禮樂志焫丨蕭引李奇

鷯 說文丨刀丨剖葦食其中蟲从鳥尞聲

漻 說文丨清深也从水翏聲

僥 說文丨南方有焦丨人長三尺短之極从人堯聲○僬丨短人國名也列子湯問從中州以東四十萬里得僬丨國注

嘵 說文｜懼也从口堯聲詩曰惟予音之｜｜

虈 說文｜楚謂之蘺晉謂之｜齊謂之茝从艸嚻聲

枵 說文｜木根也从木号聲春秋傳曰歲在玄｜玄｜虛也○｜聲近耗左氏襄廿八年傳疏

熇 ｜｜是氣熱之盛詩板傳｜｜然熾盛也疏

膲 集韻通作焦○三焦者包絡府也水穀之道路氣之所終始也白虎通性情○焦謂上焦也素問四氣調神大論肺氣焦滿注

噍 ｜謂急也禮記樂記其聲｜以殺釋文○禮記樂記是故志微｜殺之音作說苑修文作是故感激憔悴之音作

嬈 ｜煩｜善行病祟人淮南俶眞傷死者其鬼｜注

鰩 說文新附｜文｜魚名从魚䍃聲

佋 說文｜廟｜穆父爲｜南面子爲穆北面从人召聲

幖 說文幖幟也从巾㶾聲

熛 說文熛火飛也从火㶾聲讀若標○｜迸火也一切經音義十四引三蒼○｜風疾也史記禮書卒如｜風正義○猋與｜古字通文選答賓戲其餘猋飛景附注

儦 說文｜行皃从人麃聲詩曰行人｜｜

穮 說文穮耕禾閒也从禾麃聲春秋傳曰是穮是衮○麃耘也爾雅釋訓緜緜麃也釋文

瀌 說文｜雨雪｜｜从水麃聲○｜｜雪之盛皃詩角弓箋雨雪之盛｜｜然疏

葽 說文葽艸也从艸要聲詩曰四月秀｜劉向說此味苦苦｜也○｜繞今遠志也爾雅釋草注

弨 說文｜弓反也从弓召聲詩曰彤弓｜兮

趫 說文趫善緣木走之才从走喬聲讀若王子蹻

橇 ｜形如箕擿行泥上史記夏本紀泥行乘｜集解引孟康○｜形如船而短小兩頭微起人曲一腳泥上擿進用拾泥土之物史記夏本紀正義○｜音茅蕝之蕝謂以板置其泥上以通行路也史記夏本紀集解引如淳○｜他書或爲蕝史記夏本紀集解引徐廣

瀟 說文新附｜水名从水蕭聲

驍 說文｜良馬也从馬堯聲

獠 ｜爲獵之別名詩伐檀箋宵田曰獵疏

憀 說文｜｜然也从心翏聲

料 說文｜量也从斗米在其中讀若遼○｜數也國語楚語楚師可｜也注

橑 漢世名蓋弓爲｜子考工記輪人注弓蓋｜也疏

簝 說文｜宗廟盛肉竹器也从竹尞聲周禮供盆｜以待事

膮 說文｜豕肉羹也从肉堯聲

痟 說文｜酸｜頭痛从疒肖聲周禮曰春時有｜首疾

蛸 說文丨蟲丨堂蜋子从虫肖聲

鼂 說文丨匽丨也讀若朝楊雄說匽丨蟲名杜林以為朝旦非是从黽从旦○丨采玉名文選上林賦丨采琬琰注引司馬彪

歊 說文丨丨气出皃从欠高高亦聲○丨烝氣上出也漢書揚雄傳下則不能淳瀹雲而散丨烝注

鐎 說文丨丨斗也从金焦聲

鷮 說文丨走鳴長尾雉也乘輿以為防釳著馬頭上从鳥喬聲

鷦 說文鷦丨鷯桃蟲也从鳥焦聲○桃蟲名丨爾雅釋鳥舍人注○丨明似鳳史記司馬相如列傳掩焦明集解○丨鵬狀如鳳皇文選難蜀父老注引樂緯○丨明西方之鳥也史記司馬相如列傳索隱引

張揖○丨明水鳥也史記司馬相如列傳索隱引樂汁圖徵宋衷注

繇 說文繇隨從也从系䚻聲○丨悅茂也漢書地理志上中丨木條注○丨讀與謠同漢書李尋傳人民丨俗注○丨讀與傜同漢書蓋寬饒傳常為衞官丨使市買注丨丨使至長安注

摽 丨辟也文選傚曹子建樂府白馬篇注引公羊傳劉兆注○丨音刀末之丨漢書王莽傳上及至青戎丨末之功注引服虔

窯 說文窯燒瓦竈也从穴羔聲○燒瓦竈曰窯一切經音義廿二引通俗文

珧 說文丨蜃甲也所以飾物也从玉兆聲禮云佩刀天子玉琫而丨珌○蜃小者丨爾雅釋魚

銚 說文丨溫器也一曰田器从金兆聲○丨刈物之器也詩臣工傳錢丨疏○丨刈也詩臣工疏引世本宋仲子注

蘨 說文蘨艸盛皃从艸䌛聲夏書曰厥艸惟蘨

褕 揄讀如搖禮記玉藻夫人揄狄注○揄當為搖周禮內司服揄狄闕狄疏○詩君子偕老傳揄狄釋文字又作褕

錭 說文丨刓也从金周聲康王名

髟 說文丨長髮猋猋也从長从彡凡丨之屬皆从丨

篻 丨竹名也文選吳都賦丨簩有叢劉注○丨竹大如戟䕸實中勁強文選吳都賦注引異物志

蟯 說文丨腹中短蟲也从虫堯聲○丨人腹中短蟲史記扁鵲倉公列傳丨瘕正義

蹻 丨舉步貌也漢書揚雄傳上丨高舉而大興注

荍 說文丨蚍衃也从艸收聲○丨一名蚍衃爾雅釋草舍人注○丨小草多花少葉葉又翹起爾雅釋草注引謝氏

𣂋 說文丨斛旁有庣从斗庣聲一曰突也一曰利也爾雅曰丨謂之疀古田器也

敹 說文丨擇也从攴𣎆聲周書曰丨乃甲冑

鐐 說文鐐白金也从金尞聲

𧮫 說文丨空谷也从谷翏聲

垚 說文丨土高也从三土凡丨之屬皆从丨

逍 說文新附丨丨遙猶翶翔也从辵肖聲○丨遙遊也文選南都賦注引韓詩外傳○丨遙猶勤勤公羊成八年傳注丨遙術疏

怊 說文新附丨悲也从心召聲

憔 廣韻顦同○說文新修字義丨丨顇也从頁焦聲

爑 說文爇灼龜不兆也从火从龜春秋傳曰龜爑不兆讀若焦

嗂 說文丨喜也从口䍃聲

鉊 說文丨大鎌也从金召聲鎌謂之丨張徹說

緢 說文丨旄絲也从糸苗聲周書曰惟丨有稽

玅 說文丨急戾也从弦省少聲

幧 說文新附丨斂髮也从巾喿聲

以下據說文丨以竿擊人也从竹削聲虞舜樂
○廣韻錄**箾**曰丨韶○韶丨有虞氏之樂大韶也史
記吳世家見舞韶丨者集解引左傳賈注

⿸厂瓜 丨不滿之處也漢書律厤志上𢗬有丨焉注

趒 說文丨雀行也从走兆聲

蓧 丨草器也漢書蕭望之傳畚雞種黍注○丨草器名也史記孔子世家集解引論語包注

琱 說文丨治玉也一曰石似玉从玉周聲○丨謂刻鏤也字與彫同漢書酷吏傳斲丨而爲樸注○丨戈刻鏤之戈也漢書郊祀志下黼黻丨戈注○丨與凋同同上○丨與彫同漢書東方朔傳陰奉丨瑑刻鏤之好以納其心注○丨字與彫同漢書貢禹傳牆塗而不丨注王莽傳下飾以金銀丨文注

鯛 說文丨骨耑脆也从魚周聲

蛁 說文丨蟲也从虫召聲

䄚 說文丨短衣也从衣鳥聲春秋傳曰有空丨

⿴衣弔 說文丨棺中縑裏从衣弔讀若雕

芀 說文丨葦華也从艸刀聲

瞗 說文丨目孰視也从目鳥聲讀若雕

⿷匚攸 說文丨田器也从匚攸聲

卣 說文丨艸木實垂丨丨然象形凡丨之屬皆从丨讀若調𠧪籀文从三丨

県 說文丨到首也賈侍中說此斷首到縣丨字凡丨之屬皆从丨

憿 說文丨幸也从心敫聲

⿰虫鳥 丨獺水蟲害魚者也漢書賈誼傳偭丨獺以隱處兮注引應劭○⿰虫多蚗江東人呼丨蟧方言十一注

竂 說文丨穿也从穴尞聲論語有公伯丨

璙 說文璙玉也从玉尞聲

嫽 說文嫽女字也从女尞聲

鬆丨細長也集韻引埤蒼

膠丨謂居膠腰側穴也素問長刺節論刺兩髂丨季脇肋閒注○丨一爲髀字形相近之誤也同上

㷖說文丨火皃从火翏聲逸周書曰味辛而不丨

憢丨勇急也淮南兵略丨悍遂過注

奝大醜曰丨御覽三百八十二引通俗文○丨大也集韻引廣雅

顤說文丨大頭也从頁羔聲

鄡說文鄡鉅鹿縣从邑梟聲

𢾱說文丨磬田也从攴堯聲

獢說文丨猲丨也从犬喬聲○獢丨短喙田犬也詩駟驖釋文○詩駟驖載獫歇驕爾雅釋畜注漢書地理志注作載獫猲丨文選西京賦注作載獫獢丨

歊說文丨艸皃从艸歊聲周禮曰轂雖弊不丨

䰚說文丨炊气皃从鬲嚻聲

䩌說文新附丨面焦枯小也从面焦

苕說文丨艸也从艸沼聲

蟭江浦之閒生麽蟲其名曰焦螟列子湯問

𤬪說文丨瓜也从瓜繇省聲

嬌說文丨曲肩行皃从女喬聲

𣤛說文丨丨丨气出皃从欠喬聲

彍說文丨弓便利也从弓繇聲讀若燒

榣說文丨樹動也从木䍃聲

䟴說文丨跳也从足䍃聲

柖說文丨樹搖皃从木召聲

盄說文丨器也从皿弔聲

猋說文丨犬走皃从三犬

蔈丨流也無根水中草淮南墬形容華生丨注

旚說文丨旌旗飛揚皃从㫃猋聲

藨丨耕也廣雅釋地○丨即莓子似覆盆華紫俗名䕀莓可食爾雅釋草舊注

櫜說文丨囊張大皃从橐省匋省聲

螷說文丨丨蛸也从䖵卑聲蜱丨或从虫

鐈說文丨似鼎而長足从金喬聲○丨釜也廣雅釋器

蟜丨字或作僑漢書蕭望之傳與張子丨等待詔注

祅說文丨地反物爲丨也从示芺聲

枖 說文丨木少盛皃从木夭聲詩曰桃之丨丨

繑 說文丨袴紐也从糸喬聲

趬 說文趬行輕皃一曰趬舉足也从走堯聲○獟字或作丨漢書霍去病傳詠獟悍注

㶾 說文與火飛也从火𠕁與䙴同意○丨然輕舉意也漢書禮樂志丨然逝注○丨猶言搖動也漢書楊雄傳下丨昆侖注○㶾與脆聲相近周禮卓人疏

嫖 說文嫖輕也从女㶾聲

旚 說文旚旌旗旚繇也从㫃㶾聲

犥 說文丨牛黃白色从牛㶾聲

鏢 說文鏢刀削末銅也从金㶾聲

𨘋 說文䙴輕行也从辵㶾聲

嘌 說文嘌疾也从口㶾聲詩曰匪車嘌兮

○以下據集韻錄 蓨 說文丨苗也从艸脩聲

嘄 說文丨聲丨丨也从口梟聲

櫹 丨木生水中色黑而光其堅若鐵周書王會夷用丨木注

削 丨兩刃句刀也丨讀綃頭之綃也淮南本經無所錯其剞削丨鋸注

嫶 三輔謂憂愁面省瘦曰丨冥漢書外戚傳上丨妍太息注○丨冥猶丨妍也同上

○附錄 㩋 丨猶攬也文選海賦大明丨轡於金樞之穴注

經籍籑詁卷第十七補遺終

經籍籑詁卷第十八

經筵講官南書房禮部左侍郎兼署兵部左侍郎前提督浙江學政阮元撰集

下平聲

三肴

【肴】通作殽○丨肉也【廣雅釋器】○丨膳也【文選西京賦】膳夫馳騎注○丨葅也一切經音義六引【國語賈注】○丨俎實也【國語晉語】飫而無丨注○殽豆實也【詩賓之初筵】殽核維旅傳○殽骨體也【禮記曲禮上】左殽右胾注○殽謂牲體也【詩旣醉】爾殽旣將箋○肉曰丨【文選典引】丨覈仁義之林藪蔡注○魚肉爲丨【楚辭招魂】丨羞未通注○凡骨有肉曰殽【儀禮特牲饋食禮記】若有公有司私臣皆殽脀注○熟肉有骨曰殽【禮記曲禮釋文】○凡非穀而食之曰殽【詩賓之初筵】殽核維旅箋又一切經音義六引國語賈

注○羊殽體解節折也【周禮小子】羞羊肆羊殽肉豆司農注○蕙丨用蕙草以蒸肉也【楚辭東皇太一】蕙丨蒸兮蘭藉注○【詩正月】釋文嘉丨本作殽【韓奕】釋文其丨本作殽○【詩女曰雞鳴】釋文宜殽本作丨【園有桃】釋文之殽本作丨【禮記禮運】釋文其殽本作丨【公羊僖卅三年】釋文于殽本作丨○【孔寵碑】易建八卦撥脀繫辭丨爻作丨

【巢】丨蔟也【呂覽求人】周噍丨丨於林注○丨居也【漢書敘傳上】集注引應劭○丨健也【廣雅釋詁二】○丨高也【小爾雅廣詁】○丨高大也【爾雅釋樂】大笙謂之丨孫注○在樹曰丨【家語問禮】夏則居檜丨注○鳥居曰丨一切經音義八引【通俗文】○鳥之所乳謂之丨【小爾雅廣獸】○大笙謂之丨【爾雅釋樂】○丨伯殷之諸侯【書序】丨伯來朝鄭注○南丨地名【書仲虺之誥】成湯放桀於南丨傳○南丨揚州地丨伯之國也今盧江居丨縣是也【國語魯語】桀奔南丨注

【交】丨俱也【書禹貢】庶土丨正傳又【國語晉語】苟丨利而得寵注【越語】君臣上下丨得其志注又【國策齊策】與秦丨而舍注又【孟子梁惠王上】上下丨征利注又【莊子庚桑】相與丨食乎地釋文引崔注又【呂覽貴當】皆丨爭証諫注又【淮南俶眞】丨被天和注○丨者俱也【史記魯仲連鄒陽傳】今楚魏丨退于齊索隱○丨共也【莊子庚桑】釋文引李注○丨夾也【國語晉語】士魴張老丨止之注齊楚又丨輔之注○丨齊也【國策秦策】必割地以丨於王矣注○丨合也【廣雅釋詁二】又【楚辭思美人】備以爲丨佩注○丨謂丨合【素問評熱病論】丨者死也注○丨猶合也【禮記月令】虎始丨注○丨接也【呂覽知士】靜郭君之丨注○丨更也【呂覽務大】丨相爲贊注○丨猶更【禮記坊記】丨相爲瘉注○丨互也【史記樂書】四暢丨於中正義○丨定

也【廣雅釋詁四】○丨友也【楚辭湘君】丨不忠兮怨長注○丨黨與也【文選陽給事誄】周衛是丨注○丨猶好也【史記晉世家】鄭得爲東道丨索隱○丨猶和也【法言吾子】或問丨五聲十二律也李注○丨或往或來者也【周禮大行人】歸脤以丨諸侯之福注○丨謂接待於物【荀子哀公】止丨不知所定注○丨丨猶佼佼飛往來貌【詩桑扈】丨丨桑扈箋○丨丨小貌【詩黃鳥】丨丨黃鳥傳【小宛】丨丨桑扈傳○丨丨錯猶言東西【儀禮特牲饋食禮】衆賓及衆兄弟丨錯以辯注○丨易猶往來也【公羊宣十二年傳】臣丨丨易爲言注○丨接連結也【荀子王制】諸侯莫不懷丨接怨而不忘其敵注○丨爵謂相獻酢【禮記坊記】禮非祭男女不丨爵注○丨酬相酬之幣也【國語周語】丨酬好貨皆厚注○丨鼓對擊鼓也【楚辭東君】緪瑟兮丨鼓注○丨臂反縛也【莊子天地】丨臂歷指釋文引司馬注○丨鎩謂丨加而設兵器也【文選東京賦】虎戟丨鎩薛注

○丨晦朔丨會左氏僖五年傳其九月十月之丨乎
注○丨晦朔之閒也國語晉語其九月十月之丨乎
注○震爲丨易睽丨孚虞注彖上傳剛柔際也虞注
繫辭丁傳无丨而求虞注○東西爲丨詩楚茨獻酬
丨錯傳○矜謂之丨方言四○直不受檐謂之丨爾
雅釋宮○所用斥岸曰丨一人前一人還相丨錯
也釋名釋船○丨阯地名楚辭大招南丨阯只注○
丨讓不名也兩樹對生一樹枯則一樹生文選蜀都
賦丨讓所植劉注○丨丨遊謂爲朋友禮記曲禮上丨
遊之辭不同國注○丨丨讀將校之校淮南時則虎始
丨注○詩桑扈彼丨匪敖漢書五行志中作
匪傲匪傲○莊子漁父釋文丨字書作皎

郊 丨境也國策齊策軍於邯鄲之丨注又呂覽士節
及之國丨注○丨邑外也淮南覽冥麒麟遊於丨
注○丨郭外也國語吳語又丨敗之注○丨近丨也
儀禮聘禮使者歸及丨請反命注○丨遠丨也儀禮

聘禮及丨注又周禮質人丨二旬注○丨謂近丨去
王城五十里儀禮覲禮至于丨注○遠丨百里近丨
五十里周禮肆師與祝侯禳于畺及丨注○丨鄉界
之外也禮記王制不變移之丨注○丨者外之極也
易同人同人于丨注○丨謂鄉遂之州長縣正以下
也周禮大司馬丨野載旐注○四丨去國百里周禮
大宰二曰四丨之賦注司會掌國之官府丨野縣都
之百物財用注○丨乾坎之際也易需需于丨干注
○乾爲丨易同人同人于丨虞注小畜自我西丨虞
注小過自我西丨虞注○邑外謂之丨爾雅釋地又
孟子告子上以其丨於大國也注○邑外曰丨呂覽
制樂不出國丨注又後漢班彪傳注○國外曰丨國
語周語國有丨牧注○郭外曰丨詩碩鼠適彼樂丨
箋又左氏襄八年傳焚我丨保注廿一年傳罪重於
丨甸注又文選郊祀題注○王國百里爲丨周禮載
師司農注引司馬法○去國百里爲丨周禮士師正
歲師其屬而憲禁令于國及丨野注○丨畛謂丨界
也文選東京賦施已返乎丨畛薛注○丨祀天呂覽
季夏以給丨廟祭祀之服注○丨祭天也禮記禮器
丨血大饗腥注又後漢楊賜傳注又呂覽季春以供
丨廟之服注○丨者所以祭天也公羊僖卅一年傳
天子祭天注○丨亨道也穀梁哀元年傳○丨春事
也穀梁僖卅一年傳夏四月不時也注成十七年經
九月辛丑用丨注○丨謂圜丘配天也孝經周公丨
祀后稷以配天注○祭上帝於南丨曰丨禮記祭法
有虞氏禘黃帝而丨嚳注又國語魯語丨堯而宗舜
注○丨之祭也迎長日之至也禮記郊特牲○丨之
祭也大報本反始也同上○謂之丨者天人相與交
接之意也公羊僖卅一年傳魯丨非禮也注又穀梁
僖卅一年經四卜丨注○祭天曰丨丨者言神交接
也文選郊祀題注○禘丨祖宗謂祭祀以配食也禮
記祭法有虞氏禘黃帝而丨嚳注○故書丨或爲蒿

周禮載師以宅田士田賈田任近丨之地注○丨與
高音相近故或言高禖呂覽仲春以太牢祀于高禖
注

茅 丨明也爾雅釋言又左氏宣十二年傳前丨慮無
注○丨昧之明也爾雅釋言丨明也舍人注○丨
靡遜伏也列子黃帝因以爲丨靡釋文○巽爲丨易
泰拔丨茹虞注○巽柔白爲丨易大過藉用白丨虞
注○巽爲白丨易姤包有魚虞注○丨草也穀梁文
三年傳丨茨盡矣釋文○丨穗也廣雅釋草○丨菁
丨也左氏僖四年傳爾貢包丨不入注○丨蒐蒨也
周禮掌染草注釋文○丨以縮酒書禹貢包匭菁丨
傳○丨以共祭之苴亦以縮酒周禮甸師祭祀共蕭
丨注○菁丨香草所以縮酒穀梁僖四年傳菁丨之
貢不至注○丨蒲簦笠也國語齊語首戴丨蒲注○
古文丨作苗儀禮士相見禮在野則曰草丨之臣注

○丨或作苗孟子滕文公上書爾于丨音義引張云
○丨或作萌國語齊語首戴丨蒲注○丨靡當爲頹
靡列子黃帝因以爲丨靡注○左氏成元年經王師
敗績于丨戎公羊穀梁作貿戎○左氏僖廿四年傳
凡蔣邢丨丨胙祭潛夫論五德志作茆○左氏定四
年釋文丨丨本作莽○爾雅釋鳥釋文丨本作鵜

嘲 或作謿○謿話訛言也一切經音義七引聲類○
丨亦啁也文選任彥昇哭范僕射詩注引字書○
古文謿今作丨又作啁
同一切經音義十二

鈔 抄同○丨掠也後漢王渙傳注○抄掠也一切經
音義二引字書○抄強取物左氏僖二年傳注釋
文○遮取謂之抄掠一切經音義二引通俗文
○古文抄剿二形今作丨同一切經音義二

包 丨藏也漢書外戚傳上集注引晉灼又後漢蘇竟
傳注○丨含也漢書禮樂志集注○丨取也漢書

賈誼傳集注引晉灼敘傳下集注引劉德又太元中
水丨貞注○丨猶兼也周禮大祝三曰炮祭注○丨
褁也詩野有死麕白茅丨之傳又廣雅釋詁四又文
選吳都賦職貢納其丨匭劉注○丨相丨褁也書禹
貢草木漸丨馬注○丨丨褁束也左氏僖四年傳爾貢
丨茅不入注○丨本也易否繫于丨桑陸注又後漢
臧宮傳注○丨叢生也書禹貢傳又後漢馬融傳注
○在中稱丨易泰丨荒虞注姤丨有魚虞注○坤爲
丨易蒙丨蒙吉虞注○丨者乾坤相丨也易否荀注
○或以丨爲庖廚易姤虞注○丨讀曰庖漢書郊祀
志集注○書禹貢草木漸丨說文艸部作蔪苞○禮
記樂記丨之以虎皮史記樂書作苞○易繫辭丨犧
氏之王天下也漢書律麻志作炮○左氏定四年傳
申丨胥鶡冠子備知世賢作鹿胥○易泰釋文丨荒
本作苞姤釋文丨瓜子夏傳作苞書禹貢釋文漸丨
本作苞○易姤釋文丨有魚本作苞荀作胞繫辭釋
文丨犧氏本作
庖孟京作伏

膠 丨固也詩隰桑德音孔丨傳又爾雅釋詁○丨亦
固也後漢鄭太傳注○丨之言糾也禮記王制周
人養國老于東丨注○丨也者以爲和也考工記弓
人○丨黏也莊子逍遙遊釋文引李注○丨著地也
莊子逍遙遊釋文引崔注○丨相加之貌荀子哀公
繆繆肫肫注○丨欺也廣雅釋詁二○丨詐也涼州
西南之閒曰丨自關而西或曰譎或曰丨方言三○
言語辨聰而不度於義者謂之丨言文選魏都賦注
引李克書○丨丨和也莊子天道釋文引司馬注○
丨丨猶喈喈也詩風雨雞鳴丨丨傳○丨丨動亂之
貌莊子天道釋文○丨戾邪曲也史記司馬相如傳
蜿蟺丨戾索隱引司馬彪○丨葛大也漢書楊雄傳
下音義引如淳○丨葛驅馳也史記司馬相如傳雜
遝丨葛索隱引廣雅○丨葛長遠貌文選吳都賦東

西丨葛注○丨葛上清之氣也漢書楊雄傳集注○
東丨官也廣雅釋室○周名大學曰東丨禮記樂記
食三老五更于大學注○丨或作綵
禮記王制周人養國老於東丨注

爻 丨效也廣雅釋詁三○丨放也易繫辭丨法之謂
坤釋文引馬注○丨者言乎變者也易繫辭上傳
○丨也者效天下之動者也易繫辭下傳○六畫稱
丨易繫辭下傳丨在其中矣虞注○易繫辭釋文丨
法本
作效

苞 丨本也詩下泉浸彼丨稂傳斯干如竹丨矣傳生
民實方實丨傳常武如山之丨傳長發丨有三蘗
傳又小爾雅廣言○丨稹也詩鴇羽集于丨栩傳又
爾雅釋言○丨植也文選六代論注引易鄭注○丨
豐也詩長發丨有三蘗箋又爾雅釋詁○丨茂也詩
行葦方丨方體箋○丨叢爾雅釋詁丨豐也注○丨

叢生也書禹貢草木漸｜釋文○｜裹也詩野有死
麕白茅｜之釋文禮記曲禮上釋文○｜草也禮記
曲禮下釋文○｜蘥也廣雅釋草○｜蔍也禮記曲
禮下｜屨注○巽爲｜易姤以杞｜瓜虞注○如竹
箭曰｜爾雅釋木○物叢生曰｜齊人名曰稹爾雅
釋言｜稹也孫注○｜幷叢生也文選高唐賦揭車
｜幷注○｜苴饋遺也後漢第五種傳注○｜苴有
｜裹也莊子列禦寇不離｜苴竿牘釋文引司馬注
○｜苴裹魚肉者也或以葦或以茅禮記曲禮上凡
以弓劒｜苴簞笥問人者注○｜苴謂編束萑葦以
裹魚肉也禮記少儀｜苴注○貨賄必以物｜裹故
總謂之｜苴荀子大略｜苴行與注○｜筍冬筍也
文選吳都賦｜筍抽節劉注○｜山春秋謂之夫椒
山水經沔水注○｜或爲菲禮記曲禮下｜屨注○
左氏僖四年傳注釋文｜匭本作包莊子天運釋文
｜裹本作包爾雅釋木釋文曰｜本作枹○張遷碑

南｜八蠻魏孔羨碑廣
大｜｜於無方包皆作｜
梢○｜盡也方言十二○｜擊也漢書揚雄傳上集注
○｜柴也廣雅釋木○｜小柴也淮南兵略叟｜
肆柴注○｜尾之垂者文選赭白馬賦垂｜植髮注
○｜謂水漱齧之溝考工記匠人｜溝三十里而廣
倍司農注○｜雲山名文選吳都賦｜雲無以踰注
○｜｜櫂爾雅釋木○｜讀爲桑螵蛸之蛸考工記
匠人｜溝三十里
而廣倍司農注
蛟｜龍類也楚辭湘夫人｜何爲兮水裔注又太元
迎｜潛於淵注又文選西京賦憚｜蛇薛注○｜
龍屬也魚滿二千五百斤｜來爲之主也淮南道應
兩｜俠繞其船注○｜似蛇四足龍屬山海經南山
經泿水其中有虎｜注○｜水｜其皮有珠世人以
爲刀劒之口淮南道應｜龍水居注○小曰｜離騷

麾｜龍以梁津兮注○母龍曰｜一切經音義五引
抱璞子○龍無角曰｜楚辭守志乘六｜兮蜿蟬注
○魚滿二千斤爲｜呂覽諭大水大則有｜龍注知
分有兩｜夾繞其船注○有鱗曰｜龍楚辭天問應
龍何畫注○｜龍有鱗甲之龍也淮南墬形介鱗生
｜龍注○｜龍鼈屬也乳於陵而伏於淵其卵自孕
淮南泰族｜龍伏寢于淵注○｜螭龍子也文選吳
都賦｜螭與對注○有鱗曰｜螭｜螭水神也一曰
雌龍也一曰龍子也文選蜀都賦或藏｜螭劉注○
｜讀人情性交易之交緩氣言乃得耳淮南原道｜
龍水
居注
庖｜宰也淮南說林治祭者｜注○｜廚也公羊桓
四年傳三曰充君之｜注又廣雅釋室又國語魯
語以賓廟｜注○｜今之廚也禮記王制三爲充君
之｜注○｜之言苞也裹肉曰苞苴周禮天官序官

｜人注○｜人主飲食者穆天子傳五命｜人熟之
注○莊子養生主｜丁爲文惠君解牛釋文｜本作
胞
匏｜瓠也論語陽貨吾豈｜瓜也哉集解又廣雅釋
草又漢書律麻志集注又後漢班彪傳注○｜笙
也周禮大師金石土革絲木｜竹注又禮記禮器｜
竹在下注又國語周語｜竹利制注又太元元掜離
割｜竹注○笙以｜爲之故曰｜也釋名釋樂器○
｜竹箎笛也禮記郊特牲｜竹在下釋文○｜居臺
名國語楚語先君莊王爲｜居之臺注○
詩邶風｜有苦葉周禮壺涿氏注作苞
坳亦作凹○凹陷也一切經音義十引字苑○凹作
容塹下也一切經音義十引蒼頡篇○｜謂有｜
垤形也莊子逍遙遊覆杯水于｜堂之上釋文引支
遁注○堂道謂之｜莊子逍遙遊釋文引崔注○｜

涂地令平莊子逍遙遊釋文引司馬注

敲 丨橫也淮南脩務救丨不給注○丨橫擿也左氏定二年傳奪之以丨之釋文○鼓擊也廣韻引蒼頡篇○敲擊頭也左氏定二年傳釋文引字林○丨作𢿵下擊也一切經音義九引蒼頡篇○丨擊聲也左氏定二年傳釋文○丨短杖也漢書項籍傳集注引鄧展○短曰丨文選過秦論執丨朴以鞭笞天下注引臣瓚○楚凡揮棄物或謂之丨方言十○丨今汝潁閒語亦然或云㩁也方言十注○丨敳相擊也一切經音義五引三蒼○左氏定二年傳釋文丨或作擊或作搞

胞 丨謂丨胎也太元元掜天地神丨注○丨腹中胎莊子外物丨有重閬釋文○丨者肉吏之賤者也禮記祭統○莊子庚桑湯以丨人籠伊尹釋文丨本作庖○列子楊朱丨廚之下釋文丨本作庖

𢫬 丨擊也廣雅釋詁三又一切經音義三引埤蒼十六引字林

鮫 丨文魚也周書王會丨瞂利劍爲獻注○丨鮒魚類也山海經中山經漳水多丨魚注○丨魚之長其皮有珠今世以爲刀劍之口一說魚二千斤爲丨淮南說山一淵不兩丨注○丨函丨魚甲可爲鎧文選吳都賦扈帶丨函劉注○禮記中庸黿鼉丨龍釋文丨本作蛟

崤 通作殽亦作肴○殽晉地在今宏農國語周語秦師還晉人敗諸殽注○丨晉要塞也書序晉襄公帥師敗諸丨傳○丨東西丨丨也文選蜀都賦丨函有帝皇之宅劉注○丨山名一名嶔岑山在今洛州永寧縣西北後漢光武紀注○左氏僖卅二年傳晉人禦師必於殽釋文殽本作丨○公羊僖卅三年傳敗秦師于殽釋文殽本作肴

鐃 丨鈴也廣雅釋器○丨聲丨丨也釋名釋樂器○丨所以止鼓周禮大司馬鳴丨且卻注○丨如鈴無舌有秉執而鳴之以止擊鼓周禮鼓人以金丨止鼓注○丨讀如讙嘵之嘵周禮大司馬辨鼓鐸鐲丨之用司農注

骹 丨膝下也爾雅釋畜四丨皆白驓注○人脛近足者細於股謂之丨羊脛細者亦謂丨考工記輪人去一以爲丨圍司農注○丨骨也廣雅釋器○丨脛也文選射雉賦奮勁丨以角槎徐注○丨作跤脛也爾雅釋畜四丨皆白驓釋文引字書○丨謂近牙者也考工記輪人司農注○鳴箭曰丨唐六典十六注引通俗文

炮 與炰同○丨燔也左氏昭廿七年傳令尹丨之釋文○丨裹燒之也禮記禮運以丨以燔注○丨者

以塗燒之爲名也禮記內則丨取豚若將注○毛曰丨丨詩瓠葉丨之燔之傳又家語問禮以丨以燔注○丨祭燔柴也周禮大祝司農注○炰鼈以火熟之也詩韓奕炰鼈鮮魚箋○丨土之鼓瓦鼓也周禮壺涿氏以丨土之鼓敺之注○故書丨作泡同上○丨作炰同一切經音義十五引字書○卜字當爲包聲之誤也周禮大祝三曰丨祭注○詩瓠葉丨之燔之釋文丨本作炰儀禮大射儀注或有丨鼈鱠鯉釋文丨或作炰炰同

髾 丨髾丨也史記司馬相如傳蜚纖垂丨集解引郭璞○丨丨髾後垂也漢書司馬相如傳集注引張揖○丨燕尾也文選子虛賦蜚纖垂丨注引司馬彪○丨謂燕尾之屬皆衣上假飾非髾垂也漢書司馬相如傳集注○丨卽旌旗所垂之羽毛也後漢馬融傳注

筲 ｜箾也廣雅釋器○｜簇也同上○｜竹器也論
語子路斗｜之人皇疏又禮記雜記上｜衡釋文
○｜竹器也容一斗漢書車千秋傳集注○｜竹筥
也受一斗文選王命論斗｜之子注引音義○｜竹
器用斗二升者也論語子路斗｜之人鄭注○｜飯
筥也受五升漢書敘傳上音義引字林○｜畚種類
也其容蓋與篋同一殼也儀禮既夕苞二｜三注○
箸箾陳楚宋魏之閒謂之｜方言五○簇南楚謂之
｜方言十三○今建平
人呼｜方言十三注

哮 ｜嚇大怒聲也一切經音義二引埤蒼○虎聲謂
之｜唬一切經音義二引通俗文○｜與唬同也
文選七啟｜闞之獸注○｜
古文唬同一切經音義二

咬 號｜號呼讙｜也詩賓之初筵載號載｜傳

捎 ｜動也廣雅釋詁一○｜擇也同上○｜拂也文
選羽獵賦曳｜星之旃注引韋昭○｜猶拂也漢
書楊雄傳上集注○｜除也考工記輪人以其圍之
防｜其藪注○｜殺也文選東京賦｜魑魅薛注○
｜掆昇也集韻引字林○｜讀爲
桑螵蛸之蛸考工記輪人司農注

譊 ｜鳴也廣雅釋詁二○｜訟聲也一切經音義二
十引蒼頡篇○｜｜語也廣雅釋訓○｜｜喧也
後漢儒林傳論注○詩民勞箋
怓猶讙｜也釋文｜本作譊

麃 ｜麃屬爾雅釋獸釋文引字林○｜郎麢爾雅釋
獸麢大｜注

茭 ｜乾草也後漢諒輔傳注○｜乾芻也書費誓峙
乃芻｜鄭注又御覽七百六十七引聲類○｜牛
蘄爾雅釋草○｜今馬蘄爾雅釋草注○今江東呼
藕經緒如指空中可啖者爲茇｜爾雅釋草芍｜注

○｜媞欺謾之語也方言十○｜媞中國相輕易蚩
弄之言也方言十注○｜謂弓檠也考工記弓人今
夫｜解中有變焉司農注○｜解謂接中也考工記
弓人注○｜讀爲激發之激考工記弓人司農注○
｜讀如齊人名手足掔爲骹之骹考工記弓
人注○爾雅釋草芍｜釋文｜字又作骹

淆 通作殽○｜混也後漢黃憲傳注○殽雜也廣雅
釋詁一又國語周語重之以不殽注又漢書藝文
志集注賈誼傳集注○殽亂也廣雅釋詁三○殽亦
亂也後漢劉盆子傳注○殽效也太元密三日不覺
殽注○殽法也禮記禮運殽于地釋文○爾雅釋水
注衆水溷｜釋文｜本作溷○莊子齊物論樊然殽
亂釋文｜
郭作散

虓 ｜虎怒聲也後漢馮緄傳注○｜虎怒貌也後漢
龐參傳注○｜虎怒也後漢卓茂傳論注○虎之

自怒｜然詩常武闞如｜虎傳○｜怒聲也太元衆
虎｜振廞注○｜暴辱呂覽必己船人怒而以楫｜
其頭注○｜音哮漢書
敘傳上音義引字林

泡 ｜盛也方言二○｜肥洪張貌方
言二注○｜水上浮漚也漢書藝文志集注○江
淮之閒曰｜方言二○｜｜流也廣雅釋訓○渾渾
｜｜水濆涌之聲也山海經西山經其源渾渾｜｜
注○｜洩盛多貌文選
洞簫賦｜洩汎㵝注

烋 炰｜猶彭亨也詩蕩女炰｜于中國傳○｜炰自
矜氣健之貌詩蕩箋

媌 ｜好也廣雅釋詁一○容麗曰｜御覽三百八十
一引通俗文○秦晉之閒凡好而輕者謂之娥自
關而東河濟之閒謂之｜方言一
○今關西人呼好爲｜方言一注

磝 山多小石｜爾雅釋山○｜多礓礫爾雅釋山注○山多小石曰磝磝堯也每石堯堯獨處而出見也釋名釋山○｜口交反爾雅釋山釋文引字林○爾雅釋山多小石｜釋文｜本作磽

慠 ｜亂也廣雅釋詁三

旓 ｜旌旗旍也文選甘泉賦注引埤蒼○｜旗之旒也一曰燕尾漢書揚雄傳集注

墝 通作磽○｜埆淮南脩務肥｜高下注○磽确也國語楚語瘠磽之地注○磽謂磽确瘠薄也漢書景帝紀集注○磽磽确也謂瘠薄之田也漢書食貨志上集注○磽薄也孟子告子上則地有肥磽注○｜薄田也荀子儒效視｜肥注○｜埆薄地也後漢杜篤傳注○磽确薄埆地也一切經音義廿四引孟子注○｜埆瘠薄之地後漢丁鴻傳注○｜埆謂險要之地後漢南匈奴傳注○物堅硬謂之磽确一切經音義一引通俗文○｜埆讀人相｜像之｜淮南原道田者爭處｜埆注○詩邱中有麻傳｜埆之處也釋文｜本作墽禮記王制注肥｜有五等釋文｜本作墽

聱 ｜不聽也玉篇引埤蒼○｜不入人語也玉篇引廣雅○｜耴衆聲也文選吳都賦魚鳥｜耴注

筊 ｜索也廣雅釋器○大簫謂之言小者謂之｜爾雅釋樂○小者聲揚而小故曰｜｜小也爾雅釋樂李注○爾雅釋樂釋文｜本作筊

咬 ｜淫聲也文選舞賦吐哇｜則發皓齒注○｜者聲哀切｜｜然莊子齊物論宎者｜者釋文引司馬注○｜｜鳥鳴也文選鸚鵡賦注引韻略

啁 ｜調也廣雅釋詁四又文選任彥昇哭范僕射詩注引蒼頡篇○｜噍小鳥也呂覽求人｜噍巢於林注

咆 ｜嗥淮南覽冥襲穴而不敢｜注○｜勃怒貌也文選西征賦何猛氣之｜勃注○｜烋猶｜哮也自矜健之貌文選魏都賦吞滅｜烋劉注

鞘 ｜馬鞭頭也晉書音義下○鞽謂之｜廣雅釋器○馬鞻尾曰｜御覽三百五十九引通俗文

罺 ｜抑魚之器也文選吳都賦｜鱎鰕劉注○以薄｜魚曰｜爾雅釋器舍人注○｜今之撩罟爾雅釋器｜謂之汕注又孫注

詨 今吳人謂呼爲｜山海經北山經其名曰鶌其鳴自｜注

䫜 ｜顤顟大首深目之貌文選魯靈光殿賦｜顤顟而睽睢注

勦 勦取也廣雅釋詁一○｜猶擊也禮記曲禮上毋｜說注○｜擊取禮記曲禮上釋文○｜截也小爾雅廣言○勦截也書甘誓天用勦絕其命傳○勦絕也後漢竇憲傳注○｜盡也文選東京賦今公子苟好｜民以媮樂薛注○｜勞也左氏宣十六年傳無及於鄭而｜民注昭元年傳其以｜民也注又廣雅釋詁一

轈 ｜兵車高如巢以望敵也左氏成十六年傳釋文引字林

罞 ｜冒其頭也爾雅釋器注○麋罟謂之｜爾雅釋器○爾雅釋器釋文｜本作茅

嗃 ｜管聲也莊子則陽猶有｜也釋文

佼 ｜交也廣雅釋言

抓 丨壯交切文選枚乘諫吳王書注引字林

鵁 丨鶄鳥也似鳧文選吳都賦留丨鶄劉注○頭丨似鳧江東謂之魚丨爾雅釋鳥鵁頭丨注○丨似鳧而小山海經南山經有鳥狀如丨名曰瞿如注○丨音髐箭之髐同上○爾雅釋鳥鳽丨鶄釋文丨本作交鵁頭丨釋文丨本作鵁

姣 丨好也楚辭東皇太一靈偃蹇兮丨服注大招丨麗施只注○丨麗皆好貌呂覽達鬱公丨且麗注○娥㜲好也或謂之丨方言一○丨言丨潔也方言一注

樔 丨絕也漢書外戚傳上集注○詩南有嘉魚傳汕汕丨也釋文丨本作罺禮記禮運居橧丨釋文丨本作巢

謷 丨丨衆口愁聲也漢書食貨志上集注

嘐 丨丨志大言大者也孟子盡心下其志丨丨然注

掊 手把曰丨一切經音義二引通俗文○丨減也廣雅釋詁二○丨深也方言十三又廣雅釋詁三又孟子告子下丨克在位音義引丁音○丨克自伐而好勝人也詩蕩曾是丨克傳○丨克聚斂也詩蕩釋文

瓟 丨瓠也楚辭愍命丨蠡於筐簏注

訬 丨獪也廣雅釋詁四○丨健也晉書音義中○丨輕捷也後漢馬融傳注

鄛 丨音勦絕之勦漢書項籍傳集注引晉灼

脬 丨膀胱也史記扁鵲倉公傳風癉客丨正義○丨鞄也鞄空虛之言也主以虛承水汋也釋名釋形體○膀胱謂之丨廣雅釋親○盛尿處曰丨一切經音義四引三蒼○尿本曰丨一切經音義十五引通俗文○丨赴也夏月赴疾作之久則臭也釋名釋飲食○丨字或作胞史記扁鵲倉公傳索隱

颮 丨風之聚猥者也文選荅賓戲颮丨電激注引韋昭○丨丨衆多也後漢班彪傳注○丨丨衆多之貌也文選西都賦丨丨紛紛注○丨古飈字也同上

枹 丨霍首爾雅釋草○丨遒木爾雅釋木○樸屬叢生者爲丨爾雅釋木樸丨者注又孫注

䈰 丨與捎同文選長笛賦纖末奮丨注○丨或作筲漢書敘傳上音義

鄗 公羊桓十五年經公會齊侯于丨穀梁作蒿

㾖 丨痛而謼也顏氏家訓風操引蒼頡篇

摎 丨繞也漢書五行志中之下集注○丨交人也管子大匡朋友不得相合丨注○丨謂相擾也太元攡死生相丨注

捊 丨取也易象上傳君子以丨多益寡虞注又釋文又廣雅釋詁一

巢 丨高也廣雅釋詁四

轇 丨輵雜亂貌文選東京賦闟戟丨輵薛注

㑲 丨盛也方言二又廣雅釋詁二○陳宋之間曰丨方言二○丨侼麤大貌方言二注

娋 丨姊也方言十二又廣雅釋親

○以下據廣韻録

絞 集韻絞或从交○丨蒼黄之色也(禮記玉藻)絞衣以裼之注又(後漢禰衡傳)注○采青黄之閒曰絞(禮記雜記上)絞屬下池下注○絞衾尸之飾(禮記檀弓下)制絞衾注○絞既斂所用束堅之者(禮記喪大記)小斂布絞縮者一注○絞所以收束衣服爲堅急者也以布爲之(儀禮士喪禮)絞橫三縮一注○己衣所以束之曰絞衿紟絞交也交結之也衿禁也禁繫之也(釋名釋喪制)

漻 丨滈廣深之貌(文選海賦)丨轇浩汗注

鷯 丨鴟老鵄也(廣雅釋鳥)

烄 丨乾也(廣雅釋詁二)

摷 集韻訬或作摷○丨取也(廣雅釋詁一)○浮取曰丨一切經音義四引(通俗文)○丨動也(廣雅釋詁

二)○丨擊也(廣雅釋詁三)

驍 丨健也(廣雅釋詁二)○丨疾也捷也一切經音義十二引(聲類)

狍 丨鴞左傳所謂饕餮是也(山海經北山經)鉤吾之山有獸焉名曰丨鴞注

○以下據集韻録

嗃 丨矢矢之猛者(莊子在宥)焉知曾史之不爲桀跖丨矢也注○丨矢矢之鳴者(莊子在宥釋文)引向注○丨大呼也(莊子在宥釋文)引(字林)○(莊子在宥釋文)丨本亦作嗃

蠽 蜩蟧謂之丨蜩(方言十二)○江東呼爲丨蠽也(方言十一注)

隟 丨裂也(廣雅釋詁二)

經籍籑詁卷第十八

經籍籑詁卷第十八補遺 下平聲

兵部侍郎兼都察院右副都御史巡撫浙江等處地方提督軍務兼理糧餉阮元纂

三肴

肴 (說文)肴啖也从肉爻聲○丨覈食也(文選典引)丨覈仁誼之林藪蔡注○切肉爲殽(左氏宣十六年傳疏)○殽謂胾炙膾也(禮記曲禮上)○熟肉帶骨而臠曰殽(禮記曲禮上)左殽右胾疏

巢 (說文)丨鳥在木上曰丨在穴曰窠从木象形凡丨之屬皆从丨○鳥居謂之丨(詩鵲巢箋)室猶丨也疏○(爾雅釋樂)大笙謂之丨(風俗通聲音)作大笙謂之巢

交 (說文)丨脛也从大象丨形凡丨之屬皆从丨○丨謂丨接也(易大有)厥孚丨如疏○丨謂上下相

丨接也(荀子儒效)是言上下之丨注○丨謂丨通也(素問方盛衰論)陰陽并丨注○丨互互體也(素問六元正紀大論)上下丨互注○左右丨見是謂丨(素問五運行大論)陰陽丨者死注○兩國一往一來謂之丨(周禮司儀)凡諸侯之丨疏○丨俱也(小爾雅廣言)○丨共也(文選射雉賦)注引(國語)賈注○丨易也(小爾雅廣詁)○丨更也(同上)○丨報也(小爾雅廣言)○丨止也(淮南說林)丨畫不暢注○丨多友(太元元錯)○震爲丨(易象下傳)丨相愛也虞注○巽爲丨(易漸)或得其桷虞注○丨韔丨二弓於韔弓也(詩小戎)丨韔二弓箋○(孟子盡心上)豕丨之也(論語皇疏)丨作畜

郊 (說文)苑距國百里爲丨从邑交聲○丨田也(文選上林賦)悉爲農丨注引張揖○丨謂丨道衝要之處也(漢書汲黯傳)楚地之丨也注○丨交道四通處也(漢書鄭當時傳)常置驛馬長安諸丨注引如淳○

郭外曰丨易坤龍戰於野干注○丨者是境上之地
易需需于丨注○邑外謂之丨漢書郊祀志上故曰
丨注公孫宏傳麟鳳在丨藪注又文選上林賦悉爲
農丨注引張揖○邑外曰丨史記魯世家魯人三丨
三隧集解引書王肅注又呂覽行論遂舍于丨注○
邑外爲丨左氏昭九年傳入我丨甸注又御覽五百
廿八引月令章句○丨近丨也國語齊語桓公親迎
之于丨注○丨外據百里周禮方士注其職掌邦國
都鄙稍甸丨野之地域疏○丨尹治丨竟大夫左氏
昭十三年傳而使爲丨尹注○丨是祭天之處也書
金縢疏○古者天子夏親丨祀上帝於丨故曰丨漢
書郊祀志上○丨祭天也禮記禮器注啟蟄而丨疏
又淮南人閒丨望禘嘗注○丨謂祀天周禮內宰注
其禘丨也疏○丨謂祭五天帝於四丨周禮司裘注
王將有丨廟之事疏○丨卽圜邱禮記郊特牲疏引
聖證論○丨亦稱禘禮記郊特牲丨特牲而社稷大

牢疏○丨謂於南丨祭感生之帝同上○丨所以明
天道也禮記郊特牲○丨之祭大報天而主日配以
月禮記祭義○丨祀天祈農事左氏桓五年傳啟蟄
而丨注○丨者拜百王於上天而祭祀之也荀子禮
論○詩元鳥傳祈于丨禖釋文本亦高禖

茅 說文丨菅也从艸矛聲○丨草有三脊也漢書郊
祀志上江淮閒一丨三脊注引服虔○丨謂靈丨
也漢書郊祀志上注引張晏○丨絜白之物也詩靜
女自牧歸荑箋○丨蒐一名茜可以染絳爾雅釋草
李注○丨蒐一名蒨可以染絳爾雅釋草孫注○丨
鴟鴞也爾雅釋鳥釋文引廣雅○爾雅釋蟲丨蜩釋
文本或作蟊

嘲 說文新附嘲謔也从口朝聲漢書通用啁

鈔 說文丨叉取也从金少聲

包 說文丨象人褢妊巳在中象子未成形也元气起
於子子人所生也男左行三十女右行二十俱立
於巳爲夫婦褢妊於巳巳爲子十月而生男起巳至
寅女起巳至申故男秊始寅女秊始申也凡丨之屬
皆从丨○丨謂丨含易蒙丨蒙吉疏○丨裹取之漢
書匈奴傳上善爲誘兵以丨敵注○丨謂丨藏陰謀
周書周祝維彼幽心是生丨注○丨叢生也書禹貢
草木漸丨釋文○丨茅菁茅丨匭之也左氏僖四年
傳爾貢丨茅不入買注○讀丨爲庖書孔序古者伏
犧氏之王天下也疏引顧氏○書禹貢草木漸丨釋
文字或作苞

膠 說文丨脃也作之以皮从肉翏聲○丨盭邪屈也
文選上林賦宛潬丨盭注引司馬彪○丨轕猶交

加也漢書司馬相如傳下雜遝丨轕以方馳注○丨
葛猶言丨加也漢書楊雄傳上其相丨葛兮注○詩
風雨鷄鳴丨丨玉篇口部作鷄鳴嘐嘐

爻 說文丨交也象易六丨頭交也凡丨之屬皆从丨
○丨易丨也文選魏都賦思重丨劉注○丨也者
效此者也易繫辭下傳○道有變動故曰丨同上○
丨者效也易略例○丨者適時之變者也同上○外
臺之四隅張赤帟爲諸侯欲息者皆息焉命之曰丨
閣周書王會○諸侯稱丨周書王會注

苞 說文丨艸也南陽以爲麤履从艸包聲○丨藨也
漢書司馬相如傳上葴析丨荔注引張揖○丨本
也易否繫于丨桑疏○丨屨謂藨蒯之草爲齊衰喪
屨禮記曲禮下疏○裹肉曰丨苴周禮天官序官庖
人疏○丨當作彪易蒙丨蒙釋文引鄭注○詩晨風
山有丨櫟爾雅釋木注作枹櫟

梢 說文丨木也从木肖聲○丨竿也漢書禮樂志飾玉丨以舞歌注○丨擊也文選風賦注引漢書韋昭注○丨與旓同漢書楊雄傳上被雲丨注

蛟 說文丨龍之屬也池魚滿三千六百丨來爲之長能率魚飛置笱水中即丨去从虫交聲○丨龍水蟲之神者也管子形勢解○丨魚屬淮南說林丨在其下注時則乃命漁人伐丨注又呂覽季夏命漁師伐丨注○丨鼉蓋象丨形荀子禮論丨鼉注○丨鼉以丨魚皮爲之荀子禮論注引徐廣

庖 說文丨廚也从广包聲○丨者今之廚周禮天官序官丨人疏○丨取也易繫辭下包犧氏釋文引鄭注○丨正掌膳羞之官左氏哀元年傳爲之丨正注○胞人掌宰割者也漢書百官公卿表上胞人都水均官三長丞注○胞與丨同漢書百官公卿表上注東方朔傳館陶公主胞人臣偃注

匏 說文丨瓠也从包从夸聲包取其可包藏物也○丨瓠也詩匏有苦葉釋文又漢書郊祀志下其器陶注○丨笙也國語楚語而以金石丨竹之昌大囂庶爲樂注○丨之爲言施也牙也白虎通禮樂

坳 說文丨地不平也从土幼聲

敲 說文丨橫撾也从攴高聲

胞 說文丨兒生裹也从肉从包○丨謂胎之衣也漢書外戚傳下善藏我兒丨注○丨音丨胎之丨也漢書東方朔傳同丨之徒注引蘇林

抛 說文新附丨棄也从手从尢从力或从手票聲

鮫 說文丨海魚皮可飾刀从魚交聲○丨是大魚之名左氏昭二十年傳疏

鐃 說文丨小鉦也軍法卒長執丨从金堯聲○丨鐲鐸也史記樂書復亂以飾歸正義

骹 說文丨脛也从骨交聲

炮 說文丨毛炙肉也从火包聲○炰毛炙肉也即今所謂爊也漢書楊惲傳亨羊炰羔注○炰毛燒肉也詩韓奕疏引字書○丨與庖同也漢書律麻志下丨犧神農黃帝注○故書丨作泡杜子春讀丨爲苞有苦葉之苞周禮壺涿氏注○詩蕩女炰烋于中國文選注六作咆烋于中國

髾 說文丨燕尾也漢書司馬相如傳下曳彗星而爲丨注引張揖

筲 丨竹器也漢書谷永傳永斗丨之材注

哮 說文丨豕驚聲也从口孝聲

呶 說文丨讙聲也从口奴聲詩曰載號載丨

捎 說文丨自關已西凡取物之上爲撟丨从手肖聲○丨亦拂之類今人謂拂爲拂丨左氏襄廿九年傳注象箾舞所執疏

譊 說文丨恚呼也从言堯聲○丨即讙字爾雅釋言注言詾丨釋文

麃 說文麞屬从鹿𤐫省聲○丨鹿屬也形似麞牛尾一角漢書郊祀志上獲一角獸若丨然注○丨者若鹿迅走周書王會○丨即麞也爾雅釋獸釋文引張揖○楚人謂麋爲丨史記孝武本紀一角獸若丨然索隱引韋昭

茭 說文丨乾芻从艸交聲一曰牛蘄艸○丨乾芻也漢書趙充國傳丨槀二十五萬二百八十六石注

○丨乾草也史記河渠書民丨牧其中耳索隱又漢書溝洫志注○丨丨草也漢書溝洫志搴長丨兮湛美玉注引如淳○丨竿也同上○竹箠組謂之丨漢書溝洫志注引臣瓚○丨竹箠絚也史記河渠書搴長丨兮沇美玉索隱○丨者交易陰陽代興也風俗通祀典

淆 說文殽相雜錯也从殳肴聲○殽謂亂雜也漢書食貨志下非殽雜爲巧注○殽效也禮記禮運殽於地疏殽以降命疏○殽之言效詩周頌譜殽以降命疏

虓 說文丨虎鳴也一曰師子从虎九聲○丨虎怒貌詩常武闞如丨虎釋文○詩常武闞如丨虎風俗通正失作闞如哮虎

泡 說文丨水出山陽平樂東北入泗从水包聲

媌 說文丨目裏好也从女苗聲

嶅 集韻嶅同○說文嶅山多小石也从山敖聲

怓 說文丨亂也从心奴聲

旓 丨者旌旗之旒漢書楊雄傳上被雲丨注

墝 說文磽磬石也从石堯聲○磽埆瘠薄也漢書賈山傳地之磽者注○丨埆謂地之瘠薄者也詩邱中有麻傳邱中丨埆之處疏

聱 說文新附丨不聽也从耳敖聲

筊 說文丨竹索也从竹交聲

咬 丨淫聲也文選笙賦哇丨嘲啁注○丨亦不正之聲也文選東京賦咸池不齊度於鼃丨注

啁 說文丨丨嘐也从口周聲○丨調也一切經音義廿二引三蒼○丨與謿同漢書東方朔傳詼丨而已注

咆 說文丨嘷也从口包聲○丨鳴也一切經音義廿三引廣雅

犛 說文丨西南夷長髦牛也从牛𠩺聲凡丨之屬皆从丨

鞘 謂弓頭爲丨丨簫之言亦相似也禮記曲禮上右手執簫疏

漅 丨湖在居巢文選江賦朱滻丹丨注

勦 說文丨勞也春秋傳曰安用丨民从力巢聲○丨絕也後漢書何敞傳論斷丨姦回之偪注○勦是

斬斷之義書甘誓疏○丨謂取人之說以爲已說禮記曲禮上毋丨說注○書甘誓天用勦絕其命釋文馬本作剿

巢 通作巢○巢高也言其聲高爾雅釋樂大笙謂之巢釋文○巢大笙音聲衆而高也爾雅釋樂舍人注

轈 說文丨兵高車加巢以望敵也从車巢聲春秋傳曰楚子登丨車○巢車車上爲櫓左氏成十六年傳楚子登巢車注

嗃 丨大呼也文選長笛賦錚鐄警丨注

佼 丨猶行也史記趙世家宜爲上丨索隱

【鵁】說文鵁鵁鶄也从鳥交聲一曰鵁鸕也○丨鶄頭鳥也漢書司馬相如傳上箴疵丨盧注引張揖○丨魚丨也史記司馬相如列傳鱥鳩丨鶄集解引郭璞

【姣】說文丨好也从女交聲○丨讀爲放效之效左氏襄九年傳棄位而丨服注

【樔】說文丨澤中守艸樓从木巢聲○丨者今之摷罟也詩南有嘉魚箋

【嘐】說文丨誇語也从口翏聲

【捁】丨捶也文選馬汧督誄注引廣雅○丨克不良之人孟子告子下丨克在位注○丨克聚斂也孟子告子下音義引丁音○定本丨作倍倍郎丨也詩蕩傳丨克疏

【訬】說文丨丨擾也一曰丨獪从言少聲讀若毚

【鄛】說文鄛南陽棗陽鄉从邑巢聲○丨字亦作巢漢書項籍傳居丨人范增注

【脬】說文丨膀光也从肉孚聲○丨盛尿者也一切經音義三引蒼頡○胞爲受納之司素問氣厥論胞移熱於膀胱注

【箾】說文丨陳畱謂飯帚曰丨从竹捎聲一曰飯器容五升一曰宋魏謂箸筩爲丨

【洨】說文丨水出常山石邑井陘東南入于泜从水交聲郁國有丨縣

【窙】丨窌巧老深空之皃文選長笛賦注

【莦】說文丨惡艸皃从艸肖聲

【倄】說文倄刺也从人肴聲一曰痛聲

【勹】說文丨裹也象人曲形有所包裹凡丨之屬皆从丨

【鞄】丨㼽柔革工考工記總目注有丨㼽釋文○鮑書或爲丨蒼頡篇有丨㼽考工記總目函鮑韗韋裘司農注

○以下據廣韻錄

【猇】丨音內言鴞漢書王子侯表上丨節侯起注引晉灼

【䢒】說文丨會也从辵交聲

【蝥】說文丨盤丨也从虫敄聲

【貓】說文新附丨貍屬从豸苗聲

【郇】說文郇地名从邑包聲

【嘮】說文丨丨呶讙也从口勞聲

○以下據集韻錄

【恔】說文丨憿也从心交聲

【㺒】說文丨犬獿咳吠也从犬翏聲

【𡥈】說文丨效也从子爻聲

【墽】說文丨磽也从土敫聲

【嗃】莊子在宥焉知曾史之不爲桀跖丨矢也釋文崔本作蒿或作矯

【骹】丨骨鐓也爾雅釋器注今之骨丨是也釋文引埤蒼

【蟂】青丨青蟏也廣雅釋蟲

獿〔說文〕丨丨獿也从犬夒聲

㵿丨候亭世謂此亭爲郤城蓋丨郤聲相近〔水經滑水注〕

○以下附錄䖪〔說文〕丨蝥丨也从䖵矛聲

經籍籑詁卷第十八補遺終

經籍籑詁卷第十九　下平聲

經筵講官南書房行走戶部左侍郎兼署兵部左侍郎前提督浙江學政阮元撰集

四豪

豪｜德千人者謂之｜鶡冠子博選能天○千人才曰｜楚辭大招｜傑執政注○才過百人曰｜呂覽功名人主賢則｜桀歸之注○材倍百人曰｜呂覽制樂幣帛以禮｜士注○倍百人爲｜呂覽誠廉｜士之自好者注○百人者謂之｜淮南泰族○百人爲｜呂覽知分此天下之｜英注又淮南氾論天下雄儁｜英注○十人者曰｜春秋繁露爵國○｜猶帥也史記韓長孺傳鴈門馬邑｜集解引張晏○｜酋｜也書旅獒序西旅獻獒馬注○｜狟猶也山海經西山經鹿臺之山其獸多白｜注○｜羊似髦牛

穆天子傳四｜羊注○｜猶髭也髭馬如馬足四節皆有毛穆天子傳｜馬｜牛注○｜芒纖微也後漢班彪傳下注○｜右大家也後漢明帝紀注○｜徼道也文選魏都賦｜徼互經劉注○｜古文勢同一切經音義六○詩車攻傳宗廟齊｜釋文｜依字作毫○禮記經解差若｜氂釋文｜依字作毫○莊子秋水遊于｜梁之上釋文｜本亦作濠

毫通作豪○豪長毛也文選西京賦注引聲類○毛之長者曰｜素問刺要論病有在｜毛腠理者注○乾謂之｜廣雅釋器○銳毛爲｜楚辭沈江秋｜微哉而變容注○豪毛也後漢岑彭傳注○｜謂筆｜也文選文賦或含｜而邈然注○｜筆｜也文選月賦抽｜進牘注○｜筆也文選文賦唯｜素之所擬注○爾雅釋獸貄肆｜釋文｜本或作豪爾雅釋畜未成｜狗釋文｜本作豪

操｜持也禮記曲禮｜右契釋文喪服四制注資猶｜也釋文引皇注又公羊成二年傳｜飲而至釋文又廣雅釋詁三又漢書高帝紀上集注高帝紀下集注食貨志下集注五行志中之下集注賈山傳集注張騫傳集注陳萬年傳集注貢禹傳集注匈奴傳下集注外戚傳下集注又荀子不苟｜之則得之注○｜謂｜持也方言十二賦與｜也注○｜執也史記酷吏傳｜下如束溼薪索隱又漢書劉向傳集注董仲舒傳集注○｜執持也素問平人氣象論如｜帶鉤注○｜迫也公羊莊三十年傳蓋以｜之爲已蹙矣注○｜縵雜弄禮記學記不學｜縵注○｜鈔也手出其下之言也釋名釋姿容○詩兔爰箋有所｜蹙也釋文｜本亦作懆今作躁○詩江漢箋非可以兵｜切之也釋文一本兵｜作急躁

條｜幍同○幍綸幘也晉書音書中○禮記雜記注若今時｜釋文｜本又作條同

髦｜毛也廣雅釋器○毛中之長豪曰｜爾雅釋言｜士官也釋文○｜俊也爾雅釋言又詩甫田烝我｜士傳棫樸｜士攸宜傳又思齊譽｜斯士釋文又儀禮士冠禮｜士攸宜注○｜選也爾雅釋言○｜士官也同上○｜者髮至眉子事父母之飾詩柏舟髡彼兩｜傳○兒生三月鬋髮爲鬌男角女羈否則男左女右長大猶爲飾存之謂之｜儀禮既夕記既殯主人說｜注○｜冒也冒覆頭頸也釋名釋形體○｜夷｜也詩角弓如蠻如｜傳○｜西夷別名詩角弓箋○前高曰｜邱如馬舉頭垂｜也釋名釋邱○｜馬不鬋落也禮記曲禮下乘｜馬注○螳螂謂之｜方言十一○｜顛蕀爾雅釋草○今文｜爲毛儀禮既夕記馬不齊｜注○｜古文髳同一切經音義二○爾雅釋畜注｜牛也釋文｜本又作旄同○詩柏舟髡彼兩｜說文髟部作紞彼兩髮

刀 ｜到也以斬伐到其所乃擊之也釋名釋兵○離｜爲｜易歸妹士刲羊虞注○鸞｜宗廟割切之｜環有和鋒有鸞公羊宣十二年傳右執鸞｜注○古者記事書於簡冊謬誤者以｜削而除之故曰｜筆後漢劉盆子傳注○｜墨謂以｜刻其額而墨窒之國語周語有斧鉞｜墨之民注○｜礪小｜及礪蠪也禮記內則｜礪注○｜錢也荀子榮辱然而食不敢有酒肉餘｜布注○｜布錢｜之謂文選魏都賦｜布貿而無算劉注○爾雅釋魚鮤鱴｜釋文｜字亦作魛

萄 西域出蒲｜一切經音義九引通俗文

猱 集韻夒猱同○｜母猴也爾雅釋獸｜蝯善援孫注○夒獮猴也禮記樂記及優侏儒獶雜子女注○｜亦獮猴之類爾雅釋獸蒙頌｜狀注○｜獮猴也楚人謂之沐猴初學記引毛詩草蟲經○｜狙獮

猴也廣雅釋獸○｜猿屬詩角弓毋教｜升木傳○｜猨屬也文選曹子建樂府白馬篇仰手接飛｜注○｜似猿文選吳都賦射｜挺劉注○｜蝯善援爾雅釋獸○夒獶也廣雅釋詁四○獶或爲優禮記樂記注○爾雅釋獸蒙頌｜狀釋文｜本或作獶

襃 有土嘉之曰｜公羊隱元年傳｜之也注○｜明長襦也廣雅釋器又方言四｜明謂之袍注○｜國也詩正月｜姒滅之傳○｜姒姓之國國語晉語周幽王伐有｜注○｜斜漢中谷名南谷名｜北谷名斜首尾七百里後漢順帝紀注○｜拜今時持節拜是也周禮大祝八曰｜攈司農注○造橋碑一以裒賢君｜作裒

桃 ｜木名詩桃夭序釋文○｜有華之盛者詩桃夭｜之夭夭傳○｜也者杝｜也大戴記夏小正煑

｜傳○｜所以逃凶也左氏昭四年傳｜弧棘矢服注○｜鬼所畏也周禮戎右贊牛耳｜茢注○｜枝竹屬也文選蜀都賦靈壽｜枝劉注○｜枝四寸有節爾雅釋草○｜蟲鷦爾雅釋鳥○｜蟲鷦也詩小毖肇允彼｜蟲傳○｜蟲今鷦鷯微小黃雀也文選鷦鷯賦題注引毛詩義疏○｜林在華山東書武成放牛于｜林之野傳○｜林秦晉之塞也呂覽愼大稅牛於｜林注○左氏僖廿四年傳頹叔｜子釋文｜本或作姚定十四年傳｜甲釋文｜本又作姚○左氏襄十七年經圍｜公羊作洮

糟 ｜醇也禮記內則稻醴清｜注○｜酒滓也莊子天道古人之｜魄已矣釋文引李注又淮南道應是直聖人之｜粕耳注又一切經音義三引淮南許注○酒滓曰｜文選文賦注引莊子李頤注○｜醫酏不泲者泲曰清不泲曰｜周禮酒正共后之致飲于賓客之禮醫酏｜注○｜音聲與蒨相似周禮酒

正辨四飲之物司農注○｜當爲精法言重黎｜莩曠沈柳注○｜籀文作醩同一切經音義三○儀禮士冠禮注重醴清｜釋文｜劉本作蒨

漕 ｜衛邑也詩擊鼓土國城｜傳○｜衛東邑詩載馳言至于｜傳

旄 ｜｜牛尾也禮記樂記及干戚羽｜謂之樂注又國語晉語羽｜齒革注○｜舞者氂牛之尾周禮樂師有｜舞司農注○｜｜牛尾舞者所持以指麾周禮春官序官｜人注○｜葆也史記司馬相如傳總光耀之采｜索隱引漢書音義○｜旌也淮南原道傳｜象注○｜干｜詩出車建彼｜矣傳注○注｜于干首大夫之旃也詩干旄孑孑干｜傳○｜者所以誓勤兵士管子小匡糞除其顛｜注○｜｜牛也呂覽本味｜象之約注○白｜｜牛尾書牧誓右秉白｜馬注○朱｜｜牛尾赤色者也文選東京賦

朱｜青犀薛注○潘侯之山有獸焉其狀如牛而四
節生毛名曰｜牛山海經北山經○｜毛犛長爾雅
釋獸犛大麢｜毛狗足注○｜騎｜頭之騎也後漢
公孫述傳注○｜冬桃爾雅釋木○｜澤柳同上○
前高｜邱爾雅釋邱○前高後下曰｜邱詩旄邱｜
邱之葛兮傳○｜牛或作㹀牛山海經北山經敦薨
之山其獸多｜牛注○｜讀近䊸繆之繆急氣言乃
得之淮南墬形多｜犀注○爾雅釋邱釋文｜字林
作犛又作㹀○左氏宣二年傳趙
盾爲｜車之族釋文｜一作軞

袍
｜丈夫著下至跗者也｜苞也苞内衣也婦人以
絳作衣裳上下連四起施緣亦曰｜義亦然也釋
名釋衣服○褒明謂之｜方言四○｜襺也爾雅釋
言又詩無衣與子同｜傳○｜衣前襟也公羊哀十
四年傳涕沾｜注○｜褻衣禮記喪大記｜必有表
注○襺｜衣有著之異名也禮記玉藻纊爲襺緼爲
｜注

撓
｜攪也一切經音義十二引聲類又漢書息夫躬
傳集注鼂錯傳集注匈奴傳下集注二見王莽傳
集注又後漢隗囂傳注○｜擾也一切經音義十四
引字林又國語吳語｜亂百度注○｜弱也呂覽高
義則荊國終爲天下｜注○｜屈也國語晉語抑｜
志以從君注○｜曲也呂覽知度枉辟邪｜之人退
矣注○｜曲屈也禮記
學記注｜角幹也釋文

蒿
｜菣爾雅釋草○｜菣也詩鹿鳴食野之｜傳○
其｜青蘋也廣雅釋草○草｜青｜也同上○｜
耗也國語晉語使民｜焉忘其安樂注○｜亂也莊
子駢拇｜目而憂世之患釋文引司馬注○｜謂氣
蒸出貌也｜或爲藨禮記祭義君｜悽愴注○｜目
快性之貌莊子駢拇釋文引李注○｜讀爲郊周禮

截師以宅田士田賈
田任近郊之地杜注

濤
潟波也廣雅釋水○｜水波也文選思元賦水泫
沄而涌｜舊注○｜大波也後漢班彪傳上注引
蒼頡篇又文選吳都賦混｜并瀨劉注○大波爲｜
也一切經音義廿五引三蒼○還者爲｜淮南人間
起波
｜注

臯
｜之言高也禮記明堂位天子｜門注○｜局也
廣雅釋言○｜緩也左氏哀廿一年傳魯人之｜
注○｜之言號周禮樂師｜舞注○｜長聲也儀禮
士喪禮曰｜某復三注○神｜接神之聲文選西京
賦寔惟地之奧區神｜薛注○｜澤也詩鶴鳴鶴鳴
于九｜傳又楚辭招魂｜蘭被徑兮注又文選洛神
賦爾迺稅駕乎蘅｜注○澤曲曰｜離騷步余馬於
蘭｜兮注湘君朝騁鶩兮江｜注○九｜九折之澤

詩鶴鳴釋文引韓詩○｜澤中水溢出所爲坎詩鶴
鳴箋○臯水旁地也史記孝武紀閒者河溢臯陸正
義引顏師古○水田曰｜文選秋興賦耕東｜之沃
壤兮注○｜池也廣雅釋地○王之郭門曰｜門詩
緜乃立｜門傳○外門曰｜門詩緜箋○五月爲｜
爾雅釋天○北辰爲｜宗通典引書禮于六宗說○
｜稽天神也淮南墬形｜稽閶闔風之所生也注○
｜陶鼓木也考工記韗人爲｜陶司農注○｜｜琄
琄刺素食也爾雅釋訓○｜｜不治之貌爾雅釋訓
舍人注○｜｜頑不知道也詩召旻｜｜訿訿傳○
｜牢猶牢籠也後漢馬融傳注○｜讀爲卒嘷呼之
嘷周禮大祝來瞽令｜舞注○｜當爲告周禮樂師
詔來瞽｜舞司農注○臯當爲宰荀子大略孔子望
其壙臯如也注○臯兮澤片顏氏家訓書證○爾雅
釋訓釋文｜樊本作浩○爾雅釋天五月爲｜釋文
｜或作高同○左氏宣二年經晉趙盾弒其君夷｜

公羊作獆○左氏定四年經盟于丨鼬穀梁作浩油
○虞書丨陶列女傳作睪○韓詩外傳丨魚說苑作
邱吾子○左氏僖卅二年傳夏后丨竹書作昊○左
氏哀廿六年傳越丨如春秋繁露九作大夫睪新序
耳痺作渠如吳越春
秋歸國外傳作句如

號　丨諦也爾雅釋言○丨呼也詩碩鼠誰之永丨傳
又左氏宣十二年傳丨申叔展釋文又國語晉語
公丨慶鄭注又後漢張衡傳注又楚辭天問蓱丨起
雨注何丨於市注又文選思元賦丨馮夷俾清津兮
舊注○丨鳴也廣雅釋詁二○丨哭也左氏宣十二
年傳丨而出之注○禮以哭有言者爲丨顏氏家訓
風操○如丨如人丨哭山海經中山經昆吾之山有
獸焉其音如丨名曰蠪蚔注○丨哭也漢書王莽
傳下集注○丨咷啼呼也易同人同人先丨咷而後
笑釋文○丨咷哀呼也後漢崔駰傳注○丨咷讙呼
楚辭離世孽子之丨咷兮注○丨咷憂聲也太元樂
丨咷倚戶注○丨呶丨呼讙呶也詩賓之初筵載丨
載呶傳○丨讀爲胡聲相近荀子哀公君丨然也注
○丨或作設設亦呼耳山海經西山經崦嵫之山有
鳥焉其鳴自丨也注○禮記曲禮注丨呼之聲也釋
文丨本又作啼○冀州從事郭君碑下商號咷鄭固
碑仰號焉
告丨作號

陶　治土器曰丨書梓材若作梓材馬注○丨謂窯也
莊子馬蹄丨者曰我善治埴釋文○丨作瓦器呂
覽愼人丨于河濱注○丨作瓦家也舜始爲丨于河
濱一切經音義十四引蒼頡篇○丨夏臣昆吾更增
加也一切經音義十八引世本○丨人作瓦器之官
也淮南精神譬猶丨人之埏埴也注○丨人瓦工也
荀子性惡故丨人埏埴而爲器注○丨治也史記魯
仲連鄒陽傳獨化於丨鈞之上索隱引張晏○丨謂

丨治以成之後漢黨錮傳注○丨瓦器也禮記曲禮
注丨梓之器釋文又後漢班彪傳下注○丨器瓦器
也呂覽仲冬丨器必良注又淮南時則丨器必良注
○丨變也一切經音義五引詩上帝甚陶注○丨除
也廣雅釋詁三○丨化也太元元告而天地彌丨之
謂神明不窮注○丨養也秦或曰丨方言一○丨養
也方言十三又廣雅釋詁一又太元元攡資丨虛無
注○丨暢也文選七發注引韓詩章句○丨喜也文
選謝靈運酬從弟惠連詩共丨暮春時注○丨喜也
憂也廣雅釋言○丨鬱丨也禮記檀弓下人喜則斯
丨注○丨丨和樂貌詩君子陽陽君子丨丨傳○丨
丨猶陽陽也詩君子陽陽箋○丨丨長貌楚辭哀歲
冬夜兮丨丨注○丨丨盛陽貌也楚辭懷沙丨丨孟
夏兮注○丨丨猶炎熾也後漢張衡傳注○丨丨驅馳
之貌詩淸人駟介丨丨傳○丨丨遂遂相隨行之貌
禮記祭義及祭之後丨丨遂遂注○丨遨心無所繫
楚辭守志遊丨遨兮養神注○再成爲丨邱爾雅釋
邱○丨邱邱再成書禹貢東出于丨邱北傳○再成
曰丨丨邱於高山上一重作之如丨竈然也釋名釋邱
○丨丨唐帝堯氏書五子之歌惟彼丨唐傳○丨唐堯
號山海經海內經有九邱名曰丨唐之邱注○蒲丨
有白黑黃三種一切經音義六引廣雅○丨大牢反
一切經音義二引字林○丨又作匋一切經音義二
○丨當爲檮杌之檮荀子榮辱丨誕突盜注彊國丨
誕比周以相與注○丨當爲逃同上○莊子逍遙遊
猶將丨鑄堯舜者也釋文丨本亦作鞠○虞書皐丨
離騷書大傳
說文並作繇

鼇　丨蟹首上如鉞者荀子勸學蟹六跪而二丨注

翱　丨敖也言敖游也釋名釋言語○翼一上一下曰
丨淮南覽冥丨翔四海之外注○丨翔猶彷徉也

詩載驅齊子丨翔傳○丨翔猶傾仰也淮南原道與化丨翔注○丨翔猶逍遙也詩羔裘羔裘丨翔鑒○丨翔浮游也廣雅釋訓○丨翔將遠逝也後漢張衡傳注○丨翔鳥之高飛翼上下曰丨直刺不動曰翔淮南俶眞雖欲丨翔其勢焉得注

鼇 丨巨龜也文選吳都賦注引元中記又列子湯問使巨丨十五釋文○丨大龜也後漢張衡傳注又楚辭天問丨戴山抃注何號于市注○丨海中大龜也力負蓬瀛壺三山一切經音義十九引字林○丨古之大獸也論衡談天

敖 或作遨○丨遊也詩鹿鳴嘉賓式燕以丨傳又詩君子陽陽右招我由丨釋文又後漢張衡傳注○遨遊也楚辭疾世從廬遨兮棲遲注○丨戲也廣雅釋詁三○丨謂遊戲也漢書廣川惠王越傳集注○

丨調弄也史記天官書蒼箕爲丨客曰口舌索隱引宋均○丨喧噪也荀子彊國百姓讙丨注○丨傲也爾雅釋言○仇仇丨丨傲也爾雅釋訓○慢而不恭曰丨管子宙合若丨之在堯也注○不成君無謚號者楚皆謂之丨左氏昭十三年傳實訾丨注○丨丨長貌詩碩人碩人丨丨傳○丨丨猶頎頎也詩碩人箋○丨地名詩車攻搏獸于丨傳○丨鄭地今近滎陽詩車攻箋○丨鄭地今之河南滎陽也文選東京賦薄狩于丨薛注○丨讀爲熬荀子富國天下丨然若燒若焦注○丨亦讀爲嗷荀子彊國百姓讙丨注○詩柏舟以丨以遊釋文丨本亦作遨莊子列禦寇無所求食而丨遊釋文丨本又作遨○爾雅釋訓釋文丨本又作謷又作嗷同○檀弓黔丨風俗通愆禮作黔傲廣韻注作黔敖○左氏桓十一年傳楚莫丨漢書五行志作莫囂淮南修務訓作莫囂

曹 丨輩也史記平準書分丨往索隱引如淳黥布傳率其丨偶索隱又漢書食貨志下集注英布傳集注劉向傳集注爰盎傳集注引如淳燕刺王旦傳集注東方朔傳集注霍光傳集注外戚傳下集注又後漢光武紀上注郭伋傳注班超傳注列女傳注○丨偶也小爾雅廣言又楚辭招魂分丨竝進注○丨偶猶等輩也史記扁鵲倉公傳丨偶可人索隱○丨羣也詩公劉乃造其丨傳又左氏昭十五年傳使丨逃注又國語周語民所丨好注○丨眾呂覽知度貪得僞詐之丨遠矣注○丨者眾也三國杜瓊傳注○楚人名布爲丨今俗閒以始織布繫著其旁謂之丨布淮南說林丨氏之裂布蛷者貴之注○史記殷紀丨圉索隱引系本作槽圉禮祭法疏引世本作遭圉

鼗 鞀鞉竝同○鞉導也所以導樂作也釋名釋樂器○丨如鼓而小持其柄搖之旁耳還自擊周禮小師掌教鼓丨柷敔塤簫管絃歌注○丨如鼓而小有柄儀禮大射儀丨倚于頌磬西紘注○鞉小鼓也詩有瞽鞉磬柷圉傳又詩那置我鞉鼓釋文○丨小鼓也文選東京賦鼖鼓路丨薛注○鞀鞀鼓也論語微子播鞀武皇疏○鞀者震之氣也白虎通禮樂○鞉鼓樂之所成也詩那傳○鞀鞞所以節樂也呂覽仲夏修鞀鞞注○柷丨皆所以節樂禮記王制則以丨將之注○鞀古丨字漢書楊雄傳下集注

遭 丨遇也華嚴經音義上引韓詩傳又國語鄭語未既亂而丨之注又後漢耿純傳注馮衍傳注又素問瘅論病氣勝陽丨陰注○丨逢也史記孝武紀丨聖則與正義又後漢張元傳注○丨者逢也史記絳侯周勃世家太后以冒絮提文帝索隱

餻 丨餌也廣雅釋器○餌謂之丨方言十三

篙所以刺船謂之篙方言九○丨謂刺舩竹長二丈以鐵爲鏃者也一切經音義十五引淮南許注

羔丨羊子也楚辭招魂臑鼈炮丨注○丨小羊也周禮羊人凡祭祀飾丨注○小者曰丨後漢王渙傳注引韓詩章句○小曰丨詩羔羊丨羊之皮傳○丨者烏羊也論語鄉黨緇衣丨裘皇疏○丨者羊也說苑修文○丨小羊取其羣而不失其類周禮大宗伯卿執丨注○丨取其從帥羣而不黨也儀禮士相見禮上大夫相見以丨注○上大夫用丨取其從羣帥而不黨也穀梁莊廿四年傳男子之贄丨鴈雉腒注○丨者取其跪乳遜順也白虎通衣裳○卿用丨丨取其執之不鳴殺之不號乳必跪而受之類死義知禮者也公羊莊廿四年傳腶脩云乎注○兊爲丨易說卦傳○丨羊腹時也大戴記夏小正初俊丨助厥母粥傳

高丨皐也最在上皐韜諸下也釋名釋親屬○丨穹丨也書大傳五分內以一爲丨注○丨上也廣雅釋詁一○丨者言最在上爾雅釋親會祖王父之考爲丨祖王父注○丨大國策秦策丨其知注齊策志丨而揚注夫救趙丨義也注○丨遠也廣雅釋詁一○丨貴也國策秦策張子必丨子注又呂覽離俗天下愈丨之注○丨敬也廣雅釋詁一○丨養也同上○巽爲丨易說卦傳同人升其丨陵虞注蠱丨尚其事虞注象下傳積小以成丨大虞注○度丨下曰丨周禮凌人注釋文○丨下猶屈伸也御覽引左氏宣十五年傳丨丨下在心舊注○丨丨起臺榭也國語吳語丨丨下下注○丨明謂樓觀也禮記月令可以居丨明注○丨車其蓋丨立乘載之車也釋名釋車○丨遠三辰也禮記樂記窮丨極遠而測深厚注○丨明猶元爽也左氏文五年傳丨明柔克注○丨梁晉地國語晉語懷公奔丨梁注○丨下原隰也荀子王制相丨丨下注○卑丨謂山澤也禮記樂記卑丨已陳注○丨丨山四嶽也詩般陟其丨山傳○丨山謂岐山也詩天作天作丨山箋○丨陵也淮南脩務肥墝丨下注○丨膏也素問生氣通天論丨梁之變注通評虛實論肥貴人則丨梁之疾也注

嘈囋聲也廣雅釋詁四○丨丨衆聲也文選魯靈光殿賦注引埤蒼○丨啐聲貌文選長笛賦注引埤蒼○丨囐鼓聲文選東京賦奏嚴鼓之丨囐薛注○丨與傮古字通文選魏都賦傮響起注

搔丨摩也禮記內則而敬抑丨之注○丨謂抓也漢書枚乘傳集注○丨勞也淮南汜論厭文丨法注○丨先牢切文選枚叔諫吳王書注引字林

毛丨貌也冒也在表所以別形貌且以自覆冒也釋名釋形體○丨須髮也國語楚語至於手拇毛脈注○丨髮也國語齊語班序顚丨注○髮鬢髮白爲二丨穀梁文十一年傳不禽二丨注○二丨有白髮者淮南汜論不獲二丨注○老者二丨故曰丨周禮司儀王燕則諸侯丨司農注○皮丨者肺之合也素問欬論○丨秋脈金氣也素問平人氣象論胃而有丨曰秋病注○鼓一陰曰丨素問陰陽別論○丨輕也廣雅釋詁三○丨草也左氏隱三年傳澗溪沼沚之丨注昭七年傳食土之丨注又廣雅釋草又後漢馮衍傳注楊終傳注馬融傳注又莊子逍遙遊窮髮之下釋文○凡地之所生謂之丨穀梁定元年傳丨澤未盡注○丨謂嘉苗管子七臣七主而欲土地之丨注○墝埆不生五穀曰不丨公羊宣十二年傳錫之不丨之地注○地丨莎隮也廣雅釋草○丨物貂狐貒貉之屬縟丨者也周禮大司徒其動物宜丨物注○丨蟲虎狼之屬呂覽觀表丨羽裸鱗注○丨旄牛尾書禹貢齒革羽丨傳○丨羣獸屬也文選吳都賦

丨羣以齒角爲刀鈇劉注○丨丨羣獸也文選蜀都賦
丨丨羣陸離劉注○丨擇丨也周禮小宗伯六牲注○
丨丨言擇牲取其丨色也山海經南山經凡誰山之首
其祠之禮丨注○丨以告純也詩信南山以啟其丨
箋○不丨不純色公羊文十三年傳羣公不丨注○
丨馬齊其色也周禮校人丨馬而頒之注○丨魚豚
也詩閟宮丨魚胾羹傳○倒丨倒牲理之也山海經
中山經禾山帝也其祠太牢之具羞瘞倒丨注○燕
語呼丨爲無水經㶟水注引地理風俗記○丨字作
無今俗語猶然者或古亦通後漢馮衍傳注○周禮
司儀王燕則諸侯丨釋文丨劉本作髦○書堯典鳥
獸丨毨周禮司裘注作鳥獸毴毨○書堯典鳥獸氄
丨說文毛部作鳥獸毴髦○書禹貢厥貢羽丨齒
革史記夏本紀漢書地理志作厥貢羽旄齒革

滔 丨漫也書堯典象恭丨天傳又廣雅釋言又漢書
萬石君奮傳集注引晉灼王尊傳集注王莽傳贊

集注敘傳上集注又後漢董卓傳注又山海經海內
經洪水丨天注又文選幽通賦巨丨天而泯夏兮曹
注○丨蕩也淮南本經共工振丨洪水注○丨慢也
左氏昭廿六年傳官不丨注○丨丨亂貌漢書敘傳
上集注引鄧展○丨曼長也淮南詮言自死而天下
無窮爾丨矣注○丨謂充也管子君臣下心道進退
而刑道丨趍注○丨大也淮南墬形注○丨大貌淮
南精神丨乎莫知其所止息注○丨廣大貌詩江
漢武夫丨丨傳○丨丨行貌楚辭謬諫年丨丨而日
遠兮注○丨丨者猶周流也論語微子皇疏○丨丨
者周流之貌也論語微子丨丨者天下皆是也集解
引孔注○丨丨往來貌也太元常丨丨往來注○丨
蕩廣大貌也楚辭怨思鴻溶溢而丨蕩注○丨窕不
滿密也淮南本經小而行大則丨窕而不親注○丨
涸如水之丨漫或竭涸也文選嘯賦橫鬱鳴而丨涸
注○東方曰丨風呂覽有始○丨風震氣所生一曰

淸明風呂覽有始注○西南戎州曰丨土淮南墬形
又後漢張衡傳注引河圖○丨丨大水貌詩四月丨
丨江漢傳○丨丨流貌詩載驅汶水丨丨傳○丨與
謟音義同文選西京賦天命不丨注○論語微子釋
文丨鄭本作悠悠○書堯典象
恭丨天史記五帝紀作似恭漫天

騷 丨愁也國語晉語遍者丨離注又楚辭離騷序○
丨憂也史記屈原賈生傳而作離丨索隱引應劭
又漢書馮奉世傳贊集注○離丨者猶離憂也史記
屈原賈生傳○憂動曰丨漢書賈誼傳集注○丨擾
也廣雅釋詁三又國語鄭語王室方擾注○丨動也
爾雅釋詁又詩常武徐方繹丨傳韓奕箋王室始丨
釋文○丨亦動也後漢李通傳注○丨搖動貌爾雅
釋詁注○丨丨急疾貌禮記檀弓丨丨爾則野釋文
○丨蹇也吳楚偏蹇曰丨方言六○丨蹇也廣雅釋
詁三○丨臭也山海經北山經晉水其中多鮆魚食

之不驕注○丨丨風勁貌文選思元賦拂穹岫之丨
丨注○丨屑風聲貌楚辭思古風丨屑以搖木兮注
○丨殺垂貌文選東京賦飛流蘇之丨
殺注○丨作嫂史記屈原賈生傳索隱

韜 縚同○丨藏也後漢姜肱傳注○丨緩也廣雅釋
詁二○丨寬也廣雅釋詁三○縚索也小爾雅廣
器○丨弓藏也廣雅釋器○丨弓衣也詩彤弓傳櫜
丨也釋文○今文丨爲韜儀禮鄉射禮記以鴻脰丨
上二尋注○論語公冶長注南宮丨釋文丨本又作
縚同○詩彤弓傳釋文丨本又作弢○儀禮士昏禮
注纚縚髮釋文縚本又作弢同禮記喪大記注所以
丨尸重形也釋文丨本又作弢○檀弓南宮縚家語
弟子
作丨

繅 丨繹繭也爾雅釋草釋文引字林○詩瞻卬傳世
婦之吉者使丨釋文丨本亦作繰同○爾雅釋草

注｜者以取繭緒釋文
｜本亦作繰又作繆
【膏】｜肥也國語晉語不能爲｜注○｜肉之肥者國
語晉語夫｜粱之性難正也注○｜者神之液也
古微書引春秋元命苞○｜潤澤也太元馴婳其｜
注○｜澤也廣雅釋言○坎爲｜易鼎雉｜不食虞
注○坎雨稱｜易屯屯其｜虞注○凝者爲｜大戴
記易本命注○釋者曰｜禮記內則｜用鱻注○心
下爲｜左氏成十年傳｜之下注又賈注又後漢鄭
元傳注○｜謂虛勞人尿上生肥白沫也莊子則陽
內熱溲｜釋文引司馬注○無角者｜大戴記易本
命○無角曰｜一切經音義十六引三蒼○無角無
前齒者｜家語執轡○｜豕屬考工記梓人｜者注
又家語執轡無角無前齒者｜注○｜豕也熊猿之
屬淮南墬形無角者｜而無前注○○｜臊豕｜也周
禮庖人夏行腒鱐膳｜｜臊司農注○｜臊犬｜周禮

庖人杜注○｜饡消｜而加菹其中亦以消酒也釋
名釋飲食○｜猶甘也禮記禮運故天降｜露注○
｜夏大木也其理密白如｜淮南俶真｜夏紫芝注
○｜物謂楊柳之屬理致且白如｜周禮大司徒其
植物宜｜物司農注○｜粱｜粱細粱如｜者也孟子告
子上所以不願人之｜粱之味也注○｜腴土地肥
沃也文選蜀都賦內函要害於｜腴劉注○｜土潤
也國語周語土｜其動注○｜當爲橐字之誤也周
禮大司徒
司農注
【牢】獄又謂之｜言所在堅｜也釋名釋宮室○｜堅
也漢書師丹傳集注外戚傳上集注○｜堅也廣
雅釋詁一○｜閑也周禮充人祀五帝則繫于｜注
○｜圈也後漢東夷傳注又列子仲尼長幼羣聚而
爲｜藉釋文○｜豕室也莊子達生元端以臨｜筴
釋文引李注○養牲所曰｜儀禮少牢饋食禮少｜

饋食之禮釋文○凡牲一爲特二爲｜國語晉語子
爲我具特羊之饗注○牛羊豕爲一｜國語周語饋
九｜注○｜牛羊豕也國語齊語環山於有｜注○
｜羊豕也儀禮少牢饋食禮佐食上利升｜心舌注
佐食取｜一切肺于俎注○三牲牛羊豕具爲一｜
周禮宰夫以｜禮之灋注○三牲備爲一｜周禮大
行人禮九｜注○三牲具曰太｜呂覽仲夏以太｜
祀于高禖注又淮南傍務如饗太｜注○牛羊豕爲
太｜山海經西山經華山其祠之禮太｜注○羊豕
曰少｜儀禮目錄○羊豬爲少｜也山海經西山經
其祠之毛用少｜注○牛羊豕凡三牲曰大｜羊豕
凡二牲曰少｜公羊桓八年傳冬曰蒸注○｜｜禮殘
養也周禮牛人共其｜禮積膳之牛注○｜廩食也
史記平準書官與｜盆集解引如淳又後漢應劭傳
注○｜價直也史記平準書索隱引蘇林○｜聊也
漢書楊雄傳上集注引李奇○｜漉也後漢董卓傳

注○｜落猶遼落也文選魏都賦臨菑｜落注上林
賦｜落陸離注文賦心｜落而無偶注琴賦｜落淩
厲注○｜剌｜落乖剌也文選長笛賦｜剌拂戾注
○｜與漢書邱嫂轑釜之轑義同荀子王霸罕｜天
下而制之注○｜讀屋霤楚人謂｜爲霤淮南本經
｜籠天地注○｜讀爲樓儀禮士喪禮｜中旁寸注
○左氏襄廿三年傳｜成御
襄罷師釋文一本作罕成
【醪】｜酒也廣雅釋器○｜謂有滓酒也一切經音義
十七引蒼頡篇○｜醇酒汁滓相將也後漢樊儵
傳注○｜醴謂酒之屬也素問湯液醪醴論爲五穀
湯液及｜醴注○｜藥謂酒藥也素問血氣形志論
治之以按
摩｜藥注
【逃】｜去也禮記曲禮下三諫而不聽則｜之注又國
語晉語不如｜之注又淮南精神龍乃弭耳掉尾

而丨注○丨者去也孟子盡心下丨墨必歸於楊注○丨竄也楚辭大招魂無丨只注○丨義曰丨穀梁莊十七年傳○凡民丨其上曰潰在上曰丨左氏文三年傳○丨隱匿其情也荀子榮辱陶誕突盜注○爲將而獨奔故曰丨軍穀梁文七年傳以是爲丨軍也注○莊子徐無鬼夫丨虛空者釋文丨司馬本作逃○史記項羽紀漢王丨索隱曰漢書作跳

槽 丨飤豕器也一切經音義十八引聲類○丨柔木矛也丨讀領如蠐螬之螬也淮南氾論丨矛無擊注

濠 丨水名也莊子秋水遊于丨梁之上釋文引司馬注

綯 丨絞也爾雅釋言又詩七月宵爾索丨傳又孟子滕文公上宵爾索丨注又家語困誓宵爾索丨注

又荀子大略宵爾索丨注○丨繩之絞也爾雅釋言李注○丨綯也廣雅釋器○丨索也同上○丨亦繩名方言九車紂或謂之曲丨注

勞 丨憂也漢書谷永傳集注又淮南精神竭力而丨萬民注氾論以丨天下之民注○丨病淮南精神好憎者使人之心丨注○丨動而不已也國語越語丨而不矜其功注○丨服也莊子秋水任士之所丨釋文引李注○丨勉呂覽孟夏丨農勸民注○丨苦也文選東京賦猶謂爲之者丨薛注○丨苦也論語爲政有事弟子服其丨皇疏○丨罷丨也文選東京賦與徒不丨薛注○丨力極也爾雅釋詁丨勤也舍人注○丨功也國語周語平桓莊惠皆受鄭丨注吳語是天王之無成丨也注乃使王孫苟告丨於周注又後漢應劭傳注○丨猶功也禮記祭義中孝用丨注又大戴記曾子大孝中孝用丨注○丨猶事也

禮記儒行先丨而後祿注○事功曰丨周禮司勳又禮記明堂位成王以周公爲有勳丨於天下注祭統功烈勳丨慶賞聲名注又呂覽情欲盡傳其境內之丨注愛類勤苦爲民注求人至丨也注○以言曰丨史記高祖功臣侯年表○坎爲丨易象下傳民忘其丨虞注象下傳德也虞注繫辭上傳丨而不伐虞注○過用謂之丨管子小匡犧牲不丨則牛馬育注○丨事丨褻之事周禮宮人凡丨事注○丨讀丨勑之丨丨淮南氾論注

簩 丨竹有毒夷人以爲觚刺獸中之則必死文選吳都賦簩丨有叢注引異物志

艚 丨舩也文選恩倖傳論南金北毳來悉方丨注

洮 汾丨二水名水經涑水注引左傳賈注○丨猶淅也爾雅釋訓注丨米聲釋文○淅米謂之丨汏一

切經音義七引通俗文○丨汏猶洗濯也後漢陳元傳注○丨丨髮也書顧命王乃丨頮水馬注○丨頮爲濯澣衣成事書顧命鄭注○穀梁莊卄七年經會杞伯姬于丨釋文丨本或作桃

慅 庸庸丨丨勞也爾雅釋訓

叨 丨忝也華嚴經序音義引韻圃○丨貪也後漢盧植傳注○貪財曰丨後漢順烈梁皇后紀注○好經大事變更易常以挂功名謂之丨莊子漁父○丨殘也方言二○丨食也一切經音義十四引埤蒼○丨丨誠也廣雅釋訓

綢 丨韜也禮記檀弓丨練設旐釋文又廣雅釋言○丨練以練丨旌之杠此旌葬乘車所建也家記終記丨練設旌注

慆 丨喜也書大傳師乃丨注○丨淫也離騷椒專佞以慢丨兮注○丨疑也左氏昭廿七年傳天命不丨久矣注○丨慢也書湯誥無即丨淫傳又詩蕩天降丨德傳又國語周語無即丨淫注必有丨淫之心閒之注○丨過也詩蟋蟀日月其丨傳○丨藏也左氏昭三年傳以樂丨憂注○丨丨言久也詩東山丨丨不歸傳○丨丨亂貌文選幽通賦安丨丨而不萉兮曹注

氂 丨毛也廣雅釋器○犛毛曰丨小爾雅廣訓

芼 丨謂菜釀也禮記內則雉兔皆有丨注

舠 丨通作刀集韻舠同○舠舟也廣雅釋水○舠吳船也音彫初學記二十五引埤蒼○三百斛曰舠舠貂也貂短也江南所名短而廣安不傾危者也釋名釋船○小船曰刀詩河廣會不容刀箋○詩河廣釋文刀字書作丨

蛁 丨蟲也文選張景陽雜詩注引孟子劉注○丨蟧蜩也莊子至樂烏足之根爲蠐丨釋文引司馬注○蟦丨蜩蟧也廣雅釋蟲○蟦丨自關而東謂之蝤蟦方言十一○蟦丨亦呼當齊或呼地蠶或呼蟦螬方言十一注○丨者齊俗名之如酒糟也文選酒德頌注引孟子劉注

裯 丨祇丨也若禮褕矣楚辭九辯被荷丨之晏晏兮注

忉 丨丨憂也爾雅釋訓又詩防有鵲巢心焉丨丨釋文○丨丨憂勞也詩甫田勞心丨丨傳○丨丨憂也晉書音義中

饕 貪財曰丨左氏文十八年傳謂之丨餮注又賈服注○貪財爲丨後漢袁紹傳注○貪甚曰丨漢書禮樂志集注○丨貪也廣雅釋詁二○丨古文飸叨二形同一切經音義七

驁 丨千里馬名也王者乘之遊丨因曰驥丨也呂覽察今良馬不期乎驥丨注○驐大也廣雅釋詁一○丨亦輕也呂覽下賢士丨祿爵注○丨夏亦樂章也以鐘鼓奏之其詩今亡儀禮大射儀公入丨注

獒 狗四尺爲丨爾雅釋畜○犬四尺曰丨公羊宣六年傳謂之丨注○犬高四尺曰丨書旅獒西旅底貢厥丨傳○丨猛犬也左氏宣二年傳公嗾夫丨焉注○丨犬知人心可使者爾雅釋畜釋文引字林○丨讀曰豪書旅獒序西旅獻丨鄭注

熬 集韻𪍿同○丨亦煎也禮記內則淳丨注又楚辭怨上我心兮煎丨注○丨者煎穀也禮記喪大記丨君四種八筐注○丨火乾也凡以火而乾五穀之類自山而東齊楚以往謂之丨方言七○𪍿乾也廣雅釋詁二○丨於火上爲之也今之火脯似矣禮記內則爲丨注○丨穀者錯于棺旁所以惑蚍蜉也周禮舍人喪紀共飯米丨穀注○丨者棺既蓋設於其旁所以惑蚍蜉也周禮小祝設丨注○丨所以惑蚍蜉令不至棺旁也儀禮士喪禮丨黍稷各二筐注○丨謂重也周禮小祝杜注

臊 猩臭曰丨一切經音義一引通俗文○犬赤股而躁丨周禮內饔○凡氣因木變則爲丨素問金匱真言論其臭丨注

槄 丨山榎爾雅釋木○丨今之山楸爾雅釋木注

檮 丨杌狀似虎毫長二尺人面虎足豬牙尾長丈八尺能鬬不退左氏文十八年傳謂之丨杌服注引神異經○丨杌惡獸名也楚謂春秋爲丨杌者在記惡而與善也孟子離婁下楚之丨杌音義引丁音○

丨杌者嚚凶之類與於記惡之戒因以爲名孟子離婁下注○丨杌凶頑無匹儔之貌左氏文十八年傳謂之丨杌注又賈注○丨杌者凶頑之類後漢班彪傳上注○丨頑嚚之貌荀子榮辱陶誕突盜注彊國陶誕比周以爭與注○丨丨杌也爾雅序不揆丨昧釋文○左氏文十八年傳丨戭潛夫論五德氏姓說文戈部並引作檮戭

裪 丨袖也廣雅釋器

匋 丨匕也廣雅釋詁三○丨窯廣雅釋室

澇 丨洒也廣雅釋詁二○丨大波也文選海賦飛丨相磢注

弢 丨弓衣也左氏文十六年傳中項伏丨注哀二年傳伏丨嘔血注又國語齊語丨無弓注晉語吾伏

丨衉血注又莊子知北遊釋文引字林又管子小匡丨丨無弓注○矢服謂之丨小爾雅廣器○丨與韜古字通也文選漢高祖功臣頌丨迹匿光注○莊子徐無鬼則以金版六丨釋文本又作六韜○莊子則陽太史大丨古今人表作大弢

蟧 丨馬蜩也廣雅釋蟲○蟬其大者謂之丨方言十一○丨力刀反爾雅釋蟲釋文引字林○爾雅釋蟲虰蛵負丨釋文丨本今作勞

翿 丨纛也爾雅釋言○丨纛也翳也詩君子陽陽左執丨傳○丨翳也楚曰丨方言二○丨舞者所持纛也爾雅釋言李注○丨羽葆幢也爾雅曰纛翳也周禮鄉師及葬執纛司農注○丨今之羽葆幢爾雅釋言注○丨亦所以進退衆者儀禮鄉射禮記無物則以白羽與朱羽糅注○翳陶也其貌陶陶下垂也

釋名釋兵○詩君子陽陽左執丨說文羽部作左執翳

淘 丨丨流也廣雅釋訓

尻 集韻脁同○丨臀也一切經音義五引聲類○丨髖也一切經音義十四引三蒼○丨廖也丨所在廖牢深也釋名釋形體○脁後竅也脁字讀如窮穹之穹呂覽觀表許鄙相脁注

鼛 丨大鼓也長一丈二尺詩緜丨鼓弗勝傳○丨鼓長丈二尺周禮鼓人以丨鼓鼓役事注○丨大鼓也詩鼓鐘鼓鐘伐丨傳○丨鼓王者之食樂也淮南主術丨鼓而食注

鏖 亦作鏖○丨鬴也廣雅釋器○打擊之甚者曰鏖漢書霍去病傳集注

謷 丨丨不聽話言而妄語也楚辭怨上令尹兮丨丨注○丨丨衆口毀人之貌爾雅釋訓○丨丨傲也釋

文引舍人注○丨丨衆口愁聲也漢書食貨志上集注○丨放也莊子德充符丨乎大哉釋文引簡文注○丨志遠貌莊子大宗師丨乎其未可制也釋文引司馬注○丨高邁於俗也莊子大宗師釋文引王注○丨今取遨遊義也莊子德充符釋文○詩正月箋其禮待我丨丨然釋文丨本又作敖○莊子天地丨然不顧釋文丨司馬本作警

咷 丨鳴也廣雅釋詁二○巽爲號丨易同人同人先號丨而後笑虞注旅旅人先笑後號丨虞注

挑 丨丨達往來相見貌詩子衿丨兮達兮傳○詩子衿丨兮達兮說文辵部作安兮達兮

槔 丨桔丨也莊子天地其名曰丨釋文引司馬注○爾雅釋木狄臧丨釋文舍人本作臯樊本作槔○莊子天地釋文丨本又作橋或作臯同

【囂】||聲也詩車攻選徒||傳又莊子駢拇釋文引字林○||猶謷謷也詩板聽我||傳○||衆多貌詩十月之交讒口||箋○|地名書仲丁序仲丁遷于|傳○|讀與嚻同漢書董仲舒傳集注○|字或作敖漢書五行志中之上集注○|音火高反史記司馬相如傳索隱引字林○詩十月之交釋文||韓詩作謷謷○詩十月之交讒口||漢書劉向傳作讒口嚻嚻

【臑】|前肩之美也淮南詮言周公殽|不收于前注

【撈】|取也方言十三又廣雅釋詁一○沈取曰|一切經音義五引通俗文○|謂鉤|也方言十三注

【鞠】|者以皋陶名官也|卽陶字從革考工記韗人韗人爲皋陶注

【嘷】廣韻獋同○獋鳴也廣雅釋詁二○烏|良弓之名家語好生亡烏|之弓注○莊子庚桑楚兒子終日|釋文|本又作號○|古文獋同一切經音義六

【嗸】|與嗷同○嗷謂叫呼之聲嗷嗷然也荀子彊國百姓讙敖注○||衆怨愁聲也漢書董仲舒傳集注○||呼聲也楚辭惜賢聲||以寂寥兮注○||聲也詩鴻雁哀鳴||釋文○詩鴻雁釋文|本又作嗷

【蜪】|蚅爾雅釋魚○|犬如犬青山海經海內北經○|他牢反爾雅釋蟲釋文引字林

【嶆】嘈|深空之貌也文選七命嶆谷嘈|張其前注

【嬦】廣韻茠林菈同○林除也廣雅釋詁三○爾雅釋草注以茠荼蓼釋文茠本或作|又作林同○茠或作|林二形箍文作|同一切經音義十一○詩良耜以嬦荼蓼說文艸部作既茠荼蓼

【櫜】集韻韓同○|韜也詩彤弓受言|之傳時邁載|弓矢傳又國語周語載|弓矢注又史記周本紀載|弓矢集解引唐固又漢書五行志上集注又後漢隗囂傳注杜詩傳注○|弢也國語齊語垂|而入注○韓韜也管子兵法舉韓章則載食而駕注○|韜盛物者取事名焉儀禮士喪禮設冒|之注○|弓藏也廣雅釋器○|弓衣也左氏昭元年傳請垂|而入釋文○|以藏弓後漢馬融傳注○|所以盛弓後漢謝該傳注○|受弓器左氏僖廿三年傳右屬|鞬釋文○|矢房國語晉語右屬|鞬注○|甲衣也禮記檀弓下赴車不載|韔注又禮記少儀釋文○|弢鎧衣也禮記少儀則袒|奉胄注○兵甲之衣曰|禮記樂記名之曰建|注○今文|爲橐儀禮士喪禮設冒|之注○|當爲櫜周

禮翦氏掌除蠹物杜注○左氏昭元年傳|甲以見子南釋文|本或作東

【咎】|鼓大鼓也後漢馬融傳注○書孔安國序皐陶謨釋文皐本又作|

【楘】|亡到反爾雅釋木釋文引字林

【軞】詩汾沮洳箋主君之|車釋文|本亦作旄

【謟】|疑也爾雅釋詁又左氏昭廿六年傳天命不|注○|僭也周書酆謀帝命不|注○左氏哀十七年傳天命不|釋文|本又作滔○爾雅釋詁釋文|字或作慆

【艞】|舟也廣雅釋水

【騊】|駼北方良馬也一曰野馬也爾雅釋畜釋文引字林○|駼野馬也爾雅釋畜|駼馬釋文又淮

南主術騎騵馬而服｜駼注○｜駼幽隱之獸也爾雅釋畜釋文引瑞應圖

𢧢 戈戟也其鋒謂之𢧢廣雅釋器

峱 與嶩同○｜山名詩還遭我乎｜之閒兮傳○嶩山名也字或作｜亦作嶩漢書地理志集注○詩還釋文｜本作嶩○詩還遭我乎｜之閒兮水經注卅六作遭我乎猺之閒兮

溞 ｜｜淅也爾雅釋訓○｜｜淅米聲爾雅釋訓孫注○｜｜洮米聲爾雅釋訓注○｜洒也廣雅釋詁二

○以下據廣韻錄

覒 ｜見也廣雅釋詁三

䓘 䓘蘇白｜也廣雅釋草○白｜或作皋蘇皋蘇一名白｜山海經南山經侖者之山有木焉其名曰白｜注○｜草名集韻引字林

營 野豆謂之｜豆一切經音義十七引通俗文

搯 ｜叩也國語魯語無｜膺注○｜抒也廣雅釋詁二

䈇 ｜篆也趙代之閒謂之｜淇衛之閒謂之牛筐方言十三○｜篆也廣雅釋器

鱢 ｜臭也廣雅釋器

𡨦 ｜音如褒衣下寬大之褒三國孫休傳注引吳錄

掏 ｜抒也廣雅釋詁二○棓出曰｜一切經音義七引通俗文

錭 ｜銚也廣雅釋詁三

熷 ｜燒木餘也一切經音義九引蒼頡○｜燒木焦也一切經音義十一引字林○｜炮也廣雅釋詁四

傮 ｜然盡人力貌荀子富國○｜然要時務民注

滶 ｜水在魯陽水經注卅九引字林

蔜 ｜薓蔞爾雅釋草

顤 ｜高也廣雅釋詁四

摮 ｜猶擊也公羊宣六年傳以斗｜而殺之注

鐰 ｜燥也廣雅釋言○｜乾也廣雅釋詁二

禮 ｜襒好也廣雅釋詁一○禮祐也廣雅釋言○｜祭也廣雅釋天

褿 褿褯也廣雅釋器

爊 ｜熰也廣雅釋詁四

獶 ｜多毛犬也爾雅釋獸釋文引字林

○以下據集韻錄

𨽍 ｜城下道曰｜｜｜翺也言都邑之內人所翺翔祖駕之處也釋名釋道

瘙 ｜創也廣雅釋詁一

嫪 服飾鮮盛謂之｜嬻一切經音義七引通俗文

餶 ｜陰地名齊南界也國語齊語南至於｜陰注

洋　|騷也漢書楊雄傳上音義引韋昭

嫪　凡飲藥傅藥而毒北燕朝鮮之閒謂之|方言三

經籍籑詁卷第十九

經籍籑詁卷第十九補遺　下平聲

兵部侍郎兼都察院右副都御史巡撫浙江等處地方提督軍務兼理糧餉阮元撰集

四豪

豪　|桀也漢書趙廣漢傳中貴人|長者注○|帥長也漢書趙充國傳先零|注引孟康○鄉|里之貴者列子楊朱對鄉|稱之注○|謂輕侮之也字本作勢葢通用耳漢書食貨志下不得|奪吾民矣注○|郎嶕之異音史記太史公自序倬|之旅索隱

毫　說文毫豕鬣如筆管者出南郡从希高聲豪籀文从豕○豪兔豪也漢書律厤志上不失豪氂注引孟康○|毛也文選荅賓戲銳思於|芒之內注引項岱

操　說文|把持也从手喿聲○|執持也禮記曲禮上必|几杖以從之疏又漢書刑法志躬|文墨注董仲舒傳|可致之勢注司馬遷傳指約而易|注嚴助傳|殺生之柄注酷吏甯成傳爲人上|下急如束溼注○|執也禮記禮運注器所以|事疏○|謂手所持者禮記玉藻食中棄所|疏○說文摻字參此音反聲訓爲斂也|字喿此遙反聲訓爲奉也二者義皆小異詩遵大路傳摻擥疏○詩魚麗傳草木不折不|釋文一本作不芟

絛　說文|扁緒也从糸攸聲

髦　說文|髮也从髟从毛○|謂童子垂|左氏昭九年傳豈如弁|疏○|幼時翦髮爲之禮記喪大記說|疏○|用髮爲之象幼時鬌其制未聞也禮記內則拂|注○|柔英爾雅釋木○髳|音義

同也詩角弓箋丨西夷別名疏○丨與旄古字通文選七命建雲丨注○丨或作髮山海經南山經其狀如狸而有丨注○定本集注丨字皆作髦詩駉傳白馬黑鬣曰駱

刀 說文丨兵也象形凡丨之屬皆从丨○丨割刑漢書刑法志中刑用丨鋸注引韋昭○丨鋸小人之刑也國語晉語今吾司寇之丨鋸日弊注○丨謂錢幣也漢書食貨志上及金丨龜貝注○名錢爲丨者以其利於民也漢書食貨志下利於丨注引如淳○丨取其利荀子榮辱餘丨布注○丨所以削書也漢書蕭何曹參傳贊皆起秦丨筆吏注○丨所以削書札漢書賈誼傳在於丨筆筐篋注○丨所以削治書也漢書酷吏郅都傳臨江王欲得丨筆注

萄 說文丨艸也从艸匋聲

猱 說文夒貪獸也一曰母猴似人从頁巳止夂其手足○丨獨猴也楚人謂之沐猴詩角弓毋教丨升木陸疏○丨是猨之輩屬非猿也詩角弓傳丨猿疏○夒技拭也漢書揚雄傳下夒人亡則匠石輟斤而不敢妄斲注○禮記樂記夒雜子女釋文依字亦作丨

褒 說文褎衣博裾从衣保省聲保古文保○丨大裾也漢書雋不疑傳丨衣博帶注○丨大也淮南主術一人被之而不丨注○丨崇高之稱也禮記禮器注葆之言丨也疏○丨猶進也禮記樂記故禮有丨而樂有反注雜記上復諸侯以丨衣冕服爵弁服注○褒賞者錫賚之名詩崧高序褒賞申伯焉疏○丨衣天子丨錫之衣禮記雜記上注得升屋招用丨衣也疏○丨衣朝覲見加賜之衣禮記雜記上注丨猶進也疏○丨衣謂方與之衣如今吏人之左衣也淮南氾論豈必丨衣博帶句襟委章甫哉注○丨讀如

禮大祝八曰丨拜大夫注

桃 說文丨果也从木兆聲○丨金果也素問五常政大論其果栗丨注○丨丨枝也禮記玉藻膳於君有葷丨茢疏○丨鬼所惡禮記檀弓下以巫祝丨茢執戈注○丨者鬼所惡周禮喪祝注以巫祝丨茢執戈疏○丨厲黍苞穰也周禮喪祝注釋文○中國亦呼杠爲丨牀方言五牀其杠南楚之閒謂之趙注

糟 說文丨酒滓也从米曹聲醩籀文从酉○泲者曰清不泲者曰丨禮記少儀注酒謂清也丨也疏○醫酏丨者謂醫酏不泲者周禮漿人其夫人致飲于賓客之禮清醴醫酏丨而奉之疏

旄 說文丨幢也从㫃从毛毛亦聲○丨謂注丨於竿首後漢東平憲王蒼傳設羽丨注○丨謂尾也其旌旗之用故其字從旌旗者旌旗行而從風偃也左氏襄十年傳注騂丨赤牛也疏○丨鍾之丨也漢書

禮樂志庶丨翠旌注引張晏○丨丨牛也漢書司馬相如傳上庸丨貘犛注引張揖○丨牛即今所謂偏牛者也漢書司馬相如列傳庸丨貘犛注○詩旄邱序釋文字林作堥亦云堥邱○爾雅釋木丨冬桃釋文字林作楸○詩干旄中說作干髦○孟子梁惠王下見羽丨之美文選注作羽毛之美

袍 說文丨襺也从衣包聲論語曰衣弊縕丨○丨長襦也廣雅釋器○雜用舊絮名爲丨詩無衣傳丨襺也疏○楚人謂丨爲短褐大布淮南齊俗短褐不完者注○丨者或曰周公抱成王宴居故施丨續漢輿服志下

撓 丨和也漢書匈奴傳下以徑路刀金留犁丨酒注引應劭○丨擾也漢書王莽傳上丨亂國家注○丨亦減也考工記輪人爲蓋注其弓菑則丨之疏○丨弱曲也呂覽別類必將丨注

蒿 說文丨菣也从艸高聲○丨青丨也荆豫之閒汝南汝陰皆云菣也詩鹿鳴食野之丨陸疏

濤 說文新附丨大波也从水壽聲○丨大波也漢書楊雄傳上何必湘淵與丨瀨注○大波曰丨漢書敍傳上雖馳辯如波丨注

皋 說文皋气皋白之進也从夲从白禮祝曰皋登謌曰奏故皋奏皆从夲周禮曰詔來鼓皋舞皋告之也○丨引聲之言禮記禮運告曰丨某復疏○丨澤也文選上林賦亭丨千里注引服虔○丨水邊地也漢書司馬相如傳下注平丨之廣衍注○丨水邊淤地也漢書賈山傳江丨河瀕注引李奇○丨挈丨也文選甘泉賦丨搖泰一注引如淳○睪陰丸也素問繆刺論令人卒疝暴痛注○丨雉似梟冀州謂之澤特也周書王會文翰者若丨雉注○丨比虎皮左氏莊十年傳蒙丨比而先犯之注○丨澤字相近水經潁水注○丨讀爲皞荀子解蔽丨丨廣廣注○書序丨陶釋文本又作咎

號 說文丨呼也从号从虎○丨呼也淮南原道射者打烏丨之弓注○丨謂哭而且言也漢書劉向傳而丨曰注○禮記雜記下亡無嗁丨釋文徐本作唬

陶 說文丨再成邱也在濟陰从𨸏匋聲夏書曰東至于丨邱丨邱有堯城堯嘗所居故堯號丨唐氏○丨邱形如累兩盂爾雅釋邱再成爲丨邱孫注○丨邱在濟陰定丨西北書禹貢東出于丨邱北鄭注○丨唐皆國名猶湯稱殷商也書五子之歌惟彼丨唐疏○丨唐晉都處方言一宋衛邠丨之閒曰憮注○丨唐堯所治地左氏昭廿九年傳有丨唐氏注○丨發聲也漢書高帝紀下丨唐氏既衰注引荀悦○丨燒瓦之竈史記魯仲連鄒陽列傳獨化於丨鈞之上索隱引韋昭○丨瓦器也禮記郊特牲諸侯膳用犢

疏器用丨匏疏又漢書郊祀志下其器丨匏注○丨丨是瓦甒之屬禮記曲禮上注瓶謂丨梓之器疏○丨丨人作瓦器之官也禮記喪大記丨人出重鬲疏○鬱丨者心初悦而未暢之意也禮記檀弓下注丨鬱丨鬱丨也疏○丨懷喜未暢意也禮記檀弓下疏引何允

翺 說文翺翺翔也从羽皋聲○丨翔也漢書恩從祥風丨注

鼇 說文新附丨海大鼈也从黽敖聲○丨大龜淮南覽冥斷丨足以立四極注○丨獸也論衡談天

敖 說文敖出游也从出从放○○丨遨遊也禮記曲禮上丨不可長釋文引王肅○丨謂逸游也漢書食貨志上邑亾丨民注○丨游戲也漢書丙吉傳不得令晨夜去皇孫丨盪注

曹 說文𣍘獄之兩曹在廷東从棘治事者从曰○丨者輩類之言詩公劉傳丨羣也疏

鼗 說文鞀鞀遼也从革召聲鞉或从兆鼗或从鼓从兆磬䩻文鞀从殸召○鞀小鼓也漢書楊雄傳下鳴鞀磬之和注○鞉則鼓之小者詩那傳鞉鼓樂之所成也疏○丨如小鼓長柄旁有耳搖之使自擊禮記王制疏引漢禮器制度○丨所以節樂儀禮大射儀注丨如鼓而小疏○鞀字或从兆下鼓禮記月令命樂師脩鞀鞞鼓疏○爾雅釋樂大丨謂之麻釋文本或作鞀○詩那置我鞉鼓禮記明堂位注作植我丨鼓有瞽鞉磬柷圉釋文字亦作丨爾雅釋樂疏亦作丨

遭 說文遭遇也从辵曹聲一曰邐行○丨遇也文選幽通賦故丨羅而贏縮注引項岱○丨逢也禮記曲禮上丨先生於道疏

饈 說文新附饈餌屬从食美聲

篙 說文新附丨所以進船也从竹高聲

羔 說文羙羊子也从羊照省聲○丨羊也禮記曲禮上飾丨鴈者以績疏○卿以丨爲贄取其羣而不黨白虎通瑞贄○卿執丨者取其跪乳有禮也藝文類聚卅九引白虎通○丨女使易說卦傳兌爲丨集解引虞注○史記弟子傳及論語作子丨與此文子皐字不同者古字通用禮記檀弓下季子皐葬妻疏

高 說文丨崇也象臺觀丨之形从冂口與倉舍同意凡丨之屬皆从丨○丨尊也詩生民疏續漢禮儀志上注竝引月令章句○丨者尊也禮記月令疏引蔡氏○丨上也文選古詩何不策丨足注○丨猶貴也淮南說山登足丨乎注○居明顯之處故謂之丨續漢禮儀志上引盧植禮記注○丨山陵也國語周語而聚於丨注○丨膏素問腹中論今禁丨粱注○巽爲丨易蒙利禦寇虞注升貞吉升階虞注漸利用禦寇虞注旅鳥焚其巢虞注中孚翰音登于天虞注彖上傳天文也虞注○乾爲丨易繫辭下傳上棟下宇虞注○陽在於上爲丨易說卦傳艮爲山疏○丨者禮之隆也荀子禮論○丨明謂天書洪範丨明柔克傳○丨明顯寵者書洪範無虐煢獨而畏丨明馬注○有德可尊故曰丨宗漢書禮樂志壽何以不若丨宗注○丨第者謂才優而品第丨也史記禮書門人之丨第索隱○丨蹈猶遠行也左氏哀廿一年傳使我丨蹈注○日至于虞淵是謂丨春淮南天文○今廩邱東北有故丨魚城俗謂之交魚城水經注廿四引京相璠說

搔 說文丨括也从手蚤聲

毛 說文丨眉髮之屬及獸丨也象形凡丨之屬皆从丨○丨謂須髮也周禮大行人王燕則諸侯丨釋

文○二丨鬢髮斑白禮記檀弓下不獲二丨注○丨郎萊也左氏隱三年傳澗谿沼沚之丨疏○今俗語翁謂無爲耗音丨漢書高惠高后文功臣表靡有子遺耗矣注

艘 說文艘船總名从木叜聲○丨船爲一艘漢書溝洫志漕船五百艘注

滔 說文丨水漫漫大皃从水舀聲○丨漫也詩蕩天降丨德釋文○丨者漫浸之名書堯典傳丨漫也疏○丨慢也詩蕩傳○丨丨武夫之皃詩江漢箋使順流而下丨丨然疏

騷 說文丨擾也一曰摩馬从馬蚤聲○丨丨謂太疾禮記檀弓上故丨丨爾則野注

韜 說文丨劍衣也从韋舀聲○丨藏也莊子天地釋文引廣雅

繅 說文丨繹繭爲絲也从糸巢聲

膏 說文丨肥也从肉高聲○丨肉之肥也文選陸士衡樂府君子有所思行注引國語賈注○凝者爲脂釋者爲丨禮記內則脂丨以丨之疏○雖凝者爲脂釋者爲丨其實凝者亦曰丨左氏成十年傳注心下爲丨疏○丨謂丨澤恩惠之類易屯屯其丨疏○脂之澤者爲丨左氏春秋序丨澤之潤疏○丨腴謂肥厚之處漢書田蚡傳田園極丨腴注○玉丨涌出之貌也山海經西山經是有玉丨注○金丨亦猶玉丨皆其精汋也穆天子傳一黃金之丨注

牢 說文丨閑養牛馬圈也从牛冬省取其四周帀也○繫養者曰丨詩瓠葉序雖有牲丨饔餼箋○丨者養牲之處左氏桓六年傳注太丨牛羊豕也疏○丨牲禮也穆天子傳二不受其丨注○丨謂牲丨也列子仲尼長幼羣聚而爲丨藉釋文○言丨見其丨固周禮充人注丨閑也疏○牛一羊一豕一稱丨周

禮宰夫注丨禮之法疏○丨謂羊豕也儀禮有司徹注以其丨與腊臂而七疏○丨禮謂饔餼之禮周禮宰夫之職以丨禮之法疏○丨價直也今世人言顧手丨漢書食貨志下官與丨盆注引蘇林○丨稟食也古者名稟曰丨漢書食貨志下注引如淳○丨或作勞後漢應劭傳多其丨賞注

醪 說文丨汁滓酒也从酉翏聲○丨汁滓酒也漢書文帝紀爲酒丨以靡穀者多注李廣傳持糒丨遺廣注○丨汁滓合之酒也漢書爰盎傳買二石醇丨注○丨謂有滓酒也一切經音義二引三蒼○丨是酒之別名詩七月傳春酒凍丨也疏

逃 說文丨亾也从辵兆聲○丨避也廣雅釋詁三○丨謂丨匿其情荀子彊國陶誕比周以爭與注○凡言丨者皆謂義當留而竊去者也左氏莊十七年經疏引陸希聲春秋通例又春秋纂例二引趙匡春

秋集傳

槽 說文槽畜獸之食器从木曹聲

勞 說文丨劇也从力熒省熒火燒冂用力者丨𢢆古文丨从悉○丨嬾也廣雅釋詁二○丨猶功也詩民勞無棄爾丨箋○丨亦功也書舜典疏又左氏昭十三年傳注庸功也疏○體坎爲丨易謙丨謙荀注○庸庸丨丨謂稱其功丨以報有功丨者荀子大略庸庸丨丨注○詩碩鼠莫我肯丨呂覽舉難注作莫我肯逃

洮 說文丨水出隴西臨丨東北入河从水兆聲○丨曹地左氏莊廿七年經公會杞伯姬于丨注○丨曹地左氏僖八年經盟于丨注○丨盥手也漢書律麻志下王乃丨沬水注

慅 說文丨動也从心蚤聲一曰起也

慆 說文丨說也从心舀聲○丨慢也左氏昭三年傳以樂丨憂疏引劉炫說又國語魯語使無丨淫注○詩東山丨丨不歸御覽卅二作滔滔不歸

舠 刀小船也詩河廣曾不容刀釋文○詩河廣曾不容刀御覽七百七十作曾不容丨

螬 說文𧓉蠀𧕯也从䖵𣗥聲○丨蟲名也孟子滕文公下丨食實者過半矣注

裯 說文丨衣袂祇裯从衣周聲

饕 說文丨貪也从食號聲叨丨或从口刀聲饕籀文从號省○貪財爲丨書多方疏引左傳說○丨卽叨也書多方疏○丨餮三苗也左氏昭九年傳略舉四凶之一疏

慠 丨妄也莊子庚桑楚釋文引廣雅

獒 說文丨犬知人心可使者从犬敖聲春秋傳曰公嗾夫丨○丨犬名左氏宣二年傳公嗾夫丨焉服注○丨是犬名書旅獒序疏

熬 說文丨乾煎也从火敖聲𤎬丨或从麥○丨謂丨穀周禮小祝設丨疏○丨丨眾愁聲漢書陳湯傳丨丨苦之注

臊 說文丨豕膏臭也从肉喿聲○丨謂丨惡禮記內則狗赤股而躁丨疏

槄 丨山榎也詩終南傳條丨也釋文

檮 說文檮斷木也从木𠷎聲春秋傳曰檮柮○丨杌謂惡獸周禮外史注楚之丨杌疏○丨杌鯀也左

氏昭九年傳注略舉四凶之一疏又國語周語丨杌
次於丕山注

匋 說文丨瓦器也从缶包省聲古者昆吾作丨按史
篇讀與缶同

涝 說文丨水出扶風鄠北入渭从水勞聲

弢 說文丨弓衣也从弓从发发垂飾與鼓同意○丨
弓謂藏之也詩大叔于田傳丨弓丨弓疏○丨是
盛旌之囊也左氏成十六年傳內旌於丨中疏○丨
字與韜同也漢書藝文志周史六丨六篇注

蟧 螖蠌小者丨爾雅釋魚

翿 丨幢舞者所以自蔽翳也方言二丨幢翳也注

尻 說文丨脾也从尸九聲○丨臀也廣雅釋親

鼛 說文丨大鼓也从鼓咎聲詩曰丨鼓弗勝○丨郎
皐也古今字異耳詩鼓鐘傳丨大鼓也疏

鏖 說文丨温器也一曰金器从金麀聲○鏖謂苦擊
而多殺也漢書霍去病傳鏖皐蘭下注○世俗謂
盡死殺人爲鏖糟漢書霍去病傳注引晉灼○鏖字
本從金麀聲轉寫訛耳漢書霍去病傳注

謷 說文丨不肖人也从言敖聲一曰哭不止悲聲丨
丨

咷 說文楚謂兒泣不止曰噭丨从口兆聲

挑 丨偷也荀子彊國其服不丨注○儀禮有司徹注
字或作丨釋文本又作抌

槔 說文新附丨桔丨汲水器也从木皋聲

嚻 嚻然衆口愁貌也漢書王莽傳贊嚻然喪其樂生
之心注○詩板聽我丨丨潛夫論明忠作聽我敖
敖○詩十月之交讒口丨丨後漢皇甫規傳注作讒
口翺翺

臑 丨臂也史記龜策列傳取前足丨骨穿佩之集解
引徐廣

嘷 說文嘷咆也从口皋聲獋譚長說嘷从犬○㚖丨
者皆謂呼之入周禮大祝令皐舞注

嗸 說文嗷衆口愁从口敖聲詩曰哀鳴嗷嗷○丨丨
衆聲也漢書劉向傳讒口丨丨注○嗷與敖通荀
子勸學不問而告謂之傲注

薅 說文丨拔去田艸也从蓐好省聲薅籀文薅省茠
丨或从休詩曰既茠荼蓼○茠或作丨拔田草也
國語晉語冀缺薅注○丨耘去草也漢書王莽傳中
每縣則丨注

櫜 說文丨車上大橐从橐省咎聲詩曰載丨弓矢○
丨韜也左氏莊十年傳疏宣十二年傳載丨弓矢

注○丨一名韜盛弓矢之衣也左氏宣十二年傳疏
○丨者弓衣一名韜詩時邁傳丨韜也疏○丨是韜
盛之名儀禮士喪禮注丨韜盛物者疏○丨則弢也
周禮巾車注又以其尾爲戈戟之弢疏○弓矢所藏
俱名丨左氏僖廿三年傳注丨以受箭疏○鍵丨言
閉藏兵甲也禮記樂記名之曰鍵丨注○丨兵鎧之
丨也禮記樂記疏○周禮翦氏注故書蠹爲丨釋文
本或作橐○詩時邁載丨弓矢鹽鐵論論菑作載橐
弓矢

毦 丨車戎車之倅左氏宣二年傳趙盾爲丨車之族
服注

謟 左氏昭廿六年傳天命不丨論衡變虛作天命不
闇

騊 說文丨丨駼北野之良馬从馬匋聲○丨駼馬屬
周書王會禹氏丨駼注○丨駼野馬也漢書百官

公卿表上〕丨駼承華注引如淳○丨駼似馬而青〔史
記匈奴列傳〕丨駼騊駼集解引徐廣

【峱】〔說文〕丨山在齊从山狃聲詩曰遭我于丨之閒兮○〔詩還〕遭我乎丨之陽兮〔御覽九百九〕作狃猱之陽兮

○以下據廣韻錄

【椃】〔說文〕丨木也从木號省聲

【郒】〔說文〕郒南陽淯陽鄉从邑号聲

【𠢕】〔說文〕丨健也从力敖聲讀若豪

【䓘】〔說文〕丨蒿屬白華从艸皋聲

【錊】丨鑪鏑也〔廣雅釋器〕

【薨】〔說文〕丨死人里也从死蒿省聲

【䮧】〔說文〕丨馬行皃从馬臽聲

【犒】〔說文〕犒牛羊無子也从牛鬲聲讀若糗糧之糗

【夲】〔說文〕丨進取也从十大十猶兼十人也讀若滔凡丨之屬皆从丨

【搯】〔說文〕丨搯也从手臽聲周書曰師乃丨丨者拔兵刃以習刺詩曰左旋右丨○丨郎上掬字〔廣雅釋詁二〕曹憲音

【㕟】〔說文〕丨滑也詩曰丨兮達兮从又屮一曰取也

【鱢】〔說文〕丨鮏臭也从魚喿聲周禮曰膳膏丨

【⿰亻蚤】〔說文〕丨丨驕也从人蚤聲

【⿰言匋】〔說文〕丨往來言也一曰小兒未能正言也一曰祝也从言匋聲⿰言包丨或从包

【錭】〔說文〕丨鈍也从金周聲

【⿰火曹】〔說文〕⿰火曹焦也从火曹聲

【傮】〔說文〕傮終也从人曹聲

【滶】〔說文〕滶水出南陽舞陽入城父从水敖聲

【摮】丨擊也〔廣雅釋詁三〕

【蓸】〔說文〕蓸艸也从艸曹聲

【褿】〔說文〕褿帴也从衣曹聲○丨好也〔廣雅釋詁一〕

【獿】〔說文〕獿人惡毛也从犬夒聲

○以下據集韻錄

【諕】〔說文〕丨號也从言从虎

【髳】〔說文〕丨髮至眉也从髟敄聲詩曰紞彼兩丨[illegible]或省漢令有髳長

【覒】〔說文〕丨擇也从見毛聲讀如苗

【𣍘】〔說文〕丨二東曹从此闕

【⿰女曹】丨好也集韻引〔廣雅〕

經籍纂詁卷第十九補遺終

經籍纂詁卷第二十　下平聲

經筵講官南書房行走禮部左侍郎兼署兵部左侍郎提督浙江學政阮元撰集

五歌

歌 丨詠其聲也禮記樂記又說苑修文○丨依詠詩
丨也周禮小師掌教鼓鼗柷敔塤簫管絃丨丨注○故
丨之爲言也長言之也禮記樂記○丨者比於琴瑟
也詩行葦或丨或咢傳○丨者象德白虎通禮樂○
丨者所吕發德也漢書景帝紀○夫丨者直己而陳
德也禮記樂記○樂聲曰丨藝文類聚引蔡邕月令
章句○曲合樂曰丨詩園有桃我丨且謠傳○有章
曲曰丨初學記引韓詩章句○夫丨者口言之也白
虎通禮樂○丨謠口事也南齊書五行志引洪範五
行傳○丨謠謂詩也後漢郅壽傳注○丨嘆聲也素

問陰陽應象大論在聲爲丨注○人聲曰丨丨柯也
所丨之言是其質也以聲吟咏有上下如草木之有
柯葉也故究冀言丨聲
如柯也釋名釋樂器

多 丨衆也爾雅釋詁又詩訪落未堪家丨難箋殷武
天命丨辟箋又國語鄭語講以丨物注○不丨丨
也顏氏家訓書證引詩傳○丨重也漢書何武傳集
注又後漢馮異傳注○丨猶重也漢書陳餘傳集注
騶布傳集注季布傳集注爰盎傳集注灌夫傳集注
嚴助傳集注霍光傳集注馬宮傳集注郭解傳集注
南粤王傳集注○丨厚也漢書趙廣漢傳集注○丨
大呂覽知度其患又將反以自丨注○丨猶大也史
記五帝紀與爲丨焉索隱○丨容廣納也荀子致仕
寬裕而丨容注○丨謂功丨漢書周勃傳集注○自
丨自賢也呂覽謹聽聽者自丨而不得注○艮爲丨
易晉康侯用錫馬蕃庶虞注象上傳君子以捊丨益
寡虞注○戰功曰丨周禮司勳又書文侯之命汝丨
修扞我于艱傳又國策秦策宜陽拔則公之功丨矣
注又史記絳侯周勃世家先至城下爲丨集解引孫
檢又管子八觀功丨爲上注小問遂入爲干國丨注
○獨捷曰丨史記絳侯周勃世家集解引孫檢○左
氏哀七年傳魏曼丨史記晉魏世家作魏侈趙世家
作魏
哆

羅 丨縠淮南齊俗弱錫丨紈注○丨綺屬也楚辭招
魂丨幬張些注○丨文丨疏也釋名釋采帛○丨
列也廣雅釋詁一又楚辭招魂步騎丨些注又文選
景福殿賦丨疏柱之汩越注○丨離皆行列物也方
言七丨謂之離離謂之丨注○丨布也太元應六幹
丨如注○丨猶布也太元元圖丨重九行注○丨廣
布也史記五帝紀旁丨日月星辰索隱○丨鱗布列
也文選洞簫賦丨鱗捷獵注○丨網也漢書刑法志

集注○丨弊罔止也周禮大司馬丨弊致禽以祀祊
注○丨鳥網也呂覽季春罝罘丨網注○鳥網曰丨
詩兔爰雉離于丨傳○丨鳥罟也國語魯語獸虞於
是禁罝丨注○鳥罟謂之丨爾雅釋器○鳥罟曰丨
網禮記月令田獵罝罘丨網注○丨謂丨絡之爾雅
釋器注○丨鳥飛張網以丨之爾雅釋器李注○離
謂之丨方言七○丨罹也遭也漢書于定國傳
集注○丨熊姓之國國語周語丨由季姬注

河 丨何也廣雅釋水○丨之言何也詩元鳥景員維
丨箋○丨之爲言荷也荷精分布懷陰引度也水
經河水注引春秋說題辭○丨者播也播爲九流出
龍圖也風俗通義出澤引書大傳○丨下也隨地下
處而通流也釋名釋水○丨者陰之精公羊僖十四
年傳爲天下記異也注○丨者水之伯水經河水注
引孝經援神契○丨者水之氣四瀆之精也水經河
水注引考異郵○丨者四瀆所以通道中國與正道

同公羊成五年傳外異不書注○丨爲四瀆長其位視大夫楚辭河伯與女遊兮九丨注○丨者諸侯之象水經河水注引襄楷疏○丨出崐崘虛色白爾雅釋水○丨千里而一曲也公羊文十二年傳○丨洲也書說命下入宅于丨傳○丨者水之總名也後漢酈炎傳注○坎爲丨易泰用馮丨虞注○九丨徒駭太史馬頰覆鬴胡蘇簡絜鉤般鬲津爾雅釋水○三丨洛陽也文選後漢光武紀贊三丨未澄注○丨南丨東丨內爲三丨也水經沁水注引蔡昭○秋丨丨天漢也文選謝元暉暫使下都詩秋丨曙耿耿注○丨洛圖書之文也後漢黃瓊傳注○丨洛謂丨圖洛書也文選運命論昔者聖人受命丨洛注○丨目上下匡平而長家語困誓丨目隆頞注○丨當作沔字相似誤也國語晉語有如丨水注○詩元鳥釋文丨本或作何○書禹貢達于丨

丨說文水部作達于菏

戈丨戟也書牧誓稱爾丨傳又論語季氏而謀動干丨於邦內集解引孔注又孟子萬章上干丨朕注又廣雅釋器又國語周語載戢干丨注晉語秦穆公衡雕丨出見使者注又呂覽論威豈必用枹鼓干丨哉注又楚辭國殤操吳丨兮被犀甲注○丨戟屬也淮南時則執干戚丨羽注○丨長六尺六寸呂覽仲夏執干戚丨羽注○丨戟長六尺六寸詩無衣修我丨矛傳○丨形傍出一刃也華嚴經音義上引論語圖○丨句兵也考工記冶氏已句則不決注○丨句孑戟也詩公劉干丨戚揚箋又禮記文王世子春夏學干丨注又小爾雅廣器○丨今時句孑戟周禮夏官序官司丨盾注○丨卽今之鉤孑戟書顧命執丨上刃鄭注○丨謂木句孑戟也文選東京賦立丨遰戛薛注○丨句孑戟也丨過也所刺擣則決過所鉤引則制之弗得過也釋名釋兵○丨今句孑戟也或謂之雞鳴或謂之擁頸考工記冶氏丨廣二寸注○凡戟而無刃吳揚之閒謂之丨方言九○離爲丨兵易說卦傳○丨船船下有丨也文選吳都賦丨船掩乎江湖

劉注

阿丨倚也書太甲上惟嗣王不惠于丨衡傳君奭時則有若伊尹鄭注又詩長發實惟丨衡箋又史記殷本紀伊尹名丨衡索隱又漢書宣帝紀集注霍光金日磾傳贊集注又後漢順冲質帝紀贊注朱景王杜馬劉傅堅馬傳論注傅毅傳注○丨近也廣雅釋詁三又漢書賈山傳集注○丨隨也國語周語弗諫而丨之注晉語從其義不丨其惑也注不丨而退注○丨從也呂覽長見丨鄭君之心注君守舍職而丨主之爲矣注○丨衺也廣雅釋詁二○丨曲也漢書季布傳集注又後漢馬嚴傳注王堂傳注班彪傳上注又呂覽貴直亦不必丨主注又楚辭大招謳和揚丨注逢紛行叩誠而不丨兮注又文選東京賦西阻

九丨注風賦緣泰山之丨注○丨曲隅也楚辭少司命晞女髮兮陽之丨注山鬼若有人兮山之丨注招魂蒻丨拂壁注逢紛徘徊於山丨兮注○丨曲從也國語吳語無丨孤注又淮南主術是以執政丨主注○丨曲媚也呂覽達鬱夫何哉注○丨私也呂覽高義丨有罪注○丨亦私也呂覽貴公不丨一人注○丨猶私爲也呂覽恃君置君非以丨君也注○所私爲丨離騷皇天無私丨兮注○丨然美貌詩隰桑隰桑有丨傳○丨細縠列子周穆王衣丨錫注又淮南脩務衣丨錫注○丨細繒也史記司馬相如傳被丨錫集解引漢書音義○丨棟也考工記匠人營國王宮門丨之制五雉注又儀禮士昏禮賓升西階當丨注○丨曲屋淮南本經喬枝菱丨注○丨屋曲簷也莊子外物被髮闚門丨釋文引司馬注○丨庭之曲也文選西都賦周丨而生注○宮廟四下曰丨周書作雒咸有四丨注○四丨若今四柱屋考工記

匠人四｜｜重屋注○｜水崖也穆天子傳天子飲于
河水之｜｜注○｜山下也文選思元賦流目眺夫衡
｜兮舊注○｜山陂也穆天子傳天子獵于鈃山之
西｜注○｜大陵也文選子虛賦順｜而下郭注○
大陵曰｜爾雅釋地又詩菁菁者莪在彼中｜傳皇
矣我陵我｜箋卷阿有卷者｜箋○曲陵曰｜詩考
槃考槃在｜｜傳又後漢周黃徐姜申屠傳注○曲京
曰｜一切經音義一引韓詩傳○四京曰｜廣雅釋
邱○偏高｜邱爾雅釋邱○偏高曰｜邱詩載馳陟
彼｜邱傳○偏高曰｜邱｜何也如人儋何物一邊
偏高也釋名釋邱○｜保謂傅母也後漢崔寔傳注
○天｜者羣神之闕也淮南天文○太｜利劍也楚
辭謬諫遙棄太｜注○今文｜爲庪儀禮士昏禮
賓升西階當｜注○高彪碑稽功猗衡｜作猗
和 亦作龢集韻脉通○｜平也國策秦策與荊人｜
注○｜｜平也國語晉語盉密｜注○｜言｜平

也山海經海內經鳳鳥見則天下｜注○｜諧也廣
雅釋詁三○｜協也淮南俶眞治而不能｜下注○
｜合也漢書王莽傳中集注引晉灼○｜會也周書
謚法○｜集也漢書荊燕吳傳贊集注○龢睦也國
語周語言惠必及龢注○｜適也淮南俶眞不足以
滑其｜注精神何足以滑｜注無天下不羨其｜注
○｜調也周禮食醫掌｜王之六食六飲六膳百羞
百醬八珍之齊注又太元元掜以｜天下注又呂覽
察傳夔能｜之注又淮南原道其德優天地而｜陰
陽注○｜猶調也考工記弓人｜弓轂摩注○｜謂
調｜君事者也禮記表記邇臣守｜注○｜謂調其
故器也周禮典同凡｜樂亦如之注○｜旨酒調美
也詩賓之初筵酒旣｜旨箋○｜齊｜也呂覽仲夏
無致｜注○｜謂心不爭也論語子路君子｜而不
同皇疏○｜謂同｜素問上古天眞論｜於陰陽注
○｜猶許也後漢徐登傳注○｜謂交易也管子問

而萬人之所｜而利也注○｜氣也淮南俶眞被德
含｜注交被天｜注此皆生一父母而閱一｜也注
○｜｜氣也素問氣交變大論其德敷｜注○｜春
之氣也素問五常政大論其候溫｜注○｜陰陽冲
｜氣也荀子正名性之｜所生注○｜若天之功也
春秋繁露循天之道○｜剛柔適也周禮大司樂中
｜祗庸孝友注○｜不剛不柔周禮大司徒知仁聖
義忠｜注○不剛不柔曰｜後漢和帝紀注○剛柔
得適謂之｜賈子道術○以可否相增減曰｜詩伐
木終｜且平箋○可否相濟曰｜周書大開武維王
其明用開｜之言注王佩化行在知｜注○以可濟
否謂之｜後漢劉梁傳○以可去不曰龢國語周語
龢同可觀注○發而皆中節謂之｜禮記中庸○發
號出令而民悅謂之｜禮記經解○九族會曰｜詩
常棣｜樂且孺傳○人｜得民心之所｜樂也孟子
公孫丑下地利不如人｜注○｜也者天下之達道

也禮記中庸○｜卽樂也論語學而｜爲貴皇疏○
｜八音克諧也國語周語樂從｜注○聲曰｜大戴
記保傅又賈子容經○聲相應保曰龢國語周語○
徒吹謂之｜爾雅釋樂○大笙謂之巢小者謂之｜
爾雅釋樂○｜離謂次序其聲縣也禮記明堂位垂
之｜鐘叔之離磬注○｜容主賓客也大戴記衞將
軍文子至於其爲｜容也注○｜液謂｜氣靈液也
後漢蔡邕傳注○｜鈴也廣雅釋器○｜車上軨也
荀子正論｜鸞之聲注○鸞｜皆鈴也所以爲車行
節也禮記經解升車則有鸞｜之音注○鸞在衡｜
在軾皆以金爲鈴周禮大馭以鸞｜爲節注○｜設
軾者也續漢輿服志注引魯詩又白虎通車旂○｜
在衡左氏桓二年傳鍚鸞｜鈴注又服注○｜在式
禮記玉藻在車則聞鸞｜之聲注○｜在軾文選東
京賦｜鈴鈌鈌薛注○｜在軾前詩載見｜鈴央央
傳○在軾爲｜大戴記保傅○在軾曰｜詩蓼蕭｜

鸞雒雒傳○｜軍之正門爲｜也文選東京賦次｜
樹表薛注○｜軍營之正門也文選西征賦距華蓋
於壘｜注○軍門曰｜今謂之壘門立兩旌以爲之
周禮大司馬以旌爲左右｜之門注○棺題曰｜呂
覽開春見棺之前｜注○柩棺也其當謂之牀廣雅
釋器○｜夷地名也書禹貢｜夷厎績馬注○｜氏
掌地官書堯典乃命羲｜馬注○鉌古｜字漢書敘
傳上集注二見又文選洞簫賦與謳謠乎相鉌注荅
賓戲稟仰太鉌注○鉌與｜同晉書音義下○｜與
鉌古字通文選東京賦雲｜之瑟薛注○鉌與｜音
義通文選東都賦鉌鑾玲瓏注○咼古｜字淮南說
山咼氏之璧注○瑪古｜字文選盧子諒覽古詩趙
氏有｜璧注○｜本作禾晉書音義上○｜讀曰桓
水經桓水注引書鄭注○詩烈祖亦有｜羹說文通
釋皿部作亦有盉羹○史記十二侯
表秦共公｜秦本紀索隱一本作豭

波
｜水涌也文選洞簫賦注引字林○｜者涌起淮
南人間起｜濤注○｜高下貌莊子外物夫孰能
不｜釋文○｜流也國語晉語其｜及晉國者注○
｜盪搖動也文選西京賦河渭爲之｜盪薛注○｜
籞池籞也後漢馬融傳注○｜華也楚辭招魂目曾
｜些注○｜傷也後漢班超傳注○流｜目視貌文
選神女賦若流｜之將瀾注○橫｜言目邪視如水
之橫流也文選舞賦目流睇而橫｜注○｜水出歇
馬嶺後漢馬融傳注○｜音陂澤之陂漢書諸侯王
表集注引鄭氏○｜讀爲陂漢書江都易王非傳集
注○｜讀曰陂漢書灌夫傳集注貨殖傳集注○｜
讀爲播周禮職方氏其浸｜溠注○書禹貢滎｜既
豬史記夏本紀
作滎播既都

科
｜課也課其不如法者罪責之也釋名釋典藝○
｜品也廣雅釋言又論語八佾爲力不同｜皇疏

○｜法也太元從從水之｜滿注元攡三儀同｜注
○｜本也廣雅釋詁三○｜條也廣雅釋言○｜謂
事條後漢桓譚傳注○｜蘖也廣雅釋言○｜空也
易說卦傳爲｜上槁釋文又廣雅釋詁三○｜坑也
廣雅釋水○｜欲也孟子盡心上不盈｜不
行注○易說卦傳爲｜上槁釋文｜虞作折

柯
｜莖也廣雅釋木○并｜連理也文選顏延年曲
水詩序楨莖素毳并｜共穗之瑞注○｜法也爾
雅釋詁○｜柄也廣雅釋器○｜斧柄也詩伐柯伐
｜如何傳又禮記坊記伐｜如之何釋文○｜其柄
也考工記車人｜長三尺注○｜斧柄所操以伐木
國語晉語今若大其｜注○一欘有半謂之｜考工
記車人○｜盂也廣雅釋器○盂謂之｜方言五○
牂｜亦江中兩山名也水經溫水注○左氏襄十九
年經諸侯盟于
祝｜公羊作阿

陀
｜或作陁○｜衺也廣雅釋詁二○陁墮也太元
銳陵崚崢岸峭陁注

娥
｜美也廣雅釋詁一○秦晉之間美貌謂之｜方
言二○｜好也秦曰｜秦晉之間凡好而輕者謂
之｜方言一○｜媌妖好也列子周穆王｜媌靡曼
者注○｜言｜｜方言一注○｜｜容也廣雅釋訓
○山海經大荒南經｜皇
大戴記五帝德作倪皇

蛾
蝵羅爾雅釋蟲○｜即是雄羅即是雌爾雅釋蟲
孫注○｜蛘也廣雅釋蟲○｜蚍蜉也山海經海
內北經朱｜其狀如｜注○無足曰｜列子黃帝禽
獸蟲｜釋文○｜眉好貌離騷衆女嫉余之｜眉兮
注○｜一本作蟻列子湯問命夸｜
氏二子釋文黃帝禽獸蟲｜｜釋文

鵝
舒鴈｜爾雅釋鳥○野曰鴈家曰鵞爾雅釋鳥李
注○在野舒翼飛遠者爲鵞爾雅釋鳥孫注○鴈

南楚之外謂
之䑛方言八
【蘿】女丨松丨也廣雅釋草○女丨菟絲松丨也詩頍
弁蔦與女丨傳○周禮委人注苑囿藩丨之材釋
文丨本
亦作羅
【荷】丨芙渠爾雅釋草又楚辭九辯被丨裯之晏晏兮
注○丨夫渠也淮南本經夫容芰丨注○丨扶蕖
也離騷製芰丨以爲衣兮注○丨華扶渠也其葉茄
茗詩山有扶蘇隰有丨華傳○丨水菜夫渠也其莖
曰茄其本曰密其根曰藕其花曰夫容其秀曰菡萏
其實曰蓮蓮之茂者花花之中心曰薏幽州總謂之
光荷淮南說山譬若樹丨山上注○別名芙蓉江東
呼丨爾雅釋草注○芙蕖之莖曰丨詩澤陂有蒲與
丨箋○丨蓮華也淮南兵略爾丨之繒注○丨水物
也所以厭火類聚六十三引風俗通○丨讀如燕人

强秦言胡同也淮南說山譬若樹丨山上注○莊子
知北遊婀丨甘與神農釋文丨本或作苛○詩澤陂
有蒲與丨爾雅釋草
樊注作有蒲與茄
【何】丨問也廣雅釋詁二又漢書賈誼傳集注○丨猶
問也史記秦始皇紀陳利兵而誰丨集解引如淳
○丨問辭也文選高唐賦丨節奄忽注○丨疑問之
辭也文選射雉賦丨調翰之喬桀注○丨辭也易大
畜丨天之衢注○丨者將設事類之辭公羊桓三年
傳曰否丨者注○彼丨者始怍丨等物之辭公羊宣
六年傳彼丨也注○丨有者言不難也論語里仁能
以禮讓爲國乎丨有集解○丨有者言何難之有也
後漢劉愷傳注○丨有言若無有後漢曹世叔妻傳
注○丨丨有言不足有也論語雍也於從政乎丨有皇
疏○丨有者有餘力也論語雍也皇疏引衛瓘○丨
爲猶若爲也論語憲問夫子丨爲皇疏○丨人不知

丨人也後漢曹節傳注○丨呵也漢書衛綰傳集注
引李奇○丨或爲呵史記秦始皇紀索隱引崔浩○
丨丨呵字同同上○左氏襄十年傳則丨謂正矣釋文
丨或作可○爾雅釋蟲蚵蠐丨釋文丨本或作蚵○
董子逢盛碑無可柰河丨作河吳
仲山碑感痛柰河丨作河
【過】丨歷也公羊隱六年傳首時丨則書注○丨至也
漢書陸賈傳集注○丨去也太元差丨小善不克
注○丨謂踰之史記外戚世家皆丨栗姬索隱○丨
謂遍也素問玉版論要逆行一丨注○丨澗名也詩
公劉遡其丨澗傳○丨辨回川爾雅釋水○丨古禾
反爾雅釋蟲釋文引字林○丨一作遇列子天瑞丨
東郭先生問焉釋文○爾雅釋水釋文丨本或作
蝸同○爾雅釋蟲不丨蟷蠰釋文丨本或作蝸
【磨】丨礪也廣雅釋器○石謂之丨爾雅釋器○石曰
丨詩淇奧如琢如丨傳又周禮大宰五曰百工飭

化八材司農注又論衡量知○丨治石名詩淇奧釋
文○相觀於善之曰丨說苑建本○詩淇奧釋文丨
本又作摩○州輔碑所謂摩而不
磷張公神碑刊鑿涿摩丨作摩
【螺】蠃同○蠃蚌蛤之屬國語吳語其民必移就蒲蠃
於東海之濱注○蠃螔蝓也廣雅釋魚○蠃螔蝓
周禮鼈人祭祀共蠯蠃蚳以授醢人注醢人其實葵
菹蠃醢注○蠃醢螔蝓醢儀禮士冠禮蠃醢注○丨
蝸牛也書大傳鉅定丨注○蠃蠡薄蠃淮南俶真蠃
瘯蝸睆注○蠃母即蝶丨也山海經西山經邸時之
水其中多蠃母注○蠃讀指端蠃文之蠃淮南本經
冠無觚蠃之理注○今文蠃爲蝸儀禮士冠禮蠃醢
注士喪禮蠃醢注既夕蠃醢注少牢饋食禮執葵菹
蠃醢注○丨古文蠃同一切經音義二○易說卦傳
爲蠃釋文京作丨姚作蠡○爾雅釋
魚蚹蠃螔蝓釋文蠃作丨字亦同

禾 粢黍稻其采謂之丨廣雅釋草○生曰苗秀曰丨公羊莊七年傳無苗注○秀爲丨古微書引春秋運斗樞○丨者木春木王而生秋金王而死淮南墬形禾春生秋死注○丨稾實并刈者也儀禮聘禮門外米禾皆二十車注又周禮掌客車丨眂死牢注○丨者含滋液也古微書引春秋說題辭○生於丨中與丨中異穗謂之嘉丨論衡講瑞○丨一作和晉書音義下

窠 丨巢也廣雅釋室又一切經音義十三引字書○丨鳥巢也文選蜀都賦丨宿異禽劉注○雞雉所乳謂之丨小爾雅廣獸○丨作薖同口和反一切經音義二十引聲類

娑 丨丨衣貌後漢張衡傳注

佗 丨丨美也爾雅釋訓○丨丨長之美爾雅釋訓孫注○丨丨者德平易也詩君子偕老委委丨丨傳

○丨丨德之美貌詩君子偕老釋文引韓詩○丨加也詩小弁予之丨矣傳○丨一本作拕列子湯問來丹之友申丨釋文○詩君子偕老委委丨丨爾雅釋訓釋文作禕禕它它○左氏文六年傳賈丨晉語四作賈它○史記周本紀莊王丨周語中韋注作它

沱 江爲丨爾雅釋水○江有丨同上○丨江別名書禹貢丨潛既道傳○丨江之別者詩江有汜江有丨傳○江別爲丨儀禮士喪禮注江沔之閒釋文又楚辭靈懷凌黃丨而下低兮注○水出江爲丨書禹貢鄭注○江水溢出爲丨爾雅釋水江爲丨李注○丨湖也書禹貢馬注○易離出涕丨若釋文荀作池一本作沲○爾雅釋水注猶江之有丨釋文丨或作汜○詩漸漸之石俾滂丨矣史記仲尼弟子傳作俾滂池矣

鼉 或作鱓○丨似蛟而大一切經音義二引三蒼○丨似蜥蜴山海經中山經江水多丨注○丨魚屬詩靈臺丨鼓逢逢傳○剝鱓以爲鼓也大戴記夏小正傳○鱓或作丨書大傳江鱓注

峩 丨丨高也廣雅釋詁四○丨丨高也廣雅釋訓○丨丨高貌漢書司馬相如傳上集注○峨峨高貌也楚辭惜賢冠浮雲之峨峨注○丨丨高如雲也文選洛神賦雲髻丨丨注○丨丨高大也文選西京賦神山丨丨薛注○丨丨高大貌文選西京賦華嶽丨丨薛注○丨丨盛壯也詩棫樸奉璋丨丨傳○峨峨祭也爾雅釋訓○峨峨奉璋之貌爾雅釋訓舍人注○丨與娥同古字通文選左太冲詠史詩丨丨高門內注○詩棫樸釋文丨本又作俄○公羊定八年傳注奉璋丨丨釋文丨本又作娥

佗 今作他又作它○他猶異也呂覽貴生又況於他物乎注○它猶餘也漢書陸賈傳集注○它它族

也國語周語不出於它矣注○言非他者親之辭儀禮覲禮天子曰非他注○非他故彌親之辭儀禮士昏禮記某以非他故注○他志謂私心禮記檀弓下或敢有他志注○他日異日也孟子滕文公下他日歸注○他猶泰也太元元攡夫地他然示人明矣注○今文他爲它儀禮士虞禮記他用剛日注○它古丨字漢書高帝紀下集注○它古他字詩鶴鳴它山之石釋文又漢書郭解傳集注西域傳上集注○他亦作陀晉書音義上○史記周本紀莊王丨杜預春秋世族譜作他○古今人表尹公丨孟子作尹公之他

那 集韻通作㑷○丨多也爾雅釋詁又詩桑扈受福不丨傳那猗與丨與傳又詩魚藻有丨其居釋文又後漢班彪傳下注○㑷多也廣雅釋詁三○丨於也爾雅釋詁又國語越語吳人之丨不穀注○丨美

也國語楚語使富都丨豎贊焉注○丨安貌詩魚藻
有丨其居箋○丨猶何也左氏宣二年傳棄甲則丨
注○丨猶今人云丨丨也爾雅釋詁注○左氏莊十
八年傳遷權于丨處釋文丨又作那同○爾雅釋詁
釋文丨本或作㑚○詩桑扈受
福不丨說文人部作受福不儺

苛 丨細也漢書高帝紀上集注酈食其傳集注韓安
國傳集注李廣傳集注薛宣朱博傳贊集注○丨
察管子小匡小廉而丨忕注○丨重也素問六元正
紀大論丨疾不起注至眞要大論筋肉拘丨注○丨
者重也素問四氣調神大論從之則丨疾不起注○
丨煩也國語周語觀其丨慝而降之禍注晉語內無
丨慝注又史記酈生陸賈傳好丨禮索隱引賈逵又
淮南主術法令察而不丨注○丨丨煩躁也管子小稱
逐堂巫而丨病起兵注○丨擾也國語晉語以阜落
翟之朝夕丨我邊鄙注○丨猶擾也一切經音義十
六引國語賈注○丨問也漢書王莽傳中集注○丨
謂詰問之周禮射人不敬者丨罰之注○丨譴也周
禮世婦比外內命婦之朝莫哭不敬者而丨罰之注
○丨者切也文選陸士衡樂府從軍行注引春秋緯
宋注○丨相丨責也方言二注○丨怒也陳謂之丨
方言二○丨怒也廣雅釋詁二○丨暴也荀子富國
丨關市之征以難其事注○丨虐也詩大序哀政刑
之丨釋文○丨猶虐也文選謝宣遠張子房詩丨慝
暴三殤注○丨病呂覽審時身無丨殃注○丨妒也
爾雅釋言○丨疥也禮記內則疾痛丨養注○丨謂
瘠重素問逆調論雖近衣絮猶尚丨也注○丨縟煩
數之貌文選舞賦闕細體之丨縟注○丨一作荷史
記酈生陸賈傳好丨禮索隱○詩大序哀政刑之丨
釋文丨本亦作荷禮記檀弓下無丨政釋文丨本亦
作荷禮記樂記注紂時丨政也釋文丨本又作荷左
氏昭十三年傳丨慝不作釋文丨本或作荷○莊子

天下君子不爲丨察釋文一本作苟○周禮閽人注
則丨其出入釋文丨本又作呵禮記王制譏苛察釋
文丨本亦作呵○衙方碑糾剔荷
式衙彈碑吏無荷擾之煩丨作荷

訶 丨怒也廣雅釋詁二

珂 勒飾曰丨初學記廿二引通俗文

痾 丨病也洪範五行傳時則有下體生上之丨注又
廣雅釋詁一

莎 丨草名也淮南覽冥路無莎蘋注又文選射雉賦
青莎丨靡徐注○惢古丨字漢書地理志上集注
○詩七月六月丨雞
振羽釋文丨今作沙

蓑 集韻蓑同○丨草衣也詩無羊釋文○丨雨衣管
子禁藏被丨以當鎧鑐注○蓑所以備雨詩無羊
何簑何笠傳○丨辟雨之衣也山海經西山經三危
之山有獸焉其毫如披丨注○丨笠備雨服儀禮既
夕記槀車載丨笠注○萆謂之衰廣雅釋器○丨丨
下垂貌文選南都賦敷華蘂之丨丨注○衰讀曰丨
漢書五行志
下之下集注

梭 丨織具也所吕行維之莎御覽八百廿五引通俗
文

婆 丨娑舞也爾雅釋訓又詩東門之枌丨娑其下傳
○丨娑舞貌後漢王符傳注○丨娑盤辟舞也爾
雅釋訓李注○丨娑猶盤姍也文選神女賦又丨娑
乎人間注○丨娑容與之貌也文選北征賦聊須臾
以丨娑注○丨娑分散貌文選洞簫賦優嬈嬈以丨
娑注○詩東門之枌市也丨娑說文女部作市也媻
娑

摩｜順也廣雅釋詁一○｜合也國策秦策簡練以
爲揣｜注○｜近也左氏宣十二年傳｜壘而還
注又廣雅釋詁三又淮南說林堅柔相｜注○｜猶
相｜國策秦策人肩｜注○｜猶比也國策齊策鍇
擊｜車而相過注○｜猶迫也禮記樂記陰陽相｜
注○｜切也易繫辭釋文引馬注○｜相磑切也易
繫辭釋文引京注○｜相切｜也易繫辭上傳剛柔
相｜注○｜相切磋也禮記學記注○｜藏也陳之
東鄙曰｜方言六又廣雅釋詁四○｜猶隱也考工
記弓人强者在內而｜其筋注○｜滅也方言十三
○｜消滅也莊子徐無鬼循古而不｜釋文引王注
○｜者所以動而內符鬼谷子摩注○相觀而善之
謂｜禮記學記○齊人謂快爲｜禮記禮器不｜蚤
釋文○｜娑猶末殺也手上下之言也釋名釋姿容
○｜笄齊山名國語晉語｜笄之役注○｜滅或作
攠滅方言十三注○攠亦｜字後漢杜篤傳注引字

書○｜古文劘攠二形同一切經音義十○禮記樂
記陰陽相｜釋文｜本又作磨大學如琢如｜釋文
｜本亦作磨論語學而如琢如｜釋文｜一本作磨
○禮記學記釋文｜又作靡○莊子徐無鬼循古而
不｜釋文｜一本作磨○禮記
禮器不｜蚤釋文｜本又作麼

訛 通作吪亦作譌○｜化也爾雅釋言又書堯典平
秩南｜傳又詩節南山式｜爾心箋又漢書揚雄
傳上集注王莽傳中集注○吪化也詩破斧四國是
吪傳○譌化也方言三○｜譌也漢書王商傳集注
○｜僞也詩沔水民之｜言箋正月民之｜言箋又
漢書劉向傳集注又後漢馮衍傳注○｜動也爾雅
釋詁又詩無羊或寢或｜傳○吪動也詩兔爰尚寐
無吪傳○譌覺也詩無羊釋文引韓詩○｜言也爾
雅釋詁○吪言也廣雅釋詁四○世以妖言爲｜爾
雅釋詁注○譌譁也廣雅釋言○譌亦妖｜字山海
經西山經章莪之山有鳥焉名曰畢方見則其邑有
譌火注○譌古｜字漢書江充傳集注○｜古文爲
譌吪三形同一切經音義十二○詩兔爰釋文吪本
亦作｜破斧釋文｜又作吪無羊釋文韓詩作譌○
爾雅釋詁釋文｜字又作吪亦作譌同○書堯典平
秩南｜史記五帝紀作便程南譌○詩正月民之｜
言說文言部
作民之譌言

羸 集韻或作驘○馬母驢父生子曰驘楚辭憂苦同
駑驘與椉駔兮注○騾｜同文選上林賦駃騠驢
｜注

鞾｜跨也兩足各以一跨騎也釋名釋衣服○｜與
靴同晉書音義下四見

坡 岥岮頗貌也文選西征賦裁岥岮以隱嶙注○｜｜
與陂同後漢張禹傳注○詩氓傳泮｜也釋文｜｜

本亦作陂
或作破字

頗｜衺也廣雅釋詁二○｜邪也荀子臣道正義之
臣設則朝廷不｜注○｜偏也左氏昭十二年傳
書辭無｜注昭十六年傳刑之｜類服注又漢書王
嘉傳集注○｜傾也離騷修繩墨而不｜注又文選
思元賦舊注○｜僻邪佞也文選思元賦行｜僻而
獲志兮注○公羊襄三十年經楚子使薳｜來聘釋
文一本
作跛

瑳｜巧笑貌詩竹竿巧笑之｜傳○古今人表景｜
師古曰即景差

挱 摩｜猶捫摸也亦抹殺也一切經音義十三引聲
類

紽｜數也詩羔羊素絲五｜傳又廣雅釋詁四○它
數也詩羔羊釋文○｜數名也後漢王渙傳注引

韓詩章句○詩羔羊釋文它本又作他同本或作丨

酡 丨著也楚辭招魂朱顏丨些注

鮀 左傳衞祝丨古今人表作佗

瘥 丨病也爾雅釋詁又詩節南山天方薦丨傳又周禮司關注札丨夭昏釋文又國語周語無夭昏札丨之憂注又荀子富國天方薦丨注○小疫曰丨左氏昭十九年傳札丨夭昏注又賈注○字林丨作[illegible]左氏昭十九年傳釋文○詩節南山天方薦丨說文田部作天方薦[illegible]

莪 丨蘿爾雅釋草○丨蘿也後漢陳忠傳注○丨蘿蒿也詩菁菁者莪菁菁者丨傳○丨蒿蘿蒿也廣雅釋草○衞方碑悼蓼儀之劬勞孔耽神祠碑惟蓼儀以愴悢平都相蔣君碑蓼蓼者儀丨作儀

俄 通作蛾○丨傾貌詩賓之初筵側弁之丨箋○蛾無幾之頃也漢書孝成班倢伃傳集注引如淳○丨者謂須臾之閒創得之頃也公羊桓二年傳丨而可以爲其有矣注○丨衺也廣雅釋詁二○丨斜也文選歸田賦于時曜靈丨景注○丨丨陳舉之貌漢書揚雄傳上集注○蛾與丨同古字通用漢書孝成班倢伃傳集注

拕 俗作拖○丨曳也漢書嚴助傳集注楊雄傳上集注楊雄傳下集注○拖猶牽也論語鄉黨加朝服拖紳皇疏○丨縱也淮南齊俗縱體拖髮注○拖奪也淮南人閒拖其衣被注

儺 亦作難○丨猶除也淮南時則天子乃丨注○難謂執兵以有難卻也周禮占夢遂令始難毆疫注○丨逐疫除不祥也呂覽仲秋天子乃丨注○丨逐疫鬼文選東京賦卒歲大丨薛注○丨驅逐疫鬼也論語鄉黨鄉人丨集解引孔注○丨者逐疫鬼論語鄉黨皇疏○大丨逐盡陰氣爲陽導也今人臘歲前一日擊鼓驅疫謂之逐除是也呂覽季冬命有司大丨注○難然盛貌詩隰桑其葉有難傳○不丨丨也顏氏家訓書證引詩傳○故書難或爲丨周禮占夢遂令始難毆疫注○丨讀論語鄉人丨同呂覽季春國人丨注○丨魯讀爲獻今從古論語鄉黨鄭注○難讀爲難問之難其字當作丨周禮占夢杜注○丨讀躁難之難淮南時則天子乃丨注

呵 丨丨笑也廣雅釋訓○若丨如人相丨呼聲山海經南山經青邱之山有鳥焉其音若丨注○丨曲也管子君臣下從其欲丨而勝之注○丨丨嗽掩鬱不明貌文選海賦注

皤 丨白也詩采蘩傳丨蒿也釋文又爾雅釋草蘩丨蒿釋文又廣雅釋器○丨丨白首貌也後漢樊準

傳注○丨丨白髮貌漢書敘傳下集注○丨蒿白蒿也左氏隱三年傳注蘩丨蒿也釋文○丨丨豐多貌文選魏都賦行庖丨丨注○丨大腹左氏宣二年傳丨其腹注○馬作足橫行曰丨易賁賁如丨如釋文引董注○易賁釋文丨荀作波

庅 通作麼○丨小也一切經音義九引字書○麼小也漢書敘傳上集注引鄭氏○細小曰丨一切經音義九引通俗文

薖 丨寬大貌詩考槃碩人之丨傳○丨飢意詩考槃箋○丨飢也後漢周黃徐姜申屠傳贊注○詩考槃釋文丨韓詩作過

渦 丨水出淮南陽浮溝浪蕩渠東入淮晉書音義上○丨水旋流也文選江賦盤丨谷轉注

茄 丨藕莖也文選西京賦蔕倒丨於藻井薛注

牁 戕通○戕杙也廣雅釋室

磋 治象曰丨論語學而如切如丨釋文○象謂之丨爾雅釋器○象曰丨詩淇奧如切如丨傳又周禮大宰五曰百工飭化八材司農注又論衡量知又後漢馬援傳注盧植傳注○丨磨也廣雅釋詁三○丨古文蒫同一切經音義十一○丨一作瑳晉書音義中○詩卷阿箋以禮義相切丨釋文丨或作瑳

傞 傞傞舞也廣雅釋訓○丨丨不止也詩賓之初筵屢舞丨丨傳○詩賓之初筵屢舞丨丨說文女部作屢舞姕姕

鹺 大鹹曰丨今河東云禮記曲禮下鹽曰鹹丨注

詑 廣韻詑俗○丨欺也廣雅釋詁二○兖州人以相欺爲詑人音湯和反詑避也一切經音義八引纂文

番 丨丨勇也爾雅釋訓○丨丨勇武貌詩崧高申伯丨丨傳○丨丨當作皤皤史記秦本紀丨丨黃髮正義

碆 以石傳弋繳曰丨史記楚世家丨新繳集解引徐廣○沙石膠絲爲磻文選西京賦磻不特絓薛注○磻以石維繳也國策楚策被礛磻引微繳續注○丨與磻同後漢馬融傳注○丨作磻史記楚世家丨新繳索隱

渏 丨水卽濟水之所苞注以成湖澤也水經泗水注○書禹貢導丨澤史記夏本紀漢書地理志作道荷澤○書禹貢又東至于丨史記夏本紀漢書地理志作又東至于荷

蹉 丨擳也文選長笛賦注引埤蒼○禮記曲禮注重丨丨跌也釋文丨本亦作差同

搓 丨斫也後漢馬融傳注

驒 青驪驎丨爾雅釋畜○青驪驎曰丨詩駉有丨有駱傳○丨丨白馬黑髦也詩駉釋文引韓詩字林○丨騱駏驉類也文選上林賦蛩蛩丨騱郭注

醝 白酒曰丨一切經音義九引通俗文○丨酒也廣雅釋器○鹺鹹也廣雅釋言

獻 亦作犧○丨疏刻之禮記明堂位周丨豆注○犧犧尊飾以犧牛國語周語奉其犧象注○犧象周尊也禮記明堂位○犧尊有沙飾也詩閟宮犧尊將將傳○犧尊以沙羽爲畫飾禮記明堂位尊用犧象

注○丨讀爲沙儀禮大射儀兩壺丨酒注○丨讀爲摩莎之莎齊語聲之誤也周禮司尊彝鬱齊丨酌注○丨讀當爲莎莎齊語聲之誤也禮記郊特牲汁丨涚于醆酒注○丨讀爲犧周禮司尊彝其朝踐用兩丨尊司農注○丨讀爲儀周禮司尊彝司農注○犧周禮作丨禮記禮器犧尊在西注○周禮司尊彝釋文丨本或作戲注作犧同○禮記禮器釋文丨本又作戲

嶓 丨冢山南條山也水經嶓水注○丨冢山名書禹貢岷丨既藝傳○丨冢山也後漢張衡傳注○丨水在滎陽水經注七引字林

蝌 通作科○科斗活東爾雅釋魚○蝌斗水蟲也一切經音義四引字書○科斗蟾諸子也爾雅釋魚樊孫注○科斗蝦蟆子爾雅釋魚注○科斗蝦蟇子也莊子秋水還虷蟹與科斗釋文○科斗蟲名蝦蟇

子書序科斗文字釋文○科斗作丨蚪廣
韻引字林○爾雅釋魚釋文科字或作蚪
鴚 集韻鴚同○鴚鵞鴈也廣雅釋鳥○丨鵞鳥似雁
丨音柯漢書楊雄傳音義引字林○倉鴚鴈也廣
雅釋鳥○鴈自關而東謂之丨鵝南楚之外謂之鵝
或謂之鶬丨方言八○鴚鵝水鳥太元裝鴚鵞慘于
冰翼注○今江東通呼為丨
方言八鴈或謂之倉丨注
睋 丨視也後漢班彪傳上注又文選西都賦丨北阜
注
䋍 丨練也廣雅釋器
渦 丨為洵爾雅釋水○爾雅釋水釋文丨又作渦本
或作過
踒 丨挫足為丨一切經音義十三引蒼頡○足跌傷曰
丨一切經音義十三引通俗文○丨折也廣雅釋

詁一
籮 丨箕也廣雅釋器○丨竹器也一切經音義十一
五引字林○所以注斛陳魏宋楚之間謂之丨方言
鍋 車釭齊燕海岱之間謂之丨自關而西釭盛膏者
乃謂之丨方言九
丨屬燕山海經海內北經○魯宣公名丨見左氏
倭 宣元年傳釋文一名接又作委○魯宣公名丨史
記侯表
又作俀
囉 龢丨聲迭蕩相雜貌文選洞簫賦行鍖鋌以龢丨
注
嵯 丨高也廣雅釋詁四○丨峩高大貌後漢馮衍傳
注○丨峩皆峻貌史記司馬相如傳崔巍丨峩正

義引
郭云
劙 丨厲也漢書賈鄒枚路傳贊集注引蘇林
矬 侏儒曰丨一切經音義二引通俗文○丨短也廣
雅釋詁二
牠 廣韻犐同○犐無角淮南說山既犐而犧注
○以下據廣韻錄
滒 丨淖也廣雅釋言○丨亦淖也饘粥多
瀋者謂丨丨讀歌謳之歌淮南原道甚
淖而
丨注
蛇 丨囊也廣雅釋器
鼉 丨音鼉魚之鼉山海經中山經驕山神丨圍處之
注○丨一作鼉山海經中山經岐山神涉丨處之

注
嗟 丨春也廣雅釋詁四
躦 丨蹋也廣雅釋詁二
䫏 丨衺也廣雅釋詁二
欏 丨籬也廣雅釋室
[illegible] 丨或作熊也山海經中山經甘棗之山有獸焉其
名曰丨注
瘑 ⿸疒瓜同○⿸疒瓜禿也一切經音義十八引蒼頡篇○⿸疒瓜
瘡病也春發者謂之鷰⿸疒瓜秋發者謂之鴈⿸疒瓜一切
經音義十四引韻集○丨作⿸疒瓜同古和反一切經音
義十八引字書○⿸疒瓜作丨同故和反一切經音義十

四引張〔揖雜字〕

蝸 丨不丨名蠕蠖今之蛭蝚也〔爾雅釋蟲〕不過蠕蠖含人注

莝 丨亦脆也〔文選魏都賦〕稾質丨脆注

桗 丨株也〔廣雅釋木〕

挫 丨丨者開除之名也今倉人通有此語〔文選射雉賦〕丨丨場扗翳徐注

痤 丨癰也〔廣雅釋詁二〕〇丨癤也〔管子法法〕丨睢之礦石也注〇丨疽癰也〔淮南說林〕潰小皰而發丨疽注〇丨癰丨也〔山海經中山經〕金星之山多天嬰可以已丨注〇丨謂色赤䐜憤內蘊血膿形小而大如酸棗或如按豆此皆陽氣內鬱所爲〔素問生氣通天論〕鬱乃丨注〇丨接慮李〔爾雅釋木〕〇〔古今人表〕范座〔魏策〕作丨

睉 丨小目也一切經音義二引〔字林〕

銼 丨刈也〔廣雅釋言〕

譢 丨慧也〔廣雅釋詁一〕〇虔儇慧也楚或謂之丨〔方言一〕〇丨亦今通語〔方言一〕注

摞 摞理也〔廣雅釋詁二〕

腡 丨手理也玉篇引〔聲類〕

䅳 丨藤名也一切經音義十八引〔南海志〕

𠐊 丨美貌詩考槃碩人之薖釋文引〔韓詩〕

涹 丨濁也〔廣雅釋詁三〕〇樞漸也楚人曰漚齊人曰丨〔考工記㡛氏〕湅絲以涚水漚其絲注

〇附錄

𨟇 丨砥也〔呂覽精通〕刃若新丨研注

經籍籑詁卷第二十

經籍籑詁卷第二十補遺 下平聲

兵部侍郎兼都察院右副都御史巡撫浙江等處地方提督軍務兼理糧餉阮元纂

五歌

歌 說文丨詠也从欠哥聲謌或从言○詠其聲謂之丨漢書藝文志○詠聲爲丨詩關雎序故永丨之疏○丨所以長言之漢書藝文志丨詠言注○丨所以長言詩之意也書舜典丨永言馬注又鄭注○丨之謂引聲長詠之詩子衿傳誦之丨之疏○丨謂音禮記樂記丨詠其聲也疏○出聲曰丨周禮大師注又丨南風疏○丨者發聲出音周禮大司樂注大呂之聲疏○在辭爲詩在樂爲丨毛詩指說引梁簡文十五國風義○丨者樂也周禮女巫疏引鄭志○丨謂祭祀時奏樂也禮記檀弓下丨於斯疏○丨謂作此詩也詩墓門丨以訊之箋○丨者德之言也公羊隱五年傳始僭諸公注○孔耽神祠碑含謌如頌曰丨作謌

多 說文丨重也从重夕夕者相繹也故爲丨重夕爲丨重日爲曡凡丨之屬皆从丨㚘古文丨○丨猶重之漢書灌夫傳士亦以此丨之注○丨猶勝也禮記檀弓上丨矣乎予出祖者疏○不丨丨也詩桑扈受福不那傳卷阿矢詩不丨傳○丨志謂博交汎愛人也禮記緇衣丨志質而親之注○古人丨祇同音左氏襄廿九年傳祇見疏也疏○丨當爲趍文選景福殿賦厥庸孔丨注○丨一作朋史記五帝本紀與爲丨焉集解引徐廣

羅 說文丨以絲罟鳥也从网从維古者芒氏初作羅○丨或爲覼文選謝靈運擬鄴中集詩丨縷豈闕辭注

河 說文丨水出焞煌塞外昆侖山發原注海从水可聲○丨者經天亘地之水也續漢五行志五注○丨大川漢書五行志下之上○丨四瀆之宗穆天子傳一是爲丨宗氏注○冀州凡水大小皆謂之丨漢書司馬相如傳下屬江河注引文頴○丨亦江也北人名水皆曰丨莊子自淛丨以東釋文○詩碩人丨水洋洋楚辭注十六作何水油油

戈 說文丨平頭戟也从弋一橫之象形凡丨之屬皆从丨○丨鉤孑戟也禮記曲禮上進丨者前其鐏後其刃疏

阿 說文丨大陵也一曰曲𨸏也从𨸏可聲○丨謂山曲也漢書劉向傳葬於驪山之丨注○大陵曰丨漢書賈山傳又爲丨房之殿注○曲陵曰丨漢書司馬相如傳上順丨而下注○丨水之曲隅漢書禮樂志汾之丨注○丨曲也管子君臣下從其欲而勝之注○丨曲相丨周禮士師注朋黨之相丨疏○丨比也左氏昭廿年傳丨下執事注○撓法從私謂之丨黨管子重令不丨黨注○丨黨謂治獄吏以私恩曲橈相爲也禮記月令是察丨黨注○丨細繒也漢書禮樂志曳丨錫注引如淳○丨那是枝葉條垂之狀詩溼桑傳丨然美貌疏○古人所讀丨倚同音故丨亦倚也書太甲傳上丨倚也疏

和 說文丨相譍也从口禾聲又龢調也从龠禾聲讀與丨同○丨調也禮記樂記其聲丨以柔疏又呂覽達鬱心志欲其丨也注○丨平也素問六元正紀大論丨其運注○以它平它謂之丨國語鄭語○丨猶適也淮南說山是故不同于丨注○丨漬也禮記內則丨灰請漱注○丨猶合也禮記郊特牲陰陽丨

而萬物得疏○丨謂丨合素問生氣通天論兩者不丨注○丨謂丨氣荀子富國合歡謂之丨注天論萬物各得其丨以生注○丨謂百姓丨諧禮記祭義致丨用也疏○得性之極謂之丨列子黃帝注○丨者純氣之守也老子知丨曰常注○丨取其敬荀子正論丨鸞之聲注引許愼○丨者體度寬簡物無乖爭也左氏文十八年傳宣慈惠丨疏○丨正信之本也左氏昭十二年傳○與物共者丨也莊子徐無鬼夫神者好丨而惡姦注○不強不弱是謂丨也素問至眞要大論至丨則平注○丨謂丨美也文選七發肥狗之丨注○龢囉聲迭蕩相雜貌文選洞簫賦行鍖銋以龢囉注○丨鈴也以金爲之施於衡上漢書五行志上登車有丨丨鸞之節注○丨亦鈴也詩蓼蕭傳在軾曰丨疏○丨在軾前禮記經解注引韓詩內傳○鸞者在衡丨者在軾續漢輿服志注引白虎通○在軾曰丨漢書司馬相如傳上鳴玉鸞注引郭璞○大笙謂之巢小者謂之丨風俗通聲音○丨小笙爾雅釋樂笙小者謂之丨孫注○丨應丨於笙爾雅釋樂釋文引孫注○丨者小者音相丨也爾雅釋樂舍人注○丨軍門也史記樊酈滕灌列傳攻其前拒索隱○丨夷平地之名書禹貢丨夷底績疏○丨當爲私詩皇皇者華每懷靡及箋又國語魯語懷丨爲每懷注引後鄭司農

波 說文丨水涌流也从水皮聲○丨亦水名漢書地理志上滎丨既豬注○書禹貢滎丨既豬釋文馬本作播○書滎丨既豬周禮注引禹貢索隱引今文皆作滎播既都書疏馬鄭王本皆作滎播

科 說文丨程也从禾从斗斗者量也○丨者段也春秋公羊經傳解詁疏○丨坎孟子離婁下盈丨而後進注

柯 說文丨斧柄也从水可聲○丨謂枝也詩湛露箋俠物丨丨葉低垂疏○俗謂如許物爲若丨匡謬正俗六

陀 丨落也淮南繆稱岸崝者必丨注

娥 說文丨帝堯之女舜妻丨皇字也秦晉謂好曰娙丨从女我聲

蛾 說文丨羅也从虫我聲又䖸蠶化飛蟲从虫我聲䖸或从虫○䖸蠶䖸爾雅釋蟲注○丨若今之蠶丨類也漢書元帝紀有白丨羣飛蔽日注

鵝 說文鵝䳘鵝也从鳥我聲○鵝與鵞同孟子滕文公下則有饋其兄生丨者音義引張音○黑鵝草名也管子地員黑鵝馬夫注

蘿 說文丨莪也从艸羅聲○海丨海藻也廣雅釋草○在田曰兔絲在水曰松丨詩頍弁蔦與女丨釋文○女丨今兔絲今合藥兔絲子是也詩頍弁蔦與女丨陸疏○詩頍弁蔦與女丨文選注廿五作葛與女羅

荷 說文丨夫蕖葉从艸何聲○丨芙蕖也詩澤陂有蒲與丨傳○丨芙蕖江東呼丨詩澤陂陸疏○丨與苛同漢書酈食其傳皆握齱好丨禮注

何 說文丨儋也从人可聲○丨謂擔丨易噬嗑丨校滅耳疏○丨卽問也漢書衞綰傳不孰丨縮注○丨謂丨官也文選過秦論陳利兵而誰丨注引如淳○丨謂語辭易大畜丨天之衢疏○稱丨以者皆據彼決此云丨如者問比類之辭儀禮喪服傳無爵而杖者丨疏○左氏昭七年傳嗣吉丨建釋文本或作

可建〔八年傳〕若丨弔也釋文本或作可

過 〔說文〕丨度也从辵咼聲。丨謂丨甚〔易乾注〕上則丨亢疏。丨謂丨越之丨〔易大過〕疏。相丨者謂相丨越之甚也〔同上〕。〔爾雅釋蟲〕不丨蟷蠰孫注作不蝸

禾 〔說文〕丨嘉穀也二月始生八月而孰得時之中故謂之丨丨木也木王而生金王而死从木从𠂹省𠂹象其穗凡丨之屬皆从丨。丨者和也〔書歸禾序〕疏。丨以其調和人之性命〔管子小問〕故命之曰丨注。苗生既秀謂之丨〔詩七月〕箋洽於場而內之囷倉也疏。苗秀乃名爲丨〔左氏宣七年傳〕疏。丨稼者苗幹之名〔詩七月〕箋疏。木丨粟類也〔穆天子傳四〕西膜之所謂木丨注

窠 〔說文〕丨空也穴中曰丨樹上曰巢从穴果聲

哥 〔說文〕丨聲也从二可古文以爲謌字

娑 〔說文〕丨舞也从女沙聲詩曰市也媻丨

駝 橐丨者言其可負橐囊而丨物故以名云〔漢書司馬相如傳〕駒駼橐丨注

佗 〔說文〕丨負何也从人它聲。凡以畜產載負物者皆爲丨〔漢書趙充國傳〕以一馬自丨負三十日食注。丨丨佳麗美豔之貌〔爾雅釋訓〕注。丨丨容之美也〔爾雅釋訓〕李注。丨丨行步之美〔詩君子偕老〕疏。〔詩君子偕老〕委委丨丨〔御覽六百九十〕作委委蛇蛇

沱 〔說文〕丨江別流也出嶓山東別爲丨从水它聲。自江出爲丨〔漢書地理志上〕丨灊既道注。丨卽江別出者也〔漢書地理志上〕南郡枝江注。丨水自蜀郡都安縣揃山與江別更流〔書禹貢〕疏引〔爾雅音義〕。沲音橐駝之駝〔穆天子傳一〕北循虖丨陽注

鼉 〔說文〕丨水蟲似蜥易長大从黽單聲。鼉其皮可以冒鼓〔周書王會〕會稽以鼉注。丨今合藥丨魚甲是也〔詩靈臺〕丨鼓逢逢陸疏

峩 〔說文〕峨嵯峨也从山我聲。丨丨是容儀之貌〔詩棫樸傳〕丨丨盛壯也疏

佗 〔說文〕它虫也从虫而長象宛曲垂尾形上古艸居患它故相問無它乎凡它之屬皆从它蛇它或从虫。他謂衆士也〔儀禮燕禮〕其他不拜注。他技異端之技也〔禮記大學〕無他技注。他日謂別日〔禮記曲禮下〕他日君問之日疏。他室別室也〔禮記雜記下〕哭之他室疏。它字與他同〔漢書高帝紀上〕項它注

那 〔說文〕那西夷國从邑冄聲安定有朝丨縣

苛 〔說文〕丨小艸也从艸可聲。丨細刻也〔漢書成帝紀〕刻丨酷注。丨虐也〔國語楚語〕於是乎弭其百丨注。丨煩也〔文選西征賦〕注引〔國語〕賈注。丨重也〔素問至眞要大論〕動則丨疾起注。丨謂瘡重〔素問逆調論〕人之肉丨者注

訶 〔說文〕丨大言而怒也从言可聲

珂 〔說文新附〕丨玉也从玉可聲

軻 孟丨字子輿〔史記孟軻傳〕正義

痾 〔說文〕痾病也从疒可聲五行傳曰時卽有口丨。及人謂之丨丨病貌言寖深也〔漢書五行志中之

上

莎 說文丨鎬矦也从艸沙聲○丨鎬侯也漢書司馬相如傳上薛丨青薠注引張揖○丨卽今青丨草漢書司馬相如傳上注○沙鳳皇也禮記明堂位疏引鄭志○丨雞或謂之天雞詩七月六月丨雞振羽陸疏○丨車北狄之別名也周書王會丨車注

衰 說文衰艸雨衣秦謂之萆从衣象形𢁁古文○丨丨所以禦雨考工記輪人爲輪注所謂橑車疏○丨城謂以草覆城也漢書五行志下之下而不丨城注○公羊定元年傳不衰城也釋文一或作丨

婆 說文媻奢也从女般聲○丨娑偃息也文選答賓戲丨娑乎術藝之場注引項岱○丨娑舞貌也漢書地理志下丨娑其下注○丨娑舞者之容爾雅釋訓注○舞者之容丨娑然爾雅釋訓疏引孫注

摩 說文丨研也从手麻聲○丨謂砥礪之也漢書董仲舒傳丨民以誼注○丨謂新其事也管子侈靡能丨故道新道注○丨滅猶死也淮南精神故形有丨而神未嘗化注○靡一作丨史記齊太公世家與齊侯靡笄下集解引徐廣○靡讀亦爲丨史記蘇秦列傳期年以出揣丨索隱○易繫辭上剛柔相丨釋文本又作磨禮記學記相觀而善之謂丨說苑建本作相觀而善之曰磨

魔 說文新附丨鬼也从鬼麻聲

訛 說文譌譌言也从言爲聲詩曰民之譌言又吪動也从口化聲詩曰尚寐無吪○丨僞言漢書成帝紀丨言大水至注○僞讀曰訛漢書王莽傳中以勸南僞注○譌化聲之轉也方言三譌化也注

驘 說文丨驢父馬母从馬贏聲驘或从贏○丨者驢種馬子漢書霍去病傳單于遂乘六丨注

鞾 說文新附丨鞮屬从革夸聲

坡 說文丨陂也从土皮聲

頗 說文丨頭偏也从頁皮聲○丨偏家語正論晉不爲丨注○丨亦偏也漢書匈奴傳上朕聞天不丨覆注○丨不平左氏昭二年傳君刑已丨注

瑳 說文瑳玉色鮮白从玉差聲

鮀 說文丨鮎也从魚它聲

瘥 說文瘥瘉也从疒差聲

莪 說文丨蘿丨蒿屬从艸我聲○丨一名蘿爾雅釋草丨蘿舍人注○丨今丨蒿也亦曰蘪蒿爾雅釋草注○丨蒿也一名蘿詩菁菁者莪陸疏○魯峻碑悲蓼䕏之不報丨作䕏

俄 說文丨行頃也从人我聲詩曰仄弁之丨○丨卬也文選羽獵賦丨軒冕注引韋昭

哦 說文丨吟也从口我聲

拕 說文丨曳也从手它聲○拖猶擲也禮記少儀拖諸幣疏○三拖三加之也易訟終朝三褫之鄭注

儺 說文丨行有節也从人難聲詩曰佩玉之丨○丨却之也以葦矢射之續漢禮儀中注引譙周論語注○丨散宮室中區隅幽闇之處擊鼓大呼以逐不祥之氣如今驅疫逐除是也淮南時則令國丨注○大丨所以扶陽抑陰也續漢禮儀志中注引月令章句○大丨所以逐衰而迎新續漢禮儀志中注引禮記月令盧注○不難難也詩桑扈不戢不難傳○禮記郊特牲注謂時難釋文本亦作丨○詩萇楚猗丨

其華楚辭注八作旖旎其華

呵 丨責怒也漢書食貨志下縱而弗丨虖注

皤 說文丨老人白也从白番聲易曰賁如丨如𩕻或从頁○丨白頭貌史記秦本紀黃髮番番正義○丨亦白素之貌易賁集解○丨是素白之色易賁疏○丨是腹之狀左氏宣二年傳注丨大腹也疏○易賁賁如丨如釋文鄭陸作蹯

麽 麽此骨偏麽之麽也漢書敘傳上又況么麽尚不及數子注引晉灼

薖 說文丨艸也从艸過聲

茄 丨亦荷字也漢書揚雄傳上衿芰丨之綠衣兮注引張揖字詁

磋 丨治象名詩淇奧如切如丨釋文

傞 說文傞醉舞皃从人差聲詩曰屢舞傞傞

跎 說文新附丨蹉丨也从足它聲

鹺 說文鹺鹹也从鹵差省聲河內謂之鹺沛人言若虘○鹺鹹也廣雅釋言

詑 說文兖州謂欺曰丨从言它聲

番 丨丨壯勇之貌爾雅釋訓注

菏 說文丨澤水在山陽胡陵禹貢浮于淮泗達于丨从水苛聲○書禹貢導丨澤周禮職方氏疏引作道柯澤

蹉 說文新附蹉蹉跎失時也从足差聲○丨跎失足也文選西京賦注引廣雅○丨一作槎文選長笛賦丨纖根注

搓 丨⿰扌觧也文選長笛賦注引埤蒼

驒 說文丨騱野馬也从馬單聲一曰青驪白鱗文如鼉

獻 犧象罇也廣雅釋器○犧象酒器犧尊象尊也左氏定十年傳犧象不出門注○犧尊飾以牛於尊腹之上畫爲牛之形禮書九十五引阮諶三禮圖○犧尊飾以翡翠周禮司尊彝其朝踐用兩犧尊司農注○丨尊爲犧牛及象之形鑿其背以爲尊禮記明堂位疏引王注禮器○犧尊畫以牛形禮記明堂位疏引阮諶禮圖○丨音娑娑是希疏之義禮記明堂位周丨豆疏○禮記禮器犧尊在西疏周禮司尊彝

兩犧尊字作兩丨尊

囮 說文丨譯也从口化聲率鳥者繫生鳥以來之名曰丨讀若譌⿴囗繇丨或从繇又音由

嶓 丨冢山在漢陽西書禹貢岷丨既藝鄭注

捼 說文丨推也从手委聲一曰兩手相切摩也

鴚 說文丨丨鵞也从鳥可聲

濄 說文丨水受淮陽扶溝浪湯渠東入淮从水過聲

娿 說文丨陰丨也从女阿聲

嵯 說文嵯山貌从山差聲○丨峩高貌也漢書司馬相如傳下登入曾宮之丨峩注

蒯 丨謂剴切之也漢書賈鄒枚路傳贊賈山自下丨上注引孟康○丨屑也文選思元賦注引楚辭王注

硪 說文丨石巖从石我聲

○以下據廣韻錄

妿 說文丨女師也从女加聲杜林說加教於女也

滒 說文丨多汁从水哥聲

齹 說文丨齒差跌貌从齒佐聲春秋傳鄭有子丨

䩌 說文丨馬尾丨也从革它聲今之般緧

㽨 說文丨殘田也詩曰天方薦丨从田差聲

䣜 說文䣜沛國縣从邑虘聲

𪌭 說文丨𪌭麥也从麥差聲

虘 說文丨虎不柔不信也从虍且聲讀若䣜縣

涐 說文丨水出蜀汶江徼外東南入江从水我聲

誐 說文丨嘉善也从言我聲詩曰丨以溢我

欏 丨桅也廣雅釋宮

𩴾 說文丨見鬼驚貌从鬼難省聲讀若詩求福不儺

抲 說文丨丨撝也从手可聲周書曰盡執丨

妸 說文丨女字也从女可聲讀若阿

䰛 說文泰名土釜曰丨从鬲干聲讀若過○鬲釜也集韻引廣雅釋器

趖 說文丨走意从走坐聲

㛗 說文丨訬疾也从女坐聲

鄱 說文鄱鄱陽豫章縣从邑番聲○丨皮聲相近史記太史公自序厄困丨薛彭城索隱

擘 丨除也廣雅釋詁三

痤 說文痤小腫也一曰族絫○丨今之麥李爾雅釋木注

銼 說文丨鍑也从金坐聲

睉 說文丨目小也从目坐聲

鈋 說文丨吪圜也从金化聲

涶 說文丨河津也在西河西从水垂聲

𨭖 說文丨銼丨也从金羸聲

𡚇 說文丨丸之孰也从丸而聲

紴 說文丨絛屬从糸皮聲讀若被或讀若水波之波

盉 說文丨調味也从皿禾聲

髍 說文髍瘺病也从骨麻聲

○以下據集韻錄[汏]〔說文〕丨淅㶕也从水大聲

[𠀀]〔說文〕丨反丂也讀若呵

[覶]〔說文〕丨好視也从見𤔔聲

[磻]〔說文〕丨以石著堆繁也从石番聲

[酇]丨白卽今之白醝酒也宜作醝作丨假借也〔周禮〕酒正注如今丨白矣釋文

○以下附錄[䶒]丨讀能而心之惡〔淮南說林〕兔齧爲丨注

[㚢]丨投也〔廣雅釋詁三〕○丨本作郄〔廣雅釋詁三〕曹憲音

經籍籑詁卷第二十補遺終

經籍籑詁卷第二十一　下平聲

經筵講官南書房行走禮部左侍郎兼署兵部左侍郎提督浙江學政阮元撰集

六麻

麻|之爲言微也陰精寖密女作織微也春秋說題辭○|也者何也所以爲衣也說苑辨物○|謂絰也禮記雜記|者不紳注○|猶絰也禮記檀弓下|不入注○|亦絰帶也禮記奔喪免|于序東注○|者緦|之絰帶也儀禮喪服記|注○|衣深衣詩蜉蝣|衣如雪箋○|衣白布深衣而著衰也禮記雜記上有司|衣布衰布帶注○|冕緇布冠也論語子罕|冕禮也集解引孔注○緦|布衰裳而|絰帶也儀禮喪服緦|三月者注○大戴謂之|爾雅釋樂○|者音槩而長也爾雅釋樂注○

周禮士訓注函并地生|釋文|一本作糜劉沈皆作麋

花本作華○華荂也爾雅釋草○|華也廣雅釋草○華|也論語子罕唐棣之華皇疏○華皇也爾雅釋言○華榮也爾雅釋草○華蘂也漢書司馬相如傳下集注引張揖○華實也呂覽本味壽木之華注○木謂之華爾雅釋草○白華野菅同上○今謂牛芸草爲黃華爾雅釋草權黃華注○金|則金傍作華顏氏家訓書證○蘤古|字後漢張衡傳注○華當爲夸洪範五行傳時則有華蘖注○華一作葉史記范雎蔡澤傳華陽君集解引徐廣○爾雅釋畜注今之桃華馬釋文華本亦作|同

霞|赤雲也文選蜀都賦舒丹氣而爲|劉注○|日邊赤氣也文選東京賦掃朝|薛注○|謂朝|赤黃氣也楚辭遠遊載營魄而登|兮注○|與瑕古字通文選甘泉賦吸清雲之流瑕兮注

家|室也呂覽愼勢此王者之所以|以完也注○室內曰|詩緜未有|室傳○牖戶之閒謂之扆其內謂之|爾雅釋宮○人所居稱|易家人釋文○夫稱|國語齊語罷女無|注○婦謂之|離騷浞又貪夫厥|注○|氏婦氏呂覽不屈此非不便之|氏也注○有夫有婦然後爲|周禮小司徒上地|七人注○三夫爲一|管子乘馬○|猶業也鬼谷子符言|于其無常也注○|人內也易雜卦傳○|人猶室|也詩桃夭宜其|人箋○夫|猶言男女也周禮小司徒以稽國中及四郊都鄙之夫|九比之數注遂人以歲時登其夫|之衆寡注○公|公之朝也呂覽貴卒爭先入公|注○國|國之所居謂城方也周禮典命其國|宮室車旗衣服禮儀注○天|百官小吏之所稱天子無外以天下爲|故稱天|獨斷○|采邑大戴記文王官人使是治國|而長百姓注○|卿大夫采地周禮夏官

序官|司馬注○|謂大夫所食采邑周禮春官序官|宗人注○|大夫之采地周禮方士掌都|注○|邑大夫之采地周禮載師以|邑之田任稍地注○都|王子弟公卿及大夫之采地也周禮朝大夫掌都|之國治注○|謂食采地者之臣也周禮大司馬|以號名注○|謂卿大夫之|也孟子離婁上皆曰天下國|注○|謂大夫|公羊莊四年傳|亦可乎注○|陪謂公卿大夫之|文選東京賦饔餼浹乎|陪薛注○|謂作卿大夫也論語子張夫子之得邦|者皇疏○|卿大夫也論語季氏聞有國有|者集解引孔注陽貨惡利口之覆邦|者皇疏○卿大夫稱|書皐陶謨夙夜浚明有|傳盤庚中永建乃|傳微子我|耄遜于荒馬注○大夫稱|禮記曲禮上凡|造注又公羊桓二年傳於是先攻孔父之|注○|大夫也國語楚語|貨足以共用注○|公主人公也莊子寓言其|公執席

釋文引李注○丨兵僮僕之屬後漢朱儁傳注○三
丨三皇也後漢馬融傳注○列子仲尼故名不出於
一丨釋文丨一本作道○左氏襄四年傳各有攸丨
釋文本或作攸處○莊子列禦寇單千金之丨釋文
丨本亦作賈又作價○左氏桓
八年傳丨父古今人表作嘉父
𣘻 今俗作茶○早採者爲茶封氏聞見記
華 丨榮也後漢張衡傳注○丨榮丨也國語魯語以
德榮爲國丨注○丨浮丨文選七命於是徇丨大
夫聞而造焉注○丨猶光也淮南墬形未有十日其
丨照地注○丨謂有光丨者也荀子正論琅玕龍茲
丨覲以爲實注○丨謂文德書舜典重丨協于帝傳
○丨者色也漢書五行志下之上○丨彩色書顧命
丨玉仍几傳○丨采畫也文選東京賦龍輈丨轙薛
注○丨謂采章文選大將軍讌會詩遺丨反質注○

丨者猶榮丨容色之象也隋書五行志下引洪範五
行傳○丨黃色也禮記王藻大夫元丨注○丨謂鮮
美素問異法方宜論其民丨食而脂肥注○丨象草
丨書益稷丨蟲傳○丨葆也文選上林賦建翠丨之
旗郭注○丨晠也齊楚之間或謂之丨方言一○晃
服采章曰丨書武成丨夏蠻貊傳○丨采五色采也
楚辭雲中君丨采衣兮若英注○丨英光耀也文選
南都賦履躡丨英注○丨表謂丨飾屋外之表也文
選景福殿賦故其丨表則鎬鎬鑠鑠注○丨譽虛譽
也後漢馬融傳注○丨顯謂白首也後漢崔駰傳注
蔡邕傳注○丨首謂白首也後漢樊準傳注○丨髮
白首也後漢邊讓傳注○丨鍾謂有篆刻文故言丨
也文選東京賦鏗丨鍾薛注○鍾有篆刻之文故曰
丨後漢班彪傳下注○丨玉五色玉也書顧命鄭注
○瓊丨美石詩著尚之以瓊丨乎而傳○瓊丨石色
似瓊也詩著箋○章丨楚臺名也楚辭傷時顧章丨

兮太息注○丨池芳丨之池也楚辭謬諫蠹龜游乎
丨池注○丨地名也莊子天地堯觀乎丨釋文引司
馬注○丨薌鄉名也文選南都賦丨薌重秬注○丨平
容水名文選蜀都賦於後則却背丨容劉注○丨平
瑞木也文選東京賦植丨平於春圃薛注○瓜曰丨
之爾雅釋木○丨蟲五色之蟲周禮司服王之吉服
注○丨騮色如丨而赤今名馬標赤者爲棗騮穆天
子傳一丨騮注○丨讀爲瓜哨之瓜周禮形方氏無
有丨離之地注○丨一作華史
記張儀傳公子丨集解引徐廣
沙 丨集韻或从止○丨水旁也詩鳧鷖鳧鷖在丨傳○
丨衍水中有丨者穆天子傳三南絕丨衍注○丨
水言水散石也從水少水少丨見矣水經沙水注○
丨所蕰流丨所出也一曰澤名淮南墬形西北方曰
丨所注○沚質也廣雅釋詁三○丨澌也周禮內饔
鳥皫色而丨鳴貍注○丨猶嘶也禮記內則鳥皫色

而丨鳴注○丨丹丨也楚辭招魂紅壁丹丨注大招
丨堂秀只注○縠又謂之丨亦取戚戚如丨也釋名
釋采帛○素丨赤衣也周禮內司服司農注○素丨
若今紗縠之帛也禮記雜記上內子以鞠衣褏衣素
丨注○素丨者今之白縛也六服皆袍制以白縛爲
裏使之張顯今世有丨縠者名出于此周禮內司服
素丨注○丨門漢言息也蕃息意云欲而歸於無爲
後漢楚王英傳注○宿丨氏煑鹽之神路史後紀四
引字林○丨山名也穀梁僖十四年傳○白丨山廣
員三百里盡丨也山海經北山經○邐迆丨邱爾雅
釋邱○丨棠玉名一說木名也淮南墬形丨棠琅玕
在其東注○丨棠木名也崑崙山有之呂覽本味丨
棠之實注○龍丨麻黃也廣雅釋草○丨蝨
蝦蟻也廣雅釋蟲○袁良碑振沙穢丨作沙
車 丨古者曰丨聲如居言行所以居人也今曰丨聲
近舍丨舍也行者所處若居舍也釋名釋車○丨

震也國語晉語丨上水下不必伯注○丨爲月大戴
記保傅仰則觀天文注○丨牙也呂覽權勳若丨之
有輔也注○頤或曰牙丨
牙所載也釋名釋形體
牙 丨槽丨也釋名釋形體○童丨謂幼小也後漢崔
駰傳注○丨丨旗也文選闕中詩高丨乃建注○
丨旗者將軍之旌文選東京賦薛注引兵書○古者
天子出建大丨旗竿上以象丨飾之故云丨旗文選
東京賦丨旗繽紛薛注○機謂之丨廣雅釋器○弩
鉤弦者曰丨似齒丨也釋名釋兵○丨在傍大戴記
保傅下有雙璜衝丨注○丨也者以爲固抱也考工
記輪人○崇丨枸虡上板作鋸鋙者文選東京賦崇
丨張薛注○丨丨璋瑑以爲丨丨齒兵象故以丨璋發
兵若今時以銅虎符發兵周禮典瑞丨璋以起軍旅
司農注○丨璋亦王使之瑞節周禮典瑞注○丨或
作雅呂覽本味伯丨破琴絶絃注○考工記車人注

渠謂車轅所謂丨釋文丨本或作迓○書君牙序君
丨釋文或作君雅○周書君丨禮記緇衣作君雅○
呂覽本味伯丨注或作雅○尸子韓子說疑續丨古
今人表作續身呂覽本味作耳○呂覽重言東郭丨
說苑作東郭垂
蛇 丨龍之類也或曰龍無角者曰丨洪範五行傳時
則有龍丨之孽注○丨者陰之所生龍之類也後
漢謝弼傳注○虺小丨大也國語吳語爲虺弗摧爲
丨將若何注○丨蟲皆行毒螫也一切經音義十六
引字林○巽爲丨易繫辭下傳龍丨之蟄虞注○丨
龍君子之類也儀禮鄉射禮記龍首其中丨交注○
丨龍陰類也後漢楊賜傳注○白丨水丨山海經西
山經泰冒之山多白丨注○黑丨卽巴丨也山海經
海內經又有朱卷之國有黑丨食象注○易蜴南楚
謂之丨醫方言八○地丨者山田茶種也莊子列禦

寇呻吟裘氏之地釋文引崔注○丨谷因此中出丨
故以名之山海經中山經浮戲之山其東有谷曰丨
谷注
瓜 丨紹也詩緜緜緜丨瓞傳○王丨箄挈也禮記月
令王丨生注○木丨楙木也可食之木詩木瓜投
我以木丨傳○丨瓞蕶蔓于地太元達厥美可以達
于丨苞注○丨者蓋弓頭爲丨形也後漢董卓傳注
○魯讀丨爲必論語鄉黨雖疏食菜羹丨祭必齊如
也鄭注○禮記月令注今月令曰王萯生夏小正云
王萯秀○丨當作
蝸三國管寧傳注
斜 楊君石門頌余谷之川丨作余
邪 丨不正也太元元圖丨謨高吸注○丨者不正之
目素問藏氣法時論夫丨氣之客於身也注鍼解

丨勝則虛之者注六微旨大論何謂丨乎注○丨曲
也禮記表記注不爲回丨之行釋文○方直不曲謂
之正反正爲丨賈子道術○前正而後有枉者謂之
丨道春秋繁露竹林○丨僻也文選登徒子好色賦
愚亂之丨臣注○丨私也呂覽審分則臣有所匿其
丨矣注○丨僞也文選西京賦丨贏優而足恃薛注
○丨姦術也周書王佩亡正處丨注○丨謂寒氣素
問欬論皮毛先受丨氣注○丨遒也廣雅釋室○天
祿辟丨並獸名也後漢靈帝紀注○丨讀爲斜漢書
司馬相如傳上集注○爾雅釋器注禕丨交落帶繫
於體釋文丨字亦作衺○莊子在宥豈直過也而去
之丨釋文崔本唯此一字作丨餘皆作佀○詩北風
其虛其丨爾雅釋
訓作其虛其徐
芽 丨始也廣雅釋詁一○丨孽也廣雅釋草

嘉 ｜美也爾雅釋詁又詩大明文王｜止傳破斧亦孔之｜箋烝民柔｜維則箋又儀禮士昏禮敢奠｜菜于皇舅某子注又書中候｜禾孳連注又國語周語無不擇其柔｜注晉語無亦晉之柔｜注又呂覽古樂以｜其德注又楚辭愍命｜皇既歿注天命叔旦不｜注○肯｜皆美也詩頍弁爾殽既｜箋○｜猶美也文選西京賦｜卉灌叢薛注○｜之者美之辭也儀禮覲禮予一人｜之注○｜美人之稱漢書禮樂志集注○｜善也爾雅釋詁又詩載馳既不我｜箋東山其新孔｜箋四月山有｜卉箋抑無不柔｜箋又周禮大宗伯以｜禮親萬民注又儀禮士冠禮｜薦令芳注又禮記曲禮下稻曰｜蔬注郊特牲盡其｜注坊記爾有｜謨｜猷注又左氏桓六年傳｜栗旨酒注昭七年傳尚克｜之注又周書糴匡供有｜菜注又國語魯語敢不拜｜注晉語衆而順｜也注莫非｜績注莫｜於穀注又太元費不獲其

｜注又漢書律厤志上集注禮樂志集注引李奇食貨志上集注陳湯傳集注外戚傳下集注又離騷肇錫余以｜名注傷時｜已行兮無爲注又文選東京賦滌濯靜｜薛注｜田畯之匪懈薛注○｜鮮皆善也詩北山｜｜我未老箋○｜善樂也家語問禮以｜魂魄注○｜｜士猶善人也後漢竇武傳注○｜慶也漢書禮樂志集注○｜樂也禮記禮運以｜魂魄注○｜穀也漢書郊祀志上集注引應劭○乾爲｜易遯｜｜遯虞注象下傳行有｜也虞注○陽稱｜易隨孚于｜虞注○謨合臯陶之謂｜法言孝至○｜禮婚禮也後漢懿獻梁皇后紀注○｜賓謂三老五更也文選東京賦我有｜賓薛注○夏曰｜平風俗通祀典○以脾函爲加故謂之｜詩行葦｜殽脾臄箋○｜薦菹醢也儀禮士虞禮記｜薦普淖注少牢饋食禮｜薦普淖注○｜石文石也周禮大司寇以｜石平罷民注○｜石朝士所掌在外朝之門左使坐焉以恥辱之周禮司救恥諸｜石注○｜禾者大禾也白虎通封禪○｜｜草藥物其狀未聞周禮庶氏｜草攻之注○今文｜作賀儀禮覲禮予一人｜之注○｜古文恕同一切經音義十七○書無逸｜靖殷邦史記魯周公世家作密靖殷國○左氏襄十九年經鄭殺其大夫公子｜公羊作喜○古今人表鄭簡公｜史記十二諸侯表作喜

瑕 ｜玉之病也禮記聘義｜不揜瑜注又荀子法行｜適並見情也注○｜適玉病也管子水地｜適皆見精也注○｜玉翳也爾雅序劉其｜｜礫釋文○｜穢也廣雅釋詁三○｜裂也同上○｜猶釁也淮南精神審乎無｜注○｜過也詩狼跋德音不｜傳又太元衆內蹈之｜注○｜猶過也詩泉水不｜有害箋二子乘舟不｜有害箋○｜疵過也老子善言無｜讁釋文○｜穢猶過惡也後漢班彪傳下注○

廉｜嚴利也考工記弓人深｜而澤紾而摶廉注○令入而不至謂之｜管子法法○｜玉屬也文選蜀都賦江珠｜英劉注○｜玉小赤禮記聘義正義引字林○｜邱魯邑春秋之負｜矣水經泗水注○｜之言胡也禮記表記｜不謂矣注○｜遠也詩泉水不｜有害傳思齊釋文○｜已也詩思齊烈假不｜箋○｜與蝦古字通文選南都賦鮫｜委蛇注○禮記檀弓注簡子｜也釋文｜本又作蝦○左氏莊十四年傳傅｜史記世家索隱作甫假○史記十二諸侯表宋其公名｜春秋作固○左氏宣十五年傳瑾瑜匿｜漢書路溫舒傳作瑾瑜匿惡

紾 ｜微也廣雅釋詁四○｜績幧頭也方言四

鴉 ｜烏也書古太誓流之爲鵰鄭注又莊子齊物論鴟鴉耆鼠釋文引崔注○莊子齊物論釋文｜本

亦作鵶

遮丨後遏也呂覽應同子不丨乎親注○丨丨困也國語晉語侯丨扞衛不行注○丨猶兼也管子侈靡六畜丨育五穀丨熟注○橫道自言曰丨史記高帝紀丨說漢王正義引樂彥○天子出虎賁伺非常謂之丨迾文選赭白馬賦注引通俗文

叉丨括也廣雅釋言○矢括旁曰丨形似丨也釋名釋兵○箭箙謂之步丨續漢輿服志注引通俗文○丨取魚丨也文選西征賦梃丨來往注

葩丨華也廣雅釋草又後漢張衡傳注又文選西京賦吐丨颺榮薛注思元賦百芔含丨舊注○丨蕋之金華也文選思元賦蘂瑪璵而樹丨兮注○丨華分散也文選海賦丨華蹴沑注○丨爪悉以金作華

形莖皆曲文選東京賦丨瑤曲莖薛注○丨于彼反文選琴賦注引字林

奢丨勝也爾雅釋詁○丨侈也論語八佾禮與其丨也寧儉皇疏○丨泰也文選子虛賦丨言淫樂而顯侈靡郭注○丨靡也文選吳都賦安可以儷王公而著風烈也注○丨謂服飾飲食老子是以聖人去甚去丨去泰注○丨侈者財之所以不足也大戴記子張問入官○子丨當爲子都荀子賦閭娵子丨莫之媒也注○韓詩外傳石丨呂覽高義作石渚○國策齊策閭姝子丨韓詩外傳作閭娵子都

楂通作查亦作槎○槎斫也國語魯語山不槎蘖注又文選射雉賦奮勁骹以角槎徐注○槎邪斫也文選西京賦柞木翦棘注○斜斫曰槎文選東京賦山無槎枿薛注○近代流俗呼丈夫婦人縱放不拘禮度者爲查封氏聞見記○又有百數十種語自相通解謂之查談同上○茬古槎字漢書貨殖傳集注

○柞與槎同文選西京賦柞木翦棘注

衙丨字本作牙封氏聞見記○公羊文二年戰子彭丨釋文丨本或作牙

賒丨丨緩也文選謝元暉和王主薄怨情詩徒使春帶丨注○丨貰也周禮泉府凡丨者司農注○丨奢同後漢王充王符仲長統傳論注

誇丨大也漢書外戚傳下集注引孟康又管子白心是故萬物均既丨衆矣注○丨大言也文選長楊賦注引字林○自矜曰丨一切經音義十一引通俗文○丨諏也廣雅釋言○丨切切也廣雅釋訓○丨奢得勝也爾雅釋詁奢勝也注○公羊莊九年注自丨大其伐釋文丨本又作夸

巴丨戟丨戟天也文選蜀都賦其中則有丨菽丨戟劉注○丨國今三丨是山海經海內經西南有丨

國注

加丨增也國語楚語祀丨於舉注○增故曰丨儀禮鄉射禮乃復求矢丨于楅注○丨益也論語子路又何丨焉皇疏又國語魯語今無故而丨典注齊語使百姓丨勇焉注晉語則丨遲矣注又呂覽慎人賢非丨也注順說聲不丨疾也注○丨猶益也左氏定九年傳苟有可以丨於國家者注又淮南脩務蝡蝡然日丨數寸注○丨猶多也禮記少儀其禽丨於一雙注○丨上也呂覽離俗有可以丨乎注長利不可以丨矣注○丨猶上也國語周語聖人知民之不可丨嘉注○丨席上席也大夫席再重儀禮鄉飲酒禮有諸公則辭丨席注○丨猶高也禮記內則不敢以富貴丨於父兄宗族注○丨陵也左氏襄十三年傳君子稱其功以丨小人注又論語公治長我不欲人之丨諸我也集解引馬注○丨重也爾雅釋詁○丨盛

也楚辭怨世馬蘭踸踔而日丨注〇丨覆也論語鄉
黨丨朝服拖紳皇疏〇丨載也廣雅釋詁二〇丨施
也呂覽孝行光燿丨於百姓注自知人臣以賞罰爵
祿之所丨知主注〇丨遺也國語鄭語將俟淫德而
丨之焉注〇丨丨爵也禮記明堂位丨以璧散璧角
注〇丨猶踰也禮記檀弓上獻子丨於人一等矣注
〇丨猶止也淮南主術雖愚者不丨體焉注〇丨猶
居也孟子公孫丑上夫子丨齊之卿相注〇丨當也
老子抗兵相丨王注〇丨別也老子尊行可以丨人
注〇加日累日也荀子性惡加日縣久注〇丨累以
罪惡丨累誣人也荀子致仕殘賊丨累之譖注〇莊
子庚桑楚譬猶飲藥以丨病也釋文丨元嘉本作知
崔本作駕

耶本作邪〇邪不定之辭史記刺客傳顧不易邪索
隱〇邪者未定之詞北人即呼為也顏氏家訓音

辭〇易乾注豈非正性命之
情者邪釋文邪或作丨同

嗟集韻古作蹉〇丨佐也言之不足以盡意故發此
聲以自佐也釋名釋言語〇丨蹉也爾雅釋詁〇丨
丨楚人發語端也爾雅釋詁舊注〇丨發聲也小爾
雅廣言〇丨吟也廣雅釋詁二〇丨歎辭也呂覽知
化丨乎吳朝必生荊棘矣注〇丨咨丨也詩大序故
丨嘆之釋文〇丨奈何荀子富國憯莫懲丨注〇丨
丨勑之也詩臣工丨丨臣工傳〇重言丨丨美歎之
聲詩烈祖丨丨烈祖箋〇蹉蹉長歎也太元瞢時蹉
蹉注〇于丨歎辭詩麟趾于丨麟兮傳〇丨歎和續
之也禮記樂記故丨歎之注〇蹉資憂哀之貌也太
元樂則哭泣之蹉資注〇蹉邱一曰丨邱山海經海
外東經〇蹉跙皆古丨字爾雅釋詁釋文引字林〇
蹉或作髪山海經海外東經注〇易離大耋之丨釋
文丨荀本作差〇爾雅釋詁丨咨蹉也釋文丨本或

作駃

遐丨遠也爾雅釋詁又書允征丨棄厥司傳又詩汝
墳不我丨棄傳天保降爾丨福箋南山有臺丨不
眉壽箋鴛鴦宜其丨福箋隰桑丨不謂矣箋棫樸丨
不作人傳旱麓丨不作人箋抑不丨有愆箋又左氏
成八年傳丨不作人注又孝經丨不謂矣注又漢書
司馬相如傳下集注揚雄傳下集注又楚辭愍命廢
周邵於丨夷注又文選東京賦誼方激而丨鶩薛注
踵二皇之丨武薛注思元賦憑歸雲而丨逝兮舊注
〇丨亦遠也爾雅釋詁遠丨也注〇丨逝也文選東
京賦俟閶風而西丨薛注〇詩隰桑丨不謂矣禮記
表記作瑕不謂矣〇楊統碑文懷假冥又假爾莫不
隕涕繁陽令楊君碑假爾僉服武斑碑商周假䧺丨
皆作假〇景北海碑陰魂靈瑕顯丨作瑕〇斥長田
君碑遐尒口口丨作遐〇侯成碑于是遐邇士仁丨

作遐

笳丨鼃也廣雅釋器〇丨胡樂也老子作之後漢竇
融傳贊注

差丨過也太元元衝又呂覽君守智丨自亡也注〇
丨過丨也太元廓或生之丨注〇丨失也楚辭哀
時命稱輕重而不丨注〇丨謬也荀子天論亂生其
丨注〇丨邪也淮南本經衣無隅丨之制注〇𢀩衺
也廣雅釋詁二〇丨二也左氏文二年注忒丨也釋
文〇丨擇之儀禮既夕記丨盛之注〇丨淅也禮記
喪大記御者丨沐于堂上注〇丨自儈太元元
錯〇詩東門之枌穀旦于丨釋文丨韓詩作嗟

譁亦作謣〇丨讙也漢書劉向傳集注〇丨喧也漢
書藝文志集注〇丨囂也國語晉語士卒在陳而
丨注〇丨言語譊譊也一切經音義四引三蒼〇丨
囂猶讙譊國語楚語若夫丨囂之美注〇丨鉌讙呼

也國語吳語三軍皆丨釦以振旅注○誇譍也廣雅釋詁二○誇然也方言十二○丨化也燕朝鮮洌水之間或曰丨方言三○譁匕也廣雅釋詁三○左氏成十六年傳注躢諠丨也釋文丨本又作嘩

蝦 丨小魚也楚辭通路從丨兮遊陼注

拏 丨捽也引也奴家切文選長笛賦注引蒼頡篇○丨攫相搏持也文選西京賦熊虎升而丨攫注

豭 丨豕也廣雅釋獸○丨豬也左氏昭四年傳深目而丨喙釋文○丨豬別名左氏隱十一年傳使卒出丨釋文○丨牡豕也晉書音義上○丨雄也廣雅釋獸○豬北燕朝鮮之閒謂之丨方言八○丨猶云丨斗也方言八注

葭 丨蘆爾雅釋草又詩碩人丨菼揭揭傳○丨蘆也詩騶虞彼茁者丨傳蒹葭蒹丨蒼蒼傳又後漢蔡邕傳注又荀子正名屋室廬庾丨槀蓐尚机筵而可以養形注○丨亦蘆也莊子則陽蒹丨始萌以扶吾釋文○丨卽今蘆也爾雅釋草注○丨葦初生爾雅釋草李注○丨華爾雅釋草○丨屮穆天子傳五在乎丨中注○丨卽遐也後漢杜篤傳注○左氏定十三年經齊侯衛侯次于垂丨公羊作垂瑕

鬠 丨髻也廣雅釋詁四○丨露紒也猶男子之括髮儀禮喪服丨注○丨麻髮合結也左氏襄四年傳國人迎喪者皆丨注○去纚而紒曰丨禮記檀弓上魯婦人之丨而弔也注○去纚大紒曰丨禮記奔喪東丨卽位注○去纚而紒曰丨丨拆開散之名也御覽引戚伯璵禮記外傳○丨婦人之變儀禮既夕丈夫丨注○丨婦人也男子免而婦人丨丨或為免禮記喪服四制禿者不丨注

茄 荷其莖丨爾雅釋草

撾 丨擊也後漢陳球傳注○丨肶也文選射雉賦鷕綺翼而經丨徐注

檛 或作簻廣韻箠亦同○簻馬策也文選長笛賦裁已當簻便易持注○丨馬杖也左氏文十三年傳注策馬丨也釋文○策箠也竹瓜反左氏文十三年傳釋文引字林○麤者曰丨細者曰枚文選長笛賦裁已當簻便易持注○修丨長管也文選笙賦修丨內辟注

呀 丨大空也音火加反後漢班彪傳注引字林○丨呷波相吞吐之貌文選海賦猶尚丨呷注

罝 丨兔罟也國語魯語獸虞於是乎禁丨羅注又後漢馬融傳注○兔罟謂之丨爾雅釋器○兔丨兔罟也詩兔罝肅肅兔丨傳○丨兔網也呂覽季春丨罘羅網注又後漢矯慎傳注○丨亦兔網也後漢寇榮傳注○丨獸罟也呂覽上農繯網丨罦注○獸罟曰丨罘禮記月令田獵丨罘注○丨網也文選西京賦結丨百里薛注○丨猶遮也爾雅釋器注○丨兔自作徑路張丨捕之也爾雅釋器舍人注○丨古文罝組罝二形同一切經音義七

枷 丨加也加杖於柄頭以撾穗而出其穀也釋名釋用器○丨柫也所以擊草也國語齊語耒耜丨芟注○柫謂之丨廣雅釋器○箷謂之椸同上

杷 引手卻曰丨釋名釋樂器○渠挐謂之丨廣雅釋器○丨無齒為朳方言五丨注

芭 丨巫所持香草名也楚辭禮魂傳丨兮代舞注

鯊 丨鮀爾雅釋魚○丨鮀也詩魚麗魚麗于罶鱨鯊傳○丨石鮀也爾雅釋魚舍人注○丨今吹沙小魚體圓而有點文爾雅釋魚注○魦或作丨後漢馬融傳注

窊集韻或从水○丨下也廣雅釋詁二又後漢桓彬傳注○窊汙也音烏爾雅釋詁釋文引字林○窊㴸不平之貌文選江賦泝洄窊㴸注○丨隆高下貌文選長笛賦丨隆詭戾注○丨音丨下之丨漢書禮樂志集注

豝豕牝丨爾雅釋獸○豕牝曰丨詩騶虞壹發五丨傳吉日發彼小丨箋○二歲爲丨周禮大司馬大獸公之小禽私之司農注○獸二歲爲丨廣雅釋獸○獸一歲曰丨禮記射義注釋文○丨百麻反爾雅釋獸釋文引字林○周禮大司馬注二歲爲丨釋文丨本亦作巴

珈丨之言加也詩君子偕老箋○丨笄飾之最盛者詩君子偕老副笄六丨傳

騢彤白雜毛丨爾雅釋畜○彤白雜毛曰丨詩駉有騢有丨傳○丨卽今之赭白馬爾雅釋畜注

驊丨駿馬也莊子秋水騏驥丨騮釋文引李注○蘬古丨字列子周穆王右服蘬騮注

赮丨駮如丨之駮也丨古霞字文選江賦壁立丨駮注○丨與霞同文選江賦景炎霞火注

窪丨下也廣雅釋詁二○丨洿也老子丨則盈釋文引顧注○丨或作窊同一瓜反一切經音義六引字林音隱

麚鹿牡丨爾雅釋獸○丨短脰同上

洼丨污也廣雅釋詁三○丨洿也自關而東或曰丨方言三○丨若若丨曲莊子齊物論似丨者釋文○丨水渟水淮南覽冥澤無丨水注

了丨枷或曰丨丨以杖轉於頭故以名之也釋名釋用器

苴丨讀爲芭黎之芭史記張儀傳丨蜀相攻擊集解引徐廣引譙周

艖艅同○艖舟也廣雅釋水○艅舟也同上○小舸謂之丨方言九○今江東呼丨方言九注

汙丨尊鑿地爲尊也禮記禮運丨尊而抔飲注

鴐丨鵞野鵞文選西京賦丨鵞鴻鶤注引張揖子虛賦注○左氏定元年傳榮丨鵝古今人表作駕

筊丨籠也廣雅釋器

蕸荷其葉丨爾雅釋草○爾雅釋草釋文丨字或作葭

夸丨大也廣雅釋詁一又後漢馮衍傳注○丨大也競也漢書嚴安傳集注○丨詫而自大也呂覽下賢富有天下而不驕丨注○丨泰也史記屈原賈生傳丨者死權集解引臣瓚○丨奢侈也荀子仲尼貴

而不爲丨注○丨張也史記劉敬叔孫通傳此宜丨矜集解引韋昭○丨虛也呂覽本生非丨以爲名也注○丨虛名也文選鵩鳥賦注引莊子司馬注○丨姱也方言十二○丨弱也淮南脩務形丨骨佳注○丨猶美也文選舞賦丨容乃理注○華言無實曰丨周書謚法○丨毗也史記屈原賈生傳丨者死權集解引應劭○丨丨毗體柔也爾雅釋訓○丨丨毗體柔人也詩板無爲丨毗傳○丨毗卑身屈己也爾雅釋訓舍人注○丨毗謂佞人足恭善爲進退後漢崔駰傳注○丨父蓋神人之名也山海經海外北經丨父與日逐走入日注○丨父獸名也呂覽求人丨父之野注○丨父神獸也一曰仙人也淮南墬形丨父棄其策注○丨蚵蟲之生於土而游於土者洪範五行傳時則有華孽注○丨毗字書作舿䠷爾雅釋訓釋文○丨父或作舉父山海經北山經梁渠之山有鳥焉其狀如丨父注○爾雅釋詁注丨奢釋文丨或作誇

【裟】袈｜音加沙一切經音義十四引〔韻集〕○袈｜字本從毛作髦㲚二形字苑始改從衣〔一切經音義十四〕

【瘕】｜蟲病也〔山海經南山經〕麗麐之水多沛育佩之無｜疾注

【杈】｜枒參差之貌〔文選魯靈光殿賦〕枝牚｜枒而斜據注

【樝】｜或作柤○｜梨也〔廣雅釋木〕○柤似梨而酢濇〔山海經中山經〕綸山多柤栗注○柤距也〔廣雅釋器〕○柤隁也〔廣雅釋室〕○刈餘曰柤一切經音義廿五引〔通俗文〕○柤音如柤梨之柤〔山海經海外北經〕平邱爰有甘柤注○〔爾雅釋木〕｜李曰鑽之釋文｜字亦作查

【奢】｜父也〔廣雅釋親〕

【痂】｜創也〔廣雅釋詁一〕

【姱】｜好貌〔楚辭東君〕思靈保兮賢｜注〔禮魂〕｜女倡兮容與注○｜好也〔文選射雉賦〕奓雄豔之｜姿徐注○｜才也〔文選思元賦〕既｜麗而鮮雙兮舊注

【鋘】鏵銙同○鏵或曰鏵鏵刳也刳地爲坎也〔釋名釋用器〕○臿宋魏之閒謂之鏵〔方言五〕○鏵鏊也〔廣雅釋器〕○｜此古文奇字鏵〔一切經音義十六〕○古文芣鏵二形今作銙或作｜同〔一切經音義十一〕

【蚆】｜博而頯〔爾雅釋魚〕○｜音巴蠃屬博而頯也〔爾雅釋魚釋文引字林〕

【溠】｜水名〔左氏莊四年傳〕除道梁｜釋文○｜莊加反〔周禮職方氏釋文引字林〕

【衺】｜猶惡也〔周禮比長〕有辠奇｜則相及注○奇｜譎觚非常〔周禮宮正〕去其淫怠與其奇｜之民注○奇｜若今媚道〔周禮內宰〕禁其奇｜注○｜惡謂侮慢長老語言無忘而未麗於罪者〔周禮司救〕掌萬民之｜惡過失而誅讓之注○〔周禮宮正〕釋文｜亦作邪〔周禮內宰〕釋文｜本亦作邪〔爾雅釋訓注〕皆｜俳釋文｜本又作邪

【秅】｜數名也三｜千二百秉〔儀禮聘禮〕車三｜注○十稯曰｜四百秉爲一｜〔儀禮聘禮記〕○｜讀爲秭麻苔之｜〔周禮掌客〕車三｜司農注○烏｜音鷃拏〔漢書西域傳上〕集注引鄭氏○｜疾加反儀禮聘禮釋文引〔字林〕

【荂】｜晠也齊楚之閒或謂之華或謂之｜〔方言一〕○｜亦華別名〔方言一注〕

【哆】｜丑加丑亞二反一切經音義三引〔字林〕

【椰】椰高十尋葉居其末果名也一切經音義十六引〔異物志〕

【䅊】｜穗也〔廣雅釋草〕

【皻】｜刺長於皮中形如米或如針〔素問生氣通天論〕寒薄爲｜注

【齖】唇不覆齒謂之｜御覽三百六十八引〔通俗文〕

【煆】｜爇也〔廣雅釋詁二〕

【奓】｜豐也〔文選射雉賦〕｜雄豔之姱姿徐注○｜靡奢放也〔文選西京賦〕紛瑰麗以｜靡薛注

【笆】棘竹一名｜竹竹譜注引〔三蒼〕

【琊】本作邪○琅邪山名也越王句踐之故國也句踐并吳欲霸中國徙都瑯邪〔水經濰水注〕○琅邪者

越王句踐入霸中國之所都山海經海內東經琅丨臺在渤海閒琅丨之東注

齇 或作齟○齟音樝梨之樝漢書東方朔傳集注引張晏

颬 丨丨容也文選西京賦含利丨丨薛注

⿰齒可 丨齧也廣雅釋詁三○丨大齧也集韻引字林○丨邱加反一切經音義廿五引字林

猳 牛絕有力欣丨爾雅釋畜

迦 丨逅邂逅解脫之貌也太元迎迎父丨逅注

蒫 丨薺實爾雅釋草

⿰亞刂 丨剄也廣雅釋詁四又國語吳語自丨於客前以酬客注

犘 丨牛爾雅釋畜

⿸麻皿 丨杯也廣雅釋器○丨栝也齊右平原以東或謂之丨方言五

⿱沙毛 髿丨音加沙一切經音義十四引韻集

祖 丨好也廣雅釋詁一○丨音如柤梨之柤山海經大荒南經有宋山者有人名曰丨狀之尸注

鈀 凡箭其廣長而薄鎌謂之錍或謂之丨箭方言九○丨鏑也廣雅釋器

○以下據廣韻錄

⿰芽阝 丨吕車反一切經音義十六引聲類

⿰言虘 丨詸也廣雅釋言

⿰虫華 丨大蛇也出魏興啖小蛇吸蝮但張口小蛇自入也廣韻引字林

抓 丨引也廣雅釋詁一

拏 丨謂相連引也後漢馮衍傳注

摣 丨乂也五指俱往乂取也釋名釋姿容○丨五指丨投也一切經音義二十引聲類○丨取也廣雅釋詁一○丨取也南楚之閒凡取物溝泥中或謂之丨方言十○丨批皆謂戟撮之文選西京賦丨狒猬批窳狻薛注○丨古文抯同一切經音義二十

設 丨拏也廣雅釋詁三

⿱強虫 强蛘米中小黑甲蟲也江東謂之丨方言十一姑施蟲謂之强蛘注

貑 爾雅釋獸麐丨短脰釋文丨本或作麚

妑 丨女字也廣韻引字林

抯 丨取也南楚之閒凡取物溝泥中謂之丨方言十○自關而西索或曰丨方言六

侘 丨傺失志貌丨猶堂堂立貌也離騷忳鬱邑余丨傺兮注惜誦心鬱邑余丨傺兮注

觰 丨大也廣雅釋詁一

⿱奢齒 丨齧也廣雅釋詁三

○以下據集韻錄

侘 丨傺未定也後漢馮衍傳注

罝 丨兔罟也廣雅釋器

⿰角乂 觫謂之丨廣雅釋器

經籍籑詁卷第二十一

經籍籑詁卷第二十一補遺　下平聲

兵部侍郎兼都察院右副都御史巡撫浙江等處地方提督軍務兼理糧餉阮元撰集

六麻

麻 說文丨與林同人所治在屋下从广从林凡丨之屬皆从丨○丨木穀也素問五常政大論其穀豆丨注○丨木同上○丨衣者白布衣詩蜉蝣傳如雪言鮮絜疏○丨衣當是布深衣也左氏昭卅一年傳季孫練冠丨衣疏

霞 說文新附丨赤雲气也从雨叚聲○丨白雲映日光而成赤色假日之赤光而成也故字从叚遐聲御覽引釋名

家 說文丨居也从宀豭省聲冡古文丨○丨謂門以內也爾雅釋宮李注○丨謂宮室之內左氏昭廿九年傳注在丨則祀中霤疏○丨者內外之大名左氏文十八年傳男有丨疏○丨者承世之辭詩桓箋能定其丨先王之業疏○夫謂妻爲丨左氏僖十五年傳注丨謂子圉疏○丨猶夫也詩桃夭箋丨人猶室丨也疏○丨卽縣也左氏昭五年傳注而言十丨疏○大夫稱丨書洪範其害于而丨王注又左氏昭廿六年傳丨施不及國疏○卿大夫稱丨左氏桓二年傳諸侯立丨注十八年傳男有丨疏○丨謂卿大夫也禮記禮運故天下國丨可得而正也疏禮器丨不寶龜疏郊特牲謂國丨也疏中庸天下國丨可均也注○大夫以下稱丨禮記禮運藏於私丨疏○承丨立大夫也易師開國承丨荀注○承丨立都邑也易師開國承丨干注○丨人言庶人之丨漢書惠帝紀見蘭陵丨人井中注○丨言謂偏見自成一丨之

言荀子大略此丨言邪學之所以惡儒者也注○子丨歸父字左氏宣十八年傳子丨還及笙注

𣘻 茶埤蒼作丨爾雅釋木釋文

華 說文蕐榮也从艸从𠌶凡蕐之屬皆从蕐○丨色者其榮也素問解精微論○丨謂色有光丨詩著傳瓊丨美石疏○丨畫也禮記檀弓下丨而睆注○丨謂彫畫之也漢書司馬相如傳上丨榱璧璫注○丨是彩之別名書顧命丨玉仍几疏○丨黃也詩葛覃傳丨卿之內子大帶疏○丨中裂之禮記曲禮上爲國君者丨之注○丨謂半破也禮記曲禮上疏○丨果㭉也禮記郊特牲天子樹瓜丨注○丨蟲卽鶩雉左氏昭廿五年傳疏○丨夏皆謂中國也左氏閔元年傳注諸丨疏○或謂諸夏爲諸丨詩著之華箋○中國有禮儀之大故稱夏有服章之美謂之丨左氏定十年傳夷不亂丨疏

沙 說文丨水散石也从水从少水少沙見楚東有丨水沚譚長說丨或从尐尐子結切○丨是水旁之地易需需于丨疏○丨水名左氏昭廿七年傳及丨汭而還注○丨汭楚東地也水經澮水注引京相璠說○水中之陽稱丨也易需需于丨虞注○水中之剛故曰丨易象上傳需于丨荀注○剌土之次曰五丨五丨之狀栗焉如屑塵厲管子地員○丨卽娑之字也詩閟宮傳犧尊有丨飾也疏○易需需于丨釋文鄭作沚

車 說文丨輿輪之總名夏后氏奚仲所造象形凡丨之屬皆从丨𨏥籀文丨○丨是內骨左氏僖廿五年傳疏○牙丨頷丨牙下骨之名也同上疏

牙 說文牙牡齒也象上下相錯之形凡牙之屬皆从牙𤘐古文牙○頷上大齒謂之爲丨左氏隱五年傳皮革齒丨疏○剛白從頤中出丨之象也易大畜豶豕之丨虞注○衡居中央丨是外畔兩邊之璜禮記玉藻佩玉有衡丨疏引皇氏○鄭司農云丨讀如跛者訝跛者之訝世閒或謂之囮書或作𨋩考工記輪人注丨也者疏○丨鄭讀爲互易大畜豶豕之丨釋文

蛇 丨元武之宿虛危之星左氏襄廿八年傳丨乘龍注○己爲丨論衡言毒○人夢見火占爲口舌夢見蝮丨亦口舌同上

瓜 說文丨𤓰也象形凡丨之屬皆从丨○丨者外延離本而實續漢五行志二○乾圓稱丨易姤以杞苞丨虞注

斜 說文丨抒也从斗余聲讀若荼

邪 丨者言非正氣也漢書元帝紀是以氛丨歲增注○丨餘分也史記麻書歸丨于終集解引韋昭○丨謂丨辟禮記樂記回丨曲直疏○丨謂丨惡禮記祭義雖有奇丨而不治者疏○丨謂惡逆之事左氏隱三年傳驕奢淫泆疏○丨謂風丨之氣素問陰陽應象大論其有丨者注○凡物不以其道得之則丨也老子是謂盜夸王注○丨散謂違辟不正禮記樂記流辟丨丨散疏○丨僻卽反戾之義詩板傳板板僻也疏○丨與臾聲相近蕭同也荀子大略流丸止于甌臾注○其丨爾雅作其徐字雖異音實同詩北門箋丨讀如徐疏○禮記樂記中正無丨釋文字又作耶問喪注耶巾䄏頭釋文亦作丨

芽 說文芽萌芽也从艸牙聲

嘉 說文丨美也从壴加聲○丨善也易隨孚于丨疏又周禮小祝注侯丨慶疏大司寇注丨石文石也

疏又禮記樂記雖有丨肴疏中盧丨樂君子疏又左氏襄九年傳丨之會也疏又國語鄭語以生柔丨材者也注○丨訓善也書嘉禾序疏○丨淑皆善也左氏宣十四年傳丨淑而有加貨疏○丨禮謂善禮左氏莊廿三年經注丨禮不野合疏○丨時者謂丨善之時詩草蟲箋猶男女丨時疏○般曰嘉平丨善也平成也以歲終萬物善成就而報其功禮記禮運疏○丨淑令辭稱讚也左氏宣十四年傳注○丨樂鐘磬也左氏定十年傳丨樂不野合注○丨事朝禮左氏定十五年傳丨事不體注○丨穀蒸稻黍也左氏僖三十年傳羞丨穀注○丨夜芳草也漢書禮樂志俠丨夜注引如淳○丨樂詩作假樂孟子離婁上注詩大雅假樂之篇音義引丁音○書伊訓丨言孔彰墨子非樂上作黃言孔章

瑕 說文丨玉小赤也从玉叚聲○赤丨赤玉也漢書司馬相如傳上赤丨駁犖注引張揖○丨謂日旁赤氣也漢書楊雄傳上翕清雲之流丨分注○丨玉病禮記聘義丨不揜瑜釋文○丨者玉之病詩狼跋傳丨過也疏○丨謂虛脆也管子制分乘丨則神注○不丨言不可疵丨也詩狼跋箋○丨遠也禮記表記丨不謂矣疏

紗 丨縠紡絲而織之也漢書江充傳充衣丨縠禪衣注○輕者爲丨縐者爲縠同上

鴉 說文雅楚烏也一名鸒一名卑居秦謂之雅从隹牙聲

遮 說文丨過也从辵庶聲

叉 說文丨手指相錯也从又象丨之形○丨股枝也廣雅釋木

葩 廣韻亦作皅○說文丨華也从艸皅聲又皅艸華之白也从白巴聲○丨取其盛貌也一切經音義

七引聲類○古本丨字爲花貌文選琴賦若衆丨敷榮曜春風注○丨爲古花字文選琴賦注引郭璞

奢 說文丨張也从大者聲凡丨之屬皆从丨奓籀文○丨謂夸矜僭上左氏隱三年傳驕丨淫泆疏○丨比亦神名也山海經海外東經丨比之民注

槎 槎邪斫木也漢書貨殖傳然猶山不茬蘖注

琶 說文新附丨琵丨也从珡巴聲

衙 說文丨行皃从行吾聲

賒 說文丨貰買也从貝余聲

誇 說文丨譀也从言夸聲○丨譀也廣雅釋言

巴 說文丨蟲也或曰食象蛇象形凡丨之屬皆从丨○丨在西南戎在西皆隸屬荀子彊國秦西有丨戎注○丨人在南者周書王會丨人以比翼鳥注○丨苴草名史記張儀列傳苴蜀相攻擊索隱○丨且草一名丨蕉漢書司馬相如傳上諸柘丨且注引文穎

加 說文丨語相增丨也从力从口○丨亦丨陵左氏隱三年傳小丨大疏○劉昌宗周續等音丨爲架匡謬正俗二

耶 邪語辭也漢書外戚傳下內邪若不私府小取注○邪問之辭荀子正名其求物也其養生也注

嗟 說文𧫲咨也一曰痛惜也从言差聲○丨咨丨也漢書賈誼傳丨若先生注又文選弔屈原文注引應劭○丨哀號聲易節則丨若虞注○丨憂歎之辭也易離則大耋之丨注○丨是口之喑咀詩猗嗟傳

猗丨歎辭疏○丨歎懲之言也漢書匈奴傳上丨土室之人注○丨丨歎聲詩臣工傳丨丨勅之也疏○丨乎者歎辭詩節南山箋丨乎柰何疏○今河北人云嗟歎音兔罝爾雅釋詁丨咨嗟也注○魯峻碑能不嗁蒫丨作蒫

遐 說文新附丨遠也从辵叚聲或通用假字○丨遠也易泰不丨遺疏○丨邈皆遠也漢書司馬相如傳下丨哉邈乎注○丨亦遠也漢書郊祀志下登丨倒景注○假陞也爾雅釋詁○假即丨字漢書禮樂志假狄合處注○華山碑思登假之道魏孔羨碑洪聲登假丨皆作假

椏 丨枝也廣雅釋木

差 丨是丨摩禮記喪大記御者丨沐于堂上疏○丨貸謂失誤禮記月令毋有丨貸注○丨錯交互也漢書司馬相如傳下紛湛湛其丨錯兮注

蟆 說文丨蝦丨也从虫莫聲

譁 說文譁讙也从言蕚聲○丨化聲之轉也方言二丨化也注○譁應聲也方言十二譁然也注

蝦 說文丨丨蟆也从虫叚聲○丨丨卜蟆文選弔屈原文夫豈從丨與蛭螾注○丨亦水蟲漢書賈誼傳夫豈從丨與蛭螾注

拏 說文丨牽引也从手奴聲○囒哰嗹嘍丨也揚州會稽之語也方言十

豭 說文丨牡豕也从豕叚聲○丨牡豕也漢書翟方進傳與丨豬連繫都亭下注○丨牡豬也史記秦始皇紀夫為寄丨索隱○丨謂豕之牡者左氏隱十一年傳注皆詛之疏○丨是豕之牡者左氏哀十五年傳輿丨從之疏○丨即豕也詩何人斯傳三物豕犬雞也疏

葭 說文丨葦之未秀者从艸叚聲○丨葦也爾雅釋草丨蘆注○丨蘆也漢書中山靖王勝傳非有丨莩之親注司馬相如傳上藏莨蒹丨注引郭璞終軍傳南越竄屛丨葦注王莽傳上上與陛下有丨莩之故注又文選子虛賦藏莨蒹丨注引張揖○丨即蘆也漢書李陵傳抵大澤丨葦中注○丨一名蘆詩蒹葭蒹丨蒼蒼陸疏○丨一名華爾雅釋草丨華舍人注

髽 說文丨喪結禮女子丨衰弔則不丨魯臧武仲與齊戰于狐鮐魯人迎喪者始丨从髟坐聲○丨者是婦人之大紒重喪辮麻繞髮禮記喪服四制禿者不丨疏○丨字從髟是髮之服也左氏襄四年傳注丨麻髮合結也疏

茄 說文丨夫蕖莖从艸加聲○丨藕莖也文選西京賦蔕倒丨於藻井薛注

檛 說文築箠也从竹朵聲○丨杖也左氏文十三年傳注策馬丨疏

呀 說文新附呀張口皃从口牙聲

罝 說文罝兔网也从网且聲䍜罝或从系𦋺籀文从虘○丨兔網也漢書貨殖傳丨網不布於墅澤注○丨兔罟也淮南時則丨罘羅罔注○丨菟罟也詩菟罝釋文○丨遮也遮取兔也一切經音義廿三引白虎通

枷 說文丨柫也从木加聲淮南謂之柍○禮記曲禮上不同椸丨釋文本又作架

媧 女丨古婦人帝王者也論衡順鼓

杷 說文丨收麥器从木巴聲○丨手捁之也漢書貢禹傳捽屮丨土注

蝸 說文丨丨蠃也从虫咼聲○丨者蠃之類耳匡謬正俗三

騧 說文丨黃馬黑喙从馬咼聲𩣡籀文丨○丨或爲蝸文選景福殿賦丨徙增錯注

芭 丨黎卽織木葦爲葦籬也今江南亦謂葦籬曰丨籬史記張儀列傳注三州天苴讀爲丨黎索隱

鯊 說文魦魚名出樂浪潘國从魚沙省聲○丨吹沙也一名重脣籥魦詩魚麗鱨丨陸疏○魦似鮒文選蜀都賦鰋鱧魦鱨注

窊 說文丨污衺下也从穴瓜聲

豝 說文丨牝豕也从豕巴聲一曰二歲能相把挐也詩曰一發五丨○丨豕牝也詩騶虞壹發五丨釋文

緺 丨青綬史記滑稽列傳佩青丨集解引徐廣○丨青紫色綬續漢輿服志下注引何承天○紫綬名丨續漢輿服志下注引徐廣

珈 說文新附丨婦人首飾从玉加聲詩曰副笄六丨○丨笄飾也詩君子偕老副笄六丨釋文

騢 說文丨馬赤白雜毛从馬叚聲謂色似鰕魚○赤白雜毛今赭馬名丨爾雅釋畜彤白雜毛丨舍人注

枒 說文枒木也从木牙聲一曰車輞會也

鋣 廣韻鎁同○說文釾鏌釾也从金牙聲○鏌鎁劍名莊子大宗師我且必爲鏌鎁釋文

驊 丨騮駿馬名也漢書揚雄傳上騁丨騮以曲囏兮注○蘛騮疑華騮字穆天子傳四右服蘛騮注○丨騮騏驥纖离綠耳此皆古之良馬也荀子性惡

赮 說文新附丨赤色也从赤叚聲

窪 說文丨清水也一曰窐也从水窐聲

麚 說文丨牡鹿从鹿叚聲以夏至解角

洼 丨音窐曲之窐漢書武帝紀馬生渥丨水中注引蘇林○瀶丨皆洿池也方言三瀶丨洿也注

汙 丨不平貌孟子公孫丑上丨不至阿其所好音義引丁音

鴐 丨鵞野鵞也史記司馬相如列傳連丨鵞集解引郭璞又漢書司馬相如傳上注

夸 說文丨奢也从大亏聲○丨張布也漢書司馬相如傳上丨條直暢注引郭璞○丨毗屈己卑身以柔順人也爾雅釋訓注又孫注

鉈 說文丨短矛也从金它聲

瘕 說文瘕女病也从疒叚聲○太陽受寒血凝爲丨素問大奇論三陽急爲丨注○丨一爲疝傳寫誤也素問氣厥論爲虙丨注

杈 說文丨枝也从木叉聲

樝 說文丨果似棃而酢从木虘聲又柤木閑也从木且聲○丨似棃而甘也漢書司馬相如傳上丨棃梬栗注引張揖○丨卽今所謂丨子也漢書司馬相如傳上注

痂 說文痂疥也从疒加聲
鎺 集韻茉鈣同○說文茉兩刃臿也从木𠀤象形宋魏曰茉也鈣或从金从亐茉也○鋘臿刃也後漢獨行戴就傳又燒鋘斧注引張揖字詁
溠 溠水在義陽厥縣西南入鄖水左氏莊四年傳除道梁溠注
衺 說文衺褔也从衣牙聲
秅 說文二秭爲秅从禾乇聲周禮曰二百四十斤爲秉四秉爲筥十筥曰稯十稯曰秅四百秉爲一秅○三三秅則三十稯也周禮掌客車三秅注○秅是東之名周禮掌客疏
碬 說文碬厲石也从石叚聲春秋傳鄭公孫碬字子石

鼊 鼄鼊辟相似形大如蘧生乳海邊白沙中肉極好中啖文選江賦鰿鼅鼊注引臨海水土物志
砑 碨｜不平之貌文選江賦元蠣磈磥而碨｜注
㤉 惡｜伏態貌列子力命𢤱｜釋文引阮孝緒云
奓 ｜侈字也文選西京賦注引聲類
邪 說文邪琅邪郡从邑牙聲○琅邪齊東境上邑也孟子梁惠王下放於琅邪注
齇 說文｜齬齒也从齒虘聲○齟者齒不正也漢書東方朔傳
鍜 說文｜錏｜也从金叚聲

頣 顂｜難語廣韻引新字林
䩖 集韻靿或不省○鞋靿履也廣雅釋器
錏 說文｜｜鍜頸鎧也从金亞聲
鈀 說文｜兵車也一曰鐵也司馬法晨夜內｜車从金巴聲
○以下據廣韻錄
邪 說文｜茆｜也从草邪聲
謯 說文｜｜娽也从言虘聲
㐻 ｜者兩頭寬中狹邪者謂一頭寬一頭狹周禮形方氏注正之使不｜邪離絕疏
挐 說文｜持也从手如聲

摣 集韻戲同○說文戲又取也从又虘聲
𧙏 說文｜弊衣从衣奴聲
迦 說文｜｜互令不得行也从辵枷聲
鰕 說文｜魵也从魚叚聲○鰕大者謂之｜爾雅釋魚
蹃 說文｜足所履也从足叚聲
韕 說文｜履也从韋叚聲
抯 說文｜挹也从手且聲讀若樝棃之樝
𢉆 說文｜開張屋也从广秅聲濟陰有｜縣

⿱尚多 說文丨厚脣皃从多从尚

譇 集韻諸同○說文譇諸拏羞窮也从言奢聲

觰 說文丨拏獸也从角者聲一曰下大者也

○以下據集韻錄鄐 說文鄐地名从邑舍聲

⿰氵虘 說文丨水出北地直路西東入洛从水虘聲

訍 丨拏也廣雅釋詁三

⿰言函 丨拏也廣雅釋詁三

誽 說文丨言相丨司也从言兒聲

⿱彑豕 說文丨豕也从彑下象其足讀若瑕

椵 置於犬上謂之丨周禮封人注衡設於鼻如丨狀也疏

叚 周禮典瑞注晉侯使丨嘉平戎于王釋文本又作環亦作假

侉 說文丨憊詞从人夸聲

⿱大瓜 說文丨大也从大瓜聲

窐 說文丨甑空也从穴圭聲

經籍纂詁卷第二十一補遺終

經籍籑詁卷第二十二

下平聲

經筵講官南書房行走禮部左侍郎兼署兵部左侍郎提督浙江學政阮元譔集

七陽

陽 丨揚也氣在外發揚也釋名釋天○丨明也詩七月我朱孔丨傳又廣雅釋詁四又漢書司馬相如傳下集注引文穎外戚傳上集注又後漢班彪傳上注班彪傳下注又楚辭大司命壹陰兮壹丨注涉江夕宿辰丨注○丨日也詩湛露匪丨不晞傳又周髀算經下丨照三注又呂覽辯土上得丨注又文選張景陽雜詩浮丨映翠林注○丨天氣也春秋繁露人副天○丨者天氣也素問太陰陽明論○丨者陰之長也說苑辨物○丨者天之德也春秋繁露陰陽義○丨者天之寬也春秋繁露循天之道○丨者歲之

主也春秋繁露天辨在人○丨神氣也左氏昭七年傳丨曰魂注○丨德氣也春秋繁露陽尊陰卑○丨君道也易繫辭下傳丨一君而二民注○丨爲德春秋繁露王道通○丨爲剛漢書郊祀志下集注○丨爲仁也楚辭怨思云服陰丨之正道兮注○丨化氣陰成形素問陰陽應象大論○丨主養儀禮鄉飲酒禮記出自左房注○丨氣主養儀禮鄉飲酒禮記亨于堂東北注○丨溫也詩七月春日載丨箋○丨暖也文選東京賦春日載丨薛注○丨旱也漢書王莽傳中集注○丨大國策秦策天下陰燕丨魏注○丨嚮也廣雅釋詁四○丨外也漢書爰盎傳集注引鄧展○丨猶生也莊子齊物論莫使復丨也釋文○丨猶常也漢書爰盎傳集注引晉灼○丨丨猶清也考工記弓人欲赤黑而丨聲注○日者丨丨道明鹽鐵論論菑○開謂之丨後漢班彪傳上注○帶而上者盡爲丨春秋繁露人副天○風火爲丨大戴記曾子天

圓龍非風不舉龜非火不兆注○六律爲丨書大傳六律者何注○十月爲丨爾雅釋天又詩采薇箋杕杜日月丨止箋○丨朔十月朔也後漢馬融傳注○丨歷丨月也詩采薇歲亦丨止傳○日之所照曰丨穀梁僖廿八年傳注○山東曰朝丨山西曰夕丨爾雅釋山○山東曰朝丨山西曰夕丨隨日所照而名之也釋名釋山○在南曰丨文選景福殿賦南岠丨榮注○山南爲丨穀梁僖廿八年傳又山海經南山經杻丨丨之山其丨多赤金注○山南曰丨書禹貢至于岳丨傳武成歸馬于華山之丨傳又詩殷其靁在南山之丨傳又書禹貢釋文又後漢崔駰傳注又孟子告子下遂有南丨注又呂覽本味丨山之穄注音初候禹于塗山之丨注又文選高唐賦序妾在巫山之丨注○水北爲丨穀梁僖廿八年傳○水北曰丨公羊僖廿二年傳戰于泓之丨注又左氏僖廿八年傳漢丨諸姬注又書禹貢釋文又詩渭陽序釋文又

呂覽行論合諸侯於漢丨注○潁水之北曰丨呂覽愼人許由虞乎潁丨注○陰丨者氣之大者也莊子則陽○陰丨者天地之道也素問陰陽應象大論○陰丨者血氣之男女也同上○陰丨猶隱顯也大戴記文王官人考其陰丨注○重丨天也後漢馬融傳上注○秋丨周之秋夏五六月盛丨也孟子滕文公上秋丨以暴之注○太丨火也論衡龍虛○太丨日也文選洛神賦注引正歷○丨氣盛大故曰太丨素問陰陽類論太丨爲經注○丨氣未大故曰少丨素問陰陽類論一丨者少丨也注○君也漢書五行志下之下集注引孟康又楚辭涉江陰丨易位注○丨者君也後漢郎顗傳注引易稽覽圖注○君爲丨春秋繁露基義○父爲丨同上○夫爲丨同上○三丨太丨素問陰陽類論三丨爲表注○丨者衞外而爲固也素問生氣通天論○丨謂膀胱也素問經脉別論丨有餘也注○太丨膀胱脉也素問六節藏象

論二盛病在太丨注○少丨膽脉也素問六節藏象
論人迎一盛病在少丨注○丨明胃脉也素問六節
藏象論三盛病在丨明注○衝丨胃脉氣也素問至
眞要大論衝丨絕注○丨予也爾雅釋詁○今巴濮
之人自呼阿丨爾雅釋詁注○丨詐也一切經音義
十五引周書○丨謂不眞也一切經音義十一引漢
書注○丨丨無所用其心也詩君子陽陽君子丨丨
傳○丨德丨氣在人者周禮大宗伯以地產作丨德
注○丨德謂分地利以致富周禮大宗伯司農注○
丨禮謂鄉射飮酒之禮也周禮大司徒二曰以丨禮
教讓注○丨祀春夏也周禮牧人凡丨祀用騂牲毛
之司農注○丨祀祭天於南郊及宗廟周禮牧人注
○丨聲黃鍾大蔟姑洗蕤賓夷則無射周禮大師○
丨木春夏生者周禮山虞仲冬斬丨木司農注○丨
木生山南者周禮山虞注○生山南爲丨木周禮柞
氏令刊丨木而火之注○丨燧金也取金杯無緣者

熱摩令熱日中時以當日下以艾承之則燃得火也
淮南天文丨燧見日則燃而爲火注○墨丨劒名楚
辭哀歲操我兮墨丨注○龍旂丨丨言有文章也詩
載見龍旂丨丨傳○立人或曰丨丨門在前曰丨兩旁
似門也釋名釋車○丨門薇嗇也廣雅釋器○去陰
就丨者謂之丨鳥鴻雁是也小爾雅釋鳥○丨前弇
也周禮卜師辨龜之上下左右陰丨注○九丨日出
處楚辭遭厄踵九丨兮戲蕩注○丨谷日所出也後
漢張衡傳注○九丨謂天地之涯也楚辭遠遊夕晞
余身兮九丨注○東南曰丨天呂覽有始○東南方
曰丨天淮南天文○東南木之季也將即太丨純乾
用事故曰丨天呂覽有始注○東南純乾用事故曰
丨天淮南天文注○東南方曰丨門淮南隆形○東
南月建在巳純丨用事故曰丨門據天下諸城東南
角門皆丨門是其類也淮南隆形注○少丨東宮也
文選顏延年曲水詩序正體毓德於少丨注○丨門

宋城門也家語子貢問宋丨門之介夫死注○丨城
蜀門名也文選蜀都賦結丨丨城之延閣劉注○丨州
東方也淮南隆形扶木在丨州注○南丨在中國之
南而居丨地故以爲名也釋名釋州國○邱高曰丨
邱體高近丨也釋名釋邱○首丨山春秋所謂首戴
也水經河水注○丨樊周邑國語晉語公以二軍下
次於丨樊注○列丨屬燕山海經海內北經○丨伯
猶言春伯書大傳東嶽丨伯之樂舞侏離注○高丨
者丨猶明也道德高明也白虎通號○丨侯波也廣
雅釋水○丨侯丨陵國侯也其國近水休水而死其
神能爲大波有所傷害因謂之丨侯之波淮南覽冥
丨侯之波注○丨丨流也廣雅釋訓○丨阿古之名
倡也淮南俶眞足蹀丨阿之舞注○丨讀爲曰雨曰
暘之暘禮記祭義殷人祭其丨注○易古丨字漢書
地理志上集注地理志下集注○丨字或作羊漢書
武帝紀集注五行志上集注○左傳定十二年注丨

不知也釋文丨本亦作佯○爾雅釋詁釋文丨本或
作暘○爾雅釋天釋文丨本或作霷字同○左氏昭
廿五年次于丨州公羊作楊州○論語丨貨史侯表
作楊貨○古今人表樂丨師古曰即樂羊○綏民校
尉碑治歐羊
尚書丨作羊

楊 丨楊也廣雅釋言○丨木名左氏定六年傳獻陽
楯六十於簡子注○丨丨蒲柳爾雅釋木○丨徹齊
棗同上○丨枹薊爾雅釋草○巽爲丨易大過枯丨
生稊虞注○丨柳蒲柳也詩采薇丨柳依依傳○丨
園園名詩巷伯丨園之道傳○長丨五柞並以樹名
宮亦猶陶氏以五柳立稱水經渭水注○秦有丨陓
爾雅釋地○丨盈文選祭顏光祿文注引郭璞三
蒼解詁○丨姓舊有盈晉匡謬正俗六○爾雅釋地
秦有丨陓呂覽作秦之
陽華淮南作秦之陽紆

揚 ｜舉也易象上傳君子以遏惡｜善虞注又書秦誓中我武惟｜傳又儀禮燕禮媵觚于賓注又禮記明堂位各｜其職注鄉飲酒義盥洗｜觶注又廣雅釋詁一又小爾雅廣言又史記樂書絃歌干｜正義又漢書司馬相如傳上集注又集注引張揖鼓傳下集注又後漢唐檀傳注又楚辭東皇太一｜枹兮拊鼓注哀郢楫齊｜以容與兮注大招謳和｜阿注○｜猶舉也儀禮鄉射禮南｜弓注大射儀南｜弓注○｜說也廣雅釋詁二○｜猶稱也淮南說山名不可得而｜注○｜猶道也詩牆有茨不可詳也釋文引韓詩○｜稱道也穀梁僖元年傳以其不足乎｜釋文○｜明也淮南覽冥不｜其聲注○｜和也淮南說山其聲舒｜注○｜動也呂覽必已盡｜播入於河注○｜越也易夬｜于王庭鄭注○｜猶熾也周禮卜師｜火以作龜注○｜飛也考工記矢人中強則｜注○｜披也楚辭離騷｜雲霓之晻藹兮注○｜過去也儀禮大射儀上曰｜注○｜發｜國策齊策志高而｜注○｜激｜也詩揚之水｜之水傳○｜光也詩大叔于田火烈具｜傳○｜續也爾雅釋詁○｜雙也燕代朝鮮洌水之閒曰盱或謂之｜方言二○乾爲｜易夬虞注○｜猶颺物從風也列子黃帝｜於地釋文○｜傷也詩泮水不吳不｜傳○｜｜得意之貌荀子儒效｜｜如也注○｜奮皆振布之意也文選典引｜洪輝奮景炎蔡注○｜搉凡也廣雅釋訓○｜搉粗略也文選蜀都賦注引淮南許注○｜搉粗略法度莊子徐無鬼則可不謂有大｜搉乎釋文引許注○｜烈香酷烈也史記司馬相如傳吐芳｜烈集解引郭璞○｜廣｜詩猗嗟抑若｜兮傳○｜眉上廣詩君子偕老｜且之晳也傳○｜廣｜而顏角豐滿詩君子偕老子之淸｜傳○｜鉞也詩公劉干戈戚｜傳又孟子梁惠王下干戈戚｜注○江南曰｜州爾雅釋天又說苑辨物○東南曰｜州周禮職方氏○｜州州界多水水波｜｜也釋名釋州國○江南其氣慘勁厥性輕｜故曰｜州爾雅釋地李注○以｜州漸太陽位天氣奮｜曰履正含文明故取名焉爾雅釋地釋文引太康地記○｜讀爲陽聲之誤也禮記玉藻盛氣顛實｜休注○今禮｜皆作騰禮記鄉飲酒義盥洗｜觶注射義序點又｜觶而語注○禮｜作媵｜舉也媵送也｜近得之禮記檀弓下杜蕢洗而｜觶注○｜或作象淮南說山名不可得而｜注○｜｜古文敭颺二形同一切經音義十一○｜與錫同史記樂書弦歌干｜也索隱○詩正月燎之方｜漢書谷永傳作燎之方陽○左傳文八年晉解｜史記十二諸侯表作解楊○左傳襄三年晉｜干古今人表作楊干○史記衞世家嚴公｜十二諸侯表詩譜疏引世家並作楊○左傳文八年晉解｜古今人表作解陽

香 ｜美也呂覽仲冬水泉必｜注審時不噎而｜注○○凡氣因土變則爲｜素問金匱眞言論其臭｜注○膏｜牛脂也以牛脂和之周禮庖人春行羔豚膳膏｜司農注○詩生民其｜始升釋文一本作馨○儀禮士虞禮｜合釋文本又作薌

鄉 ｜萬二千五百家爲｜周禮鄉大夫之職各掌其｜之政敎禁令司農注又論語雍也以與爾鄰里｜黨乎集解引鄭注又史記秦本紀幷諸小｜聚正義○｜萬二千五百家周禮大司徒注○萬二千五百家爲｜｜向也衆所向也釋名釋州國○五州爲｜周禮大司徒○十卒爲｜國語齊語○十卒爲｜管子小匡○十連爲｜國語齊語又管子小匡○十邑爲｜廣雅釋地○五家爲伍十伍爲里四里爲扁十扁爲｜鶡冠子王鈇○五州爲｜萬二千五百家也莊子胠篋治邑屋州閭｜曲者釋文○｜亦國也呂

覽求人不死之丨注○丨丨遂天戴記文王官人使
是長丨邑而治殳子注○丨丨里也論語陽貨皇疏
○丨猶里以喻居也孟子告子上莫知其丨注○大
曰丨後漢劉元傳注○丨鄰同丨也孟子離婁下丨
鄰有闞者注○兩階間謂之丨爾雅釋宮○丨向也
論語陽貨丨原集解引周生烈又皇疏○丨方也漢
書禮樂志集注又管子形勢風雨無丨而怨怒不及
也注四時刑德離丨注又淮南原道以知禍福之丨
注○丨猶方也荀子賦四時易丨注○丨所也詩采
芑于此中丨傳殷武居國南丨傳○丨樂周南召南
六篇儀禮燕禮記遂合丨樂注○丨先生丨大夫致
仕者也儀禮鄉射禮以告于丨先生君子可也注○
丨先生丨中老人爲卿大夫致仕者儀禮士冠禮遂
以摯見於鄉大夫丨先生注○丨佐主佐丨收稅賦
後漢張宗傳注○丨謂本經之氣位素問陰陽應象
大論各守其丨注○中丨美地名詩采芑箋○丨讀

爲向荀子仲尼丨方略注○丨讀曰向荀子儒效丨
有天下注丨是者臧注鼓之而紂卒易丨注成相紂
卒易丨啟乃下注○莊子應帝王
丨吾示之地文釋文崔本作康
光　丨晃也晃晃然也亦言廣也所照廣遠也釋名釋
天○丨明也詩南山有臺邦家之丨傳又國語周
語少丨王室注又淮南俶眞能游冥冥者與日月同
丨注本經日月淑清而揚丨注又楚辭雲中君與日
月兮齊丨注靈懷羣阿容以晦丨兮注○光明也廣
雅釋詁四○丨者明也漢書百官公卿表上集注引
應劭○丨亦明也周書文傳出二日分丨注○光照
也廣雅釋詁三○丨廣也詩敬之學有緝熙于丨明
傳又國語周語叔父若能丨裕大德注○丨大也詩
皇矣載錫之丨傳又左氏昭廿八年傳丨有天下注
又國語周語故能丨有天下注鄭語必丨啟土注○
光寵也廣雅釋言○丨譽淮南俶眞然莫能與之同

丨者注○丨猶榮也詩韓奕不顯其丨箋○丨猶氣
也禮記祭義見以蕭丨注○丨謂水火金玉荀子勸
學地見其丨注○丨謂公侯也太元童先錫之丨注
○離爲丨易未濟君子之丨虞注象下傳其危乃丨
也虞注○離日爲丨易需有孚丨亨虞注○離爲大
丨易彖下傳其道大丨虞注○旦中爲丨三國管輅
傳注引輅别傳○重丨日月星也書顧命宣重丨馬
注○天丨謂日月星也素問三部九候論上應天丨
星辰歷紀注○三丨日月星也後漢朱浮傳注丁鴻
傳注班彪傳注劉陶傳注又淮南原道紘宇宙而章
三丨注又文選西征賦注引淮南許注○三丨日月
星辰也淮南氾論若上亂三丨之明注○三丨三大
辰也禮記鄉飲酒義參之以三丨注○丨風謂雨巳
日出而風草木有丨也楚辭招魂丨風轉蕙注○重
丨日也文選演連珠是以重丨發藻注○朱丨日也
文選張孟陽七哀詩朱丨馳北陸注○炎丨日景也

文選劇秦美新炎丨飛響注○榮丨卽五色也書中
候榮丨出河注○容丨小郄也孟子盡心上容丨必
照焉注○能紹前業曰丨後漢光武帝紀上注引謚
法○丨充書堯典丨被四表傳○丨珠卽江珠也後
漢南蠻西南夷傳注○隋侯行見大蛇傷救而治之
蛇後銜珠以報徑寸純白而夜丨可以燭堂一切經
音義八引干寶搜神記○宵明燭丨卽二女字也以
能丨照因名云山海經海內北經舜妻登比氏生宵
明燭丨注○火神謂之游丨廣雅釋天○丨里齊人
言廣音與丨同卽春秋所謂守之廣里者也水經濟
水注○旁丨胞也淮南說林旁丨不升俎注○莊子
庚桑楚生者德之丨也釋文一本丨字作先○爾雅
釋草薢茩英丨釋文本或作茪○爾雅釋言桄熲充
也釋文桄孫作丨○書堯典丨被四表後漢馮異傳
作橫被
四表

【昌】丨光也廣雅釋言○丨盛也詩還子之丨兮傳猗
嗟猗嗟丨兮傳又釋名釋道又廣雅釋詁二又國
語鄭語戎狄必丨注楚語天明丨作注又漢書禮樂
志集注又呂覽古樂賢者以丨注愼大趙氏其丨乎
注又文選月賦委照而吳業丨丨注○丨猶盛也穆天
子傳二大馬牛羊之所丨注○丨熾也楚辭大招人
阜丨只注又文選東京賦六合殷丨薛注○丨當也
爾雅釋詁又書大禹謨禹拜丨言傳又後漢仲長統
傳注馬融傳注○丨美也漢書揚雄傳上集注○丨
善也漢書王莽傳中集注○丨始也廣雅釋詁二○
丨慶也文選蜀都賦天帝運期而會丨劉注○丨盛
壯貌詩丰子之丨兮傳○丨狡好貌詩還箋○丨佼
好貌詩猗嗟猗嗟丨兮箋○丨謂各遂其生也荀子
禮論萬物以丨注○丨披衣不帶貌離騷何桀紂之
丨披兮注○丨丨兩日重見言明象春秋元命苞代殷
爲姬丨注○丨丨益者戒收藏也白虎通八風○審地

理者丨丨者地之財也古微書引書考靈曜○地事
曰丨大戴記虞戴德○地曰作丨大戴記誥志○途
出其後丨邱爾雅釋邱○道出其後曰丨邱釋名釋
邱○丨本丨蒲根切之四寸爲菹周禮醢人丨本麋
臡注○丨本丨蒲本菹也儀禮公食大夫禮非菹以
東醢醢丨本注○丨本丨蒲根也後漢馬融傳注○
丨丨本也儀禮有司徹婦贊者執丨菹醢以授主婦
注○丨陽菖蒲也廣雅釋草○丨羊丨蒲淮南說林
丨羊去蚤蚤注○丨當爲倡書亦或爲倡周禮樂師
遂倡之司農注○書皋陶謨禹拜丨言史記夏本紀
作禹拜美言孟子公孫丑上注作禹拜讜言○大戴
禮帝繫丨僕書序疏引世紀作景僕○郭究碑懷刑
拜讜丨
作讜
【堂】丨明也廣雅釋詁四○丨丨之爲言明也所以明禮
義也廣韻引白虎通○丨丨高也文選西京賦注引

太元宋注○丨猶丨丨高顯貌也釋名釋宮室○序
內半以前曰丨書顧命立于西丨鄭注○內丨東西
序之內也書大傳以二爲內注○窻戶之外曰丨論
語先進由也升丨矣皇疏○中以南謂之丨儀禮士
喪禮皆饌于西序下南上注○高殿敞揚爲丨楚辭
謬諫畜鳧駕鵝雞鶩滿丨壇兮注○丨壁也廣雅釋
室○丨明丨也淮南本經丨大足以周旋理文注又
文選東京賦度丨以筵薛注○夫明丨者王者之丨丨
也孟子梁惠王下○丨丨德宇廣也論語子張丨丨丨
乎張也皇疏引江熙○丨丨容也廣雅釋訓○丨丨
盛也文選劇秦美新況丨丨有新注○丨丨盛威儀
也後漢伏湛傳注○丨楚邑廣韻十一唐引風俗通
○大人之丨亦山名形狀如丨室耳山海經大荒東
經有大人之市名曰大人之丨注○丨畢道平如丨丨
也詩終南有紀有丨傳○丨谿谼也廣雅釋器○丨丨
當爲棖詩丰俟我乎丨兮箋○老子金玉滿丨釋文

本或作室○儀禮鄉射禮適丨西注云今文曰適序
西○魯峻碑棠棠忠惠嚴訢碑棠棠容貌丨作棠
【章】丨明也書堯典平丨百姓鄭注又考工記畫繢之
事雜四時五色之位以丨之注又儀禮士冠禮記
丨甫注又禮記坊記丨民之別注緇衣丨志貞敎注
丨善癉惡注又論語公冶長夫子之文丨集解又書
大傳用丨于下注又國語周語丨怨外利注必有丨
譽蕃育之祚注魯語以丨物也注又漢書武帝紀集
注宣帝紀集注禮樂志集注二見引晉灼五行志中
之上集注藝文志集注劉向傳集注淮南厲王長傳
集注董仲舒傳集注司馬相如傳下集注公孫宏傳
集注燕刺王旦傳集注王褒傳集注孔光傳集注谷
永傳集注二見王莽傳上集注敘傳下集注又後漢
順帝紀注鄭均傳注班彪傳注二見蔡邕傳注荀悅
傳注又荀子正名丨之以論注又管子牧民不璋兩
源則刑乃繁注版法審謀丨禮選士利械則霸注又

呂覽勿躬名號已丨矣注又淮南詮言丨入者息道
者也注又離騷芳菲菲其彌丨注大招德澤丨只注
懷沙丨晝志墨兮注矇瞍謂之不丨注又文選西京
賦丨后皇之爲貴薛注東京賦丨漢祚之有秩薛注
典引夫圖書亮丨天哲也蔡注○丨箸也國語周語
其飾彌丨注魯語四牡君所以丨使臣之勤也注善
有丨注○丨顯也易豐來丨有慶譽虞注又國語鄭
語其子孫未嘗不顯注○丨猶形也呂覽大樂合而
成丨注○丨著明也呂覽知度而堯舜之所以丨也
注○丨者著明也楚辭九章序○丨露也素問方盛
衰論反論自丨注○丨盛也呂覽審時其氣丨注○
丨大也孝經內事圖帝座丨而光宋注○丨別也家
語子貢問上下有丨注○丨條也周髀算經下十九
歲爲一丨注○丨程也廣雅釋器○丨表也詩抑維
民之丨傳又國語周語余敢以私勞變前之大丨注
晉語王丨也注○丨程也式也素問氣交變大論政

令者氣之丨注○丨丨程也國語周語將以講事成
丨注○丨文丨也禮記緇衣出言有丨注○丨采衣
也文選赭白馬賦鏤丨霞布注○丨禮文也詩裳裳
者華維其有丨矣箋○丨謂文理也易說卦傳六畫
而成丨虞注○丨文丨法度也詩抑維民之丨箋○
丨丨猶昭昭也後漢郭泰傳注○丨丨明也後漢循
吏傳注○丨丨明美貌呂覽本生萬物丨丨注○丨
丨采也廣雅釋訓○丨丨素質明著也荀子法行故
雖有珉之雕雕不若玉之丨丨注○丨丨行也廣雅
釋訓○丨皇猶彷徨也文選羽獵賦丨皇周流注○
行如繩墨者丨說苑說叢○道以數行之爲丨賈子
修政語上○溫克令儀曰丨後漢章帝紀注引謚法
○俗或謂舅曰丨釋名釋親屬○夫之兄俗間曰兄
丨丨灼也丨灼敬奉之也同上○舜之明堂以草蓋
之名曰總丨文選東京賦有虞總期薛注○丨丨甫
之冠也文選與嵇茂齊書表龍丨於裸壤注○丨甫

殷冠名也甫丈夫也服之所以表丨丈夫也釋名釋
首飾○丨甫冠也家語五儀然則丨甫絇履注好生
紳委丨甫注○丨甫亦冠之名也淮南氾論豈必褒
衣博帶句襟委丨甫哉注○丨甫殷冠也禮記儒行
冠丨甫之冠釋文○丨甫殷道也儀禮士冠禮記○
丨服也呂覽季夏以爲旗丨注○丨旌旗也國語晉
語變非聲丨弗能移也注○通白曰丨國策齊策丨
子變其徽丨注○亦與白謂之丨考工記畫繢之事
又國策秦策文丨不成者注○丨印丨也文選漢高
祖功臣頌祚爾輝丨注○金丨銅印也文選北山移
文至其紐金丨綰墨綬注○丨者今之表也後漢蔡
邕傳注○丨謂所上之書後漢周舉傳注○丨者需
頭稱稽首上書謝恩陳事詣闕通者也獨斷上○丨
句謂離丨辨句後漢桓譚傳注○大丨丨之也禮記
樂記又風俗通聲音○丨華地名國語楚語靈王爲
丨華之臺注○丨華亦地名也水經洱水注○豫丨

以樹氏郡水經濟水注○豫丨樟樹生庭中故以名
郡矣水經贛水注○上正丨邱爾雅釋邱○山上正
丨爾雅釋山○古謂大木爲丨匡謬正俗六○豫丨
大木似楸山海經西山經底陽之山其木多櫻柟豫
丨注○丨讀爲獐考工記畫繢之事山以丨注○璋
當爲丨管子牧民注○丨音轉爲鍾匡謬正俗六○
禮記王制注不得丨管釋文本亦作障○禮記雜記
四面有丨釋文本或作鄣○孝經神明丨矣釋文本
又作彰○爾雅釋木注似豫丨釋文本或作樟○詩
棫樸追琢其丨周禮追師注作追琢其璋○國策魏
策任丨說苑權謀作任
增淮南人閒作任登

張 丨施也廣雅釋詁三又國策秦策張樂設飲注又
呂覽先己琴瑟不丨注又楚辭湘夫人與佳期兮
夕丨注招魂羅幬丨些注○丨開也廣雅釋詁二又
荀子王霸不務丨其義注又莊子山木則呼丨顙之

釋文○丨大也詩韓奕孔脩且丨傳又廣雅釋詁二
○丨彊也左氏昭十四年傳臣欲丨公室也注又國
策西周策破秦以丨韓魏注○弧丨罿罦之屬所以
扃絹禽獸周禮冥氏掌設弧丨注○持舟檝者謂遠
岸爲丨淮南氾論一謂丨之注○丨南方宿也後漢
光武帝紀上注○丨爲食廚洪範五行傳逐功臣注
○魯琴丨字子開見左昭二十年傳
○論語朱丨釋文引王弼注字子弓

王 丨者往也天下往之謂之丨韓外傳五○丨者往
也爲天下所歸往也風俗通皇霸引書大傳○丨
者往也天下所歸往白虎通號○丨也者天下之往
也呂覽下賢○丨者往也民所歸也大戴記盛德法
政而德不衰故曰丨也注○其曰丨者民之所歸往
也穀梁莊三年傳○丨者民之所往春秋繁露滅國
○丨物歸往也易師可以丨矣釋文○丨者往也神
所向往人所歸落古微書引春秋文耀鉤○丨者往

也神之所輸向人所樂歸也古微書引春秋元命苞
○丨者往也春秋繁露深察名號○丨往也詩板及
爾出丨傳又國語吳語丨總其百執事注○丨者黃
也春秋繁露深察名號○丨匡也法言先知四國是
丨注○丨者匡也春秋繁露深察名號○丨大也廣
雅釋詁一○丨者方也春秋繁露深察名號○丨者
美行也尚書帝命驗注引乾坤鑿度○丨者人之始
也春秋繁露王道○丨者人儛也人有三丨以正度
古微書引書帝命驗○丨君也爾雅釋詁又詩皇矣
丨此大邦箋又禮記祭法丨宮祭日也注又洪範五
行傳丨之不極注又獨斷上○丨者皇也春秋繁露
深察名號○丨皇皆君也禮記祭法曰丨考廟曰皇
考廟注○丨者天爵白虎通號○丨天子也禮記內
則后丨命冢宰釋文引盧注○丨者天子也賈子匈
奴○丨天子之號三代所稱也周禮天官惟丨建國
釋文引干注○天丨天子丨者之通稱穀梁成八年

傳天子何也注○或言丨或言天丨或言天子皆相
通矣丨者號也仁義合者稱丨公羊成八年傳其餘
皆通矣注○丨天下所法廣韻引字林○丨也者盡
制者也荀子解蔽○丨者五行之稱也白虎通號○
丨三者天地人廣韻引字林○三畫而連其中謂之
丨三畫者天地與人也而連其中者通其道也春秋
繁露王道通○一貫三爲丨廣韻引字林○乾爲丨
易坤或從丨事虞注訟或從丨事虞注隨丨用亨于
西山虞注蠱不事丨侯虞注晉受茲介福于其丨母
虞注蹇丨臣蹇蹇虞注益丨用亨于帝虞注夬揚于
丨庭虞注萃丨假有廟虞注豐丨假之虞注渙丨假
有廟虞注○仁義合者稱丨白虎通號○德合仁義
者稱丨初學記引樊文深七經義綱○仁義所生稱
丨白虎通號引禮記謚法○仁義所生爲丨文選兩
都賦序注引樂稽耀嘉○仁義所在曰丨周書謚法
○天下歸之之謂丨荀子正論○令行於諸夏之國

謂之丨同上○夫擅國之謂丨能專利害之謂丨制
殺生之威之謂丨風俗通皇霸引書大傳○丨畿內
之所稱丨有天下故稱丨獨斷上○天丨諸夏之所
稱天下之所歸往故稱天丨同上○諸侯丨皇子封
爲丨者稱曰諸侯丨同上○丨丨事天子也國語周
語荒服者丨注○世見曰丨詩殷武莫敢不來丨箋
○夏殷周稱丨獨斷上○三丨夏商周也呂覽先己
三丨先教而後殺注○六丨謂堯舜禹湯文武也呂
覽當務備說非六丨五伯注○坐而論道謂之丨公
考工記總目○父之考爲丨父父之妣爲丨母丨父
之考爲曾祖丨父丨父之妣爲曾祖丨母曾祖丨父
之考爲高祖丨父曾祖丨父之妣爲高祖丨母爾雅
釋親○祖又謂之丨父丨暀也家中所歸暀也丨母
亦如之釋名釋親屬○丨父謂祖也後漢安帝紀注
○天子之社曰丨社獨斷上○丨宮日壇禮記祭法
丨宮祭日也注○丨渠宮渠也猶今御溝矣水經渭

水注〇丨夏樂名文選東京賦丨夏闋薛注吳都賦烏聞梁岷有陟方之館注〇丨弧夾庾唐大六者弓異體之名也周禮司弓矢丨弓弧弓夾弓庾弓唐弓大弓注〇往體寡來體多謂之丨弓之屬考弓記弓人〇往體寡來體多曰丨弧周禮司弓矢注〇丨芻卽蕘蕘草也詩淇奧傳綠丨芻也釋文采綠箋綠丨芻也釋文〇丨瓜栝樓也淮南時則丨瓜生注〇丨連遠志也廣雅釋草〇丨蛈蝪爾雅釋蟲〇丨鮪鮪之大者周禮獻人春獻丨鮪注〇古文丨爲三儀禮士喪禮決用正丨棘注〇丨極或皆爲皇極洪範五行傳建用丨極注〇莊子天運夫立三丨五帝之治天下釋文本或作三皇〇左傳文七年宋公丨臣卒釋文本或作王臣〇左氏定四年宋丨臣釋文本或作王〇古今人表項丨丨臣史記周紀作王臣

房 丨旁也室之兩旁也釋名釋宮室〇丨舍也左氏昭十七年傳辰弗集於丨注又廣雅釋室〇丨室也淮南本經縣聯丨植注又楚辭湘夫人辛夷楣兮葯丨注招魂紅洞丨些注大招南丨小壇注〇天子諸侯左右丨儀禮公食大夫禮記宰夫筵出自東丨注〇丨西丨也諸侯左右丨也大戴記文王官人脯臨陳于丨中注〇丨謂祠堂也後漢桓帝紀注〇皇后稱椒丨一切經音義十九引應劭漢官儀〇丨居也國語晉語乃能攝固保其土丨注〇丨所舍之次書允征辰弗集于丨傳〇丨所以閉藏也呂覽仲冬是謂發天地之丨注〇丨巢也淮南氾論蜂丨不容鷇卵注〇丨几也廣雅釋器〇丨大俎也國語周語王公立飫則有丨烝注〇周以丨俎禮記明堂位〇大丨半體之俎也詩閟宮籩豆大丨傳〇大丨玉飾俎也詩閟宮箋〇丨謂足下跗也上下兩閒有似於堂丨禮記明堂位周以丨俎注〇丨箭舍左氏宣十二年傳納諸廚子之丨注〇丨有三道洪範五行傳出入不節注〇丨四表之道也古微書引書運期授

〇天駟丨也爾雅釋天〇丨駟淮南道應句星在丨心之閒注〇丨爲龍馬周禮校人春祭馬祖注引孝經說〇丨心爲明堂洪範五行傳及有姦謀注〇丨心天子明堂布政之宮也公羊莊七年傳記異也注〇丨心天子明堂布政之庭公羊哀十三年傳記異也注〇丨心爲大辰天帝之明堂周禮大司樂圜鍾爲宮注〇丨心者天帝明堂布政之宮後漢郎顗傳〇丨心農時之候也洪範五行傳奪民農時注〇丨國名國語周語昔昭王娶於丨曰丨后注〇丨字或作旁漢書賈山傳集注〇丨與防古字通文選月賦徘徊丨露注

芳 丨香也儀禮士冠禮嘉薦令丨注又淮南說山丨其餌者所以誘而利之也注〇丨香也廣雅釋器〇丨香貌也離騷丨菲菲其彌章注〇丨美味也素問腹中論丨草發狂注〇丨薑椒也楚辭大招和致丨只注〇丨德之貌也離騷丨與澤其雜糅兮注

長 丨常也廣雅釋詁一〇丨久也廣雅釋詁三又國語吳語以民生之不丨注又國策齊策未嘗聞社稷之丨利注又漢書楊惲傳集注引應劭又呂覽侈樂則生丨矣注〇丨者久也後漢明德馬皇后紀注〇丨猶久也詩長發幅隕既丨箋〇丨遠也呂覽長見以其丨見與短見也注〇丨多也呂覽觀世亂世之所以丨丨也注〇丨挾也廣雅釋詁四〇巽爲丨易說卦傳〇教誨不倦曰丨左氏昭廿八年傳〇丨短謂丈尺孟子滕文公上布帛丨短同注〇丨府魯之府名也後漢郎顗傳注〇齊冠或曰丨冠獨斷下〇丨衣深衣之純以素者也禮記雜記上則笄史練冠丨衣以笄注〇丨轂兵車後漢光武帝紀下注竇憲傳注〇丨言之引其聲也禮記樂記丨言之也注〇丨風遠風也文選吳都賦習御丨風劉注〇風暴疾

而起者謂之丨風者也華嚴經音義上引兼名苑○
丨畝竟畝也詩甫田禾易丨畝傳○丨離卽鳳也後
漢張衡傳注○丨讀曰丨短之丨漢書地理志上集
注○論語公冶丨釋文引家語字子張范甯云名芝
字子丨史記索
隱引家語名萇
塘 隄隄也廣雅釋室○丨池也廣雅釋地○丨堤堰
水也後漢許楊傳注
妝 集韻或作裝○裝飾也廣雅釋詁二
常 八尺曰尋倍尋曰丨考工記總目酋矛丨有四尺
注盧人車戟丨注○八尺爲尋倍尋爲丨國語周
語不過墨丈尋丨之間注○丈六尺曰丨半丨曰尋
儀禮公食大夫禮記司宮具几與蒲筵丨緇布純加
萑席尋注○倍尋謂之丨小爾雅廣度○倍尋曰丨
左氏成十二年傳爭尋丨以盡其民注又史記屈原

賈生傳彼尋丨之汚瀆兮集解引應劭又莊子庚桑
楚夫尋丨之溝釋文又淮南氾論內之尋丨而不塞
注又文選西京賦徑百丨而莖擢薛注○丈六曰丨
華嚴經音義下引何承天纂要○車戟曰丨長丈六
尺車上所持也八尺曰尋倍尋曰丨故稱丨也釋名
釋兵○日月爲丨周禮司常又詩六月載是丨服傳
又國語吳語載丨建鼓注○日月爲丨畫日月於其
端天子所建言丨明也釋名釋兵○王之旌旗畫日
月曰太丨書君牙紀于太丨傳○大丨九旗之畫日
月者周禮巾車建大丨十有二斿注○大丨天子所
建大旗也後漢馬融傳注○丨旌旗也周禮大行人
建丨九斿注○司丨主王旌旗周禮春官序官司丨
注○中央法黃龍曰丨古微書引河圖握矩記○丨
恒也易象下傳未變丨也虞注又禮記少儀馬不丨
秣釋文○丨守也詩閟宮魯邦是丨箋○丨質也廣
雅釋詁三○丨者質說苑修文○丨象也國語越語

日月以爲丨注○丨典也漢書百官公卿表集注引
應劭○丨典法也國語越語無忘國丨注○丨舊典
也文選東京賦布教頒丨薛注○五丨五行也禮記
樂記道五丨之行注○五丨五丨之道也論衡物勢
○五丨之道仁義禮智信也論衡問孔○天丨五丨
也帝王之所制奉也法言問道吾見天丨注○坎爲
丨易象上傳君子以丨德行虞注○復命曰丨老子
○知和曰丨同上○丨因故太元元錯○丨指故也
太元元告丨滿以御虛也注○趣舍無定謂之無丨
荀子脩身○丨丨盛也廣雅釋訓○丨羊不進不退
之貌淮南天文東南爲丨羊之維注○丨伯侍中也
後漢襄楷傳注○丨西方神易說卦兌爲丨丨釋文○
丨許魯南鄙西鄙詩閟宮居丨與許傳○丨丨或作嘗
在薛之旁詩閟宮箋○丨吉凶之占繇儀禮少牢饋
食禮假爾大筮有丨注○達丨蓋斗柄下入杠中也
考工記輪人達丨圍三寸注○丨丨棣也詩采薇維

丨之華傳○丨棣棣也詩常棣丨棣之華傳○古文
丨爲祥儀禮士虞禮記曰薦此丨事注○禮記少儀
馬不丨秣釋文本亦作嘗○呂覽丨之巫管
子小稱作堂巫史記齊世家索隱作棠巫
涼 丨寒也陰氣行也白虎通八風○丨微寒列子湯
問注引字林○大丨坎寒也素問六元正紀大論
大丨迺舉注○丨薄也詩桑柔職丨善背傳又左氏
莊卅二年傳虢多丨德注昭四年傳君子作法於丨
注又小爾雅廣言又漢書五行志中之上集注○丨
金化也素問五常政大論丨雨時降注○丨淸也肺
之性也素問五運行大論其性爲丨注○丨丨愁也文
選秋胡詩注引春秋緯宋注○丨悲丨也文選別賦
撫錦幕而虛丨注○丨以水和酒也周禮漿人司農
注○丨今寒粥若糗飯雜水也周禮漿人水漿醴丨
醫酏注○坤爲丨風淮南墬形丨風之所生也注又
太元元掜掜擬之八風注○丨風坤卦之風也淮南

天文丨風至注○北風謂之丨風爾雅釋天○西南
曰丨風淮南墬形○丨州西方所在寒丨也釋名釋
州國○丨信也丨讀曰諒漢書五行志中之下集注
○爾雅釋天北風謂之丨風釋文本或作古颿字○
史記周紀惠王名毋
丨杜世族譜又作閒
霜 丨喪也其氣慘毒物皆喪也釋名釋天○丨之爲
言亡也陽以散亡白虎通災變○丨者殺伐之表
春秋感精符注○陰氣勝則凝爲丨雪大戴記曾子
天圓○丨刃言其殺利也文選吳都賦丨刃染劉注
藏 丨猶隱也山海經西山經槐江之山多丨注○丨
潛也呂覽圜道殺乃丨注○丨戢也國策秦策兵
革不戢注○丨懷也國策齊策丨怒以待之注又呂
覽知士丨怒以待之注○丨深也廣雅釋詁三○丨
猶深也素問長刺節論頭疾痛爲丨鍼之注○坤爲
丨易繫辭上傳慢丨誨盜虞注○丨猶殘淮南說林

高鳥盡而强弩丨注○丨殺者地之道素問天元紀
大論地以陽殺陰丨注○不闚性分之外故曰丨莊
子達生聖人丨於天故莫之能傷也注○道以數施
之萬姓爲丨賈子修政語上○丨謂懷抱之禮記學
記丨焉脩焉注○丨若其城郭然禮記禮運義之脩
而禮之丨注○丨丨茂也廣雅釋訓○古書懷丨之
字本皆作臧漢書禮樂志集注○易繫辭知以丨往
釋文丨劉作臧莊子應帝王其猶丨仁以要人釋文
丨本亦作臧應而不藏釋文丨本又作臧徐無鬼無
丨逆于得釋文丨一本作臧○周禮廛人注謂貨物
諸丨于市中釋文丨劉本作葬○國語鄭語櫝而丨
之漢書五行志下之上作乃匵去之○周禮注疏歸
丨古今人
表作歸臧
場 丨道也爾雅釋宮○丨築地爲墠季秋除圃中爲
之周禮地宮序官丨人注○圃樹果蓏之屬季秋

於中爲丨周禮載師以丨圃任園地注○秋冬爲丨
詩七月九月築丨圃傳○治稼穡曰丨荀子大略大
夫不爲丨圃注○除地平坦曰丨華嚴經音義上引
漢書音義○除地曰丨國語楚語壇丨之所注○丨
謂除地後漢光武帝紀上注○靈丨鬼神之壇法言
問明靈丨之威注○丨孔子冢上祭祀壇丨也孟子
滕文公上築室於丨注○鹿之所息謂之丨丨小爾
雅廣獸○鼠丨鼠埑也一切經音義十一引埤蒼
央 丨中也廣雅釋言○丨久也素問生氣通天論精
神乃丨注○丨久也遠也素問四氣調神大論與
道相失則未丨絕滅注○丨盡也廣雅釋詁二又離
騷時亦猶其未丨注○丨已也廣雅釋詁四○丨且
也詩庭燎夜未丨傳○丨廣貌文選長門賦覽曲
臺之丨丨注○丨丨鮮明也詩出車旂旐丨丨傳○
丨丨鮮明貌詩六月白旆丨丨傳○有邑焉命之曰
丨管子乘馬○丨瀆中瀆也荀子正論今人或入其

丨瀆竊其豬彘注○未丨未巳也楚辭雲中君爛昭
昭兮未丨注○夜未丨猶言夜未渠丨也詩庭燎夜
未丨箋○丨亡獪也凡小兒多詐而獪謂
之丨丨亡方言十○詩出車釋文本亦作英
泱 丨丨流也廣雅釋訓○丨丨水流貌文選東京賦
惟水丨丨薛注○丨丨深廣貌詩瞻彼洛矣維水
丨丨傳○丨丨宏大之聲左氏襄廿九年傳美哉丨
丨乎注○丨丨舒緩深遠有大和之意左氏襄廿九
年傳服注○丨丨猶汪汪洋洋美盛貌也史記吳太
伯世家美哉丨丨乎索隱○丨與英古字通文選射
雉賦天丨丨
以垂雲注
鴦 鴛丨於袁烏艮反一切經音義二引字林
嬙 嬪丨婦官也國語晉語備嬪丨焉注○左氏哀元
年傳宿有妃丨嬪御焉釋文丨本又作廧或作牆

狠 ｜牝｜爾雅釋獸○｜獸似犬爾雅釋獸釋文引
字林○｜貪暴之獸隋書五行志上引洪範五行
傳○｜貪獸也呂覽士容｜執固橫敢而不可辱害
注○｜｜獸名詩還並驅從兩｜兮傳狠跋序釋文○｜
良爲｜｜易屯卽鹿无虞虞注巽田獲三品虞注○｜
星名後漢張衡傳注○天｜星名楚辭東君舉長矢
兮射天｜注○｜注主持衡平也公羊莊七年傳記
異也注○｜荒也淮南要略秦國之俗貪｜注○｜
佷也廣雅釋詁三○｜盭也廣雅釋詁四○｜戾乖
背也文選長笛賦乍跱蹠以｜戾注○｜｜扈道上
周禮秋官序
官條｜氏注

牀 棲謂之｜廣雅釋器○｜三尺五曰榻板獨坐曰
枰八尺曰｜初學記廿五引通俗文○人所坐卧
曰｜｜裝也所以自裝載也釋名釋牀帳○｜者人
之所以安也易剝剝｜以足注○｜謂所設｜第當

牖者也禮記喪大記治死遷尸
于｜注○巽木爲｜易剝虞注

方 坤爲｜易鼎｜雨虧悔虞注象上傳大人以繼明
照于四方虞注象下傳君子以立不易｜虞注○
地道曰｜大戴記曾子天圓又淮南天文○｜四｜
也書益稷｜施象刑惟明傳立政｜行天下傳又禮
記表記以受｜國注又國語周語｜不順時注又史
記孝文紀｜內安寧集解引瓚曰又後漢班彪傳下
注董卓傳注又文選西京賦瓌貨｜至薛注○｜地
也太元元攡圜｜之相研注又淮南本經戴圓履｜
注○｜謂地也太元元攡｜則裔厺注○｜者地也
淮南兵略○下首之謂｜大戴記曾子天圓○｜州
地也淮南覽冥晋｜州注○｜國也易既濟高宗伐
鬼｜于注○四鄉命之曰｜管子乘馬○正曰｜國
語吳語爲萬人以爲｜陳注○｜正也廣雅釋詁一
又漢書杜欽傳集注又後漢傳燮傳注又呂覽圜道

必使之｜注又素問診要經終論正月二月天氣始
｜注三部九候論必審問其所始病與今之所｜病
注瘧論｜其盛時必毀注○｜猶正也素問八正神
明論注○｜直也後漢鮑永傳注○｜大也廣雅釋
詁一又國語晉語今晉國之｜注○｜道也易繫辭
上傳｜以類聚虞注繫辭下傳而揆其｜侯注又書
舜典陟｜乃死傳又禮記樂記是先王立樂之｜也
注又論語雍也可謂人之｜也已集解引孔注又周
書大匡百官質｜注又國語周語官不易｜注上得
民心以殖義｜注晉語利｜以求成八注鄭語其萬
｜注吳語王其無｜收也注又漢書武帝紀集注刑
法志集注賈山傳集注韓安國傳集注儒林傳集注
又後漢朱穆傳注又太元增不增其｜注交鳥獸同
｜也注穀言有｜也注法非學｜也注又莊子列禦
寇奚｜而反釋文引李注又呂覽音初樂和而民鄉
｜矣注決勝而莫知其｜注又淮南詮言五者無棄

而幾鄉｜矣注又楚辭招魂食多｜些注又文選東
京賦誼｜激而遐騖薛注○｜猶道也禮記樂記樂
行而民鄉｜注經解是故隆禮由禮謂之有｜之士
注又論語雍也可謂仁之｜也已鄭注又皇疏又後
漢班彪傳上注又荀子禮論法禮足禮謂之有｜之
士注○｜常也論語里仁遊必有｜皇疏又國語晉
語官｜定物注又漢書郊祀志下集注楊雄傳上集
注引晉灼又莊子天運商太宰蕩問仁于莊子釋文
引司馬注○｜猶常也禮記檀弓上左右就養無｜
注禮器詔侑武｜注內則博學無｜注又大戴記曾
子立事親人必有｜注又論語里仁遊必有｜集解
引鄭注又太元永非永｜也注元數州嬴八｜｜注○
｜法也後漢郎顗傳注又荀子大略博學而無｜注
○｜猶法也後漢桓譚傳注○｜義也廣雅釋詁二
○｜則也詩皇矣萬邦之｜傳○｜術也呂覽必己
如此其無｜也注又文選歎逝賦毒娛情而寡｜注

○丨類也廣雅釋詁三又孟子萬章上故君子可欺
以其丨注又淮南精神以萬物爲一丨注○丨比也
後漢吳漢傳注又法言重黎始皇丨斧注又呂覽安
死丨其所是也注○丨並也漢書楊雄傳上集注敘
傳下集注引晉灼又莊子山木丨舟而濟于河釋文
引司馬注○丨並也淮南氾論乃爲窬木丨版注○
丨猶並也後漢馬融傳注蔡邕傳注○丨併也國語
齊語丨舟設泭注又漢書酈食其傳集注○丨猶併
也儀禮鄉射禮不足丨注○丨猶等也考工記梓人
爲侯廣與崇丨注匠人凡爲防廣與崇丨注○丨猶
別也國語楚語不可丨物注○丨齊等也詩生民實
丨實苞箋○丨所也後漢黃憲傳注○丨猶鄉也詩
皇矣萬邦之丨箋○丨猶向也史記天官書日丨南
正義引鄭元○丨表也廣雅釋詁四○丨旁周書皇
門乃丨求論擇元聖武夫羞于王所注○丨猶邊也
史記扁鵲倉公傳視見垣一丨人索隱○丨出旁也

儀禮大射儀左右曰丨注○丨周匝也周髀算經上
圓出於丨注○丨猶橫也國語齊語以丨行於天下
注○丨猶逆也孟子梁惠王下丨命虐民注○丨事
也易象上傳后不省丨注○丨爲也廣雅釋詁三○
丨有也廣雅釋詁一○丨始也廣雅釋詁一○丨將
也文選東京賦丨其用財取物薛注○丨猶將也文
選遊天台山賦丨解纓絡注登廬山香鑪峰詩丨學
松柏隱注謝元暉觀朝雨詩丨同戰勝者注○丨且
也詩正月民今丨殆箋○丨過也莊子人閒世與之
爲無丨釋文引李注○丨放也書堯典丨命圮族馬
注又鄭注○丨義丨也論語先進且知丨也集解○
丨謂丨正漢書武帝紀集注○丨禮法也太元事小
子知丨也注○丨猶文章也禮記樂記變成丨謂之
音注○丨法術左氏昭廿九年傳官脩其丨注○丨
謂法術管子宙合丨明者察于事注○丨者止而有
分易繫辭上傳丨以知注○丨比丨人也論語憲問

子貢丨人集解○鄉丨喻輩類也禮記緇衣故君子
之朋友有鄉其惡有丨丨注○無丨無常丨也太元務
始務無丨注○丨顛頭頂平也山海經海内經術器
首丨顛注○丨士有丨術之士也後漢桓譚傳注○
丨相猶言放想可畏怖之貌周禮夏官序官丨相氏
注○丨皇帥彷徨觀名也文選甘泉賦溶丨皇於西
清注○丨明者上下四丨明神之象也儀禮覲禮加
丨明于其上注○丨明者木也儀禮覲禮○大夫丨
舟爾雅釋水○併兩船曰丨舟爾雅釋水李注○丨
舟並兩舟也後漢班彪傳上注○丨泭也詩漢廣不
可丨思傳谷風丨之舟之箋○丨板也儀禮聘禮記
不及百名書於丨注既夕書賵於丨注又後漢馬融
傳注○丨版也周禮硩蔟氏以丨書十日之號注又
禮記曲禮下書丨注中庸布在丨策注又史記張丞
相傳主柱下丨書集解引如淳○丨丨板家語哀公
問政布在丨策注○丨謂版牘也管子霸形削丨墨

筆注○丨直謂今時牘也周禮内史以丨出之杜注
○丨榘四寸也淮南覽冥杌丨寢繩注○丨諸陰燧
大蛤也熟摩令熱月盛時以向月下則水生以銅盤
受之下水數滴先師說然也淮南天文方諸見月則
津而爲水注○丨底囊所以盛書也後漢廣陵思王
荊傳注○丨領直領也後漢儒林傳注○丨空者紗
薄如空也後漢章帝紀注○丨枘是笥也史記孟子
荀卿傳持丨枘索隱○丨迎四方氣於郊也詩甫田
以社以丨傳○丨良草澤之神也文選東京賦腦丨
良薛注○五丨謂四丨及中央也後漢班彪傳上注
○丨朔丨近玁狁之國也詩出車往城于丨傳○丨
城楚之阸塞也呂覽愼行將以丨城外反注○丨城
楚北之阸塞也國語齊語踰丨城注○越戲丨紂三
邑也周書世俘呂他命伐越戲丨注○丨林地名楚
辭涉江邸余車兮丨林注○坤爲鬼丨易既濟高宗
伐鬼丨虞注○掘地爲阬曰丨漢書張湯傳集注○

丨極畝也詩生民實丨實苞傳○丨軌謂平路也後
漢鄧張徐張胡傳注○圜丨邸丨邸就其丨圜名之也
釋名釋邸○丨中陵中也後漢和熹鄧皇后紀注○
丨折者陰也淮南墬形丨折者有玉注○丨房也謂
孚甲始生而未合時也詩大田既丨既皁箋○丨良
罔兩也周禮方相氏敺丨良注○丨皇狀如蛇兩首
五采文莊子達生野有丨皇釋文引司馬注○丨皇
讀爲仿偟荀子禮運於是其中焉丨皇周梜注○丨
與坊古字通文選景福殿賦屯坊列署注○論語憲
問子貢丨人釋文丨鄭本作謗○爾雅釋水釋文丨
或作舫○莊子達生野有丨皇釋文丨本亦作彷同
○莊子天地有人治道若相丨釋文丨本亦作放○
書堯典共工丨鳩僝功史記五帝紀作共工旁聚布
功說文作旁逑孱功○書益稷丨施象刑惟明新序
節士作旁施象刑維明○書甫刑庶僇丨告無辜于
上論衡變動作庶僇旁告無辜于天帝○書堯典丨

命圮族史記五帝紀作負命毀族漢書傅喜傳王商
傳作放命圮族○書序乃遇汝鳩汝丨史記殷本紀
作遇女鳩女房

漿 又作饗○丨將也飲之寒溫多少與體相將順也
釋名釋飲食○丨酢截禮記內則丨水醷濫注○
丨今之截丨也周禮酒正三曰丨注○丨飲截丨也
儀禮公食大夫禮飲酒丨飲俟于東房注○酒丨丨酒
人丨人也周禮漿人凡酒丨之酒醴亦如之注○口
下曰承丨承水丨也釋名釋形體○檀首山有水潛
出停不流俗名爲盎丨山海經中山經帝臺之丨也
注○十饗十家並賣丨也莊子列禦寇吾嘗食於十
饗釋文引司馬注○饗讀曰丨同上○禮記曲禮酒
丨處內釋文丨字亦作粱○莊子列禦寇釋文饗亦
作
丨

觴 丨酒器之總名也莊子徐无鬼楚王丨之釋文引
李注○丨酒器也呂覽義賞斷其頭以爲丨注○
丨酒爵也國策秦策王丨將軍注○丨爵名國語吳
語丨酒豆肉簞食注○丨爵也呂覽當務丨數行注
○丨觚也楚辭招魂實羽丨些注○丨者所以進酒
穆天子傳一丨天子于盤石之上注○實之曰丨大
戴記曾子事父母執丨杯豆而不醉注○丨饗也呂
覽長攻謁於代君而請丨之注遽鬱管仲丨桓公注

梁 宗廟謂之丨爾雅釋宮○楣謂之丨儀禮聘禮公
當楣再拜注公食大夫禮公當楣北鄉注喪服傳
剪屛柱楣注○丨麗屋棟也莊子秋水丨麗可以衝
城釋文○天丨亦宮名也後漢班彪傳上注○丨車
丨也詩甫田如茨如丨傳○丨輈輈上句衡也詩小
戎五楘丨輈傳○艁舟謂之浮丨方言九○造舟謂
之浮丨廣雅釋水○丨麗小船也莊子秋水釋文引
司馬注○丨橋也左氏莊四年傳除道丨溠注又國

語晉語亦爲君之東游津丨之上注又荀子王制脩
隄丨注○飛丨橋也文選琴賦乃相與登飛丨注○
丨小橋也爾雅釋地孫注○丨橋橫也禮記月令謹
關丨注○丨隄也爾雅釋地注○丨渠丨國語周語
川不丨注○丨水偃也偃水爲關空以笱承其空周
禮𢿱人掌以時𢿱爲丨司農注○丨魚丨也詩谷風
無逝我丨傳何人斯胡逝我丨箋○丨絕水取魚者
禮記王制然後漁人入澤丨注○丨水中之丨詩候
人維鵜在丨傳○丨石絕水之丨詩鴛鴦鴛鴦在丨
箋○丨石絕水也文選上林賦隃絕丨郭注○石絕
水曰丨詩有狐在彼淇丨傳又莊子秋水遊于濠丨
之上釋文引司馬注又列子黃帝孔子觀於呂丨注
○石絕水者爲丨爾雅釋宮注○石絕水爲丨荀子
王制山林澤丨注○丨莫大於溴丨爾雅釋地○丨
者主設罔罟者也大戴記夏小正虞人入丨傳○大
丨昴也爾雅釋天○丨州者言西方金剛之氣彊丨

故因以爲名爾雅釋地釋文引晉太康地記○｜｜
州也文選吳都賦鳥聞｜岷有陟方之館劉注○｜｜
山晉望也爾雅釋山○｜甫者泰山旁山名白虎通
封禪○｜父太山下小山也後漢光武帝紀下注○
銅｜山名文選蜀都賦外負銅｜於宕渠劉注○都
｜香蘭也都｜縣名有小山山上悉生蘭俗謂蘭爲
都｜卽以縣爲名也一切經音義十一引盛宏荊州
記○｜夷言馬也水經存水注○｜彊｜也釋名釋
宮室○｜者信也白虎通封禪○｜倚相著也史記
司馬相如傳怵臭以｜倚集解引漢書音義○陸｜
東西倡佯也文選西京賦怪獸陸｜薛注○｜梁字
也素問通評虛實論肥貴人則高｜之疾也注○｜
讀爲掠書大傳故爾｜遠注○楚沇諸｜字子高見
左氏定五年傳左傳桓六年季｜古今人表作季艮

莊
｜嚴也論語爲政臨之以｜則敬集解引包注又
一切經音義三引聲類又漢書爰絲傳集注又文

選神女賦貌豐盈以｜姝兮注○｜｜者嚴也史記袁
盎鼂錯傳上益｜索隱汲鄭傳以｜見憚索隱○｜
猶嚴也論語爲政皇疏○｜正也周書祭公汝無以
嬖御固｜后注又莊子天下不可與｜語釋文○｜
敬也禮記曲禮上非禮不誠不｜注又呂覽孝行居
處不｜注○｜齊｜也禮記緇衣心｜則體舒注又
禮記緇衣釋文○｜盛也爾雅釋宮孫注○｜｜矜
直貌也管子小問｜｜乎何其士也注○｜后適夫
人齊｜得禮者禮記緇衣毋以嬖御人疾｜后注○
｜士亦謂士之齊｜得禮者今爲大夫卿士同上○○
兵甲亟作曰｜周書謚法○叡圉克服曰｜同上○
好勇致力曰｜獨斷下○勝敵志强曰｜周書謚法
○死於原野曰｜同上○屢征殺伐曰｜同上○武
而不遂曰｜同上○履正爲｜同上○六達謂之｜
爾雅釋宮○｜六軌之道左氏昭十年傳又敗諸｜
注哀六年傳戰於｜注○六達曰｜｜褭也褭其上

使高也釋名釋道○詩君子偕老箋顏色之｜與釋
文｜本又作壯○莊子天下不可與｜語釋文｜一
本作壯○公羊定八年傳矢著于｜門釋文｜本或
作嚴○左傳僖廿八年鍼｜子爲坐周禮小司寇注
作鍼嚴子爲坐○史記田完世家稱生滑孟｜徐廣
曰｜一作芷○國策秦策而使陳｜相蜀新序作陳
叔○檀弓下衞太史柳｜古今人表作柳壯○古今
人表楚杜敖史索隱作｜敖又作壯敖○左傳僖廿
三年國｜子古今人表作國嚴子○左傳楚｜王古
今人表作嚴王○論語卞｜子古今人表作卞嚴子

黃
｜晃也猶晃晃象日光色也釋名釋采帛○｜者
光也厚也中和之色風俗通皇霸引書大傳○｜
爲土色位在中央論衡驗符○｜者土德之色淮南
天文○｜順土色也淮南時則衣｜衣注○｜者火
之子後漢馬武傳注引易通卦驗注○｜者中和之
色自然之性白虎通號○｜者中和之色白虎通五

行又風俗通皇霸○｜亦中央之色太元中｜不｜
注○｜｜者中之色也漢書律麻志上○｜中之色也
易坤｜裳元吉注又國語周語故名之曰｜中注○
｜正色詩綠兮綠衣｜裏傳○｜者中也禮記郊特
牲○｜中也易噬嗑得｜金注革鞏用｜牛之革注
又太元閑閑｜垁注飾吐｜酋舌注丙迂彼｜狀注
元文｜不｜注○｜美也呂覽功名缶醯｜蠵注○
靜民則法曰｜論衡道虛引謚法○靖民則法曰｜
獨斷下○｜脾色也素問風論其色｜注○｜｜髮
也詩南山有臺遐不｜耇傳又儀禮士冠禮｜耇無
彊注○｜謂髮落更生｜耇後漢和帝紀注○｜髮
壽也爾雅釋詁○｜耇老人之稱漢書師丹傳集注
○｜髮台背皆壽徵也詩閟宮｜髮台背箋○九十
曰鮐背或曰｜耇髮變｜也釋名釋長幼○｜口
幼也淮南氾論不殺｜口注○｜馘謂面｜熟也莊
子列禦寇槁項｜馘者釋文○離爲｜易鼎鼎｜耳

虞注○震爲元丨易說卦傳○坤謂之丨考工記畫
繢之事○元丨者天地之雜也易文言傳○丨昏時
天氣元丨故曰丨昏也楚辭怨思建丨昏之總旌注
○丨帝古天神也淮南說林丨帝生陰陽注○丨靈
丨帝神也後漢張衡傳注○丨鍾陽律也陽氣聚於
下陰氣盛於上萬物萌聚於丨泉之下故曰丨鐘也
呂覽仲冬律中丨鐘注○丨鐘者陽氣聚于下陰氣
盛于上萬物丨萌于地中故曰丨鐘也淮南時則律
中丨鐘注○丨鍾子之氣也十一月建焉而辰在星
紀周禮大師丨鍾注○丨鍾十一月也陽氣聚於丨
泉之下也淮南天文音比丨鐘注○丨鍾長九寸其
實一籥周禮大師注○丨鍾者鍾已丨也淮南天文
○丨池地名國語吳語以會晉公午於丨池注○丨
支南極國也楚辭傷時屯余車兮丨支注○流丨諸
毗長右皆山名山海經南山經柜山西臨流丨北望
諸毗東望長右注○丨海中央之海淮南墬形流水

就通而合于丨海注○地中之泉曰丨泉左氏隱元
年傳不及丨泉注○丨金者用之量也管子乘馬○
丨金石名也淮南墬形丨澒五百歲生丨金注○流
丨玉也淮南本經流丨出而朱草生注○流丨土之
精也淮南天文日夏至而流丨澤注○青雄丨郎雌
丨也或曰空青曾青之屬山海經西山經皇人之山
其下多青雄丨注○丨流秬鬯也詩旱麓丨流在中
箋○丨金所以飾流鬯也詩旱麓傳○丨目以丨金
爲目周禮司尊彝祼用斝彝丨彝注○丨彝丨目尊
也周禮司尊彝司農注○丨目丨彝也禮記明堂位
鬱尊用丨目注○丨戚丨金飾斧也後漢班彪傳下
注○留丨絲也廣雅釋器○丨潤謂筒中細布也文
選蜀都賦丨潤比筒劉注○丨衣大蜡時臘先祖之
服也禮記玉藻丨衣以裼之注○丨紞之丨詩著充
耳以丨乎而箋○丨丨玉詩著傳○丨綬丞尉也後
漢順帝紀注○丨堂太守之廳事後漢郭丹傳注○

丨門署名後漢祭遵傳注○丨嘉穀也詩生民穜之
丨丨茂傳○丨棘棘刺也楚辭悲回風施丨棘之枉策
注○華蟲丨丨御覽服章部七引書大傳○丨軦蟲名
莊子至樂丨軦生于九猷釋文○丨鳥摶黍也詩葛
覃丨鳥于飛傳○鸝丨自關而西或謂之丨鳥方言
八○冬鳸竊丨爾雅釋鳥○丨騂曰丨詩駉有驪有
丨傳○丨當爲湟文選七發丨池紆曲注○禮記緇
衣狐裘丨丨釋文徐本作橫○詩都人士狐裘丨丨
賈子等齊作狐裘丨裳○左傳襄廿
年陳侯之弟丨出奔楚公穀作光

倉

丨藏也藏穀物也釋名釋宮室○穀藏曰丨文選
吳都賦注引蔡邕月令章句又荀子富國垣窌倉
廩者財之末也注○米粟曰丨國語越語府丨實注
○在邑曰丨史記孝文紀發丨庾集解引胡公○方
者曰丨呂覽季春發丨窌注仲秋修囷丨注○方曰
丨國策秦策囷丨虛注○丨者東方靈神神爲歲星

也太元房丨靈之雌注○丨廩謂脾胃素問脉要精
微論丨廩不藏者注○丨庚商庚爾雅釋鳥○丨庚
者商庚也商庚者長股也大戴記夏小正有鳴丨庚
傳○丨丨庚鶩黃也爾雅釋鳥○丨庚離黃也詩七月
有鳴丨庚傳○丨庚驪黃也禮記月令丨庚鳴注○
驪黃自關而東謂之丨庚方言八○丨喪也詩桑柔
丨兄塡兮傳○丨卒謂喪亂也後漢光武紀下注○
禮記月令駕丨龍周禮廋人注作駕蒼龍○史記魏
世家丨唐韓外傳作蒼唐○荀子解蔽
丨頡韓非子五蠹呂覽君守作蒼頡

皇

丨君也美也大也白虎通號○丨者中也光也宏
也風俗通皇霸○丨大也書湯誥惟丨上帝傳洪
範建用丨極傳又詩楚茨先祖是丨傳丨尸載起傳
皇矣丨矣上帝傳文王有聲丨王維辟傳又左氏定
元年傳薛之丨祖奚仲注哀二年傳敢昭告丨祖文
王注又論語堯曰敢昭告于丨丨后帝集解引孔注

又皇疏又周書成開式丨敬哉注祭公汝其丨敬哉
注又國語魯語各致齊敬於其丨祖注楚語而丨神
相之注又漢書禮樂志集注五行志上集注引應劭
孔光傳集注谷永傳集注楊雄傳上集注引晉灼敍
傳上集注又後漢班彪傳上注班彪傳下注楊賜傳
注周舉傳注謝夷吾傳注又廣雅釋詁二○皇大也
文選東京賦紂皇組薛注○丨正也爾雅釋言又穆
天子傳五丨我萬民注○丨匡也詩破斧四國是丨
傳○丨美也詩烈文繼序其丨之傳執競上帝是丨
傳又漢書王褒傳集注又後漢傳毅傳注又離騷朕
丨考曰伯庸注又廣雅釋詁一○丨丨美也爾雅釋
詁又詩泮水烝烝丨丨傳又左氏文二年傳丨丨后
帝注○皇皇美也文選封禪文皇皇哉此天下之壯
觀注○丨丨美貌也楚辭雲中君靈丨丨兮既降注
○丨自莊盛也儀禮聘禮記賓入門丨注○丨天也
詩文王思丨多士傳又後漢崔駰傳注徐穉傳注○
丨者天風俗通皇霸○丨丨天也離騷丨剡剡其揚
靈兮注陟陞丨之赫戲兮注橘頌后丨嘉樹注○丨
上謂天也後漢杜篤傳注○上丨上帝也楚辭怨思
信上丨而質正注○天丨天帝也後漢張衡傳注○
皇天神也文選顏延年曲水詩序皇祇發生之始注
○丨丨考也離騷丨覽揆余于初度兮注○丨君也
爾雅釋詁又書五子之歌丨祖有訓傳又詩正月有
丨上帝傳楚茨丨尸載起箋信南山獻之丨祖箋烈
文繼序其丨之箋載見思丨多祜箋武於丨武王箋
桓丨以閒之箋般於丨時周箋又儀禮士昏禮敢奠
嘉菜于丨舅某子注士虞禮記適爾丨祖某甫注特
牲饋食禮適其丨祖某子注少牢饋食禮用薦歲事
于丨祖伯某注又禮記曲禮下祭王父曰丨祖考注
祭法曰丨考廟注祭統以樂丨尸注服問公子之妻
爲其丨姑注又國語周語則我丨妣大姜之姪注又
獨斷上又漢書高帝紀下集注禮樂志集注引晉灼

五行志下之上集注又楚辭愍命嘉丨既殁注○丨
帝君也獨斷上○丨王也詩漸漸之石不丨朝矣箋
○丨后也離騷恐丨輿之敗績注○德合元者稱丨
公羊成八年傳其餘皆通矣注○道機合者稱丨文
選西都賦注引孝經鉤命決○以化合神者稱丨初
學記引樊文深七經義綱○化合神者曰丨三國王
肅傳注引孫盛評○靜民則法曰丨周書謚法○上
古天子庖犧氏神農氏稱丨獨斷上○二丨伏羲神
農也淮南原道泰古二丨得道之柄注○庖羲之後
有帝女媧焉與神農爲三丨矣水經渭水注○三丨
伏羲神農女媧也呂覽用衆此三丨五帝之所以大
立功名也注孝行夫孝三丨五帝之本務注○伏羲
女媧神農爲三丨丨文選東都賦注引春秋元命苞○
丨帝至尊之稱丨丨者煌也盛德煌煌無所不照獨斷
上○漢天子正號曰丨帝同上○丨暇也書無逸則
丨自敬德鄭注又禮記表記丨恤我後注又左氏襄
廿五年傳丨恤我後注昭七年傳社稷之不丨注哀
五年傳不敢怠丨注又漢書哀帝紀集注賈誼傳集
注董仲舒傳集注杜欽傳集注楊雄傳上集注儒林
傳集注王莽傳上集注又後漢張衡傳注又呂覽先
己督聽則姦塞不丨注又文選東京賦匪怠丨以寧
靜薛注○丨猶況也書大傳丨於聽獄乎注○丨暀
也詩楚茨先祖是丨箋○丨之言往也詩信南山先
祖是丨箋○丨丨當作暀暀暀暀猶往往也詩泮水
烝烝丨丨箋○丨丨者煌煌也古微書引書帝命驗○
皇者煌煌也文選西京賦注引春秋元命苞○丨猶
煌煌也詩采芑朱芾斯丨傳斯干朱芾斯丨箋○丨丨
者煌煌人莫違也白虎通號○皇皇盛貌漢書司馬
相如傳下集注○丨丨箸明也國語越語天道丨丨
注○丨丨有光儀也荀子大略言語之美穆穆丨丨
注○丨丨猶煌煌也詩皇皇者華丨丨者華傳又爾
雅釋言華丨也孫注又國語魯語丨丨者華注○丨

丨猶煢煢也太元交嗇嗇丨丨注〇丨丨丨惶遽貌楚
辭離世征夫丨丨共孰依兮注〇丨丨急速之貌漢
書董仲舒傳集注〇丨寮百官也文選東京賦賓丨
寮薛注〇丨器猶神器謂天位也後漢劉盆子傳注
〇丨冕屬也畫羽飾焉禮記王制有虞氏丨而祭注
〇丨羽覆上周書掌次設丨邸司農注〇丨舞蒙羽
舞書或爲翌或爲義周禮舞師教丨舞師而舞旱暵
之事司農注〇丨析五采羽爲之亦如帗周禮舞師
注〇丨舞者以羽冒覆頭上衣飾翡翠之羽周禮樂
師有丨舞司農注〇丨雜五采羽如鳳丨色持以舞
周禮樂師注〇三丨丨山卽丨室山亦謂之爲王室山
也水經濟水注〇丨丨澗名也詩公劉夾其丨澗傳〇
丨衢馳道也後漢班彪傳下注〇丨守田爾雅釋草
〇丨黃鳥爾雅釋鳥〇黃白曰丨詩東山卜駁其馬
傳駉有驈有丨傳〇丨讀如歸往之往禮記少儀齊
齊丨丨注〇古文丨皆作王儀禮聘禮記賓入門丨

注〇翌讀爲丨書亦或爲丨周禮樂師司農注〇故
書丨作翌周禮樂師注〇禮記王制翌而祭釋文翌
本又作丨〇莊子達生野有方丨釋文丨本亦作徨
〇莊子天地折楊丨荂釋文司馬本作里華〇書洪
範丨極之敷言史記宋微子世家作王極之傳言〇
詩駉有驈有丨說文馬部作有驈有騜〇詩東山丨
駁其馬爾雅釋畜注作騜〇世本魯惠公名弗丨左
傳文十六年疏作弗湟史記侯表作弗生〇易繫疏
引帝王世紀伏羲曰丨雄氏韓勑造孔廟禮器碑禮
月令疏引作黃熊氏〇易繫辭黃帝風俗通聲音作
丨帝〇左傳宣十七年苗賁丨說苑善
說作釁盆黃〇帝繫女丨廣韻注作媓

裝 丨東也文選赭白馬賦注引淮南許注又文選思
元賦簡元辰而俶丨舊注〇丨裹也廣雅釋詁四
又史記酈生陸賈傳橐中丨集解引張晏〇丨飾也
文選謝惠連西陵遇風詩注引淮南許注〇丨裼也
廣雅釋言〇丨服也文選舞賦顧形影自整丨注〇
丨徙鄉太元元衡〇丨候時太元元錯〇詩出車箋
使丨載物而往釋文本又作莊〇左傳襄廿四年注
轉衣丨釋文丨一本作囊〇王純碑衛易衣疣丨作
疣

防 脂在腰曰丨音方文選與鐘大理書注引通俗文

殤 未二十而死曰丨丨傷也可哀傷也釋名釋喪制
〇丨傷也廣雅釋詁二〇年十九至十六爲長丨
十五至十二爲中丨丨十一至八歲爲下丨不滿八歲
以下皆爲無服之丨儀禮喪服傳〇丨者男女未冠
笄而死可哀丨者女子子許嫁不爲丨也儀禮喪服
子女子子之長丨中丨注〇丨十九以下未嫁而死
者周禮媒氏禁遷葬者與嫁丨者注〇八歲至十九
爲丨左氏哀十一年傳可無丨焉釋文〇未成人夭

折曰丨呂覽察今今爲丨子矣注〇短折不成曰丨
獨斷下〇夭死曰丨國語楚語右執丨宮注〇丨未
成喪穆天子傳六於是丨祀而哭注〇無主之鬼謂
之丨小爾雅廣名〇國丨爲國戰亡也文選鮑明遠
樂府出自薊北門行身死爲國丨注〇嫁丨者
謂嫁死人也今時娶會是也周禮媒氏司農注

襄 丨上也書堯典蕩蕩懷山丨陵傳又書大禹謨思
日贊贊丨哉釋文〇丨舉也漢書鄒陽傳集注敘
傳下集注〇丨謂高也文選西京賦丨岸夷塗薛注
〇丨舉也上也史記趙世家以樂乘爲武丨君正義
〇丨駕也爾雅釋言又詩大叔于田兩服上丨箋大
東終日七丨箋又漢書地理志上集注〇丨因也書
皐陶謨思日贊贊丨哉馬注〇丨成也左氏定十五
年傳不克丨事注〇丨反也詩大東終日七丨傳又
文選顏延年夏夜詩注引韓詩章句〇丨除也爾雅
釋言又詩牆有茨不可丨也傳出車玁狁于丨傳又

史記驅策傳西攘大宛集解引徐廣○辟地有德曰
丨周書謚法○辟土有德曰丨獨斷下○辟地爲丨
周書謚法○甲冑有勞曰丨周書謚法○丨羊猶彷
徉也文選上林賦消搖乎丨羊郭注○丨之言暢書
皐陶謨鄭注○丨當爲穰漢書高帝紀上集注引章
昭○詩出車玁狁于丨釋文丨本或作攘○周禮保
氏注丨尺井儀也釋文丨本亦作讓○漢
李翕析里橋郙閣頌漢水逆讓丨作讓

驤 後右足白丨爾雅釋畜○丨馳也文選西京賦乃
奮翅而騰丨薛注○丨舉也漢書司馬相如傳下
集注又後漢吳蓋陳臧傳贊注班彪傳上注
○丨與襄同文選琴賦參辰極而高丨注

相 丨質也詩棫樸金玉其丨傳桑柔考慎其丨傳又
荀子富國金玉其丨注○丨隨也左氏昭三年傳
其丨胡公服注○丨羊彷羊也文選西京賦丨羊乎
五柞之館薛注○丨徉猶逍遙也後漢馮衍傳注○

丨徉猶徘徊也後漢張衡傳注○丨羊無所據依之
貌楚辭悲回風儵浮雲之丨羊注○逍遙丨羊皆遊
也離騷聊逍遙以丨羊注○丨翔猶昌翔覩伺者也
周禮野廬氏有丨翔者誅之注○丨思大樹也文選
吳都賦丨思之樹劉注○丨近當爲攘祈聲之誤也
禮記祭法丨近於坎壇祭寒暑也注○爾雅釋蟲諸
慮奚丨釋文
丨舍人作桑

湘 丨汨皆水名楚辭遭厄沈玉躬兮丨汨注○丨烹
也詩采蘋于以丨之傳○詩采蘋于以丨之漢書
注引韓詩作
于以鬺之

緗 丨桑也如桑葉初生之色也釋名釋采帛

廂 通作箱○箱序也字或作丨後漢書虞詡傳注引
埤蒼○箱東夾之前俟事之處儀禮公食大夫禮
公揖退于箱注○殿東西次爲丨文選東京賦下雕
輦於東丨薛注○廧序之東爲東丨楚辭怨思蒺蔾
蔓乎東丨注○東箱東夾之前相翔待事之處儀禮
覲禮記几俟于東箱注○西丨西序也文選魯靈光
殿賦西丨踟蹰張注○玉箱猶玉房也文選七啟金
墀玉丨注○箱車也後漢張衡傳注○箱大車也文
選思元賦繫騶裹以服箱舊注○箱大車之箱也詩
大東不以服箱傳○葙本作丨晉書音義上○左傳
昭四年注今東西丨
也釋文本又作箱

創 丨傷也廣雅釋詁四又漢書王莽傳上集注又荀
子禮論丨巨者其日久注○丨戕也戕毀體使傷
也釋名釋疾病○瘡痏謂瘢痕也文選西京賦所惡
成瘡痏薛注○丨古文戧刅二形同一切經音義二
○詩采芑有丨蔥珩釋文
丨本又作瑲亦作鎗同

忘 丨亡也漢書戾太子傳集注○丨失也文選歎逝
賦樂隤心其如丨注○坎心爲丨易彖下傳民丨
其勞虞注○左傳哀廿七年注言公之多丨釋文丨
本又作妄○莊子盜跖故推正不丨耶釋文丨或作
妄○詩假樂不愆不丨
說苑建本作不愆不亡

芒 丨之爲言萌也白虎通五行○芒昧也荀子富國
芒軔僈楛注又莊子齊物論人之生也固若是丨
乎釋文○丨滅也方言十三○丨同也莊子齊物論
釋文○丨丨大也法言孝至○丨丨聖德注○丨丨大
貌詩元鳥宅殷土丨丨傳○丨丨多貌文選補亡詩
丨丨其稼注○丨丨遠貌左氏襄四年傳丨丨禹迹
注○丨丨廣大之貌漢書禮樂志集注又淮南俶眞
其道丨丨昧昧然注○丨丨廣遠之貌漢書禮樂志
集注○丨丨無知之貌漢書外戚傳上集注○丨謂
丨然不曉識之貌管子七臣七主丨主目伸五色注

○丨然無係之貌莊子大宗師丁然彷徨乎塵垢之外釋文○丨鋒刃也文選七命建雲髦啟雄丨丨注○丨光丨也後漢張衡傳注又文選思元賦揚丨丨熛而絳天兮注○汪丨長翟之國名國語魯語注丨丨氏之君也注○丨山名也文選盧子諒時與詩北踰丨與河注○丨禾杪也一切經音義二引字林○丨種稻麥也周禮稻人種之丨種司農注○垂丨謂發秀也文選王文憲集序信乃昴宿垂丨注○丨丨禾似棠棃也山海經海內經建木其葉如丨注○丨丨讀麥丨之丨淮南本經丨繁紛挐注○丨讀王莽之莽淮南精神丨冥收滅注丨然彷佯注○丨音忙遽之忙漢書高帝紀上集注引蘇林○丨或讀爲荒荀子富國丨軔僈楛注○丨一作荒史記三代世表帝丨索隱○丨古文朹同一切經音義二○莊子天地諄丨將東之大壑釋文丨本或作汒○帝繫句丨史記五帝紀作句望

望 丨羊遠視也家語辨樂曠如丨羊注

嘗 亦作嘗○嘗曾也史記五帝紀余嘗西至空峒正義○嘗訓經也史記留侯世家良嘗閒從容步游下邳圯上索隱○丨行也文選思元賦非余心之所嘗舊注○嘗試也左氏隱九年傳嘗寇而速去之注成十七年傳君盍嘗使諸周而察之注哀十四年傳嘗私焉注哀二十年傳請嘗之注又小爾雅廣言又漢書陳餘傳集注○嘗猶試也禮記檀弓下盍嘗問焉注又史記張耳陳餘傳先嘗秦軍索隱引崔浩○嘗食也廣雅釋詁二○嘗祭也爾雅釋詁○嘗嘗新穀爾雅釋天孫注○嘗者嘗新穀周禮肆師嘗之日涖卜來歲之芟注○秋曰丨丨者以七月丨黍稷也春秋繁露四祭○秋曰丨者新穀熟嘗之白虎通宗廟○嘗者先辭也秋穀成者非一黍先熟可得薦故曰嘗公羊桓八年傳秋曰丨注○先成故曰丨丨言甘也春秋繁露祭義○秋祭曰嘗爾雅釋天又禮記祭統又詩楚茨以往烝嘗箋又左氏僖卅三年傳烝嘗禘于廟注又穀梁桓八年經己卯烝注○秋祭曰丨國語魯語丨禘烝享之所致君胙者注○秋祭爲丨說苑修文○嘗秋祭也禮記祭義仲尼嘗注又左氏襄廿八年傳禘作必於嘗注又穀梁文二年傳著祫嘗注又家語曲禮公西赤問孔子嘗奉薦而進注○嘗秋祭名爾雅釋詁釋文○秋曰嘗禮記王制又詩天保禴祠烝嘗傳又公羊桓八年傳又春秋繁露深察名號○嘗謂薦新物于寢廟禮記少儀未嘗不食新注○嘗者陰之盛也禮記祭統○嘗烝陰義也同上○爾雅釋詁釋文嘗字又作常○莊子徐無鬼未丨爲牧而牂生于奧釋文本或作嘗

償 丨復也廣雅釋言

鱨 丨揚也詩魚麗魚麗于罶丨鯊傳○丨黃頰魚也後漢馬融傳注

檣 丨颿柱也一切經音義三引字林○丨帆柱也才羊切文選江賦注引埤蒼

槍 木兩端銳曰丨一切經音義二引蒼頡解詁○木兩頭小而銳曰丨一切經音義十引三蒼○丨謂木兩頭銳者也華嚴經音義上引蒼頡篇○刻葦傷盜爲丨御覽三百五十四引風俗通○刻木傷盜曰丨一切經音義四引通俗文

坊 丨別屋也文選景福殿賦注引聲類又一切經音義二引字林○丨區也華嚴經音義上引韻林○丨土形也淮南齊俗鑪橐埵丨設非巧治不能以治金注○儀禮士喪禮注禮丨其以死傷生釋文丨本亦作防○禮記經解猶丨上水釋文丨本又作防

囊 坤爲丨易坤括丨虞注○大曰丨詩公劉于橐于
丨傳○有底曰丨史記酈生陸賈傳橐中裝索隱
引埤蒼○丨者所以斂藏也管子任法皆丨于法以
事其主注○飤馬橐自關而西謂之裺丨方言五○
土丨大穴也文選風賦盛怒於土丨之口
注○禮記內則注小丨也釋文丨又作橐

郎 丨君也廣雅釋詁一○丨官謂三中丨將下之屬
官也後漢桓帝紀注○索丨反語爲桑落也水經
河水
注

唐 丨蕩蕩也蕩蕩者道德至大之貌也白虎通號○
丨之爲言蕩蕩也論衡正說○丨者盪盪之貌也
太元唐丨虛冥注○丨蕩蕩太元元錯○丨猶蕩也
文選七發浩丨之心注○丨公而無欲太元元衝○
丨者盪盪無所拘限太元唐丨于內注○丨失也莊
子徐無鬼其求丨子也注○丨虛脆也管子地員黃

丨無宜也注○廟中路謂之丨爾雅釋宮○丨廟中
路名爾雅釋宮李注○丨中庭道周書作䧮隄丨注
○丨堂塗也詩防有鵲巢中丨有甓傳○中丨堂塗
也文選東京賦豐朱草於中丨薛注○丨庭也後漢
班彪傳上注○丨亭也莊子田子方是求馬於丨肆
也釋文○丨防也國策齊策右天丨注○丨隄也國
語周語陂丨汚庳以鍾其美注○丨堤也淮南人間
且丨有萬穴注○丨隄以壅水呂覽尊師治丨圃注
○丨隄也所以畜水淮南主術若發堿決丨注○咸
丨咸池也楚辭遠逝委兩館於咸丨注○丨荀國名
周書王會丨叔荀叔周公在左注○往體來體若一
謂之丨弓之屬考工記弓人○往體來體若一曰丨
大周禮司弓矢丨弓大弓注○丨碧石似玉淮南脩
務丨碧堅忍之類注○丨蒙女蘿爾雅釋草○丨蒙
菜名詩桑中爰采丨矣傳○丨棣移也詩何彼襛矣
丨棣之華傳又論語子罕丨棣之華集解○丨棣棣

樹也論語子罕皇疏○丨蜩者匽也大戴記夏小正
丨蜩鳴傳○丨猶堂淮南脩務丨牙莫之鼓也注○
丨與堂同後漢延篤傳注○丨古文𣈶啺二形同徒
當反一切經音義九引字詁○丨字本作碭漢書司
馬相如傳上集注○陶丨當爲陰康漢書司馬相如
傳上集注○莊子田子方是求馬於丨肆也釋文丨
司馬本作廣○史記魏世
家倉丨古今人表作倉堂

狂 心不能審得失之地則謂之丨韓非子解老○闇
行妄發之謂丨呂覽尊師其知不若丨注○不正
稱丨太元聚丨作昧淫亡注○知善而弗行謂之丨
賈子大政上○多怒曰丨素問腹中論芳草發丨注
○失威儀之制怠慢驕恣謂之丨南齊書五行志引
洪範五行傳○丨倨慢書洪範曰丨恒雨若鄭注○
丨猶亂也淮南主術則丨而操利劍注○丨猶遽也
楚辭抽思丨顧南行注○丨猶並也楚辭招魂竽瑟

丨會注○丨癡也莊子逍遙遊以是丨而不信也釋
文引李注○狴癡也廣雅釋詁三○丨疾也後漢張
衡傳注○病在諸陽脈且寒且熱諸分且寒且熱名
曰丨素問長刺節論○怒不慮禍故謂之丨素問病
能篇陽何以使人丨注○丨易謂丨而易性也後漢
陳忠傳注○丨屈倘張似人而非也莊子知北遊問
于丨屈釋文引李注○丨夫方相氏之士也國語晉
語且是衣丨夫沮之衣也注○丨瘳鳥爾雅釋鳥○
丨茅鴟同上○爾雅釋鳥丨茅鴟釋文丨本或作鵟
○爾雅釋鳥鵟瘳鳥釋文鵟本今作丨○書微子我
其發出丨史記宋微子
世家作我其發出往

强 通作彊○彊暴也爾雅釋言○丨健也一切經音
義六引蒼頡篇○彊堅也管子地員赤壚歷彊肥
注○彊畺也釋名釋言語○彊當也爾雅釋詁○丨
盛也國策秦策兵革之丨注○丨大國策齊策天下

丨國無過齊者注○丨益也小爾雅廣詁○彊助也
太元彊莫不彊梁注○丨力也淮南脩務是故田者
不丨注○丨丨力也詩載芟侯彊侯以傳○彊彊力
也國語楚語彊忍不義注○丨有餘力者詩載芟箋
○彊有勢力也呂覽審時其米多沃而食之彊注○
彊甚於剛也周書謚法猛以彊果曰威注○丨勇者
所好也禮記中庸子路問丨注○丨無不勝也淮南
原道志弱而事丨注○彊不撓周書謚法剛彊理直
曰武注○彊霸也呂覽悔過若是而擊可大彊注○
彊彊梁也太元疑疑彊昭注○丨剛愎也荀子宥坐
丨足以反是獨立注○必使氣曰丨老子○彊勉也
淮南脩務功可彊成注○彊善不倦太元元衝○自
勝之謂彊韓非子喻老○自丨修業不敢倦禮記學
記知困然後能自丨也注○丨者丨此者也禮記祭
義○彊者彊此者也大戴記曾子大孝○守柔曰丨
老子○參和曰彊周書武順○輔賢之謂彊荀子解

蔽引傳○丨言萬物丨盛也春秋考異郵景者丨也
注○四十曰丨禮記曲禮上○四十曰丨言堅丨也
釋名釋長幼○丨謂中氣丨固以鎮守也素問脈要
精微論得丨則生失丨則死注○丨謂氣不和順素
問玉機眞藏論名曰重丨注○太歲在丁曰丨圉爾
雅釋天○已在丁曰强圉淮南天文○丨圉萬物皮
孚堅者也爾雅釋天孫注○言萬物皆剛盛未通故
曰丨圉爾雅釋天李注○言萬物剛盛故曰丨圉也
淮南天文○彊彊禦也國語晉語吾聞之申生甚好
仁而彊注○丨圉多力也離騷澆身被於丨圉兮注
○丨梁多力也莊子山木從其丨梁釋文○彊禦彊
梁禦善也詩蕩曾是彊禦傳○彊陽猶運動耳莊子
知北遊天地之彊陽氣也注○彊陽猶剛實也列子
天瑞彊陽氣也注○奔奔彊彊乘匹之貌詩鶉之奔
奔釋文引韓詩○奔奔彊彊言其居有常匹飛則相
隨之貌詩鶉之奔奔鶉之奔奔鵲之彊彊箋○彊其

性凝丨以制服亂髮也釋名釋首飾○隆彊其上竹
曰郎疏相遠晶晶然也釋名釋車○丨蚚爾雅釋蟲
○丨醜捋同上○丨水郎羌水也水經江水注○彊
讀曰彊漢書文帝紀集注楚元王傳集注司馬相如
傳上集注○爾雅釋天釋文丨本或作疆○老子丨
其骨釋文丨又作彊莊子則陽推而丨之釋文丨字
亦作彊○詩鶉之奔奔鵲之彊彊禮記表記作鵲之
姜姜○左傳襄廿四年楚薳啟彊楚語上作啟疆○
史記越世家越王
無彊越絶書作疆

腸大丨者傳道之官變化出焉小丨者受盛之官化
物出焉素問靈蘭秘典論○大丨者轉輸之府也
後漢馬融傳注○小丨者受成之府也同上○丨暢
也通暢胃氣去滓穢也釋名釋形體○丨詳也廣雅
釋親○羊丨山名楚辭大招西薄羊丨注○以柏木
黃心爲槨曰黃丨後漢梁商傳注引前書音義○黃

丨柏木黃心後漢
中山簡王焉傳注

康丨安也爾雅釋詁又易晉丨侯虞注又釋文引馬
注又詩卷阿茀祿爾丨矣箋又禮記禮運是謂小
丨注又周書謚法祭公丨子之攸保勛教誨之注又
國語周語成王不敢丨注又漢書宣帝紀集注元帝
紀集注淳于長傳集注又後漢班彪傳上注又荀子
王制文王丨之注又賈子禮容語下又呂覽古樂乃
以丨帝德注又淮南原道是故不以丨爲樂注主術
狡躁丨荒注又離騷日丨娛以自忘兮注東皇太一
君欣欣安丨注又文選東京賦帝已譏其泰而弗丨
薛注琴賦寂神跱而永丨注○丨寧背安也詩生民
不丨禋祀箋○丨綏皆安也詩民勞汔可小丨箋○
丨丨樂也爾雅釋詁又詩蟋蟀無已大丨傳臣工迄用
丨年傳又漢書董仲舒傳集注司馬相如傳下集注
又呂覽先識歌謠好悲注又文選東京賦君臣丨樂

薛注○丨和也史記樂書而民丨樂正義○丨安也
樂也易晉釋文引陸注○丨尊也廣也易晉釋文引
鄭注○丨謂大史記屈原賈生傳而寶丨瓠索隱引
李巡○丨猶褒大也禮記祭統丨周公注○丨盛也
淮南天文十二歲一丨注○丨容也史記屈原賈生
傳集解引應劭○丨靜也爾雅釋詁○丨逸也周書
文政五教用丨經注○丨空也爾雅釋器丨瓠謂之
甈李注又史記屈原賈生傳集解○丨虛也詩賓之
初筵酌彼丨爵箋又穀梁襄廿四年傳四穀不升謂
之丨注○丨向也莊子應帝王鄉吾示之地文釋文
引崔注○丨苛也爾雅釋言○丨樂耽樂也淮南要
略丨樂沈湎注○坤爲丨易晉丨侯虞注○豐年好
樂曰丨周書謚法○安樂撫民曰丨周書謚法○丨爲
民曰丨獨斷下○令民安樂曰丨同上○安樂治
號謚書序以殷餘民封丨叔鄭注○丨美之名也易
彖下傳丨侯注○五達謂之丨爾雅釋宮○五達曰

丨丨昌也昌盛也車步併列並用之言充盛也釋名
釋道○丨樂也交會樂道也爾雅釋宮孫注○四穀
不升謂之丨穀梁襄廿四年傳○丨國名書序以殷
餘民封丨叔馬注○丨圻內國名書康誥傳○丨居
西域國也後漢杜篤傳注○丨讀爲亢龍之亢又爲
高岵亢禮記明堂位崇岵丨圭疏屏注○丨作顜音
如字爾雅釋器釋文引埤蒼○爾雅釋器釋文丨李
本作光○書西伯戡黎不有丨食史記殷本紀作不
有安食○書洪範而丨而色史記宋微子世家作而
安而色○書大誥民不丨漢書翟方進傳作使民不
安○夏書允征仲丨吳越
春秋句踐伐吳傳作仲盧

岡 俗作崗○山脊丨爾雅釋山○山脊曰丨書允征
火炎崐丨傳又詩卷耳陟彼高丨傳公劉迺陟南
丨箋○山脊曰丨丨亢也在上之言也釋名釋山○
丨山脊也文選吳都賦丨岵童劉注○丨長山之脊
也爾雅釋山孫注○山嶺曰丨楚辭守志覽高丨兮
嶢嶢注○岡阪也廣雅釋邱○丨纂文作剛同古凨
反一切經
音義廿二

蒼 丨青也廣雅釋器又素問氣交變大論則剛木辟
著悉萎丨乾注○丨謂薄青色素問陰陽應象大
論在色爲丨注○丨丨盛也詩蒹葭蒹葭丨丨傳○
丨丨茂也廣雅釋訓○春爲丨天爾雅釋天○春曰
丨天白虎通四時又楚辭惜誦指丨天以爲正注○
東方曰丨天呂覽有始又淮南天文○春曰丨天陽
氣始發色丨丨也釋名釋天○丨丨春天之色也太
元元攡譬若天丨丨然注○春萬物始生其色丨丨
故曰丨天爾雅釋天李注○木色青故曰丨天呂覽
有始注○據遠視之丨丨然則稱丨天詩黍離悠悠
丨天傳○丨昊皆天之稱也文選魯靈光殿賦承丨
昊之純殷張注○丨龍太歲也後漢張純傳注引前

書音義○震爲丨筤竹易說卦傳○丨庚爾雅曰商
庚黎黃楚雀也齊人謂之摶黍秦人謂之黃離幽冀
謂之黃鳥呂覽仲春丨庚鳴注又淮南時則丨庚鳴
注○丨鳥鷹也楚辭天問丨鳥羣飛注○丨領或作
青令呂覽離俗而自投於丨領之淵注○詩黍離釋
文丨本亦作倉○漢修堯廟碑恩如浩倉北海相景
君碑于何穹倉史晨奏銘黑不代倉周公禮殿記倉
龍甲戌無極山碑倉氣蔚伊丨皆作倉○左傳僖廿
五年丨葛古今
人表作倉葛

經籍纂詁卷第二十二

兵部侍郎兼都察院右副都御史巡撫浙江等處地方提督軍務兼理糧餉阮元撰集

七陽

陽　說文丨高明也从𨸏易聲○明者曰丨禮記曾子問是謂丨厭注○丨氣亦丨明之氣也素問上古天眞論六八丨氣衰竭於上注○丨剛直之物也易象上傳丨在下也注○丨剛謂乾也易象上傳內陰而外丨內柔而外剛崔注○丨奇白虎通嫁娶○丨尊也禮記曲禮上注先食蔽後食殽注○丨吉也禮記雜記上小功以下左疏○丨天也禮記郊特牲樂由丨來者也注○天爲丨素問陰陽離合論六節藏象論○日爲丨同上○丨謂日也左氏文四年傳天子當丨疏○丨卽日也詩公劉傳山西曰夕丨疏○

丨謂晝也禮記祭義陰丨長短疏○晝爲丨太元元瑩晝人之禍少注元圖晝夜相丞注○丨外光也易說卦傳爲日荀注○外爲丨左氏僖十五年傳陰血周作疏○前爲丨儀禮喪服記注凡裳前三幅疏○丨動吐太元元告○丨者主生萬物越絕書外傳枕中○歲爲丨左氏襄廿八年傳陰不堪丨服注○春夏爲丨素問陰陽離合論故生因春長因夏注○山南曰丨漢書郊祀志上自泰山丨至顚注地理志上嶧丨孤桐注楊雄傳上處嶓山之丨曰鄭注○水北曰丨呂覽求人顥水之丨注○瑩天功明萬物之謂丨也太元元攡○丨丨是得志之貌詩君子陽陽傳疏○丨遂清通貌文選洞簫賦時橫潰以丨遂注○丨君子易觀君子客虞注○丨謂天子也書金縢天乃雨反風鄭注○丨鳥鴻雁之屬隨丨氣南北書禹貢丨鳥攸居鄭注○外貌爲丨禮記檀弓下注何佯若善之疏○丨或言佯者字相假借義亦通也同上

○丨卽僞耳漢書田儋傳儋丨爲縛其奴注○莊子應帝王天根遊于殷陽釋文或作殷湯

楊　說文丨木也从木昜聲○丨似薊而肥大今呼之馬薊爾雅釋草注○俗呼姓丨者往往爲盈音匡謬正俗六○孟子盡心上丨子呂覽注作陽子

揚　說文丨飛舉也从手昜聲敭古文○丨陽也禮記玉藻盛氣顚實丨休疏○丨舉也禮記射義丨觶而語疏樂記非謂黃鐘大呂弦歌干丨也疏引皇氏○丨亦舉也書堯典明明丨側陋疏○丨者高舉之義詩泮水箋疏○丨亦進舉之類禮記文王世子或以言丨疏○丨舉爵於君也禮記檀弓下杜蕢洗而丨觶注○丨舉袂也史記樂書發丨蹈厲之已蚤正義○丨謂振丨張大也漢書五行志上驕丨奢侈注○丨謂播丨也方言十二抎揁丨也注○丨之謂小仰見於後也禮記玉藻退則丨之注○丨謂宣唱之

漢書霍光傳丨語曰注○丨稱丨也禮記祭統對丨以辟之疏○丨越也禮記樂記非謂黃鐘大呂弦歌干揚也注○丨是額之別名詩猗嗟傳丨廣丨疏○丨者眉上之美名因名眉目曰丨詩君子偕老傳丨廣丨疏○眉之上眉之下皆曰丨同上○丨者人面眉上之名詩韓奕箋眉上曰錫疏○丨勝義得兩通禮記檀弓下注丨舉也疏○詩泮水不吳不丨釋文作不娛不瑒○詩揚之水釋文或作楊木之字○詩野有蔓草清丨婉兮說苑尊賢作清陽婉兮○詩七月以伐遠丨白帖八十三作以伐遠楊○

香　說文𪏽芳也从黍从甘春秋傳曰黍稷馨𪏽凡𪏽之屬皆从𪏽

鄉　說文𨛜國離邑民所封鄉也嗇夫別治封圻之內六鄉六鄉治之从𨛜皀聲○丨萬二千五百戶也漢書食貨志上○二千家爲一丨國語齊語以爲二十一丨注○丨謂郊內六丨也禮記郊特牲丨爲田

燭疏○丨丨人謂丨丨大夫也儀禮鄉飲酒禮丨朝服而謀賓介注○丨丨飲酒禮禮記昏義和於丨射注鄉飲酒義吾觀於丨注○丨謂飲酒也禮記王制習丨尚齒注○丨者家之本也管子權修○丨方也文選東京賦授時順丨薛注○丨猶方也文選洛神賦哀一逝而異丨注○丨讀爲向荀子非相丨則不若注

光 說文炏明也从火在人上光明意也炗古文炗古文○丨明之耀也國語晉語○丨大也易坤含萬物而化丨注○丨猶遠也穀梁僖十五年傳故德厚者流丨注○丨華飾也文選笙賦丨歧儼其偕列注○所謂丨者官爵尊貴衣裘壯麗也韓非子解老○三丨日月星也漢書文帝紀上以累三丨之明注○移光謂日素問六微旨大論移光定位注

昌 說文丨美言也从日从曰一曰日光也詩曰東方丨矣𠚍籀文○丨盛也國語楚語而以金石匏竹之丨大囂庶爲樂注○丨當也漢書王莽傳中或貢丨言注○百丨猶百物也莊子在宥百丨皆生於土釋文引司馬注○丨歜丨蒲菹左氏僖卅五年傳饗有丨歜注

堂 說文丨殿也从土尚聲坣古文丨臺籀文丨从高省○丨形四方而高禮記檀弓上吾見封之若丨者矣注○丨門丨也詩丰俟我乎丨兮釋文○丨公丨也詩羔裘孤裘在丨傳○丨謂鄉學周禮鄉大夫注行鄉射之禮疏○丨皇合殿也御覽引廣雅○明丨者天子太廟所以祭祀禮記明堂位疏引明堂月令章句○明丨文王之廟禮記明堂位疏○詩終南有紀有丨白帖五作有杞有棠

章 說文丨樂竟爲一丨从音从十十數之終也○丨明也左氏襄廿七年傳賞罰無丨疏又國語周語王又丨輔禍亂注又史記樂書泰丨丨之也正義又淮南原道紘宇宙而丨三光注又文選答賓戲時暗而久丨者注引項岱○丨卽明也書堯典平丨百姓疏○知丨謂明顯也文選西征賦注引易舊注○丨著也國語晉語其丨大矣注○丨表也漢書燕剌王旦傳丨聞揚和注○謝恩曰丨文選表題注○赤與白爲丨淮南時則黼黻文丨注○赤與白謂之丨左氏昭廿五年傳五丨以奉五色注又呂覽季夏黼黻文丨注孝行列文丨丨注又荀子非相美于黼黻文丨注富國黼黻文丨注○大丨堯樂名也言堯德丨明也禮記樂記大丨丨注○堯曰大丨大明天地人之道也白虎通禮樂○丨明也民樂堯德大明故名樂曰大丨通鑑音注四十七引禮記樂記皇疏○大丨丨之也漢書禮樂志○樂丨丨謂樂書之篇丨謂詩也禮記曲禮下讀樂丨疏○丨者明也總義包體所以明情者也詩關雎丨句疏○丨者積句所爲不限句數也

同上○丨麻數之丨術也漢書高帝紀下張蒼定丨程注引如淳又史記太史公自序張蒼爲丨程集解引如淳○丨甫冠也廣雅釋器○丨今之樟木也史記司馬相如列傳楩柟豫丨正義引溫活人○丨大材也史記貨殖列傳山居千丨之材索隱○大材曰丨漢書貨殖傳山居千丨之萩注○丨謂大材也漢書百官公卿表上東園主丨注引如淳○丨方也史記貨殖列傳山居千丨之材索隱引服虔○大丨或作大卷禮記樂記大丨注

張 說文丨施弓弦也从弓長聲○丨謂丨弦禮記雜記下一張一弛疏○欲德不用茲謂丨漢書五行志中之上引京房易傳○丨自侈大也左氏桓六年傳我丨吾三軍注○丨謂丨罔罟障谷之屬公羊隱五年傳百金之魚公丨之注○丨者言萬物皆丨也史記律書

【王】說文丨天下所歸往也董仲舒曰古之造文者三畫而連其中謂之丨三者天地人也而參通之者丨也孔子曰一貫三爲丨凡丨之屬皆从丨𠀐古文丨○丨謂天子也禮記喪服小記禮不丨不禘疏○天子稱丨左氏春秋序所書之丨疏○今之丨古之帝國策秦策先帝文丨注○丨尊稱也穀梁哀十三年傳○丨美稱禮記曲禮下疏引孟京說○歸而往之是爲王矣漢書刑法志○夫擅國之謂丨能專利害之謂丨制生殺之威之謂丨國策秦策○能用天下之謂丨荀子正論○行合于仁義者謂之丨公羊成八年傳注仁義合者稱丨疏○畿內稱丨諸夏稱天丨穀梁疏十三引賈逵三家經訓詁○善違於四荒曰天丨周書太子晉○所謂天丨者乃天子也漢書文帝紀○丨謂乾易離丨用出征虞注○震爲丨易說卦釋文引九家集解○丨禮天子之禮也禮記明堂位是故魯王禮也注○丨人猶君人也書君奭

丨人圖不秉德明恤王注○百丨百神也荀子禮論并百丨于上天而祭祀之也注○丨連黃連也御覽引廣雅○丨白薠也廣雅釋草○丨延署蕷也同上○丨雎金口鶚也史記孔子世家關雎之亂正義○丨卽螳蠰今河北呼蛈蝪爾雅釋蟲注○孟子梁惠王下吾丨不遊吾丨不豫易正義引丨皆作君

【房】說文丨室在旁也从戶方聲○丨則東南之室也禮記明堂位夫人副褘立于房中疏○東丨東廂夾室書顧命在東房傳○丨者言萬物門戶也史記律書○丨心爲天帝之明堂布政之所出周禮大司樂疏引春秋文耀鉤○丨爲天駟太元更駟馬跙跙注○丨卽天駟之星也左氏昭廿年傳七音疏

【芳】說文丨香艸也从艸方聲○丨香淮南說林蘭芝以丨未嘗見霜注○正樂爲丨風穀梁傳序鼓丨風以扇遊塵疏引舊解

【長】說文𠑑久遠也从兀从匕兀者高遠意也久則變化亾聲𠂢者倒亾也凡丨之屬皆从丨𠑗古文丨兲亦古文丨○丨者恒久之義漢書百官公卿表上更名大丨秋注○丨猶常也詩文王永言配命箋○丨遠也詩泮水順彼丨道箋○丨者遥遠之言詩泮水箋疏○丨謂深且遠也文選西京賦赳丨莽薛注○丨謂國祚久遠禮記表記義有丨短大小疏○趣彼爲短歸此謂丨漢書張湯傳邊通學短丨注引張晏○丨謂過去考工記弓人其人危注○丨猶盛也呂覽知度此神農之所以丨注○丨夏者六月也素問六節藏象論春勝丨夏注○丨夏謂六月也素問藏氣法時論脾主丨夏注○丨轂兵車穀梁文十四年傳丨轂五百乘注○丨轂戎車也左氏昭五年傳丨轂九百注○丨夜謂葬埋左氏襄十三年傳惟是春秋窀穸之事注○丨澤大澤呂覽本味丨澤之卵注○丨離靈鳥也漢書禮樂志丨麗前掞光耀明注引臣瓚○丨離鸞也漢書禮樂志臣瓚注引舊說

【塘】說文新附丨隄也从土唐聲○丨堤也文選海賦注引淮南子高注○長沙謂隄爲丨一切經音義十七引埤蒼

【妝】說文丨飾也从女牀省聲

【常】說文丨下帬也从巾尚聲裳丨或从衣○丨久也者文選謝靈運入華子崗詩注引莊子司馬注○丨也太元元攡丨變錯注○丨謂丨德周書皇門苟克有丨注○丨者丨刑也周書大匡有丨不赦注○有丨言有常法也荀子天論隱顯有常注○丨謂五丨也管子幼官立丨備能注○丨謂長育之丨數也管子水地及其丨者注○五丨謂五氣行天地之中者

也素問五運行大論考建五丨注○丨謂歲時之氣
不差晷刻者素問氣交變大論應丨不應卒注○北
方爲丨山者何陰終陽始其道丨久故曰丨山初學
記五引白虎通○丨羊猶逍遙也漢書禮樂志貳雙
飛丨羊注周流丨羊思所并注○詩常棣丨棣之華
文選注廿五作棠棣之華○莊子秋水五丨之所連
釋文本亦作五帝

涼 說文丨薄也从水京聲○丨是冷之始書洪範疏
○丨者薄之別名詩桑柔傳丨薄也疏○大丨次
寒也素問至眞要大論大丨華侯欸注○坤爲丨風
周禮保章氏疏引考異郵○丨陰謂居喪之廬也漢
書五行志中之上丨陰之哀注○

霜 說文丨喪也成物者从雨相聲○丨者天之所以
殺也漢書董仲舒傳○丨者乾之命也易象上傳

履丨堅冰九家注○丨者乾之命令易文言傳履丨
堅冰荀注

藏 說文新附丨匿也漢書通用臧字从艸後人所加
○丨也者欲人之弗得見也禮記檀弓上○掩賊
爲丨左氏文十八年傳○掩匿賊人是爲丨左氏文
十八年傳疏○丨謂埋之也荀子禮論輿丨而馬反
注○丨謂包之在心管子幼官丨溫濡注○丨謂苞
蘊在心管子地圖地形之出入相錯者盡丨之注○
右人謂丨爲去左氏昭十九年傳以度而丨之釋文
引裴松之注○丨似藏而葉大史記司馬相如列傳
丨莨蒹葭集解引漢書音義○易豐自丨也釋文衆
家作戕○易繫辭上丨諸用釋文鄭作藏○武斑碑
勲藏王府衡方碑用舍行藏丨皆作藏

場 說文丨祭神道也一曰田不耕一曰治穀田也从
土昜聲○除地爲丨漢書高帝紀上設壇場注文
帝紀其廣增諸祀壇場珪幣注○平地爲丨漢書郊
祀志上犧牲壇丨注○丨謂墠卽除地之處周禮山
虞注治道路壇丨疏○春夏爲圃秋冬爲丨周禮場
人掌國之丨圃疏○蹂踐禾稼則謂之丨詩七月傳
秋冬爲丨疏○丨祭道神周禮春官序官疏引國語
孔注○丨平治社以及宮周書克殷乃出丨于厥軍
注

央 說文丨中丨也从大在冂之內大人也丨旁同意
一曰久也○未丨猶未半也漢書外戚傳上惜蕃
華之未丨注○未丨者前限未到之辭詩庭燎傳丨
旦也疏○丨旦未旦夜半詩庭燎傳疏引王肅○夜
未丨者言其未中也未久也匡謬正俗二○丨丨鮮
明也詩六月白旆丨丨釋文○詩六月白旆丨丨公
羊宣十二年傳疏爾雅釋天孫注作帛旆英英○詩
載見和鈴丨丨文選東京賦注作和鈴鉠鉠

泱 說文丨滃也从水央聲○丨丨宏大之意也漢書
地理志下丨丨乎大風也哉注

鴦 說文丨鴛丨也从鳥央聲

秧 說文丨禾若丨穰也从禾央聲

嬙 說文新附丨婦官也从女牆省聲○丨在妃下次
於妃也左氏哀元年傳注妃丨貴者疏○左氏昭
三年傳以備嬪嬙釋文本又作丨

狼 說文丨似犬銳頭白頰高前廣後从犬良聲○丨
牡名貛牝名丨詩還疏引爾雅舍人注○丨戾猶
交橫也淮南覽冥丨戾不可止注○丨者言萬物可
度量斷萬物故曰丨史記律書

牀 說文丨安身之坐也从木爿聲○丨所以安人易
象上傳剝丨以足虞注○在下而安者丨也易剝

刹丨以膚王注○坤以象丨同上○禮記喪大記廢
丨釋文本或作床
方 說文丨併船也象兩舟省總頭形凡丨之屬皆从
丨汸丨或从水○地靜爲丨周髀算經上丨屬地
注○中吾矩者謂之丨墨子天志中○丨柱隅四讙
也墨子經上○丨矩見支也墨子經說上○丨道也
周書太子晉丨德不改注又呂覽順說可謂能立其
丨矣注先識賞罰無丨注君守不可以一物一丨安
車也注又文選吳都賦烏聞梁岷有陟丨之館注○
丨謂道也漢書董仲舒傳所聞殊丨與注○丨謂道
術鬼谷子內揵丨來應時注○丨謂臣道也管子君
臣下丨者執注○丨臣也鬼谷子捭闔是謂圓丨之
門戶注○丨常也禮記玉藻出不易丨疏○丨猶常
也禮記內則丨物出謀發慮注○無丨無常也荀子
臣道以待無丨注○丨猶法也禮記儒行儒有合志
同丨疏○丨謂法術性行易繫辭上傳丨以類聚疏

○丨禮法也論語先進且知方也釋文引鄭注○丨
義也易繫辭下傳而揆其丨疏○丨猶宜也左氏襄
九年傳官不易丨注○丨百事之宜也左氏閔二年
傳授丨注○丨者所以錯事鬼谷子陰符○丨謂丨
正也漢書武帝紀故詳延天下丨聞之士注○丨正
者人雖無別行而有方幅正直者也周禮宰夫注賢
良丨正疏○丨謂物之丨正有圭角鋒鋩也禮記儒
行毀丨而瓦合疏○丨謂廉隅也漢書賈山傳使皆
務其丨以高其節注○所謂丨者內外相應也言行
相稱也韓非子解老○丨謂處所易繫辭上傳卦之
德丨以知疏○丨是處所之名易繫辭上傳故神无
丨疏○丨向也文選南都賦注引漢書音義○丨謂
所向之地漢書郊祀志下丨以類聚注○丨謂比丨
也禮記檀弓上丨喪三年疏○丨比類也漢書衛青
霍去病傳贊票騎亦丨此意注○丨併也文選答賓
戲俟伯丨軌注引項岱○丨舟併兩船爾雅釋水大

夫丨舟注○丨謂並行也漢書楊雄傳上雖丨征僑
與偓佺兮注○丨起並起荀子致士莫不明通丨起
以尚盡矣注○丨猶放也孟子梁惠王下丨命虐民
注○丨命放棄王命也文選魏都賦尅翦丨命劉注
○丨丨攘半散也漢書楊雄傳上奮以丨攘注引晉灼
○丨皇彷徨也漢書楊雄傳上溶丨皇於西清注○
丨有之也詩鵲巢維鳩丨之傳○丨者未至之辭詩
板箋王丨欲艱難天下之民疏又左氏桓十六年經
注定之丨中疏○丨謂異道術也管子任法皆私設
立丨以教於國注○丨丨伎之人也史記扁鵲倉公
列傳問中庶子善丨者索隱○丨士謂明悟丨術之
士也素問五藏別論余聞丨丨士注○丨名東西禮記
內則教之數與丨名注○丨者居一丨之辭詩皇矣
箋仇丨疏○丨謂闢陽開爲丨易文言傳丨其義也
虞注○丨嶽卽四望也周禮肆師注祉及丨嶽也疏
○丨泭也荀子子道不放舟注○丨謂行蟲也禮記

樂記丨以類聚注○丨謂走蟲禽獸之屬禮記樂記
疏
漿 說文漿酢漿也从水將省聲𣲖古文漿省○坤爲
丨易說卦釋文引九家集解
觴 說文丨觶實曰丨虛曰觶从角煬省聲𧢟籀文丨
从爵省○丨爵也文選東都賦班玉丨注引漢書
音義○總名曰爵其實曰丨丨者餉也詩卷耳疏引
異義韓詩說○丨所以盛酒者文選海賦初發源乎
濫丨注引家語王注○禮記投壺請行丨釋文字或
作鸉
梁 說文丨水橋也从木从水刅聲𣻊古文○楣謂之
丨爾雅釋宮又書無逸乃或諒闇鄭注○丨屋大
丨也爾雅釋宮杗廇謂之丨注○丨橋也漢書司馬
相如傳下丨孫原注○丨卽橋也爾雅釋宮隄謂之
丨注○浮丨卽今浮橋方言九艆舟謂之浮丨注○
丨水隄也水經濟水注○丨山者何江上之山也公

羊成五年傳○詩小戎五楘丨輈漢書地理志注作
五楘良輈
莊說文丨上諱䒷古文○丨嚴也史記袁盎鼂錯列
傳上益丨索隱○丨敬也禮記表記不矜而丨疏
○丨猶矜丨列子仲尼師之丨賢於丘也注
黃說文丨地之色也从田从炗炗亦聲炗古文光凡
丨之屬皆从丨㶊古文丨○丨中之色也左氏昭
十二年傳○丨中央之色詩綠衣傳丨正色疏○丨
中也易鼎丨耳疏○丨理中之稱也易解得丨矢
注○丨者君之服也漢書律厤志上○坤爲丨易說
卦釋文引九家集解○離爲丨矢易解得丨矢虞注
○丨純謂十月也太元元圖深合丨純注○十一月
律謂之丨鍾何言陽氣動於丨泉之下動養萬物也
白虎通五行○天元地丨泉注地中故曰丨泉左氏
隱元年傳不及丨泉服注○丨冠草服也禮記郊特

牲○丨華者土氣之所成也爾雅翼引蔡邕月令章
句○靈臺碑陰守皇屋亩夫丨作皇
倉說文丨穀藏也丨黃取而臧之故謂之丨从食省
口象丨形凡丨之屬皆从丨仒奇字丨○藏穀曰
丨周禮地官序官廩人疏○藏粟爲丨書武成傳紂
所積之府丨疏○丨粟所積也漢書卜式傳丨府空
注○丨新穀所藏也漢書昭帝紀脵虛丨廩注○藏
祭祀之穀爲神丨禮記月令藏帝籍之收於神丨注
○詩出車丨庚喈喈文選注十九作鶬鶊喈喈廿九
作蒼庚喈喈
皇說文皇大也从自自始也始皇者三皇大君也自
讀若鼻今俗始生子爲鼻子○丨君也周禮籥各注
敢昭告丨祖文王疏又續漢五行志五又文選答賓戲
廓帝紘恢丨綱注引項岱○丨大也君也禮記曾子
問不祔於丨姑疏祭法曰丨考廟疏○丨大也詩文
王有聲武王烝哉箋又國語晉語敢昭告於丨祖文
王注又爾雅釋詁疏引尸子廣澤○丨號尊大也禮
記曲禮下君天下曰天子疏○丨天人之總美大之
稱也白虎通號○丨者美大之名公羊成八年傳注
德合元者稱丨疏○丨自莊盛也禮記曲禮下諸
侯丨丨疏○丨丨華色盛也文選述成紀孝成丨丨
注引項岱○丨丨穆穆言緒之美也荀子賦丨丨穆
穆注○丨謂心所繫往禮記少儀穆穆丨丨疏引皇
氏○丨丨猶栖栖也禮記檀弓上丨丨如有望而弗
至疏○丨丨猶彷徨禮記檀弓下丨丨焉如有求而
弗得疏○尊而君之則稱丨天詩黍離悠悠蒼天傳
○丨天者至尊之號也詩黍離傳疏○德合北辰者
皆稱丨詩譜序疏引中候勅省圖鄭注○室無四壁
曰丨漢書胡建傳列坐堂丨上注○書無逸則丨自
敬德正義王肅本丨作況○詩假樂穆穆丨丨後漢
書班固傳注作穆穆煌煌○詩破斧四國是丨周禮
大司馬疏作四國是遑讀詩記引齊詩作四國是匡

○孟子滕文公下則丨丨如也文選注作則遑遑如
也○左氏昭十七年傳獲其乘舟餘丨文選江賦注
引作艅艎
裝說文丨裹也从衣壯聲
肪說文丨肥也从肉方聲
殤說文殤不成人也人年十九至十六死爲長殤十
五至十二死爲中殤十一至八歲死爲下殤从歺
傷省聲○未家短折曰丨周書謚法○短折不成曰
丨同上○丨者未成人而死也禮記喪服小記庶子
不祭丨與無後者疏○十九年巳下爲丨鹽鐵論未
通
褱說文褱漢令解衣耕謂之褱从衣𣪠聲𡨄古文褱
○丨上也書皋陶謨疏引顧氏說○丨爲因書皋

陶謨疏引二劉
驤 說文驤馬之低卬也从馬襄聲○馬後右白曰丨
詩小戎疏引爾雅樊注
相 說文丨省視也从目从木易曰地可觀者莫可觀
於木詩曰丨鼠有皮○丨者兩丨之辭詩行葦傳
內丨親也疏○丨羊翱翔也漢書外戚傳上惟幼眇
之丨羊注○禮記祭法丨近於坎壇釋文王肅作祖
迎○丨昌聲韻合水經清漳水注
湘 說文丨水出零陵陽海山北入江从水相聲
緗 說文新附丨帛淺黃色也从糸相聲
廂 說文新附丨廊也从广相聲○丨夾室前堂爾雅
釋宮室有東西丨曰廟注又孫注○丨謂宗廟殿

有東西小堂也爾雅釋宮李注○正寢之東西室皆
曰箱言似箱筐之形漢書周昌傳呂后側耳於東箱
聽注○丨卽牆儀禮鄉飲酒禮注東西丨謂之序疏
箱 說文丨大車牝服也从竹相聲
創 說文刅傷也从刃从一創或从刀倉聲○丨謂傷
之也漢書薛宣傳欲令丨咸面目注
忘 說文忘不識也从心从亾亾亦聲
芒 說文芒艸耑从艸亾聲○丨毛之顛杪也文選苔
賓戲銳思於毫丨之內注引項岱○丨稻丨文選
文賦注引漢書音義○丨取其有丨角也太元元數
神勾丨注○不知其所以然而然故曰丨也莊子齊
物論固若是丨乎注○丨丨猶夢夢也文選歎逝賦
何視天之丨丨注○丨丨昧昧廣大之貌呂覽應同

與元同氣注○詩烈祖宅殷土丨丨魏書崔宏傳作
宅殷土茫茫長發洪水丨丨御覽五百廿八作洪水
茫茫
嘗 說文嘗口味之也从旨尚聲○嘗暫也一切經音
義廿三引廣雅○丨試也禮記檀弓下爾以人之
母丨巧疏○丨試其難易也左氏襄十八年傳臣請
丨之注○嘗度其所堪禮記曲禮下臣先嘗之注○
丨丨謂歆饗之也漢書禮樂志百鬼迪丨注○秋祭曰
嘗周禮肆師嘗之日疏○嘗謂秋祭禮記月令注古
者於嘗出田邑疏○嘗謂秋祭宗廟禮記郊特牲而
食嘗無樂疏○丨者薦於宗廟以丨新爲名左氏桓
五年傳注故薦丨於宗廟疏○丨者黍先熟可得薦
故曰丨穀梁桓八年傳注○嘗嘗百物也國語楚語
家于是乎嘗祀注○論語子罕注釋文嘗本或作甞

償 說文丨還也从人賞聲
鱨 說文丨揚也从魚嘗聲○丨一名揚今黃頰魚是
也詩魚麗丨鯊疏引陸璣疏○
槍 說文丨歫也从木倉聲一曰丨欀也○丨椿也國
語齊語挾其丨刈耨鎛注又管子小匡挾其丨刈
耨鎛注
坊 說文新附丨邑里之名从土方聲古通用防○丨
別屋名文選景福殿賦注引釋名
囊 說文囊橐也从橐省襄省聲○有底曰丨漢書刑
法志爲之丨橐注陸賈傳橐中裝注趙充國傳安
世本持橐簪筆注王吉傳所載不過丨衣注○丨所
以貯物易坤括丨疏○丨橐所以盛衣亦可以盛食
左氏僖廿八年傳注橐衣丨疏

郞 說文郒魯亭也从邑良聲
唐 說文丨大言也从口庚聲啺古文丨从口昜○丨
道也漢書揚雄傳上平原丨其壇曼兮注引鄧展
○丨庭也文選西都賦前丨中而後太液注引漢書
如淳注
狂 說文狂狾犬也从犬㞷聲𢘓古文狂从心○丨妄
抵觸人論語陽貨其蔽也丨集解引孔注○丨者
下愚之稱書多方惟聖罔念作丨疏○丨無常左氏
昭廿三年傳幼而丨注○丨童謂丨頑之童稚詩褰
裳丨童之丨也且疏○丨者丨愚之人詩山有扶蘇
傳疏○丨丨是醜惡詩山有扶蘇箋乃往覲丨醜之人
疏○丨丨人也詩山有扶蘇乃見丨且傳○丨謂丨
走或妄攀登也素問生氣通天論則脈流薄疾幷乃
丨注○邪入於陽脈之中則四支熱盛故爲丨素問
宣明五氣論邪入於陽則丨注○凡丨者陰陽脈盡

濁漢書昌邑哀王髆傳清丨不惠注引蘇林○丨黃
聲相近水經泗水注
強 說文彊弓有力也从弓畺聲強蚚也从虫弘聲彊
籀文丨从蚰从彊○丨健也左氏文十年傳三君
皆將丨死疏○自勝者丨老子○丨謂性行堅丨書
皋陶謨彊而義鄭注○彊者怨之歸也後漢書臧宮
傳○彊梁任威使氣之貌詩蕩傳彊梁禦善也疏○
彊梁傷敗之貌也太元逃陰氣章彊注○丨圉丨梁
圉扞也漢書王莽傳上不畏丨圉注○丨死不病也
左氏昭七年傳丨死注
腸 說文丨大小丨也从肉昜聲○小丨大丨心肺之
府也主禮義禮義者有分理丨亦大小相承受也
白虎通性情○書盤庚心腹腎丨堯典正義夏侯等
書曰憂腎陽文選劉淵林注作優賢揚歷
康 丨安也書文侯之命惠丨小民疏又禮記樂記而
民丨樂疏○丨綏皆安也左氏昭廿年傳汔可小
丨注又後漢書班超傳汔可小丨注○丨美也易豕
下傳是以丨侯侯果注○丨是虛荒之名穀梁襄廿
四年傳疏○丨瓠瓦盆底也漢書賈誼傳寶丨瓠兮
注引鄭氏○爾雅釋器丨瓠謂之甂釋文字林作甈
岡 說文岡山脊也从山网聲○丨山脊也詩卷耳陟
彼高丨釋文○山脊曰丨後漢書周燮傳結于丨
畔注○爾雅釋山山脊丨釋文又作㟠
蒼 說文丨艸色也从艸倉聲○丨薄青色也素問六
元正紀大論草木丨乾注○丨亦青也禮記月令
駕倉龍疏○丨卽青也詩出其東門傳丨艾色疏○
夏爲丨天書堯典疏引鄭讀爾雅○夏曰丨天詩黍
離傳疏引異義今尚書歐陽說○丨牙則伏犧也禮
記禮運疏引易緯○楊著碑卬叫穹倉柳敏碑何辜
穹倉丨皆作倉

經籍籑詁卷第二十二補遺終

經籍籑詁卷第二十二下　下平聲

經筵講官南書房行走禮部左侍郎兼署兵部左侍郎前提督浙江學政阮元撰集

七陽下

匡　丨正也爾雅釋言又詩六月以丨王國箋又周禮夏官序官丨人注又左氏襄十四年傳過則丨之注又孝經丨救其惡注又論語憲問一丨天下集解引馬注又周書柔武以丨辛苦注又大戴記保傳一丨天下注又國語晉語丨困資無注又史記齊太公世家一丨天下正義又漢書高后紀集注又文帝紀集注宣帝紀集注郊祀志上集注五行志中之下集注賈誼傳集注戾太子傳集注蓋寬饒傳集注匡衡傳集注王嘉傳集注楊雄傳上集注游俠傳集注敘傳下集注又後漢馬融傳注邊讓傳注又莊子讓王丨坐而弦釋文引司馬注又楚辭惜賢撥諂諛而丨邪兮注○丨安也淮南主術丨牀蒻席注○丨滿也廣雅釋詁一○丨虧也國語越語月盈而丨注○丨枉也考工記輪人則輪雖敝不丨司農注○丨猶恐也禮記禮器衆不丨懼注○丨目丨也素問刺禁論刺丨上陷骨中脉注○貞心大度曰丨周書謚法又獨斷下○丨魯邑也廣韻引風俗通○丨讀為尪荀子正論譬之是猶傴巫跛丨大自以為有知也注○論語一丨天下論衡書虛作一正天下

荒　丨大也詩蟋蟀好樂無丨傳公劉豳居允丨傳天作太王丨之傳又左氏昭七年傳有亡丨閱注又釋名釋親屬又國語晉語大王丨之注又漢書敘傳下集注又荀子王制大王丨之注又淮南天文大丨落之歲注說林畜粟者欲歲之丨饑也注○丨遠也廣雅釋詁一又離騷將往觀乎四丨注○丨奄也爾

雅釋言又書益稷惟丨度土功鄭注又詩樛木葛藟丨之傳閟宮遂丨大東箋○丨有也詩閟宮傳○丨蒙也禮記喪大記振容黼丨注○丨虛也詩桑柔具贅卒丨傳又國語周語田疇丨蕪注又太元元掜鬼神耗丨注○丨空也國語吳語丨成不盟注○丨亡也太元內丨家及國注○丨猶散也禮記樂記宮亂則丨注○丨蕪也周禮大司馬野丨民散則削之注○丨穢也禮記曲禮上地廣大丨而不治注○丨蕨也廣雅釋詁二○丨敗也周書大明武靡敵不丨注○丨廢也書盤庚中無丨失朕命傳又漢書元帝紀集注又後漢濟南王康傳注○丨亂也淮南主術狡躁康丨注○丨忽書呂刑耄丨傳○丨廢亂也詩蟋蟀好樂無丨箋○丨老耄也禮記樂記武王之志丨矣注○以己量人謂之恕反恕為丨賈子道術○從獸無厭謂之丨孟子梁惠王下○從樂而不及者謂之丨管子戒○外內從亂曰丨周書謚法○好樂怠政曰丨同上○迷亂曰丨書五子之歌內作色丨傳○丨者言其丨忽無常也後漢章帝紀注○丨言不習熟也荀子富國芒軔僈楛注○丨欲明貌文選長門賦丨亭亭而復明注○丨忽幽昧貌文選思元賦追丨忽於地底兮注○丨忽幽遠也後漢馬融傳注○丨唐謂度大無域畔者也莊子天下丨唐之言釋文○果不熟為丨爾雅釋天○四穀不升謂之丨韓外傳八○丨凶年也周禮大宰三曰喪丨之式注大司徒以丨政十有二聚萬民注○丨人物有害也周禮大宗伯以丨禮哀凶札注○大丨飢饉也周禮司服大丨注○大丨凶年周禮膳夫大丨則不舉注○大丨大凶年也周禮大司徒大丨大札注○凶丨無年也周禮掌客凶丨殺禮注○丨謂虛丨無可名之地太元元掜推陰陽之丨注○丨服也文選諷諫詩撫寧遐丨注○丨服在九州之外也言其丨忽無常後漢西羌傳注○方三千里之內為丨服周書王

會○丨裔遠也呂覽知度若何而服四丨之外注○
丨裔之地與戎翟同俗故謂之丨丨忽無常之言也
國語周語戎翟丨服注○四丨四表周書太子晉達
于四丨曰天王注○觚竹北戶西王母日下謂之四
丨爾雅釋地○四裔謂之四丨楚辭哀歲將馳兮四
丨注○大丨謂海外也文選吳都賦出乎大丨之中
劉注○在旁曰帷在上曰丨皆所以衣柳也禮記喪
大記振容黼丨注○丨讀爲康易泰包丨釋文引鄭
注○易泰釋文丨本亦作巟○左傳桓十三年莫敖
縊于丨谷釋文丨本或作巟○書微子天毒降災丨
殷邦史記宋微子世家作天篤下菑亡殷國○詩閟
宮遂丨大東爾雅釋詁注作遂幠大東○爾雅釋天
大歲在巳曰大丨落
史記厤書作大芒落

遑 集韻或作偟○丨暇也詩殷其靁莫敢或丨傳谷
風丨恤我後箋四牡不丨啟處傳采薇不丨啟居

箋杕杜征夫丨止箋小弁不丨假寐箋何人斯亦不
丨舍箋殷武不敢迨丨箋又詩狡童傳憂懼不丨餐
也釋文又左氏襄八年傳不丨啟處注襄卅八年傳
誰丨其後注又國語晉語不丨啟處注又後漢桓帝
紀注南匈奴傳注二見又淮南脩務不丨啟處注又
楚辭哀歲愁聊兮丨生注又文選西京賦丨恤我後
薛注思元賦敢怠丨而舍勤舊注○偟暇也爾雅釋
言又法言君子偟乎不偟注○丨閒暇也爾雅釋言
李注○詩殷其靁莫敢或丨釋文丨本或作偟○爾
雅釋言注不丨啟處釋文丨或作偟通作丨○詩谷
風丨恤我後禮記表記作皇恤我後○詩殷武不敢
怠丨左傳襄卅六年作不敢怠皇○周憬功勳銘慘
憯寒慄兮不皇計丨作皇○
衡方碑匪偟時榮丨作偟

行 丨列也詩卷耳寘彼周丨傳又詩常武左右陳丨
釋文又左氏襄十五年傳寘彼周丨注又漢書司
馬相如傳上集注王莽傳上集注○丨丨列也國語
晉語公子揚于亂丨於曲梁注又呂覽辯土衡丨必
得縱丨必術注○丨陳也左氏襄三年傳亂丨於曲
梁注又廣雅釋詁二又史記晉世家揚于亂丨集解
引賈逵○丨道也詩東門之墠傳丨上栗也釋文又
禮記緇衣示我周丨注○丨首也太元裝莫見之丨
注○丨軍列也國語晉語趙孟使人以其乘車千丨
注○丨謂軍丨列周禮夏官序官丨司馬注○丨陣
伍列也呂覽簡選可以勝人之丨陣整齊注○二十
五人爲丨左氏隱十一年傳丨出犬雞注○公丨從
公之丨也詩汾沮洳殊異乎公丨傳○周丨周之列
位也詩鹿鳴示我周丨箋大東丨彼周丨箋○王及
公侯伯子男甸采衛大夫各居其列所謂周丨也左
氏襄十五年傳○子丨猶子列也禮記祭統於祭者
子丨也注○微丨牆下徑也詩七月遵彼微丨傳○
丨翮也詩鴇羽肅肅鴇丨傳○詩大東丨彼周丨楚

辭注十六作
丨彼周道

妨 丨害也廣雅釋詁三又國語越語將丨於國家注
又楚辭招魂敬而無丨些注○丨者傷也老子令
人行丨注○古今人表泰
女丨史三代世表作女防

棠 杜赤丨白者丨爾雅釋木○赤者爲杜白者爲丨
爾雅釋木樊注○白者爲丨赤者爲杜爾雅釋木
舍人注○丨杜棃也一切經音義二引三蒼○丨棃
也山海經西山經崑崙之邱有木焉其狀如丨名曰
沙丨注○甘丨杜也家語廟制蔽芾甘丨注又楚辭
思古甘丨枯於豐草兮注○丨樘也在車兩旁樘幰
使不得進卻也釋名釋車○丨谿利劍也楚辭離世
執丨谿以剸蓬注○丨當作塘列子黃帝而遊于丨
行注

翔｜佯也言仿佯也釋名釋言語○｜迴顧也考工記矢人後弱則｜注○｜高飛也文選西京賦｜鶤仰而不逮薛注○｜猶遊也穆天子傳三｜畋于曠原注○｜猶止也淮南覽冥鳳皇｜於庭注○｜者六翮不動也淮南時則羣鳥｜注○大飛不動曰｜淮南原道鳳以之｜注○直刺不動曰｜淮南俶眞雖欲翺｜其勢焉得注○翼不搖曰｜淮南覽冥翺｜四海之外注○鳶鳥醜其飛也｜爾雅釋鳥○行而張拱曰｜禮記曲禮上室中不｜注又孝經注不爲趨｜釋文○｜｜莊敬貌也禮記玉藻朝廷濟濟｜｜注○｜｜安舒貌漢書韋元成傳集注○｜游皆行也文選東京賦聲與風｜澤從雲游薛注○｜陽日也文選海賦｜陽逸駭於扶桑之津注○｜或作養淮南時則羣鳥｜注○易豐天際｜也釋文鄭王肅作祥○禮記玉藻釋文｜本又作洋○吳仲山碑出入敖詳｜作詳

良｜善也書泰誓中剝喪元｜傳又詩日月德音無｜傳鶉之奔奔人之無｜傳氓子無｜媒箋大叔于田又｜御忌箋蟋蟀｜士瞿瞿箋黃鳥殲我｜人傳墓門夫也不｜箋常棣每有｜朋箋角弓民之無｜箋白華之子無｜箋民勞以謹無｜箋桑柔維此｜人箋良耜畟畟｜耜箋又後漢章帝紀注引韓詩又周禮玉府凡｜貨賄之藏注司裘中秋獻｜裘注圉人｜馬匹一人注校人凡頒｜馬而養乘之注考工記總目然後可以爲｜注弓人然後可以爲｜注又禮記月令毋或不｜注莫不質｜注曾子問有慈母｜注文王世子一有元｜注坊記民之無｜注表記人之無｜注又公羊宣十二年傳寡人無｜邊垂之臣注又廣雅釋詁一又周書皇門王阜｜注又國語魯語是｜罟也注晉語戰而用｜注若紂有｜子注吳語夫吳｜國也注今句踐申禍無｜注又漢書劉向傳集注馮唐傳集注引如淳王嘉傳集注外戚傳上集注又山海經中山經江水其中多｜龜注又莊子齊物論｜庖歲更刀割也釋文引司馬注又呂覽季春無或不｜注士容多故不｜注又素問靈蘭秘典論孰者爲｜注又文選西京賦鬻｜雜苦薛注思元賦尚前｜之遺風兮舊注○｜猶善也周禮宰夫書其能者與其｜者而以告于上注○｜言最善也山海經西山經瑾瑜之玉爲｜注○｜首也爾雅釋詁○｜長也廣雅釋詁四○｜鼙也廣雅釋詁一○｜猶賢也左氏襄廿九年傳｜敬仲也注○｜能也左氏昭十八年傳弗｜及也服注○｜信也文選王仲宣詠史詩受恩｜不訾注古詩｜無盤石固注○｜猶信也漢書五行志下之下集注○｜實也信也漢書吳王濞傳集注○｜量也量力而動不敢越限也釋名釋言語○｜甚也孟子盡心上其｜能也注又後漢隗囂傳注王常傳注馬援傳注○｜猶甚也後漢公孫述傳注張堪傳注○｜猶深也後漢祭

遵傳注○｜謂樂易也荀子非十二子其容｜注○乾爲｜易歸妹不如其娣之袂｜虞注○温｜好樂曰｜逸周書謚法○安柔不苛謂之｜賈子道術○｜以財予人者謂之｜管子戒○醫能治百病謂之｜論衡別通○婦人稱夫曰｜儀禮士昏禮媵衽｜席在東注○婦人稱夫曰｜人孟子離婁下其｜人出劉注○｜人謂夫也文選曹子建雜詩｜人行從軍注○｜人鄉士也國語齊語鄉有｜人焉注○｜人君子也呂覽序意｜人請問十二紀注○｜功絲功緜帛周禮典絲司農注○｜裘王所服也周禮司裘中秋獻｜裘司農注○天駟旁一星曰王｜後漢張衡傳注○黃｜大黃也廣雅釋草○｜蜩也者五采具大戴記夏小正｜蜩鳴傳○｜當爲苦字之誤周禮典絲及獻功則受｜功而藏之注○莊子徐無鬼｜位其空釋文｜或作踉○莊子列禦寇闔胡嘗視其｜釋文｜或作埌○孟子王｜荀子正論論衡命

義俱作王梁○史記弟子列傳公
丨孺索隱引鄒誕生本丨作襄
航集韻本作杭○丨船也後漢張衡傳注又文選思
元賦譬臨河而無丨舊注○丨船別名文選吳都
賦汎舟丨於彭蠡注○丨船之別名文選吳都賦長
鯨吞丨劉注○杭舟度也後漢杜篤傳注○丨以舟
濟水也後漢李南傳注○自關而東舟或謂之丨方
言九○舟相連謂丨也淮南氾論乃為窬木方版以
為舟
丨注
颺丨飛丨也文選東京賦丨槱燎之炎煬薛注○大
言而疾曰丨書益稷皐陶拜手稽首丨言曰傳○
丨古揚字漢書揚雄傳上集注○書益稷皐陶拜手
稽首丨言曰史記夏本紀作皐陶拜手稽首揚言曰
倀丨狂也廣雅釋詁四○丨丨無見貌禮記仲尼燕
居丨丨乎其何之釋文○丨丨無所往貌荀子成
相人主無賢如瞽無相何丨丨注○丨丨無所適
貌言不知所措履荀子脩身人無法則丨丨然注

羌丨強也廣雅釋詁四○丨鄉也廣雅釋言○丨乃
也同上○丨辭也丨亦乃也文選魯靈光殿賦丨
瓌譎而鴻紛張注○丨發聲也小爾雅廣言○丨語
發聲也後漢馮衍傳注○丨發語辭也後漢張衡傳
注○丨然辭也楚辭惜誦丨衆人之所仇注○丨楚
人語辭也離騷丨內恕己以量人兮注○丨在西蜀
叟書牧誓及
庸蜀丨髳傳
慶丨賜也詩楚茨孝孫有丨箋甫田農夫之丨箋○
丨善詩皇矣則篤其丨傳○丨辭也漢書揚雄傳
上集注引張晏○丨讀曰鄉後漢班彪
傳注○丨讀曰羌漢書揚雄傳上集注
姜丨姓也詩桑中美孟丨矣傳生民時維丨嫄傳○
丨伯夷之後也國語鄭語○丨四岳之先炎帝之

姓也國語周語賜姓曰丨注○丨強也廣雅釋詁四
○丨丨賁賁爭鬬惡視也禮記表記鶉之丨丨
賁賁
注
僵丨仆也史記蘇秦傳詳丨而棄酒索隱又後漢馬
援傳注又淮南說山騏驥一日千里其出致釋駕
而丨注又文選西京賦屍丨路隅薛注丨禽斃獸薛
注○丨偃也漢書昭帝紀集注五行志中之下集注
賈誼傳集注武五子傳贊集注莊宏傳集注趙廣漢
傳集注何並傳集注又後漢朱暉傳注周紆傳注又
呂覽貴卒鮑叔御公子小白丨注○丨斃也呂覽貴
卒俗悝丨注○丨正直畐然也釋名釋姿容○論語
里仁集解顛丨仆也釋文丨本今作
偃○陳君閣道碑車馬殭頓丨作殭
薑丨御濕之菜齊民要術三引字林○山丨茉也廣
雅釋草

繮亦作韁○丨疆也繫之使不得出疆限也釋名釋
車○靮謂之丨廣雅釋器○儀禮既夕禮注靶韁
也釋文丨
劉本作繮
橿丨木中車材山海經西山經英山其上多杻丨注
○丨鋤齊人謂其柄曰丨丨然正直也釋名釋用器
○丨柄也廣雅釋器○丨丨
盛也太元疆左右丨丨注
疆本作畺俗作壃○丨界也周禮夏官序官掌丨注
又左氏成二年傳先王丨理天下注又小爾雅廣
詁又廣雅釋詁三又史記商君傳開阡陌封丨正義
又後漢馮衍傳注史弼傳注吳延史盧趙傳注又穆
天子傳四黿鼉氏之西丨注○丨猶界也周禮大司
徒制其畿丨而溝封之注○丨之為言猶竟也穀梁
昭元年傳○丨境也周書程典震怒無丨注又國語
周語修其丨畔注晉語君之丨也注又漢書韋元成

傳集注揚雄傳上集注又後漢班彪傳上注○丨竟也詩七月萬壽無丨傳又詩列文惠我無丨釋文思文無此丨爾界釋文駉思無丨釋文烈祖申錫無丨釋文又儀禮士冠禮黃耇無丨注又左氏成二年傳以逞無丨之欲注又公羊昭元年傳丨運田者何注又小爾雅廣詁又漢書禮樂志集注○畺境也國語周語畺有寓望注又漢書郊祀志上集注○畺竟也廣雅釋詁三○丨竟界也詩楚茨萬壽無丨箋又詩長發外大國是丨釋文○丨界畔呂覽季夏可以美土丨注○丨埀也爾雅釋詁○丨窮也廣雅釋詁四○丨田畔也文選東京賦兆民勸於丨埸薛注○丨畫經界也詩信南山我丨我理傳○坤爲丨易象下傳日進无丨虞注民說无丨虞注○在田曰丨在邑曰里公羊宣十五年傳什一行而頌聲作矣注○畺五百里王畿界也周禮載師以大都之田任丨地注○丨五百里周禮肆師與祝侯禳于畺及郊注○土

丨强之地禮記月令可以美土丨注○丨丨乘匹之貌詩鶉之奔奔鵲之丨丨釋文○今月令丨或謂璽禮記月令固封丨注○丨一作景史記高祖功臣侯年表丨侯郢人集解引徐廣○畺郎丨字國語周語畺有寓望注○古文疆畺二形今作丨同一切經音義十三○易坤德合无丨釋文丨或本作壃同詩綿迺丨迺理釋文丨本亦作壃同禮記檀弓不越丨而弔人釋文丨本又作壃○穀梁隱七年注侯在丨埸釋文丨本又作壃亦作强○爾雅釋詁壃界邊衛圉釋文字又作畺經典作丨假借字○穀梁莊廿七年越丨逆女釋文丨本或作竟○孝經注列士封丨釋文丨字又作畺同○詩信南山丨埸有瓜韓外傳作壃埸有瓜○周語候不在丨周禮候人注引作候不在竟○白石神君碑萬壽無畺丨作畺

萇 丨楚銚芅爾雅釋草○丨楚銚弋也詩隰有萇楚隰有丨楚傳○丨楚一名羊腸一名羊桃詩隰有萇楚序釋文○丨楚今羊桃也爾雅釋草注

糧 ○行道曰丨謂糒也周禮廩人則治其丨與其食注○丨糇也詩公劉乃裹餱丨釋文○詩公劉釋文丨本亦作粻○論語憲問在陳絕丨釋文鄭本作粻

穰 丨豐也廣雅釋詁四○丨豐熟也史記天官書所居野大丨正義○丨豐丨收熟也山海經西山經觀水是多文鯉魚見則天下大丨注○丨丨衆也詩執競降福丨丨傳○丨丨多也漢書禮樂志集注二見劉向傳集注揚雄傳上集注○丨丨衆多也文選東京賦降福丨丨薛注○丨丨衆多之貌也爾雅釋訓舍人注○丨丨福也爾雅釋訓○丨丨是福豐之貌也爾雅釋訓某氏注○丨草也禮記內則注塗有丨草也釋文○丨蒿草衣家語六本衣丨而提贄注

將 丨送也爾雅釋言又詩鵲巢百兩丨之傳又周禮小宰祼丨之事注大史及丨幣之日注又公羊文十五年傳筍丨而來也注又漢書鼂錯傳集注引如淳又淮南覽冥不丨不迎注○丨丨亦送也詩燕燕遠于丨之箋丰悔予不丨兮箋○丨行也書允征奉丨天罰傳又詩燕燕遠于丨之傳簡兮方丨萬舞傳丰悔予不丨兮傳楚茨爾殽既丨傳文王祼丨于京傳既醉爾殽既丨傳烝民仲山甫丨之傳敬之日就月丨傳板多丨熇熇箋又儀禮士昏禮記以茲初昏使某丨注某既得丨事矣注鄉射禮丨乘矢注大射儀丨乘矢注拾發以丨乘矢注又孝經丨順其美注又廣雅釋詁二又周書祭公以丨天命注又家語五儀丨身有節注又國語周語末丨事注又漢書刑法志集注劉向傳集注又後漢郎顗傳注馬融傳注又荀子解蔽作之則丨注○丨者行也孟子萬章下以君命丨之注○丨行之送也爾雅釋言孫注○丨猶奉

也詩我將我丨我享箋又儀禮聘禮丨命于朝注又
禮記少儀某固願聞名於丨命者注鄉飲酒義聖立
而丨之以敬曰禮注○丨助也漢書杜欽傳集注趙
尹韓張兩王傳贊集注王莽傳中集注○丨持也荀
子成相吏謹丨之無鈹滑注○丨扶也廣雅釋言○
丨猶扶助也詩樛木福履丨之箋那湯孫之丨箋烈
祖我受命溥丨箋○丨猶扶進也詩無將大車無丨
大車箋又荀子大略無丨大車注○丨養也詩四牡
不遑丨父傳又廣雅釋詁一又呂覽盡數丨之以神
氣注○丨猶養也詩桑柔天不我丨箋又呂覽音律
以丨陽氣注○丨大也爾雅釋詁又詩樛木福履丨
之傳溱洧伊其丨謔箋破斧亦孔之丨傳正月亦孔
之丨傳巧言為猶丨多箋我將我丨我享傳臣工丨
受厥明箋長發有娀方丨傳又禮記孔子閒居日就
月丨注又論語子罕固天縱之丨聖皇疏又漢書食
貨志下集注劉向傳集注韋元成傳集注楊雄傳上

集注○丨大也燕之北鄙齊楚之郊或曰丨方言一
○丨壯也詩北山鮮我方丨傳○丨長也廣雅釋詁
二○丨猶長也楚辭哀時命哀余壽之弗丨注○丨
美也廣雅釋詁一○丨衛也漢書兒寬傳集注○丨
資也爾雅釋言又漢書鼂錯傳集注引如淳○丨齊
也爾雅釋言又詩楚茨或肆或丨傳○丨謂分齊也
爾雅釋言注○丨順也莊子庚桑楚備物以丨形釋
文○丨老也太元元衝○丨威也方言十二○丨猶
從也漢書禮樂志集注○丨猶領也史記秦始皇紀
丨軍擊趙正義○丨猶傳也儀禮士相見禮請還贄
於丨命者注○丨猶致也儀禮聘禮記束帛加書丨
命注公食大夫禮丨命注○丨去也荀子賦讒口丨
丨注○丨送也去也荀子賦聖人共手時幾丨矣注
○丨送也猶奉也周禮小宗伯以時丨瓚祼注○丨丨
救護之也釋名釋言語○丨側也詩皇矣在渭之丨
傳○丨辭也文選甘泉賦注引韓詩章句○丨欲也

廣雅釋詁一又文選東京賦及丨祀天郊注○丨且
也詩簡兮方丨萬舞箋谷風丨恐丨懼箋又廣雅釋
言○丨者且也論衡知實○丨陽言象物之秀實動
搖也書大傳羲伯之樂舞丨陽注○丨讀曰獎漢書
衡山王賜傳集注○周禮㔾人注蚌曰合丨釋文丨
本又作漿○莊子天地丨閭葂見季徹曰釋文丨一
本作蔣○莊子秋水丨甲者
進辭曰釋文本亦作持甲

牆 丨垣也詩將仲子無踰我丨傳又廣雅釋室○丨
屏也論語季氏而在蕭丨之內也皇疏○丨障也
所以自障蔽也釋名釋宮室○熏篝謂之丨居廣雅
釋器○篝陳楚宋魏之間謂之丨居方言五○丨柳
衣也周禮檀弓上周人丨置翣注飾棺丨置翣注○
丨帷裳也禮記雜記至於廟門不毀丨注○丨飾柩
也儀禮既夕記巾奠乃丨注○丨載棺車箱也後漢
趙咨傳注○輿棺之車其旁曰丨以屋丨也釋名釋

喪制○丨字籀文隸文皆為嗇華嚴經音義上○詩
常棣兄弟鬩于丨釋文丨本或作廧○左氏襄廿六
年傳寺人惠廧伊戾釋文或作丨○孝經注壞人垣
墻釋文墻本或作廧同○左氏成三年晉郤克衛孫
良夫伐廧咎如公羊穀梁作丨咎如○石經論語殘
碑辟諸宮蘠丨作蘠○漢修堯廟碑繕飭壂廧丨作
廧

桑 丨者中央之木也賈子胎教○巽為丨易无妄或
繫之牛虞注○丨者上元下黃以象乾坤也易否
繫于包丨荀注○丨匽氏農正趣民養蠶獨斷上○
丨虞主丨者也穆天子傳五天子命丨虞注○丨之
為言喪也儀禮士喪禮鬠笄用丨注○丨猶喪也公
羊文二年傳虞主用丨注又漢書五行志中之下○
丨者相逢接之道也白虎通姓名○丨林丨山之林
能與雲作雨也呂覽順民禱于丨林注○丨林湯所

禱旱｜山之林〔淮南本經〕擒封豨於｜林注○空｜
山名也〔楚辭遠逝〕考元冥於空｜注○｜乾泉郎潦
涫水者也〔水經灅水注〕○｜穀野草也御覽皇王部
八引〔書大傳〕○｜穀者野草也〔說苑君道〕○｜穀者
野物也〔說苑敬愼〕○扶｜木也〔山海經海外東經〕湯
谷上有扶｜十日所浴注○扶｜日所拂木也〔離騷〕
總余轡乎扶｜注○｜扈青雀一名竊脂〔淮南說林〕
｜扈不啄粟注○｜飛工雀也〔廣雅釋鳥〕○自關而
東謂之鶡鴠自關而西謂之｜飛〔方言
八〕○｜門郎沙門〔後漢楚王英傳注〕

【剛】｜廣韻剄俗○｜强也〔國語周語〕旅力方｜注〔鄭語〕
｜四支以衛體注○剄强也〔廣雅釋詁一〕○｜堅
彊也〔詩烝民〕｜則吐之箋○｜勁硬也〔素問氣交變
大論〕則｜木辟著悉萎蒼乾注○｜謂强志不屈撓
〔論語公冶長〕吾未見｜者鄭注○｜無欲也〔論語子
路〕｜毅木訥近仁集解引王注又〔周書謚法〕｜彊理

直曰武注○｜者賊也〔後漢臧宮傳〕○彊毅果敢曰
｜〔周書謚法〕○追補前過曰｜〔同上〕○兌爲｜鹵〔易
說卦傳〕○｜曰陽也〔儀禮士虞禮記〕三虞卒哭他用
｜日亦如初注○柔｜地道也〔素問天元紀大論〕曰
柔曰｜注○｜柔晝夜也〔太元元攡〕｜柔之相干注
○｜强者死之徒也〔說苑敬愼〕○｜木檀柘之屬〔山
海經北山經〕北嶽之山多｜木注○｜謂少堅忍時
〔詩采薇〕薇亦｜止箋○｜故闡也〔水經汶水注〕○〔易〕
｜柔相摩〔一切經音義十〕引作堅柔相摩○〔詩〕旅力
方｜〔一切經音義十三〕引作旅力方强○〔仲定碑〕有
鋼柔兮
｜作鋼

【詳】｜善也〔爾雅釋詁〕又〔易大壯〕不詳也釋文引王注
又〔書伊訓〕作善降之百｜傳又〔詩大明〕文定厥｜
傳又〔儀禮士相見禮〕與衆言言忠信慈｜注又〔禮記
禮運〕是謂大｜注〔祭義〕忌日不用非不｜也注又〔左

氏僖三年傳〕棄德不｜注〔成十三年傳〕君又不｜注
又〔大戴記用兵〕用兵者其由不｜乎注又〔廣雅釋詁
一〕又〔國語周語〕棄親郎翟不｜注〔晉語〕辨妖｜於謠
注又〔史記太史公自序〕大｜而衆忌諱正義引顧野
王又〔漢書淮陽憲王欽傳〕集注又〔後漢仲長統傳注〕
又〔孟子離婁下〕言無實不｜注又〔荀子大略〕其人也
而不教不｜注又〔家語問禮〕是爲大｜注又〔莊子庚
桑楚〕而孽狐爲之｜釋文引崔注又〔呂覽謹聽〕不｜
莫大焉注又〔楚辭招魂〕舍君之樂處而離彼不｜些
注○｜吉也〔儀禮士虞禮記〕期而小｜注又〔通典〕引
崔凱〔禮記說〕又〔後漢楊賜傳注〕又〔呂覽制樂〕而移死
焉不｜注又〔文選東京賦〕卜征考｜薛注○｜福也
〔漢書宣帝紀集注〕○｜者福之先者也〔呂覽制樂〕又
〔說苑君道〕○｜福之先見者也〔國語周語〕襲于休｜
注○｜者福之榮也〔賈子大政上〕○｜猶禎也〔漢書
五行志中之上〕○｜猶象也〔國語周語〕辰馬農｜也

注又〔華嚴經音義上〕引〔國語賈注〕○｜徵應也〔呂覽
應同〕天必先徵｜乎下民注○｜善應也〔素問氣交
變大論〕德化者氣之｜注○｜吉凶之先見者〔後漢
竇武傳注〕○｜神也〔文選東京賦〕備致嘉｜薛注○
｜諟也〔廣雅釋詁三〕○｜悉也〔漢書武帝紀集注〕○
｜順也〔淮南氾論〕｜於鬼神注○｜長也〔老子〕益生
曰｜注○｜喜也〔老子〕佳兵不｜之器注○｜怪也
〔莊子庚桑楚〕而孽狐爲之｜釋文引李注○｜妖怪
〔書咸乂序〕亳有｜傳○｜變異之氣〔左氏昭十八年
傳〕將有大｜注○天道曰｜〔周書武順〕○益生曰｜
〔老子〕○吉氣爲｜〔國語楚語〕臺不過望氛｜注○外
曰｜〔漢書五行志中之上〕集注引李奇○妖｜善惡
之徵〔周禮眡祲〕以觀妖｜注○｜祭也〔廣雅釋天〕又
〔國語楚語〕及｜注○小｜祭名〔儀禮士虞禮記〕朞而
小｜注○期而小｜亦祭名也孝子除首服服練冠
也｜善也加小善之飾也〔釋名釋喪制〕○又期而大

丨亦祭名也孝子除縗服服朝服縞冠加大善之飾也同上○農丨房星也國語周語農丨晨正注○農丨天駟卽房星也文選東京賦農丨晨正薛注○東南辰爲農丨淮南墬形注○易履視履考丨釋文丨本亦作詳○左氏昭十一年盟于祲丨公羊作侵羊○孟子申詳檀弓作申丨○范君斷甎文曰利千萬會羊丨作羊○樊敏碑季世不祥丨作祥○漢修堯廟碑翔風膏雨丨作翔

【詳】丨審也詩牆有茨不可丨也傳又易大壯不丨也釋文又漢書董仲舒傳集注蕭望之傳集注又太元元挩丨之於數注○丨悉也孟子離婁下博學而丨說之注萬章下其丨不可得聞也注又漢書杜鄴傳集注揚雄傳下集注儒林傳集注○丨盡也漢書董仲舒傳集注○丨密也後漢張湛傳注○丨周備也荀子非相丨則舉小注○丨平也漢書食貨志下集注○丨善也易履視履考丨虞注又周書皇門以

昏求臣作威不丨注又淮南說山六畜生多耳目者不丨注○丨幾丨也易繫辭下傳吉事有丨虞注○丨謂審於事也荀子脩身拘守而丨注○丨審察之也書呂刑度作丨刑以詰四方鄭注○乾善爲丨易象下傳不丨也虞注○吉事爲丨易繫辭下傳虞注○善用心曰丨公羊宣十二年傳不赦不丨注○丨當爲祥荀子脩身則可謂不丨少者矣注○丨或爲祥荀子成相愼墨季惠百家之說誠不丨注○易大壯不丨也釋文王肅本作祥○詩牆有茨不可丨也釋文韓詩作揚

【洋】丨丨大水貌也一切經音義廿二引三蒼○丨丨大水之貌也太元唫泉源丨丨注○丨丨無涯貌也楚辭大招西方流沙漭丨丨只注○丨丨廣也詩大明牧野丨丨傳○丨丨美也後漢馮衍傳注曹褒傳注班彪傳下注延篤傳注○丨丨美善書伊訓聖謨丨丨傳○丨丨美盛貌史記禮書丨丨美德乎索隱○丨丨美盛之貌漢書郊祀志下集注○丨丨盛大也詩碩人河水丨丨傳○丨丨廣大也詩衡門泌之丨丨傳○丨丨衆多也詩閟宮萬舞丨丨傳○丨丨思也爾雅釋訓○丨丨人想思其傍儗之貌禮記中庸丨丨乎如在其上注○丨丨無所歸也楚辭哀郢焉丨丨而爲客注○丨丨無所歸貌後漢班彪傳上注○丨丨多也爾雅釋詁又漢書司馬相如傳下集注○丨溢言多後漢和熹鄧皇后紀注○丨溢亦多貌爾雅釋詁注○丨水出崑崙山西北隅而東流穆天子傳二濟乎丨水注○丨水或作養水淮南墬形丨水出其西北陬注○丨字略作煬一切經音義十六○爾雅釋詁丨觀裒衆釋文丨或爲詳

【暘】丨者陽也論衡寒溫○丨明也書堯典曰丨谷傳○丨金氣也書洪範曰丨鄭注○丨谷日之所出也後漢東夷傳注又淮南墬形丨谷搏桑在東方注○丨谷日出之處文選東京賦左瞰丨谷薛注○丨

谷本作湯谷史記五帝紀曰丨谷索隱○書洪範時丨若漢書五行志作時陽若

【徉】通作佯○仿佯徙倚也廣雅釋訓○徜丨戲蕩也同上○倘佯猶翱翔文選吳都賦徘徊倘佯劉注○倘佯猶徘徊也文選風賦然後倘佯中庭注○佯弱也廣雅釋詁一○彷丨音房又蒲光余章反一切經音義十四引字林

【佯】或作詳○詳詐也史記蘇秦傳詳僵而棄酒索隱○詳卽僞也史記吳太伯世家公子光詳爲足疾索隱○詳虛詞也一切經音義十一引通俗文○丨簷衎簷也廣雅釋器

【粱】丨好粟也史記索隱引三蒼○丨者黍稷之總名齊民要術一引楊泉物理論○丨米也禮記喪大記不辟丨肉釋文○丨加食也禮記曲禮下大夫不食丨注○丨食之精者國語晉語夫膏丨之性難正

也注〇丨曰香其獨斷上
〇蘀丨木稷也廣雅釋草
量丨度也爾雅釋詁二又離騷不丨鑿而正枘兮注
〇丨猶度也周禮夏官序官丨人注又國語周語
於是乎丨資幣注〇丨分齊也華嚴經音義上引國
語賈注〇丨所以別多少楚辭惜誓苦稱丨之不審
兮注〇丨長短也周禮量人制其從獻脯燔之數丨
注〇丨人司馬之屬掌丨道巷塗數者儀禮大射儀
司馬命丨人丨候道注〇丨讀如丨人之丨考工記
㮚氏準之然後丨之注〇丨一作良山海經海內北
經大封國有文
馬名曰吉丨注
羊丨者祥也合三而生以養生也故丨高三尺古微
書引春秋說題辭〇丨之爲言猶祥與春秋繁露
執贄〇丨者西方之牲也賈子胎敎〇丨土畜也淮
南時則食麥與丨注〇丨火畜也禮記月令食麥與

丨注〇丨土木之母也淮南時則其畜丨注〇丨屬
土呂覽孟春食麥與丨注〇兌爲丨易說卦傳夬牽
丨虞注歸妹士刲丨虞注〇大曰丨詩羔羊羔丨之
皮傳〇大者曰丨後漢王渙傳注引韓詩章句〇丨
曰少牢大戴記曾子天圓〇丨曰柔毛儀禮少牢饋
食禮敢用柔毛剛鬣注又獨斷上〇丨畜之遠視者
屬視洪範五行傳時則有丨禍注〇丨屬司馬火也
周禮庖人凡用禽獻注〇丨者抵很難移之物易夬
注〇丨陽也釋名釋姿容〇丨善也考工記車人丨
車二柯有參分柯之一注〇尚丨遊戲也楚辭惜誓
託回飈虖尚丨注〇臧我丨丨有母是善告妻善養
母也列女傳仁智〇丨頭鏑也廣雅釋器〇凡箭三
鐮者謂之丨頭方言九〇丨車丨祥也祥善也善飾
之車今犢車是也釋名釋車〇丨丨車謂車丨門也考
工記車人丨車二柯有參分柯之一司農注〇丨奚
草名列子天瑞丨奚比乎不箰釋文〇丨奚草名根

似蕪菁莊子至樂丨奚比乎不箰釋文引司馬注〇
丨蹢躅英光也廣雅釋草〇丨骹瓜屬也同上〇蝇
東齊謂之丨方言十一〇墳丨丨土精怪也文選思元
賦憖墳丨之深潛舊注〇墳丨雖雄未成者也文選
思元賦注引唐固〇易說卦傳爲丨釋文丨虞本
作羔左傳成十七年晉夷丨五晉語作夷陽午
傷集韻慯通〇丨創也廣雅釋詁二〇丨害也國策
秦策楚魏爲一國恐丨矣注又楚辭沈江覽私微
之所丨注〇丨亦害也國策秦策家有不宜之財則
丨注〇丨病也國語晉語枯且有丨注又國策秦策
必大丨注又呂覽本生性惡得不丨注侈樂其生必
丨注〇丨敗呂覽順民不足以丨吳注分職此功名
之所以丨丨注〇丨毀也呂覽舉難人丨堯以不慈之
名注〇丨諠也廣雅釋詁二〇丨猶譖也呂覽察微
丨之於昭公注〇丨毀譖也淮南人間丨之魯昭公
注〇丨病也亦敗也淮南主術故一舉而不當終身

丨注〇丨思也爾雅釋詁又詩卷耳維以不永丨傳
澤陂丨如之何箋〇慯憂也廣雅釋詁一〇丨悼法
言孝至故習治則丨始亂也注〇慯痛也廣雅釋詁
二〇丨愍也國策秦策天下莫不丨注〇丨箴也廣
雅釋詁二〇丨謂觸冒也素問刺志論氣盛身寒得
之丨寒注〇弔喪主曰丨公羊昭廿五年傳齊侯唁
公于野井注〇創之淺者曰丨禮記月令命理瞻丨
注〇牛丨猶言牛棘山海經中山經大䔢之山有草
焉其名曰牛丨注〇左傳襄十七年以杖抉其丨釋
文一本作瘍〇爾雅釋詁悠丨憂思也釋文丨字書
作慯〇左傳哀元年無面
丨周禮太祝注作無面夷
湯丨廣大也莊子逍遙遊丨之問棘也是已釋文引
簡文注〇丨者攘也昌也風俗通皇霸引書大傳
〇丨爚也廣雅釋詁二〇丨熱丨丨也釋名釋飲食
〇丨沐者取其賦稅以供丨沐之具也後漢和熹鄧

皇后紀注○丨丨谷谷中水熱也山海經海內東經下
有丨谷注○丨谷日所出也文選蜀都賦汩若丨谷
之揚濤劉注○丨
谷水也論衡說日

魴 丨魱爾雅釋魚○江東呼丨魚爲鯿爾雅釋魚注
○丨音房赤尾魚爾雅釋魚釋文引字林○左傳
昭十七年丨也以其屬死之周禮太卜注作鮒也以
其屬死之○左氏成十八年晉侯使士丨來乞師公
羊作
士彭

彰 丨明也書皐陶謨丨厥有常傳又廣雅釋詁四又
呂覽懷寵義理之道丨注義賞則忠信親愛之道
丨注貴直將以丨其所好邪注又淮南覽冥然而不
丨其功注又素問五常政大論其動丨伏變易注○
書皐陶謨丨厥有常史
記夏本紀作章其有常

漳 丨水源出上黨長子縣西發鳩山東北至昌亭與
滹沱河合後漢吳漢傳注○丨出長子周禮職方
氏其川丨注○丨水地在鄴縣穆天子傳一天子北
征乃絕丨水注○丨濁丨山海經北山經發鳩之山
丨水出焉注○丨滏二水名文選魏都賦北臨丨滏
劉注○書禹貢至于衡丨漢書地理志作至于衡章
同獐○獐山物也考工記畫繢之事山以章注○

麞 齊人謂麕爲獐同上

璋 半圭曰丨書顧命秉丨以酢傳又詩斯干載弄之
丨傳棫樸左右奉丨傳○半珪曰丨公羊定八年
傳丨判白注又後漢劉儒傳注○半珪爲丨白虎通
瑞贄引禮○半圭爲丨山海經南山經凡䧿山之首
其祠之用一丨丨玉注○半圭曰丨象夏物半死周禮
大宗伯以赤丨禮南方注○丨半珪也爾雅釋器丨
大八寸謂之琡注○丨半珪儀禮聘禮受夫人之聘
丨釋文莊子馬蹄孰爲珪丨釋文引李注又白虎通
瑞贄○丨丨珪玉名也楚辭哀時命丨珪雜於甑窐兮
注○圭丨特達瑞也儀禮聘禮束帛加璧束帛加琮
注○丨瓚也詩棫樸箋○圭瓚丨瓚禘器也禮記祭
統君執圭瓚祼尸大宗執丨瓚亞祼注○丨之爲言
明也白虎通瑞贄○丨當爲章管
子牧民不丨兩原則刑乃繁注

猖 樊敏碑不顧倡儌丨作倡

商 丨之爲言章也漢書律麻志上○丨者章也物成
熟可章度也風俗通聲音引劉歆鐘律書○丨者
章也臣也爾雅釋樂丨謂之敏劉歆注○丨者張也
陰氣開張白虎通禮樂○丨常也廣雅釋詁一○丨
者常也說苑修文○丨者強也白虎通五行○丨量
也易兌丨兌未寧釋文○丨猶量也禮記曲禮下稾
魚曰丨祭注○丨度也廣雅釋詁一又漢書食貨志
上集注溝洫志集注又後漢馬援傳注○丨計也管

子海王丨禺筴之丨日二百萬注○丨丨量裁制之謂
也易兌丨兌未寧注○丨推麤略也文選陸士衡樂
府吳趨行注引淮南許注○昭功寧民曰丨周書謚
法○丨之爲言丨也丨其遠近度其有無通四方之
物白虎通商賈○丨官賈也國語晉語工丨食官注
○丨行賈左氏僖卅二年傳鄭丨人弦高注○行曰
丨處曰賈周禮大宰六日丨賈阜通貨賄注○行曰
丨止曰賈白虎通商賈○坐者爲丨行者爲賈文選
西京賦丨賈百族薛注○行賣曰丨漢書食貨志上
集注韓信傳集注○通物曰丨周禮司市以丨賈阜
貨而行布注又文選魏都賦賄以丨通劉注○通財
粥貨曰丨公羊成元年傳譏始邱使也注○通財鬻
貨曰丨漢書食貨志上○市賤鬻貴曰丨呂覽仲秋
來丨旅注○通四方之珍異以資之謂之丨旅考工
記總目○丨旅賈客也禮記月令來丨旅注○丨旅
販賣之客也考工記總目注○丨金也其位在西方

呂覽孟秋其音丨注○丨西方金音也淮南覽冥蠶
咡絲而丨絃絕注○丨謂金聲輕而勁也素問陰陽
應象大論在音爲丨注○丨金聲也素問金匱眞言
論其音丨注○丨金也漢書郊祀志下集注又淮南
天文其音丨注時則其音丨注○金謂丨白虎通禮
樂○太簇爲丨淮南天文○秋風爲丨文選悼亡詩
淸丨應秋至注○寒丨秋風也文選秋懷詩寒丨動
淸閨注○丨風西風肅急貌楚辭沈江丨風肅而害
生兮注○迅丨風之迅疾也文選謝宣遠戲馬臺
集詩迅丨薄淸穹注○丨殷之本號國語周語丨王
帝辛注○契始封丨殷丨之名起于此矣水經丹水
注○丨湯天下號也書孔安國序虞夏丨周之書釋
文○丨殷號也後漢鄧惲傳注○丨宋也吳語吳語
於丨魯之間注又莊子天運丨太宰蕩問仁于莊子
釋文引司馬注○丨宋國也列子仲尼丨太宰釋文
○丨者五帝之遺聲也禮記樂記○丨祝祝習丨禮

者丨人敎之以敬於接神宜儀禮士喪禮丨祝襲注
○丨宋詩也禮記樂記肆直而慈愛者宜歌丨注○
淸丨鄭音文選西京賦嚼淸丨而却轉薛注○丨庚
者長股也大戴記夏小正有鳴倉庚傳○丨蚷蟲名
北燕謂之馬蚿莊子秋水丨蚷馳河也釋文引司馬
注○丨字舊有章音匡謬正俗七○書武成于征伐
丨漢書律厤志
作于征伐紂

防 丨障也國語周語不丨川注○丨隄也左氏襄卄
五年傳町原丨注又爾雅釋山如丨者盛注又廣
雅釋室又呂覽愼小巨丨容螻注又淮南齊俗狟狢
得埵丨注○丨謂隄也爾雅釋邱墳大丨孫注○丨
止也漢書五行志中之下集注○丨蔽也楚辭初放
上葳蕤而丨露兮注○丨衛也淮南脩務陰以丨雨
注○丨猶當也詩黃鳥箋○丨隄丨荀子儒效行有
丨表注○丨爲田之大限穀梁昭八年傳艾蘭以爲

丨注○丨深淺所止考工記弓人維體丨之注○丨
豬旁隄也周禮稻人以丨止水注○丨禦謂閼禁也
後漢班彪傳上注班彪傳下注○容謂之丨爾雅釋
宮○丨露蓋古曲也文選月賦徘徊房露注○丨邑
也詩防有鵲巢丨有鵲巢傳○丨風汪芒氏之君也
國語魯語丨風氏後至注○丨比也詩黃鳥百夫之
丨傳○丨當爲披周禮喪祝掌大喪勸丨之事杜注
○丨與房同古字通用後漢光武帝紀上注○禮記
王制齊八政以丨淫釋文丨本又作坊月令完隄丨
釋文丨本又作坊○史記孔子世家丨叔古今人表
作方
叔

筐 丨篚屬所以行幣帛也詩鹿鳴承丨是將傳○丨
器名國語楚語糗一丨注○方曰丨詩采蘋維丨
及筥傳又左氏隱三年傳丨筥錡釜之器注又禮記
月令治曲植籧丨釋文○方爲丨楚辭愍命瓟騷蠹

於丨篚注○方底曰丨呂覽季春具栚曲篆丨注又
淮南時則具樸曲筥丨注○震爲丨易歸妹女承丨
无實虞注旅鳥焚其巢虞注○丨方也莊子齊物論
與王同丨牀釋文引崔注○丨滿也楚辭離世丨澤
瀉以豹鞹兮注○丨篚竹器也楚辭離世弃雞駭於
丨篚注○丨篋藏布帛者也荀子榮辱約者有丨篋
之藏注○丨小簪也淮南齊俗丨不可以持屋注○
丨牀安牀也莊子齊物論釋文引司馬注○丨牀正
牀也莊子齊物論釋文引崔注○詩楚茨既丨既勅
釋文丨本亦作匡莊子齊物論釋文丨本亦作匡
丨光也一切經音義七引蒼頡篇○丨光也廣

煌 雅釋訓○丨火光也文選東京賦丨光馳而星流
薛注○丨明也詩大明檀車丨傳○丨光明
也文選閒居賦注引蒼頡篇○丨盛也漢書地理志
下集注○丨盛也後漢鍾離意傳注○丨盛貌
漢書揚雄傳下集注又文選景福殿賦丹彩丨注

○丨丨孅貌漢書敘傳下集注○丨丨猶美也後漢
班彪傳下注○丨丨熒熒草木花光也文選高唐賦
注○莊子駢拇青黃黼黻之
丨丨釋文丨向崔本作韹
篁 丨竹叢生也文選月賦凨丨成韻注○丨竹墟名
也文選西京賦編町成丨薛注○幽丨竹林也楚
辭山鬼余處幽丨
兮終不見天注
隍 丨虛也爾雅釋詁○丨壑也爾雅釋言○丨城池
也爾雅釋言舍人注○丨城下池也楚辭謬諫悲
太山之爲丨兮注○丨城下阬一切經音義四引蒼
頡篇○丨城塹也易泰城復于丨釋文○丨城池壑
也爾雅釋言李注○丨無水池也列子周穆王遽而
藏諸丨中釋文○丨城池無水者爾雅釋詁注○丨
城下坑無水者文選東京賦若已納之於丨薛注○丨
城下溝無水稱丨易泰城復于丨虞注○易泰釋文

丨子夏作
堭姚作湟
凰 本作皇○鳳丨靈瑞神鳥也詩卷阿箋○鳳其雌
皇爾雅釋鳥○皇雌鳳也離騷鸞皇爲余前戒兮
注○雌曰皇靈鳥也書益稷鳳皇來儀傳○雄曰鳳
雌曰丨詩卷阿鳳丨于飛傳○雌曰皇雄曰鳳山海
經南山經丹穴之山有鳥焉名曰鳳皇注○雌曰丨
左氏莊廿二年傳鳳丨于飛注又論衡講瑞引禮記
瑞命篇○雌曰皇呂覽開春而鳳皇聖人皆來至矣
注又淮南覽冥鳳皇之翔至德也注○五采而文名
曰鳳皇山海經南山經○爾
雅釋鳥釋文皇本亦作丨
徨 丨往也小爾雅廣言○徬丨仿佯也一切經音義
十三引埤蒼○魏策以臨彷丨藝文類聚引作方
湟淮南子
作方皇

蝗 丨螽也食心曰螟食葉曰螣今兖州謂丨爲螣呂
覽不屈丨螟農夫得而殺之注○丨螽類江東謂
之蚱蜢埤雅引月令章句○小曰蝩大曰丨一切經
音義十一引張斐解晉律○丨音皇爾雅釋蟲釋文
引字
林
惶 丨恐也一切經音義三引蒼頡篇○丨懼也廣雅
釋詁二○丨丨劇也廣雅釋訓
璜 半璧曰丨詩女曰雞鳴箋珩丨琚瑀釋文又大戴
記保傅下有雙丨衡牙注又文選思元賦注引字
林又白虎通瑞贄引禮又山海經海外西經夏后啟
珮玉丨注又淮南精神夫有夏后氏之丨者注○半
璧曰丨象冬閉藏周禮大宗伯以元丨禮北方注○
半璧曰丨以發衆淮南說林然非夏后氏之丨注
○丨者半璧白虎通瑞贄○丨石次玉者也楚辭天
問丨臺十成注○丨美玉名左氏定四年傳夏后氏

之丨注○丨玉名也楚辭招魂結琦丨些注○丨佩
玉也後漢張衡傳注○丨以發衆公羊定八年傳璋
判白注○丨之爲言光也陽光所及莫不動也白虎
通瑞贄○丨者橫也質尊之命也同上○呂覽舉難
翟丨古今人
表作翟黃
榔 桄丨樹名也木中有屑如麪可食文選蜀都賦麪
有桄丨劉注
廊 丨舍也廣雅釋室○丨屋也文選西京賦注引淮
南許注○丨殿下屋也後漢申屠剛傳注○丨巖
丨朝廷所在也文選顏延年侍遊蒜山詩空
食疲丨肆注○韓勑後碑庫室中郎丨作郎
浪 滄丨水色也文選陸士衡樂府塘上行垂影滄丨
泉注○丨丨流也廣雅釋訓○丨丨流貌也離騷
霑余襟之丨丨注○丨丨淚下貌
文選洛神賦淚流襟之丨丨注

滄丨寒也列子湯問初出丨丨涼涼注又後漢董卓傳注○書禹貢又東爲丨浪之水史記夏本紀作又東爲蒼浪之水

綱丨者能張衆目詩卷阿四方之丨箋○張之爲丨紀○大者爲丨紀四方箋○丨者張也白虎通三綱六紀同上○丨連侯繩也考工記梓人司農注○丨持舌繩也儀禮鄉射禮下丨不及地武注○丨所以繫侯於植者也考工記梓人上丨與下丨出舌尋注○丨丨維丨也文選南都賦朱帷連丨注○丨以縻索維丨狎習之周禮馬質丨惡馬注○丨緒謂舞之行列也文選舞鶴賦離丨別赴合緒相依注○丨紀謂主簿之司也文選爲宋公修張良廟教注○丨讀爲以亢其讎之亢書亦或爲亢周禮馬質丨惡馬司農注

亢丨咽也一切經音義二十引蒼頡篇○丨卽咽爾雅釋鳥注○丨喉嚨也後漢隗囂傳注○丨鳥嚨爾雅釋鳥○丨星鳥也爾雅釋鳥樊注○丨鳥高飛也爾雅釋鳥舍人注○壽星角丨也爾雅釋天○丨爲朝廷洪範五行傳及有姦謀注○鹿兎之道曰丨行不由正丨陌山谷草野而過也釋名釋道○史記弟子傳原丨丨籍集解引家語名丨丨字籍

喪丨亡也荀子禮論貳之則丨也注又淮南本經人之心有憂丨則悲注○丨者亡也白虎通崩薨○丨亦空空亦丨丨也春秋繁露陰陽義○丨者棄亡之辭儀禮目錄○丨者死之通辭也公羊桓十八年傳公之丨至自齊注○坤爲丨易象下傳丨過乎哀虞注○丨服衰經也周禮閽人丨服凶器不入宮注○丨車惡車也禮記雜記上端衰丨車皆無等注○丨器者夷槃素俎楬豆輁軸之屬周禮鄉師族共丨器注○丨祭虞也周禮喪祝掌丨祭祝號注○丨祭虞祔也周禮小宗伯詔相丨祭之禮注○丨祭之禮所以敎人愛也大戴記盛德

穅丨虛也周書謚法○凶年無穀曰丨同上○好樂怠政曰丨漢書諸侯王表集注○詩生民傳或籔丨者釋文丨字亦作康○莊子逍遙遊是其塵垢粃丨釋文丨字亦作糠○莊子天運夫播丨眯目釋文丨字亦作康

肓丨鬲也左氏成十年傳居丨之上注又賈注

潢蓄小水謂之丨左氏隱三年傳服注○大曰丨小曰汚國語周語猶塞川原而爲丨汚也注○洿荆州呼丨丨也方言三氾浼潤洼洿也注○丨汙停水左氏隱三年傳丨汙行潦之水注○丨汙渟水也後漢杜篤傳注○天丨星也後漢馬融傳注○天丨天津也春秋元命苞丨主河渠注又文選思元賦乘天丨之汎汎兮舊注○商爲五丨文選思元賦注引樂緯○五丨天津之別名也文選思元賦注引樂緯宋注○丨丨大貌楚辭逢紛揚流波之丨丨兮注○丨然水大至之貌也荀子富國丨然兼覆之注○丨潙浩瀁也廣雅釋訓○丨與滉同荀子富國注○丨與滉同大水貌也荀子王霸注

簧丨橫也於管頭橫施於中也以竹鐵作於口橫鼓之亦是也釋名釋樂器○丨笙中金葉吹丨則鼓動之以出聲者也詩車鄰並坐鼓丨箋○笙中有舌曰丨楚辭憂苦願假丨以舒憂兮注○丨笙也詩君子陽陽左執丨傳車鄰並坐鼓丨傳鹿鳴吹笙鼓丨傳○丨笙中丨也風俗通聲音○丨笙丨也後漢陳蕃傳注○丨謂笙丨也莊子駢拇使天下丨鼓釋文○丨籍也廣雅釋器○女媧作丨其後隨作竽三十

六管一切經音義八引古史考

【茫】丨遽也吳揚曰丨方言二〇時務曰丨一切經音義十五引通俗文〇丨今北方通然也方言二注〇丨丨罷倦之貌孟子公孫丑上丨丨然歸注〇丨丨丨遠貌也文選魏都賦丨丨終古注〇丨丨盛貌丨丨讀王莽也淮南俶眞丨丨沈沈注

【傍】亦作旁〇旁方也廣雅釋詁四〇旁非一方書太甲上旁求俊彥傳〇旁四方也文選東京賦羣后旁戾薛注旁震八鄙薛注〇旁廣也廣雅釋詁二〇旁大也廣雅釋詁一〇旁廣大周書世俘旁生魄注〇旁近也書武成旁死魄傳〇旁依也漢書食貨志下集注趙充國傳集注二十見揚雄傳上集注〇旁附也漢書李尋傳集注〇旁並淮南本經旁薄衆宜注〇旁輔也楚辭惜誦曰有志極而無旁注〇旁枝也

莊子人間世其可以爲舟者旁數十釋文引崔注〇丨謂左右也禮記中庸注想思其丨僾之貌釋文〇旁偏頗也荀子議兵旁辟曲私之屬注〇旁謂差在後也周書王會旁天子而立於堂上注〇旁旁盛也廣雅釋訓〇旁旁彊一也詩清人駟介旁旁釋文引王注〇丨丨然不得巳詩北山王事丨丨傳〇旁皇猶徘徊也史記禮書房皇周浹索隱〇旁羅猶偏布也史記五帝紀旁羅日月星辰正義〇旁魄廣博也荀子性惡雜能旁魄而無用注〇旁魄取寬大之意文選吳都賦旁魄而論都劉注〇旁唐言盤薄也史記司馬相如傳瑉玉旁唐索隱引郭璞〇旁礴猶混同也莊子逍遙遊將旁礴萬物釋文引司馬注〇旁薄猶彭魄也太元中昆侖旁薄幽注〇旁薄地之形也太元元告地旁薄而向乎上注〇旁皇颺風也莊子天運有上彷徨釋文引司馬注〇二達曰岐旁物兩爲岐在邊曰旁此道並通出似之也釋名釋道〇旁鳴蜩蜺屬考工記梓人以旁鳴者注〇今文旁爲方儀禮士喪禮牢中旁寸注〇莊子逍遙遊釋文字又作磅同

【汪】丨大貌國語晉語丨是土也注〇丨丨大也廣雅釋訓〇丨丨猶深也後漢班彪傳下注〇渟水曰丨一切經音義四引通俗文〇丨池也左氏桓十五年傳尸諸周氏之丨注又僖卅三年傳覆于周氏之丨釋文又小爾雅廣器〇丨深度也後漢荀淑傳注〇丨讀傳矢諸周氏之丨同淮南俶眞丨然平靜注〇⿰氵⿱小王亦作丨晉書音義上

【臧】丨善也爾雅釋詁又詩雄雉何用不丨傳定之方中終然允丨傳載馳視爾不丨箋野有蔓草與子偕丨傳還揖我謂我丨兮傳猗嗟射則丨兮箋十月之交于何不丨箋小旻謀丨不從箋甫田我田既丨

箋頍弁庶幾有丨傳隰桑中心藏之箋抑未知丨否箋桑柔自獨俾丨箋駉思馬斯丨箋閟宮俾爾壽而丨箋又禮記學記微而丨注又左氏昭元年傳后帝不丨注又論語子罕何用不丨集解引馬注又皇疏又何足以丨集解引馬注又易師否丨凶釋文繫辭退藏于密釋文詩十月之交曰予不戕釋文莊子人間世執粗而不丨釋文應帝王應而不藏釋文又國語周語在般庚曰國之丨注又史記鄭世家后帝弗丨集解引賈逵又漢書禮樂志集注五行志下之下集注齊懷王閎傳集注谷永傳集注外戚傳下集注王莽傳下集注又太元元測都序或否或丨注從鳴從不丨注務用則丨若注密爲利丨也注又楚辭天問不能固丨注厥攴是丨注又文選東京賦不庋不丨薛注〇丨否猶善惡也穀梁傳序丨否不同釋文〇丨厚也方言十二又廣雅釋詁三〇丨匱也呂覽上德愛思不丨注〇丨猶抑也文選長笛賦援拏捘

丨注○丨人也墨子小取○執事順成爲丨左氏宣十二年傳○好書曰丨丨莊子駢拇丨與穀二人釋文引崔注○掩賊者爲丨國語周語○壻婢之子謂之丨莊子駢拇釋文引張揖○荆淮海岱雜齊之閒罵奴曰丨齊之北鄙燕之北郊凡民男而壻婢謂之丨亡奴謂之丨方言三○丨爲人所賤繫也或曰丨守藏者也楚辭哀時命釋管晏而任丨獲兮注○丨丨獲奴婢也荀子王霸如是則雖丨獲不肯與天子易埶業注○丨獲奴僕賤稱也後漢何敞傳注○丨僕謂簡練馭者令皆善也周禮校人秋祭馬社丨僕注○丨地名也莊子田子方文王觀于丨釋文引李注○丨讀爲藏古字通荀子解蔽心未嘗不丨也注

琅 丨玕珠也書禹貢鄭注又詩韓奕箋其貢璆琳丨玕釋文○丨玕子似珠山海經海內西經其上有三頭人伺丨玕注○丨玕狀如珠也爾雅釋地注○丨玕似珠崑崙山有丨丨玕樹荀子正論丨玕龍茲華覩以爲實注○丨玕石似珠者山海經西山經槐江之山其上多丨玕注○丨玕石似珠也穆天子傳四丨玕注○丨玕珠也似玉文選魯靈光殿賦駢密石與丨玕張注○丨玕石而似玉書禹貢厥貢惟球琳丨玕傳○西北之美者有崑崙虛之璆琳丨玕焉爾雅釋地○左傳昭十八年注今丨邪開陽縣釋文丨本或作郎

蜋 十一 蜩丨蜩爾雅釋蟲○蟬陳鄭之閒謂之丨蜩方言十一○蟷丨有斧蟲江東呼爲石丨爾雅釋蟲蟷丨蛑注

當 丨直也廣雅釋詁三又孟子離婁下蔽賢者丨之注又呂覽孟夏必丨其位注○丨值也國語晉語丨之者戕焉注朱也丨御注○丨猶任也國語晉語非德不丨雠注○丨應也呂覽無義魏使公子卬將

而丨丨之注○丨猶應也呂覽貴信寒暑四時丨矣注○丨丨敵國策秦策所丨未嘗不破也注齊策天下不能丨丨注○丨丨猶敵也公羊莊十三年傳然則君請丨其君臣請丨丨其臣注○決罪曰丨漢書賈誼傳集注引如淳○直心背之衣曰丨以丹韋爲之儀禮鄉射禮記韋丨注○丨匈以韋爲之也後漢鮑永傳注○丨或爲嘗也荀子君子先祖丨賢後子孫必顯矣注

璫 珠曰丨充耳也一切經音義四引埤蒼○耳珠曰丨文選洛神賦注引通俗文又御覽七百十八引風俗通○穿耳施珠曰丨此本出於蠻夷所爲也蠻夷婦女輕浮好走故以此丨鋛之也釋名釋首飾○丨以金爲之當冠前後漢朱穆傳注○丨橑頭也後漢班彪傳上注

庠 丨者養也周曰丨孟子滕文公上○丨之言養也禮記王制養國老於上丨注○丨言養也通典引魏文侯孝經說○丨養也廣雅釋詁一○丨序亦學也丨之言詳也於以考禮詳事也禮記明堂位米廩有虞氏之丨也注○丨者丨禮義也白虎通辟雍○丨詳也史記儒林傳周曰丨正義○丨官也廣雅釋室○丨鄉學也禮記鄉飲酒義主人拜迎賓於丨門之外注○鄉曰丨漢書平帝紀又白虎通辟雍又後漢班彪傳下注○周曰丨史記儒林傳又獨斷上又後漢章帝紀注○丨序者教化之宮也周曰丨孟子梁惠王上謹丨序之教注○丨丨之制有堂有室也儀禮鄉射禮豫則鉤楹內注○丨丨傷也廣雅釋詁四

裳 在下曰丨所以配衣也詩有狐之子無丨傳○丨男子之下服詩葛屨可以縫丨箋○丨下之飾易坤黃丨元吉注○坤下爲丨易繫辭下傳垂衣丨而天下治虞注○凡服上曰衣下曰丨儀禮喪服斬衰丨注○衣下曰丨左氏桓二年傳帶丨幅舄注○下曰丨詩綠衣綠衣黃丨傳東方未明顛倒衣丨傳又

後漢皇后紀注郭丹傳注又呂覽仲秋具飭衣｜注又離騷集芙蓉以爲｜｜注逢紛衣納納而掩露注又文選魯靈光殿賦衣｜｜有殊張注○凡｜前三幅後四幅也儀禮喪服記｜內削幅注○｜下也法言修身惜乎衣未成而轉爲｜也注○｜書日衣也詩斯干載衣之｜箋○凡服下曰｜｜障也所以自障蔽也釋名釋衣服○｜者障也白虎通衣裳○｜｜猶堂堂也詩裳裳者華｜｜者華傳

昂 通作卬○卬舉也廣雅釋詁一○卬我也爾雅釋詁又書大誥不卬自恤釋文又詩匏有苦葉人涉卬否傳白華卬烘于煁傳生民卬盛于豆傳又小爾雅廣言又後漢張衡傳注○卬猶姎也語之轉耳爾雅釋詁注○卬卬高貌荀子賦卬卬兮天下之咸蹇也注○卬卬志氣高遠也爾雅釋訓孫注○卬卬志氣高朗也荀子正名顒顒卬卬注○卬卬盛貌詩卷阿顒顒卬卬傳○顒顒卬卬君之德也爾雅釋訓○

卬怒也漢書揚雄傳下集注引如淳○自卬激厲也文選長門賦意慷慨而自卬注○卬州正南州名也文選思元賦越卬州而遊遨舊注○禮記曲禮上注令左卬右低釋文｜本又作｜又作仰同穀梁昭八年注卬車以其轅表門釋文｜本又作｜○左傳襄十四年卬之如天釋文｜本亦作仰○書大誥不卬自恤漢書翟方進傳作不身自恤

鷞 鷫｜俊鳥也楚辭大招曼鷫｜只注

鄣 三天子｜山今謂之三王山卽三天子都也山海經海內南經三天子｜山注

障 ｜防也國語周語陂｜九澤注又呂覽上德不能｜｜矣注愛類爲彭蠡之｜注○｜塞也呂覽貴直是｜其源而欲其水也注

餹 ｜餳也廣雅釋器○餳謂之｜方言十三

瘍 ｜創也廣雅釋詁一又爾雅釋訓骭｜爲微注又詩巧言傳骭｜爲微釋文○｜瘡也素問風論故使肌肉憤䐜而有｜注五常政大論其動｜涌注○｜頭瘡也莊子天地有虞氏之藥｜也釋文引李注又素問五常政大論欬嚏鼽衄鼻窒曰｜注○｜頭瘡也音羊晉書音義上引字林○｜身創也周禮醫師疕｜者造焉釋文○｜疕｜也莊子天地有虞氏之藥｜也釋文引司馬注○｜創癰也周禮天官序官｜醫注○頭有創曰｜釋名釋疾病○頭創曰｜一切經音義二引通俗文○身傷曰｜周禮醫師凡邦之有疾病者疕｜者造焉注○詩巧言傳釋文｜本亦作傷○禮記曲禮身有｜釋文｜本或作痒

鏘 ｜｜聲貌禮記玉藻然後玉｜鳴也注○｜｜佩聲也楚辭東皇太一璆｜鳴兮琳琅注○｜｜鳴聲也文選宋孝武宣貴妃誄｜｜楚挽於槐風注○｜｜鳴聲詩烝民八鸞｜｜箋○｜｜行步貌也文選吳都賦被練｜｜劉注○｜｜盛也廣雅釋訓又漢書禮樂志集注○｜｜高貌也後漢張衡傳注

湯 ｜｜流也廣雅釋訓○｜｜流貌書堯典｜｜洪水方割傳又後漢班彪傳上注又楚辭惜誓水流｜｜注○｜｜水流也文選思元賦浮雲漢之｜｜舊注○｜｜水流貌後漢班彪傳下注○｜｜流盛也詩鼓鐘其流｜｜釋文○｜｜波流盛貌詩沔水其流｜｜箋○｜｜水盛貌詩氓淇水｜｜傳○｜｜大貌詩載驅汶水｜｜傳○｜｜疾貌漢書溝洫志集注○沸沸｜｜玉膏涌出之貌也山海經西山經丹水是有玉膏其源沸沸｜｜注

鏜 ｜然擊鼓聲也詩擊鼓擊鼓其｜傳○闛鞈鼓音也文選上林賦鏗鎗闛鞈注○闛與｜古字通同

上○詩擊鼓擊鼓其丨
說文鼓部作擊鼓其鼜
短小曰丨羸也一切經音義四引通俗文○丨短
尪 仰者也呂覽明理盲禿傴丨注○丨突胷卬向疾
也呂覽盡數苦水所多丨與傴人注○巫尪女巫也
主祈禱請雨者或以爲尪非巫也瘠病之人其鼻上
向俗謂天哀其病恐雨入其鼻故爲之旱左氏僖廿
一年傳公欲焚巫尪注○尪傴也爾雅釋木注謂木
病尪傴釋文引字書○丨廢疾之人荀子正論譬之
是猶傴巫跛匡大自以爲有知也注○丨病人也荀
子王霸百姓賤之如尪注○尪體行不正或作彭易
大有匪其尪虞注○丨古文從㞷作𡯂同一切經音
義十
二
硠 丨丨堅也廣雅釋訓○丨聲也廣雅釋詁四○磅
丨聲也後漢張衡傳注

桁 拘罪人曰丨械謂穿木加足曰械大械曰丨一切
經音義一引通俗文○丨脚長械也莊子在宥丨
楊者相推也釋文引司馬注○械夾頸及脛者皆曰
丨楊莊子在宥釋文引崔注○丨與航同晉書音義
上
杭 丨渡也詩河廣一葦丨之傳○丨度也楚辭惜誦
魂中道而無丨注○丨舟也史記司馬相如傳蓋
周躍魚隕丨索隱○丨船也史記司馬相如傳丨絕
浮渚集解引漢書音義○楊州人呼渡津舫爲潢荊
州人呼丨方言九方舟謂之潢注○天丨天漢也太
元劇蔽于天丨注○丨音行伍之行漢書地理志上
集
注
頏 丨項也廣雅釋親○飛而下曰丨詩燕燕頡之丨
之傳

牂 羊牝丨爾雅釋畜○牂牝羊也禮記內則取豚若
將注○牂羊牝羊也詩苕之華牂羊墳首傳○羊
牡曰丨後漢孔融傳注○丨牡羊也一切經音義十
四引字林○丨吳羊也一切經音義十四引三蒼○
三歲曰丨爾雅釋畜釋文引字林○丨牡也爾雅釋
天太歲在午曰敦丨李注又史記天官書敦丨歲索
隱引孫炎又淮南天文敦丨之歲注○丨丨然盛貌
詩東門之楊其葉丨丨傳○將讀爲丨丨牡羊也禮
記內則炮取豚若丨注○左傳
定十四年頓子名丨公羊作牄
湟 丨水名在今鄯州丨水縣後漢桓帝紀注○丨水
名在安定晉書音義上○丨下處也太戴記夏小
正丨潦生苹傳○丨城池
也文選七發黃池紆曲注
滂 丨汻也水多流貌也一切經音義十二引三蒼○
丨水多貌也荀子富國汸汸如河海注○丨丨流

也廣雅釋訓○丨浩廣大也楚辭大招姱修丨浩注
○丨瀁水流聲也史記司馬相如傳丨瀁沆漑索隱
引司馬彪○丨人掌池澤官也淮南時則令丨人入
材葦注○丨音丨沱之丨山海經南山經虖勺之山
丨水出
焉注
碭 丨大也淮南本經元元至丨而運照注
將 丨請也詩氓丨子無怒箋將仲子兮丨仲子兮傳
正月丨伯助予傳又廣雅釋言又漢書匡衡傳集
注又穆天子傳三丨子無死注○丨願也詩氓丨子
無怒傳○丨丨集也詩執競磬筦丨丨傳○丨丨嚴
正也詩緜應門丨丨傳○丨丨高貌也文選七發苹
苹丨丨注○丨丨聲也詩鼓鐘鼓鐘丨丨釋文○丨
丨玉珮聲詩有女同車釋文○丨丨鳴玉而後行詩
有女同車佩玉丨丨傳○丨丨鸞鑣聲詩庭燎鸞聲

||傳○||讀爲鏘鏘荀子賦讒口||注○詩
庭燎釋文|本或作鏘烝民八鸞||釋文|本亦
作鏘韓奕八鸞||釋文|本亦作鏘左氏莊廿二
年傳和鳴||釋文|本又作鏘○詩有女同車佩
玉||楚辭注二作佩玉鏘鏘○詩執競磬筦||
說文金部作磬筦鏘鏘○詩庭燎鸞聲||文選注
二十作鑾
聲鏘鏘

篔 震爲蒼|竹易說卦傳○蒼|青也易說卦傳九
家注○易說卦傳釋文|或作琅通

禳 御變異曰||攘也周禮女祝掌以時招梗禬|
之事注○||者卻也風俗通祀典○|除也文選
東京賦祈禳|災薛注○|謂除也後漢靈帝宋皇
后紀注○||謝也廣雅釋詁四○|祭名也爲行道
累歷不祥||之以除災凶儀禮聘禮|乃入注○|
亦祭名謂|卻惡氣也山海經中山經平逢之山其

經籍籑詁　卷三十下　七陽下　篔禳攘　三十五

祠之用一雄雞|而勿殺注○|祓除之祭名山海
經中山經熊山其祠干儛用兵以|注○|卻凶
咎周禮小祝將事侯|禱祠之祝號注○|祭也廣
雅釋天○|面|也大戴記曾子天圓割列|瘞注
○左傳昭十七年注欲以|火釋文|本亦
作攘爾雅釋訓||福也釋文|本今作禳

攘 |除也離騷忍尤而|詬注又素問生氣通天論
濕熱不|注○|卻也國語魯語而大|諸夏注
齊語|白翟之地注又史記司馬相如傳隨流而|
索隱又漢書異姓諸侯王表集注刑法志集注五行
志中之下集注五行志下之上集注五行志下之下
集注地理志集注鄒陽傳集注董仲舒傳集注賈捐
之傳集注韋元成傳集注循吏傳集注匈奴傳上集
注○|卻家語致思必也|地千里注○|卻也或
者|古讓字禮記曲禮上左右|辟注○|除也却
也詩車攻序外|夷狄釋文○|推也廣雅釋詁三

○|排也楚辭沈江反離謗而見|注○|止也方
言十二○|逆莊子外物心無天遊則六鑿相|注
○|因也漢書五行志下之上集注○|仍因也匡
謬正俗一引爾雅○|取也孟子滕文公下今有人
日|其鄰之雞者注又漢書景帝紀集注○|疾行
貌文選舞賦注引埤蒼○|盜也匡謬正俗一引論
語注○|盜竊也禮記禮器匹士太牢而祭謂之||
注又穀梁成五年傳|善也釋文○有因而盜曰|
書呂刑奪|撟虔鄭注○因其失亡曰|書費誓無
敢寇|鄭注○因來而取曰|書微子|竊神祇之
犧牷牲釋文○因而竊取曰|漢書五行志下之上
集注○自來而取曰|書微子傳○|讀當作讓詩
甫田|其左右饟○|古讓字史記太史公自序小
子何敢|焉索隱引晉灼又漢書禮樂志集注藝文
志集注司馬相如傳下集注司馬遷傳集注蕭望之
傳集注○||一作襄史記匈奴傳西|大宛集解引

經籍籑詁　卷三十下　七陽下　蹌鶬　三十六

徐廣○禮記月令九門磔|
周禮占夢注作九門磔禳

蹌 ||動也爾雅釋訓○||行貌文選羽獵賦啾
啾||注○||士之容也詩楚茨濟濟||釋
文○||有行列貌荀子大略朝廷之美濟濟||
注○||者步趾之威儀也法言問明鳳鳥||注
○|巧趨貌詩猗嗟巧趨|兮傳○|捍馬走疾之
貌文選舞賦|捍凌越注○鎗與|同荀子大略注
○禮記曲禮士||釋文|本又作鶬或作鏘同○
論語泰伯集解能濟濟||釋文|本或作鏘同○
書益稷鳥獸||周禮
大司樂注作鳥獸牄牄

鶬 |麋鴰爾雅釋鳥○|鴰也莊子天運釋文引三
蒼○||鶬也楚辭招魂煎鴻|些注○|金飾
貌詩載見箋○鞗革有|言有法度也詩載見鞗革
有|傳○八鸞||言文德之有聲也詩烈祖八鸞

丨丨傳○丨七陽反爾雅釋鳥釋文引字林○詩烈
祖釋文丨本又作鏘○詩載見釋文丨本亦作鎗同
○詩載見鞗革有丨說
文玉部作鞗革有瑲
螿 寒丨蟬屬也文選謝惠連擣衣詩注引淮南許注
瀼 廣韻囊同○丨丨盛貌詩野有蔓草零露丨丨傳
○囊囊露也廣雅釋訓○丨丨露蕃貌詩蓼蕭零
露丨丨傳○丨丨溼溼
開合之貌文選海賦注
瓤 丨瓜中子也爾雅釋草釋文引三蒼
枋 丨檀木也莊子逍遙遊我決起而飛槍榆丨釋文
引李注○丨木名莊子逍遙遊釋文○丨本也莊
子逍遙遊釋文引崔氏○儀禮特牲饋
食禮注縮加匕東丨釋文丨本亦作柄

螗 丨蜩爾雅釋蟲○蟬宋衛之閒謂之丨蜩方言十
二○丨蝘也詩蕩如蜩如丨傳○丨今胡蟬也江
南呼丨蛦方言十一注○丨俗呼為
胡蟬江南謂之丨蛦爾雅釋蟲注
搶 丨突也莊子逍遙遊我決起而飛丨榆枋釋文引
支遁○丨著也莊子逍遙遊釋文引崔注○丨猶
刺也漢書楊雄傳上集注○丨猶
集也莊子逍遙遊釋文引司馬注
戕 丨傷也易豐自藏也釋文引鄭注又漢書五行志
下之下集注○丨猶傷也國語晉語可以小丨注
○丨殘也易豐自藏也釋文引馬王肅又書盤庚中
汝有丨傳梓材丨敗人宥鄭注又詩十月之交曰予
不丨箋又小爾雅廣言又國語楚語丨懿公於宥竹
注又後漢杜篤傳注○丨猶殘也穀梁宣十八年傳
又孟子告子上將丨賊杞柳注○丨殺也易小過從
或丨之虞注○丨猶殺也穀梁宣十八年邾人丨繒
子于繒釋文○丨賊也同上○害在內為丨丨猶傷
也國語晉語可以小丨注○凡自虐其君曰弒自外
曰丨左氏宣十八年傳○他國臣來殺君曰丨漢書
五行志下之下集注○丨者卒暴之名也後漢盧植
傳注○丨殘殺也左氏定十四年傳將丨於余注○
丨殘落也左氏襄廿八年傳陳無宇濟水而丨舟發
梁注○丨鄫子于鄫者何殘賊而殺之也公羊宣十
八年傳○支解節斷之故變殺言丨公羊宣十八年
傳丨鄫子于鄫者何注○丨囊猶搶攘莊子在宥乃
始臠卷獊囊釋文引崔注○丨一本作殘列子說符
遂共盜而丨之釋文○詩十
月之交釋文丨王本作臧
螳 丨蜋螵蛸母也禮記月令丨蜋生注○丨蜋一曰
天馬一曰齕疣兗州謂之巨斧呂覽仲夏丨蜋生
注○丨蜋世謂之天馬一名齒肬沇豫謂之巨斧也
淮南時則丨蜋生注○丨蜋蟲名太平御覽引蔡邕

月令章句○爾雅釋蟲注丨
蜋別名釋文丨本今作螗
踼 丨蹡欲行也文選射雉賦已丨蹡而徐來注○丨
蹡乍行乍止不迅疾之貌也文選射雉賦徐注
眶 高丨深瞳子也文選西京賦隅目高丨薛注
煬 丨釋金也一切經音義十六引字略○丨炊也莊
子寓言丨者避竈釋文○丨炙也莊子徐無鬼抱
德丨和釋文引李注○對火曰丨列子黃帝丨者避
竈釋文○今江東呼火熾猛為丨方言十三丨翕炙
也注○去禮遠衆曰丨周書謚法○好內
遠禮曰丨同上○好內怠政曰丨同上
鍚 丨馬面當盧刻金為之所謂鏤丨也周禮巾車一
曰玉路丨樊纓十有再就注○眉上曰丨刻金飾
之今當盧也詩韓奕鉤膺鏤丨箋○丨在馬額左氏
桓二年傳丨鸞和鈴注○丨馬面丨周禮巾車丨面

朱總司農注○左傳文十一年至于丨穴釋文丨本
或作錫○詩韓奕鉤膺鏤丨說文金部作鉤膺鏤鍚
○古今人表楚熊丨史楚世家作
熊揚索隱引鄒誕生本作熊煬

稂
丨童粱爾雅釋草又詩下泉浸彼苞丨傳○丨童
粱也詩大田不丨不莠傳○丨童丨也國語魯語
馬餼不過丨莠注○丨童粱稂禾草也爾雅序搴其
蕭丨釋文○丨莠類也爾雅釋草注○丨當作涼涼
草蕭蓍之屬
詩下泉箋

菖
丨丨蒲水草也冬至後五十七日而挺生呂覽任
地丨始生注

鐺
鬴有足曰丨御覽七百五十七引通俗文

洸
丨丨武也爾雅釋訓又詩谷風有丨有潰傳○丨
丨武貌詩江漢武夫丨丨傳○丨水出東平上承

汶水於岡縣西闞亭東水經注廿五引字林○丨水
者洙水也水經泗水注○名丨自稱為汪顏氏家訓
音辭○丨讀為滉荀子宥坐其丨丨乎不淈盡似道
注○爾雅釋訓丨丨赳赳釋文丨舍人本作僙○詩
江漢武夫丨丨鹽鐵
論繇役作武夫潢潢

闓
丨闓天門也後漢寇榮傳注張衡傳注杜篤傳注
又離騷倚丨闓而望予注又文選魯靈光殿賦高
門擬于丨闓張注思元賦出丨闓兮降天途舊注○
丨闓始升天之門也淮南原道排丨闓淪天門注○
兌為丨闓風淮南墜形丨闓風之所生也注○丨闓
風兌卦之風也淮南天文丨闓風至注○丨闓盛也
春秋考異郵丨闓者當寒天收也注○丨風秋風也
文選東京賦俟丨風而西遐薛注○丨大也淮南墜
形西方曰丨闓之門注○丨者倡也史記律書○丨
或作當春秋考異郵注○漢帝堯碑排啟闓闔孫根

碑升降闓
闔丨作闓

瑲
集韻或作鎗○丨珩聲也詩采芑有丨蔥珩傳○
鎗金聲也一切經音義十九引埤蒼○鎗鎗金聲
也一切經音義五引三蒼○丨丨聲也詩采
芑八鸞丨丨傳○詩采芑釋文丨本亦作鎗

蹡
廣韻蹩同○丨丨走也廣雅釋訓○蹩敬也一切
經音義八引三蒼

纕
丨佩帶也離騷既替余以蕙丨兮注解佩丨以結
言兮注悲回風糺思心以為丨兮注○紊謂之丨
廣雅
釋器

彭
丨丨多貌詩載驅行人丨丨傳

蘉
丨勉也書洛誥汝乃是不丨馬注

蔣
丨菰名也文選蜀都賦攢丨叢蒲劉注

斨
丨方銎斧也文選魏都賦斧丨以時劉注○丨方
銎也詩七月取彼斧丨傳○鏦謂之丨廣雅釋器
○丨戕也所伐皆戕
毀也釋名釋用器

亡
丨無也詩葛生予美丨此箋又儀禮士喪禮丨則
以緇長半幅注又禮記坊記則亂益丨注又禮記
檀弓稱家之有丨釋文引皇注祭法丨其地則不祭
釋文又論語八佾不如諸夏之丨集解引包注又皇
疏雍也今也則丨皇疏述而丨而為有皇疏顏淵我
獨丨皇疏衛靈公今丨矣夫皇疏陽貨孔子時其丨
也皇疏今也或是之丨也皇疏子張焉能為丨皇疏
日知其所丨皇疏又周書大明武謂有所丨注又國
策齊策丨更言之注又後漢列女傳注又太元聚淫
丨注又法言問道或問狙詐與丨孰愈注又淮南說

林｜其適注又素問生氣通天論精乃｜邪注○｜猶無也孟子告子上亦終必｜而已矣注○｜去也禮記少儀有｜而無疾注又荀子大略有｜而無疾注○｜走國策中山策中山君｜注○｜避也廣雅釋詁三○｜奔也國語晉語請由此｜注而離桓之罪以｜於楚注○｜出奔呂覽審己齊湣王｜注○｜謂在外國語晉語其｜之不恤注○｜失也穀梁定八年傳而與入謂之｜注又國策秦策｜趙自危注○｜滅也國策西周策秦飢而宛｜注秦策始吾不知水之可｜人之國也注五月趙｜注又呂覽古樂不肖者以｜注制樂三日而穀｜注○｜猶滅穀梁襄六年傳家有既｜注○｜猶輕蔑也史記范雎蔡澤傳｜其言索隱○｜喪也論語雍也｜之集解引孔注又皇疏○｜猶亂淮南說林驪戎以美女｜晉國注○｜猶絕也太元交得｜之門注○｜死｜也公羊桓十五年傳祭仲｜矣注○｜喪棄也詩車

鄰逝者其｜傳○｜者自｜也非人｜之也春秋繁露王道○非其所以與人而與人謂之｜穀梁定八年傳○樂酒無厭謂之｜孟子梁惠王下○師行而糧食其民者謂之｜管子戒○｜者元氣去體貞魂游散後漢趙咨傳○｜之言忘也詩綠衣曷維其｜箋○｜一本作忘列子仲尼知而｜情釋文○｜一本作止列子仲尼｜變亂於心慮釋文○禮記檀弓以爲極｜釋文王本｜作忘○論語雍也｜之命矣夫漢書楚孝王囂傳作蔑之命矣夫

殃 ｜咎也廣雅釋言又呂覽孟春稱兵必有天｜注仲秋反受其｜注審時身無苛｜注又離騷豈余身之憚｜兮注乃遂焉而逢｜注長離｜而愁苦注又文選思元賦循法度而離｜舊注○｜罰淮南時則必有天｜注○｜害也國語吳語其民不忍饑勞之｜注○｜猶病也國語晉語今以梗陽之賄｜之

注○｜病害也國語楚語今爾以是｜之注○｜敗也廣雅釋詁三○｜禍也廣雅釋言○｜猶禍惡也禮記禮運衆以爲｜注○｜者禍之先者也說苑君道○淫人富謂之｜左氏襄廿八年傳○無功而家昌是謂積｜列女傳賢明○不教民而用之謂之｜民孟子告子下○｜或爲袂荀子榮辱憍泄者人之｜也注○吳仲山碑而遭禍央無極山碑爲民來福除央殃作央

薌 ｜蘇荏之屬也禮記內則｜無蓼注○｜者黍稷匡謬正俗三○｜與香同荀子非相欣驩芬｜以道之注○｜亦香字也文選甘泉賦｜呹肸以棍批兮注

礓 ｜礫也爾雅釋山釋文引字林○地多小石謂之｜礫一切經音義八引通俗文

瓖 ｜馬帶國語晉語亡人之所懷挾嬰｜注○｜馬帶以玉飾之後漢馬融傳注○｜馬帶玦文選東

京賦鉤膺玉｜薛注○｜馬帶玦名也晉書音義上

薔 蘠同○｜虞蓼爾雅釋草○蘠蘼虋冬同上

喤 ｜｜聲也詩斯干其泣｜｜釋文○｜｜鼓聲也文選東京賦鐘鼓｜｜薛注○｜｜鐘鼓之樂也爾雅釋訓韹韹樂也舍人注○｜｜和也詩執競鐘鼓｜｜傳○詩執競鐘鼓｜｜說文金部作鐘鼓鍠鍠

䣼 ｜漿也廣雅釋器○｜醬也同上○周禮膳夫注水漿醴｜醫酏釋文｜本又作涼

慞 ｜懼也華嚴經音義下引切韻

鑲 中央曰｜釋名釋兵

鬤　－亂貌也楚辭大招被髮－只注
汸　－讀爲滂荀子富國－－如河海注
邡　－當爲訪穀梁昭廿五年傳－公也注
鈁　壺謂之－廣雅釋器
孀　－寡也列子湯問鄰人京城氏之－妻注○寡婦曰－淮南原道婦人不－注○－寡婦也雒家謂寡婦曰－婦淮南脩務以養孤－注
牄　詩緜應門將將文選西都賦作應門－－
洭　－水山海經所謂湟水水經溱水注

經籍籑詁　卷三十一下　七陽下　鬤至柳　四十三

摚　－揆也廣雅釋詁四○－張也方言十三
茪　－東蠡爾雅釋草○爾雅釋草釋文－本亦作芄
㱂　四穀不升曰－廣雅釋天
趪　－－張設貌文選西京賦猛虡－－薛注
餭　餦－餳也楚辭招魂有餦－些注○粻－餳也廣雅釋器○餳謂之餦－方言十三○餦－即乾飴也方言十三注
茫　莊子天地－若于夫子之所言矣釋文－本或作芒
柳　今人名屋四阿栱曰欜－也文選景福殿賦飛－鳥踊注○－當爲枊爾雅釋木欜柜－注○爾雅釋天釋文－又作柳
凔　－寒也廣雅釋詁四又周書周祝天地之間有－熱注又荀子正名疾養－熱滑鈹輕重以形體異注又漢書枚乘傳集注引鄭氏○－音悽愴之愴漢書枚乘傳集注引鄭氏
彷　集韻本作仿○－徉徙倚也莊子逍遙遊注引廣雅○－徨猶－佛也文選洞簫賦注引埤蒼○仿徨猶徘徊也荀子禮論於是其中焉方皇周挾注○－徨猶翱翔也莊子逍遙遊－徨乎無爲其側釋文○莊子逍遙遊釋文－徨崔作方羊○莊子天運有上－徨釋文司馬本作旁皇○莊子達生－徨乎塵垢之外釋文元嘉本作房皇○莊子知北遊－徨乎馮閎釋文－本亦作徬
戕　通作牂○－杙也廣雅釋室○牂牁繫船杙也後漢南蠻西南夷傳注○牂柯亦江中兩山名也水經溫水注

經籍籑詁　卷三十一下　七陽下　凔至恇　四十四

膷　－臐膮今時臛也牛曰－羊曰臐豕曰膮皆香美之名也儀禮公食大夫禮－以束臐膮牛炙注○－牛臛也儀禮聘禮－臐膮蓋陪牛羊豕釋文禮記內則－臐釋文○－香也廣雅釋器○古文－作香儀禮公食大夫禮注
㼹　瓶同○－口光反爾雅釋器釋文引字林
衁　－血也左氏僖十五年傳亦無－也注又廣雅釋器
鴹　－古翔字漢書禮樂志集注二見
恇　－怯也廣雅釋詁四○－－怒也後漢梁鴻傳注

莣 丨杜榮爾雅釋草○爾雅釋草釋文丨字亦作芒

鈌 丨丨小聲文選東京賦和鈴丨丨薛注

鋃 錘頭曰丨鐺一切經音義五引通俗文○丨鐺鎖也後漢崔寔傳注○丨鐺大鏁也世閒多誤作金銀字顏氏家訓文章

胱 膀丨者腎之府也白虎通情性○膀丨者湊液之府也後漢馬融傳注○膀丨者州都之官津液藏焉素問靈蘭秘典論○脬或曰膀丨言其體短而横廣也釋名釋形體

霶 霶霶雨也廣雅釋訓

雱 丨盛貌詩北風雨雪其丨傳○詩北風雨雪其丨穆天子傳一注作雨雪其霶

磅 丨聲也廣雅釋詁四○丨硠聲也文選思元賦伐河鼓之丨硠舊注○丨礚雷霆之音文選西京賦丨礚象乎天威薛注○丨唐廣大盤礴也文選長笛賦駢田丨唐注

膀 丨脅也廣雅釋親

以下據廣韻錄

样 丨槌也廣雅釋器○槌齊謂之丨方言五

輰 丨轞車也廣雅釋器

鰑 丨鮦也廣雅釋魚

鸉 丨白鷢爾雅釋鳥

禓 丨强鬼也謂時儺索室毆疫逐强鬼也丨或爲獻或爲儺禮記郊特牲鄉人丨注

諹 丨讙也集韻引字林

盪 丨杯也廣雅釋器○丨桮也吳越之閒曰丨方言五

痒 丨病也爾雅釋詁又詩桑柔稼穡卒丨箋又廣雅釋詁二○丨丨心憂憊之病也爾雅釋詁舍人注○癙丨皆病也詩正月癙憂以丨傳

䬂 丨風也廣雅釋詁四

椋 丨即來爾雅釋木

𡧸 丨禣也廣雅釋詁一

蔏 丨蔞蒿也爾雅釋草購丨蔞注○爾雅釋草注馬尾丨陸釋文丨本亦作商

裼 丨被不帶也廣雅釋訓

殭 丨死而不朽爾雅釋木釋文引字書○爾雅釋木注丨木也釋文丨本或作僵又作橿

䟫 丨擽也廣雅釋詁三○丨跫立也東齊海岱北燕之郊跪謂之丨跫方言七○今東郡人亦呼長跽爲丨跫也方言七注

蜋 丨蚰蜒也廣雅釋蟲○蚰蜒或謂之丨蠼方言十一

瓺 丨瓶也廣雅釋器○罃陳魏宋楚之閒謂之丨方言五

粻 集韻餦通○丨糧也爾雅釋言又詩崧高以峙其丨箋又禮記王制五十異丨注又禮記内則釋文引字林○丨粮也文選思元賦餐沆瀣以爲丨舊注○丨米糧也禮記雜記載丨注○餅或謂之餦餛方

言十三○丨大庚反爾雅釋言釋文引字林
儴 丨因也爾雅釋詁
蘘 丨何蒪苴也廣雅釋草○丨荷苗似薑根色紅紫似芙蓉可食後漢馬融傳注
䉴 丨籅也廣雅釋器
犪 丨牛此牛能行流沙中如橐駝穆天子傳四丨牛二百以行流沙注
躟 丨踤也廣雅釋言
欀 丨木樹文選吳都賦文丨楨橿劉注
蠰 丨齧桑爾雅釋蟲○丨江東呼為齧髮爾雅釋蟲注○丨乃郎反爾雅釋蟲釋文引字林

軭 丨盩也廣雅釋詁四
𦬣 丨隨也方言十三
蚟 丨孫蜻蛚也廣雅釋蟲○蜻蛚南楚之間謂之丨孫方言十一
鼚 丨動貌書大傳儀伯樂舞丨哉注
煻 熱煨謂之丨煨一切經音義四引通俗文
蓎 爾雅釋草丨蒙女蘿釋文丨本今作唐注蒙卽丨也釋文丨本今作唐
篖 筕丨南楚之外謂之丨方言五
溏 丨淖也爾雅釋言

隚 爾雅釋宮廟中路謂之丨釋文丨本今作唐
篖 丨箄也廣雅釋器
𣯴 丨毦罽也廣雅釋器
鶶 丨鶌鳩也廣雅釋鳥○鳩自關而東周鄭之外韓魏之都謂之丨鶌方言八
䫙 丨顝也廣雅釋親
狼 丨音狼戾山海經中山經大騩之山有草焉其名曰丨注
艆 丨舟也廣雅釋水○海中船曰丨艆郎鄉二音初學記廿五引埤蒼
駺 尾白丨爾雅釋畜○爾雅釋畜釋文丨本多作狼同

稂 丨鈹也廣雅釋器
螗 不過丨蠰爾雅釋蟲○丨蠰螳蜋爾雅釋蟲孫注○丨蠰螳蜋別名爾雅釋蟲注
掆 相對舉物曰丨也一切經音義十一引文字集略
笐 爾雅釋草仲無丨釋文丨本又作亢
迒 丨長也方言十三又廣雅釋詁二○丨道也廣雅釋宮又文選西京賦丨杜蹊塞薛注○丨兔道也爾雅釋獸疏引字林又爾雅釋獸其迹丨釋文引褚詮之○丨迹也方言十三又太元居狗繫之丨注又文選東京賦軌塵掩丨薛注○兔其迹丨爾雅釋獸○丨獸迹也爾雅釋獸釋文引阮孝緒
㝩 丨空也方言十三○丨㝩空貌方言十三注○㝩或作歑虛字也同上○㝩與糠同文選長門賦委

參差以㯍梁注

⿰虫康 蝍蛉淮南人呼丨⿰虫尹方言十一蜻蛉謂之蝍蛉注

漮 丨虛也爾雅釋詁○丨本或作荒爾雅釋詁釋文引郭注○爾雅釋詁滕徵隍丨釋文丨字又作歁

⿱亢巾 丨幞也廣雅釋器

⿰言巟 丨忽也廣雅釋言

⿰忄巟 集韻本作慌○慌讀爲芒芒禹迹之芒考工記總目晝繢鍾筐慌司農注○慌與荒同古字通文選陸士衡挽歌詩龍慌被廣柳注

巟 丨虛也易泰包丨翟元注○丨大也廣雅釋詁一○丨大川也易象上傳包丨虞注

堭 丨壂也廣雅釋室

騜 馬黃曰丨爾雅釋畜○丨于亡反爾雅釋畜釋文引字林

媓 丨母也廣雅釋親○南楚瀑涯之間母謂之丨方言六

蟥 爾雅釋蟲蛂丨蛢釋文丨本或作黃

諻 丨丨樂也爾雅釋訓○丨丨鐘鼓音爾雅釋訓注

葟 丨華爾雅釋草○丨丨茂也廣雅釋訓○爾雅釋草釋文丨本亦作皇

桄 丨充也爾雅釋言○輪謂之丨廣雅釋水○丨作輄車下橫木也一切經音義十四引聲類○丨古文橫橫二形同一切經音義十四○爾雅釋言釋文丨孫作光

蝪 丨音湯爾雅釋蟲釋文引字林

佒 莊子列禦寇緣循偃丨釋文丨本亦作央同

⿰豸央 丨貍類爾雅釋獸疏引字林○丨如猴仰鼻長尾類篇引字林

炕 丨張也爾雅釋木葉晝聶宵丨孫注○爾雅釋木釋文丨樊本作抗

筕 丨篖自關而東周洛楚魏之間謂之倚佯自關而西謂之丨篖方言五○丨篖似籧篨江東呼笪方言五注

胻 丨脛也廣雅釋親○丨脚脛也史記龜策傳壯士斬其丨集解○頡丨猶頡頏也文選甘泉賦魚頡而鳥丨注

肮 丨咽也史記張耳陳餘傳乃仰絕丨集解引韋昭○丨頸大脈也史記張耳陳餘傳索隱引蘇林

吂 使之而不肯荅曰丨方言十

肓 丨遽也廣雅釋詁一

⿰禾旁 丨⿰禾皇稌也廣雅釋草

蒡 丨萛也廣雅釋草○丨菖蒲也同上

⿰革卬 丨角履也廣雅釋器○東北朝鮮洌水之間謂之丨角方言四○徐土邳圻之間大麤謂之丨角同上○丨角今漆履有齒者方言四注

骯 丨骬也廣雅釋親

○以下據【愓】丨丨直疾貌也禮記玉藻凡行容丨丨
集韻錄【愓】注○丨遊也江沅之閒戲或謂之丨方
言十

【婸】丨婬也方言六又廣雅釋詁一

【鬺】丨飪也廣雅釋言○丨亨煮也史記封禪書皆嘗
亨丨集解引徐廣

【蘔】蘇其小者謂之丨葇方言三○丨葇葟葇也亦蘇
之種類方言三注

【逿】丨突也文選思元賦爛漫麗靡藐以迭丨舊注○
丨丨者盪也史記扁鵲倉公傳重陽者丨心主集解
引徐
廣

【摚】丨觸也一切經音義二引何承天纂文

【䃔】丨磕雷聲也後漢張衡傳注又文選思元賦凌驚
雷之丨磕兮注

【䔄】少陘之山有草焉名曰丨草食之不愚山海經中
山經

【瓺】丨瓶也廣雅釋器○丨甖也靈桂之郊謂之丨方
言五○今江東通呼大瓮爲丨方言五注

○以下附錄【謪】丨與商同古字荀子儒效若夫丨德而定
次注○丨或亦多作譎同上

【俇】字書無丨字蓋當爲尪荀子王霸百姓賤之如丨
注○丨與匡同荀子正論譬之是猶傴巫跛匡大
自以爲有
知也注

經籍籑詁卷第二十二下

經籍籑詁卷第二十二下補遺 【下平聲】

兵部侍郎兼都察院右副都御史巡撫浙江等處地方提督軍務兼理糧餉阮元譔集

七陽下

【匡】說文匡飯器筥也从匚㞷聲筐匡或从竹○丨正
也孝經匡救其惡疏引王注○丨亦救也左氏成
十八年傳丨乏困注

【荒】說文丨蕪也从艸巟聲一曰艸淹地也○丨大之
奄也爾雅釋言丨奄也孫注○丨者寬廣之義詩
天作傳丨大也疏○丨虛也易泰苞荒釋文引鄭注
又詩召旻我居圉卒丨箋○丨亦邱虛之空無爾雅
釋詁漮虛也釋文○丨至也詩閟宮遂丨大東釋文
引韓詩○丨言其丨忽漢書地理志上五百里丨服

注○丨言其丨忽絕遠來去無常也漢書嚴助傳戎
狄丨服注○丨旱也漢書五行志中之上○丨謂年
穀不熟周禮小宰丨政弛力役疏○丨廢穢也禮記
曲禮上地廣大丨而不治疏○大丨謂都丨廢不治
也荀子彊國大丨者亡注○饑饉軍旅爲大丨也周
書糴匡大丨有禱無祭注○丨謂政事廢亂詩還序
刺丨丨也箋○丨芒上古時也淮南詮言自身以上至
于丨芒爾遠矣注

【遑】說文新附遑急也从辵皇聲或从彳○丨暇淮南
詮言不丨啓處注○丨亦暇也書無逸不丨暇食
疏○詩谷風丨恤我後左氏襄廿五年傳作皇恤我
後

【行】丨列位也詩卷耳寘彼周丨釋文○丨丨伍穆天
子傳六列于喪丨注○主車丨列謂之公丨左氏
宣二年傳餘子公丨疏

妨 說文丨害也从女方聲○丨謂有所害左氏隱三年傳賤丨貴疏

棠 說文丨牡曰丨牝曰杜从木尚聲

翔 說文丨回飛也从羽羊聲○丨謂翱丨無事儀禮覲禮記注相丨待事之處疏○丨丨行而張拱也禮記玉藻朝廷濟濟丨丨疏○丨丨憂無薄也穆天子傳三中心丨丨注○丨與詳同假借用耳漢書西域傳上其土地山川王侯戶數道里遠近丨實矣注

良 說文邑善也从畐省亾聲目古文邑㠯亦古文邑𠶷亦古文邑○丨善也國語楚語子尚丨食注又淮南時則莫不質丨注○丨亦善也禮記學記求善丨疏○丨謂善漢書郊祀志上病丨巳注引孟康○丨是爲善之稱書仲虺之誥顯忠遂丨疏○丨謂丨善儀禮喪服傳注必求其寬裕慈惠溫丨恭敬疏○

無丨無功善也禮記坊記惟子小子無丨注○丨日謂吉日禮記祭義及丨日疏○丨綏君綏也禮記少儀負丨綏注○丨家謂善營生以致富者管子問問鄉之丨家注○丨人謂夫也詩鵲巢箋丨人迎之疏○丨人美室也詩綢繆見此丨人傳○丨是語辭左氏昭十八年傳弗丨及也疏○丨或作久後漢書蔡邕傳丨夜乃罷注

航 說文斻方舟也从方亢聲禮天子造舟諸侯維舟大夫方舟士特舟○丨舟也文選封禪文蓋周躍魚隕丨注引應劭○方兩小船並與共濟爲丨淮南主術大者以爲舟丨柱樑注

颺 說文丨風所飛揚也从風昜聲○丨讀與揚同漢書敘傳上雄朔野以丨聲注風丨電激注

倡 丨俳也後漢書皇后紀上注引聲類又一切經音義十引蒼頡廿四引三蒼○丨優樂也一切經音義廿二引字林○丨俳優也後漢書桓譚傳性嗜丨樂注又列子湯問臣之所造能丨者注○丨樂人也漢書廣川惠王越傳令丨俳贏戲坐中注霍光傳擊鼓歌吹作俳丨注外戚傳上孝武李夫人本以丨進注

倀 說文丨狂也从人長聲一曰朴也

羌 說文丨西戎牧羊人也从人从羊羊亦聲南方蠻閩从虫北方狄从犬東方貉从豸西方丨从羊此六種也西南僰人僬僥从人蓋在坤地頗有順理之性惟東夷从大大人也夷俗仁仁者壽有君子不死之國孔子曰道不行欲乘桴浮於海有以也𢀛古文丨如此

慶 丨發語辭也漢書楊雄傳上厥高丨而不可虖疆度注敘傳上丨未得其云巳注○丨讀與羌同漢

書楊雄傳上丨夭頓而喪榮注敘傳上丨未得其云巳注

姜 說文丨神農居丨水以爲姓从女羊聲○丨太岳之後也左氏莊廿二年傳

僵 說文丨僨也从人畺聲○丨仆倒地也漢書梁平王襄傳卽詐丨仆陽病注○丨猶偃也呂覽貴卒鮑叔御公子小白丨注

薑 說文薑御溼之菜也从艸彊聲○丨卽辛也周禮疾醫注薑酒飴蜜丨桂之屬疏

繮 說文丨馬紲也从糸畺聲

橿 說文丨枋也从木畺聲

疆 本作畺俗作壃○說文畺界也从田三其界畫也疆畺或从弓土○丨界也禮記曲禮下出丨必請

疏○丨境界也穀梁昭元年傳釋文○丨是境之別
名詩七月傳丨竟也疏○丨者竟也詩駉箋無有竟
巳疏○丨謂其封丨詩信南山傳丨畫經界也疏○
丨正其界也左氏宣八年傳楚子丨之注○丨場謂
界畔也左氏桓十七年傳丨場之事疏○丨窮也禮
記中庸悠久無丨疏○無丨無限也穆天子傳三得
獲無丨注○丨爲丨驟境埇之地左氏襄廿五年傳
數丨潦賈注○畺卽都一也周禮載師注五百里爲
都疏○畺亦壃字也漢書王子侯表上畺土過制注
○詩信南山丨場有瓜周禮載師疏作畺場有瓜
萇 說文丨丨楚桃弋一名羊桃从艸長聲○丨丨楚
也文選南都賦薇蕪蓀丨注○丨楚今羊桃也詩
隰有萇楚疏引陸璣疏○丨楚一名銚弋爾雅釋草
舍人注
糧 說文丨穀也从米量聲○丨謂米粟行道之食也
左氏僖四年傳資丨扉屨疏○丨或作粻後漢書
張衡傳餐沆瀣以爲丨注

穰 說文穰黍梨已治者从禾襄聲○丨言饒多爾
雅釋訓注○詩執競降福丨丨鹽鐵論論菑作降
福瀼瀼
將 丨送也左氏宣五年傳注留其送馬疏又淮南詮
言去者弗丨注○丨行也孝經丨順其美疏引王
注○丨猶助也詩烈祖我受命溥丨箋○丨甫始之
辭也漢書兒寬傳丨建大元本瑞注引蘇林○丨者
未至之辭詩魚藻序箋丨不能以自樂疏○言丨者
事未至儀禮士昏禮注卽席丨餕也疏○事未至謂
之丨儀禮士相見禮注以丨不親荅也疏○以其事
未至故言丨也儀禮士喪禮注鬲丨縣於重者也疏
○丨亡者未絕之辭禮記檀弓下斯道也丨亡矣疏
○丨謂執以致命禮記王制則以祝丨之注○丨命

者傳賓主之語出入論語憲問闕黨童子丨命集解
引馬注○丨車猶御車也史記田叔列傳爲人丨車
索隱○丨謂爲逆亂也漢書叔孫通傳人臣無丨注
引臣瓚○丨謂丨爲逆亂也漢書佞幸董賢傳蓋君
親無丨注○丨者丨爲弑逆之事也後漢書樊儵傳
君親無丨注
牆 說文牆垣蔽也从嗇爿聲牆籀文从二禾牆籀文
亦从二來○丨謂屏也論語季氏而在蕭丨之內
也集解引鄭注○脩華嶽碑蘠屋傾亞丨作蘠
桑 說文丨蠶所食葉木从叒木○丨木之衆也詩將
仲子無折我樹丨傳○丨衆木之本禮記內則射
人以丨弧蓬矢六射天地四方疏○丨薪薪之善者
也詩白華樵彼丨薪箋○丨採丨也漢書元后傳萃
皇后列侯夫人丨注又穆天子傳五以觀丨者注

剛 說文剛彊斷也从刀岡聲后古文剛如此○丨謂
事理丨斷書皋陶謨丨而塞鄭注○丨謂情無私
左氏昭六年傳斷之以丨疏○丨折丨直面折也荀
子臣道撟然丨折注○陽曰丨素問陰陽應象大論
審其陰陽以別柔丨注○丨謂陽也素問陰陽別論
是故丨與丨注○丨柔陰陽也淮南天文丨柔相成
注○丨丨柔卽陰陽也論其氣卽謂之陰陽語其體卽
謂之丨丨柔也易繫辭下傳丨柔相推疏○乾爲丨易
繫辭上傳丨柔者荀注○丨者君也易彖下傳得中
而應乎丨荀注○丨奇日也禮記曲禮上外事以丨
日疏○丨牡也禮記明堂位周騂丨疏○丨鬣言肥
大也禮記曲禮下疏引王云
祥 說文丨福也从示羊聲一云善○丨福之善也爾
雅釋詁疏引李注○丨善也吉也易象下傳不丨
也疏○丨猶吉也禮記曲禮上丨車曠左疏○吉之
先見謂之丨左氏僖十六年傳疏○惡事亦稱爲丨

同上○丨者吉丨之事詩大明箋文王以禮定其吉丨疏○吉凶先見皆曰丨禮記中庸必有禎丨疏○○丨吉凶之先見者左氏僖十六年傳是何丨也注○丨丨者善惡之徵左氏昭十八年傳將有大丨疏○丨謂徵丨易泰視履考丨疏○丨者是徵兆之先見者也詩維清箋乃周家得天下之吉丨疏○丨幾丨也易繫辭下傳吉事有丨虞注○丨妖丨素問六元正紀大論水洒見丨注○自外來謂之丨漢書五行志中之上○異自內生曰眚自外曰丨易復有災眚釋文引鄭注○本無今有曰丨禮記中庸必有禎丨疏○不丨者不宜也論衡四諱○丨亦凶事禮記檀弓上孔子旣丨注○書呂刑告爾丨刑墨子尚賢下作告女訟刑○元嘉刀銘宜侯王大吉羊丨作羊

詳 說文丨審議也从言羊聲○丨審也禮記曲禮上注爲其丨於味也疏○丨悉也漢書武帝紀故丨延天下方聞之士注○丨謂悉盡也漢書食貨志上亦未可丨注○丨者祥也古字同耳左氏成十六年傳德刑丨義禮信疏

洋 說文丨水出齊臨朐高山東北入鉅定从水羊聲○丨丨流也廣雅釋訓○丨丨美盛也漢書韋賢傳丨丨仲尼注○丨溢言盛多也漢書燕刺王旦傳威武丨溢注○丨丨謂道德充滿之貌禮記中庸丨丨丨乎疏○丨丨舒緩搖尾之貌孟子萬章上少則丨丨焉注○書伊訓聖謨丨丨墨子非樂上作嗚呼舞佯佯○詩碩人河水丨丨楚辭注十六作何水油油

暘 說文丨日出也从日昜聲虞書曰丨谷○丨谷日所出也文選子虛賦右以丨谷爲界注引司馬彪○金爲丨禮記禮器饗帝於郊注

佯 丨或作詳史記田叔列傳以爲任安爲丨邪集解引徐廣

粱 說文粱米名也从米梁省聲○丨粟也史記太史公自序糲丨之食正義○丨好粟也卽今之丨米漢書食貨志上食必丨肉注○丨粟類也米之善者漢書霍去病傳重車餘棄丨肉注○丨米也史記龜策列傳丨卵梯黃索隱○粱米也素問腹中論令禁高粱注○粱丨也素問生氣通天論高粱之變注○丨丨米也禮記喪大記不辟丨肉疏○丨食之精者文選陸士衡樂府君子有所思行注引國語賈注○丨曰薌萁禮記曲禮下

量 說文丨稱輕重也从重省曏省聲量古文丨○丨度呂覽精通丨所以贖之則無有注

羊 說文羊祥也从丫象頭角足尾之形孔子曰牛羊之字以形舉也凡羊之屬皆从羊○丨剛狠之物易大壯注丨壯也疏○丨曰柔毛禮記曲禮下○丨女使周易玩辭十五引易說卦傳兌爲丨鄭注

傷 說文丨創也从人煬省聲○丨病也呂覽分職天寒起役恐丨民注○丨敗也呂覽辯士此事之丨也注○丨卽缺也左氏文十二年傳注憖缺也疏○道人始去茲謂丨漢書五行志中之下○丨謂喪祭也管子君臣是故明君飾飲食弔丨之禮注

湯 說文丨熱水也从水昜聲○雲行雨施曰丨書堯典序疏引謚法○除虐去殘曰丨同上○丨猶盪滌也漢書天文志是謂大丨注引晉灼○丨谷日所出也史記司馬相如列傳右以丨谷爲界正義引張揖○莊子天地數如泆丨釋文司馬本作佚蕩

魴 說文丨赤尾魚从魚方聲鰟丨或从旁○丨鱮大魚詩敝笱其魚丨鱮傳○丨魚之美者詩敝笱疏

引陸璣疏
彰說文丨文丨也从彡从章章亦聲○丨明也素問
氣交變大論必丨于物注○書伊訓嘉言孔丨墨
子非樂上作黃言孔章泰誓下厥類惟丨墨子非命
下作其行甚章
漳說文丨濁丨出上黨長子鹿谷山東入清丨清丨
出沾山大要谷北入河南丨出南郡臨沮从水章
聲○丨水出上黨沾縣大黽谷東北至安平阜城入
河書禹貢至于衡丨鄭注○丨水出新城涼鄉縣南
左氏宣四年傳注丨澨疏引釋例
麞說文丨麋屬从鹿章聲
璋說文丨剡上爲圭半圭爲丨从玉章聲禮六幣圭
以馬丨以皮璧以帛琮以錦琥以繡璜以黼○半

圭曰丨考工記玉人丨邸射素功疏○丨圭璧之屬
也禮記王制有圭璧金丨不粥於市疏○南方之時
萬物莫不章故謂之丨白虎通瑞贄
商說文商从外知內也从冏章省聲𠅱古文商𧶜亦
古文商𧷒籀文商𧷓行賈也从貝商省聲○丨計
度也漢書趙充國傳虜必丨軍進退稍引去注○丨
謂丨略後漢書宦者傳論先史丨之久矣注○丨謂
丨量是刻漏之名儀禮士昏禮注日入三丨爲昏疏
○行曰丨左氏宣十二年傳丨農工賈疏○賫貨而
行曰丨易復丨旅不行釋文引鄭注○巽爲近利市
三倍故稱丨易兌丨兌虞注○金爲丨左氏昭廿
五年傳注宮丨角徵羽疏○庚辛爲丨太元元數聲
生於日注○丨謂丨聲哀思之音荀子王制審詩丨
注○丨秋聲也文選陶淵明赴假還江陵詩注引淮
南許注○丨金音屬秋列子湯問於是當春而叩丨

弦注○丨漳聲相近水經漯水注○詩殷武丨邑翼
翼漢紀永元二年作京邑翼翼
防廣韻防坊同○說文丨隄也从𨸏方聲埅或从土
○丨隄也淮南脩務脩彭蠡之丨注○坊堤也禮
記檀弓上見若坊者矣疏○坊謂堤坊禮記經解猶
坊止水之所自來也疏○坊者所以蓄水亦以障水
禮記郊特牲祭坊與水庸疏○丨者丨使勿然左氏
文六年傳注丨惡興利疏○坊字或土旁爲之或阜
旁爲之古字通用也禮記坊記疏
筐集韻亦省匡○丨竹器也詩伐木傳以丨曰釃疏
○匡所以盛也太元從有女承其血匡亡注○方曰
丨漢書食貨志上賦入貢棐注引應劭○丨篋所以
盛書漢書賈誼傳在於刀筆丨篋注○丨筥所以盛
黍也詩良耜載丨及筥傳○丨所以盛蒩者也周禮
司巫注謂若今丨也疏○易歸妹女承丨釋文鄭作

匡
煌說文煌煌煇也从火皇聲
艎說文新附艎艅艎也从舟皇聲
篁說文篁竹田也从竹皇聲○丨竹叢也漢書嚴助
傳丨竹之中注引服虔○竹田曰丨史記樂毅列
傳植於汶丨集解引徐廣又漢書嚴助傳注
隍說文隍城池也有水曰池無水曰隍从𨸏皇聲易
曰城復于隍○丨壑也易泰城復于丨鄭注○丨
城池也爾雅釋詁丨壑也釋文○丨是城下池也易
泰城復于丨疏引子夏傳○城下坑無水曰丨一切
經音義八引三蒼

凰 本作皇○皇鳥配於鳳者也周書王會方煬以皇鳥注○詩卷阿鳳凰于飛唐石經作鳳皇于飛

蝗 說文蝗螽也从虫皇聲○丨卽螽也漢書文帝紀大旱丨注

惶 說文惶惶恐也从心皇聲○丨恐也華嚴經音義上引三蒼

璜 說文丨半璧也从玉黃聲○半璧曰丨漢書王莽傳上夏后之丨注又淮南氾論夫夏后氏之丨注○半璧爲丨初學記廿六引三禮圖○陽氣橫於黃泉故曰丨白虎通瑞贄

廊 說文新附丨東西序也从广郎漢書通用郎○丨堂下四周屋也漢書司馬相如傳上高丨四注注○丨堂下周屋也漢書竇嬰傳所賜金陳丨廡下注○重郎累屋也周書作雒重亢重郎注

滄 說文丨寒也从水倉聲○丨浪水色也文選陸士衡樂府埀影滄浪泉注○丨浪夏水卽漢河之別流也書禹貢又東爲丨浪之水馬注又鄭注

綱 說文綱維紘繩也从糸岡聲𥿗古文綱○丨是維之大繩左氏僖廿四年傳注爲之紀丨疏○丨者綱之大繩詩棫樸箋張之爲丨疏○丨者綱之索書孔序舉其宏丨疏○丨者爲大網以橫絕流論語述而子釣而不丨集解引孔注

亢 說文丨人頸也从大省象頸脈形凡丨之屬皆从丨頏或从頁○丨喉嚨也漢書劉敬傳不搤其丨注引張晏○丨頸大脈也俗所謂胡脈也漢書陳餘傳乃仰絕丨而死注引蘇林○丨者總謂頸耳漢書陳餘傳注

喪 說文𠷎亾也从哭从亾會意亾亦聲○丨親之終也左氏文十五年傳○丨亦亡也禮記問喪亡矣丨矣疏○丨凶事漢書五行志中之下○丨拜卽凶拜禮記檀弓上注此周之丨拜也疏○在丨未葬也左氏僖九年傳凡在丨注○坤爲丨易小過遇其妣虞注○詩板丨亂蔑資說苑政理作相亂蔑資

穅 說文穅穀皮也从禾从米庚聲康穅或省

肓 說文丨心上鬲下也从肉亾聲春秋傳曰病在丨之下

潢 說文丨積水池从水黃聲○丨洿停水也漢書食貨志下猶塞川原爲丨洿也注○積水曰丨漢書循吏龔遂傳盜弄陛下之兵於丨池中耳注

簧 說文丨笙中丨也从竹黃聲古者女媧作丨○丨施於匏笙之管端者也史記樂書莖匏笙丨正義○丨笙管之中金薄鍱也詩君子陽陽傳丨笙也疏○大笙謂之丨文選長笛賦漂凌絲丨注○丨者竽笙之名也禮記月令調竽笙篪丨疏○詩鹿鳴吹笙鼓丨白帖六十二作吹笙鼓簧

傍 說文旁溥也从二闕方聲㫄古文旁𣃟亦古文旁雱籀文又傍近也从人旁聲○旁謂四十周禮冢宰序注營國方九里疏○旁非一方史記五帝本紀旁羅日月星辰水波土石金玉索隱○旁猶面也禮記喪大記士旁三揖疏○旁者四面之謂也禮記聘義孚尹旁達疏○四旁猶四極也周髀算經下天之中央亦高四旁六萬里注○旁衍也文選封禪文旁魄四塞注引張揖○旁魄廣被也漢書司馬相如傳下旁魄四塞注○旁午分布也漢書霍光傳使者旁午注引如淳○一從一橫爲旁午漢書霍光傳注○旁旁薄猶言蕩薄也漢書楊雄傳下旁薄羣生注○旁猶妄也禮記少儀不旁狎疏○旁猶不正也禮記喪大記士旁三揖疏○旁唐文石也漢書司馬相如傳上瑉玉旁唐注○旁此古邪字周髀算經上從髀所

旁至日所十萬里注

汪 說文汪深廣也从水㞷聲一曰汪池也○丨濊深貌也文選難蜀父老湛恩丨濊注引張揖○丨濊深廣也漢書司馬相如傳下湛恩丨濊注○丨濊言饒多也漢書禮樂志澤丨濊注

臧 說文丨善也从臣戕聲𢧵籀文○丨善也國語晉語其事丨注○丨者善也左氏昭五年傳注又取其令名疏引劉炫○丨謂有功易師否丨凶疏○丨謂事有所善穀梁序丨否不同疏○丨否謂善惡得失也左氏隱十一年傳師出丨否注○丨甬奴婢賤稱也方言三○奴以善人爲妻生子曰丨文選報任少卿書丨獲婢妾注引韋昭○丨獲敗敵所被虜獲爲奴隷者漢書司馬遷傳丨獲婢妾注引晉灼○詩桑柔自獨俾丨淮南氾論注作自獨卑藏

琅 說文丨丨玕似珠者从玉良聲○丨玕石似珠者也漢書地理志上貢球琳丨玕注○丨玕珠之類也素問平人氣象論如循丨玕注○丨當長鎖也若今之禁繫人鎖矣漢書西域傳上陰末赴鎖丨當德注注○丨當長鏁也漢書王莽傳下以鐵鎖丨當其頸注

蜋 說文丨堂丨也从虫良聲一名蚚父○丨五色具爾雅釋蟲孫注

當 說文丨田相值也从田尚聲○丨謂對偶也漢書司馬相如傳上恐不得丨也注○丨主也文選甘泉賦注引禮記鄭注○丨者報其直漢書匈奴傳上匈奴終不敢取丨注○丨謂正直之年也素問六節藏象論丨其時則甚也注○丨合呂覽大樂莫不咸丨注○丨謂處其罪也史記張釋之馮唐列傳廷尉丨是索隱引崔浩又漢書張釋之傳釋之奏丨此人犯蹕注路溫舒傳蓋奏丨之成注李廣傳吏丨亡失多注○丨謂處正其罪也漢書陳湯傳廷尉增壽丨是注○丨謂處正其罪名漢書李尋傳丨賀良等執左道亂朝政注○丨謂處斷也漢書刑法志以其罪名丨報之注○丨謂處斷其罪漢書食貨志下湯奏丨異注楊惲傳廷尉丨惲大逆無道注游俠郭解傳丨大逆無道注○孟子萬章上是時孔子丨阨說苑作是孔子嘗阨

瑲 說文新附丨華飾也从玉當聲

庠 說文丨禮官養老夏曰校殷曰丨周曰序从广羊聲○丨之爲言詳也以詳禮義之所也一切經音義九引白虎通○丨學名也禮記學記黨有丨疏○丨謂鄉學也禮記王制耆老皆朝于丨注○鄉學曰丨禮記學記注黨屬於鄉疏○鄉學謂丨禮記鄉飲酒義注丨鄉學也疏○有室謂丨同上○遂學曰丨禮記學記黨有丨疏引皇氏○黨有丨謂夏殷禮非周法禮記學記疏引庾氏○殷曰丨漢書儒林傳序○殷爲丨御覽五百卌五引五經通義○有虞氏之學曰丨亦謂之米廩御覽五百卌三引成伯璵禮記外傳○虞丨小學也禮記王制養庶老於虞丨注

裳 丨下之飾也左氏昭十二年傳又詩斯干載衣之丨傳○下曰丨左氏宣十二年傳得其甲丨注○丨乃服之褻者詩葛屨可以縫丨箋○丨亦稱衣也詩東方未明傳下曰丨疏○坤爲丨易說卦釋文引九家集解○丨取象坤在下含物也易繫辭下傳垂衣而天下治九家注

昂 通作卬○說文新附丨舉也从日卬聲○卬物價起漢書食貨志下萬物卬貴注○卬爲也甌越曰卬方言六○詩匏有苦葉人涉卬否釋文本或作仰○詩卷阿顒顒卬卬一切經音義四作顒顒昂昂

鶼 說文丨鸆丨也从鳥爽聲

鄣 說文䣊紀邑也从邑章聲

餹 集韻糖同○說文新附糖飴也从米唐聲

瘍 說文瘍頭創也从疒昜聲

鏘 丨丨鳴之聲左氏莊廿二年傳注鳴丨丨然疏○丨丨進貌荀子賦讒口將將注

湯 丨丨波動之貌書堯典丨丨洪水方割疏

鏜 闛通○說文丨鏜鼓之聲从金堂聲詩曰擊鼓其丨○闛鞈鼓音也漢書司馬相如傳上鏗鎗闛鞈注

尣 說文尣㝉曲脛也从大象偏曲之形凡尣之屬皆尣尫古文从㞷○行不正稱丨太元傒傒丨丨注○丨是瘠病之人左氏僖廿一年傳注瘠病之人疏○丨者面鄉天禮記檀弓下吾欲暴丨而奚若注

硠 說文丨石聲从石良聲

杭 丨渡也廣雅釋詁二○丨舟也漢書司馬相如傳下蓋周躍魚隕丨注引應劭

邙 說文邙河南洛陽北土山上邑从邑亾聲

牂 說文丨牡羊也从羊爿聲○丨吳羊其牝一歲曰牸䍩三歲曰丨廣雅釋獸羊屬○將丨聲相近又字體一邊相似禮記內則注將當爲丨疏○詩苕之華丨羊墳首古本作牂羊墳首初學記廿九作牂羊墳首

湟 說文湟水出金城臨羌塞外東入河从水皇聲

滂 說文滂沛也从水旁聲○丨濞衆盛貌漢書司馬相如傳下丨濞泱軋注引張揖○丨濞雨水多也漢書司馬相如傳下涉豐隆之丨濞注○丨洋饒廣也漢書禮樂志福丨洋注○丨丨流蕩貌列子力命若何滴滴去此國而死乎釋文○詩漸漸之石俾丨沱矣白帖一作俾霶沱矣

桹 說文丨高木也从木良聲

溏 餌兗豫曰丨淡就形名之也釋名釋飲食

碭 丨文石也漢書地理志下梁國丨注

將 丨丨盛美也詩閟宮傳疏引王肅○詩緜應門丨丨文選注一作應門⿰舟將⿰舟將御覽一百八十二作應門鏘鏘○詩執競磬筦丨丨漢書禮樂志作磬管鏘鏘荀子富國作磬管瑲瑲風俗通聲音作磬管鎗鎗○詩泮水犧尊丨丨白帖六十九作犧樽鏘鏘

禳 說文禳磔禳祀除癘殃也古者燧人氏禜子所造从示襄聲○丨除灾也漢書藝文志丨祀天文十八卷注○丨除禍也漢書孔光傳俗之祈丨小數注○丨謂丨去惡祥也周禮雞人注四面丨也疏○丨者丨去殃氣周禮肆師與祝侯丨于畺疏○面丨謂禱祈之屬周禮雞人凡祭祀面丨疏○丨卻也左氏襄九年傳注用馬祭於四城以丨火疏

攘 說文攘推也从手襄聲○丨却也淮南詮言信巳之不丨也注○丨郤也漢書敘傳下百蠻是丨注周宣丨之注○丨猶却也禮記祭法相近於坎壇注○丨郤退也漢書司馬相如傳下隨流而丨注○有

因而盜曰丨論語子路其父丨羊集解引周注○凡六畜自來而取之曰丨之淮南氾論直躬其父丨羊注○丨謂相侵奪也漢書嚴助傳南夷相丨注○丨博士讀曰襄爾雅釋詁疏引書鄭注○丨一作襄史記太史公自序秦所以東丨集解引徐廣

蹌 說文丨動也从足倉聲○丨丨濟濟士大夫之威儀也詩公劉丨丨濟濟箋○書益稷鳥獸丨丨說苑辨物作鳥獸鶬鶬

鶬 說文丨麋鴰也从鳥倉聲雒丨或从隹○丨鴰也今關西呼爲鴰鹿山東通謂之丨鄙俗名爲錯落錯者亦言丨聲之急耳漢書司馬相如傳上雙丨下注○丨似雁而黑亦呼爲丨括史記司馬相如列傳雙丨下正義引司馬彪○丨麋鴰是九頭鳥也酉陽雜俎十六引爾雅裴瑜注

瀼 說文新附瀼露濃皃从水襄聲

枋 說文丨木作車从木方聲

螗 丨蝘也郎蚒蟟也漢書五行志中之上如蜩如丨注○丨蟬之大而黑色者詩蕩如蜩如丨疏引陸疏○詩蕩如蜩如丨白帖九十五作如蜩如螳

搶 丨音濟濟蹌蹌不安貌也漢書賈誼傳國制丨攘注引蘇林

戕 說文丨槍也他國臣來弒君曰丨从戈爿聲○丨者卒暴之名左氏宣十八年傳注○丨者殘也言外人卒暴而來殘賊殺害也左氏宣十八年傳疏

螳 說文新附丨丨蜋也从虫堂聲○丨螂有斧蟲也方言十一丨螂謂之髦注

杗 說文杗棟也从木亾聲爾雅曰杗廇謂之梁

鍚 集韻鍚同○說文鍚馬頭飾也从金陽聲詩曰鉤膺鏤鍚一曰鍱車輪鐵○眉上曰丨周禮巾車注丨馬面當盧疏○丨傳其背如龜也禮記郊特牲朱干設丨注

稂 說文蓈禾粟之𥝩生而不成者謂之董蓈从艸郎聲稂蓈或从禾○丨是禾之秀而不實者詩下泉疏

菖 丨者百草之先生者也呂覽任地

鐺 說文丨銀丨也从金當聲○丨鼛鼓音史記司馬相如列傳鏗鎗丨鼛集解引郭璞

洸 說文洸水涌光也从水从光光亦聲詩曰有洸有潰○卜丨赳赳皆果毅之貌爾雅釋訓注

閶 說文丨天門也从門昌聲楚人名門曰丨闔○丨闔天門也史記司馬相如列傳排丨闔而入帝宮兮正義引韋昭又漢書禮樂志游丨闔注引應劭○兌爲丨闔風周禮保章氏疏引考異郵○闛讀與丨同漢書楊雄傳上西馳闛闔注

瑲 集韻或作鎗○說文丨玉聲从玉倉聲詩曰鞗革有丨○禮記經解注然後玉鎗鳴也釋文本亦作鏘

蹡 廣韻蹡同○說文蹡行皃从足將聲詩曰管磬蹡蹡

纕 說文纕援臂也从糸襄聲

蘉 丨之爲勉相傳訓也鄭王皆以爲勉書洛誥汝乃是不丨疏

蔣說文丨苽丨也从艸將聲○丨菰也漢書司馬相如傳上丨芧青薠注引張揖

斨說文丨方銎斧也从斤爿聲詩曰又缺我丨○丨卽斧也唯銎孔異耳詩七月傳丨方銎斧也疏

亡說文亾逃也从入从乚凡亾之屬皆从亾○丨無也周禮小祝注丨則以緇長半幅疏又左氏昭十三年傳其貴丨矣疏又穀梁成七年傳丨乎人矣注又史記老莊申韓列傳則德丨索隱張耳陳餘列傳嘗丨命游外黃索隱引崔浩又素問六元正紀大論少者暴而丨注○丨无也易泰朋丨疏○丨猶無也左氏襄九年傳姜曰丨注○丨喪也文選上林賦似若有丨注引司馬彪○丨叛也禮記樂記國之滅丨無日矣疏○天下去之之謂丨荀子王霸正論○國滅爲丨書仲虺之誥取亂侮丨疏○丨奔也國語晉語公子生十七年而丨注楚語子牟有罪而丨注○燕語呼丨爲無水經濕水注引地理風俗記

殃說文殃咎也从歺央聲○丨咎也文選長門賦數昔日之諐丨注○丨禍惡也易坤必有餘丨釋文引鄭注○書伊訓降之百丨墨子非樂上作降之百殃

薌說文新附薌穀气也从艸鄉聲○丨一謂煮豚若羊於小鼎中使之香美也禮記內則以小鼎丨脯於其中注

薔蘠同○說文蘠蘠靡虋冬也从艸牆聲○丨草名管子地員其草兢與丨注

喤說文喤小兒聲从口皇聲詩曰其泣喤喤

鑲說文鑲作型中腸也从金襄聲

邡說文邡什邡廣漢縣从邑方聲

鈁說文丨方鐘也从金方聲

洭說文洭水出桂陽縣盧聚山洭浦關爲桂水从水匡聲

莨說文丨艸也从艸良聲○丨狼尾草也史記司馬相如列傳藏丨蒹葭集解引漢書音義○丨尾似茅史記司馬相如列傳索隱引郭璞

𣢾說文𣢾飢虛也从欠康聲

滄滄初涼列子湯問日初出滄滄涼涼釋文

彷集韻通作方○方羊猶丨翔也漢書吳王濞傳方羊天下注

牂通作牂○牂牁繫船杙也史記西南夷列傳道西北牂牁正義引崔浩又漢書地理志上牂柯郡注

衁說文衁血也从血亡聲春秋傳曰士刲羊亦無衁也

恇說文恇怯也从心匡匡亦聲

莣說文莣杜榮也从艸忘聲○丨今芒草爾雅釋草丨杜榮注

鋃說文丨丨鐺瑣也从金良聲

穅說文丨虛無食也从禾荒聲

磅丨硠聲也後漢書張衡傳伐河鼓之丨硠注

膀說文膀脅也从肉旁聲髈膀或从骨○丨胱者津液之府也史記扁鵲倉公列傳別下於三焦丨胱正義○丨胱爲津液之府素問氣厥論胞移熱於丨胱注○丨胱爲液之門素問痹論少腹丨胱注

○以下據昜說文丨開也从日一勿一曰飛揚一曰長也一曰彊者衆皃
禓 廣韻錄說文丨道上祭从示昜聲
崵 說文丨山在遼西从山昜聲一曰嵎銕丨谷也
痒 說文瘍瘍也从疒羊聲
䬋 說文北風謂之丨从風涼省聲
椋 說文丨郞來也从木京聲
⿰旡京 曹憲音
世人作丨禣之丨水旁著京失之矣廣雅釋詁一
⿰牛京 說文丨牻牛从牛京聲春秋傳曰牻丨

輬 說文丨从車也从車京聲
𥏫 說文丨傷也从矢昜聲
鬺 說文丨煮也从鬲羊聲
蔁 說文丨艸也从艸章聲
畕 說文丨比田也从二田凡丨之屬皆从丨
⿰牛畺 說文丨牛長脊也从牛畺聲
餦 丨餭錫也廣雅釋器
粻 說文新附丨食米也从米長聲○丨糧也論語衞靈公在陳絕糧釋文引鄭注

⿰襄阝 說文⿰襄阝今南陽穰縣是从邑襄聲
儴 爾雅釋詁丨仍因也匡謬正俗一引作攘
蘘 說文蘘蘘荷也一名蒚蒩从艸襄聲○丨荷蓴苴也漢書司馬相如傳上茈薑丨荷注
孃 說文孃煩擾也一曰肥大也从女襄聲
匚 說文丨受物之器象形凡丨之屬皆从丨讀若方𠥓籀文丨
⿰爿手 說文丨扶也从手爿聲
朚 說文丨翌也从𠃊明聲
牄 說文丨鳥獸來食聲也从倉爿聲虞書曰鳥獸丨丨

邼 說文郾河南閶喜鄉从邑匡聲
軭 說文軭車戾也从車匡聲
勥 說文丨迫也从力强聲𢏚古文从彊
⿱艸昜 說文丨艸枝枝相値葉葉相當从艸昜聲
𨋺 說文𨋺方車也一曰一輪車也从車㞷聲讀若狂
㞷 說文丨艸木妄生也从之在土上讀若皇
踼 說文丨跌丨也从足昜聲○丨跌也文選吳都賦注引聲類○丨跌皆頓伏也文選吳都賦䰟褫氣懾而自丨跌者劉注

⿰魚堂丨魟也〔廣雅釋魚〕
闛〔說文〕丨丨盛皃从門堂聲
鎕〔說文〕丨丨銻火齊从金唐聲
㝗〔說文〕丨康也从宀㫐聲
𥎊〔說文〕丨矛屬从矛㫐聲
蟷〔說文〕蟷蟷蠰不過也从虫當聲○丨蠰有斧蟲江東呼為石蜋〔爾雅釋蟲〕莫貈丨蜋蛑注
𠥫〔說文〕丨古器也从匚倉聲
笐〔說文〕丨竹列也从竹亢聲

犅〔說文〕犅特牛也从牛岡聲
魧〔說文〕丨大貝也一曰魚膏从魚亢聲讀若岡
迒〔說文〕丨獸跡也从辵亢聲
㝩〔說文〕㝩屋㝩㝗也从宀康聲
漮〔說文〕漮水虛也从水康聲
𩣡〔說文〕丨馬奔也从馬巟聲
𦂦〔說文〕丨絲曼延也从糸巟聲
詤〔說文〕丨夢言也从言巟聲

⿰巾巟〔說文〕丨設色之工治絲練者从巾巟聲一曰丨隔
巟〔說文〕丨水廣也从川亾聲易曰包丨用馮河○丨尻也〔廣雅釋詁二〕
騜馬黃白色雜名皇也〔爾雅釋畜〕舍人注
蟥〔說文〕丨蟜丨也从虫黃聲
韹〔爾雅釋訓〕丨丨樂也釋文詩作喤喤又作鍠
翌〔說文〕丨樂舞以羽翿自翳其首以祀星辰也从羽王聲讀若皇
⿰禾皇〔說文〕⿰禾皇稀⿰禾皇也从禾皇聲
⿰𦤳生〔說文〕丨華榮也从𦤳生聲讀若皇爾雅曰丨華也草丨或从艸皇

鼞〔說文〕丨鼓聲也从鼓堂聲詩曰擊鼓其丨
⿰旁斗〔說文〕丨量溢也从斗旁聲
肮丨謂胡脈〔史記劉敬叔孫通列傳〕不搤其丨索隱引俗字
⿰旁阝〔說文〕⿰旁阝汝南鮦陽亭从邑旁聲
卬〔說文〕丨望欲有所庶及也从匕从卩詩曰高山丨止
茚〔說文〕丨昌蒲也从艸卬聲益州生
⿰革卬〔說文〕丨丨角鞮屬从革卬聲
○以下據集韻錄
⿰方隹〔說文〕丨鳥也从隹方聲

蠰 說文蠰蟷蠰也从虫襄聲

峸 說文丨山陵也从山戕聲

鄌 說文鄌地名从邑臺聲臺古堂字

甿 說文丨境也一曰陌也趙魏謂陌爲丨从田亢聲

鍠 說文鍠鐘聲也从金皇聲詩曰鐘鼓丨丨

瑝 說文瑝玉聲也从玉皇聲

經籍籑詁卷第二十二下補遺終

經籍籑詁卷第二十三　下平聲

經筵講官南書房行走戶部左侍郎兼署兵部左侍郎提督浙江學政阮元撰集

八庚

【庚】丨之言更也禮記月令其日丨辛注○丨者更也
古微書引詩推度災又三國文帝紀注引獻帝傳
○丨更也御覽引崔靈恩禮記義宗又史記孝文紀
大橫丨丨集解引張晏又素問六元正紀大論爲丨
蒼注○丨者物更也白虎通五行○丨猶更也丨堅
強貌也釋名釋天○丨過也廣雅釋詁三○丨道也
小爾雅廣言又文選補亡詩由丨萬物得由其道也
注○丨償也禮記檀弓下請丨之注○丨益也列子
黃帝心丨言是非釋文○丨義也太元斷丨斷甲注
○丨丨橫貌漢書文帝紀集注引服虔○申命令謂

之丨易巽先丨三日注○丨辛金也淮南時則其日
丨辛注○丨辛皆金也淮南天文其日丨辛注○丨
辛金日也呂覽孟秋其日丨辛注○丨辛申酉金也
淮南天文○丨申秦也同上○丨子無射之商也同
上○日既入謂明星爲長丨丨續也詩大東西有長
丨傳○長丨星也楚辭遠逝立長丨以繼日注○長
丨卽太白星後漢馬融傳注○丨當作更列子黃帝
心丨言是非注○爾雅釋草蕧盜丨釋文丨本又作
羹同○左傳成二年晉
荀丨古今人表作荀尹

【更】丨代也左氏昭十二年傳使丨其位注昭廿九年
傳以丨豕韋之後注又禮記儒行乃留丨僕未可
終也釋文又左傳定八年以季寤丨季氏釋文又方
言三又廣雅釋詁三又呂覽仲春用圭璧丨皮幣注
又淮南時則用圭璧丨皮幣注又楚辭悲回風丨統
世而自貺注○丨易也儀禮大射儀丨爵洗注又小
爾雅廣詁又後漢明帝紀注○丨猶易也禮記月令
丨皮幣注○丨革也呂覽似順必數丨注○丨猶革
也呂覽先識聞五盡而丨之注○丨改也論語子張
丨也人皆仰之集解引孔注又皇疏又國語越語寡
人請丨注又史記晉世家丨葬矣索隱孟嘗君傳丨
封傳索隱又漢書高帝紀下集注平帝紀集注二見
律厤志上集注食貨志下集注五行志上集注五行
志中之上集注五行志下之下集注吳王濞傳集注
張良傳集注賈誼傳集注鼂錯傳集注二見汲黯傳
集注灌夫傳集注霍光傳集注王尊傳集注孫寶傳
集注匡衡傳集注薛宣朱博傳贊集注義縱傳集注
王莽傳中集注又管子侈靡應國之稱號亦丨矣注
任法國丨立法以典民則祥注又呂覽召類丨易其
俗注又淮南說林無丨調焉注○丨歷也詩大東箋
謂丨其肆也釋文又漢書溝洫志集注司馬相如傳
上集注二見杜周傳集注夏侯勝傳集注張敞傳集

注王尊傳集注朱博傳集注董賢傳集注又文選長
門賦懷鬱鬱其不可再丨注○丨經也史記大宛傳
必丨匈奴中索隱又漢書平帝紀集注律厤志上集
注藝文志集注朱博傳集注匈奴傳下集注元后傳
集注又後漢王常傳注王允傳注○丨互也漢書食
貨志上集注郊祀志上集注五行志中之上集注地
理志下集注藝文志集注萬石君奮傳集注司馬相
如傳上集注杜周傳集注廣陵厲王胥傳集注陳湯
傳集注谷永傳集注何武王嘉師丹傳贊集注西南
夷傳集注外戚傳上集注二見○丨遞也文選西京
賦祕舞丨奏薛注○丨過也廣雅釋詁三又漢書張
騫傳集注○丨續也國語晉語姓利相丨注又漢書
食貨志下集注引韋昭○丨償也周禮司弓矢弗用
則丨注又穀梁襄卅年傳丨宋之所喪財也釋文又
史記平準書不足以丨之集解貨殖傳取之不足以
丨費集解引應劭又漢書食貨志下集注地理志下

集注又淮南詮言不足以丨之注○叓償也廣雅釋
言○丨謂償也周禮馬質馬死則旬之內丨司農注
○丨者丨也白虎通鄉射○丨猶變改也後漢郞顗
傳注○丨歷也經也顏氏家訓書證○丨代也易也
素問六元正紀大論爲丨蒼注○丨善也考工記函
人則材丨也司農注○丨易其舊周禮巾車歲時丨
續注○丨造新太元元錯○丨續丨受新周禮巾車
注○丨變而共笑太元元衡○丨生者日新之謂也
莊子達生正平則與彼丨生注○丨復也如今俗名
解浣衣復之爲丨衣公羊襄三十年傳而丨宋之所
喪注○丨謂筮遷都邑也周禮簭人一曰巫丨注○
五丨知五行丨代之事者古微書引孝經援神契○
五丨老人知五行丨代事者後漢明帝紀注○五丨
庶老也通典引蔡邕月令章句○兄事五丨者訓於
五品也丨者長也丨相代至五也能以善道改丨己
也獨斷上○三老五丨互言之耳皆老人能知三德

五事者也禮記樂記食三老五丨于大學注○叓褚
卒也廣雅釋訓○丨謂丨卒漢書谷永傳集注○丨
謂卒丨錢也後漢陳龜傳注○丨謂戍卒丨相代也
後漢明帝紀注○凡爵不相襲者於尊者言丨自敵
以下言易丨作新易有故之辭儀禮燕禮易觶洗注
○古文丨爲受儀禮燕禮丨爵洗注大射儀丨爵洗
注特牲饋食禮主人丨爵酌醋注丨爵酢于主人注
○故書丨續爲受讀周禮巾車注○丨當作叟列子
黃帝宿于田丨商邱開之舍注○禮記
文王世子三老五丨釋文丨蔡作叟

羹 集韻亦作臡○丨汪也汁汪郞也釋名釋飲食○
臡肉有汁也戶耕反儀禮士昏禮釋文引字林○
丨肉臛也爾雅釋器注○肉謂之丨爾雅釋器又儀
禮聘禮記雉丨餁筮一尸注鄉飲酒禮丨定注鄉射
禮丨定注公食大夫禮丨定注士虞禮記丨餁注特
牲饋食禮曰丨餁注又禮記禮器丨定詔于堂注○

有菜曰丨楚辭招魂露雞臛蠵注○丨大丨鉶丨也
詩閟宮毛炰胾丨傳○丨獻食人之餘也禮記曲禮
下犬曰丨獻注○古文丨爲羔儀禮聘禮記注○爾
雅釋器釋文丨又作臡○詩烈祖亦有和丨說文鬻
部作亦有和鬻○史記宋世
家羊丨左傳宣二年作羊斟

秔 丨不粘稻也爾雅釋草釋文引聲類○丨稻不黏
者爾雅釋草釋文引字林○周禮食醫注稌稉也
釋文稉本
亦作丨

阬 同坑○丨壑也後漢馬融傳注引蒼頡篇○丨丨
虛也爾雅釋詁○丨丨謂丨塹也爾雅釋詁注○
坑字或作抗漢書司
馬相如傳上集注

盲 丨茫也茫茫無所見也釋名釋疾病○丨無所見
也呂覽尊師其見不若丨注○丨無見目疾也呂

覽盡數處目則爲矇爲丨注○目不見青黃曰丨論
衡別通○目不能決黑白之色則謂之丨韓非子解
老○知今不知古謂之丨瞽論衡謝短○丨瞑也呂
覽音初天大風晦丨注○丨冥也呂覽明理有書丨
注○秦人謂蓼風爲丨風初學記引蔡邕月令章句
○丨風疾風也禮記月令丨風至注○丨眂當爲望
視周禮內饔豕丨眂而交睫腥注○莊子大宗師
丨者無以與乎眉目顏色之好釋文本又作眇崔本
作丨
目

橫 東西曰丨一切經音義三引韓詩傳○東西爲丨
太元元臺曰從與丨注元圖以從丨天地之道注
又史記周本紀集解蘇秦傳衡人者索隱又漢書項
籍傳集注引孟康○西與東合爲丨淮南覽冥縱丨
間之注○東西耕曰丨詩南山釋文引韓詩○關西
爲丨漢書項籍傳集注引文穎又後漢馮衍傳注班

彪傳上注又呂覽離謂有以丨說魏王注○廣爲丨
史記周本紀正義○緯曰丨楚辭沈江不別丨之與
縱注○丨充也禮記樂記號以立丨注孔子閒居以
丨於天下注○丨光也淮南墬形玉丨維其西北之
隅注○丨學也後漢酷吏傳注朱浮傳注○丨猶狂
也後漢酷吏傳注○以威勢相脅曰丨史記周本紀
集解引瓚曰○以威力相脅曰丨後漢彭寵傳注竇
融傳注○丨謂紀察之官得入人罪者也管子君臣
上下有五丨以揆其官注○丨潰旁決貌文選洞簫
賦時丨潰以陽遂注○丨厲謂氣盛而陵於天也後
漢崔駰傳注○丨厲從丨猛厲也文選劉越石荅盧
諶詩丨厲糾紛注○丨至丨逆而至也荀子致仕不
官而衡至者注○丨絕流度也後漢杜篤傳注○丨
徂丨行也後漢竇憲傳注○丨行妄由田中周禮野
盧氏禁野之丨行徑踰者注○丨道言斷道也山海
經大荒西經有神十人名曰女媧之腸丨道而處注
○丨通謂從旁而通也管子八觀里域不可以丨通
注○丨生萬物也周書文傳諸丨生盡以養從生注
○丨吹胡樂也後漢班超傳注○丨弓者南踣弓也
儀禮鄉射禮坐丨弓注大射儀坐丨弓注○丨弓亦
南踣弓也人東西鄉以南北爲丨儀禮大射儀下射
進坐丨弓注○丨尾山卽禹貢之陪尾山也水經溳
水注○丨漳漳水丨流書禹貢至于衡漳鄭注○丨
讀桄車之桄淮南原道丨四維而含陰陽注○丨或
作彭淮南墬形玉丨維其西北之隅注○丨或作黌
義亦同後漢朱浮傳注○丨字又作黌後漢鮑昱傳
注○丨又作黌
後漢儒林傳注

觥 與觵同○丨容五升詩卷耳釋文引韓詩○丨容
七升詩卷耳釋文引禮圖○丨罰爵也詩卷耳箋
○觵罰爵也周禮小胥觵其不敬者注又詩絲衣兕
觵其俠釋文○丨罰爵也以角爲之後漢郅惲傳注
○兕丨罰爵也詩桑扈兕丨其觩箋○兕丨角爵也
詩卷耳我姑酌彼兕丨傳○丨所以誓衆也詩七月
稱彼兕丨傳○觵撻者失禮之罰也觵用酒其爵兕
角爲之周禮閭胥觵撻罰之事注○丨大也國語越
語丨飯不及壺飧注○丨丨剛直之貌後漢郭憲傳
注○丨羊大羊也太元毅丨羊之毅注○觵字又作
丨詩卷耳釋文○詩七月稱彼兕丨禮記月令注作
稱彼兕觵○詩桑扈兕丨其觩說文角部作兕觵其
觓

彭 丨丨盛也廣雅釋訓又漢書匈奴傳上集注○丨
丨行貌詩烝民四牡丨丨箋○丨丨有力有容也
詩駉以車丨丨傳○丨丨然不得息詩北山四牡丨
丨傳○丨丨四馬貌詩出車出車丨丨傳○丨壯也
易大有匪其丨釋文引王肅○丨亨驕滿貌易大有
釋文引干注○丨排丨旁也在旁排敵禦攻也釋名
釋兵○丨衙之河上鄭之郊也詩淸人淸人在丨傳
○丨蠡澤名書禹貢丨蠡旣豬傳又文選吳都賦汎
舟航於丨蠡劉注○丨澤今丨蠡也山海經海內東
經廬江出三天子都入江丨澤西注○丨卽篣也後
漢戴就傳注○易大有匪其丨
丨釋文子夏作旁虞作尪

棚 丨閣也廣雅釋室○丨棧閣也一切經音義十四
引三蒼○丨樓閣也一切經音義五引蒼頡篇○
連閣曰丨一切經音義四引通俗文○丨攱也廣雅
釋詁三○在館諸生更相造詣互結朋黨以相漁奪
號之爲丨封
氏聞見記

亨 丨通也易乾元丨子夏傳又左氏昭四年傳以丨
神人注又易乾釋文大有公用丨于天子釋文隨
丨于西山釋文升王用丨于岐山釋文又國語晉語
元丨利貞注又後漢班彪傳下注周燮傳注郭泰傳

注又太元爭用丨于王前行注○亨通也廣雅釋詁二○丨嘉之會也左氏襄九年傳又國語晉語衆而順嘉也故曰丨注○丨者嘉之會也易文言傳○丨者嘉會之禮易謙丨鄭注○遂萬物爲丨義海撮要引魏徵易注○張公神碑元亨利貞丨作享

鎗 丨聲也廣雅釋詁四

英 榮而不實者謂之丨爾雅釋草○榮而不實曰丨顔氏家訓引呂覽高注○丨華也離騷夕餐秋菊之落丨注又後漢張衡傳注○丨猶華也詩有女同車顔如舜丨傳○丨謂草木之初生也管子禁藏毋夭丨注○丨華草木之美者文選長楊賦丨華沈浮注荅賓戲浮丨華湛道德注○智過萬人者謂之丨淮南泰族○智過萬人謂之丨後漢崔駰傳注引文子○萬人者曰丨春秋繁露爵國○萬人爲丨詩汾沮洳美如丨傳又呂覽知分此天下之豪丨注又淮南氾論雄儁豪英暴露於野澤注○千人曰丨白虎通聖人引禮別名記○倍千人曰丨荀子儒效丨傑化之注○德百人者謂之丨鶡冠子博選能天○立德蹈禮謂之丨文選任彥昇哭范僕射詩注引袁子正書○丨俊選之尤者禮記禮運與三代之丨注○丨者雄果之目文選射雉賦聿采毛之丨麗兮徐注○三丨三德也詩羔裘三丨粲兮傳○丨美也廣雅釋詁一○丨丨和盛之貌呂覽古樂其音丨丨注○帝嚳曰五丨獨斷上○五丨丨華茂也風俗通聲音○六丨能爲天地四時六合也文選魏都賦注引樂動聲儀宋注○重丨矛有丨飾也詩清人二矛重丨傳○丨蕩畫函周禮掌節以丨蕩輔之杜注○丨玉之精華也穆天子傳二枝斯之丨注○瓊丨美石似玉者詩著尚之以瓊丨乎而傳○瓊丨猶瓊華也詩著箋○丨丨白雲貌詩白華丨丨白雲傳○丨六竝

國名後漢張衡傳注○山再成丨爾雅釋山○再成曰丨爾雅釋山李注○丨蒻也廣雅釋草○土丨華也呂覽本味浸淵之草名曰土丨注○若丨若木之丨也文選月賦嗣若丨於西冥注○詩白華釋文丨丨韓詩作泱泱○爾雅釋鳥鸋肌繫鵜釋文鵜今作丨○綏民校尉碑攬瑛雄之迹兮平都相蔣君碑口濟清瑛郭仲奇碑翼翼瑛彥丨皆作瑛

亨 本作亯○亨煮也儀禮特牲饋食禮亨于門外東方注又周禮內饔掌王及后世子膳羞之割亨煎和之事注又易鼎亨飪也釋文詩匪風誰能亨魚釋文禮記禮運以亨以炙釋文內則注亨之以汁和也釋文左氏襄四年傳家衆殺而亨之釋文昭二十年傳以亨魚肉釋文又國語晉語鄭人詹子晉人晉人將亨之注○丨煮也禮記曲禮上主人辭不能丨釋文莊子山木命豎子殺雁而丨之釋文又國策齊策益一言臣請丨注又史記孝武紀皆嘗鬺丨集解引徐廣○亨鬺也漢書食貨志下集注○亨熟也詩瓠葉采之亨之箋○亨熟也嵩嶽以南陳穎之閒曰亨方言七○亨飪之也詩楚茨或剝或亨傳○亨者鼎之所爲也易象下傳聖人亨以享上帝注○亨飪鼎之用也易象下傳亨飪也注○亨煮之鑊也禮記禮運以亨以炙注○煮之曰丨家語問禮以丨以炙注○煮於鑊曰亨儀禮士冠禮載合升注○煮之於鑊曰丨若丨禽獸之肉也釋名釋喪制○丨猶殺淮南說林狡兔得而獵犬丨注○亨殺煮也老子如亨太牢釋文○亨煮而殺之公羊莊四年傳哀公亨乎周注○納亨納牲將告殺謂鄉祭之晨既殺以授亨人周禮大宰及納亨贊王牲事注○亨人主爲外內饔煮內者周禮天官序官亨人注○易震亨飪釋文丨本又作亯同、

【平】｜正也詩何彼襛矣｜王之孫傳又國語鄭語｜
八索以成人注又呂覽適音將以敎民｜好惡注
又淮南本經地愛其｜注○｜猶正也詩常棣喪亂
既｜箋又周禮大司馬｜列陳注○｜正｜也詩那
既和且｜傳○｜和也左氏僖十二年傳齊侯使管
夷吾｜戎於王注又國語魯語齊侯乃許爲｜注又
漢書史丹傳集注又後漢蔡邕傳注又呂覽貴公公
則天下｜矣注大樂歡欣生於｜注○｜易也爾雅
釋詁○｜成也爾雅釋詁又周禮大司寇以嘉石｜
罷民注又廣雅釋詁三又史記孔子世家及齊｜索
隱又呂覽有始則天地｜矣注○｜者成也穀梁宣
四年傳宣十五年傳昭七年傳○｜亦成也左氏文
十八年傳地｜天成注○｜之爲言以道成也穀梁
隱六年傳○｜治也公羊隱元年傳公將｜國而反
之桓注又淮南時則｜詞訟注○｜均也書堯典｜
秩東作傳又史記樂書將以敎民｜好惡正義○｜｜

猶除也荀子富國｜關市之征注○｜除之也淮南
氾論｜夷狄之亂注○｜恕也後漢趙壹傳注○｜
者靜也鬼谷子摩○｜者道之素也淮南詮言○｜
成也正也周禮大司馬以佐王｜邦國注○｜均布
也荀子王制｜室律注○｜齊等也詩伐木終和且
｜箋○｜同高也墨子經上○｜謂｜調也素問調
經論神氣乃｜注五常政大論可使｜也注○｜賦
也廣雅釋言○｜均賦也燕之北鄙東齊北郊凡相
賦斂謂之｜均方言七○｜一其服也周禮大司馬
司農注○｜謂正其行列部伍也周禮遂師｜野民
注○｜者正其職與其位周禮大司馬｜士大夫注
○｜謂｜決也後漢朱浮傳注○｜之謂｜論其罪
也後漢張酺傳注○｜人齊人也後漢皇甫規傳注
○坎爲｜易坎禔既｜虞注象下傳而天下和｜虞
注象上傳稱物｜施虞注志未｜也虞注○土治曰
｜詩黍苗原隰既｜傳○水土治曰｜書大禹謨地

｜天成傳○細大不踰曰｜國語周語○據當不傾
謂之｜賈子道術○和而不盟曰｜左氏隱六年經
鄭人來渝｜注○布綱治紀曰｜周書謚法又漢書
平帝紀集注引應劭又獨斷下○治而無眚曰｜周
書謚法○執事有制曰｜同上○惠無內德爲｜同
上○已爲｜淮南天文○夏曰嘉｜獨斷上○大野
曰｜爾雅釋地○東至日所出爲太｜同上○｜樂
觀名也文選東京賦其西則有｜樂都場薛注○｜
署猶連署也後漢李膺傳注○｜圃卽元圃也山海
經西山經槐江之山實惟帝之｜圃注○｜者以文
塼相亞次也文選西都賦注引摯虞決疑要注○｜｜
盤者大盤也管子山權數令過之｜盤之中注○｜｜
露者樹名也白虎通封禪○｜正讀評議之評淮南
時則是故上帝以爲物｜注○古者｜便皆同字漢
書武帝紀集注○｜字或作不漢書王莽傳上集注
○｜字當爲成漢書敘傳下集注○書堯典｜章百

姓史記五帝紀作便章百姓後漢劉愷傳注作辯章
百姓○書堯典｜秩東作史記五帝紀作便程東作
周禮馮相氏注
作辨秩東作
【評】｜平也廣雅釋詁三○｜訂也一切經音義一引
字書○｜議也廣雅釋詁四
【枰】牀三尺五曰榻板獨坐曰｜初學記廿五引通俗
文○｜榻也謂獨坐版牀也一切經音義四引埤
蒼○｜平也以板作之其體平正也釋名釋牀帳○
｜局也史記范雎蔡澤傳注縣博於｜索隱○｜平
仲木也文選上林
賦華楓｜櫨郭注
【京】｜大也爾雅釋詁又詩文王祼將于｜傳大明曰
嬪于｜傳又左氏莊廿二年傳莫之與｜注又穀
梁文九年傳又白虎通京師又史記陳杞世家莫與
之｜集解引賈逵又漢書百官公卿表上集注揚雄

傳上集注又文選東京賦丨邑翼翼薛注發丨倉薛
注○丨大也燕之北鄙東楚之郊或曰丨方言一○
丨大阜也詩皇矣依其在丨傳○丨高邱也詩定之
方中景山與丨傳甫田如坻如丨傳又後漢劉虞傳
注○丨高也文選西京賦聚似丨峙薛注○絕高謂
之丨爾雅釋邱又詩公劉迺覯于丨箋○絕高曰丨
左氏襄廿五年傳辨丨陵注○積高爲丨文選西京
賦燎丨薪薛注○邱之高大者曰丨爾雅釋邱李注
○四起曰丨廣雅釋邱○大圉曰丨管子輕重丁有
新成囷丨者二家注○丨倉也廣雅釋室○丨丨憂
也爾雅釋訓○丨丨憂不去也詩正月憂心丨丨傳
○丨師者何天子之居也丨者何大也公羊桓九年
傳○天子所都曰丨師丨水也地下之衆者莫過於
水地上之衆者莫過於人丨大師衆也故曰丨師也
獨斷上○丨丨師也文選東京賦遷邑易丨薛注○
丨師丨都也後漢班彪傳下注○丨室王室也詩思

齊丨室之婦傳○丨周地名詩思齊箋皇矣箋○丨
周國之地小別名也詩大明曰嬪于丨箋○鎬丨鎬
宮也禮記坊記度是鎬丨注○吐丨郡郎土軍縣胡
漢譯言音爲訛變矣水經河水注○丨讀爲鯨漢書
楊雄傳上集注○丨葢字之誤當爲原禮記檀弓下
以從先大夫於九丨也注○丨當爲原九原晉墓地
國語晉語趙文子與叔向游於九丨注○丨一作景
史記高祖功臣侯年表丨侯周成集解引徐廣○禮
記檀弓下釋文
丨亦作原字

驚 丨駭也楚辭招魂宮庭震丨注○丨動也文選羽
獵賦注引春秋緯宋注○丨起也廣雅釋言○丨
亂貌呂覽慎大其生若丨注○丨憚謂皆使駭怖也
文選西京賦丨蝄蜽憚蛟蛇薛注○莊子知北遊注
則理未動而志已丨
矣釋文丨本亦作驚

荆 正南曰丨州周禮職方氏○漢南曰丨州爾雅釋
地又說苑辨物○丨州其氣燥剛稟性彊梁故曰
丨丨彊也爾雅釋地李注○丨州取名於丨山也必
取丨爲名者丨警也南蠻數爲寇逆其民有道後服
無道先彊常警備之也釋名釋州國○丨丨州也考
工記總目丨之幹注○丨之爲言强也陽盛物堅其
氣急悍也古微書引春秋元命包○丨治也廣雅釋
詁三○丨楚也國語晉語晉伐鄭丨救之注畢陽實
逆州犂于丨注又楚辭天問丨勳作師夫何長先注
沈江丨文寤而徐亡注○丨楚也秦莊王諱楚避之
曰丨呂覽音初周昭王親將征丨注○丨山東條山
也水經丨山在南郡臨沮縣東北注○丨蠻吳所得
丨州四郡零陵桂陽長沙武陵文選吳都賦跨躡蠻
丨劉注○丨棘榛梗之謂後漢馮異傳注○丨葵菽
也廣雅釋草○壯丨曼丨也廣雅釋木○丨慶聲相
近史記刺客傳丨卿衛人謂之慶卿索隱○丨一作

羌史記范雎蔡澤傳
成丨集解引徐廣

明 丨陽也釋名釋邱又小爾雅廣言又史記五帝紀
幽丨之占正義○丨謂陽也太元元瑩終始幽丨
注○丨者陽也淮南墬形開丨之門注○丨晝也左
氏昭元年傳淫心疾注○丨發也廣雅釋詁四○
丨朗也爾雅釋言○丨顯也國語周語尊貴丨賢注
晉語丨賢良注又呂覽仲夏可以居高丨注○丨箸
也國語晉語怨豈在丨注○丨通也廣雅釋詁一○
丨審國策齊策此不叛寡人丨矣注○丨猶潔也禮
記祭統丨薦之而已矣注○丨孟也大戴記誥志○
丨者孟也史記厤書○丨鮮丨也淮南時則必宣以
丨注○丨精白也國語周語○丨精氣也國語周語
使至於爭丨注○丨猶備也絜也詩楚茨祀事孔丨
箋○丨猶尊也禮記禮運故君者所丨也注大傳丨
其宗也注○丨猶張也漢書翟方進傳集注引張晏

〇丨成也爾雅釋詁〇丨猶盛也淮南說林長而愈
丨注〇丨智也呂覽盡數因智而丨之注〇丨猶才
也易象上傳丨辨哲也注〇丨類也廣雅釋詁三〇
丨理淮南時則天地乃丨注〇丨德之理也賈子六
術道德說〇丨著之顯者也禮記中庸丨則著注〇
丨猶外也史記樂書丨則有禮樂正義〇丨有光耀
考工記函人舉之而豐則丨也注〇丨者吐氣者也
淮南天文〇丨之者神丨之也禮記郊特牲丨之也
注〇丨謂則之以示人也禮記郊特牲郊所以丨天
道也注〇丨目精禮記檀弓上子夏喪其子而喪其
丨注〇在目爲丨國語周語〇目徹爲丨莊子外物
〇丨視曰丨丨者知賢不肖者分丨黑白也春秋繁露
五行五事〇陽丨燥也素問至眞要大論所謂火燥
熱也注〇述者謂之丨禮記樂記〇述者之謂丨風
俗通聲音〇見察謂之丨管子宙合〇著見謂之丨
易繫辭下傳以通神明之德九家注〇見人所不見

謂之丨淮南兵略〇自見之謂丨後漢馬援傳注〇
知常曰丨老子二見〇知微之謂丨韓非子難四〇
見小曰丨老子〇光輝謂之丨賈子道德說〇照臨
四方曰丨詩皇矣其德克丨箋又禮記樂記其德克
丨注又左氏昭廿八年傳又周書謚法〇照臨四方
謂之丨書堯典欽丨文思安安馬注鄭注〇奉禮之
謂丨孟子章指敘〇知道者謂之丨賈子道術〇道
以數取之爲丨賈子修政語上〇知賢之謂丨荀子
解蔽〇君以知賢爲丨賈子大政上〇使能之謂丨
管子四時〇智能親智仁能親仁義能親義德能親
德武能親武五者昌于國曰丨周書本典〇譖訴不
行曰丨周書謚法〇自責以備謂之丨春秋繁露仁
義法〇心知天地者丨白虎通說叢〇知善而弗行
謂之不丨賈子大政上〇三鄰爲丨廣雅釋地〇丨
丨察也爾雅釋訓又詩大明丨丨在下傳又漢書王
襃傳集注〇丨丨然察也詩常武赫赫丨丨傳〇丨

丨性理之察也爾雅釋訓孫注〇丨丨言其丨甚爾
雅釋訓舍人注〇丨民謂使之衣服有章也禮記祭
法黃帝正名百物以丨民共財注〇丨命猶尊名也
禮記祭義丨命鬼神注〇離爲丨易噬嗑亨利用獄
虞注象上傳君子以丨庶政虞注象下傳君子以自
昭丨德虞注君子以治厤丨時虞注君子以丨愼用
刑虞注說卦傳嚮丨而治虞注〇離爲文丨易象上
傳文丨以健何妥注〇乾爲大丨易象上傳光丨也
虞注象下傳君子之光虞注其暉吉也虞注其文炳
也虞注〇兩陽合丨故曰丨素問至眞要大論〇丨
謂乾易彖下傳說而麗乎丨虞注〇丨謂日月荀子
勸學天見其丨注〇丨謂日月盛滿時也國語越語
丨者以爲法注〇大丨日也易彖上傳大丨終始侯
注又禮記禮器大丨生于東注又素問六元正紀大
論大丨不彰注〇大丨月也文選海賦若乃撫轡於
金樞之穴注〇丨星謂之启丨爾雅釋天〇日旦出

謂丨星爲啟丨詩大東東有啟丨傳〇太白晨出東
方爲啟丨史記索隱引韓詩〇丨星神一曰靈星其
象在天舊說曰靈星火星也一曰龍星獨斷上〇丨
庶者迎風也白虎通八風〇丨庶風震卦之風也淮
南天文丨庶風至注〇丨庶風震卦之所生也淮南
墜形東方曰條風注〇巽爲淸丨風淮南墜形淸丨
風之所生也注又太元元挩挩擬之八風注〇淸丨
風巽卦之風也淮南天文淸丨風至注〇丨丨神之
丨察者謂日月山川也周禮司盟北面詔丨神注〇
金神謂之淸丨廣雅釋天〇方曰幽而圓曰丨丨者
吐氣者也是故外景大戴記曾子天圓〇幽丨丨謂日
照晝月照夜禮記祭義以別幽丨注〇天事曰丨大
戴記虞戴德〇天曰作丨大戴記誥志〇通天文者
丨古微書引書考靈曜〇丨發發夕至丨也後漢郭
太符融許劭傳注〇丨發謂發夕至丨也後漢曹襃
傳注〇丨堂南向堂呂覽孟夏天子居丨堂左个注

仲夏天子居丨堂太廟注〇丨堂向南堂呂覽季夏
天子居丨堂右个注〇南向堂當盛陽故曰丨堂淮
南時則朝于丨堂左个注〇丨堂天法也大戴記盛
德〇丨堂也者丨諸侯之尊卑也禮記明堂位〇丨
堂者所以丨諸侯尊卑大戴記盛德〇丨堂布政之
宮也楚辭謬諫讒諛登乎丨堂注〇丨堂天子布政
之宮也孝經宗祀文王于丨堂注〇丨堂天子布政
之宮或曰丨堂壇也荀子彊國若是則雖爲之築丨
堂於塞外注〇丨堂布政之宮有十二月之政令淮
南泰族乃立丨堂之朝注〇丨堂布政之堂也八窻
四闥上圓下方在國之陽故稱丨堂素問著至敎論
黃帝坐丨堂注〇告朔行政謂之丨堂藝文類聚引
失名氏五經釋例〇丨堂王者布政之堂上圓下方
堂四出各有左右房謂之个凡十二所王者月居其
房告朔朝麻頒宣其令謂之丨堂其中可以序昭穆
謂之太廟其上可以望氛祥書雲物謂之靈臺其外

圓侶辟雍淮南本經古者丨堂之制注〇廟之中謂
之丨堂也淮南詮言祀其鬼神於丨堂之上注〇丨
堂在國之陽禮記玉藻元端而朝日於東門之外注
〇或以爲丨堂者文王之廟也大戴記盛德〇文王
之廟爲丨堂制禮記樂記祀乎丨堂注〇丨廷猶丨
府後漢張儉傳注〇高丨謂樓觀也禮記月令可以
居高丨注〇丨火以陽燧取火於日周禮菙氏以丨
火爇燋杜注〇丨水火司烜所共日月之氣以給烝
享周禮大祝則執丨水火而號祝注〇丨水火所取
於日月者周禮大司寇奉其丨水火注〇丨齊新水
也儀禮士虞禮記丨齊溲酒注〇丨酌者事酒之上
也名曰丨者神丨之也禮記郊特牲丨酌也注〇送
死曰丨器神丨之器異於人也釋名釋喪制〇其曰
丨器神丨之也禮記檀弓上檀弓下〇丨器藏器也
儀禮既夕陳丨器於乘車之西注〇夫丨器鬼器也
禮記檀弓上〇丨衣喪衣也在於闇冥故言丨淮南

兵略設丨衣也注〇謂之丨衣言神丨之衣穆天子
傳六贈用文錦丨衣九領注〇丨刑書其罪惡於大
方版著其背周禮大司寇以丨刑恥之注〇加丨刑
者去其冠飾而書其衺惡之狀著之背也周禮司救
三罰而士加丨刑注〇今文曰丨衆儀禮士虞禮記
丨齊溲酒注〇丨當作盟詩黃鳥不可與丨箋〇丨
與鳴同古字通也文選陸士衡樂府長安有俠邪行
欲鳴當及晨注擬今日良宴會詩揚聲當及旦注〇
丨與鳴古字通文選運命論里社鳴而聖人出注〇
易賁丨庶政釋文丨蜀才作命〇冀州從事郭君碑
卜商號咷喪子
失名以名爲丨

盟 丨明也告其事於神明也釋名釋言語〇丨信也
詩黃鳥不可與明箋〇丨歃血誓一切經音義四
引三蒼〇丨者殺生歃血詛命相誓以丨約束也公
羊隱元年傳爲其與公丨也注〇丨以約辭告神殺

牲歃血明著其信也周禮秋官序官司丨注〇涖牲
曰丨禮記曲禮下又荀子大略丨詛不及三王注〇
丨詛主於要誓大事曰丨小事曰詛周禮詛祝掌丨
詛注〇丨門原地也國語晉語及丨門而原降注〇
武王與八百諸侯咸同此丨尚書所謂不謀同辭也
故曰孟津亦曰丨津水經河水注〇穀梁隱八年注
丨津之會釋文
丨本亦作孟

鳴 丨鳥聲也文選嘯賦注引字林〇鳥獸之音曰鳴
三國管輅傳注引輅別傳〇震爲丨易中孚丨鶴
在陰虞注〇震爲善丨易說卦傳〇丨名也廣雅釋
詁三〇丨者聲名聞之謂也易謙丨謙注〇丨者相
命也大戴記夏小正鳩則丨傳〇丨者貴玉聲也白
虎通禮樂〇丨玉者佩玉也賈子容經〇丨鳩言始
相命也大戴記夏小正丨鳩拂其羽傳〇丨鳩班鳩
也詩小旻宛彼丨鳩釋文〇丨鳩班鳩也呂覽季春

｜鳩拂其羽注○｜鳩鶻鳩也埤雅引蔡邕月令章句○｜石似玉色青山海經中山經共水其中多｜石注○｜鏑今之髐箭也後漢杜篤傳注○｜鏑郎匈奴之箭也後漢南匈奴傳注○｜澤澤名水經聖水注引服虔○｜一本作馬列子力命子以公孫龍之｜釋文

榮草謂之｜爾雅釋草○｜華荀子賦志意之｜也注○｜秀也國語晉語黍稷無成不能爲｜注○｜也｜盛荀子大略室宮｜與注○｜顯也呂覽務大其名無不｜者注○｜譽也呂覽節喪侈靡者以爲｜注○｜樂也國語晉語非以翟爲｜注○｜飾也素問刺熱篇太陽之脉色｜顴骨熱病也注○｜光明也呂覽振亂且辱者也而｜注○｜光｜也文選南都賦會九世而飛｜注羽獵賦翡翠垂｜注○｜猶熒也熒熒照明貌也釋名釋言語○｜棄也列子周穆王｜汝之糧注○｜者水穀之精氣也素問痺論

○｜滋｜也素問氣交變大論其化生｜注○｜美色也素問六節藏象論此五藏所生之外｜也注五運行大論其化爲｜注○｜衞者氣之主素問湯液醪醴論｜衞不可復收注○｜屋翼也儀禮士冠禮直於東｜注鄉射禮東西當東｜注特牲饋食禮記東西當東｜注鄉飲酒禮東西當東｜注又禮記喪大記皆升自東｜注又禮記鄉飲酒義洗當東｜釋文○｜屋南簷也文選上林賦暴於南｜郭注○｜桐木爾雅釋木○南方冬溫草木長茂故曰南｜楚辭思忠與吾期兮南｜注○玉｜謂玉華也山海經西山經黃帝乃取峚山之玉｜注○｜觀謂宮觀老子雖有｜觀燕處超然注○｜國名書序王俾｜伯傳又國語周語厲王說｜夷公注○｜伯周同姓書序王俾｜伯馬注○淮｜二祝氏之官也周書王會祝淮氏｜氏次之注

瑩｜明也太元元攡性命｜矣注｜天功注○｜明之太元元掜○｜者明也太元元瑩注○｜事也太元元瑩○｜治也華嚴經音義下引倉頡篇○｜磨｜也爾雅釋鳥注膏中瑩刀釋文○瓊｜石似玉詩著尚之以瓊｜乎而傳○魏惠王莊子則陽作名｜魏策作名嬰史記魏世家作罃

兵｜防也廣雅釋言又淮南兵略注○｜者守國之備周禮大司馬中春教振旅注○｜者爲謀除害也所以全其生衞其養也白虎通封公侯○｜陰物也太元永陰以武取注○｜亦陰也白虎通瑞贄○凡｜也者威也呂覽論威○｜災也呂覽侈樂反以自｜注○離爲戈｜易說卦傳○離爲｜易困劓刖虞注○金爲｜國語晉語握金之要注○｜凶事周禮司常皆畫其象焉杜注○｜者凶器也國語越語又淮南道應又說苑指武又鹽鐵論論功論菑○兵者國之凶器也新序雜事五○凡｜天下之凶器也

呂覽論威○｜者帝王之大器後漢公孫述傳○｜者不祥之器老子○｜刃也周書大聚立小人以教用｜注○｜戟也呂覽愼行令尹好甲｜注○｜謂干戚也周禮鼓人鼓｜舞帗舞者注○｜戈戟劍矢也呂覽愼大釁旗鼓甲｜注○五｜矛戟鉞楯弓矢穀梁莊廿五年傳陳五｜注○五｜者戈殳戟酋矛夷矛周禮司兵掌五｜五盾司農注○五方之｜東方其｜矛南方其｜弩中央其｜劒西方其｜戈北方其｜鍛匡謬正俗三○短｜刀劒也文選吳都賦長殺短｜劉注○｜矢謂枉矢絜矢也考工記矢人｜矢田矢五分注○死寇曰｜禮記曲禮下○戰死曰｜言死爲｜所傷也釋名釋喪制○｜車革路也考工記總目故｜車之輪注又禮記少儀大白｜車注○｜長｜之將帥也後漢朱浮傳注○｜簿軍士之名帳後漢吳漢傳注

兄丨者況也況父法也白虎通三綱六紀○丨況也
廣雅釋親○丨荒也荒大也故靑徐人謂丨爲荒
也釋名釋親屬○丨大也廣雅釋詁一○震爲丨易
泰帝乙歸妹虞注歸妹歸妹以娣虞注彖下傳丨丨
虞注○男子先生爲丨爾雅釋親○母丨稱丨公羊
隱七年傳昭二十年傳○夫之丨爲丨公爾雅釋親
○丨弟主人親戚也儀禮士冠禮丨弟畢袗元注○
丨弟猶言族親也儀禮喪服記於丨弟降一等注○
丨弟有服親者儀禮既夕丨弟賵奠可也注○小功
以下爲丨弟儀禮喪服傳○丨弟小功以下也儀禮
既夕丨弟出主人拜送注○丨弟謂同姓若婚姻甥
舅有親者儀禮聘禮記若丨弟之國注○丨弟昏姻
嫁娶也周禮大司徒三曰聯丨弟注○宋魯之閒名
結婚姻爲丨弟公羊僖廿五年傳丨弟辭也注○古
者皆謂婚姻爲丨弟爾雅釋親婦之黨爲婚丨弟壻
之黨爲姻丨弟注○丨當音所縈反今北俗通行此

音亦古語之不可用者顏氏家訓音辭○詩桑柔倉
丨塡兮釋文丨本亦作況○莊子天地豈丨堯舜之
教釋文丨元嘉本作足○書
無逸無皇曰漢石經皇作丨

卿丨之爲言章也章善明理也白虎通爵○丨章也
廣雅釋言○丨長也論語子罕出則事公丨皇疏
○丨君也廣雅釋詁一○丨每國三人儀禮聘禮賓
朝服問丨注○丨爲上大夫儀禮燕禮小臣作下大
夫二人媵爵注○上大夫曰丨禮記王制諸侯之上
大夫丨注○三正一長曰丨周書武順○張官設府
謂之丨大夫孝經蓋丨大夫之孝也鄭注○丨老上
丨也禮記曲禮下國君不名丨老世婦注○九丨者
所以參三公也說苑臣術○九丨謂大常光祿衛尉
廷尉大僕大鴻臚宗正大司農少府等也後漢虞詡
傳注○六丨者六軍之將書甘誓乃召六丨鄭注○
三少丨也謂之孤也大戴記保傅於是爲置三少皆

上大夫也注○小丨命於其君者也儀禮大射儀小
丨賓西東上注○丨子時入相褒尊之辭漢書高帝
紀上集注引文穎○丨一作慶史記項羽紀號爲丨
子冠軍集解引徐廣○丨當爲慶書大傳百工相和
而歌丨
雲注

生丨姓也書汨作九共槀飫序別生分類傳○丨始
孟子離婁舜丨於諸馮注○丨出也廣雅釋詁一
○丨猶出呂覽勸學丨於不學注○自無出有曰丨
文選魏都賦注引劉瓛易義○丨猶動出也易觀觀
其丨注○丨起也莊子外物跈則衆害丨注○丨猶
養也周禮大宰以丨萬民注丨以馭其福注○丨活
也呂覽懷寵能丨死一人注○丨寄也淮南精神○
丨猶造也專事之辭公羊桓八年傳遂者何丨事也
注○丨進也小爾雅廣詁○丨性也呂覽知分本生
立官者以全丨也注貫公凡主之立也丨於公注倐

樂搖蕩丨注○丨謂性也大戴記子張問入官旣知
其以丨有習注○化於陰陽象形而發謂之丨大戴
記本命○丨者德之光也莊子庚桑楚○丨者治也
漢書律厤志上集注引應劭○丨人物也國語楚語
丨乃不殖注○先丨何也猶言先醒也韓外傳六○
非爲先丨也爲先醒也賈子先醒○丨稻米也荀子
禮論飯以丨稻注○丨膾也莊子天道丨熟不盡于
前釋文引司馬注○震爲丨易觀觀我丨虞注震震
蘇蘇虞注繫辭上傳亂之所丨也虞注○震爲出丨
易彖下傳天施地丨虞注○震爲反丨易說卦傳○
天地之大德曰丨易繫辭下傳○天地之所貴曰丨
太元元文○地政曰丨大戴記少閒○氣之施化故
曰丨素問天元紀大論故物丨謂之化注○謙後不
盈之謂丨老子無厭其所丨注○高者爲丨大戴記
易本命○新者爲丨莊子胠篋聖人已死則大盜不
起釋文引向注○待顯謂之丨莊子田子方有待也

而丨注〇父死子繼曰丨公羊莊卅二年傳一丨一
及注〇常嘗其丨爲丨丨莊子大宗師丨丨者不丨
釋文引崔注〇丨丨氣陰陽氣也禮記樂記合丨氣之
和注〇上丨謂丨之有情有識之類也下丨謂丨之
無情無識之類也素問天元紀大論丨丨化化注〇
丨長者天之道素問天元紀大論天以陽丨陰長注
〇丨者教化丨也易象上傳觀我丨荀注〇丨者假
借也假之而丨丨者塵垢也死丨爲晝夜莊子至樂
〇死丨者始終之數也易繫辭上傳故知死丨之說
注〇丨丨熟謂好惡也莊子天地丨熟不盡于前釋文
〇我丨謂母也後漢崔駰傳注〇丨類謂天下萬物
之類也文選東京賦常畏丨類之殄也薛注〇蒼丨
猶黔首也文選出師頌蒼丨更始注〇丨材養竹木
者周禮大司徒九曰丨材注〇丨器用器也弓矢盤
盂之屬荀子禮論具丨器以適墓注〇丨丨獸名周
書王會都郭丨丨欺羽注〇魯讀丨爲牲論語鄉黨

君賜牲鄭注〇杜子春讀丨爲性周禮大司徒辨五
地之物丨注〇左氏定四年蔡公孫丨帥師滅沈釋
文丨本又作姓〇莊子逍遙遊注乃若失乎忘丨之
丨釋文丨本亦作主字〇書舜典二丨漢書郊祀志
作二牲〇史記管蔡世家曹桓公終丨集解
一作終湦〇呂覽當染王丨墨子作王胜

甥

丨猶生也爾雅釋親注〇舅謂姊妹之子曰丨丨
亦生也出配他男而生故其制字男傍作生也釋
名釋親屬〇丨姊妹之子儀禮喪服丨注〇姊妹之
子爲丨詩猗嗟展我丨兮箋韓奕汾王之丨箋〇姊
妹之子曰丨左氏莊六年傳吾丨也注又國語晉語
青陽方雷氏之丨也夷鼓彤魚氏之丨也注〇舅之
子爲丨爾雅釋親〇謂我舅者吾謂之丨爾雅釋親
又孟子萬章下帝館丨於貳室注〇謂吾舅者吾謂
之丨儀禮喪服傳又詩頍弁兄弟丨舅箋又國語晉
語夫亦皆天子之父兄丨舅也注〇妻之晜弟曰外

丨丨者生也他姓子本生於外不得如其女來在己
內也釋名釋親屬〇妻之晜弟爲丨爾雅釋親〇外
孫曰丨詩猗嗟展我丨兮傳〇姑之子爲丨爾雅釋
親〇姊妹之夫爲丨同上〇左傳僖十五年晉瑕呂
飴丨史晉世
家作呂省

笙

丨生也竹之貫匏象物貫地而生也釋名釋樂器
〇丨猶生也東爲陽中萬物以生儀禮大射儀丨
磬西面注〇丨者太蔟之氣象萬物之生白虎通禮
樂〇物生故謂之丨風俗通聲音〇丨亦竽屬穆天
子傳六陳琴瑟□竽注〇丨十三簧周禮笙師掌教
龡竽丨塤籥簫篪篴管舂牘應雅司農注〇丨十七
簧呂覽仲夏調竽丨𥴦篪注〇丨吹丨者也以丨吹
此詩以爲樂也儀禮鄉飲酒禮丨入注〇艮爲丨淮
南天文又條風至注〇東方之樂謂之丨丨生也書
益稷丨鏞以閒鄭注〇磬在東方曰丨丨生也周禮

眡瞭擊頌磬丨磬注〇匏曰丨白虎通禮樂引樂記
又風俗通聲音〇隋作丨丨一切經音義七引世本〇
丨小也廣雅釋詁二〇丨細也凡細貌謂之丨方言
二〇丨幣也廣雅釋器〇簀宋魏之閒謂之丨方言
五〇桃丨桃枝簟也吳人謂簟爲丨文選吳都賦桃
丨象簟劉注〇左氏宣十八年歸父還自晉至丨公
羊作檉釋文本
作檉亦作朾

牲

全日丨傷曰牛未丨曰牛穀梁哀元年傳〇牛卜
日曰丨左氏僖卅一年傳〇卜得吉曰丨後漢魯
恭傳注〇始養之曰畜將用之曰丨周禮庖人掌共
六畜六獸六禽辨其名物注〇牛羊豕曰丨書微子
今殷民乃攘竊神祇之犧牷丨用傳〇天子之丨角
握諸侯角尺卿大夫索牛公羊桓八年傳冬曰蒸注
〇大丨牛也易萃用大丨鄭注〇三丨太牢也孝經
雖日用三丨之養注〇五丨牛羊豕雞犬大戴記曾

子天圜序五丨之先後貴賤注○五丨麋鹿麏狼兔
後漢班彪傳下注○六丨馬牛羊豕犬雞也周禮膳
夫膳用六丨注○六丨謂牛馬羊豕犬雞周禮牧人
掌牧六丨注○盟丨諸侯用牛大夫用豭穀梁僖九
年傳陳丨丨而不殺注引鄭說○丨體俎實也禮記燕
義俎豆丨丨體薦羞注○丨號牛曰一元大武羊曰柔
毛之屬也獨斷上○丨當爲腥聲之誤也周禮掌客
丨三十有六注○丨亦當爲腥聲之誤也周禮掌客
受丨禮注○丨當爲制字之誤
也禮記曾子問凡告用丨幣注

檠 丨弓押也文選魏都賦弓珧解丨劉注○擏弓之
掩林讀曰丨淮南說山擏不正而可以正弓注

擎 丨舉也廣雅釋詁一○鯨當作丨舉也文選射雉
賦鯨牙低鏃徐注

鯨 丨大魚文選西京賦丨魚失流而蹉跎薛注○丨
魚大魚長數里淮南覽冥丨魚死而彗星出注○

海中有大魚名丨後漢班彪傳注引薛綜西京賦注
○雄曰丨文選吳都賦長丨吞浪劉注○丨魚之王
也一切經音義十九引淮南許注○丨鱏大魚也楚
辭通路丨鱏兮幽潛注○丨鯢大魚名左氏宣十二
年傳取其丨鯢而封之注○丨魚數里或死沙中云
得之者皆無目俗云其目化爲明月珠也一切經音
義十九引異物志○丨大也水經沔
水注○鱷古丨字漢書翟義傳集注

黥 ○刻其額以墨實其中曰丨國策秦策丨劓其傅注
○丨謂黥丨人面書呂刑爰始淫爲劓刵椓丨鄭
注○○丨者馬丨竿入面也古微書引書刑德
放○丨首謂鑿額涅墨也後漢朱穆傳注

迎 丨逆也史記五帝紀丨日推策正義○丨奉也家
語入官則民嚴而不丨注○丨知前太元元錯○
丨數之也史記五帝紀集解引晉灼○丨逆乎刑太
元元衡○丨一作御史記天官書丨角而戰者不勝

集解引
徐廣

行 丨兩腳進曰丨丨抗也抗足而前也釋名釋姿容○
丨往也詩無衣與子偕丨傳又廣雅釋詁一又史
記陳涉世家乃丨卜索隱○丨去也禮記檀弓下遂
丨注又左氏桓十六年傳使告之使丨注僖五年傳以
其族丨注襄卅一年傳脩垣而丨注又廣雅釋詁二
又國語晉語將丨以其族適晉注又國策齊策齊貌
辨辭而丨注又呂覽士節晏子丨注去宥遂辭而丨
注○丨者去也越絕書篇敘外傳記○丨猶去也禮
記檀弓上然則蓋丨乎注○丨去之他也呂覽審應
孔思請丨注○丨之也呂覽用民然後可丨注○丨
還也呂覽行論使者丨至齊注○丨猶還也呂覽貴
因膠鬲丨注○丨者移也素問八政神明論○丨者
丨也春秋繁露五行相生○丨猶通也呂覽適音丨
理義也注○丨由經也管子問城粟軍糧其可以丨

幾何年也注○丨道也爾雅釋宮又詩行露厭浥丨
露傳泉水女子有丨箋北風攜手同丨傳蝃蝀女子
有丨箋載馳亦各有丨傳竹竿女子有丨箋黍離丨
邁靡靡傳鹿鳴示我周丨傳小弁丨有死人箋行葦
敦彼丨葦傳天作有夷之丨箋又後漢南蠻西南夷
傳注引韓詩傳又左傳襄九年斬丨栗釋文又太元
常或失之丨注又國語晉語下有直言臣之丨也注
將集天丨注夙夜征丨注又漢書食貨志上集注引
李奇司馬相如傳下集注引文穎又穆天子傳五帝
收九丨注又楚辭離世征夫勞於周丨兮注○丨猶
道也文選江文通雜體袁太尉詩戒鳳藻丨川注○
丨道度也詩十月之交不用其丨箋○丨丨道也詩
有女同車有女同丨傳○丨歷也國語晉語丨年五
十矣注○丨迹也廣雅釋詁三○丨曲也管子度地
乃迂其道而遠之以勢丨之注○丨驛也廣雅釋詁
四○丨爲也墨子經上又呂覽愛類無不丨也注○

丨猶爲也論語述而吾無所丨而不與二三子者皇
疏○丨者成也鬼谷子摩○丨猶用也周禮司爟掌
丨火之政令注又國語吳語無以丨之注○丨猶使
也淮南說山及於其銅則不丨也注○丨奉也呂覽
恃君而立其丨君道者注○丨猶賜也禮記月令丨
糜粥飲食注○丨且也漢書楊雄傳上集注○丨猶
且也文選洞簫賦丨鍖銋以䋣纚注與吳質書別來
丨復四年注○丨者先也史記陳涉世家乃丨卜索
隱○丨察也呂覽季夏入山丨木注○丨言也爾雅
釋詁○今江東通謂語爲丨爾雅釋詁注○丨之者
言之主也說苑權謀○丨者政之始也家語入官○
丨者正之義也管子心術○丨者道民之利害也管
子山權數○丨者丨其所不能丨也莊子庚桑楚○
震爲丨易屯乘馬班如虞注謙利用丨師虞注復中
丨獨復虞注損三人丨虞注益中丨告公從虞注夬
其丨次且虞注姤其丨次且虞注艮丨其庭虞注彖

上傳天丨也虞注彖下傳其志不同丨虞注與時偕
丨虞注志丨也虞注柔進而上丨虞注剛巽乎中正
而志丨虞注象上傳道大丨也虞注象下傳吉丨也
虞注君子以申命丨事虞注丨未疑也虞注君子以
丨過乎恭虞注繫辭上傳丨發乎邇虞注繫辭下傳
因貳以濟民丨虞注○以己從人曰丨公羊桓十四
年傳丨其意也注○施之爲丨通典引馬融周官傳
○堂上謂之丨爾雅釋宮○丨謂宣不丨之氣令必
宣丨素問八政神明論丨者移也注○丨謂丨陳也
老子是謂丨無丨注○丨丨耎耎也廣雅釋訓○丨
門內地也冬守在內故祀之呂覽孟冬其祀丨注○
丨冬爲太陰盛寒爲水祀之於丨獨斷上○丨主道
路丨作禮記祭法曰國丨注○五丨金木水火土也
淮南原道節四時而調五丨注○五丨者金木水火
土也素問藏氣法時論○五丨水火金木土後漢班
彪傳下注○五丨者五氣也於其方各施丨也釋名

釋天○五丨者五官也春秋繁露五行相生○五丨
五常仁義禮智信是也荀子非十二子案往舊造說
謂之五丨注○丨潦流潦也詩采蘋于彼丨潦傳泂
酌洞酌彼丨潦傳○丨潦道傷流潦也孟子公孫丑
上河海之於丨潦注○丨食游食也管子君臣下淫
悖丨食之徒注○丨輜道路輜重也淮南兵略丨輜
治注○丨李使人左氏僖三十年傳丨李之往來注
○丨人使人也管子侈靡丨人可不有私注○乾爲
丨人易象上傳丨人之得邑人之災虞注○天子所
在曰丨在所後漢王昌傳注○天子以四海爲家故
謂所居爲丨在所獨斷上○諱死謂之大丨小爾雅
廣名○幅今謂之丨縢言以裹腳可以跳騰輕便也
釋名釋衣服○丨音丨酒之丨漢書高帝紀上集注
引蘇林○丨讀丨馬之丨淮南本經令之不丨注○
丨讀爲里列子周穆王一日丨萬丨釋文○丨或作
井呂覽孟冬其祀丨注○丨當作下列子黃帝而游

于棠丨注○丨當作何列
子力命丨假念死乎注

衡

丨稱上丨丨有斤兩之數國語周語律度量丨注
○稱上曰丨禮記月令鈞丨石注又文選六代論
注引書鄭注○丨斤兩也書舜典同律度量丨鄭注
○斤十謂之丨小爾雅衡○丨銓丨也淮南主術丨
之於左右無私輕重注○丨稱也所以銓物輕重也
楚辭思古錯權丨而任意注○丨稱也禮記經解猶
丨之于輕重也注又書舜典釋文又淮南說林縣丨
而量則不差注○丨秤也文選東京賦同丨律而壹
軌量薛注○丨稱丨也莊子胠篋爲之權丨以稱之
釋文引李注○丨秤丨也史記秦始皇紀丨石量書
正義又後漢魯丕傳注馮衍傳注陳忠傳注○丨稱
之丨也荀子正名丨不正則重縣於仰而人以爲輕
注○丨石稱也呂覽仲春鈞丨石注又淮南時則鈞
丨石注○權丨秤也素問至眞要大論如權丨之不

得相失也注○丨所以知輕重荀子王制公平者職之丨丨也注○夏爲丨丨者所以平萬物也淮南時則○丨者所以平輕重管子七法丨庫者天子之禮也注○丨平也書太甲上惟嗣王不惠于阿丨傳君奭時則有若保丨鄭注又御覽引范甯書注又詩長發實維阿丨箋又周禮地官序官林丨注考工記梓人鄉丨而實不盡注又禮記曲禮下大夫丨丨視注喪大記君封以丨注又大戴記保傅上有葱丨丨注曾子制言下丨言不革注又國語齊語山立三丨注又史記殷本紀伊尹名阿丨索隱又漢書律麻志上百官公卿表上集注鄒陽傳集注引應劭杜周傳贊集注引臣瓚霍光金日磾傳贊集注楊雄傳上集注引應劭王莽傳上集注又後漢安帝紀注朱景王杜馬劉傳堅馬傳注陳蕃傳注傳毅傳注又荀子致仕丨聽顯幽注又列子黃帝自殆見吾丨德機也注又管子正正丨一靜能守慎乎注地數以巨橋之粟二什倍而

丨黃金百萬注又素問生氣通天論腎氣不丨注氣交變大論腎氣不丨注五常政大論五化均丨注○丨丨正管子君臣上朝有定度丨儀以尊主位注○丨橫也左氏桓九年傳鬬廉丨陳其師於巴師之中注襄七年傳丨而委蛇必折注又大戴記曾子制言上丨道而殭立之注曾子制言中丨塗而僨注又書舜典釋文詩衡門丨門之下釋文又廣雅釋言又國語晉語秦穆公丨雕戈出見使者注又漢書刑法志集注食貨志上集注酈食其傳集注又後漢班彪傳上注崔駰傳注又孟子梁惠王下一人丨行於天下注告子下丨於慮注又荀子賦又善連丨注又家語弟子行無道丨命注又楚辭靈懷身丨陷而下沈兮注又素問刺腰痛論丨洛之脉注○丨猶橫也大戴記曾子大孝丨之而橫於四海注又漢書韓安國傳集注○合衆弱以事一強者謂之丨管子輕重乙以是與天子提丨注○抗丨謂對舉以爭輕重也文選檄

吳將校部曲及其抗丨上國注○眉上曰丨維書靈準聽有人方面日丨重華注又文選魏都賦乃盱丨丨而誥曰劉注○丨眉目之間也後漢蔡邕傳注○丨謂阿丨後漢班彪傳下注○水丨官名也文選思元賦後委丨乎元冥舊注○丨門橫木爲門詩衡門丨門之下傳○丨四阿之長丨也文選魯靈光殿賦朱鳥舒翼以峙丨注○丨樓殿邊闌楯也史記袁盎鼂錯傳不騎丨集解引如淳○丨館丨門之館也文選褚淵碑文志隆丨館注○丨橫也橫馬頸上也釋名釋車○丨轅前橫木縛軛者也莊子馬蹄加之以丨阨釋文○丨車軛上橫木也史記酈生陸賈傳與天子抗丨索隱引崔浩○丨車丨軛也論語衛靈公則見其倚於丨也皇疏○丨車丨也楚辭遠逝枉玉丨於炎火兮注又文選赭白馬賦將使紫燕騈丨注陽給事誄配服驂丨注○丨軛也論語衛靈公則見其倚於丨也集解引苞注又小爾雅廣器○丨軛也後

漢蔡邕傳注○丨軛車之丨軛也文選六代論畢志於丨軛之內注○丨維持冠者周禮追師爲副編次追丨笄司農注又左氏桓二年傳丨紞紘綖注○丨佩玉之丨也禮記玉藻一命縕韍幽丨注○丨屐也禮記雜記脊丨釋文○丨謂糜丨也考工記梓人鄉丨而實不盡司農注○丨謂勺柄龍頭也考工記玉人丨四寸司農注○丨謂勺徑也考工記玉人注○角上謂之丨考工記梟氏○楅丨所以持牛令不得抵觸人周禮封人設其楅丨杜注○楅丨所以楅持牛也周禮封人司農注○楅設于角丨設于鼻如椵狀也周禮封人注○丨椰也廣雅釋器○丨木行馬也史記袁盎鼂錯傳不騎丨索隱○持正者爲丨文選運命論注引書鄭注○丨爲橫簫北堂書鈔儀飾部一引書大傳○丨其中橫簫所以視星宿也書舜典在璿璣玉丨馬注○玉丨北斗中星主迴轉文選東京賦攝提運丨薛注○江南丨爾雅釋山○丨南

岳丨山也爾雅釋山李注○丨山南嶽爾雅釋山注又山海經海內經南海之內有丨山注○丨山在湘南周禮職方氏其山鎭曰丨山注○丨山南嶽也俗謂之岣嶁山山海經中山經丨山注○丨山名也文選思元賦流目眺夫丨阿兮舊注顏延年和謝監靈運詩跂予閒丨嶠注○丨阿丨山之曲也後漢張衡傳注○丨杜丨丨也文選風賦離秦丨注○杜丨香草也山海經西山經天帝之山有草焉名曰杜丨注○今禮制丨讀爲橫禮記檀弓上今也橫縫注○丨讀爲橫荀子致仕不官而丨至者注○丨當爲橫字之誤也禮記檀弓上鹿裘丨長袪注○丨亦當爲橫禮記檀弓上縮二丨三注○丨古文橫假借字也考工記玉人注○丨古文橫字詩衡門釋文○丨古橫字文選五等論一夫縱橫注○丨卽訓爲橫詩南山丨從其畝釋文○丨詳注意卽依字孟子梁惠王下一人丨行於天下音義引丁音○丨當爲桁禮記雜記甕甒筲丨實其閒注○詩南山釋文丨亦作橫字○爾雅釋草注今杜丨也釋文丨字或作蘅

耕 丨薺也廣雅釋詁四○始作牛丨始用牛犁也山海經海內經稷之孫曰叔均是始作牛丨注○魯冉丨字伯牛見史記弟子傳○宋司馬丨字子牛見史記弟子傳

萌 始生曰丨漢書成帝紀集注辛慶忌傳集注○直出曰丨史記樂書區丨達正義○芒而直曰丨禮記月令丨者盡達注○丨蘖也廣雅釋草○丨見也淮南氾論風先丨焉注○丨生也淮南俶眞孰知其所丨注○丨始也廣雅釋詁一○丨菜始生也周禮占夢乃舍丨于四方注○丨筍屬也爾雅釋草簢箭丨注○丨竹丨之皮所以爲笠也國語齊語首戴茅蒲注○丨之者以茲其斫其生者周禮薙氏春始生而丨之注○丨之爲言也盲也賈子大政下○丨民也呂覽高義比於賓丨注○丨丨在也爾雅釋訓○故書丨作甍周禮媒氏注○杜子春讀丨爲明又云其字當爲明周禮占夢乃舍丨于四方注○丨一作甿史記三王世家加以姦巧邊丨索隱○丨古文氓同一切經音義一○爾雅釋訓存存丨丨釋文丨字或作

蕄

氓 甿同○丨民也詩氓丨之蚩蚩傳又方言三又廣雅釋詁四又史記秦始皇紀甿隸之人集解引如淳又孟子公孫丑上皆悅而願爲之丨矣注萬章下君之於丨也注○甿民也史記三王世家加以姦巧邊萌索隱引韋昭又漢書陳勝項籍傳贊集注引如淳○丨民之總名方言三注○丨野人之稱孟子滕文公上願受一廛而爲丨注○野民曰丨國策秦策而不憂民丨注又淮南脩務以寬民丨注○變民言甿異外內也甿猶懵懵無知貌也周禮遂人凡治野以下劑致甿注○甿癡也廣雅釋詁三○丨美貌詩丨丨之蚩蚩釋文引韓詩○邊人曰甿史記三王世家索隱引三蒼○興甿舉民賢者能者如六鄉之爲也周禮遂大夫則帥其吏而興甿注○甿古萌字漢書陳勝項籍傳贊集注引如淳○甿古丨字史記秦始皇紀集解引如淳○孟子皆悅而願爲之丨矣周禮載師注作皆說而願爲其民矣○漢成陽靈臺碑以育苗萌楊震碑凡百黎萌丨作萌

甍 丨棟也國語晉語既鎭其丨矣注又文選西京賦鳳騫翥於丨標薛注丨宇齊平薛注○丨亦棟也後漢謝夷吾傳注○丨屋棟左氏襄廿八年傳猶援廟桷動於丨注○屋脊曰丨丨蒙也在上覆蒙屋也釋名釋宮室○甈卽屋穩也今字作丨方言十三甈謂之甈注○丨當爲萌謂耕反其萌牙書亦或爲萌周禮薙氏春始生而萌之杜注○丨亡成反左傳襄廿八年釋文引字林○高彪碑家失欐粱丨作欐

紘 冠有笄者爲｜｜在纓處兩端上屬下不結禮記雜記管仲鏤簋而朱｜注○冕曰｜｜纓之無緌者也從下而上不結國語魯語公侯之夫人加之以｜綖注○｜纓從下而上者左氏桓二年傳衡紞｜綖注○｜纓之無緌者從下仰屬于冠詩葛覃傳夫人｜綖釋文○｜罘之綱也文選西都賦罘綱連｜注又後漢班彪傳上注○｜編磬繩也儀禮大射儀發倚于頌磬西｜注○｜綱也若小卓蓋四維謂之｜繩之類也淮南原道｜宇宙而章三光注○｜維也史記司馬相如傳降集乎北渚集解引郭璞又淮南墬形八殥之外而有八｜注又文選歐陽堅石臨終詩注引淮南許注○｜束也廣雅釋詁三○八｜天之八維也淮南原道而知八｜九野之形埒者注

宏 通作紭○｜大也爾雅釋詁又書酒誥若保｜父傳又釋文又呂覽孟冬其器｜以弇注又爾雅釋

詁疏引尸子廣澤○｜亦大也後漢班彪傳上注○｜洪並大也後漢班彪傳下注○｜賁皆大也書盤庚下用｜茲賁傳○｜普也文選弔魏武帝文丕大德以｜覆注○紘深也漢書司馬相如傳下集注○｜父司空書酒誥若保｜父傳○｜讀爲紘綖之紘謂聲音大也考工記梓人爲筍虡其聲大而｜司農注○｜古文紘同一切經音義十七○漢書司馬相如傳下必將崇論紘議史記司馬相如傳作必將崇論閎議

閎 衖門謂之｜爾雅釋宮○所以上扉謂之｜同上○｜巷門左氏成十七年傳入于｜注○｜閎頭門爾雅釋宮注○｜衖閒道也爾雅釋宮孫注○｜門辟旁長橛也爾雅釋宮所以止扉謂之｜注○｜門中所從出入也文選魏都賦瑋豐樓之閈｜劉注○｜門也左氏襄卅一年傳高其閈｜注○｜大也

漢書張山拊傳集注又楚辭怨思遂會｜而迫身注又文選上林賦布濩｜澤注○｜｜敦美之意也太元交大圜｜｜注○｜氏書君奭有若｜夭傳○｜讀如紘紘謂中寬象土含物禮記月令其器圜以｜注○左傳襄卅一年高其閈｜釋文｜或作閎字爾雅釋宮所以止扉謂之｜｜釋文｜本亦作閎

莖 ｜本也廣雅釋詁三○｜｜枝生也亦小枝也一切經音義八引字林○｜特也文選西京賦徑百常而｜擢薛注○五｜能爲五行之道立根本也文選魏都賦注引樂動聲儀宋注○六｜｜及根｜也風俗通聲音○顓頊曰六｜獨斷上○｜六｜顓頊樂也後漢曹褒傳注○｜在夾中者｜長五寸考工記桃氏以其臘廣爲之｜圍長倍之注○｜謂劍夾人所握鐔以上也考工記桃氏司農注○爾雅釋草注莖葱細｜大葉釋文｜或作英

罌 罌同○自關而東趙魏之郊或謂之｜方言五○罌即盂也徐州謂之罌穆天子傳二黃金之罌注○罌瓶也廣雅釋器○爾雅釋器注瓿甊小｜釋文｜字亦作甇

罃 ｜瓶也廣雅釋器○周洛韓鄭之間甀或謂之｜方言五○左傳僖十五年秦康公名｜公羊昭五年傳注作嬰○古今人表女｜大戴禮帝繫作女匽史五帝紀索隱引世本作甇御覽引尸子作英

鶯 ｜然有文章詩桑扈有｜其羽傳○鶯文章貌也文選射雉賦鸎綺翼而䞓撾徐注

泓 ｜｜深也廣雅釋訓○｜宏聲大貌文選笙賦｜宏融喬注

檠 ｜橘屬爾雅釋木釋文引字林

爭 ｜競也孝經在醜不｜注○｜諫也呂覽功名｜其上之過注○｜決呂覽順民以與吳王｜一旦

之死注○丨有趣太元元錯○丨士齊也太元元衝
○丨者逆德也說苑指武○丨者人之所本也淮南
道應○丨者事之末也國語越語○丨辨者作亂之
所由與也大戴記曾子事父母○對辯曰丨莊子齊
物論有競有丨注○有能進言於君用則可不用則
死謂之丨荀子臣道○丨衡謂角其輕重也文選辨
亡論上而與天下丨衡矣注○左傳僖
廿四年注閱訟丨也釋文丨本又作諍
箏 丨施弦高急丨丨然也釋名釋樂器○丨小琴也
楚辭愍命挾人丨而彈緯注
清 丨青也去濁遠穢色如青也釋名釋言語○丨靜
也文選思元賦澂渙汨而爲丨舊注○丨凈也淮
南本經太丨之始也注○丨明也楚辭愍命或丨激
其無所通注○丨猶明也易象上傳則刑罰丨而民
服虞注○丨澄也考工記㡛氏丨其灰注○丨急也
方言十二又廣雅釋詁一○丨涼也莊子人閒世爨

無欲丨之人釋文○丨大涼也素問五常政大論其
候丨切注○丨寒呂覽有度丨有餘也注○丨平呂
覽序意蓋聞古之丨世注○丨丨淨史記萬石張叔
傳期爲不絜丨正義○丨和淨也淮南原道聖人守
丨道而抱雌節注○丨言光鮮也山海經西山經丹
木五歲五色乃丨注○丨潔也文選東京賦京室密
丨薛注○丨謂絜也書微子自靖釋文引馬注○丨
丨潔也論語公冶長丨矣皇疏○丨純潔也論語微
子身中丨集解引馬注○丨明審也荀子解蔽中心
不定則外物不丨注○丨明察於事也禮記玉藻視
容丨明注○丨濁謂陰陽也大戴記少閒先丨而後
濁者天地也注○丨丨泠泠丨涼之貌也文選風賦
注○目下爲丨詩猗嗟美目丨兮傳○丨揚眉目之
閒也家語致思丨揚宛兮注○丨視丨明也詩君子
偕老子之丨揚傳○丨明謂人聲也禮記樂記是故
丨明象天注○丨白謂貞正也後漢安帝紀注○不

求曰丨楚辭招魂朕幼丨以廉潔兮注○行善決東
謂之丨賈子道術○丨廟周頌也禮記明堂位升歌
丨廟注○丨廟頌文王之詩也禮記祭統升歌丨廟
注○肅然丨靜謂之丨廟詩清廟正義引左傳賈注
○丨廟者祭有丨明之德者之宮也詩清廟於穆丨
廟箋○丨廟太廟也文選上林賦坐丨廟郭注○丨
廟文王廟也後漢和帝紀注○西丨西廂丨淨之處
也文選甘泉賦溶方皇於西丨注○泲曰丨不泲曰
糟周禮酒正醫酏糟注○丨謂醴之泲者周禮酒正
一曰丨注○丨謂元酒也詩信南山祭以丨酒箋○
丨酒祭祀之酒周禮酒正三曰丨酒司農注○丨酒
今中山冬釀接夏而成周禮酒正注○六丨水漿醴
酴醫酏周禮膳夫飲用六丨司農注○丨泲也禮記
內則稻醴丨糟注○丨滏也廣雅釋詁二○丨道以
旄頭爲前驅也後漢儒林傳注○丨道謂蹕止行者
文選東京賦丨道案列薛注○丨廟樂章名書大傳

古者帝王升歌丨廟注○丨謂蕤賓至應鍾也禮記
樂記倡和丨濁注○丨商歌曲也楚辭惜誓余因稱
虖丨商注○丨角木音也論衡感虛○丨商也呂覽
執一耳不失其聽而聞丨濁之聲注又淮南脩務丨
濁之於耳聽注○丨角也周書太子晉汝聲丨汗注
○乾爲丨易象上傳虞注○泰丨天也文選嘯賦飄
遊雲於泰丨注○太丨謂天也文選吳都賦迴曜靈
於太丨劉注○丨明者青芒也白虎通八風○丨金
令也素問五常政大論肝其畏丨注○丨勝氣也素
問六元正紀大論其運氣丨熱注○般曰丨祀風俗
通祀典○丨商神怪之名管子地員其下丨丨商不可
得泉注○丨邑也詩清人丨人在彭傳○丨原晉地
國語晉語蒐於丨原注○丨瀏流也文選思元賦注
引字林○水治曰丨詩黍苗泉流旣丨傳○丨泠水
名在南陽西鄂山上文選東京賦因耕父於丨泠薛
注○書舜典直哉惟丨史記五帝紀作直哉維靜潔

【情】丨靜也廣雅釋詁四○丨者靜也白虎通情性○丨性也呂覽上德此之謂順丨注又淮南本經人愛其丨注○丨實也國策秦策請謁事丨注又太元元擬離乎丨者注又呂覽侈樂則失寶之丨矣注蹇塞宣王之丨注○丨猶實也禮記大學無丨者不得盡其辭注○丨丨實也論語子路則民莫敢不用丨集解引孔注○丨誠也淮南繆稱不戴其丨注○丨忠誠也荀子禮論丨貌之盡也注○丨志也楚辭惜誦恐丨質之不信兮注○丨理呂覽誣徒則得教之丨也注○丨陽也易繫辭下傳丨偽相感虞注○丨生於陰論衡初稟○丨者陰之化也白虎通情性○丨接於物而然者也論衡初稟○丨謂喜怒愛惡之屬丨者人之欲大戴記子張問入官達諸民之丨注○性之好惡喜怒哀樂謂之丨荀子正名○好惡喜怒哀樂臧焉夫是之謂天丨荀子天論○志願爲丨楚辭惜誦丨與貌其不變注○自稱其惡謂之丨春

秋繁露仁義法○丨者性之質也荀子正名○丨者性之欲後漢張衡傳注○丨主利欲也禮記坊記無辭而行丨則民爭注○丨爭訟之辭周禮小宰六曰以敘聽其丨注○人丨者聖王之田也禮記禮運○丨性也者所以理然不然取舍者也大戴記哀公問五義

【晴】雨止曰丨也一切經音義五引聲類○夝雨止無雲也史記天官書索隱引蒼頡篇○丨古文夝暒二形同一切經音義九

經籍籑詁卷第二十三

經籍籑詁卷第二十三補遺 【下平聲】

兵部侍郎兼都察院右副都御史巡撫浙江等處地方提督軍務兼理糧餉阮元撰集

八庚

【庚】說文庚位西方象秋時萬物丨丨有實也丨承己象人齎凡丨之屬皆从丨○丨更也禮記月令注因以爲日名焉疏○丨取其改更太元元數日丨辛注○丨丨猶更更史記孝文紀天橫丨丨索隱○丨者言陰氣丨萬物史記律書○丨金也左氏昭卅一年傳丨午之日注又服注○詩大東西有長丨書益稷疏作長賡

【更】說文㪅改也从攴丙聲○丨代也淮南兵略萬人之丨進注○丨謂易代也漢書鼂錯傳一歲而丨

注○丨改也呂覽開春請弛期丨日注○丨亦改漢書元后傳莽丨漢家黑貂著黃貂注○丨謂改丨素問鍼解篇勿變丨也注○丨改丨也呂覽行論願得變丨請罪注○丨亦變也漢書王嘉傳又數丨政事注○丨端別事也禮記曲禮上君子問丨端疏○丨姓易姓也國語周語丨姓改物注○丨償也公羊襄卅年傳而丨宋之所喪釋文○丨亦歷也漢書鮑宣傳經皆丨傅士注○丨猶經歷也漢書蕭望之傳所用皆丨治民以考功注○丨猶今言上番也漢書蓋寬饒傳願復畱共丨一年注○丨當爲叟漢書禮樂志養三老五丨於辟廱注引蔡邕

【羹】說文䰜五味盉羹也从䰞从羔詩曰亦有和䰜丨或省䰞或从美䰞省羹小篆从羔从美○丨肉也穆天子傳六肺鹽丨注○肉有汁曰丨御覽引爾雅舊注○丨肉湆也禮記禮器丨定詔於堂疏○古

者丨臛之字音亦爲郞左氏昭十一年傳不丨疏○左氏昭十二年傳城陳蔡不丨釋文漢書地理志作更字

秔 說文丨稻屬从禾亢聲稉丨或从更○丨謂稻之不粘者也漢書溝洫志更爲秔稻注○丨秈也文選南都賦注引廣雅

阬 說文丨閬也从𨸏亢聲○丨大阜也讀與岡同漢書楊雄傳上陳衆車於東丨兮注○丨大坂也文選羽獵賦跇巒丨注引音義○丨衡經直貌文選上林賦丨衡閜砢注引郭璞

盲 說文盲目無牟子从目亾聲○丨目無見也漢書杜欽傳家富而目偏丨注○丨無見呂覽明理丨秃偏尪注

横 說文丨闌木也从木黃聲○丨充滿也漢書禮樂志丨泰河注○丨學也後漢書鮑昱傳德洒修起丨舍注○丨丨度也漢書楊雄傳上上洒帥羣臣丨大河注○東西爲丨周禮野廬氏禁野之丨行徑踰者疏○丨行東行國策西周策則令不丨行於周矣注○丨亭世謂之光城蓋光丨聲相近水經睢水注○禮記坊記注丨行治其田也釋文本亦作遊行治其田

觥 說文觵兕牛角可以飲者也从角黃聲其狀觵觵然故謂之觵觥俗觵从光○丨罰爵也漢書五行志中之上兕丨其觩注引張晏○丨者爵稱也詩卷耳疏○觵是爵稱左氏成十四年傳兕丨其觩疏○觵五升所以罰不敬也觵廓也著明之貌君子有過廓然著明左氏成十四年傳疏引異義韓詩說○丨大七升詩卷耳疏引異義毛詩說○詩絲衣兕觵其觩釋文觵字又作丨

彭 說文丨鼓聲也从壴彡聲○丨㫄也易大有匪其丨疏○丨丨衆車聲也漢書衛青傳出車丨丨注○詩烝民四牡丨丨說文馬部作四牡騯騯

棚 說文丨棧也从木朋聲

亨 說文亯獻也从高省曰象進孰物形孝經曰祭則鬼亯之凡亯之屬皆从亯亯篆文亯○丨通也太元周上丨於天注○丨者通也易萃萃丨疏○无所擁礙謂之爲丨易豐豐丨疏○嘉會禮通謂之丨左氏昭四年傳疏

鎗 說文丨鐘聲也从金倉聲

英 說文丨艸榮而不實者一曰黃丨从艸央聲○丨謂華也漢書司馬相如傳上落丨幡纚注○丨是華之別名詩著箋瓊丨猶瓊華也疏○丨華謂名譽也漢書敘傳上浮丨華湛道德注○德過千人曰丨爾雅序丨儒贍聞之士疏引禮辨名記○千人曰丨左氏宣十五年傳疏引辨名記○才勝萬人曰丨國策齊策小國丨傑之士注○丨俊秀之名詩羔裘疏○丨是賢才絕異之稱詩汾沮洳疏○精者爲丨穆天子傳四好獻抜斯之石四十注○五丨丨華茂也漢書禮樂志○丨刻書也續漢百官志三注引周禮干寶注○泱與丨古字通文選射雉賦天泱泱以垂雲注

瑛 說文丨玉光从玉英聲

烹 亨煮也詩采蘋傳湘亨也釋文又禮記曲禮上主人辭不能亨疏○鬺熟也廣雅釋詁三○亨謂煮之使孰詩楚茨疏○鬺亨一也鬺亨煮而祀也漢書郊祀志上皆嘗鬺亨上帝鬼神注○亨謂煮而殺之

漢書高帝紀上羽亭周苛注

平 說文亏語丨舒也从亏从八八分也又正也爰禮說平古文丨如此○丨和也左氏宣十五年經注丨成丨者總言二國疏又呂覽知度四夷乃丨注○丨成也詩擊鼓序而丨陳與宋箋又左氏成二年傳利以丨民疏○丨細大不踰也國語周語和從丨注○丨丨知無欲惡也墨子經上○平惔然墨子經說上○丨謂不偏聽也荀子致士衡聽顯幽注○丨寧無所施爲列子力命平之寧之注○丨謂和氣也素問五常政大論是謂和氣注○丨謂丨丨調素問至眞要大論和者丨之注○丨人謂氣候丨調之人也素問平人氣象論丨者何如注○丨人者不病也素問平人氣象論○承丨曰丨王書大誥寧王遺我大寶龜鄭注○德能正天下則稱丨王詩何彼襛矣疏○德能丨正天下則稱爲丨故以號文王焉詩何彼襛矣疏引

鄭志○再登曰丨漢書食貨志上○三登曰泰丨同上○丨生猶少時論語憲問久要不忘丨生之言集解引孔注○丨視謂視面也禮記曲禮下大夫衡視注

枰 說文丨平也从木从平平亦聲○所以投簙謂之丨方言五

京 說文京人所爲絕高丘也从高省丨象高形凡丨之屬皆从丨○丨大也續漢郡國志一丨兆尹注引決錄注○丨高丘也漢書翟義傳於是乎有丨觀注○地絕高曰丨漢書百官公卿表上更名丨兆尹注引張晏○丨爲丘類人力所作也左氏襄廿五年傳疏○丨者倉廩之屬也史記扁鵲倉公列傳見建家丨下方石集解引徐廣○丨者丨師詩思齊疏○丨師是國之總號左氏成十三年經注道過丨師疏○丨師是王畿之大號詩大東傳丨師人也疏○丨師者何謂也千里之邑號也白虎通京師○丨字或爲鯨文選羽獵賦騎丨魚注○丨或作原後漢書姚期傳而更始將卓丨注○戚伯著碑泉晁府彔丨作泉

驚 說文丨馬駭也从馬敬聲○丨之言警戒也易震震丨百里鄭注○震爲丨走易大畜良馬逐虞注○丨謂耀武示威管子參患三丨當一至注○不丨丨也詩車攻徒御不丨傳

荆 說文丨楚木也从艸刑聲○丨丨山也左氏昭十三年傳靈王遷許胡沈道房申于丨焉注○丨者楚之舊號以州而言之曰丨史記吳太伯世家太伯之犇丨蠻索隱○丨郎楚之舊邑左氏莊四年傳疏○丨楚也左氏宣十二年傳丨尸而舉注又公羊僖四年傳卒帖丨注又國語鄭語夫丨子注又淮南本經以窮丨吳甘酸之變注○丨者楚也穀梁莊十四年傳廿八年傳○丨謂楚也詩漸漸之石序丨舒不

至箋○丨亦楚也左氏莊四年傳楚武王丨尸注○丨楚也可以爲鞭也史記廉頗藺相如列傳肉袒負丨索隱○丨楚一木二名故以爲國號亦得二名左氏莊十年經注丨楚本號疏○丨本是草之名儀禮士喪禮楚丨也疏

明 說文朙照也从月从囧凡朙之屬皆从朙明古文朙从日○丨亦大也詩車舝箋昺丨也疏○丨顯也國語吳語以顯聞于天下注○丨白也禮記曲禮下稷曰丨粢疏○丨者潔也周禮大司寇奉其丨水火疏司烜氏注丨齍謂以丨水滫滌粢盛黍稷疏○丨猶潔也禮記中庸齊丨盛服注○視曰丨書洪範○目之順視曰丨管子宙合注○獨視者謂丨韓非子外儲說右上○自見之謂明顏氏家訓文章○見下之謂明書伊訓居上克丨疏○丨謂所見博書舜典丨四目疏○照臨四方曰丨文選述高帝紀聰丨

神武注引項岱○述者之謂丨漢書禮樂志○丨者辨說是非禮記樂記述者之謂丨疏○丨者達也曉解事務照見幽微也左氏文十八年傳丨允篤誠疏○耳目清聽視達謂之丨淮南精神○丨丨謂清丨禮記郊特牲注和之以丨丨酌疏○丨謂嚴丨禮記中庸齊丨盛服疏○丨炳丨丨也素問至眞要大論明氣爲丨化注○丨者著見漢書藝文志○丨謂顯著禮記孔子閒居清丨在躬疏○丨謂信義丨著左氏昭十三年傳注威須昭告神丨疏○丨表謂丨白之表儀也文選爲袁紹檄豫州此則大臣立權之丨表也注○丨通謂丨白通達其意荀子致士莫不丨丨通方起以尚盡矣注○日爲丨禮記祭義以別幽丨疏○大丨日月也管子內業視於大丨注○日出前漏三刻爲丨文選新刻漏銘序注引五經要義○日未出前二刻半爲丨書堯典疏○丨出謂嚮晨時也詩大東傳日旦出疏○丨發發夕至旦也詩小宛丨發不寐

傳○丨星太白星也晨出東方高三舍命曰丨星爾雅釋天孫注○房星謂之丨堂廣雅釋天○天之出日之處爲丨堂周禮大司樂注天帝之丨堂疏○丨堂者所以丨天氣統萬物蔡中郎集三引月令記○丨丨堂者丨政教之堂考工記匠人注○丨堂居國之南南是丨陽之地故曰丨堂孝經宗祀文王於丨堂鄭注○明堂盛貌禮記明堂位目疏又南齊書九引五經異義○成之于陽故曰丨鬼谷子摩○丨謂神靈漢書五行志中之下使至于爭丨注○丨謂毆疫也周禮占夢乃舍萌于四方杜注○丨謂事酒周禮司尊彝注猶丨清與醆酒疏○丨水司烜所取於月之水也禮記郊特牲祭齊加丨水注○丨水司烜以陰鑑所取於月之水也禮記郊特牲元酒丨水之尚注○丨都卽宋之孟諸也周禮職方氏注望諸丨都也疏

盟 說文盟周禮曰國有疑則盟諸侯再相與會十二歲一盟北面詔天之司愼司命盟殺牲歃血朱盤玉敦以立牛耳从囧从血盟篆文从朙盟古文从明○丨信之要也國語魯語○丨是信誓之事詩黃鳥疏○丨者假神明以要不信左氏莊十六年傳疏引釋例○丨者殺牲歃血誓於神也禮記曲禮下疏○丨者詛將來周禮詛祝注丨詛主於要誓疏○凡言丨者丨將來詛者詛往過周禮春官序官詛祝疏○丨[illegible]國之重也穀梁莊十九年傳

鳴 說文丨鳥聲从鳥从口

榮 說文丨桐木也从木熒省聲一曰屋梠之兩頭起者爲丨○丨寵也淮南脩務生有丨名注○丨者謂聲名也漢書楊雄傳下四皓采丨於南山注○丨有色貌也國語晉語華則丨矣注○丨謂草木之英

漢書楊雄傳下注○丨屋翼也漢書楊雄傳上列宿乃施於上丨兮注又文選甘泉賦注引韋昭○丨一爲營字之誤也素問刺熱論丨未交注

瑩 六丨顓頊樂也淮南原道耳聽九韶六丨注○六丨帝嚳樂列子周穆王奏承雲六丨大韶晨露以樂之注

兵 說文兵械也从廾持斤幷力之皃倂古文兵从人廾干幷籀文○丨丨器也漢書霍去病傳所將士馬丨注○丨器仗之名禮記曲禮下疏○丨五丨也荀子大略借賊丨也注○丨凶器漢書鼂錯傳張湯傳○丨者凶器史記平津侯主父列傳又管子大匡不競於丨注○丨者不祥之器管子兵法故夫丨雖非備道至德也注○丨凶事周禮司常皆畫其象焉注○丨者凶事漢書嚴助傳○丨事者危物也管子

問○丨陰類也左氏哀九年傳可以興丨注○古者請戰器爲丨詩擊鼓序衛州吁因丨暴亂疏○丨者人所執因號人亦曰丨同上○戰必令人執丨因卽名人爲丨也左氏昭十四年傳簡上國之丨疏○丨戟也左氏昭廿七年傳取五甲五丨服注○丨弓矢之屬國語齊語寡甲丨注○丨謂弓矢干戈之屬詩出其東門序丨革不息疏○弓矢殳矛戈戟五者皆名爲丨左氏昭廿七年傳疏○丨民之殘也左氏襄廿七年傳○丨者國之爪也墨子七患○參伐爲丨禮記月令小丨時起注○丨車丨戎之車詩小戎傳小戎丨車也疏○詩江漢箋非可以丨操切之也釋文一本丨操作急躁

兄 說文丨長也从人从口凡丨之屬皆从丨○男子先生爲丨白虎通三綱六紀引禮親屬記○男子先生曰丨詩載馳序思歸唁其丨箋○丨弟者分形連氣之人也顏氏家訓兄弟○丨弟猶言族親也詩葛藟終遠丨弟箋○丨弟者共父之親推而廣之同姓宗族皆是也詩常棣序燕丨弟也疏○母與妻丨之黨爲丨弟爾雅釋親○丨弟父之黨母之黨詩伐木丨弟無遠箋○妻黨亦曰丨弟詩伐木疏○丨弟是相親之辭同上

卿 說文丨章也六丨天官冢宰地官司徒春官宗伯夏官司馬秋官司寇冬官司空从卯皀聲○丨謂軍之諸將也左氏成十八年傳丨無共御疏○丨大夫上大夫也管子揆度丨大夫豹飾注○丨卽大夫總號故春秋殺丨經皆總號大夫禮記王制大夫三廟疏○丨者時人尊重之號猶如相尊美而稱子然也史記刺客列傳衛人謂之慶丨索隱

生 說文丨進也象艸木生出土上凡丨之屬皆从丨○丨謂丨長也素問陰陽應象大論酸丨肝注○丨謂滋長荀子王制草木有丨而無知注○丨謂長養之也史記孟嘗君列傳其母竊舉丨之索隱○丨謂動出也素問四氣調神大論則少陽不丨注○丨謂丨業漢書嚴助傳民丨未復注○丨業也文選陸士衡樂府君子有所思行注引漢書韋昭注○丨謂財業也詩谷風既丨既育箋○丨謂衆盛周禮春官序官疏引國語能知四時之丨孔服注○丨謂無瑕纍也考工記矢人欲丨而摶注○丨謂知學之士也管子君臣而官諸丨之職者也注○丨者自漢已來儒者皆號丨亦先丨省字呼之耳史記儒林列傳言禮自魯高堂丨索隱○丨猶言先丨也漢書高帝紀上以魏地萬戶封丨注○丨先丨也漢書賈誼傳丨之亡故兮注○丨謂先丨也漢書貢禹傳朕以丨有伯夷之廉注○丨天地之所貴也漢書杜欽傳○丨好物也左氏昭廿五年傳○丨人之始也荀子禮論○丨得性之始也文選陶淵明雜詩聊復得此丨注○成形謂之丨易象上傳萬物資丨疏○丨刑與知處也墨子經上○丨丨不絕之辭易繫辭上傳丨丨之謂易疏○丨謂丨民易觀觀我丨虞注○丨民謂以德敎丨養民也荀子致士丨民欲寬注○丨民丨活民謂衣食也荀子王霸丨民則致寬注

甥 說文丨謂我舅者我謂之丨从男生聲○謂吾舅者吾謂之丨國語楚語然蔡吾丨也注○謂我舅者吾謂之丨然則亦宜呼壻爲丨爾雅釋親注

笙 說文丨十三簧象鳳之身也丨正月之音物生故謂之丨大者謂之巢小者謂之和从竹生聲古者隨作丨○丨者法萬物始丨初學記十六引邯鄲綽五經析疑○丨磬東方之樂也詩鼓鐘丨磬同音傳

牲 說文丨牛完全从牛生聲○用之曰丨左氏僖十九年傳注六畜不相爲用疏○將用之曰丨左氏

昭廿五年傳疏○丨是成用之名左氏僖卅一年傳疏○丨牛也國語楚語必自射其丨注○牛羊之品曰丨穆天子傳二官人陳丨全五口具注○丨牛羊之豕也周禮春官序官疏引國語犧牲之物孔服注又左氏桓六年傳吾丨牷肥腯注○牛羊豕爲丨詩瓠葉序雖有丨牢饔餼箋○丨麕鹿熊狼野豕左氏昭廿五年傳五丨服注

鯨 說文鱷海大魚也从魚畺聲春秋傳曰取其鱷鯢鯨或从京○丨大魚也漢書楊雄傳上騎京魚注○丨鯢海中大魚也左氏宣十二年傳疏引周處風土記○雄曰丨雌曰鯢左氏宣十二年傳疏引裴淵廣州記○丨猶言鳳鯢猶言凰也文選吳都賦劉注

黥 說文黥墨刑在面也从黑京聲剠黥或从刀○丨面卽墨刑也書呂刑疏○周禮謂之墨尚書謂之

丨丨墨爲一左氏襄十九年傳注無丨刖之刑疏○墨一名丨孝經五刑之屬三千疏引孔安國○墨丨當爲墨幪荀子正論墨丨注

迎 說文丨逢也从辵卬聲○丨歲逆春也淮南時則以丨歲于東郊注

行 說文丨人之步趨也从彳从亍凡丨之屬皆从丨○丨步也荀子王霸改玉改丨注○丨趨步也文選解嘲丨殊者得辟注○丨去也周禮庖人注展而丨之疏又左氏文十六年傳賜左右以使丨注宣十七年傳臣請丨注襄廿二年傳丨乎注又國語晉語子丨乎注又呂覽高義令弟子趣駕辭而丨注長利夫子盍丨乎注○丨亦去也左氏閔二年傳孤突欲丨注○丨亦放也詩菀柳後予邁焉箋○丨來猶往來也後漢書陸康傳不得丨來注○丨出奔左氏昭五年傳是將丨注○丨道也左氏昭十三年傳以先啟丨注○丨者道也詩采蘋疏洞酌疏○丨謂道也詩東門之墠傳栗丨上栗也疏○丨用也左氏昭十年傳將不丨注○言丨者義與用同周禮庖人春丨羔豚疏凡用鳥禽獸疏○丨動用也荀子議兵設何道何丨而可注○丨者運動之稱易象上傳天丨健疏○丨謂流丨素問舉痛論氣不丨注○丨謂通流也漢書溝洫志禹之丨河水注○丨潦流潦左氏隱三年傳潢汙丨潦之水注○丨者曲也史記司馬相如列傳爲鼓一再丨索隱○丨謂曲引也漢書司馬相如傳上爲鼓一再丨注○丨猶付與也漢書高帝紀下丨田宅注引蘇林○丨謂賦賜周禮羅氏丨羽物注○丨謂巡狩周禮州長若國作民而師田丨役之事疏○丨者已見施丨之語詩車舝箋有明丨者疏○丨者言順天丨氣書洪範初一曰五丨鄭注○五丨卽五材也書洪範疏○五丨謂五英禮記月令疏引易通卦驗注○言丨者欲爲天丨氣之義也白

虎通五行○丨猶通被也禮記月令大雨時丨疏○丨降也禮記月令疏引月令章句○丨謂丨人也管子小匡隰朋爲丨注○震爲丨人易艮丨其庭虞注○丨人通使之官左氏襄四年傳使丨人子員問之注○丨人是傳國之辭命者穀梁襄十一年傳丨人者注○丨成求成也左氏哀元年傳因吳太宰以丨成服注○丨人謂使人也左氏桓九年傳巴丨人疏○丨李丨人也左氏襄八年傳亦不使一介丨李告于寡君注○丨理使人通聘問者左氏昭十三年傳丨理之命注○丨水河水流注者也素問五常政大論丨水減也注

衡 說文丨牛觸橫大木也从角从大行聲詩曰設其楅丨奧古文丨○稱上謂之丨書舜典疏太甲上疏又左氏文六年傳疏○丨所以任權而均物平輕重也漢書律歷志上○丨斤兩也漢書郊祀志上同

律度量丨注○丨秤也史記管晏列傳無道卽丨命
正義○丨猶稱之丨也漢書鄒陽傳縣丨天下注引
如淳○丨平也左氏文六年傳爲之律度疏○丨者
平之至也史記禮書又荀子禮論○丨橫也周禮玉
府注佩上有葱丨疏家人注君封以丨疏考工記輿
人丨者中水疏○關西爲丨漢書鄒陽傳注引服虔
○丨轅前橫木也漢書楊雄傳上回軫還丨注○
丨是馬頸上橫木左氏宣十二年傳拔旆投丨疏○
丨車丨也史記爰盎鼂錯列傳不騎丨集解引韋昭
○丨者軛也詩小戎傳軛上句丨也疏○丨爲橫簫
書舜典在璿璣玉丨疏○古山林之官曰丨漢書百
官公卿表上水衡都尉注引應劭○肩上曰丨漢書
王莽傳上盱丨厲色注引孟康○丨斗之中央漢書
天文志丨殷南斗注引晉灼○南方爲丨山者上承
景宿銓德均物故曰丨山御覽引白虎通巡狩○峋
嶁謂之丨山廣雅釋山○丨杜丨也漢書司馬相如

傳上蕙圃丨蘭芷若注引張揖○丨古橫字也詩南
山傳丨獵之疏○丨卽古橫字書禹貢至于丨漳疏
○丨卽橫耳漢書鼂錯傳丨加之以衆注○丨卽橫
也不勞借音匡謬正俗二

【耕】說文丨犂也从耒井聲一曰古者井田

【萌】說文萠艸芽也从艸朙聲○丨始生也漢書律歷
志上孳丨萬物注賈誼傳而安危之丨應於外矣
注○始生者曰丨漢書文帝紀蓋天下萬物之丨生
注○丨謂始生也漢書荆燕吳傳贊逆亂之丨注霍
光傳丨於驂乘注○丨始生者也漢書張延壽傳以
銷衆邪之丨注○丨謂新生者也周禮醢人箈箭丨
疏○丨卽牙也禮記檀弓上注物丨色赤疏○丨兆
也國語越語逆節丨生注○竹初生曰丨爾雅釋草
筍竹丨孫注○丨喻草木始生也漢書五行志下之
上季氏丨於釐公注○丨若草木之始生也漢書五
行志下之上書上之丨注○丨謂事始若草木初生
者也漢書司馬相如傳下蓋明者遠見於未丨注○
丨民也文選上林賦以贍丨隸注引韋昭長楊賦遐
丨爲之不安注引韋昭○丨田民也管子山國軌謂
高之丨曰注○臣吏分職受事名曰丨韓非子難一
○丨與甿同無知之貌漢書劉向傳民丨何以勸勉
注○丨字與甿同漢書霍去病傳及厥衆丨注○

【甿】甿同○說文丨民也从民亾聲讀若盲又甿民田
也从田亾聲○甿庶人漢書燕剌王旦傳以姦巧
邊甿注○丨民之一名詩氓疏○田民曰甿史記陳
涉世家甿隸之人集解引徐廣○丨家謂民家管子
八觀丨家無積而衣服修注

【甍】說文甍屋棟也从瓦夢省聲

【紘】說文丨冠卷也从糸厷聲紭丨或从弘○丨纓從
下而上者儀禮士冠禮緇組丨纁釋文○丨者纓
之無緌從下而上者也詩葛覃傳公侯夫人丨綖疏
○丨冕之飾禮記禮器管仲鏤簋朱丨疏○丨張也
文選荅賓戲廓帝丨恢皇綱注引項岱○丨謂中寬
象士含物禮記月令其器圜以閎注○八丨八極也
列子湯問八丨九野之水注

【宏】說文丨屋深響也从宀厷聲○丨大也書孔序舉
其丨綱疏又左氏襄十三年傳其丨多矣注又後
漢書馬融傳以臨乎丨池注俾之昌言而丨議注○
含有萬物爲丨易象上傳含丨光大崔注

【閎】說文丨巷門也从門厷聲○丨大也文選羽獵賦
涉三皇之登丨注引韋昭○丨亦大也漢書司馬
相如傳上布濩丨澤注○丨衖頭門也爾雅釋宮李
注○丨曲門中左氏昭二十年傳及丨中注

莖 說文丨枝柱从艸巠聲○六丨及根丨也漢書禮樂志○顓頊曰六丨者言和律厤以調陰陽丨著萬物也白虎通禮樂

甖 罌同○說文罌缶也从缶賏聲○罌可以汲水左氏襄九年傳注缶汲器疏○罌所以盛酒也漢書趙廣漢傳推破盧罌注○罌缶謂瓶之大腹小口者也漢書韓信傳以木罌缶渡軍注

罃 說文丨備火長頸缾也从缶熒省聲

鶯 說文丨鳥也从鳥榮省聲詩曰有丨其羽○詩裳裳者華有丨其羽文選射雉賦注白帖九十五俱引作有鸎其羽

櫻 說文新附丨果也从木嬰聲○丨桃含桃也文選南都賦乃有丨梅山柿注引漢書音義○丨桃一名含桃史記司馬相如列傳丨桃蒲陶索隱引張揖○丨桃即今之朱丨也漢書司馬相如傳上丨桃蒲陶注

泓 說文丨下深皃从水弘聲○丨水名左氏哀十三年傳自丨上觀之注又公羊僖廿二年傳期戰于丨之陽注

橙 說文丨橘屬从木登聲○丨柚也史記司馬相如列傳葴丨若蓀索隱引郭璞○丨即柚也漢書司馬相如傳上黃甘丨楱注

爭 說文丨引也从受厂○丨鬭也書堯典傳又好丨訟釋文○丨者未節也史記平津侯主父列傳○丨者陰方盛陽欲起也禮記月令陰陽丨注

箏 說文丨鼓弦竹聲樂器也从竹爭聲

清 說文丨朖也澂水之皃从水青聲○丨靜也後漢書張衡傳號馮夷俾丨津兮注○丨謂丨靜禮記孔子閒居丨明在躬注○丨靜者德之至也淮南原道○丨謂沖和之氣荀子解蔽養之以丨注○丨謂虛白荀子解蔽丨明內景注○丨明也淮南精神丨目而不以視注文選祭顏光祿文禮以仁丨注○丨薄寒也素問至眞要大論則霿霧丨冥注○丨亦冷也素問五藏生成篇腰痛足丨頭痛注○目之上目之下皆曰丨詩君子偕老疏○丨揚眉目之閒詩野有蔓草丨揚婉兮傳○丨爲丨酒周禮司尊彝注猶明丨與醆酒于舊澤之酒也疏○丨醴之泲者周禮漿人疏○泲者曰清不泲者曰糟禮記少儀注酒謂丨也糟也疏○丨且漣漪者水極麗也文選吳都賦濯明月於漣漪兮劉注○大清道也管子內業鑑於大丨注○西丨西箱丨淨地也史記司馬相如列傳象輿婉蟬於西丨集解引郭璞○西丨者廂中丨淨處也文選上林賦象輿婉僤於西丨注引張揖○西丨西箱丨閑之處也漢書揚雄傳上溶方皇於西丨注○西丨者西箱丨靜之處也漢書司馬相如傳上象輿婉僤於西丨注○丨廟者宗廟之大稱左氏桓二年傳注肅然丨淨之廟疏○夏曰丨祀丨潔而祭祀禮記禮運疏引廣雅○丨角商聲也淮南淑眞耳聽白雪丨角之聲注○周禮宮人注所以自潔丨釋文本亦作清

情 說文丨人之陰气有欲者从心青聲○丨者人之欲也漢書董仲舒傳○人欲之謂丨同上○丨性之欲也易文言傳注不性其丨疏○丨謂六情漢書翼奉傳觀丨以律注○丨者見物而動者也漢書東平思王宇傳丨亂其性注引張晏○感物而動謂之丨也易彖下傳而天地萬物之丨可見矣疏○丨謂

喜怒好惡外物所感者也荀子儒效所得乎丨注○丨者外染也文選情題注○丨生於陰欲以時念也白虎通情性引鉤命決○丨謂禮意喪主哀祭主敬之類荀子禮論丨文俱至注○丨謂丨實周禮少宰注丨爭訟之辭疏○丨謂實丨易繫辭下傳丨僞相感疏○丨謂中誠荀子大略文貌丨用相爲內外表裏注○在巳爲丨左氏昭廿五年傳以制六志疏○言其意謂之丨左氏春秋序推此五體疏○隨時念慮謂之丨易乾注豈非正性命之丨者邪疏○因性念慮謂之丨禮記樂記是故先王本之丨性疏○離丨謂離心也管子國蓄謂之離丨注○丨當爲積荀子儒效所得乎丨注○丨亦當爲積荀子儒效丨也者非吾所有也注

晴　暒同○說文姓雨而夜除星見从夕生聲○暒精明也漢書天文志天暒而見景星注引孟康

經籍纂詁補遺卷第二十三終

經籍籑詁卷第二十三下

經筵講官南書房禮部左侍郎兼署兵部左侍郎提督浙江學政阮元譔集

下平聲

八庚下

精 丨者靜也太陰施化之氣也白虎通情性○丨靈也華嚴經音義上引易劉瓛注又荀子賦血氣之丨也注○丨神也文選神女賦丨交接以來往兮注○丨氣也淮南天文天地之襲丨為陰陽注氾論生之與成必得和之情注○丨謂丨氣也素問金匱眞言論藏丨於肝注○丨者氣之妙也太元元數侟丨注○丨者人之氣淮南精神注○氣之清者為丨春秋繁露通國身○陰陽之神曰丨氣洪範五行傳時則有下人伐上之痾注○丨明也史記天官書天丨而見景星集解引孟康又後漢班彪傳下注又法言問明子貢辭而丨之注又楚辭橘頌丨色內白注○丨潔也國語周語祓除其心丨也注○明潔為丨國語楚語玉帛為二丨注○丨粹美也後漢張衡傳注○丨細也漢書刑法志集注楊雄傳上集注引應劭○丨小也廣雅釋詁二○夫丨小之微也莊子秋水○丨微呂覽大樂道也者至丨也注精諭丨言之而不明注○丨明微呂覽論人無以害其天則知丨注○丨微妙也呂覽異寶其知彌丨注應同其知彌丨者注悔過雖丨不能見注○丨微密也呂覽博志用志如此其丨也注○丨光明也淮南本經天愛其丨注○丨猶丨密也公羊莊十年傳丨者曰伐注○丨審也春秋說題辭猩猩者使人矜丨丨者也注○丨事也淮南脩務心意不丨注○丨論也廣雅釋詁二○丨神爽也文選文賦丨騖八極注○丨謂神之至靈者也管子內業凡物之丨此則為生注○丨丨誠也荀子解蔽蚊虻之聲聞則挫其丨注○丨謂丨誠也

太元元數丨則經疑之事注○丨誠至之謂也管子心術中不丨者心不治注○丨銳也文選上林賦杭士卒之丨郭注○丨猶銳利呂覽簡選欲其丨也注○丨甚呂覽勿躬自蔽之丨者也注○丨猶甚呂覽至忠乃自伐之丨者注○乾為丨易繫辭下傳男女構丨虞注○陽稱丨易繫辭下傳丨義入神姚注○一氣能變曰丨管子心術○丨者物之眞也莊子刻意一之丨通合於天倫注○丨者身之本也素問金匱眞言論○丨目之明也荀子解蔽用丨惑也注○丨鑿也離騷丨瓊靡以為粻注○簡米曰丨莊子人閒世鼓筴播丨釋文引司馬注○丨粗謂萬物大小也禮記樂記凝是丨粗之體注○丨義物理之微者也易繫辭下傳丨義入神注○丨知熟慮於衆也禮記緇衣丨知略而行之注○丨神者天之有也說苑反質○丨明穴名也在明堂左右兩目內眥也以近於目故曰丨明素問脉要精微論切脉動靜而視丨明注○丨日月之光明也呂覽圜道丨行四時注○丨星也文選王文憲集序德丨降祉注○三丨日月星也文選後漢光武紀贊三丨霧塞注○五丨五方星也文選東京賦五丨帥而來摧薛注○地丨人葠也廣雅釋草○黃丨龍御也同上○丨列雁也廣雅釋鳥○丨當為情荀子脩身術順墨而丨雜汙注○丨或為清禮記緇衣丨知略而行之注○丨與菁古字通文選風賦將擊芙蓉之丨注○漢脩堯廟碑師工旌密丨作旌

睛 丨目瞳子也淮南主術猶不能見其丨注

菁 丨蔓丨也周禮醢人丨菹鹿臡注○丨菜名呂覽本味具區之丨注○丨水草也文選上林賦唼喋丨藻郭注○韭之華曰丨也一切經音義五引三蒼○韭䪥蒿其華謂之丨廣雅釋草○丨菹韭菹周禮

醢人司農注○丨蕢丨菹也儀禮公食大夫禮以西
丨菹注○丨茅茅有毛刺者書禹貢包匭丨茅鄭注
○丨茅香草所以縮酒穀梁僖四年傳丨茅之貢不
至注○丨茅靈茅以供祭祀也後漢公孫瓚傳注○
丨華也廣雅釋草○丨華英也文選西京賦麗服颺
丨薛注○丨丨盛貌詩菁菁者莪丨丨者莪傳○丨
丨美盛貌詩淇奧綠竹丨丨傳○丨丨葉盛也詩杕
杜其葉丨丨傳○丨丨稀少之貌詩杕杜箋○詩杕
杜釋文丨丨
本又作青

【晶】丨光也晉書音義下

【旌】旍同○析羽爲丨周禮司常又詩干旄孑孑干丨
傳又儀禮鄉射禮記以丨獲注大射儀司馬師命
負侯者執丨以負侯注○析羽曰丨廣雅釋天○析
羽爲丨丨精也有精光也釋名釋兵○注旄首曰丨

爾雅釋天又公羊宣十二年傳莊王親自手丨注○
丨注旄干首者孟子萬章下大夫以丨注○丨旗也
有鈴爲丨楚辭自悲載蜺霓而爲丨注○旍旗飾也
家語終禮綢練設旐夏也注○丨羽丨也後漢張衡
傳注○丨羽旐也文選思元賦蜺丨飄以飛颺舊注
○丨總名也儀禮鄉射禮記丨各以其物注○丨夏
大丨也後漢馬融傳注○丨節今使者所擁節是也
周禮掌節道路用丨節注○丨旛也史記孝文紀朝
有進善之丨集解引應劭○丨幡也後漢申屠剛傳
注○丨表也取其幖幟一切經音義十三引國語賈
注○丨表也廣雅釋詁四又左氏僖廿四年傳且丨
善人注哀十六年傳猶將丨君以徇於國注又國語
周語故爲車服旗章以丨之注又史記晉世家且丨
善人集解引賈逵又漢書朱雲傳集注又管子輕重
丁表稱貸之家注又文選東京賦丨六典之舊章薛
注○丨章也左氏莊廿八年傳且丨君伐注定元年

傳以自丨也注又國語晉語且丨君伐注又後漢安
帝紀注○丨明也後漢胡廣傳注張衡傳注又文選
思元賦丨性行以製佩兮舊注○丨理也文選百辟
勸進今上牋注引書中候宋注○鑾旍鑾旗也文選
謝宣遠張子房詩鑾旍歷穨寢注○後丨猶後乘也
文選登廬山香鑪峯詩伏思託後丨注○司丨謂執
丨司射中當舉之文選東京賦罪司丨薛注○三丨
三公位也莊子讓王延之以三丨之位釋文○茅丨
祀宗廟所用迎道神指護祭者斷曰藉不斷曰丨公
羊宣十二年傳左執茅丨注○爾雅釋天釋文丨本
又作旍○莊子讓王延之以三
丨之位釋文司馬本作三珪

【盈】丨滿也詩鵲巢維鳩丨之傳匏有苦葉有瀰濟丨
傳又左氏文十八年傳不可丨厭注哀廿六年傳
使丨其罪注又公羊僖廿三年傳丨乎注又孟子盡
心上不丨科不行注又廣雅釋詁二又國語周語陽

癉憤丨注晉語姦而丨旅注又老子持而丨之注又
淮南原道沖而徐丨注又素問五運行大論其化爲
丨注又離騷戶服艾以丨要兮注天問而鮌疾脩丨
注又文選射雉賦形丨窻以美發徐注○丨充也廣
雅釋詁四○丨猶充也穆天子傳一予一八不丨于
德注○丨溢也易坎坎不丨虞注○丨猶溢也禮記
祭義樂主其丨注○丨長也文選東京賦不縮不丨
薛注○丨莫不有也墨子經上○乾爲丨易象下傳
損益丨虛虞注○乾息爲丨易象上傳君子尚消息
丨虛虞注○丨志滿也國語楚語丨而不偪注○丨
非也廣雅釋詁四○丨怒也廣雅釋詁二○丨貫謂
溢鏑也莊子田子方引之丨貫注○丨縮猶進退後
漢蘇竟傳注○丨與嬴同古字通文選古詩丨丨樓
上女注○老子或不丨丨淵兮釋文丨本亦作滿○老
子注又復不丨丨釋文丨或作滿○穀梁昭廿三年沈
子丨滅釋文丨本亦作浧○史記齊太公世家晉大

夫欒丨奔齊集解引徐廣曰丨史記多作逞田敬仲
完世家晉之大夫欒逞作亂索隱逞音丨史記多作
逞字○左傳襄廿三年
晉欒丨晉世家作欒逞
楹 丨柱也左氏昭元年傳叔孫指丨注又公羊莊廿
三年經丹桓宮丨注又穀梁莊廿三年經丹桓宮
丨注又詩那箋爲丨貫而樹之釋文又國語魯語嚴
公丹桓之丨而刻其桷注又後漢班彪傳上注又淮
南氾論殷人殯於兩丨之間注又楚辭哀時命鑿山
丨而爲室兮注思古仳惟倚於彌丨注愍命戚宋萬
於兩丨兮注又文選吳都賦青瑣丹丨劉注魯靈光
殿賦萬丨叢倚張注○丨屋柱也莊子齊物論莛與
丨釋文引司馬注○丨亭也亭亭然孤立旁無所依
也釋名釋宮室○丨齊魯讀曰輕輕勝也孤立獨處
能勝任上重也同上○兩丨賓主之位也文選張景
陽雜詩制勝在兩丨注○兩丨之間南面之君聽治

之處穀梁定元年傳正棺乎兩丨之間注○兩丨之
間戶牖之前尊者之所處也楚辭愍命戚宋萬於兩
丨兮注○公羊昭廿三
年沈子丨穀梁作盈
瀛 丨池中也楚人名池澤中曰丨楚辭招魂倚沼畦
丨兮注
嬴 丨滿也太元元數推三爲丨贊注○丨餘也荀子
非相與世偃仰緩急丨絀注○丨有餘也太元元
瑩或丨或踦注○丨謂盈之周書大武一勝人必丨
注○丨猶沃衍也山海經大荒東經有柔僕民是維
丨土之國注○丨繞匝也淮南要略丨坪有無之情
注○丨擔負也後漢儒林傳論注○丨籯囊也淮南
氾論軸蹻丨蓋注○丨謂無常周書常訓六極不丨
注○丨縮猶行藏也管子勢成功之道丨縮爲寶注
○丨絀猶言伸屈也荀子非相與世偃仰緩急丨絀
注○丨鏤文章淮南本經丨鏤雕琢注○丨秦姓也

文選東京賦丨氏傳翼薛注○丨伯翳之後也國語
鄭語○丨內地名國語周語反及丨內注○丨音羸
瘦之羸史記信陵君傳侯丨索隱引曹植○左傳宣
四年伯丨呂覽知分注淮南並作伯盈○左氏文十
八年敬丨公穀作頃熊○左氏宣八年夫人丨氏薨
公羊穀梁作熊氏○郭仲奇碑遭嬴項之際丨作羸
集韻攍通○丨盛也淮南時則天地始肅不可以
贏 丨注○丨長也淮南時則孟春始丨注本經丨縮
卷舒注○丨利也左氏昭元年傳賈而欲丨釋文又
國策秦策珠玉之丨幾倍注又文選西京賦鬻者兼
丨薛注○丨益也廣雅釋詁一○丨餘也廣雅釋詁
三又漢書蕭何傳集注汲黯傳集注張湯傳集注○
丨受也左氏襄卅一年傳以丨諸侯注○丨有餘也
一切經音義十二引字林○丨過也廣雅釋詁三○
丨過孰也考工記弓人撟幹欲孰於火而無丨注○
丨猶解也禮記月令天地始肅不可以丨注○丨裹

也莊子胠篋丨糧而趨之釋文○丨裹也一曰囊淮
南脩務於是乃丨糧跣足注○丨擔也漢書陳勝項
籍傳贊集注○攍擔也廣雅釋詁三○攍儋也齊楚
陳宋之閒曰攍南楚或謂之攍方言七○攍負也廣
雅釋言○丨負擔也荀子議兵丨三日之糧注○丨
謂大賈畜家也管子國蓄以正戶籍謂之養丨注○丨
早出爲丨漢書天文志○超舍而前爲丨同上○達
聲丨周禮典同○丨縮進退也國語越語丨縮轉化
注
營 丨度也廣雅釋詁一又文選注三引新序又呂覽
孟冬丨邱壟之小大高卑注又淮南時則丨邱壠
之小大高庳注○丨猶度也儀禮士喪禮家人丨之
注○丨治也詩黍苗召伯丨之箋又小爾雅廣詁○
丨爲也楚辭天問萉雚是丨注○丨典淮南主術執
正丨事注○丨得也廣雅釋詁三又楚辭天問何往

｜班祿注〇｜上也廣雅釋詁一〇｜惑也漢書敘
傳下集注引鄧展又呂覽尊師心則無｜注又淮南
原道精神亂｜注不足以｜其精神注〇｜猶亂也
大戴記文王官人煩亂之而志不｜注〇｜惑也一
曰亂淮南精神而物無能｜注〇｜域也文選東京
賦結徒｜薛注〇｜域也太元元圖日月眕｜注
〇｜域所極也太元元圖時監地｜注〇｜布居也
文選五等論譬猶衆目｜方注〇｜猶虛也太元元
圖極爲九｜注〇｜衞也一切經音義四引蒼頡篇
〇｜耕也廣雅釋地〇坤爲｜易象上傳不可｜以
祿虞注〇周行爲｜文選魏都賦延閣允宇以經｜
劉注〇經護爲｜文選陸士衡贈從兄車騎詩注引
鍾會老子注〇東西爲｜楚辭離世經｜原野杳冥
冥兮注〇｜｜往來貌詩青蠅｜｜青蠅傳〇｜｜
往來也廣雅釋訓〇｜｜往來之貌漢書戾太子傳
集注〇｜｜周旋貌漢書楊雄傳上集注〇經｜往

來之貌文選舞賦經｜切擬注〇經｜猶往來後漢
馮衍傳注〇｜慧求索名利者也淮南俶眞｜慧然
而有求於外注〇｜魄魂魄也老子載｜魄注〇｜
魄人之常居處也老子王注〇｜室東壁一名承委
淮南天文〇｜室元武宿與東壁連體而四星考工
記輈人以象｜室也注〇司｜者土也春秋繁露五
行相生〇齊曰｜州爾雅釋地〇古有｜州齊衞之
地於天文屬｜室取其名也釋名釋州國〇齊其氣
清舒受性平均故曰｜｜平也今爲青州爾雅釋地
李注〇水出其左｜邱爾雅釋邱〇水出其左曰｜
邱釋名釋邱〇｜邱者山名也水經淄水注〇｜謂
丈尺其大小考工記匠人營國注〇掘地而居謂之
｜窟家語問禮冬則居｜窟注〇｜士謂五校｜士
也後漢安帝紀注〇五｜郎五校也後漢西羌傳注
〇｜讀｜正急之｜也淮南脩務雖鳴廉脩｜注〇
｜讀曰振｜其竅也淮南精神燭｜指天注〇｜讀

爲熒荀子宥坐言談足以飾邪｜衆注〇｜或作榮
易象上傳不可｜以祿虞注〇｜古文作覺同一切
經音義六〇公羊莊廿五年傳朱絲｜社釋文本亦
作縈同〇詩青蠅｜｜青蠅說文言部作營營青蠅

嬰 女曰｜男曰兒玉篇引蒼頡篇〇｜兒幼少之稱
呂覽知士更立衞姬｜兒校師注〇｜猶鷖彌也
禮記雜記中路｜兒失母也注〇人始生曰｜兒胷
前曰｜抱之｜前乳養之也或曰嫛婗嫛是也言是
人也婗其嗁聲也故因以名之也釋名釋長幼〇｜
繞也漢書賈誼傳集注司馬遷傳集注又後漢岑彭
傳注又文選甘泉賦峻嵲隗乎其相｜注〇｜繞抱
也淮南要略以與天和相｜薄注〇｜以城自繞漢
書蒯通傳集注引孟康〇｜猶帶也漢書陳湯傳集
注〇｜加也漢書賈誼傳集注〇｜繫於頸也荀子
富國是猶使處女｜寶珠注〇｜馬纓國語晉語七
人之所懷挾｜壤注〇｜石言石似玉有符彩｜帶

所謂燕石者山海經北山經燕山多｜石注〇｜郎
古嬰字山海經西山經羭山祠之｜以百珪百璧注
〇禮記曲禮｜母能言釋文｜本或作鸚〇禮記內
則衿｜綦屨釋文｜又作纓〇逢盛碑攜育孩嬰｜
作嚶

纓 ｜冠系也後漢楊彪傳注〇｜冠之繫也荀子非
十二子其｜禁緩注〇｜謂冠帶也素問通評虛
實論與｜脉各二注〇｜從下而上者儀禮士冠禮
｜屬于缺釋文〇｜頸也自古而下繫於頸也釋名
釋首飾〇婦人年十五許嫁笄而禮之因著｜明有
繫也蓋以五采爲之儀禮士昏禮主人入親說婦之
｜注〇｜條屬者通屈一條繩爲武垂下爲｜屬之
冠儀禮既夕記｜條屬厭注〇｜繞也文選述祖德
詩而不｜垢氛注〇｜頸毛也文選七發翠鬣紫｜
注〇｜馬鞅也文選西京賦璿弁玉｜薛注〇｜馬

鞅也文選東京賦咸龍旂而繁｜薛注○｜今馬鞅
周禮巾車樊｜十有再就注又儀禮既夕｜三就注
○｜馬繁｜也禮記曲禮下以｜拾矢可也注○｜
謂當胷周禮巾車樊｜十有再就司農注○｜如索
帬今乘輿大駕有之左氏桓二年傳服注○｜在馬
膺前如索帬左氏桓二年傳鞶厲游｜注○繁｜在
馬膺前如索帬者是也獨斷下○樊｜馬飾也以罽
飾之周禮大行人樊｜九就注○｜芻垂｜秉芻也
文選皇太子釋奠詩｜芴帀序注○｜與嬰通文選
遊天台山賦方解｜絡注○莊子逍遙遊注足以｜
紼其心矣釋文
｜字或作嬰

【貞】｜正也易彖上傳乾乾元亨利｜子夏傳坤含章
可｜虞注屯大｜崔憬注泰艱｜虞注剝蔑｜凶
虞注又書禹貢厥賦｜傳太甲下萬邦以｜傳洪範
曰｜曰悔鄭注又書洛誥我二人共｜釋文又周禮
大祝求永｜注又禮記文王世子萬國以｜注緇衣
章志｜教注又論語衞靈公君子｜而不諒集解引
孔注又皇疏又周書祭公維天｜文王之董用威注
又廣雅釋詁二又國語晉語｜之無報也注元亨利
｜注吳語請｜於陽卜注又漢書律厤志上集注地
理志上集注杜欽傳集注敘傳上集注引應劭又後
漢趙咨傳注崔駰傳注又太元元首都序歲事咸｜
注元測都序大｜乃通注戾酋｜注干匪｜注蒙面
｜注差懼｜安注增閒｜增默注交以其｜｜注傒傒
福｜｜注釋喪其和｜｜注夷利敬病年｜注爭不酋
｜注務黃中免于禍｜｜注事事｜注斷利匠人之｜
注毅毅于心腹｜注親童親不｜｜注斂窶我匪｜注
應｜栗其鱗注遇及師夢｜注常女｜屬注度垂象
｜也注飾商人之｜注疑失｜矢注誓｜可聽注沈
不聞｜注失｜矢注馴牝｜常慈注養元函否｜注
元離牝牡羣｜注元數假太元字｜注元圖咸酋｜

注又法言學行顏以其｜注問明其｜利乎注又管
子侈靡故至｜生至信注五行不誅不｜注又呂覽
貴信丹漆染色不｜注又離騷攝提｜于孟陬兮注
思忠｜枝柳兮枯槁注又文選述祖德詩｜觀邱壑
美注劇秦美新夫能｜而明之者窮祥瑞注○｜者
正也易否｜吉亨荀注○｜者正也一也易繫辭下
傳｜勝者也注○｜信也易文言｜固何妥注○｜
誠也文選思元賦慕古人之｜節舊注○｜精誠也
太元交齊不以其｜注○｜當也書洛誥我二人共
｜馬注又廣雅釋詁三○｜定也精定不動惑也釋
名釋言語○｜問也周禮天府司農注大｜司農注
○問事之正曰｜周禮天府以｜來歲之媺惡注○
｜之爲問問於正者必先正之乃從問焉周禮大卜
凡國大｜注○｜事之幹左氏襄九年傳○｜事之
幹也國語晉語故利｜注○｜者事之幹也易文言
傳○幹事曰｜大戴記文王官人鄉則任｜注○守

節曰｜司徒椽梁休碑○清白守節曰｜周書謚法
○清心自守曰｜獨斷下○大慮克就曰｜周書謚
法○不隱無屈曰｜同上○言行抱一謂之｜賈子
道術○不私萬物爲｜易義海撮要引魏徵易注○
太｜太極之氣也文選舞賦啟泰｜之否隔兮注○
內卦曰｜書洪範曰｜傳○內卦爲｜左氏僖十五
年傳蠱之｜風也注○大｜謂卜立君卜大封周禮
小宗伯若國大｜司農注○｜蟲細腰之屬也淮南
原道蚑蟯｜蟲注○｜蟲諸細要之屬也淮南墜形
萬物｜蟲注○｜蟲細腰蜂蜾蠃之屬無牝牡之合
曰｜淮南說山｜蟲之動以毒螫注○史
記衞世家衞｜伯索隱引系本作箕伯

【成】｜平也詩節南山誰秉國｜傳緜虞芮質厥｜傳
又周禮調人以民｜之注司市平肆展｜奠賈注
質人掌｜市之貨賄人民牛馬兵器珍異注方士司
寇聽其｜于朝注大行人｜牢禮注小行人｜六瑞

注又禮記文王世子獄丨有司讞于公注又國語晉
語以要晉國之丨注丨而反之不信注丨而後振武
於外注吳語約辭行丨丨注又管子中匡丨以東矢注
小匡公乃使鮑叔行丨丨注又呂覽行論所以爲丨而
歸也注原亂乃與晉丨注又離騷初既與余丨言兮
注○丨者平也史記越世家行丨於吳索隱○丨謂
平也穆天子傳五以詰其丨注○丨猶平也左氏隱
六年傳鄭伯請丨於陳注桓二年傳以丨宋亂注○
丨立也國策秦策以丨伯王之名注又呂覽驕恣三
年而未能丨注○丨就也詩樛木福履丨之傳又老
子夫惟道善貸且丨注○丨定也國語周語聽無聳
丨也注吳語吳晉爭長未丨注晉語民無丨君注○
丨猶定也周禮小司徒各登其鄉之衆寡六畜車輦
注○丨畢也儀禮士虞禮西面告利丨注少牢饋食
禮祝告曰利丨注○丨猶畢也周禮司書及事丨則
入要貳焉注○丨猶善也禮記檀弓上是故竹不丨

用注王制丨器不粥於市注少儀毋訾衣服丨器注
○丨猶備也詩猗嗟儀既丨兮箋又禮記喪大記五
十不丨喪注○丨盛也釋名釋言語○丨茂呂覽先
己松柏丨而塗之人己蔭矣注○丨熟也呂覽明理
五穀萎敗不丨注貴信則五種不丨注○丨重也廣
雅釋詁四又漢書地理志上集注○丨亦重也山海
經西山經東望恒山四丨注○丨猶重也儀禮覲禮
壇十有二尋注又爾雅釋邱邱一丨爲敦邱注又呂
覽音初九丨之臺注○丨亦重耳山海經南山經丨
山注○丨猶必也國語吳語勝未可丨注○丨猶併
也儀禮既夕俎二以丨注○丨猶終也書益稷簫韶
九丨鄭注○丨猶奏也禮記樂記再丨而滅商注○
丨不可更太元元衝○丨者功就不可易也太元元
錯○丨謂所生長以丨功也國語晉語黃帝以姬水
丨炎帝以姜水丨注○丨謂丨物周書太子晉侯能
丨羣謂之君注○丨計要也禮記王制司會以歲之

丨質於天子注○飾治畢爲丨儀禮士喪禮獻素獻
丨亦如之注○丨然縣解之貌莊子大宗師丨然寐
丨釋文引李注○安民立政曰丨周書謚法又書顧命
丨王崩馬注○丨丨人也禮記喪服小記除丨喪者
注○丨人謂年二十已笄醴者也儀禮喪服傳其丨
人而未嫁者也注○丨童年十五也後漢李固傳注
○丨王所言丨道之王書酒誥丨王若曰鄭注○俗
儒以爲丨王骨節始丨故曰丨王或曰以丨王爲少
丨二聖之功生號曰丨王没因爲謚衛賈以戒丨康
叔以慎酒丨就人之道也故曰丨書酒誥丨王若曰
馬注○丨骨謂膝外近下髀骨上端兩起骨相並陷
陷容指者也髀骨所丨杜膝髀骨故謂之丨骨也素
問刺腰痛刺少陽丨骨之端出血注○戌爲丨淮南
天文○五行敘曰丨書大禹謨地平天丨傳○樂備
作謂之丨書益稷簫韶九丨鄭注○五帝名大學曰
丨均則虞庠近是也禮記文王世子于丨均注○方

十里爲丨考工記匠人又左氏哀元年傳有田一丨
注○通十爲丨周禮小司徒注引司馬法○地方十
里爲丨出長轂一乘國語楚語賦皆千乘注○丨出
革車一乘荀子禮論有五乘之地者事三世注○丨北
方元州曰丨土後漢張衡傳注引河圖○丨山四方
而三壇山海經南山經○丨白津名國語楚語昭王
出奔濟於丨白注○丨樂城一名石盧城也水經河
水注○丨紀太皞庖犧所生之處也水經渭水注○
丨當作滅莊子大宗師釋文引簡文注○易震注懼
以丨則釋文丨亦作威○易繫辭丨象之謂乾釋文
蜀才作盛象○禮記檀弓丨人有其兄死釋文丨或
作郕○左氏文二年宋公子丨釋文丨本或作戌○
公羊哀十三年許男丨卒釋文丨本亦作戌○左氏
哀十三年許男丨卒釋文丨本或作戌○莊子大宗
師釋文丨本或作戌又作賊亦作俄○詩我行其野
丨不以富論語顏淵作誠不以富○左氏桓六年公

會紀侯于丨穀梁作郕○左氏文十一年王子丨父
管子小匡作城父○左氏昭十年宋公丨卒公羊作
戊○左氏定四年杞伯丨卒于會公羊作戊
○國策韓策大丨午史記趙世家作大戊午

盛 黍稷曰粢在器曰丨公羊桓十四年傳粢丨委之
所藏也注又穀梁桓十四年傳天子親耕以共粢
丨注○在器曰丨周禮甸師以共齍丨注肆師表齍
丨告絜注又左氏桓六年傳粢丨豐備注又書泰誓
犧牲粢丨釋文公羊文十三年傳何以爲丨釋文又
國語周語上帝之粢丨於是乎出注楚語夫人必自
舂其丨注又漢書文帝紀集注五行志上集注○在
器中曰丨史記孝文紀以給宗廟粢丨集解引應劭
○丨稻也孟子滕文公下以供粢丨注○丨粢丨也
公羊文十三年傳何以爲丨釋文○丨黍稷也周禮
閭師不耕者祭無丨注○丨者新穀公羊文十三年
傳周公丨注○丨謂今時杯杅也禮記喪大記食粥

於丨注○丨之言成也考工記匠人白丨注○丨猶
成也周禮掌蜃共白丨之蜃注○丨讀爲成荀子王
霸以觀其丨者也注○左氏桓六年傳奉丨以
告曰儀禮少牢饋食禮注引作奉粢以告曰

城 丨盛也夂土成聲水經注二引風俗通○丨盛也
盛受國都也釋名釋宮室○丨猶國也詩瞻卬哲
夫成丨哲婦傾丨箋又漢書五行志中之上○艮爲
丨易泰丨復于隍虞注○天子周丨諸侯軒丨公羊
定十二年傳百雉而丨注○犬吠不驚命曰金丨說
苑說叢○枯丨謂故都也太元差過其枯丨注○邑
曰築都曰丨左氏莊廿八年傳○都曰丨淮南時則
可以築丨郭注○丨爲保民爲之也穀梁隱七年傳
○鮌作丨郭一切經音義六引世本○丨旦鶡鴠也
廣雅釋鳥○鶡鴠自關而東謂之丨旦方言八○方
丨山名也水經汝水注○丨一本作坂列子力命背
丨面隍釋文○詩板無俾丨壞漢書諸侯王表作毋
俾成
壞

誠 丨信也爾雅釋詁又禮記郊特牲幣必丨注又論
語子路丨哉是言也皇疏又後漢和熹鄧皇后紀
注又淮南說林蘇秦以百誕成一丨注○丨實也孟
子公孫丑上子丨齊人也注又漢書高帝紀上集注
鼂錯傳集注廣陵厲王胥傳集注匈奴傳上集注外
戚傳上集注元后傳集注王莽傳上集注王莽傳下
集注又後漢周黃徐姜申屠傳注又荀子非十二子
是之謂丨君子注又老子丨全而歸之注又呂覽論
威此之謂至威之丨注又淮南主術抱德推丨注○
丨者實也孟子盡心上反身而丨注○丨敬也廣雅
釋詁一○丨猶審也或作成禮記經解繩墨丨陳注
○夫丨者一也說苑反質○丨者自成也禮記中庸
○丨者天之道也丨之者人之道也同上○丨者非
自成己而已也所以成物也同上○志操精果謂之

丨賈子
道術

呈 丨見也文選洛神賦晧質丨露注○丨解也廣雅
釋詁一○丨示見也列子天瑞而昧昧者未嘗丨
釋文○左傳僖廿三年而殺
人以丨釋文丨本或作逞

程 丨法也詩小旻匪先民是丨傳又呂覽孟冬按度
丨注○丨式也漢書賈誼傳集注○丨度也呂覽
愼行後世以爲法丨注○丨量也廣雅釋詁三又楚
辭懷沙驥將焉丨注○丨猶量也禮記儒行不丨勇
者注○丨正也漢書敘傳上集注○丨准也管子君
臣上吏嗇夫書有訾丨事律注○丨示也廣雅釋詁
四○丨課也漢書主父偃傳集注○丨效也漢書谷
永傳集注○丨猶効也家語儒行丨功積事注○丨
猶見也文選西京賦侲僮丨材薛注○丨猶限也文
選魏都賦明胥有丨注○丨品式也後漢郭躬陳寵

傳注○丨者物之準也荀子致仕○丨功丨荀子脩
身丨役而不錄注○丨者度量之總名也荀子致仕
注○丨謂器所容也禮記月令按度丨注○丨謂課
其技能也文選西京賦丨角觝之妙戲薛注○丨地
名在岐州左右後以爲國周書大匡維周王宅丨三
年注○青寧生丨莊子至樂○丨中國謂之豹越人
謂之貘列子天瑞青寧生丨釋文○丨與呈通文選
魏都賦明宵有丨注○樊安碑作呈作式冀州從事
郭君碑先民
有呈丨作呈
【酲】丨酒病也後漢邊讓傳注○丨病酒也文選東京
賦囷然若丨薛注○病酒曰丨詩節南山憂心如
丨傳又後漢第五倫傳注又莊子人閒世嗅之則使
人狂丨釋文引司馬注○丨飽也文選西京賦心丨
醉薛注○丨長
也廣雅釋言

【聲】丨者鳴也白虎通禮樂○震爲丨易離戚嗟若虞
注○丨屬陽律屬陰翻譯名義八引鉤隱圖○凡
有丨皆陽事以壓陰氣穀梁莊廿五年傳言充其陽
也注○丨謂樂也禮記月令止丨色注○丨者樂之
象也禮記樂記又說苑修文○丨謂樂節也禮記射
義循丨而發注○丨五音呂覽仲夏止丨色注○丨
五丨也呂覽仲冬去丨色注○丨謂五丨宮商角徵
羽書舜典丨依永傳○丨謂宮商角徵羽也文選毛
詩序情發於丨注○五丨宮商角徵羽也後漢班彪
傳下注又法言吾子或問交五丨十二律也注又家
語禮運五丨六律十二管注○五丨言語宮商角徵
羽也周禮疾醫以五氣五丨五色眡其死生注○宮
商角徵羽謂之五丨後漢桓譚傳注○宮商角徵羽
單出曰丨禮記樂記感於物而動故形於丨注○五
丨故也鶡冠子夜行○丨名也呂覽過理臣聞其丨
注又淮南脩務丨施千里注○丨者名也史記大史

公自序其實中其丨者謂之端索隱○丨別名也史
記大史公自序集解引李奇○丨言也大戴記子張
問入官發乎丨注○丨卽言也鬼谷子反應心無形
求有丨注○丨噫與也儀禮既夕丨三注○丨者噫
歆也儀禮士虞禮記丨三注○丨噫歆警神也禮記
曾子問祝丨三注○丨勢國策齊策丨威天下注○
丨本風俗通聲音○丨金鼓也國語晉語變非丨章
注○丨鍾錞于之屬考工記鳧氏爲鍾注○丨絲竹
金石之丨也淮南時則去丨色注○丨爲律家語五
帝德○不生其國曰丨周書謚法又獨斷下○古文
丨爲磬儀禮大射儀至乏丨止注○丨字或作嚴漢
書楊雄傳上集注○丨或作啟漢書古今人表集注
○丨宜爲啟家語六本孔子遊於泰山見榮丨期注
○莊子駢拇多于聰者亂五丨釋文本亦作五音○
左氏文十七年葬我小君丨姜公羊作
聖姜○古今人表衞丨公索隱作聖公

【征】丨正也書序作成王丨馬注又呂覽孟秋以丨不
義注○丨正也上討下之稱國語周語穆王將丨
犬戎注魯語是以上能丨下注楚語撫丨南海注○
丨猶正也欲言其正也白虎通誅伐○丨之爲言正
也孟子盡心下○丨之言正也伐也禮記月令以丨
不義注○丨伐也書大傳雖不請於天子而丨之可
也注○丨丨伐也詩泮水桓桓于丨箋○丨謂丨伐
人也周禮大卜司農注○丨者上伐下也孟子盡心
下○上伐下謂之丨孟子盡心下注○奉辭伐罪曰
丨書允征傳○丨取也孟子梁惠王上上下交丨利
注○丨行也爾雅釋言又易大壯壯于趾丨凶虞注
又詩小星肅肅宵丨傳小明我丨徂西箋黍苗烈烈
丨師箋桑柔丨以中垢箋又大戴記文王官人丨利
而依隱於物注又國語晉語莘莘丨夫注又漢書劉
向傳集注楊雄傳上集注引晉灼又太元閑小得利
小丨注曹陰丨南注又離騷濟沅湘以南丨兮注湘

君嶲飛龍兮北丨注九辯哀蟋蟀之宵丨注招魂汨吾南丨注悼亂歸鴈兮于丨注○丨亦云行周禮大上一曰丨注○丨巡行也文選東京賦卜丨考祥薛注○邁丨皆行也詩小宛而月斯丨箋○丨夫行人也詩皇華駪駪丨夫傳○丨遠也廣雅釋詁一○丨猶飛也呂覽季冬丨鳥厲疾注○震爲丨易泰以其彙丨吉虞注大壯壯于趾丨凶虞注損利貞丨凶虞注漸夫丨不復虞注歸妹丨凶虞注○丨賦也左氏僖十五年傳丨繕以輔孺子注於是秦始丨晉河東注又國語晉語若丨繕以輔孺子注又孟子盡心下有布縷之丨注又管子八觀六畜有丨注大匡弛關市之丨注○政謂賦也凡其字或作政或作正或作丨以多言之宜從丨周禮小宰一曰聽政役以比居注○丨稅也周禮大司徒制天下之地丨注載師凡任地國宅無丨注司門正其貨賄注又禮記王制夫圭田無丨注又左氏文十一年傳使食其丨注又廣雅釋詁二又國語齊語使關市幾而不丨注越語亦丨諸侯之禮也注又管子乘馬十一仞見水輕丨注○政稅也周禮小司徒施其職而平其政注○丨稅也管子海王何謂丨鹽筴注○正謂稅也周禮司勳無國正司農注○丨亦稅也禮記王制關譏而不丨注又荀子富國苛關市之丨以難其事注○政謂賦稅也周禮都司馬以國灋掌其政學注○無丨無稅也周禮載師凡任地國宅無丨司農注○薄丨輕租稅也周禮大司徒二曰薄丨司農注○丨之者給公上事也周禮鄉大夫皆丨之司農注○不丨不給其繇役禮記王制不丨于鄉注○地丨謂地守地職之稅也周禮均人掌均地政注○財丨賦稅之事周禮遂師以徵財丨注○丨廛者貨賄之稅與所止邸舍也周禮司關與其丨廛注○獻丨漁者之租稅周禮獻人凡獻丨司農注○丨鳥題肩也齊人謂之擊丨或名曰鷹禮記月令丨鳥厲疾注○正讀爲丨周禮

司門正其貨賄注○政讀爲丨周禮均人掌均地政注○杜子春讀政爲丨周禮閭胥凡春秋之祭祀役政喪紀之數注○政當作丨周禮小司徒施其職而平其政注○周禮司勳惟加田無國正釋文正本亦作丨○禮記王制譏而不丨釋文丨本又作正○詩柔柔丨以中垢韓外傳作往以中垢

正　周人以日至爲丨殷人以日至三十日爲丨夏以日至六十日爲丨公羊隱元年疏引書大傳○夏以孟春月爲丨殷以季冬月爲丨周以仲冬月爲丨白虎通三正引書大傳○夏以十三月爲丨殷以十二月爲丨周以十一月爲丨書大傳又獨斷上○晝布曰丨棲皮曰鵠禮記中庸失諸丨鵠注射義發而不失丨鵠者注○方十尺曰侯四尺曰鵠二尺曰丨四寸曰質周禮司裘設其鵠司農注○鵠中者謂之丨丨方二尺小爾雅廣器○二尺曰丨詩猗嗟不出丨兮傳又禮書引馬融周禮注○四尺曰丨周禮射人九節五丨注又禮書引賈逵周禮解詁丨之言丨也射者內志丨則能中焉周禮射人注○晝布曰丨丨之爲言丨也禮記射義發而不失丨鵠者注○畫五采曰丨詩猗嗟釋文○丨者丨也亦鳥名齊魯之閒名題肩爲丨丨鵠皆鳥之捷黠者儀禮大射儀大侯之崇見鵠於參注○丨鳥名也禮記中庸失諸丨鵠釋文○丨也禮記中庸釋文○丨所射也周禮射人司農注○射丨射之灋儀也周禮射人佐司馬治射丨注○丨鵠所射者也家語觀鄉射不失丨鵠者注

鉦　丨鐃也似鈴後漢光武帝紀上注張衡傳注又晉書音義上○丨鈴也廣雅釋器○丨鐲也詩采芑丨人伐鼓釋文○丨鐸所以爲軍節文選東京賦司鐸授丨薛注○鼓上謂之丨考工記鳧氏

輕　丨小也淮南氾論有丨罪者贖以金分注○丨易也漢書賈誼傳集注引蘇林又呂覽知接桓公非

丨難而惡管子也注○丨便國策齊策使丨車銳騎衡雍門注○丨者重之端後漢陳忠傳○丨丨重謂斤兩孟子滕文公上麻縷絲絮丨重同注○丨銳謂便利文選西京賦丨銳僄狡薛注○丨武言疾也後漢竇憲傳注○丨黠謂丨銳桀黠也後漢劉元傳注○丨車兵車也後漢吳漢傳注梁商傳注

名 丨明也丨實使分明也釋名釋言語○鳴而命施謂之丨丨之爲言鳴與命也春秋繁露深察名號○丨之爲言眞也同上○丨者發也鬼谷子摩○丨號也國語楚語辨之以丨注吳語以淫丨聞於天子注○丨成也廣雅釋詁三○丨大也國策秦策王不如因而賂一丨都注○丨猶大也禮記禮器因丨山升中于天注○丨者人治之大者也禮記大傳○丨聲也國語周語聽淫日離其丨注○丨者聲聞之稱也文選射雉賦有五色之丨翬徐注○丨者謂聲譽也禮記表記先王謚以尊丨注○丨美丨也荀子正

名無埶列之位而可以養丨注○丨令聞也禮記中庸必得其丨注○丨者謂令丨也法言重黎○丨字謂譽聲遠聞也文選與彭寵書伯通以丨字典郡注○丨公器也莊子天運○丨爵號也後漢來歙傳注鄭興傳注○丨者爵位丨也呂覽務本其丨無不榮者注○丨爵號之丨也淮南原道天下爲之圈則丨實同居注○丨謂號謚周書謚法是以大行受大丨細行受細丨注○丨之謂謚之也孟子離婁上丨之曰幽厲注○丨者實之賓也莊子逍遙遊○丨虛實之丨淮南脩務不可燿以丨注○丨德行之丨也呂覽審應取其實以責其丨注○丨謂指丨荀子正論分職丨象之所起王制是也注○夫丨者所以相別爾穀梁隱三年傳其不丨何也注○丨上下之所同道也韓非子詭使○丨謂尊卑職貢之丨號國語周語有不貢則修丨注○丨者幼小卑賤之稱也白虎通姓名○丨號令也國語周語言以信丨注○丨者所以命事也管子七法丨也注○丨也者所以期累實也荀子正名○丨者聖人之所以眞物也春秋繁露深察名號○丨者聖人之所以紀萬物也管子心術○丨者大理之首章也春秋繁露深察名號○丨詳而目同上○古者丨以正體顏氏家訓風操○丨書文也今謂之字儀禮聘禮記百丨以上書於策注○正丨謂正書字也古者曰丨今世曰字論語子路必也正丨乎鄭注○書丨書文字也古曰丨周禮大行人諭書丨注○古曰丨今曰字周禮外史掌達書丨于四方注○丨謂文字也儀禮聘禮釋文○陽稱丨易繫辭下傳丨必辱虞注○一字爲丨公羊定六年傳譏二丨注○丨約卽丨之樞要也荀子正名驗之丨約注○丨物者十等之丨與所生之物周禮大司徒辨其山林川澤邱陵墳衍原隰之丨物注○丨爲明法之家後漢郭鎭傳注○鄉遂之屬謂之丨周禮大司馬縣鄙各以其丨注○號丨者徽識所以相

別也周禮大司馬辨號丨之用注○辟丨詐爲書以空作見文書與實不相應也周禮宰夫凡失財用物辟丨者注○目上爲丨爾雅釋訓又詩猗嗟猗嗟丨兮傳○丨眉眼之閒爾雅釋訓注○丨目上平博爾雅釋訓孫注○丨目也晉書音義中○丨與銘同列子湯問伯益知而丨釋文○丨一本作若列子黃帝丨實未虧釋文

令 丨使也詩韓奕慶既丨居釋文又廣雅釋詁一又漢書食貨志下集注引李奇○丨丨纓環聲詩盧令盧丨丨傳○丨狐卽猗氏也水經涑水注引闞駰○丁丨國名文選東京賦批變丁丨薛注○詩車鄰寺人之丨釋文丨韓詩作伶○詩防有鵲巢傳甓丨丨適也釋文丨字書作瓴○詩常棣脊丨在原釋文丨本亦作鴒同小宛題彼脊丨釋文丨本亦作鴒○詩盧令盧丨丨韓詩作盧泠泠

【拼】丨合也漢書藝文志集注李廣傳集注董仲舒傳注又漢書禮樂志集注○丨兼也國策衞策魏丨山中弁州曰丨土注○丨謂丨合也素問腹中論須其氣丨而治之可使全也注調經論血氣未丨注○丨謂氣交通也素問生氣通天論上下不丨注○丨偏邪相就也考工記輿人大與小無丨注○相丨言體合爲一也山海經大荒南經有三青獸相丨名曰雙雙注○丨夾鍼箭具周禮射鳥氏則以丨夾取之司農注○丨夾鉗矢者文選東京賦丨夾既設薛注○丨夾矢籥也周禮司弓矢丨夾注○丨之爲言誠也精含交丨其氣勇抗誠信也古微書引春秋元命苞○正北曰丨州周禮職方氏○正西弁州曰丨土淮南墬形○丨丨州丨兼丨也其州或丨或設故因以爲名也釋名釋州國○丨之言併也陽合交併其氣勇壯抱誠信也爾雅釋地釋文引太康地記○丨封在巫咸東其狀如彘前後皆有首黑山海經海外西經○丨閭櫰也文選甘泉賦攢丨閭與茇葀兮注

【傾】丨覆也淮南原道持盈而不丨注○丨謂覆也易否丨否傾果注○丨邪也淮南說山重鈞則衡不丨注○丨衺也廣雅釋詁二○丨猶下也淮南原道使地東南丨注○丨危也太元盛幾後之丨注又國語晉語大命其丨注越語有定丨注又荀子儒效齊一天下而莫能丨注○丨傷也國語吳語體有所丨注○丨猶盡也文選孫子荊征西官屬詩丨城遠追送注○丨高也淮南天文天丨西北注○丨丨高下不正貌老子高下相丨釋文○丨謂偃卧也華嚴經音義下引漢書拾遺○丨奪謂馳競也文選舞賦各相丨奪注○丨葢謂駐車交葢也後漢朱穆傳注○丨宮宮滿一頃淮南墬形丨宮旋室注○禮記曲禮丨丨則姦三國孫皓傳注作㚃則邪○石門頌廎瀉輸淵縈敏魄能無撓廎丨作廎

【縈】丨旋也詩樛木葛藟丨之傳○丨紆也文選思元賦臨丨河之洋洋舊注○丨曲也後漢張衡傳注○丨卷之也華嚴經音義下引珠叢○收績曰丨一切經音義三引通俗文○丨與還義同荀子禮論設掩面儇目鬠而不冠笄矣注○詩樛木釋文帒本又作丨○詩樛木葛虆丨之說文艸部作葛虆藥之

【餳】丨洋也煮米消爛洋洋然也釋名釋飲食○凡飴謂之丨自關而東陳楚宋衞之閒通語也方言十三○丨蜜也詩有瞽箋賣丨者所吹也釋文

【瓊】丨玉之美者詩木瓜報之以丨琚傳○丨玉之別名左氏僖廿八年傳楚子玉自爲丨弁玉纓注○丨亦玉也文選舞鶴賦振玉羽而臨霞注○丨玉枝也楚辭東皇太一盍將把兮丨芳注○曲丨玉鉤也楚辭招魂挂曲丨些注○丨瑤謂玉音也文選江文通雜體謝法曹詩末響寄丨瑤注○用十二棊六棊白六棊黑所擲頭謂之丨後漢梁冀傳注引鮑宏博經

【鶊】鶬丨鸝黃也楚辭悼亂鶬丨兮喈喈注

【賡】丨續也爾雅釋詁又書益稷乃丨載歌曰傳○丨猶償也管子國蓄愚者有不丨本之事注集韻莔通○丨貝母也詩載馳言采其丨傳○莔貝母爾雅釋草○飛丨蓢也廣雅釋器○蝱讀詩云言采其蝱之蝱也淮南氾論夏日則不勝暑熱蟁

【蝱】注○詩載馳言采其丨說文繫傳作言采其莔

【黌】丨學也丨與橫同後漢儒林傳注

【鍠】丨聲也廣雅釋詁四○丨丨和也漢書禮樂志集注○丨丨鏘鏘鍾鼓之聲也後漢馬融傳注

【喤】丨丨聲也廣雅釋訓○丨怒也廣雅釋詁二

【祊】廣韻鬃同○丨之爲言倞也禮記郊特牲○丨祭明日之繹祭也謂之丨者于廟門之旁因名焉禮記禮器爲丨乎外注○廟門外曰丨謂之丨者以於繹祭名也禮記郊特牲索祭祝于丨注○丨門內也詩楚茨祝祭于丨傳○丨廟門左氏襄廿四年傳以守宗丨注○丨謂廟門也爾雅釋宮閍謂之門孫注○丨故廟中門名也爾雅釋宮李注○廟門謂之丨宗丨猶宗廟也國語周語今將大泯其宗丨注○丨祭也後漢張衡傳注○祊祭也廣雅釋天○丨鄭祀泰山之邑也水經沂水注引杜預釋地○丨當爲方聲之誤也周禮大司馬致禽以祀丨注○丨當爲祇周禮大祝凡大禋祀肆享祭示杜注○禮記明堂位注秋田祀丨釋文丨本又作方○詩楚茨祝祭于丨說文示部作祊祭于鬃○左氏隱八年鄭伯使宛來歸丨穀梁作邴

【輣】丨樓車也後漢光武帝紀上注○丨兵車也後漢郭杜孔張廉王蘇羊賈陸傳注

【搒】集韻通作簩○丨擊也廣雅釋詁三○丨捶也一切經音義廿一引字書○簩捶也後漢虞延傳注○簩笞也後漢陳寵傳注引聲類

【橕】廣韻橕同○撐柱也眞庚切文選長門賦注引字林○橕距也廣雅釋器○撐音掌距之掌漢書匈奴傳上集注引蘇林○撐紂庚反一切經音義一引音隱

【瞠】集韻或作瞸瞠○丨直視也一切經音義十八引蒼頡篇○瞸直下視貌玉篇引蒼頡篇○丨直視貌莊子田子方釋文引字林○瞠直視貌也漢書孝成趙皇后傳集注引服虔○丨驚視貌管子小問丨然視注○瞠字本作丨漢書外戚傳下集注

【傖】吳人謂中州人爲丨人俗又總謂江淮間雜楚爲丨人一切經音義十六引晉春秋

【崢】丨謂丨嶸也太元銳陵丨岸峭陁注○丨嶸山高貌文選遊天台山賦注引字林○丨嶸高峻也後漢班彪傳上注○丨嶸深邃貌後漢馮衍傳注又文選吳都賦南北丨嶸注○丨嵤深冥也廣雅釋訓

【苹】丨萍爾雅釋草○丨萍也詩鹿鳴食野之丨傳○丨水中浮萍江東謂之薸爾雅釋草注○丨蘋蕭爾雅釋草○丨蘋蕭也詩鹿鳴箋○丨今蘋蒿也爾雅釋草注○丨草也大戴記夏小正湟潦生丨傳○丨使也書堯典丨秩東作馬注○丨猶屏也周禮車僕丨車之萃注○丨縈迴旋之貌文選長笛賦爭湍丨縈注○故書丨作平周禮車僕注○丨車當爲軿車其字當爲丨書亦或爲丨周禮車僕杜注

【麖】亦作麠○麠大麃牛尾一角爾雅釋獸○丨似鹿而大一角也一切經音義十六引字林○丨似鹿

而小黑色山海經中山經尸山其獸多丨注○丨大麖也文選吳都賦縝麖丨劉注○爾雅釋獸麠麃麕身釋文丨本或作麖同

【棖】丨謂之楔爾雅釋宮○丨謂梱上兩旁木爾雅釋宮李注○丨門兩旁木也儀禮聘禮大夫中丨與闑之間釋文又爾雅釋宮注○丨謂兩傍木禮記玉藻釋文○丨門楔也禮記玉藻大夫中丨與闑之間注○丨闑也禮記曲禮注丨闑之中央釋文○丨止也廣雅釋詁三○丨法也方言三○丨瀴也廣雅釋詁一○丨隨也方言三○南人以物觸物爲丨也文選祭古冢文以物丨撥之注○論語公冶長申丨釋文史記作申棠家語作申繚

【猩】丨丨小而好啼爾雅釋獸○丨丨能言鳥也知人名也形如豕頭如黃鷄今交趾封溪有之聲如小

兒啼字从犬星也一切經音義十一引字林○丨丨北方獸名人面獸身黃色淮南氾論丨丨知往而不知來注○丨丨獸名也人面狗軀而長尾呂覽本味肉之美者丨丨之脣注○狌狌獸似人而能言出交阯荀子非相狌狌形笑亦二足而毛也注○狌狌知人名山海經海內南經○狌狌禺獸山海經南山經招搖之山有獸名曰狌狌注○丨能言獸晉書音義中○狌猶也莊子逍遙遊子獨不聞狸狌乎釋文引司馬注○狌狌或作丨丨字同耳山海經海內南經氾林在狌狌東注○禮記曲禮狌狌能言釋文丨本又作丨○莊子秋水捕鼠不如狸狌釋文丨崔作鼬

【勍】丨強也左氏僖廿二年傳丨敵之人注○丨丨武也廣雅釋訓

【珩】丨佩玉所以飾行文選思元賦注引字林○丨珮上飾也丨形似磬而小詩傳曰上有蔥丨下有雙

璜國語晉語白玉之丨六雙注○丨佩上之橫者國語楚語楚之白丨猶在乎注○丨佩上玉也詩女曰雞鳴丨璜琚瑀釋文○丨佩玉也後漢張衡傳注○丨珮也文選思元賦舊注○丨與衡音義同文選思元賦雜佽藝以爲丨注

【鏗】廣雅鎗同○鎗聲也廣雅釋詁四○丨鎗鍾聲也文選上林賦丨鎗闛鞈注○丨撞也楚辭招魂丨鍾搖簴注○鎗撞也廣雅釋言○丨謂擊之也後漢班彪傳下注○丨猶擊也文選東京賦丨華鍾薛注○丨投瑟聲也論語先進皇疏○丨爾者投瑟之聲也論語先進丨爾舍瑟而作集解引孔注○丨欸聲也素問五常政大論其動丨禁瞀厥注○丨聒大聲文選吳都賦鍾鼓之丨聒有殷注○丨又衡反一切經音義十九引字林

【衡】丨杜丨也文選洛神賦爾迺稅駕乎丨皐注○丨杜丨芷皆香草楚辭傷時丨芷彫兮瑩嫇注

【桁】丨梁上所施也丨與衡同文選景福殿賦丨梧複疊注○丨所以屐苞筲甕甒也儀禮既夕皆木丨注

【硻】丨丨堅正難移之貌也論語子路皇疏○丨丨者小人之貌也論語子路丨丨然小人哉集解引鄭注○丨當作硜晉書音義中○硜當作丨晉書音義下○論語子路丨丨然小人哉孟子公孫丑下注作悻悻

【䰢】丨讀爲鬜頭無髮之鬜考工記梓人數目顅脰司農注○丨與鈃同宋鈃孟子作宋丨荀子非十二子是墨翟宋鈃也注○左氏襄十七年郲子丨卒公穀作瞷

【翃】丨飛也廣雅釋詁三○丨丨飛也廣雅釋訓

【丁】丨丨聲也廣雅釋訓○丨丨伐木聲也詩伐木伐木丨丨傳○丨丨斫木聲爾雅釋訓注○丨丨椓杙聲也詩兔罝椓之丨丨傳○丨丨嚶嚶相切直也爾雅釋訓

【嚶】集韻通作譻○譻聲也後漢張衡傳注○譻譻聲也文選思元賦鳴玉鸞之譻譻舊注○丨丨鳥聲也文選琴賦注引蒼頡篇○丨丨兩鳥聲也詩伐木箋○譻譻鳴也廣雅釋訓○丨丨鳴之清也楚辭悼亂山鵲兮丨丨注○丨丨兩鳥鳴爾雅釋訓注○丨丨驚懼也詩伐木鳥鳴丨丨傳○丁丁丨丨相切直也爾雅釋訓

【鸚】丨鵡鳥名出於蜀郡赤喙者是其色縹綠能效人言淮南說山丨鵡能言而不可使長注

錚 ｜聲也廣雅釋詁四○｜鏦聲也文選長笛賦｜鏦謍嗃注○｜鎗玉聲也文選藉田賦衝牙｜鎗注○｜｜金也後漢劉盆子傳注

砰 ｜聲也廣雅釋詁四○｜大聲也文選藉田賦注引字書○｜磅水流鼓怒之聲也史記司馬相如傳｜磅訇礚正義○｜宕舟擊水貌文選吳都賦汩乘流以｜宕劉注

怦 ｜急也廣雅釋詁一

繃 ｜束也廣雅釋詁三

伻 ｜使也漢書劉向傳集注引孟康○｜使人也爾雅釋詁俾拼抨使也釋文○｜來來者使二人也書洛誥｜來鄭注

弸 ｜弦也太元止絕｜破車注○｜滿也廣雅釋詁二又法言吾子以其｜中而彪外也注○｜環風吹吹帷帳之聲也文選甘泉賦帷｜環其拂汩兮注○｜音石憧井｜介之｜漢書楊雄傳集注引蘇林

轟 輷同○輷輷聲也廣雅釋訓○｜字書作輷同呼萌反一切經音義十二

訇 ｜礚水流鼓怒之聲也史記司馬相如傳砰磅｜礚正義○磕與｜音義同文選藉田賦鼓鞞磕隱以砰礚注

鍧 ｜亦聲也文選東都賦鍾鼓鏗｜注

瞪 直視曰｜一切經音義七引通俗文○｜直視也文選豪士賦注引埤蒼又晉書音義中

蜻 ｜｜蜓小蟲細腰四翅一名白宿呂覽精諭每居海上從｜遊注○蟬有文者謂之｜｜方言十一○｜｜即蚻也方言十一注○｜｜方頭有文詩碩人傳蠑謂｜｜也釋文○｜｜如蟬而小詩碩人傳釋文引王肅注○｜蛉一名桑根爾雅釋蟲釋文引字林○｜蛉倉螘也廣雅釋蟲○｜蛚蟋蟀也爾雅釋蟲釋文引字林○｜蛚促織也爾雅釋蟲釋文引廣雅○｜蛚即趨織也方言十一注○爾雅釋蟲注亦名｜蛩釋文

｜本今作青

鶄 爾雅釋鳥鵁鶄｜釋文｜本又作精

籯 籯筩也廣雅釋器○籯籠也同上○陳楚宋魏之閒筲或謂之｜方言五○籯縢也文選蜀都賦籯金所過劉注○｜字或作盈漢書韋賢傳集注

塋 ｜葬地也廣雅釋邱

瓔 ｜珢石似玉也玉篇引埤蒼

楨 ｜榦也爾雅釋詁又詩文王維周之｜傳○｜正也築牆所立兩木也爾雅釋詁舍人注○｜榦皆築具｜在前書費誓榦馬注○題曰｜書費誓峙乃｜榦傳○榦｜築牆版之屬也法言五百經營然後知榦｜之克立也注○｜木女｜也山海經東山經太山上多｜木注○｜橿二木名文選吳都賦文欀｜橿劉注

攖 ｜引也莊子在宥汝慎無｜人心釋文引司馬注○｜纓淮南繆稱勿撓勿｜注○｜迫也孟子盡心下莫之敢｜注又後漢馬融傳注○｜亂也廣雅釋詁三○｜相得也墨子經上○｜猶貫也莊子庚桑楚不以人物利害相｜釋文引崔注○｜猶戾也呂覽本生能養天下之所生而勿｜之注○｜梏也

孟子音義下引埤蒼○丨羈落也莊子在宥釋文引崔注○丨有所繫著也莊子大宗師其名爲丨寧釋文引崔注

禎 丨正也漢書宣帝紀集注○丨善也文選魏都賦注引蒼頡篇○丨祥也詩維清維周之丨傳又詩長發箋久發見其丨祥矣釋文○丨福之祥爾雅釋言舍人注○丨祥也福也藝文類聚九十八引字林○丨謂徵祥爾雅釋言祺祥也注

赬 亦作竀廣韻經同俗作頳○再染謂之丨爾雅釋器○再入謂之丨儀禮士冠禮爵弁服纁裳注○丨赤也詩汝墳魴魚丨尾傳又後漢周磐傳注引韓詩章句又詩大車傳璊丨也釋文又儀禮士喪禮緇衾緅裏無紞釋文又文選吳都賦丨丹明璣劉注○頳赤也禮記喪大記大夫以元頳注又小爾雅廣詁

○經赤也儀禮士喪禮經裏注又廣雅釋器又文選射雉賦鶡綺翼而經撾徐注○竀赤色左氏哀十七年傳如魚竀尾注○丨淺赤爾雅釋器注○經粉經赤也染粉使赤以著頳上也釋名釋首飾○丨莖朱草也文選顏延年曲水詩序丨莖素毳幷柯共穗之瑞注○竀視也廣雅釋詁一○頳本一作丨晉書音義中○考工記鍾氏注再染謂之竀釋文本又作經亦作丨○詩汝墳魴魚丨尾說文夵部作魴魚經尾○儀禮士喪禮經末周禮小祝司農注司常注竝引作丨○禮記喪大記緇冒丨殺儀禮士喪禮注引作經○爾雅釋器再染謂之丨考工記鍾氏注作再入謂之竀

檉 丨河柳爾雅釋木○丨河柳也詩皇矣其丨其椐傳○丨今河旁赤莖小楊爾雅釋木注○穀梁僖元年于丨釋文丨一本作朾○穀梁莊廿七年注僖元年會朾釋文朾本亦作丨○左氏僖元年公會齊侯公鄭伯曹伯邾人于丨公羊作朾

偵 丨問也禮記緇衣恒其德丨注又廣雅釋詁二

郕 丨國名左氏隱五年衞師入丨釋文○左氏隱五年丨伯公羊莊八年古今人表作成伯○左氏桓三年公會杞侯于丨公羊作盛

珵 丨美玉也離騷豈丨美之能當注○儀禮士喪禮注天子搢丨釋文丨本作珽

裎 佩紟謂之丨廣雅釋器○丨裸也其字從衣後漢馬融傳注○丨袓也廣雅釋詁四○畢丨畢豐呂覽具備武王窮於畢丨注

鯖 丨雜肴也北堂書鈔一百四十五引字林

頙 丨筐欹筐也詩卷耳釋文引韓詩○丨筐畚屬易盈之器也詩卷耳不盈丨筐傳○敏以敬順曰丨周書謚法○甄心動懼曰丨同上○丨讀曰傾漢書文帝紀集注平帝紀集注禮樂志集注五行志下之下集注地理志上集注地理志下集注王褒傳集注○丨本或爲須荀子性惡天下之悖亂而相亡不待丨矣注

惸 無兄弟曰丨周禮大司寇凡遠近丨獨老幼之欲有復於上注○丨獨也詩正月釋文○丨丨憂也爾雅釋訓○丨丨憂意也詩正月憂心丨丨傳○書無逸傳侮慢丨獨釋文丨字又作煢○詩正月釋文丨本又作煢○爾雅釋訓釋文丨本或作煢○詩正月哀此丨獨孟子梁惠王下作哀此煢獨楚辭注一作哀此煢獨

【嬛】本作煢煢同集韻或作僝○僝清也方言十二○
煢孤也離騷夫何煢獨而不余聽注○僝獨也廣
雅釋詁三○煢單也文選魏文帝燕歌行賤妾煢煢
守空房注○僝特也楚曰僝方言六○煢煢獨也文
選思元賦何孤行之煢煢兮舊注○｜｜然孤特詩
閔子小子｜｜在疚箋○｜｜孤特也後漢清河孝
王慶傳注○｜｜孤特也詩閔子小子釋文○煢煢
孤特之貌也後漢皇后紀注○煢煢憂貌漢書匡衡
傳集注○煢單無兄弟也書洪範無虐煢獨傳○寡
夫曰煢小爾雅廣義○煢或作｜後漢和帝紀注○
煢古文𠈇𠈇二形同一切經音義二○詩閔子小子
釋文｜崔作煢○詩閔子小子｜｜在疚文選注引
韓詩作𠈇𠈇在疚說文宀部作煢煢在宂左氏哀十
六年傳煢煢余在疚周禮大祝注作｜｜余在疚
【騂】廣韻牸同○｜赤詩閟宮享以｜犧傳○牸赤也
小爾雅廣詁○｜赤色也論語雍也｜且角集解

又皇疏○｜赤類也禮記檀弓上牲用｜注又家語
五帝德牲用｜注○牲用｜尚赤也禮記郊特牲○
｜牲色赤周禮牧人凡陽祀用｜牲毛之注○｜純
赤色禮記檀弓釋文○｜赤黃色同上○｜剛赤色
禮記明堂位周｜剛注○｜牛也詩大田以其｜黑
傳○赤黃曰｜詩駉有｜有騏傳○｜剛魯公牲也
詩閟宮白牡｜剛傳○｜犅赤脊周牲也公羊文十
三年傳魯公用｜犅注○｜｜調和也詩角弓｜｜
角弓傳○｜許營反詩信南山釋文引
字林○｜火營反詩旱麓釋文引字林
【榜】｜輔也廣雅釋詁四○｜擊也漢書衡山王賜傳
集注東方朔傳集注又後漢章帝紀注引廣雅○
｜投也廣
雅釋詁三
【栟】志｜櫚椶也廣雅釋木又文選吳都賦劉注引異物

【𨇨】｜｜一足行左氏昭廿六年傳｜而乘於他舟以歸
注
【抨】｜彈也爾雅釋詁釋文○抨使也爾雅釋詁○｜
使也爾雅釋詁又漢書楊雄傳上集注又後漢張
衡傳注又文選思元賦｜巫咸以占夢兮舊注○抨
從也爾雅釋詁○｜從也爾雅釋詁○以利使人曰
拼爾雅釋詁釋文○拼古文抨拼二形同一切經音
義九○拼古文｜同一切經音義十二○爾雅釋詁
釋文｜字
又作伻
【絣】廣韻𢇍同○｜併也漢書楊雄傳下集注○𢇍｜
也廣雅釋詁二○｜䋁也漢書楊雄傳下集注○
｜續也後漢班彪傳下注○｜無文綺也一切經音
義十二引字林○｜布莖反縷布也漢書楊雄傳音
義引字林○｜使也｜與栟古
字通也文選典引將｜萬嗣注

【掁】｜丈庚反｜觸也一切經音義一引字統
【嫇】嫈｜乙莖茫莖反心態也亦細視也一切經音義
九引字林
【鐄】｜與鍠同文選長笛賦錚｜警嗃注
【藑】｜茅靈艸也離騷索｜茅以筳篿兮注
【蠑】｜螈蜥蜴爾雅釋蟲○｜蚖蛇醫也爾雅釋魚釋
文引字林○南楚蛇醫或謂之｜螈方言八○爾
雅釋魚釋文
｜本作榮
【醟】｜酗酒也晉書音義中
【蟚】爾雅釋魚注卽｜螖也釋文｜本今作彭

嵤 集韻營或作嵤○丨聲也文選高唐賦丨震天之磕磕注○嵤聲也後漢班彪傳上注○嵤小聲也文選長笛賦注引字林○嵤音大也呼宏切文選西都賦注引聲類○嵤嗃竝謂其聲也文選長笛賦錚鐄嵤嗃注

禜 丨止雨之祭初學記引崔靈恩周禮義宗

紭 丨係也廣雅釋詁二○丨綱也文選吳都賦狼䟦乎丨中劉注○丨古紘字漢書楊雄傳上集注

浤 丨丨汩汩波浪之聲也文選海賦注

吰 丨今宏字文選難蜀父老注引字詁

○以下據廣韻錄

潢 九 丨筏也廣雅釋水○方舟謂之丨方言

𧝒 丨裕小被也集韻類篇引字林

黋 丨大也廣雅釋詁一

諻 丨音也方言十二

翃 丨飛也廣雅釋詁三○丨丨飛也廣雅釋訓

霣 丨音如兕觥之觥三國孫休傳注引吳錄

澎 丨濞水聲文選海賦丨濞灪磤注○丨濞水瀑至聲也文選長笛賦注引字林○丨濞波浪相激之聲文選洞簫賦丨濞慷慨注○丨湃相戾之形也文選琴賦瀄汩丨湃注○丨湃波相捩也史記司馬相如傳洶湧丨湃索隱引司馬彪○丨或作滂史記司馬相如傳索隱○殽阮君神祠碑彭濞涌溢丨作彭

蒡 丨隱荵爾雅釋草

篣 丨籠也廣雅釋器○籠南楚江沔之閒謂之丨方言十三○今零陵人呼籠爲丨方言十三注

恲 丨色也淮南齊俗而仁發丨以見容注○丨丨忠直之貌楚辭怨世思比干之丨丨兮注

胼 丨脂也廣雅釋器

蚲 丨蛘也廣雅釋蟲

蟚 丨螖爾雅釋蟲

堂 丨讀如牚距之牚車牚之牚考工記弓人維角丨之司農注○撐距也廣雅釋言

揨 丨擇也廣雅釋詁一

揘 丨畢謂撞挃也文選西京賦竿殳之所丨畢薛注

鉎 丨鏉也謂鐵衣也一切經音義十六引埤蒼

葝 丨山䪗爾雅釋草○丨鼠尾同上

頳 丨項也廣雅釋親

誙 丨丨趣死貌莊子至樂丨丨然如將不得已釋文引李注○以是爲非以非爲是爲丨丨莊子至樂釋文引崔注○莊子至樂釋文丨丨本又作脛脛

𡶠 丨谷也法言吾子山丨之蹊注

耾 集韻或从宏○丨聲貌文選長笛賦注引埤蒼○丨丨風聲文選風賦注引埤蒼○耾聾也廣雅釋

詁三

竑丨讀如紘綖之紘謂度之考工記輪人故丨其輻廣司農注

砿丨聲也廣雅釋詁四

䪫丨荆也廣雅釋詁四

⿰登丁丨設幕廣韻引字林

嫈丨好也廣雅釋詁一

崝丨高也方言六○丨深也廣雅釋詁三

姘男女私合曰丨廣韻引蒼頡篇

揨丨刺也廣雅釋詁一○丨鼓枹也管子宙合若鼓之有丨注○丨當爲響同上

湞丨水出南海龍川晉書音義中引應劭○丨音撐柱之撐漢書武帝紀集注引蘇林

虰丨音丁爾雅釋蟲釋文引字林○爾雅釋蟲蠪丨螳釋文丨本又作虰

綪丨縈也史記楚世家王丨繳蘭臺集解引徐廣○丨屈也儀禮士喪禮西上丨注既夕器西南上丨注又禮記玉藻齊則丨結佩而爵韠注○丨讀爲絣屈也儀禮士喪禮不丨注○古文丨皆爲精同上

絣詘而戾之爲丨小爾雅廣器○江沔之閒謂縈收繩索爲丨儀禮士喪禮不綪注

⿰魚爭竹頭丨也廣雅釋魚

圊丨廁也廣雅釋室○廁或曰丨言至穢之處宜常修治使潔清也釋名釋宮室○丨七情反一切經音義二引字林

鼱丨鼩爾雅釋獸釋文引字林

𡢃丨好也廣雅釋詁一○𡢃好也宋魏之閒謂之𡢃方言一○𡢃言𡢃𡢃也方言一注

鎣丨磨也廣雅釋詁三○爾雅釋鳥注膏中丨刀釋文丨本今作瑩

⿰亻營丨讀疾營之營淮南原道丨然能聽注

宬丨⿰忄多也廣雅釋器

筬丨竹杼也一切經音義十引埤蒼

⿰足正丨丨行也廣雅釋訓

䘹丨衳小兒衣廣韻引字林

佂丨懼也廣雅釋詁二○丨伀遑遽也江湘之閒凡窘猝怖遽或謂之丨伀方言十

鑋丨邱貞反左傳昭廿六年釋文引字林

睘丨丨無所依也詩杕杜獨行丨丨傳○詩杕杜釋文丨本亦作焭又作煢○詩杕杜獨行丨丨文選張衡思元賦注作獨行焭焭

垶集韻垶或作垶○丨土也廣雅釋地

⿰魚巠丨魚今江南以爲鮑書大傳丨魚注

○以下據集韻錄

趽衷理不辟謂之端反端爲丨賈子道術

䡠 丨鞏也廣雅釋詁一○丨丨堅也廣雅釋訓

揨 丨刺也廣雅釋詁一

軯 丨聲也後漢張衡傳注○丨聲貌文選思元賦豐隆丨其震霆兮舊注○丨磕隱訇鍾鼓之聲也文選東京賦薛注

脭 丨肥肉也文選七發丨醲肥厚注

[illegible] 丨習也方言十二又廣雅釋詁二

幎 丨目用緇方尺二寸䞓裏著組繫儀禮士喪禮○丨目覆面者也丨讀若詩曰葛藟縈之之縈儀禮士喪禮注

○以下附錄

[illegible] 丨[illegible]也廣雅釋詁三○丨餁也廣雅釋言

[illegible] 丨音猳嬰之嬰山海經西山經皐塗之山有獸焉名曰丨如注

荓 丨使也詩桑柔丨云不逮傳

經籍纂詁卷第二十三下

經籍纂詁卷第二十三下補遺 下平聲

兵部侍郎兼都察院右副都御史巡撫浙江等處地方提督軍務兼理糧餉阮元撰集

八庚下

精 說文丨擇也从米青聲○丨明也文選顏延年五君詠注引國語賈注○丨謂光明也漢書李尋傳日月光丨注○丨也者氣之丨者也管子內業○氣之尤丨者謂之丨管子內業注○丨是神之未著左氏昭七年傳是以有丨爽疏○常先身生是謂丨素問調經論人有丨氣津液注引鍼經○丨神者生之源素問湯液醪醴論今精壞神去注○丨神者天之有也漢書楊王孫傳○丨神者天之分列子天瑞○丨祲氣之侵入者也淮南泰族丨祲有以相蕩也注

菁 說文丨韭華也从草青聲○丨丨菜名也漢書王莽傳下陳丨茅四色之土注○丨菜也可以為菹漢書地理志上包匭丨茅注○丨蔓丨也禹貢集解一引書鄭注○江淮之間有一茅而三脊母至其本名之曰丨茅管子輕重丁○詩丨丨者莪集韻作葏葏者莪

晶 說文丨精光也从三日凡丨之屬皆从丨

旌 說文丨游車載丨析羽注旄首所以精進士卒从㫃生聲○析羽為丨左氏襄十四年傳范宣子假羽毛於齊注昭七年傳為王丨以田注定四年傳綪茷旃丨注又賈注○丨析五采羽注旄上也爾雅釋天孫注○丨謂車上旗旛也禮記曲禮上德車結丨疏○丨表也左氏昭九年傳服以丨禮注又文選景福殿賦注引國語賈注○丨夏大夏也左氏襄十年傳舞師題以丨夏注○詩車攻悠悠旆丨文選魏都

賦注作攸攸旆旍○孟子萬章下大夫以丨文選劉琨詩注作於

盈 說文丨滿器也从皿夃○丨滿也國語楚語四境丨壘注吳語用能援持丨以沒注越語夫國家之事有持丨注又孟子離婁下丨科而後進注○丨者滿也詩蓼莪箋罍大而丨疏○丨滿也相接足之辭也公羊僖廿三年傳丨乎諱也注○丨充志氣也史記樂書樂主其丨集解引禮記王肅注○丨猶多也詩節南山降此鞠訩箋○不丨丨也詩車攻大庖不丨傳○晷進爲丨晷退爲縮周禮馮相氏冬夏致日疏○丨謂月光圓滿禮記禮運是以三五而丨疏○靈臺碑歷紀盈千張公神碑克儉損盈丨皆作盈雄桀碑百穀滋盈司農劉夫人碑孫息盈丨皆作盈

楹 說文丨柱也从木盈聲春秋傳曰丹桓宮丨○丨柱也禮記檀弓下三家視桓丨疏明堂位刮丨達

鄉疏又左氏莊廿三年經丹桓公之丨注又漢書五行志上刻桷丹丨注引韋昭貨殖傳諸侯刻桷丹丨注○丨謂之柱貫中上出也禮記明堂位殷丨鼓注

瀛 說文新附丨水也从水嬴聲

嬴 說文丨少昊氏之姓从女嬴省聲○丨邊也方言九凡箭鏃胡合丨者注○丨猶勝也史記蘇秦列傳丨則兼欺舅與母索隱○丨丨容也廣雅釋訓○爾雅釋天夏爲長丨釋文本或作嬴

贏 說文丨有餘賈利也从貝嬴聲○趨舍而前曰丨史記天官書○丨餘利也漢書食貨志上則不可得丨注○丨餘也禮記檀弓下注從柩丨者疏○丨數外也禮記檀弓下疏引何東山○丨過也文選幽通賦故遭離而丨縮注引項岱○丨擔負也漢書儒林傳論丨糧動有千百注○丨謂擔負也漢書刑法志丨三日之糧注

營 說文丨市居也从宮熒省聲○丨謂經丨易繫辭上傳四丨而成易疏○丨謂造作也文選羽獵賦禁禦所丨注○丨謂繞也漢書李尋傳爲妻妾役使所丨注○丨猶回繞也漢書禮樂志以丨亂富貴之耳目注○丨謂回繞之也漢書吳王濞傳丨惑天子注劉向傳所以丨惑耳目注淮南王安傳丨惑百姓注○丨謂圍守也漢書楊雄傳上禁禦所丨注○丨惑也漢書敘傳下丨損高明注又淮南俶眞思慮不丨注本經則目不丨於色注○丨謂祠之兆域也漢書郊祀志上爲民祠魏脽后土丨旁注○丨卽壝也漢續漢祭祀志上○丨衞者氣之主素問湯液醪醴論丨衞不可復收注○丨主血陰氣也素問調經論取血於丨注○丨衞也部也一切經音義十七引三蒼○水所丨繞故曰丨邱詩齊譜都丨邱疏

嬰 說文丨頸飾也从女賏賏其連也○丨謂陳之以環祭也山海經西山經丨以百珪百璧注○喉下稱丨釋名釋車○男曰兒女曰丨一切經音義二引三蒼

纓 說文丨冠系也从糸嬰聲○丨鞅也禮記禮器大路繁丨一就疏○丨馬鞅周禮大行人注樊丨馬飾也疏○丨宜作癭山海經海外北經拘丨之國注

貞 說文丨丨問也从丨貝以爲贄一曰鼎省聲京房所說○丨正也易噬嗑丨厲虞注繫辭下傳丨勝者也虞注又書禹貢厥賦丨鄭注又周禮太卜凡國有大丨疏又左氏僖十五年傳疏襄九年傳疏昭七年傳注子產丨而不諒疏十二年傳注水和而土安正疏又太元晦利於不明之丨注○丨謂丨正易象下傳安丨之吉疏○內卦曰丨書洪範曰丨鄭注

成 說文成就也从戊丁聲戚古文成从午○丨平也詩天保民之質矣箋國語晉語久而無丨注吳語若不戰而結丨注越語夫差與之丨注○丨猶立也淮南脩務此自強而丨功者也注○丨定也周禮司市以度量丨賈而徵儥疏又國語晉語謀既成矣注○丨謂定其德之優劣北堂書鈔九十四引穀梁傳徐邈注○丨德之終也國語周語○丨禮畢也禮記聘義日幾中而后禮丨注○丨功者營造之功畢也詩關雎序以其丨丨功疏又左氏襄廿九年傳注頌者以其丨功疏○丨者何盛也公羊莊八年傳○丨亦重也史記司馬相如列傳纍臺層丨集解引郭璞○再丨其形再重也爾雅釋邱再丨爲陶邱李注○三丨三重也周禮司儀則令爲壇三丨司農注○日丨謂日計曰丨也周禮宰夫則令正日丨疏○日丨日進也周書命訓大命日丨注○丨之謂和之也周禮調人凡有關怒者丨之司農注○酒熟曰丨周禮酒

正注丨而滓浮泛泛然疏○丨邦之八丨也禮記緇衣都邑以丨注○邦丨謂若今時決事比也周禮大司寇以邦丨弊之司農注○丨均五帝之樂周禮大司樂注引董仲舒○丨謂所奏一竟周禮樂師凡樂丨注○丨人既冠者禮記祭義丨人之道也注○丨謂年二十冠丨人也史記五帝本紀丨而聰明正義○丨人謂十五以上許嫁未行者也儀禮喪服傳其丨人馬注○不丨未冠也左氏哀五年傳不丨而死注○丨師大號丨之者也史記晉世家○丨國大國左氏襄十四年傳丨國不過半天子之軍注○丨功謂秋收也太元元文丨功者退注○六十里爲丨左氏哀元年傳有田一丨賈注○方十里曰丨詩文王有聲築城伊淢箋○通十爲丨詩甫田歲取十千箋○丨俗舊俗方言也荀子正名則從諸夏之丨俗曲期注○丨積舊習也荀子解蔽不蔽於丨積也注○不丨不實肥腯也孟子滕文公下犧牲不丨注○丨周者東周也公羊宣十六年傳○定本丨禮作盛禮也詩鹿鳴傳以丨禮也疏

盛 說文丨黍稷在器中以祀者也从皿成聲○黍稷曰丨周禮閭師不耕者祭無丨疏○丨謂黍稷禮記月令注又設丨于俎西疏又設丨于俎南疏○丨謂以實簠簋漢書郊祀志上所以爲丨注○丨受物也漢書東方朔傳壺者所以丨也注○在器曰丨詩甫田以我齊明傳又禮記郊特牲邱乘共粢丨疏又周禮舂人共其齍丨之米疏○丨謂丨於器左氏桓六年傳疏○一丨一器也左氏哀十三年傳旨酒一丨分注○丨國名穆天子傳六丨柏之子也注

城 說文丨以盛民也从土从成成亦聲𩫨籒文丨从𩫖○丨謂丨郭周禮司弓矢注攻丨壘者疏○丨之爲言宬華嚴經音義上引風俗通○丨者所以自守也墨子七患○丨者築丨也管子輕重丁請以令

丨陰里注○丨都丨也詩干旄在浚之丨傳○丨中如今國門內也禮記曲記上注國丨中也疏○艮爲山丨易象上傳王公設險以守其邦集解○定本丨作域詩都人士箋丨郭之域曰都疏○魯峻碑陰勃海高成又河閒阜成丨皆作成

誠 說文丨信也从言成聲○著善爲丨越絕書篇敘外傳記○丨忠丨禮記學記使人不由其丨疏○丨謂丨信也禮記樂記著丨去僞疏○丨實淮南說林其鄉之丨也注○丨謂丨實易文言傳脩辭立其丨疏○丨者實也左氏文十八年傳明允篤丨疏○丨謂實行之也漢書匡衡傳將軍丨召置莫府注○丨能實能也荀子王霸唯丨能之求注○丨士謂至丨好善之士荀子非相則必非丨士也注

呈 說文丨平也从口壬聲

【程】說文丨品也十髮爲丨十丨爲分十分爲寸从禾呈聲○丨者權衡丈尺斛斗之平法也史記太史公自序張蒼爲章丨集解引如淳○丨法式也漢書高帝紀下令獻未有丨注張蒼定章丨注○丨者作之課也漢書江都易王非傳不中丨輒掠注○丨謂量計之也漢書東方朔傳丨其器能注○丨是丨限也禮記文王世子注庶幾丨式之疏

【酲】說文丨病酒也一曰醉而覺也从酉呈聲○丨病酒也漢書禮樂志泰尊柘漿析朝丨注引應劭

【聲】說文丨音也从耳殸聲殸籀文磬○丨五音宮商角徵羽也呂覽重已其爲丨色音樂也注○丨者宮商角徵羽也漢書律歷志上又風俗通聲音○言丨者是宮商角徵羽也禮記樂記疏○丨謂宮商角徵羽也詩關雎序情發於丨箋○丨卽音也詩關雎序疏○丨是質之響左氏昭廿五年傳疏○丨謂樂

也禮記月令去丨色注○單出曰丨雜比曰音周禮大司樂注凡五丨疏樂師疏○凡丨陽也禮記郊特牲○丨亦陽也禮記王制冬夏教以詩書注○丨者所以守民耳也管子揆度

【征】說文延正行也从辵正聲征延或从彳○奉責讓之辭伐不恭之罪名之曰丨丨者正也書允征疏○丨是上討下之辭公羊僖十八年傳與襄公之丨齊也疏○丨謂巡狩丨行左氏襄十三年傳先王卜丨五年注○丨行也易泰以其彙丨吉疏頤丨凶疏○震爲丨易震丨凶虞注歸妹丨吉虞注○丨謂起徒役也史記魯周公世家注三家各丨其一索隱○正役也禮記燕義司馬弗正疏○丨夫從役者也詩何草不黃哀我丨夫箋○丨稅也周禮行司馬注政令謂役賦疏○丨賦稅也左氏襄十一年傳各丨其軍注昭十八年傳書焚室而賦其丨注○丨謂稅之周禮小司徒凡丨役之施舍疏○丨爲稅周禮司關

與其丨廛疏○政謂賦稅周禮小宰一曰聽政役以比居注○政亦丨也漢書五行志中之下諸侯力政注○延亦丨字也漢書景武昭宣元成功臣表延和二年注○政讀爲丨周禮遂人以士均平政注士均掌平土地之政注○周禮都司馬以國法掌其正學釋文本亦作政○孟子公孫丑上關譏而不丨藝文類聚作古者關譏而不閱

【正】丨丨朔也漢書郊祀志上怠於改丨服鬼神之事注○丨謂年始禮記大傳改丨朔疏○古史質或云丨月或云一月書泰誓疏引顧氏說○此年之長月故稱丨月左氏隱元年經王丨月疏○丨者侯中所射之處詩猗嗟疏○丨謂賓射之侯禮記中庸失諸丨鵠疏○丨亦爲鳥周禮司裘注謂之鵠者疏○二尺曰丨詩賓之初筵疏引王肅○丨所射也周禮射人九節五丨司農注

【鉦】說文丨鐃也似鈴柄上下通从金正聲○丨鐃也文選思元賦右素威以司丨舊注○丨者鐃也似鈴柄中上下通漢書平帝紀假以丨鼓注○丨卽鐃也詩采芑傳丨以靜之疏

【輕】說文丨丨車也从車巠聲○無勢之謂丨韓非子解老○丨丨亦賤也漢書食貨志下錢益多而丨注引臣瓚○丨謂丨佻失據荀子不苟喜則丨而翾注○丨謂超乘也國語周語師丨而驕注○丨重謂分銖與鈞石也荀子正名疾養滄熱滑鈹丨重以形體異注○丨重尊卑也荀子富國辨丨重注○丨車驅逆之車也詩駟鐵輶車鸞鑣箋

【名】說文丨自命也从口从夕夕者冥也冥不相見故以口自丨○丨自命也史記晉世家○丨聲丨也漢書韋元成傳微哉子之所託丨也注引李奇○丨達類私墨子經上○丨功也國語周語勸百姓以爲

已丨注○丨字國策秦策賁人有與曾子同丨族者注○丨者卽今之文字也儀禮聘禮記疏○丨爵號左氏成二年傳惟器與丨注昭卅二年傳愼器與丨注○出口爲丨左氏桓二年傳夫丨以制義疏○丨數謂戶籍也漢書高帝紀下不書丨數注○丨有二種一者是丨字之丨三月之丨是也一者是丨號之丨儀禮士昏禮請問丨疏○詩猗嗟猗嗟丨兮玉篇頁部作猗嗟顯兮○孟子公孫丑上其閒必有丨世者三國志注作其閒必有命世者

令 ○丨與零同漢書陳湯傳郅支由是遂西破呼偈堅昆丁丨注○丨離聲相近史記齊太公世家北伐山戎離枝孤竹集解

拚 說文拚相從也从从幵聲一曰从持二爲拚○丨謂盛實也素問生氣通天論則脈流薄疾丨乃狂

注○丨閭櫻也史記司馬相如列傳仁頻丨閭集解引郭璞

傾 說文丨仄也从人从頃頃亦聲○丨謂踰越而勝之也漢書田蚡傳欲以丨諸將相注○丨欹側也禮記曲禮下丨則姦疏○諸謚爲丨者漢書例作頃字漢書文帝紀頃王后注○丨或爲側禮記曲禮下丨則姦注

縈 說文丨收韏也从糸熒省聲

餳 說文丨飴和饊者也从食昜聲○丨者餳之類也詩有瞽箋如今賣丨者所吹也疏○丨卽乾餹也詩有瞽箋釋文

瓊 說文丨赤玉也从玉敻聲璚丨或从矞瓗丨或从巂琁丨或从旋省○丨玉之華也漢書揚雄傳上精丨靡與秋菊兮注引應劭○丨美玉也詩木瓜投之以丨琚釋文○丨玉左氏成十七年傳或與已丨瑰注○丨是玉之美者左氏成十七年傳疏○丨是玉之美名詩著傳丨華美石疏又左氏昭七年傳注瑤玉也疏○丨者玉之美名非玉名也詩渭陽傳丨華石而次玉疏○丨瑩石似玉卿大夫之服也詩著尚之以丨瑩乎而傳

䖟 說文丨齧人飛蟲从䖵亾聲

鍠 丨丨樂之聲也爾雅釋訓釋文引字書

祊 說文鬃門內祭先祖所以彷徨从示彭聲詩曰祝祭于鬃祊鬃或从方○丨是求神之名禮記郊特牲丨之於東方疏○丨是室內求神同上○丨鄭祀泰山之邑左氏隱八年經鄭伯使宛來歸丨注

輣 說文丨兵車也从車朋聲○丨兵車名也漢書敘傳下衝丨閑閑注引鄧展○丨車戰車也史記淮南衡山列傳作丨車鏃矢集解引徐廣

搒 搒卽丨也古字通用後漢書陳寵傳斷獄者急於搒格酷烈之痛注

撐 集韻樘或作牚○說文樘衺柱也从木堂聲○牚謂支柱也漢書匈奴傳下遵與相牚距注○牚或作棖字文選魯靈光殿賦枝牚杈枒而斜據注

傖 吳人罵楚人曰丨漢書賈誼傳國制搶攘注引晉灼○丨攘亂貌也同上

崢 丨嶸深貌也文選上林賦刻削丨嶸注引司馬彪○丨嶸深遠貌漢書司馬相如傳下下丨嶸而無地兮注○丨嶸深邃也漢書揚雄傳上似紫宮之丨嶸注○丨嶸深險之貌也漢書西域傳上臨丨嶸不

測之淵注

苹 說文丨蓱也無根浮水而生者从艸平聲○丨藾蕭也廣雅釋草

麖 說文麠大鹿也牛尾一角从鹿畺聲麖或从京○丨似鹿而小漢書地理志下山多麈丨注

棖 說文丨杖也从木長聲一曰法也○丨門梱上木近邊者詩手侯我乎堂兮箋○丨謂之門楔禮記曲禮上立不中門疏○掌或作丨字文選魯靈光殿賦枝掌杈枒而斜據張注

鼱 今鼱似鼦赤黃色大尾啖鼠江東呼爲丨爾雅釋獸鼱鼠注

勍 說文丨彊也春秋傳曰丨敵之人从力京聲

珩 說文丨佩上玉也所以節行止也从玉行聲

鏗 丨鎗金聲也漢書司馬相如傳上丨鎗闛鞈注○丨鏘金石之聲也漢書禮樂志但能紀其丨鏘注

硜 丨聲果勁史記樂書石聲丨集解引禮記王肅注

牼 說文丨牛膝下骨也从牛巠聲春秋傳宋司馬丨字牛

嶸 說文丨崝丨也从山榮聲

丁 丨丨嚶嚶相切直也詩伐木箋

嚶 集韻通作譻○說文丨鳥鳴也从口嬰聲○丨丨相命也漢書楊雄傳上鴻鴈丨丨注○譻古丨字文選思元賦鳴玉鸞之譻譻注○李翊夫人碑疇西嗁兮鳴譻譻丨作譻

鸚 說文丨丨䳇能言鳥也从鳥嬰聲

錚 說文丨金聲也从金爭聲

琤 說文丨玉聲也从玉爭聲

砰 丨磅訇磕皆水聲也文選上林賦注引司馬彪○丨隱盛意漢書禮樂志休嘉丨隱溢四方注

繃 說文丨束也从糸崩聲墨子曰禹葬會稽桐棺三寸葛以丨之

弸 說文丨弓彊皃从弓朋聲○丨彋風吹帷帳鼓貌漢書楊雄傳上帷丨彋其拂汨兮注引孟康

轟 說文丨羣車聲也从三車

訇 說文丨騃言聲从言勻省聲漢中西域有丨鄉讀若玄訇籒文不省

蜻 說文丨丨蛚也从虫青聲○丨丨丨蝍也青青者爾雅釋蟲蚻丨丨舍人注

鶄 說文鶄鵁鶄也从鳥青聲

籯 說文丨笭也从竹嬴聲○丨竹器受三四斗漢書韋賢傳遺子黃金滿丨注引如淳

塋 說文丨墓也从土熒省聲○丨冢也漢書楚元王傳太夫人薨賜丨注○丨冢域也漢書哀帝紀非冢丨皆以賦貧民注○丨冢田也文選西征賦注引漢書如淳注○丨冢地也漢書張安世傳賜丨杜東注○丨墓域也漢書霍光傳改光時所自造丨制而侈大之注○馮緄碑遺合墳塋丨作瑩

楨 說文丨剛木也从木貞聲上郡有丨林縣○詩文王維周之丨爾雅釋言舊注引作維周之禎

攖 丨迫也淮南俶眞丨人心也注

禎 說文丨祥也从示貞聲○國本有今異曰丨禮記中庸必有丨祥疏○詩維清維周之丨釋文本亦

作祺

樫 說文丨河柳也从木聖聲

偵 問正爲丨禮記緇衣恆其德丨注

赬 說文䞓赤色也从赤巠聲詩曰魴魚䞓尾赬䞓或从貞䞓或从丁浾䞓棠棗之汁或从水泟浾或从正○丨赤色繒也周禮小祝注丨末疏○竀赤也左氏哀十七年傳如魚竀尾賈注

郕 說文郕魯孟氏邑从邑成聲○丨國也穀梁隱五年傳

頃 說文丨頭不正也从匕从頁○婦人擅國茲謂丨漢書五行志下之上

嬛 本作煢○說文煢回疾也从卂營省聲○𤇾古煢字方言六注○詩閔予小子丨丨在疚漢書匡衡傳作煢煢在疚

騂 說文騂馬赤色也从馬觲省聲○丨赤色也漢書樊酈滕灌傳靳周傳贊注○丨純赤色也漢書郊祀志上春夏用丨注○丨赤馬也漢書匈奴傳上南方盡丨馬注○丨旄赤牛也左氏襄十年傳而賜之丨旄之盟注○丨丨調和也詩角弓丨丨角弓釋文○故書丨爲挈周禮草人丨剛用牛注○詩角弓丨丨角弓釋文丨說文作弲

榜 說文榜所以輔弓弩从木旁聲○丨謂捶擊之也漢書陳餘傳吏丨笞數千注○丨笞擊也漢書王嘉傳長丨死於獄注

洺 說文新附丨水名从水名聲

觲 說文觲用角低仰便也从羊牛角詩曰觲觲角弓

栟 說文丨丨櫚也从木并聲○丨櫚也文選南都賦注引張揖上林賦注

抨 說文丨撣也从手平聲○丨使人也爾雅釋詁釋文

絣 說文丨氐人殊縷布也从糸并聲

掁 集韻敹或從長○敹揬也廣雅釋詁四

藑 說文丨茅葍也一名蕣从艸䚯聲

醟 丨酗酒也漢書敘傳下中山淫丨注

瀯 集韻或从縈从滎○瀯作濴波勢回貌孟子告子上注濴縈水也音義引字書

泙 說文丨谷也从水平聲

鶁 南方有鳥曰羌丨黃頭赤目五色備也文選吳都賦彈鸞丨劉注引師曠

禜 周禮族師注蓋亦爲壇位如雩丨云釋文本亦作禜

紭 說文紘冠卷也从糸宏聲紭紘或从弘

婭 說文丨長好也从女巠聲

○以下據廣韻錄

莔 集韻通作䖟○說文丨貝母也从艸明省聲○䖟今藥草貝母也詩載馳言采其䖟疏引陸疏○丨一名空草爾雅釋草疏引本草

騯 說文騯馬盛也从馬旁聲詩曰四牡騯騯

嗙 說文嗙謌聲嗙喻也从口旁聲司馬相如說淮南宋蔡舞嗙喻也
諻 丨喤通也文選吳都賦諻譁喤呷注
侊 說文丨小皃从人光聲春秋國語曰丨飯不及一食
澎 彭湃相戾也漢書司馬相如傳上洶涌彭湃注
鏡 說文丨正視也从穴中正見也正亦聲
楧 集韻楧同○說文楧梅从木央聲一曰江南橦材其實謂之楧
蟼 丨蛙類爾雅釋蟲注
𣥺 說文𣥺距也从止尚聲

樈 鑋柄曰丨太平御覽七百六十三引通俗文
葝 丨可染皁爾雅釋草孫注
胻 說文丨脛耑也从肉行聲
洐 說文丨溝水行也从水从行
𤕦 說文丨亂也从爻工交吅一曰窒丨讀若禳褱緥文
⿱艹毀 說文丨牂丨可以作縻綆从艸毀聲
⿱殸車 說文丨車堅也从車殸聲
硻 說文丨丨餘堅者从石臤聲

摼 說文丨擣頭也从手堅聲讀若鏗爾舍瑟而作
羥 說文丨羊名从羊巠聲
谹 說文丨谷中響也从谷厷聲
宖 說文丨屋響也从宀弘聲
朾 說文丨橦也从木丁聲
嫈 說文丨小心態也从女熒省聲
謍 說文丨聲也从言䁝聲
褮 說文丨鬼衣从衣熒省聲讀若詩曰葛藟縈之一曰若靜女其袾之袾

⿱艹爭 說文丨丨盛皃从艸爭聲
淨 說文丨魯北城門池也从水爭聲
崝 說文丨嶸也从山青聲○丨峭也淮南繆稱岸丨者必陀注○丨嶸深直貌文選高唐賦注引廣雅
⿱艹寍 說文丨艸亂也从艸寍聲杜林說艸䔰丨皃
姘 說文丨除也漢律齊人予妻婢姦曰丨
⿰牛平 說文丨牛駁如星从牛平聲
揨 集韻又作揨○周禮職金注作槍雷椎揨之屬釋文本又作桴
湞 說文丨水出南海龍川西入溱从水貞聲

朾 撞出曰朾朾一切經音義三引通俗文

謍 說文謍小聲也从言熒省聲詩曰謍謍青蠅

綪 綪結也禮記玉藻齊則綪結佩而爵韠釋文

縡 說文縡紆未縈繩一曰急弦之聲从糸爭聲讀若旌

鼱 鼱鼩小鼠也漢書東方朔傳譬猶鼱鼩之襲狗注引如淳○鼱鼩一名奚鼠文選荅客難注引爾雅李巡注

賏 說文賏頸飾也从二貝

郥 說文郥邑名从邑貞聲

㡧 說文㡧屋所容受也从广成聲

䋊 說文䋊乘輿馬飾也从糸正聲

佂 佂營不自安也後漢書鍾離意傳不勝愚戇佂營注○正營惶恐不安之意也漢書王莽傳下人民正營注

瞏 說文瞏目驚視也从目袁聲詩曰獨行瞏瞏○瞏謂直視如驚貌素問診要經絡論目瞏絕系注

赹 說文赹獨行也从走勻聲讀若煢

藑 說文藑艸旋皃从艸熒聲詩曰葛藟藑之

䡖 說文䡖車輮規也一曰一輪車从車熒省聲讀若煢

垶 說文垶赤剛土也从土鮮省聲

鮏 說文鮏魚名从魚巠聲

○以下據集韻錄 趽 說文趽曲脛馬也从足方聲讀與彭同

䅭 說文䅭䅭程也从禾旁聲

鼆 說文鼆冥也从冥黽聲讀若黽蛙之黽

𠨍 說文𠨍事之制也从卪从𠂹凡𠨍之屬皆从𠨍闕

竲 說文竲北地高樓無屋者从立曾聲

請 請音潔清漢書賈誼傳造請室而請辠耳注引蘇林

烽 烽赤也廣雅釋器

𨑒 說文𨑒行也从辵正聲

[illegible] 說文[illegible]𠂤也从𠂤从頁

○以下附錄 并拼 詩桑柔并云不逮釋文字又作迸本或作拼

䓑 䓑通也廣雅釋詁一

經籍籑詁卷第二十三下補遺終

經籍籑詁卷第二十四 下平聲

經筵講官南書房翰林戶部左侍郎兼署兵部左侍郎前提督浙江學政阮元譔集

九青

青丨生也象物生時色也釋名釋采帛〇丨卽蒼也
文選謝元暉始出尚書省詩丨精翼紫軑注〇東
方謂之丨考工記畫繢之事〇丨州在東取物生而
丨也釋名釋州國〇丨東方春位其色丨也楚辭大
招丨春受謝注〇丨州東方少陽其色丨其氣淸歲
之首事之始故以丨爲名爾雅釋地齊曰營州釋文
引太康地記〇正東曰丨州周禮職方氏〇齊曰丨
州說苑辨物〇丨木色也洪範五行傳時則有丨眚
丨祥注〇丨肝色也素問風論其色丨注〇丨陽者
明堂也東出謂之丨陽呂覽孟春天子居丨陽左个

注〇丨陽東向堂呂覽仲春天子居丨陽太廟注〇
丨屋丨作葢裏也文選東京賦朱旄丨屋薛注〇丨
瑣謂刻爲瑣文而以丨飾之也後漢梁冀傳注〇丨
女天神丨霄玉女主霜雪者也淮南天文丨女乃出
以降霜雪注〇丨陽地名也水經湘水注引張晏說
〇丨陽長沙縣也水經湘水注引蘇林說〇丨海東
方之海淮南墬形而合于丨海注〇丨要之山實維
帝之密都山海經中山經〇丨林天苑也後漢張衡
傳注〇丨丨玉詩著充耳以丨乎而傳〇丨紞之丨丨
詩著箋〇山龍丨太平御覽服章部引書大傳〇丨
空丨也周禮職金掌凡金玉錫石丹丨之戒令注〇
其鹽大而丨白名曰丨鹽又名戎鹽水經河水注引
魏土地記〇丨丨雀水鳥禮記曲禮上前有水則載
丨旌注〇丨丨枯虛也太元差或藥丨丨注〇丨爲
蟲周禮保章氏辨吉凶水旱降豐荒之祲象司農注
〇詩淇奧綠竹丨丨釋文丨本或作菁〇爾雅釋蟲

注卽丨蛉也釋文丨本今作蜻〇呂
覽序意丨荓子水經注六作淸游

經丨常也易上經釋文頤拂丨王肅注又書大禹謨
寧失不丨傳又詩小旻匪大猶是丨傳又左氏宣
十二年傳政有丨矣注昭十五年傳王之大丨也服
注又穀梁莊七年傳丨星也注又孝經天之丨也注
又周書武稱武之丨也注又白虎通五經又爾雅釋
樂角謂之丨釋文又廣雅釋詁二又國語鄭語收丨
入注楚語王取丨入焉注又史記樂書禮之丨也正
義代相爲丨正義封禪書其用如丨祠云集解引服
虔平準書不敢言擅賦法矣集解引徐廣又漢書食
貨志上集注食貨志下集注郊祀志上集注引服虔
五行志下之上集注引服虔溝洫志集注賈誼傳集
注路溫舒傳集注司馬遷傳集注揚雄傳下集注咸
宣傳集注又後漢和熹鄧皇后紀注朱暉傳注翟酺
傳注陳龜傳注又孟子盡心下君子反丨而已矣注

又荀子臣道和而無丨注正名道也者治之丨理也
注又太元元數精則丨疑之事注元文失中丨也注
元掜掜擬之丨注元圖天地之丨也注又莊子養生
主緣督以爲丨釋文引李注應帝王告我君人者以
己出丨釋文引司馬注又管子右士丨注重令朝有
丨臣注又淮南本經注氾論政教有丨注又周髀算
經下丨歲月不及注又素問寶命全形論能丨天地
陰陽之化者注又文選典引又悉丨五緐之碩慮矣
蔡注〇丨者常也易象上傳屯君子以丨論荀注又
史記五宗世家入多於國丨租稅索隱〇常之謂丨
韓外傳二引孟子〇丨法也易上經釋文又左氏宣
十二年傳武之善丨也注又史記樂書廉直丨正集
解引孫炎又管子版法丨不知注〇丨理也莊子漁
父而丨子之所以釋文引司馬注又呂覽察傳是非
之丨注又淮南原道是故不得於心而有丨天下之
氣注〇丨猶理也文選皇太子宴元圃宣猷堂詩丨

敎宏道注○丨亦謂順理也考工記輈人丨而無絶
注○丨橫理也呂覽求人終身無丨天下之色注○
丨猶義也易頤拂丨注○丨徑也易上經釋文又廣
雅釋言又離騷經序○丨道呂覽當染得其丨也注
○丨猶道也呂覽有始生之大丨也注○丨由也易
上經釋文○丨行也孟子盡心下丨德不回注又淮
南原道丨紀山川注○直行爲丨文選魏都賦延閣
允字以丨丨營劉注○丨歷也文選西京賦街衢相丨
薛注○丨丨猶歷也文選任彥昇哭范僕射詩丨途不
盈旬注○丨過也小爾雅廣詁○丨猶繫也史記田
單傳遂丨其頸於樹枝索隱○丨絞也廣雅釋詁四
○丨縊也荀子彊國救丨而引其足也注○熊丨若
熊之攀枝自懸也後漢華佗傳注○丨動搖也淮南
精神熊丨鳥伸注○丨示也廣雅釋詁四○丨始也
鬼谷子抵巇丨起秋毫之末注○丨亦略也孟子滕
文公上夫仁政必自丨界始注○丨丨緯也國語楚

語吾子丨楚國注○丨丨營也莊子漁父而丨子之
所以釋文○丨給謂丨營濟給之後漢鍾離意傳注
○丨營猶往來後漢馮衍傳注○丨營往來之貌文
選舞賦丨營切儗注○丨綸匡濟也易屯君子以丨
綸釋文引黃穎注○丨經度之也周書周祝人出謀
聖人是丨注○丨度之也詩靈臺丨始靈臺傳○丨
謂丨度之立其基趾也國語楚語丨始靈臺注○丨
謂爲之里數周禮天官序官體國丨野注○丨刑體
皆謂制分界也周禮遂人以土地之圖丨田野造縣
鄙刑體之濼注○丨收制田界與井也周禮遂師丨
牧其田野注○丨謂丨脈也素問藏氣法時論取其
丨厥陰與少陽注示從容論何必守丨注○丨謂丨
脈所以流通營衛血氣者也素問金匱眞言論丨有
五風注○丨脈者謂手足三陰三陽之脈素問離合
眞邪論人有丨脈注○六丨謂三陰三陽之丨脈也
素問陰陽類論三陰者六丨之所主也注○丨生謂

博士也後漢蔡元傳注○坎爲丨易蒙童蒙求我虞
注○丨徑也常典也如徑路無所不通可常用也釋
名釋典藝○丨書也淮南本經丨誹譽注○丨兵書
也國語吳語挾丨秉枹注○六丨謂詩書禮樂易春
秋後漢班彪傳下注○六丨五丨及樂丨也文選郭
有道碑文遂考覽六丨注○丨有五而又立樂故云
六丨也文選劇秦美新制成六丨洪業也注○十兆
謂之丨御覽七百五十引風俗通○丨紀謂天文進
退度數禮記月令毋失丨紀注○丨界也周禮司市
以次敘分地而丨市注又史記秦始皇紀陵水丨地
正義○丨亦謂城中道考工記匠人環涂以爲諸侯
丨涂注○丨緯謂涂也考工記匠人國中九丨九緯
注○南北爲丨漢書五行志下之上集注引晉灼又
後漢班彪傳注又太元元測都序丨則有南有北注
應一從一橫注元攡覶鳥龜之理注元瑩元掜掜擬
之丨緯注又家語執轡又淮南墬形又周髀算經下

則正督丨緯注又楚辭離世丨營原野杳冥冥兮注
又文選東京賦丨途九軌薛注○子午爲丨呂覽有
始南北二萬六千里注又淮南墬形南北二萬六千
里注○丨水者謂海水瀆水渭水湖水沔水汝水江
水淮水漯水河水漳水濟水也
素問離合眞邪論地有丨水注

涇丨徑也言如道徑也釋名釋水○丨徑也廣雅釋
水○丨通也莊子秋水丨流之大釋文引司馬注
○水直波曰丨釋名釋水○丨濁水也詩谷風丨以
渭濁釋文○丨水名也詩鳧鷖鳧鷖在丨箋又國語
周語恭王游於丨上注魯語諸侯伐秦及丨莫濟注
○丨出丨陽周禮職方氏其川丨汭注○丨丨大便也
素問調經論丨溲不利注○莊子
秋水丨流之大釋文丨崔本作徑

形丨見也孝經丨於四海鄭注又國語越語天地丨
之注天地未丨而先爲之征注又漢書禮樂志集

注下式傳集注張安世傳集注司馬遷傳集注終軍
傳集注霍光傳集注韋元傳集注匡衡傳集注又後
漢胡廣傳注孔融傳注又荀子儒效忠信愛利丨乎
下注彊國愛利則丨注堯問丨於四海注又呂覽精
通夫月丨乎天注又淮南原道好憎成丨注滅而無
丨注淑眞丨物之性也注〇形見也廣雅釋詁三〇
丨猶見也禮記樂記感於物而動故丨於聲注物至
知知然後好惡丨焉注然後心術丨焉注〇丨謂骨
見禮記曲禮上毀瘠不丨注〇丨兆也後漢黃瓊傳
注〇丨埒兆朕也淮南繆稱道之有篇章丨埒者注
〇丨勢也國策西周策周君丨不好小利注〇形容
也廣雅釋詁四〇丨容色穀梁桓十四年傳察其貌
而不察其丨注〇丨體也禮記檀弓上歛手足丨注
又國語越語天有還丨注又漢書王吉傳集注又呂
覽適威有其丨注〇丨體貌也禮記樂記在地成丨
注〇丨體丨狀也荀子正名丨體色理以目異注〇

丨謂身丨也素問血氣形志丨樂志苦注刺志論氣
實丨實注〇丨謂君子體貌嚴尊也孟子盡心下丨
色天性也注〇坤爲丨易象上傳雷雨之動滿丨虞
注〇物成生理謂之丨莊子天地〇丨有丨象之異
也釋名釋形體〇丨聲音動靜也禮記樂記樂不耐
無丨注〇丨法象也大戴記本命丨於一謂之性注
〇丨物猶事理也列子仲尼丨物甚著注〇丨者生
之具也史記太史公自序〇丨者生之舍也淮南原
道〇丨色天性也孟子盡心上〇丨氣性天也論衡
無形〇丨骸者地之有也說苑反質〇丨笑者能言
笑也荀子非相狌狌丨笑亦二足而毛也注〇丨謂
擊踞也莊子人間世容將丨之注〇丨謂丨診可觀
素問八正神明論何謂丨注〇目冥冥問其所病索
之於經慧然在前按之不得不知其情故曰丨素問
八正神明篇〇丨倨躓礙之謂莊子山木君無丨倨
注〇丨苦謂修業就役也素問血氣形志篇丨苦志

樂注〇丨謂木火土金水素問天元紀大論在地成
丨注〇丨謂制分界也周禮遂人以土地之圖經田
野造縣鄙丨體之灋注〇丨鹽鹽之似虎丨周禮鹽
人賓客共其丨鹽散鹽注〇丨鹽鹽之似虎者周禮
籩人其實麷蕡白黑丨鹽膴鮑魚鱐注〇築鹽以爲
虎丨謂之丨鹽周禮籩人司農注〇丨當爲刑荀子
成相衆人貳之讒夫弃之丨是詰注〇丨當作行列
子湯問太丨王屋二山注〇丨或作和也淮南原道
無味而五味丨焉注〇今本丨訛盈易象上傳雷雨
之動滿丨集解〇孝經丨于四海釋文丨字又作刑
〇孫叔敖碑因埋掩其荆又辟患害於無刑丨作刑
〇侯成碑惟想邢景孔耽碑消邢瘦腊季德碑消邢
幽門丨
皆作邢

刑 丨法也書堯典觀厥丨于二女傳又詩文王儀丨
文王傳思齊丨于寡妻傳抑克共明丨傳我將儀

式丨文王之典傳又禮記緇衣儀丨文王注又左氏
隱十一年傳許無丨而伐之注僖十九年傳丨於寡
妻注襄十三年傳丨善也夫注襄廿八年傳賞其德
丨注昭六年傳儀式丨文王之典注又服注儀丨文
王服注又論語里仁君子懷丨皐疏又孝經丨於四
海注又周書文政八家不開丨注又爾雅釋詁又國
語周語其安庸丨注上非天丨注魯語糾虔天丨注
晉語國斯無丨注失趙氏之典丨注楚語多訓典丨
注越語死生因天地之丨注又漢書五行志上集注
終軍傳集注又後漢班彪傳上注鍾離意傳注又荀
子大略丨於寡妻注又太元進進以中丨注又家語
困誓丨于寡妻注又管子君臣下以丨役心注內業
凡心之丨注又呂覽圜道以言不丨蹇注又淮南繆
稱金錫不消釋則不流丨注又楚辭思古背三五之
典丨注〇丨法也井爲丨法也一切經音義二十引
易說〇丨亦灋也周禮大司寇以五丨糾萬民注〇

丨正人之瀆周禮秋官序官以佐王丨邦國注〇丨猶則也禮記禮運丨仁講讓注〇丨制也荀子臣道丨下如影注〇丨正也詩思齊釋文引韓詩又廣雅釋詁一又孟子梁惠王上丨于寡妻注〇刑侀也廣雅釋言〇丨侀也家語刑政〇丨者侀也周禮秋官序官注引孝經說〇丨者侀也侀者成也禮記王制〇刑成也廣雅釋詁三〇丨猶成也禮記大傳百志成故禮俗丨注學記敎之不丨注〇丨常也爾雅釋詁〇丨害也國語越語雜受其丨注又列子楊朱故不爲丨所及釋文〇刑剄也廣雅釋詁四〇丨殺也呂覽音律陰將始丨注順說丨人之攴子也注〇兌爲丨易彖上傳則丨罰清而民服虞注困劓刖虞注鼎其丨渥虞注象下傳君子以明愼用丨虞注〇兌爲丨人易蒙利用丨人虞注睽其人天且劓虞注〇兌折爲丨易象下傳君子以折獄致丨虞注〇陰爲丨大戴記易本命注〇陰曰丨大戴記四代〇附上而罔下者丨說苑臣術引泰誓〇丨者懲惡而禁後者也說苑政理〇丨者所以驅恥惡納人於善道也周禮目録〇罪人當名曰丨管子正篇〇制斷五丨各當其名罪人不怨善人不驚曰丨同上〇禮出丨大戴記四代〇丨者治之體莊子大宗師以形爲體注〇丨者德之奉春秋繁露天辨在人〇丨謂丨罰後漢杜林傳注〇丨者筴也大戴記盛德〇丨者策也家語執轡〇丨罰者人之御轡後漢虞詡傳〇丨罰者人之鞭策也後漢虞詡傳注〇大丨重罪也禮記明堂位服大丨而天下大服注〇殺戮之謂丨後漢荀悅傳注〇丨戮通語耳亦含輕重也論語公冶長邦無道免於丨戮皇疏〇五丨墨劓剕宮大辟書舜典五丨有服傳〇五丨謂墨劓剕宮大辟也孝經五丨之屬三千注又後漢杜林傳注〇肉丨之丨丨也法言先知〇丨黥劓也莊子大宗師丨者無以與乎眉目顏色之好釋文引崔注〇丨者黥劓之屬周禮蜡氏禁丨者注〇丨者宮人也淮南說山丨者多壽注〇丨隸謂閹人也後漢劉陶傳注〇丨鉶羹也周禮內饔凡掌共羞脩丨膴胖骨鱐共膳注〇丨膴謂夾脊肉或曰膺肉也周禮內饔司農注〇丨范鑄鉶規模之器也荀子彊國丨范正注〇月爲丨淮南天文〇辰爲丨同上〇丨十二辰也淮南兵略挾丨德注〇川爲積丨大戴記易本命〇丨字從刀從井井以飲人人入井爭水陷於泉以刀守之割其情欲人有畏愼以全身命也故字從刀從井一切經音義二十四引春秋元命苞〇刑之字井與刀也論衡四諱引或說〇丨與形同荀子彊國丨范正注〇今本丨作形易鼎其丨渥集解〇今月令丨爲徑禮記月令百官靜事毋丨注〇高彪碑形不妄濫丨作形

邢 丨姬姓周公之後也國語齊語翟人攻丨注〇丨國名左氏隱四年傳逆公子晉于丨釋文〇丨今廣平襄邑縣穆天子傳二乃命丨侯待攻玉者注

硎 丨砥石也莊子養生主而刀刃若新發於丨注〇丨磨石也莊子養生主釋文〇丨磨刀石淮南齊俗庖丁用刀十九年而刀如新剖丨注〇臨丨閭闔名也文選吳都賦右號臨丨注〇莊子養生主釋文丨崔本作丨形

鉶 丨羹器也周禮掌客丨四十有二注文儀禮聘禮六丨繼之注〇丨所以盛羹也家語問禮籩豆丨羹注〇丨芼和羹之器儀禮公食大夫禮宰夫設丨四于豆西注〇丨芼羹也儀禮士虞禮設一丨于豆南注〇丨羹加鹽菜矣周禮亨人祭祀共大羹丨羹司農注〇丨肉味之有菜和者儀禮特牲饋食禮祭注丨

型丨或作盧淮南脩務夫純鉤魚腸之始下丨注○楊信碑追念義刑丨作刑

陘山絕丨爾雅釋山○丨阪也廣雅釋邱○竆謂之竈其脣謂之丨廣雅釋室

娙丨好也廣雅釋詁一○丨婢也廣雅釋詁四○丨音近妍史記外戚世家衆人謂之丨何索隱引服虔○丨音五經反史記楚世家索隱引字林

亭丨平也史記秦始皇紀決河丨水正義酷吏傳丨疑水集解引李奇又淮南原道味者甘立而五味丨矣注○丨亦平也太平御覽百九十四引風俗通○丨均也調也漢書張湯傳集注○丨訓直史記五帝紀以征不享索隱○丨定也文選謝靈運初去郡詩注引蒼頡○丨別也老子丨之毒之釋文○丨丨者制度審諟道德著明也白虎通封禪○丨丨高貌也文選西京賦狀丨丨以苕苕薛注又何敬祖遊仙

詩丨丨高山栢注○丨丨迥貌文選泛湖歸出樓中翫月詩丨丨映江月注○丨丨遠貌文選長門賦荒丨丨而復明注○丨丨迥遠無依之貌也文選魏文帝雜詩丨丨如車蓋注○丨丨孤峻之貌後漢蔡邕傳下注○丨山南巢之山或本作鬲山荀子解蔽桀死于丨山注○丨停也亦人所停集也釋名釋宮室○丨留也太平御覽百九十四引風俗通○每十里一丨丨有長以禁盜賊後漢臧宮傳注○丨候何候望敵之所後漢光武紀下注○丨長士捕盜賊後漢逢萌傳注○丨父褚卒也廣雅釋訓○爾雅釋草葷丨歷釋文字或作葶同

庭丨直也詩大田既丨且碩傳韓奕榦不丨方傳閔予小子陟降丨止傳又爾雅釋詁又國語周語以待不丨不虞之患注又漢書趙充國傳集注○丨猶正也文選西京賦參塗夷丨薛注○艮爲丨易夬揚

丁王丨虞注艮行其丨丨虞注節不出戶丨虞注○艮爲門丨易節不出門丨虞注○丨門屏之內也荀子儒效是君子之所以騁志意於壇宇宮丨也注○堂下謂之丨楚辭思古藜棘樹於中丨注○門丨門相當之地周禮閽人掌埽門丨注○丨中丨也太元去丨有麋注○中丨寢中丨也禮記檀弓上孔子哭子路於中丨注○中丨明堂之丨也或曰朝廷之丨也洪範五行傳於中丨祀四方注○丨朝廷文選東京賦龍輅充丨薛注○丨縣丨也後漢馬援傳注○丨闈親之所居文選補亡詩眷戀丨闈注○帝丨謂太微宮也文選月賦注引張泉觀象賦自注○丨氏主射妖鳥令國中潔清如丨者也周禮秋官序官丨氏注○大丨古國名也文選東京賦則大丨氏何以尚茲薛注○詩閔予小子陟降丨止漢書匡衡傳作陟降廷止○孫叔敖碑霆堅禹稷不能踰也丨作霆

廷丨平也廣雅釋詁三又漢書百官公卿表上集注○丨直也後漢郭太傳注引蒼頡○丨停也人所停集之處也釋名釋宮室○丨正也言縣丨郡丨朝丨皆取平均正直也後漢郭太傳注引風俗通○丨歸也廣雅釋詁二○丨者陽也太平御覽六百四十三引風俗通○丨朝丨也楚辭逢九虎兕爭兮於丨中注○丨官也廣雅釋室○丨者官之平下之信也士垂一人詰屈折著爲丨古微書引春秋元命苞○丨尉秦官也聽獄必質於朝丨與衆共之尉平也故稱丨尉後漢光武帝紀上注○丨讀曰庭漢書古今人表集注○左氏襄廿三年傳張武軍于熒丨釋文丨本亦作庭定十四年傳夫差使人立于丨釋文丨本又作庭

霆丨丨者雷之餘氣挺生萬物也易繫辭上鼓之以雷丨釋文引京注○丨雷也一切經音義九引易劉

[illegible]注○丨疾雷也後漢班彪傳下注○疾雷謂之丨
爾雅釋天○丨礔礰也一切經音義十五引蒼頡○
丨霹靂也文選東京賦若疾丨轉雷而激迅風也薛
注○丨謂迅雷卒如火之爆者卽霹靂也素問五常
政大論迺爲雷丨注○丨艮也易繫辭上傳鼓之以
雷丨虞注○不丨不畏雷丨霹靂也山海經中山經
服之者不丨注○丨發電驚並言疾也後漢班彪傳
下注○丨震管子七臣七主地冬丨注○丨音廷博
之廷山海經中山經注○丨音庭易豐釋文引字林
○丨徒丁反爾雅釋天釋文引字林○丨電左氏襄
十四年傳畏之如雷丨釋文丨本亦
作電○朱龜碑威神庭電丨作庭

莛 丨屋梁也莊子齊物論丨與楹釋文引司馬注

蜓 丨蚞螇螰爾雅釋蟲○蛥蚗自關而東或謂之丨
蚞方言十一

渟 丨水止也文選長笛賦注引埤蒼○水止曰丨一
切經音義一引埤蒼○丨水滯也一切經音義一
引字書○丨止也廣雅釋詁三○爾
雅釋山注有丨泉釋文丨亦作停同

楟 丨梨也廣雅釋木○丨山梨文選蜀都賦橙柹楟
丨劉注引張揖○古文[illegible]敦㨃三形今作丨同一
切經音
義八

停 丨定也定於所在也釋名釋言語○丨僮𨏒貌也
文選射雉賦丨僮蔥翠徐注○丨與亭同古字通
文選謝靈運初去郡
詩止監流歸丨注

寧 丨安也書大禹謨萬邦咸丨釋文又無逸不敢荒
丨馬注又詩葛覃歸丨父母傳生民上帝不丨箋
載芟胡考之丨箋又考工記梓人惟若丨侯注又儀
禮覲禮歸丨乃邦注又禮記月令身欲丨注坊記衆

而以丨者注又左氏襄十三年傳其丨惟永注哀十
六年傳國丨注又周書武稱各丨其親注又爾雅釋
詁又呂覽審分既靜而又丨注又國語周語自后稷
以來丨亂注使各有丨宇注丨爲荼毒注楚語夫乃
其丨注越語丨其得此國也注又漢書高帝紀上集
注李尋傳集注楊雄傳下集注又太元度不能有丨
也注元吉歲丨恙而年病注○丨安定也左氏定五
年傳及丨注○不丨悲思不安儀禮士虞禮記夙興
夜處不丨注○丨問父母安否左氏莊廿七年傳杞
伯姬來歸丨也注○丨靜也爾雅釋詁又呂覽仲冬
身欲丨注○丨息也國語晉語聞子與龢未丨注○
受命曰丨王書大誥丨王遺我大寶龜鄭注○休謁
之名吉曰告凶曰丨漢書高帝紀上集注引李斐○
攖丨也者攖而後成者也莊子大宗師○丨猶曾也
詩日月丨不我顧箋小弁丨莫之知箋四月胡丨忍
予箋○無丨丨也左氏隱十一年傳無丨茲許公復

奉其社稷注襄廿九年傳無丨夫人而焉用老臣服
注襄卅一年傳無丨甾患注昭六年傳無丨以善人
爲則注昭廿二年傳無丨以爲公羞注又小爾雅廣
訓○丁丨謂鉦也國語晉語戰以錞于丁丨注吳語
鳴鐘鼓丁丨錞于注○青丨蟲名也莊子至樂久竹
生青丨釋文引司馬注又列子天瑞久竹生青丨釋
文○丨甯兩字通也後漢烏桓鮮卑傳注○左氏宣
十一年傳孔丨公羊作孔甯○楚公孫丨字子國見
左氏哀十六年傳○史記晉世家晉侯丨族索隱引
系本作曼期○禮記檀弓疏魯悼公名丨漢書律厤
志名
曼

丁 丨當也詩雲漢寧丨我躬傳又爾雅釋詁又後漢
班彪傳下注崔駰傳注張衡傳注又太元減臣道
丨也注飾不丨言時注又楚辭惜賢丨時逢殃注逢
尤思丨文兮聖明哲注○丨猶當也後漢岑彭傳注

○丨強也廣雅釋詁四○丨者強也白虎通五行○
丨壯也釋名釋天○丨年謂丨壯之年也文選荅蘇
武書丨年奉使注○述義不克曰丨周書謚法○迷
而不悌曰丨同上○丨者反覆丨寧也藝文類聚卅
八引五經通義○太歲在丨曰強圉爾雅釋天○月
在丨曰圉同上○丨柔淮南天文○內事用柔日必
丨已者取其令名自丨寧自變改皆爲敬謹儀禮少
牢饋食禮日用丨巳注○丨火日也呂覽孟夏其日
丙丨注○丨亥者吉日也大戴記夏小正丨亥萬用
入學傳○六丨六甲中丨神也後漢梁節王暢傳注
○丨巳楚也淮南天文○魚枕謂之丨爾雅釋
魚○史記齊太公世家丨公說文玉部作玎公

馨 丨香也廣雅釋器○丨言滋香也山海經西山經
丹木五歲五味乃丨注○丨香之遠聞也詩鳧鷖
爾殽旣丨傳○丨香之遠聞者也楚辭大招淸丨
凍歠注○丨芬香也文選補亡詩丨爾夕膳注

星 丨者精也白虎通日月○丨爲萬物之精顏氏家
訓歸心○日月之淫爲精者爲丨辰淮南天文○
丨之爲言精也陽之榮也陽精爲日日分爲丨故其
字日生爲丨古微書引春秋說題辭○丨散也列位
布散也釋名釋天○丨晚也廣雅釋詁三○丨晴也
詩定之方中丨言夙駕釋文引韓詩○丨陰也淮南
說山日出丨不見不能與之爭光也注○丨艮爲丨易
彖上傳天文也虞注豐日中見斗虞注○丨宿也呂
覽制樂舍行七丨注○丨衆丨也素問上古天眞論
辨列丨辰注○丨五丨也書洪範四曰丨辰鄭注又
太元元掜丨辰不相觸注○丨謂五丨周禮保章氏
掌天丨以志丨辰日月之變動注○丨謂五緯也書
堯典厤象日月丨辰鄭注舜典禋于六宗鄭注又周
禮大宗伯以實柴祀日月丨辰注○五丨謂東方歲
丨南方熒惑丨西方大白丨北方辰丨中央鎭丨後
漢蘇竟傳注○丨四方中丨書堯典傳○丨二十八
宿書洪範四曰丨辰傳又馬注○丨謂從角至軫周
禮哲蔟氏二十有八丨之號注○丨辰者天之期也
淮南天文○列丨者天之常宿分守度諸侯之象公
羊莊七年傳記異也注○丨主虎大戴記易本命○
七丨主衣裳洪範五行傳逐功臣注○丨工善丨者
後漢公孫瓚傳注○丨流言疾也後漢竇憲傳注又
文選東京賦煌火馳而丨流薛注○丨肉
中如米者禮記內則豕望視而交睫腥注

腥 丨臊臭也楚辭涉江丨臊並御注○丨臊臭惡也
國語周語其政丨臊注○魚臭曰丨一切經音義
一引通俗文○豕盲眂而交睫丨周禮內饔○膏丨
豕膏也周禮庖人膳膏丨杜注○膏丨雞膏也周禮
庖人注○丨謂丨鼎也周禮掌客牲三十有六注○
爓祭祭丨或爲合祭丨泄腥熟也禮記祭義爓祭祭
丨而退注○丨當爲星聲之誤也周禮內饔豕盲
眂而交睫丨注又禮記內則豕望視而交睫丨注

鯹 丨臭也廣雅釋器

醒 丨醉解也一切經音義十四引字林○醉除曰丨
一切經音義二十二引通俗文

惺 丨悟也五音集韻引字林○丨憽了慧貌廣韻引
聲類

箵 箳丨薇簹也廣雅釋器○車當謂之箳丨太平御
覽七百七十六引通俗文

俜 丨俠也廣雅釋詁二

靈 丨神也書泰誓上惟人萬物之丨傳又國語晉語
若以君之丨注吳語實式丨之注又太元迎妖先
丨覺注失貌德丨徵失注又離騷字余曰丨均注○
丨者神也風俗通祀典○丨神丨也文選幽通賦承
丨訓其虛徐兮曹注○丨謂神也離騷夫惟丨修之
故也注○丨神之所在也離騷欲少留此神瑣兮注

○神之精明者稱｜詩靈臺經始｜臺傳○天神曰
｜翻譯名義五引尸子○陽｜天神也文選魏都賦
陽｜停曜於其表李注○｜星者神也論衡祭意○
辰之神爲｜星後漢東夷傳注○明星神一曰｜星
獨斷上○｜謂雲神也楚辭雲中君｜皇皇兮既降
注○｜祇天地之神也文選南都賦｜｜祇之所保綏
注○三｜天地人也文選典引荅三｜之蕃祉注○○
八｜八方之神也楚辭怨思合五嶽與八｜兮注○｜
｜胥伍子胥神也文選吳都賦狎翫｜胥劉注○｜
巫也廣雅釋詁四○｜謂巫也楚辭東皇太一｜偃
蹇兮姣服注東君思｜保兮賢姱注○｜保神巫也
後漢馬融傳注○｜巫也楚人名巫爲｜子楚辭雲
中君｜連蜷兮既留注○｜氛古明占吉凶者也離
騷名｜氛爲余占之注○霝空也廣雅釋詁三○陰
曰｜晉書引洪範五行傳○陰之精氣曰｜大戴記
曾子天圓○｜精誠也楚辭湘君橫大江兮揚｜注

○｜昭也莊子天地大愚者終身不｜釋文引司馬
注○｜明也文選東京賦祚｜主以元吉薛注○｜
命也法言淵騫藕國｜也注○｜禔也廣雅釋言○
｜善也書盤庚下弔由｜傳又詩定之方中｜雨既
零箋又廣雅釋詁一又漢書敘傳上集注○積仁爲
｜說苑修文○神｜者品物之本也大戴記曾子天
圓○｜根道德也太元養美厥｜根注○｜臺者心
也莊子庚桑楚不可內於｜臺注○｜府者精神之
宅也莊子德充符不可入於｜府注○極知鬼神曰
｜周書謚法○死見神能曰｜同上○好祭鬼神曰
｜同上○死而志成曰｜同上○不勤成名曰｜同
上○亂而不損曰｜同上又國語楚語請爲｜若厲
注又獨斷下○周｜王薨以王生而神故謚曰｜水
經洛水注○｜卽是無道之謚也莊子則陽其所以
爲｜公者何邪注○｜臺望氣之臺也後漢馬融傳
上注○｜篇謂河洛之書也後漢班彪傳下注○｜

底著器顏氏家訓書證○｜鼓六面鼓也周禮鼓人
以｜鼓鼓社祭注冥氏以｜鼓敺之注又文選東京
賦伐｜鼓薛注○｜鼓｜鼗六面周禮大司樂｜鼓
｜鼗注○｜鼓｜鼗四面周禮大司樂｜鼓｜鼗司
農注○圓｜天也文選月賦圓｜水鏡注○蒼｜青
帝也文選顏延年曲水詩序蒼｜奉塗注○｜星火
星也一曰龍星獨斷上○｜草謂不死藥也後漢班
彪傳上注○｜草芝屬後漢班彪傳下注○冥｜小
名也莊子逍遙遊楚之南有冥｜者釋文引李注又
列子湯問有冥｜者釋文○｜壽木名也文選蜀都
賦｜壽桃枝劉注○麟鳳龜龍謂之四｜禮記禮運
○天龜曰｜屬周禮龜人○二曰｜龜爾雅釋魚○
龜俯者｜爾雅釋魚又書大傳｜龜注○赤｜赤龍
也文選南都賦赤｜解角注○吳仲山碑神零有知
｜作零

欞 ｜梠也廣雅釋室○｜窗閒子也文選遊天台山
賦形雲斐亹以翼｜注○｜窻閒孔也文選江文
通雜體許徵君詩曲｜激鮮飈注○疏門曰｜一
切經音義四引通俗文○屋梠謂之欞方言十三
蠕 或作蛉○螟蛉桑蟲爾雅釋蟲○螟蛉桑蟲也詩
小宛螟蛉有子傳又禮記中庸蒲盧也注○螟蛉
俗謂之桑蟃亦曰戎女爾雅釋蟲螟蛉桑蟲注○螟
蛉俗謂之桑蟃一名戎女詩小宛釋文○蛉蛄蛁蟟
也廣雅釋蟲○蛉蛈楚謂之蟪蛄或謂之蛉蛄方言
十一○詩小宛螟蛉有子說文虫部引作螟｜有子
齡 十｜季也廣雅釋詁一○｜年齒也一切經音義二
十二引字林○漢樊毅碑垂曜嗇軨繁陽令楊君
碑俾延億軨｜皆作軨○斥彰
長田君斷碑永載萬零｜作零
鈴 ｜在旆左氏桓二年傳鍚鸞和｜注○｜在旂上
詩載見和｜央央傳○飛｜以緹油廣八尺長拄

地畫左青龍右白虎繫軸頭取兩邊飾文選東京賦
疏轂飛｜薛注○｜｜聲也廣雅釋訓○｜｜策聲
文選遊天台山賦振金策之｜｜注○故書｜或作
軨杜子春云當爲｜周禮巾車鳴｜以應雞人注○
｜離聲亦相近史記齊太公世
家北伐山戎離枝孤竹集解

苓｜大苦也詩簡兮隰有｜傳采苓采｜采｜傳○
｜甘草詩簡兮釋文引本草采苓序釋文○｜耳
枲耳也廣雅釋草○｜地名荀子彊國其在趙者剡
然有｜而據松栢之塞注○｜與靈同荀子彊國其
在趙者剡然有｜而據松栢之塞注○｜當爲卷荀
子彊國注○禮記玉藻注覆｜也釋文本又作軨○
國策韓策陳｜史
記索隱引作陳苓

伶集韻通作泠○｜樂官也後漢馬融傳上注○｜
司樂官國語周語聞之｜州鳩注○泠人樂官左

氏成九年傳泠人也注○｜｜人樂官也國語魯語
今｜簫咏歌及鹿鳴之三注○｜使令詩車鄰寺人
之令釋文引韓詩○｜俜單孑貌文選寡婦賦少｜
俜而偏孤兮注○｜俜猶聯翩也一切經音義一引
三蒼○詩簡兮序仕于泠官釋文字亦作｜左氏成
九年傳泠人也釋文泠依字作｜昭廿一年傳泠州
鳩釋文泠字或作｜○呂覽古樂
｜倫氏說苑古今人表｜並作泠

泠｜清涼貌楚辭初放下｜｜而來風注○｜然
涼貌也文選江文通雜體詩注引莊子司馬注○
｜｜小風也莊子齊物論｜風則小和釋文引李注
○｜風和風呂覽任地子能使子之野盡爲｜風乎
注○｜然輕妙之貌莊子齊物夫列子御風而行｜
然善也注○｜曉也莊子山木眞｜禹曰釋文引司
馬注○｜猶了也淮南脩務精神曉｜注○｜｜然解
悟之意也一切經音義十四引淮南許注○｜毛毛

長總結也周禮內饔羊｜毛而毳羶注○｜毛毳毛
別聚於不解者也禮記內則羊｜毛而毳羶注○｜
結毛如氈也禮記內則釋文○｜｜汰猶聽放也莊子
天下｜｜汰於物以爲道理注○｜｜汰猶沙汰也莊子
天下｜汰於物以爲道理釋文○莊子
山木眞｜禹曰釋文｜或爲命又作令

零｜落也詩定之方中靈雨既｜傳野有蔓草｜露
漙兮箋又後漢馮衍傳下注又文選幽通賦柯葉
彙而｜茂曹注○｜隨也廣雅釋詁二○｜落皆墜
也離騷惟草木之｜落兮注○草曰｜離騷惟草木
之｜落兮注○｜也者降也大戴記夏小正栗｜傳
○靁令也廣雅釋言○｜水即沵水也水經沵水注
○詩東山｜雨其濛說文雨部作靁雨其濛○禮記
王制草木｜落釋文｜本又作苓月令草木｜落釋
文｜本又作苓○｜一作苓離騷惟草木之｜落兮
注○李翊夫人碑頹纈悲兮涕隕泠｜作泠○莊子

徐無鬼豕｜也釋
文司馬本作豕囊

玲｜聲也廣雅釋詁四○｜瓏聲也後漢班彪傳下
注○｜瓏玉聲也文選東都賦注引埤蒼○｜瓏
明貌文選吳都賦珊瑚幽茂而｜瓏劉注
○｜瓏玉名穆天子傳四｜瓏玗璣注

舲集韻⿰舟霝或从令○⿰舟霝舟也廣雅釋水○｜小船也
淮南俶眞越｜蜀艇注○船上有屋者曰⿰舟霝也一
切經音義十一引字書○｜舩船有
牕牖楚辭涉江乘｜船余上沅兮注

鴒左氏昭七年傳鶺｜在原釋文｜本又作令

瓴｜甎也廣雅釋宮○｜謂｜甋也管子度地｜之
尺有十分之三注○｜讀曰鈴漢書高帝紀下集
注引
蘇林

囹 丨圄法室也呂覽仲夏省丨圄注孟秋繕丨圄注又淮南時則省丨圄注○周曰丨圄北堂書鈔四十五引白虎通又獨斷上○丨圄周獄名也後漢皇后紀上注○丨圄今之獄禮記月令釋文○丨圄所以禁守繫者若今別獄矣禮記月令省丨圄注○獄又謂之丨圄丨領也圄禦也領錄囚徒禁禦之也釋名釋宮室○周曰丨圄丨令也圄與也言令人幽閉思愆改惡爲善因原之也太平御覽六百四十三引風俗通

聆 丨聽也文選長笛賦注引蒼頡又廣雅釋詁四又文選思元賦丨廣樂之九奏兮舊注○耳聽曰丨又玉篇引蒼頡○丨猶聞也淮南精神乃性仍仍然注○丨從也廣雅釋詁一○丨丨意曉解也淮南齊俗所居丨丨注○丨丨猶了了言迷解也淮南說山所居丨丨注○禮記文王世子與我九丨釋文丨本或作齡

聽 丨許呂覽知士三日而丨注○丨受也呂覽至忠非賢主其孰能丨之注○丨猶耳目也或曰謂間諜者荀子議兵千里之國則將有百里之丨注

汀 丨水際也文選顏延年和謝監靈運詩注引文字集略○丨水際平也文選謝靈運登臨海嶠詩注引文字集略○丨平也楚辭湘夫人搴丨洲兮杜若注

冥 丨闇也漢書五行志下之上集注張敞傳集注○丨丨暗也廣雅釋訓○丨丨闇昧也太元交丨交于神注○丨闇昧之義也易升丨升釋文○丨昧也易豫丨豫釋文引馬注又文選遊天台山賦渾萬象以丨觀注○丨幽昧也文選魏都賦雷雨窈丨而未半注○丨丨幽昧也文選寡婦賦雖丨丨而罔覿兮注江文通雜體潘黃門詩夢寐復丨丨注○丨晦也太元增而增其光丨注○丨夜也詩斯干噦噦其丨箋○丨陰也太元傒丨賊傒天注○丨元也太元盛失丨德注○丨幽也詩靈臺釋文引字林○丨幽丨也文選江文通雜體劉太尉詩治亂惟丨數注○丨幽隱也荀子正名正說不行則白道而丨窮注○丨幽深也文選遊天台山賦臨萬丈之絕丨注○丨深也易豫丨豫釋文引王廙注○丨幼也詩斯干噦噦其丨傳又爾雅釋言○丨深闇之窈也爾雅釋言孫注○丨者明之藏也太元元文○丨丨謂至陰之內幽暗之所也素問陰陽類論下合丨丨注○坤爲丨易豫丨豫虞注○丨元默也文選郭景純遊仙詩中有丨寂士注○丨丨言元遠也素問徵四失論窈窈丨丨孰知其道注○丨丨專默精誠之謂也荀子勸學無丨丨之志者無昭昭之明注○心深稱丨太元達中丨丨獨達注○有形則復於無無形故曰丨太元元文

○窅丨無極故謂之丨莊子逍遙遊北丨有魚釋文引簡文注○丨翳高遠也後漢張衡傳注○丨奧若丨丨深奧也文選遊天台山賦豈不以所立丨丨奧注○丨丨窮謂退而窮處也荀子正名正說不行則白道而丨窮注○窈丨昏默皆了無也莊子在宥至道之精窈窈丨丨至道之極昏昏默默注○丨丨無知貌詩靈臺箋民者丨也釋文○丨丨言血氣變化之不可見也素問寶命全形論是謂丨丨注○丨丨若蔽入目明令無所見也詩無將大車維塵丨丨箋○丨煩者言不能明理此事禮記哀公問寡人惷愚丨煩注○丨曰丨也易升丨升釋文○丨暮夜也荀子解蔽丨丨蔽其明也注○丨元丨北方之神也楚辭大招丨淩浹行注○元丨水神也後漢張衡傳注○元丨太陰之神主刑殺也楚辭遠遊考元丨於空桑注○丨謂地也後漢馮衍傳下注○西丨昧谷也文選月賦嗣若英於西丨注○水黑色謂之丨莊子逍

遙遊北丨有魚釋文引東方朔十洲記○南丨者天池也莊子逍遙遊○北丨北海也莊子逍遙遊釋文○窮髮之北有丨海者天池也同上○丨讀爲丨氏春秋之丨周禮秋官序官丨氏司農注○莊子列禦寇而甘丨乎無何有之鄉釋文丨本亦作瞑○莊子逍遙遊楚之南有丨靈者釋文丨本或作榠○左氏定四年傳直轅丨阨釋文丨本或作寘○丨方之丨以繩縻取禽獸之名周禮秋官序官丨氏注

溟 丨取其丨漠無涯也莊子逍遙遊北丨有魚釋文引稽康注○廣大窈冥故以丨爲名文選謝靈運遊赤石進帆海詩注引莊子李洪範注○水黑色謂丨海列子湯問有丨海者釋文○重丨謂海也文選遊天台山賦或倒景於重丨注○四丨四海也文選張景陽雜詩雨足灑四丨注○雨之細者稱丨沐太元少密雨丨沐注

蓂 丨草之實也論衡指瑞○丨莢瑞應之草文選東京賦蓂丨莢爲難蒔也薛注○丨莢者樹名也月一日一莢生十五日畢至十六日一莢去故莢階而生以明日月也白虎通封禪

螟 食苗心丨爾雅釋蟲○食苗心曰丨後漢明帝紀注○食穀心曰丨呂覽仲冬蟲丨爲敗注○食心曰丨詩大田去其丨螣傳又淮南天文枉法令則多蟲丨注時則蟲丨爲害注○食心爲丨呂覽明理有丨集其國注○丨蟲食苗心者左氏隱五年經丨注○丨蟲食苗心公羊隱五年經丨釋文○食苗心者名丨丨言冥冥然難知也爾雅釋蟲舍人注○食禾心爲丨丨言其姦冥冥難知也爾雅釋蟲李注○丨郎蚕管子七臣七主山多蟲丨注

銘 丨之言名也周禮司勳丨書於王之大常注○丨名也記名其功也釋名釋言語○丨名也述其功美使可稱名也釋名釋典藝○丨者自名也自名以稱揚其先祖之美而明著之後世者也禮記祭統○丨謂書其功於器物荀子禮論其丨誄繫世敬傳其名也注○丨謂書之刻之以識事者也禮記祭統注○丨勒也文選東京賦歷世彌光薛注○丨題勒也文選東京賦注引字林○丨以題勒示後文選文賦丨博約而溫潤注○丨刻之也考工記㮚氏其丨曰注○刻曰丨國語魯語故丨其括曰肅慎氏之貢矢注○刻器曰丨國語晉語其丨有之注○丨明旌也禮記檀弓下又儀禮士喪禮爲丨注○丨書死者名於旌今謂之柩周禮小祝置丨司農注○丨今書或作名周禮小祝注○今文丨皆作名儀禮既夕取丨置于重注○今文丨爲旆也儀禮士喪禮爲丨注○儀禮士喪禮爲丨周禮小祝司農注引作爲名書丨于末周禮小祝司農注司常注皆引作書名于末

瓶 與缾同○缾小器左氏昭廿四年傳缾之罄矣注○丨以汲水也儀禮士喪禮新盆槃丨廢敦重鬲皆濯注○盆丨炊器也禮記禮器盛于盆尊于丨注○丨酒器也文選沈休文三月三日率爾成篇詩金丨汎羽巵注○缶其小者謂之丨方言五○離爲丨易井嬴其丨虞注

屏 丨障也呂覽貴直其社蓋於周之丨注○丨自障丨也釋名釋宮室○丨蔽也左氏哀十六年傳俾丨予一人以在位注又漢書諸侯王表集注又後漢光武帝紀下注東平王蒼傳注又荀子儒效周公丨成王而及武王注○丨猶蔽也荀子大略天子外丨諸侯內丨注○丨隱也漢書竇嬰傳集注○丨猶擁也漢書王莽傳上集注○丨牆也一切經音義二十引蒼頡○樹謂之丨大戴記武王踐阼負丨而立注又國語晉語爾射子于丨內注○丨樹垣也呂覽季秋以級整設于丨外注又淮南時則皆正設于丨外

注主術天子外丨注○罣罳謂之丨廣雅釋室○所以設丨何以自障也示不極臣下之敬也天子德大故外丨諸侯德小故內丨後漢齊武王縯傳注○丨丨風也國語楚語丨攝之位注○丨寢門內丨也國語吳語夫人向丨注○丨風言可以丨障風也釋名釋牀帳○丨城也左氏襄廿九年傳而夏肆是丨注○丨風水葵也楚辭招魂紫莖丨風注○丨營征伀也廣雅釋訓○丨營彷徨也後漢清河孝王慶傳注○丨蓬卽弁封也語有輕重耳山海經大荒西經有獸左右有首名曰丨蓬注

【萍】蓱同○丨大蘋也淮南原道夫丨樹根於水注○蓱丨也其大者曰蘋禮記月令蓱始生注○蓱江東謂之藻詩鹿鳴傳苹蓱也釋文○丨水上浮丨也禮記月令蓱始生釋文○蓱爾雅丨蓱也列子楊朱芹蓱子釋文○丨水藻也呂覽季春丨始生注又淮南時則丨始生注○丨水草也家語致思此所謂丨丨

賓者也注○丨蓨草名管子地員其草宜丨蓨注○蓱蓱翳雨師名也楚辭天問蓱號起雨注○丨氏主水禁丨之草無根而浮取名於其不沈溺周禮秋官序官丨氏注○丨讀爲蛢或爲丨號起雨之丨周禮秋官序官丨氏司農注○丨讀如小子言平之平周禮秋官序官丨氏注○詩采蘋傳大蓱也釋文蓱本又作丨鹿鳴傳苹蓱也釋文蓱本又作丨○詩采蘋傳大蓱也釋文蓱一本作苹周禮秋官序官丨氏注丨蓱其大者蘋釋文蓱本亦作苹○爾雅釋草苹丨釋文丨本或作蓱

【熒】丨光也後漢馬融傳上注○丨小光也文選荅賓戲守窔奧之丨燭注○丨丨光也廣雅釋訓○丨火光也文選荅賓戲注引字林○丨丨小火也楚辭哀歲鬼火兮丨丨注○青丨其光色也後漢班彪傳注○青丨光明貌文選羽獵賦注引李彤單行字○丨者光明小見之貌太元狩丨狩狧狧注○丨猶灼

也書大傳丨然作大唐之歌注○丨明也丨魂司目之用者也法言修身丨魂曠枯注○丨衆惑衆也荀子宥坐言談足以飾邪營衆注○丨惑火也後漢襄楷傳注○丨惑火星也後漢順帝紀注又文選思元賦丨惑次於他辰舊注○丨惑火精呂覽明理其星有丨惑注○○丨惑五星之一火之精也呂覽制樂丨惑在心注○丨惑天罰也淮南道應又新序雜事四○丨惑天之法星鬼谷子符言丨惑之處安在注○丨惑者至陽之精也後漢郎顗傳○丨惑南方主夏後漢郎顗傳注○丨委萎爾雅釋草○莊子齊物論是黃帝之所聽丨也釋文丨本亦作瑩人間世而目將丨之釋文丨崔本作營

【螢】熒火卽炤爾雅釋蟲○丨飛蟲丨火也禮記月令腐草爲丨注○丨火燐也廣雅釋蟲○丨火卽炤夜飛有火蟲也爾雅釋蟲含人注○丨火夜飛腹下有火光故曰卽炤爾雅釋蟲李注○爾雅釋蟲釋文

丨本今作熒○禮記月令釋文熒本又作丨

【滎】丨究水也出東垣入于河泆爲丨丨在丨陽周禮職方氏其川丨雒注○丨水今丨陽丨澤是穆天子傳五浮于丨水注○丨播澤名書禹貢丨波既豬馬注○丨播澤名也水經濟水注引闞駰說○丨澤也書禹貢丨波既豬釋文○左氏隱元年經注滎陽宛陵縣西南釋文熒本或作丨○韓勑後碑河南熒陽丨作熒

【扃】丨關也禮記曲禮入戶奉丨釋文引何注又後漢東夷傳注又莊子胠篋固丨丨鐍釋文引崔注李注○丨門扇上鐶鈕禮記曲禮入戶奉丨釋文○丨車上兵闌左氏宣十二年傳脫丨注○丨關也謂建旗車上有關制之令不動搖曰丨文選西京賦旗不脫丨薛注○丨扛鼎也儀禮士冠禮設丨鼎釋文○丨

所以扛鼎儀禮士昏禮設丨鼏注○丨鼎扛所以舉之者也儀禮公食大夫禮設丨鼏注○大丨牛鼎之丨長三尺考工記匠人廟門容大丨七个注○小丨鼏鼎之丨長二尺考工記匠人闈門容小丨參个注○中欲不出謂之丨呂覽君守○丨丨明察也左氏襄五年傳我心丨丨注○今文丨爲鉉儀禮士冠禮設丨鼏注士喪禮抽丨予左手注士虞禮設丨鼏注左人抽丨鼏注有司徹乃設丨鼏注○今文丨作鉉儀禮士昏禮設丨鼏注公食大夫禮設丨鼏注士虞禮記皆設丨鼏注○史記夏本紀不降弟帝丨左氏昭廿九年正義引帝王世紀作帝喬

【坰】林外謂之丨爾雅釋地○丨地也小爾雅廣器○丨遠野也詩駉在丨之野傳○丨郊野之外也列子黃帝經丨外注○丨牧郊野也後漢班彪傳下注○大丨地名書仲虺之誥序至于大丨傳○詩駉在丨之野說文馬部作在駉之野

【駉】丨丨良馬腹幹肥張也詩駉丨丨牡馬傳

【鼮】豹文丨鼠爾雅釋獸

【町】丨田區也一切經音義八引蒼頡

【軨】丨車闌也禮記曲禮展丨効駕釋文引舊注○丨車轄頭軛也禮記曲禮釋文引盧注○丨轄繫也太元元文車丨馬軨注○丨車轜間橫木也後漢張衡傳注趙壹傳注○丨如今窻車也書大傳車不得有飛丨注○丨小也莊子外物而後世丨材諷說之徒釋文○丨與櫺同文選甘泉賦據丨軒而周流兮注

【鄉】湘州臨水縣有丨湖取水爲酒名曰丨酒文選吳都賦飛輕軒而酌綠醽注引湘州記

【聹】丨町耳上垢也一切經音義九引埤蒼

【桯】丨几也廣雅釋器○楊前几江沔之閒曰丨方言五○丨今江東呼爲承方言五注○丨益杠也讀如丹桓宮楹之楹考工記輪人丨圍倍之司農注

【瞑】丨臥也楚辭招魂然後得丨些注○丨丨視不審之貌荀子非十二子丨丨然注○無目故稱丨周書太子晉請使丨臣往與之言注○丨眩亦今通語耳方言三凡飲藥傅藥而毒東齊海岱之閒謂之丨或謂之眩注○丨古眠字文選陸士衡荅張士然詩薄暮不遑丨注養生論內懷殷憂則達旦不丨注

【瞋】丨廣也廣雅釋詁二

【灐】濚丨小水皃也文選甘泉賦梁弱水之濚丨兮注

【絧】丨急也廣雅釋詁一

【侀】丨成也家語刑政○丨者成也禮記王制

【鈃】丨似小鐘而長頸莊子徐无鬼釋文引字林○丨似壺而大同上○丨盛和羹器形如小鼎禮記禮運丨羹釋文○丨山今在常山石邑縣丨音邢穆天子傳一至于丨山之下注○禮記禮運丨羹釋文丨本又作鉶

【綎】丨系綬也後漢蔡邕傳注

【娗】丨丨容也廣雅釋訓○丨傷也方言十二○婚丨言慟丨也方言十婚丨也注

筳丨繀絲管也丈丁反漢書王莽傳音義引字林○丨小折竹也離騷索藑茅以丨篿兮注○丨八段竹也後漢方術傳注○丨竟也楚曰丨方言六○丨竟也廣雅釋詁三○丨音平訂之訂漢書王莽傳中音義引鄭氏

麢丨大羊爾雅釋獸○丨似羊而大山海經西山經翠山其陰多旄牛丨麢注

綎集韻綎或从呈○綎緩也廣雅釋詁二

嵤或作嵤○丨深也廣雅釋詁三○岭嵤嶙峋深無厓之貌文選甘泉賦注引埤蒼

○以下據廣韻録

䲸丨魱也廣雅釋魚

鵛爾雅釋鳥鳲丨鶏釋文丨本亦作徑

經籍籑詁 卷二十四 九青 筳至⿰豬冥 三十七

⿰丁瓦丨甎也廣雅釋室

虰丨蛵負勞爾雅釋蟲○螳蜋或謂之丨方言十一○或曰卽蜻蛉也江東呼狐梨爾雅釋蟲注

胜丨不熟也論語鄉黨釋文引字林○丨先丁反禮記內則釋文引字林○丨肥也管子入國必知其食飲飢寒身之胼丨而哀憐之注

甹丨夆掔曳也爾雅釋訓

艵丨色也廣雅釋訓二

頩丨斂容也文選神女賦丨薄怒以自持兮注

⿰豬冥猪糞曰丨廣韻引通俗文

鑐丨瓶也廣雅釋器

蘦丨大苦爾雅釋草○丨今甘草也爾雅釋草注○丨今甘草是也爾雅釋草孫注○丨落也爾雅釋詁○爾雅釋詁降墜摽丨釋文丨字或作苓

笭丨籠也廣雅釋器○篕椄謂之籧篨丨笭廣雅釋器○丨辟經絲貫杼中一開并一閒疏疏者丨丨然幷者歷辟而密也釋名釋采帛○丨車闌也禮記曲禮注覆丨也釋文○丨橫在車前織竹作之孔丨丨也釋名釋車○舟中牀以薦物者曰丨言但有簀如丨牀也釋名釋船○儀禮既夕禮注狗辟覆丨也釋文丨本或作軨

呤丨丨語也廣韻引埤蒼

經籍籑詁 卷二十四 九青 鑐至荓 三十八

𩚴丨餌也廣雅釋器○餌或謂之丨方言十三

訂丨平也詩天作箋釋文引字詁○丨謂平比之也詩天作釋文○丨評議音亭又音汀晉書音義中引字林○丨音亭周禮司弓矢釋文引字林

⿰豕頁丨臍也廣雅釋獸

賏丨髶茀離也爾雅釋詁

荓丨馬帚爾雅釋草○丨也者馬帚也大戴記夏小正丨荓傳○丨蜂摩曳也詩小毖莫予丨蜂傳○雨師謂之丨翳廣雅釋天○詩小毖莫予丨蜂爾雅釋訓作甹夆○呂覽序意靑丨子水經注六作清洴文選陳琳荅東阿王箋作靑荓

[illegible]丨[illegible]也廣雅釋器

[illegible][illegible]謂之丨爾雅釋器

經籍籑詁卷第二十四

經籍籑詁卷第二十四補遺

下平聲

兵部侍郎兼都察院右副都御史巡撫浙江等處地方提督軍務兼理糧餉阮元纂

九青

青 說文丨東方色也木生火从生丹丹丨之信言必然凡丨之屬皆从丨𡴆古文丨○丨丨靜也文選射雉賦注引韓詩章句○丨丨臒也漢書司馬相如傳上其土則丹丨赭堊注引張揖○丨黃謂四時之樂也漢書禮樂志吟丨黃注○丨熒光明貌文選羽獵賦注引李彤單行字○丨丨者暴盛之盛也續漢五行志一○丨苔水垢也淮南泰族生以丨苔注○丨鳥鶬鴳也左氏昭十七年傳丨鳥氏注○詩子衿丨丨子衿釋文或作菁

經 說文丨織也从糸巠聲○丨丨緯也易象上傳君子以丨綸姚注○丨謂丨緯易象上傳君子以丨綸疏○丨謂丨綸素問陰陽類論三陽爲丨注○丨丨謂紀理之左氏隱十一年傳丨國家疏○丨者綱紀之言也左氏昭十五年傳王之大丨也疏○丨常也禮記禮器有丨而等也疏樂記禮之丨也疏○丨者常也禮記祭統禮有五丨疏又左氏春秋經傳集解疏○丨法也禮記禮器以爲禮之大丨疏○丨常法漢書司馬遷傳此天道之大丨也注○丨謂常法也漢書五行志中之上禮王之大丨也注○丨者常也法也孝經序疏引皇侃○丨訓常也法也左氏襄廿一年傳禮之丨也疏○丨者道之常左氏昭廿五年傳天之丨也注○丨者不易之稱玉海四十一引孝經鄭氏注○丨義也易頤顚頤拂丨疏○丨道也呂覽知分利害之丨也注驕恣人君之大丨也注○南北之道爲丨東西之道爲緯考工記匠人國中九丨

九緯疏○南北爲丨東西爲緯周禮匠人疏○丨者
道出其中也漢書五行志中之上還丨魯地注○二
十八宿隨天左轉爲丨五星右轉爲緯周禮大宗伯
疏○丨界者地畔之名也詩信南山傳疆畫丨界也
疏○丨川謂常川也管子地圖名山通谷丨川注○
丨謂詩書荀子勸學則始乎誦之注○丨禮謂周禮
也禮記禮器故丨禮三百注○五丨吉凶軍賓嘉之
禮禮記祭統禮有五丨釋文○五丨何謂易尚書詩
禮春秋也白虎通五經○四丨謂詩書禮樂管子戒
澤其四丨注○丨謂丨脉素問陰陽别論八有四丨
十二從注陽明脉解篇連丨則生注○脉之所行爲
丨素問欬論治浮腫者治其丨注引靈樞經○丨謂
懸絡而死也公羊昭十三年傳靈王丨而死注

巠 說文丨水出安定丨陽幵頭山東南入渭雝州之
川也从水巠聲

彤 說文丨象丨也从彡幵聲○稟生受有謂之丨列
子周穆王注○丨見也禮記樂記丨於動靜疏又
淮南淑眞是非無所丨注繆稱先丨乎小也注○丨
亦見也漢書禮樂志和親之說難丨注○丨顯見漢
書貨殖傳二者丨則萬貨之情可得見矣注○丨謂
有丨可見荀子勸學行無隱而不丨注○丨謂入見
其功也禮記中庸誠則丨注○丨正也淮南原道而
五音丨矣注○丨體也淮南原道終身運枯丨于連
嶁列埒之門注○有身體之質名之曰丨左氏昭七
年傳人生始化曰魄疏○丨是有質之稱易繫辭上
丨而上者謂之道疏○丨骨露也禮記曲禮上毁瘠
不丨疏○丨謂百骸九竅荀子天論丨具而神生注
○丨謂山川草木也易繫辭上在地成丨疏○丨骸
者地之有也漢書楊王孫傳○丨也者物之累也易
象上傳乃統天注○無丨者物之大祖也淮南原道
○鑄冶之家將作器而制其模謂之爲丨左氏昭十

二年傳注隨器而制丨疏○丨鹽鹽丨象虎左氏僖
三十年傳白黑丨鹽注○丨埶謂埶位也荀子正論
丨埶勝注

刑 說文丨剄也从刀幵聲又荆罰辠也从井从刀易
曰井法也井亦聲○丨謂丨罰詩緇衣箋掌十二
教疏○丨者君之所以罰也漢書董仲舒傳○殺戮
之謂丨韓非子二柄○刑治也廣雅釋詁三○丨見
也漢書終軍傳丨於宇內矣注○丨法也國語魯語
夕省其典丨注晉語丨於大姬注必順於典丨注又
左氏襄廿七年傳而國無丨疏○丨者德之輔春秋
繁露天辨在人○丨者惡之末也管子心術上○五
丨者五常之鞭策也白虎通五刑○對文則加罪爲
丨收贖爲罰散則丨罰通也左氏昭六年傳嚴斷丨
罰疏○丨器鼎也左氏昭六年傳以鑄丨器注○兌
爲丨人易鼎其丨渥虞注○丨所以盛羹也漢書司
馬遷傳歠土丨注

邢 說文邢周公子所封地近河內懷从邑幵聲又郉
鄭地丨亭从邑井聲○丨周公之允也左氏僖廿
四年傳

鈃 說文鈃器也从金幵聲○丨鼎受一斗兩耳三足
高三寸有蓋士以鐵爲之大夫以上銅爲之諸侯
飾以白金天子飾以黃金聶三禮圖十三引舊圖○
丨鼎卽陪鼎是也周禮掌客注不殺則無丨鼎簋簠
之實疏○以其盛之丨器因號羹爲丨儀禮特牲饋
食禮疏

型 說文丨鑄器之法也从土刑聲○以土曰丨韻會
引通俗文

陘 說文丨山絕坎也从𨸏巠聲○丨者山絕之名史
記趙世家趙與之丨集解引徐廣○竈丨謂竈邊

承器之物禮記月令注設主於竈丨疏

【娙】丨娥皆美貌也漢書外戚傳上至武帝制倢伃丨娥傛華充依注

【亭】說文丨民所安定也丨有樓从高省丁聲○丨謂停畱行旅宿食之館漢書高帝紀上爲泗上丨長注○丨畱也續漢百官志五注引風俗通○丨丨將至之意文選長門賦荒丨丨而復明注

【庭】說文丨宮中也从广廷聲○丨是堂前地名左氏昭五年傳大庫之丨丨疏○丨蒐場也左氏昭十六年傳其丨小注○大丨公堂之丨周書大匡朝于大丨注

【廷】說文丨朝中也从廴壬聲○丨謂朝丨漢書陸賈傳游漢丨公卿閒注○丨尉天下之平也漢書張釋之傳

【霆】說文丨雷餘聲也鈴鈴所以挺出萬物从雨廷聲○丨震雷也漢書賈山傳雷丨之所擊注○大雷曰丨史記樂書鼓之以靁丨正義○丨雷之急者也漢書劉向傳雨雪雷丨注揚雄傳下擊如震丨注○丨疾雷也漢書敘傳下丨擊朔野注○丨霹靂也文選西京賦注引蒼頡篇又子虛賦星流丨擊郭注○丨者霹靂之別名穀梁隱九年傳震雷也疏○丨是震之別名左氏昭四年傳注震丨也疏○丨電也莊子天運吾驚之以雷丨釋文○丨疑爲電易繫辭上鼓之以雷丨釋文引蜀才

【莛】說文丨莖也从艸廷聲○丨謂槀丨也漢書東方朔傳以丨撞鐘注引文穎○丨筳折竹所用卜也漢書揚雄傳上又勤索彼瓊茅注

【蜓】丨卽蝭蟧也一名蟪蛄齊人呼螇蠬爾雅釋蟲注

【楟】丨山梨史記司馬相如列傳丨㮈厚朴集解引徐廣

【停】說文新附丨止也从人亭聲○丨水謂水不流也左氏隱三年傳注潢汙丨水疏

【寧】說文丨願詞也从丂寍聲○丨安也左氏僖五年傳懷德惟丨疏又呂覽君守既靜而又丨注○丨丨謂處家持喪服漢書哀帝紀予丨三年注○不丨丨也詩生民上帝不丨傳又左氏昭元年傳不丨惟是疏○無丨丨也論語子罕無丨死於二三子之手乎集解引馬注又左氏襄廿四年傳無丨使人謂子注

【丁】說文丨夏時萬物皆丨實象形丨承丙象人心凡丨之屬皆从丨○丨者言萬物之丨壯也史記律書○丨取其丨壯也太元元數日丙丨注○丨成也禮記月令注因以爲日名焉疏○丨寧鉦也左氏宣四年傳著于丨寧注○丨寧謂再三告示也漢書谷永傳以丨寧陛下注○丨父遺草也御覽引廣雅

【釘】說文丨鍊鉼黃金从金丁聲○鶴鵽子今江東呼爲鈴丨方言九矛骹細如鴈脛者謂之鶴鵽注

【玎】說文丨玉聲也从玉丁聲齊太公子伋諡曰丨公

【馨】說文馨香之遠聞者从香殸聲殸籀文磬○丨香之遠聞左氏僖五年傳黍稷匪丨注○丨香芳香之升聞者國語周語其德足以昭其丨香注○丨香謂黍稷禮記郊特牲蕭合黍稷疏

【星】說文曐萬物之精上爲列丨从晶生聲一曰象形从口古口復注中故與日同𠁤古文丨曐或省○丨者元氣之英也詩大東傳疏引楊泉物理論○丨者金之散氣史記天官書又漢書天文志○丨石也漢書天文志注引孟康○丨四方之中丨也漢書律麻志上麻象日月丨辰注○丨辰丨也國語周語丨在天黿注○丨五丨也書洪範四曰丨辰鄭注○丨謂二十八宿書洪範疏又周禮占夢注丨迴於天疏

○丨二十八宿也左氏昭七年傳歲時日月丨辰服注○丨謂二十八宿十二次周禮小宰注象天地四時日月丨辰之度數疏○丨則二十八宿考工記輈人爲輈蓋弓二十有八以象丨也疏○丨卽七丨也左氏襄九年傳注鶉火丨疏○五丨者五行之精也左氏襄廿八年傳注歲丨也疏

腥 丨之言生儀禮聘禮注丨在東疏○丨是生肉左氏桓十四年傳注熟曰饔疏○丨生肉也禮記禮器大饗丨疏肉則䐹丨疏○丨謂肉結如星禮記內則豕望眡而交睫丨疏

鯹 說文鮏魚臭也从魚生聲

醒 說文新附丨醉解也从酉星聲

俜 說文丨使也从人甹聲

靈 說文靈靈巫以玉事神从玉霝聲丨靈或从巫○丨是神之別名詩靈臺疏○丨神也國語晉語合諸侯君之丨也注○聖人之神曰丨水經湘水注○丨善也書呂刑苗民弗用丨疏○辰之神爲丨星風俗通祀典○天子太廟上可以望氣故謂之丨臺詩靈臺疏引禮記明堂位盧注○丨室謂丨蘭室黃帝之書府也素問氣交變大論而藏之丨室注○丨作零字詩野有蔓草箋零落也疏○書呂刑苗民弗用丨墨子尚同中作苗民否用練

櫺 說文丨楯閒子也从木霝聲○蔥中豎木謂之靈今人猶名蔥木爲靈子左氏定九年傳注蔥靈輜車名疏

蠕 或作蛉○說文丨螟丨也从虫霝聲又蛉蜻蛉也从虫令聲一名桑根○螟蛉桑上小青蟲也爾雅釋蟲螟蛉桑蟲文學注

齡 說文新附丨年也从齒令聲○古者謂年爲丨論衡感類○九丨九十年之祥也禮記文王世子夢帝與我九丨注○丨善也禮記文王世子疏○九丨謂鈴鐸禮記文王世子疏引皇氏

鈴 說文丨令丁也从金从令令亦聲○令令纓環聲詩盧令盧令令傳○令令卽是環鋂聲之狀詩盧令疏○詩盧令盧令令疏作丨丨

苓 說文丨卷耳也从艸令聲○丨香草名漢書楊雄傳上颺熚爆之芳丨注○丨落也管子宙合○丨車前闌也禮記少儀注幦覆丨也疏○丨與零同漢書敘傳上失時者丨落注

伶 集韻通作泠○說文丨弄也从人令聲益州有建丨縣○泠官也漢書五行志下之上泠州鳩曰注引應劭○泠樂官左氏昭廿一年傳泠州鳩曰注○樂官曰泠漢書五行志下之上注○丨人樂人也國語周語丨人告龢注○丨人樂官也丨氏世掌樂官而善焉故後世多號樂官爲丨官詩簡兮序仕於丨官箋○丨官者樂官之總名詩簡兮序疏○左氏昭廿一年傳泠州鳩釋文或作丨字

泠 說文丨水出丹陽宛陵西北入江从水令聲○丨謂毛本稀丨禮記內則羊丨毛而毳羶疏○丨毛謂長毛也周禮內饔羊丨毛而毳羶疏

零 說文丨餘雨也从雨令聲○丨凋病也文選荅賓戲失時者丨落注引項岱○樊敏碑士女涕泠冀州從事郭君碑同僚涕泠張公神碑天時和兮甘露泠丨皆作泠

玲 說文丨玉聲从玉令聲○丨瓏明見貌文選遊天台山賦注引漢書晉灼注

翎 說文新附丨羽也从羽令聲

瓴 說文丨瓮似瓶也从瓦令聲○丨盛水瓶也漢書高帝紀下建丨水也注引如淳○令辟甒甎也漢書酷吏尹賞傳致令辟爲郭注

囹 說文丨獄也从囗令聲○丨獄也漢書禮樂志丨圄空虛注○丨牢也禮記月令疏引蔡云○丨圄周獄名也漢書禮樂志丨圄空虛注引應劭○周曰丨圄廣雅釋宮

聆 說文丨聽也从耳令聲

汀 說文丨平也从水丁聲䚈丨或从平

冥 說文丨幽也从日从六冂聲日數十十六日而月始虧幽也凡丨之屬皆从丨○丨幽丨也後漢書

張衡傳踰厖澒於宕丨分注○丨幽深也漢書楊雄傳上窮丨極遠者注○丨窈也文選思元賦踰厖鴻於宕丨分注○丨昳中家語五儀日出聽政至於中丨注○丨猶暗也易升丨升疏○丨取其丨昧蓋藏之時也太元元數神元丨注○水正曰元丨左氏昭二十九年傳○丨鄭讀爲鳴易豫鳴豫釋文○莊子逍遙遊北丨有魚釋文本亦作溟

溟 說文丨小雨丨丨也从水冥聲

螟 說文丨蟲食穀葉者吏冥冥犯法即生丨从虫冥聲又丨蛉○丨食苗心之蟲也漢書武帝紀八月丨注五行志中之下謂丨螣之類注○丨蟲之食苗心者也漢書劉向傳水旱饑蝝丨注○蟲食稼心謂之丨呂覽仲春紀蟲丨爲害注○孫叔敖碑堅無螟貸丨作蟘

銘 說文新附丨記也从金名聲○丨者名也所以因其器名而書以爲戒也詩定之方中傳作器能丨疏○丨謂丨旌周禮小祝置丨疏

瓶 說文缾䍃也从缶并聲丨缾或从瓦○左氏昭廿四年傳丨之罄矣釋文本又作缾

屏 丨蔽也呂覽愼行丨王之耳目注○丨謂當門之牆以丨蔽者也漢書梁平王襄傳天子外丨注○丨猶并也周禮春官序官疏引國語丨攝之位服注○丨樹也禮記明堂位疏丨疏○丨扞也左氏僖廿四年傳注廣封其兄弟疏○漢時謂丨爲桴思禮記明堂位疏○丨遮自障周書克殷丨遮而自燔于火注

萍 蓱同○說文丨苹也水艸也从水苹苹亦聲又蓱苹也从艸洴聲○麤大者謂之蘋小者爲丨後漢

書方術華佗傳注引詩義疏○苹一名蓱爾雅釋草苹蓱舍人注

熒 說文丨屋下鐙燭之光从焱冂○丨燭丨丨小光之燭也漢書敘傳上守窔奧之丨燭注○丨惑謂經營而惑亂也史記孔子世家匹夫而丨惑諸侯者索隱○火之精氣上爲丨惑素問金匱眞言論上爲丨惑星注○熒惑火星風俗通十反○熒惑天罰也論衡變虛○丨藥草也爾雅釋草注

滎 說文丨絕小水也从水熒省聲○丨丨澤也書禹貢丨波既豬釋文○丨沇水溢出所爲也漢書地理志上丨波既豬注○丨即沇水所溢者也漢書地理志上川曰丨雒注

扃 說文丨外閉之關也从戶同聲○丨短關也漢書外戚傳下應門閉兮禁闥丨注○丨所以止旗也左氏宣十二年傳釋文引薛綜西京賦注○丨是橫木之名左氏宣十二年傳丨車上兵闌疏○丨橫木

校輪閒一曰車前橫木也左氏宣十二年傳服注○中欲不出謂之丨淮南主術

【坰】說文冂邑外謂之郊郊外謂之野野外謂之林林外謂之冂象遠界也凡冂之屬皆从冂同古文冂从口象國邑丨同或从土○林外曰丨詩駉箋○丨者闊廣之義詩駉傳丨遠野也疏

【駉】說文丨牧馬苑也从馬同聲詩曰在丨之野

【町】原防之地九夫爲丨三丨而當一井也左氏襄廿五年傳丨原防賈注

【軨】說文丨車轖閒橫木从車令聲轜丨或从霝司馬相如說○丨欄也文選甘泉賦注引韋昭○丨者軒閒小木也字與櫺同漢書楊雄傳上據丨軒而周流兮注○丨今之小馬車曲輿也漢書百官公卿表上車府路丨注引伏儼

【酃】說文酃長沙縣从邑霝聲

【桯】說文丨牀前几从木呈聲

【瞑】丨眩者令人憤悶之意也書說命上若藥不丨眩疏○丨暗也素問氣厥論丨目注

【瞑】禮記曲禮上注闇瞑也釋文本亦作冥

【嫇】說文丨嬰丨也从女冥聲一曰丨丨小人皃

【絅】說文丨急引也从糸同聲

【銒】說文丨似鐘而頸長从金开聲○詩閟宮傳大羹丨羹也釋文字又作鉶○詩采蘋箋是丨毛之羹釋文本或作鉶

【綎】說文丨系綬也从糸廷聲

【筳】說文丨繀絲筦也从竹廷聲○丨竹挺也漢書王莽傳中以竹丨導其脉注○丨專折竹卜也後漢書方術傳序注

【麢】說文丨大羊而細角从鹿霝聲

【䋼】說文䋼綬也从糸盈聲讀與聽同綎䋼或从呈

○以下據廣韻錄

【鵛】丨雀怪鳥屬也廣雅釋鳥

【巠】說文丨水脈也从川在一下一地也壬省聲一曰水冥丨也巠古文丨不省

【𤬟】說文丨小瓜也从瓜熒省聲

【鋞】說文丨溫器也圜直上从金巠聲

【⿱甹血】說文⿱甹血定息也从血甹省聲讀若亭

【⿰犭廷】丨猨屬文選南都賦注引張載吳都賦注

【⿰阝丁】說文丨邱名从𠂤丁聲讀若丁

【靪】說文丨補履下也从革丁聲

【⿱只甹】說文丨聲也从只甹聲讀若聲

【胜】說文丨犬膏臭也从肉生聲一曰不孰也

【猩】說文丨丨犬吠聲从犬星聲

甹 說文丨亟詞也从丂从由或曰丨俠也三輔謂輕財者爲丨○丨夆謂牽挽爾雅釋訓注○丨夆謂相掣曳入於惡也爾雅釋訓孫注

俜 說文丨使也从亻甹聲

艵 說文丨縹色也从色并聲

霝 說文丨雨零也从雨㗊象零形詩曰丨雨其濛

柃 說文丨木也从木令聲

䍅 說文丨瓦器也从缶霝聲

䨩 說文丨面瘦淺丨丨也从頁霝聲

蘦 說文丨大苦也从艸霝聲

笭 說文丨車丨也从竹令聲一曰丨籯也○丨郎式也公羊昭廿五年傳注車覆丨疏

孁 說文丨女字也从女霝聲

龗 說文丨龍也从龍霝聲

岭 丨巆深邃貌漢書揚雄傳上丨巆嶙峋注○丨巆嶙峋深無厓之貌文選甘泉賦注引埤蒼

魿 說文丨蟲連行紆行者从魚令聲

寍 說文丨安也从宀心在皿上人之飲食器所以安人

鸋 丨鴂鴞也文選檄吳將校部曲注引字林

𧓍 說文丨蟲也从䖵寍聲

艼 說文丨丨熒朐也从艸丁聲

鄍 說文鄍晉邑也从邑冥聲春秋傳曰伐丨三門

覭 說文丨小見也从見冥聲爾雅曰丨髳弗離

蛢 說文丨蟜蝗以翼鳴者从虫并聲

鼮 說文丨丨令鼠从鼠平聲

荓 說文丨馬帚也从艸并聲

軿 說文丨輜車也从車并聲

郱 說文郱地名从邑并聲

𤱽 說文丨缾也从甾并聲杜林以爲竹筥揚雄以爲蒲器讀若軿

𥉻 說文丨惑也从目熒省聲

駫 說文丨馬盛肥也从馬光聲詩曰四馬丨丨

○以下據集韻錄

剄 說文丨刑也从刀巠聲

桱 說文丨丨桯也東方謂之蕩从木巠聲

蛵 說文丨丁丨負勞也从虫巠聲

㟫 說文丨谷也从山巠聲

經籍籑詁卷第二十四補遺終

經籍籑詁卷第二十五

下平聲

經筵講官南書房翰林戶部左侍郎兼署兵部左侍郎前提督浙江學政阮元撰集

十蒸

【蒸】亦作烝○烝眾也詩東山烝在栗薪傳漸漸之石烝涉波矣箋棫樸烝徒楫之箋蕩天生烝民箋烝民天生烝民傳思文立此烝民箋又南有嘉魚烝然罩罩釋文引王注又左氏成十六年傳立我烝民注又爾雅釋詁又國語周語立我烝民注又後漢張衡傳注○丨衆也漢書武帝紀集注二見元帝紀集注谷永傳集注又後漢楊震傳注又列子仲尼立我丨民注又文選東京賦于時丨民薛注思元賦覽丨民之多僻兮舊注○烝進也書堯典烝烝乂傳又詩信南山是烝是享傳甫田烝我髦士傳賓之初筵烝衍

烈祖箋豐年烝畀祖妣箋載芟烝畀祖妣箋閟宮烝徒增增箋又左氏襄二年傳烝畀祖妣注又爾雅釋詁又國語魯語烝將躋僖公注又史記五帝紀烝烝治正義○烝烝猶進進也後漢和熹鄧皇后紀注引書孔傳又詩泮水烝烝皇皇箋○烝塵也塵然猶言久如也詩南有嘉魚烝然罩罩箋○烝物久之塵爾雅釋言孫注○烝塵也詩東山烝在栗薪箋又爾雅釋言○烝寘也詩東山傳○烝塡詩常棣烝也無戎傳○烝升也書多方不蠲烝馬注又左氏宣十六年傳殽烝注又國語周語陽氣俱烝注獮於既烝注陰遁而不能烝注晉侯使隨會聘於周定王饗之殽烝注○全烝全其牲體而升之也國語周語禘郊之事則有全烝注○殽烝升體解節折之俎謂之折俎也國語周語親戚宴饗則有殽烝注○烝君也詩文王有聲文王烝哉傳又禮記表記武王烝哉注又爾雅釋詁○烝美也詩文王有聲韓詩○丨美也廣雅釋詁一○烝烝厚也詩泮水傳○丨丨孝也廣雅釋訓○丨丨純壹之貌漢書酷吏傳集注○烝烝作也爾雅釋訓○丨丨物盛興作之貌爾雅釋訓注○烝烝猶仍也後漢史弼傳注○丨祭也爾雅釋詁又楚辭天問何獻丨肉之膏注○烝者何冬祭也公羊桓八年傳○烝冬祭也公羊桓八年經已卯烝釋文又國語晉語烝於武公注○丨冬祭也淮南時則大飲丨注○丨冬祭名爾雅釋詁釋文又管子八觀喪丨不聚注○冬祭曰烝禮記祭統又說苑修文又詩楚茨以往烝嘗箋又左氏僖卅三年傳烝嘗禘於廟注又穀梁桓八年經己卯烝注又國語魯語收攟而烝注嘗禘烝享之所致君胙者注○冬祭曰丨爾雅釋天又後漢伏湛傳注○冬曰烝禮記王制又公羊桓八年傳又春秋繁露深察名號又詩天保禴祠烝嘗傳○冬曰烝者烝之爲言衆也冬之物成者衆白虎通宗廟○烝衆也氣盛貌冬萬物畢成所薦衆多芬芳

備具故曰烝公羊桓八年傳注○丨衆也冬物畢成可祭者衆後漢明帝紀注○畢熟故丨丨言衆也春秋繁露祭義○冬曰丨丨者以十月進初稻也春秋繁露四祭○烝進也進品物也爾雅釋天孫注○嘗烝陰義也禮記祭統○給炊及燎麤者曰薪細者曰丨周禮委人以式灋共祭祀之薪丨材木注○木大曰薪小曰丨周禮甸師以薪丨役外內饔之事注○薪小者曰丨淮南主術冬伐薪丨注○細曰丨詩無羊以薪以丨箋又左氏昭廿年傳藪之薪丨釋文○丨細薪者管子弟子職丨間容丨然者處下注○丨丨薪也詩無羊以薪以丨釋文又儀禮既夕注燭用丨釋文○詩烝民天生烝民孟子告子上作天生丨民○爾雅釋詁釋文烝本又作丨釋草注絲名已烝釋文烝本今作丨○爾雅釋訓烝烝遂遂釋文烝烝本今作丨丨○易小過注則丨而爲雨釋文丨本又作烝或作勝字

烝 通作蒸○蒸炬也廣雅釋器○燭用蒸儀禮既夕二燭俟于殯門外注○煸竹曰蒸楚辭謬諫菎蕗雜於廢蒸兮注○蒸熱也素問五運行大論其令鬱蒸注氣交變大論其德溽蒸注五常政大論其候溽蒸注○蒸熱氣也文選王仲宣公讌詩涼風徹蒸暑注○蒸氣上貌文選琴賦蒸靈液以播雲注○上淫曰丨左氏桓十六年傳丨於夷姜注又服注又小爾雅廣義○上婬爲丨方言十二注○丨婬也方言十二○蒸婬也廣雅釋詁一○爾雅釋訓烰烰蒸也釋文蒸本今作丨

承 二年傳鄭師爲丨注又廣雅釋詁四○丨續也楚辭招魂朱明丨夜兮注○丨纘孟子滕文公下丕丨哉注○丨猶傳也儀禮少牢饋食禮丨致多福無疆于女孝孫注○丨次也小爾雅廣詁又國語晉語號射爲右以丨公注○丨貳賦之次左氏昭十三年傳

子產爭丨注○丨奉也左氏成十六年傳丨寡君之命以請注使行執榼丨飲注定元年傳將丨丨王官注又周書大匡小官丨長注又國語魯語備丨丨事也注以是丨君之官注晉語敢不丨業注勉從二三子以丨君命注楚語夫子丨楚國之政注故齊肅以丨之注○丨猶奉也詩鹿鳴丨筐是將箋○丨奉丨不失墜也禮記孔子閒居弟子敢不丨乎注○丨謂奉行後令也周書武順卒不力無以丨訓注○丨受也易師開國丨家虞注又文選盧子諒贈劉琨詩注引韓詩章句又國語齊語余敢丨天子之命注晉語非起也敢專丨之注又國策齊策而晚丨魏之弊注○丨猶受也禮記玉藻士於大夫不丨賀注○自下受上稱丨易歸妹女丨筐无實虞注○丨盛也漢書王莽傳下集注○丨舉也易艮不丨其隨釋文引馬注又漢書楊雄傳上集注○丨迎也莊子大宗師若不足而不丨釋文引李注○丨佐也左氏哀十八年傳請

丨注又小爾雅廣詁又呂覽貴信莊子左搏桓公右抽劒以自丨注○丨正也詩閟宮則莫我敢丨傳○丨猶丞也周禮小行人爲丨而擯注○丨猶事也禮記坊記卜一人爲以爲尸注○不丨丨也小爾雅廣訓○丨嗣謂冢子也大戴記曾子立事使弟猶使丨嗣也注○大夫爲丨擯儀禮聘禮○丨明殿前之廬也後漢班彪傳上注○丨華廄名也文選東京賦駙丨華之蒲梢注○丨塵施於上以丨塵土也釋名釋牀帳○桯今江東呼爲丨方言五楊前几江沔之間曰桯注○幘中或謂之丨露方言四○丨水世謂之靖淵水山海經中山經泰山丨水出于其陰注○出溺爲丨諸家直作拯又作撜列子黃帝並流而丨之釋文○丨音懲蒸楚言左氏哀四年傳諸大夫恐其又遷也丨注○丨讀爲贈聲之誤也禮記文王世子至于賵賻丨含注○莊子達生見痀僂者丨蜩釋文丨一本作美

丞 丨者承也漢書百官公卿表上集注引應劭又藝文類聚四十五引風俗通○博聞強記接給而善對者謂之丨丨者承天子之遺忘者也大戴記保傅○博聞彊記捷給而善對者謂之丨丨者承夫子之遺忘者也賈子保傅○丨佐也呂覽介立爲之丨輔注○丨謂輔弼疑丨之官列子天瑞舜問乎丨曰釋文○丨疑疑丨也文選皇太子釋奠會詩丨疑奉帙注○後曰丨禮記文王世子正義引書大傳○天子之相號爲丨丨相賈子等齊○諸侯之相號爲丨相同上○丨沒也廣雅釋詁二○限謂之丨廣雅釋室○丨亦拯字也文選羽獵賦注引聲類○列子天瑞釋文丨一本作蒸

懲 丨艾也詩閟宮荊舒是丨箋小毖子其丨而毖後患箋又漢書淮南衡山濟北王傳集注又孟子滕文公上荊舒是丨注又離騷非余心之可丨注○丨忞也廣雅釋言又楚辭國殤首不離兮心不丨注○

丨乂也漢書劉向傳集注○丨創也漢書楚元王傳集注夏侯勝傳集注王尊傳集注又後漢竇融傳注○丨謂創艾禮記表記以怨報怨則民有所丨注○丨恐也廣雅釋言○丨苦也詩小毖釋文引韓詩○丨止也詩沔水寧莫之丨傳節南山憯莫丨嗟箋十月之交胡憯莫丨箋又左氏宣十年傳注以丨求名之僞釋文又周書命訓能無丨乎注又漢書刑法志集注董仲舒傳集注又荀子富國憯莫丨嗟注又楚辭懷沙丨違改忿兮注○丨騰也文選思元賦丨澂怨而爲清舊注○詩閟宮荊舒是丨史記建元以來侯者年表作荊荼是徵○漢羊竇道碑盜賊徵止丨作徵

【澂】澄同集韻或作澂○丨淸也方言十二又廣雅釋詁一又後漢張衡傳注○澂淸也易損懲忿釋文引劉注○澄淸也淮南泰族乃澄列金木水火土之性注要略澄徹神明之精注○澄猶淸也後漢馮衍

傳注○澄猶淸酒也禮記坊記澄酒在下注○澄湛也文選吳都賦泓澄奫潫注曹子建公讌詩注引字書○澄止水也淮南說山人莫鑑於沫雨而鑑於澄水者注

【陵】丨大阜曰丨丨隆也體隆高也釋名釋山○大阜曰丨書禹貢又東至于澧鄭注又詩天保如岡如丨傳又周禮大司徒辨其山林川澤邱丨墳衍原隰之名物注又左氏僖卅二年傳殽有二丨焉注哀卅五年傳丨京丨注又爾雅釋地又國語齊語陸阜丨墐注又穆天子傳三爰有丨衍平陸注○丨大阜也左氏昭十二年傳有肉如丨注又爾雅釋邱注○阜最大爲丨爾雅釋地李注○邱下稱丨易彖上傳山川邱丨也虞注○四平曰丨文選長楊賦注引韓詩章句○四隤曰丨廣雅釋邱○震爲丨易同人升其高丨虞注○丨莫大於加丨爾雅釋地○後高丨邱爾雅釋邱○如丨丨邱同上○丨邱也易漸鴻漸于丨虞注○丨次陸者也易漸注○丨冢也廣雅釋邱○丨謂山墳後漢光武帝紀上注○丨長丨亦曰長山也秦名天子冢曰山漢曰丨故通曰山丨矣水經渭水注○秦名天子冢曰長山漢曰丨故通名山丨文選西征賦注引三秦記○丨之爲言丨也古微書引春秋說題辭○丨峻也荀子致仕節奏欲丨注○丨升也後漢周黃徐姜申屠傳注○丨猶升也文選西京賦丨重巘薛注○丨乘也漢書賈誼傳集注楊雄傳集注○丨櫱也廣雅釋詁四○丨上也漢書司馬相如傳上集注○丨躐也禮記檀弓上喪事雖遽不丨節注○丨越也史記樂書迭相丨正義○突掩爲丨漢書天文志集注○丨轢猶欺茂也後漢朱浮傳注○丨政者輕政瀆不循也周禮大司馬犯令丨政注引王霸記○丨猶促也文選七發冤伏丨窘注○丨侵也一切經音義九引蒼頡○丨亦侵也文選何敬祖雜詩秋風乘夕起注○丨侵丨丨荀子富國丨謹盡

察注○侵丨亦嚴峻之義荀子致仕節奏欲丨注○丨丨遲也後漢儒林傳論注○丨夷卽凌遲也文選難蜀父老反衰世之丨夷注○丨夷猶頹替後漢皇后紀注○丨遲猶陂池也家語始誅丨遲故也注○丨遲言邱丨之勢漸慢也荀子宥坐何則丨遲故也注○丨水卽栗水也史記范雎蔡澤傳至於丨水索隱引劉注○左氏僖十四年傳諸侯城緣丨穀梁作緣林○隊丨字穆天子傳三山隊自出注○丨古文作[illegible]本作夌同一切經音義十三○丨栗聲相近史記范雎蔡澤傳至於丨水索隱○史記秦始皇紀丨水經地正義曰丨作凌○史記齊太公世家晉軍追齊至馬丨集解引徐廣曰丨一作陘

【凌】廣韻勝同○勝仌也廣雅釋言○丨冰也後漢張衡傳注又文選思元賦魚矜鱗而并丨兮舊注○積冰曰丨初學記七引風俗通○丨冰凜也爾雅釋言丨慄也樊注○丨冰室也周禮天官序官丨人注

凌人掌冰三其丨注○丨陰冰室也詩七月三之日
納于丨陰傳○三其丨三倍其冰周禮凌人杜注○
伏丨山陰崖積雪凝冰夏結故世人因以名山也水
經鮑邱水注○丨升也文選東京賦丨天池薛注○
丨乘也文選思元賦丨驚雷之砊磕兮舊注長笛賦
薄湊會而丨節兮注○丨猶麻也史記秦始皇紀陵
水經地正義○丨越也呂覽論威雖有江河之險則
丨之注○丨謂相丨轢莊子徐無鬼察士無丨誶之
事釋文引李注○丨丨相冒占過也史記天官書相丨
爲鬬集解引孟康○丨雜交亂也史記天官書丨雜
米鹽正義○丨侵丨也一切經音義三引三蒼○丨
侵犯也一切經音義廿四引蒼頡○丨犯也楚辭國
殤丨余陣兮躐余行注○丨侮呂覽不侵立千乘之
義而不可丨注○丨暴也廣雅釋言又法言吾子震
風丨雨注○丨誶謂好陵罵辱人也列子力命丨誶
釋文○詩七月納于丨陰說文仌部作納于滕陰○

丨一作擊列子黃
帝丨強弱相丨釋文
綾 丨凌也其文望之如冰凌之理也釋名釋采帛○
東齊言布帛之細者曰丨方言二
通作夌○丨蔽攈爾雅釋草○丨今水中芰爾雅
淩 釋草注○丨芰也周禮籩人加籩之實丨芡㮚脯
注又禮記內則芝栭丨椇注又書大傳鉅野丨注○
菱芰也呂覽恃君夏日則食菱芡注又淮南本經菱
杼紾抱注益樹蓮菱注又文選東京賦供蝸蠯與菱
芡薛注○蔆芰薢茩也廣雅釋草○丨水物也所以
厭火藝文類聚六十三引風俗通○禮記祭統注丨
芡榛栗之屬釋文丨本亦作菱○爾雅釋草釋文蔆
字又作丨○爾雅釋草注或曰蔆
也釋文蔆字又作菱今本作丨
冰 水凝爲丨論衡論死○丨者凝陰公羊成十六年
傳雨木丨丨者注○乾爲丨易說卦傳○丨一名介

隋書五行志上引洪範五行傳○雨丨謂雹也素問
至眞要大論水凝雨丨注○丨泮春時也文選蜀都
賦丨泮北徂劉注○丨櫝丸蓋也左氏昭廿五年傳
公徒釋甲執丨而踞賈注○丨櫝丸蓋或云櫝丸是
箭箙其蓋可以取飲左氏昭廿五年傳注○丨脂也
爾雅釋器○丨夷馮夷也卽河伯也山海經海內北
經從極之淵維
丨夷恒都焉注
膺 丨匈也廣雅釋親○丨胷也國語魯語無掐丨注
○丨胸也家語子夏問無拊丨注又楚辭惜誦背
丨牉合以交痛兮注悲回風編愁苦以爲丨注○丨
胷前也禮記少儀丨揭釋文○丨胸傷也素問腹中
論有病丨腫頸痛胸滿腹脹注○丨乳上骨也一切
經音義四引蒼頡○丨壅也氣所壅塞也釋名釋形
體○丨抱也國語周語丨保明德注○丨親也禮記
少儀執箕丨揭注又爾雅釋言○丨當也詩閟宮戎

狄是丨傳又漢書地理志下集注嚴朱吾邱主父徐
嚴終王賈傳贊集注匈奴傳贊集注又後漢桓帝懿
獻梁皇后紀注○丨受也楚辭天問鹿何丨之注○
丨猶受也後漢班彪傳下注○丨擊也孟子滕文公
上戎狄是丨注○丨心衣抱腹而施鉤肩鉤肩之閒
施一襠以奄心也釋名釋衣服○丨馬帶也詩小戎
虎韔鏤丨傳○鉤丨樊纓也詩采芑鉤丨鞗革傳[illegible]
高鉤丨濯濯傳韓奕鉤丨鏤鍚箋○馬回毛在丨宜
乘爾雅釋畜○丨本作應孟子滕文公上戎狄是丨
音義引丁音○詩閟宮戎狄是丨史記建元以來侯
者王表作戎狄是應○繁陽
令楊君碑膺天鍾度丨作膺
鷹 丨鶆鳩爾雅釋鳥○丨鷙鳥也詩大明時維丨揚
箋○爾雅釋鳥丨隼醜釋文丨字或作應
應 丨當也詩下武丨侯順德傳賚我丨受之傳又爾
雅釋詁又一切經音義六引字林又國語周語以

丨成德注又史記禮書終始相丨正義又太元應丨
蕃貞注又家語弟子行丨侯慎德注又呂覽論人何
物之不丨注又淮南原道事無不丨注○丨當之也
淮南原道而百事之變無不丨注○丨受也廣雅釋
言○鼓小者謂之丨爾雅釋樂○小者聲音相承故
曰丨丨承也爾雅釋樂李注○丨和丨大鼓也爾雅
釋樂注○丨城故丨鄉也丨侯之國水經湍水
注○爾雅釋詁昌敵强丨丁釋文丨本或作膺
丨東齊謂之羊陳楚之閒謂之丨方言十二○今
蝇 江東呼羊聲如丨方言十一注○丨丨遊行皃文
選洞簫賦丨
丨翊翊注
大者謂之索小者謂之丨小爾雅廣器○丨索也
繩 廣雅釋詁三又廣雅釋器○天爲丨丨者所以丨
萬物也淮南時則○巽爲丨易小畜有孚攣如虞注
隨係小子乃從維之虞注剥貫魚虞注无妄或繫之

牛虞注坎係用徽纆虞注夬牽羊虞注姤繫于金柅
虞注兌引兌虞注繫辭下傳作結丨而爲網罟虞注
上古結丨而治虞注○巽爲丨直易說卦傳○丨直
也廣雅釋詁三又後漢王渙傳注又呂覽自知欲知
平直則必準丨注又淮南天文子午卯酉爲二丨注
○丨直正也淮南主術是故能進退履丨注○丨正
也呂覽離俗潔白清廉中丨注又淮南時則丨者所
以丨萬物也注主術而海內莫不被丨奐注○丨謂
彈正也管子七臣七主以丨七臣注○丨扶撥以爲
正管子宙合○丨所以彈曲者也淮南繆稱而內行
無丨注○丨所以辨曲直荀子王制中和者聽之丨
也注○丨墨所以正曲直也離騷背丨墨以追曲兮
注○丨之謂之縮之爾雅釋器○丨者營其廣輪方
制之正也詩緜其丨則直箋○丨政也後漢劉般傳
注○丨法也史記樂書以丨德厚也集解引王肅○
丨猶度也禮記樂記以丨德厚注○丨戒詩下武丨

其祖武傳○丨丨戒也詩抑子孫丨丨箋又爾雅釋
訓○丨丨戒慎也詩螽斯丨丨兮傳○丨約猶拘制
也後漢儒林傳注○丨墨謂法律也後漢寇榮傳注
○丨墨喻禮法也後漢張衡傳注○丨墨喻章程也
後漢蔡茂傳注○丨丨寬急老子丨丨不可名釋文
○丨丨者動行無窮極也老子注○丨丨無涯際之
貌老子釋文引簡文注○丨丨無窮不可序老子釋
文引顧注○玉衡北兩星爲玉丨文選西京賦注引
春秋元命苞○丨謂粲與後幅相當之縫也禮記深
衣負丨及踝以應直注○胡丨香草也離騷索胡丨
之纚纚注○含實曰丨周禮薙氏秋丨而芟之注○
詩抑子孫丨丨韓外傳作子孫承承○詩下武丨其
祖武續漢祭祀志注作慎其祖灸○爾雅釋訓兢兢
丨丨釋文丨或作憴○詩緜其丨則直釋文丨本或
作
乘

乘 丨升也詩七月亟其丨屋傳又國語晉語郤叔虎
將丨城注○丨亦升也文選大將軍讌會詩陵風
協極注○丨陞也登亦如之也釋名釋姿容○丨登
也史記高帝紀堅守丨城索隱引韋昭又漢書高帝
紀上集注二見成帝紀集注韓安國傳集注張湯傳
集注陳湯傳集注貢禹傳集注王尊傳集注楊雄傳
上集注敘傳下集注又孟子滕文公上亟其丨屋音
義引丁音又列子黃帝俱丨高臺釋文又楚辭涉江
丨鄂渚而反顧兮注○丨者登也史記黥布傳守徼
丨塞索隱○丨猶登也左氏宣十二年傳楚人丨我
注○丨積也登也漢書王莽傳中集注○丨猶登也
進也史記高帝紀淮陰侯復丨之正義○丨石者登
車所履之石詩白華傳扁扁丨石貌釋文○丨石王
所登上車之石也周禮隸僕洗丨石司農注○丨加
也淮南氾論彊弱相丨注○丨因也漢書朱雲傳集
注嚴延年傳集注王莽傳上集注又文選典引丨其

命賜彤弧黃鉞之威注○｜猶因也文選演連珠｜
風載響注○｜陵也國語周語｜人不義注又漢書
禮樂志集註杜欽傳集注又呂覽貴直一鼓而士畢
｜之注○｜淩也小爾雅廣言○｜轢也國語晉語
駕而｜材注○｜逐也漢書陳湯傳集注○｜勝也
書西伯戡黎序周人｜黎傳又鄭注又國語周語楚
有五敗晉不知勝注○｜猶勝也呂覽權勳天下兵
｜之注○｜用也漢書司馬相如傳下集注引張揖
○｜計也周禮槀人｜其事司農注○｜猶計也周
禮宰夫｜其財用之出入注○｜治也詩七月亟其
｜屋箋又漢書魏相傳集注○｜屋升屋治其敝漏
也荀子大略亟其｜屋注○｜守也漢書高帝紀上
集注引李奇○上車曰｜左氏桓十八年傳使公子
彭生｜公注○｜木卽涉難也易彖下傳｜木有功
也注○棄者謂稻田塍埒爾雅釋邱如棄者棄邱注
引或說○｜古文棄籒二形同一切經音義三○讀

｜若承顏氏家訓音辭引劉昌宗周官音○爾雅釋
邱釋文｜本又作棄○爾雅釋草望棄車釋文棄本
又作｜釋畜回毛在膺宜棄釋文棄字又
作｜釋獸時善｜領釋文棄本或作｜

塍 ｜畔也一切經音義九引蒼頡○｜隄也廣雅釋
室○大曰隄小曰｜文選蜀都賦峻岨｜埒長城
劉注○古文[舟番]艠二形今
作塖同一切經音義九

昇 本作升俗加日韻會通作陞○升登也後漢明帝
紀注又列子黃帝俱升高臺釋文○聚而上者謂
之升易序卦傳○升上也易升鄭注又禮記禮器因
名山升中于天注○陞上也廣雅釋詁二○升猶上
也儀禮少牢饋食禮司馬升羊右胖注○升謂上升
素問六微旨大論氣之升降注○升高也易升釋文
引馬注○升進也呂覽孟秋農乃升穀注○又文選西
京賦升觴舉燧注東京賦升獻六禽薛注○陞進也

廣雅釋詁二○升獻呂覽孟夏農乃升麥注○升出
也詩天保如日之升傳○虹見於西方曰升朝日始
出升而見也釋名釋天○自外來曰升公羊文二年
傳皆升合食于太祖注○升不來也易雜卦注○升
短也廣雅釋詁二○升朝也論語憲問與文子同升
諸公皇疏○故升封者增高也白虎通封禪○升平
謂國太平也文選東京賦治致升平之德薛注○升
於鑊曰亨在鼎曰升儀禮士冠禮載合升注○儀禮
聘禮升自西階注今文或曰由自西階○爾雅釋畜
善｜甗釋文陞本亦作升○書文侯之命昭升于上
史記晉世家作昭登于天○書序有飛雉升鼎耳而
雊漢書五行志作有蜚雉登鼎耳而雊○禮記樂記
男女無辨則亂升史記樂書作男女無別則亂
登○列子黃帝俱升高臺釋文升一本作乘

升 合十曰｜廣雅釋器○十合爲一｜說苑辨物○
｜成也禮記樂記男女無辨則亂｜注又穀梁襄

廿四年傳五穀不｜爲大饑注又淮南時則農始｜
穀注○布八十縷爲｜儀禮喪服冠六｜注○八十
縷爲｜國語魯語妾衣不過七｜之布注○盎其小
者謂之｜甗方言五○｜字當爲登儀禮喪服冠六
｜註○｜當爲斗漢書食
貨志上則晦益三｜集注

勝 ｜任也詩烈祖武王靡不｜傳又禮記曲禮上不
｜喪注又禮記樂記注三體相｜釋文○｜猶任
也禮記表記殷周之道不｜其敝注又呂覽論人何
事之不｜注○｜舉也廣雅釋詁二又國語周語不
過一人之所｜注齊語文事｜矣注又漢書司馬相
如傳上集注○｜堪也漢書賈山傳集注又管子入
國子有幼弱不｜養爲累者注○｜盡也漢書賈山
傳集注又文選神女賦序不可｜贊注封禪文不可
｜數注○｜乘也詩正月靡人弗｜傳○｜陵也易
漸終莫之｜虞注○故書｜或作稱鄭司農云當言

稱考工記弓人角不丨幹注○丨或爲稱文選演連
珠是以物丨權而衡殆注○禮記學記注三體相丨
釋文丨一
本作稱

興 丨起也易同人三歲不丨虞注又詩小明丨言出
宿箋大明維子侯丨傳緜百堵皆丨箋又儀禮士
冠禮夙丨注正纚丨注乃冠丨注士昏禮建柶丨注
夙丨注士相見禮君爲之丨注鄉飲酒禮奠爵于薦
西丨注公食大夫禮雖將拜丨也注士喪禮卜人坐
作龜丨注特牲饋食禮夙丨注又禮記學記敎之所
由丨也注又左氏昭元年傳穆叔子皮及曹大夫丨
拜注又論語泰伯則民丨於仁集解引苞注丨於詩
集解引苞注又皇疏衞靈公莫能丨集解引孔注又
爾雅釋言又國語晉語誰能丨之注又史記晉世家
非以爲可用丨索隱又漢書郊祀志下集注董仲舒
傳集注司馬遷傳集注又荀子大略讒夫丨與注又

家語五儀昧爽夙丨注又淮南氾論丨于牛頷之下
注又楚辭天問何以丨之注○丨謂起在位也禮記
中庸其言足以丨注○丨作也呂覽義賞姦僞雜亂
貪戾之道丨注○丨猶作也周禮舞師凡小祭祀則
不丨舞注○丨謂作之周禮笙師廞其樂器注典庸
器大喪廞筍虡注○丨謂作之也周禮大司樂涖廞
樂器注○丨猶動也發也考工記弓人末應將丨注
○丨發也左氏哀廿六年傳丨空澤之士千甲釋文
○丨謂丨發也左氏哀十六年傳使丨國人以攻白
公釋文○震爲丨易象下傳而萬物不丨虞注○丨
生也史記樂書而淫樂丨焉正義又離騷各丨心而
嫉妬注○其不言生而稱丨何也不知其生之時故
曰丨大戴記夏小正匽之丨五日翕望乃伏傳○丨
猶出也禮記樂記降丨上下之神注○丨猶行也論
語子路則禮樂不丨皇疏○丨舉也廣雅釋詁一又
漢書郊祀志下集注引如淳又淮南覽冥帝道揜而

不丨注○丨猶舉也周禮大司徒以鄉三物敎萬民
而賓丨之注遂大夫則帥其吏而丨甿注大司馬進
賢丨功注又禮記文王世子丨秩節注○丨盛也詩
天保以莫不丨箋○丨昌也呂覽審時是故得時之
稼丨注○丨成也書大傳乃勃然招樂丨於大鹿之
野注○丨猶成也國語楚語其可丨乎注○丨猶尊
尙也詩抑丨迷亂于政箋○丨賢者謂若今舉孝廉
丨能者謂若今舉茂才周禮鄉大夫而丨賢者能者
司農注○丨作樂家語論禮入門縣丨注○縣官徵
聚物曰丨今云軍丨是也周禮旅師平頒其丨積注
○丨所徵賦周禮司稼而平其丨注○丨物謂荐百
品禮記祭統其丨物備矣注○丨當爲釁字之誤也
禮記文王世子既丨器用幣注○左氏哀十六年傳
使丨國人以攻白公釋文丨一本作與○左氏哀廿
六年傳丨空澤之士
千甲釋文丨或作輿

繒 丨帛總名也文選雪賦注引字林○幣帛曰丨禮
記禮運瘞丨宣祝嘏辭說注○雜帛曰丨一切經
音義六引三蒼○丨綾不平貌文選魯靈光殿賦崱
丨綾而龍鱗注○丨姒姓禹後也國語晉語申人丨
人召西戎以伐周注○丨謂若增封泰山家語禮運
瘞丨宣祝嘏注○丨或作贈禮記禮運瘞丨宣嘏辭
說注○丨與鄫同荀子堯問丨邱之封人注○左氏
哀七年經公會吳於丨釋文丨一本作鄫穀梁宣十
八年經邾人戕丨子於丨釋文丨本或作
鄫○禮記禮運瘞丨釋文丨本又作增

憑 丨通作馮集韻或作倗○丨依託也文選西京賦有
丨虛公子者薛注○丨依也一切經音義十七引
三蒼又小爾雅廣言又文選思元賦丨歸雲而遐逝
兮舊注○馮依也左氏哀七年傳馮恃其衆注又國
語周語伯陵之後逄公之所馮神也注丹朱馮身以
儀之注又太元廓百辟馮馮注又淮南精神馮太一

注○丨據也漢書酈食其傳集注○丨盛也後漢班
彪傳下注○丨大也列子湯問帝丨怒注○丨滿也
廣雅釋詁一又文選西京賦心猶丨而未攄薛注○丨
丨滿也楚人名滿曰丨離騷丨不厭乎求索注○丨
噫氣滿貌文選長門賦心丨噫而不舒兮注○丨河
徒涉也論語述而暴虎丨河集解引孔注○無舟渡
河爲丨河論語述而皇疏○倗不也廣雅釋詁四○
丨陪聲相近漢書周緤傳集注○丨父冰反六經正
誤二引字林○史晨奏
銘靈所馮依丨作馮
【仍】丨因也書顧命華玉丨几傳又周禮司几筵凶事
丨几注又禮記明堂位爵用玉琖丨雕注又論語
先進丨舊貫集解引鄭注又皇疏又爾雅釋詁又漢
書外戚傳下集注敘傳上集注引應劭又後漢郎顗
傳注馮緄傳注班彪傳下注又楚辭悲回風隨飄風
之所丨注又文選思元賦夫吉凶之相丨兮舊注○

丨就詩常武丨執醜虜傳○丨從也廣雅釋詁一○
丨重也廣雅釋詁四又國語晉語晉丨無道注又漢
書五行志上集注○丨亦重也爾雅釋親晜孫之子
爲丨孫注○丨再也廣雅釋言又小爾雅廣言○丨
頻也漢書武帝紀集注宣帝紀集注元帝紀集注成
帝紀集注二見食貨志下集注五行志上集注五行
志中之上集注五行志下之下集注淮南衡山濟北
傳贊集注廣川惠王越傳集注衞青傳集注趙充國
傳集注陳湯傳集注李尋傳集注二見孔光傳集注
谷永傳集注匈奴傳上集注外戚傳下集注二見王
莽傳中集注敘傳下集注又後漢明帝紀注和帝紀
注鄧寇傳注宋宏傳注張純傳注賈逵傳注○丨數
也國語周語晉丨無道注○丨厚也爾雅釋詁○丨
乃也同上○丨丨衆也廣雅釋訓○丨丨不得志之
貌淮南精神乃性丨丨然注○晜孫之子爲丨孫爾
雅釋親○昆孫之子曰丨孫以禮丨有之耳恩意實

遠也釋名釋親屬○故書丨爲乃周禮司几筵凶事
丨几注○魯讀丨爲仁今從古論語先進丨舊貫鄭
注○丨古文礽訒礽三形同一切經音義十七○丨
或作盼淮南精神乃性丨丨然注○詩常武丨執醜
虜釋文丨本或作扔爾雅釋詁擘丨肬埤釋文丨本
或作扔○莊子列禦寇丨自然之能釋文丨本又作
認○左傳桓五年天王使丨
叔之子來聘穀梁作任叔
【兢】丨丨戒也詩小旻戰戰丨丨傳召旻丨丨業業箋
又爾雅釋訓又漢書司馬相如傳下集注孔光傳
集注又家語觀周戰戰丨丨注○丨慎也漢書元
帝紀集注王莽傳上集注○丨丨戒慎也書臯陶謨
丨丨業業傳又論語述而戰戰丨丨皇疏又孝經戰
戰丨丨注又鄭注又後漢班彪傳下注楊賜傳注○
丨丨恐也詩雲漢丨丨業業傳○丨丨順也漢書廣
陵厲王胥傳集注○丨動也太元逃丨其股注○詩

雲漢釋文丨本又作矜左氏僖廿二年傳戰戰丨丨
釋文丨本或作矜宣十六年傳戰戰丨丨釋文丨本
亦作矜○詩小旻戰戰丨丨左傳宣十六年作
戰戰矜矜○中常侍樊安碑矜矜戰戰丨作矜
【矜】丨憐也書泰誓上天丨于民傳又詩鴻雁爰及
人傳○丨恰也華嚴經音義上引字統○丨憐撫
掩之也爾雅釋訓○丨惜也小爾雅廣言○丨恤呂
覽懷寵而振恤之注○丨哀也書呂刑丨我一日馬
注○丨哀也齊魯之閒曰丨秦晉之閒或曰丨方言
一○丨閔公羊宣十五年傳吾聞君子見人之厄則
丨之注○丨苦也爾雅釋言○丨大也廣雅釋詁一
又國語晉語不可以丨而祇取憂也注今丨翟之善
注丨其伐而恥其功注又史記劉敬叔孫通傳此宜
夸丨集解引韋昭又老子不自丨注又呂覽士容非
儌而丨其名也注○丨自大也淮南本經和而弗丨
注氾論而乃始立氣丨注○丨謂自尊大也禮記表

記不丨而莊注○丨自伐其功也淮南詮言故通而弗丨注○丨自伐呂覽尊師得之無丨注○丨夸也文選鮑昭詠史詩注引書大傳注○丨謂夸汏荀子議兵丨糾收繚之屬注○丨誇多自取也後漢朱浮傳注○彼丨者滿也管子法法○人同於己則可不同於己雖善不善謂之丨莊子漁父○自賢曰丨書大禹謨汝惟不丨傳○丨之者何猶曰莫若我也公羊僖九年傳○丨尚也漢書賈誼傳集注○丨敬也孟子公孫丑下皆有所丨式注○丨猶愼也大戴記小辨丨行以事君注○丨莊也論語陽貨古之丨也廉皇疏○丨丨莊也論語衛靈君子丨而不爭集解引苞注又皇疏○丨顧丨莊相顧也文選舞鶴賦颯沓丨顧注○丨嚴也呂覽重言丨者兵革之色也注又楚辭憂苦折銳摧丨凝氾濫兮注○丨寒貌文選思元賦魚丨鱗而弁夌兮舊注○丨持也漢書刑法志集注○丨竦也後漢張衡傳注○丨危也詩苑柳

居以凶丨傳又廣雅釋詁二○丨遽也廣雅釋詁一○丨遽也秦晉或曰丨方言二○丨急也廣雅釋詁一○丨丨兢兢以言堅彊也詩無羊丨丨兢兢傳○丨柄也廣雅釋器○丨矛柄淮南兵略伐棗棘而爲丨注○矛吳揚江淮南楚五湖之閒謂之鍦其柄謂之丨方言九○丨禽也廣雅釋草○丨今字作穜方言九注○詩清人箋矛丨近上及室題釋文丨字又作矝

【徵】丨成也儀禮士昏禮納丨注又禮記禮運是故之杞而不足丨也注又穀梁莊廿二年傳有納丨注又論語八佾杞不足丨也皇疏又漢書藝文志集注又後漢桓帝懿獻梁皇后紀注又家語問禮是故之杞而不足丨也注又莊子逍遙遊而丨一國者釋文引崔注德充符夫保始之丨釋文引李注又淮南氾論故聖人見化以觀其丨注○丨證也書允征明丨定保傳又漢書平帝紀贊集注五行志中之上集注藝文志集注項籍傳集注劉向傳集注董仲舒傳集注兒寬傳集注張安世傳集注終軍傳集注翟儀傳集注谷永傳集注王莽傳上集注○丨信也莊子逍遙遊而丨一國者釋文引司馬注○丨信也驗也素問天元紀大論陰陽之丨兆也注○丨驗也書洪範念用庶丨鄭注又左氏昭元年傳丨爲五聲注襄廿六年傳加書丨之服注又後漢質帝紀注朱浮傳注班彪傳下注楊震傳注又荀子儒效是大儒之丨也注王霸是治國之丨也注富國觀國之强弱貧富有丨注性惡是性僞之所生其不同之丨也注善言天者必有丨於人注又列子周穆王覺有八丨注又管子權脩喜之有丨注又呂覽觀表見馬之一丨也注又文選東京賦信而有丨薛注○丨猶效驗也禮記中庸久則丨注○丨始有形象而丨也左氏昭十七年傳是其丨丨也注○丨應也漢書五行志上集注又太元元數丨丨旱注又莊子列御寇以不丨丨其丨也

不丨注又呂覽觀表先知必審丨表注○丨祥也太元失藐德靈丨失注○丨審也左氏襄廿八年傳以丨過也注○丨明也左氏宣十八年傳注以丨求名之僞釋文又後漢郭泰傳注○丨猶明也禮記中庸杞不足丨也注○丨求也漢書五行志中之上集注又呂覽達鬱桓公樂之而丨燭注○丨者求也史記貨殖傳故物賤之丨貴索隱○丨召也周禮司市以量度成賈而丨儥注典祀丨役于司隸而役之注又儀禮鄉飲酒禮丨唯所欲注鄉射禮丨唯所欲注又左氏宣九年傳王使來丨聘注宣十二年傳晉侯使郤克丨會於齊注昭卅二年傳無丨怨於百姓注定七年傳丨會於衛注定八年傳喜于丨死注又爾雅釋言又國語周語且夫兄弟之怨不丨於它注唯官是丨注晉語可丨訊也注又國策宋策梁王伐邯鄲而丨師於宋注又漢書平帝紀集注陳勝傳集注賈誼傳集注終軍傳集注王尊傳集注引韋昭又荀子

正名心有丨知注又楚辭遠誓丨九神於回極兮注
○丨丨召也周禮縣正各掌其縣之政令丨比注○
丨典也莊子天道周之丨藏史有老聃者釋文○丨
藏藏名也莊子天道釋文引司馬注○丨止也易損
君子以丨忿窒欲釋文○丨虛也爾雅釋詁○丨縣
屬馮翊音徵一音張里反左氏定十年傳釋文引三
蒼○丨或爲證禮記中庸雖善無丨注丨諸庶民注
○丨讀爲懲荀子正論且丨其末也注○易損釋文
丨劉作澂蜀才作澄○左氏宣十八年傳釋文丨本
又作懲襄廿八年傳釋文丨本或作懲昭卅年傳且
丨過也釋文丨本或作懲○莊子天
運丨之以天下釋文丨古本多作徽

凝 丨定也書皐陶謨庶績其丨釋文引馬注又廣雅釋詁四又荀子王制好假道人而無所丨止也注
虛以王命全其力丨其德注議兵唯堅丨之難焉注
○丨止也楚辭憂苦折銳摧矜丨氾濫兮注○丨止

謂定止其不可也荀子王制好假道人而無所丨止
也注○丨成也易象下傳君子以正位丨命虞注又
書皐陶謨庶績其丨傳又鄭注又禮記樂記丨是精
粗之體注又後漢崔駰傳注○丨猶成也禮記中庸
至道不丨焉注鄉飲酒義天地嚴丨之氣注○丨者
成也鬼谷子本經陰符神者得則丨注○丨正也淮
南兵略典丨如冬注○丨嚴也文選劉公幹贈從弟
詩豈不羅丨寒注○丨嚴貌易鼎君子以正位丨命
釋文○丨者嚴整之貌也易象下傳注○丨猶結也
文選七命天丨地閉注○丨堅也考工記總目丨土
以爲器注○丨冰也文選懷舊賦注引字林○丨冰
堅也文選曹子建贈丁儀詩注引字書○丨冰之絜
也文選七命霜鍔水丨注○丨寒也素問五常政大
論其候丨肅注○丨如脂丨也淮南原道丨結而不
流注○徐引聲謂之丨文選謝元暉鼓吹曲丨笳翼
高蓋注○易鼎釋文丨翟元作擬○禮記中庸釋文

丨本又作疑

稱 丨度也廣雅釋詁一○丨所以知輕重楚辭惜誓苦丨量之不審兮注○丨舉也書湯誓敢行丨亂
傳牧誓丨爾戈傳又儀禮士相見禮聞吾子丨贄注
聘禮賓丨面注又禮記檀弓下言在不丨徵注又左
氏宣十一年傳禹丨善人注襄八年傳女何故丨兵
于蔡注襄廿七年傳而丨兵以害我注哀廿三年傳
其可以丨旌繁乎注又國語周語君子不自丨也注
丨遂其工之過注夫道成命者而丨昊天注楚語公
馬足以丨賦注又漢書食貨志上集注薛宣傳集注
又後漢朱暉傳注又孟子滕文公上又丨貸而益之
注又莊子德充符子無乃丨釋文又管子小匡其智
丨賢以自成也注小稱注又呂覽孟春不可以丨兵
注又文選東京賦元祀惟丨薛注○丨謂舉行也周
書祭公公丨丕顯之德注○丨說也呂覽當染必丨

此二士也注○丨呼也國語吳語王丨左畸注○丨
述也國語晉語其知不足丨也注○丨猶言也禮記
射義旄期丨道不亂者注○丨娖猶齊整也後漢中
山簡王焉傳注○老子注貴者隆王丨也釋文丨一
作號一作名○書湯誓敢行丨亂史記殷本紀作敢
行舉亂○書牧誓丨爾戈爾雅釋言注作偁爾戈

偁 丨譽也廣雅釋詁四○丨舉也爾雅釋言又廣雅釋詁一○丨丨舉也爾雅釋訓○爾雅釋訓丨丨
格格釋文丨本又作稱

登 丨成也書泰誓下以丨乃辟傳又詩皇矣誕先丨于岸箋崧高丨是南邦傳又周禮小司徒使各丨
其鄉之衆寡六畜車輦注又儀禮喪服冠六升注又
禮記曲禮下年穀不丨注月令蠶事既丨注又左氏
襄二年傳且不丨叛人也注昭三年傳以丨於釜注
又爾雅釋詁又史記樂書男女無別則亂丨正義又

漢書文帝紀集注董仲舒傳集注公孫宏傳集注馮
奉世傳集注薛宣傳集注敘傳下集注又後漢明帝
紀注又太元元告昴則丨乎冬注又呂覽季春丨繭
稱絲效功注又淮南主術丨歲丨民豐注○丨爲成左
氏隱五年傳不丨於器服注○丨成也定也周禮鄉
大夫以歲時丨其夫家之衆寡注族師丨其族之夫
家衆寡注○丨成也猶定也周禮遂人以歲時丨其
夫家之衆寡注○丨進也禮記月令農乃丨麥注農
乃丨黍注又漢書食貨志下集注引如淳又文選東
京賦丨自東除薛注○進業曰丨漢書食貨志上○
丨猶入也淮南繆稱錫繡丨廟注○丨升也周禮羊
人丨其首注又小爾雅廣言又後漢竇融傳注班彪
傳下注又孟子滕文公上五穀不丨注又呂覽異寶
丨太行而望鄭注又文選東京賦西丨少華薛注○
丨陞也爾雅釋詁○丨爲升左氏隱五年傳不丨於
俎服注○丨上也周禮司民掌丨萬民之數注考工

記輈人勸丨馬力注又禮記曲禮下告喪曰天王丨
假注又國語周語馨香不丨注又漢書司馬相如傳
上集注又淮南覽冥扶搖而丨之注又楚辭惜誦欲
釋階而丨天兮注又文選東京賦丨岱勤封薛注○
丨上阪也考工記輈人其丨又難注○舉上農功諸
事業名曰丨漢書食貨志上集注○丨加也左氏昭
三年傳皆丨一焉注○丨高也國語晉語不哀年之
不丨注○丨丨衆也廣雅釋訓○丨丨用力也詩緜
築之丨丨傳○丨年多歷年也國語周語若丨年以
載其毒必亡注○龜言丨者尊之也禮記月令丨龜
注○丨讀言得得來之者齊人語也齊人名求得爲
得來作丨來者其言大而急由口授也公羊隱五年
傳丨來之也注○左氏僖廿二年傳及邾師戰于丨
陘釋文丨陘本亦作升陘○禮記文王世子其丨餕
獻受爵則以上嗣○公羊宣六年傳注作升餕受
爵以上嗣○稾長蔡湛頌功蹬王府丨作蹬

簦 丨長柄笠史記虞卿傳躡屩擔丨集解引徐廣○
笠有柄者謂之丨史記虞卿傳集解

豋 通作鐙○瓦豆謂之丨爾雅釋器○瓦豆謂之鐙
儀禮公食大夫禮實于鐙注○以瓦曰丨大戴記
曾子事父母執觴觚杯豆而不醉注○瓦曰丨丨大
羹也詩生民于豆于丨傳○鐙豆下跗也禮記祭統
執醴授之執鐙注○丨卽膏丨也爾雅
釋器注○爾雅釋器釋文丨本又作鐙

燈 本作鐙○有足曰錠無足曰鐙一切經音義七引
聲類又一切經音義十三引韻集○錠謂之鐙廣
雅釋器○鐙與丨音義同文選贈五官中郎將詩明
鐙熺炎光注○耿氏鐙延光四年耿氏作鐙鐙卽丨
字

崩 高曰崩厚曰崩尊曰崩穀梁隱三年傳○自上顚
壞曰崩禮記曲禮下注○崩壞也廣雅釋詁一又

呂覽貴因賢者出走命曰崩注○崩壞散呂覽愼大
國人大崩注○崩是墜失之稱也論語陽貨樂必崩
皇疏○賢者出走命曰崩呂覽貴因○欲去曰崩論
語季氏邦分崩離析集解引孔注○崩羣疾也詩無
羊不騫不崩傳○樂是氣化氣化故言崩論語陽貨
皇疏○崩僵也廣雅釋詁四○崩之爲言憪然伏僵
白虎通崩薨○崩死也爾雅釋詁○今易
崩字作朋字漢書五行志中之上集注

增 丨益也爾雅釋言又淮南本經殘高丨下注又文
選高唐賦脅息丨欷注○丨有益太元元錯○丨
日益同上○丨加也廣雅釋詁二又史記屈原賈生
傳搖丨翮逝而去之正義○丨累也廣雅釋詁四○
丨重也廣雅釋詁四又漢書賈誼傳集注司馬相如
傳上集注楊雄傳上集注二見又後漢班彪傳上注
又淮南覽冥孟嘗君爲之丨欷注○丨始昌太元元
衡○丨丨衆也詩閟宮烝徒丨丨傳又爾雅釋訓○

丨響委聲也文選西京賦磷礰激而丨響薛注○
史記魏世家魏景湣王名丨索隱引系本作午
【曾】丨是也廣雅釋言○丨猶嘗也論語爲政丨是以
爲孝乎皇疏○丨何也湘潭之原荆之南鄙謂何
爲丨方言十○何丨猶何乃也孟子公孫丑上爾何
丨比予於管仲注○丨累也離騷丨歔欷余鬱邑兮
注○丨重也漢書司馬相如傳下集注又後漢張衡
傳注又穆天子傳一丨祝佐之注又淮南本經大厦
丨加注又楚辭惜誦願丨思而遠身注招魂丨臺累
榭注大招丨頰倚耳注怨思遂丨閎而迫身注又文
選登廬山香鑪峯詩丨陰萬里生注○左氏昭
十二年傳注昆吾丨居許地釋文丨一本作嘗
【憎】丨惡也廣雅釋詁三又國語周語其叔父實應且
丨注又楚辭哀郢丨慍惀之修美兮注○丨若也
廣雅釋詁四○丨憚也方言
七○丨難也廣雅釋詁三

丨罔也廣雅釋器○丨亦罔也文選七啟舉挂輕
【罾】丨注○丨魚網也後漢馬融傳注又莊子胠篋鉤
餌網罟丨笱之知釋文又楚辭湘夫人丨何爲兮
木上注○丨罾皆網名也文選江賦丨罾比船注
繳繫短矢謂之丨史記留侯世家雖有丨繳索隱
【矰】引周禮馬注○結繳於矢謂之丨周禮司弓矢丨
矢茀矢注○丨繳射也矢也楚辭惜誦丨弋機而在
上兮注○繳射矢長八寸其絲名丨文選西京賦簡
丨紅薛注○丨弋射身短矢也淮南俶真今繒繳機
而在上注○丨弋射短矢呂覽直諫宛路之丨注○
丨短矢淮南說山好射者先具丨與繳注○丨矢名
國語吳語白羽之丨注○丨弋矢也後漢班彪傳上
注馬融傳注○丨猶矢也淮南兵略脩荷之丨注○
丨箭也廣雅釋器○素丨丨矢名以白羽羽之山海
經海內經帝俊賜羿彤弓素丨注○丨高也周禮司
弓矢注○丨罔也莊子應帝王以避丨弋之害釋文

引李注○丨當爲贈周
禮男巫冬堂贈杜注
【橧】豕所寢丨爾雅釋獸○豬其檻及蓐曰丨方言八
○臨淮之閒謂野豬所寢爲丨爾雅釋獸某氏注
○豕所寢草名爲丨爾雅釋獸舍人注○豬臥處名
丨爾雅釋獸李注○丨其所臥蓐爾雅釋獸注○聚
柴爲丨家語問禮夏則居丨巢注○丨圈也廣雅釋
獸○丨巢也廣雅釋室○蹭古文丨同一切經音義
二十○禮記禮運居丨巢
釋文丨本又作增又作曾
【層】丨重也後漢班彪傳上注又楚辭招魂丨臺累榭
注又文選別賦巡丨檻而空揜注○丨猶重也山
海經海外西經雲蓋三丨注○魏
大饗碑蔭九增之華蓋丨作增
【曾】丨則也論語爲政丨是以爲孝乎鄭注又八佾丨
謂泰山釋文又管子大匡其於我也丨若是乎注

又淮南脩務我丨無有閭里之聞注○丨撓注○丨
猶則也論語先進丨由與求之問皇疏○丨之言則
也論語八佾皇疏又後漢荀韓鍾陳傳贊注又太元
元數曜丨越卓注○丨則也乃也孟子公孫丑上爾
何丨比予於管仲音義引丁音○丨祖從下推上祖
位轉增益也釋名釋親屬○孫之子爲丨孫爾雅釋
親○丨孫孫之子儀禮喪服丨孫注○丨猶重也爾
雅釋親注○丨猶重也自孫之子而下事先祖皆稱
丨孫詩維天之命丨孫篤之箋○丨臣猶末位左氏
襄十八年傳丨臣彪注○丨舉也楚辭東君翾飛兮
翠丨注○丨猶高也淮南覽冥還至其丨逝萬仞之
上注○丨阿也廣雅釋言○丨青銅之精形如珠者
其色極青故謂之丨青荀子正論重之以丨青注○
丨青銅之精可繢畫及化黃金者出蜀山越巂荀子
王制南海則有羽翮齒革丨青丹干焉注○丨青空
青也文選蜀都賦琥珀丹青劉注○丨與增同孟子

告子下丨益其所不能音義引張音○依注丨讀當
作增依字訓義亦通也孟子告子下音義引丁音
【嶒】丨嵫深空貌文選魯靈光殿賦鬱坱圠以丨嵫注
【能】丨該也無物不兼該也釋名釋言語○丨之爲言
耐也古微書引春秋元命苞○丨忞也書舜典柔
遠丨邇鄭注○丨堪也漢書嚴助傳集注○丨任也
廣雅釋詁二○丨猶勝也史記田敬仲完世家寡人
弗丨拔索隱○丨力也呂覽長見君知我而使我畢
丨注○丨善也漢書百官公卿表上集注敘傳下集
注○丨才丨也論語泰伯以丨問於不丨皇疏又荀
子正名丨有所合謂之丨注○丨謂才丨鬼谷子捭
闔度權量丨注○丨有所合謂之丨荀子正名○智
所以丨之在人者謂之丨同上○丨理德法者爲有
丨大戴記盛德○丨多才藝者周禮大宰四曰使丨
注○丨士者材藝也荀子王霸足以容天下之丨士

矣注○丨謂有道藝者周禮小司寇四曰議丨之辟
注○丨者有道藝者周禮鄉大夫而興賢者丨者注
○丨政令行也周禮小宰二曰廉丨注○丨丨其事
也周禮大司寇上丨糾職注○丨謂內作病形素問
風論顧問其診及其病丨注○丨能屬足似鹿左氏
昭七年傳釋文引字林○丨猶伽也詩民勞柔遠丨
邇箋○耐古丨字禮記禮運故聖人耐以天下爲一
家注○耐古書丨字也後世變之此獨存焉古以丨
爲三台字禮記樂記故人不丨無樂注○丨當爲耐
古字通也荀子正名丨有所合謂之丨注○丨今之
台字也春秋元命苞注○丨當爲從易繫辭上坤以
簡丨釋文引姚信注○詩漸漸之石箋豕之性丨水
釋文丨本又作耐穀梁成七年傳非人之所丨也釋
文丨亦作耐○列子黃帝物之以丨鄙相籠釋文丨
一本作智

【棱】廣韻稜俗棱字○木四方爲丨一切經音義十八
引通俗文○丨四方也一切經音義十一引三蒼
○稜威也後漢班彪傳下注○稜威稜也後漢王允
傳注○神靈之威曰稜漢書李廣傳集注引李奇○
稜稜霜氣嚴冬之貌文選蕪城賦稜稜霜氣注○丨
菱也書大傳大夫達丨注○稜當作棱列子力命鶩
馬稜車
釋文
【朋】丨類也易損或益之十丨之龜侯注又太元釋失
澤丨注○丨羣也書益稷丨淫于家傳又國語吳
語請王厲士以奮其丨勢注○丨猶輩也山海經北
山經羣居而丨飛名曰鵁注○丨猶侶也後漢張衡
傳注○丨猶同也後漢李固杜喬傳注○丨比也詩
椒聊碩大無丨傳又廣雅釋詁三○丨黨也易損注
又離騷世竝舉而好丨兮注○丨猶黨也論語學而
有丨自遠方來皇疏○丨者黨也白虎通三綱六紀

○丨黨類也太元守閑丨牖注○坤爲丨易泰丨亡
荀注○兌爲丨易豫丨盍簪虞注復丨來无咎虞注
咸丨從爾思虞注蹇大蹇丨來虞注解丨至斯孚虞
注損虞注○同處師門曰丨論語學而皇疏○同師
曰丨周禮大司徒五曰聯丨友注○同門曰丨公羊
定四年傳丨友相衞注又論語學而集解引苞注與
丨友交鄭注又白虎通三綱六紀引禮記○同類爲
丨易象下傳君子以丨友講習虞注○三鄰爲丨禮
記雜記正義引書大傳○丨淫淫門內書益稷鄭注
○古者貨貝五貝爲丨詩菁菁者莪錫我百丨箋又
太元增兼貝以役注○雙貝曰丨易損崔憬注○兩
樽曰丨詩七月丨酒斯饗傳○故書丨作傰周禮士
師七曰爲邦丨注○丨或作崩也史記齊太公世家
隰丨集解引徐廣○丨作多轉寫者字誤也漢書霍
去病傳集注○易復丨來釋文丨京作崩○易復丨
來无咎漢書五行志中之上作崩來無咎○書益稷

丨淫于家說文土部作堋淫于家○左傳僖九年齊隰丨史記齊世家集解作隰崩○國策韓策公仲丨史記甘茂傳作公仲侈○國策韓策公仲丨史記甘茂傳集解引徐廣一作馮

鵬 鯤化而爲鳥其名爲丨莊子逍遙遊○丨朋黨也古以爲鳳字莊子逍遙遊釋文引字林○丨卽古鳳字莊子逍遙遊釋文

宏 敬避 廟諱○宏大也書顧命宏璧鄭注又爾雅釋詁又漢書武帝紀集注又文選舞賦攄予意以宏觀兮注○宏深敦重也法言修身其爲中也宏深注○宏敷猶延蔓也文選西京賦乃隆崇而宏敷薛注

鞃 丨軾中也詩韓奕鞹丨淺幭傳

肱 說文本作厷○丨臂也詩無羊麾之以丨傳又論語述而曲丨而枕之集解引孔注又國語周語謂其能爲禹股丨心膂注齊語有拳勇股丨之力注○厷臂上也後漢祭遵傳注○肘後曰丨通亦言臂論語述而皇疏○肘後爲丨太元元數九體三爲股丨注○長丨卽長臂人也身如中國臂長三丈穆天子傳二乃封長丨于黑水之西河注○艮爲丨易豐折其右丨虞注○丨圜也漢書王莽傳中集注引晉灼○厷古丨字漢書王莽傳中集注○丨古文厷同一切經音義二十○鄭公孫黑丨字子張見左襄十八年傳○史記侯表魯成公名黑丨世家集解作股○易豐折其右丨釋文丨姚作股

薨 丨之言奄也奄然亡也白虎通崩薨○丨亡也廣雅釋言○丨死也爾雅釋詁○諸侯死曰丨禮記曲禮下○諸侯曰丨禮記曲禮下又公羊隱三年傳又大戴記四代○諸侯曰丨丨丨壞之聲也釋名釋喪制○丨顛壞之聲禮記曲禮下注○丨小毀壞之辭公羊隱三年傳注○既葬曰丨通典八十三引石渠禮議○丨丨衆也爾雅釋訓○丨丨衆多也詩螽斯丨丨兮傳○丨丨亟疾也詩緜度之丨丨釋文引王注○爾雅釋訓丨丨增增釋文丨丨舍人本作雄雄

騰 丨乘也詩十月之交百川沸丨傳閟宮不震不丨傳又文選甘泉賦注引韓詩章句又漢書劉向傳集注又楚辭愍命丨驢驘以馳逐注○丨升也漢書禮樂志集注楊雄傳上集注楊雄傳下集注又文選洛神賦丨文魚以警乘注○騰上也廣雅釋詁一○丨上也淮南原道蹈丨昆侖注○丨超也文選西京賦乃奮翅而丨驤薛注○丨犇也廣雅釋室○丨馳也漢書司馬相如傳下集注引張揖敘傳下集注又後漢杜篤傳注又楚辭招魂目丨光些注大招丨駕步遊注○丨傳也淮南繆稱子產丨辭注○丨過也

離騷丨衆車使徑待注○騰過也廣雅釋詁三○騰渡也廣雅釋詁二○丨勝也周書文酌四丨屬威衆注○丨舉也漢書楊雄傳下集注○爲人臣者變故易常而巧官以諂上謂之丨管子君臣下○丨躍言踊貴也後漢光武帝紀下注○丨驤趣走也文選東京賦齊丨驤而沛艾薛注○累丨皆乘匹之名禮記月令乃合累牛丨馬注○丨馬丨駒跳躍善將羣者也淮南時則乃合樏牛丨馬注○丨馬父馬也呂覽季春乃合纍牛丨馬注○丨駒丨馬也淮南時則執丨駒注○丨黃神馬一名吉光文選東京賦擾澤馬與丨黃注引瑞應圖○孔丨字子襄見王肅家語後序

滕 丨虛也爾雅釋詁○丨達也易咸丨口說也釋文○丨宏胡麻也廣雅釋草○左氏昭十四年曹武公名丨史記曹蔡世家漢書古今人表作勝○易咸釋文丨九家作乘虞作媵

縢丨緘也詩閟宮朱英綠丨傳○丨束也書金縢序
周公作金丨鄭注○丨約也詩小戎竹閉緄丨傳
又莊子胠篋則必攝緘丨釋文引崔注○丨緘也後
漢陽球傳引書孔注又後漢劉瑜傳注又文選魏都
賦闕玉策於金丨劉注○縢緘也廣雅釋器○丨緣
也儀禮士喪禮無丨注○丨亦縢也後漢儒林傳注
○金丨以金緘匱藏符瑞之書於其中也後漢班彪
傳下注○古文丨爲甸儀禮士喪禮無丨注○禮記
檀弓注邊無丨釋文丨本又作縢○莊子
胠篋則必攝緘丨釋文丨向崔本作縢
恒丨久也易象下傳雜卦傳又恆丨亨虞注又釋文
又周禮司巫則帥巫而造巫丨注○恆久也廣雅
釋詁三○丨者久也易序卦傳○丨常也易豫丨不
死虞注又詩小明無丨安處箋又周禮賈師使有丨
賈注又禮記內則與丨飲食注緇衣人而無丨注又
左氏莊七年經丨星不見注又公羊莊七年傳丨星

者何注又爾雅釋詁又國語周語夫天事丨象注越
語必有以知天地之丨制注又後漢張衡傳注又孟
子梁惠王上無丨產注離婁上人有丨言注又論衡
寒溫又楚辭天問丨秉季德注哀時命舉世以爲丨
俗兮注招魂去君之丨幹注又文選思元賦丨反仄
而靡所舊注○丨者常也風俗通山澤○丨德之固
也易繫辭下傳○丨慨言既廣又大也荆揚之閒凡
言廣大者謂之丨慨方言二○丨震世也易象下傳
丨亨苟注○丨星者經星也穀梁莊七年傳○丨星
者何列星也公羊莊七年傳○河北丨爾雅釋山○
丨山爲北嶽爾雅釋山○丨山北嶽也楚辭自悲淩
丨山其若陋兮注○丨北岳丨山也爾雅釋山李注
○丨山在上曲陽周禮職方氏其山鎭曰丨山注○
丨山四成山海經西山經○丨者常也萬方伏藏于
北方有常也白虎通巡狩○丨山一名常山避漢文
帝諱爾雅釋山郭氏音義○丨矢安居之矢也周禮

司弓矢丨矢痺矢注○丨讀爲桓考工記弓人丨角
而短注○丨讀爲䰙緪之緪考工記弓人司農注○
詩生民丨之秬秠釋文丨又作亘○左氏昭四年傳
注北嶽丨丨釋文丨或作常○莊子盜跖而丨民畜民
也釋文丨民一作順民○書禹貢丨衛既從史記夏
本紀作常衛既從禹貢太行丨山夏本紀作太行常
山洪範丨雨若丨暘若丨燠若丨寒若丨風若宋微
子世家作常雨若常暘若常奧若常寒若常風若○
詩小明丨毋丨安息漢書董仲舒傳作毋
常安息○田丨亦名田常見墨子非儒
緪或作絙○緪索也廣雅釋器○絙大索也古恒反
晉書音義下引字林○大索曰丨一切經音義十
一引通俗文○大繩曰丨古恒切御覽七百六十六
引通俗文○恒弦詩天保如月之恒傳○丨急張弦
也楚辭東君丨瑟兮交鼓注○絙竟也楚辭招魂絙
洞房些注○緪竟也秦晉或曰緪方言六○詩天保

如月之恒釋文
恒本亦作丨
脀丨癡也廣雅釋詁三○丨俎也儀禮特牲饋食禮
宗人告祭丨注○丨折俎也儀禮燕禮記有丨注
○丨俎實儀禮燕禮無丨注大射儀無丨注○丨以
牲體實鼎也儀禮少牢饋食禮卒丨注○實鼎曰丨
實俎曰載周禮內饔王舉則
陳其鼎俎以牲體實之注
㥄丨憐也方言六○丨亦憐耳方言一注○丨哀也
廣雅釋詁一○丨哀也趙魏燕代之閒曰丨方言
一○丨憟也爾雅釋言釋文引埤蒼○
丨猶怖也文選西京賦百禽丨遽薛注
鯪丨鯉也廣雅釋魚○丨魚鯉也一云丨魚丨鯉也
有四足出南方楚辭天問丨魚何所注
輘丨輷大聲也文選洞簫賦故其武聲則若雷霆丨
輷佚豫以沸渭注

凴凴依几也書顧命釋文引字林○凴凴几也詩卷阿有馮有翼箋○書顧命憑玉几說文几部作丨玉几

馮丨登也廣雅釋言○丨乘也周禮春官序官丨相氏注○丨猶乘陵也周禮大司馬丨弱犯寡則眚之注○丨陵也詩小旻不敢丨河傳○丨迫也左氏襄八年傳丨陵我城郭注○丨盛也左氏昭五年傳震電丨怒注○丨大也楚辭天問何丨弓挾矢注○丨丨衆也廣雅釋訓○丨丨元氣也廣雅釋訓○丨者恃也史記伯夷傳衆庶丨生索隱○丨輔也漢書百官公卿表上集注○丨挾也楚辭天問丨珧利決注○丨服膺之儀禮士喪禮主人西面丨尸注○丨謂扶持服膺禮記喪大記君大夫丨父母妻長子注○丨裝也廣雅釋言○丨貪也史記屈原賈生傳集解引孟康○丨怒也廣雅釋詁二○丨怒也楚曰丨

方言二○削牆鍛屢之聲丨丨然詩緜削屢丨丨傳○丨隆高貌文選吳都賦洲渚丨隆劉注○丨丨閎者虛廓之謂也莊子知北遊彷徨乎丨閎注○丨河徒涉也爾雅釋訓○丨河涉河也易泰用丨河虞注○無舟渡河曰丨河呂覽安死不敢丨河注○徒涉曰丨河詩小旻傳○無舟檝而渡曰丨河淮南本經不敢丨河注○河伯謂之丨夷廣雅釋天○丨夷河伯也淮南齊俗昔者丨夷得道以潛大川注又後漢馬融傳注○丨讀曰凴漢書地理志下集注酈食其傳集注陳遵傳集注王莽傳下集注○丨讀曰凭漢書嚴助傳集注甯成傳集注○穆天子傳無夷竹書作丨夷字或作冰也山海經海內北經從極之淵維冰夷恒都焉注○詩小旻不敢丨河鹽鐵論詔聖作不敢憑河○易略例无所丨也釋文丨亦作憑詩擊鼓序注公子丨釋文丨亦作憑卷阿有丨有翼釋文丨又作憑閟宮箋用是丨依而降精氣釋文丨又作憑禮記雜記東面坐丨之釋文丨或作憑喪大記主人丨之踊釋文丨或作憑左氏隱三年傳羣臣願奉丨也釋文丨亦作憑論語述而暴虎丨河釋文丨字亦作憑莊子逍遙遊注鵬之所丨以飛者耳釋文丨亦作憑爾雅釋訓釋文丨字又作憑○左傳隱二年宋莊公丨釋文作憑

鯔丨小魚爾雅釋魚○魚小者名丨家語屈節○今江東亦呼魚子未成者為丨爾雅釋魚注○爾雅釋魚釋文丨本或作鮏同

陾丨丨衆也詩緜捄之丨丨傳

芿草不剪曰丨列子黃帝藉丨燔林釋文

鄫丨人者鄫是也水經洧水注○左氏僖十四年經季姬及丨子遇于防釋文丨或作繒穀梁作繒子

○左傳襄元年次于丨公羊作次于合

驓四蹢皆白丨爾雅釋畜

噌丨吰聲也文選長門賦聲丨吰而似鍾音注

毶丨毛席也後漢西域傳注引埤蒼○毾丨毛有文章也一切經音義十四引廣蒼

瞢丨視不審諦也文選洞簫賦瞪丨忘食注○丨日月丨丨無光也周禮眡祲六曰丨司農注○瞢丨失臥極也一切經音義二引韻集○丨悶也左氏襄十四年傳亦無丨焉注

掤丨矢藏也廣雅釋器○丨櫝丸蓋也詩大叔于田釋文引馬注○丨所以覆矢詩大叔于田抑釋丨忌傳○丨所以覆矢也謂箭筒蓋書鈔百廿六引劉楨毛詩義問

幐 幃謂之幐廣雅釋器○幃謂之｜｜香囊也離騷蘇糞壤㠯充幃兮注○幐儋也方言七○今江東呼儋兩頭有物爲幐方言七注

螣 ｜｜蛇爾雅釋魚○｜神蛇也爾雅釋魚釋文引字林○｜龍類也爾雅釋魚注○蟒或謂之螣方言十一○爾雅釋魚釋文｜本又作朕字又作騰又作蟘○莊子山木王獨不見夫｜猨乎釋文｜本亦作騰

揯 揯急也廣雅釋詁一○揯竟也廣雅釋詁三○揯引也廣雅釋詁一

淩 ｜乘也楚辭哀郢｜陽侯之氾濫注自悲｜恒山其若陋兮注○｜馳也廣雅釋言○｜猶馳也楚辭大招冥｜浹行注○｜慄也爾雅釋言○｜懅爾雅釋言注○郭｜地名周書作雒乃囚蔡叔于郭｜注

夌 ｜卹也廣雅釋詁四○｜菱藻也廣雅釋草

淜 ｜滂風擊物聲文選風賦飄忽｜滂注

譝 繩譽也左氏莊十四年傳繩息嬀以語楚子注○｜譽也廣雅釋詁四○繩之譽之也小爾雅廣訓

騬 騬犍也廣雅釋獸

扔 ｜引也廣雅釋詁一○｜引也因也老子則攘臂而｜之釋文○｜就也數也原也老子釋文引字林○｜摧也後漢馬融傳注引聲類

砅 ｜水激巖之聲也文選江賦｜巖鼓作注

䎖 ｜舉也廣雅釋詁一○｜飛也廣雅釋詁三

漰 ｜渤水聲也文選江賦鼓㕧窟以｜渤注○｜湱澩灂皆大波相激之聲也文選江賦｜湱澩灂注

○以下據廣韻録

脉 ｜鉹也廣雅釋器

[illegible] ｜菹也廣雅釋器

[illegible] ｜軺車後登也廣韻引字林

掕 ｜止也廣雅釋詁三

倰 ｜長也廣雅釋詁二

祾 ｜祭也廣雅釋天

簦 ｜夫須也國語吳語｜笠相望注○｜笠備雨器也同上

儚 儚儚惛也爾雅釋訓

○以下據集韻録

齡 ｜哀也廣雅釋詁一

艠 ｜雙也南楚江淮之閒或曰｜方言二

倗 ｜猶曹也管子版法練之以散羣｜署注○｜讀如朋友之朋周禮士師七曰爲邦朋司農注

佷 ｜山縣縣即山名也水經夷水注

堋 ｜下棺左氏昭十二年傳毀之則朝而｜注

經籍籑詁卷第二十五

經籍籑詁卷第二十五補遺　下平聲

兵部侍郎兼都察院右副都御史巡撫浙江等處地方提督軍務兼理糧餉阮元撰集

十蒸

【蒸】亦作烝○說文丨折麻中榦也从艸烝聲蒸丨或省火○丨麻榦也漢書楊雄傳上樵丨焜上注○丨是薪之細者詩巷伯傳放乎旦而丨盡疏○烝衆也禮記禮器閉蟄而烝疏○烝者衆也禮記王制冬曰烝疏引皇氏○丨亦衆也漢書伍被傳氾愛丨庶注○丨丨猶進進也後漢謝弼傳注引書孔傳○丨升也淮南主術而四海之雲湊注○丨升也禮記雜記下大飲烝疏○丨氣上出貌文選鵩鳥賦陰陽陶丨注○丨祭也國語魯語烝將躋僖公注○烝謂烝祭禮記祭統勤大命施于烝彝鼎疏○烝冬祭也左氏襄十六年傳烝于曲沃注昭元年傳晉既烝注又國語楚語于是乎烝嘗注○冬祭曰烝國語魯語烝而獻功注○冬曰烝國語魯語注○烝冬事也穀梁桓八年傳○丨俎實呂覽孟冬紀大飲丨注○烝謂有牲體爲俎也禮記月令大飲烝注○升殽于俎皆謂之烝左氏宣十六年傳注烝升也疏○半解其體而升於俎謂之房烝左氏宣十六年傳注公謂諸侯疏○薦其半體亦謂之房烝左氏宣十六年傳注享當體薦疏○丨庶衆人也漢書宣帝紀天下丨庶注○烝庶謂衆人也漢書中山靖王勝傳此乃烝庶之成風注

【烝】通作蒸○說文丨火气上行也从火丞聲○丨謂丨之使柔荀子性惡故枸木必將待檃括丨矯然後直注○詩東山丨在桑野文選注卅二作烝在桑野

【承】說文丨奉也受也从手从卩从廾○丨者奉上之語左氏昭十三年傳注丨貢賦之次疏○丨者奉上之名書說命中丨以大夫師長疏○丨者奉持之義詩閟宮箋丨祀疏○丨者當待之義詩閟宮傳丨止也疏○丨飲奉觴左氏襄廿五年傳丨飲而進獻注○丨祀謂視祭事也詩閟宮龍旂丨祀箋○丨吏謂攝官無餘而空理事管子問官丨吏注○丨徵音相近蓋是楚人之言聲轉而字異耳左氏哀四年傳注丨音徵疏

【丞】集韻氶同○說文氶翊也从廾从卩从山山高奉氶之意○孝經注前疑後丨釋文本亦作承○戚伯著碑泉晁府氶丨作氶

【懲】說文丨㣻也从心徵聲○丨創艾也漢書翟義傳以丨淫慝注外戚傳下丨丁傳行事注○丨創刈也漢書嚴朱吾邱徐嚴終王賈傳贊荆舒是丨注○丨止也漢書張敞傳無以勸善丨惡注又一切經音義十三引廣雅○丨創止也漢書孔光傳欲丨後犯法者也注○丨者息其既往易象下傳君子以丨忿窒欲疏○書泰誓罔丨其侮墨子非命中作毋僇其務

【澂】澄同○說文丨清也从水徵省聲○澄謂沈齊也禮記禮運澄酒在下疏

【陵】說文丨大阜也从𨸏夌聲○大阜曰丨周禮遂大夫注善相邱丨阪險原隰土地所宜疏又漢書外戚傳下沒漂丨邑注○丨亦邱也漢書地理志北海郡營丨注引應劭又水經濰水注○丨者天生自然者也今王公墳壟稱丨水經渭水注引風俗通○南人謂陸爲丨左氏定六年傳注丨師陸師疏○在艮山下故稱丨易震躋于九丨虞注○夫丨者高大之象也續漢五行志二○丨以大丨小也國語晉語襲

侵之事丨也注○丨越也禮記樂記五者皆亂迭相
丨疏○丨猶越也禮記學記不丨節而施之謂孫疏
○丨謂加尚之左氏隱三年傳少丨長疏○丨侮也
一切經音義九引廣雅○丨夷積替也漢書刑法志
寖以丨夷注張釋之傳丨夷至於二世注○丨夷謂
積替也漢書李尋傳故世丨夷注○丨夷漸積替也
漢書禮樂志丨夷而不反注○丨夷言其積替若邱
丨之漸平也漢書成帝紀日以丨夷注○丨夷謂卑
替也漢書劉向傳遂至丨夷注○丨夷謂弛替也漢
書司馬相如傳下反衰世之丨夷注○丨夷漸廢替
也漢書朱博傳恐功效丨夷注○丨夷即凌遲也漢
書竇田灌韓傳贊丨夷以憂死注○丨遲即丨夷也
漢書王嘉傳法度丨遲注○丨遲言積替也後漢馮
衍傳下澄德化之丨遲兮注○丨遲亦言如邱丨之
逶遲稍卑下也漢書成帝紀日以丨夷注○丨遲猶
陂陁詩大車序禮義丨遲疏○居室如丨故曰丨居

素問異法方宜論其民丨居而多風注○馬丨一作
馬陘左氏成二年傳擊馬陘賈注

凌 廣韻勝同○說文勝仌出也从仌朕聲詩曰納于
勝陰丨勝或从夌○丨陰冰室也左氏昭四年傳
七月之卒章注○丨室藏冰之室也漢書惠帝紀未
央宮丨室災注成帝紀丨室火注○丨室所以供養
飲食漢書五行志上○丨慄也爾雅釋言○丨戰栗
也漢書楊雄傳上虎豹之丨遽注○丨兢恐懼貌也
漢書楊雄傳上馳閶闔而入丨兢注○突掩爲丨漢
書天文志陵歷鬭食注引韋昭○繆悖情露謾愠丨
誶四八注

綾 說文丨東齊謂布帛之細曰丨从糸夌聲

蔆 通作菱○說文丨芰也从艸淩聲楚謂之芰秦謂
之薢茩遴司馬相如說丨从遴○丨芰也漢書循
吏龔遂傳益畜果實丨芡注○菱芰也漢書司馬相
如傳上咀嚼菱藕注引張揖○蔆芰也漢書司馬相
如傳上外發夫容蔆華注引應劭○爾雅釋草蔆蕨
攗釋文本今作丨○國策秦策丨水史記作陵水

冰 廣韻仌同○說文仌凍也象水凝之形凡仌之屬
皆从仌○丨者陰之盛而水滯者也漢書五行志
上○丨者窮谷陰氣所聚初學記七引韓詩○丨陰
也太元應丨盛于地注○丨者兵之象公羊成十六
年傳雨木丨注引徐邈說○丨箭筩左氏昭十三年
傳飲丨注○丨櫝丸蓋詩大叔于田疏引左氏昭廿
五年傳公徒釋甲執丨而踞服注○爾雅釋器丨脂
也釋文孫本作凝

膺 說文𦟝匈也从肉雁聲○丨人之胸前禮記少儀
執箕丨揭疏○丨胸前也禮記曲禮上注執箕丨
揭疏○丨謂胸丨禮記中庸則拳拳服丨疏○丨當
也漢書淮南衡山濟北王傳贊戎狄是丨注○丨猶

受也後漢班固傳下丨萬國之貢珍注引國語賈注

鷹 說文雁鳥也从隹瘖省聲或从人人亦聲鷹籀文
雁从鳥○丨是鷙擊之鳥左氏昭十七年傳注爽
鳩丨也疏

應 說文雁當也从心雁聲○丨當也詩麟趾箋與禮
相丨釋文又左氏僖十二年傳丨乃懿德疏

蠅 說文丨營營青丨蟲之大腹者从黽从虫○丨讒
人之象也論衡商蟲

繩 說文丨索也从糸蠅省聲○丨直也淮南本經故
謹於權衡準丨注抱表懷丨注○丨亦直也淮南
說林行險者不得履丨注○丨者直之至也史記禮
書又荀子禮論○丨者上下端直經緯四通也漢書
律麻志上○丨謂治正之漢書儒林傳丨之以文武
之道注○丨謂彈正書冏命丨愆糾謬疏○丨謂彈

治之耳漢書元帝紀以刑名丨下注○丨謂枰彈之也漢書匡張孔馬傳贊彼以古人之迹見丨注引如淳○丨言主糾合作之也漢書禮樂志丨茲二員六人注○丨丨謹敬更正意也漢書禮樂志丨丨意變注引應劭○丨丨衆多也漢書禮樂志注引孟康○若丨言細也荀子彊國西壤之不絕若丨注○丨墨猶規矩也公羊序使就丨墨馬疏○巽爲丨易坤括囊虞注賁束帛戔戔虞注大畜童牛之梏虞注遯莫之勝說虞注繫辭下傳引重致遠虞注弦木爲弧虞注○丨屬棺曰紼屬車曰引禮記曲禮上注紼引棺索疏○丨含實也周禮薙氏秋丨而芟之釋文○丨音孕禮記月令注薙人掌殺草職曰疏引皇氏丨水出齊國臨淄縣北入時水左氏昭十二年傳

澠 有酒如丨注

乘 說文乘覆也从入桀桀黠也軍法曰乘𠈟古文乘从几○丨因也文選謝元暉始出尚書省詩注引

漢書如淳注○丨陵也文選何敬祖雜詩注引國語賈注○丨登也左氏襄廿三年傳欒氏丨公門注○丨猶登也詩子衿傳丨城而見闕疏○凡物四皆曰丨也儀禮鄉射禮注丨矢四矢也疏○丨聲之誤當爲繩也詩縣其繩則直箋

塍 說文丨稻中畦也从土朕聲

昇 本作升俗加日韻會作陞○說文新附丨日上也从日升聲古只用升○從下而上謂之升書舜典元德升聞疏○升進也公羊隱元年傳注見始升平疏○升者登上之義易升升元亨疏○升者登也同上○升猶舉也書洪範馬注○升亦訓爲成儀禮喪服傳注登成也疏○升卽廢縣也儀禮覲禮注丨沈必就祭者也疏○升降謂化氣也素問六微旨大論升降息注○易升釋文鄭本作昇

升 說文丨十龠也从斗亦象形○十合爲丨漢書律厤志上○丨者登合之量也同上○兩匊謂之丨小爾雅量○古者爲丨上徑一寸下徑六分其深八分讀詩記引崔集注

勝 說文丨任也从力朕聲○重物不可舉者謂之不丨用之不可盡者亦言不丨左氏宣十二年傳可丨既乎疏○丨當爲稱國語晉語中不丨貌注○易繫辭下貞丨者也釋文姚本作稱

興 說文丨起也从舁从同同力也○丨起也詩東方未明序朝廷丨居無節疏又禮記曲禮上執食丨辭疏檀弓下有以故丨物者疏禮運是故謀閉而不丨疏祭統而丨施惠之象也疏○丨者起也詩關雎序四曰丨疏○丨謂發起禮記文王世子丨有德也疏○丨生也禮記樂記而百化丨焉疏又廣雅釋詁一○丨夙丨也詩斯干乃寢乃丨箋○丨之舉其事呂覽懷寵而復丨之注○丨謂發謀出慮禮記中庸

其言足以丨疏○丨謂起爲卿大夫禮記曲禮下惟丨之日注○惟丨謂己始仕也同上疏○縣丨金作也禮記仲尼燕居入門而縣丨注

繒 說文丨帛也从糸曾聲縡籒文丨从宰省楊雄以爲漢律祠宗廟丹書告○丨者帛之總名漢書灌嬰傳睢陽販丨者也注○丨者帛之總稱漢書匈奴傳上赤綈綠丨注○丨之言贈也禮記禮運瘞丨疏○丨與橧音義亦同詩漸漸之石箋今離其丨牧之處疏

淜 通作馮○馮河徒涉也爾雅釋訓○無舟楫而渡曰馮河淮南本經不敢馮河注○丨河涉河易泰用馮河虞注○馮翼洞灟無形之貌淮南天文馮馮翼翼洞洞灟灟注

仍 說文丨因也从人乃聲○丨亦因也漢書藝文志據行事丨人道注○定本集注丨字皆作乃字詩

雲漢箋天丨下旱災亾亂之道疏
【競】說文競競也从二兄二兄競意从丯聲讀若矜一曰競敬也○丨丨謹戒也漢書韋賢傳丨丨元王注○丨丨戒慎也漢書董仲舒傳故堯丨丨日行其道注外戚傳上唯皆姻爲丨丨注
【矜】丨憐也左氏文十三年傳注義取侯伯哀恤鰥寡疏○丨是憐惜之意書旅獒不丨細行疏○丨大也國語越語勞而不丨其功注○自稱已賢曰丨書大禹謨汝惟不丨疏○丨謂自伐也漢書鼂錯傳盡心力不敢丨注○丨夸恃也漢書游俠郭解傳不丨其功注○丨夸大也詩小戎序國人則丨其車甲箋○無丨不自大也淮南原道恬愉無丨注○書多士予惟率肆丨爾論衡雷虛作予惟率夷憐爾
【徵】說文丨召也从微省壬爲丨行於微而文達者即丨之斆古文丨○丨猶召也禮記文王世子大昕

鼓丨疏○丨應也淮南脩務夫謌者樂之丨也注○丨成也周禮典瑞注其聘女則以納丨焉疏又禮記昏義納丨疏又左氏成八年傳注宋公無主昏者疏又論語八佾杞不足丨也集解引包注○丨明也左氏昭卅年傳且丨過也注又廣雅釋詁四○丨成也明也禮記中庸杞不足丨也疏○丨猶清也易損君子以丨忿窒欲釋文引鄭注○丨驗也書洪範八庶丨疏又禮記中庸久則丨疏丨諸庶民疏又左氏襄廿一年傳可明丨也注又易略例合義可爲其丨注○丨證驗也漢書賈誼傳既有丨矣注○丨是證驗之義書允征傳丨證也疏○無丨猶無可信驗也素問方盛衰論五部無丨注○納丨者納聘財也禮記昏義納丨疏○丨或爲徵禮記中庸久則丨注
【凝】說文冰水堅也从仌从水丨俗冰从疑○丨成也易鼎君子以正位丨命釋文引鄭注○丨止也文選別賦注引廣雅○丨猶定也書皐陶謨庶績其丨王注○丨謂不通也漢書薛宣傳然而嘉氣尚丨注○丨者安靜之義詩桑柔傳丨定也疏○丨肅謂寒氣譪空丨而不動素問至眞要大論則丨肅慘慄注
【稱】說文丨銓也从禾爯聲春分而禾生日夏至晷景可度禾有秒秋分而秒定律數十二秒而當一分十分爲寸其以爲重十二粟爲一分十二分爲一銖故諸程品皆从禾○丨舉也書君奭丕單丨德疏又國語晉語君丨所以佐天子注○丨言舉所以來之辭也禮記喪大記君丨言注○仲秋下旬碑嘉爯卓然丨作爯
【偁】說文丨揚也从人爯聲
【登】說文登上車也从癶豆象登車形𤼷籀文登从廾○丨升禮記玉藻丨席不由前注○丨進呂覽仲

夏農乃丨麥注○丨成也周禮司服注十五升去其半疏又淮南天文蠶不丨注○丨謂百穀成漢書成帝紀年歲未咸丨注○進上農工諸事業名曰丨漢書食貨志上注引鄭氏○丨高也文選羽獵賦涉三皇之丨閎注引韋昭○丨閎高遠也漢書楊雄傳上涉三皇之丨閎注○丨降謂上下尊卑左氏桓二年傳丨降有數注○丨陟即是在之義也左氏昭十五年傳福胙之不丨疏○丨來之者美大之辭也公羊隱五年傳○齊人語謂丨丨來爲得來也聲有緩急得爲登禮記大學注丨戾之疏○禮記玉藻丨席不由前爲躐席曲禮疏上作升席不由前爲躐席
【簦】說文丨笠蓋也从竹登聲
【𢍚】通作鐙○說文𢍚禮器也从廾持肉在豆上讀若鐙○鐙豆𨂍也禮記祭統執醴授之執鐙釋文

燈本作鐙○說文鐙錠也从金登聲

崩說文丨山壞也从山朋聲𨽾古文从𨸏○崩弛崩也漢書五行志下之上引劉歆○自上下者爲崩漢書五行志中之上○高大而壞謂之崩左氏隱元年傳厚將崩疏○大曰崩小曰弛國語周語是故聚不崩弛注○自天墜下曰崩禮記曲禮下崩曰天王崩疏○崩死也國策秦策一日山陵崩注○天子死曰崩禮記曲禮下○天子稱崩越絕書吳內傳○天子曰崩大戴記四代又公羊隱三年傳又穀梁隱三年傳宋公稱卒注○天子曰崩崩壞之形也崩硼聲也釋名釋喪服○天子曰崩大尊像白虎通崩薨○陰虛陽搏謂之崩素問陰陽別論

增說文丨益也從土曾聲○丨益也文選弔屈原文遙丨擊而去之注引李奇○丨丨眾夥之貌爾雅釋訓注

曾說文丨詞之舒也从八从曰四聲○丨何也廣雅釋言○丨高高上飛意也文選弔屈原文遙增擊而去之注引如淳

憎說文丨惡也从心曾聲○丨謂已所嫌恨禮記曲禮上丨而知其惡疏○丨風謂深惡之也素問藏氣法時論丨風注

罾說文罾魚网也从网曾聲○丨魚網也形如仰繖蓋四維而舉之漢書陳勝傳置人所丨魚腹中注○丨魚網也御覽引廣雅釋器

繒說文丨弋躲矢也从矢曾聲○丨弋射矢也漢書息夫躬傳丨若浮猋注○丨者弋之矢也漢書貨殖傳丨弋不施於徯隧注○繳弋射也其矢曰丨史記留侯世家雖有丨繳集解引韋昭又漢書張良傳注○丨短矢也漢書司馬相如傳上微丨出注○丨矢淮南脩務以備丨弋注○丨一莖可以仰射高者故云丨也史記留侯世家索隱○丨矢名也易遯注丨繳不能及疏○丨矢恆矢弓所用也周禮司弓矢注

橧爾雅釋獸豕所寢丨釋文舊本多作繒帛字

層說文丨重屋也从尸曾聲

曾丨之言則也漢書韋元成傳丨是車服注○丨祖丨孫者丨是重義左氏襄十八年傳丨臣疏○孟子告子下丨益其所不能荀子注丨作增

能說文丨熊屬足似鹿从肉㠯聲丨獸堅中故稱賢能而強壯稱丨傑也凡丨之屬皆从丨○丨本獸名形似熊足似鹿爲物堅中而強力故人之有賢材者皆謂之丨漢書高帝紀上注○丨才也國語晉語夫教者因體丨質而利之者也注○丨謂材也漢書高帝紀上恐丨薄注○丨才丨也史記高祖本紀恐丨薄正義○丨謂才丨也左氏昭廿年傳柔遠丨邇疏○丨善也荀子勸學非丨水也注○丨猶安也易屯宜建侯而不寧釋文○丨猶及也淮南修務不丨被德承澤注○丨謂有道藝禮記大傳四曰使丨疏○有伎謂之丨詩烝民序任賢使丨疏○古以丨爲三台字禮記禮運注耐古丨字疏○劉向說苑丨字皆爲而同上

棱說文丨柧也从木夌聲

朋 丨類也廣雅釋詁三○同類爲丨友易象下傳君
子以丨友講習虞注○丨者輩類之名詩七月傳
兩樽曰丨疏○丨羣也後漢書班固傳下屯丨篤論
之士注○丨黨也詩椒聊傳丨比也疏○丨謂丨黨
周禮士師注丨黨相阿疏○同門曰丨易象下傳君
子以丨友講習疏○丨是同門之稱詩伐木序燕丨
友故舊也疏○丨友者丨助之謂也太元元翕丨友
助也注○丨友謂羣臣同志好者也詩既醉丨友攸
攝箋○丨友羣臣也詩假樂燕及丨友傳○兩貝爲
丨漢書食貨志下爲大貝十丨注○兌爲丨易泰丨
亾虞注

厷 敬避廟諱○說文宏弓聲也从弓厶聲厶
古文肱字○宏大也詩節南山喪亂宏多傳又周
禮天府注書顧命曰宏璧疏又左氏襄廿九年傳聖
人之宏也賈注又後漢李杜傳論其道宏矣注又爾

雅釋詁疏引尸子廣澤○宏廣也荀子禮論禮之廣
也注○宏猶廣也詩民勞而式宏大箋○宏惝高大
也漢書楊雄傳上正瀏濫以宏惝兮注○宏山恒山
也書大傳函都宏山注

鞃 說文丨車式也从革弓聲詩曰鞹丨淺幭讀若穹
○詩韓奕鞹鞃淺幭釋文亦作⿰車厷鞃又作苰

肱 說文厷臂上也从又从古文乚乚古文厷象形肱
厷或从肉○丨臂也書君牙作股丨心膂疏又漢
書元后傳折其右丨注○艮爲丨易文言傳正位
居體虞注

薨 說文薨公侯猝也从死瞢省聲○諸侯稱丨越絕
書吳內傳○丨者嘣之餘聲也禮記曲禮下諸侯
曰丨疏○丨丨衆夥之貌爾雅釋訓注

騰 說文丨傳也从馬朕聲一曰丨犗馬也○丨疾也
一切經音義十八引廣雅○丨跳躍也漢書李廣
傳暫丨而上胡兒馬注○丨馬相丨逐之馬禮記月
令乃合累牛丨馬疏○不丨不越不相超越周書寶
典倫不丨上注○丨遠獸名也漢書司馬相如傳上
丨遠射干注引服虔○丨遠鳥名史記司馬相如列
傳丨遠射干集解引漢書音義○丨遠蛇也史記司
馬相如列傳索隱引司馬彪○丨當作媵儀禮公食
大夫禮衆人丨羞者注○丨與媵皆是送義儀禮燕
禮注今文媵皆作騰疏

滕 說文丨水超涌也从水朕聲○丨競與也易象下
傳丨口說也疏○爾雅釋地中陵朱滕釋文又作
丨

藤 丨宏胡麻也廣雅釋草○今江東呼櫐爲丨爾雅
釋木諸慮山櫐注

縢 說文丨緘也从糸朕聲○丨訓緘也然則行而緘
足故名行丨左氏桓二年傳注若今行丨者疏○

丨束也書金縢王注○丨是縛約之名禮記少儀甲
不組丨疏○縢繩也莊子胠篋釋文引廣雅○縢索
也廣雅釋器○丨謂紟帶禮記少儀甲不組丨疏○
組丨以組飾之及紟帶也禮記少儀注○金丨是匱
之名書金縢序疏○詩閟宮朱英綠丨御覽七百七
十二作朱英綠縢

恒 說文亙常也从心从舟在二之間上下一心以舟
施恆也亙古文恆从月詩曰如月之恆○丨常也
易⿱雨皿利用丨疏又書洪範丨燠若鄭注又公羊成元
年傳注舒丨丨燠若疏○丨訓爲常周禮司巫則帥巫
而造巫丨疏○丨久也易恒丨亨鄭注浚丨侯注○
常山謂之丨山廣雅釋山○定本作丨集注皆作亘
字詩生民傳丨偏疏○書洪範曰急丨寒若曰豫丨
燠若周髀算經下注作急常寒若舒常燠若

絙 或作絚○說文緪大索也一曰急也从糸㮂聲○
絙索也漢書溝洫志搴長茭兮湛美玉注引臣瓚

○集本定本絙字作恒詩天保箋月上弦而就盈疏

脀 說文丨騃也从肉丞聲○丨升也周禮內饔注鼎實曰丨疏○丨者升也儀禮燕禮注丨俎實疏

憕 說文丨平也从心登聲

凭 說文丨依几也从几从任周書丨玉几讀若馮

馮 丨亦陵也左氏襄十三年傳小人伐其技以丨君子注○丨亦持念之意也史記屈原賈生列傳品庶丨生索隱○丨丨盛滿也漢書禮樂志桂華丨丨翼翼注○丨車中所丨者也漢書酷吏周陽由傳同車未嘗敢均茵丨注

陾 說文丨築牆聲也从自耎聲詩曰捄之丨丨

艿 說文丨艸也从艸乃聲

鄫 說文姒姓國在東海从邑曾聲

㲪 說文新附丨毾丨也从毛登聲

蕄 爾雅釋詁萌萌在也玉篇引作丨丨在也

掤 說文丨所以覆矢也从手朋聲詩曰抑釋丨忌○丨爲覆矢之物詩大叔于田傳丨所以覆矢疏○丨與冰字雖異音義同是一器也左氏昭廿五年傳注冰櫝丸疏

[illegible] 丨丨飛也廣雅釋訓

縢 說文丨囊也从巾朕聲

螣 說文丨神蛇也从虫朕聲

搄 說文搄引急也从手恆聲

淩 說文丨水在臨淮从水夌聲

夌 說文丨越也从夊从㚘㚘高也一曰丨偆也○丨犯也廣雅釋詁四

[illegible] 丨謂之寒蜩方言十一

淜 說文丨無舟渡河也从水朋聲

騬 說文丨犗馬也从馬乘聲

扔 說文丨因也从手乃

謄 說文丨迻書也从言朕聲

[illegible] 說文丨黑虎也从虎騰聲

○以下據廣韻錄

[illegible] 說文丨軺車後登也从車丞聲讀若易抍馬之抍

[illegible] 說文丨去也从去夌聲讀若陵

[illegible] 說文丨厚也从言乃聲

[illegible] 說文丨木也从木乃聲

爯 說文丨幷舉也从爪冓省

璒 說文丨石之似玉者从玉登聲

熷 說文竄置魚筩中炙也从火曾聲

譄 說文丨加也从言曾聲

倗 說文丨輔也从人朋聲讀若陪位

儚 說文丨惛也从人瞢聲

〇以下據集韻錄

鹵 說文丨驚聲也从乃省鹵聲籒文鹵不省或曰丨往也讀若仍𠧪古文丨

齡 丨大也廣雅釋詁一〇爾雅釋言丨苦也釋文本又作矜

膡 丨二也廣雅釋詁四

僂 爾雅釋訓丨丨釋文字或作慺

鯇 說文丨䱴丨也从魚完聲

䱴 說文䱴鯇也周禮謂之䱴从魚亘聲

經籍纂詁卷第二十五補遺終

經籍籑詁卷第二十六

下平聲

經筵講官南書房翰林戶部左侍郎兼署兵部左侍郎前提督浙江學政阮元撰集

十一尤

尤 通作郵○丨過也洪範五行傳禦思心於有丨注又詩載馳許人丨之傳四月莫知其丨箋又左氏襄廿六年傳而視之丨注又論語爲政則寡丨集解引苞注又皇疏又周書大匡哀樂之丨注又漢書五行志下之下集注司馬相如傳上集注司馬遷傳集注韋元成傳集注谷永傳集注杜鄴傳集注外戚傳下集注王莽傳中集注敘傳下集注二見又後漢馮衍傳注又孟子梁惠王下君無丨焉注又家語弟子行不在丨之內注刑政丨罰麗於事注又淮南說山物之丨必有所感注又離騷忍丨而攘詬注惜誦紛逢丨以離謗兮注恐重患而離丨注抽思覽民丨以自鎮注逢尤彼詠譖兮虛獲丨注又文選東京賦祇以昭其愆丨薛注○郵過也書中候義明禮闕郵注又詩賓之初筵不知其郵箋又禮記王制郵罰麗於事注又爾雅釋言又國語晉語言無郵注不爲郵矣注效郵非義也注楚語夫貨馬郵則闕於民注又漢書賈誼傳集注外戚傳下集注又列子楊朱矜情之郵釋文○何丨者無過也孟子梁惠王下畜君何丨注○丨非也文選盧子諒贈劉琨詩注引韓詩章句又論語憲問不丨人鄭注○丨責也論語憲問皇疏○丨責過也左氏襄十五年傳丨其室注○丨甚也素問六節藏象論徇蒙招丨注○丨者甚也史記屈原賈生傳索隱○丨異也左氏昭廿八年傳夫有丨物注又廣雅釋言又漢書司馬相如傳下集注○丨怪也小爾雅廣言○丨殊絕也管子侈靡然有知强弱之所丨注○郵怨也荀子議兵罪人不郵其上注

○丨謂怨咎也史記屈原賈生傳般紛紛其離此丨兮索隱○丨怨人也爾雅釋言舍人注○丨與郵同古字通文選盧子諒贈劉琨詩眷同丨良注○郵字與丨同呂覽樂成投之無郵注○詩載馳釋文丨本亦作訧○書呂刑報以庶丨說文言部作報以庶訧○書呂刑嵒丨周禮肆師注作訧

郵 丨驛也廣雅釋詁四○丨今之驛也孟子公孫丑上速於置丨而傳命音義引丁音○丨謂丨亭舍也太元傒凶人之丨注○禮記郊特牲丨表畷釋文丨本亦作尤字或作郵○左氏哀二年傳丨良文選盧諶贈劉琨詩作尤良

優 丨渥也詩瞻卬維其丨矣傳又廣雅釋言○丨裕也國語魯語獨恭不丨注而布施丨裕也注○丨饒也國語周語布施丨裕注又淮南俶眞而萬物大丨注又文選西京賦邪嬴丨而足恃薛注○丨多也小爾雅廣詁○丨寬也詩瞻卬維其丨矣箋又家語入官丨而柔之注○丨柔也淮南原道其德丨天地而和陰陽注○丨丨和也詩長發敷政丨丨傳又爾雅釋言又家語正論布政丨丨注又後漢陳寵傳注○丨猶寬也論語憲問爲趙魏老則丨皇疏○丨猶寬泰也荀子正論聖王之生民也皆使當厚丨猶不知足而不得以有餘過度注○丨謂透隨不斷管子小匡人君惟丨與不敏爲不可注○丨謂丨游也文選典引雖云丨慎蔡注○丨游謂丨柔也後漢朱浮傳注○丨游猶委從也淮南本經與一世而丨游注○丨簡寬舒之貌淮南時則丨丨簡簡注○丨俳也左氏襄廿八年傳陳氏鮑氏之圉人爲丨注又穀梁定十年傳齊人使丨施注又國語晉語公之丨曰施注○丨謂俳丨也國語越語信讒喜丨注○丨倡丨也禮記中庸丨丨大哉釋文○丨笑倡俳也國語齊語丨笑在前注○丨調戲也左氏襄六年傳長相

丨注○丨詩信南山既丨既渥說文水部作既瀀既渥
○詩長發敷政丨丨說文夂部作布政憂憂○度尚
碑持重瀀於
營平丨作瀀
憂 集韻通作優○丨思也爾雅釋詁又素問五運行
大論其志爲丨注○丨慮也素問五運行大論注
○丨懼也呂覽知分余何丨於龍爲注○丨患也論
語子罕仁者不丨皇疏○丨病也孟子公孫丑下有
采薪之丨注○丨阨也呂覽開春君子在丨注○懮
病貌也楚辭抽思傷余心之懮懮注○丨者閉塞而
不泄也鬼谷子權○坎爲丨易泰勿恤其孚虞注夬
有戎勿恤虞注豐勿丨虞注巽頻巽虞注○坎爲加
丨易說卦傳○丨或爲疾禮
記曲禮下某有負薪之丨注
流 丨水行也文選長笛賦注引字林○丨行也書古
太誓丨之爲鵰馬注又廣雅釋詁又荀子議兵刑

罰省而威丨注又呂覽審分譽丨乎無止注又淮南
原道凝結而不丨注○丨猶行也禮記郊特牲而丨
示之禽注○丨演也廣雅釋言○丨覃也爾雅釋言
○丨順也太元元掜知陽者丨注○丨大也國語晉
語丨志而行注○丨末也廣雅釋詁○丨下也詩七
月七月丨火傳○丨灌也國策秦策以丨魏氏注○
丨釋也淮南原道金火相守而丨注○丨匕也廣雅
釋詁三○丨擇也爾雅釋詁○丨求也爾雅釋言又
詩關雎左右丨之傳○丨放也書舜典丨宥五刑馬
注又禮記王制不從者君丨注又國語周語乃丨王
於彘注丨之若何注晉語有直質而無丨心注又漢
書昭帝紀集注又後漢蔡邕傳注又莊子盜跖舜丨
母弟釋文又淮南本經皆在丨遁注說山丨言雪汙
注又呂覽離謂范蠡子胥以此丨注○丨猶放也禮
記射義夫君臣習禮樂而以丨亡者注○丨移也書
禹貢二百里丨傳又漢書禮樂志集注又管子侈靡

則民不丨矣注○丨猶移也考工記弓人寒奠體則
張不丨注又禮記中庸故君子和而不丨注○丨猶
變也書古太誓鄭注○丨猶偏也後漢班彪傳下注
○丨猶枝也文選西都賦注引春秋漢含孳宋注○
丨猶過也失也家語觀周夫說者丨於辨注○丨猶
待也後漢馬援傳注○丨謂部分大戴記曾子立事
觀說之丨注○丨者無根源之謂荀子致仕凡丨言
丨說丨事丨謀丨譽丨愬注○從丨下而忘反謂之
丨孟子梁惠王下○丨者不復返荀子非十二子多
少無法而丨湎然雖辨小人也注○丨猶失禮也禮
記鄉飲酒義知其能和樂而不丨也注○丨謂合行
不敬也禮記樂記樂勝則丨注○丨謂蕩散管子宙
合君失音則風律必丨注○丨邪移也荀子君子貴
賤有等則令行而不丨注○丨邪淫也荀子彊國其
聲樂不丨汙注○丨猶淫放也禮記樂記使其聲足
樂而不丨注○丨謂丨離以就食也後漢來歙傳注

○丨俗失俗也禮記射義不從丨俗注○丨言謂丨
轉之言不定者也荀子大略丨言滅之注○中丨禮
之中道也荀子禮論是禮之中丨也注○中丨言如
水之淸濁相混也同上○九丨謂儒家道家陰陽家
法家名家墨家縱橫家雜家農家後漢張衡傳注○
丨亡謂丨遁亡去也後漢張衡傳注○丨遁披散也
淮南要略樽丨遁之觀注○丨連猶瀾漫失其職業
也淮南本經愚夫惷婦皆有丨連之心注○丨覽謂
周丨偏覽也後漢馬融傳注○丨眺睛盼也淮南脩
務目丨眺注○丨眄轉眼貌也文選西京賦眳藐丨
眄薛注○丨離津液丨貌文選文賦終丨離於濡翰
注○丨離涕垂貌文選長門賦涕丨離而從橫注○
飛矢曰丨矢後漢竇武傳注○丨匜口也儀禮旣夕
南丨注○丨匜吐水口也儀禮士虞禮匜水錯于槃
中南丨注○齊顏色均衆寡謂之丨文選七命注引
韓詩章句○丨歠長歠也孟子盡心上放飯丨歠注

○丨蘇五采毛雜之以爲馬飾而垂之文選東京賦
飛丨丨蘇之騷殺薛注○丨蘇謂翦綃緌垂於彫文之
樓也文選吳都賦樠丨蘇劉注○丨離光彩貌也後
漢蔡邕傳注○丨漫采色相參和也淮南本經丨漫
陸離注○丨星星轉行如丨水也釋名釋天○千里
之外曰采曰丨禮記王制○○丨沙沙自丨行故曰丨
沙呂覽本味丨丨沙之西注○丨沙沙丨而行也離騷
恐吾行此丨沙兮注招魂丨沙千里注○丨黃土精
也文選吳都賦紫貝丨黃劉注○竹書云昌意降居
若水產帝乾荒乾荒郎韓丨也山海經海內經昌意
降居若水生韓丨注○馬文淵立兩銅柱于林邑岸
北有遺兵十餘家不反悉姓馬交州以其丨寓號曰
馬丨水經溫水注○丨澌解氷也楚辭河伯丨澌紛
兮將來下注○泝古丨字公羊桓八年傳注泝血尤
深釋文又荀子榮辱其泝長矣注○易繫辭上傳旁
行而不丨釋文丨京作留○詩旄邱釋文丨本又作

鷂○禮記樂記龍旂九丨釋文丨本又作旒公羊襄
十四年傳注君若綴丨然釋文丨本作旒○左氏昭
廿年傳出入周丨釋文丨古本有作疏者○莊子德
充符人莫鑑於丨水釋文丨崔本作沬○莊子應帝
王因以爲波丨釋文丨崔本作隨○詩旄邱丨離之
子爾雅釋鳥注作留離之子○孟子盡心下何其血
之丨杵也論衡語增
作何其血之浮杵也

斿 集韻旒或作斿○旒旌旗之垂者也詩長發爲下
國綴旒箋○旒斿旒公羊襄十六年傳君若贅旒
然注○旒章也詩長發傳○詩長發爲下國綴旒禮
記郊特牲注作爲下國畷郵○禮記明堂位旂有十
二旒釋文旒本又作丨○公羊
襄十六年傳釋文旒本又作流

旒 丨謂冕前後所垂玉也後漢蔡茂傳注

留 丨止也國策秦策令之丨於酸棗注又漢書韓安
國傳集注又楚辭雲中君靈連蜷兮既丨注○丨
久也爾雅釋詁又禮記儒行悉數之乃丨更僕未可
終也注又家語儒行悉數之則丨注○丨徐也國語
吳語一日惕一日丨注○丨待也楚辭湘君蹇誰丨
兮中洲注○丨遲周書武順均佐肅敬而無丨注○
丨滯呂覽圜道一不欲丨注○丨盡也周書大匡哭
不丨日注○丨謂丨止素問瘧論風氣丨其處故常
在注○丨謂遲丨漢書霍去病傳集注○丨不至也
儀禮大射儀下曰丨注○丨謂守常不變管子正世
不慕古不丨今注○丨居滯守之謂莊子山木無丨
居注○以矢行告于公下曰丨上曰揚左右曰方儀
禮大射禮○丨幕冀州所名大褶下至膝者也丨牢
也幕絡也言牢絡在衣表也釋名釋衣服○丨犂飯
匕也後漢隗囂傳注○丨大夫氏詩邱中有麻彼丨
子嗟傳○丨鄭邑也後爲陳所幷故曰陳丨矣水經

渠水注引孟康說○丨卯昴也史記律書北至于丨
索隱○莊子天地丨動而生物釋文丨或作流○莊
子天地執丨之狗成鬼釋
文丨本又作猫一本作貍

橊 石丨柰屬也初學記廿八引埤蒼○丨丨子樹也
文選吳都賦楺丨禦霜劉注

騮 或作駵○丨駿馬也莊子秋水騏驥驊丨釋文引
李注○赤身黑鬣曰駵詩小戎騏駵是中箋○赤
馬黑鬣曰駵晉書音義上○騂馬黑尾曰駵呂覽孟
夏駕赤駵注○駵赤馬黑髦尾也詩駉釋文引字林
○丨赤馬黑鬣色禮記檀弓注駵馬白腹釋文○駵
赤色黑鬣爾雅釋畜駵馬白腹騵注○駵赤色也爾
雅釋畜
孫注

劉 丨陳也爾雅釋詁○丨殺也爾雅釋詁又書盤庚
上無盡丨傳又詩武勝殷遏丨傳又左氏成十三

年傳虔丨我邊陲注又漢書武帝紀集注引伏儼律
厤志下集注又文選思元賦吊祖江之見丨舊注○
丨殺也秦晉宋衛之閒謂殺曰丨晉之北鄙亦曰丨
方言一○丨克也爾雅釋詁○丨尅也周書世俘則
咸丨商王紂注○丨暴樂也爾雅釋詁○丨爆爍而
希也詩桑柔捋采其丨傳○丨覽回觀也淮南原道
丨覽徧照注○丨刀也廣雅釋器○丨鉞屬書顧命
一人冕執丨傳○丨益今鑱斧書顧命鄭注○丨丨
杙爾雅釋木○古栁丣同字故丨畱聊栁同用此字
以從聲故也三國虞翻傳注○丨讀畱連之畱淮南
原道注○詩月出佼人丨兮釋文丨本又作
劉○爾雅釋鳥鶹丨疾釋文丨字或作留
由 丨自也爾雅釋詁又禮記內則丨衣服飲食注丨
命士以下注又文選思元賦不識蹊之所丨舊注丨
○丨從也易豫丨豫釋文又詩君子陽陽右招我丨
房箋賓之初筵匪丨勿語箋又禮記曲禮上丨容之

左注又國語魯語其誰從巳貳注晉語丨是始之注
必長者之丨注又論語泰伯民可使丨之鄭注又漢
書律厤志上集注刑法志集注二見韓信傳集注董
仲舒傳集注公孫宏傳集注卜式傳集注杜周傳集
注三見昌邑哀王髆傳集注王吉傳集注魏相傳集
注二見薛宣傳集注谷永傳集注杜鄴傳集注儒林
傳集注匈奴傳上集注敘傳上集注又後漢張敏傳
注方術傳注又荀子禮論丨九月以下何也注解蔽
故丨用謂之道盡利矣注哀公行不務多務審其所
丨注又呂覽貴公而莫知其所丨始注又文選補亡
詩丨庚萬物得丨其道也注○丨自從也易豫虞注
頤丨頤虞注○丨用也詩君子陽陽傳小弁無易丨
言箋又禮記禮運丨此其選也注故飲食有丨也注
禮器民共丨之注郊特牲有丨辟爲注學記使人不
丨其誠注雜記丨文矣哉注緇衣亦不克丨聖注又
大戴記少閒丨君居之成於純注又左氏文六年傳

丨質要注宣十五年傳商紂丨之注襄卅年傳不能
丨吾子注又論語泰伯民可使丨之集解又皇疏又
廣雅釋詁四又小爾雅廣詁又漢書厤律志上集注
二見郊祀志下集注五行志上集注蓺文志集注司
馬相如傳上集注又孟子離婁下丨君子覩之注盡
心上終身丨之注又荀子不苟見丨則恭而止注議
兵君子不丨也注丨其道則行不丨丨其道則廢注正
論故桀紂無天下而湯武不弒君丨丨此效之也注又
呂覽務本君子不丨注處方賢主不丨也注又淮南
說山不若得事之所丨注又楚辭天問何丨并投注
○丨式也方言十三又廣雅釋詁四○丨行也廣雅
釋詁一○丨經也論語爲政觀其所丨集解○丨者
經歷也論語爲政皇疏○丨從也因也漢書魏相傳
集注○丨用也從也漢書食貨志上集注五行志上
集注杜周傳集注二見匈奴傳上集注○丨正方言
六丨輔也注○丨助也廣雅釋詁二○丨輔也燕之

北鄙曰丨方言六○丨迪正也東齊青徐之閒相正
謂之丨迪同上○丨於詩抑無易丨言箋○丨若也
考工記梓人而丨其虡鳴司農注○丨悅也管子
小問丨丨乎茲免何其君子也注○丨丨猶豫也楚
辭惜賢尚丨丨而進之注○南北耕曰丨詩南山衡
從其畝釋文引韓詩○丨義當作猶猶如也古字借
用耳孟子公孫丑上丨反手也音義引丁音離婁下
音義引丁音○丨與猶義同孟子離婁下我丨未免
爲鄉人也音義引丁音○丨與猶同荀子富國丨將
不足以勉也注○丨當爲油大戴記文王官人喜色
丨然以生注○易豫釋文丨馬本作猶○爾雅釋鳥
鼯鼠夷丨釋文丨字或作嶋○書盤庚若顛木之有
丨櫱說文木部作若顛木之有粤櫱弓部作若顛木
之有粤枿○左氏成十六年傳養丨基後漢班彪傳
作游基○戰國策許丨古今人表作許繇○孟子顏
讎丨史記孔子世家作顏濁鄒○左氏昭五年傳吳

㵐丨韓子說林下作㵐融○魯仲丨字子路見史記仲尼弟子傳○許丨字武仲史記伯夷傳注引高士傳

油 丨丨流也廣雅釋訓○丨丨流貌也楚辭惜賢丨丨湘江長流汩兮注○丨然物始生好美貌禮記祭義則易直子諒之心丨然生矣注○丨然新生好貌也禮記樂記則易直子諒之心丨然生矣注○丨丨說敬貌禮記玉藻禮已三爵而丨丨注○丨丨浩浩之貌孟子公孫丑上故丨丨然與之偕注○丨然謂無所給情也莊子知北遊丨丨然不形而神釋文○丨然不進之貌也家語五儀丨然若將可越而終不可及者注○丨丨雲行貌史記司馬相如傳雲之丨丨集解引漢書音義○丨然興雲之貌孟子梁惠王上天丨然作雲注○丨雲春雲也華嚴經音義下引毛詩音義○丨丨麻肥也文選魏都賦注引聲類○罺謂之丨爾雅釋器○桼丨檮桼實和以塗繒上燥而發之形似丨也杳丨亦如之釋名釋飲食○丨音丨麻之丨漢書司馬相如傳下集注引蘇林○禮記玉藻釋文丨本亦作由

游 同遊○丨浮也後漢馬援傳注○丨猶浮也禮記緇衣故大人不倡丨言注○丨猶流也漢書匈奴傳下集注引服虔○丨丨行也詩板及爾丨衍傳又淮南原道循天者與道丨者也注精神是故眞人之所丨注○遊行國策秦策王資臣萬金而遊注○丨出也淮南原道麟以之丨注○遊遨也文選封禪文厥壤可丨注○遊觀也詩有杕之杜噬肯來遊傳○遊戲也廣雅釋詁三○丨樂也呂覽貴直在人之丨注○遊逸書五子之歌乃盤遊無度傳○遊俠也廣雅釋詁二○遊仕也國策秦策王獨不聞吳人之遊楚者乎注○丨豫之屬也易繫辭下傳其辭丨荀注○遊謂閒暇無事於之遊禮記學記息焉遊焉注○遊謂出入上覲禮記王制膳飲食從於遊可也注○春出原農事之不本者謂之丨管子戒○遊不係也莊子外物心有天遊注○丨者履歷之辭也論語述而丨於藝皇疏○遊無官司者周禮師氏凡國之貴遊子弟學焉注○丨卒未仕者也禮記燕義國子存丨卒注○遊倅倅之未仕者周禮諸子國子存遊倅注○丨食謂浮食者後漢明帝紀注○丨食謂不勤於事素飡丨手也荀子成相臣下職莫丨食注○丨龍猶放縱也詩山有扶蘇隰有丨龍箋○遊魂言其遊散也易繫辭上傳遊魂爲變注○丨謂化而去也荀子賦食桑而吐絲注○浮水曰丨列子黃帝能丨者可教也釋文○潛行水中亦爲遊也方言十潛又遊也注○順流而下曰泝丨爾雅釋水○順流而涉曰遡丨詩蒹葭遡丨從之傳○丨女謂漢神也詩漢廣漢有丨女韓詩○丨儀亦表也周髀算經下卽以一丨儀希望牽牛中央星注○丨環靷環也丨在背上

所以禦出也詩小戎丨環脅驅傳○丨環在服馬背上驂馬之外轡貫之丨移前卻無定處也釋名釋車○遠丨冠諸侯王所服展筩無山獨斷下○囿丨囿之離宮小苑觀處也周禮囿人掌囿丨之獸禁注○遊樹浮柱也文選長門賦羅丰茸之遊樹兮注○丨冬苦菜也廣雅釋草○陵遊龍膽也同上○丨雉媒名江淮閒謂之丨丨者言可與丨也文選射雉賦恐吾丨之晏起徐注○丨與由同文選檄吳將校部曲則將軍蘇丨反爲內應注○丨或作流漢書項籍傳集注引文穎○遊當爲猶周禮師氏凡國之貴遊子弟學焉杜注○遊字應作由古人字類無定也文選詠懷詩素質遊商聲沈約注○莊子齊物論而遊乎塵垢之外釋文遊崔本作施

猷 通作猶○丨謀也爾雅釋詁○丨圖也爾雅釋言又後漢班彪傳下注○丨道也爾雅釋宮又書大

誥王若曰丨釋文又詩巧言秩秩大丨箋角弓君子
有徽丨箋又禮記坊記爾有嘉謨嘉丨注又後漢傳
殺傳注又文選幽通賦謨先聖之大丨兮曹注補亡
詩顯丨翼翼注○丨道也東齊或曰丨方言三○丨
言也爾雅釋詁○丨者道道亦言也爾雅釋詁注○
丨巳也爾雅釋詁○丨若也爾雅釋言○丨可也同
上○丨順也廣雅釋詁一○丨詐也方言十三○丨
蟲名也莊子至樂黃軦生于九丨釋文引李注又列
子天瑞九丨生乎瞀芮釋文○丨與猶古字通文選
女史箴王丨有倫注○詩巧言秩秩大丨漢書敘傳
注作秩秩大繇○楊統
碑蒼茲典猶丨作猶

悠丨遠也爾雅釋詁又詩訪落於乎丨哉傳又漢書
敘傳下音義引應劭又文選補亡詩武功外丨注
○丨行之遠也爾雅釋詁舍人注○丨丨遠貌詩載
馳驅馬丨丨傳又文選高唐賦丨丨忽忽注○丨丨

遠意詩黍離丨丨蒼天傳○丨遐也爾雅釋詁○丨
長也國語吳語今吾道路丨遠注又一切經音義九
引國語賈注○丨思也爾雅釋詁又詩關雎丨哉丨
哉傳○丨怨也廣雅釋詁二○丨丨思也爾雅釋訓
又詩巧言丨丨昊天箋○丨感思也爾雅釋詁注○
丨丨憂也詩十月之交丨丨我里傳○丨憂貌楚
辭初放丨丨蒼天兮注○丨傷也廣雅釋詁二○丨
丨行貌詩黍苗丨丨南行傳又漢書韋賢傳集注○
丨丨亦行貌文選吳都賦常沛沛以丨丨劉注○丨
○丨蠵龍行貌也楚辭大招蠵龍並流上下丨丨只注
○丨多也後漢朱穆傳注○丨丨衆多也後漢崔
駰傳注○丨丨流貌文選吳都賦丨丨旆旌者劉注
○丨遠放散貌也史記司馬相如傳丨遠長懷正義
○丨忽游蕩輕物也淮南脩務我誕謾而丨忽注○
丨闇遠覞不分辨之貌荀子議兵善用兵者感忽丨
闇注○丨從風貌文選東京賦紛焱丨以容裔薛注

○丨陽日入貌文選秋興賦日丨陽而浸微注○老
子丨兮其貴言釋文丨孫登張憑杜弼作由一作猶
○詩十月之交丨丨我里爾雅釋文作攸攸我里○
詩雄雉丨丨我思說苑辨物作遙遙我思○司農劉
夫人碑極攸
遠索丨作攸

攸丨所也爾雅釋言又易坤君子有丨往釋文又書
大禹謨嘉言罔丨伏傳多方不克終日勸于帝之
迪馬注又詩蓼蕭萬福丨同箋旱麓福祿丨降箋皇
矣丨馘安安傳靈臺麀鹿丨伏箋韓奕爲韓姞相丨
箋泮水淮夷丨服箋又儀禮士冠禮髦士丨宜注又
禮記緇衣朋友丨攝注又左氏成二年傳民之丨暨
注襄十一年傳福祿丨同注襄卅一年傳朋友丨攝
注昭廿六年傳未有丨底注哀五年傳民之丨暨注
又國語晉語勿用有丨往注楚語麀鹿丨伏注又漢
書五行志中之上集注地理志集注司馬相如傳下

集注韋賢傳集注敘傳下集注又後漢班彪傳上注
張衡傳注袁譚傳注又孟子滕文公下有丨不爲臣
注又太元務君子丨行注無丨往注疆無丨用注曹
于人丨資注又文選東京賦虙妃丨館薛注思元賦
非是時之丨珍舊注○丨懸危之貌左氏昭十二年
傳湫乎丨乎注○丨然迅走水趨深處也孟子萬章
上丨然而逝注○丨丨遠貌漢書敘傳下集注○丨
讀爲風雨所漂飄之飄洪範五行傳御聽於怵丨注
○丨當爲逐易頤其欲逐逐釋文引志林○書禹貢
陽鳥丨居史記夏本紀作陽鳥所居漢書地理志作
陽鳥逌居○書禹貢灃水丨同漢書地理志作酆水
逌同九州丨同作九州逌同○書洪範彝倫丨斁史
記宋微子世家作常倫所斁予丨好德作予所好德
我不知其彝倫丨敘作我不知其常倫所序彝倫丨
敘作彝倫所序○書洪範我不知其彝倫丨敘漢書
五行志作我不知其彝倫逌敘彝倫丨斁作彝倫逌

斁○書大誥予曷其不于前寧人圖功｜終子曷敢不于前寧人｜受休畢漢書翟方進傳作予害敢不于祖宗安人圖功所終子害敢不於祖宗所受休畢

牛｜土畜也禮記月令食麥與｜注又太元䞇或牽之｜注戾東南射兕注○｜者中央之牲也賈子胎教○｜者土也易彖上傳是以畜牝｜吉也荀注○｜屬司徒土也周禮庖人凡用禽獸注○｜曰太牢大戴記曾子天圓○｜曰一元大武禮記曲禮下又獨斷上○坤爲｜易說卦傳无妄或繫之｜虞注大畜童｜之告虞注睽其｜掣虞注萃用大牲虞注旅喪｜于易虞注繫辭下傳服｜乘馬虞注○離爲｜禮記坊記東鄰殺｜注○坤爲黃｜易遯執之用黃｜之革虞注○離爲黃｜易象下傳執用黃｜侯注○坤爲牝｜易離畜牝｜吉虞注○離爲牝｜易革鞏用黃｜之革干注○坤爲子母｜易說卦傳○

｜畜之任重者屬思洪範五行傳時則有｜禍注○｜祭之盛者也易既濟東鄰殺｜注○｜者稼穡之資也易无妄注旅注○｜者冒也史記律書○｜田者以養公家之｜周禮載師以官田｜田賞田牧田任遠郊之地司農注○｜田牧田畜牧者之家所受田也周禮載師注○｜事應宮室之象也隋書五行志下引洪範五行傳○星紀斗牽｜也爾雅釋天○何鼓謂之牽｜同上

修通作脩○｜飾也楚辭湘君美要眇兮宜｜注○脩飾也荀子解蔽多能非以脩蕩是則謂之知注○○｜猶飾也禮記禮運義之｜而禮之藏注○｜設也呂覽先己鍾鼓不｜注○脩設也淮南本經脩禮樂注○｜備也國語周語｜其簠簋注○｜治也禮記中庸｜道之謂教注又廣雅釋詁三又國語晉語釋其閉｜注又太元童｜其元鑒注又呂覽孟春皆｜封疆注音初反道以｜德注又文選東京賦亭候

｜勅薛注○脩治也易象下傳脩井也虞注又論語顏淵敢問崇德脩慝辨惑集解引孔注又皇疏又荀子禮論非順孰脩爲之注又列子黃帝脩汝所以注又淮南脩務脩彭蠡之防注○｜猶治也禮記檀弓上古不｜墓注○治故曰｜論語堯曰｜廢官皇疏○溫故曰脩國策衛策秦魏交而不脩之日久矣注○｜習也禮記學記藏焉｜焉注○脩勉淮南脩務注○脩行也國語晉語不行天罰注又家語禮運講信脩睦注○｜爲也文選西京賦要紹｜態薛注○｜善也文選思元賦伊中情之信｜兮舊注○脩敬也國語魯語吾冀而朝夕脩我注○｜長也爾雅釋宮陝而｜曲曰樓注又廣雅釋詁二又國策齊策鄒忌｜八尺有餘注又史記司馬相如傳馳游道而｜降正義又漢書司馬相如傳下集注又集注引張揖楊雄傳上集注外戚傳上集注又太元童｜侏侏注又淮南墬形有｜股民注又離騷路曼曼其｜遠兮

注懷沙｜路幽蔽注天問其｜孰多注而紘疾｜盈注招魂姱容｜態注離榭｜幕注大招姱｜滂浩注又文選東京賦｜竹冬青薛注○｜亦長也史記秦始皇紀德惠｜長索隱○｜遠也離騷又重之以｜能注夫惟靈｜之故也注○脩謂自脩爲善也後漢張衡傳注○脩脩整齊之貌荀子儒效脩脩兮其用統類之行也注○脩然整飭貌荀子脩身見善脩然注○前｜前賢也後漢劉愷傳注○前｜猶前賢也後漢馮衍傳注○前｜謂前賢也文選魏都賦本前｜以作系劉注○｜墾也國語吳語地之不墾注○脩掃除糞洒周禮大宰與其具脩注○｜謂掃糞也禮記中庸｜其宗廟注○脩除治道路場壇周禮山虞則爲主而脩除注○脩除芟掃之周禮典祀則帥其屬而脩除注○脩酌若以水洗勺而酌也周禮司尊彝凡酒脩酌司農注○｜南北之深也考工記匠人堂｜二七注○徒鼓鐘謂之脩爾雅釋樂○月在

丙曰丨爾雅釋天○周禮宮人掌王之六寢之脩釋
文脩本亦作丨○爾雅釋樂釋文丨本亦作脩字釋
天釋文丨本亦作脩○易履注不脩所履釋文脩本
又作循繫辭德之脩也釋文脩馬作循○禮記祭統
見其脩於廟中釋文脩本作偏○書說命厥丨乃來
周禮師氏注作厥脩乃來○史記秦始皇紀德惠丨
長索隱曰王劭按張徽所録會稽南山秦始皇碑文
丨作攸○婁壽碑曾祖父攸春秋又不攸廉隅張表
碑令德攸
兮脩作攸
脩 脯又曰丨丨縮也乾燥而縮也釋名釋飲食○丨
脯也周禮膳夫凡肉丨之頒賜皆掌之司農注掌
客三問皆丨注又左氏莊廿四年傳女贄不過榛栗
棗丨注又廣雅釋器又後漢第五倫傳注○丨鍛脯
也周禮內饔凡掌共羞丨刑膴胖骨鱐共膳注○鍛
而加薑桂曰丨穀梁莊廿四年傳棗栗鍛丨釋文公

羊莊廿四年傳脯丨云乎釋文○丨脯也加薑桂曰
段丨禮記昏義棗栗段丨釋文○腶丨擣肉之脯儀
禮有司徹入于房取糗與腶丨注○丨大也淮南脩
務吳為封豨丨蛇注○丨長也詩六月四牡丨廣傳
韓奕孔丨且張傳又禮記投壺頸丨七寸注又周書
周祝舉其丨則有理注又小爾雅廣言又後漢張衡
傳注又呂覽辯土熱則丨注又淮南說林蘭芝欲修
而秋風敗之注脩務不若愚者之所丨注又周髀算
經上陰陽之丨注○丨長也陳楚之閒曰丨方言一
○丨猶久也考工記弓人則及其大丨也注○丨人
長人也淮南說山朱儒問徑天高於丨人注○應方
之匝從者謂之丨股亦丨丨長也周髀算經上股丨
四注○丨漆尊也周禮鬯人廟用丨注○丨器名周
禮鬯人司農注○舞丨舞徑也考工記鳧氏以其鼓
閒為之舞丨注○丨門郢城門也楚辭招魂入丨門
些注○龍丨龍須也山海經中山經賈超之山其中

多龍丨注○丨蛇大蛇吞象三年而出其骨之類淮
南本經封豨丨蛇注○丨讀曰卣周禮鬯人注○丨
讀曰修漢書高惠高后孝文功臣表集注○
詩中谷有蓷嘆其丨矣釋文丨本或作蓨
羞 丨進也爾雅釋詁又周禮膳夫丨用百有二十品
司農注庖人共祭祀之好丨注大司徒丨其肆司
農注牛人共其膳丨之牛注小子丨羊肆牛殺肉豆
司農注司士丨俎豆注又儀禮鄉飲酒賓乃丨注鄉
射禮乃丨注大射儀丨庶丨注公食大夫禮士丨庶
丨皆有大注少牢饋食禮主人丨肵俎注賓長丨牢
肝注又禮記曲禮上使某丨注又左氏隱三年傳可
丨於王宮注昭廿七年傳丨者進體注又周書皇門
丨于王所注又國語晉語有武德以丨為正卿注魯
語丨鼈焉小注楚語不丨珍異注又漢書五行志上
集注孔光傳集注又後漢張衡傳注又呂覽仲夏丨
以含桃注又淮南時則丨以含桃注又楚辭招魂肴

丨未通注又文選思元賦丨玉芝以療飢舊注○丨
也者進也不盡食也大戴記夏小正丹鳥丨白鳥傳
○丨謂所食也禮記月令羣鳥養丨注○丨飲食之
物也周禮大宰四曰丨服之式注○丨飲食也周禮
太宰釋文引干注○丨有滋味者周禮膳夫掌王之
食飲膳丨注又文選補亡詩絜爾晨丨注○丨四時
之珍異儀禮既夕記燕養饋丨湯沐之饌注○丨謂
禽丨鴈鶩之屬成熟煎和也儀禮聘禮燕與丨俶獻
無常數注○禽丨謂成熟有齊和者儀禮聘禮記禽
丨俶獻比注○熟食為丨方言十二注○丨熟也方
言十二○丨穀也廣雅釋詁三○房中之丨其籩則
糗餌粉餈其豆則酏食糝食庶丨羊臐豕膮皆有胾
醢房中之丨內丨也內丨在右陰也庶丨在左陽也
儀禮有司徹房中之丨庶丨注○丨庶丨內丨周禮
宰夫以式灋掌祭祀之戒具與其薦丨注○丨豆之
實酏食糝食周禮醢人○丨籩之實糗餌粉餈周禮

籩人○丨出於牲及禽獸以備滋味謂之庶丨周禮
膳夫丨用百有二十品注○丨庶丨也周禮內饔凡
掌共丨脩刑膴胖骨鱐以待共膳注又儀禮特牲饋
食禮乃丨注又禮記燕義俎豆牲體薦丨注○丨脯
離騷折瓊枝以爲丨兮注○備品物曰薦致滋味乃
爲丨周禮庖人與其薦丨之物注○薦丨皆進也未
食未飲曰薦既食既飲曰丨周禮籩人凡祭祀共其
籩薦丨之實注○丨鼎則陪鼎也以其實言之則曰
丨以其陳言之則曰陪儀禮聘禮丨鼎三注○丨恥
也廣雅釋詁四○丨辱也廣雅釋詁三又漢書淮南
厲王長傳集注司馬遷傳集注匈奴傳下集注○丨
猶辱也禮記緇衣惟口啓丨注或承之丨注○姦禮
爲丨國語周語○丨繹紛毋言既廣又大也東甌之
閒或謂之丨繹紛毋方言二○丨古文作膳同一切
經音義十九○丨脩聲相近漢書百官公卿表上集
注○莊子盜跖其行乃甚可丨也釋文丨本又作惡

秋丨者愁也愁者萬物愁而入也御覽時序部九引
書大傳○丨之爲言愁也禮記鄉飲酒義又白虎
通五行○丨愁也廣雅釋詁四○丨緧也緧迫品物
使時成也釋名釋天○丨者遒也周禮目録○丨之
爲言猶湫湫也春秋繁露陽尊陰卑○丨揫也時物
成熟揫斂之管子四時其時曰丨注○丨揫也太元
元數爲西方爲丨注○丨𪓔也漢書律麻志上○丨
蒐春秋繁露深察名號○丨者少陰之選也春秋繁
露官制象天○丨者天之平也春秋繁露威德所生
○兌爲丨易象上傳而四時不忒虞注○金主丨洪
範五行傳厥罰恒陽注○金爲丨春秋繁露五行對
○金王卽謂之丨白虎通五行○丨金氣水之母也
呂覽季秋季丨行夏令注○丨金素問金匱眞言論
丨勝春注○丨怒氣也故殺春秋繁露陰陽義○丨
嚴志也春秋繁露天辨在人○罰爲丨春秋繁露四
時之副○丨爲白藏爾雅釋天○丨爲收成爾雅釋
天○丨爲少陰其氣收成獨斷上○丨者萬物成熟
之初也後漢明德馬皇后紀注○丨猶時也後漢班
彪傳上注又文選七啓此甯子商歌之丨注○丨方
西方也文選東京賦屯神虎於丨方薛注○丨扈氏
農正趣民收斂獨斷上○丨引商聲也文選月賦聽
朔管之丨引注○丨毫喻細也後漢岑彭傳注○丨丨
駕御法也呂覽博志夜夢受丨駕於其師注○長丨丨
皇后宮後漢順帝紀注○長丨官名後漢桓帝紀注
○丨丨猶蹌蹌謂舞也
荀子解蔽鳳凰丨丨注

楸大而皵丨爾雅釋木○老乃皮麤皵者爲丨爾雅
釋木注○老乃皮麤皵爲丨爾雅釋木孫注○皮
老而麤棤爲丨爾雅釋木舍人注○長丨大梓楚辭
哀郢望長丨而太息兮注○橚卽丨字也山海經中
山經陽華之山多
苦辛其狀如橚注

周丨帀也禮記檀弓上四者皆丨注○丨帀也小爾
雅廣言又國語晉語三丨華不注之山注又周髀
算經上其丨七十一萬四千里注○丨旋太元元錯
○丨旋也廣雅釋言又楚辭湘君水丨兮堂下注○
丨繞也國語吳語丨軍飭壘注○丨猶繞也山海經
海外西經女子國兩女子居水丨之注○丨環也後
漢班彪傳上注○丨復也太元周陽氣丨神而反乎
始注○丨復乎德太元元衝○丨猶終無竟也左氏
昭廿年傳以丨事子注○丨遍也周易釋文○丨偏
也詩崧高丨邦咸喜箋又左氏隱十一年傳丨麾而
呼注襄十五年傳寘彼丨行注又周書職方以丨知
天下注又廣雅釋詁二又國語齊語以丨四方注又
淮南天文十二歲而丨注○丨猶徧也周禮司會以
丨知四國之治注大司徒丨知九州之地域廣輪之
數注小司徒而丨知其數注司稼丨知其名注大祝
四曰丨祭注司險掌九州之圖以丨知其山林川澤

之阻注○丨是博遍之法論語爲政皇疏○丨至也
周易釋文又書泰誓中雖有丨親傳又詩鹿鳴示我
丨行傳又周書謚法又廣雅釋詁一又漢書敘傳上
集注引劉德又後漢章帝紀注○丨者至也論衡正
說○丨備也周易釋文又左氏文三年傳舉人之丨
也注又華嚴經音義下引國語賈注又史記秦本紀
繆公之與人丨也集解引服虔注○丨密也左氏文
十八年傳是與比丨注襄廿六年傳具車徒以受地
必丨注昭四年傳其藏之也丨注又國語楚語丨而
不淑注又漢書司馬遷傳集注又荀子正論主道利
丨注賦有物於此居則丨靜致下注○丨密致也考
工記函人櫜之而約則丨也注○丨謂謹密也管子
入國人主不可不丨注○丨固左氏襄十二年傳盟
所以丨信也注○忠信爲丨國語魯語又詩皇皇者
華丨爰咨諏傳又儀禮鄉飲酒禮主人實觶酬賓注
又禮記緇衣自丨有終注行歸于丨注又論語爲政

君子丨而不比集解引孔注又國語鄭語丨訓而能
用注又後漢劉梁傳注又呂覽知分惟彼天符不丨
而丨注○忠信曰丨國語晉語夫丨以舉義注○丨
忠信也書太甲上自丨有終傳又詩都人士行歸于
丨傳又周書王佩謀成在丨長注○丨信也穀梁成
十七年傳公不丨乎伐鄭也注○丨內也淮南兵略
丨錐鑿而爲刃注○丨曲也詩有杕之杜生于道丨
釋文○丨右也詩有杕之杜釋文引韓詩○丨合也
離騷雖不丨於今之人兮注競丨容以爲度注哀時
命衆比丨以肩追兮注○丨調也廣雅釋詁四又淮
南原道貴其丨於數而合於時也注○丨輩也廣雅
釋詁一○丨救也詩雲漢靡人不丨傳○丨賜呂覽
季春丨天下注○丨給也後漢荀悅傳注○丨謂給
不足也禮記月令丨天下注○丨旋容止也國語周
語丨旋序順注○丨旋相追逐也左氏僖廿三年傳
以與君相丨旋注○丨旋謂舞者禮記樂記丨還象

風雨注○丨還反行也宜圜禮記玉藻丨還中規注
○丨流丨匝流行也文選羽獵賦章皇丨流注○丨
流流行丨遍也文選甘泉賦據軨軒而丨流兮注○
丨章謂章皇丨流也文選吳都賦丨章夷猶劉注○
丨急謂丨濟困急也後漢王丹傳注○丨者不出於
口不見於色一龍一蛇一日五化之謂丨管子樞言
○丨祭四面爲坐也周禮大祝四曰丨祭司農注○
丨謂丨天之度素問天元紀大論七曜丨旋注○乾
爲不卜風太元元掜掜擬之八風注○不丨者不交
也言陰陽未合也白虎通八風○丨雲密雨雲也淮
南俶眞譬若丨雲之蘢蓯遼巢澎濞而爲雨注○丨
代名也周易釋文詩周南釋文○丨文王武王有天
下號也書孔序虞夏商丨之書釋文○夏殷丨者有
天下之大號也白虎通號○丨者至也密也道德丨
密無所不至也同上○丨地在岐山之南其山四丨
也釋名釋州國○丨岐丨丨也詩江漢于丨受命箋○

丨道岐丨之道也詩四牡丨道倭遲傳○丨道丨室
之通道詩小弁踧踧丨道傳○丨鎬京也書召誥王
朝步自丨馬注○宗丨鎬京書畢命王朝步自宗丨
傳○丨洛謂東都也後漢隗囂傳注○古之丨南今
之洛陽水經洛水注引摯仲治○丨天下之宗室也
新序善謀九○考王封丨桓公于是爲西丨及其孫
惠公封少子于鞏爲東丨故有東西之名矣水經穀
水注○丨饒國其爲人短小一曰焦僥國山海經海
外南經○不丨之山東望泑澤河水所潛也山海經
西山經○不丨之山此山形有缺不丨匝處因名云
西北不丨風自此山出山海經西山經注○西北海
之外大荒之隅有山而不合名曰不丨負子山海經
大荒西經○不丨今此山缺壞不丨匝也山海經大
荒西經注○丨瞻諸記多爲唐睢大戴記保傅安陵
任丨瞻注○丨古文賙同一切經音義八○丨當作
賙詩雲漢靡人不丨箋○丨當作舟考工記總目作

舟以行水司農注○左氏襄廿三年傳華｜漢書古
今人表作州說苑立節善說作舟○史記晉世家而
使人迎公子｜集解引徐廣｜一作紂○漢脩堯廟
碑委曲舟匝韓勑後碑舟口牆域｜作舟○齊華｜
字還見左氏襄廿三年傳○宋公孫｜字子高見
左氏襄廿三年傳○莊｜字子休見釋文序錄

州 ｜周也｜有長使之相周足也御覽百五十七引
風俗通○｜之言殊也書禹貢序釋文引春秋說
題辭○｜殊也廣雅釋言○｜浮也同上○｜注也
郡國所注仰也釋名釋州國○｜聚也國語齊語羣
萃而｜處注○｜猶聚也禮記王制二百一十國以
爲｜｜有伯注○｜國也廣雅釋詁四○二百里爲
｜周禮載師司農注引司馬法○五黨爲｜周禮大
司徒○五黨爲｜｜二千五百家也禮記內則其一
獻諸｜史注又左氏僖十五年傳晉於是乎作｜兵
注又莊子胠篋治邑屋｜閭鄉者釋文○｜二千五

百家周禮大司徒五黨爲｜注○二千五百家爲｜
周禮州長各掌其｜之敎治政令之灋司農注又國
語晉語作｜兵注○萬二千五百家爲｜論語衞靈
公雖｜里行乎哉集解引鄭注○｜凡四十三萬二
千家書大傳｜十有二師焉注○里十爲｜管子度
地○術十爲｜同上○｜有十二師焉初學記｜郡
部引書大傳○｜黨鄉之屬也禮記鄉飲酒義合諸
鄉射注○｜黨族閭比鄉之屬別周禮地官序官鄉
老注○｜謂九｜冀兗青徐揚荆豫梁雍公羊莊十
年傳｜名也注○九｜謂冀兗青徐揚荆豫梁雍也
素問生氣通天論其氣九｜九竅五藏十二節皆通
乎天氣注六節藏象論其氣九｜九竅注○九｜揚
荆豫青兗雍幽冀并也周禮大司徒周知九｜之地
域廣輪之數注○淮南有｜黎邱爾雅釋邱○許｜
向申姜姓也炎帝後水經陰溝水注引世本○｜瞀
也廣雅釋親○｜竅爾雅釋畜白｜驢注○｜官也

廣雅釋室○｜居也廣雅釋水○古謂州爲朱封氏
聞見記二○公羊成十一年經使郤｜來聘釋文｜
本亦作犨○左氏隱四年經衞人殺｜吁于濮穀梁
作祝吁○左氏成十年傳晉厲公名｜蒲史記侯表
作壽
曼

洲 水中可居者曰｜爾雅釋水又書舜典流共工于
幽｜傳又詩關雎在河之｜傳又左氏文十年傳
注小｜曰渚釋文哀廿二年傳注東海中｜也釋文
又離騷夕攬中｜之宿莽注陶壅淹低佪兮京沚注
○水中可居者爲｜楚辭湘君蹇誰留兮中｜注○
水中之可居曰｜國語楚語又有藪曰雲連徒｜注
○水中可居爲｜方言十二○水中可居曰｜後漢
馮衍傳注又淮南墬形弱水之｜注又文選吳都賦
｜渚馮隆劉注○水中可居曰州周書王會白州比
閭注○｜水中可居者山海經海外北經范林｜環

其下注○州水中所居者淮南墬形宵明燭光在河
州注○水中可居者曰｜｜聚也人及鳥獸所聚息
之處也釋名釋水○三｜｜淮上地詩鼓鐘淮有三
｜傳○詩關雎在河之｜｜說文巛部作在河之州

舟 船又曰｜言周流也釋名釋船○｜船也詩谷風
方之｜之傳又論語憲問奡盪｜皇疏又楚辭湘
君沛吾乘兮桂｜注天問釋｜陵行注覆｜斟尋注
哀郢將運｜而下浮兮注○｜船也廣雅釋水又淮
南主術大者以爲｜航柱樑注○｜自關而西謂之
船自關而東或謂之｜方言九○共鼓貨狄作｜船
一切經音義十七引世本○｜載度物者也後漢張
衡傳注○｜牧主｜之官也禮記月令乃命｜牧覆
｜注又淮南時則｜牧覆｜注○｜牧主｜官也呂
覽季春｜牧注又文選西京賦命｜｜牧薛注○｜子
｜人主濟渡者詩匏有苦葉招招｜子傳○｜人｜
楫之人詩大東｜人之子傳○｜帶也詩公劉何以

丨之傳○丨尊下臺若今時承槃周禮司尊彝皆有丨司農注○故書丨作周考工記總目作丨以行水注○丨當作周詩大東箋○左氏宣十四年傳楚申丨呂覽行論作申周

【酬】同醻○丨之言周儀禮鄉飲酒禮主人實觶丨賓注○丨報也爾雅釋詁又國語周語丨幣宴貨注吳語自剄於客前以丨客注又呂覽愼行己因以爲丨注○醻報也詩彤弓一朝醻之傳○醻猶厚也勸也詩彤弓箋○丨勸也國語周語獻丨交酢也注○丨勸酒也儀禮鄉射禮主人實觶丨之注鄉飲酒禮主人實觶丨賓注○醻道飲也詩瓠葉酌言醻之傳○醻旅醻也詩小弁如或醻之箋○賓既酌主人主人又自飲酌賓曰丨詩楚茨獻醻交錯箋○賓主俱飲主人先舉名曰丨文選魏都賦蓋亦明靈之所丨酢劉注○飲賓客而從之以財貨曰丨所以申暢厚意也儀禮士冠禮主人丨賓注○交丨相丨之幣也

國語周語交丨好貨皆厚注○陽往爲丨易繫辭上傳可與丨酢九家注○丨酢猶應對也易繫辭上傳注○丨作訓同一切經音義十八引蒼頡○丨古文醻一切經音義八

【讎】丨匹也爾雅釋詁又漢書地理志集注○丨仇也國策秦策皆張儀之丨注齊策衍也吾丨注○丨對也一切經音義一引三蒼又史記魏其武安侯傳頻不丨正義又後漢和熹鄧皇后紀注○讐猶對也左氏僖五年傳憂必讐焉注○六怨曰丨楚辭惜誦又衆兆之所丨注○怨偶曰丨一切經音義一引三蒼○丨猶儔也爾雅釋詁注○丨輩也廣雅釋詁一○丨類法言重黎夫欲丨僞者必假眞注○丨等也漢書霍光傳集注引晉灼○丨當也漢書灌夫傳集注引晉灼王莽傳上集注○丨猶荅也禮記表記無言不讐注○丨比校也史記厤書未能詹也索隱引韋昭○丨用也詩抑無言不丨傳又漢書王莽傳集注又呂覽義賞民之丨之若性注○丨亦售史記高祖紀丨數倍集解引如淳○丨卽售也史記厤書索隱○丨謂丨物價也詩抑箋物善則其售釋文○丨眱直視也廣雅釋訓○丨夷熟視不言貌淮南道應讎缺繼以丨夷注○丨由雩藟爾雅釋蟲○丨讀曰售漢書宣帝紀集注食貨志下集注二見地理志下集注蒯伍江息夫傳贊集注○書召誥丨民釋文丨字或作酬○爾雅釋蟲丨由樗藟釋文丨本今作雠○詩抑無言不丨韓外傳作無言不酬○孟子顏丨由史記孔子世家作顏濁鄒

【柔】丨順公羊昭廿五年傳而丨焉注○丨和也後漢明帝紀注又太元夷丨嬰兒于號注又家語入官優而丨之注又管子四時然則丨風甘雨乃至注○丨仁也國語晉語丨惠小物注○丨安也爾雅釋詁又書舜典丨遠能邇傳又詩民勞丨遠能邇傳抑無不丨嘉箋韓丨爾顏箋時邁懷丨百神傳絲衣旨酒

思丨箋又左氏昭廿年傳丨遠能邇注又國語周語以懷丨之注所以優丨容民注齊語寬惠丨民注晉語丨和萬民注又漢書百官公卿表上集注郊祀志上集注五行志上集注段會宗傳集注敘傳下集注二見又文選東京賦化胡不丨薛注○丨弱也廣雅釋詁一又文選洛神賦丨情綽態注○丨軟也史記樂書其聲和以丨正義○丨脆也國語周語無亦擇其丨嘉注晉語無亦晉之丨嘉注○丨潤也國語鄭語以生丨嘉材者也注○丨濡淮南說山厲利劍者必以丨砥注○丨猶濡毳也詩烝民丨則茹之箋○坤爲丨易象下傳損剛益丨有時虞注○丨者德也後漢臧宮傳○丨謂性行和丨書皐陶謨丨而立鄭注○丨弱者生之徒也說苑敬愼○丨橈骨體耎弱長豔貌史記司馬相如傳索隱○太歲在丙曰丨兆爾雅釋天○辰在丙曰丨兆淮南天文○丨日陰取其靜儀禮士虞禮記始虞用丨日注○丨利國一云

𠷎利之國山海經海外北經○丨剛地道也素問天
元紀大論曰丨曰剛注○丨桑穉桑也詩七月爰求
丨桑箋○丨始生也詩采薇薇亦丨止傳○丨謂脆
脆之時詩采薇箋○詩時邁釋文丨本亦作濤○爾
雅釋天太歲在丙曰丨兆史記厤書作游兆○北海
相景君銘實深實剛魏元丕碑旣膺深德督郵班碑
深遠而邈
丨皆作深

儔 丨類也荀子勸學草木疇生注又鬼谷子中經丨
善博惠注○丨匹也太元劇陽無介丨注又文選
思元賦魂懺惘而無丨舊注○丨誰法言修身丨克
爾注○北海相景君碑英彥失疇議郎元賓碑朋疇
宗親督郵班碑與
此爲疇丨作疇

疇 丨誰也爾雅釋詁又書堯典丨咨若時登庸傳又
史記司馬相如傳丨逆失而能存集解引韋昭又

漢書武帝紀贊集注司馬相如傳下集注引應劭敘
傳下集注又後漢班彪傳下注張衡傳注二見禰衡
傳注又文選蜀都賦丨能是恤劉注思元賦丨可與
乎比伉舊注○丨發聲也禮記檀弓上予丨昔之夜
注○丨類也書洪範不畀洪範九丨傳又國策齊策
夫物各有丨注又史記禮書郊丨乎天子索隱厤書
丨人子弟分散索隱引韋昭又漢書五行志上集注
韓信傳集注又後漢質帝紀注謝夷吾傳注○丨者
類也易否丨離祉九家注○丨匹也國語齊語人與
人相丨家與家相丨注又楚辭疾世居嵺廓兮斟丨
注○丨等也漢書霍光傳集注又後漢祭遵傳注荀
彧傳注○丨者等也漢書宣帝紀集注○一井爲丨
九夫爲一井一切經音義一引國語賈注○丨一井
也孟子盡心上易其田丨注○並畔爲丨左氏襄卅
年傳取我田丨而伍之注○田並畔曰丨後漢張綱
傳注○美田曰丨後漢安帝紀注○厤地爲丨國語

周語田丨荒蕪注○厤地曰丨國語齊語田丨均則
民不憾注○厤田曰丨史記天官書視封疆田丨之
正治集解如淳引蔡邕○丨也者何也所以爲厤也
說苑辨物○丨耕地也一切經音義一引蒼頡○丨
畞也呂覽愼大農不去丨注○丨隴也管子地員五
臭丨生注○丨者界也埒畔際也文選魏都賦均田
畫丨劉注○丨者界埒小畔際也文選蜀都賦瓜丨
芋區劉注○丨雍淮南俶眞丨以肥壤注○丨猶酬
也文選西征賦丨匹婦其已泰注○摯丨二國任姓
奚仲仲虺之後大任之家也國語周語昔摯丨之國
也由大任注○𠷎古丨字詩祈父箋若𠷎祈父釋文
又穆天子傳二𠷎口之人注○丨與儔同荀子勸學
草木丨生注○丨與籌同荀子正論至賢丨四海注
○丨一作訓晉書音義中○丨一作譸同上○丨一
作𠷎同上○爾雅釋詁釋文丨本又作𤰝○書堯典
丨咨若時登庸史記五帝紀作誰可順此事書舜典

丨若子工史記五帝紀作誰能馴予工丨若予上下
草木鳥獸作誰能馴予上下草木鳥獸○書洪範不
畀洪範九丨天乃錫禹洪範九丨史記宋微子世家
作不從鴻範九等天乃錫禹鴻範九等○漢書古今
人表南榮丨莊子庚桑楚釋文作儔○魏元
丕碑訓咨羣寮劉寬碑訓咨儒林丨作訓

籌 丨算也儀禮鄉射禮箭丨八十注大射禮賓之弓
矢與中丨豐皆止于西堂下注○丨謂計度也荀
子正論至賢疇四海注○丨矢
也禮記投壺丨室中五扶注

稠 丨密也禮記文王世子注歌者丨釋文○丨數也
書微子用乂丨斂馬注○丨多也漢書劉向傳集
注灌夫傳集注○丨衆也文選補亡詩注引蒼頡○
莊子天下可謂丨適而上遂矣釋文丨本亦作調○
漢書古今人表魯昭公丨史
記集解引徐廣云一作裯

邱
丨聚也孝經疏一引梁武帝說又釋名釋州國又
太元干嵒嵒千于丨飴注○北尻也廣雅釋詁二
○北衆也廣雅釋詁三○丨空也漢書楚元王傳集
注引孟康息夫躬傳集注又後漢龐參傳注○北空
也廣雅釋詁三○丨大也漢書楚元王傳集注引張
晏○丨高也呂覽季夏則丨隰水潦注淮南時則則
丨隰水潦注○非人爲之丨爾雅釋邱○非人所爲
曰丨爾雅釋邱釋文○地高曰丨書禹貢是降丨宅
土傳○土高曰丨周禮大司徒辨其山林川澤丨陵
墳衍原隰之名物注又文選高唐賦高丨之阻注○
四方而高曰北淮南墬形和丨在其東北陬注○天
下有名丨五其三在河南其二在河北爾雅釋邱○
楚有高丨之山舊說高丨楚地名也離騷哀高丨之
無女注○艮爲山丨易渙渙有丨盧氏注○丨山稱
丨易彖上傳山川丨陵也虞注○小陵曰北廣雅釋
邱○丨小山易頤于丨頤王肅注○三邱東海中三
山也謂蓬萊方丈瀛洲後漢張衡傳注○丨墟也楚
辭哀郢曾不知夏之爲丨兮注○丨亦墟也後漢馮
衍傳注○冢自關而東謂之丨方言十三○冢小者
謂之塿大者謂之丨同上○北冢也廣雅釋邱○丨
壟也禮記曲禮下不斬於丨本注○丨壟冢也淮南
時則營丨壟之小大高庳注○丨墳呂覽孟冬營丨
壟之小大高卑注○丨者墓也水經渭水注引春秋
說題辭○丨象丨形也陵亦然也釋名釋喪制○王
公曰丨周禮冢人以爵等爲丨封之度注○小曰丨
楚辭沈江封比干之丨隴注○四邑爲丨周禮小司
徒又公羊成元年傳譏始丨使也注又釋名釋州國
又莊子則陽何謂丨里之言釋文引李注○四邑爲
丨方四里周禮小司徒四邑爲丨注○丨十六井也
禮記郊特牲丨盛其粢盛注又孟子盡心下是故得
乎丨民注又家語正論其以丨亦足矣注○丨猶邑
也左氏僖十五年傳敗於宗丨注○九丨丨區也區

別九州之土氣教化所宜施者也釋名釋典藝○九
丨國聚也家語正論八索九丨注○北里者合十姓
百名而以爲風俗也莊子則陽○丨虛堆壟不平貌
史記司馬相如傳丨虛嵑嵑正義○丨者所以本也
莊子大宗師以德爲循者言其與有足者至於丨也
注○丨所履之常也易頤注○齊俗以不知爲丨漢
書王式傳集注引如淳○蒐丨蒐絲也山海經中山
經蓄草其實如蒐丨注○丨蟦蟲也淮南時則丨蟦
結注○丨古文𡉙一切經音義六○古語丨區同聲
匡謬正俗三○詩旄邱序釋文丨或作古北字爾雅
釋邱釋文丨本又作北古
字○易渙釋文丨姚作近

抽
丨拔也廣雅釋詁三○丨擢也左氏宣十二年傳
丨矢菆注○丨引也莊子天地挈水若丨釋文引
李注○丨出也太元元攡丨不丨之緒注○丨除也
詩楚茨言丨其棘傳○丨猶收也太元元瑩羣倫丨
緒注○丨猶去也儀禮喪服傳丨其半注○丨揠也
淮南齊俗丨箕踰備之姦注○丨理也太元元瑩○
丨讀也方言十三○丨裂也左氏昭六年傳不丨屋
服注○搊縮也廣雅釋詁三○盩古丨字呂覽節喪
涉血盩肝以求之注○擂杖牛反詩斯干釋文引字
林○莊子天地釋文丨司馬崔本作流○詩清人左
旋右丨說文手
部作左旋右搯

瘳
丨愈也詩風雨云胡不丨傳瞻仰靡有夷丨傳又
國語楚語厥疾不丨注又後漢張衡傳注又莊子
人間世庶幾其國有丨乎釋文又文選思元賦斯與
彼其何丨舊注○丨癒也廣雅釋詁一○愈或謂之
丨方言三○丨差也書金縢王翼日乃丨傳又左氏
昭十三年傳其何丨于晉注又禮記文王世子注閒
猶丨也釋文祭義夫子之足丨矣釋文又左氏文十
六年傳注閒疾丨也釋文又國語晉語備爲之丨注

又漢書季布傳集注灌夫傳集注王嘉傳集注元后
傳集注又後漢杜篤傳注○丨丨猶損也國語晉語於
己何
丨注
丨大丨猶大賓呂覽審分此之謂定性於大丨注○
湫丨漻清靜也淮南原道丨漻寂寞注○丨戾猶卷
戾也楚辭思古雲吸吸以丨戾注○丨
丨者悲憂之狀也春秋繁露陽尊陰卑
遒丨固也詩破斧四國是丨傳○丨聚也詩長發百
禄是丨傳又左氏成二年傳百禄是丨注又家語
正論百禄是丨注○丨近也廣雅釋詁三○丨斂也
詩破斧四國是丨箋○遒急也廣雅釋詁一○丨迫
也廣雅釋詁三○丨亦迫也楚辭招魂丨相迫些注
○丨促皆迫捕貌文選上林賦丨孔鸞促鵕鸃郭注
○丨人宣令之官書允征丨人以木鐸徇于路傳○
丨音酋熟之酋漢書地理志上集注引晉灼○遒古

丨字漢書景武昭宣元成哀功臣表集注地理志上
集注○詩長發百禄是丨說文手部作百禄是揫
收丨取也左氏襄廿七年傳我其丨之注又廣雅釋
詁一又國語鄭語丨以奔褒注○丨聚也爾雅釋
詁又詩維天之命我其丨之傳○丨斂也小爾雅廣
言○丨謂斂也素問至眞要大論諸寒丨引注○丨
謂丨斂素問四氣調神大論逆秋氣則太陰不丨注
舉痛論氣不行故氣丨矣注○丨守呂覽論人不可
丨也注○丨還也國語吳語王其無方丨也注○丨
振也廣雅釋言○丨拘丨也詩瞻卬女反丨之傳○丨
丨藏財物也荀子議兵處舍丨藏欲周以固注○丨
謂丨斂積聚也禮記郊特牲既蜡而丨注○丨謂丨
斂整齊之禮記學記夏楚二物丨其威也注○丨謂
掠美者也荀子議兵矜糾丨繚之屬注○玄爲丨淮
南天文○夏曰丨獨斷下○丨夏后氏冠名也言丨
斂髮也釋名釋首飾○丨言所以丨斂髮也儀禮士

冠禮記夏丨注○丨軫也詩小戎小戎俴丨
傳○丨謂以轆轤丨繘也易井井丨虞注
鳩丨聚也爾雅釋詁又書堯典共工方丨僝功傳又
左氏襄廿五年傳丨藪澤注昭十七年傳五丨丨
民者也注又後漢馬融傳注又莊子天下丨九雜天
下之川釋文又文選東京賦丨諸靈囿薛注○丨集
也左氏隱八年傳以丨其民注襄十六年傳敢使魯
無丨乎注○丨安也國語晉語可以鑑而丨趙宗乎
注○丨安集也左氏定四年傳若丨楚竟注○丨方
二人湯之賢臣書序乃遇汝丨汝方傳○始丨國名
或曰鳥名也山海經海內東經始丨在海中轅厲南
注○丨鳴丨桔鞠也詩鵲巢維丨居之傳○丨搏穀
也禮記月令鷹化爲丨注○丨謂布穀也淮南時則
鷹化爲丨注○丨蓋布穀鳥呂覽仲春鷹化爲丨注
○雄丨布穀也淮南天文雄丨長鳴注○尸丨布穀
類也或曰鶌鶹也山海經西山經南山鳥多尸丨注

○丨鶻丨也詩氓于嗟丨兮傳○鳴丨鶻鵰詩小宛
宛彼鳴丨傳○楚丨一名嗥啁水經濟水注引廣志
○自關而東周鄭之郊韓魏之都其鴓丨謂之鸊鷎
方言八○丨或作邱山海經西山經注○左氏宣十
七年傳庶有丨乎釋文丨本又作豸○書堯典共工
方丨僝功史記五帝紀作共工旁聚布功說文走部
作旁逑孱功說文
人部作旁救僝功
捜搜同○丨索也莊子秋水丨于國中釋文○丨求
也秦晉之閒曰丨就室曰丨方言二○入室求曰
丨兄侯反顏氏家訓音辭引通俗文○搜具也小爾
雅廣詁○丨衆也廣雅釋詁三○搜衆意也詩泮水
束矢其搜傳○搜搜動貌莊子寓言搜搜也奚稍問
也釋文引向注○束矢搜然言勁疾也詩泮水箋○
搜索往來貌文選洞簫賦元猿悲嘯搜索乎其閒注
○禮記郊特牲注搜除處也釋文搜本又作廋○左

氏昭廿九年傳注文公搜被廬釋文搜本又作蒐○
莊子秋水釋文丨字又作搜或作廋○莊子寓言釋
文搜本又作叟○詩泮水束矢
其搜說文手部作束矢其丨

騶 丨養馬人後漢張讓傳注○丨養馬者亦曰丨騎
後漢宋均傳注○丨騎士也後漢羊續傳注梁冀
傳注陳蕃傳注○丨虞天子掌鳥獸官周禮疏引異
義韓魯說○丨者天子之囿也賈子禮○古有梁丨
者天子之田也後漢班彪傳下注引魯詩傳○梁丨
天子獵之田也文選魏都賦劉注引魯詩傳○丨虞
白虎黑文而仁食自死之獸日行千里淮南道應得
丨虞雞斯之乘注○丨虞仁獸也白虎黑文不食生
物詩騶虞于嗟乎丨虞傳○丨虞義獸也後漢馬融
傳注又文選東京賦囿林氏之丨虞薛注○丨虞聖
獸周禮鍾師王奏丨虞司農注○丨虞樂章名在召
南之卒章王射以丨虞爲節周禮大司樂及射令奏

丨虞注○丨虞國風召南之詩篇也儀禮鄉射禮奏
丨虞注○○丨當爲趨荀子正論丨中韶護以養耳注
○詩大序丨虞之德釋文丨本亦作騶○
禮記少儀注或爲丨釋文丨本又作騶

愁 丨憂也廣雅釋詁一○丨憂也廣雅釋訓○丨
悲也廣雅釋詁三○丨眉者細而曲折後漢梁冀
傳注○丨讀爲揫禮記鄉
飲酒義秋之爲言丨也注

休 丨美也爾雅釋詁又易大有順天丨命釋文又文
選謝靈運還舊園詩注引易鄭注又書大禹謨戒
之用丨傳又詩破斧亦孔之丨傳民勞以爲王丨傳
江漢對揚王丨箋長發何天之丨箋菁菁者莪我心
則丨釋文又禮記月令注丨其善也釋文又左氏僖
廿八年傳奉揚天子之丕顯丨命注昭三年傳而或
燠丨之賈注昭八年傳俾躬處丨釋文哀十六年傳
方天之丨釋文又書大傳受命丨令注又書中候天
丨地通注丨氣四塞注中候考河命榮光丨至注又
國語周語襲於丨祥注齊語有功丨德注又漢書高
后紀集注景帝紀集注武帝紀集注三見宣帝紀集
注元帝紀集注平帝紀集注禮樂志集注三見郊祀
志上集注二見劉向傳集注鼂錯傳集注貫山傳集
注董仲舒傳集注二見司馬相如傳下集注三見一
引應劭燕刺王旦傳集注終軍傳集注段會宗傳集
注韋賢傳集注韋元成傳集注三見匡衡傳集注二
見楊雄傳上集注引晉灼元后傳集注外戚傳下集
注王莽傳上集注二見王莽傳中集注又後漢質帝
紀注班彪傳下注楊震傳注張衡傳注又列子湯問
有輒丨之國釋文○休善也廣雅釋詁一○丨慶也
爾雅釋言又國語周語以承天丨注楚語無不受丨
注○丨嘉也國語楚語以丨懼其動注○丨福祿也
左氏襄廿八年傳以禮承天之丨注○丨喜也廣雅
釋詁一又國語周語爲晉丨戚注○丨息也爾雅釋

詁又詩瞻卬丨其蠶織傳又左氏襄廿八年傳吾乃
丨吾民矣注又國語晉語丨以擇利注吳語以丨君
憂注又史記高帝紀欲止宮丨舍正義又漢書賈誼
傳集注又荀子王霸故君人勞於索之而丨於使之
注又莊子寓意故曰聖人丨丨焉釋文至樂黃帝之
所丨釋文又列子天瑞體將丨焉注又呂覽情欲日
夜不丨注圜道日夜不丨注貴因請丨之注○丨定
也詩民勞汔可小丨傳○丨戾也爾雅釋言○丨止
也呂覽觀表未嘗丨也注○庥依止也爾雅釋言庥
蔭也舍人注○丨止息也詩民勞箋○丨假也後漢
彭脩傳注又文選謝元暉休沐重還道中詩注○丨
暇也後漢蔡邕傳注○丨遊息也穆天子傳二丨輦
玉之山注○丨駐也穆天子傳六乃丨注○丨者丨
然壯盛詩載見丨有烈光箋○瞿瞿丨丨儉也爾雅
釋訓○丨丨良士顧禮義之儉也爾雅釋訓李注○
丨丨寬容貌書泰誓其心丨丨焉鄭注○丨丨美大

貌公羊文十二年傳其心丨丨注○丨丨樂道之心
詩蟋蟀頁士丨丨傳○丨徵敘美行之驗後漢班彪
傳下注引書洪範休徵傳○服丨燕息之近臣書酒
誥服丨鄭注○丨無實李爾雅釋木○丨讀爲煦考
工記弓人遠於剅而丨於氣注○爾雅釋木釋文丨
又作林○國語楚語以丨懼其動周禮瞽矇司農注
作以怵
懼其動
囚丨適也言辭窮情得以罪誅適也初學記二十引
風俗通○丨拘也爾雅釋言又詩泮水在泮獻丨
傳又周禮秋官序官掌丨注又周書作雒乃丨蔡叔
于郭淩注又廣雅釋言又國語魯語獻子丨之七日
注○丨謂禁錮也史記秦始皇紀斯卒丨正義○丨丨
謂制其出入書蔡仲之命丨蔡叔于郭鄰傳○凡丨丨
者謂非盜賊自以他罪拘者也周禮掌囚凡丨者注
○丨所虜獲者詩泮水箋○丨録也小爾雅廣言○

書武成釋箕子丨史記留
侯世家作釋箕子之拘
輈丨何也轅上句也釋名釋車○輈楚衞之閒謂之
丨方言九○輈謂之丨廣雅釋器又小爾雅廣器
○丨車轅也考工記輈人爲輈注又詩匏有苦葉傳
由丨以上爲軌釋文又儀禮聘禮注皆陳北丨釋文
又後漢皇后紀上注崔寔傳注又楚辭東君駕龍丨
兮乘雷注又文選東京賦龍丨華轙薛注思元賦馬
倚丨而徘徊舊注○丨小車轅冀州以北名之云爾
公羊僖元年傳於是抗丨經而死注○丨車轅也左
氏隱十一年傳潁考叔挾丨以走注宣四年傳伯棼
射王汰丨注昭廿八年傳繇朐汰丨注○丨轅也儀
禮既夕薦車直東榮北丨注又禮記雜記北丨注又
後漢張衡傳注蔡邕傳注○丨當伏兔者也考工記
輈人十分其丨之長注○丨輿也小爾雅廣言○丨
張猶彊梁也後漢孝仁董皇后紀注○丨張驚懼之

貌也文選劉越石荅盧諶詩序自
頃丨張注○丨與侏古字通同上
求丨索也國策齊策欲有丨於我也注又淮南俶眞
以丨鑿枘於世注○丨者取也孟子公孫丑上勿
丨於心注○丨者請也穀梁定元年傳○丨猶務也
禮記曲禮上君子行禮不丨變俗注○丨猶得也淮
南說山若爲土龍以丨雨注○丨猶問也呂覽貴公
上志而下丨注○丨責也論語衞靈君子丨諸己集
解○丨責丨也公羊莊廿五年傳丨乎陰之道也注
○丨謂招來也禮記學記丨善良注○丨貪也論語
子罕不忮不丨皇疏○丨猶索物禮記檀弓上瞿瞿
如有丨而弗得注○丨有丨請賕也書呂刑惟丨馬
注○丨之爲言得不得未可知之辭也穀梁隱三年
傳○艮爲丨易蒙童蒙丨我虞注頤自丨口實虞注
繫辭下傳定其交而後丨虞注○丨終也爾雅釋詁
又詩下武世德作丨箋文王有聲遹丨厥寧箋又周

禮牛人凡祭祀共其享牛丨牛注○丨丨牛禱於鬼神
所丨福之牛也周禮牛人司農注○丨黽亦竹類也
管子地員皆宜竹箭丨黽楢檀注○故書丨爲救杜
子春云救當爲丨周禮大司徒正日景以丨地中注
○周禮赤犮氏注貍蟲䗪肌丨之屬釋文丨本或作
蛷○魯冉丨字子有見史記仲尼弟子傳○孔丨字
子家見史記
孔子世家
裘丨所以佐女功助溫也白虎通衣裳○丨溫服呂
覽孟冬天子始丨注○丨狐之屬也淮南氾論世
以爲丨者注○丨大丨也周禮節服氏郊祀丨冕注
○大丨黑羔丨服以祀天示質周禮司裘掌爲大丨
以共王祀天之服司農注○丨葛者御寒暑之美服
公羊桓八年傳則冬不丨夏不葛注○丨儒服也莊
子列禦寇呻吟丨氏之地釋文引崔注○丨溲猶叟
數毛相離之言也釋名釋牀帳○丨當作求聲相近

故也詩大東熊羆是丨箋○詩羔裘序釋文丨字或作求

毬 打丨古之蹵鞠也封氏見聞記

仇 集韻或作執○丨者讎也史記晉世家○丨讎也禮記檀弓父母之丨釋文又漢書高帝紀上集注又文選東京賦忘民怨之爲丨也薛注○丨惡也廣雅釋詁三○丨怨也書五子之歌萬姓丨予傳仇怨之詁乃葛伯丨餉傳又孟子滕文公下葛伯丨餉注又太元斷爾丨不闕注○怨耦曰仇左氏桓二年傳又詩關雎君子好逑箋兔罝公侯好丨箋無衣與子同丨箋皇矣詢爾丨方箋又一切經音義一引三蒼又楚辭惜誦羌衆人之所丨注○丨合也爾雅釋詁○丨匹也爾雅釋詁又易鼎我丨有疾釋文又詩無衣與子同丨傳皇矣詢爾丨方傳賓之初筵賓載手丨釋文又禮記緇衣君子好丨注又漢書匡衡傳集注又後漢伏湛傳注邊讓傳注○丨相求之匹也爾雅釋詁孫注○丨讎怨之匹也爾雅釋詁李注○執正也太元內謹于嬰執注○儲功棄大者丨也新序雜事二○丨丨敖敖傲也爾雅釋訓○丨丨猶警警詩正月執我丨丨傳○丨丨無倫理之貌爾雅釋訓舍人注又李注○丨謂挹取酒詩賓之初筵釋文○丨矛丨讎也所伐則平如討丨讎也釋名釋用器○丨矛頭有三叉言可以討丨敵之矛也釋名釋兵○丨古文逑同一切經音義十五○丨讀丨餘之丨淮南精神天丨由貪大鐘之賂而亡其國注○春秋莊十二年傳丨牧鶡冠子備知作丨牧○漢書古今人表丨氾說苑敬慎作机氾○晉文侯丨字義和見書文侯之命

浮 丨游也廣雅釋言○丨漂也同上○丨孚也孚甲在上稱也釋名釋言語○丨高也素問氣交變大論少陽之至大而丨注至眞要大論少陽之至大而丨注○丨輕也國語楚語教之樂以疏其穢而鎮其丨注○丨行也書盤庚中鮮以不丨于天時傳○丨過書泰誓中惟受罪丨于桀傳○順流曰丨書禹貢丨于濟漯傳○在上曰丨禮記坊記君子與其使食丨於人也注表記恥名之丨於行也注○得報曰丨管子侈靡沈丨示輕財也注○丨罰也禮記投壺若是者丨釋文又淮南道應請丨君注○丨丨行也廣雅釋訓○丨丨行貌楚辭抽思何回極之丨丨注○丨丨猶漉漉也詩角弓雨雪丨丨傳○丨丨衆彊貌詩江漢江漢丨丨傳○丨丨氣也詩生民烝之丨丨傳○丨游謂周流也後漢班彪傳上注○丨揚猶翱翔也淮南俶眞而丨揚乎無畛崖之際注○丨騰跳躍也文選舞賦丨騰累跪注○丨脈者丨於手下也素問陰陽應象大論觀丨沈滑濇而知病所生以治注六節藏象論夫脈之小大滑濇丨沈注○丨謂丨息也素問皮論視其部中有丨絡者注○丨游未詳或者丨游夷牟之別名或聲相近而誤耳世本云夷牟作矢荀子解蔽丨游作矢注○舩獨流爲丨楚辭哀郢過夏首而西丨兮注○瓠也淮南說山百人抗丨注○丨磬在泗水中石可以爲磬也後漢馬融傳注○祭川曰丨沉爾雅釋天○丨來之山即公來山也在邳鄉田水經沂水注○丨光山亦曰扶光山即弋陽也水經淮水注○丨陽勃海縣名也荀子榮辱儵鱧者丨陽之魚也注○丨游者渠略也朝生而莫死大戴記夏小正丨游有殷傳○丨蝣渠略朝生夕死者也荀子大略不飲不食者丨蝣也注○丨游渠略也生三日死淮南詮言丨游不過三日注○丨陽謂此魚好丨於水上就陽也荀子榮辱注○常爵常所以罰人之爵也丨亦謂是也丨或作匏或爲符禮記投壺若是者丨注○丨屠即佛陀但聲轉耳並謂佛也後漢襄楷傳注○考工記匠人注宮隅城隅

謂角丨思也釋文丨思本或作罘罳○詩生民烝之
丨丨說文火部爾雅釋訓樊注作烝之烰烰○左氏
隱八年經公及莒人盟
于丨來穀梁作包來
謀丨心也爾雅釋言○心思爲丨論衡超奇○咨難
爲丨左氏襄四年傳○咨事爲丨國語魯語○咨
事之難易爲丨詩皇華周爰咨丨傳○聰作丨書洪
範又春秋繁露五行五事○坎爲丨易象上傳君子
以作事丨始虞注繫辭下傳人丨鬼丨虞注○乾爲
大丨易繫辭下傳知小而丨大虞注○丨議也廣雅
釋詁四○丨謂丨議也周禮大卜四曰丨司農注○
丨圖也漢書王莽傳中集注引應劭○丨猶圖也論
語衛靈公君子丨道不丨食皇疏○丨察也文選思
元賦疇克丨而從諸舊注○丨謨以佐聽也太元元
數事聽用聰撝丨注○丨者丨事也春秋繁露五行
五事○丨兵丨也詩采芑克壯其猶箋○小丨小臣

之丨也禮記緇衣毋以小丨敗大作注○廟丨廟算
也文選後漢光武紀贊明明廟丨注○丨或作謨淮
南說林難與爲丨注○丨一作謨史
記陳杞世家丨娶公集解引徐廣
牟倍勝爲丨楚辭招魂成梟而丨注○丨倍也廣雅
釋言○丨猶大也呂覽謹聽丨而難知注○丨多
淮南時則毋或侵丨注○丨等也漢書司馬相如傳
下集注○丨丨進也廣雅釋訓○丨取也漢書食貨
志下集注引如淳○丨[illegible]也廣雅釋詁一○丨愛也
宋魯之閒曰丨方言一○丨首閣道有室者也文選
魏都賦長塗丨首劉注○敦丨黍稷器也禮記內則
敦丨卮匜注○齊人呼土釜爲丨禮記內則釋文○
丨追丨冒也言其形冒髮追追然也釋名釋首飾○
丨丨與務同荀子成相衆丨光注○丨讀曰鍪禮記內
則注○左氏昭十二年傳王
孫丨杜預春秋世族譜作髦

眸集韻通作牟○珠子謂之丨廣雅釋親○丨子目
瞳子也孟子離婁上莫良於丨子注○丨丨子也
文選魏都賦八極可圍於寸丨劉注○童子或曰牟
子牟冒也相裹冒也釋名釋形體○丨過也廣雅釋
詁三○牟與丨同荀子
非相堯舜參牟子注
侔丨等也考工記輪人權之以眡其輕重之丨也注
弓人角與幹權筋之丨釋文又國策中山策何丨
名於我注又漢書景帝紀集注禮樂志集注引晉灼
婁敬傳集注鄒陽傳集注徐樂傳集注匡衡傳集注
董賢傳集注南粵王傳集注又後漢朱景王杜馬劉
傅堅馬傳注班彪傳下注荀或傳注任延傳注又淮
南兵略勢丨則有數者禽無數注○丨猶等也考工
記工人筋三丨注○丨等也亦從也莊子大宗師畸
于人而丨于天釋文引司馬注○丨上下等考工記
輪人行山者欲丨注○丨齊也廣雅釋詁四又列子

黃帝丨于朝釋文○丨齊等也文選魯靈光殿賦注
引字林又史記孝文紀德厚丨天地集解引李奇○
丨猶均也考工記弓人疏數必丨注○丨取也管子
宙合靜默以丨免注○丨莫強也北燕之外郊凡勞
而相勉若言努力者謂之丨莫方言七○丨亡又反
漢書楊雄傳音義引字林○考工記弓人角與幹權
筋之丨釋文丨本又作桙亦作桙○楊淮碑元弟功
德牟盛曹景完碑威牟諸夏丨皆作牟○高彪碑貧
昔藋壇
丨作貿
矛丨冒也刃下冒矜也釋名釋兵○丨戈也太元爭
爭于及丨軸注○丨戈丨也詩節南山相爾丨矣
釋文○丨兵器禮記曲禮上進丨戟者釋文○丨亦
兵也呂覽離俗○丨長二丈詩無衣修我戈丨傳○
二丨酋丨夷丨也詩淸人二丨重英箋○鉾古丨字
晉書音義下引字林○禮記曲禮進丨戟者釋文丨

本又作鉏

經籍籑詁卷第二十六

經籍籑詁卷第二十六補遺　下平聲

兵部侍郎兼都察院右副都御史巡撫浙江等處地方提督軍務兼理糧餉阮元譔

十一尤

尤 說文尤異也从乙又聲○丨甚也左氏襄廿六年傳而視之丨服注○丨過也淮南俶眞不以曲故是非相丨注○郵過也文選長笛賦序而爲督郵無留事注○丨過也責也禮記中庸下不丨人疏○丨非也文選文賦練世情之常丨注○郵與丨同謂過也漢書成帝紀以顯朕郵注敘傳下正諫舉郵注○郵與丨同漢書五行志下之下當有失節之郵注○郵字與丨同漢書谷永傳咎徵著郵注

郵 說文郵境上行書舍从邑垂聲○丨行書舍也漢書平帝紀宗師得因丨亭書言宗伯注○丨行書之舍漢書淮南厲王長傳請處蜀嚴道卭丨注薛宣傳橋梁丨亭不脩注○丨謂行書之舍漢書五行志中之下河南街丨注○丨行書者也若今傳送文書矣漢書京房傳因丨上封事注○丨乃今之候史記留侯世家自彊起至曲丨索隱○丨謂丨行往來周禮鄉士注若今時三公出城郡督丨盜賊道也疏○丨表畷謂田畯所以督約百姓於井閒之處也禮記郊特牲饗農及丨表畷注○丨若丨亭屋宇處所表田畔禮記郊特牲疏○丨謂民之丨舍同上○周禮掌節注如今丨行有程矣釋文字从垂作郵誤○禮記王制丨罰麗於事釋文俗作郵○孟子公孫丑上速於置丨漢安平相孫根碑作速於置郵

優 說文丨饒也从人憂聲一曰倡也○丨丨寬裕之貌禮記中庸丨丨大哉疏○丨柔俱訓爲安寬舒之意也左氏春秋序丨而柔之疏○丨繇不仕也漢書敘傳上近者陸子丨繇注引鄭氏○丨繇謂寬容

也漢書敘傳下丨繇亮直注○丨柔者和柔也禮記
儒行丨游之法疏○丨樂也文選上林賦注引三蒼
○丨者倡丨也史記滑稽列傳丨孟者索隱○丨諧
戲者也漢書灌夫傳所愛倡丨巧匠之屬注○丨者
戲名也左氏襄廿八年傳疏

憂 集韻惪同○說文惪愁也从心从頁又憂和之行
也从夊惪聲詩曰布政丨丨○丨深慮也素問陰
陽應象大論在志爲丨注○丨謂丨懼也素問徵四
失論不問其始丨患注○丨勞也禮記曲禮下某有
負薪之丨疏○丨悲者德之失也淮南原道○詩小
弁我心丨傷文選贈弟士龍詩注作我心悠傷○書
盤庚下心腹腎腸魏志注引作丨賢揚歷魏都賦劉
淵林注引作優賢揚歷書堯典正義云夏侯等書心
腹腎腸曰丨腎陽

流 說文𣶒水行也从𣶒㐬㐬突忽也流篆文从水○
丨行也淮南時則丨而不滯注說山地平則水不
丨注○丨演也文選典引以丨其占蔡注○丨歸周
書文傳四方丨之注○丨至也穀梁昭八年傳丨旁
握注引徐邈說○丨末丨也漢書東方朔傳欲聞丨
議者注○丨丨而去也詩角弓見晛曰丨傳○丨放
也國語周語余一人其丨辟於裔土注晉語丨志而
行注又呂覽適威故丨于彘注達鬱國人丨王於彘
注又文選典論論文注引國語賈注○丨郎放也書
金縢乃丨言于國疏○丨極皆放也後漢書蔡邕傳
論丨極之運注○丨爛布散也漢書司馬相如傳下
曼衍丨爛注○丨離放散也文選上林賦丨離輕禽
注引張揖○丨離謂亾其居處也漢書劉向傳物故
丨離注○丨離困苦之也漢書司馬相如傳上丨離
輕禽注○丨辟謂君志丨移不靜禮記樂記丨辟邪
散疏○均衆謂之丨閉門不出容謂之湎文選魏都
賦注引韓詩章句○丨謂等列也漢書外戚傳下託
長信之末丨注○丨光迹相連也漢書天文志彗孛
飛丨注引孟康○浮水而下樂而忘反謂之丨孟子
梁惠王上注○丨潦水之薄者也詩泂酌泂酌彼行
潦箋○邪說謂之丨說呂覽知度不好淫學丨說注
○丨謂水丨造作虛語使人傳之如水之丨然故謂
之丨丨言詩七月序箋管蔡丨言疏○丨丨行無城郭
常居史記夏本紀二百里丨集解引書馬注○丨者
移其居處若水丨然書舜典傳殛竄放丨皆誅也疏
○丨謂徙之遠方放使生活書舜典傳以丨放之法
疏○丨黃玉也淮南本經丨黃出注○丨離鳥名詩
旄邱丨離之子釋文○丨離梟也關西謂之丨離詩
旄邱釋文引草木疏○詩漢廣箋雖出游丨水之上
釋文本或作漢水○堯廟碑永沵無窮韓勑碑以注
水沵史晨後碑西沵里外丨皆作沵

斿 集韻亦作𣄠○說文𣄠旌旗之旒也从㫃攸聲○
丨旌旗之流隨風動搖也漢書五行志下之下君
若綴丨注引應劭○丨者旌旗之丨字从㫃訓與旒
同匡謬正俗四○丨貢燕好珠璣琅玕也周禮太宰
入曰丨貢注○丨讀如囿游之游同上

旒 丨旂丨也後漢書張衡傳君若綴丨注○丨旌旗
之丨也漢書楊雄傳上泰華爲丨注又文選車駕
幸京口詩祥飈被綵丨注○丨旛文選羽獵賦泰華
爲丨注引張晏○丨謂縿末之垂者詩干旄箋以縫
紕旌旗之丨縿疏○丨字書作統同一切經音義七
○公羊襄十六年傳君若贅丨然釋文本又作流○
爾雅釋天注衆丨所著釋文經典亦作流○詩長發
爲下國綴丨玉篇田部作下國畷流

留 說文畱止也从田丣聲○丨者言陽氣之稽丨也
史記律書○丨犁飯匕也漢書匈奴傳上單于以

徑路刀金丨犂撓酒注引應劭○爾雅釋鳥注猶留
離釋文或作鶹離
騮或作駠○說文騮赤馬黑毛尾也从馬畱聲○赤
身黑鬣曰騮詩駉有騮有駱傳○騮赤馬黑鬣也
詩小戎釋文○騮赤馬黑鬣尾也漢書郊祀志上其
牲用騮駒黃牛羝羊注○赤馬黑髦曰騮史記秦本
紀乃用騮駒集解引徐廣
劉說文鐂殺也○丨殺也周禮射人注今立秋有貙
丨云疏○丨者何邑也公羊襄十五年傳○夫丨丨
之爲字卯金刀也漢書王莽傳中○詩月出佼人丨
兮釋文丨埤蒼作劉
由丨從也禮記曲禮上奮衣丨右上疏喪大記丨外
來者在西方疏經解夫禮禁亂之所由生疏仲尼
燕居皆丨此塗出也疏三年問丨九月以下疏又國
語周語丨是第之注○丨從也用也漢書五行志上

帥丨舊章注杜欽傳丨周公之謙懼注匈奴傳上朕
與單于俱丨此道注○丨用也書大誥爽邦丨哲疏
呂刑罔不丨慰日勤疏又禮記雜記下猶是附於王
父也注又左氏昭八年傳猶將復丨注又後漢書章
帝紀率丨舊章注又呂覽情欲不得所丨注○丨行
也禮記經解是故隆禮丨禮疏○丨衍行貌文選長
笛賦丨衍識道注○丨在也禮記雜記上客自下丨
路西疏○古者丨猶二字義得通用左氏莊十四年
傳猶有妖乎疏○丨與繇音義同詩抑箋丨於疏○
孟子公孫丑上故丨丨然與之偕列女傳作油油然
與之處○孟子萬章下丨丨然不忍去也韓詩外傳
作愉愉然不去也
油說文丨水出武陵孱陵西東南入江从水由聲○
丨然新生好貌大戴禮文王官人由然以生注○
丨丨者禾黍之苗光悅貌史記宋微子世家禾黍丨
丨索隱

游說文丨旌旗之流也从㫃汓聲逕古文丨○丨旌
旗之丨左氏桓二年傳鞶厲丨纓注○丨丨是旒之
垂者旆之別名左氏桓二年傳疏○丨浮丨易繫辭
下傳其辭丨疏○丨卽流也漢書項籍傳必居上丨
注○丨亦流也漢書韋元成傳德盛而丨廣注引如
淳○水之流上曰丨漢書項籍傳注引文穎○丨渡
淮南脩務丨川水注○丨行也淮南原道丨微霧注
覽冥麒麟丨丨於郊注○遊行也禮記曲禮上遊毋倨
疏○丨謂丨行素問陰陽類論一陽爲丨部注○丨
亦豫也孟子梁惠王下吾王不丨注○遊謂遊逸書
無逸文王不敢盤于遊田疏○不足據依故曰丨論
語述而丨於藝集解○遊是丨暇周禮諸子注遊倅
倅之未仕者疏○丨言謂浮丨虛漫之言禮記緇衣
故大人不倡丨言疏○淫樂爲丨塵穀梁傳序鼓芳
風以扇丨塵疏引舊解○丨離宮也周禮天官序官
閽人囿丨亦如之注○定本遊女作丨詩漢廣漢有

丨女疏○禮記學記斿其志也釋文本亦作丨○周
禮天官序官囿丨亦如之釋文斿本亦作丨
猷丨道也書微子王若曰丨疏多方丨告爾四國多
士疏○丨訓爲謀書君奭告君乃丨裕疏○猶者
言故爲詐方言十三注○丨或作繇文選幽通賦讃
先聖之大丨兮注
悠說文悠憂也从心攸聲○丨長也禮記中庸徵則
丨遠疏○丨丨長也文選盧子諒時興詩注引國
語賈注○詩車攻丨丨旆旌左氏昭十二年傳疏作
攸攸旆旌文選注六作攸攸旆旍子衿丨丨我思御
覽六百九十二作攸攸我思
攸說文攸行水也从攴从人水省汥秦刻石嶧山文
攸字如此○丨所也周禮大司徒注各有丨宇疏
又素問至眞要大論隨其丨利注又漢書五行志上
我不知其彝倫逌敘注引應劭○丨亦所也漢書敘

傳上臬取弔于逌吉兮注○丨吠貌也漢書敘傳上主人逌爾而笑曰注

牛 說文丨大牲也丨件也件事理也象頭角三封尾之形凡丨之屬皆从丨○丨大畜祭天尊物也漢書五行志中之上○丨者丑之畜漢書梁孝王武傳有獻丨足出背上注引張晏○丑爲丨禮記月令出土丨以送寒氣注○丨者耕植種萬物也史記律書○丨犂丨也淮南說山兒牛之動以抵觸注○純離爲丨左氏昭五年傳○丨能任載地類也周禮大司徒奉丨牲注○全曰牲傷曰丨穀梁僖卅一年傳○傷者曰丨公羊僖卅一年傳

修 說文修飾也从彡攸聲○脩者治舊之名左氏春秋序非聖人孰能修之疏○脩者脩理舊物禮記月令命樂師脩鞀鞞鼓疏○脩者治其器物習其事之言禮記月令注○脩習也禮記禮運講信修睦疏

○脩古謂脩習於古禮記禮器反本脩古疏○初習謂之學重習謂之脩禮記大學自脩也疏○脩設謂埽除及黝堊禮記祭義宮室既脩注○不丨謂不埽治也書泰誓下郊社不丨疏○脩士士之進脩者謂上士也荀子禮論屬脩士注

脩 說文脩脯也从肉攸聲○丨脯也穀梁隱元年傳束丨之肉疏○丨亦脯也丨丨訓治治之乃成禮記曲禮上以脯丨置者疏○束丨十脡脯也禮記曲禮上注其禮蓋壺酒束丨若犬也疏少儀束丨一犬疏○丨取其自丨也左氏莊廿四年傳疏○丨取肉鍛治而加薑桂乾之如脯者禮記曲禮下婦人之摯椇榛脯丨棗栗疏○丨治也同上○加薑桂鍛治者謂之丨周禮膳夫疏○丨謂加薑桂鍛治之周禮內饔疏○捶之而施薑桂曰鍛丨周禮腊人凡田獸之脯腊膴胖之事注○丨是段丨加薑桂捶之者周禮掌客疏○丨且乾也詩中谷有蓷暵其丨矣傳○丨中罇也周禮鬯人廟用丨釋文○丨讀如滌濯之滌周禮司尊彝凡酒丨酌注

羞 說文丨進獻也从羊丑丑亦聲○丨進也左氏文十六年傳時加丨珍異注又國語楚語以丨子文注○丨進食也左氏昭廿七年傳丨者獻體改服於門外注○丨者珍丨所出漢書百官公卿表上御丨注○丨亦膳丨也禮記少儀丨首者進喙祭耳疏○丨殺丨也禮記少儀未步爵不嘗丨疏○丨恥也左氏襄十八年傳無作神丨注又國語周語忝禮爲丨注○丨謂忝辱也漢書文帝紀以丨先帝之遺德注宣帝紀唯恐丨先帝聖德注

秋 說文秌禾穀孰也从禾𤓯省聲龝籒文不省○丨就也言萬物就成也文選秋興賦注引釋名○丨

之言揫縮之意陰氣出地始殺萬物御覽廿五引崔靈恩三禮義宗○丨取陰之初春秋序疏引賀道養說○丨爲陰之先周禮外史注謂若魯之春丨疏○丨陰也禮記王制春丨教以禮樂注○丨者陰氣始下故萬物收管子形勢解○丨爲陰中禮記月令祭先肝注○丨是成熟之時禮記郊特牲故春禘而丨嘗疏○丨者收成之時漢書百官公卿表上更名大長丨注○丨爲成實之終素問天元紀大論生成之終始也注○百谷各以其初生爲春熟爲丨故麥以孟夏爲丨太平御覽廿一引月令章句○兌爲丨易象上傳應乎天而時行虞注○西爲丨左氏隱三年傳聚于齊東宮得臣之妹疏○丨飛貌也漢書禮樂志飛龍丨游上天注引蘇林○丨丨蹌蹌騰驤之貌漢書楊雄傳上注○丨豪喻微細之物漢書韓信傳丨豪亾所害注○丨駕法駕也文選魏都賦引莊子司馬注

楸 說文楸梓也从木烁聲○丨梓皆櫝之小別左氏
襄二年傳注櫝梓之屬也疏
周 說文丨密也从用口周古文丨字从古文及○丨
徧也左氏昭十三年傳使丨走而呼注○丨謂徧
知物理鬼谷子符言人主不可不丨注○丨密也左
氏昭二十年傳出入丨疏注○丨謂丨徧而游行漢
書食貨志上可以丨海內注○丨忠信禮記緇衣示
我丨丨行疏○忠信爲丨左氏襄四年傳必諮於丨注
○丨親也左氏哀十六年傳丨仁之謂信注○丨丨至
也文選幽通賦覽冥默而不丨曹注○丨流謂丨旋
流轉禮記仲尼燕居使女以禮丨流無不偏也疏○
丨衞謂宿衞丨密也漢書司馬遷傳出入丨丨衞之中
注○丨旋由遵奉也後漢書鄭興傳奉以丨丨旋注○
丨流丨遍流行也文選上林賦步櫚丨流注○丨流
猶丨行也漢書禮樂志丨流常羊思所并注○丨丨流
丨視也漢書楊雄傳上據軨軒而丨流兮注○丨密

盡善也荀子儒效其知慮多當矣而未丨密也注
○丨者謂丨急廩貧民之常料也孟子萬章下丨之
則受注○丨謂丨行地位素問天元紀大論五歲爲
一丨注○古文丨田觀文王之德爲割申勸寧王之
德今博士爲厥亂勸寧王之德禮記緇衣注○丨當
爲割禮記緇衣疏○詩雲漢靡人不丨一切經音義
八作靡人不賙○公羊襄十五年經晉侯丨卒釋文
一本作雕
州 說文水中可居曰丨周遶其旁从重川昔堯遭洪
水民居水中高土故曰九丨詩曰在河之丨一曰
丨疇也各疇其土而生之𠙷古文丨○水中可居者
曰丨漢書地理志上天下分絕爲十二丨注地理志
下北地郡靈丨注○二千五百家曰丨國語鄭語謝
西之九丨注○或謂二百里爲丨周禮載師以小都
之田任縣地注○七卒爲丨公羊桓二年傳隱賢而
桓賦也注○丨鄉屬也左氏宣十一年傳謂之夏丨

注昭廿二年傳師九丨之戎注○丨與犨聲相近史
記魏世家生武子索隱
洲 水中可居曰丨詩鼓鐘淮有三丨疏○水中可居
者曰丨漢書賈捐之傳皆在南方海中丨居注○
水中自然可居者爲丨爾雅釋水釋文引郭圖○丨
水有平地可居者也一切經音義十七引爾雅孫注
舟 說文丨船也古者共鼓貨狄刳木爲丨剡木爲楫
以濟不通象形凡丨之屬皆从丨○丨是行水之
器左氏昭二十年傳注丨鮫疏○丨載渡物者詩柏
舟汎彼柏舟箋○丨者古名也今名船詩谷風疏○
丨謂集板如今自空大木爲之曰虛卽古又名曰虛
總名皆曰丨詩谷風疏引易乘木丨虛注○丨以行
川谷晏子節用上
酬 說文醻主人進客也从酉𠷎聲酬醻或从州○丨
報獻左氏昭廿七年傳吾無以丨之注○醻報功

也詩彤弓疏引王肅○飲酒之禮主人獻賓賓酢主
人主人又飲而酌賓謂之醻詩彤弓箋○賓荅主人
曰酢主人又酌以飲賓曰丨左氏莊十八年傳疏○
主荅客曰丨客報主人曰酢一切經音義十八引蒼
頡○醻酢皆作丨此醻者古字得通用也詩小弁箋
旅醻也疏○詩彤弓一朝醻之釋文本又作丨節南
山如相醻矣釋文本又作丨楚茨獻醻交錯釋文又
作丨
讎 說文丨猶譍也从言雔聲○丨對也漢書王莽傳
上亾言不丨注○相對謂之丨詩抑疏○丨相當
漢書律麻志上未能丨也注○丨應當也漢書郊祀
志上其方盡多不丨注○丨謂報也周禮調人注難
相與仇丨疏○仇爲怨丨爲報周禮典瑞注難仇丨
疏○丨者至怨之稱詩谷風反以我爲丨疏○丨者
相負挾怨之名左氏襄三年傳其丨也疏○丨校一
人讀書校其上下得繆誤爲校一人持本一人讀書

若怨家相對爲丨文選魏都賦注引劉向別錄○予
輒丨也秦晉曰丨方言二○書微子用乂丨斂釋文
馬本作稠○詩抑無言不丨後漢明帝紀作無言不
酬藝文類聚卅一作無言不詶

柔 說文丨木曲直也从木矛聲○丨安也左氏文七
年傳服而不丨注○丨軟也禮記樂記其聲和以
丨疏○丨弱者道之要也淮南原道○丨之爲汁和
也禮記內則丨其肉注○丨謂和丨禮記樂記丨而
正疏○丨謂情性和丨禮記經解溫丨敦厚疏○陰
曰丨素問陰陽應象大論審其陰陽以別丨剛注○
丨兆萬物丨婉有條兆也一切經音義十七引爾雅
孫注○萬物皆垂枝布葉故曰丨兆也一切經音義十
七引爾雅李注○詩民勞丨遠能邇釋文丨本亦作
揉○禮記樂記其聲和以丨說苑修文作其聲和以
調

儔 說文儔翳也从人壽聲○丨類也華嚴經音義上
引珠叢○丨等也文選魏都賦注引漢書張晏注
嵇叔夜幽憤詩曾莫能丨注

疇 說文畼耕治之田也从田象耕屈之形𠷎畼或省
又𠷎誰也从口𠷎又聲𠷎古文丨○丨謂丨匹易
否丨離祉疏○丨是輩類之名書洪範疏○二人爲
匹四人爲丨一切經音義三引楚辭王注○家業世
世相傳爲丨漢書律厤志上丨人子弟分散注引如
淳○美田曰丨漢書蕭望之傳修農圃之丨注○丨
昔猶前日也左氏宣二年傳丨昔之羊注○爾雅釋
詁丨誰也釋文本又作𠷎

籌 說文籌壺矢也从竹壽聲○丨所以紀數漢書五
行志下之上

稠 說文丨多也从禾周聲○丨多也國策秦策書策
丨濁注○丨穊也文選束晳補亾詩注引廣雅

邱 說文丠土之高也非人所爲也从北从一一地也
人居在丠南故从北中邦之居在崐崘東南一曰
四方高中央下爲丠象形凡丠之屬皆从丠𡊤古文
从土又邱地名从邑丠聲○丨聚也書孔安國序○
丨山也漢書司馬相如傳下以登介丨注引服虔○
土之高者曰丨左氏僖十五年傳疏○丨是地之高
者詩邱中有麻疏○土曰丨周禮遂師其丨籠及蜃
車之役疏○丨空也左氏昭十二年傳八索九丨疏
引張平子說○丨大也管子侈靡鄉丨老不通注○
九丨九州亾國之戒左氏昭十二年傳八索九丨賈
注○丨謂丨墟易賁疏○丨十六井也漢書刑法志
○十六井曰丨管子侈靡乘馬甸之衆注○位半艮
山故稱丨易渙虞注○半山故稱丨易賁賁于丨園
虞注○半山稱丨易彖上傳山川丨陵也虞注○丨
與區音異而義同禮記曲禮上注丨與區也疏○丨
之字二人立一上一者地也四方高中央下象形也
風俗通山澤

抽 說文擂引也从手畱聲抽擂或从由㨨擂或从秀
○丨猶出也詩牆有茨不可讀也箋○擂者以手
平物之名詩斯干箋椓謂擂土也疏○㨨即丨字也
廣雅釋詁三曹憲音○擂即古文丨字匡謬正俗一

瘳 說文瘳疾瘉也从疒翏聲○丨訓差亦訓愈病除
之名也書金縢疏○丨是疾減損也禮記文王世
子注閒猶丨也疏

湫 說文丨隘下也一曰有丨水在周地春秋傳曰晏
子之宅丨隘安定朝那有丨泉从水秋聲

遒 說文遒迫也从辵酋聲遒遒或从从酋○丨好也文
選苔賓戲說難既丨注引應劭○丨聚也左氏昭
二十年傳百祿是丨注○丨訓爲聚亦堅固之義詩
破斧疏○丨人行令之官也左氏襄十四年傳丨人

以木鐸徇于路注○丨作酋音義同也詩卷阿傳酋終也疏○丨作揫音義同詩破斧疏

【收】說文收捕也从攴丩聲○丨汲也易井井丨勿幕釋文引馬注○丨井幹也易井釋文引陸注○丨者斂聚之義詩維天之命疏○丨卽取之義也史記韓世家其言丨璽索隱引劉氏○丨司謂相糾發也史記商君列傳而相丨司連坐索隱○丨謂棺斂史記扁鵲倉公列傳至今日丨乎集解○丨謂租賦也漢書宣帝紀且毋丨事注○丨謂斂持在手禮記玉藻勤者有事則丨之疏○丨族序以昭穆也禮記大傳敬宗故丨族注○夏名冕曰丨史記五帝本紀集解徐廣引太古冠冕圖○丨冠也廣雅釋器○易井井丨勿幕釋文荀作甃○孝經注秋丨冬藏釋文本作斂

【鳩】說文丨鵃丨也从鳥九聲○丨者不噎之鳥也續漢禮儀志中○藪澤之地九夫爲丨入丨而當一

井也左氏襄廿五年傳丨藪澤賈注

【捘】說文捘衆意也一曰求也从手叜聲詩曰束矢其捘○丨擇也文選甘泉賦迺丨逑索偶注引韋昭○丨爲矢行之聲詩泮水疏

【騶】說文丨廄御也从馬芻聲○丨丨騎也漢書惠帝紀武士丨比外郎注引應劭○丨本廄之馭者後又令爲騎因謂丨騎耳漢書惠帝紀注○丨廄御也漢書五行志中之上與丨奴宰人游居娛戲注○丨是掌馬之官蓋兼掌御事謂之御丨左氏襄廿三年傳孟氏之御丨疏○七丨謂趣馬主爲諸官駕說者也禮記月令命僕及七丨咸駕注○丨矢也漢書鼂錯傳注引如淳○丨謂矢之善者也漢書鼂錯傳材官丨發注○周成王因先王之樂命曰丨虞墨子三辯○丨虞白虎黑文義應之獸也禮記樂記右射丨虞注○丨虞義獸白虎黑文食自死之肉不食生物周禮鍾師疏引異義○丨虞卽白虎也詩騶虞疏引陸疏○丨音馬驟之驟漢書鼂錯傳材官丨發注引蘇林○丨郰聲相近史記吳太伯世家九年爲丨伐魯索隱

【愁】說文愁悳也从心秋聲○丨變色貌易晉晉如丨如釋文引鄭注

【休】說文丨息止也从人依木庥丨或从广○丨美也易否丨否疏又周禮占夢注若丨慶之云爾疏○丨亦美也漢書禮樂志美若丨德注匡衡傳丨烈盛美注○丨息也左氏昭廿七年傳丨公徒之怒注又漢書李陵傳抵受降城丨士注○丨解也左氏昭五年傳茲敝邑丨息注○丨止也呂覽上農非老不丨注○丨養也禮記玉藻盛氣顚實揚丨疏○丨者丨丨然詩菁菁者莪我心則丨箋○丨丨好善之貌書秦誓疏引王肅○今月令丨爲伏禮記月令毋丨于

都注

【囚】說文丨繫也从人在囗中

【輈】說文丨轅也从車舟聲𨏭籀文丨○丨者轅也詩小戎傳梁丨丨上句衡也疏○丨亦謂之轅儀禮既夕丨轅也疏

【求】丨責也易艮注止丨諸身疏又禮記中庸反丨諸其身疏○丨猶覓也禮記檀弓上瞿瞿如有丨而弗得疏○丨備謂每事徵丨皆令備足禮記表記不丨備疏○艮爲丨易隨有丨得虞注

【裘】說文裘皮衣也从衣求聲一曰象形與衰同意凡裘之屬皆从裘求古文省衣○丨謂衣丨也禮記學記必學爲丨疏○孟子樂正丨漢書古今人表作樂正求

毬 說文新附丨鞠丸也从毛求聲

仇 說文丨讎也从人九聲○怨耦曰丨易鼎我丨有疾釋文引鄭注○丨怨讎也漢書蓋寬饒傳多丨少與注○丨爲怨讎爲報周禮典瑞注難丨讎疏○丨丨匹也詩無衣與子同丨傳○儀丨皆訓匹也故名丨字儀書文侯之命父義和鄭注○丨讀曰𠷎詩賓之初筵賓載手丨箋○詩賓之初筵賓載手丨董子作賓載手𠷎○國策西周策仇赫史記作机郝

浮 說文丨氾也从水孚聲○丨以舟渡也漢書地理志上丨于沛漯注○丨高貌也文選甘泉賦丨蠛蠓而撇天注引服虔○物在水上謂之丨丨者高之意故爲過也書泰誓中傳疏○丨者在外之名禮記聘義孚尹旁達疏○丨謂丨起素問六元正紀大論寒勝則丨注○丨輕也文選南州九井詩注引國語

貫注○丨罰也小爾雅廣言又文選閒居賦注引廣雅○丨亦罰也禮記投壺若是者丨疏○丨鈞謂玉采色也禮記聘義孚尹旁達注○丨屠佛也後漢書楚王英傳注引袁閎漢紀○詩曹風丨游之羽後漢書王充王符仲長統傳論注作蜉蝣之羽○詩江漢江漢丨丨風俗通山澤作江漢陶陶

謀 說文慮難曰丨从言某聲𢘫古文丨𧦝亦古文○丨謂豫計前事書大禹謨弗詢之丨勿庸疏○未發爲丨詩譜序疏引春秋說題辭○丨者丨政事也詩訪落序嗣王丨於廟也箋○任丨謂權變也周書成開任丨生詐注○詩皇皇者華周爰咨丨淮南脩務作周爰諮謨

牟 說文丨牛鳴也从牛象其聲气从口出○丨過也一切經音義二引廣雅○丨食苗根蟲也漢書景帝紀侵丨萬民注引李奇○丨髦聲相近史記衞康叔世家子康伯代立索隱

眸 說文新附丨目童子也从目牟聲說文直作牟○丨謂以丨子審視之也荀子大略丨而見之也注○孟子離婁上則丨子瞭焉則丨子眊焉白帖作則童子瞭然則童子眊然

侔 說文丨齊等也从人牟聲○丨也者比辭而俱行也墨子小取

矛 說文丨酋丨也建於兵車長二丈象形凡丨之屬皆从丨𢦵古文丨从戈○丨戟也周書王會操弓執丨注○丨古文戟鉾二形同一切經音義二○古文𢦵鉾二形今作矛同一切經音義十四

經籍纂詁卷第二十六補遺終

經籍纂詁卷第二十六下　下平聲

經筵講官南書房禮部左侍郎兼署兵部左侍郎提督浙江學政阮元譔集

十一尤下

侯｜者候也候逆順也白虎通爵又獨斷上○｜之
言候候逆順兼伺候王命矣古微書引春秋元命
苞注○｜者候伺孝經不敢遺小國之臣而況於公
｜伯子男乎鄭注○｜爲王者斥候也周書職方其
外方五百里爲｜服注○｜之言候也周禮小祝將
事｜禳禱祠之祝號注○｜候也書禹貢五百里｜
服傳又廣雅釋言又漢書地理志上集注嚴助傳集
注○｜君也爾雅釋詁又詩羔裘洵直且｜傳文王
｜文王孫子箋抑謹爾｜度箋又太元守｜之素也
注○｜美也詩羔裘釋文引韓詩○震爲｜易蠱不

事王｜虞注晉康｜虞注○震爲諸｜易象上傳親
諸｜虞注繫辭下傳能研諸｜之慮虞注○震爲建
｜易象上傳而況建｜行師乎九家注○執應八方
曰｜周書謚法○公能樹名生物與天道俱謂之｜
周書太子晉○敬上愛下謂之諸｜說苑修文○王
子弟封爲｜者謂之諸｜獨斷下○諸｜謂三公及
王子弟封於畿內者周禮司裘諸｜則共熊｜豹｜
注○｜牧方伯名家語辨物則伯率｜牧以見於王
注○縣爲｜後漢和帝紀注○方千里曰國畿其外
方五百里曰｜畿周禮大司馬○方千里曰王畿其
外方五百里曰｜服周禮職方氏○方千里曰王圻
其外方五百里爲｜服周書職方○｜｜圻也國語
周語｜衛賓服注○諸｜之社曰｜社獨斷上○射
有張布謂之｜小爾雅廣器○｜謂所射布也儀禮
鄉射禮乃張｜注又楚辭大招大｜張只注○｜射
｜也穀梁襄廿四年傳弛｜注○｜謂所射布也尊

者射之以威不寧｜卑者射之以求爲｜儀禮大射
儀司馬命量人量｜｜道注○所射正謂之｜者天子
中之則能服諸｜諸｜以下中之則得爲諸｜周禮
司裘王大射則共虎｜熊｜豹｜設其鵠注○凡｜
天子熊｜白質諸｜麋｜赤質大夫布｜畫以虎豹
士布｜畫以鹿豕儀禮鄉射禮記○｜制上廣下狹
蓋取象於人也張臂八尺張足六尺是取象率焉考
工記梓人上兩个與其身三注○｜人之形類也上
个象臂下个象足中人張臂八尺張足六尺五八四
十五六三十以此爲衰也儀禮鄉射禮記下舌半上
舌注○｜者其所射也以虎熊豹麋之皮飾其側又
方制之以爲辜謂之鵠著于｜中所謂皮｜周禮司
裘注○鄉｜上个五尋中十尺｜道五十弓弓二寸
以爲｜中倍中以爲躬倍躬以爲左右舌下舌半上
舌儀禮鄉射禮記○方十尺曰｜四尺曰鵠二尺曰
正四寸曰質周禮司裘注○十尺曰｜禮書百五引

周禮馬注○公射大｜大夫射參士射干儀禮大射
儀○大｜熊｜謂之大者與天子熊｜同儀禮大射
儀大｜九十注○｜維也詩下武應｜順德傳蕩｜
作｜祝箋正月｜薪｜蒸箋四月｜栗｜梅箋六月
｜誰在矣傳文王｜文王孫子傳又左氏襄廿二年
傳愼爾｜度注又史記司馬相如傳｜不邁哉索隱
引如淳又荀子仲尼應｜順德注○｜惟也漢書禮
樂志集注引服虔敘傳上集注引應劭又家語弟子
行應｜愼德注○｜何也漢書司馬相如傳下集注
又呂覽觀表今｜渫過而弗辭注○｜乃也爾雅釋
訓○｜語辭也史記樂書高祖過沛詩三｜之章索
隱○覆之而幹至謂之｜弓考工記弓人○齊人謂
如衫而小袖曰｜頭｜頭猶言解瀆臂直通之言也
釋名釋衣服○｜禳者候四時惡氣禳去之也周禮
小子凡沈辜｜禳司農注○｜甲亦邑名也水經汾
水注引蔡邕○｜當爲公字之誤也周禮弁師諸｜

之纅斿九就注○左氏襄廿八年傳蔡｜其不免乎漢書五行志中之上作蔡君其不免乎

【猴】禮記樂記注獼｜也釋文｜亦作侯

【喉】｜咽也爾雅釋鳥釋文引蒼頡又廣雅釋親○｜咽者量腸之府也後漢馬融傳注

【謳】徒歌曰｜楚辭大招｜和揚阿注○｜歌也後漢班彪傳上注○｜謳謠也莊子大宗師需役聞之旋｜釋文○｜和也淮南氾論○｜喜也廣雅釋詁一○｜煦也欲化之貌莊子大宗師釋文引李注○禮記檀弓注咏｜也釋文｜本亦作嘔○三公山碑百姓歐歌｜作歐

【漚】｜漸也楚人曰｜齊人曰涹考工記㡛氏湅絲以涗水｜其絲注○｜漬也漢書楊雄傳上集注○｜柔也詩白華傳已｜爲菅釋文○｜鳥水鴞也列子黃帝有好｜鳥者釋文

【鷗】｜大如鳩文選吳都賦注引蒼頡○｜水鳥也大如鳩出沛一切經音義十九引字林○鷗水鳥也山海經海外東經元股之國食鷗注○｜水鳥也文選鮑明遠還都道中詩翻浪揚白｜注○｜白鷗也後漢馬融傳注

【甌】甂其大者謂之｜方言五○｜甂也廣雅釋器○｜瓦盂也一切經音義十一引蒼頡○｜小盆也一切經音義十一引字林○江東名盂爲凱亦曰｜也方言十三注○｜臾皆瓦器也荀子大略流瓦止於｜臾注○｜脫土穴也史記匈奴傳爲｜脫索隱引纂文○｜臾謂地之坳坎如｜臾者也荀子大略注○｜臾窳下之地同上○｜窶猶杯樓也史記滑稽傳｜窶滿篝索隱○｜即東｜在岐海中也山海經海內南經｜居海中注

【樓】陝而修曲曰｜爾雅釋宮○｜言牖戸諸射孔婁婁然也釋名釋宮室○｜櫓者露上無覆屋也後漢袁紹傳注○｜船船有｜也文選吳都賦｜船舉颿而過肆劉注○｜謂削約握之中央以安手也儀禮士喪禮牢中旁寸注○今文｜爲纋儀禮士喪禮注○爾雅釋草果臝之實栝｜釋文｜本或作蔞○齊宗｜字子陽見左氏哀十年傳

【婁】｜斂也詩角弓式居｜驕箋○繫馬曰維繫牛曰｜公羊昭廿五年傳且夫牛馬維｜注○｜西方宿也後漢郎顗傳注○降｜奎｜也爾雅釋天○降｜白虎宿也爾雅釋天李注○｜者劉也漢書婁敬傳○｜者乃劉也史記劉敬叔孫通傳又新序善謀十○詩角弓式居｜驕荀子非相作式居屨驕○左氏僖卅三年傳取訾｜穀梁作訾樓○孟子離｜列子湯問莊子駢拇天地俱作離朱

【陬】｜隅也爾雅釋天釋文又國策宋策有雀生䲭於城之｜注又史記絳侯周勃世家後吳奔壁東南｜集解引如淳又漢書周勃傳集注爰盎傳集注王莽傳下集注○｜猶隅也山海經海外南經海外自西南｜至東南｜者注○｜角也廣雅釋言○｜四隅文選吳都賦其荒｜譎詭劉注○｜者城隅也史記孟嘗君傳注南｜索隱○正月爲｜爾雅釋天又離騷攝提貞于孟｜兮注○｜山足也文選補亡詩在陵之｜注○｜落蠻夷之居處名也一名聚居爲｜文選魏都賦蠻｜夷落劉注○｜隈也廣雅釋邱○帝繫｜訾史記五帝紀作娵訾

【偷】集韻或从心○｜苟且也禮記表記安肆日｜注又釋文又大戴記盛德無度量則小者｜墮注文王官人欲色嘔然以｜注又爾雅釋言佻｜也孫注又國語周語守固不｜注晉語其下｜以幸注越語

上下相丨注又史記淮南衡山傳王亦丨丨欲休集解
引徐廣又後漢酷吏傳注又荀子榮辱丨丨生淺知之
屬注又家語賢君法無私而令不偷注又離騷惟黨
人之丨樂兮注〇丨謂苟且左氏文十七年傳齊君
之語丨丨注襄卅年傳其語丨注昭十三年傳貳丨之
不暇注〇丨苟也國語晉語民孰丨生注〇丨薄也
論語泰伯則民不丨皇疏又國語晉語令不丨矣注
又淮南脩務丨慢懈惰注〇丨取也淮南說林丨肥
其體注〇丨竊也後漢陳元傳注〇丨者天下之盜
也淮南道應〇丨匹也老子建德若丨丨王注〇丨謂
苟避於事荀子脩身丨儒轉脫注〇丨丨儒謂苟避之
勞苦也荀子非十二子丨儒而罔注〇愉謂朝不謀
夕周禮大司徒六曰以俗教安則民不愉注〇愉
宜爲丨家語賢君注〇丨當爲輸荀子脩身注
頭 督謂之丨廣雅釋親〇丨者神所居上員象天氣
之府也古微書引春秋元命苞〇丨者精明之府

素問脈要精微論〇丨丨者諸陽之會素問風論首風
之狀丨面多汗注〇丨陽也儀禮士相見禮左丨奉
之注〇丨獨也於體高而獨也釋名釋形體〇丨會
隨民口數人責其稅淮南氾論丨會箕賦注〇今文
丨爲脰儀禮士相見禮左丨奉之注左丨如麛執之
注〇公羊文十六年傳注殺人者剄丨釋文丨本又
作脰〇爾雅釋鳥鳩丨鵃釋文丨字或作投〇丨
豎丨須一曰里冕須見左氏僖廿四年傳注
投 丨丨棄也詩巷伯丨畀豺虎傳又左氏文十八年傳
丨諸四裔注又廣雅釋詁二又小爾雅廣言又後
漢陳蕃傳注又呂覽樂成丨之無戾注貢直爾子丨
桴而歎注又楚辭天問丨之於冰上注〇丨弃也國
策秦策扁鵲怒而丨其石注〇丨棄之呂覽用民倒
而丨之瀏水注〇丨丨擿也廣雅釋詁四又荀子王霸
日欲司閒而相與丨藉之去逐之注又楚辭招魂丨丨
之深淵些注〇丨擲也左氏昭五年傳受其書而丨丨

之注〇丨猶擲也詩抑丨我以桃箋〇丨揮也莊子
漁父被髮揄袂釋文引李注〇丨猶下也後漢周黃
徐姜申屠傳注〇丨猶沈也呂覽離俗而自丨於蒼
領之淵注〇丨掩詩小弁相彼丨兔箋〇丨振也左
氏宣十四年傳丨袂而起注〇丨丨合也楚辭大招丨
詩賦只注〇丨應也後漢楊震傳注引春秋演孔圖
宋注〇丨至也後漢任光傳注〇凡揮棄物淮汝之
閒謂之丨方言十〇丨舉徒之辭也禮記樂記丨般
之後於宋注〇丨種也廣雅釋地〇丨丨壺也禮記
少儀侍丨則擁矣注〇丨袂奮袂也後漢皇甫嵩朱
雋傳注〇丨足猶蹀足呂覽古樂丨足以歌八闋注
〇丨石舉石以丨擿也文選吳都賦拔距丨石之部
劉注〇丨而不精擿玉於山中以禮神不埋之也山
海經北山經其祠用一璧一珪丨而不精注〇斂小
器丨諸台者言取郭外萌內之於城中也列女傳仁
智〇丨與逗古字通丨句之所止也文選長笛賦察

度於句丨注〇莊子在宥丨三苗于三危釋文崔本
丨作殺〇莊子知北遊噭然丨杖而起釋文丨本亦
作放〇書大誥遺大丨艱于朕身漢
書翟方進傳作遺大解難于予身
鉤 丨曲也荀子性惡枸木必將待檃括烝矯然後直
注宥坐其流也埤下裾拘必循其理似義注〇丨
規也漢書楊雄傳上集注引應劭〇丨留也漢書鮑
宣傳集注又後漢吳良傳注〇丨致也漢書趙廣漢
傳集注引晉灼〇丨取也小爾雅廣詁又莊子天運
一君無所丨用釋文〇丨引也後漢皇甫規傳注范
滂傳注〇丨反也莊子徐無鬼上且丨乎君釋文〇
丨猶動也後漢陳寵傳注〇丨謂相連也後漢史弼
傳注〇丨謂相牽引也後漢靈帝紀注〇丨入柱而
出直管子宙合〇丨謂誘致其情鬼谷子飛箝引丨
箝之辭注〇內惑而得其情曰丨同上〇求其深微
曰丨也鬼谷子權郄論者丨幾也注〇鼓一陽曰丨

素問陰陽別論○丨帶丨丨也在腹國語晉語申孫之
矢集於桓丨注○丨帶丨丨也呂覽貴卒管子扞弓射
公子小白中丨注○丨謂帶也莊子胠篋丨竊丨者誅
釋文○丨所以屬鞶也太元格裳格鞶丨渝注○腰
中之金故謂之丨太元周帶其丨鞶注○矛有小枝
刃謂之丨鈠方言九○戟其曲者謂之丨鈠鏝胡同
上○丨鑲兩頭曰丨中央曰鑲或推鑲或丨引用之
之宜也釋名釋兵○凡箭鏃胡合嬴者四鎌或曰丨
腸方言九○丨腸鏑也廣雅釋器○丨梯也所以
丨引上城者詩皇矣以爾丨援傳○丨援梯所引上
城也後漢伏湛傳注○丨要領之丨也周禮巾車金
路丨注○丨膺當胸也文選東京賦丨膺玉瓖薛注
○丨宋楚陳魏之閒或謂之丨格自關而西謂之丨
方言五○刈丨自關而西或謂之丨同上○丨鎌也
淮南氾論木丨而樵注○丨釣丨也莊子胠篋丨餌
網罟罾笱之知釋文又淮南道應而不失丨芒注說

山不愛江漢之珠而愛己之丨注○丨縣物者方言
五注○丨邊若今曲裾也禮記深衣續衽丨邊注○
丨袒如今擐衣也儀禮士虞禮丨袒注○丨弦所以
挽弦管子問丨弦之造注○丨謂如丨取物也荀子
彊國勁魏丨吾右注○丨之所用弛張也荀子禮論
縉紳而無丨帶矣注○丨縛束之要書璇璣鈐白狼
銜丨入般朝注○丨楹繞楹而東也儀禮鄉射禮豫
則丨楹內注○丨楹由楹內將南面致命致命不東
面以賓在下也必言丨楹者賓在下嫌楹外也儀禮
聘禮大夫升自西階丨楹注○丨陳紫宮外星也後
漢班彪傳上注○丨陳後宮也文選西都賦周以丨
陳之位注引樂汁圖○丨盱西南夷也後漢杜篤傳
注○丨芺爾雅釋草○丨丨蔟姑同上○丨瓠也爾雅
釋草丨蔟姑注○故書丨爲拘杜子春讀爲丨周禮
巾車金路丨注○丨讀爲鳥喙必丨之丨禮記深衣
注○丨讀爲濟陰句陽之句淮南氾論注○禮記曾

子問從兩旁丨之釋文丨本又作拘左氏哀廿五年
傳以丨越釋文丨本或作拘莊子徐無鬼上且丨乎
君釋文丨亦作拘○爾雅釋鳥注亦謂之丨鴝釋文
丨本今作鴝○莊子外物任公子爲大丨釋文丨本
亦作
約

溝 水注谷曰丨爾雅釋水○水注谷曰丨田閒之水
亦曰丨丨搆也縱橫相交搆也釋名釋水○井閒
廣四尺深四尺謂之丨考工記匠人○廣深四尺爲
丨文選蜀都賦丨洫脉散劉注○遂丨洫澮皆所以
通水於川也遂廣深各二尺丨倍之洫倍丨澮廣二
尋深二仞周禮遂人凡治野注○五丨遂丨洫澮川
也周禮司險設國之五丨五涂注○丨瀆澮田閒通
水者也周禮雍氏掌丨瀆澮池之禁注○丨所以通
水荀子王制通丨澮注○坎爲丨瀆易說卦傳○丨
穿地爲阻固也周禮大司徒制其畿疆而丨封之注

○丨坑也廣雅釋水○丨壍也左氏僖十九年傳乃
丨公宮注又賈注○丨愚也荀子儒效其愚陋丨瞀
而冀人之以己爲知也注○丨瞀無知也同上○
丨讀爲恂荀子非十二子世俗之丨猶瞀儒注

韝 丨扞著左臂裹以韋爲之周禮繕人掌王之用弓
弩矢箙矰弋抉拾注○丨臂捍也史記張耳陳餘
傳袒丨蔽集解引徐廣滑稽傳帣丨鞠䐈注○丨臂
衣文選西京賦青骹摯於丨下薛注○丨韝也廣雅
釋
器

幽 丨深也爾雅釋言又易說卦傳丨贊于神明而生
蓍注又釋文又詩伐木出自丨谷傳又禮記郊特
牲丨陰之義也注又廣雅釋詁三又漢書兒寬傳集
注又荀子王制無丨閒隱僻之國注又太元元攡丨
攡萬類注又淮南主術雖丨野險塗注又文選思元
賦纗丨蘭之秋華兮舊注○丨微也爾雅釋詁又太

元元圖律呂孔丨注○丨隱也易說卦傳荀注又荀子正論上丨險則下漸詐矣注又太元中昆侖旁薄丨注又呂覽貴生我適有丨隱之病注○丨潛國策秦策南榮之弊丨注○丨內也史記樂書丨則有鬼神正義○丨陰也史記五帝紀丨明之占正義○丨謂陰也大元元瑩終始丨明注○兩陰交盡故曰丨素問至眞要大論○丨冥也小爾雅廣詁又太元元攡而丨其所以然者也注又楚辭懷沙元文處丨兮注○丨闇也禮記禮運是謂丨國注又國語楚語爲之昭明德而廢丨昏焉注又文選東京賦省丨明以黜陟薛注○丨暗也荀子解蔽此言上丨而下險也注○丨閉也後漢張衡傳注○丨囚也荀子王霸公侯失禮則丨注又呂覽驕恣刼而丨之注○丨思也太元遇丨遇神注○丨心也太元夷載丨貳注○蚤孤鋪位曰丨周書諡法○壅過不通曰丨周書諡法又獨斷下○壅過不達曰丨呂覽審分丨厲之臣不

獨辟注○動祭亂常曰丨周書諡法○丨丨深遠也詩斯干丨丨南山傳○丨明者有形无形之象易繫辭上傳知丨明之故注○丨明謂日照晝月照夜禮記祭義以別丨明注○丨明者雌雄也史記厤書○明丨雌雄也大戴記誥志○丨居謂獨處時也禮記儒行丨居而不淫注○丨迥遐遠也文選遊天台山賦其路丨迥注○丨奧謂深邃也後漢馮衍傳注○丨辟暗昧也楚辭靈懷皇輿覆以丨辟注○丨昧謂道也文選遊天台山賦必契誠於丨昧注○丨昧人所未見也易說卦傳干注○丨昧不明也離騷路丨丨昧以險隘注○丨昏不明也楚辭惜誓方世俗之丨丨昏兮注○丨險謂隱匿其情而凶虐難測也荀子天論權謀傾覆丨險而盡亡矣注○丨幼也大戴記誥志○丨者幼也史記厤書○丨亦黝也爾雅釋言㙂丨也注○丨黑也周禮牧人陰祀用黝牲毛之司農注守祧其祧則守祧黝堊之司農注○丨黑色也詩

隰桑其葉有丨傳○丨謂血也禮記郊特牲毛血告丨全之物也注○丨轄車聲也文選羽獵賦皇車丨轄注○極丨謂歌者也禮記樂記極丨而不隱注○西方曰丨天呂覽有始○西北方曰丨天丨陰也西方季秋將卽於陰故曰丨天淮南天文西北方曰丨天注○丨猶夜也文選景福殿賦若丨星之纚連也注○丨者含氣者也是故內景大戴記曾子天圓○丨者含氣者也淮南天文○方曰丨大戴記曾子天圓○丨縈亦謂星壇也星以昏始見禮記祭法丨宗注○丨者神所居也太元晦明降于丨注○東北曰丨州周禮職方氏○燕曰丨州爾雅釋地又說苑辨物○丨州在北丨昧之地也釋名釋州國○丨州北方太陰故以丨冥爲號爾雅釋地釋文○丨之爲言窈也言風出入窈冥歛勁易曉故其氣躁急古微書引春秋元命苞○燕其氣深要厥性剽疾故曰丨丨要也爾雅釋地李注○丨州北裔也書舜典流共工

于丨州馬注又鄭注○丨都北裔也後漢馮勤傳注○丨陵猶丨州也楚辭大招北至丨陵注○丨荒九州外謂四夷也文選東京賦澤洎丨丨荒薛注○六丨謂上下四方也文選典引光被六丨蔡注○六丨謂六合丨隱之處也後漢章帝紀注○六丨六合丨遠之地後漢班彪傳下注○丨都地下后土所治也地下丨冥故稱丨都楚辭招魂君無下此丨都些注○丨闇也都聚也元冥將始用事順陰而聚故曰丨都之門淮南墬形西北方曰丨都之門注○

丨讀爲黝禮記玉藻再命赤韍丨衡注

虯 俗作虬○有角爲龍無角爲虬淮南覽冥驂青虬注○無角曰虬離騷駟玉虬以乘鷖兮注天問焉有虬龍注○丨龍之無角者也後漢馮衍傳注○母龍曰蛟子曰丨其狀魚身如蛇尾皮有珠一切經音義五引抱樸子○丨龍黑身無鱗甲也一切經音義十九引熊氏瑞應圖○丨龍也文選七命陰丨負檐

注○丨神獸楚辭涉江駕青丨兮驂白螭注○丨蟠謂樹如龍蛇之盤屈相糾也文選吳都賦輪囷丨蟠注

【彪】丨文也廣雅釋詁三又法言君子以其弸中而丨外也注○丨休怒貌文選琴賦鬱怒丨休注

【疣】肬同○體肉曰肬贅一切經音義十五引通俗文○肬贅結肉荀子宥坐今學曾未如肬贅注○肬贅假肉也文選爲袁紹檄豫州操贅閹遺醜注○丨贅也山海經北山經滑水其中多滑魚食之已丨注○肬腫也廣雅釋詁二○肬邸也出皮上聚高如地之有邸也釋名釋疾病○古文鈂疚頊三形今作丨一切經音義十一○肬籀文作戰同一切經音義八

【訧】丨過也詩綠衣俾無丨兮傳○丨皐也廣雅釋詁三○丨惡也同上○詩綠衣釋文丨本或作尤

【耰】集韻耰或从耒○丨摩田器也莊子則陽釋文引字林○耰鉏柄史記秦始皇紀鉏耰白梃索隱引孟康○丨鉏也莊子則陽深其耕而熟丨之釋文引司馬注○耰田器史記秦始皇紀集解引徐廣○丨讀曰優椓塊椎也三輔謂之儓所以覆種也淮南氾論後世爲之耒耜丨鉏注○丨覆種也論語微子丨而不輟集解引鄭注又皇疏又史記龜策傳耕之丨之正義又呂覽長利協而丨遂不顧注○丨謂復種管子小匡深耕均種疾丨注○丨摩平也國語齊語深耕而疾丨之注○丨塈苗根也孟子告子上布種而丨之音義引丁音○耰椎也廣雅釋器又呂覽簡選鉏耰白梃注○論語丨而不輟漢石經丨作櫌

【麀】鹿牝丨爾雅釋獸○鹿牝曰丨詩吉日丨鹿麌麌傳又禮記曲禮上故父子聚丨注又文選西京賦丨鹿麌麌薛注○丨牝鹿也周禮大司馬注故父子聚丨釋文又國語楚語丨鹿攸伏注○丨鹿牝詩靈臺丨鹿濯濯釋文又左氏襄四年傳而思其丨牡釋文○丨牝也詩靈臺丨鹿攸伏傳○丨鹿牸鹿也孟子梁惠王上丨鹿攸伏注○丨古文麀同一切經音義九

【颲】丨丨風初貌文選吳都賦翼颲風之丨丨劉注

【綢】丨纏也廣雅釋詁四○丨密也詩彼都人士丨直如髮釋文○丨縛束也楚辭湘君薜荔柏兮蕙丨注○丨韜也史記司馬相如傳靡屈虹以爲丨集解引漢書音義○丨繆纏綿也廣雅釋訓○丨繆猶纏綿也詩綢繆丨繆束薪傳鴟鴞丨繆牖戶箋又莊子則陽聖人達丨繆釋文○丨繆連綿也文選思元賦察二紀五緯之丨繆遹皇注○丨繆相次之貌也後漢張衡傳注○丨繆花采密貌文選吳都賦丨繆縟繡注○丨繆深奧也莊子則陽釋文

【厹】同厹○厹由狄國或作仇首也國策西周策注○厹三隅矛也詩小戎厹矛鋈錞傳○詩小戎厹矛鋈錞說文金部作丨矛沃錞○國策西周策厹由史記作仇猶呂覽權勳作夙繇呂覽注或作仇酋韓非子長短經並作仇由

【嘐】丨嗚歎也太元疑貞厲丨嗚注

【鏐】黃金謂之璗其美者謂之丨爾雅釋器○黃金之美者謂之丨書禹貢厥貢璆鐵銀鏤砮磬鄭注○丨卽紫磨金爾雅釋器注

【飂】丨風也廣雅釋詁四○丨丨風也廣雅釋訓○西方曰丨風呂覽有始又淮南墬形○丨風兌氣所生一曰閶闔風呂覽有始注○丨風兌氣所生也淮南墬形注○丨空疏無質也老子宗兮寞兮釋文引

鍾會注○老子｜兮若無止釋文｜梁作飄河上作淵○左氏昭廿九年傳｜叔安漢書古今人表作廖叔安集注作飂叔安

瀏｜深貌詩溱洧｜其清矣傳○｜㳅也太元減｜｜漣漣注○涼風曰｜初學記一引風俗通○｜｜｜風也廣雅釋訓○｜｜風疾貌楚辭逢紛秋風｜｜以蕭蕭注○｜漂清涼貌文選長笛賦正｜漂以風洌注○｜亮清明之稱文選文賦賦體物而｜亮注○｜濫猶言清淨而汎濫也文選甘泉賦正｜濫以宏惝兮注○｜睨目清貌也文選西征賦｜睨楹以抗憤注○｜莅皆林木鼓動之聲史記司馬相如傳｜莅芔吸索隱引郭璞

鶹亦作流○鳥少美長醜爲｜鷅爾雅釋鳥○流離鳥也少好長醜詩旄邱流離之子傳○流離梟也

關西謂之流離詩旄邱釋文引草木疏○｜鷅猶留離詩所謂留離之子爾雅釋鳥注○｜鶹｜也山海經北山經饒山其鳥多｜注

瘤｜肉胅曰｜一切經音義一引通俗文○｜息肉也一切經音義七引聲類○｜小腫也一切經音義一引三蒼○｜病也廣雅釋詁二

鰡｜似鱣短小也爾雅釋魚釋文引字林○｜魚名莊子齊物論｜然乎哉釋文引司馬注○｜藉也荀子議兵｜之以刑罰注又莊子秋水｜我亦勝我釋文引李注○｜蹴也藉也荀子彊國大燕｜吾後注○｜本亦作蹲同上○莊子秋水｜我亦勝我釋文｜本又作蹈○衛史｜字魚見左氏定十二年傳

鞦鞧緧緮並同○車紂自關而東周洛韓鄭汝潁而東謂之䋺方言九○鞧遒也在後遒迫使不得卻縮也釋名釋車○｜夾尾閒也文選射雉賦青｜莎靡徐注○故書緧作鰌考工記輈人必緧其牛後注

鶖｜禿｜也詩白華有｜在梁傳○｜鶬鴹｜也楚辭大招雜｜鶬只注○｜鳥名詩白華釋文

蝣蜉｜渠略爾雅釋蟲○蜉｜渠略也朝生暮死詩蜉蝣蜉｜之羽傳○蜉｜一名渠略南陽以東曰蜉｜梁宋之閒曰渠略爾雅釋蟲舍人注○蜉｜不飲不食三日而終也大戴記易本命注引淮南子○蜉｜不飲不食大戴記易本命○爾雅釋蟲釋文｜本又本蟯

槱或作楢○｜者積薪燔柴也風俗通祀典○｜之言聚也文選東京賦颺｜燎之炎煬薛注○楢剛木也中車材山海經中山經崌山其木多楢注

猶同猷通作由○｜若也詩小星寔命不｜傳鼓鐘其德不｜傳又禮記郊特牲｜明清與醆酒于舊

澤之酒也注內則弟子｜歸器注又國語周語民之有口也｜土之有山川也注○｜如也呂覽愼行且自以爲｜宋也注○｜尙也詩常武王｜允塞箋又禮記檀弓上期而｜｜哭注檀弓下君之三臣｜設之注又國策中山策｜｜且聽也注又呂覽士節以養其母｜不足注愛類｜攻之乎注又淮南精神｜未足爲也注○｜可也詩陟岵｜來無止傳白華之子不｜傳○｜用也老子悠兮其貴言釋文○｜圖也詩小旻不我告｜箋白華箋板｜之未遠傳抑遠｜辰告箋訪落繼｜｜泮奐箋般允｜翕河箋又周禮凡以神仕者以｜鬼神示之居注小行人其悖逆暴亂作慝｜犯令者爲一書注又禮記儒行｜將不忘百姓之病也注又左氏成八年傳｜｜之未遠注○｜謀也詩采芑克壯其｜箋巧言爲｜將多箋文王厥｜翼翼箋板爲｜不遠箋桑柔秉心宜｜箋常武王｜允塞傳泮水式固爾｜箋○｜道也詩采芑傳斯干無

相丨矣傳小旻謀丨回遹箋不我告丨傳匪大丨是經傳板爲丨不遠傳抑傳訪落傳又禮記禮器匪革其丨注緇衣不我告丨注又漢書嚴助傳集注〇丨者可止之辭左氏僖卅一年經丨三望注文五年經閏月不告月丨朝於廟注宣八年經壬午丨繹注〇丨有故之辭儀禮鄉射禮司射丨挾乘矢注司射丨挾一个注〇丨守故之辭儀禮大射儀司射丨挾一个注〇丨是言如故穀梁僖二年傳壁則丨是也注〇丨然舒遲貌荀子非十二子丨然而材劇志大注〇丨然舒辭之貌荀子哀公丨然如將可及者君子也注〇丨若舒和之貌荀子子道蓋丨若也注〇丨笑貌莊子逍遙遊宋榮子丨然笑之釋文引崔李注〇丨欺也廣雅釋詁二〇丨丨豫也荀子非十二子世俗之溝丨猶儒注〇丨豫疑也易豫由豫釋文引馬注〇丨獸名也既聞人聲乃豫緣木如此上下故稱丨豫顏氏家訓書證〇丨如麂善登木爾雅釋獸〇丨隴西人謂犬子也爾雅釋獸釋文〇丨五尺大犬也爾雅釋獸釋文引尸子〇禮記曰人喜則斯陶陶斯詠詠斯丨丨即繇也古今字耳爾雅釋詁鬱陶繇喜也注〇丨猷古通文選補亡詩王猷允泰注〇丨與猷同文選七命王猷四塞注〇丨當爲由禮記雜記丨是附於王父也注〇丨亦當爲由禮記雜記則丨是與祭也注〇丨當爲搖聲之誤也秦人丨搖聲相近禮記檀弓下咏斯丨注〇丨當作瘉詩斯干箋鼓鐘其德不丨箋〇爾雅釋獸釋文丨舍人本作鸐〇莊子大宗師而我丨爲人猗釋文丨丨崔本作獨〇詩小星寔命不丨爾雅釋言注作寔命不猷詩陟岵丨來無棄爾雅釋言注作猷來無弃〇詩抑遠丨辰告韓外傳作遠猷辰告〇詩常武王丨允塞韓外傳作王猷允塞〇袁良碑其儉猷稱丨丨作猷

【蕕】爾雅作莤〇莤蔓于爾雅釋草〇莤一名軒于江東呼莤爾雅釋草注〇丨臭草也左氏僖四年傳一薰一丨注又後漢黨錮傳注又太元聚鼎血之丨注〇丨臭家語致思回聞薰丨不同器而藏注〇左氏定六年傳天王處于姑丨丨釋文丨又作猶

【輶】丨丨輕也爾雅釋言又詩駟鐵丨車鸞鑣傳烝民德丨丨如毛箋又禮記中庸德丨如毛注表記德丨如毛注又漢書敘傳上集注又荀子彊國德丨如毛注又文選吳都賦丨軒蓼擾劉注赭白馬賦飛丨軒以戒道注幽通賦乃丨德而無累曹注

【啾】丨聲也文選射雉賦注引三蒼〇丨衆聲也文選長笛賦注引蒼頡又文選洞簫賦丨丨吣嘀而將吟兮注〇丨丨衆聲也文選羽獵賦注引三蒼郭璞注〇聊丨丨耳鳴也楚辭怨思耳聊丨而戃慌注

【揫】丨聚也爾雅釋詁又後漢馬融傳上注〇丨斂也爾雅釋詁注〇丨細也斂物而細謂之丨方言二〇丨小也廣雅釋詁二〇丨固也同上

【酋】丨西方也秋也物皆成象而就也太元元文〇丨西方也太元釋動而無名丨注〇丨者生之府也太元元文〇丨殺太元元文直丨相勅注〇丨之言聚也太元元文注〇丨聚也太元元圖陰丨西北注咸丨丨貞注〇丨就也太元中丨丨大魁頤注戾引其背丨貞注爭不丨貞注〇丨執也漢書敘傳上音義引鄭氏〇丨終也爾雅釋詁又詩卷阿似先公丨矣傳又漢書敘傳上音義引韋昭〇丨熟也久熟曰丨方言七〇丨穀也廣雅釋詁三〇精熟曰丨國語鄭語壽之丨丨腊者注〇酒孰曰丨禮記月令乃命大丨注〇大丨丨主酒官也丨醖米麴使之化孰故謂之丨丨於周禮爲酒正呂覽仲冬乃命大丨注〇丨主酤酒官也淮南時則乃命大丨注〇丨者魁帥之稱漢書宣帝紀集注引文穎〇丨渠皆豪帥也文選吳都賦

儋耳黑齒之丨劉注○丨雄也漢書敘傳上集注引
應劭○丨發聲詩伯兮箋丨矛也釋文又考工記總
目丨矛常有四尺司農注○丨矛常有四尺考工記
廬人○丨夷長短名丨之言遒也丨近夷長矣考工
記廬人注○丨音丨豪之丨漢書敘傳上集注引應
劭○史記魯周公世家考公丨索隱引系本作就鄒
誕本
作遒

犨 丨猶出呂覽召類丨於前而不直注○犨邑名史
記越世家復犨龐長沙索隱○左氏成十一年經
晉郤丨公羊左傳疏引世本並作州潛夫論氏姓作
犨○左傳魏武子名犨史記魏世家索隱引系本作
武仲
州

賙 丨贍也一切經音義八引字林○丨救也詩吉日
箋欲令丨餼之釋文○丨稟其囏阨周禮司稼而
丨其急注○丨者謂禮物不備相給足也周禮大司
徒使之相丨注○丨讀爲周急之周周禮鄉師而丨
萬民之囏阨司農注○丨當爲糾周禮大司徒
杜注○書武成傳救乏之丨無釋文丨本亦作周

浟 或作滺○滺滺流貌詩竹竿淇水滺滺傳○丨丨
流貌也楚辭大招弱水丨丨只注○丨湙流行之
貌文選海賦則乃丨湙瀲灩注○丨丨欲利之貌
漢書敘傳下集注○詩竹竿釋文丨本亦作滺

蹂 踐穀曰丨一切經音義九引通俗文○丨踐也一
切經音義九引蒼頡又後漢杜篤傳注○丨之言
潤也詩生民或簸或丨箋○丨古文厹同一切經音
義九○詩生民或簸或丨說文臼部作或簸或舀

揉 丨順也詩崧高丨此萬邦箋○丨直也廣雅釋詁
三○丨宛之觀其安危也儀禮大射儀公親丨之
注○丨謂以火槁之考工記輪人丨輻必齊注○古
文丨爲紐儀禮大射儀注○詩民勞丨遠能邇釋文

丨本亦作柔崧高丨此
萬邦釋文丨本亦作柔

捄 丨濾也廣雅釋詁一○丨長貌詩大東有丨棘匕
傳○丨畢貌詩大東有丨天畢傳○丨角貌詩良
耜有丨其角箋○椒茱萸皆有丨丨實也爾雅釋木
茱檓醜菉李注○禮記大學注不能丨之釋文丨本
亦作
救

蒐 丨聚也爾雅釋詁○丨藪左氏襄廿四年傳丨軍
實服注○丨閱也左氏成十六年傳丨乘補卒注
襄廿六年傳簡兵丨乘注哀十一年傳退而丨乘注
○丨簡閱車馬左氏宣十四年傳丨焉而還注○丨
者何簡車徒也公羊昭八年傳○大丨者何簡車徒
也公羊昭十一年傳○比年簡徒謂之丨三年簡車
謂之大閱五年大簡車徒謂之大丨公羊桓六年傳
蓋以罕書也注○春獵爲丨爾雅釋天又詩騶虞序
丨田以時釋文○春田爲丨周禮大司馬遂以丨田
注○春曰丨說苑修文引傳○秋曰丨公羊桓四年
傳又穀梁桓四年傳○春田曰丨丨擇也禽獸懷姙
未著秋乃取之也國語周語丨於農隙注○丨索擇
取不孕者左氏隱五年傳故春丨注○搜索取不任
者爾雅釋天注○秋謂之丨何丨索肥者也白虎通
田獵○丨者搜索之說苑修文○丨索也漢書百官
公卿表上集注引服虔○丨簡擇也公羊桓四年傳
注○丨擇之穀梁桓四年傳注○丨隱也左氏文十
八年傳服讒丨慝注又服注○丨者以其聚人衆也
爾雅釋詁注○丨茅丨今之蒨草也山海經中山經
蟄山其陰多丨注○丨與搜古字通文選辯亡論上
丨三王之樂注○穀梁桓四年傳釋文丨稟氏
本又作搜○魏大饗碑周成岐陽之狩丨作狩

颼 丨丨風也廣雅釋訓○小風曰颼初學記一引風
俗通

叟 丨丨聲也詩生民釋之丨丨傳○丨丨濤米聲也漢董卓傳注○丨兵卽蜀兵也漢代謂蜀爲丨後漢劉焉傳注○丨丨後讀曰搜漢書地理志上集注○詩生民釋之丨丨爾雅釋訓樊注作釋之溞溞

鎪 刻鏤物爲丨爾雅釋器鏤丨也注○丨鏉也爾雅釋器釋文引字書○鎪會謂鎪鏤其縫會也文選琴賦鎪會裒廁注

廋 丨匿也論語爲政人焉丨哉集解引孔注又皇疏又漢書杜欽傳集注又孟子離婁上人焉丨哉注盡心下若是乎從者之丨也注○廋匿也廣雅釋言○丨隱也方言三又國語晉語有秦客丨辭於朝注○廋隱也廣雅釋詁四○廋求也廣雅釋詁三○丨索也方言三注○丨疏猶搜索也後漢馬融傳注○廋限也廣雅釋邱○丨丨人也車巾車也二人掌視車馬之官也儀禮聘禮記肦肉及丨車注○丨之言數也周禮夏官序官丨人注○禮記祭義而弟達乎丨狩釋文丨本又作獀○公羊桓四年傳秋曰丨釋文丨亦作蒐昭八年經丨于紅釋文丨本亦作蒐定十三年經大丨于比蒲釋文丨本作蒐○公羊桓四年傳釋文丨本又作搜

溲 溲便也國語晉語少溲於豕牢而得文王注○丨小便也後漢張湛傳注又素問奇病論有癃者一日數十丨注調經論涇丨不利注○丨卽溺也史記酈生陸賈傳丨溺其中索隱○丨謂溺也素問痿論則心下崩數丨血也注○今文丨爲醙儀禮士虞禮記明齊丨酒注丨酒注○莊子則陽內熱丨膏釋文丨本或作廋

鄒 鄹同○丨本春秋邾子之國至孟子時改曰丨矣孟子題辭○鄹邑名論語八佾孰謂鄹人之子知禮乎釋文○丨山春秋左傳所謂嶧山也故邾婁之國曹姓也叔梁紇之邑也水經泗水注○鄹亭名在新豐廣韻引字林○左氏襄十年傳鄹人紇襄十七年傳作鄹叔紇○漢書古今人表丨衍史記田敬仲世家孟子傳作騶衍周禮司爟注書禹貢釋文作鄹衍○韓勑碑陰騶韋仲卿丨作騶

貅 貔丨亦摯獸也禮記曲禮上前有摯獸則載貔丨注

髹 髹髤同○丨赤黑漆也儀禮鄉射禮記楅丨注○丨赤多黑少之色韋也周禮巾車然禚丨飾注○以漆漆物謂之髹史記貨殖傳木器丨者千枚正義引顏云○故書丨爲軟周禮巾車注○丨字或作髤漢書外戚傳下集注

庥 集韻通作休○丨蔭也爾雅釋言○休蔭也漢書外戚傳下集注○庥蔭也三輔人爲休華樹下爲庥也淮南精神得庥越下注○今俗語呼樹蔭爲丨爾雅釋言注○左氏文七年傳注以本枝廕丨之多釋文丨本又作庇○爾雅釋言釋文丨字又作休

咻 丨之者嚾也孟子滕文公下眾楚人丨之注

泅 丨古文作汓同一切經音義十八

紬 丨抽也抽引絲端出細緒也釋名釋采帛○丨業也廣雅釋詁四○丨謂綴集之也史記太史公自序丨史記索隱引小顏○丨引也音抽文選高唐賦注引字林○丨讀曰抽漢書谷永傳集注

裯 丨襌被也詩小星抱衾與丨傳○丨帷帳也楚辭九辯披荷丨之晏晏兮注○汗襦或謂之袛丨方

言四○丨一作紹史記魯周公世家立齊歸之子丨
爲君集解引徐廣○史記魯周公世家丨索隱引系
本作裯○左傳魯昭公
丨漢書古今人表作裯
幬 單帳曰丨文選寡婦賦注引纂要○丨帳也廣雅
釋器又後漢馬融傳注○今江東亦謂帳爲丨爾
雅釋訓丨謂之帳注○幬覆也廣雅釋詁二○丨幔
轂之革也考工記輪人欲其丨之廉也注○丨與裯
古字同文選曹子建贈白馬王彪詩何必抱衾丨注
○丨讀爲帳荀子禮論無帾絲歶縷翣其貌以象菲
帷丨尉也注○爾雅釋
訓釋文丨本或作幗
儵 ○丨白魚也莊子秋水丨魚出游從容釋文引李注
○丨鱧者浮陽之魚也荀子榮辱○丨魚小魚也
淮南覽冥若觀丨魚注○小魚曰丨山海
經北山經晉水其中多鮆魚其狀如丨注

啁 丨噍聲禮記三年問猶有丨噍之頃焉釋文
球 丨美玉也書禹貢厥貢惟丨琳琅玕鄭注又禮記
玉藻笏天子以丨玉注○丨琳琅玕皆美玉也淮
南墬形西北方之美者有昆侖之丨琳琅玕焉注○
丨琳皆玉名書禹貢傳○丨雍州所貢書顧命天丨
傳○天丨雍州所貢之玉色如天者書顧命鄭注○
丨玉也詩長發受小丨大丨傳又荀子臣道受小丨
大丨注○丨玉磬書益稷戛擊鳴丨傳顧命馬注○
丨玉磬也後漢馬融傳注○鳴丨卽玉磬也書益稷
鄭注○禮記玉藻天子以丨玉
儀禮士喪禮注作天子以璆玉
逑 丨匹也詩關雎君子好丨傳又後漢皇后紀下注
○丨合也詩民勞以爲民丨傳○丨斂聚也爾雅
釋訓釋文引字林○詩關雎釋文丨本亦作仇○爾
雅釋訓惟丨鞫也釋文丨本亦作求○詩關雎君子
好丨爾雅釋詁注漢書
匡衡傳作君子好仇
絿 丨求也廣雅釋詁三○丨急也詩長發不競不丨
傳又左氏僖廿年傳不競不丨注
銶 丨鑿屬也詩破斧釋文引韓詩又管子輕重乙一
車必有一斤一鋸一釭一鑽一鑿一丨注○木屬
曰丨詩破斧又缺我丨傳○
丨今之獨頭斧詩破斧釋文
觩 集韻或作觓○觓球球然角貌穀梁成七年傳展
觓角而知傷注○角弓丨然言持弦急也詩泮水
角弓其丨箋○丨弛貌詩泮水傳○丨陳設之貌左
氏成十四年傳兕觵其丨注○詩桑扈釋文丨本或
作觓○穀梁成七年傳釋文觓本或作筋○
詩桑扈兕觥其丨說文角部作兕觵其觓
俅 丨戴也爾雅釋言○丨丨服也爾雅釋訓○丨丨
恭順貌詩絲衣載弁丨丨傳○爾雅釋訓釋文丨

本亦作
絿同
賕 行貨財以有求於人曰丨漢書薛宣朱博傳音義
引韋昭○以財枉法相謝曰丨音巨又反漢書薛
宣朱博傳音義引字林○載請曰丨一切經音義廿
一引蒼頡○丨謝也廣雅釋詁四○史記韓世家索
隱引系本韓萬生丨伯左傳
宣十二年疏引世本作求伯
蜉 禮記內則注蚍丨子也釋文丨本又作蚽
桴 丨鼓槌禮記禮運蕢丨釋文又左氏成二年傳右
援丨而鼓釋文○枹丨二字同體一切經音義二
引詔定古
文官書
罦 集韻罦或省○罦兔罟也廣雅釋器○丨射鹿罟
也呂覽季春罝丨羅網注○丨麋鹿罟淮南時則

畢弋罝丨注○獸罟曰罝丨禮記月令田獵罝丨羅
網畢翳餧獸之藥毋出九門注○丨罝也史記司馬
相如傳丨罔彌山集解引郭璞○丨罔也文選東京
賦解丨放麟薛注○丨罳在門外丨復也罳思也臣
將入請事於此復重思之也釋名釋宮室○丨罳連
闕曲閣也後漢靈帝紀注○莊子胠篋削格羅落罝
丨之知釋文
丨本又作罦

麰 通作牟○丨麥大麥也孟子告子上今夫丨麥注
○麰大麥也文選典引注引韓詩章句○牟麥詩
思文貽我來牟傳○黃麰麥也後漢班彪傳下注○
丨麴也齊右河濟或曰丨方言十三○丨麴也廣雅
釋器○丨大麥麴方言十三注○
詩思文釋文牟字書作丨或作麰

鍪 丨之言蒙也冒也所以冒首荀子禮論薦器則冠
有丨而毋縱注○丨頭著兜丨帽言未知冠制也

淮南氾論古者有丨注○丨冠捲如兜丨也荀子禮
論注○丨放髮也淮南氾論注○丨餔也廣雅釋器

餱 集韻或从米○丨乾食也左氏宣十一年傳具丨
糧注襄九年傳盛丨糧注○糇乾食周禮牧人注
或負其糇釋文○丨乾飯也一切經音義七引字林
○糇糒也廣雅釋器又文選思元賦屑瑤蘂以爲糇
兮舊注○糇食也爾雅釋言又詩伐木乾丨以愆傳
又詩公劉乃裹丨糧釋文又漢書宣帝紀集注薛宣
傳集注○糇糧也後漢張衡傳注○丨候也候人飢
者以食之也釋名釋飲食○詩公劉釋文丨字或作
糇

鏃 金鏃翦羽謂之丨爾雅釋器○丨金鏃斷羽使前
重也爾雅釋器孫注○丨以金爲箭鏑也爾雅釋
器李注○丨矢弩所用也周禮司弓矢枉矢絜矢殺
矢丨矢矰矢茀矢恒矢庳矢注○丨弩矢周禮司弓
矢釋文○丨矢名詩行葦四丨既鈞釋文○箭江淮
之閒謂之丨方言九○丨鍭候也候物而射之也後
漢南蠻西南夷傳注○丨
之言候也周禮司弓矢注

歐 丨刀刑人之刀也後漢虞詡傳注○丨爵簸揚田
農之事也風俗通祀典○鄭固碑初受業於歐陽
丨作
毆

膢 集韻或从示○丨八月祭名也一切經音義九引
三蒼○冀州北郡以八月朝作飲食爲丨後漢劉
元傳注○丨八月旦也法言問道則狐狸螻螾不丨
臘也軌注○䄛祭也廣雅釋天○丨古文䄛同一切
經音
義九

摟 丨聚也爾雅釋詁○丨牽也孟子告子下而丨其
處子注又文選琴賦注引孟子劉注○丨猶今言

拘丨聚也爾雅釋詁注○爾雅釋
詁蒐裒鳩丨釋文丨本或作樓

彄 韝丨字之異者周禮繕人注韝于著左臂裏釋文
引劉音○公羊哀十三年經陳夏丨夫釋文丨一
本作嫗○魯公子丨字
子臧見左氏隱五年疏

摳 丨提也禮記曲禮丨衣釋文○丨舉也廣雅釋詁
二○丨探也以手藏物探而取之曰丨亦曰藏彄
列子黃帝以瓦丨者巧釋文○丨揄旋也凡
物樹稼早成熟燕齊之閒謂之丨揄方言六

軥 集韻通作鉤○鉤車夏后氏之路也禮記明堂位
○鉤車以行爲陳鉤般曲直有正夏所制也釋名
釋車○鉤有曲輿者也禮記明堂位注○鉤心從輿
心下鉤軸也釋名釋車○鉤鉤心考工記車人以鑿
其鉤司
農注

裒 丨聚也爾雅釋詁又易象上傳君子以丨多益寡侯注又詩般丨時之對傳般武丨荆之旅傳○丨集也詩常棣原隰丨矣傳○丨多也爾雅釋詁又小爾雅廣詁○丨衆詩般箋○丨取也小爾雅廣詁又漢書食貨志贊集注○易謙丨多益寡釋文丨鄭荀董蜀才作捊字書作掊○禮記雜記注招用丨衣也釋文丨本又作褎爾雅釋詁釋文丨古字作褎本或作捊

髏 集韻或从頁○顯頭骨也一切經音義一引埤蒼○髏丨古文顯顯二形同一切經音義九

螻 丨丨蛄也楚辭惜誓爲丨蟻之所裁注又文選報任少卿書與丨蟻何以異注○丨丨蛄禮記月令丨蟈鳴釋文又呂覽應同天先見大螾大丨注又淮南時則丨蟈鳴注○螾蟷秦晉之閒謂之螶或謂之天丨方言十一○馬黑脊而般臂丨周禮內饔○丨丨蛄臭也周禮內饔司農注○丨內病也周禮內饔

釋文引干注○丨晉君之圍國語晉語趙簡子田於丨注○丨螘謂細微也後漢班彪傳上注

璆 丨玉也爾雅釋器又詩瞻彼洛矣傳諸侯璗琫而丨珌釋文○丨玉名書禹貢厥貢丨鐵銀鏤砮磬傳○西北之美者有崑崙虛之丨琳琅玕焉爾雅釋地○丨琳美玉名爾雅釋器注○丨琳琅皆玉名也楚辭東皇太一丨鏘鳴兮琳琅注○丨祭用玉山海經中山經熊山祈丨注○卜玉磬也國語晉語籧篨蒙丨注○丨然龍貌史記禮書注金薄丨龍索隱引劉氏○爾雅釋器釋文丨本或作球字

兜 丨惑也國語晉語在列者獻詩使勿丨注○丨離何奴言語之貌後漢列女傳注○虞書驩丨古文尚書作鵃吺山海經作驩頭○漢書古今人表宋景公丨欒史記作頭曼

句 丨曲也古微書引禮斗威儀山車垂丨注又史記天官書後丨索隱○丨方也莊子田子方履丨屨者知地形釋文引李注○丨下也廣雅釋詁一○丨以喻敬大戴記曾子立事與其倨也寧丨注○丨曲領也荀子哀公古之王者有務而拘領者矣注○丨領繞頸也書大傳古之人衣上有冒而丨領者注○丨襟今之曲領衺衣也淮南氾論豈必衺衣博帶丨襟委章甫哉注○丨贅項椎也莊子大宗師丨贅指天釋文引李注○伸圓之周而爲丨周髀算經上數之法出於圓方注○覆之而角至謂之丨弓考工記弓人○丨戟也呂覽知分丨兵鉤頸注○丨兵戈戟屬考工記廬人丨兵欲無彈注○丨瞿斗也山海經北山經陽山有獸焉其頸腎其狀如丨瞿其名曰領胡注○丨芒者物之始生白虎通五行○木正曰丨芒者物始生皆丨曲而芒角因用爲官名御覽十八引崔靈恩禮記義宗○丨芒木正東方之神也後漢張衡傳注○丨芒東方之神也後漢馬融傳注○丨芒木神也山海經海外東經東方丨芒注○丨星客

星也淮南道應丨星在房心之閒注○丨丨章也國語越語吾請達王甬丨東注○丨今無諸暨有丨無亭是也國語越語南至於丨無注○丨就羌別種也後漢蓋勳傳注○丨嬰讀爲九嬰北方之國也淮南墜形丨嬰民注○丨榆根余皆是一山亦聲之譌變耳封氏聞見記二○丨屈生者禮記月令丨者畢出注○丨枉曲枝也淮南脩務丨據丨枉注○丨爪鷹鶻之屬也淮南本經丨爪居牙注○丨讀曰鉤漢書郊祀志上集注

妯 丨動也爾雅釋詁又詩鼓鍾憂心且丨傳○丨擾也廣雅釋詁三○丨擾也入不靜曰丨齊宋曰丨方言六○丨之言悼也詩鼓鍾箋○詩鼓鍾憂心且丨說文心部作憂心且怞

惆 丨悵也廣雅釋詁三○丨然悵然也荀子禮論案屈然巳則其於至意之情者丨然不嗛注

菆 蕁謂之丨廣雅釋器○丨矢之善者左氏宣十二年傳左射以丨注抽矢丨丨注○蒲丨牡蒲莖也儀禮既夕記御以蒲丨注○丨餘也廣雅釋詁三○丨井卽渭城賣蒸之市也文選西征賦感市閭之丨井注○古文丨作騶儀禮既夕記御以蒲丨注○禮記喪大記注猶丨也釋文丨本亦作叢

𤳹 通溝瀎田爲丨晉書音義下

褠 集韻或從巾○丨禪衣之無胡者也言袖夾直形如溝也釋名釋衣服○丨臂衣今之臂韝以縛左右手於事便也後漢明德馬皇后紀法○𢄔上衣文選南都賦注引字書

篝 集韻或作𥴨○丨籠也廣雅釋器○𥴨籠也史記龜策傳卽以篝燭此地集解引徐廣○丨者籠也史記陳涉世家夜丨火集解引徐廣滑稽傳甌窶滿丨集解引徐廣○丨今熏籠也方言五注○丨絡楚辭招魂秦丨齊縷注

抔 丨飮手掬之也禮記禮運汙尊而丨飮注

呦 丨丨鳴也廣雅釋訓

髳 或作髳○髳微在巴蜀書牧誓及庸蜀羌髳微盧彭濮人傳

嘔 丨色也廣雅釋詁三○丨丨喜也廣雅釋訓○丨夷祁夷與出平舒周禮職方氏其川虖池丨夷注○丨與謳同荀子富國喣丨之注又文選江賦傲自足於一丨注○丨讀曰謳漢書朱買臣傳集注

媮 丨薄也左氏襄卅年傳晉未可丨也注○丨褊也廣雅釋詁一○丨巧也廣雅釋詁三○丨且也同上○丨苟且也後漢崔駰傳注○丨猶僥倖也文選東京賦今公子苟好勦民以丨樂薛注

繆 丨纏也廣雅釋詁四○丨結也莊子庚桑內揵者不可丨釋文○丨絞也漢書外戚傳下集注○丨綢丨也荀子子道衣與丨與不女聊注又莊子庚桑釋文引崔向注○丨當爲膠相加之貌荀子哀公丨肫肫注○丨讀爲木樛垂之樛禮記檀弓下衣衰而丨經注○丨音丨縛之丨漢書外戚傳下集注引晉灼

諏 咨事爲丨左氏襄四年傳○咨才爲丨國語晉語○丨謀也爾雅釋詁又儀禮特牲饋食禮不丨日注又左氏襄廿五年傳陪臣干掫服注又國語晉語丨於蔡原注○今文丨皆爲詛儀禮特牲饋食禮不丨日注

繇 丨道也爾雅釋詁又漢書敘傳上集注又文選上林賦則仁者不丨也郭注典引孔丨先命聖孚也蔡注○丨自也爾雅釋水丨膝以下爲揭注○丨過也左氏昭廿六年傳丨朐汰輈注○丨用也呂覽貴當必丨其道注○丨喜也爾雅釋詁○丨辭語之韻絕爾雅釋詁丨於也注○丨卽由也後漢班彪傳下注○丨與由古字通文選諷諫詩非丨王室注○丨古由字爾雅釋水釋文○丨讀曰由漢書地理志上集注梅福傳集注文翁傳集注游俠傳集注○丨讀爲由荀子禮論先王恐其不文也是以丨其期足之日也注○相丨相柳也語聲轉耳山海經大荒北經共工臣名曰相丨注○史記弟子傳魯顏無丨家語作顏無由○漢書古今人表丨余韓子十過作由余○漢書古今人表辛丨靡史記周本紀正義作游靡呂覽作辛餘靡○魯顏無丨字路見史記仲尼弟子傳

蓲 廣韻藲同○藲莖爾雅釋木○樞莖也詩山有樞山有樞傳○藲㭷也廣雅釋木○丨亦木名山海

經海內南經弱水中有木其木若丨其名曰建木注○北燕朝鮮洌水之閒謂伏雞曰丨方言八○爾雅釋木釋文蘊本或作丨同

睺 半盲爲丨方言十二

僂 丨疾也荀子儒效雖有聖人之知未能丨指也注賣之不可丨售也注○丨葢也呂覽節喪丨要以督之注○丨呼濕潤生長之言古微書引春秋元命苞○莊子達生聚丨之中則爲之釋文丨當作蔞

枹 丨擊鼓柄也音浮漢書尹賞傳音義引字林○丨擊鼓椎也國語補音二引字林

樛 集韻朻或作樛○丨求也文選思元賦丨天道其焉如舊注○木下曲曰丨詩樛木南有丨木傳○下句曰朻爾雅釋木○木下句曰丨詩樛木序釋文○朻枝枝曲下垂也文選高唐賦朻枝還會注○丨流曲折貌也文選北征賦遠紆回以丨流注○不丨垂者不絞其帶之垂者儀禮喪服傳不丨垂注○朻九稠反爾雅釋木釋文引字林○詩樛木序釋文丨馬融韓詩並作朻○爾雅釋木釋文朻本又作丨

艛 丨舟也廣雅釋水

剾 集韻或作鏂○丨剜也廣雅釋詁四○丨釧也廣雅釋言○鏂鍜謂之鏂鉔廣雅釋器○斗二升八合曰鏂管子輕重丁今齊西之粟釜百泉則鏂二十也注

掫 丨夜戒有所擊也从手取聲子侯反左傳襄廿五年釋文引字林○丨行夜左氏襄廿五年傳陪臣干丨注昭二十年傳賓將丨注又賈注○左氏襄廿五年傳釋文丨服本作諏○左氏昭二十年傳賓將丨周禮鎛師杜注掌固杜注皆作賓將趨○漢書古今人表內史丨子毛詩作聚

卣 或作逌○逌所也漢書五行志上集注引應劭又文選幽通賦栗取弔于逌吉兮注○逌然自得貌列子力命終身逌然釋文○逌古攸字漢書地理志上集注韋賢傳集注敘傳上集注二見敘傳下集注二見○逌古字與攸同史記趙世家烈侯逌然正義

琈 丨玉別名禮記聘義正義引字林○琈丨玉名山海經西山經小華之山其陽多琈丨之玉注

烰 丨丨烝也爾雅釋訓○丨丨炊之氣也爾雅釋訓孫注○丨猶庖也呂覽本味令丨人養之注

粰 丨饐也廣雅釋器○丨粖饊也廣雅釋器

蔞 丨翣棺之牆飾周禮丨作柳禮記檀弓下設丨翣注

噍 丨與啾同文選羽獵賦丨丨昆鳴注

鶔 爾雅釋鳥鷗丨釋文丨本亦作柔或作蹂

鴀 集韻不或从鳥○夫不楚鳩也爾雅釋鳥隹其鳺丨釋文○爾雅釋鳥釋文丨本亦作不同

紑 丨絜鮮貌詩絲衣絲衣其丨傳

鵂 丨鶹鉤鵅也亦名怪鳥也一切經音義二十引字書○丨鶹夜卽拾人爪也一切經音義十九引纂文

摎 丨束也廣雅釋詁三又一切經音義二十引蒼頡○丨猶糾也文選江賦注引太元宋注○丨捋也廣雅釋言○丨求也後漢張衡傳注

脙 丨瘠也爾雅釋言○齊人謂瘠爲丨爾雅釋言注

鞻 丨者靲屨也周禮春官序官釋文引字林〇丨讀如屨也周禮春官序官鞮丨氏注

蟉 丨虬曲貌文選魯靈光殿賦騰虵丨虬而遶榱注

髟 丨白黑髮垂而丨文選秋興賦注引字林〇丨䰂羽旄飛揚貌也後漢馬融傳注〇丨音方周反匡謬正俗七引字林

抌 一作揄〇丨抒臼也周禮地官序官女舂丨注〇揄抒臼也詩生民或舂或揄傳〇丨推也方言十〇丨擊背也列子黃帝注引方言〇丨刺也廣雅釋詁一〇詩生民或舂或揄周禮地官序官舂人注儀禮有司徹注皆作或舂或丨

冘 丨豫不定也後漢竇武傳注〇丨豫不定之意也後漢來歙傳注〇丨行也漢書揚雄傳上集注引

孟康〇丨行貌也後漢馬援傳注〇丨丨行貌也後漢來歙傳注

蚰 北燕人謂丨蜓爲蚰蜒爾雅釋蟲釋文引字林

卣 丨中尊也爾雅釋器〇丨器也同上〇丨中尊謂獻象之屬周禮鬯人廟用脩注〇周禮司尊彝注彝丨罍器也釋文丨本亦作攸

庮 丨惡臭也春秋傳曰一薰一丨禮記內則牛夜鳴則丨注〇丨朽木臭也周禮內饔司農注〇牛夜鳴則丨周禮內饔

魗 丨亦惡也詩遵大路無我丨兮傳〇詩遵大路釋文丨本亦作𣪘又作𣫍〇詩遵大路無我丨兮說文攴部作無我𣪘兮

睬 丨土也廣雅釋地

䐆 丨盛也廣雅釋詁二

涑 丨澣也廣雅釋言

調 丨朝也詩汝墳惄如丨飢傳〇詩汝墳釋文丨又作輖

棷 丨柴也廣雅釋木〇丨聚草也禮記禮運鳳凰麒麟皆在郊丨注

篼 飤馬橐自關而西或謂之裺丨或謂之樓丨方言五〇裺丨囊也廣雅釋器〇樓丨囊也廣雅釋器

龜 丨茲讀曰邱慈後漢西域傳注

餾 饙謂之丨廣雅釋器〇丨饙也玉篇引蒼頡

瞀 丨與思心之咎同耳洪範五行傳厥咎眊注

區 四豆爲丨丨斗六升左氏昭三年傳豆丨釜鍾注〇四豆曰丨考工記㮚氏量之以爲鬴注〇梪四曰丨廣雅釋器〇屈生曰丨禮記樂記丨萌達注〇丨匿也左氏昭七年傳作僕丨之法服注〇丨讀歐謳之謳丨越人善冶劒工也淮南覽冥丨冶生而淳鉤之劒成注〇丨讀曰歐漢書蘇武傳集注〇左氏哀十三年經盜殺陳夏丨夫公羊作彄夫

緅 凡染黑五入爲丨儀禮士冠禮緇帶注〇五入爲丨考工記鍾氏〇染纁者三入而成又再染以黑則爲丨丨今禮俗文作爵言如爵頭色也考工記鍾氏三入爲纁五入爲丨注〇一入曰丨論語鄉黨君子不以紺丨飾集解引孔注〇丨是淺絳色也論語鄉黨皇疏〇丨帛青色子句反論語鄉黨釋文引字

林○丨青也
廣雅釋器

勠 丨幷也文選文賦非余力之所丨注

侜 丨張誑也爾雅釋訓又詩防有鵲巢誰丨予美傳○譸張誑也書無逸民無或胥譸張爲幻傳又漢書敘傳下集注引應劭○譸亦疇字也文選西征賦注引聲類○譸當作籌後漢虞詡傳注○爾雅釋訓釋文丨本或作倜○書無逸民無或胥譸張爲幻爾雅釋訓注作無或丨張爲幻

頄 丨面也首之前稱丨丨頄閉也易夬壯于丨翟注○丨頯也廣雅釋親

艽 丨野遠荒之地詩小明至于丨野傳○丨遠荒又音求廣韻一引埤蒼

芣 丨苢馬舃爾雅釋草○丨苢馬舃馬舃車前也宜懷妊焉詩芣苢采采丨苢傳○丨苢幽州人謂之牛舌又名當道其子治婦人生難詩芣苢序釋文引草木疏○丨苢澤瀉也文選辯命論注引韓詩章句○丨苢直曰車前瞿曰丨苢詩丨苢序釋文引韓詩○丨騩山名國語鄭語主丨騩而食溱洧注

鄇 丨音候左氏成十一年傳釋文引字林

○以下據廣韻錄

沋 丨丨湲湲魚鼈顛倒之貌也文選七發注

瀀 丨漬也廣雅釋詁二○丨饒也廣雅釋詁四○丨椸也廣雅釋器○漢修堯廟碑嘉澍優沾丨作優

㺖 丨竹鼠也莊子天地執丨之狗成鬼釋文

鰡 丨魦屬文選歸田賦注引字指

鬮 丨絞也廣雅釋詁四

裗 丨衣縷也齊人謂之攣或曰袿衣之飾爾雅釋器衣丨謂之祝注○爾雅釋器釋文丨本又作流

鶹 丨鵂飛鸓也廣雅釋鳥

憀 丨應作手旁翏今作心旁翏者亦是右字通用漢書楊雄傳上音義

萩 左傳襄十八年伐雍門之丨釋文丨本又作秋○穀梁文九年經楚子使丨來聘釋文丨或作萩

𧓔 爾雅釋蟲次丨䖟釋文丨本或作螯

𪈀 雞雛徐魯之閒謂之丨子方言八○丨雛也廣雅釋鳥

㾄 丨病也廣雅釋詁一

囮 丨𡆪也廣雅釋言○𡆪音由今獵師有𡆪也北戸録引字林

鮂 丨黑鰦爾雅釋魚○丨即白鯈魚江東呼爲丨爾雅釋魚注

㥢 丨惡也方言十三又廣雅釋詁三

㟬 丨高貌也文選西都賦巖峻丨崒注

粡 粄丨米粉餅廣韻十八尤引字林

輖 丨墊也儀禮既夕記志矢一乘軒丨中注○丨蟄也儀禮既夕禮軒丨中亦短衞釋文○丨重也一曰蟄也儀禮既夕釋文引字林○丨低也廣雅釋詁四

詶 丨古文譸詶二形同一切經音義十二

騥 馬青驪繁鬣丨爾雅釋畜○爾雅釋畜釋文丨本又作柔

蝚 丨蛖螻爾雅釋蟲○丨卽今所謂戎皮戎柔聲之轉耳漢書司馬相如傳上集注

瑈 丨玉名也廣韻引聲類

揂 丨迫也廣雅釋詁三

衃 丨血謂敗惡凝聚之血色赤黑也素問六節藏象論赤如丨血者死注○爾雅釋草荍芘丨釋文丨本或作芣又作蚽

哹 丨吹氣聲也一切經音義二十引埤蒼

餿 丨飯傷熱濕也六書故引字林

獀 春獵爲丨禮記祭義而弟達乎丨狩矣注○春田曰獀國語齊語春以獀振旅注○丨擇也呂覽季秋丨馬注

鄋 丨音先牢反左氏文十年釋文引字林○史記魯周公世家鄋瞞伐宋正義鄋作瘦

騪 丨音蒐狩之蒐漢書百官公卿表上集注引服虔

⿰木芻 丨构也廣雅釋器

⿰舟芻 丨舟也廣雅釋水○海中船曰艆丨郎鄒二音初學記廿五引埤蒼

苬 丨芝爾雅釋草

薵 丨覆也方言十二○丨戴也同上○薵蕏葱也廣雅釋草○丨蕏草也文選七發注引字書

颾 丨風也廣雅釋詁四

蛷 丨螋蟱丨也廣雅釋蟲

鼽 鼻塞曰丨丨久也涕久不通遂至窒塞也釋名釋疾病○丨齆鼻呂覽盡數處鼻則爲丨爲窒注○丨病也廣雅釋詁一○丨頄也頄面顴也素問氣府論○丨骨下各一注○丨讀曰仇怨之仇呂覽季秋民多丨窒注○丨讀怨仇之仇淮南時則民多丨窒注

莍 椒梂醜丨爾雅釋木○丨茱萸御覽引三蒼

殏 爾雅釋詁丨酋在卒釋文丨又作求

梂 丨材也廣雅釋器○櫟實名丨也爾雅釋木櫟其實丨含人注○丨音求爾雅釋木釋文引字林

朹 丨檕梅爾雅釋木○丨仇也方言三

丨丨緌也廣雅釋訓

扏 丨水一曰湔水水經注卅三引字林

⿰孚鳥 鳩自關而西秦漢之間其小者或謂之丨鳩方言八○鶌鳩鶻鳩也廣雅釋鳥

涪 丨水一曰湔水水經注卅三引字林

⿰多孚 丨多也廣雅釋詁三

艀 丨舟也廣雅釋水

棓 丨大杖以桃木爲之淮南詮言羿死于桃丨注

鍪 前高後下曰丨漢書敘傳音義引字林○丨丨邱也亡周反詩旄邱釋文引字林○禮記內則注讀曰丨釋文丨字又作鍪

勅 丨强也廣雅釋詁一

蝥 蟊同○食根蟊爾雅釋蟲○蟲食苗根曰蟊詩桑柔降此蟊賊箋○食根曰蟊詩大田及其蟊賊傳○食其根者言其稅取萬民財貨故曰蟊也爾雅釋蟲李注○丨賊食禾稼蟲名左氏成十三年傳率我丨賊注○丨賊食禾稼蟲名後漢岑彭傳注馮衍傳注○蟊鼅蟊也爾雅釋蟲孫注○蛑蝗蝝也爾雅釋蟲釋文引字林○蟊音亡牛反爾雅釋蟲釋文引字林○蛑與丨同晉書音義上○詩大田釋文蟊本又作蛑爾雅釋蟲釋文蟊本亦作蛑○詩瞻卬蟊賊蟊疾釋文蛑本又作蟊○張壽碑蛑賊不起蟊作蛑

⿱敄糸 丨絹也廣雅釋器

恈 丨丨愛欲之貌荀子榮辱丨丨然惟利飲食之見注

鴾 爾雅釋鳥鴽丨母釋文丨本又作牟

翭 丨猶候也候物而射之矢也儀禮既夕記矢丨矢一乘注○丨羽也廣雅釋器○丨本也方言十三又廣雅釋詁三○今以鳥羽本爲丨方言十三注

醧 丨私宴飲也文選鮑明遠玩月城西門解中詩注引字林

褔 繄袼謂之丨方言四

羺 羊卷毛曰丨一切經音義廿二引通俗文○丨胡羊也一切經音義廿二引埤蒼

⿺兔需 ⿺兔需兔子也廣雅釋獸○丨兔子也乃俱乃侯二反爾雅釋畜釋文引字林

㼴 瓝丨王瓜也廣雅釋草又爾雅釋草釋文引字林

剅 丨裂也廣雅釋詁二○丨拘也廣雅釋言

褸 衽謂之丨廣雅釋器

⿰俞刂 丨剜也廣雅釋詁四

⿰句刂 丨鎌也廣雅釋器

鉤 丨篘桃支也廣雅釋草

𪓰 丨鼊龜屬也文選吳都賦丨鼊鯖鰐劉注

剾 丨斵也廣雅釋詁一○丨細斵也集韻引字林

泑 丨水色黑也山海經西山經長沙之山泚水出焉北流注于丨水注○丨澤卽蒲澤一名蒲昌海山海經西山經不周之山東望丨澤河水所潛也注○丨澤卽經所謂蒲昌海也水經河水注○丨音黝黑之黝山海經西山經注

驫 丨丨走也廣雅釋訓○丨衆馬行也御覽引字林○丨駥驫衆馬走貌文選吳都賦注○丨音徒荅反又音風幽反一切經音義七引纂文

○以下據集韻錄

剹 丨流繚繞也文選思元賦倚招搖攝提以低徊丨流兮注

蚴 蠡其小者謂之蠿蝓或謂之丨蛻方言十一

⿰魚壽 魚之大者名爲丨家語屈節○丨宜爲鱣新序作鯖家語屈節注

檮 丨蓍卽蔡蓍史記龜策傳丨有丨蓍索隱○丨古禂字同上

鎀 丨鋌也廣雅釋器

鱐 丨乾魚也周禮庖人夏行腒丨膳膏臊司農注內饔凡掌共羞脩刑膴胖骨丨以待共膳注又禮記內則夏宜腒丨注○丨者析幹之出東海周禮籩人朝事之籩其實麷蕡白黑形鹽膴鮑魚丨注○骨丨謂骨有肉者周禮內饔司農注

鰪 丨小鰌也廣雅釋魚○丨今蝦鰌字亦作丨山海經東山經蒼體之水其中多丨魚注

鰀 丨魚字考工記輈人必鰀其牛後司農注○丨讀爲緍關東謂糾爲緍同上

垺 丨大之般也莊子秋水

滮 丨流貌詩白華丨池北流傳又文選蜀都賦灑丨池而爲陸澤劉注○丨丨流也廣雅釋訓○詩白華丨池北流說文水部作淲沱北流

鯸 丨鮀魠也廣雅釋魚

熰 丨熱甚也謂旱熱甚而祭管子侈靡有時而丨注

衏 丨者謂辟兩側空中央也儀禮喪服記幅三丨注

耤 丨耕也廣雅釋地

毋 丨發聲也儀禮士冠禮記注○丨追夏后氏之道也儀禮士冠禮記

譨 丨丨猶傯傯也楚辭怨上羣司兮丨丨注

○以下附錄

胄 丨空也廣雅釋詁三

蝤 丨未詳所出或以丨與蝣同謂蜉蝣也又一說云丨姑即螻姑也孟子滕文公上蠅蚋姑嘬之音義引丁音

犙 丨無尾淮南說山既犐以犙注

炊籅或謂之丨方言五

篗

鎒 丨溝也既割去壟上草又辟其土以壅苗根使壟下爲溝受水潦也釋名釋用器

經籍籑詁卷第二十六下

經籍籑詁卷第二十六下補遺　下平聲

兵部侍郎兼都察院右副都御史巡撫浙江等處地方提督軍務兼理糧餉阮元纂

十一尤下

侯 說文矦春饗所䠶矦也从人从厂象張布矢在其下天子䠶熊虎豹服猛也諸矦䠶熊豕虎大夫䠶麋麋惑也士䠶鹿豕爲田除害也其祝曰毋若不寧矦不朝于王所故伉而䠶汝也矦古文矦○丨者候也周禮大司馬之職其外方五百里曰丨畿疏○丨者候也言斥候而服事孝經疏引舊解○丨之言候周禮職方氏其外方五里曰丨服疏○丨者候迎善祥周禮肆師與祝丨禳於畺疏○諸丨者公丨伯子男五等之總號左氏隱七年傳凡諸丨同盟疏○二王之後稱公大國稱丨皆千乘國周禮大宗伯疏引孝經援神契○丨爲州牧也詩旄邱序箋五丨九伯疏○丨伯州長也左氏僖元年傳凡丨伯注○丨者百里之正爵白虎通爵○震爲丨易屯利建丨虞注○震爲諸丨易豫利建丨行師虞注又彖下傳文王以之虞注○丨所以居的以皮爲之漢書吾邱壽王傳大丨既抗注○名之爲丨者何明諸丨有不朝者則當射之白虎通鄉射○丨何也文選封禪文丨不邁哉注引李奇○丨發語辭也漢書敘傳上丨屮木之區別兮注○今世謂反開小袖衫爲丨褕史記萬石君張叔列傳中帬廁褕索隱引晉灼○丨聲近候書禹貢疏○詩四月丨栗丨梅白帖九十九作維栗維梅

猴 說文猴夒也从犬矦聲

喉 說文喉咽也从口矦聲

謳 說文丨齊歌也从言區聲○丨歌也廣雅釋樂○丨齊歌也謂齊聲而歌漢書高帝紀上皆歌丨思東歸注○丨齊地之歌同上○齊歌曰丨漢書外戚傳上子夫爲平陽主丨者注

漚 丨是漸漬之名詩東門之池傳丨柔也疏

鷗 說文鷗水鴞也从鳥區聲

甌 說文丨小盆也从瓦區聲○丨脫界上屯守處史記匈奴列傳各居其邊爲丨脫集解引韋昭○境上斥候之室爲丨脫史記匈奴列傳正義○丨脫作土室以伺也漢書匈奴傳上各居其邊爲丨脫注引服虔○丨窶謂高地狹小之區史記滑稽列傳丨窶滿篝正義

樓 說文丨重屋也从木婁聲○丨車車上望櫓左氏宣十五年傳登諸丨車注○丨車所以窺望敵軍兵法所謂雲梯也左氏宣十五年傳服注

婁 說文丨空也从毌中女空之意也一曰丨務也㬇古文○丨者侶也公羊昭廿五年傳疏引舊說○丨者呼萬物且內之也史記律書○丨斂也禮記月令注日月會於降丨疏

陬 說文丨阪隅也从𨸏取聲○禮記月令注日月會于丨訾釋文本又作娵

偷 丨苟且也國語齊語則民不丨注又漢書五行志中之上其語丨注○愉苟且也周禮大司徒則民不愉疏○丨謂苟且禮記坊記注言不愉於死亾疏○丨苟也國語晉語怠丨甚矣注○丨薄也左氏昭十六年傳不可丨也注○丨取也詩山有樞他人是愉箋○丨忍猶盜竊也後漢書文苑杜篤傳丨忍淵閒注○定本丨樂作愉樂詩旄邱傳始而丨樂疏○公羊桓七年傳注則民不愉釋文本又作丨

頭 說文丨首也从頁豆聲○丨爲元首左氏昭元年傳注末四支也疏

投 說文丨擿也从手从殳○丨致也禮記曲禮上毋丨與狗骨疏○丨者擲去左氏文十八年傳疏○丨丨瓊也史記范睢蔡澤列傳或欲大丨集解○凡戲爭能取中皆曰射亦曰丨列子說符樓上博者射明瓊注

鉤 說文丨曲也从金从句句亦聲○丨帶丨也文選七發注引國語賈注○丨用金在頷之飾也詩釆芑傳疏○丨亦兵器也似劍而曲所以丨殺人也漢書韓延壽傳作刀劍丨鐔注○丨鐮也漢書循吏龔遂傳諸持鉏丨田器者注○夏后氏曰丨車先正也詩六月箋○丨音左傳躬兩軥之軥漢書昭帝紀丨町侯毋波注引服虔

溝 說文丨水瀆廣四尺深四尺从水冓聲○丨街衢之旁通水者也漢書劉屈氂傳血流入丨中注○丨池城之壍禮記禮運城郭丨池以爲固疏○丨瀆即是川也左氏宣十二年傳注坎爲川疏○丨水分流也一切經音義八引字略

韝 說文丨射臂決也从韋冓聲○丨即今之臂丨也漢書東方朔傳董君綠幘傳丨注○丨弳字之異者周禮繕人釋文引鄭注

幽 說文丨隱也从山中从𢆶𢆶亦聲○丨闇也禮記祭法丨宗疏○丨內也太元劇內丨注○言丨者不明之辭也易困入于丨谷注○丨冥猶晴昧也漢書劉歆傳則丨冥而莫知其原注○丨譪猶晻譪也漢書楊雄傳上旣𠤎鸞車之丨譪兮注○丨轄車聲也漢書楊雄傳上皇車丨轄注○丨謂陰易繫辭上

傳无有遠近丨深虞注○在坎中故稱丨人易歸妹利丨人之貞虞注○月爲幽禮祭義以別丨明疏○陰氣所聚故曰丨都淮南脩務北撫丨都注

虯 說文丨龍子有角者从虫丩聲○丨龍屬也史記司馬相如列傳六玉丨集解引郭璞

彪 說文丨虎文也从虎彡象其文也○丨文也易蒙包蒙釋文引鄭注

疣 肬同○說文肬贅也从肉尢聲䟓籀文肬从黑

訧 說文丨辠也从言尤聲周書曰報以庶丨

櫌 說文櫌摩田器也从木憂聲論語曰櫌而不輟○丨椎塊椎也漢書陳勝項籍傳贊鉏丨棘矜注引晉灼○丨摩田器也漢書陳勝項籍傳贊注賈誼傳借父丨鉏注○丨摩田之器也漢書吾邱壽王傳民以丨鉏箠梃相撻擊注○櫌鉏柄也漢書陳勝項籍傳贊注引服虔○以耒推塊曰丨文選長楊賦使農不輟丨注引晉灼○丨所以覆種文選長楊賦注

麀 說文丨牝鹿也从鹿从牝省𪊨或从幽聲○丨牝鹿也漢書霍去病傳鏖皐蘭下注

綢 說文丨繆也从糸周聲○丨韜也一切經音義二十引廣雅○丨繆纏綿也文選盧子諒贈劉琨詩丨繆之旨注

叴 說文丨高气也从口九聲臨淮有丨猶縣

嚘 說文丨語未定皃从口憂聲○丨憂慕之聲也太元丨三日不丨注○丨嗽也集韻引蒼頡

鏐 說文丨弩眉也一曰黃金之美者从金翏聲

颼 說文丨高風也从風翏聲○丨古國也左氏昭廿九年傳昔有丨叔安注

瀏 集韻或从翏○丨清也文選甘泉賦正丨濫以宏惝兮注引孟康○漻清貌也文選南都賦漻淚淢汨注引韓詩外傳○丨清流也文選文賦注引字林○丨濫猶汎濫漢書楊雄傳上正丨濫以宏惝兮注○詩溱洧丨其清兮後漢書馮衍傳下作澑其清兮

鶹 說文丨鳥少美長醜爲丨離从鳥畱聲○流與丨蓋古今之字詩旄丘疏

瘤 說文丨腫也从疒畱聲○肉凸曰丨一切經音義十八引通俗文

鰌 說文丨鰼也从魚酋聲○丨或作䲡荀子議兵丨之以刑罰注

鞦 廣韻緧同○說文緧馬紂也从糸酋聲

鶖 說文𪆟禿𪆟也从鳥尗聲鶖𪆟或从秋

蝣 蜉丨方土語也通謂之渠略詩蜉蝣疏引陸璣疏○蜉丨糞中蝎蟲隨陰雨爲之朝生而夕死爾雅釋蟲樊注○蝤字亦作丨漢書王褒傳蜉蝤出以陰注

槱 說文楢柔木也工官以爲耎輪从木酋聲讀若糗○丨積也周禮大宗伯以丨燎祀司中司命釋文○詩棫樸薪之楢之釋文字亦作丨○周禮大宗伯釋文丨本亦作楢

猶 說文丨玃屬从犬酋聲一曰隴西謂犬子爲猷○丨因也文選封禪文丨兼正列其義注引孟康○丨者何通可以已也公羊僖卅一年傳文六年傳宣六年傳○丨者可以已之辭也穀梁僖卅一年傳宣六年傳○丨之爲言可以已也穀梁文六年傳○丨尚也呂覽務本而已丨有患注適威昗之亾丨晚注○丨丨疾舒之中禮記檀弓上君子蓋丨丨爾注○丨與不決也漢書霍光傳不忍丨與注○丨獸名也漢書高后紀計丨與注○隴西俗謂犬子爲丨同上○隴西以犬爲猷太平御覽九百廿五引纂文○丨瘉聲相近詩斯干疏○今詩本丨作欲禮記禮器匪革其丨疏○詩常武王丨允塞荀子君道作王猷允塞○孟子盡心上丨棄敝蹝也廣韻作如脫敝屣

蕕 說文丨水邊艸也从艸猶聲○左氏僖四年傳一薰一丨禮記內則注作一薰一庮

輶 說文丨輕車也从車酋聲詩曰丨車鑾鑣

啾 說文啾小兒聲也从口秋聲○丨口吟也文選荅賓戲夫丨發投曲感耳之聲注引韋昭○丨或爲秋文選羽獵賦丨丨蹌蹌注

揫 說文揫束也从手秋聲詩曰百祿是揫○丨斂也禮記鄉飲酒義秋之爲言愁也注○漢書律歷志秋䪡也禮記月令疏引作秋者丨也

酋 說文丨繹酒也从酉水半見於上禮有大丨掌酒官也凡丨之屬皆从丨○羌胡名大帥爲丨如中國言魁漢書宣帝紀楊玉丨非首注引文穎○丨長帥漢書張敞傳偷盜丨長數人注引應劭○大丨者酒官之長也禮記月令注○丨者久遠之稱周禮酒正注乃命大丨疏○丨亦久遠之義周禮酒正注今之丨久白酒疏○醖釀米麴使化熟故謂之丨丨讀丨豪之丨淮南時則乃命大丨注○丨音酒醋孰漢書宣帝紀注引如淳○丨爲短故合口促聲而言之也考工記廬人注酋夷長短名疏

犨 說文丨牛息聲从牛雔聲一曰牛名

【賙】丨謂與之財詩鴻鴈箋欲人之丨餼之疏

【攸】詩竹竿淇水滺滺五經文字作淇水攸攸

【揉】使曲者直直者曲爲丨易說卦傳爲矯丨釋文引宋衷注

【捄】丨謂椒之房裏實者也詩椒聊箋今一丨之實疏

【蒐】說文丨茅丨茹藘人血所生可以染絳从艸从鬼○丨搜也周禮大司馬之職疏○丨搜是田獵之名同上○卜擇也禮記王制注春曰丨疏○搜搜擇不任孕者漢書刑法志春振旅以搜注○丨索左氏文十八年傳疏○丨丨索也取不孕者漢書主父偃傳春丨秋獮注○丨謂聚衆而田獵也漢書五行志中之上又大丨于比蒲注○春以田曰丨管子小匡

【颼】詩文新附丨丨颼也从風叜聲

【叟】丨者蜀夷之別名書牧誓傳國名羌在西蜀丨疏○詩生民釋之丨丨釋文字又作溲

【鎪】爾雅釋器注鏤丨也釋文字又作鎪

【廋】丨隱也淮南詮言日月丨而無溉於志注○丨讀與搜同謂入室求之也漢書趙廣漢傳丨索私屠酤注

【鄒】說文郰魯縣古邾國帝顓頊之後所封从邑芻聲○禮記檀弓上注郰叔梁紇釋文又作丨

【掫】丨拘也集韻引廣雅

【髤】廣韻髹同○說文髤桼也从桼髟聲○丨漆也史記貨殖列傳木器丨者千枚注引徐廣○刷漆爲髤文選景福殿賦注引漢書韋昭注

【庥】丨依止也爾雅釋言疏引舍人注○休庇廕也漢書王莽傳上誠上休陛下餘光注

【泅】說文汓浮行水上也从水从子古或以汓爲沒泅汓或从囚聲

【紬】說文丨大絲繒也从糸由聲○丨繹者引其端緒也漢書谷永傳燕見丨繹注○丨丨績女工丨緝之意史記厤書丨績日分索隱

【裯】今人名帳爲丨詩小星疏引鄭志○漢世名帳爲丨詩小星箋丨牀帳也疏○詩小星抱衾與丨唐石經作抱衾與稠爾釋訓疏作抱衾與幬

【幬】說文幬禪帳也从巾𠷎聲○幢謂之丨後漢書班固傳上撫鴻幢注引廣雅

【鯈】說文丨魚名从魚攸聲○爾雅釋魚注鮂白丨釋文本亦作鮋

【球】說文丨玉磬也从玉求聲璆丨或从翏○丨美玉也詩長發受小丨大丨釋文○丨琳皆玉名漢書地理志上注○天丨玉磬也書顧命天丨王注○此之丨字則與璆同禮記玉藻疏

【逑】說文丨斂聚也从辵求聲虞書曰旁丨孱功又曰怨匹曰丨○丨匹也文選甘泉賦迺搜丨索偶注引韋昭○詩本作丨爾雅多作仇字異音義同也詩關雎疏○詩關雎君子好丨禮記緇衣作君子好仇

【絿】同紌○說文丨急也从糸求聲詩曰不競不丨○紌牛者牛之小者也周書王會

【觩】說文觓角皃从角丩聲詩曰兕觵其觓○詩桑扈兕觵其觓釋文一本作丨

【俅】說文丨冠飾皃从人求聲詩曰弁服丨丨○丨丨恭慎貌詩絲衣釋文○詩絲衣載弁丨丨玉篇頁

部作戴弁頮頮

賕 說文丨以財物枉法相謝也从貝求聲一曰戴質也○丨枉法以財相謝漢書王子侯表上恐猲受丨注

蜉 說文蠹蚍蠹也从䖵橐聲蜉蠹或从虫从孚○丨蝣渠略也漢書王褒傳丨蝣出以陰注引孟康○丨蝣甲蟲也漢書王褒傳注○丨蝣秦晉之閒謂之蝶蠤方言十二

桴 說文丨棟名从木孚聲○丨謂擊鼓之物禮記禮運蕢丨而土鼓疏引皇氏○棟謂之丨爾雅釋宮○丨思小樓也禮記明堂位注今丨思也疏

罦 說文雹覆車也从网包聲詩曰雉離于雹罦雹或从孚

罘 說文罟兔罟也从网否聲○丨覆車也卽今幡車罔也漢書司馬相如傳上丨罔彌山注○丨轓車罔也漢書楊雄傳上張竟壄之丨注○丨與罦一也禮記月令疏○罦亦丨字漢書司馬相如傳上注○丨罳謂連闕曲閣也以覆重刻垣墉之處其形丨罳然漢書文帝紀未央宮東闕丨罳災注○丨罳屏也漢書文帝紀注○丨思闕之屏也漢書五行志上丨思災注

麰 說文丨來丨麥也从麥牟聲萃丨或从艸○丨大麥也詩思文釋文引廣雅○麰大麥也詩思文釋文引孟子○詩思文貽我來牟孟子告子上注作貽我來丨漢書劉向傳作飴我麰丨

蛑 說文蟊蟲食艸根者从蟲象其形吏抵冒取民財則生蝥蟊或从敄蛑古文蟊从虫从牟○蟊螻蛄詩大田及其蟊賊疏引陸疏○東海廟碑收責侵侔蟊作侔

鍪 說文丨鍑屬从金敄聲

餱 說文丨乾食也从食矦聲周書曰峙乃丨粻○詩公劉迺裹丨糧白帖十四作乃裹糇粻

鍭 說文丨矢金鏃翦羽謂之丨从金矦聲

歐 丨人東越之人也周書王會丨人蟬蛇注

膢 丨祭名也漢書武帝紀五日丨注引蘇林○丨劉義各通耳漢書武帝紀注

僂 丨丨猶勤勤也後漢書楊賜傳而不盡其丨丨之心哉注

摟 說文丨曳聚也从手婁聲○丨擻取也廣韻引新字林

彄 說文丨弓弩耑弦所居也从弓區聲

摳 說文丨繑也一曰丨衣升堂从手區聲○丨提也禮記曲禮上疏○丨提挈也禮記曲禮上兩手丨衣疏○互有所投曰丨列子黃帝以瓦丨者巧釋文彄莊子作丨○列子黃帝以黃金丨者惽注

牏 說文丨築牆短版也从片俞聲讀若俞一曰若紐○丨築垣短板也史記萬石張叔列傳中䄟廁丨集解引徐廣○丨行淸也漢書萬石君傳注引賈逵解周官○丨行淸中受糞函也史記萬石張叔列傳索隱引孟康○東南人謂鑿木空中如曹謂之丨漢書萬石君傳注引孟康

軥 夏后氏曰鉤車先正也詩六月元戎十乘傳○鉤鞶行曲直有正也詩六月箋

裒 詩棠棣原隰丨矣御覽五百十四作原隰褎矣說文徐鍇本作原隰捊矣

鬮 說文丨鬭取也从鬥龜聲讀若三合繩糾

髏 說文｜髑｜也从骨婁聲

螻 說文｜｜蛄也从虫婁聲一曰螜天｜○｜謂｜蛄也漢書郊祀志上地螾見注○｜｜蛄臭也列子周穆王王之廚饌腥｜而不可饗注○｜蟈蛙也禮記月令｜蟈鳴注○｜蟈蝦蟇也呂覽孟夏｜蟈鳴注○｜蛄一名鼫鼠易晉晉如鼫鼠釋文

璆 美玉曰｜山海經中山經祈｜冕舞注○｜美玉名漢書禮樂志｜磬金鼓注○｜美玉也漢書地理志上厥貢｜鐵注

兜 說文｜｜鍪首鎧也从兜从皃省皃象人頭也

句 說文｜曲也从口丩聲凡｜之屬皆从｜○｜取春｜屈而生太元元數神｜芒注○漢時見戈有

旁出者爲｜孑亦名胡孑周禮夏官序官司戈盾疏○｜卒鉤伍相著別爲左右屯左氏哀十七年傳越子爲左右｜卒注○｜夷俗語之發聲也亦猶越爲于越也漢書地理志下號曰｜吳注○｜或爲工夷言發聲也左氏宣八年傳盟吳越而還疏

妯 詩鼓鍾憂心且｜一切經音義十三作憂心且陶

惆 說文｜失意也从心周聲○｜痛也文選歎逝賦注引廣雅

菆 說文｜麻蒸也从艸取聲一曰蓐也

疁 說文｜燒種也漢律曰｜田茠艸从田翏聲

篝 說文｜笿也可熏衣从竹冓聲宋楚謂竹｜牆以居也○｜籠也史記滑稽列傳甌窶滿｜正義

抔 ｜謂手掬之也漢書張釋之傳假令愚民取長陵一｜土注

呦 說文｜鹿鳴聲也从口幼聲𣢇｜或从欠○詩鹿鳴｜｜鹿鳴玉篇口部亦作𣢇𣢇

緱 說文緱刀劍緱也从糸侯聲○｜謂把劍之物史記孟嘗君列傳耳又蒯｜索隱

嘔 ｜喻和悅皃文選聖主得賢臣頌是以｜喻受之注引應劭

媮 說文｜巧黠也从女俞聲○｜懷安也後漢書張衡傳雖遨遊以｜樂兮注○｜苟且也漢書食貨志下民｜甘食好衣注路溫舒傳｜爲一切注趙充國傳｜得避慊之便注酷吏傳序惡能勝其任而｜快乎注○｜謂苟且漢書刑法志則｜可用也注○｜與偷字同喻苟且也漢書韓信傳靡衣｜食注○｜與偷同漢書元帝紀｜合苟從注刑法志則｜可用也注賈山傳是以道諛｜合苟容注匈奴傳贊而

偷恃一時之事者注

繆 說文｜枲之十絜也一曰綢｜从糸翏聲○｜繞相纏結也漢書司馬相如傳下｜繞玉綏注○｜交錯之形也續漢輿服志上金薄｜龍爲輿倚較注引徐廣○｜自縊也漢書外戚傳下卽自｜死注引鄭氏

諏 ｜謀也漢書敘傳上胥仍物而鬼｜兮注又文選藉田賦注引漢書應劭注

繇 ｜於也爾雅釋詁○｜卽由也左氏昭廿六年傳疏○｜與由同漢書元帝紀不知所｜注本｜陰陽注禮樂志｜不習五常之道也注食貨志上｜此道也注陳勝項籍傳贊政｜羽出注楚元王傳｜是怨嫂注蒯伍江息夫傳贊｜疏陷親注河間獻王德傳｜是四方道術之八注趙充國傳臣恐國家憂累

丨十年注于定國傳定國丨是爲光祿大夫注王吉
傳不知所丨注未聞所丨注韋賢傳非丨王室注韋
元成傳丨是名譽日廣注丨是言之注魏相傳政丨
冢宰注必丨陰陽注所丨生也注丙吉傳掾史丨是
謚賢吉注魏相丙吉傳贊必丨象類注翼奉傳察其
所丨注所丨來久注丨此言之注儒林丁寬傳丨是
易有施孟梁邱之學注循吏傳序丨仄陋而登至尊
注外戚傳贊丨至微而體至尊注○丨讀與由同漢
書文帝紀亦無丨敎訓其民注武帝紀厥路亾丨注
所丨昌也注所丨殊路注宣帝紀上亦亾丨知注元
帝紀丨是疏太子注丨此觀之注異姓諸侯王表乃
丨禹稷注高惠高后文功臣表丨祖之竭力注古今
人表辛丨靡注律厤志上丨此之義注物丨忽微始
注百工丨焉注禮樂之所丨出也注刑法志其所丨
來者上矣注其道亾丨也注而道亾丨至注郊祀志
下丨是言之注五行志中之上丨是論之注五行志

中之下敢臣下則殺不以時注五行志下之下政丨
下作注吉凶丨人注地理志下丨文翁倡其敎注項
籍傳丨是始爲諸侯上注江充傳太子丨是遂敗注
息夫躬傳躬丨是以爲援注爰盎傳盎丨此名重朝
廷注鼂錯傳丨此觀之注丨是遷中大夫注丨此與
錯有隙注張釋之傳文帝丨是奇釋之注丨此天下
稱之注路溫舒傳丨是觀之注董仲舒傳所丨適於
治之路也注而所丨者非其道注將所丨異術注丨
此觀之注丨此言之注卜式傳未有奮丨直道者也
注張湯傳丨是謚尊任注楊王孫傳丨是言之注胡
建傳穿窬不丨路注霍光傳丨是與光爭權注丨不
孝出之注金日磾傳丨是著忠孝節注辛慶忌傳辛
氏丨是廢注雋不疑傳丨是名聲重於朝廷注疏廣
傳廣丨是見器重注彭宣傳丨是入爲右扶風注貢
禹傳未必不丨此也注兩龔傳丨是逆上指注咎皆
丨嘉注韋賢傳正遐丨近注韋元成傳丨中出生於

心也注魏相傳未得所丨注李尋傳未知所丨注蕭
望之傳天子丨丨是不說注丨是大與高恭顯忤注馮
奉世傳宗族丨丨是分散注馮野王傳上丨下第而用
譚注王商傳丨丨是擢爲諸曹侍中中郞將注薛宣傳
丨是知名注所丨來久注咎丨君焉注丨是兄弟不
和注朱博傳各丨時務注丨是師丹先免注楊雄傳
下丨是言之注循吏黃霸傳丨是俗吏尚嚴酷以爲
能注貨殖傳丨法度之無限也注游俠傳序丨是列
國公子注樓護傳丨是辭其父學經傳注陳遵傳丨
是起爲河南太守注丨是言之注佞幸鄧通傳丨是
心恨通注佞幸傳贊然進不丨道注匈奴傳上匈奴
丨是恐注王莽傳上丨旄頭壹明注王莽傳中帝命
帥丨注丨此敬聽注敘傳上丨凱風而蟬蛻兮注丁
丨惠而被戮注近者陸子優丨注敘傳下優丨亮直
注敬丨役夫注○丨與悠同漢書韋賢傳犬馬丨丨
注

蓲 說文丨艸也从艸區聲○詩山有樞序釋文本或作丨

睺 丨矆大視也一切經音義八引聲類

樛 說文下句曰丨从木翏聲○丨木下垂之木也漢書敘傳上葛緜緜於丨木兮注○丨流猶周流也漢書楊雄傳上望昆侖以丨流注○丨流屈折也漢書楊雄傳上覽丨流於高光兮注○丨流猶繚繞文選甘泉賦注引晉灼○丨流高曲之貌也文選甘泉賦覽丨流於高光兮注○丨謂兩股相交也禮記檀弓下注讀爲不丨垂之丨疏

曉 集韻眗或作曉○眗目深貌集韻引埤蒼

鯫 丨謂小魚也史記留侯世家丨生索隱

掫　說文｜夜戒守有所擊从手取聲春秋傳曰賓將｜〇｜謀也左氏襄廿五年傳服注〇｜謂行夜左氏昭二十年傳賓將｜服注

吺　說文｜讘｜多言也从口投省聲

卤　說文｜气行皃从乃卤聲讀若攸〇逌寬舒顏色之貌也文選答賓戲主人逌爾而笑曰注引項岱〇逌讀作攸同上

烰　說文｜烝也从火孚聲詩曰烝之｜｜

簍　說文｜竹籠也从竹婁聲

鄾　說文鄾鄧國地也从邑憂聲春秋傳曰鄧南鄙｜人攻之

紑　說文｜白鮮衣皃从糸不聲詩曰素衣其｜

鵂　｜鶹鵂鶹也一切經音義一引廣雅

摎　說文｜縛殺也从手翏聲〇｜繞也漢書五行志中之下天雨草而葉相｜結注

脙　說文｜齊人謂臞｜也从肉求聲讀若休止

蟉　說文｜蚴｜也从虫翏聲

抌　列子黃帝攩㧙挨｜釋文｜一本作抗

卣　｜中樽也漢書王莽傳上秬鬯二｜注〇詩江漢秬鬯一｜釋文本或作攸

庮　｜病也周禮內饔釋文引干注〇｜惡臭也周禮內饔疏〇｜亦是臭義其字雖異其意亦同左氏僖四年傳十年尚猶有臭疏

魗　集韻𣪘亦作｜〇說文𣪘棄也从攴𠷎聲周書以為討詩云無我𣪘兮〇｜棄也詩遵大路無我｜兮傳〇｜與魗古今字詩遵大路疏

鍒　說文｜鐵之耎也从金从柔柔亦聲

鞣　說文｜耎也从革从柔柔亦聲

𤱶　說文｜和田也从田柔聲

腬　說文｜嘉善肉也从肉柔聲

涑　說文｜澣也从水束聲河東有｜水

⿰馬休　說文｜馬名从馬休聲

鵃　說文｜鶻｜也从鳥舟聲

棷　說文｜木薪也从木取聲〇｜麻幹也漢書五行志下之上或｜一枚注引如淳〇｜澤也禮記禮運釋文〇禮記禮運釋文｜本或作藪

篼　說文｜飲馬器也从竹兜聲

怮　說文｜㥑皃从心幼聲

湭　｜酒液也集韻引廣雅

瞀　｜者眩惑之意書謚稷傳昬｜墊溺疏〇｜被髮也淮南道應乃去其｜而載之木注

緅 說文新附丨帛青赤色也从糸取聲○以紺入黑汁則為丨儀禮士冠禮疏

鯫 丨似鱓文選江賦鯼鯫鱎丨注引舊說

侜 說文丨有癰蔽也从人舟聲詩曰誰丨予美○丨張誑也書無逸釋文

頄 丨面顴也素問氣府論頄骨下各一注

艽 說文丨遠荒也从艸九聲詩曰至于丨野

芣 說文丨華盛从艸不聲

○以下據沈說文丨水也从水尢聲廣韻錄

訧 說文丨罪也从言尤聲周書曰報以庶丨

瀀 說文丨澤多也从水憂聲詩曰既丨既渥

𢆶 說文丨微也从二幺凡丨之屬皆从丨

瑬 說文丨垂玉也冕飾从玉流聲

䶉 說文丨竹鼠也如犬从鼠留省聲

䉧 說文丨竹聲也从竹劉聲

𩰫 說文丨經繆殺也从鬥翏聲

懰 丨慄哀愴之意也漢書外戚傳上丨慄不言注○丨宿留也文選笙賦注引埤蒼

僇 丨且也文選笙賦注引聲類

萩 說文丨蕭也从艸秋聲○丨梓木也可以為轅者史記貨殖列傳山居千章之材索隱引樂產○丨卽楸樹字也漢書貨殖傳山居千章之丨注○丨卽楸字也漢書東方朔傳又有丨竹藉田注

趥 說文丨行皃从走酋聲

遙 說文丨行丨徑也从辵䌛聲

櫾 說文丨崐崘河隅之長木也从木䌛聲

䍃 說文丨瓦器也从缶肉聲

𤩰 說文丨遺玉也从玉歔聲

㽕 說文丨木生條也从𢎘由聲商書曰顛木之有丨枿古文言由枿

𧡍 說文丨下視深也从見卣聲讀若攸

𦯬 說文丨艸也从艸卣聲

蝤 說文丨丨齎也从虫酋聲○丨蠐蝎爾雅釋蟲○丨蠐蝎蟲也詩碩人傳○關東謂之丨蠐梁益之閒謂之蝎爾雅釋蟲孫注○詩碩人領如丨蠐蔡邕青衣丨作領如蝤蠐

揂 說文丨聚也从手酋聲

䚆 說文丨雉䠶收繳具从角酋聲讀若鰌

婤 說文丨女字也从女周聲

輖 說文丨重也从車周聲

𣪊 說文殸縣物殸擊从殳𠳋聲

詶 說文丨譸也从言州聲○丨亦酬字丨報也一切經音義十八引蒼頡解詁○丨亦酬字也一切經音義十五引三蒼

雔 說文丨雙鳥也从二隹凡丨之屬皆从丨讀若醻

𨞪 說文𨞪蜀江原地从邑壽聲

蝚 說文丨蛭丨至掌也从虫柔聲

脜 集韻脜同○說文脜面和也从百从肉讀若柔

訄 說文丨迫也从言九聲讀若求

朻 說文丨高木也从木丩聲

丩 說文丨相糾繚也一曰瓜瓠結丨起象形凡丨之屬皆从丨

勼 說文丨聚也从勹九聲讀若鳩

獀 說文獀南越名犬獿獀从犬叜聲○夏曰丨御覽八百卅一引韓詩內傳

𦢊 集韻鱐同○說文丨乾魚尾丨丨也从肉肅聲周禮有腒丨○禮記內則夏宜腒鱐釋文本又作丨

鄋 說文丨北方長狄國也在夏爲防風氏在殷爲汪茫氏从邑叜聲春秋傳曰丨瞞侵齊

趨 趨蹉也莊子達生視其後者而鞭之釋文引崔注

郰 說文郰魯下邑孔子之鄉从邑取聲

齱 說文丨齵也从齒取聲

黀 說文丨麻藍也从麻取聲

𣽷 說文𣽷腹中有水气也从水从愁愁亦聲

躊 丨躇住足也漢書外戚傳上哀裵回以丨躇注○丨躇躑躅也文選思元賦注引韓詩搔首丨躇注○丨躇猶躑躅也後漢書馮衍傳下淹丨躇而弗去注○丨躇猶豫也廣雅釋訓○丨躇猶徘徊也後漢書張衡傳拓若華而丨躇注

椆 說文丨木也从木周聲讀若丩○莊子讓王乃自投丨水而死釋文本又作桐又作稠司馬本作洞

𢤏 說文丨丨箸也从心篙聲

盩 說文盩引擊也从㚔攴見血也扶風有盩厔縣

譸 說文譸詶也从言壽聲讀若醻周書曰無或丨張爲幻○書無逸民無或胥丨張爲幻釋文馬本作輈爾雅及詩作侜

𧖢 說文丨多足蟲也从䖵求聲蛷丨或从虫

鼽 說文丨病寒鼻窒也从鼻九聲○丨謂鼻中水出素問金匱眞言論春不丨衄注○丨鼻中水出也素問氣交變大論不成欬而丨注

莍 說文丨茉樧實裏如表者从艸求聲○丨實也爾雅釋木疏引李注

𨛜 說文𨛜地名从邑求聲

梂　說文丨櫟實一曰鑿首从木求聲

肍　說文丨孰肉醬也从肉九聲讀若舊

涪　說文丨水出廣漢剛邑道徼外南入漢从水咅聲

掊　說文丨把也今鹽官入水取鹽爲丨从手咅聲○丨謂手杷土也漢書郊祀志上丨視得鼎注

垺　丨土瓫也禮記內則疏引隱義

翭　說文丨羽本也一曰羽初生皃从羽矦聲○細毛丨也續漢禮儀志下注引通俗文

鯸　說文丨魚名从魚矦聲

𧝁　說文丨編枲衣从衣區聲一曰頭丨一曰次裹衣

獳　說文丨怒犬皃从犬需聲讀若槈

廔　說文丨屋麗丨也从广婁聲一曰穜也

𩶬　說文丨魚名一名鯉一名鰜从魚婁聲

遱　說文丨連丨也从辵婁聲

謱　說文丨謰丨也从言婁聲

夠　丨多也文選魏都賦注引廣雅

𪎭　說文丨𪎊屬从麻俞聲

䝰　說文丨繇擊也从殳豆聲古文祋如此

緰　說文丨丨貲布也从糸俞聲

𠛎　說文丨鎌也从刀句聲

枸　丨讀爲鉤曲也荀子性惡故丨木必將待檃括烝矯然後直注

䚃　說文覭目蔽垢也从見䀠聲讀若兜

郖　說文郖宏農縣庾地从邑豆聲

捊　說文丨引取也从手孚聲抱丨或从包○丨謂以手丨聚禮記禮運注田人所丨治也疏

箁　說文丨竹箬也从竹咅聲

㰱　說文丨愁皃从欠幼聲

𧎙　說文丨丨蟉也从虫幽聲

驫　說文丨眾馬也从三馬

𦱤　說文丨艸之相丩者从茻从丩丩亦聲

滮　說文丨水流皃从水彪省聲詩曰丨池北流

○以下據集韻錄

䀺　說文丨眣也从目攸聲眗丨或从丩

𦒱　說文丨詞也从白𢎘聲𢎘與𠷎同虞書曰丨咨

𩭧　或从周○說文𩭧髮多也从髟周聲

珋　說文丨石之有光璧丨也出西胡中从王丣聲

滫 說文丨久泔也从水脩聲

𩏂 說文丨收束也从韋樵聲讀若酋𩏂丨或从要揫丨或从秋手

𠣿 說文丨匝偏也从勹舟聲

瓇 說文丨玉也从玉夒聲讀若柔

齺 說文丨齒搚也一曰齰也一曰馬口中糜也从齒芻聲

㛷 說文丨婦人妊身也从女芻聲周書曰至于丨婦

齵 說文丨齒不正也从齒禺聲

𩬑 說文丨髮皃从髟音聲

毋 丨當作牟謂丨無也禮記月令注鶩丨無疏

瞴 說文丨丨婁微視也从目無聲

匬 說文丨甌器也从匚俞聲

塿 說文丨塺土也从土婁聲

○以下附錄

鋚 說文丨鐵也一曰轡首銅从金攸聲

雊 說文丨雄雉鳴也雷始動雉鳴而丨其頸从隹从句句亦聲

經籍籑詁卷第二十六下補遺終

經籍籑詁卷第二十七　下平聲

纔譜 南書房行走禮部左侍郎兼署兵部左侍郎提督浙江學政阮元譔集

十二侵

侵 ｜陵也書大傳六伐既｜注○｜凌也廣雅釋言○｜犯也國語楚語無相｜瀆注又漢書薛宣傳集注○凡師有鐘鼓曰伐無曰｜左氏莊廿九年傳○無鐘鼓曰｜國語晉語襄｜之事注○苞人民敺牛馬曰｜穀梁隱五年傳○觕者曰｜精者曰伐公羊莊十年傳○｜之者兵加其竟而已用兵淺者周禮大司馬負固不服則｜之注○入而不至謂之｜管子法法下情上而道止謂之｜管子明法明法解○枉法行事謂之｜管子七臣七主｜臣事小察以折法令注○越法行事謂之｜管子七臣七主｜主

好惡反法以自傷注○｜淫漸進也文選風賦｜淫谿谷注○｜淫漸進之貌文選上林賦｜淫促節注○｜蕁卽｜淫也史記孝武紀｜尋於泰山矣索隱○｜陵亦嚴峻之義荀子致仕節奏欲陵注○五穀不升謂之大｜穀梁襄廿四年傳又韓外傳八○五穀不登謂之大｜後漢樊準傳○五穀不孰謂之大｜墨子七患○五穀不升曰大｜廣雅釋天○五穀不升曰大祲後漢光武紀上注○｜傷穀梁襄廿四年傳注○易謙利用｜伐釋文｜王廙作寑

尋 ｜長也廣雅釋詁二○｜長也海岱大野之閒曰｜自關而西秦晉梁益之閒凡物長謂之｜周官之法度廣爲｜方言一○八尺曰｜詩閟宮是｜是尺傳又考工記總目及長｜有四尺注廬人及長｜有四尺注又儀禮鄉射禮記以鴻脰韜上二｜注鄉侯上个五｜注覲禮壇有十二｜注又禮記雜記下兩五｜注又左氏成十二年傳爭｜常以盡其民注襄十一年傳入｜約注又釋名釋兵又華嚴經音義下引何承天纂要又史記屈原賈生傳彼｜常之污瀆兮集解引應劭又後漢崔駰傳注又莊子庚桑夫｜常之溝釋文又呂覽悔過穴深｜注又淮南氾論內之｜常而不塞注又文選吳都賦擢本千｜劉注○八尺爲｜國語周語其察色也不過墨丈｜常之閒注晉語而無｜尺之祿注○七尺曰｜史記張儀傳蹄閒三｜索隱○丈六尺曰常半常曰｜儀禮公食大夫禮記司宮具几與蒲筵常緇布純加萑席｜注○倍仞謂之｜○｜舒兩肱也小爾雅度○宮中度以｜考工記匠人○｜就也漢書郊祀志上集注○｜猶緣也文選陸士衡樂府悲哉行蔓葛亦有｜注○｜用也左氏莊廿八年傳今令尹不｜諸仇讎注僖五年傳將｜師也注昭元年傳日｜干戈注又小爾雅廣詁又漢書郊祀志上集注引鄭氏又家語觀

周將｜斧柯注○｜之言重也溫也左氏哀十二年傳若可｜也服注○｜重也左氏哀十二年傳注○｜猶｜繹也公羊成三年傳｜舊盟也注○｜討也國語周語夫三軍之所｜注○｜大竹名山海經大荒北經有岳之山｜竹生焉注○｜斜聲相近史記張儀傳塞斜谷之口索隱○｜古文𡬶或作𢔶同一切經音義十七○左氏襄四年傳斟｜氏哀元年傳作鄩廣韻作䮴○左氏哀十二年傳若可｜也儀禮有司徹注作若可燖也○議郎元賓碑枉尺直撏華山亭碑斷度撏廓｜作撏

潯 ｜厓也廣雅釋邱又淮南原道故雖游於江｜海裔注○｜水涯也文選七發注引字林又文選江賦注引淮南許注沈休文應詔樂遊苑詩注宋孝武宣貴妃誄注○｜讀葛覃之覃也淮南原道注

林 木叢生曰｜淮南說林注又文選西京賦｜麓之饒薛注○木藂生曰｜呂覽安死其樹之若｜注

○叢木曰丨楚辭涉江露申辛夷死丨薄兮注又文選典引肴覈仁誼之丨藪蔡注○丨樹木之所藪生也風俗通山澤○山中叢木曰丨森也森森然也釋名釋山○山木曰丨詩擊鼓于丨之下傳○竹木生平地曰丨周禮地官序官丨衡每大丨麓注○竹木曰丨周禮大司徒辨其山丨川澤邱陵墳衍原隰之名物注○丨竹木也周禮職方氏其利丨漆絲枲注○野外謂之丨爾雅釋地○丨者衆也萬物成熟種類衆多也白虎通五行○丨衆也廣雅釋詁三○丨聚也同上○丨君也詩賓之初筵有壬有丨傳又爾雅釋詁又漢書律厤志上又太元元數黃鍾生丨鍾注又楚辭天問伯丨雉經注○丨鐘六月也丨衆鐘聚也陽極陰生萬物衆聚而盛故曰丨鐘淮南天文音比丨鐘注○丨糸鐘聚陰律也陽氣衰陰氣起萬物衆聚而成呂覽季夏律中丨鐘注○丨鐘未之氣也六月建焉而辰在鶉火周禮大師函鍾注○丨

鍾長六寸周禮大師注○丨鐘者引而止也淮南天文○西夷之樂曰丨離文選東都賦注引孝經鉤命決○丨氏山名也文選東京賦圍丨氏之騶虞薛注○丨襤聲相近或以丨爲襤史記匈奴傳大會蹛丨索隱○左氏定八年傳丨楚御桓子公羊傳作臨南

【霖】淫謂之丨爾雅釋天○淫雨謂之丨書大傳天之無烈風淫雨注○凡雨自三日以往爲丨左氏隱九年傳○雨自三日已上爲丨爾雅釋天注○三日以上爲丨國語楚語用女作丨雨注○丨三日雨書說命上用汝作丨雨傳○丨久雨也素問氣交變大論其灾丨潰注○丨雨者人怨之所致後漢安帝紀

【臨】丨者大也易序卦傳○丨大也易臨鄭注又釋文又廣雅釋詁一○丨視也詩大明上帝丨女箋思齊不顯亦丨箋皇矣丨下有赫箋又禮記雜記上客丨注又爾雅釋詁○丨謂以高視下也論語爲政丨之以莊則敬皇疏○丨照也方言十三又爾雅釋詁三○丨見也易繫辭下傳如丨父母虞注○丨監也國語晉語丨長晉國者注○丨治也華嚴經音義上引國語賈注○丨猶守也國策西周策君丨函谷注○丨者撫有之也穀梁哀七年傳春秋有丨天下之言焉注○以尊適卑曰丨周禮鬯人凡王弔丨注○丨猶伐也國策西周策以丨韓魏注○丨哭也呂覽觀表還車而丨注○丨丨車也詩皇矣與爾丨衝傳又後漢伏湛傳注○右高丨邱爾雅釋邱○丨丨朐山名也水經巨洋水注引應劭○詩皇矣釋文丨衝韓詩作隆

【鍼】亦作針通作箴○丨所以縫也之心反漢書敘傳音義引字林○丨刺也廣雅釋詁一又漢書廣川惠王越傳集注○箴插也廣雅釋詁二○箴石可以爲砥針治癰腫者山海經東山經高氏之山其下多

箴石注○箴古針字文選景福殿賦雖離朱之至精注○丨今作針同支諶反一切經音義廿五引聲類丨又針箴二形今作丨同支淫反一切經音義十八引字詁○古文箴針二形今作丨同一切經音義十七○禮記文王世子注箴藥所勝釋文箴本亦作丨○周禮射鳥氏注并夾丨箭具釋文丨沈云或作鈷

【箴】丨誡也左氏宣十二年傳丨之曰注○丨戒也漢書宣帝紀集注賈山傳集注○丨諫也書盤庚上無或敢伏小人之攸丨馬注○丨諫誨之辭詩庭燎序因以丨之釋文○丨刺也國語楚語猶丨儆於國注○丨以譏刺得失文選文賦丨頓挫而清壯注○丨猶救也國語晉語厚戒丨國以待之注○一羽謂之丨爾雅釋器

【斟】丨丨酌也廣雅釋詁四○丨取也國語周語而後王丨酌焉注○丨猶取也一切經音義十四引國語

賈注○丨益也廣雅釋詁一○丨益也南楚凡相益
而又少謂之不丨凡病少愈而加劇亦謂之不丨或
謂之何丨方言三○丨汁也北燕朝鮮洌水之閒曰
丨同上○丨酌飲也文選典引丨酌道德之淵源蔡
注○丨酌謂取其意指也後漢鄭興傳注○丨愖猶
遲疑也後漢馮衍傳注○丨古文戡同一切經音義
十四○左傳襄四年丨灌玉篇作坩漢書地理志
應劭注作抖○宋羊丨字叔牂見左氏宣二年傳.

沈
丨深也漢書司馬相如傳下集注二見又後漢郭
泰傳注又莊子外物慰暋丨屯釋文引司馬注○
丨丨深貌也文選上林賦丨丨隱隱注○丨下也素
問至眞要大論太陰之至其脉丨注○丨止也廣雅
釋詁三○丨滯也國語周語以揚丨伏注○丨伏也
國語周語氣不丨滯注水無丨氣注○丨謂丨伏也
素問四氣調神大論腎氣獨丨注○丨猶隱也太元
元圖陰陽丨交注○丨沒也廣雅釋詁一又小爾雅

廣詁又國策秦策不丨者三板耳注又史記酷吏傳
作丨命法索隱引韋昭又漢書咸宣傳集注引應劭
又楚辭惜誦情丨抑而不達兮注怨世世丨淖而難
論兮注○丨溺也左氏襄廿四年傳注沒沒丨滅之
言釋文又法言寡見丨而樂者注○丨藏匿也史記
酷吏傳作丨命法集解引漢書音義○丨者不復出
也荀子非十二子多少無法而流湎然注○丨志下
太元錯○丨下藏太元元衡○丨澹也澹然安著
之言也釋名釋言語○丨陰也書洪範丨潛剛克馬
注○丨久也素問至眞要大論淫陰所勝則丨陰且
布雨變枯槁注○丨浮言多也文選長楊賦英華丨
浮注○丨大也方言一又廣雅釋詁一○丨丨盛貌
淮南俶眞茫茫丨丨注○丨丨茂盛之貌也文選謝
元暉始出尚書省詩哀柳尚丨丨注○不得其報曰
丨管子侈靡丨浮示輕財也注○丨謂醉冥書允征
丨亂于酒傳○丨湎書微子我用丨酗于酒傳○丨

湎嗜酒書泰誓上丨湎冒色傳○丨湎淫酒也淮南
要略康樂丨湎注○丨脉者按之乃得也素問陰陽
應象大論觀浮丨滑濇而知病所生以治注六節藏
象論夫脉之大小滑濇浮丨注○丨溺濕疾左氏成
六年傳於是有丨溺重腿之疾注○丨漸猶滯溺也
左氏文五年傳丨漸剛克注○丨丨宮室深邃之貌
也史記陳涉世家夥頤涉之爲王丨丨者集解引應
劭○平丨謂浮之水上無輕重考工記輪人平丨必
均司農注○丨水汗泥也莊子達生有丨有漏釋文
引司馬注○丨泥滓也荀子解蔽湛濁在下而淸明
在上注○丨齊濁滓丨下汁淸在上也釋名釋飲食
○祭山林曰埋川澤曰丨周禮大宗伯以貍丨祭山
林川澤注○祭水曰丨書大傳丨四海注○祀河曰
丨淮南說山齋戒以丨諸河注○丨謂祭川周禮小
子凡丨辜侯禳司農注○祭川曰丨浮也管子侈靡
注○丨香出日南國欲取當先斫樹壞著地積久外

朽爛其心堅者置水則丨名曰丨香翻譯名義六引
異物志○丨丨猶談談史記陳涉世家夥頤涉之爲
王丨丨者索隱○丨讀水出丨丨正白之丨淮南俶
眞茫茫丨丨注○湛兮丨字也文選上書吳王不能
止幽王之丨患注○詩賓之初筵
序丨湎淫液釋文丨字或作耽

碪
砧同○砧杵之質也文選謝靈運擣衣詩注引文
字集略

深
丨重也國策秦策然丨刻寡恩注秦之丨讎也注
又呂覽禁塞害莫丨焉注○丨猶重也國語晉語
秦寇丨矣注○宏丨敦重也法言修身其爲中也宏
丨注○丨甚也孟子滕文公上面丨墨注○丨猶盛
也國策秦策三國之兵丨矣注○丨猶藏也考工記
梓人必丨其爪注○丨丨內息之貌莊子大宗師其
息丨丨釋文引李注○丨元言高遠而黯黑也素問
六元正紀大論太虛丨元注○丨謂幽贊神明易繫

辭上傳惟丨也虞注○丨謂窒之也考工記㮚氏六
分其厚以其一爲之丨而圜之注○覆之而筋至謂
之丨弓考工記弓人○丨謂瀋在中央兩邊無也考
工記弓人其次筋角皆有瀋而丨注○襌衣有裦者
趙魏之閒謂之袏衣無裦者謂之裎衣古謂之丨衣
方言四○丨厚山川也禮記樂記窮高極遠而測丨
厚注○正南卭州曰丨土後漢張衡傳注○丨水一
名豫水水經注卅九引字林○丨蒲蒲始生水中子
周禮醢人丨蒲醢注○丨蒲蒻入水丨故曰丨
蒲或曰丨蒲桑耳周禮醢人司農注○浚益丨字大
戴記文王官人志殷如浚注○丨
當作淫列子黃帝不丨之度注

淫
丨猶侵也文選演連珠貞於期者時累不能丨注
○丨浸也浸丨旁入之言也釋名釋名語○丨者
浸丨不止書無逸嗣王則其無丨于觀于逸于遊于
田注○丨過也書大禹謨罔丨于樂傳又左氏昭元

年傳丨生六疾注哀七年傳則有丨者矣注又穀梁
襄卅五年傳丨於崔氏注又周書雜匡服美義丨注
又漢書楊雄傳上集注又後漢襄楷傳注荀悅傳注
又管主七臣七主而上不調丨注又呂覽古樂諸侯
去般三丨注又淮南原道久丨而不復注○丨過蕩
左氏襄廿九年傳遷而不丨注○丨放也禮記哀公
問丨德不倦注又左氏昭六年傳嚴斷刑罰以威其
丨注又國語晉語使丨觀狀注又漢書刑法志集注
又孟子滕文公下放丨辭注○丨放濫也周禮宮正
去其丨怠與其奇衺之民注○丨佚放濫也國語越
語丨佚之事注○丨濫也國語周語聽丨日離其名
注又後漢桓帝紀注○丨邪也國語晉語知程鄭端
而不丨注又漢書五行志中之上集注又呂覽音初
世濁則禮煩而樂丨注又離騷謠諑謂余以善丨注
○丨謂傾邪也禮記儒行其居處不丨注○丨亂也
呂覽古樂有正有丨矣注○丨亂雜也管子小匡男

女不丨注○丨亂其心也孟子滕文公下富貴不能
丨注○丨惑也呂覽直諫得丹之姬丨注○婬逸也
家語刑政作婬聲注○丨汏大戴記曾子立事居上
位而不丨注○丨猶僭也國語吳語以丨名聞於天
子注○丨猶貪也禮記坊記示不丨也注夫禮防民
所丨注○丨貪侈也禮記緇衣愼惡以御民之丨注
○好樂聲色者丨也說苑反質○丨陳也周禮大師
帥瞽而廞司農注司兵廞五兵司農注○丨裘陳裘
也周禮司裘大喪廞裘飾皮車司農注○丨大也爾
雅釋詁又詩有客既有丨威傳○丨久也國語晉語
底箸滯丨注又漢書禮樂志集注○丨多貌也楚辭
沈江日浸丨而合同注○丨潤也楚辭自悲施玉色
而外丨注○丨游也廣雅釋言又楚辭招魂不可以
久丨些注○丨遊也管子法明不丨意於法之外注
○丨延生也呂覽任地子能使藋夷毋丨乎注○丨
沒也小爾雅廣詁○丨進貌也管子內業則丨然而

自至注○丨丨增進貌管子內業丨丨乎與我俱生
注○丨丨流貌也楚辭哀郢涕丨丨其若霰注大招
霧雨丨丨注靈懷河水丨丨情所願兮注○丨丨去
遠貌文選高唐賦洪波丨丨之溶潏注○丨丨羣行
貌漢書司馬相如傳集注引郭璞○丨鸞游激淖衍
貌史記司馬相如傳沈溶丨鸞索隱引郭璞○丨曀
闇昧也楚辭逢紛徑丨曀而道壅注○丨裔電貌文
選思元賦弄狂電之丨裔舊注○非其所祭而祭之
名曰丨祀禮記曲禮下○丨謂丨祀也太元聚狂作
昧丨亡注○丨不次也不次而行如浸丨相染而生
病也素問四時刺逆從論反之則生亂氣相丨病焉
注○丨氣謂氣之妄行者素問痺論丨氣喘息注○
丨濼謂似酸痛而無力也素問骨空論丨濼脛痠不
能入立注○丨濯謂過度而且大也文選七發血脉
丨濯注○丨液歆丨滋味家語辨樂丨液之注○丨
謂女功奢僞怪好物也禮記月令毋得丨注○丨巧

謂奢僞恠好也禮記月令毋或作爲丨巧以蕩上心注○丨巧非常之巧也淮南時則作爲丨巧注○坎水爲丨易繫辭上傳治容誨丨虞注○貪色爲丨左氏成二年傳又列女傳孽嬖○男女不以禮交謂之丨小爾雅廣義○丨見丨略也國語齊語男女不丨略注○丨薄紛之令帛白考工記㡛氏丨之以蜃注○平地出水爲丨水後漢和帝紀注○丨讀爲厭丨謂水淤泥土留著助之爲厚考工記匠人善防者水丨之司農注○丨魚長頭身相半長丈餘正白身正黑口在頷下侶鬲獄魚而身無鱗出江中淮南說山丨魚出聽注○丨當爲湟書亦或爲湛考工記㡛氏丨之以蜃杜注○丨讀爲丨液之丨考工記匠人注○丨讀爲厭周禮司服厭衣服司農注司兵厭五兵司農注○丨當作深列子黃帝朕之過丨矣注○書洪範無有丨朋漢石經丨作淫

心丨任也廣雅釋親○丨之爲言任也任於恩也白虎通情性○㭒衆惡於內弗使得發于外者丨也故丨之爲名㭒也春秋繁露深察名號○丨容也廣雅釋詁四○丨纖也所識纖微無物不貫也釋名釋形體○在中爲丨太元中神戰于元注○坎爲丨易坎維丨亨虞注離戚嗟若虞注益有孚惠丨虞注艮其丨不快虞注厲薰丨虞注旅我丨不快虞注象上傳復其見天地之丨乎虞注象下傳聖人感人丨虞注象上傳親諸侯虞注象下傳中丨願也虞注繫辭上傳二人同丨虞注繫辭下傳能說諸丨虞注○丨坎爲亟丨易說卦傳○坎爲丨病同上○坎爲堅多丨同上○丨爲陽藏素問氣厥論肝移寒於丨狂隔中注○丨土也呂覽季夏祭先丨注○丨者五藏之專精也素問解精微論○丨土也淮南時則祭先丨注○丨者土之象也南齊書五行志引洪範五行傳○丨土也故爲四行之主淮南精神而丨爲之主注○

丨火也呂覽季夏注又淮南時則注○丨火之精也白虎通情性○丨者火之精上爲張星火成于五故人丨長五寸古微書引春秋元命苞○天門謂丨也莊子天運天門弗開矣釋文○丨者人之朼辰也孟子盡心上注○丨氣之君也春秋繁露循天之道○丨者生之本神之變也其華在面其充在血脉素問六節藏象論○丨爲神靈之臺莊子萬惡不可內于靈臺司馬注○丨者君主之官也神明出焉素問靈蘭祕典論○丨者形之君也而神明之主也荀子解蔽○丨也者道之上宰也荀子正名○丨猶義也呂覽誣徒以章則有異丨注○丨禮白虎通情性○實也誠也厚也施也度也恕也謂之丨術管子七法○丨者欲之所生也淮南詮言聖人勝丨注○丨舌知食味者儀禮特牲饋食禮記丨舌皆去本末注○丨舌知滋味儀禮少牢饋食禮佐食上利升牢丨舌注○大辰房丨尾也爾雅釋天○丨爲大火左氏襄九年傳○大火謂丨公羊昭十七年傳大火也注○大火者丨也大戴記夏小正初昏大火中傳○丨者天子明堂布政之宮公羊昭十七年傳記異也注○房丨天子明堂布政之宮也公羊莊七年傳記異也注○房丨天子明堂布政之庭公羊哀十三年傳記異也注○房丨爲大辰天帝之明堂周禮大司樂圜鍾爲宮注○丨之大星天王也前星太子後星庶子史記天官書索隱引洪範五行傳○丨宋分野也新序雜事四○無丨鼠耳也廣雅釋草○莊子天地必忘夫人之丨釋文丨或作道

琴丨禁也廣雅釋詁四○丨之爲言禁也風俗通聲音○丨者禁也所以禁止淫邪正人心也白虎通禮樂○雅丨丨之言禁也雅之言正也君子守正以自禁也文選長門賦注引七略○丨者樂之統也風俗通聲音○夫丨所以象政也新序雜事二○神農作丨爾雅釋樂釋文引字林○丨舜所彈五絃丨也

孟子萬章上丨眹張眹注〇丨之合甚思之者言思
妻也列女傳仁智〇播丨猶播殖方俗言耳山海經
海內經有都廣之野冬夏播丨注〇丨蟲亦蛇類
也山海經大荒北經有蟲獸首蛇身名曰丨蟲注
禽 丨者何鳥獸之總名明爲人所丨制也白虎通田
獵〇丨鳥獸書五子之歌外作丨荒傳〇六丨於
丨獸及六摯宜爲羔豚犢麛雉鴈凡鳥獸未孕曰
周禮庖人掌其六丨六獸六丨辨其名物注〇二足
而羽謂之丨爾雅釋鳥〇兩足曰丨廣韻引字林〇
丨卽鳥也爾雅釋鳥釋文〇六丨鴈鶉鷃雉鳩鴿周
禮庖人司農注〇陽稱丨易師田有丨虞注〇丨犢
饋獻之物也荀子勸學小人之學也以爲丨犢注〇
觸情從欲謂之丨獸說苑修文〇易師田有丨釋文
丨徐本作擒〇漢書古今人表丨敖師古曰卽黔敖
〇禮記曲禮不離丨
獸釋文丨盧本作走

擒 本作捦通作禽〇禽古丨字禽猶獲也易象下傳
舊井无禽崔憬注〇禽獲也左氏襄廿四年傳收
禽挾囚注〇捦持也廣雅釋詁三〇捦捉也今皆作
丨一切經音義十一引埤蒼〇捦手捉物也一切經
音義十一引三蒼〇校
官碑禽姦宄猾丨作禽
欽 丨敬也爾雅釋詁又書堯典丨明文思安安傳又
禮記內則丨有帥注又漢書律厤志上集注司馬
遷傳集注韋元成傳集注楊雄傳上集注三見王莽
傳中集注王莽傳下集注〇敬事節用謂之丨書堯
典丨明文思安安鄭注〇威儀表備謂之丨書堯典
馬注〇威儀悉備曰丨周書謚法〇丨丨憂也爾雅
釋訓〇丨丨言使人樂進也詩鼓鐘鼓鐘丨丨傳〇
丨丨聲也廣雅釋訓〇丨頤曲頷也後漢周燮傳注
〇丨崟山貌後漢張衡傳注〇丨亦吟字假音山海
經西山經剛山是多神魄其音如丨注〇丨或作吟

山海經東山經空桑之山有獸焉其音如丨注〇書
堯典丨若昊天史記五帝紀漢書藝文志皆作敬順
昊天書益稷丨哉史
記夏本紀作敬哉
衾 丨被也詩小星抱丨與裯傳又儀禮士喪禮幠用
斂丨注又孝經爲之棺椁衣丨而舉之注又廣雅
釋器〇丨大被也一切經音義二十引字林〇丨广
也其下廣大如广受人也釋名釋衣服〇丨爲單孝
經鄭注〇凡丨制同皆五幅也儀禮士喪禮緇丨頳
裏無紞注〇丨者始死時斂丨儀禮士喪禮幠用丨
注
吟 丨歎也文選蘇子卿古詩注引蒼頡〇丨謂丨嘆
素問寶命全形論呿丨至微注〇丨嚴也其聲本
出於憂愁故其聲嚴肅使人聽之悽歎也釋名釋樂
器〇唫猶噏也太元元攡唫則凝形注〇唫不通也

太元元衝〇唫少與太元元錯〇丨歌丨也國策秦
策則將吳丨注〇丨口丨咏長在人口也荀子不苟
盜跖丨口注〇動聲曰丨詩大序丨咏性情釋文〇
丨頌謂謳丨歌誦文選荅東阿王牋謹韞櫝玩耽以
爲丨丨頌注〇如丨如人呻丨聲山海經南山經其音
如丨注〇唫古丨字漢書息夫躬傳集注匈奴傳集
注〇詩板傳殿屎呻丨也釋文丨本又作
唫同禮記檀弓注丨息釋文丨本或作唫
今 丨時辭也文選南都賦注引蒼頡〇丨猶卽丨也
史記汲鄭傳吾丨召君矣索隱〇丨急辭也詩摽
有梅迨其丨兮傳〇丨昔猶昨夜
也史記龜策傳丨昔士子索隱
襟 或作衿〇丨禁也交於前所以禁禦風寒也釋名
釋衣服〇衣眥謂之丨爾雅釋器又離騷霑余丨
之浪浪注〇丨交領也爾雅釋器孫注〇衿交領也
顏氏家訓書證引爾雅郭注又引列女傳曹大家注

○衿衣交領也文選魏都賦注引聲類○衿交衽也
後漢馬援傳注○丨衽也後漢南蠻西南夷傳注○
靑衿靑領也詩子衿靑靑子衿傳○古者斜領下連
於衿故謂領爲衿顏氏家訓書證○丨仰也史記司
馬相如傳嬐浸潯而高縱索隱
○詩靑衿序釋文衿本亦作丨
金 丨之爲言禁也白虎通五行○丨禁也氣剛毅能
禁制物也釋名釋天○丨剛也易噬嗑得黃丨注
得丨矢注○丨者剛之物也後漢桓帝紀注○丨堅
剛之物易姤繫于丨柅注○丨物之堅者後漢列女
傳注○丨者堅强難消白虎通五行○丨性內明禮
記仲尼燕居入門而丨作示情也注○丨者精和之
至也白虎通攷黜○陽稱丨易蒙見丨夫虞注○丨
質陰也大戴記曾子天圓丨水內景注○丨陰物也
鹽鐵論論菑○丨者少陰有中和之性白虎通五行
○丨少陰白虎通五行○丨者陰嗇丞白虎通五行

○丨爲義漢書魏相傳集注引張晏○丨者秋殺氣
之始也春秋繁露五行逆順○丨者西方萬物旣成
殺氣之始也南齊書五行志引洪範五行傳○西方
者丨春秋繁露五行相生○西方稱之曰丨文選西
京賦橫西洫而絕丨墉薛注○丨木者生成之終始
也素問天元紀大論○丨木微氣也白虎通五行○
丨者司徒也春秋繁露五行相勝○乾爲丨易說卦
傳姤繫于丨柅虞注困困于丨轝虞注鼎丨鉉虞注
繫辭上傳其利斷丨虞注說卦傳爲戈兵虞注鼎鄭
注○兌爲丨易鼎丨鉉宋注○商爲丨漢書律厤志
上○庚辛爲丨素問藏氣法時論其日庚辛注○丨
生於己鹽鐵論論菑○西南之美者有華山之丨石
焉爾雅釋地○丨美丨也淮南墬形西南方之美者
有華山之丨石焉注○丨鐵也廣雅釋器○丨鐵也
可以爲田器呂覽懷寵分府庫之器注○丨黃丨也
書舜典丨作贖刑傳又馬注○亦丨銅也白丨銀也

山海經南山經杻陽之山其陽多赤丨其陰多白丨
注○丨三品者銅三色也書禹貢厥貢惟丨三品鄭
注○華俗謂上丨爲紫磨丨夷俗謂上丨爲陽邁丨
水經溫水注○丨莖郎銅柱也後漢班彪傳上注○
加丨以丨銀飾之也山海經中山經桑封中穿之加
丨注○丨石以諭堅也後漢馮衍傳注○二十兩爲
一丨國策齊策乃使人操十丨丨注○古者以一鎰爲
一丨孟子公孫丑下王餽兼丨一百而不受注○百
丨猶百萬也古者以丨重一斤若今萬錢矣公羊隱
五年傳百丨之魚公張之注○丨鐘也國語楚語而
以丨丨石匏竹之昌大囂庶爲樂注又太元元掜革木
土丨丨注又呂覽不二有丨鼓注○丨鐘鼎也呂覽求
人故功績銘乎丨丨石注○丨鍾鼎也文選文賦被丨
石而德廣注○丨鍾鎛也周禮大師丨石土革絲木
匏竹注○丨謂鍾及鎛周禮鍾師掌丨奏注○丨石
鐘磬也淮南氾論道猶丨石注○丨奏謂樂作擊編

鍾周禮鼓人以晉鼓鼓丨奏注○丨鉦鐲鐃之屬也
文選東京賦戴丨鉦而建黃鉞薛注○丨鼓丨禁也
爲進退之禁也釋名釋兵○丨謂和鸞荀子禮論丨
革轡靷而不入注○丨武也史記樂書歸奏丨鐃者
正義○丨所以坐也所以退也所以免也管子兵法
○丨聲言宏殺之調也書大傳皆莫不磬折玉音丨
聲玉色注○丨石絲竹樂之器也禮記樂記又說苑
修文○丨所以爲兵也國語楚語丨足以禦兵亂注
○丨謂刀鋸斧鉞莊子列禦寇爲外刑者丨與木也
注○丨刀劍之屬淮南說山砥石不利而可以利丨
注○丨瘍刃創也周禮瘍醫掌腫瘍潰瘍丨瘍折瘍
之祝藥注○丨練丨甲組練也文選顏延年侍遊曲
阿後湖詩注○丨丨印也後漢宦者傳注又法言孝
至帶我丨犀注○丨丨謂印也後漢馮衍傳下注○丨
銀謂印也後漢班超傳注○丨匱美寶也太元晦失
：匱注○丨斗酒斗也呂覽長攻先具大丨斗注○

丨城言堅固也後漢班彪傳上注○丨者取其堅固
也水經河水注引薛瓚○初築城得丨故曰丨城水
經河水注引應劭○丨城河卽積石之黃河也水經
河水注○丨山西方之精也後漢馮衍傳注○丨山
丨門山也後漢張衡傳注○丨馬署名也後漢班彪
傳上注○丨目深目所以望遠近射準也淮南泰族
教之以丨目則快射注○鬱丨絲也廣雅釋器○丨
或讀爲噤荀子正論丨舌弊口猶將無益也注○丨
字或作全漢書
灌夫傳集注

音

丨者飲也言其剛柔淸濁和而相飲也白虎通禮
樂○丨末也風俗通聲音○丨聲也詩日月德丨
無艮傳又淮南墬形淸水丨小濁水丨大注○凡丨
者生人心者也禮記樂記○凡丨者生於人心者也
同上○凡丨生人心者也說苑修文○合氣而爲丨
淮南天文○聲成文謂之丨禮記樂記又後漢桓譚
傳注又說苑修文○變成方謂之丨禮記樂記又說
苑修文○宮商角徵羽雜比曰丨禮記樂記凡丨之
起由人心生也注○是故五聲宮商角徵羽唱和相
應而調和調和而成理謂之丨賈子六術○五丨宮
商角徵羽也孟子離婁上不能正五丨注又楚辭東
皇太一五丨紛兮繁會注○八丨金石絲竹匏土革
木書舜典四海遏密八丨傳○八丨萬物之聲也白
虎通禮樂○鏗鏘之類皆爲丨禮記樂記夫樂者與
丨相近而不同注○震爲丨易中孚翰丨登于天虞
注小過飛鳥遺之丨虞注○丨主猨大戴記易本命
○丨官樂官也國語周語瞽師丨官以省風土注○
丨息丨問消息也文選陸士衡爲顧彥先贈婦詩丨
息曠不達注○瘁丨謂惡辭也文選文賦或寄辭於
瘁丨注○丨所茠蔭之處古字聲同皆相假借左氏
文十七年傳鹿
死不擇丨注

陰

丨者陽之助也春秋繁露天辨在人○丨藏於虛
而爲陽佐輔鹽鐵論論菑○丨者天之急也春秋
繁露循天之道○丨者天之刑也春秋繁露陰陽義
○丨爲刑春秋繁露王道通○丨刑氣也春秋繁露
陽尊陰卑○丨地氣也春秋繁露人副天○丨者地
氣也素問太陰陽明論○丨爲冬也家語本命羣生
閉藏乎丨注○帶而下者盡爲丨春秋繁露人副天
○丨小國策秦策天下丨燕陽魏注○丨偶白虎通
嫁娶○丨爲柔漢書郊祀志下集注○丨成形素問
陰陽應象大論○丨之者所以發之也呂覽君守○
闔謂之丨後漢班彪傳上注○幽無形深不測之謂
丨也太元元攡○丨靜陽躁素問陰陽應象大論○
陽生丨長同上○陽殺丨藏同上○丨陽猶隱顯也
大戴記文王官人考其丨陽注○丨隲丨陽升涉也
呂覽君守惟天丨隲下民注○丨陽者氣之大者也
莊子則陽○丨陽天道也素問天元紀大論曰丨曰
陽注○丨陽者天地之道也素問陰陽應象大論○
丨陽天地之動也賈子六術○天地之襲精爲丨陽
淮南天文○丨陽者血氣之男女也素問陰陽應象
大論○丨陽謂數也荀子王制相丨陽注○丨蔭也
氣在內奧蔭也釋名釋天○丨覆也書洪範惟天丨
隲下民馬注又漢書五行志上集注引應劭○丨闇
也廣雅釋言○丨曖也楚辭大司命壹丨兮壹陽注
○丨猶沈也春秋繁露陽尊陰卑○丨淫也呂覽辯
土下得丨注○丨猶潤澤也呂覽任地子能藏其惡
而揖之以丨乎注⊙丨密也史記萬石張叔傳丨重
不世索隱引小顏又漢書周仁傳集注○丨默也書
說命上亮丨三祀傳洪範丨隲下民釋文無逸乃或
亮丨馬注又論語憲問皇疏又漢書五行志中之下
集注又後漢和熹鄧皇后紀注○丨猶默也論語憲
問高宗諒丨集解引孔注○丨私也國策西周策丨
合於秦注秦策齊秦之交丨合注齊策我因丨結韓丨

之親注又後漢楊厚傳注○丨臣道易繫辭下傳丨
二君而一民韓注○丨臣也楚辭涉江丨陽易位時
不當兮注○丨者臣也後漢郎顗傳注○臣爲丨春
秋繁露基義○予爲丨同上○妻爲丨同上○水稱
丨文選東京賦丨池幽流薛注○丨謂五神藏也素
問痺論丨氣者靜注○丨者藏精而起亟也素問生
氣通天論○丨謂足之三丨脉也素問厥論丨氣衰
於下則爲熱厥注○三丨者六經之所主也素問陰
陽類論○三丨者太丨也素問陰陽類論注○三丨
少丨也素問陰陽類論二丨爲裏注○少丨者冬脉
也素問水熱穴論○少丨腎脉也素問六節藏象論
二盛病在少丨注○太丨脾脉也素問六節藏象論
三盛病在太丨注○厥丨肝脉也素問六節藏象論
寸口一盛病在厥丨注○至丨者盛水也素問水熱
穴論○丨者腎之寫白虎通情性引元命苞○丨謂
腎素問經脉別論是丨不足注○丨蔭也言所在蔭

翳也釋名釋形體○丨在上陽在下山海經海外西
經奇肱之國其人三目有丨有陽注○丨德丨氣在
人者周禮大宗伯以天產作丨德注○丨德謂男女
之情周禮大宗伯司農注○丨禮謂男女之禮周禮
大司徒三曰以丨禮教親注○丨禮婦人之禮周禮
內宰以丨禮教六宮司農注○丨禮婦人之祭禮周
禮內宰祭之以丨禮注○丨祀祭地北郊及社稷也
周禮牧人丨祀用黝牲毛之注○丨事羣妃御見之
事若今掖庭令晝漏不盡八刻白錄所記推當御見
者周禮內小臣掌王之丨事丨令注○丨令王所求
爲於北宮周禮內小臣注○丨訟爭中冓之事以觸
法者周禮媒氏凡男女之丨訟注○丨堂幽暗之室
後漢周磐傳注○丨蔭也橫側車前所以蔭笭也釋
名釋車○丨揜軌也詩小戎丨靷鋈續傳○六呂爲
丨書大傳六律者何注○丨聲大呂應鍾南宮函鍾
小呂夾鍾周禮大師○丨淺黑也爾雅釋畜丨白雜

毛駰注又孫注○坎爲丨夜易中孚鳴鶴在丨虞注
○丨爲夜也太元元圖則丨質北斗注○月者丨丨
道冥鹽鐵論論菑○丨者鬼神之府也太元交冥交
于神齊注○太丨衆神之所居文選洛神賦雖潛處
於太丨注○燭丨燭龍也是燭九丨山海經海外北
經鍾山之神名曰北丨注○是燭九丨照九丨之幽
隱也山海經大荒北經赤水之北有神人是燭九丨
是謂燭龍注○丨日夕昃也呂覽察今故審堂下之
丨注○丨者密雲也文選登廬山香爐峯詩注引蔡
邕月令章句○重丨地中也後漢張衡傳注○山南
爲陽山北爲丨山海經南山經杻陽之山其陽多赤
金其丨多白金注○山北曰丨公羊桓十六年傳越
在岱丨齊注又國策齊策及之罣黍梁父之丨注又
後漢崔駰傳注又呂覽古樂乃之阮隃之丨注又文
選應詔觀北湖田收詩丨谷曳寒煙注○丨謂北也
後漢班彪傳上注○丨山亦曰險山山海經中山經

丨山注○水南曰丨水經洧水注引服虔○濟丨在
濟水之丨也釋名釋州國○汝丨在汝水丨也同上
○丨竹生於山北者周禮大司樂丨竹之管注○生
山北爲丨木周禮柞氏令剝丨木而水之注○丨木
生山北者周禮山虞仲夏斬丨木注○丨木秋冬生
者若松柏之屬周禮山虞司農注○龜龍爲丨大戴
記曾子天圓龍非風不舉龜非火不兆注○丨後弇
也周禮卜師辨龜之上下左右丨陽注○丨鶴也周
書王會墠上張赤帟丨羽注○丨丨諸暉目雌
也天將丨雨則鳴淮南繆稱丨諧知雨注
丨高也方言十二又廣雅釋詁四○上高者曰丨
岑 文選思元賦飲靑丨之玉醴兮薦注○山小而高
丨爾雅釋山○山小而高曰丨丨嶄也嶄嶄然也釋
名釋山○丨銳也楚辭逢紛揄揚滌盪漂流隕往觸
丨石兮注○丨大也方言十二又廣雅釋詁一○丨
取也廣雅釋詁一○丨岸也莊子徐無鬼未始離于

丨注○丨謂崖岸也莊子徐无鬼釋文○丨言丨崟
爾雅釋山注○丨崟峻貌也方言十二丨高也注○
嶜丨高峻之貌也文選南都賦幽谷嶜丨注○丨岑
危嶮之形文選琴賦確嵬丨岑注○丨峨嵾嵯不齊
貌楚辭怨世俗丨峨而嵾嵯注○丨樓山之銳嶺者
孟子告子下可使高於丨樓注○丨寂猶高靜也文
選舞鶴賦去帝鄉之丨寂注○丨牟鼓角士冑也後
漢禰衡傳注○嶜古文丨字漢書楊雄傳下音義引
字詁○丨才心反爾雅釋山釋文引字林

簪 丨笄也所以持冠也文選招隱詩注引蒼頡○丨
以玉爲笄也古曰笄今曰丨文選謝靈運擣衣詩
注引魏臺訪議○幘道曰丨文選餞呂僧珍詩注引
通俗文○丨形似箴而大荀子賦丨以爲父注○丨
㧗也以㧗連冠於髮也又枝也因形名之也釋名釋
首飾○丨疾也易豫朋盍丨注又釋文○丨速也易
豫釋文引埤蒼○易豫釋文丨古文
作貸京作撍馬作臧荀作宗虞作戠

駸 丨馬疾行也七林反詩四牡釋文引字林○丨丨
疾也廣雅釋訓○丨丨驟貌詩四牡載驟丨丨傳

鐔 劍珥謂之丨廣雅釋器○丨劍珥也莊子說劍周
宋爲丨釋文引司馬注○丨謂劍環也莊子說劍
釋文○丨劍口也一切經音義十三引聲類又文選
東京賦注引韻集○劍其旁鼻曰丨丨尋也帶所貫
尋也釋名釋兵

鬵 丨釜屬詩匪風溉之釜丨傳○丨釜也楚辭憂苦
爨土丨於中宇注○丨大釜也一曰鼎大上小下
若甑也一切經音義十引字林○䰝謂之丨爾雅釋
器○甑自關而東或謂之丨方言五○丨鉹也爾雅
釋器○丨涼州呼鉹爾雅釋器注又方言五甑自關
而東或謂之丨注○丨疾也廣雅釋詁一○丨籀文
作鬵同一切經音義十

琳 丨玉也爾雅釋器○球丨皆玉名書禹貢厥貢惟
球丨琅玕傳○璆丨琅皆玉名也楚辭東皇太一
璆鏘鳴兮丨琅注○丨美石也書禹貢鄭注○丨琅
聲也楚辭東皇太一璆鏘鳴兮丨琅注○詩韓奕箋
其貢璆丨琅玕釋
文丨字又作玪

琛 丨寶也爾雅釋言又詩泮水來獻其丨傳又文選
東京賦獻丨執贄薛注吳都賦其丨賂則琨瑤之
阜劉注○美寶曰丨爾雅釋言丨寶也舍人注○天
自然之寶也文選海賦其垠則有天丨水怪注○
丨質也文選思元賦獻環琨與丨
縭兮舊注○賝賮也廣雅釋言

椹 丨謂之榩爾雅釋宮○丨者莝丨也史記范睢蔡
澤傳不足以當丨質索隱○丨斫木櫍也爾雅釋
宮丨謂之榩注○丨斲材質也爾雅釋宮孫注○杜
子春讀丨爲齊人言鈇丨之丨周禮圉師射則充丨
質注○故書丨爲鞎鄭司農云丨字或作鞎周禮司
弓矢以授射甲革丨質者注○爾雅釋宮釋文丨本
或作
砧

諶 廣韻訦同○丨誠也爾雅釋詁又詩蕩其命匪丨
傳又漢書貢禹傳集注孔光傳集注敘傳上集注
引應劭又楚辭哀郢丨荏蒻而難持注○丨信也爾
雅釋詁又後漢胡廣傳注○訦信也燕代東齊曰訦
方言一○丨與忱古字通也文選幽通賦實棐丨而
相訓注○爾雅釋詁注天威棐丨釋文丨本今作忱
○詩蕩其命匪丨韓詩作其命匪訦說文心部作天
命匪忱○左傳襄卅九年禆丨釋文古今人表並作
湛

或作忱○丨誠也書湯誥尚克時丨傳又後漢張
忱衡傳注又文選幽通賦實棐諶而相訓曹注思元
賦用棐丨而祐仁舊注○丨信也詩大明天難丨斯
傳○愖猶忍也大戴記少閒憂以繼愖注○書大誥
天棐丨辭漢書孔光傳作天棐諶辭翟方進傳作天
輔誠辭○詩大明天難丨斯韓詩作天難訦斯漢書
貢禹傳作
天難諶斯
壬丨任也御覽廿八引崔靈恩禮記義宗又廣雅釋
言○丨猶任也爾雅釋詁注○丨之言任也禮記
月令其日丨癸注○丨之爲言任也史記律書○丨
妊也陰陽交物懷妊也至子而萌也釋名釋天○丨
者陰使任白虎通五行○太歲在丨曰元黓爾雅釋
天○月在丨曰終爾雅釋天○丨癸亥子水也淮南
天文○丨子代也同上○丨子夷則之角也同上○
丨任也謂卿大夫也詩賓之初筵箋○丨大也爾雅

釋詁又詩賓之初筵有丨有林傳○丨佞也爾雅釋
詁○肢體移易其處謂之丨人春秋繁露陽尊陰卑
○穀梁文七年傳宋公丨臣釋文丨本或作王○書
皋陶謨何畏乎巧言令色孔丨史記夏本紀作何畏
乎巧言善色佞人○楚昭王名丨見左昭廿六年傳
左哀六年作軫史記侯表楚世家作珍○古今人表
齊簡公丨吳語侯表作任○楚公
子丨夫字子辛左氏成十六年傳
任丨堪也史記白起王翦傳病不丨行正義又後漢
明帝紀注和帝紀注丁鴻傳注左雄傳注○丨堪
使也後漢章帝紀注○丨使也廣雅釋詁一○丨能
也莊子秋水丨士之所勞釋文引李注○丨保也廣
雅釋言又後漢質帝紀注又淮南說山所不能丨其
必孝也注○丨保丨也後漢公孫述傳注○丨謂保
丨後漢楊秉傳注○丨當也左氏僖十五年傳重怒
難丨注○相與信爲丨漢書季布傳集注引如淳○

仁義修立謂之丨賈子道術○丨大詩燕燕仲氏丨
只傳○丨佞也爾雅釋詁又書舜典而難丨人傳又
後漢郅惲傳注○丨似可丨之佞也爾雅釋詁孫注
○丨載也淮南道應於是爲商旅將丨車注○丨抱
也國語齊語負丨儋何注○丨猶抱也詩生民是丨
是負傳○丨擔也孟子滕文公上門人治丨將歸注
又家語正論不以其丨於道路注○治丨謂治擔丨
之具孟子滕文公上音義引丁音○丨南蠻之樂也
禮記明堂位○南夷之樂曰丨公羊昭廿五年傳以
舞大夏注又文選東都賦僸佅兜離注引孝經鉤命
決○南方曰丨周禮鞮鞻氏掌四夷之樂注又獨斷
上○丨養萬物白虎通禮樂五行○遲丨古賢書盤
庚上遲丨有言曰傳○遲丨古老成人書盤庚上馬
注○遲丨古之賢史書盤庚上鄭注○丨國名莊子
外物丨公子爲大鉤釋文引李注○丨讀甚丨之丨
淮南說林非其丨也注○丨讀丨俠之丨淮南精神

養性之具不加厚而增之以丨重之憂注○書舜典
而難丨人史記五帝紀作遠佞人○詩大明大丨潛
夫論五德
志作大姙
紝丨繒帛之屬詩采蘋序注織丨組紃釋文○丨古
文絍同一切經音義二
霪集韻通作淫○久雨謂之淫爾雅釋天○淫久雨
也素問五運行大論其眚淫潰注○淫霖也雨三
日以上爲霖今月令曰衆
雨禮記月令淫雨蚤降注
蟫丨白魚爾雅釋蟲○丨亦動貌也後漢馬融傳注
丨丨相隨之貌楚辭悼亂貒貉兮丨丨注
愔丨和也文選神女賦澹清靜其丨嫕兮注○丨和
靜貌也一切經音義十七引聲類○丨丨性和也
一切經音義十七引三蒼○丨丨安和貌左氏昭十
二年傳祈招之丨丨注○丨丨和悅之貌也文選魏

都賦注引
韓詩章句

黔 ｜黑也易說卦傳爲｜喙之屬馬注又禮記祭義
以爲｜首則釋文左氏襄十六年傳邑中之｜釋
文莊子天運烏不日｜而黑釋文又廣雅釋器又小
爾雅廣詁又漢書敘傳上集注又後漢馬融傳注又
墨子貴義○｜亦黎黑也史記秦始皇紀更名民曰
｜首集解引應劭○｜首民也呂覽愼人事理｜首
注○｜首民也廣雅釋詁四○｜首謂民也禮記祭
義明命鬼神以爲｜首則注○秦謂民爲｜首禮記
祭義釋文○秦呼人爲｜首後漢光武紀上注○民
爲｜喙之屬易說卦傳○｜喙肉食之獸易說卦傳
馬注○｜古文鴒同一切經音義十五○史記六
國表衛悼公名｜衛世家索隱作虔呂覽注作黚

嶔 ｜沙石｜岑也文選海賦沙石之｜注○嶔巇山
相對而危險之貌也文選南都賦嶔巇屹巇注○

｜巖欹貌也文選上林賦｜巖倚傾郭注○｜巖深
貌也文選甘泉賦深溝｜巖而爲谷注○｜巖謂嵴
也後漢杜篤傳注○左氏僖卅二年傳注兩山相｜
釋文｜本或作嵐○公羊僖卅二年傳殽之｜巖釋
文｜本
或作厥

崟 ｜高也廣雅釋詁四○嶜｜高大貌文選羽獵賦
注引李彤單行字○嶔崟山深險連延之狀文選
吳都賦嶔崟乎數州之閒劉注○｜
｜衆饒貌楚辭憫上叢林兮｜｜注

歆 ｜饗也詩生民履帝武敏｜傳又左氏僖十年傳
神不｜非類注僖卅一年傳不｜其祀注又國語
周語王｜太牢注又文選東京賦神｜馨而顧德薛
注○｜享也左氏襄廿七年傳能｜神人注○｜神
食氣也一切經音義七引字林○｜內氣也論衡祀
義○｜貪也一切經音義七引國語賈注○｜猶貪
也國語楚語楚必｜之注○｜猶欣
欣喜服也國語周語民｜而德之注

喑 ｜唶也一切經音義六引字林○｜喑也廣雅釋
言○｜喑大叱也一切經音義四引聲類○下無
言則謂之｜
說苑正諫

瘖 ｜啞也禮記王制｜聾跛躄釋文○｜唵然無聲
也釋名釋疾病○｜者失音也史記扁鵲倉公傳
使人｜索隱○｜不能言者國語晉語嚚｜不可使
言注○｜謂不得言語也素問奇病論人有重身九
月而｜注○喑疾不能言也後漢童恢傳注○｜古
陰字文選思元賦經重｜乎寂寞兮舊注○｜讀如
音史記扁鵲
倉公傳索隱

森 ｜衆貌也後漢張衡傳注又文選思元賦百神｜
其備從兮舊注○｜盛貌也文選甘泉賦｜奉璋

以階列注○｜多木長貌文選文賦注引字林○｜
槮木長貌文選長笛賦｜槮柞樸注○｜衰垂貌文
選江賦蜛蝫｜衰以垂翹注○
摻與｜字同後漢馬融傳注

叅 ｜也者伐星也大戴記夏小正五月｜則見傳○
｜伐也詩小星維｜與昴傳又國語晉語且以辰
出而以｜入注○｜虎星也文選蘇子卿古詩注引
法言宋注○｜伐主斬艾立義公羊莊七年傳記異
也注○｜伐爲武府洪
範五行傳好攻戰注

毿 ｜緌言既廣又大也東甌之閒謂之｜緌方言二

涔 ｜雨水也淮南氾論牛蹏之｜注○｜多水也淮
南說林宮池｜則溢注○｜大滀水也淮南覽冥
｜雲波水注○｜久而水潦也淮南主術有｜旱災
害之患注○｜潦水也淮南俶眞天牛蹏之｜注○

丨魚池詩潛序釋文引韓詩章句○槮謂之丨爾雅
釋器○丨栫也廣雅釋器○以米投水養魚爲丨也
爾雅釋器舍人注○今以米投水中養魚曰丨爾雅
釋器李注○積柴養魚曰丨爾雅釋器孫注○丨水
卽黃水也水經涔水注○丨讀延祜曷問
急氣閉口言也淮南俶眞夫牛蹄之丨注

嵾 亦作參○丨差不齊也史記司馬相如傳嶄巖丨
嵳正義引顏云○嵾嵳不齊貌也楚辭惜賢睨玉
石之嵾嵳注○參差低仰貌文選西京賦罔戀參差
薛注○參錯謂碕岸之險參差交錯也文選謝靈運
富春渚詩臨圻阻參錯注○參參長貌後漢張衡傳
注又文選補亡詩參參其穡注○參差洞簫也楚辭
湘君吹參差兮誰思注○嵾與參同文選甘泉賦增
宮丨差注○詩關雎參差荇菜說文木部作槮差荇
菜

芩 集韻菳古作芩○丨草也詩鹿鳴食野之丨傳○
菳菜似蒜生水中御覽九百八十引字林

丨者山水名也開山圖丨山圍繞大山爲霍山水

灊 經沘水注

燂 燂熑也廣雅釋詁三○燂炙爛也考工記弓人撟
角欲孰於火而無燂注○故書燂或作朕鄭司農
云字從燂同上○儀禮聘禮注
惟丨者有膚釋文丨本一作爓

淋 丨漬也廣雅釋詁二○丨以水沃也爾雅釋草釋
文引字林○丨漉水下也一切經音義十引三蒼
○丨灑不絕貌文選洞簫賦被丨灑其靡靡兮注○
丨離長貌也楚辭哀時命劍丨離而從橫注○丨小
便數也一切經音義二十引聲類
○丨古文澿同一切經音義十六

郴 丨姓也晉書音義下

丨卽頭上勝今亦呼爲戴勝爾雅釋鳥鵖鴔戴丨

鵀 注○爾雅釋鳥鵖鴔戴丨釋文丨本亦作紝

紟 衿禁也釋名釋喪制○丨亦禁也禁使不得解散
也釋名釋衣服○衿猶結也禮記內則衿纓綦屨
注○丨結也禮記少儀注及丨帶也釋文○衿繫佩
帶詩東山傳施衿結帨釋文○衿帶衣服之要後漢
杜篤傳注○衿禴施衿結禴也文選齊竟陵文宣王
行狀遵衿禴於未萌注○衿音衿系之衿漢書楊雄
傳上集注引應劭○禮記內則絞丨釋文丨本
又作衿○禮記內則衿纓釋文衿本又作丨

鱏 丨口在頷下大者長七八尺後漢馬融傳注○丨
長鼻魚也重千斤爾雅釋魚釋文引字林

祲 丨侵也赤黑之氣相侵也釋名釋天○丨陰陽氣
相侵漸成祥者周禮春官序官眡丨注○丨陰陽
氣相侵也周禮眡祲一曰丨司農注○丨陰陽相侵
之氣也後漢安帝紀注○精丨氣之侵入者也淮南

泰族精丨有以相蕩也注○丨氣也漢書匡衡傳集
注引李奇○丨妖氛也左氏昭十五年傳吾見赤黑
之丨注○丨亦盛也後漢班彪傳下注○
左氏昭十一年經盟于丨祥公羊作侵羊

綝 丨善也爾雅釋詁○丨止也廣雅釋詁三○丨縭
盛貌也後漢張衡傳注○丨纚盛貌文選思元賦
珮丨纚以
煇煌舊注

湛 丨漬也考工記鍾氏染羽以朱丨丹秫司農注又
禮記月令丨熾必絜注○丨亦漬也禮記內則丨
諸美酒注○丨深也文選封禪文丨恩厖鴻注○丨
沒也漢書鄒陽傳集注引應劭○丨水貌也論衡感
虛○丨丨水流鼓怒之聲也史記司馬相如傳丨丨
隱隱正義○久雨爲丨論衡明雩○瘼瘬病也秦曰
丨方言三○丨讀當爲人名丨之丨丨或爲淮周禮
職方氏其浸潁丨杜注○丨讀如漸車帷裳之漸考

工記鍾氏染羽以朱｜丹秫注○｜讀曰沈漢書禮樂志集注郊祀志上集注五行志中之上集注五行志中之下集注五行志下之下集注二見溝洫志集注三見藝文志集注項藉傳集注劉歆傳集注賈誼傳集注爰盎傳集注鄒陽傳集注二見司馬相如傳下集注二見司馬遷傳集注二見霍光傳集注霍光金日磾傳贊集注王貢兩龔鮑傳贊集注李尋傳集注匡衡傳集注翟方進傳集注谷永傳集注三見楊雄傳上集注三見陳遵傳集注二見敘傳上集注○｜讀爲沈荀子解蔽｜濁在下而清明在上注○左傳襄廿九年禅｜日釋文｜本作諶

○以下據廣韻錄

痳 ｜懍也小便難懍懍然也釋名釋疾病○｜小便數也一切經音義二引聲類○｜病也廣雅釋詁二

綝 ｜翳也廣雅釋器

駸 集韻濅或書作寖○｜｜雨也廣雅釋訓

棽 ｜支條｜麗也漢書王莽傳集注引字林

葴 ｜寒漿爾雅釋草○今酸漿草江東呼曰苦｜爾雅釋草注○｜馬藍爾雅釋草

鈂 廣韻䤕同○｜臿屬也一切經音義七引蒼頡○䤕耕也廣雅釋地

煁 ｜烓也爾雅釋言○｜烓竈也詩白華卬烘于｜傳又爾雅釋言舍人注

銋 ｜奞也廣雅釋詁四○｜濡也集韻引字林

鵀 ｜，負雀爾雅釋鳥○｜鴒也江東呼之爲｜爾雅釋鳥注

⿰酉甚 ｜㴔也廣雅釋器

梫 ｜木桂爾雅釋木○｜桂木桂也文選蜀都賦其樹則有木蘭｜桂劉注

⿰魚岑 ｜鬵也廣雅釋器

蕁 ｜草生水中根可緣器御覽九百八十引字林

靲 ｜竹笿也儀禮士喪禮鞶用｜注

廞 ｜興也爾雅釋詁又周禮司裘大喪｜裘飾皮車注大司樂涖｜樂器注大師帥鼓而｜注笙師｜其樂器注典庸器大喪｜筍虡注巾車遂｜之行之注司兵｜五兵注○｜陳也周禮司服｜衣服司農注○廞陳也小爾雅廣言

⿰甚冘 ｜｜盛也廣雅釋訓

黅 ｜黃也爾雅釋器又素問六元正紀大論其穀元｜注至眞要大論司氣爲｜化注五常政大論其穀｜秬注

⿰瓦𠬶 ｜謂之甋廣雅釋器

⿱雨𠬶 ｜霖也廣雅釋言○｜｜雨也廣雅釋訓

○以下據集韻錄

⿺走尋 ｜謂長枝也後漢馬融傳注

碄 ｜音林亦深貌也後漢張衡傳注○｜｜深貌文選思元賦漂通川之｜｜舊注

惏 ｜，寒貌文選風賦狀直憯悽｜慄注○｜慄寒貌恐懼也文選洞簫賦｜慄密率注

〔軖〕繅車曰｜｜笙也一切經音義十二引〔通俗文〕

經籍籑詁卷第二十七

經籍籑詁卷第二十七補遺　〔下平聲〕

兵部侍郎兼都察院右副都御史巡撫浙江等處地方提督軍務兼理糧餉阮元撰集

十二侵

〔侵〕〔說文〕侵漸進也从人又持帚若埽之進又手也○｜猶犯負也〔漢書陳餘傳〕義不｜爲然諾者也注○｜者加陵之意〔左氏莊廿九年傳〕疏○寢鐘鼓以入其竟曰｜〔左氏莊廿九年傳〕疏引〔釋例〕○｜淺事也〔穀梁僖廿六年傳〕〔襄八年傳〕○｜者淺辭〔公羊隱四年傳〕潰者何疏○｜之能敵也〔考工記廬人〕是故｜之司農注○｜尋遂往之意也〔史記孝武紀〕｜尋於泰山矣索隱引晉灼○｜淫漸染之義〔史記孝武紀〕索隱引小顏○浸潭漸漬也〔文選魏都賦〕綠菱泛濤而浸潭注○｜伐戰用師之大名〔詩采薇〕箋謂｜

也伐也戰也疏○｜伐者師旅討罪之名也〔左氏桓十年經注〕改｜伐疏○｜伐者責罪之文也〔左氏莊十年經注〕不言｜伐疏○｜伐襲者師旅討罪之名也〔左氏莊廿九年傳〕疏引〔釋例〕

〔尋〕〔廣韻〕𢒪同○〔說文〕𢒪繹理也从工从口从又从寸工口亂也又寸分理之彡聲此與𤔔同意度人之兩臂爲｜八尺也○｜溫也禮記中庸疏引〔左傳〕賈注又論語疏二引〔左氏哀十二年傳〕請｜盟賈注○｜用也文選五等論注引〔國語〕賈注○｜遂往之意也〔漢書郊祀志上〕寖｜於泰山矣注引晉灼○｜八尺〔周禮媒氏〕注兩五｜疏○八尺曰｜〔左氏昭廿三年傳注〕及長丈二疏又〔漢書終軍傳〕枉尺直｜注○八尺爲｜〔左氏哀十一年傳〕八｜約注○舒肘知｜〔大戴記主言〕○憂｜憂長也〔淮南繆稱〕不能使無憂｜注○憂｜憂深也〔淮南繆稱〕其憂｜推之也注○｜淫聲相近〔史記孝武紀〕侵｜於泰山矣索隱

潯 說文丨旁深也从水尋聲

林 說文平土有叢木曰林从二木凡丨之屬皆从丨○竹木生平地曰丨周禮大司徒注竹木曰丨疏○竹木盛者爲丨穆天子傳二是曰竹丨注○竹木曰丨文選七命注引曹大家列女傳注○丨積木國語周語囿有丨池注○木聚謂之丨詩大明傳如丨疏○丨眾也國語周語四閒丨鍾注○野外曰丨詩駉在坰之野傳○丨離摻攦也漢書司馬相如傳正麗以丨離注引張揖○丨鍾者言萬物就死氣丨丨然史記律書○丨當作材周書文酌九柯十匠歸丨注

霖 說文丨雨三日已往从雨林聲○雨三日以上爲丨禮記月令淫雨蚤降注又漢書高帝紀上七月大丨雨注○莊子大宗師丨雨十日釋文本又作淋

臨 說文丨監丨也从臥品聲○丨者在上丨下之名詩皇矣疏○丨謂位居其上俯丨其下左氏昭六年傳疏○丨謂御於下素問五常政大論火氣下丨注○丨蒞一也左氏昭六年傳丨之以敬疏○丨者謂卻背之也史記貨殖列傳北鄰烏桓夫餘索隱○丨哭也左氏宣十二年傳卜丨於大宮注又御覽四百八十引左傳賈注

鍼 說文丨所以縫也从金咸聲○箴所以刺病也漢書藝文志而用度箴石湯火所施注○古者以砭石爲丨後漢書文苑趙壹傳丨石運乎手爪注又素問寶命全形論制丨石大小注

箴 說文丨綴衣丨也从竹咸聲○丨諫也左氏昭廿六年傳子孝而丨注○丨丨刺王闕以正得失也國語周語師丨注○每官各爲丨辭以戒王若丨之瘵疾故曰丨焉左氏襄四年傳官丨王闕疏○丨尹官名左氏宣四年傳丨尹克黃注○十羽爲丨穆天子傳三天子於是載羽百車注

斟 說文丨勺也从斗甚聲○丨謂羹勺故因名羹曰丨史記張儀列傳熱啜索隱

沈 說文丨陵上滈水也一曰濁默也从水冘聲○丨者莽也言其平望莽莽無涯際也風俗通山澤○丨謂黃泉之中也太元元告丨以窮乎下注○丨者雲之重也文選登廬山香爐峯詩注引蔡邕月令章句○凡飲之禮齊顏色均眾寡謂之丨初學記廿六引韓詩○丨湎者飲酒過久若丨沒然詩賓之初筵疏○沒水謂之丨書允征疏○丨丨謂居深水之下也漢書刑法志除山川丨斥注○丨藏匿也漢書酷吏咸宣傳於是作丨命法注引孟康○丨浮猶盛衰淮南原道而與道丨浮俛仰注○丨湎荒迷也漢書霍光傳湛沔於酒注○丨斥水田舄鹵也漢書刑法志注引臣瓚○平丨平漸也考工記輪人平丨必均注

○丨潛謂地書洪範丨潛剛克傳○丨潛謂人性之丨滯懦弱也左氏文五年傳疏

砧 說文新附砧石柎也从石占聲○砧爲擣帛之質也文選謝靈運擣衣詩欄高砧響發注

深 說文湥水出桂陽南平西入營道从水罙聲○丨邃也文選琴賦則盤紆隱丨注○丨不可測老子丨矣遠矣注○丨者高也左氏文十二年傳請丨壘固軍疏○從上曰丨儀禮覲禮丨四尺注○極未形之理則曰丨易繫辭上傳惟丨也注○丨浚治也漢書溝洫志治水有決河丨川注○丨測也爾雅釋言○丨謂陽易繫辭上傳无有遠近幽丨虞注○丨謂日影長短之丨也周禮大司徒測土丨丨疏○丨爲九州之外也禮記禮運丨而通疏○廣丨喻遠近周禮大司徒注不知廣丨故曰測疏○丨淺猶善惡也文選在元城與魏太子牋未知丨淺注○丨衣謂衣裳相連前後丨邃禮記曾子問注布丨衣縞總疏○名

曰丨衣者謂連衣裳而純之以采也〔禮記深衣〕釋文引鄭目錄

【淫】〔說文〕丨浸丨隨理也从水㸒聲一曰久雨爲丨○丨過也〔禮記樂記〕世亂則禮慝而樂丨疏又〔文選羽獵賦〕創丨輪夷注引張晏○丨者過也過其度量謂之爲丨〔詩關雎序〕不丨其色疏○凡作樂而非所則謂之丨丨過也詩鼓鐘傳鼓其丨樂疏引王肅○丨過度之意〔書大禹謨〕疏○丨謂色欲過度〔詩雄雉序〕箋丨亂者疏○丨謂耆欲過度〔左氏隱三年傳〕驕奢丨泆疏○丨謂過奢侈〔禮記王制〕齊八政以防丨疏○丨久也文選王仲宣七哀詩注引〔國語〕賈注○丨訓大也〔書費誓〕今惟丨舍牿牛馬疏○丨貪也〔禮記樂記〕聲丨及商疏○丨放恣也〔書無逸〕則其無丨于觀鄭注○丨猶傾邪也〔禮記儒行〕幽居而不丨疏○丨謂流移也〔禮記曲禮上〕毋丨視疏○丨謂行所不勝己者也〔素問至眞要大論〕上丨于下所勝平之

注○丨巧謂過度工巧〔書泰誓下〕作奇技丨巧疏○丨巧非常詭怪〔呂覽季春〕無或作爲丨巧以蕩上心注○丨慝謂譏掠百姓取四俘也〔左氏成二年傳〕禁丨慝也注○丨液者飲酒時情態也〔詩賓之初筵序〕沈湎丨液箋○不學正道爲丨學〔呂覽知度〕不好丨學流說注○平地出水爲丨水〔淮南覽冥〕積蘆葦以止丨水注○丨裔電貌〔後漢書張衡傳〕注○丨丨與與往來貌〔漢書楊雄傳上〕注○丨丨與與皆行貌也〔文選羽獵賦〕注

【心】〔說文〕丨人丨土藏在身之中象形博士說以爲火藏凡丨之屬皆从丨○丨者精之所舍〔管子內業〕丨可以爲精舍注○丨也者智之舍也〔管子心術上〕○丨爲壯藏素問金匱眞言論注引〔靈樞經脉要精微論〕○丨者藏之尊者〔白虎通五祀〕○丨者五藏之主也〔淮南原道〕○丨者神之主也〔鬼谷子捭闔〕○丨者形之主也〔淮南精神〕○丨土也〔禮記月令〕疏引〔異義〕古尚書說○丨火也〔禮記月令〕疏引〔異義〕今文尚書歐陽說○包管萬慮其名曰丨〔詩關雎序〕在丨爲志疏○恬澹爲丨〔詩譜序〕疏引〔春秋說題辭〕○在內爲丨〔太元斷〕斷丨滅斧注○丨謂肺中央少許耳〔禮記少儀〕牛羊之肺離而不提丨疏

【琴】〔說文〕珡禁也神農所作洞越練朱五弦周加二弦象形凡珡之屬皆从珡䥲古文珡从金

【禽】〔說文〕丨走獸總名从厹象形今聲丨离兕頭相似○傳翼戴角分牙布爪仰飛伏走謂之丨獸〔列子黃帝〕○丨者獸之通名也〔禮記月令〕命主祠祭丨于四方疏○丨鳥也〔禮記曲禮上〕執丨者左首疏○丨卽鳥也〔文選鳥獸題〕注○丨鷹也〔左氏昭元年傳〕又使強委丨焉注○未孕曰丨〔周禮獸人〕注小丨私之疏○內取茲謂丨〔漢書五行志下之上〕○丨者擒也〔禮記曲禮上〕不亦丨獸之心乎疏

【擒】〔說文〕捦急持衣衿也从手金聲㩒捦或从禁

【欽】〔說文〕丨欠皃从欠金聲○丨敬也〔後漢書班固傳〕下然後丨若上下注○丨丨亦鐘聲也〔詩鼓鐘〕疏○丨或作爰或作至也〔山海經西山經〕有鳥曰丨原注

【衾】〔說文〕衾大被从衣今聲○丨爲臥物〔詩小星〕疏○丨是紟之類〔儀禮士喪禮〕注凡丨制疏○丨謂君錦丨大夫縞丨士緇丨也〔荀子禮論〕然後皆有衣丨多少厚薄之數注

【吟】〔說文〕丨呻也从口今聲䪩丨或从音訡或从言○動聲曰丨〔詩關雎序〕丨咏情性疏○丨歌也〔廣雅釋樂〕○丨謂歌誦也〔漢書禮樂志〕丨青黃注○〔禮記學記〕注呻丨也釋文又作訡○〔穀梁僖卅三年傳〕必於殽之巖唫之下釋文本作崟

【今】說文｜是時也从亼从ㄱㄱ古文及○｜卽隨世也太元元攡通同古｜以開類注

【襟】廣韻袷同○說文袷交衽也从衣金聲○衿衣交領也方言四衿謂之交注○｜交領也文選王僧達苔顏延年詩注引聲類○衿猶前也文選陸士衡贈從兄車騎詩言樹背與衿注○衿謂纓也詩東山傳施｜結帨疏○衿是領之別名詩子衿疏○衿與｜音義同同上

【金】說文金五色金也黃爲之長久薶不生衣百鍊不輕从革不違西方之行生於土从土左右注象金在土中形今聲凡金之屬皆从金金古文金○黃者曰｜漢書食貨志上及｜刀龜貝注○｜謂五色之｜也同上○古者｜銀銅鐵總號爲｜書呂刑疏○古之｜銀銅鐵總號爲｜書舜典疏○｜銀銅鐵總名爲｜詩小戎疏○｜寒左氏閔二年傳○｜是秋之寒氣左氏閔二年傳疏○稱｜取其堅固也漢書

地理志下｜城郡注引臣瓚○｜西方萬物旣成殺氣之始也漢書五行志上○兌爲｜易象下傳得其資斧集解○庚辛爲｜素問平人氣象論肝見庚辛死注刺熱論庚辛甚注○｜主收斂應秋素問天元紀大論｜木者注○｜曰審平素問五常政大論○｜剛也易鼎｜鉉疏○｜銖兩名也漢書蕭望之傳有｜選之品注引應劭○秦以鎰名｜若漢之論斤也漢書張良傳賜良｜百｜注○秦以一鎰爲一｜史記燕召公世家子之因遺蘇代百｜正義引臣瓚○一斤爲一｜文選王命論所願不過一｜注引韋昭○｜鐘也漢書司馬相如傳上｜鼓迭起注又淮南主術故古之爲｜石管弦者注○｜卽鐘也儀禮大射太簇以｜奏疏○｜爲鍾禮記月令疏引易通卦驗注○｜則鍾也周禮鼓人以晉鼓鼓｜奏疏○｜卽鎛鍾周禮鎛師疏○｜謂器屬也素問五常政大論革｜且耗注○｜爲兵革素問方盛衰論則夢見兵戰注○｜玦兵要也史記晉世家佩之｜玦集解引韋昭○黃｜刀布者民之通貨也管子輕重乙○｜印封淮南氾論盜管｜注○｜舄黃朱色也詩車攻赤芾｜舄箋○｜舄者卽禮之赤舄也詩車攻疏○｜距以｜踏距左氏昭廿五年傳郈氏爲之｜距服注○｜僕姑矢名左氏莊十一年傳公以｜僕姑射南宮長萬注

【音】說文｜聲也生於心有卽於外謂之｜宮商角徵羽聲也絲竹金石匏土革木音也从言含一凡｜之屬皆从｜○聲成文謂之｜毛詩序○淸濁相雜和比謂之｜禮記樂記注雜比曰｜疏○衆聲和合成章謂之｜同上○｜謂五｜也素問五藏生成論五藏相｜注○單出曰聲雜比曰｜周禮鼓人疏大司樂疏樂師疏又禮記月令其｜角疏○｜則今之歌曲也禮記樂記疏○凡｜者產乎人心者也呂覽

音初○夫｜樂之輿也左氏昭廿一年傳○震爲｜聲易節則嗟若虞注○五｜宮商角徵羽也老子五｜令人耳聾釋文又淮南氾論禹之時以五｜聽治注○八｜金石絲竹匏土革木也左氏隱五年傳○八｜八卦之音以律定八風之高下淸濁而準配金石絲竹也大戴記保傅截十二管節注○八｜一說笙柷鼓簫琴塤鐘磬也白虎通禮樂○｜爲末象八風同上○｜聲猶言語詩凱風箋好其｜者疏○｜卽樂也詩關雎序疏

【陰】說文｜闇也水之南山之北也从𨸏侌聲○｜是幽闇之義書說命上疏○｜深也書洪範惟天｜隲下民王注○｜默也書無逸乃或亮｜疏○｜蔭也詩小戎傳｜揜軓也疏○｜｜竊大戴記文王官人｜行以取名注○｜謀私謀也淮南覽冥參耦比周而｜謀注○｜者陽之合春秋繁露基義○｜地

也禮記郊特牲禮由丨作者也疏○地爲丨素問陰陽離合論名曰大丨注引靈樞經○丨謂夜也禮記祭義丨陽長短疏○丨卽雨也周禮大司徒日西則景朝多丨疏○坤爲丨穀梁序乾綱絕紐疏○丨靜翕太元元告○丨者靜管子心術上○丨小八也太元進日飛懸丨注○內爲丨左氏僖十五年傳丨亚周作疏○內心爲丨禮記檀弓下注何佯若善之疏○內心爲丨素問陰陽離合論○丨謂寒也素問四時刺逆從論丨痺注○丨者五神藏也素問生氣通天論丨之所生注○丨謂五神藏也素問陰陽別論丨之所生本曰和注○丨謂藏也素問著至教論并於丨注○水爲丨素問陰陽應象大論逆調論丨氣虛注解精微論丨陽相持注○水寒而靜故爲丨素問陰陽應象大論注○月爲丨素問陰陽離合論六節藏象論○丨腦也素問解精微論悗則冲丨注○至丨土精氣也素問五常政大論至丨內實注○山

北曰丨漢書郊祀志上從丨道下注又文選思元賦逗華丨之湍渚舊注○山北爲丨詩公劉箋觀相其丨陽寒煖所宜疏○城以積土爲之土積則爲丨左氏襄九年傳注城積丨之氣疏○元楞爲丨左氏襄廿八年傳丨不堪陽服注○丨重如今滯下病史記萬石張叔列傳丨重不泄集解引韋昭○太丨太歲也廣雅釋天○丨陽者天地之大理也管子四時○詩七月納子凌丨周禮凌人疏作納于凌室○楊君石門頌淥泥常蔭丨作蔭

岑 說文丨山小而高从山今聲○丨謂巖險禮記大學注知鳥釋丨蔚安閒疏○丨丨痺悶之意漢書外戚傳上我頭丨丨也注

簪 說文先首笄也从人匕象簪形凡先之屬皆从先丨俗先从竹从朁○丨速也易豫朋盍丨釋文引鄭注又埤蒼

駸 說文駸馬行疾也从馬侵省聲

鐔 說文鐔劍鼻也从金覃聲○丨劍喉也漢書韓延壽傳作刀劍鉤丨注○丨劍口旁橫出者也漢書匈奴傳下玉具劍注

鬵 說文丨大釜也一曰鼎大上小下若甑曰丨从鬲兓聲讀若岑鬻籒文丨○丨是甑非釜類詩匪風疏○關東人謂甑爲丨爾雅釋器孫注

琳 說文丨美玉也从玉林聲○丨玉也漢書司馬相如傳上丨珉昆吾注引張揖

瑔 說文新附瑔寶也从玉深省聲

諶 說文丨誠諦也从言甚聲詩曰天難丨斯又訦燕代東齊謂信曰訦从言冘聲

忱 說文丨誠也从心冘聲詩曰天命匪丨

壬 說文丨位北方也陰極陽生故易曰龍戰于野戰者接也象人裹妊之形承亥丨以子生之敘也與巫同意丨承辛象人脛脛任體也凡丨之屬皆从丨○丨任也禮記月令注因以爲日名焉疏○丨取其懷任太元元數日丨癸注○乾主丨易象下傳天地之大義也虞注○丨人佞人也漢書元帝紀是故丨人在位注引服虔

任 說文丨保也从人壬聲○丨充也漢書王莽傳中其女皆爲丨注○丨謂丨使周禮太宰之職疏○丨使卽事也同上○南夷之樂曰丨詩鼓鍾傳又周禮旄人疏引孝經鉤命訣○丨卽南也禮記明堂位

注以雅以丨疏○丨者輂也淮南說林丨動者車鳴也注○倍丨用力倍也考工記輈人爲輈倍丨者也注○丨脉者女子得之以丨養者也素問骨空論其女子不孕注

紝 丨爲繒禮記內則織丨組紃疏○丨謂繒帛也詩采蘋序疏

蟫 說文蟫白魚也从虫覃聲○丨衣書中蟲一名蛃魚爾雅釋蟲注

愔 丨嫕和靜皃文選神女賦澹清靜其丨嫕兮注○丨丨和靜皃文選琴賦注引聲類

黔 易說卦傳爲丨喙之屬釋文鄭作黚

嶔 丨巖深險皃也漢書楊雄傳上深溝丨巖而爲谷注

崟 說文丨山之岑丨也从山金聲

歆 說文丨神食气也从欠音聲○鬼神食氣謂之丨詩皇矣疏生民疏

喑 說文丨宋齊謂兒泣不止曰丨从口音聲

瘖 說文瘖不能言也从疒音聲○丨不能言也漢書外戚傳上飲丨藥注○丨謂口不能言禮記王制丨聾跛躃斷者疏

森 說文丨木多皃从林从木讀若曾參之參

參 說文曑商星也从晶㐱聲丨曑或省○丨西方白虎之宿也淮南時則昬丨中注○丨言萬物可丨也史記律書○丨陰聲相近水經淯水注

蔘 廣韻蕿同○說文蕿人蕿藥艸出上黨从艸浸聲○蕿人丨也御覽引廣雅

涔 說文丨漬也一曰丨陽渚在郢中从水岑聲○丨潛古今字詩潛傳潛槮也疏○爾雅釋器槮謂之丨釋文詩作潛字小爾雅作橬

嵾 嵾差不齊也漢書楊雄傳上增宮嵾差注

芩 說文丨艸也从艸今聲詩曰食野之丨

灊 丨音若潛漢書武帝紀登丨天柱山注引應劭

燖 集韻燂同○燂溫也禮記內則五日則燂湯請浴釋文

淋 說文丨以水沃也从水林聲一曰丨丨山下水皃

郴 說文郴桂陽縣从邑林聲○自關而西秦晉之閒凡物之壯大而愛偉之謂之夏周鄭之閒謂之嘏丨齊語也方言一

檎 林丨果名也林丨實似赤柰而小味如梨文選蜀都賦則有林丨枇杷劉注

紟 說文丨衣系也从糸今聲⿰糹金籀文从金

鱏 說文鱏魚名从魚覃聲傳曰伯牙鼓琴鱏魚出聽○丨亦大魚也漢書賈誼傳橫江湖之鱣鯨兮注

霃 說文丨久陰也从雨沈聲

霠 說文丨雲覆日也从雲今聲侌古文或省㕕亦古文丨

槮 說文丨木長皃从木參聲詩曰丨差荇菜

綅 說文綅絳綫也从糸侵省聲詩曰貝胄朱丨○朱丨謂以朱繩綴甲禮記少儀注貝胄朱丨疏

祲 說文祲精气感祥从示侵省聲春秋傳曰見赤黑之祲○丨是陰陽之氣相侵之名左氏昭十五年傳疏○日光之氣有名爲丨同上○丨謂日旁雲氣周禮保章氏以五雲之物辨吉凶水旱豐荒之丨象司農注

綝 說文丨止也从糸林聲讀若郴

湛 丨深也文選思元賦私丨憂而深懷兮舊注○丨讀與沈同漢書元帝紀正氣丨掩注○丨古沈字文選答賓戲丨道德注○詩抑荒丨于酒漢書五行志下之下作荒沈于酒

以下據廣韻錄○

鄩 說文鄩周邑也从邑尋聲

痳 說文痳疝痛从疒林聲

瀶 說文丨谷也从水臨聲一曰寒也

棽 說文丨木枝條丨儷皃从林今聲

⿰舟彡 說文丨船行也从舟彡聲

⿰⿰舟彡見 說文丨私出頭視也从見⿰舟彡聲讀若郴

⿰箴鳥 說文鸃鸃鳶也从鳥箴聲

葴 說文丨馬藍也从艸咸聲○丨寒漿也漢書司馬相如傳上丨持若蓀注○丨酸漿爾雅釋艸疏引本草○丨馬藍也史記司馬相如列傳丨苞荔集解引徐廣又漢書司馬相如傳注引張揖○丨今大葉冬藍也爾雅釋草丨馬藍注

芁 說文丨艸也从艸冘聲○爾雅釋草芁藩釋文字或作丨

鈂 說文丨臿屬从金冘聲

煁 說文丨烓也从火甚聲

銋 丨讀豐年之稔淮南脩務今劒或絕側羸文齧鈌卷丨注○丨弱也廣雅釋詁一

潹 說文潹蒲蒻之類从艸㴱聲

姙 說文丨私逸也从女壬聲

冘 說文丨淫淫行皃从人出冂○丨行也漢書揚雄傳上窮丨閼與注引孟康○丨人行貌也後漢書盧植傳論未有不丨豫奪常者也注○丨豫不定也後漢書竇武傳太后丨豫未忍注○丨者懈怠也文選羽獵賦窮丨閼與注引如淳

⿰酉甚 說文丨孰鬻也从酉甚聲

㸒 說文丨近求也从爪壬壬徼幸也

嶜 丨崟高銳貌漢書揚雄傳上玉石丨崟注○丨崟高大貌文選羽獵賦注引李彤單行字

兟 說文丨朁朁銳意也从二先

埐 說文丨地也从土侵省聲

⿰魚朁 說文丨魚名从魚朁聲

梣 說文丨青皮木从木岑聲棎或从寖省寖籒文梣

𠩺 說文｜石地也从厂金聲讀若紟

鈙 集韻鈙同○說文鈙持也从攴金聲讀若琴

黚 ｜喙謂虎豹之屬貪冒之類易說卦傳爲｜喙之屬釋文引鄭注

耹 說文｜國語回祿信於｜遂闕

靲 說文｜鞮也从革今聲

𦬫 說文｜黃｜也从艸金聲

顉 ｜曲頤也漢書楊雄傳下｜頤折頞注

唫 說文｜口急也从口金聲

䨏 說文｜霖雨也南陽謂霖雨曰｜从雨㐺聲

㐺 說文｜衆立也从三人讀若欽崟凡｜之屬皆从｜

厰 說文嚴岑也一曰地名从厂敢聲

廞 說文｜陳輿服於庭也从广欽聲讀若歆○｜馬遺車之馬周禮圉人｜馬亦如之注○故書｜爲淫周禮司裘｜裘注司服｜衣服注大師大喪帥瞽而｜注司兵｜五兵注

罙 說文｜㴱也一曰竈突从穴从火从求省

𡵓 說文｜入山之㴱也从山从入闕

𤩽 說文｜石之似玉者从玉朁聲

○以下據集韻錄

篸 說文｜差也从竹參聲

襂 ｜纚羽垂之貌文選海賦被羽翮之｜纚注

罧 說文｜積柴水中以聚魚也从网林聲

鐕 說文｜可以綴著物者从金朁聲

○以下附錄

晽 ｜｜欲所知之貌淮南俶眞昧昧｜｜注

蚙 ｜窮蚰蜒入耳之蟲也淮南說林昌羊去蚤蝨而來｜窮注

經籍纂詁卷第二十七補遺終

經籍纂詁卷第二十八　下平聲

經筵講官南書房翰林戶部左侍郎兼署戶部右侍郎提督浙江學政阮元撰集

十三覃

覃 丨延也爾雅釋言又詩葛覃葛之丨兮傳○丨長也詩生民實丨實訏傳又廣雅釋詁二○丨大也深也漢書敘傳上集注○丨深也書孔安國序研精丨思釋文○丨靜也後漢侯瑾傳注○丨謂始能坐也詩生民實丨實訏箋○丨懷近河地名書禹貢丨懷厎績傳○丨利也詩大田以我丨耜傳○丨與剡同文選東京賦介馭閒以剡耜注○詩葛覃序釋文丨本亦作蕈○詩生民釋文丨本或作譚○爾雅釋言釋文丨本又作燖○詩大田以我丨耜爾雅釋詁注丨作剡

潭 丨深也漢書揚雄傳下集注又管子侈靡丨根之毋伐注○丨淵也文選吳都賦巖岡丨淵劉注○丨淵也楚人名淵曰丨楚辭抽思泝江丨兮注○楚人謂深水爲丨文選述祖德詩隨山疏濬丨注○深丨回流饒魚之處淮南原道以曲隈深丨相子注○丨淹隨波之貌文選江賦與波丨淹注○丨淪動搖之貌文選海賦爾其枝岐丨淪注○丨讀葛覃之覃淮南原道注○丨讀譚國之譚淮南墬形介丨生先龍注

譚 丨延也管子侈靡祀丨次祖注見本辟之若尊丨注○丨誕也謂安縱也大戴記子張問入官修業居久勿丨注○丨猶著也文選嘯賦參丨雲屬注○丨國名詩碩人釋文小東序丨大夫作是詩釋文○詩碩人丨公維私白虎通號宗族作覃公惟私

驔 丨又音譚豪骭曰驔詩駉釋文引字林

參 丨三也易說卦傳丨天兩地崔注又論語泰伯丨分天下有其二皇疏又廣雅釋言又國語周語王丨御不丨一族注齊語丨國起案以爲三官注越語夫人事必將與天地相丨注又漢書平帝紀集注又集注引如淳禮樂志集注引應劭食貨志下集注又荀子勸學君子博學而日丨省乎己注又太元元首都序陰陽圯丨注元數丨珍睟精注又淮南脩務禹耳丨漏注又文選東京賦威以丨夷之刑薛注○丨三人並也國策齊策因與之丨坐於衛君之前注○丨天地者其德與天地爲三也禮記孔子閒居三王之德丨於天地注○丨謂天地相似荀子賦大丨天地注○丨分也廣雅釋詁一○丨分也齊曰丨方言六○有中曰丨周書武順○丨奇也易說卦傳丨天兩地注○丨高也莊子大宗師元冥聞之丨寥釋文引

李注○丨猶森也論語衛靈公立則見其丨於前也皇疏○丨猶望也淮南說山越人學遠射丨天注○丨宜也莊子天下以丨爲驗釋文○丨豫也後漢郎顗傳注○丨驗荀子解蔽丨稽治亂而通其度注○丨者驗也史記禮書丨是豈無堅革利兵哉索隱○丨謂丨校素問三部九候論丨伍不調者病注○丨五謂丨五分之也文選典引至于丨五華夏注○丨伍猶錯雜也荀子成相丨伍明謹施賞刑注○丨寥高邈寥曠不可名也莊子大宗師元冥聞之丨寥釋文引李注○丨譚相隨貌文選琴賦或丨譚繁促注○丨任謂兼動賢而任之後漢朱景王杜馬劉傳堅馬傳注○丨彈弁弦淮南脩務丨彈復徽注○丨謂筮御與右也周禮簭人八曰巫丨注○二十九乘爲丨左氏昭元年傳丨爲左角服注○丨夷夷三族也後漢宦者傳注○丨夙謂三月朝也大戴記保傅有司丨夙與端冕注○丨牟子謂有二瞳之相丨也荀

子非相堯舜丨牟子注○丨謂卿三人周禮太宰設
其丨注○丨字累在上書西伯戡黎乃罪多丨在上
馬注○丨合徑北俗謂之倉鶴陘水經河水注○論
語泰伯釋文丨本今作三○莊子天下釋文丨本又
作㨯○魯會丨字子輿見史記仲尼弟子傳○鄭國
丨字子思見左氏哀五年傳○孫叔敖碑自曹臧孤
竹吳札子罕之倫不能驂也郎
中郭君碑追顏驂冉丨皆作驂

【驂】騑馬曰丨詩采菽載丨載驂釋文又儀禮覲禮使
者降以左丨出注又禮記檀弓上使子貢說丨而
賻之注○兩馬在邊爲丨呂覽愛士注○兩旁曰丨
國策衛策拊丨無笞服注○在旁曰丨詩大叔于田
兩丨如舞箋○外騑爲丨楚辭謬諫服罷牛而丨驥
注○在服之左曰丨右曰騑文選陽給事誄如彼騑
駟配服丨衡注○丨丨兩騑也詩小戎騧驪是丨箋○
丨騑馬也左氏桓三年傳丨絓而止注又左氏定九

年傳如丨之靳釋文又穆天子傳三勞用白丨二疋
注○丨騑淮南泰族丨欲馳注○兩丨左右騑丨文
選注引韓詩章句○丨夾服馬也禮記檀弓釋文○
丨者服外之馬也後漢賈復傳注○丨者三也漢書
文帝紀集注○七達謂之劇丨爾雅釋宮○七達曰
劇丨丨馬有四耳今此道有七比於劇也釋名釋道

【南】丨丨方者何也任方也任方者物之方任御覽時序
部六引書大傳○丨方者任養之方萬物懷任也
白虎通五行○丨者任也言陽氣尚有任生薺麥也
白虎通五行○丨任也書大傳名曰丨陽注又廣雅
釋言又漢書律厤志上二見又太元元數太蔟生丨
呂注○丨之爲言任也白虎通禮樂○丨方主長養
白虎通五行○丨方者陽在上萬物垂枝同上○丨
方者火也盛陽承動同上○丨方者火也春秋繁露
五行相生○丨方火也論衡物勢○丨任也言陽氣
呂旅而志助陰陰任成萬物也淮南時則律中丨呂
注○丨呂丨任也言陽氣內藏陰侶於陽任成其功
故曰丨呂也淮南天文音比丨呂注○丨呂陰律是
月陽氣內藏陰旅於陽任其成功呂覽仲秋律中丨
呂注○丨呂者任包大也淮南天文○丨任也陰任
陽事助成萬物也國語周語五閒丨呂注○丨呂酉
之氣也八月建焉而辰在壽星周禮大師丨呂注○
丨呂長五寸三分寸之一同上○丨事律名禮記禮
運注終于丨事釋文○周丨召丨國風篇也王后國
君夫人房中之樂歌也儀禮鄉飲酒禮乃合樂注燕
禮遂歌鄉樂注○丨音徵引也丨國之音也文選吳
都賦操丨音劉注○丨夷之樂曰丨後漢書注引韓
詩章句又白虎通禮樂○丨夷之樂也禮記文王
世子胥鼓丨注○丨丨面丨也國語周語鄭伯丨也
注引賈注○丨面君位也呂覽士容丨面稱寡注○
丨謂子男國語周語注引鄭司農○丨在丨服之侯
伯國語周語注引賈侍中○丨風長養之風也禮記

樂記昔者舜作五弦之琴以歌丨風注○丨門者星
也大戴記夏小正四月初昏丨門正傳○丨門者星
名也大戴記夏小正十月初昏丨門見傳○丨斗北
方之宿也後漢順帝紀注○丨丨土也詩樛木丨有
樛木傳○丨謂荊揚也詩泮水大賂丨金傳○丨土
謂荊揚之域詩樛木箋○丨夷荊楚也詩閟宮及彼
丨夷傳○丨岳衡山書舜典至于丨岳傳○丨山周
丨山也詩草蟲陟彼丨山傳○丨山齊丨山也詩南
山丨山崔崔傳○丨山曹丨山也詩候人丨山朝隮
傳○河丨在河之丨也釋名釋州國○汝丨在汝水
丨也同上○丨海在海丨也宜言海丨欲同四海名
故言丨海同上○丨野謂蒼梧也後漢郅惲傳注○
丨左氏作男古字作男亦多有作此丨連言之猶言
公侯也家語正論鄭伯丨注○丨猶傿此亦語楚聲
轉也方言八東齊海岱之閒謂之㦸丨丨
猶傿也注○衛公子荊亦曰丨楚見左傳

柟 俗作楠○荆州曰梅揚州曰丨益州曰赤楩似豫章無子也爾雅釋木梅丨柟樊注○丨大木今作楠丨爾雅以爲丨山海經南山經虖勺之山其上多梓丨柟注○丨木名莊子山木其得丨梓豫章也釋文○楠櫨木之盤結者文選吳都賦楠櫨之木劉注

男 丨任也書禹貢二百里丨邦傳又廣雅釋親○丨者任也孝經不敢遺小國之臣而況於公侯伯子丨乎鄭注又大戴記本命又白虎通爵○丨之言任也漢書地理志上集注○丨任也典任事也釋名釋長幼○丨者任也任功業也白虎通嫁娶○艮爲丨易象下傳丨女睽虞注繫辭下傳丨女構精虞注序卦傳然後有丨女虞注雜卦傳女歸待丨行也虞注○丨者兒也漢書天文志集注引孟康○丨子者謂戶內之長也後漢明帝紀注○丨女猶陰陽也易繫辭下傳丨女構精干注○丨者任也立功業以化民

其地方五十里獨斷上○丨者任功立業古微書引春秋元命苞○丨任也任王事周禮職方又其外方五百里爲丨服注○丨君也廣雅釋詁一○丨爵也穆天子傳五見許丨于洧上注○丨當爲南謂南面之君也左氏昭十三年傳鄭伯丨也賈注○方千里曰王圻其外方五百里爲侯服又其外方五百里爲甸服又其外方五百里爲丨服周書職方○方千里曰國畿其外方五百里曰侯畿又其外方五百里曰甸畿又其外方五百里曰丨畿周禮大司馬○方千里曰王畿其外方五百里曰侯服又其外方五百里曰甸服又其外方五百里曰丨服周禮職方氏○書禹貢二百里丨邦史記夏本紀作二百里任國

諳 丨諷也廣雅釋言

庵 草圓屋曰蒲又謂之丨丨奄也所以自覆奄也釋名釋宮室○丨舍也廣雅釋室○丨庳也一切經

音義十三引埤蒼

含 丨含也合口亭之也銜亦然也釋名釋飲食○丨食也法言至差子有丨菽縕絮注○丨懷也國策秦策丨怒曰久注又淮南原道丨德之所致也注○丨寬也廣雅釋詁三○丨忍也左氏宣十五年傳國君丨垢賈注○丨情情未申也文選登廬山香爐峯詩臨風默丨情注○丨桃丨鸎桃鸎鳥所丨食故言丨桃呂覽仲夏羞以丨桃注○丨桃鸎所丨食故言丨桃淮南時則羞以丨桃注○丨桃櫻桃也禮記月令羞以丨桃注又廣雅釋木○禮記月令釋文丨本又作函

涵 丨容也詩巧言僭始既丨傳○丨同也詩巧言箋○丨沈也文選吳都賦丨泳乎其中劉注○丨沈也楚郢以南曰丨方言十○詩巧言譖始既丨釋文丨韓詩作減

函 又作凾○丨容也漢書天文志集注引蘇林敘傳上集注又後漢邊讓傳注又大元養丨否貞注元瑩唅丨啟化注○丨猶容也禮記曲禮上席閒丨丈注○丨包也漢書禮樂志集注○丨苞也漢書地理志下集注○丨宏寬大也文選吳都賦伊茲都之丨宏劉注○丨入也國語楚語若合而丨吾中注○丨含也詩載芟實丨斯活箋又文選思元賦屬箕伯以丨風兮舊注○丨猶含也後漢張衡傳注○凾舌也廣雅釋親○口下曰丨詩行葦釋文引通俗文○丨牛之鼎謂大鼎也後漢劉陶傳注○丨丨牛受一牛之鼎也淮南詮言夫丨牛之鼎沸注○丨丨鍾一名林鍾周禮大司樂歌丨鍾注○丨鍾林鍾也周禮大司樂丨鍾爲宮注○丨丨與含同文選南都賦巨蜯丨丨珠注○丨讀如國君含垢之含考工記總目燕無丨丨司農注○詩行葦傳臄丨也釋文丨本又作[illegible]同

嵐 丨山風也緑含切文選晚出西射堂詩注引埤蒼

蠶 丨午火也淮南覽冥丨咡絲而商絃絶注○丨螟蟲之類蟲之生于火而藏于秋者也洪範五行傳時則有贏蟲之孼注○丨爲龍精周禮馬質禁原丨者注○丨食而不飲三十日而化大戴記易本命注引淮南子○丨食而不飲大戴記易本命○丨歲之大功事畢於此也禮記祭義世婦卒丨注○地丨蚰蜒也廣雅釋蟲○丨室宮刑名後漢光武紀下注○丨室宮刑名也或云犗刑也後漢陳忠傳注○丨當爲蜡周禮籥章國祭蜡杜注

參 與簪同集韻簪或从鬵○綴衣曰鬵一切經音義十四引通俗文○簪謂之簪廣雅釋器○簪連也儀禮士喪禮簪裳于衣注

探 集韻或作撢○丨取也爾雅釋詁又易繫辭上傳丨嘖索隱虞注又廣雅釋詁一又小爾雅廣詁又文選西京賦丨封狐薛注○丨遠取也漢書楊雄傳音義引字林○丨者摸取也爾雅釋詁注○丨試也爾雅釋言○刺丨嘗試爾雅釋言注○丨籌捉籌也淮南詮言必丨籌而定分注○撢引淮南俶眞丨挨挺挏注○撢音覃持也一切經音義十四引蒼頡○撢人主撢序王意以語天下周禮夏官序官撢人注○撢與丨同周禮撢人釋文

貪 丨欲也廣雅釋詁一○丨猶欲也詩桑柔民之丨亂箋○丨探也探取人他分也釋名釋言語○晉魏河內之北謂惏曰殘楚謂之丨方言一○辭利刻謙謂之廉反廉爲丨賈子道術○專利爲丨周書芮良夫惟以丨訣爲事注○愛財曰丨離騷衆皆競進而丨婪兮注○求無厭足爲丨呂覽愼大暴戾丨頑注○見利忘死者丨也列女傳貞順○專知擅事侵人自用謂之丨莊子漁父○利人土地貨寶者謂之丨兵後漢臧洪傳注袁紹傳注○久固祿位者丨也說苑至公○勇而不見憚者丨也荀子榮辱○丨者怨之本也國語晉語○丨與探同後漢郭躬傳注

眈 丨視近而志遠也音大合反漢書敘傳音義引字林○丨近也漢書敘傳下音義引應劭○丨丨視也廣雅釋訓○丨丨下眂貌易頤虎視丨丨虞注○丨丨虎下視貌易頤釋文引馬注○丨丨威視之貌漢書敘傳下集注○丨丨威而不猛也易頤釋文○張壽碑覗覗虎視丨作覗

耽 丨嗜也一切經音義二引國語注○丨樂也詩氓無與士丨傳○丨亦樂也禮記中庸和樂且丨注又後漢馮衍傳下注○過樂謂之丨書無逸惟丨樂之從傳○丨丨深邃之貌也文選西京賦大廈丨丨

薛注○丨丨樹陰重貌文選吳都賦元蔭丨丨注○耳垂爲丨華嚴經音義上引字林○丨耳耳垂在肩上淮南墬形夸父丨耳在其北方注○丨讀若衣之褶或作攝同上○丨古文媅妉二形諸書作酖沈二形同一切經音義二○沈與丨音義同文選魏都賦丨丨帝宇注○詩蕩箋女既過丨湎矣釋文丨本或作湛○列子楊朱方其丨於色也釋文丨本又作媅

湛 丨樂也詩賓之初筵子孫其丨箋○丨樂之久詩鹿鳴和樂且丨傳○丨樂之甚也詩常棣釋文引韓詩○丨過於樂也大戴記保傅樂而丨注○丨安也方言十三○丨然安貌方言十三注○丨淫也國語周語虞於丨樂注○丨古沈字或爲耽於義雖同非古文也文選荅賓戲浮英華丨道德注○丨讀曰耽漢書成帝紀贊集注禮樂志集注五行志下之下集注二見霍光傳集注敘傳上集注○詩常棣和樂

且丨禮記中庸作和樂且耽○詩抑荒丨于酒韓詩
作荒湛于酒漢書五行志下之下作荒沈于酒○詩
鹿鳴釋文丨字又作耽常棣釋文丨又作耽
○莊子漁父丨于禮義有閒釋文丨或作其
【龕】丨受也揚越曰丨方言六○丨取也廣雅釋詁一
又泆言重黎劉丨南陽注○丨盛也廣雅釋詁三
○丨聲也方言十三○丨今云丨囊依此名也方言
六注○丨與戡音義同文選謝元暉和伏武昌登孫
權故城詩西丨收組練注○爾雅
釋言洵丨也釋文丨字或作含
【堪】丨任也國語周語何德以丨之注若不丨重注○
丨勝也爾雅釋詁○丨猶勝也國語魯語口弗丨
也注又列子仲尼丨秋蟬之翼注○丨載也方言十
二又廣雅釋詁二○丨樂也呂覽報更丨士不可以
驕恣屈也注○丨盛也廣雅釋詁三○丨低也廣雅
釋詁四○丨天道也文選甘泉賦注引淮南許注○

栽古丨字漢書五行志下之上集注引
孟康○爾雅釋詁釋文丨字又作戡
【戡】丨克也爾雅釋詁○丨勝也文選荅蘇武書意謂
此時功難丨矣注○丨亦勝也書序作西伯丨黎
傳○丨强之勝也爾雅釋詁孫注○書西伯戡黎西
伯既丨黎說文戈部作西伯既𢦔黎爾雅釋詁注引
作堪
【弇】丨同也爾雅釋言○丨蓋也同上○丨覆也爾雅
釋言丨蓋也孫注又廣雅釋詁二○丨深呂覽孟
冬其器宏以丨注○丨深邃也呂覽仲冬處必丨注
○丨謂中央寬也周禮典同丨聲鬱注○丨襲荀子
賦法禹舜而能丨迹若邪注○丨亅兹山日入所也
穆天子傳三升于丨山注○丨山日入之所列子湯
問不至丨山反釋文○
丨曰爲蔽雲爾雅釋天

【譚】丨說也莊子則陽夫子何不丨我于王釋文引李
注○談字或作談漢書公孫宏傳集注○莊子天
運三日不談釋文談本亦作言
○莊子則陽釋文丨本亦作談
丨恬也一切經音義十六引蒼頡○丨燔也詩節
【惔】南山憂心如丨傳○丨燎之也詩雲漢如丨如焚
傳○詩節南山釋文丨韓詩作炎字書作𤈦○詩雲
漢如丨如焚後漢章帝紀注引韓詩作如炎如焚
丨含也人所含也釋名釋言語○丨美也廣雅釋
【甘】詁一又楚辭招魂此皆丨人注○丨土味素問陰
陽應象大論丨勝鹹注○丨土味土含載四者似肉
周禮瘍醫以丨養肉注○丨者中央之味也春秋繁
露循天之道○丨中央也淮南原道味者丨立而五
味亭矣注○丨厭也詩伯兮丨心首疾傳○丨猶耆
也淮南覽冥丨之于芻豢注○丨嗜無厭足書五子
之歌丨酒嗜音傳○口徹爲丨莊子外物○丨緩也

廣雅釋詁二○丨者緩也莊子天道徐則丨而不固
釋文引司馬注○丨緩意也淮南道應大徐則丨而
不固注○丨至言熟也文選蜀都賦丨至自零劉注
○丨者佞邪說媚不正之名易臨丨臨注○丨露者
美露也降則物無不盛者也白虎通封禪○丨水即
醴泉也山海經海內西經開明北又有丨水注○丨
泉祭天所也在郊地之郊後漢杜篤傳注○丨有扈
郊地名書甘誓傳○丨有扈南郊地名書甘誓馬注
○丨南郊地也書甘誓序戰于丨之野馬注○新頭
河丨水也名曰新陶水水丨故曰丨水水經河水注
引郭義恭廣志○丨木即不死樹食之不老山海經
大荒南經丨木是食注○丨棠杜也詩甘棠蔽芾丨
棠傳○丨棠今棠棃詩甘棠序釋文引草木疏○丨
柤其樹枝幹皆赤黃花白葉黑實丨華亦赤枝幹黃
華山海經海外北經平邱爰有丨柤丨華
注○丨謂飴蜜也楚辭招魂辛丨行些注

三 ｜者天地人之數也易豐｜歲不覿干注〇｜者數之極後漢黃瓊傳注〇｜者陽數易困｜歲不覿九家注〇｜終也太元進｜歲不還注密｜日不覺穀注｜歲無君注居｜歲見背注大｜歲不築注顚｜歲不射注窮｜歲見錄注〇｜者終也太元廓｜歲無童注〇｜爲終大元常｜歲不食注〇｜者數之小終後漢袁紹傳注〇｜者陽德成也易象上傳王｜錫命荀注〇｜者陽功成也易訟終朝｜拕之荀注〇二｜者天地相承覆之數也周禮媒氏令男｜十而娶女二十而嫁注〇二與一爲｜莊子齊物論〇｜謂｜王漢書郊祀志下集注〇｜五｜皇五帝也後漢班彪傳下注〇｜正謂天地人之正後漢章帝紀注〇｜正也後漢郎顗傳注〇｜月萬物一成大戴記本命｜年曉合注〇｜心詩小星｜五在東傳〇｜星謂心星也詩綢繆｜星在天箋〇｜星參也詩綢繆傳〇｜主斗大戴記易本命〇言｜人則衆賓多矣儀禮鄉飲酒禮拜受者｜人注鄉射禮拜受者｜人注〇｜拜示徧也儀禮鄉射禮主人西南面｜拜衆賓注〇｜拜旅之示徧也儀禮少牢饋食禮主人西面｜拜養者注〇言｜拜者衆賓賤旅之也儀禮有司徹南面拜衆賓于門東｜拜注〇｜爲參御覽七百五十引風俗通〇｜讀當爲參考工記輈人上｜正注〇有｜讀爲又參考工記弓人有｜均注

酣 ｜洽也漢書高帝紀下集注〇｜酒洽也文選吳都賦｜滑牛劉注〇｜樂也呂覽直諫相與飲酒｜注〇樂酒曰｜書伊訓｜歌于室傳〇飲酒合樂爲｜呂覽分職令召客者酒｜注〇｜飲酒合樂之時呂覽長攻代君至酒｜注〇不醒不醉曰｜史記高帝紀酒｜集解引應劭〇｜對戰合樂時也淮南覽冥戰｜日暮注〇｜古文佃同一切經音義五

監 ｜筐也廣雅釋器〇｜大筐也一切經音義十六引纂文〇｜大筶也一切經音義十六引字林〇｜籠屬晉書音義下〇篏亦呼｜方言十三｜或謂之篏注

慙 不直失節謂之｜｜愧也小爾雅廣義

聃 ｜耳漫也史記老莊申韓傳謚曰｜索隱引許慎〇｜然老旄之貌也漢老子銘〇老｜古壽考者之號也禮記曾子問吾聞諸老｜注〇｜姬姓文王之子｜季之國國語周語｜由鄭姬注〇左氏定四年傳｜季史記管蔡世家作冉索隱作那白虎通姓名作南

藍 ｜染草也詩采綠終朝采｜箋〇秋鳸竊｜爾雅釋鳥〇竊｜青也爾雅釋鳥注〇｜猶濫也大戴記文王官人｜之以樂注〇布褐而紩之謂之｜縷小爾雅廣服

鋑 ｜矛也廣雅釋器〇｜利也史記蘇秦傳｜戈在後正義引劉伯莊

擔 本作檐〇｜舉也廣雅釋詁一〇｜負也爾雅釋天釋文引字林〇荷曰檐楚辭哀時命負檐荷以丈尺兮注〇今荆楚人呼牽牛星爲｜鼓｜者荷也爾雅釋天何鼓謂之牽牛注〇漢羊竇道碑騎馬儋負｜作儋

唅 ｜唵也廣雅釋言

郯 ｜國名也穀梁宣四年經平莒及｜釋文又家語致思孔子之｜注〇｜小國也家語辨物遂見｜子而學焉注〇｜東海縣名禮記曲禮注郯｜之東釋文

谽 ｜呀谺谷之形容也史記司馬相如傳｜呀豁問集解引郭璞〇｜呀大貌史記司馬相如傳索隱

引司馬彪○丨嘣大貌文選思元賦越丨嘣之洞穴今舊注○丨嘣深貌也後漢張衡傳注

【妉】丨樂也爾雅釋詁○嗜色爲丨華嚴經音義上引字林○聲類媅作丨華嚴經音義上○媅古文丨同一切經音義四

【泔】丨瀾也廣雅釋器○丨淡滿也漢書楊雄傳上集注引應劭○丨烹和之名荀子大略曾子食魚百餘曰丨之門人曰丨之傷人不若奧之注

【邯】丨山名後漢光武紀上注○丨水名丨分流左右在今鄜州後漢西羌傳注○丨音酒酣之酣漢書高帝紀集注引蘇林

【䤈】丨香也廣雅釋器○丨丨香也廣雅釋訓○丨與晻音義同文選上林賦晻薆咇茀注

【蜬】貝在水者丨爾雅釋魚○蠃小者丨同上○爾雅釋魚釋文丨本又作函

【儋】丨任也任力所勝也釋名釋姿容○丨助也廣雅釋詁二○肩曰丨國語齊語負任丨何注○丨石斗也史記淮陰侯傳守丨石之祿索隱○丨耳其人耳大下丨垂在肩上山海經大荒北經有丨耳之國注○丨耳民好徒跣耳廣垂以爲飾水經溫水注○○丨耳郎離耳同上○丨耳南方夷後漢明帝紀注○○丨音負擔之擔漢書高帝紀上集注引服虔○丨耳作瞻耳古今韻會引字林○丨字本作瞻漢書武帝紀集注

【鬖】髮亂曰丨髿文選江賦注引通俗文○丨蘇南反毛垂貌也一切經音義二十引蒼頡

【蚶】丨蛤也爾雅釋魚注卽今之丨也釋文引字書

【憨】丨愚也文選射雉賦山鷩悍害注

【韽】丨微聲丨周禮典同○丨聲小不成也周禮典同注○丨讀爲飛鉆涅丨之丨同上○杜子春丨讀爲闇不明之闇同上○鄭大夫丨讀爲鶉丨之丨同上

【毵】毛長曰丨丨一切經音義十一引通俗文

【鐔】丨徒感反劍名也莊子說劒釋文引三蒼

【淦】丨音耿弇之弇漢書嚴助傳集注引蘇林

【淡】丨謂胃中液也華嚴經音義下引文字集略○丨字又作痰也華嚴經音義下引方言奮師注○衛方碑丨界繆動痰作丨

【甝】丨白虎爾雅釋獸○丨下甘反爾雅釋獸釋文引字林

【婪】廣韻惏同○丨貪也廣雅釋詁二○惏亦貪也一切經音義一引字書○惏貪殘也大戴記保傅飢而惏注○愛食曰丨離騷衆皆競進而貪丨兮注○惏惏沓也左氏昭廿八年傳貪惏無厭賈注○惏殘也陳楚曰惏方言二○惏或作啉今亦作丨同力南反一切經音義一引字書

【甔】亦作擔○丨瓶也廣雅釋器○甔大罌也字或作儋音丁甘反後漢明帝紀注引埤蒼○罃齊之東北海岱之閒謂之丨方言五○丨甀謂瓦瓶也列子湯問狀若丨甀釋文○丨字或作儋方言五罃謂之丨注

【藫】丨石衣爾雅釋草

鵪 丨鶉作雒雜廣韻引字林
渰 丨與弇同文選張景陽雜詩有丨興南岑注
闇 丨謂廬也書無逸乃或諒丨鄭注○丨謂廬也廬有梁者所謂柱楣也禮記喪服四制高宗諒丨注○丨讀如鵪鶉之鵪禮記喪服四制注○書無逸乃或亮陰史記魯周公世家作乃有亮丨春秋繁露竹林引作高宗諒丨
頷 集韻或作頜○頷謂頷車也方言十頷頤頜也注○頜亦今通語耳方言十南楚謂之頜注
僋 丨惛也方言十三
䤴 集韻通作函○函鎧也考工記總目燕無函司農注又孟子公孫丑上矢人豈不仁於函人哉注○丨鎧也廣雅釋器○甲亦曰函函堅重之名也釋名釋兵○函亦甲也後漢蔡邕傳注

諵 本作詽○詽言多不盡集韻引字林
酖 嗜酒爲丨華嚴經音義上引字林
襤 楚謂無緣之衣曰丨方言三○裯謂之丨無緣之衣謂之丨方言四○南楚凡人貧衣被醜敝或謂之丨褸方言三○襜褕以布而無緣敝而紩之謂之丨褸方言四○祗裯敝衣亦謂丨褸方言四裯謂之丨注○丨古文艦又作繿同一切經音義九
倓 集韻倓同○丨恬也一切經音義九引蒼頡○丨安也荀子仲尼丨然見管仲之能足以託國也注○丨蠻夷贖罪貨也後漢南蠻西南夷傳注○賧蠻夷以財贖罪音書音義上

澹 丨音擔石之儋漢書馮唐傳集注引鄭氏
鐕 丨所以椓著裏禮記喪大記用雜金丨注○丨釘也禮記喪大記釋文○丨磨也廣雅釋詁三
嘾 丨噡呻呼並寱語也列子周穆王眠則丨噡呻呼釋文
甛 丨啖吐舌貌文選魯靈光殿賦元熊丨啖以齗齗注
餤 丨進也詩巧言亂是用丨傳又禮記表記亂是用丨注又爾雅釋詁○丨甘之進也爾雅釋詁舊注○禮記表記釋文丨徐本作鹽
趻 丨譚狧獡相隨驅逐衆多貌文選吳都賦注
醰 丨甜同長味也大含反文選洞簫賦注引字林○丨美也文選魏都賦宅心丨粹注

○以下據廣韻錄 𤮻 丨甘也廣雅釋器
蕁 丨菸藩爾雅釋草○丨海藻同上○蕁讀葛覃之覃淮南天文火生蕁注
抩 丨持也廣雅釋詁三
鋡 丨受也齊楚曰丨方言六○丨盛也廣雅釋詁三
霮 丨霖也廣雅釋言
蹔 丨止也廣雅釋詁三
𡖼 丨多也廣雅釋詁三
馠 丨香也廣雅釋器

天 丨明也方言十二又廣雅釋詁四○丨𤍽也廣雅釋詁二○丨小熱也廣韻引字林○丨眼明芺光也方言十二注

擥 丨取也廣雅釋詁一

濫 丨葅也廣雅釋器

鷲 丨鵰也廣雅釋鳥

姏 丨老女稱晉書音義上

欿 丨欲也廣雅釋詁一○丨予也廣雅釋詁三

○以下據集韻録

㜝 丨㜝毿也楚曰丨㜝方言二

漸 丨或也沅澧之閒凡言或如此者曰丨如此方言十○丨亦憨聲之轉也方言十注

○以下附録

曋 日所次隅曰丨管子五行貨丨神廬注

糝 丨雜也周禮射人張三侯注儀禮大射儀參七十注

甜 丨亂也楛子哀公

經籍籑詁卷第二十八

經籍籑詁卷第二十八補遺

下平聲

兵部侍郎兼都察院右副都御史巡撫浙江等處地方提督軍務兼理糧餉阮元纂集

十三覃

覃 說文𣆶長味也从𣆶鹹省聲詩曰實𣆶實訏𢍶古文𣆶𦥯篆文𣆶省

潭 說文潭水出武陵鐔成王山東入鬱林从水𣆶聲○丨水名出武陵方言十湘丨之原注○丨淵也廣雅釋水○丨水邊也漢書楊雄傳上因江丨而淮記兮注引蘇林

曇 說文新附丨雲布也从日雲會意

參 權衡量三等爲丨漢書律麻志上立則見其丨於前也注引孟康○丨三也易說卦傳丨天兩地而

倚數虞注又繫辭上傳丨伍以變疏又國語齊語丨其國而伍其鄙注又文選答賓戲丨天地而施化注引項岱○丨之言三也漢書楊雄傳上丨天地而獨立兮注○丨郎三也左氏襄廿七年傳丨以定之疏○丨謂奇也漢書律麻志上丨天兩地而倚數注○丨者交互之意穀梁桓五年傳注蓋丨譏之疏○二十九乘爲丨左氏昭元年傳兩於前服注引司馬法○丨謂丨乘之事周禮簭人注丨謂簭御與右也疏○丨三公也周禮大宰設其丨釋文引干注○丨謂與之相丨共成化育也荀子王制天地之丨也注○丨表謂立表所以丨驗曲直管子君臣上若望丨表注○丨檛是擊鼓之法後漢書文苑禰衡傳衡方爲漁陽三檛注○丨讀爲糝周禮射人則以貍步張之侯司農注又儀禮大射丨七十注○丨讀爲二三之三也公羊襄十五年傳丨見義疏

【驂】說文丨駕三馬也从馬參聲○丨駕三馬也左氏
桓三年傳疏○丨三馬也漢書楊雄傳上麗鉤芒
與丨蓐收兮注○夏后氏駕兩謂之麗殷益以一騑
謂之丨詩干旄傳丨馬五轡疏引王肅○三人共載
曰丨乘國策秦策魏桓子丨乘注○丨乘車右也禮
記服問唯近臣及僕丨乘從服疏又莊子徐无鬼昌
寓丨乘釋文○丨乘陪乘左氏文十八年傳而使職
丨乘注○兩丨兩服之外馬晉子哀公兩丨列兩服
入廐注○劇丨三道交復有一歧出者爾雅釋宫注
又孫注
【南】說文南艸木至南方有枝任也从宋羊聲峑古文
○丨者物懷任也詩鼓鍾疏○夏謂丨者丨任也
御覽廿一引崔靈恩三禮義宗○丨一名任禮記文
王世子疏引鉤命決○丨陽位國語楚語乃命丨正
重注○五間丨呂贊陽秀也國語周語○丨亦舞也
詩鼓鍾疏○丨言化自北而丨也詩關雎序○丨風愷

樂之風淮南詮言而歌丨風之詩以治天下注○丨
風姑洗南呂以丨周禮疏廿三引左氏襄十八年傳
又歌丨風舊注○丨方天地所長養陽之所盛處也
素問異法方宜論○丨方文明之所易明夷明夷于
丨狩疏○丨交稱大交書大傳中祀大交霍山注○丨
丨郊七里郊也魏書五十五引禮記月令盧注○丨
郊七里之郊也淮南時則以迎歲於丨郊注○丨郊
七里因火數也御覽五百廿八引蔡邕月令章句○
丨門法門也穀梁僖二十年傳○丨夷之樂曰丨禮
記文王世子疏引鉤命決○丨如周丨之丨六經奥
論三引詩鼓鍾以雅以丨劉炫說○丨冠楚冠也左
氏成九年傳丨冠而縶者誰也注又御覽六百八十
五引左傳賈注○丨音楚音左氏成九年傳操丨音
注○丨極雨府也素問六元正紀大論靈奔丨極注
【柟】柟葉似桑史記司馬相如列傳楩柟豫章集解引
郭璞○柟今所謂楠木漢書司馬相如傳上楩柟

豫章注○丨荆州人曰梅詩終南有條有梅陸疏○
荆州曰梅揚州曰丨爾雅釋木梅丨孫注
【男】說文丨丈夫也从田从力言男用力於田也凡丨
之屬皆从丨○丨亦任也漢書王莽傳中其女皆
為任注○丨者任也周禮大司馬疏○丨之言任也
周禮職方氏疏○丨者任也言任王之職事也孝經
疏引舊注○丨聲近任書禹貢疏○丨當作南左氏
昭十三年傳鄭伯丨也服注○書酒誥侯甸丨衛邦
伯白虎通爵引作侯甸任衛作國
【諳】說文丨悉也从言音聲
【含】說文丨嗛也从口今聲○丨藏也國語楚語士氣
○丨收注○丨謂包容史記禮書函及士大夫索隱
○珠玉曰丨周禮職喪注謂丨襚贈賵之屬疏又左
氏隱元年傳疏引釋例○丨德茂蓄而不露也老子
丨德之厚注

【涵】說文涵水澤多也从水圅聲詩曰僭始既涵
【圅】說文圅舌也象形舌體马马从马马亦聲肣俗圅
从肉今○丨亦含也漢書宣帝紀産于丨德殿銅
池中注引如淳○丨包容也漢書禮樂志人丨天地
陰陽之氣注揚雄傳上以丨夏之大漢兮注○丨與
含同漢書禮樂志丨宮吐角激徵清注董仲舒傳故
徧覆包丨而無所殊注蕭望之傳民丨陰陽之氣注
○丨讀與含同漢書宣帝紀注律麻志上丨三為一
注禮樂志注五行志上不則皆丨陰氣注地理志下
凡民丨五常之性注揚雄傳上注敘傳上丨之如海
注
【嵐】說文新附丨山名从山葻省聲

蠶 說文丨任絲也从䖵朁聲○地丨蟦蠐也廣雅釋蟲

探 說文探遠取之也从手罙聲○丨謂闚丨求取易繫辭上傳丨賾索隱疏○丨窮其根原漢書淮南王安傳深丨其獄注

貪 說文丨欲物也从貝今聲○丨欲皆是意之所思詩桑柔疏○臣安祿茲謂丨漢書五行志下之上引京房易傳○利人土地貨寶者謂之丨兵漢書魏相傳

眈 說文丨視近而志遠从目冘聲易曰虎視丨丨

耽 說文丨耳大垂也从耳冘聲詩曰士之丨兮○丨樂也文選娛丨躬於道眞注引項岱○丨者過禮之樂詩氓疏○丨之者是相好之甚也禮記中庸和樂且丨疏○沈沈宮室深邃之貌也漢書陳勝傳夥

涉之爲王沈沈者注引應劭

湛 丨樂之久也莊子則陽飲酒丨樂釋文

龕 說文龕龍皃从龍合聲○爾雅釋言洵丨也釋文字或作含本今作龕

堪 說文丨地突也从土甚聲○丨任也詩小毖未丨家多難傳○丨輿天地總名也漢書楊雄傳上屬丨輿以壁壘兮注引張晏○丨坏神名莊子大宗師釋文引司馬注○莊子大宗師丨坏得之釋文淮南作欽負

戡 說文丨刺也从戈甚聲○書西伯戡黎書大傳作伐者

弇 說文丨蓋也从廾从合穿古文丨○丨謂鐘口內小考工記鳧氏侈丨之所由興疏○丨中狹路左氏襄廿五年傳行及丨中注哀十四年傳失道于丨中注

談 說文丨語也从言炎聲

惔 說文丨憂也从心炎聲詩曰憂心如丨

甘 說文甘美也从口含一一道也凡甘之屬皆从甘○丨者不苦之名也易節丨節疏○稼穡作丨書洪範○丨者五味之本也春秋繁露五行之義○丨樂也一切經音義二引廣雅○丨緩素問藏氣法時論○中央土味丨屬季夏周禮食醫凡和疏○凡物之味丨者皆土氣之所生也素問陰陽應象大論○物之味丨者皆自土之生化也素問五運行大論土生丨注○雨霽而陰翳者謂之丨雨論衡是應

三 說文丨天地人之道也从丨數弎古文丨从弋○丨天地人也國語周語紀之以丨注○丨者天地

人之數左氏昭卅二年傳不及四十年服注○震木數丨易師王丨錫命集解豐丨歲不覿集解○丨者陽數易困丨歲不覿九家注○丨東方也素問五常政大論眚於丨注

酣 說文丨酒樂也从酉从甘甘亦聲○丨樂也廣雅釋詁一○丨洽也文選漢高祖歌注引漢書應劭注

籃 說文丨大篝也从竹監聲㔋古文丨如此

柑 通作甘○黃甘橘屬而味精漢書司馬相如傳黃甘橙榛注引郭璞

慙 說文丨媿也从心斬聲

耼 說文耼耳曼也从耳冄聲𦕐耼或从甘

藍 說文丨染青艸也从艸監聲○丨以染青周禮地官序官丱人疏○丨縷襤衣左氏宣十二年傳篳路丨縷注○丨蔞言衣襤褸其蔞丨丨然史記楚世家華路丨蔞集解引左傳服注○竊丨淺青也左氏昭十七年傳注秋扈竊丨疏

錟 說文丨長矛也从金炎聲讀若老聃

擔 檐者荷也文選思元賦伐河鼓之磅硠注

唅 丨亦含字也漢書貨殖傳丨菽飲水注

郯 說文郯東海縣帝少昊之後所封从邑炎聲

谽 集韻或省作谽○谽大開貌漢書司馬相如傳下通谷豁乎谽谺注

泔 說文周謂潘曰丨从水甘聲

⿱髟監 說文丨髮長也从髟監聲讀若春秋黑肱以濫來奔

儋 說文丨何也从人詹聲○丨荷負也漢書楊雄傳下丨人之爵注○丨人丨之也漢書貨殖傳漿千丨注○丨者一人之所負擔也漢書蒯通傳守丨石之祿者注○丨罌也漢書貨殖傳注引孟康○齊人名小罌爲丨石史記淮陰侯列傳守丨石之祿者集解引蘇林○齊人名小甖爲丨受二斛漢書蒯通傳注引應劭○丨石甖石甖受一石故云丨石史記貨殖列傳索隱引孟康

韽 說文丨下徹聲从音酓聲

鄿 說文鄿國也齊桓公之所滅从邑覃聲

婪 說文丨貪也从女林聲杜林說卜者黨相詐驗爲丨讀若潭又河內之北謂貪曰惏从心林聲

甔 丨大罌缶史記貨殖列傳醬千丨集解引徐廣

潭 丨水苔也一名石髮爾雅釋草注

⿰酓鳥 說文⿰酓隹雜屬从隹酓聲丨籀文从鳥

闇 丨默然也漢書師丹傳古者諒丨不言注○丨廬也禮記喪服四制高宗諒丨釋文

菴 丨閭蒿也子可醫疾文選子虛賦丨閭軒于注引張揖○丨蕳子可療病也史記司馬相如列傳丨蕳軒芋索隱引郭璞

傪 說文丨好皃从人參聲

犙 說文丨三歲牛从牛參聲

諵 丨丨語也集韻引廣雅

酖 說文丨樂酒也从酉冘聲

襤 說文丨裯謂之丨褸丨無緣也从衣監聲

倓 說文丨安也从人炎聲讀若談

苷 說文丨甘艸也从艸从甘

鐕 丨釘也禮記喪大記用雜金丨疏

橝 說文橝屋梠前也从木覃聲一曰蠶槌

○以下據廣韻錄 燂 說文燂火熱也从火𩰲聲

蕁 說文蕁芫藩也从艸㷋聲丨或从爻○丨一名蝭母爾雅釋草丨芫藩注○丨藥草也爾雅釋草丨海藻注○丨古薄字爾雅釋草釋文引孫注

抩 說文丨并持也从手冄聲

顄 說文顄頤也从頁圅聲○㖤與丨同文選洞簫賦䫲㖤呥以紆鬱注

𪕬 說文丨鼠屬从鼠今聲

䨡 說文䨡久雨也从雨圅聲

凾 說文凾寒也从仌圅聲

葻 說文丨艸得風皃从艸風風讀若婪

媅 說文丨樂也从女甚聲

𧡬 說文丨內視也从見甚聲

𢦟 說文丨殺也从戈今聲商書曰西伯旣丨黎

𪎮 說文丨和也从甘从麻麻調也甘亦聲讀若圅

馠 集韻或作𩡞○𩡞丨香也廣雅釋訓

蜬 蠃小者丨爾雅釋魚○貝在水者丨同上○爾雅釋魚釋文蠃本又作函

聸 說文丨垂耳也从耳詹聲南方丨耳之國

蘫 說文藍瓜菹也从艸監聲

摲 說文丨暫也从手斬聲

○以下據集韻錄 欿 說文丨欲得也从欠臽聲

謲 說文丨相怒使也从言參聲

厱 說文丨丨諸治玉者也从厂僉聲讀若藍

瓰 說文瓰治橐榦也从瓦今聲

䘶 丨袖也廣雅釋器

裺 說文褗謂之丨从衣奄聲

㡭 說文丨楚謂無緣衣也从巾監聲○丨幭謂物之扞蔽也方言二注

○以下附錄 玪 說文丨塹石之次玉者从玉今聲

經籍籑詁卷第二十八補遺終

經籍籑詁卷第二十九

下平聲

經筵講官南書房行走戶部左侍郎兼署吏部左侍郎提督浙江學政阮元撰集

十四鹽

鹽 丨鹹 書說命下 爾惟丨梅傳○丨形丨 呂覽本味
大夏之丨注○丨曰鹹鹺 禮記曲禮下 又獨斷上
○夙沙初作煮海丨 水經注六引字林○中有岱嶽
與其五穀魚丨生焉 爾雅釋地○丨田海邊也 文選
海賦 陸死丨田注○丨眅之澤即丨池也 山海經北
山經 景山南望丨眅之澤注○丨水即夷水也又有
丨石即陽石也
水經夷水注

檐 櫩同○丨接也接屋前後也 釋名釋宮室○丨梠
也 廣雅釋室○丨屋梠 爾雅釋宮 丨謂之樀注○

丨作櫩同以占反謂屋梠也 一切經音義四引字書
○丨屋垂也 淮南本經 橑丨橑題注○櫩屋垂 淮南
主術 修者以爲櫩橑注○丨屋外邊壇也 國語吳語
王背丨而坐注○丨謂室梠周人謂之梠齊人謂之
丨謂承丨行材 爾雅釋宮孫注○丨板承落也 文選
西京賦 飛丨轇轕薛注○重丨重承壁材也 禮記明
堂位 復廟重丨注○步櫩長廊也 文選魏都賦
方步櫩而有踰注○丨與簷同 國語吳語注

廉 丨稜也 書顧命傳 堂丨曰戺 釋文○丨稜也 廣雅
釋言 又荀子不苟 丨而不劌注○丨隅也 論語陽
貨 古之矜也丨 皇疏 又史記樂書 其聲直以丨 正義
○丨隅也 禮記樂記 哀以立丨注○丨直也 國語
晉語 殺君以爲丨注引虞御史○丨清也 廣雅釋詁
一○丨清丨也 老子 丨而不劌王注○丨者潔也 鬼
谷子摩○丨利也象金斷割 呂覽孟秋 其器丨以深
注○丨利也 呂覽必己 丨則剉注○丨猶利也 國語
晉語 殺君以爲丨注引賈侍中○丨瑕嚴利也 考工
記弓人 深瑕而澤紾而摶丨注○丨絕也 考工記輪
人 外不丨而內不挫注○丨察也 漢書高帝紀集注
何武傳集注 又後漢魯恭傳注 梁統傳注 第五倫傳
注 楊震傳注 華陀傳注 又管子正世 人君不丨而變
注○丨亦察也 文選洞簫賦 丨察其賦歌注○察丨
省視也 文選西京賦 察貳丨空薛注○丨斂也自檢
斂也 釋名釋言語○丨人之高行也 孟子離婁下 可
以取章章指○難予之謂丨 韓非子詭使○不受曰
丨丨 楚辭招魂 朕幼清以丨潔兮注○辭利刻謙謂之
丨 賈子道術○丨猶儉也 淮南原道 不以丨爲悲注
○潔丨謂不營於貨色 大戴記文王官人 潔丨而果
敢者也注○繁瘠丨肉聲之鳴殺也 禮記樂記 使其
曲直繁瘠丨肉節奏注○側邊曰丨 儀禮鄉飲酒禮
設席于堂丨東上注○魯讀丨爲貶今從古 論語陽
貨 古之矜也丨鄭注○丨字本作頰 漢書高帝紀下
集注○楚闕丨字射師見 左氏莊三十年傳
注○ 漢修堯廟碑 石礦階陛欄楯丨作礦

簾 丨戶蔽也 御覽七百引聲類○戶幃曰丨 御覽七
百引通俗文

嫌 丨疑也 漢書杜鄴傳集注○丨丨疑也 禮記坊記
使民無丨注○丨猶近也 呂覽貴直 固丨於危注
○丨惡也 荀子正名 其累百年之欲易一時之丨注
○ 易坤 爲其丨于无陽也 釋文丨鄭作謙荀虞陸董
作兼

嚴 丨威丨也 詩六月 有丨有翼傳○丨丨有威重之
貌 荀子儒效 丨丨兮其能敬已也注○丨畏也 離
騷 湯禹丨而祗敬兮注○丨言可畏也 文選羽獵賦
犯丨淵注○丨乎言可畏敬也 禮記大學 其丨乎注
○丨儼也儼然人憚之也 釋名釋言語○丨敬也 詩
殷武 下民有丨傳 又國語楚語 無有丨威注 又管子

小臣擇其善者舉而丨用之注〇丨尊敬也禮記學
記丨師爲難注〇丨尊也孟子公孫丑上無丨諸侯
注又呂覽審應使人戰者丨驅也注〇丨猶尊也禮
記大傳收族故宗廟丨注〇丨謂尊丨漢書平當傳
集注〇丨壯也楚辭國殤丨殺盡兮棄原壄注〇乾
爲丨易象下傳不惡而丨虞注〇臨制不犯謂之丨
賈子道術〇無赦之謂丨韓非子難四〇丨堅中外
正丨也管子小問〇丨謂戒所以禁非也素問疏五
過論醫不能丨注〇丨更之署行夜之司也後漢班
彪傳上注〇丨棘謂獄也後漢寇恂傳注〇丨即莊
也避明帝諱故改之後漢吳漢傳注〇丨讀曰莊後
漢陳紀傳注〇丨讀爲儼荀子正論今子宋子丨然
而好說注〇丨或爲儼荀子儒效丨丨兮其能敬已
也注〇丨齊語作業管子小匡注〇禮記曲禮丨若
思釋文丨本亦作儼公羊桓二年傳注丨然人望而
畏之釋文丨本又作儼〇左氏隱元年傳制丨邑也

釋文丨本作巖〇古今人表丨先生史記越
世家作莊生〇孫根碑口口巖恪丨作巖
占 丨瞻也廣雅釋言〇丨猶瞻也方言十〇丨視也
易萃未丨有孚虞注又廣雅釋詁二〇丨視也凡
相竊視南楚或謂之丨自江而北凡相候謂之丨方
言十〇丨驗也荀子賦請丨之五泰注〇丨諗也廣
雅釋詁四〇丨問也漢書韓安國傳集注〇離爲丨
易萃未丨有孚虞注〇極數知來之謂丨易繫辭上
傳〇丨數也史記五帝紀幽明之丨正義〇丨候也
後漢段熲傳注〇丨丨候也荀子王制丨祲兆注〇
丨兆龜之繇文也禮記月令命太史釁龜筴丨兆注
〇丨蓍龜之卦兆吉凶周禮春官序官丨人注〇丨
也者先王所以定禍福決嫌疑幽贊於神明遂知來
物者也後漢方術傳〇丨者三人掌玉兆瓦兆原兆
者也儀禮士喪禮丨者三人注〇丨謂口隱度其事
令人書也文選陶徵士誄式遵遺丨注〇丨謂自隱

度而言也文選思元賦丨水火而妄訊舊注〇丨自
隱度也史記平準書各以其物自丨索隱引郭璞〇
丨謂自應度而應募爲丨募也文選鮑明遠樂府東
武吟丨募到河源注〇書洪範三人丨公羊桓三年
傳注作
三人議
髯 在頰耳旁曰丨隨口動搖冄冄然也釋名釋形體
〇丨頷毛晉書音義中〇丨咽下須毛山海經西
山經上申之山其鳥多當扈以其丨飛注〇丨蛇大
蛇也其長數丈俗以爲上肴淮南精神越人得丨蛇
以爲上
肴注
謙 恭爲丨國語魯語滔而入於恭注〇山在地中曰
丨三國管輅傳〇丨卑退爲義屈已下物也易謙
釋文〇丨者不自重大易雜卦傳丨輕注〇丨德之
柄也易繫辭下傳〇丨讓者德之基也後漢列女傳

注〇丨所以持禮易繫辭下傳干注〇丨損也周書
武稱爵位不丨注〇丨輕易雜卦傳〇嗛丨也易謙
釋文引子夏傳〇嗛古丨字漢書司馬相如傳下集
注又文選魏都賦嗛嗛同軒注〇嗛古以爲丨字漢
書尹翁歸傳集注〇嗛與丨音義同文選東征賦思
嗛約兮注〇丨讀爲嫌荀子仲尼信而不忘處丨注
〇易謙釋文
丨子夏作嗛
匳 俗作奩廣韻籢同〇文奩斂也收斂物也一切經
音義十引韻集〇丨盛鏡器名也一切經音義二
引蒼頡〇奩鏡匣也後漢光烈陰皇后紀注〇凡底
物小器皆謂之丨華嚴經音義上引珠叢〇籢小學
篇作槏同力沾反
一切經音義十四
纖 通作孅集韻通作鑯〇丨細也書禹貢厥篚元丨
縞傳又鄭注又史記貨殖傳愈於丨嗇索隱又漢

書司馬相如傳上集注二見又管子五輔丨商省用
以備飢饉注又文選西京賦采飾丨縟薛注典引鋪
觀二代洪丨之度蔡注○孅細也漢書食貨志上集
注孔宛氏傳集注○繒白之細者謂之丨方言二○
丨細布衣也史記孝文紀丨七日集解引服虔○丨
縠細縠也文選舞賦丨縠蛾飛注○丨微細分也周
髀算經下無介有丨微注○丨介猶微細也後漢明
德馬皇后紀注○丨弱謂容體丨細柔弱也文選上
林賦嫵媚丨弱注○雜丨細擗其腊令丨然後漬以
酢也兔丨亦如之釋名釋飲食○丨小也自關而西
秦晉之郊梁益之間凡物小者或曰丨方言二○丨
小也廣雅釋詁二○掔丨殺小貌也考工記輪人欲
其掔爾而丨也注○孅少也太元少動孅其得注斂
墨斂孅孅注○丨儉嗇也史記貨殖傳周人既丨集
解引漢書音義○黑經白緯曰丨禮記閒傳禫而丨
注○丨冠者采纓也禮記閒傳注引舊注○丨袪衣

飾史記司馬相如傳搖丨垂髾集解引郭璞○丨襌
也史記孝文本紀集解引應劭○孅趍猶足恭也史
記日者傳孅趍而言索隱○丨丨女手之貌文選古
詩注引韓詩章句○孅弱弱顏也文選上林賦嫵媚
孅弱郭注○丨阿美女姣好貌史記司馬相如傳丨
阿爲御索隱○孅阿古之善御者文選子虛賦孅阿
爲御郭注○丨離卽列子盜驪也荀子性惡丨離綠
耳注○丨讀爲孅禮記文王世子其刑罪則丨剸注
○孅古文攕字書作丨同思廉反一切經音義九○
孅卽丨字文選上林賦注○丨或作綅禮記閒傳注
【纖】丨利也廣雅釋詁二○記識曰丨一切經音義十
四引通俗文
【瞻】丨視也爾雅釋詁又詩燕燕丨望弗及傳雄雉丨
彼日月傳節南山民具爾丨傳瞻彼洛矣丨彼洛
矣箋公劉丨彼溥原箋良耜或來丨女箋又左氏襄
卅一年傳各丨其事釋文○丨觀也離騷丨前而顧

後今注○漢華山碑日月星
辰所昭仰也禮記作丨仰
【蟾】丨蜍蝦蟇也後漢張衡傳注又淮南精神月中有
丨蜍注○丨諸卽蝦蟆爾雅釋魚鼁𪓰丨諸李注
○丨蠩𪓰也淮南
原道丨蠩捕蚤注
【炎】丨熱氣也文選班婕妤怨歌行涼風奪丨熱注○
丨丨熱氣也詩雲漢赫赫丨丨傳○丨焚言熱氣
甚後漢章帝紀注○丨火光于甘切文選東都賦注
引字林○丨火盛貌也楚辭大招南有丨火千里注
○丨謂火德後漢班彪傳下注○丨上謂火德同上
○丨火盛陽也詩大田秉畀丨火傳○爞爞丨丨熏
也爾雅釋訓○燂丨燂火之微細者後漢蔡邕傳注
○丨盛大之貌也太元狩丨于狩注○丨丨美盛
貌莊子齊物論大言丨丨釋文引簡文注○丨丨同
是非也莊子齊物論釋文引李注○丨丨進貌國語

吳語日長丨丨注○南方曰丨天呂覽有始又淮南
天文○東北曰丨風同上○丨風艮氣所生一曰融
風呂覽有始注○丨帝者太陽也白虎通五行○丨
帝神農也山海經北山經是丨帝之少女注大荒西
經丨帝之孫名曰靈恝注○詩雲漢釋文丨
本或作惔○莊子齊物論釋文丨李作淡
【兼】丨并也儀禮士冠禮丨執之注大射儀丨諸弣注
又孝經丨之者父也釋文又廣雅釋言又華嚴經
音義上引文字集略又國策秦策山東之建國可丨
歟注○丨猶并也國策齊策夫魏氏丨邯鄲注○丨丨
並也呂覽權勳忠不可丨注○丨同也廣雅釋詁四
○丨倍也文選西京賦鬻者丨贏薛注○丨猶倍也
文選西京賦事丨未央薛注○丨猶兩也儀禮聘禮
丨執之以進注又禮記閒傳麻葛丨服之注○丨猶
配也家語五帝唯句龍丨食於社注○丨猶三也文
選鮑明遠還都道中詩俄思甚丨秋注○丨猶盡也

荀子解蔽聖人縱其欲丨其情而制焉者理矣注○丨得也國策秦策則是一舉而丨兩虎也注○重丨言累積也後漢呂强傳注○丨巾之者六豆共巾也儀禮士昏禮丨巾之注○丨并矢於䠶儀禮鄉射禮丨諸䠶注○丨金好金也其價丨倍於常者故謂之丨金孟子公孫丑下王饋丨金一百而不受注

【縑】丨兼也其絲細緻數兼於絹染兼五色細緻不漏水也釋名釋采帛○縑謂之丨廣雅釋器○無餘丨瓜屬也廣雅釋草

【濡】丨濡也國語齊語丨體塗足注又漢書禮樂志集注引應劭又離騷丨余襟之浪浪注○丨漬也一切經音義二引三蒼○丨漬也廣雅釋詁二○瀧涿謂之丨漬方言七

【潛】丨深也爾雅釋言又後漢班彪傳上注○丨藏也左氏昭廿九年傳丨醢以食夏后注又漢書賈誼

傳集注引張晏又文選劇秦美新景曜浸潭之瑞丨注○丨隱也易乾丨龍崔注又廣雅釋詁四○丨伏也書洪範沈丨剛克馬注○丨亡也方言十三○丨又遊也方言十○丨沈也楚郢以南或曰丨同上○丨没也廣雅釋詁一○丨上也同上○丨測也爾雅釋言○丨嘿也國語吳語越王仍令其中軍銜枚丨涉注又文選西京賦而內外丨通薛注○丨行伏見也淮南人閒臣請試丨行注○丨服若衷甲者周禮閽人丨服賊器不入宮注○漢爲丨爾雅釋水又書禹貢沱丨既道鄭注○漢水溢流爲丨爾雅釋水李注○沱湖也其中泉出而不流者謂之丨書禹貢釋文引馬注○丨蓋漢水枝分丨出故受其稱耳水經潛水注○丨水名書禹貢傳○晉有丨邱爾雅釋邱○丨槮也詩潛丨有多魚傳○丨或作漸列子黃帝至人丨行不空釋文○書禹貢沱丨既道史記夏本紀作沱涔已道漢書地理志作沱灊既道書禹貢浮于江沱丨漢漢書地理志作浮于江沱灊漢禹貢浮于丨地理志作浮于灊○書洪範沈丨剛克史記宋微子世家作沈漸剛克

【閻】丨里中門也後漢班彪傳注引字林又文選西京賦便旋閭丨薛注○丨里門也荀子儒效篇雖隱於窮丨漏屋注○丨開也方言十三又廣雅釋詁三○丨苦開也東齊開戶謂之丨苦方言六○步丨長砌也楚辭大招曲屋步丨注○丨易衣長貌史記司馬相如傳眇丨易以戌削集解引徐廣○丨易衣長大貌也文選上林賦眇丨易以恤削郭注○食丨勸也廣雅釋詁一○左氏文十八年傳丨職史記世家作庸

【鐮】鎌同○丨廉也體廉薄也其所刈稍稍取之又似廉者也釋名釋用器○刈鉤自關而西或謂之鎌

方言五○丨棱也方言九凡箭鏃胡合嬴者四丨注○丨柧也廣雅釋言○丨危也廣雅釋詁一○丼丨危也僞物謂之丼丨方言六

【幨】或作帴○帴幨也廣雅釋器○障牀曰丨昌鹽反御覽六百九十九引通俗文○裧車裳幃周禮謂之容車有容則固有蓋儀禮士昏禮有裧注○裧者車裳帷於蓋弓垂之儀禮既夕記疏布裧注○裧謂鼈甲邊緣禮記雜記上其輤有裧注○丨幨所以禦矢也淮南氾論渠丨以守注○襟謂之丨管子揆度列大夫豹丨注○丨絶起也考工記弓人夫筋之所由丨注○丨讀爲車丨之丨考工記弓人司農注○爾雅釋器衣蔽前謂之丨釋文丨本或作襜方言作袡

【黏】丨糊也爾雅釋言注膠丨黐釋文引字書○丨合也一切經音義十四引蒼頡○丨相著也爾雅釋

言釋文
引字林
淹 ｜久也爾雅釋詁又公羊宣十二年傳王師｜病
矣注又左氏僖卅三年傳爲從者之｜注成二年
傳無令輿師｜於君地注襄卅六年傳君｜恤於外
注又國語晉語振廢｜注又後漢張衡傳注又淮南
修務｜浸漬漸靡使然也注又離騷日月忽其不｜｜
兮注○｜遲也漢書賈誼傳集注又文選鵬鳥賦｜｜
速之度兮注○｜留也左氏宣十二年傳二三子無
｜久注○｜漬也楚辭離世｜芳芷于腐井兮注○
｜謂浸漬之禮記儒行｜之以樂好注○｜敗也水
敝爲｜方言十三○｜敗也廣雅釋詁三○｜滯有
才德而未敘者也後漢馬融傳注○｜
水一曰復水也水經注卅七引字林
箝 鉗同或作鉆通作拑○拑籋也漢書五行志中之
上集注○｜籋也漢書爰盎傳集注○鉗鑷也漢

書江充傳集注○鉗鈲也後漢梁統傳注○｜緘也
漢書異姓諸侯王表集注引應劭○鉗鈇也後漢光
武紀注引蒼頡○鉆持也後漢陳寵傳注引蒼頡○
｜謂牽持緘束令不得脫也鬼谷子飛箝注○鍛具
曰鉆一切經音義十一引通俗文○拑以木銜馬口
公羊宣十四年傳拑馬而秣之釋文○鉗惡也南楚
凡人殘罵謂之鉗方言十○鉗惡也廣雅釋詁三○
鉗妄對不謹誠家語五儀無取鉗之注○刖足者鉗
列女傳辯通○拑與鉗古字通用後漢單超傳注○
鉗或作拑後漢袁紹傳注○鉗或本作[illegible]晉書音義
中○拑當作扣篆文扣字與拑字相
近遂誤耳荀子議兵溝池不拑注
甜 ｜甘也廣雅釋器○甛美也廣雅釋詁一
恬 ｜安也漢書禮樂志集注賈誼傳集注三見淮陽
憲王欽傳集注楊雄傳下集注又荀子富國輕非

譽而｜｜失民注王霸是由好聲色而｜無耳目也注
性惡｜｜禍而廣解注○｜靜也方言十三又廣雅釋
詁四又素問上古天眞論以｜愉爲務注○｜猶靜
也國語吳語又不自安｜逸注○｜然安閑貌荀子
彊國｜然如無治者注○｜淡猶淸靜也後漢班彪
傳上注○｜愉無所好憎也淮南原道｜愉無矜注
○老子｜澹爲上
釋文｜本或作栝
拈 ｜黏也兩指翕之黏著不放也釋名釋姿容○｜
持也廣雅釋詁三
砭 ｜石謂以石爲鍼也素問異法方宜論其治宜｜
石注
銛 鍤謂之｜廣雅釋器○｜斷也廣雅釋詁一○｜
利也廣雅釋詁二又史記屈原賈生傳鉛刀爲｜
索隱又華嚴經音義上引漢書音義又後漢
張衡傳注○｜取也方言三又廣雅釋詁二

暹 名｜自稱爲纖顏氏家訓音辭
詹 ｜至也爾雅釋詁又詩采綠六日不｜傳閟宮魯
邦所｜傳又文選思元賦黃靈｜而訪命兮舊注
○｜至也｜楚語也方言一○｜省也給也史記孝
景紀長信｜事集解引應劭又漢書百官公卿表上
集注○｜足也呂覽適音不充則不｜注○｜｜小
辨之貌莊子齊物論小言｜｜釋文引李頤注○｜
與占同古字通文選古詩四五｜｜免缺注○｜讀如
澹然無爲之澹呂覽適音注○莊子齊物論釋文｜
崔本作閻○左氏莊十七年經齊人執鄭｜公羊作
鄭瞻○左氏僖七年傳鄭｜呂覽務本韓子十過史
記晉世家並作瞻○詩閟宮魯
邦所｜說苑雅言作魯侯是瞻
襜 集韻亦作袡○衣蔽前謂之｜爾雅釋器又詩采
綠不盈一｜傳○蔽厀齊魯之郊謂之袡方言四

○蔽膝謂之袡小爾雅廣服○袡婦人蔽膝也禮記
雜記纁袡釋文引王肅○丨蔽郄也廣雅釋器○袡
蔽郄也同上○韠蔽膝也又曰跪丨跪時丨丨然張
也釋名釋衣服○袡裳下襈也禮記雜記釋文○袡
嫁時上衣禮記喪大記婦人復不以袡注○袡亦緣
也袡之言任也以纁緣其衣象陰氣上任也儀禮士
昏禮純衣纁袡注○襌襦謂之丨裿廣雅釋器○荊
州謂襌衣曰布褟亦曰丨襜言其丨丨宏裕也釋名
釋衣服○丨襜短衣史記魏其武安侯傳索隱引字
林○直裾曰丨襜晉書音義下引字林○丨帷也後
漢劉盆子傳注○丨丨搖貌楚辭逢紛裳丨丨
而含風兮注○禮記雜記釋文袡字又作絣

漸 丨浸也漢書諸侯王表集注郊祀志下集注地理
志上集注溝洫志集注賈捐之傳集注楊雄傳下
集注又荀子修身知慮丨深注大略蘭茝藁本丨於
蜜醴一佩易之注正論上幽險則下丨詐矣注○丨

潰也詩氓丨車帷裳釋文又史記三王世家丨之滫
中索隱又荀子勸學其丨之滫注○丨漬也廣雅釋
詁二○丨浸漬也荀子議兵是丨之也注○丨濕也
詩氓丨車帷裳釋文○丨溼也廣雅釋詁一○丨沒
也文選諷諫詩享國丨世注○丨入也書禹貢東丨
于海傳又漢書諸侯王表集注地理志上集注賈捐
之傳集注○丨進也漢書郊祀志上集注公孫宏卜
式倪寬傳贊集注又集注引李奇又荀子脩身知慮
丨深注議兵是丨之也注○丨丨含秀之貌也文選
射雉賦麥丨丨以擢芒徐注○丨丨毒猶深害莊子胠
篋知詐丨毒釋文引崔注○丨臺天臺之名文選月
賦注引張泉觀象賦自注○丨或爲瀸漢書郊祀志
下集注○丨讀曰瀸漢書鼂錯傳集注○丨讀曰潛
漢書谷永傳集注○詩漸漸之石序釋文丨丨亦作
嶄嶄○漢樊毅復民租碑瀸潤
宿麥華嶽碑瀸潤品物丨作瀸

殲 丨盡也詩黃鳥丨我良人傳又左氏莊十七年經
齊人丨于遂注僖廿六年傳門官丨焉注襄廿八
年傳其將聚而丨旃注又穀梁莊十七年傳又爾雅
釋詁又漢書敘傳上集注引應劭又後漢陶謙傳注
又楚辭怨世清泠泠而丨滅兮注又文選幽通賦東
鄰虐而丨仁兮曹注○丨眾之盡也爾雅釋詁舍人
注○丨滅也書允征丨厥渠魁傳又後漢崔駰傳注
又文選東京賦殪野仲而丨游光薛注○丨刺也禮
記文王世子其刑罪則纖剸注○左氏莊十七年經
齊人丨于遂公羊作瀸○孫根碑至於東吅大虐戕
仁班孟堅幽通賦
作東从虐而殲仁

黔 丨黧黑也音芩又音巨炎反漢書敘傳音義引字
林

鈐 丨所用祭器名所未詳也或作思山海經西山經
其祠之毛一雄雞丨而不糈注○鶴郄今江東呼

爲丨釘方言九矛骹細如鴈脛者謂之鶴郄
注○丨音髡鉗之鉗山海經西山經丨山注

懕 詩本作厭○丨安也廣雅釋詁一○丨丨安也爾
雅釋言○厭厭安也詩湛露厭厭夜飲傳○厭厭安
靜也文選洞簫賦其妙聲則清靜厭懕注○厭厭安
靜也詩小戎厭厭良人傳○詩湛露釋文丨丨韓詩
作愔愔○詩小戎厭厭良
人列女傳二作愔愔良人

猒 丨足也國語周語豈敢丨縱其耳目心腹以亂百
度注翟封豕豺狼也不可丨也注又荀子儒效丨
丨乎其能長久也注王覇愈丨而
好新注○丨與厭同國語周語注

蒹 丨薕爾雅釋草又詩蒹葭丨葭蒼蒼傳○丨薕也
莊子則陽丨葭始萌以扶吾形釋文○丨荷也似
萑而細音兼穆
天子傳二注

鮎 丨別名鯷江東通呼丨為鮧爾雅釋魚丨注○江東呼丨為鮧詩魚麗傳鰋丨也釋文

餂 丨食也廣雅釋詁二○凡陳楚之郊南楚之外相謁而餐或曰丨方言一○餂取也孟子盡心下是以言餂之也注

痁 丨瘧疾也左氏哀二年傳丨作而伏注○丨瘧也廣雅釋言○丨病也禮記曾子問不以人之親丨患注

燅 丨溫也儀禮有司徹乃丨尸俎注○燂溫也禮記內則燂湯請浴釋文○丨爚也廣雅釋詁二○爓沈肉於湯也禮記禮器三獻爓注○㠯湯去毛曰丨一切經音義一引通俗文○爓或為膶禮記郊特牲血腥爓祭注腥肆爓腍祭注○古文丨皆作尋記或作燖儀禮有司徹乃丨尸俎注○丨作燂燖二形一

切經音義一引通俗文○古文燅今作丨同詳廉反一切經音義四引字詁

阽 丨危也廣雅釋詁一又後漢張衡傳注○丨猶危也離騷丨余身而危死節兮注○臨危曰丨三國和洽傳注○疾甚謂之丨小爾雅廣名○丨臨也文選思元賦丨焦原而跟趾舊注○丨音屋檐之檐漢書文帝紀集注引孟康

鶼 南方有比翼鳥焉不比不飛其名謂之丨丨爾雅釋地○比翼鳥不比不飛其名曰丨丨周書王會巴人以比翼鳥注○鳥有一目一翅相得乃飛故曰兼兼也爾雅釋鳥李注○丨丨比翼爾雅釋鳥○南方有鳥名曰丨丨韓外傳五○爾雅釋鳥釋文丨丨衆家作兼兼

磏 丨礪也廣雅釋器

覘 丨闚視也禮記檀弓下晉人之丨宋者注○丨微視也國語晉語公使丨之注各丨其私注○丨微視之國語晉語公使丨之注○丨視也禮記檀弓下我喪也斯沾注又廣雅釋詁一○丨覘也家語子貢問使人丨之注○丨伺也左氏成十七年傳公使丨之注○丨候也晉書音義中

沾 丨益也廣雅釋詁一○丨禠也廣雅釋詁一○丨溢也廣雅釋言○丨丨言自整頓也史記魏其武安侯傳丨丨自喜耳集解引張晏○丨讀為覘禮記檀弓下我喪也斯丨注○丨他兼反左氏昭十二年傳釋文引字林

僉 丨皆也書堯典丨曰於傳又周禮宗伯注丨曰伯夷釋文又爾雅釋詁又後漢班彪傳下注張衡傳注○丨皆也自山而東五國之郊曰丨方言七○丨同也小爾雅廣言○丨衆也楚辭天問丨荅何憂注

○丨多也廣雅釋詁三○丨夥也方言十二○丨劇也同上○自關而西秦晉之閒凡人語而過謂之過或曰丨方言一○丨過也廣雅釋言○丨今連枷方言五丨注

薟 丨水中野韭北戶錄引字林○古文丨今作蘞同一切經音義十七

綅 黑經白緯曰丨禮記雜記注丨冠釋文

憸 丨利口也書冏命無昵于丨人釋文○丨利佞人也書立政國則罔有立政用丨人馬注○丨利小小見事之人也書盤庚上相時丨民馬注○丨強也廣雅釋詁一○書立政釋文丨本又作悉冏命釋文丨本亦作悉○書盤庚相時丨民說文心部作相時悉民○書立政其勿以丨人說文言部作勿以譣人

譫 丨多言也一切經音義十二引埤蒼○丨亂言也素問六元正紀大論戰慄丨妄注○丨亂語也素

問氣交變大論｜忘心痛注○｜｜言謂妄謬而不次也素問熱論不欲食｜言注

苫 蓋白謂之｜爾雅釋器○編菅茅以蓋屋曰｜爾雅釋器李注○｜編藁儀禮既夕記寢｜注○｜編草也左氏襄十七年傳寢｜枕草釋文○｜舒鹽反茅｜也一切經音義六引字林○｜草也禮記檀弓寢｜枕干釋文問喪寢｜枕塊釋文○｜草心儀禮喪服傳寢｜枕塊釋文○白茅｜今江東呼爲蓋爾雅釋器注

蚺 ｜大蛇也可食大二圍長二丈餘一切經音義十六引字林○｜蛇食豕喬鹿出鹿與巴蛇同一切經音義十六引異物志○爾雅釋蟲螺蛅蟴釋文蛅字或作｜

巖 ｜翳也廣雅釋器

撏 集韻撏或从尋○｜取也衛魯揚徐荆衡之郊曰｜方言一○｜取也廣雅釋詁一○撏摘物廣韻引聲類

佔 ｜視也禮記學記呻其｜畢注○｜｜衣裳貌史記匈奴傳喋喋而｜｜集解

蠊 廣韻蠊說文作螊○｜蟣海蟲長一寸可食晉書音義下引字林

廉 似薍而細高數尺江東呼爲｜薍音廉爾雅釋草蒹｜注○廉薍荄也廣雅釋草

襳 ｜衣毛形也文選西京賦祓毛羽之｜襹薛注

詀 南楚謰謱或謂之｜謕方言十

鍼 左氏襄廿四年經陳｜宜咎出奔楚公羊作咸宜咎○秦公子｜字伯車見左氏襄廿六年傳

崦 ｜嵫之山日沒所入山也山海經西山經｜嵫之山注○｜嵫日所入山也離騷望｜嵫而未迫注

閹 ｜蔽也爾雅釋天太歲在戌曰｜茂李注又史記天官書｜茂索隱引孫炎○｜宦官又監也宮中｜閽閉門也晉書音義中○｜宦官又監也宮中奄閽閉門者晉書音義下○｜尹主領奄監之官者也後漢宦者傳注○｜尹閹寺並宦官後漢班彪傳上注

醃 ｜菹也廣雅釋器

熸 吳楚之閒謂火滅爲｜左氏襄廿六年傳王夷師｜注○｜子兼反左氏昭廿三年傳釋文引字林

瀸 泉一見一否爲｜爾雅釋水○｜纔有貌爾雅釋水注○｜洽呂覽圜道｜於民心注○淹漬謂之｜洳一切經音義十二引通俗文○｜積也公羊莊十七年傳○｜漬也一切經音義十二引字林○｜漬也廣雅釋詁二○｜之爲死積死非一之辭故曰｜公羊莊十七年傳｜者何｜積也注

噞 ｜喁也廣雅釋言○｜喁魚口出水貌集韻引字林

○以下據廣韻錄

瀶 ｜創也廣雅釋詁一

㡘 ｜廉也自障蔽爲廉恥也釋名釋牀帳○戶｜施之於戶外也同上

彡 ｜音山廉反匡謬正俗七引字林

㡨 ｜幖記廣韻引字林○｜幖識也古今韻會引字林

棎 ｜｜子樹也文選吳都賦｜榴禦霜劉注

緂 ｜銳｜讀恬然不動之恬淮南氾論｜麻索縷注

呥｜｜噍貌荀子榮辱亦｜｜｜｜而噍注

瀸｜百足爾雅釋草

鑯集韻鑯或作鐵○｜銳也廣雅釋詁四○鑯錐也廣雅釋器○公羊定八年傳鑯其版釋文鑯本又作｜本或作鈠

䁮䁮憂也方言一○｜恖也廣雅釋詁二○｜者憂而不動者也方言一注

鳹｜句喙鳥爾雅釋鳥釋文引字林

㕓｜好也廣雅釋詁一

㤿｜愛也晉衞曰｜方言一○｜愛也宋衞邠陶之閒或曰｜同上○｜憸多意氣也方言二｜愛也

晉衞曰｜注

𧯛｜巾也廣雅釋器

黇｜黃也廣雅釋器

䎡｜小耳垂也玉篇引埤蒼

濂｜漬也廣雅釋詁二

馦｜香也廣雅釋器

欦｜欲也廣雅釋詁一

○以下據集韻録

瀶○｜洿也東齊海岱之閒或曰｜方言三○｜污也廣雅釋詁三

臉｜鉊也廣雅釋器

𪈙鴍鳥｜鳥此應禍之鳥即今梟鵂鶹之類山海經海外西經鴍鳥｜鳥所經國亡注

𧪘拏揚州會稽之語也或謂之惹或謂之｜方言十

扲｜業也方言十三又廣雅釋詁四

柑｜者以木銜其口不欲令食粟公羊宜十五年傳｜馬而秣之注

酟｜與沾同也文選七命｜以春梅注

𤏁｜熇熱也集韻引字林○｜味辛也一切經音義七引埤蒼○｜萩也一切經音義七引字苑

○以下附録

䘵｜乖也太元干｜鍵挈挈注

箝｜求也太元元瑩｜知休咎注

袩｜即衣衽也方言四襬謂之交注

經籍纂詁卷第二十九

經籍纂詁卷第二十九補遺　下平聲

兵部侍郎兼都察院右副都御史巡撫浙江等處地方提督軍務兼理糧餉阮元纂

十四鹽

鹽　說文丨鹹也从鹵監聲古者宿沙初作煮海丨凡丨之屬皆从丨○沈沙煮海謂之丨水經涑水注引呂忱○丨鹽也水經涑水注引左氏成六年傳沃饒而近鹽服注○丨食肴之將漢書食貨志下○東海廟碑瀕海鹽口武梁祠堂畫象無鹽媿女丨作鹽

檐　說文丨梍也从木詹聲○步櫩步廊也文選上林賦步櫩周流注○步櫩言其下可行步郎今之步廊也漢書司馬相如傳上步櫩周流注○門閭外旋下廕謂之步簷也漢書異姓諸侯王表閭閻偪於戎狄注引應劭

廉　說文丨仄也从广兼聲○丨謂丨稜禮記樂記注丨繁瘠丨肉疏○丨稜也禮記聘義丨而不劌疏○丨者稜也書顧命傳堂丨曰戺疏○丨作非也墨子經上○丨丨隅也禮記樂記其聲直以丨疏○丨謂清潔有丨隅者漢書武帝紀初令郡國舉孝丨疏○丨側隅也漢書賈誼傳丨遠地則堂高注○丨者潔不濫濁也周禮小宰注又以丨爲本疏○所謂丨者必生死之命輕恬資財也韓非子解老○堂丨謂堂基南畔丨稜之上禮記喪大記卿大夫卽位于堂丨楹西北面東上疏○堂丨卽堂上近南霤爲丨也禮記喪大記疏引隱義○丨薑蕟也廣雅釋草

簾　說文丨堂丨也从竹廉聲○丨尸丨也漢書外戚傳下置飾室中丨南注

嫌　說文丨不平於心也一曰疑也从女兼聲○丨名謂音聲相近若禹與雨邱與區也禮記曲禮上禮不諱丨名注○慊亦丨字漢書趙充國傳媮得避慊之便注

嚴　丨謂丨肅禮記祭義丨威儼恪疏○丨謂威可畏左氏昭六年傳斷之以剛疏○丨言不可犯也漢書楊雄傳上犯丨淵注○丨更督行夜鼓文選西京賦重以虎威章溝丨更之署薛注○書無逸丨恭寅畏釋文馬作儼又禮記檀弓下雖吾子丨然釋文本亦作儼○公羊桓六年傳謂丨公也釋文本亦作莊

占　說文丨視兆問也从卜从口

髯　說文䫇頰須也从須从冄冄亦聲○䫇頰毛也漢書霍光傳美須髯注朱博傳奮髯抵几曰注○在頰曰丨漢書高帝紀上美須丨注

謙　說文丨敬也从言兼聲○丨自丨損也史記樂書故禮主其丨集解引王肅○丨是卑退之意左氏昭五年傳注丨道卑退疏○丨者屈躬下物先人後己易謙丨亨疏○丨也者致恭以存其位者也易繫辭上傳○艮山在地下爲丨易象下傳虞注○嗛字與丨同漢書藝文志易之嗛嗛注○丨讀爲慊禮記大學此之謂自丨注○禮記少儀注嗛遠之也釋文本又作丨○馮煥殘碑陰汝南遥嗛子讓丨作嗛

奩　說文籢鏡籢也从竹斂聲○盛鏡器曰丨謂方底者一切經音義三引蒼頡○丨盛鏡器名也一切經音義十引三蒼○籢所以斂物也一切經音義十四引韻集

纖　說文丨細也从糸韱聲又孅兌細也从女韱聲○丨細繒也漢書地理志上厥棐元丨縞注○丨細也文選子虛賦雜丨羅注引司馬彪○孅犂北狄之別名也周書王會孅犂注○孅與丨同漢書食貨志

上至孅至悉也注貨殖宛孔氏傳瘉於孅嗇注○孅郎丨字漢書司馬相如傳上嫵媚孅弱注

籤 說文丨驗也一曰銳也貫也从竹韱聲

瞻 說文丨臨視也从目詹聲○丨亦視也禮記月令丨肥瘠疏○莊子讓王丨子釋文淮南作詹

炎 說文丨火光上也从重火凡丨之屬皆从丨○火曰丨上書洪範○丨丨火光也漢書揚雄傳下丨丨丨者滅注○丨丨旱熱熏炙人爾雅釋訓注○丨丨帝也呂覽蕩兵黃丨故用水火矣注○丨音火之光丨漢書司馬相如傳下日月之末光絕丨注引李奇

兼 說文丨并也从又持秝丨持二禾秉持一禾○丨并也左氏昭八年傳欲丨我也注○丨謂包之書仲虺之誥丨弱攻昧疏○丨復名也荀子正名單不足以喻則丨注○丨術丨容之法荀子非相天是之

謂丨術注

縑 說文丨并絲繒也从糸兼聲○丨即今之絹也漢書外戚傳上縕為翁須作丨單衣注

霑 說文丨雨䨔也从雨沾聲

潛 說文丨涉水也一曰藏也一曰漢水為丨从水朁聲○丨者隱伏之名易乾丨龍勿用疏○丨行私行國策秦策於是丨行而出注○丨謀丨密之謀也周書文政同惡丨謀注○丨師密發也左氏哀六年傳丨師閉塗注○涔亦作丨史記夏本紀沱涔已道索隱○詩潛序釋文爾雅作涔小雅作橬

閻 說文丨里中門也从門臽聲壛丨或从土○丨里中門也漢書異姓諸侯王表閻丨偪於戎狄注循吏傳序興於閻丨注○丨謂開門也方言十三注○丨易衣長貌漢書司馬相如傳上眇丨易以戌削注

引郭璞○左氏昭十八年傳丨職說苑復恩作庸纖

鎌 說文鎌鍥也从金兼聲

黏 說文丨相箸也从黍占聲○粘亦丨字漢書高惠高后文功臣表戴侯眞粘注

淹 說文丨水出越巂徼外東入若水从水奄聲○丨滯有才德而未敘者左氏昭十四年傳舉丨滯注○漫丨皆謂水潦漫滂壞物也方言十三漫丨敗也注○奄讀曰丨漢書禮樂志神奄留注

箝 說文丨籋也从竹拑聲又鉗以鐵有所劫束也从金甘聲又拑脅持也从手甘聲○丨丨入口也荀子解蔽案彊丨而利口注○鉗以鐵束頸也漢書高帝紀下自髡鉗為王家奴注楚元王傳楚人將鉗我於市注○鉗害又惡也方言十鉗痰憋惡也注○丨與鉗同漢書異姓諸侯王表丨語燒書注

甜 說文甛美也从甘从舌舌知甘者

恬 說文丨安也从心甛省聲○丨然安靜貌也漢書淮陽憲王欽傳大王奈何丨然注○丨惔虛无靜也素問上古天眞論丨惔虛无注

拈 說文丨揶也从手占聲○丨指取物也列子湯問女何蚩而三招予注

砭 說文丨以石刺病也从石乏聲

銛 說文丨鍤屬从金舌聲讀若棪桑又讀若鎌○世俗謂利為丨徹漢書賈誼傳鉛刀為丨注引晉灼

詹 說文丨多言也从言从八从产○丨諸月中蝦蟇淮南說林蝕於丨諸注○詩閟宮魯邦所丨風俗通山澤初學記五作魯邦所瞻御覽卅九作魯邦是瞻

【襜】說文丨衣蔽前从衣詹聲○衻裳下緣襈也禮記雜記上繐衻爲一疏○緣襈衣下曰衻禮記喪大記婦人復不以衻疏○丨褕謂非正朝衣若婦人服也史記魏其武安侯列傳坐衣丨褕入宮索隱○丨褕直裾襌衣也漢書外戚恩澤侯表坐衣丨褕入宮注雋不疑傳衣黃丨褕注○丨褕曲裾襌衣也漢書何竝傳被其丨褕注

【漸】丨浸潤也漢書董仲舒傳贊然考其師友淵源所丨注○丨謂浸潤之也漢書董仲舒傳丨民以仁注○丨是沾濕書禹貢疏○丨洳浸濕也漢書東方朔傳塗者丨洳徑也注○丨丨麥芒之狀史記宋微子世家麥秀丨丨兮索隱

【殲】說文丨微盡也从歺韱聲春秋傳曰齊人丨于遂

【黔】說文丨黎也从黑今聲秦謂民爲丨首謂黑色也周謂之黎民易曰爲丨喙○丨謂黑也禮記祭義以爲丨首則疏

【鈐】說文丨鏞大犂也一曰類枱从金今聲

【懕】說文丨安也从心厭聲詩曰丨丨夜飲○丨丨好人安詳之容爾雅釋訓注○厭厭者苗長茂盛之貌詩載芟傳言傑苗厭然特美也疏

【猒】說文猒飽也从甘从肰肰猒或从㠯○列子楊朱而美厚不可常丨足釋文一本丨作饜

【蒹】說文丨雚之未秀者从艸兼聲○丨蘼也史記司馬相如列傳藏莨丨葭集解引漢書音義○丨蔽也史記司馬相如傳索隱引郭璞○丨水草也青徐人謂之蘼丨兗州遼東通語也詩蒹葭陸疏

【鮎】說文丨鰋也从魚占聲○鰋丨一魚爾雅釋魚鰋丨孫注○今亦呼丨爲鮷山海經北山經其狀如鮷魚注

【餂】說文丨相謁食麥也从食占聲○孟子盡心下是以言餂之也音義餂本亦作丨

【痁】說文痁有熱瘧从疒占聲春秋傳曰齊侯疥遂痁○丨瘧疾左氏昭二十年傳齊侯疥遂丨注

【燅】說文丨於湯中爚肉从炎从熱省○爓謂沈肉於湯禮記郊特牲腥肆爓腍祭疏○禮記郊特牲三獻爓釋文本亦作爓

【阽】說文丨壁危也从𨸏占聲○安臨危曰丨文選思元賦丨焦原而跟趾注引臣瓚漢書注○丨臨也後漢書張衡傳丨焦原而跟止注○丨近邊欲墮之意漢書文帝紀注引如淳○丨危欲墮之意也漢書

食貨志上丨危者若是注○丨屋檐也文選和王著作八公山詩丨危賴宗袞注

【磏】說文丨厲石也一曰赤色从石兼聲讀若鎌

【覘】丨視也淮南俶眞其兄掩戶而入丨之注

【沾】說文丨水出壺關東入淇一曰丨益也从水占聲○丨丨輕薄也今俗言薄丨丨漢書竇嬰傳魏其丨丨自喜耳注○世人水㓑著忝失之又以此丨字爲霑亦失之也廣雅釋詁一曹憲音

【僉】說文丨皆也从亼从吅从从虞書曰丨曰伯夷○丨訓爲皆書舜典僉曰疏

【蘞】廣韻蘞同○蘞幽州人謂之烏服詩葛生蘞蔓于野陸疏

【憸】說文丨丨詖也丨利於上佞人也从心僉聲

苫 說文丨蓋也从艸占聲〇丨編蒿也左氏襄十七年傳疏〇丨開也廣雅釋詁三

⿱雨𢦏 說文丨微雨从雨𢦏聲又讀若芟

蚦 說文丨大蛇可食从虫冄聲

佔 丨丨衣裳貌也漢書匈奴傳上顧無喋喋丨丨注

螊 說文丨海蟲也長寸而白可食从虫兼聲讀若嗛

薕 說文丨薕也从艸廉聲

襳 丨離褂也漢書司馬相如傳上蜚丨垂髾注引張揖〇丨褂衣之長帶也漢書司馬相如傳上注〇丨褂衣飾史記司馬相如列傳蜚丨垂髾集解引郭璞〇丨褂飾也文選子虛賦蜚丨垂髾注引司馬彪

鬑 說文丨鬋也一曰長皃从髟兼聲讀若慊

枏 說文丨梅也从木冄聲

閹 說文丨豎也宮中奄閽閉門者从門奄聲〇奄官無陽施猶婦人也續漢五行志四〇萬物皆蔽冒故曰丨茂爾雅釋天太歲在戊曰丨茂孫注

熸 丨滅也小爾雅廣詁〇吳楚之閒謂火滅爲丨左氏昭廿三年傳楚師丨注

瀸 說文丨漬也从水韱聲爾雅曰泉一見一否爲丨〇丨亦浸耳漢書郊祀志下漸臺高二十餘丈注

灊 說文丨水出巴郡宕渠西南入江从水鬵聲〇自漢出爲丨漢書地理志上沱丨旣道注〇潛水禹疏通爲西漢水書古文訓引書禹貢鄭注

鰜 說文丨魚名从魚兼聲

枮 說文丨木也从木占聲

〇以下據廣韻錄

⿰氵閻 說文丨海岱之閒謂相汙曰丨从水閻聲〇丨沍皆洿池也方言十丨注

⿵門詹 說文丨謂之樀樀廟門也从門詹聲

⿱雨兼 說文丨久雨从雨兼聲

⿰巾兼 說文丨帷也从巾兼聲

⿰夾見 說文丨察視也从見炙聲讀若鑯

韱 說文丨山韭也从韭𢦏聲

彡 丨毛髮貌也漢書高帝紀下耏以上請之注

㥏 說文丨疾利口也从心从冊詩曰相時丨民

⿰巾韱 說文丨拭也从巾韱聲

⿰女沾 說文丨妗也从女沾聲

⿸疒冄 說文丨皮剝也从疒冄聲𤵸籀文从𠬝

妗 說文丨⿰女沾丨也一曰善笑皃从女今聲

惉 集韻或作怗〇說文新附丨丨懘煩聲也从心沾聲〇怗懘儆敗不和之貌禮記樂記則無丨懘之

音矣注○怗弊也禮記樂記釋文○丨弊也史記樂書則無丨懘之音矣正義○丨懘又本作惉懘史記樂書索隱

詌 說文丨丨丨多語也从言甘聲

蛅 說文丨丨斯墨也从虫占聲

䶯 說文丨龜甲邊也从龜冄聲天子巨丨尺有二寸諸侯尺大夫八寸士六寸

㦰 說文㦰絕也一曰田器从从持戈古文讀若咸讀若詩云攕攕女手

𩅰 說文丨小雨也从雨僉聲

鑯 說文丨鐵器也一曰鑴也从金韱聲

䉜 說文丨敝絮簣也从竹沾聲讀若錢

㬪 憂宋衛或曰丨方言一

鉆 說文丨鐵銸也从金占聲一日膏車鐵丨

黚 說文丨淺黃黑也从黑甘聲讀若染繒中束緅紺○丨謂虎豹之屬易說卦爲黚喙之屬釋文引鄭注

雂 說文丨鳥也从隹今聲春秋傳有公子苦丨

嬮 說文丨好也从女厭聲

爓 說文丨火門也从火閻聲

天 說文丨小熱也从火干聲詩曰憂心丨丨

䵊 丨赤黃色廣韻引埤蒼

黇 說文丨白黃色也从黃占聲

𦕈 說文丨小垂耳也从耳占聲

熑 說文丨火煣車也綱絕也从車兼聲周禮曰煣於外不丨

溓 說文丨薄水也一曰中絕小水从水兼聲

稴 說文丨稻不黏者从禾兼聲讀若風廉之廉

䵾 說文丨赤黃也一曰輕易人丨姁也从黃夾聲

○以下據集韻錄 嬐 說文丨敏疾也一曰莊敬皃从女僉聲

櫼 說文丨楔也从木韱聲○丨郎柳也文選景福殿賦丨櫨各落以相承注

臉 丨臃也集韻引埤蒼○丨縣甕也一切經音義十五引廣雅

譣 說文丨問也从言僉聲周書曰勿以丨人

笘 說文丨折竹箠也从竹占聲潁川人名小兒所書寫爲丨

䔷 說文丨喪藉也从艸侵聲

䇾 說文丨搔馬也从竹剡聲

慊 說文丨疑也从心兼聲

【餁】說文丨嗛也从食兼聲讀若風溓溓一曰廉潔也

【訑】丨言誣丨也方言十挐或謂之丨注

經籍籑詁卷第二十九補遺終

經籍纂詁卷第三十　下平聲

經筵講官南書房行走禮部左侍郎兼署兵部左侍郎提督浙江學政阮元撰集

十五咸

咸 ｜皆也爾雅釋詁又書堯典庶績｜熙傳又周禮大卜三曰｜陟注掌交使｜知王之好惡辟行之注又儀禮士冠禮｜加爾服注又禮記月令百工｜理注內則｜盥漱注｜如之注樂記｜池備矣注祭統莫不｜在注緇衣刑不試而民｜服注｜有壹德注又初學記十五引五經通義又古微書引樂叶圖徵黃帝樂曰｜池注又周書大明武使衆｜宜注武穆揔之以｜般注作雒｜有四阿注又漢書禮樂志集注司馬相如傳下集注楊雄傳上集注又後漢章帝紀注和熹鄧皇后紀注又孟子萬章上謨蓋都君

｜我績注又法言脩身序動不克｜注又呂覽大樂莫不｜當注季夏令民無不｜出其力注又淮南時則蟄蟲｜動蘇注又楚辭天問｜播秬黍注又文選東京賦｜用紀宗存主薛注○｜猶皆也方言十二備該｜也注○｜同也詩閟宮克｜厥功箋又左氏僖廿四年傳昔周公弔二叔之不｜注○｜猶僉也周禮簭人二曰巫｜注○｜徧也國語魯語小賜不｜注○｜則也春秋保乾圖天皇于是斟元陳極以立易｜注○｜感也易象下傳臨｜臨注咸｜亨虞注又易咸釋文又廣雅釋言又後漢張衡傳注荀爽傳注又荀子大略○｜引也莊子天運其有機緘而不得已耶釋文引司馬注○｜速也易雜卦傳○｜｜池黃帝樂也後漢曹褒傳注○黃帝樂曰｜池文選東京賦注引樂動聲儀○大｜｜池堯樂也堯能殫均刑灋以儀民言其德無所不施周禮大司樂舞雲門大卷大｜大磬大夏大濩大武注○｜池大｜也周禮大司樂舞｜池以祭地示注○｜池堯樂名莊子至樂｜池九韶之樂釋文○｜池堯樂也文選東京賦｜池不齊度於鼃咬薛注○｜池備矣禮記樂記○巫｜般巫書君奭巫｜乂王家馬注○｜池天神也楚辭自悲屬天命而委之｜池注○｜池日浴處也離騷飲余馬於｜池兮注○｜池者水魚之囿也淮南天文○左高｜邱爾雅釋邱○｜讀爲函周禮伊耆氏共其杖｜注○｜讀爲緘禮記喪大記大夫士以｜注○｜或爲椷同上○禮記樂記注周禮曰大｜釋文大｜一本作大卷○公羊襄廿四年經陳｜宜咎釋文｜本又作鍼○書堯典庶績｜熙史記五帝紀作衆功皆與漢書律厤志作衆功皆美書皋陶謨｜若時史記夏本紀作皆若是

鹹 ｜銜也廣雅釋言○｜苦也爾雅釋言○｜水味水之流行地中似脈周禮瘍醫以｜養脈注○｜｜

水味素問陰陽應象大論｜勝苦注○｜謂鹽之味苦浸淫而潤物者也素問寶命全形論夫鹽之味｜者注

函 ｜｜谷關也後漢杜篤傳注又文選蜀都賦崤｜有帝皇之宅劉注○｜谷關名也後漢班彪傳上注

緘 ｜東也漢書楊王孫傳集注又後漢王符傳注○｜東篋也一切經音義十一引字林○棺東曰｜｜函也古者棺不釘也釋名釋喪制○今齊人謂棺東爲｜繩禮記喪大記大夫士以咸注○莊子天運其有機｜而不得已耶釋文｜司馬本作咸

嵒 ｜山巖也文選琴賦注引字林○｜巉巖山貌也爾雅釋山釋文引字林○｜｜冠貌文選思元賦

冠丨丨其映蓋兮舊注

讒丨誕也韓外傳四○丨賊也廣雅釋詁三○敗言爲丨左氏昭五年傳○利辭以亂屬曰丨大戴記千乘○好言人惡謂之丨莊子漁父○傷良曰丨荀子脩身○丨邪也呂覽貴因丨慝勝良注

銜丨含也漢書義縱傳集注○丨口中勒也莊子馬蹄詭丨竊轡釋文○丨勒也國策秦策伏軾撙丨注又後漢仲長統傳注○丨馬勒丨也史記司馬相如傳丨糜之變索隱引張揖○丨飾口鐵也楚辭靈懷斷鑣丨以馳騖兮注○丨轡喻法律以控御人也後漢鮑永傳注○官丨亦曰頭丨所以名爲丨者如人口丨物取其連續之義封氏聞見記○丨猶恨也史記外戚世家心嗛之索隱

巖丨巉高也廣雅釋詁四○丨丨高也廣雅釋訓○丨深丨也文選長笛賦峆窌丨寝注○丨穴也楚辭哀命穴丨石而窟伏注○丨岸側嶔丨之處也文選羽獵賦探丨排碕注○丨丨積石貌詩節南山維石丨丨傳又漢書董仲舒傳集注○丨寝不平也文選長笛賦峆窌丨寝注○詩節南山釋文丨本或作嚴○陳球碑礹礹猶嶽丨丨作礹礹

帆亦作颿○隨風張幔曰丨丨汎也使舟疾汎汎然也釋名釋船○颿船上張布帆也一切經音義一引三蒼○丨船上幔也一切經音義十一引聲類○颿者船帳也文選吳都賦樓船舉颿而過肆劉注○丨古文颿同一切經音義十一

衫丨芟也芟末無袖端也釋名釋衣服

杉櫼同○櫼卽柳也文選景福殿賦櫼櫨各落以相承注○爾雅釋木柀煔釋文煔字或作丨

監丨視也詩節南山何用不丨傳又呂覽達鬱王使衛巫丨謗者注○丨觀也漢書禮樂志集注○丨察也方言十二又國語周語使丨謗者注后稷丨之注又漢書韋元成傳集注○丨領也詩節南山釋文引韓詩○丨謂公侯伯子男各丨一國周禮大宰立其丨注○丨丨一國謂君也周禮大司馬建牧立丨注○四丨丨四郡大夫也呂覽季夏命四丨大夫注○丨工工官之長呂覽季春丨工日號注○丨冠珥也周禮眡祲四曰丨注○丨雲氣臨日也周禮眡祲司農注○丨寐言雖寢而不寐後漢桓帝紀注○丨寐猶寤寐也後漢張衡傳注○丨古文作譼同一切經音義一

凡丨皆也廣雅釋詁三又荀子榮辱丨在言也注○丨猶皆也書微子丨有辜罪鄭注○丨非一也儀禮公食大夫禮丨宰夫之具注○丨數之總名也一切經音義廿二引三蒼○丨謂都數也管子版法計

丨付終注○丨計數之周禮庖人丨其死生鱻薧之物注○丨無常數之言周禮春官序官丨內女之有爵者注○丨常也荀子禮論丨緣而往埋之注○丨要也小爾雅廣詁○丨者獨舉其大事也春秋繁露深察名號○治丨若月計也周禮宰夫二曰師掌官成以治丨注○丨國名莊子田子方楚王與丨君坐釋文引司馬注○丨草庶草也呂覽任地丨草生藏注○書微子丨有辜罪史記宋微子世家作皆有罪辜

巉集韻或作嶃漸亦書作嶃○丨高也廣雅釋詁四○嶄嶄高也廣雅釋訓○漸漸山石高峻詩漸漸之石漸漸之石傳○丨巖山石高峻之貌也後漢班彪傳上注○嶄巖尖銳貌史記司馬相如傳嶄巖嵾嵳正義引顏云○丨巖石勢不生草木文選高唐賦登丨巖而下望兮注

芟除草曰丨詩載芟載丨載柞傳○丨丨草除田也
周禮肆師嘗之日涖卜來歲之丨注○丨刈也左
氏隱六年傳丨夷蘊崇之注○卜殺也淮南本經丨
野茨注○丨大鐮所以丨草國語齊語耒耜枷丨注
喃丨語聲也一切經音義九引埤蒼
摻丨丨猶纖纖也詩葛屨丨丨女手傳○纖餙也淮
南要略纖揳倪齵之郄也注○丨讀參星之參淮
南俶眞言萬物丨落注○詩葛屨丨
丨女手文選注引韓詩作纖纖女手
㨔丨石勁石似玉者山海經中山經葛山其下多丨
石注
劖丨斷也廣雅釋詁一
碞丨僭也書召誥用顧畏于民丨注

諴丨和書大禹謨至丨感神傳○丨調也廣雅釋詁
四○丨誓也廣雅釋言
儳丨進退上下無列也國語周語夫戎翟冒沒輕丨
注○丨疾也廣雅釋詁二
欃丨水門也集韻引字林
攙丨搶彗字也淮南俶眞丨搶衡杓之氣注○丨槍
彗也後漢崔駰傳注○丨槍星名也文選東京賦
丨槍旬始薛注○丨搶星也文選吳都賦丨搶暴出
而相屬劉注○丨銳也廣雅釋詁四○丨搀貫刺之
文選西京賦乂蔟之所丨搀薛注○欃
音參差之參漢書天文志集注引韋昭
毚丨狡也國策秦策躍躍丨兔注又素問解精微論
請問有丨愚仆漏之問注○丨儳也廣雅釋詁四
○丨兔狡兔也詩巧言躍躍丨兔傳○丨狡兔也文
選西京賦丨兔聯猭薛注○丨大兔也詩巧言正義

引蒼頡
解詁
䮵丨丨走也廣雅釋訓
椷丨桮也自關而東趙魏之閒曰丨方言五○丨杯
也廣雅釋器○匧謂之丨同上○丨木篋也一切
經音義十一引字書○禮記喪
大記注或爲丨釋文丨本作緘
麙集韻或从羊○熊虎醜其子狗絕有力丨爾雅釋
獸○羊六尺爲羬爾雅釋畜○爾雅釋獸釋文丨
本或作羬○爾雅釋
畜釋文羬本亦作丨
黬丨釜底黑也莊子庚桑楚釋文引字林○丨面有
疵也莊子庚桑楚有生丨也釋文引司馬注
縿大常九旗之畫日月者正幅爲丨斿則屬焉周禮
巾車建大常十有二斿注○丨衆旒所著爾雅釋

天繐帛丨注○丨縑也丨讀如綃禮記檀弓上丨幕
魯也注○儀禮覲禮注弧所以丨之弓也釋文丨本
又作幓○爾雅釋天素陞龍于丨
釋文丨本或作幓又作襂祴衫
○以下據廣韻錄
厱丨岸側空處也文選江賦獱獺睒瞲乎丨空注
礛丨䃴礪也廣雅釋器○丨諸攻玉之石丨廉或直
言藍也淮南說山王待丨諸而成器注○丨諸治
玉之石丨讀一曰廉氏之廉淮南說林璧瑗成器丨丨
諸之功注○丨讀廉氏之廉一曰濫也淮南脩務丨丨
諸之
功注
艬丨舟也廣雅釋水
㘚丨音內言毚兔漢書王子侯表上集注引晉灼

䪜 丨被也廣雅釋器

⿰亻凡 丨輕也廣雅釋詁三

舧 ⿰舟乏船⿰舟乏也亦名丨音扶嚴反一切經音義十六引埤蒼

○以下據集韻錄

歁 丨音口咸反匡謬正俗六引字林

摲 丨之言芟也禮記禮器有丨而播也注

𥁕 韓勑碑籩柉禁壺丨作柉

○附錄

⿰土咸 丨水丨也淮南主術若發丨決唐注

經籍纂詁卷第三十

經籍纂詁卷第三十補遺

下平聲

兵部侍郎兼都察院右副都御史巡撫浙江等處地方提督軍務兼理糧餉阮元撰集

十五咸

咸 說文丨皆也悉也从口从戌戌悉也○丨皆也書無逸丨和萬民疏又周禮大司樂注言其德無不施疏又呂覽論威丨若狂魄注季冬無不丨獻其力注辨土然後丨生注○丨感也易咸丨亨鄭注臨丨臨虞注○丨和也詩棠棣序箋周公弔二叔之不丨疏○丨池備矣漢書禮樂志又風俗通聲音○丨池星名淮南天文注○周禮冢人注大夫以丨釋文本又作減○考工記輈人注大小之率丨寸半也釋文本又作減鄭氏注不復丨也釋文本亦作減○左氏昭廿一年傳窕則不丨釋文本或作感

鹹 說文丨銜也北方味从鹵咸聲○潤下作丨書洪範○水味所以鹹何是其性也所以北方一者萬物鹹與所以堅之也猶五味得鹹乃堅也白虎通五行○丨耎素問藏氣法時論○丨可用柔耎也素問陰陽應象大論在味爲丨注○凡物之味丨者皆水氣之所生也素問陰陽應象大論水生丨注

函 丨谷關名也在宏農城北國策西周策君臨丨谷注

緘 說文丨束篋也从糸咸聲○丨束篋也漢書外戚傳上滿一篋丨封注○丨束篋之繩也漢書外戚傳下使客子解篋丨未已注○丨繩也莊子胠篋釋文引廣雅○丨索也廣雅釋器

嵒 說文丨山巖也从山品讀若吟○爾雅釋山注巉丨釋文本又作巖

讒 說文丨譖也从言毚聲○丨譖是僞妄之言詩桑柔箋譖不信也疏○丨鼎名也左氏昭三年傳丨

鼎之銘曰注又釋文○丨鼎疾丨之鼎明堂位所云崇鼎是也一云丨地名禹鑄九鼎於甘丨之地故曰丨鼎也左氏昭三年傳服注○禮記緇衣注取彼丨人釋文本亦依詩作譖人

銜 說文丨馬勒口也从金从行丨行馬者也○丨馬丨也漢書王吉傳其樂豈徒丨橛之閒哉注匈奴傳下丨尾相隨注○嗛讀與丨同史記大宛列傳烏嗛肉蜚其上集解引徐廣佞倖列傳太后由此嗛嫣集解引徐廣

巖 說文丨岸也从山嚴聲○丨險也文選西都賦注引左氏傳杜預注○丨是山崖之名書說命序得諸傳丨疏○巖穴也漢書禮樂志注引晉灼○丨水岸嶔丨之處也漢書楊雄傳上探丨排碕注○丨廊殿下小屋也漢書董仲舒傳游於丨廊之上注引文穎○丨廊謂嚴峻之廊也漢書董仲舒傳注引晉灼

○巖與丨同漢書禮樂志巖處頃聽注

衫 說文新附丨衣也从衣彡聲

杉 說文新修字義檆木也从木煔聲

監 說文丨臨下也从臥䘓省聲警古文丨从言○丨視也禮記大學儀丨于殷疏又國語周語上卿丨之注又管子小匡而丨其鄉之貨注○丨寐猶寤寐也後漢劉陶傳不能丨寐注

凡 說文丨最括也从二二偶也从𠃓𠃓古文及○丨最計也漢書萬石君傳迺舉集其門丨注○丨大指也漢書揚雄傳下諸略舉丨而客自覽其切焉注○丨者是史官之策書成事法式也左氏春秋序發丨以言例疏○言丨非一周禮冪人丨王巾疏閭師丨事注鬱人丨祼事疏大卜丨國有大貞疏○丨者

非一禮記檀弓下注丨祭墓爲尸疏○丨者非一之辭禮記文王世子丨釋奠者疏玉藻丨有指畫於君前疏雜記上丨異居疏又公羊襄廿九年傳丨爲季子故也疏○言丨非一之言儀禮既夕記注丨小斂大斂也疏○非一故云丨周禮司服丨兵事疏○非一故稱丨也周禮司尊彝注丨酒疏○言丨者以其非一周禮冢人丨諸侯居左右以前疏○言丨語廣周禮大司樂丨樂事疏御史丨治者受法令焉疏司弓矢丨祭祀疏戎僕注掌丨戎車之儀疏○丨者衆辭儀禮士虞禮注丨爲喪事略也疏○丨亦是計數之稱周禮庖人注丨計數之疏○丨謂常道荀子禮論喪禮之丨注○治丨謂當月計日要之處也周禮宰夫注治丨若月計也疏

巉 嶄巖高峻之貌也文選西都賦邐嶄巖注引毛萇詩傳○詩漸漸之石序釋文亦作嶃嶃

鑱 說文丨銳也从金毚聲○丨謂石針也史記扁鵲倉公列傳丨石撟引索隱

芟 說文丨刈艸也从艸殳聲○丨除草也詩載芟傳釋文○薪讀與丨同謂丨刈之漢書賈誼傳故薪去不義諸侯注○定本丨作操詩魚麗傳草木不折不操疏

嵌 說文新附丨山深皃从山欺省聲

摻 廣韻攕同○說文攕好手皃詩曰攕攕女手从手韱聲○攕篩淮南要畧丨揳睨鷳之郄也注○詩葛屨丨丨女手玉篇手部作攕攕女手

瑊 丨玏石之次玉者漢書司馬相如傳丨玏元厲注引張揖○丨玏皆次玉者史記司馬相如列傳丨玏元厲集解引徐廣

劖 說文｜斷也从刀毚聲一曰剽也釗也

碞 說文｜磛｜也从石品周書曰畏于民｜讀與巖同○｜卽巖也書召誥疏

諴 說文｜和也从言咸聲周書曰不能｜于小民○｜亦咸也書大禹謨疏

儳 說文｜｜互不齊也从人毚聲○｜巖也左氏僖廿二年傳鼓｜可也釋文○｜巖未整陳左氏僖廿二年傳注

櫼 ｜檀檀別名漢書司馬相如傳上｜檀木蘭注引孟康

攙 說文｜刺也从手毚聲

毚 說文｜狡兔也兔之駿者从㲋兔○｜檀檀樹之別種也史記孔子世家｜檀索隱

颿 說文｜馬步疾也从馬風聲

椷 說文｜篋也从木咸聲○｜字本有函音故字從咸史記天官書閒可｜劒索隱

麙 說文｜山羊而大者細角从鹿咸聲

黬 集韻黬同○說文黬雖皙而黑也从黑箴聲古人名黬字子皙

縿 集韻幓同○說文｜旌旗之游也从糸參聲○｜謂繫於旌旗之體詩干旄箋以縫紕旌旗之旒｜疏○幓旒也漢書司馬相如傳下垂旬始以爲幓兮注引張揖○考工記輈人注弧以張幓之幅釋文本又作｜

獑 集韻或作螹○｜胡似獼猴頭上有髦要以後黑漢書司馬相如傳上｜胡縠蛇注引張揖○螹胡似猨黑身史記司馬相如列傳螹胡縠蛇集解引徐廣

嚴 說文｜教命急也从吅厰聲𠪚古文

𥶽 說文𥶽惟射所蔽者也从竹嚴聲

○以下據廣韻錄

㰹 說文｜堅持意口閉也从欠緘聲

尲 說文｜不正也从尣兼聲

𤞣 說文｜竇中犬聲从犬从音音亦聲

𩒎 說文｜頭頰長也从頁兼聲

𪘥 說文｜齒差也从齒兼聲

鼸 ｜鼠兒廣韻引埤蒼

酁 說文酁宋地从邑毚聲

纔 說文｜帛雀頭色一曰微黑色如紺｜淺也讀若讒

彡 說文｜毛飾畫文象形凡｜之屬皆从｜

礛 ｜諸治玉之石淮南脩務｜諸之功注

䁠 說文｜視也从目監聲

嚵 說文小啐也从口毚聲｜一曰喙也○｜嘗也集韻引廣雅

欦 說文｜含笑也从欠今聲

【芝】說文丨艸浮水中皃从艸乏聲

○以下據集韻錄【鹹】說文丨鹹也从鹵咸聲

【黔】說文丨黃黑也从黑金聲

【嗛】說文丨口有所銜也从口兼聲

【礹】說文礹石山也从石嚴聲

【嚴】說文嚴呷也从口嚴聲

【磛】說文丨礹石也从石斬聲

○以下附錄也【緂】說文丨白鮮衣皃从糸炎聲謂衣采色鮮

【酓】說文丨酒味苦也从酉今聲

經籍纂詁卷第三十補遺終

經筵講官南書房行走禮部左侍郎兼署兵部左侍郎前提督浙江學政阮元譔集

上聲

一董

董 丨正也爾雅釋詁又左氏桓六年傳隨人使少師董丨成注昭三年傳而辱使丨振擇之注又後漢高彪傳注又楚辭涉江余將丨道而不豫兮注○丨督也書大禹謨丨之用威傳又左氏文六年傳丨逋逃注昭十三年傳丨之以武師注又後漢陳忠傳注謝夷吾傳注○丨督正也後漢岑晊傳注○丨謂御正爾雅釋詁丨正也注○丨固也方言十二又廣雅釋詁二○振丨以兩手相擊也周禮大祝四曰振動大夫注

動 丨震也易象上傳丨而健虞注象下傳說以丨虞注又淮南道應能丨地注○丨發也易繫辭下傳效天下之丨者也虞注又淮南說林設鼠者機丨注○丨猶發也國策齊策丨於顏色注○丨作也爾雅釋詁又孟子滕文公上將終歲勤丨注又呂覽察今必循法以丨注○丨生也呂覽音律草木繁丨注又淮南時則蟄蟲咸丨蘇注○丨蘇也呂覽開春則蟄蟲丨矣注○丨感呂覽具備其丨人心不神注又淮南說山同氣相丨注○丨行也易繫辭下傳變丨不居虞注又國語晉語是以君子省衆而丨注楚語以休懼其丨注又淮南本經發丨而成於文注○丨移也呂覽論威物莫之能丨注○丨搖也楚辭抽思悲夫秋風之丨容兮注○丨變也呂覽知士宣王太息丨於顏色注○丨驚也文選高唐賦使人心丨注○丨猶化也淮南覽冥陰陽同氣相丨也注○丨猶惑也淮南精神不隨物而丨注○丨猶爭也呂覽首時丨不可禁注○震爲丨易觀觀我朶頤虞注象下傳丨而不窮也虞注繫辭上傳議之而後丨虞注繫辭下傳不見利不丨虞注○丨謂變丨素問五常政大論其丨濡積幷稸注○丨謂丨亂素問刺要內丨五藏注○丨有爲也淮南詮言丨之爲物注○丨謂作爲也荀子正名故欲過之而丨不及注○丨謂勞役之也論語子張丨之斯和皇疏○丨且行周禮鼓人軍丨則鼓其衆注○丨謂爻也易繫辭下傳主乎丨者也虞注○丨靜是非也荀子正名以喻丨靜之道也注○丨息猶出處文選謝元暉觀朝雨詩丨息無兼遂注○丨物禽獸也文選西京賦丨物斯止薛注○丨物謂禽獸也後漢馬融傳注○丨物羽贏之屬周禮大司樂以作丨物注○丨古文運同一切經音義四○丨讀爲哀慟之慟周禮大祝四曰振丨杜注○丨讀爲董書亦或爲董周禮大祝大夫注○丨或爲勳禮記樂記讙以立丨注○丨誤作嘖易繫辭上傳

言天下之至丨而不可亂也虞注○易繫辭上傳釋文至丨九家作冊

孔 丨甚也書皐陶謨何畏乎巧言令色丨壬傳又詩汝墳父母丨邇傳又後漢書注引韓詩又羔裘丨武有力傳小戎俴駟丨羣傳鹿鳴德音丨昭箋采薇玁狁丨棘箋蓼蕭丨燕豈弟箋何人斯其心丨艱箋小明我事丨庶箋楚茨祀事丨明箋賓之初筵飲酒丨偕箋飲酒丨嘉箋既醉威儀丨時箋卷阿亦丨之厚矣箋抑昊天丨昭箋閟宮路寢丨碩箋又儀禮士冠禮爰字丨嘉注又禮記樂記誘民丨易注孔子閒居內恕丨悲注中庸亦丨之昭注表記盜言丨甘注又左氏僖廿二年傳昏姻丨云注襄八年傳謀夫丨多注又爾雅釋言又漢書元帝紀集注禮樂志集注二見地理志上集注劉向傳集注二見韋元成傳集注匈奴傳上集注敘傳上集注又集注引孟康敘傳下集注又後漢章帝紀注和帝紀注順帝紀注郅惲

傳注丁鴻傳注周磐傳注班彪傳注張衡傳注又顏
氏家訓文章又太元斷我心丨碩注元圖律呂丨幽
注又楚辭懷沙丨靜幽默注又文選東京賦禮儀丨
明薛注永有民以丨安薛注厥庸丨肆薛注幽通賦
守丨約而不貳兮曹注思元賦彼天監之丨明兮舊
注○丨大也老子丨德之容注○丨空也老子丨德
之容王注○丨之爲言空也後漢馮衍傳注○丨閎
也爾雅釋詁○丨深貌淮南精神丨乎莫知其所終
極注○丨穴也爾雅釋詁丨閎也注又漢書張騫傳
注○丨丨雀也楚辭謬諫鸞鳳丨鳳日以遠兮注又
文選蜀都賦丨翠羣翔劉注○丨鳥丨雀也山海經
海內經有丨鳥注○書禹貢九江丨殷史記夏本紀
作九江甚中六府
丨修作六府甚修

總 集韻古作摠○丨合也淮南原道大宇宙之丨注
精神萬物丨而爲一注本經精與鬼神丨注又楚

辭怨思建黃昏之丨旄注○丨會也文選東京賦丨
集瑞命薛注○丨凡也淮南本經德之所丨要注○
丨皆也廣雅釋詁三○丨一也淮南本經故德之所
丨注○丨合也聚也史記禮書功名之丨也正義○
丨丨衆聚也淮南原道萬物之丨注○丨猶括也文選
東京賦丨風雨之所交薛注○丨結也廣雅釋詁四
又漢書楊雄傳上集注引應劭又離騷丨余轡乎扶
桑注○丨係也史記司馬相如傳丨光耀之采旄集
解引漢書音義又漢書司馬相如傳下集注引張揖
○摠要也荀子議兵功名之摠也注○丨領也荀子
非十二子丨方略注○摠領也荀子王制萬物之摠
也注王霸三公摠方而議注○聚束曰丨漢書平帝
紀集注○丨謂收積也管子侈靡無事而丨注○丨
謂簿書之種別與大凡周禮職內執其丨注○非其
事而事之謂之丨莊子漁父○丨猶猥卒禮記月令
寒氣丨至注○丨丨衆也廣雅釋訓○丨丨衆貌楚

辭大司命紛丨丨兮九州注○丨丨猶僔僔聚貌也
離騷紛丨丨其離合兮注○丨丨亂也周書大聚殷
政丨丨注○摠要猶統領也荀子哀公摠要萬物於
風雨注○丨衆人也周書大匡因其耆老及其丨害
注○丨將領也左氏僖七年傳若丨其罪人以臨之
注○丨謂監也莊子漁父非其事而事之謂之丨釋
文引李注○丨束髮也儀禮喪服斬衰布丨注又禮
記內則櫛縰笄丨注又釋名釋首飾又家語曲禮子
貢問榛以爲笄長尺而丨八寸注○丨六升長六寸
儀禮喪服傳○丨設燭之束也管子弟子職錯丨之
法橫於坐所注○禾稾曰丨書禹貢百里賦納丨傳
○納丨謂入所刈禾也書禹貢百里賦納丨鄭注○
丨角結髮也詩氓丨角之宴傳○丨角聚兩髦也詩
甫田丨角丱兮傳○丨十持盾也禮記樂記丨干而
山立注○丨章樂官名後漢獻帝紀注○丨章西向
堂呂覽仲秋天子居丨章太廟注○丨章西向堂西

方丨成萬物而章明之故曰丨章呂覽孟秋天子居
丨章左个注又淮南時則朝於丨章左个注○丨章
重屋之西堂取萬物之成功也大戴記少閒命於丨
章注○故書朱丨爲緦周禮巾車錫面朱丨注○丨
讀如租稯之稯周禮廛人掌斂市絘布丨布注○丨
當爲儳周禮廛人杜注肆長斂其丨布杜注○詩甫
田釋文丨角本作摠○詩
長發釋文是丨本作鬷

頌 集韻鴻通作澒○鴻濛廣大貌漢書楊雄傳上集
注○鴻蒙自然元氣也莊子在宥而適遭鴻蒙釋
文引司馬注○鴻蒙海上氣也莊子在宥釋文○丨
濛氣也楚辭遠逝貫丨濛以東竭兮注○濛丨未分
之象也後漢張衡傳注○鴻洞相連貌文選洞簫賦
風鴻洞而不絕兮注○鴻絧相連貌也文選羽獵賦
鴻絧緁獵注○丨水銀也淮南墬形黃埃五百歲生
黃丨注○白丨水銀也淮南墬形白礜九百歲生白

丨注○丨讀項羽之項
淮南精神丨濛鴻洞注

汞 水銀謂之丨廣雅釋器

桶 丨甬也廣雅釋器○丨量器呂覽仲春角斗丨注○方斛謂之丨廣雅釋器○受泰者曰丨一切經音義十五引通俗文○箸筩自關而西謂之丨檍方言五○今俗通呼小籠爲丨檍方言五自關而西謂之丨檍注○丨或作筩同上

蠓 丨蠛丨爾雅釋蟲○丨謂蠛丨小飛蟲也列子湯問有丨蚋者釋文○丨蠓蜂也廣雅釋蟲○蠭燕趙之閒謂之丨蠓方言十一

空 丨者血流之道大經隧也素問六節藏象血行而不得反其丨注

蓯 蘢丨皆峻貌史記司馬相如傳崇山蘢丨正義引郭云

滃 丨渤霧出貌文選江賦氣滃渤以霧杳注

琫 集韻或作鞛○刀室口之飾曰丨丨捧也釋名釋兵○丨上飾詩瞻彼洛矣鞞丨有珌傳○上曰丨詩公劉鞞丨容刀傳○丨佩刀鞘上飾詩瞻彼洛矣鞞丨有珌釋文○鞛下飾左氏桓二年傳藻率鞞鞛注○丨佩刀下飾也藝文類聚六十引字林

蓊 丨然聚貌文選高唐賦丨湛湛而弗止注○丨茸茂盛貌文選吳都賦丨茸蕭瑟注○丨薹也廣雅釋草

攏 丨猶括束也文選江賦丨萬川乎巴梁注

總 丨布謂守斗斛銓衡者之稅也周禮廛人總布注

奉 丨丨然多實也詩生民瓜瓞丨丨傳○詩生民瓜瓞丨丨說文艸部作瓜瓞菶菶

洞 丨疾貌也文選演連珠震風丨發注○丨丨敬也廣雅釋訓○丨讀挺挏之挏淮南天文丨丨灟灟注氾論丨丨屬屬注○丨讀同游之同淮南精神澒濛鴻丨注

挏 撞丨謂撞擣挺丨之顏氏家訓勉學○丨音挺丨之丨漢書百官公卿表上集注引晉灼

幪 丨丨然盛美也詩生民麻麥丨丨傳

菶 丨丨茂也廣雅釋訓○艸盛曰丨甫蠓切御覽九百九十四引通俗文

硐 丨磨也廣雅釋詁三○摟磨曰丨御覽七百六十二引通俗文

塕 丨然風起之貌也文選風賦丨然起於窮巷之閒注○老子銘其土地塕丨高敞蓊作丨

侗 丨狀也方言十二○丨大貌莊子山木釋文引字林○丨音敕動反漢書楊雄傳下音義引字林

翪 鵲鶪醜其飛也丨爾雅釋鳥○丨竦翅上下爾雅釋鳥注

○以下據廣韻錄

濛 集韻庬通作濛○庬鴻未分之象也文選思元賦注引孝經援神契宋注○丨鴻天之高氣也文選思元賦踰丨鴻於宕冥兮舊注

敵 丨擊也廣雅釋詁三

檧 丨篝也廣雅釋器○箸筩自關而西謂之桶丨方言五

畯 丨視也廣雅釋詁一

𨏥 丨輪也廣雅釋器○輪關西謂之丨方言九

緫 丨多也廣雅釋詁三○丨䐪多也南楚凡大而多謂之丨方言十

䐥 丨臭貌廣韻引字林

繷 丨多也廣雅釋詁三○丨䐪多也南楚凡大而多或謂之丨凡人語言過度及妄施行亦謂之丨方言十○後漢崔駰傳注引方言丨䐪作繷盛

䌰 丨集韻紂或作製○紂枲也愼子作紂荀子正論菲對屨注

巃 丨嵸聚貌文選舞賦丨嵸逼迫注○丨嵸皆峻貌史記司馬相如傳崇山丨嵸正義引郭云

酮 丨酢也廣雅釋器

眮 丨轉目也吳楚曰丨方言六

○以下據集韻錄

侗 丨大也莊子庚桑釋文引字林○丨愨直貌莊子庚桑釋文引三蒼○丨直而無累之謂莊子庚桑能丨然乎釋文○莊子庚桑釋文能丨本又作洞

胴 丨狀也方言十二

經籍籑詁卷第三十一

經籍籑詁卷第三十一補遺 上聲

兵部侍郎兼都察院右副都御史巡撫浙江等處地方提督軍務兼理糧餉阮元譔集

一董

董 集韻通作蕫○說文蕫鼎蕫也从艸童聲杜林曰藕根○丨謂深藏之史記扁鵲倉公列傳氣當大丨集解引徐廣○千里草爲丨續漢五行志一○爾雅釋草蘱薡蕫釋文蕫本或作丨○校官碑蕫竝街彈碑以府丞蕫察丨皆作董

動 說文丨作也从力重聲運古文丨从辵○丨行也淮南說山介蟲之丨以固注○丨不寧也素問六元正紀大論故風勝則丨注○震爲丨易艮不拯其隨虞注○震爲啟丨易蒙匪我求童蒙虞注○丨謂

運轉禮記禮運五行之丨疏○丨丨人心也禮記中庸明則丨注○天陽爲丨易繫辭上傳丨靜有常疏○丨謂發生穀物管子八觀地非民不丨注○丨或從也墨子經上○丨反靜也素問五運行大論其變丨注○國語周語放上而丨賈子禮容語下作稱上而差○婁壽碑固不勤心丨作勤

孔 說文丨通也从乙从子乙請子之候鳥也乙至而得子嘉美之也古人名嘉字子丨○丨謂丨穴禮記中庸注謂曉一丨丨之人疏○夫丨竅者精神之戶牖也淮南精神○丨則竅漏也素問骨空論其丨溺丨之端也注○丨者器中之所受也詩角弓如酌丨取疏○丨取謂器中空虛受物之處同上○丨與鸞相配者周書王會方人以丨鳥注○丨丨雀也漢書司馬相如傳上宛雛丨鸞注引張揖○左氏哀十五年傳追丨悝於厠釋文本又作叔悝

總 說文，聚束也从糸悤聲○｜｜撙撙聚皃也漢書揚雄傳上齊｜｜撙撙注○｜｜束髮垂爲飾禮記檀弓上而｜｜八寸注○｜者裂練繒爲之束髮之本垂餘於髻後禮記內則笄｜疏○｜者既繫其本又｜其末周禮追師注王后之燕居亦纚笄｜而已疏○卝角收髮結之禮記內則｜角衿纓注○｜謂稅入多少｜要簿書周禮職內而執其｜疏○｜禾稾｜入也漢書地理志上百里賦內｜注○｜者｜入轡牽之儀禮聘禮｜乘馬注○集本｜作緵依爾雅定本作數義俱通也詩魚麗傳庶人不數罟疏

澒 說文｜丹砂所化爲水銀也从水項聲○鴻澒竦踊也漢書司馬相如傳下紛鴻溶而上厲注引張揖○鴻絧直馳皃漢書揚雄傳上鴻絧緁獵注○水銀謂之｜御覽引廣雅

桶 說文｜木方受六升从木甬聲

蠓 說文｜蠛｜也从虫蒙聲

滃 說文｜雲气起也从水翁聲○｜雲氣起也漢書揚雄傳下則不能滃｜雲而散歊烝注

琫 說文｜佩刀下飾天子以玉諸侯以金从玉奉聲○佩刀之飾上曰｜下曰珌漢書王莽傳上瑒｜珌注○｜者鞞之上飾詩公劉疏○詩瞻彼洛矣鞞｜有珌釋文字又作鞛

蓊 ｜薆蔭蔽貌漢書司馬相如傳下觀衆樹之｜薆兮注

唪 說文｜大笑也从口奉聲讀若詩曰瓜瓞菶菶○｜口高貌廣韻引廣雅

洞 ｜｜驚肅也漢書谷永傳｜｜屬屬注○｜｜質慤之貌禮記禮器｜｜乎其敬也疏○｜｜婉順貌也淮南氾論｜｜屬屬注

挏 說文｜攡引也漢有｜馬官作馬酒从手同聲

玤 說文｜石之次玉者以爲系璧从玉丰聲讀若詩曰瓜瓞菶菶一曰若盦蚌

菶 說文｜艸盛从艸奉聲

鬷 ｜音椌｜漢書王子侯表上參｜侯則注引晉灼○｜總古今字之異也詩烈祖傳｜總疏

翪 爾雅釋鳥其飛也｜釋文字林作㚇

○以下據廣韻錄

睃 ｜視也凡相竊視南楚或謂之｜方言十

熜 說文｜然麻蒸也从火悤聲

𦁐 說文｜枲履也从糸封聲

姛 說文｜直項皃从女同聲

○以下據集韻錄

縱 ｜｜急遽貌禮記檀弓上喪事欲其｜｜爾釋文

從 ｜｜謂大高禮記檀弓上爾毋｜｜爾注○｜｜高也禮記檀弓上釋文

經籍籑詁卷第三十一補遺終

經籍纂詁卷第三十二

經筵講官南書房翰林戶部左侍郎兼署兵部左侍郎前提督浙江學政阮元撰集

上聲

二腫

【腫】丨鍾也寒熱氣所鍾聚也釋名釋疾病○丨謂癰
丨丨也素問大奇論肝滿腎滿肺滿皆實卽爲丨注
○丨瘇也考工記輪人劵不丨注○丨瘍癰而上生
創者周禮瘍醫掌丨瘍潰瘍金瘍折瘍之祝藥注○
肉暴長者曰丨論衡狀留○丨與風皆首疾呂覽盡
數鬱處頭則爲丨爲風注○莊子庚桑楚擁丨之與居
釋文丨本作踵○爾雅釋木注
瘻丨無枝條釋文丨本或作瘇

【種】集韻種或从重○種類也廣雅釋詁三○丨雜丨
也詩生民實丨實褎傳○丨生不雜也詩生民實

丨實褎箋○五丨之精備五穀之美者山海經中山
經精用五丨之精注○丨首疾也呂覽情欲身盡府
丨注○丨丨短也左氏昭三年傳余髮如此丨丨注
○丨丨淳厚也莊子胠篋釋文○丨丨謹愨貌莊子
胠篋舍夫丨丨之機釋文引李注○丨噲剝錯也莊
子讓王顏色丨噲釋文引司馬注○丨噲盈虛不常
之貌莊子讓王釋文引王注○詩生民誕降嘉丨說
文禾部作誕降嘉穀○左氏昭三年傳釋文丨丨徐
本作董董○莊子讓王丨噲釋文本亦作
腫○史記趙世家成侯丨竹書紀年名偃

【踵】集韻歱通作踵○丨繼也後漢列女傳注又離騷
及前王之丨武注又文選東京賦丨二皇之遐武
薛注魏都賦奚遽不能與之丨武而齊其風劉注○
丨至也國策齊策軍重丨高宛注又孟子滕文公上
丨門而告文公曰注又莊子達生丨門而詫子扁慶
子曰釋文引司馬注又文選顏延年皇太子釋奠會
詩注引莊子司馬注○丨因也漢書刑法志集注○
丨頻也莊子德充符魯有兀者叔山無趾丨見仲尼
注○丨接也漢書武帝紀集注霍去病傳集注○丨
猶尋也後漢馬融傳注○歱迹也廣雅釋詁三○丨
跡也後漢皇后紀注○丨蹈也漢書司馬相如傳集
注引文穎○丨猶躡也漢書毋將隆傳集注王嘉傳
集注○丨鍾也鍾聚也體之所鍾聚也釋名釋形體
○丨足根也詩巷伯箋丨狹而舌廣釋文○丨足跟
也素問瘀論尻以代丨注又文選藉田賦注引聲類
○足後曰跟又謂之丨釋名釋形體○丨後承軫者
也考工記輈人五分其頸圍去一以爲丨圍注○古
文丨今作歱同一切經音義十二○張表碑繼歱相
承丨
作歱

【寵】丨丨榮也國語晉語又不自遐而丨其政注楚語其
丨大矣注又後漢劉梁傳注○丨尊也國語楚語

丨神其祖注又漢書藝文志集注○丨得也老子丨
辱若驚釋文引簡文注○丨踰也漢書匡衡傳集注
○丨驕也文選東京賦好殫物以窮丨薛注○丨榮
名之謂詩長發何天之龍箋○丨變成寵顏氏家訓
書證○丨傳又爲龍數大戴記衛將軍文子何天之
丨傳奏其勇注○易師承天丨也釋文丨王肅作龍

【隴】大曰丨楚辭沈江封比干之邱丨注○丨廉醜婦
也楚辭哀時命丨廉與孟娵同宮注○丨種遺失
貌如丨之種物然或曰卽龍種也荀子議兵丨種東
龍而退耳注○丨水卽山海經所謂濫水也水經河
水注○丨水卽古袁水也水經濟水注○爾雅釋邱
注邱有丨界如田畝釋文丨本又作壟○左氏文二
年盟於垂丨公
羊穀梁作垂斂

【壟】亦作壠○丨冢也禮記曲禮上適墓不登丨注又
廣雅釋邱又呂覽孟冬營邱丨之小大高卑薄厚

之度注權勳掘若丨注○壠冢也荀子禮論故壙壠
其額象室屋也注又淮南墜形后稷壠在建木西注
○丨塋也小爾雅廣名○龍斷謂岡丨斷而高者
孟子公孫丑下必求龍斷而登之音義引陸注
攡 廣韻攡說文作攡○丨抱也儀禮公食大夫禮左
丨篚梁注又左氏襄廿五年傳丨社釋文又漢書
周昌傳集注竇嬰傳集注金日磾傳集注谷永傳集
注○攡抱也國語吳語攡鐸拱稽注○丨猶抱也文
選張茂先情詩襟懷丨靈景注○丨持也廣雅釋詁
三○出而道留謂之丨管子明法○丨者護之載爾
雅釋言邕載也謝氏注○丨猶障也禮記內則女子
出門必丨蔽其面注○丨翁也翁撫之也釋名釋姿
容○丨腫朴也莊子庚桑楚丨腫之與居注○丨腫
醜貌也莊子庚桑楚釋文引司馬注○丨腫無知貌莊
子庚桑釋文引崔注○丨腫鞅掌朴纍之貌莊子庚
桑釋文引向注○丨腫猶盤瘿莊子逍遙釋文引李

注○丨劒盤屬也文選吳都賦烏賊丨劒劉注○國
語吳語攡鐸拱稽周禮小宰司農注攡作丨鐸拱稽
壅 集韻壅通作雍○雍聚也漢書揚雄傳上集註○
雍袥也漢書揚雄傳上集注引晉灼○雍塡也漢
書天文志集注引晉灼○丨塞也淮南主術業貫萬
世而不丨注○雍塞也穀梁僖九年傳毋雍泉釋文
又漢書中山靖王勝傳集注○丨障也廣雅釋詁二
○丨防也國語晉語胡可丨也注○丨蔽國策齊策
宣王因以晏首丨塞之注○雍猶蔽也詩無將大車
維塵雍兮箋○丨隔也廣雅釋詁二○雍謂隄防止
水者也周禮秋官序官雍氏注○令出而留謂之丨
管子明法○令出而不入謂之丨管子法法○出而
道止謂之丨同上○左氏宣十二年傳川丨爲澤釋
文丨本作雍○晉書音義中丨亦作壅○修華嶽碑
泰氣雍丨古西狄頌四
方亢雍丨皆作雍

冗 丨散也漢書成帝紀集注引文穎食貨志下集注
又後漢光武帝紀注和帝紀注魯恭傳注申屠剛
傳注虞詡傳注○丨食者謂留治文書若今尚書之
屬諸直上者周禮槁人掌共外內朝丨食者之食注
丨次也漢書司馬遷傳集注引蘇林○丨推也漢
茸 書司馬遷傳集注○丨細也後漢公孫瓚傳注○
丨細毛也文選報任少
卿書在闒丨之中注
氄 丨溫柔貌書堯典鳥獸丨毛馬注○書堯典鳥獸
丨毛說文毛部作鳥獸毴髦毳部作鳥獸㲪毛
重 丨大呂覽貴生天下丨物也注○丨鼎大鼎也禮
記儒行引丨鼎不程其力注○丨猶厚也呂覽盡
數無以烈味丨酒注○丨惇丨也國語晉語而大志
丨注○丨深呂覽悔過君其丨圖之注○丨猶深也
後漢酷吏傳注○丨尊也國策西周策地廣而益丨
注秦策使趙大丨注請丨公於齊注齊策孟嘗君丨

非諸侯也注又呂覽勸學在右則右丨注節喪孝子
之丨其親也注孝子之丨之不怠注○丨猶尊也禮
記祭統而又以丨其國也注又書大傳太子丨鄉養
注○丨謂尊丨漢書陳勝傳集注○丨猶尚也禮記
緇衣臣儀行不丨辭注○丨猶寶也禮記少儀不訾
丨器注○丨惜也史記張耳陳餘傳豈以臣爲丨去
將哉索隱○丨猶惜也史記刺客傳不丨暴骸之難
索隱又後漢寇榮傳注○丨猶愛惜也後漢朱浮傳
注○丨猶愛惜也史記刺客傳丨自刑以絕從正義
○丨丨猶多也文選東京賦其取威也丨矣薛注○丨
威丨丨也文選爲曹公作書與孫權更無以威脅丨敵
人注○丨難也史記張耳陳餘傳索隱又漢書元帝
紀集注刑法志集注食貨志上集注二見陳餘傳集
注淮南厲王長傳集注司馬相如傳下集注司馬遷
傳集注嚴助傳集注三見主父偃傳集注楊王孫傳
集注霍光傳集注陳湯傳集注二見韋元成傳集注

王尊傳集注蕭望之傳集注孔光傳集注西域傳上
集注西域傳下集注又後漢明帝紀注又文選喻巴
蜀檄丨煩百姓注〇丨者難也史記貨殖傳丨爲邪
索隱〇丨猶難也漢書張安世傳集注杜延年傳集
注〇丨祿丨難其祿荀子議兵丨祿貴節次也注〇
丨遲寬緩也荀子脩身卑溼丨遲貪利注〇坤爲丨
易繫辭下傳引丨致遠虞注〇宮謂之丨爾雅釋樂
〇宮聲濁而遲故曰丨爾雅釋樂孫注〇丨輜丨也
後漢袁紹傳注劉焉傳注〇大臣獄丨故曰丨門後
漢王龔傳注〇丨死刑也後漢陳寵傳注〇丨死者
之資丨也含餘米以爲粥投之甕而懸之比葬未作
主權以丨主其神也釋名釋喪制〇丨木作湩其音
則同漢書匈
奴傳上集注

【冢】丨大也書泰誓上我友邦丨君傳牧誓我友邦丨
君馬注又詩緜乃立丨土傳又周禮目錄又禮記

內則丨子則大牢注又左氏閔二年傳大子奉丨祀
社稷之粢盛以朝夕視君膳者也故曰丨子注昭十
三年傳初共王無丨適注又爾雅釋詁又國語鄭語
其丨君侈驕注又漢書郊祀志下集注又後漢皇后
紀注仲長統傳注又淮南時則乃命丨宰注〇丨者
大也白虎通爵〇丨大之上也周禮天官序官大宰
卿一人注〇丨封之大也爾雅釋詁丨大也舍人注
〇丨土大社也詩緜乃立丨土傳又王肅注又爾雅
釋天乃立丨土注〇丨宰大宰也周禮天官序官乃
立天官丨宰司農注〇丨子猶言長子禮記內則丨
子則大牢注〇丨嫡也後漢袁紹劉表傳注〇百官
總焉則謂之丨周禮天官序官注〇丨鄉孤鄉周書
大匡王乃召丨鄉注〇丨腫也廣雅釋山〇丨腫也
言腫起也釋名釋山〇山頂丨爾雅釋山〇丨山巔
也文選射雉賦依于其丨徐注〇山頂曰丨詩十月
之交山丨崒崩傳又周禮天官序官注又釋名釋山

〇丨者神鬼之所舍也山海經西山經華山丨也注
〇丨腫也象山頂之高腫起也釋名釋喪制〇丨者
種也種倚于山分尊卑之名者也水經渭水注引春
秋說題辭〇丨秦晉之閒或謂之壠方言十三〇丨
封土爲邱壠象丨而爲之周禮春官序官丨人注〇
丨人有司掌墓地兆域者儀禮士喪禮丨人營之注
〇丨遂山名山海經西山經崇吾之山北
望丨遂注〇楚人謂丨爲琴水經泚水注

【奉】丨持也廣雅釋詁三〇丨謂恭而持之匡謬正俗
三〇丨進也廣雅釋詁二〇丨猶進也周禮大司
徒祀五帝丨牛牲注大司寇大祭祀丨犬牲注小司
寇小祭祀丨犬牲注〇丨獻也廣雅釋言〇丨與也
左氏僖卅三年傳天丨我也注〇丨養也左氏昭六
年傳丨之以仁注又漢書刑法志集注〇丨祿也廣
雅釋詁四〇丨助也淮南說林風雨丨之注脩務今
無五聖之天丨注〇丨藉也國語齊語鏤纂以爲丨

注〇丨送也呂覽懷寵丨而題歸之注〇丨猶送也
周禮天府若遷寶則丨之注司服共其衣服而丨之
注筮師丨而藏之注龜人則丨龜以往注大司馬則
厭而丨主車注丨詔馬牲注〇丨之送以往周禮典
瑞凡玉器出則共丨之注〇丨行也國語晉語是之
不果丨注〇丨謂將行周禮小宗伯丨主車注〇丨
引謂引道者文選東京賦丨引既畢薛注〇丨車都
尉掌乘輿後漢明帝紀注〇丨常秦官景帝更名太
常後漢光武帝紀注〇古文丨爲卷儀禮聘禮加其
丨於左皮上注〇禮記曲禮下凡丨者當心釋文丨
本亦作捧內則長者丨桀釋文丨本或作捧〇
周禮大宰注祿若月丨也釋文丨本或作俸

【捀】丨逢也兩手相逢以執之也釋名釋姿容〇丨舉
也文選射雉賦丨黃閼以密殼徐注〇丨兩手持
也穆天子傳六丨饋而哭
注〇丨束口也釋名釋兵

【覂】又作泛○泛覆也漢書武帝紀集注食貨志上集注引孟康○｜棄也廣雅釋詁一○泛字本作｜漢書食貨志上集注○泛字本作｜後通用耳漢書武帝紀集注

【勇】｜志之所以敢也墨子經上○｜文之帥也國語周語○｜能斷決也國語晉語其｜不疚於刑注○不疑之謂｜韓子解老○持節不恐謂之｜賈子道術○以義死用謂之｜國語周語○勝敵壯志曰｜周書謚法○折而不撓｜也管子水地○｜踊也遇敵踊躍欲擊之也釋名釋言語○｜人之高行也孟子離婁下可以取章章指○｜天下之凶德也呂覽論威○有令不聽從謂之｜韓子詭使○｜敢｜猛果敢列子力命｜敢釋文○｜士義｜者也孟子滕文公下｜士不忘喪其元注○古文甬㦷二形今作｜同一切經音義十二

【涌】｜溢也素問五常政大論其動漂泄沃｜注○｜出也廣雅釋詁二○泉暴出者曰｜論衡狀留○水上出曰｜泉釋名釋水○水泉從下上出曰｜泉爾雅釋水正出｜出也李注○｜水名左氏莊十八年傳游｜而逸釋文○｜湍危阻也楚辭悲回風憚｜湍之磕磕兮注○｜喬行貌也文選七發軋盤｜喬注○山旁隴閒曰｜｜猶桶桶狹而長也釋名釋山○｜吐也素問至眞要大論酸若｜泄爲利注○｜嘔吐也素問五常政大論其動瘍｜注○｜泉穴名在足心下踡指宛之中素問陰陽離合論少陰根起於｜泉注

【踊】｜上也公羊成二年傳｜于棓而窺客注又廣雅釋詁一○｜躍禮記檀弓下辟斯｜注○｜跳也廣雅釋詁二又漢書禮樂志集注○｜躍跳也漢書司馬相如傳下集注引張揖○｜辟｜也公羊宣十八年傳哭君成｜注○曲｜跳躍也左氏僖廿八年傳曲｜三百注○｜豫也齊人語若關西言渾矣公羊僖十年傳｜爲文公諱也注○｜甚也史記平準書物｜騰糶集解引晉灼○｜騰猶低昂也史記平準書索隱引如淳○｜刖足者屨左氏昭三年傳屨賤｜貴注○｜或爲哭或爲浴禮記喪大記君弔見尸柩而後｜注

【甬】｜常也廣雅釋詁一○｜使也同上○｜量器也呂覽仲秋齊斗｜注○｜今斛也禮記月令角斗｜注○｜郎斛也爾雅釋樂注梲如漆｜釋文○舞上謂之｜考工記鳧氏○｜鍾柄考工記鳧氏注○｜道閣道也文選古意詶到長史溉登琅邪城詩｜道入鴛鸞注○｜道飛閣複道也後漢班彪傳注又淮南本經｜道相連注○自關而東陳魏宋楚之閒保庸謂之｜方言三○｜｜江國語越語吾請達王｜句東注○｜讀踊躍之踊淮南本經｜道相連注

【俑】｜偶人也禮記檀弓下謂爲｜者不仁注又後漢馬援傳注又孟子梁惠王上始作｜者注○｜偶人也有面目機發似於生人通典八十六引禮記傳○｜木人送葬也餘腫切文選祭古冢文注引埤蒼○｜或謂偶偶刻木以像人形文選祭古冢文撫｜增哀注

【慂】｜勸也廣雅釋詁一○｜動也廣雅釋詁一

【蛹】土｜蠁蟲也廣雅釋蟲

【慫】｜懼也孝經注戰戰｜懼釋文又爾雅釋詁又廣雅釋詁二○｜者腸絕而無主也鬼谷子權○｜謂｜懼魂不安也素問藏氣法時論善｜如人將捕之注

尰廣韻瘇同尰○丨腫也廣雅釋詁二○腫足爲丨詩巧言既微且丨傳又爾雅釋訓○腫足曰尰一切經音義十一引通俗文又漢書賈誼傳集注引如淳○腫足曰尰呂覽盡數重水所多丨與躄人注○丨水溼之疾也爾雅釋訓孫注○詩巧言既微且丨說文尢部引作瘇○瘇今作丨同之勇反一切經音義四引字詁

拱集韻共省文栱○共執也詩抑克共明刑傳韓奕虔共爾位傳長發受小共大共箋○丨執也爾雅釋詁又國語吳語擁鐸丨稽注又後漢仲長統傳注○兩手曰丨莊子人閒世其丨把而上者釋文引司馬注又後漢崔駰傳注○合手曰丨左氏僖卅二年傳爾墓之木丨矣注又穀梁僖卅三年傳子之冢木已丨矣釋文○合兩手曰丨漢書郊祀志上集注○丨合兩手也孟子告子上丨把之桐梓注○兩手持爲丨爾雅釋詁丨執也注○滿兩手曰丨呂覽制樂比旦而大丨注○兩手搤之曰丨書序桑穀共生于朝鄭注又書大傳七日大丨注○丨抱也淮南繆稱交丨之木注○丨合抱也穀梁僖卅三年傳子之冢木已丨矣注○丨可以手對抱公羊僖卅三年傳宰上之木丨矣注○共丨手也儀禮鄉飲酒禮退共注○丨丨手也論語爲政而衆星丨之鄭注○斂手曰丨漢書黥布傳集注○吉時丨尚左手喪時丨尚右手儀禮喪服記袪尺二寸注○丨沓手也論語微子子路丨而立皇疏○丨固也廣雅釋詁二○丨瀎也廣雅釋詁一○詩甿箋以自丨持釋文丨又作共○論語爲政而衆星共之釋文共鄭作丨○丨本作拙列子黃帝凡重外者丨內釋文

栱丨大弋也御覽三百卅七引埤蒼○杙大者謂之丨爾雅釋宮○丨欒類而曲也文選景福殿賦欒丨夭蟜而交結注

蛬集韻蛬或作蛩○蛩蜻蛪也廣雅釋蟲○丨促織也一名蜻蛚詩蟋蟀傳蟋蟀丨也釋文○蜻蛚梁國呼丨方言十一蜻蛚謂之丨注

鞏丨固也易革丨用黃牛之革注又詩瞻卬無不克丨傳又爾雅釋詁又易革釋文○丨丨拘攣貌也楚辭離世心丨丨而不夷注○凡有汁而乾謂之煎東齊謂之丨方言七○丨縣名屬河南郡書禹貢傳合於丨之東釋文

竦丨從也體支皆引從也釋名釋姿容○丨動也文選海賦莫振莫丨注○丨上也廣雅釋詁一○丨敬也漢書禮樂志集注○丨懼也詩長發不戁不丨傳又爾雅釋詁又後漢張綱傳注○丨憂懼卒至之貌也大元失郞而丨而注○丨驚也漢書李廣傳集注○丨跳也廣雅釋詁二○丨立也文選西京賦通天訬以丨峙薛注思元賦丨余身而順止兮舊注○丨猶立也文選求自試表夫臨博而企丨注○丨企立也後漢張衡傳注○丨執也廣雅釋言又楚辭少司命丨長劒兮擁幼艾注○丨勸也漢書楊雄傳下集注○灌題之山有鳥焉見人則躍名曰丨期山海經北山經○丨古文踈一切經音義十二○丨與聳古字通文選長楊賦聳輿丨二注○愯古丨字漢書刑法志集注

悚丨懼家語弟子行不戁不丨注○丨惶遽也一切經音義十三引字林

聳丨高也華嚴經音義上引切韻○丨悚也方言十三○丨懼也左氏昭六年傳丨之以行注昭十九年傳駟氏丨注又國語周語身丨除潔注○丨敬也國語楚語能丨其德注○丨奬也國語楚語丨善而

掓惡焉注○丨欲也荆吳之閒曰丨自關而西秦晉之閒相勸曰丨中心不欲而由旁人之勸語亦曰丨丨方言六○丨悚謂警丨也方言十三丨悚也注○丨聾也廣雅釋詁三○丨聾也生而聾陳楚江淮之閒謂之丨荆揚之閒及山之東西雙聾者謂之丨方言六○丨古文竦慫慫三形一切經音義十五○左氏昭六年傳丨之以行漢書刑法志作慫之以行○繁陽令楊君碑有司丨昧聾作丨

洶 丨丨謂水波騰貌文選高唐賦濞丨丨其無聲兮注○丨丨讙聲也楚辭逢紛飄風來之丨丨注○丨湧跳起貌史記司馬相如傳丨湧滂濆索隱引司馬彪

詾 丨鳴也廣雅釋詁二

湩 丨乳汁也史記匈奴傳索隱引三蒼又史記匈奴傳以示不如丨酪之便美也集解○丨乳也今江

南人亦呼乳爲丨穆天子傳四因具牛羊之丨注

拲 丨者兩手共一木也周禮掌囚上罪梏丨而桎司農注○兩手司械曰丨漢書刑法志集注

㤨 丨懼也廣雅釋詁二

溶 丨水盛貌文選思元賦注引字林○丨弋冢反漢書揚雄傳音義引字林

駷 丨揺馬銜走公羊定八年傳臨南丨馬注○公羊定八年傳釋文丨本又作㩳

䱰 丨鯢也廣雅釋魚

軵 丨推也漢書馮奉世傳集注引如淳○丨推也丨讀揖拊之拊淮南覽冥丨車奉饟注○丨擠也讀近茸急察言之淮南氾論大祖丨其肘注

輁 丨狀如長牀穿桯前後著金而關軸焉大夫諸侯以上有四周謂之輴天子畫之以龍儀禮既夕遷于祖用軸注○丨狀如牀軸其輪輓而行儀禮士喪禮升棺用軸注○古文丨或作拱儀禮既夕記夷牀丨軸饌于西階東注

○以下據廣韻錄

埫 丨塎不安也玉篇引埤蒼

塗 丨塗也廣雅釋室○泥塗謂之丨頌一切經音義八引通俗文

⿰扌戎 丨推也廣雅釋詁三

⿰忄重 丨遲也丈冢反易咸釋文引字林

悀 丨滿也廣雅釋詁一○丨滿也凡以器盛而滿謂之丨方言六○丨言涌出也方言六注

衕 丨巷道廣韻引蒼頡

蓯 丨苹藺蕩也廣雅釋草

拲 丨舉也廣雅釋詁一

輂 丨輌也廣雅釋器

慫 丨勸也廣雅釋詁二○丨慂勸也南楚凡己不欲喜而旁人說之不欲怒而旁人怒之或謂之丨慂方言十

集韻⿰糸頁亦書作纐○丨絆前兩足也文選吳都賦

⿰糸頁 丨麋屦劉注

從 丨走貌先鞏切文選吳都賦注引埤蒼○丨丨走也廣雅釋訓○丨丨衆也漢書禮樂志集注

兇 丨恐懼聲〔後漢耿弇傳注〕○丨丨恐懼聲〔左氏僖廿八年傳曹人丨懼注〕

鶬 丨鴟也七董反〔爾雅釋鳥釋文引字林〕○丨鴟也怪鳥也〔一切經音義十三引埤蒼〕○丨老鴟也〔廣雅釋鳥〕○〔爾雅釋鳥注今丨鴟也釋文丨字又作鵵以下據

[illegible] 丨音如有所擁持之擁三國吳三嗣主傳注引〔吳錄〕○集韻錄

撞 丨桐此謂撞擣挺桐之〔顏氏家訓勉學〕

穠 丨盛多也〔後漢崔駰傳注〕

經籍籑詁卷第三十二

經籍籑詁卷第三十二補遺

兵部侍郎兼都察院右副都御史巡撫浙江等處地方提督軍務兼理糧餉臣阮元譔集

上聲

二腫

腫 〔說文〕丨癰也从肉重聲

種 丨五穀之丨也〔漢書食貨志下〕丨饟糧食注○丨者五穀之丨也〔漢書文帝紀〕及貸丨食未入注○丨五穀丨也〔漢書宣帝紀〕貸丨食注○丨五穀之子也〔漢書溝洫志〕丨不得下注○丨謂穀子也〔漢書食貨志上〕而播丨於甽中注○丨即五穀謂黍稷麻麥豆也〔漢書食貨志上〕丨穀必雜五丨注○五丨謂黍稷菽麥稻也〔周書職方〕正南曰荆州其穀宜五丨注○五丨黍稷菽麥麻〔周書職方〕正北曰幷州其穀宜五丨注○五丨黍稷豆麥麻〔荀子儒效序〕五丨注〔王制序〕五丨注○三丨黍稷稻也〔周書職方〕東北曰幽州其穀宜三丨注○丨謂上善似母者〔周禮校人〕丨馬一物注

踵 〔說文〕丨追也从足重聲一曰往來皃○丨繼也〔史記太史公自序〕有司靡丨索隱○丨腳後也〔禮記曲禮下〕車輪曳丨疏○丨謂足後跟也〔禮記玉藻〕舉前曳丨疏○𨂂今作丨〔史記天官書索隱引字詁〕○定本丨作蹱其義俱通〔詩巷伯箋疏〕

寵 〔說文〕丨尊居也从宀龍聲○丨光耀也〔易師〕承天丨也釋文引鄭注○丨貴丨也〔史記趙世家〕丨有孝悌長幼順明之節正義○丨謂族也〔左氏襄三十年傳〕丨名皆弃注○丨字以龍爲聲〔詩酌箋〕龍丨也疏

隴 說文丨天水大阪也从𨸏龍聲。魏大饗記殘碑唐君元龍西人丨作龍

壟 說文壠邱壠也从土龍聲。冢秦晉之閒謂之墳或謂之壠方言十三。丨上謂田中之高處漢書陳勝傳輟耕之丨上注

擁 說文擳抱也从手雝聲。丨抱也禮記少儀侍投則丨矢疏。丨持也禮記玉藻凡君召以三節疏又漢書谷永傳丨天下之樞注。丨謂抱之於懷也禮記玉藻走則丨之疏。擁抱持之漢書夏侯嬰傳注。擁聚也漢書楊雄傳上擁神休注。擁祐也漢書楊雄傳上擁神休注引晉灼。南方人謂抱小兒爲擁樹漢書夏侯嬰傳面擁樹馳注引蘇林

雍 丨曲隈也史記司馬相如列傳批巖衝丨正義引司馬彪。擁河水決出還復入也列子黃帝擁水之潘爲淵釋文。擁言閉塞不行也周書大戒衆匿乃擁注

宂 說文丨散也从宀人在屋下無田事周書曰宮中之丨食。丨散也周禮稿人注丨食者疏。丨亦散也漢書谷永傳流散丨食注

茸 丨竹頭有文也文選南都賦阿那蓊丨注引埤蒼

氄 集韻毴或作丨。說文毴毛盛也从毛隼聲虞書曰鳥獸毴毛

重 丨厚也淮南俶眞九鼎丨味注。丨猶益也呂覽制樂是丨吾罪也注。丨威丨也漢書汲黯傳吾徒得君丨注。丨謂敬難之漢書周仁傳爲先帝臣丨之注。丨猶難也史記司馬相如列傳丨煩百姓索隱。丨猶難之也漢書韓安國傳丨作事也注。丨幣金帛之幣也呂覽孟秋紀行丨幣注又淮南時則行丨幣注。丨適謂承丨也管子幼官十年丨適入注。丨謂君也管子侈靡丨者丨注。丨問謂多以貨財遺之也左氏僖十年傳若丨問以召之疏

冢 說文丨高墳也从勹豕聲。丨大也書周官正疏引周禮馬融注。丨謂山巔也爾雅釋山孫注。丨山頂也漢書劉向傳山丨卒崩注。丨土社也書泰誓上宜于丨土傳。丨卿上卿也荀子大畧丨卿不脩幣注。丨宰天官卿貳王事者禮記檀弓下王世子聽於丨宰三年注。楚人謂丨爲琴矣水經泚水注

奉 說文丨承也从手从廾丰聲。丨謂進也禮記王制丨諱惡疏。丨謂丨送之也史記蕭相國世家吏皆送丨錢三索隱。丨謂供事也漢書食貨志下春以丨耕注。丨承行易文言傳後天而丨天時注。丨所丨以致命儀禮聘禮加其丨于左皮上注。丨戴猶丨事左氏襄廿五年傳丨戴厲公注。莊子說劍臣之所丨皆可釋文司馬本作奏

覂 說文丨反覆也从襾乏聲。泛覆也文選漢武帝詔注引應劭

勇 說文勈气也从力甬聲戜丨或从戈用恿古文丨从心。丨謂果敢決斷禮記禮運注丨者之斷疏。知死不辟丨也左氏昭廿年傳。臨事而屢斷丨也禮記樂記。斷而決之者丨也太元元攡。共用之謂丨左氏文二年傳。丨力皆車右也左氏成十六年傳使訓丨力之士注。

涌 說文丨滕也从水甬聲一曰丨水在楚國。丨謂溢食不下也素問六元正紀大論嘔丨注

踊 說文丨跳也从足甬聲。跳躍爲丨禮記檀弓下辟丨哀之至也疏。丨是跳躍禮記喪服四制跛

者不丨疏○丨亦向上之名左氏僖廿八年傳注曲丨疏○丨刖足者屨左氏昭三年傳屨賤丨貴注○丨丨謂刖足者屨後漢書寒朗傳論齊侯省刑注○丨騰一也不當重累言之漢書食貨志下痛騰躍注○喪之丨猶孺子之號慕禮記檀弓下予壹不知夫喪之丨也注○爵丨足不絕地禮記問喪發胸擊心爵丨注○爵丨似爵之跳也禮記問喪注

甬 說文丨艸木華丨丨然也从马用聲

俑 說文丨痛也从人甬聲○丨木人送葬設關而能跳丨故名之廣韻引埤蒼

慂 集韻或作臾○臾讀曰勇漢書衡山王賜傳日夜縱臾王謀反事注引如淳

蛹 說文丨繭蟲也从虫甬聲○螝郎是雄丨郎是雌爾雅釋蟲孫注

恐 說文丨懼也从心巩聲忎古文○丨謂怖動也漢書淮陽憲王欽傳令弟光丨王云注○丨所以懼惡也素問陰陽應象大論在志為丨注○心虛而腎氣并之則為丨素問宣明五氣篇精氣并於腎則丨注

尰 說文瘇脛气足腫从疒童聲詩曰既微且瘇尰籀文从允○爾雅釋訓既微且丨釋文本或作瘇並籀文瘇字

拱 說文丨斂手也从手共聲○丨謂合兩手也左氏襄廿八年傳與我其丨璧疏○丨沓手也禮記玉藻顧霤垂丨疏○兩手合為丨漢書五行志中之下七日而大丨注○丨垂丨而已也荀子王霸則天子共已而已注○丨璧大璧也左氏襄卅一年傳叔仲帶竊其丨璧釋文

珙 說文新附丨玉也从玉共聲

鞏 說文丨以韋束也易曰丨用黃牛之革从革巩聲○丨火乾也方言七

竦 說文丨敬也从立从束束自申束也○丨企待也漢書東方朔傳寡人將丨意而覽焉注○丨謂引領舉足也漢書韓王信傳丨而望歸注○丨與聳音義同左氏昭十九年傳注聳懼也疏

愯 集韻愯㦝同○說文愯懼也从心雙省聲春秋傳曰駟氏愯○愯懼也文選魏都賦愯焉相顧劉注○㦝謂獎也漢書刑法志㦝之以行注

聳 說文生而聾曰聳从耳從省聲○丨言無所聞常丨耳也方言六注○丨懼左氏襄四年傳邊鄙不丨注○丨獎皆強欲也方言六注○國語周語身丨除潔賈子禮容語下作身恭除潔

洶 說文丨涌也从水匈聲○丨丨磕磕皆水聲也書大傳

湩 丨乳也列子周穆王具牛馬之丨注○重乳汁也漢書匈奴傳上以視不如重酪之便美也注○重字本作丨同上

拲 說文丨兩手同械也从手从共共亦聲周禮曰上皋梏丨而桎桊丨或从本○丨者施於手左氏莊三十年傳注手曰梏疏○丨郎拱字也漢書刑法志上罪梏丨而桎注

㤨 說文丨戰慄也从心共聲

溶 說文丨水盛也从水容聲○丨廣大貌也後漢書張衡傳氛旄丨以天旋兮注引楚辭王注

軵 說文丨反推車令有所付也从車从付讀若茸○丨讀丨濟之丨淮南說林倚者易丨也注

䱰 說文丨魚名从魚同聲一曰鱶也讀若絝襱
○以下據廣韻錄 歱 說文丨跟也从止重聲
⿰彳重 說文丨相迹也从彳重聲
⿱瀧土 說文丨涂也从土瀧聲
⿰鼠宂 說文丨鼠屬从鼠宂聲
搑 說文丨推擣也从手茸聲
⿰忄重 說文丨遲也从心重聲
襱 說文丨絝踦也从衣龍聲襩丨或从賣

通 說文丨喪辟丨从辵甬聲
傛 說文丨不安也从人容聲一曰華
⿱巩石 說文丨水邊石从石巩聲春秋傳曰闕丨之甲
廾 說文丨竦手也从𠂇从又凡廾之屬皆从廾𢪛楊雄說廾从兩手
拲 說文丨擁也从手巩聲
慫 說文丨驚也从心從聲讀若悚○縱臾猶言勉强也漢書衡山王賜傳注引如淳○縱臾謂獎勸也漢書衡山王賜傳日夜縱臾王謀反事注
從 漎同○丨丨前進之意也漢書楊雄傳上風丨丨而扶轄兮注○漎漎疾貌也文選甘泉賦風漎漎而扶轄兮注

兇 說文丨擾恐也从人在凶下春秋傳曰曹人丨懼
○以下據集韻錄 ⿰革茸 說文丨⿱奉韋毳飾也从革茸聲
𢍏 說文丨羽獵韋絝从衣𢍏聲𧞪或从衣从朕虞書曰鳥獸𧞪毛
搈 說文丨動丨也从手容聲
嵱 丨嵷上下衆多貌漢書楊雄傳上陵高衍之丨嵷兮注引如淳

經籍纂詁卷第三十二補遺終

經籍籑詁卷第三十三

經筵講官南書房行走禮部左侍郎兼署兵部左侍郎前提督浙江學政阮元撰集

上聲

三講

講 丨習也國語周語而一時丨武注魯語終則丨於
會注楚語榭不過丨軍實注又漢書燕剌王旦傳
集注又後漢獻帝紀注魯恭傳注蔡邕傳注又家語
禮運丨信脩睦注○丨猶習也後漢章帝紀注○丨
猶簡習周禮校人丨馭夫注○丨肄謂習武也文選
景福殿賦丨肄之埸注○丨肄也左氏莊卅二年傳
雩丨于梁氏注○丨校也國語鄭語擇臣取諫工而
丨以多物注○丨論校也國語鄭語物一不丨注○
丨解也史記蘇秦傳趙得丨於魏索隱○丨和也國
策西周策而秦未與魏丨也注齊策趙令樓緩以五

城求丨於秦注又史記項羽紀業已丨解集解引蘇
林穰侯傳今王背楚趙而丨秦索隱蘇秦傳趙得丨
於魏索隱又漢書項籍傳集注引蘇林曹參傳集注
○丨成也國策秦策寡人欲割河東而丨注○丨論
也廣雅釋詁二又國語魯語夫仁者丨功注○丨謀
也左氏襄五年傳丨事不令注○丨謂丨議漢書鼂
錯傳集注○以中情出小曰間大曰丨大戴記千乘
○震爲丨易象下傳君子以朋友丨習虞注○兌爲
丨習易序卦傳兌者說也虞注○丨或作較漢書曹
參傳集注引文穎○左氏僖十五年傳注則丨虛而
不經釋文丨
本又作構

港 丨水分流也一切經音義三引字略○丨洞相通
也文選長笛賦丨洞坑谷注

棒 棓同○棓杖也廣雅釋器○大杖曰棓御覽三百
五十七引通俗文○僉自關而西謂之棓方言五
○凡無高下有絕加躡板曰棓公羊成二年傳踊于
棓而窺客注○棓根也廣雅釋草○棓音榔打之榔
史記天官書右三星曰天棓集解引蘇林○
棓音棓打之棓漢書天文志集解引蘇林

蚌 蜯同集韻蚌或作鮮○丨卽蜃也爾雅釋魚注○
丨含漿爾雅釋魚○丨曰合將周禮鼈人凡山川
四方用蜃注○離爲丨易說卦傳○離爲蠃丨易震
億喪貝虞注○巨丨育明珠者也文選吳都賦剖巨
丨於回淵劉注○鮮音同丨蛤之丨山海經西山經
其中多鮮魚注○蜯與丨同文選南都賦巨蜯函珠
注○蜯亦作丨晉書音義上○易說卦爲丨釋文丨
本又作蜯爾雅釋器注珧小丨釋文丨本作蜯釋魚
丨含漿釋文丨本作蜯○周禮鼈
人注蠯蜯也釋文蜯字又作丨

項 丨大也詩節南山四牡丨領傳○丨确也堅确受
枕之處也釋名釋形體○丨背相望謂前後相顧

也後漢左雄傳注○丨國名也左氏僖十六年夏滅
丨釋文又公羊釋文又穀梁釋文○淮南說林丨託
董子逢盛
碑作后囊

缿 丨器名受投書之器入不可出史記酷吏傳索隱
○丨胡江反史記酷吏傳索隱引三蒼

耩 丨耕也廣雅釋地

○據廣
韻錄 **[illegible]** 丨鑼器廣韻引埤蒼

○據集
韻錄 **[illegible]** 史記曹相國世家丨若畫一索隱曰漢書
丨作講

經籍籑詁卷第三十三

經筵講官戶部左侍郎兵部右侍郎都察院右副都御史巡撫浙江等處地方提督軍務兼理糧餉阮元撰集

三講

講 說文｜和解也从言冓聲○｜習也左氏昭七年傳乃｜學之注又國語魯語水虞于是乎｜罛罶注○｜和習之也漢書刑法志皆於農隙以｜事焉注○｜亦和也史記平原君虞卿列傳不如發重使為媾索隱○｜謂和習之漢書武帝紀｜文學注○｜謂論習也漢書禮樂志希闊不｜注○｜談說也禮記禮運｜信脩睦疏○｜猶明也禮記禮運｜於仁疏○｜｜軍旅議大事國語周語將以｜事成章注○｜讀也初學記引廣雅○震為｜論易文言傳問以辨之虞注○｜讀曰媾史記樗里子甘茂列傳與魏｜罷兵索隱

港 說文巷水派也从水巷聲

棓 說文棓梲也从木音聲○棓大杖以桃木為之淮南詮言羿死於桃棓注○

蚌 說文｜蜃屬从虫丰聲○｜蛤也文選雪賦藂兮若馮夷剖｜列明珠注引司馬彪○｜即蛤周禮鼈人注蠯｜也疏○｜蛤一名含漿含漿則是容酒之類故書蠯為蜃而尊名也周禮鬯人疏○蜯即｜字也漢書敘傳上臧於蜯蛤虖注

項 說文｜頭後也从頁工聲

缿 說文｜受錢器也从缶后聲古以瓦今以竹○｜器名也如今之投書函中史記酷吏列傳投｜集解引徐廣○｜如瓶可受投書漢書趙廣漢傳注引蘇林○｜若今盛錢臧瓶為小孔可入而不可出漢書趙廣漢傳又教吏為｜筩注○｜所以受投書也漢書酷吏王溫舒傳少年投｜注

○據集韻錄

龐 ｜讀如蚌也淮南墬形｜魚在其南注

經籍纂詁卷第三十三補遺終

經籍籑詁卷第三十四

經筵講官南書房翰林戶部左侍郎兼署兵部左侍郎提督浙江學政阮元撰集

上聲

四紙

紙 丨砥也謂平滑如砥石也釋名釋書契○方絮曰丨初學記廿一引通俗文

只 丨詞也廣雅釋詁四○丨辭也左氏襄廿七年傳諸侯歸晉之德丨註○丨之言是也詩南山有臺樂丨君子箋采菽樂丨君子箋○詩南山有臺樂丨君子左氏襄廿四年傳昭十三年傳作樂旨君子采菽樂丨君子左氏襄十一年傳作樂旨君子○左氏襄廿年注取其樂丨君子釋文丨本作旨

咫 八寸曰丨左氏僖九年傳天威不違顏丨尺注又華嚴經音義下引何承天纂要又國語魯語其長尺有丨注齊語天威不違顏丨尺注又後漢班梁傳注又列子湯問其劍長尺有丨釋文○八寸爲丨太元元瑩天元丨步注又淮南道應終日行不離丨尺注○丨八寸也家語辯物其長尺有丨注○丨丨尺閒也國語晉語吾不能行也丨注○丨尺言不以爲遠也後漢班梁傳注○丨喻近周書太子晉視道如丨注○丨言少也國語楚語是知天丨注

提 丨是也書太甲上先王顧丨天之明命傳又廣雅釋言○丨猶正也禮記大學顧丨天之明命注○丨或爲題同上

是 丨正也易未濟有孚失丨虞注○丨謂正道也荀子勸學使目非丨無欲見也注○丨則也爾雅釋言○丨善也淮南脩務立丨廢非注○丨理也國語楚語王弗丨注○丨嗜也人嗜樂之也釋名釋言語○丨若非之尊也說苑說叢○丨實也國策西周策丨攻用兵注又淮南脩務則貴丨而同今古注○丨此也論語學而夫子至於丨邦也皇疏又廣雅釋言○丨若此也論語子路夫如丨皇疏○丨猶此也論語爲政丨可忍也皇疏衛靈公居丨邦也皇疏又荀子勸學使目非丨無欲見也注又素問示從容論丨失吾過矣注○古文丨爲氏也儀禮覲禮大史丨右注○丨或爲氏禮記曲禮下丨職方注○丨與氏古字通後漢李雲傳注○南人以丨爲舐顏氏家訓音辭○詩葛屨維丨褊心三國何夔傳注作唯此褊心○左氏僖五年傳必丨時也漢書五行志中之上作必此時也○儀禮覲禮大史丨右周禮射人注作大史氏右○爾雅釋魚鱀丨鱁釋文丨本作鯷非

軹 丨軎也考工記總目丨崇三尺有三寸也司農注○丨轂末也考工記總目注輪人弓長六尺謂之庇丨注○丨小穿也考工記輪人去三以爲丨司農注○丨兩轊也後漢張衡傳注○丨謂兩轊也周禮大馭右祭兩丨祭軓杜注○丨輢之植者衡者也與轂末同名考工記輿人參分較圍去一以爲丨圍注○丨指也如指而見於轂頭也釋名釋車○故書丨爲軝周禮大馭注○丨辭也莊子大宗師而奚來爲丨釋文引崔注○丨是也莊子大宗師釋文引李注

枳 橘踰淮而北爲丨考工記總目○江南爲橘江北爲丨後漢馮衍傳注引晏子○丨芬木也後漢馮衍傳注○丨棘多榛梗以喻寇盜充斥也後漢岑彭傳注○丨刺針也山海經西山經浮山多盼木丨葉而無傷注○丨害也小爾雅廣言○爾雅釋地中有丨首蛇焉釋文丨或作[illegible]

砥 丨平也國語魯語藉田以力而丨其遠邇注又史記五帝紀莫不丨屬集解引王肅○丨磨也廣雅

釋詁三○丨礪也廣雅釋器又後漢順帝紀注沖帝
紀注質帝紀注崔駰傳注○丨厲也漢書王尊傳集
注又淮南道應文王丨德修政注○丨石名也楚辭
招魂丨室翠翹注○丨厲石也淮南脩務劒待丨而
後能利注○丨卓石也淮南墬形黑水宜丨注○丨
礪磨石也精爲丨粗爲礪也山海經西山經茗水其
中多丨礪注○丨細於礪廣雅釋器注○丨細於礪
皆磨石也書禹貢礪丨砮丹傳○礪磨刀刃石也精
者曰丨書禹貢鄭注○丨厲謂磨淬也荀子彊國不
剝脫不丨厲注○丨石地名或曰郎丨杜也荀子成
相居於丨石遷於商注○丨績山名也後漢王景傳
注○丨杜河之溢也淮南覽冥飲丨杜之湍瀨注○
詩大東周道如丨孟子
萬章下作周道如底

抵 丨擊也漢書杜欽傳集注朱博傳集注又後漢劉
元傳注桓譚傳注皇甫嵩傳注又太元翕維用丨

族注○丨側擊也之爾反晉書音義中引字林○丨
側擊也後漢隗囂傳注寇榮傳注吳蓋陳臧傳注方
術傳注○丨當也國策中山策臣丨罪注又呂覽分
職而丨誅者無怨矣注○丨投也後漢黃瓊傳注○
丨據也國策秦策丨掌而談注○丨主也呂覽無義
丨公孫與注○丨會也雍梁之閒曰丨秦晉亦曰丨
方言
一

氏 丨者所以別子孫之所出也翻譯名義一引西域
記○言姓即在上言丨即在下矣一切經音義六
引世本○古字丨是同漢書地理志下集注○漢張
遷碑張是輔漢世載其德丨作是○楊君石門頌高
祖受命興於漢中道由子午出散
入秦建定帝位以漢詆焉丨作詆

靡 丨無也詩泉水丨日不思箋柏舟之死矢丨他傳
氓丨室勞矣箋采薇丨室丨家箋小旻國雖丨止

箋蓼莪入則丨至箋北山王事丨盬箋皇矣其德丨
悔箋雲漢丨神不舉箋又爾雅釋言又華嚴經音義
上引珠叢又國語魯語皇華曰每懷丨及注又漢書
文帝紀集注元帝紀集注二見劉向傳集注嚴助傳
集注韋賢傳集注楊雄傳下集注集注引張晏又後
漢班彪傳下注又文選東京賦羣凶丨餘薛注○丨
无國策秦策丨不有初注○丨盡也國策秦策而百
姓丨於外注又漢書枚乘傳集注又荀子富國以丨
敝之注○丨丨盡貌文選歎逝賦友丨丨而愈索注
○丨離也廣雅釋言○丨傾也華嚴經音義下引漢
書拾遺○丨披丨也荀子大略利夫秋豪害丨國家
注○丨隨也漢書楚元王傳集注引晉灼又後漢馬
融傳上注○丨順也漢書司馬相如傳下集注引張
揖又荀子儒效積丨使然也注○丨順從也荀子榮
辱丨之儇之注○丨謂相順從也荀子性惡丨使然
也注○丨共也易中孚吾與爾丨之虞注又易中孚

釋文引韓詩○丨丨順風貌文選琴賦丨丨猗猗注
○丨丨相依倚貌文選高唐賦薄草丨丨注○丨丨
行也廣雅釋訓○丨丨猶遲遲也詩黍離行邁丨丨
傳○丨之儇之猶言緩之急之也荀子榮辱丨之儇
之注○丨猶弭也漢書杜欽傳集注○丨蔓也文選
吳都賦孰愈尋丨蓱於中逵注○丨細也小爾雅廣
言又漢書司馬相如傳上集注引張揖王莽傳上集
注○丨丨細好也方言二注○丨丨聲之細好也文
選洞簫賦被淋灑其丨丨兮注○東齊言布帛之細
者曰綾秦晉曰丨方言二○丨止言小也詩小旻國
雖丨止傳○丨侈禮記檀弓上若是其丨也注○丨
謂侈丨也周禮司市以政令禁物丨而均市司農注
○費弗過適謂之節反節爲丨賈子道術○丨敝賦
稅亟也禮記少儀國家丨敝注○丨徙失正也史記
司馬相如傳敞罔丨徙索隱○丨累也詩烈文無封
丨于爾邦傳○丨爲也廣雅釋詁三○丨美也文選

吳都賦其鄰則有任俠之丨劉注文賦言徒丨而弗
華注○丨好也文選文賦注引韓詩章句○丨麗也
漢書司馬相如傳下集注○丨猶濃麗也國策中山
策以丨其財注○丨曼好色呂覽順民目不視丨曼
注○丨曼美色也淮南原道齊丨曼之色注○丨曼
柔弱也列子周穆王娥媌丨曼注○丨曼細理弱肌
美色也呂覽本生丨曼皓齒注○弟丨不窮之貌莊
子應帝王因以爲弟丨釋文○弟丨猶遜伏也莊子
應帝王釋文引崔注○丨緻也楚辭招魂丨顏膩理
注○丨愛也莊子馬蹄喜則交頸相丨釋文○丨摩
也莊子馬蹄釋文引李注○丨涯也史記司馬相如
傳的皪江丨集解引郭璞索隱引張揖○丨邊也史
記司馬相如傳索隱引應劭○丨草薺葶藶之屬禮
記月令丨草死注引舊說又後漢和帝紀注○丨草
則葶藶之屬淮南時則丨草死注○丨紂邑也周書
世俘侯來命伐丨注○丨靡也莊子胠篋伍員丨釋

文引司馬注○丨讀爲靡荀子富國有掎挈伺詐權
謀傾覆以相顚倒以丨傲之注○丨亦作麻呂覽任
數西服壽丨注○詩抑萬
民丨不承釋文丨本作是

彼 丨俾也廣雅釋言○丨亦外也呂覽先己令困於
丨注○丨衆人也後漢崔駰傳注○丨君也禮記
大學丨爲善之注○左氏成十四年傳丨
交匪傲漢書五行志中之上作匪傲匪傲

毀 丨虧也廣雅釋言○丨敗也國策秦策壹丨魏氏
之威注○丨壞也小爾雅廣言○丨破也孝經釋
文引蒼頡○丨滅左氏莊卅年傳自丨其家注○丨
短也漢書翟方進傳集注○丨謗也國策齊策毋言
未嘗不丨孟嘗君也注○丨鬲蓋譖丨之孟子題辭
臧倉丨鬲音義引丁音○丨謂疈辜候禳丨除殃咎
之屬周禮牧人凡外祭丨事杜注○兌爲丨折易說
卦傳○故書丨爲甈周禮牧人凡外祭丨事用尨可

也注○丨或爲徹禮記雜記至於廟門不丨牆
注○史記周本紀丨隃索隱引世本作僞榆

燬 丨火也詩汝墳王室如丨傳又爾雅釋言○丨烈
火也後漢周磐傳注引韓詩○丨一名火爾雅釋
言李注○齊人謂火曰丨詩汝墳釋文○丨齊人語
爾雅釋言注○方言有輕重故謂火爲丨也爾雅釋
言孫注○詩汝墳王室如丨說文作王室如焜列女
傳二作王室如毀釋文引字書作焜○故書丨爲垣
鄭司農云當爲烜周禮
秋官序官司烜氏注

委 丨曲也楚辭遠逝丨兩館於咸唐注又史記司馬
相如傳丨瑣握齪索隱引孔文祥○丨闕也廣雅
釋言○丨積也公羊桓十四年傳粢盛丨之所藏也
注又廣雅釋詁二又漢書食貨志下集注引李奇楊
雄傳上集注又莊子知北遊是天地之丨形也釋文
引司馬注又管子國蓄計本量丨注又文選甘泉賦

瑞穰穰兮丨如山注○丨亦積也文選劇秦美新丨
心積意注○丨所丨積之物也管子國蓄彼人君守
其本丨謹注○少曰丨多曰積周禮遺人掌邦之丨
積注○少曰丨多曰積皆所以給賓客周禮大司徒
令野脩道丨積注○丨積謂牢米薪芻給賓客道用
也周禮宰夫掌其牢禮丨積膳獻飲食賓賜之飧牽
注○丨謂丨輸也後漢千乘貞王伉傳注○丨輸轉
運也後漢張純傳注○丨吏主丨積倉廩之吏也孟
子萬章下孔子嘗爲丨吏矣注○丨謂當有儲擬以
供過者管子大匡三十里置遽丨焉注○丨流所聚
也禮記學記或丨也注○丨結懷恨也後漢梁鴻傳
注○丨付也國策齊策願丨之於子注○丨屬也左
氏成二年傳王使丨于三吏注又文選思元賦後丨
衡乎元冥舊注○丨任也左氏文六年傳丨之常秩
注又文選西征賦注引蒼頡○丨歸也國語越語請
丨管籥注丨制於吳注○丨猶歸也國語吳語親丨

重罪注○丨萎也萎䔡就之也釋名釋言語○丨然
俯就之貌荀子仲尼丨然成文以示之天下注○丨
贊猶屈膝也後漢馮衍傳注○丨惰懈惓也楚辭哀
時命欲愁悴而丨惰兮注○丨棄也廣雅釋詁一又
後漢竇融傳注又淮南精神丨萬物而不利注又離
騷丨厥美以從容兮注○丨守謂棄其所守也後漢
光武帝紀下注○丨丨貌家語好生紳丨章甫注○
丨丨貌冠淮南氾論豈必褒衣博帶句襟丨章甫哉
注○丨丨貌之冠也穀梁僖三年傳桓公丨端注○
或謂丨貌爲元冠丨猶安也言所以安正容貌儀禮
士冠禮記丨貌注○丨貌周道也儀禮士冠禮記○
丨武冠卷也秦人曰丨齊東曰武禮記雜記上丨武
元縞而后䔡注○丨貌者言丨曲有貌也白虎通紼
冕○丨貌冠形委曲之貌上小下大也釋名釋首飾
○文德之衣尚褒長故曰丨左氏昭元年傳吾與子
弁冕端丨服注○丨黍鼠婦也詩東山傳伊威丨黍

也釋文○禮記明堂位注粢盛之丨焉釋文丨
又作積○爾雅釋草茶丨葉釋文丨字或作萎

詭 丨異也易睽注恢丨譎怪釋文又漢書楊雄傳下
集注又後漢班彪傳上注又荀子禮論悍丨唈僾
而不能無時至焉注又莊子齊物論其名爲弔丨釋
文又文選西京賦豈不丨哉薛注海賦丨色殊音注
○丨文奇異之文也淮南本經丨文回波注○丨不
同也淮南說林尺寸雖齊必有丨注○丨反也文選
幽通賦變化故而相丨兮曹注○丨猶反也漢書昌
邑哀王髆傳集注○丨違也漢書董仲舒傳集注公
孫宏傳集注東方朔傳贊集注京房傳集注馬宮傳
集注王商傳集注何武傳集注楊雄傳贊集注李延
年傳集注元后傳集注王莽傳上集注敘傳上集注
敘傳下集注又後漢馮衍傳注桓譚馮衍傳注周黃
徐姜申屠傳注郭泰傳注又淮南主術丨自然之性
注○丨猶違也後漢仲長統傳注○丨戾也易睽注

恢丨譎怪釋文○容服有義謂之儀反儀爲丨賈子
道術○丨戾違貌文選長笛賦宓隆丨戾注○丨
隨小惡也廣雅釋訓○丨緦也廣雅釋言○丨詐也
後漢第五鍾離宋寒傳注盧植傳注又晉書音義中
又荀子正論則求利之丨緩而犯分之羞大也注○
丨猶詐也後漢鄭泰傳注○丨譎也一切經音義十
四引三蒼○丨譎猶奇怪也文選洞簫賦鶩合遝以
丨譎注○丨責也漢書趙充國傳集注陳湯傳集注
京房傳集注尹賞傳集注王莽傳中集注王莽傳下
集注又後漢孟嘗傳注陳重傳注○丨毀也後漢班
彪傳下注○丨遇非禮射也後漢班彪傳下注○横
而射之曰丨遇孟子滕文公下爲之丨遇注又劉注
○丨遇丨計以要禽也孟子滕文公下音義引陸注
○丨銜吐出銜也莊子馬蹄丨銜竊轡釋文○丨億
一曰射意一曰射數即攤錢也後漢梁冀傳注○丨
與桅同文選辯亡論上古今丨趣注○史記齊太公

世家衛姬生無
丨左氏作無虧

傀 丨猶怪也周禮大司樂大丨異烖注

髓 丨遺也遺遺也釋名釋形體○丨者骨之充也素
問解精微論刺要論刺骨無傷丨注○骨中脂曰
髓文選長楊賦注引通俗文○地丨地黃也廣雅釋
草○髗古丨字漢書郊祀志下集注○䯝古丨字漢
書楊雄傳下集注又文
選長楊賦髓余吾注

瀡 齊人滑曰丨也禮記內則滫丨以滑之注○丨滑
也禮記內則釋文

絫 累同○累積也穀梁僖十八年傳善累而後進之
注又漢書公孫宏傳集注又荀子正名其丨百年
之欲易一時之嫌注又法言問明好大丨克注○累
重也漢書中山靖王勝傳集注又周髀算經上若誠

累思之注又楚辭招魂層臺累榭注○累猶重也國
策秦策王既無重世之德於韓魏而有累世之怨矣
注○累累猶數數也穀梁哀十三年傳累累致小國
以會諸侯注○累數總言之也穀梁隱十一年傳累
數皆至也注○累次也公羊昭五年傳不以私邑累
公邑也注○累息猶疊息也後漢廣陵思王荆傳注
○累氣屏息也後漢劉祐傳注○累跪進跪貌文選
舞賦浮騰累跪注○累倮也禮記曲禮上爲大夫丨
之注○丨古累字漢書古今人表集注郊祀志下集
注吳王濞傳集注劉向傳集注婁敬傳集注爰盎傳
集注賈山傳集注鄒陽傳集注中山靖王勝傳集注
董仲舒傳集注司馬相如傳上集注于定國傳集注
平當傳集注谷永傳集注王溫舒傳集注淳于長傳
集注外戚傳下集注二見敘傳上集注又列子黃帝
丨垝二而不墜釋文又文選上林賦雜襲丨輯注○
丨音纍紲之纍漢書律厤志上集注○冀州從事郭

君碑磥磥爲台
衡累作磥

妓 丨美女也華嚴經音義上引埤蒼○丨女樂也華
嚴經音義上引切韻

掎 丨引也文選海賦丨拔五嶽注○丨偏引也後漢
班彪傳上注○丨偏引一足也後漢馬融傳注○
從後曰丨國語魯語丨止晏萊焉注○從後牽曰丨
後漢崔寔傳注袁紹傳注○丨亦得也周禮大卜二
曰觭
夢注

綺 丨文繒也後漢安帝紀注班彪傳上注王符傳注
○丨欹也其文欹邪不順經緯之縱橫也釋名釋
采帛○丨綾也後漢邊讓傳注○丨綵也廣雅釋器
○丨文也文選魯靈光殿賦天窗丨疎張注○丨五
色也文選神女賦序其盛飾也則羅紈丨繢盛文章
注○丨光色也文選七命流丨星連注○丨室室之
丨麗者後漢宦者傳注○丨靡精妙之言文選文賦
詩緣情而丨靡注○丨疏謂鏤爲丨文後漢梁冀傳
注○丨錯交錯也
後漢班彪傳上注

觜 廣韻觜同觜○觜口也廣雅釋親○丨喙也文選
射雉賦裂膆破丨徐注○觜鳥喙也一切經音義
二引字書○觜鴦也廣雅釋詁四○古文觜今作㖩
同一切經音義四○㖩或觜字一切經音義十九引
字書○爾雅釋魚注卽今
丨蠵龜釋文丨字又作蟕

此 丨今也老子吾何以知衆甫之狀哉以丨注吾何
以知其然哉以丨注○丨丨物也呂覽貴生彼且
奚以丨
之也注

泚 丨鮮明貌詩新臺新臺有丨傳○詩新臺新臺有
丨說文玉部作新臺有玼○孟子滕文公上其顙

有丨考工記車人司
農注作其顙有疵

蘂 丨華也廣雅釋草○丨實也離騷貫薜荔之落丨
注○丨者或謂之華或謂之實一曰花鬚頭點也
文選蜀都賦敷丨葳蕤劉注○蘂垂也謂垂下
也惢與蘂同文選魏都賦神惢形茹注引字書

豸 丨解也左氏宣十七年傳庶有丨乎注○無足謂
之丨爾雅釋蟲○丨音蟲丨史記司馬相如傳陂
池貏丨集解引郭璞○獬
丨廣韻引字林作解廌

褫 丨解也易訟終朝三丨之釋文引王肅注又集解
引侯果注又後漢杜林傳注又荀子非相守法數
之有司極禮而丨注○丨猶奪也後漢黨錮傳序注
○丨奪衣也文選雪賦念解珮而丨紳注○丨弋尒
反匡謬正俗
七引字林

徙丨移也廣雅釋言又華嚴經音義下引蒼頡○丨遷也荀子成相百里丨注○丨遷改也荀子禮論具生器以適墓衆丨道也注○丨避也廣雅釋詁三○○丨謂爰土易居平肥磽也孟子滕文公上死丨無出鄉注○丨化也淮南原道丨祼國注○丨取也國語吳語丨其大舟注○丨倚猶低佪也楚辭哀時命獨丨倚而彷徉注○丨靡言枝往來靡靡然文選高唐賦丨靡澹淡注

屣丨履也廣雅釋器○丨屩也同上○丨䩙屩也一切經音義十四引聲類○丨草屨可履文選北山移文注引孟子劉注○蹝草履可蹝者也孟子盡心上猶棄敝蹝也注○丨弊履呂覽觀表視舍天下若舍丨注○履不著跟曰丨莊子讓王釋文引通俗文○丨謂納履未正曳之而行後漢鄭元傳注○丨履謂納屣曳之而行言怱遽也後漢崔駰傳注○丨古文躧韈跕三形一切經音義十四○躧或作丨莊子讓王釋文引聲類

髀丨卑也在下稱也釋名釋形體○脛後爲丨也太元元數九體二爲臂脛注○丨方爾反骹骨也儀禮士昏禮釋文引字林○古文丨爲髀儀禮士昏禮丨不升注士喪禮載兩丨于兩端注○古文丨作髀儀禮既夕丨不升注有司徹腊辯無丨注○古文丨皆作髀儀禮少牢饋食禮丨不升注○丨古文髀同一切經音義二○莊子人閒世兩丨爲脅釋文丨本又作髀

爾丨廣韻介義與爾同○丨辭也孟子萬章上鬱陶思君丨注○丨詞也文選謝元暉和王主簿怨情詩注引字書○丨詞之終也文選古詩故人心尚丨注引字書○丨語助禮記檀弓上丨毋從從丨注○尒謂言相然也華嚴經音義上引珠叢○丨汝也詩雒雉百丨君子箋載馳視丨不臧箋氓丨卜丨筮箋羔裘豈不丨思箋七月晝丨于茅宵丨索綯箋天保天保定丨箋無羊誰謂丨無羊箋車舝好丨無射箋角弓丨之遠矣箋既醉丨殽既將箋又儀禮士冠禮棄丨幼志順丨成德注士虞禮記適丨皇祖某甫注又禮記檀弓上丨毋從從丨注坊記丨卜丨筮注表記靖共丨位注又公羊隱三年傳先君之不丨逐注莊十二年傳丨虜焉故注又論語公冶長非丨所及也皇疏述而惟我與丨有是夫皇疏吾無隱乎丨皇疏先進以吾一日長乎丨皇疏季氏無乃丨是過與皇疏陽貨予與丨言皇疏堯曰天之麻數在丨躬皇疏又小爾雅廣詁又書中候出丨命圖注又國語周語莫匪丨極注又漢書董仲舒傳集注又太元内丨儀而悲注又離騷丨何懷乎故宇注橘頌嗟丨幼志注○丨華盛貌詩采薇彼丨維何傳○書湯誓丨無不信史記殷本紀作女無不信丨不從誓言作女不從誓言金縢用能定丨子孫于下地魯周公世家作用

能定汝子孫于下地呂刑告丨祥刑周本紀作告汝祥刑○書君陳丨乃順之于外禮記坊記作女乃順之於外○詩桑柔告丨憂恤誨丨序爵墨子尚賢作告女憂䘏誨女序爵○詩采薇彼丨維何說文艸部作彼薾惟何○論語公冶長吾與丨弗如也釋文丨本作女○詩載驅垂轡丨丨釋文丨本作濔○爾雅序夫丨雅者釋文丨本作邇○介與邇同荀子禮論介則翫注哀公不可以身介也注○丨或爲有禮記射義以所丨爵注

邇丨近也書舜典柔遠能丨傳仲虺之誥惟王不丨聲色傳又詩汝墳父母孔丨傳谷風不遠伊丨箋東門之墠其室則丨傳杕杜征夫丨止傳民勞柔遠能丨箋又後漢周磐傳注引韓詩章句又儀禮士虞禮祝命佐食丨敦注禮記郊特牲節遠丨之期也注中庸舜好問而好察丨言注辟如行遠必自丨注表

記丨臣守和注緇衣大臣不治而丨臣比矣注是故
丨者不惑注又左氏僖廿二年傳戎事不丨女器注
戉四年傳國大臣睦而丨於我注襄廿八年傳小人
從丨注昭九年傳吾何丨封之有注昭廿年傳柔遠
能丨注又論語陽貨丨之事父集解引孔注又皇疏
又禮記曾子問塗丨故也釋文穀梁莊十八年傳戎
丨於我也釋文又大戴記曾子制言下正直者則丨
於刑注又爾雅釋詁又國語魯語又求自丨注以魯
之密丨於齊注晉語厭丨逐遠注吳語密丨於天子
注又史記三王世家文章丨雅索隱司馬相如傳率
丨者踵武集解引徐廣丨陜游原集解引漢書音義
又漢書百官公卿表上集注五行志中之上集注司
馬相如傳下集注引文穎又引孟康又孟子離婁上
道在丨而求諸遠注離婁下武王不泄丨注又管子
大匡魯邑之教好丨而訓於禮注○丨猶近也穀梁
莊十八年傳不使戎丨於我也注○爾近也儀禮特

牲饋食禮祝命爾敦注又大戴記小辨爾雅以觀於
古注又漢書藝文志集注引張晏梁孝王武傳集注
又孟子離婁上所惡勿施爾也注又荀子天論其說
甚爾注○爾亦近也周禮肆長實相近者相爾也注
○爾近也或曰移也儀禮少牢饋食禮上佐食爾上
敦黍于筵上注○爾近也移也揖而移之近之也儀
禮燕禮南鄉丨卿注○爾移也儀禮士昏禮贊丨黍
注○爾昵也釋名釋典藝○坤爲丨易繫辭上傳行
發乎丨虞注○書皐陶謨丨可遠在茲史記夏本紀
作近可遠在已○穀梁莊十八年傳不使戎丨于我
也釋文丨本作介穀梁莊十九年傳
不以難丨我國也釋文丨本又作介

弭
丨止也詩沔水不可丨忘傳又詩板箋厲王虐而
丨謗釋文又左氏襄廿五年傳兵其少丨矣注又
國語周語吾能丨謗矣注至於今未丨注楚語於是
乎丨其百苛注又國策秦策子其丨口無言注又漢
書王莽傳上集注又後漢馮緄傳注又呂覽達鬱吾
能丨謗矣注又淮南主術譬猶揚堁而丨塵注○丨
息也左氏成十六年傳若之何憂猶未丨注○丨安
也周書作雒內丨父兄注又漢書谷永傳集注○丨
按也離騷吾令羲和丨節兮注湘君夕丨節兮北渚
注○丨節猶案節也後漢東平憲王蒼傳注○丨猶
服也後漢吳漢傳注○丨猶低也史記司馬相如傳
丨節裵回索隱引司馬彪又漢書司馬相如傳上集
注引郭璞又文選子虛賦於是楚王乃丨節徘徊郭
注○丨轍引迹疾也淮南道應絕塵丨轍注○象丨
弓反末也所以解紒也詩采薇象丨魚服傳○丨弓
反末彆者以象骨爲之以助御者解轡紒宜骨也詩
采薇箋○丨弓反末藝文類聚引郭璞毛詩拾遺○
弓末曰簫又謂之丨以骨爲之滑丨丨也釋名釋兵
○丨弓末也禮記曲禮注丨頭也釋文○丨弓末文
選吳都賦貝冑象丨劉注○弓無緣者謂之丨爾雅

釋器又儀禮既夕禮有丨飾焉注又國語晉語其左
執鞭丨注○丨弓末無緣者左氏僖廿三年傳其左
執鞭丨注○不以骨飾兩頭曰丨爾雅釋器李注○
丨以骨角爲飾儀禮既夕記注○丨今之角弓也爾
雅釋器注○丨弓之別名太平御覽引郭璞毛詩拾
遺○丨末也謂金飾衡軛之末爲龍首也荀子禮論
寢兕持虎蛟韅絲末彌龍所以養威也注○杜子春
讀丨如彌兵之彌周禮男巫春招丨以除疾病注○
丨讀爲敉字之誤也同上○古
文丨作镾一切經音義十五

瀰
丨深水也詩匏有苦葉有丨濟盈傳○丨丨盛貌
詩新臺河水丨丨傳

婢
丨之言卑也禮記曲禮下自世婦以下自稱曰丨
子注○丨子妾也禮記檀弓下使吾二丨子夾我
注○丨子婦人之卑稱也左氏僖廿二年傳使丨子
侍執巾櫛注○丨子所通賤人之子禮記內則父母

有丨
子注丨
【庳】丨下也史記司馬相如傳其丨涇索隱又史記循
吏傳楚民好丨車索隱〇丨猶短也周禮大司徒
其民豐肉
而丨注
【侈】丨奢也左氏昭三年傳於臣丨矣注〇丨汰也集
韻引字林〇丨奢丨荀子王霸四方之國有丨離
之德則必滅注〇多費謂之丨韓非子解老〇廣較
自斂謂之儉反儉爲丨賈子道術〇丨多也爾雅釋
言庶丨也舍人注〇丨猶多也國語楚語不陳庶丨
注〇丨謂饒多也管子侈靡善而末事起不丨注〇
丨大也公羊成十年傳婦人以衆多爲丨也注又五
音集韻引字林又國語吳語以廣丨吳王之心注又
漢書王莽傳中集注又呂覽古樂有節有丨注〇丨
猶大也禮記雜記下其衰丨袂注又公羊僖廿六年

傳其言至巂弗及何丨也注〇丨惡之大也後漢翟
酺傳注〇丨廣也淮南本經丨苑囿之大注〇丨猶
廣也國語吳語已丨大哉注〇丨過也莊子駢拇而
丨乎德釋文引崔注〇丨謂過常也管子大匡關市
之征丨之注〇丨溢也莊子駢拇釋文引司馬注〇
丨淫呂覽侈樂故樂愈丨而民愈鬱注〇丨謂奢汏
放縱荀子正論然而暴國獨丨安能誅之注〇丨裂
也漢書薛宣傳音義引晉灼〇丨謂中央約也丨則
聲迫筰出去疾也周禮典同丨聲筰注〇丨者蓋半
士妻之袂以益之儀禮少牢饋食禮衣丨袂注〇故
書丨作移考工記輿人飾車欲丨注鳧氏丨弇之所
由與注〇儀禮少牢饋食禮衣丨袂周禮追師注作
衣移袂〇孟子梁惠王上放辟邪丨音義引丁云丨
作移滕文公上放辟邪丨音義引張云丨諸本作移
〇儀禮少牢饋食禮亦被錫衣丨袂釋文丨本又作
移〇史記晉世家魏丨趙世家作魏哆史記樗里子

傳公仲丨集解引徐廣曰一作馮〇丨
充豉反左氏襄廿七年釋文引字林
【弛】丨易也爾雅釋詁〇丨緩也廣雅釋詁二又素問
生氣通天論筋脉沮丨注皮部論熱多則筋丨骨
滑注〇丨放也爾雅釋詁矢丨也注又漢書刑法志
集注五行志中之下集注五行志下之下集注賈山
傳集注魏相傳集注張敞傳集注王莽傳下集注〇
丨解也文選月賦注引字林又漢書文帝紀集注食
貨志下集注翟方進傳集注李延年傳集注外戚傳
上集注王莽傳上集注敘傳上集注又楚辭謬諫弧
弓丨而不張注〇弛解也後漢光武帝紀下注〇丨
猶解也左氏昭卅二年傳丨周室之憂注〇丨之言
解也漢書趙充國傳集注〇丨解脫也後漢光武帝
紀下注〇丨謂不張也禮記曲禮丨弓尚角釋文〇
丨落也論語微子君子不丨其親釋文又淮南說林
有時而丨注〇丨釋下也後漢朱浮傳注〇丨釋下

之若今休兵鼓之爲周禮大司樂令丨縣注〇丨力
息繇役也周禮大司徒四曰丨力司農注〇丨置也
廣雅釋詁四〇弛舍也同上〇丨舍也淮南原道人
不丨弓注〇丨廢也禮記樂記庶民丨政釋文又穀
梁襄廿四年傳丨侯注又漢書武帝紀集注引如淳
宣帝紀集注引李奇律麻志上集注賈山傳集注又
後漢吳良傳注張衡傳注又文選東京賦慕天乙之
丨呂薛注〇弛廢也文選西京賦城尉不弛柝薛注
〇丨去離也左氏莊廿二年傳丨于負擔注〇丨政
去其紂時苛政也禮記樂記庶民丨政注〇有赦令
去其鉗釱赭衣謂之丨刑後漢光武帝紀下注〇丨
猶棄忘也禮記坊記君子丨其親之過而敬其美注
〇丨毀也國語魯語文公欲丨孟文子之宅注又楚
辭悲回風伴張丨之信期注〇丨施也禮記孔子閒
居丨其文德注〇丨引也素問生氣通天論丨長爲
痿注〇丨合法言五百丨而不失其良注〇弛讀爲

施周禮小宰六曰斂弛之聯事杜注○周禮小宰釋文丨本作施○禮記曲禮釋文丨本作施○禮記孔子射居釋文丨其皇本作施○左氏襄十八年傳乃丨弓而自後縛之釋文丨本作施○爾雅釋詁丨易也釋文丨本作施

豕 丨彘也小爾雅廣獸○丨豬也詩漸漸之石有丨白蹢傳又楚辭大招丨首縱目注○封丨大豬也文選上林賦射封丨郭注○豬關東西或謂之丨方言八○丨畜之居閑衞而聽者屬聽洪範五行傳時則有丨禍注○坎爲丨易說卦傳又大畜豶丨之牙虞注睽見丨負塗虞注姤羸丨孚蹢躅虞注巽田獲三品虞注中孚豚魚吉虞注○丨曰剛鬣禮記曲禮下又儀禮士虞禮敢用絜牲剛鬣注少牢饋食禮敢用柔毛剛鬣注又獨斷上○丨曰饋食大戴記曾子天圓○司空主丨周禮小宗伯辨其名物而頒之于

五官司農注○丨囊一名猪苓根似豬卵莊子徐无鬼丨零也釋文引司馬注○禮記少儀豶丨則以丨左肩五箇周禮祭僕注作特牲則以丨左肩五个○易說卦坎爲丨釋文丨京本作彘

紫 丨閒色焉法言吾子或問蒼繩紅丨注○丨之言此也文選西都賦注引春秋元命苞○丨疵也非正色五色之疵瑕以惑人者也釋名釋采帛○丨色似朱赤也孟子盡心下惡丨恐其亂朱也注○丨謂綬也後漢馮衍傳注○丨丨茱也文選吳都賦綸組丨絳劉注○丨丨貝也荀子王制東海則有丨紶魚鹽焉注○丨極星名文選西征賦厭丨極之閼敞注○丨宮太微並星名也後漢張衡傳注○丨脫北方之物上值丨宮文選王元長曲水詩序丨脫華朱英秀注○以丨爲姊顏氏家訓音辭

揰 丨擊也廣雅釋詁三○丨杖擊也荀子正論丨笞臏腳注○丨鍛銀擊也淮南道應丨鉤者年八十

矣注○丨舂也廣雅釋詁四○丨檮之也禮記內則丨反側之注○棰杖也莊子天下一尺之棰釋文引司馬注○丨馬杖也莊子至樂撽以馬丨釋文○丨耕口鐵以灼火也文選廣絕交論注引莊子李頤音義○丨從竹華嚴經音義下引聲類○丨當作甀莊子大宗師皆在鑪丨之閒耳釋文引崔注○莊子大宗師釋文丨本作錘

箠 箠策也廣雅釋器○丨楚皆杖木之名也文選報任少卿書其次關木索被丨楚受辱注○丨與棰同以之笞人同謂之丨楚同上

揣 丨試也方言十三又廣雅釋言○丨度也廣雅釋詁一又史記酈生陸賈傳生丨我何念集解引孟康又漢書黥布傳集注引文穎陸賈傳集注引孟康○丨者所以度其情慕鬼谷子摩內符者丨之主也

注○度高曰丨左氏昭卅二年傳丨高卑注○度高爲丨方言十二○丨商量高下也淮南人閒規慮丨度注○丨者量也史記屈原賈生傳何足控摶索隱○丨定也國策秦策簡練以爲丨摩注○丨治也老子丨而銳之注又釋文引顧注○丨動也廣雅釋詁一○丨持也漢書賈誼傳集注引孟康○丨除也廣雅釋詁三○丨古文敱同一切經音義十七

企 丨立也楚辭憂苦登巑岏以長丨兮注○丨舉踵也文選嘆逝賦注引字林○舉踵曰丨一切經音義十五引通俗文○丨望也文選傳長虞贈何劭王濟詩注引莊子司馬注○丨與跂同文選江賦渠黃不能丨其景注歎逝賦望湯谷以丨予注○丨古文跂企二形一切經音義十二○丨古文企同一切經音義十四○老子丨者不立釋文丨河上公本作跂

旨丨美也書說命中王曰丨哉傳又詩谷風我有丨
蓄傳頍弁爾酒既丨箋又儀禮士冠禮丨酒令芳
注鄉飲酒禮告丨注鄉射禮告丨注燕禮告丨注大
射儀告丨注特牲饋食禮告丨注有司徹拜告丨注
又禮記學記雖有嘉肴弗食不知其丨也注又論語
陽貨食丨不甘集解引孔注又孝經食丨不甘注又
廣雅釋詁一又小爾雅廣詁又漢書禮樂志集注食
貨志上集注食貨志下集注又荀子大略物其指矣
注又太元居几家不丨注又法言學行或人踧爾曰
丨哉注〇丨酒美酒也孟子離婁下禹惡丨酒注〇
隸釋衡方碑樂
丨君子只作丨

指丨示也爾雅釋言〇丨斥也廣雅釋言〇丨所之
也淮南原道然而趨舍丨湊注〇丨丨歸也荀子
王霸明一丨注〇丨意也漢書李廣傳集注司馬遷
傳集注二見何武傳集注又管子侈靡承從天之丨
注〇丨語也廣雅釋詁一又離騷丨九天以爲正兮
注〇丨書也淮南脩務攄書明丨以示之注〇丨直
呂覽必己目裂鬢丨注〇艮爲丨易說卦傳又剢剢
狀以辨虞注解解而母虞注〇丨丨手丨公羊文十四
年傳子以其丨注〇右巨丨右手大擘儀禮大射儀
右巨丨鉤弦注〇無名之丨丨手之第四丨也孟子告
子上今有無名之丨注〇丨與旨同荀子大略注〇
書大誥率寧人有丨疆土漢書翟方進傳作率寧人
有旨
疆土

視廣韻眡古文〇眡丨也廣雅釋詁一〇丨是也察
其是非也釋名釋姿容〇丨猶相察也國語晉語
叔魚生其母丨之注〇丨謂觀而察之管子四時令
有時無時則必丨注〇丨猶見也史記晉世家河伯
丨之索隱〇丨觀正書洪範三曰丨傳〇丨直丨也
論語爲政丨其所以皇疏〇丨日瞻遠也莊子徐无

鬼中之質若丨曰釋文引司馬注〇淫丨睇眄也禮
記曲禮上母淫丨注〇丨屬火洪範五行傳又書洪
範三曰丨鄭注〇徵爲丨漢書律麻志上〇丨傾太
元元衝〇丨也見太元元錯〇丨瞭也洪範五行傳
次三事曰丨丨注〇丨明也廣雅釋詁四〇丨比也廣
雅釋言又小爾雅廣言又後漢張純傳注又孟子萬
章下受地丨侯注小人所丨注又管子問其宜修而
不修者故何丨丨注〇丨猶比也禮記王制丨公侯注
雜記妻丨叔父母姑姊妹注〇丨效也廣雅釋詁三
〇眡語也廣雅釋詁一〇丨示之也莊子應帝王嘗
試與來以予示之釋文引崔注〇丨活也呂覽重己
莫不欲長生久丨注〇籌策曰丨淮南脩務籌策得
失注〇般頫曰丨周禮大宗伯〇常事曰丨穀梁隱
五年傳莊卅三年傳又呂覽仲春親往丨之注又淮
南原道不可勝觀也注〇左氏僖卅二年傳百里丨
字孟明〇丨肉聚肉有眼山海經大荒東經東北海

外爰有丨肉注〇丨肉聚肉形如牛肝有兩目也山
海經海外南經爰有丨肉注〇眡讀爲虎眡之眡周
禮春官序官眡瞭注〇盲眡當爲望丨周禮內饔豕
盲眡而交睫腥杜注〇眡古丨字漢書王莽傳上集
注二見敘傳上集注〇丨古文眎眡二形今作丨同
時旨時至二反一切經音義二引字詁〇丨古示字
也詩鹿鳴丨民不恌箋〇丨今之示字禮記曲禮上
幼子常丨母誑注〇周禮食醫食齊眡春時儀禮士
昏禮注作食齊丨春時周禮食醫羹齊眡夏時儀禮
士昏禮注作羹齊丨夏時考工記匠人眡以景周禮
天官序官注作丨以景〇周禮卜師眡高揚火儀禮
士喪禮注作示高揚火〇丨宜爲覵山海經中山經
葴水丨水出焉注〇丨疑作指
列子湯問丨撝則諸侯從命注

美丨善也周禮大司徒一曰媺宮室注又儀禮士喪
禮丨者在中注又國語晉語彼將惡始而丨終注

天人丨於中注又淮南脩務君子脩丨注○丨好也
公羊莊十二年傳魯侯之丨也注又國策齊策我孰
與城北徐公丨注又呂覽愼行王爲建取妻於齊而
丨注○丨亦好也呂覽盡數甘水所多好與丨人注
○丨麗好也國語晉語知襄子爲室丨注○好色曰
丨淮南精神獻公豔驪姬之丨注○丨茂也太元養
丨厥靈根注○充實之謂丨孟子盡心下○丨成也
呂覽至忠而欲其丨也注○丨者堪合當時之稱論
語八佾盡丨矣皇疏○丨謂褒寵荀子富國故使或
丨或惡注○丨福慶也周禮行夫媺惡而無禮者注
○丨者人心之所進樂也老子丨之爲丨王注○丨
意樂意也荀子致仕丨意延年注○丨惡猶喜怒也
老子天下皆知丨之爲丨斯惡已王注○丨惡說之
是非也禮記樂記君子知至學之難易而知其丨惡
注○丨大多得利之辭也公羊隱五年傳丨大之之
辭也注○息土之人丨大戴記易本命○虹又曰丨

人陰陽不和婚姻錯亂淫風流行男丨於女女丨於
男互相奔隨之時則此氣盛故以其盛時名之也釋
名釋天○丨丹甘草也廣雅釋草○坎爲丨易既濟
婦喪其髴虞注○丨當爲儀字之誤禮記少儀言語
之丨注○詩防有鵲巢誰
侜予丨釋文丨韓詩作娓

訾 同訿○丨諀也廣雅釋詁二○丨毀也禮記曲禮
不苟丨釋文又莊子人閒世外合而內不丨釋文
引崔注○丨毀賢管子形勢丨讆之人勿與任大注
○毀丨賢者謂之丨管子形勢○呰言相毀曰丨漢
書地理志下集注○丨疾也管子入國歲凶庸人丨
厲注○丨惡管子形勢丨食者不肥體注○訿訿窳
不供事也詩召旻皐皐訿訿傳○訿訿不善之貌詩
小旻潝潝訿訿釋文引韓詩○翕翕訿訿莫供職也
爾雅釋訓○訿訿訿君闇蔽臣子莫親其職爾雅釋
訓李注○丨量也國語齊語丨相其質注又列子說

苻財貨無丨注○丨與孳同柔弱之貌荀子非十二
子丨然注○丨讀爲恣荀子非十二子離縱而跂丨
者也注○訿與丨古字通後漢翟酺傳注○
詩小旻潝潝訿訿荀子脩身作噏噏呰呰

否 丨閉也易否釋文又漢書薛宣傳集注○丨塞也
易否釋文遯小人丨釋文引王肅注又列子天瑞
聖有所丨釋文○丨隔也廣雅釋詁一○丨隔不通
也文選舞賦啓泰貞之丨隔分注○丨不通也易象
上傳丨之匪人崔憬注又詩何人斯丨難知也箋又
太元應非則丨注○丨丨不通也史記太史公自序
唯唯丨丨集解引晉灼○丨者蔽固不通之稱爾音
與鄙同匡謬正俗八○天地不交曰丨國語周語遇
乾之丨注○丨泰反
其類也易雜卦傳

否 丨惡也易師丨臧凶釋文遯小人丨釋文鼎利出
丨釋文詩抑未知臧丨釋文莊子漁父不擇善丨

釋文○丨不善也太元積冥積丨注○丨謂不善之
物也易鼎利出丨注○執事順成爲臧逆爲丨左氏
宣十二年傳○丨鄙也鄙劣不能有所堪成也釋名
釋言語○書堯典丨德忝帝位史記五帝紀作鄙德
忝帝位○論語雍也予所丨者論衡問孔作予所鄙
者○莊子大宗師不善少而丨老釋文丨本作鄙

兕 丨獸名詩桑扈丨觩其觩釋文○丨獸也似牛文
選吳都賦犀丨之黨劉注○丨野獸也詩何草不
黃匪丨匪虎傳○丨似牛爾雅釋獸○丨亦似水牛
山海經南山經禱過之山其下多犀丨注○丨水牛
類也文選西京賦威懾丨虎薛注○丨獸名似牛一
角儀禮鄉射禮記大夫丨中注○丨似野牛而青色
後漢馬融傳注○丨似牛而青善觸人國語晉語昔
我先君唐叔射丨於徒林注○丨一角青色重千斤
爾雅釋獸注○丨角長二尺餘形似馬鞭柄其皮堅
可爲鎧甲一切經音義十九引南州異物志○丨角

班似㻏瑁足有十爪也一切經音義十九引廣志○
坤爲丨虎易屯卽鹿无虞虞注○蒼丨主舟楫官名
書古太誓
蒼丨馬注
几 丨所以坐安體儀禮有司徹受宰丨注○丨者安
賓所以崇優厚也儀禮覲禮授丨注○丨庪也所
以庪物也釋名釋牀帳○玉丨所以依神天子左右
玉丨周禮大宰贊玉丨玉爵注○五丨左右玉彫彤
漆素周禮司几筵掌五丨五席之名物注○丨杖所
以扶助衰也白虎通致仕○丨俎也長七尺文選東
京賦度室以丨薛注○丨丨盛也廣雅釋訓○丨丨
偕也太元親飲食丨丨注○丨丨絇貌詩狼跋赤舄
丨丨傳○丨讀爲軌書亦或爲簋古文也周禮小史
以書敘昭穆之俎簋司農注○詩狼跋赤舄丨丨說
文手部作赤舄掔掔
已部作赤舄己己

姊 丨咨也廣雅釋親○丨者咨也白虎通三綱六紀
○丨積也猶日始出積時多而明也釋名釋親屬
○先生曰丨詩泉水遂及伯丨傳○男子謂女子先
生爲丨爾雅釋親○夫之丨爲女公同上○從母之
女子子爲從母丨妹爾雅釋親○今江東山越閒呼
丨聲如市此因字誤遂俗也方言十二姉孟丨也注
匕 丨所以撓鼎太元禮折其丨注○丨所以載鼎實
易震不喪丨鬯注又詩大東有捄棘丨傳○丨者
所以載鼎實管子弟子職右執挾丨注○枇所以載
牲體者禮記雜記上枇以桑注○丨所以別出牲體
也儀禮士昏禮丨俎從設注○丨所以丨黍稷者也
儀禮少牢饋食禮廩人摡甑甗丨與敦于廩爨注○
丨器名儀禮士昏禮釋文引劉注○坎爲棘丨易震
虞注○丨矢鏃也左氏昭廿六年傳丨入者三寸注
○丨首劒屬其頭類丨故曰丨首短而便
用也文選鄒陽獄中上書注引通俗文

比 丨輩也廣雅釋詁一○丨謂齊等也荀子不苟天
地丨注○丨例也禮記王制必察小大之丨以成
之釋文左傳文元年注亦其丨也釋文又漢書食貨
志上集注食貨志下集注陳湯傳集注張敞傳集注
馮野王傳集注翟方進傳集注元后傳集注又後漢
陳忠傳注○丨謂丨例鬼谷子反應事有丨注○丨
類也史記天官書太白白丨狠正義又漢書五行志
上集注馮奉世傳集注敘傳上集注又後漢章帝紀
注劉愷傳注楊賜傳注又文選高唐賦殊無物類之
可儀丨注○丨謂丨類也鬼谷子反應丨者丨其辭
也注○丨謂類例後漢桓譚傳注○丨次也周禮世
婦丨其具注○丨方也漢書公孫宏傳集注又呂覽
貴公不丨於人注○丨丨方也國語齊語丨校民之
有道者注○丨謂丨方漢書賈誼傳集注引如淳○
丨者丨方於物也周禮大師曰丨司農注○丨猶丨
方禮記少儀適有喪者曰丨注○丨放也儀禮聘禮

記禽羞俶獻丨注○丨猶校也周禮大胥丨樂官注
小胥掌學士之徵令而丨之注○丨猶較也周禮野
廬氏丨國郊及野之道路注○丨校次之周禮宰夫
凡禮事贊小宰丨官府之具注○丨校次之也周禮
大司馬丨軍衆注○丨校次其人之在否周禮宮正
以時丨宮中之官府次舍之衆寡注○丨案丨周禮
縣正各掌其縣之政令徵丨注○丨猶致也呂覽達
鬱肌膚欲其丨也注○丨猶頻也史記呂后紀又丨
殺三趙王索隱○大丨謂使天下吏簡閱民數及其
財物也周禮小司徒及三年則大丨注○丨見今之
失不敢斥言取丨類以言之周禮大師曰丨注○五
家爲丨故以丨爲名今時八月案丨是也周禮小司
徒司農注○擇善從之曰丨禮記樂記克順克俾注
○丨或作庀周禮大司馬注○丨讀爲庀周禮遂師
庀其委積司農注丨敘其事而賞罰司農注○鄭司
農丨讀爲庀周禮世婦丨其具注○鄭大夫讀丨爲

庀周禮大胥丨樂官注○丨音丨方之丨史記平津
侯主父傳下丨於民索隱引小顏○丨翼鳥兩鳥丨
翼山海經
海外南經

姚 丨母也廣雅釋親又太元視陽成丨注○母爲丨
爾雅釋親○母曰丨書舜典百姓如喪考丨釋文
○母死稱丨易小過遇其丨虞注○母死曰丨釋名
釋喪制○丨先丨詩斯干似續丨祖箋○生稱母死
稱丨公羊隱元年傳桓之母也注○生曰母死曰丨
國語周語則我皇丨太姜之姪注○古者通以考丨
爲生存之稱方言六南楚瀑洭之閒謂婦丨曰母稱
婦考曰父姼注○丨比也比之於父亦然也釋名釋
喪制○丨之言媲也媲於考也禮記曲禮下王母曰
皇祖丨注○丨者居內履中而正者也易小過遇其
丨注○先丨姜嫄也姜嫄履大人跡感神靈而生
后稷是周之先母也周禮大司樂以享先丨注

軌 丨轍也後漢班彪傳下注○丨車轍也左氏隱元
年傳同丨畢至服注又楚辭思古復往丨於初古
注又文選西京賦方丨十二薛注東京賦經途九丨
薛注○車兩輪閒爲丨國策齊策車不得方丨注○
兩輪之閒爲丨淮南覽冥而車丨不接乎遠方之外
注○車兩輪閒曰丨呂覽勿躬車不結丨注○由輈
以上爲丨詩匏有苦葉濟盈不濡丨傳○丨與軹於
車同謂轊頭也禮記少儀祭左右丨范乃飲注○丨
車迹也史記司馬相如傳結丨還轅索隱引張揖又
後漢杜密傳注○車跡曰丨文選懷舊賦注引顏延
年纂要解○丨謂轍廣考工記匠人經涂九丨注○
丨謂限之轍迹也孟子盡心下城門之丨音義引丁
音○丨車也文選陸士衡挽歌詩悲風徽行丨注○
丨迹也廣雅釋詁三又文選東京賦憲先靈而齊丨
薛注○丨跡也後漢崔駰傳注○丨道也廣雅釋室
○丨道也國語周語度之於丨儀注百官丨儀注又

淮南本經五星循丨不失其行注○丨法也華嚴經
音義上引國語賈注又漢書王子矦表上集注淮南
厲王長傳集注梅福傳集注霍光傳集注又後漢崔
琦傳注又太元元數不丨不筮注又淮南原道是故
聖人一度循丨注又文選東京賦同衡律而壹丨量
薛注○緣法循理謂之丨賈子道術○講事以度丨
量謂之丨左氏隱五年傳○竊寶者爲丨國語魯語
○亂在外爲姦在內爲丨左氏成十七年傳○亂在
內爲丨國語魯語竊寶者爲丨注○在內爲丨後漢
杜林傳注○亂在內曰丨漢書元帝紀集注刑法志
集注○在內曰丨後漢李固傳注○制五家爲丨管
子小匡○五丨五行也太元銳舍于五丨注○丨與
宄古字通文選五等論姦丨宄斥注○丨古文術匠
二形一切經音義二十○左氏成十七年傳釋文丨
本作宄○魯桓公名丨見左傳
桓元年疏史記魯世家作允

水 丨陰也論衡順鼓○丨者陰
也白虎通五行又素問熱病論○丨爲陰漢書司
馬遷傳集注引張晏又素問陰陽應象大論○丨生
於陰鹽鐵論論菑○丨太陰也白虎通五行○丨者
盛陰者也同上○丨者冬藏至陰也春秋繁露五行
逆順○丨北方冬藏萬物氣至陰也南齊書五行志
引洪範五行傳○陰爲丨後漢董卓傳注○陰氣爲
丨淮南天文○丨火者陰陽之徵兆也素問天元紀
大論○坎爲丨易說卦傳又彖上傳盥而不薦虞注
又後漢魯恭傳注蘇竟傳注郎顗傳注朱暉傳注○
坎爲險爲丨後漢李膺傳注○兌爲丨易彖下傳丨
火相息虞注○壬癸爲丨素問藏氣法時論其日壬
癸注○辰癸亥子丨也淮南天文○丨生于申壯于
子死于辰三辰皆丨也同上○丨者雨之象後漢李
膺傳注○丨者火之備鹽鐵論申韓○丨火之牡也
左氏昭十七年傳○丨盛氣也白虎通五行○丨者

五行之首後漢桓帝紀注○｜五行之終也春秋繁
露五行之義○｜者五行始焉元氣之湊液也文選
江賦注引春秋元命苞○｜者地之血氣如筋脉之
流通者也管子水地○｜之爲言演也陰化淖濡流
施潛行也故其立字兩人交一以中出者爲｜一者
數之始兩人譬男女言陰陽交物以一起也古微書
引春秋元命苞○｜者天地之包幕五行之始焉萬
物之所繇生元氣之津液也同上○｜準也廣雅釋
言○｜準也準平物也釋名釋天○｜之爲言准也
養物平均有准則也白虎通五行○高下有｜災曰
大｜穀梁桓元年傳莊七年傳莊十一年傳莊廿五
年傳○大｜海也禮記月令爵入大｜爲蛤注○大
｜淮也禮記月令雉入大｜爲蜃注又呂覽孟冬雉
入大｜爲蜃注又淮南時則雉入大｜爲蜃注○｜
曰內景淮南天文○｜曰清滌禮記曲禮下又獨斷
上○｜殷德也易井干寶注○｜陰臣之義也白虎

通五行○｜爲智漢書魏相傳集注引張晏○聽曰
｜洪範五行傳厥罰恒寒注○｜者司寇也春秋繁
露五行相勝○執法者｜也同上○｜衡官名主｜
官也後漢張衡傳注○｜宿謂北方七宿斗牛女虛
危室壁也後漢崔駰傳注○｜衣落也廣雅釋草○
｜松藥草生｜中文選吳都賦石帆｜松劉注○九
曰｜龜爾雅釋魚○｜居者川禽
魚鼈之屬呂覽本味｜居者腥注

藟 ｜或作虆○｜藤也廣雅釋草又後漢崔駰傳注○
｜葛類也楚辭憂苦葛｜虆於桂樹兮注○｜似
葛詩葛藟序釋文○｜似葛之草易困困于葛｜釋
文詩樛木葛｜虆之釋文○今江東呼虆爲藤爾雅
釋木諸慮山虆注○虆今虎豆狸豆之屬虆一名縢
山海經中山經卑山多虆注○｜一名巨荒似蘡薁
連蔓而生幽州人謂之推虆易困釋文引詩草木疏
○｜一名巨苽似燕薁亦連蔓葉似艾白色其子赤

可食詩樛木釋文引詩草木疏○詩旱
麓莫莫葛｜後漢黃琬傳注作葛虆

嚭 ｜大也集韻引字林○禮記檀弓陳太宰｜漢書
古今人表作太宰嚭史記伍子胥傳伯｜論衡作
帛嚭文選
注作帛否

唯 ｜膺也廣雅釋詁一○｜應辭也禮記曲禮必愼
｜諾釋文○｜應辭猶吟也左氏昭四年傳號之
曰牛曰｜釋文○｜猶今應爾也論語里仁曾子曰
｜皇疏○｜｜謙應也史記太史公自序｜｜否否
集解引晉灼○｜｜聽從貌荀子大略惟惟而亾者
誹也注○｜｜出入不制詩敝笱其魚｜｜傳○｜
｜行相隨順之貌詩敝笱箋○詩
敝笱｜｜釋文引韓詩作遺遺

止 ｜至也詩抑淑愼爾｜傳泮水魯侯戾｜傳又史
記趙世家事有所｜正義引鄭元○｜處也孟子

公孫丑上可以｜則｜注○｜猶自處也禮記大學
在｜於至善注○｜猶居也詩烈祖維民所｜箋○
｜猶還也國策齊策孟嘗君乃｜注○｜休也呂覽
下賢亦可以｜矣注○｜息也家語辯政匪其｜共
注○｜所｜息也詩相鼠人而無｜傳○｜謂息其
說也荀子正論殆不若｜之將恐得傷其體也注○
｜亦定爾雅釋詁尼定也注○｜待也爾雅釋詁○
｜亦相待爾雅釋詁注○｜立俟時事也禮記檀弓
上吉事雖｜不怠注○｜以久也墨子經上○｜不
行太元元衡○｜留也國語鄭語與｜之注又呂覽
當染惠公｜之注○｜執左氏哀十二年傳故將｜
之注○｜獲也左氏莊九年傳是以皆｜注僖十五
年傳將｜之注又國語魯語掎｜晏萊焉注晉語遂
｜於秦注○｜制也楚辭靈懷慕去炎而敢｜注○｜猶
｜謂不放縱也荀子不苟見由則恭而｜注○｜猶
殺也周禮倉人若穀不足則｜餘灋用注○｜禁國

策齊策綱不能丨注又呂覽仲春丨獄訟注貴生害
於生則丨注○丨猶禁也淮南時則丨獄訟注○丨
禁丨也呂覽知士靜郭君不能丨注○丨已也素問
舉痛論得炅則痛立丨注又文選東京賦神具醉丨
薛注○丨猶去也淮南說山丨念慮注○丨除也呂
覽制藥疾乃丨注○丨愈也呂覽愛士病則丨注○
丨逼也廣雅釋詁二○丨滅也廣雅釋詁四○丨欲
鶩太元元錯○丨容也周書大戒庸丨生郄注○丨
容丨也詩相鼠人而無丨箋抑淑慎爾丨箋○丨禮
也詩小旻國雖靡丨箋又廣雅釋言又漢書敘傳上
集注引應劭又荀子不苟見由則恭而丨注天略盈
其欲而不愆其丨注又文選思元賦竦余身而順丨
兮舊注○丨節詩相鼠釋文引韓詩○丨足也儀禮
士昏禮北丨注又山海經海內經韓流豚丨注又太
元增木以丨漸增注○艮爲丨易屯乘馬班如虞注
无妄或繫之牛虞注坎坎不盈虞注睽喪馬勿逐虞

注彖下傳見險而能丨虞注丨而巽虞注彖下傳丨
諸躬也虞注○丨艮也易彖上傳能丨健大正也虞
注○所以敔柷謂之丨爾雅釋樂○所以丨鼓謂之
丨書益稷合丨柷敔鄭注○擊柷之椎名爲丨爾雅
釋樂李注○丨辭也詩草蟲亦既見丨亦既覯丨傳
抑告爾舊丨箋○丨語助也史記扁鵲倉公傳不可
曲丨索隱○丨衕治洞下也山海經北山經梁渠之
山有鳥焉名曰囂可以丨衕注○丨衆者是不從之
刑也丨衆謂若周威厲王弭謗以障民口之類也書
大傳樂言於訖衆注○古文丨作趾儀禮士昏禮北
丨注○易噬嗑滅丨釋文丨本作趾繫辭屨校滅丨
釋文丨本作趾詩麟止序釋文丨本作趾禮記內則
奉席請何丨釋文丨本作趾○詩車舝高山仰丨釋
文丨本作之禮記表記高山仰丨釋文丨本作之○
左氏僖五年會王世子于首丨公羊穀梁作首戴○
莊子在宥禍及丨蟲釋文丨本作昆崔本作正○齊

高丨字子容見左襄廿九年傳注○
齊闞丨字子我見左哀六年傳注

市
丨利也國語越語又身與之丨注○丨求也國策
秦策王不如留之以丨地注齊策以丨其下東國
注○丨猶要也史記項羽紀以丨於齊索隱引劉氏
○丨取也國語齊語丨賤鬻貴注○丨買也廣雅釋
詁三○丨貿易也史記項羽紀以丨於齊集解引張
晏○丨商也國語齊語丨立三鄉注○丨人聚也呂
覽仲夏關丨無索注又淮南時則關丨無索注○丨
雜聚之處周禮司市大丨日昃而丨注○丨者人之
所交利而行刑之處周禮司市國君過丨注○丨也
者勸也管子侈靡○丨者貨之準也管子乘馬○丨
者天地之財具也而萬人之所和而利也管子問○
丨恃也養贍老少恃以不匱也詩陳風正義引風俗
通○因井田以爲丨故俗語曰丨井公羊宣十五年
傳什一行而頌聲作矣注○丨師司丨也周禮司市

丨師涖焉注丨司師賈師而從注○司丨丨官之長
周禮地官序官司丨注○旗星中四星名曰天丨後
漢桓帝
紀注

恃
丨怙也離騷余以蘭爲可丨兮注惜誦君可思而
不可丨注○丨賴也公羊桓三年傳丨有年也注
○丨負也詩蓼莪無母何丨釋文引韓詩○丨待也
老子萬物丨之而生注○丨古文作怖一切經音義
一○丨或作待呂覽審時辟米不得丨注○老子爲
而不丨釋文丨河上本作侍○莊子徐无鬼丨源而
往者也釋文
丨本亦作持

徵
丨祉也漢書律麻志上○丨者祉也物盛大而繁
祉也風俗通聲音引劉歆鐘律書○丨者祉也事
也爾雅釋樂劉注○丨者止也陽氣止白虎通禮樂
○丨止也陽度極也白虎通五行○丨謂之迭爾雅

釋樂○丨爲事禮記樂記又漢書律麻志上○丨爲
禮漢書律麻志上○丨火也漢書王莽傳下又淮南
天文其音丨注時則其音丨注○丨火也位在南方
呂覽孟夏其音丨注○丨南方火淮南說山必先丨
羽樂風注○丨火聲也素問金匱眞言論其音丨注
○丨謂大音和而美也素問陰陽應象大論在音爲
丨注○丨角在右事也民也可以勞禮記玉
藻右丨角左宮羽注○林鍾爲丨淮南天文
丨樂也詩形弓中心丨之傳菁菁者莪我心則丨
喜 傳又爾雅釋詁○丨悅樂也素問五運行大論其
志爲丨注○丨者悅也鬼谷子摩○丨好也史記扁
鵲倉公傳問中庶子丨方者索隱滑稽傳齊威王之
時丨隱索隱又漢書郊祀志上集注田叔傳集注酈
食其傳集注竇嬰傳集注田蚡傳集注昌邑哀王髆
傳集注王褒傳集注淮陽憲王欽傳集注○丨猶好
也易蹇內丨之也釋文○丨事猶好事也後漢廣陵

思王荆傳注○丨愛也史記扁鵲倉公傳索隱○丨
猶福也國語魯語固慶其福而弔其憂注○丨春之
荅也春秋繁露爲人者天○丨氣爲暖而當春春秋
繁露陽尊陰卑○丨者陽氣淮南原道大丨墜陽注
○丨者宣散而無要也鬼谷子權○兩口銜士爲丨
古微書引春秋元命苞○丨讀爲饎詩七月田畯至
丨箋甫田田畯至丨箋大田田畯至丨箋○丨與熙
古字通文選劇秦美新庶績咸丨注○鄭公子丨字
子罕見左氏襄廿六年疏○左氏昭廿八年傳注夏
以妹丨釋文丨本作嬉○劉寬碑陰河東聞熹韓仁
銘聞憙長
丨皆作熹
己 丨紀也廣雅釋言○丨紀也皆有定形可紀識也
釋名釋天○丨之言起也禮記月令其日戊丨注
又太元元數日戊丨注○丨者抑屈起白虎通五行
○丨猶戊也漢書外戚傳下○太歲在丨曰屠維爾

雅釋天○月在丨曰則同上○丨韓淮南天
文○丨亥韓也同上○丨酉丨卯魏也同上
紀 丨識也廣雅釋詁二○丨錄也文選東京賦咸用
丨宗存主薛注○丨記也漢書公孫宏卜式兒寬
傳贊集注終軍傳集注敘傳上集注又文選東京賦
丨禪肅然之功薛注○丨者記也丨理也史記五帝
紀索隱○丨記也記識之也釋名釋言語○丨總要
之名也禮記樂記中和之丨注○丨基也詩終南有
丨有堂傳又小爾雅廣言○丨緒也方言十○丨絲
縷之數有丨禮記禮器衆之丨也注○丨理也國語
晉語禮以丨政注又漢書高帝紀集注賈誼傳集注
二見王莽傳上集注○丨者理也白虎通三綱六紀
○理之爲丨詩棫樸綱丨四方箋○丨治理也穀梁
莊廿二年傳○丨猶綜理也國語周語丨農協功注
○丨經也國語晉語蔽兆之丨注○丨法也書帝命
驗白曰顯丨宋注○丨猶法也國語越語四時以爲

丨注○丨道也呂覽孟春無亂人之丨注季冬月窮
于丨注又淮南時則月窮于丨注發通而有丨注○
丨數也呂覽孟冬飭喪丨注又淮南時則飾喪丨注
○丨猶節也呂覽本味火爲之丨注○丨猶貫因也
呂覽孝行而萬事之丨也注○丨通也淮南原道經
丨山川注○丨綱丨也後漢鄧禹傳注又文選文賦
通塞之丨注○小者爲丨白虎通三綱六紀○執德
之謂丨莊子天地○丨猶事也禮記文王世子喪丨
以服之輕重爲序注○丨會也禮記月令月窮于丨
注○月遇日相合爲丨呂覽季冬月窮于丨注○經
丨謂天文進退度數禮記月令毋失經丨注○二丨
日月也文選思元賦察二丨五緯之綢繆遹皇舊注
○丨謂時日書允征俶擾天丨傳○丨年也後漢郅
惲傳注○十二年曰丨書畢命既歷三丨傳又後漢
袁紹傳注○一丨十二年文選魏都賦推鋒積丨劉
注○十二年歲星一周爲一丨國語晉語蓄力一丨

注○丨卽元也樂叶圖徵以四千五百六十爲丨注○數起於一終於十十則更故曰丨國語周語若匃國不過十年數之丨也注○丨本丨也文選劇秦美新咸稽之於秦丨注○奇丨卽內經山記文選遊天台山賦石標於奇丨注○喪丨卽喪荒也周禮大府山澤之賦以待喪丨注○喪丨大喪之事也周禮閭胥凡春秋之祭祀役政喪丨之數注○喪丨喪事之祭謂虞祔也周禮庖人共喪丨之庶羞注○詩終南有丨有堂釋文丨丨本作屺

跪 丨跽也文選月賦注引聲類○丨擽也廣雅釋詁三○丨邱委反拜也一切經音義六引字林○丨危也兩膝隱地體危隉也釋名釋姿容○丨足也荀子勸學蟹六丨而二螯注○禮記曲禮授立不丨釋文丨本又作危○丨當作疏列子力命丨食惡肉釋文

技 丨藝也莊子應帝王胥易丨係勞形怵心者也釋文引簡文注○丨猶藝也禮記坊記尚丨而賤車注○丨巧也後漢邊讓傳注○丨才能也荀子勸學梧鼠五丨而窮注○丨材力也荀子議兵齊人隆丨擊注○手伎曰伎文選思元賦雜伎藝以爲珩舊注○丨工也荀子富國故百丨所成所以養一人也注○通天地而不通人曰伎法言君子○丨者萬物之末用也莊子天地能有所藝者丨也注○丨謂方丨醫方之家也後漢桓譚傳注○丨巧謂百工之役鬼谷子捭闔校其丨巧短長注○丨不端也莊子在宥是相于丨也釋文引崔注○他丨異端之丨也禮記大學無他丨注○齊人以勇力擊斬敵者號爲丨擊荀子議兵齊人隆丨擊注○莊子養生主丨經肯綮之未嘗釋文丨本作猗

螘 通作蟻又作蛾○蚍蜉小者丨爾雅釋蟲○齊人呼丨爲蛘爾雅釋蟲注○蟻蚍蜉也禮記檀弓上蟻結于四隅注又文選報任少卿書與螻蟻何以異注○蛾蚍蜉也禮記學記蛾子時術之注○蚍蜉燕謂之蛾蛘方言十一○丨動喻衆後漢馮衍傳注○蛾伏如蟻之伏也文選長楊賦扶服蛾伏注○蟻謂色元也書顧命鄭注○蟻裳名色元書顧命麻冕蟻裳傳○蛾古蟻字文選長楊賦扶服蛾伏注○蛾卽蟻字也後漢皇甫嵩傳注○丨與蟻同文選洞簫賦螻蟻蝘蜓注○陳球後碑蜂聚蛾動是邦雄桀碑鄉口蛾附蟻皆作蛾

迤 迆靡也書禹貢馬注○迆溢也書禹貢東迆北會于匯傳又漢書地理志上集注○迆涎灑迆相連也文選海賦迆涎八裔注○丨靡相連貌也文選甘泉賦纚石關丨靡乎延屬注○迆讀爲倚移從風之移考工記總目既建而丨司農注○丨讀爲既建而丨之丨考工記鮑人欲其無迆也司農注○丨讀爲

倚移從風之移考工記弓人蓄栗不丨司農注

俾 丨使也書堯典有能丨乂傳無逸文王丨服馬注君奭罔不率丨鄭注又詩緜衣丨無訧兮傳天保丨爾單厚傳賓之初筵無丨大怠箋菀柳丨予靖之箋白華丨我獨兮箋緜丨立室家箋公劉丨筵丨几箋卷阿丨爾彌爾性箋民勞無丨民憂箋載見丨緝熙于純嘏箋閟宮丨爾熾而昌丨爾壽而臧箋又禮記大學而違之丨不通注又左氏僖廿八年傳丨隊其師注成十二年傳丨隊其師注成十三年傳丨執事實圖利之注哀十一年傳無丨易種於茲邑注哀十六年傳丨屏予一人以在位注昭六年傳無丨城壞注又公羊文十二年傳丨君子易怠注又大戴記少閒莫不率丨注又爾雅釋詁又書湯誥丨予一人釋文牧誓丨暴虐于百姓釋文又國語周語丨莫不任肅純恪也注又漢書武帝紀集注諸侯王表集注

律厤志下集注齊懷王閎傳集注王莽傳上集注又後漢班彪傳下注東平憲王蒼傳注楊賜傳注張衡傳注馬融傳注高彪傳注禰衡傳注又三國魏武帝紀注又晉書音義中又太元遇丨蛛罔注又家語始誅丨民不迷注又楚辭惜誦丨山川以備御兮注又文選思元賦號馮夷丨淸津兮舊注○丨從也爾雅釋詁○丨職也爾雅釋言○丨當爲比聲之誤也禮記樂記克順克丨注○書堯典有能丨乂史記五帝紀作有能使治者○書序王丨榮伯作賄肅愼之命史記周本紀作王賜榮伯作賄息愼之命○詩菀柳丨子靖之釋文丨本作卑禮記大學而爲之丨不通釋文丨本作卑左氏襄十一年傳丨失其民釋文丨本作卑昭廿二年傳丨我兄弟釋文丨本作卑○爾雅釋魚注行頭左丨釋文丨本作庳

鄙 丨國也廣雅釋詁四○五酇爲丨周禮遂人○五攢爲丨呂覽季秋制百縣注引周禮○五百家爲丨周禮宰夫掌治灋以攷百官府羣都縣丨之治注○丨五百家也呂覽孟夏命司徒循行縣丨注○都之所居曰丨周禮大宰以八則治都丨注○丨四丨國語周語云丨食以守路注○丨邊邑也左氏莊廿六年傳羣公子皆丨注又國語吳語都丨荐饑注○丨邊邑名方言二燕之外丨注○丨界上邑禮記月令四丨入保注○邑曰丨周書職方辯其邦國都丨注○丨者邊垂之辭公羊莊十九年經齊人宋人陳人伐我西丨注○丨否也小邑不能遠通也釋名釋州國○八丨四方與四角也文選東京賦旁震八丨薛注○丨狹也孟子盡心下丨夫寬注○丨陋也文選長笛賦是以尊卑都丨注○丨者陋也史記樂書○丨賤也左氏昭十六年傳夫猶丨我注○丨恥也廣雅釋詁四又史記屈原賈生傳君子所丨正義又楚辭懷沙君子所丨注○丨小也廣雅釋詁二又呂覽尊師魯之丨家也注愛類臣北方之丨人也注○

丨人小人也呂覽君守魯丨人遺宋元王閉注又淮南脩務丨人有得玉璞者注○丨人郊野之人也荀子非相楚之孫叔敖期思之丨人也注○丨猶今言俗語然也大戴記保傅丨語曰不習爲吏注○丨氣丨論衡初禀○汗衣或曰丨袒或曰羞袒作之用六尺裁足覆胷背言羞丨於袒而衣此耳釋名釋衣服○丨駮獸奮迅貌也後漢馬融傳注○丨本字作否匡謬正俗八

麔 麃同○丨大麃旄毛狗足爾雅釋獸○麃似獐而大山海經中山經女几之山多閭麋麖麂注○爾雅釋獸釋文丨本作麂

簋 丨黍稷器也周禮掌客鼎丨十有二注○丨者宗廟之器易損二丨可用享荀注○飯器謂之丨史記秦始皇紀飯土丨集解引徐廣○圓中者爲丨淮南泰族陳簠丨注○圓曰丨詩伐木陳饋八丨傳○方曰簠圓曰丨盛黍稷稻粱器周禮舍人凡祭祀共簠丨注○簠丨祭器圓曰丨孝經陳其簠丨而哀慼之鄭注○內圓外方曰丨詩權輿釋文儀禮聘禮勞以二竹簠方釋文○旊人爲丨實一觳崇尺厚半寸脣寸考工記旊人○丨祭器名禮記樂記簠丨俎豆釋文○二丨質薄之器也易象下傳二丨可用享注○四丨黍稷稻粱詩權輿於我乎每食四丨傳○故書丨或爲几周禮小史以書敘昭穆之俎丨注○古文丨皆作軌儀禮公食大夫禮宰夫設黍稷六丨丨于俎西注○易損釋文丨蜀才本作軌

晷 丨景也漢書李尋傳集注王莽傳上集注敘傳下集注又文選西京賦白日未及移其丨薛注○丨影也周髀算經上夏至之日丨一尺六寸注○景曰丨文選補亡詩注引顏延年纂要○丨日影也禮記王制注取丨同也釋文○丨光景也文選述高帝紀五星同丨注○丨柱景也廣雅釋天○丨規也如規

畫也釋
名釋天丨匜也書禹貢包丨菁茅傳○丨猶纏結也書禹
匭 貢鄭注○丨猶結也一曰丨柙也文選吳都賦職
貢納其包丨劉注○左氏僖四年
傳注包丨菁茅釋文丨本作軌
宄 丨盜也廣雅釋詁四○丨佹也佹易常正也釋名
釋言語○亂在內曰丨一切經音義一引三蒼○
在內爲丨漢書魏相傳集注○在內曰丨書舜典寇
賊姦丨傳○在內曰姦在外曰丨一切經音義一引
三蒼○起外爲軌書舜典鄭注○竊寶曰丨文選西
京賦姦丨是防薛注○丨古文宄殳二形一切經音
義十七○詩民勞箋輕爲姦丨釋文丨本作軌○書
舜典寇賊姦丨史記五帝紀作寇賊姦軌○書牧誓
以姦丨于商邑史記周
本紀作以姦軌于商國

經籍纂詁卷第三十四

經籍纂詁卷第三十四補遺 上聲

兵部侍郎兼都察院右副都御史巡撫浙江等處地方提督軍務兼理糧餉阮元撰集

四紙

紙 說文丨絮也一曰苫也从糸氏聲
只 說文丨語已詞也从口象气下引之形凡丨之屬
皆从丨○丨辭也禮記大學樂丨君子疏○丨猶
是也詩樛木樂丨君子釋文○丨且語助也詩北風
既亟丨且疏
咫 說文中婦人手長八寸謂之丨周尺也从尺只聲
○八寸曰丨文選長楊賦且盲者不見丨尺注引
國語賈注又漢書五行志下之上石砮長尺有丨注
引張晏韓信傳奉丨尺之書注○八寸爲丨後漢書

崔駰傳夫欲千里而丨尺未發注○丨八寸周禮質
人疏引鄭志
諟 說文丨理也从言是聲○丨亦審方言六諟諦丨
也注○丨與是古今之字異書太甲上疏
是 說文丨直也从日正凡丨之屬皆从丨是籀文丨
从古文正○丨謂正也禮記樂記而疑丨精麤之
體疏○丨此也禮記玉藻䘏趨皆用丨疏荀子王制
是爲人者謂之聖人注○丨猶此也左氏昭十六年
傳注丨褰裳疏又荀子禮論人有丨士君子也注○
丨謂此漢書昌邑哀王髆傳昌邑帳在丨闕外馳道
北注○丨謂可其意也荀子富國其所丨焉誠美注○
○丨猶執也禮記喪大記大胥丨斂疏○丨以者承
上生下之辭詩關雎序丨以一國之事疏○丨故者
緣上事生下勢之稱詩周南召南譜丨故二國之詩
疏○丨有猶常有也詩閟宮邦國丨有箋○丨蓋當
爲視荀子解蔽丨其庭可以搏鼠注○儀禮士昏禮

惟丨三族之不虞白虎通宗族作惟氏三族之不虞○詩崧高南國丨式潛夫論志氏姓作南國爲式○韓勅後碑於氏慣惱之思丨作氏

軹 說文丨車輪小穿也从車只聲○丨謂轂末周禮大行人上公立當丨疏○丨卽轂末禮記曾子問注祖道也疏○立者爲轛橫者爲丨考工記輿人參分丨圍司農注○丨是軸頭處輪之中央考工記丨崇三尺有三寸也疏

枳 說文丨木似橘从木只聲○丨枝也廣雅釋木○丨棘者所爲蘊塞也管子侈靡然則貪動丨而得食矣注○丨巳西戎之別名也周書王會鬼親丨巳注○丨首謂蛇有兩頭爾雅釋地中有丨首蛇焉釋文

砥 說文底柔石也从厂氏聲砥底或从石○丨礪也史記五帝本紀莫不丨屬索隱○丨以細密爲名書禹貢疏

抵 說文丨側擊也从手氏聲○前有萬乘之國而後有千乘之國謂之丨國管子國蓄

氏 說文丨巴蜀名山岸脅之旁箸欲落墯者曰丨丨崩聲聞數百里象形乀聲凡丨之屬皆从丨楊雄賦響若氏隤○丨者所以別子孫之所出也史記五帝本紀集解引鄭駁五經異義○丨猶家也左氏隱八年傳胙之土而命之丨疏宣十一年傳將討於少西丨疏襄九年傳陶唐丨之火正閼伯疏襄二十六年傳君夫人丨疏昭二年傳觀書於太史丨疏○丨者位尊乃賜是臣之寵號左氏宣元年傳注出入稱名丨疏○凡言丨者世其官也禮記曲禮下疏引周禮干注○凡言丨者皆謂因之而立名漢書地理志下遼東郡沓丨注○所以有丨者何所以貴功德賤伎力或丨其官或丨其事聞其丨卽可知其德所以勉人爲善也白虎通姓名○韓非子難三麗櫚丨論衡非韓作麗櫚是

靡 說文丨披丨也从非麻聲○丨無也國語周語丨國不泯注晉語其丨有微兮注○丨亦無漢書楊雄傳下然則丨元無所成名乎注○丨謂侈丨禮記少儀國家丨敝疏又詩烈文疏○丨輕麗也漢書韓信傳丨衣媮食注○丨纖密也漢書楊雄傳上丨薜荔而爲席兮注○丨徙自抑退也漢書司馬相如傳上丨敝罔丨徙注○丨謂相隨從漢書淮南衡山濟北王傳贊臣下漸丨使然注○丨丨行舒之意詩黍離疏○丨丨惜惜言樂容與開麗也文選吳都賦劉注○丨爲糜謂財物糜散凋敝古字通用禮記少儀國家丨敝疏○詩黍離行邁丨丨玉篇彳部引詩傳作行邁𢕟𢕟

彼 說文丨往有所加也从彳皮聲○丨謂他人呂覽本味道者止丨在巳注○詩采菽丨交匪舒荀子勸學作匪交匪舒

毀 說文丨缺也从土毀省聲毀古文丨从壬○丨壞之也左氏文十六年經丨泉臺注○丨謂憔悴將滅性禮記檀弓下丨不危身注○坎象丨壞易蒙用說桎梏虞注○丨則壞法也左氏文十八年傳丨則爲賊疏○丨廟謂親過高祖丨其主於太廟中公羊文二年傳丨廟之主注

燬 說文丨火也从火毀聲春秋傳曰衞侯丨○丨火之別名也周禮秋官序官司烜氏疏

委 說文丨丨隨也从女从禾○丨積也續漢百官志三注引小學漢官篇胡廣注○丨猶積也文選蕪城賦丨骨窮城注○丨蓄也管子山至數則必積委幣注○丨累也文選赭白馬賦注引廣雅○丨謂委

丨禮記明堂位注今藏粢盛之丨焉疏○丨猶悴也文選謝元暉蹔使下都詩時菊丨嚴霜注○丨謂委積之物禮記月令注重粢盛之丨也疏○丨謂輸也禮記月令疏引皇氏○丨頓家語終記解喆人其丨注○二十里言丨五十里言積周禮遺人疏○丨貌冠也廣雅釋器○丨丨貌周之冠也荀子哀公紳丨章甫注○丨貌周道也禮記郊特牲○或謂丨貌爲元冠也禮記郊特牲注○丨貌者何謂也周朝廷理政事行道德之冠名白虎通紼冕

詭 說文丨責也从言危聲○丨異於衆也漢書劉輔傳必有卓丨切至注○丨違也漢書佞幸石顯傳持丨辯以中傷人注○丨欺也一切經音義十四引廣雅○丨詐也一切經音義二十三引廣雅釋言○丨禁所以禁丨常也管子幼官丨禁不脩注

髓 說文髓骨中脂也从骨隓聲

絫 說文丨增也从厽从糸丨十黍之重也○累者兼數非止一也漢書食貨志上庶人之富者丨鉅萬注○丨輯重積也漢書司馬相如傳上雜襲丨輯注○丨之丨然有罪呂覽觀世齊人累之名爲越石父注

妓 說文丨婦人小物也从女支聲讀若跂行

掎 說文丨偏引也从手奇聲○丨者倚也詩小弁傳○丨伐木者丨其巔疏○丨從後引之也漢書息夫躬傳躬；祿曰注○丨偏持其足也漢書敘傳上劉季逐而丨之注○丨之言戾其足也左氏襄十四年傳諸戎丨之疏○丨角皆遮截束縛之名也詩七月傳角而束之曰犄琉

綺 說文丨文繒也从糸奇聲○丨文繒也即今之所謂細綾也漢書地理志下織作冰紈丨繡純麗之物注○丨文繒也即今之細綾也漢書高帝紀下賈人毋得衣錦繡丨縠絺紵罽注○丨今細綾也漢書敘傳上在於丨襦紈袴之閒注

𣦼 廣韻𣦼同○說文𣦼識也从此朿聲一曰藏也

此 說文丨止也从止从匕匕相比次也凡丨之屬皆从丨○丨身也荀子儒效必將誠丨然後就也注○丨一本作比列子說符丨其於馬釋文

蘂 丨華也廣雅釋草○丨垂也謂垂下也文選魏都賦注引字書○丨者或謂之華或謂之實一曰花鬚頭點也文選蜀都賦敷丨葳蕤劉注○惢與丨同文選魏都賦神惢形茹注

豸 說文丨獸長脊行丨丨然欲有所司殺形凡丨之屬皆从丨○無足謂之丨漢書五行志中之上蟲丨之類謂之孼注

褫 丨奪也文選吳都賦魂丨氣懾而自踢跌者注○丨敓也一切經音義六引廣雅○易訟終朝三丨之釋文鄭本作拕

徙 說文迻也从辵止聲征丨或从彳𨒐古文丨○丨謂不便其居也周禮比長丨于國中及郊注○丨於他謂出居異鄉也周禮比長若丨于他注○丨倚猶彳亍漫淮南俶眞而丨倚于汗漫之宇注○丨小履漢書郊祀志上如脫丨耳注○丨謂小履

屣 之無跟者也漢書地理志下女子彈弦跕躧注○孟子盡心上猶棄敝蹝也廣韻作脫敝丨

【髀】集韻或从肉說文丨股也从骨卑聲髀古文丨○丨股骨也漢書賈誼傳至於髖丨之所注○丨者表也周髀算經上○髀股外也公羊桓四年傳注自左髀射之釋文○周丨長八尺周髀算經上○髀本又作膘公羊桓四年傳注釋文

【爾】說文丨麗丨猶靡麗也从冂从㸚其孔㸚尒聲此與爽同意○丨汝也周禮大司徒各共丨職疏又孝經民具丨瞻疏引孔注○丨我對談之辭詩皇矣箋天語文王曰疏○丨是華貌詩采薇彼丨維何疏○書呂刑告丨祥刑墨子尚賢下作告女訟刑又在今丨百姓作在今而百姓○孟子公孫丑上丨焉能浼我哉說文作汝焉能浼我孟子萬章下丨焉能浼我哉韓詩外傳作彼安能浼我哉○孟子公孫丑上丨爲丨列女傳作彼爲彼

【邇】說文丨近也从辵爾聲迩古文丨○丨近也易繫辭上傳以言乎丨疏略例故有善丨而遠至者注又左氏昭廿七年傳丨無極也注三十年傳使其丨臣從之注又釋名釋宮室○爾謂進之也詩行葦箋○丨境內國語楚語則丨者騷離注○楊統碑口民假爾丨作爾斤彰長田君斷碑紘覆遐尔丨作尔

【弭】說文丨弓無緣可以解轡紛者从弓耳聲○丨者弓弰之名以象骨爲之詩采薇傳彖丨弓反末也疏○丨弓末無緣者左氏僖廿三年傳其左執鞭丨注○丨謂不以繳束骨飾兩頭者也爾雅釋器孫注○丨安也周禮大祝注化祝丨災兵也疏○丨止也國語晉語衆不可丨注○丨忘也文選江文通雜體潘黃門詩注引國語賈注○彌與丨古字通文選羽獵賦望舒彌轡注○彌讀與丨同漢書王莽傳上彌射執平注○彌讀曰弭漢書王莽傳上以彌亂發姦注

【瀰】丨丨水盛也詩新臺河水丨丨釋文○詩新臺河水丨丨漢書地理志引邶詩作河水泮泮白帖六作河水瀰瀰

【婢】說文丨女之卑者也从女从卑卑亦聲○丨子婦人之卑稱左氏僖廿二傳服注

【庳】廣韻或作埤○說文丨中伏舍从广卑聲一曰屋丨或讀若逋○丨下也漢書劉向傳增埤爲高注○丨卑也漢書五行志中之下塞埤擁下注○丨謂下地也漢書司馬相如傳上其丨溼注○知佞厚之茲謂丨漢書五行志下之上引京房易傳○埤與丨古字通文選射雉賦不高不埤注

【侈】集韻或作奓○說文丨掩脅也从人多聲一曰奢也○丨奢泰漢書五行志中之上司徒丨注○丨亦奢也書泰誓上惟宮室臺榭陂池丨服疏○丨大也周禮司服注大夫以上丨之疏○丨惡之大也左氏莊廿四年傳○丨謂服飾過制書泰誓上惟宮室臺榭陂池丨服傳○丨靡謂珠玉之用也管子侈靡莫善于丨靡注○丨謂鐘口寬大禮記少儀注丨弇之所由與有說疏○丨之言是必有因也詩巷伯哆兮丨兮傳○丨者因物而大之名詩巷伯疏○奓侈字也文選西京賦注引聲類○左氏襄十四年傳注樂厭汏奓釋文本或作丨

【弛】集韻或作㢮○說文丨弓解也从弓从也㢮丨或从虒○㢮釋也文選魏都賦注引廣雅○丨捨也文選舞賦縱丨殟歿注○丨廢也荀子王制大事殆乎丨注又文選西征賦注引漢書韋昭注○丨弃也禮記坊記君子丨其親之過釋文○㢮廢㢮漢書文帝紀輒㢮以利民注○丨猶縱緩也素問刺要論則春病熱而筋丨注○丨者放廢不遵禮度也漢書武帝紀跅丨之士注○丨謂落弦禮記雜記下一張一

丨疏○施讀曰弛後漢書光武帝紀下將衆郡施刑
屯北邊注○施與弛同後漢書光武帝紀下分將施
刑補理城郭注
【豕】說文丨彘也竭其尾故謂之丨象毛足而後有尾
讀與豨同按今世字誤以丨爲彘以彘爲丨何以
明之爲啄琢从丨蠡从彘皆取其聲以是明之凡丨
之屬皆从丨豕古文○丨爲水畜禮記月令注麥實
有孚甲疏○坎爲丨易升孚乃利用禴千注又禮記
坊記東鄰殺牛注
【紫】說文丨帛青赤色从糸此聲○丨閒色漢書王莽
傳贊丨色䵷聲注引應劭○丨閒色之好者也論
語陽貨惡丨之奪朱也集解引孔注又漢書杜欽傳
惡丨之奪朱注○丨北方姦色周禮司士注姦色亂
正色疏○丨是北方閒禮記玉藻裳閒色疏○丨宮
者太一之居也淮南天文

【捶】說文丨以杖擊也从手垂聲○丨擊也後漢書文
苑杜篤傳丨驅氏僰注
【箠】說文丨擊馬也从竹垂聲○丨杖也漢書司馬遷
傳彼丨楚注韓延壽傳民無丨楚之憂注○丨策
也漢書王莽傳中士以馬丨擊亭長注○丨策也所
曰擊者也漢書刑法志其定丨令注○丨馬策也漢
書婁敬傳杖馬丨注王吉傳手苦於丨轡注○丨馬
檛也漢書吾邱壽王傳其後民以耰鉏丨梃相撻擊
注○丨謂馬檛也漢書陳餘傳杖馬丨注○公羊昭
卅一年傳注季氏負丨謝過釋文本又作捶
【揣】說文丨量也从手耑聲度高曰丨一曰捶之○丨
謂探求之漢書翟方進傳方進丨知其指注○度
高曰丨文選鵩鳥賦何足控揣注引晉灼○准主調
說以取尊貴是名爲丨論衡逢遇
【企】丨立也文選笙賦如鳥斯丨注引司馬彪○爾雅
釋鳥其踵丨釋文字或作跂

【旨】說文丨美也从甘匕聲凡丨之屬皆从丨舌古文
丨○丨美也左氏襄十一年傳樂丨君子疏廿四
年傳樂丨君子疏○丨者意也公羊隱元年經傳解
詁疏○丨致聲相近左氏宣十二年傳注厎致也疏
○詩魚麗物其丨矣荀子大略作物其指矣
【指】說文丨手丨也从手旨聲○丨湊猶言行止也淮
南原道注○丨猶志呂覽行論故布衣行此丨於
國注○丨謂義之所趨若八以手丨物也漢書河閒
獻王德傳文約丨明注○有丨有其意禮記王制有
旨無簡不聽注○艮爲丨易咸咸其拇虞注○孟子
告子下願聞其丨六書故丨作略
【眂】說文眂眂皃从目氏聲○丨是目之所見書洪範
疏○丨者以目覩物從目生名詩棫樸箋相丨也
疏○丨比也禮記雜記下丨君之母與君之妻疏
○丨猶比也儀禮喪服傳帶緣各丨其冠者疏又穆

天子傳六丨皇后之葬法注○眂猶比也周禮食醫
凡食齊眂春時疏調人君之讎眂父疏○丨納也禮
記坊記則不丨其饋疏○不丨猶不內也禮記坊記
則不視其饋注○丨者言其觀正不觀邪也書洪範
疏○丨流不端諦左氏成六年傳丨流而行速注○
火爲視羊亦丨周禮庖人注羊屬司馬火也疏
【美】廣韻嬍同○說文丨甘也从羊从大羊在六畜主
給膳也丨與善同意○丨謂使人服之而無厭也
詩關雎序丨教化疏○丨謂服飾盛也國語魯語楚
公子甚丨注○丨者言其形貌丨左氏桓元年傳丨
而豔疏○嬍丨也周禮師氏掌以嬍詔王疏○坎爲
丨易節甘節虞注○陽稱丨易文言傳丨在其中虞
注○丨謂甘露醴泉之類也管子五行然後天地之
丨生注
【訾】說文丨不思稱意也从言此聲詩曰翕翕訿訿○
丨毀也禮記喪服四制丨之者是不知禮之所由

生也釋文又荀子非十二子ㄧㄧ然注又淮南氾論ㄧ
行者不容於衆注說林ㄧ我貨者欲與我市注○訑
訑者自營之狀詩小旻疏

否 ㄧ塞也禮記月令天氣下降地氣上騰疏○ㄧ不
也易象上傳大人ㄧ亨虞注書堯典ㄧ德忝帝位
釋文○ㄧ者閉而亂也漢書劉向傳○ㄧ者消卦易
否休ㄧ九家注

否 ㄧ惡也詩烝民邦國若ㄧ釋文○ㄧ不善也漢書
刑法志有司無仲山甫將明之材注○ㄧ謂理有
所惡穀梁序臧ㄧ不同疏

兕 說文舄如野牛而青象形與禽离頭同凡舄之屬
皆从舄兕古文从儿○ㄧ獸名淮南本經寢ㄧ伏
虎注說山ㄧ牛之動以觝觸注○倉ㄧ者水中之獸
也善覆人船論衡是應○ㄧ觵罰酒之爵左氏成十

四年傳注以ㄧ角爲觵疏○ㄧ爵所以罰不敬左氏
昭元年傳舉ㄧ爵曰注○詩卷耳我姑酌彼兕觵釋
文字又作ㄧ

几 說文ㄧ踞ㄧ也象形周禮五ㄧ玉ㄧ雕ㄧ彤ㄧ髹
ㄧ素ㄧ凡ㄧㄧ之屬皆从ㄧ○ㄧ所以安體儀禮士
昏禮注乘以ㄧ者疏○ㄧ可以扶已禮記曲禮上必
操ㄧ杖以從之疏○ㄧ依神也禮記檀弓下有司以
ㄧ筵舍奠於墓左疏○ㄧ玉ㄧ也儀禮覲禮左右ㄧ
注○左氏襄十年傳投之以ㄧ釋文本又作机昭元
年傳圍布ㄧ筵釋文本亦作机

姊 說文ㄧ女兄也从女𠂔聲○女子先生爲ㄧ白虎
通三綱六紀

匕 說文ㄧ相與比敘也从反人ㄧ亦所以用比取飯
一名柶凡ㄧ之屬皆从ㄧ○ㄧ者棘ㄧ撓鼎之器

易震不喪ㄧ鬯疏引陸績○ㄧ首短劒也史記吳大
伯世家使專諸置ㄧ首於炙魚之中索隱引劉氏○
ㄧ首短劒也其首類ㄧ便於用也漢書鄒陽傳以信
荆軻而ㄧ首竊發注○ㄧ首者劒首如ㄧ匙左氏昭
廿七年傳注全魚炙疏

比 ㄧ例也禮記王制必察小大之ㄧ以成之疏○ㄧ
謂ㄧ擬善類禮記樂記ㄧ類以成其行疏○ㄧ謂
ㄧ方也史記張丞相列傳及以ㄧ定律令正義○ㄧ
謂ㄧ方之ㄧ漢書任敖傳及以ㄧ定律令注引如淳
○ㄧ以例相ㄧ況也漢書刑法志死罪決事ㄧ注○
ㄧ則例也漢書食貨志下自是後有腹非之法ㄧ注
○ㄧ校考也漢書萬石君傳是以切ㄧ閭里注○ㄧ
謂校次之也管子君臣上ㄧ宮中之事注○ㄧ謂相
ㄧ附也漢書陳湯傳無ㄧ者先以聞注○事類相似
謂之ㄧ釋名釋言語○輿之顯者謂之ㄧ左氏文七

年傳故君子以爲ㄧ疏○巳行故事曰ㄧ禮記月令
必ㄧ類疏○適有喪者曰ㄧ禮記少儀○ㄧ方之ㄧ
一鄰ㄧ之ㄧ廣雅釋詁二曹憲音○周禮之內云ㄧ
者後鄭皆爲校ㄧ先鄭皆爲庀庀爲具得通一義周
禮遂師疏

妣 說文ㄧ歿母也从女比聲妣籒文ㄧ省○ㄧ者母
之稱易小過遇其ㄧ疏○詩豐年烝畀祖ㄧ文選
注二作烝畀祖比

軌 說文ㄧ車轍也从車九聲○ㄧ車轍也禮記曲記
上塵不出ㄧ疏又左氏隱十一年傳注道方九ㄧ
也疏○ㄧ轍也文選荅賓戲侯伯方軌注引項岱○
ㄧ車迹也漢書司馬相如傳下結ㄧ還轅注○ㄧ謂
車轊頭也詩匏有苦葉濟盈不濡ㄧ釋文○ㄧ謂轂
末禮記少儀祭左右ㄧ范乃飲疏○ㄧ道也國語周

語示民丨儀也注○丨法也左氏襄廿一年傳丨度其信疏○丨亦法也漢書卜式傳不丨之臣注○丨法則也漢書敘傳下東平失丨注○丨謂法度也漢書賈山傳丨事之大者也注○丨猶依也後漢書襄楷傳不丨常道注○五家爲軌國語齊語○轂末之軌則車旁箸九此經左右丨是也其車轍亦謂之丨亦車旁箸九則考工記經涂九丨是與此字同而事異也禮記少儀祭左右丨范乃飲疏○丨與宄同漢書元帝紀殷周法行而姦丨服注○丨與車轍之丨同名周禮大馭注軌當爲軓疏○詩匏有苦葉濟盈不濡丨釋文丨本作軌

水 說文丨準也北方之行象衆丨竝流中有微陽之气也凡丨之屬皆从丨○丨者陰氣也素問刺要論○丨者純陰之精也續漢五行五志三引讖○陰爲水素問脈要精微論是知陰盛則夢涉大水恐懼注○積陰之寒氣爲丨淮南天文○丨北方終藏萬物者也漢書五行志上○丨火者陰陽之徵兆也素問陰陽應象大論○坎爲丨易井井谷射鮒鄭注○丨坎也左氏昭九年傳火丨妃也服注國語晉語車上丨下必伯注○丨內明故聽屬丨書洪範疏○丨者循精液而流也素問逆調論○凡平原出丨爲大丨左氏桓元年傳○博法局分爲十二道兩頭當中名爲丨列子說符擊博樓上注引古博經

藟 說文丨艸也从艸畾聲詩曰莫莫葛丨一曰秬鬯也○丨葛屬也漢書敘傳上擥葛丨而授余兮注○丨葛蔓也漢書楊王孫傳葛丨爲緘注○丨與葛異亦葛之類也詩樛木疏○丨一名巨苽幽州謂之蓷丨詩旱麓莫莫葛丨陸疏○詩樛木葛丨纍之釋文本亦作櫐

嚭 說文丨大也从喜否聲春秋傳吳有太宰丨

唯 說文丨諾也从口隹聲○丨應辭也漢書韓信傳信再拜賀曰丨注○丨丨恭應也漢書東方朔傳伏而丨丨注○丨丨恭應之辭也漢書司馬相如傳上對曰丨丨丨注兩龔傳勝曰丨丨注○丨咊也禮記曲禮上必慎丨諾疏丨而起疏○直曉不問曰丨也華嚴經音義下引書孔傳○應辭丨恭於諾禮記曲禮上丨而起注

止 說文丨下基也象艸木出有址故以丨爲足凡丨之屬皆从丨○丨謂拘留也漢書五行志下之上夏帝卜殺之去之丨之注○丨平停不動也禮記閒傳大功貌若丨疏○丨獲也國語晉語將丨不面夷注君之丨注○丨謂行所安丨書太甲欽厥丨傳○丨足也漢書禮樂志爰五丨注刑法志當斬左丨者注五行志中之上舉止高注○丨艮也易賁文明以丨虞注○體艮爲丨易蠱不事王侯虞注○艮爲丨

易坎險且枕虞注艮艮其輔虞注不拯其隨虞注豐日中見斗虞注象下傳用過乎險虞注○丨語助也漢書元帝紀民亦勞丨注○止辭也禮記大學於緝熙敬丨疏又左氏昭廿年傳民亦勞丨疏○丨謂不動於喜樂之事禮記閒傳大功貌若丨注○丨不行太元元衡○丨謂飛行所丨託也詩緜蠻丨於邱阿箋○內諱執皆言止左氏僖十七年傳齊人以爲討而丨公注

市 說文丨買賣所之也丨有垣从冂从ㄋㄋ古文及象物相及也之省聲○丨猶求也國策齊策以丨其東國注○丨典丨者禮記王制命丨納賈注○丨交易之處漢書貨殖傳商相與語財利於丨井注○丨朝謂丨之行位有如朝列因言丨朝耳史記孟嘗君列傳過丨朝者索隱○詩東門之枌丨也婆娑潛夫論浮侈作女也婆娑

恃 說文丨賴也从心寺聲

徵 火爲丨左氏昭廿五年傳注宮商角丨羽疏○丨火音屬夏列子湯問及冬而叩丨弦以激蕤賓注○丨屬夏禮記樂記疏引崔氏

喜 說文丨樂也从壴从口凡丨之屬皆从丨歖古文丨从欠與歡同○丨悅也荀子賦嫫母力父是之丨也注○丨好愛也漢書游俠陳遵傳遵大丨之注○丨謂愛好也漢書黃霸傳丨爲吏注○丨所以和樂也素問陰陽應象大論在志爲丨注○丨者外竟會心之謂也禮記檀弓下人丨則斯陶疏○震爲丨笑易象下傳民說无彊虞注○肺虛而心精并之則爲丨素問宣明五氣篇精氣并於心則丨注

己 說文丨中宮也象萬物辟藏詘形也已承戊象人腹凡丨之屬皆从丨己古文丨○丨理也禮記月令注因以爲日名焉疏

紀 說文丨絲別也从糸己聲○丨猶錄也文選悼亾詩注引國語賈注○丨者別理絲縷左氏僖廿四年傳爲之丨綱疏又詩棫樸箋理之爲丨疏○丨所以總之也管子禁藏得人之心而爲丨注○執德之謂丨莊子天地○丨謂星丨日月五星合聚之處周禮占夢注月窮於丨疏○丨綱丨也禮記禮運禮義以爲丨疏以日星爲丨疏○丨謂綱丨素問六節藏象論所以丨化生之用也注○丨所以綱紀形氣言其平也素問陰陽類論一陽爲丨注○二丨日月也後漢書張衡傳注○丨世也文選幽通賦皇十丨而鴻漸兮注引應劭○六丨者謂諸父兄弟族人諸舅師長朋友也白虎通三綱六紀○六丨者爲三綱之丨者也同上○詩終南有丨有堂白帖五作有杞有棠

跪 說文丨拜也从足危聲

技 說文丨巧也从手支聲○丨猶擬也史記魯仲連鄒陽列傳丨桓公之心索隱○他丨奇巧異端也公羊文十二年傳無他丨注○丨巧工匠之巧也老子人多丨巧注○書秦誓無他丨釋文本亦作伎

螘 說文丨蚍蜉也从虫豈聲○丨是小蚍蜉也詩東中傳垤丨冢也疏○蟻爲蚍蜉大者禮記學記疏○蟻者蚍蜉蟲也書顧命疏○丨蚍蜉也史記五帝本紀淳化鳥獸蟲蛾正義○蛾蚍蜉也山海經海內北經朱蛾其狀如蛾注○蛾丨也廣雅釋蟲○蛾與蟻同漢書楊雄傳下扶服蛾伏注○禮記學記蛾子時術之釋文本或作蟻○爾雅釋蟲小者丨釋文本亦作蛾俗作蟻

迤 集韻迆同○說文迆衺行也从辵也聲夏書曰東迆北會于匯○迆邪也文選蕪城賦注引廣雅○

丨邪也文選東京賦立戈丨戛注○迆颺邪起也文選海賦瀰泊柏而迆颺注○丨巕邪平之貌文選洞簫賦倚巇丨巕注○迆言迆靡邪出之言書禹貢疏○爾雅釋邱邐迆沙邱釋文迆字或作丨

酏 說文丨黍酒也从酉也聲一曰甜也賈侍中說丨爲鬻清

俾 說文丨益也从人卑聲一曰丨門侍人○丨使也詩日月丨也可忘箋又左氏文元年傳覆丨我悖注又後漢書班固傳有不俾而假素注○丨亦使也左氏文七年傳勿使壞疏○丨倪者看視之名左氏宣十二年傳注陴城上俾倪疏○書序王丨榮伯作賄肅愼之命釋文馬本作辨○呂刑丨我一日非終釋文馬本作矜○詩載見丨緝熙于純嘏釋文丨本作卑○詩桑柔自獨丨臧淮南氾論注作自獨卑臧閟宮丨侯於魯禮記明堂位注作卑侯於魯○詩漸漸之石丨滂沱矣論衡變動作比滂沱矣○校官碑卑

爾熾昌丨作卑

鄙 說文五酇爲丨从邑啚聲○五酇爲丨淮南時則注又左氏莊十九年經齊人宋人陳人伐我西丨注○丨郊以外也國語齊語參其國而伍其丨注○丨野也左氏僖廿四年傳丨在鄭地氾注○丨俚也文選嵇叔夜幽憤詩對荅丨訊注○丨猥也一切經音義廿五引廣雅○丨謂不通也漢書董仲舒傳或仁或丨注○丨固陋不惠文選東京賦丨哉予也注引廣雅○丨似若不逮也老子我獨頑似丨注

麂 說文丨大麋也狗足从鹿旨聲麂或从几

簋 說文丨黍稷方器也从竹从皿从皀匭古文丨从匚飢匭古文丨或从軌杌亦古文丨○丨黍稷器也易坎樽酒丨虞注又禮記禮器管仲鏤丨朱紘疏○周曰丨左氏哀十一年傳胡丨之事注○方曰簠圓曰丨漢書賈誼傳簠丨不飾注○丨食器也後漢書張衡傳則丨飧餼餔注○丨所以盛飯也漢書司馬遷傳飯土丨注○簠盛稻粱丨盛黍稷周禮肆師注在器曰盛疏○丨盛稻粱也禮記玉藻注朔月四丨疏

晷 說文丨日景也从日咎聲○丨景者所以知日之南北也漢書天文志

軌 丨枊也漢書地理志上包丨菁茅注

宄 說文丨姦也外爲盜內爲丨从宀九聲讀若軌殳古文丨恣亦古文丨

經籍籑詁卷第三十四補遺終

經籍籑詁卷第三十四下

經筵講官南書房行走禮部左侍郎兼署兵部左侍郎前提督浙江學政阮元譔集

上聲

四紙下

子 ｜孳也廣雅釋言又史記老莊申韓傳老｜者正
義引張君相○｜孜也廣雅釋親○｜者孳也大
戴記本命二見又白虎通五行○｜者滋也史記律
書又三國魏文帝紀注引獻帝傳又古微書引詩推
度災○｜者茲也淮南天文○｜者茲茲益大也史
記三代世表○｜者孳也孳孳無已也白虎通爵三
綱六紀○｜孳也相生蕃孳也釋名釋親屬○｜愛
也國策秦策｜元元注○｜猶愛也禮記中庸｜庶
民也注○｜所愛也呂覽知接人之情非不愛其｜
也注○｜諒愛信也史記樂書則易直｜諒之心集

解引王肅○｜餘也小爾雅廣詁○｜小稱也釋名
釋形體○｜細稱也後漢王符傳注○｜似也廣雅
釋言○｜者父之陰也漢書杜欽傳○｜者親之本
也說苑建本○｜也者親之後也禮記哀公問又大
戴記哀公問於孔子又家語大婚○｜者繼父之詞
左氏僖九年傳凡在喪公侯曰｜注○｜孤｜也禮
記雜記上｜拜稽顙注○｜在喪之稱左氏文十七
年經冬十月｜卒注○｜嗣君也禮記曾子問不俟
｜注○未踰年之君稱｜春秋繁露精華○天｜未
除喪曰予小｜禮記曲禮下○｜通稱也文選褚淵
碑文注引孟子劉注○｜男｜通稱莊子應帝王陽
｜居見老聃釋文○｜男｜之通稱左氏昭十二年
傳從我者｜乎注○｜者男｜之通稱詩氓送｜涉
淇箋○｜者男｜通稱也論語學而｜曰集解引馬
注○｜男｜之通稱也孟子題辭告子上注盡心下
萬｜曰一鄉皆稱原人焉注又楚辭遭厄悼屈｜兮

遭厄注○｜者丈夫之通稱也白虎通號○古者士
大夫通曰｜公羊宣六年傳｜大夫也注○之｜者
是｜也爾雅釋訓○其曰｜尊之也穀梁宣十年傳
○｜男｜之美稱儀禮士冠禮願吾｜之教之也注
又左氏閔元年經齊高｜來盟注又穀梁閔元年傳
其曰季｜注○｜男｜美稱也孝經會｜侍釋文○
｜者男｜美號漢書賈誼傳集注引服虔董仲舒傳
集注引服虔○｜者人之嘉稱漢書武帝紀○｜者
人之貴稱穀梁宣十年傳其曰｜尊之也注○｜有
德之稱禮記曲禮下於外曰｜注○｜者稱所尊敬
之辭詩大車畏｜不敢箋○古者稱師爲｜孝經孔
｜曰釋文○古稱師曰｜也論語公冶長願聞｜之
志皇疏○｜是有德之稱古者稱師爲｜也論語學
而皇疏○言｜者著其爲師也荀子非相｜弓短注
○先｜謂先人也後漢崔駰傳注○夫｜丈夫之稱
書古太誓勉哉夫｜鄭注○君｜卿大夫若有異德

者禮記少儀聞始見君｜者注○君｜也者人之成
名也大戴記哀公問於孔子○｜君也廣雅釋詁一
○｜猶牧也禮記曲禮下雖大曰｜注○天｜爵稱
也白虎通爵引鉤命訣○天｜者爵稱也聖人受命
皆天所生故謂之天｜公羊成八年傳其稱天｜何
注○天｜者爵稱也爵所以稱天｜者何王者父天
母地爲天之｜也白虎通爵○天｜夷狄之所稱父
天母地故稱天｜獨斷上○｜謂左右媵及姪娣之
｜公羊隱元年傳立｜以長不以貴注○｜謂凡庶｜
｜也禮記喪大記｜皆杖不以即位注○｜謂庶｜及
儀禮喪服叔父母｜昆弟注○公｜者長｜之弟｜及
妾之｜穀梁隱五年傳使公｜主其祭也注○公｜
謂先君之｜今君昆弟禮記大傳公｜是也注○諸
侯之｜稱公｜公羊隱元年經公｜益師卒注○公
｜君之庶｜也儀禮喪服記公｜爲其母注○君｜
｜者大夫及公｜之適妻｜儀禮喪服君｜｜注○

君丨丨者貴人之丨也儀禮喪服傳○國之丨弟公卿大夫之丨弟當學者謂之國丨周禮大司樂而合國之丨弟焉注○國丨諸侯之嗣丨國語周語宣王欲得國丨之能導訓諸侯者賈注○凡王之丨弟謂之國丨國語周語注○餘丨卿大夫之丨當守於王宮者也周禮小司徒大故致餘丨注○小丨弟丨也禮記少儀小丨走而不趨注○小丨主祭祀之小事周禮春官序官小丨注○小丨謂百姓也太元將小丨在淵注○凡言丨者可以兼男女儀禮喪服傳故丨生三月注○言丨者通男女禮記曲禮下丨於父母注○丨女也左氏莊廿八年傳小戎丨注成二年傳必以蕭同叔丨爲質注○處丨處女也孟子告子下而摟其處丨注又文選射雉賦來若處丨徐注○丨丨孫也荀子正論聖王之丨也注○丨丨孫孫引無極也爾雅釋訓○丨巫也廣雅釋詁四○丨姓公羊隱元年傳仲丨者何注○丨宋姓左氏隱元年傳

惠公元妃孟丨注○契母吞燕卵而生契故殷姓曰丨論衡奇怪○丨爵也書堯典允丨朱啟明傳微子傳洪範王訪于箕丨馬注○丨者奉恩宣德古微書引春秋元命苞○丨者孳恩宣德同上○丨者滋也奉天丨之恩德其地方五十里獨斷上○丨輕也漢書食貨志下集注引應劭○輕爲丨漢書食貨志下集注引孟康○重曰母輕曰丨國語周語於是乎有母權丨而行注○艮爲丨易家人丨丨虞注中孚其丨和之虞注序卦傳然後有父丨虞注○艮爲小丨易漸小丨厲有言虞注○震爲長丨易說卦傳又師長丨帥師虞注鼎得妾以其丨虞注○乾爲君丨剝君丨德車虞注遯君丨吉虞注象上傳君丨尙消息盈虛虞注雜卦傳君丨道長虞注○陽爲君丨易明夷君丨于行荀注繫辭下傳君丨藏器于身荀注○艮爲君丨易革君丨豹變虞注○丨一也老子復知其丨注○丨末也老子以知其丨王注○丨水也漢書王莽傳上集注引張晏○丨之性水也論衡譏日○丨水也其禽鼠也論衡物勢○丨孳也陽氣始萌孳生於下也釋名釋天○丨丑者枝也白虎通姓名○太歲在丨曰困敦爾雅釋天○丨周淮南天文○丨爲開同上○丨卯桀紂亡日凶事不辟吉事闕焉儀禮士喪禮不辟丨卯注○丨午長安正南山名後漢順帝紀注○丨雛也廣雅釋鳥○丨規鳥名也文選蜀都賦鳥生杜宇之魄劉注○丨讀如不丨之丨禮記樂記則易直丨諒之心油然生矣注祭義則易直丨諒之心油然生矣注○丨當爲祀周禮閽隸掌丨則取隸焉杜注

梓 丨楸也一切經音義十三引字林○丨山楸也山海經南山經虖勺之山其上多丨柟注○丨榎屬也考工記總目輪輿弓廬匠車丨注○丨如栗而小文選西京賦丨棫楩楓薜注○丨木名詩小弁維桑

與丨釋文○丨滋生也淮南本經林無柘丨注○丨猶子也漢書五行志中之下○丨者子道也文選王文憲集序注引書大傳又說苑建本○治木器曰丨書梓材若作丨材馬注又文選魏都賦授全模於丨匠劉注○工人士丨人皆司空之屬能正方圓者儀禮大射儀工人士與丨人升自北階注○丨宮以丨木爲棺後漢明帝紀注○丨澤地名也水經瀍水注○丨當爲橭周禮壺涿氏則以牡橭午貫象齒而沈之杜注○丨音子爾雅釋木釋文引字林○書梓材序釋文丨本作杍

矢 丨誓也詩柏舟之死丨靡它傳考槃永丨弗諼箋又論語雍也夫子丨之集解引孔注又皇疏又周書鄷謀三丨無聲注又爾雅釋言○丨陳也書序皐陶丨厥謨傳又詩大明丨于牧野傳皇矣無丨我陵傳卷阿以丨其音傳丨詩不多箋又論語雍也釋文引蔡謨又周書世俘武王乃翼丨珪丨憲告天宗上

帝注又爾雅釋詁又後漢班彪傳下注又太元禮乃
丨施之注又文選典引靡號師丨敦奮撝之容蔡注
○戾陳也廣雅釋詁二○丨亦陳也左氏隱五年傳
公丨魚于棠注又後漢馬融傳注○丨施也詩江漢
丨其文德傳○丨弛也爾雅釋詁○丨去也莊子田
子方發之適丨復沓注○丨直也易噬嗑得金丨注
解得黃丨注又廣雅釋詁三又孟子萬章下其直如
丨注又太元疑失貞丨注沈失貞丨注○丨亦直也
後漢張衡傳注○丨正也廣雅釋詁一又太元羨得
丨夫注又法言五百聖人丨口而成言注○丨猶當
也詩皇矣無丨我陵箋○丨乖也太元戾殺生相丨
注○丨箭也廣雅釋器又孟子公孫丑上丨人豈不
仁於函人哉注又呂覽貴直而立於丨石之所及注
又淮南說林繩之與丨注又楚辭謬諫機蓬丨以射
革注○丨箭也古者夷牟初作丨一切經音義十八
引三蒼○箭自關而東謂之丨方言九○丨指也言

其有所指向迅疾也釋名釋兵○錐丨小丨國策齊
策疾如錐丨注○丨以栝若棘無去其皮大七分大
戴記投壺○離爲丨易晉丨得勿恤釋文引馬王注
睽先張之弧虞注旅射雉一丨亡虞注繫辭下傳弧
丨之利虞注弓丨者器也虞注○離爲兵丨易噬嗑
得金丨陸績注○丨古誓字易象下傳丨得勿恤虞
注○射丨書亦或爲射夫周禮樂師燕射帥射夫以
弓丨舞司農注○詩江漢丨其文德禮記孔子閒居
作弛其文德○左氏隱五年傳公丨魚于棠公羊穀
梁丨作觀○丨一作屎史記廉頗藺相如傳三遺丨
矣索隱○莊子人閒世以
筐盛丨釋文丨本作屎

菌　丨作屎○莊子知北遊在屎溺釋文屎本作矢

洧　丨水名也詩褰裳褰裳涉丨傳○溱丨鄭兩水也
詩溱洧溱與丨傳○丨盤水名也離騷朝濯髮乎
丨盤
注

鮪　丨鮥也詩碩人鱣丨發發傳潛有鱣有丨箋○丨丨
似鱣也山海經中山經渠豬之水多豪魚狀如丨
注○丨即鱣魚也爾雅釋魚鮥鮛丨釋文○丨大魚
長丈餘淮南氾論牛蹏之涔不能生鱣丨注○丨魚
似鯉而小呂覽季春薦丨于寢廟注○丨魚似鯉而
大淮南時則薦丨於寢廟注○丨鱣屬也大者名王
丨小者名鮛丨爾雅釋魚鮥鮛丨注○丨江淮閒曰
叔伊洛曰丨海濱曰鮥詩碩人釋文引沈注○丨即
鱏也似鱣而長鼻體無鱗甲別名鮔鰽一名鱑也山
海經東山經孟于之山其上有水出焉名曰碧陽其
中多鱣丨注○丨魚名禮記禮運魚丨不淰釋文
○丨者魚之先至者也大戴記夏小正祭丨傳

雉　丨者野鳥後漢郎顗傳注引書大傳○丨耿介之
鳥也文選射雉賦注引韓詩章句○大丨翟丨穀

梁隱五年傳舞夏注○丨鳥耗也素問五常政大論
其主飛蠹蛆丨注○離爲丨易說卦傳鼎丨膏不食
虞注旅射丨一矢亡干注○丨曰疏趾禮記曲禮下
又獨斷上○丨取其守介而死不失其節周禮大宗
伯士執丨注○士贄用丨者取其耿介交有時別有
倫也丨必用死者爲其不可生服也儀禮士相見禮
贄冬用丨注○士冬用丨取其耿介交有時別有倫
也丨必用死爲其不可生服也穀梁莊廿四年傳羔
鴈丨腒注○丨亦人君之類也初學記天部上引洪
範五行傳○屈頸閉氣曰丨經如丨之爲也釋名釋
喪制○丨理也方言六又廣雅釋詁二○丨陳也爾
雅釋詁○丨夷也爾雅釋詁樊注○丨者夷也左氏
昭十七年傳五丨爲五工正服注○丨之爲言弟也
古微書引春秋感精符○三堵爲丨後漢班彪傳上
注○三堵曰丨左氏隱元年傳都城過百丨注又家
語相魯邑無百丨之城注○五堵而丨公羊定十二

年傳○五堵爲丨禮記儒行環堵之室注○丨長三丈左氏隱元年傳賈注又詩瞻卬正義引書大傳築宮有三尺注又初學記居處部引書大傳天子之堂高九丨注○丨長三丈高一丈考工記匠人王宮門阿之制五丨注○丨度名也高一丈長三丈爲丨禮記坊記都城不過百丨注○天子千丨伯七十丨子男五十丨公羊定十二年傳五堵而丨注○丨門三門也周禮閽人掌王宮之中門之禁注○丨門天子應門禮記明堂位○丨夷聲相近漢書楊雄傳上集注引服虔○丨古文鶉同一切經音義八○史記諸侯表曹惠伯名丨世家作兕

【死】丨澌也廣雅釋言○丨者澌也風俗通怪神○丨之言澌也禮記檀弓上小人曰丨注○丨之爲言澌精氣窮也白虎通崩薨○死之言澌也精神澌盡也禮記曲禮下庶人曰丨注○丨猶𣩵也言精氣皆𣩵也素問熱論五藏不通則丨矣注○人始氣絶曰丨丨澌也就消澌也釋名釋喪制○丨歸也淮南精神○丨窮也廣雅釋詁四○丨猶盡也荀子大略惡言丨焉注○丨民之卒事也禮記坊記○丨人之終也後漢班彪傳下注○丨者民之終也說苑雜言○丨生者終始之數也易繫辭上傳故知丨生之說注○丨亾也孟子告子下而丨於安樂也注○故者爲丨莊子胠篋聖人已丨釋文引向注○化窮數盡謂之丨大戴記本命○人身與志不相有曰丨素問逆調論○庶人曰丨禮記曲禮下又大戴記四代○小人曰丨禮記檀弓上○少者曰丨老者曰終周禮疾醫丨終則各書其所以注○坤爲丨易豫恆不丨虞注象下傳君子以議獄緩丨虞注○下者爲丨大戴記易本命○丨命也呂覽知分懷寵以救民之丨注○丨殺也國語越語丨生因天地之刑注○丨謂不棄之而奔亾也荀子議兵將丨鼓注○謂之丨者言其蟄無所知如丨耳山海經南山經其名曰鮭冬丨而夏生注○待隱謂之丨莊子田子方有待也而丨注○丨生猶隱顯也管子勢丨丨生生因天地之形注○丨生猶寤寐耳莊子大宗師叱避無怛化注○丨生爲晝夜莊子至樂○丨生猶晝夜耳莊子大宗師彼近吾丨而我不聽我則悍矣注○丨也者德之徵也列子天瑞○丨灰槁木取其冡寞無情耳莊子齊物論形固可使如槁木心固可使如丨灰乎注○附下而罔上者丨說苑臣術引泰誓○丨公罵言也後漢禰衡傳注

【履】丨踐也詩生民丨帝武敏歆傳又論語鄉黨行不丨閾皇疏又後漢朱穆傳注又莊子知北遊正獲之問於監市丨豨也釋文引李注○丨蹈地也禮記文王世子行不能正丨注○丨步也國語晉語下貳代丨注○丨行也國語吳語而後丨之注又呂覽孝行禮者丨此者也注○丨猶行也禮記表記處其位

而不丨其事注○丨不處也易雜卦傳○丨禮也易履釋文歸妹跛而丨虞注又詩東方之日丨我卽兮傳長發率丨不越傳又禮記坊記丨無咎言注又爾雅釋言又漢書敘傳下集注○丨者禮也易序卦傳故受之以丨注○丨禮也飾足所以爲禮也釋名釋衣服○丨德之基也易繫辭下傳○丨福也爾雅釋詁○丨祿也詩樛木福丨綏之傳又爾雅釋言○丨幸也詩氓釋文引韓詩○地道以丨大戴記四代○丨具也小爾雅廣詁○丨以足丨之因以名之也釋名釋姿容○在足謂之丨小爾雅廣服○絲作之者謂之丨方言四○單下曰丨隋書引儀禮圖○丨湯名也大戴記少閒商丨代與注又白虎通姓名○詩氓體無咎言釋文引韓詩體作丨○詩賓之初筵屢舞僊僊說苑反質作丨舞僊僊○詩長發率丨不越韓詩漢書宣帝紀蕭望之傳皆作率禮不越○左氏僖十五年傳登臺而丨薪焉釋文丨本作屨莊子讓

王維｜杖藜而應門釋文｜本作屨○｜本作屨列
子黃帝脫｜戶外釋文○莊子達生沈有｜釋文｜
司馬本
作漏
壘　軍壁曰｜周禮量人營軍之｜舍注○｜軍壁也
禮記曲禮上四郊多｜注又後漢杜詩傳注張法
滕馮度楊傳注○｜軍｜左氏僖十九年傳因｜而
降釋文○｜中｜也文選思元賦觀壁｜於北落兮
舊注○｜營也文選西征賦距華蓋於｜｜和注○｜
重也廣雅釋詁四○｜積也廣雅釋詁二○｜｜塚
相次之貌文選張孟陽七哀詩北芒何｜｜注○｜
讀爲壘荀子大略不憂其係｜也而憂其不焚也注
○左氏哀廿七年傳晉鄺魁｜漢書古今人表作魁
纍○莊子庚桑楚以北居畏｜之山釋文｜崔本作
纍

誄　｜累也禮記曾子問賤不｜貴注又廣雅釋詁四
○｜之言累也論語述而皇疏○｜累其行而讀
之周禮大史遣之日讀｜注○｜累也累列其事而
稱之也釋名釋典藝○｜者道死人之志也墨子魯
問○｜謂積累生時德行以賜之命周禮大祝六曰
｜司農注○｜者謂如今行狀也論語述而皇疏○｜
｜以陳哀文選文賦｜纏緜而悽愴注○｜論也禮
記檀弓遂｜之釋文○｜謂論也禮記曾子問幼不
｜長釋文○｜謂｜其行狀以爲諡也荀子禮論其
銘｜繫世敬傳其名也注○｜禱累功德以求福也
論語述而釋文○｜禱篇名也論語述而｜曰禱爾
于上下神祇集解引孔注○論語述而釋文｜本作
讄
揆　｜度也易繫辭初率其辭而｜其方釋文又書舜
典納于百｜傳禹貢三百里｜文教傳又書孔安

國序其歸一｜釋文又詩定之方中｜之以日傳又
左氏文十八年傳以｜百事注又爾雅釋言又廣雅
釋詁一又國語周語南北之｜七同也注又漢書劉
向傳集注貢禹傳集注王莽傳上集注又後漢馬融
傳上注又孟子離婁下其｜一也注又離騷皇覽｜
余于初度兮注天問而交吞｜之注何親｜發注又
文選射雉賦｜懸刀徐注○｜亦度也周髀算經下
皆以漏｜度之注○｜商度也爾雅釋言｜度也孫
注○｜度者切度之也素問病能論○所謂｜者方
切求之也同上○書舜典百｜時敘史記五帝紀作
百官
時序
癸　｜揆也御覽引崔靈恩禮記義宗又廣雅釋言○
｜之言揆也禮記月令其日壬｜注○｜之爲言
揆也史記律書○｜者揆度也白虎通五行○｜揆
也揆度而生乃出土也釋名釋天○｜謂壬｜北方

水干名也素問上古天眞論二七而天｜至注○太
歲在｜曰昭陽爾雅釋天○月在｜曰極同上○衞
石｜字甲父見左氏僖廿四年傳○鄭印｜字子柳
見左氏昭十六年傳注○史記齊太公世家｜公慈
母檀弓疏引世本作癐
公索隱引系本作庴公
沚　｜廣韻洔同○｜渚也詩采蘩于沼于｜傳○｜者
水渚也大元元數九地三爲｜崖注○｜小渚也
左氏隱三年傳澗溪沼｜之毛注○洔小渚也穆天
子傳一以飲于枝洔之中注又文選海賦爾其枝岐
潭瀹注○小陼曰｜爾雅釋水○小渚爲｜楚辭陶
壅淹低佪兮京｜注○小渚曰｜詩谷風湜湜其｜
箋蒹葭宛在水中｜傳○小渚曰｜｜止也小可以
止息其上也釋名釋水○大渚曰｜文選潘安仁河
陽縣詩注引韓詩章句○京｜者卽高洲也楚辭陶
壅淹低佪兮京｜注○水出其右曰｜邱｜止也西

方義氣有所制止也釋名釋邱○丨質也廣雅釋詁三○丨與洔同文選遊西池詩褰裳順蘭丨注○詩谷風湜湜其丨說文水部作湜湜其止○爾雅釋水釋文丨本作洔

趾 丨足也易噬嗑屨校滅丨虞注又釋文鼎鼎顛丨虞注又詩麟之趾麟之丨傳又禮記內則奉席請何丨釋文又左氏桓十三年傳舉丨高注又爾雅釋言又國語吳語天王親趨玉丨注又一切經音義一引字林又漢書敘傳下集注又呂覽簡選利丨者三千人注○丨止也言一進一止也釋名釋形體○震爲丨易夬壯于前丨虞注艮艮其丨虞注○震足爲丨易大壯壯于丨虞注○交丨足相鄉然禮記王制雕題交丨注○首丨猶始終也莊子天地凡有首丨無心無耳者衆注○丨禮也文選幽通賦姜本支乎三丨注○元丨山名也楚辭天問黑水元丨注○詩七月四之日舉丨漢書食貨志作四之日舉止○左

氏桓十三年傳舉丨高漢書五行志中之上作舉止高○易賁賁其丨釋文丨本作止夬壯于前丨釋文丨荀本作止艮艮其丨釋文丨荀本作止○易噬嗑屨校滅止釋文止本作丨

芷 丨香草列子周穆王雜丨若以滿之注○丨白丨也後漢馮衍傳下注○蘭槐之根是爲丨荀子勸學

時 丨埒也史記封禪書索隱引三蒼○丨神靈之居止者後漢章帝紀注○丨者止也神靈之所止也後漢馮衍傳下注○郊丨祭天處也後漢章帝紀注○詩崧高以丨其糧釋文丨本作峙○左氏隱三年傳澗谿沼丨之毛釋文丨本作沚○左氏襄卅年傳成愆奔平丨釋文丨本作疇○左氏昭廿二年傳奔于平丨釋文丨本或作壽誤

以 丨用也易彖下傳文王丨之虞注又詩谷風不我屑丨箋天東不丨服箱箋載芟侯彊侯丨傳又周禮鄉大夫退而丨鄉射之禮五物詢衆庶注又儀禮士昏禮丨湆醬注又禮記曾子問有庶子祭者丨此注又左氏成八年傳霸主將德是丨注昭四年傳死生丨之注又論語爲政視其所丨集解又皇疏子路雖不我丨皇疏微子不使大臣怨乎不丨集解引孔注又皇疏又周書芮良夫敬思丨德注又書中候黑烏丨雄注又廣雅釋詁四又小爾雅廣詁又國語魯語魯人丨莒人先濟注吳語請問戰奚丨而可注又漢書高帝紀上集注引文穎杜欽傳集注又後漢張衡傳注又孟子盡心下仁者丨其所愛注又荀子王制慮丨王命全其力注富國故垂事養譽不可丨遂功注彊國處勝人之埶不丨勝人之道注正名丨其所受悖其所辭注雖欲不可盡可丨近盡也注大略小雅不丨於汙上自引而居下注又太元守中無所

丨也注止終不可丨也注又老子衆人皆有丨王注其無丨易之王注又管子水地人皆有之而管子丨之注又呂覽侈樂人莫不丨其生注審己人皆丨之也注又淮南原道山丨之高注又周髀算經下立二十八宿丨周天厤度之法注又素問經脈別論揆度丨爲常也注又楚辭涉江忠不必用兮賢不必丨注○㠯用也漢書杜欽傳集注東方朔傳集注○㠯由也漢書劉向傳集注○丨猶爲也左氏定十年傳封疆社稷是丨注○丨猶使也國策秦策向欲丨齊事王注○丨謂閔民今時傭賃也詩載芟侯彊侯丨箋○丨者何行其意也公羊桓十四年傳○丨者不丨者也穀梁桓十四年傳○不丨者謂本非所得制今得丨之也穀梁桓十四年傳丨者不丨者也注○能東西之曰丨國語魯語魯人丨莒人先濟注○凡師能左右之曰丨左氏僖廿六年傳○不用我師而用彼師曰丨春秋桓十四年宋人丨齊人蔡人衛人陳

人伐鄭趙匡集傳○丨猶與也詩江有汜不我丨箋
擊鼓不我丨歸箋桑柔不胥丨穀箋又儀禮鄉射禮
主人丨賓揖注各丨其耦進注大射儀揖丨耦左還
注○丨予也廣雅釋詁三○丨至也老子丨正治國
注○丨爲者設事辭而言之公羊莊四年傳丨爲雖
遇紀侯之殯注○丨巳字丨與已字本同禮記檀弓
下則豈得不已注○吕古丨字詩何人斯吕極反側
釋文又漢書高帝紀上集注○今文丨爲與儀禮鄉
射禮各丨其耦進注○丨或作似漢書高帝紀上集
注引如淳○丨讀如何其久也必有丨也之丨儀禮
特牲饋食禮祝曰養有丨也注○詩桑柔逝不以濯
墨子尚賢中作鮮不用濯○詩板勿丨爲笑荀子大
略作勿用爲笑○禮記明堂位加丨璧散璧角周禮
司尊彝作加用璧角璧散○禮記雜記枇丨桑畢丨
桑儀禮特牲饋食禮注作枇用桑畢用桑○左氏昭
元年傳既而櫜甲丨見子南考工記函人司農注作

櫜甲而見子南○易明夷文王丨之釋文丨荀向本
作似○禮記內則由命士丨上釋文丨本作已論語
先進毋吾丨也釋文丨鄭本作已⊙論
語其斯而已矣漢石經作其斯丨乎

已 丨止也詩風雨雞鳴不丨丨箋南山有臺德音不丨丨
傳又禮記檀弓下我其丨夫注曾子問不知其丨丨
之遲數注又左氏昭廿八年傳姑丨若何注哀元年
傳不可食丨注又公羊僖卅三年傳通可以丨也注
又穀梁桓九年傳尸子曰夫丨多乎道注僖卅一年
傳猶者可以丨之辭也注又論語公冶長丨矣乎皇
疏泰伯死而後丨皇疏子罕吾丨矣夫皇疏顏淵必
不得丨而去皇疏陽貨末之也丨皇疏爲之猶賢乎
丨皇疏又國語魯語庶可以丨乎注無則丨注又國
策齊策臣請三言而丨矣注又史記周本紀使者丨
行矣索隱項羽紀以故事得丨集解引應劭又漢書
景帝紀集注溝洫志集注項籍傳集注劉向傳集注

衡山王賜傳集注樊噲傳集注周昌傳集注石奮傳
集注梁孝王武傳集注司馬相如傳上集注司馬相
如傳下集注二見公孫宏傳集注張延壽傳集注王
尊傳集注淮陽憲王欽傳集注翟方進傳集注楊雄
傳下集注匈奴傳下集注王莽傳上集注又後漢章
帝紀注申屠剛傳注又孟子梁惠王下毀諸丨乎注
又荀子儒效丨乎行之矣注宥坐丨此三者然後刑
可即也注又家語屈節姑丨若何注又老子不如其
丨注又吕覽論威猶不得丨也注又淮南原道遂不
得丨注精神其生我也不彊求丨注又文選東京賦
丨事而踐薛注又謝靈運道路憶山中詩注引莊子
司馬注○丨猶止也儀禮喪服記歸則丨注又禮記
檀弓下得丨則吾欲丨注子未可以丨乎注哀公問
貴其不丨注○未丨猶未止也詩蒹葭白露未丨傳
○不丨猶不止也詩北山或不丨于行箋○而無丨
不徒止耳考工記廬人而無丨注○丨謂黜止也論

語公冶長三丨之皇疏○不丨不倦止也禮記孔子
閒居令聞不丨注○丨竟也吕覽知分則今是丨注
○丨猶決竟左氏昭十三年傳且曰吾丨注○丨畢
也國策齊策言未丨注又漢書藝文志集注又管子
度地其積薪也以事之丨注又文選詠懷詩注引蒼
頡○諾丨皆自畢語公羊僖元年傳此奚斯之聲也
諾丨注○丨訖也廣雅釋詁四○丨成也廣雅釋詁
三○丨瘉也廣雅釋詁二○丨猶愈吕覽至忠王之
疾必可丨也注○丨除愈也吕覽至忠疾乃遂丨注
○丨猶去也詩墓門知而不丨箋○丨之者去之也
孟子梁惠王下王曰丨之注○丨棄也孟子盡心上
於不可丨而丨者注○丨不許也荀子王霸刑賞丨
諾注○丨謂不許也禮記表記寧有丨怨注○丨過
也荀子議兵丨朞三年注○丨甚也詩蟋蟀無丨大
康傳又公羊莊卅年傳蓋丨操之爲丨蹙矣注又漢
書谷永傳集注西南夷兩粵朝鮮傳贊集注又後漢

馬融傳上注○丨猶甚也禮記檀弓下毋乃丨疏乎
注禮器不然則丨慤注○丨大也甚也考工記總目
輪丨崇注○丨猶太也禮記檀弓上於野則丨疏注
玉藻若祭爲丨傃卑注哀公問不丨重乎注又左氏
成八年傳城丨惡釋文又管子戒好善而惡惡丨甚
注○丨必也漢書灌夫傳集注○丨此也爾雅釋詁
○丨辭也禮記檀弓下生事畢而鬼神始丨注又通
典引盧植注又漢書楊雄傳上集注○丨發端歎辭
也書大誥丨予惟小子傳○丨語終辭史記燕召公
世家禹薦益丨索隱引或曰○丨者語終之辭也史
記太史公自序皆失其本丨索隱○丨乎決絕之辭
左氏昭十二年傳丨乎丨乎服注○丨矣哉者絕望
之詞也離騷丨矣哉國無人莫我知兮注○丨巳也
廣雅釋言○禮記檀弓下以死者爲不可別丨周禮
小祝司農注作以死者爲不可別識○易損丨事遄
往釋文丨本作以詩文王傳帝乙丨上也釋文丨本

經籍纂詁　卷三十四下　四紙下　似　耜　廿五

作以禮記雜記注而哀丨毀釋文丨本作以○易損
丨釋文以虞本作祀○楊著碑皆所丨紀盛德帝堯碑
丨章聖德丨報嘉瑞敦我
丨德厲我丨仁以皆作丨

似 丨嗣也詩斯干丨續妣祖傳裳裳者華是以丨之
傳卷阿丨先公酋矣傳江漢召公是丨傳○丨續
也廣雅釋詁二○丨謂丨續荀子賦性得之則甚雅
丨者與注○丨類也廣雅釋詁三○丨爲也廣雅釋
詁四○丨若也廣雅釋言○丨謂容貌丨其父母也
禮記雜記下見丨目瞿注○無丨猶言不肖禮記哀
公問寡人雖無丨也注○丨讀如巳午之巳詩斯干
箋○以丨爲發考工記梓人且其匪色必丨鳴矣司
農注○詩卷阿丨先公酋矣爾
雅釋詁注作嗣先公爾酋矣

耜 丨田器也詩良耜序釋文○丨臿屬淮南氾論古
者剡丨而耕注○丨耒下耓也易繫辭斵木爲丨
釋文引京注○丨耒頭鐵也莊子天下釋文引三蒼
○丨耒之金也晉書音義中○丨者耒之金也禮記
月令脩耒丨注○今之丨岐頭兩金象古之耜也考
工記匠人丨丨廣五寸注○入土曰丨國語周語民無
縣丨注○丨廣五寸考工記匠人又禮記月令注○
于丨始修耒丨也詩七月三之日于丨傳○丨之以
丨側凍土剗之周禮薙氏冬日至而丨之注○丨齒
也似齒斷物也釋名釋用器○丨捶也莊子天下禹
親自操橐丨釋文引崔注○丨盛
水器也莊子天下釋文引司馬注

汜 丨厓也廣雅釋邱○丨涯也淮南道應猶有汰沃
之丨注又文選幽通賦羊彊大於南丨曹注○丨
水厓也淮南道應而航在一丨注○丨水涯也楚辭
天問次于蒙丨注○窮瀆丨爾雅釋邱○決復入爲
丨爾雅釋水又詩江有汜江有丨傳○丨水決復入
爲丨水經注七引字林○水決復入爲丨丨巳也如

經籍纂詁　卷三十四下　四紙下　汜　姒　廿六

出有所爲畢已而還入也釋名釋水○
漢書古今人表仇丨說苑敬慎作机汜

姒 丨姓也詩正月褒丨威之傳○禹母吞薏苡而生
禹故夏姓曰丨論衡奇怪○丨猶祉也國語周語
賜姓曰丨注○娣丨婦者弟長也儀禮喪服傳○娣
丨婦者兄弟之妻相名也儀禮喪服傳注○娣丨猶
兄弟也禮記內則不友無禮于介婦注○昆弟之妻
相謂爲丨左氏成十一年傳吾不以妾爲丨注又賈
注昭廿八年傳長叔丨生男注○娣婦謂長婦爲丨
婦爾雅釋親又儀禮喪服傳娣丨婦者弟長也注○
少婦謂長婦曰丨言其先來已所當法似也釋名釋
親屬○女子同出謂先生爲丨爾雅釋親○儀禮特
牲饋食禮注舉觶于其丨婦釋文丨本作似○左氏
襄四年經夫人丨氏薨公羊作弋氏○司農劉夫人
碑德配古列任
似爲口丨作似

巳丨似也廣雅釋言○丨丨也陽氣畢布丨也釋名
釋天○丨者祉也邪疾丨去祈分祉也風俗通祀
典○丨者物必起白虎通五行○丨則生丨定也淮
南天文○丨衞淮南天文○丨爲平淮南天文○丨
虵也論衡物勢○丨爲蛇後漢鄭元傳注又論衡言
毒○丨火也其禽虵也論衡物勢○太歲在丨曰大
荒落爾雅釋天○丁丨者取其令名自丁寧自
變改皆爲敬謹儀禮少牢饋食禮日用丁丨注

祀丨年也左氏宣三年傳載丨六百賈注又書伊訓
惟元丨釋文又書大傳維元丨巡守注維王后元
丨注又漢書五行志上集注敘傳上集注引李奇○
商曰丨爾雅釋天又書洪範惟十有三丨傳又左氏
宣三年傳賈注又獨斷上○殷曰丨巳也新氣升
故氣已也釋名釋天○丨丨取四時一終爾雅釋天商
曰丨注○丨取四時祭丨一訖也爾雅釋天孫注○
丨祭也爾雅釋詁又文選東京賦元丨惟稱薛注○

丨祭丨易損丨事遄往虞注○丨謂祭丨也漢書郊
祀志上集注○丨者敬祭神明也文選郊祀題注○
言丨者無已長久之辭公羊定八年傳定公順丨注
○丨侵也廣雅釋言○殷曰清丨獨斷上○丨地祭
也爾雅釋詁舍人注○祭地曰丨文選郊祀題注○
五丨五色之帝於王者宮中曰五丨周禮大宗伯以
血祭祭社稷五丨五嶽司農注○五丨上公之神家
語五帝別稱五丨注○五丨門戶中霤竈行也禮記
月令臘先祖五丨注○五丨木正句芒其丨戶火正
祝融其丨竈土正后土其丨中霤金正蓐收其丨門
水正元冥其丨井呂覽孟冬饗先祖五丨注○士二
丨日門日行儀禮既夕記乃行禱于五丨注○羣小
丨林澤墳衍四方百物之屬周禮司服祭羣小丨則
元冕注○丨軷者封土象山於路側以芻棘柏爲神
主祭之以車轢軷而去後漢吳祐傳注○丨姑幡名
麾旗之屬也文選吳都賦建丨姑劉注○故書丨作

禩鄭司農云禩當爲丨書亦或作丨周禮大宗伯注
○故書丨或作禩鄭司農云杜子春讀禩爲丨書亦
或爲丨周禮小祝則保郊丨于社注○故書丨作禩
鄭司農云禩讀爲丨書亦或爲丨周禮小子祈于五
丨注○丨舊作巳易損虞注○丨當爲祝荀子正論
出門而宗卜有事注○周禮大司樂以丨天神漢書
郊祀志下作以族天神○國語鄭語其後皆不失丨
漢書地理志下作其後皆不失祠○詩雲漢敬恭明
丨釋文明丨
本或作明神

史丨掌書者周禮天官序官丨十有二人注○丨者
掌書之官也論語衞靈公吾猶及丨之闕文也皇
疏○丨官主書周禮小史掌邦國之志注○丨記書
丨也論語雍也文勝質則丨皇疏○丨以書勳易巽
用丨巫荀注○丨國丨也呂覽士容唐尚敵年爲丨
注○丨國丨掌書記事穀梁宣二年傳丨狐書賊注

○丨大丨小丨也周禮大行人屬瞽丨注○大丨小
丨主禮事者周禮條狼氏誓邦之大丨曰殺誓小丨
曰墨注○太丨內丨掌記言記行書酒誥矧太丨友
內丨友鄭注○公丨君之典禮書者儀禮既夕公丨
自西方東面注○大丨日官也周禮大史注○大丨
主天道周禮大史大師抱天時與大師同車司農注
○史官郎大丨掌天文之官也後漢明帝紀注○大
丨下大夫書立政大丨尹伯傳○丨祝丨也後漢臧
洪傳注○丨者祝丨也後漢隗囂傳注○丨謂策祝
儀禮聘禮記辭多則丨注○丨家臣主筮事者儀禮
少牢饋食禮丨朝服注○丨司寇吏也禮記王制丨
以獄成告於正注○丨謂府吏也後漢楊震傳注○
丨吏謂初爲郡功曹也後漢杜詩傳注○凡府丨皆
其官長所自辟除周禮天官序官府六人注○丨書
者周宣王太史籒所作之書也後漢安帝紀注○丨
當字誤爲人大戴記盛德以人爲手注○丨使一也

或作使字而表迻誤爲便
耳漢書杜延年傳集注
【使】｜役也荀子解蔽況于｜者乎注｜之則謀注又
呂覽知化得其民不得｜注○｜從也爾雅釋詁
○｜舉也大戴記衛將軍文子有衆｜也注○治民
克盡曰｜周書謚法○｜或爲史禮記雜記客｜自
下由路西注○論語子路｜門人爲
臣論衡感類作子路遣門人爲臣
【駛】｜疾也詩晨風傳賢人往之｜疾釋文○｜速疾
也字從馬史聲華嚴經音義上引蒼頡
【耳】｜所以司聽五音素問陰陽應象大論在竅爲｜
注○｜者腎之候白虎通情性○｜者心之候古
微書引春秋元命苞○｜耏也｜有一體屬著兩邊
耏耏然也釋名釋形體○｜目謂令采察也後漢朱
浮傳注○｜目者日月也淮南精神○｜在旁可舉
也考工記㮚氏其｜三寸注○坎爲｜易說卦傳噬

嗑何校滅｜鄭注夬聞言不信虞注鼎鼎｜革虞注
鼎黃｜金鉉虞注○｜｜然至盛也詩閟宮六轡｜｜
｜傳○史記老莊申韓傳老子名｜字伯陽○史記
老莊申韓傳索隱云老子名｜字聃○仍｜聲相近
漢書惠帝
紀集注
【珥】｜瑱也以玉充耳後漢和熹鄧皇后紀上注○｜
者瑱也史記李斯傳傅璣之｜索隱○｜珠在耳
也耳璫垂珠者曰｜一切經音義八引蒼頡○｜插
也文選左太沖詠史詩七葉｜漢貂注○｜以蛇貫
耳山海經大荒東經東海之渚中有神人｜兩黃蛇
注○｜以蛇貫耳也音釣餌之餌山海經海外東經
奢比之尸耳｜兩青蛇注○｜吐也春秋考異郵蠶
｜絲注○｜者取禽左耳以効功也周禮山虞致禽
而｜焉司農注○｜焉者取左耳以致功若斬首折
馘周禮獸人及弊田令禽注于虞中司農注○日旁

五色氣在兩邊內向爲｜淮南覽冥則背譎見於天
神氣相應徵矣注○分爲抱｜古微書引春秋元命
苞○｜氣在日兩旁之名也｜耳也
言似人耳之在兩旁也釋名釋天
【里】｜居也詩將仲子無踰我｜傳十月之交悠悠我
｜箋又周禮載師以廛｜任國中之地注量人軍
社之所｜注又小爾雅廣言又孟子公孫丑上廛無
夫｜之布注｜仁爲美注又文選西京賦秦｜其朔
薛注蜀都賦河洛爲王者之｜劉注○｜凥也廣雅
釋詁二○｜宅皆居也後漢張衡傳注又文選思元
賦匪仁｜｜其焉宅兮舊注○｜居處也莊子則陽靈
公奪而｜之釋文○｜廬皆居處名也文選幽通賦
｜上仁之所廬曹注○｜者民之所居也論語里仁
｜仁爲美集解引鄭注○郊｜郊所居也周禮縣師
掌邦國都鄙稍甸郊｜之地域注○鄉｜鄉所居也
周禮遺人鄉｜之委積注○廛｜者若今云邑｜居

矣周禮載師以廛｜任國中之地注○｜者止也御
覽百五十七引風俗通○｜邑也爾雅釋言又詩韓
奕于蹶之｜傳○｜居之邑也爾雅釋言李注○在
邑曰｜公羊宣十五年傳什一行而頌聲作矣注○
｜閭也呂覽懷寵以｜聽者祿之以｜注○｜猶鄰
也論語里仁釋文○｜廛也國語晉語賦｜以入注
○｜廛｜家語正論賦｜以入注○｜郎坊也後漢
楊震傳注○五鄰爲｜周禮遂人又禮記問喪鄰｜
爲之糜粥以飲食之注又論語雍也以與爾鄰｜鄉
黨乎集解引鄭注衞靈公雖州｜行乎哉集解引鄭
注又莊子則陽何謂邱｜之言釋文引李注○五鄰
爲｜居方一｜之中也釋名釋州國○二十五家爲
｜詩將仲子無踰我｜傳又禮記郊特牲單出｜注
○五家爲伍十伍爲｜鶡冠子王鈇○古者七十二
家爲｜古微書引論語譔考文○一｜八十戶公羊
宣十五年傳什一行而頌聲作矣注○百戶爲｜｜

一尹禮記雜記下則丨尹圭之注引王度記○百家
爲丨管子度地○三朋爲丨禮記雜記正義引書大
傳又廣雅釋地○古者三百步爲丨穀梁宣十五年
傳○周制三百步爲丨家語王言○廣三百步長三
百步爲一丨韓外傳四○十軌爲丨管子小匡○不
滿術者謂之丨管子度地○縣鄙鄰丨鄰遂之屬別
也周禮地官序官遂大夫注○鄰丨鄰鄙縣遂猶郊
內比閭族黨州鄉也周禮遂人以土地之圖經田野
注○丨謂計其道丨也穆天子傳乃丨西土之數注
○丨蠻之別號後漢南蠻西南夷傳注○丨憂也詩
雲漢云如何丨箋○丨裏也素問刺腰痛篇肉丨之
脈注○丨或爲土禮記雜記下則丨尹圭之注○丨
讀爲巳聲之誤也考工記匠人丨爲式注○詩十月
之交悠悠我丨爾雅釋詁注作悠悠我悝○左氏閔
二年傳丨克呂覽先己注作李克○詩十月之交釋
文丨本作瘇詩雲漢云如何丨釋文丨本作瘇○莊

子則陽靈公奪而丨
之釋文丨本作埋

理 丨治也廣雅釋詁三又國策秦策不可勝丨注又
呂覽勸學則天下丨焉注又淮南原道夫能丨三
苗注○丨正也左氏成二年傳先王疆丨天下注又
後漢馮衍傳下注史弼傳注○丨分也禮記樂記樂
者通倫丨者也注○丨分地里也詩信南山我疆我
丨傳○丨離狀也賈子道德說○丨法也漢書武帝
紀集注○別交正分之謂丨管子君臣上○親用之
謂丨大戴記禮三本又荀子禮論○丨者所以紀名
也鶡冠子泰錄○丨也者是非之宗也呂覽離謂○
丨猶事也禮記樂記禮也者丨之不可易者也注○
丨猶性也禮記樂記天丨滅矣注○丨義也禮記喪
服四制知者可以觀其丨焉注又呂覽懷寵必中丨
然後說注士節當丨不避其難注○丨者義也禮記
喪服四制○丨義丨也荀子賦夫是之謂箴丨注○

丨也者明分以諭義之意也管子心術○丨言行也
史記樂書丨發乎外集解引孫炎○丨謂言行也禮
記祭義丨發乎外注○丨忠恕周書謚法剛彊丨直
曰武注○丨謂合宜荀子禮論親用之謂丨注○丨
通也淮南時則丨關市注○丨達淮南時則生氣乃
丨注○丨順也廣雅釋詁一○丨道也廣雅釋詁三
又漢書司馬相如傳下集注引張揖又呂覽長攻不
備遵丨注又淮南原道是故一之丨注本經喜怒剛
柔不離其丨注主術而丨無不通注○丨道丨也呂
覽察傳必驗之以丨注又文選報任少卿書其次不
辱丨色注○神丨猶神道也文選王元長曲水詩序
設神丨以景俗注○丨者得道之丨孟子告子上謂
丨也義也注○丨謂不失其道荀子仲尼福事至則
和而丨注○丨條貫也荀子正名道也者治之經丨
也注○丨有條丨也荀子儒效井井兮其有丨也注
王制丨道之遠近而致貢注○丨文丨也荀子正名

形體色丨以目異注○文丨謂節文條丨也荀子正
名而禮義文丨亡焉注○丨者成物之文也韓非子
解老○義丨禮之文也禮記禮器○丨容貌之進止
也禮記樂記丨發諸外注○丨謂裝飾也文選舞賦
夸容乃丨注○丨肌膚之文丨荀子解蔽則足以見
鬚眉而察丨矣注○丨謂文丨逢會之中素問舉痛
論寒則腠丨閉注○丨裏也素問陰陽類論冬三月
之病在裏注○丨賴也孟子盡心下稽大不丨於口
注○丨媒也廣雅釋言○丨吏也國語周語行丨以
節逆之注○丨士官也國語晉語生子與爲丨注○
丨獄官也史記循吏傳晉文公之丨也正義又管子
小匡弦子旗爲丨注又呂覽孟秋命丨瞻傷察創注
○大丨治獄官呂覽勿躬請置以爲大丨注○丨治
獄官也有虞氏曰士夏曰大丨周曰大司寇禮記月
令命丨瞻傷注○西方爲丨淮南天文○
莊子盜跖勝子不自丨釋文丨本作俚

裏 丨腹脅之內也素問至眞要大論丨急暴痛注〇
丨丨當爲理荀子解蔽制割大理而宇宙丨矣注
〇丨驛也廣雅釋詁四〇丨獄官也丨理同管子大
匡國子爲丨注五行后土辯乎北方故使爲丨注
〇丨耳虎也廣雅釋獸〇呼虎爲丨耳御覽八百九
十一引風俗通〇虎陳魏宋楚之閒或謂之丨父江
淮南楚之閒謂之丨耳方言八〇丨丨同理管子法法
皐陶爲丨注〇鄗閣頌行理咨嗟丨作理〇史記魏
世家李克韓外傳作里克呂
覽適威丨克舉難作季充

俚 丨鄙也漢書司馬遷傳集注引劉德又文選魏都
賦井鄙丨之言所能具劉注〇丨賴也廣雅釋言
又漢書季布欒布田叔傳贊集注引蘇林〇丨聊也
廣雅釋言又方言三〇國之下邑曰丨一切經音義
廿三引
蒼頡

鯉 丨今赤丨魚爾雅釋魚丨注〇孔丨字伯魚見論
語注

枲 丨麻爾雅釋草〇丨麻之有子者儀禮喪服傳麻
之有蕡者馬注〇丨胡丨也列子楊朱甘丨莖釋
文〇丨葹耳也一名蒼耳列子釋文引蒼頡〇葈耳
惡草名也楚辭哀歲葈耳兮充房注〇胡丨丨耳也
廣雅釋草〇常丨丨耳也同上〇葈者葈耳菜名也
幽冀謂之檀菜雒下謂之胡葈淮南覽冥位賤尚葈
注〇丨籀文作鮮一切經音義二〇
丨或爲似禮記閒傳齊衰貌若丨注

起 丨與也呂覽直諫百邪悉丨注〇丨發也論語八
佾丨予者商也皇疏又漢書張騫傳集注又管子
山權數君請丨十乘之使注〇丨猶舉也國策秦策
丨樗里子於國注〇丨居猶舉事動作禮記儒行丨
居竟信其志注〇丨動也史記樂書粗厲猛丨正義
〇丨居猶動靜也家語儒行雖危丨居注〇丨居者
動止之綱紀素問上古天眞論丨居有常注〇丨走
呂覽論威則知所免丨覓舉注〇丨猶行也禮記孔
子閒居氣志既丨注〇丨立也廣雅釋詁四〇丨若
今樞衣前請也禮記曲禮上請業則丨注〇丨猶更
也禮記內則丨敬丨孝注〇丨啟也啟一舉體也釋
名釋言語〇丨扶持也國語晉語世相丨也注〇丨丨
伏即倚伏也文選顏延年登巴陵城樓詩百代勞丨
伏注〇丨謂毛丨豎也素問皮部論泝然丨毫毛注
〇丨飛也文選謝元暉和伏武昌
登孫權故城詩注引莊子司馬注

芑 丨白苗爾雅釋草〇丨白苗也詩生民維糜維丨
傳〇丨今之白粱粟爾雅釋草注〇丨菜也詩采
芑薄言采丨傳〇丨草也詩文王有聲豐水有丨傳
〇丨枸檵也禮記表記豐水有丨注〇丨與杞同也
文選洞簫賦杞梁之
妻不能爲其氣注

杞 丨木名也詩將仲子無折我樹丨傳〇丨大木也
易姤以丨包瓜釋文引馬注〇丨丨柳木名也易
姤虞注〇丨柳柜柳也孟子告子上性猶丨柳也注
〇丨柳柔韌木也易姤釋文引薛注〇丨郎梗木也
文選西京賦樹以柳丨薛注〇丨梓良材也國語楚
語若丨梓皮革焉注〇丨苟丨易姤釋文引劉注〇
丨苟丨也山海經南山經虖勻之山其下多荆丨注
〇丨枸檵爾雅釋木〇丨枸檵也詩四牡集于苞丨
傳四月隰有丨桋傳〇丨句丨也爾雅釋木丨枸檵
舍八注〇丨今枸丨也爾雅釋木注〇丨郎今枸丨
也爾雅釋木孫注〇丨其樹如樗一名狗骨詩南山
有臺南山有丨釋文引草木疏〇丨之爲物生于肥
地者也易姤注〇巽爲丨易姤虞注〇左氏桓二年
經丨侯來朝公羊穀梁作紀〇左氏襄廿三年傳丨
梁文選注引
琴操作芑梁

屺山有草木曰丨詩陟岵陟彼丨兮傳○山無草木
曰丨丨圮也無所出生也釋名釋山○峐猶丨字
音起爾雅釋山釋文
引三蒼聲類字林
跂丨舉足也荀子勸學吾嘗丨而望之注○丨起踵
也史記韓王信盧綰傳丨而望歸索隱○丨進也
老子丨者不立注○丨丨行也淮南原道澤及丨蟯
注○丨踵民踵不至地以五指行也淮南墜形有丨
踵民注○丨踵其人行脚跟不着地也山海經海外
北經丨踵國注○丨踵國其爲人大兩足亦大一曰
大踵山海經海外北經○丨訾謂丨足違俗而恣其
志意荀子非十二子離縱而丨訾者也注○丨訾亦
謂丨足自高而訾毁于人同上○丨躍猶齟齬不正
之道也淮南俶眞夫挾依於丨躍之人注○丨與企
同文選贈蔡子篤
詩允企伊佇注
士丨事也書牧誓是以爲大夫卿丨傳又詩褰裳豈
無他丨傳園有桃謂我丨也驕箋東山勿丨行枚
傳祈父予王之爪丨傳桓保有厥丨傳敬之陟降厥
丨傳又春秋元命苞丨乖一人詰屈折著爲廷宋注
又廣雅釋詁三又漢書郊祀志下集注又荀子哀公
如此則可謂丨矣注○丨者事也春秋繁露深察名
號○丨之言事也禮記祭統作率慶丨注○丨事也
謂能治其事也荀子脩身好法而行丨也注○丨者
事也任事之稱也白虎通爵○卿丨卿之有事也詩
假樂百辟卿丨箋○丨子有王事者也詩北山偕偕
丨子傳○丨講學道藝者也國語齊語昔聖王之處
丨也注○丨者知義理之名論語子張丨見危致命
皇疏○丨者脩飾之名荀子解蔽嚮是而務丨也注
○丨者脩立之名也荀子大略君子聽律習容而後
丨注子道可謂丨矣注哀公如此則可謂丨矣注○
好法而行丨也荀子脩身○守道者謂之丨賈子道

術○以才智用者謂之丨後漢仲長統傳○通古今
辯然不謂之丨白虎通爵○辨然否通古今之道謂
之丨說苑修文○學吕居位曰丨漢書食貨志上○
德能居位曰丨公羊成元年傳譏始邱使也注○丨
察也爾雅釋詁又書舜典汝作丨鄭注○丨察也主
察獄訟之事者周禮秋官序官丨師下大夫四人注
○丨師官主聽察爾雅釋詁注○丨理官也書舜典
汝作丨傳○丨獄官也孟子告子下舉於丨注○丨
獄官之長書舜典馬注○丨師治獄官也孟子公孫
丑下而請丨師注○丨師獄官吏也孟子梁惠王下
丨師不能治丨注○丨師掌五禁之法者列子周穆
王歸之丨師釋文○唐虞曰丨官獨斷上○丨卿丨
也詩棫樸髦丨攸宜箋○丨謂太夫庶子爲丨者也
禮記雜記上丨爲其父母兄弟之爲大夫者之喪服
注○冑子成人能治上官謂之丨周書太子晉○丨
子弟也詩載芟有依其丨傳○丨通謂丈夫也論語
泰伯丨不可以不宏毅皇疏顏淵子張問丨皇疏○
丨者未娶妻之稱荀子非相處女莫不願得以爲丨
注○震爲丨易歸妹丨刲羊虞注○丨卒伍也荀子
王霸霸者富丨注○丨丨卒也文選東京賦戎丨介
而揚徽薛注○丨卒之師也老子善爲丨者王注○
丨者將之肢體也說苑指武○在車曰丨呂覽簡選
鋭卒千人注又淮南覽冥質壯輕足者爲甲卒注○
丨郎門卒後漢郭泰傳注○丨或爲仕禮記曲禮上
前有丨師注○丨當爲事荀子致仕定其當而當然
後丨其刑賞而還與之注○丨當作土呂覽任地子
能使吾丨靖而甽浴丨乎注○論語雖執鞭之丨鹽
鐵論貧富作雖執鞭之事○詩葛覃傳庶丨以下釋
文丨本作人○漢書古今人表宋世子丨家語本姓
作世子勝○馬江碑仕喪儀宗帝堯碑魚師衞仕丨
皆作
仕

仕 丨事也詩四月盡瘁以丨箋文王有聲武王豈不丨傳○丨之言事也禮記表記武王豈不丨注○丨察也詩節南山弗問弗丨箋○丨丨於朝也論語公冶長子使漆雕開丨孔注○丨與事同荀子大略移而從所丨注

俟 亦作竢○丨待也詩靜女丨我於城隅傳相鼠不死何丨傳著丨我於著乎而傳又儀禮士昏禮丨于門外注纚笄宵衣以丨見注鄉射禮負侯而丨注聘禮上介及衆介丨于使者之門外注有司徹侑出丨于廟門之外注又穀梁莊八年傳又論語憲問原壤夷丨集解引馬注又皇疏又國語晉語爾丨我注又漢書外戚傳下集注敘傳上集注引張晏又後漢馮衍傳下注朱雋傳注又孟子萬章下不丨駕而行注又文選東京賦丨閶風而西遐薛注幽通賦跱盤桓而且丨曹注舞賦按次而丨注○竢待也爾雅釋詁又左氏哀元年傳日可竢也釋文又漢書楊雄傳上集注○丨候也文選幽通賦丨草木之區別兮曹注○丨丨行也詩吉日釋文○行則丨丨詩吉日儦儦丨丨傳○不丨不來也爾雅釋訓○丨命聽天任命也禮記中庸君子居易以丨命注○竢與丨同晉書音義上○竢古丨字漢書賈誼傳集注司馬遷傳集注終軍傳集注彭宣傳集注蕭望之傳集注○丨古文竢⿰米矣⿰止巳三形一切經音義四○今文丨爲立儀禮鄉射禮負侯而丨注大射儀三耦丨于次北注○今文丨作待儀禮大射儀皆適次而丨注○詩著丨我於著乎而漢書地理志作竢我於著乎而○爾雅釋詁頌竢替戾釋文竢又作丨亦作戺○列子楊朱丨易及之死釋文丨一本作俟

涘 丨厓也詩蒹葭在水之丨傳大明在渭之丨傳○丨涯也詩葛藟在河之丨傳又莊子秋水兩丨渚崖之閒釋文又文選西京賦在渭之丨薛注○丨爲厓爾雅釋邱○丨水涯公羊僖元年傳自南丨注○丨一名厓謂水邊也爾雅釋邱李注

戺 戺同○落時謂之戺爾雅釋宮○堂廉曰丨書顧命夾兩階丨傳○丨砌也廣雅釋室○爾雅釋宮釋文戺本作戺

始 丨初也國策秦策今日韓魏孰與丨强注又史記禮書凡禮丨乎脫索隱又呂覽本生丨生之者天也注有始天地有丨注又素問骨空論余聞風者百病之丨也注六節藏象論立端於丨注○丨首也論語泰伯師摯之丨皇疏又莊子天下接萬物以別宥爲丨釋文又呂覽樂成民不可與慮化舉丨注○丨猶首也論語泰伯師摯之丨集解引鄭注○丨先也國語晉語安丨而可注○丨猶先也呂覽孟冬天子丨裘注○先動爲丨國語越語人事不起弗爲之丨注○丨猶本也荀子王制天地者生之丨也注○丨猶根也禮記昏義夫禮丨於冠注○丨本根也國語晉語夫堅樹在丨注○丨丨猶生也禮記檀弓下君子念丨之者也注○丨息也言滋息也釋名釋言語○丨朔也太元元瑩凡十有二丨注○丨猶朝也漢書鮑宣傳集注○丨當時也墨子經上○丨謂其微時也禮記經解君子慎丨注○丨者謂王道興衰之所由文選毛詩序是謂四丨注○丨道也老子丨制有名注○丨者道本也老子無名天地之丨注○太丨者形之丨也白虎通天地引乾鑿度○陽爲丨太元瑩六丨爲律注○乾爲丨易象上傳終則有丨虞注○丨謂乾易繫辭上傳乾知大丨九家注○古文丨爲姑儀禮士昏禮於是與丨飯之錯注○史記夏本紀來丨滑索隱曰古文尚書作在治忽今文作采政忽

峙 或作跱○丨立也後漢河閒孝王開傳注又文選射雉賦擢身竦丨徐注○丨止也後漢鄭泰傳注○跱止也廣雅釋詁三○丨住也文選西京賦通天訬以竦丨薛注○丨具也爾雅釋詁○跱具也後漢章帝紀注陳忠傳注○跱猶置也文選西京賦跱遊極於浮柱薛注○跱踞也後漢張衡傳注引字林○跱躕言其聲跱立如有所躕躅也文選長笛賦乍跱躕以狼戾注○水中有土曰丨文選西京賦聚似京丨薛注○古文丨今作跱同直耳反一切經音義一引字詁○跱古文跱同一切經音義九○跱或作特三國崔宏傳注○爾雅釋詁丨具也釋文舍人本丨作偫

痔 丨病也廣雅釋詁二○丨隱創也莊子人間世與人有丨病者釋文引司馬注○丨食也蟲食之也釋名釋疾病○腸澼爲丨素問生氣通天論

齒 丨年也禮記坊記民猶犯丨注又左氏文元年傳君之丨未也注又論語憲問没丨無怨言集解引孔注又皇疏又國語吳語夫危事不丨注又後漢崔駰傳注清河孝王慶傳注○丨季也廣雅釋詁一○丨亦年也禮記中庸所以序丨也注○丨危謂高年也文選王文憲集序至若丨危髮秀之老注○丨年壽也國語晉語非義不盡丨丨注○丨人壽之數也禮記文王世子丨亦齡也注○古者謂年齡丨亦齡也禮記文王世子○丨數也華嚴經音義上引莊子司馬注○丨數年也禮記曲禮上丨路馬有誅注○丨猶録也禮記王制終身不丨注○丨列也左氏隱十一年傳不敢與諸任丨注又呂覽直諫不穀免衣縫褓而丨於諸侯注○不丨者不得以年次列於平民周禮大司寇不丨三年注○丨類也管子弟子職同嗛以丨注○丨始也少長之别始乎此也以丨食多者長也食少者幼也釋名釋形體○丨猶觸也文選上書重諫吳王腐肉之丨利劒注○丨象牙書禹貢丨革羽毛傳

矣 丨止也廣雅釋詁三

擬 丨比也漢書何武王嘉師丹傳贊集注○丨度也易鼎君子以正位凝命釋文引翟注又廣雅釋詁一○丨疑也漢書公孫宏傳集注楊雄傳上集注楊雄傳下集注○自上議下稱丨易繫辭上傳而丨諸形容虞注○丨則也楚辭怨上丨斯兮二蹤注○丨向也一切經音義十六引字書○周禮射人注行則止而丨度焉釋文丨本作儗

薿 丨丨茂也廣雅釋訓○丨丨茂盛也詩甫田黍稷丨丨釋文○詩甫田黍稷丨丨漢書食貨志作黍稷儗儗

恥 丨辱也廣雅釋詁三又呂覽順民越王苦會稽之丨注○丨辱者勇之決也説苑説叢○無丨不知臧否穀梁襄廿九年傳君不使無丨注○坤爲丨易繫辭下傳不丨不仁虞注

祉 丨福也爾雅釋詁又易泰以丨元吉虞注否嚋離丨九家注又詩六月既多受丨傳巧言君子如丨傳皇矣既受帝丨箋又詩江漢用錫爾丨釋文又左氏宣十七年傳君子如丨注又國語周語謂其能以嘉丨般富生物也注又漢書楊雄傳上集注又後漢章帝紀注班彪傳下注周舉傳注○丨亦福也後漢明帝紀注○丨謂福慶後漢宋宏傳注○丨禄也左氏哀九年傳

第 丨牀簀也儀禮士喪禮注設牀襢丨有枕釋文又後漢安帝紀注又楚辭怨世蓬艾親人御於牀丨兮注○丨簀也周禮玉府衽席牀丨凡褻器注又儀禮士喪禮牀丨夷衾注又國語晉語牀丨之不安邪

注○簀謂之丨爾雅釋器又左氏襄廿六年傳牀丨
之言不踰閾服注○禮丨祖簀也禮記喪大記設牀丨
禮丨注○丨牀也爾雅釋器孫注○牀陳楚之閒或
謂之丨方言五○丨牀棧也荀子禮論疏房檖須越
席牀丨几筵所以養體也注○丨杠也廣雅
釋器○古文丨爲茨儀禮既夕記設牀丨注
胏 肉有骨謂之丨易噬嗑噬乾丨陸注○有骨謂之
丨易噬嗑釋文引馬注○丨脯也廣雅釋器○丨
含食所遺也一曰脯也易噬嗑釋文引
字林○易噬嗑釋文丨子夏傳作脯
骫 丨曲也廣雅釋詁一又文選舞賦注引蒼頡○丨
委曲也太元元掜或以事之丨卒注○丨靡面柔
也楚辭憫上丨靡兮成俗注○丨古委字也史記司
馬相如傳崔錯癹丨集解又漢書淮南厲王長傳集
注枚乘傳集注司馬相如傳上集注司馬相如傳下
集注楊雄傳下集注又後漢趙壹傳注又列子黃帝

丨骨无䫅釋文又文選
長楊賦丨屬而還注
垝 又作陒○丨毀也爾雅釋詁又詩氓乘彼丨垣傳
又後漢崔駰傳注○陒毀也漢書杜周傳贊集注
○丨敗牆也荀子霸形東山之西水深滅丨注○丨
最高危限之處也文選謝元暉和伏武昌登孫權故
城詩注引莊子司馬注○丨然自持安固貌莊子繕
性危然去其所而反其性巳釋文引崔注○丨謂之
坫爾雅釋宮○爾雅
釋宮釋文丨本作庪
嶲 王君鄉道碑西與蜀郡青衣越嶲通界丨作嶲
艤 亦作檥○整船向岸曰艤漢書項籍傳集注引如
淳○南方俗謂正船迴濟處爲丨文選蜀都賦丨
輕舟劉注○檥正也史記項羽紀檥船待集解
引應劭○檥附也史記項羽紀集解引孟康

錡 丨鬴也廣雅釋器○丨三脚釜也方言五鍑江淮
陳楚之閒謂之丨注○丨釜屬有足曰丨無足曰
釜詩采蘋維丨及釜傳○鍑江淮陳楚之閒謂之丨
方言五○丨架也文選西京賦設在蘭丨薛注○受
他兵曰蘭受弩曰丨文選
西京賦注引魏都賦劉注
譌 丨化也方言三○丨匕也廣雅釋詁三○丨譌也
廣雅釋言○丨譁也廣雅釋言○獪楚鄭曰丨方
言二○丨亦獪聲之轉也方言二注○丨譌譁皆化
聲之轉也方言三丨譌譁涅化也注○晉士丨字子
輿國語晉語注○左氏僖廿七年
傳丨賈漢書古今人表作薳賈
薳 左氏襄十八年傳丨子馮釋文丨本作蔿
玼 丨鮮也詩君子偕老釋文引字林○丨鮮盛貌詩
君子偕老丨兮丨兮傳○丨顏色衣服鮮明貌詩

君子偕老釋
文引王肅注
璽 天子印曰璽文選西京賦懷璽藏紱薛注○玉璽
天子印也文選東京賦佩玉璽薛注○秦以來天
子獨以印稱璽又獨以玉羣臣莫敢用也獨斷上○
秦以前諸侯卿大夫皆曰璽華嚴經音義下引蔡雍
月令章句○古者大夫之印亦稱璽國語魯語追而
予之璽書注○璽印也左氏襄廿九年傳璽書追而
與之注又國語魯語追而予之璽書注又淮南齊俗
若璽之印埴注○璽者印也周禮職金楬而璽之司
農注又獨斷上○印謂之璽廣雅釋器○印曰璽獨
斷上○璽節者今之印章也周禮掌節貨賄用璽節
注○璽節印章如今斗檢封矣周禮司市以璽節出
入之注○封璽印封也淮南時則固封璽注○璽書
璽封書也國語魯語追而予之璽書注○璽信也漢
書高帝紀上集注引應劭○璽之言信也漢書百官

公卿表上集注○蟨徙也封物使
可轉徙而不可發也釋名釋書契
丨過也廣雅釋詁三○丨倚一高一下一屈一直
【邐】也文選西京賦墱道丨倚以正東薛注
【釃】丨字書作釃同所宜所解二反一切經音義十六
【纚】廣韻同縰○丨縚髮儀禮士昏禮姆丨笄宵衣在
其右注○縰韜髮者也禮記內則櫛縰注又荀子
禮論薦器則冠有鍪而毋縰注○丨黑繒韜禮記檀
弓注去丨丨而紒釋文○縰黑繒韜髮禮記內則櫛縰
釋文○丨丨今之幘梁也儀禮士冠禮緇丨注○幘裏
曰丨續漢輿服志注引通俗文○丨笄首服儀禮特
牲饋食禮主婦丨笄宵衣注○丨一幅長六尺儀禮
士冠禮緇丨注○丨亦廣充幅長六尺儀禮士昏禮
姆丨笄宵衣在其右注○縰與丨同步也荀子非十
二子離俗而跂訾者也注○縰屣謂屣無跟也莊子

讓王縰履杖藜而應門釋文引李注○丨相連之貌
文選景福殿賦若幽星之丨連也注○縿丨羽垂之
貌文選海賦被羽翮之縿丨注○丨丨索好貌離騷
索胡繩之丨丨注○縰縰莘莘衆多之貌文選高唐
賦注○丨網如箕形狹後廣前文選西京賦丨鰋鮋
薛注○縰三蒼解詁作躧聲類或作屣莊子讓王釋
文○丨與縰同文選魏都賦岌岌冠縰注○縰與丨
同文選高唐賦縰縰莘莘注○縰丨同晉書音義上
○莊子讓王釋文
縰司馬本作躧
丨佩刀削上飾左氏桓二年傳藻率丨鞛注○丨
【鞞】刀削也周書王會請令以魚皮之丨注又廣雅釋
器○琫佩刀飾也藝文類聚六十引字林○丨容刀
鞞也詩瞻彼洛矣丨琫有珌傳○下曰丨詩公劉丨
琫容刀傳○刀下末之飾曰琫琫卑也在下之言也
釋名釋兵○刃之削謂之室室謂之丨鞛小爾雅廣

器○鞞削自關而
西謂之鞞方言九
【敉】廣韻侎同○丨撫也爾雅釋言○丨安也書洛誥
亦未克丨公功鄭注又周禮小祝彌裁兵注男巫
春招弭以除疾病注○
侎安也廣雅釋詁二
【芈】丨楚姓也國語魯語荀丨姓實嗣注○史記孟子
荀卿傳呵之吁子焉索隱引別録作丨子
【哆】丨大貌詩巷伯丨兮侈兮傳○箕星丨然踵狹而
舌廣詩巷伯箋○丨讀大口之丨淮南脩務啳睽
丨嗚
注
【姼】妻之父謂之父丨妻之母謂之母丨廣雅釋親
【呰】丨弱也漢書地理志下集注引應劭○丨病也漢
書地理志下集注引晉灼○丨短也漢書地理志

下集注○丨短也江湘之會謂之丨方言十
○丨或作啙漢書地理志下集注引如淳
𦧇舐䑙同○舐謂以舌取食也一切經音義廿二
【舓】引字詁○狧古𦧇字漢書吳王濞傳集注○舐古
文丨䑛二形一切經音義十一○舐古文𦧇同食爾
反一切經音義廿二引字詁○咶與舐同荀子仲尼
是猶伏而咶天注彊國是猶伏而咶天注
○莊子田子方舐筆和墨釋文舐本作𦧇
【庀】丨具也周禮遂師丨其委積司農注世婦比其具
司農注大胥比樂官注大司馬比軍衆司農注又
左氏襄五年傳宰丨家器注哀三年傳丨女而不在
死注又穀梁哀元年傳始丨牲注又小爾雅廣詁○
丨治也左氏襄廿五年傳子木使丨賦注又國語魯
語子將丨季氏之政焉注○故書丨爲比鄭司農云
比讀爲丨周禮遂
師丨其委積注

跬舉足曰丨詩小旻箋無進于丨步釋文〇一舉足曰丨儀禮鄉射禮注與丨相應釋文禮記祭義故君子頃步而弗敢忘孝也釋文〇丨一舉足也小爾雅廣度〇半步曰丨漢書鄒陽傳集注王莽傳上集注敘傳下集注又荀子解蔽醉者越百步之溝以爲蹞步之澮也注〇半步曰蹞荀子勸學不積蹞步注王霸此夫過舉蹞步而覺跌千里者夫哀哭之注〇半步爲丨方言十二〇丨猶咫尺也淮南說林故丨步不休注〇丨近也莊子駢拇而敬丨譽無用之言釋文引向注〇丨當聲誤爲頃大戴記曾子大孝君子頃步之不敢忘也注〇蹞與丨同荀子勸學不積蹞步注解蔽醉者越百步之溝以爲蹞步之澮也注〇莊子駢拇而敬丨譽無用之言釋文丨司馬本作趌

頍丨弁貌詩頍弁有丨者弁傳〇丨著弁貌詩頍弁釋文〇蔮魯人曰丨丨傾也著之傾近前也釋名

釋首飾〇滕薛名蔮爲丨儀禮士冠禮缺項注

秕粃穀之不成者家語相魯是用粃粺注〇丨穀不成也後漢安帝紀注儒林傳下注〇粃粟不成後漢盧植傳注〇粃不成粟也呂覽辯土後生者爲粃注〇丨穅猶煩碎莊子逍遙游是其塵垢丨穅釋文〇粃不也廣雅釋詁四〇粃不知也方言十〇粃今淮楚間語呼聲如非也方言十注〇丨音匕又作粃又必履反左氏定十年傳釋文引字林

机丨承物者也易渙渙奔其丨注〇丨者人君出令所依大戴記武王踐阼丨之銘注〇丨栢一名栝樓也山海經中山經袟簡之山其上多丨栢注〇丨木似榆山海經北山經單狐之山多丨木注

沈丨泉穴出穴出側出也爾雅釋水〇水泉從傍出名曰丨爾雅釋水李注〇丨水泉從旁出也列子黃帝丨水之潘爲淵釋文〇丨側出爾雅釋水李注〇側出曰丨泉詩大東有列丨泉傳〇側出曰丨泉丨軌也流狹而長如車軌也釋名釋水〇詩大東有洌丨泉釋文丨本作晷

圮丨岸毀也爾雅釋詁釋文〇河水所毀曰丨書序祖乙丨于耿傳〇丨毀也爾雅釋詁又書堯典方命丨族傳又書序祖乙丨于耿馬注又一切經音義六引字林又漢書敘傳上集注又音義引韋昭又後漢張衡傳注崔琦傳注又文選幽通賦將丨絕而罔階曹注思元賦覩有黎之丨墳舊注〇丨覆也爾雅釋言〇丨絕也文選東京賦故宗緒中丨薛注〇丨疋美反一切經音義六引字林〇書堯典方命丨族史記五帝紀作負命毀族

痞脴否也氣否結也釋名釋疾病

庤丨具詩臣工丨乃錢鎛傳〇詩臣工丨乃錢鎛考工記總目注作偫乃錢鎛

儗丨比也漢書溝洫志集注淮南王傳集注梁孝王武傳集注賈誼傳集注谷永傳集注龔遂傳集注韓嫣傳集注〇丨猶比也禮記曲禮下丨人必於其倫注〇丨僭也漢書食貨志上集注〇丨引也文選舞賦經營切丨注〇佁丨不前也史記司馬相如傳仡以佁丨索隱引張揖〇丨丨盛貌漢書食貨志上集注〇禮記緇衣注度謂所丨射也釋文丨本作擬

坻丨塲也廣雅釋詁三〇鼢鼠之塲謂之丨方言六〇蚍蜉其塲謂之丨方言十一〇丨除也廣雅釋室〇丨殿基也文選景福殿賦肅丨鄂之鏘鏘注〇小沚曰丨爾雅釋水〇小沚曰丨謂水中高地後漢張衡傳注〇小沚曰丨丨遲也能遏水使流遲也釋名釋水〇丨止也左氏昭廿九年傳物乃丨服注

郶 丨音如跪對之跪山海經中山經陸丨之山注

庪 皮同○祭山曰丨縣爾雅釋天○祭山曰庪縣後漢班彪傳下注○埋於山足曰丨爾雅釋天孫注○正中曰棟次曰楣前曰丨儀禮鄉射禮記序則物當棟堂則物當楣注○禮記內則注丨食物也釋文丨本亦作庋

蘬 丨華也廣雅釋草

阤 丨落也文選長笛賦膺陗丨注又文選謝靈運七里瀨詩注引淮南許注○陁落也文選西京賦吳嶽爲之陁堵薛注○丨小陊也文選長笛賦注引字林○小崩曰陁後漢蔡邕傳下注○丨隤也漢書東方朔傳集注○丨壞也方言六又廣雅釋詁一○陁壞也同上○丨阪也考工記總目則於馬終古登丨也注輈人及其登丨注○陁崖際也史記司馬相如傳巖陁甗錡集解引郭璞○東海廟碑旋則陁崩丨作陁

旎 旖丨盛貌也楚辭謬諫苦李旖丨注○旖丨猶阿那也史記司馬相如傳旖丨從風索隱引張揖

阯 小渚曰丨文選西京賦黑水元丨薛注○水出其前曰丨邱丨基丨也言所出然釋名釋邱○丨足也謂基也太元大豐牆峭丨注○丨與趾同古字通後漢光武紀上注○爾雅釋木注出交丨釋文丨本作趾

悝 丨憂也爾雅釋詁

娌 丨耦也方言十二○丨丨二也廣雅釋詁四

壝 丨丨謂壇及堳埒也周禮封人掌設王之社丨注○丨謂委土爲墠壇所以祭也周禮鬯人社丨用大罍注

佹 丨戾也詩皇矣箋拂猶丨也釋文○丨丨幾欲之貌列子力命○丨丨成者釋文○左氏僖九年經晉侯丨諸卒公羊穀梁作詭諸○鄭固碑造膝丨辭詭作丨

匜 丨沃盥器也左氏僖廿三年傳奉丨沃盥注

剞 丨劂曲刀也文選魏都賦注引淮南許注○丨劂刀也廣雅釋器○丨劂刻鏤刀也楚辭哀時命握丨劂而不用兮注○丨丨巧工鉤刀也淮南俶眞鏤之以丨剧注○丨巧刺畫盡頭黑邊錢也淮南本經公輸王爾無所錯其丨剧削鋸注○丨亦刲也文選吳都賦刲丨熊羆之室注○丨讀技尺之技淮南本經注○丨讀技巧之技淮南俶眞注

踦 丨脛也廣雅釋親○丨足也公羊成二年傳丨閭而語釋文又淮南齊俗男女切丨注○丨一足也詩七月釋文引字林○丨蹇也廣雅釋詁三○丨跂跰蹇也國語魯語丨跂畢行注○丨刺也莊子養生主膝之所丨釋文引李注○丨適也淮南齊俗必有菅屩跐丨注○丨方也廣雅釋詁四○閉一扇開一扇一人在外一人在內曰丨閭公羊成二年傳相與丨閭而語注○丨巨綺反爾雅釋蟲釋文引字林

耔 丨雝本也詩甫田或耘或丨傳○丨壅本也文選東京賦咸懋力以耘丨薛注○丨壅禾根也詩甫田或芸或丨釋文○詩甫田或耘或丨漢書食貨志作或芸或芓

佌 丨丨小也爾雅釋訓又詩正月丨丨彼有屋傳○丨丨形容小貌爾雅釋訓舍人注○詩正月丨丨

彼有屋說文人部
作佝佝彼有屋
秭 丨數也爾雅釋詁○數億至億曰丨詩豐年萬億
及丨傳○今以十億爲丨爾雅釋詁丨數也注○
十垓謂之丨御覽七百五十引風俗通○丨積也廣
雅釋詁二○陳穀曰丨也詩豐年釋文引韓詩○丨
亦姊也後漢
和帝紀注
秠 丨一稃二米也詩生民維秬維丨傳○丨黑黍一
稃二米集韻引字林○丨亦黑黍也詩生民釋文
○丨匹几匹九夫九三反
爾雅釋草釋文引字林
倚 丨依也易說卦參天兩地而丨數釋文引馬注又
廣雅釋詁四又史記屈原賈生傳禍兮福所丨正
義又漢書項籍傳集注楚元王傳集注賈誼傳集注
谷永傳集注李延年傳集注又管子法禁隱行辟丨

注又楚辭招魂彷徉無所丨注○丨猶依也國策秦
策北丨河注○丨猶憑依也論語衛靈公在輿則見
其丨於衡也皇疏○依物爲丨禮記禮器有司跛丨
以臨祭注○丨偏丨也荀子解蔽丨其所私以觀異
術注性惡丨而觀天下民人之相與也注○丨立也
易說卦傳參天兩地而丨數虞注又釋文引王肅注
又廣雅釋詁四又漢書律厤志上集注○丨者立身
也史記屈原賈生傳索隱○丨恃也漢書鄒陽傳集
注○丨任也荀子解蔽丨其所私以觀異術注性惡
丨而觀天下民人之相與也注○丨因也廣雅釋詁
四又老子禍兮福之所丨注○丨近也呂覽先識男
女切丨注○丨曲書盤庚中恐人丨乃身傳○丨辟
也楚辭大招會頫丨耳注○丨邪也後漢楊震傳注
○丨排也管子度地杜曲激則躍躍則丨注○丨奇
也荀子脩身丨魁之行注儒效丨物怪變注○丨奇
也自關而西秦晉之閒凡全物而體不具謂之丨方

言二○丨事怪異之事荀子榮辱飾邪說文姦言爲
丨事注○丨魁皆謂偏僻狂怪之行荀子脩身丨魁
之行注○丨從丨伎也從作清從也言人多技巧尚
輕細如從也釋名釋姿容○丨拜謂持節持戟拜身
丨之以拜周禮大祝七曰奇捧杜注○丨席言不施
講坐也後漢儒林傳上注○丨輪一隻之輪穀梁僖
卅三年傳匹馬丨輪無反者注○丨陽符筲也廣雅
釋器○符筲自關而東周洛楚魏之閒謂之丨佯方
言二○丨黃活脫爾雅釋草○史記外戚世家因欲
奇兩女漢書奇作丨○易說卦參天兩地而丨數釋
文丨蜀才本作奇○爾雅釋草丨商活脫釋文丨本
作猗○莊子天下南方有丨人焉釋文丨本作畸
被 丨衾也楚辭招魂翡翠珠丨注
厎 集韻者同○厎致也爾雅釋言又書舜典乃言厎
可績傳又書顧命敷重厎席鄭注又後漢王景傳

注又書禹貢震澤厎定釋文○丨致也文選演連珠
注引書王肅注又左氏宣三年傳有所丨止注昭元
年傳丨祿以德注昭十三年傳盟以丨信注昭卅年
傳明丨其情注又國語周語丨紂之多辠注又漢書
律厤志上集注引蘇林地理志上集注三見楊惲傳
集注敘傳上集注引應劭敘傳下集注引服虔又孟
子離婁上而瞽瞍丨豫注○耆致也詩武耆定爾功
傳又左氏宣十二年傳耆昧也注耆定爾功注○丨
至也詩祈父靡所丨止傳小旻伊于胡丨箋又左氏
成十六年傳人恤所丨注昭廿六年傳未有攸丨注
又國語周語丨於天廟注○厎至也楚辭天問南土
爰厎注○厎置後漢章帝紀注○厎平也家語五帝
德莫不厎屬注正論而厎其遠近注○丁平也左氏
桓十七年傳日官居卿以丨日注又漢書律厤志上
集注又孟子萬章下周道如丨注○厎定也書舜典
乃言厎可績馬注○丨阪也後漢光武紀上注○厎

厲也漢書鄒陽傳集注○厎礪也文選上書吳王聖
王厎節脩德注○厎蒻苹書顧命敷重厎席傳○厎
靑蒲也書顧命敷重厎席馬注○厎與砥同文選上
書吳王聖王厎節脩德注○書臯陶謨乃言厎可績
史記夏本紀作女言致可績禹貢覃懷厎績夏本紀
作覃懷致功禹貢震澤厎定夏本紀作震澤致定禹
貢三邦厎貢厥名夏本紀作三國致貢其名禹貢厎
愼財賦夏本紀作致愼財賦○書禹貢東至于厎柱
史記夏本紀作東至砥柱

痏 丨瘡也漢書薛宣朱博傳音義引三蒼又素問繆
刺論去端如韭葉各一丨注○丨病丨也呂覽至
忠齊王疾丨注○丨毆傷也故軌切文選西京賦注
引蒼頡○痛聲曰丨丨于罪反一切經音義十五引
通俗文○丨音如鮪魚之鮪漢書薛宣朱博傳
音義引三蒼○丨籀文作㾨一切經音義十五

巋 丨然高峻貌爾雅釋山小而衆丨釋文○丨然高
大堅固貌也文選魯靈光殿賦序而靈光丨然獨
存張注○丨然獨立自足之謂莊子天下丨然而有
餘注○山小而衆丨爾雅釋山○丨邱追反小山而
衆也爾雅釋山
釋文引字林

橤 集韻或从木○丨垂也文選盧子諒時與詩注引
字書○丨及也廣雅釋詁一○橤聚也廣雅釋詁
二○蕊聚也文選
藉田賦注引蒼頡

恀 丨恃也爾雅釋言○丨恃事自丨也爾
以下據
○廣韻錄 雅釋言舊注○丨然恃尊長之貌荀子
非十二子丨丨然注○今江
東呼母爲丨爾雅釋言注

鴠 鴠音如枳柑之枳山海經中山經丑陽之山有鳥
焉名曰鴠鵌注

徥 丨行也廣雅釋詁一○丨行也朝鮮洌水之間或
曰丨方言六○自關而西秦晉之閒凡細而有容
謂之㨝或曰
丨方言二

𩞁 丨安也廣雅釋詁一○丨厭也廣雅釋言

𤗚 丨裂也廣雅釋詁二

柀 丨黏爾雅釋木

佊 丨邪也廣韻引埤蒼○丨衺也廣雅釋詁二

樧 丨大椒爾雅釋木○今椒樹叢生實大者名爲丨
爾雅釋木注

毇 丨糲米一斛舂爲八斗也子沃反詩生民釋文引
字林○丨饋也廣雅釋器

庋 丨載也廣雅釋詁二○高置立丨棚云丨企閣史
記梁孝王世家索隱引通俗文○丨音紀又音詭
也史記梁孝王世
家索隱引字林

觤 羊角不齊丨爾雅釋畜

恑 丨美也廣雅釋言○丨戾也莊子齊物論恢丨譎
怪釋文引李注○丨反也廣雅釋言○丨獨立貌
莊子繕性危然去其所而
反其性釋文引司馬注

祪 丨祖也爾雅釋詁○丨毀廟主爾雅釋詁注

姽 丨好也廣雅釋詁一

餢 丨豋也一切經音義十五引字書○餢謂之丨方
言十三

塈丨墍也廣韻引字林
䗅丨蟬也廣雅釋蟲○蟬海岱之閒謂之丨方言十
一○蟬齊人呼爲巨丨方言十一注
輢丨車旁也考工記注皆插車丨釋文
㾨丨短也廣雅釋詁二○丨痤也廣雅釋言
齮丨齧也廣雅釋詁三○丨齕側齒齧也史記田儋
傳丨齕用事索隱○丨齕猶齰齧史記田儋傳集
解引如淳○齊人謂齧咋爲丨丨側齒也一切經音
義七引蒼頡○史記秦始皇紀王丨徐廣曰丨一作
齮
僞丨船動搖之貌也方言九丨謂之杌注

⿵門爲丨開也廣雅釋詁三○丨開也闓也一切經音義
七引字林○闓小開門也一切經音義七引三蒼
○丨今作闓同於彼反
一切經音義七引字詁
杝丨謂施大之也太元元圖地丨其緒注
峛丨崺沙邱也漢書楊雄傳音義引字林○丨崺邪
道也文選甘泉賦登降丨施注
躧丨躧也莊子讓王釋文引解詁○挂指爲丨漢書
地理志下集注引臣瓚○履不著跟曰丨漢書雋
不疑傳集注○丨徐行貌文選長門賦注引
蒼頡○丨或爲韃文選吳都賦注引聲類
矖丨索視之貌也文選詠牛女詩注引蒼頡
箄丨簶也廣雅釋器

䕯丨鼠莞爾雅釋草
埤丨客也廣雅釋詁四
渳丨飲也廣雅釋詁四○丨謂浴尸周禮小祝贊丨
注○丨尸以鬯浴尸周禮大祝以肆鬯丨尸司農
注○杜子春讀丨爲泯以秬鬯浴尸周禮小宗伯以
秬鬯丨注○故書丨爲攝杜子春云當爲丨周禮小
祝注
灖丨相連漸平之貌也文選蕪城賦丨迆平原注
葞丨春草爾雅釋草
蝆姑螿謂之強丨方言十一螳螂或謂之丨丨同上
○強丨米中小黑甲蟲也建平人呼丨子方言十

一
注
鉹丨字與⿰金氏同音昌紙反鬵也一切經音義十二引
聲類
誃丨離也爾雅釋言
㢋丨大也廣雅釋詁一○旁擊曰丨國語吳語將夾
溝而丨我注
袲丨開衣領也玉篇引聲類
跐丨履也廣雅釋詁二○丨蹋也廣雅釋詁二○丨
弭也足蹝之使弭服也釋名釋姿容○丨偶也淮
南齊俗必有菅屩丨蹻注○丨測也莊子秋
水彼方丨黃泉而登大皇釋文引司馬注
茈丨音紫齊民要術二引字林

呰 丨弱也史記貨殖傳以故丨窳集解引應劭○丨
窳苟且墮孏之謂也史記貨殖傳集解引徐廣○
丨此也爾雅釋詁○丨謂語餘聲也爾雅釋
詁釋文○丨古文呰欪二形一切經音義二
𢫬 丨捽也廣雅釋詁三○掣挽曰丨一切經音義三
引通俗文○攎丨皆謂戟撮之文選西京賦攎拂
猬丨窳
狻薛注
柀 丨析也一切經音義十三引纂文○丨析也丨猶
分也一切經音義廿二引纂文
諀 丨詑也廣雅釋詁二○丨呰也廣雅釋言○難可
謂之丨訿一切經音義五引通俗文
仳 丨別也詩中谷有蓷有女丨離傳○丨父几扶罪
二反詩中谷有蓷釋文引字林
吡 丨呰也莊子列御寇而丨其所不爲者也注

䓈 丨雞頭也北燕謂之丨方言一
蓓 丨蒂也廣雅釋草
芛 今俗呼草木華初生者爲丨音豬猪爾雅釋草丨
堇華榮注○草木花初出爲丨後漢馬融傳注
𢅤 丨裂也廣雅釋詁二
抳 丨止也廣雅釋詁三
抵 丨到也方言十三○丨至也廣雅釋詁一又漢書
楊雄傳上集注引應劭
恉 丨意也廣雅釋詁三
沘 沘水在今唐州沘陽縣南盧江灊縣亦有沘水沘
音比後漢光武紀上注

朼 朼者朼載也儀禮士昏禮匕俎從設釋文
疕 丨痂也廣雅釋言○丨頭瘍亦謂秃也周禮醫師
凡邦之有疾病者丨瘍者造焉注
厬 水醮曰丨爾雅釋水○爾雅釋水釋文丨本作𣿭
頯 丨大朴之貌莊子大宗師其頯丨注
葥 丨黃也廣雅釋器
𤢖 蠝鼺鼠也文選上林賦蜼玃飛蠝郭注○蠝與丨
同文選南都賦騰猿飛蠝棲其閒注
嫢 丨好也廣雅釋詁一○嫢小也廣雅釋詁二
湀 丨闢流川爾雅釋水

趡 丨犇也廣雅釋室○丨或作踓漢書楊雄傳上音
義
柅 張揖曰丨御覽八百廿五引通俗文○丨音乃米
反易姤釋文引字林
敉 器破而未離南楚之閒謂之丨方言六
揹 丨棄也廣雅釋詁一○捫摸曰丨一切經音義十
引通俗文
𦡀 丨臀也廣雅釋親
黹 丨紩也爾雅釋言○今人呼縫紩衣爲丨爾雅釋
言注
跽 丨忌也見所敬忌不敢自安也釋名釋姿容○𨈈
與丨同謂小跪也史記滑稽傳帣韝鞠𨈈集解引
徐廣○丨古文跽
同一切經音義九

佁 丨深思貌管子侈靡丨美然後有煇注○丨嗣理切文選七發注引聲類

𤸎 丨病也爾雅釋詁又詩雲漢云如何里釋文引王肅注○丨心憂憊之病也爾雅釋詁舍人注

⿰里阝 國之下邑曰丨一切經音義廿五引蒼頡

葸 葸慎也廣雅釋言○丨畏懼之貌也論語泰伯慎而無禮則丨集解○丨畏懼過甚也論語泰伯皇疏○丨愨質貌論語泰伯鄭注○丨質愨貌也後漢班彪傳下注○丨焉不悅懌之貌大戴記曾子立事人言善而色丨焉注○諰與丨同文選魏都賦誰勁捷而無諰注魯靈光殿賦心諰諰而發悸注

諰 丨懼荀子彊國雖然則有其丨矣注

偫 丨具也國語周語丨而畚挶注又漢書平帝紀集注○丨具事也爾雅釋詁峙具也舍人注又文選

羽獵賦儲積共丨注○丨古文庤時峙三形同一切經音義十二

玘 丨本砭字晉書音義下引字林○丨本幾字萬意反同上

騃 趨曰駓行曰丨文選西京賦羣獸駓丨注引韓詩章句

竢 丨待也爾雅釋訓不丨不來也釋文

誒 丨欺也一切經音義十二引蒼頡○大調曰丨一切經音義七引通俗文○大調曰丨也一切經音義二引字林

○以下據集韻録

⿺辶睪 丨亦驛字同爾雅音義上引聲類

⿱艹⿰耳米 丨菝爾雅釋草

⿸疒弟 丨病也廣雅釋詁一

⿰金巳 丨鋌也廣雅釋器

⿰鬲攴 丨鬴也廣雅釋器

沇 丨溶游激淖衍貌史記司馬相如傳丨溶淫鬻索隱引郭璞

貏 丨豸漸平貌文選上林賦陂池丨豸注○丨音衣被史記司馬相如傳陂池丨豸集解引郭璞○丨音衣被之被漢書司馬相如傳上集注引郭璞

垁 五堵爲丨太元閑閑黃丨注

崎 丨巇危嶮貌文選魯靈光殿賦上丨巇而重注○丨錡不安貌文選文賦固丨錡而難便注

搋 丨拳手挃曰丨一切經音義十五引通俗文

○附録

⿸尸巴 丨毀也列子黃帝注引字林

⿰石爲 丨敗也淮南俶眞休于天鈞而不丨注

經籍籑詁卷第三十四下

經籍纂詁卷第三十四下補遺 上聲

兵部侍郎兼都察院右副都御史巡撫浙江等處地方提督軍務兼理糧餉阮元撰集

四紙下

【子】說文丨十一月陽气動萬物滋入以爲偁象形凡
丨之屬皆从丨学古文丨从巛象髮也𡿺籒文丨
囟有髮臂脛在几上也○丨孶也禮記月令注觀斗
所建疏○丨取其滋蕃太元數辰丨亥注○丨卑
稱也穀梁哀十三年傳○丨通稱孟子梁惠王下樂
正丨入見注又呂覽精通鍾丨期夜聞擊磬者而悲
注又淮南修務昔者謝丨見於秦惠王注○丨男丨
之通稱文選登徒子好色賦注○丨是男丨通稱禮
記檀弓下使丨叔敬叔弔疏○丨者對父之名左氏
僖九年傳注丨者繼父之辭疏○丨者父之合春秋

繁露基義○丨者葬前在喪之稱也左氏文十八年
經注丨在喪之稱疏○諸侯在喪稱丨穀梁昭十一
年傳此丨也注○丨者嗣君之稱公羊昭十三年傳
注但不成其丨疏○凡言丨者通男女也左氏莊廿
八年傳注丨女也疏○丨男丨美稱禮記雜記下吾
丨不見大饗乎疏○丨者男丨之美稱左氏昭十二
年傳從我者丨乎疏○丨者男丨之美號史記魯仲
連鄒陽列傳夷維丨正義○丨是尊稱儀禮鄉射禮
注字不若丨疏○古者稱師曰丨儀禮士冠禮願吾
丨之教之也疏○古者有德之名詩氓送丨涉淇疏
○丨者有德之稱詩丘中有麻傳丨嗟字也疏○春
秋之時伯亦得稱丨亦得稱伯禮記王制注合伯
丨男以爲一疏○夷狄有德者稱丨穆天子傳五陵
丨咼胡口東牡注○異畿內謂之丨禮記王制天丨
之大夫視丨男注○其在東夷北狄西戎南蠻雖大
曰丨禮記曲禮下○諸侯之臣亦呼君曰丨詩宛丘

箋丨者斥哀公也疏○丨太丨也呂覽愼行已爲我
丨矣注○丨臯丨也國語楚語帥其丨姓注○丨者
王丨也公羊宣十五年傳王札丨者何注○丨謂庶
丨儀禮喪服經大夫爲世父母叔父母丨注○丨若
者謂所爲後之親如親丨儀禮喪服傳昆弟之丨若
丨注○震爲丨易隨官有渝九家注○艮爲丨易蠱
有丨虞注○小丨門人也論語先進小丨集解引鄭
注陽貨小丨集解引包注○丨壻也儀禮士昏禮記
父醮丨注○長丨長女也詩大明長丨維行傳○丨
女也別于男丨也儀禮喪服經女丨丨在室爲父注
○丨者字也言字愛於小人也孝經而況於公侯伯
丨男乎疏引舊解○丨謂丨愛於民禮記表記丨民
如父母疏○丨謂丨愛下民禮記樂記君子如欲化
民成俗疏樂記則易直丨諒之心疏○丨者孳恩宣
德公羊隱元年傳隱公也疏引春秋說○愛丨孫曰
丨書金縢是有不丨之責于天疏引鄭志○丨水位

也左氏哀九年傳○太陰始於丨故云丨也素問脈
解篇太陰丨也注○丨卽帑也詩棠棣傳帑丨也疏
○丨姓謂孫也禮記喪大記丨姓疏○丨謂所獲民
臣禮記檀弓下歸爾丨注○匈奴謂天爲撐犂謂丨
爲孤塗漢書匈奴傳上○丨萬物也老子旣得其母
以知其丨注○丨猶萬物也漢書戾太子傳○丨謂
養之如丨也漢書嚴安傳非所以丨民也注○誰丨
猶誰人也荀子王霸誰丨之與也注○丨謂利息也
史記貨殖列傳丨貸金錢千貫索隱○丨駒魯郭門
左氏文十一年傳埋其首于丨駒之門注○丨茲聲
相近禮記曲禮下某有負薪之憂疏○易明夷箕丨
之明夷釋文今易箕丨作荄滋

【梓】說文丨楸也从木宰省聲梓或不省○丨一名椅
爾雅說木舍人注○丨者楸之疏理白色而生子
者爲丨詩定之方中椅桐梓漆陸疏○丨匠木工也
孟子滕文公下則丨匠輪輿注○丨漆也禮記曲禮

上疏引何允○丨是桮杅之屬禮記曲禮上注溉謂陶丨之器疏○丨丨謂桮勺爲笥簞之屬也禮記曲禮下注木工輪輿弓廬匠車丨也疏○丨古杅字今文作丨書梓材疏○周禮壺涿氏則以牡丨釋文本或作樟

矢 說文丨弓弩丨也从入象鏑括羽之形古者夷牟初作丨凡丨之屬皆从丨○丨誓也論語雍也夫子丨之釋文引鄭注○丨陳也史記孔子世家孔子丨丨之集解引蔡讀又禮記孔子閒居弛其文德疏○丨箭也禮記玉藻端行頤霤如丨疏少儀侍射則約丨疏又淮南人閒一鼓民被甲括丨注○丨猶箭也禮記曲禮下以攖拾丨可也疏○丨弩也淮南修務蒙丨石注○丨謂投壺箭也禮記少儀侍射則約丨疏○丨所以投者也禮記投壺注○兵而飛者丨也太元唐弋彼三飛注○丨示以禦難左氏閔二年傳

以此贄國注○射丨書或作射夫周禮樂師帥射夫以弓矢舞司農注○書序皋陶丨厥謨釋文丨本又作矢○爾雅釋詁戻陳也釋文本作丨同

𦳊 說文丨糞也从艸胃省聲

洧 說文丨水出潁川陽城山東南入潁从水有聲○丨陽故城俗謂之復陽城蓋丨復字類音讀變水經洧水注

鮪 說文丨鮥也周禮春獻王丨从魚有聲○丨魚䰽州人謂之鱣丨大者爲王丨小者爲鮛丨一名鮥今東萊遼東人謂之尉魚或謂之仲明仲明者樂浪尉也溺死海中化爲此魚詩潛有鱣有丨陸疏

雉 說文丨有十四種盧諸丨喬丨鳪丨鷩丨秩秩海丨翟山丨雗丨卓丨伊洛而南曰翬江淮而南曰搖南方曰𠷎東方曰甾北方曰稀西方曰蹲从唯矢聲𨾩古文丨从弟○離爲丨易大畜田獲三品虞注○丨取性耿介唯敵是赴禮記曲禮下凡摯士丨疏○丨者聽察先聞雷聲故月令以紀氣漢書五行志中之下○五堵爲丨詩鴻鴈疏引韓詩說○雉牛鼻繩也禮記檀弓上注乃丨經疏○丨聲近夷左氏昭十七年傳夷民者也疏

死 說文死澌也人所離也从歺从人凡死之屬皆从死𣦸古文死如此○庶人曰死魂魄去亡白虎通崩薨○丨者人之終也列子天瑞又荀子禮論○丨惡物也左氏昭廿五年傳○生盡之謂丨韓非子解老○坤爲丨也易象下傳民恐其丨虞注○坤爲丨喪易復終有大敗虞注又象上傳邑人災也虞注○反坤爲丨易觀觀我生進退虞注○丨尸也漢書陳湯傳求谷吉等丨注○丨者尸也漢書廣川惠王越傳

郎取他丨人與都丨并付其母注○丨謂尸也漢書酷吏尹賞傳安所求子丨注○丨逃亾黃氏日抄十六引禮記月令飭死事皇疏○丨士欲以丨報恩者史記吳世家越使丨士挑戰集解引鄭衆左氏章句○丨如殺人之刑易離丨如鄭注

履 說文履足所依也从尸从彳从夂舟象丨形一曰尸聲凡丨之屬皆从丨䪴古文丨从頁从足○丨踐也禮記玉藻丨蒯席疏○丨踐丨也禮記祭義禮者丨此者也疏○丨謂丨踐易象上傳柔丨剛也疏○丨謂踐丨之也漢書楊雄傳上丨般首注○踐而行之名曰丨周禮春官序官注禮謂五禮疏○踐而行之曰丨禮記疏引鄭序○丨步也左氏文元年傳丨端於始疏○丨禮也易序卦傳故受之以丨崔注○丨柔丨剛也易象上傳○丨所踐丨之界左氏僖四年傳賜我先君丨注○丨猶屨也漢書鮑宣傳衣

敝丨空注○絲作之日丨左氏僖四年傳共其資糧
屝屨其可也疏○丨鄭讀丨爲禮易坤丨霜釋文

【壘】說文丨軍壁也从土畾聲○丨謂軍壁周禮司弓
矢注攻城丨者疏○丨壁也左氏文十二年傳請
深丨固軍疏又國語楚語四境盈丨注○軍營所處
築土自衞謂之爲丨左氏文十二年傳請深丨固軍
疏○漢時軍丨爲門名曰丨門與古和門同周禮大
司徒之職注今謂之丨疏

【誄】說文丨諡也从言耒聲○丨者述累德行之文漢
書景帝紀大鴻臚奏諡丨策注○丨者累德行之
文漢書王嘉傳丨之以行注○詩定之方中傳喪紀
能偏釋文本又作讄又作丨○論語述而丨曰說文
作讄曰

【揆】說文丨葵也从手癸聲○丨度也左氏昭二十年
傳七音疏

【癸】說文𣳚冬時水土平可揆度也象水从四方流入
地中之形丨承壬象人足凡丨之屬皆从丨𤽺籀
文从癶从矢○丨揆也禮記月令注因以爲日名焉
疏○丨取其揆然向萌芽也太元元數日壬丨注○
丨北方之水左氏哀十三年傳庚丨乎注○坤主丨
易彖下傳天下之大義也虞注

【沚】說文小渚曰丨从水止聲詩曰于沼于丨○丨渚
大小異名耳詩關雎傳水中可居者曰洲疏○丨
止也御覽引廣雅○丨與時音義同左氏隱三年傳
注渚丨也疏

【趾】丨足也左氏昭七年傳今君若步玉丨注又禮記
曲禮上請衽何丨疏曲禮下雉曰疏丨疏又穀梁
哀十四年傳注麟之丨疏○丨足也無事曰丨陳設
曰足御覽百四十六引易鼎鼎顛丨鄭注○在下故
稱丨易賁賁其丨王注○丨城足左氏宣十一年傳
畧基丨注

【芷】丨香草也史記禮書側載臭茝索隱引劉氏○丨
白芷也漢書司馬相如傳上衡蘭丨若注引張揖
○丨一名茝史記司馬相如列傳衡蘭丨若索隱引
本草

【畤】說文丨天地五帝所基址祭地从田寺聲右扶風
有五丨好丨鄜丨皆黃帝時祭或曰秦文公立也
○丨神靈之所止也漢書高帝紀上戰好丨注引孟
康

【以】說文㠯用也从反已賈侍中說已意已實也象形
○丨用也書梓材丨厥庶民疏又左氏襄十年傳
彼則丨之注又呂覽去尤無丨組注本味無不丨也
注審分而好自丨注夫說丨智通而實丨過悅注知
度此神農之所丨長注觀表其所丨相者不同注求
人無不丨也注當賞民丨四時寒暑日月星辰之行
知天注務大願學所丨安周注又淮南俶眞必無丨
天下爲也注脩務所丨論之過注○丨者用也老子

丨正治國注○丨有爲也老子衆人皆有丨注○丨
者不丨者也穀梁襄廿一年傳昭五年傳廿一年傳
廿二年傳定十三年傳○春秋之義能東西之曰丨
詩載芟侯彊侯丨箋○丨謂驅使前人之稱儀禮鄉
射禮丨猶與也疏○丨者自已於彼之辭詩旄邱傳
必有丨功德疏○詩匏有苦葉不我肎丨孟子公孫
丑上注作不我肎已○詩旄邱必有丨也儀禮特牲
饋食禮注作必有似也○詩良耜丨薅荼蓼說文作
既茠荼蓼○書呂刑制丨刑墨子尚同中作折則刑
報虐丨威論衡譴告作報虐用威

【已】丨止也禮記曾子問祝畢獻而丨疏引皇氏又左
氏襄廿六年傳若不丨注昭六年傳今則丨矣注
昭二十年傳而不如其丨丨注又國語晉語禍敗無丨
注屬厭而丨注楚語吾丨子張之諫若何注吳語其
歸若丨注又漢書敘傳上慶未得其云丨注又呂覽
離俗不若是而丨注又淮南精神則去火而丨矣注

說林猶愈於｜注脩務學不可｜明矣注又一切經
音義七引廣雅又素問著至教論說意而｜注○｜｜
竟也易損｜事遄往注○巳畢也國語齊語有司｜｜
于事而竣注○｜泰皆言甚也詩巧言昊天｜威箋
○｜退也史記五帝本紀試不可用而｜正義○｜
猶退也禮記學記注古者仕焉而｜者疏○｜猶了
也禮記檀弓上吾得正而斃焉斯｜矣疏○｜成亾
墨子經上○｜謂瘉也漢書郊祀志上病良｜注引
孟康○｜謂病愈也漢書酷吏義縱傳｜而卒起幸
甘泉注○｜語終辭也漢書宣帝紀其德弗可及｜｜
注禮樂志其流不可聞｜注藝文志皆股肱之材｜｜
注張良傳即我｜注淮南厲王長傳不可追｜注賈
誼傳可知｜注不能爲｜注景十三王傳贊不可得
｜注公孫宏卜式兒寬傳贊斯亦曩時版築飯牛之
朋｜注梅福傳亦亾及｜注谷永傳不及事｜注游
俠劇孟傳吾知其無能爲｜注○｜語終之辭也漢

書鼂錯傳皆天下之選｜注校乘傳都亦不得｜注
司馬相如傳下不可記｜注其詳不可得聞｜注司
馬遷傳皆本其失｜注○｜也皆助語之辭史記太
史公自序彊弱之原云以世索隱○｜以也素問陰
陽類論在理｜盡注○｜猶耳漢書馮唐傳上曰何
｜注○｜與以同荀子非相何巳也注○詩卷伯亦
｜太甚白帖九十三作亦以太甚

苡 說文苢芣苢一名馬舄其實如李令人宜子从艸
目聲周書所說○詩芣苢序釋文本亦作｜○爾
雅釋草芣苢釋文苢字亦作｜

似 說文佀象也从人目聲○｜續也詩棠棠者華是
以｜之傳○不｜言不如人禮記雜記下某之子
不肖注○｜有以相攖有不相攖也墨子經上○古
者｜巳字同詩斯干疏

耜 說文梠臿也从木目聲一曰徙土輂齊人語也梩
或从里○｜謂耒｜周禮山虞注服與｜宜用梩
材疏○｜謂耒頭金考工記匠人疏車人之事注耜
耒下前曲接｜疏○｜耒端木所以施金也漢書食
貨志上斷木爲｜注○｜止所踰因名曰｜易繫辭
下傳斷木爲｜虞注

氾 集韻或作洍○說文氾水別復入水也一曰｜窮
瀆也从水氾聲詩曰江有｜洍水也从水匠聲詩
曰江有洍○｜厓也漢書敘傳上芉彊大於南｜注
引應劭○｜江水名詩江有氾釋文○｜江水之別
也漢書敘傳上注○水旁巳爲｜水旁巳爲氾字相
亂也左氏成四年傳注｜祭鄭地疏

巳 說文｜巳也四月陽气巳出陰气巳藏萬物見成
文章故｜爲蛇象形凡｜之屬皆从｜○｜巳也
禮記月令注觀斗所建疏○｜者言陽氣之巳盡也
史記律書○｜取其巳盛太元元數辰｜午注

祀 說文｜祭無巳也从示巳聲禩｜或从異○｜國
之大事也左氏文二年傳○｜天夏正郊天也周
禮典瑞以｜天旅上帝注○天神稱｜周禮鼓人以
雷鼓鼓神｜｜疏○五｜者何謂也謂門戶井竈中霤
也白虎通五祀○五｜戶竈中霤門行也禮記曲禮
下祭五｜注○五｜謂司命也中霤也門也行也厲
也禮記王制大夫祭五｜疏○方｜者各祭其方之
官而巳禮記曲禮下諸侯方｜注○｜神位有屋樹
者禮記檀弓下斬｜殺厲注過｜則下疏○百｜畿
內百縣之｜也禮記檀弓下虞人致百｜之木注○
五｜宮中之神禮記王制疏引鄭志○｜掌祭｜之
官若宗伯者也書洪範鄭注○五行之官每歲五時
｜之謂之五｜左氏襄九年傳注謂火正之官疏○
｜者所以昭孝事祖通神明也漢書郊祀志上○三
曰｜教民使敬鬼神也書洪範疏○｜典謂祭｜禮
記祭法不在｜典注｜貢注○｜當爲祫詩元鳥

序丨高宗也箋

史 說文丨記事者也从又持中中正也凡丨之屬皆从丨○掌書曰史左氏春秋序魯丨記之名也疏○丨主造文書也周禮天官序官丨十有二人疏○丨太丨也左氏莊卅二年傳虢公使祝應宗區丨嚚注又國語周語瞽史教誨注魯語故二丨書世注楚語臨事有瞽丨之道注又國策宋策使丨占之注○丨外丨也國語周語丨獻書注○丨謂國丨禮記曲禮上丨丨載筆疏○丨掌記左事故謂之左丨左氏春秋序諸侯亦各有國史疏○內丨主冊命者穆天子傳六內丨執策注○太丨者丨官記事之處爾雅釋水釋文引或說○國丨者周官大丨小丨外丨御丨丨之等皆是也詩關雎序國丨明乎得失之迹疏○丨謂祝丨易巽用丨巫紛若疏○丨者筮人也左氏襄廿五年傳丨皆曰吉疏○所以謂之丨何明王者使爲之也白虎通諫諍○丨者文多而質少論語雍也文勝質則丨集解引包注

使 說文丨伶也从人吏聲○丨役呂覽音律而農民無有所丨注○丨謂時徭役禮記檀弓下丨之雖病也注○大丨丨命也呂覽孟秋出大丨注○丨民謂役丨民也荀子富國丨民夏不宛暍注○丨吏所丨役之吏荀子王霸官人丨吏之事也注○丨謂故墨子經上○丨酒酗酒也漢書季布傳丨酒難近注引應劭○丨酒因酒而使氣也漢書灌夫傳夫爲人剛直丨酒注○因酒縱性謂之丨酒史記季布欒布列傳丨酒難近索隱○丨字或作史漢書霍光傳丨樂成注○孟子梁惠王下行或丨之爾雅郭注作行或尼之

駛 古文使字或作丨一切經音義二引三蒼○詩二子乘舟傳汎汎然丨疾釋文本作迅疾

耳 說文丨主聽也象形凡丨之屬皆从丨○丨目者視聽之官也管子心術上○丨目者所以聞見也同上○丨目者心思之助也鬼谷子權篇○坎爲丨易噬嗑何校滅丨鄭注咸咸其輔頰舌虞注象下傳未違聽也虞注說卦傳聖人南面而聽天下虞注○丨常聽聞而記之也漢書外戚傳上又丨曩者所夢日符注○丨是助句之辭禮記玉藻注斯丨也疏○丨語辭漢書東方朔傳至則靡丨注

珥 丨瑱也淮南修務設笄丨注○兩旁內向爲丨呂覽明理有暈丨注○丨是玉名周禮士師凡刉丨則奉犬牲疏○丨卽耳也今人猶謂之曰丨周禮眂祲注監冠丨也疏

駬 爾雅釋畜注盜驥綠耳釋文綠耳本或作騄丨同

里 說文丨居也从田从土凡丨之屬皆从丨○丨居也孟子離婁下然後收其田丨注又禮記郊特牲

單出丨疏○丨者人所居之名詩將仲子疏○丨居宅之地禮記禮運以立田丨疏○在邑曰丨漢書食貨志上○五鄰爲里淮南時則制百縣注○十軌爲丨國語齊語○三百步爲丨公羊定十二年傳注三萬尺疏○三閭爲丨華嚴經音義下引書大傳○丨作悝音義同詩雲漢箋丨憂也疏

理 說文丨治玉也从玉里聲○丨分丨楚辭離騷吾令蹇脩以爲理分注○丨道也呂覽愼行則可與言丨矣注又淮南說林不如循其丨若其當注脩務殊體而合于丨注氾論家之所以亾者丨塞也注○丨謂道丨禮記仲尼燕居禮也者丨也疏○丨爲道之精微荀子正名志輕理而不重物者無之有也注○丨事丨情欲也淮南詮言唯能勝丨注○凡丨者方圓短長麤靡堅脆之分也韓非子解老○短長大小方圓堅脆輕重白黑之謂丨同上○坤爲丨易文言傳君子黃中通丨虞注○地有山川原隰各有條

丨故稱丨也易繫辭上傳俯以察於地丨疏○丨塞脈丨閉結也呂覽重已燀熱則丨塞注○西方爲丨淮南天文

裏 說文丨衣內也从衣里聲○丨指爲母也詩小弁不罹于丨疏○經脈爲丨素問調經論無中其大經注引鍼經○穀梁宣九年傳注褅在丨也釋文本又作裏

李 說文丨果也从木子聲杍古文○丨獄官名也漢書胡建傳注引蘇林○丨者法官之號也漢書胡建傳黃帝丨法曰注○古治獄之官作此丨字管子法法皋陶爲丨注○丨卽理法官也史記天官書左角丨索隱○丨者徵漢書王莽傳下○詩邱中有麻邱中有丨白帖六引毛詩作邱中有黍

俚 說文丨聊也从人里聲

鯉 說文丨鱣也从魚里聲○丨一名鱣爾雅釋魚疏引舍人注

枲 說文丨麻也从朩台聲䕽籒文丨从𣏟从辝○丨麻屬也漢書地理志上岱畎絲丨注○丨麻也書禹貢岱畎絲丨疏又詩采蘋序箋枲麻丨疏又周禮天官序官典丨疏○丨麻謂雄麻也周禮籩人注麻曰蕡疏○丨乃牡麻無實考工記弓人注蕡丨實也疏

起 說文丨能立也从走巳聲䢂古文丨从辵○丨發也左氏昭廿六年傳王丨師於滑注○丨作也禮記禮運可以義丨也疏○丨動也易垢包无魚丨凶疏○丨謂價高於市素問五常政大論白丨金用注

芑 說文丨白苗嘉穀从艸巳聲○丨則今枸丨禮記表記疏引爾雅孫注○丨菜似苦菜也青州謂之丨詩采芑薄言采丨陸疏

杞 說文丨枸丨也从木巳聲○丨柳也易姤以丨包瓜釋文引鄭注○丨柳屬也詩將仲子無折我樹丨陸疏○丨世所謂枸杞也左氏昭十二年傳生之丨乎注○丨一名苦丨一名地骨詩四牡集于苞丨陸疏○丨夏餘也左氏襄廿九年傳

屺 說文丨山無草木也从山已聲詩曰陟彼丨兮○案集注本作丨定本作紀詩終南傳紀基也疏

跂 丨望也史記高祖本紀日夜丨而望歸正義引司馬彪○詩斯干如丨斯翼玉篇人部作如企斯翼

士 說文丨事也數始於一終於十从一从十孔子曰推十合一爲丨凡丨之屬皆从丨○丨事也管子君臣官謀丨注形勢右丨經注○丨者事也詩既醉序人有丨君子之行焉疏○丨者事也言能理庶事也左氏昭七年傳大夫臣丨疏○丨察也書立政疏○丨者察也周禮春官序官都宗人上丨二人疏○

故丨者所以爲輔相承嗣也墨子尚賢上○丨者男子成名之大號詩文王箋凡周之丨疏○丨者男子之大號詩棫樸箋丨卿丨也疏○丨者亦男子之大號詩氓傳氓民也疏○丨者男子之美號詩女曰鷄鳴傳此夫婦相警覺以夙興疏○丨者男子行成之大稱詩都人士箋都人之有丨行者疏○丨者男子之大稱詩干旄序箋時處丨也疏碩人傳庶丨齊大夫送女者疏○丨者男子之大號故羣臣通稱之書秦誓嗟我丨疏○言丨者有德行之稱詩北門序刺仕不得志也疏○丨者脩立之稱荀子儒效彼學者行之曰丨也注○以其堪任於事謂之爲丨詩褰裳箋他丨猶他人也疏○丨謂臣下掌事者荀子堯問知如丨不與丨爭知注○丨仕謂丨之入仕荀子非十二子古之所謂丨仕者注○丨謂朝廷之臣也詩清廟箋濟濟之衆丨疏○丨謂諸侯朝者諸臣及所貢丨也禮記射義所以擇丨也注○禮諸侯大夫入

天子國稱丨左氏襄廿六年傳晉丨起注○三命以下於天子爲丨禮記曲禮下列國之大夫入天子之國曰某丨注○丨大夫君子之總辭未必爵爲大夫丨也詩女曰鷄鳴序箋謂丨大夫賓客有德者疏○春秋傳謂丨爲微禮記王制其有中丨下丨者注○丨謂主斷刑之官周禮大司徒其附於刑者歸於丨注○丨司寇之屬周禮媒氏歸之於丨注○大丨治獄官也左氏僖廿八年傳丨榮爲大丨注○丨獄官之長漢書百官公卿表上咎繇作丨注引應劭○丨亦理官漢書東方朔傳皋陶爲大理注○丨爲少師禮記王制疏引書傳略說○丨謂學丨周禮太宰之職祿位以馭其丨司農注○學丨謂司徒論俊選所升於學者禮記文王世子凡學世子及學丨必時注○丨謂進丨有德行者禮記少儀丨依於德疏○丨適子周禮酒正凡饗丨庶子疏○丨謂王宮中諸吏之適子也周禮宮伯掌王宮之丨庶子注○丨邑宰

也儀禮喪服傳公卿大夫室老丨貴臣注又禮記曲禮上此亦丨之辱也疏○丨謂邑宰也禮記雜記上丨次于公館注○丨卿丨也儀禮喪服公丨大夫之衆臣爲其君注○卿丨六卿掌事者書洪範謀及卿丨鄭注○卿丨卿之有事也國語周語榮公爲卿士注○丨州長黨正也禮記鄉飲酒義鄉人士君子尊於房戶之閒注○丨丨介也儀禮聘禮丨執庭實注○丨衆介也儀禮聘禮丨訝丨注○丨亦胥徒之長儀禮既夕丨受羊如受馬注○庶丨府史之屬禮記祭法庶丨庶人無廟注○衆丨所謂衆臣禮記喪大記衆丨疏食水飲注○丨亦大夫之貴臣儀禮聘禮皆丨牽羊以致之注○丨謂里尉管子八觀里無丨舍注○丨軍丨也詩采芑薄言采芑箋○在車曰丨淮南本經武王甲卒三千注脩務不過一卒之才注○丨賢丨也荀子議兵好丨者強注○羣丨卽僚友也儀禮士喪禮注僚友羣丨也疏○他丨猶他人也

詩褰裳箋○名丨不仕者禮記月令聘名丨注○殷丨殷侯也詩文王殷丨膚敏傳○男稱丨左氏僖十五年傳注丨之功疏○丨讀爲仕周禮載師以宅田丨田賈田任近都之地注○左氏昭六年傳丨句相丨鞅釋文古本丨句或作王正

仕 說文丨學也从人从士○詩文王有聲武王豈不丨晏子春秋諫上作武王豈不事

梂 說文丨赤實果从木求聲

俟 說文丨大也从人矣聲詩曰伾伾丨丨○丨待也漢書賈誼傳竢罪長沙注蕭望之傳竢見二子注又周禮內饔選百羞醬物珍物以丨饋疏○丨亦待也禮記雜記下敢不敬須以丨命疏○竢與丨同漢書古今人表夷竢注

涘 說文丨水涯也从水矣聲周書曰王出丨○丨厓也廣雅釋邱○丨涯也書大傳王跪取出丨注

戺 爾雅釋宮落時謂之戹釋文本或作丨

始 說文丨女之初也从女台聲○丨首也呂覽無義故義者百事之丨也注○丨先也淮南脩務虛丨於楚注○初爲丨易略例是事之終丨注○丨謂初丨禮記祭義敎民反古復丨疏○在首則謂之丨老子此兩者同出而異名注○丨者從下本上之辭詩黍離序箋政遂微弱疏○太丨者形之丨也列子天瑞○太丨形之丨也廣雅釋天○乾爲丨易象下傳丨求深也虞注○諸言法陽之類者皆曰丨鬼谷子捭闔○孟子梁惠王下湯一征自葛丨初學記引作自葛載

峙 丨具也書費誓丨乃糗糧疏

痔 說文｜後病也从疒寺聲○｜後病也文選登徒子好色賦又疥且｜注

齒 說文｜口齗骨也象口｜之形止聲凡｜之屬皆从｜𠚕古文｜字○｜謂當之也漢書枚乘傳腐肉之｜利劒注○｜郎牙也周禮冥氏則獻其皮革｜須備疏○｜謂若象牙之類周禮內府凡四方之幣獻之金玉｜革疏○｜象｜荀子王制南海則有羽翮｜革曾青丹干焉注○｜謂審其｜歲也漢書賈誼傳禮不敢｜君之路馬注○｜者謂以年次立若坐也禮記祭義壹命｜于鄉里注○不｜者不與相長稚詩蟋蟀序國人不｜也箋○不｜者特爲位不在兄父行列中禮記文王世子雖有三命注○｜爲骨餘素問上古天眞論髮墮｜槁注○瓊四面爲眼亦名爲｜列子說符釋文引古博經

矣 說文｜語巳詞也从矢巳聲○詩天作彼徂｜岐後漢書南蠻西南夷傳作彼徂者岐

擬 說文｜度也从手疑聲○｜謂比象也漢書楊雄傳上常｜之以爲式注○｜僭也漢書食貨志上注○疑讀曰｜漢書食貨志上遠方之能疑者注何武王嘉師丹傳贊疑於親戚注

薿 說文｜茂也从艸疑聲詩曰黍稷｜｜○詩甫田黍稷｜｜白帖八十一作黍稷嶷嶷

恥 說文｜辱也从心耳聲○有｜者有所不爲論語子路行己有｜集解引孔注

祉 說文｜福也从示止聲○｜福祚也漢書王莽傳上維｜｜冠存已注

滓 說文｜澱也从水宰聲

笫 說文｜牀簀也从竹㢋聲○｜牀簀也禮記喪大記注牀謂所設牀｜當牖者也疏

胏 說文𩚵食所遺也从肉仕聲易曰噬乾𩚵胏楊雄說𩚵从𠂔○｜簀也易噬嗑噬乾｜釋文引鄭注

骫 說文｜骨耑｜𩨨也从骨丸聲○｜曲也呂覽必已直則骫注○｜謂曲也漢書淮南厲王長傳皇帝｜天下正法注○｜骫猶言屈曲也漢書枚乘傳其文｜骫注○｜麗左右相隨也漢書司馬相如傳下容以｜麗兮注引張揖

垝 說文｜毀垣也从土危聲詩曰乘彼｜垣陒｜或从自

錡 說文｜鉏鋤也江淮之閒謂釜曰｜从金奇聲○｜三足釜也詩采蘋維｜及釜釋文○｜𢻮也文選上林賦嚴陁甗｜注引司馬彪

蔫 說文｜艸也从艸爲聲

薳 說文新附｜艸也左氏傳楚大夫｜子馮从艸遠聲○左氏昭十一年傳僖子使助薳氏之簉釋文本又作蔿

玼 詩君子偕老｜兮｜兮釋文本或作瑳

璽 說文壐王者印也所以主土从土爾聲璽籀文从玉○天子印稱｜史記高祖本紀封皇帝｜符節素隱引韋昭○周時稱印曰｜禮記王制有圭璧金璋不粥於市疏○自秦以來惟天子之印獨稱｜又以玉羣臣莫敢用也左氏襄廿九年傳疏引衛宏說○｜讀曰移徙之徙呂覽孟冬紀固封｜注

邐 說文｜行｜｜也从辵麗聲

釃 說文｜下酒也一曰醇也从酉麗聲

纚 說文｜冠織也从糸麗聲○縰韜髮者也漢書楊雄傳下戴縰垂纓而談者注○｜謂縚髮之縚禮

記問喪雞斯徒跣疏○丨繫也後漢書張衡傳丨朱鳥以承旂注○縰與丨同卽今之方目紗也漢書元帝紀齊三服官注○丨卽今方目紗也漢書張敞傳且當以杜後惠文彈治之耳注○丨纖絲爲之卽今方目紗是也漢書江充傳冠襌丨步搖冠注○丨屬連屬也文選上林賦輦道丨屬注引司馬彪○丨屬邐迤相連屬也漢書司馬相如傳上輦道丨屬注

敉 說文丨撫也从攴米聲周書曰亦未克丨公功讀若弭侎丨或从人

芈 說文芈芈羊鳴也从羊象聲气上出與牟同意○丨芈聲也史記楚世家六曰季連丨姓索隱○丨卽蚌也方言十一蛄䗁謂之強蚌注

哆 丨然寬大之意也穀梁僖四年傳于是丨然外奢侈也注

姼 說文丨美女也从女多聲蚔丨或从氏

呰 說文丨窳也闕

舓 說文丨以舌取食也从舌易聲䑙丨或从也○䑙用舌食也漢書吳王濞傳狧糠及米注

庀 丨具也左氏襄九年傳官丨其司注○丨具猶簡擇穀梁哀元年傳始丨牲疏○丨治也國語魯語夜丨其家事注○丨由理也文選南都賦注引國語賈注

跬 說文趌半步也从走圭聲讀若跬同○丨半步也言一舉足也漢書息夫躬傳未有能窺左足而先應者也注○一舉足謂之丨儀禮鄉射禮記與丨相應疏○丨以一足行爲丨文選謝宣遠於安城荅靈運詩注引漢書如淳注

頍 說文丨舉頭也从頁支聲詩曰有丨者弁○丨者弁貌之意也儀禮士冠禮注缺讀如有丨者弁之丨疏

秕 說文丨不成粟也从禾比聲○丨穀不成者左氏定十年傳用丨稗也注

机 說文丨木也从木几聲○丨猶俎也史記項羽本紀爲高俎索隱

氿 說文丨水厓枯也从水九聲爾雅曰水醮曰丨

欙 書益稷傳山乘丨史記河渠書作山行卽橋漢書溝洫志作山行則梮

圮 說文丨毀也虞書曰方命丨族从土已聲[illegible]丨或从手从非配省聲

痞 說文丨痛也从疒否聲

庤 說文丨儲置屋下也从广寺聲

儗 說文丨僭也一曰相疑从人从疑○疑讀曰丨漢書食貨志下疑於南夷注

坁 說文丨箸也从土氏聲

庪 說文新附祭山曰丨縣从广技聲○楣前接簷爲丨儀禮士昏禮當阿疏○禮記雜記所以丨甕甒之屬釋文字亦作庋○爾雅釋天祭山曰丨縣釋文本或作庋又作跂同

阤 集韻阤或作丨○說文丨小崩也从𨸏也聲○丨落也文選謝靈運七里瀨詩注引淮南許注○阤靡也文選上林賦巖丨甗錡注引司馬彪○丨下頹也漢書劉向傳山陵崩丨二注○大曰崩小曰丨國語周語是故聚不丨崩注○阤靡邪靡也文選子虛賦登降阤靡注引司馬彪○丨靡旁衺也漢書司馬

相如傳上登降丨靡注

旑 旑丨雲貌也漢書楊雄傳上乘雲蜺之旑丨兮注○旑丨旎緣之形也漢書楊雄傳上夫何旟旐郅偈之旑丨也注○旑丨從風柔弱貌文選甘泉賦注引服虔

阯 說文丨基也从𨸏止聲址丨或从土○丨者山之基足漢書郊祀志上禪泰山下丨注

雃 雃丨材木之叢積貌也漢書楊雄傳上雃丨而成觀注引孟康

匜 說文丨似羮魁柄中有道可以注水从匚也聲

剞 說文丨丨剞曲刀也从刀奇聲

秄 廣韻秄同○說文秄雝禾本从禾子聲○丨附根也左氏昭元年傳注穮耘也疏○秄附根也漢書

食貨志上

〔革徙〕 說文丨鞮屬从革徙聲

讄 說文丨禱也累功德以求福論語云丨曰禱爾于上下神祇从言纍省聲讄或不省

秭 說文五稷爲丨从禾𠂔聲一曰數億至萬曰丨○億億曰丨禮記內則注萬億曰兆疏○數億至萬曰丨詩豐年萬億及丨釋文

秠 丨一稃二米爾雅釋草○丨亦黑黍但中米異耳爾雅釋草注

倚 說文丨依也从人奇聲○丨依也史記外戚世家因欲奇兩女索隱○丨依附也漢書西域傳下親丨都護注○丨謂仗任之也漢書韓安國傳上方丨欲以爲相注○丨謂偏有丨近禮記中庸夫焉有所丨疏○丨謂附於身禮記曲禮下主佩丨則臣佩垂注

被 丨被也所以覆人也釋名釋衣服○丨練帛也以帛綴甲步卒服之左氏襄三年傳組甲三百賈注○今名曰丨古者曰衾論語謂之寢衣也詩小星傳衾丨也疏

厎 集韻者通作丨○說文丨柔石也从厂氐聲砥丨或从石○丨致左氏襄九年傳無所丨告注又文選報孫會宗書文質無所丨注○耆致也國語晉語者其股肱注○丨至也左氏襄十年傳其能來東丨乎注○丨止也文選秋興賦注引爾雅郭注○丨蹶也山海經南山經可以爲丨注○丨柔石也漢書枚乘傳磨礱丨厲注○丨細石也漢書梅福傳天下之丨石注○丨席青蒲席也書顧命王注○丨聲近致書舜典疏○丨與砥同漢書鼂錯傳丨厲其節注○書舜典乃言丨可績釋文或本作厎○孟子萬章下

周道如厎班馬字類引作砥

痏 說文丨疻丨也从疒有聲

繠 說文丨垂也从惢糸聲

○以下據廣韻錄

抧 說文丨開也从手只聲讀若抵掌之抵

𥝩 說文丨多小意而止也从禾支只聲一曰木也

媞 說文丨諦也一曰妍黠也一曰江淮之閒謂母曰丨从女是聲

〔足氏〕 說文丨蹢也从足氏聲

〔麻耳〕 說文丨乘輿金飾馬耳也从耳麻聲讀若瀰水一曰若月令靡草之靡

𥧌 說文丨孰寐也从㝱省米聲讀若悸

柀 說文丨檆也从木皮聲一曰折也

毇 說文丨米一斛舂爲八斗也从𦥯从殳凡丨之屬皆从丨○丨細也淮南主術粢食不丨注

䳄 說文丨鷙鳥食已吐其皮毛如丸从丸咼聲讀若骫

㩓 說文丨傷擊也从手从毀毀亦聲

㛼 說文丨惡也一曰人皃从女毀聲

𨦾 說文丨㽉屬从金危聲一曰瑩鐵也讀若跛行

觤 說文丨羊角不齊也从角危聲

恑 說文丨變也从心危聲

蛫 說文丨蟹也从虫危聲

祪 說文丨祔丨祖也从示危聲

洈 說文丨水出南郡高城丨山東入繇从水危聲

蟡 丨者一頭而兩身其形若蛇其長八尺以其名呼之可以取魚鼈此涸川水之精也管子水地

姽 說文丨閑體行丨丨也从女危聲

桅 說文丨黃木可染者从木危聲

厽 說文丨絫坺土爲牆壁象形凡丨之屬皆从丨

垒 說文丨絫墼也从厽从土

伎 說文丨與也从人支聲詩曰鞫人伎忒

猗 丨狔下垂皃漢書司馬相如傳下又丨狔以招搖注引張揖○丨狔猶阿郍也漢書司馬相如傳上丨狔從風注引郭璞○今人猶呼相撫掩容養爲丨靡漢書司馬相如傳上扶輿丨靡注

椅 梓實桐皮曰丨今人云梧桐也詩定之方中丨桐梓漆陸疏

輢 說文丨車旁也从車奇聲○丨寄也文選蜀都賦枕丨交趾注○言兩丨謂車兩旁豎之者考工記輿人爲車注較兩丨上出式者疏

婍 丨好也廣雅釋詁一

齮 說文丨齧也从齒奇聲○丨側齧也漢書田儋傳則丨齕首用事者注引如淳

轙 說文丨車衡載轡者从車義聲钀丨或从金从獻○載轡謂之丨文選思元賦注引爾雅○丨車軛上環轡所貫也文選思元賦注引爾雅郭注

𩰲 說文丨三足鍑也一曰滫米器也从鬲支聲○丨金也廣雅釋器

𤸽 說文丨口咼也从疒爲聲

𨶏 說文丨闢門也从門爲聲國語曰丨門而與之言

寪 說文丨屋皃从宀爲聲

𦚍 說文丨識也从此朿聲一曰藏也

跐 丨躡也文選吳都賦注引廣雅

䮞 說文丨馬名从馬此聲

佌 說文丨小皃从人囟聲詩曰丨丨彼有屋

𧻚 說文丨淺渡也从走此聲

杝 說文丨落也从木也聲讀若阤

䚦 說文丨角傾也从角虒聲

袘 丨曳也漢書司馬相如傳上揚丨戌削注〇丨衣袖也漢書司馬相如傳上注引張揖〇袘衣袖也〇袘袖也史記司馬相如列傳揚袘卹削集解引徐廣〇袘袖也史記司馬相如列傳抴獨繭之褕袘索隱引張揖

〇袘衣長皃也史記司馬相如列傳索隱引埤蒼

胣 胣裂也莊子胠篋萇宏丨釋文引崔注〇胣剔也莊子胠篋釋文引司馬注〇刳剔曰胣莊子胠篋釋文〇胣本又作丨或作施字

扡 丨謂觀其理也詩小弁析薪丨矣箋〇丨者施也詩小弁疏

⿰忄虒 說文丨怟丨不憂事也从心虒聲讀若移

峛 丨崺上下之道也漢書楊雄傳上登降丨崺注

㸚 說文丨二爻也凡丨之屬皆从丨

躧 又作蹝〇說文丨舞履也从足麗聲䩥或从革〇蹝䩥屬文選長門賦蹝履起而彷徨注〇丨字與屣同漢書地理志下女子彈弦跕丨注〇蹝與丨音義同文選長門賦注

簁 說文丨丨箄竹器也从竹徙聲

箄 說文丨簁丨也从竹卑聲

⿰黍卑 說文丨黍屬从黍卑聲

尒 說文丨詞之必然也从入丨八八象气之分散

渳 說文丨歠也从水弭聲

葞 丨藥草也俗呼為莽草爾雅釋草孫注〇丨一名芒草爾雅釋草注引本草

鉹 說文丨曲丨也从金多聲一曰鬵鼎讀若擿一曰小刀詩云哆兮丨兮

誃 說文丨離別也从言多聲讀若論語跢予之足周景王作洛陽丨臺

⿸广侈 說文丨廣也从广侈聲春秋國語曰狹溝而丨我

垑 說文丨恃也从土多聲

炨 說文丨盛火也从火从多

袳 說文丨衣張也从衣多聲春秋傳曰公會齊侯于丨

訿 丨具也廣雅釋詁三〇詩小旻潝潝丨丨說文作翕翕訾訾詩攷引荀子作噏噏呰呰

茈 說文丨丨艸也从艸此聲〇丨虒不齊也文選上林賦偨池丨虒注引張揖〇柴虒參差不齊皃也漢書楊雄傳上注〇丨蘲子蘲也文選上林賦丨蘲蘘荷注引張揖〇丨蘲蘲上齊也漢書司馬相如傳

上丨薑蘘荷注引如淳○生薑謂之丨薑史記司馬相如列傳索隱引四民月令

呰 說文丨黃也从口此聲

⿰扌此 說文丨捽也从手此聲

⿰馬此 說文丨馬小皃从馬㘸聲䮝籒文从眾

沝 說文丨二水也闕凡丨之屬皆从丨

披 丨分析也史記魏其武安侯列傳不折必丨正義

疕 說文丨頭瘍也从疒匕聲

仳 說文丨別也从人比聲詩曰有女丨離○丨催古之醜女淮南脩務嫫母丨催也注○丨讀人得風

病之㾐同上

⿱艹隋 說文丨藍蓼秀从艸隨省聲

芛 說文丨艸之皇榮也从艸尹聲○丨與蘳通後漢書馬融傳蘳扈蘛熒注○爾雅釋草蕍丨釋文熒本作葟

⿰豕隋 說文丨豶也从豕隋聲

⿸疒巂 說文丨創裂也一曰疾丨从疒巂聲

惢 說文丨心疑也从三心凡丨之屬皆从丨讀若易旅瑣瑣

頠 說文丨頭閑習也从頁危聲

恉 說文丨意也从心旨聲○丨志也一切經音義八引廣雅

⿰言臣 說文丨訐也从言臣聲讀若聲

媄 說文丨色好也从女从美美亦聲

啚 說文丨嗇也从口㐭㐭受也𡆥古文丨如此

羠 說文丨騬羊也从羊夷聲

芺 說文丨菜也从艸矢聲

⿰山几 說文丨山也或曰弱水之所出从山几聲

邔 說文丨地名从邑几聲

⿰礻比 說文丨以豚祠司命从示比聲漢律曰祠丨司命

枇 朼同○丨所以載牲體者禮記雜記上丨以桑注○古文朼爲匕儀禮士喪禮乃丨載注○古文朼作匕儀禮少牢饋食長丨注○禮記雜記上丨以桑釋文本亦作朼

厬 說文丨仄出泉也从厂晷聲讀若軌

⿰系頁 丨者中央廣兩頭銳爾雅釋魚蚆博而丨注

滍 說文丨水出南陽魯陽堯山東北入汝从水蚩聲

櫐 說文丨木也从木藟聲蘽籒文

灅 說文丨水出右北平浚靡東南入庚从水壘聲

鸓　集韻或作蝙○說文鸓鼠形飛走且乳之鳥也从鳥畾聲䴎籀文○蝙飛䴎也文選南都賦注引張揖上林賦注

楑　說文丨木也从木癸聲又度也

湀　說文丨辟深水處也从水癸聲

趡　說文丨動也从走隹聲春秋傳曰盟于丨丨丨地名

柅　說文丨木也實如棃从木尼聲

⿰巾匕　說文丨憏裂也从巾匕聲

⿸户肥　說文丨崩也从户肥聲

蓶　說文丨菜也从艸唯聲

濢　說文丨小溼也从水翠聲

黹　說文丨箴縷所紩衣从㡀丵省凡丨之屬皆从丨○丨紩也周禮司服注希或作丨疏○丨紩也紩以爲繡也書益稷絺繡鄭注○希讀爲絺或作黹字之誤也周禮司服祭社稷五祀則希冕注

⿰黹攴　說文丨刺也从黹攴聲

夂　說文丨从後至也象人兩脛後有致之者凡丨之屬皆从丨讀若黹

攺　說文丨毅丨大剛卯以逐鬼鬽也从攴巳聲讀若巳

跽　說文丨長跪也从足忌聲○丨者長跪兩膝枝地史記范睢蔡澤列傳秦王丨而請索隱

洔　說文丨水暫益且止未減也从水寺聲

妀　說文丨女字也从女己聲

⿰里阝　說文⿰里阝南陽西鄂亭从邑里聲

慮　丨丨懼貌文選魯靈光殿賦心⿰犭思⿰犭思而發悸注引漢書蘇林注

諰　說文丨思之意从言从思

廙　說文丨石利也从厂異聲讀若枲

偫　說文丨待也从人从待○丨具也文選曹子建贈丁翼詩君子義休丨注○丨儲丨也漢書外戚傳上主見所丨美人注

邔　說文邔南陽縣从邑己聲

玘　說文新附丨玉也从玉己聲

竢　說文丨待也从立矣聲⿰立巳或从巳

⿰來矣　說文詩曰不丨不丨不來从來矣聲⿰彳矣或从彳○爾雅釋訓不丨不來也釋文本今作俟字

孴　說文丨盛皃从孨从日讀若薿薿一曰若存𡥧籀文丨从二子一曰晉卽奇字晉

紕　說文丨氐人𦆝也讀若禹貢玭珠从糸比聲○績苧一丨廣韻引新字林

滓　說文丨羨桊也从水宰聲

𣎳　說文丨止也从𣎵盛而一橫止之也

○以下據集韻錄

疻說文｜敺傷也从疒只聲

𡲔莊子徐無鬼張若謵｜前馬釋文｜崔本作痠本亦作朋

痠｜衆貌漢書司馬相如傳下｜以陸離注引張揖○｜罷極也同上○｜自放縱也漢書司馬相如傳下注

彖說文｜豕也从彑从豕讀若弛

胗詩楚辭箋庶｜也釋文本又作侈

薾說文｜華盛从艸爾聲詩曰彼｜維何

𢐄說文｜弛弓也从弓璽聲

離｜靡｜而邪靡不絕之貌也文選上林賦｜靡廣衍注○｜靡謂相連不絕也漢書司馬相如傳上｜靡廣衍注

烓｜者無火之竈詩白華傳煁｜竈也疏

厃說文｜仰也从人在厂上一曰屋梠也秦謂之桷齊謂之｜

𥕐｜讀楚蔿氏之蔿淮南脩務啳䁔哆｜注

𡯁亦作婏○婏病也廣雅釋詁一

灖｜讀抆滅之抆淮南原道雪霜滾｜注

䙈說文｜紩衣也从衣黹黹亦聲○｜冕天子五旒用玉百二十孤卿服以助祭四旒用玉三十二隋書十二引三禮舊圖

杘說文｜篗柄也从木尸聲柅｜或从木尼聲

㠱說文｜長踞也从己其聲讀若杞

沶左氏昭四年傳注在新城｜鄉縣南釋文本或作渫

𤶍說文｜瘕也从疒步聲

○以下附錄

𦼮說文菜之美者雲夢之｜从艸豈聲

豈說文｜還師振旅樂也一曰欲也登也从豆微省聲凡｜之屬皆从｜

經籍籑詁卷第三十四下補遺終

經籍籑詁卷第三十五

經筵講官南書房翰林戶部左侍郎兼署兵部左侍郎前提督浙江學政阮元撰集

上聲

五尾

尾 丨後也廣雅釋詁四又國策秦策王若能爲此丨
注○丨山後也穆天子傳天子南征陽行之東丨
注○丨之爲物最在體後者也易遯遯丨注○丨梢
也方言十二○丨猶末也史記張儀傳獻恒山之丨
五城索隱○丨猶底也爾雅釋水瀵大出丨下注○
丨終也太元符全符絫其首丨注元文故首丨可以
爲庸也注○丨盡也方言十二○丨猶尋也後漢西
羌傳注○丨謂尋其後而擊之後漢岑彭傳注○丨
微也承脊之末稍微殺也釋名釋形體○艮爲丨易
履履虎丨虞注未濟濡其丨虞注象下傳遯丨之厲

虞注○丨爲陰漢書天文志集注引孟康○大火蒼
龍宿之心其屬有丨丨九星考工記輈人以象大火
也注○大辰房心丨也爾雅釋天○丨閭海東川名
莊子秋水丨閭泄之釋文引崔注○丨閭泄海水出
外者也莊子秋水釋文引司馬注○丨者在百川之
下故稱丨文選養生論而泄之以丨閭注引莊子司
馬注○交接曰丨書堯典鳥獸孳丨傳又列子黃帝
孳丨成羣釋文○瑣丨少好之貌詩旄邱瑣兮丨兮
傳○書堯典鳥獸孳丨史記五帝紀作鳥獸字微○
漢書古今人表丨生晦集注郎微生畝也○莊子盜
跖丨生與女子期于梁釋文丨本作微○
爾雅釋水瀵大出丨下釋文丨本作浘

鬼 丨之爲言歸也爾雅釋訓又漢書楊王孫傳又說
苑反質○丨之言歸也禮記祭法人死曰丨注○
丨歸也太元聚羣鬼之門注又列子天瑞○丨者歸
也論衡論死○丨者歸也故古人以死人爲歸人尸
子○陰氣逆物而歸故謂之丨論衡論死○丨者精
魂所歸禮記禮運列于丨神注○丨者歸也精氣消
越骨肉歸于土也風俗通怪神○坤爲丨易象上傳
丨神害盈而福謙虞注睽載丨一車虞注象下傳況
於丨神乎虞注繫辭下傳人謀丨謀虞注○在地爲
丨易繫辭上傳此所以成變化而行丨神也虞注○
丨謂地也易文言傳況於丨神乎荀注○體魄下降
於地爲丨大戴記曾子天圓陰之精氣曰靈注○衆
生必死死必歸土此之謂丨禮記祭義○游魂謂之
丨易繫辭上傳是故知丨神之情狀虞注○物神謂
之丨廣雅釋天○賢知之精氣謂之丨禮記樂記幽
則有丨神注○賢人之精氣謂之丨史記五帝紀明
丨神而敬事之正義○丨者死人之精也論衡譏日
○丨者老物之精也論衡訂鬼○丨者太陽之妖也
論衡言毒○人死曰丨禮記祭法○人神曰丨論語
爲政非其丨而祭之集解引鄭注又史記五帝紀明

丨神而敬事之正義又翻譯名義五引尸子又呂覽
順民使上帝丨神傷民之命注又淮南時則禱丨神
注精神役使丨神注○庶士庶人無廟死曰丨禮記
祭法○去墠曰丨獨斷上○丨神百神也大戴記曾
子天圓爲丨神主注○丨神謂百辟卿士也禮記曲
禮下臨諸侯畛於丨神注○丨神爲先聖先賢也禮
記樂記樂者敦和率神而從天禮者別宜居丨而從
地注○丨號若曰皇祖伯某也獨斷上○丨謂四時
祭祀所以訓民事君也禮記表記命之于民也親而
不尊丨尊而不親注○丨享享宗廟也周禮鼓人以
路鼓鼓丨享注○丨薪取薪以給宗廟三歲刑也後
漢楊綸傳注○彼羌目丨曰唐述水經河水注○丨
慧也廣雅釋詁一○虔儇慧也或謂之丨方言一○
丨言丨䘑也方言一注○今名黠爲丨䘑方言十䘑
又慧也注○丨谷之名隱者通號也文選郭景純遊
仙詩云是丨谷子注○丨北也易既濟高宗伐丨方

干注○丨方遠方也詩蕩覃及丨方傳又易既濟釋文引蒼頡又後漢章帝紀注西羌傳注○丨區遠方也後漢班彪傳下注○丨方國名易既濟高宗伐丨方虞注○丨方小蠻夷也後漢烏桓鮮卑傳注○丨箭神箭也廣雅釋草○丨桃羊桃也同上○丨或作兒淮南本經昔者蒼頡作書而天雨粟丨夜哭注○禮記明堂位丨俟史記殷本紀作九侯○莊子天地門无丨與赤張滿稽釋文司馬本丨作畏

葦 丨蘆也易說卦爲萑丨釋文莊子則陽萑丨蒹葭釋文○葭爲丨詩七月八月萑丨傳○丨醜芀爾雅釋草○丨草也詩行葦序釋文○丨以闉壙周禮澤虞共其丨蒲之事注○丨以闉壙禦濕之物周禮稻人喪紀共其丨事注○丨笥郡國獻篋也後漢靈帝紀注○震爲萑丨易說卦傳○震爲竹丨易大壯羝羊觸藩侯注

扆 牖戶之間謂之丨爾雅釋宮○戶牖之間謂之依儀禮士虞禮負斧依南面注○丨窗東戶西也爾雅釋宮注○謂牖之東戶之西爲丨爾雅釋宮李注○奥內曰丨一切經音義十四引通俗文○丨藏也廣雅釋詁四○依如今綈素屏風也有繡斧文所以示威也儀禮覲禮天子設斧依於戶牖之間注○丨畫斧文於其上今之屏風也魏書引鄭元三禮圖○丨狀如屏風畫爲黼文禮記曲禮下天子當丨而立釋文○丨屏風樹之坐後也文選東京賦負斧丨薛注○丨屏風書顧命設黼丨綴衣傳○天子施丨於戶牖以爲障蔽也華嚴經音義上引珠叢○丨與依同文選奏彈王源陛下所以負丨與言注○石經尚書殘碑黼衣丨作衣

螘 蚍蜉小者丨爾雅釋蟲○丨蚍蜉也小者爲丨大者爲蚍蜉也楚辭招魂赤丨若象注○蟻蚍蜉也楚辭惜誓爲螻蟻之所裁注

卉 丨百草總名爾雅釋草丨草注○丨百草總名楚人語也文選吳都賦丨木镺蔓劉注○凡百草一名丨爾雅釋草丨草舍人注○丨草木凡名也文選思元賦丨既凋而已育舊注○丨草也後漢馮衍傳下注又太元元圖百丨權輿注○丨衆也廣雅釋詁三○赤丨草木萌牙也太元灭赤丨方銳注○芔然猶欻然也史記司馬相如傳喟然索隱

虺 集韻虫通作虺○虫一名蝮博三寸首大如擘爾雅釋魚釋文引字林○丨蛇類也爾雅釋蟲釋文○丨蛇別名也楚辭天問雄丨九首注○丨大蛇也爾雅釋魚蝮丨釋文○王丨大蛇也楚辭大招王丨奮只注○丨小蛇大也國語吳語爲丨弗摧注○蝮虫一名反鼻山海經南山經猨翼之山多蝮虫注○

丨蛇穴居陰之類後漢楊賜傳注○丨蛇穴處陰之祥也後漢謝弼傳注○丨蝰也廣雅釋魚○丨丨聲也廣雅釋訓○仲丨臣名書仲虺之誥傳○虫古丨字山海經南山經猨翼之山多蝮虫注○虫郎丨字也爾雅釋蟲釋文○古文虫螝二形今作丨同一切經音義七○書序仲丨作誥史記殷本紀作仲畾作誥大戴記虞戴德作仲傀潛夫志氏姓作仲虺荀子堯問作中蘬

幾 丨數也左氏昭十六年傳丨爲之笑而不陵我釋文○丨讀爲豈荀子榮辱丨丨直夫芻豢稻粱之縣糟糠爾哉注於是已長慮顧後丨不甚美矣哉注○左氏哀十六年傳注丨君來釋文丨本作冀

亹 丨勉也易繫辭上傳成天下之丨丨者釋文引王肅注又虞注○丨丨勉也爾雅釋詁又詩文王丨丨文王傳崧高丨丨申伯箋又漢書王莽傳上集注敘傳下集注又後漢杜篤傳注○丨丨猶勉也後漢

班彪傳下注○丨丨丨勉勉也國語周語丨丨怵惕注○丨丨猶勉勉也禮記禮器君子達丨丨焉注○丨丨勸勉之貌荀子富國丨丨文王注○丨丨進也廣雅釋訓○丨丨進貌也後漢張衡傳注又楚辭九辯時丨丨而過中兮注又文選思元賦時丨丨而代序兮舊注○丨丨水流進貌文選吳都賦清流丨丨注引韓詩○丨丨走貌也文選陸士衡赴洛詩丨丨孤獸騁注○丨丨猶微微也一切經音義九引易劉瓛注

○左氏桓十八年傳鄭子丨韓子作子亹

偉 丨大也華嚴經音義上引珠叢又漢書武帝紀集注○丨盛也史記荆燕世家不爲丨乎索隱○丨異也文選思元賦丨關雎之戒女舊注○丨猶異也後漢班彪傳下注○丨美也後漢張衡傳注又莊子大宗師丨哉夫造物者釋文引向注○丨𤥲蒼作瑋同于鬼反一切經音義二

韙 丨是也左氏隱十一年傳犯五不丨注昭廿年傳君子丨之注又左氏隱十一年正義引蒼頡又廣雅釋言又小爾雅廣言又漢書敘傳上集注敘傳下集注引張晏又後漢荀爽傳注又家語正論君子丨之注又莊子天下其所謂道非道而所言之丨不免於非注又釋文○丨亦是也後漢蔡邕傳下注○丨善也文選東京賦罔有不丨薛注○丨籀文作愇一切經音義五○丨韋鬼反左氏隱十一年傳正義引蒼頡

篚 丨竹器如笭者儀禮士冠禮有丨注○丨竹器如筐也後漢孔融傳注○膳丨者君象觚所饌也儀禮燕禮設膳丨在其北注○丨亦以盛勺觶陳於洗西儀禮士冠禮洗有丨在西注○丨猶吉祭之有肵俎儀禮士虞禮佐食受肺脊實于丨注○書禹貢厥丨織文漢書地理志作厥棐織文禹貢厥丨元纖縞地理志作厥棐元纖縞禹貢厥丨纖纊地理志作厥棐纖纊○儀禮士虞禮實于丨周禮司巫注作實于筐○儀禮士喪禮受用丨釋文丨本作篋士虞禮一人衰經奉丨釋文丨本作筐

朏 丨明也月三日明生之名書召誥三月惟丙午丨傳○丨月未成明也釋名釋天○朏明也廣雅釋詁四○日月始出光明未盛爲丨楚辭疾世時丨丨兮旦旦注○丨明將明也丨讀若丨諾皋之丨也淮南天文日登于扶桑爰始將行是謂丨明注

煒 丨光華也一切經音義二引三蒼○丨赤貌詩靜女彤管有丨傳○丨丨盛也廣雅釋訓

豨 亦作狶○狶猪也後漢馬融傳上注○狶大豕也莊子知北遊正獲之問於監市履狶也每下愈況注○楚人呼猪作狶列子黃帝食狶如食人釋文○東方名豕曰丨語豈反漢書楊雄傳音義引字林

頡 丨靜也爾雅釋詁

韡 韡盛也廣雅釋詁二○丨曄盛貌文選琴賦翕丨曄而繁縟注○丨曄言明盛也文選西京賦流景曜之丨曄薛注○丨丨光明也詩常棣鄂不丨丨傳○丨曅焜爗嘁貌也方言十二焜曅嘁也注○詩常棣鄂不丨丨說文咢部作蕚不韡韡

斐 丨文貌爾雅釋訓有丨君子注○丨有文章貌也禮記大學有丨君子注○丨然文章貌也論語公冶長丨然成章皇疏○丨邠者文盛貌也太元文丨如邠如注○丨亹文貌文選遊天台山賦形雲丨亹以翼檽注○丨韡明貌文選琴賦丨韡奐爛注○丨丨輕貌文選泛湖歸出樓中翫月詩丨丨氣冪岫注○詩巷伯萋兮丨兮釋文丨本作菲○公羊文十三年經會公于丨釋文丨本作棐○公羊宣元年經會

晉師于丨林春秋繁露滅國作棐林

誹 丨謗也後漢黨錮傳注又呂覽決勝賢者丨注○丨惡淮南本經經丨譽注

菲 丨薄也禮記坊記不以丨廢禮釋文又論語泰伯丨飲食集解引馬注又皇疏又方言十三又小爾雅廣言又史記三王世家母偑德索隱引孔文祥又後漢殤帝紀注○丨薄也廣雅釋詁一○丨𤼷也史記三王世家母偑德索隱引蘇林○丨悵也方言十二○丨雜也太元昆白黑丨丨注○丨芴爾雅釋草○丨芴也詩谷風采葑采丨傳○丨葍類也禮記坊記采葑采丨注○丨葍類也爾雅釋草丨芴孫注○丨葸菜爾雅釋草○丨草屨也荀子正論丨對屨注○丨草衣蓋如蓑然或當時喪者有服此也荀子禮論資麤衰經丨繐菅屨注○丨謂編草爲蔽蓋古人所用障蔽門戶者今貧者猶然荀子禮論無帾絲

歶縷翣其須以象丨帷幬尉也注○丨讀爲屝同上○丨當爲屝同上

丨心誦也文選嘯賦注引字書

悱 丨輔也漢書孔光傳集注敘傳上集注引應劭又

棐 後漢張衡傳注又文選幽通賦實丨諶而相訓曹注思元賦用丨忱而祐仁舊注○丨俌也爾雅釋詁○丨薄也漢書燕刺王旦傳集注引服虔○丨古匪字漢書燕刺王旦傳集注○書大誥天丨忱辭漢書翟方進傳作天輔誠辭大誥越天丨忱翟方進傳作粵天輔誠○左氏文十三年經鄭伯會公于丨公羊作斐左氏宣元年經會晉師于丨林公羊作斐林左氏襄卅一年傳印段迋勞于丨林釋文丨本作斐

蟣 丨齊人名蛭也爾雅釋魚釋文引字林○丨一作蟣晉書音義上

豈 丨詞也廣雅釋詁四○丨辭也國語周語丨緊多寵注○丨非也文選東京賦丨徒跼高天蹐厚地而已哉注○丨冀也文選朔風詩注引蒼頡

䓂 丨美菜生雲夢御覽九百八十引字林

偯 丨聲餘從容也禮記閒傳大功之哭三曲而丨注

暐 丨亦煒字晉書音義下引文字集略

匪 丨非也易屯丨寇昏媾虞注比比之丨人釋文引馬注又虞注大有丨咎虞注丨其尫虞注睽丨寇昏媾虞注渙丨夷所思虞注又詩氓丨來貿絲箋有狐丨報也傳出其東門丨我思存箋株林丨適株林箋杕杜丨載丨來箋六月玁狁丨茹箋小旻如丨行邁謀箋蒸民夙夜丨解箋江漢丨安丨遊箋載芟丨

且有且丨今斯今箋又禮記緇衣苗民丨用命注丨其止其注又孝經夙夜丨懈鄭注又廣雅釋詁四又漢書燕刺王旦傳集注○丨不也國語周語莫丨爾極注又太元斂寖我丨貞注○丨彼也左氏襄八年傳如丨行邁謀注又廣雅釋言○丨文章貌詩淇奧有丨君子傳○丨采貌也考工記梓人且其丨色必似鳴矣注○丨分也周禮大宰八曰丨頒之式司農注○故書丨作飛鄭司農云飛讀爲丨考工記梓人且其丨色必似鳴矣注○丨讀爲分周禮廩人以待國之丨頒注○丨讀如四牡騑騑禮記少儀丨丨翼翼注○丨其篚字之誤與周禮肆師共設丨罋之禮注○丨交當爲彼交荀子勸學丨交丨舒注○丨義當作篚篚以盛贄幣此作丨古字借用孟子音義上引丁音○詩淇奧有丨君子禮記大學爾雅釋訓皆作有斐君子詩淇奧釋文引韓詩作邲

瑋丨美也文選吳都賦丨其區域劉注○丨猶美也
後漢李膺傳注○丨重也廣雅釋詁三
蜚丨負蠜也左氏隱元年傳有丨不爲災注○丨者
臭惡也公羊莊廿九年經秋有丨注○丨者
南方臭惡之氣所生也穀梁莊廿九年經舊
注○丨生化也素問皮部論名曰害丨注
蘬紅蘢古其大者丨爾雅釋草○丨葵也廣雅釋草
唏哀而不泣曰丨文選思元賦慨含丨而增欷注○
丨痛也哀而不泣曰丨於方則楚言哀曰丨方言
一○丨聲也方言十三○丨笑也廣
雅釋詁二○丨丨笑也廣雅釋訓
○以下據廣韻錄
浘丨丨盛貌詩新臺河水丨丨釋文引韓
詩
娓丨美也詩防有鵲巢釋文引韓詩○詩防有鵲巢
誰侜予美韓詩作誰侜予丨

扆丨翳也一切經音義十四引字林
穖丨禾呂覽審時疏丨而穗大注
棐丨猝也廣雅釋詁二○丨卒也江湘之間凡卒相
見謂之丨相見方言十
颹颹大風貌文選江賦長風颹以增扇注
愇丨恨也廣雅釋詁四○丨亦恨也文選幽通賦違
世業之可懷注○丨淺也廣雅釋言
鍏丨臿也廣雅釋器
𤈦齊言丨火也方言十
磈崴丨皆高峻貌史記司馬相如傳崴丨嵬瘣正義

膹丨腪多滓也一切經音義十七引三蒼○丨腪多
汁也御覽引蒼頡解詁○丨謂丨滿素問至真要
大論諸氣
丨鬱注
陫丨陋也楚辭湘君隱思君兮丨側注

經籍纂詁卷第三十五

經籍籑詁卷第三十五補遺 上聲

兵部侍郎兼都察院右副都御史巡撫浙江等處地方提督軍務兼理糧餉阮元撰

五尾

【尾】說文丨微也從到毛在尸後古人或飾系丨西南夷亦然凡丨之屬皆从丨○丨是辰後之星也左氏昭卅一年傳注日在辰丨丨疏○丨東方蒼龍之宿也淮南時則旦丨中注○丨者好貌詩旄邱疏

【鬼】說文人所歸爲丨从人象丨頭陰氣賊害从厶凡丨之屬皆从丨魂古文从示○丨歸也禮記祭義此之謂丨疏○鬼之爲言歸也左氏文六年傳注抒除也疏○人死爲丨淮南墜形○存亾既異別爲作名改生之魂曰神改生之魄曰丨左氏昭七年傳既生魄陽曰魂疏○賢人之精氣爲丨水經湘水注○

丨祭先祖也廣雅釋天○丨謂丨神禮記表記丨尊而不親疏○丨神即宗廟是也穀梁序丨神爲之疵厲疏○丨神陰陽也禮記郊特牲○丨神謂山川也禮記禮運丨神以爲徒注○坤爲丨易既濟高宗伐丨方虞注○游魂謂之丨物終所歸易繫辭上傳游魂爲變鄭注○去墠曰丨禮記祭法○去墠爲丨同上○丨爲天尸禮記月令季春行夏令注○丨謂形體禮記禮運丨神之會疏○丨是人之別體禮記禮器丨神之祭疏

【葦】說文丨大葭也从艸韋聲○丨葭也漢書鼂錯傳萑丨竹蕭注○初生爲葭長大爲蘆成則爲丨詩七月傳葭爲丨疏○丨一名蘆一名薍一名萑一名菼儀禮公食大夫注萑細丨也疏○丨然變動之貌也漢書王莽傳中丨然閔漢氏之終不可濟注○言一丨者謂一束也詩河廣箋一丨加之疏

【扆】集韻通作依○說文戶牖之閒謂之丨从戶衣聲○丨倚也在後所依倚也釋名釋牀帳○戶牖之閒謂之丨荀子儒效負丨而坐注又淮南齊俗負丨而朝諸侯注○戶牖之閒曰丨南面之坐位也論衡書虛○丨戶牖之閒淮南氾論負丨而朝諸侯注○丨則戶牖之閒地耳詩公劉箋公劉既登堂負丨而立疏○依其製如屏風然周禮司几筵王位設黼依注○依狀如屏風以絳爲質高八尺東西當牖戶之閒繡爲斧文也亦曰斧依禮記曲禮下天子當依而立疏○依讀曰丨漢書嚴助傳負黼依注徐樂傳南面背依注西域傳贊天子負黼依注王莽傳上天子負黼依注○周禮大宰注王朝諸侯立依前釋文本亦作丨○禮記明堂位天子負斧依釋文本又作丨○魏受禪表負依而治丨作依

【螘】蚍蜉即大丨也小者即名丨也爾雅釋蟲舍人注

【卉】說文丨艸之總名也从艸屮○丨草爾雅釋草○丨者是草之總名詩都人士箋臺夫須也疏○丨汨疾意也漢書禮樂志丨汨臚注○芔古丨字漢書司馬相如傳上蔚莅芔歙注又文選上林賦注

【虺】說文丨以注鳴詩曰胡爲丨蜥从虫兀聲○蝮一名丨江淮以南曰蝮江淮以北曰丨爾雅釋魚蝮丨李注○丨蜴一名蠑螈水蜴也或謂之號蜼或謂之蛇醫詩正月胡爲丨蜴陸疏

【幾】丨何言無多時也漢書五行志中之上民生丨何注○能丨何言不久也國語周語其與能丨何注

【亹】廣韻亹俗○丨丨勉也易繫辭上傳成天下之丨丨者疏○丨丨沒沒也易繫辭上傳釋文引鄭注○丨丨言勉強也漢書張敞傳丨丨不舍晝夜注○丨丨深致也漢書藝文志成天下之丨丨者注○丨丨微妙之意也文選廣絕交論注引周易王弼注○亹亹自勉之意漢書王莽傳中亹亹在左右之不得

從意注○丨丨勉強勸樂之貌也禮記禮器君子達丨丨焉疏○爾雅釋詁丨丨釋文字或作亹○左氏桓十一年傳注子丨釋文本或作亹

偉 說文丨奇也从人韋聲○丨大也文選漢武帝賢良詔猗歟丨歟注引如淳○丨哉猶美哉也淮南精神丨哉造化者注

韙 說文丨是也从是韋聲春秋傳曰犯五不丨愇籀文丨从心○愇字與丨同漢書敘傳上愇世業之可懷注

篚 說文丨車笭也从竹匪聲○丨竹器筐屬也漢書地理志上厥棐織文注○丨以盛贄幣孟子滕文公下丨厥元黃音義引丁音○丨以竹爲之長三尺廣一尺深六寸足高三寸如今小車笭三禮圖十二引舊圖

朏 說文丨月未盛之明从月出周書曰丙午丨○丨月出也漢書律歷志下惟三月丙午丨注引孟康○丨月未成光文選月賦丨魄示沖注○日登于扶桑爰始將行是謂朏明淮南天文○三日曰丨漢書律歷志下引古文月采篇

煒 說文丨盛赤也从火韋聲詩曰彤管有丨

豨 說文丨豕走丨丨从豕希聲古有封丨脩蛇之害○丨豕走也漢書食貨志下名曰豬突丨勇注○東海人名豬曰丨漢書高帝紀下代相國陳丨反注引鄧展

顗 說文丨謹莊皃从頁豈聲

韡 說文韡盛也从𠌶韋聲詩曰萼不韡韡○丨丨華之貌詩常棣疏○詩常棣鄂不丨丨藝文類聚八十九作萼不煒煒御覽四百十六作萼不韠韠

斐 說文丨分別文也从文非聲易曰君子豹變其文丨也○丨爲文章之貌詩巷伯傳萋丨文章相錯也疏

誹 說文丨謗也从言非聲

菲 說文丨芴也从艸非聲○丨薄也禮記坊記故君子不以丨廢禮疏又文選辯亡論注引論語馬注○丨亦薄也漢書武帝紀惟德丨薄注○丨草屨也漢書刑法志丨屨赭衣而不純注○丨者屨之別名左氏襄十七年傳杖菅屨疏○丨幽州人謂之芴爾雅又謂之蒠菜今河內人謂之宿菜詩谷風采葑采丨陸疏

悱 說文新附丨口丨丨也从心非聲

棐 說文丨輔也从木非聲○丨輔也書酒誥我西土丨徂邦君疏○丨竹器也所以盛漢書食貨志上賦入貢丨注引應劭○方曰筐隋曰丨同上○丨與篚同漢書地理志上厥丨織文注○丨讀與匪同漢書食貨志上注敘傳上實丨諶而相順注○書呂刑明明丨常墨子尚賢中作明明不常

蟣 說文丨蝨子也一曰齊謂蛭曰丨从虫幾聲

豈 丨希言不遠也孟子告子上其好惡與人相近也者幾希注

匪 說文丨器似竹筐从匚非聲逸周書曰實元黃于丨○丨非也詩四月先祖丨人箋

蜚　丨負蠜也漢書劉向傳有蜮丨注○丨亦作蜰漢書五行志中之下有丨有蜮注

蜰　蜚蠦一名丨爾雅釋蟲蜚蠦丨舍人注

唏　說文丨笑也从口稀省聲一曰哀痛不泣曰丨

○以下據廣韻錄娓　說文丨順也从女尾聲讀若媚

㤥　說文丨痛聲也从心依聲孝經曰哭不丨

穖　說文丨禾丨也从禾幾聲

𩇕　說文丨別也从非己聲

餥　說文丨餱也从食非聲陳楚之閒相謁食麥飯曰丨

椲　說文丨木也可屈爲杅者从木韋聲

𤈦　說文丨火也从火尾聲詩曰王室如丨

虫　說文丨一名蝮博三寸首大如擘指象其卧形物之微細或行或毛或蠃或介或鱗以丨爲象凡丨之屬皆从丨

○以下據集韻錄悲　丨悵也廣雅釋詁三

𤛛　說文丨兩壁耕也从牛非聲一曰覆耕穜也讀若匪

經籍纂詁卷第三十五補遺終

經籍籑詁卷第三十六　上聲

經筵講官南書房禮部左侍郎兼署兵部左侍郎提督浙江學政阮元撰集

六語

【語】丨言也禮記文王世子丨使能也注又廣雅釋詁四又國策秦策樂羊反而丨功注○丨猶說也禮記中庸故君子丨大注○丨談說也禮記文王世子既歌而丨注○丨謂說義理也禮記射義揚觶而丨注○丨謂論丨於郊學禮記文王世子凡丨于郊者注○丨敘也敘己所欲說也釋名釋言語○空丨猶虛說也文選與山巨源絕交書今空丨同知有達人注○國丨記諸國君臣相與言丨謀議之得失也釋名釋典藝○答述曰丨周禮大司樂興道諷誦言丨注又論語序名曰論丨集解釋文○相荅曰丨楚辭

放言丨訥謡兮注○荅難曰丨廣韻引字林○論難曰丨詩公劉于時丨丨傳○丨諺言也穀梁僖二年傳丨曰脣亡則齒寒注○丨者諺丨也孟子萬章上丨云盛德之士注○丨丨喜也廣雅釋訓○震爲丨易繫辭上傳或默或丨虞注則言丨以爲階虞注繫辭下傳丨成器而動者也虞注○丨字或作衙或作籞漢書閩粤王傳集注○左氏桓十四年經鄭伯使其弟丨來盟穀梁作禦○史記趙世家肅侯索隱引世本名丨史記蘇秦傳索隱作言○莊子漁父甚矣子之難丨也釋文丨本作悟

【圉】丨養馬者左氏僖十七年傳故名男曰丨注又國語周語壇替隸丨注又管子小問夷吾嘗爲丨人矣注又淮南人閒乃使馬丨往說之注○丨人養馬者儀禮既夕丨人夾牽之注又左氏襄廿七年使丨人駕注○丨人掌養馬者禮記檀弓上丨人浴馬注○丨人掌養馬臣之賤者左氏僖十七年傳故名男曰丨服注○丨養馬官淮南脩務及至丨人擾之注○養馬爲丨周禮校人乘馬一師四丨司農注○丨臣也廣雅釋詁一○養馬曰丨周禮太宰注而名其男曰丨釋文左氏僖廿八年傳誰扞牧丨釋文又左氏昭七年傳馬有丨注又楚辭思古燕公操於馬丨注○馬曰丨左氏僖廿八年傳誰扞牧丨注又淮南覽冥廝徒馬丨注○丨牢養也文選東京賦丨林氏之騶虞薛注○丨畜養也左氏哀十四年傳將丨馬於成注○丨垂也爾雅釋詁又詩桑柔孔棘我丨傳召旻我居丨卒荒傳○丨邊垂也左氏隱十一年傳亦聊以固吾丨也注○丨國之四垂也爾雅釋詁孫注○丨邊陲之號水經渠水注○丨拒邊垂也爾雅釋詁舍人注○丨禦也周書諡法威德剛武曰丨注○丨禁也爾雅釋言又周書寶典不丨我哉注○丨止也太元彊終莫之丨注○丨謂未有而預防之也爾雅釋言舍人注○威德剛武曰丨周書諡法○丨

楬也詩有瞽鞉磬柷丨傳○靈丨崑崙衆神也楚辭遠逝悉靈丨而來謁注○丨丨魚在水羸劣之貌孟子萬章上始舍之丨丨焉注○丨與禦同管子輕重甲守丨之國用鹽獨甚注○丨當作禦詩桑柔孔棘我丨箋○莊子繕性其來不可丨釋文丨本作禦○詩召旻我居丨卒荒韓外傳作我居御卒荒○爾雅釋天太歲在丁曰強丨史記厤書作強梧○禮記樂記注謂柷丨也釋文丨本作敔○左氏定四年經孔丨公羊作孔圉○丨當爲圍荀子彊國在魏者乃據丨津注○丨津或作韋津同上○史記陳杞世家文公丨杜預春秋世族譜作韋一作幸

【圄】丨囚也左氏宣四年傳丨伯嬴注○丨守也漢書禮樂志集注○丨禦也釋名釋宮室○囹丨所以禁守繫者若今別獄矣禮記月令省囹丨注○周曰囹丨獨斷上○周曰囹丨丨與也言令人幽閉思愆

改惡爲善因原之也御覽六百四十三引風俗通

禦 丨禁也爾雅釋言又書牧誓弗丨克奔注又詩常棣外丨其侮箋又左氏昭十六年傳平子丨之注又公羊莊十二年傳仇牧可謂不畏彊丨矣注又國語魯語丨灾害也注又漢書楊雄傳上集注引應劭又楚辭靈懷遂不丨乎千里注又文選吳都賦丨以沅湘劉注○丨亦禁也謂遏止之無刑濼也周禮司寤氏丨晨行者注○丨止也易蒙利丨寇虞注繫辭上傳以言乎遠則不丨虞注又左氏昭四年傳雹可丨乎注又書大傳若是共丨注又爾雅釋器竹前謂之丨李注又廣雅釋詁三又國語魯語所以丨亂也注晉語潰而不可救丨也注又漢書刑法志集注楊雄傳下集注又後漢趙咨傳注又孟子梁惠王上而王莫之能丨也注又荀子榮辱於是又節用御欲注又呂覽仲秋丨佐疾注又文選幽通賦豈羣黎之所丨注○丨禁止也易繫辭上傳以言乎遠則不丨釋文○丨當也易漸利用丨寇虞注又詩黃鳥百夫之丨傳又周書大明武云何能丨注○丨猶對也論語公冶長丨人以口給皇疏○丨丨扞也後漢馬融傳上注○丨抗也小爾雅廣言○丨距也莊子徐無鬼是丨福也釋文○丨猶應也距也國語周語其有以丨我矣注○丨逆也莊子徐無鬼釋文○丨彊丨書牧誓弗丨克奔鄭注○丨備也國語周語所以丨灾也注○丨謂未有而預防之也爾雅釋言丨禁也含人注○武臣折衝曰丨侮詩緜予曰有丨侮傳○丨大臣也周書世俘禽丨八百有三百兩告以馘俘注○丨兵養之辟兵刃也山海經西山經中曲之山有獸焉其名曰駮可以丨兵注○丨火畜之辟火灾也山海經西山經符禺之山其鳥多鴟可以丨火注○竹前謂之丨爾雅釋器○丨以簟爲車飾也爾雅釋器孫注○竹前謂編竹當車前以擁蔽名之曰丨爾雅

釋器李注○丨古文敔同一切經音義一○左氏文七年傳華丨事爲司寇釋文丨本作御穀梁莊卄二年經殺其公子丨寇釋文丨又作御僖九年經宋公丨說卒釋文丨本亦作御爾雅釋言丨圉禁也釋文丨本作御莊子在宥注矯詐生而丨姦之器不具釋文丨本作御○詩猗嗟以丨亂兮儀禮大射儀注作以御亂兮○詩烝民不畏彊丨漢書王莽傳作不畏彊圉詩蕩曾是彊丨漢書敘傳下作曾是彊圉列子名丨寇戰國策新序作圉寇○史記東越傳丨兒侯正義曰丨今作語○易蒙利用丨寇釋文丨本作衛○莊子馬蹄毛可以丨風寒釋文丨崔本作辟○石門頌綏億衙彊北海相景君碑强衙改節丨皆作衙

齬 齟丨相惡也太元親其志齟丨注

敔 丨禁也廣雅釋詁四○丨終也白虎通禮樂○丨所以止樂書益稷合止柷丨釋文○丨衙也衙止也所以止樂也釋名釋樂器○柷丨乾音也白虎通禮樂引樂記○柷丨者終始之聲萬物之所生也白虎通禮樂○木曰柷丨白虎通禮樂引樂記○丨木虎也周禮小師掌教鼓鼗柷丨塤簫管絃歌司農注○丨狀如伏虎釋名釋樂器○丨木虎脊上有鉏鋙狀以杖櫟之以止樂呂覽季夏飭鍾磬柷丨注○丨狀如伏虎背有刻以物櫟之所以止樂書益稷合止柷丨鄭注○周禮大司樂注合止柷丨釋文丨本作梧○禮記月令飭鍾磬柷丨釋文丨本作圉禮記明堂位注謂柷丨釋文丨本作圉

呂 丨旅也漢書律厤志上又太元元數太蔟生南丨注䝸賓生大丨注○丨旅也所以旅陰卽養助其成功呂覽季冬律中大丨注○丨旅也寓物萌動於黃泉未能達見所以旅旅去陰卽陽助其成功故曰大丨淮南時則律中大丨注○丨者拒也言陽氣欲出陰不許也白虎通五行○丨之言拒也依卽拒難

之也御覽二十七引風俗通○丨之爲言拒者旅抑
拒難之也白虎通五行○丨侶也淮南天文音比太
丨注○陰曰丨禮記禮運五聲六律十二管注○六
閒爲丨太元元瑩○丨長也廣雅釋詁二○丨長也
宋魯曰丨方言六○丨脊骨也廣韻引字林○丨之
爲言膂也國語周語氏曰有丨注○丨梁河水有石
絕處也莊子達生孔子觀乎丨梁釋文引司馬注○
史記周本紀丨侯漢書古今人表作甫侯○鄭公子
丨字子封見
左隱元年傳
旅 丨師詩皇矣爰整其丨傳○丨軍丨易旅釋文○
丨猶軍丨也史記天官書主葆丨事索隱引宋均
○丨部丨也淮南脩務奚仲不能丨注○五卒爲丨
周禮小司徒又白虎通三軍○五百人爲丨周禮夏
官序官又詩采芑陳師鞠丨箋黍苗我師我丨箋皇
矣爰整其丨箋又呂覽季秋師丨必與注又淮南時

則師丨並與注○五百人爲丨也論語衛靈軍丨之
事集解引鄭注○五百人曰丨公羊莊八年傳入曰
振丨注○丨五百人周禮小司徒五卒爲丨注○四
千人爲軍五百人爲丨也一切經音義十引字林○
丨一黨周禮夏官序官五百人爲丨注○丨衆也爾
雅釋詁又書牧誓亞丨傳武成受率其丨若林傳又
詩采芑振丨闐闐箋北山丨力方剛傳大明殷商之
丨傳閟宮敦商之丨箋又周禮六官序官丨下士三
十有二人注掌次凡祭祀張其丨幕注司士大夫以
其等丨揖注又儀禮士冠禮丨占注燕禮尊士丨食
于門西兩圜壺注大射儀尊士丨食于西鑮之南注
士喪禮丨占注又禮記曾子問諸侯丨見天子注郊
特牲丨幣無方注又左氏隱五年傳入而振丨注成
七年傳中國不振丨注又穀梁莊八年傳入曰振丨
注又廣雅釋詁三又國語周語乃命其丨曰徇注魯
語今齊社而往觀丨注又漢書百官公卿表上集注

賈山傳集注吾邱壽王傳集注陳湯傳集注又後漢
任李萬邳劉耿傳注王梁傳注韋彪傳注郅鄆傳注
馬融傳上注皇甫規傳注又楚辭天問湯謀易丨注
靈懷讒夫黨丨注○軍師丨卒兩伍皆衆名也周禮
夏官序官凡制軍注○伍兩卒丨師軍皆衆之名周
禮小司徒五人爲伍五伍爲兩四兩爲卒五卒爲丨
五丨爲師五師爲軍注○振丨整衆爾雅釋天振丨
闐闐注○入曰振丨復長幼也詩采芑傳○入曰振
丨習戰也穀梁莊八年傳○丨衆士也國語魯語師
尹惟丨注○丨下士也禮記檀弓上司徒丨歸四布
注○丨辟下士也周禮宰夫四曰丨掌官常以治數
注○丨家宰下士周禮宰夫使其丨帥有司而治之
注○丨子弟也詩載芟侯亞侯丨傳○丨俱也國語
越語欲其丨進丨退也注○丨猶俱也禮記樂記進
丨退丨注○丨序也儀禮鄉飲酒禮司正升相丨注
鄉射禮末丨注燕禮賓以丨酬於西階上注士丨酬

注大射儀請丨諸臣注士丨酬注○丨謁周書大匡
王乃丨之以上東隅注○丨陳也爾雅釋詁又詩賓
之初筵殽核維丨傳殷武丨楹有閑傳又左氏莊廿
六年傳庭實丨百注襄十四年傳商丨于市注又史
記六國年表而臚於郊祀正義又漢書郊祀志上集
注地理志上集注翟義傳集注敘傳下集注又引張
晏又後漢傅毅傳上注又文選東京賦丨束帛之戔
戔薛注典引亦宜勤恁丨力蔡注○丨列也周書作
雒丨楹注○丨行也儀禮燕禮記請丨侍臣注特牲
饋食禮衆賓長自左受丨注○丨施也家語曲禮子
貢問丨樹而返坫注○丨道也爾雅釋宮又禮記郊
特牲臺門而丨樹注○丨末也方言十三○丨樹門
屏也禮記雜記下丨樹而反坫注○丨客也左氏莊
廿二年傳羇丨之臣注又賈注又廣雅釋詁四又國
語晉語禮賓丨注丨人所以事子也注又史記陳杞
世家羇丨之臣集解引賈逵又漢書陳餘傳集注引

張晏又管子小匡衞人出丨於曹注又文選思元賦
顥羇丨而無友兮舊注○丨客處也左氏襄廿八年
傳而丨于明年之次注○親寡丨也易雜卦傳○丨
逸謂爲客而放逸也文選陸士衡樂府會吟行東方
就丨逸注○丨猶處也周禮地官序官丨師注○丨
羇丨也易旅釋文○羇丨過行寄止者周禮遺人以
待羇丨注○丨者行商也呂覽仲秋來商丨注○商
丨賈客也禮記月令來商丨注○商丨販賣之客也
考工記總目謂之商丨注○通四方之珍異以資之
謂之商丨考工記總目○巽爲商丨易象上傳商丨
不行虞注○丨者大散物皆㕛其居之時也易象下
傳丨之時義大矣哉注○野生曰丨史記天官書主
葆丨事集解引晉灼○丨寄也不因播種而生故曰
丨今字書作穭音呂古字通後漢光武紀上注○丨
養也廣雅釋詁一○丨人雍人之屬丨食者也儀禮
公食大夫禮丨人南面加匕于鼎退注○丨拒也言

陽氣欲出陰不許也御覽廿七引風俗通○上丨謂
要以上下丨謂要以下考工記函人權其上丨與其
下丨司農注○丨地名也詩皇矣以按徂丨傳○古
文丨作臚儀禮士冠禮丨占注○丨讀爲鴻臚之臚
周禮司儀皆丨擯注○丨讀爲丨於泰山之丨周禮
司儀司農注○書序丨天子之命史記周本紀作魯
天子之命魯周公世家作嘉天子命○詩皇矣以按
徂丨孟子梁惠王下作以遏徂莒○左氏宣十八年
經楚子丨卒穀梁作
呂史記楚世家作侶

【膂】丨肉也廣雅釋器○丨力也廣雅釋詁二○膂力
也宋魯曰膂膂田力也方言六○丨儋也燕之外
郊越之垂甌吳之外
鄙謂之膂方言七

【紵】丨織丨也史記司馬相如傳揄丨縞正義引顏云
○緦十五升布抽其半者白而細疏曰丨周禮典
枲掌布緦縷丨之麻草之物注○詩
東門之池可以漚丨釋文丨本作苧
丨蔣也管子小匡首戴丨蒲注

【苧】丨渫也廣雅釋言又楚辭惜誦發憤以丨情注○

【抒】丨猶泄也漢書王襃傳集注○汲出謂之丨一切
經音義九引通俗文○丨舒也後
漢殤帝紀注○丨解也方言十二

【宁】門屏之間謂之丨爾雅釋宮又國語楚語位丨有
官司之典注○門屏之閒曰丨禮記曲禮下天子
當丨而立釋文○正門內兩塾閒曰丨爾雅釋宮門
屏之間謂之丨李注○丨人君視朝所丨立處爾雅
釋宮注○丨門內屏外人君視朝所丨立處也爾雅
釋宮孫注○丨佇也將見君所佇立定氣之處也釋
名釋宮室○丨猶積也佇與丨同文
選遊天台山賦惠風佇芳於陽林注

【杼】丨機持緯者一切經音義十引字林○丨柚謂機
也後漢陳忠傳注○丨網也考工記玉人丨上終
葵首注○丨長也廣雅釋詁二又小爾雅廣言○丨
首長首也燕謂之丨方言二○丨亦櫥也書大傳諸
侯疏丨注○丨謂削薄其踐地者考工記輪人行澤
者欲丨注○丨作也東齊土作謂之丨方言六○丨
采實也丨讀楚言丨淮南本經𤕟丨紾抱注○丨音
椽柱之柱山海經中山經景山其木多丨檀注○丨
古序字也文選褚淵碑文餐東野之秘寶注○左氏
襄四年傳后丨史記夏本紀作予史記夏本紀索隱
引系本作佇左氏襄四年傳后丨初學
記武部引世本作輿墨子非儒作仔
竚同○竚立也楚辭大司命結桂枝兮延竚注又

【佇】文選幽通賦竚盤桓而且俟曹注○丨立貌也離
騷延丨乎吾將反注湘君將以遺兮下女注○丨待
也漢書外戚傳上集注○丨停楚辭疾世丨立兮忉

怛注○丨久也爾雅釋詁又漢書敘傳上集注引張
晏○丨立久立也詩燕燕丨立以泣傳○丨企稽久
爾雅釋
詁注
羜 丨羔也廣雅釋畜○未成羊丨爾雅釋畜○丨未
成羊也詩伐木既有肥丨傳○丨五月生羔爾雅
釋畜釋文引字林○俗呼
五月羔爲丨爾雅釋畜注
與 丨許也論語公冶長吾丨女弗如也皇疏述而唯
我丨爾有是夫皇疏又國語晉語子丨之注又漢
書司馬遷傳集注翟方進傳集注又管子小匡衆必
予之注○丨猶許也史記五帝紀丨爲多焉索隱又
漢書陳湯傳集注○丨者言語許丨之也論語子罕
子罕言利丨命丨仁皇疏○丨猶說也淮南天文聖
人不丨也注○丨從也國語齊語桓公知天下諸侯
多丨己也注○丨猶隨也淮南墬形蛤蠏珠龜丨月

盛衰注○丨時謂逐時也史記仲尼弟子傳丨時轉
貨貲集解○丨猶待也後漢馮衍傳下注○丨偕也
漢書淮陽憲王欽傳集注○丨及也禮記檀弓上丨
人之葬聖人也注又論語述而惟我丨爾有是夫釋
文○丨猶及也漢書賈誼傳集注○丨如也廣雅釋
言又漢書高帝紀下集注韓信傳集注陳平傳集注
陸賈傳集注又文選報任少卿書而世俗又不丨能
死節者次比注○丨猶如也史記司馬相如傳何丨
寡人集解引郭璞又漢書袁盎傳集注鼂錯傳集注
司馬相如傳上集注公孫宏傳集注匈奴傳集注西
南夷傳集注又後漢馮衍傳上注朱暉傳注又文選
子虛賦孰丨寡人乎郭注○丨弁也公羊襄廿九年
傳丨季子同母者四注○丨謂所丨共事也周禮大
卜三曰丨注○丨謀也論語述而惟我丨爾有是夫
釋文○丨謂舉也易象上傳物丨无妄虞注○丨用
也管子海王我未丨其本事也注○丨猶用也呂覽

貴直王胡不能丨鄗士乎注○丨操也方言十二○
丨猶助也國策秦策不如丨魏以勁之注齊策君不
丨勝者而丨不勝者注又呂覽順說因其來而丨來
注樂成吾其丨之注○丨猶黨也後漢陳元傳注○
丨黨丨也後漢寇榮傳注又文選西征賦託丨國於
亡虜注○丨謂黨丨漢書燕刺王旦傳集注○丨謂
黨丨之國也荀子彊國陶誕比周以爭丨注○丨親
也管子霸言諸侯之所丨也注○丨猶親也莊子大
宗師孰能相丨於無相丨釋文○丨親丨也管子形
勢見丨之交幾於不親注○丨相親丨之國荀子王
霸不欺其丨注○丨猶予也爾雅釋詁台朕賚畀卜
陽予也注○丨謂予人物也周禮大卜三曰丨司農
注○丨謂賜丨荀子富國其於貨財取丨計數也注
○丨謂施也周書諡法愛民好丨曰惠注○丨猶還
也史記孟嘗君傳貸錢者多不能丨其息索隱○丨
生也廣雅釋詁二○丨猶數也禮記曲禮上生丨來

日注○丨辭也國語周語其丨能幾何注晉語將丨
幾何注○故書丨作其杜子春云當爲丨考工記弓
人利射侯丨弋注○丨或爲于禮記曲禮上生丨來
日注○丨讀如諸侯以禮相丨之丨儀禮特牲饋食
禮祝日酳有丨也注○詩皇矣此維丨宅漢書郊祀
志下谷永傳皆作此惟予宅論衡初稟作此惟予度
左氏定十年傳朱其尾鬣以丨之五行志下之上作
朱其尾鬣而予之論語顏淵君孰丨足谷永傳作君
孰予足○禮記內則小切之丨稻米周禮醢人注作
小切之爲稻米○書舜典伯丨漢書古今人表作柏
譽
予 丨猶與方言十三埤丨也注○丨賜也爾雅釋詁
丨又荀子脩身喜不過丨注○丨布施也淮南本經
丨之與奪也注○丨許也禮記檀弓注自丨不能及
釋文又漢書終軍傳集注又管子宙合主盛處賢而

自丨雄也注○丨加美之辭史記屈原賈生傳誚問
于服索隱引小顏○丨雝也方言二○丨此亦與字
一切經音義三引三蒼解詁○丨讀爲與荀子成相
外不避仇內不阿親賢者丨注大略然而有所共丨
也注○詩干旄何以丨之論衡率性作何以與之詩
采菽何錫丨之白虎通考黜作何錫與之○史記三
代世表帝丨索
隱曰丨一作宁

渚 丨沚也詩鳧鷖鳧鷖在丨傳○小洲曰丨禮記禮
運不使丨者居中原注又左氏文十年傳王居丨
宮注又史記司馬相如傳東陼巨海索隱引蘇林又
文選吳都賦洲丨馮隆劉注○小洲爲丨楚辭陶壅
淹低佪兮京丨注○水中小洲名丨山海經中山經
青要之山南望墠丨注○丨小洲也詩江有汜江有
丨傳又淮南覽冥遭回蒙汜之丨注○小洲曰丨丨
遮也體高能遮水使從旁回也釋名釋水○丨處也
廣雅釋水○水中可居曰丨莊子秋水兩涘丨涯之
間釋文引司馬注○水中可居者曰丨國語齊語渠
弭於有丨注又淮南墬形東方曰大丨注○丨島山
海經大荒東經東海之丨中注○丨水涯也楚辭湘
君夕弭節兮北丨注哀時命下被衣於水丨注○丨
水丨也文選東京賦丨戲躍魚薛注○池決復入爲
丨淮南覽冥遭回蒙汜之丨注○水一溢而爲丨文
選西京賦海若遊於元丨注引韓詩章句○一溢一
否曰丨詩江有汜江有丨釋文引韓詩○鄂
丨地名也楚辭涉江乘鄂丨而反顧兮注

煑 丨食薄膳也說苑反質○鬻鹽湅治之周禮鹽人
一作鬻○火熟曰丨一切經音義十七引字書○
几齊事鬻鹽以待戒令注○丨塡棗爾雅釋木○鬻
古丨字漢書食貨志下集注郊祀志下集注又後漢
朱暉傳注○鬻今之丨字也文
選養生論醴醪鬻其腸胃注

汝 丨水名也詩汝墳遵彼丨墳傳又汝墳序釋文又
國語齊語濟丨注○丨之爲言女也古微書引春
秋說題辭○丨丨也廣雅釋水○丨有濆爾雅釋水
○丨南楚之界也風俗通過譽○書舜典丨陟帝位
史記五帝紀作女登帝位丨作秩宗周禮春官序官
司農注作女作秩宗益稷丨翼史記夏本紀作女輔
之丨無面從作女無面諛○書益稷安丨止史記夏
本紀作安爾止○列子黃帝丨取來吾玩之釋文丨
一本
作可

茹 丨食也爾雅釋言啜丨也釋文又廣雅釋詁二又
莊子人閒世不飲酒不丨葷者釋文○丨食也吳
越之間凡貪飲食者謂之丨方言七○今俗呼能饞
食者爲丨方言七注○丨貪也廣雅釋詁二○丨柔
也廣雅釋詁四○丨度也爾雅釋言
○丨相牽引之貌也易泰拔茅丨注

暑 丨熱也論語鄉黨當丨稹絺綌皇疏又素問骨空
論立而丨解治其骸關注○丨煮也熱如煑物也
釋名釋天○丨熱也心之氣性也素問五運行大論
其性爲丨注○少陽爲丨素問天元紀大論寒丨燥
溼風火注○南方盛陽積溫所在故曰丨門淮南墬
形南方曰丨門注○坤爲丨易繫辭下傳寒往則丨
來虞注○丨坤也易繫
辭上傳一寒一丨虞注

鼠 丨者人之所燻也說苑善說○丨水也論衡物勢
○艮爲丨易說卦傳○丨憂也詩雨無正丨思泣
血箋又管子侈靡丨應
廣之實陰陽之數也注

黍 丨者暑也種者必待暑齊民要術二引氾勝之書
○丨者緒也故其立字禾入米爲丨古微書引春
秋說題辭○獨用丨者食之主儀禮特牲饋食禮佐
食摶丨授祝注○丨曰薌合禮記曲禮下又獨斷上

○酒器受三升曰丨呂覽權勲操丨酒而進之注○
古文丨作稷儀禮士昏禮贊爾丨注○丨當爲來史
記作拒來荀子性惡繁弱鉅丨古之良弓也
注○呂覽先識太史屠丨說苑臣術作屠餘
杵 桀謂之丨廣雅釋器○丨所以毀碎於物者也管
子任法然故諶丨習士聞識博學之人不可亂也
注○雍父作舂丨一切經音義十八引世本○左氏
僖十二年經陳侯丨臼卒公羊作處臼○史記齊太
公世家立莊公異母弟丨臼集
解引徐廣曰史記多作著臼
處 又作処○丨居也詩殷其靁莫敢遑丨傳四牡不
遑啟丨傳又國語楚語是使制神之丨丨位次主注
吳語而丨以念惡注又孟子萬章上丨仁遷義注又
呂覽功名故民無常丨注音仞猶思故丨注又淮南
本經丨喪有禮矣注氾論古者民澤丨復穴注又楚
辭悲回風折芳椒以自丨注○丨凥也廣雅釋詁二

○丨猶居也詩采薇不遑啟丨箋○丨人隱居也淮
南主術丨人以譽尊注○丨今營壘也荀子議兵丨
舍收藏欲周以固注○丨猶巢也淮南氾論燕雀丨
帷幄而兵不休息注○丨止也詩江有氾其後也丨
傳鳧鷖公尸來燕來丨傳又國語楚語譬之如牛馬
丨暑之既至注吳語丨而不丨注又漢書敘傳上集
注又楚辭招魂步及驟丨兮注○処止也廣雅釋詁
三○丨猶留也禮記射義丨者半注又史記樗里子
甘茂傳卽位之上卿而丨之索隱○丨安也漢書張
安世傳集注薛宣傳集注○丨猶安也禮記檀弓下
何以丨我注又後漢孔融傳注○丨定也國語晉語
蚤丨之注○丨斷也後漢陽球傳注○丨猶制也左
氏文十八年傳德以丨事注○丨名也國語魯語而
知者丨物注○丨士不仕者也荀子非十二子古之
所謂丨士者注○丨士有道藝而在家者後漢劉寬
傳注○丨逸謂丨士隱逸之大儒後漢鄭元傳注○

丨子在室女也莊子逍遙游淖約若丨子釋文○凡
士與女未用皆稱丨易象下傳亦不丨也虞注○巽
爲丨易小畜既雨既丨虞注旅旅于丨虞注繫辭上
傳或出或丨虞注繫辭下傳上古穴居而野丨虞注
○巽爲丨女易象下傳亦不丨也虞注○今文丨爲
居儀禮既夕記士丨適寢注○老子丨衆人之所惡
釋文丨本作居○泰后丨字
子里見史記仲尼弟子傳
貯 廣韻賭同○丨積也廣雅釋詁一又爾雅釋獸釋
文引字林又漢書楊雄傳上集注引應劭○丨塵
也史記平準書索隱引字林○周禮廛人注
謂貨物賭藏于市中釋文賭本作丨又作褚
褚 以錦裝衣曰丨漢書南粵王傳集注○幡幡也廣
雅釋器○丨畜也左氏襄卅年傳取我衣冠而丨
之注○丨言衣赤也方言三注○楚東海之間卒或
謂之丨方言三○丨古文衧同一切經音義十四○

帾與丨同荀子禮論無帾絲歶
縷翣其貌以象菲帷幬尉也注
楮 丨卽穀木山海經西山經鳥危之山其陰多檀丨
注
糈 丨精米所以享神也離騷懷椒丨而要之注○丨
饊也廣雅釋器
諝 丨智也廣雅釋詁三○丨謂象之有才知者也周
禮大行人屬象胥注
湑 丨茜之也詩伐木有酒丨我傳○丨盪也廣雅釋
詁二○丨酒之泲者也詩鳧鷖爾酒既丨箋○丨
清也儀禮士冠禮言酒既丨注○丨樂也文選吳都
賦酣丨半劉注○丨茂盛也詩車舝其葉丨兮釋文
○丨盛貌詩裳裳者華其葉丨兮傳○丨丨枝葉不
相比也詩杕杜其葉丨丨傳○丨丨然蕭上露貌詩
蓼蕭零露丨兮傳○詩
伐木釋文丨本作醑

女丨如也廣雅釋親○丨者如也大戴記本命○丨
者如也從如人也白虎通嫁娶○丨如也婦人外
成如人也故三從之義少如父教嫁如夫命老如子
言釋名釋長幼○丨在其國稱丨在塗稱婦入國稱
夫人公羊隱二年傳○丨在其國稱丨公羊桓八年
傳○丨者父母辭公羊文四年傳娶乎大夫者略之
也注○丨者子謂未嫁者也禮記雜記丨子附於王母
則不配注○丨從者謂姪娣也儀禮士昏禮丨從者
畢袗元注○丨好柔婉也荀子賦此夫身丨好而頭
馬首者與注○丨陰也離騷衆丨嫉余之娥眉兮注
湘君將以遺兮下丨注○丨[illegible]物也後漢劉瑜傳注
○兌爲丨易觀闚觀利丨貞虞注彖下傳男丨睽而
其志通也虞注序卦傳然後有男丨虞注雜卦傳漸
丨歸待男行也虞注○巽爲長丨易說卦傳又易姤
丨壯虞注○離爲中丨易說卦傳○兌爲少丨易說
卦傳又易大過老夫得其丨妻无不利虞注○丨謂

離巽易家人利丨貞虞注○二丨離兌也易彖下傳
二丨同居虞注○丨尚書內官也後漢竇武傳注○
丨魃旱神也後漢張衡傳注○丨媧古神丨而帝者
山海經大荒西經丨媧之腸注○丨牀山名在華陰
西六百里文選東京賦鳴丨牀之鸞鳥薛注○丨蘿
菟絲爾雅釋草○丨蘿菟絲丨楚辭山鬼被薜荔兮
帶丨蘿注○丨蘿在草曰兔絲在木曰松蘿詩頍弁
蔦與丨蘿釋文○丨腸丨菀也廣雅釋草○丨桑桋
桑爾雅釋木○丨桑荑桑也詩七月猗彼丨桑傳○
丨桑少枝也詩七月箋○今俗呼桑樹小而條長者
爲丨桑樹爾雅釋木丨桑桋桑注○桑飛自關而東
或謂之丨匠方言八○丨讀曰汝漢書地理志上集
注朱買臣傳集注外戚傳上集注外戚傳下集注三
見王莽傳中集注二見○禮記仲尼燕居丨三人者
釋文丨本作汝左氏昭廿六年傳使丨寬守闕塞釋
文丨本作汝公羊文十年經盟于丨栗釋文丨本作

汝孝經丨知之乎釋文丨本作汝莊
子齊物論丨聞人籟釋文丨本作汝
許丨諾呂覽首時王子丨注○丨聽也廣雅釋詁四
○丨信也孟子梁惠王上則王丨之乎注○丨與
也公羊文九年傳丨夷狄者注又廣雅釋言又莊子
大宗師瞻明聞之聶丨釋文引李注徐無鬼夫神者
不自丨也釋文引司馬注○丨猶與也孟子公孫丑
上可復丨乎注○丨進也詩下武昭茲來丨傳又廣
雅釋詁二○丨猶所也文選謝元暉在郡卧病詩良
辰竟何丨注○丨丨柹貌詩伐木伐木丨丨傳○丨
諸姜也詩楊之水不與我戍丨傳○丨州向申姜姓
也炎帝後水經陰溝水注引世本○丨國今丨昌縣
洧水之所在穆天子傳五見丨男于洧上注○丨丨
田也魯朝宿之邑也詩閟宮居常與丨箋○常丨魯
南鄙西鄙詩閟宮傳○詩伐木伐木丨丨說文斤部
作伐木所所○詩下武昭茲來丨續漢祭祀志注作

昭茲
來御
拒丨敵也荀子仲尼與之書社三百而富人莫之敢
敵也注○距困也廣雅釋言○距閉也漢書趙廣
漢傳集注引晉灼○旅距不從之貌後漢馬援傳注
○丨折方也淮南齊俗拘罷：折之容注○丨方陳
左氏桓五年傳鄭子元請爲左丨注○丨讀爲介距
之距儀禮少牢饋食禮長皆及俎丨注○距與丨同
荀子仲尼與之書社三百而富之人莫敢敵也注○
禮記檀弓注有司丨之釋文丨本作距○論語子張
其不可者丨之漢石經皇侃義疏皆作距○詩桑柔
箋女雖觝距己釋文距本作丨論語子張其不可者
丨之釋文距本作丨莊子大宗師其入不距釋文距
本作丨○公羊哀三年傳以曼姑之義爲固可以距
之也三國魏袁紹傳注作以曼姑之義爲可以丨之
○禮記大學有絜丨之道也釋文丨本亦作矩左氏

宣十二年傳將右丨
卒釋文丨本作矩
【距】丨至也書益稷予決九川丨四海傳又後漢董卓
傳注又莊子漁父丨陸而止釋文引李注○丨止
也管子小問來者鷙丨注○丨躍不行也文選四子
講德論今夫子開門丨躍注○丨猶起也春秋考異
郵八風殺生以節翶翔丨冬至四十五日條風至注
○丨猶自也國語晉語丨非聖人注○丨去也國語
周語丨今九日注又列子湯問不知丨齊州幾千萬
里注○丨雞爪也論語子張其不可者丨之釋文○
俎丨脛中當橫節也儀禮少牢饋食禮長皆及俎丨
注○丨隨者物橫畫也始前足至東頭為丨後足來
合而南面為隨儀禮鄉射禮記丨隨長武注○鬢曲
頭曰丨丨矩也言曲似矩也釋名釋形體○丨大也
淮南氾論蹠丨者舉遠注○丨古歫字也文選羽獵
賦丨連卷注○丨古文詎歫二形一切經音義九○

丨讀為拒守之拒淮南本經戴角出丨之獸注○詩
雨無正箋患不能丨止之釋文丨本作歫爾雅釋言
注丨齊州以南釋文丨本作歫○書益稷予決九川
丨四海史記夏本紀作決九川致四海書益稷濬畎
澮丨川史記夏本紀
作浚畎澮致之川
丨可以昭明後漢張衡傳注
【炬】
【虡】古作虞○木謂之丨爾雅釋器○丨以懸鐘也後
漢班彪傳上注○丨所以懸鐘磬也後漢光武帝
紀下注○丨也栒也所以懸鐘鼓也詩靈臺丨業維
樅箋○所以懸鐘鼓者橫曰筍從曰丨丨舉也在旁
舉筍也釋名釋樂器○丨栒之植所以懸鐘磬也爾
雅釋器孫注○簨丨所以縣鐘磬也植曰丨禮記明
堂位夏后氏以龍簨丨注○縣鐘磬之木植者名丨
爾雅釋器注○樂器所縣橫曰簨植曰丨考工記梓
人為簴丨注○縣鐘格曰簨植曰丨文選西京賦猛
丨趪趪薛注○植者曰丨橫者曰栒詩靈臺傳○植
者為丨衡者為栒詩有瞽設業設丨傳○植者為丨
文選東京賦設業設丨薛注○植曰丨文選西京賦
猛丨趪趪薛注東京賦崇牙張薛注○虡几也廣雅
釋器○几其高者謂之丨方言五○丨卽筍丨也方
言五注○鍾丨以銅為之後漢董卓傳注○丨鹿頭
神身獸也同上○丨與鐻古字通也文選西都賦列
鍾丨於中庭注○禮記檀弓有鐘磬而無簨丨儀禮
既夕注作有鍾磬而無簨簴○詩靈臺丨業為樅說
文丵部作
巨業維樅
【鉅】丨大也禮記三年問創丨者其日久釋文又漢書
刑法志集注食貨志上集注郊祀志上集注高五
王傳集注董仲舒傳集注司馬相如傳集注夏侯勝
傳集注翟義傳集注又荀子賦動則綦高以丨注又

呂覽尊師東方之丨狡也注後樂以丨為美注○丨
野大野也書大傳丨丨野蓤注○丨鉤也文選西征賦
於是弛靑鯤於網丨注○丨剛鐵也史記禮書宛之
丨鐵正義○大剛曰丨史記禮書集解引徐廣○丨
鬭劒也廣雅釋器○丨勝胡麻也廣雅釋草○丨與
拒同荀子性惡繁弱丨黍古之良弓也注○丨與遽
同荀子正論是豈丨知見侮之為不辱哉注
○史記封禪書封丨亢倉子賢道作封鴻
【秬】丨黑黍爾雅釋草又詩旱麓傳錫以丨鬯圭瓚釋
文又左氏僖廿八年傳丨鬯一卣注又賈注昭四
年傳黑牡丨黍注昭十五年傳鍼鉞丨鬯注又管子
地員其種大丨細丨注○丨黑黍也詩生民維丨維
秠傳江漢丨鬯一卣傳閟宮有稻有丨箋又禮記王
制注丨酒也釋文表記丨鬯以事上帝釋文公羊莊
元年傳注九曰丨鬯釋文穀梁莊元年傳注九曰丨
鬯釋文又呂覽本味南海之丨注○丨黍黑黍也楚

辭天問咸播｜黍注○黑黍曰｜書文侯之命用賚
爾｜鬯一卣傳○｜者黑黍一稃二米白虎通考黜
○｜如黑黍一稃二米周禮春官序官鬯人注○｜
今蜀黍也爾雅釋草｜黑黍釋文○｜鬯不和鬱者
周禮鬯人掌共
｜鬯而飾之注

苣 ｜東葦燒之後漢皇甫嵩傳注○｜謂苣｜東草
爇火以照之也｜卽古之炬字華嚴經音義上引
珠叢

所 ｜處也一切經音義二引三蒼又荀子王霸不可
不善爲擇｜而後錯之注又呂覽謹聽僻遠幽閒
之｜注達鬱必於無人之｜注○｜猶處也書無逸
君子｜其無逸鄭注又詩殷武有截其｜箋○｜尻
也廣雅釋詁二○｜猶地也論語爲政居其｜皇疏
○天子｜在曰行在｜獨斷上○天子以四海爲家

故謂｜居爲行在｜猶言今雖在京師行｜至耳同
上○｜猶道也禮記哀公問求德當欲不以其｜注
○｜盡也廣雅釋詁一○｜言且也書牧誓爾｜弗
勗鄭注○｜者非其｜也穀梁僖廿八年傳○｜猶
是齊人語也公羊文十三年傳注黨衞侯會公于沓
注○｜病猶瘵病也史記扁鵲倉公傳醫之｜病集
解引
徐廣

楚 ｜荊也儀禮士喪禮｜焞置于燋注又禮記學記
夏｜二物注又廣雅釋木○｜大荊也淮南人間
師之所處生以棘｜注○｜木也詩揚之水不流束
｜傳○｜雜薪之中尤翹翹者詩漢廣言刈其｜箋
○｜｜茨棘貌詩楚茨｜｜者茨傳○｜列貌詩賓
之初筵籩豆有｜傳○｜陳列之貌儀禮士冠禮籩
豆有｜注○｜｜鮮貌也後漢王充王符仲長統傳
注○｜｜鮮明貌詩蜉蝣衣裳｜｜傳又後漢何進

傳注○｜焞卽契所用灼龜也周禮菙氏掌共燋契
注○｜扑長如笴刊本尺儀禮鄉射禮記○｜猶痛
也文選陸士衡於承明作與士龍詩悽慨含辛｜注
○｜辛｜也文選宋孝武宣貴妃誄鏘｜挽於槐風
注○｜｜苦痛後漢王允傳注○｜地在南郡南陽
之間詩殷武奮伐荊｜韓詩○舊名江陵爲南｜陳
爲東｜彭城爲西｜水經獲水注引孟康○彭城故
東｜也項羽都焉謂之西｜水經獲水注引文穎○
｜辛也其地蠻多而人性急數有戰爭相爭相害辛
｜之禍也釋名釋州國○｜蘅杜蘅也廣雅釋草○
驪黃自關而西或謂之｜雀方言八○鄭游｜字子
南見左昭元年傳○詩蜉蝣衣裳｜｜說文黹部作
衣裳
𪓐𪓐

礎 ｜礩也廣雅釋室○｜柱下石礩也淮南說林山
雲蒸柱｜潤注○楚人謂柱碣曰｜一切經音義

十八引淮
南許注

阻 ｜險也詩殷武罙入其｜釋文又廣雅釋邱又楚
辭天問｜窮西征注又文選東京賦西｜九阿注
○｜險｜也易繫辭下傳德行恒簡以知｜虞注○
水出其後曰｜邱背水以爲險也釋名釋邱○｜衰
也廣雅釋詁二○｜戹也書舜典黎民｜飢鄭注○
｜難也爾雅釋詁又書舜典傳又詩雄雉自詒伊｜
傳谷風既｜我德傳思文箋黎民｜飢釋文又後漢
梁冀傳注又太元元文鬼神｜注○｜疑也左氏閔
二年傳狂夫｜之注又廣雅釋言○｜止也左氏閔
二年傳服注又呂覽知士故非之弗爲｜注○｜依
也呂覽誠廉｜邱而保威也注又文選東京賦邪｜
城洫薛注○｜恃也左氏隱四年傳｜兵而安忍宋
本正義又後漢劉盆子傳注又文選五等論｜其國
家之富注○｜持也後漢應劭傳注○｜險與岨險

同晉書音義中○｜古詛字國語晉語且是衣也狂夫｜之衣也注○｜讀曰俎書舜典黎民｜飢鄭注○｜或作塗淮南主術入榛薄險｜也注○｜一作淹史記魯周公世家勤勞｜疾集解引徐廣○書舜典黎民｜飢史記五帝紀作黎民始飢漢書食貨志作黎民祖飢

【俎】｜祭宗廟器左氏隱五年傳不登于｜注○｜豆禮器也論語衞靈公｜豆之事集解引孔注又皇疏○｜几也廣雅釋器○｜肉几也一切經音義五引字書又山海經海外西經女祭女戚居兩水閒祭操｜注○｜亦四脚小盤也一切經音義五引字書○｜所以載也儀禮士昏禮匕｜從設注○｜所以載肵｜儀禮特牲饋食禮命佐食徹尸｜注○｜者所以明祭之必有惠也禮記祭統○｜者所以明惠之必均也同上○｜者肴之貴者儀禮鄉飲酒禮賓辭以｜注○｜者肴之貴者也儀禮鄉射禮賓辭以

｜注○｜設於左牛豕為一列魚腊腸胃為一列國語周語陳其鼎｜注○三｜豕魚腊禮記玉藻特牲三｜注○五｜加羊與其腸胃也禮記玉藻五｜四簋注○｜加鮮魚鮮腊三三為列儀禮公食大夫禮上大夫八豆八簋六鉶九｜注○韓勑碑爵鹿柤梪｜豆作柤梪○張納碑既脩沮梪｜豆作沮梪

【沮】｜止也詩小旻何日斯｜箋巧言亂庶遄｜傳雲漢則不可｜傳又左氏文二年傳亂庶遄｜注宣十七年傳左右或｜之注亂庶遄｜注又國策齊策故人非之不為｜注又史記平準書其｜事之議索隱又後漢楊彪傳注荀彧傳注又呂覽至忠人不知不為｜注○｜將也將有事而自止也太元元數九事二為方｜注○｜謂恐怖之也禮記儒行｜之以兵注○｜疑也小爾雅廣言○｜難也家語儒行｜注之以兵而不懾注○｜敗也國語晉語衆孰｜之注又後漢馮衍傳下注又莊子逍遙遊舉世非之而不加｜釋文又淮南本經行｜然後義立注脩務故力竭功｜注○｜壞也詩小旻何日斯｜傳又左氏莊十一年傳注若阻岸崩山釋文又漢書趙充國傳集注二見諸葛豐傳集注義縱傳集注匈奴傳下集注朝鮮王傳集注王莽傳上集注王莽傳下集注又後漢梁冀傳注又楚辭逢紛顏黴黧以｜敗兮注○｜舍壞也淮南說山故｜舍之下不可以坐注○｜止也壞也漢書陳湯傳集注○｜澌也敗壞也一切經音義一引三蒼○｜毀也史記秦本紀而子｜哭吾軍正義又華嚴經音義上引漢書音義○｜喪也後漢列女傳注

【擧】｜起也國語晉語｜而從之注○｜立也左氏文元年傳楚國之｜注又賈注○｜踵企望之也呂覽順說莫不延頸｜踵注○｜拔也國策齊策三十日而｜燕國注○｜猶拔也史記蘇秦傳五日而國

｜索隱○｜援也淮南脩務木熙者據梧櫝注○｜謂手所操考工記廬人｜圍欲細注○｜猶取也呂覽下賢莫之｜也注○｜與也楚辭初放｜世皆然兮注○｜得國策齊策｜齊屬之海注○｜猶得也國策秦策｜河內注○｜用也國語周語唯能釐｜嘉義注又呂覽遇合凡｜人之本注分職魯國之匹夫也而我｜之注又淮南主術無小而不｜注○｜猶用也呂覽不廣佐齊桓公｜事注○｜用也禮記儒行懷忠信以待｜注○｜用事也素問六元正紀大論大凉迺｜注○｜猶行也周禮師氏王｜則從注○｜動也國語魯語君為是｜注將為喪｜注晉語非上不｜注釋夫子而｜注○｜謂起兵動衆荀子天論｜錯不明注○｜飛也呂覽論威兔起鳧｜注又文選西京賦鳥不暇｜薛注○｜去也楚辭自悲願離羣而遠｜注○｜猶謀也呂覽異寶不足與｜注○｜猶言也禮記雜記過而｜君之諱則起

注〇丨謂記録之也左氏襄廿七年傳仲尼使丨是
禮也釋文引沈注〇丨猶正也呂覽自知所以丨過
也注〇丨總也漢書嚴助傳集注〇丨皆也左氏襄
六年傳君丨不信羣臣乎注又漢書食貨志下集注
曹參傳集注石奮傳集注杜周傳集注又荀子富國
皆知己之所願欲之丨在是于也注王霸則丨義士
也注彊國丨去桀紂而犇湯武注又莊子天地丨滅
其賊心而皆進其獨志注又釋文〇丨猶皆也史記
六國年表因丨而笑之索隱又漢書王陵傳集注又
孟子音義上引丁音〇丨盡也管子牧民地辟丨則
民留處注地數民丨所最聚注又文選遊天台山賦
注引劉兆穀梁注又文選荅蘇武書注〇丨謂物賤
而買之史記仲尼弟子傳好廢丨索隱引劉氏〇殺
牲盛饌曰丨周禮膳夫王日一丨注〇丨人君朔望
之盛饌國語楚語祀加於丨注〇發酒端曰丨儀禮
鄉飲酒禮丨觶于賓注〇丨飲酒也儀禮特牲饋食

禮嗣丨奠注〇丨白進酒也淮南道應丨白而進之
注〇丨猶祭也禮記王制山川神祇有不丨者注〇
丨肺脊儀禮有司徹佐食受牢丨如儐注〇丨謂肺
脊儀禮特牲饋食禮尸實丨于菹豆注〇丨牢肺正
脊也儀禮少牢饋食禮食丨注〇小而長午割之亦
不提心謂之丨肺儀禮特牲饋食禮記離肺一注〇
倍捷曰丨小爾雅廣衡〇檣丨皆木名也山海經中
山經敖岸之山北望河林其狀如檣如丨注〇崇吾
之山有獸焉其狀如禺而文臂豹虎而善投名曰丨
父山海經西山經〇故書丨爲與杜子春云當爲與
周禮師氏王丨則從注〇丨或爲巨禮記內則濡炙
之丨燋注〇丨父或作夸父山海經西山經名曰丨
父注〇北人之音多以丨莒爲矩顏氏家訓音辭〇
史記范睢蔡澤傳而從唐丨遊索隱引荀卿書作唐
莒

莒丨己姓東夷之國也國語鄭語滕薛鄒丨注〇丨
琅邪縣國語齊語萊丨徐夷吳越注〇丨亦芋也
古微書引孝經援神契注〇丨字兩口故二君開口
相對卽知其言丨管子小問開口而不闔是言丨也
注

筥員底曰丨淮南時則具撲曲丨筐注〇圓曰丨詩
采蘋維筐及丨傳又禮記月令具曲植籧筐釋文
〇員曰丨左氏隱三年傳筐丨錡釜之器注〇丨箱
也飯器受五升秦謂丨也一切經音義十五引字林
〇丨箱也亦盛杯器籠曰丨一切經音義十五引聲
類〇四秉曰丨儀禮聘禮記又國語魯語出稯禾秉
匑缶米注〇秉四曰丨丨十曰稯小爾雅廣物〇秉
十曰丨廣雅釋器〇丨謂一穧也周禮掌客米百有
二十丨丨注〇丨穧名也若今萊陽之間刈稻聚把有
名爲丨者儀禮聘禮記四秉曰丨注〇丨讀爲棟梠

之梠周禮掌客米
百有二十丨注

敘丨次也國語楚語能道訓典以丨百物注又淮南
本經不失其丨注〇丨猶次也周禮鄉師凡邦事
令作秩丨注〇丨次序也書皐陶謨惇丨九族鄭注
〇丨猶比次也周禮司書以丨其財注〇丨比也匡
謬正俗五〇丨介次也周禮內宰置其丨注〇丨秩
次也謂先尊後卑也周禮小宰以官府之六丨正羣
吏注〇秩丨受耦相佐助之次第周禮里宰行其秩
丨注〇治丨丨次序官中如今侍曹伍伯傳吏朝也周
禮宰夫七曰胥掌官丨以治丨注〇丨才等也周禮
宮伯行其秩丨注〇丨肆行列也周禮司市以次丨
分地而經市注〇丨和出用次第出和門也周禮大
司馬以丨和出注〇等丨之以封同姓異姓之次序
周禮巾車辨其用與其旗物而等丨之注〇丨者雲
有次序如山在日上也周禮眡祲八曰丨司農注〇

丨緒也爾雅釋詁○丨謂端緒也爾雅釋詁孫注○
丨丨更也周禮小司寇以丨進而問焉注○丨述也國
語音語紀言以丨之注○丨杼也丨泄其實宣見之
也釋名釋典藝○書舜典百揆時丨史記五帝紀作
百官時序書皋陶謨惇丨九族漢書王莽傳作惇序
九族書禹貢三苗丕丨史記夏本紀作三苗大序禹
貢西戎即丨夏本紀作西戎既序書洪範我不知其
彞倫攸丨史記宋微子世家作我不知其常倫所序
洪範彞倫攸丨宋微子世家作常倫所序洪範各以
其丨宋微子世家作各以其序○書大禹謨九功惟
丨祝睦碑作
九工以著
序 丨緒也詩閔子小子繼丨思不忘傳又漢書韋元
成傳集注○丨次也易繫辭上傳易之丨也釋文
引京注又儀禮鄉射酒禮衆賓丨升注士喪禮酒豆
籩俎丨從注又左氏宣十二年傳內官丨當其夜注

又公羊僖四年傳丨績也注文七年傳諸侯何以不
丨丨注又廣雅釋詁三又國語周語不失其丨注周旋
丨丨順注制朝以丨成注魯語牧相宜丨民事注又漢
書元帝紀集注成帝紀集注西域傳贊集注又離騷
春與秋其代丨注○丨猶次也禮記中庸所以丨昭
穆也注⊙丨次丨也家語正論卿大夫以丨守之注
○丨次丨王事也禮記明堂位丨夏后氏之丨也注
○丨以次第從也禮記祭義卿大夫丨從注○丨使
相次秩周禮肆師令外內命婦丨哭注○丨第次其
先後大小周禮肆師以歲時丨其祭祀注○丨次第
也猶代也儀禮燕禮丨進注大射儀丨進注○丨猶
代也禮記郊特牲昏禮不賀人之丨也注○丨更也
周禮御僕以丨守路鼓注又禮記仲尼燕居夏管象
舞注○丨猶更也儀禮公食大夫禮丨進盥注○丨
重也史記趙世家而丨往古之勳正義○丨列也後
漢鄭元傳注○丨象也易繫辭上傳易之丨也釋文

引陸注○丨飾也謂其革均也考工記鮑人則厚薄
丨也注○丨杼也抴杼其實也釋名釋言語○丨州
黨之學也周禮州長春秋以禮會民而射于州丨注
○庠丨者教化之宮也孟子梁惠王上謹庠丨之教
注○庠丨官也廣雅釋室○丨射也廣雅釋言○丨
者射也孟子滕文公上○丨者丨長幼也白虎通辟
雍○丨舒也漢書儒林傳殷曰丨正義○丨夏后氏
之丨也禮記明堂位○殷曰丨後漢章帝紀注又孟
子滕文公上梁惠王上謹庠丨丨之教注又獨斷上○
里曰丨白虎通辟雍○聚曰丨漢書平帝紀又後漢
班彪傳下注○東西牆謂之丨爾雅釋宮又儀禮鄉
飲酒禮奠爵于丨端注燕禮賓升立于丨內東面注
大射儀賓升立于西丨注士喪禮皆饌于西丨下南
上注○堂東西牆謂之丨儀禮士冠禮直東丨注○
丨堂東西牆所以別丨內外也爾雅釋宮孫注○丨
殿東西堂丨尊卑處爾雅釋宮舍人注○丨所以丨

別內外爾雅釋宮注○東丨牆也文選典引御東丨
之祕寶蔡注○丨無室可以深也儀禮鄉射禮豫則
鉤楹內注○東西廂謂之丨書顧命西丨東嚮傳又
後漢劉瑜傳注○東丨東廂也後漢班彪傳下注又
文選魯靈光殿賦東丨重深而奧祕張注○丨古文
序同一切經音義九○丨或爲豫禮記祭義卿大夫
丨從注○丨點或爲徐點禮記射義丨點又揚觶而
語注○易文言與四時合其丨論衡感虛作與四時
合其敘○易繫辭上傳易之丨也釋文丨虞本作象
○詩常武傳舒丨也釋文丨本作徐○莊子則陽隨
丨之相理釋文丨
或作原一本作享
緒 丨統也文選東京賦故宗丨中圮薛注○丨允丨
也文選哀永逝文悲絕丨兮莫承注○丨業也詩
常武三事就丨箋閟宮纘禹之丨傳殷武湯孫之丨
箋又周禮內宰展其功丨注又禮記中庸武王纘大

王王季文王之丨注又廣雅釋詁四又史記張丞相傳丨正律厤集解引文穎又漢書武帝紀集注禮樂志集注淮陽憲王欽傳集注又後漢班彪傳下注劉梁傳注又太元堅陽喪其丨注元攡抽不抽之丨注元圖地杝其丨注又楚辭天問纂就前丨注尊食宗丨注又文選爲曹公作書與孫權注引宋均詩緯注四子講德論注引宋衷春秋保乾圖注○丨其志業周禮宮正稽其功丨注○丨事也爾雅釋詁又詩閟宮纘禹之丨箋又國語周語纂修其丨注○丨尋也史記張丞相傳集解引文穎又漢書任敖傳集注引文穎○丨次丨也莊子山木食不敢先嘗必取其丨釋文○丨末也廣雅釋詁一○丨者殘也莊子讓王其丨餘以爲國家釋文引司馬李注○丨餘謂殘餘也莊子讓王釋文○丨餘也楚辭涉江欸秋冬之丨風注又文選報任少卿書注引莊子司馬注○丨然燭燼也管子弟子職捧椀以爲丨注○丨言猶先言

也莊子漁父先生有丨言而去釋文○丨綮也廣雅釋器

鱮 丨似魴而弱鱗詩敝笱其魚魴丨箋又後漢馬融傳注

藇 丨美貌詩伐木釃酒有丨傳

嶼 丨海中洲上有山石文選吳都賦島丨緜邈劉注

籞 丨禁苑也後漢章帝紀注○丨者於池苑中以竹綿聯之爲禁丨也後漢樊儵傳注○折竹以繩懸連之使人不得往來謂之丨後漢章帝紀注引漢書音義○丨翳也廣雅釋器

衙 周禮田僕注逆丨還之釋文丨本作御

穭 丨自生也後漢獻帝紀注引埤蒼○稆與丨同後漢獻帝紀注

旅 通作旅○旅祭名也論語八佾季氏旅於泰山集解引馬注○旅祭也漢書地理志集注○祭山曰旅書禹貢蔡蒙旅平傳又論語八佾釋文○旅非常祭也論語八佾皇疏○旅者國有大故之祭也周禮司尊彝大旅亦如之注○大旅祭五帝也禮記禮器大旅具矣注○大旅上帝祭天於圜丘國有故而祭亦曰旅周禮掌次王大旅上帝注○旅陳也陳其祭事以祈焉禮不如祀之備也周禮大宗伯國有大故則旅上帝及四望注

𥲤 丨南楚謂之筲趙魏之郊謂之笶丨方言十三○丨盛餅筥方言十三注

梠 丨旅也連旅旅也釋名釋宮室○雀丨郎屋檐也亦呼爲連緜方言十三屋丨謂之欞注

𤺌 丨病也爾雅釋詁又山海經中山經脫扈之山有草焉名曰植楮可以已丨注○丨痒皆病也詩正

月丨憂以痒傳○丨者畏之病也爾雅釋詁孫注○丨心憂憊之病也爾雅釋詁舍人注○丨音恕詩正月釋文引字林

稰 孰穫曰丨禮記內則丨穛注

巨 丨大也廣雅釋詁一又小爾雅廣詁又一切經音義六引字林又史記楚元王世家過丨嫂食索隱又漢書司馬相如傳上集注王莽傳下集注又後漢桓帝鄧皇后紀下注江革傳注濟南安王康傳注又莊子至樂人且偃然寢于丨室釋文又列子黃帝未丨怪也釋文又管子宙合成功之術必有丨獲注又呂覽慎小丨防容螻注又淮南說山丨雖可而修不足注又素問熱論丨陽者諸陽之屬也注評熱病論丨陽引精者三日注又文選西京賦丨靈贔屭薛注○丨大也齊宋之閒曰丨方言一○丨擘大指也孟

子滕文公下吾必以仲子爲丨擘焉注○右丨指右
手大擘儀禮大射儀右丨指鉤弦注○丨室大宮也
孟子梁惠王下爲丨室注○丨室大家也孟子離婁
上不得罪於丨室注○丨囊大囊公羊哀六年傳於
是使力士舉丨囊而至于中霤注○丨緇大黑綸也
莊子外物丨緇五十犗以爲餌釋文引司馬注○丨
陽太陽也素問厥論丨陽之厥注○丨者大之極也
荀子王霸國者丨用之則大注○丨觕略呂覽蕩兵
有丨有微而已矣注○丨粗屨也孟子滕文公上丨
屨小屨同賈注○丨橋紂倉名呂覽愼大發丨橋之
粟注○南方曰丨風呂覽有始○南方曰丨風丨風
離氣所生也一曰愷風淮南墬形南方曰丨風注○
丨風離氣所生一曰凱風呂覽有始注○丨洋水郎
國語所謂具水矣袁宏謂之丨昧土詔之以爲丨蔑
亦或曰朐瀰皆一水也而廣其目焉水經巨洋水注
○丨馬河郎淶水也水經巨馬水注○丨蒐西戎國

名列子周穆王至于丨蒐氏之國釋文○丨當爲互
周禮修閭氏掌比國中宿互榛者司農注○丨讀曰
詎漢書高帝紀上集注○丨獲作矩矱管子宙合成
功之術必有丨獲注○丨本作詎列子黃帝未丨怪
也釋文○禮記大學注拒或作丨釋文丨本亦作拒
○莊子天下以丨子爲聖人釋文丨崔本作鉅○史
記封禪書封丨漢書
古今人表作封鉅

駏 爾雅釋地與邛邛丨驉比釋文丨本或作岠又作
⿰犭巨

岠 丨至也廣雅釋詁一又華嚴經音義上引珠叢又
漢書食貨志下集注引孟康○丨去也爾雅釋地
丨齊州
以南注

詎 丨豈也漢書孫寶傳集注○丨猶豈也漢書高帝
紀上集注○丨何也莊子齊物論庸丨知吾所謂

知之非不知耶釋文引李注○丨猶未也莊子齊物
論釋文引服虔○丨未知詞也集韻引字林○張平
子碑庸渠限其
所至哉丨作渠

鐻 丨鐘也史記太史公自序銷鋒鑄丨索隱○從者
爲丨周禮典庸器帥其屬而設筍虡杜注○周禮
典庸器釋文
丨本作虡

齼 丨齒傷酢也御覽三百六十八引字林

咀 丨嚼也漢書王嘉傳集注○丨藉也以藉齒牙也
釋名釋飲食○丨嚾者九竅而胎生大戴記易本
命○丨嚾人及獸屬
大戴記易本命注

跙 丨丨不調也太元更駟馬丨丨注○丨丨惡貌也
太元閑丨丨閒于蘧除注

柜 丨格之松木名山海經大荒西經有方山者上有
青樹名曰丨格之松注○丨受居溜水涑橐者也
周禮掌舍設梐
枑再重司農注

籧 員底曰丨呂覽季春具栚曲丨筐注○丨杯落也
廣雅釋器

紓 丨解也廣雅釋詁一○丨緩也國語魯語敢告滯
積以丨執事注

去 丨除也左氏閔二年傳衞侯不丨其旗釋文又論
語鄉黨丨喪無所不佩集解引孔注又漢書齊悼
惠王肥傳集注霍去病傳集注公孫宏傳集注卜式
傳集注吾邱壽王傳集注韋元成傳集注匈奴傳上
集注○丨猶除也呂覽下賢丨其帝王之色注察賢
疾病妖厲丨矣注○丨猶釋也呂覽審分居無丨車
注○丨棄也漢書匈奴傳上集注○丨猶遣之也國
策秦策處女相與語欲丨之注○丨罪退之也禮記

禮運在埶者丨注〇丨滅也管子山至數泰秋國穀
丨三之一注〇丨之殺之也孟子公孫丑下則丨之
否乎注〇丨藏也左氏閔二年傳衞侯不丨其旗釋
文襄卄年傳則丨其肉而以其洎饋釋文昭十九年
傳以度而丨之釋文又漢書五行志下之上集注〇
丨讀丨就之丨呂覽審分注〇鄭公子丨疾字子良
左氏宣四年傳
【懥】丨丨不勉彊之貌荀子非十二子勞苦事業之中
則丨丨然注
〇以下據廣韻錄【紹】丨紒也廣雅釋詁二〇丨緊也廣雅釋
言
【㡯】丨晉大夫冀叔丨也玉篇引埤蒼
【亭】根衍曰丨周書大聚敎丨與樹藝注〇丨橡子也
莊子齊物論狙公賦丨釋文引司馬注又列子黃
帝與若丨釋文
【眝】丨長眙也文選陸士衡祭魏武帝文注引字林〇
丨與眝同文選弔魏武帝文丨美目其何望注
【陼】丨止也廣雅釋水〇小洲曰丨爾雅釋水〇水中
小洲爲丨爾雅釋邱注〇水邊亦曰丨國語越語
而黿鼉之與同丨注〇如丨者丨邱爾雅釋邱〇如
丨者曰丨邱形似水中之高地隆高而廣也釋名釋
邱〇丨或作渚文選
子虛賦注引聲類
【⿰黍女】丨黏也廣雅釋詁四〇丨黏也齊魯青徐自關而
東或曰丨方言三
【衧】裝衣曰丨丨一切經音義十六引通俗文
【粔】丨粲餅餌也江南呼爲膏糫一切經音義五引蒼
頡〇丨粲膏糫果也一切經音義五引字苑〇干

紓者謂之丨牧御覽
八百六十引通俗文
【芑】蘆青州謂之丨齊民要術九引詩義疏
【扵】丨擊也廣雅釋詁三
【弆】密藏曰丨一切經音義十三引通俗文
【麮】丨麥也一切經音義七引蒼頡〇丨麥飯也
荀子富國夏日則與之瓜丨注〇丨麥甘粥也一
切經音義十
三引字書
〇以下據集韻錄【忬】丨智也廣雅釋詁三〇丨慴知也一切
經音義十二引字林〇多意謂之丨慴
一切經音義十
二引通俗文
【偦】丨謂司捕盜賊也周禮士師以比追胥之事注
【垿】反坫謂之丨廣雅釋室

經籍籑詁卷第三十六

經籍籑詁卷第三十六補遺　上聲

兵部侍郎兼都察院右副都御史巡撫浙江等處地方提督軍務兼理糧餉阮元撰集

六語

語 說文丨論也从言吾聲○丨說也禮記中庸故君子丨大疏○論難曰丨禮部韻略引字林○荅難曰丨謂二人相對詩公劉疏○震爲丨易繫辭上傳丨以其功下人者也虞注○又丨爲後復論說也禮記文王世子以待又丨注○肝在氣爲丨素問刺禁論其動爲丨注

圉 說文丨囹丨所以拘辠人从幸从口一曰丨垂也一曰丨人掌馬者○丨養馬者淮南人間訓乃使馬丨往說之注○丨人掌養馬者左氏莊卅二年傳丨人犖注又史記魯世家集解引左傳服注○養馬

曰丨周禮夏官序官丨師注○丨屯也廣雅釋詁一○丨謂禁守其人也漢書貨殖傳丨奪成家者爲雄桀注○丨謂邊境詩召旻箋以此故盡空虛疏

圄 說文丨守之也从口吾聲○丨讀與圉同漢書地理志上天水郡冀注○淮南人間訓馬圄論衡逢遇作馬圉○丨止也禮記月令疏引蔡氏

禦 說文丨祀也从示御聲○丨禁也國語周語外其侮注又荀子大略困丨禍不可丨注○丨止也國語丨軌以德注楚語而莫之能丨也注○丨當也國語齊語莫之能丨也注○丨敵也莊子馬蹄釋文引廣雅○丨彊丨謂彊暴也史記周本紀不丨克犇集解引書鄭注○止寇謂之丨左氏襄十四年傳注御止也疏○御讀曰丨漢書五行志中之下若是共御注五行志下之上共御厥罰注五行志下之下共御厥罰注谷永傳若不共御注

齬 說文丨齒不相值也从齒吾聲

敔 說文丨禁也一曰樂器椌楬也形如木虎从攴吾聲

呂 說文丨脊骨也象形昔太嶽爲禹心丨之臣故封丨侯凡丨之屬皆从丨膂篆文丨从肉从旅○丨六丨林鐘中丨夾鐘大丨應鐘南丨也國語周語律所以立均出度也注○陰聲爲丨左氏昭廿五年傳六律注○陰爲丨太元元攡○書呂刑大傳作甫刑

侶 說文新附丨徒丨也从人呂聲○丨伴丨也玉篇引聲類

旅 說文軍之五百人爲丨从㫃从从从俱也𣃘古文丨古文以爲魯衛之魯○丨師丨也史記太史公

自序悼豪之丨索隱○丨軍衆也漢書天文志主葆丨事注引宋均○五百人爲丨易序卦傳故受之以師九家注又左氏哀元年傳有衆一丨注○二千人爲丨管子小匡○丨五百人之師也左氏成十八年傳丨不偏師注○丨衆也左氏昭三年傳敢煩里丨注又穀梁昭八年傳掩禽丨注又國語晉語有周室之師丨注又釋名釋言語○丨者衆也周禮地官序官丨師疏○丨卽衆也考工記函人爲甲權其上丨疏○丨陳也左氏莊廿二年傳庭實丨百疏又漢書班固傳下宜亦勤恁丨力注○丨客也易復商丨不行釋文引鄭注又周禮遺人野鄙之委積以待羇丨疏又國語晉語舍於逆丨甯嬴氏注又文選顏延年直東宮詩注引國語賈注○丨者客寄之名羇丨之稱易旅丨小亨疏○失其本居而寄他方謂之爲丨同上○丨亦是商左氏襄十四年傳商丨于市疏○丨醻謂衆相丨也詩小弁箋醻丨醻也疏○獻酬禮

畢通行爲丨左氏襄廿三年傳及丨而召公鉏注○
丨距不從之貌後漢書馬援傳黠羌欲丨距注○詩
常武王丨嘽嘽漢書敘傳作王師嘽嘽

脊 丨脊也文選讓中書令表注引國語賈注○丨背
也書君牙作股肱心丨疏○丨謂脊兩傍素問瘧
論篇循丨而下注○旅膂也廣雅釋詁三

紵 說文丨檾屬細者爲絟粗者爲丨从糸宁聲縙丨
或从緒省○丨織丨爲布及疏也漢書高帝紀下
賈人毋得衣錦繡綺縠絺丨罽注○丨亦麻也詩東
門之池可以漚丨陸疏○丨是丨布禮記喪大記絺
綌丨不入疏○丨今山閒野丨亦作苧史記貨殖列
傳材竹穀纑索隱

抒 說文丨挹也从手予聲○丨除也左氏文六年傳
難必丨矣注○丨取也除也一切經音義十九引

蒼頡○丨取出也詩生民釋文引蒼頡○丨謂引而
泄之也漢書劉向傳一丨愚意注○丨聲近除故爲
除也左氏文六年傳疏

宁 說文丨辨積物也象形凡丨之屬皆从丨○門屏
之閒曰丨史記秦始皇本紀繆公學著人索隱○
丨門屋丨也儀禮聘禮注既而俟于丨也疏

杼 說文丨機之持緯者从木予聲○丨者舒也史記
平原君虞卿列傳注丨意通指索隱○丨殺也禮
記禮器注丨上疏

佇 說文新附丨久立也从人从宁

羜 說文丨五月生羔也从羊宁聲讀若煑

與 廣韻与同○說文丨黨丨也从舁从与𢍏古文丨
又与賜予也一勺爲与此与丨同○丨黨丨也漢
書項籍傳田假丨國之王注引張晏燕王劉澤傳弗
丨矣注引孟康蓋寬饒傳多仇少丨注又淮南主術
則非之以丨注○丨猶親也易咸二氣感應以相丨
釋文引鄭注○丨猶歸呂覽執一少選日丨子注○
丨類也國語周語少曲丨爲注○丨亦如也漢書高
帝紀下孰丨仲多注○丨猶許也易文言傳注故可
丨成務矣疏又禮記曲禮上注不丨賢者犯法疏○
丨者從彼於我之稱詩旄邱傳言丨仁義也疏○丨
謂丨國也荀子王制霸奪之丨注○兩足共行曰有
丨莊子養生主人之貌有丨也注○丨謂同丨之丨
史記夏本紀丨益予衆庶稻鮮食索隱

予 說文丨推丨也象相丨之形凡丨之屬皆从丨○
丨與也廣雅釋詁三○丨謂許丨之也漢書外戚

傳下春秋丨之注○丨謂施丨之丨史記夏本紀與
益丨衆庶稻鮮食索隱○丨宜爲攷丨之義詩大明
箋而天乃丨諸侯有德者疏

渚 說文丨水出常山中邱逢山東入湡从水者聲爾
雅曰小州曰丨○水中高地謂之丨詩鳧鷖疏○
水枝成丨詩江有汜江有丨釋文○丨沚皆水中之
地小大異也詩蒹葭傳坻小丨也疏

鬻 說文鬻亯也从䰜者聲煑鬻或从火䰞鬻或从水
在其中

汝 說文丨水出宏農盧氏還歸山東入淮从水女聲
○詩蕩咨丨殷商文選潘安仁爲賈謐作贈陸機
詩注作咨爾殷商○書甘誓丨不恭命墨子明鬼下
作若不共命○華山廟碑丨南女陽人丨作女

茹 丨者噉食之名左氏定四年傳柔亦不丨疏○丨
臭也呂覽功名丨魚去蠅注○丨臭敗之義也文

選魏都賦神慾形丨注○丨讀丨船漏之丨字呂覽功名以丨魚去蠅注

暑〔說文〕丨熱也从日者聲○丨是熱之極書洪範疏○坤爲丨易文言傳非一朝一夕之故虞注○陽熱大盛寒不能制故爲病曰丨素問熱論篇爲病丨注○陽之少爲暖其壯也爲丨素問至眞要大論彼春之暖爲夏之丨注

鼠〔說文〕丨穴蟲之總名也象形凡丨之屬皆从丨○丨小蟲性盜竊漢書五行志中之上○丨盜竊小蟲夜出晝匿同上

黍〔說文〕丨禾屬而黏者也以大暑而穜故謂之丨从禾雨省聲孔子曰丨可爲酒禾入水也凡丨之屬皆从丨○丨黃丨也禮記內則丨稷注○丨火穀禮記月令天子乃以雛嘗丨注○丨者穀之美者也管子輕重已○丨稷穀之善者詩生民傳黃嘉穀也疏○凡十丨爲一參禮記檀弓上注所以通布貨財疏

杵〔說文〕丨春丨也从木午聲○丨所以擣鬱也禮記雜記上丨以梧注

處〔說文〕処止也得几而止从几从夂處処或从虍聲○丨居也詩黃鳥不可與丨傳又國策秦策賜之上卿命而丨之注又呂覽遇合故君子不丨幸注審分成而不丨注知分而安丨之注知化我得其地不能丨注上農重徙則死其丨注○丨猶居也禮記月令疏引蔡氏○丨安也淮南修務不遑啟丨注○丨謂斷決也漢書谷永傳臣愚不能丨也注○丨猶也呂覽愛士陽城胥渠丨注○丨守守國者左氏襄廿五年傳及丨守者注○丨士謂不官於朝而居家者也漢書異姓諸侯王表丨士橫議注○丨器謂貯庫而爲備者管子問丨器之具注○孟子滕文公下丨於於陵水經注作家於於陵○孟子萬章下與鄉人丨韓詩外傳作與鄉人居孟子萬章下思與鄉人丨世說注作鄉人居孟子萬章下可以丨而丨韓詩外傳作可以止則止

貯〔說文〕丨積也从貝宁聲○丨猶居也史記貨殖列傳廢著鬻財索隱○丨與佇同漢書外戚傳上飾新宮以延丨兮注

褚〔說文〕丨卒也从衣者聲一曰製衣○丨屋也禮記喪大記素錦丨疏○丨謂覆棺之物禮記檀弓上丨幕丹質疏○丨幕覆棺者禮記檀弓上丨幕丹質釋文○丨即幄周禮幕人注四合象宮室曰幄疏○丨師市官左氏昭二年傳請以印爲丨師注

楮〔說文〕丨穀也从木者聲柠丨或从宁

糈〔說文〕丨糧也从米胥聲○丨者卜求神之米也史記日者列傳不見奪丨索隱廣韻胥同

諝○〔說文〕丨知也从言胥聲○胥多智也文選謝靈運初去郡詩注引莊子司馬注○胥有材智之人也漢書司馬相如傳上樂樂胥注

湑〔說文〕丨莤酒也一曰浚也一曰露皃从水胥聲詩曰有酒丨我又曰零露丨兮○以藪曰丨詩伐木釃酒有藇傳○丨泲酒之稱儀禮士冠禮疏

女〔說文〕丨婦人也象形王育說凡丨之屬皆从丨○丨民之弱者詩侯人季丨斯飢傳○丨是人之弱者詩七月傳丨桑荑桑也疏○丨子婦人通稱也禮記曲禮上丨子許嫁纓疏○離爲丨子易屯丨子貞不字虞注○丨謂婦也儀禮士昏禮其他如取丨禮注又禮記曾子問丨未至疏○丨樂房中私宴之樂

左氏襄十一年傳注大夫有功則賜樂疏○丨嬖寵
之家左氏昭三年傳而丨富溫尢注○丨師者敎丨
之師以婦人爲之詩葛覃傳師丨師也疏○城上垣
曰睥睨亦曰丨牆言其卑小比之於城若丨子之於
丈夫也釋名釋宮室○丨鷗工雀也廣雅釋鳥○詩
大明纘丨維莘水經注四作纘汝維莘
【籹】說文新附丨粔丨也从米女聲
【許】說文丨聽也从言午聲○詩伐木伐木丨丨後漢
書朱穆傳注作伐木滸滸○孟子公孫丑上可復
丨乎文選注作或復善乎
【拒】石經論語殘碑其不可者距之丨作距
【距】說文丨雞丨也从足巨聲○丨王也書禹貢傳西
北丨河疏○丨者相抵之名書謚稷丨川疏○丨

躍超越也左氏僖廿八年傳丨躍三百注○丨雞附
足骨鬬時所用刺之漢書五行志中之上而不鳴不
將無丨注○丨爪也讀丨守之丨也淮南原道雖有
鉤箴芒丨注○前有千乘之國而後有萬乘之國謂
之丨國管子國蓄○岠郎丨字也漢書楊雄傳上岠
連卷注○詩皇矣敢丨大邦御覽一百六十四作敢
拒大邦
【虡】說文虡鐘鼓之柎也飾爲猛獸从虍異象其下足
鐻虡或从金豦聲虡篆文虡省○丨距也禮記檀
弓上注植曰丨疏○丨縣鐘者也漢書嚴安傳鑄以
爲鐘丨注○丨神獸名也縣鐘之木刻飾爲之因名
曰丨也漢書郊祀志上鐘丨銅人皆生毛注○丨獸
名也漢書司馬相如傳上立萬石之丨注○丨猛獸
之名漢書賈山傳縣石鑄鐘丨注○橫曰簨植曰丨
禮記檀弓上有鐘磬而無簨丨注

【鉅】說文丨大剛也从金巨聲○丨大也禮記三年問
創丨者其日久疏○大剛曰丨荀子議兵宛丨鐵
鉇注○丨者白也墨子貴義○丨公天子也漢書郊
祀志上言吾欲見丨公注引鄭氏○天子爲天下父
故曰丨公漢書郊祀志上注引張晏○丨黍弓也初
學記引廣雅
【秬】說文䰞黑黍也一稃二米以釀也从鬯矩聲秬䰞
或从禾○丨鬯香酒也漢書王莽傳上丨鬯二卣
注○丨鬯謂賜丨鬯之酒盛以圭瓚之中以祭祀也
穀梁莊元年傳注禮有九錫疏
【苣】說文丨束葦燒从艸巨聲
【所】說文丨伐木聲也从斤戶聲詩曰伐木丨丨○丨
猶處也禮記喪大記馮尸大當右丨疏○丨丨位處
左氏襄廿三年傳不患無丨注○丨丨居官左氏昭
二十年傳入復而丨注○丨謂處丨禮記檀弓下無

丨不用斯言也疏○丨是不定之辭禮記檀弓下注
高四尺丨疏
【楚】說文丨叢木一名荆也从林疋聲○丨荆木也漢
書韓延壽傳民無箠丨之憂注○丨郎荆周禮春
官序官菙氏注燋焌用荆疏○丨亦木名詩漢廣箋
丨雜薪之中尤翹翹者疏○丨陳列貌儀禮士冠禮
祭俎如初疏○丨服盛服國策秦策不韋使丨服而
見注
【礎】說文新附丨礩也从石楚聲
【阻】說文丨險也从𨸏且聲○丨難也書舜典黎民丨
飢釋文引王注○丨險也文選高唐賦序高邱之
丨注○小難曰丨易繫辭下傳德行恆簡以知丨疏
○書黎民丨飢史記徐廣注引今文作黎明丨饑
【俎】說文丨禮丨也从半肉在且上○丨几也方言五
○丨亦机之類史記項羽本紀爲高丨索隱○丨

者所以薦肉漢書項籍傳乃爲高丨注○丨尸丨也儀禮特牲饋食賓從尸丨注○丨謂后受尸之爵飲于房中之丨周禮內小臣徹后之丨疏○軍中巢櫓謂之丨漢書項籍傳注引李奇

【沮】襄廿七年傳何以丨勸疏○丨人用六極疏又左氏吏氣傷丨注○丨毀壞也漢書司馬遷傳以爲僕丨貳師注○丨謂毀壞之漢書李陵傳欲丨貳師注○丨止壞之漢書食貨志下而廢格丨誹注○丨者止壞之意也漢書周勃傳上默然而丨注○丨謂止壞也漢書婁敬傳迺今妄言丨吾軍注○丨猶廢壞也禮記儒行世亂不丨疏○丨丨漸也敗壞也一切經音義十八引蒼頡解詁○丨者止壞謀慮之言詩雲漢疏○岸崩謂之丨左氏莊十一年傳注若丨岸崩山釋文

【舉】說文擧對舉也从手與聲○丨猶拔也穀梁僖三年傳而虞號丨矣疏○丨取也呂覽樂成民莫之丨注○丨用淮南氾論未足大丨注○丨動也國語楚語不爲豐約丨注○丨猶行也禮記中庸則其政丨疏○丨皆也禮記內則濡炙之丨燋疏又荀子不苟丨積此者注儒效丨在此注王制聲則凡非雅聲者丨廢注○丨亦皆也左氏宣十七年傳丨言羣臣不信注○丨擬賓也墨子經上○丨猶飲也禮記曲禮上長者丨未釂疏○丨亦問也禮記曲禮上客不先丨疏○丨謂丨而取之荀子議兵秦師至而鄗郢丨若振槁然注○丨謂揔取也漢書嚴助傳雖丨越國而虜之注○丨者提持之言詩烝民箋獨丨之以行者疏○丨謂丨其國而滅之荀子王霸中足以丨宋注○丨猶生也書洪範馬注○丨謂初誕而丨之史記孟嘗君列傳告其母曰勿丨也索隱○丨謂浴而乳之史記孟嘗君列傳其母竊丨生之索隱

【莒】說文齊謂芋爲丨从艸呂聲

【筥】說文丨箱也从竹呂聲

【敘】說文丨次弟也从攴余聲○丨次也國語楚語故重黎氏世掌天地注○丨謂定其倫次書皐陶謨天丨有典疏

【序】說文丨東西牆也从广予聲○丨次也左氏昭卅二年傳遲速衰丨注又國語魯語夕丨其業注○丨次丨也禮記曲禮上殺之丨疏又釋名釋宮室○丨謂次丨禮記中庸丨爵疏○丨是先後次第之言周禮大宰注誨爾丨爵疏○丨謂次第先後周禮小宗伯注次丨之時疏○丨列也國語齊語班丨顛毛注○丨者舒也敘也公羊序疏○丨位次也左氏昭廿九年傳卿大夫以丨守之注○丨謂不失次丨各當土宜也荀子儒效丨五種注王制丨五種注○州黨爲丨禮記鄉飲酒義主人拜迎賓於庠門之外注○黨學曰丨禮記學記注黨屬於鄉疏○無室謂之丨禮記鄉飲酒義疏○遂有丨亦學名禮記學記術有丨疏○丨亦學也禮記明堂位夏后氏之丨也注○夏曰丨御覽五百卅三引禮記外傳○周曰丨漢書儒林傳序○周爲丨御覽五百卅五引五經通義○丨則豫也禮記王制注西丨小學疏○丨者牆之別名書顧命在西丨疏○丨謂東西廂漢書諸侯王表不降階丨而運天下注○丨與敘音義同左氏春秋序疏

【緒】說文丨絲耑也从糸者聲○丨業也周禮宮正注○丨其志業疏○丨餘也一切經音義十九引廣雅○丨謂餘業也漢書梅福傳治暴秦之丨注○丨謂端次也漢書陳湯傳前又已有十年功丨注

鱮 說文丨魚名从魚與聲○丨徐州人謂之鰱或謂之鱅幽州人謂之鴞鶪或謂之胡鱅詩敝笱其魚魴丨陸疏

藇 詩伐木釃酒有丨玉篇作釃酒有醹

嶼 說文新附丨島也从山與聲

籞 說文丨禁苑也从竹御聲春秋傳曰澤之目丨𩵦○丨或从又魚聲○丨者禁苑也漢書宣帝紀池丨未御幸者注引應劭○丨者所以養鳥也漢書宣帝紀注引臣瓚

衙 丨止也釋名釋樂器

旅 國有故而祭曰旅周禮典瑞注上帝五帝也疏○旅謂祈禱天地及山川周禮龜人丨亦如之疏

梠 說文丨楣也从木呂聲○丨楣也文選馬汧督誄梀丨柄之松注

懙 說文丨趣步丨丨也从心與聲

著 丨郘宁也史記秦始皇本紀繆公學丨人索隱

巨 丨亦大也漢書王褒傳沛乎如丨魚縱大壑注西域傳贊鉅象師子注○丨虛宍名也素問鍼解丨虛者蹻足注

詎 說文新附丨猶豈也从言巨聲○渠讀曰丨漢書孫寶傳掾部渠有其人乎注

濋 濟爲丨爾雅釋水

齼 廣韻同齭○說文齭齒傷酢也从齒所聲讀若楚

𪓐 說文丨合五采鮮色从黹虘聲詩曰衣裳丨丨

咀 說文丨含味也从口且聲

䞘 說文齎財卜問爲丨从貝疋聲讀若所

柜 說文丨木也从木巨聲

籧 說文丨飲牛筐也从竹豦聲方曰筐圜曰丨○箄篗籅筥丨也丨其通語也方言十三

漵 說文新附丨水浦也从水敘聲

紓 說文丨緩也从糸予聲○丨解也後漢書左周黃傳贊竝丨災昏注○丨緩也後漢書龐參傳啓人喜其丨難注

去 丨亦除也漢書董仲舒傳掃除其迹而悉丨之注○丨謂驅逐也漢書五行志下之上夏帝卜殺之丨之止之注

芧 說文丨艸也从艸予聲可以爲繩○丨栗也列子黃帝與若丨注○丨三稜也漢書司馬相如傳上蔣丨青蘋注引張揖

○以下據廣韻錄

⿰金御 說文丨鉏丨也从金御聲鋙丨或从吾

眝 說文丨長眙也一曰張目也从目宁聲○丨視也文選弔魏武帝文注引廣雅

陼 小洲曰丨文選子虛賦東丨鉅海注引蘇林○丨字與渚同漢書司馬相如傳上且齊東丨鉅海注

⿰甾宁 說文丨㡏也所以載盛米从宁从甾甾缶也

【㥠】說文｜知也从心胥聲

【⿰示胥】說文｜祭具也从示胥聲

【鄦】說文鄦炎帝大嶽之後甫侯所封在潁川从邑無聲讀若許

【粔】說文新附｜｜粔膏環也从米巨聲

【歫】說文｜止也从止巨聲一曰搶也一曰超｜

【袓】說文｜事好也从衣且聲

【弆】集韻或作去○去謂藏之也漢書蘇武傳掘野鼠去屮實而食之注○去亦藏也漢書游俠陳遵傳主皆藏去以爲榮注○去即藏也左氏昭十九年傳以度而去之疏○字書去作｜謂掌物也今關西仍呼爲｜東人輕言爲去同上

【⿸尸⿰彳予】說文｜履屬从履省予聲

○以下據集韻錄【柔】說文｜栩也从木予聲讀若杼

【⿸虍盅】說文｜器也从虛盅盅亦聲闕

【⿱宁皿】說文｜器也从皿宁聲

【⿺走與】說文｜安行也从走與聲

經籍籑詁卷三十六補遺

經籍籑詁卷第三十七　上聲

經筵講官南書房舊臣禮部左侍郎兼署兵部左侍郎提督浙江學政阮元撰集

七麌

麌 麕牡曰｜詩吉日麀鹿｜｜箋○｜｜衆多也詩吉日傳○｜復｜言多也詩吉日箋○麀鹿｜｜語其衆也小爾雅廣訓○｜｜形貌文選西京賦麀鹿｜｜薛注○詩吉日麀鹿｜｜說文口部作麀鹿噳噳

雨 ｜水從雲下也釋名釋天○天氣下爲｜素問陰陽應象大論○｜羽也如鳥羽動則散也釋名釋天○｜者天之施也古微書引河圖帝通紀○｜者輔也言輔時生養也釋名釋天○輔時生養均遍故

謂之｜御覽引邸季彬禮統○｜桀也廣雅釋天○陰陽和而爲｜古微書引春秋元命苞○｜者陰陽交和不偏亢者也易鼎方｜虧悔注○和則｜大戴記曾子天圓○陽氣勝則散爲｜露同上○｜陰也隋書五行志上引洪範五行傳○｜者陰論衡寒溫○降陰爲｜古微書引易稽覽圖○坎爲｜易睽見豕負塗虞注鼎方｜虧悔虞注○下坎爲｜易象上傳雲行｜施虞注○坎墜地稱｜易象上傳密雲不｜虞注○坎水零爲｜易小畜既｜既處虞注○｜兌也易繫辭上傳潤之以風｜虞注○兌爲｜易繫辭下傳以待風｜虞注○｜者水氣也其音羽也春秋繁露五行五事○｜木也爲金妃書洪範星有好｜鄭注○｜澀氣也素問五常政大論京｜時降注○｜師畢也周禮大宗伯以槱燎祀司中司命飌師｜師司農注○｜師者畢星也風俗通祀典○｜師神畢星也其象在天能興｜獨斷上○｜師謂屏翳也山海經海外東經｜師妾在其北注○｜者兆之體氣如｜｜然也書洪範曰｜鄭注○詩大田興｜祁祁釋文｜本作雲○案渰巳是陰雲何勞復云興雲祁祁耶雲當爲｜俗寫誤耳顏氏家訓書證

羽 ｜宇也漢書律麻志上○｜宇也物聚藏宇覆之也爾雅釋樂釋文引劉歆注○｜者宇也物始藏宇覆之也風俗通聲音引劉歆鐘律書○｜者紆也白虎通禮樂○｜之爲言紆言萬物孳白虎通五行○｜爲物禮記樂記又漢書律麻志上○宮｜在左君也物也禮記玉藻右徵角左宮｜注○｜爲智漢書律麻志上○｜爲聽漢書律麻志上○水謂｜白虎通禮樂○｜爲水漢書律麻志上○｜水也淮南天文其音｜注○｜北方水淮南說山欲學歌謳者必先徵｜樂風注○｜水也位在北方呂覽孟冬其音｜注○｜水聲也素問金匱眞言論其音｜注○｜謂水音沈而深也素問陰陽應象大論在音爲

｜注○｜北方聲也管子版法聽｜聲注○｜謂之柳爾雅釋樂○南呂爲｜淮南天文○采薺雍振｜皆樂章也振｜振鷺及雍禮記仲尼燕居和鸞中采薺客出以雍徹以振｜注○｜翳也書大禹謨舞干｜于兩階傳○｜舞者析｜周禮樂師有｜舞司農注○｜析白｜爲之形如帗也周禮舞師敎｜舞注○｜翟｜也禮記樂記及干戚｜旄謂之樂注○｜翟｜舞者所執穀梁隱五年經初獻六｜注○｜舞者所執持也呂覽長攻先介舞者置兵其｜中注○｜舞者所持翿淮南時則執于戚戈｜注○｜雩舞者之所執莊子徐無鬼孫叔敖甘寢秉｜釋文○｜以爲翿舞者執之以指麾也呂覽季夏執干戚戈｜注○｜者鴻｜也所以象文德之風化疾也公羊隱五年傳初獻六｜注○｜籥舞也象文也禮記文王世子秋冬學｜籥注○六｜者何舞也公羊隱五年傳○｜鳥翼也後漢班超傳注○｜鳥｜也文選

爲石仲容與孫皓書丨檄燭日注〇丨鳥丨也所以爲旌毛國語楚語皮革丨毛注〇丨鳥丨也翡翠孔雀之屬國語晉語丨旄齒革注〇丨翠丨也楚辭招魂實丨鷮些注〇丨所以飾旌旗及王后之車考工記鍾氏染丨注〇丨蓋以翠丨覆車蓋也文選東京賦丨蓋威蕤薛注〇丨衣緝鳥丨以爲衣也後漢李章傳注〇丨衞負丨侍衞也文選江文通雜體袁太尉詩丨衞藹流景注〇丨隊士負丨而爲隊也文選七命屯丨隊於外林注〇丨書卽檄書也後漢西羌傳注〇白丨矢名文選鮑明遠擬古詩留我一白丨注〇矢其旁曰丨如鳥丨也鳥須丨而飛矢須丨而前也釋名釋兵〇丨鳥屬考工記梓人丨者注〇丨族鳥也文選蜀都賦丨族紛泊劉注〇丨族鳥屬也文選吳都賦丨族以觜距爲刀鈹劉注〇丨物翟雉之屬周禮大司徒其動物宜丨物注〇丨蟲鳳皇鴻鵠鶴鷺之屬也呂覽觀表毛丨裸鱗注〇丨鴈也周禮庖人冬行鱻丨膳膏羶杜注又禮記內則冬宜鮮丨注〇丨蟲三百六十而鳳爲之長家語執轡〇丨火象也素問五常政大論其蟲丨注〇虛危南有衆星曰丨林也後漢虞詡傳注〇丨山東裔也書舜典殛鯀于丨山馬注〇蒙丨二山名書禹貢蒙丨其藝鄭注〇丨郊丨山之郊山海經海內經帝令祝融殺鯀于丨郊注〇丨翼其衆也國語周語故長翼則之上宮名之曰丨注〇丨翼佐之呂覽舉難三士丨翼之也注〇丨鈞浮也呂覽離俗丨有動靜注〇丨或作雨漢書元后傳集注〇丨讀爲扈考工記弓人弓而丨網注〇莊子徐无鬼甘寢秉丨釋文丨司馬本作翼或作翄崔本作翼

禹 丨者輔也風俗通義皇霸引書大傳〇丨舒也廣雅釋詁四〇受禪成功曰丨淮南氾論丨之時以五音聽治注〇丨鯀子也楚辭天問伯丨腹鯀注〇丨蟲名廣韻引字林〇命古丨字漢書藝文志集注

〇左氏昭卅年經徐子章丨奔楚穀梁作章羽

宇 又作寓〇四方上下曰丨古往今來曰宙莊子庚桑釋文引三蒼〇四方上下謂之丨淮南齊俗〇四方上下曰丨後漢馮衍傳下注又淮南原道紘丨宙而章三光注說山況受光於丨宙乎注〇丨四方上下也淮南天文虛廓生丨宙注〇丨者有四方上下莊子庚桑楚有實而無乎處者丨也注〇四方上下曰丨以屋喻天地也呂覽下賢神覆丨宙而無望炷〇天地四方爲丨漢書武帝紀集注司馬相如傳上集注引張揖〇天地四方曰丨莊子齊物論釋文引尸子〇闔天謂之丨太元元攡元瑩丨宙祏坦注〇闔天地晝夜之稱謂之爲丨如屋丨之所覆也太元元攡注〇四表曰丨文選典引榮鏡丨宙蔡注〇八寓八方區丨也文選東京賦威振八寓薛注〇丨野也楚辭招魂其外曠丨些注〇丨大也爾雅釋詁又荀子非十二子禹丨嵬瑣注〇丨宙亦爲大也爾雅釋詁注〇丨宙諭天地淮南原道而大丨宙之總注〇丨覆也國語晉語今君子之德丨注又荀子賦精微乎毫毛而大盈乎大寓注〇天所覆爲丨文選魯靈光殿賦廓丨宙而作京張注〇丨羽也如鳥羽翼自覆蔽也釋名釋宮室〇寓猶蓋也文選東京賦德寓天覆薛注〇隤下曰丨考工記輪人上欲尊而丨欲卑注〇丨邊也文選東京賦注引蒼頡又國語越語而爲儆邑宸丨注〇丨居也詩緜聿來胥丨傳桑柔念我土丨傳閟宮大啟爾丨傳又國語周語使各有寧丨注又漢書禮樂志集注又後漢光武帝紀下注又淮南俶眞而徙倚乎汗漫之丨注又離騷爾何懷乎故丨注〇丨尻也廣雅釋詁二〇屋四垂爲丨詩七月八月在丨釋文〇丨屋之垂淮南氾論上棟下丨注〇丨屋霤也詩七月釋文引韓詩〇丨屋簷也淮南覽冥而燕雀佼之以爲不能與之爭於丨

宙之間注○丨梠也儀禮士喪禮置于丨西階上注○丨謂屋邊也易繫辭下傳上棟下丨虞注○丨屋邊也荀子儒效君子言有壇丨注○丨屋也楚辭招魂高堂邃丨注○丨器丨也莊子庚桑楚丨泰定者發乎天光釋文引王注○望帝者杜丨也水經江水注引來敏本蜀論○丨古文作寓一切經音義七○丨籀文作㝢一切經音義七○寓與丨同荀子賦精微乎毫毛而大盈乎大寓注又文選東京賦德寓天覆注

舞 或作儛○樂容曰丨藝文類聚引蔡邕月令章句○丨動其容也禮記樂記○丨動其容說苑修文○丨者象功白虎通禮樂○丨者所以明功後漢明帝紀注○儛謂盤作之令儛也山海經海外西經大樂之野夏后啟於此儛九代注○大丨周丨也禮記明堂位冕而丨大武注○鄭丨鄭國之丨也或曰鄭

丨鄭重屈折而丨也楚辭招魂起鄭丨些注○丨疾也廣雅釋詁一○丨者行也易繫辭上傳鼓之丨之以盡神荀注○丨務也楚辭天問干協時丨注○丨猶弄也漢書汲黯傳集注引如淳○巽爲丨易姤豕孚蹢躅虞注繫辭上傳鼓之丨之以盡神虞注○巽爲高丨易豐日中見斗虞注○鉦上謂之丨考工記鳧氏○故書丨爲無周禮鄉大夫五曰興丨司農注○丨當爲燕周禮樂師燕射帥射夫以弓矢丨司農注○詩大叔于田兩驂如丨家語好生作兩驂如儛○左氏莊十年經以蔡侯獻丨歸穀梁作以蔡侯獻武歸○武梁祠堂畫像秦武陽丨作武○孔耽碑丨土第荍追念祖母故丨魂構廡作丨

父 丨榘也廣雅釋親○丨者矩也以法度教子也白虎通三綱六紀○丨甫也始生己也釋名釋親屬○丨始也老子吾將以爲教丨注○故丨子首足也儀禮喪服傳○生稱丨死稱考公羊隱元年傳隱之考也注○丨者子之天禮記曲禮上丨之讎注○天爲丨後漢隗囂傳注○乾爲丨易說卦傳蠱幹丨之蠱虞注彖下傳丨丨虞注繫辭下傳如臨丨母虞注說卦傳故稱乎丨虞注序卦傳然後有丨子虞注○天子謂同姓諸侯諸侯謂同姓大夫曰丨詩伐木以速諸丨傳○天子同姓謂之伯丨禮記曲禮下○同姓大國則曰伯丨其異姓則曰伯舅同姓小邦則曰叔丨其異姓小邦則曰叔舅儀禮覲禮○凡尊老南楚謂之丨或謂之丨老方言六○丨母謂萬物形之先也素問天元紀大論變化之丨母注○爾雅釋畜注江東呼丨馬爲騭釋文丨本作駁

府 丨聚也國策秦策此謂天丨注又漢書婁敬傳集注又後漢蓋勳傳注又素問脈要精微論夫脈者血之丨也注水熱穴論所謂元丨者汗空也注○丨聚也公卿牧守道德之所聚也廣韻引風俗通○丨

取也廣雅釋詁一○丨叢也小爾雅廣詁○丨物所藏周禮春官序官天丨注○丨文書財物藏也一切經音義九引三蒼○丨先王之丨藏國語周語余一人僅亦守丨注○天丨祖廟之藏周禮大司寇而登之于天丨注○丨主藏六物之稅者禮記曲禮下天子之六丨注○丨謂寶藏貨賄之處也禮記曲禮下在丨言丨注○丨藏貨所主也淮南說林過丨而負手者希不有盜心注○丨庫幣帛之藏也呂覽季春開丨庫注又淮南時則開丨庫出幣帛注○天丨主祖廟之藏者周禮司民登于天丨注○內丨主良貨賄藏在內者周禮天官序官內丨注○外丨主泉藏在外者周禮天官序官外丨注○大丨爲王治藏之長若今司農矣周禮天官序官大丨注○中藏丨掌幣帛金錢貨物也後漢韋彪傳注○中黃藏丨掌中幣帛金銀諸貨物也後漢桓帝紀注○水火金木土穀此謂六丨大戴記四代○藏財貨曰丨論語先進

魯人爲長丨集解引鄭注○貨財曰丨國語越語丨倉實注○藏錢帛曰丨論語先進皇疏○丨治藏周禮天官序官丨六人注○丨猶庫藏也爾雅釋地九丨釋文○丨舍也廣雅釋室○百官所居曰丨周禮大宰以八灋治官丨注○郡守所居曰丨丨者尊高之稱後漢張湛傳注○官吏所止爲丨車馬器械所居曰庫文選東京賦據其丨庫薛注○淸丨猶淸廟也楚辭思古蒯瞶登於淸丨兮注○丨官也廣雅釋室○三丨三公也後漢郞顗傳注○三丨謂大尉司徒司空丨後漢承宮傳注○五丨謂太傅太尉司徒司空大將軍也後漢樊準傳注○丨謂六丨素問氣穴論丨俞七十二穴注○丨謂六化丨素問金匱眞言論丨者爲陽注○丨謂胷也素問寶命全形論是謂壞丨注○丨謂氣之所聚處也素問經脈別論行氣於丨注○天丨肺脉氣也素問至眞要大論天丨絕注○雨丨太陰之所在也素問六元正紀大論雲

趨雨丨注○丨腹疾也呂覽情欲身盡丨種注○丨與俯同荀子非相丨然若渠匽隱括之於己也注○丨或讀爲

附同上

鼓 丨者郭也漢書律厤志上集注又風俗通聲音○丨郭也張皮以冒之其中空也釋名釋樂器○皮曰丨白虎通禮樂引樂記○革曰丨風俗通聲音○丨震音也白虎通禮樂引樂記○丨震音煩氣也萬物憤懣震動而出白虎通禮樂○丨所以任也所以起也所以進也管子兵法○丨行謂鳴丨而行言無所畏也後漢荀或傳注○于上謂之丨考工記梟氏○丨所擊處考工記梟氏司農注○丨其下小者所當擊者也考工記磬氏丨爲三司農注○斛謂之丨廣雅釋器○石四謂之丨小爾雅衡○三十斤謂之鈞鈞四謂之石石四謂之丨家語正論趙簡子賦晉國一丨鐵注○丨十二斛管子地數民自有百丨之粟者不行注○樂浪人呼容十二石者爲丨禮記曲禮釋文引隱義○量丨量器名禮記曲禮上獻米者操量丨注○丨量名也左氏昭廿九年傳遂賦晉國一丨鐵注○丨量也荀子富國然後瓜桃棗李一本數以盆丨注○河丨星名也文選思元賦伐河丨之磅硍舊注○牽牛北爲河丨後漢張衡傳注○鼓鍾之山帝臺之所以觴百神也山海經中山經○丨白翟別邑國語晉語圍丨注○丨白狄之別也水經濁漳水注引京相璠○鼓此亦神名名之爲鍾山之子耳山海經西山經鍾山其子曰鼓注○鼓延殳三子名山海經海內經緣婦孕三年是生鼓延殳注○共丨貨狄黃帝二臣名也一切經音義十二引世本共丨貨狄作舟船宋注○丨舞或作鄭舞淮南脩務今丨舞者繞身若環注○丨字或作鼛周禮樂師詔來鼛皐舞司農注○丨寡聲相近漢書陳湯傳集注○丨外設皮顏氏家訓書證

鼓 丨動也易繫辭上傳丨之以雷霆虞注又釋文引陸董注又莊子駢拇使天下簧丨釋文○丨者動也易繫辭上傳丨之舞之以盡神荀注○丨謂振動素問瘧論乃作寒慄丨頷注○丨擊也後漢岑彭傳注又呂覽古樂以其尾丨其腹注置缶而丨之注應同丨宮而宮動注又淮南原道丨腹而熙注墜形丨其腹而熙注本經丨橐吹埵注○丨猶擊也儀禮鄉飲酒禮記北面丨之注○丨猶彈也論語先進丨瑟希皇疏○丨伐丨也左氏莊廿五年經丨用牲于社注○丨鳴也廣雅釋詁二又離騷呂望之丨刀兮注○出音曰丨周禮小師掌教丨鼗柷敔塤簫管絃歌注○奏丨奏堂下之樂也詩那奏丨簡簡箋○丨聽之應也洪範五行傳時則有丨妖注○丨者攻之也論衡順鼓○丨簸也莊子人間世丨筴播精釋文引司馬注○震爲丨易繫辭上傳丨之舞之以盡神虞注○丨造蓋謂梟一曰蝦蟇今世人五月望作梟羹

亦作蝦蟇羹淮南說林丨造辟兵壽蠱五月之望注
○丨讀如莊王丨之丨周禮鍾師掌鼛丨縵樂注○
詩山有樞弗丨弗
考釋文丨本作擊

虎 丨野獸也詩何草不黃匪兕匪丨傳○龍丨者獸
之貴者也太元遇兩兕鬬注○丨者陽物百獸之
長也風俗通祀典○丨陽物也楚辭謬諫丨嘯而谷
風至兮注○丨陽中之陰也淮南時則丨始交注○
丨陰中陽獸與風同類也文選廣絕交論注引淮南
許注○神丨金獸也文選東京賦屯神丨於秋方薛
注○丨土物也淮南天文丨嘯而谷風至注○丨之
爲言搏討也白虎通五行○丨竊毛謂之虦貓爾雅
釋獸○白丨名甝虪山海經西山經孟山其獸多白
丨注○坤爲丨易履履丨尾虞注頤丨視眈眈虞注
革大人丨變虞注文言傳風從丨虞注○兌之陽爻
稱丨易革陸注○兌爲白丨易革宋注○丨賁勇士

稱也書牧誓序丨賁三百人傳○丨賁以武力事王
書立政丨賁傳○丨賁宿衞之臣後漢班彪傳上注
○丨賁武士爲小臣者也孟子盡心下丨賁三千人
注○丨賁者所以戒不虞而距惡白虎通攷黜○丨
賁國之祕兵續漢書五行志注引風俗通○丨門路
寢門也王日視朝於路寢門外畫丨焉以明勇猛周
禮師氏居丨門之左注○丨丨皮也詩小戎丨韔鏤
膺傳○丨虓珠也後漢王符傳注○丨蘭澤蘭也廣
雅釋草○丨掌瓜屬也同上○丨王蛁也廣雅釋蟲
○故書則共熊侯丨侯杜子春云丨當爲豹周禮司
裘諸侯則共熊侯豹侯注○鄭
罕丨字子皮見左襄廿九年傳

古 丨故也詩日月逝不丨處傳烝民丨訓是式傳又
爾雅釋詁○丨昔也呂覽長見今之於丨也注○
丨往也文選東京賦慨長思而懷丨薛注○丨言久
也詩緜丨公亶父傳○丨始也廣雅釋詁一○丨謂

五帝時穀梁桓三年傳以是爲近丨也注○大丨唐
虞以上儀禮士冠禮記大丨冠布注○丨虞夏也書
康誥別求聞由丨先哲王鄭注○丨謂殷時也禮記
檀弓上丨者墓而不墳注○丨謂殷儀禮士冠禮記
丨者生無爵死無謚注○丨卽殷周時也大戴記保
傳丨之王者注○丨天也書堯典曰若稽丨帝堯鄭
注○天爲丨周書周祝○乾爲丨易繫辭下傳其於
中丨乎虞注○先丨先祖禮記祭儀以祀天地社稷
山川先丨注○丨謂丨法漢書董仲舒傳集注○丨
訓先王之遺典也詩烝民丨訓是式箋○丨文先王
之典籍也文選劇秦美新丨文畢發注○丨樂先王
之正樂也禮記樂記吾端冕而聽丨樂注○丨文謂
孔子壁中書也後漢盧植傳注○丨
度樹也文選吳都賦松梓丨度劉注

股 脛本曰丨詩采菽赤芾在丨箋又國語吳語將還
玩吳國於丨掌之上注又莊子在宥禹于是乎丨

無胈釋文○膝上爲丨太元元數九體三爲丨胈注
○丨脛也廣雅釋親○丨脚也淮南墬形有修丨民
注奇丨民注○丨猶末也周髀算經上以髀爲丨注
○丨固也爲强固也釋名釋形體○巽爲丨易說卦
傳姤羸豕孚蹢躅侯注象上傳跛而履侯注象下傳
咸其丨虞注○丨胈謂手臂也後漢何敞傳注○丨
胈猶手足也後漢臧洪傳注○元丨髀以下盡黑山
海經海外東經元丨之國注○元丨自髀以下如漆
山海經大荒東經有國日元丨注○長丨之國一曰
長脚山海經海外西經○丨鳴蚣蝑動丨屬考工記
梓人以丨鳴者注○丨胈臣也廣雅釋詁一○丨謂
近轂者也考工記輪人參分其丨圍司農注○丨磬
之上大者考工記磬氏丨爲二司農注○展方之匝
而爲丨周髀算經上數之法出於圓方注○丨古文
骰同一切經音義十四○易明夷夷于
左丨釋文丨馬王肅本作般姚本作槃

羖｜夏羊牝｜爾雅釋畜○｜夏羊牝爾雅釋畜釋文
引字林○｜夏羊｜羺也亦羯也一切經音義十
四引三蒼○｜羊之性牝牡有角詩賓之初筵
俾出童｜箋○｜羊不童也詩賓之初筵傳
賈｜市也爾雅釋言又詩谷風｜用不售釋文又國
語晉語以寵｜怨注不以安｜貳注○｜買也左
氏桓十年傳若之何其以｜害也注成二年傳｜余
餘勇注○｜賣周書命訓極賞則｜其上注○｜讎
也漢書敘傳上集注引劉德○｜求也國語晉語謀
於衆不以｜好注○｜價也小爾雅廣言○｜固也
廣雅釋言○｜之爲言固也固其有用之物以待民
來以求其利者也白虎通商賈○行曰商處曰｜周
禮大宰六曰商｜阜通貨賄注○正曰｜白虎通商
賈○坐販曰｜漢書食貨志上集注韓信傳集注胡
建傳集注○居賣曰｜文選魏都賦不鬻邪而豫｜
劉注○居賣貨曰｜周禮司市以商｜阜貨而行布

注○行者爲｜文選西京賦商｜百族薛注○｜主
市買知物｜周禮天官序官｜八人注○｜師定物
｜周禮地官序官胥師｜師注○｜人知物善惡者
也禮記少儀致廢衣於｜人注○｜田在市｜人其
家所受田也周禮載師以宅田士田｜田任近郊之
地注○｜田者吏爲縣官賣財與之田周禮載師司
農注○論語子罕求善
價而｜諸漢石經作沽
蠱｜事也易蠱釋文又廣雅釋詁三又漢書五行志
下之上集注引韋昭又後漢譙元傳注○｜者事
也易序卦傳彖上傳｜元亨而天下治也荀注○｜
者有事而待能之時也易象上傳｜注○｜則飭也
易雜卦傳○｜疑也爾雅釋詁○｜惑也易蠱釋文
左氏莊廿八年傳楚令尹子元欲｜文夫人釋文又
後漢和帝陰皇后紀注又文選西京賦挾邪作｜薛
注○｜惑亂也易蠱伏曼容注○｜惑疾左氏昭元

年傳疾如｜注○｜化也國語晉語將以驪姬之惑
｜君而誣國人注○｜媚也文選西京賦妖｜豔夫
夏姬注○｜音冶謂妖麗也後漢張衡傳注○｜淫
也太元止用止狂｜注○｜亂也易蠱釋文○不｜
令人不逢妖邪之氣或曰｜｜毒山海經南山經青
邱之山有獸如狐而九尾食者不｜注○｜蠹之類
周禮翦氏凡庶｜之事注○｜謂｜物病害人也華
嚴經音義上引聲類○毒｜毒物而病害人者周禮
庶氏掌除毒｜注○康謂之｜爾雅釋器○穀之飛
亦爲｜左氏昭元年傳○在周易女惑男風落山謂
之｜同上○於文皿蟲爲｜同上○蟲皿爲｜國語
晉語○器受蟲害者爲｜左氏昭元年傳皿蟲爲｜
注○穀蟲曰｜論衡商蟲○｜弋者反蟲行毒也一
切經音義十四引聲類○｜與冶通後漢馬融傳注
○｜音古護反一切經音義引字林○｜音固一切
經音義引字林○詩思齊烈假不瑕漢唐公房碑作

厲｜
不遐
土｜吐也能吐生萬物也釋名釋天○｜吐也吐生
萬物也釋名釋地○｜主吐含萬物｜｜之爲言吐
也白虎通五行○｜能吐生百物故曰｜｜書周官司
空掌邦｜傳○能吐生萬物者曰｜｜書禹貢禹敷｜
鄭注○｜｜之爲言吐也古微書引春秋元命苞○｜
猶吐也周禮大司徒辨十有二壤之物注○｜瀉也
廣雅釋言○｜者最大苞含白虎通五行○中央者
｜君官也春秋繁露五行相生○｜者君之官也春
秋繁露五行相勝○｜者五行之主也春秋繁露五
行之義○｜五行之中也同上○｜爲中漢書王莽
傳中集注○｜者五行之子也春秋繁露五行對○
｜水之牡也水經洛水注引魏略○｜戊也漢書王
莽傳中音義引春秋說○戊己四季｜也淮南天文
○｜生于寅壯于午死于戌三辰皆｜也淮南天文

○丨者夏中春秋繁露五行逆順○丨爲季夏春秋
繁露五行對○陰爲丨易說卦傳艮爲山宋注○坤
爲丨易臨甘臨虞注賥見冢負塗虞注又後漢魯恭
傳注○坤爲積丨易泰城復于隍虞注○宮爲丨漢
書律厤志上○思心曰丨洪範五行傳厥罰恒風注
○色別曰丨御覽引蔡邕月令章句○徐州貢丨五
色色有青黃赤白黑也釋名釋地○山林川澤邱陵
墳衍原隰謂之五丨後漢明帝紀注○十二丨分野
十二邦上繫十二次各有所宜也周禮大司徒辨十
有二丨之名物注○丨田也爾雅釋言○丨壤也呂
覽辯士於其施丨注○丨瓦礫也呂覽貴生其丨苴
以治天下注○郭外爲之丨閭管子度地○地大而
不理命曰丨滿管子霸言○皇子封爲王者受天子
之社丨以所封之方色東方受青南方受赤苴以白
茅授之歸國以立社故謂之受茅丨獨斷下○丨謂
社也公羊僖卅一年傳諸侯祭丨注○冢丨社也書

泰誓上宜于冢丨傳○冢丨大社也詩緜乃立冢丨
傳又王肅注又爾雅釋天乃立冢丨注○后丨社也
書武成告于皇天后丨傳又禮記檀弓上君舉而哭
於后丨注○后丨社神也周禮大祝先告后丨注○
丨者地祇陰性澄靜後漢郎顗傳下○丨塤也太元
元掜革木丨金注又周禮大師金石丨革絲木匏竹
注○丨鼓以瓦爲匡以革爲兩面可擊也周禮籥章
掌丨鼓豳籥杜注○丨周垔周也禮記曾子問下殤
丨周注○丨梗丨人也莊子田子方直丨梗耳釋文
引司馬注○丨苴如糞草也莊子讓王其丨苴以治
天下釋文引司馬注○丨苴糟魄也莊子讓王釋文
引李注○司營者丨也春秋繁露五行相生○丨師
卽司空也管子五行奢龍辯乎東方故使爲丨師注
○丨居也詩緜自丨沮漆傳○丨猶度也考工記玉
人以致日以丨地注○丨地猶度地也周禮典瑞封
國則以丨地注○丨其地猶言度其地周禮大司徒

以丨圭丨其地注○丨地猶度地知東西南北之深
周禮土方氏以丨地相宅注○丨平地也周禮掌節
丨國用人節注○丨其地但爲正四方耳周禮大司
徒司農注○丨揖推手小下之也周禮司儀丨揖庶
姓注○丨無心者也莊子在宥今夫百昌皆生於丨
而反乎丨注○丨苴無心之貌莊子讓王釋文○丨丨
螽蠰谿爾雅釋蟲○易象上傳百穀草木麗乎丨一
切經音義六作百穀草木麗於地○詩元鳥宅殷丨
芒芒史記三代世表作殷社芒芒○詩
長發相丨周禮校人注引世本作相士

吐 丨棄也亦寫也一切經音義十一引蒼頡○丨瀉
也廣雅釋言○丨瀉也故揚豫以東謂瀉爲丨也
釋名釋疾病○丨猶出也後漢翟酺傳注○丨京
郎土軍縣胡漢譯言音爲訛變矣水經河水注○丨
谷渾者始是東燕慕容之枝庶因
氏其字以爲首類之種號也同上

譜 譜牒也廣雅釋言○丨布也布列見其事也亦曰
緒也主緒人世類相繼如統緒也釋名釋典藝○
丨布也史記三代世
表不可得而丨正義

圃 丨園也左氏哀十五年傳舍於孔氏之外丨服注
又左氏昭十二年傳我有丨生之杞乎釋文又孟
子告子上今有場師注又莊子天地方將爲丨畦釋
文又楚辭涉江吾與重華遊兮瑤之丨注○丨園名
左氏隱十一年傳齊於社丨注哀十五年傳注○丨
農丨也呂覽尊師治唐丨注○丨菜園也詩東方未
明折柳樊丨傳○樹菜蔬曰丨詩東方未明釋文又
禮記射義孔子射於矍相之丨丨注又論語子路請學
爲丨集解引馬注○菜蔬曰丨莊子天地方將爲丨
畦釋文引李注○種菜曰丨論語子路皇疏又一切
經音義一引蒼頡解詁○丨者種菜之事也論語子
路皇疏○樹果蓏曰丨周禮大宰二曰園丨毓草木

注〇丨樹果蓏之屬季秋於中爲場周禮載師以場
丨任園地注〇春夏爲丨詩七月九月築場丨傳〇
有草曰丨文選吳都賦遭藪爲丨劉注〇丨野也楚
辭惜賢覽芷丨之蠢蠢注〇丨之言布也論語子路
皇疏〇丨大也詩車攻東有甫草韓詩又國語周語
藪有丨草注〇丨博也文選東京賦注引韓詩章句
〇丨補也从口甫聲御覽八百廿四引風俗通〇鄭
有丨田爾雅釋地〇丨田鄭之藪澤也列子天瑞居
鄭丨丨釋文〇丨田在中牟周禮職方氏其澤藪曰丨
田注〇公羊定八年傳將殺我于蒲丨釋文丨本作
甫〇左氏襄廿八年傳石丨史記十二諸侯表作傅
左氏襄廿八年傳石丨史記衞世家作石曼専索隱
作磚或
作専

庾 丨積也漢書食貨志下集注〇丨露積穀也詩甫
田曾孫之丨箋又國語周語野有丨積注〇丨裕

也言盈裕也露積之言也盈裕不可勝受所以露積
之也釋名釋宮室〇露積曰丨詩楚茨我丨維億傳
〇在野曰丨史記孝文紀發倉丨集解引胡公〇水
漕倉曰丨史記孝文紀集解引應劭〇丨倉無屋也
史記孝文紀索隱引郭注三蒼〇丨倉也廣雅釋室
〇丨屋如稟丨者荀子正名屋室廬丨葭稾蓐尚机
筵而可以養形注〇十六斗爲丨左氏昭廿六年傳
粟五千丨賈注又論語雍也與之丨集解引苞注〇
十六斗曰丨國語周語野有丨積注引唐尚書〇丨
十六斗也左氏昭廿六年傳注又論語雍也皇疏〇
丨實二斛厚半寸脣寸考工記陶人〇往體多來體
寡曰夾丨周禮司弓矢夾弓丨弓注〇丨讀如請益
與之丨之丨考工記陶人注〇丨讀庾周禮司弓矢
釋文〇爾雅釋草蒣丨草釋文丨本作蕍〇淮南修
務司馬丨高
注丨或作唐

戶 一扇曰丨兩扇曰門又在於堂室曰丨在於宅區
域曰門一切經音義十四引字書〇丨護也所以
謹護閉塞也釋名釋宮室〇丨護也廣雅釋詁四〇
丨止也左氏宣十二年傳屈蕩丨之注又小爾雅廣
詁〇丨主也漢書王嘉傳集注〇丨室丨也儀禮聘
禮設于丨西西陳注〇丨者人所出入白虎通五祀
〇坤爲丨易訟其邑人三百丨虞注坎內約自牖虞
注節不出丨庭虞注〇坤爲闔丨易觀闚觀虞注豐
闚其丨虞注〇赤綴丨也大戴記盛德〇三丨地名
也水經濁漳水注引張晏〇莊子讓王石丨之農釋
文丨本亦作后〇易繫辭上傳闔丨謂之坤〇一切經
音義十九作閤門謂之坤〇莊子大宗師子桑丨山
木作虖楚辭風
俗通並作扈

樹 丨立也公羊僖三年傳無易丨子注又孟子告子
下無易丨子注又荀子富國如是則人有丨事之

患而無爭功之禍矣注議兵固塞不丨注又莊子逍
遙游猶有未丨立也釋文〇丨種也廣雅釋地又孟
子滕文公上丨藝五穀注又離騷又丨蕙之百畮注
招魂蘭薄戶丨注〇丨種也國語晉語丨於有禮注
〇丨栽植荀子子道耕耘丨藝注〇丨藝種丨及桑
柘也荀子王制閒丨藝注〇丨羽置羽也詩有瞽崇
牙丨羽傳〇丨杠也廣雅釋器〇丨
子嫡子穀梁僖九年傳毋易丨子注

煦 丨暖也文選演連珠注引韓詩章句又太元釋圜
丨丨釋注

貐 丨讀疾除瘉之瘉貐丨獸名也狀若龍首或曰似
貍善走而食人在西方也淮南本經貐丨鑿齒注
〇丨七父反爾雅釋獸釋文引字林
〇爾雅釋獸貐丨釋文丨本作貐

虓 丨猛象秋嚴周禮大宗伯以白丨禮西方注〇子
男於諸侯則享用丨璜周禮小行人丨以繡璜以

鵂注○禮記禮器丨璜爵釋文丨本作虎

怙 丨恃也詩鴇羽父母何丨傳又周書謚法又爾雅釋言○丨亦恃也後漢鄭泰傳注○丨賴也詩蓼莪無父何丨釋文引韓詩

岵 丨山巔也後漢馬融傳注引字林

蒟 丨丨醬也文選蜀都賦丨蒻茱萸劉注

仵 丨古文牾遻迕三形一切經音義十三

醹 丨厚酒也女父反詩行葦釋文引字林○丨厚也詩行葦酒醴維丨傳

楰 丨鼠梓詩南山有臺北山有丨傳又爾雅釋木○丨楸屬也詩南山有臺釋文又爾雅釋木注

珇 丨好也方言十三又廣雅釋詁一○丨美也方言十三又廣雅釋詁一

簍 丨篆也篆小者南楚謂之丨方言十三○丨篆也廣雅釋器○拘丨篝也廣雅釋器

滷 丨苦也爾雅釋言○丨苦地也爾雅釋言注

謱 謰丨拏也南楚曰謰丨方言十○謰丨不正貌楚辭疾世謀女詘兮謰丨注

弣 丨弓把也儀禮大射儀見鏃於丨注○丨把中禮記曲禮上左手承丨注○丨柄也廣雅釋器○弓中央曰丨丨撫也人所撫持也釋名釋兵

罟 丨網也詩小明畏此罪丨傳又國語魯語里革斷其丨而棄之注又後漢張衡傳注又文選射雉賦褰微丨以長眺徐注○丨罔也詩兔罝傳兔丨也釋文又周禮獸人掌丨田獸注○丨猶网也易繫辭下傳作結繩而爲罔丨釋文引馬姚注○丨細網淮南說山好魚者先具丨與罛注○丨魚網也淮南原道因江海以爲丨注○魚丨謂之丨爾雅釋器○罔謂之丨廣雅釋器○丨罔之通名莊子胠篋丨罔之所布釋文○丨罔之總名禮記中庸丨擭陷阱釋文○數丨密網也孟子梁惠王上數丨不入洿池注○丨魚丨也呂覽上農罛丨不敢入於淵注○魚丨捕魚具也爾雅釋器李注○取魚曰丨易繫辭下傳釋文引黃注○離爲丨易繫辭下傳上古結繩而治虞注

肚 胃謂之丨廣雅釋親

嫵 頫妍美曰丨媚丨七府反御覽三百八十一引通俗文○頫輔謂之丨媚史記司馬相如傳丨媚姌嫋索隱引通俗文○丨媚悅也史記司馬相如傳索隱引埤蒼○丨好也廣雅釋詁二

齲 丨齒朽也蟲齧之齒缺朽也釋名釋疾病○丨病也廣雅釋詁一○丨齒重生也一切經音義十五引蒼頡○丨齒笑者若齒痛不忻忻後漢梁冀傳注

枸 丨枳丨詩南山有臺南山有丨傳○丨櫞音矩緣北戶錄注引字林

斞 鍾十曰丨廣雅釋器○丨量也廣雅釋詁三○丨讀曰臾莊子田子方斔斛不敢入于四竟釋文引司馬注

冔 丨殷冠也詩文王常服黼丨傳○丨名出於幠幠覆也言所以自覆飾也儀禮士冠禮記殷丨注

鄔 丨太原縣也爾雅釋地釋文引字林○丨澤呂氏春秋謂之大陸又名之曰漚洟之澤許慎說文曰漹水即此水也水經汾水注○丨乙祛反左氏昭廿八年傳釋文引字林○丨音於左氏襄廿八年傳釋

文引三
蒼解詁
【眘】丨視也廣雅釋詁一○丨窺也廣雅釋言
【噳】噳噳衆也廣雅釋詁○丨丨然衆也詩韓奕麀鹿
丨丨傳○詩韓奕釋文丨本作麌
【⿱艹虞】丨草也廣雅釋草○丨于古反爾雅釋草釋文引
字林
【輔】丨俌也爾雅釋詁○丨助也廣雅釋詁二又國語
周語王又章丨禍亂注又漢書張湯傳集注又呂
覽愼行齊晉又丨之注○丨猶助也國策秦策士倉
又丨之注○丨佐也離騷覽民德焉錯丨注○丨相
也呂覽介立爲之丞丨注○丨正也呂覽重言有丨
王室之固注又淮南脩務立三公九卿以丨翼之注
○丨相助也易象上傳丨相天地之宜鄭注○誠立
而敢斷丨善而相義者謂之丨丨者丨天子之意者

也賈子保傅○有能比知同力率羣臣百吏而相與
彊君撟君君雖不安不能不聽遂以解國之大患除
國之大害成於尊君安國謂之丨荀子臣道○有能
比和同力率羣下相與彊矯君君雖不安不能不聽
遂解國之大患除國之大害成於尊君安國謂之丨
說苑臣術○相道爲丨國語越語憎丨遠弼注○丨
然相親附之貌荀子非十二子丨然注○左曰丨禮
記文王世子正義引書大傳○丨卿也大戴記千乘
○丨副介也國策秦策王令向壽丨行注○丨副使
也孟子公孫丑下王使蓋大夫王驩爲丨行注○丨
府史庶人在官者也周禮大宰置其丨注○丨爲民
之平也周禮大宰司農注○丨頰也呂覽權勳若車
之有丨注○丨頰丨左氏僖五年傳諺所謂丨車相
依注○丨上頷也易咸咸其丨丨釋文引馬注○丨上
頷車也與牙相依左氏僖五年傳服注○丨面頰骨
上頰車者也易艮艮其丨虞注○頤或曰丨車言其

骨彊所以丨持口也釋名釋形體○骸下爲丨素問
骨空論○丨小木爾雅釋木○三丨謂京兆左馮翊
右扶風後漢光武紀上注○易咸咸其丨釋文丨虞
作酺○書湯誓爾尚丨予一人史記殷本紀作爾尚
及予
一人
【組】丨綬也廣雅釋器又後漢班彪傳上注蔡邕傳下
注邊讓傳注又楚辭招魂放敶丨纓注又文選東
京賦紆皇丨薛注○丨綬類書禹貢厥篚元纁璣丨
傳○丨雜色丨綬所以繫象環家語終記珮象環徑
五寸而綦丨綬注○丨紃文紛綬之屬也國策宋策
束丨三百緄注○丨者天子之黻也史記秦始皇紀
子嬰卽係頸以丨集解引應劭○丨文也書禹貢厥
篚元纁璣丨馬注○丨綫也詩采蘋序織紝丨紃釋
文○丨織丨也詩簡兮執轡如丨傳○丨甲以丨貫
甲也管子五行衍丨甲厲兵注○丨縢以丨飾之及

紛帶也禮記少儀甲不丨縢注○如丨者如丨織之
爲也詩大叔于田執轡如丨箋○丨似丨東海有之
爾雅釋草○丨綬也海中草生彩理有象之者因以
名云爾雅釋草注○食獵犬丨羊裘者言趣饗戰鬬
之士而繕甲兵也列女傳仁智○丨紺亦曰諸盩禮
記中庸注丨紺以上釋文○丨讀丨織之丨呂覽先
已執轡
如丨注
【乳】丨生也廣雅釋詁一又史記扁鵲倉公傳懷子不
丨索隱○胎生曰丨丨文選東征賦注引尸子○丨
字也一切經音義二引蒼頡○丨產也漢書刑法志
集注外戚傳下集注又後漢劉陶傳注樊噲傳注又
呂覽音初主人方丨注
○湩謂之丨廣雅釋器
【弩】丨怒也有執怒也釋名釋兵○丨箙盛弓箭器晉
書音義上○凡人語而過謂之過東齊謂之劍或

謂之丨丨猶怒也方言一○楚東海之閒卒謂之丨父方言三○五丨山蓋膠山之殊名也水經膠水注

補 丨完也廣雅釋詁四○丨謂彌縫其闕荀子臣道事暴君者有丨削無撟拂注○丨益也漢書董仲舒傳集注○丨謂改也大戴記曾子立事疾其過而不丨也注○丨衣弊衣也呂覽順說田贊衣丨衣注○丨遂國名也國策秦策神農伐丨遂注○國策秦策神農伐丨遂後語作輔遂

魯 丨鈍也論語先進參也丨集解引孔注又後漢延篤傳注○丨丨鈍也禮記檀弓下容居丨人也注○丨遲鈍也論語先進皇疏○丨質勝文也論語先進皇疏引王弼○丨道也廣雅釋詁三○丨丨鈍也國多山水民性樸丨也釋名釋州國○丨亦地名周書殷祝徙干丨注○丨山古翼際山也水經江水注○丨雞大雞也莊子庚桑楚丨雞固能矣釋文引向注○丨雞蜀雞也莊子庚桑楚釋文○丨與鹵同文選贈五官中郎將詩小臣信頑鹵注○史記仲尼弟子傳冉孺字子丨一本作子曾

櫓 丨大楯左氏襄十年傳蒙之以甲以爲丨注○鹵大楯也封氏聞見記○櫓盾也廣雅釋器○鹵楯也史記秦始皇紀流血漂鹵集解引徐廣○干丨小楯大楯也禮記儒行禮義以爲干丨注○鹵以甲爲之所以扞敵封氏聞見記○丨大戟家語儒行禮義以爲干丨注○甲楯有先後部伍之次皆著之簿籍天子出入則按次導從故謂之鹵簿耳封氏聞見記○天子出車駕次第謂之鹵簿獨斷下○城上守禦曰丨也華嚴經音義上引切韻○丨露也露上無屋覆也釋名釋宮室○丨望樓文選上林賦泰山爲丨郭注○丨郎樓也後漢南匈奴傳注○樐郎丨字後漢公孫瓚傳注○鹵字亦作丨音義同封氏聞見記○鹵又作樐音義同同上

艣 通作櫓○在旁曰櫓櫓旅也用旅力然後舟行也釋名釋船

覩 睹同○丨見也易文言傳聖人作而萬物丨虞注又廣雅釋詁三○睹見也史記大宛傳惡睹本紀所謂崑崙者乎索隱又文選東京賦仰不睹炎帝帝魁之美薛注○丨視也廣雅釋詁一又華嚴經音義上引珠叢○睹視也呂覽召類使史黙往睹之注○睹示也莊子秋水今我睹子之難窮也釋文引崔注○睹古丨字漢書武帝紀集注○國策魏策文侯謂丨師贊後語作堵師贊

豎 俗作竪○丨未冠者也國語楚語使富都那丨贊焉注○丨未冠者之官名周禮天官序官內丨注○丨內丨國語晉語使丨襄搏之注○丨小臣也左氏昭四年傳遂使爲丨注○丨左右小吏左氏僖廿四年傳晉侯之丨頭須注○丨小使也淮南人閒丨陽穀奉酒而進之注○丨者僮僕之稱史記酈生陸賈傳沛公罵曰丨儒索隱○丨者言賤劣如僮丨後漢王允傳注○豎通內外之命家語正論以牛爲內豎注○丨褐僮丨之褐亦短褐也荀子大略衣則丨褐不完注○丨褐小襦也史記秦始皇紀寒者利丨褐集解引徐廣○丨立也廣雅釋詁四○豎亥健行人山海經海外東經帝命豎亥步自東極至于西極注○丨籀文作豎一切經音義七○史記仲尼弟子列傳燕人周子家丨漢書儒林傳作周醜子家○左氏僖廿四年傳丨頭須注一曰里鳧須

腐 丨朽也詩大東箋將濕丨不中用也釋文又後漢王充王符仲長統傳注○丨敗也廣雅釋詁三○丨臭敗也呂覽盡數流水不丨注○丨亦爛也史記刺客傳此臣之日夜切齒丨心也索隱○丨臭也廣雅釋器又楚辭離世淹芳芷於丨井兮注愍命反以茲爲丨也注○丨髊骨也淮南泰族雖有丨髊流澌

注

鹵丨鹹土也易說卦爲剛丨釋文○地不生物曰丨丨爐也如爐火處也釋名釋地○兌爲剛丨易說卦傳○中國曰大原夷狄曰大丨穀梁昭元年傳○廣延曰大丨古徵書引春秋說題辭○丨莽猶麤粗也莊子則陽釋文引司馬注○丨莽滅裂輕脫末略不盡其分莊子則陽君爲政焉勿丨莽治民焉勿滅裂注○丨奪也方言十二○丨抄掠也史記吳王濞傳丨御物集解引如淳○丨大漂也國策中山策血流漂丨注○丨與虜同史記高帝紀毋得丨掠集解引應劭○左氏昭元年經敗狄于大丨公穀作大原

數丨計也國語晉語知右行子辛之能以丨宣物定功也注又漢書元后傳集注○丨猶計也周禮廩人以歲之上下丨邦用注○丨計丨也後漢荀彧傳注○丨算計也列子湯問灼其骨以丨焉釋文○丨

閩丨也荀子王霸不足丨於大君子之前注○丨賚也廣雅釋詁一○丨責也漢書項籍傳集注陳餘傳集注司馬相如傳下集注主父偃傳集注又後漢公孫述傳注又列子周穆王後世其追丨吾過乎釋文○丨讓國策秦策使韓倉丨之注

薄丨書也荀子正名然而徵知必將待天官之當丨其類然後可也注○丨文記也後漢鍾離意傳注○丨謂丨書漢書張釋之傳集注○丨郎牘也史記絳侯周勃世家乃書牘背示之索隱○勞或曰丨言可以丨疏物也釋名釋書契○丨領謂文丨而記録之文選劉公幹雜詩沈迷丨領書注○天子出車駕次第謂之鹵丨獨斷下○笛謂之丨廣雅釋器○丨晉主丨之丨漢書周勃傳集注引如淳張湯傳集注引蘇林翟方進傳集注

姥媽毋也今以女老者爲丨也一切經音義十三引字書

普丨傅也漢書王褒傳集注○丨偏也漢書揚雄傳下集注又孟子萬章上丨天之下注又文選高唐賦廣矣丨矣注○丨大也儀禮士虞禮記丨淖注少牢饋食禮丨淖注又漢書司馬相如傳下集注又淮南本經丨氾無私注○丨博施也文選西京賦皇恩溥薛注○丨薦鋼羹儀禮士虞禮記丨薦注○丨淖黍稷也儀禮士虞禮記丨淖注少牢饋食禮丨淖注

拊丨拍也左氏襄卅五年傳公丨楹而歌釋文又史記秦始皇紀執捶丨以鞭笞天下集解引徐廣○丨擊也廣雅釋詁三又國策衛策丨驂無笞服注又楚辭東皇太一揚枹兮丨鼓注○丨亦擊也書舜典予擊石丨石傳○丨者擊石周禮小師擊丨司農注○丨謂擊剥之也管子禁藏毋丨卵注○丨猶撫也

家語曲禮子夏問無丨膺注○丨撫慰勉之左氏宣十二年傳丨而勉之注○丨末也廣雅釋詁一○丨疾也方言十二又廣雅釋詁一○丨形如鼓以韋爲之著之以糠周禮大師擊丨注○丨樂器名荀子禮論縣一鍾尚丨之膈注○丨一名相丨所以輔樂相亦輔之義荀子禮論注○柎側骨考工記弓人於挺臂中有柎焉故剽注○丨謂把禮記少儀削授丨注○故書丨爲付周禮大師擊丨注○丨與撫同荀子富國丨循之注○爾雅釋訓辟丨心也釋文丨本亦作撫○莊子人間世而丨之不時釋文丨崔本作府

侮丨慢也後漢杜詩傳注又呂覽遇合是丨也注○丨輕也廣雅釋詁三○丨輕慢也禮記曲禮不侵丨釋文○丨傷也廣雅釋詁三○丨陵也左氏昭元年傳不丨鰥寡注○丨猶病也淮南說林故丨人之鬼者過社而搖其枝注○丨上者逆之道也說苑權謀○丨佚貪功慕勢之貌家語弟子行不丨不佚注

○|婢也廣雅釋詁四○秦晉之間罵奴婢曰|方言三○侮古!字漢書五行志中之下集注陳平傳集注淳于長傳集注外戚傳下集注○姆古|字漢書張良傳集注賈誼傳集注○|古文侮同一切經音義三○|食古本作晦食文選王元長曲水詩序|食來王注

五 |陽爻也後漢楊震傳注○|圭音大戴禮記易本命○|爲音家語執轡○|諸侯星名也後漢獻帝紀注○|噣詩小星三|在東傳○|百猶今之問事也後漢禰衡傳注○|貫當爲午貫周禮壺涿氏則以牡橭午貫象齒而沈之杜注○故書或云命圭|寸謂之躬圭杜子春云當爲七寸元謂|寸者璧文之闕亂存焉考工記玉人命圭七寸謂之躬圭注○左氏成十七年傳晉夷羊|國語晉語作夷陽午漢書古今人表作羊魚
○孫叔敖碑伍舉作|舉

廡 |堂下周屋也御覽一百八十一引聲類又後漢梁鴻傳注○|堂下晉書音義上○|廊下周屋也後漢侯覽傳注○|廊屋也後漢順帝紀注靈帝紀注○|屋也後漢張酺傳注○|舍也廣雅釋室○|序也文選蜀都賦千|萬屋劉注○大屋曰||憮也憮覆也釋名釋宮室○大曰|管子國蓄夫以室|籍謂之毁成注○|豐也書洪範庶草蕃|傳又國語晉語不能蕃|注○|盛也文選東京賦草木蕃|薛注○書洪範庶草蕃|說文林部作庶艸緐無○|籀文作廡一切經音義四

斧 |所以斷者也易巽喪其資|注○隋斧曰|詩破斧旣破我|傳○|甫也甫始也凡將制器始用|伐木己乃制之也釋名釋用器○|之爲言補也古微書引春秋元命苞○離爲|易巽喪其齊|虞注○離爲資|易旅得其資|虞注○|鉞軍器也國語魯語其次用|鉞注○|鉞大刑也國語周語有|鉞刀墨之刑注○|斤謂刑戮也後漢蔡茂傳注○|柯者征伐之柄也太元衆|刃鈇其柯折注○|謂之黼爾雅釋器○|謂之黼白黑文也禮記檀弓上加|于椁上注○|謂之黼其繡白黑采以絳帛爲質周禮司几筵王位設黼依注○白與黑謂之|文選東京賦負|扆薛注○|依爲|文屏風於戶牖之間禮記明堂位天子負|依注○|藻猶|刻桷丹楹之飾法言學行吾未見好|藻其德注

聚 ○|衆也左氏成十三年傳我是以有輔氏之|注○|共也國語晉語|居異情注○|猶共也禮記曲禮上故父子|麀注○|猶具也考工記工人六材既|注○|叢也小爾雅廣詁○|集也太元元衡○萃雜集也東齊曰|方言三○|積|也左氏哀十七年傳陳人恃其|注○|斂也公羊襄卅年傳諸侯相|注○|凥也廣雅釋詁二○|者堅也素問病能論○|塞也廣雅釋詁三○|事虛太

元元錯○|凡畜|之物也周禮委人以稍|待賓客注○|財衆也國語晉語而俾守天|者必武族也注○坤爲|易象下傳|以正也虞注○坎爲|易豫朋盍哉虞注○五部命之曰|管子乘馬○小於鄉曰|後漢劉平傳注○小曰|後漢劉元傳注○|猶村落之類也史記秦本紀并諸小鄉|正義○|僂器名也今冢壙中注爲之莊子達生|僂之中則爲之釋文引司馬注○|僂棺椁也莊子達生釋文○|或爲最禮記樂記會以|衆注○|當作菆莊子達生釋文○易萃|以正釋文|荀本作取○周禮獸醫注節趨|之節也釋文|本作驟○左氏哀廿七年傳齊顏涿|說苑正諫作燭趨晏子春秋外篇
作燭鄒

午 凡物交橫爲|史記項羽紀楚蠭起之將索隱○一從一橫曰|儀禮大射儀度尺而|注○|割

從橫割之儀禮特牲饋食禮記丨割之注〇丨忤也
廣雅釋言〇丨者忤也淮南天文〇丨其衆逆其族
類也禮記哀公問丨其衆以伐有道注〇丨忤也陰
氣從下上與陽相忤逆也釋名釋天〇大歲在丨曰
敦牂爾雅釋天〇丨物滿長白虎通五行〇丨火也
漢書王莽傳上集注引張晏〇丨火也其禽馬也論
衡物勢〇丨馬也同上〇丨爲定淮南天文〇丨讀
爲迕荀子富國丨其軍注〇故書丨爲五周禮壺涿
氏則以牡橭丨貫象齒而沈之注〇禮記哀公問釋
文丨王肅本作迕〇楚公子丨字子庚左氏襄十二
年注

伍 五人爲丨周禮小司徒族師夏官序官宮正會其
什丨而教之道藝注諸子合其卒丨注又禮記燕
義合其卒丨注又左氏哀十一年傳林不狃之丨注
又白虎通三軍又漢書刑法志集注鼂錯傳集注又

後漢宣秉傳注仲長統傳注〇丨丨一比周禮夏官序
官五人爲丨注〇百二十乘爲丨左氏昭元年傳丨
於後服注〇丨丨長也後漢馬融傳上注〇丨兵名
周書武順五五二十五曰元卒注〇丨丨兩卒旅師軍
皆衆之名周禮小司徒五人爲丨五丨爲兩四兩爲
卒五卒爲旅五旅爲師五師爲軍注〇軍師旅卒兩
丨皆衆名也周禮夏官序官凡制軍注〇五戶爲丨
周書大聚〇五家爲丨管子立政乘馬又鶡冠子王
鈇又後漢仲長統傳注〇五家爲丨以五爲名也釋
名釋州國〇丨謂大夫五人周禮大宰傳其丨注〇
丨謂類丨素問三部九候論參丨不調者病注〇丨
謂偶合也管子七臣七主事無常而法令申不許則
國失勢注〇丨猶列也漢書外戚傳上集注〇丨當
也後漢曹節傳注〇丨參猶錯雜也荀子議兵欲丨
以參注〇許古丨字管子七臣七主注〇易繫辭上
傳參丨以變漢書律厤志上作參五呂變〇左氏宣

十二年傳丨參漢書古今人表作五參〇左氏昭十
九年傳丨奢廣韻五字注作五奢〇左氏昭廿年傳
丨尚廣韻注引
風俗通作五尚

鬴 同釜〇有足曰錡無足曰釜詩采蘋維錡及釜傳
〇無足曰釜左氏隱三年傳筐筥錡釜之器注〇
量六斗四升曰丨考工記陶人爲甗實二丨注〇六
斗四升曰丨周禮㮚人人四丨注〇六斗四升曰釜
也論語雍也與之釜集解引馬注〇釜六斗四升左
氏昭三年傳注〇丨六斗四升也考工記㮚氏量之
以爲丨注〇釜容六斗四升也論語雍也與之釜皇
疏〇區四謂之釜小爾雅量〇區四曰釜廣雅釋器
〇四區爲釜左氏昭三年傳豆區釜鍾注〇四區曰
丨考工記㮚氏量之以爲丨注〇五鍾爲釜管子輕
重丁今齊西之粟釜百泉注〇坤爲釜易說卦傳〇
釜炙於釜汁中和熟之也釋名釋飲食〇丨古文釜

字漢書五行志中之下集注引晉灼匈奴傳下集注
西域傳下集注〇禮記禮運注未有釜甑釋文釜本
作丨

縷 丨纑也廣雅釋器〇丨綫也楚辭招魂秦篝齊丨
注〇丨帛也管子侈靡故爲禱朝丨緜注〇丨紩
鎧甲之丨也孟子盡心下有布丨之征注〇丨䚯丨
也文選七發固未能丨形其所由然也注〇丨讀爲
柳蔞字誤爲丨字耳荀子禮論無帾絲歶丨翣其
須丨注〇爾雅釋草注一名結丨釋文丨本亦作䕎
丨軍之丨伍也文選羽獵賦淩淫蹩丨注〇丨猶

部 領也後漢橋元傳注〇丨將謂軍丨之下小將也
後漢寇恂傳注〇丨皆謂本經絡之所丨分素問皮
部論視其丨中有浮絡者注〇丨分謂藏府之位可
占候處素問陰陽應象大論審清濁而知丨分注〇
五暴命之曰丨管子乘馬〇方丨四方州丨也文選

安陸昭王碑文監督方丨之數注○司天之九丨主
九域之丨界山海經西山經司天之九丨注○丨者
皁之類也風俗通山澤○釋丨內典也文選北山移
文談空空於釋丨注○丨當爲剖荀子王霸如是則
夫名聲之丨發於
天地之閒也注

柱 楹謂之丨禮記明堂位殷丨鼓注又廣雅釋室○
丨楣所謂梁闇儀禮喪服傳翦屏丨楣注○丨住
也釋名釋宮室○丨枝也文選靈光殿賦注引蒼頡
○丨距也廣雅釋器○丨塞也莊子徐無鬼藜藿丨
乎鼪鼬之逕釋文引司馬注○丨猶起高也山海經
大荒東經上有扶木丨三百里注○丨石承塵梁也
後漢伏湛傳注○丨國楚官猶秦之相國也後漢崔
駰傳注○丨相國是也列女傳辯通○丨天者若天
之丨也後漢齊武王縯傳注○厎丨山名書禹貢東
至于厎丨傳○砥丨山名也河水分流包山而過山

見水中若丨然故曰砥丨也水經河水注○丨夫搖
車爾雅釋草○丨音注解之注漢書天文志集注引
晉灼○丨一本作住列子湯問丨指鉤絃釋文○爾
雅釋草丨夫搖車釋文丨本作拄○史記秦本紀索
隱秦孝皇名丨廣宏明
集引陶公年紀作式

矩 通作萬廣韻榘同○丨正方之器也荀子不苟五
寸之丨盡天下之方也注○丨曲尺也史記禮書
規丨誠錯索隱○秋爲丨丨者所以方萬物也淮南
時則○方曰丨離騷偭規丨而改錯注○丨方也漢
書楊雄傳上集注引應劭又後漢魯丕傳注又呂覽
自知則必規丨注又文選思元賦泯規丨之員方舊
注○榘方也廣雅釋詁一又淮南氾論有本主於中
而以知榘矱之所周者也注○丨方地也呂覽序意
大丨在下注○丨廣長也周髀算經上方出於丨注
○丨謂之表周髀算經上句出於丨注○丨法也考
工記車人之事半丨謂之宣注又禮記大學是以君
子有絜丨之道也注又論語爲政不踰丨集解引馬
注又皇疏又爾雅釋詁又古微書引易坤靈圖又書
帝命驗黑曰元丨宋注又管子弟子職居句如丨注
○榘法也離騷求榘矱之所同注○丨常也爾雅釋
詁○丨度也淮南本經天地之大可以丨表識也注
○丨謂刻識之也考工記輪人必丨其陰陽注○丨
步者回旋皆中規丨後漢馬援傳注○倕作規丨一
切經音義廿五引世本○故書丨爲距鄭司農云當
作丨謂規丨也考工記輪人注○故書萬作禹鄭司
農云讀爲萬書或作丨考工記輪人萬之以眡其匡
也注○丨或爲巨禮記大學注○莊子達生工倕旋
而蓋丨釋文丨司馬本作瞿○詩十月之交楀維師
氏漢書古今人表作師氏萬○漢修堯廟碑圖象規
柜丨
作柜

武 丨迹也詩下武繩其祖丨傳生民履帝丨敏歆傳
武嗣丨受之傳又儀禮士相見禮丨舉前曳踵注
鄉射禮下綱不及地丨注鄉射禮記距隨長丨注大
射儀干不及地丨注又禮記曲禮上堂上接丨注曲
禮下牛曰一元大丨注又爾雅釋訓又廣雅釋詁三
又史記司馬相如傳卒逎者踵丨集解引徐廣又漢
書司馬相如傳下集注引文穎又後漢臧洪傳注又
離騷及前王之踵丨注又文選東京賦踵二皇之遐
丨薛注魏都賦奚遽不能與之踵丨而齊其風劉注
○丨繼也詩下武下丨維周傳又爾雅釋詁○半步
爲丨國語周語不過步丨尺寸之閒注○三尺曰丨
華嚴經音義下引何承天纂要○丨勇也廣雅釋詁
二○丨健也同上○丨威之也淮南說林爲墮丨也
注○丨者伐也春秋繁露楚莊王又古微書引春秋
元命苞○丨舞也征伐動行如物鼓舞也釋名釋言
語○丨尚先陵人也老子善爲士者不丨王注○戎

昭果毅以聽之之謂丨後漢荅勳傳注○剛彊理直
曰丨周書謚法○剛强理直謚曰丨白虎通謚引禮
謚法○威彊敵德曰丨周書謚法○克定禍亂曰丨
同上○剋定禍亂曰丨獨斷下○丨定禍亂書大禹
謨乃丨乃文傳○爲民犯難者丨也周書本典○刑
民克服曰丨周書謚法○夸志多窮曰丨同上○兵
威而不止命曰丨管子霸言○乾爲丨人易履丨
人爲于大君虞注巽利丨人之貞虞注○丨人謂將
率也詩漸漸之石丨人東征箋○丨人謂環人之屬
有勇力者禮記月令賞軍帥丨人於朝注○丨士也
江淮閒謂士爲丨淮南覽冥勇丨一人爲三軍雄注
○丨士也楚人謂士爲丨淮南脩務及至勇丨攘捲
一丨禱注○楚人謂士爲丨淮南齊俗爲天下顯丨注
○丨卒選擇丨勇之卒號爲丨卒荀子議兵魏氏之
丨卒注○丨庫掌兵器後漢馬嚴傳注○丨車亦兵
車禮記曲禮上丨車綏旌注○委丨冠卷也秦人曰
委齊東曰丨禮記雜記上委丨元縞而后蕤注○丨
官或曰繁冠今謂之大冠丨官服之侍中常侍加黃
金璫附蟬爲貂尾飾之獨斷下○丨吉冠之卷也禮
記喪大記弔者襲裘加丨帶經注○丨冠卷也禮記
玉藻縞冠元丨注○大丨丨王樂也丨王伐紂以除
其害言其德能成丨功周禮大司樂舞雲門大卷大
咸大磬大夏大濩大丨注○丨言以丨功定天下也
風俗通聲音○丨周丨王樂也後漢班彪傳下注○
丨丨王樂也論語八佾謂丨集解引孔注○丨丨王
樂名後漢班彪傳下注○丨周樂也文選典引丨丨稱
未盡蔡注○丨樂名莊子天下丨王周公作丨釋文
○丨宿夜丨曲名也禮記祭統舞莫重於丨宿夜注
○丨萬舞也禮記郊特牲冕而舞大丨注丨壯而不
可樂也注○丨謂周舞禮記樂記夫丨之備戒之已
久注○象舞丨舞也禮記仲弓燕居下管象舞注○
丨象丨王之樂也禮記仲尼燕居下而管象示事也

注○丨樂執干戚以舞也後漢祭遵傳注○丨謂金
也禮記樂記復亂以丨注○丨王湯也詩長發丨王
載旆傳○丨羅神名也山海經中山經○青要之山魋
丨羅司之注○空桐之人丨爾雅釋地○章丨郡名
山海經海內東經虖沲水入越章丨北注○丨夫之
邱此山出美石山海經海內經有九邱曰丨夫之邱
注○夫文止戈爲丨左氏宣十二年
傳○國策秦丨陽史記刺客傳作舞

脯 薄析曰丨周禮腊人凡田獸之丨腊膴胖之事注
○丨皆析乾肉也禮記內則牛脩鹿丨注○丨搏
也乾燥相搏著也又曰脩脩縮也乾燥而縮也釋名
釋飲食○丨曰尹祭禮記曲禮下又獨斷上○肉熟
爲丨呂覽行論殺鬼侯而丨之注○丨炙
以鍚蜜豉汁淹之丨丨然也釋名釋飲食

丨火味周禮瘍醫以丨養氣注又素問陰陽應象
苦 大論丨勝辛注○丨卽大鹹爾雅釋言鹹丨也注
○丨者所以長養也白虎通五行○丨吐也人所吐
也釋名釋言語○丨勤也國策齊策無勞倦之丨注
又呂覽本味犯危行丨注○丨勞國策秦策不丨一
民注又呂覽愼人以憂丨於民也注○丨傷呂覽遇
合自丨而居海上注○丨病也莊子達生以爲有丨
而欲死也釋文引司馬注又呂覽權勳觸子丨之注
貴卒皆甚丨之注○丨猶疾也淮南精神丨洿之家
決洿而注之江注○丨厭也漢書韓信傳集注○丨
患法言先知或丨亂注○丨窮也廣雅釋詁四○丨
急也文選文賦注引莊子司馬注○苦急也廣雅釋
詁一○丨者急也莊子天道疾則丨而不入釋文引
司馬注○丨息也爾雅釋詁○丨快也廣雅釋詁二
○丨快也楚曰丨方言二○丨快也宋鄭周洛韓魏
之閒曰丨方言三○丨而爲快者猶以臭爲香治爲
亂徂爲存方言二注○丨開也廣雅釋詁三○丨纖
也方言十三又廣雅釋詁三○丨惡也漢書禮樂志

集注又淮南時則工事丨慢注○丨謂濫惡管子小
匡辨其功丨注○丨謂濫惡者荀子王制辨功丨注
○丨脆也國語齊語辨其功丨注○丨不精至也呂
覽誣徒從師丨而欲學之功也注○丨麄也史記匈
奴傳不備丨惡集解引韋昭○丨猶麤也漢書匈奴
傳上集注○丨雨白露之類禮記月令則丨雨數來
注○丨草名可食穆天子傳天子於是食丨丨注○丨
丨菜也詩采苓采丨采丨傳○丨丨茶也儀禮公食
大夫禮記羊丨注士虞禮記鉶芼用丨若薇注特牲
饋食禮記鉶芼用丨若薇注又禮記內則濡豚包丨
實蓼注○大丨豉也楚辭招魂大丨醎酸注○丨心
沙蓼也廣雅釋草○丨苹款冬也廣雅釋草○古文
丨爲枯今文或作苄儀禮士虞禮記注○今文丨爲
苄儀禮公食大夫禮記羊丨注特牲饋食禮記注○
丨或作鹽漢書食貨志下集注引如淳○丨字或作
笘漢書高帝紀集注○杜子春讀丨爲鹽周禮鹽人

祭祀共其丨鹽散鹽注○鄭司農丨讀爲鹽周禮典
婦功辨其丨良注○丨讀鹽淮南主術是以器械不
丨注○丨讀如鹽史記五帝紀皆不丨窳正義○丨
讀如鹽會之鹽呂覽誣徒注○丨讀鹽會之鹽淮南
時則工事丨慢注○丨音若靡鹽之鹽史記匈奴傳
集解引韋昭○莊子人間世此以其能丨其生者也
釋文丨崔本作枯○莊子庚桑楚則蟻能丨之釋文
丨司馬本作最又作窮○國語吳語丨成春秋繁露
作車
成

取
丨趣也釋名釋言語○丨猶受也禮記喪大記丨
衣者亦以篋注○艮手爲丨易旅斯其所丨災虞
注○得曰丨公羊成三年傳其言圍之何不聽也注
○丨爲也廣雅釋詁三○丨治也老子故丨天下者
常以無事注○凡書丨言易也左氏襄十三年傳○
君丨於臣謂之丨韓外傳五○凡克邑不用師徒曰

丨左氏昭四年傳○不勞師徒而得之曰丨呂覽長
攻遂丨息注○伐執之白丨爾雅釋詁探篡俘丨也
李注○覆而敗之曰丨某師左氏莊十一年傳○其
言丨之何滅之也公羊昭四年傳○相丨猶相資也
易繫辭下傳遠近相丨注○丨謂賦斂荀子富國其
於貨財丨與計數也注○鼂鼂言丨羞物賤也禮記
月令丨鼂丨鼂注○丨讀曰聚漢書五行志下之上
集注○丨讀曰娶漢書五行志中之下集注二見地
理志下集注貢禹傳集注師丹傳集注王莽傳上集
注○禮記雜記可以冠丨妻周禮媒氏注作可以冠
子娶妻○易需勿用丨女釋文丨本作娶咸丨女吉
釋文丨本作娶詩伐柯丨妻如何釋文丨本作娶韓
奕韓侯丨妻釋文丨本作娶禮記曲禮上賀丨妻者
釋文丨本作娶曾子問注丨女之吉日釋文丨本作
娶禮運注男三十而丨釋文丨本作娶郊特牲丨于
異姓釋文丨本作娶經解注猶嫁丨也釋文丨本作

娶左氏僖五年傳公孫茲如牟丨焉釋文丨本作娶
宣元年經注不譏喪丨者釋文丨本作娶襄廿八年
傳注別姓而後可相丨釋文丨本作娶哀十二年經
注魯人諱丨同姓釋文丨本作娶哀十二年傳昭公
丨于吳釋文丨本作娶公羊文二年傳譏喪丨也釋
文丨本作娶成十四年經注凡丨早晚皆不譏釋文
丨本作娶論語八佾集解丨
三姓女也釋文丨本作娶

撫
丨拊也國語晉語叔向見司馬侯之子丨而泣之
注○丨拊之也儀禮鄉射禮左右丨矢而乘之注
○丨敷也敷手以拍之也釋名釋姿容○丨抵也楚
辭招魂丨按下些注○丨猶據也禮記曲禮上國君
丨式注○丨持也廣雅釋詁三又楚辭東皇太一丨
長劍兮玉珥注○丨覽也文選神女賦序於是丨心
定氣注○丨掩也荀子宥坐勇力丨世守之以怯注
○丨有也廣雅釋詁一○丨猶有也禮記文王世子

君王其終丨諸注○丨循也楚辭懷沙丨情効志兮
注○丨猶循也史記厤書丨十二節正義○丨巡也
後漢杜篤傳注○丨安也廣雅釋詁一又國語魯語
子以君命鎭丨敝邑注楚語丨征南海注又國策秦
策以丨其心注又淮南原道以丨四方注又文選東
京賦宣重威以丨和戎狄薛注○丨猶安也周禮大
行人王之所以丨邦國諸侯者注○丨定也廣雅釋
詁四○丨厚也後漢梁竦傳注○丨慰也漢書高帝
紀上集注○丨存恤也左氏定四年傳若以君靈丨
之注○丨手案之儀禮士喪禮君坐丨當心注○丨
掩猶丨拍謂慰卹也爾雅釋訓丨掩之也注○丨拍
相親狎也後漢趙壹傳注○丨循慰悅之也荀子富
國拊循之注○丨疾也方言十二
○掮古丨字漢書趙充國傳集注

浦

丨涯也詩常武率彼淮丨傳又淮南天文曙于蒙
谷之丨注又文選思元賦召洛丨之宓妃舊注○
丨厓也廣雅釋邱○丨水涯也楚辭湘君望涔陽兮
極丨注○丨濱也呂覽本味江丨之橘注○丨岸也
一曰崖也呂覽召類
堯戰於丹水之丨注

主

丨猶領也入也史記天官書太白丨中國正義○
丨猶專也漢書淳于長傳集注○丨守也廣雅釋
詁三○丨尚也國語晉語丨言而無謀注○丨正也
國語周語今細過其丨注又呂覽自知湯有司過之
士注○丨親也論語學而丨忠信集解引鄭注○丨
先也老子吾不敢爲丨而爲客注○丨上也國語晉
語且剛而丨能注○丨謂爲丨首也文選奏彈曹景
宗景宗郎丨注○先至爲丨素問陰陽類論○丨計
度也春秋元命苞瀆丨河渠宋注○丨猶名也國語
周語是以不丨寬惠亦不丨猛毅注○丨猶性也呂
覽審分不傷其耳目之丨注○丨者天道也莊子在
宥○震爲丨易睽遇丨于巷虞注豐遇其夷丨虞注

○丨君也禮記曲禮下凡執丨器注又廣雅釋詁一
又淮南主術注○丨猶君也呂覽審分凡人丨必審
分注當賞人臣亦無道知丨注○丨謂王也呂覽本
生今世之惑丨注○萬乘之丨謂王老子柰何以萬
乘之丨注○人丨謂王者諸侯也呂覽重己世之人
丨貴人注○大夫稱丨國語晉語再世以下丨之注
又國策秦策以攻趙襄丨於晉陽注○丨大夫君也
周禮調人丨友之讎眡從父兄弟注○丨謂公卿大
夫周禮大宰六曰丨以利得民司農注○丨家長詩
載芟侯丨侯伯傳○丨謂父也太元窔內有丨也注
○丨者婦人尊稱漢書高帝紀下集注○大夫之妻
稱丨國語晉語丨孟昭我注○帝之女曰公丨獨斷
上○帝之姊妹曰長公丨同上○丨狀正方穿中央
達四方天子長尺二寸諸侯長一尺公羊文二年傳
爲僖公作丨也注○丨蓋神之所馮依其狀正方穿
中央達四方天子長尺二寸諸侯長一尺穀梁文二
年傳爲僖公丨也注○丨者曷用虞丨用桑練丨用
栗公羊文二年傳○丨謂木丨也周禮司巫則共匰
丨杜注○丨田丨謂社也論語八佾哀公問社於宰
我釋文引鄭注○田丨田神后土田正之所依也詩
人謂之田祖周禮大司徒而樹之田丨注○丨擊也
漢書王陵傳集注引晉灼○丨臣惶恐之辭漢書王
陵傳集注引文穎○丨讀爲注荀子宥坐丨量必平
似法注○家語云衆人聞之爲成丨或聲誤也大戴
記衞將軍文子丨人聞之以成注○禮記祭統凡爲
俎者以骨爲丨儀禮鄉飲酒禮記作以骨爲上○詩
大田箋今天丨雨于
公田釋文丨本作注

杜

丨塞也一切經音義五引國語賈注又小爾雅廣
詁又漢書劉向傳集注王陵傳集注鼂錯傳集注
灌夫傳集注司馬相如傳上集注杜欽傳集注梅福
傳集注趙充國傳集注二見諸葛豐傳集注孫寶傳

集注孔光傳集注薛宣傳集注又莊子胠篋塞曠之
耳釋文引崔注○丨之者丨塞使不得與鄰國交通
周禮大司馬犯令陵政則丨之注引王霸記○德機
不發曰丨莊子應帝王是殆見吾丨德機也注○丨
歰也廣雅釋詁三○丨歰也趙曰丨方言七○今俗
語通言歰如丨方言七注○丨猶衝也管子度地丨
曲則擣毀注○丨者寬大之名史記楚世家而北達
於燕索隱○丨土鹵爾雅釋草○丨丨若也後漢馮
衍傳注○丨甘棠爾雅釋木○丨今之丨梨爾雅釋
木丨甘棠注○丨赤棠爾雅釋木○丨赤棠也詩杕
杜有杕之丨傳○白者棠赤者爲丨爾雅釋木丨
赤棠白者棠舍人注○赤者爲丨白者爲棠爾雅釋
木樊注○丨仲蔓榆也廣雅釋木○丨根也廣雅釋
草○丨根也東齊曰丨方言三○桑土桑根也詩鴟
鴞徹彼桑土傳又家語好生徹彼桑土注○丨伯蠍
也廣雅釋蟲○天丨蟥蝦也同上○蛣詘謂之丨蛒

蠰螳謂之蠰蛄南楚謂之丨狗方言十一○丨蕢或
作屠蒯禮記檀弓下丨蕢自外來注○丨古文敫同
一切經音義五○丨本作敫漢書王陵傳集注○丨
與土同荀子解蔽丨作乘馬注○書費誓丨乃擭釋
文丨本作敫○詩鴟鴞徹彼桑土釋文引韓詩作桑
丨○爾雅釋草莣丨榮釋文丨舍人本作牡○丨一
作社史記周本紀畢在鎬東南丨中集解引徐廣○丨
書費誓丨乃擭周禮雍氏注作敫乃擭○詩緜自土
沮漆漢書地理志作自丨沮漆○詩長發相土荀子
解蔽作乘丨○漢書古今人表楚丨敖師古注郎堵
敖

鳴 亦作塢○塢小障也一曰小城後漢馬援傳注引
字林○營居曰丨一切經音義十一引通俗文○
營居曰塢一曰庫城也後漢獻帝紀注○丨水中山
也文選上林賦阜陵別丨郭注○鄔水俗亦曰慮水
慮鄔聲相近水經汾水注○丨音一古反後漢馬
援傳注引字林○塢字或作丨後漢馬援傳注

祖 丨始也易小過過其丨注又書舜典黎民丨飢馬
注又儀禮聘禮記出丨注既夕有司請丨期注又
禮記祭法曰丨考廟注仲尼燕居則無以丨丨洽於衆
也注又爾雅釋詁又史記秦始皇紀今年丨龍死集
解引蘇林又漢書景帝紀集注食貨志上集注引孟
康五行志中之上集注引蘇林藝文志集注董仲舒
傳集注兒寬傳集注貨殖傳集注王莽傳上集注又
太元疑丨于其心丨注失丨于其心丨注又管子侈靡尊
丨以敬丨注又呂覽必己而浮游乎萬物之丨注又
文選高唐賦萬物丨矣注○丨祚也祚物先也釋名
釋親屬○丨者先也史記三王世家○梁益之閒謂
鼻爲初或謂之丨丨居也方言十三○夫丨者且也
禮記檀弓上○丨丨上也廣雅釋詁一○丨遠也同上
○丨本也廣雅釋詁三○丨法也史記龜策傳若嘗

以爲丨索隱又家語論禮則無以丨洽四海注○丨
濾也廣雅釋詁一○丨猶法也禮記鄉飲酒義丨陽
氣之發於東方也注○丨習也國語魯語丨識地德
注○丨上也丨搖也丨轉也方言十二○丨祖也後
漢馬成傳注○丨者祖也風俗通祀典○丨送也小
爾雅廣言○丨者宗之習之之謂也史記韓世家秦
王必丨張儀之故智集解引徐廣○丨人之始也穀
梁文二年傳則是無丨也注○丨王父也爾雅釋親
又儀禮聘禮鄉受于丨廟注既夕設盥于丨廟門外
注○丨先丨也詩斯干似續妣丨箋○先丨者類之
本也大戴記禮三本○別子爲丨禮記喪服小記大
傳又書大傳宗室有事族人皆侍終日注○始封必
爲丨穀梁僖十五年傳○先丨謂先王先公周禮大
司樂以享先丨注○大丨始封之君始丨者感神靈
而生若稷契也儀禮喪服傳諸侯及其大丨天子及
其始丨之所自出注○禘郊丨宗謂祭祀以配食也

曰丨曰宗通言耳禮記祭法有虞氏禘黃帝而郊嚳
丨丨顓頊而宗堯注○有功者謂之丨家語廟制古者
丨有功而宗有德注○遷主曰丨周禮小宗伯若大
師則帥有司而立軍社注○丨宗廟考工記匠人左
丨右社注○文丨天也書舜典受終于文丨馬注○
馬丨天駟也周禮校人春祭馬丨注○田丨先嗇也
詩甫田以迓田丨傳○田丨始耕田者謂神農也周
禮籥章凡國祈年于田丨注○丨道神祀以求道路
之福文選荆軻歌注引崔實四民月令○丨謂移柩
車去載處爲行始也禮記檀弓上主人既丨塡池注
○丨爲行始周禮喪祝及丨飾棺注○丨謂將葬丨
于庭象生時出則丨也周禮喪祝司農注○丨者始
也始載於庭也白虎通崩薨○丨將去而祀軷也詩
韓奕韓侯出丨箋○丨者將行犯軷之祭也詩烝民
仲山甫出丨箋○丨祭道神左氏昭七年傳夢襄公
丨注○丨道祭也後漢馮緄傳注○將行而飲酒曰

丨儀禮既夕有司請丨期注○丨或爲體書大傳爐
然必自有繼丨守宗廟之君注○丨古文言阻漢書
食貨志上集注引孟康○丨阻聲相近史記五帝紀
黎民始飢索隱○書堯典黎民阻飢史記五帝紀作
黎民始飢集解引徐廣曰今文尚書作丨飢○秦丨
字子南史記仲尼弟子傳○魯顔丨字襄同上漢書
古今人表粲丨史記五帝紀集解作嫘俎○
宗俱碑⿰礻虘父孔謙碑⿰礻虘述家業丨皆作⿰礻虘

堵 方丈曰丨左氏隱元年傳都城過百雉注又家語
儒行環丨之室注○方丈爲丨禮記儒行環丨之
宮釋文又後漢班彪傳上注○一丈爲丨莊子庚桑
楚至人尸居環丨之室釋文引司馬注○高丈長丈
曰丨三丨曰雉家語相魯邑無百雉之城注○五板
而丨公羊定十二年傳○五板爲丨詩緜百丨皆與
箋○五版爲丨禮記儒行環丨之室注○一丈爲板
五板爲丨詩鴻鴈百丨皆作傳○八尺爲板五板爲
丨五丨爲雉詩鴻鴈正義引韓詩○丨凡四十尺公
羊定十二年傳五板而丨注○丨牆丨也史記高帝
紀諸吏人皆案丨如故集解引應劭○丨長一丈高
一丈面環一丨爲方一丈故曰環丨淮南原道環丨
之室注○凡縣鍾磬半爲丨全爲肆周禮小胥○鍾
磬者編縣之二八十六枚而在一簴謂之丨周禮小
胥注○禮記禮器注丨者
謂之臺釋文丨本作闍

愈 丨差也左氏昭廿年傳相從爲丨注又禮記三年
問痛甚者其丨遲釋文左氏襄十四年傳庸知丨
乎釋文又史記司馬相如傳丨於南夷索隱引張揖
又漢書高帝紀上集注藝文志集注○丨猶差也後
漢竇憲傳注又文選風賦丨病析酲注○丨益也小
爾雅廣詁又國策秦策兵甲丨起注又孟子告子下
丨疏不孝也注○丨猶益也詩小明政事丨蹙箋又
後漢馮衍傳下注朱浮傳注○丨猶甚也後漢班彪

傳上注○丨勝也論語公冶長女與回也孰丨皇疏
先進皇疏又史記司馬相如傳索隱引張揖貨殖傳
丨於纖嗇索隱又漢書地理志下集注藝文志集注
二見劉歆傳集注蕭何傳集注司馬相如傳下集注
京房傳集注宛孔氏傳集注南粤王傳集注○丨猶
勝也論語公冶長女與回也孰丨集解先進然則師
丨與集解又漢書京房傳集注○丨勝也故病差者
言丨匡謬正俗八○丨賢也廣雅釋言○丨丨憂懼
也詩正月憂心丨丨傳○丨古文愉同一切經音義
二○丨讀爲愉荀子君子心至丨注○丨一作揄晉
書音義中○爾雅釋訓丨遐急也釋文丨本作愈莊
子列禦寇所治丨下釋文丨本作兪○繁陽令楊君
碑名問兪
高丨作兪

祜 丨福也詩信南山受天之丨箋桑扈受天之丨箋
下武受天之丨箋泮水自求伊丨箋烈祖有秩斯

丨箋又儀禮士冠禮承天之丨注又禮記禮運是謂
承天之丨注又爾雅釋詁又詩載見思皇多丨釋文
又漢書禮樂志集注二見郊祀志集注董仲舒傳集
注○丨福也福之言備也禮記禮運注○丨大福也
賈子禮○丨天之福也爾雅釋詁丨福也舊注○丨
厚也爾雅釋詁○丨謂福厚也爾雅釋詁丨厚也舊
注

扈 丨跋丨也一切經音義十二引漢書音義○丨緩
也考工記弓人弓而羽䋄注○丨止也小爾雅廣
詁又獨斷上○丨廣也爾雅釋山注○丨大也家
語曲禮子貢問毋丨丨爾注○丨丨謂大廣禮記檀
弓上爾毋丨丨爾注○丨冶廣大也淮南要略以儲
與丨冶注○丨丨美貌詩簡兮碩人俁俁釋文引韓
詩○丨丨光彩盛也後漢馮衍傳下注○百官從駕
謂之丨從封氏聞見記○丨從蓋臣下侍從至尊各

供所職同上○養馬者曰丨公羊宣十二年傳厮役
丨養注○丨使也廣雅釋詁一○丨被也楚人名被
爲丨離騷丨江離與辟芷兮注○楚人謂被爲丨文
選吳都賦丨帶鮫函劉注○丨國名書甘誓序有丨
釋文○山卑而大丨爾雅釋山○丨蘚並花葉貌後
漢馬融傳上注○藘讀曰丨淮南俶眞藋藘炫煌注
○爾雅釋山釋文嶇本作丨○書甘誓有丨
氏漢書地理志作鄠史記夏本紀正義作戶
通作扈○鳸鴳爾雅釋鳥○桑扈竊脂也詩小宛

雇 交交桑扈傳桑扈交交桑扈箋○九扈農正知田
事扈正也文選東京賦行致賚于九扈薛
注○桑扈隱士也楚辭涉江桑扈裸行注

虜 生獲曰丨漢書樊噲傳集注○丨執丨也公羊莊
十二年傳此丨也注○民丨軍所獲也禮記曲禮
上獻民丨者操右袂注○丨强也方言十二○丨服
也詩常武仍執醜丨傳○丨奴隸也史記李斯傳而

嚴家無格丨者索隱○丨古
文作鹵同一切經音義三

父 丨猶傅也男子之美稱也穀梁隱元年傳○丨丈
夫之顯稱也史記孔子世家尼丨集解引王肅○
丨者字也公羊桓二年傳於是先攻孔丨之家注○
雍丨黃帝臣也一切經音義十八引世本雍丨作舂
杵注○今文丨爲甫儀禮士相見禮若丨注○丨讀
曰甫漢書武帝紀集注古今人表集注律麻志下集
注五行志中之上集注五行志中之下集注五行志
下之下集注地理志下集注藝文志集注賈誼傳集
注鄒陽傳集注二見東方朔傳集注翟義傳集注谷
永傳集注匈奴傳上集注王莽傳上集注○丨淮南
子作皐列子湯問曾不能損魁丨之形釋文○詩緜
古公亶丨釋文丨本作甫韓奕顯丨餞之釋文丨本
作甫那序有正考丨者釋文丨本作甫禮記禮器注
禪于梁丨釋文丨本作甫公羊隱元年經公及邾儀

丨盟于眜釋文丨本作甫○爾雅釋蟲權輿丨守瓜
釋文丨本作蚥○左氏昭廿三年經吳敗頓胡沈蔡
陳許之師于雞丨穀梁作雞甫○詩緜古公亶丨書
大傳韓外傳作亶甫○左氏昭廿七年傳弗丨何商
頌序疏引世本作甫○詩烝民仲山丨漢書古今人
表作中山甫○左氏文十一年傳王子成丨晏子春
秋新序作王子成甫○左氏定五年
傳公丨文伯韓外傳作公甫文伯

甫 丨始也周禮小宗伯丨竁亦如之注家人請度丨
竁注又釋名釋用器又漢書翼奉傳集注翟方進
傳集注匈奴傳上集注外戚傳上集注外戚傳下集
注又後漢寇榮傳注傅燮傳注又太元法準繩不丨
注又老子以閱衆丨注○衆丨物之始也老子王注
○丨大也爾雅釋詁又詩甫田無田丨田傳車攻東
有丨草傳○丨丨然大也詩韓奕魴鱮丨丨傳○魴
鱮丨丨語其大也小爾雅廣訓○丨博也後漢班彪

傳下注○｜｜衆也廣雅釋訓○｜者信也白虎通
封禪○｜我也爾雅釋詁○｜之言丈夫也詩甫田
倬彼｜田箋○｜是丈夫之美稱儀禮士冠禮曰伯
某｜注○｜者男子之美稱漢書律厤志下集注又
顏氏家訓音辭○｜者男子之通號漢書五行志中
之上集注○某｜且字也禮記雜記上稱陽童某｜
注○｜諸姜也詩揚之水不與我戍｜傳○｜｜侯
也詩崧高維申及｜箋○梁｜者泰山旁山名白虎
通封禪○｜字或作父儀禮士冠禮曰伯某｜注○
｜或爲父今文爲斧儀禮士冠禮記章｜注○｜古
書多假借爲父字顏氏家訓音辭○詩崧高序尹吉
｜美宣王也釋文｜本作父○左氏定四年傳及｜
田之北竟釋文｜本作圃○詩車攻東有｜草韓詩
作東有圃草○禮記曲禮下曰有天王某｜周禮鬯
人注作曰有
天王某父

黼 白與黑謂之｜考工記畫繢之事又書益稷粉米
｜黻釋文又詩采菽元袞及｜傳又周禮典絲凡
祭祀共｜畫組就之物注又荀子富國故爲之雕琢
刻鏤｜黻文章注○白與黑爲｜淮南時則｜黻文
章注主術｜黻注○｜白與黑也詩文王常服｜冔
傳○白與黑謂之｜形若斧左氏桓二年傳火龍｜
黻注○｜與黑謂之｜若斧文家語五帝德作爲｜
黻注○白與黑曰｜斧形也爾雅釋言釋文○｜文
如斧形蓋半白半黑似刃白而身黑爾雅釋言孫注
○｜若斧形書益稷｜黻傳○斧謂之｜爾雅釋器
又儀禮覲禮天子設斧依於戶牖之間注○｜黻彰
也爾雅釋言○｜｜黻絺衣也詩采菽元袞及｜箋
○｜黻祭祀之服太元文易以｜黻注○｜裳者冕
服有文者也書顧命王麻冕｜裳鄭注○｜黼也文
選射雉賦身
拕｜繪徐注

甒 甖也周魏之閒謂之甒方言五○甒瓶也廣雅
釋器○｜瓦器禮記雜記甕｜釋文○｜亦瓦器
儀禮既夕｜｜二注○今江東亦呼甖爲甒子方言五
注○｜罇也禮記禮運注｜大也釋文○｜五斗禮
記禮器君尊瓦｜注○古文｜作廡儀禮士冠禮一
｜醴注○古文｜爲廡也儀禮士虞禮記尊兩｜于
廟門外之右注○古文｜皆作廡儀禮既夕｜
二注少牢饋食禮司宮尊兩｜于房戶之閒注

俯 又作俛頫同○｜俛也禮記曲禮上｜而納屨注
○｜低也漢書東方朔傳集注○俛低也考工記
矢人前弱則俛注又漢書楊雄傳下集注○｜俛頭
公羊宣六年傳｜而窺其戶注○頫低頭也文選西
京賦伏櫺檻而頫聽薛注○｜伏呂覽季秋蟄蟲咸
｜注○俛伏也青州謂伏爲俛淮南時則蟄蟲咸俛
注○｜猶曲也言不齊一也禮記樂記進｜退｜注
○｜就物之貌荀子非相府然若渠匽檃括之於已

也注○俛仰猶升降也淮南原道與陰陽俛仰兮注
而與道沈浮俛仰注○俛仰謂屈伸也素問評熱病
論以救俛仰注○｜謂卧而不食荀子賦三｜三起
注○頫府今十俛也匡謬正俗六引古今字詁○頫
古文｜字文選上林賦注引聲類○頫古｜字漢書
陳勝項籍傳贊集注司馬相如傳上集注丙氏傳集
注又文選西京賦伏櫺檻而頫聽注○頫與｜同晉
書音義下○府與｜同荀子非相注○頫俗作俛晉
書音義中○禮記樂記進
｜退｜釋文｜本作府

憮 ｜憮也爾雅釋言○｜愛也廣雅釋詁一○｜愛
撫也爾雅釋言注○｜愛也韓鄭曰｜方言一○
｜愛也宋衛邠陶之閒曰｜同上○｜恖也廣雅釋
詁二○｜哀也廣雅釋詁一○｜哀也自楚之北郊
曰｜方言一○｜失意貌也後漢孔融傳注○｜然
失意貌也一切經音義九引三蒼○｜然者猶悵然

也孟子滕文公上夷子ㄧ然爲閒曰注○ㄧ猶怪也
後漢蔡邕傳下注○ㄧ然怪之也後漢禰衡傳注○
ㄧ然猶驚愕也論語微
子夫子ㄧ然曰皇疏

簠 ㄧ稻粱器也周禮掌客ㄧ十注○ㄧ簋黍稷之器
國語周語修其ㄧ簋注○方曰ㄧ圓曰簋盛黍稷
稻粱器周禮舍人凡祭祀共ㄧ簋注○ㄧ簋祭器方
曰ㄧ孝經陳其ㄧ簋而哀感之鄭注○外方內圓曰
ㄧ詩權輿每食四簋釋文○外圓內方曰ㄧ儀禮聘
禮釋文○器方中者爲ㄧ淮南泰族陳ㄧ簋注○竹
ㄧ方者器名也以竹爲之狀如ㄧ而方如今寒具筥
筥者圜此方耳儀禮聘禮夫人使下大夫勞以二竹
ㄧ方注○ㄧ祭器名禮記樂記ㄧ簋俎豆釋文○ㄧ
謂祭器易剝剝牀以膚釋文引京注○易剝釋文膚
京作ㄧ○儀禮聘禮釋文ㄧ本作簋○
禮記玉藻每食四ㄧ釋文ㄧ本作簋

膴 ㄧ厚也詩節南山則無ㄧ仕傳○ㄧㄧ美也詩緜
周原ㄧㄧ傳○大者胾之大臠ㄧ者魚之反覆ㄧ
又詁曰大周禮腊人凡祭祀共豆脯薦脯ㄧ胖凡腊
物注○ㄧ膺肉周禮腊人司農注○ㄧ膴肉大臠所
以祭者周禮內饔凡掌共羞脩刑ㄧ胖骨鱐以待共
膳注○刑ㄧ謂夾脊肉或曰膺肉也周禮內饔司農
注○ㄧ胖皆謂夾脊肉周禮腊人大夫注○ㄧ大臠
謂刳魚腹也禮記少儀祭ㄧ注○ㄧ膴生魚爲大臠
周禮籩人朝事之籩其實豐蕡白黑形鹽ㄧ鮑魚鱐
注○ㄧ讀如哻禮記少儀注○ㄧ讀如殷哻之哻儀
禮有司徹注○詩緜周原
ㄧㄧ韓詩作周原腜腜

詁 ㄧ故言也爾雅釋ㄧ釋文引字林○ㄧ者古今之
異語也爾雅釋ㄧ釋文引張揖雜字說○ㄧ訓古
言也後漢桓譚傳注鄭興傳注○ㄧ言也廣雅釋詁
四○ㄧ事也後漢盧植傳注○爾雅釋詁釋文ㄧ本
作故

盬 ㄧ鹽也左氏成六年傳沃饒而近ㄧ注○河東鹽
池謂之ㄧ水經注六引字林○ㄧ麤也史記五帝
紀皆不苦窳正義○ㄧ不堅固也詩四牡王事靡ㄧ
傳采薇王事靡ㄧ箋北山王事靡ㄧ箋又左氏襄廿
九年傳王事靡ㄧ注又荀子天論楛耕傷稼注○ㄧ
不攻緻也詩鴇羽王事靡ㄧ傳○ㄧ猝也方言十三
又廣雅釋詁二○ㄧ且也方言十三○ㄧ啑也左氏
僖廿八年傳楚子伏己而ㄧ其腦注○ㄧ猶齰也方
言十三ㄧ
雜卒也注

瞽 無目眹謂之ㄧ周禮春官序官ㄧ矇司農注○無
目眹曰ㄧ詩有瞽序釋文○無目眹曰ㄧ後漢盧
植傳注○無目謂之ㄧ一切經音義廿三引三蒼○
無目曰ㄧ書堯典ㄧ子傳又國語周語ㄧ獻典注○

ㄧ無目者禮記少儀ㄧ曰聞名注○ㄧ無目者也後
漢胡廣傳注○ㄧ無目之人也後漢光武紀下注○
ㄧ人無目者也後漢馬廖傳注○ㄧ盲者無目如鼓
皮也莊子逍遙游ㄧ者無以與于文章之觀釋文○
ㄧ鼓也瞑瞑然目平合如鼓皮也釋名釋疾病○ㄧ
盲者左氏襄十四年傳ㄧ爲詩注○ㄧ盲者也論語
子罕皇疏又楚辭懷沙ㄧ以爲無明注○ㄧ者盲者
也論語子罕與ㄧ者集解引苞注○ㄧ矇也詩有瞽
箋○ㄧ盲也廣雅釋詁三○不觀氣色而言謂之ㄧ
荀子勸學○棄老取少謂之ㄧ韓外傳九○ㄧ者不
識人之顏色荀子勸學注○ㄧ樂官也書允征ㄧ奏
鼓傳又詩有瞽有ㄧ有ㄧ傳○ㄧ樂師也周禮大行
人九歲屬ㄧ史諭書名注○ㄧ卽大師周禮大史與
大師同車注○ㄧ樂太師國語楚語臨事有ㄧ史之
道注○ㄧ樂人也禮記禮運ㄧ卜筮ㄧ侑注玉藻御ㄧ
幾聲之上下注○ㄧ樂人樂人所共宗也周禮太司

樂祭於｜宗司農注○｜宗樂師｜瞽之所宗禮記
明堂位注○神｜古樂正知天道者也死而爲樂祖
祭於｜宗謂之神｜國語周語古之神｜注○｜宗
殷學也禮記明堂位○｜宗官也廣雅釋室○｜當
爲鼓周禮樂師詔來｜皐舞司農注○｜與鼓聲誤
也大戴記保傅鼓夜誦詩注○詩有瞽序釋文｜本
作鼓

酤 ｜一宿酒也詩伐木無酒｜我傳○｜酒詩烈祖
既載淸｜傳○淸｜美酒也文選西京賦淸｜敎
薛注○｜買也漢
書食貨志下集注

怒 ｜作氣也國語周語怨而不｜注○｜責也書大
傳｜必畏注○｜勉也廣雅釋詁三○｜健也廣
雅釋詁二○｜多
也廣雅釋詁三

俁 ｜｜容貌大也詩簡兮碩人｜｜傳○詩簡兮釋
文｜｜韓詩作扈扈

瑀 ｜石次玉也詩女曰雞鳴箋珩璜琚｜釋文○琚
｜總曰玭珠而白者曰｜或曰｜美玉大戴記保
傳琚｜以
雜之注

昫 ｜色也廣雅釋詁二

踽 ｜｜無所視也詩杕杜獨行｜｜傳○｜｜行也
廣雅釋訓○｜疏行貌列子力命偶偶而步釋文
引字林○奎｜開足也文選西京賦奎｜盤桓薛注
○｜僂傴僂也文選登徒子好色賦旁行｜僂注○
偶本作｜列
子力命釋文

窶 ｜貧也爾雅釋言又禮記曲禮主人辭以｜釋文
又列子楊朱原憲｜于魯注○｜空也後漢桓榮
傳注又一切經音義一引字書○窶貧空也藝文類
聚卅五引字林○無財備禮曰窶一切經音義一引
蒼頡○｜者無禮也詩北門終｜且貧傳○｜無禮
也荀子堯問是以｜小也注○窶數猶局縮皆小意
也釋名釋姿容○窶音貧窶之
窶漢書東方朔傳集注引蘇林

楛 ｜中矢幹書禹貢惟箘簵｜傳○｜木可以爲箭
山海經西山經上申之山下多榛｜注○｜木莖
似荆而赤其葉如蓍詩旱麓榛｜濟濟釋文○｜葉
如荆而赤莖似蓍書禹貢惟箘簵｜釋文引詩草木
疏○｜木類書禹貢鄭注○｜木也後漢孔融傳注
○｜木名書禹貢馬注又國語魯語｜矢貫之注又
家語辯物｜矢貫之石砮注○｜箭括也家語辯物
肅愼氏貢｜矢注○｜濫苦也荀子彊國其百吏肅
然莫不恭儉敦敬忠信而不｜注○｜不堅固也荀
子富國芒軔僈｜注○｜惡也謂不堅固也荀子榮

辱其定取舍｜僈注○｜濫惡謂不堅固也荀子議
兵械用兵革窳｜不便利者弱注○｜謂器惡不牢
固也荀子王霸則百工莫不忠信而不｜矣注○｜
耕謂麤惡不精也荀子天論｜耕傷稼注○｜與苦
同惡也荀子勸學問｜者勿告也注○｜讀
爲王事靡盬之盬不堅固也荀子彊國注

稌 ｜稻爾雅釋草○｜稻也詩豐年豐年多黍多｜
傳○｜稉也周禮食醫牛宜｜司農注

滸 ○｜水厓爾雅釋水○｜水厓也詩緜率西水｜傳
○｜水涯也詩江漢江漢之｜箋又後漢馮衍傳
注引字林又孟子梁惠王下率西水｜注○水崖曰
｜詩葛藟在河之｜傳○岸上｜爾雅釋邱○准爲
｜爾雅釋水○詩伐木伐木許
許顏氏家訓書證作伐木｜｜

詡 ｜大也漢書楊雄傳上集注○｜｜大也廣雅釋
訓○｜猶普也徧也禮記禮器德發揚｜萬物注

○丨謂敬而有勇禮記少儀會同主丨注

栩 丨杼爾雅釋木○丨杼也詩鴇羽集于苞丨傳東門之枌宛邱之丨傳○丨喜貌莊子齊物論丨丨然胡蝶也釋文○丨丑與反爾雅釋木釋文引字林○莊子齊物論釋文丨崔本作翮

窳 又嬾人不能自起瓜瓠在地不能自立故字從瓜窳惰也漢書地理志下集注引晉灼○窳弱也漢書地理志下集注○窳病也史記五帝紀皆不苦窳集解貨殖傳以故呰窳集解引晉灼○丨器病也荀子議兵械用兵革丨楛不便利者弱注○丨圜聲下貌文選長笛賦丨圜窴㧙注○丨窫丨也貙虎文選西京賦批丨狻猊注○詩召旻傳訿訿窳不供事也釋文窳本作衆

拄 丨刺也距也漢書朱雲傳集注

剖 李翕西狹頌三剖符守丨作剖

鵡 鴞同○字林丨作鵡北戶録

岵 山無草木曰丨詩陟岵陟彼丨兮傳○山多草木丨爾雅釋山○山有草木曰丨丨怙也人所怙取以為事用也釋名釋山○丨字或作阽晉書音義下

溥 丨大也詩北山丨天之下傳韓奕丨彼韓城箋公劉瞻彼丨原傳又周書祭公予多時丨愆注又爾雅釋詁○丨廣也詩公劉箋又漢書韋元成傳集注○丨徧也漢書董仲舒傳集注○丨遍也華嚴經音義上引珠叢○丨猶徧也詩召旻丨斯害矣箋○丨漠以翮撫水之貌文選長笛賦氾濫丨漠注○丨亦普也後漢班彪傳下注○丨與普同晉書音義下○左氏昭七年傳丨天之下釋文丨本作普○禮記祭義丨之而橫乎四海釋文丨本作敷○詩北山丨天之下左氏昭七年傳孟子萬章下皆作普天之下

砮 丨石中矢鏃書禹貢礪砥丨丹傳○丨箭鏃家語辨物楛矢貫之石丨注○丨鏑也廣雅釋器

賭 丨錢戲曰丨一切經音義十五引通俗文○丨賻也丨丁古切文選博弈論注引埤蒼

瘉 丨病也詩正月胡俾我丨傳角弓交相為丨傳○丨勝也漢書汲黯傳集注賈捐之傳集注引張晏○丨猶勝也史記汲鄭傳無以踰人索隱○丨讀為愈漢書宛孔氏傳集注○國策周策周王病丨矣史記周本紀作周王病甚矣

數 丨數名也秉有五丨二十四斛也儀禮聘禮車秉有五丨注○十六斗曰丨儀禮聘禮記○今江淮

之閒量名有為丨者今文丨為逾儀禮聘禮記注○丨讀若不數之數今文丨或為逾儀禮聘禮車秉有五丨注

傴 丨僂也廣雅釋言又荀子儒效是猶丨伸而好升高也注○丨曲也廣雅釋詁一○丨背曲也禮記問喪丨者不袒釋文○曲脊謂之丨僂一切經音義二引通俗文○丨謂丨僂身踡屈也素問刺禁論刺脊間中髓為丨注○丨丨脊疾也呂覽盡數苦水所多尪與丨人注○丨不伸也晉書音義下○丨僂俯者也呂覽明理盲禿丨尪注○丨僂言恭敬從命也後漢張酺傳注○丨拊謂憐愛之也莊子人閒世以下丨拊人之民釋文引李注○丨拊猶嘔呴謂養也莊子人閒世釋文引崔注○丨巫跛覡古者以廢疾之人主卜筮巫祝之事故曰丨巫跛覡荀子王制是丨巫跛擊之事也注○丨一父反一切經音義六引

字林

僂 丨曲也廣雅釋詁一○丨疾也齊人語公羊莊廿三年傳夫人不丨注

莽 丨草也南楚曰丨方言十○蘇芥草也南楚江淮之閒謂之丨方言三○以下據廣韻録

聥 丨驚也玉篇引蒼頡又廣雅釋詁一

⿱雨禹 丨舒也廣雅釋詁四

鄹 隊古文騶郰二形一切經音義七

蜅 丨蛫也廣雅釋魚

俌 丨猶輔也爾雅釋詁弼棐輔比丨也注○丨音甫爾雅釋詁釋文引字林

經籍纂詁 卷三十七 七麌 僂至裋 壴

⿰忄某 丨愛也爾雅釋詁○丨憐也方言六○丨韓鄭語今江東通呼爲憐爾雅釋詁注

⿰耳無 丨好也廣雅釋詁一

蚥 丨蝦蟆也廣雅釋魚

⿸疒府 訾䍶短也東陽之閒謂之丨方言十○丨言俯視之因名方言十注

補 丨袴也廣雅釋詁四

⿰阝句 丨離也廣雅釋詁三

裋 襜褕其短者謂之丨褕方言四○複襦謂之襡廣雅釋器○丨複襦也楚人謂袍爲丨列子力命衣則丨褐釋文○楚人謂袍爲丨淮南齊俗丨褐不完者注○丨褐有作短褐者誤荀子作豎褐列子力命

釋文

枓 丨㪷水器也凡設水用罍沃盥用丨儀禮少牢饋食禮司宮設罍水于洗東有丨注○蒲丨杓也廣雅釋器

竘 丨高壯貌淮南人閒丨然善也注○丨貌治也吳越飾貌謂丨或謂之巧方言七○丨巧語楚聲轉耳方言七注

枸 丨櫞似橘而大如飯筥可以浣濯漚葛紵也今出番禺以南縷切蜜漬爲糝食之甚佳一切經音義廿三引廣志

椇 丨枳丨也禮記內則芝栭蔆丨注○丨榛木名丨枳也有實今邳郯之東食之禮記曲禮下婦人之摰丨榛注○丨之言丨枳也謂曲撓之也禮記明堂位殷以丨注

經籍纂詁 卷三十七 七麌 枓至墺 圭

褸 紩衣謂之丨方言四○丨裂敗也南楚凡人貧衣被醜敝或謂之丨裂方言三

⿰糸頁 丨絆也廣雅釋器

貗 丨豕牝也廣雅釋獸

靯 丨鞲車中重薦也輕丨鞲小紹者也釋名釋車

芏 丿夫王爾雅釋草

垙 丨甗也廣雅釋器

墺 丨塞也廣雅釋詁三

〔皾〕丨柔皮也音杜詩鳲鳩釋文引字林

〔廲〕丨庵也廣雅釋室

〔蓾〕丨蘆爾雅釋草○爾雅釋草釋文丨本作鹵

〔㨭〕丨强也廣雅釋詁二

〔鋪〕丨鬴也廣雅釋器

〔觕〕丨麤也公羊莊十年傳丨者曰侵注

〔䡯〕丨頭柳車也廣雅釋器

〔屌〕丨被巾也廣雅釋器

〔昈〕丨文也方言十二又廣雅釋詁三○丨丨文采貌也方言十二注○丨赤文也音戶文選西京賦注引埤蒼○丨明也漢書楊雄傳上集注

〔苄〕丨地黃爾雅釋草○一名地髓江東呼丨爾雅釋草注

○以下據集韻錄

〔瘐〕丨病也漢書宣帝紀集注引蘇林○丨丨病也爾雅釋訓○飢寒而死曰丨漢書宣帝紀集注○丨或作瘉同上

〔䯱〕丨骱也廣雅釋親

〔檽〕丨音乃巨反後漢王符傳注引埤蒼

經籍纂詁卷第三十七

經籍纂詁卷第三十七補遺 上聲

兵部侍郎兼都察院右副都御史巡撫浙江等處地方提督軍務兼理糧餉阮元撰集

七麌

〔麌〕爾雅釋獸麕牡丨釋文一作麌

〔雨〕說文丨水從雲下也一象天冂象雲水霝其閒也凡丨之屬皆从丨𠕲古文○丨水也漢書王莽傳中典致時丨注引應劭○丨木氣也書洪範曰丨鄭注○木爲丨禮記禮器饗帝於郊注○陽爲丨禮記月令仲夏行冬令則雹凍傷穀注○丨濡物者也管子形勢解○地之含氣和者爲丨淮南天文○春洩氣爲丨文選雪賦注引五經通訓○陽上薄陰陰能固之然後烝而爲丨易象上傳密雲不丨尚往也虞注○夫丨者陰在于上而陽薄之而不得通則烝而爲丨易小過密雲不丨注○丨少陰之位也漢書天文志○丨者陰陽交和之道也易睽往遇丨則吉疏○丨謂丨不也周禮大卜七曰丨注○丨師畢星也淮南原道令丨師灑道注○丨或作電淮南精神賢爲丨注○爾雅釋天甘丨時降論衡是應作甘露時降

〔羽〕說文羽鳥長毛也象形凡羽之屬皆从羽○丨鳥丨書禹貢齒革羽毛惟木傳○鳥翼長毛謂之爲丨左氏隱五年傳骨角毛丨疏○丨朋友之用美稱相翼之謂也太元翕翕其丨注○水爲丨左氏昭廿五年傳注宮商角徵丨疏○丨火象也素問五常政大論其蟲丨注○丨爲火蟲氣同地也素問五常政大論丨蟲育注○丨舞翟之舞也詩簡兮箋萬舞干舞也疏引孫毓○丨獸南方朱鳥管子幼官以丨獸

之火爨注○丨徼徼兵之書也漢書淮南王安傳持丨徼從南方來注○丨徼徼之插丨者也漢書息夫躬傳丨徼重迹而押至注○丨民南方丨國之民淮南原道朝丨民注

禹 說文丨蟲也从厹象形禼古文丨○淵源流通曰丨書堯典正義引謚法

宇 說文丨屋邊也从宀于聲易曰上棟下丨寓籀文丨从禹○天地之內稱寓文選東京賦區寓乂寧薛注○丨居也周禮大司徒注各有攸丨疏○寓謂啟土所居也漢書高惠高后文功臣表大其寓注○丨謂屋之覆也漢書郊祀志上五帝廟同丨注○丨謂屋丨也素問六微旨大論生化之丨注○丨謂屋簷也左氏昭四年傳疏○於國則四垂爲丨左氏昭四年傳失其守丨注○丨者屋丨所以居人詩緜疏

舞 說文舞樂也用足相背从舛無聲翌古文丨从羽亾○丨號雩也爾雅釋訓○夫丨所以節八音而

行八風左氏隱五年傳○丨者德之容也公羊隱五年傳始僭諸公注○丨者音聲之容也文選舞賦題注○丨之謂以手足丨之詩子衿傳弦之丨之疏○丨器羽籥之屬周禮司干掌丨器注○世或謂相嘲調爲丨弄也列子仲尼爲若丨彼來者奚若注

父 說文丨矩也家長率教者从又舉杖○丨至尊也儀禮喪服傳○丨者子之天也儀禮喪服傳又春秋繁露順命○丨者猶天漢書戾太子傳○丨者家之隆也荀子致仕○丨毋者人之本也史記屈原賈生列傳○丨所以督濟羣小言高尊也素問陰陽類論三陽爲丨注○生曰丨死曰考禮記曲禮下○乾天稱丨易繫辭下傳剛柔者立本者也虞注○傳家事任子孫是爲宗子之丨禮記曲禮上七十曰老而傳注○丨兄諸丨諸兄儀禮士冠禮則丨兄戒宿注○丨兄長老也國語晉語讓丨兄也注○丨謂諸丨儀禮士喪禮注丨兄姑姊妹疏○丨兄同姓羣臣左氏隱十一年傳寡人惟是一二丨兄注○生之謂丨母書泰誓上惟天地萬物丨母傳○丨事之如丨荀子仲尼遂立以爲仲丨注○敬丨當爲敬文傳寫誤耳荀子性惡不如齊魯之孝具敬丨者何也注

府 說文丨文書藏也从广付聲○丨聚也一切經音義二十引廣雅又書呂刑惟府辜功疏○丨聚也凡物所聚皆曰丨周禮春官序官天丨疏○丨者所聚之處也漢書司馬遷傳智之丨也注○財物所聚謂之丨漢書張良傳天丨之國注○貨之所藏謂之丨詩大叔于田傳藪澤禽之丨也疏○錢所聚也漢書卜式傳倉丨空注○丨物所聚也漢書匈奴傳下亦以爲虛費丨帑注○藏物謂之丨書武成傳窟聚淵丨藪澤疏○藏財爲丨書武成傳紂所積之丨倉疏○丨庫謂丨之庫管子治國丨庫之徵注○丨

王內之丨藏也國語鄭語丨之小妾生女注○丨藏書之處漢書郊祀志上史書而藏之丨注○丨治丨藏周禮天官序官丨六人疏○藏文書及器物者其名曰丨周禮宰夫丨掌官契以治藏疏○丨六官之典左氏襄九年傳使西鉏吾庀丨守注○丨謂百吏所居之官曹也管子君臣而君發其明丨之法注○丨宮丨也素問陰陽應象大論神明之丨也注○三公所居謂之丨左氏隱七年傳注詣公丨卿寺疏○水火金木土穀謂之六丨左氏文七年傳

鼓 說文丨郭也春分之音萬物郭皮甲面出故謂之丨从壴支象其手擊之也周禮六丨靁丨八面靈丨六面路丨四面鼖丨皋丨晉丨皆兩面凡丨之屬皆从丨鼓籀文丨从古聲○丨革也禮記學記丨無當於五聲疏○皮曰丨漢書律厤志上○丨亦樂之節教擾之者儀禮大射不丨不釋注○丨樂者樂以

｜爲節也孟子梁惠王下今王｜樂於此注○｜之
爲聲不宮不商禮記學記｜無當於五聲疏○｜鼙
聲爲坎禮記樂記｜鼙之聲讙疏○｜聽之應也洪
範五行傳時則有鼓妖注○土｜築土爲｜禮記禮
運蕢桴而土｜注○｜雷之類周禮大司馬之職辨
｜鐸鐲鐃之用疏○｜量名左氏昭廿九年傳疏引
服注

鼓 說文｜擊｜也从攴从壴壴亦聲○｜亦動也漢
書楊雄傳下立政｜衆注引鄧展○｜｜謂之動素
問陰陽類論弦而沈急不｜注○｜擊｜也漢書枚
乘傳馬方駭｜而驚之注○｜猶奏也禮記檀弓下
｜鐘疏○｜舞猶變化也易略例｜舞而天下從注
○震爲雷故稱｜太元廓利｜鉦注○冶石爲鐵用
槖扇火動槖謂之｜今時俗語猶然左氏昭廿九年
傳遂賦晉國一｜鐵疏○軍法鳴｜以戰因謂亥戰

爲｜左氏僖廿二年傳不｜不成列疏

虎 說文｜山獸之君从虍｜足象人足象形凡｜之
屬皆从｜𧆞古文｜𧇊亦古文｜○｜者戾蟲國
策秦策○｜是威猛之獸易文言傳風從｜疏○｜
豹獸之猛者也管子形勢解○艮爲｜易說卦釋文
引九家集解○兌爲｜漢上傳引易頤馬注○天子
卒曰｜賁史記晉世家｜賁三百人集解引賈逵○
｜落者外蕃也若今時竹｜落漢書鼂錯傳爲中周
｜落注引鄭氏○｜落者以竹篾相連遮落之也漢
書鼂錯傳注

古 說文｜故也从十口識前言者也凡｜之屬皆从
｜𠖠古文｜○自今本昔曰｜書孔序｜者伏犧
氏之王天下也疏○｜者明王時也詩都人士序｜
者長民箋○｜者｜昔明王時也詩裳裳者華序｜

之仕者世祿箋○先王稱之曰在｜詩那自｜在昔
傳○｜謂庖犧太元攡通同｜今以開類注○唐
虞以上曰太｜儀禮士昏禮注太｜之羹疏○唐虞
以上謂之太｜禮記檀弓上注恠不如大｜也疏○｜
｜者謂黃帝以前儀禮士昏禮注不忘｜也疏○｜
謂夏時也禮記郊特牲｜者尸無事則立注○｜謂
殷以前也禮記郊特牲｜者生無爵注○｜謂殷時
也禮記檀弓上｜者不降注○｜者謂殷時禮記王
制｜者公田籍而不稅注○｜謂周初制禮時也禮
記檀弓上縚衰總裳非｜也疏○｜謂周以前虞以
後禮記檀弓下塗車芻靈自｜有之疏○｜謂秦巳
前禮記月令注未通於｜疏○｜天也詩元鳥疏引
尚書緯○｜訓者故舊之道詩烝民箋故訓先王之
遺典也疏○皆有經遠之規謂之有｜周書常訓民
乃有｜注

股 說文｜髀也从肉殳聲○｜脚也漢書高五王傳
｜戰而栗注○｜足也書君牙作｜肱心膂疏○
｜脞而次于腓上易咸咸其｜崔注○巽長爲｜易
艮艮其腓虞注○｜栗髀脚戰搖也史記酷吏列傳
餘皆｜栗集解引徐廣○｜支別也漢書溝洫志皆
往往｜引取之注○詩六月箋鉤｜釋文今經注作
鞶

羖 說文夏羊牡曰｜从羊殳聲

賈 說文｜市也从貝襾聲一曰坐賣售也○｜謂販
賣之漢書酷吏甯成傳｜不至千萬注○｜謂販
賣之人也漢書王嘉傳百｜震動注○｜市｜也漢
書敘傳上呂行詐以｜國注○坐賣曰｜漢書胡建
傳穿北軍壘垣以爲｜區注○坐曰｜左氏宣十二
年傳商農工｜疏○｜人買賤賣貴者國語越語臣

聞之丨人注○丨人坐販賣者也漢書高帝紀下丨人毋得衣錦繡綺縠絺紵罽注○丨與估同荀子儒效君子不如丨人注

蠱說文丨腹中蟲也春秋傳曰皿蟲爲丨晦淫之所生也梟桀死之鬼亦爲丨从蟲从皿皿物之用也○丨者熱毒惡氣爲傷害人史記秦本紀以狗禦丨正義○梟磔之鬼亦爲丨史記封禪書磔狗邑四門以禦丨蓄索隱引樂彥○丨事也易蠱幹父之丨虞注○丨爲造事之端易蠱先甲三日馬注○丨者惑也易蠱巽而止丨疏引褚注○丨惑以淫事左氏莊廿八年傳欲丨文夫人注○丨者損壞之名禮記王制注左道巫丨及俗禁疏○穀久積則變爲飛蟲名曰丨左氏昭元年傳注○害器敗穀者皆謂之丨詩鴇羽傳盬不攻緻也疏○丨是蟲之害物故爲不牢固也左氏襄廿九年傳注盬不堅固也疏○少腹冤熱而痛出白一名曰丨素問玉機眞藏論○丨者心志惑亂之疾若今昏狂失性其疾名之爲丨左氏昭元年傳疾如丨疏○丨是失志之疾名同上○志性恍惚不自知者其疾名爲丨左氏昭元年傳淫溺惑亂之所生也疏○丨或作蠱山海經南山經有獸焉名曰丨雕注

土說文丨地之吐生萬物者也二象地之下地之中丨物出形也凡丨之屬皆从丨○丨者五行最貴者也春秋繁露五行對○丨五行之主也能吐生百穀者也續漢祭祀志下注引禮記郊特牲王肅注○丨爲五行之主禮記月令注大廟大室中央室也疏○丨者天之股肱也春秋繁露五行之義○丨四方之主也淮南時則以送萬物之歸注○丨是陰氣之主禮記郊特牲社祭丨而主陰氣也疏○丨者火之子也春秋繁露五行對○丨曰備化素問五常政大論○丨曰卑監同上○丨曰敦阜同上○中央曰丨

管子四時不中者死注○丨中央生萬物者也漢書五行志上○丨者中宮之部也漢書杜欽傳○丨者生萬物而法天地素問陽明脈解篇○坤爲土易井象下傳脩井也虞注升貞吉升階虞注○辰爲丨禮記月令注木生數三疏○丨爲信禮記禮運疏引春秋服氏注○丨郎坊也禮記郊特牲丨反其宅疏○丨工陶旊也禮記曲禮下丨工注○詩鴟鴞徹彼桑丨方言三注作徹彼桑杜○易離百穀草木麗乎丨釋文王肅本作地

吐說文丨寫也从口土聲

譜說文新附譜籍錄也从言普聲史記从並○丨者普也詩譜序以立斯丨疏○春秋左氏傳序及地名丨第釋文本又作譜○孫叔敖碑陰別口譜純也丨作譜

圃說文種菜曰丨从口甫聲○種菜曰丨一切經音義十九引三蒼○丨園也左氏莊十九年傳取蔿國之丨以爲囿注哀十五年傳舍于孔氏之外丨注○丨者所以殖菜蔬也左氏昭十二年傳我有丨疏○春夏爲丨秋冬爲場周禮場人掌國之場丨疏○種樹菜果則爲之丨詩七月疏○丨以蕃爲之所以樹果蓏左氏莊十九年傳疏○爾雅釋地鄭有丨田釋文本或作圃字同

庾說文丨水槽倉也从广臾聲一曰倉無屋者○十六斗曰丨國語魯語出稯禾秉芻缶米注○逾郎丨也考工記陶人疏○周禮司弓矢丨弓釋文本或作庾

戶說文丨護也半門曰丨象形凡丨之屬皆从丨戾古文丨从木○丨室丨公羊宣六年傳俯而窺其丨注○丨謂穴也禮記月令啟丨始出疏蟄蟲坏丨疏○丨庭室庭也易象下傳不出丨庭崔注○巽爲

丨易豐闃其丨集解○丨猶誠也禮記禮器未有入室而不丨者疏

樹 丨立也書說命丨后王君公疏又禮記郊特牲臺門而旅丨反坫疏又漢書高帝紀上食其欲立六國後以丨黨注陳餘傳自爲丨黨注夏侯嬰傳面雍丨馳注鄒陽傳丨功而不忘注○丨謂蓺植也漢書文帝紀歲勸民種丨注○丨稼也呂覽尊師務種丨注○丨者種木之名可爲種植通稱詩生民箋蓺丨也疏○丨謂植木周禮大司徒二曰丨藝疏○孟子梁惠王上丨之以桑周禮載師注作植之以桑

麈 說文丨麋屬从鹿主聲○丨似鹿而大文選上林賦扈從橫行注引晉灼

貐 說文丨猰丨似貙虎爪食人迅走从豸俞聲

琥 說文丨發兵瑞玉爲虎文从玉从虎虎亦聲春秋傳曰賜子家雙丨

怙 說文丨恃也从心古聲

嶁 丨讀㟝丨無松柏之丨淮南原道終身運枯形于連丨列埒之門注

蒟 說文丨果也从艸竘聲

醹 說文丨厚酒也从酉需聲詩曰酒醴維丨

楰 丨楸屬今人謂之苦楸今永昌又謂鼠梓漢人謂之丨詩南山有臺北山有丨陸疏

珇 說文丨琮玉之瑑从玉且聲

弣 集韻通作拊○丨弓把也禮記少儀削授丨疏○丨謂削把同上

罟 說文罟网也从网古聲○丨網也禮記中庸驅而納諸丨獲陷阱之中疏

嫵 說文嫵媚也从女無聲

齲 說文𤘍齒蠹也从牙禹聲丨𤘍或从齒

枸 說文丨木也可爲醬出蜀从木句聲○丨樹山木一名丨骨今官園種之謂之木蜜詩南山有臺南山有丨陸疏○丨一作蒟史記西南夷列傳南越食蒙蜀丨醬集解引徐廣

斞 集韻或作㪷○說文丨量也从斗臾聲周禮曰求三丨○六斛四斗曰斞莊子田子方㪷斛不敢入于四境釋文引李注○㪷讀曰鍾莊子田子方釋文引司馬注

冔 冔冠也廣雅釋器○丨覆也可以覆首儀禮有司徹讀如殷丨之丨疏

鄔 說文鄔太原縣名从邑烏聲

鄅 說文鄅妘姓之國从邑禹聲春秋傳曰丨人籍稻讀若規榘之榘

噳 說文丨麋鹿羣口相聚皃从口虞聲詩曰麀鹿丨丨

輔 集韻或作䩉○說文丨人頰車也从車甫聲○丨相也禮記文王世子慎其身以丨翼之疏○丨朋友也禮記學記是以雖離師丨而不反也疏○直立而敢斷廣心而從欲丨善而相丞謂之丨華嚴經音義下引書大傳○耳目之間稱丨頰易咸咸其丨頰舌虞注○輔耳目之間易咸咸其丨釋文引虞注○膕下爲丨骨素問骨空論骸下爲丨注○丨頰車也易艮艮其丨疏○丨爲外表車是內骨左氏僖五年傳疏○丨作俌亦是丨之義也詩杕杜箋比丨也疏

組 說文丨綬屬其小者以爲冕纓从糸且聲○丨綬屬穆天子傳三好新錦丨百丨注○丨綬類漢書

五行志下之上解帷丨結佩之注地理志上厥棐元
纁璣丨注○丨印綬也漢書酷吏楊僕傳懷銀黃垂
三丨注○丨者印之綬漢書嚴助傳丈二之丨注○
丨謂綬也所以帶璽也漢書高帝紀上係頸以丨注
○丨者今綬紛絛是也漢書景帝紀錦繡纂丨注引
應劭○丨絛也禮記內則織紝丨紃疏○薄闊爲丨
似繩者爲紃同上○丨亦絛之類大同小異耳詩采
蘋序箋織紝組紃疏○丨邪文如今之短汲黑耳淮
南脩務梱纂丨注○丨甲漆甲成丨文左氏襄三年
傳帥丨甲三百注○丨甲以丨爲甲裏左氏襄三年
傳馬注○丨甲以丨綴甲左氏襄三年傳賈注

乳 說文人及鳥生子曰丨獸曰產从孚从乙乙者元
丨鳥也明堂月令元鳥至之日祠于高禖以請子故
丨从乙請子必以乙至之日者乙春分來秋分去開
生之候鳥帝少昊司分之官也○丨謂產子也漢書

外戚傳下其十一月丨注○產生爲丨書堯典傳丨
化曰孳疏○丨卵也呂覽季冬紀雞丨注

弩 說文丨弓有臂者周禮四丨夾丨庾丨唐丨大丨
从弓奴聲

補 說文丨完衣也从衣甫聲○丨者修也史記六國
表丨䴡城籍姑索隱

魯 說文丨鈍詞也从白鮺省聲論語曰參也丨○石
經古文丨作表左氏隱元年傳注以手理自然成
字疏

櫓 說文丨大盾也从木魯聲樐或从鹵○丨楯也漢
書劉屈氂傳以牛車爲丨注○丨望敵之樓也同
上○大楯曰丨文選過秦論流血漂丨注引韋昭○
丨大楯以爲翳也漢書司馬相如傳上泰山爲丨注
引張揖○鹵盾也漢書陳勝項籍傳贊流血漂鹵注
○丨澤中守草樓也左氏成十六年傳注巢車車上
爲丨疏

覩 說文睹見也从目者聲丨古文从見

豎 說文丨丨立也从臤豆聲豎籀文丨从殳○丨猶
小也文選江文通雜體鮑參軍詩注引漢書韋昭
注○丨掌通內外者左氏僖廿八年傳曹伯之丨侯
獳注○內丨小臣之屬禮記文王世子問內丨之御
者注○丨褐謂褐衣而丨裁之以其省而便事也史
記孟嘗君列傳而士不得短褐索隱

腐 說文丨爛也从肉府聲○丨者爛敗漢書黥布傳
丨儒注○丨宮刑也漢書景帝紀死罪欲丨者許
之注引如淳

鹵 說文丨西方鹹地也从西省象鹽形安定有丨縣
東方謂之㡿西方謂之丨凡丨之屬皆从丨○丨

鹹苦也漢書溝洫志注蘇林引爾雅○丨者鹹地也
漢書宣帝紀常困於蓮勺丨中注○丨與虜同後漢
書光武帝紀上有出丨掠者注

數 說文丨計也从攴婁聲○丨說也禮記儒行遽丨
之疏○老子善丨不用籌策釋文河上作計

簿 丨計丨也漢書食貨志下多張空丨注○丨文丨
也漢書禮樂志特以丨書不報期會爲故注李廣
傳吏治軍丨注○丨謂文狀也漢書李廣傳急責廣
之莫府上丨注○丨謂文計也漢書兒寬傳上畜丨
注○丨謂伐閱也漢書翟方進傳官丨皆在方進之
右注○丨鹵丨也漢書司馬相如傳上鼓嚴丨注引
孟康○丨者鹵丨史記黥布列傳布常爲軍鋒索隱
○丨今手版周禮天官序官司書疏○持丨手版也
左氏桓二年傳注若今吏之持丨釋文引徐廣

普說文普日無色也从日从竝〇嵩山石闕銘竝天
四海丨作竝
拊說文丨揗也从手付聲〇丨輕擊之漢書吳王濞
傳因丨其背注〇丨摩循之也同上〇丨謂摩循
之也漢書外戚傳上主丨其背曰行矣注〇言丨者
取丨近之理儀禮鄉射禮注撫丨之也疏〇丨者皮
爲之以糠實如革囊也史記樂書合守丨鼓正義〇
丨者以韋爲表裝之以穅穅一名相禮記樂記治亂
以相注〇丨搏以韋爲之充之以穅形如小鼓禮記
明堂位丨搏注〇丨讀與撫同漢書西域傳下子丨
離代立注〇詩蓼莪丨我畜我漢書梁竦傳作撫我
畜我藝文類聚二十作長我畜我
侮說文丨傷也从人每聲侮古文从母〇丨謂輕丨
書伊訓傳狎丨聖人之言而不行疏〇丨謂丨慢
其人書仲虺之誥取亂丨亡疏〇丨謂忽慢其人孝
經不敢丨於鰥寡疏引劉炫〇丨獲奴婢賤稱也方

言三〇丨謂輕人身書大禹謨丨慢自賢疏〇書泰
誓上罔懲其丨墨子非命中作毋僇其務
五說文丨丨行也从二陰陽在天地間交午也凡丨
之屬皆从丨乂古文丨省〇丨丨行也後漢書郎
顗傳注引春秋合誠圖宋注〇丨陽數也穀梁僖十
六年經隕石于宋丨注引劉向〇丨丨東也詩小戎
丨楘梁輈傳〇丨帝位易象上傳履帝位而不疚虞
注〇丨者帝位易泰六丨九家注臨六丨荀注〇丨
天位易賁天文也虞注〇丨爲數之奇詩南山葛屨
丨兩疏〇古丨字如七詩七月箋丨月則鳴疏
廡說文廡堂下周屋从广無聲廡籀文从舞〇丨門
屋也漢書竇嬰傳所賜金陳廊丨下注〇丨周室
也漢書循吏召信臣傳覆以屋丨注
斧說文丨斫也从斤父聲〇丨所以斫除荆棘以安
其舍者也易旅得其資丨注〇丨鉞也文選檄吳

將校部曲注引漢書張晏注〇丨者是屏風之名詩
公劉箋公劉既登堂負扆而立疏
聚小於鄉曰丨後漢書王扶傳所止丨落化其德注
又文選東都賦庠序盈門注引漢書韋昭注〇丨
謂村落也史記五帝本紀一年而所居成丨注〇丨
邑落名也漢書平帝紀丨曰序注引張晏〇丨小邑
也漢書枚乘傳禹無十戶之丨注〇丨邑居也漢書
史丹傳國東海郯之武彊丨注〇丨謂同所歸湊管
子君臣而發于衆心之所丨注〇丨謂衆所宜也管
子正會民所丨注〇丨財衆也國語晉語吾聞以亂
得丨者注〇丨亦集之義左氏襄十六年傳注鳩集
也疏〇坤爲丨易萃乃亂乃萃虞注〇坎爲丨易漸
鴻漸于磐虞注〇丨月蠅也史記厤書月名畢丨索
隱〇丨足謂前足躡一等後足從之倂禮記曲禮上
拾級丨足注〇聚丨字也漢書古今人表聚子注〇
丨一作最最亦古之丨字史記周本紀有周丨以收

齊集解引徐廣〇丨或作最文選鵩鳥賦憂喜丨門
兮注
午說文丨啎也五月陰气丨逆陽冒地而出此予矢
同意凡丨之屬皆从丨〇丨忤也禮記哀公問丨
其衆以伐有道疏〇丨取其鄂布也太元元數辰巳
丨注〇丨蕚也禮記月令注觀斗所建疏〇丨火也
詩文王序疏引乾鑿度注又左氏昭卅一年傳庚丨
之日注又服注〇丨日中文選遊天台山賦爾乃羲
和亭丨注〇丨者陰陽交故曰丨史記律書〇丨爲
馬禮記月令注羊火畜也疏
伍說文丨相參丨也从人从五〇丨五也易繫辭上
傳參丨以變疏又國語齊語參其國而丨其鄙注
〇丨者聚也周禮小司徒五人爲丨疏〇丨行也周
禮司服注今時丨伯緹衣疏〇丨耦也漢書律厤志
上八八爲丨注引孟康〇丨亦卒之行列也文選西
京賦整行丨注〇五人爲丨左氏桓五年傳先偏後

丨注又管子小匡○五家爲丨漢書尹翁歸傳盜賊發其比丨中注酷吏尹賞傳父老丨人注○以百二十五乘爲丨周禮司右疏引司馬法○在家爲比在軍爲丨周禮小司徒五丨爲兩疏

鬴 說文丨鍑屬从鬲甫聲釜丨或从父金聲○釜自闗而西或謂之釜或謂之鍑方言五○丨古釜字爾雅釋水釋文引郭音

縷 說文丨綫也从糸婁聲○爾雅釋器注衣丨也釋文又作褸

部 丨軍之丨校也漢書楊雄傳上浸淫蹵丨注○丨謂所丨也後漢書卓茂傳人常有言丨亭長受其米肉遺者注○丨署分丨而署置漢書高帝紀上丨署諸將注○丨謂身形丨分也素問陰陽類論陽爲游丨注○丨蔀斗也考工記輪人爲蔀信其桯圍以爲丨廣注

柱 說文丨楹也从木主聲○丨國都也國策齊策安邑者魏之丨國也注○丨國官名呂覽淫辭荊丨國莊伯注○丨工主箏瑟之丨者漢書禮樂志丨工員二人注

矩 丨者所以丨方器械令不失其形也漢書律麻志上○丨所以爲方也孟子告子上必以規丨注○榘方太元元圖地道成丨注○丨謂方象素問陰陽應象大論觀權衡規丨而知病所主注○丨也者所以明強盛也同上○丨法制也漢書敘傳下彊土踰丨注○丨券常券管子山至數皆有丨券於上注

武 說文丐楚莊王曰夫丐定功戢兵故止戈爲丐○師象以順爲丨左氏襄三年傳○夫丨禁暴戢兵保大定功安民和衆豐財者也左氏宣十二年傳○丨言以功定天下也漢書禮樂志○止戈曰丨文選東京賦既光厥丨薛注○尅定禍亂闢土斥疆曰丨文選述高帝紀注引項岱○除爲丨也周書謚法○丨者惡之表也呂覽召類○丨勇者功名也淮南時則還乃賞軍率丨人於朝注○丨謂冠卷儀禮既夕記謂縫著于丨也疏○丨舞象戰鬬也禮記樂記丨亂皆坐注○丨字从止从戈所謂會意漢書武五子傳贊止戈爲丨注○丨當爲無聲之誤也禮記禮器詔侑丨方注○穀梁莊十一年經以蔡侯獻丨歸釋文本亦依左氏作舞○孟子滕文公下我丨惟揚左傳正義引馬融書序作我伐惟揚

脯 說文丨乾肉也从肉甫聲○丨所謂析乾牛羊肉也禮記內則麥食丨羹雞羹注○乾肉爲丨漢書東方朔傳○乾肉曰丨儀禮士冠禮乾肉牲體之丨也疏○丨乾肉薄者周禮掌客注修丨也疏○乾則爲丨周禮內饔注胖如丨而腥者疏○不加薑桂不鍛冶者直謂之丨同上○不加薑桂以鹽乾之者謂之丨周禮膳夫注脩丨也疏○丨摶肉無骨而曝之禮記曲禮下婦人之摯椇榛丨脩棗栗疏○丨始也同上○丨訓始始作卽成也禮記曲禮上以丨脩置者疏

苦 說文丨大丨苓也从艸古聲○丨火味素問陰陽應象大論丨勝辛注五運行大論丨勝辛注○物之味丨者皆始自火之生化也素問五運行大論火生丨注○丨卽麤鹽者也周禮典絲注苴當爲丨字之誤疏○丨謂困辱之漢書馮奉世傳或貪汙爲外國所丨注○丨謂猒丨之也漢書李廣傳士卒多樂從而丨程不識注○丨勞丨也漢書谷永傳夫由疏賤納至忠甚丨注又文選弔屈原文嗟丨先生注引應劭○丨之心厭丨也漢書匈奴傳上罷極丨之注○味無甘丨之異養物爲甘害物爲丨耳左氏昭四年傳注霖雨爲人所患丨疏○凡病之器云丨窳史記平準書鐵器丨惡賈貴索隱○丨或爲共也荀子性惡則欲與天下同丨樂之注

取 說文丨捕丨也从又从耳周禮獲者丨左耳司馬法曰載獻聝聝者耳也○丨進趣也漢書王吉傳言其丨舍同也注○丨謂所擇用也漢書賈誼傳莫如先審丨舍注○丨謂丨爲已有書仲虺之誥丨亂侮亾疏○尊者得卑者物言丨儀禮鄉飲酒禮注賓言丨疏○丨易辭也穀梁昭廿五年傳○丨謂盡丨無遺漏之意也左氏莊十一年傳注故以丨爲文疏○君丨於臣謂之丨與於臣謂之賜家語正論解○丨進丨位也禮記儒行力行以待丨注○丨如禮記聚麀之聚漢書五行志下之上內丨玆謂禽注

撫 ○說文攈安也从手無聲一曰循也䢔古文从辵亾○丨拾也小爾雅廣詁○丨小止之謙也禮記曲禮上則丨僕之手注○丨案止也禮記曲禮上君丨僕之手疏○丨謂以手案止之也禮記曲禮上客跪丨席而辭疏○丨以手按之也禮記喪大記君丨大夫注○丨爲存丨禮記文王世子疏○言丨者丨拍之義儀禮鄉射禮注疏

浦 說文丨頻也从水甫聲○丨厓也國策秦策還爲越王禽於三江之丨注○丨水涯也漢書司馬相如傳上行乎州淤之丨注又文選上林賦注引張揖羽獵賦儲與虖大丨注引服虔

主 說文丨鐙中火丨也从王象形从丶丶亦聲○丨謂典領也文選甘泉賦伏鉤陳使當兵注○丨猶典也淮南天文太微者丨朱雀注○丨猶坐也禮記曲禮上居不丨奥疏○丨亦爲長者也儀禮士冠禮注謂丨人之吏疏○丨者民之唱也荀子正論○丨者人之所仰而生也管子形勢解○艮爲丨易說卦傳爲閽寺宋注○震爲夷丨易豐遇其夷丨虞注○丨君也呂覽當賞人臣亦無道知丨注○丨謂君也禮記曲禮下丨佩倚則臣佩垂疏○丨謂諸侯國策秦策而欲以力臣天下之丨注○丨內丨也左氏文

四年傳棄信而壞其丨注○丨盟丨國語楚語以爲諸侯丨注○丨臣恐懼之言漢書馮唐傳唐曰丨臣注○大夫稱丨左氏襄十九年傳事吳敢不如事丨注又史記魯世家自謂丨君集解引服虔又呂覽過理賊民之丨不忠注○祭所以有丨者何言神無所依據孝子以丨繼心焉初學記十三引白虎通○丨謂丨其祭祀穆天子傳二以爲殷人丨注○丨廟丨也漢書五行志中之上迺作丨注○丨謂所丨祭左氏成五年傳國丨山川注○丨謂巳丨祭者公羊昭十五年傳攝丨而往注○丨爲之神丨也國語鄭語丨芣醜而食溱洧注○丨謂君丨心之官也素問靈蘭祕典論故丨明則下安注○丨謂本與古也禮記禮器必有丨也注○敵來禦捍者謂之丨禮記月令注丨人則可疏○丨人丨國君也儀禮聘禮記丨人使人與客讀諸門外注○易繫辭榮辱之丨也說苑說叢作榮辱之本也

杜 說文丨甘棠也从木土聲○丨亦塞也漢書敘傳下塞臨丨津注○丨閉也書費誓丨乃擭王注

隖 集韻或从石○說文丨小障也一曰庳城也从𨸏烏聲○䃭小障也廣韻引埤蒼

祖 說文丨始廟也从示且聲○丨始也周禮喪祝注丨爲行始疏又左氏春秋序轉相丨述疏又史記五帝本紀黎民始飢集解引徐廣○丨者始也儀禮既夕乃丨疏○丨本也淮南原道物之大丨也注○丨者始也己所從始也自父之父以上皆得稱焉詩生民序尊丨疏○丨人之先史記秦始皇本紀丨龍者人之先也集解引應劭○丨是尊名儀禮喪服傳爲外丨父母疏○丨者國之重者也管子輕重己○本其生存謂之丨詩楚茨箋先丨以孝子祀禮甚明之故疏○丨宗通言禮記郊特牲郊特牲而社稷大牢疏引崔氏○丨者行神行而祭之故曰丨也史記五宗世家榮行丨於江陵北陵索隱○丨者送行之

祭因饗飲也漢書臨江閔王榮傳丨於江陵北門注
○丨者送行之祭因設宴飲焉漢書劉屈氂傳丞相
爲丨道注○丨道者行祭爲道路祈也後漢書吳祐
傳注引五經要義○文丨者堯文德之丨廟書舜典
傳又書大傳○文丨者五府之大名猶周之明堂書
舜典鄭注

堵 說文丨垣也五版爲一丨从土者聲𩫨籀文从𩫏
○五板爲丨詩鴻鴈疏引韓詩說○五板爲丨一
丨之牆長丈高丈左氏隱元年傳都城過百雉疏引
五經異義○周禮鐘磬皆編縣之二八十六而在一
簴謂之丨藝文類聚四十一引五經要義○所懸者
則半之爲丨全之爲肆周禮小胥凡縣鐘磬疏○丨
杜聲相近史記十二諸侯年表楚杜敖囏索隱○左
氏莊十四年傳生丨敖釋文史記作杜敖

愈 集韻通作俞○丨諡也易繫辭下傳注則丨滯乎
形疏又國語晉語吾聞申生之謀丨深注又呂覽

情欲國丨危注功名以茹魚去蠅注愼大賢主丨大
丨懼丨彊丨恐注審分是惡塞而丨塞也注又淮南
本經能丨多而德丨薄矣注說山破乃丨疾注說林
丨甓丨敗注○俞諡也國語吳語若越聞俞章注○
丨勝也禮記禮運注以爲魯尚丨疏又淮南說山丨
於一人之隧注○丨猶勝也詩無衣箋猶丨乎不疏
又左氏襄十三年傳疏引論語鄭注又史記司馬相
如列傳丨於南夷索隱引張揖○丨猶病丨左氏襄
十三年傳不猶丨乎疏引服注○俞讀爲丨荀子榮
辱清之而俞濁者注仲尼俞務而俞遠注儒效比周
而譽俞少注議兵兼人而兵俞強注解蔽而未有俞
疾之福也注

祜 說文丨上諱○丨福也漢書揚雄傳下受天之丨
注

扈 說文丨夏后同姓所封戰于甘者在鄠有丨谷甘
亭从邑戶聲𡵨古文丨从山弓○丨止也左氏昭
十七年傳丨民無淫者也注○丨大也文選上林賦
丨從橫行注引晉灼○蔰讀曰丨淮南俶眞萑蔰炫
煌注

雇 說文丨九丨農桑候鳥扈民不婬者也从隹戶聲
春丨鳻盾夏丨竊玄秋丨竊藍冬丨竊黃棘丨竊
丹行丨唶唶宵丨嘖嘖桑丨竊脂老丨鷃也鶚丨或
从雩鳿籀文丨从鳥

虜 說文丨獲也从毌从力虍聲○丨者囚係之名詩
常武傳丨服也疏○丨與鹵同文選張孟陽七哀
詩珍寶見剽丨注引漢書注

父 丨者丈夫之稱詩韓奕傳顯丨疏○丨美稱也春
秋辨疑二引啖助春秋集傳○丨亦男子之美號
也史記齊大公世家師尚丨集解○丨者事之如丨
荀子仲尼仲丨注○丨且字甫是丈夫之美稱禮記

檀弓上嗚呼哀丨疏○詩緜古公亶丨論衡初稟作
亶甫

甫 說文丨男子美稱也从用父父亦聲○丨始也儀
禮鄉射禮注丨欲習衆庶注○丨者始也禮記曲
禮上注皆謂丨省視之疏月令注此丨八月中疏此
月物丨萌牙疏○丨輔也禮記禮器注禪乎梁丨疏
○丨丈夫也釋名釋首飾○丨是男子美稱也禮記
曲禮下曰有天王某丨疏○某丨且字也禮記曲禮
下曰有天王某丨注復曰某丨復矣注

黼 說文丨白與黑相次文从黹甫聲○白與黑爲丨
荀子哀公丨衣丨裳者注淮南說林丨黻之美注
○白與黑謂之丨禮記月令命婦官染采疏又左氏
昭廿五年傳以奉五色注又呂覽季夏紀丨黻文章
注○丨文如斧爾雅釋言注○丨若斧左氏昭廿五
年傳爲九文注○白與黑畫爲斧形謂之丨漢書禮

樂志丨繡周張注○丨者織爲斧形漢書賈誼傳美者丨繡注○丨者白與黑作斧文取合斧斷割之義周禮幕人注其用文德則丨可疏○丨白黑文周禮縫人注丨荒疏○丨謂白黑爲形則斧文近刃白近上黑取斷割焉周禮司服注書曰丨黻疏○丨卽白黑文而爲斧形周禮司几筵王位設丨依疏○丨黻冕服也漢書郊祀志下丨黻琱戈注○穀梁桓十四年傳注以爲丨黻文章釋文亦作黼○爾雅釋言丨黻彰也釋文字或作黼

莆 說文丨萐丨也从艸甫聲

甒 丨盛酒之器禮記喪大記士容丨疏

腑 集韻通或府○府胃也素問脈解篇上則邪容於藏府間注○丨者陽氣素問方盛衰論陽氣有餘注○諸陽爲丨素問寶命全形論知丨藏血氣之診注○六府者何謂也謂大腸小腸胃膀胱三焦膽也府者爲五藏宮府也白虎通性情○六府胃小腸大腸膀胱膽三焦以其受盛故謂之爲府周禮疾醫注正藏五注

俯 說文頫低頭也从頁逃省聲太史卜書頫仰字如此楊雄曰人面頫俛丨或从人免○丨垂頭也禮記月令蟄蟲咸丨疏○丨下頭也禮記禮運皆可丨而闚也疏○俛丨也後漢書劉元傳俛首刮席不敢視注○俛猶戾也淮南說林俛人之頸注○俛亦丨字漢書韓信傳俛出跨下注○俛卽丨字漢書東方朔傳鶴俛啄也注蔡義傳行步俛僂注夏侯勝傳如俛拾地芥耳注○仲定碑然後拊就丨作拊

憮 說文憮愛也韓鄭曰丨一日不動从心無聲○丨大也漢書張敞傳長安中傳張京兆眉丨注引應劭○丨怪愕之詞韻會引三蒼

簠 說文丨黍稷圜器也从竹从皿甫聲医古文从匚从夫○丨簠所以盛飯也方曰丨圓曰簋漢書賈誼傳丨簋不飾注○丨盛稻粱周禮肆師注在器曰盛疏

詁 說文丨訓故言也从言古聲詩曰丨訓○丨者古也古今異言通之使人知也詩周南關雎丨訓傳疏○丨訓者釋古今之異辭辨物之形貌同上○丨訓也春秋公羊經傳解詁釋文○丨謂指義也漢書楊雄傳上訓丨通而已注

鹽 說文丨河東鹽池袤五十一里廣七里周百十六里从鹽省古聲○丨鹽池也漢書貨殖傳猗頓用丨鹽起注又穆天子傳六戊子至於丨注○丨河東鹽池左氏成六年傳疏○丨謂出鹽直用不煉也史

記貨殖列傳猗頓用丨鹽起索隱○丨謂出于鹽池今之顆鹽是也周禮鹽人共其苦鹽散鹽疏○丨亦蠱也左氏襄廿九年傳疏○丨不攻嚴也漢書食貨志下縣官作鹽鐵器苦惡注引如淳○丨不堅牢也漢書息夫躬傳器用丨惡注引鄧展○丨爲不攻牢不堅緻之意也詩鴇羽疏○丨與蠱字異義同同上○丨之爲啑未見正訓蓋相傳爲然左氏僖廿八年傳疏

瞽 說文丨目但有朕也从目鼓聲○丨無目者漢書禮樂志自卿大夫師丨以下注○丨無目者也漢書賈誼傳丨史誦詩注○丨無目之人也漢書賈山傳丨誦詩諫注○丨謂無目禮記仲尼燕居譬猶丨之無相與疏○丨樂師也左氏昭十七年傳丨奏鼓注又國語周語丨獻典注

酤 丨謂賣酒也漢書景帝紀夏旱禁丨酒注○古買酒爲丨酒詩伐木箋丨買也疏

丨者逆德也史記平津侯主父列傳

怒 丨者逆德也史記平津侯主父列傳

俣 說文丨大也从人吳聲詩曰碩人丨丨

瑀 說文丨石之似玉者从玉禹聲

踽 說文丨疏行皃从足禹聲詩曰獨行丨丨

窶 說文丨無禮居也从宀婁聲○無財備禮曰丨一切經音義八引三蒼○丨貧而無禮漢書霍光傳又諸儒生多丨人子注○丨無禮也禮記曲禮上主人辭以丨疏

楛 說文丨木也从木苦聲詩曰榛丨濟濟○丨木名國語周語榛丨濟濟注又漢書五行志下之上丨矢貫之注地理志上惟箘簵丨注○濫惡者謂之丨荀子勸學問丨者勿告也注○丨讀爲沽同上○儀

禮鄉射禮注肅愼氏貢楛矢釋文字又作丨

稌 說文丨稻也从禾余聲周禮曰牛宜丨○丨稻也禮記內則折丨犬羹兔羹注

滸 說文汻水厓也从水午聲○丨水涯也詩葛藟在河之丨釋文○丨濱涯浦皆水畔之地同物而異名也詩北山傳濱涯也疏

詡 說文丨大言也从言羽聲○丨謂敏大言語禮記少儀疏○北方人謂媚好爲丨漢書張敞傳長安中傳張京兆眉憮注引孟康

栩 說文丨柔也从木羽聲其實皁一曰樣○丨杼也漢書地理志下宛邸之丨注○丨今柞櫟也徐州人謂櫟爲杼其子爲皁詩鴇羽集于苞丨陸疏

窳 說文丨汚窬也从穴瓜聲朔方有丨渾縣○丨弱也文選七發注引漢書應劭注○丨者支丨也漢書西域傳下以道當爲丨置注

拄

䳇 說文鴟鷝鴟也从鳥毋聲

岵 說文丨山有草木也从山古聲

溥 說文丨大也从水尃聲○丨大也禮記中庸丨博如天疏○丨謂無不周徧同上○丨水崖也漢書楊雄傳上儲與乎大丨注引服虔○丨布也禮記祭義丨之而橫乎四海疏○丨定本作傅傅丨古字傅著之名義俱通同上○丨與普同漢書魏相傳丨被災害注朱博傳漢家至德丨大注王莽傳下雖丨開諸倉以賑贍之注○詩北山丨天之下韓詩外傳國策東周策史記司馬相如列傳漢書司馬相如傳白

虎通喪服荀子君子韓子忠孝呂覽愼人賈子匈奴皆作普天之下○詩韓奕丨彼韓城潛夫志論氏姓作普彼韓城

砮 丨矢鏃之石也書禹貢疏引國語賈注

賭 說文新附丨博簺也从貝者聲

藪 丨音數錢之數漢書東方朔傳是寠丨也集注引蘇林

瘉 集韻通作愈○說文丨病瘳也从疒愈聲○愈差也禮記三年問痛甚者其愈遲疏○丨病也禮記坊記交相爲丨注○病差謂之愈左氏襄卅一年傳夫亦愈知治矣疏昭二十年傳相從爲愈疏○丨與愈同漢書高帝紀上漢王病丨注藝文志猶丨倉等注不猶丨于野乎注盧綰傳幸上病丨注汲黯傳終

不丨注賈捐之傳縣官嘗言與丨薛大夫注丙吉傳後病果丨注京房傳幸其丨於彼注李尋傳至日中閒差丨注○丨讀與愈同漢書藝文志以丨爲劇注汲黯傳亡以丨人注

數 集韻或从艸○藪音數錢之數漢書東方朔傳是窶藪也注引蘇林

傴 說文丨僂也从人區聲

僂 說文丨尪也从人婁聲周公韤丨或言背丨○丨曲背也漢書蔡義傳行步俯丨注○丨脊管下竅也淮南精神子求行年五十有四而病傴丨注○丨蓋也呂覽節喪丨翣以督之注○丨傴俯皆恭敬之貌也史記孔子世家集解引服虔

○以下據廣韻錄

頨 說文丨頭妍也从頁翩省聲讀若翩

楀 說文丨木也从木禹聲○詩十月之交丨維師氏漢書古今人表作萬五行志下二作楀

萬 說文丨艸也从艸禹聲○丨讀與楀同漢書古今人表師氏丨注

䣁 說文䣁南陽舞陰亭从邑羽聲

聥 說文丨張耳有所聞也从耳禹聲

䨞 說文丨雨皃方語也从雨禹聲讀若禹

郙 說文郙汝南上蔡亭从邑甫聲

俌 說文丨輔也从人甫聲讀若撫○丨輔也廣韻引埤蒼

䍢 說文䍢牖中网也从网舞聲

潕 說文潕水出南陽舞陰東入潁从水無聲

憮 說文丨撫也从心某聲讀若侮

無 說文橆豐也从林奭或說規模字从大卌數之積也林者木之多也卌與庶同意商書曰庶艸繁丨

𤵸 說文丨俛病也从疒付聲○丨短也廣雅釋詁二○丨病也集韻引廣雅

𢼈 說文丨撫也从攴亡聲讀與撫同

䋡 說文丨治敝絮也从糸咅聲

姁 說文丨嫗也从女句聲

珝 說文新附丨玉也从玉羽聲

裋 丨敝布襦也列子力命衣則丨褐釋文○丨布長襦也漢書貨殖傳丨褐不完注○丨襦也文選王命論思有丨褐之襲注引韋昭○丨一作短小襦也史記秦始皇本紀寒者利丨褐集解引徐廣

㼌 說文丨本不勝末微弱也从二瓜讀若庾

枓 說文丨勺也从木从斗○凡方者爲斗若安長柄則名爲丨史記張儀列傳金斗長其尾索隱

宔 說文丨宗廟丨祏从宀主聲

竘 說文丨健也一曰匠也从立句聲讀若齲逸周書有丨匠

丶 說文丨有所絕止丶而識之也凡丨之屬皆从丨

擩 說文丨染也从手需聲周禮六曰丨祭

稶 說文丨稸稶也从禾从又句聲又者从丑省一曰木名

椇 丨棃之不臧者禮記內則芝栭蔆丨注○丨郎令之白石李也形如珊瑚味甜美禮記曲禮下婦人之摯丨榛疏○丨訓法也同上

褸 說文丨衽也从衣婁聲

漊 說文丨雨丨丨也从水婁聲一曰汝南謂飲酒習之不醉爲丨

䋭 說文䋭絆前兩足也从糸須聲漢令蠻夷卒有䋭

𣀔 說文丨閉也从攴度聲讀若杜剫丨或从刀

𢊍 說文丨廡也从广虜聲讀若鹵

鑥 說文丨煎膠器也从金虜聲

𧂇 說文丨艸也可以束从艸魯聲蓾丨或从鹵

䲐 說文丨魚名出樂浪潘國从魚虜聲

暏 說文丨旦明也从日者聲

𠩵 說文丨美石也从厂古聲

沽 丨略也禮記檀弓釋文○丨麤也周禮司裘注必丨而小耳疏○丨謂麤爲之儀禮既夕記丨示不用疏○丨麤略也禮記檀弓上以爲丨也疏○丨謂麤惡者爲下等也周禮司兵注等謂功丨上下疏○古文丨作古儀禮既夕禮弓矢之新丨功注

兆 說文丨靡蔽也从人象左右皆蔽形凡丨之屬皆从丨讀若瞥

𥁕 說文丨器也从皿从缶古聲

粗 說文丨疏也从米且聲

觕 丨粗略也漢書藝文志庶得麤丨注○丨謂大略也漢書敘傳下丨舉僚職注○丨音麤丨之丨漢書敘傳下注引晉灼

蒩 說文丨菜也从艸租聲○丨蕺也文選蜀都賦注引埤蒼

瑦 說文丨石之似玉者从玉烏聲

䛩 說文丨相毀也从言亞聲一曰畏亞

𪀗 說文丨乏輕也从乏烏聲讀若鄔

鄠 說文鄠右扶風縣名从邑雩聲

昈 說文丨明也从日戶聲

芐 說文丨地黃也从艸下聲禮曰鉶芼牛藿羊丨豕薇是○地黃一名地髓一名丨一名芑爾雅釋草疏引本草

㚢 說文丨丨貪也从女污聲

○以下據集韻錄

𧞏 說文丨編枲衣从衣區聲一曰頭丨一曰次裹衣

齟 說文丨斷腫也从齒巨聲

偊　丨旅曲躬貌也漢書東方朔傳行步丨旅注

霸　說文丨水音也从雨羽聲

嘸　丨不精明也漢書韓信傳諸將皆丨然陽應曰諾注引孟康

盨　說文丨橙丨負戴器也从須血聲

罜　說文罜罜麗魚罟也从网主聲

瘐　爾雅釋訓丨丨病也釋文本今作庾

隋　說文如渚者丨邱水中高者也从自者聲

鄌　說文鄌地名从邑虖聲

經籍籑詁卷第三十七補遺終

經籍纂詁卷第三十八

上聲

經筵講官南書房翰林戶部左侍郎兼署兵部左侍郎前提督浙江學政阮元撰集

八薺

薺 丨菜也詩谷風其甘如丨釋文○丨甘味也春秋
繁露天地之行○狗丨虀也廣雅釋草○丨水也
水王而生土王而死淮南墜形丨冬生中夏死注
○丨之爲言濟與濟大水也春秋繁露天地之行

禮 丨之爲言履也白虎通禮樂○丨者履此者也禮
記祭義○丨者所履也漢書公孫宏傳○丨者人
之所履也荀子大略○丨者履也履道成文也白虎
通情性○丨可以履行爾雅釋言履丨也注○言而
履之丨也禮記仲尼燕居○言而可履丨也家語問
玉○丨體也廣雅釋言又法言問道○丨體也得事

體也釋名釋言語○丨者體也淮南齊俗○丨之言
體也禮記喪服四制凡丨之大體注又太元元數性
丨注○丨也者猶體也禮記禮器又家語曲禮子貢
問○丨者體此者也大戴記曾子大孝○丨者此之
體者也賈子道德說○丨是體別論語學而恭近於
丨皇疏○丨者體其情也論語爲政齊之以丨皇疏
○丨者體情制文者也淮南齊俗○丨者形體之用
莊子大宗師回忘丨樂矣注○動有文體謂之丨賈
子道術○登降揖讓貴賤有等親疏之體謂之丨管
子心術○丨者理也家語論禮○丨也者理也禮記
仲尼燕居○故丨者謂有理也管子心術○丨也者
理之不可易者也禮記樂記又荀子樂論○丨義者
有分理白虎通情性○昭明物則丨也國語周語○
夫奉義順之謂丨風俗通十反○奉義順則謂之丨
國語周語○故丨也者義之實也禮記禮運○信行
容體而順乎文丨也莊子繕性○丨敬也墨子經上

又呂覽下賢不肎受實者其丨之注○丨者殊事合
敬者也禮記樂記○聖立而將之以敬曰丨禮記鄉
飲酒義○致愛恭謹謂之丨韓外傳四○丨人之幹
也家語正論○丨謂人所服行也禮記中庸不議丨
注○丨者所以正身也荀子脩身○人道曰丨周書
武順○丨者君之大柄也禮記禮運○丨者人主之
所以爲羣臣寸尺尋丈檢式也荀子儒效○丨者所
以御民也說苑修文○夫丨國之紀也國語晉語○
丨者政之本與大戴記哀公問於孔子○丨者政之
輓也荀子大略○丨者法之大分羣類之綱紀也荀
子勸學○故丨者自行之義養民之道也賈子禮○
夫丨所以制中也禮記仲尼燕居○丨者尊卑之差
上下之制也後漢荀爽傳注○丨序尊卑之制崇敬
讓之節也北堂書鈔引六藝論○丨節也荀子大略
○丨者節之準也荀子致仕○丨所以節正民之侈
僞使其行得中周禮大司徒以五丨防萬民之僞而

教之中注○丨者盛不足節有餘白虎通禮樂○丨
者因人之情緣義之理而爲之節文者也管子心術
○丨者因人之情而爲之節文以爲民防者也禮記
坊記○丨所以防淫佚節其侈靡也白虎通禮樂○
夫丨者所以章疑別微以爲民防者也禮記坊記○
丨者不邪之禁也顏氏家訓歸心○丨者禁將然之
前大戴記禮察○丨者所以綴淫也禮記樂記○所
謂丨者不犯者也鶡冠子學問○丨也者物之致也
禮記禮器○丨是交接會通之道易文言傳足以合
丨何晏注○丨所以適時用也易序卦傳物畜然後
有丨注○丨者所以便事也新序善謀○丨者何也
卽事之治也禮記仲尼燕居○丨樂者行化之大者
也說苑修文○夫丨大之由也不與小之自也大戴
記曾子事父母○丨者天地之序也禮記樂記○則
丨者天地之別也同上○夫丨天之經也地之義也
人之行也後漢延篤傳○丨也者合於天時設於地

財順於鬼神合於人心理萬物者也禮記禮器○夫丨者陰陽之際也百事之會也所以尊天地儐鬼神序上下正人道也白虎通禮樂○丨度德法也大戴記盛德○丨方也太元元衡○丨門也孟子萬章下○丨服也法言脩身○丨者養也荀子禮論○丨義者恩之主也大戴記本命○丨甲也廣雅釋詁四○丨式其閭也呂覽察賢丨段干木注○丨丨聘君也儀禮聘禮丨王注○丨賓丨也周禮大宰以丨待賓客之治注○丨以醴丨客周禮司儀及丨私面私獻注○丨大丨饔餼也周禮大行人丨九牢注○丨謂饔餼饗食儀禮聘禮主人畢歸丨注○丨謂食燕也儀禮覲禮饗丨乃歸注○丨謂摯也禮記表記無丨不相見也注○丨謂以鬱鬯祼之也周禮司儀其丨亦如之注○丨也者報也禮記樂記○丨反其所自始同上○丨不忘其本禮記檀弓上○丨也者反其所自生禮記禮器○丨所以修外也禮記文王世子

○丨也者動於外者也禮記樂記祭義○陽德出丨大戴記四代○火神則丨禮記中庸天命之謂性注○陰稱丨易繫辭下傳謙以制丨虞注○丨者陰也白虎通禮樂○丨由陰作者也禮記郊特牲○坤爲丨易繫辭上傳丨言恭虞注○三丨天地人之丨書舜典有能典朕三丨傳○三丨天神地祇人鬼之丨也書舜典馬注○三丨天事地事人事之丨也書舜典鄭注○五丨吉凶軍賓嘉也書舜典修五丨馬注又周禮小宗伯掌五丨之禁令司農注○五丨吉凶賓軍嘉也周禮保氏一曰五丨注○五丨謂吉凶賓軍嘉周禮大司徒以五丨防萬民之僞司農注○丨謂曲丨五吉凶賓軍嘉其別三十有六周禮春官序官使帥其屬而掌邦丨注○丨五丨之義周禮大司徒丨樂射御書數注○五丨公侯伯子男朝聘之丨矣書舜典修五丨鄭注○五丨天子也諸侯也卿大夫也士也庶民也書臯陶謨天秩有丨鄭注○冠婚

朝聘喪祭賓主鄉飲酒軍旅此之謂九丨也大戴記本命○丨謂三千三百也大戴記盛德丨度德法注○吉丨丨之終也大戴記保傅丨之冠婚注○丨也都太元元錯○凡丨始於脫成於文終於隆大戴記禮三本○節而不可不積者丨也莊子在宥○詩丨丨者先王之陳迹也莊子外物儒以詩丨發冢注○丨者世俗之所爲也莊子漁父○丨者世之所以自行耳莊子大宗師以丨爲翼注○上於下曰丨周禮司儀賓亦如之注○變拜言丨者客祀也儀禮覲禮丨日於南門外丨月與四瀆於北門外丨山川邱陵於西門外注○丨辭一辭儀禮士昏禮賓丨辭注聘禮公丨辭許注○丨辭一辭而許也儀禮士冠禮賓丨辭許注○丨辭一辭其贄而許也儀禮士相見禮則丨辭其贄注○丨請受者一請受而聽之也儀禮聘禮丨請受注○丨酒饗燕之酒周禮酒人共賓客之丨酒飲酒而奉之注○丨酒王所致酒也周禮酒正

共后之致飲于賓客之丨醫酏糟注○丨官奉常也後漢班彪傳上注○古文丨爲醴儀禮士昏禮賓入授如初丨注○今文丨爲醴儀禮聘禮明日賓拜丨於朝注聘禮記丨不拜至注○今文丨作醴儀禮士冠禮丨於阼注○今文丨皆作醴儀禮聘禮丨王注○丨或爲體荀子脩身學也者丨法也注○易繫辭上傳知崇丨卑釋文丨蜀才本作體易繫辭上傳以行其典丨釋文丨姚本作體○詩楚茨箋以祭丨畢釋文丨本作祀○史記趙世家田不丨呂氏春秋作禋

體 軆身也廣雅釋親○丨支丨也詩相鼠人而無丨傳○丨四支也國語周語貳若丨焉注○丨謂四支也易文言傳正位居丨虞注○一丨者得一支也孟子公孫丑上皆有聖人之一丨注○四丨身之四肢孟子離婁上不保四丨注○具丨者四肢皆具孟子公孫丑上則具丨而微注○丨者四肢股肱也孟

子公孫丑上皆有聖人之一丨注〇丨者四支股腳
也孟子公孫丑上則具丨而微劉注〇丨國丨謂爲君
股肱穀梁莊廿四年傳大夫國丨也注〇君之卿佐
是謂股肱故曰國丨穀梁昭十五年傳大夫國丨也
注〇丨手足也禮記喪大記加新衣丨一人注又國
語周語夫君子目以定丨注〇丨成形也詩行葦方
苞方丨箋〇丨謂形丨周禮天官丨國經野釋文引
干注〇丨第也骨肉毛血表裏大小相次第也釋名
釋形體〇丨行猶躬行也後漢班彪傳下注〇丨性
也呂覽情欲其情一丨也注又文選王文憲集序夷
雅之丨注〇丨生也禮記中庸丨物而不可遺注〇
丨著者著丨而生也文選吳都賦皆丨著而應卒劉
注〇丨嫡嫡相承也儀禮喪服傳正丨丨于上馬注〇
正丨太子也文選顏延年曲水詩序正丨毓德於少
陽注〇丨猶親也禮記學記就賢丨遠注〇丨猶依
也管子君臣上則君丨法而立矣注〇丨猶接納也

禮記中庸丨羣臣也注〇丨猶連結也禮記文王世
子丨異姓也注〇丨謂不離道也荀子解蔽知道察
知道行丨道者也注〇丨尊卑異而合同禮記仲尼
燕居官得其丨注〇丨裁制也文選宋書謝靈運傳
論延年之丨裁明密注〇丨猶分也周禮天官序官
丨國經野注〇丨分於兼也墨子經上〇丨行也呂
覽誣徒若此則師徒同丨注又淮南氾論故聖人以
身丨之注脩務殊丨而合于理注〇丨法也淮南本
經帝者丨太一注〇丨猶法也文選長楊賦大哉丨
乎注〇丨政丨也後漢孔融傳注〇丨謂國家之大
丨也後漢梁統傳注〇丨兆象也周禮占人君占丨
注〇丨兆卦之丨詩氓丨無咎言傳〇丨視兆所得
也禮記玉藻君定丨注〇下丨根莖也詩谷風無以
下丨傳〇下丨謂其根也禮記坊記無以下丨注〇丨
丨謂牲與腊也儀禮公食大夫禮胾丨進奏注〇〇丨
名脊脅肩臂臑之屬周禮內饔辨丨名肉物注〇〇丨

委與之也國語周語則有丨薦注〇丨解其牲丨而
薦之家語問禮丨其犬豕牛羊注〇今本丨爲禮易
繫辭上傳知崇丨卑集解〇詩谷風無以下丨韓詩
外傳作無以下禮〇詩氓丨無咎言禮記坊記作履
無咎言〇詩氓釋
文丨韓詩作履

米 丨若粟丨書益稷粉丨傳〇丨廩有虞氏之庠也
禮記明堂位〇丨鹽細碎也史記天官書淩雜丨
鹽正義〇丨出甲謂礚之爲糲丨也春之則粺丨也
胏之則鑿丨也舂之則毇丨也又蕖擇之暍嗟之則
爲晶丨古微書引春秋說題辭〇書益稷釋文
丨徐本作絲〇孝經注粉丨釋文丨字或作絲

啟 丨開也書堯典允子朱丨明傳又左氏隱元年傳
夫人將丨之注僖廿三年傳臣聞天之所丨注襄
廿五年傳丨丨敝邑心注昭十三年傳以先丨行注定
四年傳皆丨以商政注又論語述而不憤不丨皇疏

泰伯丨予足集解引鄭注又皇疏又廣雅釋詁三又
釋名釋姿容又小爾雅廣詁又國語楚語丨乃心注
鄭語是天丨之也注又漢書文帝紀集注又太元闕
陰陽丨告注又莊子天地沛乎其爲萬物遊也釋文
引崔注達生欵丨寡聞之民也釋文引李注又淮南
詮言不遑丨處注又文選西京賦豈丨度於往舊薛
注東京賦武又大丨土宇薛注丨南端之特闈薛注
〇丨闓也國語晉語天將丨之注〇丨開坼也素問
六元正紀大論爲釁丨注〇令丨謂喪祝主命役人
開之也周禮喪祝及辟令丨司農注〇丨開也敎也
華嚴經音義上引統文〇丨發也儀禮士昏禮贊丨
會注〇丨蟄言始發蟄也天戴記夏小正正月丨蟄
傳〇丨者別也陶而疏之也大戴記夏小正丨灌藍
蓼傳〇官信曰丨御覽五百九十五引通俗文〇丨
詣也以丨語官司所至詣也釋名釋書契〇丨跪也
爾雅釋言又詩四牡不遑丨處傳采薇不遑丨居箋

又左氏襄八年傳不遑丨丨處注又國語晉語不遑丨丨處注又後漢桓帝紀注又淮南脩務不遑丨處注〇丨丨小跪也爾雅釋言李注〇丨踞也廣雅釋詁三〇左翼曰丨左氏襄廿三年傳丨牢成御襄罷師狠蘧疏爲右注〇凡軍在前曰丨後漢岑彭傳注〇丨禹子也書益稷丨呱呱而泣傳〇楚公子丨字子閭見左哀六年傳〇魯漆雕丨字子開見史記仲尼弟子傳〇馬前足皆白丨爾雅釋畜〇古文丨爲開儀禮既夕記丨之昕外內不哭注〇今文丨作開儀禮士昏禮贊丨會注〇今文丨爲開儀禮既夕請丨期注士虞禮命佐食丨會注士虞禮記丨戶注少牢饋食禮乃丨二尊之蓋冪注〇启孔尚以爲古文丨字一切經音義三〇启埤蒼作闓同苦禮反一切經音義十二〇書堯典允子朱丨明史記五帝紀作嗣子丹朱開明〇書益稷丨呱呱而泣論衡問孔作開呱呱而泣〇書金縢丨籥見書

史記魯周公世家作開籥乃見書書金縢以丨金縢之書周禮占人注作開金縢之書周禮卜師注作開籥見書〇詩大東東有丨明大戴記作東有開明〇左氏僖六年傳微子丨史記宋世家作微子開〇左氏哀三年經城丨陽公羊作開陽〇論語泰伯丨予足丨予手論衡四諱作開予足開予手〇史記漆雕丨字子開家語弟子作字子若

〇書夏后丨御覽引世紀作建

醴 丨丨酒也家語問禮以爲丨酪注又楚辭怨思欲酌丨以娛意兮注〇丨甜而不泲也文選南都賦注引韓詩〇丨猶體也成而汁滓相將如今恬酒矣周禮酒正二曰丨齊注〇丨齊丨禮也釀之一宿而成禮有酒味而已也釋名釋飲食〇再宿爲丨楚辭大招吳丨白蘗注〇丨丨者稻丨也禮記雜記〇丨丨清也周禮漿人水醬丨涼醫酏注〇清丨酒也廣雅釋器〇丨盎齊也家語問禮丨醆在戶注〇丨甘也書中候丨泉出山注〇丨酪烝醸之也禮記禮運以爲丨酪注〇嘉丨丨泉也文選劇秦美新甘露嘉丨丨注〇甘雨時降萬物以嘉謂之丨泉爾雅釋天〇丨泉瑞水也文選上林賦丨泉涌於清室注〇丨泉者美泉也狀若丨酒可以養老也白虎通封禪〇丨泉乃謂甘露也今儒者說之謂泉從地中出其味甘若丨故曰丨泉論衡是應〇六丨蒞六氣也後漢馮衍傳注〇丨水名書禹貢又東至于澧馬注〇丨陵名書禹貢鄭注〇丨當作禮儀禮士冠禮請丨賓注〇丨當爲禮儀禮士昏禮贊丨婦注〇丨亦當爲禮儀禮士冠禮若不丨則醮用酒注士昏禮出請丨賓注〇丨當爲禮聲之誤也禮記內則宰丨負之注〇丨婦當作禮聲之誤也禮記昏義贊丨婦注〇爾雅釋天謂之丨泉釋文丨本作澧〇列子楊朱丨醬之氣釋文丨本又作糟

陛 丨階次也楚辭大招槃傑壓丨注〇丨階也所由升堂也獨斷上〇丨階陛也與天子言不敢指斥故云丨下後漢光武紀下注〇天子自稱曰朕臣民稱之曰丨下獨斷上〇丨卑也有高卑也天子殿謂之納丨言所以納人言之階丨也釋名釋宮室

洗 漢書作洒〇洒滌也漢書平帝紀集注〇洒濯也一切經音義八引字林又漢書昌邑哀王髆傳集注宣曲任氏傳集注〇丨謂蕩滌也後漢獻帝紀注〇丨去足垢論衡譏日〇澡丨可以磢體去垢圿山海經西山經錢來之山其下多丨石注〇洒之謂丨雪其恥也孟子音義上引丁音〇丨盡也易繫辭上傳聖人以此丨心釋文引劉注又書酒誥自丨腆馬注〇洒齊也廣雅釋詁四〇丨庭丨儀禮士冠禮丨有篚在西注〇丨承盥丨者棄水器也士用鐵儀禮士冠禮設丨注〇丨所以承盥丨之器棄水者儀禮

士昏禮設丨于阼階東南注○丨高峻也詩新臺新
臺有丨傳○酒當爲漏篆文稍相似因誤耳荀子正
名香臭芬鬱腥臊酒酸奇臭以鼻異注○易繫辭上
傳釋文丨京荀虞董張蜀才本作先○儀禮既夕禮
注湯沐所以丨釋文丨本作淬○
郯令景君闕銘姦邪酒心丨作酒

邸 丨舍也後漢安帝紀注引蒼頡又楚辭涉江丨余
車兮方林注○儲丨猶府藏也文選王元長曲水
詩序盈衍儲丨注○丨歸也漢書張耳傳集注○丨
至也史記河渠書自中山西丨瓠口爲渠正義又漢
書文帝紀集注溝洫志集注匈奴傳上集注○丨下
柢也以象骨爲之周禮弁師象丨玉笄注○丨後版
也周禮掌次設皇丨司農注○有丨僢共本也考工
記玉人有丨以祀地注○四圭有丨有四角也周禮
典瑞四圭有丨司農注引或說○丨讀爲抵欺之抵
周禮典瑞司農注○丨與抵古字通文選風賦丨華

葉而振
氣注

底 丨極下淮南脩務則言黃泉之丨注○丨止也爾
雅釋詁又國語晉語戾久將丨注○丨者止也爾
雅釋詁丨待也注○丨滯也左氏昭元年傳勿使有
所壅蔽湫丨注○丨著也國語楚語夫民氣縱則丨
注○丨待也爾雅釋詁○丨讀曰紙
淮南原道非謂其丨滯而不發注

詆 丨毀也漢書劉向傳集注枚乘傳集注杜欽傳集
注王尊傳集注二見蓋寬饒傳集注匡衡傳集注
薛宣傳集注翟方進傳集注二見敘傳上集注○丨
誑也廣雅釋詁二○丨毀也辱也漢書劉向傳集注
○呧欺也一切經音義十二引蒼頡○丨亦欺也後
漢樊準傳注○丨欺謂飾非成釁非其本罪後漢杜
林傳注○丨誣也漢書哀帝紀集注張湯傳集注杜
周傳集注杜延年傳集注杜欽傳集注咸宣傳集注

又後漢朱浮傳注○丨呵也廣雅釋言○丨事要也
淮南兵略兵有三丨注○呧古文丨同一切經音義
十
一

抵 丨推也廣雅釋詁三○丨猶推也大戴記夏小正
丨蚔傳○丨距也漢書梁懷王揖傳集注○丨忤
也漢書禮樂志集注○丨欺也後漢劉隆傳注○丨
觸也廣雅釋言又漢書文帝紀集注董仲舒傳集注
司馬遷傳集注吾邱壽王傳集注楊惲傳集注匡衡
傳集注又山海經海外北經相柳之所丨注○丨者
相丨觸也史記李斯傳方作觳丨優俳之戲集解引
應劭○丨刺也方言十二又廣雅釋詁一○丨秘皆
矛戟之矡方言十二注○丨擊實也鬼谷子抵巇注
○丨擲也後漢獻穆曹皇后紀下注禰衡傳注○丨
解也後漢臧宮傳注○丨當也小爾雅廣言又史記
高帝紀傷人及盜丨罪集解引應劭索隱引韋昭又

管子小問寡人之丨罪也久矣注○丨者當也漢書
禮樂志集注○丨至也廣雅釋詁一又史記秦始皇
紀丨九原正義項羽紀丨櫟陽獄椽司馬欣集解引
韋昭高帝紀傷人及盜丨罪集解引應劭禮書大丨
皆襲秦故集解引應劭天官書丨營室正義樊酈滕
灌傳丨薊南索隱大宛傳丨康居索隱又漢書武帝
紀集注禮樂志集注溝洫志集注周勃傳集注樊噲
傳集注鄒陽傳集注司馬相如傳下集注杜延年傳
集注張騫傳集注二見循吏傳集注宣曲任氏傳集
注西域傳上集注西域傳下集注又後漢南匈奴傳
注又文選喻巴蜀檄或亡逃丨誅注○丨至也當也
漢書高帝紀上集注李陵傳集注○丨歸也史記項
羽紀索隱引服虔禮書集解引臣瓚平準書天下大
丨無慮皆鑄金錢矣索隱張耳陳餘傳去丨父客集
解引如淳又漢書食貨志下集注李陵傳集注杜周
傳集注尹翁歸傳集注又後漢彭寵傳注孔融傳注

○丨屬也史記天官書丨營室索隱○丨相憑託也史記項羽紀索隱引劉伯莊○大丨猶大略也史記禮書索隱平準書索隱引劉氏老莊申韓傳大丨率寓言也索隱○丨故賈也周禮泉府買者各從其丨司農注○丨本也史記司馬相如傳犧雙觡共丨之獸集解引漢書音義○丨實柢字周禮泉府買者各從其丨注

牴 觝同○觝合也太元元圖外觝亢貞注○觝至也文選琴賦觸巖觝隈注○易夬注丨狠難移之物釋文丨本作抵易夬注釋文丨本作羝○詩生民取丨以軷釋文丨本作羝

柢 通作氐○丨本也爾雅釋言又周禮泉府買者各從其抵注又儀禮士喪禮記載猶進丨注又漢書司馬相如傳下集注引服虔敘傳上集注○氐本詩節南山維周之氐傳○氐本根也太

元堅固其氐也注○丨也者木之所以建生也韓非子解老○氐歸也漢書禮樂志集注司馬遷傳集注李延年傳集注○氐猶略也史記秦始皇紀大氐盡畔秦吏正義○邸謂之丨爾雅釋器又考工記玉人兩圭五寸有邸以祀地注○根丨皆物之邸爾雅釋器注○丨碓衡集韻引字林○江湘之間頓愍或謂之氐惆南楚飲毒藥懣謂之氐惆愁恚憒憒毒而不發謂之氐惆方言十○今文丨爲胝儀禮士虞禮記載猶進丨注○今文丨皆爲胝儀禮士喪禮進丨注○氐當爲桎鎋之桎詩節南山箋○氐音丨歫之丨漢書食貨志下集注引晉灼○氐音觸抵之抵山海經海內南經氐人國注○氐讀曰抵漢書食貨志下集注宣曲任氏傳集注○爾雅釋言丨本也周禮典瑞注作邸○考工記玉人注邸謂之丨釋文丨劉作柢

坻 丨坂也後漢隗囂傳注○丨頽崩聲也文選吳都賦丨頽於前劉注○巴蜀名山堆落曰丨文選解嘲注引字書

弟 丨丨也相次丨而生也釋名釋親屬○丨者悌也心順行篤也白虎通三綱六紀○丨悌也廣雅釋親○丨使也漢書陳勝傳集注引服虔○後生爲丨爾雅釋親○丨後也國語吳語長丨許諾注○丨子後生也儀禮特牲饋食禮兄丨丨子洗酌于東方之尊注○丨子其少者也儀禮大射儀勝者之丨子洗觶注○丨子賓之少者儀禮鄉飲酒禮階前命丨子俟徹俎注○丨子賓黨之年少者也儀禮鄉射禮命丨子納射器注○丨子賓黨之少者也儀禮鄉射禮記三耦者使丨子注○丨子者民也白虎通號○毋丨稱丨公羊隱七年傳○昆丨四體也儀禮喪服傳○兄丨有服親者儀禮既夕兄丨賵奠可也注○小

功以下爲兄丨儀禮喪服傳○兄丨小功以下也儀禮既夕兄丨出主人拜送注○兄丨猶言族親也儀禮喪服記於兄丨降一等注○兄丨主人親戚也儀禮士冠禮兄丨畢袗元注○兄丨謂同姓若婚姻甥舅有親者儀禮聘禮記若兄丨之國注○兄丨昏姻嫁娶也周禮大司徒三曰聯兄丨注○艮爲丨易象下傳丨丨虞注

悌 詩作豈弟○丨易也詩旱麓愷丨君子釋文又左氏僖十二年傳愷丨君子注又成八年傳愷丨君子釋文又孝經愷丨君子注又國語周語愷丨君子注又漢書戾太子傳集注又後漢章帝紀注賈逵傳注班彪傳上注又家語弟子行愷丨君子注○弟易也詩蓼蕭孔燕兄弟傳○豈弟樂易也詩青蠅豈弟君子箋○丨順也廣雅釋詁一○丨德之序也家語弟子行○古文尚書以弟爲圛圛明也詩載驅齊子豈

弟箋○左氏僖十二年傳釋文
丨本作弟孝經釋文丨本作弟
丨女弟也詩鵲巢傳衆媵姪丨之多釋文又儀禮
【娣】士昏禮媵御餕注○女弟曰丨穀梁隱二年傳注
伯姬之丨釋文○妻之女弟爲丨詩韓奕諸丨從之
釋文○丨者何弟也公羊莊十九年傳○丨少女之
稱也易歸妹歸妹以丨注○女子同出謂後生爲丨
爾雅釋親○丨姒婦者弟長也儀禮喪服傳○丨姒
猶兄弟也禮記內則不友無禮于介婦注○丨姒婦
者兄弟之妻相名也儀禮喪服傳注○長婦謂稚婦
爲丨婦爾雅釋親○長婦謂穉婦爲丨婦丨婦謂長
婦爲姒婦儀禮喪服傳注○長婦謂少婦曰丨丨弟
也已後來也或曰先後以來
先後弟之也釋名釋親屬
【遞】丨代呂覽先己詐偽丨用注○丨更也楚辭招魂
射丨代些注○丨迭也文選舞賦於是合場丨進

注○丨著也管子入國聾盲喑啞跛躄偏枯握丨注
○丨古文遞同一切經音義十七○丨古文遞同一
切經音義廿二○周禮稍人注
使勞逸丨焉釋文丨本作適
【涕】丨目汁也列子湯問悲愁垂丨釋文○自目曰丨
易萃齎咨丨洟虞注又詩澤陂丨泗滂沱傳又禮
記檀弓垂丨洟釋文○膿滲爲丨素問解精微論○
無聲丨出爲洵丨也國語魯語無洵丨注○坎爲丨
洟易象下傳喪過乎哀虞注○禮
記內則不敢唾丨釋文丨本作洟
或作泲○丨宋水也國語吳語西屬之丨注○丨
【濟】者四瀆之別名公羊隱五年傳丨上之邑也注○丨
丨漯兩水名書禹貢浮于丨漯傳○泉源爲沇流去
爲丨水經濟水注引孔安國○丨丨也廣雅釋水○
丨者齊齊其度量也風俗通山澤引書大傳○丨之
爲言齊也齊者度也度者圓也古微書引春秋說題

辭○丨丨爲澾爾雅釋水○泲地名詩泉水出宿于泲
傳○丨丨入也呂覽離俗君子丨人於患注○丨憂也
陳楚或曰溼或曰丨方言一○丨滅也方言十三○
丨丨難也詩載芟載穫丨丨傳○丨丨盛也漢書劉
向傳集注○丨丨盛貌漢書王褒傳集注○丨丨衆
多也詩旱麓榛楛丨丨傳○丨丨衆盛之貌書大禹
謨丨丨有衆傳○丨丨止也爾雅釋訓○丨丨多士
之容止也爾雅釋訓孫注○丨丨大夫之容也詩楚
茨丨丨蹌蹌釋文○丨丨者容也遠也禮記祭義○
丨丨有威儀也禮記玉藻丨丨翔翔釋文○丨丨多
威儀也詩文王丨丨多士傳又後漢班彪傳下注○
丨丨莊敬貌也禮記玉藻朝廷丨丨翔翔注○丨丨
美貌詩載驅四驪丨丨傳○書禹貢丨河惟兗州漢
書地理志作泲河惟兗州禹貢浮于丨漯地理志作
浮于泲漯禹貢達于丨地理志作達于泲禹貢東流
爲丨地理志作東流爲泲○莊子逍遙游注其丨一

也釋文丨
本作齊
【蠡】丨欲絕之貌也孟子盡心下以追丨注
【澧】丨水名書禹貢又東至于丨傳○丨丨波聲也楚
辭靈懷波丨丨而揚澆兮注○禮記禮運地出丨
泉釋文丨本作醴○書禹貢又東至
于丨史記夏本紀作又東至于醴
【鱧】鱺同○丨鮦也爾雅釋魚丨注○鱺鮦也廣雅釋
魚○丨鰈也一切經音義十九引字林○爾雅釋
魚丨釋文丨或
作鱺又作蠡同
【泚】丨度也廣雅釋詁一○丨測也廣雅釋言○丨汗
出丨丨然也孟子滕文公上其顙有丨注○孟子
滕文公上其顙有丨考工記
車人司農注作其顙有疵

【綮】丨猶結處也莊子養生主技經肯丨之未嘗釋文引司馬注

【䭫】稽同○丨低也廣雅釋詁四○稽首首至地書舜典禹拜稽首傳召誥拜手稽首傳又左氏襄三年傳公稽首注○頭至地曰稽首公羊宣六年傳北面再拜稽首注○稽首拜頭至地也周禮大祝一曰稽首注○稽首拜命亦以首至地也孟子盡心下若崩厥角稽首注○稽首拜頭至手書中候伯禹稽首注○稽首頓首也一切經音義八引蒼頡○稽首拜天子禮也後漢竇融傳注○稽首服之甚也禮記郊特牲○稽顙頭觸地儀禮士喪禮拜稽顙注○稽顙者觸地無容禮記檀弓下稽顙隱之甚也注○䭫古稽字穆天子傳䭫首注○稽古文丨同一切經音義七○稽首古文䭫首同苦禮反一切經音義十四引字詁○周禮太祝一曰䭫首釋文䭫本作稽

【膂】丨腨也廣雅釋親○丨腨腸廣韻引字林○丨肥腸也或作綮山海經海外北經無丨之國注

【棨】丨有衣戟也後漢竇武傳注○有衣之戟曰丨後漢郭躬傳注南匈奴傳注○丨戟前驅之器也後漢杜詩傳注○棨條也廣雅釋木

【髀】丨謂股外詩車攻傳射左髀釋文○古文丨作脾儀禮既夕丨不升注有司徹腊辯無丨注○古文丨爲脾儀禮士昏禮丨不升注士喪禮載兩丨于兩端注○古文丨皆作脾儀禮少牢饋食禮丨不升注○儀禮士昏禮釋文丨本作脾○詩車攻傳射左脾釋文脾本作丨

【禰】丨父廟也周禮甸祝丨亦如之司農注又儀禮士冠禮注庿謂丨庿釋文禮記王制假于祖丨釋文穀梁僖二十年傳則近爲丨宮釋文成三年傳丨宮也釋文又後漢章帝紀注○丨是父之廟貌顏氏家訓風操○丨宮父廟也家語郊問作寵於丨宮注○生稱父死稱考入廟稱丨公羊隱元年傳隱之考也注○公丨行主也禮記文王世子其在軍則守于公丨注○丨謂行主遷主矣而云丨親之也儀禮覲禮釋幣于丨注○丨地名詩泉水飲餞于丨傳○詩泉水釋文丨韓詩作坭○儀禮士虞禮注飲餞于丨釋文丨劉本作泥○公羊隱八年傳注格于祖丨釋文丨本作藝

【徯】丨待也書益稷惟動丕應丨志傳○徯待也孟子梁惠王下徯我后注

【鮆】丨刀魚爾雅釋魚釋文引字林○丨魚一名刀魚山海經南山經其中多丨魚注○丨短也廣雅釋詁二○凡物生而不長大亦謂之丨方言十○丨音如楚人言薺史記貨殖傳鮐丨千斤集解引漢書音義○爾雅釋魚注今之丨魚也釋文丨本作鱭

【癠】丨病也爾雅釋詁又禮記玉藻親丨注○丨短也廣雅釋詁二○凡物生而不長大亦謂之鮆又曰丨方言十○今俗呼小爲丨方言十注

【眯】丨芥入目也淮南繆稱故若丨而撫注○丨厭也莊子天運必且數丨焉釋文引司馬注○丨安也廣雅釋詁二○丨物入眼爲病也莊子天運釋文引字林

【泥】亦作泥○泥泥沾濡也詩蓼蕭零露泥泥傳○泥泥露也廣雅釋訓○葉初生泥泥詩行葦維葉泥泥傳○詩行葦維葉泥泥文選注四作維葉柅柅

【醍】丨酒也廣雅釋器又一切經音義十四引字書○周禮酒正注粢丨在堂釋文丨本作緹

【緹】丨赤也廣雅釋器○丨黃赤色也史記滑稽傳張丨絳帷正義引顧野王○赤丨縓色也周禮草人

赤丨用羊注○丨者成而紅赤如今下酒矣周禮酒正四曰丨齊注○丨也者其實也大戴記夏小正丨縞傳

○以下據廣韻錄

艬 丨舟也廣雅釋水

欚 罜罶兔罟也其罾謂之丨廣雅釋器○東南丹陽會稽之間謂艖爲丨方言九

𢿿 丨市也廣雅釋詁三○丨數也廣雅釋詁四

𢻱 丨杖也廣雅釋器

頛 丨頭不正也一切經音義八引蒼頡○丨衺也廣雅釋詁二

齍 丨盪也廣雅釋詁二

弤 丨彤弓也天子曰彤弓孟子萬章上琴弤丨弤注○丨義與弴同孟子音義下引丁音

𢻫 丨隱也廣雅釋言

𤭛 小甌曰丨御覽七百五十九引通俗文○丨甂也廣雅釋器○甂陳魏宋楚之間謂之丨方言五○今河北人呼小盆爲丨子方言五注

𨷾 丨丨弱也廣雅釋詁一

虍 丨茋丨爾雅釋草○丨丨茂也廣雅釋訓

薾 丨極貌也文選謝靈運過始寧墅詩注引莊子司馬注

輆 丨至也廣雅釋詁一○丨礙也廣雅釋言又管子輕重甲弓弩多匡丨者而重藉於民注

謑 丨髁訛倪不正貌莊子天下丨髁無任釋文○謑恥也廣雅釋詁四

梐 丨棖丨也周禮掌舍設丨枑再重司農注

詆 丨譽也廣雅釋詁一○丨謷也廣雅釋言

挸 丨擬也廣雅釋詁四又漢書楊雄傳下音義引晉灼又太元元挸○丨寄也莊子庚桑楚終日握而手不丨釋文引崔注

○以下據集韻錄

蜌 丨蠯爾雅釋魚○丨小蛤也爾雅釋魚釋文引字林○丨䖩蒲盧也廣雅釋魚

坒 丨塵也玉篇引字林

濔 丨丨衆也詩載驅垂轡丨丨傳

經籍纂詁卷第三十八

經籍籑詁卷第三十八補遺　上聲

兵部侍郎兼都察院右副都御史巡撫浙江等處地方提督軍務兼理糧餉阮元撰

八薺

【薺】說文丨蒺黎也从艸齊聲詩曰牆有丨○丨薋即
今人謂之阜莢周禮大司徒注莢物丨莢王棘之
屬疏

【禮】說文丨履也所以事神致福也从示从豊豊亦聲
礼古文丨○丨者履也左氏成十六年傳丨以順
時疏○丨者人當履而行之白虎通禮樂○丨體也
得其事體也釋名釋典藝○丨者體也履也禮記疏
引鄭序○丨者體也禮記禮運注合丨於義疏○丨
所以統敘萬事周禮大宰以統百官疏○丨所以諧

和周禮大宰以諧萬民疏○丨人之所勤也禮記樂
記丨粗則偏矣注○丨者經天地理人倫禮記正義
○丨者理也同上○丨謂威儀也禮記內則丨帥初
疏○丨樂德之則也左氏僖廿七年傳○丨者謙卑
恭謹行歸于敬左氏僖廿七年傳疏○凡丨之大體
體天地法四時則陰陽順人情故謂之丨禮記喪服
四制○夫丨所以整民也左氏莊廿三年傳○丨國
之幹也左氏僖十一年傳襄三十年傳○丨身之幹
也左氏成十三年傳○丨人之幹也左氏昭七年傳
○丨政之輿也左氏襄廿一年傳○丨王之大經也
左氏昭十五年傳○夫丨天之經也地之義也民之
行也左氏昭廿五年傳○丨上下之紀天地之經緯
也民之所以生也同上○定人之謂丨左氏僖廿八
年傳○子父不奸之謂丨左氏僖七年傳○戎昭果
毅以聽之之謂丨左氏宣二年傳○本其心謂之丨
左氏昭廿五年傳是儀也非丨也疏○君子大牢而
祭謂之丨禮記禮運○共事大國故曰丨左氏昭元
年傳宋左師簡而丨注○丨所以守其國行其政令
無失其民者也左氏昭五年傳○丨也者小事大大
字小之謂左氏昭三十年傳○丨也者行事之法禮
記王制注書丨者事疏○丨者所以便事也國策趙
策○丨者所以飾貌管子大匡好邇而訓於丨注○
丨者義之文也韓非子解老○丨者所以情貌也羣
義之文章也君臣父子之交也貴賤賢不肖之所以
別也同上○丨者外節之所以諭內也同上○丨者
人道之極也荀子禮論又史記禮書○丨者謹於治
生死者也荀子禮論○丨者所以救淫也淮南本經
○丨者賓之文也淮南齊俗○進退有度尊卑有分
謂之丨漢書公孫宏傳○丨者體德理而爲之節文
成人事賈子道德說○丨者丨經也漢書河閒獻王
德傳周官尚書丨丨記注○丨器籩豆俎簋之屬周
禮司約注器約謂丨樂吉凶車服疏○丨饋食也禮

記雜記下執事不與於丨注○丨謂摯幣也禮記表
記無丨不相見也疏○丨者養也史記禮書○丨法
陰也白虎通禮樂○言丨者陰也禮記鄉飲酒義是
以丨有三讓注○丨言法地也禮記樂記丨以地制
注○日爲丨周書小開武三日以紀德注○夏爲丨
禮記鄉飲酒義假之仁也疏○南方爲丨太元元掜
尊尊爲丨注○丨宜爲化家語顏回窮神知化注○
丨即從醴字儀禮士冠禮注此醴當作丨疏○定本
丨作醴詩采蘋必先丨之於宗室疏

【體】說文丨總十二屬也从骨豊聲○四丨謂二手二
足儀禮喪服傳昆弟四丨也疏○脛後爲丨也太
元元數九丨注○丨生也文選陸士衡贈顧交阯公
眞詩注引周易鄭注○統之於心名爲丨周禮春官
序官注禮謂曲禮五疏○統之於心曰丨禮記疏引
鄭序○丨謂形質之稱易繫辭上傳故神无方而易

无丨疏○丨貌謂加禮容而敬之漢書賈誼傳所以
丨貌大臣而厲其節也注○丨若二之一疋之端也
墨子經說上

米 說文丨粟實也象禾實之形凡丨之屬皆从丨○
丨鹽謂雜而且細漢書循吏黃霸傳丨鹽靡密注
○丨鹽細雜也漢書酷吏咸宣傳其治丨鹽注

啟 說文丨教也从攴启聲論語曰不憤不丨○丨開
也禮記少儀劒則丨櫝疏祭統丨右獻公疏又國
語周語若丨先王之訓注晉語則丨戎心注又素問
氣交變大論其政舒丨注○丨開也言開導日之明
故謂明星爲丨明詩大東傳謂明星爲丨明疏○丨
立春立夏左氏僖五年傳凡分至丨閉注○立春立
夏謂之丨左氏昭十七年傳青鳥氏司丨者也疏○
丨開門也左氏襄廿五年傳若丨之注○門戶道橋

謂之丨左氏僖二十年傳凡丨塞從時注○軍在前
曰丨在後曰殿周禮鄉師注杜子春讀爲在後曰殿
疏○丨服馬名左氏昭廿九年傳衞侯來獻其乘馬
曰丨服注

醴 說文丨酒一宿熟也从酉豊聲○丨甘酒也漢書
楚元王傳常爲穆生設丨注匡衡傳禮之用丨注
○釀粥爲丨禮記內則或以酏爲丨注○丨者以蘖
與黍相體不以麴也濁而甜耳呂覽重已其爲飲食
酏丨也注○丨體也周禮酒正二曰丨齊疏

陛 說文丨升高階也从𨸏坒聲○丨者升堂之丨漢
書高帝紀下大王丨下注引應劭○丨者謂執兵
列於丨側漢書五行志中之下殿中郎吏丨者皆聞
焉注

洗 說文洒滌也从水西聲古文爲洒埽字○洒如肅
敬貌洒或爲察禮記玉藻受一爵而色洒如也注
○洒削治刀劒者也漢書貨殖傳質氏㠯洒削而鼎
食注引服虔○洒削作刀劍削者漢書貨殖傳注引
如淳

邸 說文邸屬國舍从邑氐聲○郡國朝宿之舍在京
師者率名丨漢書文帝紀至丨而議之注○諸侯
王及諸郡朝宿之館在京師者謂之丨漢書盧綰傳
舍燕丨注○丨謂傳舍也文選陸士衡樂府飲馬長
城窟行注引漢書晉灼注○丨即屛風爲黼文周禮
典絲注白與黑謂之黼疏○四圭有丨象四方物之
初生以璧爲丨者取其初生之圓匝也通典四十二
引崔靈恩三禮義宗

底 說文丨山居也一曰下也从广氐聲○丨阪也後
漢書光武帝紀上馮異與赤眉戰於崤丨注○丨
伏猶滯伏也後漢書馬融傳駭洞丨伏注○丨止也
左氏昭元年傳釋文引服注○丨謂氣止左氏昭元

年傳疏

詆 說文丨苛也一曰訶也从言氐聲○丨訐也史記
老莊申韓列傳丨訿孔子索隱○丨謂誣也漢書
刑法志丨欺文致注○丨謂毀呰也漢書息夫躬傳
歷丨公卿大臣注○丨毀辱也漢書汲黯傳專深文
巧丨注東方朔傳朔擅丨欺天子從官注○丨呰毀
也漢書楊雄傳下大氐丨呰聖人注○丨欺也一切
經音義十一引廣雅○丨猶刑辟也漢書枚乘傳故
其賦有丨娸東方朔注引如淳

抵 說文丨擠也从手氐聲○丨者相丨觸也漢書武
帝紀作角丨戲注引應劭○丨觸也亦至也漢書
文帝紀無知丨死注○丨拒諱也漢書酷吏田延年
傳延年丨曰注○丨當也呂覽必已宋桓司馬有寶
珠丨罪出亡注分職而丨誅者無怨矣注○丨者當
也漢書武帝紀作角丨戲注○丨當也至也漢書李

陵傳丨山谷中注○丨歸也漢書貨殖宣曲任氏傳大氐盡諸田注○丨主也呂覽無義丨公孫與注○丨相歸丨也漢書項籍傳丨櫟陽獄史司馬欣注引應劭○大丨大歸也漢書杜周傳其治大丨放張湯注酷吏周陽由傳大丨吏治類多成由等矣注○大氐大歸也漢書楊雄傳下大氐詆訾聖人注酷吏王溫舒傳大氐盡靡爛獄中注○大丨猶大都也史記酷吏列傳大丨盡詆以不道索隱○大氐猶言大凡也漢書食貨志下天下大氐無慮皆鑄金錢矣注○大丨猶言大略也漢書賈誼傳大丨皆冠注○氐讀與丨同漢書杜周傳大氐盡詆以不道以上注○氐字或作丨漢書禮樂志大氐皆因秦舊事焉注

牴 說文丨觸也从牛氐聲

柢 說文丨木根也从木氐聲○丨本也文選幽通賦形氣發於根丨兮注引韋昭○丨根下本也漢書

鄒陽傳蟠木根丨注引張晏○氐惆猶懊憹也方言十愁恚憒憒毒而不發謂之氐惆注

坻 說文秦謂陵阪曰阺从𨸏氐聲○丨坂也玉篇土部引埤蒼○巴蜀人名山旁堆欲墮落曰阺漢書楊雄傳下響若阺隤注○丨音若是理之是文選解嘲響若丨隤注引韋昭

弟 男子先生稱兄後生稱丨白虎通三綱六紀引禮親屬記○丨第也儀禮喪服傳注爲姊妹在室疏○丨少也禮記鄉飲酒義知其能丨長而無遺矣疏○凡太子之母丨公在曰公子不在曰丨凡稱丨皆母丨也左氏宣十七年傳

悌 弟易也爾雅釋詁又禮記表記弟以說安之疏○丨者長也呂覽不屈○詩旱麓豈弟君子釋文弟亦作丨○古文作丨今文作圛詩載驅疏

娣 說文丨女弟也从女从弟弟亦聲○丨姒先後也廣雅釋親○二婦互稱謂年小者爲丨儀禮喪服傳疏○女子同生謂後生爲丨於男則言妹也國語晉語其丨生卓子注○己之女弟則謂之丨漢書杜欽傳丨姪雖缺不復補注

涕 說文丨泣也从水弟聲

濟 說文丨水出常山房子贊皇山東入泜从水齊聲○丨丨也言源出河北丨河而南也釋名釋水○丨水歷齊魯界在齊界爲齊丨在魯界爲魯丨左氏莊三十年經遇于魯丨注○泉出王屋山名爲沇流去乃爲泲也漢書地理志上道沇水東流爲泲注○丨丨盛貌國語周語榛楛丨丨注○丨丨者誠莊事斷也管子形勢解○丨丨蹌蹌言有容也詩楚茨傳○丨丨者容也遠也家語曲禮子夏問○丨丨多威

儀也漢書賈山傳丨丨多士注○丨丨徐行有節禮記曲禮下大夫丨丨疏○丨丨有威儀矜莊也禮記玉藻朝廷丨丨翔翔疏○丨丨翔翔謂威儀厚重寬舒之貌禮記少儀疏○泲本丨水之字漢書郊祀志上曰泲曰淮注地理志上泲河惟兗州注○泲本丨水字漢書地理志上河南郡滎陽注○泲亦丨水字也漢書地理志上東郡臨邑注○爾雅釋地丨河閒曰兗州釋文本又作泲○詩泉水出宿于泲儀禮士虞禮注作出宿于丨

蠡 說文丨蟲齧木中也从䖵彖聲𧓝古文

澧 說文丨水出南陽雉衡山東入汝从水豊聲

鱧 說文丨鱯也从魚豊聲○丨鮦也詩魚麗魴丨傳○丨鯇也詩魚麗魴丨陸疏○丨一名鯇爾雅釋

魚疏引舍人注
泚　說文丨清也从水此聲
綮　說文丨𢻃繒也一曰徽幟信也有齒从糸啟省聲
䭫　說文丨下首也从首旨聲○稽首首至地左氏僖
廿八年傳重耳敢再拜稽首注又史記晉世家然
後稽首受之集解引左傳賈注又穆天子傳再拜稽
首注又漢書諸侯王表厥角丨首注引應劭○稽首
頭俯地周書祭公祭公拜手稽首曰注○所以稽首
何稽至也首頭也言頭著地一切經音義廿三引白
虎通○稽首其字稽留之稽頭至地多時則爲稽首
也周禮大祝疏○稽止也後漢文苑杜篤傳莫不袒
跣稽顙注○丨與稽同漢書諸侯王表厥角丨首注

⿱启月　說文新附丨肥腸也从肉啓省聲
棨　說文丨傳信也从木啟省聲○丨戟也漢書韓延
壽傳建幢丨注引李奇又文選謝元暉始出尚書
省詩注引漢書韋昭注○丨戟有衣之丨也漢書韓延壽
傳建幢丨注○丨有衣之戟漢書匈奴傳下丨
戟十注○丨者刻木爲合符也漢書文帝紀除關無
用傳注
髀　丨股骨也漢書賈誼傳至於髖丨之所注
禰　說文新附丨親廟也从示爾聲一本云古文𥜥也
○丨父廟也漢書郊祀志上鼎宜視宗丨廟注○
父廟曰丨漢書韋賢成傳既去丨祖注○丨近也於
諸廟父最爲近也左氏襄十三年傳所以從先君於
丨廟者疏○丨父殯宮之主也禮記曾子問從大祝
而告于丨疏○丨字示傍爾言雖可入廟是神示猶

自最近於己故曰丨公羊隱元年傳注入廟稱丨疏
引舊說○堯廟碑祖𥜥所出丨作𥜥
魮　說文鮆飲而不食刀魚也九江有之从魚此聲○
鮆刀魚漢書貨殖傳鮐鮆千鈞注
眯　說文丨艸入目中也从目米聲○以丨爲彌亦音
相近耳史記晉世家示丨明也索隱
梶　廣韻亦作梶○梶梶蓁蓁盛茂貌也文選蜀都賦
劉注
濔　說文濔滿也从水爾聲
醍　說文新附丨清酒也从酉是聲
緹　說文丨帛丹黃色从糸是聲衹丨或从氏
○以下據廣韻錄
⿰魚蠡　說文丨鮦魚也从魚蠡聲

欚　說文丨江中大船名从木蠡聲
豊　說文豊行禮之器也从豆象形凡豊之屬皆从豊
讀與禮同
𢿢　說文丨數也从攴麗聲
顊　說文丨傾首也从頁卑聲
弤　丨舜弓名廣韻引埤蒼
堤　說文丨滯也从土是聲
軧　說文丨大車後也从車氐聲
⿵鬥爾　說文丨知少力劣也从鬥爾聲

芘 丨草盛也詩行葦維葉泥泥釋文引張揖

⿱髟爾 說文丨髮皃从髟爾聲讀若江南謂酢母爲丨

檷 說文丨絡絲丨从木爾聲讀若柅

玼 說文丨玉色鮮也从玉此聲詩曰新臺有丨

晵 說文丨雨而晝姓也从日啟省聲

启 說文丨開也从戶从口

⿰車多 說文丨礙也从車多聲

謑 說文丨恥也从言奚聲䜓丨或从奊

⿰亻⿱只言 說文丨待也从言伿聲讀若䝮

匸 說文丨衺徯有所俠藏也从乚上有一覆之凡丨之屬皆从丨讀與徯同

⿰糸米 說文丨繡形如聚細米也从糸从米米亦聲

⿰⿱艹目米 丨藙爾雅釋草

欐 丨佹支柱也漢書司馬相如傳上連卷丨佹注○丨佹支重累也文選上林賦連卷丨佹注引司馬彪

𥧌 說文丨丨而未厭从㝱省米聲

觬 說文丨角丨曲也从角兒聲西河有丨氏縣

⿰卑攴 說文丨毀也从攴卑聲

○以下據集韻錄

泲 說文丨沇也東入于海从水𠂔聲○丨謂丨漉也禮記郊特牲醆酒涚于清疏○詩鳧鷖箋丨酒脯而已釋文字又作齊

氏 說文丨至也从氏下箸一一地也凡丨之屬皆从丨○丨者言萬物皆至也史記律書○丨惆猶懊憹也方言十注○詩節南山維周之丨潛夫論志氏姓作維周之底

呧 說文丨苛也从口氐聲

趆 說文丨趍也从走氐聲

迡 說文丨怒不進也从辵氐聲

經籍纂詁卷第三十八補遺終

經籍籑詁卷第三十九　上聲

經筵講官南書房行走禮部左侍郎兼署戶部左侍郎前提督浙江學政阮元撰集

九蟹

蟹｜蛫也其雄曰鯾鱧其雌曰博帶廣雅釋魚○離爲｜易說卦傳○大｜葢千里之｜也山海經海內北經大｜在海中注

解｜說也廣雅釋詁三又荀子非十二子閉約而無解｜注○｜謂｜說也史記呂后紀君知其｜乎正義○｜脫也漢書律麻志上集注引孟康○｜捝也方言十二○｜落也呂覽古樂萬物散｜注○｜墮呂覽仲夏鹿角｜注○｜削也國語魯語晉文公｜曹地以分諸侯注○｜釋也漢書公孫劉田王揚蔡

陳鄭傳贊集注○｜猶釋也儀禮大射儀｜綱注○｜免也漢書孔光傳集注○｜放也管子五輔是故上必寬裕而有｜舍注○｜散也莊子在宥苟能無｜其五臟釋文又呂覽決勝民｜落注又文選東京賦｜罘放麟薛注○｜繳也廣雅釋詁三○｜去也莊子徐無鬼鵙目有所適鶴脛有所節｜之也悲注又釋文引司馬注○｜折伏也史記項羽紀業已講｜索隱引服虔○｜構猶合會也淮南俶眞孰肯｜構人閒之事乎注○｜謂骨｜素問骨空論寒府在附膝外｜營注○｜札裘敗｜也淮南齊俗冬則羊裘｜札注

解｜者｜也易解初六无咎注○｜達也荀子正論今子宋子不能｜人之惡侮而務說人以勿辱也注又淮南原道一之｜際天地注○｜猶開也後漢任李萬邳劉耿傳注○｜緩也易雜卦傳○｜者緩也易序卦傳｜注○｜倦也禮記雜記三日不｜注○｜｜戟多之貌太元干何戟｜｜遘注○｜震世也易象下傳天地｜而雷雨作荀注○天｜天之｜故也淮南原道此之謂天｜注○麤其跡｜爾雅釋獸○｜迹也廣雅釋詁三○｜讀｜故之｜也淮南原道注

駭｜驚也文選甘泉賦注引蒼頡又廣雅釋詁一又漢書司馬相如傳上集注又莊子在宥而天下大｜矣釋文又呂覽重言鳴將｜人注又文選魯靈光殿賦吁可畏乎其｜人也張注○｜警也文選辨亡論注引蒼頡○｜動也漢書楊雄傳上集注○｜起也廣雅釋言○｜亂也國策宋策而國人大｜注○｜擾呂覽審應去｜從不｜注○｜殫言驚懼也後漢班彪傳上注○｜與駴同文選西京賦駴雷鼓注○莊子德充符又以惡｜天下釋文｜崔本作駴○莊子大宗師彼有｜形而無損心釋文｜｜刑崔本作

咳○左氏隱二年經無｜帥師入極穀梁作侅

買｜賤妾取之曰｜禮記檀弓上請粥庶弟之母注○周禮萍氏注苛察沽｜過多釋文｜本作賣○魯公子｜字子叢見左氏僖廿八年傳

灑｜以水撒塵曰｜一切經音義二引通俗文○大瑟謂之｜爾雅釋樂○洒汎也漢書敘傳上集注○｜猶汎也文選演連珠注引淮南許注○｜分也漢書司馬相如傳下集注楊雄傳上集注○｜｜散也周書大匡賦｜其幣注又文選江賦駭浪暴｜注○｜亦投也文選西征賦｜釣投網注○箭｜皆釣名也文選江賦箭｜連鋒注○洒｜也周禮赤犮氏以灰洒毒之注又國語晉語父生不得供備洒埽之臣注又漢書禮樂志集注○洒與｜通後漢趙孝傳注○洒與｜同晉書音義中○洒｜也鄭司農云洒當爲

丨周禮隸僕掌五寢之埽除糞洒之事注○禮記內則丨埽室堂及庭釋文丨本作洒

楷 丨灋也廣雅釋詁一○丨式也廣雅釋詁四○丨法式也禮記儒行後世以爲丨釋文

獬 字林字様俱作解○解豸直獸也太元難角解豸終注○丨豸獸名蓋一角獨斷下○丨豸作解廌廣韻引字林

廌 丨灋也廣雅釋詁二○丨獸名易豫般丨之上帝釋文

澥 斷水曰丨史記司馬相如傳浮渤海索隱引齊都賦注

騃 丨癡也廣雅釋詁三○丨愚也漢書息夫躬傳集注○丨無知之皃一切經音義六引蒼頡

嬭 嬭母也廣雅釋親

鍇 丨金屬也文選吳都賦銅丨之垠劉注○丨鐵也廣雅釋器○九江人名鐵曰丨史記高祖功臣侯表索隱引三蒼○丨堅也自關而西秦晉之閒曰丨方言二○丨豎也廣雅釋詁二

躧 丨躡也莊子讓王縱履杖藜而應門釋文引三蒼解詁○蹝與丨音義同文選長門賦蹝履起而彷徨注

駴 疾雷擊鼓曰丨周禮大司馬鼓皆丨注○丨謂改百姓之視聽也莊子外物聖人之所以駭于天下釋文引王注○丨謂上不問下也莊子外物釋文○丨古駭字文選七啟於是丨鍾鳴鼓注○丨與駭同列子仲尼子列子之徒丨之釋文力命則不丨外禍釋文說符晉侯聞而天丨釋文○周禮大司馬釋文丨本作駭

捭同○丨開也後漢馬融傳上注○捭開也廣雅

擺 釋詁三○捭之者開也鬼谷子捭闔○闔門謂之捭一切經音義四引易說○捭擊也廣雅釋詁三○捭撥動也鬼谷子捭闔注○捭兩手擊絕也文選吳都賦拉捭摧藏注○丨謂破礫懸之文選西京賦置互丨牲薛注○捭之者料其情也鬼谷子捭闔○丨亦捭字也後漢馬融傳上注引字書○丨作捭同補買反一切經音義十引字書

罷 不用爲丨顏氏家訓雜藝○丨歸也國語吳語遠者丨而未至注○伏羲誠必謂之節反節爲丨賈子道術○丨辜披磔牲以祭若今時磔狗祭以止風周禮大宗伯以疈辜祭四方百物司農注○周禮典同注陂讀如人丨之丨釋文丨本作矲

蕒 丨藚也廣雅釋草

○以下據廣韻錄

嶰 丨谷也廣雅釋山○丨謂山澗也後漢馬融傳上注○丨谷崑崙北谷也文選吳都賦丨谷弗能連劉注

⿰罷鳥 丨鴿子鳱也廣雅釋鳥

矲 丨短也廣雅釋詁二○丨短也桂林之中謂短丨丨通語也方言十○桂林之閒謂人短爲丨矮周禮典同注陂讀如人罷短之罷釋文

⿱艹罷 丨苔英光爾雅釋草○秦人名薐爲丨苔爾雅釋草釋文

⿰罷見 丨視也廣雅釋詁一

挨 丨擊也廣雅釋詁三

〇據集韻録【矖】丨視也【後漢馬融傳上注】

經籍籑詁卷第三十九

經籍籑詁卷第三十九補遺 【上聲】

兵部侍郎兼都察院右副都御史巡撫浙江等處地方提督軍務兼理糧餉阮元撰集

九蟹

【蟹】【說文】蟹有二敖八足旁行非蛇鱓之穴無所庇从虫解聲𩸄蟹或从魚〇丨二螯八足【大戴禮勸學】〇丨螺蓋高地也【荀子儒效】解果其冠注

【解】【說文】丨判也从刀判牛角一曰丨廌獸也〇丨節丨也【史記呂后本紀】君知其丨乎正義〇丨脫也【禮記曲禮上】丨屨不敢當階疏〇丨者分析之名【禮記經解】疏引皇氏〇有繫謂之懸無謂之丨【文選吳都賦】劉注引【莊子】〇懸絕曰丨【文選吳都賦】劉注引郭璞〇丨謂離散其心也【漢書陳餘傳】恐天下丨也注〇丨構猶閒構也【後漢書陳餘傳】勿用傷人丨構之言注

【解】丨者丨說也若今言分疏矣【漢書淮南王安傳】內史以出為丨注〇丨者若今言分疏矣【漢書爰盎傳】不以親為丨注〇丨者辭之也若今言分疏矣【漢書灌夫傳】夫安敢以服為丨注〇丨猶丨說其意【漢書外戚傳上】君知其丨未注〇悟心曰丨文選頭陀寺碑文注引【聲類】

【駭】【說文】丨驚也从馬亥聲〇丨驚也【呂覽當賞】夫人聞之大丨注〇丨亦驚也【漢書枚乘傳】馬方丨鼓而驚之注〇馬驚謂之丨則丨者躁疾之言【詩漸漸之石】疏〇四蹄皆白曰丨【詩漸漸之石】有豕白蹢箋〇丨政不安上之政也【荀子王制】庶人丨政注〇丨與豥字異義同【詩漸漸之石】疏

【買】【說文】買市也从网貝孟子曰登壟斷而网市利〇丨鬻易也【墨子經說上】

灑 集韻或作洒汛〇丨分也文選南都賦注引漢書音義〇洒洒寒貌素問診要經終論令人洒洒時寒注疏五過論洒洒然時驚注〇丨淅寒貌也素問調經論丨淅起於毫毛注〇洒然寒貌素問風論腠理開則洒然寒注〇洒丨也詩山有樞弗洒弗掃傳〇洒謂以水溼地而掃之故轉爲丨丨是散水之名也詩山有樞疏〇丨與汛同文選劇秦美新況盡汛埽前聖數千載功業注

楷 說文丨木也孔子冢蓋樹之者从木皆聲〇武梁祠堂畫象後世凱式丨作凱

獬 解豸冠也廣雅釋器〇丨豸神羊能別曲直續漢輿服志下〇解廌似鹿而一角人君刑罰得中則生於朝廷主觸不直者漢書司馬相如傳上弄解廌注引張揖

廌 說文丨解丨獸也似山牛一角古者決訟令觸不直象形从豸省凡丨之屬皆从丨

澥 說文丨勃丨海之別名也从水解聲一說丨郎丨谷也

騃 說文丨馬行仡仡也从馬矣聲

鍇 說文九江謂鐵曰丨从金皆聲

躧 跕爲丨文選魏都賦注引漢書臣瓚注

罷 說文丨遣有辠也从网能言有賢能而入网而貫遣之周禮曰議能之辟

矮 說文新附丨短人也从矢委聲

〇以下據廣韻錄

䧍 說文丨水衡官谷也从𠂤解聲一曰小谿

[氵買] 說文丨水出豫章艾縣西入湘从水買聲

猈 說文丨短脛狗从犬卑聲

捭 說文丨兩手擊也从手卑聲

薢 說文丨丨茩也从艸解聲

挨 說文丨擊背也从手矣聲

經籍籑詁卷第三十九補遺終

經籍籑詁卷第四十

上聲

經筵講官南書房行走禮部左侍郎兼署兵部左侍郎前提督浙江學政阮元撰集

十賄

賄 丨財也詩氓以我丨遷傳又儀禮聘禮記丨在聘
于丨注又左氏文十八年傳竊丨爲盜注又爾雅
釋言又國語晉語以丨滅親注鄭語寄孥與丨焉注
○丨予人財之言也儀禮聘禮丨用束紡注○丨贈
丨穆天子傳丨用周室之璧注○丨贈送也左氏文
十二年傳厚丨之注○丨貨也左氏昭十六年傳爾
有利市寶丨釋文○金王曰貨布帛曰丨周禮大宰
六曰商賈阜通貨丨注○財帛曰丨一切經音義四
引通俗文○縑貨市帛曰丨文選吳都賦縑丨紛紜
劉注引扶南傳○古文丨皆作悔儀禮聘禮記丨在

聘于丨注○丨古文晦同一切經音義四○丨音悔
禮記曲禮釋文引字林○左氏昭六年傳丨賂並行
漢書刑法志作貨賂並行○國語魯語使各以方
丨來貢漢書五行志下之上作使各吕方物來貢
丨咎公羊襄廿九年傳尚速有丨於予身注○丨
悔 者凶也賈子容經○丨吝小疵也法言修身丨吝
不至注○丨恨也詩雲漢宜無丨怒傳又論語爲政
則寡丨皇疏又後漢卓茂傳注又呂覽愼勢雖丨無
聽鞅也注又淮南氾論而丨不殺湯於夏臺注又離
騷雖九死其猶未丨注丨相道之不察兮注○丨恨
也廣雅釋詁四○丨丨謂丨恨易繫辭上傳釋文○丨
慢也詩抑庶無大丨箋○丨惡也後漢張衡傳注○丨
坎心爲丨易繫辭上傳慢藏丨盜虞注○外卦曰丨
書洪範曰丨傳又鄭注○外卦爲丨左氏僖十五年
傳蠱之貞風也其丨山也注○丨之言晦也晦猶終
也書洪範鄭注○書洪範曰貞曰丨說文卜部作曰
貞曰
𠧪

改 丨更也詩緇衣敝予又丨爲兮傳又儀禮鄉射禮
丨丨取一个挾之注大射儀丨取一个挾之注少牢
饋食禮丨饌豆籩于房中注又公羊莊三年傳葢丨
葬也注又廣雅釋詁三又淮南主術無微而不丨注
又離騷何不丨乎此度也注來違棄而丨求注○丨
易也國語魯語執政未丨注又楚辭懷沙前圖未丨
注又文選東京賦
春秋丨節薛注

采 丨事也書堯典疇咨若予丨傳皋陶謨載丨丨傳
亮丨有邦馬注禹貢百里丨馬注又周書克殷召
公奭贊丨注又爾雅釋詁又家語五帝德卒丨之辨
注又漢書地理志上集注○丨官也書堯典馬注又
史記司馬相如傳以展丨錯事集解引漢書音義又
漢書刑法志集注司馬相如傳下集注引文穎揚雄

傳上集注王莽傳上集注○丨取也詩芣苢薄言丨
之傳又廣雅釋詁一又漢書終軍傳集注又太元劇
父母丨餕若注○丨擇也儀禮士昏禮納丨用雁釋
文禮記昏義納丨釋文又後漢桓帝鄧皇后紀下注
○丨者擇也文選皇后紀論注引風俗通○昏禮始
納丨丨謂丨擇其可者也禮記坊記諸侯不下漁色注
○丨丨猶蔓也後漢王符傳注○丨丨事丨之也詩卷
耳丨丨卷耳傳○丨丨非一辭也詩芣苢丨丨芣苢
傳○丨丨猶萋萋詩蒹葭蒹葭丨丨傳○丨椽櫟榱
也史記太史公自序丨椽不刮索隱引韋昭○肆夏
丨薺樂章也周禮大馭行以肆夏趨以丨薺注○肆
夏丨薺皆樂名或曰皆逸詩周禮樂師行以肆夏趨
以丨薺司農注○天子爲諸侯受封謂之丨地韓外
傳八○所謂丨者不得有其土地人民丨取其租稅
爾公羊襄十五年傳以邑氏也注○千里之外曰丨
曰流禮記王制○九丨九州之牧典貢職者也禮記

明堂位九丨之國注○方千里曰王圻其外方五百里爲侯服又其外方五百里爲甸服又其外方五百里爲男服又其外方五百里爲丨服周書職方○方千里曰國畿其外方五百里曰侯畿又其外方五百里曰甸畿又其外方五百里曰男畿又其外方五百里曰丨畿周禮大司馬○方千里曰王畿其外方五百里曰侯服又其外方五百里曰甸服又其外方五百里曰男服又其外方五百里曰丨服周禮職方氏○邦畿方千里其外方五百里謂之侯服歲壹見其貢祀物又其外方五百里謂之甸服二歲壹見其貢嬪物又其外方五百里謂之男服三歲壹見其貢器物又其外方五百里謂之丨服四歲壹見其貢服物周禮大行人○丨柞木也字作棌本從木漢書藝文志集注○書皋陶謨載丨丨史記夏本紀作始事事○孔耽神祠碑躬菜蔆薦丨作菜

彩 經典皆作采○丨猶色華嚴經音義上引顧野王○采五色也禮記月令命婦官染采注又文選西京賦○采飾纖縟薛注○采文采也楚辭懷沙衆不知余之異采注○采飾也漢書嚴安傳集注引如淳○性曰采書益稷以五采彰施于五色鄭注○未用謂之采禮記月令正義引書鄭注○采采衆多也詩蜉蝣采采衣服傳○采采盛貌也文選鸚鵡賦注引韓詩章句○采章采色文章也國語周語亦唯是死生之服物采章注○文采樂之威儀也禮記樂記文采節奏注○文采節奏聲之飾也禮記樂記○采石石有彩色者今雌黃空青緑碧之屬山海經西山經騩山凄水其中多采石注○毛采言用雄色雞也山海經西山經其祠之毛采注○古經史采菜相通菜蔬字頗亦爲采文采之字多或作寀匡謬正俗六○周禮夏采釋文采本作菜○爾雅釋鳥素質五丨周禮內司服注作素質五色爾雅釋鳥青質五丨周禮內司服注作青質五色○帝堯碑眉口八菜采作菜

綵 經典皆作采○丨文丨也文選思元賦昭丨藻與琱緑兮舊注○染練布帛名之曰采論衡量知○采幣也史記周本紀召公奭贊采正義○采元纁之衣禮記雜記麻不加於采注○采衣未冠者所服儀禮士冠禮將冠者采衣注○丨緅其文理密也後漢班彪傳上注○丨發吹也文選江文通雜體袁太尉詩丨吹震沈淵注

海 四丨晦也廣雅釋水○丨者晦也詩蓼蕭序注外薄四丨正義○丨之言昏晦無所睹也史記張儀傳利盡西丨正義○丨謂荒晦絕遠之地荀子王制北丨則有走馬吠犬焉注○丨晦也主承穢濁其色黑而晦也釋名釋水○丨水之委也禮記鄉飲酒義祖天地之左丨

也注○九夷八狄七戎六蠻謂之四丨爾雅釋地○九夷八蠻六戎五狄謂之四丨周禮調人凡和難父之讎辟諸丨外注○四丨四夷周書太子晉善至于四丨曰天子注○丨表蠻夷戎狄書立政至于丨表傳○四丨猶四方也周禮校人凡將事于四丨山川注○齊有丨隅爾雅釋地○陽丨山即陽朔山也水經湘水注○丨若神名也楚辭遠遊令丨若舞馮夷注○老子澹兮其若丨釋文丨本作晦

在 丨察也書舜典丨璿璣玉衡傳又詩文王丨帝左右箋又周書大聚王親丨之注又爾雅釋詁又漢書郊祀志上集注司馬相如傳下集注又文選謝靈運戲馬臺集詩注引莊子司馬注○丨見物之察也爾雅釋詁舍人注○丨存也儀禮聘禮記曰子以君命丨寡君注又左氏僖九年傳其丨亂乎注又爾雅釋詁又國語周語曰不丨體注○丨丨猶存也大戴記曾子立事存往者丨來者注○不丨丨也法言學行

不丨仲尼乎注○丨終也爾雅釋詁○丨一本作存
列子仲尼若專直而丨雄者釋文○左氏昭十一年
傳注歲復丨大梁
釋文丨本作於

辠 丨犯禁也墨子經上○罪罰也呂覽仲秋行罪無
疑注○罪殃也呂覽至忠故伏其罪而死注○丨
諟也廣雅釋詁三○坎爲罪易象下傳君子以赦過
宥罪虞注○以貧苦民爲罪賈子大政上○丨古罪
字爾雅釋詁辠辟戾丨也釋文○罪本作薜列子黃
帝罪乎不訴不止釋文○詩桼柔箋卻迫罪役釋文
罪本
作罷

宰 丨主也周禮天官序官乃立天官冢丨注又華嚴
經音義上引韻圃又呂覽精通萬民之丨也注審
分全乎萬物而不丨注又淮南原道成化像而弗丨
注○丨制也廣雅釋言又白虎通諫諍○丨者制也

白虎通爵○丨治也小爾雅廣詁又文選瑩侯引注
引聲類又漢書王莽傳上集注二見又呂覽季秋命
冢丨注又淮南時則乃命冢丨注○丨猶治也公羊
僖九年傳丨周公注○丨濟其清濁和其剛柔而納
之中和曰丨周禮天官序官釋文○丨者官也周禮
目錄○丨天官冢丨兼爲三公者穀梁僖九年傳天
子之丨注○丨於天子冢丨治官卿也作大事則掌
以君命戒於百官儀禮大射儀丨戒百官有事于射
者注○丨冢丨也禮記表記丨正百官注○丨上卿
貳君事者也諸侯謂司徒爲丨儀禮聘禮丨命司馬
戒衆介注○丨掌制國之用儀禮聘禮丨書幣注○
丨夫冢丨之屬掌百官之徵令者儀禮大射儀丨夫
戒丨及司馬注○丨夫太丨之屬掌賓客之獻飲食
者也儀禮燕禮主人亦升自西階注○丨夫掌飲食
之事者儀禮少牢饋食禮出丨夫以籩受嗇黍注○
丨夫又主酒食者也儀禮聘禮丨夫徹几改筵注○

膳丨天子曰膳夫掌君飲食膳羞者也儀禮燕禮膳
丨具官饌于寢東注○太丨膳夫也大戴記保傅太
丨持斗而御戶右注○丨謂膳丨呂覽不苟與良丨
遺之注○宮丨守宮官也禮記祭統宮丨肅夫人注
○丨士也公羊隱元年傳○丨邑士也禮記曲禮下
有丨食力注○丨治邑吏也禮記禮器子路爲季氏
丨注○丨有司主政教者也儀禮士冠禮丨自右少
退注○丨羣吏之長儀禮特牲饋食禮丨自主人之
左贊命注○丨家臣論語公冶長可使爲之丨也集
解引孔注○丨家也公羊僖卅三年傳丨上之木拱
矣注又小爾雅廣名又荀子大略望其壙皋如也注
○丨如言如冢也列子天瑞丨如也釋文○丨如高
貌荀子大略注○史記魯世
家幽公丨索隱引系本名圉

醢 肉謂之丨爾雅釋器○肉醬爲丨呂覽行論殺梅
伯而丨之注○肉醬曰丨離騷后辛之菹丨兮注

○以肉作醬曰丨爾雅釋器李注○丨肉醬也左氏
莊十一年傳宋人皆丨之注又服注又呂覽過理殺
梅伯而遺文王其丨注○丨醬也廣雅釋器又楚辭
招魂以其骨爲丨些注○有骨爲臡無骨爲丨周禮
醢人昌本麋臡司農注○無骨曰丨呂覽本味鱣鮪
之丨注○丨晦也晦冥也封塗使密冥乃成也釋名
釋飲食○三臡亦丨也作丨及臡者必先膊乾其肉
乃後莝之雜以粱麴及鹽漬以美酒塗置瓶中百日
則成矣周禮醢人朝事之豆注○七丨醓蠃蠯蚳魚
兔鴈丨周禮醢人以五齊七丨七菹三臡實之注○
陸產之丨蚳蝝之屬禮記祭統陸產之丨注○丨豆
實也周禮天官序官丨人注○醢穀陽也丨肉陰也
儀禮聘禮醢丨百罋注○禮記曲禮上丨醬處內
釋文丨本作醯內則丨醬實蓼釋文丨本作醢

載 丨歲也夏曰歲商曰祀周曰年唐虞曰丨爾雅釋
天○唐虞曰丨丨歲也言一歲莫不覆丨故曰丨

也獨斷上○丨一歲莫不覆丨也爾雅釋天李注○
丨歲也法言孝至考丨曰功注○丨年也書堯典九
丨丨績用弗成傳又文選東京賦歷丨丨三六薛注○丨
取萬物終而復始爾雅釋天孫注○丨取物終更始
爾雅釋天注○丨之言成也白虎通四時○禮記中
庸注文王初載之丨釋文丨本作哉○書堯典九丨
績用弗成史記五帝紀作九歲功用不成五丨一巡
守作五歲一巡守三丨考績作三歲一考功○書禹
貢作十有三丨乃同史記夏本紀作作十有三年乃
同漢書地理志作作十有三年○書堯典百姓如喪
考妣三丨孟子萬章上
作百姓如喪考妣三年

餧 餧同○丨飢也一切經音義二十引三蒼又漢書
西南夷傳集注○餧飢也廣雅釋詁四又漢書西
域傳上集注○丨餓也一切經音義七引三蒼又漢
書魏相傳集注谷永傳集注○餧餓也論語衛靈耕

也餧在其中矣集解引鄭注又皇疏又左氏桓六年
傳今民餧而君逞欲釋文僖卄五年傳餧而弗食釋
文宣四年傳不其餧而釋文昭五年傳卒以餧死釋
文又後漢虞延傳注○丨飤也漢書陳餘傳集注○
魚謂之餧爾雅釋器○○魚敗曰餧論語鄉黨魚餧而
肉敗集解引孔注○餧謂魚臭壞也論語鄉黨皇疏
○魚餧肉爛爾雅釋器李注○王
純碑閔其粥糜凍丨之患餧作丨

鎧 丨甲也後漢蔡邕傳下注○甲亦曰丨釋名釋兵

愷 同凱亦作豈廣韻飄亦作凱○丨樂也左氏僖十
二年傳丨悌君子注僖卄八年傳振旅丨以入于
晉註又孝經丨悌君子注又爾雅釋詁又詩旱麓丨
弟君子釋文左氏成八年傳丨悌君子釋文莊子天
道中心勿丨釋文又漢書戾太子傳集注張禹傳集
注史丹傳集注又後漢章帝紀注賈逵傳注班彪傳

上注又家語弟子行丨悌君子注○凱樂也禮記表
記凱弟君子注又文選吳都賦汔可休而凱歸劉注
○豈樂詩蓼蕭孔燕豈弟傳○豈亦樂也詩魚藻豈
樂飲酒箋○丨和也左氏文十八年傳謂之八丨注
又賈注○凱大也廣雅釋詁一○凱以强教之禮記
表記○丨悌發也爾雅釋言○凱弟樂易也禮記孔
子閒居凱弟君子注○豈弟樂易也詩青蠅豈弟君
子箋○兵樂曰丨周禮大司馬丨樂獻于社注○丨
樂獻功之樂周禮大司樂則令奏丨樂注○南風謂
之凱風詩凱風凱風自南傳又爾雅釋天○南風曰
凱風楚辭遠遊順凱風以從遊兮注○南風曰颽風
文選幽通賦飄颽風而蟬蛻兮曹注○凱風南風山
海經南山經旄山有谷曰育遺凱風自是出注○南
風長養萬物喜樂故曰凱風凱樂也爾雅釋天李注
○江東名孟爲凱方言十三○孟謂之銚鋭注○豈讀
當爲闓詩載驅齊子豈弟箋○詩蓼蕭釋文豈本作

丨魚藻釋文豈本作丨○詩旱
麓釋文豈本作凱○禮記孔子閒居釋文凱本作豈
表記釋文凱本作豈孝經釋文凱本作豈○禮記孔
子閒居釋文凱本作丨表記釋文凱本作丨左氏僖
十二年傳釋文凱本作丨○爾雅釋天釋文颽本作
凱○詩青蠅豈弟君子漢書武五子傳作丨悌君子
○詩旱麓豈弟君子禮記表記作凱弟君子○詩泂
酌豈弟君子禮記孔子閒居作凱弟君子○漢樊毅
修華嶽碑凱悌維風劉寬
碑洪裕凱弟丨皆作凱

待 丨須也史記天官書不丨告正義○丨恃也呂覽
無義不窮奚丨注○丨備也國語晉語厚戒箴國
以丨之注○丨猶備也國語周語其何以丨之注○
丨猶共也國策齊策將何以丨之注○丨猶給也周
禮大府關市之賦以丨王之膳服注外府而丨邦之
用注○丨猶假也國語晉語其誰能丨之注○丨猶

御也國語魯語其誰云丨之注楚語其獨何力以丨
之注○丨逼也廣雅釋詁三○丨留之也穆天子傳
乃命邢侯丨攻玉者注○丨者有事則給之周禮小
宗伯以丨祭祀賓客注○丨凶荒謂邦國所當通給
者也周禮遺人以丨凶荒注○艮爲丨易繫辭下傳
以丨風雨虞注丨時而動虞注○古文丨爲持儀禮
公食大夫禮左人丨載注○丨當爲持書亦或爲持
周禮服不氏以旌居之而丨獲杜注○丨或爲侍禮
記雜記丨猶君也注○易歸妹有丨而行也釋文丨
本作時○莊子田子方孔子便而丨丨之釋文丨本作
侍漁父竊丨于下
風釋文丨本作侍

怠 丨解也國語晉語喜亂必丨德注又後漢馮衍傳
注又呂覽節喪孝子之重之不丨丨注達鬱壯而丨
則失時注又家語入官教不能勿丨注又文選東京
賦匪丨皇以寧靜薛注後世猶丨薛注思元賦敢丨

遑而舍勤舊注○丨解也左氏文十五年傳君弱不
可以丨注襄廿八年傳無丨于德注又公羊桓八年
傳疏則丨注○丨者懈也史記商君傳及丨而貧者
索隱○丨惰也禮記檀弓上吉事雖止不丨注少儀
丨則張而相之注雜記三日不丨注又後漢張衡傳
注○丨倦也漢書司馬相如傳上集注引郭璞○丨
嬾也廣雅釋詁二○丨者嬾也爾雅釋言懈丨也集
注○丨慢也國語鄭語其民丨沓其君而未及周德
注○丨懈慢也周禮宮正去其淫丨與其奇衺之民
注○丨懈墮不能行也周書王佩見善而丨注○偪
勉就善謂之愼反愼爲丨賈子道術○可先而不備
謂之丨國語周語○丨墮者時之所以後也大戴記
子張問入官○丨荒放散身體也禮記曲禮上毋丨
荒注○易丨猶輕惰也公羊文十二年傳俾君子易
丨注○丨壞也方言六○丨懈之字通有昔音匡謬
正俗七○易震注驚駭丨惰釋文丨本作殆○易襍

卦而豫丨也釋文
丨虞作怡京作治

殆 丨危也禮記大學亦曰丨哉注又左氏昭四年傳
晉有三不丨注又公羊襄廿七年傳丨諸侯也注
又穀梁襄廿九年傳致君者丨其往注又論語爲政
多見闕丨集解引包注又皇疏又大戴記曾子立事
丨於以身近之也注曾子大孝不敢以先父母之遺
體行丨也注曾子制言中仁者丨注又爾雅釋詁又
國語晉語太子丨哉注又漢書宣帝紀集注樊噲傳
集注蒯通傳集注司馬相如傳下集注東方朔傳集
注公孫賀傳集注疏廣傳集注魏相傳集注敘傳下
集注又後漢李固傳注又荀子榮辱小涂則丨注儒
效樂樂乎其執道不丨也注王制此彊大之丨時也
注議兵則作而兼丨之耳注又家語三恕吾丨丨之注
又呂覽樂成士丨之日幾矣注直諫幸於不丨矣注
又楚辭天問而親以逢丨注惜誦初若是而逢丨注

○丨危害也淮南說山毋德不報而身見丨注○丨
謂危亡也荀子議兵兵丨于垂沙注○丨壞也廣雅
釋詁一○丨怠也老子周行而不丨釋文○丨疲困
之謂莊子養生主以有涯隨無涯丨丨已釋文引向注
○志操精果謂之誠反誠爲丨賈子道術○丨近也
易繫辭下傳其丨庶幾乎侯注又詩節南山無小人
丨箋又大戴記衛將軍文子無小人丨注又國語周
語丨不可矣注鄭語丨於必弊者注又周書命訓曠
命以誡其上則丨於亂注又漢書劉向傳集注張良
傳集注張周趙任申屠傳贊集注司馬相如傳上集
注張湯傳集注杜欽傳集注楊雄傳下集注佞幸傳
贊集注又後漢順帝紀注皇后紀上注黃憲傳注南
匈奴傳注又呂覽高義丨未能也注士容丨乎非士
也注○丨訓近也史記留侯世家沛公丨天授索隱
○丨幾也禮記檀弓上夫子丨將病也注檀弓下不
丨於用殉乎哉注○丨僅也漢書趙充國傳集注○

丨猶必也呂覽自知座丨尙在於門注○丨庶幾也荀子彊國雖爲之築明堂於塞外而朝諸侯丨可矣注○丨疑疑讞于晉齊人語公羊襄五年傳故相與往丨乎晉也注○丨始詩七月丨及公子同歸傳○丨或爲治荀子彊國彊丨中國注○丨一本作始列子黃帝丨矣夫釋文○論語爲政思而不學則丨釋文丨本作怠

倍 丨益也左氏僖三十年傳焉用亡鄭以丨鄰注○丨加也莊子養生主是遯天丨情釋文○丨爲二也墨子經上○選爲近利市三丨易說卦傳○丨貸謂貸一還二也荀子治國則民丨貸以給上之徵矣注○丨祿復其紂時薄者也禮記樂記庶士丨祿注○一辟曰丨呂覽任地其功可使丨注○丨猶背也周髀算經下丨正南方注○丨乖戾也荀子五輔長幼無等則丨注○丨者反逆之名也荀子大略敎而不稱師謂之丨注○民不丨不相丨棄也丨或作偝禮記大學上恤孤而民不丨注○敎而不稱師謂之丨荀子大略○去而遂絕曰丨鬼谷子捭闔益損去就丨反注○丨阿神名也莊子達生丨阿鮭蠪釋文引司馬注○丨日旁之危氣也在兩旁反出爲丨呂覽明理有丨僪注○左氏定四年傳分之土田丨敦釋文丨本作陪○莊子養生主釋文丨本作背

猥 丨凡也文選潘安仁河陽縣詩注引淮南許注○丨猶濫也後漢隗囂傳注○丨苟也漢書劉歆傳集注○丨曲也漢書律厤志上集注梁孝王武傳集注楊惲傳集注朱雲傳集注匡衡傳集注又後漢鄧隲傳注孔融傳注又文選六代論丨用鼂錯之計注○丨猶曲也漢書元后傳集注又文選上責躬應詔詩表不圖聖詔丨垂齒召注出師表丨自枉屈注報孫會宗書而丨隨俗之毀譽也注○丨多也漢書溝洫志集注○丨猶多也後漢仲長統傳注○丨多也曲也漢書王尊傳集注○丨多也厚也漢書王莽傳中集注○丨衆也一切經音義四引字林又一切經音義三引韻集又後漢馮異傳注又管子八觀以人丨計其野注○丨盛也漢書賈山傳集注○丨積也漢書董仲舒傳集注○丨頓也廣雅釋言

隗 丨音如丨罍之丨山海大荒南經又有丨山注

磈 丨壘大石貌或曰石名山海經北山經肥水其中多礨石注○丨丨石在山中之貌文選吳都賦丨丨磈磈劉注○丨磥磈硊不平之貌文選江賦元𡾊丨磥而磈硊注○爾雅釋木注盤結丨磊釋文丨本作傀

隗 丨壘不平之貌文選魏都賦或丨壘而複陸注

嵲 嵲隗高貌文選甘泉賦峻嵲隗乎其相嬰注

磥 磊同○磊磊衆石也文選古詩十九首注引字林○丨丨衆石貌文選高唐賦礫丨丨而相摩兮注○磊砢衆多貌文選吳都賦金鎰磊砢劉注○磊砢壯大之貌文選魯靈光殿賦磊砢相扶注○磊砢魁壘貌也文選上林賦水玉磊砢郭注○碨磊不平貌文選海賦碨磊山壟注○磊落實貌文選閒居賦磊落蔓衍乎其側注○丨硌壯大貌丨與磊同文選琴賦踸踔丨硌注○磊砢也一切經音義二十引蒼頡○磊大貌文選海賦磊匒匌而相豗注○爾雅釋木注盤結磈磊釋文磊本作儡○朱龜碑丨落熿炳磊作丨

瘣 痱丨小腫也一切經音義廿五引字略

礧｜碨｜也文選靈光殿賦注引埤蒼○相｜相擊也文選江賦駭崩浪而相｜注○礨孔小封也莊子秋水不似礨孔之在大澤乎釋文引李注○礨孔小穴也莊子秋水釋文○礨孔蟻冢也莊子秋水釋文○｜與礨並同文選馬汧督誄既縱｜而又昇焉注○魯峻碑｜落彰嶷磊作｜

宰｜官也爾雅釋詁○官地為｜爾雅釋詁注

𩬅｜帶幧頭也廣雅釋器○｜亦結也方言四或謂之｜帶注

茝｜｜香草蘭之類山海經北山經其祠之皆用一藻｜瘞之注○｜蘪蕪別名廣韻引字林○齊曰｜晉曰虈史記司馬相如傳索隱引埤蒼○｜香草後漢班彪傳上注○｜音昌亥反史記司馬相如傳索隱引字林○禮記內則佩帨｜蘭釋文｜本作芷

紿｜欺也史記樊酈滕灌傳｜呂祿索隱又漢書高帝紀上集注引應劭項籍傳集注引文穎又後漢朱暉傳注又列子周穆王予昔｜若釋文○｜詐也漢書呂后紀集注吳王濞傳集注高五王傳集注韓延壽傳集注外戚傳集注二見○｜詐也史記高帝紀索隱引韋昭樊酈滕灌傳索隱又漢書韓信傳集注匈奴傳上集注○｜欺｜也穀梁僖元年傳惡公子之｜注○｜欺負也史記高祖紀索隱引劉氏○｜言欺詐也後漢光武帝紀上注○｜疑也史記高帝紀索隱引何休○｜緩也廣雅釋詁二○｜纏也廣雅釋詁四○｜至也｜讀仍代之代淮南氾論出百死而｜一生注

詒｜欺也廣雅釋詁二又列子仲尼吾笑龍之｜孔穿釋文○｜本作紿列子黃帝既而狎侮欺｜釋文

䈚｜箭萌爾雅釋草

鼐｜小鼎說文引魯詩

駘｜者放也莊子天下｜蕩而不得釋文○｜蕩猶施散也文選謝元暉直中書省詩注引莊子司馬注○｜蕩安翔貌文選長笛賦安翔｜蕩上注

琲｜貫也珠十貫為一｜文選吳都賦珠｜闌干劉注

塏｜燥左氏昭三年傳請更諸爽｜者注

浼｜｜平地也詩新臺河水｜｜傳○｜污也孟子公孫丑上若將｜焉注又淮南人間所｜者多矣注○｜洿也東齊海岱之間或曰｜方言三○詩新臺河水｜｜韓詩作河水浘浘

顗｜靜也爾雅釋詁

匯｜水迴也一切經音義三引蒼頡○｜迴也書禹貢東｜澤為彭蠡傳又漢書地理志上集注○｜回也書禹貢鄭注○｜大也廣雅釋詁一

鮾集韻或作鯘○鯘敗也廣雅釋詁三○｜臭也廣雅釋器

瘣｜木苻婁爾雅釋木○｜木瘤腫也詩小弁傳壞｜也釋文○｜腫旁出也同上

漼｜｜深貌詩小弁有｜者淵傳○｜泣涕垂貌文選弔魏武帝文指季豹而｜焉注○｜折貌文選舞賦｜似摧折注○｜亦壞貌文選西征賦名節｜以隳落注○｜鮮貌詩新臺釋文引韓詩○詩新臺新臺有洒韓詩作新臺有｜

璀 丨璨珠垂貌文選遊天台山賦琪樹丨璨而垂珠注○丨璨衆材飾貌文選魯靈光殿賦汨磑磑以丨璨注○丨粲衣聲文選洛神賦披羅衣之丨粲兮注○丨錯衆盛貌文選魯靈光殿賦下岪蔚以丨錯注

每 丨雖詩皇皇者華丨懷靡及傳○丨有雖也詩常棣丨有良朋箋又爾雅釋訓○丨詞也廣雅釋詁四○丨非一定之辭也丨亦數也一切經音義廿五引三蒼○丨猶當也呂覽貴直丨斮者以吾參夫二子者乎注○丨者冒也史記伯夷傳衆庶馮生索隱○丨貪也漢書賈誼傳集注引孟康敘傳下集注又後漢孔融傳注又莊子人間世無門無毒釋文引崔注○丨丨猶昏昏也莊子胠篋故天下丨丨釋文引李注○丨牛者牛之小者也周書王會○丨莫改反一切經音義六引字林

亥 丨者該也史記律書○丨者侅也白虎通五行○丨荄也廣雅釋言○丨核也收藏百物核取其好惡眞僞也亦言物成皆堅核也釋名釋天○丨爲水漢書外戚傳下集注引張晏○丨水也其禽豕也論衡物勢○丨豕也同上○太歲在丨曰大淵獻爾雅釋天○丁丨丨者吉日也大戴記夏小正丁丨萬用入學傳○戌丨之閒爲天門後漢郎顗傳注○丨有二首六身下二如身左氏襄三十年傳○魯季公丨字若見左昭廿四年傳○孟子萬章下晉丨唐抱朴子道民作期唐

乃 古文作迺○丨急辭也穀梁定十五年傳○丨難辭也公羊昭二年傳其言至河丨復何注○迺始也漢書賈誼傳集注○丨猶裁也呂覽義賞而霸者丨五注○丨往也廣雅釋詁二○迺往也遠也一切經音義十八引蒼頡○丨猶而也儀禮燕禮大夫不拜丨飲注大射儀大夫不拜丨飲注○丨汝也書舜典丨言底可績傳又周書祭公允丨詔畢桓于黎民般注芮良夫備丨禍亂注又小爾雅廣詁又廣雅釋言又漢書高帝紀上集注高帝紀下集注齊悼惠王肥傳集注曹參傳集注朱建傳集注江充傳集注齊懷王閎傳集注翟義傳集注外戚傳上集注○迺汝也漢書項籍傳集注陳餘傳集注張良傳集注張陳王周傳贊集注匈奴傳上集注○丨猶女也周禮小宰各修丨職攷丨瀆待丨事注職方氏各修平丨守注又儀禮覲禮歸寧丨邦注又禮記祭統丨祖莊叔注○若丨猶女也禮記祭統若纂丨祖服注○丨者更申敕之周禮大宰丨施典于邦國注○言丨者內而深公羊宣八年傳或言丨注○丨丨是歲也公羊昭十二年傳我丨知之矣注○丨者急瓜之辭也大戴記夏小正丨瓜傳○丨情猶竭情也後漢袁安傳注○丨公卽汝公也後漢南匈奴傳注○迺丨也爾雅釋詁○迺古丨字列子天瑞迺復變而爲一釋文

周穆王迺爲之改築釋文湯問數月迺復釋文迺成爲孝子釋文○丨讀爲仍周禮司几筵凶事仍几司農注○莊子大宗師是自其所以丨釋文崔本丨作惡○列子周穆王丨居南郭釋文丨一本作反○書洪範謀及丨心史記宋微子世家作謀及女心○書堯典丨命羲和漢書律厤志作迺命羲和書禹貢作十有三載丨同漢書地理志作作十有三年迺同洪範王丨言曰五行志作王迺言曰箕子丨言曰作箕子迺言曰禹丨嗣興天丨錫禹洪範九疇作禹迺嗣興天迺錫禹洪範九疇○詩緜迺立家上周禮太祝司農注作丨立家土○詩公劉迺積迺倉迺裹餱糧孟子梁惠王下迺作丨○大戴記夏小正匽之興五日翕望丨伏傳作而伏○以下據廣韻錄

㷍 丨火也楚轉語也方言十

腲 丨腇肥貌文選洞簫賦注引埤蒼

嵬 丨瘣高峻貌史記司馬相如傳嵬磈丨瘣正義

鍡 丨鑸不平也廣雅釋訓

灢 丨瀧硊砈沙石隨水之貌文選江賦碧沙丨瀧而往來巨石硊砈以前却注

鍺 鑓同○鍺錯也廣雅釋器○鍺錧也同上

悔 丨慙也廣雅釋詁一○丨愧也晉曰丨方言二○丨貪也方言十三又廣雅釋詁二又楚辭天問穆王巧丨注

溾 丨涹汙濊也廣雅釋訓

蒬 丨懷羊爾雅釋草

涹 漚漸也楚人曰漚齊人曰丨考工記㡛氏以涗水漚其絲注

頯 丨大也廣雅釋詁一○丨然大樸貌莊子大宗師其顙頯釋文引向注

鏙 丨錯間雜之貌文選江賦鱗甲丨錯注

摧 丨崣皆隆屈窳坼貌史記司馬相如傳丨崣崛崎索隱引郭璞

侑 丨痛而謼也羽罪反顏氏家訓風操引蒼頡訓詁○痛聲曰侑侑音于罪反一切經音義十五引通俗文○丨音于未反顏氏家訓風操引聲類

暟 丨照也方言十三又廣雅釋詁三○丨美也方言十三又廣雅釋詁一

闓 丨開也廣雅釋詁三○丨明也爾雅釋言愷悌發也注又舍人注李注孫注又廣雅釋詁四○丨樂也漢書司馬相如傳下集注引文穎○丨欲也廣雅釋詁一○丨亦開字也方言六闓苦開也苦楚謂之丨注○丨讀曰凱漢書司馬相如傳下集注○詩大東箋喩王丨置百官釋文丨本作開

輆 丨軩不平也廣雅釋訓

縡 丨事也廣韻引字林又文選甘泉賦上天之載注○丨與載同同上

聹 丨聾也廣雅釋詁三○丨秦晉聽而不聰聞而不達曰丨廣韻引字林○丨聾也半聾梁益之閒謂之丨秦晉之閒聽而不聰聞而不達謂之丨方言六

迨 丨及也詩摽有梅丨其吉兮箋匏有苦葉丨冰未泮傳鴟鴞丨天之未陰雨傳伐木丨我暇矣箋又

爾雅釋言又漢書敘傳上集注引服虔又後漢張衡傳注傅毅傳注又孟子公孫丑上丨天之未陰雨注又荀子解蔽妬繆於道而人誘其所丨也注又文選幽通賦盍孟晉以丨羣兮曹注思元賦丨我暇以翺翔舊注○丨及也東齊曰丨方言三○丨願也詩摽有梅釋文引韓詩

絠 彄謂之丨廣雅釋器

𢫦 丨動也廣雅釋詁一○丨擔也廣雅釋詁三

悈 丨恨也廣雅釋詁四○古文職猜二形今作丨同一切經音義三

櫑 丨敗也廣雅釋詁三○黣埤蒼作櫑謂木傷雨而生黑班點也列子黃帝肌色皯黣釋文

痗 丨病也廣雅釋詁一

【苦】蕢今丨字穆天子傳二爰有萑葦莞蒲茅蕢蒹葽
注○以下據集韻錄

【怩】丨忸也廣雅釋詁三

【閡】外閉曰丨漢書律厤志上集注引晉灼

經籍纂詁卷第四十

經籍纂詁卷第四十補遺 【上聲】

兵部侍郎兼都察院右副都御史巡撫浙江等處地方提督軍務兼理糧餉阮元撰集

十賄

【賄】說文丨財也从貝有聲○送去曰賄丨左氏僖三十三年傳自郊勞至于贈丨注○左氏昭十六年傳爾有利市寶丨釋文或作貨

【悔】丨恨也國策秦策此講之丨也注

【改】說文改更也从攴己○丨更也禮記雜記下反丨成踊疏又國語晉語乃丨館晉君注○丨謂丨更懲止易象下傳有過則丨疏○丨猶如也詩文王序疏引易乾鑿度注○丨造更選擇也荀子議兵改造

則不易周也注○丨丨行以救災左氏昭元年傳而無丨焉注○丨居謂自變動也儀禮士相見禮丨居則請退可也注

【采】說文丨捋取也从木从爪○丨者事也周禮職方氏又以其外五百里曰丨服注○丨撮取也漢書魏相傳又數表丨易陰陽注○丨略也小爾雅廣詁○丨官也因官食地故曰丨地漢書刑法志此卿大夫丨地之大者也注○八君賜臣以邑令取賦稅謂之丨地左氏莊元年經注單伯采地疏○丨謂田邑丨取賦稅詩緇衣傳受丨祿疏○丨者謂丨取金之處漢書地理志上豫章郡鄱陽注○丨者始往之辭詩芣苢序箋天下和政教平也疏○採謂採去其穢荀子王制脩採清注○丨者取菜之名詩泮水傳言木則丨取其芹疏○丨木名即今之櫟木也史記李斯列傳丨椽不斲索隱○丨一名櫟一作柞史記李

斯列傳集解引徐廣○丨郎萊也周禮大胥司農注
舍萊疏○丨讀爲萊同上○詩泮水薄丨其茆說苑
雜言作薄捋其茆○孟子公孫丑下有丨薪之憂文
選注作有負薪之憂
【彩】說文新附丨文章也从彡采聲○采者文過其實
也漢書嚴安傳禮失而采注○丨金之丨也文選
南都賦則金丨玉璞注○列采謂正服之色也禮記
喪大記非列采不入注○丨物謂丨章服色左氏文
六年傳注旌旗衣服疏○采章車服文章也左氏宣
十四年傳於是有容貌采章注
【綵】帛之有色者曰采漢書貨殖傳文采千匹注
【海】說文丨天池也以納百川者从水每聲○丨者晦
也禮記曲禮下雖大曰子疏○丨者晦暗無知也
孝經疏引爾雅孫注○丨是水之大神左氏昭廿年
傳注祈望疏○丨邦近丨之國也詩閟宮至于丨邦

箋○丨陘魯險道左氏襄十六年傳速遂塞丨陘而
還注
【在】丨存也淮南原道則無所不丨注○丨存問之左
氏襄廿六年傳吾不獨不丨寡人注○書湯誥丨
予一人墨子兼愛中作維予一人○國策秦策樗里
疾公孫衍二人丨爭之王新序丨作讒
【辠】說文丨犯法也从辛从自言罪人蹙鼻苦辛之憂
秦以丨似皇字改爲罪○罪謂誤失易象下傳君
子以赦過宥罪疏○無其功有其意謂之罪漢書宣
帝紀戾大子孫也臣瓚注引董仲舒書○禮記服問
罪多而刑五釋文本或作丨
【宰】說文丨辠人在屋下執事者从宀从辛辛辠也○
丨治也書周官正義引周禮乃立天官冢丨馬融
注○丨者何官也公羊隱元年傳○丨官也左氏隱
元年傳天王使丨咺來歸惠公仲子之賵注桓四年

傳天王使丨渠伯糾來聘注僖九年經公會丨周公
注○名相官曰丨春秋繁露三代改制質文○丨謂
執君之政者也管子度地此宰之地任則臣之義也
注○丨謂屬吏也禮記內則丨辯告諸男名注○丨
謂上卿也禮記雜記上丨朝服卽喪屨疏○丨人冢
丨之屬左氏哀三年傳命丨人出禮書注○丨太丨
也國語齊語使鮑叔爲丨注○丨祝大丨大祝主祭
祀之官也禮記月令乃命丨祝注○丨謂太丨丨夫
之長也儀禮公食大夫禮丨右執鐙注○丨丨夫之
屬也儀禮公食大夫禮丨東夾北西面南上注○丨
夫主膳食之官也禮記燕義使丨夫爲獻主注○丨
膳丨荀子王制丨爵知賓客祭祀饗食犧牲之牢若
注○丨爲屠殺也漢書宣帝紀損膳省丨注○丨者
調和膳羞之名周禮天官目錄疏○丨者調和之名
周禮天官序官丨夫疏○丨胥丨官之吏也儀禮大
射禮丨胥薦脯醢注○丨旅家丨之下士左氏襄廿

六年傳將歸時事于丨旅注○里長謂之丨左氏襄
九年傳注里丨疏○卿大夫采邑之長則謂之丨左
氏莊十二年傳注叔蕭大夫名疏○公邑稱大夫私
邑則稱丨左氏襄三十年傳問其大夫疏○丨家臣
左氏襄十六年傳王叔之丨注○丨猶盂也左氏襄廿
八年傳在外不得丨吾一邑疏○禮記燕義使丨夫
爲獻主釋文本或作膳
【醢】說文丨肉醬也从酉盍䕅籀文○丨肉醬也禮記
曲禮上毋歠丨疏又左氏昭二十年傳水火醯丨
鹽梅疏又穆天子傳六丨注○丨是釀肉爲之儀禮
聘禮注丨肉陰也疏○丨之者示欲啗食以悑衆禮
記檀弓上使者曰丨之矣注○丨肉陰也周禮掌客
注丨在碑西疏○丨或爲醢禮記內則擇而煎之以
丨注

載 丨成也書舜典熙帝之丨王注○丨與也廣雅釋詁三○丨始也太元夷丨幽貳執注○二帝言丨三王言年白虎通四時○丨容兩義亦得爲殖禮記中庸注栽讀如文王初丨之丨疏○詩文王上天之丨漢書楊雄傳作上天之縡

餧 說文丨飢也从食委聲一曰魚敗曰丨○餧餓也左氏襄廿年傳吾有餧而已注○論語鄉黨魚丨而肉敗釋文本又作鯘

鎧 說文丨甲也从金豈聲○甲亦曰丨漢書酷吏尹賞傳被丨扞持刀兵者注○丨猶塏也塏堅重之言也御覽引釋名釋兵

愷 說文丨樂也从心豈聲○凱樂也禮記表記凱以強教之疏○丨樂也國語周語丨弟君子注○丨

和也言其和于物也左氏文十八年傳謂之八丨疏○豈弟猶言發夕也詩載驅齊子豈弟箋○丨獻謂戰勝獻俘之時作丨樂周禮眡瞭鼙獻丨疏○凱風南風也漢書敘傳上緜凱風而蟬蛻兮注引應劭○詩魚藻豈樂飲酒白帖卅六作丨樂飲酒

待 說文丨竢也从彳寺聲○丨猶擬也管子大匡君必不能丨也注○孟子公孫丑上不如丨時漢書樊噲傳贊長短經皆作不如逢時

怠 說文丨慢也从心台聲○丨懈也國語晉語丨偷甚矣注○丨解也淮南主術羣臣勸務而不丨注○丨緩也國語周語可先而不備謂之丨注

殆 說文丨危也从歺台聲○丨危也國語晉語大夫丨注是置之者不丨注楚語楚其丨矣注越語猶尚丨注○丨者危也素問疏五過論終身不丨注又老子沒身不丨注○丨亦危也漢書王嘉傳丨莫甚焉注○丨猶畏也淮南說林而丨於蝍蛆注○丨敗也一切經音義十五引廣雅○丨近也周禮冢人注不丨於用生乎疏又禮記檀弓下不丨於用殉乎哉疏丨不可伐也疏

倍 說文丨及也从人咅聲○丨謂一丨也荀子大略一佩易之注○百人爲一丨穆天子傳六哭者七丨之注○丨謂反之車在馬前令馬熟識車也荀子禮論故大路之馬必丨注○丨至爲丨加精至也荀子禮論故大路之馬必丨至注○丨卽背也左氏昭廿六年傳丨奸齊盟疏○丨義當作借古字借用耳孟子滕文公上師死而遂丨之音義引丁音

猥 說文丨犬吠聲从犬畏聲○丨眾也文選魏都賦注引廣雅○丨猶曲也文選讓開府表而丨超然

降發中之詔注○丨多也文選長笛賦注引廣雅○丨積也漢書五行志上兼受其丨注

隗 說文丨陮丨也从𨸏鬼聲

嵔 說文辠山貌从山辠聲○嵔隗猶崔巍也漢書楊雄傳上崴嵔隗虖其相嬰注

儡 丨羸貌文選寡婦賦注引禮記玉藻喪容纍纍鄭注○丨羸疾貌文選洞簫賦桀跖鬻博丨以頓顇注

礧 丨珞大石也文選魯靈光殿賦注引山海經郭注

欙 丨具木標首之劍丨落壯大也漢書雋不疑傳帶丨具劍注引應劭○丨具古長劍首以玉作井鹿盧形上刻木作山形如蓮花初生未敷時漢書雋不疑傳注引晉灼

腇 腲|舒遲貌文選洞簫賦阿那腲|而已注

寀 說文新附同地爲|从宀采聲○|官也文選封禪文以展|錯事注引漢書音義

茝 說文|虈也从艸𦣝聲○|卽今白芷漢書禮樂志|蘭芳注○山|藁本也廣雅釋草

紿 說文|絲勞卽|从糸台聲○|欺也詐也史記樊酈滕灌列傳|呂祿索隱

詒 |欺也列子仲尼吾笑龍之|孔穿注○汝南呼欺爲讀亦曰|方言三注

箈 集韻或作箈○箈箭萌一名篠者也周禮醢人注箈箭萌疏

廆 |音如壞偉之壞山海經中山經又西十里曰|山注

琲 說文新附|珠五百枚也从玉非聲

塏 說文|高燥也从土豈聲○|高地左氏昭三年傳注|燥疏

浼 說文|汙也从水免聲詩曰河水||孟子曰汝安能|我○孟子公孫丑上爾焉能|我哉列女傳作安能汚我

匯 說文|器也从匚淮聲

瘣 說文|病也从疒鬼聲詩曰譬彼|木一曰腫旁出也○苻婁一名|木無枝木也爾雅釋木|木苻婁李注

漼 說文|深也从水崔聲詩曰有|者淵○|猶摧落也後漢書崔駰傳王綱|以陵遲注

璀 說文新附||璨玉光也从玉崔聲

每 說文每艸盛上出也从屮母聲

亥 說文|荄也十月微陽起接盛陰从二二古文上字一人男一人女也从乙象裹子咳咳之形春秋傳曰|有二首六身凡|之屬皆从|𢇍古文|爲豕與豕同|而生子復从一起○|該也禮記月令注觀斗所建疏○|者閡也淮南天文○|水也左氏昭三十年傳○|爲娵訾左氏襄三十年傳注娵訾營室東壁疏

乃 說文乃曳詞之難也象气之出難凡乃之屬皆从乃𠄎古文|𢎡籀文|○|者何難也公羊宣八年傳○|者緩辭也詩大田箋是旣備矣疏○|者緩辭也儀禮大射儀注言|者其卽異於賓疏○|緩辭周禮大宰乃縣治象之法于象魏注○凡稱|緩辭也不得云急春秋辨疑十引趙匡集傳○|汝

也周禮大司徒脩|事疏又史記淮南衡山列傳誰謂|公勇者索隱○|女也左氏僖十二年傳余嘉|勳疏○迺汝也漢書陳平傳事兄伯如事迺父注○|猶汝也周禮職方氏各脩平|守注○迺亦汝也漢書項籍傳必欲亨迺翁注○|亦汝漢書外戚傳上|欲倚女子邪注○迺至也一切經音義八引聲類○|者言之助也禮記雜記下夫曰|疏○|者乃乎人之辭也穀梁僖卅一年傳○轉|爲而者|是緩辭儀禮燕禮注|猶而也疏○|者猶言曩者漢書曹參傳|者我使諫君也注○詩公劉迺裹餱糧白帖十四作|裹餱糧○繁陽令楊君碑迺共追錄厥勳|作迺宗俱碑迺爲大口迺陟司空|皆作迺

○以下據廣韻錄

鍡 說文||鑸不平也从金畏聲

磊 說文─眾石也从三石

鑸 說文─鍡─也从金壘聲

絫 說文─𡾟也从山絫聲

阝𠂢 說文─危也从𨸏𠂢聲

陮 說文─｜隗高也从𨸏隹聲

罪 說文罪捕魚竹网从网非秦以─爲辠字

僓 說文─嫺也从人貴聲一曰長皃

䫥 說文─頭不正也从頁鬼聲

竨 說文竨磊─重聚也从立辜聲

滜 說文─新也从水皐聲

痱 說文─風病也从疒非聲

摧 ─崣高貌漢書司馬相如傳上─崣崛崎注引張揖

闓 說文─開也从門豈聲○─開也詩載驅箋豈當讀爲─疏○─亦爲行之義也同上○闓苦開也楚謂之─方言六

聹 說文益梁之州謂聾爲─秦晉聽而不聰聞而不達謂之─从耳宰聲○─言胎─煩憒也方言六注

追 ─及公羊僖廿二年傳請─其未畢濟而擊之注

絠 說文─彈彄也从糸有聲

悉 說文─姦也从心采聲

毐 說文─人無行也从士从毋賈侍中說秦始皇母與嫪─淫坐誅故世罵淫曰嫪─讀若娭

佁 說文─癡皃从人台聲讀若騃

菩 說文─艸也从艸咅聲○─或作瓜呂覽孟夏王─生注

○以下據集韻錄

䵋 說文─青黃色也从黃有聲

螝 說文─蛹也从虫鬼聲讀若潰

苺 說文─馬─也从艸母聲

儽 說文─垂皃从人纍聲一曰懶懈

攺 說文─毅─大剛卯以逐鬼鬽也从攴巳聲讀若巳

閡 ─藏塞也史記律書亥者該也正義引孟康○─亦陔也漢書禮樂志專精厲意逝九─注引如淳

娭 說文─戲也从女矣聲一曰卑賤名也

經籍纂詁卷第四十補遺終

經籍籑詁卷第四十一　上聲

經筵講官南書房行走禮部左侍郎兼署兵部左侍郎提督浙江學政阮元撰集

十一軫

軫 丨車後横木也禮稽命徵九旒齊丨注又方言九
丨謂之枕注又國語晉語以還丨諸侯注楚語以
還丨於諸侯注又後漢王龔傳注○丨輿後横木也
考工記總目車丨四尺注又後漢荀彧傳注○丨輿
後横木者也考工記輿人六分其廣以一爲之丨圍
注○丨輿也考工記總目加丨與轐焉注○璿丨丨玉
軨也文選顏延年侍遊曲阿後湖詩神御出瑤丨注
○丨乘輪多盛貌淮南兵略士卒殷丨注○丨方也
廣雅釋詁一又楚辭抽思丨石崴嵬注○丨道昣也
淮南要略以翔虛無之丨注○丨轉也文選七發注

引淮南許注○丨軫轉戾也廣雅釋訓○丨戾也方
言三○丨痛也楚辭哀郢出國門而丨懷兮注○丨
隱也楚辭惜誦心鬱結而紆丨注懷沙鬱結紆丨兮
注○丨爲車漢書天文志○今月令曰乘丨路似當
爲袗字之誤也禮記月令乘元路注○軫當爲昣文
選詠懷詩連軫距阡陌注○丨當爲昣文選謝靈運
登臨海嶠詩含
酸赴脩丨注

敏 丨疾也書大禹謨黎民丨德傳又詩甫田農夫克
丨傳文王殷士膚丨傳生民履帝武丨歆傳江漢
肇丨戎公傳又禮記樂記敬孫務時丨注又左氏哀
十一年傳子羽銳丨注又論語學而丨於事而愼於
言集解引孔注又皇疏陽貨恭寬信丨惠皇疏又周
書鄭謀不丨殆哉注又爾雅釋樂釋文又廣雅釋詁
一又漢書哀帝紀贊集注劉向傳集注萬石衛直周
張傳贊集注東方朔傳集注王莽傳上集注敘傳下
集注又集注引劉德又後漢宋宏傳注左雄傳注又
莊子徐無鬼王射之丨給注又列子湯問子何其丨
也注○丨者識之疾也論語公冶長丨而好學集解
引孔注○丨疾速也論語里仁君子欲訥於言而丨
於行皇疏公冶長皇疏述而好古丨以求之者也皇
疏○丨速也荀子性惡齊給便丨而無類注○丨謂
承令而速行荀子臣道聽而丨注○丨亟也廣雅釋
言○丨達也左氏成九年傳尊君丨也注襄十四年
傳有臣不丨注又論語顏淵回雖不丨皇疏又孝經
參不丨注又爾雅釋樂釋文又國語晉語且晉公子
丨而有文注又孟子離婁上殷士膚丨注又素問上
古天眞論長而敦丨注○丨審也爾雅釋樂釋文○
丨猶審也左氏僖廿三年傳辟不丨也注○丨審當
於事左氏僖卅三年傳禮成而加之以丨注○丨材
也呂覽士容辭令遜丨注○丨猶材也國語齊語盡
其四支之丨注○丨勉也漢書東方朔傳集注○丨

猶勉也禮記中庸人道丨政注○丨成也爾雅釋樂
釋文○丨德仁義順時者也周禮師氏二曰丨德注
○丨閔也進敘無否滯之言也故汝頻言丨如閔也
釋名釋言語○商謂之丨爾雅釋樂○丨掤也爾雅
釋訓又詩生民履帝武丨歆箋○丨或爲謀禮記中
庸人道丨政注○爾雅釋訓履帝武丨釋文丨舍人
本作畝

允 丨信也爾雅釋詁又易晉衆丨虞注又書堯典丨
恭克讓傳丨釐百工傳益稷庶尹丨諧鄭注又詩
定之方中終然丨臧傳車攻丨矣君子箋公劉豳居
丨荒傳常武王猶丨塞箋時邁丨王維后箋丨王保
之傳小毖肇丨彼桃蟲箋酌實維爾公丨師箋又考
工記㮚氏丨臻其極注又禮記緇衣丨矣君子注又
左氏文四年傳君子是以知出姜之不丨於魯也注
文十八年傳明丨篤誠注襄五年傳成丨成功注襄

卄一年傳丨出茲在茲注又論語堯曰丨執其中集
解引苞注又皇疏又國語周語丨王保之注晉語辱
君之丨令注又漢書司馬相如傳下集注嚴助傳集
注韋元成傳集注薛宣傳集注谷永傳集注楊雄傳
下集注又集注引張晏王莽傳中集注敍傳下集注
又後漢桓帝紀注班彪傳下注陳寵傳注張衡傳注
又法言孝至漢德其可謂丨懷矣注又家語弟子行
又丨德圖義注六本猶丨恭以持之注又文選東京賦
曰丨矣天子者也薛注丨文丨武薛注終然丨淑薛
注思元賦丨塵邈而難虧舊注典引茲事體大而丨
注○丨信也齊魯之閒曰丨方言一○丨誠也爾雅
釋詁○丨當也易升丨升注○丨佞也爾雅釋詁○
書堯典丨釐百工史記五帝紀作信飭百官舜典惟
明克丨五帝紀作惟明能信夙夜出納朕命惟丨作
惟信皐陶謨丨迪厥德夏本紀作信其道德庶尹丨
諧作百官信諧○書大誥丨蠢鰥寡漢書翟方進傳

作誠動鰥寡○詩韓奕箋爲獫丨所逼釋文丨本作
狁○詩十月之交仲丨膳夫漢書古今人表作中術
○漢書古今人表越王
丨常吳越春秋作元常
丨廣韻弘同○丨長也詩楚茨勿替丨之傳行葦以

引

丨以翼傳卷阿以丨以翼傳召旻職況斯丨傳又
儀禮少牢饋食禮勿替丨之注又爾雅釋詁又後漢
張衡傳注又文選思元賦取蜀禪而丨世舊注○丨
長多也爾雅釋訓丨無極也釋文○丨申也國語齊
語是以國家不日丨注○丨者信也漢書律厤志上
○丨者伸也長也文選典引注○丨猶續也後漢班
彪傳下注○丨致也文選西京賦既遷既丨薛注○
丨猶進也文選顏延年北使洛詩臨塗未及丨注○
丨道也左氏文六年傳丨之表儀注○弘道也廣雅
釋詁三○丨正也左氏昭元年傳丨其封疆注○丨
宏也家語入官則民丨而不從注○丨陳也爾雅釋

詁○丨演也釋名釋姿容○丨斂也素問五常政大
論是謂收丨注○丨卻也禮記玉藻則必丨而去君
之黨注○丨取也國語晉語丨黨以封己注○丨謂
急也素問至眞要大論諸寒收丨注○丨謂丨出素
問離合眞邪論候呼丨鍼注○丨謂牽丨素問四時
刺逆從論皮膚丨急注痿論帶脈不丨注○在前曰
丨詩行葦箋○丨謂納之於此文選西京賦既還既
丨注○丨楯拔擢也淮南俶眞丨楯萬物注○弘賈
也廣雅釋言○勝丨勝友也丨猶進良友所以進己
故通呼曰勝丨文選南州桓公九井詩逸翮紓勝丨
注○丨張弓也淮南說林丨弓而射注○丨彊謂弓
弩之多力者控丨之後漢第五倫傳注○車曰丨禮
記檀弓下助於葬者必執丨注○在塗曰丨禮記雜
記執丨者三百人注○丨所以丨柩車在軸輴曰紼
儀禮既夕屬丨注○六丨丨謂丨喪車索也周禮大司
徒屬其六丨司農注○丨亦曲也文選長笛賦故聆

曲丨者注琴賦於是曲丨向闕注○商角徵羽各有
丨文選吳都賦操南音劉注○自丨自殺也文選寡
婦賦甘捐生而自丨注○丨讀爲靷荀
子王霸緜緜常以結丨丨馳外爲務注

尹

丨正也書益稷庶丨允諧傳又鄭注又詩都人士
謂之丨吉傳又儀禮士虞禮記二丨注又禮記曲
禮上脯曰丨祭注又爾雅釋言又漢書百官公卿表
上集注引張晏王莽傳上集注敍傳下集注又後漢
張衡傳注又淮南時則命奄丨注○丨正也所以董
正京畿率先百郡也水經穀水注○丨主也漢書地
理志集注敍傳下集注○丨官也廣雅釋詁四○丨
伯長官大夫書立政丨伯傳○百丨百官之長書顧
命百丨御事傳○里丨閭胥里宰之屬禮記雜記下
則里丨主之注○伊丨字氏書汝鳩汝方序伊丨去
亳適夏傳○丨氏吉氏周室昏姻之舊姓也詩都人
士謂之丨吉箋○丨祭脯也儀禮士虞禮記用丨祭

注○書皋陶謨庶丨克諧史記夏本紀作百官信諧○新序丨壽荀子大略作君疇丨極呂覽明理五帝三王之於樂丨之矣注○丨

盡止也小爾雅廣言○丨猶略也呂覽務本臨財物資丨則爲巳注○丨莫不然也墨子經上○誠信之謂丨禮記祭統○丨謂精於事荀子榮辱農以力丨丨田賈以察丨財百工以巧丨械器注○丨丨極視丨丨物之貌荀子非十二子丨丨然注○丨察極察言無不察也荀子富國其竟關之政丨察注

忍丨堪也文選東京賦百姓弗能丨薛注○丨耐也廣雅釋言又管子地員以慈丨注○丨猶能也呂覽審時得時者丨饑注○丨猶容耐也論語八佾是可丨也皇疏○丨以義斷也國語晉語以丨去過注○惻隱憐人謂之慈反慈爲丨賈子道術○丨謂矯其性荀子儒效志丨私然後能公行丨性情然後能

脩注○丨謂違矯其性也荀子非十二子丨情性注○丨丨猶不丨也後漢崔琦傳注○丨讀曰仁行之丨也呂覽去私丨所私以行大義注○詩將仲子傳彊丨之木釋文丨本作刃柳箋柔丨之木釋文丨本作刃

準俗作准○丨平也廣雅釋詁三又文選南州桓公九井詩注引字書又呂覽自知則必丨繩注○准平也五經文字引字林○丨猶平也禮記祭義推而放諸東海而丨注又大戴記曾子大孝推而放之東海而丨注○丨等也易繫辭上傳釋文引京注○丨同也易繫辭上傳易與天地丨虞注○准法呂覽君守有准不以平注○丨法也淮南本經故謹於權衡丨繩注○丨望淮南覽冥羣臣丨上意而懷當注○丨人平法謂士官書立政丨人傳○丨者所以丨萬物也淮南時則○丨也者五量之宗也管子水地○准節律度量也管子君臣丈尺一綧制注○丨繩也後漢崔駰傳注○丨直謂封疆經遂也禮記月令先定丨直注○丨斤凡事也論語摘輔象力墨受丨斤注○丨鼻也史記高祖紀隆丨而龍顏集解引文穎○丨頞權丨也史記高祖紀集解引應劭○綧古准字管子君臣注○故書丨作水考工記輈人輈注則利丨注○丨故書或作水杜子春云當爲水考工記臬氏權之然後丨之注○丨音丨的之丨漢書高帝紀上集注引文穎

隼集韻亦作鵻○丨小鷹也文選西京賦奮丨歸皃薛注○丨鷂易解公用射丨于高墉之上釋文引毛詩草木疏○鵻雕也山海經海內西經開明南有鶽注○鷙擊之鳥通呼曰丨一曰鷂文選秋興賦隰有翔丨注○丨急疾之鳥也詩采芑鴥彼飛丨箋○丨鷙鳥今之鶚也國語魯語有丨集於陳侯之庭而

死注○丨鷙鳥也易象下傳公用射丨于高墉之上九家注○丨鳥也家語辨物時有丨集於陳侯之庭而死注○丨者禽也易繫辭下傳○離爲丨易解虞注○鶽音竹筍之筍山海經海內西經注

笱丨竹萌爾雅釋草又周禮醢人丨菹魚醢注○丨竹萌也詩韓奕箋○竹初萌生謂之丨爾雅釋草孫注○丨竹初生也爾雅釋草釋文○丨竹也詩韓奕維丨及蒲傳○苞丨冬丨也文選吳都賦苞丨抽節劉注○丨蒻竹書顧命敷重丨席傳○丨箬也書顧命馬注○丨析竹青皮也書顧命鄭注○所以懸鍾鼓者横曰丨丨峻也在上高峻也釋名釋樂器○丨者竹篾一名編輿齊魯以北名之曰丨公羊文十五年傳丨將而來也注○丨當爲笱考工記總目妢胡之笱杜注

盾干關西謂之丨方言九○以木作之曰木丨釋名釋兵○丨以縱編版謂之木絡同上○丨遯也跪

其後避刄以隱遯也同上○五丨干櫓之屬周禮司
兵掌五兵五丨注○丨讀曰允漢書敘傳上集注
欄檻謂之丨一切經音義一引通俗文○丨階除
楯 之欄文選景福殿賦元軒交登注○橫曰丨楚辭
招魂檻層軒些注○丨今之㫄排也後漢袁紹傳上
注○丨猶案也莊子達生死于豚丨之上釋文引司
馬注○丨讀允恭之允淮南俶眞引丨萬
物注○堯廟碑階陛欄楯丨作欄楯
閔 丨病也詩柏舟覯丨既多傳鴟鴞鬻子之丨斯傳
閔予小子丨予小子傳又禮記儒行不丨有司注
又爾雅釋詁又漢書東方朔傳集注陳湯傳集注敘
傳下集注○丨疾家語儒行不丨有司注○丨憂也
左氏宣十二年傳少遭丨凶注又穀梁僖三年傳丨
雨也注又漢書五行志中之上集注引應劭陳湯傳
集注又楚辭天問丨妃四合注舜丨在家注○丨丨
憂貌左氏昭卅二年傳丨丨焉如農夫之望歲注○

丨傷念也詩汝墳序能丨其君子釋文○丨悼傷之
言也詩閔予小子箋○丨猶昏闇也史記范睢蔡澤
傳竊丨然不敏索隱○丨丨深遠也素問靈蘭秘典
論丨丨之當注○丨勉也書君奭予惟用丨于天越
民傳○古文愍今作丨同眉殞反愍憐也一切經音
義三引字詁○丨或爲文禮記儒行注○惛古丨字
漢書劉向傳集注○詩載馳序丨其宗國顚覆釋文
丨本作愍禮記儒行釋文丨本作愍○穀梁僖廿年
傳𠯁是爲丨宮也漢書五行志上作𠯁爲愍公宮也
○左氏傳魯丨公史記魯周公世家作湣公○史記
范睢蔡澤傳竊丨然不敏
索隱引鄒誕生本作惛
憫 丨憂也淮南主術年衰志丨注○丨憂有所在也
淮南詮言樂恬而憎丨注○丨懣也孟子公孫丑
上阨窮而
不丨注

丨滅也詩桑柔丨靡國不丨傳又左氏成十六年傳
泯 是大丨曹也注昭卅九年傳若丨棄之注又廣雅
釋詁四又國語周語靡國不丨注魯語必不丨其社
稷注又文選東京賦昔常恨三墳五典既丨薛注幽
通賦巨滔天而丨夏兮曹注思元賦丨規矩之員方
舊注○丨猶滅左氏宣十二年傳不丨其社稷注○
丨盡也爾雅釋詁○丨沒之盡也爾雅釋詁李注○
丨然盡也一切經音義八引字林○丨芬亂也周書
祭公汝無丨丨芬芬注○湣與閔同荀子王霸齊湣
宋獻是也注又文選四子講德論困閔於莒注○史
記魯世家湣公漢
書律厤志作緡公
菌 中馗小者丨爾雅釋草○丨芝也文選思元賦咀
石丨之流英注○丨大芝也莊子逍遙游朝丨不
知晦朔釋文引司馬注○丨糞上芝莊子逍遙游釋
文引崔注○丨芝糞上生芝也列子湯問有丨芝者

釋文○丨芝欻生之芝列子湯問注○丨欻生之芝
也莊子逍遙游釋文引簡文注○丨芝屬也文選西
京賦浸石丨於重涯注○丨竹筍也呂覽本味越駱
之丨注○蒸成丨莊子齊物論○丨蠢是芝貌也文
選南都賦芝房丨蠢生其隈注○丨木槿也莊子逍
遙游釋文引潘注○丨一名日及莊子逍遙游釋文
引司馬注○丨一名舜英莊子逍遙游釋文引崔注
○朝丨者世謂之木槿或謂之日及文選歎逝賦注
引潘尼朝菌賦○朝丨者時人以爲蕣華莊生以爲
朝丨其物向晨而結絕日而殞文選郭景純遊仙詩
注引潘岳朝菌賦序○蕣丨蕣生也廣雅釋草○丨
薰也其葉謂之蕙廣雅釋草○丨薰也葉曰蕙根曰
薰文選蜀都賦丨桂臨崖劉注○朝丨朝生暮死之
蟲也生水上狀似蠶蛾一名孳母海南謂之蟲邪淮
南道應朝丨不知晦朔注○丨結也莊子齊物論蒸
成丨釋文引向注○丨不申貌大元覈黃丨不誕注

○丨讀羣下之羣淮南墬形篇人生若丨注○丨讀似綸淮南本經丨露夏槁注○丨音芝丨之丨山海經海內經有丨山注○丨音如朝丨之丨山海經大荒南經有小人名曰丨人注○丨音咽哈之咽山海經東山經孟子之山其草多丨蒲注

【箘】丨箭也廣雅釋草○丨簬美竹書禹貢惟丨簬楛傳○丨簬是兩種竹也書禹貢鄭注○丨簵簬風也書禹貢鄭注○篃或謂之丨方言五

【蚓】丨本作螾○螾衘入耳爾雅釋蟲○蚰蜒自關而東謂之螾蜒方言十一○螾蚯丨也荀子勸學螾無爪牙之利注又呂覽應同夫先見大丨大螻注○丨邱丨之蟲也孟子滕文公下則丨而後可者也注○蚯丨蟲也呂覽仲冬蚯丨結注○蚯丨引無也廣雅釋蟲○螾蛐蟮也方言六螾場謂之坥注○螾衍今曲蟮也考工記梓人注螾衍之屬釋文○螾屬不氣息也家語執轡食土者無心而不息注○螾與丨同荀子勸學注

【靷】丨引軸之物荀子王霸縣縣常以結引馳外爲務注○丨所以引車也釋名釋車○丨所以引也詩小戎陰丨鋈續傳○丨在馬胸後漢郭憲傳注○在胸曰丨左氏僖廿八年傳韅丨鞅靽注○陰丨伏兔也廣雅釋器

【紖】丨索也廣雅釋器○丨牛系也之忍反晉書音義上引字林○丨所以牽牲也周禮作絼禮記祭統君執丨注○紲丨靷皆所以繫制之者禮記少儀牛則執丨注○丨古文絼紖二形同一切經音義十五○周禮小宰注屬其六丨釋文丨本作引

【診】丨視也廣雅釋詁一又一切經音義九引字林○丨候也一切經音義二引三蒼又後漢郭玉傳注○丨候視也後漢南蠻西南夷傳注○丨占也史記扁鵲倉公傳特以丨脈爲名耳索隱引司馬彪○丨驗也一切經音義二引通俗文○診驗也漢書董賢傳集注○丨候脈也列子力命丨其所疾釋文

【眕】丨重也爾雅釋言又左氏隱三年傳憾而能丨者鮮矣釋文○丨目有所恨也之忍反晉書音義上引字林

【畛】丨田上道也楚辭大招田邑千丨注○丨謂舊田有徑路者詩載芟徂隰徂丨箋○丨謂封域丨陌也莊子齊物論請言其丨釋文○丨界也文選東京賦注引太元宋注○丨塗所經也左氏定四年傳丨土略注○丨畷謂地廣道多也文選吳都賦其四野則丨畷無數劉注○丨埸也詩載芟徂隰徂丨傳○丨告也爾雅釋詁○丨致也周禮甸人注丨于鬼神釋文又禮記曲禮下丨於鬼神注又爾雅釋言○丨殄也爾雅釋言○丨或爲祗禮記曲禮下注○徑丨涂道路皆所以通車徒於國都也徑容牛馬丨容大車涂容乘車一軌道容二軌路容三軌周禮遂人凡治野注

【胗】籀文作疹○疹診也有結聚可得診見也釋名釋疾病○丨展也癢搔之捷展起也同上○胗腫也一切經音義六引三蒼○胗創也廣雅釋詁一○疹苦也詩小宛哀我塡寡釋文○疹重也詩雲漢胡寧瘨我以旱釋文引韓詩○丨疾也文選思元賦思百憂以自丨舊注○丨謂久病素問奇病論無損不足益有餘以成其丨注○胗籀文作丨一切經音義六○丨居忍反五經文字引字林

【㐱】亦作鬒○鬒黑髮也詩君子偕老鬒髮如雲傳○鬒黑也左氏昭廿六年傳有君子白皙鬒須眉釋

文○鬒强也廣雅釋詁一○詩君子偕老鬒髮如雲說文彡部作〡髮如雲

紾 或作縝○縝單也論語鄉黨縝絺綌皇疏○縝謂纑縷也方言四纑謂之縝注○〡戾也孟子告子下〡兄之臂注盡心上是猶或〡其兄之臂注又淮南本經萲杼〡抱注○〡轉也淮南原道蟠委錯〡注精神千變萬〡注○繆〡相纏結也淮南本經以相繆〡注○〡讀〡給之〡淮南本經注○論語鄉黨〡絺綌釋文〡本作袗皇侃義疏本作縝

哂 〡笑也論語先進夫子〡之集解引馬注又皇疏又廣雅釋詁一○哂笑也廣雅釋詁一○〡小笑一切經音義四引三蒼○齒本曰〡論語先進皇疏○吲與〡同晉書音義下○〡字書作吲或作弞同式忍反一切經音義四

腎 〡者水之精白虎通情性引元命苞○〡者水藏素問逆調論○〡者水藏也素問痿論○〡者主水受五藏六府之精而藏之素問上古天眞論○〡者牝藏也素問水熱穴論○〡者主蟄封藏之本精之處也其華在髮其充在骨素問六節藏象論○〡者至陰也素問水熱穴論○〡者胃之關也素問水熱穴論痺論〡痺者善脹注○〡之爲言寫也以竅寫也白虎通情性○〡者主瀉同上○〡引也〡屬水主引水氣灌注諸脉也釋名釋形體○〡爲雨淮南精神○〡水也因水故雨淮南精神注○〡者水之精上爲虛危古微書引春秋元命苞○〡者作强之官伎巧出焉素問靈蘭秘典論○〡智白虎通情性○〡堅也廣雅釋親○莊子達生吾聞祝〡學生釋文〡字又作緊本作賢

脤 〡肉也廣雅釋器○〡祭肉穀梁定十四年經天王使石尚來歸〡注○〡祭肉也穀梁隱九年注歸〡以交諸侯之福釋文○〡者何俎實也腥曰〡熟曰燔公羊定十四年傳○〡者何也俎實也祭肉也生曰〡熟曰燔穀梁定十四年傳○〡膰社稷宗廟之肉周禮大宗伯以〡膰之禮親兄弟之國注○〡宜社之肉也左氏成十二年傳成子受〡于社注又後漢皇甫嵩朱儁傳注○〡宜社之肉盛以〡器左氏閔二年傳受〡於社注○〡宜社之肉盛以蜃器國語晉語受〡於社注○〡臂也莊子德充符闉跂支離無〡釋文引簡文注○〡脣同莊子德充符釋文引崔注○春秋定十四年天王使石尚來歸〡周禮掌蜃注作天王使石尚來歸蜃○左氏成十七年經公孫嬰齊卒于貍〡公羊作貍軫穀梁作貍蜃

臏 本作髕○〡膝蓋也文選西征賦注引郭璞解詁又一切經音義三引三蒼○〡膝骨也荀子正論捶笞〡腳注○〡脛骨也史記秦本紀王與孟說舉鼎絕〡正義○〡者脫去人之〡也古微書引書刑德放○〡腳謂刖其膝骨也荀子正論捶笞〡腳注○髕謂斷足之刑華嚴經音義下引顧野王○周改〡作刖周禮司刖刖罪五百注

牝 〡雌也廣雅釋獸又後漢楊震傳注又老子〡常以靜勝王注○〡陰也太元馴〡貞常慈注又素問水熱穴論腎者〡藏也注○陰爲〡太元元攡〡牡羣貞注○〡者陰類也老子天下之〡注○在陰爲〡在陽爲牡國語越語凡陳之道設右以爲〡益左以爲牡注○坤爲〡易坤利〡馬之貞虞注○〡地也老子是謂元〡注○火以地二爲〡漢書王莽傳上集注引張晏○谿谷爲〡大戴記易本命又家語執轡又淮南墬形又兵略左牡而右〡注○〡於人爲口老子是謂元〡注○〡者陰牲易象上傳是以畜〡牛吉也荀注

囅 丨大笑貌莊子達生桓公丨然而笑曰釋文引李
注又文選吳都賦東吳王孫丨然而咍劉注○丨
笑貌莊子達生
釋文引司馬注
賑 丨富也爾雅釋言又文選蜀都賦邑居隱丨劉注
○丨富也丑引反爾雅釋宮釋文引字林
窘 丨困也詩正月又丨陰雨傳又漢書季布傳集注
引如淳又後漢西域傳注又列子黃帝先丨於饑
寒釋文○丨迫也後漢孔融傳注鄺炎傳注○丨急
也廣雅釋詁一又離騷夫唯捷徑以丨步注○丨窮
也後漢西羌傳注○丨要也素問靈蘭秘典論丨乎
哉消者瞿瞿注○丨痹也廣雅釋言○丨仍也詩正
月箋又漢書敘傳下集注○丨四
拘之貌文選鵬鳥賦丨若囚拘注
蜃 雉入大水爲丨禮記月令○丨雉入海所化也爾
雅釋魚釋文引字林○丨水中丨也周禮鼈人凡

山川四方用丨注○大蛤曰丨禮記月令注○丨大
蛤也周禮赤犮氏以丨炭攻之注○丨大蛤周禮鼈
人以時籍魚鼈龜丨注醢人丨蚳醢注地官序官掌
丨注又淮南氾論摩丨而耨注○小曰蛤大曰丨皆
介物蚌類也國語晉語雉入於淮爲丨注○丨蛤也
考工記㡛氏淫之以丨司農注又左氏成二年傳用
丨炭釋文又呂覽孟冬雉入大水爲丨注又淮南時
則雉入大水爲丨注○丨蛤類莊子人間世以丨盛
溺釋文○丨蚌也山海經東山經嶧皐之水多丨珧
注○丨蛤蚌也文選西京賦丨蛤剝薛注○丨小者
珧爾雅釋魚○蜃者蒲盧也大戴記夏小正雉入于
淮爲蜃傳○丨鮥類周禮鼈人以時籍魚鱉龜丨釋
文引干注○丨漆尊也周禮鬯人凡山川四方用丨
注○丨器名詩綿箋丨宜社之肉釋文○丨骨也文
選魏都賦弓珧解檠劉注○丨謂灰也考工記㡛人
司農注○丨車柩路也柩路載柳四輪迫地而行有

似於丨因取名焉周禮遂師共邱籠及丨車之役注
○故書丨爲晨鄭司農云晨當爲丨書亦或爲丨周
禮赤犮氏以丨炭攻之注○丨禮記或作槫或作輇
周禮遂師注○故書丨或爲謨周禮鬯人注○丨輇
聲相近禮記雜
記載以輲車注
隕 集韻同磒○丨墜也詩氓其黃而丨傳七月十月
丨蘀傳縣亦不丨厥問傳又大戴記夏小正丨麋
角傳又國語齊語恐丨越於下注又爾雅釋詁又史
記鄭世家有死無丨集解引服虔又漢書馮奉世傳
贊集注又淮南說林爲其一人丨而兩人傷注又素
問五運行大論其眚爲丨注又離騷厥首用夫顛丨
注○丨隊也詩小弁涕既丨之傳又左氏文十八年
傳不丨其名注宣十五年傳有死無丨服注○殞隊
也列子周穆王王若殞虛焉注○星墜謂之丨春秋
繁露玉英○丨越顛墜也左氏僖九年傳恐丨越于

下注○丨落也易姤有丨自天虞注又左氏僖十六
年經丨石於宋五注又左氏莊七年經星丨如雨釋
文又國語周語駟見而丨霜注又爾雅釋詁又楚辭
悲回風物有微而丨性兮注○磒落也爾雅釋詁又
列子周穆王釋文○磒石落也爾雅釋詁釋文○著
於下不見於上謂之丨穀梁莊七年傳○丨墮也楚
辭逢紛辭靈脩而丨意兮注○丨下也楚辭怨思雲
霏霏而丨集注○丨失也孟子盡心下亦不丨厥問
注○丨壞也淮南覽冥景公臺丨注○丨越也國
語晉語無丨懼注○丨穫困迫失志之貌也禮記儒
行儒有不丨穫於貧賤注○丨穫憂悶不安之貌家
語儒行儒有不丨穫於貧賤注○磒猶丨也方俗語
有輕重耳爾雅釋詁丨磒落也注○左氏莊七年經
夜中星丨如雨公羊作霣○詩緜亦不丨厥問孟子
盡心下作亦不殞厥問○
孔彪碑乃磒乃□丨作磒

殞 |沒也一切經音義十二引聲類○|絕也後漢隗囂傳注○|字書作隕同於敏反一切經音義三

蠢 廣韻古文作𧍳○|動也書大禹謨|茲有苗傳又詩采芑|爾蠻荊傳又爾雅釋詁又漢書楊雄傳下集注又後漢皇甫規傳注又法言君子序|迪檢押注又莊子天地|動而相使釋文又文選吳都賦萬物|生劉注○||動作爾雅釋詁|作也注○|搖動貌爾雅釋詁|動也注○||動擾貌左氏昭廿三年傳今王室實|焉注○|作也爾雅釋詁又方言十三○載出也廣雅釋詁一○|作也出也考工記梓人則春以功注○|不遜也爾雅釋訓○|動爲惡不謙遜也爾雅釋訓注○|少貌也後漢南蠻西南夷傳注○||無禮儀貌也楚辭惜賢夷||之溷濁注○書大誥允|鰥寡漢書翟方進

傳作誠動鰥寡○魏三體石經遺字㝅茲𧍳|作𧍳

惷 |亂也廣雅釋詁三

緊 |急也廣雅釋詁一○|糾也廣雅釋言○|縮也素問氣交變大論其化|斂注○|猶實也文選南州桓公九井詩風物自凄|注○|謂其堅彊者管子問戈戟之|注○|絭糾繚也楚辭疾世心|絭兮傷懷注

狁 詩采薇玁|之故釋文|本作允

簨 廣韻簨同又作栒○|虡所以縣鐘磬也橫曰|禮記明堂位夏后氏之龍|虡注○|簴可以懸鍾磬也家語曲禮公西赤問有鍾磬而無|簴注○縣鐘格曰簨文選西京賦猛虡趪趪薛注○樂器所縣橫曰簨植曰虡考工記梓人爲簨虡注○橫曰栒文選東京賦崇牙張薛注○橫者爲筍周禮典庸器帥其屬而設筍虡杜注○橫者爲栒文選東京賦設業設虡薛注○簨讀爲竹筍之筍考工記梓人爲簨虡司農注○筍讀爲博選之選周禮典庸器杜注○考工記梓人釋文簨本作筍○禮記明堂位注|虡也釋文|本作筍○禮記檀弓有鍾磬而無|簴儀禮既夕注作有鍾磬而無筍虡

縝 語問玉|密以栗智也注○縝謂之|方言四○|緻也禮記聘義|密以栗注○|密緻塞貌家

|纑也廣雅釋器○|黑也同上○|與鬒同文選謝元暉晚登三山詩誰能|不變注亦作裖○|畫也孟子盡心下被|衣注○|衣

袗 之美者孟子音義下引陸注○裖整也史記司馬相如傳槃石裖崖索隱引李奇○裖盛多也史記司馬相如傳索隱引如淳○|同也儀禮士冠禮兄弟

畢|元注士昏禮女從者畢|元注○|單也禮記曲禮上|絺綌注又論語鄉黨袗絺綌釋文○古文|爲均也儀禮士冠禮注

踳 |讀曰舛文選魏都賦注引莊子司馬注

純 |緣也書大傳赭衣不|注又周禮屨人赤繶黃繶注司几筵設莞筵紛|司農注又儀禮士冠禮青絇繶|注鄉飲酒禮記蒲筵緇布|注鄉射禮記蒲筵緇布|注公食大夫禮記緇布||注又禮記曲禮上冠衣不|素注又廣雅釋詁二又後漢馬融傳注又山海經西山經白蒿采等|之注又荀子正論殺赭衣而不|注○|謂緣之也禮記深衣緣|邊注○畫|以雲氣畫之爲緣書顧命畫|鄭注○飾衣曰|謂領與袂儀禮既夕記緇|注○在下曰|禮記雜記下|以素注○|謂幅廣也周禮內宰出

其度量潭制杜注質人壹其淳制杜注○丨制天子巡守禮所云制幣丈八尺丨四狐與周禮內宰注○丨讀爲均服之均周禮司几筵司農注

偆 丨丨者喜樂之貌也春秋繁露陽尊陰卑

霣 丨雷也廣雅釋天○丨廢隧也左氏宣十五年傳有死無丨注○丨卽隕字也文選上林賦瀺灂丨隊注○漢司馬季德碑不丨其功隕作丨

愍 丨憂也左氏昭元年傳吾代二子丨矣服注又廣雅釋詁一又漢書敘傳上集注○丨傷也廣雅釋詁二○丨痛也同上○丨病也楚辭惜誦惜誦以致丨兮注○丨愗也廣雅釋詁一○丨亂也廣雅釋詁三○在國逢難曰丨周書謚法又獨斷下○在國連憂曰丨周書謚法○禍亂方作曰丨同上○使民折

傷曰丨同上○周禮大司寇注民不丨作勞釋文丨丨本作昏○古今人表朱丨公中論作敏公

眹 丨兆也莊子齊物論而特不得其丨釋文引李注應帝王而遊無丨釋文引崔注○眹兆也列子黃帝吾向示之以太沖莫眹釋文又文選魏都賦注引淮南許注○眹者隙之將兆謂其微也鬼谷子抵巇巇始有眹注○周禮春官序官瞽矇注無目丨謂之瞽釋文丨本作䀼或作眣

稛 丨束也廣雅釋詁三○丨就也方言三○丨絭也國語齊語丨載而歸注○丨丨成就貌方言三注

吮 丨循也不絕口稍引滋汋循咽而下也釋名釋飲食

胅 丨兆也淮南詮言遊無丨注○丨謂革制考工記函人眡其丨欲其直也司農注

稹 丨致也考工記輪人丨理而堅注○今人呼物叢緻者爲丨爾雅釋言苞丨也注○物叢生曰苞齊人名曰丨爾雅釋言孫注○丨稠穊也文選江賦注引字林○丨讀爲奠祭之奠考工記輪人丨理而堅司農注○詩鴇羽傳苞丨也釋文丨本作稹

囷 丨倉也廣雅釋室○丨綣也藏物繾綣束縛之也釋名釋宮室

黽 丨水蟲也晉書音義下○丨勉猶勉勉也詩谷風丨勉同心釋文○僶俛猶勉强也文選文賦在有無而僶俛注○僶俛猶俯俛也文選秋胡詩僶俛見榮枯注○丨勉急禱請也詩雲漢丨勉畏去箋○詩谷風丨勉同心文選注引韓詩作密勿同心○詩十月之交丨勉從事漢書劉向傳作密勿從事○詩谷風釋文丨本作僶十月之交釋文丨本作僶○爾雅釋詁注𪓛沒猶僶勉釋文僶字又作丨

○以下據廣韻録

⿰耳氏 丨告也玉篇引埤蒼

⿰頁㐱 丨慙也廣雅釋詁一

鬒 美髮爲黰左氏昭廿八年傳昔有仍氏生女黰黑注

矧 丨況也書大禹謨丨玆有苗傳仲虺之誥丨予之德傳又詩伐木丨伊人矣傳賓之初筵丨敢多又箋抑丨可射思箋又禮記中庸丨可射思注又爾雅釋言又漢書敘傳上集注敘傳下集注又後漢班彪傳下注張衡傳注又周書芮良夫丨乃口口注又文選思元賦丨幽冥之可信舊注○丨長也廣雅釋詁二○弞長也東齊曰弞方言六○齒本曰丨大笑則見禮記曲禮上笑不至丨注○禮記曲禮上釋文丨本作哂○書大誥丨亦惟卜用漢書翟方進傳作況亦惟卜用大誥丨今卜并吉漢書翟方進傳作況今卜并吉

顪 顪聦也廣雅釋詁四

橉 丨砌也廣雅釋室

撛 丨挺也文選西征賦丨白刃以萬舞注

⿰木盡 丨盂也廣雅釋器○盂謂之丨方言十三

莙 丨牛藻爾雅釋草○丨牛藻也讀若威音隱塢瑰反顏氏家訓書證

⿰口囷 丨吐也廣雅釋詁四

⿰王囷 丨齊也廣雅釋詁四

䐃 獸脂聚曰丨御覽八百六十四引通俗文○丨者肉之標素問玉機眞藏論身熱脫肉破丨注○丨謂肘膝後肉如塊者同上

蔨 丨鹿藿爾雅釋草

蜠 丨大而險爾雅釋魚

⿰口寅 丨笑也廣雅釋詁一

濱 水潛行曰丨文選蜀都賦丨以潛沫劉注

暋 丨强也書康誥丨不畏死傳又爾雅釋詁○暋勉也文選西京賦何必暋於作勞辥注○丨悶也莊子外物慰丨沈屯釋文引李注○書立政其在受德丨○丨說文心部作在受德忞○書康誥丨不畏死孟子萬章下作閔不畏死○爾雅釋詁釋文丨本作旻

簢 丨簩中爾雅釋草○爾雅釋草釋文丨本作⿱竹愍

轋 丨伏兔也廣雅釋器

脗 丨丨然無波際之謂也莊子齊物論爲其丨合注

荺 丨茭爾雅釋草

埻 埻的也廣雅釋言○丨射的也太元瞢豚其丨注○射埻曰丨丨中木曰的一切經音義一引通俗文

駗 丨馬逆毛也爾雅釋畜釋文引字林

趁 丨進也漢上易傳引施讐易

○以下據集韻錄

嚍 丨丨猶憤憤也法言問神通諸人之丨丨者注

抮 丨轉淮南原道耳聽滔朗奇麗激丨之音注說林丨和切適注○丨抱引戾也淮南原道扶搖丨抱羊角而上注○丨抱猶持著也淮南精神亦不與之丨抱矣注○丨讀與左傳憾而能眕者同也淮南原道扶搖丨抱羊角而上注

疢 丨病也漢書中山靖王勝傳集注

絼 丨著牛鼻繩所以牽牛者今時謂之雉與古者名同周禮封人司農注○丨字當以豸爲聲周禮封人置其丨注

麎 丨上刃反爾雅釋獸釋文引字林

【淳】故書㶿爲敦杜子春讀敦爲純周禮內宰出其度量㶿制注

○附録【瞂】丨音戈盾也山海經海內西經鳳凰鸞鳥皆戴丨注

經籍纂詁卷第四十一

經籍纂詁卷第四十一補遺 【上聲】

兵部侍郎兼都察院右副都御史巡撫浙江等處地方提督軍務兼理糧餉阮元纂集

十一軫

【軫】說文丨車後横木也从車㐱聲○丨車後横木也漢書司馬相如傳下而羌夷接丨也注楊雄傳上因囘丨還衡注○丨者車之前後兩端之横木也詩小戎傳收丨也疏○丨是車之後材禮記月令注乘丨轄疏○左氏哀六年經楚子丨卒釋文史記作珍

【敏】說文敏疾也从攴每聲○丨疾也周書謚法○丨速疾也漢書史丹傳丨而好學注○丨猶疾速也禮記學記敬孫務時丨疏○心識速疾謂之丨詩生民疏○丨達也國語晉語寡知不丨注知羊石職之聰丨肅給也注○丨審也公羊僖四年傳故丨則有功疏○丨材識捷疾漢書文帝紀以不丨不明注○丨謂材識捷疾也漢書趙廣漢傳以廉絜通丨下士爲名注○丨材智速疾也漢書景帝紀朕既不丨注○丨謂所見捷利漢書疏廣傳丨而有辭注○不丨猶不達也左氏文七年傳辟不丨也疏

【允】說文丨信也从儿㠯聲○丨者信也終始不愆言行相副也左氏文十八年傳明丨篤誠疏

【引】說文丨開弓也从弓丨○丨者長遠之名禮記檀弓下注車曰丨疏○丨者率丨之義詩行葦箋在前曰丨疏○丨伸也文選長笛賦注引廣雅○丨謂牽丨使收斂也素問異法方宜論天地之所收丨也注○丨謂導丨素問血氣形志篇治之以熨丨注○丨丨謂泄丨也素問陰陽應象大論丨而竭之注○丨謂在前左氏文六年傳疏○丨丨者信天下也漢書律麻志上○十丈爲丨同上○丨柩車索也禮記檀弓

下弔於葬者必執丨疏○丨車索禮記檀弓下助於葬者執丨釋文○丨謂葬時丨柩中周禮小司徒注丨窆疏○據在棺則曰綍據在道則曰丨周禮遂人注綍舉棺索也疏○在棺曰綍行道曰丨禮記喪大記四綍二碑注○愼丨聲相近禮記檀弓上其愼也疏

尹 說文丨治也从又丿握事者也㣈古文尹○丨正也左氏定四年傳以丨天下注又呂覽仲秋命閹丨申宮令注又續漢郡國志一河南丨注引應劭漢官又文選諷諫詩庶丨羣后注○丨官氏詩崧高序丨吉甫美宣王也箋○楚官多名爲丨左氏宣十二年傳注沈或作寑疏○名相官曰丨春秋繁露三代改制質文○丨讀如竹箭之筠禮記聘義孚丨旁達注○禮記聘義孚丨旁達釋文又作筠

盡 說文丨器中空也从皿𦘔聲○丨謂竭丨禮記哀公問固民是丨疏○丨謂黜削荀子宥坐廢不能

以單之注○丨察極察也荀子富國須孰丨察注○夜食爲丨漢書京房傳必有星亾之異注引孟康○孟子盡心下丨信書藝文類聚王粲論丨作專

忍 說文丨能也从心刃聲

準 集韻或作臯○說文丨平也从水隼聲○丨平也考工記輈人注丨作水疏○丨中也平也易繫辭上易與天地丨釋文引鄭注○丨者所以揆平取正也漢書律厤志上○丨平法也漢書東方朔傳以仁義爲丨注○丨擊平正之考工記㮚氏然後丨之疏○丨謂輕重平均禮記月令先定丨直疏○准壞險以爲平管子宙合○鼻頭爲丨後漢書光武紀上隆丨日角注引許負○丨鼻也史記秦始皇本紀秦王爲人蜂丨正義又漢書高帝紀上注引李斐○丨或作准後漢書樊準傳注○周禮司裘注又方制之以臯釋文本亦作丨

隼 說文雖祝鳩也从鳥隹聲隼雖或从隹一曰鶉字○鷹丨謂鷹鷂之屬爾雅釋鳥鷹丨醜舍人注○丨者貪殘之鳥鸇鷂之屬易解公用射丨于高墉之上疏○丨鷂屬也齊人謂之擊征或謂之題肩或謂之雀鷹春化爲布穀者是也詩采芑鴥彼飛丨陸疏○丨卽謂之鶻者也周禮翨氏注猛鳥鷹丨之屬疏○丨若今之鶻也史記蘇秦列傳寡人如射丨矣正義○丨鷙鳥卽今之鵻也漢書五行志下之上有丨集于陳廷而死注○詩沔水鴥彼飛丨一切經音義六作鴥彼飛鵻費鳳別碑作鴥若飛鵻

筍 說文丨竹胎也从竹旬聲○丨竹萌也詩韓奕維丨及蒲陸疏○竹萌曰丨易鼎覆公餗鄭注○丨竹萌也一名篛者也周禮醢人注丨萌疏○丨謂竹初生考工記梓人爲丨虡疏○詩韓奕維丨及蒲釋

文字或作笋

盾 丨桿也禮記文王世子注干丨也疏○詩篤公劉箋干丨也釋文字又作楯禮記檀弓注干丨也釋文本又作楯郊特牲注干丨也釋文丨本作楯明堂位注朱干赤大丨也釋文字又作楯樂記注干丨也釋文本又作楯

楯 說文丨闌檻也从木盾聲○丨軒之闌板也史記司馬相如列傳宛虹拖於丨軒正義○丨軒軒之闌板也漢書司馬相如傳上宛虹拖於丨軒注○丨闌檻也文選上林賦宛虹拖於丨軒注引應劭○丨橫檻也文選鸚䳒賦順籠檻以俯仰注○宮殿四面檻縱者云檻橫者云丨史記袁盎鼂錯列傳索隱引纂要

閔 說文丨弔者在門也从門文聲𢘥古文丨○丨病也詩召旻序旻丨也箋○丨者情所憂念詩汝墳序婦人能丨其君子疏○丨者哀憫之辭詩閔予小子疏○丨勉猶黽勉言不息也漢書五行志中之上丨勉遯樂注○丨勉猶黽勉也漢書谷永傳下丨勉遁樂注○丨讀丨子騫之丨淮南精神芒芠漠丨注○潛與丨同文選四子講德論困丨於莒注

憫 丨懣也廣雅釋詁二○無六年之積謂之丨急淮南術注

泯 說文新附丨滅也从水民聲○丨滅也國語周語今將大丨其宗祊注又漢書敘傳上巨滔天而丨夏兮注又後漢書班固傳下黳巳迴而不丨注張衡傳丨規矩之圜方注○丨然滅絶意漢書外戚傳上丨不歸乎故鄉注

菌 說文丨地蕈也从艸囷聲○丨香草素問方盛衰論則夢見丨香生草注○今人呼丨爲蕈爾雅釋草中馗丨釋文○丨鶴可用爲旌翳周書王會請令以珠璣瑇瑁象齒文犀翠羽丨鶴爲獻注○爾雅釋草中馗丨釋文本今作箘

箘 說文丨丨簬也从竹囷聲一曰博棊也○丨簵竹名漢書地理志上惟丨簵楛注○丨一名聆風書禹貢惟丨簵楛釋文引韋昭

蚓 說文螾側行者从虫寅聲丨螾或从引○螾蚯丨也漢書郊祀志上地螾見注引應劭○螾今之蜂螾也漢書賈誼傳夫豈從蝦與蛭螾注引服虔○螾字與丨同漢書賈誼傳注

靷 說文丨引軸也从革引聲𩌦籀文丨

紖 集韻或作絼○說文丨牛系也从糸引聲讀若矤○丨牛鼻繩禮記祭義君執丨疏○丨係也廣雅釋詁二○周禮封人置其絼釋文本又作丨

診 說文丨視也从言㐱聲○丨視驗謂視其脈及色候也漢書藝文志原丨以知政注○丨謂可言之證素問風論聽問其丨注

眕 說文丨目有所恨而止也从目㐱聲

畛 說文丨井田閒陌也从田㐱聲○楚人謂澤爲丨挈淮南要略棄其丨挈注

胗 說文丨脣瘍也从肉㐱聲疹籀文丨从疒

㐱 髮美爲鬒左氏昭廿八年傳生女黰黑服注○丨者髮多長而黑美之貌也左氏昭廿八年傳疏○黰卽丨也同上

紾 說文丨轉也从糸㐱聲○丨則緣之別名周禮封人其其水槀注○丨讀爲抮縛之抮考工記弓人老牛之角丨而昔司農注○丨謂理𪊨考工記弓人疏

腎 說文丨水藏也从肉臤聲○丨水也禮記月令疏引異義○丨者陰也素門風論丨氣之狀注○丨爲陰藏素問金匱眞言論陰中之陰丨也注○丨象水也素問刺禁論丨治於裏注○丨象水王於冬素問四氣調神大論逆之則傷丨注○丨王冬素問痺論各以其時注○丨爲牝藏素問金匱眞言論注引靈樞○丨孤藏也素問逆論腎主水注脈要精微論當病少血注○書盤庚下心腹丨腸文選魏都賦劉注作優賢揚

【脤】說文祳社肉盛以蜃故謂之祳天子所以親遺同姓从示辰聲春秋傳曰石尚來歸祳○丨是盛肉之器左氏成十三年傳疏○丨社祭之肉周禮大宗伯疏引左氏異義說○丨生祭肉也穀梁定十四年經天王使石尚來歸丨釋文○丨祭肉盛之蜃器以獻遺人因名祭肉爲丨左氏昭十六年傳注受丨疏○丨祭社之肉也盛以蜃器故謂之丨漢書五行志中之上成肅公受丨于社注引服虔○丨者卽宜社之肉也同上○丨讀蜃同同上○左氏說丨社祭之肉盛之以蜃公羊穀梁云生居俎上曰丨周禮大宗伯疏引許愼五經異義

【臏】說文髕厀耑也从骨賓聲○髕去膝蓋骨也漢書武帝紀畫象而民不犯注○○髕罰去膝蓋骨漢書刑法志髕罰之屬五百注○丨者法金之刻木北堂書鈔引白虎通○丨刑法金勝木去其節目也御覽六百四十八引賀述禮統

【牝】說文丨畜母也从牛匕聲易曰畜丨牛吉○丨陰也素問金匱眞言論陽中之陰肺也注陰中之陰腎也注陰中之至陰脾也注○飛亦曰丨周禮庖人注凡鳥獸未孕曰禽疏○坤爲丨易說卦釋文引荀爽集解○車平較皆有鑿孔以軨子貫之故謂之丨服也周禮山虞注服與耜宜用穉材疏○丨服謂車較卽今人謂之平鬲考工記車人注丨服八尺疏

【賑】說文丨富也从貝辰聲

【窘】說文丨迫也从穴君聲○丨迫也讀詩記廿引韓詩章句○丨困急漢書游俠郭解傳賊丨自歸注

【蜃】說文丨雉入海化爲丨从虫辰聲○蜃大蛤也漢書五行志中之上成肅公受脤于社注○丨者蛤之類也左氏成二年傳注燒蛤爲炭疏○文丨大蛤也周書王會且甌文蜃注○丨爲水物禮記郊特牲醓醢之美疏○丨畫爲丨形周禮鬯人凡山川四方用丨注○丨灰也考工記匠人白丨注

【隕】說文丨從高下也从𠂤員聲易曰有丨自天○丨見禽獲左氏成二年傳丨子辱矣注

【蠢】說文蠢蟲動也从䖵春聲𢧢古文丨从𢦏周書曰我有𢧢于西○丨動貌也漢書賈捐之傳丨爾蠻荊注

【惷】說文惷亂也从心春聲春秋傳曰王室曰丨丨焉一曰厚也○丨亦愚無知之貌也淮南氾論愚夫丨婦注

【緊】說文丨纏絲急也从臤从絲省

【狁】詩采薇玁丨之故漢書匈奴傳作獫允之故

【簨】栒所以懸鐘鼓也詩靈臺虡業維樅箋○衡者爲栒詩有瞽設業設虡傳○橫曰丨植曰虡禮記檀弓上有鐘磬而無丨虡注○丨以大版爲之謂之業禮記明堂位夏后氏之龍丨簴注○丨虡兩頭並爲龍以銜組文選顏延年三月三日曲水詩序注引阮諶三禮圖○栒丨圍敬古今字耳詩有瞽傳疏

【袗】說文丨元服从衣㐱聲裖丨或从辰○丨禪也禮記玉藻振絺綌注○振與丨聲相近丨字從衣故讀從丨蓋丨字得爲同又得爲禪禮記玉藻疏○丨是元色禮記月令注似當爲丨字之誤也疏○元丨同義同上○裖砏致也漢書司馬相如傳上盤石裖崖注引孟康

【純】丨緣也禮記雜記下丨以素疏又漢書刑法志菲履赭衣而不丨注揚雄傳上光丨天地注引李奇

○丨緣也謂條組之屬也漢書地理志下織作冰紈綺繡丨麗之物注引如淳○丨謂緣口儀禮士喪禮注緇絇繶丨疏○丨謂繞口緣邊也儀禮士冠禮青絇繶丨疏○丨爲衣裳之側儀禮聘禮注丨袂寸半耳疏○丨衣即褖衣也禮記曾子問女改服布深衣縞總以趨喪疏○丨謂以條爲口緣周禮屨人注

偆 說文偆富也从人春聲

霣 說文丨雨也齊人謂靁爲丨从雨員聲一曰雲轉起也䨓古文丨○丨即隕字也漢書司馬相如傳上注

愍 說文丨痛也从心敃聲○丨憂也左氏昭元年傳吾代二子丨矣服注○緡讀與丨同漢書律厤志下距緡公七十六歲注

眹 說文新附眹目精也从目灷聲○丨迹也鬼谷子捭闔見變化之丨焉注

朕 丨兆也文選魏都賦注引淮南許注○丨兆丨也淮南覽冥不見丨垠注

稹 說文丨穜概也从禾眞聲周禮曰丨理而堅○丨概也詩鴇羽釋文引廣雅○丨者根相迫迮梱致也詩鴇羽集于苞栩箋○考工記輪人丨理而堅釋文本又作縝

黽 詩谷風丨勉求之文選文賦注作僶俛求之匏有苦葉丨勉同心御覽五百四十白帖十七俱作僶俛同心

○以下據 ⿰㐱頁 說文丨顏色丨䫰慎事也从頁㐱聲

○廣韻錄

黰 丨美髮也左氏昭廿八年傳生女丨黑釋文

𠘧 說文丨新生羽而飛也从几从彡

㰮 說文丨指而笑也从欠辰聲讀若蜃

荵 說文丨丨冬艸从艸忍聲

矧 說文矤況也詞也从矢引省聲从矢取詞之所之如矢也○丨況也文選幽通賦丨躲躬于道眞注引項岱○丨齒本也禮記曲禮上笑不至丨釋文

弞 說文笑不壞顏曰丨从欠引省聲

頣 說文丨舉目視人皃从頁臣聲

⿰月引 丨瘢也集韻引廣雅

⿰木盡 丨盂也廣韻引埤蒼

釿 說文丨劑斷也从斤金

齗 丨笑也集韻引廣雅

听 說文丨笑皃从口斤聲

莙 說文丨牛藻也从艸君聲讀若威○丨薀藻之類也顏氏家訓書證

䐃 丨者肉之標素問皮部論丨破毛直而敗注

廴 說文丨長行也从彳引之凡丨之屬皆从丨

敃 說文敃彊也从攴民聲

【敯】〔說文〕敯冒也从攴昏聲周書曰敯不畏死

【暋】暋勉也〔書盤庚上〕不暋作勞馬注

【潣】〔說文〕｜水流浼浼皃从水閔聲

【簢】｜竹類〔爾雅釋草〕注

【⿰車𤐫】〔說文〕｜車伏兔下革也从車𤐫聲𤐫古昏字讀若閔

【笢】〔說文〕｜竹膚也从竹民

【磒】〔說文〕｜落也从石員聲春秋傳曰｜石于宋五

【埻】〔說文〕埻射臬也从土𦎫聲讀若準〇｜𡑞也〔廣雅釋詁二〕

【頵】〔說文〕｜面目不正皃从頁尹聲

【𡙇】〔說文〕｜進也从本从屮允聲易曰｜升大吉

【⿱旬兮】〔說文〕｜驚辭也从兮旬聲㥸｜或从心

【僢】｜謂兩足相向〔周禮典瑞注〕｜而同柢疏

【揗】〔說文〕｜摩也从手盾聲

【螼】〔說文〕｜螾也从虫堇聲

【⿺走臤】〔說文〕｜行皃从走臤聲讀若菣

【屒】〔說文〕｜伏皃从尸辰聲一曰屋宇

〇以下據【肕】〔說文新附〕｜朐｜也从肉忍聲

集韻錄【鶞】｜鳥鵄也〔廣雅釋鳥〕

【疢】｜疾牛有久病〔考工記弓人〕｜疾險中注

【阭】〔說文〕｜高也一曰石也从𨸏允聲

【鈗】〔說文〕｜侍臣所執兵也从金允聲周書曰一人冕執｜讀若允

【抎】〔說文〕｜有所失也春秋傳曰｜子辱矣从手云聲〇｜讀音曰顛隕之隕〔呂覽音初〕｜於漢中注

【䫻】〔說文〕｜面色｜｜皃从頁員聲讀若隕

【輑】〔說文〕｜軺車前橫木也从車君聲讀若帬又讀若褌

【喗】〔說文〕｜大口也从口軍聲

〇以下附錄【⿰歹民】〔莊子達生〕以黃金注者｜〔釋文〕元嘉本作昏本亦作殙

【荺】〔說文〕｜茇也茅根也从艸均聲

經籍纂詁卷第四十一補遺終

經籍纂詁卷第四十二　上聲

經筵講官南書房翰林戶部左侍郎兼署禮部左侍郎提督浙江學政阮元譔集

十二吻

吻｜口腃也考工記梓人銳喙決｜注○｜口邊也文選文賦注
引字林○｜脣兩邊也文選文賦注
引蒼頡○呡謂之｜廣雅釋親○｜免也入之則碎
出則免也又取拔也漱唾所出恒加拔拭因以爲名
也或曰口卷也可以卷制食
物使不落也釋名釋形體

粉｜分也研米使分散也釋名釋首飾○｜豆屑也
周禮籩人羞籩之實糗餌｜餈司農注○｜米白
米也書益稷藻火｜米鄭注○｜米｜若粟冰書益
稷傳○｜飾也太元視｜其題注○書益稷藻火｜

米說文王部
作璪火黺米

蘊俗作蘊○｜積也左氏隱六年傳芟夷｜崇之注
昭廿五年傳蓄而弗治將｜注又方言十二又廣
雅釋詁一又一切經音義廿三引字林○蘊積也後
漢卓茂傳注又莊子齊物論而以是相蘊注又釋文
○｜聚也廣雅釋詁三○蘊聚也同上○蘊饒也方
言十三○｜盛也廣雅釋詁二○蘊叢也文選蜀都
賦雜以蘊藻劉注○蘊崇也方言十二○蘊賊也方
言十三○蘊藏也後漢班彪傳下注周榮傳注○蘊
蘊猶積聚也後漢馬融傳注○蘊藉猶寬博也後漢
第五倫傳注○蘊藉猶言寬博有餘也後漢桓榮傳
注○蘊藹茂貌方言十三注○蘊與韞同文選百辟
勸進今上牋近以朝命蘊策注○蘊宛古通荀子哀
公富有天下而無怨財注○詩雲漢釋文蘊本作煴
○左氏昭廿五年傳蓄而弗治將｜釋文｜本作蘊
○莊子齊物論而以是相蘊釋文蘊本作緼○詩雲
漢蘊隆蟲蟲釋文引韓詩作鬱隆烔烔○祝睦後碑
溫化以禮
蘊作溫

憤｜懣也楚辭惜誦發｜以抒情注○｜滿也莊子
盜跖侅溺於馮氣釋文○｜盈也方言十二又廣
雅釋詁一○｜積也國語周語陽癉｜盈注○｜盛
也華嚴經音義上引國語賈注○｜阨也方言十三
○｜發也淮南脩務｜於中則應於外注○｜亂也
漢書敘傳上集注引孟康又文選幽通賦周賈盪而
貢｜兮曹注○繁｜衆積之貌淮南俶眞繁｜未發
注○莊子天運乃｜吾心釋文｜本作憒○嚴訢碑
喟嘆歔欷發憤
授事｜作噴

隱｜藏也國語齊語｜五刃注又淮南覽冥｜眞人
之道注○｜匿也國語齊語則事可以｜注○｜

伏也楚辭悲回風｜岷山以淸江注○｜蔽呂覽重
言弗能｜矣注○｜亦蔽也荀子致仕｜忌雍蔽之
人注○｜微也爾雅釋詁○｜猶微也史記司馬相
如傳春秋推見至｜索隱引李奇○｜私也呂覽圜
道分定則下不相｜注○｜猶私也後漢鍾離意傳
注○｜避也後漢任光傳注○｜猶去也禮記檀弓
下其高可｜也注○｜占也爾雅釋言○｜度也爾
雅釋言注又廣雅釋詁一又管子禁藏下觀不及者
以自｜也注又文選郭有道碑文注引孟子劉注○
｜意也思也禮記少儀｜情以虞注○｜憑也後漢
孔融傳注○｜馮也莊子齊物論｜几而坐釋文○
｜據也禮記禮運今大道旣｜注又大戴記保傅｜
琴瑟注文王官人征利而依｜於物注○｜付也晉
書音義中○｜安也廣雅釋詁二○｜定也方言六
又廣雅釋詁四○｜猶辭也後漢趙典傳注○｜大
也楚辭怨思帶｜虹之逶虵注○｜盛也文選蜀都

賦邑居丨賑劉注○丨丨盛也文選閒居賦煌煌乎丨丨乎注○丨丨盛貌也文選上林賦沈沈丨丨注○丨丨衆多貌文選東京賦丨丨轔轔薛注○丨憂也國語晉語丨悼播越注又漢書司馬遷傳集注又後漢袁紹傳注又楚辭悲回風孰能思而不丨兮注○丨憂約也左氏定三年傳君以弄馬之故丨君身注○丨丨憂也楚辭怨思志丨丨而鬱怫兮注○丨丨憂戚貌荀子儒效丨丨兮其恐人之不當也注○丨痛也詩柏舟如有丨憂傳又公羊隱三年傳丨之也注又穀梁莊四年傳故丨而葬之注又書大傳以孝子之丨乎注又國語周語勤恤民丨注又漢書韓安國傳集注引張晏鮑宣傳集注又後漢和熹鄧皇后紀注又孟子梁惠王上王若丨其無罪注又文選東京賦勤恤民丨而除其眚薛注○丨猶痛也禮記檀弓下哀戚之至丨也注又穀梁隱三年傳爲魯主故丨而卒之注隱十一年傳丨之不忍地也注○丨

哀之方周書謚法○丨威重之貌後漢吳漢傳注○丨病也後漢張衡傳注○丨病患也莊子外物相結以丨釋文引李注○丨傷于熱也莊子人間世丨將芘其所藾釋文引崔注○丨疾衣中之疾也禮記曲禮上不以丨疾注○丨謂丨丨語漢書東方朔傳集注○丨不稱揚也禮記學記丨其學而疾其師注○丨謂不稱揚其過失也禮記檀弓上事親有丨而無犯注○丨辟俛而逡遁儀禮士相見禮丨辟而后屨注○士曰丨楚辭沈江巖穴處而丨藏注○可與言而不言謂之丨荀子勸學○不顯尸國曰丨周書謚法○丨拂不成曰丨周書謚法又春秋集解引杜預左傳釋例○違拂不成曰丨獨斷下○坎爲丨伏易說卦傳困臀困于株木干注艮不見其人虞注繫辭下傳將叛者其辭慙虞注○東北咸州曰丨土後漢張衡傳注○東北薄州曰丨土淮南墬形○丨丨水流鼓怒之聲也史記司馬相如傳湛湛丨丨砰磅訇磕

正義○丨短牆也左氏襄廿三年傳踰丨而待之注○丨白穴名在足大指端素問陰陽離合論太陰根起於丨白注○詩柏舟如有丨憂韓詩作如有殷憂○丨字或爲殷書大傳以孝子之丨乎注○丨丨一作殷殷音義同文選閒居賦煌煌乎丨丨乎注○丨本或作穩晉書音義中○詩魚麗傳士不丨塞釋文丨本作偃○考工記弓人注測讀爲惻丨之惻釋文丨本作憖○劉熊碑勤恤民殷丨作殷○古今人表徐丨王師古注郎丨偃王也

謹 丨猶慎也詩民勞以丨無良箋又左氏文十年傳以丨罔極注又論語堯曰丨權量皇疏○丨善也楚辭懷沙丨厚以爲豐注○丨嚴也荀子王制案丨募選閱材伎之士注丨其時禁注丨畜藏注富國陵丨盡察注禮論禮者丨於治生死者也注正名是丨于守名約之功也注宥坐嫚令丨誅賊也注又管子

國蓄彼人君守其本委丨而男女諸君吾子無不服籍者也注○丨嚴禁也荀子王制丨盜賊注○丨謂守行無越思荀子王霸各丨其所聞注○慎行禮法謂之丨度孝經制節丨度注○丨當爲墐聲之誤也禮記內則塗之以丨塗注○詩抑丨爾侯度侯度左氏襄廿二年傳作慎爾侯度

近 丨謂身也淮南原道求之丨者注○迫丨言親禰也穀梁成三年傳迫丨不敢稱謚注○丨道內道也呂覽有始夏至日行丨丨道注○坤爲丨易說卦傳爲丨利市三倍虞注○丨凡比爻也易繫辭下傳丨而不相得注○丨謂所好也荀子解蔽妬繆於道而人誘其所迫也注○丨幸也國策齊策有七孺子皆丨注○丨臣閹寺之屬儀禮喪服傳丨臣注○丨習天子所親幸者也後漢朱穆傳注○丨習謂佞倖親丨小人也後漢皇甫規傳注○丨當言畿周禮大司馬乃以九畿之籍司農注○相丨當爲攘祈聲之誤

也禮記祭法相丨於坎壇祭寒暑也注○左
氏成十六年傳間猶丨也釋文丨本作與
惲丨謀也方言十三又廣雅釋詁四○史記楚世家
熊丨索隱曰左氏作頵○古今人表楚成王丨左
傳作頵公羊
穀梁作髡
忿丨怒也周書大匡詔位非丨注○丨恨也楚辭懷
沙懲違改丨兮注○丨恚也楚辭怨思悲故鄉而
發丨兮注又文選東京賦我世祖丨之薛注○丨怨
也國策秦策伯主約而不丨注○丨者危之道大戴
記武王踐阼惡乎危於丨疐注○乾陽剛武爲丨易
象下傳君子以懲丨窒欲虞注○丨滿也莊子達生
丨滀之氣釋
文引李注
槿木堇王蒸也禮記月令木堇榮注○木堇朝榮暮
落雜家謂之朝生一名蕣詩云顏如蕣華是也呂

覽仲夏木堇榮注○楧堇木名穆天子傳四事皇天
子之山有楧堇注○爾雅釋草椵木堇釋文堇本作
菫丨菜也詩緜丨荼如飴傳又禮記內則丨荁釋文
○丨采也大戴記夏小正榮丨傳○丨蓟也楚辭
傷時丨荼茂兮敷疏注○丨蘿也廣雅釋草○丨烏
頭也國語晉語置丨於肉注又莊子徐無鬼其實丨
也釋文引司馬注○丨毒藥也能毒殺人呂覽勸學
是救病而飲之以丨也注○和丨野葛毒藥淮南說
林蝮蛇螫人傅以和丨則愈注○丨菜花紫葉可食
而滑後漢馬融傳注○丨誠也管子五行修槩水土
以待乎
天丨注
坋坌塵也廣雅釋詁三○埻土曰丨一切經音義二
引通俗文○坌涌貌也文選薦禰衡表溢氣坌涌

注○儀禮聘禮注
釋文丨本作被
墳鼠也周禮草人丨壤用麋司農注○丨起也國語
晉語地丨注○丨順貌管子君臣下丨然若一父之
子注○丨羊土之精也淮南氾論井生丨羊注○故
書丨作盆周
禮草人注
巹合丨破匏也儀禮士昏禮實四爵合丨注○丨破
瓢爲杯也禮記昏義合丨而酳釋文○丨爲警身
有所承禮記昏
義釋文引字林
听丨笑也廣雅釋詁一○丨笑貌也史記司馬相如
傳丨然而笑集解引郭璞
齔丨毀齒也男八歲女七歲而毀齒周禮司厲與未
丨者注○男女七歲或毀齒謂之丨列子湯問有

遺男始丨釋文○毀齒曰丨國語鄭語府之童妾未
既丨而遭之注○丨毀齒也周禮朝士注釋文左氏
僖五年傳注童
丨之年釋文
刎丨斷也廣雅釋詁一又漢書陳餘傳集注蘇建傳
集注諸葛豐傳集注○丨割也後漢隗囂傳注史
弼傳注○伆離也吳越曰伆方言六○斷首曰丨丨
割也一切經音義廿五引字略○自刎曰丨一切經
音義二十引通俗文○丨古文歾同一切經音義十
二○歾當爲丨荀子彊國是猶欲壽而歾頸也注○
戰國策音丨爲免
顏氏家訓音辭
抆丨拭也廣雅釋詁二又一切經音義三引字林又
後漢陽球傳注○丨亦拭文選洞蕭賦擎涕丨淚
注○丨古文揩同
一切經音義十四

○以下據廣韻録扮丨動也廣雅釋詁一

蚡丨一作粉史記十二諸侯年表楚丨冒索隱引鄒氏○丨古本作扮史記楚世家丨冒索隱○左氏昭五年經敗莒師于丨泉公羊作濆泉穀梁作賁泉

臏丨臛也廣雅釋器

魵丨鰕出穢邪頭國爾雅釋魚注引字林

韞丨藏也論語子罕丨匵而藏諸集解引馬注○丨裹也論語子罕鄭注又廣雅釋詁四○丨裹之也論語子罕皇疏○丨匣也後漢崔駰傳注

醞丨酘也廣雅釋器

搵丨扗也廣雅釋詁四

抎丨失也廣雅釋詁二

癮丨疹搥痕也一切經音義十三引纂文

縕丨紨也廣雅釋詁二○合袂曰丨一切經音義十四引通俗文

檃丨括所以制木荀子非相府然若渠匽丨括之於已也注○丨括矯煣木之器也荀子大略示諸丨括注○丨括正曲木之木也荀子性惡枸木必將待丨括烝矯然後直注

轀丨丨聲也廣雅釋訓

靳丨黏也廣雅釋詁四

㨔丨柔也廣雅釋詁四

巹丨瓢也廣雅釋器○丨居敏反衾也儀禮士昏禮釋文引字林○丨几敏反禮記昏義釋文引字林

赾丨難也廣雅釋詁三

○據集韻録脗丨丨然無波際之謂也莊子齊物論爲其丨合注

經籍籑詁卷第四十二

經籍籑詁卷第四十二補遺　上聲

兵部侍郎兼都察院右副都御史巡撫浙江等處地方提督軍務兼理糧餉阮元撰集

十二吻

吻　說文丨口邊也从口勿聲脗丨或从肉从昏○丨口角也漢書王褒傳亦傷丨敝策而不進於行注○丨謂脣兩角頭邊也華嚴經音義下引埤蒼

粉　說文丨傅面者也从米分聲

蘊　說文薀積也从艸溫聲春秋傳曰薀利生孽○蘊聚也詩采蘋傳藻聚藻也疏○蘊藏也文選謝靈運登江中孤嶼詩注引論語馬融注○丨火畜也漢書循吏召信臣傳晝夜爇丨火注○宛讀曰丨暑氣

也杜子富國使民夏不宛暍注

憤　說文丨懣也从心賁聲○丨盈也廣雅釋言○丨怒氣充實也禮記樂記奮末廣賁之音作注○丨氣充也史記樂書奮末廣丨之音作正義

隱　說文丨蔽也从𨸏㥯聲○丨謂丨藏易繫辭上傳探賾索丨注○丨謂丨審也書盤庚下尚皆丨哉疏又公羊序故遂丨括疏○丨私也文選赭白馬賦注引國語賈注○丨謂丨藏其意史記楚世家願有進丨集解○丨匿其情也漢書游俠原涉傳外溫仁謙遜而內丨注○丨謂窮約荀子宥坐奚居之丨也注○丨幽文選琴賦則盤紆丨深注○丨痛左氏桓六年傳不以丨疾注○丨痛之至也穀梁莊卅二年傳深則丨注○丨曲謂使寫也素問陰陽別論不得丨曲注○丨之者謂闔牖戶也儀禮士虞禮丨之如戶一食九飯之頃也疏○丨匽謂陰丨爲惡也左氏文十八年傳注蒐丨也疏○丨疾謂若黑臀黑肱矣禮記曲禮上不以丨疾注○丨丨展展重車聲也文選西京賦薛注

謹　說文丨慎也从言堇聲○丨慎也淮南兵略夫論除丨注○丨勑慎也左氏昭廿年傳以丨無良注○以陰居陽故曰丨也易文言傳庸行之丨九家注○丨慕猶重慕也荀子王制案丨慕選閱材伎之士注○丨墐聲相近禮記內則丨當爲墐聲之誤也疏

近　丨謂地易繫辭上傳无有遠丨幽深虞注○丨者守之于身也呂覽論人君守丨注○丨臣謂驂僕之屬也國語周語丨臣盡規注○丨習天子所親幸者禮記月令雖有貴戚丨習注○丨習謂親丨狎者後漢書劉瑜傳而微行丨習之家注○丨謂朝臣孟子離婁下武王不泄邇注○凡言丨者非是實到附

丨而已禮記祭義爲其丨於道也疏○禮記祭法注相丨於坎壇釋文王肅作祖迎○丨當爲延傳寫誤耳荀子議兵故招丨募選注

惲　說文丨重厚也从心軍聲

忿　說文丨悁也从心分聲○丨懥怒貌也禮記大學身有所丨懥釋文

蓳　說文丨艸也根如薺葉如細柳蒸食之甘从艸堇聲

坋　說文丨塵也从土分聲一曰大防也

墳　丨起也後漢書明帝紀漸就壞丨注

卺　說文丨謹身有所承也从己丞讀若詩云赤舄己己○丨謂半瓢以一瓢分爲兩瓢謂之丨禮記昏

義合丨而酳疏

齔 說文丨毁齒也男八月生齒八歲而丨女七月生齒七歲而丨从齒从七

刎 說文新附丨剄也从刀勿聲○丨斷頭也漢書田延年傳聞鼓聲自丨死注

抆 丨拭摩也漢書朱博傳丨拭用禁注

○以下據廣韻錄 黺 說文丨衮衣山龍華蟲丨畫粉也从黹从粉省衞宏說

扮 說文丨握也从手分聲讀若粉

鼢 說文丨地行鼠伯勞所作也一曰偃鼠从鼠分聲蚡或从虫分

蚡 丨亦鼢鼠字也漢書武帝紀封皇太后同母弟曰田丨勝注

膹 說文丨臛也从肉賁聲○丨謂丨滿素問至眞要大論諸氣丨鬱注○丨臛多澤御覽八百六十一引蒼頡解詁

幩 說文丨以囊盛穀太滿而裂也从巾奮聲

韞 丨亦藏也漢書敘傳上丨於荊石注

縕 丨亂麻漢書蒯通傳郋東丨請火於亡肉家注○丨亂絮也漢書東方朔傳衣丨無衣注

齳 說文丨無齒也从齒軍聲

夽 說文丨大也从大云聲

⿺走囷 說文⿺走囷走意从走囷聲

乚 說文丨匿也象迟曲隱蔽形凡丨之屬皆从丨讀若隱

濦 說文丨水出潁川陽城少室山東入潁从水𢡱聲

㒚 丨善也廣雅釋詁一

𧯷 說文丨蠡也从豆蒸省聲

赾 說文丨行難也从走斤聲

㯊 說文㯊括也从木隱省聲

○以下據集韻錄 𤔌 說文丨所依據也从受工讀與隱同

瑾 說文丨瑜美玉也从玉堇聲

經籍籑詁卷第四十二補遺終

經籍籑詁卷第四十三　上聲

經筵講官南書房翰林戶部左侍郎兼署兵部左侍郎前提督浙江學政阮元撰集

十三阮

阮　丨徂共皆爲國名詩皇矣疏引魯詩說○丨丨也徂
也共也三國犯周而文王伐之詩皇矣侵丨徂共
箋

遠　丨遐也爾雅釋詁○丨廣也漢書韋元成傳集注
○丨極也老子丨曰反王注○丨久也論語子張
致丨恐泥皇疏又呂覽大樂音樂之所由來者丨矣
注○丨猶多也國策齊策弗如丨甚注又呂覽畜爲
其輕於韓又丨注又淮南說山乃知其大相去之丨
注脩務其重于尊亦丨也注○丨猶疏也呂覽知接

願君之丨易牙注○丨謂非耳目所及也國語周語
言無丨注○丨無窮儀禮士冠禮永受胡福注○離
楚或謂之丨方言六○乾爲丨易泰不遐遺虞注遯
虞注象上傳君子以儉德避難虞注象下傳君子以
丨小人虞注渙其血丨害也虞注繫辭下傳引重致
丨虞注損以丨害虞注○丨謂乾易繫辭上傳以言
乎丨則不禦虞注見乎丨虞注繫辭下傳其吉丨虞
注○丨謂天易繫辭上傳无有丨近幽深虞注○丨
陽也易繫辭下傳丨近相取虞注○高丨三辰也禮
記樂記窮高極丨而測深厚注○丨日旬之外儀禮
士冠禮若不吉則筮丨日注○丨日旬之外日儀禮
特牲饋食禮若不吉則筮丨日注○丨日後丁若後
己儀禮少牢饋食禮若不吉則及丨日注○丨道外
道也呂覽有始冬至日行丨道注○丨方九州之外
禮記王制屛之丨方注○丨人蕃國之諸侯也禮記
中庸柔丨人也注○丨當字誤爲近大戴記曾子立

事殆於以身
近之也注

本　丨根也山海經西山經其丨如桔梗注又呂覽先
己丨傷於下注辯土是以晦廣以平則不傷丨注
○丨氏也國語周語丨見而草木節解注又文選吳
都賦草木節解劉注○丨幹也廣雅釋木○丨猶幹
也禮記昏義丨於昏注○丨始也廣雅釋詁一又莊
子庚桑楚出無丨釋文有長而无丨剽者宙也釋文
又呂覽孝行民之丨教曰孝注用民不可察之丨注
又淮南本經注○丨丨猶初也史記樂書其丨在人心
感於物也正義○丨原也呂覽驕恣此得失之丨也
注又淮南氾論乃得道之丨注○丨郎原也詩推度
災陽丨爲雄陰丨爲雌宋注○丨猶舊也周禮大司
徒以丨丨俗六安萬民注○丨基也論語學而君子務
丨集解○丨身呂覽處方丨不審注○丨亦身也荀
子哀公行中規繩而不傷于丨注○丨謂身也大戴

記子張問入官富恭有丨能圖注又呂覽處方必始
乎丨而後及末注○丨謂人也周書武順順天以利
丨注○丨謂丨性也呂覽尊師必反其丨注○丨謂
元氣也素問六微旨大論所謂丨也注○丨謂六氣
之上元氣也素問至眞要大論風行於上所謂丨也
注○丨質白虎通姓名○丨丨宗也詩文王丨支百
世傳○丨君也易象上傳丨末弱也侯注○丨位也
國語周語寬所以報丨也注○丨要淮南氾論而利
民爲丨注○丨常也史記屈原賈生傳易初丨由兮
君子所鄙正義又楚辭懷沙易初丨迪兮君子所鄙
注○丨德也史記樂書君子動其丨正義○丨謂仁
義荀子議兵今女不求之於丨而索之於末注○丨
農也後漢班彪傳下注○丨謂農桑荀子天論彊丨
而節用注○丨謂稼穡後漢章帝紀注○丨作猶丨
務也荀子致仕國家之丨作也注○帝鄉在地曰丨
周書本典○槀丨香草也楚辭憫上槀丨兮萎落注

○藁丨亦香草山海經中山經其本如藁丨注○昌
丨昌蒲根周禮醢人昌丨麋臡注○木以下爲丨釋
名釋兵○肺離上爲丨下爲末儀禮鄉射禮與取肺
坐絕祭注○詩綿予曰有丨走釋文丨本作奔○莊
子盜跖不念丨養壽命
者也釋文丨崔作卒

晩 丨後也廣雅釋詁四又國語晉語以丨蓋者也注
又呂覽不侵君從以難之未丨也注○丨徐也國
策齊策孰與丨救之便注○丨下如烏其下丨
丨而危婦人短者著之可以拜也釋名釋衣服

苑 墻曰丨淮南本經修丨囿之大注○有垣曰丨通○有
切經音義十九引字林○有木曰丨文選吳都賦值一
林爲丨劉注○畜禽鳥曰丨國策西周策周君反見
梁囿而樂之也注○畜禽獸所大曰丨呂覽重己昔
先聖王之爲丨囿園池也注○養牛馬林木曰丨一
切經音義十二引三蒼○天丨星名後漢安帝紀注
○丨風扶搖大風也莊子天地適遇丨風釋文○丨
風小貌莊子天地釋文引李注○丨文貌詩小戎蒙
伐有丨傳○丨積也禮記禮運並行而不丨釋文○
丨謂蘊結管子地員其葉若丨注○丨病也丨讀南
陽之宛也淮南本經百節莫丨注○丨枯病也丨讀
南陽丨淮南俶眞形丨而神壯
注○莊子天地釋文丨本作宛

返 古作反○丨還也史記趙世家反高平根柔於魏
正義又呂覽修樂遂而不丨注○反還也儀禮士
冠禮主人受眡反之注特牲饋食禮反之注又左氏
襄廿八年傳皆具其器用而反其邑焉注又國語齊
語而反其侵地注又國策西周策三國攻秦反注秦
策張儀反秦注而王憂其不反也注齊策因反走注
以示田忌之不反秦也注衞策至竟而反注又漢書
高帝紀下集注文帝紀集注溝洫志集注欒布傳集

注賈誼傳集注董仲舒傳集注司馬遷傳集注外戚
傳上集注又荀子解蔽君人者宣則直言至矣而讒
言反矣注又呂覽仲秋反受其殃注審己齊侯弗信
而反之注報更吾請爲君反死注又淮南主術而反
以自正注又楚辭招魂反故居些注○反猶還也漢
書韋元成傳集注谷永傳集注○反復也詩猗嗟四
矢反兮箋執競福祿來反傳又周禮調人凡殺人有
反殺者注又禮記檀弓上反壤樹之哉注曾子問旣
明反而後行注又國語齊語反胙於絳注又荀子大
略制禮反本成末然後禮也注乘其出者是其反者
也注又淮南覽冥而反五帝之道也注○去而復來
曰反鬼谷子捭闔益損去就倍反注○還復往故言
反公羊僖二年傳還四年反取虞注○丨歸也廣雅
釋詁二○反歸也漢書楊王孫傳集注又孟子盡心
下君子反經而已矣注○反報也國語晉語反使者
注○反猶報也史記樂書禮反其所自始正義○丨
更也呂覽愼人丨瑟而弦注○反本也老子反者道
之動注又呂覽謹聽反性命之情也注勿躬而天下
皆反其情注又淮南原道是故達於道者反於淸淨
注○反猶本也禮記樂記反情以和其志注又史記
樂書反情以和其志正義○反見呂覽情欲猶不可
反注○反者冥也管子修靡爲國者反民性然後可
以與民戚注○反幣謂禮玉束帛乘皮所以報聘君
之享禮也儀禮聘禮記無行則重賄反幣注○反旆
謂迴環也文選東京賦乃反旆而迴復
薛注○反旅謂班師也後漢杜詩傳注

反 注○丨覆也詩氓不思其丨箋又呂覽簡選丨鄭之埤
也呂覽察微舉兵丨攻之注知度其忠又將丨以自
多注○丨易呂覽誣徒以簡則有相丨注○丨變也
列子仲尼回能仁而不能丨注○丨違也國語周語
言爽曰丨其信注又漢書匈奴傳上集注○丨倍也

荀子解蔽君人者宣則直言至矣而讒言丨矣注○
丨叛也國策齊策若是者信丨注又呂覽愼行將以
方城外丨注○丨悔淮南氾論紂居於宣室而不丨
其過注○丨撥也國語晉語丨其埤注○丨背叛也
淮南詮言約定而丨無日注○背理爲丨管子七臣
七主好佼丨而行私請注○丨者道之動老子○丨
謂自抑止也禮記樂記樂盈而丨注○丨謂覆校自
申理也國語晉語不丨讒注○自丨求諸己也禮記
學記知不足然後能自丨也注○自丨猶言自修整
也禮記祭義自丨也注○丨聽自聽也後漢王允傳
注○丨責人也荀子脩身失之己丨之人注○震爲
丨易小畜夫妻丨目虞注歸妹丨歸以娣虞注○丨
逆于理莊子外物丨無非傷也釋文○丨謂乖悖荀
子法行身不善而怨人不亦丨乎注○丨覆猶傾動
也後漢班彪傳上注又文選西都賦山淵丨覆注○
丨覆猶軒輖考工記廬人車不丨覆注○丨側輾轉

也詩何人斯以極丨側箋○丨側不安也後漢光武
紀上注○丨側不正直也詩何人斯以極丨側傳○
丨側猶背違灋度也周禮臣人使無敢丨側注○丨
側不安之民也荀子王制遁逃丨側之民注○丨走
小却行也莊子盜跖丨走再拜釋文○丨閒者因其
敵閒而用之也後漢高彪傳注○丨衍猶漫衍合爲
一家莊子秋水是爲丨衍釋文引崔注○丨宇謂飛
檐上丨也後漢班彪傳上注○丨丨難也詩執競威
儀丨丨傳○丨丨言重愼也詩賓之初筵威儀丨丨
傳○丨丨順習之貌詩執競箋○丨舌夷語與中國
相丨故曰丨舌也呂覽爲欲蠻夷丨舌注○南方有
丨舌國舌本在前末倒向喉故曰丨舌呂覽功名蠻
夷丨舌注○丨傷刺下勾也山海經中山經講山有
木焉名曰帝屋丨傷注○丨生戴莩甲而出也易說
卦爲丨生釋文○丨生麻豆之屬易說卦釋文○丨
舌百舌鳥禮記月令丨舌無聲注○丨舌百舌也能

辨丨其舌變易其聲效百鳥之鳴故謂之百舌呂覽
仲夏丨舌無聲注○丨舌百舌鳥能辨變其舌丨易
其聲以效百鳥之鳴故謂百舌淮南時則丨舌無聲
注○丨舌蝦蟇禮記月令釋文○丨商當爲及字之
誤也禮記樂記武王克殷丨商注○丨讀爲販荀子
儒效積丨貨而爲商賈注○詩猗嗟四矢丨兮韓詩
作四矢變兮○詩賓之初筵威儀丨丨韓詩作威儀
昄昄○易說卦釋文丨虞作坂○莊子秋水釋文丨
本作畔○魯峻碑陰
河東蒲丨坂作丨

阪 阪者曰丨詩車鄰丨有漆傳又爾雅釋地○丨陵
丨也易說卦爲反生釋文引虞注○丨衺也廣雅
釋詁二○丨險傾危也呂覽孟春丨險原隰注○丨
田崎嶇墝埆之處詩正月瞻彼丨田箋○蒲坂縣地
理志曰縣故蒲也應劭曰秦始皇東巡見有長坂故
加坂也孟康曰秦人還蒲于魏魏人喜曰蒲反矣故

曰蒲反也水經河水注○其長居險故言丨尹書立
政丨尹鄭注○丨與反同荀子成相患難哉丨爲先
聖注○丨當爲反易說卦釋文引陸注
○丨父板反爾雅釋地釋文引字林

損 丨減也廣雅釋詁二又漢書食貨志上集注東方
朔傳集注谷永傳集注又後漢張衡傳注又荀子
禮論殯久不過七十日速不丨五十日注正名故可
道而從之奚以丨之而亂注大略君子進則能益上
之譽而丨下之憂注又呂覽愼人賢非丨也注上農
可以益不可以丨注又淮南原道聰明不丨注精神
將何以丨注本經取焉而不丨注又文選東京賦丨
之又丨薛注○丨者減也周髀算經下氣丨益九寸
九分六分分之一注○丨偏去也墨子經上○丨猶
約也後漢范升傳○丨失易損釋文○丨減也荀子
彊國丨己之所不足注○丨虧減之義也易損釋文
○丨德之脩也易繫辭下傳○丨益盛衰之始也易

雜卦傳○以事相賊曰丨鬼谷子捭闔丨去就倍反注○丨氣陰氣淮南時則以助丨氣注○魯閔丨字子騫見史記仲尼弟子傳

飯 丨飧也論語微子亞丨干適楚皇疏○丨食也論語鄉黨君祭先丨皇疏○丨猶食也論語述而丨蔬食飲水皇疏憲問丨蔬食皇疏○丨食也扶晚反飰也爾雅釋言釋文引字林○或言食或言丨食大名小數曰丨儀禮少牢饋食禮尸又食注○丨飧者三丨也禮記玉藻○丨所以食口不忍虛也君用粱大夫用稷士用粱皆四升實者唯盈周禮舍人喪紀共丨米熬穀注○丨唅也禮記檀弓丨設飾釋文○丨玉碎玉以雜米也周禮典瑞大喪共丨玉含玉贈玉注○丨古文飰同一切經音義十一

偃 丨僵也廣雅釋詁四○丨仆也論語顏淵草上之風必丨集解引孔注又荀子儒效丨五兵注○丨猶仆也儀禮鄉射禮東面丨旌注○丨伏也孟子滕文公上草尙之風必丨注○丨臥也論語顏淵皇疏○丨休也後漢馬融傳上注○丨安也釋名釋姿容○丨息也莊子徐无鬼丨兵其可乎釋文○丨止也太元止終不丨注又呂覽蕩兵而無有丨兵注應言公孫龍說燕昭王以丨兵注○丨匿也國語吳語兩君丨兵接好注○丨仰也廣雅釋言○丨謂屏廁莊子庚桑楚觀室者周於寢廟又適其丨焉注○丨側猶倚伏也管子勢丨一側不得不然注○丨佒不能俯執者也莊子列御寇緣循丨佒困畏不若人三者俱通達注○丨佒守分歸一也莊子列禦寇釋文○丨蹇丨息而臥不執事也蹇跛蹇也病不能作事今託病似此也釋名釋姿容○丨蹇驕敖也後漢趙壹傳注○丨蹇驕傲之貌也文選思元賦丨蹇夭矯婉以連卷兮注○丨蹇卻距也史記司馬相如傳綢繆丨蹇索隱引張揖○丨蹇夭橋也廣雅釋訓○丨蹇佇立貌也文選長門賦澹丨蹇而待曙兮注○丨蹇高貌史記司馬相如傳掉指橋以丨蹇索隱又文選琴賦丨蹇雲覆注○丨蹇高貌也後漢班彪傳上注又離騷望瑤臺之丨蹇兮注○丨蹇衆盛貌離騷何瓊佩之丨蹇兮注○丨蹇舞貌楚辭東皇太一靈丨蹇兮姣服注○丨却猶丨仰卽丨蹇也荀子非相是以爲奇偉丨卻之屬注○三刃枝南楚宛郢謂之匽戟方言九○丨瀦者畜流水之陂也周禮稻人以瀦畜水注○丨鼠鼹鼠也莊子逍遙游丨鼠飲河釋文引李注○匽古丨字漢書禮樂志集注○周禮獻人注梁水丨也釋文丨本作匽○穀梁僖元年經公敗邾師于丨釋文丨本作堰○左氏僖元年經公敗邾師于丨公羊作纓○吳言丨字子游見史記仲尼弟子傳晉荀丨字伯游見左氏襄十三年傳鄭公子丨字子游見左氏襄廿六年傳釋文鄭駟丨字子游見左氏昭十六年傳注顏成子游名丨見莊子齊物

論釋文引李注○晉狐丨字子犯見左氏僖九年傳○史記魯世家景公名匽漢律厤志作丨或作卷亦作裷○丨黻也爾雅釋言○丨卷龍衣也周禮司服享先生則丨冕司農注○丨卷龍之衣國語周語棄丨冕注○丨衣卷龍也詩九罭丨衣繡裳傳○元丨卷龍也詩采菽元丨及黼傳○丨畫衣也左氏桓二年傳丨冕黻珽注○丨冕丨卷也畫卷龍於衣也釋名釋首飾○龍卷畫龍於衣字或作丨禮記玉藻龍卷以祭注○畫龍於衣謂之丨荀子富國天子袾裷衣冕注○元丨元衣而畫以卷龍也詩采菽元丨及黼箋○丨衣者裨之上也繢之繡之爲九章其龍天子有升龍有降龍衣此衣而冠冕儀禮覲禮天子丨冕注○有丨冕者君之上服也詩烝民丨職有闕傳○丨君之上服左氏宣二年傳丨則有闕注○丨大也廣雅釋詁一○丨帶也廣雅釋器○卷俗讀也其通則曰丨禮記王制制三公一命卷

注○穟與丨同荀子富
國天子袾穟衣冕注
【遯】遁同○遁逃也漢書梅福傳集注又淮南說林故
遁闕不可復注○遂逃也漢書敘傳下集注引應
劭○遁逃去也爾雅釋言遯丨也孫注○丨逃去之
名也易遯鄭注○遁走也呂覽高義不復於王而遁
注○丨避也漢書敘傳上音義引晉灼○遁避也廣
雅釋詁三又漢書酷吏傳集注○遁逸也淮南原道
淖溺流遁注本經上五遁注○遁隱淮南繆稱不身
遁斯亦不遁人注○丨則退也易雜卦傳○丨者退
也易序卦傳○丨隱退也易遯釋文○遁逃退也國
語楚語晉將遁矣注○遁失也呂覽報更博則無所
遁矣注○丨欺也淮南脩務審於形者不可丨以狀
注○遁流逸不能自禁也呂覽本生幸而得之則遁
焉注○丨之爲義自內而之外者也易遯丨尾注○
遂古遁字漢書匈奴傳贊集注敘傳下集注○遂與

遁同晉書音義上音義下二見○婁壽碑遁
世無悶丨作遁○鄭烈碑遂而不悶丨作遂
【穩】郙閣頌處隱定柱又即便求隱隱或丨字
【蹇】丨跛也漢書賈誼傳集注又楚辭謬諫駕丨驢而
無策兮注○丨跛丨也釋名釋姿容○丨難也楚
辭怨思丨騷騷而不釋注○丨擾也人不靜秦晉曰
丨方言六○丨彊也水漆相得則彊而堅也呂覽別
類合兩淖則爲丨注○丨丨平直也太元勤往丨丨
注○丨詞也楚辭雲中君丨將憺兮壽宮注謬諫丨
超搖而無冀注○丨產屈折也史記司馬相如傳丨
產溝瀆集解引漢書音義○丨產詰屈也楚辭哀郢
思丨產而不釋注悲回風思丨產而不釋注○丨愕
正直之貌文選笙賦終嵬峩以丨愕注○丨修伏羲
氏之臣也離騷吾令丨修以爲理注○
莊子秋水與道大丨釋文丨崔本作浣

【幰】布帛張車上爲丨也一切經音義十四引蒼頡○
幰謂之丨廣雅釋器○丨憲也所以禦熱也釋名
釋車○丨車幔也所以御熱也晉書音義中引釋
名○丨車丨也文選藉田賦微風生於輕丨注
【巘】小山別于大山也詩公劉陟則在丨傳
【楗】丨門距文選頭陀寺碑文注引字林○輔骨上橫
骨下爲丨素問骨空論○丨或作券考工記輈人
終日馳騁左不丨杜
注○丨讀爲蹇同上
【揵】丨拒門也文選風賦注引字林○丨距門也老子
善閉無關丨釋文○丨關丨也莊子庚桑楚夫外
韄者不可繁而捉將內丨注○丨關也莊子庚桑釋
文○丨閉也莊子庚桑釋文引向注○丨杜也史記
河渠書積竹林兮丨石菑集解引韋昭○丨立也後
漢馮衍傳注○丨接也漢書賈誼傳集注引如淳○

丨健也後漢任文公傳注
○丨堅也後漢張衡傳注
【婉】丨順也詩新臺燕丨之求傳又左氏襄廿六年傳
惡而丨服注昭廿六年傳婦聽而丨注又廣雅釋
詁一又國語晉語則丨而入注吳語故丨約其辭注
又漢書佞幸傳集注外戚傳下集注又後漢明德馬
皇后紀上注○丨和順貌也文選謝宣遠張子房
詩丨丨幰中畫注○丨美也後漢邊讓傳注○丨少
貌詩候人丨兮變兮傳○丨好眉目也詩猗嗟清揚
丨兮傳○丨猶親愛也文選爲曹公作書與孫權丨
彼二人注○丨曲也左氏成十四年傳丨而成章注
○丨約也左氏襄廿九年傳大而丨注○丨謂言語
也禮記內則姆教丨娩聽從注○丨變少好貌詩甫
田丨兮變兮傳○丨變猶親愛也後漢朱景王杜馬
劉傳堅馬傳注○丨轉綢繆之稱文選射雉賦丨轉
輕利徐注○丨僤動貌也文選上林賦象輿丨僤於

西清注○丨丨龍飛貌離騷駕八龍之丨丨兮注○
娩與丨同古字通文選陸士衡於承明作與士龍詩
丨變居人思注○詩野有蔓草清揚丨兮韓
外傳作青陽宛兮玉篇引韓詩作清揚婉兮
【菀】丨蘊也言薪蒸所蘊積也初學記廿四引風俗通
○丨積也素問生氣通天論大怒則形氣絕而血
丨於上注大奇論五藏丨熱注鍼解論丨陳則除之
者注疏五過論五藏丨熱注又楚辭離世丨蘼蕪與
菌若兮注惜賢捐林薄而丨死注○丨猶結也積也
詩都人士我心丨結箋○丨茂也詩正月有丨其特
釋文○丨茂貌詩桑柔丨彼桑柔傳○丨盛貌楚辭
憂苦丨彼青青注○丨茂木也詩菀柳有丨者柳傳
○丨囿城也管子水地地者萬物之本原諸生之根
丨也注○丨古苑字漢書王嘉傳集注○王元賓碑
考工丨陵碑陰河
南丨陵宛作丨

【蜿】亦作蛩○丨蟺引無也廣雅釋蟲○丨屈也後漢
張衡傳注○蛩蟺展轉也文選琴賦蛩蟺相糾注
○丨蟺展轉也史記司馬相如傳丨蟺膠戾索隱引
司馬彪○丨蟬羣蛟之形也楚辭守志桀六蛟兮丨
蟬注○蛩轉動貌文選
洞簫賦垂喙蛩轉注
【踠】丨屈也文選東都賦馬丨餘足注○丨猶屈也後
漢班彪傳下注○丨屈損也後漢李南傳注
【晼】丨晩言日將莫也文選歎逝賦老丨晚其將及注
【宛】丨屈也漢書楊雄傳下集注又文選陶淵明始作
鎮軍參軍經曲阿詩丨轡憩通衢注○丨順也管
子五行然則天爲粵丨注○丨小貌詩小宛丨彼鳴
鳩傳○丨辟貌詩葛屨丨然左辟傳○丨坐見貌詩
蒹葭丨在水中央箋○丨蓄也方言十三○丨謂引
之也考工記弓人丨之無已應注○丨丨屈伸也史

記司馬相如傳丨丨黄龍索隱引胡廣○丨死貌詩
山有樞丨其死矣傳○丨大郡之都也新序善謀十
○丨中丨邱爾雅釋邱○四方高中央下曰丨邱詩宛
釋邱丨中丨邱舊注○四方高中央下曰丨如偃
邱宛邱之上兮傳○中央下曰丨邱有邱丨丨
器也涇上有一泉水亦是也釋名釋邱○邱上有邱
爲丨邱爾雅釋邱○丨謂中央隆高爾雅釋邱丨中
丨邱注○丨謂蘊聚隆高也爾雅釋邱丨中丨邱釋
文○陳有丨邱爾雅釋邱○丨童葛也廣雅釋木○
丨或作鬱禮記內則兔爲丨腴注○丨當爲奧篆文
丨字與奧字略相似遂誤耳荀子富國使民夏不丨
暍注○丨讀爲蘊荀子富國注○詩蒹葭釋文丨本
作苑○楚卻丨字子
惡見左昭廿七年傳
【畹】○丨三十畝也文選魏都賦下丨高堂劉注引班固
○十二畝爲丨或曰田之長爲丨也離騷余旣滋

蘭之九
丨兮注
【琬】丨琰美玉也後漢竇憲傳注又淮南說山丨琰之
玉注○丨猶圜也王使之瑞節也考工記玉人丨
圭九寸而繅注○丨圭無鋒芒周禮典瑞司農注○
丨圭亦王使之瑞節周禮典瑞丨圭注○丨當作婉
呂覽愼大好
彼丨玉注
【閫】丨門限也史記張釋之馮唐傳丨以內者正義又
後漢皇后紀上注又家語本命無丨外之非儀也
注○丨謂門限也一切經音義二引三蒼○門中橛
曰丨史記張釋之馮唐傳集解引韋昭○丨闈閫門
之內也文選述成
紀丨丨闈悤趙注
【梱】丨門限也禮記曲禮上外言不入於丨注又一切
經音義一引三蒼又史記循吏傳使高其丨索隱

○丨屠也廣雅釋詁三○丨叩椓淮南脩務丨纂組
注○丨齊等之也儀禮大射儀旣拾取矢丨之注○
丨復爲矢至侯不著而還復儀禮大射儀丨復注○
古文丨作魁儀禮大射儀旣拾取矢丨之注丨復注

壼 宮中衕謂之丨爾雅釋宮○丨宮中巷也文選魏
都賦永巷丨術劉注○丨廣也詩旣醉室家之丨
傳○丨梱也國語周語室家之
丨注○丨之言梱也詩旣醉箋

鮌 典丨崇伯之名書堯典丨哉傳○丨臣名禹父書堯
馬注○丨卽禹父也山海經海內經駱明生白
馬白馬是爲丨注○鮌禹父名本又作骸列子楊朱
鮌治水土釋文○書虞書丨國語作鮌○丨字熙見
史記夏本
紀索隱

悃 丨誠也漢書劉向傳集注引張晏○丨至也廣雅
釋詁一又漢書王襃傳集注○丨厚也楚辭愍命

親忠正之丨誠兮注○丨誠信也苦本切文選聖主
得賢臣頌注引三蒼郭璞解詁○丨愊至誠也後漢
章帝紀注○丨丨欵欵也王逸
注曰志純一也後漢竇融傳注

捆 丨斂也孟子音義上引埤蒼○丨猶叩椓也孟子
滕文公上丨屨織席以爲食注○孟子音義上引
張音丨
作裍

緄 丨繩詩小戎竹閉丨縢傳○丨織成布也後漢南
匈奴傳注○十首爲一丨國策宋策束組三百丨
注○魯峻碑當口丨職高頤碑當登
丨職樊敏碑當窮台丨袞竝作丨

鱒 丨赤目魚也一切經音義十九引字林○丨魴大
魚也詩九罭九罭之魚丨魴傳

蕁 丨聚也廣雅釋詁三○丨茂盛貌文選魏都賦嘉
潁離合以丨丨劉注

撙 丨趨也後漢光武十王傳注○丨猶趨也禮記曲
禮上是以君子恭敬丨節注○丨促也漢書王吉
傳集注引臣瓚○丨挫也漢書王吉傳集注○丨節
也管子五輔整齊丨詘以辟刑僇注○丨與退也荀
子仲尼主尊貴之則恭敬而僔注○僔僔衆也廣雅
釋訓○縛與丨同荀子不苟不能則恭敬縛絀以畏
事人注○僔與丨
同荀子仲尼注

很 俗作狠○很恨也廣雅釋詁四○丨鬩也禮記曲
禮上丨毋求勝注○丨違也一切經音義三引國
語注○狠違也國語吳語今王將丨天而伐齊注○
很盭也廣雅釋詁四○見過不更聞諫愈甚謂之狠
莊子漁父○丨丨戾不從
人國語晉語宥也丨注

懇 丨信也廣雅釋詁一○丨力也廣雅釋詁二○至
誠曰丨一切經音義四引通俗文○丨丨誠也廣

雅釋訓○丨古文詎
同一切經音義四

墾 丨耕也爾雅釋訓釋文引蒼頡又廣雅釋地○丨
闢也後漢光武帝紀下注○丨治也廣雅釋詁三
○丨發也國語周語土不備丨注○丨均也廣雅釋
言○丨力也方言十二○丨司也同上○丨起土也
列子湯問扣石丨壤釋文○發田曰丨國語周語丨
田若蓺注○丨頓傷也考工記瓬人髻丨薜暴不入
市注○巋與丨音義同文
選海賦巋陵巒而嶄鑿注

畚 畚同○丨上籠也國語周語偫而丨揭注○丨籠
也列子湯問箕丨運於渤海之尾釋文○丨簣籠
左氏襄九年傳陳丨揭注○丨簣籠也列子黃帝因
假糧荷丨釋文○丨盛土器左氏宣十一年傳稱丨
築注○丨以草索爲之筥屬左氏宣二年傳寘諸丨
注○丨草器若今市所量穀者是也齊人謂之鍾公

羊宣六年傳有人荷丨注○丨所以盛糧之器周禮
挈壺氏挈丨以令糧注○畚𠧪也廣雅釋器○𠧪沅
湘之間謂之
丨方言五
圈 丨檻類也一切經音義十七引蒼頡○丨羊豕之
闌丨也莊子齊物論似丨似臼釋文○丨杯丨也
莊子齊物論釋文○丨國也太元交大丨閎
閎注○丨轉也禮記玉藻丨豚行不舉足注
刌 丨切也廣雅釋言又漢書王莽傳音義引字林又
漢書元帝紀贊集注引韋昭○丨斷也廣雅釋詁
一○丨割也廣雅釋詁二○丨度也漢書元帝紀贊
集注引蘇林○今文丨爲切儀禮特牲饋食禮記丨
胏三
注
綣 詩民勞以謹繾丨釋文丨本作卷

鄢 丨妘姓之國國語周語昔丨之亡也由仲任注
混 通作渾○丨大也淮南本經猶在于丨冥之中注
○渾大也文選幽通賦渾元運物曹注○丨同也
國語周語若能類善物以丨厚民人者注又漢書陳
湯傳集注又後漢班彪傳上注又太元元圖六合既
丨注又管子侈靡佶堯之時丨吾之美在下注又鬼
谷子內揵先取詩書丨說注又淮南覽冥天下丨而
爲一注又文選吳都賦丨品物而同塵劉注○丨猶
同也後漢班彪傳下注○渾盛也方言二○丨合也
老子故丨而爲一注○丨幷也文選子虛賦汩乎丨
流郭注○丨雜也法言修身善惡丨注○丨丨流也
廣雅釋訓○渾渾水流貌荀子富國財貨渾渾如泉
源注○丨丨轉也廣雅釋訓○渾隆也爾雅釋詁○
渾水落貌爾雅釋詁注○丨淪轉之貌文選江賦
或丨淪乎泥沙注○丨丨庉庉波浪之聲也文選七

發丨丨庉庉注○渾渾泡泡水濆涌之聲也山海經
西山經東望泑澤河水所潛也其源渾渾泡泡注○
丨丨濁也楚辭傷時丨兮澆饡注○丨猶溷濁文
選典引元丨之中蔡注○丨然無分別之貌荀子非
十二子使天下丨然不知是非治亂之所存者有人
矣注○丨丨難察之事也太元元瑩散天下之丨丨
者注○丨丨者元氣神著之貌也史記太史公自序
丨丨冥冥正義○渾沌未分也文選七啟注引春秋
說題辭宋注○渾渾丨丨雞卵未分也文選江賦注
引春秋命麻序宋注○丨丨茫丨茫茫未分時也莊
子繕性古之人在丨芒之中釋文引崔注○丨元天
地之總名也後漢班彪傳下注○中央之帝爲渾沌
莊子應帝王○丨夷夷狄國也詩緜丨夷駾矣箋○
渾讀如袞冕之袞呂覽大樂渾渾沌沌注○周禮宗
伯注謂神在丨淪者也
釋文丨淪本作崑崙

沌 丨丨轉也廣雅釋訓○丨丨無所分別老子丨丨
兮注○丨丨渾渾波相隨之貌也文選七發注○
丨讀近屯呂覽大樂渾渾丨丨注○老子釋文丨本
作忳○莊子天地渾丨氏蕭該引風俗通作渾屯
鰋 丨鮎也詩魚麗魚麗于罶丨鯉傳潛鱗鱨丨鯉箋
○丨鮋魚名文選蜀都賦釣丨鮋劉注○丨今丨
額白魚爾雅
釋魚丨注
蝘 丨蜓蜥易也或曰守宮淮南精神視龍猶丨蜓注
○蜥易南陽人又呼丨蜓方言八守宮秦晉西夏
或謂之蜥易注○丨蟬屬也詩蕩傳蜩丨也釋文○
丨一名蚒蟟青徐謂之螇螰楚人謂之蟪蛄秦燕謂
之蛥蚗或名之蜓蚞詩蕩傳釋文引詩
草木疏○丨字或作鼴晉書音義上
噂 丨猶丨丨詩十月之交丨沓背憎傳○詩十月之
交丨沓背憎說文人部作僔沓背憎

婉 丨之言娟也娟謂容貌也禮記內則姆教婉丨聽
從注○丨娟也荀子禮論說豫丨澤注○齊人謂
生子曰丨文選思元賦舊注引纂要○丨娩
也文選思元賦偃蹇夭嬌丨以連卷兮注

烜 丨火也讀如衛侯燬之燬周禮秋官序官司丨氏
注○丨者光明宣著爾雅釋訓赫兮丨兮者釋文
○爾雅釋訓釋
文丨本作咺

咺 丨痛也凡哀泣而不止曰丨燕之外鄙朝鮮洌水
之間少兒泣而不止曰丨方言一○丨懼也廣雅
釋詁二○丨威儀容止宣著也詩淇奧赫兮丨兮傳
○赫兮丨兮威儀也爾雅釋訓○詩淇奧赫兮丨兮
釋文引韓詩作宣兮禮記大學作
赫兮喧兮說文心部作赫兮愃兮
丨明也左氏昭三年傳丨燿寡人之望服注○丨

焜 晼也方言十二○丨同也漢書揚雄傳上集注○
丨黃色衰貌也文選古辭長歌行丨黃華葉
衰注○丨煌火貌文選甘泉賦注引字書
○以下據廣韻録

鶪 丨鳳其雌皇爾雅釋鳥○丨瑞應鳥爾雅釋鳥注

褗 极謂之丨方言四○襋衱謂之丨廣雅釋器○丨
衣領也爾雅釋器注繡刺黼文以丨領釋文○丨
卽衣領也方言四注○爾
雅釋器注釋文丨本作偃

揵 丨矛也廣雅釋器

襍 徒鼓磬謂之丨爾雅釋樂

挽 輓同○丨引也小爾雅廣詁又爾雅釋訓釋文引
聲類○輓引也廣雅釋詁一又漢書食貨志上集
注張良傳集注嚴助傳集注○輓引柩也後漢樂恢
傳注○丨猶引強也後漢梁冀傳注○輓者牽也

敬叔孫通傳晼輓輅索隱○丨
古文作輓同一切經音義十四

𢊃 丨離也廣雅釋詁三

脕 詩采薇箋謂脃丨之時釋文丨或作晚非

䡊 輈謂之丨廣雅釋器

惌 丨小孔貌考工記函人欲其丨也司農注○丨讀
為苑彼北林之苑同上

俛 丨歡也方言十三○丨歡樂也方言十三注

䘜 衣褾江東呼丨方言四裪橘謂之袖注

睌 丨丨目深也晉書音義下

夗 丨轉也廣雅釋言○簿吳楚之間或謂之夗專方
言五

虇 菼其萌丨爾雅釋草○今江東呼蘆筍爲丨然則
萑葦之類其初生者皆名丨音繾綣爾雅釋草注

𥼶 丨摶也廣雅釋詁三

畚 丨藩也薇水雨也釋名釋車○車枸簍西隴謂之
椦方言九○椦郎丨字方言九注
大而無形曰丨伅一切經音義十二引通俗文

倱 丨同也文選甘泉賦薌呹肸以丨批兮注○丨與
混同文選甘泉賦紛蒙籠以丨成注

棍 丨醐相沃集韻引字林

醌 丨同也廣雅釋詁四○丨同也宋衞之間或曰丨

掍 方言三○丨同也音義與混同文選西都賦丨建

章而連外屬注

【煇】丨光貌也後漢張衡傳注

【忖】丨度也漢書律厤志上集注引孟康○丨測度也華嚴經音義下引珠叢○丨除也漢書律厤志上集注

【䐜】丨臛也廣雅釋器○胏丨丨鑽也以米糝之如膏饡也釋名釋飲食

【劅】丨斷也廣雅釋詁一

【囤】丨屯也屯聚之也釋名釋宮室

【薞】壅苗爲丨左氏昭元年傳是穮是丨注

經籍籑詁　卷四十三　十三阮　煇至揅　十九

【惃】丨惛也楚揚謂之丨方言十

【硍】高聲丨周禮典同○故書丨或作硍周禮典同注○杜子春讀丨爲鏗鎗之鏗同上○鄭大夫讀丨爲衮冕之衮同上

【錕】丨釭也廣雅釋器○車釭齊燕海岱之閒謂之鍋或謂之丨方言九

【焜】丨煥也廣雅釋詁三

【詪】丨丨語也廣雅釋訓

○以下據【鞔】自關而東複履其庳者謂之丨下方言

○集韻録【鞔】四

【揅】丨拚也漢書揚雄傳下音義引韋昭○丨音車幰之幰漢書揚雄傳下集注引李奇

【掍】丨拑也廣雅釋言

【謙】丨吃也列子力命丨極釋文

【綄】丨一遠反一切經音義六引字林

【壼】丨束也廣雅釋詁三

【頎】丨至也禮記檀弓上丨乎其至也注○丨典堅刃貌考工記輸人是故輸欲丨典注○丨讀爲懇考工記輸人司農注

【洒】丨然驚貌莊子庚桑吾丨然異之釋文引李注○丨丨寒貌素問診要經終論令人丨丨時寒注疏五過論病深無氣丨丨然時驚注○丨然寒貌素問風論腠理開則丨然寒注○丨淅寒貌素問調經論

經籍籑詁　卷四十三　十三阮　掍至䩮　二十

丨淅起於毫毛注

【䩮】丨讀曰懣不勝食氣爲懣病也呂覽重己胃充則中大丨注

經籍籑詁卷第四十三

經籍籑詁卷第四十三補遺　上聲

兵部侍郎兼都察院右副都御史巡撫浙江等處地方提督軍務兼理糧餉阮元撰集

十三阮

阮 說文阮代郡五丨關也从𨸏元聲

遠 說文丨遼也从辵袁聲遠古文丨○丨猶久也詩鴛鴦宜其遐福箋○丨疏也國語吳語以丨我一二兄弟之國注○丨不可極也老子深矣丨矣注○丨謂才藝廣丨禮記樂記就賢體丨疏○丨疏丨也左氏昭廿八年傳丨不忘君注○丨鄰國也國語楚語而丨者距違注○丨謂諸侯也孟子離婁下不忘丨注○丨人異族也左氏定元年傳而好用丨人注○丨方猶大道也荀子賦忿彼丨方注○丨方天下

也呂覽孟秋巡彼丨方注○爾雅釋草丨志釋文字又作薳

本 說文木下曰丨从木一在其下𣎵古文○丨根也儀禮喪服傳注皆下丨疏又禮記少儀絕其丨末疏又呂覽審時大丨而莖殺注○丨根丨也禮記禮運必以天地爲丨疏○丨猶初也禮記樂記其丨在人心之感於物也疏○丨原也呂覽無義萬利之丨也注○丨謂身也禮記大學此謂知丨疏○丨謂心也禮記禮器反丨脩古疏○丨末終始也左氏莊六年傳不知其丨注○丨謂靜也易象上傳天地以丨爲心者也疏○丨謂孝也孝經其所因者丨也注又鄭注○丨謂仁義荀子大略反丨成末注○丨謂麻根儀禮喪服傳注左丨在下疏○丨把處也禮記曲禮上注跋丨也疏○丨朝國朝也淮南氾論立之于丨朝之上注○丨當爲大荀子富國天下之丨利也注

晚 說文丨莫也从日免聲○丨頁也廣雅釋詁四○丨謂末時也漢書郊祀志下雖丨周亦郊焉注○輓晚古字通用史記貨殖列傳輓近世塗民耳目索隱

苑 說文丨所以養禽獸也从艸夗聲○養鳥獸曰丨漢書高帝紀上故秦丨囿園池注○養鳥獸者通名爲丨漢書景帝紀取丨馬注○養禽獸謂之丨漢書張良傳北有胡丨之利注○天子曰丨左氏僖卅三年傳注原圃具囿疏○丨謂馬牧也漢書地理志下北地郡靈州注

返 說文丨還也从辵从反反亦聲商書曰祖甲丨彶春秋傳丨从彳○丨還也呂覽觀表其子長而丨其壁注○反還也禮記檀弓上使必知其反也疏雜記下反改成踊疏又國語越語時將有反注又呂覽君守水至而反注亦死而不反注六月而後反注又淮南時則反受殃注○反還之公羊隱元年傳公將

平國而反之桓注○反謂回還也漢書陳勝傳使者五反注○丨謂還歸之也漢書董仲舒傳丨之於天注○反歸也禮記郊特牲士反其宅疏

反 說文丨覆也从又厂象形反古文○丨命還白周禮都宗人丨命于國注○丨復也左氏昭廿年傳而欲丨其讐注○丨謂丨覆素問陰陽應象大論此陰陽丨作注○丨謂不相合應素問刺志論丨此者病注○相丨謂丨覆不離散也荀子成相精神相丨注○丨側者翻覆之義詩何人斯傳丨側不正直也疏○丨丨道也書洪範無丨無側馬注○丨之謂丨正道也左氏昭七年傳有所丨之以取媚也疏○丨謂不服從也荀子議兵丨之者亾注○丨謂丨背也素問六節藏象論大時丨候注○丨謂入而倒易復丨復其道疏○丨謂自仰也周禮大宗伯注樂損盈疏○丨辭丨覆敘說之辭猶楚詞亂曰荀子賦願聞

丨辭注〇丨戾筋轉也素問至眞要大論諸轉丨屬注〇易繫辭上原始丨終釋文鄭虞作及〇詩執競威儀丨丨潛夫論正列作威儀板板

阪 說文阪坡者曰阪一曰澤障一曰山脅也从𨸏反聲〇丨是高阜詩東門之墠傳則茹藘在丨疏〇坡者曰丨險周禮遂大夫注善相邱陵丨險原隰疏

損 說文丨減也从手員聲〇丨者減損之名易損丨有孚疏〇丨爲減丨也穀梁宣十五年傳注丨其廬舍疏〇丨者謂減丨他慮專以心察也鬼谷子陰符反兌法靈著注〇丨毀也淮南說山故小人之譽人反爲丨注〇丨或作捐後漢書王符傳消丨白日注

飯 丨飧也禮記玉藻君旣食又丨飧疏〇丨食也禮記玉藻先丨辯嘗羞疏又呂覽本味丨之美者注

〇三丨謂三食也禮記曲禮上三丨疏〇丨謂飢之漢書朱買臣傳呼丨飲之注〇丨大擘指本也儀禮士喪禮自丨拤之注

偃 說文丨僵也从人匽聲〇丨息也呂覽求人丨鼠飲於河注又文選石壁精舍詩注引國語賈注〇丨丨謂丨仰文選謝惠連秋懷詩頹悅鄭生丨注〇丨蹇驕傲左氏哀六年傳彼皆丨蹇注〇丨蹇高驤也漢書禮樂志丨蹇驤注〇丨蹇委曲貌漢書司馬相如傳下掉指橋以丨蹇兮注引張揖〇丨然猶安然荀子儒效丨然如固有之注〇匽與丨同漢書王吉傳冬則爲風寒之所匽薄注〇韓勑兩側題名河南匽師丨作匽

堰 丨潛丨也謂潛築土以壅水也一作堨文選沈休文三月三日詩東出千金丨注引廣雅

衮 說文丨天子享先王卷龍繡於下幅一龍蟠阿上鄉从衣公聲〇丨之言卷也謂龍首卷然左氏桓二年傳注丨畫衣也疏〇以龍首卷然謂之丨龍丨是龍之狀也詩采菽箋元衣而畫以卷龍也疏〇取其龍則謂之丨冕荀子大畧天子山冕注〇丨卷龍衣元上纁下文選冊魏公九錫文引漢書韋昭注〇丨冕服名詩烝民丨職有闕釋文〇卷謂卷曲禮記玉藻龍卷以祭疏〇緷絻古丨冕字管子君臣衣服緷絻注〇詩采菽箋元衣而畫以卷龍也釋文本又作丨〇禮記禮器龍卷以祭釋文本又作丨〇喪大記君以卷釋文本又作丨〇蔡湛頌衮職是望丨作衮

遯 丨者隱退逃避之名易遯丨亨疏〇丨退也避也書堯典序傳釋文〇遁流遁也漢書谷永傳閔免遁樂注〇丨遜也後漢書逸民戴良傳乃丨辭詣府注〇遁欺淮南繆稱非自遁注〇易遯釋文字又作

遂又作遁〇書堯典序傳釋文遁本又作丨〇詩白駒勉爾丨思釋文字又作遁〇爾雅釋言遯丨也釋文字又作遁又作遂〇禮記中庸丨世不見知釋文本又作丨

穩 說文新附丨踩穀聚也一曰安也从禾隱省古通用安隱

蹇 丨謂不順也漢書淮南厲王長傳驕丨數不奉法注〇衡方碑謇謇王臣丨作謇

幰 說文新附丨車幔也从巾憲聲〇張布曰丨御覽七百七十六引通俗文

巘 丨崿崖之別名文選晚出西射堂詩連障疊丨崿注

楗 說文鍵鉉也一曰車轄从金建聲〇鍵關牡也所以止扉或謂之剡移顏氏家訓書證引蔡邕月令章句〇木丨木櫓也國語晉語韋藩木丨以過於朝注

揵 丨謂立封界也漢書賈誼傳淮陽包陳以南丨之江注

婉 說文丨順也从女宛聲春秋傳曰太子痤丨○丨順也國語晉語丨而從令注○丨謂丨順詩葛覃傳教以婦德婦言婦容婦功疏○丨少貌後漢書楊震傳絶丨孌之私注○丨孌美貌漢書敘傳下丨孌董公大家烈女傳注○丨柔和文選女史箴注引曹注○丨謂婦言詩采蘋序箋姆教丨娩聽從疏

菀 說文丨茈丨出漢中房陵从艸宛聲○丨謂蘊積也素問四氣調神大論則丨槀不榮注○丨木茂也詩菀柳有丨者柳釋文

苑 丨茂木貌國語晉語人皆集於丨注○詩日月有丨其特白帖八十作有苑其特

蜿 丨丨動也集韻引廣雅○丨委也文選長笛賦經宛丨蟺注引鄭元

蜿 丨屈也後漢書張衡傳騰蛇丨而自糾注

宛 說文丨屈艸自覆也从宀夗聲惌丨或从心○丨潬展轉也文選上林賦丨潬膠盭注引司馬彪○丨中中央下詩疏引爾雅釋丘李注○四方高中央下曰丨邱漢書地理志下丨邱之下注○丨脾菹類也禮記內則兔爲丨脾注○詩山有樞丨其死矣釋文本亦作苑

畹 說文丨田三十畝也从田宛聲

閫 丨門限與閾爲一也儀禮士冠禮注閾丨也疏

梱 說文丨門橛也从木困聲○禮記曲禮上外言不入於丨釋文本又作閫○丨與閫同謂門橛也漢書匡衡傳莫不始乎丨內注○詩手箋門丨上近邊木釋文本亦作閫

壼 說文壼宮中道从囗象宮垣道上之形詩曰室家之丨○壼尻也廣雅釋詁二○丨也者廣裕民人之謂也國語周語○爾雅釋宮宮中衖謂之壼釋文本或作丨或作韋

鯀 說文丨魚也从魚系聲○禮記祭法夏后氏亦禘黃帝而郊丨釋文本又作鮌

悃 說文丨愊也从心困聲

捆 捆致也詩旣醉室家之壼釋文

輥 說文丨轂齊等皃从車昆聲周禮曰望其轂欲其丨

緄 說文丨織帶也从系昆聲○丨繩也儀禮旣夕禮記竹柲丨縢疏○丨帶也廣雅釋器

鱒 說文丨赤目魚从魚尊聲

蓴 說文丨叢艸也从艸尊聲

撙 丨抑荀子儒效以相薦丨注○薦丨皆謂相陵駕也同上

很 說文丨不聽从也一曰行難也一曰盭也从彳艮聲○丨者忿爭之名詩常棣傳閱丨也疏○丨戾不從敎御覽引左氏襄廿六年傳美而丨服注○反是曰丨周書謚法愎丨遂過曰剌注

懇 說文新附懇悃也从心豤聲○丨丨至誠也漢書司馬遷傳意氣懃懃丨丨注○豤豤款誠之意也漢書劉向傳故豤豤數奸死亾之誅注

墾 說文墾耕也从土豤聲

畚 說文丨𠷎屬蒲器也所以盛穜从甾弁聲○丨草籠也漢書五行志上陳丨畚注引應劭○丨器所

以盛種儀禮既夕注　筲丨種類也疏〇丨所以盛糧之器左氏宣二年傳注丨以草索爲之疏〇丨蒲器可以盛糧盛米以草索爲之同上〇丨者盛土之器左氏宣十一年傳稱丨築疏〇丨以草索爲之其器可以盛糧又可以盛土也左氏襄九年傳注丨簣籠疏

【圈】丨養獸之所也漢書張釋之傳上登虎丨注〇犬豕曰丨儀禮聘禮惟燖者有膚疏〇丨屬羊豕之類也管子立政丨屬注

【刌】說文丨切也从刀寸聲〇丨切也周禮司巫注直丨茅長五寸疏又禮記玉藻注上環頭丨也釋文〇丨切謂切瓜頭切去疐禮記玉藻注上環頭丨也疏

【混】說文丨豐流也从水昆聲〇丨亦同也漢書翟義傳丨壹風俗注〇渾殽雜也漢書董仲舒傳賢不肖渾殽注〇丨流豐流也漢書司馬相如傳上汩乎丨流注〇丨冥人心中也淮南繆稱丨冥之中注〇丨冥大冥之中謂道也淮南俶眞大通丨冥注〇丨然無所知之貌荀子儒效丨然余之入也注〇氣形質具而未相離故曰渾淪渾淪者言萬物相渾淪而未相離也列子天瑞〇丨轉行貌丨讀大珠揮揮之揮淮南精神丨然而往注〇丨不散之貌丨讀揮章之揮淮南精神契大丨之樸注〇丨沌與渾敦字之異耳左氏文十八年傳注渾敦疏

【鰋】說文鰋鮀也从魚妟聲鰋鰋或从匽〇丨白魚爾雅釋魚釋文

【蝘】在壁曰丨蜓在草曰蜥蜴爾雅釋魚釋文引字林

【庉】說文丨樓牆也从广屯聲

【㫃】說文丨旌旗之游丨蹇之皃从屮曲而下垂丨相出入也讀若偃古人名丨字子游凡丨之屬皆从丨㫃古文丨字象形及象旌旗之屬

【噂】說文丨聚語也从口尊聲詩曰丨沓背憎

【婉】丨謂婦容詩采蘋序箋婉娩丨聽從疏〇丨一作娩方言二抱娩注

【烜】丨乾也易說卦傳日以烜之疏又書洪範疏〇丨明也廣雅釋詁四

【咺】說文朝鮮謂兒泣不止曰丨从口宣省聲〇朝鮮之閒謂小兒泣不止名爲丨漢書外戚傳上丨不可止兮注

【焜】說文丨煌也从火昆聲〇丨燿焜貌也方言十二注

〇以下據廣韻錄

【邧】說文邧鄭邑也从邑元聲

【䫇】說文丨面不正也从頁爰聲

【鶠】說文丨鳥也其雌皇从鳥匽聲一曰鳳皇也

【褗】說文丨褔領也从衣匽聲

【寋】爾雅釋樂徒擊磬謂之丨釋文本或作謇或作蹇

【輓】說文丨引之也从車免聲〇丨引車也漢書韓安國傳轉粟丨輸注〇丨謂引車也漢書景帝紀發民丨喪注〇丨謂牽引車輦也漢書霍光傳侍婢以五采絲丨顯注〇丨謂引車船也漢書主父偃傳又使天下飛芻丨粟注

挽 爾雅釋訓注步丨輦車釋文本亦作輓

脕 脃丨定本作脃腝詩采薇箋柔謂脃丨之時疏

䡊 說文丨車耳反出也从車从反反亦聲

夗 說文丨轉臥也从夕从卪臥有卪也○丨專篅也廣雅釋言

綣 說文新附丨纏丨也从糸卷聲

虇 爾雅釋草其萌丨釋文本或作蘿

䊷 說文䊷粉也从米卷聲

暖 說文丨大目也从目爰聲

愃 說文丨寬嫺心腹皃从心宣聲詩曰赫兮丨兮

䙸 說文丨大視也从見爰聲

諼 丨詐言也漢書藝文志則上詐丨而棄其信注○丨詐辭也漢書息夫躬傳虛造詐丨之策注

棍 丨大束也漢書楊雄傳上丨申椒與菌桂兮注○丨亦同也漢書楊雄傳下不可丨於世俗之目注○丨成言自然也文選甘泉賦注引服虔

睔 說文丨目大也从目侖春秋傳有鄭伯丨

𨼦 說文丨大阜也从𨸏縣聲

掍 說文丨同也从手昆聲

煇 丨煌光皃漢書司馬相如傳下煥炳丨煌注○丨煌珮光貌文選思元賦珮綝纚以丨煌舊注

忖 說文新附丨度也从心寸聲○詩巧言予丨度之釋文本又作寸○禮記玉藻注上環頭丨也釋文本又作寸

笨 說文丨竹裏也从竹本聲○竹其裏曰丨廣雅釋草

䐾 說文丨切孰肉于血中和也从肉員聲讀若遜

𠟉 說文丨減也从刀尊聲

僔 說文丨聚也从人尊聲詩曰丨沓背憎○丨而聚也周禮朝士注違其位丨語也疏

𥫱 說文丨篅也从竹屯聲

㯻 說文丨橐也从束圂聲凡丨之屬皆从丨

丨 說文丨上下通也引而上行讀若囟引而下行讀若退凡丨之屬皆从丨

硍 丨鍾病聲集韻引周禮典同杜子春注

黗 說文丨黃濁黑从黑屯聲

稛 說文丨絭束也从禾囷聲

齦 說文丨齧也从齒艮聲

豤 說文丨齧也从豕艮聲

詪 說文丨狠戾也从言艮聲

○以下據妴說文｜婉也从女夗聲
集韻錄
綄｜纏也廣雅釋詁四
⿱旻大說文｜一視也从大旻讀若齤
⿰阝卷說文隓河東安邑陬也从𨸏卷聲
⿰扌軒｜舉手擬之也漢書楊雄傳下所麾城｜邑注
褰｜袴也集韻引字林
鞔說文｜履空也从革免聲○｜履也呂覽召類爲｜者也注○｜鞝也同上
⿰足困說文｜瘃足也从足困聲

壿說文｜舞也从士尊聲詩曰｜｜舞我
○附錄攓｜縮也淮南俶眞攓德｜性注

經籍籑詁卷第四十三補遺終

經籍籑詁卷第四十四　上聲

經筵講官南書房翰林戶部左侍郎兼署吏部左侍郎前提督浙江學政阮元撰集

十四旱

旱 不得雨曰丨　穀梁僖十一年傳○久暘爲丨　論衡
明雩○二穀不收謂之丨　墨子七患○丨之爲言
乾　藝文類聚災異部引洪範五行傳○丨之言悍也
陽驕蹇所致也　古微書引春秋考異郵○丨所謂常
陽　類聚災異部引洪範五行傳○陽爲丨　後漢董卓
傳注○丨火變也　論衡感虛○丨者政教不施之應
公羊桓五年傳記災也注○雩而不得則書丨明災
成也　禮記玉藻至于八月不雨君不舉注○丨山名
也　詩旱麓瞻
彼丨麓傳

煖 煗暖竝同○丨溫也　禮記王制七十非帛不丨注
又漢書文帝紀集注又淮南人閒寒不能丨注又
楚辭天問何所冬丨注○煗溫也　漢書敘傳上音義
引呂靜○丨煗也　廣雅釋詁三○丨今江東通言煗
爾雅釋言燠丨也注○暖柔貌　莊子徐無鬼有暖姝
者釋文○丨一讀𤏶　淮南墬形丨溼生容注○莊子
徐無鬼釋文暖本作安○鶡
冠子麗丨　韓子飾邪作援

管 筦同○丨典也　史記范雎蔡澤傳崔杼淖齒丨齊
索隱引高誘○丨主也　漢書食貨志上集注谷永
傳集注王莽傳中集注又後漢隗囂傳注○丨猶包
也　禮記樂記丨乎人情矣注又荀子富國不富不厚
之不足以丨下也注○丨准法　呂覽用民以信爲丨
注○丨樞要也　荀子儒效天下之道丨是矣注○丨
如篪六孔　周禮小師司農注○丨六孔似篪　呂覽仲
夏均琴瑟丨簫注○丨一孔佁笛　淮南時則琴瑟丨
簫注○丨如篴而小併兩而吹之今大予樂官有焉
周禮小師掌敎鼓鼗柷敔塤簫丨絃歌注○丨如篴
併而吹之　詩有瞽簫丨備舉箋○筦如併兩丨笛音
管　穆天子傳六獻筦注○丨如今賣飴餳所吹者　周
禮小師掌敎鼓鼗柷敔塤簫丨絃歌注○丨簫也　淮
南原道列丨弦注○丨笙　孟子梁惠王下丨籥之音
注○竹曰丨　白虎通禮樂引樂記又風俗通聲音○
丨艮音也　白虎通禮樂引樂記○物貫物而牙故謂
之丨　風俗通聲音○丨謂吹簜以播新宮之樂其篇
亡其義未聞　儀禮大射儀乃丨新宮三終注○丨象
吹丨而舞武象之樂也　禮記祭統下而丨象注○朔
丨羌笛也　文選月賦聽朔丨之秋引注○丨壯籥也
淮南氾論盜丨金注○丨謂籥也　周禮司門掌授丨
鍵司農注○丨籥也　左氏僖卅二年傳鄭人使我掌
其北門之丨注○丨鍵也　禮記檀弓下丨庫之士注
○丨籥搏鍵器也　禮記月令愼丨籥注○丨籥取鍵

器也　國語越語請委丨籥注○丨節如今之竹使符
也　周禮小行人都鄙用丨節注○丨筆彄也　禮記內
則右佩玦捍丨遰注○丨筆丨　詩靜女貽我彤丨釋
文○丨所以盛箴　荀子賦丨以爲母注○丨腧也　莊
子人閒世五丨在上釋文引李注○丨浴也　廣雅
釋訓○丨丨無所依繫　詩板靡聖丨丨傳○筦轉也
史記屈原賈生傳斡棄周鼎兮而寶康瓠集解引應
劭○丨猶館也館人謂掌次舍帷幕者也　儀禮聘禮
丨人布幕于寢門外注○丨人有司主館舍者　儀禮
士喪禮丨人汲注○丨人掌客館者也　儀禮聘禮記
丨人爲客三日具沐五日具浴注○丨國名　書金縢
丨叔及其羣弟鄭注○丨蔡國名　書蔡仲之命乃致
辟丨叔于商傳○筦古丨字　漢書東方朔傳集注○
古文丨作官　儀禮聘禮注○　左氏宣十二年傳注京
縣東北有丨城釋文丨本作管○　禮記樂記丨乎人
情矣　史記樂書正義作貫乎人情矣○　書金縢丨叔

墨子作關叔○左傳丨仲淮南子說苑漢
書藝文志並作筦仲武梁祠畫象作管仲
琯 丨所以候氣大戴記少閒西王母來獻白丨注
滿 丨充也廣雅釋詁四○丨成也呂覽審時多秕而
不丨注又淮南本經竹實丨注○丨猶成呂覽貴
信則百事不丨也注○丨謂盈實書大禹謨不自丨
假傳○丨謂脉氣丨實也素問大奇論肝丨腎丨肺
丨皆實卽爲腫注○丨驕丨也國語魯語笑吾子之
太丨也注○驕爲丨國語魯語其丨之甚也注○長
爲丨淮南天文○引弓盡箭鏑爲丨漢書司馬相如
傳上集注引文穎○丨者虛也管子法法○人衆而
不理命曰人丨管子霸言○丨常爲兩荀子解蔽心
未嘗不丨也然而有所謂一注○丨或作蒲史記秦
本紀到丨正義○莊子天地門無鬼與赤張丨稽釋
文丨本作蒲○晉厲公名州丨見左氏成十八年經

史記諸侯
表作壽曼
短 丨缺淮南脩務知者之所丨注○丨少呂覽先識
此治世之所以丨注○丨近也呂覽長見以其長
見與丨見也注○趣彼爲丨漢書張湯傳集注引張
晏○未冠曰丨書洪範凶短折鄭注又洪範五行傳
厥極凶丨折注○丨未六十書洪範凶丨折傳又周
書謚法慈仁丨折曰懷注○兄喪弟曰丨漢書五行
志下之上○傷禽獸曰丨同上○丨兵刀劒也楚辭
國殤車錯轂兮丨兵接注○丨兵謂刀劒也後漢光
武帝紀上注○楚人謂袍爲丨褐後漢劉平傳注○
丨狐鬼蜮也楚辭大招鰅鱅丨狐注○丨狐卽蜮也
後漢馬融傳注○左氏莊十八年注蜮丨弧也
釋文短本作斷○逢盛碑命有悠搄丨作搄
館 丨舍也周禮委人凡軍旅之賓客丨焉注司儀致
丨亦如之注又儀禮聘禮及丨注又左氏隱十一
年傳丨於寫氏注又服注僖廿八年傳晉師三日丨
穀注成十八年傳丨於伯子同氏注襄卅一年傳是
以令吏人完客所丨注又廣雅釋室又國語周語丨
諸宗廟注又孟子盡心下丨於上宮注又淮南兵略
以丨清平之靈注又楚辭天問而丨同爰止注遠逝
委兩丨於咸唐注又文選東京賦處妃攸丨薛注○
丨客舍也左氏襄卅一年釋文引字林又孟子離婁
上舍丨未定注○丨主國所致舍禮記雜記諸侯行
而死于丨注○公丨公宮之舍也禮記雜記大夫次
於公丨以終喪注○丨候丨也國語魯語宿於重丨
注○候丨樓可以觀望者也周禮遺人市有候丨注
○恭丨宗廟金縢之所在文選典引啟恭丨之金縢
蔡注○丨所以承藉謂若今筐也周禮司巫及
菹丨注○禮記雜記公丨復釋文丨本作觀
綏 丨遲也國語晉語丕鄭如秦謝丨秦賂注○丨猶
後呂覽情欲德義之丨注○丨和也史記樂書嘽

丨慢易正義○丨柔也呂覽任地使地肥而土丨注
○丨不收也素問五常政大論其動緛戾拘丨注○
丨涗也斷也持之不急則動搖涗斷自放縱也釋名
釋言語○辭閒容之故爲丨公羊宣三年傳丨也注
○辭閒容之故言丨穀梁僖廿八年傳丨辭也注○
正聲丨周禮典同○震爲丨易象下傳君子以議獄
丨死虞注○丨耳耳下垂卽儋耳也後漢杜篤傳注
○丨耳儋耳也後漢南蠻西南夷傳注○莊子田子
方丨佩玦者事至而斷
釋文丨司馬本作綏
盥 丨沃丨也易象上傳丨而不薦虞注○丨洗手也
禮記內則咸丨漱釋文又華嚴經音義上引珠叢
○丨澡手管子弟子職既拚丨漱注○丨去手垢論
衡譏日○澡手曰丨後漢劉寬傳注○丨洗也後漢
崔駰傳注○丨亦滌也文選長笛賦溉丨汙濊注○
丨者進爵灌地以降神也易觀馬注○古文丨皆作

浣儀禮士冠禮贊者丨升注鄉射禮丨洗注○左氏
襄十九年傳范宣子丨而撫之論衡論死作范宣子
浣而撫之

盌 椀同○椀盂也廣雅釋器○椀亦盂屬方言十三
盂謂之櫂椀謂之盌注○盂宋楚魏之閒或謂之
丨方言五○醬杯曰盞或謂之丨御覽七百五十九
引通俗文○椀所以貯緒管子弟子職捧椀以爲緒
注

款 㱁同○丨誠也廣雅釋詁一又史記司馬相如傳
謁丨天神集解引漢書音義又漢書司馬相如傳
下集注引文穎又後漢馮衍傳注江革傳注○丨誠
丨也荀子脩身愚丨端愨注○款誠也意有所欲文
選咏牛女詩注引字林○丨至也文選西京賦繞黃
山而丨牛首薛注○款誠重也至也一切經音義四

引倉頡○丨丨忠誠也後漢卓魯魏劉傳注○丨丨
忠實之貌文選報任少卿書欲効其丨丨之愚注○
㱁愛也廣雅釋詁二○丨丨愛也廣雅釋訓○丨丨
獨樂貌也太元樂獨樂丨丨注○丨者絕語歎聲法
言淵騫始皇方獵六國而剪牙丨注○丨寬也史記
太史公自序重驛丨塞集解引如淳又漢書宣帝紀
集注引如淳○丨猶緩也後漢馬援傳注○丨空也
史記太史公自序實不中其聲者謂之窾索隱又漢
書司馬遷傳集注引服虔○丨者空也史記范雎蔡
澤傳注丨足謂之鬲索隱○丨丨澗也爾雅釋器丨足
者謂之鬲釋文○丨刻也史記孝武紀文鏤無丨識
集解引韋昭又漢書郊祀志上集注引韋昭郊祀志
下集注○丨叩也史記商君傳丨關請見集解引韋
昭太史公自序集解引應劭又漢書宣帝紀集注二
見一引應劭司馬遷傳集注匈奴傳下集注○丨扣
也呂覽愛士夜丨門而謁注○款叩也廣雅釋言○
爾雅釋器釋
文丨本作窾

嬾 丨懶也廣雅釋言○嬾與丨同後漢王丹傳注

繖 張帛避雨謂之丨蓋唐六典注十一引通俗文

卵 未孚曰丨國語魯語鳥翼鷇丨注○丨未鷇者淮
南時則毋丨注○鳥未鷇曰丨淮南本經覆巢毀
丨注○丨者魚丨匡謬正俗三○八竅者丨生莊子
知北遊○丨陰物也太元難丨破石蝦注○丨蒜也
者本如丨者也大戴記夏小正納丨蒜傳○丨鹽大
鹽也禮記內則丨鹽注○丨讀爲鯤禮記內則濡魚
丨醬實蓼注○凡古丨字
呂覽本味有鳳之丨注

散 丨失也周書文酌三留身丨眞注○丨亂淮南原
道不與物丨注○丨謂失亡也國語齊語其畜丨

無育注○丨謂不自檢束荀子勸學丨儒也注○丨
走也呂覽貴當貍處堂而衆鼠丨注○丨殺也東齊
曰丨方言三○丨酒爵也容五升詩簡兮傳見惠不
過一丨釋文○五升曰散廣雅釋器○槪尊以朱帶
者無飾曰丨周禮鬯人凡疈事用丨注○脩蜃槪丨
皆漆尊也周禮鬯人廟用脩凡山川四方用蜃凡祼
事用槪凡疈事用丨注○脩謨槪丨皆器名周禮鬯
人司農注○丨樂野人爲樂之善者若今黃門倡矣
周禮旄人掌教舞丨樂注○丨馬耳以竹括押其耳
頭動搖則括中物後遂串習不復驚周禮庾人散馬
耳注○丨讀爲中丨大夫之丨謂駐
馬耳毋令善驚也周禮庾人司農注

伴 丨侶也楚辭惜誦又何以爲此丨也注○丨俱也
楚辭悲回風丨張弛之信期注○丨奐廣大有文
章也詩卷阿丨奐爾游矣傳○
丨奐自縱弛之貌詩卷阿箋

誕 丨大也書湯誥丨告萬方傳又詩皇矣丨先登于岸箋生民丨彌厥月傳丨寘之隘巷傳又爾雅釋詁又史記孝武紀事如迂丨正義又漢書翟義傳集注敘傳下集注又後漢光武帝紀下注殤帝紀注班彪傳下注○丨闊也詩旄邱何丨之節兮傳○丨虛也國語楚語是言丨也注又後漢王充王符仲長統傳注○丨猶虛也後漢王符傳注○丨欺也後漢班彪傳上注又家語弟子行多聞而難丨注又列子黃帝吾不知子之有道而丨子注○丨詐也呂覽應言令許綰丨魏王注○丨欺詐也家語五儀哼哼丨也注○丨非正也淮南說山弦高丨而存鄭注○易言曰丨荀子脩身○丨信也詩生民丨彌厥月薛君章句又廣雅釋詁一○丨育也華嚴經音義上引珠叢○書大誥肆朕丨以爾東征漢書翟方進傳作故予大以爾東征

旱 或作罕○丨率也廣雅釋器○丨亦網也後漢馬融傳注○罕畢罕也文選羽獵賦及至罕車飛揚注○雲罕旌旗之別名也文選東京賦雲罕九斿薛注○罕希也詩大叔于田叔發罕忌傳又禮記少儀罕見曰聞名注又公羊桓六年傳蓋以罕書也注又穀梁莊廿九年傳則功築罕注又禮記中庸注鮮罕也釋文又荀子天論養略而動罕注物之罕至者也注○丨希也漢書楊雄傳上集注○丨稀也漢書張禹傳集注○罕稀也文選洞簫賦洞條暢而罕節兮注○丨者希也論語子罕子罕言利集解又皇疏○丨者希也漢書外戚傳集注○罕亦希也爾雅釋詁希罕也注○罕少也禮記中庸注釋文○丨漫猶無所知聞也後漢蔡邕傳注○左氏昭元年經鄭罕虎公羊作軒虎○左氏定十五年經罕達公羊作軒達○左氏昭四年傳渾罕韓子作渾軒○鄭渾罕字子寬見左氏昭四年傳注

澣 同浣○浣濯也一切經音義十八引三蒼○丨謂濯之耳詩葛覃薄丨我衣箋○去垢曰浣公羊莊卅一年傳臨民之所漱浣也注○足曰丨禮記內則和灰請丨注○浣猶洽也莊子秋水與道大蹇釋文引崔注○丨帛練染以爲祭服禮記禮運衣其丨帛注○浣準水望之平淮南齊俗而求之乎浣準注○浣古文丨同一切經音義十七○史記趙世家代成君子浣索隱引世本作起

瓚 丨勺也左氏昭十七年傳若我用瓘斝玉丨注○圭丨鬯爵也禮記王制賜圭丨然後爲鬯注○以圭爲杓柄謂之圭丨書文侯之命序平王錫晉文侯秬鬯圭丨傳○丨如盤其柄用圭有流前注考工記玉人有丨以祀廟注○於圭頭爲器可以挹鬯祼祭謂之丨周禮典瑞司農注○丨形如小槃容五升以大圭爲柄是爲圭丨禮記明堂位灌用玉丨注○漢禮丨槃十五升口徑八寸下有槃口徑一尺周禮典

瑞祼圭有丨注○龍丨將皆雜名也考工記玉人上公用龍侯用丨伯用將注○丨讀爲餐饜之饜考工記玉人注○詩棫樸箋丨璋丨也釋文丨本作贊

斷 丨絕也禮記儒行不丨其威釋文又家語三恕還瞻北蓋皆丨焉注○丨丨絕易繫辭下傳丨木爲杵釋文○丨謂割絕後漢蓋勳傳注○丨猶割截也後漢杜茂傳注○丨段也分爲異段也釋名釋言語○丨古文斷𢇍二形同一切經音義二○莊子逍遙遊丨髮文身釋文丨司馬本作敦

笴 榦同○丨矢幹也儀禮鄉射禮作階下之東南堂前三丨注大射儀北一丨注○丨矢幹也長三尺與跬相應射者進退之節也儀禮鄉射禮記物長如丨注○丨箭丨也公但反儀禮鄉飲酒禮釋文引字林○丨箭也廣雅釋草○爲榦中箭丨也山海經中山經休與之山有草焉名曰夙條可以爲榦注

侃｜｜和樂也論語先進冉有子貢侃侃如也皇疏
○｜｜和樂貌也論語鄉黨｜｜如也集解引孔
注又
皇疏
算｜計也文選運命論注引蒼頡○｜選也一切經
音義引三蒼○｜計謀也文選弔魏武帝文長｜
屈於短日注○｜車徒謂數擇之也周禮大司
馬羣吏撰車徒注○｜長尺二寸大戴記投壺
纘｜繼也詩七月載｜武功傳大明｜女維莘傳崧
高王｜之事箋又禮記中庸武王｜太王王季文
王之緒注又詩閟宮｜禹之緒釋文又後漢皇后紀
上注傳毅傳注○詩崧高王｜之事釋文引韓詩作
王踐
之事
暵同熯○｜熱氣也周禮舞師教皇舞帥而舞旱｜
之事注○熯當風乾燥之貌淮南墬形煖溼生容

注○｜於貌詩中谷有蓷｜其乾矣傳○熯敬也詩
楚茨我孔熯矣傳又爾雅釋詁○熯音罕爾雅釋詁
釋文引蒼頡○詩中谷有蓷釋文｜本作灘又作𤅩
○詩中谷有蓷｜其乾矣說文水部作𤅩其乾矣
蜑天門｜蠻屬晉書音義上引文字集略○｜或作
蜒晉書音義上
但｜空也漢書高帝紀上集注匈奴傳上集注○｜
徒也文選講德論注引聲類○｜空也徒也漢書
食貨志下集注王尊傳集注淮陽憲王欽傳集注○
｜猶詐也淮南說山媒｜者非學謾也注○｜古不
知吹人｜讀燕言鉏同也淮南說林使｜吹竽注○
｜讀爲彈丸之彈考工記廬人句兵欲無彈司農注
○｜者急言之則音如
弟矣漢書陳勝傳集注
酇四里爲｜周禮遂人○鄰里｜鄙縣遂猶郊內比
閭族黨州鄉也周禮遂人以土地之圖經田野注

○｜白卽今之白醝酒也周禮酒正注如今
｜白矣釋文○周禮酒正注釋文｜本作醝
衎｜定也方言十三○｜爾自得貌禮記檀弓上居
處言語飲食｜爾注○｜然安定貌也方言十三
注○穀梁襄廿六年經衛侯｜復歸于衛釋文｜本
作衍○唐扶頌｜｜誾誾袁良碑其節｜然忠義之
臣孫根碑｜謇
不撓侃竝作｜
癉｜病也禮記緇衣有國家者章善｜惡注下民卒
｜注又爾雅釋詁○癉病也詩板下民卒癉傳又
史記扁鵲倉公傳風癉客脬索隱○｜疫病爾雅釋
詁｜病也孫注○癉熱也素問瘧論名曰癉瘧注○
癉謂濕熱也素問脉要精微論癉我爲消中注○癉
難也文選東京賦剛癉必斃薛注○詩板下民卒癉
禮記緇衣作下民卒｜○古文亶
爲癉儀禮士冠禮嘉薦亶時注

脘｜脯也廣雅釋器
坦｜平也管子版法｜氣修通注○｜｜平也廣雅
釋訓○｜｜謂平平管子樞言｜｜之利不以功
｜｜之備不爲用注○｜大也文選西京賦雖斯宇
之旣｜薛注○｜著也易履釋文引蒼頡○｜平大
貌老子繟然而善謀釋文○｜蕩明達之貌後漢明
帝紀注○｜蕩蕩寬廣貌也論語述而君子｜蕩蕩
集解引鄭注○老子釋文繟梁王尚
鍾會孫登張嗣本作｜河上本作墠
袒同襢○襢裼肉｜也詩大叔于田襢裼暴虎傳又
爾雅釋訓○襢裼脫衣見體曰肉｜爾雅釋訓李
注○｜解也廣雅釋詁二○｜露也禮記曲禮勞毋
｜釋文○｜左免衣也儀禮鄉射禮｜決遂注大射
儀｜決遂注○｜右脫右臂衣也淮南兵略攘臂｜
右注○右肉｜者刑宜施於右也凡以禮事者左｜

入更從右者臣𥁃純也〔儀禮覲禮〕乃右肉丨于廟門
之東乃入門右注〇襢丨也謂不障〔禮記喪大記〕大
夫士襢之注〇襢第丨簀也〔禮記喪大記〕設牀襢第
注〇襢丨也丨簀去席盝水便〔儀禮既夕〕抗衾而浴
襢第注〇丨飾長襦也〔廣雅釋器〕〇襢〔周禮〕作展〔禮
記雜記上〕下大夫以襢衣注〇〔詩大叔于田〕丨裼暴
虎〔說文肉部〕
作膻裼暴虎

亶
丨誠也〔詩祈父〕丨不聰傳〔生民〕胡臭丨時箋〔板〕不
實于丨傳又〔周禮內司服〕展衣注又〔儀禮士冠禮〕
嘉薦丨時注又〔爾雅釋詁〕又〔荀子彊國〕相國之於勝
人之埶丨有之矣注〇丨信也〔詩常棣〕丨其然乎傳
又〔爾雅釋詁〕又〔詩十月之交〕丨侯多藏釋文〇丨厚
也〔爾雅釋詁〕又〔國語周語〕又〔呂覽重己〕衣不燀熱注
〇丨盡也〔太元元瑩〕君子所以丨表也注〇丨讀爲
丨〔荀子議兵〕路丨者也注〇丨讀爲襢本亦或作擅

〔荀子彊國〕注〇丨讀曰但〔漢書五行志下之下〕集注
〔賈誼傳〕集注〔趙充國傳〕集注二見〔翼奉傳〕集注〔何並
傳〕集注〔楊雄傳上〕集注〔楊雄傳下〕集注〔王莽傳下〕集
注〇〔禮記緇衣〕下民卒癉釋文癉本作丨〇〔詩昊天
有成命〕單厥心〔國語周語〕作丨厥心〇〔古今人表〕
楚熊丨〔史記楚世家〕作熊黜〔三代世表〕作熊黜

稈
秆同〇秆稾也〔左氏昭廿七年傳〕或取一秉秆馬
注又〔廣雅釋草〕〇丨禾莖也〔一切經音義廿二〕引
〔字林〕〇稾謂之丨〔小爾雅廣
物〕〇稻穰謂之丨〔廣雅釋草〕

窾
丨空也〔廣雅釋詁三〕又〔史記太史公自序〕集解引
徐廣又〔漢書楊王孫傳〕集注引服虔又〔莊子養生
主〕導大丨釋文引司馬注〔達生〕丨啟寡聞之民釋文
引李注又〔淮南齊俗〕以濟江河不若丨木便者注〇
實不中其聲者謂之丨〔史記太史公自序〕〇丨法也
〔淮南俶真〕襲九丨注〇丨水名〔莊子外物〕飾弟子而
踆于丨水釋文引司馬注〇窾穴讀曰科也〔淮南說
山〕見窾木浮而知爲舟注〇〔史記太史公自序〕索隱
曰丨漢
書作款

粄
料字苑作丨同布滿反餈類也今米料豆科皆作
此也〔一切經音義十八〕

悍
丨兇也〔呂覽處方〕少不丨辟注〇丨戾也〔文選射
雉賦〕瞵丨目以旁睞徐注〇丨桀也〔一切經音義
五〕引〔蒼頡〕〇丨兇戾也〔荀子大略〕丨戇好鬭似勇而
非注〇丨利也〔素問陰陽應象大論〕其慓丨者按而
收之注〇丨與旱同〔文選鵩鳥賦〕水激則旱兮
注〇〔莊子大宗師〕我則丨矣釋文丨本作捍

懣
丨憤也〔楚辭哀時命〕惟煩丨而盈匈注〇丨悶也
亦憤也〔一切經音義十一〕引〔蒼頡〕〇丨古文懣同
〔一切經
音義八〕

纂
丨繼也〔禮記祭統〕丨乃祖服注又〔左氏襄十四年
傳〕丨乃祖考注又〔爾雅釋詁〕又〔國語周語〕丨修其
緒注又〔後漢章帝紀注〕〔馮衍傳下注〕又〔文選東京賦〕
況丨帝業而輕天位薛注〇纘音租緩反字書亦丨
字也丨繫也〔後漢張衡傳注〕〇蕝今之丨字〔史記劉
敬叔孫通傳〕與其弟子百餘人爲綿蕞索隱引〔纂文〕
〇丨古文儁同〔一切經音義十一〕〇丨讀曰綾繹丨
之丨〔淮南說林〕繪爲之丨繹注〇〔國語周語〕丨修其
緒〔史記周本紀〕
作遵修其緒

纂
本亦作纂〇纂織〔淮南脩務〕楓纂組注〇纂織文
也〔國語齊語〕縷纂以爲奉注〇纂繪也〔淮南齊俗〕
衣纂
錦注

篹
丨籩屬也以竹爲之〔禮記明堂位〕薦用玉豆雕丨
注〇丨竹筥也〔禮記喪大記〕食於丨者盥注〇丨丨

具也漢書元后傳集注引晉灼○丨或作簑同上

痯 丨丨病也爾雅釋訓○丨丨罷貌詩杕杜四牡丨丨傳

○以下據廣韻録

疸 丨勞也素問平人氣象論安卧者黃丨注

鉭 丨危也廣雅釋器○丨勺也一切經音義十八引三蒼

担 丨擊也廣雅釋詁三

潬 丨沙出爾雅釋水○今河中呼水中沙堆爲丨爾雅釋水注

䩥 丨帶也廣雅釋器○丨馬帶也御覽引字林

膻 丨中者氣海也𪐇也素問脉要精微論內以候丨中注○丨中者在胷中兩乳間爲氣之海素問靈

蘭秘典論丨中者臣使之官注

僤 丨厚也詩桑柔逢天丨怒傳○詩板下民卒丨釋文丨本作癉沈本作𤺺○詩桑柔釋文丨本作亶○詩桑柔逢天丨怒爾雅釋詁樊注作逢天亶怒

趲 趲虘也廣雅釋言

皯 丨病也廣雅釋詁一○面黎黑曰丨䵟一切經音義十二引通俗文

熯 丨辛菜也御覽九百八十引字林

攤 丨轉也廣雅釋詁四

笪 丨竹器名今之冠箱也儀禮士冠禮各一丨注○古文丨爲簞儀禮士冠禮注○儀禮士冠禮釋文

丨本作筭

輨 丨軑鍊鎋關之東西曰丨南楚曰軑方言九○考工記輪人注謂覆丨石釋文丨本作幹○祝睦碑七政錧鎋丨作錧

錧 丨田器也江南人呼犁刀爲丨爾雅釋樂釋文引字林○丨方言作輨車釭也孟子題辭五經之丨鎋音義引丁音○今文丨爲錧儀禮既夕記木丨注○爾雅釋樂注鷭形如犂丨釋文丨本作貫

鏉 丨刻也匡謬正俗六引字林

梡 俎有虞氏以丨禮記明堂位○丨始有四足也禮記明堂位俎用丨蕨注○丨几也廣雅釋器○丨支也廣雅釋木

籫 丨筩也廣雅釋器

滿 丨箠節也廣雅釋器

眅 丨方但方旦二反爾雅釋詁釋文引字林

○以下據集韻録

皔 丨白廣雅釋器

焌 丨讀如戈鐏之鐏謂以契柱爇火而吹之也周禮菙氏遂歈其丨契注○丨讀爲英俊之俊書亦或爲俊周禮菙氏杜注

單 丨誠也書盤庚中誕告用亶馬注○丨信也或曰厚也詩天保俾爾丨厚傳○丨厚也詩昊天有成命丨厥心傳

經籍籑詁卷第四十四

經籍籑詁卷第四十四補遺 上聲

兵部侍郎兼都察院右副都御史巡撫浙江等處地方提督軍務兼理糧餉阮元纂

十四旱

旱 大火爲丨禮記月令水泉咸竭注

煖 說文煗溫也从火耎聲○㬉溫也文選苔賓戲孔席不㬉注引韋昭○陽之少謂㬉素問至眞要大論彼春之㬉注

管 說文丨如篪六孔十二月之音物開地牙故謂之丨从竹官聲○丨籥也淮南主術故古之爲金石丨絃者注○丨漆竹長一尺六孔漢書律厤志上孟康注引禮樂器記○丨篼竹禮記明堂位下丨象疏

○丨謂夾取鍵今謂之鑰匙禮記檀弓下注丨鍵也疏○丨是鍵之伴類禮記月令注丨籥搏鍵器也疏引熊氏○丨人主館舍者禮記喪大記丨人汲疏○○丨人掌丨籥之人禮記喪大記丨人汲釋文○丨人掌管舍之八也同上○筦卽丨字也義與幹同皆謂主也漢書車千秋傳自以爲國家興權筦之利注○筦亦丨字漢書張禹傳後堂理絲竹筦絃注儒林顏安樂傳廣授琅邪筦路注王莽傳中初設六筦之令注○筦與丨同漢書食貨志上筦子曰注地理志上河南郡中牟注劉向傳周大夫尹氏筦朝事注賈誼傳筦子曰注○筦字與丨同漢書禮樂志鐘石筦弦注鼂錯傳齊桓公得筦子注谷永傳昔龍筦納言注○筦讀與丨同漢書藝文志筦子八十六篇注○幹謂主領也漢書食貨志下欲擅幹山海之貨注幹在縣官注○斡與丨同漢書劉向傳顯斡尚書注○幹讀與丨同漢書食貨志下欲擅幹山海之貨注○

幹古丨字也後漢書竇憲傳內幹機密注○詩執競磬筦將將釋文本亦作丨說文作丨磬蹡蹡漢書禮樂志作磬丨鏘鏘

【琯】說文古者玉丨以玉舜之時西王母來獻其白丨前零陵文學姓奚於伶道舜祠下得笙玉丨夫以玉作音故神人以和鳳皇來儀也从玉官聲

【澫】說文丨盈溢也从水萬聲○數從一至萬爲丨左氏閔元年傳萬盈數也服注○丨讕謂欺罔也漢書谷永傳丨讕誣天注

【短】說文丨有所長丨以矢爲正从矢豆聲○丨謂毀其丨惡也漢書蕭望之傳丨車騎將軍注○丨折少也禮記曲禮下丨折曰不祿疏○丨折謂少夭之名也左氏昭四年傳注丨折爲夭疏○丨謂世位淺促禮記表記義有長丨大小疏○往來不遠是謂丨也素問至眞要大論丨而濇注○丨謂陽氣不及素問平人氣象論中手丨者注○桂林之間謂人丨爲矲矮周禮典同注陂讀如人罷丨之罷釋文

【館】丨舍也禮記曲禮上見人弗能丨注○丨官舍也漢書車千秋傳謹謝丞相二千石各就丨注○丨者人所止舍詩緇衣傳丨舍疏○丨者宮室之名詩公劉傳丨舍也疏○丨則道上廬宿市所丨舍周禮環人舍則授丨疏○丨神所丨止也周禮司巫及蒩丨注○丨人守舍人也左氏昭元年傳敝邑丨人之屬也注○公丨者公家築爲別丨以舍客也詩何人斯箋公丨者公丨之堂塗也疏○公丨若今縣官舍也禮記曾子問公丨復注○公丨若今停待者也離宮是也禮記曾子問疏引張逸○左氏莊元年經築王姬之丨于外白虎通嫁娶引作觀

【緩】從容養民謂之丨行管子法禁莫敢布惠丨行注○丨帶者優游之稱也穀梁文十八年傳三人丨帶注○丨者謂沙塽弱土也呂覽任地急者欲丨注

【盥】丨謂洗手禮記內則咸丨漱洗疏玉藻日五丨疏少儀凡洗必丨疏○丨謂與尊長洗手也禮記少儀洗丨執食飲者疏

【盌】集韻或作𤭁○說文丨小盂也从皿夗聲又𤭁小盂也从瓦夗聲

【款】說文歀意有所欲也从欠𥨊省款歀或从柰○丨空也莊子達生今休丨啟寡聞之民也釋文引李注○丨扣也後漢書章帝紀丨塞自至注○實不中其聲者謂之丨漢書司馬遷傳

【嬾】說文丨懈也怠也一曰臥也从女賴聲

【繖】說文新附丨蓋也从糸散聲

【卵】說文凡物無乳者丨生象形凡丨之屬皆从丨○丨謂魚子禮記內則濡魚丨醬實蓼疏○丨雞子也史記龜策列傳粱丨焍黃索隱○丨鳥丨也漢書貨殖傳蝝魚麛丨注

【散】丨逃也易略例投戈丨地注○五升曰丨丨訕也飲不自節爲人謗訕詩卷耳箋觵罰爵也疏引異義韓詩說○邪丨放邪丨亂禮記樂記流辟邪丨疏○不在可用之數故曰丨木莊子人間世

【伴】說文丨大皃从人半聲

【誕】說文丨詞丨也从言延聲𧥺籀文丨省正○丨訓爲大書酒誥丨惟民怨疏○丨大言也漢書郊祀志上言神事如迂丨注藝文志則欺丨迂怪之文注朱買臣傳妄丨耳注

【罕】說文罕罔也从网干聲○丨畢也漢書司馬相如
傳上載雲丨注引張揖○罕少也禮記少儀罕見
曰聞名疏學記罕譬而喻疏
【澣】用足曰浣公羊莊卅一年傳注去垢曰丨疏
【瓚】丨者器名以圭爲柄圭以玉爲之指其體謂之玉
丨據成器謂之圭丨詩旱麓傳玉丨圭丨也疏○
丨所以斞鬯也禮記郊特牲灌以圭丨疏引王肅○
丨則兼圭丨璋丨也周禮鬱人注祼器謂彝及舟與
丨疏
【斷】丨絕也禮記儒行不丨其威疏○丨謂斬也漢書
淮南厲王長傳大者立丨注○丨或爲繼禮記儒
行不丨其威注

【笴】丨箭莖也一切經音義十引字林○簳小竹也文
選南都賦篠簳箛箠注
【侃】說文丨剛直也从㐰㐰古文信从川取其不舍晝
夜論語曰子路丨丨如也○丨丨和樂貌漢書韋賢
傳我徒丨爾注
【篹】說文丨數也从竹从具讀若筭○丨數也漢書敘
傳上旦丨祀于絜龜注
【畽】說文丨禽獸所踐處也詩曰町丨鹿場从田童聲
【纘】說文丨繼也从糸贊聲○詩崧高王丨之事潛夫
論志氏姓作王薦之事
【蜑】說文新附丨南方夷也从虫延聲
【但】說文丨裼也从人旦聲

【酇】說文百家爲酇酇聚也从邑贊聲南陽有酇縣
【衎】說文丨喜貌从行干聲○丨丨樂也易漸飲食丨
丨疏
【癉】癉病也後漢書李固傳下民卒癉注○癉黃病漢
書嚴助傳近夏癉熱注○癉謂伏熱素問通評虛
實論消癉注○詩板下民卒癉釋文本亦作僤
【脘】說文丨胃府也从肉完聲讀若患舊云脯○中丨
胃募也素問通評論胃之募也注引中誥
【坦】說文丨安也从土旦聲○丨丨平易之貌易履履
道丨丨疏○丨丨明也易履釋文引廣雅○丨明
貌也禮記祭法燔柴於泰壇祭天也注
【袒】丨裼肉丨也漢書鼂錯傳與丨裼同注引應劭○
丨露也禮記曲禮下勞毋丨疏○襢單也禮記喪

大記設牀襢第釋文○丨開也禮記少儀丨櫜奉胄
疏○丨去裼衣爾雅釋訓襢裼肉丨也孫注○襢裼
脫衣而見體爾雅釋訓注○丨者露膊禮記喪服四
制傴者不丨疏○丨謂堂上去衣禮記喪服小記丨
降踊疏○丨亦如禮丨踊也漢書高帝紀上丨而大
哭注○丨脫衣袖而肉袒也漢書高后紀爲呂氏右丨注○
丨裼脫衣露其肩背也漢書廣川惠王起傳望卿丨
裼傳粉其傍注○襢字以亶爲聲有行誠之義周禮
內司服注丨之言亶疏○襢聲音與展相似周禮內
司服展衣注○詩大叔于田襢裼暴虎釋文襢本又
作丨○爾雅釋訓襢裼釋文本或作丨
【亶】說文丨多穀也从㐭旦聲○丨信也書君奭在丨
乘茲大命疏○丨居也居猶虛居也漢書翼奉傳臣奉
誠雖丨居而改作注引如淳○丨古但字文選羽獵
賦丨觀夫剽禽之紲踰注○書盤庚中誕告用丨釋

攴馬本作單

稈 說文丨禾莖也从禾旱聲春秋傳曰或投一秉丨秆丨或从干

窾 丨空也淮南原道丨者主浮注○丨讀科條之科也同上

悍 丨氣謂浮盛之氣也素問瘧論水穀之丨氣也注

懣 丨悶也文選報任少卿書注引廣雅○丨煩悶也漢書司馬遷傳不得舒憤丨注○滿讀曰丨漢書佞幸石顯傳憂滿不食注

纂 說文丨似組而赤从糸算聲

纂 丨今五采屬綷是也漢書景帝紀錦繡纂組注引應劭

籑 丨與撰同漢書藝文志門人相與輯而論丨注敘傳下故探丨前記注丨書刪詩注草法丨元注○禮記喪大記食於丨者釋文本亦作撰

饊 說文丨熬稻粻餭也从食散聲

○以下據廣韻錄觛 說文丨小觶也从角旦聲

膻 說文丨肉丨也从肉亶聲詩曰丨裼暴虎○氣海在兩乳中間名曰丨中也素問經脈別論得氣於府注

皯 說文丨面黑气也从皮干聲

讕 丨詆諱也漢書梁平王襄傳抵丨置辭注

厂 說文丨山石之厓巖人可居象形凡丨之屬皆从丨厈籀文从干

梡 虞俎名丨丨形四足如案禮記明堂位俎用丨嶡疏○直有脚曰丨加脚中央橫木曰嶡同上引賀氏○丨斷木爲四足而已禮記明堂位有虞氏俎以丨注

𨅊 說文丨踐處也从足斷省聲

匴 說文丨渌米籔从匚算聲

筦 說文丨竽也从竹完聲

輨 說文丨轂端沓也从車官聲

䩪 說文丨車鞁具也从革官聲

棵 丨几也廣雅釋器

餪 丨饋也集韻引廣雅

渜 說文丨湯也从水耎聲

儹 說文丨最也从人贊聲

籫 說文丨竹器也从竹贊聲讀若纂一曰叢

㚘 說文丨竝行也从二夫輦字从此讀若伴侶之伴

○以下據集韻錄盰聲 說文丨目多白也一曰張目也从目干

⿰面免 丨汙也廣雅釋詁三

撣（說文）丨提持也从手單聲讀若行遲驒驒

經籍籑詁卷第四十四補遺終

經籍籑詁卷第四十五　上聲

經筵講官南書房行走禮部左侍郎兼署兵部左侍郎提督浙江學政阮元撰集

十五潸

潸 丨涕淚下貌也一切經音義十九引字林○丨涕下貌後漢劉陶傳注又晉書音義下

眼 丨限也童子限限而出也釋名釋形體○目謂之丨廣雅釋親○睍爲多白丨易說卦傳○丨出大貌也考工記輪人欲其丨也注○丨讀如限切之限考工記輪人司農注○爾雅釋訓注眉丨之閒釋文丨本作目

簡 丨閒也編之篇篇有閒也釋名釋書契○篇謂之丨廣雅釋器○大竹名策小竹名丨木板名牘翻譯名義十一引文選注○丨記策書也禮記王制執丨記注○丨書戒命也詩出車畏此丨書傳○丨略也書仲虺之誥丨賢附勢傳又國語周語不亦丨彝乎注又漢書谷永傳集注又莊子天運食于苟丨之田釋文引王注○丨猶略也文選東京賦丨珠玉薛注○丨省也文選西京賦丨繒紅薛注○丨約也大戴記小辨通道必丨注○丨少也漢書高惠高后孝文功臣表集注引晉灼又後漢郎顗傳下注○丨略也省也文選高唐賦丨輿元服注○丨省要也素問天元紀大論丨而不匱注○丨猶闕也文選弔魏武帝文注引詩緯宋注○丨者易野也說苑修文○丨率也漢書匈奴傳上集注○丨謂疎大無細行也論語雍也可也丨皇疏○丨敬也呂覽驕恣自驕則丨士注○丨慢也漢書五行志上集注○丨惰也呂覽處方而長不丨慢矣注○丨賤也淮南俶眞非丨之也注○丨汏也國策秦策丨練以爲揣摩注○丨差也周禮趣馬丨其六節注○丨擇詩簡兮丨兮丨兮箋又左氏襄廿六年傳丨兵蒐乘注○丨差擇也禮記王制丨不肖以絀惡注○丨閱也易繫辭上傳坤以丨能虞注繫辭下傳示人丨矣虞注又廣雅釋言○丨猶閱也周禮小宰二曰聽師田以丨稽司農注遂大夫正歲丨稼器注○丨習也國語吳語丨服吳國之士於甲兵注○丨明也漢書薛宣傳集注○丨大也書皋陶謨丨而廉傳盤庚下予其懋丨相爾傳多士夏迪丨在王庭傳又詩簡兮丨兮丨兮傳又論語公冶長吾黨之小子狂丨集解引孔注又皇疏又爾雅釋詁又爾雅釋水李注又漢書薛宣傳集注又孟子盡心下吾黨之士狂丨注又淮南俶眞臺丨以游太清注○丨丨大也詩執競降福丨丨傳又爾雅釋訓○丨丨降福之大也爾雅釋訓李注○丨圭大圭也淮南說山周之丨圭注○丨通大戴記文王官人智氣丨備注○丨誠也禮記王制有旨無丨不聽注又家語刑政有指無丨注○壹德不解曰丨周書謚法○一德不解曰丨獨斷下○平易不疵曰丨周書謚法○陰藏爲丨易繫辭上傳坤以丨能虞注○丨者水通易也爾雅釋水孫注○丨選練左氏襄三年傳爲丨之師注○丨謂比數之周禮大司馬丨稽鄉民注○丨節少易也禮記樂記繁文丨節之音作注○丨連傲慢不前之貌荀子非十二子其容丨連注○丨惰疏丨怠惰也文選舞賦丨惰跳蹈注○丨諫也左氏成八年傳是用大丨注○鄭司農云丨讀爲撊然登陴之撊元謂讀如丨札之丨考工記弓人欲小丨而長注○丨此本作閒轉字誤省耳漢書嚴助傳集注○詩簡兮釋文丨本作蕳○莊子天運食于苟丨之田釋文丨司馬本作閒

版 丨板同○板反也後漢李固傳注○丨反也後漢董卓傳注○板板反也詩板上帝板板傳○丨丨反

也廣雅釋訓○板板辟也禮記緇衣上帝板板注○
丨丨僻也爾雅釋訓○丨丨失道之僻也爾雅釋訓
李注○丨牘也管子宙合修業不息丨注○丨名籍
周禮司士掌羣臣之丨司農注又後漢仲長統傳注
○丨戶籍也周禮小宰三日聽閭里以丨圖司農注
司會凡在書契丨圖者之貳注○丨今戶籍也周禮
司民皆書於丨注○丨其人之名籍周禮宮正爲之
丨以待注○丨謂邦國圖籍也論語鄉黨式負丨者
皇疏○丨謂宮中閽寺之屬及其子弟錄籍也周禮
內宰掌書丨圖之灋注○丨籍也今時鄉戶籍世謂
之戶丨周禮大胥掌學士之丨司農注○丨名籍也
以丨爲之今時鄉戶籍謂之戶丨周禮宮伯掌王宮
之士庶子凡在丨者司農注○板謂詔書也後漢楊
賜傳注○凡王封拜謂之板官文選謝平原內史表
遺兼丞張含齎板詔書印綬注○板昄也昄昄平廣
也釋名釋書契○丨笏也後漢范滂傳注○後板屏

風與周禮掌次設皇邸注○丨謂車上鄣蔽者荀子
禮論棺椁其須象丨蓋斯象拂也注○丨輿一名步
輿文選閒居賦太夫人乃御丨輿注○丨輿以板爲
輿音書音義中引周遷輿服雜事○丨牆丨也史記
黥布傳身負丨築集解引李奇○丨築牆上下版文
選蕪城賦注引郭璞解詁○八尺曰板公羊定十二
年傳五板而堵注○廣二尺曰板國策秦策不沈者
三板耳注○大丨謂之業爾雅釋器○板楯西南蠻
之號後漢桓帝紀注○板桐山名也楚辭哀時命望
閬風之板桐注○故書丨爲班鄭司農云班書或爲
丨周禮司士注○爾雅釋、
蝂傳負丨釋文丨本作蝂

琖 盞同○丨夏爵名用玉飾之禮記明堂位玉丨釋
文○爵夏后氏以丨禮記明堂位○琖杯也廣雅
釋器○琖桮也自關而東趙魏之閒或曰琖方言五
○盞最小桮也方言五注○醬杯曰盞或謂之盌御
覽七百五十九引通俗文○呼琖爲竹簡反故以木
傍作展代盞字顏氏家訓書證○周禮量人注釋文
丨劉本
作湔

產 丨生也孟子梁惠王上無恆丨又呂覽當賞皆爲
得其處而安其丨注○生其種曰丨周禮大宗伯
百物之丨注○天丨者動物謂六牲之屬周禮大宗
伯以天丨作陰德注○地丨者植物謂九穀之屬同
上○地丨嘉穀也呂覽上農以教民尊地丨也注○
地丨謂土地之性各異若齊性舒緩楚性急悍周禮
大宗伯司農注○同丨同母兄弟也後漢明帝紀注
○丨貨也廣雅釋詁四○大籥謂之丨爾雅釋樂○
大者謂之丨
風俗通聲音

限 丨界也小爾雅廣詁○限界也廣雅釋詁三○丨
廣也楚辭懷沙丨之以大故注○限齊也廣雅釋

詁四○丨要也易艮艮其丨釋文引馬注○丨要帶
處也易艮虞注○丨身之中也易艮注○丨難也國
策秦策足
以爲丨注

睅 丨大目也左氏宣二年傳釋文引字林○丨出目
左氏宣二年傳丨其目注○丨猶分然也左氏宣
二年傳釋文引孟康○丨寢視不
安貌左氏宣二年傳釋文引蘇林

撰 丨具也論語先進異乎三子者之丨集解引孔注
又皇疏○丨數也易繫辭下傳以體天地之丨注
又釋文○丨猶博也楚辭招魂結丨至思注○丨讀
曰算周禮大司馬羣吏丨車徒注○丨三蒼作篹一
切經音義六○丨一作選史記司馬相如傳歷丨
列辟集解引徐廣○論語先進釋文丨鄭作僎

棧 閣版曰丨一切經音義十五引通俗文○丨木棚
也莊子馬蹄編之以阜丨釋文引崔注○編木作

靈似牀曰丨以禦濕也莊子馬蹄釋文○丨若欞牀
施之濕地也文選赭白馬賦注引莊子司馬注○馬
丨牀也國策齊策而埋之馬丨之下注○丨道飛閣
複道相連淮南本經延樓丨道注○丨車丨靖也麻
靖物之市也釋名釋車○丨車役車也詩何草不黃
有丨之車傳○丨謂柩車也凡士車制無漆飾儀禮
既夕賓奠幣于丨左服注○鐘小者謂之丨爾雅釋
樂○丨木干木爾雅釋木○丨淺也爾雅釋樂大鐘
謂之鏞小者謂之丨李注○丨丨衆盛貌漢書息夫
躬傳集注○丨嶮皆高峻貌文選西京賦丨齴巉嶮
注○今文丨作輚儀禮既
夕賓奠幣于丨左服注

綰 丨貫也一切經音義二十引淮南許注○丨縮也
廣雅釋詁三○丨音以繩丨結物之丨史記高帝
紀盧丨集
解引蘇林

矕 丨視也廣雅釋詁一又漢書敘傳上集注引晉灼
又後漢馬融傳注○丨丨視也廣雅釋訓○丨被
也漢書敘傳上
集注引孟康

赧 丨慙也廣雅釋詁一○丨愧也秦晉之間凡愧而
見上謂之丨方言二○色愧曰丨後漢延篤傳注
○丨懼也國語
楚語不則丨注

戁 丨懼也爾雅釋詁○丨恐詩長發不丨不竦傳又
家語弟子行不丨不悚注○面慙曰丨小爾雅廣
義○丨動也爾雅釋詁○
丨搖動貌爾雅釋詁注

滻 丨衆也廣雅釋訓

醆 丨爵也廣雅釋器○夏曰丨家語禮運丨斝及尸
君注○詩行葦傳夏曰丨釋文丨本作琖

剗 丨削也廣雅釋詁三又漢書敘傳下集注引韋昭
又後漢胡廣傳注左雄傳注○丨平也一切經音
義十引聲類○丨滅也小爾雅廣詁又國策齊策丨
而類注又呂覽知士丨而類注權勳必丨若類注觀
世以兵相丨注○攻板曰丨一切經音義十八引通
俗文○丨古文鏟同一切經音義十四○丨音丨削
之丨漢書敘傳下集注引晉灼
○校官碑禽姦戔猾丨作戔

丳 丨以籤貫肉爨也一切經音義九引字略○丨初
眼反謂以籤貫肉炙之者也一切經音義十二引
字
苑

僝 丨具也書堯典共工方鳩丨功馬注○僝見也書
堯典傳○書堯典共工方鳩丨功說文走部作𨑳
述孱功史記五帝紀
作共工旁聚布功

睆 丨目出貌也一切經音義十九引蒼頡○丨丨眼
目貌莊子天地丨丨然在纆繳之中釋文○丨丨
窮視貌莊子天地釋文引李注○燭丨目內白翳病
也一切經音義二十引淮南許注○丨丨明星貌詩大
東丨彼牽牛傳○丨實貌詩杕杜有丨其實傳○說
者以丨為刮節目字或為刮禮記檀弓上華而丨注
○丨遐綰反一切經
音義十九引埤蒼

柬 丨擇也爾雅釋詁○丨與簡同言丨擇其事理所
宜荀子脩身安燕而血氣不惰丨理也注○丨古
簡字漢書高惠高后孝
文功臣表集注引晉灼

揀 丨擇也廣雅釋詁一又一切經音義五引埤蒼

莞 丨笑貌也後漢蔡邕傳注○丨爾小笑貌也論語
陽貨夫子丨爾而笑集解○丨爾舒張面目之貌

僩 丨音緩爾雅釋草釋文引字林

(preceding:) 也文選東京賦乃丨爾而笑薛注○

僩 丨撊猛也廣雅釋詁三又荀子榮辱陋者俄且丨也注○撊猛也晉魏之間曰撊方言二○撊然猛貌也左氏昭十八年傳撊然授兵登陴服注○撊然勁忿貌左氏昭十八年傳注○丨寬大也詩淇奧瑟兮丨兮傳○容志審道謂之丨賈子道術○瑟兮丨兮恂慄也爾雅釋訓○丨美貌詩淇奧釋文引韓詩○撊謂遮禁也管子五行其氣不足則發撊瀆盜賊注○丨與撊同荀子榮辱陋者俄且丨也注○爾雅釋訓釋文丨本作撊

眅 鄭游丨字子明見左氏襄廿二年傳

鈑 鉼金謂之丨爾雅釋器

憪 丨寢視不安之貌史記孝文紀故丨然念外人之有非集解引漢書音義○丨然猶介然也史記孝文紀集解引漢書音義

輚 丨臥車也亦兵車廣韻三引埤蒼○丨臥車也音士版反後漢班彪傳上注引埤蒼

○以下據廣韻錄

眅 丨大也詩卷阿爾土宇丨章傳又爾雅釋詁

鯇 丨今鯶魚似鱒而大爾雅釋魚丨注○丨下短反爾雅釋魚釋文引字林

蝬 馬丨蟚蛆也廣雅釋蟲○丨仕免反或仕簡反爾雅釋蟲釋文引字林

簅 爾雅釋樂大籥謂之丨釋文丨本作産

䴼 丨䴼粟也集韻引字林

澗 丨洒也廣雅釋詁二

硍 丨音限石聲周禮典同釋文引字林

鏟 鑯謂之丨廣雅釋器

轏 丨士車左氏成二年傳丑父寢於丨中注

○以下據集韻錄

碊 丨作棧一切經音義十七引三蒼

睌 丨視也廣雅釋詁一○丨丨視也廣雅釋訓

撊 丨忿也小爾雅廣言

經籍籑詁卷第四十五

經籍纂詁卷第四十五補遺　上聲

兵部侍郎兼都察院右副都御史巡撫浙江等處地方提督軍務兼理糧餉阮元纂

十五潸

潸　｜涕下皃詩大東｜焉出涕傳

眼　說文｜目也从目艮聲

簡　說文｜牒也从竹間聲○編連爲策不編爲｜儀禮旣夕注策｜也疏○｜牒也左氏昭廿五年傳受牒而退疏○｜長一尺二寸書孔序疏引顧氏說○古者無紙有事書之於｜謂之｜書以相戒命之詩出車傳｜書戒命也疏○｜謂所書篇數也禮記內則請肄｜諒注○｜謂｜省易繫辭上傳坤以｜能疏○｜略也論語公冶長狂｜孔注又文選頭陀寺碑文注引國語賈注○無所臧否故曰｜左氏昭元年傳宋左師｜而禮注○｜謂器量凝｜書皐陶謨｜而廉鄭注○｜者寬大率畧之名書皐陶疏○｜歷｜謂算具陳列之也禮記郊特牲然後｜其車賦注○｜閱也周禮大宗伯大田之禮｜衆也疏○｜習也文選長楊賦注引國語賈注○｜謂選揀漢書馮奉世傳久廢不｜注○｜水道｜易爾雅釋水｜注

版　說文｜判也从片反聲○｜謂邦國籍也論語鄉黨式負｜者鄭注○｜謂宿衛人名籍周禮宮正爲之｜以待疏○一丈爲板詩鴻鴈百堵皆作傳○一丈八尺爲板詩鴻鴈箋五｜爲堵疏引韓詩說○一丈爲板板廣二尺左氏隱元年傳都城過百雉疏引五經異義○｜在兩旁卽彰土者左氏宣十一年傳注榦楨也疏○板蓋廣二尺長六尺禮記檀弓上今一日而三斬板注○鉼金謂之｜周禮職金則共其金｜注○禮記文王世子注掌學士之｜釋文本亦作板中庸注方｜也釋文本亦作板

琖　說文新附｜玉爵也夏曰琖殷曰斝周曰爵从玉戔聲或从皿○｜夏后氏之爵名也禮記明堂位爵用玉｜仍雕疏

產　說文｜注也从生彥省聲○｜生也禮記禮器德產之致也精微疏又周禮大宗伯以天產作陰德疏又左氏僖三年傳請以屈｜之乘服注又國語晉語其｜將害大注

限　說文｜阻也一曰門榍从𨸏艮聲

睅　說文｜大目也从目旱聲睆｜或从完

撰　｜數也易略例雜物｜德注○易繫辭下若夫雜物｜德釋文鄭作算

棧　說文｜棚也竹木之車曰｜从木戔聲○車輪迫地無漆飾故言｜也儀禮旣夕注｜謂柩車也疏○｜車不革鞔而漆之周禮巾車士乘｜車注○｜車謂編木爲之列子力命惄馬稜車釋文○｜道閣道也史記高祖本紀去輒燒絕｜道索隱又漢書張良傳注○｜卽閣也漢書高帝紀上燒絕｜道注○｜櫪也文選赭白馬賦㜸于內｜注○｜馬所立木也管子小問傳馬｜最難注○｜謂以簣蔽之也漢書王莽傳上覆上｜下注○｜木殭木也江東呼木觡爾雅釋木注

綰　說文｜惡也絳也从糸官聲一曰絹也讀若雞卵○｜者｜統其要準史記貨殖列傳東｜穢貉朝鮮眞番之利索隱○｜謂引結其組漢書周勃傳絳侯｜皇帝璽注

矕 說文丨目丨丨也从目䜌聲

赧 說文丨面慙赤色从赤𠬝聲周失天下于丨王○丨丨然面赤心不正之貌也孟子滕文公下觀其色丨丨然注

戁 說文丨敬也从心難聲

滻 說文丨水出京兆藍田谷入霸从水產聲

醆 說文丨爵也一曰酒濁而微清也从酉戔聲○夏曰丨詩行葦洗爵奠斝傳○丨酒謂盎齊周禮司尊彝注郊特牲曰丨酒涚于清疏又猶明清與丨酒於舊澤之酒也疏○丨謂盎齊禮記禮運醴丨在戶疏○丨是夏爵同上○丨酒盎齊禮記郊特牲丨酒涚于清注○盎齊一名丨酒御覽八百四十三引成

伯璵禮記外傳○丨斝先王之爵也禮記禮運丨斝及尸君注

羼 說文丨羊相厠也从𦍌在尸下尸屋也一曰相出前也

睆 說文丨明貌禮記檀弓上華而睆釋文○丨漆也禮記檀弓上釋文引孫炎

柬 說文丨分別簡之也从束从八八分別也

莞 丨笑也廣雅釋詁一

僩 說文丨武皃也从人閒聲詩曰瑟兮丨兮

鈑 爾雅釋器餅金謂之丨釋文本亦作版

輚 丨大也爾雅釋詁疏引尸子廣澤

嶘 說文嶘山高也从山棧聲

○以下據廣韻錄

瓪 說文丨敗也从瓦反聲

昄 說文丨大也从日反聲○丨丨善貌詩賓之初筵威儀反反釋文引韓詩

㬉 說文丨溫溼也从日赧省聲讀與赧同

橌 說文丨大木皃从木閒聲

鯇 說文丨魚名从魚完聲○鯶一名丨爾雅釋魚鯶丨舍人注

𪗾 說文丨齒見皃从齒干聲

㹽 說文丨𧈡也从犬戔聲

𤛓 說文丨畜牲也从牛產聲

䁳 說文丨大目也从目臤聲

䀂 說文睌䁳目視皃从目免聲

𤃬 說文丨淅也从水簡聲

鏟 說文丨鏶也一曰平鐵从金產聲

轏 說文新附丨車名从車孱聲

○以下據集韻錄

橌 韓非子難三麗橌氏孔叢子公儀作龍欄論衡非韓作龐擱

𢡺 說文丨存也从心簡省聲

經籍纂詁卷第四十五補遺終

〔清〕阮元等撰集

經籍籑詁

下册

中華書局

經籍籑詁卷第四十六

上聲

經筵講官南書房翰林戶部左侍郎兵部左侍郎提督浙江學政阮元撰集

十六銑

【銑】絕澤謂之丨爾雅釋器○丨卽美金言最有光澤也爾雅釋器注○丨猶洒也洒洒寒貌國語晉語而玦之金丨者寒甚矣注○弓以金者謂之丨爾雅釋器○兩欒謂之丨考工記梟氏○丨鍾口兩角考工記梟氏杜注

【善】丨德之建也國語晉語○丨者王教之化也春秋繁露實性○丨者理事不惡之名論語八佾又盡丨也皇疏○可欲之謂丨孟子盡心下○共養三德爲丨漢書律麻志上○以計多爲丨新序雜事一○丨演也演盡物理也釋名釋言語○丨好也呂覽長攻所以丨代者乃萬故注○丨猶且也淮南說林或丨爲新注○丨猶大也詩桑柔覆背丨詈箋○丨猶多也詩載馳女子丨懷箋○丨猶和也呂覽貴公夷吾丨鮑叔牙注○丨猶親也國策秦策齊楚之交丨注○丨猶喜也荀子解蔽其爲人也愚而丨畏注○丨快國策齊策子教文無受象牀甚丨注○丨謂身行愛敬也孝經不在於丨注○丨謂愛惜不怠棄也荀子彊國丨日者王丨時者霸注○丨賈貴賈也論語子罕求丨賈而沽諸皇疏○乾爲丨易象下傳君子以見丨則遷虞注繫辭上傳出其言丨虞注繫辭下傳誣丨丨之人虞注○乾爲積丨易履視履考祥虞注繫辭下傳丨不積虞注○乾爲揚丨易象上傳君子以過惡揚丨虞注○乾爲丨人易繫辭下傳誣丨丨之人虞注○吳謂丨伊謂稻緩穀梁襄五年傳○丨丨猶拭也莊子養生主丨刀而藏之釋文○楚王子丨字子元見國語楚語注○善古丨字漢書禮樂志集注○丨或作巧淮南說林雖丨者勿能爲工注○易繫辭上傳莫丨于蓍龜釋文丨本作大○易略例丨丨邇而遠至釋文丨本作繕○老子王注聖智才之丨丨也釋文丨本作傑

【遣】禮記檀弓注謂徹丨奠釋文丨本作遷

【淺】丨薄也淮南齊俗煩挐澆丨注○丨褊呂覽先己吾地不丨注○丨蚌也廣雅釋言○丨丨疾流貌楚辭湘君石瀨兮丨丨注○少聞曰丨荀子脩身○丨帶博帶也言帶博則約束衣服者丨故曰丨帶荀子儒效逢衣丨帶注○丨虎皮丨毛也詩韓奕鞹鞃丨幭傳○鹿丨鹿夏毛也儀禮既夕記鹿丨幦注○鹿丨幦以鹿夏皮爲覆笭周禮巾車鹿丨幦注

【典】丨主也周禮天官序官丨婦功注又廣雅釋詁三又後漢章帝紀注又法言重黎或問秦楚既爲天丨命矣注又管子任法國更立法以丨民則祥注○丨掌也呂覽孟春乃修祭丨注○丨經也禮記樂記念終始丨于學注又爾雅釋言又漢書敘傳下集注○丨常也詩我將儀式刑文王之丨傳又禮記文王世子念終始丨于學注又左氏文六年傳制事丨注文十八年傳愼徽五丨注又爾雅釋詁又周書謚法程典乃作程丨注又國語周語將龢協丨禮注晉語必順於丨刑注又管子宙合一丨品之不極注又淮南兵略丨凝如冬注又楚辭思古背三五之丨刑注又文選劇秦美新斯受命者之丨業也注○丨法也詩維清文王之丨傳又周禮大司寇掌建邦之三丨注又禮記曲禮下丨司六丨注又國語周語修其訓丨注厲始革丨注魯語故愼制祀以爲國丨注又漢書韋元成傳集注○丨則也漢書司馬相如傳下集

注○丨法則也後漢曹褒傳注○丨則亦灋也周禮
大史掌建邦之六丨以逆邦國之治掌灋以逆官府
之治掌則以逆都鄙之治注○丨者常也法也儀禮士
昏禮記吾子順先丨注○丨常也法也文選典引
注○丨常也經也灋也周禮大宰掌建邦之六丨注
○丨禮也國語周語省其丨圖形法注又穆天子傳
一伯天皆致河丨注○丨禮之常也爾雅釋詁丨常
也孫注○丨要道也易繫辭下傳不可為丨要虞注
○丨六丨禮記月令守丨奉法注又呂覽孟春守丨
奉法注○五丨五常之教書舜典慎徽五丨傳○五
丨五教也書舜典鄭注○五丨丨鎮也制教法所以
鎮定上下等差有五也釋名釋典藝○五丨五帝之
常道也春秋疏引張衡說○五丨五帝之書也文選
東京賦昔常恨三墳五丨既泯薛注○少昊顓頊高
辛唐虞之書曰五丨後漢周榮傳注○丨謂堯丨後
漢班彪傳下注○丨謨謂堯丨皋陶謨也同上○丨

謂經籍書五子之歌有丨有則傳○常丨五經之流
也文選遊天台山詩闕載於常丨者注○丨樂丨也
國語周語瞽獻丨注○西方法白虎曰丨古微書引
河圖握矩記○傾丨堅刃貌考工記輈人是故輈欲
頎丨注○丨讀為殄考工記輈人司農注○易繫辭
上傳行其丨禮釋文丨京本作等○書高宗肜日丨
祀無豐于昵史記殷本紀作常祀無豐于棄道○詩
我將儀式刑文王之丨左昭六年傳作儀式形文王
之德

轉丨運也漢書高帝紀上集注又文選拜中軍記室
辭隋王箋注引莊子司馬注○丨移也詩祈父胡
丨予于恤箋又楚辭愍命郤騏驥以丨運兮注○丨
行也廣雅釋詁二○丨遷徙也左氏昭十九年傳勞
罷死丨注○丨猶避也管子法法民不敢丨其力注
○丨入也國語吳語將丨於溝壑注○丨棄也淮南

主術死無丨尸注○丨謂丨動也素問離合眞邪論
吸則丨鍼注○丨側猶去來也後漢王允傳注○丨
脫者謂偸儒之人苟求免於事之義荀子脩身偸儒
丨脫注○丨音聲也淮南脩務異丨而同樂注○丨
衣裝左氏襄廿四年
傳皆踞丨而鼓琴注

衍丨溢也詩板及爾游丨傳又文選琴賦注引蒼頡
○丨猶溢也書大傳至今丨於四海注○丨流也
易象上傳丨在中也虞注○丨散也小爾雅廣言○
丨布也漢書司馬相如傳上集注又後漢杜篤傳注
又文選東京賦仁風丨而外流薛注○丨申布也文
選西京賦丨地絡薛注○丨達也太元斂畜槃而丨
注法水直丨注○丨廣也易繫辭上傳大丨之數五
十釋文引王蜀注又後漢杜篤傳注○丨大也廣雅
釋詁一又漢書郊祀志上集注○丨饒也後漢明帝
紀注鄧晨傳注劉焉傳注杜篤傳注又荀子賦仁人

絀約暴人丨矣注○丨蔓也文選西京賦篠簜敷丨
薛注○丨猶引也後漢安帝紀注○丨合也易繫辭
上傳干注又莊子天運盛以篋丨釋文引司馬注○
丨丨行也廣雅釋訓○丨泮丨也溢也素問五常政
大論水曰流丨注○下平曰丨周禮大司徒辨其山
林川澤邱陵墳丨原隰之名物注又左氏襄廿五年
傳井丨沃服注又國語周語猶其有原隰丨沃也注
又史記周本紀猶其有原隰丨沃也集解引唐固○
下平曰丨言漫丨也釋名釋地○下而汚者為丨淮
南墜形丨氣多仁注○丨墳之下者穆天子傳二天
子大朝于平丨之中注○丨沃平美之地也左氏襄
廿五年傳注又後漢楊賜傳注○山阪曰丨史記封
禪書其日止于鄗丨集解引李奇○丨池也廣雅釋
地○丨澤也楚辭憂苦巡陸夷之曲丨兮注○澤之
廣謂之丨小爾雅廣物○丨美貌詩伐木釃酒有丨
傳○回聲丨周禮典同○丨鉤也莊子天運盛以篋

丨釋文引李注○丨水卽沇水也丨沇聲相近轉呼
失實也水經濟水注○丨或爲皮禮記檀弓下仲叔
丨以告注○丨字當爲延周禮大祝二曰丨祭注○
丨讀爲延聲之誤也周禮男巫掌望祀望丨授號注
○家語本姓微子弟
曰仲思名丨或名泄
犬 丨金畜也禮記月令食麻與丨注又呂覽孟秋食
麻與丨注仲秋以丨嘗麻注○丨屬司寇金也周
禮庖人凡用禽獸注○司寇主丨周禮小宗伯辨其
名物而頒之于五官司農注○丨陽畜國語越語生
丈夫二壺酒一丨注○丨守禦者也隋書五行志上
引洪範五行傳○丨畜之以口吠守者屬言洪範五
行傳時則有丨禍注○丨曰羹獻獨斷上○丨封國
曰丨戎國狀如丨山海經海內北經○昔盤瓠殺戎
王高辛以女妻之不可以訓乃浮之會稽東南海中
是爲狗封之民也山海經海內北經西王母其東有

丨封
國注
選 丨擇也廣雅釋詁一又小爾雅廣言又國語晉語
書丨男德以象穀明注又漢書武帝紀集注○丨
簡擇也一切經音義九引字林又荀子儒效遂丨焉
而進注○丨閱揀擇也荀子王制案謹募丨閱材伎
之士注○丨數也書盤庚上世丨爾勞傳又左氏襄
卅一年傳不可丨也注昭元年傳弗去懼丨注又周
書寶典五中正是謂權斷補損知丨注又詩柏舟不
可丨也釋文又國語齊語牛馬丨具注又史記司馬
相如傳麻撰列辟索隱引文穎又漢書武帝紀集注
引孟康司馬相如傳下集注公孫劉田王楊蔡陳鄭
傳贊集注○丨偏也方言十三又廣雅釋詁二○丨
引也史記平準書命曰株送徒索隱○丨入也廣雅
釋詁三○丨行也周書常訓夫民羣居而無丨注○
丨善也漢書武帝紀集注引應劭王莽傳上集注○

十人曰丨白虎通聖人引禮別名記○命鄉論秀士
升之司徒曰丨士禮記王制○十秭謂之丨御覽七
百五十引風俗通○五億十丨一曰五億十萬山海
經海外東經○丨萬也山海經海外東經注○丨閒
猗丨傾呂覽處方上車丨閒注○丨閒須臾呂覽任
數丨閒食熟注○丨懦仁弱慈戀不決之意也後漢
淸河孝王慶傳注○丨懦
柔怯也後漢西羌傳注
冕 丨冠也書太甲中伊尹以丨服傳又左氏桓二年
傳袞丨黻珽注又後漢班彪傳上傳○丨冠名也
禮記明堂位丨而舞大武注○冠曰丨文選魯靈光
殿賦軒丨以庯張注○冠丨通名也論語子罕皇疏
○丨禮冠也論語衞靈服周之丨集解引苞注○丨
大冠也國語周語棄袞丨而南冠以出注楚語聖人
正端丨注○丨王者冠也淮南主術丨而前旒注○
丨所謂平天冠也文選東京賦正丨帶薛注○丨冠

周曰爵弁殷曰冔夏曰收獨斷下○祭服曰丨丨猶
俛也俛平直貌也亦言文也元上纁下前後垂珠有
文飾也釋名釋首飾○丨祭服穀梁桓三年傳丨而
親迎注○丨大夫服左氏哀十五年傳服丨乘軒注
○丨元丨書顧命相被丨服鄭注○丨緇布冠也論
語子罕麻丨集解引孔注○黃帝作丨一切經音義
一引世本○丨以三十升布漆而爲之廣八寸長尺
六寸前圓後方前下後高有俛伏之形故謂之丨後
漢明帝紀注○丨以木爲之衣以帛上纁下廣八寸
長旒六寸後漢蔡茂傳注○加旒曰丨公羊宣元年
傳可以弁丨注○元丨或爲元冠或爲元端禮記雜
記元丨一注○丨亡辯反禮記郊特牲釋文引字林
○論語子罕見丨者釋文丨鄭作弁鄉黨見丨者
釋文丨鄭作弁○古今人表師丨師古曰郎師免
人引車曰丨呂覽本生入則以丨注○丨人挽車
輦 文選東京賦下雕丨於東廂薛注○丨人輓行周

禮鄉師正治其徒役與其輂｜注〇｜謂人輓車荀
子大略諸侯｜輿就馬注〇｜謂輓輜車穆天子傳
六莘穀黃城三邦之事｜喪注〇｜車人所｜也釋
名釋車〇｜車人挽行也後漢寇恂傳注〇｜者駕
人以行後漢光武帝紀下注〇駕人曰｜後漢班彪
傳上注〇｜｜車也國語晉語攀｜郎利而舍注〇
｜柳車也廣雅釋器〇夏后氏謂｜曰余車殷曰胡
奴車周曰輜｜｜一斧一斤一鑿一梩一鋤周｜加
二版二築周禮鄉師注引司馬法〇夏后氏二十人
而｜殷十八人而｜周十五人而｜同上〇｜王者
所乘故京邑之地通曰｜焉文選吳都賦都｜殷而
四輿來暨注〇玉｜大｜也文選藉田賦天子乃御
玉｜注〇徒御不驚｜者也爾雅釋訓〇｜運也後
漢張衡傳注〇｜檐也淮南人間負｜粟而至注〇
｜道閣道也後漢班彪傳上注〇故書｜作連鄭司
農云連讀爲｜周禮鄉師注〇韓勑碑胡｜器用墫

作
｜
免 ｜去也禮記曲禮上冠毋｜注又禮記服問朝于
君無｜經釋文〇｜脫也左氏成十六年傳｜使
者而復鼓注襄十年傳其將不｜乎服注又廣雅釋
詁四又國語周語左右｜冑而下注晉語｜冑而聽
命注〇｜猶脫也論語爲政民｜而無恥皇疏〇｜
猶避也史記樂書｜席而請正義〇｜離也後漢申
屠剛傳注〇｜歸也廣雅釋詁二〇｜放也左氏成
七年經乃｜牛注〇｜猶縱也左氏僖卅一年經乃
｜牲注〇｜猶赦也周禮鄉士若欲｜之注〇｜猶
自止也禮記樂記人情之所不能｜也注〇｜隤也
廣雅釋言〇｜猶弱也大戴記公冠推遠稚｜之幼
志注〇｜乳也國語越語將｜者以告注〇｜字或
作俛漢書陳勝
項籍傳贊集注

展 ｜舒也廣雅釋詁四又楚辭東君｜詩兮會舞注
〇｜申也國語晉語侈必｜注又漢書谷永傳集
注揚雄傳下集注又文選謝靈運從斤竹澗越嶺溪
行詩注引莊子司馬注〇｜伸也漢書王溫舒傳集
注〇｜猶申也後漢仲長統傳注〇｜陳也左氏成
十六年傳｜車馬注襄卅一年傳各｜其物注哀廿
年傳敬｜謝其不恭注又後漢班彪傳下注遜讓傳
注〇｜誠也詩雄雉｜兮君子傳君子偕老｜如之
人兮傳猗嗟｜我甥兮箋車攻｜也大成箋又禮記
緇衣｜也大成注又爾雅釋詁又國語楚語｜而不
信注〇｜信也爾雅釋詁又文選思元賦｜洩洩以
彤彤舊注〇｜信也荆吳淮汭之間曰｜方言一〇
｜信也東齊海岱之間曰｜方言七〇｜直也廣雅
釋詁三〇屭奰也廣雅釋詁四〇｜適也爾雅釋言
〇｜重也國語魯語古者分同姓以珍玉｜親也注
〇｜成也後漢桓帝紀注〇｜審也國語周語和｜

百事注〇｜之言整也周禮司市平肆｜成賁賈注
〇｜猶錄也周禮內宰｜其功緒注〇｜猶校錄也
儀禮聘禮史讀書｜幣注〇｜省視之禮記檀弓下
｜墓而入注〇｜省閱也周禮肆師｜犧牲注〇｜
省具也禮記少儀主人｜之以授使者注〇｜難也
廣雅釋詁三〇｜難也山之東西凡難貌曰｜荆吳
之人相難謂之｜若秦晉之言相憚矣方言六〇屭
轉反側也廣雅釋訓〇｜轉不寐貌楚辭惜賢憂心
｜轉注〇｜謂陳數之周禮大胥｜樂器注〇｜謂
舒陳器物也文選東京賦禮事｜薛注〇｜猶整具
周禮鄉師則攷教察辭稽器｜事注〇｜具也具牲
若今時選牲也周禮充人司農注〇｜謂錄視其牲
體數周禮祭僕｜而受之注〇｜牲若今夕牲也周
禮充人｜牲則告牷注〇禮有｜衣者以丹縠爲衣
詩君子偕老其之｜也傳〇｜衣白衣也周禮內司
服｜衣司農注〇｜衣以禮見王及賓客之服字當

爲襢周禮內司服注○丨衣字誤禮記作襢衣
詩君子偕老箋○詩緑衣箋釋文丨本作襢
繭○丨未繅也从虫糸芇聲一切經音義十七引蒼頡
○丨單衣左氏襄廿一年傳重丨衣裘注○丨袍
衣有著之異名也禮記玉藻纊爲丨縕爲袍注○重
丨累胝也國策宋策墨子聞之百舍重丨注○丨足
下傷起形如丨也後漢段熲傳注
○丨古文絸同一切經音義十四
辯丨說也家語五帝德卒采之丨注又呂覽淫辭言
藏之三牙甚丨注○丨者言之信韓非子八經○
丨別也易象上傳君子以丨上下鄭注君子以類族
丨物鄭注繫辭下傳德之丨也鄭注文言傳由丨之
不早丨也馬注又書堯典丨章百姓鄭注又禮記樂
記男女無丨則亂升注仲尼燕居故長幼丨也注坊
記君子不敬何以丨注表記寬而有丨注又周書太
子晉爲人丨也唯耳之恃注又國語周語言教必及

丨注齊語丨其功苦注又華嚴經音義下引漢書音
義又後漢劉愷傳注班彪傳下注又孟子告子上萬
鍾則不丨禮義而受之音義引丁音又太元元攡則
君臣父子夫婦之道丨矣注說之者丨也注又呂覽
聽言其有丨乎注又淮南脩務若白黑之目丨注又
文選東京賦丨方位而正則薛注○丨猶別也禮記
鄉飲酒義隆殺之義別矣注○丨猶正也儀禮士相
見禮必丨君之南面注又禮記曾子問有司弗丨注
○丨別也正也禮記樂記樂師丨乎聲詩注○丨猶
正也別也禮記玉藻朝丨色始入注○丨使也書酒
誥勿丨乃司傳又廣雅釋詁二○丨治也左氏昭元
年傳主齊盟者誰能丨焉注○丨明也管子五輔任
官丨事注○丨慧也廣雅釋詁一又莊子天下釋文
引字林○丨捷也文選晉武帝華林園集詩言去其
丨注○丨變也廣雅釋言又莊子逍遙遊而御六氣
之丨釋文○丨者變也楚辭九辯序○分丨皆別也

禮記曲禮上分爭丨訟注○丨分別政事也禮記表
記朝極丨注○丨謂能談說也荀子非相故君子必
丨注○丨謂分明於節義禮記樂記磬以立丨注○
論物明丨謂之丨賈子道術○丨爭也後漢延篤傳
注○丨爭彼也墨子經上○丨相易奪也呂覽淫辭
公無與孔穿丨注○丨荅闕丨也左氏襄廿九年傳
丨而不德服注○辨本作變於義當爲丨孟子告子
上萬鍾則不丨禮義而受之音義引丁音○丨當爲
貶聲之誤也周禮士師則以荒丨之灋治之注○丨
讀爲風別之別周禮士師司農注○易坤由丨之不
早丨也釋文丨荀作變○莊子逍遙遊而御六氣之
丨釋文丨崔本作和○書堯典平章百姓詩采菽正
義引書大傳作丨章百姓○書堯典平秩東作周禮
馮相氏疏史記五帝紀索隱引書大傳作丨秩東作
○書堯典平秩南譌周禮馮相氏疏引書大傳作丨
秩南譌平秩西成作丨秩西成平在朔易作丨在朔
易

辨丨別也易象下傳君子以愼丨物居方虞注繫辭
下傳丨是與非虞注又周禮天官序官丨方正位
注賈師丨其物而均平之注大司馬設儀丨位注又
左氏襄廿五年傳丨京陵注襄廿八年傳男女丨姓
注昭元年傳男女丨姓注哀元年傳男女以丨注又
論語顏淵子張問崇德丨惑集解引苞注又大戴記
少閒入政曰丨注又易繫辭上傳丨吉凶者存乎辭
釋文引董虞姚顧蜀注繫辭下傳丨物正言釋文莊
子秋水不丨牛馬釋文又小爾雅廣言又荀子非相
以其有丨也注儒效鄉也效門室之丨注議兵禮者
治丨之極也注正論上宣明則下治丨矣注性惡凡
論者貴其有丨合有符驗注又呂覽察微魯昭聽傷
而不丨其義注又文選東京賦司儀丨等薛注○丨
分也易象上傳剝牀以丨鄭注○丨明也易繫辭上

傳丨吉凶者存乎辭釋文引京注〇丨理也荀子王
霸必將曲丨注〇丨治也荀子議兵城郭不丨注又
呂覽過理實丨天下注〇丨猶正也考工記矢人水
之以丨其陰陽注〇丨具也考工記總日以丨民器
釋文〇丨別異也周禮鄉師丨鄉邑注〇丨明察也
荀子富國忠信調和均丨之至也注〇丨憂也廣雅
釋詁一〇丨使也小爾雅廣言〇丨分別事荀子王
霸加有治丨彊固之道焉注〇丨丨然不疑惑也周
禮小宰六曰廉丨注〇丨謂考問得其定也禮記王
制論丨然後使之注〇有丨人之義也說苑權謀〇
丨者所以文身袪惑水經沙水注〇丨說也者心之
象道也荀子正名〇丨護者供時用和禮儀也中候
握河紀契陪位稷丨護注〇艮爲慎丨易象下傳君
子以慎丨物居方虞注〇人政曰丨大戴記少閒〇
指閒稱丨易剝剝牀以丨虞注〇足上稱丨易象上
傳剝牀以丨鄭注〇丨足之上也易剝注〇丨在第

足之閒是牀楏也易象上傳崔注〇丨修也廣雅釋
器〇革中絕謂之丨爾雅釋器〇廉丨或爲廉端周
禮小宰杜注〇丨讀貶禮記玉藻立容貶卑注〇丨
與乏古字通文選典引惇睦丨章之化洽注〇周禮
宮人注朝丨色始入釋文丨本作別〇國策齊策齊
貌丨古今人表作昆辯呂覽作劑貌辯元和姓纂作
昆弁

篆 鍾帶謂之丨考工記鳧氏〇丨轂約也考工記輪
人陳丨必正注〇夏丨轂有約也周禮巾車孤乘
夏丨司農注〇丨素丨書於素也文選吳都賦鳥書
丨素注〇故書夏丨爲夏緣周禮巾車注〇丨讀爲
圭瑑之瑑周禮
巾車司農注

勉 丨彊也論語子罕喪事不敢不丨皇疏又莊子庚
桑楚趎丨聞道達耳矣釋文引向注又離騷曰丨

升降以上下兮注〇丨勵法言孝至所以行之者一
曰丨注又呂覽達鬱臣乃今將爲君丨之注〇丨力
也小爾雅廣詁〇丨務呂覽審爲皆丨處矣注〇丨
進呂覽季春丨諸侯注〇丨猶勸也禮記月令丨諸
侯注〇丨猶趣也呂覽具備子丨歸矣注〇丨猶努
力公羊宣十五年傳丨之矣注〇丨力力役也荀子
天論丨力不時注〇丨古文勸同一切經音義六〇
丨當爲黽漢書王莽傳中集注引晉灼〇詩棫樸丨
丨我王荀子富國韓外傳作亹亹我
王〇莊子庚桑楚釋文丨本作䩄

鄬 丨齊也詩泮水實始丨商傳又爾雅釋言〇丨削
也左氏宣十二年傳其丨以賜諸侯注成二年傳
余姑丨滅此而朝食注襄八年傳翦焉傾覆注襄十
四年傳毋是丨棄注〇丨斷也詩泮水箋〇丨割截
也禮記文王世子不丨其類也注〇丨除呂覽制樂
此文王之所以止殃丨妖也注〇丨去詩甘棠勿丨

勿伐傳〇丨盡也文選西京賦而丨諸鶡首薛注〇
丨勤也爾雅釋詁〇丨猶殺也禮記玉藻凡有血氣
之類弗身踐也注〇丨滅也書成王政序遂踐奄鄭
注〇丨斷滅之言也周禮秋官序官丨氏注〇丨淺
也儀禮既夕緇丨注〇丨淺黑也周禮巾車木路前
樊鵠纓注〇丨丨淺短貌莊子在宥而佞人之心丨
丨者釋文引李注〇丨丨狹小之貌莊子在宥釋文
〇丨丨善辨也莊子在宥釋文引司馬注〇丨丨佞
貌莊子在宥釋文〇丨刀丨進也所丨稍進前也釋
名釋兵〇南方人呼丨刀爲劑刀爾雅釋言劑丨齊
也注〇今文丨作淺儀禮既夕緇丨注〇今文曰沐
浴搔丨或爲蚤揃儀禮士虞禮記沐浴櫛搔丨注〇
丨者如俴淺之俴或者讀爲羊豬戔之戔考工記鮑
人則是以博爲幭也注〇劉張揖曰爲古丨字也漢
書嚴助傳集注引晉灼〇莊子人間世且幾有丨乎
釋文丨崔本作前〇詩甘棠勿丨勿伐釋文引韓詩

作勿剗勿伐漢書王吉傳注作勿鬋勿伐○詩閟宮實始丨商說文戈部作實始戩商○禮記文王世子不丨其類也周禮甸師司農注作不踐其類也

卷 通作捲○丨屈也淮南本經贏縮丨舒注○丨束也淮南兵略旗不解丨注○丨猶收也儀禮公食大夫禮有司丨三牲之俎歸于賓館注○丨屈取也淮南兵略南丨沅湘注○丨猶斷絶史記蘇秦傳塞女戟韓氏太原丨正義○丨丨臂也淮南原道短袂攘丨注○捲捲用力貌莊子讓王捲捲乎后之爲人釋文○捲握猶掌握也後漢張堪傳注○黃帝曰雲門大丨黃帝能成名萬物以明民共財言其德如雲之所出民得以有族類周禮大司樂舞雲門大丨注○丨耳苓耳也詩卷耳采采丨耳傳○丨讀爲可丨而懷之之丨考工記鮑人丨而摶之司農注○詩卷耳爾雅釋草作菤耳○鄭豐丨字子張見左襄卅年傳

顯 丨光也詩文王有周不丨傳假樂丨丨令德箋清廟肅雝丨相箋執競不丨成康傳敬之天維丨思箋又爾雅釋詁又後漢班彪傳上注○丨明也易繫辭上傳丨道神德行注又詩抑無曰不丨箋又儀禮士虞禮記京丨相注又禮記曲禮下不丨諫注祭法曰丨考廟注又左氏僖二十二年傳天維丨思注又廣雅釋詁四又漢書劉向傳集注韋元成傳集注孔光傳集注敘傳下集注引劉德又孟子滕文公下丕丨哉注又文選東京賦昧旦丕丨薛注子虛賦奢言淫樂而丨侈靡郭注劇秦美新上罔丨於羲皇注○丨卽明也爾雅釋詁丨代也注○丨丨明也廣雅釋訓○丨丨著也同上○丨見也詩敬之傳又爾雅釋詁○丨明見也爾雅釋詁丨見也注○丨露也素問五常政大論其令鳴丨注○丨猶公露也國語吳語不敢丨然布幣行禮注○丨者陽也史記老莊申韓傳丨爲名高索隱○日出謂之丨明素問六微旨大論丨明之右注○不丨不丨也小爾雅廣訓○不丨言丨也禮記中庸不丨惟德注○丨代也爾雅釋詁○丨幽謂使幽人明丨不壅蔽也荀子致仕衡聽丨幽注○丨當作韅禮記檀弓下子丨以致命於穆公注○丨考當爲皇字之誤禮記祭法適士丨考無廟注○詩假樂丨丨令德禮記中康作憲憲令德○史記魯世家穆公名丨漢書律厤志作衍

餞 祖而舍軷飲酒于其側曰丨詩泉水飲丨于禰傳○送行飲酒曰丨文選謝靈運戲馬臺集詩注引韓詩章句○丨送行飲酒也詩崧高王丨于郿箋又儀禮聘禮注鄉大夫處者于是丨之釋文○丨送行者之酒儀禮士虞禮記乃丨注○丨送行酒左氏成八年傳季文子丨之注昭十六年傳鄭六卿丨宣子

於郊注○丨謂郊送飲酒之禮國語周語賓饗贈丨注○丨郊禮也國語周語賓禮贈丨注○丨送也書堯典寅丨納日傳○丨進也爾雅釋詁○丨滅也書堯典馬注○古文丨爲踐儀禮士虞禮記乃丨注○丨當爲踐周禮司尊彝其朝踐用兩獻尊杜注○書堯典寅丨納日史記五帝紀作敬道日入

踐 丨履也禮記曲禮上修身丨言注文王世子周公相丨祚而治注又禮記曲禮則必丨之釋文引王注又廣雅釋詁一又國語周語足以丨德注又漢書五行志中之上集注○丨猶履也禮記明堂位周公丨天子之位注○丨蹐也廣雅釋言○丨之者籍之也詩破斧正義引書大傳○丨登也史記秦始皇紀然後斬華爲城索隱引崔浩又漢書陳勝項籍傳贊集注引晉灼○丨猶升也禮記中庸丨其位注○丨循也論語先進不丨迹集解引孔注又皇疏○丨厭也左氏僖十五年傳亦晉之妖夢是丨注○丨往呂

覽古樂王命周公丨伐之注○丨行也儀禮士相見
禮不足以丨禮注○丨跣也漢書文帝紀集注引孟
康○丨任也詩崧高王纘之事釋文引韓詩○丨履
居之也孟子盡心上惟聖人然後可以丨形注○丨
行列貌詩伐斧籩豆有丨傳○丨陳列貌詩伐木籩
豆有丨箋○丨殘也使殘壞也釋名釋姿容○丨翦
也史記孝文紀皆無丨集解引服虔又漢書文帝紀
集注引伏儼○丨淺也詩東門之墠有丨家室傳○
丨闇也廣雅釋室○壓或曰丨方言三○丨或爲纘
禮記中庸丨其位注○丨讀曰翦書成王政序遂丨
奄鄭注○丨讀曰善字之誤也禮記曲禮上日而行
事則必丨之注○丨當爲翦聲之誤也禮記玉藻凡
有血氣之類弗身丨也注○故書丨作餞杜子春云
餞當爲丨周禮司尊彝其朝丨用兩獻尊司農注○
丨一本作蹈列子楊朱則丨鋒刃釋文
○書序遂丨奄史記周本紀作殘奄

眄㫄視曰丨丨一切經音義一引蒼頡○丨視也廣雅
釋詁一○莊子山木雖羿逢蒙不能丨睨也釋文
丨本
作睥
喘丨息也廣雅釋詁二○丨轉也廣雅釋詁四○丨
陽吸素問平人氣象論寸口脈沈而丨曰寒熱注○爲
丨喘也喘疾也氣出入喘疾也釋名釋疾病○丨微
言也荀子勸學端而言注臣道丨而言注○丨謂脉
至如卒丨狀也素問五藏生成篇赤脉之至也丨而
堅注○莊子大宗師丨丨然
將死釋文丨丨崔本作惴惴
輭俗作軟○軟弱也漢書賈誼傳集注○丨輪以蒲
裹輪後漢明帝紀注○莊子天下注則雖水氣無
軟也釋文
軟本作濡

巘山之上大下小者曰丨文選西京賦陵重丨薛注
蹇丨難也易彖下傳雜卦傳蹇往丨來連虞注又廣
雅釋詁三○丨者難也易序卦傳○丨丨難也廣
雅釋訓○丨停也管子水地凝丨而爲人注○丨優
也廣雅釋訓三○丨拔也管子四時毋丨華絶芋注
○丨產詰詘也廣雅釋訓○丨產形貌也文選西京
賦旣乃珍臺丨產以極壯薛注○衡方碑謇謇王臣
張表碑謇謇
匪躬丨作謇
謇集韻謇或作謇○謇吃也廣雅釋詁二○謇吃也一切經音
義一引通俗文○丨難也離騷丨吾法夫前修兮注
○丨辭也楚辭惜誦丨不可釋注○蹇詞也楚辭雲
中君蹇將憺兮壽宮注湘君蹇誰留兮中洲注○丨
正言貌楚辭招魂丨其有意些注○丨丨忠貞貌也

離騷余固知丨丨之爲患兮注○丨作謇又作切同
居展反一切經音義十九引聲類○古文謇蹇二形
今作丨一切經音義廿八○丨與蹇同後
漢朱暉傳注○高頤碑淸蹇之口丨作謇
演丨引也文選西都賦注引蒼頡又漢書五行志下
之上集注又文選長笛賦有所搖丨注○丨者引
也後漢班彪傳上注○丨延也言蔓延而廣也釋名
釋言語○丨廣也漢書五行志上集注外戚傳上集
注○丨遠也小爾雅廣言○水土氣通爲丨
丨猶潤也國語周語夫水土丨而民用也注
峴丨山嶺小高也丨與現同賢典切文選遊竹澗詩
注引聲類○丨與俔同文選從斤竹澗越嶺溪行
詩迢遞陟
陘丨丨注
姸丨偝也廣雅釋詁二○丨相違背也華嚴經音義
上引珠叢○丨乖也淮南氾論而見聞丨馳於外

好貌詩甫田婉兮丨兮傳○丨丨壯好貌詩猗嗟猗嗟丨兮傳○丨美貌詩車舝思丨季女逝兮傳○丨樊也廣雅釋言○詩甫田婉兮丨兮說文女部作婉兮嫡兮

跣　丨徒丨也國語晉語公丨而出注又史記孝文紀皆無跣集解引晉灼○丨四典反一切經音義十四引字苑

腆　丨厚也左氏僖卅三年傳不丨敝邑爲從者之淹注文二年傳不丨敝器注襄十四年傳有不丨之田注昭七年傳鄭雖無丨注又公羊昭廿五年傳寡人有不丨先君之服注又儀禮聘禮釋文又方言十三又小爾雅廣言又國語魯語不丨先君之敝器注○丨善也詩新臺籧篨不殄箋又儀禮士昏禮記辭無不丨注燕禮寡君有不丨之酒注○丨猶善也儀禮聘禮不丨先君之祧注又禮記郊特牲辭無不丨注○丨美也廣雅釋詁一○丨至也書大誥殷小丨馬注○丨至也廣雅釋詁一○丨久也廣雅釋詁三○丨忘也方言十三又廣雅釋詁二○丨謂小國也書大誥殷小丨鄭注○古文丨皆作殄儀禮燕禮注○丨古文費同一切經音義十三

鮮　丨少也左氏昭元年傳丨不五稔注又論語學而而好犯上者丨矣集解丨矣仁皇疏里仁以約失之者丨矣皇疏雍也民丨久矣皇疏又易繫辭上故君子之道丨矣釋文引馬鄭王肅注詩新臺籧篨不丨釋文引王注抑丨不爲則釋文左氏隱三年傳憾而能眕者丨矣釋文宣二年傳丨克有終釋文襄廿一年傳重繭衣裘丨食而寢釋文昭廿八年傳吾母多而庶丨釋文又國語晉語丨不五稔注又漢書高帝紀下集注宣帝紀集注食貨志下集注五行志中之上集注二見婁敬傳集注司馬相如傳下集注淮

南注○丨亙也淮南俶眞二者代謝丨馳注○丨充絹反錯也漢書敘傳音義引字林○丨讀丨賣之丨淮南俶眞注

莽　丨茗之別名也爾雅釋木注一名丨釋文引張揖雜字說

扁　五家爲伍十伍爲里四里爲丨鶡冠子王鈇○丨丨乘石貌詩白華有丨斯石傳○丨者枯也御覽人事部四引書大傳○丨讀爲辨荀子修身丨善之度注○丨與楄同文選景福殿賦爰有禁楄注○周禮疾醫注莫如丨鵲倉公釋文丨本作鶣○莊子盜跖丨虎須釋文丨本作編

臠　丨卷相牽引也莊子在宥乃始丨卷猶囊釋文○丨卷不中舒之狀也莊子在宥釋文引司馬注○莊子在宥釋文丨崔本作欒

闢　丨開也文選長笛賦注引蒼頡又廣雅釋詁三又後漢班彪傳下注○丨大開也文選赭白馬賦注引聲類○卜布也呂覽決勝隱則勝丨矣注○丨廣也漢書禮樂志集注○丨大也書序以丨大猷釋文又漢書敘傳下集注引張晏○丨緩也廣雅釋詁二○丨明也易繫辭下傳而微顯丨幽注又易繫辭下傳釋文書序以丨大猷釋文左傳序微顯丨幽釋文○左氏哀八年經齊人取讙及丨公羊作僤

兗　河東曰丨州周禮職方氏○濟河間曰丨州爾雅釋地○濟南間曰丨州說苑辨物○濟河間其氣專質厥性信謹故曰丨丨信也爾雅釋地李注○丨之言端也言隄精端故其氣纖殺古徵書引春秋元命苞○丨州取丨水以爲名也釋名釋州國○書禹貢濟河惟丨州史記夏本紀作濟河惟沇州

變　丨好也廣雅釋詁一○丨丨好貌詩泉水丨彼諸姬傳候人婉兮丨兮傳又後漢楊震傳注○婉丨少

陽憲王欽傳集注匈奴傳下集注外戚傳下集注王
莽傳下集注敘傳下集注又離騷國亂流其丨終兮
注又文選幽通賦丨生民之晦在曹注○尠少也與
丨通也文選西京賦慘則尠於驩注○尠少也易乾
注尠克有終釋文繫辭下傳尠不及矣虞注又釋文
○丨寡也詩揚之水終丨兄弟箋蓼莪丨民之生傳
蕩丨克有終箋又論語學而鄭注又爾雅釋詁又國
語周語其歸丨矣注晉仍無道而丨胄注晉語丨有
慢心注又華嚴經音義上引國語賈注又文選思元
賦旣姱麗而丨雙兮舊注○丨罕也禮記中庸民丨
能久矣注表記民丨克舉之注大學天下丨矣注又
爾雅釋詁○丨盡也易繫辭上傳故君子之道丨矣
釋文引師說○不以壽終爲丨左氏昭五年傳葬丨
者自西門注○人不以壽死曰丨列子湯問則丨而
食之注○小山別大山丨爾雅釋山○小山別大山
曰丨詩皇矣度其丨原傳○小山曰丨周書和寤至
于丨原注○大山少故曰丨爾雅釋
山李注○爾雅釋山釋文丨本作⿰山鮮

戩 丨福也詩天保俾爾丨穀傳又爾雅釋詁
鉉 丨者鼎之耳易稱金丨玉丨是也匡謬正俗八○
丨扛鼎而舉之也易鼎黃耳金丨釋文引馬注
吮 丨音弋選反一切經音義十八引韻集
辮 織繩曰丨一切經音義十五引通俗文○丨交織
也文選思元賦丨貞亮以爲鞶兮舊注○丨亦編
字一切經音義
十四引三蒼
璉 般曰丨論語公冶長曰瑚丨也集解引苞注又鄭
注○丨與連古字通文選景福殿賦又宏丨以豐
敞
注

愞 丨一作懦晉書音義上
集韻或作蠕○搖動蟲曰蠕一切經音義十一引
蝡 通俗文○丨蟲動也一切經音義十一引字林○丨動
蠕蠕動貌音歎史記匈奴傳索隱引三蒼○丨丨動
貌漢書匈奴傳上集注○丨微動也荀子勸學丨而
動注○丨動也廣雅釋
詁一又後漢馬融傳注
碝 集韻或作礝○礝石白者如水水中有赤色者山
海經中山經扶豬之山其上多礝石注○丨碱琳
珉並石次玉者後
漢班彪傳上注
撚 手捏曰丨一切經音義十四引通俗文○丨蹂蹈
也淮南兵略前後不相丨注○丨緊也一切經音
義十四引聲類○丨續也方言一又廣雅釋詁二○
丨從也周書大武五後動丨之注○丨枝香草也楚

辭惜賢采丨
枝於中州注
泫 丨丨垂貌文選泛湖歸出樓中翫月詩丨丨露盈
條注○丨泫並水流貌後漢張衡傳注○丨泫沸
貌文選思元賦水
丨泫而涌濤舊注
墠 除地曰丨禮記祭法一壇一丨注又周書王會丨
上張赤帟陰羽注○丨除地也書金縢同丨傳又
左氏昭元年傳請丨聽命釋文○丨除地於中爲壇
後漢黨錮傳注○丨謂除地而祭改丨爲禪神之也
後漢光武帝紀下注○丨謂築土而無屋者也獨斷
上○去壇爲丨禮記祭法又獨斷上○掃地曰丨今
齊俗名之云爾公羊宣十八年傳丨帷注○丨除田
町町者詩東門之墠東門之丨傳○丨猶坦華嚴經
音義上引韓詩傳○丨寬也老子繟然而善謀釋文
○擅與禪同丨亦同荀子正論堯舜擅讓注○左氏

昭十三年傳注除地爲丨釋文丨本作壇○武梁碑前設礑坦丨作坦

鱓 或作鱣亦作䱇○丨蛇魚也一切經音義十六引訓纂○丨魚似蛇山海經北山經滑水其中多滑魚其狀如丨注○丨或爲鱣鱣鮰也書大傳江丨注○鱣音善韓子云鱣似蛇索續漢及謝承書鱣字皆作丨然則鱣丨古字通也後漢楊震傳注○䱇亦丨魚字山海經北山經湖灌之水其中多䱇注○後漢書云鸛雀銜三丨魚多假借爲鱣鮪之鱣顏氏家訓書證

墡 白墡一名白丨一切經音義十四引吳普本草○丨音善土名也即白土也亦名堊一切經音義十七引字林

單 咎丨忠臣名書沃丁序咎丨遂訓伊尹事傳○咎丨臣名書明居序咎丨作明居傳○咎丨湯司空也書明居序馬注○鄭丨字子家見史記仲尼弟子傳○丨字自有善音顏氏家訓書證

畎 古作甽○一耦之伐廣尺深尺謂之甽考工記匠人○廣尺深尺爲丨國語周語或在丨畝注○一畝之閒廣尺深尺曰丨書益稷濬丨澮距川傳○三尺爲甽呂覽任地所以成甽也注○古者耜一金兩人併發之其壟中曰甽考工記匠人注○壟中曰畎莊子讓王居于畎畝之中釋文引司馬注○甽田中之溝後漢章帝紀注○丨澮田閒溝也書益稷鄭注○山下根之受霤處曰甽甽吮也吮得山之肥潤也釋名釋山○丨谷也書禹貢岱丨絲枲傳又廣雅釋山○丨坑也廣雅釋水○甽丨也考工記匠人注○畎與甽同考工記匠人注釋文○甽與丨同荀子成相舉舜甽畝任之天下注○昆緄丨聲相近耳漢書匈奴傳上集注○書益稷濬丨澮距川說文巜部作濬く巜距川○書禹貢羽丨夏翟周禮染人注作羽甽夏狄

惼 通作褊○褊急也爾雅釋言○褊狹也小爾雅廣言又楚辭初放淺智褊能兮注○褊陋也廣雅釋詁二又漢書汲黯傳集注○包衆容易謂之裕反裕爲褊賈子道術

艑 吳船曰丨晉船曰舶長二十丈載六七百人者是也丨音蒲殄反舶音泊一切經音義一引通俗文○丨舟也廣雅釋水

琢 丨有圻鄂丨起周禮典瑞丨圭璋璧琮司農注○丨刻也漢書司馬遷傳集注○丨本作琢列子黃帝雕丨復朴釋文

蜓 爾雅釋魚蜥蜴蝘丨釋文丨本作蜒

殄 丨絕也書舜典朕堲讒說丨行傳又馬注又詩新臺籧除不丨傳桑柔不丨心憂箋又左氏僖十年傳君祀無乃丨乎注哀十一年傳則劓丨無遺育注又爾雅釋詁又國語魯語固民之丨病是待注又孟子盡心下肆不丨厥愠注又太元元告五生不相丨注○丨亦絕也大戴記曾子立事君子不絕小不丨微也注○丨盡也詩瞻仰邦國丨瘁傳又左氏宣二年傳敗國丨民注襄廿六年傳邦國丨瘁注又爾雅釋詁又漢書王莽傳上集注又後漢班彪傳上注王允傳注又淮南本經下丨地財注又文選東京賦常畏生類之丨也薛注○丨病也絕也周禮稻人夏以水丨草而芟薙之注○丨者死之比也論衡論死○丨沌不分也文選洞簫賦溷丨沌兮注○丨當作腆詩新臺籧除不丨箋○丨讀曰典淮南本經注○書益稷用丨厥世史記夏本紀作用絕其世

靦 ｜姡也詩何人斯有｜面目傳又爾雅釋言○靦
姡也玉篇引埤蒼○｜人面姡然也爾雅釋言李
注孫注○｜姡也言面姡然無愧後漢樂成靖王黨
傳注○｜擅也一曰面貌也謂自專擅之貌爾雅釋
言舍人注○｜面目之貌也國
語越語余雖｜然而人面哉注
甗 ｜無底甑考工記陶人司農注○｜如甑一孔儀
禮少牢饋食禮禀人概甑｜匕與敦于禀爨注○
｜甑也爾雅釋山重｜隒注○陶人爲｜實二鬴厚
半寸脣寸考工記陶人○山嶺曰｜爾雅釋畜釋文
引顧注○｜者彼也爾雅釋畜釋文○周禮太宰注
謂溉祭器及甑｜之屬釋文｜本作甗○詩公劉陟
則在｜釋文
｜本作巘
獻 ｜有力爾雅釋獸

俛 ｜俯也左氏成二年傳韓厥｜定其右注又後漢
劉元傳注○｜然俯就貌荀子正名｜然而類注
○｜焉勤勞之貌禮記表記｜焉日有
孳孳注○｜平直貌也釋名釋首飾
緬 ｜遠也穀梁莊三年傳舉下｜也釋文○｜猶邈
也國語楚語｜然引領南望注○｜盡貌也文選
西征賦冀闕｜其壇盡注○｜思
貌也華嚴經音義上引國語賈注
沔 漢上曰｜書禹貢逾于｜傳○｜即漢水也後漢
荀彧傳注○或謂漢爲｜書禹貢鄭注○漾水東
流爲｜水經沔水注引孔安國○始源曰｜水經漾
水注○｜水一名沮水水經沔水注○｜水出武都
沮縣東狼谷中至江夏沙羨縣北南入于江後漢法
雄傳注○｜水名也儀禮士喪禮注江｜之間釋文
○｜水流滿也詩沔水｜彼流水傳
○儀禮士喪禮注釋文｜木作沱

酒 ｜飲酒齊色曰｜書酒誥罔敢｜于酒鄭注又詩蕩
天不｜爾以酒釋文○飲酒齊其色曰｜詩賓之
初筵序沈｜淫液釋文○飲酒閉門不出客曰｜詩
蕩釋文引韓詩○｜沈也荀子非十二子多少無法
而流｜然雖辯小人也注○｜流也漢書五行
志中之下集注○｜古文湎同一切經音義二
跰 ｜平也爾雅釋畜駢蹄｜舍人注○｜胝也莊子
天道而舍重｜而不敢息釋文引司馬注
鍵 ｜戶牡也廣雅釋室○｜牡閉北也禮記月令修
｜閉注○管謂籥也｜謂牡周禮司門掌授管｜
司農注○｜籥也禮記檀弓注管｜也釋文又太元
閉關無｜注○｜閉也太元元攡叩其｜注○｜鍇
也爾雅序六藝之鈐｜釋文○｜折也太元于萗｜
挈挈注○｜巨偃反鋭也爾雅序釋文引字林○｜
讀爲蹇周禮司門司農注
○爾雅序釋文｜本作楗

輾 ｜或作碾○石碢轢轂曰碾御覽七百六十二引通
俗文○足所蹈爲碾文選西京賦當足見碾薛注
羂 ｜繯也文選西京賦罝羅之所｜結薛注○｜作
繯又作罥同古犬反一切經音義十引三蒼
獮 秋獵爲｜爾雅釋天○秋田爲｜周禮肆師｜之
日｜涖卜來歲之戒注大司馬遂以｜田注○秋田
曰｜殺也國語周語｜於既烝注○秋曰｜後漢
馬融傳注又說苑修文引傳○｜秋獵也禮記玉藻
惟君有黼裘以誓省釋文○｜殺也周禮大司馬注
又爾雅釋詁又文選西京賦已｜其什七八薛注○
｜殺也以殺爲名順秋氣也左氏隱五年
傳秋｜注○夏｜春秋繁露深察名號
襺 ｜綿衣也爾雅釋言袍｜也釋文○｜絮也廣雅
釋器
蕆 ｜敕也左氏文十七年傳以｜陳事注又賈注服
注又廣雅釋詁四○｜亦訓敕方言十三注○｜

備也方言十三又廣雅釋詁二○丨解也方言十二又廣雅釋詁一

輾 臥而不周曰丨詩關雎丨轉反側箋○丨轉不定也後漢來歷傳注○丨車行處也一切經音義十一引蒼頡○丨亦展字也文選古辭飲馬長城窟行展轉不可見注○丨从車展詩關雎釋文引呂忱○詩關雎釋文丨本作展○詩澤陂丨轉伏枕韓詩作展轉伏枕

衙 廣韻衙同○爾雅釋蟲螾衙入耳釋文衙本作丨

搴 丨取也廣雅釋詁一○丨拔也廣雅釋詁三○丨擧也廣雅釋詁一○捲縮也淮南俶眞擢往捲性注

蜎 丨蠉井中小蛣蟩赤蟲一名孑孑爾雅釋魚丨蠉注○丨亦掉也謂若井中蟲丨之丨考工記廬人

刺兵欲無丨注○故書丨或作絹考工記廬人注

琄 皐皐丨丨刺素食也爾雅釋訓○鞙鞙玉貌詩大東鞙鞙佩璲傳○鞙古文丨同一切經音義十五○詩大東鞙鞙佩璲爾雅釋訓疏作丨丨佩璲

睍 丨視也廣雅釋詁一○丨丨睆好貌詩凱風丨睆黃鳥傳又釋文○詩凱風丨丨睆黃鳥韓詩作簡簡黃鳥

垷 丨塗也廣雅釋室○丨大坂在暨西山玉篇引蒼頡

勔 丨勉也爾雅釋詁又後漢張衡傳注又文選思元賦丨自强而不息兮舊注○爾雅釋詁釋文丨本作偭又作黽

洗 丨濯也國語周語三曰沽丨注○丨絜也漢書律麻志上又太元元數南呂生姑丨注○丨新也呂覽季春律中姑丨注又淮南天文音比姑丨丨注時則律中姑丨注○丨者鮮也白虎通五行○丨大棗爾雅釋木

鬋 丨斷也淮南齊俗越人鬋丨注○丨丨鬢也楚辭招魂盛丨不同制實滿宮些注○丨丨鬢也禮記曲禮下不蚤丨注

戭 左氏文十八年傳檮丨古今人表作檮戭潛夫論作擣演

燹 丨逆燒廣韻引字林

癬 丨乾瘍也一切經音義十五引字林○丨創也廣雅釋詁一○丨徙也浸淫移徙處曰廣也故青徐

謂丨爲徙也釋名釋疾病

狷 古文悤丨二形今作獧同一切經音義九

燀 丨炊也左氏昭二十年傳丨之以薪注又廣雅釋言○丨灼也音充善反後漢泗水王歙傳注引字林○丨然也周書周祝火之丨也固定上注又左氏昭二十年傳釋文○丨熾也漢書敘傳下集注○丨炎起貌國語周語火無灾丨注○蹇展難也齊魯曰丨方言六○丨讀曰亶呂覽重己衣不丨熱注

鄟 丨國名穀梁成六年經取丨釋文○左氏襄九年傳門于丨門釋文丨本作專公羊昭廿六年經盟于丨陵釋文丨本作專

譾 丨丨巧辨之言也國語越語又安知丨丨者乎注○丨丨巧言也公羊文十二年傳釋文引國語賈

注〇丨丨淺薄之貌公羊文十二年傳惟丨丨善竫言注〇丨丨善也廣雅釋訓

錢 丨銚詩臣工庤乃丨鎛傳

僤 丨作儃公羊哀九年傳釋文引字林〇公羊宣十年傳注据歸讙及丨釋文丨本作闡

韅 在背曰丨左氏僖廿八年傳丨靷鞅靽注〇丨經也墳經其腹下也釋名釋車〇丨馬服之革荀子禮論蛟丨注

毨 丨理也書堯典鳥獸毛丨傳又鄭注

獮 丨丨武也廣雅釋訓

揃 丨搣也亦斷也一切經音義十四引字林〇丨猶翦也莊子外物釋文引三蒼〇丨謂被分割也史記西南夷傳西夷後丨索隱〇丨或爲鬋儀禮士虞禮記沐浴櫛搔翦注〇丨古文鬋鬋翦三形同一切經音義十四

歊 丨口氣引也廣韻引字林〇鄭駟丨字子然見左氏定八年傳注

繾 丨綣反覆也詩民勞以謹丨綣傳〇丨綣不離散左氏昭廿五年傳丨綣從公注

涊 俗謂水漿不寒而溫爲淟丨漢書揚雄傳上音義引晉灼〇丨汗貌也文選七發丨然汗出注〇丨丨濁也廣雅釋詁三

倎 丨慙也廣雅釋詁一〇丨慙也荆揚青徐之間曰丨丨若梁益之間言心內慙矣方言六

嶮 丨猶嶮也文選江賦厓隒爲之泐丨注〇丨謂棧丨嶮貌也文選西征賦峻丨峭以繩直注

幝 丨丨敝貌詩杕杜檀車丨丨傳〇詩杕杜釋文丨韓詩作繟

撰 丨具也廣雅釋詁三〇丨博也廣雅釋詁四〇丨定也同上〇丨猶持也禮記曲禮上丨杖屨注〇丨讀曰算周禮大司馬羣吏丨車徒注

剸 丨割也禮記文王世子其刑罪則纖丨注〇丨截也漢書王褒傳集注〇丨斷也廣雅釋詁一〇丨與專同荀子榮辱信而不見敬者好丨行也注富國然後六畜禽獸一而丨車注〇丨專聲之急上者也漢書蕭何傳集注叔孫通傳集注

耎 丨弱也物柔曰丨一切經音義五引三蒼〇丨弱也廣雅釋詁二又漢書劉輔傳集注引蘇林〇物柔曰丨一切經音義六引通俗文〇丨柔也漢書王吉傳集注〇丨字苑作腝柔脆也一切經音義十一〇丨退也漢書天文志集注引晉灼〇少選俗謂之選丨一切經音義五引呂氏〇丨螺蝡動蟲也莊子胠篋丨之蟲釋文引崔注〇書堯典傳丨毳細毛釋文丨本作濡

㔜 丨匾薄也不圓也一切經音義十九引纂文〇今俗呼廣薄爲丨匾關中呼焷匾補迷反一切經音義六〇丨匾方殄反下他奚反一切經音義六引韻集

諓 丨專敎也音詮漢書揚雄傳音義引字林〇丨敎也廣雅釋詁四

宴 丨安也詩谷風丨爾新昏傳又廣雅釋詁一又文選東京賦乃丨斯息薛注〇丨作宴五經文字引字林

俴 丨淺也詩小戎小戎丨收傳俴駟孔羣箋又爾雅釋言〇丨單也管子參患將徒人與丨者同實注

○丨謂無甲單衣者管子參患甲不堅密與丨者同實注○駟馬不著甲曰丨駟詩小戎釋文引韓詩

以下據○廣韻録

洟 丨濁也廣雅釋詁三○丨垢濁也一切經音義七引字林○丨涊垢濁也廣雅釋訓又後漢張衡傳注

錪 丨鬴也廣雅釋器○鍑北燕朝鮮洌水之閒或謂之丨方言五○丨重也廣雅釋詁三○丨重也東齊之閒曰丨方言六

琠 丨他殄反玉也晉書音義中引字林

蕇 丨亭歷爾雅釋草

蝘 丨蜓守宮爾雅釋魚

䁙 丨當也廣雅釋詁三○瞜視也東齊曰瞜凡以目相戲曰瞜方言六

跈 丨履也廣雅釋詁一○莊子外物哽而不止則丨釋文丨本作蹍

菄 丨束也廣雅釋詁三

挸 丨拭也廣雅釋詁二

臔 丨丨肥也廣雅釋訓

哯 丨吐也廣雅釋詁四○丨古文㕶同一切經音義十四

抮 丨偝也廣雅釋詁二○丨盭也廣雅釋詁四

搷 丨塗也廣雅釋室

繯 丨于善反丨絡也漢書楊雄傳音義引字林○丨系也漢書楊雄傳上集注○丨落也後漢馬融傳注○丨還也同上

汱 丨墜也爾雅釋詁○丨水落貌爾雅釋詁注○爾雅釋詁釋文丨本作汏

𪉊 丨鹽也廣雅釋器

縯 丨引也後漢齊武王縯傳注

蕢 丨菟瓜爾雅釋草

搌 丨搼㞡極也廣雅釋訓

皽 丨謂皮肉之上魄莫也禮記內則去其丨注○丨離也廣雅釋詁三○禮記內則釋文丨本作餌

剸 丨攻也廣雅釋言○丨犍也廣雅釋獸

樿 丨木白理也禮記禮器丨杓注○丨木白理中節山海經中山經風雨之山其木多棷丨注

稹 丨束也廣雅釋詁三

樼 丨榛也廣雅釋木

趁 亦作蹍○蹍蹈也文選長笛賦注引莊子司馬注○蹍履也廣雅釋詁二○躔履也淮南原道先者踰下則後者躔之注說山足躔地而爲迹注說林足以躔者淺矣注俗務是謂猶釋船而欲躔水也注

𡰪 丨弱也廣雅釋詁一

韅 丨黃也廣雅釋器

繟　|緩也廣雅釋詁二○||緩也廣雅釋訓○|寬也老子|然而善謀注
灛　|溢也爾雅釋水汝爲|李注○爾雅釋水釋文|本作灛
嘽　|寬也史記樂書其聲|以緩正義○|寬緩也禮記樂記其聲|以緩釋文
䌫　|緩也廣雅釋詁二○||緩也廣雅釋訓
鑓　|搏也廣雅釋詁三
觲　簡|籍也廣雅釋器
掔　|很也廣雅釋詁三
縒　|縮也廣雅釋詁三

經籍籑詁　卷四十六　十六銑　繟至㦂　三二

攓　|蔫爾雅釋草○爾雅釋草釋文|本作搴
帴　|讀爲翦謂以廣爲狹也考工記鮑人則是以博爲|也司農注
擶　|音子善反晉書音義下引字林
僝　驚聲曰||音于簡反一切經音義十五引通俗文
揵　|擔之也一切經音義十一引淮南許注
𨑳　|行也方言十二又廣雅釋詁一
偭　|鄉也晉書音義中
㦂　|憂也廣雅釋詁一

臇　|臛也廣雅釋器○|小臛也楚辭招魂鵠酸|鳧注○|少汁臛也子兗切文選七啟注引蒼頡解詁
𤻮　|蛘也廣雅釋言
沇　||流行之貌漢書禮樂志集注○|溶盛多之貌也文選羽獵賦萃從|溶注○泉源爲|流去爲濟水經濟水注引孔安國說○一水東南流俗謂之爲衍水卽|水也衍|聲相近水經濟水注
抏　|動也廣雅釋詁一
𦱵　|雀弁爾雅釋草
脟　|膊也史記司馬相如傳|割輪淬集解引徐廣

經籍籑詁　卷四十六　十六銑　臇至腨　三三

菤　|耳苓耳爾雅釋草○爾雅釋草釋文|本作卷
蔨　|鹿藿爾雅釋草
蕈　|木耳也齊民要術十引字林
緛　|縮也廣雅釋詁三又素問生氣通天論大筋|短注○|縮短也素問五常政大論其動|戾拘緩注
膞　|臠也廣雅釋器○膝頭曰||圜也因形圜而名之也釋名釋形體
腨　|腓腸也一切經音義三引三蒼又一切經音義十四引字林○|䏿後軟肉處也素問至眞要大論|如別注

踹丨足躍足也淮南人閒追者至踹足而怒注
沌丨水出江夏入江晉書音義中引文字集略
隊丨院也廣雅釋室
剬丨斷也廣雅釋詁一
轉丨等也國語齊語丨本肇末注
𡿜丨危也廣雅釋器
僎丨讀曰詮詮之言善也論語先進異乎三子者之撰注
錙丨長也廣雅釋詁二

鴘丨鷹鶬二年色廣韻引埤蒼
〇以下據集韻錄洒丨謂深也爾雅釋邱望厓丨而高岸注〇丨下陗下爾雅釋邱夷上丨下不㵎李注又孫注〇丨如肅敬貌丨或爲察禮記玉藻受一爵而色丨如也注
黰黰黑也廣雅釋器
緶繳謂之丨廣雅釋器
沴丨陵亂也莊子大宗師陰陽之氣有丨注
寋丨難也齊晉曰丨方言六
帣丨收衣裦也史記滑稽傳丨韝鞠䐁集解引徐廣

經籍纂詁卷第四十六

經籍籑詁卷第四十六補遺　上聲

兵部侍郎兼都察院右副都御史巡撫浙江等處地方提督軍務兼理糧餉阮元纂

十六銑

【銑】説文｜金之澤者一曰小鑿一曰鐘兩角謂之｜
从金先聲

【善】説文譱吉也从誩从羊此與義美同意善篆文譱
从言○｜美呂覽古樂以見其｜注○｜猶好也
禮記曲禮上注馳｜藺入也疏○｜謂福也禮記中
庸｜必先知之疏○｜即惠也管子法法赦過遺｜
注○夫｜衆之主也左氏襄三十年傳○｜入國之主
也左氏成六年傳○供養三德爲｜左氏昭十二
年傳○｜脩治也易略例故有｜邇而遠至注○｜
猶解也禮記學記相觀而｜之謂摩疏○｜者過於

適之稱莊子繕性離道以｜注○｜歌謂音聲和美
禮記學記｜歌者疏○｜驚謂數驚古人有此語今
人謂數驚爲好驚左氏襄二十八年傳慶氏之馬｜
驚疏○祺訓爲祥祥又訓爲｜也儀禮士冠禮注祺
祥也疏○｜夸嬉之｜廣雅釋言曹憲音○孟子盡
心上達則兼｜天下風俗通｜作濟○夏承碑流恩
褒譱校君碑寇息譱歎｜作譱

【遣】説文遣縱也从辵𠳋聲○｜貸也荀子禮論然後
皆有衣衾多少厚薄之數注

【淺】説文｜不深也从水戔聲

【典】説文｜五帝之書也从冊在丌上尊閣之也莊都
説｜大冊也䈞古文典从竹○｜常也國語周語
不替其｜注魯語夕省其｜刑注晉語失趙氏之｜
刑注楚語位寧有官師之｜注又管子入國如｜之
同生注○｜法也國語魯語國之｜祀也注晉語懷
之以｜言注陽有夏商之嗣｜注○｜謂主｜後漢
書樊準傳｜負者注○｜刑常事故法也荀子非十
二子常有｜刑注○｜藉謂先祖常籍法度之文也
孟子告子下不足以守宗廟之｜籍注○少昊顓頊
高辛唐虞之書謂之五｜言常道也書序○五｜五
帝之書左氏昭十二年傳是能讀三墳五｜八索九
邱賈注○｜策春秋之制左氏定四年傳備物｜策
注○楊統碑膺茲典猶衡方碑有單襄穆典謨之風
｜作典祝睦碑統□□䈞律章譙敏碑深明䈞奧｜
皆作䈞

【轉】｜宛｜也左氏昭卅一年傳贏而｜以歌注○｜
傳送也漢書高帝紀上｜送其家注○｜騰相過
也漢書司馬相如傳上｜騰潎洌注引孟康○｜病
易病也淮南俶眞昔公牛哀｜病也注○｜貨謂｜

貴收賤也史記仲尼弟子列傳與時｜貨貲索隱引
劉氏○｜化謂隨時｜貨以殖其資也史記仲尼弟
子列傳與時｜貨貲索隱○｜讀傳譯之傳也淮南
氾論濁之則變而無｜注

【衍】説文｜水朝宗于海也从水从行○｜演也易繫
辭上大｜之數釋文引鄭注○｜遠也爾雅廣
言○｜溢也素問五常政大論其用沃｜注○｜謂
寬｜易象下傳｜在中也疏○｜旁廣也漢書楊雄
傳下辭之｜者注○｜無厓岸也漢書楊雄傳上陵
高｜之嵱嵷分注引孟康○｜謂流｜也後漢書宋
意傳｜食宅縣注○｜溢言有餘也漢書司馬相如
傳下浸淫｜溢注○｜謂地平延者也漢書貨殖傳
邱陵｜沃注○下平曰｜左氏襄廿五年傳井｜沃
賈注○｜地高于原左氏襄廿五年傳注｜沃疏○
｜沃俱是平美之地同上○｜是高平而美者同上
○｜祭羨之道中如今祭殤無所主命周禮大祝二

曰丨祭司農注〇丨延也周禮男巫掌望祀望丨授號疏〇三輔謂山阪閒爲丨漢書郊祀志上其口止於鄜丨注引李奇〇丨漾遊丨漂漾也文選車駕幸京口詩注〇詩椒聊蕃丨盈升一切經音義十九作蕃延盈升

犬 說文丨狗之有縣蹏者也象形孔子曰視丨之字如畫狗也凡丨之屬皆从丨〇丨是金畜周禮秋官序官丨人疏〇丨爲金畜禮記月令注麥實有孚甲疏〇丨者金畜風俗通祀典〇丨屬金禮記文王世子疏引五行傳〇丨屬西方金禮記庖人膳膏臊疏又禮記內則膳膏臊疏〇大者爲丨小者爲狗禮記曲禮上效丨者左牽之疏〇丨曰羹獻禮記曲禮下〇丨邱垂也地有兩名左氏隱八年傳遇于丨邱注

選 說文丨遣也从辵巽巽遣之巽亦聲一曰丨擇也〇丨卽算也書盤庚上疏〇千人曰丨左氏宣十五年傳注雋絕異也疏引辨名記〇丨耎怯不前之意也漢書西南夷傳恐議者丨耎復守和解注〇丨蠕謂身動欲有進取之狀也史記律書丨蠕觀望索隱

冕 說文丨大夫以上冠也邃延垂瑬紞纊从曰免聲古者黃帝初作冕丨或从糸〇丨冠也穆天子傳一天子大服丨禕注又後漢書班固傳注引蒼頡又漢書敘傳上躬帶丨之服注又文選冊魏公九錫文注引漢書韋昭注〇丨則冠也周禮玉府司農注冠飾十二玉疏〇丨者冠也論語子罕丨衣裳者集解引包注〇丨大冠也國語周語大宰以王命命丨服注又文選羽獵賦俄軒丨注引韋昭〇丨祭服禮記祭統注純服亦丨服也疏〇元丨祭服也禮記郊特牲元丨齊戒注〇丨弁君之尊服禮記禮運丨弁兵革注〇周曰丨詩文王常服黼冔傳〇又名丨者逸也低前一寸二分故得丨稱儀禮士冠禮注爵弁丨之次者疏〇丨則俛也以低爲號也周禮弁師注丨服有六疏〇丨者冠中之別號左氏桓二年傳注丨冠也疏〇丨冠之有旒者左氏桓二年傳疏引世本宋注〇丨俛也以其後高前下有俛俯之形故因名焉同上〇丨謂以木爲幹衣之以布上元下纁垂旒者也穀梁僖八年傳弁丨雖舊注〇十一月之時陽氣俛仰黃泉之下萬物被施如丨前俛而後仰故謂之丨也白虎通紼冕〇絻與丨同荀子正名乘軒帶丨注〇緷絻古袞丨字管子君臣衣服緷絻注〇絻古冕字文選爲蕭揚州作薦士表道隱旒纊注

輂 說文丨挽車也从車从扶在車前引之〇丨人挽行周禮旅師及其六畜車丨疏又縣師及其六畜車丨之稽疏〇駕人曰丨左氏莊十二年傳以乘車丨其母注〇人挽以行謂之丨左氏宣十二年傳注

輜重也疏又襄十年傳丨重如役疏〇對輂曰丨續漢書祭祀志上注引周禮干注〇步車曰丨漢書貨殖傳夫妻惟丨行注〇丨所以載任器也周禮鄉師與其輂丨注〇丨車后游晏所乘也文苑英華七百六十一引崔靈恩三禮義宗〇丨道謂閣道可以乘丨而行者也漢書司馬相如傳上丨道纚屬注

免 記丨脫也禮記曲禮上冠毋丨疏〇丨猶止退也禮記樂記人情之所不能丨也疏〇丨丨罪也左氏文十七年傳何以不丨注〇丨猶縱放不殺之也左氏僖卅一年經注丨猶縱也疏〇丨乳爲產子也漢書外戚傳上婦人丨乳大故注〇辰星謂之㚇星或謂之丨星廣雅釋天

展 說文㞡轉也从尸襄省聲〇丨視也禮記曲禮上僕丨軨疏〇丨猶省視也周禮庖人注丨而行之疏〇丨省察也穀梁成七年傳丨斛角而知傷疏〇丨者言之誠周禮內司服注丨字當爲襢疏〇丨牲

若今夕牲續漢禮儀志二注引周禮充人干注
【繭】說文丨蠶衣也从糸从虫芇省絸古文丨从糸見
○丨丨衣裳者若今大襡也禮記雜記上丨衣裳注
○丨是袍之別名左氏襄廿一年傳注丨綿衣疏○
丨丨聲氣微也禮記玉藻言容丨丨注○丨丨猶綿
綿同上○丨足下傷起形如丨也漢書敘傳上申重
丨以存荆注○丨栗言角之小如丨及栗之形也漢
書禮樂志牲丨栗注○詩采蘋箋治絲丨釋文本亦
作蠒○禮記王制角丨栗釋文字又作蠒
【辯】說文丨治也从言在辡之閒○說之者丨也太元
元攡○丨別也周禮鄉士丨其獄訟疏又國語晉
語直能端丨之注又淮南要略好色無丨注○丨明
也易繫辭上丨吉凶者釋文引京注○丨猶正也禮
記禮運大夫死宗廟謂之變注○丨謂說事分明穀
梁序公羊丨而裁疏○丨次第也淮南人閒子發丨

繫劇而勞佚齊注○丨者謂巧言也老子丨者不善
注○丨猶爭也左氏襄廿九年傳丨而不德注○小
丨謂丨說小事荀子非相小丨不如見端注○丨謂
堂上衆賓已上皆飲訖儀禮鄉射禮丨卒受者疏○
今文丨皆作徧儀禮鄉飲酒禮衆賓丨有脯醢注又
燕禮大夫丨受酬注○今文丨為徧儀禮少牢饋食
禮丨擩于三豆注司士乃丨舉注○丨皆作徧儀禮
有司徹若是以丨注○公羊定五年傳注友丨佞釋
文亦作便佞
【辮】丨明也易略例丨是與非注○丨別也周禮太宰
以丨邦治疏又禮記樂記禮丨異疏國語吳語王
曰丨注又呂覽離謂是可不可無丨也注○丨猶別
也周禮小司徒以丨其貴賤老幼廢疾疏○丨說荀
子正名丨執惡用矣哉注○丨者明兩端也荀子正
名丨說也者注○丨猶周徧也左氏定八年傳丨舍

爵于季氏之廟注○丨者豫先之名周禮酒正丨三
酒之物疏○丨志謂別其心意所趣鄉也禮記學記
一年視離經丨志注○丨牀簀也易剝釋文引黄注
○丨謂牀身之下牀足之上足與牀身分丨之處也
易剝剝牀以丨疏○丨膝下也易剝釋文引薛注○
丨謂近膝之下屈則相近申則相遠故謂之丨易象上
傳鄭注○丨足上也易剝釋文○京陵之地九夫為
丨左氏襄廿五年傳丨京陵賈注○丨讀為別謂別
券也周禮朝士有判書注○禮記喪服四制注謂喪
事丨所不當共也釋文本又作辯
【篆】說文丨引書也从竹彖聲
【勉】說文丨彊也从力免聲○丨者勸之盡誠詩汝墳
序猶丨之以正也疏○丨丨勸樂之貌也禮記禮
器君子達亹亹焉疏○丨謂努力左氏昭二十年傳
爾其丨之注○丨努如今人言努力也方言一猶丨

努也注○詩十月之交黽丨從事漢書劉向傳作密
勿從事白帖四十二文選注廿三俱作僶俛從事
【翦】說文翦羽生也一曰矢羽从羽前聲○丨盡也左
氏成二年傳余姑丨滅此而後朝食注襄八年傳
丨焉傾覆注○丨削也左氏襄廿二年傳而丨為仇
讎注○丨絕也太元永其命劑也注○丨削其爵邑
左氏哀十一年傳衛人丨夏戊注○劗與丨同漢書
嚴助傳劗髮文身之民也注○煎讀曰丨漢書趙充
國傳先零豪封煎等通使匈奴注
【卷】說文丨厀曲也从卪𢍏聲○丨舒猶屈伸也淮南
原道與剛柔丨舒兮注○丨音箘簬之箘漢書地
理志下安定郡眴丨注引應劭
【顯】說文丨明飾也从頁㬎聲○丨謂光明禮記中庸
於乎不丨疏○隱丨即內外也荀子天論隱丨有

常注○丨爻有丨德者也詩韓奕丨爻餞之傳○不丨丨也詩文王有周不丨傳韓奕不丨其光箋

【餞】丨送行飲酒也詩泉水飲丨于禰釋文○送行飲酒謂之丨書堯典疏○處者送行人而飲酒名曰丨也儀禮聘禮于是丨之疏○丨送也詩泉水傳飲酒於其側曰丨疏

【踐】說文丨履也从足戔聲○丨履也禮記曲禮上不丨閾疏曲禮下丨阼臨祭祀疏○丨猶履也禮記曲禮上客丨席疏○丨猶履行也左氏文元年傳丨脩舊好注○丨蹋也禮記曲禮上毋丨屨疏○丨行列之貌詩伐柯傳丨行列貌疏引王肅○丨徒跣也續漢禮儀志下先葬二日皆旦晡臨注○丨善也禮記曲禮上則必丨之疏

【眄】旁視曰丨也一切經音義十一引三蒼○丨丨然視無智巧貌也淮南覽冥與丨丨注

【喘】說文丨疾息也从口耑聲○丨急也漢書丙吉傳牛丨吐舌注

【蹇】說文丨跛也从足寒省聲○丨難也素問骨空論丨膝伸不屈注○丨丨不阿順之意也漢書循吏龔遂傳丨丨亡己注○丨愕正直之貌文選洞簫賦終鬼衺以丨愕注○丨產屈折也漢書司馬相如傳上丨產溝瀆注引張揖○丨產詰曲也文選上林賦丨產溝瀆注引張揖○莊子秋水與趙大丨釋文崔本作浣

【演】說文丨長流也一曰水名从水寅聲○丨謂爲其辭以丨說之左氏昭二年傳易象春秋疏○丨讀如允子之允呂覽忠廉衞懿公有臣曰宏丨注

【舛】說文丨對臥也从夕牛相背凡丨之屬皆从丨蹐楊雄說丨从足春○丨相背漢書楊雄傳下各以其知丨馳注○丨乖也文選魏都賦注引莊子司馬注

【扁】說文丨署也从戶冊戶冊者署門戶之文也

【臠】說文丨臞也从肉䜌聲一曰切肉丨也詩曰棘人丨丨兮○丨謂肉丨也史記絳侯周勃世家獨置大胾索隱

【讞】丨質也續漢郡國志二廷尉本注凡郡國丨疑罪注引胡廣○丨請也後漢書申屠蟠傳乃爲丨得減死論注○丨疑也後漢書襄楷傳注引廣雅

【闡】說文丨開也从門單聲易曰丨幽○丨明也一切經音義廿三引廣雅○丨者宏廣之言易豐注音丨大之大也疏○丨謂著明左氏春秋序微顯丨幽疏

【兗】濟河惟丨州書禹貢○丨括也漢書楊雄傳下丨鋋瘢耆注引如淳

【孌】說文丨慕也从女䜌聲

【跣】說文丨足親地也从足先聲○丨說屨也禮記少儀注燕則有丨爲歡也疏○丨謂說屨禮記少儀注祭不丨者主敬也疏○丨足不及著屨也淮南脩務於是乃贏糧丨走注

【腆】說文丨設膳丨丨多也从肉典聲㥦古文丨○丨主也書大誥殷小丨王注○丨是小貌也書大誥疏○丨與殄古今字之異詩新臺箋殄當作丨疏

【鮮】丨少也禮記大學天下丨矣疏○丨謂少也列子湯問則丨而食之注○丨寡也國語周語又鑄大鐘以丨其繼注○丨善也詩北山丨我未老箋○尟本亦作丨易乾注尟克有終釋文○易繫辭上故君

子之道丨矣釋文鄭作匙○爾雅釋詁丨善也釋文
本或作誓郭音義本或作𢧵
戩 說文丨滅也从戈晉聲詩曰實始丨商
鉉 說文丨舉鼎也易謂之丨禮謂之鼏从金玄聲○
丨謂三貫鼎兩耳易鼎鼎黃耳金丨虞注○凡舉
鼎者丨也易鼎注○丨所以貫鼎而舉之也易鼎疏
吮 說文丨欶也从口允聲
辮 說文丨交也从糸辡聲○編讀丨漢書終軍傳殆
將有解丨髮注○編古文丨字一切經音義八引
三蒼
槤 說文槤瑚槤也从木連聲
蝡 說文丨動也从虫耎聲
碝 說文丨石次玉者从石耎聲○詩子衿傳士佩丨
珉釋文本又作瑌○禮記玉藻士佩瑌玫釋文徐
又作丨○爾雅釋地注黃金瑌石之屬釋文本或作
丨
撚 說文丨執也从手然聲一曰蹂也
泫 說文丨湝流也从水玄聲上黨有丨氏縣
墠 說文丨野土也从土單聲○除地曰丨周禮大司
馬之職注壇讀如同丨之丨疏○除地爲丨漢書
韋元成傳壇丨則歲貢注續漢祭祀志上禪祭地于
梁陰注引服虔○去壇爲丨周禮春官疏引國語孔
注○除地曰丨築堅始得爲場周禮地官序官場人
注築場地爲丨疏○丨除地也穀梁襄九年傳注除

地爲丨釋文○丨謂除地爲丨告天而傳位也後因
謂之丨位荀子正論堯舜擅讓注
鱓 說文丨魚名皮可爲鼓从魚單聲○丨鮪魚名淮
南齊俗丨鮪入口若露而死注
嘽 丨至輕發之貌列子力命墨尿單至嘽咺憋敷四
人注○丨采地左氏莊元年經丨伯送王姬注
甽 說文く水小流也周禮匠人爲溝洫相廣五寸二
相爲耦一耦之伐廣尺深尺謂之く倍く謂之遂
倍遂曰溝倍溝曰洫倍洫曰巜凡く之屬皆从く甽
古文く从田川丨篆文く从田犬聲六丨爲一畝○
水之廣尺深尺曰甽漢書食貨志上○甽是壟中小
名因此而山谷通水之處亦名爲甽詩節南山箋其
夯倚之甽谷疏○丨小谷也漢書地理志上岱丨絲
枲注○甽者田中之溝也漢書劉向傳雖在甽畝注
○甽字或作丨同上○丨澮小流也漢書李尋傳夻
汝潁丨澮注○甽壟也漢書食貨志上一晦三甽注
○甽或作丨同上○丨混聲相近後世而作字異耳
或作犬夷犬則丨之省也詩皇矣箋串夷即混夷疏
褊 說文丨衣小也从衣扁聲○丁小也淮南主術萬
人蒙之而不丨注○丨急言性躁詩葛屨序其君
儉嗇丨急疏
瑑 丨刻鏤也漢書楊雄傳下除彫丨之巧注○丨謂
刻爲文也漢書東方朔傳陰奉琱丨刻鏤之好以
納其心注○丨謂彫刻爲文也漢書董仲舒傳良玉
不丨注○丨者刻鏤爲文漢書王吉傳工不造琱丨
注
蜒 說文丨蝘丨也从虫延聲一曰螾蜒
殄 說文丨盡也从歺㐱聲𠄕古文丨如此

【靦】說文丨面見也从面見見亦聲詩曰有丨面目靦或从旦○丨與姡皆面見人之皃也詩何人斯傳丨姡也疏

【甗】說文丨甑也一曰穿也从瓦鬳聲讀若言○丨玉甑左氏成二年傳賂以紀丨注○丨甑也文選上林賦巖陁丨錡注引司馬彪○山嶺曰丨爾雅釋畜孫注○丨山形似甑上大下小爾雅釋畜善陞丨注○丨錡隆屈宏折皃漢書司馬相如傳上巖陁丨錡注引郭璞

【蜆】說文丨縊女也从虫見聲

【贙】說文丨分別也从虤對爭貝讀若迴

【俛】丨仰謂屈伸也素問評熱病論以救丨仰注

【緬】說文丨微絲也从糸面聲

【沔】說文丨水出武都沮縣東狼谷東南入江一曰入夏水从水丏聲

【湎】說文丨沈於酒也从水面聲周書曰罔敢丨于酒○丨者顏色丨然齊一之辭詩蕩箋有沈丨於酒者疏○丨丨流移也漢書敘傳下丨丨紛紛注

【鍵】丨謂鏁之入內者俗謂之鏁須禮記檀弓下注管丨也疏○丨謂籥牡也禮記樂記名之曰建櫜疏

【輾】說文丨轢也从車艮聲

【羂】丨係取也文選上林賦注引聲類○丨謂羅繫之也漢書司馬相如傳上丨要褭注

【獮】說文𤢂秋田也从犬璽聲𤡲或从豕宗廟之田也故从豕示○秋獵曰丨應殺氣也爾雅釋詁丨殺也注○丨是仲秋田獵之名周禮司裘注玉藻所謂𪎭裘與疏○丨秋田也禮記玉藻唯君有𪎭裘以誓省注○丨秋獵也禮記玉藻疏○丨秋田名也禮記明堂位秋省注○秋田曰丨國語齊語秋以丨治兵注○秋以田曰丨治兵管子小匡○丨應殺氣也漢書刑法志秋治兵以丨注主父偃傳春蒐秋丨注○省丨聲相近禮記明堂位疏

【襺】說文丨袍衣也从衣繭聲以絮曰丨以縕曰袍春秋傳曰盛夏重繭○純著新緜名為丨詩無衣傳袍丨也疏○詩無衣傳袍丨也釋文本亦作繭○爾雅釋言袍丨也釋文本亦作繭

【蕆】說文新附丨左氏傳以丨陳事杜預注云丨敕也从艸未詳○丨勑也左氏文十七年傳以丨陳事釋文

【輾】丨轉猶婉轉詩關雎箋臥而不周曰丨疏○詩關雎丨轉反側後漢書光武紀注作展轉反側

【寋】攓慢也淮南齊俗是攓也注

【睍】說文丨出目也从目見聲

【垷】說文丨涂也从土見聲

【愐】說文丨勉也从心面聲

【洗】說文丨洒足也从水先聲○丨濯足也漢書黥布傳王方踞牀丨注○三月謂之姑丨何言萬物皆去故就其新莫不鮮明也白虎通五行○丨之所用士用鐵大夫用銅諸侯用白銀天子用黃金也儀禮士冠禮注承盥丨者疏

鬋 說文丨女鬢垂皃从髟前聲○丨剔治鬚髮也漢記曲禮下不蚤丨疏○丨字與剪同漢書韋賢傳丨茅作堂注○丨字與翦同漢書韋元成傳勿丨勿伐注

戭 說文丨長槍也从戈寅聲春秋傳有檮丨

燹 說文丨火也从火豩聲

癬 說文丨乾瘍也从疒鮮聲

燀 說文丨炊也从火單聲春秋傳曰丨之以薪

諓 說文丨善言也从言戔聲一曰謔也○丨丨小善也漢書李尋傳昔秦穆公說丨丨之言注○丨丨諂言也後漢書樊準傳習丨丨之辭注

僤 丨亶音近義亦同詩桑柔傳丨厚也疏

韅 說文韅著掖鞥也从革㬎聲

毨 說文丨仲秋鳥獸毛盛可選取以爲器用从毛先聲讀若選○丨者毛羽美悅之狀書堯典疏

雋 說文丨肥肉也从弓所以射隹長沙有下丨縣○丨肥肉也漢書蒯通傳號曰丨永注

揃 說文丨搣也从手前聲○丨卽今錄記文書周禮職金注既揃書丨其數量疏

繾 說文新附丨丨綣不相離也从糸遣聲○丨綣者牢固相著之意詩民勞傳丨綣反覆也疏

㥏 說文青齊謂慙曰丨从心典聲

幝 說文丨車弊皃从巾單聲詩曰檀車丨丨○詩杕杜檀車丨丨漢書劉陶傳作檀車嘽嘽

撰 丨數也易繫辭下傳以體天地之丨九家注○丨具也文選藉田賦注引論語注○栗曰丨之禮記內則○丨治擇之名也禮記內則注

剸 丨割也後漢書文苑杜篤傳蓋夫燔魚丨蛇注○丨截也文選聖主得賢臣頌陸丨犀革注引字林○丨與專同漢書司馬相如傳上乃使丨諸之倫注叔孫通傳贊而丨懷邪辟之計注張歐傳丨以長者處官注○丨讀與專同漢書司馬遷傳丨決於名注

耎 說文丨稍前大也从大而聲讀若畏偄○丨柔弱也漢書司馬遷傳僕雖怯丨注○丨有畏丨太元文

諞 丨猶辯也書秦誓善丨言疏

譔 丨與撰同漢書楊雄傳下丨以爲十三卷注

俴 說文丨淺也从人戔聲

○以下據廣韻錄

淟 丨涊濁也漢書楊雄傳上紛纍以其丨涊兮注引應劭

錪 說文朝鮮謂釜曰丨从金典聲

琠 說文丨玉也从玉典聲

蕇 說文丨亭歷也从艸單聲○丨一名丁歷一名大室一名大適爾雅釋草疏引本草

蝘 說文丨在壁曰丨蜓在艸曰蜥易从虫匽聲丨或从䖵○丨蜓蜥易也或曰守宮淮南精神視龍丨猶丨蜓注

跈 ｜止也莊子外物跈而不止釋文引廣雅〇｜今之踐字廣雅釋詁一曹憲音

𣒾 說文｜小束也从束幵聲讀若繭

哯 說文｜不歐而吐也从口見聲

䵈 說文｜黑皺也从黑幵聲

丏 說文｜不見也象攦蔽之形凡｜之屬皆从｜

萹 說文｜｜茿也从艸扁聲〇詩淇奧傳｜竹釋文木亦作萹

埍 說文｜徒隸所居一曰女牢一曰亭部从土肙聲

繯 說文｜絡也从糸瞏聲〇｜絡也漢書楊雄傳音義引蒼頡〇所以懸繩楚曰｜漢書楊雄傳音義

引通俗文〇｜旗上繫也文選羽獵賦虹蜺爲｜注引韋昭

矎 說文｜盧童子也从目縣聲

鞙 說文｜大車縛軛靼从革肙聲

齞 說文｜口張齒見从齒只聲

尟 說文｜是少也｜俱存也从是少賈侍中說

𢓊 說文｜迹也从彳戔聲

㠭 說文｜極巧視之也从四工凡｜之屬皆从｜

蟵 說文｜蟲也从虫展聲

樿 說文｜木也可以爲櫛从木單聲

𩔢 說文｜倨視人也从頁善聲

䁴 說文｜視而止也从目亶聲

䥇 說文｜伐擊也从金亶聲

嫸 說文｜好枝格人語也一曰靳也从女善聲

㞋 說文｜柔皮也从申尸之後尸或从又

繟 說文｜帶緩也从糸單聲

嘽 ｜寬也禮記樂記｜諧慢易疏〇單呾迂緩之貌列子力命墨㞒單至｜呾憋懯四人注

䌟 說文｜偏緩也从糸羨聲

𤛓 說文｜牛很不從引也从牛从臤臤亦聲一曰大皃讀若賢

𦥛 說文｜｜商小塊也从𠂤从臾

蟺 說文｜夗｜也从虫亶聲〇老子注夫蚖｜以淵爲淺釋文本又作蟮

僐 說文儃作姿也从人善聲

橪 說文｜酸小棗从木然聲一曰染也

熯 說文｜乾皃从火漢聲詩曰我孔｜矣

𠑊 說文｜意膬也从人然聲

鄻 說文鄻周邑也从邑輦聲

⿺辶㐱 丨行貌也方言十二丨行也注

件 說文新修字義丨分也从人从牛牛大物故可分

辡 說文丨辠人相與訟也从二辛凡丨之屬皆从丨

⿰革面 說文丨勒靼也从革面聲

⿱辡心 說文丨惡也从心辡聲一曰急也

臇 說文丨膗也从肉雋聲讀若纂爂丨或从火巽

⿱雋䖵 說文丨蟲食也从䖵雋聲

⿰目瞏 說文丨兒初生瞥者从目瞏聲

沇 說文丨水出河東東垣王屋山東爲泲从水允聲沿古文丨○泉出王屋山名爲丨流去乃爲泲也漢書地理志上道丨水注

㕣 說文丨山閒陷泥地从口从水敗皃讀若沇州之沇九州之渥地也故以沇名焉容古文㕣

⿰女𤔔 說文丨順也从女𤔔聲詩曰婉兮丨兮

菤 丨耳江東呼爲常枲或云苓耳爾雅釋草注

圈 說文丨養畜之閑也从口卷聲

䓕 說文丨木耳也从艸耎聲一曰萮茈

⿱北⿱皮夐 說文丨柔韋也从北从皮省从夐省讀若耎一曰若儁凡丨之屬皆从丨⿱北皮古文丨⿱北夐籀文丨从夐省○甍柔革工考工記總目注蒼頡篇有鞄甍釋文

緛 說文丨衣成也从糸耎聲

膞 說文丨切肉也从肉專聲

腨 說文丨腓腸也从肉耑聲

⿰卮專 說文丨小卮有耳蓋者从卮專聲

縳 說文丨白鮮色也从糸專聲

⿰阝彖 說文丨道邊庳垣也从𠂤彖聲○丨垣也廣雅釋器

剬 說文丨齊斷也从刀耑聲

孨 說文丨謹也从三子讀若翦

鱄 說文丨魚也从魚專聲

竱 說文丨等也从立專聲春秋國語曰丨本肇末

⿰耑卮 說文丨小卮也从卮耑聲讀若捶擊之捶

⿱罒巽 說文丨网也从网巽聲巽逸周書曰不卵不躁以成鳥獸丨者纆獸足也故或从足

僎 說文丨具也从人巽聲○論語憲問大夫丨釋文本又作撰

蠉 說文丨蟲行也从虫睘聲

鮸 說文丨魚名出薉邪頭國从魚免聲

𣃔 說文丨旌旗杠皃从丨从㫃㫃亦聲

蚩 說文丨蟲曳行也从虫屮聲讀若騁

匽 說文丨匿也从匸晏聲

揙 說文丨搏也从手扁聲

○以下據集韻錄

敟 說文丨主也从攴典聲

沴 莊子大宗師陰陽之氣有丨釋文崔本作灑

𥈅 說文丨目相戲也从目晏聲詩曰丨婉之求

𢧐 說文丨試力士錘也从鬥戈或从戰省讀若縣

炫 說文丨爛燿从火玄聲

前 說文丨齊斷也从刀歬聲

陖 說文丨水阜也从𨸏夋聲

媆 說文丨好皃从女耎聲

㥝 說文丨厲也一曰止也从心弭聲讀若沔

蹷 丨履也淮南原道則後者丨之注說山足丨地而為迹注說林足以丨者淺矣注脩務是謂猶釋船而欲丨水也注

腞 丨猶豫也莊子達生死得於丨楯之上釋文引司馬注○禮記玉藻圈丨行釋文本又作豚

搴 說文丨拔取也南楚語从手寒聲楚詞曰朝丨阰之木蘭

𧼯 說文丨走皃从走蹇省聲

○以下附錄

蜎 說文丨肙也从虫肙聲

餈 禮記內則注似今膏𩜋矣釋文本又作餈又作丨

經籍籑詁卷第四十六補遺終

經籍籑詁卷第四十七　上聲
經筵講官南書房翰林戶部左侍郎兼署禮部左侍郎前提督浙江學政阮元撰集

十七篠

【篠】廣韻同筱。丨蕭爾雅釋草。丨竹箭也書禹貢
丨簜既敷傳又文選西京賦丨簜敷衍薛注。筱
小竹也爾雅釋草釋文引字林。丨竹器名也論語
微子遇丈人以杖荷丨集解引苞注又皇疏。丨本
作條列子湯問荆丨爲幹釋文。書禹貢丨簜既敷
史記夏本紀作竹箭既布。書禹貢瑤琨丨簜說文
竹部作瑤琨筱簜。無極山碑
及楊越之桅口篠蕩爲丨作篠
【小】丨細也漢書西域傳上集注又淮南主術而枹鼓
爲丨注。丨少也爾雅釋木丨而散榎舍人注。

丨者不大也論語八佾管仲之器丨哉皇疏。丨者
大之源後漢陳忠傳。丨謂陰也易彖上傳丨往大
來蜀才注。陰稱丨易需丨有言虞注睽丨事吉虞
注彖下傳遯丨利貞荀注小過荀注。陰稱丨人易
師丨人勿用虞注遯丨人否虞注革丨人革面虞注
繫辭上傳丨人之事也虞注。坤爲丨人易既濟丨
人勿用虞注象下傳君子以遠丨人虞注繫辭下傳
此丨人之福也虞注雜卦傳丨人道消也虞注。艮
爲丨易繫辭下傳丨懲而大戒虞注。兌爲丨易履
眇而視虞注。丨童幼少之目也論語季氏夫人自
稱曰丨童皇疏。丨臣國之賤臣也韓外傳五。丨
事者臣事也易象下傳是以丨事吉荀注。細巧入
人爲丨言莊子列御寇彼所丨言盡人毒也注。丨
呂一名中呂周禮大司樂歌丨呂注。五月日丨功
精細之功丨有飾也釋名釋喪制。丨車駕馬
輕丨之車也駕馬宜輕使之局丨也釋名釋車

【表】說文作袤。丨謂加上衣也論語鄉黨必丨而出
之皇疏。丨裘外衣也禮記玉藻丨裘不入公門
注。丨外也一切經音義二引三蒼又漢書敘傳集
注引張晏又文選歎逝賦忽在世丨注。丨猶外也
文選謝元暉休沐重還道中詩林丨吳岫微注。丨
標也後漢蓋勳傳注又荀子儒效行有防丨注又文
選西都賦丨以太華終南之山注七命丨以百常之
闕注。丨猶標也後漢馬援傳注又文選藉田賦丨
朱元於離坎注。丨猶首也漢書馮奉世傳集注。
丨特也廣雅釋言又楚辭山鬼丨獨立兮山之上注
。丨異呂覽觀表先知必審徵丨注。丨正也後漢
張湛傳注又淮南本經抱丨懷繩注主術先白爲檢
式儀丨注。丨儀也文選劇秦美新與天子之丨也
注。丨柱也呂覽慎小夜日置丨於南門之外注。
袤書也廣雅釋詁四。丨明也漢書杜欽傳集注敘
傳下集注引張晏又後漢鄧惲傳注班彪傳下注又

荀子富國掩地丨畝注又文選舞賦明詩丨指注。
丨者明也史記三代世表正義。丨猶明也禮記檀
弓下君子丨微注內則而不丨禮焉注。丨顯也左
氏襄十四年傳以丨東海注又漢書禮樂志集注又
後漢方術傳注。丨章也太元元瑩君子所以亶丨
也注。丨標志也荀子大略水行者丨深注。丨標
準也荀子天論水行者丨深注。丨猶標準也後漢
劉祐傳注。丨立見也淮南繆稱弗甘弗樂而能爲
丨者注。丨旌顯也後漢卓茂傳注。丨彰示也素
問六節藏象論丨正於中注。丨門丨也文選東京
賦次和樹丨薛注。丨影丨淮南本經可以矩丨識
也注。丨築旌之荀子大略武王始入殷丨商容之
閭注。丨所以識正行列也後漢班彪傳上注。剽
丨皆謂徵識也周禮肆師丨齍盛告絜注。丨掇儀
度呂覽不屈或操丨掇以善睎望注。丨儀猶威儀
左氏文六年傳引之丨儀注。下言於上曰丨思之

於內丨施於外也釋名釋書契○丨謂丨陳其狀也
素問四氣調神大論交通不丨注○丨謂以木爲標
有所告示也管子君臣上猶揭丨而令之止也注○
故書丨爲剽周禮肆師注○堯廟碑俵著燿名丨作
俵

鳥 有翼者爲丨大戴記夏小正丹丨羞白丨傳○飛
者爲丨楚辭自悲丨獸驚而失羣兮注○丨者陽
也御覽九百十四引白虎通○丨微物也文選鸕鶿
賦注引韓詩章句○離爲丨易旅丨焚其巢虞注小
過飛丨遺之音虞注公弋取彼在穴虞注飛丨離之
虞注○鳴丨謂鳳也書君奭我則鳴丨不聞鄭注○
鳴丨謂鳳皇也書君奭馬注○元丨者燕也大戴記
夏小正陟元丨蟄傳○朱丨燕別名也法言問明朱
丨翾翾注○朱丨朱雀也淮南天文其獸朱丨注○
丹丨也者謂丹良也白丨也者謂閩蚋也禮記月令

羣丨養羞注○雞彝丨彝謂刻而畫之爲雞鳳皇之
形周禮司尊彝祼用雞彝丨彝注○丨語謂語聲似
丨也後漢度尚傳注○丨策丨書於策也文選吳都
賦丨策篆素注○丨章錯革丨爲章者也詩六月織
文丨章傳○丨章染絲織丨畫爲文章置於旌旗也
文選吳都賦織文丨章劉注○丨獸笱簴也書益稷
丨獸蹌蹌馬注○丨南方朱丨七宿書堯典日中星
丨傳○星丨鶉火之方書堯典鄭注○丨氏即丨夷
也山海經海內經有人焉丨首名曰丨氏注○丨鼠
山同穴之枝榦也水經渭水注引地說○丨洟螵蛸
也爾雅釋蟲○丨一作鳦列子黃帝形若飛丨揚於
地釋文○書君奭釋文丨本作鳳○左氏昭廿五年
傳季公丨說
文作空鳺

了 丨照察也爾雅序其所易丨釋文○丨快也秦曰
丨方言二○丨訖也廣雅釋詁四○爾雅序釋文
丨本作憭○爾雅釋邱注
嫌人不丨釋文丨本作僚

曉 丨明也方言十三又廣雅釋詁四又小爾雅廣詁
又淮南俶眞冥冥之中獨見丨焉注○丨喻也後
漢馬援傳注杜篤傳注○丨說也廣雅釋詁二○丨
猶白也漢書元后傳集注○丨慧也廣雅釋詁一○
丨智也廣雅釋詁三○丨知也楚謂之黨或曰丨方
言二○丨快也廣雅釋詁二○丨快也自關而東或
曰丨方言三○丨過也廣雅釋詁
三○丨過也丨贏也方言十三

少 丨微也大元元衝○丨猶裁也國語周語而丨光
王室注○丨者不足之詞史記曹相國世家豈丨
朕與索隱○丨謂舉其要荀子脩身丨而理曰治注
○丨進差在前也儀禮鄉射禮賓丨進注○丨半猶
劣薄也管子海王大男食鹽五升丨半注○丨選須
臾呂覽音初丨選發而視之注蕩兵未嘗丨選不用

注執一丨選曰與子注○丨選須臾之間也呂覽本
味丨選之間注○丨選須臾之頃也晉書音義中

擾 丨亂也書允征俶丨天紀傳又左氏襄四年傳德
用不丨釋文又漢書高帝紀上集注又後漢東夷
傳注又呂覽審分則百官悧丨注○丨亂也廣雅
釋訓○丨丨動亂之貌莊子天道然則膠膠丨丨乎
釋文○丨撓也素問五常政大論其動炎灼妄丨丨注
○丨煩也漢書武帝紀集注○丨渾呂覽音初水丨丨
則魚鼈不大注○丨謂煩也勞也素問四氣調神大
論無丨乎陽注○丨順也書皋陶謨丨而毅傳又周
禮遂人以樂昏丨甿注○丨馴也書皋陶謨鄭注又
周禮服不氏掌養猛獸而教丨之注又禮記郊特牲
注教丨猛獸釋文又漢書高帝紀贊集注引應劭又
後漢班彪傳下注張衡傳注又荀子性惡以丨化人
之情性而導之也注又文選思元賦丨應龍以服輅
舊注○丨猶馴也周禮大宰以丨萬民注○丨亦安

也周禮地官序官以佐王安｜邦國注○｜謹也楚
辭大招宜｜畜只注○｜柔管子地員其木宜櫄｜
柔注○｜｜柔也莊子天道釋文引司馬注○｜謂
事理｜順書臯陶謨｜而毅鄭注○家所畜曰｜周
書職方其畜宜六｜注○四｜馬牛羊豕周禮職方
氏其畜宜四｜注○五｜馬牛羊犬豕周禮職方氏
其畜宜五｜注○六｜馬牛羊豕犬雞周禮職方氏
其畜宜六｜注○左氏昭廿四年傳注蠢蠢動｜貌
釋文｜
本作擾

繞 ｜纏也廣雅釋詁四○｜裹也文選西京賦｜黃
山兩款牛首薛注○｜繚｜繆纏山海經海外西
經其邱方四蛇相｜注
○｜領帬也廣雅釋器

遶 ｜圍也集韻引字林

嬈 ｜擾也華嚴經音義上引三蒼又一切經音義八
引字林○｜弄也一切經音義四引三蒼○｜戲
也廣雅釋詁二○｜煩也亦惱也一切經音義八引
纂文○｜苛也廣雅釋言○嬈｜戲弄也一切經音
義八引纂文○｜｜柔弱也文選洞簫賦優｜｜
以婆娑注○｜乃了反一切經音義三引字林

紹 ｜繼也詩抑弗念厥｜傳訪落｜庭上下箋又詩
常武匪｜匪紓釋文又儀禮聘禮士爲｜擯注又
爾雅釋詁又爾雅釋草瓞瓝其｜瓞舍人注又華嚴
經音義上引切韻又國語晉語使寡君之｜續昆裔
注又後漢班彪傳下注二見翟騆傳注又穆天子傳
五乃｜宴樂注又文選劇秦美新｜唐虞之絶風注
○｜｜者繼也史記魯仲連鄒陽傳勝請爲｜介索隱
○｜承也漢書翟義傳集注○｜嗣也後漢桓帝懿
獻梁皇后紀注○｜繼道也爾雅釋詁舊注○疏遠
繼位曰｜周書謚法○｜緩也詩常武箋○｜介相

佑助者也史記魯仲連鄒陽傳集解引郭璞○｜者
瓜蔓緒亦著子但小如瓝爾雅釋草瓞瓝其｜瓞注
○｜古文綤同
一切經音義二

杪 ｜末也禮記王制必於歲之｜注又廣雅釋詁一
又漢書王莽傳上集注○｜小也方言十二十三
又廣雅釋詁二○｜小也木細枝謂之｜方言二○
樹細枝爲｜方言十二此｜小也注○樹鋒曰｜一
切經音義十三引通俗文○｜猶表也文選西京賦
｜木末薛注○｜木芒表也史記太史公自序閒不
容翲忽正義○｜標並
木末也後漢馬融傳注

沼 ｜池也詩采蘩于｜于沚傳正月魚在于｜傳靈
臺王在靈｜傳又禮記禮運黿龍在宮｜注又左
氏隱三年傳潤溪｜沚之毛注又禮記禮運釋文左
氏哀元年傳吳其爲｜乎釋文又廣雅釋地又一切

經音義十八引蒼頡解詁又穆天子傳五浮于大｜
注又孟子梁惠王上王立於｜上注又淮南原道射
｜濱之高鳥注又楚辭招魂倚｜畦
瀛兮遙望博注思古｜水深兮注

眇 目匡陷急曰｜｜小也釋名釋疾病○｜盲也易
履｜能視釋文引字書○｜視也文選東京賦｜
天末以遠期薛注○｜眺也楚辭招魂娭光眇視注
○｜瞻視貌文選海賦｜｜瞻治夷注○｜小也方言
十三又廣雅釋詁二○｜細也漢書律厤志上集注
藝文志集注張敞傳集注○｜微也漢書昭帝紀集
注又後漢馮衍傳注又太元少｜于謙注元離而｜
其根注又文選幽通賦咨孤蒙之｜｜兮曹注○｜
｜猶微微也後漢明帝紀注○｜遠也後漢班彪傳
下注又楚辭哀郢｜不知其所蹠注○｜｜遠也廣
雅釋訓○｜｜遠貌文選思元賦風｜｜兮震余旗
舊注○｜｜高遠貌文選文賦志｜｜而臨雲注○

丨緜遠視法言先知忽丨緜作眄注〇丨默遠貌也文選褚淵碑文哀淸暉之丨默注〇丨莫也廣雅釋言〇丨陋也莊子德充符丨乎小哉釋文引簡文注〇丨盡也荀子王制仁丨天下義丨天下威丨天下注〇丨成也易說卦妙萬物而爲言者也釋文引董注〇丨丨好貌也楚辭湘夫人目丨丨兮愁余注〇袁良碑朕以眇身丨作妙

【矯】丨正曲曰丨漢書諸侯王表集注楊王孫傳集注貢禹傳集注〇丨直也廣雅釋詁三又離騷丨菌桂以紉蕙兮注〇丨正也文選長笛賦注引蒼頡又漢書成帝紀集注栒福傳集注外戚傳下集注王莽傳上集注二見敘傳下集注又後漢順帝紀注朱景王杜馬劉傳堅馬傳注馮衍傳注王充王符仲長統傳注黨錮傳注呂强傳注又楚辭大招衆枉聚而丨直注〇丨立法言重黎或問義帝初丨注〇丨舉也楚辭惜誦丨茲媚以私處兮注又文選嘯賦中丨厲而慨慷注〇丨飛也廣雅釋詁三〇丨丨高舉之貌漢書敘傳下集注〇丨輕舉之貌也文選東方朔畫贊丨丨先生注〇丨强貌禮記中庸强哉丨注〇丨彊抑也荀子性惡以丨飾人之情性而正之注〇丨丨勇也爾雅釋訓〇丨丨得勝之勇也爾雅釋訓舍人注〇丨丨武也廣雅釋訓〇丨丨武貌詩泮水丨丨虎臣箋〇丨梟也莊子在宥不爲桀跖嚆矢也釋文〇丨厲也莊子天下以繩墨自丨注〇丨詐也漢書高后紀集注陳勝傳集注〇丨僞也漢書嚴安傳集注又管子君臣上是以上及下之事謂之丨注〇丨託也漢書高帝紀上集注武帝紀集注元帝紀集注汲黯傳集注戾太子傳集注終軍傳集注韋元成傳集注匈奴傳上集注〇詐稱曰丨公羊僖卅三年傳丨以鄭伯之命而犒師焉注〇以詐用法曰丨國語周語其刑丨誣注〇非其事而居之丨也大戴記

曾子立事〇擅稱君命曰丨呂覽悔過乃丨鄭伯之命以勞之注〇行非先王之法曰丨華嚴經音義上引國語賈注〇橋虔謂撓擾書呂刑奪攘丨虔鄭注〇坎爲丨輮易說卦傳又濡濡奔其機虞注〇易說卦釋文丨本作橋〇下都相蔣君碑光光橋橋丨作橋

【蓼】丨水草也詩良耜以薅荼丨傳〇虞丨澤丨爾雅釋草薔虞丨注〇常丨蔚陸也廣雅釋草〇左氏桓十一年傳隨絞州丨釋文丨本作鄝文五年傳楚公子燮滅丨釋文丨本作鄝哀十七年傳是以克周丨釋文丨本作鄝〇左氏宣八年經楚人滅舒丨穀梁作舒鄝

【皦】丨明也後漢樂恢傳注〇丨白也詩大車有如丨日傳〇丨明也淨也一切經音義四引埤蒼〇丨丨其音節明也後漢班彪傳下注〇丨如使淸別之貌論語八佾丨如也鄭注〇丨作皎華嚴經音義上引聲類〇詩大車釋文丨本作皎月出釋文丨本作皎

【皎】皎同〇丨月光也詩月出月出丨兮傳〇皎明也廣雅釋詁四〇皎皎明也廣雅釋訓〇丨白也廣雅釋器〇丨潔白也詩白駒丨丨白駒釋文〇丨白貌穆天子傳五有丨者駱注〇丨丨白貌也後漢楊終傳注〇古文皦曒二形今作丨同一切經音義四

【瞭】丨目明者周禮春官序官眡丨注〇丨者目文丨也論衡佚文〇丨明也孟子離婁上則眸子丨焉注〇丨力小反明也周禮春官序官釋文引字林

【朓】晦而月見西方謂之丨周禮保章氏疏引洪範五行傳〇丨晦而月見西方也周禮保章氏注月有盈虧丨側匿之類釋文又漢書匡張孔馬傳音義引字書〇丨見也晦而月見西方爲丨丨變之貌也太

元元告聖人察乎丨側匿之變注○丨者疾也漢書五行志下之下○丨丨條達行疾貌也文選謝莊月賦注引洪範五行傳注

篠 丨深也廣雅釋詁三○丨深貌也荀子賦充盈大宇而不窕注○丨丨深也廣雅釋訓

杳 丨深遠也文選甘泉賦丨旭卉兮注○丨丨深冥貌也楚辭懷沙眴兮丨丨注○丨渺深遠史記司馬相如傳紅丨渺以眩湣索隱引晉灼○丨冥謂遠而出冥也文選舞賦獨馳思乎丨冥注

窅 丨然猶悵然莊子逍遙游丨然喪其天下焉釋文林引李注○丨音丨眣之丨漢書禮樂志集注引蘇

窈 丨深也廣雅釋詁三○丨丨深也廣雅釋訓○丨好也廣雅釋詁二○美心爲丨方言二○善心曰丨詩大序哀丨窕釋文引王肅注○丨言幽靜也方言二注○丨窕幽閒也詩關雎丨窕淑女傳又後漢皇后紀上注班彪傳上注邊讓傳注○丨窕貞專貌文選秋胡詩注引韓詩章句○丨窕妖冶之貌也後漢列女傳注○丨糾舒之姿也詩月出舒丨糾兮傳○丨篠深也杳與丨通後漢班彪傳上注○丨藹深遠之貌文選江文通雜體王徵君詩丨藹瀟湘空注○丨丨冥冥言元遠也素問徵四失論丨丨冥冥孰知其道注○丨冥謂幽元也後漢馮衍傳注○丨冥昏默皆了無也莊子在宥至道之精丨丨冥冥至道之極昏昏默默注○丨與杳同文選西都賦又杳篠而不見陽注○丨一作窅史記項羽紀丨冥晝晦集解引徐廣

嫋 丨乃了反弄也惱也一切經音義三引三蒼○丨擿嬈也音義與嬈同文選與山巨源絕交書足下若丨之不置注

嫋 丨丨美也文選吳都賦注引埤蒼○丨丨弱也廣雅釋訓○丨丨秋風搖水貌也楚辭湘夫人丨丨兮秋風注

褭 丨字讀如曲橈之橈也呂覽離俗飛兔要丨注

梟 以組帶馬曰丨漢書百官公卿表上集注○丨丨風搖木貌文選謝靈運鄴中集平原侯植詩白楊信丨丨注

皛 丨明也文選闗中詩注引蒼頡又文選陶淵明赴假還江陵詩丨丨川上平注○丨白也廣雅釋器○丨丨羕深白之貌文選江賦流瀁丨羕注

窕 丨好也廣雅釋詁一○丨美也陳楚周南之間曰丨自關而西秦晉之閒或謂之丨方言二○美狀爲丨同上○善容曰丨詩序哀窈丨釋文引王肅○丨言閑都也方言二注○丨寬也廣雅釋詁三○丨婬也廣雅釋言○丨淫也沇肆也爾雅釋言○丨閒也爾雅釋言○丨細湘之閒謂之丨方言十○丨小者不丨注○丨不滿密也不滿左氏昭廿一年傳小者不丨注○丨不滿密也呂覽適音不詹則丨注○丨當爲挑文選七發目丨心與注○丨讀爲姚荀子禮論故其立文飾也不至於丨冶注○丨讀爲篠荀子賦充盈大宇而不丨注

挑 丨嬈也史記司馬相如傳而以琴心丨之索隱引張揖○丨猶取也後漢陳寵傳注○丨俠也廣雅釋詁二○丨疾也廣雅釋詁一○丨戰挺身獨戰也古謂之致師後漢光武帝紀上注

掉 丨動也廣雅釋詁一又文選射雉賦瞻挺稺之傾丨徐注○丨作也國語楚語大能丨小注○丨正

也左氏宣十二年傳丨鞅而還注又服注○丨緣長貌荀子賦頭銛達而尾趙繚者邪注○齊人以相絞訐爲丨磬禮記內則注不敢丨磬釋文引隱義○北海人以相激事爲丨磬禮記內則釋文引崔注

湫 丨下也左氏昭三年傳丨隘囂塵注又文選吳都賦邦有丨阨而踡跼劉注○丨著也左氏昭元年傳勿使有所壅閉丨底服注○丨集也左氏昭元年傳注○丨盡也廣雅釋詁一○丨兮凉貌文選高唐賦丨兮如風注○丨愁隘左氏昭十二年傳丨乎攸乎注

肇 丨始也書舜典丨十有二州傳又詩生民以歸丨祀傳維清丨禋迄用有成傳小毖丨允彼桃蟲箋又周書諡法又大戴記夏小正狸子丨肆傳又爾雅釋詁又漢書禮樂志集注司馬相如傳下集注又後漢班彪傳上注王充王符仲長統傳注又太元元掜惟天丨降生民注又素問天元紀大論丨基化元注

又離騷丨錫余以嘉名注○丨謀也詩江漢丨敏戎公傳又爾雅釋詁又後漢宋宏傳注周舉傳注○丨正也國語齊語注本丨末注○丨敏也爾雅釋言○丨長也詩江漢釋文引韓詩○丨郊之神位也詩生民以歸丨祀箋○丨當作兆詩烈祖丨域彼四海箋○詩生民后稷丨祀禮記表記作后稷兆祀

旐 龜蛇爲丨周禮司常又詩采芑旂丨央央箋○龜蛇曰丨詩出車設此丨矣傳桑柔旟丨有翩傳又國語周語旟丨有翩注○龜蛇爲丨縣鄙之所建考工記輈人龜蛇四斿注○龜蛇爲丨兆也龜知氣兆之吉凶建之於後察度事宜之形兆也釋名釋兵○緇廣充幅長尋曰丨爾雅釋天○緇廣充幅長尋曰丨公羊宣十二年傳莊王親自手旌注○旌之旒緇布廣充幅長尋曰丨家語終記綢練設丨注○丨喪柩之旌也文選寡婦賦飛丨翩以啟路注

駣 二歲曰駒三歲曰丨周禮校人執駒司農注○馬三歲曰丨二歲曰駒周禮廋人教丨攻駒司農注○丨音桃禮記月令釋文引字林

慓 丨疾也素問陰陽應象大論其丨悍者按而收之注腹中論夫熱氣丨悍注

摽 丨落也詩摽有梅丨有梅傳又左氏襄八年傳宣子賦丨有梅注又爾雅釋詁○丨拊心貌詩柏舟寤辟有丨傳○詩摽有梅丨有梅孟子梁惠王上注作莩有梅

縹 丨青也廣雅釋器○丨青白也後漢襄楷傳注○丨青白色爾雅釋草釋文引字林○丨猶漂也漂漂淺青色也釋名釋采帛○丨綠色而微白也文選七啟乃有春清丨酒注○丨丨舉輕貌漢書賈誼傳集注○丨眇遠視之貌文選海賦羣仙丨眇注

渺 丨丨微遠貌管子內業丨丨乎如窮無極注○丨瀰淼漫曠遠之貌文選海賦注

訬 丨輕捷也後漢馬融傳注○丨高也文選西京賦通天丨以竦峙薛注○丨婧細腰貌文選思元賦舒丨婧之纖腰兮舊注○丨音少年輕薄毀鈔息憙之鈔漢書敘傳下音義引蘇林

藐 集韻藐同○丨遠也漢書嚴助傳集注韋賢傳集注引應劭又莊子逍遙遊丨姑射之山釋文引簡文注○藐遠也後漢馬融傳注○丨廣也方言十三又廣雅釋詁二○丨小也廣雅釋詁二又後漢張衡傳注○丨小貌太元失丨德盡微失注○丨漸也方言十三○丨好文選西京賦丨流眄薛注○丨丨大貌詩瞻卬丨丨昊天傳○丨丨盛也廣雅釋訓○丨丨美也爾雅釋詁又詩瞻卬箋○丨丨美貌詩崧高既成丨丨傳○丨丨藐遠貌方言十三注○丨丨然不入也詩抑聽我丨丨傳○丨之丨然輕易之貌

孟子盡心下音義引丁音○蘋洪並廣大
貌也後漢馬融傳注○丨茈草爾雅釋草
【袑】襢謂之袴其裩謂之丨廣雅釋器○袴上曰丨漢
書薛宣朱博傳音義引韋昭○丨袴也文選潘安
仁河陽縣詩注朱
博糾舒慢注
【蟜】丨毒蟲也己兆反今借以為矯字此蓋古字無定
耳漢書薛宣朱博傳音義引呂靖○國語晉語長
魚丨左氏成十七年傳作長魚矯○大戴記五帝德
帝嚳丨極漢書古今人表作僑極家語五帝德作喬
極史記五帝紀正義作橋極○大戴記帝嚳丨牛史
記五帝紀作橋牛漢書古今人表鼓容注作嬌牛
【撟】丨舉也漢書揚雄傳上集注○丨取也廣雅釋詁
一○丨擢也廣雅釋詁二○丨猶揉也楚辭惜誦
撟木蘭以丨蕙兮注○丨正也漢書燕刺王旦傳集
注○丨戾也呂覽離謂其與丨言無擇注○丨與矯

同屈也荀子臣道率羣臣百吏而相與彊君丨君注
○丨謂屈其性也荀子臣道事暴君者有補削無丨
拂注○丨彊貌荀子臣道丨然剛折端志注○丨詐
也漢書齊悼惠王肥傳集注○稱詐為丨漢書武帝
紀集注引韋昭○正曲曰丨漢書公孫劉田王楊蔡
陳鄭傳贊集注○人曰丨爾雅釋獸○丨捎選也自
關而西秦晉之閒凡取物之上謂之丨捎方言二○
丨與矯同文選甘泉賦仰丨首以高視兮注○公羊
僖卅年傳注丨君命
聘音釋文丨本作矯
【嬌】丨正也楚辭惜誓衆枉聚而丨直注
【譑】丨發人罪也荀子富國則必有貪利糾丨之名注
【蹻】丨丨武貌詩酌丨丨王之造傳○其馬丨丨言彊
盛也詩泮水其馬丨丨傳○丨舉也漢書揚雄傳

下集注○莊丨
字僉見呂覽注
【褾】褾袂也廣雅釋器
【㟽】丨山巔也文選江賦梢雲冠其丨注
【殍】廣韻同莩○莩零落也孟子梁惠王上塗有餓莩
注○芰零落也漢書食貨志贊集注引鄭氏○餓
死者曰莩後漢仲長統傳注又孟子梁惠王上注○
莩與丨同後漢仲長統傳注○芰諸書或作殍字音
義亦同漢書食貨志贊集注○芰音蔈有梅之蔈漢
書食貨志贊集注引鄭氏○孟子梁惠王上塗有餓
莩漢書食貨志
贊作野有餓芰
【鷕】丨雌雉聲也詩匏有苦葉有丨雉鳴傳○丨丨雉
聲也文選射雉賦雉丨丨而朝雊徐注○丨于水

反詩匏有苦葉
釋文引字林
【悄】丨丨憂貌詩柏舟憂心丨丨傳又漢書劉向傳集
注又後漢張衡傳注又荀子宥坐憂心丨丨注○
丨丨慍也爾雅釋訓○丨猶慘也楚辭逢尤憂心丨
兮志勤劬注○丨切憂貌文選笙賦訣厲丨切注○
張納功德敘哨
然憖悼丨作哨
【愀】丨變色貌史記司馬相如傳丨然改容索隱引郭
璞又後漢郅惲傳注○丨然變色貌也文選上林
賦丨然改容郭注○丨然變動貌也禮記哀公問孔
子丨然作色而對注○丨愁貌國語楚語子木丨然
注○丨然憂懼貌荀子脩身見善丨然注○
莊子讓王孔子丨然變容釋文丨本作欣
【釥】丨好也廣雅釋詁一○丨好也青徐海岱之閒曰
丨方言二

【繚】丨繞也楚辭怨思腸紛紜以丨轉兮注○丨猶繞也後漢班彪傳上注又文選西都賦丨以周墻注○丨猶紾也儀禮鄉飲酒禮弗丨注○丨纏也廣雅釋詁四○丨縛束也楚辭湘夫人丨之兮杜蘅注○丨理也莊子盜跖丨意絕體而爭此釋文○丨謂丨繞言委曲也荀子議兵紾料收丨之屬注○丨垣猶繞了也文選西京賦丨垣綿聯薛注○丨繞袖長貌文選南都賦修袖丨繞而滿庭注○丨祭以手從持肺本循之至于末乃絕以祭也周禮大祝八曰丨祭司農注○丨音丨繞之丨史記建元以來侯者年表丨嫈侯劉福索隱○漢書古今人表鄭丨公史記六國表作繻公

【僚】丨好貌詩月出佼人丨兮傳○詩月出釋文丨本作嫽

【麃】本作皫○丨鳥毛變色廣韻引蒼頡○皫失色不澤美也周禮內饔鳥皫色而沙鳴貍注○丨色毛

變色也禮記內則鳥丨色而沙鳴注○禮記內則釋文丨本作皫

【夭】丨丨折也廣雅釋詁一又國語晉語君子失心鮮不丨昏注又莊子逍遙遊而莫之丨閼者釋文引司馬注○短折爲丨左氏昭四年傳民不丨札注○短折曰丨左氏昭十九年傳札瘥丨昏注又賈注又國語周語無丨昏札瘥之憂注又後漢周舉傳注○蚤死曰丨離騷終然丨乎羽之野注大招察篤丨隱注○少長曰丨禮記王制不夭丨注又漢書禮樂志集注○年未三十而死曰丨文選補亡詩人無道丨注○不終曰丨唐云未名曰丨失之矣國語魯語其丨札也注○少壯而死曰丨如取物中丨折也釋名釋喪制○丨少長也禮記月令則胎丨多傷注○丨幼少也史記周本紀所棄妖子集解引徐廣○丨拔也廣雅釋詁三○丨殺也後漢蔡邕傳注○夭斷殺禮記王制不殀丨注○用人不以次第爲丨漢書五行志下之上集注引孟康○丨蟜頻申也文選上林賦丨蟜枝格郭注○丨矯自縱恣貌也文選思元賦偃蹇丨矯婉以連卷兮注○丨蟜欒栱長壯之貌文選景福殿賦欒栱丨蟜而交結注○丨名書君奭有若閎丨傳

【佻】丨讀曰肇漢書禮樂志集注引如淳

【燎】丨燒也廣雅釋言○丨謂燒之文選西京賦丨京薪薛注○丨放火也力小反詩旱麓釋文引字林○丨庭丨也國語周語火師監丨注晉語鮮牟守丨注○樹於門外曰大燭於門內曰庭丨周禮司烜氏共墳燭庭丨注

【趙】丨趮也廣韻引字林○丨召也廣雅釋言○丨猶超騰穆天子傳二天子北征丨行注○丨小也方

言十二○丨刺也詩良耜其鎛斯丨傳○牀杜南楚之間謂之丨方言五○丨朝也本小邑朝事於大國也釋名釋州國○丨讀爲掉荀子賦頭銛達而尾丨繚者邪注○丨當作桃聲之轉也方言五注○詩良耜其鎛斯丨考工記總目注作其鎛斯挏

【兆】十億謂之丨御覽七百五十引風俗通○十億曰丨書五子之歌予臨丨民傳周官綏厥丨民傳又孝經丨民賴之注又國語周語百姓丨民注鄭語計億事材丨物注○萬億曰丨左氏成二年傳太誓所謂商丨民離注昭二十年傳豈能勝億丨人之詛注○億萬曰丨孝經鄭注○丨衆也百萬爲丨楚辭惜誦又衆丨之所讎注○萬億曰丨天子曰丨民諸侯曰萬民禮記內則降德于衆丨民注○丨大數也天子曰丨民呂覽孟冬無或敢侵削衆庶丨丨民注○丨大數淮南時則振鐸以令於丨民注○丨始也左氏

哀元年傳而丨其謀注又周書大戒朕明難時丨厥
工注又孟子萬章上爲之丨也注○丨先也素問天
元紀大論陰陽之徵丨也注○丨形也國語晉語君
之明丨於褻矣注○丨見也國語晉語其魄丨於民
矣注晃語天占既丨注○丨見也形也一切經音義
九引國語賈注○丨蔄丨荀子王制占祲丨注○丨
爲謀始文選漢高祖功臣頌伐謀先丨注○丨猶幾
事之先見者也文選魏都賦是以丨朕振古注○龜
曰丨漢書文帝紀集注引應劭又文選劇秦美新神
卦靈丨注○丨謂龜丨荀子王制占祲丨注○丨契
龜之丨也淮南本經不占卦丨注○占丨龜之繇文
也禮記月令命太史釁龜筴占丨注○丨卦也孝經
卜其宅丨釋文○丨信也淮南本經著龜丨注○丨
域也書大傳丨十有二州注又儀禮士喪禮主人皆
往丨南北面注又禮記樂記行其綴丨注又左氏文
十八年傳其器則姦丨也注又爾雅釋言○丨塋也

文選西征賦丨惟奉明注○丨葬域左氏哀二年傳
無入于丨注○丨墓域也孝經注○丨塋域也孝經
鄭注○丨其外營域也禮記樂記綴丨舒疾注○丨
墓塋域周禮小宗伯卜葬丨注○丨壇塋域周禮肆
師掌丨中廟中之禁令注○丨爲壇之營域周禮小
宗伯丨五帝於四郊注○丨四郊之祭處也禮記表
記后稷丨祀注○丨人也文選幽通賦斯衆丨之所
惑曹注○丨民謂百姓也文選東京賦丨民勸於疆
埸薛注○丨朕形怪也淮南俶真而未成丨朕注○
大歲在丙曰柔丨爾雅釋天○丨避也廣雅釋詁三
○孝經卜其宅丨釋文丨字書作垗○莊子天下丨
于變化釋文丨本作逃○書呂刑丨民賴之漢書刑
法志後漢安帝紀作萬民賴之
○臧伯著碑京晁府丞丨作晁
○以下據譔丨詔也廣雅釋言
○廣韻錄

⿰衤兆 丨偸也廣雅釋詁三
小袴謂之丨衫方言四

蔦 丨寄生也詩頍弁丨與女蘿傳○費鳳別碑鳩與
女蘿丨作鳩

鄝 丨國名穀梁宣八年經楚人滅舒丨釋文○詩漸
漸之石箋舒鳩舒丨釋文丨本作蓼○穀梁宣八
年經釋文
丨本作蓼

皢 丨白也廣雅釋器

騕 丨褭良馬爾雅釋畜釋文引字林

鴢 丨頭鵁爾雅釋鳥○丨音窈窕之窈山海經中山
經盼水其中有鳥焉名曰丨注

⿰片兆 丨版也廣雅釋器○丨杠也廣雅釋器

誂 丨誘也廣雅釋詁一○丨戲也廣雅釋詁二

嬥 丨好也廣雅釋詁一

劋 丨截也漢書王莽傳下集注○剿絕也漢書西域
傳下集注○丨夭也廣雅釋言○剿本作丨轉寫
誤耳漢書西
域傳集注

狣 犬絕有力丨爾雅釋畜

垗 丨葬地也廣雅釋邱

⿰兆卜 丨者灼龜發於火其形可占者周禮大卜掌三丨
之灋注

擾 |柔也廣雅釋詁四○|善也廣雅釋詁一

膘 |小腹兩邊肉也詩車攻釋文引三蒼○詩車攻傳自左|而射之釋文|本作髀

𪍿 麲黎謂之|廣雅釋器○|食也廣雅釋言

瞟 |一目病廣韻三十小引埤蒼○|眇視不明之貌文選魯靈光殿賦忽|眇以響像注

敿 |猶繫也書費誓|乃干鄭注

嬈 |材也廣雅釋詁四

𤼼 |晳也廣雅釋器

覭 |目有所察廣韻引字林

蔈 |工兆反爾雅釋草釋文引字林

𣢑 |吐也廣雅釋詁四

𩬶 |子小反公羊桓四年傳釋文引字林

𩐢 |于小反詩車攻釋文引字林

淼 |溔也廣雅釋詁二

驕 |驕也廣雅釋言

憭 |慧也廣雅釋詁一○慧或謂之|方言三

燎 |炙也一切經音義十二引字林

嫽 |好也廣雅釋詁一○|戲也廣雅釋詁二○|者慧也漢書西域傳下集注○今通呼小姣潔喜好者爲|釗方言二好青徐海岱之閒日釗或謂之|注

闛 |遮也廣雅釋詁二

○以下據集韻錄

䁏 |眇蟬蜎㷑蠥飛騰之貌文選海賦注

鷍 |澤雀爾雅釋鳥釋文引字林

○附錄

𦙶 |者李勝之下俠脊兩傍空軟處也素問玉機真藏論注

經籍纂詁卷第四十七

經籍籑詁卷第四十七補遺 上聲

兵部侍郎兼都察院右副都御史巡撫浙江等處地方提督軍務兼理糧餉阮元撰集

十七篠

【篠】說文筱箭屬小竹也从竹攸聲○丨小竹也漢書地理志上丨蕩既敷注○丨箭竹譜注引書禹貢丨蕩既敷鄭注

【小】說文丨物之微也从八丨見而八分之凡丨之屬皆从丨○丨少也左氏襄二年疏引爾雅釋木丨而散榎樊注○丨謂所施狹近也禮記表記有長短大丨疏○丨謂未能大備荀子議兵丨齊則治鄰敵注○陰主消耗故稱丨易否大往丨來疏○丨謂陽息易象上傳積丨以高大虞注○丨爲陰氣不足素問大奇論腎脉丨搏注○丨子是後生未成之名詩思齊箋丨子其弟子也疏○丨子是幼弱無知之稱詩板箋如丨子不聽我言疏○丨子弟子也禮記少儀丨子走而不趨注○丨臣臣之微者書君奭丨臣屏侯甸王注○丨君者夫人之別號左氏隱三年傳注葬我丨君疏○丨寢燕寢也禮記玉藻然後適丨寢注○丨切之者細切之周禮醢人注丨切之疏

【表】說文表上衣也从衣从毛古者衣裘以毛爲表襮古文从麃○丨顯也左氏春秋序必丨年以首事疏○丨謂標明也漢書魏相傳又數丨采易陰陽注○丨者所以標明也漢書翟方進傳建丨木高丈六尺注○丨謂顯異之漢書張良傳丨商容閭注○丨者明也標也文選表題注○陳事曰丨同上○丨者錄其事而見之史記三代世表索隱引應劭○丨弓背也儀禮鄉射禮注以左手在弓丨疏○丨所以職正行列也周禮大司馬之職爲丨注○淳鹵之地九夫爲丨左氏襄廿五年傳丨淳鹵賈注○丨旌旗也國語晉語車無退丨注○丨者豎木爲之若柱形也漢書淮南厲王長傳樹丨其上曰注○丨謂儀丨禮記表記天下之丨也疏○丨郎晷景續漢律麻志上以比日丨注○丨者摽揚其里門史記留侯世家丨商容之閭索隱引崔浩

【鳥】說文丨長尾禽總名也象形丨之足似匕从匕凡丨之屬皆从丨○丨者羽蟲之大名詩文王序疏○離爲丨易漸其羽可用爲儀虞注象下傳其義焚也侯注○離爲飛丨易漸鴻漸于陵集解○離爲日爲丨左氏昭五年傳日之謙當丨注○以捷解丨丨亦謂捷疾者也周禮司常注丨隼象其勇捷也疏○丨爲大火成數七生數二周禮小師疏引易通卦驗注○書禹貢丨夷皮服正義孔讀丨爲島

【了】說文丨尥也从子無臂形凡丨之屬皆从丨

【曉】說文丨明也从日堯聲○丨明淮南脩務精神丨冷注○丨謂喻告之漢書趙廣漢傳叩堂戶丨賊注○丨告喻也漢書司馬遷傳以丨左右注○丨者告白意指也漢書酷吏田延年傳丨大司農通往就獄注○丨然明喻之貌荀子臣道丨然以至道注○丨者謂丨解當職之物周禮天官序官酒人疏○蟄蟲以發出爲丨禮記樂記蟄蟲昭蘇注

【少】說文丨不多也从小丿聲○夫丨者多之所宗易繫辭下傳陽卦多注○夫丨者多之所貴也易略例○丨選須臾呂覽淫辭丨選辭而出注

【擾】廣韻擾同○說文擾煩也从手憂聲○丨亂也一切經音義八引廣雅○丨順也左氏昭廿九年傳

乃丨音龍以服事帝舜注又淮南脩務及至周人丨丨之注○丨則馴順之義也周禮大宰注以佐王安丨邦國疏○謂之丨者言人所馴養也漢書地理志上斋宂六丨注○丨訓也文選顏延年五君詠注引漢書服虔注○丨亦柔也漢書辛慶忌傳柔毅敦厚注○李翊碑時恭部擾穰丨作擾

【繞】說文丨纏也从糸堯聲

【嬈】說文丨苛也一曰擾戲弄也一曰嬈也从女堯聲○丨煩繞也漢書晁錯傳除苛解丨注引文頴○丨煩也一切經音義四引三蒼

【紹】說文丨繼也从糸召聲一曰丨緊糾也綤古文丨从邵○丨繼也周禮司儀注介丨而傳命疏又禮記聘義上爲丨擯疏又國語晉語則丨其同位注吳語明丨享余一人注○丨續呂覽誠廉以此丨殷注

○丨介猶媒介也史記魯仲連鄒陽列傳索隱

【杪】說文丨木標末也从木少聲○丨言丨梢也方言二木細枝謂之丨注○丨顛枝上端也漢書司馬相如傳上偃蹇丨顛注

【秒】說文丨禾芒也从禾少聲○丨禾芒也漢書敘傳下造計丨忽注引劉德

【沼】說文丨沱也从水召聲○丨池也漢書公孫宏傳贊黿龍遊於丨注○丨者池之別名左氏隱三年傳注丨池也疏

【眇】說文丨一目小也从目从少少亦聲○丨細規也漢書敘傳上離婁丨目於豪分注○丨微細也漢書武帝紀朕以丨身承至尊注○丨細末也漢書武帝紀朕以丨身注○丨亦細也漢書外戚傳下盡輕細微丨之漸注○丨細小也漢書賈誼傳而起敎於微丨注○丨丨細微也漢書敘傳上吝孤矇之丨丨分注○丨丨猶言細末也漢書文帝紀以丨丨之身注○丨然高遠之意也漢書王褒傳丨然絕俗離世哉注○丨讀曰妙漢書揚雄傳下閎意丨指注是以聲之丨者注儒林張山拊傳嚴然總五經之丨論注○丨又讀曰妙漢書律厤志上究其微丨注○丨亦讀曰妙漢書藝文志樂尤微丨注

【矯】說文丨揉箭箝也从矢喬聲○丨正也淮南本經丨枉以爲直注○丨拂也淮南俶真賢人之所以丨世俗者注○丨立也文選郭有道碑文注引蒼頡○丨詐也書仲虺之誥丨誣上天疏○曲者更直爲丨易說卦傳爲丨揉宋注○丨謂丨之使直也荀子性惡故枸木必將待檃括烝丨然後直注○丨正曲使直也漢書嚴安傳丨箭控弦注○丨丨壯勇之貌爾雅釋訓注○丨是壯大之形所云強貌也禮記中

庸強哉丨疏○凡稱詐爲丨漢書武帝紀撟虔吏注引韋昭○彼用無爲有故謂丨墨子非命下○丨履淮南脩務敕丨趹

【蓼】說文丨辛菜薔虞也从艸翏聲

【皦】說文丨玉石之白也从白敫聲○丨明也方言十二○丨者明白之貌詩大車傳丨白也疏○丨其音節奏分明也論語八佾丨如也釋文○丨是日光之名耳詩月出傳皎月光也疏○丨或從白作皎後漢書樂恢傳恢獨丨然不汚於法注○詩大車有如丨日文選寡婦賦注引韓詩作有如皎日

【皎】說文丨月之白也从白交聲詩曰月出丨兮

【瞭】視丨有目人也詩有瞽箋有視丨者相之釋文

朓 說文晦而月見西方謂之丨从月兆聲○晦而月見西方謂之丨漢書五行志下之下○丨相覜也日晦食爲丨漢書五行志下之上三月晦丨魯衞分注引服虔○丨者月行速在日前故早見後漢書盧植傳晦而月見謂之丨注○丨疾也廣雅釋詁一○丨行遲也漢書孔光傳謂丨側慝注引孟康

杳 說文丨冥也从日在木下○丨高遠也漢書楊雄傳上丨旭卉兮注○丨眇視遠貌漢書司馬相如傳上丨眇而無見注

窅 說文丨深目也从穴中目○丨遠望也文選謝元暉敬亭山詩注引聲類

窈 說文丨深遠也从穴幼聲○丨窕閒隙爾雅釋言窕閒也注○丨窕幽閒也漢書杜欽傳必鄉舉求丨窕注劉輔傳考卜丨窕之女注王莽傳上有丨窕之容注○丨冥深遠之歎老子上丨兮冥兮王注○丨冥謂不可見者素問從容論吾問子丨冥注

褭 說文丨以組帶馬也从衣从馬○丨撓弱之撓淮南原道馳要丨注

皛 說文丨顯也从三白讀若皎○通白曰丨文選赴假還陵夜行塗口詩注引通俗文

窕 說文丨深肆極也从穴兆聲讀若桃○丨輕小也漢書五行志下之上小者不丨注○丨緩也淮南要略布之天下而不丨注○窈丨冶容方言十丨淫也注○爾雅釋言丨閒也釋文舍人本作誂

挑 丨嬈也文選七發注引漢書張晏注○丨戰擿嬈敵求戰也古謂之致師漢書高帝紀上卽漢王欲丨戰注引臣瓚○丨身獨戰不須眾文選報任少卿書注引臣瓚○丨丨敵求戰也古謂之致師文選報任少卿書注引臣瓚

湫 丨謂氣聚左氏昭元年傳勿使有所壅閉丨底疏○丨是丨隘左氏昭十二年傳注丨愁隘疏○丨漻清靜也淮南原道丨漻寂寞注○大丨猶大寶呂覽審分此之謂定性於大丨注○左氏昭十三年傳子服丨從釋文又作子服椒

肇 集韻肈通作肇○說文肈擊也从攴肇省聲又肇上諱从戈肁聲○丨始也周書謚法協時丨享曰孝注○丨宜作兆詩生民箋丨郊之神位也疏

旐 說文丨龜龍四游以象營室游游而長从㫃兆聲○丨旗所以聚眾也詩無羊丨維旟矣傳○長尋曰丨禮檀弓上設丨夏也注○緇廣充幅長尋曰丨左氏莊二十八年傳鬭梧耿之不比爲旆注○丨是旐身左氏定四年傳注綪茷大赤疏

䍦 說文丨羊未卒歲也从羊兆聲或曰夷羊百斤左右爲丨讀若春秋盟于洮

鮡 說文丨魚名从魚兆聲

慓 說文慓疾也从心票聲

摽 詩摽有梅丨有梅漢書食貨志注引鄭氏作莩有梅白帖九十九作標有梅

縹 說文縹帛青白色也从糸票聲

訬 丨謂輕狡也漢書敘傳下江都丨輕注○丨讀燕人言趮操善趍者謂之丨同也淮南脩務越人有重遲者而人謂之丨注

藐 丨者懸遠之言左氏僖九年傳注與諸子縣丨疏○丨遠貌文選思元賦丨以迭逿注○丨丨美盛

之貌爾雅釋詁注○丨陵丨也漢書韋賢傳旣丨下臣注引臣瓚○丨盼窈丨顧盼也文選車駕幸京口詩丨盼覯青崖注○丨與邈同漢書韋賢傳注○詩板聽我丨丨尚書大傳洪範五行志作聽我眊眊淮南脩務注作聽我邈邈

淼 說文新附丨大水也从三水或作渺○丨水貌文選吳都賦澒澌丨漫注

袑 說文丨絝上也从衣召聲○丨謂大袴也漢書朱博傳多袑衣大丨注○丨褌也廣雅釋器

蟜 說文丨虫也从虫喬聲

撟 說文丨舉手也从手喬聲一曰丨擅也○丨舉也史記扁鵲倉公列傳舌丨然而不下索隱○丨取也淮南要略覽取之撟注○丨正也文選長笛賦注引蒼頡○丨卽詐也周禮士師注稱詐以有爲者疏

○丨引謂爲按摩之法夭撟引身如熊顧鳥伸也史記扁鵲倉公列傳鑱石丨引索隱○丨與矯同漢書武帝紀丨虔吏注元帝紀丨發戊巳校尉注諸侯王表可謂丨枉過其正矣注燕刺王旦傳欲丨邪防非注劉屈氂傳太子亦遣使者丨制注楊雄傳上仰丨首以高視兮注匈奴傳上詐丨單于令注○丨讀與矯同漢書公孫劉田王楊蔡陳鄭傳贊丨當世反諸正注○左氏哀十四年傳注知其丨命釋文本又作矯

蹻 丨猶翹也漢書高帝紀下七可丨足待也注引文穎○丨舉足也文選長楊賦莫不丨足抗首注引服虔○丨謂乘丨之丨呂覽情欲丨然不固注○丨音如今作樂丨行之丨漢書高帝紀注引如淳

標 說文欆木杪末也从木票聲

殍 孟子梁惠王上塗有餓莩鹽鐵論作野有我餓丨

鷕 說文丨雌雉鳴也从鳥唯聲詩曰有丨雉鳴

悄 說文丨憂也从心肖聲詩曰憂心丨丨○丨憂也詩月出勞心丨兮傳

繚 說文丨纏也从糸尞聲○丨繞也禮記玉藻再丨四寸疏

僚 說文丨好皃从人尞聲

藨 丨卽今所用作席者也漢書司馬相如傳葴析苞荔注

麃 周禮內饔鳥皫色而沙鳴釋文皫本又作麃

夭 說文丨屈也从大象形凡丨之屬皆从丨○丨謂生而卽死者禮記月令毋殺孩蟲胎丨飛鳥疏○

丨札謂人死左氏昭四年傳注短折爲丨疏○殀殺也禮記王制不殀丨釋文○丨遏是壅塞之義左氏宣十二年傳注水遏丨塞疏○丨蟜亦木枝曲也漢書楊雄傳上踔丨蟜注○丨矯自得之貌文選江賦吸翠霞而丨矯注

燎 說文丨放火也从火尞聲○丨謂炙令腴也漢書王莽傳下疑以火自丨注○轑讀曰丨假借用字漢書杜欽傳欲以重轑天下注

趙 說文丨趨丨也从走肖聲○丨及也廣雅釋言

兆 十億曰兆漢書百官公卿表上更名京丨尹注引張晏○十億爲丨禮內則注天子曰丨民疏○丨在億秭之間同上○萬億曰丨禮記內則疏○億萬曰丨五經算術引孝經丨民賴之鄭注○丨者衆數

漢書百官公卿表上更名京丨尹注○天子曰丨民左氏閔元年傳又史記晉世家又風俗通皇霸又五經算術引孝經鄭注○灼龜爲丨書洪範疏○丨者龜之璺坼詩小旻箋言雖得丨疏○丨卜左氏襄八年傳丨云注○丨爲營域之處儀禮士喪禮注居丨域之始疏○丨塋域也孝經卜其宅丨疏引孔傳○丨謂爲壇之營域也漢書郊祀志下丨五帝于四郊注○爾雅釋言丨域也釋文本又作垗

【璬】說文丨玉珮从玉敫聲

【䘨】丨衦今襟袴也方言四小袴謂之丨衦注

以下據【謏】說文謏小也誘也从言叜聲禮記足以謏聞○丨之言小也禮記學記足以丨聞注○丨小也禮記學記釋文

○廣韻錄

【憭】丨快也一切經音義二十引廣雅○慧丨皆意精明方言三慧或謂之丨注

【⿰金曉】說文丨銕文也从金曉聲

【蔦】說文丨寄生也从艸鳥聲詩曰丨與女蘿樢或从木○丨一名寄生詩頍弁丨與女蘿陸疏

【扚】說文丨疾擊也从手勺聲

【䄈】說文丨禾危穗也从禾勺聲

【鄝】說文鄝地名从邑翏聲

【皢】說文丨日之白也从白堯聲

【⿸㫃要】說文丨旂屬从㫃要聲

【⿱日匕】說文丨望遠合也从日匕匕合也讀若窈窕之窈

【⿱穴⿱日匕】說文丨冥也从穴⿱日匕聲

【⿱宀⿱日匕】說文丨戶樞聲也室之東南隅从宀⿱日匕聲

【嫋】說文丨姌也从女从弱

【芍】說文丨鳧茈也从艸勺聲

【誂】說文丨相呼誘也从言兆聲○丨嬈也廣雅釋詁二

【嬥】說文丨直好皃一曰嬈也从女翟聲

【劋】說文丨絕也从刀从喿周書曰天用丨絕其命

【⿰木小】說文丨相高也从木小聲

【肁】說文丨始開也从戶从聿

【垗】說文丨畔也爲田畤界祭其中周禮曰丨五帝于四郊从土兆聲

【⿰兆卜】說文丨灼龜坼也从丨兆象形丨⿰丬卜古文兆省○周禮大卜掌三丨之法釋文作兆

【⿰少阝】說文⿰少阝地名从邑少聲

【犪】說文犪牛柔謹也从牛夒聲

【膘】說文膘牛脅後髀前合革肉也从肉票聲讀若繇

【瞟】說文瞟瞭也从目票聲

【篎】說文小管謂之丨从竹眇聲

【敽】說文丨擊連也从攴喬聲周書曰丨乃干

【⿰女簋】說文丨竦身也从女簋聲讀若詩糾糾葛屨

【藨】說文丨鹿藿也从艸麃聲讀若剽一曰末也

【⿰票見】說文⿰票見目有察省見也从見票聲

【𠬪】說文丨物落上下相付也从爪从又讀若詩摽有梅凡丨之屬皆从丨

【舀】說文丨抒臼也从爪臼詩曰或簸或舀抭或从手穴亦舀手穴臼字

【嫽】丨好也青徐海岱之閒或謂之丨方言二〇丨嬈也廣雅釋詁二

○以下據集韻錄

【⿱网潐】說文丨釃酒也一曰浚也从网从水焦聲讀若夏書天用勦絕

【絩】說文丨綺絲之數也漢律曰綺絲數謂之丨布謂之總綬組謂之首从糸兆聲

【⿰土尞】說文丨周垣也从土尞聲

【騕】丨褭良馬淮南齊俗夫待丨褭飛兔而駕之注

【繰】說文丨帛如紺色或曰深繒从糸喿聲讀若喿

【摷】說文丨拘擊也从手巢聲

【⿰骨肖】丨謂水髈也詩車攻傳達于右丨釋文〇丨一本作髆或作膘同上〇公羊桓四年傳注達于右丨釋文一本作

【⿰召卜】說文丨卜問也从卜召聲

【⿰阝⿱召土】說文丨耕以臿浚出下壚土也一曰耕休田也从阝从土召聲

【蔈】說文蔈苕之黃華也从艸票聲

【⿰鳥眇】說文丨鷦丨也从鳥眇聲

經籍纂詁卷第四十七補遺終

經籍籑詁卷第四十八

經筵講官南書房行走禮部左侍郎兼署吏部左侍郎前提督浙江學政阮元撰集

上聲

十八巧

巧丨佞丨也文選長笛賦工人丨士注○丨利也離騷余猶惡其佻丨注○丨猶善也詩雨無正丨言如流箋○丨攷也攷合異類共成一體也釋名釋言語○丨利用之善也老子絕丨棄利王注○丨者爲之妙耳莊子天道覆載天地刻彫衆形而不爲丨注○丨謂順而說也禮記表記辭欲丨注○吳越飾貌謂竘或謂之丨方言七○醫能治一病謂之丨論衡別通○丨故僞詐也呂覽論人去丨故注○桑飛今亦名爲丨婦方言八桑飛自關而東或謂之女匠注○○丨讀如丨智之丨呂覽上農多詐則丨法令注○

莊子徐无鬼見丨於王釋文丨崔本作攻

飽丨滿也廣雅釋詁一○古文餜餥二形今作丨一切經音義十二

卯丨者茂也白虎通五行○丨之爲言茂也史記律書○丨冒也載冒土而出也釋名釋天○丨木也後漢丁鴻傳注又論衡譏日○丨兔也論衡物勢○太歲在丨曰單閼爾雅釋天○子丨桀紂亡日凶事不辟吉事闕焉儀禮士喪禮不辟子丨注○丨金劉字之別尚書帝命驗丨金出軫注○國策秦策芒丨淮南子注作孟丨

昴丨留也詩小星維參與丨傳○丨白虎中宿也書堯典日短星丨鄭注○丨白虎之中星書堯典傳○丨西方之宿別名旄頭爾雅釋天大梁丨也注○丨爲旄頭顏氏家訓歸心○丨畢間爲天街洪範五行傳飾城郭注○丨一名留詩小星釋文○爾雅釋天大梁丨也釋文丨本作昴

狡丨獪也廣雅釋詁四○小兒戲謂之丨獪一切經音義十八引通俗文○丨猾也後漢冦恂傳注又呂覽尊師東方之鉅丨也注○丨猶猾史記淮陰侯傳丨兔死集解引張晏○丨謂猜也管子形勢烏鳥之丨雖善不親注○丨猾也山海經東山經見則其國多丨容注○丨健也廣雅釋詁二○丨疾也後漢班彪傳上注○丨急也文選洞簫賦時奏丨弄注○丨戾也左氏僖十五年傳亂氣丨僨注○丨害也大戴記子張問入官量之無丨民之辭注○丨交也與物交錯也釋名釋言語○丨蟲蟲之丨害者呂覽恃君服丨蟲注○禮記樂記血氣丨憤釋文丨本作交

爪丨者筋之餘素問六節藏象論其華在丨注○丨紹也筋極爲丨紹續指端也釋名釋形體○丨謂

輻入牙中者也考工記輪人欲其蚤之正也注○丨牙之士勇力之臣也荀子臣道丨牙之士施則仇讎不作注○丨與瑵同文選東京賦葩瑵曲莖薛注○蚤讀爲丨儀禮士喪禮蚤揃如他日注○蚤當爲丨考工記輪人欲其蚤之正也注去一以爲蚤圍注○搔當爲丨今文或爲蚤揃儀禮士虞禮記沐浴櫛搔翦注

鮑魚漬曰丨史記貨殖傳索隱引聲類○丨魚丨腐中也埋藏淹使腐臭也釋名釋飲食○丨者於楅室中糗幹之出於江淮也周禮籩人朝事之籩其實麷蕡白黑形鹽膴丨魚鱐注○丨故書或作鞄鄭司農云蒼頡篇有鞄甕考工記鮑人注○丨讀爲丨魚之丨書或爲鞄蒼頡篇有鞄甕考工記總目函丨鞹韋裘司農注

撓 ｜亂也廣雅釋詁三○｜攪也荀子議兵以指｜沸注○｜動也莊子天地手｜顫指釋文引司馬注○｜謂指麾四方也莊子天地釋文○｜自動也莊子在宥挈汝適復之｜｜注｜｜亂也詩何人斯祇｜我心傳又廣雅釋詁三○

攪 ｜｜撓也亦亂也一切經音義十六引字書○｜古文拮同一切經音義十六○拮古文｜字後漢馬融傳注

絞 ｜急也論語泰伯直而無禮則｜鄭注又後漢第五鍾離宋寒傳注杜根傳注○｜切也左氏昭元年傳叔孫｜而婉注又釋文○｜直也後漢李雲傳注○｜經也呂覽愼行崔舒歸無歸因而自｜也注○｜刺也論語泰伯皇疏○｜猶刺也論語陽貨其蔽也｜皇疏○｜｜刺也論語泰伯集解引馬注○｜所以縊人物左氏哀二年傳｜縊以戮注○｜謂履中｜也方言四繃絞｜也注○｜帶｜麻緦爲帶也釋名釋喪制○｜帶者繩帶也儀禮喪服傳○｜帶象革帶儀禮喪服｜帶注○｜衾尸之飾禮記檀弓下制｜衾注

拗 ｜猶抑也文選西都賦乃｜怒而少息注

茆 ｜鳧葵也詩泮水薄采其｜傳又周禮醢人｜菹麋麢注又山海經西山經陰山其草多｜蓄注○｜鳧葵葉圜似蓴生水中今俗名水葵後漢馬融傳注○｜或名水葵一云今之浮菜卽猪蓴也詩泮水薄采其｜釋文引鄭小同○｜江南人名之蓴菜同上○｜今之鳧䖒草詩泮水釋文引干寶○鄭大夫讀｜爲茅或曰｜水草杜子春讀｜爲卯周禮醢人｜菹麋麢司農注

佼 ｜好也荀子成相君子由之｜以好注○｜好貌也｜猶好也家語入官㬎之無｜民之辭注○｜亦後漢劉盆子傳注○｜謂佷詐也管子七臣七主好｜反而行私請注○詩碩人籑長麗｜好釋文｜本作姣還傳昌｜好貌釋文｜本作姣猗嗟傳昌｜好貌釋文｜本作姣月出｜人僚兮釋文｜本作姣

姣 ｜好也廣雅釋詁一又史記司馬相如傳｜冶嫺都索隱引郭璞又後漢張衡傳注又荀子非相古者桀紂長巨｜美天下之傑也注又列子楊朱鄉有處子之娥｜者釋文又楚辭大招｜麗施只注○｜侮也廣雅釋言○｜淫之別名左氏襄九年傳棄位而｜注○｜讀爲放效之效左氏襄九年傳服注○｜古文嬌同一切經音義九

齩 ｜齧也漢書食貨志上集注○｜齒嚙也御覽三百六十八引字林

炒 與煼同一作鬻或作芻○煼熬也爾雅釋草釋文引三蒼○芻乾也廣雅釋詁二○｜古文鬻𤆎聚𩱳四形今作𩱳崔寔四民月令作｜古文奇字作𢺳一切經音義一

媌 容麗曰｜莫豹反御覽三百八十一引通俗文

瑵 ｜讀曰爪漢書王莽傳下集注

○以下據廣韻録

欒 ｜繆衆相交錯之貌文選吳都賦儠言譜｜繆注

獶 ｜獪也廣雅釋詁四○｜擾也廣雅釋詁三○獪江湘之間或謂之無賴或謂之｜方言十○｜佰怋多智也方言十獪或謂之｜注○｜忬伏態貌列子力命｜忬釋文

荄 ｜根也廣雅釋草

獿 ｜獪也廣雅釋詁四

鵃 鵃江東謂之烏丨爾雅釋鳥鵃頭丨注

○以下據集韻錄**齩**丨齧也廣雅釋詁三

㷅丨火乾也凡以火而乾五穀之類秦晉之間或謂之丨方言七○丨卽䰞字也方言七注

經籍纂詁卷第四十八

經籍纂詁卷第四十八補遺 上聲

兵部侍郎兼都察院右副都御史巡撫浙江等處地方提督軍務兼理糧餉阮元譔集

十八巧

巧 說文丨技也从工丂聲○利於人謂之丨墨子貴義○淫丨謂奢僞怪好也禮記月令毋或作爲淫丨以蕩上心注○絕丨者詐僞亂眞也老子絕丨棄利注

飽 說文丨猒也从食包聲餜古文丨从𠦪聲○食充其腹謂之丨左氏昭十三年傳注去其醉丨過淫之心疏

卯 說文丣冒也二月萬物冒地而出象開門之形故二月爲天門凡丣之屬皆从丣○丨冒也禮記月令注觀斗所建疏○丨取其冒牟而生也太元元數日寅丨生○丨之獸兎也論衡讕日○丨爲木辰易比比之匪人虞注○丨爲大火左氏襄廿八年傳注歲星位在東方疏

昴 說文曐白虎宿星从日丣聲○丨之爲言留言物成就繫留詩小星傳丨留也疏引元命苞○丨星西方白虎宿也淮南主術丨中則收斂畜積注

狡 說文丨少狗也从犬交聲匈奴地有丨犬巨口而黑身○丨猾也史記淮陰侯列傳丨兎死索隱○丨少也淮南俶眞丨狗之死也注○丨戲亦快事也方言三丨快也注○此丨丨好之丨謂有貌無實者也詩山有扶蘇箋丨童有貌而無實疏引孫毓

爪 說文丨丮也覆手曰丨象形凡丨之屬皆从丨○丨者筋之餘素問五藏生成篇其榮丨也注○丨

鰛也廣雅釋魚

鮑 說文丨饐魚也从魚包聲○丨今之鮑魚也漢書貨殖傳鮿丨千鈞注○丨白也史記貨殖列傳鮿千石丨千鈞正義○遠者乾之丨及鱐是也周禮籩人注遠者乾之疏○丨謂能治皮供作甲者禮記曲禮下注獸工函丨韗韋裘也疏

撓 說文丨擾也从手堯聲一曰捄也

攪 說文丨亂也从手覺聲詩曰祇丨我心

絞 說文丨縊也从交从糸○兩股相交則謂之丨禮記雜記上小斂環絰疏○丨剌也論語筆解引王說○丨謂急管子侈靡至言往至丨注○緉綊丨也丨遒語也方言四

拗 說文新附丨手拉也从手幼聲○丨猶抑也後漢書班固傳上注

茆 丨江東人謂之蓴菜或謂之水葵詩泮水薄采其丨陸疏○丨謂叢生也漢書律麻志上冒丨於卯注

佼 說文丨交也从人从交○丨謂形容丨好禮記月令養壯丨注○丨或作詨淮南覽冥而燕雀丨之注

姣 丨美麗也漢書東方朔傳左右言其丨好注

絞 丨裝飾也文選赭白馬賦寶丨星纏注

炒 說文鬻熬也从鬻芻聲

狕 隄山有獸焉其狀如豹而文首名曰丨山海經北山經

瑵 說文丨車蓋玉丨从玉蚤聲

○以下據廣韻錄

⿰犭參 丨㤉情露讒⿰忄亟淩誶皆反誶訥澀辯給之皃列子力命丨㤉情露讒⿰忄亟淩誶四人注

⿱翏皿 說文丨器也从皿翏聲

烄 說文丨交木然也从火交聲

⿸疒丩 說文丨腹中急也从疒丩聲

叉 說文丨手足甲也从又象叉形

鉋 丨耕也集韻引廣雅

○以下據集韻錄

烄 說文丨交灼木也从火教省聲讀若狡

橚 說文丨長木皃从木肅聲

經籍籑詁卷第四十八補遺終

經籍籑詁卷第四十九　上聲

經筵講官南書房翰林戶部左侍郎兼署吏部左侍郎前提督浙江學政阮元撰集

十九皓

【皓】又作皜○皓光也爾雅釋詁○皓光明也爾雅釋天夏曰昊天釋文○皓皓明也廣雅釋訓○皓日出也爾雅釋天釋文○皓瑚老反月出光也一切經音義七引字林○丨旰光也楚辭怨思曳慧星之丨旰兮注○丨白也後漢班彪傳下注又文選幽通賦丨爾太素曹注○皜白也文選魯靈光殿賦丨壁皜曜以月照注江賦揚皜毦注○皜皜甚白也孟子滕文公上皜皜乎不可尚已注○丨丨潔白也詩楊之水白石丨丨傳○丨素也小爾雅廣詁○皓皓虛曠大戴記衛將軍文子常以皓皓注○丨齒詩所謂齒

如瓠犀者也呂覽本生靡曼丨齒注○皓與昊同荀子賦皓天不復憂無疆也注○皓古文顥同一切經音義十八引三蒼○丨與顥古字通文選古詩李少卿與蘇武詩丨首以爲期注○皜又作丨列子湯問皜然疑乎雪釋文

【寶】古文作琯○丨瑞也詩崧高以作爾丨傳又後漢張衡傳注○丨者玉物之凡名公羊莊六年傳魯侯之力也注○丨玉者封圭也穀梁定八年傳○丨重也呂覽侈樂不知其所以知之謂棄丨注○丨猶神也書金縢無墜天之降丨命鄭注○丨道也廣雅釋詁三○丨猶道也論語陽貨懷其丨而迷其邦皇疏○丨謂善道可守者禮記檀弓下仁親以爲丨注○丨身也老子輕敵幾喪吾丨注○大丨身也呂覽先己嗇其大丨注○丨器猶神器也後漢皇甫嵩傳注○四曰丨龜爾雅釋魚○琯古文丨字玉篇引聲類○琯古丨字後漢光武帝紀上注○易繫辭聖人之大丨曰位釋文丨孟喜本作保○書金縢無墜天之降丨命史記魯周公世家作無墜天之降葆命○天書顧命陳丨說文宀部作陳宲○史記樂書天子之葆龜也索隱曰葆與丨同留侯世家取而葆祠之集解引徐廣曰史記珍丨字皆作葆○莊子庚桑楚正得秋而萬丨成釋文元嘉本作萬實

【藻】亦作薻○丨水草也詩魚藻魚在在丨箋又詩泮水言采其丨釋文○丨水草有文者書益稷丨火傳○丨水草有文者也論語公冶長山節丨棁釋文○丨水草之有文者文選荅賓戲摛丨如春華注○藻水草蒼色周禮巾車藻車注○丨聚丨也詩采蘋于以采丨傳又山海經北山經皆用一丨茝瘞之注○浮者曰丨詩采蘋序釋文引韓詩○丨丨之言澡也詩采蘋于以采丨箋○丨猶飾也後漢郭符許傳注

○雜采曰丨禮記玉藻天子玉丨注○丨文采也文選七啓華丨繁縟注○丨文丨也後漢班彪傳下注○丨華丨也文選思元賦昭綵丨與琱琭兮舊注○丨景華景也文選陸士衡樂府日出東南隅行清川含丨景注○丨翰翰有華丨也文選射雉賦敷丨翰之陪鰓注○丨詠文丨頌詠也文選魏都賦綷以丨詠注○丨舟畫舟也文選顏延年侍遊曲阿後湖詩天儀降丨丨舟注○丨薦玉者也禮記雜記下丨三采六等注○丨率以韋爲之所以藉玉也左氏桓二年傳丨率鞞鞛注○丨玉玉有五彩者也或曰所以盛玉丨丨藉也山海經中山經其祠嬰用一丨丨玉注○丨玉玉有符彩者山海經西山經其中多丨玉注○故書藻作繅杜子春讀爲華丨之丨直謂華丨也周禮巾車注○書益稷丨火粉米說文玉部作璪火黺米○詩采蘋于以采丨說文艸部作于以采藻○禮記曲禮下注藉丨也釋文丨本作藻周禮司几筵注五

席莞丨次蒲熊釋文丨本作繅禮記明堂位山節丨
梲釋文丨本作繅○禮記玉藻天子玉丨釋文丨本
作璪
通作蚤○丨光也老子是謂丨服注○丨速也國
早 策齊策丨救之注○蚤世即亡也國語周語若皆
蚤世猶可注○古文丨作蚤儀禮士相見禮問日之
丨晏注○詩七月四之日其蚤禮記王制注作四之
日其丨○周禮大司徒其植
物宜丨物釋文丨本作皂
棗 丨壺丨爾雅釋木○棘實謂之丨小爾雅廣物○
丨者北方之草冬木也賈子胎敎○丨取其早自
矜莊穀梁莊廿四年傳丨栗鍛脩注○丨取蚤起國
語魯語夫婦贄不過丨㮚注○丨饋食之籩儀禮有
司徹執丨糗坐設之注○今名馬標赤者爲丨騮丨
騮赤也穆天子傳一華騮注○禮記昏義丨栗段脩

釋文丨
本作棗
老 丨考也史記老莊申韓傳丨子者正義引張君相
○丨者壽考也白虎通鄉射○丨久也國語晉語
且楚師丨矣注○丨謂久也舊也壽也獨斷上○丨
朽也釋名釋長幼○丨休息也荀子成相治之道美
不丨注○丨謂五十以上也論語季氏及其丨也皇
疏○七十曰丨禮記曲禮上又國語吳語有父母耆
丨注又離騷丨冉冉其將至今注○七十稱丨公羊
宣十二年傳使帥一二耋丨而綏焉注○丨尊稱也
周禮地官序官鄉丨注○丨謂上公禮記王制屬於
天子之丨二人注○自稱於諸侯曰天子之丨禮記
曲禮下○五官之長出於諸侯曰天子之丨詩采芑
方叔元丨傳○大夫士則曰寡君之丨儀禮士相見
禮○大夫曰丨儀禮聘禮記延及二三丨注○丨羣
吏之尊者儀禮士昏禮授丨鴈注○家臣稱丨論語

憲問孟公綽爲趙魏丨則優集解引孔注又國語魯
語饗其宗丨注又後漢韋彪傳注○丨家臣也儀禮
聘禮賓降授丨幣注○丨家臣室丨也國語周語單
之丨送叔向注○丨者采邑之室丨也論語憲問皇
疏○○丨室丨大夫之貴臣儀禮聘禮丨牽牛以致之
注○室丨家相也儀禮喪服傳公卿大夫室丨士注○丨
○丨致仕在家者左氏昭四年傳至於丨疾注○丨
賓之臣儀禮聘禮注○三丨尊年也後漢章帝紀○
三丨者鄉官也後漢光武帝紀上注○三丨孝悌力
田三者皆鄉官之名後漢明帝紀注○三丨衆人之
師也後漢明帝紀注○三丨國丨也通典引蔡邕月
令章句○三丨五更互言之耳皆丨人能知三德五
事者也禮記樂記食三丨五更于大學注○天子父
事三丨者道成於天地人也獨斷上○選其耆丨有
高德者名曰父丨公羊宣十五年傳什一行而頌聲
作矣注○死政之丨死國事者之父母也周禮司門

以其財養死政之丨與其孤注○乾爲丨易大過丨
夫得其女妻虞注○丨猶敬也孟子梁惠王上丨吾
丨注○長丨尚齒也國語周語庸勳長丨注○丨丨
長長謂尊丨敬長也禮記大學上丨丨而民興孝上
長長而民興弟注○貴丨爲其近于親也禮記祭義
○丨者謂若今八十九十復羨卒也周禮鄉大夫丨
者疾者皆舍司農注○丨弱皆輕忽之意也書盤庚
上汝無侮丨成人無弱孤有幼鄭注○丨扈氏農正
趣民收麥獨斷上○先人爲丨顏氏家訓雜藝
○左氏成十八年傳張丨國語晉語作張孟
好 丨美也國語晉語不可謂丨注○自關而西秦晉
之閒凡美色或謂之丨方言二○丨善也禮記仲
尼燕居領惡而全丨者與注○丨猶善也詩遵大路
不寁丨也箋何人斯作此丨歌箋○丨巧也如巧者
之造物無不皆善人丨之也釋名釋言語○丨猶宜
也詩緇衣緇衣之丨兮傳○丨丨喜也詩巷伯驕人

丨丨傳○丨丨喜讒言之人也詩巷伯箋○丨魄謂
善惡也後漢張酺傳注○夫物體自有精麤精麤謂
之丨惡顏氏家訓音辭○丨孔也爾雅釋器肉倍丨
謂之璧注又孫注○丨璧孔也考工記玉人丨三寸
司農
注
道丨理也莊子繕性○順理而不失之謂丨管子君
臣○丨直也爾雅釋詁○丨大也廣雅釋詁二○
丨者左也丨者義也禮記表記○丨者爲之公莊子
則陽○一陰一陽之謂丨易繫辭上傳○一陰一陽
然後成丨大戴記本命○丨謂陰陽大丨無形而生
有形舒之彌六合卷之不盈握包落天地稟授羣生
者也孟子公孫丑上配義與丨注○丨德謂乾易繫
辭下傳和順於丨德虞注○乾爲丨易繫辭上傳君
子之丨虞注○震爲丨易履履丨坦坦虞注○震艮
爲丨易大畜何天之衢虞注○陽爲丨易彖上傳反

復其丨虞注○天丨發施故爲丨大戴記盛德冢宰
之官以成丨注○丨生天地之先老子釋文○丨謂
化生之丨素問天元紀大論天地之丨也注○丨謂
氣所行之丨也素問刺要論無過其丨注○丨謂自
然之丨也老子爲丨日損注○丨謂冥化自然之丨
也大戴記本命分於丨謂之命注○丨謂妙用之丨
也素問天元紀大論在人爲丨注○夫丨覆載萬物
者也莊子天地○大丨者所以變化而疑成萬物者
也大戴記哀公問五義○丨者萬物之奧老子又後
漢馮衍傳注○丨者萬物之始是非之紀也韓非子
主道○丨者萬物之所然也萬理之所稽也韓非子
解老○丨也者萬物之所以成也故曰丨同上○無
德無怨無好無惡萬物崇一陰陽同度曰丨管子正
○無不備之謂丨鶡冠子環流○丨无之稱也易繫
辭上傳一陰一陽之謂丨注○以無爲之謂丨管子
心術○虛無無形謂之丨同上○虛形萬物所丨之

謂丨也太元元攡○故所謂丨者無已者也鶡冠子
環流○彼是莫得其偶謂之丨樞莊子齊物論○形
而上者謂之丨易繫辭上傳○率性之謂丨禮記中
庸○率性而行謂之丨後漢朱穆傳注○循性行之
之爲丨禮記中庸注○而丨自丨也禮記中庸○丨
也者不可須臾離也可離非丨也同上○丨通也左
氏襄卅一年傳不如小決使丨注又荀子禮論丨及
士大夫注○丨也者通也無不通也法言問道○丨
者通物之妙也論語衛靈人能宏丨皇疏○丨由也
史記袁盎鼂錯傳丨軍所來集解引臣瓚又漢書東
方朔傳集注翟義傳集注西南夷傳集注又管子制
分富者所丨強也注○丨猶由也禮記禮器則禮不
虛丨注中庸故君子尊德性而丨問學注○丨者物
之所由也老子尊丨王注○丨者萬物之所由也莊
子漁父○丨也者物之動莫不由丨也說苑辨物○
丨行言丨得由也後漢張衡傳注○丨從也漢書淮

南厲王長傳集注又列子黃帝向吾見子丨之釋文
又管子勢修陰陽之從而丨天地之常注任法民不
丨法則不祥注丨法以從其事注治國終歲之利無
丨相過也注七臣七主天下得失丨一人出注皆丨
此始注禁藏故凡治亂之情皆丨上始注○丨猶從
也禮記禮器注又史記秦始皇紀丨上黨入索隱高
帝紀丨太原入定代地集解引韋昭西南夷傳自僰
丨指牂牁江索隱又山海經大荒西經風丨北來注
○行於萬物者丨也莊子天地○丨行也荀子王霸
故古之人有大功名者必丨是者也注○丨猶行也
禮記射義旄期稱丨不亂者注又史記魏世家丨涉
山谷索隱○丨猶行也言婦人棄姓無常秩嫁於父
行則爲母行嫁於子行則爲婦行儀禮喪服傳其夫
屬乎父丨者妻皆母丨也其夫屬乎子丨者妻皆婦
丨也注○丨一達曰丨路丨蹈也路露也言人所踐
蹈而露見也釋名釋道○丨丨路也論語陽貨丨聽

傳○丨祭也文選高唐賦進純犧丨琁室注○禱祭也廣雅釋天○丨謂丨於天地社稷宗廟周禮大祝五曰丨司農注○丨謂丨馬祭也詩吉日既伯既丨釋文○既伯既丨馬祭也爾雅釋天○丨賀慶言福祚之辭周禮大祝五曰丨注○詩吉日既伯既丨說文示部作既禡既禂

擣○丨築也漢書中山靖王勝傳集注外戚傳下集注○丨依也方言十三○擣依也廣雅釋詁四○丨擊也後漢蓋延傳注○丨者擊也衛也史記孫子吳起傳批亢丨虛索隱○丨觸也管子度地杜曲則丨毀注○擣刺也廣雅釋詁一○丨心疾也詩小弁惄焉如丨傳○詩小弁惄焉如丨釋文丨本作𢣱韓詩作疛○賜馮煥詔掩卒擣轂丨作擣

抱丨持也國策秦策是丨空質也注又管子形勢丨蜀不言而廟堂自修注○丨奉呂覽下賢周公旦

丨少主而成之注○丨保也相親保也釋名釋姿容○在下曰丨孝經援神契日丨戴注○丨耦也荆吳江湖之閒曰丨嬎方言二○丨腹上下有帶丨裹其腹上無襠者也釋名釋衣服○丨關門卒也荀子榮辱丨關擊柝而不以爲寡注○○丨關謂守門者後漢朱景王杜馬劉傳堅馬傳注○北燕朝鮮洌水之閒謂伏雞曰丨

丨方言八

討丨治也左氏宣十二年傳其君無日不丨國人而訓之注又論語憲問世叔丨論之集解引馬注又皇疏又漢書司馬遷傳集注○丨者上丨下也孟子告子上是故天子丨而不伐注○丨伐也呂覽行論以丨其故注○丨誅也禮記王制畔者君丨注○丨除也一切經音義二引漢書音義○丨者除也公羊隱四年傳丨賊之辭也注○丨猶去也禮記禮器有順而丨也注○丨古文訓同一切經音義二○穀梁

桓二年傳爲丨之鼎也釋文丨或爲糾

考古文作攷○丨校也國語晉語丨省不倦注又漢書司馬相如傳下集注谷永傳集注○丨謂丨校素問五運行大論丨建五常注○攷謂丨校其功周禮大司馬以待攷而賞誅注○丨觀淮南精神丨世俗之行注○丨稽也易履視履丨詳虞注○丨猶稽也詩文王有聲丨卜維王箋○丨察也易復中以自丨也釋文引向秀注○丨按也後漢馬嚴傳注○丨劾也後漢郎顗傳注○丨問也廣雅釋詁二又太元疑疑丨舊注又文選東京賦卜征丨祥薛注○丨究也漢書東方朔傳集注○丨成也書洪範五曰丨終命鄭注又詩考槃丨槃在澗傳湛露在宗載丨箋江漢作召公丨傳載芟胡丨之寧傳絲衣胡丨之休傳又周禮大宰設其攷注又禮記曲禮下祭王父曰皇祖丨注禮運以丨其信注事行有丨也注表記道有

至有義有丨注又左氏宣十五年傳下臣獲丨注昭十五年傳言以丨典注又公羊隱五年傳丨猶入室也注又周書謚法文酌二申親丨疏注又爾雅釋詁又國語越語上帝不丨注又漢書五行志中之上集注翼奉傳集注淮陽憲王欽傳集注敘傳下集注又後漢桓帝紀注傅毅傳注邊讓傳注又荀子儒效是大儒之稽也注又太元居利丨家注元文酉丨其親注又法言孝至丨載曰功注又家語禮運事行有丨注又淮南人閒婦人不能剡麻丨縷注○丨者成之也穀梁隱五年傳○丨成室之名春秋辨疑引趙匡集傳○宮廟初成祭之名爲丨左氏隱五年經丨仲子之宮服注○丨登也儀禮士喪禮丨降無有近悔注○丨合也國語周語丨中聲而量之以制注○丨猶終也楚辭離世身憔悴而丨旦注○丨擊也詩山有樞弗鼓弗丨傳○攷擊也廣雅釋詁三○丨引也方言十二○丨老也漢書元帝紀集注○丨壽也漢

書郊祀志上集注○丨父也文選幽通賦丨遴愍以行謠注○丨者父也史記三王世家○父爲丨爾雅釋親○父曰丨書舜典如喪丨妣釋文○生稱父死稱丨公羊隱元年傳隱之丨也注○父死稱丨也離騷朕皇丨曰伯庸注天問遂成丨功注○父死曰丨丨成也亦言槁也槁於義爲成凡五材膠漆陶冶皮革乾槁乃成也釋名釋喪制○丨謂丨問其狀也後漢安帝紀注○丨謂丨其功最也後漢朱浮傳注○丨績之法丨其所積也春秋繁露考功名○丨猶入室也公羊隱五年傳○丨之者設盛食以落之爾禮記雜記下路寢成則丨之而不釁注○丨工主作器械後漢樊準傳注○大慮行節曰丨周書謚法○獄死曰丨竟丨得其情竟其命於獄也釋名釋喪制○丨釁汙也淮南說林白璧有丨注○丨瑕釁也淮南氾論夏后氏之璜不能無丨注○丨或爲定禮記檀弓下邾婁丨公之喪注○蔡宣侯名丨父見春秋隱

八年史記作措

燥 丨乾也廣雅釋詁二又晉書音義上又素問氣交變大論西方生丨注五常政大論其令丨注○丨焦也釋名釋言語○丨謂陽炎呂覽重己足以辟丨溼而已矣注○丨金氣也素問氣交變大論丨乃大行注○丨爲金氣素問陰陽應象大論丨勝風注○陽明爲丨素問天元紀大論寒暑丨溼風火注○楚人名火曰丨詩汝墳王室如燬釋文○郙閣頌從朝陽之平㷮丨作㷮

埽 同掃○丨除也廣雅釋詁三○掃除也文選東京賦掃項軍於垓下薛注○丨拚也詩東山洒丨穹窒箋○氾丨曰丨禮記少儀○掃滅也文選東京賦掃朝霞薛注○丨卽今掃字也文選荅賓戲洒丨羣穢注○詩牆有茨不可丨也周禮媒氏注作不可掃也

嫂 本作㛮○女子謂兄之妻爲丨爾雅釋親○丨兄妻也左氏昭卄八年傳注叔向丨釋文○㛮叜也廣雅釋親○㛮猶叟也儀禮喪服傳是㛮亦可謂之母乎注○㛮者尊嚴之稱同上○丨叟也叟老者稱也叟縮也人及物老皆縮小於舊也釋名釋親屬

槁 丨枯也荀子勸學雖有丨暴注禮論唅以丨骨注又楚辭怨思草木搖落時丨悴兮注○丨乾枯也孟子梁惠王上則苗丨矣注○丨枯葉也荀子王霸若振丨然注議兵若振丨然注○槁乾也國語魯語稽魚鼈以爲夏槁注○丨乾葉也史記禮書舉若振丨索隱○丨葉落文選吳都賦麾城若振丨注○離爲科上丨易說卦傳○丨項羸瘦貌莊子列禦寇丨項黃馘者釋文○死灰丨木丨取其寂寞無情耳莊子齊物論形固可使如丨木而心固可使如死灰乎注○丨骨貝也荀子禮論唅以丨骨注○丨與考古字

通文選潘安仁河陽縣詩頰如丨石火注○易說卦傳釋文丨于作熇○莊子列禦寇丨項黃馘者釋文丨本作犒

潦 丨雨水文選南都賦潢丨獨臻注○禮所謂丨車謂蓋車與考工記輪人上尊而宇卑則吐水疾而霤遠注

保 丨安也書允征明徵定丨傳君奭時則有若丨衡鄭注又詩山有樞他人是丨傳南山有臺丨艾爾後傳天保天丨定爾箋楚茨神丨是饗傳常武王舒丨作傳閟宮丨彼東方箋又周禮地官序官丨氏注大宗伯以佐王建丨邦國注又儀禮士冠禮永乃丨之注又禮記中庸子孫丨之注丨佑命之注以丨其身注又左氏僖十九年傳丨小寡注又國語楚語而國民丨焉注又漢書高帝紀上集注元帝紀集注藝

文志集注賈誼傳集注齊懷王閎傳集注陳湯傳集
注谷永傳集注二見外戚傳上集注敘傳下集注又
後漢順帝沖帝質帝紀注班彪傳下注又孟子梁惠
王上｜民而王莫之能禦也注離婁上不｜四海注
又太元王順可｜也注樂終自｜也注又家語三恕
則民不｜注又文選述高帝紀｜此懷民注○｜｜
安天子書周官大｜傳○｜庸安有功者周禮大宰
五曰｜庸注○｜猶安也和也禮記樂記非歌孰能
｜此注○｜息謂安之使蕃息也周禮大司徒以｜
息六養萬民注○｜謂安守之大戴記保傅注○｜
守也安也詩崧高南土是｜箋又漢書高帝紀上集
注○｜守也周禮春官序官｜章氏注又左氏襄八
年傳焚我郊｜注又國語周語故能｜世以滋大注
｜任戒懼注晉語乃能攝固｜其土房注越語則撫
民｜教以須之注又漢書地理志上集注匈奴傳下
集注二見又後漢班彪傳下注○｜猶守也淮南主

術則獨身不能｜也注○｜守城者左氏哀十年傳
見｜者而泣注○｜者聚守之謂也莊子列御寇人
將｜汝矣注○｜持也國語周語膺｜明德注又呂
覽誠廉阻邱而｜威也注○｜養也國語周語事神
｜民注仁所以｜民也注慈｜庶民注又漢書宣帝
紀集注百官公卿表上集注引應劭郊祀志下集注
匡衡傳集注又文選典引懷｜鰥寡之惠浹蔡注○
｜居也詩楚茨神｜是饗箋○｜猶居也詩思齊無
射亦｜箋○｜定也廣雅釋詁四○｜附也莊子列
禦寇人將｜汝矣釋文引司馬注又列子黃帝人將
｜汝釋文○｜恃也漢書廣陵厲王胥傳集注引李
奇○｜猶恃也左氏僖廿三年傳｜君父之命注○
｜言可｜信也方言三自關而東陳魏宋楚之閒｜｜
庸謂之甬注○｜役可｜信也後漢桓譚傳注○｜
知也楚辭惜誦羌不可｜注○｜猶任也周禮大司
徒使之相｜注○｜使也廣雅釋詁二又後漢杜根

傳注○｜大也易象下傳順相｜也虞注○｜庸也
漢書欒布傳集注○｜｜其身體大戴記保傅又賈
子保傅○｜也者愼其身以輔翼之而歸諸道者也
禮記文王世子○｜｜毋禮記內則｜受乃負之注
○｜太｜也書君奭序召公爲｜釋文○太｜三公
官名書召誥惟太｜先周公相宅傳○｜衡伊尹也
書說命下昔先正｜衡傳○｜介副也呂覽孟春參
于｜介之御閒注○小城曰｜禮記月令四鄙入｜
注又國語晉語柳爲｜鄗平注○｜縣邑小城也家
語曲禮子貢問遇人入｜注○都邑之城曰｜禮記
月令四鄙入｜注○｜城郭居也淮南說山｜者不
敢畜噬狗注○｜猶衣也禮記月令注○鳳書鳴曰
｜長說苑辨物○｜古文貨采傒三形同一切經音
義九○史記周本紀展九鼎｜王集解徐廣曰｜一
作寶○左氏昭八年傳莫｜其性漢書五行志上作
莫信其性○漢書古今人表｜申呂氏春秋作葆申

淮南說山作鮑申○李氏鏡
銘明如日月世之｜寶作｜

葆

生茂日｜音保御覽九百九十四引通俗文○｜
｜茂也廣雅釋訓○關中俗謂桑榆孽生爲｜史
記天官書主｜旅事集解引如淳○｜菜也史記天
官書集解引晉灼○｜本也廣雅釋詁三○｜車謂
上建羽｜也合聚五采羽名爲｜後漢光武帝紀下
注○｜安也呂覽盡數是之謂五藏之｜注○｜守
也漢書天文志集注引宋均○｜謂所恃爲生者也
管子正世窘則民失其所｜注○｜平也素問徵四
失論從容之｜注○｜之言褒也禮記禮器不樂｜
大注○｜太｜官也呂覽直諫先王卜以臣爲｜吉
注○｜今之教母管子入國五幼又子之｜注○｜
光若有若無謂之｜光莊子齊物論此之謂｜光釋
文引崔注○禮記禮器不樂｜大釋文｜本作保莊
子田子方虛緣而｜眞釋文｜本作保讓王｜力之

士也釋文丨本作保

【堡】本作堢○堢隄也廣雅釋室○丨高土也一切經音義二十引聲類

【褓】亦作葆○褓謂之丨廣雅釋器○小兒被曰葆史記趙世家衣以文葆集解引徐廣○齊人名小兒被爲丨詩斯干傳裼丨也釋文○丨者小兒被子也孟子盡心上音義引聲類○緥小兒被也呂覽直諫不穀免衣繈緥注○丨小兒被也呂覽明理道多丨緥注○保小兒被也保當作緥古字通也後漢桓郁傳注○緥被也後漢申屠剛傳注

【鴇】丨似雁而大無後趾詩鴇羽序釋文○鴇似雁而大無指後漢班彪傳上注○驪白雜毛丨爾雅釋畜○驪白雜毛曰丨詩大叔于田乘乘丨傳

【稾】丨禾稈也一切經音義十七引蒼頡○箭幹謂之丨周禮夏官序官丨人司農注○稾草也後漢馬援傳注○丨勞也書稾飫序傳○丨猶散也儀禮既夕記丨車載蓑笠注○今文丨爲潦同上○丨讀爲芻丨之丨周禮夏官序官丨人司農注○稾當爲槁周禮小行人則令槁禬之司農注○稾當爲槀漢書陳湯傳集注引崔浩

【草】丨造也廣雅釋言○丨剏也法言先知載使子丨律注○丨丨創也文選爲范尚書讓吏部封侯第一表注引易鄭注○丨創物也易彖上傳天造丨昧虞注○丨謂創造之也後漢陳寵傳注○粗也史記陳丞相世家更以惡丨具進楚使集解引漢書音義○丨麤也後漢郭泰傳注○丨穢也呂覽任地大丨不生注○丨除丨周禮地官序官丨人注○生曰丨楚辭悲回風丨苴比而不芳注○丨葛蕢之屬

周禮典枲掌布緦縷紵之麻丨之物注○丨蘇謂蘂煎也素問移精變氣論治以丨丨蘇注○香丨丨鬱也周禮肆師則築鬻注○朱丨可以染服者書中候朱丨生郊注○丨食者食丨木謂麞鹿之屬呂覽本味丨實者殖注○丨野猶鄙陋也史記老莊申韓傳丨野而倨侮正義○丨創謂初始也後漢隗囂傳注○丨昧微物易屯天造丨昧釋文引董注○丨丨勞心也詩巷伯勞人丨丨傳○丨丨憂將妄得罪也詩巷伯箋○丨螽常羊也詩草蟲喓喓丨螽傳○丨螽負蠜爾雅釋蟲○丨螽一名負蠜大小長短如蝗而青也詩草蟲序釋文引草木疏○屮古丨字漢書禮樂志集注五行志下之上集注地理志集注二見鼂錯傳集注蘇武傳集注董仲舒傳集注司馬相如傳上集注司馬相如傳下集注公孫宏傳集注趙充國傳集注貢禹傳集注二見魏相傳集注谷永傳集注楊雄傳上集注王莽傳中集注又荀子富國刺中殖穀注

譬之若中木枝葉必類本注○艸古丨字本或作丨晉書音義下○書禹貢厥丨惟繇漢書地理志作中繇○周禮庶氏嘉丨燒之釋文丨本作艸○爾雅釋畜注騲馬名釋文丨本作騲○高彪碑獄獄生屮丨作屮

【皞】丨白也廣雅釋訓○太丨者大起萬物擾也白虎通五行○少皞者少斂也同上○皞與昊同孟子盡心上皞皞如也音義引張音

【昊】通作皞○丨丨天也詩巷伯投畀有丨傳又後漢馬援傳注○丨丨天天也周禮大宗伯以禋祀祀丨天上帝司農注○丨天言元氣廣大書堯典欽若丨天傳○丨天元氣丨大也荀子賦皓天不復憂無彊也注○丨天天大號也詩昊天有成命丨天有成命箋○丨天夏天也楚辭傷時惟丨天兮服靈注○夏

為丨天爾雅釋天○夏曰丨天白虎通四時○夏曰丨天其氣布散顥顥也釋名釋天○言萬物盛壯其氣丨大故曰丨天爾雅釋天李注○暤天自然也莊子人閒世易之者暤天不宜釋文引向注○穀梁序丨天不弔釋文丨本作昊○詩蓼莪丨天罔極漢書鄭崇傳作暤天罔極○漢書古今人表太丨少丨潛夫論作太暤少暤禮記月令作太暤少暤○商子丨英易繫辭疏引世紀作暤英○夏承碑暤天不弔郙閣頌精通晧倉丨作晧○童子逢盛碑顥天不惠丨作顥○漢修堯廟碑恩如浩蒼丨蒼作浩倉

浩 ○丨工早反遠也亦水大也一切經音義七引字林丨流也廣雅釋訓○丨大也漢書張敞傳集注又後漢隗囂傳注又楚辭東皇太一陳竽瑟兮丨倡注○丨猶大也文選七命此蓋宴居之丨麗注○丨猶饒也禮記王制有餘曰丨注○猶丨丨離騷怨靈修之丨蕩兮注○丨丨廣大貌楚辭懷沙丨丨沅湘注○丨丨盛大若漫天書堯典丨丨滔天傳○丨然大氣也後漢傳燮傳注○丨丨深廣之貌也文選七發丨丨溰溰注○丨然心丨丨有遠志也孟子公孫丑下子然後丨然有歸志注○丨然簡畧不恭家語三恕丨倨者則不親注○丨蕩廣大也後漢張衡傳注○丨蕩志放貌也楚辭河伯心飛揚兮丨蕩注○喪祭有餘曰丨禮記王制○丨水名也後漢馬棱傳注○疾言之丨丨為閤耳漢書地理志下集注○丨亹漢書金城郡丨亹縣孟康曰丨亹音合門今俗呼此水為閤門河蓋疾言之耳晉書音義上○春秋公羊傳丨鼬鹽鐵論和親作誥鼬

顥 丨大也漢書敘傳上集注引孟康○丨白貌後漢班彪傳上注○丨白貌也音昊漢書敘傳音義引字林○丨白首貌皓與丨通文選與蘇武詩注引聲類○西方曰丨天呂覽有始○金色白故曰丨天呂覽有始注

鎬 丨武王所都也書洪範傳歸丨京釋文○丨也方也皆北方地名詩六月侵丨及方箋○丨與鄗同文選西都賦遂繞酆鄗注

鄗 丨丨京也國語周語杜伯射王於丨注○丨與鎬同荀子王霸武王以丨注

懆 慅同○慅憂也詩月出勞心慅兮釋文○慅慅憂也廣雅釋訓○慅愁也廣雅釋詁四○丨貪也廣雅釋詁二○詩白華念子丨丨釋文丨丨本作慘慘○慅嬰當為澡嬰荀子正論慅嬰注

滈 丨丨水白光貌史記司馬相如傳翯乎丨丨索隱引郭璞○丨與鎬同荀子議兵古者湯以薄武王以丨注

繰 丨青也廣雅釋器○丨當為澡綠之誤也禮記雜記緦冠丨纓注○禮記禮器朱聲丨釋文丨本作藻又作璪

皁 丨造也造成事也左氏昭七年傳士臣丨服注○丨臣也廣雅釋詁一○丨隸賤官左氏昭三年傳降在丨隸注○丨養馬之官下士也史記魯仲連鄒陽傳與牛驥同丨索隱○丨櫪也莊子馬蹄編之以丨棧釋文○丨歷也廣雅釋器又史記魯仲連鄒陽傳索隱引應劭○丨櫪也莊子馬蹄釋文又呂覽權勳猶取之內丨注又文選赭白馬賦注引莊子司馬注○櫪梁宋齊楚北燕之閒或謂之丨方言五○丨馬閑也莊子馬蹄編之以丨棧釋文引崔注○丨廄別名周書糴匡丨畜約制注○丨養馬之器也史記魯仲連鄒陽傳索隱引郭璞○丨食牛馬器史記魯仲連鄒陽傳集解引漢書音義○三乘為丨周禮校

人〇丨黑也廣雅釋器〇緇謂之丨同上〇丨早也日未出時早起視物皆黑此色如之也釋名釋采帛〇實未堅者曰丨詩大田既方既丨傳〇早物柞栗之屬今世閒謂柞實爲丨斗周禮大司徒其植物宜早物司農注〇丨帔

蘿雀也廣雅釋鳥

繅 丨雜文之名也合五采絲爲之繩垂於延之前后各十二所謂邃延也周禮弁師五采丨十有二注〇雜采曰丨以韋衣木版飾以三色再就所以薦玉重愼也儀禮聘禮記丨三采六等朱白蒼注〇丨有五采文所以薦玉木爲中榦用韋衣而畫之周禮典瑞丨藉五采五就注〇丨所以藉圭也儀禮聘禮垂丨注〇丨所以縕藉玉儀禮聘禮記凡執玉無藉者襲注〇丨所以藉玉以韋衣木廣袤各如其玉之大小以朱白蒼爲六色儀禮覲禮乃朝以瑞玉有丨注〇丨藉以五采韋衣板若奠玉則以藉之周禮大行人丨藉九寸注〇丨藉也考工記玉人琬圭九寸而丨注〇丨有組繫也儀禮聘禮取圭垂丨注〇丨席削蒲蒻展之編以五采若今合歡矣周禮司几筵加丨席畫純注〇古文丨或作藻今文作璪儀禮聘禮記注〇今文丨作璪儀禮聘禮垂丨注〇今文丨或爲璪儀禮覲禮注〇丨讀爲藻率之藻周禮司几筵加丨席畫純司農注典瑞丨藉五采五就司農注〇丨當爲藻丨古字也藻今字也同物同音周禮弁師諸侯之丨斿九就司農注

蚤 蚤同〇蚤謂除爪也禮記曲禮不蚤剪釋文〇蚤當爲爪考工記輪人欲其蚤之正也注去一以爲蚤圍注〇蚤讀爲爪禮記曲禮下不蚤鬋注〇蚤與爪同荀子大略爭利如蚤甲而喪其掌注〇蚤古早字漢書文帝紀集注五行志中之上集注彭越傳集注楚元王傳集注劉向傳集注灌夫傳集注李廣傳

集注張安世傳集注杜欽傳集注司馬遷傳集注東方朔傳集注魏相傳集注張敞傳集注鄭崇傳集注淮陽憲王欽傳集注孔光傳集注翟義傳集注谷永傳集注楊雄傳上集注西域傳下集注王莽傳上集注〇莊子秋水蚤察毫末釋文蚤崔作爪司馬本作蚤

澡 丨盥也華嚴經音義上引蒼頡〇丨洒也廣雅釋詁二〇丨治也儀禮士虞禮丨葛絰帶注又廣雅釋詁三〇丨者治去莩垢儀禮喪服傳丨麻絰帶注〇丨嬰謂丨濯其布爲纓荀子正論慅嬰注〇丨或讀爲草愼子作草纓同上〇禮記喪服小記帶丨麻釋文丨本作藻

槀 槀木枯也苦道反一切經音義五引字林〇丨乾也周禮𩿧人辨魚物爲鱻丨注又禮記內則免丨注〇丨謂乾肉周禮庖人凡其死生鱻丨之物司農注〇槀魚曰商祭禮記曲禮下又獨斷上〇槀魚乾魚禮記曲禮上釋文

灝 丨溔皆水無涯際也史記司馬相如傳丨溔潢漾正義引郭云

栲 丨山樗詩山有樞山有丨傳南山有臺南山有丨傳又爾雅釋木〇杋茱萸也廣雅釋木

藳 乾丨乾梅也有桃諸梅諸是其乾者周禮籩人饋食之籩其實棗栗桃乾丨榛實注

媼 丨女老稱漢書高帝紀上集注〇丨老母稱漢書禮樂志集注引張晏〇丨母也廣雅釋親〇老媼爲丨漢書高帝紀上集注引文穎

麌 麛子丨爾雅釋獸〇麛子曰丨國語魯語獸長麑丨注又文選西京賦效獲麑丨薛注〇少長曰丨爾雅釋獸其子丨釋文

【天】丨折文選辯命論注引莊子司馬注○草木未成曰丨文選魏都賦澤不伐丨劉注

丨明也廣雅釋詁四○丨明貌管子內業丨乎如

【杲】登于天注○丨丨白也廣雅釋訓○丨信也廣雅釋詁

二

【皜】丨白也文選懷舊賦注引埤蒼○皜皜言堅貞如白玉也後漢孔融傳注○丨或作翯漢書司馬相如傳下集注

【縞】丨素也小爾雅廣詁○丨謂之[illegible]廣雅釋器○丨白色素問六節藏象論如以丨裹紫注○丨白繒書禹貢厥篚玄纖丨傳○丨衣白色男服也詩出其東門丨衣綦巾傳○丨冠素紕也禮記檀弓上祥而丨注○丨皓也繒之精白者曰丨後漢順帝紀注○繒之精者曰丨小爾雅廣服○丨繒也左氏襄廿九年傳與之丨帶釋文○丨練也廣雅釋器○丨丨冠也禮記雜記委武玄丨而后蕤注○丨爲冠也說苑反質○丨鮮支也史記司馬相如傳揄紵丨正義引顏云○丨也者莎隨也大戴記夏小正緹丨傳

【橑】丨椽也廣雅釋室又後漢班彪傳注○屋加椽曰丨丨來早切御覽一百八十一引通俗文○丨蓋弓也大戴記保傅二十八丨以象列星注○丨新也管子侈靡雕丨然後爨之注

【轑】丨蓋叉也如屋構丨也釋名釋車○丨轢也漢書楚元王傳集注

【䆃】禾一莖六穗謂之丨也史記司馬相如傳索隱引字林○丨禾也廣雅釋草

【芺】丨薊其實荂爾雅釋草

【嫪】丨蔞本艸呼爲蘩蔞爾雅釋草蔜丨蔞釋文

【槀】丨枯草也國語齊語擊丨除田注

【蓩】丨毒草也後漢劉元傳注引字林○丨丨茂也廣雅釋訓

【璅】丨丨小也文選東京賦既丨丨焉薛注

【媢】丨妒也廣雅釋詁一○丨亦妒也顏氏家訓書證引三蒼○丨丈夫妒也妒女爲丨史記五宗世家索隱引三蒼郭注

【薃】丨侯莎爾雅釋草

○以下據廣韻錄【鰝】丨大鰕爾雅釋魚○今青州呼鰕魚爲鰝丨爾雅釋魚注

【嘐】啅丨與悼恅音義同文選洞簫賦悼恅瀾漫注

【䵋】丨黃也廣雅釋器

【跳】丨長也廣雅釋詁四

【楇】丨棺也廣雅釋器

【塲】丨隄也廣雅釋室

【啅】丨嘐寂靜也文選洞簫賦注引埤蒼○丨嘐與悼恅音義同文選洞簫賦悼恅瀾漫注

【菽】丨莜也廣雅釋言

【宲】丨藏也廣雅釋詁四

【跃】丨長也廣雅釋詁四

祰 丨詉也廣雅釋詁四

顥 丨大也廣雅釋詁一

○以下據集韻錄澔注

丨丨玣玣光明盛貌文選魯靈光殿賦

謷 丨皜也廣雅釋器

灝 丨丨大也廣雅釋訓

殦 丨乾也廣雅釋詁二

劋 丨獪也秦晉之閒曰獪楚謂之丨方言二

獿 丨雌貑爾雅釋畜釋文引字林

○附錄 **昦** 丨春也廣雅釋詁四

經籍纂詁卷第四十九

經籍纂詁卷第四十九補遺 上聲

兵部侍郎兼都察院右副都御史巡撫浙江等處地方提督軍務兼理糧餉阮元纂集

十九皓

皓 說文皓日出皃从日告聲○丨白也文選答賓戲孟軻養丨然之氣注引項岱○皜皜言堅貞如白王也後漢書孔融傳論懍懍焉皜皜焉注○考工記車人注頭髮丨落曰宣釋文本或作顥劉作丨○爾雅釋天注言氣丨旰釋文本亦作昊

寶 說文丨珍也从宀从玉从貝缶聲寚古文丨省貝○丨者保也公羊隱元年經傳解詁疏○丨玉也國語魯語以其丨來奔注○丨重也淮南說山侯王丨之注○謂丨者世世丨用之辭公羊定八年傳竊

青純疏○丨謂愛守也漢書梁平王襄傳戒後世善丨之注○丨或作保字與俘相似左氏莊六年經齊人來歸衛俘疏

藻 說文藻水艸也从艸从水巢聲詩曰于以采藻丨藻或从澡○丨水草左氏昭廿五年傳爲九文注○丨水草也生水底有二種其一種謂之聚丨扶風人謂之丨聚爲發聲也詩采蘋于以采丨陸疏○丨是水草之文周禮典瑞注繅讀爲丨率之丨疏○丨聚丨也左氏隱三年傳蘋蘩蘊丨之菜注漢書司馬相如傳上唼喋菁丨注○丨茆亦水菜詩泮水箋芹水菜也疏○丨文辭也漢書敘傳上摛丨如春華注○丨謂以韋衣板以藉玉禮記雜記下丨三采六等疏○丨率正是丨之複名左氏桓二年傳注丨率以韋爲之疏○丨梲畫梁柱也周書作雒丨梲注○丨華丨華文也淮南俶眞華丨鏤鮮注○繅古字也丨

今字也周禮弁師諸侯之繅斿九就司農注

【早】說文丨晨也从日在甲上○日出甲上故丨也易解有攸往夙吉虞注○晨初爲丨詩小星箋或丨或夜疏○夜半爲丨左氏昭五年傳亦當十位注○蚤謂先時也禮記禮器不麛蚤疏○蚤謂下先上也荀子大略殺大蚤注○日至于曾泉是謂蚤食淮南天文○丨謂祭日之晨詩采蘩箋丨夜在事疏○蚤古以爲丨晚字也漢書文帝紀有司請蚤建太子注○蚤古丨字漢書彭越傳而君王不蚤定注楚元王傳伯蚤卒注劉向傳不可不蚤慮注灌夫傳將軍旦日蚤臨注李廣傳當戸蚤死注張安世傳賀有一子蚤死注杜欽傳將軍輔政而不蚤定注東方朔傳伏日當蚤歸注魏相傳宜蚤圖其備注張敞傳孝昭皇帝蚤崩無嗣注鄭崇傳夭折蚤沒注淮陽憲王欽傳太子蚤失母注孔光傳進宦蚤成注翟義傳短命蚤

崩注谷永傳今大將軍不幸蚤薨注楊雄傳上吾纍忽焉而不蚤睹注西域傳下太子蚤死注王莽傳上惟莽父曼蚤死不侯注

【棗】說文丨羊丨也从重朿○丨早也禮記曲禮下婦人之摯椇榛脯脩丨栗疏

【老】說文丨考也七十曰丨从人毛匕言須髮變白也凡丨之屬皆从丨○丨者久也舊也續漢禮儀志上注引應劭漢官儀○六十已上爲丨男五十已上爲丨女也管子海王今吾非籍之諸君吾子注○丨者人所敬也漢書東方朔傳○丨丨謂以丨爲丨而尊敬之也荀子脩身丨丨而壯者歸焉注○大夫家臣稱丨儀禮聘禮授丨幣疏○家臣稱丨左氏哀十五年傳孔氏之丨欒寧問之服注○家臣曰丨國語楚語召其宗丨而屬之注○卿丨上卿也禮記曲禮下國君不名卿丨世婦注○大臣稱丨左氏昭元年傳將不得爲寡君丨注○丨尊卿稱左氏昭十三年傳而執其丨注○丨者是大夫之總名左氏昭十三年傳天子之丨疏○丨大夫之尊稱荀子宥坐是丨也欺予注○丨天子大夫稱左氏昭十三年傳天子之丨注○丨致仕也左氏隱三年傳桓公立乃丨注宣十七年傳范武子將丨注襄三年傳祁奚請丨注○丨歸本邑左氏成十五年傳申叔時丨矣注○室丨家之長相禮記檀弓下歡主人主婦室丨爲其病也疏○丨謂家之長相也漢書薛宣傳昔孟公綽優於趙魏注○丨眊古壽考者之號也禮記曾子問吾聞諸丨眊曰注○三丨謂上壽中壽下壽左氏昭三年傳而三丨凍餒注○夫丨者休息之名荀子正論不丨者休也注○不丨丨也猶言不顯顯也同上○師直爲壯曲爲丨左氏僖廿八年傳宣十二年傳○師久爲丨左氏僖卅三年傳丨師費財注

【好】說文丨美也从女子○丨亦善之意也左氏襄卅八年傳慶氏之馬善驚疏○丨謂姅悅也方言十二姚娧丨也注○乾爲好易遯丨遯虞注○鈔嫽丨也丨凡通語也方言二○丨璧孔也爾雅釋器肉倍丨謂之璧釋文○丨孔也漢書食貨志下肉丨皆有周郭注引韋昭其圜丨二寸半注○肉丨言音之洪美史記樂書集解引禮記樂記王肅注○體爲肉孔爲丨漢書律厤志上令之肉倍丨者注引如淳

【道】說文丨所行丨也从辵从首一達謂之丨𨕥古文丨从𩠐寸○丨行家語致思魚鼈不能丨丨注○丨行所由禮記大學是故君子有大丨注○丨路也禮記雜記上如於丨疏○丨謂丨路禮記緇衣是民之丨也疏○丨猶丨路行不失正名之曰丨左氏桓六年傳所謂丨忠于民疏○丨者所繇適於治之路也漢書董仲舒傳○丨者徑也物所從之路也書大禹謨丨心惟微疏○丨通也禮記中庸極高明而丨中

庸疏○丨謂開通也易繫辭上傳丨義之門疏○丨說也周禮土訓掌丨地圖注又荀子非相學者不丨也注又議兵臣請遂丨王者諸侯彊弱存亡之效注○丨謂說之也漢書王莽傳下丨語星宿注○丨猶言也禮記禮器蓋丨求而未之得也注又管子君臣上善知而丨之者也注○丨謂言漢書梁孝王武傳不可勝丨注○丨亦言說荀子成相淸成相丨聖王注○丨謂丨理禮記學記注材丨也疏○丨猶禮也禮記檀弓上丨隆則從而隆疏死謚周丨也疏○丨丨術也漢書淮陽憲王欽傳博已與大儒知丨者注○丨謂禮樂禮記仲尼燕居皆由此塗出也疏○丨謂丨化素問陰陽應象大論在人爲丨注○丨謂禮義荀子解蔽何謂丨丨注○丨六藝御覽七百四十四引周禮保氏而養國子以丨焉注○丨謂才藝禮記曲禮上丨德仁義疏○丨從也管子白心必丨其丨注○丨由也文選東京賦注引國語賈注○丨者

物之所導也淮南繆稱○丨者所以充形也管子内業○丨者所以變化身而之正理者也管子形勢解○丨者扶持衆物使得生育而各終其性命者也管子形勢解○一陰一陽謂之丨白虎通三綱六紀○丨體无形自然使物開通謂之爲丨易象上傳乾丨變化疏○始乎無端者丨也管子兵法○無形迹可尋詰者丨之謂管子兵法此之謂丨矣注○丨者自然能生天地也管子四時丨生天地注○無爲自然者丨也管子心術上以無爲之謂丨注○丨者貴作變化也管子小稱故先王曰丨注○丨自然也無也老子丨生之注○夫丨者一元之至理老子丨可丨非常丨注○已而不知其然謂之丨莊子齊物論○丨者古今之正權也荀子正名○丨謂中和之丨儒者之所守也荀子正名丨者進則近盡退則節求注○丨謂制名之丨荀子正名丨行而志通注○丨者委曲容物備物者也荀子禮論曲容備物之謂丨注

○一而不可不易者丨也莊子在宥○丨者德之本也賈子道德說○物所丨始謂之丨賈子道德說○丨者聖王之行也賈子大政上○丨者福之本同上○丨順之謂丨論衡本性篇○率性而行謂之丨淮南齊俗○丨者虛也易略例通乎晝夜之丨而无體注○丨者開通濟物之名禮記曲禮上注三王之世疏○丨者通物之名禮記曲禮下丨德仁義疏○丨者於物開通之稱禮記祭義爲其近於丨也疏○丨者通物之名禮記中庸率性之謂丨疏○丨履蹈而行禮記王制一丨德以同俗疏○丨之爲義取開通履蹈而行兼包大小精麤禮記表記丨有制有義有考疏○無形者丨也鬼谷子反覆乃與無形俱生注○丨者天地之始鬼谷子陰符○丨是無體之名易繫辭上傳形而上者謂之丨疏○乾爲丨易象下傳聖人久于其丨虞注○乾稱丨也易小畜復自丨虞注○乾爲丨門易繫辭上傳丨義之門虞注○震爲丨

易隨有孚在丨虞注○縣有蠻夷曰丨史記孝文紀蜀嚴丨邛都正義又漢書高后紀地震羌丨注引服虔○丨當作導易繫辭上丨濟天下釋文引鄭注○書泰誓下天有顯丨墨子非命下作天有顯德○書君奭我丨惟寧王德釋文馬本作我迪○丨誤爲蹈荀子禮論丨士大夫注○史記丨作蹈亦作啗荀子禮論丨及士大夫注○華山廟碑思登假之道高彪碑庶幾乎仁義之道丨皆作道

【稻】說文丨稌也从禾舀聲○丨有芒之穀總稱也漢書東方朔傳馳騖禾稼丨秔之地注○丨金穀也素問五常政大論其穀豆丨注○夫丨者生于陰水之精首戴天陽之氣素問湯液醪醴論篇此得天地之和注○丨曰嘉蔬禮記曲禮下

【造】丨爲也易乾大人丨也釋文引鄭注○丨就也易乾釋文引王肅○丨成也左氏成十三年傳則是

我有大丨于西也注又後漢書鄧騭傳遣國不丨注崔駰傳慜余生之不丨兮注○丨化謂天也淮南精神偉哉丨化者注

腦 說文𡿺頭髓也从匕匕相匕箸也巛象髮囟象𡿺形○丨爲髓海素問五藏生成篇其榮髮也注○丨爲丨者髓之海素問六節藏象論其華在髮注○丨爲髓之海眞氣之所聚素問刺禁論刺頭中腦戶注○丨者陰也素問解精微論

惱 嫍 說文嫍有所恨也从女𡿺聲今汝南人有所恨曰嫍

嶋 說文丨海中往往有山可依止曰丨从山鳥聲讀若詩曰蔦與女蘿○丨是海中之山書禹貢丨夷皮服疏○隝水中山也漢書司馬相如傳上阜陵別隝注引郭璞○丨海中山也漢書楊雄傳下勃解之鳥注○海中山曰隝漢書田儋傳入海居隝中注引韋昭

倒 說文新附丨仆也从人到聲

禱 說文禱告事求福也从示𠷎聲禂丨或省𥛭籀文丨○丨請也論語述而子路請丨包注又一切經音義十六引廣雅○丨求也淮南時則大丨祭于公社注○始爲曰丨得求曰祠周禮大祝既則祠之以報焉疏○求福謂之丨報賽謂之祠周禮小祝將事侯禳丨祠之祝號疏○祈請求福曰丨得福報賽曰祠周禮喪祝以祭祀丨祠焉疏○凡祈福曰丨至於得福則曰祭周禮都宗人注祭謂報賽也疏○丨者求福以自輔也禮記檀弓下君子謂之善頌善丨疏○丨丨請於鬼神論語述而子路請丨集解引包注○丨謂將戰時請福也國語晉語衛莊公丨注

擣 說文擣手椎也一曰築也从手𠷎聲○儀禮有司徹丨肉之脯釋文劉本作搗○禮記內則注丨熬穀也釋文本又作搗○禮記雜記上注所以搗鬱也釋文本亦作丨

袌 說文袌裹也从衣包聲○丨守老子是以聖人丨一爲天下式注○丨轉也丨讀岐嶷之嶷淮南本經蔆杼紾丨注○丨氣向日也漢書天文志丨珥虹蜺注引孟康○在旁如半環向日爲丨漢書天文志注引如淳○丨讀詩克嶷之嶷也淮南原道扶搖抮丨羊角而上注

討 說文丨治也从言从寸○丨治也左氏襄五年傳楚人丨陳叛故注九年傳使華閱丨右官注○丨者責其罪狀左氏成三年傳注故丨之疏○丨雜也詩小戎蒙伐有苑箋○丨猶除也白虎通誅伐

考 說文丨老也从老省丂聲○壽丨老也禮記曲禮下壽丨曰卒疏○丨校也禮記大傳丨文章疏○丨謂校勘左氏春秋序丨其眞僞疏○丨校其虛實也漢書郊祀志上丨入海方士注○丨成也易復中以自丨也釋文引鄭注又周書職方丨乃職事注又禮記禮運丨制度疏○丨謂成也漢書楊雄傳上周宣所丨注○丨成也言有成德也左氏襄十三年傳注從先君代爲禰廟疏○丨是成就之義左氏隱五年經注成仲子宮疏○丨合也國語周語丨神納賓也注○宮廟初成祭之名爲丨左氏隱五年經丨仲子之宮服注○對文父没稱丨若散而言之生亦稱丨易象上傳意承丨也疏○丨是父也書金縢予仁若丨疏○丨亦禰也禮記郊特牲尊祖親丨之義也疏○父廟曰丨丨成也禮記祭法曰丨廟疏

燥 丨乾也淮南脩務相土地宜丨濕注○丨乾枯也素問氣交變大論有丨注○乾者純陽故曰丨也易文言傳火就丨荀注○丨高敞也漢書丙吉傳置閒丨處注

【墑】說文丨棄也从土从帚○丨者謂盡舉之如丨地
之爲漢書黥布傳大王宜丨淮南之衆注
【嫂】說文嫂兄妻也从女叜聲○爾雅釋親釋文嫂本
今作丨○禮記大傳是丨亦可謂之母乎釋文本
又作
嫂
【槁】說文槀木枯也从木高聲○丨謂木葉落也詩擇
兮擇兮籜兮○丨謂枯丨也素問四氣調神大
論則菀丨不榮注○丨就也考工記輪人爲輪注揉
謂以火丨之疏○故書丨爲槀周禮小行人則令丨
襘之注
【潦】說文丨雨水大皃从水尞聲○丨者雨水也詩泂
酌傳行丨流丨也疏○雨水謂之丨禮記曲禮上
水丨降釋文又左氏隱三年傳注流丨疏○丨行丨
也漢書五行志上畜水丨注司馬相如傳上注引張

揖○丨流也漢書司馬相如傳上酆鎬丨潏注引應
劭
【保】說文保養也从人从𤓽省𤓽古文孚孚古文保保
古文保不省○丨養也國語鄭語以丨于百姓者
也注○丨安也詩假樂箋羣臣丨右而舉之疏又周
禮大宰五曰丨庸疏大司徒以丨息六養萬民疏又
左氏襄十四年傳師丨萬民疏又國語周語聖人丨
樂而愛財注又荀子脩身丨禮非義注○丨者安守
之義詩出其東門序民人思丨其室家焉疏○丨者
安鎮也孝經然後能丨其祿位疏引皇侃○丨以全
也老子不善人之所丨王注○丨可安信也漢書高
惠高后文功臣表咸出庸丨之中注○丨守也左氏
哀廿七年傳乃先丨南里注○丨者固守之語左氏
僖二年傳注分依客舍疏○丨是護也禮記文王世
子丨也者疏○丨丨其身體漢書賈誼傳○丨謂庸
之可信任者也漢書司馬相如傳上與庸丨雜作注

○丨縣邑小城禮記檀弓下公叔禺人遇負杖入丨
者息注
【葆】說文葆艸盛皃从艸保聲○草叢生曰丨漢書燕
刺王旦傳頭如蓬丨注○丨旅野生之可食者也
史記天官書主丨旅事正義○丨謂蓋也禮記雜記
下匠人執羽丨御柩疏○丨即今所謂纛頭也漢書
司馬相如傳下總光耀之采旄注
【褓】集韻丨或从衣○說文緥小兒衣也从糸保聲○
丨夜衣也詩斯干載衣之裼箋○丨縛兒被也詩
斯干傳裼丨也疏○丨小兒被也史記魏將軍驃騎
列傳在繈丨中正義○葆小兒被也史記魯周公世
家成王少在強葆之中正義○緥小兒被也漢書宣
帝紀曾孫雖在襁丨注引孟康○緥小兒大藉也漢
書宣帝紀注引李奇○緥若今時小兒腹衣文選嵇
叔夜幽憤詩注引漢書韋昭注○保即襁保保謂小

被所以衣覆小兒禮記月令注丨猶衣也疏○緥或
作丨後漢書申屠剛傳始免繈緥注
【鴇】說文丨鳥也肉出尺胾从鳥𠦝聲鳵丨或从包○
丨即今俗呼爲獨豹者也豹者丨聲之訛耳漢書
司馬相如傳上鳿鷫鵠丨注
【稾】說文丨稈也从禾高聲○丨禾稈也漢書五行志
下之上民驚走持丨注蕭何傳毋收丨爲獸食注
趙充國傳茭丨二十五萬二百八十六石注貢禹傳
又出丨稅注○所作起草爲稾文選冊魏公九錫文
注引漢書如淳注○丨車潦車也爲雨而設詩無羊
傳蓑所以備雨疏○丨讀爲犒師之犒周禮地官序
官丨人注○禮記郊特牲丨鞂釋文本又作槀
【草】說文艸百卉也从二屮凡艸之屬皆从艸○丨謂
丨創易彖上傳天造丨昧疏○丨創始也漢書任

敖傳丨立士德時歷制度注○丨創造之漢書藝文志蕭何丨律注○丨謂創立其事也漢書禮樂志迺丨具其儀注○丨謂創立其文也漢書王莽傳上爲崇丨奏稱莽功德注○丨藁謂創制憲令之本也史記屈原賈生列傳屈平屬丨藁索隱○丨昧謂丨創晤昧也後漢書班固傳下同乎丨昧注○丨創者猶言丨昧蓋初始之謂矣匡謬正俗四○丨謂爲文之藁丨漢書淮南王安傳常召司馬相如等視丨迺遣注○丨者藁丨亦未成之稱匡謬正俗四○丨具謂發始造端也史記屈原賈生列傳屈平屬丨藁索隱引崔浩漢書注○丨具謂麤食丨菜之饌具也史記范睢蔡澤列傳使舍食丨具索隱○丨粗也漢書郊祀志上丨改麻服色事注賈誼傳迺丨具其儀法注○丨是地之毛左氏隱三年傳注毛丨丨也疏○蘇芥丨也江淮南楚之閒曰丨自關而西或曰丨方言三○屮古丨字漢書地理志下水屮宜畜牧注

暭 說文丨皓旰也从日皐聲○丨丨廣大皃荀子解蔽皞皞廣廣注○丨字與昊同漢書鄭崇傳丨天罔極注

昊 說文昦春爲昦天元气昦昦从日夰夰亦聲○春爲丨天書堯典疏引鄭讀爾雅○春曰丨天詩黍離傳疏引異義今尚書歐陽說○元氣廣大則稱丨天詩黍離悠悠蒼天傳○丨天言天氣廣大也漢書律麻志上欽若丨天注○丨大皃詩黍離傳則稱丨天疏○東方昦天廣雅釋天○西方曰丨天淮南天文○西方金色白故曰丨天或作旻淮南天文注○禮記祭法注其帝太丨釋文丨亦作皞○禮記緇衣注投畀有丨釋文本或作皓○皞與丨同孟子盡心上皞皞如也音義引張音

浩 說文丨澆也从水告聲虞書曰洪水丨丨○丨者是多大之義禮記王制注丨猶饒也疏○丨亦大也淮南墬形曰丨澤注○丨丨瀚瀚廣大皃也淮南俶眞丨丨瀚瀚注○丨漾大也文選魏都賦注引廣雅○河又東逕丨亹縣故城南闞駰曰丨讀閤也故亦曰閤門水經河水注

顥 說文丨白皃从頁从景楚詞曰天白丨丨○商山四丨白首人也○丨言氣丨汗也漢書司馬相如傳下肇自丨穹生民注○皓與丨古字通文選李少卿與蘇武詩皓首以爲期注

鎬 說文丨溫器也从金高聲武王所都在長安西上林苑中字亦如此○丨武王所都京也荀子王霸武王以丨注○書洪範傳歸丨京釋文本又作鄗○詩文王有聲宅是丨京水經注十九作宅是鄗京

懆 說文丨愁不安也从心喿聲詩曰念子丨丨○慅慅勞也爾雅釋訓

滈 說文丨久雨也从水高聲

繰 繅之丨字絲旁爲之非澡治之義禮記雜記上繅冠丨纓疏

璪 說文丨玉飾如水藻之文从玉喿聲虞書曰丨火黺米

草 說文草斗櫟實也一曰象斗子从艸早聲○丨訓爲成也詩大田傳實未堅者曰丨疏○丨養馬者也漢書貨殖傳至于丨隸注○丨歷也漢書鄒陽傳與牛驥同丨注○丨櫪也淮南覽冥飛黃伏丨注

襖 說文新附丨裘屬从衣奧聲

蚤 說文丨齧人跳蟲从䖵叉聲叉古爪字蚤丨或从虫

澡 說文丨洒手也从水喿聲○丨洗手也文選長笛賦丨雪垢滓矣注○丨浴也詩采蘋箋藻之言丨也疏○丨身謂能丨絜其身不染濁也禮記儒行儒有丨身而浴德疏

槀 槀乾也禮記曲禮下槀魚曰商祭疏○周禮獻人辨魚物爲鱻丨釋文本又作槁○禮記內則免丨釋文本又作槀

灝 說文丨豆汁也从水顥聲

栲 丨一名山樗爾雅釋木丨山樗舍人注

橑 說文丨乾梅之屬从艸橑聲周禮曰饋食之籩其實乾丨後漢長沙王熒艸爲丨潦丨或从潦

媪 說文丨女老偁也从女昷聲讀若奧○丨是婦人之老者通號史記外戚世家魏丨索隱○丨婦人老少通稱史記衛將軍驃騎列傳與侯姦衛丨通索隱○丨母別名也文選漢高祖功臣頌注引漢書音義○丨神地也漢書禮樂志丨神蕃釐注引李奇

夭 丨折不終也淮南墬形暑氣多丨注

杲 說文丨明也从日在木上

縞 說文丨鮮色也从糸高聲○丨素也漢書韓安國傳不能入魯丨注○丨白素也漢書高帝紀上兵皆丨素注○丨皓素也繒之精白者也漢書食貨志上履絲曳丨注○丨白色生絹禮記王制注殷尚白而丨衣裳疏○丨白絹也禮記曾子問注布深衣丨總疏○丨是生絹而近吉禮記玉藻丨冠元武疏○丨是薄繒詩出其東門傳丨衣白色男服也疏○丨細繒也淮南兵略雖有丨之幨注又文選子虛賦揄紵丨注引司馬彪○丨鮮支也即今所謂素者也漢書地理志上厥棐元纖丨注

橑 說文丨椽也从木尞聲○丨椽也漢書司馬相如傳仰兆丨而捫天注

轑 說文丨蓋弓也一曰輻也从車尞聲○丨椽也漢書張敞傳果得之殿屋重丨中注引蘇林

夰 說文丨放也从大而八分也凡丨之屬皆从丨

芺 說文丨艸也味苦江南食以下气从艸夭聲

⿱艸姣 說文丨艸也从艸姣聲

蓩 說文丨卷耳也从艸務聲

碯 字書馬腦作碼丨二字謂石之次玉者一切經音義二

璅 說文丨石之次玉者从玉巢聲○禮記檀弓上縣子丨曰釋文依字作瑣

艁 古作造○造舟比船爲橋爾雅釋水天子造舟注○造舟比舟爲梁爾雅釋水孫注○比其舟而渡

曰造舟爾雅釋水李注○造舟者比船於水加板於上即今之浮橋詩大明傳天子造舟疏

○以下據廣韻錄

鰝 說文丨大蝦也从魚高聲

𥡴 說文丨丨稽而止也从稽省咎聲讀若皓賈侍中說稽𥞞𥡴三字皆木名

禂 說文丨禱牲馬祭也从示周聲詩曰既禡既丨

壔 說文壔保也高土也从土𠷎聲讀若毒

⿰木咎 說文丨木也从木咎聲讀若皓

臭 說文丨大白澤也从大从白古文以爲澤字

冃 說文丨重覆也从冂一讀若艸苺之苺凡丨之屬皆从丨

宗 說文宗藏也从亼系聲系古文保周書曰陳宗赤刀

早 說文丨相次也从匕从十鴇从此

鴇 說文丨鳥也从鳥芺聲

攷 說文攷敂也从攴丂聲

祰 說文丨丨祭也从示告聲

丂 說文丨气欲舒出勹上礙於一也丨古文以爲亏字又以爲巧字凡丨之屬皆从丨

○據集韻錄

栲 說文丨山樗也从木尻聲

勽 說文丨覆也从勹覆人

眊 說文丨低目視也从目冃聲周書曰武王惟丨

芼 說文丨艸覆蔓也从艸毛聲詩曰左右丨之

經籍纂詁卷第四十九補遺終

經筵講官南書房行走禮部左侍郎兼署兵部左侍郎提督浙江學政阮元撰集

上聲

二十哿

哿 丨可也詩正月丨矣富人傳又廣雅釋詁三又小爾雅廣言又孟子梁惠王下丨矣富人注○丨嘉也左氏昭八年傳丨矣能言注○丨笄飾也太元曹婦人易丨注

火 丨化也消化物也釋名釋天○丨之爲言化也陽氣用事萬物變化也白虎通五行○丨之爲言委隨也言萬物布施白虎通五行○丨之爲言委隨也故其字人散二者爲丨也古微書引春秋元命苞○丨言毀也物入中皆毀壞也釋名釋天○離爲丨易說卦傳又易同人鄭注旅斯其所取災陸注鳥焚其

巢虞注彖下傳水丨相息虞注○丙丁爲丨素問藏氣法時論其日丙丁注○徵爲丨漢書律麻志上○丨謂徵白虎通禮樂○丨爲禮漢書魏相傳集注引張晏○丨曰外景淮南天文○丨生於寅鹽鐵論論菑○丨木之子後漢荀爽傳注○丨水妃也左氏昭九年傳○丨水配也漢書司馬遷傳集注引張晏○丨陽也風俗通皇霸○丨者陽也白虎通五行○丨太陽也風俗通皇霸引書大傳○丨者陽之精也古微書引春秋感精符○丨陽氣也大戴記曾子天圓丨日外景注○丨太陽精微人君之象白虎通五行○丨南方楊光輝出炎爚爲明者也南齊書五行志引洪範五行傳○丨者陰在內白虎通五行○少陰爲丨素問天元紀大論寒暑燥溼風丨注○丨人丨也禮記檀弓下新宮丨注○人丨曰丨天丨曰災左氏宣十六年傳○天曰災人曰丨國語周語丨無災燀注○國曰災邑曰丨穀梁昭九年傳○大者曰災小者曰丨公羊襄九年傳○丨心星也左氏宣二年傳譬如丨焉注哀十二年傳丨伏而後蟄者畢注昭九年傳今丨出而丨陳注又國語周語丨朝覿矣注○丨大丨也詩七月七月流丨傳又文選謝靈運永初三年詩丨旻團朝露注○丨大丨心星也家語辨物丨伏而後蟄者畢注○大丨心也爾雅釋天大丨謂之大辰注又孫注○星丨大丨之屬書堯典日永星丨鄭注○丨蒼龍之中星書堯典傳○大丨蒼龍宿之心考工記輈人以象大丨也注○視曰丨洪範五行傳厥罰常燠注○丨爲口舌之象論衡言毒○五丨謂五藏之厥陽也素問解精微論一水不勝五丨注○丨者司馬也春秋繁露五行相勝○丨陽君之象也白虎通五行○丨爲丨字書益稷藻丨傳○丨毳郎丨浣布也後漢南蠻西南夷傳注○丨齊玫瑰珠也文選西京賦翡翠丨齊薛注○丨齊珠也後漢班彪傳上注引韻集○崑崙之郎其外有炎丨之

山投物輒然山海經大荒西經○丨山其山以丨從地中出故亦名焚臺水經灅水注○丨井鹽井也文選蜀都賦丨井沉熒於幽泉劉注○十日丨龜爾雅釋魚

笴 丨矢幹也考工記總目妢胡之丨注又儀禮鄉射禮堂前三卜注大射儀北一丨注○丨矢幹也長三尺與跓相應射者進退之節也儀禮鄉射禮記物長如丨注○丨讀爲槀謂箭槀考工記總目杜注○丨讀爲槀謂矢幹古文假借字考工記矢人以丨厚爲之羽深注○故書丨爲笴考工記總目注

舸 丨舟也廣雅釋水○南楚江湘凡船大者謂之丨方言九

瑳 丨巧笑貌詩竹竿巧笑之丨傳

哆 漆雕丨字子斂見史記仲尼弟子傳

柂 丨可以正船也後漢趙壹傳注○丨船尾也後漢仲長統傳注○其尾曰柂柂柂也在後見柂曳也且弼正船使順流不使他戾也釋名釋船

拕 集韻或作柂○丨引也廣雅釋詁一○拕引也禮記少儀拕諸幣釋文○拕曳也後漢班彪傳上注

我 丨身也易觀觀丨生虞注又孟子盡心上萬物皆備於丨矣注○丨謂君也後漢楊賜傳注○丨爲也太元童會丨蒙昏注○坤爲丨易觀觀丨生進退虞注頤觀丨朵頤虞注益有孚惠丨德虞注鼎丨仇有疾虞注○坤爲自丨易小畜自丨西郊虞注象下傳自丨致戎虞注○爲丨爲己也孟子盡心上楊子取爲丨注○莊子山木吾無粮丨無食釋文丨本作餓

娜 肥骨柔弱曰婡丨丨奴果反御覽三百八十一引通俗文

儺 丨行有節度詩竹竿佩玉之丨傳

荷 一作何○丨擔也左氏昭七年傳其子弗克負丨注又小爾雅廣言○何擔也廣雅釋詁三○何丨擔易噬嗑何校滅耳釋文引王肅注○何擔負也詩元鳥百祿是何釋文○丨負也公羊宣六年傳有人丨畚注又漢書灌夫傳集注又後漢班彪傳上注又文選東京賦丨天下之重任薛注○何任也負也漢書外戚傳下集注○丨任也左氏昭三年傳猶丨其祿釋文○何任也詩烈祖百祿是何傳又廣雅釋詁二又小爾雅廣言又左氏隱三年傳百祿是何釋文何當也易大畜何天之衢虞注○丨揭也後漢蔡邕傳注○何揭也詩候人何戈與祋傳無羊何蓑何笠傳又國語齊語負任儋丨注○丨擔揭也論語憲問有丨蕢而過孔氏之門者皇疏微子以杖丨篠皇疏○丨古文柯同一切經音義十四○何古文抲一切經音義六○禮記樂記注丨戈與綴釋文丨本作何左氏昭七年傳其子弗克負丨釋文丨本作何論語憲問丨蕢釋文丨本作何○易噬嗑釋文何本作丨儀禮鄉飲酒禮皆左何瑟釋文何本作丨左氏隱三年傳釋文何本作丨公羊宣六年傳釋文何本作丨○詩元鳥百祿是何左氏隱三年傳作百祿是丨○魯峻碑析薪弗何張公神碑何天之休衡方碑丨何規屨築丨皆作何○李翊碑長柯芬芳成人之行丨作柯

可 丨肯也國語晉語大夫辭之不丨注○丨猶宜也後漢皇甫規傳注○丨謂合意也荀子解蔽則不丨道而丨非道注○丨道合道也荀子正名故丨道而從之注○丨者遂其意之謂也荀子富國生也皆有丨也知愚同所丨異也知愚分注○丨猶丨謂也論語雍也丨也簡皇疏○丨者未足之辭也論語子

路期月而已丨也皇疏○丨猶止也禮記少儀卽席曰丨矣注○丨用也呂覽用民唯得其道爲丨注○丨猶所也禮記中庸體物而不丨遺注○禮記檀弓不亦丨乎釋文丨本作善

左 丨陽也禮記檀弓上二三子皆尚丨注內則凡男拜尚丨手注少儀軍尚丨注○陽稱丨易師丨次荀注明夷入于丨腹荀注○震爲丨易象上傳以丨右民虞注○丨右者陰陽之道路也素問天元紀大論○丨之者異於鬼神生人陽長丨鬼神陰長右儀禮有司徹丨之注○丨東也出以東爲丨儀禮士冠禮主人迎出門丨注○道丨道東也詩有杕之杜生于道丨箋○道丨墓道東儀禮既夕車至道丨注○宗廟東曰丨獨斷上○丨房東房也儀禮大射儀由丨房注○薦丨籩豆之東儀禮士昏禮奠于薦丨注○丨西也素問五運行大論丨右者注○丨西方賓位儀禮公食大夫禮賓入門丨注○凡侯北面西方

謂之丨儀禮大射儀大侯之崇注○設尊者北面西
日丨尚之也儀禮鄉射禮丨元酒注○長在丨在西
方位也儀禮士虞禮長在丨注○門丨門西大戴記
諸侯遷廟奉衣服者入門丨丨注○丨袥西端在上儀
禮士喪禮北面丨袥注○丨生位也老子吉事尚丨
注○丨君位也呂覽悔過丨丨不軾而右之注○丨者
取其順也易明夷入于丨腹注○丨猶外也國語晉
語是丨之也注○丨疎外也國策魏策必右秦而丨
魏注○丨遠國策魏策衍將右韓而丨魏注○丨僻
也後漢光武帝紀下注○丨卑也漢書灌夫傳集注
○丨猶下也史記孝文紀右賢丨感索隱引韋昭○
丨物下物也儀禮鄉射禮當丨物注○丨不正也史
記田敬仲完世家公常執丨劵索隱○丨丨者出者也
管子白心○丨不便左氏昭四年傳不亦丨乎注○
丨覗也廣雅釋詁三○丨次常備師也易象上傳丨
次无咎崔憬注○丨校署名屬將作也後漢章彪傳

注○丨道若巫蠱也後漢靈帝宋皇后紀注○凡鄉
內以入爲丨右鄉外以出爲丨右儀禮特牲饋食禮
在門內之右注○丨右猶
向背也後漢郅惲傳注

果 木實謂之丨易說卦傳爲丨蓏宋注○木實曰丨
禮記曲禮上賜丨於君前注○實在木曰丨儀禮
既夕記不食菜丨注○在木曰丨淮南墬形百丨所
生注○有覈曰丨呂覽仲夏丨實早成注本味投淵
之上有百丨焉注博志丨實繁者木必庳注○有核
日丨呂覽古樂丨實不成注又淮南時則丨實蚤成
注○丨木子爾雅釋天丨不熟爲荒注○丨瓜桃之
屬禮記喪大記不食菜丨注○丨桃李之屬易說卦
爲丨蓏釋文引馬注又周禮甸師共野丨蓏之薦注
○丨棗李之屬周禮場人而樹之丨蓏珍異之物注
○丨橘柚之屬文選吳都賦丨布輻湊而常然劉注
○丨艮爲丨易象上傳君子以丨行育德虞注○艮爲

碩丨易剝碩丨不食虞注○艮爲丨蓏易說卦傳○
乾爲木丨同上○巽爲不丨同上○丨決也禮記檀
弓下於是弗丨用注內則必不丨注又漢書匈奴傳
下集注○丨猶決也禮記中庸丨能此道矣注又漢
書陳餘傳集注○丨勇決也國語吳語莫如此志行
不丨注○丨謂丨敢決斷也論語雍也由也丨集解
引苞注○丨謂以勇決爲之周禮大卜五曰丨注○
丨必行也國語晉語若是道也丨注○丨敢行也周
書謚法猛以剛丨曰威注○丨者敢也論語憲問丨
哉末之難矣皇疏○丨謂敢行其志也國語晉語其
身丨而辭順注○丨敢謂不虞不懼也大戴記文王
官人絜廉而丨敢者也注○殺敵爲丨左氏宣二年
傳又書泰誓下其尚丨毅傳又後漢蓋勳傳注高彪
傳注○丨克也國語晉語是之不丨奉注○丨能也
孟子梁惠王下君是以不丨來也注公孫丑下聞王
命而遂不丨注離婁下行不必丨注丨有異於人乎

注○丨成也論語子路行必丨皇疏引繆協又文選
謝宣遠於安城荅靈運詩注引淮南許注○丨謂事
成與不也周禮大卜五曰丨司農注○丨猶濟也老
子善有丨而已王注○丨猶遂也文選謝靈運酬從
弟惠連詩丨枉濟江篇注富春渚詩始丨遠遊諾注
○丨誠也淮南道應令不丨往注○丨終也呂覽忠
廉丨伏劍而死注○丨竟也國策秦策楚之應之丨勸
注○丨猶竟也國語晉語丨喪其田注又孟子告子
上丨在外注○丨然飽貌莊子逍遙遊腹猶丨然釋
文○丨侍也孟子盡心下二女丨注○丨石似美
玉所謂大丨者也穆天子傳一玉丨注○丨臝栝樓
也詩東山丨臝之實傳○丨臝之實栝樓爾雅釋草
○丨臝工雀也廣雅釋鳥○丨臝蒲盧爾雅釋蟲○
東龜曰丨龜周禮龜人○龜前弇諸丨爾雅釋魚○
丨當作魏顆之顆顏氏家訓書證引三輔決錄○杜
子春讀丨爲臝周禮龜人注○爾雅釋蟲釋文丨本

作蜾一作蝸○爾雅釋魚釋文丨本作裹○莊子至樂若丨養乎釋文丨本作過○國語晉語知丨漢書古今人表作知過

裹 丨猶囊也呂覽本生無不丨也注○丨謂財貨所苞丨而藏也管子君臣下富之以國丨注○丨謂草實也文選江賦翟穎散丨注

蜾 丨蠃蒲盧也詩小宛丨蠃負之傳○丨蠃即細腰蜂俗呼蠮螉是也詩小宛釋文○詩小宛丨蠃負之說文虫部作蠣蠃負之

朵 丨動也易頤觀我丨頤釋文○易頤釋文丨京本作揣

瑣 丨門鏤也離騷欲少留此靈丨兮注○丨戶兩邊以青畫爲丨文文選吳都賦靑丨丹楹劉注○丨連也廣雅釋詁四○丨錄也漢書丙吉傳集注引張晏○丨碎也後漢劉梁傳注○丨細也後漢呂強傳注又太元成成魁丨注○丨小也後漢班彪傳下注○丨丨小也易旅旅丨丨陸注又爾雅釋訓○丨丨小貌詩節南山丨丨姻亞傳○丨細小貌易旅釋文引王肅注○丨者謂爲姦細之行者也荀子非十二子禹宇嵬丨注○丨丨計謀褊淺之貌爾雅釋訓舍人注○丨疲弊貌易旅釋文引馬注○丨丨最蕞之貌也易旅虞注○丨尾少好之貌詩旄邱丨兮尾兮傳○左氏成十二年經公會晉侯衛侯于丨澤公羊作沙澤○易旅釋文丨本作璅○詩節南山釋文丨本作璅爾雅釋訓仳仳丨丨釋文丨本作璅

墮 或作墯○墯落也漢書匈奴傳上集注○丨壞也也國策秦策夫攻城丨邑注又呂覽達鬱凡行之墮也於樂注○丨毀也後漢齊武王縯傳注寇恂傳注又荀子議兵猶以錐刀丨太山也注○丨廢也淮南

說林爲丨武也注脩務故名定而不丨注○丨脫也廣雅釋詁四○隋歸也廣雅釋詁二○丨入也淮南氾論而後丨谿壑注○丨猶取也穀梁定十二年傳

垛 亦作陊○積土曰丨一切經音義十二引通俗文○吳人以積土爲丨丨堅也一切經音義十九引篆文○陊小堆也吳人謂積土爲陊一切經音義十七引字林

惰 亦作墮○隋易也方言十三○丨不敬也左氏襄卅一年傳丨而多涕注○丨嬾也廣雅釋詁二○墮解墮大戴記盛德無度量則小者偷墮注○怠墮者時之所以後也大戴記子張問入官○丨本作墮晉書音義上

妥 丨安也漢書燕刺王旦傳集注引臣瓚○丨安坐也詩楚茨以丨以侑傳又儀禮士相見禮丨而後傳言注士虞禮主人及祝拜丨尸注特牲饋食禮主人拜丨尸注又禮記郊特牲詔丨尸注又爾雅釋詁○拜丨丨尸拜之使安坐也儀禮少牢饋食禮祝主人皆拜丨尸注○丨止也爾雅釋詁○丨者坐也爾雅釋詁注○丨帖易施貌文選文賦或丨帖而易施注○丨古綏字漢書燕刺王旦傳集注○古文丨爲綏儀禮士相見禮丨而後傳言注○丨他罪反爾雅釋詁釋文引字林

坐 丨挫也骨節挫詘也釋名釋姿容○丨止也廣雅釋詁三○丨示不行也禮記少儀執君之乘車則丨注○無故自凝曰丨文選張茂先雜詩蘭膏丨自凝注○無故自捐曰丨也文選陸士衡樂府長歌行體澤丨自捐注○無故自吟曰丨也文選張景陽雜詩百籟丨自吟注○丨皐也一切經音義二引蒼頡

麼 丨小也廣雅釋詁二又列子湯問江浦之間生丨蟲釋文○丨細也列子湯問注○丨微也廣雅釋

詁四〇丨微也亦細小也一切經音義七引三蒼
〇細小曰丨莫可切文選王命論注引通俗文

裸 亦作嬴通作倮〇嬴袒也廣雅釋詁四〇丨露也
漢書王嘉傳集注〇丨謂不以衣蔽形也列子湯
問祝髮而丨釋文〇丨民不衣衣裳也呂覽求人羽
人丨丨民之處注〇倮匈謂無毛羽與鱗介也大戴記
曾子天圓唯人爲倮匈而後生也注〇丨爲無鱗甲
毛羽人爲之長也太元元數類爲其丨注〇嬴者謂
虎豹貔貙爲獸淺毛者之屬考工記梓人嬴者注〇
嬴物虎豹貔貙之屬淺毛者周禮大司徒其動物宜
嬴物注〇倮獸謂淺毛之獸虎豹之屬管子版法以
倮蟲之火爨注〇丨蟲麒麟麋鹿牛羊之屬也蹄角
丨見皆爲丨蟲呂覽觀表毛羽丨鱗注〇丨壤文身
也文選與嵇茂齊書表能章於丨壤注左氏昭卅一
年傳趙簡子夢童子嬴而轉以歌周禮占夢注嬴作
倮〇左氏昭卅一年傳釋文嬴本作丨〇左氏哀七

年傳嬴以爲飾釋文嬴本作倮〇莊子
田子方嬴君曰可矣釋文嬴本作嬴

嬴 離爲丨易說卦傳

蓏 丨瓜瓞之屬周禮甸師共野果丨之薦注〇丨瓜
瓠之屬易說卦爲果丨釋文引馬注又周禮場人
而樹之果丨珍異之物注〇草實謂之丨易說卦傳
爲果丨宋注〇在地曰丨儀禮既夕記不食菜果注
又晉書音義上又呂覽貴信則果實不生注又淮南
墜形百果所生注〇無覈曰丨呂覽仲夏果實早成
注本味有百果焉注〇無核曰丨淮南時
則果實蚤成注〇艮爲果丨易說卦傳

跛 丨足丨也易履丨能履釋文〇丨足廢也禮記問
喪丨者不踊釋文〇丨偏任也禮記曲禮上立毋
丨注又國語周語立無丨注又家語曲禮公西赤問
有司丨倚以臨事注〇偏任爲丨禮記禮器有司丨
倚以臨事注〇丨蹇行不正也一切經音義一引字
林〇尪蹇也廣雅釋詁三〇易履丨能履釋文丨本
作破

頗 丨少也廣雅釋詁三〇公羊襄卅年傳遂丨來聘
釋文丨本作跛

叵 丨不可也一切經音義廿四引三蒼又華嚴經音
義上引珠叢又文選謝靈運道路憶山中詩懷故
丨新歡注〇丨猶遂也後
漢隗囂傳注班超傳注

禍 丨害也淮南原道反自爲丨注〇丨咎也呂覽重
己天之所丨也注〇丨患也荀子富國行私而無
丨注〇丨毀也釋名釋言語〇逆其類者謂之丨荀
子天論〇丨爲凶荒之處太元元文在丨則反注〇丨
丨栽謂遭水火周禮大宗伯以弔禮哀丨栽注〇丨
栽新有兵寇水火也周禮掌客丨栽殺禮注〇旤與

丨同荀子仲尼猶恐及其旤注〇禍與丨同晉書音
義上〇古文旤爲丨漢書五行志上集注〇旤古丨
字漢書賈誼傳集注〇丨字古作旤
史記屈原賈生傳丨兮福所倚索隱

夥 丨多也小爾雅廣詁又漢書司馬相如傳上集注
〇夥多也廣雅釋詁三〇楚人謂多爲丨史記陳
涉世家丨頤涉之爲王沈沈者索隱引服虔〇凡
物盛多謂之寇齊宋之郊楚魏之際曰丨方言一

輠 丨裹也裹軛頭也釋名釋車

顆 北土通呼物一凷改爲一丨顏氏家訓書證〇丨
讀裹結之裹同上

髻 丨所遺髮也禮記內則櫛日翦髮爲丨注〇丨毛
物漸落去之名方言十二注〇丨墮也廣雅釋詁
二〇丨落也廣雅釋詁三〇丨盡也方言十二〇
丨梢盡也同上〇丨直垂反匡謬正俗六引字林

瘅 丨病也後漢李固傳注董卓傳注○丨黄丨病也山海經西山經服之已丨注○丨厚也國語周語陽丨憤盈注○丨當爲滯周禮泉府貨之滯於民用者杜注○爾雅釋詁勤愉庸丨釋文丨本作惲

堁 丨塵也廣雅釋詁三

那 古文榱移二形今作丨同乃可反一切經音義十九引字詁

騀 駊丨高大皃也文選甘泉賦崇邱陵之駊丨兮注

㰤 丨息也廣雅釋詁二○丨擊也廣雅釋詁三

嫷 形美曰丨湯火反御覽三百八十一引通俗文○丨美也南楚之外曰丨方言二○隋好也廣雅釋詁二○丨言婑嫷也方言二注○爾雅釋鳥注一名丨[illegible]釋文丨本作隋

脞 丨小也書益稷元首叢丨哉馬注○叢丨揔聚小小之事書益稷鄭注○叢丨細碎無大略書益稷傳

𪍿 丨麴也方言十三○小麥麴爲丨即䴷也方言十三注

埵 丨堅土也一切經音義十四引字林○丨丁果反聚土也一切經音義六引字林○丨水埒也淮南齊俗狟狢得丨防弗去而緣注○丨坊高處隄防也淮南說林丨坊便也注○丨冶具淮南齊俗鑪橐丨坊設注○丨堁猶廝翳也丨讀似望江淮閒人言能得之也淮南說山不見丨堁注

爹 丨父也廣雅釋親

惈 丨憨也殺敵爲丨一切經音義九引蒼頡○丨勇也廣雅釋詁二○丨勝也爾雅釋詁○丨決之勝也爾雅釋詁孫注○丨與果古字通文選魏都賦風俗以韰果爲嫿注○爾雅釋詁釋文丨本作果釋訓注皆丨毅之皃釋文丨本作果

橢 丨者狹長也史記平準書三日復小丨之索隱引爾雅注○丨謂陜而長爾雅釋魚蜻小而丨注○丨長也廣雅釋詁二○隋謂狹而長儀禮士冠禮注隋方曰篋釋文禮記月令注隋曰竇釋文○隋孔形狹而長也詩破斧隋銎曰斧釋文○南北爲隋史記天官書廷藩西有隋星五索隱引宋均○丨盛鹽豉器音他果反史記貨殖傳索隱引三蒼

陊 集韻或作墮○丨壞也廣雅釋詁一○墮脫也方言十二

嶞 丨山之施丨者大果反爾雅釋山釋文引字林○丨山山之丨丨小者也詩般丨山喬嶽傳

㛂 丨小皃也太元礨不宜㛂且丨注

閜 丨桮也方言五○桮其大者謂之丨同上

揣 丨抁搖捎也廣雅釋訓

○以下據廣韻錄

頦 丨醜也廣雅釋詁二

哀 丨榱柔弱皃也亦草木盛也一切經音義十九引字書

猓 丨然猿狖之類文選吳都賦狖鼯丨然劉注

鍋 刈鉤江淮陳楚之閒或謂之丨方言五

粿 丨糈也廣雅釋器

捰 丨量也廣雅釋詁三

綞 丨子綅也廣韻引字林

篌 丨廗也廣雅釋器

顆 丨糏也廣雅釋器

惢 丨善也廣雅釋詁一

嵯 丨山長貌文選甘泉賦注引埤蒼

扼 丨摘也廣雅釋言

綏 丨多也廣雅釋詁三

敤 丨椎也廣雅釋詁二釋器○漢書古今人表丨手 史記五帝紀作顆手

過 自關而西秦晉之閒凡人語而過謂之丨方言一

爸 丨父也廣雅釋親

○據集韻錄

蠃 丨丨無毛羽之貌荀子賦有物於此丨丨兮其狀屢化如神注○丨讀如其蟲倮之倮同上

○以下附錄

騎 丨盡也廣雅釋詁一 無袂之衣謂之丨方言四

稍

餶 丨以豆屑雜錫也方言十三餛謂之丨注

經籍籑詁卷第五十

經籍籑詁卷第五十補遺　上聲

兵部侍郎兼都察院右副都御史巡撫浙江等處地方提督軍務兼理糧餉阮元纂

二十哿

哿　說文丨可也从可加聲詩曰丨矣富人○丨無正訓以其字從加從可故各以意訓耳左氏昭八年傳注丨嘉也疏

火　說文丨燬也南方之行炎而上象形凡丨之屬皆从丨○丨取其明也禮記明堂位殷丨注○丨日升明素問五常政大論○丨所以爲溫也漢書食貨志上所以省費燎丨注○積陽之熱氣生丨淮南天文○丨南方揚光輝爲明者也漢書五行志上○丨者陽之精也續漢五行志二注引春秋考異郵○丨

日氣也論衡詰術○丨日之變也論衡言毒○丨者盛陽之生化也素問五運行大論熱生丨注○丨離也左氏昭九年傳丨水妃也服注○離爲丨腹孕之象也禮記郊特牲注婦孕不育疏○南方丨丨主熛怒周禮大師注軍士勞疏○丙丁丨也左氏昭七年傳注丨畏水疏○丙丁巳午丨也淮南天文○丙丁爲丨素問刺熱篇丙丁注平人氣象論疏見丙丁死注○丨者盛陽白虎通五行○陽爲丨素問脈要精徵論陽盛則夢大丨燔灼注○丨神禮禮記王制疏引庾蔚○丨性禮禮記樂記注五常五行也疏○丨性則禮禮記王制疏引孝經說○丨赤色周禮司服注凡冕服皆元衣纁裳疏○丨赤禮記玉藻衣正色疏○丨外光故視屬丨書洪範疏○大丨蒼龍宿之心爾雅釋天大丨謂之大辰李注○丨星心星也周禮宮正注丨星以春出以秋入疏○大丨心星也左氏莊廿九年傳丨見而致用注昭六年傳丨見鄭其丨乎注十八年傳丨始昏見注○丨心星左氏昭三年傳丨中寒暑乃退注○丨大丨星也左氏昭三年傳服注○大丨東方蒼龍之宿淮南主術丨大丨中則種黍菽注○丨謂大丨太元去丨幾縣注○炎帝以丨名官春官爲大丨夏官爲鶉丨秋官爲西丨冬官爲北丨中官爲中丨丨左氏昭十七年傳故爲丨師而丨名服注○丨耆丨也左氏桓二年傳丨龍黼黻注昭廿五年傳爲九文注○丨田并見燒也左氏定元年傳而田于大陸焚焉注○丨所以祓除不祥也呂覽贊能祓以爟丨注○丨當爲北詩楷譜古高辛氏丨正祝融之墟疏引鄭志荅趙商又國語楚語命丨正黎注○古文丨字與北相似漢書律厤志上丨正黎司地注引臣瓚

舸　說文新附丨舟也从舟可聲

哆　說文丨張口也从口多聲

袉　說文袉裾也从衣它聲論語曰朝服丨紳○丨引也漢書兩龔傳東首加朝服丨紳注○拕謂申加於上也漢書司馬相如傳上宛虹拕於楯軒注

我　說文丨施身自謂也或說丨頃頓也从戈从手手或說古垂字一曰古殺字凡丨之屬皆从丨成古文丨○丨謂宰主之名也易繫辭上傳注造之非丨疏○言丨者未絕于丨也公羊宣十年傳

荷　何擔也儀禮鄉飲酒禮二人皆左何瑟釋文○丨者任負之義詩元鳥傳何任也疏○詩候人何戈與祋周禮候人疏引作丨戈與祋無羊何蓑何笠後漢書蔡邕傳注引作丨蓑丨笠○詩元鳥百祿是何釋文本亦作苛

【可】說文丨肎也从口从丂丂亦聲凡丨之屬皆从丨○丨肎也國語晉語固止之不丨注○言丨者適許之辭禮記玉藻竹本象丨也疏○不丨是不許之辭禮記曾子問不丨疏○坎爲丨易說卦釋文引九家集解○丨者丨法也易漸其羽丨用爲儀吉疏○不丨猶不堪也文選難蜀父老其殆不丨乎注

【軻】說文丨接軸車也从車可聲

【左】說文丨手相丨助也从𠂇工凡丨之屬皆从丨○丨陽也禮記曲禮上執禽者丨首疏○丨爲陽禮記曲禮上丨右有局疏○丨爲陽陽主動禮記玉藻動則丨史書之疏○陽主丨素問大奇論男子發丨注○丨東也素問五運行大論丨陽明注○東爲丨書君奭序相成王爲丨右釋文○西爲丨越絕書外傳記地傳○坎主丨方易明夷夷于丨股集解○丨證丨也漢書張湯傳湯丨田信等注引李奇楊惲傳

考問丨驗明白注○丨右助之易象上傳以丨右民虞注○人有丨右右便而丨不便故以所助者爲右不助者爲丨左氏襄十年傳天子所右疏○凡門出則以西爲右以東爲丨入則以東爲右以西爲丨儀禮士相見禮右就右也疏○丨首尊也禮記曲禮上進劍者丨首注執禽者丨首注○丨右謂折旋揖讓也詩賓之初筵丨右秩秩箋○丨右謂進退在巳左氏僖廿六年傳凡師能丨右之曰以注○仕於諸侯爲丨官漢書諸侯王表注引服虔○人道上右今舍天子而仕諸侯故謂之丨官也漢書諸侯王表注引應劭○丨官猶言丨道也漢書諸侯王表作丨官之律注○丨道若今巫蠱及俗禁禮記王制執丨道以亂政注○丨道謂邪道禮記王制疏引盧氏○丨道不正之道也漢書杜欽傳是背經術惑丨道也注○丨丨倪也周禮卜師辨龜之上下丨右陰陽注○丨東學也禮記樂記丨射貍首注

【果】說文丨木實也从木象丨形在木之上○木實曰丨易象下傳百丨草木皆甲坼鄭注又漢書食貨志上瓜瓠丨蓏注引應劭又文選蜀都賦注引周易鄭注○木實爲丨易說卦傳爲丨蓏疏○木上曰丨漢書食貨志上瓜瓠丨蓏注引臣瓚○有核曰丨漢書食貨志上瓜瓠丨蓏注引張晏又淮南主術夏取丨蓏注○有核曰丨無核曰蓏周禮場人丨蓏之屬蓏瓜瓠之屬疏引張晏○在地曰蓏在樹曰丨周禮場人疏引臣瓚○丨爲疏穀也太元止求其疏穀注○五丨謂棗李杏栗棗也素問藏氣法時論五丨爲助注○艮爲丨易象上傳君子德車侯注○丨謂丨敢易乾注不謬于丨疏又書泰誓下其尚廸丨毅疏○丨美也國語鄭語味一無丨注○丨謂干之也漢書五行志下之上黑蜺丨之氣正直注○丨信也廣雅釋詁二○丨能也文選西征賦注引廣雅○能殺敵人是名爲丨左氏宣二年傳戎昭丨毅疏○殺

敵爲丨國語周語故制戎以丨毅注○丨蠃卽細腰蠭也俗呼爲蠮螉爾雅釋蟲注○丨蠃之實今齊人呼之爲天瓜爾雅釋草注○丨蠃栝樓子名也爾雅釋草丨蠃之實栝樓李注○丨讀爲祼周禮大宗伯則攝而載丨注小宗伯以待丨將注○莊子至樂予果歡乎釋文元嘉本作過

【裹】說文丨纏也从衣果聲○無丨無形淮南俶眞又況乎以無丨之者邪注○丨音䂺過之過穆天子傳二朱三百丨注

【蜾】說文蠣蠃蒲盧細要土蠭也天地之性細腰純雄無子詩曰螟蠕有子蠣蠃負之从虫𦣞聲丨蠣或从果○丨蠃上蜂也一名蒲盧詩小宛丨蠃負之陸疏○詩小宛丨蠃負之莊子音義中作果蠃負之

【朶】說文朶樹木垂朶朶也从木象形此與采同意○丨頤垂下動之貌也易象上傳觀我丨頤集解○○

丨頤謂丨動之頤以嚼物易頤觀我丨頤疏○丨是
動義如手之捉物謂之丨也易頤注丨頤者嚼也疏
鎖 說文新附丨鎖丨門鏈也从金貨聲○凡鏁器入
者謂之牡受者謂之牝禮記月令注鍵牡疏
瑣 說文丨玉聲也从玉貨聲○丨丨小也易旅旅丨
丨釋文引鄭注○丨丨猶小小易旅旅丨丨鄭注
○丨丨者細小卑賤之貌也易旅旅丨丨疏○丨者
少貌詩旄邱傳丨尾少好之貌疏○璅璅小也文選
東京賦既璅璅焉薛注○丨郎沙也左氏定七年傳
乃盟于丨注○璅一作丨文選東京賦既璅璅焉注
隋 丨是輸之義也左氏昭四年傳將丨幣焉疏○爾
雅釋詁注𧊒隋更生細者釋文又作疏
埵 說文丨堂塾也从土朵聲
惰 說文惰不敬也从心𢜷省春秋傳曰執玉惰丨惰
或省自媠古文○墮懈墮也文選七發注引方言

注
妥 丨下也禮記曲禮下國君綏視疏○丨頹下之貌
禮記曲禮下疏引庾氏○綏讀爲丨禮記曲禮下
疏
坐 丨猶守也左氏桓十二年傳楚人丨其北門注○
丨訟曲直左氏昭廿三年傳使與邾大夫丨注
麼 說文新附丨細也从幺麻聲
裸 說文𧝐袒也从衣𣎆聲丨𧝐或从果○丨謂赤體
儀禮士喪禮注沐浴丨裎疏○丨謂赤體無衣也
左氏僖廿三年傳欲觀其丨疏○倮露形也左氏昭
元年傳注而體臝露疏○丨露形也史記南越列傳
其西甌駱丨國亦稱王索隱○臝露形也漢書佞幸
董賢傳臝診其尸注○臝者露形體也漢書高五王

傳或白晝使臝伏犬馬交接注○臝者露其形也漢
書江都易王非傳輒令臝立擊鼓注○倮露皮革無
毛介也素問五運行大論其蟲丨注○倮謂焚燒令
蕩然俱盡管子七臣七主倮大衍注○倮蟲謂人及
蝦蟇之類也素問五常政大論倮蟲靜注○倮蟲謂
青綠色者也素問五常政大論倮蟲不成注○丨亦
臝字也漢書五行志下之上有丨蟲之孼注○禮記
王制臝股肱釋文本又作臝
蠃 說文丨蜾丨也从虫𣎆聲一曰虒蝓○丨讀指端
臝文之臝淮南本經冠無觚丨之理注
蓏 說文丨在木曰果在地曰丨从艸从㼌○草實爲
丨易說卦傳爲果丨疏○草實曰丨漢書食貨志
上瓜瓠果丨注引應劭○地上曰丨漢書食貨志上
注引臣瓚○無核曰丨漢書食貨志上丨瓠果丨注
引臣瓚又淮南主術夏取果丨注○有核曰果無核
曰丨周禮場人果棗李之屬丨瓜瓠之屬疏引張晏

○在地曰丨在樹曰果周禮場人疏引臣瓚○易說
卦爲果丨釋文京本作墮之字
跛 說文丨行不正也从足皮聲一曰足排之讀若彼
○丨躃謂足不能行禮記王制瘖聾丨躃斷者疏
簸 說文丨揚米去糠也从箕皮聲
叵 說文新附丨不可也从反可
禍 說文丨害也神不福也从示咼聲○丨亦罪也荀
子成相罪丨有律注○反六畜謂之丨左氏宣十
五年傳地反物爲妖疏○及六畜謂之𡆥言其著也
漢書五行志中之上○賦斂不理茲謂丨漢書五行
志下之丨引京房易傳○來不由我故謂之丨論衡
累害○善則逢殃爲丨孝經丨亂不作疏引皇侃○
丨裁謂國遭水火凶荒周禮小宗伯國有丨裁疏○
𡆥與丨同漢書五行志中之上時則有雞𡆥注

【夥】說文齊謂多爲夥从多果聲

【輠】丨迴也禮記雜記下而丨輪者釋文○丨車之盛膏器也史記孟子荀卿列傳炙轂過髡索隱引劉向別錄

【顆】說文丨小頭也从頁果聲○丨謂土塊漢書賈山傳曾不得蓬丨蔽冢而託葬焉注

【砢】說文丨磊丨也从石可聲

【癉】丨疽惡瘡左氏襄十九年傳荀偃丨疽注○丨謂溼熱也素問脈要精微論丨成爲消中注

【堁】丨坋塵也淮南齊俗物或丨之也注○丨土塵也楚人謂之丨淮南說山上食晞丨注說林揚丨而欲弭塵注

【那】阿丨柔弱之貌文選南都賦阿丨蓊茸注

【騀】說文丨馬搖頭也从馬我聲○丨高大狀也漢書揚雄傳上注

【嫷】說文南楚之外謂好曰丨从女隋聲○嫷古以爲懈惰字爾雅釋鳥注釋文引字書

【埵】說文丨堅土也从土垂聲讀若朶○鹿丨垂下之貌如禾實垂下然荀子議兵欒角鹿丨隴種東隴而退耳注○鹿丨隴種東籠蓋皆摧敗披靡之貌同上○丨銅槖口丨筩丨入火中吹火也淮南本經鼓槖吹丨

【惈】丨勇也文選魏都賦注引方言

【婐】說文丨姽也一曰女侍曰丨讀若騧或若委从女果聲孟軻曰舜爲天子二女丨○肥骨柔弱曰丨

丨御覽三百八十一引通俗文

【橢】說文丨車笭中丨丨器也从木隋聲○隋圜而長也漢書食貨志上賦入貢棐注○丨圜而長也漢書食貨志下三曰復小丨之注○隋者似方非方似圓非圓禮記月令穿竇窖疏○丨盛鹽物也一切經音義十一引蒼頡

【陊】說文丨落也从𨸏多聲

【嶞】說文丨山之丨丨者从山从憜省聲讀若相推落之墮○丨狹而長也爾雅釋山巒山丨釋文○詩般丨山喬嶽白虎通封禪作墮山喬嶽御覽五百卌七作隋山喬嶽

【姽】說文丨婐丨也一曰弱也从女危聲○丨好也廣雅釋詁二

【閜】說文丨大開也从門可聲大杯亦爲丨○丨砢相扶持也漢書司馬相如傳坑衡丨砢注又文選上林賦坑衡丨砢注引郭璞

○以下據廣韻錄

【鬌】說文鬌髮好也从髟坐聲

【𣃔】說文丨柯擊也从斤良聲

【坷】說文丨坎丨也梁國寧陵有丨亭从土可聲

【⿵門阿】說文丨門傾也从門阿聲

【ナ】說文丨左手也象形凡丨之屬皆从丨

【⿰禾耑】說文丨禾垂皃从禾耑聲讀若端

⿰氵貨 說文｜水也从水貨聲

⿰麥貨 說文｜小麥屑之覈从麥貨

貨 說文｜貝聲也从小貝

⿰金隋 說文｜鈴｜也从金隋聲

隋 說文｜裂肉也从肉从隓省

鰖 說文｜魚子已生者从魚隋省聲䲉籀文

⿰尢皮 說文｜卷也从尢皮聲

駊 說文｜｜駊也从馬皮聲

⿰歺咼 說文｜节惡驚詞也从歺咼聲讀若楚人名多夥

邩 說文炧地名从邑火聲

敤 說文敤研治也从攴果聲舜女弟名｜首○｜繫也廣雅釋詁三

○據集韻錄 猗 或作阿○古文㝅椃二形今作阿同烏可切一切經音義十九引字詁

奲 說文｜富｜｜皃从奢單聲

淉 說文｜水也从水果聲

厄 說文｜科｜木節也从卪厂聲賈侍中說以爲｜裹也一曰｜蓋也

塺 說文｜塵也从土麻聲

⿰月貨 說文｜膀也从肉貨聲

椯 說文｜箠也从木耑聲一曰｜度也一曰剟也

⿰女朵 說文｜量也从女朵聲

⿰歺羸 說文｜畜疫病也从歺从羸

⿰尢羸 說文｜膝中病也从尢从羸

𣎆 說文或曰嘼名象形闕

經籍纂詁卷第五十補遺終

經籍籑詁卷第五十一

經筵講官南書房翰林兵部左侍郎前提督浙江學政阮元譔集

上聲

二十一馬

馬 丨者武也言爲武者也周禮目録○丨者兵象隋
書五行志下引洪範五行傳○丨者甲兵之本後
漢馬援傳○丨陽物白虎通封公侯○丨者必顯之
物易睽喪馬注○丨畜之疾行者屬皇極洪範五行
傳時則有丨禍注○丨罵也廣雅釋詁三○六尺以
上曰丨詩漢廣言秣其丨傳○丨八尺以上爲龍七
尺以上爲騋六尺以上爲丨周禮庾人○天子丨曰
龍高七尺以上諸侯曰丨高六尺以上卿大夫士曰
駒高五尺以上公羊隱元年傳蓋以丨注○乾爲丨
易說卦傳繫辭下傳服牛乘丨虞注叉南齊書五行

志引洪範五行傳○乾爲良丨爲老丨爲瘠丨爲駁
丨易說卦傳○震爲丨易坤利牝丨之貞虞注賁白
丨翰如陸注晉康侯用錫丨蕃庶虞注○坎爲丨易
屯乘丨班如虞注明夷用極丨壯吉九家注睽喪丨
虞注渙用極丨壯虞注彖下傳是以康侯用錫丨蕃
庶侯果注○月主丨大戴記易本命○辰爲丨周禮
馬質禁原蠶者注○司丨於天子政官之卿儀禮大
射儀宰夫戒宰及司丨注○司丨司丨正儀禮大射
儀司丨祖注○司丨主丨及羊周禮小宗伯辨其名
物而頒之于五官司農注○天子宮門曰司丨賈子
等齊○諸侯宮門曰司丨同上○騂騮緑驥天下之
俊丨也新序雜事五○丨野丨也似丨而小山海經
北山經罷差之山多丨注○野丨亦如丨而小穆天
子傳一野丨注○野丨騊駼也國策魏策野丨四百
注○騊駼丨野丨爾雅釋畜○野丨者遊氣也莊子
逍遙遊野丨也注○野丨天地閒氣如野丨馳也莊

子逍遙遊釋文引崔注○野丨春日澤中迎氣也莊
子逍遙遊釋文引司丨注○野丨鵬之所憑而飛者
乃是遊氣耳一切經音義三引莊子注○丨社始乘
馬者周禮校人秋祭丨社注○丨勝算也謂之丨者
若云技藝如此任爲將帥乘丨也禮記投壺請爲勝
者立丨注○丨通丨矢也後漢戴就傳注○丨氏刀
也廣雅釋器○陽丨四阿長桁也文選景福殿賦承
以陽丨注○丨舄車前爾雅釋草○丨先蚰床也廣
雅釋草○丨唐丨飯也同上○丨尾蔏蔖也同上○
丨帚屈丨第也同上○丨䪥荔也同上○丨夫草名
管子地員黑蠶丨夫注○丨蘭惡草也楚辭怨世丨
蘭踸踔而日加注○丨蠶蟲也淮南脩務○丨蚿其
大者謂之丨蚰方言十一○蜩中最大者爲丨蟬爾
雅釋蟲蝒丨蜩注○字書丨腦作碼碯二字謂石之
次玉者一切經音義二○塗牛丨丨或作角今人亦
以朱塗角云以辟惡山海經西山經灌水其中有流

赭以塗牛
丨無病注

下 丨後也國語周語以有允在丨注○丨陳猶後列
也史記李斯傳後宮充丨陳索隱○丨猶底也呂
覽功名出魚乎十仞之丨注○丨地也素問五運行
大論丨者左行注○丨地位也素問五運行大論何
謂丨注○丨溼也淮南脩務堯埆高丨注○丨謂澤
書舜典疇若予上丨草木鳥獸傳○丨謂濕書舜典
馬注○丨謂坤易象下傳君子以施祿及丨虞注○
坤爲丨易象上傳而天丨隨時虞注象下傳以旅與
丨虞注○兌澤爲丨易象上傳君子以辨上丨虞注
○丨猶賤也左氏襄卄三年傳丨妾不得與郊弔注
○丨幼呂覽論威君臣上丨注○丨臣呂覽圜道所
以立上丨注○丨謂臣文選東京賦上丨通情薛注
○上丨君臣也周禮訓方氏與其上丨之志注○凡
自稱於君士大夫則曰丨臣儀禮士相見禮○丨謂

人書文侯之命歎聞在丨馬注○丨謂凡庶易繫辭
下丨交不瀆侯注○天丨丨人主也老子天丨希及之
注○天丨謂人主也老子天丨多忌諱注○丨猶近
也儀禮喪服傳卑者卑統丨注○丨丨世也書微子
用亂敗厥德于丨馬注○丨丨北也素問五運行大論
所謂上丨者注○筵丨筵南儀禮燕禮奠于筵丨注
大射儀奠于筵丨注○席丨丨席西也儀禮燕禮降席
丨注大射儀降席丨注○丨丨謂足也素問厥論陽氣
衰於丨則爲寒厥陰氣衰於丨則爲熱厥注○丨俞
足俞也素問經脉別論取之丨丨俞注○丨降也荀子
成相紂卒易鄉啟乃丨注○丨丨落也爾雅釋詁○丨
俯者也周禮卜師辨龜之上丨丨左右陰陽注○彼自
歸服曰丨史記項羽本紀已丨東陽索隱○丨德謂
號謚之君老子丨德不失德注○丨謹世有夏暉之
名矣水經汶水注○九或上或丨者再命謂小國之
卿次國之大夫也卿則曰上大夫則曰丨儀禮公食
大夫禮若九若十有一丨大夫則若七若九注○丨丨
謂鍾形大丨丨大也丨則聲出去放肆周禮典同丨丨
聲肆注○捨丨謂陷丨丨也左言十三捨丨也注○
東行曰丨國語晉語公以二軍丨次於陽樊注
丨詞也廣雅釋詁四○丨丨明爲下出也儀禮喪

者 服斬衰裳苴絰杖絞帶冠繩纓菅屨丨注○書洪
範五丨來備後漢李雲傳作五
氏來備荀爽傳作五韙咸備

野 古作壄亦作埜○郊外曰丨書牧誓王朝至于商
郊牧丨鄭注又詩野有死麕丨有死麕傳燕燕遠
送于丨傳叔于田叔適丨箋又周禮甸師共丨果蓏
之薦注遂人掌邦之丨注縣士掌丨注又國語晉語
臼季使舍於冀丨注又後漢班彪傳上注又呂覽季
春周視原丨注又淮南時則周視原丨注○丨四郊
之外詩野有蔓草丨有蔓草傳○丨謂遠郊以外也
周禮委人掌斂丨丨之賦注○丨謂遠郊之外也周禮

旅師掌聚丨之耡粟屋粟閒粟注○○去國百里爲郊
郊外謂之丨周禮士師及郊丨注○丨距王城二百
里以外及縣都周禮縣士凡丨丨有大事注○地距王
城二百里以外至三百里曰丨周禮縣士掌丨注○
三百里爲丨周禮載師以廛里任國中之地司農注
引司馬法○牧外謂之丨爾雅釋地○坰外曰丨楚
辭初放長於原丨注○丨甸稍也周禮司會掌國之
官府郊丨縣都之百物財用注質人丨三甸注○丨
謂甸稍縣都也周禮地師以歲時徵丨丨之賦貢注遂
人掌邦之丨注○丨謂公邑大夫周禮大司馬丨以
邑名注郊丨載旗注○乾爲丨易象上傳同人于丨
虞注繫辭上傳丨容悔淫虞注繫辭下傳上古穴居
而丨處虞注○魯有大丨爾雅釋地○九丨者應九
藏而爲義也素問六節藏象論九丨爲九藏注○丨
鄙也公羊桓十一年傳而丨留注又呂覽遇合爲丨丨
音而反善之注○丨如丨人言鄙略也論語雍也質
勝文則丨集解引包注○丨郊丨之人荀子脩身庸
衆而丨注○丨丨人不知禮者也荀子禮論事生不
忠厚不敬文謂之丨注○丨人粗略也論語先進丨
人也鄭注○丨人質朴之稱也論語先進皇疏○荀
可而行謂之丨丨人說苑修文○在丨居之人孟子
萬章下在丨曰草莽之臣注○東丨東作田丨之人
所言耳孟子萬章上齊東丨人之語也注○丨外淮
南主術有丨心者注○丨猶不達也論語子路丨哉
由也集解引孔注又皇疏○敬而不中禮謂之丨禮
記仲尼燕居又家語論禮○事生不忠厚不敬文謂
之丨荀子禮論○容志審道謂之僩反僩爲丨賈子
道術○丨妖丨易繫辭冶容誨淫釋文引王肅注○
丨鷄雉也廣雅釋鳥○埜古丨字漢書五行志上集
注地理志上集注鼂錯傳集注翟義傳集注又文選
長笛賦埜雉鼂雊注○埜古丨字莊子山木遊于雕
陵之樊釋文引司馬注又晉書音義上○埜與墅同

古丨字也漢書司馬相如傳下集注○書禹貢至于
豬丨漢書地理志作至于豬壄書禹貢大丨既豬漢
書地理志作大壄既豬書武成放牛于桃林之丨漢
書張良傳作息牛于桃林之壄○書武成放牛于桃
林之丨史記周本紀作放牛于桃林之虛○丨當爲
杼古序字也文選褚淵碑文餐東丨之祕寶注○爾
雅釋地牧外謂之
丨釋文丨本作埜

雅

丨正也詩鼓鍾以丨以南箋又周禮大師曰丨注
又論語述而子所丨言皇疏又史記三王世家文
章爾丨索隱又漢書藝文志集注引張晏卜式傳集
注引晉灼又後漢禰衡傳注又荀子榮辱君子安丨
注儒效小丨之所以爲小丨者注法二後王謂之不
丨注賦性得之則甚丨似者與注又呂覽順民寬侮
丨遜注○丨之爲言正也風俗通聲音○丨者古正
也白虎通禮樂○丨言正言也論語述而子所丨言

集解引孔注○丨正聲也荀子王制使夷俗邪音不
敢亂丨注○物由我正則謂之丨北堂書鈔引周續
之詩序義○正而有美德者謂之丨荀子榮辱君子
安丨注○幽丨亦七月也謂之丨者以其言男女之
正周禮籥章歛幽丨注○丨謂風丨方言一皆古丨
之別語也注○丨歌謂歌丨詩也後漢祭遵傳注○
小丨爲諸侯之樂大丨頌爲天子之樂儀禮鄉飲酒
禮乃合樂注燕禮遂歌鄉樂注○大丨謂有大丨之
才者詩有大丨故以立稱焉文選西都賦大丨宏達
注○丨義也釋名釋典藝○丨雒也爲之難人將爲
之雒雒然憚之也釋名釋言語○言王政事謂之丨
釋名釋典藝○辭令就得謂之丨賈子道術○丨爾
丨也方言一今或同而舊書丨記注○丨閒麗也華
嚴經音義上引漢書音義○丨閑丨謂妖麗也文選
陸士龍爲顧彥先贈婦詩丨步擢纖腰注○丨素也
史記荊燕世家今呂氏丨故索隱張耳陳餘傳集解

引韋昭又漢書高帝紀上集注引蘇林常山憲王舜
傳集注卜式傳集注引臣瓚谷永傳集注○丨故也
史記高帝本紀丨不欲屬沛公集解引服虔張耳陳
餘傳張耳丨游索隱引鄭氏又漢書陳餘傳集注○
丨萬舞也詩鼓鍾以丨以南箋○丨亦樂器名也狀
如漆筩中有椎禮記樂記訊疾以丨注○丨狀如漆
筩而弇口大二圍長五尺六寸以羊韋鞔之有兩紐
疏畫周禮笙師舂牘應丨司農注○丨楚烏水經灤
水注○丨書序作牙假借字也禮記緇衣
注○爾雅序夫爾丨者釋文丨本作疋

瓦

丨紡塼也詩斯干載弄之丨傳○丨紡縛也後漢
列女傳注○丨踝也踝确堅貌也亦言腂也在外
腂見也釋名釋宮室○丨甂陋器也說苑反質○丨
瓬帝堯之瓬周禮大卜二曰丨瓬杜注○丨大丨尊
儀禮聘禮記丨大一注○丨大有虞氏之尊也儀禮
燕禮公尊丨大兩注○丨楯脊左氏昭廿六年傳射

之中楯丨注○楚囊丨字子常見左昭廿三年
傳○莊子駢拇纍丨結繩釋文丨崔本作丸

寡

丨少也論語爲政則丨尤皇疏子張得其門者或
丨矣皇疏又國策秦策然深刻丨恩注能有國者
丨也注又漢書司馬相如傳下集注貢禹傳集注又
孟子梁惠王上刑于丨妻注盡心下養心莫善於丨
欲注又淮南主術職丨者易守注○衆丨民之多少
周禮小司徒各登其鄉之衆丨六畜車輦注○衆丨
謂鄉人之善者無多少也周禮鄉大夫師其吏與其
衆丨注○丨君猶言少德之君言之謙禮記坊記自
稱其君曰丨君注○丨鮮也猶言少德謙也儀禮燕
禮丨君有不腆之酒注○王侯自稱孤丨孟子梁惠
王上丨人之於國也注○丨者爲人上者也後漢仲
長統傳○丨適也家語困誓刑于丨妻注○丨妻適
妻也詩思齊刑于丨妻傳○丨妻丨有之妻言賢也
詩思齊刑于丨妻箋○丨罕也爾雅釋詁○坤爲丨

易象上傳君子以捊多益丨丨虞注○丨丨弱也左氏成
十三年傳丨我襄公注○丨丨獨也廣雅釋詁三○孤
丨喻孤獨老子自謂孤丨注○無夫曰丨丨丨踝也踝
踝單獨之言也釋名釋親屬○無夫曰丨孝經不敢
侮于鰥丨丨釋文又呂覽懷寵求其孤丨注又淮南時
則存孤丨丨注○婦人無夫曰丨管子入國○五十無
夫曰丨後漢光武紀下注○婦人五十無夫曰丨孝
經不敢侮於鰥丨鄭注○老而無夫者謂之丨禮記
王制○老而無夫謂之丨御覽人事部百十八引書
大傳○老而無夫曰丨孟子梁惠王下○老無夫曰
丨淮南時則存鰥丨注○凡無妻無夫通謂之丨小
爾雅廣義○偏喪曰丨詩鴻鴈哀此鰥丨傳○偏喪
曰丨丨特也左氏襄廿七年傳生成及彊而丨注○
丨當爲顧聲之誤也禮記緇衣故君子丨其言而行
以成其信注○易巽爲丨髮考工記車人注作巽爲
宣髮○易說卦爲丨髮釋文丨本作宣

社丨土也論衡順鼓○丨丨者土也漢書郊祀志下又
後漢光武紀上注○丨后土也詩甫田以丨以方
傳又禮記月令命民丨注○丨土神荀子禮論故丨
祭丨也注○丨者土地之神也白虎通社稷○丨地
別神也白虎通災變○丨后土之神也書夏社序釋
文又國語魯語故祀以爲丨注○丨后土之神謂句
龍也呂覽季冬以供皇天上帝丨稷之享注○丨句
龍也書夏社序欲遷其丨丨不可馬注○丨神蓋共工
之子句龍也獨斷上○丨丨祭地神禮記中庸郊丨之
禮注○丨祭祭地祇也周禮鼓人以靈鼓鼓丨祭注
○丨祭后土所以爲民祈穀也呂覽仲春命人丨注
○丨祭土爲取財焉周禮肆師丨之日涖卜來歲之
稼注○丨稷后土及田正之神周禮大司徒設其丨
稷之壝注○丨稷土穀之神有德者配食焉周禮大
宗伯以血祭祭丨稷五祀五嶽注○丨軍丨也周禮
肆師凡師甸用牲于丨宗注○丨謂丨主在軍者也

周禮大司寇涖戮于丨注○丨丨主曰軍丨周禮小宗
伯右大師則帥有司而立軍丨注○丨者陰類後漢
袁紹劉表傳注○丨者衆陰之長白虎通災變○丨丨
土地之主也禮記禮運命降于丨之謂殺地注○丨
者土地之主也公羊莊廿三年傳諸侯越境觀丨注
莊廿五年傳以朱絲營丨注又風俗通祀典引孝經
說○丨民神之主也風俗通十反○丨所以神地之
道也禮記郊特牲○是故夏礿秋嘗冬蒸春丨秋省
禮記明堂位○丨封也廣雅釋言○丨者封也公羊
哀四年傳○封土爲丨公羊哀四年傳注又淮南繆
稱其丨用土注○天子之丨曰泰丨天子所爲羣
姓立丨也天子之丨曰王丨一曰帝丨獨斷上○諸
侯爲百姓立丨曰國丨諸侯自爲立丨曰侯丨同上
○大夫以下成羣立丨曰置丨同上○天丨在東井
輿鬼之外天丨地神也周禮大司樂函鍾爲宮注引
或說○丨二十五家也呂覽知接書丨四十注○二

十五家爲丨左氏昭廿五年傳請致千丨注又呂覽
愼大諸大夫賞以書丨注○二十五家爲一丨左氏
哀十五年傳書丨五百注○古者羣居二十五家則
共居丨謂以丨數于策管子小稱公子開方以書丨
七百下衛矣注○方六里命之曰丨管子乘馬○利
人長物禁民爲非丨之義也莊子人閒世而以義譽
之不亦遠乎注○鼅鼄齊人又呼丨公方言十一○鼅
鼄注○江淮謂母爲丨丨讀雖家謂公爲阿丨之丨
也淮南說山丨何愛速死注○丨或爲省禮記郊特
牲君親誓丨注○左氏昭十二年傳前城人敗陸渾
丨于丨釋文
丨本作杜

寫丨憂也爾雅釋詁○丨有憂者思散丨也爾雅釋
詁注○丨除也詩泉水以丨我憂傳又廣雅釋詁
三○丨猶除也管子白心臥名利者丨生危注○丨
吐也漢書司馬相如傳上集注○丨盡也廣雅釋詁

一〇丨猶象也周髀算經上笠以丨天注〇丨猶放
斅也淮南本經可以鼓鐘丨也注〇書稱剌又曰丨
到一此文也釋名釋書契〇
殺阮碑承丨其流瀉作丨
夏丨丨大也詩權輿於我乎丨屋渠渠傳時邁肆于時
丨傳又周禮染人秋染丨司農注鍾師以鍾鼓奏
九丨注鍾師肆丨呂叔玉注又禮記樂記又左氏宣
十二年傳肆于時丨注又穀梁隱五年傳舞丨注又
論語八佾不如諸丨之亡也皇疏又爾雅釋詁又國
語周語氏曰有丨注肆于時丨注又史記司馬相如
傳續昭丨集解引漢書音義又漢書禮樂志集注刑
法志集注五行志中之下集注司馬相如傳下集注
又集注引文穎又荀子正論合行於諸丨之國謂之
王汼注又法言吾子知丨屋之爲幠幪也注又淮南時
則自丸澤窮丨晦之極注〇丨者大也春秋繁露楚
莊王又白虎通號又說苑修文又論衡正說〇丨之

言大也白虎通五行〇丨大也自關而西秦晉之間
凡物之壯大者而愛偉之謂之丨方言一〇秦晉之
閒凡物之壯大謂之嘏或曰丨同上〇大丨禹樂也
禹治水傳土言其德能大中國也周禮大司樂舞雲
門大卷大咸大磬大丨大濩大武注〇大丨丨舞也
禮記明堂位裼而舞大丨注〇樂歌大者稱丨詩時
邁肆于時丨箋〇樂章大者曰丨國語周語肆于時
丨注〇丨曰大丨獨斷上〇大丨丨樂也公羊昭廿
五年傳以舞大丨注〇丨文舞也家語論禮丨籥序
與注〇凡丨以鐘鼓奏之儀禮燕禮奏陔注〇三丨
皆樂章名周禮大司樂王出入則令奏王丨屍出入
則令奏肆丨牲出入則令奏昭丨注〇丨之屬有九
詩思文陳常于時丨箋〇諸丨外土諸侯也謂之丨
丨大總下上言之辭也公羊成十五年傳春秋內其
國而外諸丨注〇丨諸丨也詩皇矣不長丨以革箋
又文選幽通賦巨滔天而泯丨兮曹七〇中丨中國

也後漢班彪傳注〇丨華丨也書舜典蠻夷猾丨傳
又文選東京賦造我區丨矣薛注〇丨華丨也後漢
安帝紀注朱浮傳注馮緄傳注董卓傳注〇東丨東
方也呂覽察今東丨之命注〇大國曰丨書武成華
丨蠻貊傳〇丨禹天下號也書序釋文〇丨大承二
帝也風俗通聲音〇丨殷周者有天下之大號也白
虎通號〇丨丨行也廣雅釋訓〇丨大殿也楚辭哀
郢曾不知丨之爲邱兮注〇丨大屋也楚辭招魂冬
有突丨注〇丨屋大屋也淮南本經乃至丨屋宮駕
注〇丨屋今之殿形中高而四方下也家語終記吾
見封若丨屋者注〇丨臺大臺淮南本經放之丨臺
注〇丨曰丨臺書鈔四十五引白虎通〇丨書丨家
之書家語正論丨書曰注〇丨丨祝祝習丨禮者也儀
禮士喪禮丨祝鬻餘飯注〇丨稻也禮記學記丨楚
二物注〇夫丨之爲名始于分江冬竭丨流故納厥
稱既有中丨之目亦苞大丨之名矣水經夏水注〇

丨漢水也左氏昭十三年傳王沿丨釋文〇丨水過
郡入江故曰江丨也水經江水注引地理志〇丨水
古文以爲滄浪漁父所歌也水經夏水注引劉澄之
永初山川記〇丨水名也文選安陸昭王碑文涉丨
踰漢注〇丨口一曰沔口矣水經沔水注引庾仲雍
說〇丨海大冥也呂覽求人丨海之窮注〇丨翟翟
雉名書禹貢羽畎丨翟傳〇丨與榎古今字也文選
廣絕交論故王丹威子以檟楚注〇丨與檟古今字
通文選馬汧督誄以檟楚之辭連之注〇丨音假借
之假漢書高帝紀上集注引鄭氏〇公羊哀十三年
傳陳丨彄夫釋
文丨本作廉
冶丨消鑠也遭熱即流遇冷即合與冰同意故字从
冰一切經音義二引三蒼〇冶金器曰丨書梓材
若作梓材馬注〇飾其容而見於外曰丨後漢崔駰
傳注引周鄭注〇丨妖丨也一切經音義入引易劉

蠍注○丨夷妖媚之貌文選海賦眇䁴丨夷注○易
繫辭上丨丨容誨淫釋文丨陸虞姚王肅本作野○今
本野爲丨易繫
辭上傳集解
也 丨是語已及助句之辭顏氏家訓書證○丨皆當
爲邪荀子正名其求物丨養生丨粥壽丨注
鮓 丨菹也以鹽米釀魚以爲菹熟而食之也釋名釋
飲食
把 丨持也廣雅釋詁三又楚辭東皇太一盍將丨兮
瓊芳注○丨握也淮南繆稱無丨之枝注○丨執
處也禮記曲禮注丨中釋文○丨翳內所執處也文
選射雉賦戾翳旋丨徐注○丨以一手丨之也孟子
告子下拱丨之桐梓注○一手曰丨莊子
人閒世其拱丨而上者釋文引司馬注
買 丨謂物貴賤厚薄也禮記王制命市納丨注○丨
之者物不正齊當以泉計通功周禮典婦功辨其

苦良比其小大而丨之注○丨主市買知物丨周禮
天官序官丨八人注○丨民胥師丨師之屬周禮司
市以丨民禁僞而除詐注○卜人在官知物丨者儀
禮聘禮丨人西面坐啟櫝注○楚蔿丨字伯嬴見左
氏僖卅七年傳注○齊東郊丨郎大陸子方見左氏
哀十四年傳○丨亦鷹屬山海經大荒南經有蒼梧
之野爰有
鷹丨注
假 丨借也儀禮少牢饋食禮丨爾大筮有常注又周
書皇門丨余德憲注又國語晉語無必丨手於武
王注又後漢安帝紀注劉盆子傳注丁鴻傳注劉愷
傳注段熲傳注又荀子非十二子丨今之世注又莊
子德充符丨人則從是也釋文又文選琴賦或怨𡟀
而躊躇注○丨因也莊子大宗師丨於異物注○丨
猶請也呂覽士容其鄰丨以買取鼠之狗注○丨攝
也史記項羽本紀爲丨上將軍正義又呂覽審分丨

乃理事也注○丨僭也廣雅釋詁二○丨猶濫也後
漢竇融傳注○丨貸也後漢張禹傳注○丨貸猶寬
容也後漢安帝紀注○丨猶租賃後漢和帝紀注○
不脫冠衣而寐曰丨寐詩小弁丨寐永歎箋○丨已
也爾雅釋詁○丨今不然也墨子經上○丨大也易
家人釋文引馬注易豐釋文引馬注又易家人王丨
有家虞注彖下傳王丨有廟陸績注姚信注王丨有
廟荀注又書大禹謨不自滿丨傳又詩思齊烈丨不
瑕傳那湯孫奏丨傳烈祖以丨以享傳鬷丨無言傳
又儀禮士冠禮宜之于丨注又禮記中庸奏丨無言
注鄉飲酒義夏之爲言丨也注又爾雅釋詁又史記
司馬相如傳舜在丨典索隱引徐廣又漢書五行志
中之下集注鼂錯傳集注司馬相如傳上集注又太
元元瑩丨哉天地注○丨亦大也禮記禮運是爲大
丨注○凡物之壯大者而愛偉之謂之夏周鄭之閒
謂之丨方言一○丨嘉也禮記中庸丨樂君子釋文

○丨善也同上○丨暇詩長發昭丨遲遲箋○丨固
也詩文王丨哉天命傳○丨國名莊子山木子獨不
聞丨人之王與釋文引李注○丨國名也文選褚淵
碑文注引莊子司馬注○丨音丨借之丨漢書鼂錯
傳集注引服虔○丨讀爲暇禮記曾子問不旅不丨
注○丨或作駕淮南主術丨輿馬者足不勞而致千
里注○丨當爲遐列子黃帝而帝登丨注周穆王世
以爲登丨焉注○史記六國表魏王丨丨列女傳作瑕
越絕書作歇○孟子離婁上注引詩丨樂作嘉○
詩烈祖鬷丨無言左氏昭廿年傳作鬷暇無言
亦作舍○舍置也左氏昭廿四年傳使杜洩舍路注
捨 又公羊桓十一年傳舍死亡無所設注又穀梁莊
廿四年傳以薦舍於前注又左氏桓二年傳舍爵策
勳釋文文十八年傳丨爵而行釋文定四年傳舍舟
于淮汭釋文論語雍也山川其舍諸釋文子路人其
丨諸釋文又漢書樊酈滕灌傳靳周傳贊集注貢禹

傳集注朱博傳集注二見敘傳上集注○丨置也廣
雅釋詁四○舍猶置也呂覽仲春命樂正入舞舍菜
注貴生獨不可以舍我乎注上農非死不舍注又文
選盧子諒贈劉琨詩趣舍罔要注○舍放也論語述
而舍之則藏釋文又文選西京賦矢不虛舍薛注○
舍放置爾雅釋詁廢稅赦舍也注○舍投也論語先
進鏗爾舍瑟而作皇疏○舍止也左氏昭九年傳舍
藥物可也服注又荀子成相各以宜舍巧拙注又史
記李斯傳索隱又荀子哀公舍此而爲非者注儒效
舍粹折無適也注○舍猶止也禮記月令耕者少舍
注○舍棄也左氏定四年傳舍舟于淮汭釋文論語
雍也山川其舍諸釋文又國語楚語女無亦謂我老
耄而舍我注○舍猶棄也論語雍也山川其舍諸皇
疏○丨廢也書湯誓舍我穡事釋文又國語楚語若
之何其舍之也注吳語舍其愆令注又史記伯夷傳
趨舍有時正義李斯傳則舍爲天下役索隱又漢書

禮樂志集注藝文志集注二見董仲舒傳集注司馬
遷傳集注黃霸傳集注敘傳上集注又後漢張衡傳
注○舍猶廢也禮記檀弓下未之有舍也注○舍去
也國語楚語昔鬭子文三舍令尹注○舍除也詩雨
無正舍彼有罪傳又荀子禮論則舍之矣注脩身舍
亂妄無爲也注○舍猶除也論語季氏君子疾夫舍
曰欲之皇疏○舍收也國策齊策故物舍其所長注
○舍縱也孟子離婁上舍正路而不由注○舍釋也
左氏哀十二年傳乃舍衛侯釋文○舍釋之也周禮
司圜上罪三年而舍注○舍之言釋也詩行葦舍矢
既均箋○舍不誅也呂覽貴直王乃舍之注○舍不
予也國語周語故聖人之施舍也議之注○舍不取
也國語魯語蟲舍蚳蝝注○舍負也管子五輔是故
上必寬裕而有解舍注○艮爲舍易賁舍車而徒虞
注○舍者謂有復除舍不收役事也周禮鄉大夫其
舍者司農注○施舍不給役者周禮小宰治其施舍

注○舍利獸名性吐金故曰舍利文選西京賦舍利
颬颬薛注○舍魚丨同荀子勸學鍥而舍之注○鄭
公孫舍之字子展
見左氏襄八年傳

赭 丨赤也廣雅釋器○丨赤色列子周穆王丨堊之
色釋文○丨紫赤色山海經西山經竹山有草焉
名曰黃雚赤實其狀如丨注○丨丹也詩簡兮赫如
渥丨釋文○丨黃黃色之多赤者封氏聞見記○丨
赤土也一切經音義九引三蒼又山海經中山經若
山多丨注西山經灌水其中有流丨注○以赤土染
衣故曰丨衣荀子正論殺丨衣而不純注○丨或謂
之柘木染封氏聞見記○丨要洲名水經江水注

斝 丨爵也詩行葦洗爵奠丨傳又廣雅釋器○丨玉
爵也左氏昭十七年傳若我用瓘丨玉瓚注○丨
爵名也夏曰醆殷曰丨周曰爵禮記禮運醆丨及尸
君釋文○丨畫禾稼也禮記明堂位殷以丨注○灌

尊殷以丨禮記明堂位○爵殷以丨同上○殷曰丨
家語禮運醆丨及尸君注○丨器名周禮量人與鬱
人受丨歷而皆飲之司農注○丨讀爲稼周禮司尊
彝祼用丨彝黃彝司農注○丨讀如嫁娶之嫁周禮
量人司農注○丨讀如嘏尸之嘏周禮量人注○丨
受福之嘏聲之誤也周禮鬱人大祭祀與量人受舉
丨之卒爵
而飲之注

厦 丨屋之四下者爲丨文選西京賦大丨耽耽薛注○
丨屋也太元彊大丨微注又淮南說林大丨成而
燕雀相賀注○大丨大屋
也淮南本經大丨曾加注

嘏 丨大也詩賓之初筵錫爾純丨傳卷阿純丨爾常
矣傳又詩我將釋文又儀禮少牢饋食禮以丨于
主人注又左氏昭廿年傳祝丨無言注又周書賛典
樂獲純丨注又爾雅釋詁○丨大也宋魯陳衛之間

謂之丨秦晉之閒凡物壯大謂之丨方言一○丨長也大也禮記郊特牲又儀禮特牲饋食禮進聽丨注○予福曰丨詩卷阿純丨爾常矣箋○受福曰丨詩我將伊丨文王箋閟宮天錫公純丨箋又儀禮特牲饋食禮注○主人受祭福曰丨禮記郊特牲注○丨謂尸與主人以福也詩賓之初筵錫爾純丨箋○天子受福曰大丨丨辭有福祚之言詩載見俾緝熙于純丨箋○丨傳先祖語於孝子家語問禮丨以慈告注○古文丨爲格儀禮少牢饋食禮以丨于主人注○儀禮士冠禮注古文格爲丨釋文丨本作假禮記禮運祝丨辭說釋文丨本作假○丨一作暇晉書音義上

檟 亦作榎○槐小葉曰榎爾雅釋木○小而皵榎同上○楸細葉者爲榎爾雅釋木槐小葉曰榎注○小而皮麤皵者爲榎爾雅釋木小而皵榎注○小而皵檟者爲丨爾雅釋木小而皵榎舍人注○丨梓之屬左氏襄二年傳穆姜使擇美丨注○丨木名左氏襄二年傳釋文哀十二年傳丨可材也釋文○丨苦茶爾雅釋木○丨與榎同爾雅釋木丨苦茶釋文○攷工記注梓榎屬也釋文榎本作丨爾雅釋木槄山榎釋文榎本作丨

惹 拏揚州會稽之語也或謂之丨方言十○丨言情丨也方言十注

踝 丨确也居足兩旁磽确然也亦因其形丨丨然也釋名釋形體○丨跟也禮記深衣負繩及丨以應直注

姐 集韻媎或作姐○丨母也廣雅釋親○丨慢也荀子大略藍苴路作似知而非注○媎與丨同文選幽憤詩恃愛肆丨注○丨子野反晉書音義下引字林

瘕 丨亦痞也一切經音義六引埤蒼

且 丨將也國策秦策城丨拔矣注甘茂亡秦丨之秦注三國丨去注又呂覽音律歲丨更起注蕩兵丨死者而生注○丨猶將也漢書郊祀志上集注又淮南時則雷丨發聲注○丨者未定之辭禮記檀弓上夫祖者丨也注○其曰丨志兼也穀梁文五年傳○丨兼辭公羊文五年傳注○丨猶復也國語齊語丨有後命注○丨然也詩閟宮孔曼丨碩箋○丨此也詩載芟匪丨有丨傳○丨發辭也荀子性惡丨順情性好利而欲得注○丨苟丨也詩東門之枌穀旦于差釋文引韓詩○丨僭也廣雅釋詁二○丨始也莊子庚桑與物丨者釋文○丨取也老子舍慈丨勇王注○丨謂券外而跂者莊子庚桑楚與物丨者注○丨蘭縣故丨蘭侯國也一名頭蘭牂柯郡治也水經溫水注○古文丨爲阻儀禮大射儀丨左還注○詩庭燎傳央丨也釋文丨本作旦○詩假樂丨君丨王釋文丨本作宜

⿰扌奢 丨開也廣雅釋詁三

疋 丨與雅同晉書音義中晉書音義下二見

閜 丨開也廣雅釋詁三○丨杯也廣雅釋器

⿰口閜 丨笑也廣雅釋詁一○丨丨笑也廣雅釋訓

髁 丨⿰骨可也胥骨也音口亞反一切經音義十四引字林○丨尻骨一切經音義十四引三蒼○丨尻骨也一切經音義十六引埤蒼

庌 大屋曰廡幷冀人謂之丨丨正也屋之正大者也釋名釋宮室○客堂曰丨五下反一切經音義九

引通俗文○丨舍也廣雅釋室○丨廡也廡所以庇馬凉也周禮圉師夏丨馬注○故字丨爲訝鄭司農云當爲丨周禮圉師注

輠 丨迴也禮記雜記而丨輪者釋文

○以下據廣韻錄

盌 丨杯也廣雅釋器○丨棔也秦晉之郊謂之丨方言五○丨所謂伯丨者也方言五注

婽 丨好也廣雅釋詁一

榪 案謂之丨廣雅釋器○案陳楚宋魏之閒謂之丨方言五

騇 牝曰丨爾雅釋畜

柤 丨取也廣雅釋詁一

𡱝 丨屩也廣雅釋器○履西南梁益之閒或謂之丨方言四

鞋 丨黃也廣雅釋器

觟 丨虎者一角之羊也論衡是應

奲 丨大也廣雅釋詁一

撦 丨擊也廣雅釋詁三

經籍纂詁卷第五十一

經籍纂詁卷第五十一補遺

上聲

兵部侍郎都察院右副都御史巡撫浙江等處地方提督軍務兼理糧餉阮元撰集

二十一馬

馬 說文丨怒也武也象丨頭髦尾四足之形凡丨之屬皆从丨影古文影籀文丨與影同有髦○丨者所乘以行野也管子形勢解○丨兵之首也史記趙世家賜號爲丨服君正義引虞喜志林○地生月精爲丨文選赭白丨賦注引春秋考異記○杜子春云丨當爲焉周禮縫人喪縫棺飾焉注○丨邑川俗謂之磨川蓋狄語音訛丨磨聲相近水經巨丨水注

下 說文丁底也指事丅篆文丨○丨猶後也詩下武丨武維周箋○末爲丨論語憲問小人丨達集解

○丨謂底周禮屨人注複丨曰舄疏○丨謂地禮記中庸合外內之道也疏○丨足國語晉語丨貳代履注○丨謂器也易繫辭下傳丨交不瀆疏○丨謂臣也易象上傳上丨交而其志同也疏○丨謂大夫士禮記曲禮上君臣上丨釋文○國都爲上邑爲丨左氏莊廿八年經注魯丨邑疏○.順河東行故曰丨左氏襄十六年傳警守而丨注○丨藪澤也國語周語歸物於丨注○丨泉泉丨流也詩下泉冽彼丨泉傳

者 說文𦣻别事詞也从白𣥠聲𣥠古文旅字

野 說文丨郊外也从里予聲壄古文丨从里省从林○郊外曰丨易坤龍戰于丨干注又詩干旄郊外曰丨傳駉在坰之丨傳又周禮天官序官丨則九夫爲井疏司會注丨甸稍也疏地官序官縣師注徵丨賦貢也疏縣師以歲時徵丨之賦貢疏遂人注六遂丨之地疏質人注郊遠郊也疏大司馬之職注丨謂公

邑大夫疏○國外則曰丨周禮天官序官丨則九夫爲井疏又在郊外曰丨周禮遺人丨鄙之委積疏○丨則九夫爲井四井爲邑之屬是也周禮天官序官體國經丨注○丨謂一百里以外三等采地之中同上○丨謂百里外至畿周禮丨廬氏疏○從二百里至五百里皆名丨周禮遂人注郊外曰丨疏○乾爲丨易繫辭下傳葬之中丨虞注○丨是廣遠之處易同人同人于丨疏○丨是遠稱詩小明傳艽丨遠荒之地疏○丨不達禮也禮記檀弓上若是丨哉疏○丨謂鄙丨禮記仲尼燕居敬而不中禮謂之丨疏○九丨天之八方中央也列子湯問八紘九丨之水注○九丨八方中央也淮南原道而知八紘九丨之形埒者注

雅 丨正也荀子儒效謂之不丨注○丨者正也孝經大丨云疏引鄭注○丨者正也言王政之所由廢與也毛詩序○丨之言正也文選長門賦注引七略○丨素故也漢書張禹傳忽忽丨素注○天子之詩爲丨左氏昭二十年傳三類疏○天子以政教齊天下故民述天子之政還以齊正而爲名故謂之丨也左氏襄廿九年傳爲之歌小丨疏○言天下之事形天下之風謂之丨毛詩序○道被四方乃名爲丨詩關雎序王者之風疏○周樂尚武故謂萬舞爲丨詩鼓鐘箋

瓦 說文丨土器已燒之總名象形凡丨之屬皆从丨○離火燒土爲丨易象下傳脩井也虞注○丨甒五斗禮記禮器君尊丨甒疏

寡 說文丨少也从宀从頒頒分賦也故爲少○丨少也易說卦傳爲丨髮疏又呂覽離謂夫其多能不若丨能注又淮南主術而丨察其實注○丨者少也言少匹對耳詩桃夭序箋老而無妻曰鰥疏○丨者

衆之所宗也易略例○無夫曰丨衛湜集說卅六引成伯璵禮記外傳又淮南時則存孤丨注○無夫無婦並謂之丨丈夫曰索婦人曰嫠詩桃夭序箋老而無妻曰鰥疏引爾雅○無妻亦謂之丨禮記王制老而無夫者謂之丨疏○無夫無子謂之老丨管子輕重己○匹婦爲丨管子揆度○丨謂其妻管子問問死事之丨注○少而無夫曰丨文選寡婦賦題注○丨謙也禮記曲禮下其與民言自稱曰丨人注○夫人自稱於諸侯曰丨小君禮記曲禮下○五口以下爲丨周禮族師注族長無飲酒之禮疏○丨宗少宗系也列子楊朱以放丨宗注

社 說文丨地主也从示土春秋傳曰共工之子句龍爲丨神周禮二十五家爲丨各樹其土所宜之木祉古文丨○丨爲土神書召誥疏引經說○丨者五土之總神周禮大司徒注丨稷后土及田正之神疏封八疏引孝經緯○丨是五土總神非后土周禮大宗伯注后土丨神也疏○丨爲土之神也詩緜傳家土大丨也疏○后土爲丨謂輔作丨神詩甫田傳丨后土也疏引鄭志荅趙商○丨五土總神禮記郊特牲而丨稷大牢疏○丨是土地之神禮記大傳祈於丨疏○丨者五土之神也御覽五百卅二引成伯璵禮記外傳○丨者土地之主禮記郊特牲疏引孝經說又續漢祭祀志下引孝經援神契○丨即地神禮記郊特牲丨祭土而主陰氣也疏○丨是地祇之別同上○丨是上公之神左氏莊廿五年傳注請救於上公疏○后土爲丨左氏昭廿九年傳○丨主陰書甘誓弗用命戮于丨傳○丨陰也論衡順鼓篇○丨者衆陰之長同上○二十五家爲一丨千丨二萬五千家也左氏昭廿五年傳請致千丨賈注○二十五家爲丨荀子非十二子書丨三百注引周禮說○封土爲丨管子輕重戊○封土爲丨故變名謂之丨別

於衆土也白虎通社稷○王者二丨爲天下立丨曰
太丨自爲立丨曰王丨諸侯爲百姓立丨曰國丨自
爲立丨曰侯丨太丨爲天下報功王丨爲京師報功
白虎通社稷引禮三百記○主士而封聚故謂之丨
太元聚宗於叢丨注○師出先有事祓禱于丨謂之
宜丨左氏定四年傳祓丨釁鼓注○丨之主盛用石
爲之周禮小宗伯奉主車注○論語八佾哀公問丨
釋文鄭本作主

【寫】說文丨置物也从宀舄聲○丨者傳巳器中乃食
之也禮記曲禮上器之溉者不丨注○丨謂倒傳
之也禮記曲禮上疏○無丨憐也沅澧之閒凡言相
憐哀謂之嘖或謂之無丨皆相見驩喜有得亡之意
也方言十

【夏】說文夏中國之人也从夊从頁从臼臼兩手夊兩
足也㝁古文夏○丨大也儀禮大射儀肆于時丨

疏又左氏襄四年傳金奏肆丨之三疏○丨者陽氣
畢上故爲萬物長管子形勢解○大丨丨禹之舞周
禮樂師注內則曰二十舞大丨注○丨禹樂名也禮
記樂記丨大也注○大丨樂之文武備者也禮記內
則舞大丨注○丨禹之樂大丨也左氏襄廿九年傳
賈注○禹曰大丨者言禹能順三帝之道而行之故
曰大丨也白虎通禮樂○丨訓丨書也左氏襄四年
傳丨訓有之曰注○丨箴丨禹之箴戒書也周書文
傳丨丨箴曰注○車鄰四鐵小戎之歌與諸丨同風故
曰丨聲左氏襄廿九年傳此之謂丨聲服注○丨大
承二帝也漢書禮樂志○丨中丨荀子儒效居丨丨而
丨注○丨中國漢書地理志下此之謂丨聲注○丨
諸丨也漢書刑法志命以蠻夷猾丨注○書泰誓中
在彼丨王墨子非命下作在彼殷王

【㕣】說文丨銷也从仌台聲○丨謂煎金石者禮記曲
禮下注金工築丨鳧㮚鍛桃疏○丨謂鑄丨也禮
記學記良丨之子疏○丨謂陶鑄也禮記禮運注孰
丨萬物疏○丨妖也荀子非相莫不美麗姚丨注又
文選雪賦紈袖慙丨注○丨官名也國策西周策函
丨氏注

【也】說文丨女陰也象形乜秦刻石丨字○巳丨皆助
語之辭史記太史公自序彊弱之原云以世索隱
○丨語終辭也漢書哀帝紀非赦令丨注

【把】說文丨握也从手巴聲○丨手執處也禮記曲禮
上注弣丨中釋文○丨執持也漢書張敞傳丨其
宿負注

【賈】丨買也左氏昭廿九年傳平子每歲丨馬注○丨
正掌貨物使有長丨若市吏左氏昭廿五年傳郈
魴假使爲丨正馬注○丨復城俗語訛謬謂之寡婦
城水經汝水注○丨讀爲價荀子儒效不豫丨注

【假】說文丨非眞也从人叚聲一曰至也虞書曰丨于
上下○丨至也易明夷王丨有家注○丨因也禮
記曲禮上丨爾泰龜有常疏○丨大也禮記月令注
其四時疏○丨暇也禮記孔子閒居昭丨遲遲疏○
丨者丨借之義詩長發箋丨暇疏○丨借同義取者
丨爲上聲借爲入聲與者丨借皆爲去聲左氏莊十
八年傳注是借人禮疏○丨病也詩思齊箋○丨已
也詩下武箋既沒登丨釋文○丨升也詩雲漢昭丨
無贏箋○丨別也廣雅釋詁三○丨給與也漢書儒
林轅固傳迺丨固利兵注○丨謂給與漢書循吏龔
遂傳遂迺開倉廩丨貧民注○丨謂顧賃也漢書韓
延壽傳私丨繇使吏注○丨謂雇賃也漢書酷吏甯
成傳丨貧民役使數千家注○丨音休丨漢書文帝
紀贊常丨借納用焉注引蘇林薛宣朱博傳贊丨借
用權注引鄧展○丨令猶言或當也漢書匈奴傳下
丨令單于初立注○不脫冠帶而寐曰丨寐國語晉

語蚤而丨寐注○不脫冠衣而寐曰丨寐漢書中山
靖王勝傳丨寐永歎注○詩下武箋旣沒登丨釋文
丨本或作遐○行丨當作何暇列子力命行丨念死
乎注○詩那湯孫奏丨爾雅釋詁注作湯孫奏報
【捨】說文丨釋也从手舍聲○舍置也易屯不如舍虞
注又左氏襄廿五年傳舍之得民注又呂覽上農
非死不舍注又文選幽通賦舍宋取誼注○舍卽釋
也周禮大胥司農注舍菜疏○丨謂所弃置也漢書
賈誼傳莫如先審取丨注○舍謂棄置也漢書匈奴
傳下今舍貴立賤注○舍止也呂覽必已舍故人之
家注○舍猶廢也止也史記李斯列傳則舍爲天下
役索隱○舍中也禮記射義或曰舍也疏○舍謂舍
故也左氏襄十一年傳注不舍其故而改作也疏○
丨謂赦罪周書王佩施舍在平心注○丨者君行一
日止而丨息也左氏莊三年傳注丨宿不書疏○舍
讀爲釋周禮占夢乃舍萌於四方注○舍讀曰釋周

禮大史舍筭注司祿舍句于祖廟注○舍宜作釋列
子天瑞舍然而喜注○老子注萬物舍此而求全釋
文又作丨
【赭】說文丨赤土也从赤者聲○丨赤土也漢書張敞
傳偷長以丨汙其衣裾注又文選子虛賦其土則
丹青丨堊注引張揖○丨赤也漢書王莽傳下桃湯
丨鞭注
【斝】說文丨玉爵也夏曰琖殷曰丨周曰爵从吅从斗
冂象形與爵同意或說丨受六升○丨角爵名也
天子曰丨諸侯曰角禮記郊特牲舉丨角疏○醆丨
先王之爵也禮記禮運醆丨及尸君注○丨是殷爵
同上○爵殷以丨禮記明堂位○丨稼也同上○丨
是爵名左氏昭七年傳注丨耳玉爵疏又昭十七年
傳注丨玉爵也疏○丨耳玉爵左氏昭七年傳賂以
瑤甕玉櫝丨耳注

【廈】說文新附丨屋也从广夏聲
【嘏】說文丨大遠也从古叚聲○丨祝爲尸致福於主
人之辭也禮記禮運修其祝丨注○丨謂尸之辭
致福告於主人禮記禮運祝丨辭說疏○古旁之丨
是福慶之辭禮記曾子問注假讀爲丨疏
【檟】說文丨楸也从木賈聲春秋傳曰樹六丨於蒲圃
○樹小而皮粗皵者爲榎爾雅釋木小而皵榎疏
引樊注○丨今呼早采者爲茶晚取者爲茗一名荈
蜀人名之苦荼爾雅釋木注○山榎一名稻爾雅釋
木稻山榎李注○丨是爲櫬之木左氏襄四年傳注
欲自爲櫬疏
【惹】說文新附丨亂也从心若聲
【踝】說文丨足丨也从足果聲

【姐】說文蜀謂母曰丨淮南謂之社从女且聲○嫿嬌
也或作丨古字通假借也文選琴賦或怨丨而躊
躇注○丨者類知而非知荀子大略引長短經知人
篇趦趄注
【啞】丨謂瘖病史記刺客列傳吞炭爲丨索隱
【灺】說文丨燭盡也从火也聲
【且】言丨者意不盡詩泉水箋聊丨略之辭疏○丨復
言也孟子滕文公上丨志曰注○丨將也呂覽音
律陽氣丨泄注又振亂丨死者也而生注愛士丨以
走爲利注○丨言然也墨子經上○自前曰丨自後
曰已方然亦丨若石者也墨子經說上○丨音苟丨
之丨詩巧言曰父母丨疏引鄭音
【奼】說文丨少女也从女乇聲

庌 說文—廡也从广牙聲
冎 說文—剔人肉置其骨也象形頭隆骨也凡—之屬皆从—
○以下據段說文—借也闕叚古文—叚譚長說—廣韻錄如此
椵 說文—木可作牀凡从木段聲讀若賈
⿰立卑 說文—短人立——皃从立卑聲
稞 說文—穀之善者从禾果聲一曰無皮穀
蘳 —好色也後漢書馬融傳蘳扈蘳熒注引廣雅○蘳本作—後漢書馬融傳蘳扈蘳熒注○—讀而買—蓋之—也淮南主術—纊塞耳注

蘳 說文—黃蕐从艸黊聲讀若壞
⿰羊圭 說文—牝牂羊生角者也从羊圭聲
⿰魚果 說文—鱧也从魚果聲
⿰丮戈 說文—擊踝也从丮从戈讀若踝
𦍌 說文—羊角也象形凡—之屬皆从—讀若菲
槎 說文—衺斫也从木差聲春秋傳曰山木不—○—斫也後漢書馬融傳—棘枳注○—邪斫木也文選西京賦注引國語賈注○柞與—同文選西京賦柞木翦棘注
㐄 說文—跨步也从反夂䟫从此

○以下據說文集韻錄
𢁙 說文—搥擊也从巴帚闕
𢓜 說文—至也从彳段聲
⿺走斥 說文—距也从走废省聲漢令曰—張百人
鮺 說文—藏魚也南方謂之魿北方謂之—从魚差省聲

經籍纂詁卷第五十一補遺終

經籍纂詁卷第五十二

經筵講官南書房行走禮部左侍郎兼署兵部左侍郎前提督浙江學政阮元撰集

上聲

二十二養

養 ｜長也左氏昭廿年傳私欲｜求注又大戴記夏小正執｜宮事傳時有｜日傳又國語晉語是｜吾疾而干吾祿也注○｜者長也大戴記夏小正時有｜夜傳○｜謂風雨荀子天論各得其｜以成注○｜治也孟子盡心下｜心莫善於寡欲注○｜猶治也周禮疾醫以五味五穀五藥｜其病注○｜飾也廣雅釋詁二○｜樂也廣雅釋詁二○｜自茲太元元錯○｜猶敎也言｜者積浸成長之禮記文王世子立太傅少傅以｜之注○｜猶隱之大戴記曾子事父母兄之行若不中道則｜之注○｜取詩酌遵｜時晦傳○｜之謂畜｜之也山海經中山經霍山有獸焉名曰朏朏｜之可以已憂注○｜謂哺乳之也荀子禮論父能生之不能｜之注○｜者｜耆老孟子滕文公上庠者｜也注○｜略謂使人衣食不足也荀子天論｜略而動罕注○炊烹者曰｜公羊宣十二年傳厮役扈｜注○炊烹爲｜後漢劉元傳注○｜使也廣雅釋詁一○｜卑卒也史記秦始皇紀監門之｜索隱○｜謂乳母也大戴記保傅注○｜｜然憂不知所定詩二子乘舟中心｜｜傳○｜水名也水經汝水注○｜當爲義字之誤也禮記禮運其居人也曰義注○書大誥民｜其勸弗救漢書翟方進傳作民長其勸弗救○｜或爲食荀子禮論注○莊子至樂若果｜乎釋文｜司馬本作暮○列子黃帝｜其氣釋文｜一本作眞

痒 同癢○癢揚也其氣在皮中欲得發揚使人搔發之而揚出也釋名釋疾病○癢心煩悶也淮南脩

務無不憚悇癢心注○養與癢同荀子榮辱骨體膚理辨寒暑疾養注彊國疾養緩急之有相先者也注正名疾養滄熱滑鈹輕重以形體異注○禮記內則苛養釋文養本作癢

鞅 ｜嬰也喉下稱嬰言纓絡之也釋名釋車○在腹曰｜左氏僖廿八年傳韅靷｜靽注○｜强也方言十二○｜懟也同上○｜猶怏也方言十二注○｜猶何也詩北山或王事｜掌箋○｜掌失容也詩北山傳○｜掌自得莊子庚桑楚｜掌之爲使注○｜掌不仁意莊子庚桑楚釋文引崔注○｜跫無賴也廣雅釋訓○趙｜名志父見左氏哀二年傳

泱 ｜漭廣大也文選海賦｜漭瀇汗注○｜漭無限域之貌文選西京賦｜漭無疆薛注○｜漭不明之貌文選謝元暉京路夜發詩注引字書○｜瀼渟淤也文選海賦泪流｜瀼注

像 本作象○象也者像也易繫辭下傳○象似也漢書匡衡傳集注又法言先知象龍之致雨也注○象效也廣雅釋詁三○｜擬也易繫辭下傳釋文○象擬象也易乾象曰釋文○｜猶隨也淮南覽冥驕主而｜其意注○見乃謂之象易繫辭上傳又周髀算經下天象蓋笠注○兆見曰象易繫辭上傳注○○象形也漢書王莽傳中集注引晉灼○象形象也文選舞賦不可爲象注○象謂形象也文選寡婦賦上瞻兮遺象注○象有文理者也禮記玉藻孔子佩象環五寸注○｜法也說語三怨見｜而勿强注又楚辭懷沙願志之有｜注橘頌置以爲｜兮注○象法也書舜典象以典刑傳又儀禮士冠禮記象賢也注又史記樂書樂之象也正義又管子君臣上是故能象其道于國家注○象謂法象鬼谷子反應言有象注○象精象易乾象曰釋文○象謂三才成八卦之象易繫辭下傳象在其中處注○象道也老子執

大象注○義也名也時也似也類也比也狀也謂之象管子七法○通夷狄之言者曰象周禮秋官序官象胥注○南方曰象禮記王制○通夷狄之言者曰象胥後漢馬融傳注○象胥譯官也周禮大行人屬象胥諭言語司農注○象驛也廣雅釋詁四○象謂有所造立也周禮大卜二曰象注○象謂象魏也漢書禮樂志集注○象刑異章服恥辱其形象故謂之象刑荀子正論治古無肉刑而有象刑注○象魏闕也廣雅釋宮又後漢和熹鄧皇后紀注○象魏闕也一名觀也文選東京賦建象魏之兩觀薛注○象服者謂褕翟闕翟也詩君子偕老象服是宜箋○象尊以象鳳凰周禮司尊彝其再獻用兩象尊司農注○象周武王伐紂之樂也禮記文王世子下管象注○象謂周頌武也禮記明堂位下管象注○管象吹管而舞武象之樂也禮記祭統下而管象注○大象天象之母也老子執大象王注○象天象也國語周語

夫事大不從象注又後漢劉陶傳注○日月謂象易繫辭上傳易之象也虞注○象厤也中候考河命欽翼皇象注○象光耀也禮記樂記在天成象注○象謂菑變雲物如衆赤烏之屬有所象似周禮大卜二曰象司農注○象者如赤烏也周禮眡祲二曰象司農注○象舜弟之字書堯典象傲傳○象人謂以芻爲人周禮冢人及葬言鸞車象人司農注○木偶人形曰象人列子黃帝猶象人也釋文○象罔即眞也莊子天地乃使象罔注○水之怪龍罔象說苑辨物○舊讀象說作厚或作戶易繫辭上傳虞注○書堯典象恭滔天史記五帝紀作似恭漫天○書堯典厤象日月星辰史記五帝紀作數法日月星辰○易繫辭下釋文ㄧ孟京虞董姚作象○周禮掌染草注藍倩象斗之屬釋文ㄧ本作橡南方之美者有梁山之犀ㄧ焉爾雅釋地○ㄧ獸【象】之最大者山海經南山經禱過之山多ㄧ注○ㄧ

獸名呂覽古樂商人服ㄧ注○ㄧㄧ獸也呂覽本味旄ㄧ之約注○ㄧㄧ牙也淮南泰族宋人有以ㄧ爲其君爲楮葉者注又離騷維瑤ㄧ以爲車注○ㄧㄧ周公所作樂名呂覽古樂乃爲三ㄧ注○ㄧ尊以ㄧ骨飾尊周禮司尊彝其再獻用兩ㄧ尊司農注○ㄧ尊以ㄧ骨飾之禮記明堂位尊用犧ㄧ注○ㄧㄧ尊以ㄧ骨爲之飾國語周語奉其犧ㄧ注○ㄧ觚有ㄧ骨飾也儀禮燕禮洗ㄧ觚注大射儀洗ㄧ觚注○ㄧ鐏名詩鼓鐘箋犧ㄧ不出門釋文○ㄧ郡今日南郡也文選吳都賦金鄰ㄧ郡之渠劉注○ㄧ郡今日南也山海經海內東經沅水出ㄧ郡鐔城西注

【橡】ㄧ櫟實也後漢李恂傳注○柞之實謂之ㄧ小爾雅廣物○ㄧ阜斗也其狀似栗呂覽恃君冬日則食ㄧ栗注○橡柔也廣雅釋木

【仰】ㄧ舉也廣雅釋詁一○仰嚮也廣雅釋詁四○ㄧ恃也廣雅釋詁三又一切經音義二引韻集○ㄧ猶恃也後漢鄧禹傳注○卬古仰字下託上曰仰荀子議兵上足卬則下可用也注○俛ㄧ謂屈伸也素問評熱病論以救俛ㄧ注○ㄧ易反易也荀子儒效ㄧ易變化注○ㄧ角屐上施履之名也行不得蹷當ㄧ履角舉足乃行也釋名釋衣服○ㄧ秣ㄧ頭吹吐謂馬笑也淮南說山駟馬ㄧ秣注○ㄧ本作卬列子黃帝中道ㄧ天而歎曰釋文○周禮保氏注闕闘ㄧ釋文ㄧ本作卬○莊子人閒世ㄧ而視其細枝釋文ㄧ本作从○詩車舝高山ㄧ止說文七部作高山卬止

【朗】ㄧ明也詩既醉高ㄧ令終傳又國語周語高ㄧ令終注楚語其聖能光遠宣ㄧ注又後漢班彪傳下注○ㄧ明也ㄧ讀汝南ㄧ陵之ㄧ淮南原道新而不ㄧ注○ㄧ猶清徹也文選遊天台山賦ㄧ詠長川注

獎 同獎○獎與也廣雅釋詁四○獎勸也小爾雅廣詁又漢書何武傳集注○獎助也左氏僖廿八年傳皆獎王室注又後漢袁譚傳注○獎成也左氏定四年傳以獎天衷注又國語周語以獎王室注○獎欲也晉趙曰獎自關而西秦晉之間相勸或曰獎凡相被飾亦曰獎方言六

槳 所以隱權謂之槳方言九○槳搖櫓小檝也江東又名爲胡人方言九注

敞 ｜高顯也文選登樓賦注引蒼頡○｜高平也文選魯靈光殿賦豐麗博｜張注○｜大貌文選洞簫賦又足樂乎其｜閎也注○｜寬大貌文選長笛賦曠漾｜罔注○｜棟也一切經音義三引三蒼○｜罔失容也史記司馬相如傳｜罔靡徙索隱

昶 ｜通也廣雅釋詁二○｜與暢同文選琴賦雅｜唐堯注

枉 ｜曲也論語微子｜道而事人皇疏又漢書昭帝紀集注諸侯王表集注劉向傳集注谷永傳集注外戚傳下集注又後漢朱景王杜馬劉傳堅馬傳注王充王符仲長統傳注崔駰傳注又淮南時則無或｜橈注本經矯｜以爲直注氾論小｜而大直注又楚辭涉江朝發｜陼兮注悲回風施黃棘之｜策注又○柱曲也廣雅釋詁一○｜屈也漢書韋元成傳集注又楚辭遠遊｜玉衡於炎火兮注○柱詘也廣雅釋詁四○｜邪也論語顏淵舉直錯諸｜皇疏又淮南說林從｜準直者虧注又楚辭惜誓衆｜聚而矯直注○｜邪曲也禮記少儀毋循｜釋文○｜不直禮記投壺｜矢哨壺釋文引王肅○｜委曲邪佞之人也論語爲政皇疏○無罪而殺之曰｜呂覽壅塞因怨而誅殺之注○凌弱爲｜呂覽仲秋無或｜橈注○｜哨不正貌禮記投壺某有｜矢哨壺注○｜攘亂貌楚辭哀時命概塵垢之｜攘兮注○｜矢者取名變星飛行有光今之飛矛是也或謂之兵矢周禮司弓矢｜矢絜矢注○｜矢救日之矢與周禮庭氏與｜矢射之注○｜矢齊魯謂光景爲｜矢言其光行若射矢之所至也亦言其氣｜暴有所灾害也釋名釋天○｜矢妖星後漢馬融傳注○無聲爲｜矢後漢獻帝紀注○｜或作掘淮南脩務據句｜注

迋 ｜誑也詩揚之水人實｜女傳○｜欺也左氏定十年傳是我｜吾兄也注又漢書五行志下之上集注○｜恐也左氏昭廿一年傳子無我｜注○｜｜恐懼之貌文選長門賦魂｜｜若有亡注○｜往也廣雅釋詁一

顙 ｜額也爾雅釋畜面｜皆白惟駹注又舍人注又孟子滕文公下其｜有泚注告子上可使過｜注又小爾雅廣服○｜額也廣雅釋親又莊子人間世以牛之白｜者釋文引司馬注大宗師其｜頯釋文

引權注○｜額｜也後漢杜篤傳注○中夏謂之額東齊謂之｜方言十○｜頭也太玄傒天撲之｜注○｜者猶今叩頭矣公羊昭廿五年傳再拜｜注○稽｜頭觸地儀禮士喪禮拜稽｜注○｜類也家語困誓河目龍｜注○乾爲｜易說卦傳爲廣｜虞注○震爲的｜易說卦傳○巽爲廣｜同上

彊 或作強○強猶｜也大戴說保傅飽而強注○強勤也爾雅釋詁○強勉也漢書匡衡傳集注○強猶勸也周禮司諫而強之道藝注○｜苗習學以至也法言五百或性或｜注○自強修業不敢倦禮記學記知困然後能自強也注○強力臨事不惑也禮記學記強立而不反注○強項言不低屈也後漢楊震傳注○儀禮大射儀注引考工記梓人強飲強食作｜飲｜食

穰 ｜豐也漢書食貨志上集注○｜盛也漢書張敞傳集注○禮記月令九門磔｜釋文｜本作攘○

李翊碑時益都擾丨樊敏碑京師擾丨擾作
丨○漢樊毅修華嶽碑過丨凶札丨作穰
丨者莽也言其平莽莽無涯際也風俗通山澤

沆 ○丨瀁廣大之貌文選江賦丨瀁皛溔注○丨瀣
徐流也史記司馬相如傳滂濞丨溉索隱引司馬彪
○丨瀣夂霞也文選思元賦餐丨瀣以爲粻舊注○
夜半爲丨瀣莊子逍遙遊而御六氣之辯釋文引李
注○丨瀣者北方夜半氣也後漢仲長統傳注○丨
瀣北方夜半氣也文選琴賦餐丨瀣兮帶朝霞注○丨
丨溉鼓怒鬱饒之貌史記司馬相如傳索隱引郭璞
丨瀁器謂之丨滌一切經音義十四引通俗文○丨

潒 滌也漢書藝文志集注又後漢班彪傳下注又楚
辭惜賢丨瀁浚之蓊兮注○丨翁丨瀁也太元元
告歲歲相丨注○丨謂丨濯太元元樅情僞相丨注
○丨動也太元元樅虛實丨注又莊子庚桑楚此四
六者不丨胸中則正注○盪動也廣雅釋詁一○丨
放也漢書藝文志集注丙吉傳集注○丨相推丨也
易繫辭上傳八卦相丨注○丨丨大貌漢書楊雄傳
上集注○丨丨空曠之貌漢書郊祀志上集注○丨
丨僻也爾雅釋訓○丨丨者邪思之僻也爾雅釋訓
李注○蕩蕩法度廢壞之僻爾雅釋訓孫注○丨古
文盪同一切經音義九○易繫辭八卦相丨釋文丨
本作蕩左氏莊廿一年傳注丨滌泉故釋文丨本作
蕩昭廿六年傳茲不穀震丨播越釋文丨本作蕩莊
子庚桑楚不丨胷中
則正釋文丨本作蕩

簜 丨竹爾雅釋草○丨竹也謂笙簫之屬儀禮大射
儀丨在建鼓之閒注○丨大竹也書禹貢篠丨既
敷傳又文選西京賦篠丨敷衍薛注○竹潤節者曰
丨爾雅釋草孫注○竹節相去一丈曰丨爾雅釋草
李注○丨他莽反爾雅釋草釋文引字林○書禹貢
篠丨既敷釋文丨或作簜爾雅釋草釋文丨本作簜

惘 丨猶罔罔失志之貌也文選西征賦丨輟駕而容
與注

硤 廣韻甄同○甄磨也廣雅釋詁三

昉 丨始也列子黃帝衆丨同疑注○丨適也齊人語
公羊隱二年傳始滅丨於此乎注○丨或作放列
子黃帝衆丨
同疑釋文

放 丨效也廣雅釋詁三又後漢班彪傳下注又莊子
在宥今則民之丨也釋文○丨象也後漢班彪傳
上注○丨法家語終記吾將安丨注○丨依也論語
里仁丨於利而行集解引孔注又皇疏又廣雅釋詁
四又國語周語丨上而動咎也注晉語民將焉丨注
又史記麻書不可丨物索隱又漢書食貨志下集注
郊祀志上集注二見地理志下集注董仲舒傳集注
兒寬傳集注杜周傳集注張騫傳集注公孫劉田王
楊蔡陳鄭傳贊集注王莽傳上集注又莊子天運吾
子亦丨風而動釋文引司馬注○丨猶依也周禮食
醫凡君子之食恆丨焉注又儀禮少牢饋食禮丨丁
西方注○丨至也孟子盡心上摩頂丨踵音義引丁
音○丨猶至大戴記曾子大孝推而丨之東海而準
注○丨動堯名書堯典曰丨動馬注○丨齊臣名書
堯典丨齊曰傳○周禮方相氏注方相猶言丨想釋
文丨本作倣○說成碑丨像爲用倣作丨○公羊昉
于此乎石
經作丨

仿 亦作髣俗作彷○丨相似也文選寡婦賦注引字
林○丨佛見不審也列子黃帝釋文引字林○髣
髴見不審也文選神女賦序目色髣髴注○丨佛作
髣髴謂相似見不諦也一切經音義三引聲類○髣
髴不精明之貌鬼谷子本經陰符神喪則髣髴注○
彷彿猶梗概也後漢班彪傳下注○丨彿古文作肪

髴〔一切經音義二〕〇丨讀曰髣〔漢
書眭兩夏侯京翼李傳贊集注〕

駔 丨會也〔廣雅釋言〕〇丨馬儈也〔史記貨殖傳〕節〔
會集解引徐廣〕〇丨儈人也〔呂覽尊師〕晉國之大
丨也注〇丨驕佃一曰丨市儈也〔淮南氾論〕段干木
晉國之大丨也注〇丨會也謂合兩家之賣買如今
之度市也〔後漢郭泰傳注〕〇丨駿馬也〔楚辭憂苦〕同
駑羸與棄丨兮注〇今江東呼大為丨丨猶麤也〔爾
雅釋言〕裝丨也注〇丨外有捷盧也〔周禮典瑞〕丨圭
璋璧琮琥璜之渠眉〔司農注〕〔爾雅釋言〕釋文丨沈
集注
作瞀

蠁 今呼蛹蟲為丨〔爾雅釋蟲〕國貉蟲丨注〇丨留疾
也〔文選羽獵賦〕丨留如神注〇丨與響同〔同上〕

兩 二十四銖曰丨〔小爾雅衡〕〇二十四銖為丨〔鬼谷
子本經陰符七術〕以鎰稱銖注〇二十四銖為一

丨〔說苑辨物〕〇二丈為一端二端為一丨〔左氏昭廿
六年傳〕以幣錦二丨注〇倍端謂之丨〔小爾雅度〕〇
五丨十端也必言丨者欲得其配合之名〔周禮媒氏〕
無過五丨注〇以二丈雙行故曰丨〔左氏閔二年傳〕
重錦三十丨注〇丨耦也〔易說卦傳〕參天丨地而倚
數注〇丨猶耦也〔周禮大宰〕以九丨繫邦國之民注
〇無巾曰丨〔周書武順〕〇丨飾也〔左氏宣十二年傳〕
御下丨馬注又服注〇丨圭者以象地數二也僻而
同柢〔周禮典瑞〕丨圭有邸注〇同時兼知之丨也〔荀
子解蔽〕〇〔左氏宣十二年傳〕丨馬掉鞅而還釋文丨
徐注本作緉〇〔周禮環人注〕引〔左氏
宣十二年傳〕御下丨馬作御下緉馬

緉 丨絞也〔廣雅釋器〕〇丨絞也關之東西或謂之丨
〔方言四〕

帑 庫藏曰丨祖浪切〔廣韻〕引〔通俗文〕〇丨藏丨音儻
〔五經文字〕引〔字林〕〇丨者金布所藏之府也〔後漢
桓帝紀注〕〇丨金帛舍也〔晉書音義中〕
〇丨音蕩〔一切經音義七〕引〔周成難字〕

讜 丨直言也〔後漢班彪傳下注〕又〔文選典引〕旣感羣
后之丨辭蔡注〇丨謂直言也〔荀子非相〕博而黨
正注〇丨言善言也書益稷正義引〔聲類〕〇丨美言
也〔後漢班彪傳下注〕〇丨美言也音黨〔文選東都賦
注〕引〔字林〕〇黨與
丨同〔荀子非相注〕

儻 丨然失志貌〔莊子田子方〕魏文侯丨然終日不言
釋文引司馬注〇丨朗不明之狀〔文選射雉賦〕畏
映日之丨朗徐注〇〔莊子天地〕丨然不受釋文丨司
馬本作儻丨乎若行而失其道也釋文丨司馬本作
儻〇〔莊子天地〕釋文丨本作黨〔繕性〕
物之丨來寄也釋文丨崔本作黨

曩 丨久也〔爾雅釋詁〕又〔漢書賈誼傳集注〕〇丨嚮也
〔爾雅釋言〕又〔禮記檀弓下〕丨者爾心或開子注又

〔左氏襄廿四年傳〕丨者志入而已釋文〔左氏定九年
傳〕丨者之難釋文又〔楚辭惜誦〕猶有丨之態也注〇
丨向也〔國語晉語〕丨而言戲乎注〔吳語〕丨君之言注
〇丨鄉者也〔莊子齊物論〕丨子行釋文引李注〇丨
猶向時也〔文選北征賦〕望丨秦之所圖注〇丨久也
鄉也〔廣雅釋言〕〇丨昔也〔漢書陳勝項籍傳贊〕集注
又〔列子黃帝〕丨者以汝為達注
〇〔爾雅釋言〕釋文丨本作曭
〇丨猶倚也〔漢書西南夷傳集注〕〇丨謂堅也〔周書

杖 大明武〕主人若丨注〇矜謂之丨〔方言九〕〇丨者
何也爵也或曰擔主或曰輔病〔禮記喪服四制〕〇苴
丨竹也削丨桐也丨各齊其心皆下本〔儀禮喪服傳〕
丨應聲也〔素問天元紀大論〕丨之應聲也注〇丨

響 為音初也〔文選漢高祖功臣頌〕擠丨于音注〇飛
丨震聲也〔文選劇秦美新〕炎光飛丨注〇丨像猶依
稀非正形聲也〔文選魯靈光殿賦〕忽瞟眇以丨像注

○丨像言影之異名文選弔魏武帝文庶聖靈之丨
像注○嚮與丨同荀子勸學君子如嚮矣注○左氏
昭十二年傳注如丨應聲釋文丨本
作嚮○史晨奏銘黄玉韻應丨作韻
【掌】丨主也廣雅釋詁三又小爾雅廣言又國語晉語
使丨公族大夫注又孟子滕文公上舜使益丨火
注滕文公下吾使丨與女乘注又管子四時星者丨
發爲風注入國聖人因之故能丨之注又淮南主術
有丨脩其隄防注○丨亦正也周禮家宗人丨家禮
注○丨謂捧之也詩北山或王事鞅丨箋○丨言可
以掛丨也釋名釋形體○丨熊蹯也文選七啓祇熊
碎丨注○熊丨熊蹯也孟子告子上熊丨亦我所欲
也注○水洪出所爲澤曰丨水停處如手丨中也今
兖州人謂澤曰丨也釋名釋水○爪古丨字漢書楊
雄傳上
集注

【黨】五百家爲丨丨長也一聚所尊長也釋名釋州國
○五百家爲丨周禮黨正各掌其丨之政令敎治
司農注又論語雍也以與爾鄰里鄉丨乎集解引鄭
注○丨五百家周禮大司徒五族爲丨注○五族爲
丨周禮大司徒○丨鄉之細者禮記玉藻則必引而
去君之丨注○丨鄉丨也離騷惟此丨人其獨異注
○州丨族閭比鄉之屬別周禮地官序官鄉老注○
鄉尻也廣雅釋詁二○丨類也禮記仲尼燕居辯説
得其丨注又家語論禮辯説得其丨注○丨丨類也
論語里仁各於其丨集解引孔注又皇疏○丨輩淮
南氾論私門成羣注○丨衆也莊子繕性物之儻來
寄也釋文引崔注○丨朋也離騷惟丨人之偷樂兮
注○丨比也廣雅釋詁三○丨所親也禮記雜記其
丨也食之注坊記睦於父母之丨注○丨親比也荀
子非相丨學者注○丨善也廣雅釋詁一○丨美也
同上○丨智也廣雅釋詁二○丨知也楚謂之丨方

言二○丨朗也解寤貌方言一注○丨朋丨書洪範
無偏無丨鄭注○丨謂朋丨後漢崔駰傳注○阿私
曰丨國語晉語比而不丨注○相助匿非曰丨論語
述而吾聞君子不丨集解引孔注又皇疏○丨所也
左氏哀五年傳何丨之乎注又國語越語夫上丨之
國注又史記齊太公世家胡丨之乎集解引服虔○
丨所也所猶是齊人語也公羊文十三年傳往丨衛
侯注○上丨丨所也在山上其所最高故曰上丨也
釋名釋州國○丨讀曰儻漢書伍被傳集注亦旁傳
集注○婁壽碑鄉鄰州鄰丨作鄰○夏承碑丨魂有
衆禹廟殘碑口怨兮丨往還儻作丨○張平子碑丨
論允諧讜作丨○史記仲尼弟子傳申丨索隱作申
堂○史記仲尼弟
子傳申丨字周
【想】丨者輝光也周禮眡祲十曰丨司農注○丨雜氣
有似可形丨周禮眡祲注

【榜】通作牓○丨船也廣雅釋水○篣卬丨也古字通
用聲類曰笞也後漢陳寵傳注○丨與牓同晉書
音義下○榜與丨同古
字通後漢黨錮傳注
【爽】丨明也書仲虺之誥用丨厥師傳牧誓時甲子昧
丨傳又左氏昭元年傳茲心不丨注昭三年傳二
惠競丨猶可注請更諸丨塏者注昭七年傳是以有
精丨至於神明注又書牧誓甲子昧丨釋文又小爾
雅廣詁又國語楚語民之精丨注又漢書郊祀志上
集注又後漢延篤傳注又家語五儀昧丨夙興注又
文選西京賦處甘泉之丨塏薛注○丨差也詩氓女
也不丨傳蓼蕭其德不丨傳又左氏成八年傳女也
不丨注昭十五年傳率義不丨注又爾雅釋言又國
語周語經緯不丨注房后實有丨德注又漢書五行
志中之上集注司馬相如傳下集注引張揖楊雄傳
下集注敘傳上集注又太元羨椎包羨丨注永不替

不丨注勤心丨蒙注元抱行中則無丨注又列子仲尼曰將丨者注又楚辭大招遽丨存只注○丨猶差也史記司馬相如傳其何丨與索隱○丨差失也老子五味令人口丨王注○丨差爽也史記司馬相如傳集解引徐廣○丨忒也爾雅釋言又漢書賈誼傳集注引如淳又家語五帝德其德不丨注○丨貳也國語周語言丨日反其信注○丨滅也廣雅釋詁二○丨過也方言十三又廣雅釋詁三○丨傷也周書謚法又廣雅釋詁四○丨敗也廣雅釋詁三○丨敗楚人名爽敗曰丨楚辭招魂厲而不丨些注○丨七也國語周語貪有丨德注又老子五味令人口丨注○丨猛也廣雅釋詁三○丨猛也齊晉曰丨方言二○丨貪也廣雅釋詁一○丨顯皆明也書太甲上先王昧丨丕顯傳○丨塏高明也文選蜀都賦營新宮於丨塏劉注○丨也者猶疏也大戴記夏小正丨死傳○丨病無所別也呂覽尊師其言不若丨注○爾雅釋鳥注來當爲丨釋文丨本作鵜

廣 丨大也詩六月四牡脩丨傳又考工記輪人弓繫丨四枚注又禮記明堂位言丨魯於天下也注又廣雅釋詁一又國語周語則必丨其身注又史記樂書奮末丨賁之音作王義又呂覽長利是故地曰丨注又素問陰陽離合論前曰丨明注又文選東京賦儲乎丨庭薛注○丨猶宏也禮記曲禮上車上不丨欬注○丨博也廣雅釋詁四又呂覽不廣其人事則不丨注○丨猶寬也史記屈原賈生傳乃爲賦以自丨索隱引姚氏○丨遠也方言六又小爾雅廣言又荀子解蔽斯丨焉能弃之矣注○丨多也國策西周策地丨而益重注○丨短也周髀算經上以爲句丨三注○丨閎也文選高唐賦丨矣音矣注○丨庭也莊子田子方是求馬于唐肆也釋文引司馬注○丨大猶博厚也禮記中庸致丨大而盡

精微注○丨謂所覆者大書大禹謨帝德丨運傳○丨中謂博於聞識也大戴記文王官人取接給而丨中者注○丨焉開張貌荀子王霸人主胡不丨焉注○丨容衆之貌荀子非十二子丨丨然注○丨榮開相去也書大傳天子之堂丨九雉注○丨大謂鐘鼓也禮記樂記丨大象地注○丨謂聲緩也禮記樂記丨則容姦注○丨謂增習之禮記樂記丨其節奏注○丨莫者大莫也開陽氣也白虎通八風○坤爲丨易說卦傳爲丨顙虞注○以陰易陽謂之丨易繫辭下傳丨大悉備荀注○應圓之周橫者謂之丨周髀算經上注○所以投衡或謂之丨平方言五○丨丨不杯也廣雅釋器○丨昌鳳皇屬也廣雅釋鳥○丨丨或讀爲曠荀子王霸人主胡不丨焉注○丨讀爲曠荀子解蔽注○丨宜爲擴家語困誓自望其丨注○爾雅釋畜在背闋丨釋文丨本作驥○丨一本作曠列子湯問不思高林丨澤釋文

享 丨獻也洪範五行傳飲食不丨注又詩天保是用孝丨傳楚茨以丨以祀箋我將我將我丨傳載見以孝以丨傳烈祖以假以丨箋殷武莫敢不來丨箋又周禮牛人凡祭祀共其丨牛求牛注大祝以丨右祭祀注考工記玉人諸侯以丨天子注又儀禮聘禮受丨注又禮記曲禮下注又穀梁昭卅二年傳諸侯不丨覲注又論語鄉黨丨禮集解引鄭注又易大有公用亨于天子釋文引京注禮記曲禮五官致貢曰丨釋文又爾雅釋詁又國語周語賓服者丨注精意以丨注諸侯不丨注又漢書司馬相如傳下集注楊雄傳上集注又荀子大略彊國君丨其成羣臣丨其功注又文選東京賦呼韓來丨薛注○饗獻也禮記月令以共皇天上帝社稷之饗注○三丨三獻也周禮大行人廟中將幣三丨司農注○丨者獻物也論語鄉黨皇疏○獻食物曰丨爾雅釋詁舍人注○五官致貢曰丨禮記曲禮下○奉上謂之丨書洛誥汝

其敬識百辟｜傳○春祭曰｜｜獻物也〈國語魯語〉
嘗禘烝｜注○｜祭也〈易隨〉｜于西山釋文引陸注
〈升〉王用亨于岐山釋文引馬注〈象下傳〉先王以｜于
帝虞注又〈左氏僖卅一年傳〉相奪｜注○｜猶祭
也鄉也〈禮記祭義〉死則敬｜注○饗者鄉也禮記祭
〈義〉○｜祀也〈周書謚法〉又〈國語楚語〉夫人作｜注又
〈呂覽季冬〉以供皇天上帝社稷之｜注○言祀也〈廣
雅釋言〉○｜｜祀也〈易大有〉公用｜于天子釋文引
姚注〈象下傳〉萃致孝｜也虞注○大｜烝嘗也〈書盤
庚上〉茲予大｜于先王傳○大｜謂烝嘗也〈書盤庚
上〉鄭注○大饗祫祭天地〈家語郊問〉不足以大饗注
○饗勸強之也〈儀禮特牲饋食禮〉祝饗注又〈山海經
中山經〉尸水祠之饗之注○饗辭勸強尸之辭也〈儀
禮士虞禮記〉饗辭曰注○饗告神饗也〈儀禮士虞禮〉
祝饗命佐食祭注○｜牛前祭一日之牛也〈周禮牛
人〉凡祭祀共其｜牛求牛司農注○饗歆也〈儀禮少

牢饋食禮〉尚饗注○｜孝也〈爾雅釋詁〉○言養也〈廣
雅釋詁二〉○｜食也〈公羊僖十年傳〉桓公之｜國也
長注又〈國語周語〉大臣｜其祿注〈魯語〉而神求優裕
於｜者也注歆｜其祿而立其朝乎注○饗食也〈國
語晉語〉將弗克饗注君其饗之注○饗猶食也〈淮南
說山〉先祭而後饗注○｜者飲食之道〈穀梁哀元年
傳〉郊｜道也注○｜食也兩君相見之禮〈左氏莊四
年傳〉止而｜之注○饗食也兩君相見之禮〈穀梁莊
四年經〉夫人姜氏饗齊侯于祝邱注○饗飲也〈國語
周語〉王乃淳濯饗醴注○饗宴也〈後漢馮衍傳注〉○
｜｜宴也〈易大有〉釋文引下注○饗食饗宴也〈荀子
王制〉宰爵知賓客祭祀饗食犧牲之牢數注○大飲
賓曰饗〈詩彤弓〉一朝饗之箋○饗設饗禮也〈國語晉
語〉王饗醴注○饗饗食之禮〈國語周語〉賓饗贈餞注
○饗大夫相饗之禮也〈儀禮公食大夫禮〉皆如饗禮
注○饗設盛禮以飲賓也〈周禮大行人〉饗禮九獻注

○饗謂亨大牢以飲賓也〈儀禮聘禮〉壹食再饗注○
饗謂禮之〈禮記曾子問〉而后饗冠者注○以酒食勞
人曰饗〈儀禮士昏禮〉舅姑共饗婦以一獻之禮注○
牛酒曰犒加飾羹曰饗〈公羊莊四年經〉夫人姜氏饗
齊侯于祝邱注○酒肉曰｜〈淮南氾論〉犒以十二牛
注○｜納牲〈周禮場人〉｜亦如之注○饗酒肴勞之
也〈周禮稾人〉書其等以饗工注○｜饗也〈左氏昭五
年傳〉｜頫有境注○｜受也〈左氏僖廿三年傳〉而｜
其生祿注又〈後漢郅惲傳注〉〈宋意傳注〉○饗受也〈左
氏哀十五年傳〉其使終饗之注○｜當也〈書咸有一
德〉克｜天心傳又〈小爾雅廣言〉又〈漢書韋元成傳〉集
注〈谷永傳〉集注〈匈奴傳下〉集注〈外戚傳下〉集注又〈後
漢光武帝紀上注〉○饗當也〈漢書谷永傳〉集注○饗
禮今亡〈儀禮聘禮記〉凡致禮皆用其饗之加籩豆注
○饗與｜同〈荀子禮論〉饗尚元酒而用酒醴注○古
文饗或作鄉〈儀禮公食大夫禮〉設洗如饗注皆如饗

禮注○今文饗皆爲鄉〈儀禮聘禮〉壹食再饗注○饗
或爲相〈禮記祭義注〉○饗讀曰饗〈漢書禮樂志〉集注
○｜禰文作言同〈一切經音義十二〉○〈儀禮聘禮〉小
聘曰問不｜釋文｜本作饗〈左氏成十二年傳〉有｜
宴之禮釋文｜本作饗〈孝經〉以思｜之釋文｜本作
饗○〈禮記曲禮〉食饗不爲槩釋文饗本作｜〈聘義〉弗
親饗食也釋文饗本作｜〈左氏莊十七年傳〉饗齊戍
釋文饗本作｜〈穀梁莊四年傳〉饗齊侯于祝邱釋文
饗本作｜○〈老子〉如亨大牢釋文亨河上本作饗○
〈周禮羊人注〉食饗積膳之羊釋文饗本作饗○〈儀禮
燕禮注〉主國君饗時釋文饗本作鄉○〈周禮鍾師〉杜
注引〈魯語〉天子所以饗元侯也作天子所以｜元侯
○〈儀禮覲禮注〉引〈周禮掌客〉上公三饗侯伯再饗子
男一饗作上公三｜侯伯再｜子男一｜○〈史記魯
周公世家〉引〈書無逸〉肆中宗之｜國肆高宗之｜國
肆祖甲之｜國廞｜國五十年｜皆作饗○〈劉熊碑〉

丨子孫亭之
丨作亭
丈 十尺曰丨華嚴經音義下引何天承纂要○十尺
爲一丨說苑辨物○五尺爲墨倍墨爲丨國語周
語不過墨丨尋常之閒注○倍墨謂之丨小爾雅度
○丨度也左氏襄九年傳巡丨城注○丨者長也大
戴記本命○丨者張也漢書律麻志上○丨人老而
杖于人者淮南道應孤邱丨人注○丨人長老之稱
淮南脩務以年之少爲閭丨人說注○丨人長老偁
也呂覽異寶見一丨人注○丨人者長宿之稱也論
語微子遇丨人以杖荷蓧皇疏○丨人尊老之稱漢
書蘇武傳集注匈奴傳上集注○丨人嚴莊之稱也
易師貞丨人吉注又釋文○丨人莊嚴之稱漢書疏
廣傳集注○丨人者聖人也易師陸績注○丨人子
夏傳作大人並王者之稱也易師崔注○丨夫大人
稱也公羊定八年傳如丨夫何注○丨人亦長老之

目今世俗猶呼其祖考爲先亡丨人顏氏家訓書證
○丨當作大北閒風俗婦呼舅爲大人公丨之與大
易爲誤耳同上○丨或爲杖禮記曲禮上席閒
函丨丨注○禮記曲禮上釋文函丨王肅作杖
幌 丨以帛明牕也文選雪賦注引文字集略
晃 晃明也廣雅釋詁四○晃暉也廣雅釋言○丨丨
光也廣雅釋訓○丨朗明貌文選秋興賦天丨朗
以彊高兮注○丨煌光耀熾盛貌也一切經音義三
引埤蒼○熿古丨字漢書楊雄傳上集注○丨古文
熿同一切
經音義四
莽 丨草也廣雅釋草又小爾雅廣言又淮南本經野
丨白素注泰族食丨飲水注又楚辭憂苦遵壄丨
以呼風兮注又文選西京賦赴長丨薛注○丨亦草
也孟子萬章下在野曰草丨之臣注○震爲草丨易

同人伏戎于丨虞注○巽爲草丨易困困于葛藟虞
注○草之生於廣野丨丨然故曰草丨左氏哀元年
傳暴骨如丨注○丨數節爾雅釋草○丨竹類也爾
雅釋草注○丨草藥物殺蟲者以熏之則死周禮翦
氏以丨草薰之注○丨大也小爾雅廣詁○丨丨長
大貌呂覽知接何以爲之丨丨也注○丨丨均長貌
同上○丨蒼近郊之色也莊子逍遙遊適丨蒼者釋
文引司馬注○丨蒼近野也莊子逍遙遊釋文引李
注○丨蒼草野之色莊子逍遙遊釋文引崔注○丨
蒼冢閒也莊子逍遙遊釋文引支遁○丨罦廣大貌
文選吳都賦相與騰躍乎丨罦之野注○丨眇羣碎
之謂耳莊子應帝王厭則又乘夫丨眇之鳥以出六
極之外注○丨眇輕虛之狀也莊子應帝
王釋文○莊子應帝王釋文丨崔本作猛
㳟 水廣大謂之丨沆一切經音義七引通俗文○丨
丨水廣遠貌文選高唐賦㳟丨丨注○丨沆大水

貌爾雅釋言注水流丨沆釋文○丨沆猶洸
瀁亦寬大也文選西京賦滄池丨沆薛注
繈 俗作鏹○丨褸格繩也呂覽明理道多褓丨注○
丨褸格繩也呂覽直諫不穀免衣丨緥注○丨負
謂以繩絡而負之匡謬正俗五○丨以繒帛爲之郎
今之小兒繃也後漢清河孝王慶傳注○丨落也後
漢中屠剛傳注○鏹錢貫也
文選蜀都賦藏鏹巨萬劉注
襁 丨縛兒被也詩斯干正義引書大傳○負者以器
曰丨也論語子路丨負其子而至矣集解引苞注
○負子以器曰丨論語子路皇疏○丨緥也後漢桓
郁傳注○論語子路釋文繈本作丨○強葆即襁褓
史記魯周公世家成王少在強葆之中索隱○
繈保本作丨緥列子天瑞不免繈保者釋文
丨丨絲爲之今之縛也儀禮聘禮賄用束丨注○
紡 丨縣也國語晉語獻子執而丨於庭之槐注

蔣｜讀水漿之漿淮南原道浸潭苽｜注○魯哀公
名｜見史記魯周公世家索隱十二諸侯表作將
○楊信碑｜厲
兵甲獎作｜
擠｜亂淮南詮言故至於｜天下注○｜却也公羊
僖四年傳｜夷狄注又淮南詮言信已之不一也
注○｜郤也國語魯語而大｜諸夏注○｜猶郤也
周禮禁殺戮｜獄者注又禮記祭法相近於坎壇注
○｜除也左氏僖四年傳｜公之褕注○｜盜也穀
梁成五年傳｜善也注又論語子路皇疏○有因而
益曰｜論語子路其父｜羊集解引周生烈注○｜
櫂｜除不祥荀子王制主｜櫂五卜注○｜獄者距
當獄者也周禮禁殺
戮｜獄者司農注
盎｜｜謂之缶爾雅釋器○｜盆也後漢逢萌傳注○
｜齊｜滃也滃滃然濁色也釋名釋飲食○列子

黃帝惠｜淮
南作惠孟
蜽亦作魎○左氏宣三年傳魑魅罔兩釋文兩本作
｜○周禮方相氏敺方良注引國語魯語木石之
怪夔蝄｜作木
石之怪夔罔兩
坱｜圠莽泱也高下不平貌也文選吳都賦地勢｜
圠劉注○｜圠無齊限之貌文選魯靈光殿賦鬱
｜圠以
嶒竑注
欓｜茱萸也廣雅釋木
潒｜水｜漾也大朗反文選西京賦注引字林○｜
｜｜流也廣雅釋訓○潙洒也廣雅釋詁二
長｜｜萇也言體萇也釋名釋長幼○｜大也漢書景
帝紀集注引張晏又呂覽諭大萬夫之｜注○｜

益也國語齊語不月｜注○｜猶積也國語楚語昔
瓦唯｜舊怨注○｜猶盛也呂覽知度此神農之所
以｜注○｜先也國語吳語吳晉爭｜未成注｜｜弟
許諾注又素問六元正紀大論故風者百病之｜也
注風論故風者百病之｜也注○｜率呂覽蕩兵勝
者爲｜注○｜主也淮南鸚鵡能言而不可使｜｜注
○｜猶尊也國語魯語魯之班尊而又先注○｜｜善
也廣雅釋詁二○｜老也廣雅釋詁二又國語晉語
齊侯｜矣注吳語而欲貴富以｜沒也注○｜上也
呂覽貴公用管子而爲五伯｜注勿躬雖不知可以
爲｜注○｜君也廣雅釋詁一又國語晉語大｜國
者注○｜猶君也書大傳｜事注又國語周語古之
｜民者注○親｜｜父兄也禮記祭義立愛自親始教
民睦也立敬自｜始教民順也注○｜年｜孟子萬
章下不挾｜注○｜老者通典引周禮馬注○｜者
老者也孟子公孫丑下子爲｜者慮注告子下徐行

後｜者注○｜子謂君之世子也荀子儒效隨其｜
子注○｜者已冠也公羊隱元年傳隱｜而卑注○
｜者謂豪俠者也後漢馬援傳注○重厚自尊謂之
｜｜者韓非子詭使○｜諸侯也周禮大宰二曰｜以
貴得民注○諸侯｜｜九命作伯者也周禮掌客諸侯
｜十有再獻注○｜謂諸侯若鄉遂大夫周禮大司
寇而其｜弗達者注○｜謂公卿大夫王子弟食采
邑者周禮大宰而建其｜｜注○｜公卿之尊者也儀
禮燕禮若賓若｜唯公所酬注○｜孤卿之尊者儀
禮大射儀若賓若｜｜注○｜達官之｜禮記學記然
後能爲｜注○庭｜｜司正也禮記投壺司射庭｜注
○｜上軍率也孟子梁惠王下則疾視其｜上之死
注○今之令｜古之諸侯獨斷上○｜吏謂縣令｜
及丞尉也後漢光武紀上注○｜謂縣｜後漢章帝
紀注○不滿萬戶爲｜後漢光武帝紀上注○五晏
而｜管子乘馬○敎誨不倦曰｜詩皇矣克｜克君

箋又禮記樂記克｜克君注又周書謚法○敬｜爲
其近于兄也禮記祭義○｜占以其年之｜幼旅占
之儀禮特牲饋食禮｜占注○｜音｜吏之｜漢書
高帝紀下集注引晉灼武帝紀集注引晉灼○穀梁
隱元年傳注隱｜釋文｜本作丈○莊
子仙木而王｜其閒釋文｜本作張

上
語｜升也易需雲｜于天釋文引干注○｜陵也國
語周語民可近也而不可｜也注○｜猶至也後
漢竇憲傳注○｜大也淮南說山是以能｜之注○
下言於｜曰表又曰｜示之於｜也釋名釋書契○
冬曰｜天白虎通四時○中在庚曰｜章淮南天文
○飛而｜曰｜音詩燕燕下｜其音傳○｜氣逆喘
也周禮疾醫冬時有嗽｜氣疾注○｜下猶豐殺也
周禮司儀從其爵而｜下之注○儀禮鄉射禮作｜
射如初注云今文或言作升射○史記仲尼
弟子傳公西蔵字子｜索隱引家語作子尚

網
五經文字作罔本作网○烏罟曰羅｜禮記月令
田獵罝罘羅｜畢翳餧獸之藥注○罔羅也易大
壯君子用罔釋文○罔結也楚辭湘夫人罔薜荔兮
爲帷注○｜其總名也呂覽季春罝罘羅｜注○罝
其總名也淮南時則作弋罝罘羅罟注○離爲罔易
大壯君子用罔虞注晉罔孚裕虞注○宸｜天罪也
文選江文通雜體袁太尉詩宸｜擬星懸注○｜戶
綺文鏤也楚辭招魂｜戶朱綴注○罔古文罔网二
形同一切經音義十二○｜與罔同文選謝元暉直
中書省詩深沈映朱｜注○罔與网同文選封禪文
罔若淑而不昌注○易繫辭以爲罔罟釋文｜黃
本作网○禮記少儀其名爲罔釋文罔本作｜

蕩
｜猶｜｜離騷怨靈修之浩｜兮注○｜｜廣大
廹漢書禮樂志集注○｜｜廣平之貌漢書王莽
傳上集注○｜｜怳爽之貌荀子非十二子｜｜然
注○｜平易也詩南山魯道有｜傳○｜｜平也廣

雅釋訓○｜｜平坦之貌漢書東方朔傳集注○｜
｜平易貌也楚辭靈懷路｜｜其無人兮注○｜｜
平易也呂覽貴公王道｜｜注○｜｜政化平暢貌
後漢馮衍傳下注○｜｜法度廢壞之貌詩蕩｜｜
上帝箋○｜｜言水奔突有所滌除書堯典｜｜懷
山襄陵傳○｜滌謂詠之也後漢杜篤傳注○｜盪
也排盪去穢垢也釋名釋言語○｜除也易繫辭八
卦相盪釋文引馬注○｜置也廣雅釋詁四○｜動
也易繫辭釋文引桓注又漢書萬石君奮傳集注又
後漢陳寵傳注又荀子勸學天下不能｜也注解蔽
多能非以脩｜是則謂之知注又呂覽季春以｜上
心注音初感於心則｜乎音注論威不可搖｜注有
度不｜乎胷中則正注又淮南說山以其休止不｜
也注又文選西京賦｜川瀆薛注○｜搖也左氏僖
三年傳｜公覔注○｜放也漢書丙吉傳集注○｜
散也後漢馮衍傳注○｜逸淮南俶真其德｜者其

行僞注○｜｜壞也國語周語幽王｜以爲魁陵糞土
溝瀆注○｜｜動散也左氏莊四年傳余心｜注○｜
縱散也莊子大宗師遙｜恣睢釋文引王注○｜當
爲簜周禮掌節以函｜補之杜注○杜子春讀｜爲
和｜周禮稻人以潴｜水注○禮記樂記天地相｜
釋文｜本作盪爾雅釋訓版版｜｜釋文｜本作盪
○莊子天運太宰田｜問之釋文｜本作盪
○漢書古今人表｜疑師古注朙薄疑也

壤
｜上也離騷蘇糞｜以充幃兮注○｜膿也肥膿
意也釋名釋地○無塊曰｜書禹貢厥土惟白｜
傳○｜天性和美也書禹貢馬注○｜亦上也變言
耳以萬物自生焉則言土土猶吐也以人所耕而耕
蓺焉則言｜｜和緩之貌周禮大司徒辨十有二｜
之貌注○｜白色周禮草人墳｜用麋司農注○｜｜
塵也廣雅釋詁三○｜地也國策秦策齊之右｜注
又後漢中屠蟠傳注又文選演連珠注引莊子司馬

注○九丨九州也文選補亡詩茫茫九丨注○奧丨
猶奧區也文選安陸昭王碑文姑蘇奧丨注○吐者
外丨食者內丨闕然不見其丨有食之者也穀梁隱
三年傳○丨丨猶養治之呂覽知接孰之丨丨也注
○丨蟲蟲之幼也淮南道應猶黃雀與丨蟲也注○
莊子庚桑楚居三年畏壘大丨釋文丨本作穰○丨
又作穰列子天瑞
三年大丨釋文

瀁
瀁丨沆漭並水貌也後漢馬融傳注

賞
丨上報下之功也墨子經上○丨丨善禮記祭法
堯能丨均刑法以義終注○丨賜予淮南時則行
慶丨注○丨爵祿之丨也呂覽孟春乃丨朝諸侯大
夫於朝注○丨出者丨賜之田周禮載師丨田司農
注○陽稱丨易未濟三年有丨于大邦虞注○丨謂
樂玩也管子霸言其所丨者明聖也注○丨遺也淮

南說山丨丨越人章甫注○丨罰者失得之報也莊
子天道是非已明而丨罰次之注○丨當為尚荀子
王霸丨賢使能以次之注

往
丨暀也歸丨於彼也故其言之卬頭以指遠也釋
名釋言語○徃丨也廣雅釋詁二○徃往也漢書
楊雄傳上集注又集注引鄧展○丨王也呂覽順說
則難與丨也注○丨之也禮記玉藻大夫有所丨注
又國語晉語勿用有攸丨注○徃去也廣雅釋詁二
○丨猶去也論語述而不保其丨也集解引鄭注又
素問瘧論此真丨而未得并者也注○丨行也國語
晉語吾言既丨矣注又呂覽不侵願因請公丨矣注
又淮南原道歷遠彌高以極丨注○丨至也廣雅釋
詁一○丨勞也方言十二○丨猶後也論語八佾禘
自既灌而丨者皇疏○丨古昔也荀子解蔽不慕丨
注○之外為丨易咸憧憧丨來虞注○丨謂亡去也

管子權修無以畜之則丨而不可止也注○丨丨言
非一也文選甘泉賦迋迋離宮般以相燭兮注○迋
古丨字漢書楊雄傳上集注○莊子養
生主注不在理上丨釋文丨本作住

罔
丨無也詩民勞以謹丨極箋抑丨敷求先王箋又
左氏文十年傳以謹丨極注又爾雅釋言又漢書
武帝紀集注宣帝紀集注成帝紀集注禮樂志集注
賈誼傳集注司馬相如傳下集注引應劭司馬遷傳
集注揚雄傳下集注敘傳下集注三見一引劉德又
後漢郭鎮傳注崔駰傳注又太元元文丨北方也注
丨蒙相極注又論衡藝增又楚辭離世申誠信而丨
違兮注怨上獨處兮丨依注惜誦君丨謂女何之注
又文選東京賦丨敢或貳薛注丨有不遵薛注劇秦
美新上丨顯於羲皇注○丨无易大壯君子用丨釋
文引馬王注○丨者無也史記匈奴傳而丨塞索隱
○丨重也太元元文丨直蒙酋冥注○丨憂也文選

神女賦序丨兮不樂注○丨誣也漢書楊雄傳下集
注引蘇林○丨猶蔽也漢書郊祀志下集注○丨猶
小丨無知貌禮記少儀衣服在躬而不知其名為丨
注○丨然猶惘惘然也文選東京賦丨然若酲薛注
○丨誣丨也論語為政學而不思則丨皇疏○丨謂
面相誣也論語雍也不可丨也皇疏○丨謂邪曲誣
丨者也論語雍也丨之生也幸而免皇疏○丨謂丨
冒不畏人之言也荀子非十二子偷儒而丨注○丨丨
者有之舍也太元元文○丨北方也冬也未有形也
同上○丨養猶依違也後漢馬嚴傳注○丨兩無所
依據貌也楚辭哀命神丨兩而無舍注○丨浪有無
之狀莊子齊物論丨兩問景曰釋文引崔注○丨象
虛無丨象然也文選洞簫賦丨象相求注○丨浪景
外重陰也文選幽通賦惡魍魎之責景兮注○丨兩
景外之微陰也莊子齊物論丨兩問景曰注○丨兩
景之景也莊子齊物論釋文引向注○丨兩游光神

也後漢馬融傳注○丨兩水神左氏宣三年傳螭魅
丨兩注○丨車畢星也後漢張衡傳注又文選思元
賦建丨車之幕幕兮注○丨像木石之怪文選東京
賦殘夔魖與丨像薛注○丨象食人一名沐腫國語
魯語水之怪曰龍丨象注○水神謂之罔象廣雅釋
天○丨象水之精也淮南氾論木生丨象注○罔工
蛧蜽也廣雅釋蟲○蠪蚳齊人亦言丨工方言十一
注○丨或作司誤也孟子滕文公上丨民而可為也
音義引張音○禮記少儀其名為丨釋文丨本作罔
射義公丨之裘釋文丨本作罔論語為政釋文丨本
作罔○莊子齊物論釋文丨兩崔本作丨浪○莊子
達生水有丨象釋文司馬本作無傷○書益稷丨水
行舟史記夏本紀作毋水行舟湯誓丨有攸赦殷本
紀作無有攸赦西伯戡黎丨敢知吉殷本紀作無敢
知吉微子乃丨恒獲乃毋畏畏宋微子世家作乃無
維獲乃毋畏畏金縢王其丨害魯周公世家作王其

無害○漢書谷永傳引書康誥乃忘丨不在王室作
迺心無不在王室○三國駱統傳引古文尚書太甲
丨克胥匡以生丨以辟四方作無能胥以寧無以辟
四方○孟子滕文公下引書君牙言以正丨缺丨作
無○周禮方相氏歐方良注引國語魯語
木石之怪夔蝄蜽作木石之怪夔丨兩

輞 丨罔也罔羅周輪之外也釋名釋車○輞轅也爾
雅釋木釋文引字林○丨或曰輾輾縣也縣連其
外也釋名釋車○爾雅釋木注巾
為車丨釋文丨本作輞又作輞

蟒 丨王蛇爾雅釋魚○丨大蛇也爾雅釋魚釋文引
字林○丨蛇最大者爾雅釋魚注○蟅丨螢也廣
雅釋蟲○丨宋魏之閒謂之蛭南楚之外謂之蟅
丨或謂之丨方言十一○丨即蝗也方言十一注

漭 丨大水貌也荀子王霸漭然兼覆之注○丨水大
至之貌也荀子富國漭然兼覆之注○丨水至之
貌荀子宥坐其洸洸乎不漏盡似道注○洸讀
為丨同上○潢與丨同荀子王霸注富國注
櫎注

榥 丨以帛明窻也文選七命注引文字集略○門牕
之廡通名櫎櫎與丨音義同文選吳都賦房櫎對

蚢 丨蕭蘭爾雅釋蟲○大者蚢爾雅釋魚○丨大貝
也爾雅釋魚釋文引字林○蚢鯨魧也廣雅釋魚

饟 丨資糧也淮南覽冥輸車奉丨注○丨自家之野
也爾雅釋詁丨饋也舍人注

駚 丨䟃跳躍自撲也山海經中山經依軲之山有獸
焉其名曰獜善丨䟃注

魍 丨與蝄同○木石怪謂之丨魎一切經音義二引通
俗文○蝄蜽山精好斆人聲而迷惑人也國語魯
語木石之怪曰夔蝄蜽注○蝄蜽水神文選西京賦
驚蝄蜽薛注○魍魎古文蝄蜽二形同一切經音義

六○魍魎字書從
鬼一切經音義二

睨 丨晲目疾集韻引字林

怳 丨狂也廣雅釋詁四○丨失意貌楚辭少司命臨
風丨兮浩歌注又文選登徒子好色賦丨若有望
而不來注○丨惚不自覺知之意文選神女賦序精
神丨惚注○丨古文芃怳二形同一切經音義九○
芃古丨字漢書外戚傳上集注○論語子
罕集解惚丨不可為象釋文丨本作怳
或作恍○丨忽眼亂也一切經音義三引漢書音

慌 義○丨忽冥莫無形也一切經音義八引漢書音
義○丨忽無形貌後漢張衡傳注○丨惚者謂似有
似無也素問靈蘭秘典論恍惚之數注○恍惚猶輕
忽也後漢馮衍傳注○慌忘也廣雅釋詁二○丨
亡也楚辭憂苦僕夫丨悴注○丨懮也廣雅釋言

蛘 丨螘也廣雅釋蟲○丨弋丈反搔丨也爾雅釋蟲釋文引字林○北燕人謂蚍蜉曰蟻丨同上

慷 丨慨悲歎後漢楊賜傳注

獷 丨丨麤惡之貌漢書敘傳下集注

纕 丨絞也廣雅釋器○丨絞也關之東西或謂之丨方言四

嚮 丨受也史記游俠傳已丨其利者索隱○丨讀曰饗漢書宣帝紀集注○丨讀曰饗漢書天文志集注陳勝項籍傳贊集注陳餘傳集注劉向傳集注伍被傳集注三見張釋之傳集注二見賈山傳集注董仲舒傳集注嚴助傳集注二見敘傳上集注二見○丨讀爲響荀子富國三德者誠乎上則下應之如景丨注○易繫辭受命也如丨釋文丨本作響說卦注受命如丨釋文丨本作響莊子在宥聲之於丨釋文

丨本作響達生猶應丨景釋文丨本作響○左氏成十七年傳注葵傾葉丨日釋文丨本作向襄十二年傳注于城外丨其國釋文丨本作向昭十七年傳令火丨伏釋文丨本作向莊子德充符注言則丨隨釋文丨本作向○禮記檀弓注南面丨明釋文丨本作鄉○爾雅釋詁注以曩爲丨釋文丨本作鄉

黃金謂之丨爾雅釋器○詩瞻彼洛矣傳丨琫而

璗 璗珌釋文丨本作瑒

旊 丨瓬也廣雅釋器○瓬讀如放於此乎之放考工記總目陶旊注○旊讀爲甫始之甫考工記總目司農注

蒡 丨隱荵爾雅釋草

奘 丨駔也爾雅釋言○丨大也秦晉之閒凡人之大謂之丨方言一○爾雅釋言丨駔也釋文引樊光

孫炎本作將且也

○以下據廣韻錄

蟓 蟡螘也廣雅釋蟲○蟡蛉螻蛄也同上○螻蛄或謂之丨蛉方言十一

襐 襐飾也廣雅釋詁二

勨 丨動也廣雅釋詁一

䉶 丨[illegible]也廣雅釋器○丨[illegible]也同上

脼 丨肉也廣雅釋器

柍 丨杖也廣雅釋器○僉齊楚江淮之閒謂之丨方言五

滰 丨盪也廣雅釋詁二

頼 丨醜也廣雅釋詁二

党 丨踼也廣雅釋詁二

漺 丨淨也方言十三

蘘 丨葅也廣雅釋詁

𦢊 丨丨肥也廣雅釋訓○丨盛也廣雅釋詁二○丨盛也秦晉或曰丨梁益之閒凡人言盛及其所愛偉其肥䁳謂之丨方言二○丨肥丨多肉方言二注

鶭 丨澤虞爾雅釋鳥○自關而東戴鵀或謂之丨澤方言八

菵 丨草名文選鮑明遠樂府苦熱行丨露夜沾衣注

俇 俇俇劇也廣雅釋訓○徨攘惶劇也同上
傸 |惡也廣雅釋詁三
愓 |戲也廣雅釋詁三○|直也同上○|與蕩同字作心邊易謂放蕩兇悍也荀子脩身加|悍而不順注引韓侍郎○|與蕩同荀子榮辱|悍憍暴注
暘 |春也廣雅釋詁四
嵣 |嶸山石廣大之貌也文選南都賦|嶸寮剌注
鞺 |鞈鼓柄也一切經音義十七引埤蒼○|鞈鼓材也今江南名鼓匡爲|鞈一切經音義廿四引字書
氉 |廚也廣雅釋器○廚之方文者曰|一切經音義一引字林○邪文曰|一切經音義一引通俗文

戃 |慌憂愁貌楚辭怨思耳聊啾而|慌注○|慌無私意貌楚辭逢紛心|慌而不我與兮注
矘 |目睛直貌後漢梁冀傳注○|目無精直視也亦失志貌也一切經音義一引字林
攩 |擊也廣雅釋詁二○挄抭推也沅涌澧幽之語或曰|方言十○今江東人亦名推爲|方言十注
[illegible] ||茂也廣雅釋訓
鎊 鍚|小盆也御覽七百五十七引埤蒼
軮 |軋廣大貌也文選甘泉賦忽|軋而亡垠注

[illegible] |[illegible]也廣雅釋詁三
爌 |炾爌閬背寬明也文選魯靈光殿賦鴻|炾以爌閬張注
[illegible] |廣也玉篇引三蒼
[illegible] |池也廣雅釋地○|道也廣雅釋室○|竟也廣雅釋詁三
惝 |惘也莊子則陽釋文引字林
性 |猶也方言十二
[illegible] |滿也廣雅釋詁一
裲 |襠其一當胷其一當背也釋名釋衣服

抰 |擊也廣雅釋詁三
唍 |悲也廣雅釋詁三

經籍籑詁卷第五十二

經籍纂詁卷第五十二補遺　上聲

兵部侍郎兼都察院右副都御史巡撫浙江等處地方提督軍務兼理糧餉阮元撰集

二十二養

【養】說文丨供丨也从食羊聲𢼊古文丨○丨謂自奉丨荀子君子論知所貴則知所丨矣注○炊烹爲丨史記張耳陳餘列傳有厮丨卒集解引韋昭○丨主給亨炊者也漢書兒寬傳嘗爲弟子都丨注○丨丨人者也漢書陳餘傳有厮丨卒注引蘇林○丨與癢同荀子正名疾丨滄熱滑鈹輕重注

【鞅】說文丨頸靼也从革央聲○丨頸皮也左氏僖廿八年傳疏○丨丨不滿足也漢書高帝紀下注必常丨丨注○丨丨志不滿也漢書韓信傳注居常丨丨注○丨讀如馬丨之丨詩北山箋丨猶何也疏丨丨

【泱】丨漭大貌也文選上林賦過乎丨漭之壄注引如淳○丨軋不前也漢書司馬相如傳下泱漭丨軋注引張揖○丨鬱盛皃漢書息夫躬傳玄雲丨鬱注

【像】說文丨象也从人从象象亦聲讀若養○象也者丨此者也易繫辭下傳○象者形象之象也易繫辭下傳崔注○象似也太元守象民有守注○象類也左氏昭六年傳火如象之注○丨譯也漢書禮樂志象來致福注引李奇○象者物初生之形左氏僖四年傳注物生而後有象疏○丨者出意者也易略例○象者意之筌也易略例○象者各辨一爻之義者也易略例下○逃爻下之辭謂之爲象左氏昭二年傳注易象疏○爻有多別爲其辭名之曰丨左氏莊廿二年傳注觀卦六四爻辭疏○象謂法象禮記仲尼燕居量鼎得其象疏又荀子正論分職名象之所起注○坤爲法象左氏宣十二年傳有律以如已也注○象爲懸象日月星辰也易繫辭上傳在天成象疏○四象四時也易繫辭上傳兩儀生四象虞注○象謂氣象也素問五藏生成篇五藏之象注○丨謂所見於外可閱者也素問六節藏象論藏象何如注○象謂武也詩周頌譜頌聲乃作疏○象武武舞也禮記仲尼燕居下管象武注○象謂武王代紂之樂禮記仲尼燕居下而管象示事也疏○象文王之樂武象也左氏襄廿九年傳見舞象箾南籥者賈注○武王勝殷殺紂環天下自立以爲王事成功立無大後患因先王之樂又自作樂命曰象墨子三辯○丨周武王代紂之樂也荀子禮論韶夏護武汋桓箾簡丨注引賈逵○象文王之樂舞象也左氏襄廿九年傳服注○武王曰象者象太平而作示已太平也白虎通禮樂○丨魏闕也周禮大宰乃縣治象之法於象魏疏○象魏門闕左氏哀三年傳立子象魏之外注○象人著假面者也漢書禮樂志注引韋昭○

象人若兮哉蝦魚師子者也漢書禮樂志常從象人四人注引孟康

【象】說文丨長鼻牙南越大獸三年一乳丨耳牙四足之形凡丨之屬皆从丨○丨大獸史記司馬相如列傳窮奇丨犀索隱引郭璞○丨大獸垂鼻長牙漢書張騫傳其民乘丨以戰注○丨尊飾以丨于尊腹之上畫爲丨之形禮書九十五引阮諶三禮圖○犧丨瑣也廣雅釋器○丨服尊者所以爲飾詩君子偕老傳○丨揥所以爲飾詩葛屨佩其丨揥傳

【橡】橡實丨也有梂彙自裹也爾雅釋木櫟其實梂孫注

【仰】說文丨舉也从人从卬○高丨卬也家語辯物○卬迎也國語晉語有原以卬浦而後大注○卬謂上向也漢書溝洫志高卬之田注○丨是必慕之辭詩車牽箋則慕丨之疏○卬怒也漢書揚雄傳下激

卬萬乘之主注引如淳○卬讀如丨孟子滕文公下章指周公丨思育義引孚書○卬與丨同荀子解蔽丨視其髮注○丨字亦作卬史記陳涉世家丨關而攻秦索隱○卬讀曰丨漢書刑法志爲下所卬注郊祀志下百姓卬望注溝洫志高卬之田注陳餘傳卬視泄公注司馬遷傳迺欲卬首信眉注億萬之師注鼂錯傳在挽卬之閒耳注灌夫傳卬視天俛畫地注昌邑哀王髆傳王卬天歎曰注嚴助傳亂者卬治注陳湯傳卬視城中樓上人注王章傳不自激卬注蓋寬饒傳卬視屋而歎注孫寶傳文卬曰注蕭望之傳卬天歎曰注匡衡傳海内莫不卬望注王嘉傳熹喟然卬天歎曰注師丹傳四方所瞻卬也注揚雄傳下激卬萬乘之主注叙傳上卬天路而同軌注未卬天庭而覩白日也注稾卬太和注○卬亦讀曰丨漢書食貨志下萬物卬貴注○詩北山或棲遲偃卬釋文本又作丨雲漢瞻卬昊天釋文本亦作丨○韓敕碑數卬師鏡孔宙碑凡百卬高魏孔羨碑卬其聖以成謀丨皆作卬

朗 說文朖明也从月良聲

獎 說文奬嗾犬厲之也从犬將省聲○丨勸也左氏昭廿二年傳以獎善人疏○丨勸使也漢書哀帝紀所以丨厲太子注○丨助也左氏襄十一年傳丨王室注○雝獎皆雝欲也方言六雝獎欲也注

敞 說文丨平治高土可以遠望也从攴尚聲○丨悅耳不諦也漢書司馬相如傳下聽丨悅而亾聞注○丨罔失志貌漢書司馬相如傳下丨罔靡徙注

昶 說文新附丨長也从日永會意

氅 說文丨析毛羽爲旗纛之屬从毛敞聲

桯 說文桯袤曲也从木呈聲○丨曲也易訟注以斷丨直疏又漢書東方朔傳丨而直之注○丨者不直也詩閔予小子箋上以直道事天疏○丨邪曲也禮記少儀疏○丨謂曲而不直禮記投壺疏○丨謂違法曲斷禮記月令毋或丨橈疏

迋 丨歸也廣雅釋詁二

顙 說文丨頟也从頁桑聲○頟潤爲廣丨易說卦傳爲廣丨疏○白額爲的丨易說卦傳爲的丨疏丨勉也淮南脩務功可丨成注○強是不軟禮記

彊 月令注強梁之地疏○禮記表記強焉曰有孳孳釋文一本作俛或作僶

沆 說文丨大水也从水亢聲一曰大澤皃○丨大水貌爾雅釋言注水流滂丨釋文○丨碭白氣之貌也漢書禮樂志西顥丨碭注○丨瀣常氣也文選思元賦注引廣雅○丨瀣北方夜半氣也漢書司馬相如傳下呼吸丨瀣兮餐朝霞注引應劭

盪 說文丨滌器也从皿湯聲○丨洗滌也漢書元后傳以丨腸正世注○丨讀與蕩同漢書丙吉傳不得令晨夜去皇孫敖丨注

簜 說文丨大竹也从竹湯聲夏書曰瑤琨筱丨丨可爲幹筱可爲矢○丨大竹也竹譜注引書禹貢篠丨既敷鄭注又漢書地理志上篠丨既敷注○丨竹別名爾雅釋草注○丨竹萌也續漢百官志三引周禮干注

昉 說文丨明也从日方聲

放 丨依也國語楚語民無所丨注。丨則依也禮記檀弓上注梁木衆木所丨疏。丨法也禮記禮器有丨而不致也疏又漢書匡衡傳或見侈靡而丨效之注楊雄傳下茲者丨於無聲注酷吏王溫舒傳丨其治復丨河內注楊僕傳治丨尹齊注佞幸董賢傳丨效無極注外戚傳下豈相丨哉注。丨悲猶髣髴也漢書禮樂志相丨悲注。國語晉語丨上而動賈子禮容語下作倣上而差。丨或作效又作牧山海經中山經丨皐之山注

仿 說文丨相似也从人方聲俩籀文丨从丙。丨佛卽髣髴字也漢書楊雄傳上猶丨佛其若夢注。丨佛讀曰髣髴漢書楊雄傳下從者丨佛骫屬而還注。丨佛或作髣髴文選長楊賦從者丨佛骫屬而還注。嚴訢碑彷佛作昉咈

駔 說文丨牡馬也从馬且聲一曰馬蹲丨也。度牛馬市云丨史記貨殖列傳節丨會索隱。丨者龍馬也史記樊酈滕灌列傳蘇丨軍於泥陽索隱。丨讀爲丨疾之丨周禮典瑞圭璋琮琥璜之渠眉鄭司農注。丨讀爲組與組馬同聲之誤也周禮典瑞疏。丨讀爲組考工記玉人丨琮五寸疏

蠁 說文丨知聲蟲也从虫鄉聲蚼司馬相如說丨从向。丨與嚮同漢書楊雄傳上丨曶如神注。丨

兩 說文二十四銖爲一兩从一㒳平分㒳亦聲。丨二十四銖爲一丨儀禮旣夕禮記二十丨曰溢疏。二十四銖爲一丨禮記檀弓上注所以通布貨財疏。二十四銖爲丨考工記冶氏注鍰鋝似同矣疏桃氏注重三鋝十二丨疏又禮記儒行疏引算法二銖則丨也一切經音義二十引風俗通。丨者黃鍾律之重也漢書律麻志上。右者二端相向卷之共爲一丨周禮媒氏注五丨十端也疏。丨五尋禮記雜記

下注。丨丨者合其卷禮記雜記下注。五丨五尋同上。五兩爲一束丨今之二丈穆天子傳一勞用束帛加璧注。丨謂耦也漢書律麻志上參天丨地而倚數注。謂之丨者分爲丨段故也左氏閔二年傳注三十丨疏。龠二爲合合重一丨丨國語周語律度量衡注。丨者始與毋也老子上此丨者同出而異名王註。丨謂陰陽素問生氣通天論丨者不和注。丨謂丨丞周禮大宰立其丨注。丨服中央夾轅者詩大叔于田丨服上襄箋。莊子齊物論罔丨問景釋文崔本作罔浪

帑 丨藏金帛之所也漢書匈奴傳下亦以爲虛費府丨注

讜 說文新附丨直言也从言黨聲。丨善言也漢書敘傳下丨言訪對注又文選景福殿賦注引聲類。丨言善言也漢書敘傳上今日復聞丨言注

儻 說文新附丨倜丨也从人黨聲。丨蕩無行檢也漢書傅常鄭甘陳段傳贊陳湯丨蕩注。丨蕩疏誕無檢也漢書史丹傳貌若丨蕩不備注

曩 說文丨曏也从日襄聲。丨亦謂昔時也漢書賈誼傳丨令樊酈絳灌注

杖 說文丨持也从木丈聲。丨謂倚任也漢書李尋傳近臣已不足丨矣注。丨亦倚任之意漢書高帝紀上丨義而西注。丨謂杖之也漢書婁敬傳丨馬箠注。丨所以扶病儀禮喪服傳注丨各齊其心疏。丨可以策身禮記曲禮上必操几丨以從之疏。丨竹丨左氏襄十七年傳丨菅屨注。丨者老人也論語鄉黨丨者出集解引孔注

響 說文丨聲也从音鄉聲。應擊爲丨管子宙合必有和之注。影丨者形聲之桎梏也莊子德充符

夫性之安可解注○鄉讀曰丨漢書天文志鄉之應聲注董仲舒傳如景鄉之應形聲也注嚴助傳揚聲鄉注○嚮與丨同漢書藝文志其受命也如嚮注○○薌讀與丨同漢書楊雄傳上薌呹肸以棍根兮注○○劉熊碑莫不嚮應丨作嚮○堯廟碑深惟嚮應丨作響

【掌】說文丨丨中也从手尚聲○丨主也周禮天官序官吏帥其屬而丨邦治注眂祲丨安宅敘降疏又管子九守聖人因之故能丨之注○○凡言丨者主其事也禮記曲禮下疏引周禮丁注○○丨以丨擊之文選羽獵賦丨蒺藜注○杜子春讀丨冰爲主冰周禮淩人丨冰注

【黨】說文丨不鮮也从黑尚聲○五百家爲丨周禮鄉師丨共射器疏○三千五百家爲丨管子山至數君實鄉州藏焉注○五族爲丨周禮小司徒五兩爲旅疏州長以贊其鄉大夫廢興疏○丨五百家周禮

小司徒五丨爲旅疏○丨謂周禮五百家也禮記學記丨有庠疏○州丨鄉之屬也禮記鄉飲酒之禮注○丨助也論語衞靈公羣而不丨集解引孔注○丨旁也儀禮鄉射禮居侯丨之一疏○丨謂族親詩譜序各於其丨疏○丨謂族類無服者也禮記奔喪哭父之丨於廟注○丨見頻見也言如朋丨之多見荀子天論怪星之丨見注○舉以其私丨也國語晉語○丨與讜同荀子非十二子傳而丨正注

【想】說文新附丨冀思也从心相聲

【爽】說文爽明也从㸚从大丨篆文爽○丨明也書大誥丨邦由哲疏又荀子哀公君昧丨而櫛冠注又一切經音義九引廣雅○丨差也老子五味令人口丨釋文又文選羽獵賦偵不見其丨注引張晏○丨貳丨也文選東京賦注引國語賈注○丨病淮南精神使口丨傷注○丨鳩鷹也左氏昭十七年傳丨鳩氏注○丨當爲喪字之誤也國語周語晉侯丨二注○丨或作霜左氏定三年傳注肅丨駿馬名疏○書仲虺之誥用丨厥師墨子非命上作龔喪厥師

【廣】說文丨殿之大屋也从广黃聲○丨是寬博詩豳傳丨大也疏○丨謂增習寬丨禮記樂記丨其節奏疏○丨者實也器宇宏大度量寬宏也左氏文十八年傳齊聖丨淵疏○丨謂拓大之也史記淮南衡山列傳丨長榆集解引如淳○丨謂斥大之也漢書伍被傳丨長榆注引如淳○大謂志意宏大而安靜禮記樂記丨大而靜疏○丨深喻遠近周禮大司徒注不知丨深故曰測疏○易說卦爲丨顙釋文鄭作黃○丨當爲光國語周語熙丨也注○楊丨丨廉字相狀故習訛爲楊廉也水經濊水注

【享】說文亯獻也从高省曰象進孰物形孝經曰祭則鬼亯之凡亯之屬皆从亯又饗鄉人飲酒也从食

从鄉鄉亦聲○丨獻也易象下傳致孝丨也疏又周禮大宗伯以肆獻丨先王注又禮記聘義注財謂璧琮丨幣也疏又國語楚語以賓丨于諸侯者也注冥語明絜丨余一人注○丨獻也謂受其獻也荀子正名故饗萬物之美而不能嗛也注○丨者獻也詩韓奕箋而奉丨禮疏○丨謂獻酒使神丨之也詩烈祖來假來丨箋○宗廟稱丨周禮鼓人以雷鼓丨神祀疏○丨祭也左氏莊卅二年傳以其物丨焉注○丨祀也左氏襄九年傳二師令四鄉正敬丨注○饗者祭其神也禮記郊特牲歲十二月合聚萬物而索饗之也注○大饗者徧祭五帝也禮記月令大饗帝注○饗帝祭天禮記禮器不足以饗帝注○大饗謂祫祭宗廟也禮記禮器大饗之禮疏○大饗祫祭先王也禮記樂記大饗之禮注禮器郊血大饗腥注又荀子禮論大饗尚元尊俎生魚先大羹注○大饗謂祫祭先王禮記禮器大饗其王事與注○食饗謂宗廟

祫祭〔禮記樂記〕食饗之禮疏○丨祭先君也〔左氏襄九年傳〕必以祼丨之禮行之注○丨嘗謂四時之祭〔禮記祭法〕丨嘗乃止注○丨四時丨廟也〔荀子禮論〕大饗尚元尊而用酒醴注○饗亨大牢以飲賓〔周禮大宗伯〕以饗燕之禮疏○饗者丨大牢以飲賓〔周禮內宰注〕故大饗廢夫人之禮疏○饗者亨大牢以飲賓是禮之大者〔詩彤弓箋〕大飲賓曰丨疏○丨謂朝覲而行三丨〔儀禮覲禮注〕是以丨獻不見焉疏○大饗謂饗諸侯朝者也〔禮記仲尼燕居〕大饗有四焉注○饗酒食也〔左氏莊十七年傳〕丨齊戎注○饗食也〔國語楚語〕饗之以璧侑注○饗謂飲食也〔漢書高帝紀〕上於是饗士注○饗宴饗也〔漢書匡衡傳〕饗下之顏也注○以禮飲食謂之丨〔漢書五行志上〕飲食有丨獻之禮注○饗之與食同是賞功〔禮記郊特牲〕饗禘有樂疏○丨受也〔國語晉語〕丨一名於此注○〔詩烈祖〕來假來丨〔唐石經〕作來假來饗○〔詩殷武〕莫敢不來丨〔李氏易傳〕利用賓於王虞注作莫敢不來賓○〔脩華嶽碑〕鬼神不亨〔華山廟碑〕輒過亨祭丨皆作亨

丈 〔說文〕丈十尺也从又持十〔隸作丨〕○十尺爲丨〔漢書律麻志上〕○十尺爲一丨〔淮南主術〕夫寸生于稞注○丨之言長〔易師〕丨人吉鄭注○丨人能以法度長於人〔易師〕貞丨人釋文引鄭注○體大過老夫故稱丨夫〔易隨〕失丨夫虞注○丨人老人也〔論語微子〕遇丨人集解引包注○丨人老長者〔列子說符〕狐邱丨人注○丨人丨夫之人〔太元事〕丨人扶孤注○男子謂之丨夫〔廣雅釋器〕○〔左氏哀十一年傳〕是謂我不成丨夫也釋文本或作大夫〔哀十三年傳〕殺其丨夫釋文本或作大夫○〔陳君閤道碑〕二百餘丈丨作支

晃 爌與丨音義同〔文選甘泉賦〕北爌幽都注

莽 〔說文〕南方謂犬善逐菟艸中爲丨从犬从茻茻亦聲○丨叢木也〔易同人〕伏戎于丨釋文引鄭注○丨平草也〔漢書王莽傳下〕易言伏戎于丨注○草平曰丨〔漢書楊雄傳下〕羅千乘於林丨注○草稠曰薦深曰丨〔漢書景帝紀〕或地饒廣薦草丨水泉注引如淳○丨丨平野之貌〔漢書西域傳上〕烏弋地暑溼丨平注〔西域傳下〕地丨平多雨寒注○丨雲貌〔漢書禮樂志〕丨若雲注○丨草藥名〔周禮翦氏〕以丨草薰之釋文

漭 丨瀁廣大之貌〔家語致思〕賜願使齊楚合戰於丨瀁之野注

繈 〔說文〕丨觕纇也从糸強聲○丨索也〔漢書兒寬傳〕輸租丨屬不絕注○丨落也〔漢書食貨志下〕臧丨千萬注引李奇○繈錢貫也〔漢書食貨志下〕臧丨千萬注引孟康

襁 〔說文〕丨負兒衣从衣強聲○丨博物志曰織縷爲之廣八寸長一尺二寸以負小兒背上〔孟子盡心上注〕在丨褓音義引丁音○丨襁格繩也〔呂覽明理〕道多褓丨注○丨絡也以繒布爲之絡負小兒〔漢書宣帝紀〕曾孫雖在丨褓注引李奇○丨卽今之小兒緥也〔漢書宣帝紀注〕○強濶八寸長八尺用約小兒於背而負行〔史記魯周公世家正義〕

紡 〔說文〕丨網絲也从糸方聲○丨謂丨麻作纑也〔左氏昭十九年傳〕丨焉疏

攩 丨疾行貌〔文選舞賦注引埤蒼〕

蛧 〔說文〕丨蜽丨从虫网聲

潒 〔說文〕丨水丨瀁也从水象聲讀若蕩

【髒】抗丨高亢倖直之貌也後漢書趙壹傳抗丨倚門邊注

【長】教誨不倦曰丨左氏昭廿八年傳○丨大也呂覽任數則亂愈丨矣注○長亦大也左氏襄九年傳注史遽周易疏○丨師也國語晉語臨丨晉國者注○丨卽師也詩皇矣克丨克君疏○丨爲之丨帥也漢書鮑宣傳易丨之注○丨謂先用之也國語周語故丨夷則之上宮注○丨其老者儀禮鄉飲酒禮欲賓之丨升注鄉射禮衆賓之丨升注○丨者猶先生也禮記曲禮上丨者不及疏○丨進說也漢書嚴安傳壞丨地進注引張晏○丨者有名德之人也漢書趙廣漢傳中貴人豪丨者注○丨謂崇貴之也漢書杜欽傳廢奢丨儉注○丨謂畜養之也漢書賈山傳不可丨也注○丨謂崇丨之也漢書司馬遷傳故丨於變注○丨謂外茂也素問四氣調神大論則太陽不丨注○丨者忠也管子禁藏夏忠注○音丨謂音

產也管子重令畜丨樹藝注

【上】說文丄高也此古文丨指事也凡丄之屬皆从丄𠄞篆文丄○丨猶高也禮記曲禮下執天子之器則丨衡疏○丨奏丨也後漢書河閒孝王開傳丨案其罪注

【網】說文网庖犧所結繩以漁从冂下象网交文凡网之屬皆从网罔或从亡䍏或从糸𦊆古文网䋞籀文网○取獸曰网易繫辭下以爲网罟釋文引黃注○罔羅罔也易大壯君子用罔疏○罔謂羅網也漢書刑法志以死罔民注○罔兩水之精物也淮南道應罔兩問於景注○罔兩恍惚之物淮南道應昭昭者神明也注

【蕩】說文丨水出河內丨陰東入黃澤从水蕩聲○丨丨廣平之貌書堯典疏○丨丨廣大貌史記五帝紀丨丨洪水滔天正義○丨丨寬大之意左氏襄廿九年傳美哉丨乎疏○丨丨者道德至大之貌也白虎通號○道過三代謂之丨荀子儒效○丨竹箭也續漢百官志三注引周禮干注○丨音以湯丨反之今人猶言帑也周禮掌節杜子春注丨當爲帑疏

【壤】說文丨柔土也从土襄聲○丨土也漢書鄒陽傳丨子王梁代注引晉灼○丨謂土也漢書武帝紀冀州脽丨注○無塊曰丨後漢書公孫述傳土丨膏腴注馬援傳其田土肥丨注○柔土曰丨漢書地理志上厥土惟白丨注○穿地穴爲丨書禹貢疏引九章算法○丨是和緩周禮草人注勃丨紛解疏○齊魯之閒謂鑿地出土鼠作穴出土皆曰丨穀梁隱三年傳吐者外丨注○丨字爲穀梁音者皆爲傷徐邈亦作傷同上

【賞】說文丨賜有功也从貝尚聲○夫丨國之典也左氏襄十一年傳○善人富謂之丨左氏襄廿八年傳○丨謂有功德者有以顯賜之也禮記月令丨公卿諸侯大夫於朝注○丨謂宣揚左氏襄十四年傳善則丨之注○丨者善善之名也左氏襄十四年傳注丨謂宣揚疏○本賞謂有功同受丨也荀子議兵無本丨矣注

【往】說文往之也从彳㞷聲𨓈古文丨从辵○丨者屈也易繫辭下傳○丨猶後也禮記喪大記自小斂以丨用夷衾疏○丨去也左氏昭七年傳取而臣以丨注○丨勞也廣雅釋詁二○嫁逝徂適丨也丨凡語也方言一○丨者從此適彼之辭詩小明箋昔我丨至於艽野以四月疏○言丨者因此丨彼之辭詩四月箋徂猶始也疏○丨是相從之義左氏宣十二年傳注如從也疏○凡人謂方至爲來已過爲丨公

羊桓六年傳注生與來日疏○丨猶藏密也易繫辭上傳知以藏丨虞注○丨迹丨事也太元元捝丨迹注○丨死者左氏僖九年傳逆丨事居注○左者丨周髀算經下○南本及宅本皆作丨德北本作任德禮記郊特牲束帛加璧丨德也疏

罔 丨無也禮記表記敬忌而丨有擇言在躬疏○丨亦無也漢書董仲舒傳而施之丨極注○丨靡皆無也漢書楊雄傳下以爲事丨𢘈而不殺注○丨誣也文選四子講德論引論語馬注○丨謂誣蔽也漢書王嘉傳臣驕侵丨注○離爲丨易遯君子用丨虞注○丨及浪孟皆失志之貌文選笙賦丨浪孟以惆悵注○丨謂丨罔不畏人之言也荀子仲尼偷儒而丨注○丨兩木石之怪左氏文二年傳螭魅丨兩服注○丨象郎彷像也文選思元賦儵汨飄淚沛以丨象兮注○書泰誓上丨懲其侮墨子非命中作毋僇其務○孟子梁惠王上是丨民也音義丨本丁作罔民

蛧 說文蛧蜽山川之精物也淮南王說蛧蜽狀如三歲小兒赤黑色赤目長耳美髮从虫网聲國語曰木石之怪夔蛧蜽

怳 說文丨狂之皃从心況省聲○丨忽無之象也淮南原道丨忽注○丨讀人空頭扣之丨淮南原道忽兮丨兮注

慌 丨惚思念謀深之時也禮記祭義夫何丨惚之有乎注○丨惚無形不繫之歎老子惟丨惟惚王注○丨惚若存若亡老子是謂丨惚注○丨忽無形貌也後漢書張衡傳追丨忽於地底兮注

蛘 說文丨搔丨也从虫羊聲

慷 丨慨悲歎後漢書楊震傳乃丨慨謂其諸子門人曰注

獷 說文丨犬丨丨不可附也从犬廣聲漁陽有丨平縣

曏 丨謂曩昔也漢書張耳陳餘傳贊何鄉者慕用之誠注○震爲丨易繫辭上傳其受命也如丨虞注○丨讀爲享荀子正名故丨萬物之美而不能嗛也注○丨讀曰嚮漢書外戚傳上丨不虛應注

璗 瑒玉名也漢書王莽傳上瑒奉瑒珌注引孟康

瓬 說文丨周家摶埴之工也从瓦方聲讀若抵破之抵

曭 說文丨目無精直視也从目黨聲

奘 說文丨駔大也从大从壯壯亦聲○爾雅釋言丨駔也釋文沈集注本作奘

○以下據廣韻錄

蟓 丨即今蠶爾雅釋蟲注

襐 丨盛飾也漢書外戚傳下丨飾將醫往問疾注○丨首飾也同上

勨 說文丨繇緩也从力象聲

䉃 說文剖竹未去節謂之丨从竹將聲

㒳 說文丨再也从冂闕易曰參天丨地凡丨之屬皆从丨

𦝫 說文丨膎肉也从肉兩聲

柍 丨打之別名也方言五僉齊楚江淮之閒謂之丨注○丨中央也漢書楊雄傳上日月纔經於丨振注引服虔

紻 說文丨纓卷也从糸央聲

弜 說文丨彊也从二弓凡丨之屬皆从丨

滰 說文丨浚乾漬米也从水竟聲孟子曰夫子去齊丨淅而行

瓾 說文丨瑳垢瓦石从瓦爽聲

爪 說文丨亦丮也从反爪闕

漺 丨冷貌也方言十三丨淨也注○丨錯也文選海賦注引郭璞方言注○丨與磢同文選海賦飛澇相磢注

惝 丨惘猶丨悅也後漢書張衡傳魂丨惘而無儔注

党 丨正也考工記弓人維角党之疏

釀 丨菜蘇也集韻引廣雅

䑋 說文益州鄙言人盛諱其肥謂之丨从肉襄聲

𩞄 說文丨晝食也从食象聲𩜦或从傷省聲

鴋 說文鴋澤虞也从鳥方聲○鳴鴋或謂丨澤虞其別名也爾雅釋鳥丨澤虞孫注○爾雅釋鳥釋文丨本或作鴋

敞 說文丨放也从攴尚聲

徃 丨丨迬遑之皃楚辭思古蒐丨丨而南行兮注

臩 說文丨驚走也一曰往來也从夰臦周書曰伯丨古文臦古文冏字

償 丨載器也廣韻引埤蒼

簜 說文丨大竹筩也从竹昜聲

⿰忄象 說文丨放也从心象聲

愓 說文丨放也从心昜聲一曰平也○丨丨一本作傷廣雅釋詁三曹憲音

𡕥 說文丨直項莽丨皃从亢从夋夋倨也亢亦聲

攩 說文丨朋羣也从手黨聲○丨搥打也列子黃帝丨拯挨抌釋文

茻 說文丨衆艸也从四屮讀與冈同凡丨之屬皆从丨

⿰尚阝 說文鄗地名从邑尚聲

醠 丨清酒丨讀瓮盎之盎也淮南說林清丨之美注

軮 丨軋遠相映也漢書楊雄傳上注

櫎 說文丨所以几器从木廣聲一曰帷屏風之屬

爌 集韻或作爣○爣朗光明之皃文選魏都賦或爣爌而拓落注○丨古晃字漢書楊雄傳上北丨幽都注

奘 說文丨妄彊犬也从犬从壯壯亦聲

○以下據集韻錄

懩 有伎藝欲逞曰伎丨文選射雉賦徒心煩而伎丨徐注

【𠓜】說文丨二入也兩从此闕

【抰】說文丨車鞅擊也从手央聲

【惝】丨大貌也文選甘泉賦正瀏濫以宏丨兮注引張
皮

【⿱竹襄】說文丨衰也从竹襄聲

【盪】集韻或从虫○盪動也廣雅釋詁一

【筤】說文丨籃也从竹艮聲

【晄】說文丨明也从日光聲

○以下惝丨讀平敞之敞淮南本經丨洮瀁滅注

附錄

經籍籑詁卷第五十二補遺終

經筵講官南書房行走戶部左侍郎兼署吏部左侍郎提督浙江學政阮元撰集

二十三梗

梗 丨直也爾雅釋詁○丨正直也爾雅釋詁注○丨覺也方言十三○丨箴也廣雅釋詁二○丨略也方言十三○梗略也廣雅釋言○丨槩粗言也文選吳都賦略舉其丨概注○丨槩不纖密文選東京賦故粗爲賓言其丨槩如此薛注○丨槩猶粗略也後漢杜篤傳注○丨塞也管子四時謹禱弊丨注○丨病也詩桑柔至今爲丨傳又左氏昭廿四年傳至今爲丨注又廣雅釋詁一○丨猛也廣雅釋詁三○丨猛也韓趙之閒曰丨方言二○丨强也楚辭橘頌丨丨其有理兮注○丨禦未至也周禮女祝掌以時招丨禬禳之事注○丨者更也歲終更始受介祉也風俗通祀典○土丨土之木丨亦木人耳一切經音義廿引莊子司馬注○丨土之榛丨也文選廣絕交論注引莊子司馬注○凡草木刺人自關而東或謂之丨方言三○丨山榆一名丨有刺如棘也一切經音義廿一引字林○丨今之丨榆方言三注○鄭大夫讀丨爲亢謂招善而亢惡去之周禮女祝注○杜子春讀丨爲更同上

影 丨形丨也淮南脩務吾日悠悠慙于丨注○丨響也呂覽功名猶表之與丨注○景日景也文選七啓忽躡景而輕騖注○景日月之光暑也淮南道應罔兩問于景注○山臨水而丨倒故曰倒景也文選遊天台山賦或倒景於重溟注○丨響言順從也後漢列女傳注○景葛洪字苑加彡作丨一切經音義八○校官碑聆聲景附老子銘含景匿形廚公房碑轉景卽至侯成碑惟想邢景丨皆作景

景 丨大也詩楚茨以介丨福箋車舝丨行行止傳旱麓以介丨福箋旣醉介爾丨福箋潛以介丨福箋烈祖丨員維河傳又左氏襄七年傳介爾丨福注又爾雅釋詁又國語晉語丨霍以爲城注又漢書董仲舒傳集注又後漢班彪傳下注三見又荀子勸學介爾丨福注○丨者大也白虎通八風○介丨皆大也詩小明介爾丨丨福傳又儀禮士冠禮介爾丨福注○耆意大慮曰丨周書謚法○致志大圖曰丨丨獨斷下○丨山大山詩定之方中丨山與京傳○丨明也詩車舝丨行行止箋又禮記表記丨行行止注○丨亦明也儀禮士昏禮姆加丨注○丨光也文選西京賦流丨曜之韡曄注○丨光色也荀子解蔽濁明外丨清明內丨注○丨白也廣雅釋訓○丨影也文選陸士衡樂府像章行丨絕繼以音注○丨竟也所照處有竟限也釋名釋天○丨日也文選王元長曲水詩序揆丨緯以裁基注○華丨月也文選陸士衡樂府長安有俠邪行輕蓋承華丨注○凡日丨於地千里而差一寸周禮大司徒正日丨以求地中注○丨尺有五寸者南戴日下萬五千里同上○丨星者大星也月或不見丨星常見可以夜作有益於人民也白虎通封禪○四氣和爲丨星論衡指瑞○四時和謂之丨風爾雅釋天○西南曰丨風淮南天文○離爲丨風太元元掜掜擬之八風注○丨雲五色雲也一曰慶雲後漢郎顗傳注○丨雲丨明也言雲氣光明也古微書引禮斗威儀○丨者强也古微書引春秋考異郵○丨武之方也周書謚法○布義行剛曰丨同上○由義而濟曰丨同上○丨猶慕也後漢劉愷傳注○丨之制蓋如明衣加之以爲行道禦塵令衣鮮明也儀禮士昏禮注○枚謂之丨考工記鳧氏爲鍾○丨天蟒也廣雅釋蟲○今文丨作憬儀禮士昏禮注○尚書曰惟丨響周禮云土圭測丨丨朝丨夕孟子曰圖丨失形莊子云罔兩問丨如此等字

皆當爲光丨之丨凡陰丨者因光而生故郎謂爲丨
顔氏家訓書證〇丨古通以爲影字大戴記曾子天
圓是乾
外丨注

井 今作井〇周制九夫爲井其制似井字也釋名釋
州國〇九夫爲井周禮小司徒考工記匠人又穀
梁哀十二年經用田賦注〇九夫爲一井一切經音
義一引國語賈注〇井者方一里九夫所治之田也
考工記匠人九夫爲井注〇八家而九頃共爲一井
故曰井田公羊宣十五年傳什一者天下之中正也
注〇古者三百步爲里名曰井田穀梁宣十五年傳
〇方里爲一井韓外傳四〇六尺爲步步百爲畮畮
百爲夫夫三爲屋屋三爲井周禮小司徒注引司馬
法〇夫三爲屋屋三爲井周禮小司徒攷夫屋注〇
一井之中三屋九夫三三相具考工記匠人注〇隰
皐之地九夫爲牧二牧而當一井今造都鄙授民田

有不易有一易有再易通率二而當一是之謂井牧
周禮小司徒乃經土地而井牧其田野注〇采地制
井田異於鄉遂重立國小司徒爲經之立其五溝五
塗之界其制如井之字因取名焉周禮小司徒注〇
井共飮食周禮野廬氏宿息井樹注〇井淸也泉之
淸潔者也釋名釋宮室〇井泉呂覽本味崑崙之井
注〇井者水之主藏在地中白虎通五祀〇井水陰
也漢書五行志中之上〇井淸絜爲義易井釋文〇
井不變更爲義同上〇井者不變之物居德之地易
井井泥不食注〇井德之地也易繫辭下傳〇泉自
下出稱井易井井冽寒泉食虞注〇井之爲道以下
給上者也易井井谷射鮒注〇井見也廣雅釋詁三
〇井靜也廣雅釋言〇井通也易雜卦傳〇井井良
易之貌荀子儒效井井兮其有理也注〇井灋也廣
雅釋詁一〇井者法也後漢竇武傳注〇井爲刑法
也一切經音義二十引易記〇井法也節也言法制

居人令節其飮食無窮竭也初學記七引風俗通〇
井南方火宿也後漢郎顗傳注〇東井南方之宿後
漢蘇竟傳注〇東井主法令也洪範五行傳棄法律
注〇井幹樓名也後漢班彪傳上注〇井漏井所以
受水潦周禮宮人爲其井匽注〇井利穆王之嬖臣
穆天子傳一〇天子使井利受之注〇井子挺反易井
釋文引
字林

嶺 丨阪也廣雅釋邱

領 丨項也廣雅釋親〇丨頸也詩碩人丨如蝤蠐傳
桑扈有鶯其丨傳又國語楚語緬然引丨南望注
〇丨頸也以壅頸也亦言總丨衣服爲端首也釋名
釋衣服〇丨令也漢書揚雄傳下集注又法言君子
君子純終丨聞注〇丨録也文選劉公幹雜詩注引
莊子司馬注〇丨理也漢書賈誼傳集注又家語論

禮丨惡而全好者與注又淮南俶眞篇丨天地注本
經神明弗能丨也注〇丨猶治也禮記仲尼燕居禮
也者丨惡而全好者與注〇丨猶理治也禮記樂記
丨父子君臣之節注〇丨會冥理相會也文選思舊
賦託迹遇於丨會兮注
〇小丨盜驪爾雅釋畜

境 通作竟〇竟界也周禮掌固凡國都之竟注〇丨
界也呂覽贊能至齊丨注〇丨壤呂覽懷寵故兵
入於敵之丨注〇諸侯月丨路史國名紀注引書大
傳、竟讀爲丨古之用丨竟質同漢書元帝紀集注
〇竟讀曰丨漢書五行志下之上集注地理志下集
注溝洫志集注息夫躬傳集注二見鼂錯傳集注二
見韓安國傳集注二見徐樂傳集注公孫劉田王楊
蔡陳鄭傳贊集注趙充國傳集注陳湯傳集注蕭望
之傳集注馮奉世傳贊集注淮陽憲王欽傳集注匈
奴傳下集注西域傳下集注王莽傳中集注〇公羊

莊廿七年傳大夫越竟逆女儀
禮喪服傳注作大夫越丨逆女
廣韻儆同○丨戒也左氏宣十二年傳今天或者
警 大丨晉也注又史記韓世家乃丨公仲之行索隱
又文選洛神賦騰文魚以丨乘注○丨微戒也書大禹
謨降水儆予傳又國語魯語夜儆百工注晉語儆其
民也注楚語猶儆於國注○丨戒懼也左氏莊卅
一年傳注以丨懼夷狄釋文○丨勅戒之言周禮宰
夫正歲則以灋丨戒羣吏注○憼敬也廣雅釋詁二
○丨猶驚也文選歎逝賦節循慮而丨立注○丨猶
起也禮記文王世子所以丨衆也注○儆急也後漢
郭伋傳注○儆備也後漢東平憲王蒼傳注○丨丨
不安也廣雅釋訓○丨謂清道也文選東京賦是時
稱丨蹕已薛注○皇帝輦動則左右侍帷幄者稱丨
文選東京賦是時稱丨蹕已注引漢舊儀注○夫駕
之法以策駕乘今以一言之好最於衆辭若策驅馳

故云丨策文選文賦乃一篇之丨策注○古文憼儆
二形今作丨同一切經音義一○詩雞鳴序夙夜丨
戒釋文丨本作儆○周禮隸僕注若今時儆蹕釋文
儆本作丨○周禮夏官注既儆既戒釋文儆本作敬
○史記韓世家乃丨公仲之行索隱引戰國策作儆
之
請 丨乞也廣雅釋言○丨求也禮記王制墓地不丨
注又廣雅釋詁三又管子國蓄租稅者所慮而丨
也注○夫丨者非可詒託而往也必視之者也穀梁
定元年傳○丨問也國語吳語乃令董褐丨其事注
又漢書梁孝王武傳集注引張晏又呂覽首時客丨
之王子光注○丨猶問也儀禮士昏禮擯者出丨事
注聘禮君使士丨事注○丨謁也漢書景帝紀集注
外戚傳下集注又荀子成相下不私丨注○丨告也
儀禮鄉射禮乃丨注又爾雅釋詁○丨猶告也禮記
投壺丨賓曰注○丨謂奏丨漢書王溫舒傳集注○

丨召也漢書外戚傳上集注敘傳上集注○丨絕也
孟子公孫丑下丨勿復敢見矣注○丨生言好生也
山海經海內南經孟涂是司神于巴人是丨生注○
丨當爲情荀子成相聽之經明其丨注○丨當作情
列子說符唯丨注○丨本作謂列
子說符丙從丨進趣之方釋文
屏 丨蔽也詩桑扈萬邦之丨傳又國語周語所以藩
丨民則也注○丨藩也國語晉語故以疏季丨其
宗注○丨猶蕃也國語齊語以丨周室注○丨除也
詩皇矣作之丨之釋文又穀梁宣元年傳放猶丨也
注又論語堯曰丨四惡集解引孔注又皇疏又列子
力命丞丨之釋文○摒除也廣雅釋詁三○除物曰
摒擋一切經音義十五引通俗文○丨疊除貌論語
鄉黨丨氣似不息者皇疏○丨却也荀子榮辱恭敬
者併五兵也注○丨棄也荀子彊國併已之私欲注
○丨藏也書金縢我乃丨璧與珪傳○庰藏也廣雅

釋詁四○庰廁也廣雅釋宮○丨猶放去也禮記王
制丨之遠方注○丨退也隱也禮記曲禮上則左右
丨而待注○丨與庰古字通文
選思元賦坐太陰之庰室兮注
丨并也溲麪使合并也釋名釋飲食○丨食也廣
餅 雅釋詁三○麪餅與丨同晉書音義上
永 丨長也易訟不丨所事虞注又書堯典日丨星火
傳又詩卷耳維以不丨懷傳漢廣江之丨矣傳考
槃丨矢弗諼箋山有樞且以丨日箋常棣況也丨歎
傳楚茨丨錫爾極箋文王丨言配命傳下武丨言配
命箋既醉丨錫祚允箋丨錫爾類箋振鷺以丨終譽
箋又周禮大祝求丨貞注又儀禮士冠禮丨乃保之
注又禮記中庸以丨終譽注又左氏襄十三年傳其
寧惟丨注又論語堯曰天祿丨終集解引包注又皇
疏又書中候配丨循機注又爾雅釋詁又漢書高后
紀集注宣帝紀集注元帝紀集注哀帝紀贊集注禮

樂志集注二見刑法志集注郊祀志下集注藝文志集注蒯通傳集注鼂錯傳集注中山靖王勝傳集注賁賢傳集注又後漢郅惲傳注濟北惠王壽傳注又孟子公孫丑上丨言配命注又太元永丨終馴首注又楚辭天問丨遏在羽山注懷沙傷懷丨哀兮注逢紛鴻丨路有嘉名注又文選東京賦丨有民以孔安薛注歸田賦遊都邑以丨久注○丨極長太元元衝○施於衆長謂之丨方言二○丨久也詩白駒以丨今朝箋○丨遠也爾雅釋詁○丨遐也同上○丨深也漢書董仲舒傳集注二見○丨猶深也漢書鼂錯傳集注○丨引也詩旣醉丨錫祚允傳○丨歌也詩碩鼠誰之丨號箋○坤為丨易益丨貞吉虞注○丨巷宮中署名也後漢明德馬皇后紀注○丨巷及掖庭並署名也後漢宦者傳注○書堯典歌丨言漢書禮樂志作歌咏言○書皋陶謨愼厥身修思丨史記夏本紀作愼其身修思長書金縢惟丨終是圖史記魯周公世家作維長終是圖

騁 丨馳也文選射雉賦注引韓詩章句又左氏定八年傳及衢而丨注又楚辭招魂步及驟處兮注誘丨先注謬諫不及君而丨說兮注又文選登樓賦注○丨侍也廣雅釋室○丨走也左氏成十六年傳丨而左右注○丨極也詩節南山蹙蹙靡所丨傳○丨不也楚辭湘夫人登白蘋兮丨望注

逞 丨快也左氏桓六年傳今民餒而君丨欲注成十三年傳穆公是以不克丨志於我注成十六年傳晉可以丨注襄廿六年傳不如使丨而歸注昭四年傳求丨於人注又廣雅釋詁二又小爾雅廣言又國語周語以丨淫心注以丨其違注又後漢楊賜傳注張衡傳注吳祐傳注史弼傳注又文選思元賦怨素意之不丨舊注○丨快也自由而東或曰丨方言二○丨快也自關而東或曰丨江淮陳楚之閒曰丨方言三○丨疾也廣雅釋詁一○丨疾也楚曰丨方言二○丨盡也左氏襄廿五年傳不可億丨注又文選思元賦注引字林○丨極也文選西京賦丨欲畋魰薛注○丨申也論語鄉黨丨顏色皇疏○丨娛也文選西京賦丨志究欲薛注○丨解也左氏隱九年傳乃可以丨注又方言十二○左氏昭廿三年傳沈子丨公羊作沈子楹穀梁作沈子盈○史記晉世家欒氏宗丨者集解曰左傳丨作盈

潁 丨水出陽城山爾雅釋水釋文引字林○丨出陽城宜屬豫州周禮職方氏其浸丨湛注○丨川因丨水以為名也釋名釋州國○丨為沙爾雅釋水

穎 丨穗也書歸禾序異畝同丨傳又詩生民實丨實粒釋文又文選江賦蘿丨散裹注思元賦旣垂丨而穎本分舊注○丨穟也後漢張衡傳注○禾穗謂之丨小爾雅廣物又後漢馬融傳上注○葉末曰丨

漢書禮樂志集注○丨莛丨也詩生民實丨實栗傳○潛丨作幽潛而結丨也文選郭景純遊仙詩潛丨怨青陽注○丨鐶也禮記少儀刀郤及授丨注○丨丨警枕也禮記少儀枕几丨杖注○丨一作頴音書音義中

頃 丨凡為田一丨十二畝半公羊宣十五年傳什一者天下之中正也注○丨宮築作宮墻滿一丨田中呂覽過理築為丨宮注○丨少丨也荀子正論頭跌碎折不待丨矣注性惡天下之悖亂而相亡不待丨矣注○丨久也文選江賦注引莊子司馬注○丨久猶早晚也莊子秋水夫不為丨久推移釋文引司馬注○有丨言未久國策秦策從政有丨注○丨當為跬聲之誤也禮記祭義故君子丨步而弗敢忘孝也注○丨本或為須莊子惟惡天下之悖亂而相亡不待丨矣注

【整】｜正列也禮記月令｜設于屏外注○｜理也文
選東京賦乃｜法服薛注○｜齊周旋進退也呂
覽簡選行陣｜齊注○公羊昭十二
年經公子｜出奔齊釋文｜本作慗
【靜】｜安也周書諡法又詩柏舟｜言思之傳靜｜言
思之箋又周書大匡施舍｜衆注又國語晉語咨
｜女德以伏蠱慝注又漢書翟義傳集注又太元馴
不｜亡命注又呂覽音律本朝不｜注齊分｜乃明
幾注○｜謂安｜素問生氣通天論｜則多言注○
｜寧也淮南本經怒則手足不｜注○不以夢劇亂
知謂之｜荀子解蔽○｜默也國語晉語吾其｜也
注○無聲曰｜楚辭招魂｜閒安些注○恭己鮮言
曰｜周書諡法○｜清也史記五帝紀直哉維｜絜
正義○｜室謂先使清宮也後漢楊秉傳注○｜｜潔
也國語周語｜其巾羃注又文選東京賦滌濯｜嘉
薛注○｜貞也文選注引韓詩章句○｜貞｜也詩

靜女｜女其姝傳○｜整也釋名釋言語○｜服周
書周祝民乃｜注○歸根曰｜老子○｜謂根也老
子注○｜謀也書堯典卜言庸違傳又管子侈靡曲
｜之言不可爲道注○不離位曰｜韓非子喻老○○
寬樂令終曰｜周書諡法○柔德考衆曰｜同上○
樂由中出故｜禮記樂記○｜言者反而于信鬼谷
子權○聲容｜不噦𧦝也禮記玉藻聲容｜注○｜
謂怠也太元元攡其｜也注○彭與｜同本作靚晉
書音義上○｜或爲情禮記表記文而｜注○書堯
典｜言庸違漢書王尊傳作靖言庸違論衡恢國作
靖言庸回○史記周本紀周宣王｜漢書古今人
表作靖○禮記儒行｜而正之釋文｜本作評
【省】天子所居曰禁中後曰｜中獨斷上○學｜國學
也文選沈休文學省愁臥詩注○｜小井所領二
反疏得訓察其處既常有禁衛｜察故以｜代禁顏
氏家訓書證○｜減也禮記月令｜囹圄注又國策

泰策｜攻伐之心注又漢書文帝紀集注宣帝紀集
注中山靖王勝傳集注馮野王傳集注薛宣傳集注
又後漢樊準傳注又荀子富國｜商賈之數注○｜
者減也史記吳王濞傳出文｜也索隱○小減曰｜
禮記鄉飲酒義獻酬辭讓之節繁及介｜矣注○｜
約也淮南主術｜而不煩注○｜少也漢書李尋傳
集注又荀子仲尼故聖王之誅也綦｜矣注｜求
多功注○｜瘦也臞瘦約小之言也釋名釋言語
｜祭也禮記禮器禮不可不｜也注又爾雅釋詁
【省】又顏氏家訓書證引李登又漢書昭帝紀集注又五
行志上集注楊惲傳集注諸葛豐傳集注又國語晉
語無由｜之注又列子楊朱｜矣注又文選東京賦
勤屢｜薛注｜幽明以默陟薛注○｜者察也又記
韓長孺傳免｜也索隱○｜猶察也列子楊朱｜如
此其｜也注○｜今｜警也顏氏家訓書證引張揖
○｜審也禮記樂記｜其文采注○｜視也論語學

而吾日三｜吾身釋文又皇疏爲政退而｜其私皇
疏又廣雅釋詁二又史記五宗世家遂爲無訾｜正
義引顏師古又漢書文帝紀集注○見宣帝紀集注
成帝紀集注禮樂志集注食貨志下集注引李奇五
行志下之下集注劉向傳集注張良傳集注鼂錯傳
集注韓安國傳集注膠西于王端傳集注霍去病傳
集注董仲舒傳集注張湯傳集注夏侯勝傳集注孔
光傳集注薛宣傳集注谷永傳集注何武傳集注師
丹傳集注○｜猶視也後漢桓焉傳注○巡守爲｜
｜視四方也淮南精神禹南巡守注○｜觀也漢書
五行志下之上集注又荀子王制｜農功注○｜覽
也後漢朱穆傳注○｜善也詩皇矣帝｜其山箋又
禮記大傳大夫士有大事｜於其君注又爾雅釋詁
○｜循者也太元格不｜也注○｜過也小爾雅廣
詁又史記秦始皇紀飾｜宣義正義○｜廢也莊子
天道因任已明而原｜次之釋文○｜去也國語周

語夫天道道可而丨不注○丨丨不安也廣雅釋詁
○丨問其安否何如禮記曲禮上昏定而晨丨注○
迹迹屑屑不安也秦晉或謂之丨丨方言十○存恩
丨聘問臣之禮也周禮小行人○存類丨者王使臣
於諸侯之禮所謂閒問也周禮大行人歲徧存三歲
徧頫五歲徧丨注○是故夏禴秋嘗冬烝春社秋丨
禮記明堂位○丨注○丨試考校其成功也禮記中庸
日丨月試注○月丨丨鑊亨腥熟周禮小宗伯丨牲鑊
注○丨氣者觀城郭人畜氣以占之也後漢方術傳
注○大丨者何災丨也公羊莊廿二年傳○丨當爲
彌禮記玉藻唯君有黼裘以誓丨注○丨讀爲獮
記明堂位冬烝秋丨注○書盤庚惟干戈丨厥躬釋
文丨本作眚周禮小宗伯釋文丨本作眚○書洪範
王丨惟歲史記宋微子世家作王眚惟歲○史記秦
始皇紀飾丨宣義集解
引徐廣曰丨一作非

幸同幸亦作倖○幸吉而免凶也文選長門賦注引
學林○丨僥丨也公羊宣十五年傳小人見人之
厄則丨之注丨之也注又國語晉語武不行而勝丨
也注又荀子王制朝無丨位民無丨生注○不丨者
不徼丨也論衡命祿○丨丨希也後漢鮑永傳注○丨
冀也漢書灌夫傳集注終軍傳集注○丨親也禮記
檀弓上丨而至於旦注○丨賴也華嚴經音義上引
雜問○丨丨遇也華嚴經音義上引公羊劉兆注○丨
猶勝也荀子議兵丨於撓撓丨於地注○丨活也
呂覽忠廉丨汝以成而名注○丨哀也呂覽至忠王
也丨臣與臣之母注○幸親也廣雅釋詁三○倖佞
也後漢桓帝紀注○幸姪也廣雅釋詁一○親愛者
皆曰丨獨斷上○善人富謂之丨後漢班彪傳注○
非分而得謂之丨小爾雅廣義○無德而祿謂之丨
位荀子富國朝無丨位注○倖引也文選思元賦紛
繫攀以倖己兮舊注○天子所至曰丨獨斷上○天

子所行必有恩丨故稱丨後漢光武帝紀上注○丨
者宜丨也世俗謂丨丨爲僥倖車駕所至民臣被其德
澤以爲僥倖故曰丨丨也獨斷上○凡應死而生曰丨
應生而死曰不丨論語雍也不丨短命死矣皇疏○
不應生而生爲丨丨不應死而死曰不丨論語先進不
丨短命死矣皇疏○丨謂言行偶合於善則有以賜
予之以勸後也周禮大宰三曰丨以馭其丨注○車
轢所致火所不燔俗或喜之名曰丨草論衡氣壽○
倖與丨通爾雅釋言
注庶幾僥倖釋文

眚丨過也書舜典丨災肆赦傳又左氏僖卅三年傳
不以一丨掩大德注襄九年傳肆丨注又後漢質
帝紀注祭形傳注陳寵傳注張王种陳傳注○丨災
也易訟无丨釋文引馬注又虞注又穀梁莊廿二年
傳又國語周語丨其滿丨注○丨猶災也左氏莊廿
五年傳非日月之丨不鼓注○丨猶災也國語楚語

夫誰無疾丨注○亦災也後漢馬嚴傳注○丨病
也易說卦釋文引王廙注又文選東京賦勤恤民隱
而除其丨薛注○丨瘦也病也一切經音義十九○
丨省也如病者省瘦也釋名釋天○丨猶人丨瘦也
周禮大司馬馮弱犯寡則丨之注○丨敗也易說卦
傳爲多丨虞注○丨禮謂殺吉禮也周禮大司徒七
曰丨禮注○丨禮掌客職所謂凶荒殺禮者也周禮
大司徒司農注○坎爲丨易訟无丨虞注震行无丨
虞注○坎爲多丨易无妄之疾虞注○坎爲災
丨易小過是謂災丨虞注○坎爲車多丨易說卦傳
師或輿尸虞注○丨內曰丨漢書五行志中之上集
注引李奇○妖孽曰丨易訟釋文引子夏傳復有災
丨釋文引子夏傳○丨丨沴謂災氣後漢郎顗傳注○
丨災爲人作患害者也書舜典丨災肆赦鄭注○丨
字苑作眚同所景反一切經音義十九○
書康誥人有小罪非丨釋文丨本作省

【頸】丨侹也侹挺而長也釋名釋形體○丨項也廣雅
釋親○丨項前也素問腹中論丨痛胸滿腹脹注
○丨領也莊子馬蹄喜則交丨相靡釋文○丨前持
衡者考工記輈人參分其兒圍去一以爲丨圍注○
丨雀悋鳥屬
也廣雅釋鳥
【郢】丨楚都也國語吳語遂至於丨注又楚辭逢尤忘
鄗專兮丨吳虛注○魯左人丨字子行見史記仲
尼弟子傳○衛公子丨字子南見左哀
元年傳○丨州爲永州顏氏家訓音辭
【猛】丨剛史記樂書粗厲丨起正義○丨健也廣雅釋
詁二○丨害也廣雅釋詁三○丨怒也文選西京
賦丨虡趪
趪薛注
【炳】丨明也後漢班彪傳下注二見○丨明著也華嚴
經音義上引蒼頡○丨丨明也廣雅釋訓○丨丹

青色也文選皇太子釋奠會詩容圖丨暐注
○古文昺苪二形今作丨同一切經音義五
【癭】丨嬰也在頸嬰喉也釋名釋疾病○丨頭瘤也爾
雅釋木釋文引字林○丨咽疾呂覽盡數輕水所
多禿與丨人注○丨
病也廣雅釋詁一
【丙】丨炳也物生炳然皆著見也釋名釋天○丨者其
物炳明白虎通五行○丨之言炳也禮記月令其
日丨丁注○丨丨炳也廣雅釋言又太元元測都存丨
明離章注○丨丨丁火日也呂覽孟夏其日丨丁注又
淮南時則其日丨丁注○丨署署名後漢桓帝紀注
○丨地名也文選蜀都賦嘉魚出於丨穴劉注○水
穴口向丨故曰丨穴水經沔水注○魚尾謂之丨爾
雅釋魚○丨或作白淮南原道昔者馮夷大丨之御
也
注

【邴】丨鄭邑公羊隱八年經鄭伯使宛來歸丨釋文○
簡文注○丨丨明貌莊子大宗師丨丨乎其似喜乎釋文引
與丙同晉書音義中○左氏文十八年傳丨歜史記
齊世家
作丙
【打】丨擊也廣雅釋詁三○丨棓也廣雅釋言○撞出
曰丨一切經音義三引通俗文
【哽】丨塞也莊子外物壅則丨釋文○丨古文骾鯁二
形又作䱎同一切經音義二
【綆】丨繘也小爾雅廣器○繘自關而東周洛韓魏之
閒謂之丨方言五○丨汲索左氏襄九年傳具丨
缶注又莊子至樂丨短者不可以汲深釋文○丨索
也荀子榮辱短丨不可以汲深井之泉注○丨輪箄
考工記車人丨寸注○丨讀爲關東言餅之餅謂輪
箄也考工記輪人眡其丨司農注○統古丨字漢書

校乘傳集
注引晉灼
【秉】丨執也詩溱洧士與女方丨蕑兮韓詩又詩小弁
君子丨心箋烝民民之丨彝箋又爾雅釋詁又國
語晉語固丨常矣注吾丨君以殺太子注吳語帷天
王丨利度義焉注又太元元攡丨道德仁義注又楚
辭天問丨鞭作牧注牖頌丨德無私注○丨執持也
詩大田丨畀炎火釋文○丨持也廣雅釋詁三又楚
辭天問該丨季德注○丨猶持也禮記禮運故天丨
陽注○丨操也詩定之方中丨心塞淵傳○丨把也
詩大田彼有遺丨傳又左氏昭廿七年傳或取一丨
秆焉注○把謂之丨小爾雅廣物○一把曰丨家語
正論稷禾丨芻缶米注○鍾二詩之丨丨十六斛小
爾雅廣量○丨丨十六斛儀禮聘禮記十籔曰丨注○十
六斛爲丨論語雍也冉子與之粟五丨集解引馬注
○丨十六斛曰丨論語雍也皇疏○十籔曰丨儀禮聘

禮記○庚十日丨廣雅釋器○十庾曰丨丨一百六
十斗也國語魯語出稯禾丨芻缶米注○米禾之丨
筥字同數異禾之丨于把耳周禮掌客車丨有五藪
注○此丨謂刈禾盈手之丨也儀禮聘禮記四丨曰
筥注○丨願也周書謚法○丨柄也管子小匡治國
不失丨注○丨權柄也左氏哀十七年傳國子實執
齊丨服注○周禮鼓人注無舌有丨釋文丨本作枋
○詩大田丨畀炎火釋文丨韓詩作卜○丨或作炳
文選與吳質書古人思炳燭夜遊注
【鯁】丨魚骨也禮記內則釋文引字林○丨魚骨也食
骨留咽中爲丨後漢來歙傳注○丨害也國語晉
語險丨而避強注○丨與梗同後漢段熲傳注○丨
工孟反爾雅釋魚釋文引字林○禮記內則注食之
丨人釋文
丨丨本作哽

【耿】丨明也廣雅釋詁四又離騷丨吾既得此中正注
○丨光也離騷彼堯舜之丨介兮注○丨丨光也
文選謝元暉鼓吹曲使下都詩秋河曙丨丨注○丨猶炯炯
也國語晉語其光丨於民矣注○丨清也文選東京
賦聘有道之丨絜薛注○丨介專一也文選射雉賦
厲丨介之專心兮徐注○丨丨小節貌楚辭惜賢進
雄鳩之丨丨兮注○丨丨不安也廣雅釋訓○丨丨
猶儆儆不寐貌也楚辭遠遊夜丨丨而不寐兮注○
丨丨猶儆儆也詩柏舟丨丨不寐傳○丨距也爾雅
釋魚鼁䵶在水者黽注○丨國名左氏閔元年傳滅
丨滅霍釋文○丨與炯同文選顏延年登巴陵城樓
詩炯介在明淑注○史記殷本紀祖乙遷于邢索隱
曰邢音丨近
代本亦作丨
【憬】丨遠行貌詩泮水丨彼淮夷傳○丨廣大也詩泮
水釋文

【荇】荇同○丨接余也詩關雎參差丨菜傳○荇接余
其葉苻爾雅釋草○丨水草圓葉細莖隨水淺深
今是水悉有之黃花似蓴江南俗亦呼爲猪蓴或呼
爲丨菜顏氏家訓書證引劉芳注○丨字或爲莕顏
氏家訓書證○詩關雎釋文丨本作莕
○爾雅釋草莕接余釋文莕本作丨
【獷】丨猛貌也後漢光武紀上注○丨惡貌也後漢段
熲傳注○丨覺悟之貌韓詩泮水丨彼淮夷注
【併】丨列也廣雅釋詁一○丨名謂齊名也後漢鄭元
傳注○丨讀曰屏荀子彊國丨己之私欲注○爾
雅釋言注丨兩船
釋文丨本作並
【皿】丨器也集韻引字林又國語晉語是不昭毄明而
丨蠱也注○丨所以覆器者也孟子滕文公下牲
殺器丨注○丨音猛左氏昭元年傳釋
文引字林○讀丨爲猛顏氏家訓音辭

【冏】丨光也文選海賦注引蒼頡○丨明也廣雅釋詁
四○丨大明也但求切文選雜體詩注引蒼頡○
伯丨臣名也書冏命序穆王命伯丨爲周大僕正傳
○書冏命序釋文丨本作煛說文夼部作伯煛書大
傳作伯㷡漢書古
今人表作伯煛
【靚】丨即靜字文選甘泉賦稍暗暗而丨深注○丨與
靜同後漢張衡傳注
【礦】金玉未成器曰丨周禮地官序官丨人注○鐵朴
謂之丨廣雅釋器○丨強也廣雅釋詁四○丨與
鑛同文選四子講德論精鍊藏於鑛朴注○丨
古文砂字書作丨同孤猛反一切經音義二
【蜢】胡丨蝦蟆也廣雅釋魚
【黽】在水者丨爾雅釋魚○丨秋丨也周禮蟈氏掌去
鼃丨注○鼃丨蝦蟆屬書或爲掌去蝦蟆周禮秋

官序官蜩氏司農注〇鱯似鮎丨𩾇丨似蝦蟇或曰鱯丨一物名耳山海經北山經洧水其中多鱯丨注

骾 丨食骨留嗌中也一切經音義二引聲類〇丨與鯁同晉書音義中

箵 竹器謂之箵丨御覽七百五十六引通俗文

冷 丨寒也廣雅釋詁四

靖 丨息也廣雅釋詁二〇丨思也東齊海岱之閒曰丨方言二〇丨審也清也文選思元賦注引字林〇丨謀也書盤庚上自作不丨傳又詩小明丨共爾位傳菀柳俾予丨之箋召旻實丨夷我邦傳我將曰丨四方傳又左氏昭六年傳曰丨四方服注又爾雅釋詁又漢書韋元成傳集注又荀子勸學丨共爾位注〇丨法也左氏昭十三年傳諸侯丨兵注〇丨治也詩菀柳傳我將箋又禮記表記丨共爾位注又爾

雅釋詁又國語周語由欲丨民也注晉語而晉國不丨注又漢書刑法志集注王尊傳集注〇丨安也書盤庚上自作不丨馬注又左氏文丨八年傳丨譖庸回注又廣雅釋詁二又國語周語自后稷之始基丨民注晉語以出則怨丨注楚語無所丨矣注又漢書刑法志集注又後漢班彪傳下注〇丨靜也文選思元賦旣防溢而丨志兮舊注〇丨龢也國語周語〇丨和也詩昊天有成命肆其丨之傳〇丨善也韓詩東門之墠有丨家室說〇丨卑敬貌管子大匡士處丨注〇柔德好衆曰丨獨斷下〇丨古靜字漢書敘傳上集注〇丨或作竫山海經大荒東經有小人國名丨人注〇丨與靚同文選思元賦潛服膺以永丨兮注〇詩小明丨共爾位韓外傳作靜恭爾位春秋繁露祭義作靜共爾位〇樊陽令楊君碑處丨衡門靜作丨

睛 丨諟也廣雅釋言

裎 襌衣無裦者謂之丨衣方言四〇佩紟謂之丨同上

〇以下據廣韻錄 **挭** 丨強也廣雅釋詁四〇㥷覺也廣雅釋詁

埂 埂坑也廣雅釋水

昞 亦作昺〇丨明也廣雅釋詁四〇昞音明也一切經音義五引三蒼

窉 亦作病〇三月爲窉爾雅釋天〇窉病也廣雅釋詁二

䭘 丨飽也方言十二〇丨滿也廣雅釋詁

境 丨擊也廣雅釋詁三

省 丨少也廣雅釋詁三

媘 丨少也廣雅釋詁三

𤭛 丨瓶也廣雅釋器

渻 水出其前丨邱爾雅釋邱〇左氏襄廿一年傳丨[illegible]釋文丨本作省〇爾雅釋邱釋文丨本作消〇莊子達生紀丨子爲王卷闘雞釋文丨本作渻

盁 丨窟也廣雅釋室

郠 丨芒耿反晉書音義中引字林

穬 大麥之無皮毛者曰丨文選馬汧督誄注引崔實四民月令注

卝 丨之言礦也周禮地官序官丨人注〇丨音侯猛反又音口猛反一切經音義二引周禮劉昌宗音

駉丨夜也廣雅釋詁四○左氏文十五年傳一人門于句丨釋文丨本作駉
𤭛丨瓶也廣雅釋器
皏丨白也廣雅釋器○丨謂薄白色也素問風論注
丨然白注
姘丨潔也廣雅釋詁三
竫丨正也呂覽貴因丨立安坐而至者注○丨善也廣雅釋詁二○丨猶撰也公羊文十二年傳惟諓諓善丨言注○公羊定七年經葬曹丨公釋文丨本作靖○公羊文十二年傳釋文丨本作諓又作諞○帝堯碑丨恭祈福蔡邕王子喬碑作靜恭祈福
浧丨濡猶言滑濘管子宙合訓信丨濡注
梬丨棗釋也廣雅釋木
巠丨巺也廣雅釋詁四
紷爾雅釋器黼丨謂之襮釋文丨本作領
鉼丨鬴也廣雅釋器○鍑北燕朝鮮洌水之閒或謂之丨方言五
𢷾丨竟也方言十三又廣雅釋詁三
○以下據集韻錄
抦丨拼也廣雅釋詁二
恲丨復也廣雅釋詁二
𤭢丨瓵帶丨讀謹郰之郰也淮南說山麫鎵瓵丨注

經籍籑詁卷第五十三

兵部侍郎兼都察院右副都御史巡撫浙江等處地方提督軍務兼理糧餉阮元譔集

二十三梗

梗　說文丨山枌榆有束莢可爲燕蕘者从木更聲○丨謂直也方言十三注○丨猛也廣雅釋詁四○丨病也後漢書段熲傳丨槩大畧也方言十三注○丨至今爲丨注

影　丨謂於槷端自日出畫之以至日入既得丨爲規識之周禮天官序官視以景疏○周禮大司徒正日景以求地中釋文本或作丨

景　說文丨光也从日京聲○丨光也後漢書班固傳下吐金丨兮歊浮雲注○丨象也漢書梅福傳此

何丨也注○丨大也文選甘泉賦垂丨炎之炘炘注引晉灼○丨照也廣雅釋詁三○丨明也文選嘯賦陵丨山注○離爲丨風周禮保章氏疏引考異郵○南方丨風廣雅釋天○丨星者德星也漢書天文志○丨星乃四時氣和之名也論衡是應○丨當爲莊國語鄭語秦丨皇襄注

井　說文丨八家一井象構韓形罋之象也古者伯益初作丨凡丨之屬皆从丨○古者穿地取水以瓶引汲謂之爲丨易丨改邑不改丨疏○九夫爲丨詩甫田歲取十千箋又禮記郊特牲邱乘共粢盛疏坊記疏引司馬法○衍沃之地畝百爲夫九夫爲丨左氏襄廿五年傳丨衍沃賈注○丨德之地也所以表民性命而清潔之主者也易丨卦干注○木入水出丨之象也易象上傳巽乎水而上水丨虞注○丨共汲之所漢書貨殖傳商相與語財利於市丨注○丨法也易丨釋文引鄭注○丨者法也越絕書外傳記地傳○丨深也廣雅釋詁三○屋三爲丨也管子侈靡斷方丨田之數注○丨田之處而爲此市故謂之市丨公羊宣十五年傳注國丨田以爲市疏○立市必四方若造丨田之制故曰市丨管子小匡處商必就市丨注○因丨爲市故言市丨一切經音義五引白虎通○言丨者但爲方里之名公羊哀十二年傳注不言丨者注

嶺　說文新附丨山道也从山領聲○領山丨也漢書嚴助傳輿轎而隃領注引項昭

領　說文丨項也从頁令聲○丨頸也禮記檀弓下是全要丨以從先大夫於九京也疏又漢書地理志下北地郡馬丨注○丨衣丨也漢書張騫傳竟不能得月氏要丨注○丨爲被頭禮記喪大記注綴之丨側疏○三丨三稱也荀子正論衣衾三丨注○古者方丨似今擁咽禮記深衣注古者方丨疏

竟　說文新附丨疆也从土竟聲經典通用竟○竟界首也禮記曲禮上入竟而問禁疏○竟是疆界之名至此易盡故謂之疆場穀梁隱元年傳不行竟中注○竟讀曰丨漢書元帝紀加以邊竟不安注○定本疆丨字作竟詩甫田箋萬壽無疆竟也疏○詩江漢箋據至其竟釋文本亦作丨召旻箋國中至邊竟釋文本亦作丨○公羊隱二年傳注不得踰竟釋文今本多即作丨字○穀梁隱元年傳聘弓鍭矢不出竟釋文本或作丨

警　說文丨戒也从言从敬敬亦聲○丨者戒肅也漢書梁孝王武傳出稱丨入言蹕注○丨令戒肅也漢書韓安國傳入言丨注

請　說文丨謁也从言青聲○丨問也左氏昭七年傳以丨先君之貺注○丨謂問也漢書張湯傳其造

丨諸公注

屏 說文丨蔽也从尸并聲○丨蔽也後漢書東平憲王蒼傳俜丨余一人注○丨除也文選笙賦微填丨篪注○丨謂僻退也禮記曲禮上丨於側注○屏與丨通文選洞簫賦處幽隱而奧丨兮注

餅 說文丨麪餈也从食并聲

永 說文丨長也象水巠理之長詩曰江之丨矣凡丨之屬皆从丨○丨長也易訟不丨所事疏象上傳注其唯亢丨貞乎疏又易晉劅罄擗丨嘆注又考工記㮚氏丨啟厥後注又左氏昭廿八年傳丨言配命注又方言一○丨或作詠後漢書皇后紀下以事問於羽林左監許丨注○詩漢廣江之丨矣文選登樓賦注引韓詩作江之漾矣

騁 說文丨直馳也从馬甹聲○丨馳也左氏襄廿八年傳而丨告公注○丨馳言其疾也淮南脩務丨馳若騖注○騁競驟也淮南詮言騁者不貪最先注

逞 說文丨通也从辵呈聲楚謂疾行爲丨春秋傳曰何所不丨欲○丨快也周禮甸師注不丨于王疏又國語魯語受丨而不知注不丨於齊注又文選闕中詩注引國語賈注○丨解也左氏成元年傳乃可以丨注

潁 說文丨水出丨川陽城乾山東入淮从水頃聲豫州浸

穎 丨是丨發之義禮記少儀枕几丨杖疏○刀之在手謂之爲丨禾之秀穗亦謂之爲丨枕之警動亦謂之丨其事雖異大畧同也同上

整 說文丨齊也从攴从束从正正亦聲○丨齊不差也淮南覽冥爲丨齊而斂諸注

靜 說文丨審也从青爭聲○丨無聲也素問五常政大論毛蟲丨注○丨謂安丨禮記樂記寬而靜疏○地曰丨管子心術上○地之道曰丨同上○夫丨漠者神明之宅也淮南精神○地陰爲丨易繫辭上傳動丨有常疏

省 漢制王所居曰禁中諸公所居曰丨中文選魏都賦注引魏武集○丨少也荀子仲尼丨求多功注○丨謂減除之漢書刑法志能丨刑本也注○丨者全去之漢書元帝紀水衡丨肉食獸注○丨爲辭寡荀子性惡少言則徑而丨注○丨讀爲減丨之丨也公羊莊廿二年傳肆大丨疏○丨獮聲相近禮記明堂位秋丨疏

省 說文丨視也从眉省从屮省古文从少从囧○丨謂之察素問氣交變大論是謂臨視丨下之過注

幸 說文夭吉而免凶也从屰从夭夭死之事故死謂之不幸○丨者吉而免凶也漢書昭帝紀有不丨者注○倖者吉而免凶可慶丨也漢書高帝紀下願大王以丨天下注○丨儌丨也國語晉語其下丨以偷注○丨非望之福也漢書伍被傳不可以徼丨邪注○丨臨丨也漢書司馬相如傳下設壇場望丨注○亡德而富貴謂之不丨漢書敘傳十三上傳贊

眚 說文丨目病生翳也从目生聲○丨過也易訟无丨丨釋文引鄭注又周禮甸師喪事代王受丨烖疏○丨災也素問六元正紀大論非是者丨也注○異自內生曰丨易復有災丨釋文引鄭注○月侵日爲丨左氏莊廿五年傳非日月之丨注○異物生謂之丨左氏宣十五年傳地反物爲妖疏○甚則異物生

謂之丨漢書五行志中之上

頸 說文丨頭丨也从頁巠聲○丨之與項亦一物也左氏襄十八年傳注脛脛也疏

郢 說文郢故楚都在南郡江陵北十里从邑呈聲郢丨或省

猛 說文丨健犬也从犬孟聲○丨起謂武丨發起禮記樂記粗厲丨起疏○丨起發揚史記樂書集解引禮記樂記王肅注○丨奮發揚也漢書禮樂志麤厲丨奮之音作注○丨或作獷後漢書光武帝紀上又驅諸丨獸注

炳 說文丨明也从火丙聲

癭 說文丨頸瘤也从疒嬰聲

杏 說文丨果也从木可省聲

丙 說文丨位南方萬物成炳然陰气初起陽气將虧从一入冂一者陽也丨承乙象人肩凡丨之屬皆从丨○丨炳也禮記月令注因以爲日名焉疏○丨取其炳明太元元數日丨丁注○丨者言陽道著明史記律書○丨剛廣雅釋天

邴 說文邴宋下邑从邑丙聲○丨者何鄭湯沐之邑公羊隱八年傳

哽 說文丨語爲舌所介也从口更聲讀若井汲綆

綆 說文丨汲井丨也从糸更聲○丨者汲水之索儀禮謂之繘左氏襄九年傳注丨汲索疏○丨汲索也漢書五行志上具丨缶注

秉 說文丨禾束也从又持禾○丨執也國語晉語濟且丨成注○丨把也謂刈禾之把數詩代檀箋禾丨之數疏○丨刈禾之把也詩大田箋疏

鯁 說文丨魚骨也从魚更聲

耿 說文丨耳箸頰也从耳炯省聲杜林說丨光也从光聖省凡字皆左形右聲杜說非也○詩柏舟丨丨不寐楚辭注五作炯炯不寐

璟 丨玉光彩廣韻引埤蒼

憬 說文丨覺寤也从心景聲詩曰丨彼淮夷

荇 說文莕接餘也从艸杏聲荇莕或从行同○丨丨一名接余詩關雎參差丨菜疏

獷 說文丨犬丨丨不可附也从犬廣聲漁陽有丨平縣

皿 說文丨飲食之用器也象形與豆同意凡丨之屬皆从丨讀若猛○丨器也左氏昭元年傳於文丨蟲爲蠱注

囧 說文丨窗牖麗廔闓明象形凡丨之屬皆从丨讀若獷賈侍中說讀與明同

靚 丨即靜字漢書楊雄傳上注王莽傳下辛丑清丨無塵注○丨與靜同漢書百官公卿表下典客丨注賈誼傳澹乎若深淵之丨注○丨字與靜同漢書外戚傳下神眇眇分密丨處注

礦 說文磺銅鐵樸石也从石黃聲讀若穬卝古文磺周禮有卝人

蜢 說文新附丨蚱丨也从虫孟聲

黽 說文丨鼃丨也从它象形丨頭與它頭同凡丨之屬皆从丨鼀籒文丨○丨耿丨也似青蛙大腹一名土鴨爾雅釋魚注○丨蛙屬也山海經中山經卅六如丨注

怲 說文丨憂也从心丙聲詩曰憂心丨丨

寎 三月爲寎爾雅釋天○爾雅釋天三月爲病釋文本或作丨

骾 說文丨食骨留咽中也从骨㪅聲○丨亦鯁字漢書杜欽傳朝無骨丨之臣注

冷 說文丨寒也从仌令聲

靖 說文丨立竫也从立靑聲一曰細皃○丨謀也禮記表記丨共爾位疏○丨安也左氏襄七年傳丨共爾位注○丨和也國語周語肆其丨之注○書微子自丨釋文馬本作清○帝堯碑竫恭祈福丨作竫

檠 亦作檠○檠弓匣也詩角弓傳不能紲檠巧用釋文○檠謂弓柲考工記弓人注內之檠中疏○檠者藏弓定體之器詩角弓疏○丨矯弓之材讀曰敬淮南脩務故弓待丨而後能調注○檠謂輔正弓弩也漢書蘇武傳檠弓弩注○檠弓𢪔也文選魏都賦弓珧解檠劉注

裎 說文丨袒也从衣呈聲○丨猶袒也儀禮士喪禮注沐浴裸丨疏

○以下據廣韻錄

郠 說文郠琅邪莒邑从邑更聲春秋傳曰取丨

埂 說文秦謂阬爲丨从土㪅聲讀若井汲綆○丨小坑也玉篇引蒼頡

儆 說文丨戒也从人敬聲春秋傳曰丨宮○丨備火也左氏昭十八年傳各丨其事注

璥 說文丨玉也从玉敬聲

憼 說文丨敬也从心从敬敬亦聲

媘 說文丨減也从女省聲

渻 說文丨少減也一曰水門又水出邱前謂之丨邱从水省聲

⿱穴皿 說文丨北方謂地空因以爲土穴爲丨戶从穴皿聲讀若猛

鄳 說文丨江夏縣从邑黽聲

耿 葸蕖芋也其莖謂之丨廣雅釋草

鮩 說文丨蚌也从魚丙聲

蠯 說文丨蜌也脩爲丨圜爲蠇从虫庳聲

⿰青彡 說文丨清飾也从彡青聲

竫 說文丨亭安也从立爭聲

⿰革蚩 說文丨驂具也从革蚩聲讀若騁蜃

梬 說文丨棗也似柹从木甹聲○丨丨棗也漢書司馬相如傳上樝梨丨栗注引張揖○丨棗卽今之梗棗也漢書司馬相如傳上注○丨棗似柹史記司馬相如列傳丨棗楊梅集解引徐廣○丨音郢都之郢文選子虛賦樝梨丨栗注引蘇林

痙 說文丨彊急也从疒巠聲

檾 說文丨枲屬从林熒省詩曰衣錦丨衣

【廮】説文丨安止也从广嬰聲鉅鹿有丨陶縣

【䣐】説文[illegible]地名从邑嬰聲

【棤】説文丨木參交以枝炊簞者也从木省聲讀若驪駕

【徥】説文丨徑行也从彳是聲

○以下據集韻錄【埩】説文丨治也从土爭聲

【廎】説文丨小堂也从高省冋聲廎丨或从广頃

【庰】説文丨蔽也从广幷聲

經籍纂詁卷第五十三補遺終

經籍籑詁卷第五十四

上聲

經筵講官南書房行走禮部左侍郎兼署兵部左侍郎提督浙江學政阮元撰集

二十四迥

【迥】丨遠也爾雅釋詁又史記司馬相如傳丨瀾泳沫集解引漢書音義又漢書司馬相如傳下集注引孟康又後漢班彪傳下注○丨遐也爾雅釋詁

【炯】丨明也漢書敘傳上集注○丨丨光也廣雅釋訓○丨晃光明也文選遊天台山賦皦日丨晃於綺疏注

【茗】晚採者爲丨封氏聞見記○丨邈高貌也文選七命丨邈茗嶢注

【挺】丨莜也漢書陳勝傳集注又文選西征賦丨又來往注王文憲集序汝郁之幼丨淳至注○丨拔也國語吳語丨鈹搢鐸注○丨出也廣雅釋詁二○丨生出也呂覽仲冬紀丨出注○丨生也後漢楊賜傳注○丨猶動也呂覽忠廉不足以丨其心矣注○丨直也考工記弓人於丨臂中有柎焉故剽注又荀子勸學雖有槁暴不復丨者注○丨正直也左氏襄五年傳我心丨丨注○丨寬也國語吳語王安寬志注○丨猶寬也禮記月令丨重囚注又後漢魯恭傳注○丨緩也呂覽仲夏丨重囚注又淮南時則丨重囚注○丨解也後漢臧宮傳注傅變傳注○丨猶脫也史記陳涉世家尉劒丨集解引徐廣○丨引也漢書五行志中之上集注劉屈氂傳集注谷永傳集注梁邱賀傳集注○丨治國策齊策丨子以爲人注○丨猶膱也儀禮鄉飲酒禮記薦脯五丨注○丨挏猶上下也淮南俶眞擢挨丨挏注○丨專折竹丨丨也後漢方術傳注○儀禮鄉飲酒禮薦脯五丨釋文丨本作脡

【梃】丨杖也廣雅釋器又孟子梁惠王上殺人以丨與刃注○杖謂之丨小爾雅廣服○丨矛也呂覽簡選鋤櫌白丨注○丨木淮南作旋樹旋玉類也山海經海内西經丨木牙交注

【艇】小船謂之丨小爾雅廣器○小艒艄謂之丨方言九○丨舟也廣雅釋水○丨舸也方言九注○蜀丨一版之舟若今豫章是也淮南俶眞越舲蜀丨注○二百斛以上曰丨丨挺也其形徑挺一人二人所乘行者也釋名釋船

【鋌】丨銅鐵璞也文選七命注引淮南許注○丨盡也廣雅釋詁一○丨盡也南楚凡物空盡者曰丨方言三○丨空也同上○丨疾走貌左氏文十七年傳丨而走險注○丨箭足入稾中者也考工記冶氏丨

十之司農注○丨賜亦中國之通語也方言三丨賜也注○丨讀如麥秀丨之丨考工記冶氏注

【町】丨謂畝畝文選西京賦編丨成篁薛注○丨畦畔埒也莊子人閒世彼且爲无丨畦釋文引李注○丨畽鹿迹也詩東山丨畽鹿場傳○詩東山釋文丨本作圢

【頲】丨直也爾雅釋詁○丨正直也爾雅釋詁注

【醒】丨酒疾也管子地員終無痟丨注

【溟】丨涬自貴之謂也莊子天地豈兄堯舜之敎民丨涬然弟之哉注○溟丨猶絕遠杳冥也文選海賦經途瀴丨注○瀴丨鬱岪山氣晤昧之狀文選吳都賦劉注

【脡】丨直也禮記曲禮下鮮魚曰丨祭注○屈曰朐申曰丨公羊昭廿五年傳與四丨脯注○古文丨爲

挺儀禮士虞禮
記脯四丨注

謦　頦○丨欬也廣雅釋言○丨聲也一切經音義六引蒼
頡○丨欬愉言笑也莊子徐無鬼昆弟親戚之丨
欬其側乎釋文引李注○利喉斤
丨欬一切經音義十四引通俗文
通作絅○丨襌也詩碩人衣錦丨衣箋○丨襌也

褧　蓋以襌縠爲之詩丰衣錦丨衣箋○詩碩人衣錦丨
衣列女傳作衣錦絅衣說文𣏟部作檾衣○
禮記中庸衣錦尚絅書大傳作衣錦尚蘔

娗　婚丨言恫丨也方言十婚丨也注

珽　丨笏也周書王會搢丨注又廣雅釋器○丨玉笏
也若今吏之持簿左氏桓二年傳袞冕黻丨注○
天子笏曰丨挺直無所屈也隋書引許慎五經異義
○丨之言挺然無所屈也禮記玉藻天子搢丨注○
王所搢大圭也或謂之丨考工記玉人大
圭長三尺注○禮記玉藻釋文丨本作珵

剄　以刀割頸爲丨漢書高帝紀上集注引鄭氏○丨
刺也史記陳涉世家索隱引三蒼郭注○丨强也
廣雅釋詁一○左氏定十四年
傳遂自丨也釋文丨本作刎

竝　一作竝○丨比也荀子儒效俄而丨乎堯舜注○
竝匹也太元密竝天功也注○丨併也儀禮鄉射
禮丨行注大射儀丨行注少牢饋食禮皆二骨以丨
注又爾雅釋言又淮南主術與日月丨注又楚辭自
悲冰炭不可以相丨兮注○竝併也詩還竝驅從兩
肩兮箋○丨幷也儀禮有司徹陳于羊俎西丨注○
竝幷也謂比方之也禮記禮運竝於鬼神注○丨併
也今文曰併儀禮公食大夫禮二以丨注○丨俱也
楚辭懷沙古固有不丨兮注又廣雅釋言○竝猶俱
也漢書趙充國傳集注又呂覽明理有四月竝出注

○竝猶兼也後漢董卓傳注○竝且也漢書張湯傳
集注趙充國傳集注○竝猶且也後漢薊子訓傳注
○竝依也漢書鮑宣傳集注○丨處羣居也荀子富
國人倫丨處注○竝傍也依也史記秦始皇紀注○竝
謂傍畦而行列子天瑞竝歌竝進釋文○今文丨爲
併儀禮士喪禮二人以丨注○今文丨皆爲併儀禮
聘禮皆二以丨注少牢饋食禮皆二骨以丨注○今
文丨作併儀禮公食大夫禮二以丨注○今文丨當
作併儀禮士昏禮丨南上注○古文丨皆作併儀禮
有司徹陳于羊俎西丨注○竝讀曰傍漢書武帝紀
集注○史記漢書傍河傍海皆作
竝列子黃帝竝流而承之釋文

等　丨齊也廣雅釋詁四又國語魯語而丨胄之親疏
也注○丨猶齊丨也周禮大宗伯以丨邦國注○
丨類也易繫辭下傳爻有丨注○丨輩也易繫辭下
傳干注○丨輩也廣雅釋詁一○丨同也漢書郊祀
志上集注又淮南主術與無法丨注○同名同食曰
同丨大戴記少閒○丨差也禮記樂記然後立之樂
丨注又周書周祝利有丨注又荀子正論稱遠邇而
丨貢獻注又淮南本經制服丨注○丨猶差也周禮
司勳以丨其功注○丨賦以差丨制賦荀子富國丨
賦府庫者貨之流也注○丨威謂威儀有差丨也後
漢東平憲王蒼傳注楊秉傳注○丨九儀之差數周
禮掌訝掌邦國之丨籍注○用丨牲器尊卑之差周
禮小宗伯掌五禮之禁令與其用丨注○丨級也呂
覽召類士階三丨注○丨呰級也禮記樂記禮義立
則貴賤丨矣注○丨謂功沽上下周禮司弓矢辨其
物與其丨注○丨道猶今言何勿語也後漢禰衡傳
注○丨字本音都在反又
轉音丁兒反匡謬正俗六

鼎　丨牲器也周禮掌客丨簋十有二注○有足曰丨
淮南說山嘗一臠肉知一鑊之味注○丨器也易

鼎釋文○丨象也易象下傳鼎元亨鄭注○丨爲也
廣雅釋詁四○丨法象也易鼎釋文○丨三公象也
書高宗肜日序有飛雉升丨耳而雊鄭注○丨取新
也易雜卦傳○丨者取新成變者也易象下傳君子
以正位凝命注○丨者成變之卦也易鼎注○丨之
爲義空中以待物者也易鼎耳革注○九丨九州貢
金所鑄也一曰象九德故曰九丨也淮南俶眞九丨
重味注○丨方也漢書賈誼傳集注引應劭匡衡傳
集注引應劭○所以刺船謂之橋維之謂之丨方言
九○東都城東南名曰丨門蓋九丨所從入也故謂
是地爲丨中水經穀
水注引京相璠說

頂 丨顛也一切經音義十三引蒼頡○丨首也乾爲
丨易大過過涉滅丨虞注○丨上也方言六又廣
雅釋詁一○莊子大宗師肩
高于丨釋文丨崔本作釘

洞 丨遠也詩泂酌丨酌彼行潦傳

詗 丨求也廣雅釋詁三

婞 一作悻○丨很也離騷鯀丨直以亡身兮注惜誦
行丨直而不豫兮注○悻悻字當作丨很也直也
孟子公孫丑下悻悻然見於其面音義引丁音○丨
猶直也文選祭顏光祿文性丨剛潔注○丨佷也後
漢黨錮
傳注

侹 丨直也廣雅釋詁三○平直曰丨一切經音義十
一引通俗文○丨代也江淮陳楚之閒曰丨方言
三○丨代也廣雅釋詁三○丨俠也廣雅
釋詁二○丨古文頲同一切經音義十二

脛 丨莖也直而長似物莖也釋名釋形體○丨脚丨
也論語憲問以杖叩其丨集解引孔注○丨腳胻
也一切經音義十四引字林○丨胻丨也膝上曰股
膝下曰丨論語憲問皇疏○丨古文踁同一切經音
義十
四

肯 丨可也詩終風惠然丨來箋有杕之杜噬丨適我
箋又爾雅釋言○丨猶可也國策齊策容丨爲靖
郭君來寡人乎注○肎口乃及著骨肉也莊子養生
主釋文引字林○丨骨無肉也莊子養生主技經丨
綮之未
嘗釋文

熲 丨光也詩無將大車不出于丨傳又爾雅釋詁○
丨充也爾雅釋言○丨本作熲晉書音義上

濘 丨泥管子地員不丨車輪注○丨深泥也國語晉
語戎馬丨而止注○丨淸也泥也廣雅釋言

拯 廣韻拼撜同○丨濟也易渙用丨馬壯吉釋文引
伏曼容注又孟子梁惠王下民以爲將丨已於水

火之中也注又文選思元賦[illegible]以丨民舊注述
祖德詩丨溺由道情注○出溺曰丨左氏宣十二年
傳自於阱而丨之注○丨升也漢書司馬相如傳
下集注○拼陞也廣雅釋言○丨舉也易渙釋文引
馬注○拼舉也廣雅釋詁一○撜舉也淮南齊俗子
路撜溺注○拼上舉音承易明夷釋文引字林○丨
拔也易渙釋文引王肅注○拼拔也廣雅釋詁三○
拼拔也出休爲拼方言十三○丨取也易艮不丨其
隨虞注○拼取也易渙用拯馬釋文引子夏傳又廣
雅釋詁一○拼收也廣雅釋詁三○易明夷用丨馬
壯吉釋文丨子夏傳作抍
○抍一作㧅方言十三注

涬 丨溟自然氣也莊子在宥大同乎丨溟釋文引司
馬注○丨引也後漢張衡傳注

○以下據廣韻錄

炅 丨熱也素問舉痛論得丨則痛立止注○長刺節論盡丨病已注調經論乃爲丨

中注○丨謂熱也素問
疏五過論膿積寒丨注

泂 丨寒也廣雅釋詁四

眳 丨眉睫之閒文選西京賦丨䁢流眄薛注○丨睛不悅目貌廣韻引字林○丨䁢也廣雅釋詁

濎 丨濘小貌也後漢杜篤傳注

靪 丨補也廣雅釋詁四

廮 丨重也廣雅釋詁三

訂 丨平議也一切經音義一引字書○丨評議晉書音義下○丨平也廣雅釋詁三○丨議也廣雅釋詁四○丨逗遛也廣韻引字林

涏 丨涎也廣雅釋言

宁 丨空也廣雅釋詁三

濙 丨絕小水也文選甘泉賦注引字林

薴 丨蒈荏蘇也廣雅釋草

烓 丨口熲反詩白華釋文引字林

顈 丨禪也儀禮士昏禮被丨黼注○丨草名禮記雜記則既丨注

絅 禮記中庸衣錦尚丨釋文丨本作頴

䂢 丨窒也廣雅釋詁三

承 丨拼字玉篇引聲類

鄎 丨國名音叵肯切穆天子傳一天子西征至于丨人注

○據集韻錄

湏 丨濘沸貌文選海賦丨濘潗潳注

○附錄

顈 丨讀爲絅或爲絺書大傳衣錦尚丨注

經籍籑詁卷第五十四

經籍籑詁卷第五十四補遺 上聲

兵部侍郎兼都察院右副都御史巡撫浙江等處地方提督軍務兼理糧餉阮元撰集

二十四迥

迥 說文｜遠也从辵同聲

炯 說文｜光也从火同聲○｜明也文選幽通賦又申之以｜戒曹注登巴陵城樓詩注引蒼頡○｜光也文選秋興賦注引廣雅

茗 說文新附｜荼芽也从艸名聲

挺 說文｜拔也从手廷聲○｜引拔也漢書師丹傳以｜力田議注○｜然直貌漢書蓋寬饒傳直而

不｜注

梃 說文｜一枚也从木廷聲○｜杖也呂覽簡選可以勝人之長銚利兵注○｜大杖也漢書吾邱壽王傳民以耰鉏箠｜相撻擊注○白｜大杖也漢書諸侯王表陳吳奮其白｜注引應劭

艇 說文新附｜小舟也从舟廷聲

鋌 說文｜銅鐵樸也从金廷聲○｜賜也方言三

町 說文田踐處曰｜从田丁聲

頲 說文｜狹頭｜也从頁廷聲

溟 ｜涬濛澒氣未分之貌也論衡談天

酊 說文新附｜酩｜也从酉丁聲

脡 ｜者取｜｜然直儀禮少牢饋食春從前為正疏○春以前為正其次名｜卻後名橫同上

謦 說文｜欬也从言殸聲殸籀文磬字

褧 說文｜緐也詩曰衣錦｜衣示反古从衣耿聲○禪為絅禮記中庸衣錦尚絅注○絅禪也禮記中庸疏○絅與｜音義同詩丰疏

娗 說文｜女出病也从女廷聲

庱 說文新附｜地名从广未詳

珽 說文｜大圭長三尺抒上終葵首从玉廷聲○｜一名大圭左氏桓二年傳注｜玉笏也疏引徐廣

車服儀制○｜大珪長三尺杼上終葵首謂剡上至其首而方也荀子大略天子御｜注

剄 ｜取其首左氏定四年傳布裳｜而裹之注○以刀劊頸為｜史記項羽本紀皆自｜汜水上集解○｜謂刺頸史記淮南衡山列傳令從者魏敬｜之正義○｜割頭也漢書賈誼傳已乃墮骨肉之屬而抗｜之注

竝 說文｜併也从二立凡｜之屬皆从｜○禮記儒行｜立則樂釋文本亦作併

等 說文｜齊簡也从竹从寺寺官曹之｜平也○｜階也禮記雜記下執事者亦敢｜疏○｜輩類也禮記文王世子乃進其｜疏○｜謂差｜周書常訓和意無｜注○｜夷言｜輩史記留侯世家皆陛下故｜夷索隱引如淳○｜謂率而齊之管子侈靡固以為民｜注○｜威威儀之｜差左氏文十五年傳

示有等威注○丨賦賦稅有丨所以爲丨賦荀子王制王者之丨賦注○丨位丨級之位也荀子王制丨位不遺注

鼎 說文丨三足兩耳和五味之寶器也昔禹收九牧之金鑄丨荆山之下入山林川澤魑魅魍魎莫能逢之以協承天休易卦巽木於下者爲丨象析木以炊也籀文以丨爲貞字凡丨之屬皆从丨○丨者器之名也易鼎丨元吉疏○丨所以和齊生物成新之器也易說卦傳故受之以丨注○丨能孰物養人易象下傳丨象也九家注○丨三足三公象也易鼎覆公餗鄭注○丨者三足一體猶三公承天子也易鼎覆公餗九家注○丨三足三公象而以耳行漢書五行志中之下○丨王者所傳寶周書克殷遷九丨三巫注○丨者宗廟之寶器也漢書五行志中之上○丨始也文選吳都賦高門丨貴注引漢書應劭注○丨猶言當也漢書匡衡傳無說詩匡丨來注○丨丨謂大舒禮記檀弓上丨丨爾則小人注

頂 說文丨顚也从頁丁聲𩑋或从𩕄丁𩕲籀文从鼎○莊子人間世肩高于丨釋文本作項

洞 說文丨滄也从水同聲

婞 說文婞很也从女幸聲楚詞曰鯀婞直

侹 說文丨長皃一曰箸地一曰代也从人廷聲

肎 說文肎骨閒肉肎肎箸也从肉从冎省一曰骨無肉也肎古文肎○不丨者可以丨也穀梁宣三年傳

頮 說文丨火光也从火頃聲

拯 說文拼上舉也从手升聲易曰拼馬壯吉撜拼或从登○丨承也易明夷用丨馬壯釋文引鄭注○丨升也淮南氾論則捽其髮而丨注○以財與之謂之拼周禮職官注振者升也注○丨者救溺之名穀梁序丨頹綱以繼三五疏○丨猶救助也左氏昭十年傳是以無丨注○丨是救助之義左氏昭十年傳疏○丨是救溺之名同上○丨音烝之上聲也同上○周禮大司徒注拼捄天民之窮者也釋文本亦作丨救○孔霔碑拼馬蠲害丨作拼

酩 說文新附丨丨酊醉也从酉名聲

○以下據廣韻錄

炅 說文丨見也从火日○丨熱也素問陰陽類論丨至以病皆死注

打 說文新附丨擊也从手丁聲

訂 說文丨平議也从言丁聲○丨參丨時驗謂平比之也詩天作箋以此丨太王文王之道釋文○丨平也詩天作釋文引字詁

壬 說文丨善也从人士士事也一曰象物出地挺生也凡丨之屬皆从丨

汫 丨濴也文選七發洪淋淋焉注引聲類

悻 說文丨恨也从心巠聲

緈 說文緈直也从糸幸聲讀若陘

鞞 說文丨刀室也从革卑聲○丨容刀之丨也詩瞻彼洛矣丨琫有珌傳○上曰丨下曰琫詩公劉丨琫容刀傳○丨者刀鞘之名詩公劉疏○古之言丨猶今之言鞘詩瞻彼洛矣疏○詩瞻彼洛矣丨琫有

玭釋文字又作𤤺

烓【說文】丨行竈也从火圭聲讀若冋

顈丨草也【禮記雜記下】則既丨釋文

〇以下據集韻錄[illegible]【說文】丨深池也从井瑩省聲

漀【說文】丨側出泉也从水殸聲殸籀文磬字

[illegible]丨丨蠡也【廣雅釋訓】

經籍籑詁卷第五十四補遺終

上聲

經筵講官南書房翰林戶部左侍郎兼署禮部左侍郎前提督浙江學政阮元撰集

二十五有

有 丨取也廣雅釋詁一○丨質也廣雅釋詁三○丨猶
保也禮記哀公問不能丨其身注○丨其身注○丨猶富也列子
說符羨施氏之丨注○丨猶往也淮南俶眞物莫不
生於丨也注○執著爲丨注○丨後漢西域傳注○丨識丨
也詩葛藟亦莫我丨箋○丨藏之也詩芣苢薄言丨
之傳○大丨衆也易雜卦傳○大丨包容之象也易
象上傳大卜注○大丨豐富之世也易大有上九注
○歲其丨豐年也詩有駜歲其丨傳○丨又也詩終
風不日丨曀箋文王丨慮殷自天箋旣醉昭明丨融

箋又儀禮士相見禮吾子丨辱注又管子宙合宙合
丨橐天地注○丨之言又也詩長發丨虔秉鉞箋○
丨所歎美丨所傷痛隨事丨義也小爾雅廣訓○九
丨九州也詩烈祖奄有九丨傳又文選注引薛君章
句○撫丨其地謂之九丨荀子解蔽此其所以代夏
王而受九丨也注○丨讀爲又荀子富國丨掎挈伺
詐權謀傾覆以相顛倒注王霸加丨治辨彊固之道
爲注丨以守少能無祭乎注正論夫丨誰與讓矣注
正名丨嘗試深觀其隱而難其察者注性惡則丨惡
用聖王惡用禮義矣哉注然則丨曷貴堯禹注成相
處之敦固丨深藏之能遠思注子道夫子丨奚對焉
注哀公而丨多知能注堯問夫丨何足致也注○論
語學而丨朋自遠方來釋文丨本作友顏淵集解丨
相切磋之道釋文丨本作友○莊子人閒世是人惡
丨其美也釋文
丨崔本作育

酒 丨酉也釀之米麴酉澤久而味美也亦言蹴也能
否皆強相蹴持飲之也又入口咽之皆蹴其面也
釋名釋飲食○丨者乳也王者法丨旗以布政施天
乳以哺人古微書引春秋元命苞○丨之言乳也所
以策身扶老也古微書引春秋說題辭○丨者乳也
春秋元命苞蓋法丨旌注○丨謂清也糟也禮記少
儀其以乘壺丨注○丨蓋稻丨粱丨儀禮聘禮八壺
設于西序注○丨謂齊丨也周禮大行人以丨禮之
注○事丨酌有事者之丨今之醳丨也周禮酒正二
曰事丨注○事丨有事而飲也周禮酒正司農注○
丨鬱鬯詩信南山祭以清丨箋○祭丨穀味之芬芬
者齊敬共之惟恐不美告之美達其心明神享之儀
禮特牲饋食禮祭丨注○丨者所以養老也所以養
病也禮記射義○丨食者所以合歡也禮記樂記○
坎爲丨易坎尊丨簋虞注○丨日清酌獨斷上○丨
泉其水甘若丨味故也水經河水注引應劭地理風

俗記○丨泉泉味如丨水經河水注○故
書丨正無丨字周禮酒正丨正奉之注

首 丨頭也公羊莊十二年傳碎其丨注又禮稽命徵
三旒齊丨注又離騷厥丨用夫顛隕注涉江接輿
髡丨兮注大招被髮鬤只注招魂雄虺九丨注○丨
始也易比比之无丨虞注又公羊隱六年傳丨時過
則書注又爾雅釋詁又釋名釋形體又國策中山策
丨難也注又太元狩全狩祭其丨尾注永永終馴丨
注元文故丨尾可以爲庸也注又呂覽簡選以爲兵
丨注又周髀算經下三遂爲一丨注○丨猶始也周
髀算經上故以句爲丨注○丨先也禮記射義以貍
丨爲節釋文○丨本也禮記曾子問不丨其義注○
丨陽也漢書天文志集注引孟康○丨也者直也禮
記郊特牲○乾爲丨易說卦傳姤姤其角虞注旣濟
婦喪其鬒虞注濡其丨虞注說卦傳爲甲冑虞注○
坎爲下丨易說卦傳○離爲折丨易師師或輿尸虞

注○罟之初生謂之鼻人之初生謂之丨方言十三
○丨君也廣雅釋詁一○元丨君也書益稷元丨起
哉傳○丨猶服也後漢西域傳注○丨幖也後漢襄
楷傳注○丨殳上鐏也考工記廬人去一以爲丨圍
注○丨種宿麥禮記月令丨種不入釋文引蔡說○
古文丨爲手儀禮士喪禮左丨進鬐注○古文後丨
爲後手儀禮大射儀後丨注○丨宜爲身家語賢君
丨拔五殺注○莊子達生則棒其丨而立釋文丨本
作手○易離注四爲逆卜釋文逆丨一作逆道○左
氏成五年會晉荀丨于穀公羊作荀秀○公夏丨字
乘見史記仲
尼弟子傳

手 丨須也事業之所須也釋名釋形體○丨猶親也
書大傳繅三盆丨注○丨謂氣口素問陰陽別論
三陰在丨注○艮爲丨易說卦傳蒙擊蒙虞注訟終
朝三褫之虞注小畜有孚攣如虞注泰拔茅茹虞注
噬嗑利用獄虞注大畜童牛之告虞注坎係用徽纆

虞注晉受茲介福虞注萃一握爲笑虞注象下傳所
執下也虞注○丨拜丨至地也禮記少儀則不丨拜
注○頭至丨曰拜丨公羊宣六年傳北面再拜稽首
注○丨劍持拔劍公羊莊十二年傳丨劍而叱之注
○丨者桎梏之屬法言問神聖人以不丨爲聖人注
○左氏宣二年傳見其丨釋文丨本作首○公羊成
二年曹公子丨釋文丨本作午○古今人表敗丨說
文攴部
作敗首

口 丨空也釋名釋形體○丨者關也說苑說叢二見
○丨者脾之門戶白虎通情性引元命苞○丨者
心之候白虎通情性○丨之爲言達也古微書引春
秋元命苞○兌爲丨易說卦傳泰自邑告命虞注臨
甘臨虞注頤自求丨實虞注離戚嗟若虞注咸後說
之壺虞注彖下傳尚丨乃窮也虞注又南齊書五行

志引洪範五行傳○丨火也論衡言毒○火丨同類
也同上○淸之而俞濁者丨也荀子榮辱○丨猶丨
語相發動也公羊隱四年傳吾爲子丨
隱矣注○凵古文丨字玉篇引聲類

母 丨冒也含生己也釋名釋親屬○丨牧也廣雅釋
親○丨本也老子以爲天下丨注又淮南俶眞茲
雖遇丨而無能化巳注○丨重也漢書食貨志下集
注引應劭○重爲丨漢書食貨志下集注引孟康○
丨道也老子而貴食丨注○丨陰位之尊易咸咸其
拇釋文引荀本○坤爲丨易說卦傳蠱幹丨之蠱虞
注咸咸其丨虞注晉受茲介福于其王丨虞注解解
而丨虞注小過過其祖遇其妣虞注繫辭下傳如臨
父丨虞注○地爲丨後漢隗囂傳○父之妾爲庶丨
爾雅釋親○父之從父昆弟之妻爲從祖丨父之從
祖昆弟之妻爲族祖丨同上○父之從父昆弟之丨
爲從祖王丨父之從祖昆弟之丨爲族祖王丨同上

○丨者處內而成德者也易晉受茲介福于其王丨
注○丨其中有兩點象人乳形廣韻引蒼頡○公羊
襄卅年傳不見傅
丨釋文丨本作姆

後 丨晚也國語晉語君之殺我也丨矣注越語無乃
丨乎注又廣雅釋詁三○丨猶晚左氏定八年傳
臣聞命晚注○丨來也呂覽長見知古則可知丨注
○丨猶下也漢書鄒陽傳集注○由丨用下所言禮
記哀公問昔之用民者由前今之用民者由丨注○
先丨猶左右也周禮士師以五戒先丨刑罰注○震
爲丨易睽丨說之壺虞注繫辭下傳安其身而丨動
虞注○坎爲丨易象上傳丨夫凶虞注○事至而丨
慮者謂之丨荀子大略○爲人丨者爲之子也公羊
成十五年傳○丨丨嗣也國語周語其君必無丨注
○丨謂子孫也後漢班彪傳注○丨昆子孫也同上
○丨子嗣子荀子正論聖不在丨子而在三公注○

丨生年少也儀禮有司徹兄弟之丨生者舉觶于其
長注〇丨耳耳邨丨莊子外物未僂而丨耳釋文引
司馬注〇丨車倅車也詩緜鑾命彼丨車箋
〇丨路貳車禮記雜記上以丨路與毳服注
柳 河丨謂河旁赤莖小楊也爾雅釋木檉河丨其氏
注〇丨者南方之草夏木也賈子胎敎〇丨丨柔脆
之木詩東方未明折丨樊圃傳〇丨鶉火也爾雅釋
天〇丨東方宿也後漢郎顗傳注〇丨河南也後漢
光武帝紀上注〇將葬載柩之車飾曰丨禮記雜記
其輤有裧注〇丨宮象也禮記檀弓上池視重霤注
〇輿棺之車其蓋曰丨丨聚也衆飾所聚亦其形僂
也釋名釋喪制〇丨聚也漢書季布傳集注引晉灼
〇丨聚也齊人語書大傳秋祀丨轂華山注〇丨之
言聚諸飾之所聚周禮縫人衣翣丨之材注〇長丨
村名也水經沔水注〇故舊翣丨作接檟鄭司農云
接讀爲翣檟讀爲丨皆棺飾周禮縫人注〇左氏定

八年經陳侯丨卒
釋文丨本作柳
友 同門曰朋同志曰丨公羊定四年傳朋丨相衛注
〇同志曰丨詩關雎琴瑟丨之箋又周禮大司徒
五曰聯朋丨注又論語學而與朋丨交皇疏又白虎
通三綱六紀引禮記〇同志爲丨書牧誓我丨邦冢
君傳又禮記坊記寡婦之子不有見焉則弗丨也注
又論語學而無丨丨不如己者皇疏楚辭謬諫鹿鳴求
其丨注〇兌爲丨丨易損則得其丨虞注象下傳君子
以朋丨講習虞注〇智可以砥行可以爲輔弼者人
丨也韓外傳五〇有知焉謂之丨大戴記曾子制言
上〇丨有也相保有也釋名釋言語〇丨者所以相
有也荀子大略〇丨者有也白虎通三綱六紀〇丨
親也廣雅釋詁三又後漢史弼傳注〇丨愛也漢書
王莽傳下集注〇丨順也書洪範彊弗丨剛克傳〇
善兄弟爲丨爾雅釋訓又詩六月張仲孝丨傳又儀
禮士冠禮孝丨時格注又禮記內則不丨無禮于介
婦注又論語爲政丨丨于兄弟皇疏又後漢班彪傳下
注〇善於兄弟爲丨周禮大司徒孝丨睦婣任恤注
〇善兄弟曰丨詩皇矣因心則丨傳又周禮大司樂
中和祗庸孝丨注又漢書王莽傳下集注〇兄敬愛
弟謂之丨賈子道術〇兩壻相謂曰亞又曰丨壻言
相親丨也釋名釋親屬〇丨謂同井相合耦耡作者
周禮大宰八曰丨丨以任得民注〇獸三曰羣二曰丨
詩吉日或羣或丨傳〇丨與有同義荀子大略丨者
所以相有也注〇鹽鐵論殊路引春秋傳季丨作季
有〇魯公子丨字季父見左傳僖十六年疏
〇古今人表鄭桓公丨竹書作王子多父
婦 丨服也廣雅釋親〇丨之言服禮記曲禮下注〇
丨之言服也獨斷上〇丨者服也以禮屈服也白
虎通三綱六紀〇丨服也服家事也釋名釋親屬〇
丨服也明其服事於人也後漢皇后紀注〇丨者服

也服于家事事人者也白虎通嫁娶〇丨人伏於人
也大戴記本命〇有舅姑曰丨詩氓三歲爲丨箋〇
丨是對舅姑之稱顏氏家訓書證〇曰丨有姑之辭
也穀梁文三年傳〇稱丨姑存之辭左氏僖廿五年
經宋蕩伯姬來逆丨注〇丨稱丨有姑之辭左氏文四
年經逆丨姜於齊注宣元年經遂以夫人丨姜至自
齊注〇其稱丨何有姑之辭也公羊僖廿五年傳宣
元年傳〇其曰丨何也緣姑言之之辭也穀梁僖廿
五年傳〇其曰丨緣姑言之之辭也穀梁宣元年傳
〇丨養姑者也後漢董卓傳注〇女在其國稱女在
塗稱丨公羊隱二年傳〇丨者配己而成德者也易
蒙納丨丨吉注〇夫丨化之始也大戴記保傅詩之關
雎注〇子之妻爲丨爾雅釋親〇長丨爲嫡丨衆丨
爲庶丨丨同上〇女子謂弟之妻爲丨同上〇謂弟之
妻爲丨丨者卑遠之故謂之丨儀禮喪服傳謂弟之妻
丨者注〇適丨適子之妻儀禮喪服適丨注〇丨謂

凡適丨世丨也禮記喪服小記丨之喪虞卒哭注○丨人謂妻妾子姓也儀禮士喪禮丨人俠牀東面注○世丨后宮官也周禮春官序官世丨注○世丨謂宮卿之官掌女宮之宿戒周禮酒人以役世丨注○世丨爲內命丨卿大夫之妻爲外命丨禮記喪大記內命丨姑姊妹子姓立于西方外命丨率外宗哭于堂上北面注○內命丨君之世丨禮記喪大記君撫大夫撫內命丨注○嬪丨九嬪世丨周禮典婦功以授嬪丨注○士妻亦爲命丨周禮內宰凡喪事佐后使治外內命丨注○士曰丨人禮記曲禮下又獨斷上○主丨主人之妻儀禮特牲饋食禮主丨纚笄宵衣注○丨人子者女子子也不言女子子者因出見恩疏儀禮喪服爲夫之昆弟之丨人子適人者注○巽爲丨易蒙納丨吉虞注小畜丨貞厲虞注大過老丨得其士夫虞注恆丨人吉虞注漸丨孕不育虞注丨三歲不孕虞注彖上傳同人于野虞注彖下傳丨

丨虞注繫辭上傳二人同心虞注序卦傳然後有夫丨虞注○離爲丨易既濟丨喪其髴虞注○治絲麻以成之謂之丨功考工記總目○

丨使謂組紃之事後漢安帝紀注

斗 十升爲一丨說苑辨物○丨桶量器也呂覽仲春角丨桶注仲秋齊丨甬注○木瓢爲丨御覽七百六十二引通俗文○丨斟水杓也穆天子傳六佐者承丨而哭注○丨所以斟大戴記保傅太宰持丨而御戶右注○丨所以沃尸也周禮鬯人大喪之大渳設丨注○丨在欒兩頭如丨也丨負上員樣也釋名釋宮室○小帳曰丨帳形如覆丨也釋名釋牀帳○北丨天之樞機玉衡七政所出公羊文十四年傳記異也注○丨者天中之精筮謀類丨機緄綱注○丨者天之喉舌古微書引春秋文耀鉤○丨有環域也穀梁文十四年傳○丨主狗大戴記易本命○丨之次以狗故擇人也大戴記易本命注○艮爲丨易豐日中見丨虞注○丨主也書帝命驗黃曰神丨宋注○丨絕也漢書郊祀志上集注匈奴傳上集注匈奴傳下集注○丨峻絕也後漢竇融傳注○丨擻鬱盭也江南言丨擻北人言鬱盭音都穀反下蘇穀反一切經音義十四引難字○易豐日中見丨釋文引孟喜本作主○詩行葦酌以大丨釋文丨本作枓○國策齊策王丨古

今人表作王升

狗 未成毫丨爾雅釋畜○未成豪丨儀禮既夕記白丨幦注○丨家獸也爾雅釋畜釋文引字林○良爲丨易說卦傳○丨斗之精所生也春秋考異郵故斗運丨三月而生也注○天丨星名也後漢馬融傳注○有聲爲天丨後漢獻帝紀注○丨者南方之牲也賈子胎教○丨取擇人儀禮鄉飲酒禮記其牲丨也注鄉射禮記其牲丨也注燕禮記其牲丨也注○周丨可以比周之丨所指如意公羊宣六年傳靈公

有周丨注○於是齊有艮丨曰韓盧亦一旦而走五百里賈子雜事五○熊虎醜其子丨爾雅釋獸○熊虎之類其子名丨爾雅釋獸

李注○以芻爲丨說苑辨物

久 丨長也呂覽誣徒雖賢者猶不能丨注○丨猶長也漢書禮樂志集注○丨遠也素問天元紀大論丨而不絕注○丨滯也文選歸田賦遊都邑以永丨注○丨留也孟子公孫丑上可以丨則丨注○爲丨稽留之辭公羊莊八年傳爲丨也注○丨固也漢書禮樂志集注引晉灼○丨老也莊子至樂黃軦生乎九猷釋文引李注○乾爲丨易象上傳何可丨也虞注象下傳能丨中也虞注○地爲丨周書周祝○丨本作有篆文與丨字相類列子天瑞精神者天之丨釋文

負 丨背也國策秦策魏必丨之注秦策東丨海注又漢書食貨志上集注引如淳酈食其傳集注嚴助

傳集注又淮南氾論丨扆而朝諸侯注○丨偝也漢書兩粵傳集注○丨猶背也後漢盧芳傳注又列子仲尼其丨類反倫注○丨之言背也禮記明堂位天子丨斧依注○丨背也置項背也釋名釋姿容○丨在背上之言也釋名釋車○丨在背上者也儀禮喪服記丨注○丨謂置之於背禮記曲禮上丨劍辟咡詔之注○背曰丨國語齊語丨任儋何注又楚辭哀時命丨擔荷以丈尺兮注○丨背也枕也史記蘇秦傳丨郭田索隱○丨後也廣雅釋詁四○丨擔也禮記禮運注猶丨戴也釋文○丨謂擔揭也論語鄉黨式丨版者皇疏○丨抱也淮南說林丨子而登牆注○丨恃也詩小苑蜾蠃丨之傳又國語吳語億丨晉衆庶注又國策秦策趙固丨其衆注王若丨人徒之衆注又漢書高帝紀上集注引應劭賓田灌韓傳贊集注韓安國傳集注李廣傳集注張騫傳集注趙充國傳集注王尊傳集注翟義傳集注郭解傳集注匈

奴傳下集注又後漢王昌傳注彭寵傳注桓譚馮衍傳注又管子兵法五教各習而士丨以勇矣注又文選東京賦秦丨阻於二關薛注○丨猶恃也周禮大司馬丨固不服則侵之注○丨亦恃也後漢竇融傳注○丨依也左氏襄十八年傳丨其衆庶注○丨猶被也史記黥布傳丨之不義之名索隱又管子法禁廢上之法制者必丨以恥注○丨加也漢書黥布傳集注○丨重也荀子宥坐百仞之山任丨車登焉注○丨程也淮南兵略便國不丨兵注○丨留也史記趙世家丨遺俗之累正義○丨倍也易解丨且乘虞注○丨違也史記五帝紀丨命毀族正義○丨猶累也文選上秦始皇書客何丨於秦哉注○丨敗法言重黎自屈者丨注○丨猶失也後漢馮衍傳注○丨愧也後漢張步傳注○丨猶憂也後漢章帝紀注○丨亦憂也後漢和帝紀注○非而曲者爲丨論衡物勢○丨欠也後漢左雄傳注○丨謂欠丨後漢樊儵

傳注○丨也者小人之事也後漢明帝紀注崔琦傳注○丨薪賤人也後漢班彪傳下注○丨薪謂賤人也後漢袁紹傳注○丨薪喻賤人也後漢東平憲王蒼傳注○老母爲丨漢書高帝紀上集注○丨婦人老宿之稱史記陳丞相世家張丨索隱○邱背有邱爲丨邱爾雅釋邱○凡以驢馬馲駝載物者謂之丨佗方言七○丨氺去者言解蟄也大戴記夏小正魚陟丨氺傳○爾雅釋蟲蟠鼠丨釋文丨本作蝜又作婦○爾雅釋鳥鶅丨雀釋文丨或作鴲

厚　丨重也國策秦策其於敝邑之王甚丨注又呂覽振亂黔首利莫丨焉注○丨重愼也禮記曲禮上以丨其別也注○丨多呂覽務本以此丨望於主注審應不義愈益丨也注○丨猶多也考工記弓人是故丨其液而節其帤注○丨猶多也重也漢書食貨志下集注○丨大也國語魯語不丨其棟注又國策

秦策非能丨勝之也注○丨猶大也國策秦策道德不丨注○丨有所大也墨子經上○丨深呂覽辯土必丨其靳注○丨猶深也漢書谷永傳集注○丨益也國語晉語彼得其情以丨其欲注○丨後也有終後也故吉徐人言丨如後也釋名釋言語○丨猶遠也禮記坊記以丨別也注○丨猶彌也國語魯語無損於怨而丨於寇注○坤爲丨易復敦復虞注象下傳以丨終也虞注繫辭上傳丨之至也虞注繫辭下傳丨衣之以薪虞注○求諸己謂之丨春秋繁露仁義法○度丨薄曰丨禮記檀弓其丨三寸釋文○丨猶薄也淮南俶眞蘆苻之丨注○深丨山川也禮記樂記窮高極遠而測深丨注○丨薄貴賤也荀子富國或丨或薄注○丨夜猶長夜也後漢趙咨傳注○丨惡深惡也荀子禮論是君子之所以爲悖詭其所敦惡之文也注○丨古文垕同一切經音義十四○詩大序丨風俗釋文丨本作序○莊子列禦寇注靜

而怯乃丨其身耳釋文丨本作後○左傳襄十四年公使丨成叔弔於衞釋文丨本作郈○左傳襄十四年丨成叔昭卄五年傳丨作郈左傳昭卄五年丨昭伯古今人表丨作郈五行志文選注皆作后

叟本作叜亦作傁○叜老也廣雅釋詁一○叜老也小爾雅廣言又國語齊語合羣叜注○傁老稱也左氏宣十二年傳趙傁在後注○丨老人稱漢書敘傳上集注○丨老人之稱漢書禮樂志集注○丨老人稱也儀禮喪服傳是嫂亦可謂之母乎注○丨老者稱也丨縮也人及物老皆縮小於舊也釋名釋親屬○五更或爲叜叜老稱與三老同義獨斷上○丨長者稱莊子在宥丨何人耶釋文引司馬注○傁長老也東齊魯衞之閒凡尊老謂之傁方言六○丨長老之稱依皓首之言孟子梁惠王上王曰丨劉注○丨長老之稱也太平御覽引蔡邕月令章句○丨長老之稱也猶叜也孟子梁惠王上注○叜父也廣雅釋親○丨古文叜傁二形同一切經音義十六

走丨趨也呂覽期賢若蟬之丨明火也注○丨疾趨也大戴記諸侯遷廟在位者皆反丨辟注○疾趨曰丨奏也促有所奏至也釋名釋姿容○丨速疾之意也左傳襄卅年使丨問諸朝釋文○丨奔也呂覽權勳齊王丨莒注○丨謂奔丨漢書張騫傳集注○丨竝馳荀子解蔽是以與治雖丨而是已不輟也注○丨之也國語魯語若從君而丨患注○丨往也莊子達生高門縣薄無不丨也釋文引李注○丨猶往也儀禮士相見禮某將丨見注○丨猶出也儀禮士相見禮將丨見注將丨見先見之注○丨去也廣雅釋詁二又國策秦策三國疾攻楚楚必丨注○丨至也莊子達生釋文引司馬注○丨歸呂覽蕩兵民之號呼而丨之注番己水出於山而丨於海注○步曰丨左氏昭十七年傳庶人丨注○中庭謂之丨爾雅釋宮○震爲奔丨易中孚馬匹亡虞注○震爲驚丨易屯惟入于林中虞注比失前禽虞注大畜良馬逐虞注○丨我也小爾雅廣言○丨猶僕也文選報任少卿書太史公牛馬丨注○丨丨使之人也左傳襄卅年釋文○丨公子自言丨使之人如今言僕矣文選東京賦丨雖不敏薛注○丨謂馳丨之人謙稱也後漢蘇竟傳注○丨卒伍伯之類也後漢虞詡傳注○書君奭傳胥附奔丨釋文丨本作奏

守丨待也史記樂書合丨祔鼓正義○丨久也廣雅釋詁三○丨清丨也呂覽論人喜之以驗其丨注○丨猶求也後漢竇融傳注○丨也固太元元錯○丨不可攻太元元衝○丨少謂任賢恭己而已也荀子王霸有以丨少能無察乎注○丨多謂自任主百事者也同上○震爲丨易象上傳王公設險以丨其邦虞注象下傳出可以丨宗廟社稷虞注○居其宿曰丨史記天官書其人丨犯太微集解引韋昭○地丨衡虞之屬周禮均人均地丨注○丨者秦置也秦兼天下置三川丨伊河洛也獨斷上○書舜典五載一巡丨史記五帝紀作五歲一巡狩

綬丨紱也文選辨命論注引蒼頡又初學記卄六引字林○紱謂之丨小爾雅廣服○丨仕者所佩文選秋胡詩結丨登王畿注○古者君珮玉尊卑有序及秦以采組連結於璲謂之丨文選思元賦注引董巴輿服志○丨組丨所以繫帷也周禮幕人掌帷幕幄帟丨之事司農注

右丨上也管子七法以練精銳爲丨注○丨由上也鬼谷子抵巇注○丨猶高也史記孝文紀丨賢左戚索隱引章昭○丨首也儀禮公食大夫禮寢丨注○丨親國策魏策必丨秦而左魏注○丨近國策魏策衍將丨韓而左魏注○丨猶尊也淮南氾論尚賢丨鬼注○兊爲丨易象上傳以左丨民虞注豐折其

丨胘虞注○丨東也素問五運行大論左丨者注○
東方謂之丨个儀禮鄉射禮記○丨謂西方也後漢
張衡傳注○丨社稷西曰丨獨斷上○丨西學家語
辨樂丨射以騶虞注○門外之丨門西也儀禮士虞
禮陳三鼎于門外之丨注○凡鄉內以入爲左丨鄉
外以出爲左丨儀禮特牲饋食禮在門內之丨注○
生入陽長左鬼神陰長丨儀禮有司徹左之注○丨
用事之便謂樞要之官後漢蔡邕傳注○三佐一長
曰丨周書武順○丨署上司後漢楊仁傳注○丨車
丨書甘誓丨不攻于丨傳○丨兵車之丨也呂覽音
初爲王丨注○丨姓猶高姓也後漢郭伋傳注○丨
臂喻要便也後漢虞詡傳注○丨肉袒者刑宜施於
丨也凡以禮事者左袒入更從丨者臣益純也儀禮
覲禮乃丨肉袒于廟門之東乃入門丨注○丨丨倪
也周禮卜師辨龜之上下左丨陰陽注○流黃諸毗
長丨皆山名山海經南山經柜山西臨流黃北望諸

毗東望長丨注○長丨山以山出此獸因以名之山
海經南山經長丨之山注○古文丨作侑儀禮有司
徹丨几注○丨讀如周公丨王之丨是丨者始隨入
於升東面乃居其丨儀禮覲禮大史是丨注○詩大
明保佑命爾釋文丨亦作佑我
將維天其丨之釋文丨亦作佑

否 丨不也易象上傳大人丨亨虞注又書堯典丨德
忝帝位傳又釋文又詩烝民邦國若丨釋文引王
注又左氏宣十二年傳師出以律丨否臧凶注又公
羊隱四年傳隱公曰丨注又論語雍也予所丨者鄭
注又皇疏又廣雅釋詁四又國語晉語今晉侯不量
齊德之豐丨注又孟子萬章上禹德衰章丨不然也
注又太元周何德之僭丨注元攡兄其丨者乎注又
法言學行丨則輟注孝至丨則介鱗易我衣裳注○
丨不是也孟子萬章上伊尹章丨不然注○丨不也
不如是也孟子萬章上孔子章丨不然也注○丨謂

非己志也禮記表記
丨則孰慮而從之注

醜 丨類也易離獲匪其丨虞注又禮記哀公問節丨
其衣服注又孟子公孫丑下今天下地丨德齊注
又爾雅釋草蘩之丨注又廣雅釋詁三又國語周語
况爾小丨注楚語官有十丨爲億丨注又漢書陳湯
傳集注又後漢張敏傳注又太元銳銳于丨注從朋
從爾丨注元掜遵天之丨注五行該丨注又管子大
匡昏主無丨也注內業其徵不丨注○丨同也廣雅
釋詁四○丨丨同也東齊曰丨方言三○丨等也後漢
南匈奴傳注○丨猶比也禮記學記比物丨類注○
丨衆也詩出車執訊獲丨箋吉日從其羣丨丨箋緜戎
丨攸行傳民勞以謹丨厲傳泮水屈此羣丨丨傳又禮
記曲禮上在丨夷不爭注又左氏定四年傳將其類
丨注又爾雅釋詁又孝經在丨不爭注又史記衞將
軍驃騎傳執訊獲丨正義又漢書王莽傳上集注引

晉灼又後漢馮緄傳注○丨惡也詩十月之交亦孔
之丨傳又漢書項籍傳集注劉向傳集注衞青傳集
注又後漢章帝紀注丁鴻傳注又太元元瑩福不丨丨
注又呂覽達鬱必使我丨注又淮南說林亦不見丨
注又楚辭橘頌姱而不丨兮注○丨猶惡也淮南說
林盜賊之輩丨注○丨亦惡也左氏文十八年傳丨
類惡物注○怙威肆行曰丨周書謚法○坤爲丨易
象下傳亦可丨也虞注○耗土之人丨丨大戴記易本
命○丨謂怪異之事荀子宥坐記丨而博注○丨穢
也文選報任少卿書行莫丨於辱先注○丨臭也如
物臭穢也釋名釋言語○丨丨愧也莊子德充符寡人
丨乎釋文引崔注又呂覽恃君以丨後世人主之不
知其臣者也注○丨慙也莊子德充符釋文引李注
○丨恥也國策秦策皆有詬丨大誹注又呂覽節喪
無此之丨注○丨猶恥也呂覽愼人蓋君子之所丨
也注○丨猶怒也一曰愧也淮南說林莫不丨于邑

注○丨謂鼈竅也禮記內則鼈去丨注○丨或爲計
禮記學記注○武梁祠堂畫像無鹽媿女丨作媿○
燕人周丨字子家
見漢書儒林傳

受 丨承也國語楚語顓頊丨之注○丨猶承也儀禮
喪服丨以小功衰注又史記春申君傳而鶩犬丨
丨其獘索隱引劉氏又呂覽本生其於物無不丨也
注○丨盛也廣雅釋詁三○丨盛也猶秦晉言容盛
也方言六○丨猶成也呂覽誣徒事至則不能丨注
○丨得也廣雅釋詁三○丨取也管子海王釜十五
吾丨而官出之以百注○丨用也呂覽贊能舜得皐
陶而舜丨之注○丨因呂覽愼勢位尊者其敎丨注
○丨亦應也呂覽圜道此所以無不丨也注○丨親
也廣雅釋詁三○丨繼也廣雅釋詁四○丨德紂字
書立政其在丨德敃傳○丨紂也音相亂書西伯戡
黎序奔告于丨傳○丨讀曰紂書西伯戡黎序馬注

○故書丨爲授鄭司農云授當爲丨周禮司書丨其
幣注○故書丨或爲授杜子春云當爲丨周禮掌葛
以權度丨之注○故書丨爲授杜子春云當爲丨周
禮大司徒使之相丨注○丨當爲更周禮巾車歲時
更續
杜注

牖 丨窻也儀禮士喪禮注死而遷之南丨下釋文○
丨南窻也論語雍也自丨執其手皇疏○丨小窻
也後漢梁冀傳注○丨旁窗也所以助明者也一切
經音義三引蒼頡解詁○丨戸丨也太元守閉朋丨
注○白綴丨也大戴記盛德○八丨八達也文選東
京賦八達九房注○艮爲丨易坎內約自丨虞注○
丨闢也廣雅釋室○丨道也詩板天之丨民傳又廣
雅釋詁三○丨獄犴也夏曰夏臺殷曰羑里周曰囹
圄皆圜土水經蕩水注引廣雅○殷曰丨里書鈔四
十五引白虎通○丨里殷獄名後漢史弼傳注○北

丨下或爲北牖下禮記喪大記寢東首於北丨下注
○易坎釋文丨陸本作誘○詩板丨民孔易韓外傳
作誘民孔易○史記殷本紀紂
囚西伯羑里正義曰羑一作丨

偶 丨通作耦○丨合也爾雅釋詁又一切經音義二引
字林○耦合也漢書杜欽傳集注東方朔傳集注
楊雄傳上集注敘傳上集注又呂覽季冬命司農計
耦耕事注○耦諧也廣雅釋詁三○丨諧也列子力
命多丨釋文○耦匹也莊子齊物論嗒焉似喪其耦
釋文○丨配也禮記曲禮丨坐不辭釋文又太元元
攡能以丨丨物者注○耦媲也漢書地理志下集注○
丨對也國語越語乃必有丨注又華嚴經音義下引
國語賈注又史記殷本紀爲丨人正義秦始皇紀丨
語詩書正義高帝紀丨語者棄市集解引應劭又漢
書韓延壽傳集注郅都傳集注又後漢馮勤傳注又
莊子齊物論彼是莫得其丨謂之道樞注又管子海

王禺筴之商曰二百萬注○耦對也漢書高帝紀上
集注引應劭董仲舒傳贊集注又莊子齊物論釋文
○丨視對視也荀子脩身丨視而先俯注○丨並也
對也漢書公孫賀傳集注○丨匹對之名文選北山
移文丨吹草堂注○耦相當對之名史記越世家必
有當也索隱○耦遇也二人相對遇也釋名釋親屬
○耦二也廣雅釋詁四○耦兩也左氏僖九年傳耦
俱無猜注○耦孿也廣雅釋詁三○丨兩雙御覽七
百五十引風俗通○陰數丨白虎通嫁娶二見○丨
副貳也禮記曲禮釋文○丨類也史記黥布傳率其
曹丨索隱○丨猶周也淮南說林聖人之丨物也注
○調丨和合之謂也莊子知北遊調而應之德也丨
而應之道也注○耦身也身與神爲耦莊子齊物論
釋文引司馬注○耦俱升射者周禮掌次射則張耦
次注○丨人相人也淮南繆稱魯以丨人而孔子歎
注○丨刻木以像人形文選祭古冢文撫俑增哀注

○丨木人也家語曲禮公西赤問今人或有丨注○
丨人明器之屬也後漢朱穆傳注○淤沙爲耦呂覽
必己遇盜於耦沙之中注○丨謂丨然非本志也文
選與山巨源絕交書丨與足下相知耳注○耦與丨
古字通文選文賦徒悅目而丨俗
注○莊子齊物論釋文耦本作丨

耦

丨耕也廣雅釋地○兩人共耕曰丨荀子大略禹
見耕者丨立而式注○二人爲丨左氏襄卅九年
傳射者三丨注○耜廣五寸二耜爲丨考工記匠人
又詩噫嘻十千維丨箋○二耜爲丨論語微子丨而
耕集解引鄭注又國語
吳語譬如農夫作丨注

阜

集韻或作皀臯通作阜○大陸曰丨爾雅釋地又
詩天保如山如丨傳又國語齊語陸丨陵墠注又
太元元攡深其丨注○土地獨高大名丨爾雅釋地
李注○無石曰皀廣雅釋邱○丨者茂也言平地隆

踊不屬於山陵也風俗通山澤○土山曰丨丨厚也
言高厚也釋名釋山○丨山庳而大也一切經音義
十三引蒼頡○丨大山也文選蜀都賦山丨相屬劉
注○大陵曰丨楚辭怨思丨隘狹而幽險兮注又文
選西京賦跨谷彌丨薛注○皀細丨也廣雅釋邱○
丨大也詩駟驖駟驖孔丨傳又左氏襄廿六年傳韓
氏其昌丨於晉乎注又周書皇門王丨良注又國語
周語丨其財求注又漢書禮樂志集注又後漢班彪
傳下注又文選西京賦百物殷丨薛注東京賦鳥獸
丨滋薛注○丨盛也詩大叔于田火烈具丨傳又周
禮大宰六曰商賈丨通貨賄注又廣雅釋詁二又漢
書貨殖傳集注又列子湯問其民孳丨亡數注又法
言孝至務在殷民丨財注又楚辭大招人丨昌只注
又文選赭白馬賦聞王會之丨昌注○丨猶盛也周
禮大司徒以丨人民注司市以商賈丨貨而行布注
掌畜掌養鳥而丨蕃教擾之注○丨盛壯也周禮庾

人以丨馬注○丨厚也國語周語所以丨財用衣食
者也注不義則利不丨注惠以和民則丨注又一切
經音義十三引國語賈注○丨高也素問五常政大
論土曰敦丨注○丨長也國語魯語助生丨也注○
丨多也文選東京賦丙丨川禽薛注○丨猶多也詩
頍弁爾殽既丨箋○丨衆也國語晉語考訊其丨注
○丨積也後漢馮衍傳注○丨安也國語晉語政平
民丨注○皇螽蠜爾雅釋蟲○丨螽蠜也詩草蟲趯
趯丨螽傳○詩草蟲丨
螽爾雅釋蟲注作皇螽

九

丨老陽之數管子五行天道以丨制注○丨者極
陽數也公羊莊十九年傳諸侯壹聘丨女注○丨
者陽之數道之綱紀也楚辭九辯序○丨陽也易文
言傳乾元用丨注○丨奇數也素問三部九候論天
地之至數始於一終於丨焉注○丨天之德也易乾
用丨注○丨南方也素問五常政大論眚於丨注○

丨究也廣雅釋詁四○丨之爲言究也白虎通禮樂
宗族○丨當爲久莊子至樂黃軦生乎丨猷釋文○
丨當作久列子天瑞生乎丨猷釋文○莊子天下而
丨禓天下之川釋文丨本作鳩○史記殷本紀以西
伯昌丨侯鄂侯爲三公集解引徐廣曰丨侯一
作鬼侯魯仲連鄒陽傳丨侯集解曰丨一作鬼

后

丨君也易象上傳丨以財成天地之道虞注又書
舜典班瑞于羣丨傳又書大傳維王丨元祀注又
詩文王有聲王丨烝哉傳烈祖商之先丨丨箋又周禮
量人營丨宮注又左氏襄四年傳有窮丨羿注又論
語堯曰敢昭告于皇皇丨帝集解引孔注又皇疏又
孟子梁惠王下徯我丨注滕文公上夏丨氏五十而
貢注又爾雅釋詁又國語周語昔我先世丨稷注魯
語其子曰丨土注又漢書律厤志上集注郊祀志上
集注郊祀志下集注匡衡傳集注貨殖傳集注又後
漢魯恭傳注又獨斷上又太元元數神丨土注又呂

覽君守丨稷作稯注又離騷昔三丨之純粹兮注天問丨辛之菹醢兮注啟代益作丨注何丨益作革注中央共牧丨何怒注○丨辟君也後漢班彪傳下注○丨繼體之君易象下傳丨以施命誥四方虞注○丨王君王也禮記內則丨王命冢宰釋文引孫炎王肅注○東丨謂東方國君也後漢章帝紀注○東丨東方之諸侯也書舜典肆覲東丨鄭注○丨王丨也禮記內則釋文引盧注○丨者君也天子妃至尊故謂丨也白虎通嫁娶○天子之妃曰丨丨後也言在後不敢以副言也釋名釋親屬○丨之言後言在夫之後也後漢皇后紀注○天子親號云太丨諸侯親號云太丨天子妃號曰丨諸侯妃號曰丨賈子等齊○丨主也漢書百官公卿表上集注引應劭○丨王也賈子禮容語下○丨帝也文選東京賦惟我丨能殖之薛注○丨帝天也左氏文二年傳皇皇丨帝注○丨丨土也楚辭橘頌丨皇嘉樹注○丨土土神也

黎所食者周禮大宗伯王大封則先告丨土注○而丨猶然後也儀禮聘禮記君還而丨退注○古文而丨作而後非也孝經說然後曰丨者後也當從丨儀禮鄉射禮而丨下射射注○丨與後同古字通用漢書陳勝項籍傳贊集注閩粵王傳集注○書舜典肆覲東丨史記五帝紀作遂見東方君長○書湯誓我丨不恤我衆史記殷本紀作我君不恤我衆○春秋繁露竹林引書君陳入告爾丨于內作入告爾君于內

咎 丨過也詩伐木微我有丨傳又楚辭沈江原丨雜而累重注○丨猶罪過也詩北山或慘慘畏丨箋○丨惡也書西伯戡黎序殷始丨周傳又鄭注又廣雅釋詁三又後漢質帝紀注楊賜傳注又楚辭惜賢盪淚湊之姦丨兮注○丨殃也呂覽侈樂棄寶者必離其丨注○丨罪也周書文酌一除戎丨醜注○丨病也爾雅釋詁○丨誇也方言十三○丨猶極也書大傳用丨于下注○丨字亦作舅丨猶舅也穆天子傳五丨氏宴飲毋有禮注○丨與舅同荀子臣道晉之丨犯注

藪 丨澤也書武成萃淵丨傳又後漢孔融傳注又呂覽有始何謂九丨注○丨者澤也風俗通山澤引爾雅○丨澤別名文選吳都賦傾丨薄劉注○丨澤之別名也爾雅釋地十丨李注○大澤曰丨周禮職方氏其澤丨曰具區注又禮記月令山林丨澤注○澤無水曰丨周禮大宰四曰丨牧養蕃鳥獸注又國語周語丨有圃草注又後漢班彪傳下注馬融傳注又家語致思於牛馬於原丨注又文選典引肴覈仁義之林丨蔡注○無水曰丨丨呂覽仲冬山林丨澤注有始澤有九丨注何謂九丨注○水希曰丨周禮地官序官澤虞每大澤大丨注○澤中有草者爲丨穆天子傳二珠澤之丨注○丨澤禽之府也詩大叔于

田叔在丨傳○澤中可禽獸居之曰丨華嚴經音義上引韓詩傳○丨物之歸也國語周語○丨池也廣雅釋地○丨限也楚辭憂苦步從容於山丨注○藂林曰丨楚辭憫上逡巡兮圃丨注○丨之爲言厚也風俗通山澤○丨求也廣雅釋詁三○釜二有半謂之丨小爾雅量○丨讀爲蜂丨之丨考工記輪人以其圍之阞捎其丨司農注○蜂丨者猶言趨也丨者衆輻之所趨也考工記輪人注○周禮太宰九曰丨以富得民釋文引干注丨作叟

吼 吽呴並同○呴諼也一切經音義十九引國語賈注○呴唬呴也晉書音義中○丨呼嘷也一切經音義廿二引聲類○呴嘷也文選江賦注引聲類○呴鳴之怒者文選運命論注引春秋潛潭巴宋注○古文呴吽二形今作丨同一切經音義十一

垢 丨涬也文選述祖德詩而不緤丨氛注〇丨惡也後漢崔寔傳注〇丨恥也左氏宣十五年傳國君含丨服注〇丨辱也莊子讓王强力忍丨釋文引司馬注〇雌辱後下之類皆物之所謂丨莊子天下受天下之丨注〇左傳宣十五年釋文丨本作詬〇莊子大宗師芒然彷徨乎塵丨之外釋文引崔注丨作垧〇漢書路溫舒傳引宣公十五年左傳國君含丨作國君含詬

㪗 古作晦畝〇六尺爲步步百爲晦周禮小司徒九夫爲井注引司馬法〇步百爲畞後漢仲長統傳注〇廣一步長百步爲一畝韓外傳四又穀梁文十一年傳身橫九畝注〇廣百步長百步爲百丨韓外傳四〇百丨方百步地考工記匠人田首倍之注〇百步爲丨下曰畝高曰丨丨壟也國語周語或在畝丨注〇廣六尺爲丨呂覽任地所以成丨也注〇二百四十步爲晦離騷又樹蕙之百晦注悲回風故荼

薺不同晦兮注〇丨壟也書歸禾序異丨同穎傳〇壟上曰丨莊子讓王居於畝丨之中釋文引司馬注〇如丨丨邱爾雅釋邱〇畝邱邱體滿一畝之地也釋名釋邱〇丨邱邱名詩巷伯猗于丨邱傳〇晦古畞字漢書古今人表集注食貨志上集注郊祀志下集注五行志中之上集注五行志下之上集注鼂錯傳集注趙充國傳集注〇書大誥子曷敢不終朕丨漢書翟方進傳作予害敢不終予晦〇詩七月饁彼南丨漢書食貨志作饁彼南晦〇書序異畝同穎史記魯周公世家作異母同穎

舅 丨婦稱夫之父曰丨爾雅釋親〇婦人謂夫之父曰丨後漢桓帝紀注〇夫之父曰丨禮記檀弓下昔者吾丨死於虎注〇夫之父曰丨丨久也久老稱也釋名釋親屬〇丨在則曰君丨丨沒則曰先丨爾雅釋親〇母之㫒弟爲丨母之從父㫒弟爲從丨同上〇母之昆弟曰丨詩渭陽我送丨氏傳〇母之兄弟曰丨釋名釋親屬〇丨母之昆弟儀禮喪服注〇妻之父爲外丨爾雅釋親〇禮謂妻父曰外丨孟子萬章下帝館甥於貳室注〇丨姑妻之父母也妻之父爲外丨禮記坊記壻親迎見於丨姑注〇丨者舊也白虎通三綱六紀〇丨之言舊尊長之稱爾雅釋親母之㫒弟爲丨孫注〇尊如父而非父者丨也白虎通三綱六紀〇異姓謂之伯丨禮記曲禮下〇諸侯謂異姓大夫曰丨國語晉語丨所病也注〇異姓則稱丨詩伐木以速諸丨傳〇同姓大國則曰伯父其異姓則曰伯丨同姓小邦則曰叔父其異姓小邦則曰叔丨儀禮覲禮〇古文丨皆作咎儀禮士昏禮贄見婦于丨姑注〇晉語丨犯荀子呂覽韓子淮南論衡異虛竝作咎犯

紐 丨結也荀子正名交喻異物名實元丨注〇丨束也廣雅釋詁三〇丨肇也廣雅釋言〇丨本也莊

子人閒世禹舜之所丨也釋文引簡文注〇系而行之曰丨莊子人閒世釋文引崔注〇丨係佩服也淮南說林軀丨之璽注〇丨所以聯帷荒儀禮既夕丨前輕後縮注〇丨小鼻在武上笄所貫也周禮弁師延丨注

藕 荷芙蕖其根丨爾雅釋草〇丨一名水芝文選魏都賦丹丨凌波而的皪注引本草〇爾雅釋草釋文丨本作禑

朽 廣韻㱙同〇丨腐也書五子之歌若丨索之馭六馬傳又論語公冶長丨木不可彫也集解引包注又國語晉語山有丨壤而自崩注〇㱙腐也禮記月令釋文引字林〇㱙敗也廣雅釋詁三〇丨爛也詩良耜荼蓼丨止釋文〇丨敗爛也論語公冶長皇疏〇㱙臭也廣雅釋器〇氣若有若無爲丨禮記月令

其臭丨注○殀本作咼列子湯問殀其肉而棄之釋文

臼 史記周本紀宜丨國語作宜咎史記韓世家屈宜丨說苑作宜咎

肘 丨丨注也可隱注也釋名釋形體○丨或爲腕禮記深衣反詘之及丨注○莊子至樂俄而柳生其左丨釋文引司馬本丨作肘

韭 丨者久長也一種永生齊民要術三引聲類○丨薤皆山菜山海經北山經丹熏之山其草多丨薤注○丨菹醢醢朝事之豆也而饋食用之儀禮少牢饋食禮丨菹醢醢注○烏丨在屋者曰昔邪在墻者曰垣衣山海經西山經小華之山有草名萆荔狀如烏丨注

剖 丨判淮南齊俗伐楩柟豫樟而丨梨之注○丨半也廣雅釋詁四○丨分也廣雅釋詁一又漢書韓

王信傳集注又後漢張衡傳注○中分爲丨左氏襄十四年傳與女丨分而食之注○丨分明也文選思元賦豈昬惑而能丨舊注○丨析也文選七命注引蒼頡○丨分析也一切經音義卅二引蒼頡○丨開也荀子彊國丨刑而莫邪己注○丨謂開發也荀子王霸如是則夫名聲之部發於天地之閒也注○丨劈也國策宋策丨傴之背注○丨破也漢書高帝紀下集注○丨猶治也楚辭謬諫得良工而丨之注○丨謂割心也莊子胠篋比干丨釋文○莊子胠篋釋文丨崔本作節

誘 羑同○丨導也家語正論天丨其衷注又呂覽決勝而有以羈丨之也注又楚辭招魂步及驟處兮丨騁先注○丨道也詩野有死麕吉士丨之傳○丨猶道也引也禮記樂記知丨於外注○丨猶敎也儀禮鄉射禮丨射注大射儀丨射注○羑致也廣雅釋言○丨進也禮記樂記丨民孔易注又論語子罕夫子循循然善丨人集解又皇疏又爾雅釋詁又淮南原道怵然若有所丨慕注俶眞勢利不能丨也注○丨感也淮南原道好憎成形而知丨於外注○丨惑也淮南俶眞注主術而秦穆公以女樂丨之注○丨猶惑也淮南精神不丨於人注○丨誑也荀子正名彼丨其名注○丨巧詐也風俗通過譽○丨美稱也淮繆稱丨然與日月爭光注○丨古文羑䛻誘三形同一切經音義十六

牡 丨雄也論語堯曰敢用元丨皇疏又廣雅釋獸又後漢楊震傳注○飛曰雌雄走曰牝丨詩匏有苦葉雉鳴求其丨傳○在陰爲牝在陽爲丨國語越語凡陳之道設右以爲牝益左以爲丨注○陽爲丨太元元攡牝丨羣貞注○陽奇爲丨漢書五行志上○丨剛也史記孝武紀以丨荆畫旛正義引韋昭○丨門戶籥丨也淮南說林㳂跖見飴曰可以黏丨注○邱陵爲丨大戴記易本命又家語執轡又淮南墬形

兵略左丨而右牝注○水曰天一爲丨漢書王莽傳上集注引張晏○丨麻也儀禮喪服傳○丨麻麻經者其貌易服輕者宜差好也儀禮士喪禮丨麻經注○丨鞠鞠不華者周禮蟈氏焚丨鞠注○丨曰騭爾雅釋畜○丨馬騭馬也詩駉駉駉丨馬釋文○四丨君勞使臣之來樂歌也儀禮鄉飲酒禮工歌鹿鳴四丨皇皇者華注燕禮工歌鹿鳴四丨皇皇者華注○詩駉釋文丨本作牧○詩駉駉丨馬江南書皆作牝丨之丨河北本悉爲放牧之牧顏氏家訓書證

缶 或作缻○丨瓦器也易比釋文又爾雅釋器盎謂之丨孫注又史記李斯傳擊甕叩丨索隱○丨者瓦器所以盛漿風俗通聲音○丨土器也後漢魯恭傳注○丨汲器左氏襄九年傳具綆丨注○坤爲丨易坎貳用丨虞注○坤器爲丨易比有孚盈丨虞注○盎謂之丨詩宛邱坎其擊丨傳○丨謂之瓿甂方

言五○藪二有半謂之丨小爾雅量○丨庾也國語
魯語出稷禾秉芻丨米注○瓵丨也字書曰瓵似丨
而高後漢孔融傳注○莊子天地以二
丨鍾惑而所適不得矣釋文丨本作垂

酉 丨者老也白虎通五行○丨就也廣雅釋詁三○
丨秀也秀者物皆成也釋名釋天○丨者飽也淮
南天文○在丨曰作噩爾雅釋天○丨爲厄淮南天
文○丨雞也論衡物勢○二在天下爲丨顏氏家訓
書證引
詩說

扣 亦作叩○丨擊也列子湯問丨石墾壞釋文○叩
擊也論語憲問以杖叩其脛皇疏又漢書伍被傳
集注鄒陽傳集注又楚辭逢紛行叩誠而不阿兮注
○敂擊也廣雅釋詁三○叩發動也論語子罕我叩
其兩端釋文○丨持也廣雅釋詁三又呂覽愛上晉
梁右靡巳丨繆公之左驂矣注○丨猶牽也淮南氾
論梁由靡丨繆公之驂注○丨牽馬史記趙世家集
解引字林○敂關猶謁關人也周禮司關凡四方之
賓客敂關注○丨跋或謂却伏也文選七命丨跋幽
叢注○丨與叩同荀子法行丨之其聲清揚而遠聞
注○三蒼丨作敂一切經音義二
叩或作跔淮南精神膝上叩斯注

歐 嘔傴也將有所吐脊曲傴也釋名釋疾病○丨吐
也廣雅釋詁四又漢書丙吉傳集注○嘔吐也左
氏哀二年傳吾伏弢嘔血注○丨歐吐逆之聲也大
元竈則丨歍之疾至注○如丨如人嘔吐聲也山海
經東山經膏水其中多薄魚其音如丨注○丨絲言
嗷桑而吐絲蓋蠶類也山海經海外北經丨絲之野
一女子跪據樹丨絲注○丨擊也漢書張良傳集注
鮑宣傳集注翟方進傳集注○左氏哀二年傳釋文
嘔本
作呫

笱 丨所以捕魚也詩谷風毋發我丨傳○丨取魚器
也詩敝笱序釋文

甈 丨甈罌也其大者謂之甀其中者謂之丨甈方言
五○丨甈小罌長沙謂之瓵爾雅釋器甌丨謂之
瓵注○丨小罌也晉書音義下○
丨缶也廣雅釋器○丨瓶也同上

黝 丨黑也廣雅釋器又小爾雅廣詁○丨黑色詩侯
人傳組芾丨衡釋文大田箋陰祀用丨牲釋文穀
梁莊廿四年傳天子諸侯丨堊釋文○黑謂之丨爾
雅釋器○丨黑貌爾雅釋器注○丨青黑色爾雅釋
器孫注○丨堊黑色穀梁莊廿四年傳天子諸侯丨
堊注○地謂之丨爾雅釋宮○丨堊堊室之飾也地
謂之丨丨堊或爲要期禮記喪大記既祥丨堊注○
丨塗也廣雅釋室○丨黛茂盛貌文選蜀都賦林麓
丨黛注○丨讀爲幽周禮牧人陰祀用丨牲毛
之司農注守祧其祧則守祧丨堊之司農注

蔀 菩丨魚薺也廣雅釋草○丨覆也後漢蔡邕傳注
○丨丨蔽也易豐豐其丨虞注○日蔽雲中稱丨同
上○丨覆暖鄣光明之物也易豐注○丨茂盛周匝
之義漢上傳引陸績易注○丨之言齊同日月之分
爲一丨也周髀算經下四章爲一丨注○丨小也易
豐虞注又易豐釋文引馬注○易豐釋文丨薛本作
菩

蹂 丨踐也漢書王商傳集注匈奴傳上集注又後漢
班彪傳上注○丨踐也汝九切文選西都賦注引
字林○丨履也廣雅釋詁
二○丨疾也廣雅釋詁一

狃 丨習也詩大叔于田將叔無丨傳又後漢陳忠傳
注○丨串習也荀子議兵狃之以慶賞注○丨忕
慣習也後漢西羌傳注○丨忕也左氏桓十三年傳
莫敖丨於蒲騷之役注僖十五年傳天不可丨注又

小爾雅廣言又國語晉語得國而｜注歸必｜一夫不可｜注又漢書匡衡傳集注○忸忕也猶言慣習後漢戴就傳注○忸忕猶慣習也後漢馮異傳注○｜復也詩大叔于田箋○｜惑也爾雅釋言○｜貪也國語晉語不足｜也注○｜正也國語晉語使臣｜中軍之司馬注○忸與｜同荀子議兵忸之以慶賞注○忸字當作｜晉書音義中○古今人表公山不｜師古曰即公山不擾○古今人表公山不｜史記孔子世家索隱作蹂○公山不｜字子洩見左定五年傳

棓 ｜擊破也莊子逍遙遊吾爲其無用而｜之釋文引司馬注

耇 ｜老也書君奭｜造德不降鄭注又詩南山有臺遐不黃｜傳又方言十○｜亦老也後漢和帝紀注○｜老壽也爾雅釋詁○｜壽也詩南山有臺釋文○｜猶耇也爾雅釋詁注○｜凍黎也國語周語敬事｜老注○｜凍黎也壽徵也儀禮士冠禮黃｜無疆注○｜面如凍梨色如浮垢老人壽徵也爾雅釋詁孫注○｜覯也血氣精華覯竭言色赤黑如狗矣爾雅釋詁舍人注○九十曰鮐背或曰黃｜鬢髮變黃也｜垢也皮色驪顇恒如有垢者也釋名釋長幼○｜嬴也方言十二○書微子咈其｜長史記宋微子世家作不用老長

莠 ｜似苗也詩大田不稂不｜傳○｜今之狗尾也御覽引韋昭毛詩答穕問○｜草也左傳襄卅年其｜猶在乎釋文○｜命者謂穢亂教命若｜之穢苗也管子版法官處四體而無禮者流之焉｜命注○｜醜也詩正月｜言是口傳

丑 ｜紐也寒氣自屈紐也釋名釋天○｜者紐也白虎通五行○丑者紐也史記律書又淮南天文○

｜紐也廣雅釋言○｜之言畜也畜養萌芽也太元元數辰戌｜未注○｜爲閉淮南天文○太歲在｜曰赤奮若爾雅釋天○｜牛也論衡物勢○｜土也其禽牛也同上

苟 ｜且也詩君子于役｜無飢渴箋采苓｜亦無然箋又一切經音義二引韓詩又廣雅釋詁三又史記禮書人｜生之爲見正義又莊子天運食於｜簡之田釋文引王注○｜且也論語子路｜合矣皇疏又國語魯語則｜而賦注○｜且也假也儀禮燕禮記賓爲｜敬注○｜者媮合之稱所以行無廉隅不存德義謂之｜且匡謬正俗八○指緣謬辭謂之｜韓外傳六○｜誠也易繫辭下傳｜非其人虞注又詩采苓｜亦無信傳又論語里仁｜志於仁矣集解引孔注又皇疏子路｜有用我者皇疏｜正其身矣皇疏又孟子梁惠王上｜爲後義而先利注離婁下｜爲無本注又廣雅釋詁一又文選座右銘注引三蒼郭注又國語魯語夫｜中心圖民注｜如是注又國策秦策｜慎其道注大王｜能注又呂覽高義子之師｜肎至越注又離騷｜余情其信姱以練要兮注又文選東京賦｜民志之不諒薛注○｜猶誠也文選東京賦｜有胸而無心薛注○｜或也易繫辭上傳｜錯諸地而可矣虞注○｜愉也考工記弓人｜有賤工注○｜敬者主人所以小敬也儀禮聘禮記賓爲｜敬注○左氏襄十五年傳鄭人奪堵｜之妻釋文｜本作狗

糗 ｜食也廣雅釋言○｜乾食屑也儀禮燕禮注｜餌粉餈釋文○｜乾飯也左氏哀十一年傳進稻醴粱｜腶脯焉注○｜飯乾糒也孟子盡心下舜之飯｜茹草也注○｜糒也公羊昭廿五年傳敢致｜于從者注又廣雅釋器又楚辭惜誦願春日以爲｜芳兮注○｜寒粥也國語楚語｜一筐注又穆天子

傳六｜韭注○｜｜餌也儀禮有司徹入于房取｜
與腶脩注○｜者擣粉熬大豆爲餌餈之黏著以粉
之耳周禮籩人羞籩之實｜餌粉餈注○｜以豆｜
粉餌儀禮既夕四籩棗｜栗脯注○｜熬大豆與米
也周禮籩人司農注○｜｜擣熬穀也禮記內則｜餌
粉酏注○｜餻也飯而磨散之使餻碎也釋名釋飲
食○｜羞籩之實儀禮有司徹執棗｜坐設之
注○書費誓峙乃｜糧說文食部作峙乃餱粻
某｜名也禮記曲禮下使者自稱曰｜注又廣雅釋
詁三○｜名臣諱君故曰｜書金縢惟爾元孫｜
傳○｜者本有姓氏記傳者失之公羊宣六年傳使
勇士｜者注○｜時者記傳者失之公羊宣六年傳
子｜時所食活我于暴桑下者也注○｜子者祖字
也儀禮特牲饋食禮適其皇祖｜子注○｜甫皇祖
字也若言尼甫儀禮士虞禮記適爾皇祖｜甫注○
｜甫且字也若言山甫孔甫矣儀禮士喪禮爲其父

｜甫筮宅注○伯｜且字也大夫或因字爲謚儀禮
少牢饋食禮用薦歲事于皇祖伯｜注○古文｜爲
謀儀禮士冠禮
｜有子｜注
玖｜石次玉者詩邱中有麻貽我佩｜傳○｜玉黑
色詩木瓜釋文引字書○瓊｜玉名詩木瓜報之
以瓊｜
｜傳
拇｜大指也國語楚語至於手｜毛脈注○｜手｜
指也楚辭招魂敦脄血｜注○｜手大指易解解
而｜釋文引王肅注○｜足大指也易咸咸其拇虞
注又易咸釋文引馬薛注解解而｜釋文引陸績注
詩生民箋敏｜也釋文莊子駢拇駢｜枝指釋文○
易咸釋文｜荀作母解釋文｜荀作母○易咸釋文
｜子夏
傳作踇

紂殘義損善曰｜獨斷下○賊仁多累曰｜呂覽功
名桀｜貴爲天子注○｜緧也廣雅釋器○車｜
自關而東周洛韓鄭汝潁而東謂之緻或謂之
曲綯或謂之曲綸自關而西謂之｜方言九
俗作紂○｜察也荀子富國則必有貪利｜譎之
糾名注○｜猶察異之周禮大司寇以五刑｜萬民
注○｜猶割察也周禮寺人相道其出入之事而｜
之注大司徒以鄉八刑｜萬民注○｜猶割也察也
周禮宮正掌王宮之戒令｜禁注○｜猶割也察也
若今御史中丞周禮小宰凡宮之｜禁注○｜舉也
左氏昭六年傳｜之以政注又廣雅釋詁一又漢書
刑法志集注○相｜相舉察周禮鄰長掌相｜相受
注○｜正也論語摘輔象知命受｜俗注○｜猶正
也周禮大司馬以｜邦國注○｜猶攝也左氏昭廿
年傳慢則｜之以猛注○｜謂好發擿人過者也荀
子議兵矜｜收繚之屬注○｜共也國語魯語｜虔

天刑注○｜合也後漢荀彧傳注○合繩曰｜史記
屈賈傳索隱引通俗文○繩三合曰｜一切經音義
十七引蒼頡解詁○｜兩合繩文選鵩鳥賦注引字
林○｜收也左氏僖廿四年傳故｜合宗族於成周
注又國語齊語｜之以刑罰注又後漢臧洪傳注公
孫瓚傳注○糺收也後漢隗囂傳注○｜絞也漢書
賈誼傳集注引臣瓚○｜繚也文選江賦青綸競｜
注琴賦蜑蟺相｜注○｜｜猶繚繚也詩葛屨｜｜
葛屨傳○｜纏結也後漢張衡傳注○｜錯也楚辭
東皇太一鏐鏘鳴兮琳琅注○｜戾也楚辭悲回風
糺思心以爲纕兮注○｜紛亂貌也文選劉越石荅
盧諶詩橫厲｜紛注○｜材也廣雅釋詁四○｜謂
校錄所當共之牲物周禮祭僕｜百官之戒具注○
糺尸羅漢言截頭也水經河水注○｜音九史記屈
賈傳索隱引字林○論語齊公子｜淮南氾論新序
五作糺○史記宋世家景公殺昭公父｜索隱引左

傳名
周
嗾 丨取也左氏宣二年傳公丨夫獒焉服注〇左傳
宣二年釋文丨服本作嗾
卣 丨中尊也書文侯之命用賚爾秬鬯一丨傳洛誥
以秬鬯二丨釋文詩江漢釋文〇丨中尊謂獻象
之屬周禮鬯人廟用脩注〇丨鬯之尊也爾雅釋器
丨器也李注〇丨器名左氏僖廿八年傳秬鬯一丨
注〇丨器也詩江
漢秬鬯一丨傳
罶 寡婦之笱也詩魚麗魚麗于丨傳苕之華三星在
昴同〇嫠婦之笱謂之丨爾雅釋器〇丨曲梁也
丨傳〇丨曲梁其功易故謂之寡婦之笱爾雅釋器
孫注〇凡以薄爲魚笱者名爲丨爾雅釋訓注〇曲
梁謂之罶廣雅釋器〇凡曲者謂丨爾雅釋訓〇丨
笱也國語魯語水虞於是乎講眾丨注〇爾雅釋訓

釋文丨本作罶釋器釋文丨字書
作罶〇詩苕之華釋文丨本作霤
杻 丨檍爾雅釋木〇丨檍也詩山有樞隰有丨傳南
山有臺北山有丨傳〇丨似棣一名土橿山海經
西山經英山
其上多丨注
瞍 丨盲也廣雅釋詁三〇瞍無目之稱書堯典瞽子
傳〇珠子具而無見曰瞍文選演連珠注引韓詩
章句〇無眸子曰瞍詩靈臺矇瞍奏公傳〇無眸子
曰丨國語周語丨賦注晉語矇丨不可使視注〇有
目無眸子謂之丨周禮春官序官瞽矇司農注〇丨
目有眸無珠子也先久反周禮春官序官釋文引字
林〇瞍縮壞也釋名釋疾病〇丨聰也集韻
引字林〇書大禹謨瞽丨呂氏春秋作叜
檦 丨積也詩棫樸薪之丨之傳又周禮大宗伯以丨
燎祀司中司命飌師雨師注〇丨積木燎也詩棫

樸釋
文
枸 枸乳苦杞也廣雅釋草〇丨簍卽車弓也方言九
車丨簍注〇詩四牡傳杞丨丨檵也釋文丨本作苟
禮記表記注芑丨檵也釋文丨本作苟〇左傳昭
十二年注杞世所謂丨杞也釋文丨本作狗
塿 丨土也廣雅釋地〇冢自關而東謂之邱小者謂
之丨方言十三
忸 慙恥謂之丨怩一切經音義五引通俗文〇丨怩
慙歰也楚郢江湘之閒謂之丨怩方言十〇丨怩
慙貌國語晉語君丨怩顏注〇丨怩心慙書五子之
歌顏厚有丨怩傳〇丨怩心慚也後漢蔡邕傳注〇
丨怩慼咨也
廣雅釋訓
郈 史記魯周公世家丨氏集解引徐廣曰一本作厚

赳 丨丨武也爾雅釋訓又廣雅釋訓〇丨丨武貌詩
兔罝丨丨武夫傳又左氏成十二年傳丨丨武夫
注又漢書敘傳下集注又後漢光武紀下注龐參傳
注〇丨丨勁貌漢書敘傳下集注〇丨丨材勁貌
漢書趙充國傳集注〇丨螑申頸低卬也史記司馬相
如傳沛艾丨螑集解引漢書音義〇丨螑牙跳也史
記司馬相如傳索隱引張揖〇詩兔罝
丨丨武夫後漢桓榮傳注作糾糾武夫
𢿱 廣韻同叜〇𥳭𥴦也廣雅釋器
懰 丨好貌詩月出佼人丨兮釋文〇丨宿留也文選
笙賦注引埤蒼〇詩月出佼人丨兮羣經音辨作
佼人
劉兮
培 冢秦晉之閒或謂之丨方言十三〇丨塿冢也廣
雅釋邱〇卜塿亦堆高之貌方言十三注〇左氏

襄廿四年傳丨塿無松栢風
俗通山澤作部婁無松栢

滫 集韻或作𣻌○丨溲也禮記內則釋文○丨者淅
米汁也史記三王世家漸之丨中集解引徐廣○
丨臭汁也淮南人閒及漸之于丨注○秦人溲曰丨
齊人滑曰瀡也禮記內則丨瀡以滑之注○丨溺也
荀子勸學其漸之丨注○丨如禮丨溲之丨史記三
王世家索隱○𣻌溲亦博異語也𣻌讀與丨瀡之丨
同禮記
內則注

甊 丨瓶也廣雅釋器

酘 丨白酒也儀禮聘禮丨黍清皆兩壺注

𤙖 廣韻𤘽同○丨夔牛之子也丨與𤘽同文選江賦
夔丨翘陸於夕陽注○今青州呼犢為𤘽爾雅釋
畜其子犢注○𤘽牛鳴也爾雅釋獸
釋文引字林○𤘽鳴也廣雅釋詁二

釦 丨音口以金銀緣器也後漢和熹鄧皇后紀注

掫 丨持也廣雅釋詁三○丨戍也同上

𦽍 菡其實丨爾雅釋草

厹 貍狐貒貈醜其跡丨爾雅釋獸○丨指頭處爾雅
釋獸注○丨或作狃爾雅釋獸釋文引字林○丨
古文為蹂爾雅釋獸釋文○丨繇國之近晉者
也或作仇酋呂覽權勳中山之國有丨繇者注

萯 丨今菩字音倍穆天子傳二茅丨注○呂氏春秋
夏后氏孔甲田于東陽丨山帝王世紀以為即東
首陽山也水
經河水注

黈 丨纊言以黃綿大如丸懸冠兩邊當耳不欲妄聞
不急之言也文選東京賦丨纊塞耳薛注○丨黃
色也黃綿為之纊漢輿服志注引字林○丨黃色縠
梁莊廿四年傳士丨注○黈黃也廣雅釋器○丨好
色也後漢馬融傳注引廣雅○丨猶演也文選長笛
賦猶以二皇聖哲丨益注○丨讀而買丨蓋之丨也
淮南主術丨纊塞耳注○丨古文
作紏黈二形同一切經音義十三

庮 牛夜鳴則丨周禮內饔○丨朽木臭也周禮內饔
司農注○丨病也周禮內饔釋文引干注

鵫 白丨即白鵫也山海經北山經縣雍之山其鳥多
白丨注

趣 丨馬丨養馬者也周禮夏官序官丨馬注○丨馬
中士也掌王馬之政詩十月之交蹶維丨馬箋○
丨馬掌馬之官
書立政丨馬傳

枓 湽丨杓也廣雅釋器

羑 丨道也書康王之誥誕受丨若馬注○殷曰丨里
言不害人若於閭里紂拘文王是也御覽六百四
十三引風俗通○丨古牖字淮
南汜論悔不誅文王於丨里注

楺 易繫辭揉木為耒漢書食貨志上作煣木為耒

壽 丨年也呂覽尊師以終其丨注○丨保也國語楚
語臣能自丨也注○丨木昆侖山上木也呂覽本
味丨木
之華注

○以下據廣韻錄

嬼 丨妖也詩月出釋文引埤蒼

䰡 丨菝葀也廣雅釋草

愀 ｜亦蕭條貌也後漢馬融傳注

蝢 爾雅釋蟲草螽｜蠜釋文｜或作負

偩 ｜猶依象也禮記樂記禮樂｜天地之情注

缹 焷謂之負廣雅釋器○少汁煮曰｜詩韓奕正義引字書通俗文○少汁煮曰｜一切經音義十七引字書

殕 ｜敗也廣雅釋詁三○｜腐也一切經音義十六引通俗文

煣 ｜屈也漢書食貨志下集注

輮 ｜輞也廣雅釋器○｜踐也漢書項籍傳集注李陵傳集注

粈 ｜廁也廣雅釋詁四

麔 麋牡｜爾雅釋獸○｜短脰同上

齨 ｜老人齒如臼也御覽三百六十八引字林

犃 ｜雄也廣雅釋獸

黈 ｜好也廣雅釋詁一

斢 ｜對奪取物集韻引字林

髃 集韻或从肉○｜肩前兩乳骨也五口反公羊傳桓四年釋文引字林○腢肩頭也儀禮旣夕記卽牀而奠當腢注

甌 ｜缶也廣雅釋器

揉 ｜擊也廣雅釋詁三

𣲩 ｜酒也廣雅釋器

詨 ｜誘也廣雅釋詁一

䎛 ｜聰揔名也玉篇引字林

褔 ｜次衣也廣雅釋器

訆 ｜笑也廣雅釋詁一○｜｜笑也廣雅釋訓

竘 ｜巧也廣雅釋詁三○｜治也同上

颵 ｜瀏風聲也文選吳都賦｜瀏颼颵注

蚴 ｜蟉龍行貌也文選上林賦青龍｜蟉於東廂郭注○｜蟉蜿蟺皆行動之貌也史記司馬相如傳青虯｜蟉於東箱正義引顏云○｜蜕蟉蝓也廣雅釋蟲

杻 下句曰｜爾雅釋木○｜者聊同上

經籍籑詁卷第五十五

經籍籑詁卷第五十五補遺

上聲

兵部侍郎兼都察院右副都御史巡撫浙江等處地方提督軍務兼理糧餉阮元撰集

二十五有

有 說文丨不宜丨也春秋傳曰日月丨食之从月又聲凡丨之屬皆从丨○一丨一亡曰丨穀梁莊廿八年傳昭十七年傳廿五年傳○丨域也國語魯語共工氏之伯九丨也注○丨者已藏之稱詩芣苢序箋天下和政教平也疏○丨所謂丨地也左氏昭卅一年傳夫丨所丨民注○丨土地貨財也荀子王霸內不脩正其所丨注○丨猶富也列子說符羨施氏之丨注○丨者非所丨也爾雅翼三引蔡邕月令章句○不無丨即丨也管子地員不無丨三分注○丨相親丨左氏昭廿年傳是不丨寡君也注○書臯陶

謨天秩丨典釋文馬本作五典自我五禮丨庸哉釋文馬本作五庸○古文丨作又儀禮鄉射禮惟君丨射于國中注○丨三讀爲又參考工記弓人丨三均均者三注○丨讀爲又禮記內則三王丨乞言注○詩瞻卬婦丨長舌大戴記本命注作婦爲長舌○孟子公孫丑上皆丨聖人之一體論衡作得聖人之一體

酒 說文丨就也所以就人性之善惡从水从酉酉亦聲一曰造也吉凶所造也古者儀狄作丨醪禹嘗之而美遂疏儀狄杜康作秫丨○丨百藥之長漢書食貨志下○丨者天之美祿同上○丨曰清酌禮記曲禮下○坎爲丨食易困困于丨食集解○丨則苦也周禮疾醫五味醯丨飴蜜薑鹽之屬注○丨是陽周禮酒正注王致丨疏○丨旗星名周禮家宗人注丨旗坐星疏

首 說文𦣻百同古文百也巛象髮謂之鬊鬊即巛也凡𦣻之屬皆从𦣻○丨頭也禮記少儀羞丨者進喙祭耳疏○丨始也左事春秋序必表年以丨事疏○丨本也禮記祭義注各丨其類疏○丨猶本也禮記禮運各丨其義也疏學記注不丨其義疏○丨即先也禮記月令注丨稷謂稷疏○丨是體之大書召誥疏○丨亦陽也禮記曲禮上執禽者左丨疏○丨謂始定也漢書律麻志上張蒼丨律麻事注○丨嚮也漢書司馬遷傳北丨爭死敵注○凡言丨者先服之辭公羊桓三年傳注故以鄭丨服疏○稽首頭至地也禮記檀弓疏上引中候我應注○稽首者頭至地禮記玉藻君賜稽首據掌致諸地疏○丨至地乃爲稽丨左氏僖五年傳士蔿稽丨疏○丨尾猶丨鼠也後漢書西羌傳而丨尾兩端注○丨鼠一前一卻也漢書灌夫傳何爲丨鼠兩端注引服虔○丨施猶丨鼠也後漢書鄧訓傳雖丨施兩端注○麥以秋種

故謂之丨種舊唐書八十九引月令章句○丨劒環拊也禮記曲禮上進劒者左丨疏

手 說文丨拳也象形凡丨之屬皆从丨𢪒古文丨○丨取也詩賓之初筵賓載丨仇傳○今河南俗語治生求利少有所得皆言可用藉丨矣左氏成二年傳若苟有以藉口服注○丨戟丨所持適之戟也釋名釋兵

口 說文丨人所以言食也象形凡丨之屬皆从丨○丨者所以發言語鬼谷子權篇故丨者機關也注○丨者心之門戶也鬼谷子捭闔注○故丨者機關也所以開閉情意也鬼谷子權篇○丨所以紀三辰宣五行也故謂之門國語晉語且夫丨三五之門也注○口爲脾之官素問生氣通天論九竅不通注五藏生成論其榮脣也注○丨爲脾官素問六節藏象論其華在脣四白注○丨所以司納水穀素問陰陽

應家大論在竅爲丨注○少有所得則于口爲藉故曰藉丨左氏成二年傳注復白也疏○丨當爲尸後當爲從俗寫誤也顏氏家訓書證

毋 說文丨牧也从女象褱子形一曰象乳子也○生曰父曰丨禮記曲禮下○坤地稱丨易繫辭上傳剛柔者立本者也虞注○丨者猶地漢書戾太子傳○在終則謂之丨老子此兩者同出而異名王注○丨取含養也御覽卅六引易說卦傳故稱乎丨陸績注○丨所以育養諸子言滋生也素問陰陽類論陰爲丨注○丨道也老子有國之丨注○丨造化也老子以爲天下丨注

後 說文丨遲也从彳幺夂者丨也後古文丨从辵○丨謂子孫也詩瞻卬或救爾丨注

柳 說文栁小楊也从木丣聲丣古文酉○丨之言聚儀禮既夕注丨有布荒疏○五色聚爲丨書大傳

度西曰丨穀注○丨者諸色所聚周禮喪祝注飾棺設丨池之屬疏○在上曰荒在旁曰帷總謂之丨禮記檀弓上注葬引飾棺以丨翣疏○丨象宮室縣池於荒之爪端若承霤然云禮記喪大記飾棺注○東郡謂廣轍車爲丨史記季布欒布列傳置廣丨車中集解引服虔○丨共星聚也爾雅釋天咮謂之丨孫注○檟讀爲丨爾雅釋木援柜丨注○孟子告子下子思子丨爲臣說苑作子思子庚爲臣鹽鐵論作子思子原爲之卿

友 說文𠬛同志爲丨从二又相交丨也𦱊古文丨習亦古文丨○同志爲友詩關雎琴瑟丨之箋又儀禮士冠禮注主人之僚丨疏士喪禮僚丨羣士也疏○同志曰丨易兌君子以朋丨講習疏又論語學而與朋丨交鄭注○丨爲同志之名詩伐木序燕朋丨故舊也疏○丨者同志之名詩既醉箋朋丨謂羣臣同志好者也疏又公羊哀十四年傳注德合者相丨注○丨者親之如丨詩關雎傳宜以琴瑟丨樂之疏

婦 說文丨服也从女持帚灑埽也○丨服也禮記曲禮下有世丨疏○丨謂配也易蒙納丨吉疏○丨者配已而成德者也易蒙納丨吉注○丨者事人之稱儀禮喪服傳注丨人者女子子也疏○丨者對姑之稱文左氏僖廿五年經注稱丨姑存之辭疏○稱丨者見姑之辭公羊僖廿五年傳其稱婦何注○女子謂之丨人廣雅釋親○丨所以職其蠶織管子權修丨言人事注

斗 說文丨十升也象形有柄凡丨之屬皆从丨○十升爲丨漢書律麻志上○丨者聚升之量也同上○丨稱量器也淮南時則角丨桶注○丨天之三辰綱紀量也漢書五行志下之下

狗 說文孔子曰丨叩也叩气吠以守从犬句聲○丨大也禮記曲禮上毋投與丨骨疏又墨子經下○

大者爲犬小者爲丨禮記曲禮上效犬者左牽之疏○丨陽畜也史記秦本紀以丨禦蠱正義○孟子公孫丑上雞鳴丨吠相聞文選注作犬吠

久 說文丨从後灸之象人兩脛後有距也周禮曰丨諸牆以觀其橈凡丨之屬皆从丨○丨舊也文選荅賓戲時暗而丨章者注引項岱○丨謂行遲也史記天官書丨而至索隱○丨要舊約也論語憲問久要不忘平生之言集解引孔注○丨彌異時也墨子經上○丨讀爲灸謂以蓋塞鬲口也儀禮士喪禮冪用疏布丨之注○丨當爲灸儀禮既夕皆木桁丨之注○丨當爲有列子天瑞道終乎本無始進乎本不丨注

負 說文丨恃也从人守貝有所恃也一曰受貸不償○丨恃也一切經音義六引廣雅又史記游俠列

傳丨解之勢索隱○丨背也荀子彊國丨西海而固常山注○丨謂背也漢書陳平傳家適丨郭窮巷注○丨者擔丨於物易繫辭上傳丨也者疏○丨擔也禮記曲禮下某有丨薪之憂疏○丨繩背之縫也禮記深衣丨繩及踝以應直疏○丨猶不勝也禮記檀弓上注爲丨而廢君命疏○丨之謂抱之而使鄉前也禮記內則三日始丨子注○丨養謂丨擔以給養公家亦賤人也史記張儀列傳而斯徒丨養在其中矣索隱○丨俗謂被世議論也漢書武帝紀士或有丨俗之累而立功名注引晉灼○諸侯疾稱丨子丨子者諸侯子民今不復子之也御覽七百卅九引白虎通○俗謂老大母爲阿丨漢書高帝紀常從媼武丨貰酒注引如淳

厚 說文厚山陵之丨也从㫗从厂垕古文丨从土○丨大也國策秦策「輕諸侯注○丨者至也老子

德之丨注○丨謂豐丨禮記表記死不丨其子疏○丨謂土地廣大左氏隱元年傳丨將崩注○良爲丨易繫辭下傳丨衣之以薪注○丨禮之積也荀子禮論○丨土山也素問五常政大論見於丨土注○丨夜謂長夜左氏襄十三年傳惟是春秋窀穸之事注

叟 說文叜老也从又从灾闕穸籒文从寸傁叜或从人○丨老稱禮記文王世子注三老五更疏

走 說文丞趨也从夭止夭止者屈也凡丞之屬皆从丞○丨僕也文選詣蔣公奏記注引漢書應劭注○丨集邊竟之壁壘左氏昭廿三年傳險其丨集注○丨丨讀奏記之奏淮南說林木者丨山注○詩緜來朝丨馬玉篇丞部作來朝趣馬

守 說文丨丨官也从宀从寸寺府之事者从寸寸法度也○持不惑曰丨易繫辭下傳何以丨位曰仁

鄭注○丨亦持也詩鳧鷖序能持盈丨成疏○主而不失謂之丨同上○丨相假也國策秦策趙以爲丨相注○丨彌異所也墨子經上○丨求請之漢書外戚傳上數丨大將軍光注○丨丈任丨備者穆天子傳三丨丈七十注

綬 說文丨紱維也从糸受聲○漢世丨是薄帔有文章而狹以爲席之緣周禮司几筵注紛如丨有文而狹者疏

右 丨尊也漢書灌夫傳在已之丨注○古者以丨爲尊漢書高帝紀下無能出其丨丨者注○丨言在上也漢書朱雲傳九卿之丨注○丨亦高上也漢書東方朔傳在三王之丨注○西爲丨書君奭序相成王爲左丨釋文○丨西邊也禮記雜記上門右北面而踊疏○丨西學也禮記樂記丨射騶虞注○丨門內

東邊也禮記喪大記先入門丨疏○東爲丨越絕書外傳記地傳○兌爲丨易大有自天丨之虞注○孟子告子下而齊丨善歌文選吳趨行注作齊后

否 說文丨不也从口从不○丨不也禮記哀公問君曰丨疏大學其本亂而末治者丨矣疏又論語雍也予所丨者釋文引繆播又文選羽獵賦注引書大傳○丨不可也左氏昭二十年傳君所謂可而有丨焉注○愆時爲丨素問六微旨大論丨則逆注○孟子萬章上丨不然也韻會作不不然也

醜 說文丨可惡也从鬼酉聲○丨衆也詩常武仍執丨虜箋又孝經在丨不爭疏引魏注○丨惡也詩泮水屈此羣丨箋○丨讀如雠古今韻會注引孟子趙注○丨丨或作耻呂覽不侵而欲丨之以辭注

受 說文丨丨相付也从受舟省聲○丨取藏之周禮司干則丨之注掌舞器注○言丨從已丨彼之稱耳

詩柏舟丨侮不少疏〇丨卽紂也音相亂故字改易
耳書西伯戡黎序疏〇〇丨一作更史記夏本紀丨豕
韋之後集解引徐廣〇唐扶頌光叒茅土又叒天之
祜又叒土襲爵丨皆作叒

牖 說文丨穿壁也以木爲交窗也从片戶甫譚長以
甫上日也非戶也丨所以見日〇丨窗也漢書兩
龔傳爲牀室中西南丨下注〇丨謂窗也書顧命丨
間南嚮疏〇丨與誘古字通用詩板疏〇詩板天之
丨民御覽八百七作天之誘民丨民孔易禮記樂記
作誘民孔易

偶 說文丨桐人也从人禺聲〇耦合也淮南時則令
農計耦耕事注〇耦近也淮南要略覽耦百變也
注〇丨媲也禮記曲禮上丨坐不辭疏〇丨二也同
上〇丨副貳也禮記曲禮上丨坐不辭釋文〇丨配
也書君奭汝明勗丨王疏〇耦亦匹方言敵耦也注
〇丨謂丨然非本志也文選與山巨源絕交書丨與

足下相知耳注〇丨謂古之復方也素問至眞要大
論丨之制也注〇丨謂以土木爲之丨類於人也史
記孟嘗君列傳見木丨人與土丨人相與語索隱〇
昏以相敵爲耦左氏桓三年傳齊侯送姜氏疏〇射
法每兩人相對以決勝負名之曰丨禮記曲禮下君
使士射疏

耦 說文丨耒廣五寸爲伐二伐爲丨从耒禺聲

阜 說文𨸏大陸山無石者象形凡𨸏之屬皆从𨸏𨸐
古文〇大陸曰丨漢書鼂錯傳經川邱丨注〇丨
厚也國語晉語利以丨姓注〇丨長也文選魏都賦
注引國語賈注

九 說文丨陽之變也象其屈曲究盡之形凡丨之屬
皆从丨〇丨陽數也易文言傳潛龍勿用下也注
〇丨者老陽之數易乾初丨崔注〇陽重故稱丨易
乾初丨集解引干注〇丨陽數之極也漢書京房傳

丨年不改注引張晏〇丨數之極也漢書杜欽傳禮
壹娶丨女注引張晏〇〇丨丨者所以究極中和爲萬物
元也漢書律麻志上〇丨亦金之成數管子幼官用
丨數注〇西方有金四土五故數丨南齊書十一引
月令章句〇丨變者究也列子天瑞〇丨謂再命者
也儀禮公食大夫禮魚腸胃倫膚若丨注〇丨與鬼聲
相近禮記明堂位脯鬼侯疏〇丨當爲北傳寫誤耳
荀子宥坐復瞻被丨蓋皆繼注

后 說文丨繼體君也象人之形施令以告四方故厂
之从一口發號者君丨也凡丨之屬皆从丨〇丨
君也易象上傳丨不省方虞注又禮記內則丨王命
冢宰注又國語周語衆非元丨何戴注文穆天子傳
四其葉是食明丨注〇丨亦君也漢書外戚傳上帝
母稱皇太丨注〇丨謂天子之妃禮記內則丨王命
冢宰疏引盧氏〇坤女主故稱丨易象上傳丨以財
成天地之道虞注〇丨土者地之大名也詩甫田傳

社丨土也疏〇土爲羣物主故稱丨焉左氏昭廿九
年傳土正曰丨土注〇丨王謂天子也書說命中樹
丨王君公疏〇夏稱丨者以揖讓受於君故稱丨禮
記檀弓上疏引白虎通〇夏以揖讓受禪爲君故褒
之稱丨丨君也論語八佾皇疏引白虎通

咎 說文丨災也从人从各各者相違也〇丨過也一
切經音義六引廣雅〇丨是過之別名書洪範其
作汝用丨疏

藪 說文丨大澤也从艸數聲九州之丨揚州具區荆
州雲夢豫州圃田青州孟諸沇州大野雍州弦蒲
幽州奚養冀州楊紆并州昭餘祁是也〇丨澤也淮
南墬形何謂九丨注〇丨大澤也漢書地理志上丨
日具區注〇丨是澤類左氏宣十五年傳山丨藏疾
疏〇丨是草木積聚之處近山近澤皆得稱丨同上

○水鍾謂之澤無水則名丨書武成疏○有水則爲澤無水則爲丨周禮地官序官澤虞注水希曰丨疏○無水之處謂之丨禮記月令山林丨澤疏○澤無水曰丨國語周語不崇丨注又漢書鄒陽傳則土有伏死掘穴巖丨之中耳注公孫宏傳麟鳳在郊丨注○丨是少水之澤左氏昭廿年傳注虞候疏○丨謂澤之無水者漢書五行志中之下不崇丨注○丨草也詩伐木傳以丨曰湑疏○丨爲田獵之處左氏襄廿五年傳注聚成丨澤疏○丨謂𣪊空壺中也考工記輪人以其圍之防捎其丨司農注

帚 說文丨糞也从又持巾埽冂內古者少康初作箕丨秫酒少康杜康也葬長垣

垢 說文丨濁也从土后聲

畝 說文六尺爲步步百爲晦从田每聲畞晦或从田十久○古者制田百步爲丨鹽鐵論未通○制田二百四十步而一畞同上○古百步爲晦漢時二百四十步爲晦漢書食貨志上畞丨五頃注○丨邱方百步也爾雅釋邱孫注○詩十畞之閒序釋文古作晦俗作畝○周禮大司徒不易之地家百丨釋文本作古晦字○孟子梁惠王上五丨之宅周禮載師注作五晦之宅

舅 說文舅母之兄弟爲舅妻之父爲外舅从男臼聲○天子謂異姓諸侯曰伯丨左氏僖九年傳使孔賜伯丨胙注

紐 說文丨系也一曰結而可解从系丑聲○丨謂帶之交結之處禮記玉藻并丨約疏○丨所以結連帷荒者也禮記喪大記纁丨二疏○丨是連繫之辭穀梁序昔周道衰陵疏○丨赤脈也史記扁鵲倉公列傳下有破陰之丨正義引素問○天淵謂之丨茲廣雅釋天

藕 說文藕夫蕖根从艸水禺聲○孔耽神祠碑躬菜菱藕丨作藕

朽 說文𣦸腐也从歺丂聲丨𣦸或从木

臼 說文丨舂也古者掘地爲丨其後穿木石象形中米也凡丨之屬皆从丨○丨杵所以擣鬱也禮記雜記上丨以椈注○爾雅釋鳥注江東名爲烏臼釋文本或作鴭

肘 說文丨臂節也从肉从寸寸手寸口也

韭 說文丨菜名一種而久者故謂之丨象形在一之上一地也此與耑同意凡丨之屬皆从丨○丨曰豐本禮記曲禮下○丨丨葅穆天子傳六丨注

剖 說文丨判也从刀咅聲○丨卽分也後漢書馮衍傳上伯玉擢選丨符注○丨猶破也文選海賦丨卵成禽注

誘 說文羑相訹呼也从厶从羑丨或从言秀𧦝或如此羑古文與羑同○丨進也詩衡門序以丨掖其君也箋又淮南原道丨慕於名位注○丨謂在前導之詩衡門序疏

牡 說文丨畜父也从牛土聲○丨雄也左氏昭十七年傳水火之丨也注○獸曰牝丨左氏昭十七年傳疏○丨陽也素問金匱真言論陽中之陽心也注陰中之陽肝也注○丨陽類也老子牝常以靜勝丨注○丨是出籥者漢書五行志中之上門丨自亡注引晉灼○丨所以下閉者也亦以鐵爲之非出籥也漢書五行志中之上注○詩駉駉駉丨馬太平御覽八百九十三作駉駉牧馬

缶 說文丨瓦器所以盛酒漿秦人鼓之以節謌象形凡丨之屬皆从丨○盎謂之丨爾雅釋器○丨汲

器也〔易比〕有孚盈丨釋文引鄭注○丨盎也〔詩宛丘〕坎其擊丨釋文○丨卽盎也〔漢書五行志上〕具綆丨注○丨盎也郎今之盆〔漢書五行志中之下〕季桓子穿井得土丨注○丨卽今之盆類也〔漢書楊惲傳〕仰天拊丨注○丨瓦器也〔漢書楊惲傳〕注引應劭○丨尊名也〔禮記禮器〕門外丨疏○丨是瓦器〔詩宛丘〕疏○丨是汲水之器〔同上〕

酉 〔說文〕丨就也八月黍成可爲酎酒象古文丨之形凡丨之屬皆从丨丣古文丨从丣丣爲春門萬物已出丣爲秋門萬物已入一閉門象也○丨留也〔禮記月令〕注觀斗所建疏○丨取畢成可留聚也〔太元數〕辰申丨注○丨者萬物之老也〔史記律書〕

扣 〔說文〕丨牽馬也从手口聲○叩擊也〔論語憲問〕以杖叩其脛集解引孔注○敂猶至也〔周禮司關〕凡

四方之賓客敂關疏○丨舉也一切經音義九引〔廣雅〕

歐 〔說文〕丨吐也从欠區聲

笱 〔說文〕丨曲竹捕魚丨也从竹从句句亦聲○丨者捕魚之器〔詩谷風〕疏〔敝笱〕敝丨在梁疏○丨竹丨所以捕魚〔淮南兵略〕發丨門注○丨郎曲薄也〔周禮獻人〕注以丨承其空疏○丨者葦薄以薄承其關孔魚過者以薄承取之〔周禮獻人〕注偃水爲關空疏

瓿 〔說文〕丨甂也从瓦音聲○丨小器也〔漢書楊雄傳〕〔贊〕吾恐後人用覆醬丨也注

黝 〔說文〕丨微青黑色从黑幼聲爾雅曰地謂之丨○丨黑也〔禮記喪大記〕旣祥丨堊疏○丨謂治堊室之地〔同上〕○黑謂之丨〔禮記玉藻〕再命赤韍幽衡注○丨黑柱也〔穀梁莊廿四年傳〕疏

蔀 大闇謂之丨〔易略例〕○丨者覆鄣之物也〔左氏宣六年傳注〕丨其家疏

蹂 丨若謂踐蹋也〔漢書司馬相如傳上〕騎之所蹂若注○丨踐也〔漢書文苑杜篤傳〕丨轔濊貊注

鈕 〔說文〕丨印鼻也从金丑聲⿰王丑古文丨从玉

狃 〔說文〕丨犬性驕也从犬丑聲○丨復也〔爾雅釋言〕○丨貫也〔左氏桓十三年傳〕莫敖丨於蒲騷之役注○丨串習也〔漢書刑法志〕丨之以賞慶注則丨而寖廣注○丨忕也〔漢書武帝紀〕怵於邪說注○丨忕前事復爲也〔爾雅釋言〕疏引孫注○古言丨忕是貫習之義〔書君陳〕丨于姦宄疏

耇 〔說文〕丨老人面凍黎若垢从老省句聲○丨凍梨也〔詩行葦序〕外尊事黃丨箋○丨革老者皮色枯瘁之形也〔方言十〕注○丨者老人面色如垢也〔漢書韋賢傳〕年其逮丨注○丨老人面色不淨如垢也〔漢

書師丹傳〕爲國黃丨注○丨老賢人也〔周書皇門〕克有丨老注○〔詩行葦〕黃丨鮐背〔白帖六十〕作黃髮鮐背

莠 〔說文〕丨禾粟下生丨从艸秀聲讀若酉○丨草似稷而無實〔國語魯語〕不過稂丨注○丨草似稷無實〔爾雅翼〕八引〔韋昭魯論〕解○丨秕穀所生也〔漢書酷吏嚴延年傳〕丨盛苗穢注○處官位而四體無禮者謂之丨命〔管子幼官〕流之焉丨命注

丑 〔說文〕丨紐也十二月萬物動用事象手之形時加丑亦舉手時也凡丨之屬皆从丨○丨紐也〔禮記月令〕注觀斗所建疏○〔楊統碑〕三月癸丑丨作丑

苟 〔說文〕丨艸也从艸句聲○丨且也〔易繫辭上傳〕丨錯諸地而可矣疏又〔禮記曲禮上〕不丨笑疏○丨

誠也禮記檀弓下丨無禮義忠信誠慤之心以涖之疏禮器丨無忠信之人疏仲尼燕居丨知此矣疏大學丨日新疏中庸丨不至德疏丨不固聰明聖知疏又文選幽通賦丨能實其必榮注引項岱○丨謂非時入山澤也管子小匡則民不丨注

糗 說文丨熬米麥也从米臭聲○丨乾食也文選聖主得賢臣頌羹藜唅丨者注引服虔○丨糒是行軍之糧書費誓疏○丨郎今之熬米麥所爲者漢書王褒傳羹藜含丨者注○丨餌者或屑而蒸之與棗豆之味同食事物紀原九引周禮干注

杲 說文杲酸果也从木甘闕槑古文杲从口○丨者字也儀禮鄉射禮丨酬丨之子注○丨子者氏儀禮鄉射禮疏○丨甫且字也禮記曲禮下曰有天王丨甫注○丨者是氏禮記曲禮下疏○丨客名也禮

記少儀丨固願聞名於將命者疏○穀梁桓二年注鄭厶地釋文本又作丨

玖 說文丨石之次玉黑色者从玉久聲詩曰貽我佩丨讀若芑或曰若人句脊之句○丨是佩玉之名詩邱中有麻傳丨石次玉者疏

拇 說文丨將指也从手母聲○丨足大指也易解解而丨疏○丨迹大指處爾雅釋訓敏丨也注又孫注

紂 說文丨馬緧也从糸肘省聲○丨當爲牖聲之誤也國策秦策以同言楚威王於側丨之間注

糾 說文丨繩三合也从糸丩○丨察周禮州長以丨其過惡而戒之疏○丨謂禁察也漢書平帝紀莫能相丨注○丨謂發舉書冏命繩愆丨謬疏○丨謂舉治也左氏昭六年傳丨之以政疏○丨者繩治之名左氏僖廿八年傳注丨而遠之疏○丨者豕合之意左氏僖廿四年傳疏○丨守備盜賊也周禮士師丨守緩刑注○丨急也一切經音義廿三引廣雅○丨蓼相引也漢書司馬相如傳下丨蓼叫奡注引張揖○糺猶攝也家語正論解慢則糺於猛注○二股謂之丨文選長笛賦注引漢書張晏注○丨兩股索文選征西官屬送於陟陽候詩吉凶如丨纆注

卣 丨卽犧象之屬周禮司尊彝注爾雅曰彝丨罍器也疏○丨器名左氏僖廿八年傳秬鬯一丨賈注

浚 說文丨浚渼也从水夋聲

罶 說文丨曲梁寡婦之笱魚所罶也从网畱畱亦聲𦌫丨或从婁春秋國語曰講罛𦌫○丨嫠婦笱也詩苕之華三星在丨釋文

杻 丨檍也今官園種之正名曰萬歲共汲山下人或謂之牛筋或謂之檍詩山有樞隰有丨陸疏○丨一名檍爾雅釋木舍人注○丨關西呼丨子一名土橿爾雅釋木注

瞍 說文丨無目也从目叜聲○目精黑白分明而無眸子人者謂之瞍周禮春官序官大師注有目無眸子謂之瞍疏○詩靈臺矇瞍奏公釋文依字作叟亦作丨

槱 周禮大宗伯以丨燎祀飌師風俗通祀典作以禘燎祀風師

枸 丨杞苦杞也廣雅釋草

瀏 說文丨流清皃从水劉聲詩曰丨其清矣

郈 說文郈東平無鹽鄉从邑后聲

趄 說文趄輕勁有才力也从走斗聲讀若鐈○丨材也廣雅釋詁四
籔 說文丨炊籅也从竹數聲
莃 說文莃兔葵也从艸希聲詩曰言采其莃
滫 說文丨久泔也从水脩聲○丨謂丨瀡周禮司烜氏注明齍謂以明水丨滫粢盛黍稷疏
敹 集韻敹或作吼○吼食物廣韻引新字林
醙 丨白也儀禮聘禮注以黍閒清白者疏
釦 說文丨金飾器口从金从口口亦聲○丨砌以玉飾砌也文選西都賦於是元墀丨砌注
茩 說文丨薢丨也从艸后聲

娃 說文丨女字也从女圭聲
莥 說文丨鹿藿之實名也从艸狃聲
禸 說文丨獸足蹂地也象形九聲尒疋曰狐貍貛貉醜其足蹞其迹丨凡丨之屬皆从丨蹂篆文从足柔聲
蒷 說文丨王丨也从艸負聲○丨草名管子地員大丨細丨注
黈 丨黃色也漢書東方朔傳丨纊充耳注
綹 說文緯十縷爲丨从糸咎聲讀若柳
呦 丨丨幽靜也漢書禮樂志清思丨丨注

庮 說文丨久屋朽木从广酉聲周禮曰牛夜鳴則丨臭如朽木
趣 丨馬官名詩十月之交蹶維丨馬釋文○丨與造音相近周禮掌固夜三鼜以號戒杜注
枓 丨其形方有柄取斟水器史記趙世家使廚人操銅丨正義
羑 說文丨進善也从羊久聲文王拘丨里在湯陰○丨道也書康王之誥誕受丨若王注○丨聲近猷書康王之誥疏
楺 丨謂矯而正之也漢書公孫宏傳臣聞丨曲木者不累日注
鯫 說文丨白魚也从魚取聲○丨魚名史記項羽本紀丨生說我集解引徐廣○丨謂雜小魚也史記貨殖列傳丨千石鮑千鈞正義○丨音淺丨小人貌也史記項羽本紀丨生說我集解引服虔○丨小人也漢書張良傳丨生說我注引服虔○丨生是小生史記高祖本紀或說沛公索隱

玽 說文丨石之似玉者从玉句聲讀若苟
𦒷 說文𦒷久也从老省𠷎聲○丨命也韓非子顯學
毆 說文丨捶轂物也从殳區聲○丨捶擊漢書梁王襄傳後數復丨傷郎注
○以下據廣韻錄
𢓜 說文丨復也从彳从柔柔亦聲
䏔 說文丨食肉也从丑从肉
𨛶 說文𨛶地名从邑丑聲
杽 說文丨械也从木从手手亦聲

疛說文一小腹病从疒肘省聲
灸說文一灼也从火久聲
𡚽說文一女字也从女久聲
首說文一頭也象形凡一之屬皆从一
偤自一自恃也淮南詮言自一而辭助注
缹一烝也詩韓奕箋以火熟之也疏引字書
不說文一鳥飛上翔不下來也从一一猶天也象形凡一之屬皆从一
煣說文一屈申木也从火柔柔亦聲

輮說文一車軔也从車柔聲
沑說文一水吏也又溫也从水丑聲
倃說文一毀也从人咎聲
粈說文一雜飯也从米丑聲
齨說文一老人齒如臼也一曰馬八歲齒臼也从齒从臼臼亦聲
麔說文一麋牝者从鹿咎聲
𥹆說文一舂糗也从米臼聲
㤹說文一怨仇也从心咎聲

𣢉說文一言意也从欠从鹵鹵亦聲讀若酉
𩵩說文一魚名从魚幼聲讀若幽
懮一舒貌詩月出舒一受兮釋文
𠯑說文一厚怒聲从口后后亦聲
郶說文郶天水狄郶从邑咅聲
䏙說文一豕肉醬也从肉咅聲
篰說文一㒼爰也从竹部聲
䳇說文一鳥也从鳥主聲

斢一斢兵奪人物廣韻引新字林
䱏說文一魚名从魚豆聲
髃說文一肩前也从骨禺聲○髃謂肩前也詩車攻傳達于右髃釋文○髃謂肩前骨也漢書司馬相如傳上洞胷達掖注○髃本亦作一詩車攻傳釋文
謏今俗猶云相謏怵漢書武帝紀怵於邪說注
𣳚說文一水也从水乳聲
蚼說文一北方有一犬食人从虫句聲
訽說文一扣也如求婦先一叕之从言从口口亦聲

⿰卩阝 說文邑京兆藍田鄉从邑口聲

竘 丨高壯皃淮南人間其始成丨然善也注

𨦇 說文丨酒器也从金𩰲象器形𩰲丨或省金

泑 說文丨澤在昆侖下从水幼聲讀與𣜩同

○以卜據集韻錄鯦說文丨當互也从魚咎聲

䍆 說文丨刀握也从刀缶聲

授 說文丨予也从手从受受亦聲

⿰食丑 說文丨雜飯也从食丑聲

𥎞 說文丨刺也从矛丑聲

𣆪 說文丨厚也从反亯凡丨之屬皆从丨

⿰扌保 說文丨衣上擊也从手⿰扌保聲

咅 說文丨相與語唾而不受也从丶从否否亦聲⿰豆欠丨或从豆从欠

𦽃 說文丨艸也从艸楙聲

姆 說文娒女師也从女每聲讀若母

⿰阝隻 丨音受土籆漢書地理志下交趾郡羸注引孟康

經籍纂詁卷第五十五補遺終

經籍籑詁卷第五十六　上聲

經筵講官南書房舊直戶部左侍郎兼署禮部左侍郎提督浙江學政阮元撰集

二十六寑

【寑】寑寢竝同○無東西廂有室曰寑爾雅釋宮○寑室也周書皇門予獨服在寑以自露厥家注○天子諸侯皆有三寑一曰高寑二曰路寑三曰小寑公羊莊卅二年公薨于路寑注○六寑者路寑一小寑五周禮宮人掌王之六寑之脩注○寑路寑也詩殷武寑成孔安傳又儀禮燕禮膳宰具官饌于寑東注○寑適寑也禮記王制庶人祭於寑注○小寑燕寑也禮記玉藻然後適小寑注○君謂之路寑大夫謂之適寑士或謂之適室禮記喪大記君夫人卒於路寑注○寑寑也所寑息也釋名釋宮室○凡廟前曰

廟後曰寑禮記月令寑廟必備注○前曰廟後曰寑周禮隸僕掌五寑之埽除糞洒之事注又淮南時則薦鮪于寑廟注○後曰寑呂覽季春薦鮪于寑廟注○始祖曰大寑周禮隸僕復于小寑大寑注○小寑高祖以下廟之寑也同上○太寑祖廟也呂覽孟春執爵于太寑注○寑廟祖廟也呂覽季冬供寑廟之芻豢注○五寑五廟之寑也周禮隸僕掌五寑之埽除糞洒之事注○自官師以上有廟有寑工商則寑而已儀禮聘禮記卿館於大夫大夫館於士士館於工商注○寑者陵上正殿後漢章帝紀注○寑門內門也儀禮士喪禮主人迎于寑門外注○丨臥也楚辭謬諫身寑疾而日愁兮注○丨臥也五經文字引字林○寑權假臥之名也寑侵也侵損事功也釋名釋姿容○寑寐也淮南墬形寑居直夢注○寑偃也廣雅釋言○寑眠也論語公冶長宰予晝寑皇疏鄉黨寑不尸皇疏衛靈公終夜不寑皇疏○寑宿也後漢馬融傳注○寑臥息也論語公冶長鄭注○寑息也漢書禮樂志集注匈奴傳集注○寑猶息也文選永明九年策秀才文既龜貝積寑注○寑猶止也大戴記曾子制言上無席則寑其趾注○寑藏也廣雅釋詁四○丨幽也廣雅釋器○寑衣被也廣雅釋器○寑衣謂被也論語鄉黨皇疏○寑衣今被也論語鄉黨必有寑衣集解引孔注○寑衣今小臥被論語鄉黨鄭注○張表碑寑疾而終丨作寢○朱龜碑寢而作頌丨作寑○五經文字云字林以寑爲病

【飲】水流入口爲丨易象上傳君子以丨食宴樂虞注○丨奄也以口奄而引咽之也釋名釋飲食○凡丨養陽氣也禮記郊特牲○丨沒也漢書朱家傳集注○丨謂留丨也素問刺志脈小血多者丨中熱也注○丨酒淸酒也儀禮公食大夫禮丨酒漿丨俟于東房注○丨器丨溺器椑榼也淮南道應破其首以

爲丨器注

【錦】丨文采色也詩終南丨衣狐裘傳○丨文衣也詩碩人衣丨褧衣傳○玉丨丨之文織縟者也儀禮聘禮士介四人皆奉玉丨束請覿注○丨金也作之用功重其價如金故其制字从帛與金也釋名釋采帛○古文丨皆作帛儀禮士昏禮酬以束丨注

【品】丨式也廣雅釋詁四○丨卒也漢書咸宣傳集注○丨同也漢書李尋傳集注引孟康○丨齊也廣雅釋詁四○丨高下之丨也國語鄭語以丨處庶類者也注○丨者每物皆嘗之道尊者也周禮膳夫丨嘗食注○千丨言多也後漢班彪傳下注○五丨謂五常書舜典五丨不遜傳○五丨五常也後漢鄧禹傳注○五丨五常之敎也後漢申屠剛傳注劉愷傳注周舉傳注謝夷吾傳注○五丨父母兄弟子也書

舜典
鄭注

枕 |檢也所以檢項也釋名釋牀帳○|橫也橫在前如臥牀之有|也釋名釋車○軫謂之|方言九又小爾雅廣器○頭橫骨爲|素問骨空論○|安也易坎險且|千注○|止也易坎虞注○|者|枝而不安之謂也易坎注○|閑礙險害之貌易坎釋文引陸注○易坎釋文|古文作沈九家本作坫

審 |詳也呂覽察微公怒不|注○|愼也呂覽音律|民所終注孟冬|棺槨之厚薄注此小物不|也注○|度也文選東京賦|曲面勢薛注○|諟也廣雅釋詁三○|猶諦也論語堯曰|法度皇疏○|亦聽也周禮遂師|其誓戒注○||知也淮南說山不可不|注○|明也淮南本經|于符者

注○|正也國語齊語|吾疆埸注又呂覽處方本不|注○|定也呂覽順民必先|民心注○|猶定也考工記弓人冰析灂則|環注○|實也呂覽先己|此言也注○|索也廣雅釋言○|處也莊子應帝王鯢桓之|爲淵釋文引簡文注○|竝也廣雅釋言○|者錄之禮記月令|卦吉凶注○|謂詳觀其道也荀子非相欲知億萬則|一二注○|十羽爲|周禮羽人○|摶縛羽數束名也爾雅曰一羽謂之箴十羽謂之縛百羽謂之緷其名音相近也一羽有名蓋失之矣周禮羽人凡受羽注○|當爲蟠莊子應帝王釋文引司馬注○莊子應帝王釋文|崔本作潘○周禮羽人十羽爲|穆天子傳三注作十羽爲箴

甚 |劇也廣雅釋言○|大也孟子梁惠王下王之好樂|注○|厚也呂覽觀表|歡注○|重也

淮南脩務聖人之憂勞百姓|矣注○|猶深呂覽知士王之不說嬰也|注○|謂貪淫聲色老子去|注○左氏僖廿四年傳行者|衆釋文|本作其○莊子天下沐|風釋文|本作湛

廩 又作稟○|所以藏齍盛之穗也詩豐年亦有高|傳○米藏曰|荀子富國垣窌倉|者財之末也注又文選藉田賦注引蔡邕月令章句○盛米曰|周禮地官序官|人注○方曰|荀子榮辱餘刀布有囷|注○|倉也詩豐年釋文又左氏文十六年傳振|同食注又廣雅釋室又孟子萬章上文母使舜完|注又後漢寇榮傳注○|藏也管子巾國軌泰春民之且所用者君已|之矣注○|矜也寶物可矜惜者投之於其中也釋名釋宮室○|御|一名神倉國語周語|于藉東南注○御|者粢盛委之所藏也公羊桓十四年傳○御|藏公所親耕以奉粢盛之倉也穀梁桓十四年御|災注○|米

粟之屬管子問問死事之寡其餼|何如注○稍食曰|周禮校人宮中之稍食司農注○稟賜穀也後漢光武帝紀下注○稟食也後漢劉虞傳注○稟祿也廣雅釋詁四○|給也後漢章帝紀注又管子五行大常察乎地利故使爲|者注○稟給也漢書文帝紀集注食貨志上集注地理志下集注西域傳下集注王莽傳下集注又後漢竇憲傳注丁鴻傳注張禹傳注仲長統傳注樊準傳注又淮南原道稟授無形注○稟予也廣雅釋詁三○|治也廣雅釋言○|者釋治穀名公羊桓十四年傳御|者何注○|者連新於陳上財令半相連爾公羊文十三年傳羣公|注○|積也聚也素問皮部論|於腸胃注○|少鮮也爾雅釋言|鮮也舍人注○|人掌米入之藏者儀禮少牢饋食禮|人概甑甗匕與敦于|爨注○|人舍人倉人司祿官之長周禮地官序官|人注○左氏莊九年傳雍|史記齊世家作雍林

【衽】亦作袵○丨臥席也儀禮士昏禮御丨于奧注又注既夕記丨下莞上簟注又禮記曲禮上請衽何趾臥之席也又禮記內則將丨釋文又後漢皇后紀注○丨寢席也亦下莞上簟儀禮士喪禮丨如初注○丨席也禮記曲禮注安定其牀丨釋文○袵猶席也禮記中庸衽金革注○丨席單席也周禮玉府丨席牀第凡褻器司農注○丨袂也廣雅釋器○丨袖也廣雅釋器○丨衣衿也後漢傳燮傳注○丨襘也在旁襘襘然也釋名釋衣服○丨謂裳際所及交列者也或云衣襟也一切經音義十一引蒼頡解詁○丨謂裳幅所交接者也禮記玉藻丨當旁注○丨所以掩裳際也儀禮喪服記丨注○丨裳際左氏成十七年傳抽戈結丨注○丨在裳旁者也禮記深衣續丨鉤邊注○丨謂裳也考工記輈人衣丨不敝注○上丨深衣之裳前禮記問喪扱上丨注○丨臥衣也莊子達生丨席之上釋文引李注○丨小要也儀禮士喪禮掘肂見丨注又禮記喪大記君蓋用漆三丨三束注○丨今小要丨或作漆或作髹禮記檀弓上丨每束一注○棺束旁際曰小要其要約小也又謂之丨丨任也任制際會使不解也釋名釋喪制

【飪】丨熟也易象下傳鼎亨丨也注又鼎亨丨釋文又儀禮士昏禮皆丨注聘禮丨一牢在西注公食大夫禮魚腊丨注士虞禮記羹丨注特牲饋食禮曰羹丨注○餁穀也廣雅釋詁三○丨熟也徐揚之閒曰丨方言七○丨生熟之節禮記文王世子注爲其失丨釋文○古文丨作腍儀禮聘禮記唯羹丨筮一尸注○詩楚茨傳亨丨之也釋文丨本作腍

【稔】禾熟曰丨一切經音義廿一引字林○丨熟也左氏僖二年傳不可以五丨注又國語吳語不丨於歲注又後漢法雄傳注○丨孰也漢書五行志中之上集注○丨年也左氏襄廿七年傳所謂不及五丨者注又國語晉語鮮不五丨注○丨季也廣雅釋詁一○夏曰歲一曰丨也獨斷上○丨熟也穀一熟故爲一歲左氏襄廿七年傳釋文○爾雅釋言饙餾丨也釋文丨本作飪

【稟】丨受也書說命上臣下罔攸丨令傳又左氏昭廿六年傳先王所以丨於天地注又國語晉語將丨命焉注楚語是無所丨丨令也注又後漢馬援傳注○丨敬也秦晉之閒曰丨吳楚之閒自敬曰丨方言六○丨猶動用也淮南俶眞雖欲勿丨注

【葚】桑之實謂之丨小爾雅廣物○黮桑實也詩泮水食我桑黮傳○丨桑實也詩氓無食桑丨釋文○丨時審反桑實也詩泮水釋文引字林

【沈】丨國名公羊文三年代丨釋文○丨氏羌號也後漢安帝紀注○丨水出廣漢縣下入涪水本或作沈水及沈水者並非後漢光武帝紀下注○丨或作沈誤孟子公孫丑下丨同以其私問曰音義引張音○禮記檀弓爲榆丨釋文丨本爲瀋

【凜】丨寒也腎之性也素問五運行大論其性爲丨注

【懍】或作廩○丨敬也廣雅釋詁一○丨危貌書五子之歌丨乎若朽索之馭六馬傳○廩廩危也漢書食貨志上集注引李奇○丨丨危懼貌文選文賦心丨丨以懷霜注○丨丨戒懼之貌家語致思丨丨焉若恃腐索之扞馬注○丨丨有風采之貌也後漢陳蕃傳注○丨丨言勁烈如秋霜也後漢孔融傳注○丨然懍栗之貌荀子議兵臣下丨然莫必其命注○廩然傾動貌左氏哀十五年傳無乃廩然隕大夫之尸注○丨悷悲吟貌也一切經音義十引埤蒼

噤 口不開曰丨一切經音義十二引通俗文○口不言心害之爲丨害也文選馬汧督誄若乃下吏之肆其丨害注○丨古文唫同一切經音義九

瀋 丨汁也左氏哀三年傳猶拾丨也注○北土呼汁爲丨左氏哀三年傳釋文

諗 丨告也詩四牡將母來丨箋又左氏閔二年傳昔辛伯丨周桓公注又國語魯語使吾無忘丨注晉語使果敢者丨之注○丨念也詩四牡傳又爾雅釋言又集韻引字林○丨潛藏也家語禮運魚鮪不丨注

淰 丨之言閃也禮記禮運故魚鮪不丨注○丨濁也廣雅釋詁三

脸 丨孰也禮記郊特牲腥肆爓丨祭注

踸 集韻或作趻○踸踔無常也廣雅釋訓○今人以不定爲丨踔文選文賦故丨踔於短韻注○丨踔暴長貌也楚辭怨世馬蘭丨踔而日加注○踸踔湛藻波前却之貌文選海賦注○丨式衽反左氏文二年傳釋文引字林

瞫

朕 丨我也爾雅釋詁又書堯典汝能庸命巽丨位馬注又詩韓奕無廢丨命箋又論語堯曰丨躬有罪皇疏又漢書高帝紀下集注引如淳又孟子萬章上丨載自亳注又離騷丨皇考曰伯庸注九辯丨幼清以廉潔兮注○丨我也古者尊卑共之貴賤不嫌則可同號之義也獨斷上○或稱丨何亦王者之謙也丨我也白虎通號○天子自稱曰丨公羊宣十二年傳寡人無良邊垂之臣注○漢天子自稱曰丨獨斷上○古者貴賤皆自稱丨爾雅釋詁注○丨身也爾雅釋詁○丨子也同上

荏 關之東西蘇或謂之丨方言三○丨柔也論語陽貨色厲而內丨集解引孔注○丨柔佞也論語陽貨皇疏○丨染柔意也詩巧言丨染柔木傳○丨染柔意詩抑釋文○丨苒猶漸也文選悼亡詩丨苒冬春謝注○丨菽戎菽也詩生民蓺之丨菽傳○戎菽大豆也詩生民箋○丨一作恁晉書音義中

恁 丨念也後漢班彪傳下注○丨思也文選典引亦宜勤丨旅力蔡注○丨恖也廣雅釋詁二○丨弱也廣雅釋詁一

寑 或作侵○侵短小也醜惡也刻确也史記魏其武安侯傳武安者貌侵集解引韋昭

唫 丨閉也呂覽重言君呿而不丨注

頷 丨怒也方言十三又廣雅釋詁二○丨丨恚貌也方言十三丨怒也注

頫 丨垂頭之貌玉篇引蒼頡

○以下據廣韻錄

梫 丨音寑爾雅釋木釋文引字林

𡔷 丨覆也廣雅釋詁二

醦 膳通○丨美也廣雅釋詁一○醦美也同上

栚 丨槌也廣雅釋器○槌其橫關西謂之丨方言五○栚持也三輔謂之栚呂覽季春具栚曲籧筐注○栚讀曰朕同上

顉 丨醜也邱飲反狹面銳頭之貌也漢書揚雄傳音義引字林○曲上白丨漢書揚雄傳下音義引韋昭

坽 丨坎也坑也玉篇引埤蒼○築實土其中堅之穿坎之名一曰丨儀禮既夕記甸人築丨坎注

顉 丨面痛貌玉篇引聲類

銋 丨銋聲不進貌文選洞簫賦行丨銋以龢囉注

栠 丨弱也廣雅釋詁一○丨丨弱也廣雅釋訓

棯 爾雅釋木還味丨棗釋文丨本作荵

墋 沙土入食中曰丨一切經音義廿二引通俗文○丨不清澄之貌也文選漢高祖功臣頌上丨下黷注

蕈 丨桑萸也爾雅釋草注地丨也釋文○今人呼菌爲丨同上○丨式甚反爾雅釋草釋文引字林

○據集韻錄

楙 丨殺也方言一○今關西人呼打爲丨方言一注

經籍籑詁卷第五十六

經籍籑詁卷第五十六補遺 上聲

兵部侍郎兼都察院右副都御史巡撫浙江等處地方提督軍務兼理糧餉阮元撰集

二十六寢

寢 說文寑臥也从宀𠬶聲寢籀文丨省○寢臥也禮記曲禮上寢毋伏疏少儀寢則坐而將命疏○無東西廂有室曰寢公羊宣十六年傳宣公之榭也注○室有東西箱曰廟無東西廂曰丨漢書賈誼傳剢丨戶之簾注○廟之前曰殿半以後曰丨漢書外戚傳下序昭穆于前殿注引如淳○鄉大夫謂之適室亦謂之適寢儀禮士喪禮適室正寢之室也疏○小寢是路寢之下室詩君子陽陽箋欲使我從之于房中疏○路寢者生人所居禮記雜記下路寢成注○路寢正寢也左氏莊卅二傳公薨于路寢注○寢小

寢左氏僖八年傳不蘁于寢注○寢謂小寢左氏僖八年傳不蘁于寢服注○寢衣冠所藏之處禮記月令注○凡廟前有廟後有寢疏○丨謂不下也漢書張禹傳奏丨罷歸故官注○寢戈親近兵杖左氏襄廿八年傳使執寢戈而先後之注○寢室通耳禮記喪大記君夫人卒于路寢注○禮記問傳寢苫枕塊釋文本亦作丨

㱃 說文㱃歠也从欠酓聲凡丨之屬皆从丨衾从今水㱃从今食並古文㱃○丨是陰周禮酒正注后致丨疏

錦 說文丨襄邑織文从帛金聲○丨衣之美禮記中庸衣錦尚絅注

品 說文丨衆庶也从三口凡丨之屬皆从丨○丨階格也禮記檀弓下丨節斯疏○丨法也一切經音

義廿四引廣雅釋器○丨偏也禮記玉藻命之丨嘗之注○丨謂等差也漢書匈奴傳上給繒絮食物有丨注○丨謂丨藻者定其差丨漢書揚雄傳下稱述丨藻注○丨謂丨秩書舜典五丨不遜疏○三丨者三色也禮記禮器注貢金三丨疏○五丨五常也史記五帝本紀集解引書舜典王肅注

枕 說文丨臥所薦者也从木冘聲○木在首曰丨易坎險且丨釋文引鄭注○頭上之横骨爲丨骨素問骨空論頭横骨爲丨注

審 說文宷悉也知宷諦也从宀从釆丨篆文宷从番

甚 說文丨尤安樂也从甘甘匹耦也𠀍古文丨○丨者谷審之言也左氏昭十八年傳戊寅風丨疏○丨者謂大口也左氏昭廿八年傳丨口疏○丨者謂誠也國策秦策左右皆曰丨然注

㐭 說文㐭穀所振入宗庙粢盛倉黄㐭而取之故謂之㐭从入回象屋形中有戶牖凡㐭之屬皆从㐭丨或从广从禾○丨穀所振入也漢書昭帝紀朕虚倉丨注○丨主藏穀漢書百官公卿表上屬官丨犧注○丨所以盛米粟管子戒戈在丨疏○御丨夫人八妾所舂米藏以奉宗廟者也漢書五行志上引劉向○御丨公所親耕藉田以奉粢盛者也漢書五行志上引劉歆○丨郎倉之别名左氏桓十四年經注御丨疏○丨亦倉之類詩楚茨箋庾言億疏○丨廩也爾雅釋言○丨者希少之名公羊僖八年傳羣公丨疏○丨與也一切經音義十一引廣雅

衽 說文丨衣裣也从衣壬聲○丨衣襟也禮記喪大記皆左衽疏○丨謂深衣之裳以下闊上狹謂之爲丨禮記深衣續丨鉤邊疏○丨寢臥之席也禮記喪大記皆有枕席疏○丨柔弱也淮南詮言筐牀丨

席注○丨謂燕尾合棺縫際也禮記喪大記三丨三束疏

飪 說文丨大孰也从食壬聲妊恁竝古文丨○丨是熟肉左氏桓十四年傳注熟曰饔疏

稔 說文丨穀熟也从禾念聲春秋傳曰鮮不五丨○丨孰禮記文王世子注年天氣也疏○丨熟也左氏昭十八年傳昆吾丨之日也注○丨穀熟也廣韻引廣雅○丨年也國語鄭語不三丨矣注

稟 說文丨賜穀也从㐭从禾○于賓爲丨丨者受也儀禮聘禮注餼猶丨也疏○丨謂給授也漢書禮樂志天丨其性注○丨給也淮南原道丨受無形注

葚 說文丨桑實也从艸甚聲○詩氓無食桑丨釋文本又作椹○詩泮水食我桑黮白帖四十作食我桑椹

沈 丨或作寑左氏宣十二年傳丨尹將中軍注

凜 說文丨寒也从仌㐭聲○丨寒也文選閒居賦注引字書○丨丨心懼之意書五子之歌疏○丨丨是怖懼之意書泰誓中百姓丨丨疏○丨者顏色懼貌也一切經音義十引埤蒼

廩 廩廩言有風采也漢書循吏傳序此廩廩庶幾德讓君子之遺風矣注

噤 丨吟頷頤之貌漢書揚雄傳下蔡澤雖丨吟而笑唐舉注

瀋 說文丨汁也从水審聲春秋傳曰猶拾丨也

諗 說文丨深諫也从言念聲春秋傳曰辛伯丨周桓公○丨相思念也爾雅釋言丨念也釋文

淰 丨水中驚走也禮記禮運故魚鮪不丨疏○丨水中之形狀同上

踸 說文丨踔行無常皃从足甚聲○趻卓行貌莊子秋水吾以一足趻卓而行釋文引李注

瞫 說文丨深視也一曰下視也又竊見也从目覃聲

荏 說文丨桂丨蘇从艸任聲○丨柔弱貌禮記曲禮上注色厲而內荏釋文○丨屈橈也漢書翟方進傳色厲內丨注引應劭

寖 侵短小也漢書田蚡傳蚡爲人貌侵注引服虔

噾 丨謂之陰太元元攡丨則凝形注

頕 說文丨項枕也从頁冘聲

○以下據廣韻錄

梫 說文梫桂也从木侵省聲

𤺺 說文寑病臥也从㝱省寑省聲

蕈 說文蕈覆也从草侵省聲

栚 說文丨槌之横者也關西謂之㮳从木灷聲

菻 說文丨蒿屬从艸林聲

㷋 說文丨侵火也从炎㐭聲讀若桑葚之葚

伈 丨丨懼也集韻引廣雅

𨢐 說文丨㱃酒也从酉朁聲

栠 說文丨弱皃从木任聲

𢆉 說文丨撖也从干倒入一爲干入二爲丨讀若飪言稍甚也

蕈 說文丨桑萸从艸覃聲○爾雅釋草注地丨也釋文世作椹蕈二字

趛 說文丨低頭疾行也从走金聲

𣪠 說文丨下擊上也从殳冘聲○丨禁也集韻引廣雅

○以下據集韻錄

㧙 正曰丨 說文丨深擊也从手冘聲讀若告言不

鄙 說文鄙地名从邑㐭聲讀若淫

經籍籑詁卷第五十六補遺終

經籍籑詁卷第五十七　上聲

經筵講官南書房翰林戶部左侍郎兼署兵部左侍郎提督浙江學政阮元撰集

二十七感

感 ｜動也易繫辭上｜而遂通天下之故虞注又詩野有死麕無｜我帨兮傳又禮記樂記｜條暢之氣注又爾雅釋詁又史記樂書｜滌蕩之氣正義又漢書外戚傳下集注又呂覽精通幽思相｜注又淮南原道｜而應之注又文選西京賦｜河馮注○｜觸也莊子山木｜周之顙釋文引司馬注又文選長笛賦｜迴飆而將積注七發夏則雷霆霹靂之所｜也注○｜發也淮南脩務故在所以｜注○｜思也後漢劉趙淳于江劉周趙傳注○｜猶思也文選景福殿賦｜物衆而思深注上責躬應詔詩表有鳥｜目

鼠之篇注○｜傷也廣雅釋詁二○｜謂深得其妙有應於心者也管子小稱匠人有以｜｜斤欘注○｜猶荷也文選張茂先荅何劭詩是用｜｜嘉貺注○｜猶應也文選謝宣遠張子房詩伊人｜代工注○｜驚動也荀子解蔽必以其｜忽之閒注○｜惑也呂覽有度物｜之也注○滿志多窮曰｜周書謚法○｜忽恍忽也荀子議兵善用兵者｜忽悠闇注○｜｜忽猶慌惚也荀子解蔽注○左傳宣二年以其私｜釋文｜本作憾成二年釋｜于敝邑之地釋文｜本作憾襄十六年釋｜于敝邑之地釋文｜本作憾襄廿九年美哉猶有｜釋文｜本作憾

覽 ｜視也國策齊策而數｜注又漢書韋元成傳集注又文選東京賦盍亦｜東京之事以自寤乎薛注○｜觀也離騷皇｜揆余于初度兮注○｜觀也廣雅釋言又呂覽重言將以｜民則也注又文選思元賦｜烝民之多僻兮舊注○｜望也楚辭雲中君｜冀州兮有餘注○｜受國策齊策大王｜其說注○｜者謂習讀之人猶言學者耳匡謬正俗二

擥 與攬同○攬斂也斂置手中也釋名釋姿容○｜持也離騷｜木根以結茝兮注○攬持也廣雅釋詁三○｜總也漢書楊雄傳上集注○｜采也離騷夕｜洲之宿莽注○莊子在宥此攬乎三王之利釋文攬本作覽

膽 ｜者肝之府也白虎通情性○｜者積精之府也後漢馬融傳注○｜者中正之官決斷出焉素問靈蘭秘典論○｜有｜氣荀子脩身勇｜猛戾注○｜金也淮南精神｜爲雲注○｜爲雲淮南精神○桃曰｜之爾雅釋木○｜擇取其美者爾雅釋木舊注

澹 ｜定也後漢馮衍傳注○｜｜爲似欲不定也素問刺熱論其逆則項痛員員｜｜然注○｜隨風之貌也後漢班彪傳下注○｜靜貌文選神女賦｜清靜其愔嫕兮注○｜泞澄深也文選海賦泱漭｜泞注○｜給淮南主術求寡而易｜注○｜足也淮南原道富｜天下而不旣注齊俗智伯有三晉而欲不｜注○｜猶足也文選謝靈運石壁精舍詩注引淮南許注○｜與淡同文選潘安仁金谷集詩綠池汎淡淡注○｜讀爲贍荀子王制物不能｜則必爭注○張納碑卹｜涑餟贍作｜

憺 ｜定也淮南俶眞蜂蠆螫指而神不能｜注○｜或作倓同徒濫反一切經音義六引字林

噉 啖啗同○啖食也廣雅釋詁二○啗食也漢書霍光傳集注○啗啖也國語晉語主孟啗我注○食無菜茹爲啖漢書叔孫通傳集注引如淳○啖啖并吞之貌荀子王霸啖啖常欲人之有注○啖當作淡

漢書叔孫通傳集注○周禮丱
人注知鹹唊也釋文唊本作淡
坎四○或作埳○丨陷也易說卦傳○埳陷也廣雅釋詁
丨者陷也易序卦傳○丨險也釋名釋天○
丨者險陷之名易坎習丨注○習丨重險也易象上
傳○習丨者習爲險難之事也易坎注○丨水也易
井鄭注又國語晉語○丨者水也正北方之卦也易
說卦傳○丨勞卦也同上○丨勞也水也衆也國語
晉語○丨下也易雜卦傳○十丨喜也爾雅釋訓○
丨憂也太元內丨我西階注○丨恨也楚辭靈懷哀
僕夫之丨毒兮注○埳軻不遇也後漢馮衍傳注○
丨壈不遇貌也楚辭離世志丨壈而不達注○丨銓
也爾雅釋言○丨爲鼓淮南天文廣莫風至注○丨
丨擊鼓聲詩宛邱丨其擊缶傳○丨丨伐檀聲詩伐
檀丨丨伐檀兮傳○丨爲廣莫風淮南墬形廣莫風
之所生也注○埳亦坑也一切經音義三引埤蒼○
埳井壞井也莊子秋水子獨不聞夫埳井之鼃乎釋
文引司馬注○埳井喻小也後漢杜篤傳注○丨爲
豕禮記坊記不如西鄰之禴祭注○丨或爲壙禮記
雜記四十者待盈丨注○丨井或作壇井荀子正論
丨井之鼃不可與語東海之樂注○峪郎丨也文選
長笛賦峪窞巖窫注○埳與丨同晉書音義下○易
坎釋文丨京劉本作欿○爾雅釋言釋文丨本作埳
○詩伐檀丨丨伐輪兮石經魯詩作欿欿○楚甯教
名熊丨見楚世家索
隱作熊菌又作欽
慘文○丨憂也爾雅釋詁○丨憂貌詩月出勞心丨兮釋
文○丨丨憂不樂也詩抑我心丨丨傳○丨丨憂
戚之貌漢書武帝紀集注○丨猶戚戚也詩正月
憂心丨丨傳○丨丨慍也爾雅釋訓○丨丨憂怒之
慍也爾雅釋訓李注○丨毒也廣雅釋言又文選琴
賦注引字林又史記屈原賈生傳疾痛丨怛正義又

漢書食貨志下集注○丨痛也漢書元帝紀集注又
列子楊朱丨於腹釋文○丨虐也後漢周紆傳注○
丨殺也方言一○丨憯也廣雅釋言○丨貪也廣雅
釋詁二○丨曾也左氏昭廿年傳丨不畏明注又家
語正論丨不畏明注○丨怛憂勞也文選風賦中心
丨怛注○丨烈寒也文選西京賦冰霜丨烈薛注○
丨廩寒貌也文選甘泉賦下陰潛以丨廩兮注○詩
北山或丨丨畏咎釋文丨本作懆○詩民勞丨不畏
明釋文丨本作憯○詩抑我心
丨丨五經文字作我心懆懆
憯丨痛也廣雅釋詁二又漢書武帝紀集注鼂錯傳
集注董仲舒傳集注淮陽憲王欽傳集注東平思
王宇傳集注○丨猶痛也淮南人閒怨之丨於骨髓
注○丨猶利也淮南主術兵莫丨于志注○丨曾也
爾雅釋言又詩節南山丨莫懲嗟傳十月之交胡丨
莫懲箋民勞丨不畏明傳又詩雲漢丨丨不知其故釋
文又漢書劉向傳集注又荀子富國丨莫懲嗟注○
莊子庚桑兵莫丨于志釋文丨本作潛○詩民勞丨
不畏明說文曰
部作朁不畏明
敢丨勇也廣雅釋詁二○丨果也論語堯曰丨用元
牡皇疏○丨果決也荀子性惡天下有中丨直其
身注○丨必行也一切經音義十六引三蒼○信理
遂惔謂之丨賈子道術○果丨謂不虞不懼也大戴
記文王官人潔廉而果丨者也注○勇丨勇猛果丨
列子力命勇丨釋文○丨言謂言果丨而無所隱也
後漢馬武傳注○丨死謂果丨而死者後漢光武紀
上注○丨劬也廣雅釋詁四○丨昧冒之辭儀禮士
虞禮記丨用絜牲剛鬣注○丨者怖懼用勢決之辭
儀禮燕禮臣丨辭注○丨不丨也左氏莊廿一年傳
丨辱高位注○二者皆卒曰丨言不丨儀禮聘禮記
辭曰非禮也丨對曰非禮也丨辭注○考工記匠人

九大爲井注引孟子然後丨治私事作然後治私事

【頷】丨口公羊宣六年傳絕其丨注○丨頷也南楚謂之丨方言十○丨頰車前牙之下也素問至眞要大論丨腫注○頤或曰丨車丨含也口含物之車也釋名釋形體○丨搖頭也後漢呂布傳注○丨搖其頭左氏襄廿六年傳丨之而已注○左氏襄廿六年釋文丨本作頷

【闇】丨藹衆盛貌文選羽獵賦登降丨藹注○丨猶奄也古人呼丨殆與奄同文選舞賦丨復輟已注○丨上掩上之月也荀子不苟不下比以丨上注○故人主無便嬖左右足信者謂之丨荀子君道

【禫】丨中月而丨儀禮士虞禮記○丨祭名也與大祥閒一月自喪至中凡二十七月丨之言澹澹然平安意也儀禮士虞禮記注○閒月而丨亦祭名也孝子之意澹然哀思益衰也釋名釋喪制○丨祭也廣雅

釋天○古文丨或爲導儀禮士虞禮記注○丨或皆作道禮記喪大記丨而內無哭者注

【窞】丨坑也廣雅釋水○丨坎之深者也易坎習坎入于坎丨干注○丨坎底也易坎釋文引王肅注○坎中小穴稱丨易坎虞注○丨坎中小坎一曰旁入易坎釋文引字林○丨旁入易坎釋文

【黮】丨黑也廣雅釋器○丨黑貌家語辨樂丨而黑注○丨黑黃也一切經音義六引字林○丨深黑也直感反文選魏都賦注引聲類○黤丨深黑也一切經音義十一引纂文○丨黯黑貌文選景福殿賦綿蠻丨黯注○丨丨雲色不明貌文選補亡詩丨丨重雲注○丨闇不明貌莊子齊物論則人固受其丨闇釋文引李注○丨私也方言十三又廣雅釋詁四

【萏】詩山有扶蘇傳其華菡丨釋文丨本作欿

【糂】一作糝○糝黏也相黏𥺃也釋名釋飲食○糝食菜餗蒸周禮醢人酏食糝食司農注○沙入飯曰糝御覽八百五十引通俗文○丨與糝同荀子宥坐藜羹不丨注○丨古文作糝籀文作糣同一切經音義十五○古文[食參]丨糣䭣四形今作糝同一切經音義十五

【撼】集韻撼或从感○丨動也廣雅釋詁一○撼搖也廣雅釋言

【菼】丨薍也爾雅釋言又詩大車箋碩人葭丨揭揭傳○丨薍爾雅釋草○丨騅也爾雅釋言○丨騅蘆之初生者也詩大車毳衣如丨傳○丨初生葸騂色海濱曰薍爾雅釋草丨薍樂注○丨草色如騅在青白之閒爾雅釋言丨騅也注○萑未秀爲丨大戴記夏小正灌荼傳○詩大車毳衣如丨說文糸部作毳衣如緂○爾雅釋言釋文丨本作剡

【晻】集韻或作暗○暗闇也爾雅釋言○丨暗也廣雅釋訓○丨冥也廣雅釋詁四○暗然冥貌爾雅釋言注○丨不明也漢書匡衡傳音義引字林○丨障也廣雅釋詁二○丨靄猶翳鬱薆貌離騷揚雲霓之丨靄兮注○晻曖芳香之盛也史記司馬相如傳晻曖苾勃正義○丨與暗同荀子不苟是姦人將以盜名於丨世者也注儒效丨然若合符節注○暗或作丨烏感反爾雅釋言釋文引字林

【槮】魚之所息謂之橬橬丨也積水柴中而魚舍焉小爾雅廣獸

【菡】荷其華丨萏爾雅釋草○丨萏荷華也未開曰丨萏已發曰芙蓉詩山有扶蘇傳釋文○丨萏荷華也詩澤陂有蒲丨萏傳○丨萏芙蓉也廣雅釋草○丨萏豐盛之貌也華嚴經音義下引漢書音義○詩山有扶蘇傳其華丨萏釋文丨本作歁又作莟○詩澤陂釋文丨本作莟又作欿

黕 丨黑貌也文選藉田賦翠幕丨以雲布注

喊 丨呃物聲也法言問神狄牙能丨注

揜 丨襲也荀子儒效使論於道而能丨迹於文武注○丨深也呂覽仲夏處必丨注○丨覆蓋也荀子富國出入相丨注○丨藏也廣雅釋詁四○丨藏也吳揚曰丨方言六○丨猶困迫也禮記表記篤以不丨注○信理遂惔謂之敢反敢爲丨賈子道術○丨與掩同孟子萬章上從而丨之音義引張音○易困剛丨也釋文丨本作弇又作掩○禮記檀弓廣輪丨坎釋文丨本作掩王制諸侯不丨坎釋文丨本作掩

黲 丨黑也廣雅釋器○丨敗也廣雅釋詁三○邑暗曰慘文選登樓賦注引通俗文○慘與丨古字通文選登樓賦天慘慘而無色注

澉 丨澹猶洗滌也文選七發澹丨手足注

頷 丨動也廣雅釋詁一○丨猶搖頭也列子湯問丨其頤釋文○丨曲頤也同上

輡 丨軻不遇也楚辭怨世然丨軻而流滯注

寁 丨速也爾雅釋詁又詩遵大路不丨故也傳○丨意之速爾雅釋詁舍人注○爾雅釋詁釋文丨本作疌

㿻 丨一作醓○醓醬也廣雅釋器○醓醢肉醬也周禮醢人深蒲醓醢司農注○以肉曰醓醢詩行葦醓醢以薦傳○醓肉汁也周禮醢人其實韭菹醓醢注○醓醢汁也儀禮聘禮其南醓醢屈注○醓多汁者曰丨丨瀋也宋魯人皆謂汁爲瀋釋名釋飲食○醓醢有醓儀禮公食大夫禮韭菹以東醓醢昌本注○韭菹醓醢朝事之豆也而饋食用之豐大夫禮儀禮少牢饋食禮韭菹醓醢注

嗿 丨衆貌詩載芟有丨其饁傳

髧 丨兩髦之貌詩柏舟丨彼兩髦傳○丨垂貌也文選魏都賦丨若元雲舒蜺以高垂注○詩柏舟丨彼兩髦說文髟部作紞彼兩髮○詩柏舟釋文丨本作优

轗 丨與輡同文選古詩丨軻長苦辛注

顄 丨淡水搖蕩貌文選長笛賦丨淡滂流注

嵌 丨開張山貌廣韻引蒼頡○丨開張之貌也文選甘泉賦丨巖巖其龍鱗注

欿 丨貪也廣雅釋詁二○丨欲也廣雅釋詁一○丨欲得也孟子盡心音義引字林○丨愁貌也楚辭

哀時命丨愁悴而委惰兮注○丨丨聲也廣雅釋訓○丨陷也易坎習坎釋文引京劉注○丨險也同上○丨坑也廣雅釋水

贛 丨巨人郎臯陽也山海經海內經南方有丨巨人注○以下據廣韻錄

贑 丨竹有毛齊民要術十引字林

鱤 丨魚一名黃頰山海經東山經減水其中多丨魚注

䨢 集韻霮亦作䨢○丨陰貌文選思元賦雲師丨以交集兮舊注○霮䨴露垂貌文選吳都賦宵露霮䨴注

黭 丨不明也文選四子講德論鄙人丨淺注○丨然卒至之貌荀子彊國丨然而雷擊之注

揞 丨藏也廣雅釋詁四○丨藏也荆楚曰丨方言六

晻 丨陷也一切經音義四引字林○丨含也一切經音義十一引埤蒼

掩 丨蓌也廣雅釋詁三

腩 丨脯也廣雅釋器

䎃 丨羽也廣雅釋器

噆 詩十月之交胡丨莫懲釋文丨本作慘○詩節南山丨莫懲嗟釋文丨本作憯

嬒 丨美也廣雅釋詁一○嬒重頤也御覽引韓詩○詩澤陂碩大且儼韓詩作碩大且嬒

慘 丨動也廣雅釋詁一

歁 丨貪也廣雅釋詁二○楚謂之貪南楚江湘之間謂之丨方言一

惂 丨憂也廣雅釋詁一

顑 丨頷不飽貌離騷長丨頷亦何傷注

頷 南楚謂之頷秦晉謂之丨方言十

后 丨嘾乳汁狀廣韻引莊子

㴸 丨藏梨汁也廣韻引字林

衴 丨被緣也廣韻引埤蒼

㼨 丨瓶也廣雅釋器○丨甖也方言五○靈桂之郊謂之㼨其小者謂之丨同上

紞 丨冠之垂者左氏桓二年傳衡丨紘綖注又左氏傳桓二年釋文引字林○丨冠之垂前後者昭謂國語魯語親織元丨注○丨所以縣瑱當耳者詩葛覃傳后織元丨釋文○丨織五采如縚狀用縣瑱也詩葛覃傳后織元丨釋文○丨以組類爲之綴之領側若今被識矣丨或爲黕禮記喪大記紟五幅無丨注○丨被識也儀禮士喪禮無丨注○丨丁坎反左氏傳桓二年釋文引字林

裧 丨謂鼈甲邊緣禮記雜記上其輴有丨注

槧 丨板之長三尺者也丨漸也言其漸漸長也釋名釋書契

嚂 丨貪求也淮南齊俗荆吳芬馨以丨其口注

[illegible] 彊丨彊堅者周禮草人彊丨用蕡注○周禮草人釋文丨本作墜

○以下據集韻錄

喊 丨可也廣雅釋詁三

𤻮 丨痛也漢書異姓諸侯王表集注谷永傳集注

嵁 丨丨豐厚之貌漢書禮樂志集注○碪磟高貌文選魏都賦恒碣丨磟於青霄注

經籍纂詁卷第五十七

經籍纂詁卷第五十七補遺

上聲

兵部侍郎兼都察院右副都御史巡撫浙江等處地方提督軍務兼理糧餉阮元撰集

二十七感

【感】説文丨動人心从心咸聲○丨動也淮南天文丨而爲雷注説山物之尤必有所丨注○丨者動也易文言傳物各從其類也疏○丨應也易臨咸臨注○丨謂應也素問痺論復丨于邪注○丨槩丨槩注○丨意氣而立節槩也漢書游俠郭解傳少時陰賊丨槩注○丨者痛恙也呂覽圜道爲其丨而必知也注

【覽】説文丨觀也从見監監亦聲○丨省視也漢書楊雄傳上又丨纍之昌辭注

【擥】説文丨撮持也从手監聲○擥總持也漢書陳湯傳擥城郭之兵注○擥執取也漢書敘傳上擥葛藟而授余兮注敘傳下克擥威神注擥轡正席注○擥字與丨同謂引取之漢書五行志上是以擥仲舒注○擥與丨同謂執持之漢書息夫躬傳撫神龍兮擥其須注爰盎傳盎擥轡注王莽傳中故務自擥衆事注

【膽】説文丨連肝之府从肉詹聲○丨治擇之名也禮記內則桃曰丨之注○丨溢淮南覽冥川谷不丨注○丨定不動之貌淮南原道丨兮其若深淵注

【憺】説文丨安也从心詹聲

【噉】説文啖噍啖也从口炎聲一曰丨○啖一作淡史記劉敬叔孫通列傳攻苦食啖集解引徐廣○詩東門之墠箋人所啗食釋文本又作啖亦作丨

【坎】説文丨陷也从土欠聲○丨幽也易象下傳幽不明也虞注○丨爲水禮記郊特牲注婦孕不育疏又左氏襄廿五年傳遇困之大過疏昭十二年傳注○丨爲丈夫禮記郊特牲注婦字水和而土安正疏○丨爲丈夫禮記郊特牲注婦字不育疏○坎聲也文選曹子建箜篌引題注○丨丨擊鼓聲漢書地理志下丨其擊鼓注○鼓聲爲丨禮記樂記丨鼓鼙之聲讙疏引崔氏說○丨坷不平貌漢書楊雄傳上臧南巢之丨坷兮注○禮記檀弓下其丨深不至于泉説苑修文作其穿深不至泉

【慘】説文丨毒也从心參聲○丨丨者憂慍憔悴之貌詩抑傳○丨者憂不樂也疏○丨憯也方言十三○丨悴惡事也方言十三注○丨曾也家語正論解丨不畏明注○丨慄寒甚也素問至眞要大論則凝肅丨慄注○丨廩亦寒涼之意也漢書楊雄傳上下陰潛以丨廩兮注

【憯】説文丨痛也从心朁聲○丨發語辭爾雅釋言注○丨亦痛也漢書司馬遷傳禍莫丨于欲利注○丨憂也文選風賦狀直丨悽惏慄注引鄭元○詩十月之交胡丨莫懲釋文亦作慘雨無正丨丨日瘁唐石經作慘慘日瘁

【敢】説文敢進取也从𠬪古聲設籒文敢𢽼古文敢○丨犯也廣雅釋詁四○凡言丨者皆是以卑觸尊不自明之意儀禮士虞禮丨冒昧之辭疏○丨不敢左氏昭二年傳丨辱大館注○丨爲不丨如爲不如古人之語然也左氏定五年傳不能如辭疏

【頷】説文丨面黃也从頁含聲○丨讀合索之合淮南氾論興于牛丨之下注

【闇】丨丨幽隱也後漢書張衡傳出右密之丨野兮注○丨跳行疾貌文選舞賦注引尚書五行傳鄭注○

禫 說文丨除服祭也从示覃聲○丨爲外服禮記喪服小記則其爲母不丨疏

窞 說文丨坎中小坎也从穴从臽臽亦聲易曰入于坎丨一曰㫄入也

黮 說文丨桑葚之黑也从黑甚聲○丨黮皆冥闇故爲陰私也方言十三丨黮私也注

萏 說文⿱艹閻菡⿱艹閻芙蓉華未發爲菡⿱艹閻已發爲芙蓉从艸閻聲○詩山有扶蘇傳其華菡萏釋文本又作⿰萏欠又作萏○爾雅釋草其華菡萏釋文字又作萏本今作丨○菡萏字書作莟蓞華嚴經音義下

歜 昌丨昌本菹左氏僖三十年傳有昌丨注○昌丨昌本之菹左氏僖三十年傳服注○昌丨昌蒲菹左氏僖三十年傳釋文

糂 說文丨以米和羹也一曰粒也从米甚聲糣籀文丨从朁糝古文丨从參

撼 說文撼搖也从手咸聲

菼 廣韻丨同䓞○說文䓞雚之初生一曰薍一曰騅从艸剡聲丨䓞或从炎○丨一名薍薍或謂之荻至秋堅成則謂之萑揚州人謂之馬尾詩蒹葭蒹葭蒼蒼陸疏○初成者爲丨長大爲薍成則名爲萑詩七月傳薍爲萑疏○丨江東呼爲烏蓲爾雅釋草丨薍注○丨草也淮南本經芟野丨注

紞 說文丨冕冠也塞耳者从糸冘聲○丨縣瑱之物今之絛詩著箋謂縣丨之末疏引王基○丨謂縣之繩也詩有瞽疏

晻 說文丨不明也从日奄聲○丨不明也漢書劉向傳而反丨昧說天注○丨陰雨也呂覽務本有丨淒淒注○丨滃雲氣之貌漢書禮樂志書丨滃注韋元成傳光燿丨而不彰注○丨與闇同漢書五行志

下之下日光丨注○丨字與暗同漢書谷永傳聽丨昧之聲說注○丨與暗同漢書元帝紀三光丨昧注藝文志今其技術丨昧注董仲舒傳故聖人莫不以丨致明注楊惲傳一朝丨昧注李尋傳丨昧亾光注匡衡傳陽蔽則明者昧注杜鄴傳凡事多丨注外戚傳下遂丨莫而昧幽注○丨讀與暗同漢書元帝紀今朕丨于王道注德薄明丨注劉向傳而反丨昧說天注○醃與丨音義同文選上林賦丨薆咇茀注

菡 說文菡菡⿱艹閻也从艸圅聲○丨萏蓮華也爾雅釋草疏引李注○顄與丨同文選景福殿賦丨萏赩翕注○丨萏字書作莟蓞華嚴經音義下

黕 說文丨滓垢也从黑冘聲

揜 丨奪也淮南汜論懼丨其氣也注○丨蔽淮南汜論而民得以丨形御寒注○禮記雜記下豚肩不弇豆釋文本又作丨

黲 說文丨淺青黑也从黑參聲

頷 說文丨低頭也从頁金聲春秋傳曰迎于門丨之而已

⿰米覃 說文丨糜和也从米覃聲讀若鄲

寁 說文丨居之速也从宀疌聲

䀋 說文丨血醢也从血肬聲禮記有丨醢以牛乾脯粱𥻨鹽酒也○醓肉醬也詩行葦醓醢以薦釋文○醓醢肉醬也周禮醢人深蒲醓醢注○醓者以肉爲之周禮醢人注醓肉汁也疏○周禮醢人韭菹醓醢釋文本又作丨

噞 說文丨聲也从口僉聲詩曰有丨其饁

轗 孔耽神祠碑遭元元轗軻丨作輱

顄 丨頷也廣雅釋親○丨頤也漢書王莽傳中䫀口壓丨注

欿 丨開張貌漢書楊雄傳上丨巖巖其龍鱗注

緂 說文丨帛騅色也从糸剡聲詩曰毳衣如丨

○以下據廣韻錄

醰 說文丨酒味淫也从酉簟省聲讀若春秋傳曰美而豔

𧅻 說文𧅻艸也从艸贛聲一曰薏苢

嘾 說文丨含深也从口覃聲

黭 說文丨果實丨丨黑也从黑弇聲

罯 說文丨覆也从网音聲

濶 說文丨水大至也从水闇聲

湳 說文丨西河美稷保東北水从水南聲

襑 說文丨衣博大从衣尋聲

肬 說文丨肉汁滓也从肉冘聲

魿 說文丨蒸也一曰大魚爲蒸小魚爲丨从魚今聲

朁 說文丨曾也从日兟聲詩曰丨不畏明

㜗 說文丨婪也从女參聲

顑 說文丨飯不飽面黃起行也从頁咸聲讀若戇

㜝 說文丨含怒也一曰難知也从女酓聲詩曰碩大且丨

歁 說文丨食不滿也从欠甚聲讀若坎○丨言丨惏難厭也方言一南楚湘江之間謂之丨注

惂 說文丨憂困也从心臽聲

竷 說文丨繇也舞也樂有章从章从夅从夊詩曰丨丨舞我

頜 說文丨顄也从頁合聲

淊 說文丨泥水丨丨也一曰繅絲湯也从水臽聲

蜭 說文丨毛蠹也从虫臽聲○丨郎蛓爾雅釋蟲注釋文

𢎘 說文丨嘾也艸木之華未發函然象形凡丨之屬皆从丨讀若含

顲 說文丨面顲丨皃从頁㐭聲

黵 說文丨大汚也从黑詹聲

淡 說文丨薄味也从水炎聲

㮇 丨是墉闞也禮記月令注強丨之地疏

○以下據集韻錄

𣐺 說文丨木垂華實从木𢎘𢎘亦聲凡丨之屬皆从丨

經籍籑詁卷第五十七補遺終

經筵講官南書房禮部左侍郎兼署兵部左侍郎提督浙江學政阮元撰集

二十八儉

儉　丨約也論語八佾禮與其奢也寧丨皇疏○丨少也廣雅釋詁三○廣較自斂謂之丨賈子道術○丨德之共後漢翟酺傳注○丨然自卑謙之貌荀子非十二子丨然注○丨者省約爲禮之謂也顏氏家訓治家○丨嗇節愛也文選西京賦獨丨嗇以齷齪薛注○丨或作險易象上傳君子以丨德辟難虞注○丨當爲險荀子富國俗丨而百姓不一注○劉修碑動乎丨中險作丨

琰　琰圭以易行以除慝周禮典瑞○琰圭九寸判規以除慝以易行考工記玉人○琰圭亦王使之瑞

節周禮典瑞注○大璧大琰皆度尺二寸書顧命正義引鄭注○琰圭剡半以上又半爲瑑飾諸侯有爲不義使者征之執以爲瑞節也考工記玉人注○琰圭有鋒芒傷害征伐誅討之象周禮典瑞司農注○琬琰在西序書顧命○琰讀曰縮漢書五行志上集注

燄　焰古文丨今作爓一切經音義七引字詁○書洛誥無若火始丨丨漢書梅福傳作無若火始庸庸○漢書五行志下之上藝文志引莊公十四年左傳其氣丨以取之皆作其氣炎以取之

斂　丨收也廣雅釋詁三又素問五運行大論其化爲丨注氣交變大論其化斂丨注○丨取也廣雅釋詁一○丨猶還也周髀算經上日道發丨之所生也注○丨下棺於椁禮記檀弓下丨般請以機封注○秋冬爲丨漢書律厤志上集注○險聲丨周禮典同○丨小器投諸台者言取郭外萌內之於城中也列女傳仁智○斂讀曰脅呂覽不屈門中有斂陷注

險　集韻或从山○丨危也國語晉語必內丨之注又荀子儒效持丨應變曲當注又家語弟子行其可謂不丨矣注又文選西京賦修路陖丨薛注○丨猶危呂覽適音其政丨也注○丨傾側也荀子解蔽此言上幽而下丨也注○丨衺也廣雅釋詁二○嶮高也方言六○丨猶遠也淮南主術雖幽野丨塗注○丨惡也周易繫辭丨易釋文引京注○丨猶惡也左氏哀十六年傳以丨徼幸者其求無厭注○丨難測也荀子正論上幽丨則下漸詐矣注○丨謂不平之時荀子禮論麤衰哭泣憂戚所以持丨奉凶也注○丨謂傾危之道禮記中庸小人行丨以徼幸注○據當不傾謂之平反平爲丨賈子道術○不擇善否兩容頰適偷拔其所欲謂之丨莊子漁父○丨戲猶言傾危也楚辭怨世然蕪穢而丨戲注○丨陰喻傾危

也離騷路幽昧以丨隘注○丨巇猶傾側也文選長笛賦夫固危殆丨巇之所迫也注○丨詖不正也詩卷耳序丨詖私謁之心釋文引崔注○丨詖妄加人以罪也詩卷耳序釋文○丨易猶理亂也後漢班彪傳下注○丨阻出奇覆詖之處也禮記少儀軍旅思丨注○丨謂偏弁也丨則聲斂不越也周禮典同丨聲斂注○丨者謂汙薄爾雅釋魚蜠大而丨注○坎爲丨易象上傳山下有丨侯注行丨而順干注又後漢李膺傳注○國曰固野曰丨周禮夏官序官掌固注○丨山形似重甑集韻引字林○山高岸嶮故曰安嶮水經滍水注○嶮與丨同列子楊朱雖山川阻嶮釋文○易坎丨且枕釋文丨向本作檢

檢　俗作撿○丨來也荀子儒效禮者人主之所以爲羣臣寸尺尋丈丨式也注○丨局也華嚴經音義上引漢書音義○撿局也漢書黃霸傳集注王莽傳上集注○丨甲也廣雅釋詁四○丨同也爾雅釋言

○檢詥也廣雅釋詁四○丨猶察也後漢周黄徐姜
申屠傳注○丨猶比也管子山權數此丨數百里之
地也注○丨法度也文選演連珠注引蒼頡○檢謂
定檢不瀾漫也文選演連珠臣聞動循定檢劉注○
丨押猶隱括也賈子君子序蠡迪丨押注○丨押猶
規矩也後漢仲長統傳注○丨禁也禁閉諸物使不
得開露也釋名釋書契○丨書署也今俗謂之排其
字從木後漢公孫瓚傳注○漢書食貨志贊引孟子
而不知丨
作不知斂

【染】丨擩也史記司馬相如傳歕鮮丨輪集解引郭璞
又漢書司馬相如傳上集注引李奇○丨污也廣
雅釋詁三○丨草藍蒨象斗之屬周禮地官序官掌
丨草注○丨草茅蒐橐蘆豕首紫茢之屬周禮掌染
草掌以春秋斂丨草之物注○丨
豉醬也呂覽當務具丨而已注

經籍籑詁　卷五十八　二十八儉　琰　掩　三

【掩】丨取也廣雅釋詁一○丨取也自關而東曰丨方
言六○丨覆也文選懷舊賦注引埤蒼又史記司
馬相如傳丨薄草渚正義又漢書司馬相如傳上集
注引張揖又淮南兵略丨節而斷割注又文選西京
賦丨四海而爲家薛注東京賦軌塵丨迒薛注○丨
猶覆也周髀算經上空正丨日注○丨猶閉也文選
沈休文學省愁臥詩愁人丨軒臥注○丨匿也左氏
文十八年傳丨賊爲臧注又國語魯語丨賊者爲臧
注○丨蓋也國語晉語爾童子何知而三丨人于朝
注吳語今君丨王東海注○丨蔽也淮南天文丨茂
之歲注○丨薆也方言六○丨猶隱翳也禮記月令
處必丨身注○丨捕也史記司馬相如傳捽翠雅索
隱○丨同也家語辨樂丨有四方注又文選高唐賦
越香丨丨注○丨同也江淮南楚之閒曰丨方言三
○丨猶盡也淮南主術畋不丨羣注○丨止也方言
十三○丨猶揮也淮南道應不丨以繩注○丨猶及

也文選東京賦丨觀九隩薛注○丨止息貌文選洞
簫賦丨以絶滅注○丨練帛廣終幅長五尺析其末
儀禮士喪禮○丨裹首也儀禮士喪禮丨練帛廣終
幅注○丨者先結頤下既瑱幎目乃還結項也儀禮
士喪禮商祝丨注○丨樸丨跳錢戲也俗謂之射數
或云射意也一切經音義十二引纂文○丨謂意錢
也後漢王符傳注○丨與揜同文選西征賦丨細柳
而撫劒注○丨讀曰奄淮南俶眞其兒丨戸而入覘
之注○禮記祭義注三盆手者三丨也釋文丨本作
淹○穀梁昭八年傳揜禽旅釋文揜本作丨○嚴訢
碑丨忽摧臧奄作丨○左氏昭十三年傳蔿丨古今
人表作薳奄○左氏傳昭廿七年吳公子丨餘史記
刺客傳
作蓋餘

【點】滅謂之丨爾雅釋器○以筆滅字爲丨爾雅釋器
注○丨污也廣雅釋詁三又漢書司馬遷傳集注

經籍籑詁　卷五十八　二十八儉　點簟貶　四

○丨汙也楚辭怨世唐虞丨灼而毀議注○丨辱也
文選報任少卿書適足以見笑而自丨耳注○丨其
玷古字通文選補亡詩莫之丨辱注○爾雅釋器釋
文丨孫本作坫李本作沾○魯曾丨史記仲尼弟子
傳作蒧○魯曾丨字
子哲見家語弟子解

【簟】丨細葦席也禮記喪大記君以丨席注○丨方文
席也詩載驅丨茀朱鞹傳○丨席也廣雅釋器○
竹葦曰丨詩斯干下莞上丨箋○
籧苗自關而西或謂之丨方言五

【貶】丨損也廣雅釋言又文選封禪文不可丨也注○
丨猶損也公羊隱二年傳何以不氏丨注○丨減
也廣雅釋詁二○丨猶減也周禮朝士則令邦國都
家縣鄙慮刑丨注○丨退也漢書司馬遷傳集注○
丨隊也詩召旻我位孔丨傳○丨引謂丨損引過也
後漢安帝紀注○故書丨爲窆周禮朝士注○丨古

文㝵同一切經音義十八○㝵古丨字漢書司馬相
如傳上集注○丨方犯反左氏傳杜預序釋文引字
林

冉 丨丨行也廣雅釋訓○丨丨行貌離騷老丨丨其
將至兮注○丨丨進也廣雅釋訓○丨丨歲月流
貌也文選悼亡詩荏苒冬春謝注○丨危也廣雅釋
詁一○左傳成十六年叔山丨古今人表作叔山冉
○史記仲尼弟子傳顏何字丨索隱引家語
作稱○秦丨字子開見史記仲尼弟子傳

陜 禮記曲禮下注自丨以東釋文丨依字當作䧅一
云當爲郟○公羊隱五年傳自丨以東釋文丨本
作郟○庚扶頌分
郟之治丨作郟

諂 諂同○丨媚也左氏襄三年傳稱其讎不爲丨注
○丨猶佞也公羊隱四年傳公子翬丨于隱公注

○讇謂傾身以自下也禮記玉藻立容辨卑毋讇注
○丨之言陷也謂以佞言陷之荀子脩身以不善先
人者謂之丨注○希意道言謂之丨莊子漁父○從
命丨而不利君謂之丨荀子臣道○以不善先人者謂
之丨荀子脩身○非分橫求曰丨也論語學而貧而
無丨皇疏○丨笑强笑也孟子滕文公下脅肩丨笑
注○讇古丨字漢書五行志中之下集注劉向傳集
注息夫躬傳集注嚴安傳集注陳咸傳集注貢禹傳
集注李尋傳集注劉輔傳集注淮陽憲王欽傳集注
翟方進傳集注匈奴傳上集注西域傳上集注○禮
記儒行不敢以丨釋文丨本作讇○
禮記表記則讇也釋文讇本作丨

奄 丨覆也詩閟宮丨有龜蒙箋又漢書諸侯王表集
注司馬相如傳上集注引張揖○丨丨覆也爾雅
釋言蒙荒丨也注○丨猶覆也詩閟宮丨有下國箋
○丨蓋之也淮南脩務而知不足以丨之注○丨大

也詩皇矣丨有四方傳又廣雅釋詁一○丨同也書
大禹謨丨有四海傳又詩執競丨有四方傳又周書
皇門王用丨有四鄰注○丨久詩臣工丨觀銍艾注
○丨息也方言十又廣雅釋詁二○丨遽也陳穎之
閑曰丨方言二○丨撫也詩韓奕丨受北國傳○丨
欻去來不定之貌文選吳都賦慌罔丨欻劉注○丨
丨士也國語晉語公注令丨楚刺重耳注○丨如今
之宦者周禮春官序官丨八人注○丨精氣閉藏者
今謂之宦人周禮天官序官酒人丨十人注○丨國
在淮夷之旁書多方王來自丨鄭注○丨山郎崦嵫
山山海經西山經玉山注○詩召旻箋而近任刑丨
之人釋文丨本作閹○武班碑晻忽徂逝丨作晻○
衡方碑庵離
寢疾丨作庵

漸 丨進也易漸鴻丨于干虞注又廣雅釋詁二又史
記孝武紀鴻丨于般集解平津侯主父傳皆以鴻

丨之翼集解引李奇又荀子脩身知慮丨深注不苟
知則攫盜而丨注王制然後丨慶賞以先之注富國
丨慶賞注慶賞不丨則兵弱注議兵是丨之也注正
論上幽險則下丨丨詐矣注又文選思元賦恐丨冉而
無成兮舊注○丨者進也易序卦傳○丨進長書禹
貢草木丨包傳○丨者丨進之卦也易漸注○丨者
引進通道之意也史記越世家丨九川集解引徐廣
○丨者物事之端先見之辭公羊隱元年傳丨進也
注○丨浸也史記孝武紀治大池丨臺正義引顏師
古又水經渭水注○丨劇也列子力命七月大丨注
○丨習也淮南繆稱艮工丨乎矩鑿之中注○丨女
歸待男行也易雜卦傳○丨江山海經謂之浙江也
水經漸江水注○丨苞相苞裹而同長也文選蜀都
賦柯葉丨苞劉注○書禹貢草木丨苞釋文丨本作
蔪

玷 王鈌曰丨漢書韋元成傳集注○丨鈌也詩抑白
之丨圭之丨傳召旻曾不知其丨箋又禮記緇衣白圭
之丨注又左氏僖九年傳白圭之丨釋文又漢書敘
傳上集注又後漢李王鄧來傳注伏湛傳注傅燮傳
注又家語弟子行白圭之丨注○詩
抑白圭之丨說文刀部作白圭之㓾
忝 丨辱也爾雅釋言又書堯典否德丨帝位傳太甲
上丨厥祖傳又詩小宛毋丨爾所生傳又禮記坊
記厥辟不辟丨厥祖注又孝經毋丨爾所生注又書
堯典釋文又國語周語不丨前人注又漢書敘傳上
集注敘傳下集注又後漢崔駰傳注又太元銳丨惡
至注又文選幽通賦丨莫痛兮背注○丨沒也漢書
敘傳上集注引晉灼○丨他
念反詩小宛釋文引字林
㓨 丨利也爾雅釋詁又廣雅釋詁二又漢書賈誼傳
集注又淮南氾論古者丨耜而耕注又楚辭橘頌

曾枝丨棘注○丨鋒也國語晉語大喪大亂之丨也
注○丨銳也廣雅釋詁四○丨才冉反銳也儀禮聘
禮釋文引字林○丨丨光貌離騷皇丨丨其揚靈兮
注○丨然侵削之貌荀子彊國丨然有苓而據松柏
之塞注○丨亦斬也荀子彊國案欲丨其脛而以蹈
秦之腹注○丨鍵關牡也所以止扉或謂之丨移顏氏
家訓書證引蔡邕月令章句○丨聲
類作扊又或作扂顏氏家訓書證
瀲 或作澰○丨灩相連之貌文選海賦則乃瀲淡丨
灩注○丨波際也文選西征賦青蕃蔚乎翠丨注
○澰清也廣雅釋詁一
○澰瀆也廣雅釋詁二
㚇 丨雞頭也周禮籩人加籩之實蔆丨臬脯注又文
選東京賦供蝸蠡與蔆丨薛注○丨丨雞頭也一名
鴈頭生水中呂覽恃君夏日則食菱丨注○
丨雞頭也青徐淮泗之閒謂之丨方言三

閃 丨榆傾佞之貌也後漢趙壹傳注○丨屍暫見之
貌文選海賦鯈像暫曉而丨屍注○丨或作貼同
式冉反一切經音
義十一引字書
潤 丨疾貌文選海賦丨泊栢而迤颺注
嗛 食盡曰丨管子弟子職惟丨之視注○一穀不升
謂之丨穀梁襄廿四年傳○丨者少也漢書郊祀
志上集注○丨不足也荀子仲尼滿則慮丨注○丨
不足貌穀梁襄廿四年傳注○丨者不滿之意也史
記孝文紀未有丨志索隱○丨快也國策魏策齊桓
公夜半不丨注○丨足也荀子正名故嚮萬物之美
而不能丨也注大略不自丨丨其行者言濫過注○丨
丨猶小小也國語晉語丨丨之德不足就也注○丨
謙也易謙釋文引子夏傳○丨羊者羊而四角周書
王會○丨與歉同荀子仲尼主信愛之則謹慎而丨

注○丨與慊同荀子非十二子丨然而終日不言注
解蔽由俗謂之道盡丨矣注○丨當爲慊荀子榮辱
臭之而無丨于鼻注○禮記少儀注丨遠之也釋文
丨本作謙公羊昭廿五年注丨自比齊下執事釋文
丨本作謙○史記孝文紀未
有丨志索隱云漢書丨作歷
歉 一穀不升曰丨廣雅釋天又後漢光武帝紀上注
○丨不足也荀子仲尼主信愛之則謹慎而丨注
○丨少也廣
雅釋詁三
慊 丨恨不滿之貌也禮記坊記貴不丨於用注○丨
之言厭也禮記大學此之謂自謙注○丨厭也荀
子榮辱臭之而無嗛于鼻注○丨少也孟子公孫丑
下吾何丨乎哉注○丨約也淮南原道不以丨爲悲
注○丨不足也文選辯亡論注引穀梁劉兆注○丨
快也孟子公孫丑上行有不丨於心注又荀子非十

二子嗛然而終日不言注解蔽由俗謂之道盡嗛矣注又淮南說山至味不丨注○丨足也莊子養生主注猶未足以丨其願釋文天運盡去而後丨釋文引李注○丨猶慊也後漢張衡傳注○丨猶善也國策齊策苟可丨齊貌辨者注○丨或爲嫌禮記坊記注○丨讀辟向丨之丨淮南原道注○莊子天運盡去而後丨釋文丨本作嗛○史記樂毅傳以爲丨於志索隱曰丨亦作嗛

溓 丨丨讀爲黏謂泥不黏著幅也考工記輪人亦弗之丨也司農注

隒 重甗丨爾雅釋山○丨山形似重甑爾雅釋山釋文引字林○丨阪也爾雅釋山李注○丨厓也廣雅釋邱○丨方也廣雅釋詁二○爾雅釋山釋文丨本作嗛

獫 玁同○長喙丨爾雅釋畜○玁狁北狄也詩采薇玁狁之故傳○詩采薇釋文玁本作丨○詩韓奕

箋爲丨允所追釋文丨本作玁○詩采薇玁狁之故漢書匈奴傳作丨允之故

黶 丨黑也廣雅釋器○丨閉藏貌也禮記大學見君子而后丨然注○古今人表狐丨文選注作厭

檿 丨桑山桑爾雅釋木○山桑曰丨國語鄭語丨弧箕服注○丨山桑也詩皇矣其丨其柘傳又書禹貢丨桑釋文又山海經中山經陽帝之山其木多丨柘注○檿山桑也後漢馬融傳注○丨桑蠶絲書禹貢厥篚丨絲傳○書禹貢厥篚丨絲史記夏本紀作其篚酓絲

儼 丨矜莊貌詩澤陂碩大且丨傳又禮記曲禮上丨若思注又文選洛神賦六龍丨其齊首注○丨然矜莊之貌荀子非十二子丨然注○丨敬也爾雅釋詁又離騷湯禹丨而求合兮注又文選思元賦僕夫丨丨其正策兮舊注○丨然敬貌爾雅釋詁注○丨讀丨然之丨也淮南本經盤行刻丨注○詩柏舟傳丨然可畏釋文丨本作巖○詩澤陂釋文丨本作曮○論語子張望之丨然釋文丨本作嚴○詩澤陂碩大且丨說文女部作碩大且嬐御覽引韓詩作碩大且⿱僉齒

○以下據廣韻錄

棪 丨別名連山海經南山經堂庭之山多丨木注

⿸尸又 丨又或作居顏氏家訓書證引聲類

⿰糸閻 丨續也方言一又廣雅釋詁二○丨續也秦晉續折謂之丨方言六

蘞 丨似栝樓葉盛而細子正黑如燕薁不可食詩葛生丨蔓于野釋文

⿰食兼 一穀不升謂之丨韓外傳八○丨祈也廣雅釋言

羷 角三觜丨爾雅釋畜○羊角三觜爲丨集韻引字林○丨力冉反爾雅釋畜釋文引字林

⿰糸僉 丨索也廣雅釋器○所以懸櫼關西謂之丨方言五

顩 丨狹面銳頤之貌玉篇引蒼頡

瞼 丨謂眼外皮也一切經音義十七引字略

姌 丨丨弱也廣雅釋訓○丨嫋細弱也史記司馬相如傳嫵媚丨嫋索隱引郭璞○丨嫋長貌文選舞賦蜲蛇丨嫋注

睒 丨見也太元劇鬼丨其室注○丨窺也太元瞢瞢復丨天注○丨暫視也文選江賦獱獺丨瞲乎厥空注

覢 丨見也廣雅釋詁三○丨丨視貌廣韻引蒼頡

⿰木奄　丨椊也廣雅釋木
⿰方奄　丨卒也廣雅釋器
渰　丨雲興貌詩大田有丨淒淒傳○丨陰雲也後漢左雄傳注○丨陰雲貌顏氏家訓書證引毛詩傳○詩大田有丨萋釋文丨本作弇
⿰車斬　丨才冉反草之相苞裹也書禹貢釋文引字林○⿱艹漸麥芒也慈斂切文選七發注引埤蒼
⿱耂占　丨老也廣雅釋詁一
⿰目卩　門楗曰弗一切經音義十五引通俗文
驔　豪骭曰丨詩駉有丨有魚傳
橝　丨作串門串也一切經音義十四引通俗文
⿰兼瓜　水芝瓜也其子謂之丨廣雅釋草
鼸　丨鼠爾雅釋獸○寓鼠曰丨同上○丨卽鼢鼠也爾雅釋獸釋文引字林○丨鼠䶂鼩鼠也爾雅釋獸李注○丨者頰裏也爾雅釋獸

經籍纂詁卷第五十八

經籍纂詁卷第五十八補遺　上聲

兵部侍郎兼都察院右副都御史巡撫浙江等處地方提督軍務兼理糧餉阮元撰集

二十八儉

儉　說文丨約也从人僉聲○丨德之共也左氏莊廿四年傳○宮室不崇器無形鏤丨也國語周語○丨謂以約自處禮記樂記○恭丨而好禮疏○丨居處節丨也國語周語季文子孟獻子皆丨注○丨嗇言愛物詩葛屨序其君丨嗇褊急疏
琰　說文琰璧上起美色也从玉炎聲○琰珪也有鋒鋩周書王會四方元繚璧琰十二注
燄　說文丨火行微丨丨也从炎臽聲○焰陽焰也素問六元正紀大論焰爲睡注○炎讀曰丨漢書五行志上及濫炎妄起注○炎讀與丨同漢書藝文志其氣炎以取之注
歛　說文丨收也从欠僉聲○丨者收攝之名詩桑扈箋然而不自丨以先王之法疏○丨滅也史記趙世家丨三百里正義○丨藏之于明堂周禮太宰掀日而丨之疏○丨者謂舉之不以杖地也禮記喪大記寢門之內輯之注
險　說文丨阻難也从𨸏僉聲○丨危也國語周語君子將丨哀之不暇注○丨謂危丨左氏昭十二年傳易不可以占丨疏○大難曰丨易繫辭下傳德行恆易以知丨疏○坎爲丨易象上傳動乎丨中疏易需丨在前也何注又左氏襄廿五年傳困于石注○丨是地形險阻禮記少儀軍旅思丨疏○丨謂徼倖免罪苟且求賞也荀子富國俗儉而百姓不一注○丨謂境多阨塞詩鄭譜鄶仲恃之疏○丨禣也廣雅

釋詁二○丨當爲儉字之誤也左氏襄二十九年傳
丨而易行注

檢 說文丨書署也从木僉聲○木在手曰丨易坎險且枕釋文引鄭注○丨謂自攝斂也書伊訓丨身若不及疏○丨局也漢書王莽傳上德亡首褒不丨注○丨拈也一切經音義六引廣雅○知其足剩謂之丨周禮職幣注振者抍也丨也注○丨押猶隱括也漢書楊雄傳下蠢廸丨押注

染 說文丨以繒爲色从水杂聲

揜 說文丨斂也小上曰丨从手奄聲又自關以東謂取曰揜一曰覆也从手弇聲○揜深也呂覽仲夏處必揜注○丨若今人幞頭儀禮士喪禮丨裹首也疏○揜意錢之屬也漢書高惠高后文功臣表搏揜注貨殖宜曲任氏傳又況掘冢搏丨注○禮記王制諸侯不丨羣說苑修文作諸侯不丨羣

點 說文丨黑也从黑占聲

簟 丨覃也布之簟簟然平正也釋名釋牀帳○丨者席之名詩韓奕箋丨茀疏○丨席之親身者禮記內則斂枕丨注○莞丨今之席也禮記禮器莞丨之安疏

貶 說文丨損也从貝从乏○丨猶屈也禮記曲禮上注此士禮丨于大夫者疏○貶古丨字文選上林賦而適足以貶君自損也注引晉灼

冉 說文丨毛丨丨也象形凡丨之屬皆从丨○丨龜甲緣也漢書食貨志下元龜岠丨長尺二寸注引孟康

陝 說文丨宏農丨也古虢國王季之子所封也从𨸏夾聲○丨輸不定皃後漢書列女曹世叔妻傳視聽丨輸注

諂 說文諂諛也从言閻聲丨諂或省○丨先意承欲者也鬼谷子權篇○諂謂橫求見容禮記少儀頌而無諂疏○好順人意爲丨諛周書史記丨諛日近注

奄 說文丨覆也大有餘也又欠也从大从申申展也○丨亦覆蓋之意詩皇矣傳丨大也疏○丨同也詩臣工箋丨久疏引王肅○丨謂精氣閉藏也周禮天官序官酒人丨十人釋文○丨官也淮南時則命丨尹注

漸 說文丨水出丹陽黟南蠻中東入海从水斬聲○丨者不速之名也易漸丨女歸吉疏○丨是徐動之名易彖上傳丨之進也疏○丨進也漢書郊祀志上鴻丨于般注引孟康公孫宏卜式兒寬傳贊皆以

鴻丨之翼注引李奇又文選幽通賦皇十紀而鴻丨兮注引應劭○丨稍也文選謝靈運游南亭詩注引廣雅○丨謂草木當以丨也管子七法丨也注○丨水也淮南泰族雖有腐髊流丨注○定本集注丨作浸詩敬之箋言當習之以積丨也疏

忝 說文丨辱也从心天聲

剡 說文丨銳利也从刀炎聲○丨殺也禮記雜記下丨上疏○丨丨身起貌也禮記玉藻弁行丨丨起屨疏○丨謂銳而利之也漢書藝文志丨木爲矢注○覃與丨同文選東京賦介馭間以丨耜注○易繫辭下掞木爲矢釋文本亦作丨

颭 說文丨風吹浪動也从風占聲

芡　說文丨雞頭也从艸欠聲○丨雞頭俗有二名今人或謂鴈頭也周禮籩人注丨雞頭也疏○丨雞頭也廣雅釋草又漢書循吏龔遂傳益畜果實蔆丨注

閃　說文丨窺頭門中也从人在門中○丨是忽有忽無故字從門中人也禮記禮運注淰之言丨也疏

嗛　丨子禮論慊然不丨注○丨謂不滿周禮酒正注唯丨之視疏○丨足也荀子正名故嚮萬物之美而不能丨也注○丨足也快也荀子正名故其志也史記樂毅列傳先王以爲慊于志索隱○丨少意也漢書郊祀志下今穀丨未報注

慊　丨貧也廣雅釋詁四○丨不滿之貌禮記大學注謙讀爲丨疏○丨快也呂覽本生耳聽之必丨注知接易牙亰其子以丨寡人注○丨恨也淮南齊俗衣若縣衰而意不丨注○丨讀如羣公溓之溓古書傳作立心與水相近讀者失之故作慊易文言傳爲其嫌于无陽也鄭注

溓　丨雜也易文言傳爲其嫌于无陽也鄭注○丨濆也廣雅釋詁二

隒　說文丨崖也从𨸏兼聲○丨是山岸詩葛藟傳滑水丨也疏兼葭傳湄水丨也疏○詩葛藟傳水丨也釋文本又作水旁兼

广　說文丨因丨爲屋象對刺高屋之形讀若儼然之儼凡丨之屬皆从丨

獫　說文丨長喙犬一曰黑犬黃頤从犬僉聲

黶　說文丨中黑也从黑厭聲○丨謂黑色禮記大學注厭讀爲丨疏○今中國通呼爲丨子吳楚俗謂之誌漢書高帝紀上左股有七十二黑子注

檿　說文丨山桑也从木厭聲詩曰其丨其柘○丨丨桑也漢書五行志下之上丨弧其服注引服虔地理志上厥棐丨絲注○丨山桑之有點文者也漢書五行志下之上注

魘　說文新附丨寱驚也从鬼厭聲

儼　說文丨昂頭也从人嚴聲一曰好皃○丨是嚴正之貌也書洪範傳丨恪疏○丨謂丨正禮記祭義嚴威丨恪疏○丨然矜莊貌國策秦策丨然不遠千里注○嚴與丨同漢書張山拊傳嚴然總五經之眇論注○嚴讀曰丨漢書匡衡傳正躬嚴恪注

棪　說文丨遬其也从木炎聲讀若三年導服之導

○以下據廣韻錄

撿　說文丨拱也从手僉聲

蘞　說文丨白丨也从艸僉聲蘝或从斂

傔　丨嘰也廣雅釋言

譣　丨詖也集韻引廣雅○丨今人以馬旁驗字爲証丨失之矣廣雅釋詁四曹憲音

𢀖　說文丨傾覆也从寸臼覆之寸人手也从巢省杜林說以爲貶損之貶

顩　說文丨䫡皃从頁僉聲○欽或作丨後漢書周燮傳生而欽頤注

瞼　說文新附丨目上下丨也从目僉聲

厭　說文丨笮也从厂猒聲一曰合也○丨音檿桑之檿漢書李尋傳丨丨如滅注引鄭氏

姸　說文丨弱長皃从女幵聲

⿱雨染 說文丨濡也从雨染聲

⿸厂壹 說文闕

媣 說文丨諟也从女染聲

睒 說文丨暫視皃从目炎聲讀若白蓋謂之苫相似

覢 說文丨暫見也从見炎聲春秋公羊傳曰丨然公子陽生

夾 說文丨盜竊褱物也从亦有所持俗謂蔽人俾丨是也宏農陝字从此

⿱陝女 說文丨不媚前卻丨丨也从女陝聲

𨛜 說文𨛜周公所誅丨國在魯从邑奄聲

渰 說文丨雲雨皃从水弇聲○丨陰雲也漢書食貨志上有丨淒淒注

媕 說文丨女有心丨丨也从女弇聲

蔪 說文丨艸相丨苞也从艸斬聲書曰艸木丨苞⿱艸槧或从槧○蔪麥秀皃廣韻引埤蒼

⿱斬曰 說文闕

螹 說文丨丨離也从虫斬聲

槧 說文丨牘樸也从木斬聲

⿰酉韱 說文丨酢也从酉韱聲

⿰女覃 說文丨下志貪頑也从女覃聲讀若深

鼸 說文丨⿰鼠今也从鼠兼聲○丨鼠以頰裏藏食爾雅釋獸丨鼠注○頤或曰丨車丨鼠之食積于頰人食似之故取名也釋名釋形體

𡕒 說文丨𡿺蓋也象皮包覆𡿺下有兩臂而夊在下讀若范

○以下據集韻錄

⿰炎舌 說文丨火光也从炎舌聲

焱 說文丨火蕚也从三火凡丨之屬皆从丨○丨火光也文選甘泉賦注引字林

⿰氵焱 丨躍踊逸也文選射雉賦意丨躍以振踊徐注

○以下附錄

圹 丨尻也廣雅釋詁二

經籍籑詁卷第五十八補遺終

經籍籑詁卷第五十九

經筵講官南書房翰林戶部左侍郎兼署禮部左侍郎前提督浙江學政阮元撰集

上聲

二十九豏

檻 丨闌也文選西京賦鏤丨文槐薛注○丨欄山海經海內西經海內崑崙之墟面有九井以玉爲丨注○丨謂殿之闌也華嚴經音義下引顧野王○丨謂殿上構闌也華嚴經音義上引珠叢○丨楯也楚辭東君照吾丨兮扶桑注招魂丨檻軒些注坐堂伏丨注○從曰丨楚辭招魂注○櫺丨樓上欄楯也後漢班彪傳上注○丨閉也漢書谷永傳音義引如淳○丨猶閉也漢書谷永傳集注○丨牢也廣雅釋室○丨櫳也一曰圈也漢書谷永傳音義引字林○丨謂捕獸之機也後漢法雄傳注○丨謂機以捕獸後

漢宋均傳注○上下重版曰丨四方施版以禦矢石其內如牢丨也釋名釋船○船上下四方施版者曰丨也文選吳都賦巨丨接艫劉注○丨車上施闌丨謂以格猛獸亦囚禁罪人之車也釋名釋車○丨車謂以板四周爲丨無所見後漢鄧騭傳注○丨丨車聲也楚辭離世山中丨丨余傷懷兮注○丨丨車行聲也詩大車大車丨丨傳○丨泉正出也詩采菽觱沸丨泉傳○丨泉正出涌出也詩瞻卬觱沸丨泉箋

範 通作范○丨法也書洪範傳又爾雅釋詁又漢書成帝紀集注又後漢質帝紀注班彪傳下注又孟子滕文公下吾爲之丨我馳驅注又太元窮不失其丨注○范法也漢書楊雄傳下集注又荀子彊國刑范正注又太元文鴻文無范注元瑩國家之矩范也注○丨者法也易繫辭上傳丨圍天地之化九家注○丨常也爾雅釋詁○丨模法言五百序經諸丨注○規模曰丨一切經音義二引通俗文○刑范鑄劍規模之器也荀子彊國刑范正注○丨猶遇也遭也一說丨法也淮南俶眞一丨人之形而猶喜注○丨圍者擬丨天地而周備其理也易繫辭上傳丨圍天地之化注○丨與范聲同禮記少儀祭左右軌范乃飲注○易繫辭釋文丨馬張王肅本作犯○爾雅釋詁釋文丨本作范

減 丨損也左氏文十七年傳克丨侯宣多註○丨日損太元元錯○丨有損同上○丨日損其彙太元元衝○丨少也詩巧言譖始既涵釋文引韓詩又廣雅釋詁三又淮南天文是以月虛而魚腦丨注精神則身飽而激念不爲之丨也注○丨謂偏少也素問三部九候論中部之候相丨者死注○丨盡也管子宙合○丨輕也左氏昭十四年傳不爲末丨註○丨猶俗也禮記祭義故禮主其丨注○回毛在肘後丨陽爾雅釋畜○丨音同丨損之丨山海經東山經丨水注○丨音丨省之丨史記萬石張叔傳九卿丨宣

罪集解引服虔又漢書昭帝紀集注食貨志下集注○丨音丨少之丨漢書昭帝紀集注引鄭氏○詩巧言僭始既涵釋文僭韓詩作丨○爾雅釋畜釋文丨本作駁○史記樂書引禮記樂記禮主其丨作禮主其謙

艦 丨舟也廣雅釋水○丨屋船也音檻晉書音義中引字林

犯 丨者干也翻譯名義九引音義指歸○丨猶干也禮記文王世子不以丨有司注○丨侵也漢書五行志中之上集注○丨陵也國語晉語信不可丨注吳語以丨獵吳國之師徒注○丨陵丨人也國語周語其語丨注○丨躐也禮記檀弓下丨人之禾注○丨突也小爾雅廣言○丨逆也國語晉語是丨也注○丨猶僭也禮記坊記民猶丨齒注○自下觸之曰丨史記天官書其入守丨太微集解引韋昭○丨

猶遭也淮南主術丨患難之危注○丨勝也爾雅釋
詁○丨敗也國語楚語潰而所丨必大矣注○丨劒
也廣雅釋詁四○丨害也國語周語水火之所丨注
○丨謂七寸內光芒相及後漢順帝紀注○丨違猶
裁成也易繫辭範圍天地而不過釋文引張注○
丨一木作範一作旋列子湯問周丨三萬里釋文

湛 丨深也文選思元賦秋丨憂而深懷兮舊注○丨
丨深貌文選高唐賦蓊丨丨而弗止注○丨丨水
貌楚辭招魂丨丨江水兮上有楓注○丨水不流也
文選遊西池注詩引蒼頡○丨安也方言十三又廣
雅釋詁一○丨厚也楚辭悲回風吸丨露之浮涼注
○丨丨重厚貌也楚辭哀郢忠丨丨而願進兮注○
丨丨積厚之貌漢書司馬相如傳下集注○丨謂潭
潭徐遲之貌太元元告月遙而日丨注○丨淡迅疾
貌文選吳都賦丨淡羽儀劉注○丨丨露也廣雅釋
訓○丨丨露茂盛貌詩湛露丨丨露斯傳○丨漬也

丨讀瀋釜之瀋呂覽仲冬丨熺必潔注○丨漬也丨
讀審釜之審淮南時則丨熺必潔注○丨讀當爲人
名丨之丨丨或爲淮周禮
職方氏其浸潁丨杜注

斬 丨斷也詩節南山國既卒丨傳又廣雅釋詁一○
丨裂也廣雅釋詁二○丨裁也同上○丨伐也禮
記檀弓下可以爲棺槨者丨之注又國語齊語丨孤
竹注○丨殺也爾雅釋詁○斫頭曰丨丨要曰要丨
丨暫也暫加兵卽斷也釋名釋喪制○三年之縗曰
丨丨不緝其末直翦丨而已同上○丨者何不緝也儀
禮喪服傳○丨不緝之也左氏襄十七年傳晏嬰麤
縗丨注○詩棫樸箋槱丨以爲薪釋文丨本作斫○
丨一作踐史記秦始皇紀然
後丨華爲城集解引徐廣

黯 丨丨深黑也一切經音義廿二引字林○丨黑也廣
雅釋器○丨黮不明貌也楚辭遠逝望舊邦之丨

黕兮注○丨失色將敗之貌文選別賦丨然銷魂
者唯別而已矣注○晉史丨字墨見淮南主術注

范 丨鑄作器用禮記禮運丨金合土注○丨離宮之
名也穆天子傳五天子作居丨宮注○丨林言林
氾濫布衍也山海經海外南經其丨林方三百里注
○丨蜂也禮記檀弓下丨則冠而蟬有緌注內則爵
鷃蜩丨注

軓 軓是丨濾也謂輿下三面之材輢式之所封持車
正也考工記輈人丨前十尺而策半之注○丨謂
式前也書或作軓考工記輈人司農注○丨車轄頭
也詩匏有苦葉濟盈不濡丨釋文○丨當爲軓周禮
大馭右祭兩軹祭丨杜注○
故書丨爲範周禮大馭注

摻 丨擥也詩遵大路丨執子之袪兮傳○丨操也廣雅
釋言○丨取也廣雅釋詁一○丨小也廣雅釋詁

二○丨細也斂物而細
謂之摻或曰丨方言二

闞 丨然虓豁之貌莊子天道而口丨然注○費鳳別
碑鴆若飛鷹鶚虓若夫虓虎丨作虓

喊 丨聲也方言十三

鋑 金丨者馬冠也高廣各五寸上如玉華形在馬髦
前獨斷上○金丨形如緹亞同上

淦 丨水無波也一切經音義十六引埤蒼

㺒 丨賊也廣雅釋詁三

轞 車聲曰丨御覽七百七十六引通俗文○丨丨聲
也廣雅釋訓

濫 丨泉正出正出涌出也爾雅釋水○丨水涌出也
列子黃帝丨水之藩爲淵釋文

【黤】｜黭深黑也一切經音義十一引〔纂文〕○｜黭深黑不明也一切經音義十七引〔蒼頡〕

【瀺】｜水注聲也〔文選長笛賦〕碓投｜穴注○｜瀺小水聲也文選上林賦注引〔字林〕○｜瀺出沒貌〔文選閑居賦〕遊鱗｜瀺注○｜瀺出沒之貌〔文選西征賦〕｜瀺驚波注○｜瀺石在水中出沒之貌〔文選高唐賦〕巨石溺溺之｜瀺兮注○｜穴｜注隙穴也〔文選長笛賦〕碓投｜穴注

○以下據廣韻録

【⿸厂戈】｜健也〔廣雅釋詁二〕

【糂】｜塗也〔廣雅釋室〕

【尿】｜窻也一切經音義十六引〔字書〕○小戶曰｜一切經音義十六引〔通俗文〕

【醶】｜酢也〔廣雅釋器〕

【⿰月韱】｜美也〔廣雅釋詁一〕

【⿰酉韱】｜酢也〔廣雅釋器〕

【醦】｜酢也〔廣雅釋器〕

【壏】｜猶彊也〔管子地員〕五杰之狀廩焉如｜注○彊⿱⿰臣𠂉木彊堅者〔周禮草人〕彊⿱⿰臣𠂉木用蕡注

【⿱⿰臣𠂉木】檻館也〔廣雅釋器〕

【⿱斬手】｜拍取也文選長楊賦注引〔蒼頡〕○｜次也〔廣雅釋詁三〕

【黬】｜忘也〔方言十三〕又〔廣雅釋詁二〕

【⿰谷敢】｜谽開貌〔文選江賦〕｜如地裂谽若天開注

○據集韻録【摲】｜山檻切文選長楊賦注引〔字林〕

經籍纂詁卷第五十九

經籍籑詁卷第五十九補遺　上聲

兵部侍郎兼都察院右副都御史巡撫浙江等處地方提督軍務兼理糧餉阮元撰

二十九豏

【檻】說文丨櫳也从木監聲一曰圈○丨軒前欄也漢書朱雲傳雲攀殿丨丨折注○宮殿四面欄縱者云丨史記袁盎鼂錯列傳索隱引纂要○丨軒前欄版也漢書翟方進傳柱丨皆衣素注○丨軒闌版也漢書史丹傳天子自臨軒丨上注○丨殿上闌軒上版文選潘安仁爲賈謐作贈陸機詩注引漢書韋昭注○丨義取丨押之丨漢書谷永傳丨塞大異注○詩大車大車丨丨五經文字作大車轞轞

【範】集韻範通作丨○說文丨軓也从車笵省聲讀與犯同○丨法也易繫辭上傳丨圍天地釋文引鄭

注○丨謂模丨易繫辭上傳丨圍天地之化而不過疏○丨謂爲之立法也漢書嚴安傳非所以丨民之道也注○丨與范聲同周禮大馭注軓當爲軌疏○此云范大馭云軓兩事是一聲同字異禮記少儀祭左右軌范疏○劉衡碑師訓之范丨作范楊著碑喪茲師范丨作范

【減】說文丨省也从水咸聲○丨謂損其數漢書元帝紀太僕丨穀食馬注○丨讀爲丨省之丨漢書昭帝紀贊戶口丨半注○咸音丨省之丨漢書百官公卿表下御史中丞咸宣注萬石君傳九卿咸宣注引服虔

【犯】說文丨侵也从犬巳聲○丨侵也廣雅釋言○丨觸淮南脩務丨津關注○丨謂刑丨於物也素問五常政大論殺而無丨注○丨令者違命也周禮大司馬之職注引王霸記

【湛】說文丨沒也从水甚聲一曰丨水豫章浸[illegible]古文○丨虞言丨然如水而墨荀子性惡辟閭注○丨酒清酒也米物下丨故曰丨淮南覽冥故東風至而丨溢注

【斬】說文丨截也从車从斤丨法車裂也○丨板謂斷其縮也禮記檀弓上今一日而三丨板而已封注○丨不言裁割而言丨者取痛甚之意儀禮喪服注喪服丨衰裳疏○丨衰者以六寸之布廣四寸爲衰帖于心前剪而不緝也御覽五百四十七引成伯璵禮記外傳

【范】說文丨艸也从艸氾聲

【軓】說文丨車式前也从車凡聲周禮曰立當前丨○丨謂車式考工記輈人爲輈注謂輈丨以前之長也疏○丨謂車軾前也禮記曾子問注祖道也疏○範謂軾前也禮記少儀祭左右軓范注○式前之丨

車旁箸几或作範字雖非範字聲同而字異禮記少儀注範與范聲同疏

【摻】丨訓爲斂也詩遵大路傳丨擥疏

【鋄】丨馬飾也文選江文通雜體袁大尉詩金丨映秋山注

【淰】說文丨濁也从水念聲

【㺌】說文丨犬吠不止也从犬兼聲讀若檻一曰兩犬爭也

【㺑】說文丨犬容頭進也从犬參聲一曰賊疾也

【啿】丨音湛湛露斯漢書禮樂志羣生丨丨注引服虔

【笵】說文丨法也从竹竹簡書也氾聲古法有竹刑○丨以竹曰丨韻會引通俗文

〔蟗〕丨蜂也藝文類聚引廣雅

〔黤〕說文丨青黑也从黑奄聲

〔瀺〕丨流水丨也文選長笛賦注引字林○丨灂水流聲貌文選高唐賦注引埤蒼

○以下據廣韻錄〔槏〕說文丨戶也从木兼聲

〔黬〕說文丨者忘而息也从黑敢聲

〔凵〕說文丨張口也象形凡丨之屬皆从丨

○以下據集韻錄〔撕〕丨剡銳也淮南兵略剡木築奮儋丨注○丨拍取也文選長陽賦注引君頡○丨舉手擬也文選長陽賦所過麾城丨邑注引顏監○丨音車幰之幰漢書楊雄傳下

經籍籑詁卷第五十九補遺終

經籍籑詁卷第六十 去聲

經筵講官南書房行走禮部左侍郎兼署兵部左侍郎提督浙江學政阮元撰集

一送

送 ｜引也史記平準書命曰株｜徒集解引應劭○｜致也漢書食貨志下集注引應劭○｜猶畢也禮記月令出土牛以｜寒氣注○｜致女荀子富國｜迎無禮注○｜敬猶致謝也後漢周燮傳注○從禽曰｜詩大叔于田抑縱｜忌傳

夢 ｜寱想也廣雅釋言○｜象也論衡死僞○｜想象也荀子解蔽不以｜劇亂知謂之靜注○｜者診之次也論衡論死○神遇爲｜列子周穆王○｜臥而以爲然也墨子經上○｜者人精神所寤可占者

周禮大卜掌三｜之法注○｜澤中也楚人名澤爲｜中楚辭招魂與王趨｜兮課後先注○穀梁昭卄年自｜釋文本作薨○爾雅釋地雲｜釋文本作蒙

鳳 ｜火之精也古微書引春秋演孔圖○｜凰者禽之長也詩卷阿正義引白虎通○雄曰｜書益稷｜凰來儀傳又詩卷阿｜凰于飛傳又左氏莊廿二年傳｜凰于飛注又山海經南山經丹穴之山有鳥焉名曰｜凰傳又呂覽開春｜凰聖人皆來至矣注又淮南覽冥｜凰之翔至德也注又論衡講瑞引禮記瑞命○羽蟲之精者曰｜大戴記曾子天圓○五采而文名曰｜凰山海經南山經○｜凰者鶉火之禽陽之精也鶡冠子度萬○｜林山名也水經河水注

洞 ｜徹也漢書司馬相如傳上集注○｜達也淮南原道遂兮｜兮注○｜通也漢書司馬相如傳下集注又揚雄傳下集注又後漢梁冀傳注二見○｜通也讀同異之同淮南原道與天地鴻｜注○｜謂中空也素問四氣調神大論心氣內｜注○｜亦不定也後漢馮衍傳下注○港｜相通也文選長笛賦港｜坑谷注○｜然恭敬之貌荀子非十二子｜然注○上通下達故曰｜歷論衡超奇○｜古文衕迵二形同一切經音義五○｜庭湖名也後漢馮衍傳注○｜庭澤名文選吳都賦集｜庭而淹留劉注○｜庭吳境也文選魏都賦｜庭雖濬注○｜庭地穴也今吳縣南太湖中有包山下有｜庭穴道潛行水底無所不通號爲地脉山海經海內東經湘水入｜庭下郭注

衆 ｜多也爾雅釋詁又國策秦策人徒之｜注齊策仕人｜注宋策而欲滿其意者｜注又漢書禮樂志集注引孟康又呂覽先己亡國辱主愈｜注論威凡軍欲其｜也注又淮南脩務人曰夏生生者｜注

○｜庶也文選幽通賦斯｜兆之所惑曹注○｜凡淮南脩務不若｜人之有餘注○｜大家語正論今恃楚｜注○｜物淮南本經旁薄｜宜注○｜人凡人也莊子天地以己誅人釋文引司馬注○｜者爲人下者也後漢仲長統傳注○人三爲｜國語周語又漢書高惠高后孝文功臣表集注引孟康又列女傳仁智○三人爲｜漢書高惠高后孝文功臣表○坤爲｜易說卦傳豫朋盍簪虞注復用行師虞注晉康侯用錫馬蕃庶虞注｜允悔亡虞注象上傳師｜也虞注象下傳君子以莅｜虞注序卦傳訟必有｜起九家注○安故重遷謂之｜庶說苑修文○安土重居謂之｜庶後漢楊終傳○｜謂君師禮記曲禮下大夫死｜注○｜謂羣臣也禮記曲禮下典司五｜注○大｜謂軍旅工役也呂覽音律無聚大｜注○｜寡民之多少周禮小司徒各登其鄉之｜寡六畜車輦注○｜寡謂鄉人之善者無多少也周禮鄉

大夫師其吏與其丨寡注〇丨丨主人庶昆弟也儀禮士喪禮丨主人在其後注〇丨丨子者長子之弟及妾子女子在室亦如之士謂之丨子大夫則謂之庶子儀禮喪服爲丨子注〇丨甫物之始也老子以闕丨庶王注〇丨秭爾雅釋草〇今文丨爲終儀禮士相見禮丨皆若是注〇易雜卦傳釋文丨荀作終

甕 本作瓮〇瓮瓶也廣雅釋器〇甗瓶也同上〇瓮甕也自關而東趙魏之郊謂之瓮方言五〇丨瓦器其容盎一穀儀禮旣夕禮丨三注〇丨盛醯醢之器禮記雜記丨甒釋文〇丨瓮大癭貌莊子德充符丨瓮大癭釋文引李注〇離爲丨易井丨敝漏虞注〇縣雍之山名汲丨山海經北海經縣雍之山注

弄 丨玩也爾雅釋言〇丨戲也左氏僖九年傳夷吾弱不好丨注〇丨小曲也文選洞簫賦時奏狡丨注〇遳丨蓋小曲也文選長笛賦聽遳丨者注

貢 丨獻也廣雅釋言又漢書地理志上集注〇丨功也周禮大宰五曰賦丨以馭其用注又禮記曲禮下五官致丨曰享注又廣雅釋言〇丨告也易繫辭上傳六爻之義易以丨注〇丨上也廣雅釋詁一〇丨稅也廣雅釋詁二〇丨賜也爾雅釋詁〇丨惑也漢書敘傳上集注引孟康〇丨潰也文選幽通賦周賈盪而丨憤兮曹注〇丨職丨也呂覽順民上丨必適注〇丨丨下之所納于上周禮大宰五曰賦丨釋文引干注〇丨任土所丨也荀子王制理道之遠近而致丨注〇丨丨謂所受丨賦荀子正論丨祿厚注〇丨嬪婦百工之物周禮小司徒以令丨賦注〇丨謂九穀三澤之材也周禮小司徒以任地事而令丨丨賦注〇丨謂取歸命者獻於上將也荀子議兵犇命者丨注〇地丨丨地所生謂九穀周禮大司徒以令地丨注〇易繫辭易以丨釋文京陸虞作工荀作功〇書序作丨釋文本作贛禮記檀弓子丨釋文本作贛論語學而子丨丨釋文本作贛爾雅釋詁賚丨釋文本作贛〇丨合作心旁丨漢書敘傳上音義

凍 丨寒也廣雅釋詁四〇丨猶寒也楚辭大招清馨丨歙注〇不暖不飽謂之丨餒孟子盡心上〇丨雨暴雨也巴郡謂暴爲丨雨文選思元賦丨雨沛其灑塗舊注〇丨冰也楚辭招魂挫糟丨飲注〇壯冰曰丨初學記七引風俗通

痛 丨疾也國語楚語使人無有怨丨于楚國注〇丨傷也廣雅釋詁二〇丨悼也呂覽博志苦丨之注〇丨怨丨也方言十三〇丨丨也注〇丨癢疼一切經音義二十引張揖雜字〇丨通也通在膚脈中也釋名釋疾病〇坎爲耳丨易說卦傳〇丨甚也史記魏其武安侯傳非丨折節索隱又漢書食貨志下集注引晉灼田蚡傳集注〇丨急也國策秦策不待丨而服矣注〇丨甚極之辭管子七臣七主姦臣丨言人情以驚主注〇武榮碑癋乎我君費鳳碑癋兮切惻吳仲山碑慂癋奈何李翊夫人碑癋感路人丨皆作癋

棟 丨屋橑爾雅釋宮〇丨謂之桴注〇丨中也居室之中也釋名釋宮室〇正中曰丨儀禮鄉射禮記序則物當丨注

仲 丨中也禮記月令丨春之月注又孝經丨尼居正義引張禹又史記呂不韋傳號爲丨父索隱〇丨者中也白虎通姓名〇丨中也言位在中也一切經音義九引韓詩又釋名釋親屬〇丨字書蔡仲之命傳〇伯丨叔季長幼之稱儀禮士冠禮丨叔季惟其所當注〇其中謂之丨爾雅釋樂又風俗通聲音〇丨無笐爾雅釋草〇丨丨其聲適中丨呂也爾雅釋樂其中謂之丨舍人注〇丨呂陰律也陽散在外陰實

在中所以旅陽成功也故曰丨呂覽孟夏律中丨呂
注○丨呂四月也陽在外陰在中所以呂中于陽助
成功也淮南天文音比丨呂注○陽散在外陰實在
中所以旅陽成功故曰丨呂淮南時則律中丨呂注
○丨丨春陽中也呂覽仲春丨春行秋令注又淮南時
則丨丨春行秋令注○書堯典以殷丨春以正丨夏以
殷丨丨秋以正丨冬史記五帝紀丨皆作中書序丨虺
作誥殷本紀作中○爾雅釋樂釋文丨本作䇦○鄭
祭丨字足左氏桓六年傳注○陳丨子字子終史記
鄭陽傳索隱引列士傳○華山廟碑丨宗之世柳敏
碑五行畢丨廿八舍
柳循之精中皆作丨

中 丨當也史記孔子世家言六藝者折丨於夫子索
隱引宋均又漢書成帝紀集注江充傳集注戾太
子傳集注王尊傳集注孔光傳集注○丨適也易蹇
注得丨也釋文引王注又淮南原道動靜不能丨注

○丨猶合也穆天子傳咏丨廣胃而滑注又管子四
時不丨者死注○丨應也蔡邕月令律丨大蔟章句
○丨猶應也禮記月令律丨大蔟注○丨得也國策
齊策是秦之計丨注又史記封禪書與王不相丨索
隱引三蒼○丨充也漢書郭解傳集注○丨猶充也
漢書李廣傳集注引如淳○丨者滿也漢書宣帝紀
集注○丨之言滿也漢書外戚傳上集注○丨猶滿
也史記外戚世家娙何秩比丨二千石索隱引崔浩
又漢書匈奴傳上集注○丨半也文選上林賦于是
酒丨樂酣郭注○丨猶間也儀禮鄉射禮下射從之
丨等注大射儀丨等注聘禮記士丨日則二雙注士
虞禮記丨月而禫注又禮記喪服小記亡則丨一以
上而祔注學記丨年考校注○丨傷也漢書趙敬肅
王彭祖傳集注王商傳集注王莽傳下集注敘傳上
集注又後漢蔡邕傳注竇武傳注又淮南原道好事
者未嘗不丨注○丨猶丨傷後漢魏朗傳注○丨擊

也荀子彊國敵丨則奪注○丨當也充也漢書司馬
遷傳集注○丨丨禮者也周禮師氏掌國丨失之事
注○治丨謂其治職簿書之要周禮天府凡官府鄉
州及都鄙之治丨司農注○故書丨為得杜子春云
當為得周禮師氏
掌國丨失之事注

諷 通作風○風告也廣雅釋詁三○丨諫也廣雅釋
詁四○倍文曰丨周禮大司樂興道丨誦言語注
○託言曰丨詩序風風也釋文○丨謂就學丨詩書
也荀子大略少不丨注○用風感物則謂之丨詩序
風風也釋文○不敢正言謂之丨文選甘泉賦奏甘
泉賦以風李注○丨諫者知禍福之萌而丨告也後
漢李雲傳注○左氏昭五年釋文丨諫本作風穀梁
序釋文丨輿本作風○詩序釋文風風也崔本作丨
左氏桓十三年釋
文風諫本作丨

慟 丨動也漢書蕭望之傳集注○丨變動容貌論語
先進子哭之丨鄭注○丨哀過也論語先進集解
引馬注○丨謂哀甚也論語先進皇疏○北海相景
君碑驚慟傷懷武榮碑戚哀悲慟郭仲奇碑悲慟剥
裂丨皆
作慟

鞚 丨馬丨也一切經音義十四引雜字○丨馬勒也
御覽三百五十八引埤蒼又引字林○所以制馬
曰丨初學記廿
二引通俗文

空 丨孔也後漢章帝紀注○丨乏也後漢賈逵
傳注○丨窮也詩節南山不宜丨我師傳

控 丨引也左氏襄八年傳無所丨告注又莊子逍遙
時則不至而丨于地釋文又廣雅釋詁一又小爾
雅廣詁又史記屈原賈生傳何足丨搏集解引如淳
劉敬叔孫通傳丨弦三十萬集解引應劭又漢書婁

敬傳集注賈誼傳集注引孟康及如淳嚴安傳集注
楊雄傳上集注匈奴傳上集注又後漢齊武王縯傳
注又文選西都賦弦不再丨注〇丨叩也莊子逍遙
釋文引崔注〇丨赴也一切經音義九引韓詩丨于
大邦傳〇丨投也莊子逍遙釋文引司馬注〇丨謂
頓也管子度地地下則平行地高則丨注〇止馬曰
丨詩大叔于田抑磬丨忌傳〇丨搏愛
生之意也文選鵩鳥賦何足丨搏注

湩 丨乳汁也一切經音義八引通俗文又後漢李善
傳注又晉書音義下又列子力命乳丨有餘釋文〇

鬨 丨廣韻俗作閧〇閧鬭也呂覽愼行相與私閧注〇
丨鬭聲孟子音義上引張音〇丨搆也搆兵以鬭
也孟子音義上引劉注〇丨鬭聲也猶搆兵而鬭也
孟子梁惠王下鄒與魯丨注〇鬨讀近鴻緩氣言之
呂覽愼行相
與私鬨注

恫 丨痛也書盤庚上乃奉其丨傳康誥丨瘝乃身傳
又書盤庚上乃奉其丨釋文又呂覽審分百官丨
擾注

贛 丨賜也淮南精神今丨人敖倉注要略朝用二千
鐘丨注〇丨陷也書顧命爾無以釗冒貢于非幾
馬注〇禮記樂記子丨見師乙而問焉儀禮燕禮
注引作子貢〇書顧命釋文冒貢馬鄭王作丨

賵 丨覆也左氏隱元年經天王使宰咺來歸惠公仲
子之丨服注又廣雅釋詁二〇丨者覆也白虎通
崩薨〇丨猶覆也公羊隱元年車馬曰丨注〇丨之
爲言覆也古微書引春秋說題辭〇丨送也廣雅釋
詁四〇歸死者曰丨穀梁隱三年傳〇饋死者謂之
丨小爾雅廣名〇丨所以助主人送葬也儀禮既夕
禮公丨元纁束注〇丨助喪之物左氏隱元年經天
王使宰咺來歸惠公仲子之丨注〇乘馬曰丨穀梁
隱元年傳文五年傳丨以早注〇車馬曰丨左氏文
五年傳王使榮叔歸含且丨注又公羊隱元年天王
使宰咺來歸惠公仲子之丨傳又儀禮既夕禮公丨
元纁束馬兩釋文禮記曲禮注釋文文王世子丨賻
承含釋文又白虎通崩薨〇輿馬曰丨古微書引春
秋說題辭又荀子大略又說苑修文引傳〇左氏襄
廿九年釋文
丨繸本作賵

狂 丨至也漢書楊雄傳上集注引蘇林

憕 丨慙也廣雅釋詁一又國語晉語而使君丨注

詷 丨諰丨急也一切經音義八引纂文〇諰丨言怱遽
也後漢和熹鄧皇后紀注〇言過謂之諰丨一切
經音義八
引通俗文

湅 暴雨謂之丨後漢張衡傳注〇張納功德碑敍郙
澹丨餧湅作丨

緵 詩九罭釋文丨罟本作總

㚇 丨子弄反爾雅釋鳥釋文引字林

䤨 丨倉也廣雅釋室〇丨杯也廣雅釋器

〇以下據
廣韻錄

𥂕 丨杯落也廣雅釋器

𩏏 丨蓍苢也廣雅釋草

甄 丨甑也廣雅釋器

齈 齈鼻疾也一切經音義五引埤蒼〇鼽鼻曰齈一
切經音義二十引通俗文

迵 丨通也太元達丨丨不屈注

焪 丨盡也廣雅釋詁一○丨乾也廣雅釋詁二

鄸 丨音夢左氏釋文引字林

⿰身穹 亦作傰○傰屈也後漢張衡傳注○傰小貌也文選思元賦傰顈項而宅幽舊注

戇 丨愚也荀子儒效狂惑丨陋之人注

⿰金夢 丨鏤也廣雅釋器

經籍纂詁卷第六十

經籍纂詁卷第六十補遺

兵部侍郎兼都察院右副都御史巡撫浙江等處地方提督軍務兼理糧餉阮元撰集

去聲

一送

送 說文送遣也从辵倂省𨔵籀文不省○丨謂遂後詩大叔于田疏

夢 說文丨不明也从夕瞢省聲又𡬶寐而有覺也从宀从爿夢聲周禮以日月星辰占六𡬶之吉凶一曰正𡬶二曰噩𡬶三曰思𡬶四曰悟𡬶五曰喜𡬶六曰懼𡬶凡𡬶之屬皆从𡬶○神之所交謂之丨列子周穆王注○丨者事之祥周禮占夢季冬聘王丨注○瞢與丨同漢書敘傳上棄於瞢中而虎乳之注○丨一作瞢史記夏本紀雲丨土為治索隱○今人以丨為𡬶失之矣廣雅釋言瞢曹憲音○周禮大卜掌三𡬶之法釋文本多作丨占夢釋文本又作𡬶

鳳 說文丨神鳥也天老曰丨之象也鴻前麐後蛇頸魚尾鸛顙鴛思龍文龜背燕頷雞喙五色備舉出於東方君子之國翶翔四海之外過崐崘飲砥柱濯羽弱水莫宿風穴見則天下大安寧从鳥凡聲𠕁古文鳳象形鳳飛羣鳥隨以萬數故以為朋黨字鵬亦古文鳳○丨皇鳥之聖者也論衡講瑞

洞 說文丨疾流也从水同聲○丨達也文選魏都賦重闈丨出劉注○丨者通也文選洞簫賦題注引漢書如淳注○丨穴深且通也文選西京賦赴丨穴薛注○無底者謂之丨簫初學記十六引三禮舊圖

眾 說文丨多也从㐺目眾意○丨多也呂覽孝行覽而丨之注當賞秦公子之在外者丨注○眾謂萬事也禮記仲尼燕居凡眾之動得其宜疏○丨丨人荀子脩身庸丨而野注○丨人謂丨庶也荀子儒效

是丨人也注○丨者師也風俗通祀典○人三爲丨
史記周本紀○七口以上爲丨周禮族師注族長無
飲酒之禮疏○坤爲丨易象上傳則刑罰清而民服
集解又左氏閔元年傳丨歸之注○坎爲丨左氏宣
十二年傳丨散爲弱注○丨一作湶文選吳都賦效
獲丨注

罋 說文罋汲缾也从缶雝聲○丨汲水瓶也漢書西
域傳上有大鳥卵如丨注○丨停水器也易井雍
敝漏釋文引鄭注○禮記禮運注謂若銀丨丹甑也
釋文本亦作罋○易井雍敝漏釋文鄭作丨

弄 說文丨玩也从廾持玉

貢 說文丨獻功也从貝工聲○丨獻也文選古詩注
引國語賈注○丨者從下獻上之稱書禹貢序疏
○丨者什一而丨一夫之穀詩甫田歲取十千疏○
丨者自治其所受田丨其稅穀考工記匠人九夫爲

井注○書顧命爾無以釗冒丨于非幾釋文馬鄭王
作贛

凍 說文丨仌也从仌東聲○丨謂發露其葆聚周書
大武冬丨其葆注

痛 說文丨病也从疒甬聲○丨猶甚也漢書田蚡傳
非丨折節注

棟 說文丨極也从木東聲○丨屋檼也淮南氾論上
丨下宇注○丨檼木材淮南說山郢人有買屋丨
者注○檼或謂之丨釋名釋宮室○中脊爲丨儀禮
士昏禮當阿疏○坎爲丨易說卦釋文引九家集解
○巽爲長木稱丨易大過丨橈虞注

仲 說文丨中也从人从中中亦聲○丨中也淮南天
文太陰在四丨注○丨者中也詩大明傳摯國任
姓之中女也疏○丨呂者中充大也淮南天文○孟
子牧丨漢書古今人表作牧中○武榮碑君郎吳郡
府卿之中子丨作中

中 丨當也漢書刑法志斯豈刑丨之意哉注○丨猶
不當也書呂刑傳皆無丨于信義疏○不丨謂處事
允傳以事丨允注○丨傷之也漢書何武傳欲以吏
事丨商注○丨亦殺也淮南說山鵠矢丨蝟注○丨
射丨也漢書楊雄傳上於是禽殫中衰注

糉 說文新附丨蘆葉裹米也从米嵏聲

諷 說文丨誦也从言風聲○丨謂微加曉告詩關雎
序風風也敎也疏○風讀曰丨漢書田蚡傳蚡迺
微言太后風上注○周禮大司樂倍文曰丨瞽矇疏
引作背文日風

慟 說文新附丨大哭也从心動聲

控 說文丨引也从手空聲詩曰丨于大邦匈奴名引
弓丨弦○丨引也詩載馳丨于大邦傳又左氏襄
十九年傳賦載馳之四章注又素問至眞要大論民
病少腹丨睪注○丨通引也素問刺腰痛論腰痛引
少腹丨䏚注○今止馬猶謂之丨是古遺語也詩大
叔于田疏○丨摶玩弄愛生之意也史記屈原賈生
列傳何足丨摶集解引如淳

湩 說文丨乳汁也从水重聲

贛 說文丨賜也从貝竷省聲贛籒文丨

賵 說文新附丨贈死者从貝从冒冒者衣衾覆冒之
意○丨車馬禮記文王世子注丨賻承含疏○車
馬曰丨周禮職喪注有事謂含襚贈丨之屬疏又左
氏隱元年傳疏引釋例又漢書景帝紀弔襚祠丨注

引應劭敘傳上聘丨甚厚注○送死者車馬曰丨禮記曲禮下注書丨於方疏○以馬送死者曰丨丨副亾者之意也禮記少儀丨馬入廟門疏

霿 說文天气下地不應曰丨丨晦也从雨瞀聲

傯 倥丨猶困苦也楚辭思古愁倥丨於山陸注

衷 丨中也漢書敘傳下敞近其丨注○丨之為言不輕不重之謂也後漢書梁統傳

涷 巴郡謂暴為丨雨文選思元賦丨雨沛其灑塗舊注○丨雨暴雨也淮南覽冥丨雨注

⿷匚贛 說文丨小栝也从匚贛聲櫝丨或从木

○以下據廣韻錄

虹 丨洞相連也後漢書馬融傳天地丨洞注○丨洞相連皃也文選七發丨洞兮蒼天注

⿱艹贛 說文丨艸也从艸贛聲一曰薏苢

⿱竹夅 說文丨栝答也从竹夅聲或曰盛箸籠

梇 說文丨木也从木弄聲益州有丨棟縣

瓮 說文丨罌也从瓦公聲

謥 丨詷言怱遽也後漢書皇后紀上輕薄丨詷注

眮 說文吳楚謂瞋目顧視曰丨从目同聲

筒 說文丨通簫也从竹同聲

駧 說文丨馳馬洞去也从馬同聲

衕 說文丨通街也从行同聲

迵 說文丨丨迭也从辵同聲

⿰口動 丨歌也廣雅釋樂○丨大歌聲廣韻引埤蒼

⿺走臭 說文丨行也从走臭聲

銃 鑿空曰丨御覽七百六十二引通俗文

○以下據集韻錄

蝀 說文丨蝃丨也从虫東聲

摝 丨讀如弄周禮大司馬三鼓丨鐸司農注○丨弄聲相近周禮大司馬疏

經籍籑詁卷第六十補遺終

經籍籑詁卷第六十一　去聲

經筵講官南書房行走戶部左侍郎兼署吏部左侍郎提督浙江學政阮元撰集

二宋

宋　｜送也地椄淮泗而東南傾以爲殷後若云滓穢所在送使隨流東入海也〔釋名釋州國〕○｜今睢陽〔國語吳語〕齊｜徐夷注○鄭公子｜字子公〔左氏宣四年傳〕

重　｜多也〔荀子富國〕｜色而衣之注〔王霸〕｜色而衣之注〔彊國〕以｜己之所有餘注〔正論〕｜文繡注○｜猶益〔呂覽制樂〕是｜吾罪也注○｜猶累也〔漢書荆燕吳傳贊〕集注○｜猶善也〔儀禮覲禮〕｜賜無數注○｜猶附也尊也〔史記蘇秦傳〕秦欲攻魏｜楚索隱○｜猶難也〔史記司馬相如傳〕｜煩百姓索隱○

｜爲矜惜之也〔管子權修〕必｜盡其民力注○｜再也〔後漢郅惲傳〕注〔鄭顗傳〕注○｜者再也〔史記李斯傳〕又面諛以｜陛下過索隱○｜猶數也〔左氏襄四年傳〕武不可｜注○｜猶復也〔史記刺客傳〕故｜自刑以絕從索隱○｜謂輜｜〔漢書陳湯傳〕集注○｜｜僔也〔廣雅釋詁四〕○制在己曰｜〔韓非子喻老〕○｜｜射好射也〔史記孫子吳起傳〕君弟｜射注

用　｜以也〔一切經音義七〕引〔蒼頡〕○｜爲也〔荀子富國〕仁人之｜國注○｜行也〔方言六〕○｜備也〔國語鄭語〕時至而求｜注○｜也者通也〔莊子齊物論〕○｜資也〔國策魏策〕吾｜多注○｜財｜也〔國語周語〕以備百姓兆民之用注又〔荀子王制〕聖王之｜｜也注○｜貨賄也〔周禮宰夫〕乘其財｜出入注○｜｜謂國｜也〔禮記大學〕有財此有｜注○坤爲｜｜〔易蒙〕利｜刑人虞注〔觀〕利｜賓于王虞注〔晉〕康侯｜錫馬蕃庶虞注〔益〕利｜爲大作虞注〔渙〕利｜禦寇虞注〔繫辭上傳〕備物致｜｜虞注○坤爲財｜〔易象下傳〕｜過乎儉虞注○能行道而弗能言者謂之｜〔賈子大政下〕○器寶曰｜〔書微子〕乃攘竊神祇之犧牷牲｜｜傳○｜謂所宜｜〔周禮巾車〕與其｜說司農注○｜｜謂使民事之〔周禮小司徒〕乃會萬民之卒伍而｜之注○｜謂食足之外可｜貿易〔荀子王制〕百姓有餘｜也注○｜謂將有廟祀之事而駕之〔周禮巾車〕與其｜｜說注○大｜朝覲之頒賜〔周禮內府〕以待邦之大｜注○古文｜｜爲于〔儀禮特牲饋食禮〕藉｜萑注○〔書皋陶謨〕五刑五｜哉〔後漢梁統傳〕作五刑五庸哉○〔儀禮士喪禮〕｜二鬲于西墻下〔周禮小祝〕司農注引作盛以二鬲○〔易升〕｜見大人釋文｜本作利

頌　說｜者容也〔漢書惠帝紀〕集注引如淳○｜容也敘說其成功之形容也〔釋名釋言語〕○｜之言誦也

容也〔周禮大師〕曰｜注○｜猶公也〔漢書吳王濞傳〕集注引如淳○｜歌也〔漢書楊雄傳上〕集注○｜聲者太平歌｜之聲〔公羊宣十五年傳〕什一行而｜聲作矣注○稱｜成功謂之｜〔釋名釋典藝〕○西方物熟有成功亦謂之｜〔書益稷〕笙鏞以閒鄭注○言成功曰｜西爲陰中萬物之所成〔儀禮大射儀〕｜磬東面注○｜者美盛德也〔荀子天論〕從天而｜之注○｜者以其成功告于神明也〔左氏襄廿九年傳〕爲之歌｜注○｜謂將順其美也〔禮記少儀〕｜而無諂注○｜｜以褒述功美以辭爲主〔文選文賦〕｜優游以彬蔚注○｜者詩之終也〔大戴記保傅〕春秋之元節注○｜爲天子之樂〔儀禮鄉飲酒禮〕乃合樂注〔燕禮〕遂歌鄉樂注○豳｜亦七月也謂之｜者以其歲終人功之成也〔周禮籥章〕則龡豳｜注○｜謂絲也〔周禮大卜〕其｜注○磬在西方曰｜〔周禮眡瞭〕擊｜磬笙磬注○西方鐘磬謂之｜〔儀禮大射儀〕｜磬東面注

○古文丨爲庸同上○丨或作
庸周禮眡瞭擊丨磬笙磬注
〔誦〕丨言也廣雅釋詁四又孟子公孫丑下爲王丨之注○丨論也廣雅釋詁二又楚辭惜誦惜丨以致愍兮注○丨亦論也素問著至教論請受道諷丨用解注○丨通也莊子大宗師聞諸洛丨之孫釋文引李注○不歌曰丨國語晉語與人丨之注○以聲節之曰丨周禮大司樂興道諷丨言語注○丨謂丨經荀子致仕丨說而不陵不犯注○丨謂歌樂也禮記文王世子春丨夏弦注○丨謂隨其過丨詩以諷大戴記保傅工丨丨正諫注○光丨猶華篇也文選登盧山香鑪峰詩幸承光丨丨末注○丨赤丨子上谷人也淮南齊俗今夫王喬赤丨丨子注○丨烏丨名山海經海內西經開明南有丨鳥注○修華嶽碑刊石作丨頌作丨○武梁祠堂畫像祝丨氏無所造爲融作丨

〔統〕丨紀也廣雅釋言○丨緒也漢書宣帝紀集注律厤志上集注引李奇董仲舒傳集注二見司馬相如傳下集注引張揖○丨繼也漢書賈山傳集注引如淳○丨猶經也國語齊語以爲民紀丨注○丨猶本也禮記祭統釋文○丨者始也公羊隱元年傳大一丨也注○丨領也漢書董賢傳集注又後漢宋宏傳注○丨者屬也三國管輅傳注引輅別傳○丨合也漢書敘傳下集注引張晏○丨猶合也周禮大宰以丨百官注○丨所以合率以等物也周禮大宰以八丨詔王馭萬民注○丨理也廣雅釋詁二○丨治也漢書賈山傳集注○丨制治也荀子彊國然其所以丨之注○丨祭也漢書兒寬傳集注引張揖○丨丨業也後漢班彪傳注○丨嗣也文選東京賦怨皇丨丨之見替薛注○丨者總論其事也後漢鄧張徐張胡傳注○千五百三十九歲爲一丨論衡調時○天丨地丨人丨謂之三丨後漢周舉傳注○丨綱紀也荀

子臣道端愨以爲丨注○丨謂紀綱也荀子非十二子略法先王而不知其丨注○丨類綱紀也荀子儒效修修乎其用丨類之行也注○丨類謂綱紀荀子非十二子壹丨丨類注○丨丨類法之大綱荀子解蔽法其法以求其丨類注○丨祀纂丨宗祀也文選諷諫詩惟王丨祀注

〔縱〕丨放也左氏文七年傳此諺所謂庇焉而丨尋斧者也注又國語楚語夫民氣丨則底注又漢書高帝紀上集注二見食貨志下集注田儋傳集注江都易王非傳集注長沙定王發傳集注李廣傳集注司馬相如傳上集注杜延年傳集注孫寶傳集注宋博傳集注谷永傳集注王溫舒傳集注又淮南精神故丨體肆意而度制注氾論愛推則丨注又離騷夏康娛以自丨注丨欲殺而不忍注○丨放丨也國語晉語有丨君而無諫臣注○從猶放也論語爲政七十

而從心所欲皇疏○從放丨也論語八佾從之皇疏○從丨逸也莊子至樂從然以天地爲春秋釋文○從散也太元元衝○丨舍也後漢譙元傳注○丨置也廣雅釋詁四○丨生也書帝命驗姚氏丨華引注○丨亂也爾雅釋詁○南與北合爲丨淮南覽冥丨橫間之注○發矢曰丨詩大叔于田抑丨送忌傳○丨橫謂廢起也鬼谷子捭闔以化萬物丨丨橫注○丨言泛說事禮記仲尼燕居丨言至于禮注○丨體舞容也文選西京賦紛丨體而迅赴薛注○丨讀如總領之總禮記檀弓上喪事欲其丨丨爾注○丨當爲縱荀子非十二子離丨而跂訾者也注○書洪範傳使無丨釋文丨本作從禮記內則姑丨之釋文丨本作從莊子齊物論注蓬橫而樒丨釋文丨本作從

〔訟〕丨責也廣雅釋詁二○丨猶責也論語公冶長吾未見能見其過而內自丨者也集解引包氏又皇

疏○丨不親也易雜卦傳○丨爭也言之丁公也易
訟釋文○丨猶諍也易序卦傳飲食必有丨鄭注○
丨丨公也史記吳王濞傳丨共禁弗予集解引如淳○
丨猶公也史記呂后紀未敢丨言誅之集解引韋昭
○丨誦說也史記呂后紀未敢丨言誅之索隱○丨
謂申理之也後漢靈帝紀注○丨謂賣買之言相負
周禮馬質若有馬丨注○丨謂以財貨相告者周禮
大司寇以兩造禁民丨注○爭財曰丨周禮大司徒
而有獄丨者注又呂覽孟秋決獄丨注○讙譁爲丨
楚辭怨世丨謂閭娵爲醜惡注○書堯典嚚訟史記
五帝紀
作頑凶

種 丨布也書大禹謨皋陶邁丨德傳又後漢張衡傳
注○呂覽注越文丨字禽文選注引吳越春秋作
少禽史記越世
家正義作子禽

綜 丨理也易繫辭上傳錯丨其數虞注○丨理經也
一切經音義一引三蒼○丨理事也文選江賦注
引易王肅注○丨所以紀丨之也一切經音義十四
引太元乃丨于名宋注○推而往引而來者丨也列
女傳母儀○丨當爲系旁泉
考工記鮑人察其線杜注

共 丨同也廣雅釋詁四又列子說符臣有所與丨注
○丨猶同也漢書食貨志下集注○丨壹也莊子
庚桑楚共共德也釋文引崔注○丨猶皆也禮記內
則丨帥時注○丨一作拱列子說符臣有所與丨釋
文

供 丨猶設也論語鄉黨子路丨之皇疏

從 丨送也呂覽節喪無不丨者注○丨使也廣雅釋
詁一○丨豎也荀子賦以能合丨注○丨縱也禮
記曲禮上樂不可丨釋文○丨猶領也史記春申君
傳丨而伐齊索隱○丨也牽太元元錯○父之世叔
父母曰丨祖祖父母言丨己親祖別而下也亦言隨
丨己祖以爲名也釋名釋親屬○毋之姊妹禮謂之
丨毋爲娣而來則丨毋列也釋名釋親屬○禮記檀
弓爾毋丨丨爾儀禮士喪禮注作爾毋縱縱爾

壅 亦作壅○臣閉其主曰壅韓非子主道○臣制財
利曰壅同上○臣擅行令曰壅同上○臣得行義
曰壅同上○臣得
樹人曰壅同上

雍 丨丨有也國策秦策丨天下之國注○四面積高曰
丨漢書地理志上集注引應劭○正西曰丨州周
禮職方○河西曰丨州爾雅釋地又說苑辨物○丨
州在四山之內丨翳也釋名釋州國○丨縣名詩渭
陽箋秦是時都丨釋文○書顧
命傳丨州所貢釋文丨本作邕

○以下據廣韻錄

黈 丨黃也廣雅釋器

鞴 集韻或作緕○緕索也廣雅釋器○丨作緕同而
用反毛飾也一切經音義十五引字書○丨而用
反一切經音
義二引三蒼

經籍纂詁卷第六十一

經籍纂詁卷第六十一補遺　【去聲】

兵部侍郎兼都察院右副都御史巡撫浙江等處地方提督軍務兼理糧餉阮元撰集

二宋

【宋】說文｜居也从宀从木讀若送○莊子在宥過有｜之野釋文本作宗○｜大辰之墟也左氏昭十七年傳

【重】說文垂厚也从壬東聲凡垂之屬皆从垂○｜猶大也左氏襄四年傳武不可｜服注○｜謂增益也漢書文帝紀足｜吾不德也注○｜難也禮記郊特牲注｜以未成人之時呼之疏引賀氏○｜者車名也載物必｜謂之｜人挽以行謂之輦左氏襄十年傳輦｜如役疏○｜輜｜也左氏宣十二年傳楚

｜至于邲注又漢書黥布傳歸｜於越注○｜謂載｜物車也漢書韓國安傳擊輜｜注○載衣食具曰｜車漢書朱買臣傳將｜車至長安注○｜謂懷孕者也漢書劉屈氂傳｜馬傷耗注

【用】說文｜可施行也从卜从中衞宏說凡｜之屬皆从｜用古文｜○｜役｜之也漢書賈誼傳彭越｜梁則又反注引晉灼○｜謂可｜食也荀子禮論貴本而親｜也注○｜謂語言荀子大略文貌情｜｜相爲內外表裏注○殺牲謂之｜周禮庖人注凡｜｜禽獸疏○煎和謂之｜同上○｜者不宜｜也公羊三十四年傳僖八年傳又穀梁莊廿四年傳成十七年傳○｜者不宜｜者也穀梁僖八年傳哀元年傳○坤爲｜易噬嗑利｜獄虞注○書仲虺之誥｜爽厥師墨子非命上作襲喪厥師

【頌】說文｜皃也从頁公聲額籀文○｜容也管子牧民右國｜注○｜者容也詩關雎序疏○｜者誦也容也詩周頌釋文○｜之言容天子之德光被四表格于上下無不覆燾無不持載此之謂容詩周頌譜○｜之言容歌成功之容狀也詩周頌譜疏○｜美盛德之形容也禮記少儀疏○｜者美盛德之形容周禮眂瞭注在西方曰｜疏又禮記檀弓下君子謂之善｜善禱疏○｜者美盛德之形容故云｜也儀禮大射儀注東方鐘磬謂之笙疏○｜者美盛德之形容至美之名詩周頌譜疏○｜者美盛德之形容以其成功告於神明者也詩關雎序○｜者美詩之名詩關雎序疏○｜者太平德洽之歌述成功以告神詩關雎章句疏○｜者太平之歌公羊宣十五年傳注太平歌｜之聲疏○｜謂稱其美漢書蓋寬饒傳上書｜寬饒曰注○｜言成也續漢祭祀志下注引詩傳○｜琴琴名猶言雅琴左氏襄二年傳乃自爲櫬與｜琴注○｜今爲誦也素問陰陽類論｜得從容之道注

【誦】說文｜諷也从言甬聲○｜謂箴諫也國語楚語宴居有師工之｜注○｜謂箴諫之語也國語周語矇｜注○｜｜善敗也國語楚語輿人｜注○｜言公言也漢書高后傳未敢｜言誅之注引鄧展○｜許其口習故也禮記檀弓上或曰大功｜可也注○｜之謂背文闇｜之詩子矜傳｜之歌之疏

【統】說文｜紀也从系充聲○｜總也文選笙賦｜大魁以爲笙注○｜猶總覽也漢書兒寬傳｜楫羣元注引臣瓚○｜本也易乾乃｜天釋文引鄭注又書周官疏引周禮三曰禮典以｜百官馬注又禮記檀弓上注以建寅之月爲正疏○｜猶本也禮記祭統鄭目錄○｜緒也文選甘泉賦拓迹開｜注引李奇

【縱】說文｜緩也一曰舍也从系從聲○｜謂放｜詩大叔于田疏又禮記仲尼燕居｜言至於禮疏○

丨謂容放之漢書昭帝紀李种坐故丨死罪弃市注

訟 說文丨爭也从言公聲一曰謌丨谿古文丨○丨爭是非也淮南俶眞分徒而丨注○丨謂爭財周禮鄉師辯其獄丨疏○辯財曰丨易訟釋文引鄭注○爭罪亦曰丨也禮記曲禮上分爭辯丨疏○丨理之左氏文十四年傳丨周公于晉注○丨公也淮南兵畧天下丨見之注○丨容也淮南泰族丨繆胸中注○丨一作公史記呂后本紀未敢丨言誅之集解引徐廣○書堯典嚚丨釋文馬本作庸

種 說文種埶也从禾童聲

綜 說文丨機縷也从糸宗聲

俸 集韻或作奉○粟米曰奉漢書高后紀列侯幸得餐錢奉邑注引韋昭○奉所食之奉也漢書王莽傳上其令公奉舍人賞賜皆倍故注○奉謂資丨之史記蕭相國世家吏皆送奉錢三索隱

共 說文丨同也从廿廾凡丨之屬皆从丨𠦃古文丨

供 共張謂丨具張設漢書成帝紀無共張繇役之勞注○共讀曰丨漢書昭帝紀共養省中注律歷志上共養三德爲善注

從 說文𨒪隨行也从辵从从从亦聲○丨者隨丨也公羊隱八年傳稱人則丨不疑也注

葑 丨蔓菁幽州人或謂之芥詩谷風采葑采菲陸疏

雍 丨雝也爾雅釋地疏引李注○丨者擁也東崤西漢南商於北居庸四山之內擁翳也爾雅釋地河西曰雝州釋文

瘲 丨瘲小兒病也漢書藝文志金創丨瘲方三十卷注○以下據廣韻錄

⿰黃充 丨亦有本作[illegible]廣雅釋器曹憲音

經籍籑詁卷第六十一補遺終

經籍纂詁卷第六十二

經筵講官南書房行走禮部左侍郎兼署兵部左侍郎提督浙江學政阮元撰集

去聲

三絳

絳 ｜會也廣雅釋詁四○｜赤也廣雅釋器○｜工也染之難得色以得色爲工也釋名釋采帛○纁謂之｜廣雅釋器○｜草也文選吳都賦綸組紫｜劉注○凡九旗之帛皆用｜周禮司常掌九旗之物名注○｜晉國都國語晉語｜人也注○左氏成十八年傳魏｜禮記樂記正義引世本作降

降 廣韻夅同○｜下也書堯典釐｜二女于嬀汭傳大禹謨德乃｜｜傳金縢無墜天之｜寶命鄭注又詩旱麓福祿攸｜箋公劉復｜在原傳崧高維嶽｜神箋元鳥｜而生商箋長發湯｜不遲箋殷武天命

｜監箋又周禮眡祲掌安宅敘｜注保章氏｜豐荒之祲象注司巫掌巫｜之禮注又儀禮士冠禮｜西階一等注士昏禮｜筵注士喪禮考｜無有近悔注鄉射禮上射｜三等注又禮記曲禮上客若｜等注禮運殺以｜命注樂記｜興上下之神注孔子閒居湯｜不遲注又論語鄉黨｜一等皇疏又書大傳五福乃｜注又尚書中候握禮堯壇｜注又爾雅釋言又廣雅釋詁一又國語周語有神｜於莘注古者天災｜戾注王｜翟師以伐鄭注楚語則明神｜之注晉語古者大寒｜注又史記五帝紀｜居若水索隱司馬相如傳馳游道而脩｜正義又漢書地理志上集注司馬相如傳上集注司馬相如傳下集注翟義傳集注揚雄傳上集注匈奴傳上集注又後漢班彪傳注東平憲王蒼傳注又太元元首都序陰幽六極以類｜注晦明｜于幽注將君子將衰｜注元掜惟天肇｜生民注又文選東京賦｜福穰穰薛注｜至尊以訓恭薛注思元賦出閶闔兮｜天途舊注又離騷惟庚寅吾以｜注巫咸將夕｜兮注湘夫人帝子｜兮北渚注天問而禹播｜注○｜者下也大戴記夏小正來｜燕乃睇傳又後漢荀爽傳○｜謂下｜素問六微旨大論氣之升｜注○｜衣下之也儀禮士喪禮｜衣于前注○｜落也禮記曲禮下羽鳥曰｜注又爾雅釋詁○夅滅也廣雅釋詁二○｜損也後漢竇憲傳注○夅差也廣雅釋詁四○｜和同也左氏哀廿六年傳六卿三族｜聽政也注○｜謂臨幸也文選藉田賦於是我皇乃｜靈壇注○｜下堂也國語晉語子餘使公子｜拜注○言｜者若時始自天來重之也禮記月令戴勝｜于桑注○｜罷退左氏昭元年傳中聲以｜注○｜于巫山自鼠于巫山山海經大荒西經乃｜于巫山注○羽鳥曰｜禮記曲禮下○不遵其道曰｜亦曰潰水經河水注○｜讀當如郲｜於齊師之｜書禹貢北過｜水鄭注

○書堯典釐｜二女于嬀汭史記五帝紀作舜飭下二女於嬀汭書禹貢是｜邱宅土史記夏本紀作於是民得下邱居土書微子天毒｜災荒殷邦史記宋微子世家作天篤下菑亡殷國○禮記喪服小記注以不貳｜釋文｜本作隆

巷 廣韻衖同○衖道也廣雅釋室○衖里中別道也一切經音義三引三蒼○｜門外也詩丰俟我乎｜兮傳○｜里塗也詩大叔于田｜無居人傳○｜猶閭也禮記祭義而弟達乎州｜矣注○衖尻也廣雅釋詁二○閭謂之衖廣雅釋室○｜者出門遇主之象易象下傳遇主于｜崔注○永｜掖庭之別名文選魏都賦永｜壼術劉注○兼｜踰里閭文選吳都賦則并疆兼｜劉注○｜伯內小臣也後漢孔融傳注○｜伯內之小臣也後漢宦者傳注○｜職卽寺人之職也同上○｜黨黨名也禮記曾子問助葬

於丨黨注○衙聲類猶以爲丨字爾雅釋宮釋文○易睽過主于丨釋文引字書作衙○魯峻碑休神家衖丨作衖

惷 通作戇○丨愚也廣雅釋詁一又一切經音義十七引字林又史記汲鄭傳汲黯之戇也索隱又漢書高帝紀下集注張陳王周傳集注又後漢董卓傳注又荀子大略悍戇好鬭注○戇亦愚也一切經音義四引聲類○丨愚癡騃也後漢張酺傳注○丨音丑降反禮記表記釋文引字林○戇丑巷反一切經音義四引韻集

虹 丨洞相連也後漢馬融傳注○丨洞相連貌也文選七發丨洞兮蒼天注

洚 孟子滕文公下○丨洪水也孟子音義上引丁音○丨水者洪水也孟子滕文公下○水逆行謂之丨水丨水者洪水也孟子告子下○水逆行丨洞無涯故曰丨水孟子滕文公下丨水警予注

閧 丨鬭也廣雅釋言

胖 丨脹腹滿也一切經音義三引埤蒼

經籍籑詁卷第六十二

經籍籑詁卷第六十二補遺

兵部侍郎兼都察院右副都御史巡撫浙江等處地方提督軍務兼理糧餉阮元撰集

去聲

三絳

絳 說文丨大赤也从糸夅聲○丨赤色淮南墬形丨樹在其南注○三染其色巳成爲丨纁丨一名也爾雅釋器三染謂之纁疏引李注

降 說文丨下也从𨸏夅聲○丨下也國語魯語民和而後神丨之福注飢饉荐丨注又呂覽明理有人自天丨注又淮南覽冥丨扶風注○丨下也奎爲溝瀆故稱丨也爾雅釋天丨婁奎婁也疏引孫注○丨者從上之辭詩生民傳天丨嘉種疏○丨者自上而下之言左氏昭廿六年傳泰人丨妖疏○丨丨心也左氏隱十一年傳其能丨以相從也注○丨服如今解冠也左氏昭十三年傳丨服而對注○丨大呂覽古樂丨通漻水以導河注

巷 說文䢽里中道从𨛜从共皆在邑中所共也巷篆文从𨛜省○丨是里內之塗道也詩大叔于田疏○丨大道而有徑路故稱丨易睽遇主於丨虞注○丨舍閒道也閭閒道爾雅釋宮宮中衖謂之壼注○丨者宮內道名左氏襄九年傳疏爾雅釋宮疏引孫注○丨者宮中道名也詩車鄰傳寺人內小臣也疏○丨伯寺人左氏襄九年傳令司宮丨伯注○丨伯奄官詩巷伯序箋○丨伯奄官也漢書司馬遷傳贊小雅丨伯之倫注○丨伯官名也詩巷伯序釋文○丨留爲卷匡謬正俗七

惷 丨丨讀近貯謫之胜贛籠口言之也淮南本經愚夫惷婦注

鬨 說文丨鬭也从門共聲孟子曰鄒與魯丨○丨構也丨構兵以鬭也孟子梁惠王下音義引劉注

○以下據廣韻錄戇 說文丨愚也从心贛聲

○以下據集韻錄𨙵 說文丨鄰道也从邑从邑凡丨之屬皆从丨闕

經籍籑詁卷第六十二補遺終

經籍籑詁卷第六十三

去聲

經筵講官南書房行走禮部左侍郎兼署兵部左侍郎前提督浙江學政阮元撰集

四寘

【寘】丨置也易坎丨于叢棘虞注又詩卷耳丨彼周行傳伐檀丨之河之干兮傳谷風丨予于懷箋生民誕丨之隘巷傳又周禮大司寇凡害人者丨之圜土注又左氏文七年傳將焉丨此服注成十五年傳盡丨諸戚注襄十五年傳丨彼周行注昭四年傳使丨饋於个而退注又易坎釋文左氏隱元年注遂丨姜氏于城潁釋文十一年無丨于許釋文桓二年丨其賂器于太廟釋文莊子人閒世莫之知避釋文又廣雅釋詁四又國語魯語不如丨里革於側之不忘也注晉語乃丨鴆於酒注楚語吾憖丨之於耳注又漢書

地理志下集注又呂覽慎行子出而丨之門注○丨滿也太元法丨腹注○易坎丨于叢棘穀梁宣二年傳注作示于叢棘○易坎丨于叢棘釋文丨劉作示子夏傳作湜姚作寔張作置○左氏昭四年傳丨饋于个而退釋文丨本作奠

【置】集韻古作罬○丨立也廣雅釋詁四又國語晉語注又漢書平帝紀集注周勃傳集注又呂覽當務而不可丨妾之子注恃君莫如丨天子也注愼小丨表於南門之外注○丨猶立也禮記雜記無子則爲之丨後注又大戴記曾子大孝夫孝丨之而塞於天地注○丨猶封也考工記廬人丨而搖之注○丨設呂覽異用湯見祝網者丨四面注○丨措也荀子大略其丨顏色出辭氣效注○丨放也漢書尹賞傳集注○丨猶放也漢書常惠傳集注○丨放釋也史記吳王濞傳無有所丨正義○丨釋也解也漢書郅都傳集注○丨留也漢書高帝紀上集注外戚傳上集注○丨置不去也公羊宣八年傳廢其無聲者注○丨猶廢也國語周語是以小怨丨大德也注○丨猶委也呂覽執一今日丨贄爲臣注○丨質猶言委質也荀子大略○丨驛也史記孝文紀餘皆給以丨傳集解引廣雅又後漢西域傳注○丨亦驛也後漢郭泰傳注○大夫以下成羣立社曰丨社獨斷上○丨鼓擊之以僤山海經中山經首山其祠干僤丨鼓注○毅丨也廣雅釋詁四○毅郎古文丨也廣雅曹憲注○丨讀曰植詩那丨我鞉鼓箋○詩那丨我𪔂鼓禮記明堂位注丨作植

【事】廣韻又作倳○丨爲也韓非喻老又呂覽諭大故務在丨注○丨猶爲也禮記樂記丨蚤濟也注○丨用也老子治人丨天注○丨力也小爾雅廣詁○丨勤也爾雅釋詁○丨任也荀子王霸丨至佚而功

注好以權謀傾覆之人斷丨其外注解蔽故羣臣去忠而丨私注○丨行也荀子致仕定其當而當然後士其刑賞而還與之注○丨爲也任也荀子性惡不可學不可丨注○丨任使也荀子正名不丨而自然謂之性注○丨役使也史記傅靳蒯成傳坐丨國人過律索隱引劉氏○丨使也國語魯語備承丨也注○丨役也國策秦策陘山之丨注○丨治也國策秦策而詳丨下吏注今子聽吾計丨注又呂覽先己所丨者末也注論人丨心乎自然之塗注尊師丨五穀注愼人丨利黔首注又淮南原道聖人又何丨焉注倣眞丨其神者神去之注精神欲生而不丨注○丨職丨也國語魯語卿大夫佐之受丨焉注又呂覽高義子佐丨矣注○丨政丨也國策宋策則君不奪太后之丨矣注○丨業也周書周祝加諸丨則萬物服注又荀子性惡夫工匠農賈未嘗不可以相爲丨也注又文選東京賦丨無丨薛注○丨猶業也史記淮

陰侯傳無所丨信集解引文穎○丨猶立也禮記郊
特牲信丨人也注○傳猶立也周禮大宰注任猶傳
也釋文○丨傳也傳立也青徐人言立曰傳釋名釋
言語丶丨之謂立置於位也禮記仲尼燕居雖在畎
畝之中丨之聖人已注○東方人以物臿地中爲丨
漢書蒯通傳集注引李奇○坤爲丨易坤或從王丨
虞注訟不永所丨虞注蠱不丨王侯虞注損已丨遄
往虞注益益之用凶丨虞注小過可小丨虞注象上
傳君子以作丨謀始虞注習教丨虞注象下傳不可
大丨也虞注君子以申命行丨虞注繫辭上傳幾丨
不密虞注小人之丨也虞注繫辭下傳其丨肆而隱
虞注○形接爲丨列子周穆王○匿而不可不爲者
丨也莊子在宥○正利而爲謂之丨荀子正名○通
變之謂丨易繫辭上傳○丨自竭太元元錯○丨尙
作太元元衝○丨作業荀子議兵時其丨注○丨業
謂作業也荀子非十二子勞苦丨業之中注○丨所

能也荀子大略移而從所仕注○丨人丨也國語越
語丨將有開注○丨親養親也孟子離婁上丨親爲
大注○百官之屬謂之丨周禮大司馬百官各象其
丨注○官治物則曰知丨大戴記小辨○三丨三公
也文選景福殿賦三丨九司注○九丨謂九式周禮
司書九正九丨注○丨謂巡守崩葬兵革之丨穀梁
隱十一年傳天子無丨注○有丨者巡守祭天告至
之禮也公羊桓八年傳天子有丨于泰山注○丨祭
丨也周禮宮正凡邦之丨蹕注○丨謂祭祀書大傳
天子有丨注○丨謂祭祀之丨易震億无喪有丨虞
注○丨謂大小斂之屬禮記雜記下於士既丨成踊
注○丨朝夕哭時禮記少儀喪俟丨不犆弔注○大
丨謂戎事周禮倉人凡國之大丨注○丨戎丨也禮
記樂記丨恐不逮丨也注○丨謂征伐禮記王制天子
無丨與諸侯相見曰朝注○大丨寇戎之丨也禮記
大傳大夫士有大丨省于其君注○大丨謂戎丨也

周禮小司徒凡國之大丨致民注○嘉丨嘉禮也禮
記冠義嘉丨之重者也注○丨功力之丨周禮鄉師
凡邦之令作秩敘注○丨謂興土功禮記月令凡舉
大丨注○丨謂築邑廬宿市也禮記王制興丨任力
注○丨業謂勞役之丨荀子富國丨業所惡注○丨
字本作傳漢書蒯通傳集注○丨或爲身禮記表記
終丨而退注在今之民嬴醜
以齒者丨也大戴記千乘篇

地 廣韻墜籀文地○丨大也廣雅釋詁一○丨底也
其體底下載萬物也釋名釋地○丨底也著也陰
體下著爾雅釋地釋文引物理論○丨諟也廣雅釋
詁三○丨諦也大戴記曾子天圓丨之所生下首注
引白虎通○丨諦也五土所生莫不審諦也釋名釋
地○丨施也諦也應變施化審諦不誤爾雅釋地釋
文引禮統○丨者易也言養萬物懷任交易變化也
白虎通天地○丨者易也言養物懷任交易變化含

吐應節古微書引春秋元命苞○丨之爲言媲也承
天行其義也古微書引春秋說題辭○丨土也廣雅
釋地○丨土之別名也白虎通五行○丨者形也鶡
冠子度萬○丨理也鶡冠子夜行○丨陰也呂覽有
始丨塞以形注○丨者陰也通典禮十五引白虎通
○丨者陰也矩也文選東京賦規天矩丨注引范子
○坤爲丨易說卦傳謙謙亨鄭注損損有孚鄭注彖
上傳故天丨如之虞注丨險山川邱陵也虞注百穀
草木麗乎土虞注象下傳天丨之大義也虞注天丨
睽虞注天丨革虞注繫辭下傳掘丨爲臼虞注○丨
謂坤易象下傳丨中生木荀注○理之所居謂之丨
鶡冠子天權○至下謂之丨荀子儒效○濁者爲丨
論衡談天○濁沈者爲丨後漢班彪傳下注○濁重
下爲丨莊子在宥天丨雖大釋文引禮統○重濁者
凝滯而爲丨淮南天文○濁陰爲丨素問陰陽應象
大論○積陰爲丨素問陰陽應象大論○丨爲積塊

顏氏家訓歸心○丨者陰精後漢楊震傳○丨者成
萬物也太平御覽引洪範五行傳○丨者載養萬物
周禮目錄○丨者所以載生成之形類也素問五運
行大論○丨者元氣之所生萬物之祖也白虎通天
地○丨者萬物之本原諸生之根菀也管子水地○
丨者任物至重靜而不動者也後漢光武紀下○丨
天之合也春秋繁露王道通三○丨者人所任也白
虎通攷黜○丨者政之本也管子乘馬○天丨者形
之大者也莊子則陽○天丨者萬物之總名也莊子
逍遙遊若夫乘天丨之正注○天丨者萬物之父母
也莊子達生○先淸而後濁者天丨也大戴記少閒
○丨猶道國策秦策而肥仁義之誠注○隆謂神州
及社稷大戴記保傅下無取於隆注○邱陵原隰陂
隰總而曰丨蔡邕月令章句○丨籬也廣雅釋室○
丨猶第也漢書丙吉傳集注引李奇○丨亦但也語
聲之急耳漢書丙吉傳集注○立字土力於一者爲

丨古微書引春秋元命苞○土乙力爲丨爾雅釋地
釋文引張顯古今訓○隆古丨字漢書郊祀志下集
注地理志集注趙充國傳集注梁邱賀傳集注王式
傳集注匈奴傳上集注敘傳上集注五見匈奴傳下
集注○坔古丨字管子山權數故天毀坔凶旱水跌
注○丨或作池淮南墜形掘昆侖虛以下丨注○左
氏定十年經宋公子丨出奔陳公羊作公子池○史
記六國表齊愍王名丨索隱作遂○莊子徐無鬼遊
于天丨釋文丨
司馬本作洎

意

心之所之謂丨春秋繁露循天之道○丨心所無
慮也禮記禮運非丨之也注○丨志也國語越語
臣行丨注又呂覽長見善持養吾丨注○丨志丨也
國語周語有不祭則修丨注○丨學者之心丨也孟
子萬章上以丨逆志注○丨思念也禮記王制丨論
輕重之序注○丨疑也漢書梁孝王武傳集注朝鮮

丘傳集注○禮記少儀注丨度也釋文丨本作億○
莊子在宥丨治人之過也釋文丨本作噫○莊子駢
拇丨仁義其非人情乎釋文丨本作醫○
左氏昭十年季孫丨如穀梁作季孫隱如

志

丨意也禮記檀弓上子蓋言子之丨於公乎注又
廣雅釋詁三又荀子王霸舉義丨也注○丨謂心
素問血氣形志形樂丨苦注○丨謂思意也禮記
孔子閒居丨之所至注○丨念也史記屈原賈生傳
索隱又楚辭懷沙章畫丨墨兮注○丨猶念也儀禮
聘禮記將授丨趨注○丨望也左氏哀十七年傳過
於其丨注○丨慕也論語述而丨於道集解○丨猶
知也禮記緇衣爲下可述而丨焉注○丨謂心知列
子湯問汝丨彊而氣弱注○丨心所念慮也孟子公
孫丑上夫丨氣之帥也注○丨猶擬也儀禮既夕記
丨矢一乘注○丨意所擬度也儀禮大射儀不以樂
丨注○丨私意也禮記少儀義與丨與注○丨也者

臧也荀子解蔽○丨者心之府也大戴記子張問入
官貫乎心藏乎丨注○丨者在心之謂也論語爲政
而丨於學皇疏○丨者在心向慕之謂也論語述而
皇疏○丨謂在心未行也論語學而父在觀其丨皇
疏○丨氣之帥也孟子公孫丑上○丨德義之府也
國語晉語○丨德也呂覽遇合太上以丨注○坎爲
丨易象上傳唯君子爲能通天下之丨虞注象下傳
內難而能正其丨虞注其丨不同行虞注而其丨通
也虞注丨行也虞注其丨不相得虞注象上傳定民
丨虞注丨未平也虞注上合丨也虞注象下傳丨上
行也虞注以益丨也虞注其丨亂也虞注君子以致
命遂丨虞注信以發丨也虞注丨窮災也虞注信丨
也虞注○在心爲丨書旅獒丨以道寧傳又漢書禮
樂志集注藝文志集注又荀子解蔽丨也者臧也注
以正丨行察論則萬物官矣注○所居而安爲丨莊
子大宗師若然者其心丨注○君子以守道不回爲

丨孟子公孫丑下孟子將朝王章指○水之精爲丨
素問解精微論○氣爲丨大戴記四代○存其精神
以補其中謂之丨韓外傳五○丨微意細也禮記樂
記是故丨微噍殺之音作注○丨謂識古文禮記禮
運而在丨焉注○丨士守義者也孟子滕文公下丨
士不忘在溝壑注○骨鯁不翦羽謂之丨爾雅釋器
○丨讀爲識禮記哀公問子丨之心也注○書舜典
詩言丨史記五帝紀作詩言意○楚辭懷沙章畫丨
墨史記屈原賈生傳丨作職○大戴記帝
繫女丨廣韻作女姞吳越春秋作女嬉

治 丨理也國語齊語敎不善則政丨注又漢書河間
獻王德傳集注○丨猶理也儀禮喪服故名者人
丨之大者也注○丨已理之義也孟子離婁上丨人
不丨音義引張音○少而理曰丨荀子脩身○丨飭
也呂覽貴當丨物者不於物於人注○丨猶正也禮
記大傳上丨祖禰注○丨謂正道也荀子解蔽是以

與丨雖走而是已不輟也注○丨者去瑕穢養菁華
也禮記禮運以丨人情注○乾爲丨易繫辭下傳垂
衣裳而天下丨虞注上古結繩而丨虞注百官以丨
虞注說卦傳嚮明而丨蓋取諸此也虞注○人之大
倫曰丨太元元文○動無非我之謂丨莊子庚桑楚
○丨者亂之先也說苑說叢○丨爲也淮南原道丨
在道不在聖注○丨猶作也淮南主術能多者無不
丨也注○丨猶相也國策秦策穰侯之丨秦也注○
丨値也釋名釋言語○丨故也爾雅釋詁○丨謂監
督其事周禮鄉師遂丨之注○丨功狀也周禮小宰
二曰以敘進其丨注○丨謂有所求乞也周禮旅師
凡新甿之丨皆聽之注○丨瓶也廣雅釋室○丨繲
浣衣也莊子人間世挫鍼丨繲釋文引司馬注○論
語季氏集解患政丨之不均平釋文丨本作理○老
子愛民丨國釋文丨河上本作活○左
氏莊八年傳甲午丨兵公羊作祠兵

思 道德純備謂之丨書堯典欽明文丨安安馬注○
道德純一曰丨周書謚法○慮深通敏謂之丨書
堯典鄭注○大省兆民曰丨周書謚法○謀慮不愆
曰丨後漢安思閻皇后紀注○追悔前過曰丨周書
謚法○外內丨索曰丨同上○坤爲
丨易象上傳君子以敎丨无窮虞注

吏 丨之爲言理也賈子大政下○丨者治也藝文類
聚五十四引風俗通○天丨者天使也孟子公孫
丑上天丨也注○命曰天丨明天所使也孟子公孫
丑上尊賢使能章指○天丨天所使謂王者得天意
者也孟子公孫丑下爲天丨注○丨田畯也穀梁宣
十五年傳私田稼不善則非丨注○委丨主委積倉
廩之丨也孟子萬章下孔子嘗爲委丨矣注○丨邑
丨也呂覽具備丨皆笑宓子注○三丨三卿也周書
大匡王乃召冢卿三老三丨大夫百執事之人朝于
王庭注○據法守職而不敢爲非者丨也韓外傳
五○丨者轡也大戴

記盛德又家語執轡

賜 丨惠也國語晉語報丨以力注○丨猶惠也禮記
檀弓上申生受丨而死注又左氏文七年傳則吾
受子之丨服注又公羊僖二年傳非相爲丨注○丨
恩惠也儀禮士喪禮君若有丨焉注○丨猶恩惠也
論語憲問民到于今受其丨皇疏○拜丨謝恩惠也
儀禮鄉射禮賓朝服以拜丨于門外注鄉飲酒禮賓
服鄉服以拜丨注○丨予卽好用也周禮大府幣餘
之賦以待丨予注○丨舍猶致館也儀禮覲禮天子
丨舍注○丨猶命也周禮小宗伯丨卿大夫士爵則
儐注○於卑者曰丨禮記少儀其以乘壺酒束脩一
犬丨人注○丨盡也方言三○丨施欺謾之語也方
言十○丨施中國相輕易蚩弄之言也方言十注○
丨水卽厲水也丨厲聲相近水經漻水注○古文丨
作錫儀禮燕禮以丨鍾人於門內霤遂出注○今文

丨作錫儀禮覲禮天子丨舍注〇左氏傳而丨之姓曰豢龍氏論衡龍虛作而錫之姓曰豢龍氏〇衞端木丨字子貢見史記仲尼弟子傳

字 丨生也廣雅釋詁一又漢書嚴安傳集注又山海經中山經服之不丨注〇丨乳也廣雅釋言〇丨養也左氏昭十一年傳使丨敬叔注〇丨愛也詩生民牛羊腓丨之傳又左氏成四年傳其肯丨我乎注成十一年傳又不能丨人之孤而殺之注昭元年傳樂王鮒丨而敬注〇丨妊娠也易屯女子貞不丨虞注〇丨飾也廣雅釋詁二〇丨者言孳乳浸多也古微書引孝經援神契〇形聲相益則謂之丨封氏聞見記〇古曰名今曰丨周禮外史掌達書名于四方注〇丨所以相尊也禮記冠義已冠而丨之注〇丨者尊而不泄所以遠別也公羊僖九年傳丨而笄之注〇丨以表德顏氏家訓風操〇冠而丨之敬其名也禮記郊特牲

義 丨宜也易旅其丨焚也釋文引馬注又書康誥用其丨刑丨殺傳又詩蕩不丨從式傳又周禮調人凡殺人而丨者注又論語公冶長其使民也丨皇疏又衞靈公君子丨以爲質皇疏又大戴記曾子制言下如此之謂丨夫注又廣雅釋言又國語周語目以處丨注晉語不可謂丨注又史記吳太伯世家君丨嗣索隱引王肅又呂覽察微魯昭聽傷而不辨其丨注又鬼谷子中經守丨者注〇丨者宜也易文言傳可與存丨也姚注又禮記中庸又論語子路上好丨皇疏又白虎通情性又家語哀公問政又列子說符丨人而無丨注又淮南齊俗〇丨之言宜也詩蕩而秉丨類箋又禮記禮器丨也注〇丨者宜此者也禮記祭義又大戴記曾子大孝〇丨從宜也左氏襄三年傳婦丨事也注〇丨合宜也論語學而信近於丨皇疏〇丨者所以合宜也管子七法丨也注〇丨者事之宜也鹽鐵論刑德〇丨者宜人及物也太元元攡列敵度宜之謂丨也注〇丨者謂名處其宜也管子心術〇丨謂各得其宜荀子彊國分丨則明注〇丨者得死生之宜也法言重黎事得其宜之謂丨注〇事得其宜之謂丨法言重黎〇事得其宜故謂之丨也孟子盡心上君子之於物也章指〇行充其宜謂之丨賈子道術〇節愛理宜謂之丨韓外傳四〇列敵度宜之謂丨也太元元攡〇丨能斷時宜周禮大司徒知仁聖丨忠和注〇丨也謂斷以事宜也禮記表記道者丨也注〇丨所以制斷事宜國語周語丨文之制也注〇丨者謂宜在我者春秋繁露仁義法〇丨者我也同上〇丨之爲言我也同上〇丨在我謂之丨同上〇丨利也墨子經上經說下〇丨利之本也大戴記四代〇利物爲丨孝經地之丨也注〇丨理也荀子大略〇丨者理也賈子道德說〇丨者德

之理也同上〇丨者循理荀子議兵〇禮丨者有分理白虎通情性〇道無不理丨也莊子繕性〇丨善也詩文王宣昭丨問傳又釋文又禮記緇衣章丨癉惡皇侃疏〇仁丨人之善也老子絕仁棄丨王注〇丨平也家語執轡以之丨則國乂注〇丨正也釋名釋典藝〇丨法也呂覽貴公遵王之丨注〇丨道呂覽高義公上過語墨子之丨注上德所以行墨子之丨注〇夫丨路也孟子萬章下〇丨路也法言修身〇丨人路也孟子告子上〇丨人之正路也孟子離婁上〇丨者分此者也荀子君子〇丨文之制也國語周語〇丨者天下之制也禮記表記〇丨以正之禮記樂記〇丨所以節也國語周語〇丨者行之節也列女傳貞順〇丨謂裁斷也荀子王制分何以能行曰以丨注〇丨者斷決白虎通情性〇坤爲丨易繫辭下傳不畏不丨虞注〇地道曰丨周書武順〇陰爲丨易繫辭下傳精丨入神姚注〇陰爲丨楚辭

怨思云服陰陽之正道兮注○金爲丨大戴記盛德
司冦之官以成丨注○金神則丨禮記中庸天命之
謂性注○商爲丨漢書律厤志上○丨廣德也國語
晉語○有丨德之美也賈子道德說○丨謂仁丨可
以立德之本也孟子公孫丑上配丨與道注○夫丨
者所以濟志也諸德之發也禮記祭統○丨者藝之
分仁之節也禮記禮運○丨者所以等貴賤明尊卑
大戴記盛德○丨理禮之節文也禮記禮器○禮丨
者恩之主也大戴記本命○丨正事也禮記少儀問
卜筮曰丨與注○丨也者萬事之紀也呂覽論威○
丨者成物之功莊子大宗師回忘仁丨矣注○相容
者丨也鶡冠子泰鴻○施之謂丨太元元文誼疾乎
不誼注○子生母曰丨淮南天文○君臣父子人閒
之事謂之丨管子心術○丨謂推讓後漢安帝紀注
○惡惡爲丨國語晉語德丨之樂則未也注○所謂
丨者同惡者也鶡冠子學問○理財正辭禁民爲非

曰丨易繫辭下傳○能收民獄者丨也周書本典○
不爲未滅曰丨家語正論○陷諫者丨也白虎通諫
諍○丨者臣子死節乎君親之難也法言淵騫焉可
謂之丨也注○以其不取國爲丨說苑至公○君子
以其不受國爲丨新序節士○君死社稷謂之丨禮
記禮運○除去天地之害謂之丨禮記經解○救亂
誅暴謂之丨兵後漢臧洪傳注袁紹傳袁紹傳注○
遠而不可不居者丨也莊子在宥○丨者不盜之禁
也顏氏家訓歸心○丨臺猶靈臺也莊子馬蹄雖有
丨臺路寢釋文引崔注○堅而不蹙丨也管子水地
○唯無不流至平而止丨也同上○丨讀爲儀書文
侯之命父丨和鄭注○丨讀曰儀漢書鄒陽傳集注
○故書儀爲丨鄭司農云丨讀爲儀周禮肆師治其
禮儀注○鄭司農丨讀爲儀周禮典命掌諸侯之五
儀注○杜子春讀丨爲儀周禮小宗伯肆儀爲位注
○丨當爲儀書大傳尙考大室之丨注○古者書儀

但爲丨今時所謂丨爲誼周禮肆師注○書太甲茲
乃不丨丨釋文丨本作誼呂刑鴟丨姦宄釋文丨本作
誼文侯之命父丨和釋文丨本作誼○莊子齊物論
有倫有丨釋文丨崔本作議○莊子馬蹄雖有丨臺
路寢釋文丨本作義○書洪範遵王之丨匡謬正俗
作遵王之誼○禮記樂記制之禮丨漢書禮樂志作
制之
禮儀

利 丨和也易乾元亨丨貞子夏傳又廣雅釋詁三○
丨義之和也左氏襄九年傳○丨者義之和也易
文言傳又法言問明其貞丨乎注○丨便也國策西
周策西周弗丨注又漢書薛宣傳集注○丨猶便也
國語魯語唯子所丨注○丨謂便於用荀子王制尙
完丨注○丨者裁成也易文言傳丨物足以和義何
注○丨仁也廣雅釋詁四○丨猶養也儀禮士虞禮
西面告丨成注特牲饋食禮祝東面告丨成注少牢

饋食禮祝告曰丨成注○丨饒也國策秦策西有巴
蜀漢中之丨注○丨益也荀子榮辱以治情則丨注
○益於人曰丨後漢羊續傳注○益萬物爲丨易義
海撮要引魏徵說○以作事業曰丨周禮旅師散其
丨注○乾爲丨易繫辭下傳情僞相感而丨害生虞
注說卦傳爲近丨虞注○巽爲丨易繫辭上傳其丨
斷金虞注繫辭下傳不見丨不動虞注○巽爲近丨
易說卦傳○丨者求也鬼谷子摩○丨謂悅愛之也
荀子正名不丨傳辟者之辭注○丨貪也廣雅釋詁
二○丨猶貪也禮記坊記先財而後禮則民丨注○
丨猶貪丨淮南精神其餘其無足丨矣注○丨謂貪
榮名也禮記中庸或丨而行之注○丨祿言爲貪祿
留也禮記表記事君三違而不去則丨祿也注○丨
物也老子故有之以爲丨注○丨福業周書文傳中
不容丨注○丨爵賞也國語晉語必將求丨於我注
○丨祿賞也禮記表記事君大言入則望大丨注○

散丨貸種食也周禮大司徒一曰散丨司農注○巧
丨用之善也老子絶巧棄丨王注○丨器謂權道也
後漢翟酺傳注○丨器權道也老子國之丨器注○
丨器者權也老子民多丨器注○丨器謂威權也後
漢劉陶傳注○丨器謂國之權勢後漢丁鴻傳注○
丨疾也淮南墬形輕土多丨注○地丨險阻城池之
固也孟子公孫丑下天時不如地丨注○丨金錫竹
箭之屬周禮職方氏周知其丨害注○井丨穆王之
嬖臣穆天子傳一天子使井丨受之注○丨讀如上
思丨民之丨周禮大宰六曰主以丨得民注○丨或
爲和荀子正名丨而不流注○丨與
離同荀子非十二子綦谿丨跂注

器
丨合成也老子天下神器王注○成形曰丨易繫
辭上傳形乃謂之丨注○內成曰丨史記秦始皇
紀丨械一量正義律書其於兵械尤所重正義○內
盛曰丨後漢公孫述傳注○禮神曰丨周禮典瑞掌

玉瑞玉丨之藏注○丨貢宗廟之丨周禮大宰三曰
丨貢司農注○丨謂圭璧書舜典如五丨傳○丨物
尊彝之屬周禮大行人其貢丨物注○丨械禮樂之
丨及兵甲也禮記大傳異丨械注○丨械禮樂之丨
及甲兵也後漢魯恭傳注○丨車服也後漢來歙傳
注鄭與傳注○丨謂車服也後漢張綱傳注荀爽傳
注○辟閭巨闕天下之利丨也新序雜事五○丨貢
銀鐵石磬丹漆也周禮大宰三曰丨貢注○丨用丨
役丨也儀禮既夕藏丨於旁注○丨謂服玩之屬文
選獄中上書自明而爲萬乘丨者注○丨約謂禮樂
吉凶車服所得用也周禮司約治丨之約次之注○
丨物出左氏僖廿二年傳戎事不邇女丨注又老子
天下神丨注○丨謂品物也文選頭陁寺碑文涉丨
干名注○丨所以操事禮記禮運禮義以爲丨注○
丨謂所操以作事者也禮記經解霸王之丨也注○
丨所當用也國語楚語而爲之牲丨時服注○丨物

用也淮南原道故天下神丨注○丨者給用之物也
論語爲政君子不丨皇疏○丨能也禮記王制各以
其丨食之注○丨猶能也論語子路及其使人也丨
之皇疏○丨猶迹耳莊子胠篋彼聖人者天下之利
丨也注○坤爲丨易象上傳盥而不薦虞注睽後說
之壺虞注象下傳君子以除戎丨虞注繫辭上傳君
子之丨也虞注立成丨以爲天下利虞注繫辭下傳
弓矢者丨也虞注象事知丨虞注君子藏丨于身虞
注○形乃謂之丨易繫辭上傳○可執而用曰丨莊
子胠篋彼聖人者天下之利丨也注○形而下者謂
之丨易繫辭上傳○士能言道而弗能行者謂之丨
賈子大政下○先自治而後治人之謂大丨法言先
知○利丨者權也老子民多利丨注
○利丨權道也老子國之利丨注

位
丨猶正也禮記中庸天地丨焉注○丨者謂其所
立也管子心術○爻之所處曰丨易繫辭上傳是

故列貴賤者存乎丨注○丨祿也廣雅釋言○丨爵
次也周禮大宰四曰祿丨以馭其士注○丨以充局
大戴記四代○聖人之大寶曰丨易繫辭下傳○中
庭之左右謂之丨爾雅釋宮○中廷之左右曰丨國
語周語上大夫士日恪丨著注○丨朝丨也禮記燕
義正其丨注坊記朝廷有丨注○丨壇丨也周禮小
宗伯成葬而祭墓爲丨注○反丨反席也儀禮燕禮
賓反丨注大射儀賓反丨注○故書丨作立周禮小
宗伯掌建國之神丨注○故書丨爲涖周禮肆師凡
師甸用牲于社宗則爲丨注○左氏昭廿二年注子
朝有欲丨之言釋文丨本作立○易
說卦易六丨而成章釋文丨本作畫

戲
丨遊也華嚴經音義下引切韻○丨游也文選東
京賦渚丨躍魚薛注○丨豫逸豫也詩板無敢丨
豫傳○丨豫猶逸豫也後漢丁鴻傳注○丨不誠也
呂覽重言余一人與虞丨也注○丨謂孺子言笑者

也禮記坊記丨丨而不嘆注○丨角力也國語晉語請
與之丨注○丨怒也廣雅釋詁二○丨怒也齊曰戲
方言六○丨歃也楚謂之丨方言十○丨者獻也法
也風俗通皇霸○丨施也廣雅釋詁三○越丨方紂
三邑也周書世俘呂他命伐越丨方注○丨丨山在
西周國語魯語幽滅於丨注○晉西伯戡黎惟王淫
丨用自絕史記殷本紀作維王淫虐用自
絕○國語周語魯懿公名丨漢書丨作被

至 丨到也文選長笛賦注引字林○丨來也禮記樂
記物丨丨知知注雜記下大功將丨注○丨通也國
語楚語丨於神明注○丨猶達也行也禮記樂記樂
丨則無怨禮丨則不爭注○丨極也儀禮聘禮記義
之丨也注又莊子至樂天下有丨樂無有哉釋文又
國語鄭語繇之丨也注又國策秦策致丨而危注又
史記春申君傳物丨則反索隱又孟子離婁上方員
之丨也注萬章上孝子之至注又荀子不苟夫此有

常以丨其誠者也注○丨一極一也荀子議兵夫是
之謂大化丨一注○丨數謂丨極之數也素問三部
九候論此天地之丨數注○丨甚也孟子萬章下充
類丨義之盡也注○丨下也易臨丨臨无咎虞注○
丨深也國語晉語固皆丨矣注○丨實也漢書東方
朔傳集注○丨大也呂覽求人丨勞也注○丨猶大
也國策秦策法令丨行注○丨矣言丨大也禮記哀
公問敬之丨矣注○丨衆也孟子滕文公下而禽獸
丨注○丨猶得也呂覽當染理奚由丨注○丨不丨
猶言當不當也荀子正論不知逆順之理大小丨不
丨之變者也注○丨善也管子法法夫丨用民者注
○丨猶善也考工記弓人覆之而角至注○丨猶成
也呂覽權勳則大忠不丨注○坤爲丨易復丨于十
年虞注繫辭上傳厚之丨也虞注○丨德孝悌也孝
經先王有丨德要道釋文引鄭注○丨德中德也通
典引周禮師氏丨德以爲道本馬注○丨德中和之

德周禮師氏一曰丨德注○丨尊天子也文選東京
賦降丨尊以訓恭薛注○不離於眞謂之丨人莊子
天下○得丨美而遊乎丨樂謂之丨人莊子田子方
○寂泊無懷乃丨人也莊子山木丨人不聞子何喜
哉注○大夏之月相遇南方合而爲一謂之日丨春
秋繁露陰陽出入○中冬之月相遇北方合而爲一
謂之日丨同上○丨日冬丨之日易象上傳先王以
丨日閉關虞注○今文丨爲砥儀禮聘禮記義之丨丨
也注○丨當爲志荀子正論是王者之丨也注○丨
意當爲志意荀子正論其丨意丨闇也注○丨或作
上呂覽審時先時者暑雨未丨注○書禹貢南丨于
華陰漢書溝洫志作南到華陰禹貢東丨于底柱溝
洫志作東
下底柱

次 丨第也楚辭思古宗鬼神之無丨注○丨列也呂
覽季冬丨諸侯之列注○丨比也文選東京賦丨

和樹表薛注○丨猶貳儀禮特牲饋食禮亞獻戶注
○丨近也廣雅釋詁三○丨中也莊子田子方喜怒
哀樂不入于胷丨釋文引李注○丨止也書泰誓中
王丨于河朔傳又穀梁莊三年傳莊八年傳莊十年
傳莊卅年傳僖三年傳僖十五年傳僖元年傳言丨
非救也注襄廿三年傳言救後丨注又後漢班彪傳
下注又文選典引寤寐丨於聖心注○丨舍也易師
左丨荀注旅即丨荀注又禮記檀弓上反哭于爾丨
注月令日窮于丨注又左氏哀廿一年傳爲僕人之
未丨注又廣雅釋詁四又國語魯語今命臣更丨於
外注丨於雒俞注楚語殺子般於舍注又呂覽論人
而遊悟乎無窮之丨注季冬日窮于丨注又離騷夕
歸丨於窮石兮注湘君鳥丨兮屋上注守志繞曲阿
兮北丨注天問丨於蒙汜注又文選思元賦熒惑丨
於他辰舊注○日丨是日景之所丨舍山海經南山
經漆吳之山望邱山其光載出載入是惟日丨注○

過再宿曰｜〔左氏哀元年傳〕｜有臺榭陂池焉注○
過信曰｜〔國語周語〕檮杌｜于丕山注○過信爲｜○
〔漢書文帝紀〕集注引臣瓚又〔後漢光武帝紀下注〕○
再宿爲信過信爲｜〔離騷〕夕歸｜於窮石兮注〔湘君〕
鳥｜兮屋上注○一宿爲舍再宿爲信過信爲｜〔穆
天子傳五〕｜于崔梁注○凡師一宿爲舍再宿爲信
過信爲｜〔左氏莊三年傳〕○｜者兵舍止之名〔公羊
莊三年經〕公｜于郎注○｜處也〔國語魯語〕五刑三
｜注○｜自修正之處〔周禮天官序官〕掌｜注○｜
廬也〔禮記雜記下〕既冠於｜注○｜倚廬也〔儀禮既
夕〕乃就｜注又〔禮記奔喪〕相者告就｜注○｜喪寢
〔左氏僖九年傳〕里克殺奚齊於｜注○｜謂斬衰倚
廬齊衰堊室也大功有帷帳小功緦麻有牀第可也
〔儀禮士喪禮〕主人揖就｜注○在內爲｜在外爲舍
〔周禮宮伯〕授八｜八舍之職事司農注○｜謂幄也
大幄初往所止居也小幄謂接祭退俟之處〔周禮掌

次〕祀五帝則張大｜小｜注○大｜亦初往所止居
小｜郎宮待事之處〔周禮掌次〕諸侯朝覲會同則張
大｜小｜注○｜門外更衣處也必帷幕簟席爲之
〔儀禮士冠禮〕賓就｜注○｜若今時更衣處帳幃席
爲之〔儀禮大射儀〕司射適｜注○｜如今官府門外
更衣處〔周禮掌訝〕｜于舍門外注○｜在大門外之
西以帷爲之〔儀禮聘禮〕賓入于｜注○｜諸吏直宿
若今部署諸廬者〔周禮宮正〕以時比宮中之官府｜
舍之衆寡注○尸｜祭祀之尸所居更衣帳〔周禮掌
次〕張尸｜司農注○尸｜謂吏所治舍思｜介｜也若
今市亭然〔周禮司市〕以｜敘分地而經市注○｜市
中候樓也〔周禮司市〕上旌于思｜司農注○思｜若
今市亭也〔周禮司市注〕○介｜市亭之屬別小者也
〔周禮司市〕胥師賈師涖于介｜注○｜者可以安行
旅之地也〔易旅〕即｜注○｜卻行不前也〔易夬〕其行
｜且釋文引馬注○｜｜恣睢不安貌也〔太元養〕｜

｜注○｜｜第髮也〔釋名釋首飾〕○｜｜第髮長短
爲之所謂髲髢服之以見王〔周禮追師〕爲副編｜追
衡笄注○｜首飾也今時髲也〔儀禮士昏禮〕女｜注
○｜席虎皮爲席〔周禮司几筵〕加｜席黼純司農注
○｜席桃枝席有｜列成文〔周禮司几筵注〕○｜席
竹席也〔文選東京賦〕｜席紛純薛注○｜浮謂棺槨
翣蔞之外遊飾也〔管子侈靡〕故有｜浮也注○｜畫
龍蟲〔爾雅釋蟲〕○〔易夬〕其行｜且釋文｜本作趑或
作跌○〔呂覽知分〕｜非
〔漢書帝紀注〕作茲非
累｜屬〔國策齊策〕皆以國事｜君注○｜託也〔漢書
翟義傳集注〕〔外戚傳上集注〕又〔後漢伏隆傳注〕○
｜恐也〔淮南氾論〕故因太祖以｜其心注○｜憂也
〔國策秦策〕此國｜也注○｜憂｜也〔荀子王制〕｜多
而功少注○｜隨也〔史記老莊申韓傳〕則蓬｜而行
索隱○｜謂從也〔穀梁桓二年傳〕以是知君之｜之

也注○｜從君而死齊人語也〔公羊桓二年傳〕及
者何｜也注○｜謂次足不得並足也〔莊子外物〕揭
竿｜釋文○｜猶負也〔呂覽審分〕主無所避其｜矣
注又〔文選歎逝賦〕解心｜於末迹注〔張景陽詠史詩〕
多財爲｜愚注○｜荷謂兩矛之飾相負荷也〔詩清
人傳〕重喬｜荷也釋文○｜轉行貌也〔史記老莊申
韓傳〕則蓬｜而行止義○炊｜若遊塵之自動〔莊子
在宥〕從容無爲而萬物炊｜焉注○〔爾雅釋言〕諈諉
｜也釋文｜本作纍〔莊子外物〕揭竿｜釋文｜本作
纍○詩無將大車箋適自作憂｜釋文｜本作辱○
韓相俠｜郎韓
隗見〔國策韓策〕
僞｜爲也〔廣雅釋詁三〕又〔荀子性惡〕人之性惡其善
者｜也注○｜欺也〔廣雅釋詁二〕○｜虛也〔太元
元擬〕必著乎｜注○｜詐也〔孟子萬章上〕然則舜｜
喜者與注○｜虛詐也〔淮南本經〕其心愉而不｜注

○丨巧也呂覽離謂辨而不當理則丨注○丨矯也
荀子正名心慮而能爲之動謂之丨注○丨矯其本
性也荀子性惡人之性惡其善者丨也注○卜謂矯
其本性也荀子正論不能以卜飾性注○丨陰也易
繫辭下傳情丨相感虞注○丨猶假也禮記曾子問
作丨丰以行注○丨猶變也楚辭離世若青蠅之丨
質兮注○丨不誠也淮南俶眞德蕩者其行丨注○
丨弘也廣雅釋言○丨端也同上○丨條也同上○
言行抱一謂之貞反貞爲丨賈子道術○可學而能
可事而成之在人者謂之丨荀子性惡○心慮而能
爲之動謂之丨荀子正名○慮積焉能習焉而後成
謂之丨同上○凡非天性而人作爲之者皆謂之丨
故爲字人傍爲亦會意字也荀子性惡人之性惡其
善者丨也注○丨當爲帷或作于聲之誤也禮記喪
大記加丨荒注○莊子齊物論道惡乎
隱而有眞丨丨釋文丨本作詭崔本作然

寺丨司也諸官府所止皆曰丨後漢光武紀注引風
俗通○丨者嗣也理事之吏嗣續於其中也後漢
和帝紀注引風俗通○丨官也廣雅釋室○丨官舍
也一切經音義十四引三蒼又後漢和帝紀注○丨
舍官舍也後漢馬援傳注○丨館舍也華嚴經音義
下引三蒼○丨近也詩瞻卬時維婦丨傳○丨之言
侍也周禮天官序官丨人注○丨人內小臣也詩車
鄰丨人之令傳○丨掌內人之禁令也禮記內則閽
丨守之注○艮爲閽丨易說卦傳
○易說卦爲閽丨釋文丨本作閽

瑞丨也者屬也禮書五十二引書大傳○丨符也廣
雅釋言○丨信也周禮小行人成六丨注又禮記
禮器以圭爲丨注又書舜典輯五丨釋文又文選魯
靈光殿賦錫介珪以作丨張注○丨節信也周禮春
官序官典丨注○丨符信也周禮典瑞掌玉丨玉器
之藏注○人執以見曰丨同上○丨玉謂公桓圭侯
信圭伯躬圭子穀璧男蒲璧儀禮覲禮乃朝以丨玉
注○丨符節以發兵左氏哀十四年傳司馬請丨焉
注○丨節玉節之剡圭也周禮調人弗辟則與之丨
節而以執之注○典丨若今符璽郎周禮春官序官
典丨注○丨祝逆時雨寧風旱也周禮大祝五曰瑞
祝司農注又獨斷上○丨應也文選東京賦總集丨
命薛注○丨應也信也一切經音義廿五
引蒼頡○異物見則謂之丨論衡指瑞

智丨也者知也法言問道○智知也無所不知也釋
名釋言語○丨者知也獨見前聞不惑於事見微
知著也白虎通情性○知有所合謂之丨荀子正名
○丨正知也素問五運行大論道生丨注○知可否
者丨也淮南道應○知時丨也呂覽當務○知賢丨
也韓外傳七○土神則知禮記中庸天命之謂性注
○丨燭也法言修身○知明於事周禮大司徒知仁
聖義忠和注○知謂明於事也後漢馮衍傳注○知

者時之動莊子大宗師以知爲時注○知者決之斷
也史記淮陰侯傳○知文之輿也國語周語○知仁
之實也大戴記四代○丨者民之輔也管子山權數
○成物知也禮記中庸○好學丨也新序雜事四○
諷諫者丨也白虎通諫諍○君子雖諫不受必忠曰
丨大戴記曾子制言中○敬士愛民者是謂丨賈子
大政○丨者進止無所疑惑白虎通情性○丨猶治
也老子故以丨治國王注○知材也墨子經上○聖
丨才之善也老子絕聖棄丨王法○言得謂之知管
子宙合○見人之謂丨後漢馬援傳注○故言之者
見謂丨賈子修政語上○故夫言者善則謂之丨矣
賈子修政語下○能處事物爲知國語周語言知必
及事注○是是非非謂之知荀子脩身○深知禍福
謂之知賈子道術○一事能變曰丨管子心術○一
事能變謂之丨管子四時○丨者術之原也漢書公
孫宏傳○丨故巧詐淮南覽冥道德上通而丨故消

滅也注○躁佻反覆謂之丨韓非子詭使○知也者爭之器也莊子人閒世○丨者不淫之禁也顏氏家訓歸心

記 丨識也廣雅釋詁二又呂覽任數弟子丨之注○丨猶識也禮記內則丨有成注○丨書也廣雅釋詁四又後漢班彪傳上注○丨書名也莊子天地丨曰釋文○丨紀也紀識之也釋名釋典藝○丨史丨也公羊僖二年傳宮之奇果諫丨曰注○丨文符也後漢鍾離意傳注○丨問謂豫誦雜難雜說禮記學記丨問之學注○禮記表記彼丨丨之子釋文丨本作已

異 丨分也廣雅釋詁一○丨猶他也呂覽上農賈不丨敢爲丨事注○丨謂別貴賤也禮記樂記禮者爲丨注○辨丨丨尊卑也禮記樂記禮辨丨注○辨丨謂殊其文書也周禮鄉士丨其死刑之罪而要之注

○丨也者同時兼知之荀子解蔽○丨時猶前時也史記平準書丨時算軺車索隱○丨者丨於常也釋名釋天○非常曰丨詩正月正義引洪範五行傳○有不常之變者謂之丨丨者天之威也春秋繁露必仁且知○丨怪國策秦策此無丨故注燕秦所以不相欺者無丨故注○丨怪也孟子梁惠王上王無丨於百姓之以王爲愛也注○丨猶怪也左氏昭廿六年傳然據有丨焉賈注又史記魯周公世家有丨焉集解引服虔○丨之言怪也先發感動之也白虎通災變引春秋潛潭巴○丨者非常可怪先事而至者公羊隱三年傳記丨也注○丨大乎災也公羊定元年傳○不害物爲丨丨公羊襄九年疏引洪範五行傳○秋一物華亦爲丨後漢徐防傳○秋一木華亦爲丨後漢應劭傳○古文丨作辭儀禮大射儀不丨侯注

致 丨至也儀禮聘禮卿丨館注又禮記中庸其次丨曲注又論語子張丨遠恐泥皇疏君子學以丨其道皇疏又史記樂書武坐丨右憲左正義又漢書淮南厲王長傳集注賈誼傳集注司馬相如傳下集注楊王孫傳集注趙廣漢傳集注淮陽憲王欽傳集注谷永傳集注敘傳上集注引劉德又孟子離婁下可坐而丨也注又荀子非相文而丨實注禮論相率而丨隆之不亦可乎注又莊子外物則墊之丨黃泉釋文又周髀算經下引繩丨地而識之注又楚辭惜誦惜誦以丨愍兮注○致至也廣雅釋詁一○丨至也到也一切經音義八引三蒼解詁○丨猶至也論語子張喪丨乎哀而止皇疏又後漢班超傳注荀彧傳注○丨之言至也禮記祭義丨反始也注禮器其丨一也注○丨之言至也極也禮記禮器禮也者物之丨也注○丨行之至也禮記中庸丨中和注○丨謂膝至地也禮記樂記武坐丨右憲左注○丨薦言薦

之所至夏后氏作焉周禮大卜一曰丨薦注○丨極也論語學而事君能丨其身皇疏子張人未有自丨者也皇疏又國語吳語飲食不丨味注又荀子勸學色從而後可與言道之丨注及至其丨好之也注榮辱志意丨脩德行丨厚智慮丨明注王制爲之貫之積重之丨丨好之者注富國遠方丨願注王霸非丨隆高也注丨忠信注正論天子生則天下一隆丨順而治注禮論君子上丨其隆注宥坐官丨良工因麗文飾注又老子丨柔王注又文選長笛賦丨誠効志注○丨猶極也荀子脩身以丨惡其賊注○丨至極也荀子仲尼非丨隆高也注○丨猶盡也極也後漢荀爽傳注○坤爲丨易象下傳君子以丨命遂志虞注○丨與也公羊莊卅二年傳吾將焉丨乎魯國注○丨到也又與也一切經音義二引三蒼○丨歸也國語魯語子冶歸丨祿而不出注晉語余將丨政焉注○丨猶歸也淮南氾論周公屬籍丨政注○丨政還

君事禮記王制七十丨政注○丨仕還祿位于君公
羊宣元年傳退而丨仕注○丨猶會也周禮遂人凡
治野以下劑丨甿注○丨謂聚衆也周禮大司馬及
丨司農注○丨萬民聚萬民也周禮小司寇以丨萬
民而詢焉司農注○丨就也老子故丨數車無車注
○丨猶勝也淮南主術何足以丨之注○丨誠也老
子其丨之注○丨猶深審也禮記樂記丨樂以治心
注○丨丨密也禮記禮器德産之丨也精微注○丨
謂戚容稱其服也禮記檀弓上丨喪三年注○丨密
城古中都也水經汶水注○丨或爲至禮記大學丨
知在格物注○詩斯干箋其堅丨則鳥鼠之所去釋
文丨本作緻彼都人士箋其情性密丨釋文丨本作
緻禮記聘義注縝丨也釋文丨本作緻○禮記禮器
有放而不丨也釋文丨本作至莊子外物而墊之丨
黃泉釋文丨本作至○孝經則丨其樂釋文丨從夂
俗作支非○史記伯夷傳索隱叔齊名丨字公達

備丨具也儀禮特牲饋食禮宗人舉獸尾告丨注又
廣雅釋詁三又國語周語財以丨器注吳語丨刑
戮以辱其不厲者注又莊子庚桑楚丨物以將形釋
文又呂覽當務丨說非六王五伯注又淮南主術過
若豪釐而既已丨之也注又文選東京賦是謂告丨丨
薛注○丨其訓具也三國杜瓊傳注引襄陽記○丨
謂饌具周禮小宗伯告丨于王注○丨國丨也國語
周語且夫丨有未至而設之注○丨豐足也荀子禮
論故雖丨家必踰日然後能殯注○丨用足用也荀
子王制便丨用注○丨猶用也淮南脩務遂爲天下
丨注○丨謂預早爲之也華嚴經音義下引顧野王
○事戒不虞曰知丨大戴記小辨○丨咸也方言十
二又廣雅釋言○丨盡儀禮特牲饋食禮主人丨荅
拜焉注○丨猶盡也儀禮特牲饋食禮尸丨荅拜焉
注又禮記檀弓上士丨入注月令農事丨收注○丨
畢盡也華嚴經音義上引儀禮劉兆注○丨滿也國

語楚語四封不丨丨一同注○丨猶副也左氏哀十五
年傳寡君使蓋丨丨使注○丨究也廣雅釋詁四○丨
收藏也國語周語草木節解而丨藏注○丨成也廣
雅釋詁三○丨者成也書大傳○丨循於道之謂丨莊
子天地○丨者百順之名也無所不順者之爲丨禮
記祭統○上則順於鬼神外則順於君長内則以孝
於親如此之謂丨同上○正歌者升歌及笙各三終
閒歌三終合樂三終爲一丨丨亦成也儀禮燕禮正
歌丨注○丨四人餕也儀禮少牢饋食禮賓長二人
丨注○丨謂搔也周禮冥氏則獻其皮革齒須丨司
農注○丨後垣也淮南齊俗抽箕踰丨之姦注○登
丨之山郎登葆山山海經大荒南經又有登丨之山
注○古文丨爲復儀禮特牲饋食禮尸丨荅拜
焉注○當爲憊易既濟憊也釋文引陸本
丨丨陳也書牧誓昏棄厥丨祀弗荅傳又詩楚茨或
肆丨或將傳行葦或丨之筵傳時邁丨于時夏箋又

儀禮鄉飲酒禮東丨注鄉射禮東丨注燕禮南丨注
又國語周語丨于時夏注又漢書翟義傳集注二見
又後漢周燮傳注荀悅傳注李膺傳注○丨猶陳也
周禮春官序官丨師注○丨陳之也山海經中山經
其祠皆丨瘞注○丨列也國語晉語歌鍾二丨注又
漢書食貨志上集注又淮南氾論出於屠酤之丨注
○丨猶陳列也儀禮聘禮記爲丨注○丨市列也後
漢劉盆子傳注○丨市中陳物者也後漢班彪傳上
注○丨市廛也文選吳都賦樓船舉颿而過丨注○
丨申也老子直而不丨注○丨伸也廣雅釋詁四○
丨猶申也陳也周禮掌戮丨之三日注○丨放也左
氏襄廿三年傳不可丨也注襄廿六年傳豈其一人
丨於民上注昭廿年傳丨奪於市注昭廿六年傳丨
其罔極注昭卅一年傳所以懲丨而去貪也注莊廿
一年傳丨大眚啖助注又周書謚法又國語越語丨
與大夫觴飲注又漢書司馬相如傳上集注王嘉傳

集注楊雄傳上集注二見又引應劭楊雄傳下集注
王莽傳上集注敘傳上集注又後漢魯恭傳注荀悅
傳注又淮南主術通不丨志注又文選東京賦必以
丨奢爲賢薛注笙賦若欲絕而復丨注○丨展放也
左氏昭卅二年傳伯父若丨其大惠注○丨放也展
也漢書霍光傳集注○丨放也極也漢書王莽傳贊
集注○丨放也陳也漢書敘傳上集注○丨放縱也
史記魯仲連鄒陽傳寧貧賤而輕世丨志焉索隱○
丨猶放縱也後漢黨錮傳注○丨猶放恣也禮記表
記安丨日偷注○丨縱也漢書吳王濞傳集注○丨
猶縱也文選琴賦放丨大川注○丨極也左氏昭十
二年傳昔穆王欲丨其心注又小爾雅廣言又國語
周語藪澤丨既注晉語丨侈不違注又漢書孔光傳
集注敘傳上集注敘傳下集注又家語正論周穆王
欲丨其心注又呂覽仲春無丨掠注又淮南俶眞無
所丨其能也注本經丨眕崖之遠注兵略谿丨無景

注脩務奮翼攫丨注○丨刑極刑淮南兵略百姓之
隨逮丨刑注○丨者極意敢言之也論語陽貨古之
狂也丨集解引苞注○丨力也爾雅釋言○丨極丹
爾雅釋言注○丨突也小爾雅廣言○丨犯突也詩
皇矣是伐是丨箋○丨疾也詩大明丨伐大商傳皇
矣是伐是丨傳又小爾雅廣詁○丨緩也書舜典眚
災丨赦傳又左氏襄九年傳丨眚注又小爾雅廣言
又後漢陳寵傳注又淮南精神縱體丨意注本經丨
而不寬注○丨遂也書舜典丨類于上帝傳又周禮
鍾師丨夏呂叔玉注又左氏宣十二年傳丨于時夏
注又大戴記夏小正貍子肇丨傳又小爾雅廣言○
丨固也詩昊天有成命丨其靖之傳又國語周語又
丨其靖之注○丨故也爾雅釋詁又書大禹謨丨子
以爾衆士傳太甲上丨嗣王丕承基緒傳又漢書翟
義傳集注○丨者故也漢書劉向傳集注○丨故今
也詩大明丨伐大商箋緜丨不殄厥慍傳思齊丨戎

疾不殄傳抑丨皇天弗尚箋○丨今也爾雅釋詁○
丨長也詩崧高其風丨好傳○丨直也易繫辭下傳
其事丨而隱虞注○丨中也左氏僖卅一年傳又欲
丨其西封注○丨正也史記樂書丨直而慈愛者集
解引鄭元○丨勤也文選東京賦厥庸孔丨薛注○
丨敢也文選赭白馬賦丨於人上注○丨操也法言
五百丨筆而成書注○丨緩也文選洞簫賦注引書
王肅注○丨信也廣雅釋詁一○丨減也廣雅釋詁
二○丨踞也廣雅釋詁三○丨置也廣雅釋詁四○
丨棄也漢書楊雄傳下集注引服虔○丨失也穀梁
莊廿二年傳○丨者何跌也公羊莊廿二年傳○丨
殺也大戴記夏小正貍子肇丨傳又廣雅釋詁一○
丨暫注而退也左氏文十二年傳若使輕者丨焉注
○凡縣鍾磬半爲堵全爲丨周禮小胥○鍾一堵磬
一堵謂之丨周禮小胥注○下聲丨周禮典同○丨
夏詩也周禮鍾師丨夏杜注○丨器陳尸之器周禮

鬱人共其丨器注○大丨始陳尸伸之周禮小宗伯
王崩大丨注○大丨大浴也周禮小宗伯司農注○
丨享祭宗廟也周禮大祝凡大禋祀丨享祭示注○
丨解牲體以祭因以爲名周禮典瑞以丨先王注○
卜者進所解牲體謂薦熟時也周禮大宗伯以丨獻
祼享先王注○羊丨體薦全蒸也周禮小子羞羊丨
羊殽肉豆司農注○丨陳骨體也周禮大司徒羞其
丨司農注○丨解骨體周禮大宗伯以丨獻祼享先
王釋文○丨解丨也詩楚茨箋丨其骨體于俎者釋
文○治肉曰丨禮記郊特牲腥丨爓腍祭注○殺人
陳其口曰丨文選責躬詩暴之朝丨注○有罪既刑
陳其尸曰丨也論語憲問吾力猶能丨諸市朝集解
引鄭注○丨者殺而陳尸也論語憲問皇疏○丨謂
死刑暴尸也禮記月令毋丨掠注○古文丨爲肆儀
禮聘禮記爲丨注○杜子春讀丨當爲肆周禮小宗
伯肆儀爲位注○丨讀爲肆禮記玉藻丨束及帶注

○丨讀爲𩯭周禮小子羞羊丨羊殺肉豆注○丨或
爲褻禮記表記安丨日偷注○書舜典丨類于上帝
史記五帝紀封禪書作遂類於上帝書舜典丨覲東
后史記五帝紀作遂覲東后○書大誥丨朕誕以爾
東征漢書翟方進傳作故予大以爾東征○書舜典
眚災丨赦史紀五帝紀作眚裁過赦○詩甫田箋以
道藝相講丨釋文丨本作肄禮記內則注請丨簡諒
釋文丨本作肄左傳文四年以爲丨業及之也釋文
丨本作肆○公羊莊卅二年傳丨大眚釋文丨本
作佚○列子湯問丨咤則徒卒百萬注丨疑作叱
丨鷊爾雅釋鳥○丨丨鳥也文選蜀都賦孔丨羣
翠翄劉注○丨翡丨也文選高唐賦蜺爲旌丨爲蓋
注○雌曰丨楚辭招魂翡丨珠被注○雌青曰丨文
選西都賦注引上林賦張注○丨青雀淮南人閒翡
丨珠璣注○丨青羽雀廣韻引字林○丨似燕而紺
色也山海經西山經其鳥多鴟其狀如丨注○丨鳥

形如鷩赤而雄曰翡青而雌曰丨後漢班彪傳上注
○丨鳥形似鷩翡赤而丨青其羽可以爲飾後漢賈
琮傳注○丨山言此山有丨鳥也山海經大荒南經
有丨山注○丨尾肉也禮記內則舒鳫丨注○丨厥
也呂覽本味雋觾之丨注○未及上丨微爾雅釋山
○丨微山氣之輕縹也文選蜀都賦鬱葢蒀以丨微
劉注
騎單乘曰丨史記項羽紀乃上馬丨正義
使丨者諸侯之臣丨來者也周禮小行人以待四方
之丨者注○左傳襄卅年丨走問諸朝釋文丨本
作吏○詩采薇靡丨歸聘釋文丨本作所○
莊子德充符嘗丨于楚矣釋文丨本作遊
試丨用也爾雅釋言又易无妄注不可丨也釋文又
書盤庚中今予將丨以汝遷傳又詩采芑師干之

丨傳又禮記樂記兵革不丨注緇衣刑不丨而民咸
服注又論語子罕吾不丨集解引鄭注又皇疏又國
語鄭語而妖丨幸措注又史記禮書敵國不待丨而
詘正義又漢書五行志下之上集注三見五行志下
之上集注又荀子議兵敵國不待丨而詘注宥坐是
以威厲而不丨注又管子形勢上無事則民自丨注
又呂覽謹聽堯惡得賢天下而丨舜注用民閭廬丨
其民於五湖注○丨驗易无妄注不可丨也釋文○
丨嘗也廣雅釋詁三○丨猶嘗視也國策秦策臣請
丨之注○文名高而帖落者時謂丨時封氏聞見記
○石經公羊殘碑何
隱爾丨也弒作丨
類丨似也國語吳語丨有大憂注又漢書張安世傳
集注○丨象也呂覽序意梁下丨有人注○丨爲
也廣雅釋詁四○丨猶象也禮記曲禮下見天子曰
丨見注○丨形象也淮南俶眞又況未有丨也注○

丨猶貌也楚辭橘頌丨可任兮注○丨種也荀子禮
論先祖者丨之本也注又呂覽恃君以盡其丨注○
丨種丨也史記禮書先祖者丨之本也正義又荀子
非相以丨度丨注○丨物丨也淮南本經優柔委從
以養羣丨注○丨例也史記屈原賈生傳吾將以爲
丨正義○丨謂比丨荀子非十二子壹統丨注王制
無法者以丨舉注○丨謂比式禮記緇衣行丨無丨也
注○知丨知事義之比也禮記學記九年知丨通達
注○丨謂禮法所無𤖆丨而長者猶律條之比附荀
子勸學羣丨之綱紀也注○丨猶皆也後漢郅壽傳
注○丨猶率也漢書尹翁歸傳集注○丨同也列子
仲尼其負丨反倫注○丨猶和也國語鄭語王將棄
是丨而與剸同注○丨等夷也詩桑柔貪人敗丨箋
○丨衆也淮南要略浸想宵丨注○丨謂知統丨荀
子不苟知則明通而丨注○丨謂其統丨不乖謬也
荀子性惡多言則文而丨注○丨事也孟子告子上

此之謂不知丨也注又呂覽達鬱不知丨耳注○丨猶事也淮南說林以丨而取之注○丨事丨也左氏昭十六年傳刑之頗丨釋文○丨法也方言十三又太元毅鳴不丨注迎失父丨也注又楚辭懷沙吾將以爲丨兮注○丨瀆也廣雅釋詁一○丨善也爾雅釋詁又書太甲中自底不丨傳說命上怠恐德弗丨傳又詩皇矣克明克丨箋旣醉永錫爾丨傳蕩而秉義丨箋桑柔貪人敗丨傳瞻卬威儀不丨傳又左氏僖二十四年傳召穆公思周德之不丨注又周書芮良夫后作丨注又國語晉語正名育丨注楚語恐余德之不丨注又漢書宣元六王傳贊集注又後漢馬援傳注濟北惠王壽傳注又荀子儒效其言有丨注又家語困誓永錫爾丨注又管子乘馬閑則丨注又呂覽重言余惟恐言之不丨也注○通之謂丨鶡冠環流○勤施無私曰丨左氏昭廿八年傳又周書諡法又詩皇矣克明克丨箋又禮記樂記克明方丨注

○言諡曰丨禮記曲禮下○坤爲丨易象上傳君子以丨族辨物虞注象下傳而其事丨也虞注○丨祭天也後漢和帝紀注○丨祭于上帝周禮大祝一曰丨司農注○非時祭天謂之丨禮記疏引書舜典肆丨于上帝說○丨者依其正禮而爲之周禮小宗伯丨社稷宗廟注○丨宜造皆祭名禮記王制丨乎上帝注○丨造禬禜攻說皆祭名也周禮大祝一曰丨二曰造三曰禬四曰禜五曰攻六曰說司農注○四丨三皇五帝九皇六十四氏咸祀之周禮小宗伯四望四丨亦如之司農注○四丨日月星辰運行無常以氣丨爲之位兆日於東郊兆月與風師於西郊兆司中司命於南郊兆雨師於北郊周禮小宗伯注○祭社曰丨以事丨祭之也淮南本經丨其社注○龜左倪不丨爾雅釋魚○丨戾也周書史記愎丨無親注○丨宜爲貌家語致思不飾無丨無丨失親注○詩皇矣是丨是禡爾雅釋天丨作禷○史記周本紀

公叔祖丨禮記中庸正義作穎史記索隱引皇甫謐云公祖一名組紺諸盩字叔丨○史記六國表楚悼王名丨楚世家作熊疑○列子天瑞林丨年且百歲釋文丨或本作穎者誤

棄 古作弃○丨捐也廣雅釋言○丨去也國策秦策廢也左氏昭廿九年傳水官丨矣注又國語周語丨稷弗務注○丨不用也素問陽明脈解其丨衣而走者注○無近恩故曰丨莊子天道而丨妹不仁也注○吾身不能居仁由義謂之自丨也孟子離婁上○弃自弃也荀子不苟窮則弃而儑注○弃謂投四裔之比也荀子王制不安職則弃注○不得埋曰丨謂丨之於野也釋名釋喪制○市死曰丨市市衆所聚與衆人共丨之也釋名釋喪制○書舜典丨黎民阻飢史記周本紀作弃黎民始飢西伯戡黎故天丨我殷本紀作故天弃我○易夬注丨失情累釋文丨本

作去

餌 ○丨食也廣雅釋詁三又文選遊南亭詩注引蒼頡○丨食也案几所食之物皆曰丨也一切經音義九引蒼頡○丨餅也後漢樊曄傳注○合蒸曰丨餅之曰餈周禮籩人羞籩之實糗丨粉餈注○丨而也相黏而也兖豫曰溏浹就形名之也釋名釋飲食○鉤魚曰丨也一切經音義二引服虔○丨魚丨也莊子胠篋鉤丨網罟罾笱之知釋文○丨魚食也文選傳長虞贈何劭王濟詩臨川靡芳丨注○丨色如丨考工記弓人魚膠丨注○丨猶筌也文選盧子諒贈劉琨詩亦忘厥丨注○丨筋腱也禮記內則去其丨注○丨謂爵祿周書大戒庸厲口以丨士注○丨美也老子樂與丨注○丨猶喜也國策秦策我以宜陽丨王注○禮記內則去其丨釋文丨本作皷

媢丨愛也詩思齊思丨周姜傳下武丨茲一人箋假
樂丨于天子箋卷阿丨于庶人箋又左氏宣三年
傳人服丨之如是注又孟子盡心下闇然丨於世也
者注又漢書蕭何傳集注敘傳下集注又楚辭惜誦
忘儇丨以背衆兮注○丨悅也漢書佞幸傳集注○
丨說也國語周語若是乃能丨於神注○丨好也廣
雅釋詁一○丨美也小爾雅廣詁○丨趨向也論語
八佾與其丨於奧皇疏○意向曰丨禮記曲禮注爲
近佞丨也釋文○丨行徐行呂覽不屈姻視丨行注
○列子力命鬼丨不能欺釋文丨或作魅○仲定碑
不眉近戚
丨作眉

鼻丨嘒也出氣嘒嘒也釋名釋形體○丨者氣息之
主也太元劇劇丨食口注○丨所以司嗅呼吸素
問陰陽應象大論在竅爲丨注○丨者肺之使白虎
通情性引元命苞○艮爲丨易噬嗑噬膚滅丨虞注

无妄或繫之牛虞注萃齎咨涕洟虞注困劓刖虞注
象下傳喪過乎哀虞注○丨始也廣雅釋詁一又漢
書楊雄傳上集注引劉德又莊子天地不推誰其比
憂釋文引司馬注○丨祖皆始之別名也方言十三
梁益之閒謂丨爲初或謂之祖注○丨始也嘼之初
生謂之丨方言十三○鈕謂之丨廣雅釋器○丨謂
勺龍頭丨也考工記玉人丨寸司農注○丨勺流也
凡流皆爲龍口也考工記玉人注○有丨墟言象所
封也水經
湘水注

易丨簡也論語八佾喪與其丨也寧戚鄭注又國語
晉語不敢安丨注○丨猶省也公羊宣六年傳是
子之丨也注○陽見稱丨易繫辭上傳乾以丨知虞
注○丨平也漢書鼂錯傳集注司馬相如傳下集注
○丨平丨也易繫辭下傳丨者使傾陸注又史記樂
書則丨直子諒之心集解引王肅又管子霸言鄭國

皆險己獨丨注又文選七發鶩堅轡附丨路注○丨
謂耕墾平丨丨荀子富國民富則田肥以丨注○丨猶
平安也禮記中庸故君子居丨以俟命注○丨平丨地
也淮南兵略丨則用車注○丨者夷平也太元夷丨
其內也注○丨夷丨也文選盧子諒荅魏子悌詩處
安不異丨注○丨和丨也論語八佾喪與其丨也寧
戚集解引包注又皇疏○丨和說也禮記郊特牲示
丨以敬也注○丨說詩何人斯我心丨也傳○丨樂
也漢書楊雄傳上集注引李奇○丨如也廣雅釋言
○丨輕也左傳襄十五年丨淫樂之矇釋文又國語
晉語貴貨而丨土注又國策秦策願王之勿丨也注
又漢書高帝紀上集注又陳餘傳集注兒寬傳集注李
廣利傳集注引晉灼京房傳集注谷永傳集注淳于
長傳集注又後漢竇融傳注又呂覽義賞爲六軍則
不可丨注○丨猶輕也左氏襄四年傳貴貨丨土注
○丨輕丨也禮記樂記丨慢之心入之矣注又莊子

人閒世有爲爲之其丨丨耶釋文引崔注○丨謂輕丨
也史記禮書能慮勿丨丨索隱○丨相輕丨也莊子應
帝王是于聖人也胥丨釋文引崔注○丨猶輕速也
史記天官書丨福薄集解引徐廣○丨慢丨也易繫
辭下傳丨者使傾注○丨猶狡丨也相親信無後患
之辭公羊莊十三年傳何以不日丨也注○丨者猶
無守禦之備公羊僖三年傳丨也注○丨野者無禮
文也說苑修文○慢丨者禮之所以失也大戴記子
張問入官○丨行去煩苛考工記玉人以丨行注○
丨謂臣禮禮記檀弓下丨則丨于則于注○丨治也
詩甫田禾丨長畝傳又左氏襄卅一年傳司空以時
平丨道路注又國語晉語雖獲沃田而不丨之注又
孟子盡心上丨其田疇注又家語弟子行丨行以俟
命注又管子宙合所以丨政也注又呂覽辯土農夫
知其田之丨也注○丨修也文選射雉賦農不丨壠
徐注○丨善也易繫辭險丨釋文引京注○丨讀如

丨綱之丨丨也呂覽辯士農夫知其田之易也
注○詩何人斯我心丨也釋文丨韓詩作施
轡 丨拂也牽引拂戾以制馬也釋名釋車○丨者所
以御馬也說苑修文○丨丨繫軾前者家語執轡
六官在手以爲丨注○丨是御者所執者也御覽引
劉芳詩說○丨馬縻也所以制牧車馬也一切經音
義三引字書○宋樂丨字
子蕩見左氏襄六年傳
隊 亦作隧○丨墮也廣雅釋詁二又漢書五行志中
之上集注又荀子禮論入焉而隊注又離騷朝飲
木蘭之丨露兮注國殤矢交丨兮士爭先注○隧墮
也淮南說林有時而隧注○丨隋地也公羊文三年
傳死而丨也注○隧陷也淮南說山萬人之蹪愈於
一人之隧注○丨落也楚辭國殤天時丨兮威靈怒
注○丨隕呂覽異用從天丨者注又淮南天文賁星
丨而勃海決注兵略至共頭而丨注○丨失也廣雅

釋詁二○丨猶失也漢書鄒陽傳集注引蘇林○書
君奭乃其丨命漢書王莽傳作乃亡隊命○莊子德
充符雖天地覆丨釋文丨本作隊達生丨亦不知也
釋文丨本作隊爾雅釋詁降丨摽蒿釋文丨本作隊
○列子湯問而丨于
地釋文丨一本作隊
醉 丨言悴也大戴記文王官人乞言勞丨注○公羊
定十四年傳於越敗吳于丨李釋文丨本作檇
議 丨謀也廣雅釋詁四○丨猶擇也儀禮有司徹乃
丨佾于賓注○丨平也呂覽忠廉士丨之不可辱
者注○丨謂講論也荀子王制法而不丨注○流丨
猶餘論也文選非有先生論欲聞流丨者注○丨言
也廣雅釋詁四又呂覽懷寵必當義然後丨注○丨
謂陳設非時事也禮記閒傳大功言而不丨注○丨
不同也後漢袁術傳注○震爲丨易象下傳丨德行
虞注君子以丨獄緩死虞注繫辭上傳丨之而後動

虞注○丨有宜音匡謬正俗六○國語鄭語伯翳能
丨百物漢書地理志下作伯益能儀百物○易繫辭
丨丨之而後言釋文丨陸
姚桓元荀柔之本作儀
翅 丨辭也孟子告子下奚丨食重注○不丨猶過多
也文選王仲宣公讌詩見眷良不丨注○丨與啻
同古字通用孟子音義下引張音○
丨古文猳狐二形同一切經音義三
避 丨或作辟○丨違也國語周語無乃實有所丨注○
丨去也一切經音義九引蒼頡○丨迴也漢書胡
建傳集注引蘇林○辟逡遁儀禮士昏禮賓以几辟
注大射儀賓辟注公食大夫禮賓辟注○辟逡遁辟
位也儀禮士喪禮主人不哭辟注○辟位逡遁儀禮
聘禮賓辟不荅拜注特牲饋食禮記主人及賓皆辟
位注聘禮賓以几辟注○客辟逡巡不荅拜也周禮
司儀客辟三揖注○辟於其東面位逡遁也儀禮聘

禮士介皆辟注○隱辟俛而逡遁儀禮士相見禮隱
辟而後屨注○客三辟三退負序也周禮司儀客三
辟注○丨席下席也呂覽直諫桓公丨席再拜注○
丨隱也史記袁盎鼂錯傳丨吾親索隱引張晏○丨
地謂隱也遯也後漢郅惲傳注○丨猶免也呂覽介立
拜請以丨死注○丨當爲辟周禮大司寇使其屬蹕
杜注○詩葛屨宛然左辟說文人部作宛如左僻○
左氏昭十七年傳辟移時漢書五行志下之下作丨
移時○莊子人閒世莫之知丨釋文丨本作
賓○列子黃帝皆丨而走釋文丨一本作棄
筍 丨篋也後漢劉盆子傳注張衡傳注○丨竹器也
後漢樊曄傳注○方曰丨禮記曲禮上凡以弓劍
苞苴簞丨問人者注○圓曰簞方曰丨公羊昭廿五
年傳高子執簞食注○簞丨竝盛食器員曰簞方曰
丨案盛衣亦曰丨文選思元賦寶蕭艾於重丨兮注
○丨萑葦器儀禮大射儀小射正奉決拾以丨注○

丨先字反儀禮士冠禮釋文引〔字林〕

〔幟〕丨幡也〔廣雅釋器〕又〔後漢光武紀上注〕〔公孫述傳注〕○丨古文恉同〔一切經音義五〕○丨史家或作識或作志〔漢書高帝紀上集注〕○〔公羊莊卅一年注〕軍丨也釋文丨本作織

經籍籑詁卷第六十三

經籍籑詁卷第六十三補遺 去聲

禮部侍郎兼都察院右副都御史巡撫浙江等處地方提督軍務兼理糧餉阮元撰集

四寘

〔寘〕〔說文新附〕丨置也从宀眞聲○丨置也〔詩鹿鳴〕示我周行箋又〔禮記中庸〕其如示諸斯乎注又〔左氏哀五年傳〕丨羣公子於萊服注又〔國語晉語〕餽飧丨璧焉注〔楚語〕欲丨之境注○禮置器物於地皆謂之丨〔左氏昭四年傳疏〕○丨致也〔文選齊竟陵文宣王行狀〕丨諸掌握注

〔置〕〔說文〕丨赦也从网直○丨捨也〔華嚴音義上引廣雅〕○丨著也〔同上〕○丨立也〔呂覽孝行〕父母丨之子弗敢廢注○丨謂措丨〔禮記祭義〕夫孝丨之而塞乎天地疏○丨驛也〔廣雅釋詁四〕○丨謂所丨驛也〔漢書劉屈氂傳〕乘疾丨以聞注○丨若今之驛也〔漢書曹參傳〕東郡狐父祁善丨注○○丨當爲德〔易繫辭上傳〕有功而不德釋文引鄭注○古者丨植字同〔詩那疏〕

〔事〕〔說文〕丨職也从史之省聲𠭥古文丨○丨謂職守〔荀子大略〕臣道知丨注○丨謂供國之職役也〔管子入國〕三車然後丨之注○○丨致丨致職於君〔禮記曲禮上〕大夫七十而致丨疏○丨政令〔左氏昭九年傳〕禮以行事注○在君爲政在臣爲丨〔左氏昭廿五年傳〕爲政丨庸力行務注○丨治也〔淮南俶眞〕夫人之丨其神而嬈其精注精神已越於外而丨復返之注〔主術〕非有丨焉注○丨猶治也〔儀禮喪服傳注〕不治其縷疏○丨謂作業〔荀子富國〕百姓好之則亂丨注○其所營謂之丨〔易文言傳〕發於丨業疏○丨謂力役〔荀子大略〕朞不丨注○丨謂役使也〔漢書高帝紀下〕皆復其身及戶勿丨注引如淳〔宣帝紀〕且毋收丨注

溝洫志亦可以丨諸浮食無產業民注〇丨謂役使之也漢書宣帝紀而吏繇丨注高惠高后文功臣表信武肅侯靳歙子亭坐丨國人過律注〇丨謂丨丨一一用意之丨詩卷耳傳采采丨采之也疏引鄭志〇大事祭祀也禮記禮器故作大丨必順天時疏〇丨戎祀也國語楚語臨丨有瞽史之道注〇丨兵戎丨也呂覽音律無或作丨以害羣生注〇丨謂盟會之屬儀禮聘禮久無丨則聘焉注〇政德利用厚生謂之三丨左氏文七年傳〇五丨五經也管子立政〇丨酒今之醳酒皆新成也禮記郊特牲縮酌用茅注〇坤爲丨易蠱幹父之蠱虞注象下傳其丨同也虞注〇徵爲丨禮記樂記〇丨當爲難國語魯語咨丨爲謀注

地 說文丨元气初分輕清陽爲天重濁陰爲丨萬物所陳列也从土也聲墜籒文丨从㒸〇丨也者形之名也易象上傳柔順利貞注〇丨著謂安土也漢書食貨志上地著爲本注〇丨者下之極也荀子禮論〇丨麗也爾雅釋地釋文引淮南許注〇丨者沈奪萬物氣也史記律書〇丨者承天之演備載以寧者也鶡冠子泰鴻〇丨者陰也續漢五行志四〇陰爲地素問陰陽應象大論〇坤爲丨易象上傳天丨以順動虞注象上傳山附于丨陸注〇穀梁文元年經注毛采丨釋文本又作邑〇無極山碑與亢墬俱生繁陽令楊君碑叫天訴墬丨俱作墜

意 說文丨志也从心察言而知丨也从心从音〇丨志也廣雅釋言〇志一爲丨素問鍼解篇深淺在志注〇丨疑也文選長楊賦注引廣雅〇丨疑之也漢書鼂錯傳臣竊丨其冬來南也注

志 說文新修字義丨意也从心之聲〇丨知也禮記哀公問子丨之心也疏〇丨者欲之使也鬼谷子陰符〇丨詩人丨所欲之事孟子萬章上不以辭害丨注〇〇在心爲丨毛詩序又左氏昭九年傳丨以定言注〇蘊藏在心謂之爲丨詩關雎序疏〇感物而動乃呼爲丨同上〇六情偏具在心未見爲丨禮記曲禮上丨不可滿疏〇情動爲丨左氏昭廿五年傳以制六丨疏〇思慮爲丨詩譜序然則詩之道疏引春秋說題辭〇辨丨謂別其心意所趣向也禮記學記一年視離經辨丨注〇丨心謂小心也素問陰陽類論上空丨心注〇坎爲丨易象上傳上得丨也虞注君子以多識前言往行虞注象下傳剛巽乎中正而丨行虞注〇丨者骨之主素問解精微論〇孟子萬章上不以辭害丨文心雕龍丨作意〇孟子盡心上有伊尹之丨則可無伊尹之丨則篡也後漢書周章傳丨作心〇爾雅釋草遠丨釋文字又作⿱艹志

治 丨整也呂覽振亂欲民之丨也注〇丨所以紀綱天下周禮大宰注使帥其屬而掌邦治疏〇丨安

言丨理而且安寧也漢書文帝紀丨安皆且千歲注〇丨謂當敵也今人猶云對丨漢書韓安國傳公等足與丨乎注〇丨求得也墨子經上〇禮義之謂丨荀子不苟〇丨爲丨處也漢書陳餘傳丨信都注〇丨謂都之也漢書高帝紀下又丨秦中注田儋傳丨卽墨注江都易王非傳江都丨故吳國注〇丨王也素問徵四失論丨數之道注〇丨者王也素問逆調論少水不能滅盛火而陽獨丨注流俗語訛呼丨爲律漢書西域傳上胡桐白草注

淚

吏 說文丨治人者也从一从史史亦聲〇丨理也漢書百官公卿表上是爲長丨注〇夫吏者理也漢書王莽傳下〇丨者治也左氏襄廿五年傳注五丨文職疏又續漢百官志五注引太公陰符〇丨所以治民也漢書惠帝紀〇丨者民之師也漢書景帝紀〇丨者民之所懸命也管子明法〇三丨三公也左

氏成二年傳王使委於三丨注○丨卽卿大夫等周禮載師注凡官所有宮室丨所治者也疏○丨謂卿大夫士之總號周禮宮伯注王宮中諸丨之適子也疏○百丨百官也國語周語百丨庶民注○丨史亦一也儀禮士冠禮注羣丨有事者疏○定本集注云女丨皆作女史詩靜女傳必有女史彤管之灋疏

賜 說文丨予也从貝易聲○三丨三命也禮記曲禮上三丨不及車馬注○君取於臣曰取與於臣曰丨周禮玉府疏○丨者謂禮之橫加也孟子萬章下丨之則不受注

字 說文丨乳也从子在宀下子亦聲又序倉頡之初作書蓋依類象形故謂之文其後形聲相益卽謂之丨丨者言孳乳而浸多也○丨愛也周禮大司徒注小國貢輕丨之也疏○丨養也左氏昭十六年傳非不能事大丨小之難服注○丨者滋也文選鵩鳥賦注○丨者滋也滋益而名故更稱曰丨周禮外史

疏○丨猶名也考工記輈人注鰌魚丨疏○人所以有丨何所以冠德明功敬成人也白虎通姓名

義 說文丨已之威儀也从我羊羛墨翟書丨从弗魏郡有羛陽鄉讀若錡今屬鄴本內黃北二十里○丨宜也周禮大司徒注丨能斷時宜疏又禮記禮運以著其丨疏郊特牲以其丨稱也疏大傳其丨然也疏樂記禮丨立疏經解丨與信疏表記丨者天下之制也疏道者丨也疏是故君子以丨度人疏又左氏昭廿五年傳地之丨也疏又國語周語制丨庶孚以行之注不度民神之丨注晉語讓不失丨注而君比丨焉注楚語明度量以道之丨注其知能上下比丨注吳語唯天王秉利度丨焉注○丨宜也言以此行之而得其宜也易繫辭下傳禁民爲非曰丨疏○丨者宜也書泰誓上同德度丨疏又左氏隱三年傳命以丨夫疏桓六年傳注父丨疏成八年傳大國制丨疏十六年傳德刑詳丨禮信疏襄三十年傳注從宜也疏昭六年傳閑之以丨疏又漢書公孫宏傳○丨謂得其宜也易繫辭上傳道丨之門疏○丨者謂其宜也韓非子解老○丨者宜於事也孝經德丨可尊疏引劉炫○丨從宜也左氏襄三十年傳婦丨事也注○合宜爲丨左氏桓二年傳夫名以制丨疏○事得其宜謂之爲丨左氏成八年傳大國制丨疏○動合事宜乃謂之丨左氏隱三年傳命以丨夫疏○丨是裁斷合宜禮記曲禮上道德仁丨疏○丨者裁斷合宜也禮記禮運丨者藝之分疏○丨猶理也易象下傳丨无咎也疏○丨者循理而行宜也淮南齊俗○丨謂丨理左氏昭廿五年傳因地之性疏○丨者利之丨左氏昭廿五年傳地之丨也注○丨利之本也左氏昭十年傳○丨者心之養也春秋繁露身之養重於義○丨者仁之事也韓非子解老○丨者不苟傷人也禮記聘義廉而不劌注○丨者比於人心而合於衆適者也淮南繆稱○當其時順其俗者謂

之丨之徒莊子秋水○君能制命爲丨左氏宣十五年傳○丨亦果敢斷決也禮記中庸注不神則仁疏引皇氏說○明是非立可否謂之丨漢書公孫宏傳○丨者所以救失也淮南本經○丨者所以除去不宜管子侈靡上丨以禁暴注○救亂誅暴謂之丨兵漢書魏相傳○坤爲丨易繫辭上傳道丨之門虞注○秋冬行罰爲丨周禮師氏注敏德仁丨順時者也疏○丨然踶跂目指之貌莊子天道而狀丨然注○俄古丨字穆天子傳四左白俄注○定本禮丨廢俗本有作儀字者非也詩關雎序禮丨廢疏○丨當爲儀文選王元長曲水詩序注引尚書大傳注

利 說文丨銛也从刀和然後丨从和省易曰丨者義之和也秎古文丨○丨益也禮記月令丨以殺草疏○丨祿也禮記表記則望大丨疏○丨者義之和也論語子罕子罕言丨集解○信載義而行之爲丨

左氏宣十五年傳○丨者道之本也春秋繁露天道施○丨卽養也儀禮特牲饋食禮丨洗散獻于尸疏○丨猶養也禮記曾子問不告丨成疏○丨者體之養也春秋繁露身之養重於義○丨佐食也儀禮特牲饋食禮丨洗散獻于尸注○丨謂便好也漢書高帝紀下與丨田宅注○丨猶取也淮南說山不儈人之丨之也注○丨貪求之也荀子王霸挈國以呼功丨注○丨所得而喜也墨子經上

【器】說文丨皿也象丨之口犬所以守之○丨國用也左氏文十八年傳盜丨爲姦注○丨猶用也左氏成十六年傳戰之丨也注○物周爲丨周書寶典○周用之爲丨周書寶典注○丨者各周其用論語爲政君子不丨丨集解引包注○丨爲物堪用者禮記學記大道不丨丨疏○凡虛中而受物者皆謂之丨素問寶命全形論其氣令之津泄注○無盛爲丨漢書宣帝紀贊工匠丨械注○丨重也後漢書陳寵傳朝廷

丨之注○丨猶性也淮南說山此全其天性者注○丨車服左氏成二年傳惟丨與名注昭卅二年傳愼丨與名注○丨兵甲也國語周語而利其丨用注○丨謂若銀罋丹甑也禮記禮運山出丨車注○宗廟名丨謂尊彝之屬禮記雜記下凡宗廟之丨注○禮記月令其器疏以達釋文本又作丨

【位】說文列中庭之左右謂之丨从人立○中廷之左右謂之丨國語楚語丨著有官師之典注○丨所坐處也左氏成十七年傳無以戈殺駒伯苦成叔于其丨注○丨立處也周禮大僕掌正王之服丨注○丨謂齒列也禮記大傳族人不得以其戚戚君丨也注○丨莅也孝經疏引廣雅○丨者爻所處之象也易略例明爻通變

【戲】說文丨三軍之偏也一曰兵也从戈䖒聲○丨笑邪丨謔笑之皃爾雅釋詁戲謔也疏引舍人注

【至】說文丨鳥飛从高下丨地也从一一猶地也象形不上去而丨下來也凡丨之屬皆从丨𡉀古文丨○丨極也國語越語陽丨而陰注又文選鄒陽上吳王書注引易劉瓛注○丨謂丨極也易象上傳丨哉坤元疏又禮記學記雖有丨道疏祭義禮之丨也疏表記殷周之文丨矣疏○丨謂盛德之極荀子儒效頌之所以爲丨者注○丨猶善也詩節南山不弔昊天箋○丨謂盡理管子侈靡女言丨焉注○丨謂一守而不變荀子議兵夫是之謂三丨注○丨謂丨不也周禮大卜六日丨注○丨冬夏丨也左氏僖五年傳凡分丨啟閉注

【次】說文丨不前不精也从欠二聲𠔅古文丨○丨止也穀梁昭廿七年傳○丨猶止也穆天子傳六五里而丨注○言丨謂止息周禮掌次疏○丨舍也左氏襄廿三年傳恪居官丨注廿六年傳師陳焚丨注

又國語越語君其丨也注○丨則舍也周禮掌次疏○丨是止舍之名書泰誓中疏○丨亦止舍之名左氏莊三年傳注舍宿不書疏○丨者舍之名儀禮士冠禮賓就丨疏○丨舍息止之處也漢書吳王濞傳治丨舍須大王注○丨行列也國語晉語失丨犯令注○丨謂綴集之漢書楚元王傳元王亦丨之詩傳注○丨無間而不攖攖也墨子經上○丨宿也呂覽季冬紀日窮于丨注○丨謂日辰所在周禮古夢注日窮於丨疏○天宿以右旋爲丨左氏昭二十年傳七音疏○丨謂水旁也左氏僖十九年傳注水丨有妖神疏○丨謂幄帳也周禮掌次疏○丨者謂以繒爲幄帳同上○丨車副車穆天子傳四丨車之乘注○丨路象路之貳書顧命丨輅在右塾之前鄭注○丨者首飾丨第髮爲之則少牢禮髲鬄是也禮記內則注丨而禒衣也疏○左氏宣十二年傳內官序當其丨釋文一本作夜

累 ｜繫也禮祀儒行不｜長上注○｜猶負也文選謝靈運傳論而蕪音｜氣注

僞 說文｜詐也从人爲聲○｜矯也荀子性惡其善者｜也注○慮積焉能習焉而後成謂之｜荀子正名○｜謂慮｜易繫辭下傳情｜相感疏又禮記樂記唯樂不可以爲｜疏著誠去｜疏○｜郎帷也禮記喪大記疏

寺 說文｜廷也有法度者也从寸之聲○｜治也一切經音義十四引廣雅○｜嗣也治事者相嗣續於其內也釋名釋宮室○九卿所居謂之｜左氏隱七年傳注諸公府卿｜疏○諸官曹之所通呼爲｜漢書何竝傳令騎奴還至｜門注○今尚書御史謁者所止皆曰｜文選吳都賦注引風俗通○凡府庭所在皆謂之｜漢書元帝紀城郭官｜注○｜郎侍也詩瞻卬疏○｜人奄人也漢書律麻志下晉侯使

｜人披伐蒲注○｜人亦奄人詩巷伯序疏○｜人奄士左氏成十七年傳｜人孟張注襄廿七年傳｜人御而出注○｜人內奄官左氏僖二年傳齊｜人貂注○｜內小臣儀禮喪服傳注閹｜之屬釋文○｜人內小臣也詩巷伯序｜人傷於讒箋○｜人者內小臣在壼闈庭｜之中謂閹人耳匡謬正俗四○詩車鄰｜人之令釋文本或作侍左氏僖廿四年傳｜人披釋文本又作侍穀梁襄廿九年傳｜人也釋文本又作侍人

瑞 說文｜以玉爲信也从玉耑○｜君所與臣爲信珪璧之屬也管子君臣｜以稽之注○｜謂所執之圭詩崧高傳寶｜也疏○以器言之謂之圭執以行禮謂之｜禮記聘義注圭｜也疏○｜符也左氏襄九年傳信者言之｜也注

智 集韻或作知○說文𥏼識詞也从白从亏从知𥏼古文𥏼○｜也者所以知也而必知若明墨子經說上○｜者謂知爲也老子使夫｜者不敢爲也王注○｜者不知而自知者也列子仲尼注○｜性也韓非子顯學○｜者心之府也淮南俶眞○知謂謀計曉達前事禮記禮運注用知者之謀疏○｜故巧飾也淮南原道不設｜故注○官人應實曰知周書謚法○能處立百事爲知國語周語事建能知注○知讀爲｜荀子勸學則知明而行無過矣注○知又讀爲｜荀子富國知者謂之分也注○詩崧高箋皆以賢知釋文本或作哲禮記喪服四制知者可以觀其理焉釋文本或作｜老子能無以知乎釋文河上本作｜○度尚碑智合淵藪校官碑親臤實智｜皆作智孔寵碑陰博陵齊智｜作智

記 說文｜疏也从言己聲○｜書也漢書張敞傳受｜考事注又後漢書獨行陳重傳前後十餘通｜

注○｜書｜也漢書楊雄傳上因江潭而淮｜兮注○｜書名也莊子天地｜曰注○｜謂敎命之書漢書何武傳出｜問墾田頃畝注

異 說文｜分也从廾从畀畀予也凡｜之屬皆从｜○｜二體不合不類墨子經上○｜類謂別姓周禮地官序官胥師疏○｜名所施不可同也老子此兩者同出而｜名王注○｜別五方用器不同也禮記王制事爲｜別注○｜災｜也漢書劉向傳往者衆臣見｜注○物無類而妄生曰｜論衡自紀○非常爲｜左氏莊七年經注皆記｜也疏○非常曰｜｜詩正月疏引鄭駁異義及洪範五行傳○反常謂之｜詩正月箋急恆寒若之｜疏○｜事非常之事禮記曲禮下不有｜事必有｜慮疏○｜慮非常之慮也同上○｜爲水火金木土不比和者素問至眞要大論｜者從之注○｜時言往時也漢書食貨志下

丨時算軺車注○丨日猶言往日也漢書高帝紀下
丨日秦民注
致說文丨送詣也从夊从至○丨至也禮記玉藻君
賜稽首據掌丨諸地疏中庸丨中和疏又漢書張
敞傳令丨諸偷以自贖注又文選江文通詣建平王
上書注引孟子劉注○丨之言至也公羊序聖人之
極丨疏○丨送至也漢書武帝紀存問丨賜注○丨
者送至也漢書文帝紀丞若尉丨注○丨謂引而至
也漢書公孫宏傳丨利除害注○丨謂累也漢書外
戚傳下爲丨椁作冢注○丨謂積累之也漢書酷吏
尹賞傳丨令辟爲郭注○丨極也禮記曲禮上五十
不丨毀疏禮器有放而不丨也疏又漢書敍傳上以
丨命遂志注引劉德又荀子不苟丨誠則無它事矣
注備致丨貴其上者也注○丨至極也漢書董仲舒
傳若宜少損周之文丨注○丨謂丨極也禮記文王
世子合德音之丨疏○丨毀謂丨極哀毀禮記喪大

記注謂不丨毀疏○丨至密也漢書酷吏嚴延年傳
皆亥丨不可得反注○丨實謂盡酒也禮記鄉飲酒
義丨實於西階上注○丨者運轉之辭詩皇矣傳丨
丨其社稷羣神疏○丨謂達之于敵左氏宣二年傳
丨果爲毅注○丨之者會其衆也左氏哀四年傳丨
蔡于負函注○丨猶歸也易略例主必丨一也注○
丨還公左氏襄廿八年傳受而稍丨之注○丨事還
其職位於君禮記曾子問殷人既葬而丨事疏○丨
政以王事歸授之禮記明堂位七年丨政於成王注
○丨者不丨者也穀梁成九年傳○丨者不宜丨也
公羊僖八年傳○丨者不宜丨者也穀梁僖八年傳
○孟子離婁下可坐而丨也宋書律志丨作知
備說文丨愼也从人𦚢聲俻古文丨○丨者國之重
也墨子七患○丨者猶今言調度漢書終軍傳當
先具其丨注○丨者大順之總名詩既醉疏引書洪
範鄭注○丨祔聲相近禮記曾子問注祔當爲丨疏

肆說文肆極陳也从長隶聲𨽾或从髟○丨陳也周
禮太祝以丨鬯渳尸疏又禮記月令毋丨掠疏○
丨鬯所爲陳尸設鬯也周禮太祝以丨鬯渳尸注○
卜丨是設之言詩楚茨疏○丨者陳設之言詩崧高疏
○丨者張設之言詩時邁疏○丨列也左氏襄十一
年傳歌鐘二丨注○從西向東爲丨儀禮鄉飲酒禮
疏○丨謂行列周禮地官序官胥師二十丨則一人
疏○丨長謂行頭周禮地官序官丨長疏○丨者市
也漢書王貢兩龔鮑傳則閉丨下簾而授老子注○
丨遂也書梓材于先王丨疏又左氏襄四年傳金奏
丨夏之三疏又儀禮大射儀注丨於時夏疏○丨緩
也左氏莊廿二年經丨大告疏○丨恣也文選甘泉
賦注引國語賈注○丨縱恣也左氏昭二十年傳丨
行非度疏○丨謂縱恣也書益稷傳丨惡無休息疏
○丨放丨也公羊莊廿二年傳疏○丨是放縱之意
書泰誓中淫酗丨虐疏○丨突左氏文十二年傳若

使輕者丨焉其可舊注○城中空地曰丨禮記王制
市廛而不稅疏○丨祭名史記周本紀丨祀不荅集
解引書鄭注○丨夏樂曲名左氏襄四年傳注○縣
鐘十六爲一丨左氏襄十一年傳注○磬一堵謂之
丨藝文類聚四十一引五經要義○鐘與磬全乃成
爲丨左氏襄十一年傳疏○所縣者則半之爲堵全
之爲丨周禮小胥疏○書湯誥丨台小子墨子兼愛
下作惟予小子履○書多士予惟率丨矜爾論衡雷
虛作予惟率夷憐爾
翠說文丨青羽雀也出鬱林从羽卒聲○丨青羽爾
雅釋鳥丨鷸樊注○雌曰丨漢書賈山傳飾以翡
丨注引應劭○丨羽其色青而有黃也周書王會倉
吾翡丨注○丨粲衣聲也文選琴賦注引張揖子虛
賦注

【騎】丨單丨也漢書高帝紀下操兵乘丨馬注
【使】丨謂臣爲君出聘之法禮記曲禮上丨從俗疏○
丨謂丨人於諸侯也禮記曲禮下丨者自稱曰某
注○丨謂丨之聘問師役之屬也禮記表記故君丨
其臣注
【試】說文丨用也从言式聲虞書曰明丨以功○丨補
也漢書酷吏王溫舒傳已而丨縣亭長注○丨與
弑同漢書五行志下之下受命之臣專征云試注○
故書丨爲考周禮槀人丨其弓弩司農注
【類】說文丨種丨相似唯犬爲甚从犬頪聲○丨族丨
也國語周語其丨維何注○丨謂種丨詩裳裳者
華序棄賢者之丨疏○丨物之種丨荀子臣道倫丨
以爲理注○丨謂同丨素問解精微論其行丨也注
○丨謂比丨荀子王制無法者以丨舉注○丨謂事
丨易繫辭下傳於稽其丨疏○品物相隨曰丨禮記

月令必比丨疏○丨之謂觸丨而長荀子禮論丨之
盡之注○丨法也太元逆失父丨也注○丨法也齊
曰丨方言七○丨亦象也國語周語比丨百則注○
丨謂丨象其行言於天子以求謚也通典一百四引
禮記王肅注○丨也者不忝前哲之謂也國語周語
○既葬見天子曰丨見禮記曲禮下○丨善也國語
楚語心丨德音注○無丨首尾乖戾荀子性惡齊給
便敏而無丨注○坤爲丨易睽其牛掣虞注○疐叐
之獸自孕而生曰丨列子天瑞○書泰誓下厥丨惟
彰墨子非命下作其行甚章○丨或作沛山海經南
山經其名曰丨注
【棄】說文棄捐也从廾推𠦒丨之从㐬㐬逆子也弃古
文丨𢍁籀文丨○丨忘也爾雅釋言○丨猶忘也
左氏昭十三年傳其庸可丨乎注○丨謂張丨也漢
書外戚傳下武皆表奏狀丨所養兒十一日注○丨
如流宥之刑周禮掌戮疏引易鄭注○今律謂絞刑
爲丨市史記高祖本紀偶語者丨市索隱○禮記喪
大記丨杖者釋文本亦作古弃字○孟子盡心上舜
視丨天下猶丨敝蹝也廣韻作如
脫敝屣○北海相景君銘弃臣子兮丨作弃鄭令景
君闕銘續母弃之吳仲山碑不幸弃世丨皆作弃
【餌】說文鬻粉餅也从鬻耳聲餌鬻或从食耳聲○丨
由釣丨也後漢書鄭興傳是以親爲丨注○丨謂
爲其所吞食漢書賈誼傳適足以丨大國耳注
【媚】說文丨說也从女眉聲○丨愛也書囧命便辟側
丨疏○丨謂容貌也禮記內則姆教婉娩聽從注
○丨道謂道妖衺巫蠱以自衒丨周禮內宰注若今
丨道疏
【鼻】說文丨引气自畀也从自畀凡丨之屬皆从丨○
丨出入氣高而有竅白虎通情性○丨爲肺之官

素問生氣通天論九竅不通注○艮爲丨易巽頻巽
虞注
【易】丨治也國語晉語而勤丨之注○丨亦平也漢書
鼂錯傳若夫平原丨地注○丨輕也左氏昭十八
年傳上不可丨注○丨亦輕也漢書王嘉傳吏民慢
丨之注○丨謂丨略易繫辭上傳乾以丨知疏○丨
是簡丨禮記檀弓下丨則丨疏○丨行謂簡丨兵備
左氏襄廿六年傳欒范丨行以誘之注○丨謂和丨
禮記樂記則丨直子諒之心油然生矣疏○丨謂佼
丨也易大壯喪羊于丨釋文引鄭注○丨猶省也公
羊宣六年傳是子之丨也注○不丨多難也左氏襄
三年傳以歲之不丨注○不丨言有難左氏昭四年
傳以歲之不丨注○有質而無文謂之丨野說苑修
文○乾爲丨易旅喪牛于丨虞注○丨讀爲難丨之
丨書盤庚中今予告汝不丨疏

轡說文丨馬丨也从絲从軎與聯同意詩云六丨如絲○丨御馬索也禮記曲禮上執策分丨疏

墜說文新附丨隊也从土隊聲古通用隊○丨落也爾雅釋詁○丨墮地也公羊文三年傳死而丨也注○隊亦墮也漢書西域傳上畜隊未半阬谷盡靡碎注○丨失也國語晉語敬不丨命注又文選諷諫詩宗周以丨注引應劭○隊亦丨也漢書天文志星隊至地則石也注引如淳○隊古丨字漢書叙傳下薄姬隊魏注○隊古丨字荀子禮論入焉而隊注○陳球碑不隊前軌丨作隊石經論語殘碑未隧於地西狹頌數有顛覆貫隧之患丨皆作隧

醉說文丨卒也卒其度量不至於亂也一曰潰也从酉从卒○酒卒其量謂之丨左氏昭十二年傳注去其丨飽過淫之心疏

議說文丨語也从言義聲○定本集本竝作丨俗本作儀者誤也詩北山或出入風丨疏

翅廣韻翄翅同○說文翄翼也从羽支聲翄丨或从氏○翄翼也廣雅釋器○翄翄飛貌也文選魏都賦翄翄精衞注○爾雅釋獸注張兩翄釋文本或作丨又作翨

避說文丨回也从辵辟聲○辟遠也禮記曲禮上左右攘辟疏○辟讀曰丨漢書五行志中之下宓齊戒辟寢注董仲舒傳辟知不可辟注戾太子傳辟暑甘泉宮注賈捐之傳狐疑辟難注胡建傳辟報故不窮審注韋元成傳士大夫多疑其欲讓爵辟兄者注何武傳辭位辟丁傳注游俠劇孟傳梁韓毋辟注○鄭讀辟爲丨詩七月序箋辟居東都疏

笥說文丨飯及衣之器也从竹司聲○丨盛衣竹器漢書貢禹傳輸物不過十丨注

幟集韻或作織亦作志○說文新附丨旌旗之屬从巾戠聲○丨旗也漢書李陵傳以黃與白爲丨注○志旗丨也史記張丞相列傳周昌爲職志索隱○旗旍丨旌旗之屬也史記漢書韓信傳人持一赤丨注○丨之屬丨卽總稱焉漢書高帝紀上旗丨皆赤注○丨幖也同上○丨幖也史記高祖本紀索隱引字詁○織長丈五尺廣半幅曰丨一切經音義五引墨子○織讀曰丨漢書食貨志下旗織加其上注○識讀與丨同漢書王莽傳下訖無文號旌旗表識注○志與丨同漢書周昌傳爲職志注叔孫通傳張旗志注○志與織字雖異音實同也詩六月箋織徽織也疏○志一作丨史記劉敬叔孫通列傳張旗志集解引徐廣○丨或作識或作志史記高祖本紀旗丨皆赤索隱

經籍纂詁卷第六十三補遺終

經籍籑詁卷第六十三下 去聲
經筵講官南書房行走禮部左侍郎兼署戶部左侍郎提督浙江學政阮元撰集
四寘下
粹 丨純也廣雅釋言又漢書賈誼傳集注引蘇林董
仲舒傳集注又呂覽用衆天下無丨白之狐注又
淮南原道丨之至也注說山不若狐裘而丨注〇丨
淳也漢書刑法志集注〇丨毛色之純也淮南時則
視肥臞全丨注〇不雜曰丨後漢張衡傳注又文選
吳都賦非醇丨之方壯劉注思元賦何道貞之淳丨
兮舊注〇不變曰丨易文言傳純丨精也崔注〇齊
同曰丨離騷昔三后之純丨兮注〇丨同也廣雅釋
詁四〇丨全也荀子王霸丨而王注正名所欲未嘗
丨而來也注〇丨專一也荀子非相丨而能容雜注

〇丨孰所著論甚精孰也荀子性惡折速丨孰而不
急注〇丨讀禍祟之祟淮南原道則純白不丨注時
則視肥臞全丨注〇丨讀爲碎
荀子儒效舍丨折無適也注
侍 丨從也華嚴經音義下引蒼頡〇丨使也廣雅釋
詁一〇丨近也廣雅釋詁三〇丨承也廣雅釋言
〇丨猶臨也禮記喪大記大胥丨之注〇丨亦養也
呂覽異用以養疾丨老也注〇丨時也尊者不言常
於時供所當進者也釋名釋言語〇丨謂丨坐孝經
曾子丨注〇丨丨立也荀子正論五祀執薦者百人
丨西房注〇丨丨見也呂覽報更文無以復丨矣注
〇卑在尊者之側曰丨也論語公冶長顏淵季路丨
皇疏先進閔子丨側皇疏又孝經曾子丨鄭注又釋
文〇卑者在尊者之側曰丨論語先進閔子丨側皇
疏〇丨人者謂當時丨衞於君不限內外猶言丨者
耳匡謬正俗四〇丨中有左右曹入丨天子故曰丨
中後漢邳彤傳注〇丨中左蟬右貂本秦丞相史往
來殿中故謂之丨中後漢獻帝紀注〇中常丨秦官
也後漢朱穆傳注〇今文丨作待儀禮士昏禮媵丨
于戶外注〇丨或爲待也荀子正論五祀執薦者百
人丨西房注〇左氏昭廿五年傳
使丨丨人僚相告公釋文丨本作寺
誼 丨之言宜也太元元數性丨注〇丨宜也裁制事
物使合宜也釋名釋言語〇丨有宜音匡謬正俗
六〇古文誼今作義同宜寄反一切經音義三引字
詁〇書序丨伯仲伯作典寶史記殷本紀作義伯仲
伯作典寶〇書典寶序
丨伯釋文丨本作義
師 丨長也國語齊語五鄉之丨丨之注〇軍丨諸將
也禮記月令賞軍丨武人於朝注〇丨謂軍將及
師丨旅丨至伍長也周禮大司馬丨以門名注〇丨
或作師漢書馮奉世傳集註〇左氏桓二年傳不稱

主丨釋文丨本作師列子黃帝
其國无丨長釋文丨或作師
厠 丨溷也漢書汲黯傳集注引如淳〇丨雜也一切
經音義二引蒼頡又漢書禮樂志集注〇厠雜也
言人雜厠在上非一也釋名釋宮室〇厠閒也廣雅
釋言〇丨次也文選秋興賦注引蒼頡〇丨邊側也
史記張釋之馮異傳居北海臨丨集解引蘇林〇居
高臨垂邊曰丨史記張釋之馮唐傳集解引如淳〇
高岸夾水
爲丨丨同上
寄 丨託也國語齊語令可以丨政注又漢書劉向傳
集注〇丨依也廣雅釋詁四〇丨謂客丨鬼谷子
本經陰符識氣丨注〇丨是暫丨有反之目也論語
泰伯可以丨百里之命皇疏〇物之儻來丨也莊子
繕性〇丨公者何也失地之君也儀禮喪服傳〇東
方曰丨禮記王制又後漢馬融傳注〇丨屏丨生也

廣雅釋草○丨生葛也廣雅釋木○
丨當爲羈周禮遺人以待羈旅杜注
丨怨也詩瞻卬維予胥丨傳又禮記檀弓下爲懿

忌 伯之丨不入注又左氏昭三年傳遇懿伯之丨注
又後漢張衡傳注孔融傳注又管子大匡諸侯加丨
於君注○丨畏也禮記中庸無所丨憚也釋文又左
氏昭元年傳幼而不丨注○所畏爲丨楚辭謬諫恐
犯丨而干諱注○丨憚家語正論殺人不丨爲賊注
○丨恐也廣雅釋詁四○丨禁也易象下傳居德則
丨注又淮南天文虹蜺彗星者天之丨也注○丨諱
者防禁也老子天下多丨諱注○丨惡也國語晉語
而丨處者注越語不丨其不祥乎注○丨有惡於人
也大戴記衛將軍文子不克不丨注○丨謂妬賢荀
子致仕隱丨蔽之人注○丨難也國語晉語好專
利而不丨注○丨敬也左氏昭元年傳非羈何丨注
○丨辭也詩大叔于田叔善射丨傳○丨日死日也

禮記喪大記朔月丨日則歸哭于宗室注○先王死
日爲丨名爲諱周禮小史則詔王之丨諱司農注○
丨日親亡之日禮記祭義丨日之謂也注○書多方
爾尚不丨于凶德說文言部作爾尚不惎于凶德○
國策齊策田丨史記田完世家作期思竹書作田期
○左氏文二年傳夏父弗丨禮記禮器作弗綦○莊
子則陽丨也出走釋
文丨元嘉本作亡

貳 丨副也易坎丨用缶虞注又周禮小宰掌邦之六
典八灋八則之丨司農注大司寇皆受其丨而藏
之注大行人丨車九乘注又儀禮既夕記丨車注又
禮記曲禮上取丨綏注王制七十丨膳注又國語魯
語大夫有副車注晉語君之丨也注又荀子賦憼革
丨兵注○丨猶副也周禮大史以丨六官注司勳大
功司勳藏其丨注○丨亦副周禮道僕掌丨車之政
令注○丨猶副丨也後漢仲長統傳注○三丨三益
副之也周禮酒正大祭三丨司農注○丨室副宮也
孟子萬章下帝館甥於丨室注○丨車象路之副也
周禮馭夫掌馭丨車從車使車注○丨令者謂若今
御史所寫下本奏王所可者書之周禮職內受其丨
令而書之注○丨謂小宰小司徒小宗伯小司馬小
司寇小司空也周禮大宰立其丨注○丨二也廣雅
釋詁四又國語越語無是丨言也注又孟子盡心上
殀壽不丨注又楚辭惜誦事君不丨兮注○丨之言
二也禮記王制喪事不丨注○丨二心也國語晉語
從君而丨注周語百姓攜丨注○丨再也家語弟子
行行不過丨注○丨不一也禮記緇衣長民者衣服
不丨注○丨卽倍也荀子天論脩道而不丨注○丨
益也廣雅釋詁二○丨謂再益管子弟子職周還而
丨注○丨爲兼重也文選西京賦察丨廉空薛注○
丨謂重殺膳也禮記曲禮上雖丨不辭注○丨猶別
也國語晉語子盍蚤自丨焉注○丨離異也後漢光

武紀上注○丨代也左氏僖十五年傳其丨丨圍也
注○丨變也國語周語事成不丨注○不丨不差丨
也文選思元賦恭夙夜而不丨兮舊注○丨疑也爾
雅釋詁又國語晉語不可以丨丨無成命注又列子
仲尼而不丨也釋文○丨敵也左氏哀七年傳君之
丨也注○丨業也太元夷𢧵幽丨埶夷內注○丨癸
也廣雅釋言○丨汙也同上○丨當爲二易繫辭下
傳因丨以濟民行鄭注○周禮司盟既盟則丨之儀
禮覲禮注作既盟則藏之○國語周語平民無丨儀
禮大射儀注作平民無忒○禮記中庸其爲物不丨
釋文丨本作貣○禮記緇衣
衣服不丨釋文丨本作貸

萃 丨聚也易彖下傳雜卦傳又左氏昭五年傳既而
丨於王卒注又論語泰伯集解處萃丨而不自異
釋文又廣雅釋詁三又孟子公孫丑上拔乎其丨注
又莊子徐無鬼禍之長也茲丨注又楚辭湘夫人鳥

何丨兮蘋中注○丨者聚也易序卦傳○丨集也詩墓門有鴞丨止傳又左氏成十六年傳而三軍丨于王卒注昭七年傳丨淵藪注又左氏宣十二年傳若丨于我釋文襄廿九年傳晉國其丨于三族乎釋文又小爾雅廣言又方言三方言十三又國語齊語羣丨而州處注楚語則三丨以攻其王族注又漢書司馬相如傳上集注揚雄傳下集注引晉灼又楚辭天問孰使丨之注又文選鵩鳥賦異物來丨兮注長門賦翡翠脅翼而來丨兮注○丨集也聚也穆天子傳賜七丨之士戰注○丨止也楚辭天問北至回水丨何喜注○丨猶至也文選西京賦悵懷丨薛注○丨待也方言十二○丨垂貌詩芄蘭垂帶悸兮釋文引韓詩○丨蔡猶璀璨也史記司馬相如傳噏呷丨蔡索隱引郭璞○丨蔡衣聲也史記司馬相如傳集解引漢書音義○丨與顇同荀子富國勞苦頓丨而愈無功注禮論說豫娩澤憂戚丨惡注子道勞若彫丨而能無失其敬注

穗 丨秀也詩黍離彼稷之丨傳○共丨嘉禾也文選顏延年曲水詩序䅘莖素毳并柯共丨之瑞注○丨果羸也呂覽審時疏穖而丨大注○書禹貢傳謂禾丨釋文丨本作穟歸禾傳合爲一丨釋文丨本作穟

二 丨者陰陽之數也說苑辨物○丨三者天地相承覆之數也周禮媒氏令男三十而娶女丨十而嫁注○丨爲陰爻後漢楊震傳注○丨謂乾與坤也易繫辭下傳因丨以濟民行虞注○丨尊兩甒也儀禮少牢饋食禮乃啟丨尊之蓋幂注○丨疑也呂覽應言令丨輕臣也注○丨事謂事不專一也後漢傅毅傳注○丨青黃也呂覽順民色禁丨注○故書丨爲三杜子春云當爲丨周禮內宰以作丨事注

丨帬也廣雅釋器○丨陳魏之閒謂之丨方言四

帔 ○丨披也披之肩背不及下也釋名釋衣服

臂 丨裨也在旁曰裨也釋名釋形體○肱謂之丨廣雅釋親○肩丨臑肱骨儀禮少牢饋食禮肩丨臑注○手後爲丨太元元數二爲丨脛注○丨手呂覽順民交丨而僨注○丨左丨也儀禮有司徹丨一注腊丨注○丨左體丨儀禮特牲饋食禮記胙俎丨注○丨前脚也山海經北山經滑水其中多水馬其狀如馬文丨注○弩其柄曰丨似人丨也釋名釋兵○楚馯丨字子弓見史記仲尼弟子傳○周禮內饔馬黑脊而般丨釋文丨本作辟考工記弓人注變謂蕭丨用力異校疾也釋文丨本作辟禮記少儀丨臑釋文丨本作辟公羊莊十二年傳丨摋仇牧釋文丨本作辟○禮記內則馬黑脊而般丨丨釋文丨本作擘○莊子大宗師以汝爲蟲丨乎釋文丨本作腸

嗣 丨繼也爾雅釋詁又書舜典序將使丨位傳洪範禹乃丨興傳又國語鄭語文之胙盡武其丨乎注又荀子哀公若天之丨其事不可識注又楚辭思古閔先丨之中絕兮注○丨續也詩子衿子寧不丨音箋又左氏襄十九年傳所不丨事於齊者注襄卅年傳誰其丨之注又管子版法遠近高下各得其丨注又呂覽樂成其使誰丨之注○丨習也詩子衿傳○丨丨世也國語魯語苟芊姓實丨注○丨亦世俱謂子書大禹謨罰弗及丨賞延于世傳○承丨謂冢子也大戴記曾子立事使弟猶使承丨也注○丨主人將爲後者儀禮特牲饋食禮丨舉奠注○丨古文孠同辭利反一切經音義二○詩子衿釋文丨音韓詩作詒○書舜典舜讓于德弗丨史記五帝紀作舜讓於德不懌○齊慶丨字子息見左氏襄廿六年傳

吹 丨者所以通氣也管簫竽笙塤篪皆以鳴吹者也文選邱希範侍宴樂遊苑詩注引蔡邕月令章句

○莊子駢拇注從容
丨累釋文丨本作炊
遂
丨成也周書史記丨事驚予注又國語晉語吾必
丨矣注置而不丨注又漢書景帝紀集注董仲舒
傳集注嚴安傳集注霍光傳集注疏廣傳集注魏相
傳集注匡衡傳集注薛宣傳集注董賢傳集注王莽
傳上集注王莽傳下集注又荀子禮論動而遠所以
丨敵也注又呂覽去私而萬物得丨長焉注孝行五
行不丨注下賢文王造之而未丨注又淮南時則百
事乃丨注氾論管仲輔公子糾而不能丨注○丨成
也申也漢書傳喜傳集注○丨成也達也漢書景帝
紀集注○丨終也周書太子晉逡巡而退其不丨注
○丨竟也廣雅釋詁三又漢書灌夫傳集注○丨猶
竟也漢書五行志中之上集註陳平傳集注霍光傳
集注○丨者竟也周髀算經下二十蔀為一丨注○
丨盡也素問六節藏象論請丨聞之注六元正紀大

論請丨言之注○丨往也廣雅釋詁一又楚辭天問
丨古之初注○丨達也漢書司馬相如傳上集注又
管子君臣下選賢丨材而禮孝弟注又呂覽圜道丨
於四方注孟夏丨賢良注○丨猶達也漢書張釋之
傳集注主父偃傳集注○丨通也淮南精神能知大
貴何往而不丨注○丨行也廣雅釋詁一又國語晉
語無不丨也注又書大傳昔者三王慤然欲錯刑丨
罰注○丨申也國語晉語是丨威而遠權注又漢書
武帝紀集注王陵傳集注○丨育也廣雅釋言又國
語齊語丨滋民注○丨長也國語齊語犧牲不略則
牛羊丨注○丨猶長也呂覽振亂而丨桀紂之過也
注○丨生也後漢杜篤傳注○丨者何生事也公羊
桓八年傳○丨偏也漢書宣帝紀集注引文穎蕭望
之傳集注○丨猶偏也詩長發丨視既發箋○丨出
也春秋元命苞歲之為言丨也注○丨瑞也詩芄蘭
容兮丨兮箋○丨道也文選漢高祖功臣頌注引春

秋演孔圖宋注○丨泱也國語吳語以能丨疑計惡
注○丨安也詩雨無正飢成不丨傳○丨進也易大
壯不能丨虞注○丨直丨也穀梁襄十年傳○丨丨
作也爾雅釋訓○丨從意也文選閒居賦注引聲類
○丨猶究也漢書藝文志集注○丨猶延也漢書外
戚傳集注○丨猶久也詩氓言既丨矣箋侯人不丨
其媾傳又太元交窔可丨也注○丨猶順也國語周
語而行以丨八風注○丨猶因也儀禮燕禮丨卒爵
注聘禮丨命使者注○丨因循也荀子王制小事殆
乎丨注○因事曰丨書康王之誥序丨誥諸侯傳○
丨繼事也穀梁僖四年傳僖十五年傳文七年傳宣
元年傳宣十八年傳襄十二年傳昭五年傳○丨兩
事之辭左氏僖三年經丨伐楚注○兩事故曰丨左
氏定七年經丨侵衞注○順政曰丨周書常訓○丨
之謂不時除也荀子禮論若駟之過隙然而丨之則
是無窮也注○陶陶丨丨相隨行之貌禮記祭義及

祭之後陶陶丨丨注○丨以入因道之儀禮聘禮丨
以入竟注○丨射韝也以朱韋為之著左臂所以丨
弦也儀禮大射儀袒決丨注○丨田首受水小溝也
周禮稍人以丨均水注○丨者夫閒小溝考工記匠
人廣二尺深二尺謂之隧注○五縣為丨周禮遂人
○丨溝洫澮皆所以通水於川也丨廣深各二尺周
禮遂人凡治野注○鄰里酇鄙縣丨猶郊內比閭族
黨州鄉也周禮遂人以土地之圖經田野注○丨謂
徑隧水中可涉之徑也荀子大略溺者不問丨注○
丨謂王國百里外周禮地官序官丨人司農注○丨
當作隧春秋演孔圖使開階立丨注○易震震丨泥
釋文丨荀本作隊○禮記祭義陶陶丨丨釋文丨本
作燧○老子功丨身退釋文丨本作成○書費誓魯
人三郊三丨史記魯周公世家作隧○左氏桓十三
年傳丨見楚子漢書五行志中之上作遽見楚子
○史記魯周公世家東門丨索隱曰系本作述

恣 |放呂覽禁塞而無道者之|行注○|於|也
垂己而牛|所以禁民使不得自|也注○|從也呂覽
置也廣雅釋詁四○|代也方言三○|睢猶放縱
也史記李斯傳有天下而不|睢索隱○|睢縱心
肆志也晉書音義中○|睢矜放之貌荀子非十二
子縱情性安|睢禽獸之行注○|睢肆怒之貌也
後漢西羌傳注○|睢肆怒貌後漢荀彧傳注○|
睢矜夸也荀子解蔽無正而|睢注○|睢自得貌
莊子大宗師遙蕩|睢釋文引李王注○|唯自用
之貌也後漢崔駰傳注○|睢自任用之貌後漢董
卓傳注○|睢猶毁訾也史記禮書暴慢|睢索隱

四 |主時大戴記易本命○|尺者中央之制也春
秋繁露循天之道○|時|方各一時釋名釋天
○|矢乘矢詩猗嗟|矢反兮傳○路下|謂乘馬
也儀禮覲禮路下|亞之注○感應旁通爲|達莊

子山木始用|達注○|野|方之野也後漢馬融
傳注○|校|面之校後漢竇憲傳注○|當爲三
字之誤大戴記公冠公冠|加元冕注○|當爲三
古書作三|或皆積畫此篇又多|字字相似由北
誤也儀禮覲禮|享注○詩四牡|牡騑騑儀禮旣
夕疏作駟牡騑騑○左氏定十年傳公子地有白馬
|漢書五行志下之上
作公子地有白馬駟

驥 |駿馬也莊子秋水騏|驊騮釋文引李注○|
千里善馬也莊子馬蹄注駑|名適于身而足釋
文○|古之善馬也論語
憲問|不稱其力釋文

季 |少也詩采蘋有齊|女傳又禮記月令|春之
月注又廣雅釋詁三○|少子也詩陟岵母曰嗟
予|行役傳○|人之少子也詩候人|女斯飢傳
○|者幼也白虎通姓名○|猶稺也周禮山虞凡
服耜斬|材注○|小也儀禮特牲饋食禮挂于|
指注○|猶小也儀禮少牢饋食禮挂于|指注○
|末也國語晉語雖當三|之王注又楚辭天問該
秉|德注恒秉|德注○|謂末年文選天監三年
策秀才文齊|斯甚注○|至也國語周語叔迮|
伐注○|者有中之辭也穀梁昭廿五年傳○伯仲
叔|長幼之稱儀禮士冠禮曰伯某甫仲叔|唯其
所當注○叔父之弟曰|父|癸也甲乙之次癸最
在下|亦然也釋名釋親屬○|母叔母也後漢西
域傳注○|綃細綃也管子乘馬|絹三十三制當
一鎰注○史記仲尼
弟子傳冉|字子產

刺 |箴也廣雅釋詁二○|舉也國策齊策面|寡
人之過者注○|謂撥也考工記冶氏與|重三
鋝司農注○|謂采取之也史記封禪書|六經中
作王制索隱引小顏○|至也史記酷吏傳|骨索

隱○|探謂候伺也後漢章帝紀注○|史郎州牧
也後漢朱浮傳注○|史行郡國省察政教黜陟能
否斷理冤獄也後漢光武紀上注引漢官典儀○書
稱|書以筆|紙簡之上也釋名釋書契○下官|
曰長|長書中央一行而下也又曰爵里|書其官
爵及郡縣鄉里也釋名釋書契○|鋒也淮南氾論
脩戟無|注○凡草木|人自關而西謂之|方言
三○|猶非淮南說林|我行者欲與我交注○|
責詩瞻卬天何以|傳○|絕也荀子富國|中殖
穀注○|殺也爾雅釋詁又周禮秋官序官司刺注
小司寇以三|斷庶民獄訟之中注司刺掌三|三
宥三赦之灋注又禮記王制必三|釋文左氏僖廿
八年傳不卒戍|之釋文又穀梁僖廿八年經公子
買戍衛不卒戍|之注又國語晉語|懷公於高梁
注遂|欒盈注又國策秦策無|一虎之勞注又漢
書刑法志集注○|之者何殺之也公羊傳廿八年

傳○丨兵矛屬考工記廬人丨兵欲無蜎注○丨謂
矛刃胷也考工記廬人去一以爲丨圍司農注○丨
耒下前曲接耜者考工記車人爲耒注○丨者著柲
直前如鐏者也考工記冶氏人與丨重三鋝注○丨字
之傷應爲朿今亦作朿顏氏家訓書證○爾雅釋草
萊丨釋文丨本作莿○爾雅釋訓丨素食也釋文丨
本作誎○史記秦本記
丨龔公正義丨又作利

【駟】丨四馬也詩淸人丨介旁旁箋又論語顏淵丨不
及舌皇疏又家語子路初見及文馬四十丨注○
四馬曰丨後漢馮衍傳注又文選陽給事誄如彼騑
丨注○四馬爲丨楚辭招魂靑驪結丨兮注○千丨
四千匹也後漢濟南安王康傳注又孟子萬章上繫
馬千丨注○丨馬也禮記三年問若丨之過隙釋文
○丨天丨房星也國記周語丨見而隕霜注○天丨
房星也國語周語月在天丨注○龍爲天馬故房四

星謂之天丨爾雅釋天天丨房也孫注○丨逐也廣
雅釋詁三○丨當爲四聲之誤也禮記樂記天子夾
振之而丨伐注○詩大明丨騵彭彭公羊隱元年疏
作四騵彭彭○詩駟鐵丨鐵孔阜說文馬部作四鐵
孔阜

【柶】丨匕也廣雅釋器○角丨角匕也以楔齒周禮玉
府角柶角丨司農注○丨狀如匕以角爲之者欲
滑也儀禮士
冠禮角丨注

【泗】丨水名也書禹貢丨濱浮磬釋文又家語屈節以
撫丨上諸侯注又文選曹子建雜詩淮丨馳急流
注○丨在魯城北又曰南門國語魯語宣公夏
濫於丨淵注○自鼻曰丨詩澤陂涕丨滂沱傳

【識】丨幟也有章幟可按視也釋名釋言語○丨猶表
丨史記孝武紀文鏤無款丨索隱○儀禮士喪禮

注故以其旗丨之釋文丨本作試左氏
昭廿一年傳注徽丨也釋文丨本作幟

【痣】本作誌○誌記也史記高帝紀左股有七十二黑
子正義○丨吳楚謂之誌同上

【誌】或作識通作志亦作幟○丨記也一切經音義十
六引字詁○識記也周禮保章氏掌天星以志星
辰日月之變動注又漢書郊祀志上集注二見郊祀
志下集注張安世傳集注霍光傳集注黃霸傳集注
外戚傳上集注元后傳集注又後漢崔駰傳注傳燮
傳注禰衡傳注○志記也左氏成十四年傳志而晦
注又國語周語是皆明神之志者也注晉語志德義
之府也注大成子道前志注吳語此志也豈遽忘於
諸侯之耳乎注又漢書律厤志上集注五行志中之
上集注溝洫志贊集注劉歆傳集注二見賈誼傳集
注引李奇敘傳下集注又後漢章帝紀注又孟子滕
文公上且志曰注滕文公下且志曰注又荀子王霸

則舉義志也注臣道必謹志之注大略聘禮志曰注
又莊子逍遙游齊諧者志怪者也釋文○幟記也後
漢虞詡傳注○丨者記也漢書高帝紀上集注○志
記之也列子湯問夷堅聞而志之釋文○私記曰幟
一切經音義三引通俗文○志古記也呂覽貴當志
曰驕惑之事注○志記也謂志記之言也孟子音義
上引丁音○志謂記也春秋傳所謂周志國語所謂
鄭書之屬是也周禮小史掌邦國之志司農注○志
記也謂若魯之春秋晉之乘楚之檮杌周禮外史掌
四方之志注○志古之書也家語正論志有之注○
志識也左氏昭四年傳且曰志之注又論語子張博
學而篤志皇疏又大戴記武王踐阼無懃弗志注又
廣雅釋詁二又國語魯語弟子志之注晉語志道者
勿忘注彊志而用命注而主弗志注又漢書劉歆傳
集注又荀子脩身有法而無志注○志記識也荀子
天論所志於天者注哀公志古之道注○志旗幟也

史記張丞相傳爲職志索隱○幟標也史記高祖紀索隱引字林○志謂章識禮記檀弓上公西赤爲志焉注○志亦謂章識禮記檀弓上公明儀爲志焉注○志古文識周禮保章氏掌天星以志星辰日月之變動注○丨今作識一切經音義十六引字詁○志一作幟史記劉敬叔孫通傳張旗志集解引徐廣○論語子張賢者識其大者不賢者識其小者漢書劉向傳作賢者志其大者不賢者志其小者漢石經亦作志

寐 丨臥也廣雅釋言又後漢質帝紀注○不脫冠帶而臥曰假丨楚辭通路假丨兮愍斯注○丨寢也詩關雎寤丨求之傳○丨瞑也國語晉語歸寢不丨注○丨謐也靜謐無聲也釋名釋姿容○丨猶死也文選歎逝賦寤寐大葬之同丨注○丨魚卽鮇魚山海經東山經諸鉤之山多丨魚注

魅 本作鬽○丨怪物左氏宣三年傳螭丨罔兩注又服注○百物之神曰鬽周禮凡以神仕者致地示物鬽注○古文丨魁二形今作鬽同一切經音義六○祙卽丨也山海經海內北經祙注○左氏宣二年傳魑丨罔兩釋文丨本作鬽昭九年傳以禦魑丨釋文丨本作鬽

邃 丨深也禮記玉藻釋文又廣雅釋詁三又小爾雅廣詁又漢書任敖傳集注又離騷閨中旣丨遠兮注招魂高堂丨宇注○丨古猶遠古也後漢班彪傳下注○前後丨延者言皆出冕前後而垂也禮記玉藻前後丨延注○丨古文㒸同一切經音義二

燧 或作㒸○丨火也文選西京賦升觴舉丨薛注○丨火丨左氏定四年傳王使執丨象以奔吳師注○丨烽也後漢西羌傳注○多積薪寇至卽燔之望其煙曰丨後漢光武紀下注○丨火鏡禮記內則小觿金丨釋文○丨取火者左氏文十年傳命夙駕載丨注○金丨可取火於日禮記內則小觿金丨注○木丨鑽火也禮記內則大觿木丨注○鑒丨取水火於日月之器也考工記輈人謂之鑒丨之齊注○陽丨五石之銅精仰日則得火華嚴經音義上引崔南許注○丨造火者丨人因以爲名也一切經音義十引世本○丨古文作鐆㒸二形一切經音義五○㒸古丨字漢書韓安國傳集注

隧 或省作隊○丨道也詩桑柔大風有丨傳又禮記曲禮上出入不當門丨注又左氏文元年傳大風有丨釋文襄十八年傳連大車以塞丨釋文哀十三年傳爲二丨注又國語魯語具舟除丨注又後漢袁紹傳注又莊子馬蹄山無蹊丨釋文引崔注天地篇丨而入井釋文引李注又淮南兵略丨路亟注○隊道也廣雅釋室○丨道路也史記春申君傳而不知干丨之敗索隱○丨潛道也素問調經論五藏之道

皆出於經丨注○丨列肆道也後漢班彪傳上注○丨向市路文選吳都賦輕輿按轡以經丨注○丨羨道也周禮冢人以度爲邱丨注○丨延道也禮記喪大記注天子若有丨釋文又一切經音義廿一引聲類○丨若今延道左氏隱元年傳丨而相見注○丨今之延道左氏僖廿五年傳請丨弗許釋文○掘地通道曰丨後漢陳蕃傳注○闕地通路曰丨左氏僖廿五年傳請丨弗許注○丨謂掘地爲埏道王之葬禮也後漢趙咨傳注○丨王之葬禮國語晉語公請丨注○丨徑也左氏襄廿五年傳當陳丨者注○丨蹊徑也左氏文元年傳大風有丨注○丨回也莊子天地若石之隊釋文○五縣爲丨左氏襄八年傳令丨正納郊保注○廣二尺深二尺謂之丨考工記匠人○于上之攡謂之丨考工記鳧氏○丨在鼓中窐而生光有似夫丨考工記鳧氏注○丨謂車輿深也讀如鑽燧改火之燧考工記輿人去一以爲丨司農

注○丨讀如遂字之遂考工記輿人注○丨讀爲墜荀子儒效至共頭山丨注○丨讀爲隨荀子非相莫肯下丨注○丨篆文從火古字通文選北征賦登鄣丨而遙望兮注○考工記匠人廣二尺深二尺謂之丨釋文丨本作遂

穟 丨丨苗也爾雅釋訓○丨丨苗好美也詩生民禾役丨丨傳○丨丨言茂好也爾雅釋訓注○挺丨苗莖也文選射雉賦瞻挺丨之傾掉徐注

襚 丨送也廣雅釋詁四○丨遺也古微書引春秋說題辭○丨之言遺也儀禮士喪禮君使人丨注○丨之爲言遺也白虎通崩薨○丨猶遺也遺是助死之禮知死者贈丨公羊隱元年傳衣被曰丨注○衣服曰丨禮記文王世子賵賻承含釋文又左氏昭九年傳且致閻田與丨注又荀子大略○衣服謂之丨

小爾雅廣名○丨贈喪之衣服公羊文九年傳成風之丨釋文○衣衾曰丨穀梁隱元年傳又後漢趙咨傳注○衣被曰丨公羊隱元年傳又儀禮士喪禮君使人丨注又白虎通崩薨○衣被曰丨養死具也古微書引春秋說題辭○丨送死衣左氏文九年經秦人來歸僖公成風之丨注

璲 丨瑞也爾雅釋器又詩大東鞙鞙佩丨傳○丨者王瑞爾雅釋器注

檖 丨蘿爾雅釋木○丨赤羅也詩晨風隰有樹丨傳○丨今楊丨也爾雅釋木注○丨順也淮南齊俗披斷撥丨注○丨遺也廣雅釋詁三○丨讀爲遂荀子禮論疏房丨貌越席牀第几筵注○詩晨風釋文丨本作遂○詩晨風隰有樹丨說文木部作隰有樹椽

繸 丨綬也爾雅釋器○丨郎佩玉之組所以連繫瑞玉者因通謂之丨爾雅釋器注

睟 丨面色潤也華嚴經音義上引孟子注○丨然潤澤之貌也孟子盡心上丨然見於面注○丨純也太元將元丨注○色純曰丨法言君子牛元騂白丨而角注○丨君道也太元元衡○丨文之道或淳或班同

上

顇 又作瘁亦作悴○丨顦丨也荀子王霸勞苦耗丨莫甚焉注○丨病也爾雅釋詁又漢書王莽傳上集注○瘁病也詩雨無正憯憯日瘁傳維躬是瘁箋蓼莪生我勞瘁箋四月盡瘁以仕傳瞻卬邦國殄瘁傳又左氏文六年傳邦國殄瘁釋文襄卄六年傳邦國殄瘁注又大戴記用兵六畜餧背注又後漢王允傳注又呂覽下賢卑爲布衣而不瘁攝注又文選高唐賦使人心瘁注○瘁瘁病也莊子達生使天下瘁瘁焉釋文○瘁憂也文選歎逝賦注引蒼頡○悴憂也廣雅釋詁一○瘁猶毀也文選歎逝賦悼堂構之

隤瘁注○悴傷也廣雅釋詁二○悴傷也宋謂之悴方言一○丨純也太元劇貞丨注○燋悴三蒼作顦丨一切經音義六○丨古悴字漢書五行志下之下集注引如淳楊雄傳上集注○瘁古文丨悴三形一切經音義十一○瘁與悴古字通文選歎逝賦慼貌瘁而鬱歎注○瘁當字誤爲餧也大戴記用兵六畜餧背注○爾雅釋詁咎丨釋文丨本作悴○詩北山或盡瘁事國漢書五行志作或盡丨事國左氏昭七年傳作憔悴○詩瞻卬邦國殄瘁漢書王莽傳作邦國殄丨○詩四月盡瘁以仕釋文瘁本作萃出車僕夫況瘁釋文瘁本作萃左氏襄卄八年傳車甚澤人必瘁釋文丨本作萃○莊子達生使天下瘁瘁焉釋文瘁崔本作醉

諡 丨號也文選洞簫賦幸得丨爲洞簫兮注○丨猶號也文選喻巴蜀檄丨爲至愚注○諡曳也物在

後爲鬼言名之於人亦然也釋名釋典藝○丨悉也生存之行終始悉錄之以爲丨也詩文王箋崩丨曰文釋文○謚之爲言引也引列行之跡也所以進勸成德使上務節也白虎通謚○丨法也法地也法月也月己入有餘光也同上○謚所以名功莊子徐無鬼死無丨注○丨者行之迹也周書謚法又禮記檀弓下其子戌請丨於君注樂記聞其丨注表記先王丨以尊名注又春秋說題辭又漢書戾太子傳司馬相如傳下集注又論衡福虛須頌○丨所以成德也穀梁桓十七年傳閔元年傳文元年傳○丨者行之迹所以表德穀梁桓十七年傳丨所以成德也注○丨者別尊卑彰有德也白虎通謚○誄生時所行爲之丨論衡道虛○丨死後之稱藝文類聚引五經通義○丨靜也爾雅釋詁○丨愼也詩文王箋崩丨曰文釋文○衡方碑謚以旌德丨作謚

【梓】丨雌也廣雅釋獸

【植】丨立也太元元瑩丨表施景注○丨豎也論語微子丨其杖而芸皇疏○丨倚也論語微子集解引孔注○丨槌也文選藉田賦注引蒼頡○丨槌也廣雅釋器○丨行列也莊子田子方則列士壞丨散羣釋文引司馬注○丨將主也左氏宣二年傳宋城華元爲丨注○丨蠶槌也禮記月令具曲丨籧筐釋文○蘭謂之丨廣雅釋器○丨者疆界頭造屋以待詠者也莊子田子方則列士壞丨散羣釋文○戶旁柱曰丨丨亦縣薄柱也一切經音義七○丨戶持鏁丨也爾雅釋宮注引埤蒼

【織】丨盛也爾雅釋言又詩六月玁狁孔丨傳十月之交豔妻扇方丨釋文載芟箋俶載當作丨菑釋文又太元應丨承于天注○丨炊也考工記鍾氏三月而丨之注又禮記月令湛丨必絜注○丨赤也書禹貢厥土赤埴墳鄭注○禮記月令湛丨必潔周禮酒正注作湛饎必潔丨皷丨也詩六月丨文鳥章箋○文丨畫及錦繡

【織】周禮玉府兵器文丨注○丨讀曰幟漢書食貨志下集注陳陽傳集注

【食】丨養也左氏文十八年傳功以丨民注○丨飯也易坎注二簋之丨釋文又周禮膳夫掌王之丨飲膳羞注○丨飯屬也禮記曲禮上丨居人之左注又釋文又論語述而飯疏丨釋文○丨飤也禮記內則丨釋文○丨餅也左氏桓二年傳粢丨不鑿釋文○凡丨養陰氣也禮記郊特牲○丨謂祿廩荀子禮論君者既能丨之矣又善教誨之者也注○丨猶和齊藥之類周禮天官序官丨醫注○丨者其庶羞美可丨者也周禮掌客丨四十注○丨謂虞祭也禮記檀弓既葬而丨之釋文○饋丨薦孰也周禮籩人饋丨之籩注○飲丨燕饗也周禮宰夫掌其牢禮委積膳獻飲丨賓賜之飧牽注○饗丨君親爲主尊賓也儀禮聘禮記燕則上介爲賓注○丨讀曰飤漢書景帝紀集注成帝紀集注二見食貨志上集注食貨志下集注二見郊祀志上集注二見五行志中之上集注五行志中之下集注韓信傳集注張良傳集注鄒陽傳集注蘇武傳集注霍去病傳集注董仲舒傳集注李廣利傳集注二見朱買臣傳集注主父偃傳集注段會宗傳集注貢禹傳集注兩龔傳集注丙吉傳集注丌賞傳集注西南夷傳集注西域傳上集注二見西域傳下集注王莽傳下集注○爾雅釋器注見公丨大夫禮釋文丨本作飤爾雅釋鳥注鳥子須鳥飼之釋文丨本作飤○左氏宣十一年傳注糇乾丨也釋文丨本作飯○周禮羊人注丨饔積膳之羊釋文丨本作飧○左氏莊四年傳注享丨也釋文丨本作會

積|衆多也公羊莊十七年傳瀸|也注○|𥺂米
禾薪左氏僖卅三年傳居則具一日之|注○賓
所停止則|周禮司儀主國五|注○|所以給賓
客之用周禮牛人共其牢禮|膳之牛注○少曰委
多曰|皆所以給賓客周禮大司徒令野脩道委|
注○委|謂牢米薪芻給賓客道用也周禮宰大掌
其牢禮委|膳獻飲食賓賜之飧牽注○|故書爲
眺周禮羊人凡沈辜侯禳釁|注○|或爲貨禮記
儒行不祈
多|注

忮|害也詩雄雉不|不求傳瞻卬鞫人|忒傳又
論語子罕不|不求集解引馬注又皇疏又莊子
齊物論大勇不|釋文達生雖有|心者不怨飄瓦
釋文天下不|于衆釋文引司馬崔注又淮南齊俗
恭儉而|注○|恨也漢書地理志下集注匡張孔
馬傳音義引字書○|很也詩雄雉釋文引字書○

|佷也廣雅釋詁三○|惡也呂覽慎行行|之故
也注○|逆也莊子天下不|於衆注○察之而殘
者|也荀子榮辱○|健也莊子齊物論大勇不|
釋文引李注○|堅也漢書匡衡傳集注外戚傳下
集注又後漢桓譚傳注○|弊也漢書匡張孔馬傳
音義引如淳○|音泊漢書匡張孔馬傳音義引韋
昭○詩瞻卬鞫人|忒
廣韻五寘作鞫人伎忒

被|覆也楚辭招魂皐蘭|徑兮注○|猶覆也漢
書禮樂志集注○|亦覆也文選東京賦秋蘭|
涯薛注○|加也廣雅釋詁二又史記高祖紀高祖
|酒正義又漢書高帝紀上集注刑法志集注地理
志上集注張湯傳集注王商傳集注翟義傳集注李
延年傳集注南粵傳集注王莽傳中集注又後漢魯
丕傳注○從加恩謂之|也華嚴經音義下引珠叢
○|表也儀禮士昏禮記笄縭|纁裏注○|及也

書禹貢西|于流沙傳又鬼谷子符言其|節無不
肉注○|猶及也後漢班彪傳上注○|合也管子
立政俗之所|注○|具也史記絳侯周勃世家甲
楯五百|集解引張揖又漢書周勃傳集注引張晏
○|猶負也後漢賈復傳注○在背曰|楚辭涉江
|明月兮珮寶璐注○|服之也國語周語夫子|
|之矣注○|猶衣也文選陸士衡挽歌詩龍幰|
廣柳注○|猶帶也漢書韓王信傳集注○|翦也
淮南原道於是民人|髮文身注○|麗分散貌也
文選甘泉賦紛|麗其亡鄂注○扆|謂之|巾方
言四○|中婦人領巾也方言四注○|首飾也詩
采蘩|之僮僮傳○|把中也考工記廬人以其一
爲之|而圍之注○|錫讀爲髲髢儀禮少牢饋食
禮主婦|錫注○儀禮少牢饋食禮主婦|錫周禮
追師注作主婦髲髢○|讀曰披漢書揚雄傳上集
注○|讀光|四表之|也淮南俶眞|施頗烈注

○|音光|之|史記南越尉佗傳郎|佗書集解
引韋昭○|讀如光|之|漢書揚雄傳上音義引
韋昭○|音|馬之|漢書地理志上集注韓王信
傳集注引李奇○|音罷軍之罷漢書地理志上集
注○莊子知北遊齧缺問道于|衣釋文|本作披
○孝經無思不|釋文|本作服○靈臺碑德彼四
表表|
作彼

芰|蔆也國語楚語屈到嗜|注○|蔆也秦人曰
薢茩離騷製|荷以爲衣兮注招魂雜|荷些注
○楚人謂蔆爲|禮記祭義注屈到嗜|釋文○楚
人名蔆曰|爾雅釋草釋文引字林○|蔆角交茖
也淮南本經夫容|荷注○列子說
符夏日則食菱|注|一本作芰

懿|美也爾雅釋詁又易象上傳君子以|文德虞
注又詩烝民好是|德傳時邁我求|德箋又左

氏文十八年傳忠肅恭丨注僖廿四年傳不廢丨親注又周書祭公公其告予丨德注又國語周語我求丨德注又漢書韋元成傳集注谷永傳集注楊雄傳上集注又後漢張衡傳注荀悅傳注又文選東京賦東京之丨未罄薛注幽通賦丨前烈之純淑兮曹注思元賦姑純丨之所廬舊注○丨鑠並美也後漢班彪傳下注○丨深也小爾雅廣詁又楚辭逢尤丨風后兮受瑞圖注○丨篋深篋也詩七月女執丨筐傳○丨優也言與優也釋名釋言語○柔克爲丨周書諡法○溫柔聖善曰丨周書諡法又獨斷下○溫和聖善曰丨後漢桓帝懿獻梁皇后紀注○丨丨芳貌楚辭離世芳丨丨而終敗兮注○丨猶億也書金縢對曰信丨馬注

【悸】丨心動也一切經音義一引字林○心動曰丨一切經音義十引字林又漢書王莽傳中集注○丨

心跳動也素問氣交變大論煩心躁丨陰厥注○丨懼也楚辭悼亂惶丨兮失氣注○丨怒也廣雅釋詁二○丨古文㾕同一切經音義一

○詩芄蘭垂帶丨兮韓詩作萃

【冀】丨及也禮記文王世子注州里驥于邑釋文○丨望也國語魯語吾丨而朝夕修我注又史記孝武紀丨至殊庭焉索隱○丨幸也離騷丨枝葉之峻茂兮注悲回風吾怨往昔之所丨兮注○丨謂心有所希求也華嚴經音義上引珠叢○丨記也史記商君傳丨闕索隱○丨大也淮南墬形正中丨州曰中土注○中國爲丨家語正論在此丨方注○丨州中土也山海經大荒北經黃帝乃令應龍東之丨丨州之野注○兩河閒曰丨州爾雅釋地又說苑辨物○兩河之閒曰丨州楚辭雲中君覽丨州兮有餘注○河內曰丨州周禮職方氏○兩河閒其氣清厥性相近故曰丨丨近也爾雅釋地李注○丨州亦取地以爲名也其地有險有易帝王所都亂則丨治弱則丨彊荒則丨豐也釋名釋州國○丨晉邑國語晉語臼季使舍於丨野注○丨與覬同文選登樓賦丨王道之一平兮注○丨當爲覬荀子脩身行而供丨注○史記孝武紀丨丨至殊庭焉

索隱曰丨漢書作幾

【墍】丨及也禮記表記墍不丨于棺注又小爾雅廣言又漢書賈捐之傳集注又後漢竇憲傳注又文選與魏文帝牋丨其清激悲吟注○丨言及也文選西京賦左丨河華薛注○丨謂及頌也華嚴經音義上引珠叢○丨不及也爾雅釋訓○丨及也亦至也一切經音義七引字林○丨至也國語周語上求不丨注又後漢班彪傳下注又列子黃帝丨乎門釋文○丨與也爾雅釋詁又書堯典汝羲丨和傳又左氏昭六年經丨齊平注定十年經宋公之弟辰丨仲佗石彄出奔陳注○會及丨皆與也丨猶丨丨也公羊隱

元年公及邾儀父盟于昧傳○丨猶丨丨也丨者不得已也以外及內曰丨穀梁昭七年傳○丨丨武也廣雅釋訓○丨丨果毅貌也禮記玉藻戎容丨丨注○丨古文作臮同其器反一切經音義七引聲類○書舜典讓于稷契丨皋陶史記五帝紀作讓於稷契與皋陶書益稷丨稷播奏庶艱食丨益奏庶鮮食史記夏本紀作與稷予衆庶難得之食與益予衆庶稻鮮食○書舜典丨皋陶說文似部作臮咎繇書禹貢淮夷蠙珠丨魚史記夏本紀漢書地理志作淮夷蠙珠臮魚書禹貢淮南丨漢書地理志作淮南臮○儀禮士喪禮塗不丨于棺釋文丨劉本作墍

【懻】丨堅也漢書地理志下集注

【惎】丨毒也左氏定四年傳丨間王室注哀元年傳丨澆能戒之注哀廿七年傳猶是丨智伯注○丨忌

也小爾雅廣言○|敎也左氏宣二年傳楚人|之
注又小爾雅廣言又文選西京賦人|之謀薛注○
|意也廣
雅釋詁三

洎 |及也漢書韋賢傳集注韋元成傳集注王莽傳
下集注又莊子寓言後仕三千鍾不|注又文選
東京賦于斯胥|薛注澤|幽荒薛注○|與也書
無逸爰|小人鄭注○|浸也管子水地越之水濁
重而|注○灌水於釜中曰|史記封禪書水而|
之集解引徐廣○|謂增其沃汁周禮士師|鑊水
注○|肉汁也左氏襄廿八年傳而以其|饋釋文
又史記孝武紀水而|之集解引徐廣○肉汁曰|
呂覽應言多|之則淡而不可食注○|
已莅反左氏襄廿八年傳釋文引字林

穊 |稠也漢書齊悼惠王肥傳集注○|古文蔇同
一切經音義十一

蔇 左氏莊九年傳公及齊大夫盟於|穀梁作暨

媿 或作愧○愧慙也爾雅釋言又呂覽誣徒歸則愧
於父母兄弟注○|恥也廣雅釋詁四○愧辱也
漢書龔遂傳集注○愧猶辱也後漢馬援傳注○病
愧謂罪咎之禮記表記是故君子不以其所能者病
人不以人之所不能者愧人注○如威如愧如有所
畏禮記儒行大則如威小者如愧注○|古愧字漢
書文帝紀集注龔遂傳集注○|或為貴荀子儒效
衆人|之注○莊子駢拇余愧乎道德釋文愧崔本
作聭在宥其無愧而不知
恥也釋文愧崔本作聭

匱 |乏也詩谷風箋恐至長老窮|釋文禮記樂記
其財|釋文坊記孝子不|注又左氏成二年傳
|盟也注又漢書郊祀志上集注又後漢和帝紀注
李膺傳注又淮南主術事勤財|注要略感而不
|者也注又素問天元紀大論簡而不|注又文選
西京賦求者不|薛注○||亦乏也禮記月令則財
不|注○言不副貌為||乏也國語晉語其言|
注○|竭也詩既醉孝子不|傳又漢書陳餘傳集
注又後漢濟北惠王壽傳注又家語困誓孝子不|
注又管子兵法進退若雷電而無所疑|注○空
也漢書昭帝紀集注成帝紀集注食貨志下集注○
|空乏也華嚴經音義下引漢書音義○|盡也漢
書杜欽傳集注○|加也廣雅釋詁二○|匣也楚
辭謬諫玉與石而同|兮注慜命藏瑤石於金|兮
注○|櫃也莊子胠篋將為胠篋探囊發|
之盜釋文○|盛土籠也後漢班彪傳下注

饋 亦作餽○|餉也左氏僖卅年傳注野|曰饁釋
文昭四年傳及宣伯奔齊|之釋文又論語鄉黨
康子|藥皇疏又列子黃帝而五漿先|釋文○|
食也易家人在中|釋文又漢書谷永傳集注又後

漢楊震傳注○|朝夕食也儀禮既夕記燕養|羞
湯沐之饌注○中|酒食也後漢王符傳注○||
酒食也論語先進詠而歸鄭注○|進食也荀子正
論曼而|注又淮南詮言浣而後|注○進食曰|
漢書賈誼傳集注○進物於尊者曰|周禮膳夫凡
王之|注○古者致物於人尊之則曰獻通行曰|
周禮玉府凡王之獻金玉注○|猶歸也儀禮士虞
禮特豕|食注○|遺也禮記檀弓上顏淵之喪|
祥肉注坊記故君子於有|者弗能見注又左氏桓
六年傳齊人|之餼釋文僖廿三年傳乃|盤飧釋
文○|遺也廣雅釋詁三又後漢第五倫傳注又家
語致思如受大牢之|注又莊子列禦寇而五漿先
|釋文○餽遺也禮記檀弓君有餽焉曰獻釋文○
祭祀自孰始曰|食|食者食道也儀禮特牲饋食
禮特牲|食之禮注○|食薦孰也周禮籩人|食
之籩注○|祭名也文選祭顏光祿文注引蒼頡○

吳謂食爲餽祭鬼亦爲餽古文通用讀與丨同國策中山策飲食餔餽注○餽餅也後漢樊曄傳注○四殺不收謂之餽墨子七患○丨古文餽同一切經音義七○魯讀丨爲歸今從古論語先進詠而歸鄭注陽貨歸孔子豚鄭注○禮記檀弓丨祥肉儀禮士虞禮注作歸祥肉○孟子公孫丑下於宋餽七十鎰於薛餽五十鎰論衡刺孟作於宋歸七十鎰於薛歸五十鎰○莊子庚桑楚夫復謵不餽而忘人釋文餽元嘉本作愧

簣 丨土籠也論語子罕未成一丨集解引苞注又皇疏○丨盛土籠也論語子罕鄭注

蕢 丨草器也論語憲問有荷丨而過孔氏之門者集解又皇疏又孟子告子上我知其不爲丨也注○丨織草爲器可貯物也論語憲問皇疏○丨赤莧爾雅釋草○丨藏呂覽達鬱草鬱則爲丨注○丨當爲由聲之誤也禮記明堂位丨桴注○丨讀爲由聲之誤也禮記禮運丨桴而土鼓注

恚 丨怒也詩賓之初筵箋將丨怒也釋文又廣雅釋詁二○丨目謂穀實怒開也管子地員其種櫑葛赨莖黃秀丨目注○丨者嗔也史記絳侯世家以冒絮提文帝注索隱

比 丨親也論語里仁義之與丨皇疏又國語晉語丨於諸弟注楚語丨爾兄弟親戚注又荀子榮辱以敦丨其事注又太元童丨光道也注又家語賢君故夫不丨於數而丨於疎注又楚辭招魂容態好丨注哀時命衆丨周以肩迫兮注○丨猶親也周禮大司馬丨小事大注形方氏大國丨小國注○丨親附也荀子議兵立法施令莫不順丨注○丨親合也禮記射義其容體丨于禮釋文○丨謂親見丨數也莊子漁父先生不羞而丨之釋文○丨近也左氏文十八年傳是與丨周注又廣雅釋詁三又漢書地理志下集注齊悼惠王肥傳集注汲黯傳集注公孫宏傳集注西域傳上集注西域傳下集注又後漢朱穆傳注列女傳注又管子勢動靜者丨於死注○丨謂暱狎荀子不苟交親而不丨注○丨是親狎之法論語爲政君子周而不丨皇疏○丨周也漢書王尊傳集注○丨謂丨周漢書董賢傳集注○丨阿黨也國語齊語謂之下丨注○阿黨爲丨論語爲政君子周而不丨集解引孔注又後漢劉梁傳注○擇善而從之曰丨左氏昭廿八年傳○擇善而從曰丨詩皇矣克順克丨傳又周書謚法○丨者丨也易序卦傳○丨和也漢書鼂錯傳集注公孫宏傳集注又管子五輔丨順以敬注○丨謂筮與民和丨也周禮筮人六曰巫丨注○丨樂易雜卦傳○丨樂也廣雅釋詁一○丨合也國語吳語而孩童焉丨謀注又漢書食貨志上集注食貨志下集注又荀子臣道有能丨知同力注又莊子逍遙遊行丨一鄉釋文引李注又管子五輔

中正丨宜以行禮節注又楚辭悲回風草苴丨而不芳注○丨附會也荀子禮論使本末終始莫不順丨注○丨猶同也禮記樂記丨於慢矣注○丨者丨同也周書武順均卒力貌而無丨注○丨齊同也詩六月丨物四驪釋文○丨雜也禮記樂記丨物以飾節釋文○丨次也周禮世婦丨其具注田僕及獻丨禽釋文儀禮少牢饋食禮主人曰丨于子釋文又漢書瑕邱江公傳集注○丨次丨也孟子音義上引丁音○丨謂次丨也禮記祭統身丨焉釋文○丨丨相次也文選景福殿賦綺錯鱗丨注○丨選次之也儀禮大射儀遂丨三耦注○丨選次其才相近者也儀禮鄉射禮遂以丨三耦于堂西注○丨種物相從次數之周禮田僕及獻丨禽注○動靜攝次謂之丨賈子道術○丨頻也禮記投壺丨投不釋釋文又漢書宣帝紀集注成帝紀集注律麻志上集注食貨志上集注五行志上集注三見五行志中之下集注四見五

行志下之下集注二見劉向傳集注梁孝王武傳集
注膠西于王端傳集注衛青傳集注霍去病傳集注
張延壽傳集注杜延年傳集注公孫賀傳集注翼奉
傳集注李尋傳集注張敞傳集注匡衡傳集注孔光
傳集注薛宣傳集注谷永傳集注何武傳集注師丹
傳集注嚴延年傳集注匈奴傳上集注王莽傳上集
注四見王莽傳中集注又後漢公孫述傳注郎顗傳
注何敞傳注臧洪傳注○丨猶頻也漢書文帝紀集
注梁孝王武傳集注又後漢杜根傳注○丨非一也
後漢郎顗傳注○丨代也方言三又廣雅釋詁三○
丨輔也易象上傳又詩杕杜胡不丨焉箋又國語齊
語足以丨大事注○丨俌也爾雅釋詁○丨及也孟
子音義上引丁音二見○丨至也論語先進丨及三
年皇疏○丨入左氏閔元年傳○丨猶先也儀禮旣
夕記丨奠注○丨時猶先時也禮記祭義丨時具物
注○丨年每歲也禮記王制丨年一小聘注○丨年

猶竝明也後漢夏馥傳注○丨牒猶連牒也後漢鄭
元傳注○五家爲丨周禮族師○令五家爲丨周禮
大司徒○五家爲伍又曰丨相親丨也釋名釋州國
○丨居謂伍籍也周禮小宰一曰聽政役以丨居司
農注○九丨謂九夫爲井周禮小司徒以稽國中及
四郊都鄙之夫家九丨之數司農注○九丨者冢宰
職出九賦者之人數也周禮小司徒注○州黨族閭
丨鄉之屬別周禮地官序官鄉老注○圖丨陳協皆
考績之言周禮大行人秋覲以丨邦國之功注○丨
櫛也史記匈奴傳丨余一索隱引廣雅○靡者爲丨丨
麄者爲梳史記匈奴傳索隱引蒼頡○梳數言丨丨
於梳其齒差數也丨言細相丨也釋名釋首飾○丨
余辮髮之飾也史記匈奴傳丨余一索隱引小顏○
丨謂括也考工記矢人夾其陰陽以設其丨司農注
○丨芘也莊子人閒世隱將丨其所藾釋文引崔注
○舜妻登丨氏一曰登北氏山海經海內北經○丨

音丨次之丨漢書任敖傳集注引如淳○鄭大夫讀
丨爲庀周禮大胥丨樂官注○鄭司農丨讀爲庀周
禮世婦丨其具注○周禮世婦及祭祀丨其具釋文
丨本作庀○公羊哀五年傳城丨釋文丨本作庀又
作芘○莊子天地不推誰其
丨憂釋文丨司馬本作鼻

庇 或作芘○丨蔭也爾雅釋言又釋詁毗劉暴樂也
樊注○丨庥也國語晉語民之所丨也注○丨猶
庥也國語周語然後丨焉注口以丨信注○丨依庥
也呂覽懷寵則民知所丨矣注○丨覆之蔭也爾雅
釋言孫注○丨覆也考工記輪人弓長六尺謂之丨
軓注又禮記表記雖有丨民之大德注又國語周語
用足則族可以丨注魯語周恭王能丨昭穆之闕注
楚語以丨民也注又漢書五行志中之上集注○丨
謂覆幹也考工記輪人弓長六尺謂之丨軓注○丨
蔽也爾雅釋言舍人注○自蔽曰丨一切經音義九

引通俗文○丨寄也廣雅釋詁三○丨寄也齊衛宋
魯陳晉汝潁荆州江淮之閒曰丨方言二○故書丨
作祕杜子春云祕當爲丨考工記輪人弓長六尺謂
之丨軓注○詩雲漢箋人丨蔭其下者釋文丨本作
芘老子注各得其丨蔭釋文丨本作芘○易剝剝下
所芘也釋文芘本作丨○詩雲漢箋言我無所芘蔭處
釋文芘本作丨○周禮遂師修丨其委積釋文丨本
作庀○莊子人閒世隱將芘其所藾釋文芘崔本作
比○左氏文十七年傳注欲
庥芘于楚釋文芘本作林

畀 丨與也書洪範不丨洪範九疇傳又釋文又詩簡
兮傳有丨煇庖翟闇釋文大田秉丨炎火釋文又
周禮大司馬注以自丨也釋文禮記雜記注卑所齎
釋文又左氏隱三年傳周人將丨虢公政釋文僖廿
八年經執曹伯以丨宋人注又釋文襄二年傳烝丨
祖妣注襄十七年傳丨余而大璧注昭十三年傳是

區區者而不余丨釋文哀四年傳以丨楚師于三戶
釋文又穀梁僖廿八年傳又國語鄭語申人弗丨注
又漢書景帝紀集注食貨志下集注五行志上集注
又後漢馬援傳注桓譚傳注楊秉傳注杜篤傳注○
丨予也爾雅釋詁又詩干旄何以丨之傳信南山丨
我尸賓箋豐年烝丨祖妣箋載芟烝丨祖妣箋又國
語周語三而丨雝之子孫注楚語則又丨之子反注
又漢書陳湯傳集注○丨者何與也公羊僖廿八年
傳○丨之爲言與也禮記祭統○丨上與下之餕穀
梁僖廿八年傳丨與也注○丨賜也爾雅釋詁○丨
償也禮記雜記注丨所齎釋文○書洪範不丨洪範
九疇史記宋微子世家作不從鴻範九等○左氏襄
廿三年經邾丨我來奔公羊春秋繁露觀德皆作
鼻我穀梁昭廿七年傳注邾丨我釋文丨本作鼻
痺
又作痹集韻疪同○痹冷疾也荀子解蔽傷于濕
而擊鼓鼓痺則必有敝鼓喪豚之費矣注○丨謂

病也素問四時刺逆從論厥陰有餘病陰丨注○痺
手足不仁也一切經音義十八引蒼頡○血凝於膚
者爲丨素問六節藏象論○五丨謂皮肉筋骨脉之
丨也素問移精變氣論以去八風五丨之病注○丨
病也太元更陰無救丨法○痺之言倫比周禮司弓
矢恆矢痺矢注○痺讀如痺病之痺同上○疪音庇
蔭之庇漢書霍去
病傳集注引文頴
奰
本作奰○丨怒也不醉而怒曰丨詩蕩內丨于中
國傳○奰煩腸黃理也奰讀內奰于中國之奰近
鼻也淮南墬形食
木者多力而奰注
詖
險言曰丨漢書劉向傳集注○言行險曰丨漢書
禮樂志集注○丨猶傾也楚辭靈懷不從俗而丨
行兮注○丨佞也漢書翟義傳集注敘傳下集注○
丨佞諂也後漢朱樂何傳注又文選和謝監詩注引

蒼頡○丨辯也漢
書敘傳下集注
毖
丨愼也爾雅釋詁又詩桑柔爲謀爲丨傳小毖予
其懲而丨後患傳○丨比也廣雅釋詁三○丨遠
也廣雅釋詁一○丨流也廣雅釋言○泉水始出丨
然流也詩泉水丨彼泉水傳○詩泉水丨彼泉水韓
詩作祕彼泉水說文目部作䀣彼泉水○書大誥天
閟丨我成功所漢書翟方進傳作天閟勞我成功所
閟
丨閉也詩載馳我思不丨傳閟宮丨宮有侐傳又
漢書五行志中之上集注引應劭盧綰傳集注又
文選魏都賦丨象竹帛劉注○丨愼也書大誥天丨
毖我成功所傳○丨神也姜嫄神所在故廟曰神宮
詩閟宮箋○周立廟自后稷爲始祖姜嫄無所妃是
以特立廟而祭之謂之丨宮丨神之周禮大司樂以
享先妣注○丨宮淸淨之宮謂姜嫄之廟孟子音義
上引丁音○丨大便乾澀不利也素問五常政大論

其病瘵
丨注
泌
丨泉水也詩衡門丨之洋洋傳○丨與毖同文選
魏都賦溫泉毖涌而自浪注
祕
丨密也文選魯靈光殿賦注引字書○丨閉也太
元衆豹騰其丨注○丨勞也廣雅釋詁一○丨言
希見爲奇也文選西京賦丨舞更奏薛注○丨經幽
閟之經圖緯書也後漢蘇竟傳注○丨寶謂河圖之
屬後漢班彪傳上注○丨器棺也後漢袁安傳注○
丨當爲庇考工記輪人弓長六尺謂之庇軹杜注
鷙
亦作摯○丨執也廣雅釋言又後漢吳漢傳注蓋
勳傳注又離騷丨鳥之不羣兮注○丨擊也後漢
杜詩傳注○摯擊也文選西京賦靑骹摯於韝下薛
注○摯傷折禮記月令雪霜大摯釋文引蔡氏章句
○丨很也漢書匈奴傳下集注○摯佷也廣雅釋詁
三○丨抵也莊子馬蹄闉扼丨曼釋文引李注○欣

慓可安謂之熅反熅爲丨賈子道術○丨鳥謂鷹鸇
之類也後漢安帝紀注○丨蟲猛鳥猛獸也禮記儒
行丨蟲攫搏不程勇者注○丨凡鳥之勇銳獸之猛悍
者皆名丨也後漢吳漢傳注○丨疑也管子五輔下
愈覆丨而不聽從注小問來者丨距注○丨曼旁出
也莊子馬蹄闉扼丨曼釋文引司馬注○丨字從鳥
摯省聲也禮記儒行丨蟲攫搏不程勇者注○丨與
摯同禮記儒行釋文○爾雅釋鳥注鳥丨而有別釋
文丨本作摯左氏昭十七年傳
注丨而有別釋文丨本作摯

贄本亦作摯通作質○丨幣也左氏成十二年傳交
丨往來注○摯禽摯也禮記檀弓下哀公執摯請
見之注○摯雉也儀禮士冠禮奠摯見於君注士昏
禮記奠摯注○見君之質執雉之屬也孟子萬章下
庶人不傳質爲臣注○摯鴈也儀禮士昏禮記摯不
用死注○摯所奠鴈也禮記郊特牲執摯以相見注

○摯亦奠鴈也禮記郊特牲執摯以相見注○摯約
謂玉帛鳥獸相與往來也周禮司約治摯之約次之
注○丨禮也文選東京賦獻琛執丨薛注○質信也
國語魯語質之以犧牲注○摯執也史記五帝本紀
爲摯正義○丨所執以爲禮者也家語六本衣穰而
提丨注○質臣所執以見君者也孟子滕文公下出
疆必執質注○丨者質也質己之誠致己之悃愊也
白虎通瑞贄○丨所以至者也穀梁莊廿四年傳男
子之丨注○摯之言至也禮記曲禮下凡摯注○丨
之言至所以自致也書舜典丨鄭注○摯之言至所
執以自致周禮大宗伯以禽作六摯注○丨所執以
至者君子見於所尊敬必執丨以將其厚意也儀禮
士相見禮士相見之禮丨注○丨不動貌莊子在宥
丨然立釋文引李注○質義與丨同孟子音義上引
張音○質丨也國語晉語臣委質於翟之鼓注○質
讀曰丨漢書外戚傳上集注○左氏僖六年傳注以

辟爲質釋文質本作丨○書舜典二生一
死丨史記五帝本紀作二生一死爲摯

摯丨至也書西伯戡黎大命不丨傳又爾雅釋詁丨
臻也注又漢書敘傳上集注引劉德○丨之言致
也考工記弓人斲丨必中注函人凡甲鍛不丨注○
丨極也漢書竇田灌韓傳贊集注引李奇○丨引也
廣雅釋詁一○丨解也同上○丨摘物廣韻引字林
○丨謂質也考工記函人凡甲鍛不丨司農注○丨
輖也考工記輈人今夫大車之轅丨注○丨國名詩
大明丨仲氏任釋文○丨疇二國任姓奚仲仲虺之
後大任之家也國語周語昔丨疇之國也由大任注
○丨讀爲摯考工記輪人大而短則丨司農注○伊
尹名贄字尹見孫子墨子楚辭書正義○少皓丨字
青陽見左氏桓十八年傳釋文○書西伯戡黎大命
不丨釋文丨本作墊○書西伯戡黎大命不丨史記
殷本紀作大命胡不至○呂覽向摯淮南氾論作向

藝通典作高勢○左氏昭十七年傳少皓氏名丨
周書作質○左氏僖廿六年傳熊丨世表作鷙

觶爵三升曰丨儀禮士冠禮實勺丨注○三升曰丨
禮記禮器尊者舉丨注又廣雅釋器○丨三升儀
禮特牲饋食禮記實二爵二觚四丨一角一散注引
舊說○丨爵名容三升詩行葦箋揚丨而語釋文○
古者丨字或作角旁氏儀禮燕禮媵觚于公注○古
文丨皆爲爵延熹中詔校書定作丨儀禮有司徹兄
弟之後生者舉丨于其長注○古文角丨爲角柶儀
禮既夕記實角丨四注○今文丨又爲觚儀禮燕禮
公坐取賓所媵丨興注○今文丨作觚儀禮大射儀
拜受丨注燕禮士長升拜受丨注○今文丨爲觚儀
禮大射儀媵丨于公注○今文賓丨大夫之丨皆爲
爵儀禮鄉射禮遂實之賓丨以之主人大夫之丨長
受注○儀禮燕禮賓降洗象丨注今文曰洗
象觚○丨音至儀禮士冠禮釋文引字林

胾｜大臠也禮記曲禮左殽右｜釋文又史記絳侯周勃世家獨置大｜集解引韋昭○｜臠也廣雅釋器又荀子非相君子啜其羹其｜注○｜肉也詩閟宮毛炰｜羹傳○｜切肉也儀禮士虞禮｜四豆注又禮記曲禮上左殽右｜注○｜謂肉而細切管子弟子職羹｜中別注○儀禮士虞禮無泰羹湆｜從獻釋文｜劉本作胾

躓｜礙也列子說符其行足｜株陷注○｜謂顛仆也文選長笛賦馳趣期而赴｜注○事不利曰｜一切經音義二引通俗文○｜蹋也廣雅釋詁二○詩狼跋載疐其尾說文足部作載｜其尾

漬｜淹也詩楚茨箋剝削淹｜以為菹釋文○水浸曰｜一切經音義十四引通俗文○｜猶染也考工記鍾氏淳而｜之注○｜亦病也呂覽貴公｜甚注順民以視孤寡老弱之｜病注○｜謂相瀸汙而死也禮記曲禮下四足曰｜注○四足曰｜禮記曲禮下

穉○稚同○｜幼稼也詩閟宮稙｜菽麥釋文引韓詩○｜復種曰穉詩閟宮稙｜菽麥傳○晚熟曰稚書考靈曜百穀稚熟注○｜晚也廣雅釋詁三○｜幼也楚辭大招｜朱顏只注○穉小也穉年小也方言二○稚少也廣雅釋詁三○妻穉謂年未滿五十儀禮喪服傳妻穉注○｜驕也管子重令而工以雕文刻鏤相｜也謂之逆注○｜古稚字也列子天瑞其名｜蜂釋文○穉古稚字漢書鄭宏傳集注○古文稚稺二形一切經音義六○穉字林作｜五經文字○詩閟宮稙穉菽麥說文禾部作稙稚尗麥○史記田完世家｜孟夷｜名孟夷字

遲｜待也荀子脩身故學曰｜注○｜者待也史記衞將軍驃騎傳｜明索隱○｜思待之也文選西征賦賓旅竦而｜御注○遲猶思也文選謝靈運酬從弟惠連詩傾想遲嘉音注○｜猶思也文選曹子建責躬詩｜奉聖顏注潘安仁在懷縣詩夕｜白日移注謝靈運南樓中望所遲客詩臨江｜來客注○遲未也漢書高帝紀上集注引文穎○｜猶希望也後漢章帝紀注

埴｜黏土也史記夏本紀其土赤｜墳集解引徐廣○｜土也黏土曰｜一切經音義十七引字林○｜土也法言脩身擿｜索塗注又一切經音義十三引淮南許注

祟｜禍也莊子天地其鬼不｜釋文引李注○｜猶禍也太元干君子以解｜也注

鮨｜嗜也五味調和須之而成乃可甘嗜也故齊人謂｜聲如嗜也釋名釋飲食

珥｜猶插也文選秋興賦｜蟬冕而襲紈綺之士注○｜瑱也冕上垂玉以塞耳也列子周穆王設笄

｜釋文○｜筆戴筆也文選求通親親表執鞭｜筆注○｜日旁之危氣也兩旁內向為｜呂覽明理有暈｜注○玉｜謂劍鐔也楚辭東皇太一撫長劍兮玉｜注○｜讀為衈周禮士師凡刉｜則奉犬牲注○｜當為衈周禮肆師及其祈｜注○｜當為衈刉衈者釁禮之事周禮犬人凡幾｜沈辜注○杜子春讀｜當為餌周禮肆師注○｜者取禽左耳以效功也周禮山虞致禽而｜焉司農注

衈｜者釁也取鼻血以釁祭社器穀梁僖十九年傳叩其鼻以｜社也注○禨｜者釁禮之事周禮肆師及其祈珥注○刉｜者釁禮之事也用毛牲曰刉羽牲曰｜周禮小子而掌珥于社稷祈于五祀注

咡口耳之間曰｜禮記曲禮負劍辟｜詔之釋文○口旁曰｜禮記曲禮上負劍辟｜詔之注少儀則辟｜而對注○｜口也管子弟子職循｜覆手注○老蠶上下絲於口故曰｜絲淮南覽冥蠶珥絲而商

紘絶注○丨或作珥鑑老時絲在
身中正黄達見於外如丨也同上
刵 丨斷耳也一切經音義二引字林○丨斷耳書呂
刑爰始淫爲劓丨㧘黥鄭注○丨斷也廣雅釋詁
二○丨截耳書康誥劓丨八
傳○丨截也廣雅釋詁四
示 丨也釋名釋書契○丨現也華嚴經音義上引
蒼頡○丨教也文選東京賦丨戮斬牲薛注○丨
語也國策秦策武王丨之病注又楚辭懷沙窮不得
所丨注○眎古丨字漢書趙充國傳集注○丨當作
寘詩鹿鳴丨我周行箋○丨讀爲寘荀子大略丨諸
檃括注○丨讀如寘諸河干之寘禮記中庸其如丨
諸斯乎注○丨讀曰祇尙書中候丨乃大注○周禮
朝士注丨于叢棘釋文丨本作寘○莊子應帝王嘗
試與來以予丨之釋文丨本作視徐无
鬼中之質若丨日釋文丨司馬本作視

伺 丨候也晉書音義上○丨候也察也一切經音義
二引字林○丨視也方言十○丨作覗同滑慈滑
吏二反一切經音義六引埤蒼○
丨音獄一切經音義十四引字林
嗜 或作耆○丨貪也禮記檀弓上二三子之丨學也
注又廣雅釋詁二又國語楚語必用姦人而丨其
疾味注○丨猶好也後漢黨錮傳注○丨猶甘也孟
子梁惠王上不丨殺人者注○丨猶樂呂覽誣徒然
則王者有丨乎禮義也注○丨欲情欲也淮南原道
除其丨欲注○所丨素所欲飲食也禮記祭義思其
所丨注○耆與丨同荀子非十二子無廉恥而耆飲
食注○耆讀曰丨漢書景帝紀集注刑法志集注楚
元王傳集注陳平傳集注賈誼傳集注二見鼂錯傳
集注韓安國傳集注于定國傳集注貢禹傳集注丙
吉傳集注張敞傳集注東平思王宇傳集注楊雄傳
上集注二見楊雄傳下集注二見龔遂傳集注尹賞

傳集注貨殖傳集注陳遵傳集注匈奴傳集注西域
傳上集注外戚傳下集注二見王莽傳下集注○禮
記王制丨欲不同周禮
大行人注作耆欲不同
自 丨從也詩羔羊退食丨公箋日月出丨東方箋北
門出丨北門箋東方未明丨公召之箋出車丨天
子所箋正月不丨我先不丨我後箋好言丨口莠言
丨口箋小宛丨卜何能穀箋又考工記總目必丨載於
地者始也注又禮記曲禮上客丨前跪注王制丨諸
侯來徙家注中庸行遠必丨邇注又左氏昭五年傳
不敢丨也注又廣雅釋詁一又國語晉語乘駟丨下
注反丨稷梁注又漢書馮唐傳集注引崔浩霍光傳
集注貢禹傳集注淮陽憲王欽傳集注薛宣傳集注
又後漢寇榮傳注班彪傳下注又孟子滕文公上什
一使丨賦注萬章上天視丨我民視注又荀子大略
復丨道注又老子丨古及今注又管子八觀毋丨勝

矣注又呂覽本生此官之所丨立也注蕩兵兵之所
丨來者上矣注又淮南時則中央之極丨昆侖注又
文選上書諫吳王禍何丨來注毛詩序南言化丨北
而南也注○丨猶從也論語學而有朋丨遠方來皇
疏又爾雅釋詁注○丨由也詩文王有聲丨西丨東
丨南丨北箋召旻不云丨頻箋又周禮道右丨車上
注大馭王丨左馭注又儀禮士冠禮宰丨右少退注
士昏禮記丨東出于後丨左受注鄉射禮丨席前適
阼階上注大射儀主人降丨西階注聘禮丨後右客
注士受馬者丨前注牽馬者丨前西注特牲饋食禮
宰丨主人之左贊命注喪服傳天子及其始祖之所
丨出注又禮記禮器禮也者反其所丨生注玉藻無
丨入也注大傳王者禘其祖之所丨出注少儀贄幣
丨左注樂記樂其所丨生注雜記雍人舉羊升屋丨
中注祭義衆之服丨此注中庸丨誠明注緇衣君陳
曰出入丨爾師虞注又莊子寓言有丨也而可注勸

公以其死也有丨也注○丨亦由也禮記經解猶防止水之所丨來也注○丨率也禮記雜記客使丨下由路西注○丨用也書皐陶謨丨我五禮有庸哉傳又詩緜丨土沮漆傳江漢丨召祖命箋○丨猶用也禮記大傳丨仁率親注○丨盈也方言十二○坤爲丨易大有丨天右之虞注頤丨求口實虞注象下傳君子以丨昭明德虞注睽勿逐丨復虞注○丨然者不資於外也列子黃帝丨然而已注○丨然通神明也文選東京賦淳化通於丨然薛注○丨然者無稱之言窮極之辭也老子道法丨然王注

【眥】丨目崖也音漬漢書楊雄傳音義引字林○丨視也素問解精微論夫一水不勝五火故目丨盲注○○眥讀爲漬周禮羊人凡沈辜侯禳釁積司農注○丨才賜反漢書敘傳音義引字林○眥丨俱同文選子虛賦中必決眥注

【骴】胔同○有肉曰胔禮記月令掩骼埋胔釋文引蔡云○肉腐曰胔禮記月令掩骼埋胔注○胔死禽獸將腐之名也文選西京賦收禽舉胔薛注○胔聚肉名不論腐敗也文選西京賦注○故書丨作脊鄭司農云脊讀爲殰謂死人骨也周禮蜡氏掌除丨注○周禮蜡氏注釋文丨本作胔○禮記月令釋文胔亦作丨

【詈】丨歷也以惡言相彌歷也亦言離也以此挂離之也釋名釋言語○丨罵也廣雅釋詁三○丨罵丨禮記曲禮怒不至丨釋文○善丨好罵人山海經中山經苦山有獸焉名曰山膏善丨注

【莅】亦作涖○丨臨也儀禮士冠禮吾子將丨之注又禮記文王世子不能丨阼釋文又左氏隱四年傳涖殺州吁于濮釋文又左氏僖三年經公子友如齊丨盟注昭五年傳其在丨事乎注定元年傳魏子丨政注又公羊僖三年傳丨盟者何注又論語衛靈不莊以丨之皇疏又大戴記曾子本孝死則哀以丨焉注又國策秦策丨政有頃注又後漢班彪傳下注又孟子梁惠王上丨中國注又呂覽孝行丨官不敬注又文選魏都賦寮五德之所丨劉注○涖臨也詩采芑方叔涖止傳又周禮州長皆涖其事注黨正以歲時涖校比注小宗伯及執事涖大斂小斂注大司樂涖歛樂器注大司馬涖大卜注大司寇涖其盟書注又儀禮士喪禮族長涖卜注特牲饋食禮吾子將涖之注又國語周語則皆官正涖事注晉語死又不敢丨喪注○涖者臨也周禮世婦涖陳女宮之具注○涖視也周禮司市市師涖焉司農注大宗伯涖玉鬯注○涖謂臨視也周禮鄉師及窆執斧以涖匠師司農注○丨者位也穀梁僖三年傳○丨位也穀梁文七年傳○丨位也內之前定之辭謂之丨穀梁昭七年傳○丨涖也廣雅釋言○涖盡也廣雅釋詁二○

丨丨聲也史記司馬相如傳丨丨下瀨索隱引司馬彪○涖涖聲也漢書司馬相如傳上集注引郭璞○故書涖作立周禮鄉師注司市胥師賈師涖于介次注○故書位爲涖杜子春云涖當爲位書亦或爲位周禮肆師凡師甸用牲于社宗則爲位注○故書涖作立鄭司農讀爲涖周禮大宗伯注○丨古文隷同一切經音義十三

【緻】紩衣謂之襬秦謂之丨方言四○袜襬其敝者謂之丨同上○襬謂之丨同上○丨練也廣雅釋器○丨補也廣雅釋詁四○詩假樂箋丨密無所失釋文丨本作致

【輊】前重曰丨御覽七百七十三引通俗文○丨車轅兩尾初學記五引埤蒼○丨摯詩六月如丨如軒傳○丨與轅同文選射雉賦如轅如軒注

【譬】丨喻也廣雅釋言又國策齊策臣竊爲公丨可也注○丨猶喻也後漢第五倫傳注○丨猶曉也後漢鮑永傳注杜詩傳注○丨曉也後漢趙咨傳注○詩小弁丨彼舟流釋文丨本作辟

【彗】或作篲○丨所以除舊更新也左氏昭十七年傳○篲者埽故置新之象也公羊文十四年傳記異也注○丨去穢布新者也御覽引劉向洪範五行傳○丨星爲欃槍爾雅釋天○丨星者天之旗古微書引河圖帝通紀○丨亦謂之孛言其形孛孛似埽丨爾雅釋天注○丨竹帚禮記曲禮上國中以策丨卹勿驅注○篲勤也爾雅釋詁○丨古文篲篲二形同一切經音義十四

【䔄】落帚爾雅釋草葥王丨注王丨王帚也似藜其樹可以爲埽丨江東呼之曰

【肄】丨習也周禮小宗伯丨儀注又儀禮聘禮未入竟壹丨注又禮記曲禮下君命大夫與士丨注內則

請丨簡諒注學記宵雅丨三注又左氏文四年傳臣以爲丨業及之也注又廣雅釋詁二又國語魯語臣以爲丨業及之也注又史記淮南衡山傳會丨索隱又漢書禮樂志集注二見刑法志集注霍光傳集注引孟康王莽傳下集注又後漢寇恂傳注又晉書音義中又列子仲尼與韓檀等丨之釋文又呂覽孟冬丨射注又淮南時則丨射御注○肄習也三國志注引三蒼○丨閱也漢書義縱傳集注引李奇○丨勞也詩谷風既詒我丨傳又左氏昭十六年傳莫知我丨注○丨餘也斬而復生曰丨詩汝墳伐其條丨傳○丨餘也禮記曲禮注𨽸或爲丨釋文又左氏襄廿九年傳而夏丨是屏注又小爾雅廣詁○丨枿也廣雅釋詁二釋木○烈枿餘也秦晉之間曰丨方言一○丨水蓋溹水之別名也水經溹水注○故書丨爲肆杜子春讀肆當爲丨周禮小宗伯丨儀爲位注○丨音如丨習之丨山海經海內東經丨水注○禮記曲禮大夫與士丨釋文丨本作肆宵雅丨三釋文丨本作肆○詩谷風既詒我丨爾雅釋詁作勩

【眙】愕視曰丨文選魯靈光殿賦序䁥斯而丨張注○直視曰丨一切經音義二十引通俗文○丨直視貌史記滑稽傳目丨不禁集解引徐廣○丨謂住視也方言七注○佇丨立視也今市聚人謂之立丨文選吳都賦士女佇丨劉注○丨驚貌也音刃吏反後漢班彪傳注引字林○丨逗也西秦謂之丨方言七○丨遁也廣雅釋詁二

【惴】丨憂也廣雅釋詁一○丨憂也懼也晉書音義上○丨懼也後漢王吉傳注又孟子公孫丑上吾不丨焉注○丨丨懼也爾雅釋訓○丨恐懼貌孟子公孫丑上音義引丁音○丨丨恐懼貌漢書敘傳上集注○丨丨小心貌莊子齊物論小恐丨丨釋文引李注○丨耎無足蟲也莊子胠篋丨耎之蟲釋文○丨

本作遄孟子音義上引丁音○莊子胠篋丨耎之蟲釋文丨本作蝡又作喘

【儗】丨讀爲疑荀子儒效無所丨㤝注

【懟】丨怨也左氏僖廿四年傳以死誰丨釋文穀梁莊卅一年傳力盡則丨釋文又爾雅釋言又文選歎逝賦注引字林又後漢孫程傳注又列子黃帝尹生丨而請辭釋文○丨怨怒也後漢楊震傳注○丨悁也廣雅釋詁四○丨恚恨也穀梁莊卅一年傳力盡則丨注○丨古文譵一切經音義二○丨大淚反一切經音義二引字林○禮記內則注遠丨怨釋文丨本作懟

【縊】丨自經也左氏桓十三年傳莫敖丨於荒谷注○丨絞也左氏昭元年傳丨而弒之注又廣雅釋詁四○懸繩曰丨丨阸也阸其頸也釋文釋喪制○公羊僖元年傳召而丨殺之釋文丨本作搤

贔 丨屭作力之貌也文選西京賦巨靈丨屭薛注○
丨屓用力壯貌文選吳都賦巨鼇丨屓劉注○不
飲酒而怒曰丨文選魏都賦姦回內丨劉
注○丨古文奰悲㚟三形一切經音義七
飤 丨食也廣雅釋詁三
劓 丨割也書盤庚中我乃丨殄滅之傳又左氏哀十
一年傳則丨殄無遺育注○丨割鼻也一切經音
義廿二引字林○割鼻為丨易睽其人天且丨虞注
困丨刖虞注○丨截鼻書呂刑爰始淫為丨刵椓黥
鄭注○丨截鼻也易睽釋文書舜典傳墨丨釋文又
書康誥丨刵人傳又左氏昭十三年傳後者丨注又
後漢西羌傳注○丨截其鼻也周禮司刑丨罪五百
注○截其鼻曰丨國策秦策黥丨其傳注○截鼻曰
丨刑書呂刑丨辟疑赦傳○丨截鼻之刑孝經注墨
丨刵宮大辟釋文○丨者丨其鼻也白虎通五刑○

丨刖刑之小者也易困丨刖崔注○丨象七政日月
五星應政變易古微書引書刑德放○丨字或作劓
漢書武帝紀集注○丨古文鼻同一切經音義二○
易睽釋文丨王肅本作𪖙○易困丨刖釋文荀本作
𪖙𪖐
啻 又作翅○不丨多也一切經音義三引蒼頡○書
多士不丨不有衆土釋文丨徐本作翅
饎 說文作𩟽又作糦○丨酒食也爾雅釋訓又詩采
蘩箋丨爨之事釋文又詩天保吉蠲為丨傳洞酌
可以餴丨傳○丨熟食也爾雅釋訓釋文引字林○丨
糦熟也自河以北趙魏之閒氣熟曰饎方言七○丨
𩟽也廣雅釋詁三○炊黍稷曰丨儀禮士虞禮丨爨
在東壁西面注特牲饋食禮主婦視丨爨于西堂下
注○糦黍稷也詩烈祖大糦是承箋○丨炊也儀禮
特牲饋食禮記丨爨在西壁注○丨炊也丨讀熾火

之熾呂覽仲冬湛丨必潔注○糦大祭也詩元鳥大
糦是承釋文引韓詩○丨人主炊官也周禮地官序
官丨人司農注○故書丨作𩟽同上○古文丨作糦
周禮作𩟽儀禮特牲饋食禮主婦視丨爨于西堂下
注○丨充之反詩
泂酌釋文引字林
企 集韻𨀥同○𨀥立也廣雅釋詁四○丨啟也啟開
也言自延竦之時樞機皆開張也釋名釋姿容○
鳧鴈醜其踵丨爾雅釋鳥○𨀥即古文丨
字廣雅曹注○爾雅釋鳥釋文丨本作跂
曬 丨乾物也方言十○丨暴也暴五穀之類秦晉之
閒謂之丨方言七○丨暴也舒也漢書中山靖王
勝傳
集注
勩 丨勞也爾雅釋詁○丨習事之勞也爾雅釋詁孫
注○爾雅釋詁釋詁倫丨卬敕釋文丨字或作勃亦作

肄
毦 丨以羽毛為飾後漢單超傳注○丨結毛為飾也
後漢南蠻西南夷傳注○丨罽也廣雅釋器○丨
與茸皆草花也文選江
賦揚皜丨擢紫茸注
膇 或作瘇○瘇病也玉篇引埤蒼○瘇重疾也一切
經音義十引字林○重丨足腫左氏成六年傳於
是有沈溺重
丨之疾注
爲 丨猶助也詩鳧鷖福祿來丨箋又論語述而夫子
丨衛君乎集解引鄭注又皇疏○丨猶與也管子
戒自妾之身之不丨持接也注○丨猶使也國語魯
語其丨後世昭前之令聞也注○丨謂相丨之丨呂
覽審為則不知所丨矣注○丨都治都也孟子公孫
丑下王之丨都者注○丨音人相丨之丨漢書高帝

紀上集注引鄭氏○詩采苓人之丨旨釋文丨本作僞

賁 丨飾也書湯誥丨若草木傳又釋文又詩白駒丨然來思傳又廣雅釋詁二又後漢崔駰傳注又荀子堯問忠誠盛於內丨丨於外注又太元視丨于東方注又家語好生今得丨丨注○丨者飾也易序卦傳○丨文飾也易賁鄭注○丨美也廣雅釋詁二○丨黃白色也詩白駒丨然來思箋又太元視丨于東方注○丨色不純也詩云鶉之丨丨呂覽壹行孔子卜得丨曰不吉注○丨无色也易雜卦傳○丨眥也呂覽不廣善戰者莎隨丨服注○易賁丨于邱園釋文黃本作世

糒 丨糗也後漢張禹傳注○丨乾飯也後漢明帝紀注隗囂傳注和熹鄧皇后紀注

膩 丨滑也楚辭招魂靡顏丨理注

施 丨予也國語周語故聖人之丨舍也議之注○丨丨猶賦也周禮內宰丨其功事注○在旁而及曰丨丨儀禮喪服傳絕族無丨服注○乾爲丨易象上傳稱物平丨虞注

鄪 一作費○費邑名論語雍也使閔子騫爲費宰釋文○丨今作費史記魯周公世家以汶陽丨封季友索隱○書序作費誓史記魯周公世家作肸誓說文米部周禮雍氏注作粊誓

遺 丨與也儀禮士喪禮注遺之言丨也釋文禮記曲禮凡丨人弓者釋文問疾弗能丨釋文又淮南主術虛者天下丨之注又楚辭湘君將以丨兮下女注○丨予也廣雅釋詁三○遺送也廣雅釋詁四○丨加也詩北門政事一埤丨我傳○丨丨言不能制也詩敝笱其魚唯唯釋文引韓詩○鄭司農云丨讀如詩曰棄予如丨之丨元謂以物有所饋丨周禮地官序官丨人注○詩鴟鴞序乃爲詩以丨王釋文丨本作貽

跂 丨企也莊子德充符闉丨支離無脤釋文引司馬注○丨登也梁益之閒或曰丨方言一○丨望也史記高帝紀日夜丨而望歸正義引司馬彪○丨履也廣雅釋詁一○丨行也莊子德充符闉丨支離無脤釋文引簡文注○丨隅貌詩大東丨彼織女傳○丨踶丨強羊貌莊子齊物詩君乎丨乎釋文引崔注○莊子駢拇而枝者不爲丨釋文丨崔本作枝○莊子秋水掇而不丨釋文丨本作企○詩河廣丨予望之楚辭注十六作企子望之○詩東山丨彼織女說文匕部作跂彼織女

槌 丨宋魏陳楚江淮之閒謂之植自關而西謂之丨方言五○丨縣蠶薄柱也方言五注

旞 全羽爲丨周禮司常○全羽曰旞廣雅釋天

柲 丨猶柄也考工記廬人戈丨六尺有六寸注○三刃枝其柄自關而西謂之丨方言九○丨弓檠弛則縛之於弓裹備損傷以竹爲之儀禮既夕記有丨注○戈丨六尺有六寸考工記廬人○丨刺也方言十二○丠上有木爲丨丠廣雅釋邱○古文丨作柴儀禮既夕記有丨注

邲 丨美貌也詩淇奧有匪君子釋文引韓詩

屎 丨柄也廣雅釋言釋器○丨欺也廣雅釋詁二

鴜 丨鳥鷸鳥此應禍之鳥卽今梟鵂鶹之類山海經海外西經丨鳥鷸鳥所經國亡注

謐 丨告也廣雅釋詁三○丨誠也淮南繆稱而不可以昭丨注

蠯 丨蚌也廣雅釋蟲○大曰蜃小曰丨國語楚語蜃丨之既多注

詒｜遺也左氏僖廿四年傳自｜伊戚注文三年傳｜厥孫謀注昭六年傳叔向使ㄧ子產書注又離騷相下女之可｜注○｜傳也列子周穆王而封之以｜後世釋文

侸｜當也文選皇太子釋奠會詩規周矩｜注○｜者當也史記匈奴傳直上谷索隱引姚氏○｜待也史記高帝紀黎明索隱○｜持也詩宛邱｜其鷺羽傳○｜立也漢書地理志下集注○｜猶乃也史記春申君傳遲令韓魏歸帝索隱○孟子題辭｜炎劉之未奮音義引丁音｜作直

柴｜積也詩車攻助我舉｜傳○詩車攻助我舉｜說文手部作助我舉𢱍

樲｜酸棗爾雅釋木○｜棘小棘所謂酸棗也孟子告子上養其｜棘注

髲｜被也髮少者得以被助其髮也釋名釋首飾○髮謂之鬠謂之｜廣雅釋器

經籍籑詁　卷七十二　四寘下　詒至婑　四五

委委猶食也詩鴛鴦箋則委之以莝釋文○｜痺也於僞反爾雅釋草釋文引字林

⿰多支｜多也廣雅釋詁三

髊｜讀水漬物之漬白骨曰骼有肉曰｜呂覽孟春揜骼霾｜注

蚑｜讀鳥跂步之跂也淮南原道蟯動｜作注○｜讀車｜轍之｜淮南俶眞｜行噲息注○｜讀車｜之｜淮南脩務｜行蟯動之蟲注○嚴訢碑｜行蠕動跂作｜

翨｜鳥翮也周禮秋官序官｜氏注○｜讀爲翅翼之翅周禮秋官序官｜氏司農注

鍦｜矛也荀子議兵宛鉅鐵鍦注

婑｜病也廣雅釋詁一

䀣｜視也廣雅釋詁一○｜慙也同上

樻｜節中腫以扶老今之靈壽是也詩皇矣傳椐｜也釋文○｜節中腫似扶老卽今靈壽是也爾雅釋木椐｜釋文引詩草木疏○｜巨位反爾雅釋木釋文引字林

縋縣鎮曰｜一切經音義十六引通俗文○｜縣縋於城而下也後漢張衡傳注○｜索也廣雅釋器

蜼｜禺屬卬鼻而長尾周禮司尊彝裸用虎彝｜彝注○｜卬鼻而長尾後漢馬融傳注○｜似獼猴山海經中山經鬲山多猨｜注○｜獼猴類山海經海外南經狄山爰有｜豹注○｜獼猴屬也音贈遺之遺一音誄山海經西山經崦嵫之山有鳥焉｜身注○｜狖也文選江賦迅｜臨虛以騁巧注○｜讀爲蛇虺之虺或讀爲公用射隼之隼周禮司尊彝司農注

經籍籑詁　卷七十二　四寘下　䀣至憙　四六

貤｜延也漢書衞綰傳集注敘傳下集注○｜猶延也漢書司馬相如傳上集注○｜益也廣雅釋詁一○｜音弋豉反匡謬正俗六引字林

⿱畾牛｜讀如詩葛｜之｜｜牛父牛也呂覽季秋乃合｜｜牛注○老子銘何足｜名累作｜

肂｜棺坎也禮記檀弓注士掘｜見衽釋文○｜埋棺之坎禮記雜記注欲見殯｜也釋文○｜埋棺之坎也掘之於西階上儀禮士喪禮掘｜見衽注○｜在西階上儀禮士喪禮入門左視塗注○｜欑塗周書作雜｜于岐周注○假葬於道側曰｜｜騶也釋名釋喪制○禮記檀弓注釋文｜本作肆

坒｜次也廣雅釋詁三

憙｜好也漢書賈誼傳集注○心喜者爲｜古徵書引春秋元命苞○邑豐民安故曰安｜水經滱水

注○丨讀曰喜漢書郊祀志上集注賈誼傳集注○爾雅釋蟲注丨自經死釋文丨本作喜

其 丨或作記或作己讀聲相似詩揚之水彼丨之子箋○詩揚之水釋文丨本作己○詩羔裘彼丨之子韓外傳作彼己之子○詩候人彼丨之子禮記表記作彼記之子國語晉語作彼己之子

异 丨異也文選魏都賦丨乎交益之士劉注○丨已也退也書堯典岳曰丨哉傳○丨古異字列子楊朱何以丨哉釋文

誶 丨告也爾雅釋詁所謫謫丨告釋文○丨諫也離騷謇朝丨而夕替注○丨責讓也列子力命夌丨釋文○丨納溼辨給之貌列子力命注○莊子山木虞人逐而丨之釋文丨本作訊○莊子徐无鬼察士無淩丨之事釋文丨本作誶

錘 丨重也宋魯曰丨方言六○丨鴟頭頰口句鐵以吹火也莊子大宗師皆在鑪錘之閒釋文引李注

佽 丨謂手指相次比也詩車攻決拾既丨箋○丨助也詩杕杜胡不丨焉傳○丨代也廣雅釋詁三○丨利也詩車攻傳○茲丨音相近漢書宣帝紀集注引如淳○詩車攻決拾既丨周禮繕人注作抉拾既次

巋 丨然獨立自足之謂莊子天下丨然而有餘注○莊子天下釋文丨本作魏

施 丨延也禮記樂記丨于孫子注又漢書禮樂志集注陳勝項籍傳贊集注鼂錯傳集注二見楊雄傳上集注又後漢竇融傳注郭陳傳注又莊子在宥夫丨及三王釋文引崔注又列子天瑞丨及州閭釋文○丨從謂延丨而往也孟子音義下引張音○丨袤淮南要略接徑直丨注○丨移也詩葛覃丨于中谷傳又莊子人閒世哀樂不易丨乎前釋文引崔注○丨敡也廣雅釋詁三○丨易也禮記孔子閒居丨其四國注又論語微子君子不丨其親集解引孔注○丨猶易也論語微子皇疏○丨猶易也延也詩皇矣丨于孫子箋○丨廢也左氏昭十四年傳乃丨邢侯釋文引國語孔注○丨者邪丨而行孟子離婁下丨從良人之所之注○丨讀難易之易淮南俶眞丨及周室之衰注○丨讀曰弛漢書衞綰傳集注○詩卷阿箋自縱丨之意釋文丨本作弛江漢傳矢丨也釋文丨本作弛雲漢箋師氏丨其兵釋文丨本作弛泮水傳穌丨貌釋文丨本作弛○詩旱麓丨丨于條枚韓外傳作延于條枚

庳 丨弩矢周禮司弓矢恒矢丨矢釋文

孳 乳化曰丨書堯典鳥獸丨尾傳又列子黃帝丨尾成丨釋文○丨尾牝牡相生也列子黃帝釋文○

丨息也列子湯問其民丨阜无數釋文○丨音滋穆天子傳二天子於是取丨木華之實注

躓 或作疐○疐跲也詩狼跋載疐其尾傳○跲卻頓曰疐爾雅釋言疐跲也李注○疐古文𨕯蹪二形一切經音義四○詩狼跋釋文丨本作疐○書多方亦惟有夏之民叨丨說文至部作有夏氏之民叨𦤶

司 丨候也呂覽尊師謹丨閒注○丨閒伺其閒隙荀子王霸曰欲丨閒而相與投藉之去逐之注○丨讀爲伺荀子議兵掎契丨詐注

諉 丨累也爾雅釋言又漢書賈誼傳集注引孟康胡建傳集注○丨者託也漢書賈誼傳集注引蔡謨○秦人曰丨爾雅釋言孫注

臮 丨及也漢書地理志上集注二見王莽傳中集注○丨與也史記夏本紀注夷蠙珠臮魚索隱○丨

古甓字
同上
陂 丨傾也易泰无平不丨虞注又釋文又禮記樂記
商亂則丨注○丨偏也易泰釋文○丨不正書洪
範無偏無丨傳又後漢張衡傳注○丨謂傍其偏側
也後漢馮衍傳注○丨謂偏侈丨則聲離散也周禮
典同丨聲散注○丨讀爲險丨之丨周禮典同注○
丨讀爲人短罷之罷周禮典同大夫注○丨或義反
爾雅釋地釋文引字林○書洪範無偏
無丨史記宋微子世家作無偏無頗
墍 丨息也詩谷風伊余來丨傳又假樂民之攸丨傳泂
酌民之攸丨箋又左氏成二年傳民之攸丨注昭
廿一年傳民之攸丨注哀五年傳民之攸丨注又小
爾雅廣言又漢書五行志中之上集注○丨取也詩
摽有梅頃筐丨之傳○丨飾也漢書禮樂志集
注引蘇林○丨猶煟煟細澤貌也釋名釋宮室

甀 丨武今兗州謂小武爲丨幽州曰瓦淮南氾論抱
丨而汲注
咥 丨笑也詩氓丨其笑矣釋文
幾 丨讀曰冀漢書郊祀志上集注二見郊祀志下集
注三見五行志中之上集注劉向傳集注賈誼傳
集注杜欽傳集注二見雋不疑傳集注疏廣傳集注
貢禹傳集注李尋傳集注二見孔光傳集注楊雄傳
下集注董賢傳集注匈奴傳贊集注外戚傳下集注
二見王莽傳中集注二見王莽傳下集注四見敘傳
上集
注
近 丨巳也詩崧高往丨王舅傳○丨辭也聲如彼記
之子之記詩崧高箋
術 左氏文十二年經秦伯使丨來聘公羊作遂

襄 穀梁宣九年傳注丨在丨也釋文丨本作衷
欬 丨刻也氣奔至出入不平調若刻物也釋名釋疾
病
○以下據
廣韻錄
襀 丨積也一切經音義二引埤蒼
杫 俎几也西南蜀漢之郊曰丨方言五○丨几也廣
雅釋器○丨謂俎几也後漢鍾離意傳注
䝳 丨賭也廣雅釋言○丨古文作䞈一切經音義十
五
貱 丨益也廣雅釋詁一
鞁 丨靭也國語晉語吾兩丨將絶注
庲 丨舍也廣雅釋室

誎 丨書也廣雅釋詁四○丨怨也廣雅釋言
庛 丨讀爲棘刺之刺考工記車人爲耒丨注
偒 丨輕也廣雅釋詁三○丨慢也平也一切經音義
二引蒼頡
敡 丨罯也廣雅釋詁四
𩈘 丨醜面貌集韻引字林
[illegible] 水中可居爲洲蜀漢謂之丨方言十二
嫧 丨病也廣雅釋詁一○周禮蜡氏注眷讀爲丨釋
文丨本作漬
𨑹 丨避也廣雅釋詁三

𣝭 丨弋豉反爾雅釋蟲釋文引字林

䏧 丨几也廣雅釋器

秷 丨積也廣雅釋詁一

諈 丨諉累也爾雅釋言○以事相屬累爲丨諉爾雅釋言注○楚人曰丨爾雅釋言孫注○諈諉鈍滯也謂以事相屬累以諈諉也列子力命諈諉注○諈諉鈍滯也又煩重也列子力命釋文

纗 丨帶也廣雅釋器

贀 丨益也廣雅釋詁一○丨拏也廣雅釋詁三

䁺 丨視也廣雅釋詁一

懟 丨怨貌也或作憒或作懟禮記大學身有所忿丨注

𢄙 丨巾也廣雅釋器

埶 丨丨嚞也廣雅釋訓

嘿 丨欺也廣雅釋詁二○丨屎獪也凡小兒多詐而獪或謂之丨屎方言十○丨屎潛潛狡也方言十注

鐟 丨篠屬山海經中山經求山多丨注

熠 焅謂之丨廣雅釋器

娓 丨順也廣雅釋詁一

采 丨禾也廣雅釋草

槜 公羊昭十七年傳注敗吳于丨李釋文丨本作醉李○左氏定十四年經於越敗吳于丨李公穀作醉李

㥟 丨智也廣雅釋詁三

蘱 丨薡董爾雅釋草

禷 丨師祭也爾雅釋天

鞼 鞼強也廣雅釋詁一○丨強也廣雅釋詁四○丨盾綴革有文如績也國語齊語鞼以丨盾一戟注

嚊 丨喘息聲也文選羽獵賦注引埤蒼○丨音彭濞之濞漢書揚雄傳上音義引張晏

䐔 丨腮也方言十三○丨丨呬充壯也方言二注○丨盛也方言二又廣雅釋詁二

犕 丨牛具齒也初學記廿九引字林

聭 丨愧同莊子駢拇余愧乎道德釋文引崔本注

䰄 丨髻也廣雅釋詁四○丨帶幧頭也廣雅釋器○幧頭其偏者謂之丨帶方言四○丨帶今之偏疊幧頭也方言四注

尯 丨劵也廣雅釋言

酨 丨酘也廣雅釋器

𥽇 丨下出氣也類篇引字林○不丨丨止失氣也山海經東山經泚水多茈魚食之不丨注

丨伭也廣雅釋詁四

【韰】丨摶也廣雅釋詁三

【撽】丨止也廣雅釋詁三○丨忿戾惡理不通達丨讀似質緩氣言之在舌頭乃得淮南脩務胡人有知利者而人謂之丨注

【駤】

【結】丨多也廣雅釋詁三

【蟿】丨螽螇蚸爾雅釋蟲○今俗呼似蚣蝑而細長飛翅作聲者爲螇蚸爾雅釋蟲注

【⿰亻致】丨會也集韻引字林○丨會也凡會物謂之丨方言二

【⿰扌貳】丨當也廣雅釋詁三

【⿰革致】丨刺履底也類篇引字林

【⿰馬豈】丨企也廣雅釋言○禮記文王世子注州里丨于邑釋文丨本作愷又作駿亦作驥

【鱀】丨是鱁爾雅釋魚○丨鰽屬也爾雅釋魚注○⿰魚乞音既胎生魚爾雅釋魚釋文引字林

【猤】丨壯勇之貌文選吳都賦狂趭獷丨注

【⿸疒季】丨病也廣雅釋詁一

【⿰月季】丨肥也廣雅釋言

【絘】丨布列肆之稅布周禮廛人掌斂市丨布總布質布罰布廛布司農注○周禮廛人釋文丨本作次

【饐】食丨謂之餲爾雅釋器○丨飯傷熱溼也央莅央冀二反論語鄉黨釋文引字林○丨餲也爾雅釋器釋文引葛洪○丨古文作⿰飠乞一切經音義十三

【鳦】丨英莅反爾雅釋鳥釋文引字林

【撎】丨揖也左氏成十六年傳注肅手至地若今丨釋文

【⿰壹乚】丨貪也荆汝江湘之郊凡貪而不施謂之丨方言十一○丨亦中國之通語方言十注

【牭】丨但也廣雅釋詁三

【貄】丨脩毫爾雅釋獸○爾雅釋獸釋文貄本作肆又作隸

【⿰镸聿】丨當爲肆謂寬舒之貌荀子非十二子丨然注

【⿰衤鼻】丨幝也廣雅釋器○無襉之袴謂之丨方言四○丨袴無踦者卽今犢鼻褌也方言四注

【啐】丨待也廣雅釋詁二

【齂】丨氣息貌爾雅釋詁丨息也注

【呬】丨息也爾雅釋詁又後漢張衡傳注○丨息也東齊曰丨方言二○丨氣息貌今東齊呼息爲丨也爾雅釋詁注

【肂】埋柩謂之丨小爾雅廣名

【⿰糹多】丨重也廣雅釋詁四

【維】丨忘也廣雅釋詁二

【痓】丨惡也廣雅釋詁三○丨謂骨丨而不隨素問氣厥論傳爲柔丨注○丨音如風丨之丨山海經大

菀南經大荒之中有山名曰去丨注

飤 丨飽也謂以食與人曰丨一切經音義十四引蒼頡訓詁○丨餔也一切經音義一引聲類○丨糧也爾雅釋木釋文引字林○丨餅也爾雅釋本注葉新可丨牛釋文○牧丨謂放丨牛馬也方言十二牧丨也注○爾雅釋木注釋文丨本作飯又作飼

弑 丨者試也欲言臣子殺其君父不敢卒候閒司事可稍稍丨之白虎通誅伐○下殺上曰丨何也何閒而後得施也釋名釋喪制○丨者殺也臣殺君之辭公羊隱四年傳與丨公也注○凡自虐其君曰丨左氏宣十八年傳○君父曰丨取積漸之名穀梁昭十三年經丨其君虔釋文○周禮大司馬放丨其君則殘之釋文丨本作殺左氏隱四年經衞州吁殺其君完釋文丨本作殺昭元年傳注故不書丨釋文丨本作殺穀梁序丨逆簒盜者釋文丨本作殺隱元年傳桓丨而隱讓釋文丨本作殺桓十八年傳君丨釋文丨本作殺莊元年傳如君丨于齊釋文丨本作殺論語公冶長崔子丨齊君釋文丨本作殺憲問陳成子丨簡公釋文丨本作殺○禮記檀弓君謂我欲丨君也釋文丨本作煞又作嗣

茡 丨麻母爾雅釋草○丨莔麻盛子者齊民要術二引爾雅釋草孫注○爾雅釋草釋文丨本作字

芓 丨隄也廣雅釋室

佁 丨儗寬容之貌文選長笛賦丨儗寬容注

佴 丨貳也爾雅釋言○丨次也廣雅釋詁三○丨自作也墨子經上○丨所然也同上

詷 丨誘也廣雅釋詁一

聃 以血塗祭爲丨也音釣餌之餌山海經東山經祈丨用魚注

駛 丨疾也廣雅釋詁一

[豸使] 丨狖也廣雅釋獸○丨貁謂之丨爾雅釋獸釋文引字林

蒔 丨種也廣雅釋地又晉書音義中○丨立也方言十二又廣雅釋詁四○丨更也方言十二○丨更別種上吏切文選秋興賦注引字林

紀 丨釗也廣雅釋器

鵋 爾雅釋鳥鵅丨鶀釋文丨本作忌

鷾 丨鴯燕也莊子山木鳥莫知于丨鴯釋文

亄 丨費錦文貌文選吳都賦則丨費錦繢劉注

魕 丨懼也廣雅釋詁二○丨恐也廣雅釋詁四

譺 丨調也廣雅釋詁四

甈 丨甖也東齊海岱之閒謂之丨方言五○丨瓶也廣雅釋器

○以下據集韻錄

𤆍 丨古犧字列子周穆王而左白丨注

勊 丨郎敝倦之敝顔氏家訓書證

[巾貳] 丨飾也集韻引字林

隸 丨唑也廣雅釋言

軑 ｜讀爲汰垸之汰直謂褁汰也周禮巾車然禊褁汰杜注

涂 ｜坑也廣雅釋水

墊 ｜竹二反儀禮旣夕禮釋文引字林

閡 ｜｜乎恩太元元衝○｜也皆合二太太元錯

媲 ｜配也集韻引字林○｜匹地反詩皇矣釋文引字林

坒 ｜比也太元元首都序陰陽｜參注

呬 ｜息也文選思元賦｜河林之蓁蓁兮舊注

䰠 䰠亦魑魅之類也或作䰠山海經西山經剛山是多神䰠注

附錄

盤 ｜謂探其深情常令見之管子侈靡深｜之毋涸注

經籍籑詁卷第六十三下

經籍籑詁卷第六十三下補遺

兵部侍郎兼都察院右副都御史巡撫浙江等處地方提督軍務兼理糧餉阮元撰集

四寘下

粹 說文｜不雜也从米卒聲○｜純淮南說林不若狐裘之｜注○｜淳也文選七發注引漢書應劭注

侍 說文｜承也从人寺聲○｜者臨檢之也禮記喪大記大胥｜之疏引庾云

帥 ｜長首主也列子黃帝其國無｜長注○｜亦長也禮記王制屬有長注○｜軍｜左氏成十三年傳晉｜乘和注○｜者有所率領左氏襄廿五年傳五吏三十｜疏○左氏昭廿八年傳注中軍｜釋文本又作率

誼 說文｜人所宜也从言从宜宜亦聲

廁 說文｜清也从广則聲○｜行清漢書萬石君傳中䘢｜牏注引孟康○｜牏謂｜溷垣墻史記萬石張叔列傳中䘢｜牏集解引徐廣○｜竇瀉除穢惡之穴也史記萬石張叔列傳集解○｜養豕圂也漢書燕刺王旦傳｜中豕羣出注○｜牀邊側也漢書汲黯傳上踞｜而視之注引孟康○｜謂牀邊史記汲鄭列傳上踞｜而視之集解引如淳○｜者隱側之處史記張耳列傳要之置｜索隱○｜側近水也漢書劉向傳居霸陵北臨｜注引服虔○｜岸之邊側也漢書張釋之傳上居外臨｜注○｜近身之小衫若今汗衫也漢書萬石君傳中帬｜牏注

寄 說文丨託也从宀奇聲○丨客也一切經音義十
六引廣雅○東方曰丨周禮秋官序官象胥注○
丨非東方夷名是丨託之意禮記王制東方曰丨疏

睡 說文丨坐寐也从目垂聲

忌 說文丨憎惡也从心己聲○丨畏也左氏昭十四
年傳殺人不丨爲賊注○丨之言戒也禮記表記
敬丨而罔有擇言在躬注○丨有所諱惡於人詩螽
斯序言若螽斯不妬丨箋○丨怨也國語晉語有君不丨注
人無妬丨之行箋○丨以行曰丨詩小星序夫
小人丨而不思注○丨日謂死日禮記檀弓上故丨
日不樂注○丨日謂先王之亾日禮記王制注丨日
若子卯疏○丨讀如彼己之子之己詩大叔于田箋

貳 說文丨副益也从貝弍聲弍古文二○丨副也詩
宛丘疏引易鄭注又國語魯語誰爲之丨注○丨

卿副也左氏僖十年傳七輿大夫疏○丨倅皆副也
詩緜蠻箋後車倅車也疏○丨謂副丨也禮記坊記
唯卜之日稱二君疏○朝祀之副曰丨禮記少儀乘
丨車則式注○丨廣公副車左氏襄廿三年傳丨廣
上之注○丨卿佐左氏襄十四年傳有君而爲之丨
注○丨二也易繫辭下傳因丨以濟民行疏又國語
楚語不攜丨者注又文選荅賓戲道不可以丨也注
引項岱○丨丨不壹左氏昭十三年傳丨偷之不暇注
○丨謂不一也漢書韋元成傳于丨其尤注○丨二
心也國語晉語何丨之有注是我以鼓教吾邊鄙丨
也注楚語懼子孫之有丨者也注○丨離也左氏襄
廿四年傳則諸侯丨注○丨兩屬左氏隱元年傳命
西鄙北鄙丨于己注○丨違命也左氏昭二十年傳
臣不敢丨注○變易無常謂之丨詩都人士序衣服
不丨箋○丨謂重爲之也漢書谷永傳毋丨微行出
飲之過注

萃 說文丨艸皃从艸㚢聲讀若瘁○丨聚也左氏宣
十二年傳若丨于我注又穆天子傳六行丨百人
注○丨集也管子中匡非一朝之丨注○丨聚集也
漢書賈誼傳異物來崒注引孟康○丨亦處也文選
謝平原內史表注引國語賈注○丨蔡衣有聲也文
選子虛賦翕呷丨蔡注引張揖○崒與丨同漢書司
馬相如傳上蕃端鱗崒注又文選子虛賦注引張揖

穗 說文采禾成秀也人所以收从爪禾穗采或从禾
惠聲

二 說文丨地之數也从偶一凡丨之屬皆从丨弍古
文○丨丨謂異端荀子儒效并一而不丨注○丨當
爲貳禮記坊記唯卜之日稱丨君注○丨或爲三禮
記郊特牲天子存丨代之後注

帔 說文丨宏農謂帬丨也从巾皮聲

臂 說文丨手上也从肉辟聲○丨謂膝上膊下也禮
記雜記上注包牲取下體疏○丨臑謂肩脚也禮
記少儀太牢則以牛左肩臂臑折九箇疏

嗣 說文丨諸侯丨國也从冊从口司聲孠古文丨从
子○丨謂繼父書大禹謨疏○丨新君也左氏昭
七年傳今又不禮于衞之丨注○丨續也詩杕杜繼
丨我日箋又左氏襄廿五年傳其弟丨書注○丨者
繼續之言詩生民傳繼往歲也疏○丨續其職者左
氏襄三年傳晉侯問丨焉注○丨歲今新歲也詩生
民以興丨歲箋○左氏襄廿八年傳慶丨閩之釋文
本或作慶嗣

遂 說文丨亾也从辵㒸聲䢜古文丨○丨從也文選
與山巨源絕交書注引國語賈注○丨繼事也穀
梁僖廿八年傳○丨繼事之辭也穀梁桓八年傳○
丨者從上閤下之稱詩黍離序箋政丨微弱疏○丨

者因上事生下事之辭左氏襄十年經注故曰丨疏襄廿三年經注兩事故言丨疏○丨者從始嚮末之言也詩蟋蟀傳丨事丨也疏○因事曰丨儀禮士昏禮丨拜疏鄉飲酒禮丨拜降盥疏丨祭酒疏丨飯疏士喪禮丨拜賓疏又周禮家人丨爲之尸疏蜡氏遂役之疏○丨者專事之辭公羊襄十二年傳大夫無丨事疏○丨長呂覽審時殺而不丨注○丨成也呂覽樂成願王之使他人丨之也注貴信土不肥則長丨不精注知分有充實達丨注博志用智褊者無丨功注又淮南氾論皆不能前丨斬首之功注脩務故五穀得丨長注○丨猶成也禮記月令百事乃丨注樂記氣衰則生物不丨注祭義五者不丨注表記丨其辭注○丨猶達也禮記月令慶賜丨行注緇衣百姓以仁丨焉注○丨謂名位成達者漢書儒林胡母生傳弟子丨之者注○丨謂申也禮記鄉飲酒義節文終丨焉疏○丨者言皆生出也漢書禮樂志根荄以

丨注○丨猶進也禮記月令丨賢良注○丨謂進徃易大壯不能丨疏○丨者道也史記蘇秦列傳禽夫差於干丨索隱○丨小溝也禮記月令審端徑術注○遠郊之外曰丨禮記王制不變移之丨注

恣 説文丨縱也从心次聲○丨睢自丨意恣貌也漢書五行志上丨睢者眾注○丨睢謂丨行爲睢惡之貌也史記伯夷列傳暴戾丨睢索隱引劉氏○丨謂狡狭淫戲不以禮也詩隰有萇楚序疾丨也箋

四 説文丨陰數也象丨分之形凡丨之屬皆从丨𠮙古文丨三籀文丨○丨當爲三古者丨三皆積畫字有誤耳穀梁定十五年傳滕子來會葬疏○今月令丨爲田禮記月令命丨監大合百縣之秩芻以養犧牲注

驥 説文丨千里馬也孫陽所相者从馬冀聲天水有丨縣○蘢古丨字穆天子傳四右驂赤蘢注

季 説文丨二稱也从子从稚省稚亦聲○丨二子也國語晉語武子之丨注○丨是幼小之辭左氏宣十二年傳注疏丨疏○丨末也國語晉語會其丨年注○三等其下者曰丨管子乘馬丨絹三十三注○論其常稱謂之子論其字謂之丨左氏宣十二年傳疏

刺 説文君殺大夫曰丨丨直傷也从刀从朿朿亦聲○魯殺大夫皆言丨左氏成十六年經丨公子偃注○丨者責其愆咎詩擊鼓序怨州吁也疏○丨采取之也漢書郊祀志上丨六經中作王制注○丨謂探候之也漢書丙吉傳至公車丨取注○丨謂書之於丨板也漢書外戚傳下其條丨使大長秋來白之注○詩關雎序下以風丨上釋文本又作刾

駟 説文丨一乘也从馬四聲○四馬曰丨漢書五行志下之上宋公子地有白馬丨注○丨謂丨馬禮記三年問若丨之過隙疏○四馬爲丨穆天子傳四乃獻良馬十丨注○夏后氏駕兩謂之麗殷益以一騑謂之驂周人又益一騑謂之丨詩干旄傳驂馬五轡疏引王肅○丨馬也國語周語辰馬農祥也注○丨乘四人共車左氏文十一年傳富父終甥丨乘注

泗 説文丨受泲水東入淮从水四聲

柶 説文禮有丨丨匕也从木四聲○丨以角爲之長六寸兩頭屈曲禮記喪大記小臣楔齒用角丨疏

識 丨亦記漢書匈奴傳上以計丨其人眾畜牧注○丨謂記丨禮記喪大記注若今被丨矣疏○志字亦作識漢書溝洫志贊多聞而志之注○易大畜君子以多識前言往行釋文劉作志

痣 誌者記也漢書高帝紀上注○今中國通呼爲黶子吳楚俗謂之誌同上

誌 說文新附｜記｜也从言志聲○志記也國語楚語必誦志而納之注○志者記也周禮小史掌邦國之志疏又左氏文二年傳周志有之疏○志古記也呂覽貴當志曰注○志古書左氏襄廿五年傳志有之注○志識也左氏昭十三年傳歲聘以志業注又國語晉語二三子志之注能志善也注○志謂記識左氏春秋序志其典禮疏○志即今之識也周禮誦訓掌道方志疏○志謂章識禮記檀弓上公西赤爲志焉注公明儀爲志焉注

寐 說文寐臥也从㝱省未聲

魅 說文鬽老精物也从鬼彡彡鬼毛魅或从未聲彔古文从彖首从尾省聲累籀文○｜老物精也漢書王莽傳中以禦魑｜注○物神謂之鬽廣雅釋天

邃 說文｜深遠也从穴遂聲○｜垂也續漢輿服志下前後｜延注○遂古遠古也文選典引伊考自遂古蔡注

燧 說文𨺶塞上亭守烽火者从𨸏从火遂聲𤎚篆文省○｜炬火也史記周本紀幽王爲燧｜正義○｜積薪有寇則燔然之也漢書司馬相如傳下聞烽舉｜燔注引孟康○｜取火具左氏文十年傳命夙駕載｜釋文○金｜火鏡禮記內則釋文○左氏文十年傳載｜釋文本又作𤎚

隧 墬潛道也素問調經論是故守經｜焉注○｜列肆道也文選西都賦注引西京賦薛注○｜者道之別名詩桑柔疏○｜出入道左氏昭十七年傳盈其｜炭注○｜者依深險之處開通行道也漢書西域傳下欲起亭｜注○闕地通路曰｜國語周語請｜焉注引賈侍中○天子曰｜塗上有負土爲｜儀禮既夕注俠羨道爲位疏○｜六｜也國語周語請｜焉注○郊外曰｜史記魯世家魯人三郊三｜集

解引王肅○｜者深也詩小戎傳俴淺疏○｜奪聲相近或爲兌禮記檀弓下齊莊公襲莒于奪注

穟 說文｜禾采之皃从禾遂聲詩曰禾穎｜｜䅎｜或从艸

襚 說文｜衣死人也从衣遂聲春秋傳曰楚使公親｜○｜衣也左氏定十年傳公三｜之注○｜即襲也周禮喪祝注春秋傳曰楚人使公親｜疏○｜遺也廣雅釋詁三○｜送死衣左氏昭九年傳且致閻田與｜注○｜謂以物送死用也禮記雜記上諸侯以｜疏○｜者以衣送死人之稱禮記少儀敵者曰｜疏○禮以衣送敵者死曰｜｜者遂彼生時之意也同上○送死者衣服曰｜禮記曲禮下注書賵於方疏○｜衣服禮記文王世子至于賵賻承含疏○衣服曰｜左氏隱元年傳注尸未葬之通稱疏引釋例文九年經秦人來歸僖公成風之｜注又史記魯仲連鄒陽列傳死則不得賻｜正義又漢書景帝

紀弔｜祠賵注引應劭五行志中之上秦人歸｜注○衣物曰｜穆天子傳六以或｜賵注○衣被曰｜周禮職喪注有事謂含｜贈賵之屬疏○衣服曰｜今俗語然詩碩人說于農郊箋○車馬亦曰｜禮記雜記上寡君使某賵疏

檖 說文｜羅也从木遂聲詩曰隰有樹｜

睟 ｜潤澤貌也文選魏都賦劉注引孟子趙注○孟子盡心上｜然玉篇作睟然

顇 說文｜顦｜也从頁卒聲○｜即悴｜也文選洞簫賦偏以頓｜注○｜與萃同漢書王莽傳上邦國殄｜注

謚 說文｜行之迹也从言兮皿闕○｜者行之成名詩文王有聲箋不以義｜疏○｜者列平生德行

而爲作美號禮記曲禮下已孤暴貴不爲父作丨疏○丨者累也累其行而號也書堯典序疏○丨之言列其所行身雖死名常存故謂丨也藝文類聚四十引五經通義○丨謂丨號禮記表記先王丨以尊名疏

牸 吳羊其牝一歲曰丨䍜三歲曰牂廣雅釋獸

植 丨豎呂覽心已髮丨目裂鬢指注

熾 說文丨盛也从火戠聲𤈦古文丨

飼 廣韻同飤○說文飤糧也从人食○丨已曰食他曰丨也素問至眞要大論以甘緩之注

食 丨飯也禮記曲禮上執丨興辭疏內則注羹丨丨之主也疏煎醢加于黍丨上疏玉藻子卯稷丨菜羹疏喪大記疏丨水飲疏又漢書司馬遷傳糲粱之丨注貨殖傳而顏淵簞丨瓢飲注○丨謂飯漢書西域傳下以肉爲丨兮酪爲漿注○飯謂之丨左氏桓二年傳注黍稷曰粢疏○穀食曰丨淮南主術秋畜疏丨注○丨謂庶羞也禮記禮器注豆之數謂天子朔丨疏○丨反虞之祭禮記檀弓下既葬而丨之注○丨養也淮南說山幸善丨之而勿苦注○丨乳也莊子德充符適見㹠子丨於其死母者注○丨謂乳也左氏桓六年傳注爲乳母疏○孟子盡心上丨而勿愛論語皇疏作養而不愛○左氏昭廿八年傳楊丨我論衡命義作芊舌似我

積 丨委也淮南主術而有六年之丨注○少曰委多曰丨儀禮聘禮注當共委丨之具疏又周禮遺人掌邦之委丨注○三十里言委五十里言丨周禮遺人疏

忮 說文丨很也从心支聲○丨意堅也漢書酷吏周陽由傳汲黯爲丨注

被 說文丨寢衣也長一身有半从衣皮聲○丨謂衣著之也漢書司馬相如傳上丨斑文注○丨是丨覆衣著之名左氏襄三年傳被練三千疏○丨者首服之名詩采蘩疏○丨是少牢之髮鬄同物而異名耳同上○丨色謂人含帶五色而生者也禮記禮運食味別聲丨色而生者也疏○丨當爲彼荀子宥坐復瞻丨九蓋皆繼注○定本先丨作先受詩漢廣序箋先受文王之教化疏

芰 說文丨蔆也从艸支聲茤杜林說丨从多○丨蔆也漢書楊雄傳上衿丨茄之綠衣兮注引應劭○丨薢茩也廣雅釋草

懿 說文懿專久而美也从壹从恣省聲○丨美也左氏僖十二年傳應乃丨德疏宣十二年傳我求丨德疏又文選琴賦嘉斯器之丨茂注○丨者美也保己精粹立行純厚也左氏文十八年傳忠肅共丨疏○丨者深邃之言詩七月傳丨筐深筐也疏○丨讀曰抑國語楚語於是乎作懿戒注

悸 說文丨心動也从心季聲○丨心動也漢書酷吏田延年傳使我至今病丨注○丨或爲欳文選魯靈光殿賦心猥猥而發丨注

覬 說文丨钦幸也从見豈聲○丨幸也漢書游俠傳序而下無丨覦注○丨望也小爾雅廣言又文選登樓賦注引國語賈注又後漢書盧芳傳臣非敢有所貪丨注

冀 說文丨北方州也从北異聲○丨猶記事史記秦本記集丨闕正義引劉伯莊○丨闕卽魏闕也史記商君列傳築丨闕索隱

【暨】說文丨日頗見也从旦既聲○丨及也史記秦始皇本紀東至海丨朝鮮正義○丨與也書梓材丨厥臣疏○丨丨果毅剛强之貌禮記玉藻戎容丨丨疏

【懻】今北土名彊直爲丨中漢書地理志下民俗丨忮注引臣瓚

【惎】說文丨毒也从心其聲周書曰來就丨丨○左氏宣二年傳楚人丨之說文作楚人畀之

【洎】說文丨灌釜也从水自聲○丨者添釜之名添水以爲肉汁遂名肉汁爲丨左氏襄廿八年傳而以其丨饋疏○丨汁也後漢書文苑邊讓傳多汁則淡而不可食注○丨亦泉字也漢書王莽傳中左丨前七部注

【穊】說文丨稠也从禾既聲

【媿】說文丨慙也从女鬼聲愧丨或从恥省○丨慙也國策秦策狀有歸色注○禮記中庸尚不愧于屋漏釋文本又作丨○禮記聘義所以丨厲之也釋文本又作愧

【匱】丨乏也禮記樂記其財丨疏祭義可謂不丨矣疏又華嚴經音義上引廣雅

【鐀】說文匱匣也从匚貴聲○丨與匱同漢書司馬遷傳石室金丨之書注

【饋】說文丨餉也从食貴聲○丨餉也禮記檀弓下君有丨焉曰獻疏○丨遺也左氏昭廿五年傳往丨之馬注○丨詒皆是與人物之名也左氏文十六年傳無不丨詒也疏○禮與人物曰丨同上○上於下曰丨下於上曰獻周禮玉府疏○丨謂進饌也禮記曲禮上主人親丨疏○丨獻牲體也荀子禮論丨薦注○丨謂選具其食管子弟子職弟子饌丨注○丨者食也淮南氾論一丨而十起注○餽亦丨字漢書高帝紀下給餉餽注禮樂志齊人餽魯而孔子行注食貨志上胡以餽之注食貨志下千里負擔餽饟注淮南厲王長傳不發封餽侍者注伍被傳不足於糧餽注廣陵厲王胥傳數相餽遺注趙廣漢傳公廉不受餽注朝鮮王傳及餽軍糧注○丨丨亦餽字漢書五行志中之上往丨之馬注○餽與丨同漢書賈誼傳執醬而親餽之注谷永傳在中餽無攸遂注循吏朱邑傳束脩之餽注○餽字與丨同漢書律歷志上在中餽之象也注韓信傳臣聞千里餽糧注賈山傳親執醬而餽注○周禮大行人注謂餽之芻禾也釋文本又作丨○爾雅釋詁丨也釋文本或作餽

【蕢】說文蕢艸器也从艸𦾔聲臾古文丨象形論語曰有荷臾而過孔氏之門○丨織草爲器所以盛土也漢書何武王嘉師丹傳贊以一丨障江河注○匱者織草爲器所以盛土也漢書禮樂志未成一匱注

王莽傳上成在一匱注○丨者草名禮記明堂位丨桴疏○丨桴以土塊爲桴禮記明堂位丨桴疏

【恚】說文丨恨也从心圭聲

【比】說文丨密也二人爲从反从爲丨凡丨之屬皆从丨𣬶古文丨○丨親也禮記緇衣大臣不治而邇臣丨矣釋文○丨相親丨左氏昭三年傳燕大夫丨以殺公之外嬖注○丨私相親也禮記緇衣大臣不治而邇臣丨矣注○丨和也漢書楊雄傳下工聲調於丨耳注○丨亦和也漢書公孫宏傳聲丨則應注○丨合也漢書律歷志上丨黄鍾之宫注劉歆傳丨意同力注○丨近也禮記經解屬辭丨事疏又史記天官書危東六星兩兩相比曰司空正義○丨者近也史記平津侯主父列傳此下丨於民索隱○丨接近也漢書酷吏嚴延年傳及丨郡爲守注○丨次也禮記祭統身丨焉疏又史記樂書丨音而樂之正義

○丨謂相接次也漢書諸侯王表諸侯丨境注○丨謂次之也漢書食貨志上丨其音律注○丨謂左右相次者也漢書尹翁歸傳盜賊發其比伍中注○丨丨次而上也太元密不密不丨注○丨從先也儀禮旣夕丨奠舉席注○丨頻也禮記投壺丨投不釋疏又漢書外戚傳下其後丨三年日蝕注○丨丨猶頻頻也漢書王嘉傳丨丨當作注○丨丨猶言頻頻也漢書哀帝紀郡國丨丨地動注○丨年謂每年也禮記學記丨年入學疏○己行故事曰比禮記王制必察小大之丨以成之注○在家爲丨在軍爲伍周禮小司徒五伍爲兩疏○丨爲阿黨詩椒聊傳朋丨也疏○丨周言阿黨親密也漢書谷永傳無用丨周之虛譽注○丨讀蔭庇之庇水經溫水注引闞駰

庇 說文丨蔭也从广比聲○丨覆也國語周語口以丨信注齊語而丨宗于內可也注晉語子盍亟索士憖丨州犁焉注

畁 說文丨相付與之約在閣上也从丌由聲○丨音丨予之丨也漢書鄒陽傳封之於有畁注引服虔

痹 說文丨溼病也从疒畁聲○丨風溼之病漢書藝文志五藏六府丨十二病方三十卷注○脈濇曰丨素問平人氣象論○丨謂藏氣不宜行也素問五藏生成篇名曰心丨注○丨痛也素問脈要精微論當病食丨注○丨矢讀爲人罷短之罷周禮司弓矢恒矢丨矢司農注

奰 說文奰壯大也从三大三目二目爲䀠三目爲奰益大也一曰迫也讀若易虙羲氏詩曰不醉而怒謂之奰○不飲酒而怒曰贔文選魏都賦叕問內贔劉注○丨者怒而自作氣之貌詩蕩疏○詩蕩內丨于中國文選魏都賦注引作內贔於中國

詖 說文丨辯論也古文以爲頗字从言皮聲○險丨不正也詩卷耳序釋文引崔注○丨妄加人以罪也詩卷耳序而無險丨私謁之心釋文○丨慧也廣雅釋詁一

毖 說文丨愼也从比必聲周書曰無丨于卹○丨勞也書大誥無丨于卹疏

閟 說文丨閉門也从門必聲春秋傳曰丨門而與之言○丨閉也御覽十二引穆天子傳曰員丨寒注○丨與毖字異音同詩閟宮疏○詩閟宮丨宮有侐文選魯靈光殿賦張注作祕宮有侐

泌 說文丨俠流也从水必聲

祕 說文丨神也从示必聲○今見有丨姓讀如丨書漢書高惠高后文功臣表戴侯丨彭祖注

鷙 說文丨擊殺鳥也从鳥執聲○獸摯從執下著手鳥丨從執下著鳥禮記儒行丨蟲攫搏疏○摯擊也詩常武傳摯如翰疏○詩關雎傳摯而有別釋文本亦作鷙

贄 摯六摯也國語周語爲摯幣瑞節以鎮之注○丨謂羔鴈錦玉之屬禮記曲禮上注非幣也疏○丨者所執以爲禮也漢書郊祀志上三帛二牲一死爲丨注○質亦丨也後漢書南蠻西南夷傳則君子不饗其質注○周禮大宰注各以其所貴爲摯釋文本亦作丨禮記郊特牲執丨以相見釋文本亦作摯表記注謂摯也釋文本亦作丨

摯 說文丨握持也从手从執○丨臻也爾雅釋詁○丨之言至也詩關雎關關雎鳩箋○丨至同音故丨爲至也書西伯戡黎疏○丨傷折禮記月令雪霜大丨釋文引蔡注

觶 說文丨鄉飲酒角也禮曰一人洗舉丨丨受四升从角單聲觗丨或从辰觚禮經丨○三升曰丨丨

適也飲當自適也詩卷耳疏引異義韓詩說〇丨字角旁支汝潁之閒師讀所作今禮角旁單古書或作角旁氏角旁氏則與觚字相近學者多聞觚寡聞觗寫此書亂之而作觚耳考工記梓人爲飲器疏引駁異義

胾 說文胾大臠也从肉𢦏聲〇丨大臠穆天子傳六丨脯注〇丨謂切肉周禮內饔注丨燔之屬疏〇殽爲正饌丨爲切肉儀禮公食大夫禮注是所謂羹丨中別疏〇純肉切之曰丨禮記曲禮上左殽右丨疏

躓 說文丨跲也从足質聲詩曰載丨其尾〇丨頓也文選洞簫賦注引漢書韋昭注〇丨謂行倒蹶也禮記中庸言前定則不跲疏〇孟子滕文公下章指故禹稷駢丨音義引丁音駢躓史記作胼胝謂手足

生胝也此躓乃顛躓字

漬 說文丨漚也从水責聲

穉 說文穉幼禾也从禾犀聲〇丨小也列子天瑞純雄其名丨蜂注〇穉質亦少女也淮南脩務之稚質注〇書立政傳言皆以告稚子王矣釋文稚本又作丨

遲 丨侍也史記南越列傳犂旦索隱〇丨或作逗文選范彥龍倣古詩丨畱法未輕注

祟 說文丨神禍也从示从出𥜽籀文丨从𩕢省〇丨謂禍咎之徵也漢書江充傳丨在巫蠱注

豉 說文𧰯配鹽幽𧰯也从尗支聲豉俗𧰯从豆

珥 說文丨瑱也从玉耳耳亦聲〇丨瑱也列子周穆王設笄丨注〇丨者瑱也史記李斯列傳傅璣之丨索隱〇丨珠在耳也文選七發注引蒼頡〇丨耳璫垂珠也續漢輿服志下〇丨珠玉飾耳者也漢書東方朔傳去簪丨注〇丨插也文選左太沖詠史詩七葉丨漢貂注〇凡氣在日上爲冠爲戴在旁直對爲丨漢書天文志注引如淳〇丨形點黑也漢書天文志拖丨垂蜺注引孟康

衈 丨謂將刲割牲以釁先滅耳旁毛薦之禮記雜記下其丨皆於屋下注〇毛牲曰刉羽牲曰丨周禮肆師疏〇珥讀曰丨謂殺雞取血釁其戶周禮司約則珥而辟藏注

刵 說文丨斷耳也从刀从耳

示 說文丨天垂象見吉凶所以丨人也从二三垂日月星也觀乎天文以察時變丨神事也凡丨之屬皆从丨𥘠古文丨〇丨語之也漢書趙充國傳敕視諸羌注〇丨寘聲相近故誤爲丨丨也詩鹿鳴疏〇古

者寘丨同讀故攺從寘也同上〇詩麟趾箋丨有武而不用釋文一本丨作象

伺 說文新附丨候望也从人司聲〇丨候其罪荀子富國有掎挈丨詐注〇司者察視之漢書高五王傳以爲物而司之得勃注

嗜 說文丨丨欲喜之也从口耆聲〇丨愛也後漢書黨錮傳贊丨惡從形注〇丨欲者性之累也淮南原道

自 說文丨鼻也象鼻形凡丨之屬皆从丨𦣹古文丨又白此亦丨字也省丨者詞言之气从鼻出與口相助也凡白之屬皆从白〇丨由也易象上傳丨我致寇疏〇丨從也詩關雎序言化丨北而南也箋又儀禮士喪禮注丨始死疏又公羊莊廿七年傳注惟丨大夫妻疏又呂覽應同禍福之所丨來往本味其

齊甚微眥有丨丨起注長攻其有所丨而得之注審分
惡氣苛疾無丨丨至注壅塞而善無丨丨至矣注又淮南
繆稱同材而各丨丨取焉注○丨丨猶從也禮記祭義夫
祭者非物丨丨外至者也疏○丨丨謂所從來也禮記中
庸知風之丨丨注○丨丨用也書召誥丨服于土中鄭注
詩羔裘丨我人居居傳又禮記禮運注丨爾率而上
至于祖疏○丨丨者何有力焉者也公羊僖廿八年傳
○丨丨若言丨丨如故也漢書禮樂志湛沔丨丨若注○坤
爲丨丨易夬告丨丨邑虞注○定本作丨俗本多誤爲嗜
書酒誥庶羣丨丨酒疏

眥 眦謂目匡也漢書杜欽傳報睚眦怨注○丨謂四
際瞼睫之本素問氣交變大論目赤痛丨瘍注○
眦卽丨字漢書司馬相如傳上中必決眦注杜欽傳
報睚眦怨注

骴 說文鳥獸殘骨曰丨丨可惡也从骨此聲明堂月
令曰掩骼薶丨丨或从肉○鳥獸之骨曰胔漢書

陳湯傳月令春掩骼埋胔之時注引應劭○胔謂骨
之尚有肉者也後漢書寇榮傳剖棺露胔耳注○胔
謂死者之肉也漢書婁敬傳徒見羸胔老弱注○有
肉曰胔漢書陳湯傳注引臣瓚○骨有肉曰胔淮南
說林橫海不受流胔注○胔可惡也漢書陳湯傳注
○胔讀曰瘠漢書婁敬傳注

詈 說文丨罵也从网从言网辠人○丨罵也國策秦
策乃使勇士往丨齊王注

莅 涖臨也禮記曲禮上涖官行法注曲禮下涖牲曰
盟注檀弓下苟無禮義忠信誠慤之心以涖之注
祭統必身親丨之注坊記故君子信讓以涖百姓注
緇衣恭以丨之注又左氏隱七年傳陳五父如鄭涖
盟注昭廿四年傳涖問周故注又國語周語考中度
衷以臨之注晉語使奚齊涖事注又漢書杜欽傳涖
官不敬注○涖亦臨也左氏昭六年傳疏○臨謂平
常之時涖謂當事之時同上○涖視也禮記文王世
子成王幼不能涖阼注又爾雅釋詁○涖臨視也周
禮大宗伯注始涖之疏○丨謂監視也漢書刑法志
丨之以彊注○施之於事爲涖左氏昭六年傳涖之
以彊注○丨颯飛相及也漢書司馬相如傳下丨颯
芔歙注引張揖○禮記曲禮上涖官行法釋文本亦
作丨

緻 說文新修字義丨密也从糸致聲○定本丨皆作
致詩鴇羽傳盬不攻丨也疏

譬 集韻或作辟○說文丨諭也从言辟聲○辟丨喻
也禮記學記燕辟廢其學疏○辟謂丨喻也禮記
大學人之其所新愛而辟焉釋文○丨猶喻也禮記
大學注○辟也者舉也物而以明之也墨子小取○
辟讀曰丨漢書禮樂志辟之琴瑟注辟如爲山注藝
文志辟猶水火相滅注王褒傳辟如女工有綺縠注
東方朔傳辟若鴛鴦注貨殖傳辟猶戎翟之與于越
注○周禮宰夫注辟于治官釋文本亦作丨

彗 丨妖星也四曰彗一切經音義二引爾雅孫注○
丨者掃除之象公羊哀十四年傳注丨金精掃旦
疏○爾雅序擁篲清道釋文字又作丨

肄 集韻或作肆○說文肄習也从聿𥎿聲隸籀文肄
肄篆文肄○丨習也文選西征賦注引國語賈注
○丨亦習也史記劉敬叔孫通列傳迺令羣臣習丨
索隱又漢書叔孫通傳注○肄則習也禮記射人注
治射儀謂肄之也疏○丨謂習業左氏莊卅二年傳
注講丨也疏○丨猶勞也左氏昭三十年傳若爲三
師以丨焉注○丨餘也禮記玉藻丨束及帶注○丨
爾雅或作勩詩谷風疏○禮記曲禮下大夫與士肄
釋文本又作丨

眙 說文丨直視也从目台聲

惴 說文丨憂懼也从心耑聲詩曰丨丨其栗○丨戰栗也漢書酷吏甯成傳人皆丨恐注○丨丨懼也詩黃鳥丨丨其慄傳
懟 說文丨怨也从心對聲○丨怨怒也漢書竇嬰傳祇加丨自明注外戚傳下丨以手自擣注○丨謂狠戾詩蕩箋反任彊禦衆丨爲惡者疏○丨病也淮南原道不爲愁悴怨丨注
縊 說文丨經也从糸益聲春秋傳曰夷姜丨○丨自丨也周書克殷乃適二女之所既丨注
餧 丨飤也漢書陳餘傳如以肉丨虎注○委猶食也詩鴛鴦箋無事則委之以莝釋文
劓 說文劓刑鼻也从刀臬聲易曰天且劓劓或从鼻○丨割鼻也漢書百官公卿表上正五刑注○丨截鼻也漢書刑法志丨罪五百注○丨截其鼻也漢書武帝紀畫象而民不犯注○截鼻爲丨易睽其

人天且丨疏○五刑截鼻爲丨書盤庚中我乃丨殄滅之疏○刑名以截鼻爲丨左氏哀十一年傳注丨割也疏○丨者法木之穿土北堂書鈔引白虎通○丨刑法木勝土去其皮革也御覽六百四十八引賀述禮統○丨刖當爲倪仉易困丨刖釋文引鄭注
啻 說文丨語時不丨也从口帝聲一曰丨提也讀若鞮
饎 說文丨酒食也从食喜聲詩曰可以饙丨饎丨或从配糦丨或从米○丨酒食也詩七月田畯至喜箋甫田田畯至喜箋大田田畯至喜箋○爾雅釋訓丨酒食也釋文舍人本作喜
企 集韻或作跂○說文丨舉踵也从人止聲⿱人足古文丨从足○舉跟曰跂一切經音義十二引通俗文○丨謂舉足而竦身漢書高帝紀上日夜丨而望歸注

曬 說文丨暴也从日麗聲
勩 丨勞也詩雨無正莫知我丨傳○丨苦也廣雅釋詁四
毦 說文新附丨羽毛飾也从毛耳聲○毛飾曰丨稍上垂毛亦曰丨也一切經音義二引通俗文
爲 丨謂助爲也禮記少儀注役爲也疏○丨謂福祐爲已之報禮記祭統不求其丨注
賁 說文丨飾也从貝卉聲○丨有文飾黃白色易賁釋文引王肅注○丨如華飾之貌易賁丨如濡如疏○丨變也文飾之貌易賁釋文引鄭注
糒 說文丨乾也从米𤰈聲○丨乾飯也書費誓傳糗丨之糧疏又漢書李廣傳持丨醪遺廣注李廣利傳及載丨給貳師注匈奴傳下又轉邊穀米丨注王莽傳中大官齎丨乾肉注

膩 說文丨上肥也从肉貳聲
施 丨與也易乾德丨普也釋文
遺 丨猶與也漢書嚴助傳丨王之憂注○丨者流傳致遠之稱詩鴟鴞序疏○丨者敵體相與之辭左氏莊卅一年經齊侯來獻戎捷疏引釋例
槌 說文關東謂之丨關西謂之持从木追聲
旞 集韻或从遺○說文丨導車所以載全羽以爲允允進也从㫃遂聲旞丨或从遺○全羽爲旞旞猶滑也順滑之貌也釋名釋兵
柲 說文丨欑也从木必聲○丨柄也漢書楊雄傳上帶干將而秉玉戚兮注○丨卽柄也考工記序注

竹欑丨疏

【邲】說文丨宰之也从卩必聲

【鞴】說文絥車絥也从糸伏聲茯絥或从艸鞴絥或从革葡聲

【僿】丨猶溥之義也史記高祖本紀小人以丨索隱○丨塞聲相近同上○丨丨一作薄史記高祖本紀集解引徐廣

【記】說文丨誡也从言忌聲

【值】說文丨措也从人直聲○丨者當也儀禮喪服記注欲其文相丨疏

【樲】說文丨酸棗也从木貳聲

【髲】說文丨鬄也从髟皮聲○言丨鬄者鬄髮也謂翦鬄取賤者刑者之髮而爲鬄也周禮追師注所謂丨鬄也疏

【萎】說文丨食牛也从艸委聲○丨腇耎弱也後漢書馬援傳而但丨腇咋舌注

【輢】丨倚也文選蜀都賦枕丨交趾注

【⿰骨差】丨亦背字玉篇引聲類

【硾】說文新附丨擣也从石垂聲

【翨】說文丨鳥之彊羽猛者从羽是聲

【鍦】鉇與丨同荀子議兵宛鉅鐵鉇注

【⿰歹委】鄭以今益州人有將鹿肉畜之丨爛謂之鹿丨禮記內則注今益州有鹿丨者疏○丨葸也廣雅釋詁四

【䀣】說文丨直視也从目必聲讀若詩泌彼泉水

【樻】說文丨椐也从木貴聲

【縋】說文丨以繩有所縣也春秋傳曰夜丨納師从糸追聲○丨縣城而下左氏僖三十年傳夜丨而出注

【蜼】說文丨如母猴卬鼻長尾从虫隹聲

【蚝】廣韻同蛓○說文蛓毛蟲也从虫𢦏聲○蛓讀若笥今俗呼爲毛蛓有毒螫人爾雅釋蟲注郎蛓釋文

【貤】說文丨重次弟物也从貝也聲○丨次弟而重也漢書司馬相如傳上注○今俗猶謂凡物一重爲一丨也漢書武帝紀無所流丨注○貤延也文選上林賦貤卬陵注引司馬彪○貤猶延史記司馬相如列傳貤卬陵集解引郭璞

【肂】說文殔瘞也从歺隶聲○丨謂穿地爲坎禮記檀弓下注士掘丨見衽疏○丨訓爲陳儀禮士喪禮掘丨見衽疏

【坒】說文丨地相次比也衞大夫貞子名丨从土比聲

【憙】說文丨說也从心从喜喜亦聲

【异】說文丨舉也从廾㠯聲虞書曰岳曰异哉○丨聲近已書堯典疏

【誶】說文丨讓也从言卒聲國語曰丨申胥○爾雅釋詁丨告也釋文本作訊

【錘】丨者稱之權也漢書律厤志上五權之制注

【佽】說文丨便利也从人次聲詩曰決拾既丨一曰遞也

【施】丨亦延也漢書董仲舒傳丨虖方外注○丨靡猶連延也史記司馬相如列傳登降丨靡正義引郭璞○丨靡相及貌漢書楊雄傳上丨靡虖延屬注

【庳】孟子萬章上封之有庳漢書昌邑王傳魏志諸王傳水經注引王隱說皆作有鼻漢書鄒陽傳作有畀

【睢】丨仰白目怒貌也史記伯夷列傳暴戾恣丨正義

【驇】說文丨馬重皃从馬埶聲○丨謂馬重而陷之於泥史記晉世家惠公馬丨不行索隱

【諉】說文丨累也从言委聲

【臮】說文丨眾詞與也从㐺自聲虞書曰丨咎繇臮古文丨

【陂】丨不平正也禮記樂記商亂則丨疏○丨謂傾側也漢書趙敬肅王彭祖傳以彭祖險丨注○丨險也文選景福殿賦悟政刑之夷丨注○書洪範無偏無丨釋文舊本作頗

【墍】說文丨仰涂也从土既聲○丨與呬古今字也詩假樂疏

【甀】說文甀小口罌也从缶𠂢聲○丨罌也自關而西晉之舊都河汾之閒其大者謂之丨方言五○甇周洛韓鄭之閒謂之丨同上○丨瓶也廣雅釋器

【[illegible]】說文丨列也从𠭖吏聲讀若迅

【豷】說文丨豕息也从豕壹聲春秋傳曰生敖及丨

【幾】丨望也文選王命論貪不可丨注引韋昭○丨讀如冀左氏宣十二年傳庸可丨乎疏○左氏哀十六年傳日月以丨釋文本或作冀

【近】說文近古之遒人以木鐸記詩言从辵从丌讀與記同

【術】丨遂也禮記學記丨有序疏○丨遂聲相近禮記月令疏○丨周禮作遂禮記月令審端徑丨注

【德】丨如有予也禮記玉藻立容丨注○丨有所施與之名也立時身形小俯嚮前如授物與人時也禮記玉藻疏

○以下據廣韻錄

【離】丨猶違已也禮記學記是以雖丨師輔而不反也疏

【䊓】丨黏也集韻引廣雅

【𣢑】說文丨歐也从欠此聲

【[illegible]】說文丨羧丨也从羊責聲

【[illegible]】說文丨艸也从艸賜聲

【𧶠】說文丨資也从貝爲聲或曰此古貨字讀若貴

【貱】說文丨迻予也从貝皮聲

鞁 說文｜車駕具也从革皮聲
旇 ｜旌旗又衣服貌廣韻引埤蒼
䰢 說文｜鬼服也一曰小兒鬼从鬼支聲韓詩傳曰鄭交甫逢二女｜服
朿 說文｜木芒也象形凡｜之屬皆从｜讀若刺
庛 ｜者耒之面但耒狀若今之曲枕柄也考工記車人爲耒｜疏○耒面謂之｜考工記匠人耜廣五寸疏車人爲耒｜疏
諫 說文｜數諫也从言朿聲
莿 說文｜茦也从艸刺聲

傷 說文｜輕也从人易聲一曰交｜
伿 說文｜惰也从人只聲
敡 說文｜侮也从攴从易易亦聲
𢫬 說文｜積也詩曰助我舉｜搣頰旁也从手此聲
𢻫 說文｜頃也从匕支聲匕頭頃也詩曰｜彼織女
卶 說文｜有大度也从卩多聲讀若侈
灑 說文｜汛也从水麗聲
觖 ｜猶冀也後漢書陰興傳注引前書音義

䍴 說文｜羊相羵也从羊委聲
𡞝 說文｜不說也从女恚聲
䧳 說文｜睢也从隹垂聲
娷 說文｜諉也从女垂聲
諈 說文｜｜諉累也从言垂聲
睍 ｜眇視貌集韻引埤蒼
𨭖 說文｜羊箠耑有鐵从金埶聲讀若至
䩇 說文｜蓋杠絲也从革旨聲

𡠗 說文｜至也从女執聲周書曰大命不｜讀若摯同一曰虞書雉｜
鐀 ｜鍪也廣雅釋草
鐆 說文｜陽｜也从金隊聲
㒸 說文｜从意也从八豕聲
檇 雋字本作｜漢書地理志下敗之雋李注
㥆 集韻㒸或作｜○說文㥆深也从心家聲
蘱 ｜芧蔽也廣雅釋草
𥫉 說文｜臨也从立从隶

禷 說文丨以事類祭天神从示類聲○類以類祭也
漢書郊祀志上遂類于上帝注○類禷謂以事類
而祭之漢書郊祀志上先類禷泰一注○類者祭天
之名詩文王序疏○類乎上帝者謂祭告天也禮記
王制類乎上帝疏○非時祭天謂之類史記五帝本
紀正義引五經異義○非常而祭曰類周禮大祝類
上帝疏○於內曰類詩皇矣是類是禡傳○類師祭
名書泰誓上類于上帝釋文○類師祭也詩皇矣箋
桓序講武類禡也箋○詩皇矣是類是禡釋文本或
依說文作丨○爾雅釋天是丨是禡釋文經典作類
費 書費誓人傳作肸誓
粊 說文丨惡米也从米北聲周書有丨誓
餽 說文吳人謂祭曰丨从食从鬼鬼亦聲

鞼 說文丨韋繡也从革貴聲○丨折也淮南原道堅
强而不丨注本經剛而不丨注
濞 說文丨水暴至聲从水鼻聲
瀵 說文瀵滿也从水𢍰聲
淠 說文丨水出汝南弋陽垂山東入淮从水畀聲
𤰈 說文丨具也从用苟省
犕 說文丨易曰丨牛乘馬从牛𤰈聲
騩 說文丨馬淺黑色从馬鬼聲
髖 說文丨厀脛閒骨也从骨貴聲

䰎 說文丨屈髮也从髟貴聲○丨帶幧頭也方言四
腃 丨急筋節急也列子楊朱筋節丨急釋文○丨或
作臛同上
視 說文丨瞻也从見示眎古文丨眡亦古文丨○丨
讀曰示漢書刑法志用相夸丨注食貨志丨以節
儉注郊祀志上以丨不臣也注鼎宜丨宗禰廟注五
行志中之上明丨作威注五行志中之下勸丨淮陽
王以不義注故天見災以丨公也注五行志下之下
天垂象以丨下注天之丨人顯矣注地理志上京兆
尹南陵注藝文志以孝丨天下注項籍傳丨士必死
注陳餘傳丨天下私注張良傳召戚夫人指丨曰注
周勃傳指丨我注婁敬傳丨天下弗復用注梁平王
襄傳以丨海內注鼂錯傳丨民不奢注張釋之傳上
指丨愼夫人新豐道注賈山傳丨孝也注路溫舒傳
則飾辭以丨之注韓安國傳丨單于使者爲信注董

仲舒傳丨大始而欲正本也注上召丨諸儒注張騫
傳以覽丨漢富厚焉注楊惲傳丨諸將軍中朝二千
石注霍光傳光以其書丨丞相敞等注趙充國傳敕
丨諸羌注非所以丨蠻夷也注疏廣傳丨陋注王吉
傳明丨天下以儉注鮑宣傳以丨天下注欲丨致賢
人注韋賢傳丨我遺烈注丙吉傳將則詣御史府以
丨吉注京房傳以丨萬世之君注翼奉傳以丨聖人
注李尋傳以丨天下注王尊傳前引佩刀丨王注難
以丨四夷注蕭望之傳章丨周堪注馮野王傳丨有
所宗注匡衡傳昭穆以丨之注翟方進傳以丨四
方注反理丨患注王嘉傳持詔書丨丞相御史注循
吏召信臣傳以丨好惡注游俠傳序丨之以好惡注
匈奴傳上以丨不如旃裘堅善也注西域傳下徧丨
丞相御史二千石諸大夫郎爲文學者注西域傳贊
以觀丨之注外戚傳下丨后妾無能懷任保全者注
元后傳予丨羣公注王莽傳上以丨天下注國奢則

丨之以儉注太后以丨羣公注以明好惡丨四方注以丨卽眞之漸矣注王莽傳下以丨神爲注以丨諸蠻夷注王莽傳上以丨百蠻注宜丨海內注章丨羣公注少則亾以威遠方注持入丨莽注欲外丨自安注欲自丨饒富注泣以丨羣臣注〇丨讀爲示漢書食貨志上庠則行禮而丨化焉注〇丨讀與示同漢書高惠高后文功臣表非所以丨化勸後也注〇漢書多以丨爲示古通用字漢書高帝紀上亦丨項羽無東意注〇丨乃正字今文作示俗誤行之儀禮士昏禮記丨諸衿鞶注〇古者觀丨於物及以物丨人則皆作示傷著見後世巳來觀丨於物作示傷著見以物示人單作示字禮記曲禮上幼子常丨毋誑疏

寁 說文丨礙不行也从叀引而止之也叀者如叀馬之鼻从此與牽同意〇丨音詩載丨其尾之丨漢書息夫躬傳注引晉灼

撴 說文丨刺也从手致聲一曰刺之財至也〇丨刺也集韻引廣雅

轚 說文丨抵也从車𣪠聲

⿸尸旨 說文丨屍也从尸旨聲

⿰扌貳 說文丨當也从手貳聲

𦤺 說文丨忿戾也从至至而復遜遜遁也周書曰有夏氏之民叨丨丨讀若摯

垍 說文丨堅土也从土自聲讀若臮

湶 說文丨水也从水泉聲

⿰亻癸 說文丨左左兩視从人癸聲

⿸疒季 說文⿸疒季气不定也从疒季聲

⿰歹次 說文丨戰見血曰傷亂或爲惛死而復生曰丨从死次聲〇丨病也廣雅釋詁二

絘 說文丨績所緝也从糸次聲

⿱髟次 說文丨用梳比也从髟次聲

饐 說文丨飯傷溼也从食壹聲

欭 說文丨嚘也从欠因聲

鷧 說文鷧鶿也从鳥壹聲

[illegible] 丨費錦文貌文選吳都賦則丨費錦繢注

牭 說文丨四歲牛从牛从四四亦聲犙籀文丨从貳

𥿋 說文丨希屬从二希𥿋古文丨虞書丨類于上帝

蕼 說文蕼赤蕼也从艸隶聲

枇 丨櫛也廣韻釋器

⿸疒畢 說文丨足气不至也从疒畢聲

悴 說文丨憂也从心卒聲讀與易萃卦同〇瘁與丨同漢書敘傳上夕而焦瘁注

呬 說文東夷謂息爲丨从口四聲詩曰犬夷丨矣

⿱雨覞 說文丨見雨而止息从覞从雨讀若欷

希說文｜脩豪獸一曰河內名豕也从彑下象毛足
凡｜之屬皆从｜讀若弟𢑱籀文希古文
轛說文｜車橫軨也从車對聲周禮曰參分軹圍去
一以爲｜圍
弒說文｜臣殺君也易曰臣｜其君从殺省式聲○
君父言｜積漸之名也公羊隱四年經衛州吁｜
其君完釋文○｜戕皆殺也所以別內外之名左氏
宣十八年傳注○殺亦讀曰｜漢書五行志下之下
征其君云殺注○易文言臣｜其君釋文｜本作殺
禮記明堂位君臣未嘗相｜也釋文本又作殺
⿱埶心說文楚潁之閒謂憂曰｜从心埶聲
学芓同○說文芓麻母也从艸子聲一曰芓卽枲也
○｜萁麻盛子者爾雅釋草注
佁｜儗不前也漢書司馬相如傳下仡以佁儗兮注
引張揖

⿺鬼失說文｜厲鬼也从鬼失聲
佴說文｜佽也从人耳聲○｜次也若人相次也文
選報任少卿書而僕又｜之蠶室注引如淳
㛅說文｜女號也从女耳聲
駛說文新附｜疾也从馬吏聲
⿱艹異說文｜芓也从艸異聲
蒔說文｜更別穜从艸時聲
諅說文｜忌也从言其聲周書曰爾尙不｜于凶德
畁說文｜舉也从廾由聲春秋傳曰晉人或以廣墜
楚人｜之黃顥說廣車陷楚人爲舉之杜林以爲

麒麟字
黖｜黑也集韻引廣雅
亟說文｜敏疾也从人从口从又从二二天地也○
｜數亦疾也漢書廣陵厲王胥傳出入無悰爲樂
｜注引韋昭○｜屢也漢書刑法志師旅｜動注地
理志下男女｜聚會注
○以下據集韻錄
⿰宩見說文｜覷闚觀也从見宩聲
皕說文｜二百也凡｜之屬皆从｜讀若祕
⿰枝頁說文｜小頭｜｜也从頁枝聲讀若規
錗說文｜側意从金委聲

移在旁而及曰｜禮記大傳絕族無｜服疏○
旁也禮記大傳絕族無｜服釋文○｜本或作施
同上
⿰言隋說文｜相毀也从言隨省聲
⿱艹致說文｜艸大也从艸致聲
罻說文｜捕鳥网也从网尉聲
箅說文｜蔽也所以蔽甑底从竹畀聲
菑或作傳事○｜臿也漢書張安世傳送以輕車介
士注○｜謂臿也後漢書楊賜傳輕車介士注○
｜亦臿耳義與傳同漢書溝洫志隤林竹兮揵石｜
注○事立也禮記郊特牲信事人也釋文○傳謂立

也周禮大宰以九職任萬民疏○傳猶立也東齊人物立地中爲傳周禮大宰以任百官疏○北方人呼插物地中爲傳文選思元賦丁厥子而傳刃注引漢書韋昭注

○附錄【𨺅】說文丨兩𨸏之閒也从二𨸏凡丨之屬皆从

經籍籑詁卷第六十三補遺終

經籍籑詁卷第六十四 去聲

經筵講官南書房禮部左侍郎兼署兵部左侍郎提督浙江學政阮元譔集

五未

【未】丨猶不也儀禮鄉射禮衆賓丨拾取矢注○丨无也國策秦策而丨能復戰也注○丨謂將來荀子正論且徵其丨也注○丨續也廣雅釋詁二○丨續也或曰丨及也方言一○丨昧也淮南天文○丨昧也日中則昃向幽昧也釋名釋天○丨味也廣雅釋言又白虎通五行○丨爲執淮南天文○丨坤之位周禮大司樂函鍾爲宮注○太歲在丨曰涒灘爾雅釋天○丨土也其禽羊也論衡物勢○丨羊也同上

【味】丨酸苦之屬也禮記仲尼燕居丨得其時注○五丨酸苦鹹辛甘家語禮運五丨六和十二食注○

五丨醯酒飴蜜薑鹽之屬周禮疾醫以五丨五穀五藥養其病注○五丨事也鶡冠子夜行○食爲丨大戴記四代○丨之爲言眛也白虎通禮樂○西夷之樂曰丨白虎通禮樂○丨當作沬禮記檀弓上瓦不成丨注

【氣】丨愾也愾然有聲而無形也釋名釋天○丨謂噓吸出入者也禮記祭義注○丨也者神之盛也禮記祭義○丨者身之充也管子心術○丨體之充也孟子公孫丑上○丨者生之充也淮南原道○丨也者虛而待物者也莊子人間世○丨所以充滿形體爲喜怒也孟子公孫丑上丨體之充也注○丨謂脉丨周禮獸醫以動其丨丨注又素問刺志論注○丨謂榮丨丨也素問調經論丨丨有餘則寫其經隧注○丨謂衛丨素問舉痛論注○三候謂之丨素問六節藏象論○五丨五藏所出丨也肺丨熱心丨次之肝丨涼脾丨溫腎丨寒周禮疾醫以五丨五聲五色眡其死生注○丨謂風熱溫燥寒素問天元紀大論故在天爲丨注○六丨曰陰陽風雨晦明後漢劉瑜傳注○天味爲丨大戴記四代○丨門謂元府也素問生氣通天論丨門乃閉注○形丨丨性天也論衡無形○丨類淮南時則生丨乃理注○丨力也呂覽審時其丨丨章注○丨剛柔也考工記總目地有丨注○丨志丨也國語楚語夫民丨縱則底注○立之謂丨鶡冠子環流○丨謂質性列子湯問汝志彊而丨弱注○丨或作兵淮南時則天子乃儺以御秋丨注○丨古文作旡炁二形一切經音義十一○五丨當爲五穀字之誤也周禮瘍醫以五丨養之注○周禮大司馬注皆畫以雲丨釋文丨本作气○莊子人閒世息丨茀然釋文向本作作謥器崔本作謥[illegible]○周禮眡祲注煇謂日光炁也釋文炁本作丨

【貴】說文作𧶠○丨重也國語晉語丨貨而賤土注又老子何爲丨釋文○丨尚也呂覽尊師養心爲丨丨注○𧶠尊也廣雅釋言○丨者隆之稱也老子不丨丨難得之貨王注○丨歸也物所歸仰也汝頴言丨聲如歸往之歸也釋名釋言語○丨畏也老子何謂丨釋文引顧注丨大患若身注○丨猶愛也荀子正論下安則丨上注○丨謂生也太元元文當時則丨注○丨勢孟子萬章下不挾丨注○丨秩異者禮記坊記民猶犯丨注○丨謂燕賜有加於諸臣也禮記祭義有虞氏丨德而尚齒注○丨若今墨綬後漢應劭傳注○丨謂爲卿大夫周禮小司徒以辨其丨賤老幼廢疾注○丨人謂公卿大夫也呂覽重己世之人主丨人注○丨者謂若今宗室及關內侯周禮鄉大夫其舍者國中丨者司農注○丨遊子弟王公之子弟周禮師氏凡國之丨遊子弟學焉注○丨臣室老士也丨妾姪娣也儀禮喪服丨臣丨妾注○丨丨

謂爲大夫君大戴記本命注○丨丨爲其近于君也
禮記祭義○用下敬上謂之丨丨孟子萬章下○丨
丨尊尊義之大者
也大戴記本命
費 丨財也呂覽安死非愛其丨也注○丨猶惠也禮
記緇衣口丨而煩注○丨耗也廣雅釋言○丨損
也廣雅釋言又呂覽禁塞丨神傷魂注○丨猶侊也
禮記中庸丨而隱注○丨光貌也楚辭招魂丨白日
些注○丨或爲哱或爲悖禮記緇衣口丨而煩注○
禮記中庸釋文丨本作拂○左傳莊八年徒人丨史
記齊世家作主屨者茀○左傳成六年鄭悼公丨史
記鄭世家作瀆○竹書紀年晉繆侯名丨生世本作
弗生○史記世家穆侯丨
王索隱曰鄒誕本作弗生
沸 丨出詩十月之交百川丨騰傳○丨水聲也文選
上林賦丨乎暴怒郭注○丨丨流也廣雅釋訓○

丨丨湯湯玉膏涌出之貌也山海經西山經丹水是
有玉膏其源丨丨湯湯注○史記鄭世家悼公潰索
隱引鄒生本一作丨一作弗○竹
書晉魏公名潰漢書律麻志作茀
尉 丨平也後漢光武紀上注○自上安下曰丨漢書
百官公卿表上集注引應劭○火斗曰丨廣韻引
風俗通○丨官名也文選思元賦丨厖眉而郎潛兮
舊注○丨戎官淮南時則八月官丨注○廷丨秦官
也聽獄必質於朝廷與衆共之丨平也故稱廷丨後
漢光武紀上注○丨氏鄭國之東鄙弊獄官名也鄭
大夫丨氏之邑水經渠水注○丨者丨民心撫其實
也示戴尸首以寸者爲言寸度治法數之分示帷尸
稽於寸舍則法有分故爲丨示與尸寸古微書引春
秋元命苞○丨安之字本無心也漢書車千秋傳集
注○丨讀爲尉荀子禮論無帾絲
嵩縷翣其須以象菲帷幬丨也注

畏 丨丨懼也廣雅釋詁二又史記晉世家晉丨索隱○
丨恐也廣雅釋詁四○不丨不知恐丨山海經南
山經佩之不丨注○丨敬也廣雅釋詁一○丨丨敬
也廣雅釋訓○心服曰丨禮記曲禮上丨而愛之注
○丨威也廣雅釋言○丨法猶嚴法也後漢祭肜傳
注○丨惡也廣雅釋詁三○丨難也同上○丨辠也
同上○乾爲丨易繫辭下傳不丨不義虞注○丨兵
刃所傷通典引盧植禮記注○犯法獄死謂之丨通
典引王肅禮記注○丨者兵死也白虎通喪服○丨
猶死也呂覽勸學無乃丨邪注○丨舟慢也風俗通
過譽○楚申無丨字子舟見左氏文十年傳○丨佳
山皂貌莊子齊物論山林之丨佳釋文引李注○莊
子庚桑楚以北居丨壘之
山釋文丨本作猥又作㟪
慰 丨安也詩凱風莫丨母心傳緜迺丨迺止傳又廣
雅釋詁一又後漢隗囂傳注又家語七十二弟子

以丨我心注○丨怨也詩車舝以丨我心釋文○丨
怨恨之意詩車舝釋文引王注○丨鬱也莊子外物
丨瞖沈屯釋文引李注○慰尻也廣雅釋詁二○丨
尻也江淮青徐之閒曰丨方言三○詩車舝以丨我
心韓詩作以慍我心○莊子盜
跖貪財而取丨釋文丨本作畏
蔚 丨草木盛貌也文選西都賦注引蒼頡○草木繁
盛曰丨淮南兵略設丨施伏注○丨丨茂也廣雅
釋訓○蔽翳也廣雅釋詁一○丨薉也易象下傳其
文丨也虞注○丨數也廣雅釋詁三○丨文貌文選
魯靈光殿賦蔥翠紫丨注陸士衡荅賈長淵詩丨彼
高藻注○丨炳之次也易象下傳其文丨也干注○
丨病也淮南俶眞五藏無丨氣注○丨牡菣
爾雅釋草○丨牡菣也詩蓼莪匪我伊丨傳
丨者大也三國杜瓊傳○丨大名也左氏閔元年
魏 傳又風俗通皇霸○丨能也方言十三○丨好也

廣雅釋詁一○克威捷行曰丨周書謚法○克威惠
禮曰丨同上○丨象闕也後漢董卓傳注○象丨闕
也周禮太宰乃縣治象之灋于象丨司農注○門丨
高崇巍巍然故曰丨闕淮南本經丨闕之高注○丨
闕王者門外闕所以縣教象之書於象丨也巍巍高
大故曰丨闕一曰心下巨闕神内守也淮南俶真神
遊丨闕之下注○丨闕心下巨闕也心下巨闕言神
内守也一說丨闕象丨也懸教象之法浹日而收之
丨丨高大故曰丨闕呂覽審爲心居乎丨闕之下注
○丨晉邑榆州里名也水經洞過水注引服虔○丨
丨當作巍巍孟子音義下引丁音○漢書
古今人表魯丨公漢書律麻志作微公
【緯】丨横也廣雅釋言○凡地東西爲丨大戴記易本
命○地東西爲丨後漢馮衍傳注又家語執轡○
東西爲丨漢書五行志下之上集注引晉灼又後漢
班彪傳上注又太元元測都序丨則有西有東注應

次一從一横注元攡察龍虎之文注元瑩元掜掜擬
之經丨注又周髀算經下正督經丨注○經丨謂涂
也考工記匠人國中九經九丨注○卯酉爲丨呂覽
有始東西八萬八千里注又淮南墬形東西二萬八
千里注○丨星也文選王元長曲水詩序揆景丨以
裁基注○丨五丨也文選東方朔畫贊陰陽圖丨之
學注○五丨五星也後漢郎顗傳注二見張衡傳注
又文選西京賦五丨相汁注思元賦察二紀五丨之
綢繆適皇舊注○丨丨七經丨也後漢方術傳注○丨
六經及孝經皆有丨也文選郭有道碑文探綜圖丨
注○丨圍也反覆圍繞以成經也釋名釋典藝○丨
束也大戴記夏小正農丨厥耒傳又廣雅釋詁三○
丨織也莊子列禦寇恃丨蕭而食者釋文○丨張絃
也楚辭愍命挾人箏而彈丨注○丨繣乖戾也楚辭
離騷忽丨繣
其難遷注

【胃】丨圍也圍受食物也釋名釋形體○丨者穀之委
古微書引春秋元命苞○丨者穀之委也白虎通
情性○丨者五穀之府也後漢馬融傳注○丨者脾
之府也白虎通情性○丨靈蠵也考工記梓人以胷
鳴者釋文○禮記内則
鹿丨釋文丨本作⿰月胃
【渭】丨水也詩大明在丨之涘傳○丨水名也詩渭陽
曰至丨陽箋又左氏僖廿四年傳以田丨濱釋文
○丨濁水也詩谷風涇以丨濁釋文○丨水秦大川
也水經渭水注○丨⿰亻胃也廣雅釋水○丨丨之言布也
丨丨流行貌古微書引春秋說題辭○丨戲
地名山海經海内東經涇水北入丨戲北注
【彙】丨類也易泰以其丨征吉虞注又釋文又廣雅釋
詁三又漢書劉向傳集注引鄭氏又漢書敘傳上
音義引服虔又後漢周黃傳注又太元周物繼其丨
注元掜各由厥丨注元告大也不盡其丨注又文選

吳都賦葍丨井一劉注○丨者類也易否以其丨荀
注又太元聚聚家之丨注○丨美也易泰以其丨釋
文○丨盛也漢書敘傳上集注○丨毛刺爾雅釋獸
○丨似鼠山海經北山經梁渠之山其獸多居暨其
狀如丨注○今蝟狀似鼠爾雅釋獸注○丨者莖也
爾雅釋木謂櫬采薪舍人注○丨音近卉漢書敘傳
上音義引晉灼○丨古偉字易泰以其丨釋文○易
泰釋文丨古文作⿱艹胃董本作夤○爾雅釋獸丨毛刺
釋文丨本作猬
本作蝟本作彙
【謂】丨猶言也國策秦策此乃公孫衍之所丨也注○
丨說也廣雅釋詁二○丨猶說也楚辭懷沙世溷
不吾知心不可丨兮注○丨告也漢書江都易王非
傳集注○丨猶告也禮記表記瑕不丨矣注○丨者
稱也事宜也文選海賦渭濆淪而滀漯注○丨指也
廣雅釋言○丨者指趣也華嚴經音義下引漢書音

義○丨者評論之辭也論語八佾孔子丨季氏八佾
舞於庭皇疏○丨非必對言也論語雍也子丨仲弓
曰皇疏引范甯○丨猶柰何也國策齊策吾獨丨先
王何乎注○丨猶丨也猶得救不自安丨丨然也釋
名釋書契○丨使也廣雅釋詁一○丨勅也爾雅釋
詁又詩摽有梅迨其丨之箋北門丨之何哉箋隰桑
遐不丨矣箋○爾雅釋木丨槐采薪釋文丨本
作彙○禮記曲禮自丨曰寡人釋文丨本作稱

諱 丨畏也史記范雎蔡澤傳繫斷無丨集解○丨避
也廣雅釋詁三又漢書宣帝紀集注引李奇○丨
辟也禮記曲禮上卒哭乃丨注○所隱爲丨楚辭謬
諫恐犯忌而于丨注○丨言謂拒諫也後漢劉陶傳
注○外意外身謂之丨韓外傳六○丨國丨大戴記
曾子立事不稱其丨注○丨先王名禮記王制奉丨
惡注○先王死日爲忌名爲丨周
禮小史則詔王之忌丨司農注

卉 廣韻卉古文芔○丨草總名也文選王仲宣公讌
詩引字林○丨百草總名爾雅釋草丨草注○凡
百草一名丨爾雅釋草舍人注○丨草爾雅釋草○
丨草也詩出車丨木萋萋傳四月百丨具腓傳○芔
草也東越揚州之閒曰芔方言十○丨衣草服也後
漢南蠻西南夷傳注○芔猶勃也文選上林賦芔然
興道而遷義郭注○芔吸林木鼓動之聲史記司馬
相如傳劉莅芔吸索隱引郭璞○芔古丨字漢書司
馬相如傳上集注○丨虛謂
反一切經音義六引字林

毅 丨果敢也論語子路剛丨木訥集解引王肅○丨
果也國語楚語下丨而不勇注○丨敢太元元衝
○致果爲丨左氏宣二年傳又書皐陶謨擾而丨傳
泰誓下爾衆士其尚迪果丨傳又後漢高彪傳注○丨
致果曰丨也書皐陶謨鄭注又後漢荀勳傳注○丨
强而能決斷也論語泰伯士不可以不宏丨集解引
包注○丨謂能強果斷也論語泰伯皇疏○丨端太
元元錯○丨勝也爾雅釋詁○丨得勝也爾雅釋詁
注○丨困也
廣雅釋言

既 丨已也易小畜丨雨丨處虞注又書堯典九族丨
睦傳又詩汝墳丨見君子傳溱洧士曰丨且箋又
周禮鄉師丨役則受州里之役要注司干丨舞注又
儀禮聘禮丨圖事注聘禮記賓丨將公事注士喪禮
丨井椁注既夕丨夕哭注又儀禮目録又爾雅釋言
卒丨也注又廣雅釋詁四又國語周語丨榮公爲卿
士注晉語丨里丕死注又漢書楊惲傳集注又孟子
公孫丑下夫丨治之注又太元內萬物之丨注又淮
南原道而功丨成矣注又楚辭雲中君靈連蜷兮丨
留注又文選東京賦文德丨昭辭注○丨盡也書舜
典丨月傳又詩載馳丨不我嘉箋巧言僭始丨涵箋
大東丨往丨來箋鳧鷖丨燕于宗箋又儀禮鄉射禮

不拜丨爵注燕禮不拜丨爵注又大射儀不拜丨爵注
有司徹不拜丨爵注又左氏桓三年經日有食之丨
注宣十二年傳董澤之蒲可勝丨乎注又穀梁桓十
七年傳丨朔也注襄六年傳國有丨滅注又論語子
罕丨竭吾才皇疏又周書文酌二丨用茲憂注又廣
雅釋詁一又國語周語藪澤肆丨注又史記大宛傳
丨臣大夏而居正義游俠傳豈有丨乎集解引徐廣
又漢書惠帝紀集注食貨志下集注郊祀志下集注
五行志中之上集注嚴助傳集注蕭望之傳集注谷
永傳集注引孟康又後漢明帝紀注馬融傳注李固
傳注又老子名亦丨有注又莊子應帝王丨其文未
丨其實釋文引李注又管子小稱在於丨善所以感
之也注又淮南原道富贍天下而不丨注布施而不
丨注精神精神何能久馳騁而不丨乎注○丨者何
盡也公羊桓三年傳○丨者盡也有繼之辭也穀梁
桓三年傳○盡而復生謂之丨穀梁桓三年傳注○

丨卒也儀禮鄉飲酒禮不拜丨爵注○丨事畢公羊
宣元年傳丨而曰注○丨而猶丨畢也論語憲問丨
而曰皇疏○丨濟者以皆濟爲義也易象下傳丨濟
注○丨定也方言六○丨失也方言六又廣雅釋詁
二○溉古丨字史記五帝紀溉執中而徧天下集解
引徐廣○故書丨爲暨杜子春讀暨爲丨周禮閽胥
丨比則讀灋注○丨讀爲餼禮記中庸丨廩稱事注
○書禹貢沱潛丨道史記夏本紀作沱涔已道書禹
貢荆岐丨旅史記夏
本紀作荆岐已旅

禨 已沐飲酒曰丨禮記少儀丨者醮者注○丨衈者
釁禮之事周禮肆師及其祈珥注

暨 丨與也楚辭悲回風丨志介而不忘注○丨至也
國語周語上求不丨注○書堯典讓于稷契丨皋
陶史記五帝紀丨作與皋陶謨丨益奏庶鮮食丨稷
播奏庶艱食鮮食夏本紀丨作與無逸咸丨小人舊

周公世家
丨作與

𣢟 丨予也廣雅釋詁三

蔇 丨至也左氏隱六年傳猶懼不丨注

衣 丨著也漢書婁敬傳集注○丨着也詩君子偕老
箋則裏丨縐絺釋文○丨猶著也論語子罕丨弊
縕袍皇疏○丨丨尸者覆之若得魂反之儀禮士喪禮
升自作階以丨尸注○老子丨養萬物而不爲主釋
文丨河上
本作愛

餼 丨常稟也禮記王制皆有常丨注○丨猶稟也給
也儀禮聘禮丨之以其禮注○致稍丨造賓客納
稟食也考工記玉人以致稍丨注○丨饋也一切經
音義十三引埤蒼又小爾雅廣言○丨餉也一切經
音義七引字書○丨食也國語越語公與之丨注○
丨秣也國語魯語馬丨不過稂莠注○丨飽也方言
十二○丨猶遺也儀禮聘禮丨之以其禮釋文○丨
主也儀禮聘禮丨二牢注○生曰丨國語周語膳宰
不致丨注○生曰丨禾米也國語周語廩人獻丨注
○丨生餉也晉書音義中○丨生食管子問問死事
之寡其丨廩何如注○丨生物左氏哀十二年傳地
主歸丨注○牲生曰丨論語八佾子貢欲去告朔之
丨羊集解引鄭注○凡賜人以牲生曰丨儀禮聘禮
丨之以其禮注○丨之生致其牢禮也儀禮聘禮過
則丨之注○腥曰丨文選東京賦饔丨浹乎家陪薛
注○牲腥曰丨詩漢廣箋致禮丨釋文左氏桓六年
傳釋文僖卅三年傳釋文穀梁隱六年傳注膳宰致
丨釋文○牲腥曰丨謂殺而未熟儀禮聘禮丨之以
其禮釋文○丨者腥羊也腥牲曰丨論語八佾皇疏
○特牲曰丨論語八佾子貢欲去告朔之丨羊集解

引孔注○膳曰丨左氏僖卅三年傳惟是脯資丨牽
竭矣注○牲殺曰饔生曰丨儀禮聘禮君使卿韋弁
歸饔丨五牢注○孰曰饔生曰丨左氏桓六年傳齊
人饋之丨注桓十四年傳曹人致丨注哀廿四年傳
丨臧石牛注○大禮曰饔丨周禮司儀致飧如致積
之禮注○饔丨既相見致大禮也周禮掌客饔丨九
牢注○古文既爲丨儀禮聘禮記曰如其饔既之數
注○丨或作氣杜子春云當爲丨考工記玉人以致
稍丨司農注○丨古文
作槩一切經音義十三

熂 芟草燒之曰丨詩旱麓箋乃人丨燎釋文

黖 丨丨絶遠貌文選吳都賦劉注○丨丨不明貌文
選吳都賦芒芒丨丨注

愾 丨猶至也禮記哀公問君行此三者則丨乎天下
矣注

忥 丨靜也爾雅釋詁○丨息也廣雅釋詁二○丨丨喜也廣雅釋訓○爾雅釋詁丨謐溢盭釋文丨本作氣

欷 丨悲也廣雅釋詁三

塈 丨塗也廣雅釋室○丨堊色書梓材惟其塗丨茨馬注

摡 丨滌也楚辭哀時命丨塵垢之枉攘兮注○丨取也廣雅釋詁一○丨主也廣雅釋詁三

誹 丨謗也廣雅釋詁二○丨方味反謗也一切經音義六引字林

芾 丨小也爾雅釋言又易豐豐其沛釋文引子夏傳○丨者小貌爾雅釋言注○丨丨茂也廣雅釋訓○詩甘棠蔽丨甘棠韓詩作蔽茀○張遷碑蔽沛棠樹丨作沛

痱 丨風癒也素問生氣通天論乃生痤丨注

䨚 狒同亦作𪕽○狒狒如人被髮迅走食人爾雅釋獸○狒狒梟羊也爾雅釋獸注○𪕽𪕽梟羊也文選吳都賦𪕽𪕽笑而被格劉注○狒狒俗呼之曰山都爾雅釋獸注○爾雅釋獸釋文狒本作丨又作𪕽

屝 集韻或通作菲○菲草屨禮記曾子問不菲釋文○丨草屨左氏僖四年傳共其資糧丨屨注又禮記曲禮注苞或爲菲釋文○齊人謂草屨曰丨丨皮也以皮作之釋名釋衣服○丨屨也廣雅釋器○丨屨也徐兖之郊謂之丨方言四○丨隱也禮記喪大記西北丨薪釋文○厞隱也詩抑箋而厞隱之處釋文○禮記雜記不丨釋文丨本作菲○禮記曾子問釋文菲本作丨○禮記喪大記釋文丨本作扉

䠊 亦作剕○丨刖也爾雅釋言○刖足曰剕書呂刑剕辟疑赦傳○書呂刑剕罰之屬五百史記周本紀作臏罰之屬五百漢書刑法志作髕罰之屬五百○書呂刑剕辟疑赦史記周本紀作臏辟疑赦○爾雅釋言釋文丨本作剕

蜚 丨蠦蜰爾雅釋蟲○丨即負盤臭蟲爾雅釋蟲注○丨負盤也山海經中山經瑤碧之山有鳥焉恒食丨名曰鴆注○丨音如翡翠之翡山海經東山經有獸焉其名曰丨注

翡 丨翠鳥名也文選東京賦丨翠不裂薛注○雄曰丨楚辭招魂丨翠珠被注○赤而雄曰丨後漢班彪傳上注○雄赤曰丨文選西都賦丨翠火齊注引張揖上林賦注○丨翠南方取之因其生子漸下其巢頂可取之皆取其羽也一切經音義十六引字指○丨大于鷰小于烏腰身通黑唯胷前背上翼後有赤毛翠通身青黃唯六翮上毛長寸餘其飛即羽鳴翠翠丨丨因以名焉一切經音義十六引南方異物志

罻 丨網也荀子禮論無帾絲歶僂翣其貌以象菲帷幬尉也注○丨小網也禮記王制然後設丨羅注○丨羅鳥網也楚辭惜誦丨羅張而在下注○丨羅鳥獸網也文選蜀都賦丨羅絡幕劉注

㥜 丨悱恍慨也廣雅釋訓

緭 丨綮也廣雅釋器

蕡 丨枲實爾雅釋草○丨麻子也爾雅釋草孫注又淮南齊俗夫胡人見丨注○丨麻之有實者丨讀傳曰有蜚不爲災之蜚淮南說山見丨而求成布注說林丨不類布而可以爲布注○丨亂麻列子楊朱常衣緼丨注

气 今作乞○丨子也廣雅釋詁三○丨求也廣雅釋詁三○乞讀曰氣後漢楊政傳注

蘈 藙同○藙煎茱萸也漢律會稽獻焉爾雅謂之榝禮記內則三牲用藙注

○以下據廣韻錄 **菋** 丨茎藸爾雅釋草○丨茎著爾雅釋木○爾雅釋木釋文丨本作味

𥹙 丨餽也廣雅釋器

瞶 丨極視也玉篇引蒼頡

媦 丨妹也公羊桓二年傳若楚王之妻丨注又廣雅釋親○猶今謂兄爲𡟸妹爲丨爾雅釋親父爲考母爲妣注

煟 丨火光也詩斯干箋噦噦猶丨丨也釋文引呂忱○丨丨光也廣雅釋訓

𩗴 丨風也廣雅釋詁四

𤘻 丨耕也廣雅釋地

昲 丨曝也廣雅釋詁二○丨乾物也方言十又列子周穆王肴未丨釋文

韎 丨韐者茅蒐染草也一曰丨韐所以代韠也詩瞻彼洛矣丨韐有奭傳○丨韐者茅蒐染也茅蒐丨韐聲也詩瞻彼洛兮箋

曊 丨猶照也丨讀無枝櫝之櫝也淮南墬形日之所丨注

犚 丨牛黑耳丨爾雅釋畜

螱 丨飛螘爾雅釋蟲○丨從虫爾雅釋蟲釋文引字林

褽 丨斷也廣雅釋器○丨薦也左氏哀十一年傳丨之以元纁注

𣄃 丨避也漢書敘傳上集注○丨字本作䏶漢書敘傳上集注引鄧展

𠡄 丨挾也廣雅釋詁四

蟦 丨蠐螬爾雅釋蟲○蟦螬謂之丨方言十一○蠐螬謂之丨蠐關東謂之蝤蠐梁益之間謂之蝎爾雅釋蟲孫注○丨蛐蜒也廣雅釋蟲

俷 丨敗也史記三王世家毋丨德索隱○史記三王世家集解引徐廣曰丨一作菲

○附録 **渭** 丨亂貌文選海賦丨濆淪而滀漯注

經籍籑詁卷第六十四

經籍籑詁卷第六十四補遺　去聲

兵部侍郎兼都察院右副都御史巡撫浙江等處地方提督軍務兼理糧餉阮元撰集

五未

未　說文丨味也六月滋味也五行木老于丨象木重枝葉也凡丨之屬皆从丨○丨者言萬物皆成有滋味也史記律書○丨昧也禮記月令注觀斗所建疏○丨取其冥昧者也大元元數辰辰戌丑丨注○日昳爲丨書無逸疏○定本丨濟作求濟詩蒹葭傳順禮求濟疏

味　說文丨滋味也从口未聲○在口曰丨書洪範傳焦氣之丨疏○在口者謂之丨禮記月令注木之丨臭也疏○丨者所以守民口也管子揆度○丨謂五藏之丨也素問陰陽應象大論補之以味注○丨者氣之父母也鶡冠子泰錄

氣　說文气雲气也象形凡气之屬皆从气○丨者生之母素問寶命全形論天地合丨注○丨者生之原素問刺禁論鬲肓之上中有父母注○臭之曰丨書洪範傳焦丨之味疏○丨志者五藏之使候也淮南精神

賁　說文丨物不賤也从貝臾聲臾古文蕢○丨謂陽也易象上傳以丨下賤疏象下傳以從丨也疏

費　說文丨散財用也从貝弗聲○丨辭丨也禮記表記恥丨輕實疏

沸　說文畢丨濫泉从水弗聲○丨涌出也漢書劉向傳百川丨騰注○丨渭不安貌文選洞簫賦注引埤蒼○潰古丨字也漢書律歷志下及微公茀立潰注○丨或爲潰文選洞簫賦佚豫以丨渭注

尉　說文㷉从上案下也从𡰥又持火以尉申繒也○丨者自上安之也漢書胡建傳所以丨薦走卒注○丨亦薦藉也漢書趙廣漢傳其丨薦待遇吏注引如淳○太丨卿官御覽二百七引蔡邕月令章句○丨氏討姦之官左氏襄廿一年傳將歸死于丨氏注○古獄官曰丨氏漢書地理志上陳留郡丨氏注引應劭○丨軍丨左氏閔二年傳羊舌大夫爲丨注○古丨安之字正如此漢書韓國安傳以丨士大夫心注

畏　說文丨惡也从甶虎省鬼頭而虎爪可畏也𢼈古文省○丨謂丨懼也素問宣明五氣篇精氣幷于脾則丨注○腎虛而脾氣幷之則丨同上○丨威也列子黃帝不丨不怒注○丨讀如秦師入隈之隈考工記弓人恆當弓之丨注○故書丨作威杜子春云當爲丨同上○書皐陶謨天明丨釋文馬本作威○

書呂刑德威惟丨墨子尚賢下作德威惟威○詩烝民不丨彊禦國策秦策注作不辟強禦

慰　說文㷉安也从心尉聲一曰恚怒也○丨安也書呂刑罔不由丨日勤疏又詩車牽以丨我心傳

蔚　說文𦻏牡蒿也从艸㷉聲○丨香草也廣雅釋草○丨謂草木蓊丨禮記大學注知鳥擇岑丨安閒而止處之耳疏○丨文綵盛也漢書敘傳下丨爲辭宗注

魏　丨巍也禮記禮運注又觀象丨舊章之處疏○丨喻巍巍高大也史記晉世家魏大名也集解引服虔○莊子讓王心居乎丨闕之下釋文淮南作魏

緯　說文丨織橫絲也从糸韋聲○織曰丨文選思元賦肅織路於四裔兮舊注○凡地形東西爲丨淮南墬形○東西爲丨周禮鞄人注東鞄南鞄長前後在陽象經也疏○東西之道爲丨考工記匠人國中

九經九丨疏○東西之道謂之丨周禮天官序官注營國方九里疏○丨五丨也文選顏延年曲水詩序晷丨昭應注○五星右旋爲丨周禮大宗伯注星謂五丨疏○莊子列禦寇恃丨蕭而食者釋文本或作葦

胃 說文胃穀府也从肉𡇒象形○丨爲水穀之海素問陰陽別論丨脘之陽也注玉機眞藏論五藏者皆稟氣于丨注氣厥論大腸移熱于丨注痿論五藏六府之海注刺禁論血出不止注○丨者水穀之海素問病能論當候丨脈注○丨者水穀之海六府之大源也素問五藏別論○丨者六府之海素問逆調論○丨者土也素問玉機眞藏論○丨者五藏之本也素問玉機眞藏論○丨供養之官也續漢五行志六○丨者平人之常氣也素問平人氣象論○丨者言陽氣就藏皆丨丨也史記律書

渭 說文丨水出隴西首陽丨首亭南谷東入河从水胃聲杜林說夏書以爲出鳥鼠山雝州浸也○詩谷風箋故見丨濁釋文一本渭作謂

彙 說文丨蟲似豪豬者从𢑚胃省聲蝟或从虫○蝟蟲名也其毛爲刺漢書賈誼傳反者如蝟毛而起注○丨類也易泰以其丨疏又文選幽通賦柯葉丨而零茂注引應劭○丨茂貌詩召旻草不潰茂箋

謂 說文丨報也从言胃聲○丨言也荀子大略子丨子家駒注○丨告也文選辯亾論下注引國語賈注○丨告語也漢書霍光傳人以丨霍氏注○丨者告語也漢書史丹傳上以責丨丹注○丨者與之言漢書陸賈傳臣常欲丨太尉絳侯注○丨者所以發言之指趣列子說符唯知言者之丨乎注○丨者名稱也亦指趣也漢書楊王孫傳不損財於亾丨注○丨勤也禮記表記瑕不丨矣疏○丨移舉加墨子經上○丨何猶云何也詩節南山不平丨何箋

諱 說文丨誋也从言韋聲○丨由辟也國策秦策不丨強大注○公丨若言語所辟先君之名禮記玉藻有公丨注○丨謂神名也禮記檀弓下舍故而丨新疏○丨主人祖先君名禮記曲禮上入門而問丨疏

卉 芔草也文選思元賦百芔含葩注引毛詩傳○丨草木凡名也文選思元賦丨旣凋而復育舊注○丨芔然猶歘然也漢書司馬相如傳上芔然與道而遷義注○芔歘走相追也漢書司馬相如傳下莅颯芔歙注引張揖○芔古丨字史記司馬相如列傳索隱

毅 說文毅妄怒也一日有決也从殳豙聲○丨強也左氏宣二年傳致果爲丨疏○丨謂強決書泰誓

下其尚迪果丨疏○致果爲丨國語周語故制戎以果丨注○致果爲曰丨周書謚法彊丨果敢曰剛注

旣 說文丨小食也从皀旡聲論語曰不使勝食丨○日食盡爲旣漢書五行志下之下已亥而丨其占重注引孟康○書食爲丨漢書京房傳必有星亾之異注引孟康○旣盡也詩北風丨亟只且疏又禮記坊記丨醉以酒疏鄉飲酒義拜丨疏又國語周語丨喪則國從之注鄭語未丨齕而遭之注又史記周本紀周丨不祀索隱又淮南俶眞時丨者其神漢注又文選報孫會宗書有時而丨注○丨亦盡也漢書諸侯王表丨於王赧注○丨者皆盡之稱易旣濟疏○丨者盡其禮終其事詩旣醉丨醉以酒傳○丨猶畢竟也禮記玉藻君丨食又飯飧疏○丨猶畢也禮記雜記下丨事成踊疏○丨巳也禮記檀弓下我則丨言矣疏玉藻君丨徹疏○丨已也盡也易旣濟釋文引鄭注○詩常武徐方丨來荀子議兵作徐方其來

禨 ㄧ謂酒也禮記玉藻進ㄧ進羞疏○進ㄧ謂飲禮記玉藻疏引皇氏

㰟 說文ㄧ㣺也从欠气聲一曰口不便言

旡 說文㱃食气屰不得息曰旡从反欠凡旡之屬皆从旡𣱼古文ㄧ

蔇 說文ㄧ艸多皃从艸既聲

衣 ㄧ著之也漢書季布傳髡鉗ㄧ褐注○ㄧ謂著之也漢書外戚恩澤侯表坐ㄧ襜褕入宮注○ㄧ猶著也禮記曲禮上童子不ㄧ裘裳疏

餼 說文氣饋客芻米也从米气聲春秋傳曰齊人來氣諸侯槩氣或从既餼氣或从食○ㄧ稟稍食也禮記中庸既稟稱事注○ㄧ謂賜之食也詩鴻雁箋欲令賙ㄧ之疏○ㄧ謂牲也詩漢廣箋致禮ㄧ疏○

ㄧ謂牲牢也詩雨無正箋無輸粟歸ㄧ者疏○ㄧ生牲也漢書律歷志上故子貢欲去其ㄧ羊注○生牲曰ㄧ左氏隱十年傳注逆之以饔ㄧ疏○腥曰ㄧ詩瓠葉序雖有牲牢饔ㄧ箋○死曰ㄧ禮記聘義致饔ㄧ疏引左傳服注○既與ㄧ字聲同故讀既爲ㄧ禮記中庸注既讀爲ㄧ疏

愾 說文ㄧ太息也从心从氣氣亦聲詩曰ㄧ我寤歎○ㄧ音近憩憩爲息息是至之義禮記哀公問疏

忥 說文ㄧ癡皃从心气聲

欷 ㄧ悲也文選思元賦慨含唏而增愁注引何休○ㄧ歔ㄧ也漢書中山靖王勝傳悲者不可爲絫ㄧ注

塈 ㄧ至色書梓材惟其塗ㄧ茨馬注○ㄧ飾也漢書禮樂志罔不肸飾注引蘇林又後漢書西域傳皆堊ㄧ之注○ㄧ今之仰泥也漢書楊雄傳下獿人亾則匠石輟斤而不敢妄斲注○ㄧ如今仰泥屋也漢書谷永傳凶年不ㄧ塗注

誹 ㄧ惡也廣雅釋詁三○ㄧ謂非上所行漢書食貨志下而廢格沮ㄧ注引如淳○非讀曰ㄧ漢書鼂錯傳非謗不治注王尊傳妄詆欺非謗赦前事注王莽傳中非謗之木注

費 說文ㄧ目不明也从目弗聲

𥝗 說文ㄧ周成王時州靡國獻ㄧ人身反踵自笑笑即上脣掩其目食人北方謂之土螻爾雅云ㄧㄧ如人被髮一名梟羊从厹象形

屝 說文ㄧ履也从尸非聲○ㄧ草屨儀禮喪服傳菅菲也釋文引杜預喪服要集○ㄧ草屨也漢書武

帝紀畫象而民不犯注○菲草屨也禮記曾子問不菲疏○菲謂麤屨也禮記曾子問菲杖疏○麻作之曰ㄧ左氏僖四年傳共其資糧ㄧ屨疏

𨁹 說文ㄧ跀也从足非聲讀若匪○剕去髕骨也漢書百官公卿表上正五刑注○剕刖是斷絕之名斬足之罪左氏莊十六傳注斷足曰刖疏

蜚 廣韻𧕳同○說文𧕳臭蟲負蠜也从蟲非聲蜚𧕳或从虫○ㄧ臭蟲也公羊莊廿九年經秋有ㄧ釋文○ㄧ厲蟲也左氏隱元年傳疏引本草○ㄧ負蠜爾雅釋蟲疏引洪範五行傳

翡 說文ㄧ赤羽雀也出鬱林从羽非聲○ㄧ赤雀淮南人閒ㄧ翠珠璣注○雄曰ㄧ漢書賈山傳飾以ㄧ翠注引應劭

緭 說文—繪也从糸胃聲

黂 說文萉枲實也从艸肥聲黂萉或从麻賁○緼—異色之衣也列子楊朱常衣緼—注引韓詩外傳

萉 —宜爲菔爾雅釋草葖蘆—注

蘈 說文—煎茱萸从草穨聲漢律會稽獻—一斗

○以下據廣韻錄菋 說文—荎藸也从艸味聲

媦 說文楚人謂女弟曰—从女胃聲公羊傳曰楚王之妻—

𣐩 說文—艸木—孛之皃从宋畀

𩱧 說文—涫也从鬲沸聲

𣞻 說文—木也从木費聲

襏 說文—衽也从衣癹聲

厞 說文—隱也从厂非聲○爾雅釋言—隱也釋文字又作陫

𡊜 說文—塵也从土非聲

穙 說文—稻紫莖不黏也从禾糞聲讀若靡

忍 說文—怒也从心刀聲讀若毅

豙 說文—豕怒毛豎一日殘艾也从豕辛

鎎 說文—怒戰也从金氣聲春秋傳曰諸侯敵王者所—

○以下據集韻錄𩭞 說文—髮也忽見也从髟彖聲彖籀文魅亦忽見意

咥 說文—大笑也从口至聲詩曰—其笑矣

䅂 說文—稭也从禾气聲

○以下附錄喟 說文—太息也从口胃聲嘳—或从貴

撌 —排去也淮南要略撓不暇—注

經籍纂詁卷第六十四補遺終

經籍籑詁卷第六十五

去聲

經筵講官南書房行走禮部左侍郎兼署兵部左侍郎前提督浙江學政阮元撰集

六御

御 丨治也書泰誓上越我丨事傳又詩思齊以丨于家邦箋又左氏僖十九年傳以丨于家邦釋文又國語周語百官丨事注又漢書五行志上集注五行志中之下集注又後漢鍾離意傳注又家語禮運官有丨注又荀子大略以丨於家邦注○丨治事之官也詩崧高王命傳丨傳○丨謂丨事禮記少儀幼則曰能丨未能丨注○丨者制也史記范睢蔡澤傳弊丨於諸侯索隱○丨制丨也後漢段熲傳注○丨謂臨丨素問天元紀大論天有五行丨五位注○丨侍也書五子之歌丨其母以從傳又詩鵲巢百兩丨之

釋文引王肅注六月飲丨諸友箋行葦授几有緝丨箋又禮記月令三公九卿諸侯大夫皆丨注內則冢子丨食注又左氏成十六年傳使鍼丨持矛注又廣雅釋言又小爾雅廣言又國語鄭語實丨在側注又國策齊策令長子丨注又呂覽知士令長子丨注又楚辭惜誦俾山川以備丨兮注○丨猶侍也儀禮大射儀士丨於大夫注又禮記射義侍于君所注○丨猶侍也進也周禮春官序官丨史注○丨謂從往侍祠禮記月令后妃帥九嬪丨注○丨待也漢書楊雄傳上集注○丨猶侍也家語顏回此道之美而莫之丨也注○丨進也詩六月傳又廣雅釋詁二又國語晉語朱也當丨注楚語以訓丨之注又漢書食貨志下集注○丨猶進也勸也周禮九嬪而以時丨敘于王所注○丨猶進也侍也周禮天官序官女丨注○丨進用也荀子禮論時舉而代丨注○丨者言臣下所進丨也荀子大略天子丨珽諸侯丨荼注○天子

所進曰丨獨斷上○丨謂進丨於王也後漢皇后紀注○丨幸也文選思元賦斥西施而弗丨兮舊注○丨接見也禮記曲禮下婦人不當丨注○凡衣服加於身曰丨文選景福殿賦注引蔡邕月令章句○勸侑曰丨禮記曲禮上丨食於君注○丨者進也凡衣服加於身飲食入於口妃妾接於寢皆曰丨獨斷上○丨語也尊者將有所欲先語之也亦言其職卑下尊者所勸丨如丨牛馬然也釋名釋言語○丨使也廣雅釋詁一又呂覽貴卒鮑叔丨公子小白僵注○僮丨皆使者也後漢明德馬皇后紀注○丨用也楚辭涉江腥臊並丨注○丨者謂丨用于宗廟公羊桓十四年傳丨廩者何注○丨服皆器用之名尊者謂之丨荀子大略天子丨珽諸侯丨荼注○丨行也易文言以丨天也荀注○丨猶將也國語越語皆典相丨注○丨致也呂覽孟春措之參于保介之丨間注○丨猶嚮也書顧命丨王冊命鄭注○丨猶相瞰望

也國策秦策韓楚必相丨也注○丨猶憑也文選曹子建雜詩臨牖丨櫺軒注○丨朝也後漢班彪傳下注○丨猶陳也後漢班彪傳下注○丨時也管子五行日至睹甲子木行丨注○丨猶生也禮記曲禮下能丨矣注○丨亦養也左氏昭廿九年傳故國有豢龍氏丨龍氏服注○丨謂衣食禮記王制千里之內以爲丨丨注○丨享也孟子梁惠王以丨于家邦注○丨妻也呂覽上農農不出丨注○丨婦官也國語周語王丨不參一族注○九丨女丨也九九而丨于王因以號焉周禮內宰以婦職之灋教九丨注○丨近臣宦豎之屬國語吳語奉槃匜以隨諸丨注○丨者今時侍從之人儀禮既夕記丨者四人注○外丨小臣侍從者儀禮士喪禮外丨受沐入注○如今小史直日矣禮記文王世子問內侍之丨者注○丨庶子爵也呂覽長見臣之丨庶子鞅注○丨廩藏公所親耕以奉粢盛之倉也穀梁桓十四年傳丨廩災注

○水入宮苑爲丨水後漢曹節傳注○丨猶乘也漢
書楊雄傳上集注○丨丨馬也詩車攻徒丨不驚傳
○丨謂丨車漢書荀彘傳集注楊惲傳集注○丨五
丨之節周禮大司徒禮樂射丨書數注○丨禦也詩
谷風亦以丨冬傳又漢書司馬相如傳下集注○丨
止也左氏襄四年傳季孫不丨注又荀子榮辱於是
又節用丨欲注又淮南時則天子乃儺以丨秋氣注
汜論而民得以揜形丨寒注○丨古文作馭同一切
經音義九○某丨於子古文曰某從於子儀禮鄉射
禮注○丨音迓穀梁成元年傳齊使禿者丨禿者注
○丨讀爲迓荀子榮辱監門丨旅注○丨當爲迓禮
記曲禮上大夫士必自丨之注○儀禮既夕丨者執
策周禮校人司農注作馭者執策○左氏桓十三年
傳謂其丨曰漢書五行志中之上作謂其馭曰○左
氏莊廿四年傳丨孫漢
書古今人表作禦孫

處 丨丨也文選東京賦安丨先生注○丨常也呂覽
誣徒喜怒無丨注○詩十月之交豔妻扇方丨釋
文丨本
作熾

去 丨離也國策齊策不能相丨注又漢書丙吉傳集
注又呂覽遇合晝夜隨之而弗能丨注○丨離故
太元元錯○丨謂離穴素問離合眞邪論呼盡乃丨
注○丨移也呂覽功名見利之聚無之丨注○丨行
也廣雅釋詁一○丨猶行丨也素問三部九候論是
以脫肉身不丨者死注○丨亡也後漢梁鴻傳注○
義乖曰丨鬼谷子捭闔益損丨就倍反注○大丨者
不遺一人之辭也穀梁莊四年傳○而丨則悲太元
元
衝

慮 丨思也爾雅釋詁又方言一又漢書魏相傳集注
孫寶傳集注又後漢班彪傳下注○丨謀也周禮
朝士則令邦國都家縣鄙丨刑貶注又爾雅釋詁又
廣雅釋詁四又國策秦策願大王有以丨之也注又
呂覽安死爲無窮者之丨注不廣管子之丨近之矣
注又文選思元賦景三丨以營國兮舊注○丨謀思
也方言一○丨圖皆謀也詩雨無正弗丨弗圖箋○
丨計也國策秦策子爲寡人丨之注又漢書賈誼傳
集注杜欽傳集注嚴助傳集注又荀子王制丨以王
命全其力注又呂覽節喪以生人之心丨注則心非
爲乎死者丨也注恃君故爲天下長丨注○丨猶計
也管子國蓄租稅者所丨而請也注○丨度也國策
齊策願王熟丨之注又呂覽愼行君子計行丨義注
又太元周立督丨也注○丨猶度也列子說符白公
勝丨亂注○丨議也廣雅釋詁四○丨求也墨子經
上○丨旅也旅衆也易曰一致百丨丨及衆物以一
定之也釋名釋言語○丨猶恐也漢書溝洫志集注
○坎心爲丨易繫辭下傳能研諸侯之丨虞注○刑

出丨大戴記四代○情然而心爲之擇謂之丨荀子
正名○禮之中焉能思索謂之能丨荀子禮論○丨
廣也廣雅釋詁二○丨亂也呂覽長利無丨吾農事
注○丨猶結綴也莊子逍遙游何不丨以爲大樽釋
文引司馬注○無丨凡也廣雅釋訓○無丨都凡也
後漢光武紀下注郭躬傳注段熲傳注西羌傳注○
丨無如今軍行前有斥候蹹伏皆持以絳及白爲幡
見騎賊舉絳幡見步賊舉白幡備丨有無也左氏宣
十二年傳前茅丨無注○故書丨爲憲周禮朝士注
○今云丨囚本録聲之去者耳漢書雋不疑傳集注
○爾雅釋木諸丨山
櫐釋文丨本作攄

譽 丨善淮南本經經誹丨注○丨聲美也詩振鷺以
永終丨箋○丨繩也禮記表記君子不以口丨人
注○狀古述今曰丨周書謚法○丨明美也墨子經
上○妄丨仁之賊也法言淵騫○丨樂也呂覽孝行

丨天下
注

【署】丨位之表也國語魯語○丨表也漢書禮樂志集注○丨表也題也漢書蘇武傳集注○丨表也置也漢書兒寬傳集注○丨置也廣雅釋詁四○丨位也文選西京賦重以虎威章溝嚴更之丨薛注○醫巫所居曰丨文選吳都賦解丨綦布劉注○書文書檢曰丨丨予也題所予者官號也釋名釋書契

【據】丨依也詩柏舟不可以丨傳又文選東京賦彼偏丨而規小薛注○丨引也廣雅釋詁二○丨就也文選東京賦丨其府庫薛注○丨按也廣雅釋詁三○丨定也方言六又廣雅釋詁四○丨猶安也左氏僖五年傳神必丨我注○丨猶位也處也漢書楊雄傳下集注○丨處國策齊策丨水則不若魚鼈注○丨居也釋名釋姿容○丨杖也論語述而丨於德集解引何注又廣雅釋言又國語晉語無所丨依注○

丨者執杖之辭也論語述而皇疏○在上曰丨也後漢班彪傳上注○丨掌以左手覆按右手也禮記玉藻君賜稽首丨掌致諸地注○丨梁強梁也莊子大宗師丨梁之失其力釋文引司馬注○丨者晉言十里也水經河水注○据古丨字文選魏都賦因長川之据勢注○据今丨字也漢書楊雄傳下集注引晉灼○禮記投壺注梁邱丨釋文丨本作處○梁邱丨字子猶見左氏昭二十年傳史記魯世家作字子將

【馭】五丨鳴和鸞逐水曲過君表舞交衢逐禽左周禮保氏四曰五丨司農注○凡言丨者所以毆之內之於善周禮大宰以八柄詔王丨羣臣注○丨與御同荀子王霸王良造父者善服丨者也注哀公東野子之善丨乎注

【曙】丨明也廣雅釋詁四又小爾雅廣詁又淮南天文丨于蒙谷之浦注又楚辭悲回風思不眠以至丨注○丨明日也呂覽重己一丨失之注

【助】丨作也作往相丨非長久也釋名釋言語○丨佐也小爾雅廣詁○丨勴也爾雅釋詁○丨猶益也論語先進非丨我者也集解引孔注○丨猶成也呂覽應同而不丨農於下注○丨舉也廣雅釋詁二○丨察姦也孟子滕文公上守望相丨注○丨者藉也孟子滕文公上○丨者殷家稅名也孟子滕文公上請野九一而丨注○丨者殷家稅名也周亦用之同上○莊子徐无鬼而師董梧以丨其色釋文丨本作鋤○考工記匠人注引孟子殷人七十而丨作殷人七十而莇丨者藉也作莇者藉也治地莫善於丨作治地莫善於莇請野九一而丨作請野九一而莇惟丨爲有公田作惟莇爲有公田雖周亦丨也作雖周亦莇也

【絮】丨胥也胥久能解落也釋名釋采帛○丨塞也廣雅釋詁三○丨調也禮記曲禮上釋文○丨猶調也禮記曲禮上毋丨羹注○丨調和之也儀禮特牲饋食禮注容丨羹釋文○周禮羅氏注讀爲丨有衣襦之丨釋文丨本作袽

【著】廣韻著同○丨明也禮記大傳名丨而男女有別注又廣雅釋詁四又小爾雅廣詁又史記樂書丨誠去僞正義再始以丨往正義又樂丨太始集解引王肅天官書雖言不丨正義又漢書禮樂志集注陸賈傳集注梁孝王武傳集注董仲舒傳集注張安世傳集注昌邑哀王髆傳集注劉輔傳集注匡衡傳集注谷永傳集注外戚傳下集注王莽傳上集注三見王莽傳下集注又莊子則陽彼知某之丨於己也注○箸明也荀子王霸箸仁義注○丨猶明白也禮記樂記丨不息者天也注○丨表也漢書朱雲傳集注

○丨見也後漢竇融傳注又莊子田子方女殆丨乎
吾所以丨也注○丨標著也管子立政鄉師以丨于
士師注○丨形之大者也禮記中庸形則丨注○丨
猶處也史記樂書丨不息者天也正義○丨猶居也
史記貨殖傳廢丨鬻財集解引徐廣○丨納也廣雅
釋言○丨猶立也禮記樂記故先王丨其敎焉注○
丨久也莊子庚桑楚甲氏也丨封也釋文○丨猶成
也禮記郊特牲由主人之絜丨此水也注樂記以丨
萬物之理注○丨思也小爾雅廣言○存丨則謂其
思念也禮記祭義致愛則存致慤則丨注○丨猶圖
也淮南主術皆丨於明堂注○丨猶誠也史記樂書
以丨萬物之理集解引孫炎○丨衆謂使民與事知
休作之期也禮記祭法帝嚳能聚星辰以丨衆注○
午在戊曰丨雍淮南天文○丨雍言位在中央萬物
繁養四方也淮南天文注○丨地名出濟南郡丨縣
也漢書地理志集注○門屏之閒曰丨詩著俟我于

丨乎而傳○門屏之閒曰著國語周語大夫士日恪
位著注○丨所立之位也門屏之閒謂之丨家語問
玉立而無次序則亂於丨矣注○丨讀音如貯史記
貨殖傳廢丨鬻財集解引徐廣○丨音丨作之丨漢
書景帝
紀集注

豫
丨樂也易豫釋文引馬注又爾雅釋詁又國語晉
語母老子彊故曰丨注我敎茲暇丨事君注又漢
書敘傳下集注又孟子離婁上而瞽瞍底丨注又荀
子禮論說丨娩澤注又文選長笛賦暇丨王孫注○
丨悅也莊子應帝王何問之不丨也釋文引簡文注
又漢書谷永傳集注○丨悅丨也易豫釋文○丨喜
也後漢郎顗傳注○丨喜丨說樂之貌也易豫鄭注
○心中和悅謂之丨也華嚴經音義引珠叢○丨佚
也一切經音義十三引蒼頡○丨亦游也孟子梁惠
王下吾王不丨注○秋遊曰丨孟子梁惠王下劉注

○秋行曰丨文選東京賦度秋丨以收成薛注○丨
備也國語晉語丨而後給注又淮南說山知者善丨
注○丨備丨也易豫釋文○丨素也漢書陸賈傳集
注○先患慮患謂之丨荀子大略○禁於未發之謂
丨禮記學記○丨厭也爾雅釋詁又楚辭惜誦行婞
直而不丨兮注○丨安也爾雅釋詁○丨敘也爾雅
釋言○丨干也漢書薛宣傳集注二見○丨亦未定
也後漢馬援傳注○丨且宋國賤臣也說苑正諫○
丨章池中臺也文選西京賦登丨章薛注○河南曰
丨州周禮職方氏又爾雅釋地又說苑辨物○河南
其氣著密厥性安舒故曰丨丨舒也爾雅釋地李注
○丨之言序也言陽氣分布各得其處其氣平靜多
序也爾雅釋地釋文引春秋元命苞○丨州地在九
州之中京師東都所在常安丨也釋名釋州國○丨
章郎樟木也後漢王符傳注○丨古文作與一切經
音義十九○古文預忬二形一切經音義廿四○書

五子之歌以逸丨滅厥德釋文丨本作忬金縢王有
疾弗丨釋文丨本作忬○左氏莊廿二年傳聖人爲
之豈猶丨焉釋文丨本作預○老子故强爲之容丨
焉釋文丨本作懊○書洪範曰丨恒燠若論衡寒溫
公羊成九年經注作曰舒恒燠若○書洪範丨恒燠
若三國毛玠傳作舒恒燠若○大戴記五帝德貴而
不丨史記五帝紀作貴而不舒○書
洪範曰丨史記宋微子世家作曰舒

譽
丨飛也廣雅釋詁三○丨舉也廣雅釋詁一又小
爾雅廣言○丨舉也楚謂之丨方言十

箸
筴謂之丨廣雅釋器○丨卽筋也史記十二諸侯
年表紂爲象丨而箕子唏索隱龜策傳象丨而羹
索隱○丨者食所用也史記絳侯周勃世家又不置
籍索隱○丨樽也史記龜策傳索隱○丨筩也廣雅
釋器○丨筩盛杝丨籠也方言五丨筩
注○丨古文作竽一切經音義十五

恕丨如也一切經音義二引蒼頡○以心揆心爲丨
離騷羌內丨己以量人兮注○以心度物曰丨一
切經音義二引聲類○以己量人謂之丨賈子道術
○中以應實曰知丨大戴記小辨○丨謂忖我以度
于人也論語里仁忠丨而已矣皇疏○丨仁也廣雅
釋詁四又漢書杜欽傳集注○丨者仁也漢書成帝
紀集注○詩大序箋中
心丨之釋文丨本作念

與丨及也儀禮鄉飲酒禮記不丨注又禮記王制六
十不丨服戎注又呂覽察微羊斟不丨焉注○丨
猶兼也儀禮士昏禮記我丨在注○丨卽也呂覽求
人自爲丨啁噍巢於林注○丨厠豫也穀梁僖十九
年傳因邾以求丨之盟注○丨猶奇也禮記射義丨
爲人後者注○古文丨作豫儀禮鄉射禮賓不丨注
聘禮介皆丨注公食大夫禮魚腊不丨注○古文丨
爲豫儀禮士昏禮記我丨在注鄉飲酒禮賓介不丨

注○丨讀爲贊者皆丨之丨禮記中庸可以丨知也
注○丨音相干丨之丨漢書高帝紀下集注引如淳
○禮記曲禮定猶丨也釋文丨本作豫穀梁僖八年
傳注以乞得丨之釋文丨本作豫○丨讀曰豫漢書
高帝紀下集注二見惠帝紀集注文帝紀集注武帝
紀集注宣帝紀集注平帝紀集注諸侯王表集注外
戚恩澤侯表集注二見律厤志上集注食貨志上集
注食貨志下集注二見郊祀志上集注三見五行志
中之上集注三見五行志下之上集注二見藝文志
集注二見楚元王傳集注二見淮南厲王長傳集注
四見萬石君奮傳集注爰盎傳集注鼂錯傳集注汲
黯傳集注賈山傳集注韓安國傳集注董仲舒傳贊
集注司馬相如傳下集注張湯傳集注張安世傳集
注李廣利傳集注司馬遷傳集注二見嚴助傳集注
賈捐之傳集注王訢傳集注楊敞傳集注楊惲傳集
注二見霍光傳集注二見金安上傳集注趙充國傳

集注陳湯傳集注兩龔傳集注夏侯勝傳集注李尋
傳集注趙廣漢傳集注蕭望之傳集注張禹傳集注
孔光傳集注二見傅喜傳集注薛宣傳集注二見朱
博傳集注翟義傳集注谷永傳集注三見杜鄴傳集
注何武傳集注王嘉傳集注楊雄傳上集注楊雄傳
下集注田廣明傳集注烏氏嬴傳集注匈奴傳上集
注匈奴傳下集注閩越王傳集注西域傳下集注外
戚傳上集注二見元后傳集注王莽傳上集注二見
王莽傳下集注○丨讀曰預漢書文帝紀集注武帝
紀集注齊悼惠王肥傳集注蒯通傳集注灌夫傳集
注蘇武傳集注衛青霍去病傳贊集注韋元成傳集
注二見外戚傳上集注王莽傳中集注○丨讀爲預
荀子正論以爲有益於人則丨無益於人也
注○易大壯注持疑猶丨釋文丨本作預

遽丨疾也國語晉語公懼丨見之注又漢書楊雄傳
上集注引晉灼又呂覽誠廉而丨爲之正與治注

貴因丨告太公注自知丨掩其耳注○丨猶疾也國
語周語丨歸告王注○丨猶卒也禮記儒行丨數之
不能終其物注○丨急也禮記儒行釋文又文選神
女賦神女稱丨注○丨趣也楚辭大招丨爽存只注
○丨促也文選西京賦百禽㥄丨薛注○丨速也漢
書郊祀志下集注五行志中之上集注溝洫志集注
蒯通傳集注嚴助傳集注楊敞傳集注丙吉傳集注
○丨忙也太元窮萬物窮丨注○丨傳也周禮大僕
以待達窮者與丨令司農注又爾雅釋言又國語晉
語丨人來告注吳語邊丨乃至注又列子說符使丨
人謁之注○丨傳車左氏僖卅三年傳且使丨告於
鄭注○丨今之郵驛也管子大匡三十里置丨委焉
注○以馬曰丨詩江漢箋則使傳丨告功于王釋文
○丨若今時乘傳騎驛而使者也周禮行夫掌邦國
傳丨之小事注○丨猶競也楚辭大招萬物丨只注
○丨懼也廣雅釋詁二○丨畏懼也左氏襄卅一年

傳豈不丨止注○丨畏也後漢趙壹傳注○丨惶也
漢書楊雄傳上集注○丨與渠同匡謬正俗二○莊
子天地則其自爲丨釋文丨本作御○莊
子天地丨取火而視之釋文丨本作蘧

疏 丨書也後漢鄭宏傳注○丨猶條録也後漢張奮
傳注

庶 丨衆也易晉錫馬蕃丨釋文又書臯陶謨丨明厲
翼鄭注益稷丨尹允諧鄭注洪範念用丨徵鄭注
又詩標有梅求我丨士箋雞鳴無丨予子憎箋天保
以莫不丨傳小明我事孔丨箋生民丨無罪悔箋卷
阿旣丨且多箋抑丨人之愚傳又儀禮大射儀羞丨
羞注公食大夫禮士羞丨羞皆有大注士喪禮丨襚
繼陳注特牲饋食禮佐食羞丨羞四豆注又春秋考
異郵明丨風至注又論語子路丨矣哉集解引孔注
又周書寤儆攻王禱赦有罪懷丨有兹封福注又爾
雅釋詁又爾雅釋言丨侈也合人注又國語周語民

之蕃丨注鄭語以品處丨類者也注又漢書禮樂志
集注二見五行志上集注谷永傳集注二見又後漢
傳毅傳注劉梁傳注又孟子萬章下皆謂丨人注又
太元元圖枝載丨部注閎入丨物注又淮南主術丨
功曰進注又論衡藝增又文選東京賦丨物時育薛
注○師丨皆衆也禮記緇衣出入自爾師虞丨言同
注○丨豐多也爾雅釋言孫注○丨者衆多爲奢侈
爾雅釋言注○丨子猶諸子也禮記燕義有丨子官
注○丨類萬物也後漢班彪傳下注○丨幸也詩素
冠丨見素冠兮傳抑丨無太悔箋江漢王國丨定箋
又爾雅釋言○丨胗也詩楚茨爲豆孔丨箋○丨侈
也爾雅釋言○丨幾也淮南繆稱夷聲陽句吳其丨
乎注○丨丨幾也論語先進回也其丨乎皇疏○丨丨
幾尚也爾雅釋言○丨幾僥倖爾雅釋言丨幸也注
○丨撫也拾撫之也謂拾撫微陋待遇之也釋名釋
親屬○丨士軍士也荀子正論丨士介而坐道注○

震爲明丨風太元元棿棿擬之八風注○丨除毒蠱
者周禮翦氏凡丨蠱之事注○北人以丨爲戍顏氏
家訓音辭○丨讀如藥煑之煑周禮秋官序官丨氏
注○書堯典丨績咸熙史記五帝紀作衆功皆興漢
書律厤志作衆功皆美書舜典丨績咸熙史記五帝
紀作遠近衆功咸興○書臯陶謨丨明勵翼史記夏
本紀作衆明高翼○書禹貢丨土
交正史記夏本紀作衆土交正

詛 丨以禍福之言相要左氏襄十一年傳丨諸五父
之衢注○丨謂祝之使沮敗也周禮春官序官丨
祝注○丨盟誓左氏宣二年傳丨無畜羣公子注○丨
盟丨主於要誓大事曰盟小事曰丨周禮詛祝掌盟
丨注○小事曰丨後漢鄧訓傳注○丨祝之也管子
四稱衆所怨丨注○丨阻也使人行事阻限於言也
釋名釋言語○禮古丨字漢書王子侯表上集注五
行志上集注外戚傳下集注○丨古文作禮一切經

音義
六

預 丨干也漢書灌夫傳集注○凡事相及爲丨華嚴
經音義上引珠叢○丨安也又先辦也逆爲之具
故曰丨一切經音義十八引蒼頡○時禁於其未發
之曰丨說苑建本○丨古文作與一切經音義六

倨 丨傲也漢書翟方進傳集注又荀子脩身體丨固
而心執詐注又呂覽下賢貴爲天子而不驕丨注
○丨慢也漢書匈奴傳上集注元后傳集注○丨猶
慢也大戴記曾子立事與其丨也寧句注○丨傷也
廣雅釋詁三○丨跂也莊子天運方將丨堂而應微
曰釋文○丨丨臥無思慮也淮南覽冥臥丨丨注○
丨方也荀子宥坐其流也埤下裾拘必循其理注○
据直項也史記司馬相如傳据以驕驁索隱引張揖
○邊牀曰丨史記酈生陸賈傳方丨牀索隱引樂彥
○丨讀虛田之虛淮南覽冥注○爾雅釋畜丨牙食

丨虎豹釋文
丨本作居
茹 丨食也漢書薛宣傳集注王莽傳上集注○丨菜
之總名也文選七發白露之丨注○丨度也詩柏
舟不可以丨傳六月玁狁
匪丨箋臣工來咨來丨箋
語 爲人說爲丨禮記雜記言而不丨注
踞 丨蹲也漢書敘傳上音義又後漢郭泰傳注○丨
亦蹲也一切經音義十六引字林○丨却倚也文
選西京賦據潤丨涇注○丨記
恕反一切經音義六引字林
鋸 丨鉏也廣雅釋器○丨欘钁類也管子小匡惡金
以鑄斤斧鉏夷丨欘注○丨者所以治木也列女
傳仁智○丨倨也其體直所截應倨句之平也釋名
釋用器○斷截用丨國語魯語中刑用刀丨注○丨

刖刑也後漢
寇榮傳注
狙 丨伺也史記留侯世家良與客丨集解引應劭○
丨伺候也史記留侯世家集解引服虔○丨司候
也文選西征賦注引蒼頡○丨伏伺也史記留侯世
家索隱○伏伺曰丨一切經音義十引通俗文○丨
字本作覰漢書
張良傳集注
沮 丨丨洳也禮記王制山川丨澤釋文○丨洳其漸
洳者詩汾沮洳彼汾丨洳傳○丨溼也廣雅釋詁
一○丨潤也素問生氣通天論筋脈丨弛注○丨音
丨濕之丨漢書天文志集注引晉灼○澤生草言菹
孟子棊母邃注○丨與菹同文選蜀都賦潛
龍蟠於丨澤注○論語長丨李壽碑作且
劻 丨疾也廣雅釋詁一○丨巨也事功巨也釋名釋
言語

洳 丨溼也廣雅釋詁一
飫 丨饜也左氏襄卄八年傳加膳則丨賜注○丨厭
也太元夷或丨之徒注○丨私也不脫屨升堂謂
之丨詩常棣飲酒之丨傳○不脫屨升堂謂之丨
私也後漢班彪傳下注○丨宴安私飲也昭謂立曰
丨坐曰要國語晉語繹不盡丨則退注○丨私也爾
雅釋言○丨非公朝私飲酒也爾雅釋言孫注○宴
食曰丨漢書陳遵傳集注○禮之立成者曰丨國語
周語王公立丨注○丨半體國語周語余一人敢設
丨禘焉注○詩常棣飲酒之
丨說文食部作飲酒之䬵
淤 丨漫也漢書司馬相如傳上集注○丨澱滓也後
漢杜篤傳注○丨與飫同後漢馬融傳注
胠 丨與祛同莊子有丨篋篇亦取去之義也荀子榮
辱丨於沙而思水注

醵 丨合錢飲酒也詩良耜箋又有祭酺合丨之歡釋
文○合錢飲酒爲丨旅酬相酌似之也禮記禮器
周禮其猶
丨與注
除 丨去也詩蟋蟀日月其丨傳○丨丨陳生新也詩
小明日月方丨傳○丨開也詩天保何福不丨傳
鐻 丨樂器也似夾鐘莊子達生梓慶削木爲丨釋文
引司馬注
瘀 丨疾也太元元數八爲疾丨注○丨病也廣雅釋
詁一
覷 丨覗也廣雅釋詁二○丨鏡頭也一切經音義十
二引字林○伏覗曰丨一切經音義二十引通俗
文
棜 丨斯禁也謂之丨者無足有似於丨或因名云耳
禮記禮器大夫士丨禁注○丨斯禁也無足有似

於丨是以言丨禮記玉藻大夫側尊用丨注○禁言丨者祭尚厭飫得與大夫同器不爲神戒也儀禮特牲饋食禮記壺丨禁饌于東序注○丨無足禁者酒戒也大夫去足改名優尊者若不爲之戒然儀禮少牢饋食禮同丨注○丨之制如今大木轝矣上有四周下無足儀禮特牲饋食禮丨在其南注○丨今之轝也儀禮既夕記設丨於東堂下注

鑪 丨磨也廣雅釋詁三○左氏定四年傳丨金漢書古今人表作鑪金

呿 丨開也莊子秋水口丨而不合釋文引司馬注

瘀 丨偅也廣雅釋言○丨偅也集韻引字林

怚 丨劇也方言十二○丨傷也廣雅釋詁三

悆 丨忘也廣雅釋詁二○丨音豫穆天子傳五天子使孟丨如畢討戎注

礜 丨今丨石山海經西山經皐塗之山有白石焉其名曰丨丨注

鸒 丨斯鵯鶋爾雅釋鳥○丨卑居卑居雅烏也詩小弁弁彼丨斯傳○丨楚烏也一名丨一名鵯鶋秦云雅烏爾雅釋鳥釋文引字林○丨雅烏也小而多羣腹下白江東亦呼爲鵯烏爾雅釋鳥注○丨鳩小烏文選江文通雜體阮步兵詩注引莊子司馬注

悇 丨憛懷憂也廣雅釋訓○丨憛憂愁貌楚辭謬諫心丨憛而煩寃兮注○丨憛禍福未定也後漢馮衍傳注

椐 丨樻爾雅釋木○丨木名靈壽也集韻引字林○籬靑徐曰丨丨居也居於中也釋名釋宮室○丨紀庶反詩皇矣釋文引字林

麔 麢其子丨爾雅釋獸○爾雅釋獸釋文丨本作麔○爾雅釋草注當歸似蘄而丨大釋文丨本作麤似葛而丨大釋文丨本作麤

女 丨妻也書堯典丨于時傳又漢書外戚傳下集注敘傳下集注○以丨妻人曰丨左氏桓十一年傳宋雍子丨於莊公曰雍姞注又後漢梁鴻傳注又孟子離婁上涕出而丨於吳音義引丁音○進丨爲丨國語越語請句踐女丨於王注○以丨進人曰丨國語晉語有施氏以妹喜丨焉注○納丨於人曰丨左氏莊廿八年傳丨以驪姬注

○丨以下據廣韻錄

勴 丨謂贊勉爾雅釋詁助丨也注

澽 丨乾也廣雅釋詁二

豦 丨玃類也爾雅釋獸丨迅頭注

坥 螾其糞名丨方言六螾塲謂之丨注

麮 煮麥曰丨丨亦齲也煮熟則齲壞也釋名釋飲食

鼁 丨鼀蟾諸爾雅釋魚○丨鼀似蝦蟆居陸地淮南謂之去蚥爾雅釋魚注

㞩 丨閉也儀禮士冠禮注徹帷丨之釋文

𪘲 丨𠫤也廣雅釋器

醧 丨能者飲不能者已謂之丨文選魏都賦愔愔丨讌劉注引韓詩

菸丨葱也(廣雅釋詁四)○丨臭也(廣雅釋器)

莇丨者借民之力以治公田又使收斂焉(考工記匠人)九夫爲井注

櫲丨樟木也(文選吳都賦)木則楓柙丨樟劉注

○據集韻録

𨇨丨當爲踞(漢書敘傳上)音義

經籍籑詁卷第六十五

經籍籑詁卷第六十五補遺

兵部侍郎兼都察院右副都御史巡撫浙江等處地方提督軍務兼理糧餉阮元撰集

去聲

六御

御(說文)丨使馬也从彳从卸馭古文丨从又从馬○丨謂丨車者(儀禮既夕記)丨以蒲菆疏○丨即禦也(左氏襄四年傳)疏○丨制也或作禦(荀子榮辱)於是又節用丨欲注○丨治也(詩簡兮傳)可以丨亂疏○丨者制治之名(詩思齊疏)○丨進也(左氏襄廿六年傳)朱也當丨又(禮記少儀)幼則曰能丨未能丨疏○丨謂進引注又(後漢書宦者侯覽傳)復不得丨注○丨進食者(左氏昭廿三年傳)士伯丨叔孫從者四人疏○丨勸息也(左氏襄廿八年傳)丨者知之注○丨謂侍夜(禮記內則)必與五日之丨注○丨者給與充

用之辭(詩吉日箋)丨賓客者疏○定本經丨作禦(詩常棣)外禦其侮疏○(周禮掌蜃注)以蜃丨溼釋文本亦作禦(左氏莊十一年傳)公子丨說之辭也釋文本或作禦(莊廿一年經)陳人殺其大子丨寇釋文本亦作禦○(儀禮既夕注)且以丨溼釋文劉本作衙

去(說文)丨人相違也从大凵聲凡丨之屬皆从丨○丨舍也(國策秦策)今三國之兵且丨楚注○丨落也(素問上古天眞論)八八則齒髮落注○丨猶失也(史記李斯列傳)胥人者丨其幾也索隱○丨所避席(左氏襄二十年傳)武子丨所注○大丨者不反之辭(左氏莊四年經)紀侯大丨其國注

慮(說文)丨謀思也从思虍聲○丨思也(漢書馮野王傳)外足以丨化注(敘傳下)不圖不丨注○丨即思(禮記曲禮上注)人之坐思疏○丨謀也(禮記文王世子)丨之以大疏○丨謂謀丨(禮記學記)發丨憲疏○

丨謂謀策思丨漢書哀帝紀有大丨者注○丨謂計念也漢書胡建傳欲民先成其丨也注○丨也者以其知有求也而不必得之若睨墨子經說上○丨大計也漢書賈誼傳丨亾不帝制而天子自爲者注○亾丨大計也漢書趙充國傳亾丨萬二千人注○無丨亦謂大率無小計丨耳漢書食貨志下天下大氐無丨皆鑄金錢矣注○丨字或爲憲字後漢書鄧禹傳李文李春程丨爲祭酒注○爾雅釋蟲諸丨奚相釋文本或作蠦

譽 說文丨稱也从言與聲○天子之孝曰就諸侯曰度大夫曰丨禮記祭統疏引援神契○丨猶豫古字通文選王元長曲水詩序信可以優游暇豫注

署 說文署部署有所网屬从网者聲○丨猶分部也漢書禮樂志我丨文章注○丨謂書表其事也漢書何竝傳丨曰注○丨謂書之漢書鄭當時傳翟公大丨其門注○丨者主供其事也漢書儒林孟喜傳曲臺丨長注

據 說文丨杖持也从手豦聲○丨居也國語晉語今不丨其安注○丨謂跨之書禹貢傳東南丨濟疏丨者操攣也管子形勢解

馭

曙 說文新附丨曉也从日署聲

助 說文丨左也从力且聲○丨者井田什一丨佐公家治公田孟子公孫丑上丨而不稅注○丨者九大而稅一夫之田詩甫田歲取十千疏

絮 說文丨敝緜也从糸如聲○丨緜也漢書文帝紀丨三斤注○好者爲緜惡者爲丨禮記玉藻縕爲袍疏○丨謂新緜公羊昭二十年傳注特棺丨從疏

著 丨明也周禮大宗伯注丨有黍稷疏○丨亦明也漢書韋元成傳丨親親也注○丨謂明表也漢書杜周傳前王所是丨爲律注○丨猶明丨管子幼官教習不丨注○丨謂顯丨禮記樂記丨不息者天也疏○丨謂明書之也漢書張湯傳受而丨讞法注○丨謂書之於史漢書張良傳故不丨注○門屏之閒曰丨漢書地理志下竢我於丨乎而注○丨與宁音義同詩著疏

豫 說文丨象之大者賈侍中說不害於物从象予聲絺古文○丨悅丨也漢書劉輔傳今天心未丨注引張晏○丨備也國語晉語戒莫如丨注○丨早也廣雅釋言○丨逆也禮記學記禁於未發之謂丨疏○丨今之枕木也史記司馬相如列傳楩柟丨章正義引溫活人○丨章大木也生七年乃可知漢書司馬相如傳上楩柟丨章注引服虔○今言丨者謂州學也讀如成周宣榭災之榭周禮作序儀禮鄉射禮丨則鉤楹內注○今文丨爲序同上○書洪範曰丨正義鄭王本丨作舒○書洪範丨恆燠若論衡寒溫作舒恆燠若周髀算經下注作舒常燠若○禮記學記禁於未發之謂丨說苑建本作禁於其未發之曰預○孟子梁惠王下一遊一丨左氏昭二年傳服注作一遊一譽

翥 說文丨飛舉也从羽者聲○丨醜鐯爾雅釋蟲

箸 說文丨飯攲也从竹者聲○今人或謂丨爲梜禮記曲禮上羹之有菜者用梜注

恕 說文丨仁也从心如聲忠古文省○丨明也墨子經上○丨也者以其知論物而其知之也著若明墨子經說上○丨人心度物也文選養生論注引聲類○丨忖也忖度其義於人禮記中庸忠丨違道不

遠疏○如心爲丨謂如其己心也左氏昭六年傳誨之以丨疏○如心曰丨如下從心周禮大司徒注忠言以中心疏○於文如心爲丨詩關雎序箋謂中心丨之疏

【與】以我臨物故曰丨易雜卦傳或丨或求注○古文丨爲豫儀禮士虞禮主人不丨注○丨讀曰預漢書元后傳丨何治而壞之注○丨讀曰豫漢書淮南王安傳猶丨十餘日注猶丨未決注韋賢傳賢以丨謀議安宗廟注○穀梁僖八年傳注故乞得丨之釋文本或作預

【遽】說文丨傳也一曰窘也从辵豦聲○丨傳驛左氏昭二年傳乘丨而至注○丨傳車也國語吳語徒丨來告注○丨是促丨禮記玉藻士曰傳丨之臣疏○丨疾也華嚴經音義下引國語賈注又呂覽察今丨契其舟注○丨窘也文選羽獵賦虎豹之凌丨注○苨矜奄丨也秦晉或曰矜或曰丨方言二

【疏】丨分條之也漢書匈奴傳上左右丨記注○丨者丨條其事而言之漢書楊雄傳下獨可抗丨注

【庶】說文庶屋下衆也从广炗炗古文光字○丨衆也禮記曲禮下丨方小侯疏大傳其丨姓別於上疏孔子閒居丨物露生疏燕義有丨子官疏又國語周語制義丨孚以行之注楚語不陳丨侈注而以金石匏竹之昌大囂丨爲樂注○丨亦衆也書湯誓格爾衆丨疏○丨冀也易繫辭下傳其殆丨幾乎侯注又文選傳長虞贈何劭王濟詩注引國語賈注○丨幸也書孔序疏盤庚下傳言當丨幾疏又禮記檀弓上其丨幾乎疏○丨幾者幸覬之意也詩兔爰箋尚丨幾也疏○丨子司馬之屬儀禮大射儀丨子設折俎注○丨長秦爵也左氏襄十一年傳秦丨長鮑注

【詛】集韻古作作○說文丨詶也从言且聲○作祝丨也詩蕩侯作侯祝傳○丨者卜往過周禮詛祝注

盟丨主于要誓疏○丨者盟之細左氏隱十一年傳以丨射潁考叔者疏○丨者盟之細事詩蕩箋且祝丨求其凶咎無極已疏○請神加殃謂之丨書無逸否則厥口丨祝疏○以禍福之言相要曰丨詩巧言以丨爾斯釋文○請右丨字漢書外戚傳下爲媚道祝禮後宮有身者注○作郎右丨字詩蕩疏

【預】說文新附丨安也

【倨】說文丨不遜也从人居聲○丨簡傲也漢書汲黯傳爲人性丨少禮注○居急傲讀與丨同漢書酷吏郅都傳丞相條侯至貴居也注○裾亦傲也讀與丨同漢書酷吏趙禹傳禹爲人廉裾注○丨慢也禮記曲禮上遊毋丨疏○丨勮勮也太元元圖丨勮莫困乎九注

【茹】說文丨飤馬也从艸如聲○丨食也廣雅釋詁二○丨所食之菜也漢書食貨志上采丨有畦注○所食之菜曰丨漢書王莽傳上雖生菜丨而人不食注○丨者敢食之名故取菜之入口名爲丨詩烝民柔則丨之疏○丨者咀嚼之名以爲菜之別稱故書傳謂菜爲丨詩七月箋耕治之以種菜丨疏○丨牽引也易泰拔茅丨以其彙征吉釋文又漢書劉向傳注引鄭氏

【踞】說文丨蹲也从足居聲○丨反企也漢書高帝紀上沛公方丨牀注○丨謂坐其上也左氏襄廿四年傳皆丨轉而鼓琴疏○丨是游也左氏昭廿五年傳執冰而丨疏

【鋸】說文丨槍唐也从金居聲○丨刖刑也漢書刑法志中刑用刀丨注引韋昭

【狙】說文丨玃屬从犬且聲一曰丨犬也暫齧人者一曰犬不齧人也○丨伺也一切經音義十七引三蒼○丨謂密伺之漢書張良傳良與客丨擊秦皇帝注

沮 ｜浸溼之地漢書匈奴傳上生於｜澤之中注○｜澤下溼地也禮記王制山川｜澤疏引何允○｜洳漸洳也詩汾沮洳序釋文○｜如潤澤之處詩汾沮洳疏○｜謂萊沛禮記王制山川｜澤注

勴 說文｜務也从力慮聲

飫 說文飫燕食也从食芺聲詩曰飲酒之飫○｜郎謂饗也禮記王制夏后氏以饗禮疏○｜賜也書序稾飫傳○詩常棣飲酒之｜文選魏都賦注引韓詩作飲酒之醧

淤 說文｜澱滓濁泥从水於聲○｜漫也文選上林賦行乎洲｜之浦注引張揖○｜亦洲名蜀人云史記司馬相如列傳行乎洲｜之浦集解郭璞引方言○水中可居者曰洲三輔謂之｜文選上林賦行乎洲｜之浦注引方言○閼讀曰｜漢書溝洫志注填閼之水注

醵 ｜斂錢共飲酒也禮記禮器疏○｜郎合錢飲酒周禮族師注族長無飲酒之禮疏

除 ｜者棄去之名詩蟋蟀疏

鐻 ｜樂器形似夾鐘削木爲之廣韻引埤蒼

瘀 說文｜積血也从疒於聲

棜 ｜是轝名禮記禮器疏

鑢 說文｜錯銅鐵也从金慮聲○左氏定四年傳｜金初宦於子期氏釋文本又作鑪

怚 說文｜驕也从心且聲

悆 說文｜忘也嘾也从心余聲周書曰有疾不｜｜喜也○｜寧也文選東京賦膺多福以安｜薛注

礜 說文｜毒石也出漢中从石與聲

鸒 說文鸒卑居也从鳥與聲○｜斯雅烏也荀子榮辱君子安雅注

女 ｜仕也漢書楊雄傳上奚必云｜彼高邱注

○以下據廣韻錄

勴 說文｜助也从力从非慮聲

麮 說文｜麥甘鬻也从麥去聲

醧 說文｜私宴歙也从酉區聲○｜私宴飲也文選歒月城西門解中詩注引字林

[illegible] 說文楚人謂寐曰｜从㝱省女聲

耡 說文｜商人七十而｜｜耤稅也从耒助聲周禮曰以興｜利萌

[illegible] 說文｜似鹿而大也从鹿與聲

○以下據集韻錄

[illegible] 說文｜飽也从勹殷聲民祭祀曰厭｜

懅 ｜亦慙也後漢書王霸傳霸慙｜而退注○｜忙也後漢書方術徐登傳主人見之驚｜注○｜亦謂戰慄也爾雅釋言注淩｜戰慄釋文

[illegible] 說文｜嬌也从女虘聲

[illegible] 說文｜漸溼也从水挐聲

經籍纂詁卷第六十五補遺終

經籍籑詁卷第六十六

經筵講官南書房行走禮部左侍郎兼署吏部左侍郎提督浙江學政阮元撰集

去聲

七遇、

遇 丨會也國策秦策因退爲逢澤之丨注又漢書高帝紀上集注又呂覽淫辭空雄之丨注○冬會曰丨管子霸形言與楚王丨注○不期而會曰丨書汝鳩汝方序乃丨汝鳩汝方傳又穀梁隱八年傳又漢書高帝紀上集注○丨者不期而會易象下傳丨主于巷崔注○丨者不期而會之也論語微子丨丈人以杖荷篠皇疏○丨見也禮記檀弓上丨於一哀而出涕注檀弓下公叔禺人丨負杖入保者息注又爾雅釋詁又國語晉語丨兆注又國策秦策出關丨蘇子注又家語曲禮子貢問丨人入保注又呂覽不屈

今惠子之丨我尙新注○冬見曰丨周禮大宗伯○諸侯未及期相見曰丨禮記曲禮下○丨偶也爾雅釋言○丨者何不期也公羊隱四年傳○丨偶也欲其若不期而俱至周禮大宗伯注○丨者草次之期二國各簡其禮若道路相逢丨也左氏隱四年經公及宋公丨於淸注○不求自至不作自成是名爲丨論衡逢遇○丨得也孟子離婁下而不相丨也注又淮南精神故事有求之於四海之外而不能丨注○過而得之謂之丨易小過弗過丨之注○丨遻也爾雅釋詁○丨敵也國策齊策以與王丨注○丨當也荀子大略無用吾之所短丨人之所長注○丨猶遭也呂覽長攻必有其丨注○丨逢丨也文選東京賦其丨民也薛注○丨合也國策秦策王何不與寡人丨注○丨待也管子任法奇術技藝之人莫敢高言孟行以過其情以丨其主矣注○丨禮也呂覽音初禹未之丨注○丨謂以恩相接也文選出師表蓋追

先帝之丨注廣絕交論衘恩丨注○丨小願大元元衘○丨難逢大元元錯○朝覲宗丨會同君之禮也周禮小行人○丨一本作過或作適列子說符君丨而遺先生食釋文

路 丨途也爾雅釋宮○丨道也詩遵大路遵大丨兮傳又爾雅釋宮又孟子公孫丑下充虞丨問曰注又離騷來吾道夫先丨注丨幽昧以險隘注回朕車以復丨兮注情誦願陳志而無丨注同極而異丨兮注懷沙進丨北次兮注逢紛鴻永丨有嘉名注又文選登徒子好色賦遵大丨兮攬子袪注○大丨大道也後漢馮衍傳注○艮爲徑丨易說卦傳又易睽遇主于巷虞注○一達謂之道丨爾雅釋宮○道一達曰道丨道蹈也丨露也言人所踐蹈而露見也釋名釋道○徑畛涂道丨皆所以通車徒於國都也徑容牛馬畛容大車涂容乘車一軌道容二軌丨容三軌周禮遂人凡治野注○丨大也詩生民厥聲載丨傳

皇矣串夷載丨傳又爾雅釋詁又史記孝武紀丨弓乘矢集解引韋昭又漢書郊祀志上集注引韋昭又莊子馬蹄雖有義臺丨寢釋文○丨正也莊子馬蹄釋文又離騷既遵道而得丨注○丨寢正寢也詩閟宮丨寢孔碩傳○丨大也道也正也白虎通車旅○丨通周書武稱一毀城寡守不丨注○丨應也詩皇矣箋○丨瘠也詩皇矣釋文○丨謂失其常居也管子四時國家乃丨注○丨暴露也荀子議兵丨亶者也注○丨室客舍也楚辭怨世丨室女之方桑兮注○丨門一曰畢門亦曰虎門也水經穀水注○丨門者大寢之門考工記匠人丨門不容乘車之五个注○丨鼓四面鼓也周禮鼓人以丨鼓鼓鬼享注○丨與露同孟子滕文公上是舍天下而丨也音義引張音丁音○孟子皆悅而願出於其丨矣周禮司關注作皆說而願出於其塗○漢書古今人表曹靖公丨春秋定八年作露

【潞】｜出歸德周禮職方氏其浸汾｜注○｜水卽漳水也水經濁漳水注○筍滿｜水之別名也水經濼水注○｜羸也呂覽不屈士民罷｜注

【輅】通作路○｜車也廣雅釋器又呂覽孟春乘鸞｜論乘｜而歌注○路車也詩汾沮洳殊異乎公路傳德注又文選思元賦擾應龍以服｜舊注四子講德○路謂車也凡君所乘車曰路儀禮覲禮路先設注○路者君車也白虎通車旂○路王之所乘車周禮春官序官典路注○路王者之車亦車之通名荀子哀公絻而乘路注○｜天子之車也文選東京賦龍｜充庭薛注○天子所乘曰路路亦車也謂之路者言行於道路也釋名釋車○大路天子車也淮南齊俗大路龍旂注○人君之車曰路車詩韓奕乘馬路車箋○大路殷祭天車王者所乘也荀子禮論大路之素未集也注○殷車曰大｜論語衛靈乘殷之｜

集解引馬注○｜廣車也國語晉語｜車十五乘注○｜柴車也列子力命乘其畢｜釋文○玉｜以玉飾車也文選吳都賦吳王乃巾玉｜劉注○玉｜謂玉飾之也文選東京賦天子乃撫玉｜薛注○｜轅縛所以屬引儀禮既夕當前｜注○｜輓輦橫木也淮南兵略｜首路死者注○公路主君之軞車詩汾沮洳殊異乎公路箋○｜車之大也爾雅釋詁舍人注○｜大也後漢張湛傳注○｜迎也左氏僖十五年傳｜秦伯注又服注宣二年傳狂狡｜鄭人注又國語晉語梁由靡御韓簡｜秦公將止之注○｜一作輅管子小匡服牛｜馬注○左氏襄廿六年傳賜之先｜三命之服釋文｜本作路定四年傳分魯公以大｜大旂釋文｜本作路論語衛靈乘殷之｜釋文｜本作路○禮記月令乘鸞路釋文路本作｜郊特牲卷冕路車釋文路本作｜大戴記朝事儀乘大｜儀禮覲禮注作乘大路書顧命大｜在賓階面綴｜在阼階面先｜在左塾之前次｜在右塾之前周禮典路注作大路在賓階面贅路在阼階面先路在左塾之前次路在右塾之前

【賂】｜遺也詩泮水大｜南金傳又國語晉語驪姬｜二五注○｜貨也文選吳都賦其琛｜則琨瑤之阜注劉

【璐】｜美玉也文選雪賦注引淮南許注○寶｜美玉也楚辭涉江被明月兮佩寶｜注

【露】｜慮也覆慮物也釋名釋天○｜陰液也北堂書鈔引蔡邕月令章句○和氣津凝爲｜藝文類聚引五經通義○｜者雨之類素問四氣調神大論則上應白｜不下注○陽氣勝則散爲雨｜大戴記曾子天圓○｜潤也國語晉語是先子覆｜子也注又淮南時則包裹覆｜注○｜濆也廣雅釋詁二○｜

顯也後漢郅惲傳注○｜暴也楚辭涉江｜申辛夷死林薄兮注○｜暴｜也文選長楊賦今樂遠出以｜威靈注○｜謂無城郭墻垣荀子富國都邑｜注○｜袒謂上下不相覆蓋荀子議兵路亶者也注○｜羸也左氏昭元年傳勿使有所壅蔽湫底以｜其體注○｜敗也方言三又廣雅釋詁三○承｜覆結也廣雅釋器○｜布捷書之別名也封氏聞見記○｜布謂不封之也後漢李雲傳注○所以名｜布者謂不封檢｜而宣布欲四方速知封氏聞見記○中｜衞邑名詩式微胡爲乎中｜傳○｜讀南陽人言道路之路淮南本經是以松柏箘｜夏槁注○詩式微胡爲乎中｜列女傳四作胡爲乎中路

【鷺】｜春鉏爾雅釋鳥○｜一名春鉏水鳥也詩振鷺序釋文○｜白鳥也一名春鉏詩宛邱値其｜羽釋文○｜白｜也後漢馬融傳注○｜白鳥也詩振鷺振｜于飛傳有駜振振｜傳又後漢蔡邕傳注○

丨潔白之鳥後漢邊讓傳注○丨鳥名集韻引字林
○丨作鸕同來素反白鳥也頭翅背上皆有長翰毛
江東取爲睫攡日白鷺縗
一切經音義十九引字書

樹 丨木也國語晉語夫堅丨在始注○丨本也廣雅
釋詁三○丨稼也呂覽尊師務種丨注○丨種也
呂覽任地而丬麻與菽注又淮南本經蓺丨蓮菱注
○丨種也國語周語丨於有禮注○丨立也左氏成
二年傳丨德而濟同欲焉注襄四年傳丨之詐慝注
昭元年傳引其封疆而丨之官注又國語周語吾聞
夫犬戎丨惇注故聖王丨德於民注又漢書高帝紀
上集注陳餘傳集注夏侯嬰傳集注引應劭鄒陽傳
集注雋不疑傳集注又後漢張衡傳注又呂覽不廣
且以丨譽注又淮南本經設丨險阻注○丨豎也漢
書楊雄傳下集注王莽傳下集注○丨植也漢書嚴
助傳集注西域傳下集注又文選西京賦丨修旃薛

注○丨殖也漢書景帝紀集注韓安國傳集注貨殖
傳集注○丨植立也燕之外郊朝鮮洌水之閒凡言
置立者謂之丨植方言七○丨謂殖草木也禮記中
庸地道敏丨注○丨置也後漢梁冀傳注○丨屏也
家語曲禮子貢問天子外屏諸侯內屏注○屏謂之
丨禮記郊特牲臺門而旅丨注又爾雅釋宮又荀子
大略天子外屏諸侯內屏注○垣當門自蔽名曰丨
爾雅釋宮李注○以垣當門蔽爲丨爾雅釋宮舍人
注○丨爲蕃蔽周禮野廬氏宿息井丨注○牀其杠
北燕朝鮮之閒謂之丨方言五○聚土爲丨易繫辭
下傳不封不丨虞注○封丨者所以爲識白虎通崩
薨○皮丨獸名儀禮鄉射禮記則皮丨中注○今文
皮丨爲繁豎同上○丨一作檄史
記周本紀犬戎丨惇集解引徐廣

度 丨法也左氏昭四年傳丨不可改注又國語周語
念前之非丨注楚語比綴以丨注吳語撓亂百丨

注又呂覽去宥其唯先有丨注有度賢主有丨而聽
注又淮南時則案丨程注又離騷競周容以爲丨注
懷沙常丨未替注○丨者法也古微書引孝經援神
契○丨法丨也書呂刑丨作刑以詰四方馬注又詩
楚茨禮儀卒丨傳又禮記坊記禮儀卒丨釋文又後
漢班彪傳下注○丨制也荀子解蔽參稽治亂而通
其丨注又呂覽任地此其丨也注○丨謂制大小也
禮記月令按丨程注○丨謂宮室車服之制周禮大
司徒九日以丨教節注○丨國家宮室及車輿也禮
記中庸不制丨注○丨者職貢多少有常也淮南時
則貢歲之數以遠近土地所宜爲丨注○坤爲丨易
象下傳節君子以制數丨虞注○坤數十爲丨易象
下傳節以制丨虞注○丨數爵等之大小周禮墓大
夫掌其丨數注○丨謂伐與步數禮記曲禮上進退
有丨注○丨也古太元元錯○丨無之太元元衡○
丨者圓也古微書引春秋說題辭○丨猶運也史記

平準書丨四百萬石索隱引樂彥○丨謂天之三百
六十五丨也素問離合眞邪論故天有宿丨注○丨
日月所行之丨也周髀算經下月丨疾日丨遲注○
丨謂日月星辰之行丨也後漢明帝紀注○丨者日
也素問至眞要大論○百丨百刻也禮記樂記百丨
得數而有常注○五丨五行也淮南兵略詘伸不獲
五丨注○丨杖也廣雅釋器○丨謂殳也因刻丈尺
耳周禮司市凡市入則胥執鞭丨守門注○丨謂可
擬射也禮記緇衣往省括于厥丨則釋注○今江東
呼打爲丨方言五注○書盤庚丨乃口釋文丨本作
渡○禮記檀弓注坵封
之丨釋文丨本作數

渡 丨過也廣雅釋詁三○度過也漢書孫寶傳集注
引如淳匡衡傳集注楊雄傳贊集注石顯傳集注
○丨去也廣雅釋詁二○度去
也楚辭惜賢年忽忽而日度注

賦丨布也詩烝民明命使丨傳又廣雅釋詁三又小
爾雅廣詁又後漢李固傳注董卓傳注又呂覽愼
大丨鹿臺之錢注又淮南時則次諸侯之列丨之犧
牲注○丨斂也管子山權數丨籍藏龜注○丨鋪也
楚辭悲回風竊丨詩之所明注○敷布其義謂之丨
釋名釋典藝○丨之言鋪直鋪陳今之政教善惡周
禮大師曰丨注○丨以陳事文選文賦丨體物而瀏
亮注○丨者古詩之流也文選班孟堅兩都賦序○
古人稱不歌而頌謂之丨文選三都賦序○丨誦也
楚辭招魂同心丨些注○丨操也方言十二○丨動
也方言十三又廣雅釋詁一○丨予也呂覽分職出
高庫之兵以丨民注○丨授也國語晉語丨職任功
注○丨猶取也左氏僖廿七年傳丨納以言注○丨
者斂取其財物也公羊哀十二年傳譏始用田丨也
注○丨藏也方言十三○丨量也爾雅釋言○丨稅
也廣雅釋詁二又呂覽孟冬收水泉池澤之丨注又

淮南時則收水泉池澤之丨注○丨謂土地所生以
供天子書禹貢厥丨惟上上錯傳○丨上之所求于
下周禮大宰釋文引干注○丨謂出車徒給繇役也
周禮小司徒以任地事而令貢丨注○丨給軍用者
也周禮大司馬凡令丨注○丨口率出泉也周禮大
宰五曰丨貢以馭其用注○丨口率出泉也今之算
泉民或謂之丨此其舊名與周禮大宰以九丨斂財
賄注○丨謂雇更之錢也後漢明帝紀注○七丨五
穀桑麻也法言問道七丨之所養注○丨九丨也周
禮小司徒以令貢丨注○丨謂九丨及九貢周禮閭
師以時徵其丨注○丨謂九丨及軍丨周禮大司徒
以斂財丨注○丨兵也左氏隱四年傳敝邑以丨服
注又國語魯語悉帥敝丨注又淮南要略悉索薄丨
注○丨兵丨也論語公冶長可使治其丨也集解引
孔注又皇疏○丨軍丨論語公冶長鄭注○丨魯論
作傳論語公冶長釋文引梁武帝注○丨古文作賻

一切經音
義十四
布丨賦也國語周語將導利而丨之上下者也注而
時丨之於農注○丨猶敷也山海經海內經禹鯀
是始丨土注○丨施也周書謚法又廣雅釋詁三○
丨展也小爾雅廣言○丨斂也廣雅釋詁三○丨陳
也左氏昭三年傳寡君使虎丨之注又國語晉語敢
私丨之於吏注鄭語乃丨幣焉注○丨列也廣雅釋
詁一○丨序謂各順其性無謬沴也後漢班彪傳下
注○丨覆周丨四覆也文選長笛賦氣噴勃以丨覆
兮注○丨濩猶散被也文選東京賦聲教丨濩薛注
○丨濩遍滿貌文選吳都賦丨濩皐澤劉注○丨濩
猶丨露也文選上林賦丨濩閎澤郭注○丨謂匹帛
也莊子山木或曰爲其丨與赤子之丨寡矣注○丨
幣也詩氓抱丨貿絲傳又後漢崔駰傳注○丨丨也
丨列枲縷爲經以緯橫成之也又太古衣皮女工之

始始於是施丨其法使民盡用之也釋名釋采帛○
麻紵葛曰丨丨通名也小爾雅廣服○丨箋紵之屬
文選吳都賦果丨輻湊而常然劉注○功丨灰治之
丨也儀禮既夕商祝免袒執功丨入注○功丨鍛濯
灰治之丨也儀禮士喪禮冪奠用功丨注○凡絞紟
用丨儀禮既夕記○明衣裳用丨儀禮士喪禮○齊
衰以下用丨儀禮喪服斬衰裳注○大功丨九升小
功丨十一升儀禮喪服傳○丨錢也孟子公孫丑上
廛無夫里之丨注○丨泉也周禮載師凡宅不毛者
有里丨司農注廛人掌斂市絘丨總丨質丨罰丨廛
丨注巫馬入其丨于校人注○丨謂錢也管子戒市
正而不丨注君臣下柬丨之罰注○丨謂泉也周禮
司市以商賈阜貨而行丨司農注○丨泉也丨讀爲
宣丨之丨其藏曰泉其行曰丨取名於水泉其流行
無不偏周禮外府掌邦丨之入出注○貨丨長二寸
五分廣寸首長八分有奇廣八分其圜好徑二分半

足枝長八分其右文曰貨左文曰丨重二十五銖直
貨泉二十五〔同上〕○里丨者丨參印書廣二寸長二
尺以爲幣貿易物〔周禮載師〕司農注○古者謂錢爲
泉丨所以通丨貨財〔禮記檀弓上〕子碩欲以賻丨之
餘具祭器注○丨謂貨財也〔莊子山木〕爲其丨與釋
文○辭丨辭訟泉物者也〔周禮司市〕㡀丨者司農注
○㡀丨市之羣吏考實諸泉入及有遺忘〔周禮司市〕
㡀丨者注○坤爲丨〔易說卦傳〕○露丨亦謂之露版
〔封氏聞見記〕○祭星曰丨〔爾雅釋天〕○丨似丨華山
有之〔爾雅釋草〕○周魏之閒謂之擊自關而西或謂
之丨穀〔方言八〕○丨穀今江東呼爲穫穀〔方言八注〕
○丨穀一名戴紝一名戴勝〔後漢襄楷傳注〕○丨穀
鳲鳩也〔列子天瑞〕鸇之爲丨穀釋文○桑飛今江東
呼丨母〔方言八〕桑飛自關而東或謂之女匠注○今
文丨作敷〔儀禮聘禮〕管人丨幕于寢門外注○尃古
丨字〔史記司馬相如傳〕尃結縷氾尃濩濩集解引徐

廣
【步】丨行也〔書武成〕王朝丨自周傳〔召誥〕王朝丨自周
鄭注又〔詩白華〕天丨艱難傳〔桑柔〕國丨斯頻傳又
〔禮記少儀〕執轡然後丨注未丨爵不嘗羞注又〔廣雅
釋詁一〕又〔國語吳語〕以安丨王志注又〔荀子脩身〕不
識丨道者注○丨猶行也〔左氏僖卅三年傳〕將丨師
出于敝邑釋文○丨徐行也〔淮南說林〕蘇秦丨注又
〔離騷〕丨余馬於蘭皐兮注○徐行曰丨丨捕也如有
所司捕務安詳也〔釋名釋姿容〕○徒行爲丨〔楚辭招
魂〕丨騎羅些注○再舉足爲丨〔禮記祭義〕跬丨而不
敢忘孝也釋文○倍跬謂之丨〔小爾雅廣度〕○堂下謂
之丨〔爾雅釋宮〕○丨謂車緩行〔荀子正論〕丨中武象
注○野度以丨〔考工記匠人〕○六尺爲丨〔周禮小司
徒〕九夫爲井注引〔司馬法〕又〔左氏襄廿五年傳〕井衍
沃注又〔國語周語〕不過丨武尺寸之閒注又〔太元元
瑩〕天元咫丨注又〔莊子庚桑楚〕丨仍之邱陵釋文○
六尺曰丨華嚴經音義下引〔何承天纂要〕○丨猶尋
也〔後漢郅惲傳注〕○丨推也〔文選陸機演連珠注〕引
〔書大傳注〕○丨六十日餘八十七刻半也〔素問至眞
要大論〕閒氣者紀丨也注○徒鼓瑟謂之丨〔爾雅釋
樂〕○狹而長者曰丨盾丨兵所持與刀相配者也〔釋
名釋兵〕○馬丨神爲災害馬者〔周禮校人〕冬祭馬丨
注○螾就又呼丨屈〔方言十一〕螾就謂之蚇蠖注○
丨一本作干〔列子湯
問〕不盈數丨釋文
【固】丨故也〔論語子罕〕丨天縱之將聖皇疏又〔國語越
語〕道丨然乎注○丨猶故也〔禮記哀公問〕丨民是
盡注○丨丨如故〔儀禮士昏禮記〕敢丨以請注〔燕禮〕寡
君丨曰不腆注○丨如故也〔儀禮士相見禮〕丨請吾
子之就家也注敢丨辭注又〔禮記少儀〕某丨願聞名
於將命者注○丨之言如故也〔禮記投壺〕敢丨辭注

○不丨丨言吾由鄙故故也〔禮記哀公問〕寡人丨不丨
注○丨久也〔小爾雅廣詁〕又〔國語晉語〕臣丨聞之注
又〔國策魏策〕皆以太子爲非丨相也注○丨常也〔呂
覽首時〕時丨不易得注○丨猶常也〔禮記曲禮上〕求
毋丨注○丨猶當也〔國語周語〕丨有之乎注○丨堅
也〔詩天保〕亦孔之丨傳又〔左氏成十六年傳〕脩陳丨
列注又〔呂覽達鬱〕筋骨欲其丨也注又〔楚辭招魂〕弱
顏丨植注〔謬諫〕夫何執操之不丨兮注又〔文選射雉
賦〕內無丨守徐注○丨鞏也〔廣雅釋詁一〕○丨堅丨
也〔史記禮書〕彊丨之本也正義○丨堅定也〔素問五
運行大論〕其用爲丨注○丨牢丨也〔文選東京賦〕民
心丨結薛注○丨護言牢丨也〔文選蕪城賦〕觀基扃
之丨護注○丨不傾移也〔易繫辭下傳〕德之丨也注
○萬物莫足以傾之之謂丨〔荀子儒效〕○禮之中焉
能勿易謂之能丨〔荀子禮論〕○丨定也〔國語晉語〕夫
丨國者在親衆而善鄰注○丨安也〔國語周語〕久丨

則純注晉語國可以丨注○丨丨猶安也國語魯語晉
始伯而欲丨諸侯注○丨必也國策秦策王丨不能
注地大者丨多憂乎注齊策丨不求生也注又漢書
周昌傳集注又呂覽本味丨不獨注任數其說丨不
行注○丨猶必也公羊襄廿七年傳女能丨納公乎
注○丨一也國語周語而守終純丨注○丨專丨也
大戴記曾子立事注○欲專之曰丨禮記曲禮上毋
丨獲注○丨丨持也國語晉語亦丨太子以攜之注
○丨蔽也論語學而學則不丨集解引孔注○丨鄙
丨荀子脩身體倨丨而心執詐注○丨謂不達於禮
也禮記曲禮下君子謂之丨注○弗知而不問焉丨
也大戴記曾子立事○丨陋也論語述而儉則丨集
解引孔注又皇疏又廣雅釋言又漢書董仲舒傳集
注又孟子告子下丨哉高叟之為詩也注又荀子脩
身不由禮則夷丨辟違注彊國其辭賞也丨注又家
語五帝德則予之閒也丨矣注○丨猶質陋也禮記

祭義立而不詘丨也注○丨丨謂護恡也管子版法明
養生以解丨注○再辭曰丨丨書大禹謨禹拜稽首丨
辭傳又禮記曲禮上主人丨辭注○再辭而許曰丨
辭儀禮士冠禮賓禮辭許注○丨辭也孟子梁惠王
上然則小丨不可以敵大注○丨閉也漢書楊雄傳
下集注○丨謂禁丨也素問至真要大論諸厥丨泄
注○丨廢也國語魯語不識窮丨又求自邇注○丨丨
國所依阻者也國曰丨野曰險周禮夏官序官掌丨
注○丨險可依以丨者也周禮大司馬負丨不服注
○丨牢堅難攻易守也國策秦策東有肴函之丨注
○丨塞謂使邊境險丨若今之邊城也荀子議兵丨
塞不樹注○丨古文作怘一切經音義十七○論語
子罕丨天縱之將聖論衡知實作故天縱之將聖○
丨成齊公子丨字子成見左襄廿九年傳○新序船
人丨桑後漢孟嘗傳注作古桑班
固傳注作吉桑韓詩外傳作盍胥

痼 丨猶廢也後漢周章傳注

錮 丨鑄也史記張釋之馮唐傳雖丨南山集解引張
晏○丨鑄塞也史記秦始皇紀下錮而致椁集解
引徐廣○丨謂蔽塞後漢延篤傳注○丨
與固通文選求通親親表禁固明時注

素 丨朴丨也巳織則供用不復加功飾也又物不加
飾皆曰謂之丨此色然也釋名釋采帛○丨生帛
也禮記雜記下純以丨注○縞之麤者曰丨小爾雅
廣服○丨縑也後漢襄楷傳注○書縑曰丨文選文
賦唯毫丨之所擬注○丨白采也考工記畫繢之事
凡畫繢之事後丨功注○丨也者五色之質也管子
水地○太丨者質之始也大戴記本命注引易說又
白虎通天地引乾鑿度又後漢班彪傳下注○丨質
也家語論禮不能樂於禮丨注又呂覽上德虛丨以
公注又文選幽通賦皓爾太丨曹注舞賦注引韓詩

章句○丨猶質也禮記仲尼燕居不能樂於禮丨注
○丨樸也呂覽勿躬不雕其丨注又淮南本經其事
丨而不飾注○丨樸丨也文選大將軍讌會詩神道
見丨注七命羣萌反丨注○丨本也廣雅釋詁三又
素問陽明脈解皆非其丨所能也注○丨猶實也文
選謝靈運還舊園詩夫子照情丨注○無色謂之丨
管子水地丨也者五色之質也注○丨白也論語八
佾丨以為絢兮皇疏又小爾雅廣詁又淮南覽冥若
乃至於元雲之丨朝注又楚辭橘頌綠葉丨榮注○
丨沙者今之白縛也周禮內司服丨沙注○丨縛白
韋韠也儀禮士冠禮丨韠注○丨車以白土堊車也
周禮巾車丨車棼蔽注○丨水白水也楚辭哀時命
含丨水而蒙深兮注○丨柰白柰也文選蜀都賦丨
柰夏成注○丨威白虎也後漢張衡傳注○丨空也
易象下傳不丨飽也虞注又詩伐檀不丨餐兮傳又
左氏定十二年傳與其丨厲注又漢書楊惲傳集注

朱雲傳集注諸葛豐傳集注又後漢陳寵傳注謝弼傳注○窾空也廣雅釋詁三○丨者空也論衡量知○丨廣也方言十三○窾廣也廣雅釋詁二○丨博也廣雅釋詁四○丨故也小爾雅廣言又漢書高帝紀上集注○丨猶故也儀禮喪服傳飯丨食注○丨昔也文選寡婦賦注引字林又文選寡婦賦目仿佛乎平丨注○丨舊也後漢呂布傳注○丨先也後漢列女傳注○丨丨猶始也書大傳著其丨注○丨猶豫也國語吳語夫謀必丨見成事焉注○丨雅丨也文選廣絶交論斯賢達之丨交注○丨性也淮南俶眞不易者道之丨注○丨朴性也淮南俶眞而抱其太丨注○丨猶志也後漢張衡傳注○形法定爲丨儀禮士喪禮獻丨獻成亦如之注○達於禮而不達於樂謂之丨禮記仲尼燕居又家語論禮○丨也者謂其無所與雜也莊子刻意○丨履謂布衣之士易象上傳丨履之往荀注○有其道爲天下所歸而無其

爵者所謂丨王莊子天道以此處下元聖丨王之道也注○無功而食謂之丨餐孟子盡心上不丨餐兮注○哀丨言哀痛無飾也凡物無飾曰丨禮記檀弓下以生者有哀丨之心也注○丨功無瑑飾也考工記玉人璋邸射丨丨功注○丨沙赤衣也周禮內司服丨沙司農注○丨丨象瑱詩著充耳以丨乎而傳○丨華軌醆爾雅釋草○果蓏不以火化而食故曰丨食管子禁藏果蓏丨食當十石注○丨嗉也史記天官書張丨爲廚主觴客索隱○丨皆讀爲傃禮記中庸君子丨丨其位而行注○丨讀如攻城攻其所傃之傃禮記中庸丨隱行怪注○爾雅釋草丨華軌醆釋文丨又作索

具 丨俱也詩大叔于田火烈丨舉傳節南山民丨爾瞻傳又儀禮士冠禮丨饌于西塾注又文選東京賦丨醉熏熏薛注神丨醉止薛注火列丨舉薛注○丨猶俱也詩行葦莫遠丨爾箋桑柔丨禍以燼箋○丨之言俱也文選東京賦丨惟帝臣薛注○丨皆也詩楚茨神丨醉止箋○丨備也廣雅釋詁二○丨足也文選東京賦禮舉儀丨薛注○丨全也荀子正名性之丨也注○丨猶辯也儀禮士相見禮以食丨告注特牲饋食禮宗人告有司丨注○丨饌也禮記內則則佐長者視丨注○丨猶來也詩頍弁兄弟丨來箋○藪吳越之閒有丨區爾雅釋地○丨區澤名也文選吳都賦將按獵乎丨區劉注

數 黃帝爲法丨有十等謂億兆京垓壤秭溝澗正載及其用也有三謂上中下下丨十萬曰億中丨百萬曰億上丨萬萬曰億一切經音義七引算經○九丨方田粟米差分少廣商功均輸方程贏不足旁要今有重差夕桀句股也周禮保氏六曰九丨司農注○丨多少也周禮量人制其從獻脯燔之丨量注又管子版法一稱丨注○丨升縷多少禮記王制布帛精麤不中丨注○丨百十也禮記王制度量丨制注

○丨爲品式大元元掜○丨謂等差也文選安陸昭王碑文監督方部之丨注○丨紀也楚辭抽思丨惟蓀之多怒兮注○丨言之紀也國語晉語○丨理也管子法法國無常經民力必竭丨也注○丨猶理也後漢鄧騭傳注朱穆傳注又管子霸言固其丨也注○丨理丨也老子釋文○丨謂理丨也老子多言丨窮注○丨丨道丨也呂覽壅塞世之直士其寡不勝衆丨也注○丨猶禮也文選晉武帝華林園集詩不常厥丨注○丨謂五常化行之丨丨也素問六元正紀大論太過不及其丨何如注○丨勢丨也老子釋文引顧注○丨術也廣雅釋言又後漢王渙傳注又荀子勸學其丨則始乎誦經注又莊子天道有丨存焉釋文引李注又列子黃帝善游者丨能釋文又呂覽決勝知先後遠近縱舍之丨注察賢任其丨而已矣注又淮南原道貴其周於丨丨注主術必不可之丨也注氾論則失賢之丨也注○丨技也孟子告子上今夫

奕之爲丨注○丨筮也史記日者傳試之卜丨索隱引劉氏○丨麻丨也文選江文通雜體劉太尉詩治亂惟冥丨注運命論各以丨至注○丨或爲時禮記問喪哭泣無丨注○丨音術丨之丨史記扁鵲倉公傳問善爲方丨者索隱

怒 丨氣爲清而當秋春秋繁露陽尊陰卑○丨秋之荅也春秋繁露爲人者天○丨者陰氣淮南原道人大丨破陰注○丨者動也鬼谷子摩○丨者妄動而不治也鬼谷子權○丨者逆德也淮南道應○丨直聲也素問五運行大論其志爲丨注○丨譴責也禮記內則而后丨之注○丨責也廣雅釋詁一○丨遷丨齊人語也公羊莊四年傳此非丨與注○怏怏而亡者丨也荀子榮辱○丨馬謂馬之肥壯其氣憤丨也後漢第五倫傳注○丨讀如強弩之弩呂覽至忠非丨王則疾不可治注○丨當言帑漢書天文志正集注引李奇○莊子人間世夫傳兩喜兩丨之言釋文丨本作怒

務 丨事也易繫辭上傳故能成天下之丨虞注又淮南脩務名可丨立注○丨猶事呂覽音律以多爲丨注義賞一時之丨也注察今則無過丨矣注○丨無二太元元錯○丨則熹太元元衝○丨猶向也慕也論語學而君子丨本皇疏○丨勢也淮南人閒無以立丨於天下注○丨強也爾雅釋詁○丨勉也公羊定二年傳不丨于公室也注又呂覽士節不可不丨求此人也注聽言不可不丨也注○丨勉強也荀子富國傳然要時丨民注○丨猶求也呂覽孝行謂丨其人也注○丨成呂覽古樂樂乃可丨注○丨附親也國策中山策必爲趙駿其王而丨附焉注○丨侮也詩常棣外禦其丨箋又爾雅釋言○丨讀爲冒荀子哀公古之王者有丨而拘領者矣注○丨一作豫史記酈生陸賈傳士丨附集解引徐廣○詩常棣外禦其丨國語周語作外禦其侮○左氏襄十一年傳公叔丨人禮記檀弓作禺人○莊子大宗師丨光外物讓王作瞀荀子成相作牟光○魯公子丨人字公爲見左昭卄二年傳

霧 丨冒也氣蒙亂覆冒物也釋名釋天○地氣發天不應曰丨爾雅釋天○地氣發泄天氣不應曰丨楚辭大招丨雨淫淫注○丨者氣不釋鬱冥冥者也書洪範曰蒙鄭注○丨謂之晦爾雅釋天○亂而爲丨古微書引春秋元命包○亂則丨大戴記曾子天圓○丨者雲之類素問四氣調神大論雲丨不精注○丨塞言昏昧也後漢光武帝紀下注○微丨天之微氣也淮南原道游微丨注○丨露謂疾病也後漢皇后紀注

鶩 丨鳧也廣雅釋鳥○丨鳴也素問至眞要大論下爲丨溏注氣交變大論病丨溏注○丨疾也淮南主術魚得水而丨注

騖 丨馳也淮南原道丨怳忽注又楚辭招魂抑丨若通兮注又文選東京賦誼方激而遐丨薛注○丨猶馳也穆天子傳四天子西征丨行注○丨謂馳丨素問大奇論肝脉丨暴注○丨亂馳也華嚴經音義上引漢書音義又漢書薛宣朱博傳音義○亂馳曰丨漢書王褒傳集注東方朔傳集注又漢書光武帝紀上注○丨犇也廣雅釋室○丨疾也文選射雉賦咸乘危以馳丨徐注○丨強也爾雅釋詁○莊子外物丨揚而奮鬐釋文丨本作鶩

附 丨麗也周禮大司徒其丨于刑者歸于士注○丨著也詩角弓如塗塗丨傳又考工記輪人是故塗不丨注○丨箸也漢書董仲舒傳集注○丨猶著也周禮小司寇丨于刑注丨刑罰注○丨依也廣雅釋

詁四又漢書匡衡傳集注○丨因也小爾雅廣詁○
丨近也廣雅釋詁三又小爾雅廣詁又淮南說林丨
耳之言聞於千里注○丨益也廣雅釋詁二又孟子
盡心上丨之以韓魏之家注○丨增益也荀子禮論
刻死而丨生謂之墨刻生而丨死謂之惑注○丨從
淮南主術百姓丨注○丨隨也國語周語而丨之以
今名注○丨親也後漢仲長統傳注○丨謂今之親
丨也文選難蜀父老今割齊民以丨夷狄注○丨施
刑也禮記王制丨從輕注○兌爲丨決易說卦傳○
小城曰丨庸禮記王制不合於天子丨於諸侯曰丨
庸注○丨郭近郭也呂覽貴直丨郭自將兵注○丨
木桴也詩角弓如塗塗丨箋○丨木皮也史記惠景
閒侯者年表諸侯子弟若肺腑索隱○柹曰丨太元
親肺丨乾餱注○丨支蓪草也廣雅釋草○故書丨
作付周禮小司寇丨刑罰注丨于刑注○故書丨爲
祔杜子春云當爲丨周禮司市其丨于刑者歸于士

司農注○丨讀皆爲祔禮記雜記大夫丨於士注○
丨皆當作祔禮記雜記猶是丨於王父也注○丨皆
當爲祔禮記雜記朋友虞丨而退注○
禮記曾子問殤不丨祭釋文丨本作祔
兔 丨曰明視禮記曲禮下又獨斷上○昔者齊有良
丨曰東郭㕙蓋一旦而走五百里新序雜事五○
士腊用兔儀禮旣夕魚腊鮮獸注○丨北丨絲也廣
雅釋草○丨頭瓜屬也同上○丨亦作菟史記六國
年表丨臺索隱○周易略例所以得丨釋文丨本作
菟爾雅釋器丨罟謂之罝釋文丨本作菟釋獸丨子
㝹釋文丨本作菟○詩瓠葉有
丨斯首後漢書注作有菟斯首
故 丨古也楚辭招魂反丨居些注○丨舊也國策秦
策寡人與子丨也注又楚辭招魂樂先丨些注○
丨猶舊也左氏昭十二年傳曼成然丨事蔡公注○
丨者舊也孟子梁惠王下所謂丨國者注○丨猶素

也列子黃帝而安于於陵丨也注○丨猶先也穀梁
襄九年傳丨宋也注○丨今也爾雅釋詁○丨事也
左氏昭廿五年傳昭伯問家丨注又公羊昭卅一年
傳習乎邾婁之丨注又廣雅釋詁三又國語周語丑
無丨而料民注是何丨注抑人丨也注晉語諸侯之
丨求治之注又史記張丞相傳其心冀幸丞相物丨
也集解引高堂隆吳王濞傳以僇辱之爲丨集解引
漢書音義何奴傳士卒物丨索隱引高堂崇又漢書
吳王濞傳集注引孟康又後漢馬廖傳注牟長傳注
又荀子解蔽身盡其丨則美注正名夫民易一以道
而不可與共丨注成相美豈獨無丨注又列子周穆
王一曰丨注又管子侈靡使君親之察同索屬丨也
注又呂覽本生以全天爲丨注音律以亟以丨注審
己凡物之然也必有丨注不侵我將告子其丨注○
丨事丨也易繫辭下傳又明於憂患與丨注○丨丨
事也國語周語太誓丨曰注魯語非丨也注○丨事

變也荀子王霸不敬舊法而好詐丨注○丨者申事
之辭也周髀算經上丨折矩注○丨法呂覽知度非
晉國之丨注○丨猶本也荀子性惡凡禮義者是生
於聖人之僞非丨生於人之性也注○丨意也淮南
氾論勤問其丨注○丨猶意也國語楚語夫其有丨
注○丨猶難也國語鄭語王室多難注○丨所得而
後成也墨子經上○丨人知舊也呂覽遇合舍丨人
之家注○丨謂舊知也周禮小司寇二曰議丨之辟
注又後漢應劭傳注○丨謂恩舊管子禁藏丨丨貴易
其法注○敬丨不慢舊也周禮大宰二曰敬丨丨注○
丨詐淮南主術是以上多丨則下多詐注○丨凡非
常也周禮宮正國有丨則令宿注○丨謂凶裁周禮
大宗伯國有大丨注○漢以來謂死爲物丨言其諸
物皆就朽丨也釋名釋喪制○丨殺也穀梁文十八
年傳子卒不日丨也注○丨謂弑也穀梁桓元年傳
繼丨注○丨舊典左氏定十年傳齊魯之丨注○丨

記古書也呂覽至忠嘗讀｜記注○｜粟陳也管子五行發｜粟以田數注○｜古文作詁一切經音義廿二○詩周南故訓傳釋文｜本作詁○國語周語上而咨於｜實史記魯周公世家引作固

顧 回首曰｜詩匪風｜瞻周道箋○｜迴頭也論語鄉黨不內｜皇疏○｜旋視也詩蓼莪｜我復我箋又後漢梁竦傳注張奐傳注○｜視也文選日出東南隅行詩注引蒼頡又呂覽愼勢行者不｜注協而稷遂不｜注又離騷瞻前而｜後兮注○｜由視念也書多方開厥｜天鄭注○｜｜謂常目在之書太甲上先王｜諟天之明命傳○｜｜猶視也念也詩正月屢｜爾僕箋○｜念也禮記大學太甲曰｜諟天之明命注又國策齊策而不｜萬乘之利注又史記五帝紀｜第弗深考正義齊悼惠王世家｜而父知田耳索隱又漢書宣帝紀集注郊祀志上集注韓信傳集注二見季布傳集注齊悼惠王肥傳集注張良傳集注陳平傳集注二見王陵傳集注蒯通傳集注鼂錯傳集注霍去病傳集注王尊傳集注匡衡傳集注楊雄傳贊集注申公傳集注陳遵傳集注匈奴傳上集注敘傳下集注引劉德又後漢費長房傳注○｜｜猶念也詩那｜予烝嘗箋又後漢王昌傳注○｜反也國策秦策｜爭於戎狄注又史記燕召公世家｜爲臣索隱楚世家｜據午道又擊趙｜病索隱絳侯周勃世家｜得侯索隱引淮南許注刺客傳｜不易邪索隱又漢書周勃傳集注賈誼傳集注楊雄傳上集注楊雄傳下集注嚴延年傳集注又後漢班彪傳上注南匈奴傳注又呂覽審分白之｜益黑注離謂子以死爲｜注又淮南說山或斷臂而｜活注說林肥其體而｜近其死注○｜猶反也漢書高帝紀集注劉向傳集注蕭何傳集注樊噲傳集注賈誼傳集注王褒傳集注霍光傳集注○｜旋也文選鍾山詩注引蒼頡○｜還也穆天子傳五吾｜見汝注○

｜嚮也廣雅釋詁四○｜眷也文選東京賦神歆馨而｜德薛注○｜問也國語晉語吾朝夕｜焉注○｜猶倒也漢書周勃傳集注○｜雠也漢書鼂錯傳集注○｜猶及也後漢馮衍傳注○｜指者謂指麾｜盼而治也莊子天地手撓｜指釋文引向注○臨死遺書曰｜命禮記緇衣葉公之｜命注○臨終之命曰｜命書顧命序作｜命釋文又後漢陰興傳注張酺傳注○｜昆吾皆己姓也詩長發韋｜既伐箋○莊子天地手撓｜指釋文｜本作頤○詩長發韋｜既伐漢書古今人表作韋鼓

雇 ｜猶酬也後漢桓帝紀注○｜謂酬其價也後漢張讓傳注○｜賞報也後漢南匈奴傳注○令甲女子犯徒遣歸家每月出錢｜人於山伐木名曰｜山後漢光武紀上注下告上爲｜漢書叔孫通傳集注引蘇林○下傳

句 語告上爲｜史記劉敬叔孫通傳臚｜傳索隱引蘇林○｜謂著燭處管子弟子職居｜如矩注○｜讀爲章｜之｜漢書王子侯表上集注○｜音章｜之｜漢書文帝紀集注

墓 ｜慕也孝子思慕之處也釋名釋喪制○｜冢塋之地孝子所思慕之處周禮春官序官｜大夫注○｜猶慕也方言十三注○｜冢也廣雅釋邱○凡葬而無墳謂之｜方言十三○｜塋域禮記曲禮上適｜不登壟注○｜謂塋域後漢謝夷吾傳注○｜謂兆域今之封塋也禮記檀弓上古也｜而不墳注○｜土也論衡譏日○｜葬也國策秦策因以宜陽之郭爲｜注

暮 古作莫○｜夜也廣雅釋詁四又楚辭靈懷｜去次而敢止注○莫夜也洪範五行傳星辰莫同注○大莫猶長夜也文選歎逝賦寤大莫之同寐注○｜晚也文選張景陽詠史詩注引韓詩章句又呂覽

謨聽學德未丨注又素問離合眞邪論不知日丨注
著至教論俔俔日丨注○莫晚也詩東方未明不夙
則莫傳采薇歲亦莫止箋抑誰夙知而莫成傳臣工
維莫之春箋○丨者晚也論衡明雩○莫夕也禮記
文王世子及莫又至注○旦丨朝夕也國策齊策旦
丨進食注○莫闇貌也文選七發烟雲闇莫注○丨
死也莊子至樂若果養乎釋文引司馬注○丨末也
楚辭哀歲莎忽忽兮惟丨注○莫菜也詩汾沮洳言
采其莫傳○莫讀曰丨漢書南粤王傳集注外戚傳
下集注○論語先進莫春者論衡明雩作丨春者

慕 丨思也孟子離婁上巨室之所丨注又呂覽任地
旣往而丨之注又楚辭懷沙邈不可丨兮注○丨
有所思淮南原道怵然若有所誘丨注○丨思丨也
孟子萬章上人少則丨父母注○丨者以其親之在
前禮記問喪其往送也如丨注○
丨貪淮南原道誘丨於名位注

募 丨求也廣雅釋詁三○丨問求也一切經音義十
引蒼頡○丨招也荀子王制案謹丨選閱材伎之
士注○丨選謂以財召之而選擇可者荀子議兵招
延丨選注○胸腹曰丨素問奇病論治之以膽丨俞
注○丨水名也音千伯之伯呂覽
離俗務光負石而況於丨水注

注 丨猶瀉也儀禮有司徹二手執挑匕枋以挹湆丨
于疏匕注○丨雨久下也素問五運行大論其變
動丨注○丨流水深貌文選吳都賦振盪丨流劉注
○丨引也漢書溝洫志集注○丨屬也國策秦策一
舉衆而丨地於楚注○丨猶屬也文選魯靈光殿賦
上崎巇而重丨注○註識也廣雅釋詁二○記物曰
註一切經音義七引通俗文○丨屬矢於弦左氏襄
廿三年傳又丨注○丨纊即屬纊也荀子禮論紸纊
聽息之時注○丨謂附著藥周禮瘍醫掌腫瘍潰瘍
金瘍折瘍之祝藥劀殺之齊注○丨病一人死一人

復得氣相灌丨也釋名釋疾病○高山冠齊冠也一
日側丨獨斷下○丨傅矢左氏昭廿一年傳將丨豹
則關矣注○所以丨斛自關而西謂之丨箕方言五
○丨咮也史記律書西至於丨索隱○丨鳴精列屬
考工記梓人以丨鳴者注○丨與咮同朱鳥
口星也公羊莊七年傳注狼丨之宿釋文

註 通作注○注擊也莊子達生以瓦注者巧釋文引
李注○注用也老子百姓皆注其耳目注○注媒
也廣雅釋言○丨疏也同上○丨解也一切經音義
六引字林○注錯猶措置也荀子儒效注錯習俗注
○注錯謂所注意錯履也荀子榮辱則
君子注錯之當而小人注錯之過也注

澍 丨時雨也一切經音義七引三蒼○雨所以丨生
萬物故曰丨後漢鍾離意傳注○丨與注古字通
文選洞簫賦聲
礚礚而丨淵注

駐 丨住也文選東征賦注引蒼頡○丨止也一切經
音義八引蒼頡○丨株也如株木不動也釋名釋
姿容○丨駕停車處也後漢靈帝紀注○丨
古文作住封佉逗四形一切經音義十七

胙 丨祭肉也左氏僖九年傳王使宰孔賜齊侯丨注
又爾雅釋天夏曰復丨釋文又國語齊語天子使
宰孔致丨於桓公注又管子小問祝鳧已疵獻丨注
○丨祭廟肉也後漢鄧彪傳注○丨餘肉也後漢班
彪傳上注○丨祭之酒肉左氏僖四年傳歸丨於公
注○丨賜祭肉也國語晉語命公丨侑注○主人飲
食之俎皆爲丨俎周禮
膳夫則徹王之丨俎注

祚 一作胙○丨福也爾雅釋天夏曰復丨釋文又文
選陳情表注引字書又後漢襄楷傳注○胙福也
國語周語永錫胙允注天地所胙注○丨祿也一切
經音義一引國語賈注○胙祿也國語周語胙以天

下注○丨報也文選東京賦丨靈主以元吉薛注○胙報也左氏隱八年傳胙之土而命之氏釋文○胙賜也又位也國語齊語反胙於絳注○胙主注言重黎則天曷不胙注○寶丨猶寶命也文選恩倖傳論寶丨夙傾注○詩既醉永錫胙允釋文胙本作丨左氏昭十一年傳非胙之也釋文胙木作丨

阼 丨猶酢也東階所以荅酢賓客也儀禮士冠禮立于丨階下注○丨階也家語問玉目巧之室則有奧丨注○丨東階晉書音義上○丨階東階儀禮鄉射禮席主人於丨階上注○丨主人階也史記孝文紀皇帝即丨正義○丨階者主之階也賈子禮○丨主也廣雅釋詁三○丨組丨主人之組儀禮特牲饋食禮祝命徹丨組注○丨組主人組儀禮有司徹丨組注○丨或爲堂禮記坊記大斂於丨注○胙與丨同荀子哀公登自胙階注○曹騰碑陰踐胙之初丨作胙○祝睦碑踐距州郡丨作跙

裕 丨饒也詩角弓綽綽有丨傳又國語魯語而神求優丨於享者也注吳語丨其衆庶注又漢書禮樂志集注賈誼傳集注王褒傳集注揚雄傳上集注又淮南齊俗爲寬丨者注○丨謂優饒也荀子富國節用丨民注○丨寬也易蠱釋文引馬注又廣雅釋詁三又國語周語叔父若能光丨大德注又孟子公孫丑下豈不綽綽然有餘丨哉注○丨容也廣雅釋詁四○丨足也廣雅釋言又法言孝至天地丨於萬物注○丨開也廣雅釋詁三○丨緩也國語周語布施優丨也注○丨道也廣雅釋詁三○丨道也東齊曰丨方言三○包衆容易謂之丨賈子道術○坤弱爲丨易晉罔孚丨虞注○丨不能爭也易蠱丨父之蠱虞注○丨古文作衮一切經音義四○書盤庚裕汝衆白虎通號作丨汝衆

悟 丨心解也文選遊西池詩注引聲類○丨猶了達也素問八正神明論慧然獨丨注○丨曉也後漢

張酺傳注○丨與晤同古字通文選泛湖歸出樓中翫月詩語言不知罷注

寤 丨覺也詩關雎丨寐求之傳考槃獨寐丨言箋澤陂丨寐無爲箋下泉愾我丨嘆箋又周禮秋官序官司丨氏注又小爾雅廣言又漢書郊祀志上集注韋賢傳集注又後漢質帝紀注又呂覽離俗惕然而丨注又淮南要略欲一言而丨注又離騷哲王又不丨兮注河伯惟極浦兮懷丨注思美人文君丨而追求注又文選歎逝賦丨大莫之同寐注登徒子好色賦丨春風兮發鮮榮注○自丨自覺丨也文選東京賦孟亦覽東京之事以自丨乎薛注○覺而有言曰丨一切經音義二引蒼頡○丨忤也能與物相接忤也釋名釋姿容○丨猶曉也後漢班彪傳上注○楚人呼寤曰寤玉篇引蒼頡○詩柏舟丨辟有摽說文日部作晤辟有摽○魯季丨字子言見左昭卅三年傳

晤 丨明也廣雅釋詁四○丨猶對也詩東門之池可與丨歌傳○詩東門之池可與丨言列女傳二作可與寤言

住 丨或作往列子楊朱曰百丨釋文

戍 丨守也詩揚之水不與我丨申傳又左氏莊八年傳齊侯使連稱管至父丨葵邱注莊十三年傳齊人滅遂而丨之注僖十三年傳諸侯丨周注又廣雅釋詁三又國策西周策今王許丨三萬人與溫囿注齊策以丨梁絳安邑注又史記周本紀言丨周正義秦始皇紀以適遣丨正義○以兵守之曰丨公羊莊十七年傳衆殺丨者也注○丨舍也詩揚之水釋文引韓詩○丨遏也爾雅釋言○丨名也管子地數武王立重泉之丨注

庫丨舍也廣雅釋室○丨舍也物所在之舍也故齊魯謂丨曰舍也釋名釋宮室○丨物所藏禮記檀弓下管丨之士注○丨者所以藏寶物管子七律衡丨者天子之禮也注○丨謂車馬兵甲之處也禮記曲禮下在丨言丨注○車馬器械所居曰丨也文選東京賦據其府丨薛注○丨兵府也淮南時則七月官丨注○丨或爲廄禮記郊特牲獻命丨門之內注

護丨助也廣雅釋詁二○丨者救也古微書引春秋元命苞○丨愼守也素問離合眞邪論適而自丨注○丨謂總領之也史記樂毅傳并丨索隱

頀周禮作濩○丨護也廣雅釋詁四○丨者救也春秋繁露楚莊王○大濩湯樂也湯以寬治民而除其邪言其德能使天下得其所也周禮大司樂舞雲門大卷大咸大磬大夏大濩大武注○濩湯樂也後

漢班彪傳下注○濩殷樂也文選典引護有慙德蔡注○殷曰大濩獨斷上○周禮大司徒大濩大武釋文丨本作護○禮記禮器注而作護武釋文丨本作濩

濩丨言救民也風俗通聲音○丨淪也詩葛覃是刈是丨釋文引韓詩○丨汚也廣雅釋詁三○丨渃大貌也楚辭疾世望江漢兮丨渃注○丨澤今平陽丨澤縣是也穆天子傳五休于丨澤注○丨音尺蠖之蠖山海經北山經丨丨之水注

屨丨履也書大傳中刑雜丨注又儀禮喪服傳菅丨者釋文又廣雅釋器○丨爲屐說苑反質○丨屨也自關而西謂之丨方言四○履麤者謂之丨同上○履亦曰丨丨拘也所以拘足也釋名釋衣服○複下曰舃禪下曰丨古人言丨以通○複今世言丨以通於禪俗易語反與周禮屨人掌王及后之服丨注○單下曰丨禮記曲禮戶外有二丨釋文○夏葛丨冬白丨皆繶緇純組綦繫于踵儀禮士喪禮○菅丨者菅菲也儀禮喪服傳○疏丨者藨蒯之菲也同上○繩丨者繩菲也同上○丨屝丨也孟子盡心下有業丨於牖上注○鞮丨四夷舞者所屝也今時倡蹋鼓沓行者自有屝周禮春官序官鞮鞻氏注○丨謂踐履之也文選羽獵賦丨般首注○丨履蹈之也史記季布欒布傳身丨典軍集解引孟康○丨貫也易噬嗑丨校滅趾虞注○丨數也禮記樂記臨事而丨斷注○丨一作屨列子黃帝提丨徒跣而走釋文○禮記玉藻乃丨進飲釋文丨本作屨○莊子德充符注去生如脫丨釋文丨本作屨

訴說文作愬○丨告也廣雅釋詁三○愬告國策齊策必東愬於齊注○如其事曰丨公羊莊元年傳夫人譖公于齊侯注又後漢齊武王縯傳注○靡丨言無所告丨也文選寡婦賦殷憂結而靡丨注○丨

譖也左氏成十六年傳丨公於晉侯注○愬譖也論語憲問公伯寮愬子路於季孫集解引馬注又皇疏○愬猶譖也後漢馮衍傳注○丨諻也廣雅釋詁二○愬者相丨訟讒也論語顏淵膚受之愬皇疏○愬與丨同文選王仲宣公讌詩但愬杯行遲注○愬亦丨字文選寡婦賦愬空宇兮曠朗注

蠹丨木中虫也穿食人器物者也一切經音義十三引字林○丨物穿食人器物者丨魚亦是也周禮翦氏掌除丨物注○丨蝎木中之蟲也呂覽達鬱樹鬱則爲丨注○丨食木蟲後漢皇后紀注○丨害物之蟲左氏襄廿七年傳財用之丨注○蟦蠐秦晉之間謂之丨方言十一○丨蟲敗也左氏襄卅一年傳而朽丨以重敝邑之罪釋文○丨壞也公羊宣十二年傳皮不丨注○丨害也國策秦策則是一舉而壞韓丨魏注秦策有漢中丨注○故書丨爲橐周禮翦氏掌除丨物注

妒 一作妬○害色爲妒〔離騷〕各興心而嫉妒注○以色曰妒〔詩關雎箋〕不嫉妒釋文○隱良者謂之妒〔荀子大略〕○丨忌也〔後漢張衡傳注〕○丨嫿也〔廣雅釋言〕○乳癰曰妒妒褚也氣積褚不通至腫潰也〔釋名釋疾病〕○作妬字誤而爲妬〔顏氏家訓書證〕

懼 丨驚也〔後漢申屠剛傳注〕○丨病也丨驚也〔方言十三〕○故有知非以慮是則謂之丨〔荀子解蔽〕○〔莊子天運〕吾始聞之丨釋文丨本作戄〔庚桑南榮趎丨然顧其後釋文丨本作懼

趨 丨趨也〔詩棫樸〕左右丨之傳○丨行也〔列子湯問〕汝先觀吾丨注○丨向也〔漢書王吉傳集注〕〔朱家傳集注〕〔匈奴傳上集注〕〔西南夷傳集注〕又〔後漢岑彭傳注〕又〔文選西京賦〕失歸忘趨薛注〔長笛賦〕馳丨期而赴蹟注〔謝惠連西陵遇風詩〕丨途遠有期注○丨嚮也〔漢書禮樂志集注〕〔司馬遷傳集注〕〔蕭望之傳集注〕〔龔遂傳集注〕○丨及也〔漢書食貨志上集注〕○丨

意也〔文選東京賦〕動中得丨薛注〔琴賦序〕覽其旨丨注○丨亦歸也〔淮南原道〕秉其要歸之丨注○丨遽也〔廣雅釋詁一〕○丨急也讀曰促〔後漢光武帝紀上注〕〔張升傳注〕○丨讀曰促〔漢書高帝紀下集注〕〔成帝紀集注〕〔陳勝傳集注〕〔項籍傳集注〕〔陳餘傳集注〕〔田儋傳集注〕〔欒布傳集注〕〔齊悼惠王肥傳集注〕〔曹參傳集注〕〔張良傳集注〕二見〔陳平傳集注〕〔周勃傳集注〕二見〔夏侯嬰傳集注〕〔周昌傳集注〕〔李陵傳集注〕〔霍光傳集注〕〔陳湯傳集注〕〔疏廣傳集注〕〔于定國傳集注〕〔京房傳集注〕〔王尊傳集注〕〔孫寶傳集注〕〔蕭望之傳集注〕〔薛宣傳集注〕〔朱博傳集注〕〔淳于長傳集注〕〔西域傳下集注〕〔王莽傳中集注〕三見〔王莽傳下集注〕二見○丨讀爲促〔管子國蓄〕則君雖彊本丨耕注○〔詩十月之交箋〕令我不得丨農釋文丨本作趨〔周禮縣正〕丨其稼事釋文丨本作趨〔禮記月令〕丨民收斂釋文丨本作趨〔莊子外物〕丨灌瀆釋文丨本作趨○〔莊子齊物論〕丨舍不同釋文丨本作取○〔詩棫樸〕左右丨之〔賈子連語〕作左右趨之

娶 丨者取也〔白虎通嫁娶〕○〔易姤〕勿用丨女釋文丨本作取〔左氏襄廿六年傳〕椒舉丨于申公子牟釋文丨本作取〔論語述而〕君丨于吳釋文丨本作取○〔詩南山〕取妻如之何〔孟子萬章上〕作丨妻如之何

鑄 丨冶也〔國語齊語〕美金以丨劍戟注○丨國名〔呂覽愼大〕封黃帝之後於丨注○丨讀如唾祝之祝也〔淮南俶眞〕今夫冶工之丨器注○齊公子丨字子工見〔左氏昭八年傳〕

袴 一作絝○襗謂之袴〔廣雅釋器〕○袴齊魯之間謂之𧝝或謂之襱關西謂之袴〔方言四〕○丨跨也兩股各跨別也〔釋名釋衣服〕○丨謂絝絡之也〔上林賦〕丨白虎郭注○丨古袴字〔漢書司馬相如傳上集注〕

〔禹貢傳集注〕〔外戚傳上集注〕〔外戚傳下集注〕

傳 丨敷也〔廣雅釋言〕○丨猶敷也〔大戴記保傅傳注〕○丨著也〔史記項羽紀〕丨海正義又〔漢書高帝紀上集注〕〔東方朔傳集注〕〔韓延壽傳集注〕引晉灼〔外戚傳下集注〕引應劭又〔後漢耿純傳注〕又〔淮南原道〕丨旄象注○丨著也〔國語晉語〕末丨而鼓降注○丨猶著也〔漢書王莽傳上集注〕○丨覆也〔漢書百官公卿表上集注〕引應劭○丨近也〔考工記廬人〕重欲丨人注又〔小爾雅廣詁〕○丨猶戾也〔詩卷阿〕亦丨于天箋○丨至也〔詩菀柳〕亦丨于天箋○丨輔也〔漢書賈誼傳集注〕○丨相也〔左氏僖廿八年傳〕鄭伯丨王注又〔廣雅釋言〕又〔漢書百官公卿表上集注〕又〔淮南主術〕是故心知規而師丨諭導注○丨領也〔史記衛將軍驃騎傳〕丨校獲王索隱引顏秘監○丨守也〔淮南兵略〕丨堞而守注○丨治也〔廣雅釋詁三〕○丨丨其德義

大戴記保傅〇丨丨之德義賈子保傅〇丨師丨轂梁隱元年傳爻猶丨也注〇丨丨相天子書周官太丨傳〇丨御者貳王治事謂冢宰也詩崧高王命丨御箋〇中丨官名也後漢孝王慶傳注〇丨謂丨母後漢章德竇皇后紀注〇丨謂丨婢漢書王商傳集注〇丨別中別手書也周禮士師正之以丨別約劑注〇丨別謂券書也聽訟責者以券書決之丨丨著約束於文書別別爲兩兩家各得一也周禮小宰四日聽稱責以丨別司農注〇丨別質劑皆今之券書也事異異其名耳周禮小宰注〇丨別謂爲大手書於一札中字別之同上〇丨橫目爾雅釋草〇丨負版爾雅釋蟲〇丨沐者以沐相脊也莊子天運魚丨沐釋文引司馬注〇丨別故書作丨辨鄭大夫讀爲符別杜子春讀爲丨別周禮小宰司農注〇丨當作傳書亦或爲傳周禮訓方氏誦四方之傳道杜注〇丨讀爲敷荀子成相禹丨土平天下注〇丨讀曰附

漢書高帝紀下集注景帝紀集注刑法志集注二見五行志上集注二見韓王信傳集注息夫躬傳集注梁懷王揖傳集注衛青傳集注董仲舒傳集注張湯傳集注東方朔傳集注平當傳集注張敞傳集注王尊傳集注匡衡傳集注王商史丹傳喜傳贊集注翟義傳集注師丹傳集注匈奴傳上集注外戚傳下集注王莽傳上集注又後漢清河孝王慶傳注〇寵丨又爲龍敷大戴記衛將軍文子何天之寵丨奏其勇注〇丨或爲符周禮士師正之以丨別約劑司農注〇詩長發丨奏其勇釋文丨本作敷〇莊子天運魚丨沐釋文丨本作傳莊子山木隨其曲丨釋文丨本作傳〇左氏莊十四年傳丨瑕史記鄭世家作甫瑕

付 丨寻也廣雅釋詁三〇丨當爲祔周禮大祝丨練祥司農注〇丨字當爲拊書亦或爲拊周禮大師擊拊司農注

諭 同喻〇丨曉也廣雅釋言又漢書淮陽憲王欽傳集注霍光傳集注〇喻曉也論語里仁君子喻於義皇疏又荀子正名單足以喻則單單不足以喻則兼注又華嚴經音義下引漢書音義又漢書王莽傳上集注又文選長笛賦寫神喻意注〇喻猶曉也禮記文王世子而衆安得不喻焉注又論語里仁君子喻於義集解引孔注〇丨告也廣雅釋詁三又漢書鼂錯傳集注司馬相如傳下集注又後漢班彪傳下注〇喻告也後漢班彪傳下注〇丨告曉也周禮掌交以丨九稅之利注〇丨導也淮南脩務此教訓之所丨也注〇丨諫也廣雅釋詁四〇喻諫也華嚴經音義下引蒼頡〇丨譬也漢書賈誼傳集注〇喻譬諫也一切經音義六引蒼頡〇丨明呂覽不侵必謹丨寡人之意也注又淮南主術所以丨哀也注〇喻明也呂覽正名足以喻治之所悖注又淮南脩務喻於道者不可動以奇注〇丨猶行呂覽論威而威已

丨矣注〇喻快也莊子齊物論自喻適志也釋文引李注〇喻喻喜也廣雅釋訓〇喻古文作丨一切經音義二〇禮記文王世子教之以事而喻諸德者也周禮師氏注作教之以事而丨諸德者也

嫗 體曰丨禮記樂記煦丨覆育萬物注〇丨色也方言十三〇丨煦好色貌方言十三注〇丨嫗猶傴僂也後漢趙壹傳注〇詩巷伯傳丨不逮門之女釋文丨本作煦

芋 丨大葉著根之菜見之驚人故曰丨大者謂之蹲鴟甚可食也一切經音義四引聲類〇蹲鴟郎丨也水經江水注〇水丨烏丨也廣雅釋草〇齊人或名全菹爲丨儀禮士喪禮其實葵菹丨注

捕 丨搏也廣雅釋言〇丨取也廣雅釋詁一〇丨猶索也周髀算經上丨影而視之注〇公羊桓四年傳注因以丨禽獸釋文丨本作搏莊子秋水丨鼠不如狸狌釋文丨本作搏

哺 ｜口中嚼食也一切經音義一引淮南許注○｜彭傳注馬援傳注○｜飤也漢書賈誼傳集注○｜食也後漢岑食之也後漢趙孝傳注○小兒氣結曰｜｜露也｜而寒露乳食不消生此疾也釋名釋疾病

汙 ｜濁也荀子彊國其聲樂不流｜注○｜穢也一切經音義二引字林○｜穢行也荀子正論流淫｜慢注性惡所見者｜漫淫邪注○｜漫謂穢｜不脩潔也荀子彊國｜漫爭奪貪利是也注○｜於故反又紆莝反一切經音義七引字林○｜一故反左傳成二年釋文引字林

啎 本作牾通作迕○｜逆也史記老莊申韓傳大忠無所拂悟言無所擊排正義又漢書東方朔傳集注金日磾傳集注又後漢孔融傳注又淮南主術故智者先｜而後合注○牾逆也漢書嚴延年傳集注

王莽傳上集注又呂覽明理長短頡牾百疾注○迕逆也漢書廣川惠王越傳集注王商傳集注王嘉傳集注○牾逆也文選高唐賦陬互橫牾注○｜者逆也史記刺客傳不敢｜視索隱○｜猶逆也漢書劉向傳集注○迕逆不遇也一切經音義八引聲類○迕猶遇也後漢陳蕃傳注○｜錯也春秋元命苞陰陽散｜注○迕觸也文選幽通賦上聖迕而後拔兮曹注○｜違也漢書外戚傳下集注○迕違也禮記哀公問午其衆以伐有道釋文引王肅○迕背管子君臣上國家有悖逆反迕之行注○迕橫也小爾雅廣言○牾裂也廣雅釋詁二○｜古文作牾遻迕三形一切經音義四○周易繫辭注衆之所不迕釋文迕本作｜

厝 ｜置也漢書賈誼傳集注又後漢梁統傳注又文選寡婦賦將遷神而安｜注○｜者置也史記扁鵲倉公傳使人瘖索隱○｜謂置之不用後漢崔駰傳注○｜乎故反詩鶴鳴釋文引字林○孝經而安｜之釋文｜本作措莊子逍遙游注又何｜心乎其閒哉釋文｜本作措應帝王注莫得｜其閒也釋文｜本作措

措 ｜置也禮記禮器｜則正注又禮記曲禮｜之廟弗能弗｜也釋文又一切經音義十五引蒼頡又小爾雅廣言又國語鄭語而妖試幸｜注又漢書文帝紀集注引應劭宣帝紀集注又後漢荀彧傳注獨行傳注又呂覽孟春｜之參于保介之御閒注又淮南說山物莫｜其所修而用其所短也注○措置也廣雅釋詁四○｜猶置立也論語子路則民無所｜手足皇疏○｜猶設也太元元攡攡｜陰陽而發氣注○｜交雜也史記燕召公世家內｜齊晉索隱○｜

刺也淮南繆稱猨狖之捷來｜注○｜猶頓也考工記梓人則必如將廢｜注○時｜言得其時而用也禮記中庸故時｜之宜也注○故書｜作厝杜子春云當為｜考工記梓人則必如將廢｜注○｜置字借昔為筈耳漢書文三王傳集注晉灼引許愼○禮記祭義舉而｜之釋文｜本作錯

錯 鋁謂之｜廣雅釋器○｜置也易繫辭上傳苟｜諸地而可矣虞注又論語為政舉直｜諸枉集解引包注又皇疏又爾雅釋天｜革鳥曰旟孫注又國策齊策其｜之勿言也注齊策猿獮猴｜木注又史記周本紀刑｜四十餘年不用集解引應劭禮書規矩誠｜索隱又漢書武帝紀集注元帝紀集注哀帝紀集注刑法志集注食貨志上集注藝文志集注張釋之傳集注司馬相如傳上集注王吉傳集注馮奉世傳集注匡衡傳集注薛宣傳集注二見谷永傳集集何武傳集注王嘉傳集注王莽傳中集注又後漢

隗囂傳注崔駰傳注又荀子非相居｜遷徙注王霸
正｜之而人莫之能誣也注彊國順者｜之注天論
小人｜其在己者注天論祆是生於亂三者｜無安
國注解蔽學老身長子而與愚者若一猶不知｜注
大略｜質之臣注宥坐刑｜而不用注又莊子達生
而｜之牢筴之中釋文又管子法禁難其所爲而高
自｜者注又離騷偭規矩而改｜注覽民德焉｜輔
注思古｜權而任意注○｜安也楚辭懷沙各有所
｜今注○｜施也易序卦傳禮義有所｜干注○｜
猶施行也禮記仲尼燕居舉而｜之而已注○｜處
也書大傳昔者三王慤然欲｜刑遂罰注○｜投也
論語爲政舉直｜諸枉鄭注○｜廢也論語顏淵皇
疏○｜停止也史記張儀傳則秦魏之交可｜矣索
隱○｜謂懷安失於事機荀子天論舉｜不時注○
｜讀爲措荀子儒效舉｜而定注王霸不可不善爲
擇所而後｜之注○｜音｜置之｜漢書景帝紀集

注引晉灼○｜音厝置之厝漢書鼂錯傳集注引晉
灼○禮記禮器｜則正釋文｜本作措樂記舉而｜
之釋文｜本作措仲尼燕居而｜其前釋文｜本作
措公羊僖十二年傳注令人妄臆｜釋文｜本作措
論語爲政舉直｜諸枉釋文｜鄭本作措顏淵舉直
｜諸枉釋文｜本作措子路則民無所｜手足釋文
｜本作措莊子達生而｜之牢筴之中釋文｜
本作措○禮記禮器｜則正釋文｜本作厝
｜樂也廣雅釋詁一

醋

鮒｜小魚易井井谷射｜王肅注又莊子外物守鯢
爲｜釋文引李注又呂覽貴直｜入而鯢居注○巽
爲｜｜小鮮也易井井谷射｜虞注○｜魚名也易
井釋文○｜謂蝦蟇易井釋文引子夏傳○莊子外
物釋文｜｜亦作蒲○史記魏世家屈侯｜說苑臣
術作附漢書古今人表｜里乙說苑指武作史附里

荀子作付里乙○宋厲公名｜祀
見史記宋世家索隱又作鮒祀

祔｜卒哭之明日祭名｜猶屬也祭昭穆之次而屬
之儀禮既夕明日以其班｜注○｜祖也爾雅釋
詁○｜付也付新死者於祖廟爾雅釋詁注○又祭
曰｜祭於祖廟以後死孫｜於祖也釋名釋喪制○○
｜謂新死之主｜於先死者之廟後漢陳球傳注○○
｜謂合葬禮記檀弓上周公蓋｜注○｜謂合葬也
禮記檀弓下衛人之｜也離之注○｜當爲備聲之
誤也禮記曾子問殤不｜祭注○禮記曾子問殤不
食｜祭儀禮特牲饋
注作殤不備祭

仆｜頓也漢書五行志中之下集注周勃傳集注霍
光金日磾傳贊集注貢禹傳集注趙廣漢傳集注
○｜猶頓也素問解精微論請問有毚愚｜漏之問
注○｜踣也頓踣而前也釋名釋姿容○｜踣也後

漢班彪傳下注周紆傳注○｜顛也漢書何並傳集
注○｜倒也漢書王莽傳上集注○｜謂身倒也素
問經脉別論度水跌｜注○｜斃也漢書董仲舒傳
集注司馬相如傳上集注引郭璞○｜古文作踣一
切經音義四○｜疋豆反又疋
注反漢書揚雄傳音義引字林

賻｜助喪用也禮記檀弓上使子貢說驂而｜之注
○知死者贈知生者｜儀禮既夕○｜賵所以佐
生也說苑修文○歸生者曰｜穀梁隱三年傳○｜
猶助也知生者賵｜公羊隱元年傳注○｜之言補
也助也貨財曰｜儀禮既夕若｜注○貨財喪曰｜
易萃齎咨涕洟虞注○貨財曰｜白虎通崩薨又荀
子大略又後漢孝崇匽皇后紀注魯恭傳注○錢財
曰｜穀梁隱元年傳○布帛曰｜禮記文王世子至
于賵｜承含釋文○｜助也廣雅釋詁二○｜者助
也白虎通崩薨○｜送也廣雅釋詁四○故書｜作

傳周禮小行人
則令|補之注
|至也爾雅釋詁○|入也呂覽知分於是|江
赴 刺蛟注○|疾也小爾雅廣詁○|走告也儀禮
既夕記|曰注○|告也儀禮士喪禮乃|于君注
又禮記檀弓上|於孔子注○|告於君也禮記文
王世子死必|注○崩薨曰|左氏傳序|告策書
釋文○|節相越也文選西京賦紛縱體而迅|薛
注○今文|作訃儀禮聘禮|者未至注既夕記|
曰注○○莊子秋水|水則接腋持頤釋文|司馬本
作踣○左氏昭廿五年傳以|禮者釋文|
本作從○帝堯碑若不虞愘輒|瘨仆作|
酺 |者爲人物烖害之神也周禮族師春秋祭|亦
如之注○故書卜或爲步杜子春云當爲|同上
惡 |憎呂覽大樂天使人有|注首時其貌適吾所
甚|也注○|疾也呂覽貴直而不肖主之所|

也注○|謂憎疾也論語陽貨君子亦有|乎皇疏
○|也呂覽愼小故賢主謹小物以論好|注○
|猶畏也史記仲尼弟子傳且王必|越索隱又呂
覽振亂凡人之所以|爲無道不義者注○|猶患
也呂覽安死非|其勞也注○|不睦也國策齊策
齊衞之交|注○|謂讒短也文選獄中上書自明
蘇秦相燕人|之於燕王注○坤爲|易象上傳人
道|盈而好謙虞注繫辭下傳愛|相攻虞注○|
忌日若子卯禮記
王制奉諱|注
互 |對也周禮鼈人釋文引干注○|謂楅衡之屬
周禮牛人凡祭祀共其牛牲之|司農注○|若
今屠家縣肉格周禮牛人注○|所以挂肉文選西
京賦置|擺牲薛注○|物謂有甲㒼胡龜鼈之屬
周禮鼈人掌取|物司農注○|物蚌蛤之屬周禮
掌蜃掌斂|物蜃物注○故書|爲巨周禮脩閭氏
掌比國中宿|㰅者注○故書|爲巨杜子春讀爲
參|周禮師會以參|攷日成注○|字或作互漢
書劉向傳集注
谷永傳集注
孺 |屬也詩常棣和樂且|傳又爾雅釋言○|之
言屬也獨斷上○|骨肉相親屬也爾雅釋言李
注○|稚也書金縢公將不利于|子傳又禮記檀
弓下|子其圖之注○|子稚子也後漢范式傳注
○|生也廣雅釋詁二○|乎乳而生也莊子天運
烏鵲|釋文引李注○兒始能行曰|子|濡也言
濡弱也釋名釋長幼○○孺弱子也莊子大宗師而色
若孺子釋文引李注○|少也國語晉語|子何懼
注又漢書敘傳上集注引應劭○|幼也漢書張良
傳集注又後漢安帝紀注○|幼小也史記佞幸傳
籍|閎|正義○|子小子也禮記內則|子蚤寢
晏起注又公羊僖十年傳爾既殺夫二|子矣注○

|子幼小之稱書洛誥|子其朋鄭注○|子未有
知之小子孟子公孫丑上今人乍見|子注○|子
童子也孟子離婁上有|子歌曰注○大夫曰|人
禮記曲禮下又獨斷上○|子幼艾美女也國策齊
策有七|子皆近注○陳公良
卜字子正見史記仲尼弟子傳
怖 |懼也廣雅釋詁二○|覆謂恐|而反覆也文
選神女賦神心|覆注
煦 昫熱也廣雅釋詁三○|煆熱也乾也吳越曰|
煆方言七○氣曰|禮記樂記|嫗覆育萬物注
○|晴轉也家語本命
及生三月而微|注
寓 |寄也禮記曲禮下大夫|祭器於大夫注又左
氏僖廿八年傳得臣與|目焉注成二年傳請|
乘注襄廿四年傳子產|書於子西注又方言三又
廣雅釋詁三又史記老莊申韓傳大抵率|言也索

隱又正義司馬相如傳依類託丨集解引漢書音義又漢書刑法志集注郊祀志上集注引李奇司馬相如傳下集注引文穎敘傳下集注又後漢許劭傳注又孟子離婁下無丨人於我室注又莊子寓言丨言十九釋文又文選秋興賦丨直於散騎之省注○丨亦寄也儀禮喪服寄公爲所丨注又國語周語國無寄丨注吳語民生於地上丨也注○丨寄也齊衛宋魯陳晉汝潁荆州江淮之閒或曰丨方言二○丨寄也丨或爲託禮記郊特牲諸侯不臣丨公注○丨寄託也管子大匡百姓丨焉注○丨居也後漢張衡傳注又文選思元賦怨高陽之相丨兮舊注○丨猶誤也山海經北山經馬成之山有鳥焉是名鶌鶋可以巳丨注○丨木宛童爾雅釋木○丨木寄生也一名宛童山海經中山經龍山上多丨木注○丨屬謂穴居之類也後漢馬融傳注○爾雅釋獸丨屬釋文丨舍人本作麇○莊子人閒世宅如丨于不得巳釋文丨崔本作愚

沍 丨疑也史記封禪書秋涸凍索隱引小顏又漢書郊祀志上集注二見又後漢張衡傳注○丨凍也莊子齊物論河漢丨而不能寒釋文引向注又文選思元賦清泉丨而不流舊注○丨堅也文選魏都賦下冰室而丨冥劉注○丨猶涸也莊子齊物論河漢丨而不能寒釋文引崔注○丨閉也左氏昭四年傳固陰丨寒注又後漢張衡傳注

酤 丨買也詩伐木無酒丨我箋○丨貰也廣雅釋詁三

瓠 匏謂之丨詩匏有苦葉匏有苦葉傳○丨瓢也廣雅釋器○丨棲瓣爾雅釋草○丨犀丨瓣詩碩人齒如丨犀傳○丨落猶廓然也莊子逍遙遊則丨落無所容釋文引簡文注○丨布護也莊子逍遙遊釋文引司馬注○丨壺也爾雅釋器康丨謂之甈注

謼 亦作呼○丨叫也漢書貢山傳集注○呼叫也漢書文帝紀集注項籍傳集注朱雲傳集注王莽傳中集注○嘑爾猶呼爾咄啐之貌也孟子告子上嘑爾而與之注

泝 溯遡同○逆流行水曰泝泝回也亦行也一切經音義十九引三蒼○逆流而上曰丨國語吳語率師沿海丨淮注又楚辭抽思丨江潭兮注○遡逆流向上也文選洛神賦御輕舟而上遡注○逆流曰丨左氏哀四年傳吳將丨江入郢注又後漢班彪傳下注○丨逆流左氏文十年傳沿漢丨江注○遡迎也法言五百其遡於日乎注○丨上也後漢馬融傳注○丨向也文選東京賦丨洛背河薛注○遡向也文選西京賦咸遡風而欲翔薛注○遡鄉也詩公劉遡其過澗傳桑柔如彼遡風傳○丨流也史記司馬相如傳下丨八埏集解引漢書音義又漢書司馬相如傳下集注引孟康○遡行也方言十二又廣雅釋詁一○丨然惡寒也素問皮部論丨然起毫毛注○丨古文作泝一切經音義十九○字林泝作泝五經文字

屢 丨數也書益稷丨省乃成傳又詩正月丨顧爾僕箋巧言君子丨盟箋賓之初筵丨舞僊僊傳又詩角弓式居丨驕釋文引王注又左氏宣十二年傳丨豐年注又論語公冶長丨憎於人集解引孔注又皇疏又史記季布欒布傳身屢典軍集解引瓚曰又後漢賈逵傳注又楚辭靈懷丨離憂而逢患注又文選東京賦勤丨省薛注○丨疾也爾雅釋詁○丨亟也詩桓丨豐年箋○丨每也論語先進皇疏○丨猶每也論語先進丨空集解○丨讀爲婁荀子非相式居丨驕注○公羊宣十二年傳注丨往來而惡言釋文

丨本作數

【嗉】一作膆○亢鳥嚨其粻丨爾雅釋鳥○鳥曰丨爾雅釋獸○丨者受食之處別名丨今江東呼粻爾雅釋鳥注○膆喉受食處也文選射雉賦裂膆破胔徐注

【跗】丨足上也儀禮士喪禮結于丨連絇注○丨足丨也莊子秋水蹶泥則沒足滅丨釋文引司馬注○丨謂足丨左氏成十六年傳有韎韋之丨注服注又賈注○丨花足也管子地員朱丨黃實注○丨注兵服自要以下注於丨國語晉語郤至以韎韋之丨注注○丨注戎服若袴而屬於丨與袴連左氏成十六年傳注

【斁】丨厥法言先知曰思丨注○丨敗也書洪範彝倫攸丨傳又釋文又詩雲漢耗丨下土箋又漢書五行志上集注又後漢和熹鄧皇后紀注班彪傳下注袁譚傳注○丨壞也漢書薛宣傳集注○字林丨作殬詩雲漢釋文○書洪範彝倫攸丨說文歺部作彝倫攸殬○詩雲漢耗丨下土春秋繁露郊祀作耗射下土

【梧】邪柱爲丨史記項羽紀莫敢枝丨集解引瓚曰○丨支丨也後漢馬融傳注○丨柱也文選景福殿賦桁丨椱疊注

【簵】簬同○丨箭也廣雅釋草○書禹貢惟箘簵楛說文竹部作爲箘丨楛

【呴】丨溫也老子或丨或吹注○丨也者鳴也大戴記夏小正雉晨丨傳○莊子駢拇丨俞仁義釋文丨本作傴○莊子刻意吹丨呼吸釋文丨本作煦

【瞿】丨大視貌莊子徐无鬼釋文引字林○丨然驚視貌莊子徐无鬼子綦丨然喜曰釋文引李注○丨然喜貌莊子徐无鬼釋文引司馬注○丨然忙貌也素問玉機眞藏論帝丨然而起注○丨丨儉也爾雅釋訓○丨丨然顧禮義也詩蟋蟀良士丨丨傳○丨丨無守之貌詩東方未明狂夫丨丨傳○禮記曲禮注聞名心丨釋文丨本作懼○檀弓公丨然失席曰釋文丨本作懼○莊子徐无鬼釋文丨本作矍

【訃】丨或皆作赴赴至也禮記雜記凡丨於其君注

【菟】詩兔罝序釋文丨本作兔

【艔】丨舟也廣雅釋水

【鉒】丨置也廣雅釋詁四○丨讀象金之銅柱餘之柱丨者提馬雒家謂之投翮淮南說林以瓦丨者全以金丨者跋注

【馵】馬後足左白丨爾雅釋畜○馬白後左足爲丨易說卦傳爲丨足九家注○左足白曰丨詩小戎駕我騏丨傳又爾雅釋畜左白丨樊注○膝上皆白惟丨爾雅釋畜○震爲丨足易說卦傳○丨之句反爾雅釋畜釋文引字林○易說卦爲丨足釋文丨京本作朱

【姁】丨丨和好貌史記淮陰侯傳言語嘔嘔索隱引鄧展

【枑】丨行馬也晉書音義中○故書丨爲柜周禮掌舍設梐丨再重注

【籲】丨呼也書泰誓中無辜丨天傳又召誥以哀丨天釋文○丨和也書盤庚上率丨衆慼傳又小爾雅廣言

【屬】丨謂注矢於弦也文選射雉賦丨剛罫以潛擬注○丨讀如灌注之注謂上旅下旅札續之數也考工記函人爲甲犀甲七丨注○丨讀爲注考工記匠人水丨不理孫注

【嫭】與嫮同○丨好也漢書禮樂志集注引孟康○嫮好也廣雅釋詁一又漢書韓安國傳集注引服虔又文選思元賦咨姡嫮之難竝兮舊注○嫮好貌也後漢張衡傳注○丨姱好貌也楚辭大招丨以姱只注○嫮與姱同好貌文選雪賦玉顏掩嫮注○嫮美也漢書外戚傳上集注又後漢張衡傳注○嫮嫪也廣雅釋言○丨姡也廣雅釋詁二○丨音坼罅之罅漢書禮樂志集注引晉灼○嫮音坼嫮之嫮漢書韓安國傳集注引晉灼

【酗】亦作酌○丨醟書微子我用沈丨于酒傳○醉怒曰酌漢書趙充國傳集注○以酒爲凶謂之丨書

無逸丨于酒德哉傳○以酒爲凶曰丨書微子釋文○兢酒曰丨一切經音義十四引通俗文

著於上見於下謂之丨穀梁莊七年傳文三年傳

【雨】○螽隆謂之丨春秋繁露玉英

【坿】丨益也廣雅釋詁一又呂覽孟冬丨城郭注○丨讀如符丨猶培也呂覽孟秋丨牆垣注

【秅】十稷曰丨四百秉爲一丨儀禮聘禮記○稷十曰丨廣雅釋器○四百秉爲丨儀禮聘禮釋文○丨數名也三丨千二百秉儀禮聘禮車三丨注○一車之禾三丨爲一千二百秉三百筥三十稷也儀禮聘禮記十筥曰稷十稷曰丨注○丨讀爲丨姊麻荅之丨周禮掌客車三丨司農注

【傃】丨向也荀子議兵蘇刃者死注又文選陶徵士誄丨幽告終注○傃經也廣雅釋言

【屖】丨抒也廣雅釋詁二

【饇】丨飽也詩角弓如食宜丨傳

【駙】丨付也漢書蘇武傳集注○丨副也後漢魯恭傳注○丨近也疾也漢書百官公卿表上集注○丨副馬也文選東京賦丨承華之蒲梢薛注○丨馬都尉掌天子之副馬丨副也後漢明帝紀注

【足】丨益也漢書五行志中之下集注又列子楊朱以晝丨夜釋文

【抪】丨布也廣雅釋詁三○丨敷也一切經音義十六引字書○丨擊也廣雅釋詁三○唐扶頌夷粵丨搋郎跋扈字

【餔】爾雅釋鳥鴩丨敊釋文丨本作鵏

【蚹】丨謂蛇腹下齟齬可以行者也莊子齊物論吾待蛇丨蜩翼耶釋文引司馬注○丨蠃螔蝓爾雅釋

魚

【攫】丨持也廣雅釋詁三○丨地爪持也文選射雉賦注引埤蒼○丨柞鄂也書費誓杜乃丨鄭注○丨柞鄂也周禮秋官春令爲阱丨溝瀆之利於民者注○丨捕獸機檻書費誓傳

以下據○廣韻錄

【堥】丨字依諸字書卽旄邱之旄也旄字字林一音亡付反顏氏家訓書證○丨丨邱亡付反詩旄邱釋文引字林○丨又作嵍俱亡付反爾雅釋山釋文引字林

【𦍧】丨羔也廣雅釋畜

【瘺】丨疣也廣雅釋言

【䕶】丨黝屬山海經南山經青邱之山多青丨注

雚 |雒也廣雅釋鳥

笠 桯謂之|廣雅釋器○|音護一切經音義十三引通俗文

陚 |上也廣雅釋地

酤 |茹也廣雅釋器○|蘸茹也御覽引郭璞解詁

飵 |食也廣雅釋詁二○|餥也廣雅釋器

湝 潪隁也廣雅釋室

瘧 |瘏也廣雅釋言

髩 |髻也廣雅釋詁四

瘏 |痦也廣雅釋言

登 |攡也廣雅釋詁三

疰 |病也廣雅釋詁一

慔 |勉也廣雅釋訓

遌 |遇也漢書敘傳上集注又後漢崔駰傳注張衡傳注○迕遇也荀子富國午其軍注○|遇也一本作遻心不欲見而見曰遻莊子亦作遻列子黃帝|物而不慴釋文

逜 |寤也爾雅釋言○爾雅釋言釋文|本作迕○爾雅釋言|寤也莊子達生釋文作遻忤也

鵵 爾雅釋鳥鶅|軌釋文|本作兎萑老|釋文|本作兎

鱯 |似鮎黽甏黽似蝦蟇或曰|黽一物名耳山海經北山經淯水其中有|黽注

婟 |嫪戀惜也爾雅釋鳥釋文引聲類○|嫪戀惜不能去也一切經音義十九引聲類○爾雅釋鳥注今|澤鳥釋文|本作嫮又作詁

疰 乳病曰|丁故反御覽三百七十一引通俗文

襡 複襦江湘之間謂之|方言四

紸 |讀爲注荀子禮論|纊聽息之時注○|或當爲絓以爲黈字非也同上

隻 |亟也爾雅釋言

迕 |逆也管子心術無形則無所位|注

嗚 |歎傷之貌也後漢袁安傳注

檽 |似槲樕而痹小後漢王符傳注

蓩 |毒草也因以爲地名後漢劉元傳注引字林

𧳟 |力付反求子豕也左氏定十四年釋文引字林

埾 吳人以積土爲埾埾|也|才句反一切經音義十九引纂文

昫 周禮鼓人注旦明五通爲發|釋文|本作呴又作朐

○以下據集韻錄

啎 |迎也史記天官書其人逢|化言索隱引劉伯莊

寤 |覺也廣雅釋詁四

【㝡】丨積也【廣雅釋詁一】

經籍纂詁卷第六十六

經籍纂詁卷第六十六補遺　【去聲】

兵部侍郎兼都察院右副都御史巡撫浙江等處地方提督軍務兼理糧餉阮元撰集

七遇

【遇】【說文】丨逢也从辵禺聲○卒而相逢於路曰丨【禮記王制】疏引異義○丨者不期而會之名【左氏莊廿二年傳】丨覲之否疏○冬見曰丨【儀禮覲禮】○丨者志相得也【穀梁隱四年傳】【八年傳】【莊廿四年傳】○丨者志相得之名【穀梁桓十年傳】弗丨者疏○弗丨者志不相得也【穀梁桓十年傳】○丨謂處待之而已【漢書公孫宏傳】躬率以正而丨民信也注○卜日逢筮曰丨【論衡卜筮】○丨犬犬之馴者謂田犬也【詩巧言】丨犬獲之箋○丨一作偶【史記佞幸列傳】善仕不如丨合集解引徐廣○【詩巧言】丨犬獲之釋文世讀作思

【路】【說文】丨道也从足从各○丨大也君之所在以大爲號【左氏桓二年傳注】大丨王丨疏○丨大也若人君所居皆稱丨【周禮春官序官】典丨疏○丨大也王之所在故以大爲名【周禮巾車注】王在焉曰丨疏○丨大也人君所居皆曰丨【周禮宮人注】丨寢一疏○【閽人注】五曰丨門疏○人君所居皆曰丨【周禮遂師注】蜃車柩丨也疏

【潞】【說文】丨冀州浸也上黨有丨縣从水路聲

【輅】【說文】丨車軨前橫木也从車各聲○丨鹿車前橫木【史記劉敬叔孫通列傳】脫輓丨索隱○丨謂以木當胸以輓車也【文選解嘲】婁敬委丨脫輓注引應劭○軛前橫木曰路【續漢輿服志上注】引【韻集】○名

車爲丨者言所以步之於路也文選四子講德論注
引白虎通○路是車名詩采薇彼路斯何疏○賜車
稱路從王賜之名左氏襄廿八年傳先路次路疏○
諸侯之車亦稱爲路左氏桓二年傳注大路王路疏
○大路謂車也禮記雜記上陳乘黃大路於中庭疏
○大路天子車也淮南齊俗故有大路龍旂注○大
丨者天子之車也禮記樂記○大路天子所賜車之
總名左氏襄十九年傳王追賜之大路注廿四年傳
賜之大路注○丨音凍洛之洛漢書婁敬傳敬脫輓
丨注

賂　說文丨遺也从貝各聲

璐　說文丨玉也从玉路聲

露　說文丨潤澤也从雨路聲○丨潤周禮大司樂注
董仲舒云疏○丨者天所以潤萬物詩蓼蕭零丨

滑兮箋○丨膏澤也漢書鼂錯傳覆丨萬民注引如
淳○丨謂使之霑潤澤也漢書嚴助傳陛下垂德惠
以覆丨之注○丨謂顯暴不深固漢書楊雄傳下今
樂遠出以丨威靈注

鷺　說文丨白丨也从鳥路聲○丨白鳥也漢書楊雄
傳上皃鷺振丨注○丨水鳥也好而潔白故謂之
白鳥齊魯之閒謂之春鉏遼東樂浪吳揚人皆謂之
白丨詩宛丘值其丨羽陸疏

樹　說文丨生植之總名从木尌聲尌籀文○丨小牆
當門中爾雅釋宮注○門內之垣謂之丨淮南主
術天子外屏注○屏謂之丨今浮思也刻之爲雲氣
蟲獸如今闕上爲之矣禮記明堂位疏屏注○旅丨
門屏也禮記雜記下旅丨而反坫注○丨杠也廣雅
釋器

度　說文丨法制也从又庶省聲○丨法也續漢禮儀
志上注引孝經援神契宋注○丨謂制丨禮記仲
尼燕居宮室得其丨疏○丨謂限制左氏桓二年傳
注尊卑各有數疏○準法謂之丨書太甲中欲敗丨
疏○愼行禮法謂之謹丨孝經制節謹丨注又鄭注
○諸侯行孝曰丨孝經諸侯章疏引援神契○丨丈
尺也書堯典同律丨量衡鄭注又呂覽仲秋則一丨
量注又淮南時則同丨量注○丨尺丈也漢書郊祀
志上同律丨量衡注○丨者分寸尺丈引也所以丨
長短也漢書律厤志上○山林之地九夫爲丨左氏
襄廿五年傳丨山林賈注○丨日也素問六元正紀
大論後皆三十日而有奇也注○丨謂日也素問六
元正紀大論正化丨也注○丨一日也素問六微旨
大論六十丨而奇注

渡　說文丨濟也从水度聲○度亦踰越也漢書王莽
傳上度百里之限注

賦　說文丨斂也从貝武聲○丨謂發斂財也漢書刑
法志有稅有丨注○丨者發斂土地所生之物以

供天子也漢書地理志上厥丨上上錯注○丨謂計
口發財漢書食貨志上有丨有稅注○丨者自上稅
下之名書禹貢序傳定其貢丨之差疏○丨謂口率
出泉周禮閭師注丨謂九丨疏均人無財丨疏○丨
兵丨也國語楚語所以備丨用注公馬足以稱丨注
○以田丨出兵故謂之丨左氏隱四年傳敝邑以丨
服注○丨取也左氏僖廿七年傳丨納以言疏○丨
班也周禮宮正注若今丨冬夏衣疏○丨謂班與之
也漢書趙充國傳田事出丨注陳湯傳丨予城郭諸
國注○丨給與也漢書哀帝紀皆以丨貧民注賈山
傳以丨縣傳注○丨給與之也漢書元帝紀丨貸種
食注○丨謂分給之漢書翼奉傳丨醫藥注○不歌
而誦謂之丨漢書藝文志

布　說文枲織也从巾父聲○丨幣謂絲麻丨帛之
丨詩氓傳丨幣也疏○丨泉周禮羊人則受丨于

司馬注○丨謂泉丨史記平準書初大農筦鹽鐵官丨多索隱○刀丨皆泉也丨取其廣荀子榮辱餘刀丨注○丨亦錢耳謂之丨者言其分丨流行也漢書食貨志下是爲丨貨十品注○丨謂口率出泉漢法口百二十也周禮載師凡宅不毛者有里丨疏○夫丨鄽賦也周禮閭師注獨言無職者疏○丨陳也左氏昭十六年傳敢私丨之注又國語吳語丨幣行禮注○丨戎陳兵也國語周語丨戎于牧之野注○丨者徧也書泰誓中傳丨棄不禮疏○丨護言遍丨也漢書司馬相如傳下氾丨護之注○丨班也禮記檀弓上而丨材與明器疏○丨散祭於地爾雅釋天祭星曰丨注○丨既祭丨散於地位似星辰丨列爾雅釋天孫注○祭星者以祭丨露地故曰丨爾雅釋天李注○坤爲丨帛左氏莊廿二年傳奉之以玉帛注○丨搏聲相近禮記月令注鳩搏穀也疏○古丨字作尃史記司馬相如列傳氾尃濩之集解引徐廣○

校官碑希政優傳帝堯碑禮別枝希華山亭碑甘澍希条丨皆作希

步 說文丨行也从止少相背凡丨之屬皆从丨○丨行也書召誥王朝丨自周疏○丨謂行也左氏定五年傳改丨改玉疏○丨猶行也禮記曲記上丨路馬必中道疏○再舉足謂之丨儀禮鄉射禮記與跬相應疏○堂下謂之丨書召誥王朝丨自周鄭注○六尺爲丨禮記坊記疏引異義古春秋左氏說○古者六尺爲丨公羊昭十二年傳注二萬尺疏○古者以周尺八尺爲丨今以周尺六尺四寸爲丨禮記王制○丨馬習馬左氏襄廿六年傳左師見夫人之丨馬者注○馬神稱丨謂若元冥之丨人鬼之丨之類丨與酺字異音義同周禮校人注馬丨疏

固 說文丨四塞也从囗古聲○丨堅也呂覽首時冰凍方丨注○丨堅丨也禮記中庸苟不丨聰明聖知疏○丨謂城郭完堅兵甲利也論語季氏丨而近於費集解引馬注○丨牢也左氏昭四年傳丨丨陰沍寒疏○丨安也國語魯語帝嚳能序三辰以丨丨民注○丨久也左氏襄廿六年傳丨聞之服注○丨如故也禮記曲禮上客丨辭疏○丨陋也禮記曲禮下君子謂之丨疏○丨必也呂覽知度其道丨窮注貫直丨嫌于危注贊能丨辭讓而相注又淮南氾論則天下納其貢職者迴也注○丨謂再三也漢書衛青傳青丨謝曰注○丨當爲故字之誤也詩昊天有成命肆其靖之箋○丨一作故史記魯周公世家咨於丨實集解引徐廣○儀禮士昏禮記某丨敬具以須白虎通嫁娶作某故敬具以須

痼 說文瘑久病也从疒古聲○錮疾堅久之疾漢書賈誼傳必爲錮疾注

錮 說文丨鑄塞也从金固聲○丨鑄塞也左氏成二年傳注禁丨勿令仕疏○丨謂鑄塞也漢書劉向

傳雖丨南山猶有隙注○丨謂鑄而合之也漢書賈山傳治銅丨其內注○丨亦謂專取之也漢書貨殖宣曲任氏傳下丨齊民之業注

素 說文絫白緻繒也从糸𠂹取其澤也凡絫之屬皆从絫○丨卽絹也周禮染人注暴練練其丨而暴之疏○丨沙若今紗縠之帛也禮記雜記上丨沙注○丨冠練冠也詩素冠庶見丨冠兮傳○丨服者縞冠也禮記檀弓下則丨服哭於庫門之外注○丨白也詩羔羊丨絲五紽傳素冠庶見丨冠兮疏又儀禮覲禮注如今綈丨屏風也疏又淮南說山譬猶以涅拭丨也注○丨錦白錦也禮記喪大記丨錦褚疏○器物無色亦曰丨儀禮士冠禮注以丨爲裳疏○丨形朴也禮記曲禮上注未定體則弛之疏○丨樸精不散也淮南本經質眞而丨樸注○太丨者質之始也列子天瑞○丨猶本也禮記喪服小記注丨有喪

服而來爲主疏○丨亦故也史記張耳陳餘列傳張耳雅游索隱○丨先也禮記喪大記注丨在君所食都邑之臣疏引皇氏○丨者先也詩板箋又丨以賦斂空虛疏○丨預也文選關中詩注引國語賈注○丨鄉也禮記中庸丨隱行怪疏丨其位疏○丨謂心所向也漢書鄒陽傳見情丨注○丨空也史記貨殖列傳命曰丨封索隱○丨謂刊之也儀禮鄉射禮握丨注○果蓏不以火化而食故曰丨食管子禁藏果蓏丨食當十石注

具 說文丨共置也从廾从貝省古以貝爲貨○丨供丨也漢書燕王劉澤傳親脩丨注○丨謂所共衆物禮記祭統官備則丨備注○丨猶辦也儀禮特牲饋食禮宗人告有司丨注○丨猶備也淮南原道各有其丨注○丨謂酒食之丨漢書何武傳壽爲丨召武弟顯注○丨食也漢書元帝紀所丨各減半注○

丨俱也禮記大學民丨爾瞻疏○丨皆也孝經民丨爾瞻疏引孔注○丨猶皆也詩四月百卉丨腓箋○丨然自滿足之貌也荀子宥坐則丨然欲爲人師注

數 丨一十百千萬也所以筭數事物順性命之理也漢書律厤志上○丨度也周禮典同以十有二律爲之丨度注○丨九數之計周禮大司徒禮樂射御書丨疏○九丨卽今之九章也禮記少儀注六曰九丨注○丨謂多少左氏桓二十年傳注尊卑各有丨疏○丨者物滋息之狀左氏僖四年傳注滋而後有丨疏○丨者五行佐天地生物成物之次也禮記月令其丨八注○丨術呂覽長攻因其丨也注○丨謂丨術後漢書桓譚傳今諸巧慧小才伎丨之人注○丨厤術也淮南氾論周室之執丨者也注○疆潦之地九夫爲丨五丨而當一井也左氏襄廿五年傳丨疆潦賈注○丨責之也漢書高后紀因丨產注汲

黯傳羣臣或丨黯注○丨責其罪也漢書高帝紀上漢王丨羽日注

怒 說文丨恚也从心奴聲○丨謂忽遇惡事而心恚丨禮記樂記其丨心感者疏○丨作氣也國語周語怨而不丨注○丨詬漢策秦策先王積丨之日久矣注○丨謂茲角刺出漢書天文志其丨青黑色注引宋均○孟子離婁上繼之以丨論語皇疏丨作忿

務 說文丨趣也从力敄聲○丨猶趨也國語晉語得國之丨也注○丨遽也一切經音義六引廣雅○丨卜遠也文選謝靈運酬從弟惠連詩注引廣雅○丨猶事也禮記曲禮上其次丨施報疏○丨謂勸勉之荀子大略丨其業而勿奪其時注○禺丨聲相近聲轉字異也禮記檀弓下公叔禺人疏

霚 說文霚地气發天不應从雨敄聲雺籀文省○丨地氣發也漢書楊雄傳上丨集蒙合兮注

騖 說文騖亂馳也从馬敄聲○丨謂亂馳也漢書司馬相如傳上丨於鹽浦注○丨馳也史記司馬相如列傳丨於鹽浦集解○東西交馳謂之丨文選荅賓戲戰國橫丨注引項岱

附 丨者依倚之義詩皇矣傳丨丨其先祖疏○封諸侯過限曰丨益漢書諸侯王表設丨益之法張晏注引律鄭氏說

兔 說文丨獸名象踞後其尾形丨頭與兔頭同凡丨之屬皆从丨○丨齧蟲名淮南說林丨齧爲螚注○唐扶頌白菟紫鳩丨作菟

故 說文丨使爲之也从攴古聲○丨事也易繫辭上傳而察於民之丨疏又左氏襄廿六年傳問晉丨焉注又國語楚語夫是誰之丨也注又管子心術上去智與丨注又呂覽節喪不似便死爲丨注首時此

易丨也注察今以勝為丨注用民民之用也有丨注
行論不得以怪志為丨注○丨謂事也易繫辭上傳
知幽明之丨疏○丨謂大事也漢書禮樂志特以簿
書不報期會為丨注○丨謂中屯難也漢書張陳王
周傳贊事多丨矣注○丨謂禍災周禮宮正國有丨
注○丨謂災患喪病禮記曲禮下君無丨玉不去身
注○丨謂祭饗禮記王制無丨不殺牛注○丨猶端
也詩載驅序無禮義丨箋○丨承上起下之辭禮記
曲禮上丨君子戒慎不失色於人疏○丨因上起下
之辭禮記禮運丨政者疏郊特牲丨天子牲孕弗食
也疏○丨謂因上起下之辭禮記學記丨安其學而
親其師疏樂記丨曰樂者樂也疏○丨謀也文選景
福殿賦注引國語賈注○丨謂指趣也漢書劉歆傳
學者傳訓丨而已注○丨謂經之旨趣也漢書儒林
丁寬傳訓丨舉大誼而已注○丨者通其指義也漢
書藝文志魯丨二十五卷注○丨謂舊時也漢書西

域傳上丨服匈奴注○丨猶舊也左氏昭三年傳豐
氏丨主韓氏注○丨主謂舊君也禮記喪大記丨主
宗子注○丨舊卽昔之朋友也詩伐木序燕朋友丨
舊也疏○丨道謂先王之典形管子侈靡丨道新道
注○丨實丨事之是者史記魯周公世家咨於丨實
集解引韋昭○丨老元老詩正月召彼丨老傳○丨
與雇同史記張釋之馮唐列傳注丨彼不行索隱

顧 說文丨還視也从頁雇聲○丨回頭也禮記曲禮
上丨而丨命車右就車疏○丨視也呂覽長利協而
耰遂不丨注○迴首曰丨書顧命序鄭注○丨亦反
也漢書賈誼傳首丨居下注○丨猶反也史記燕召
公世家丨為臣索隱楚世家繫趙丨病索隱○丨猶
待也穀梁莊廿八年傳有丨之辭也疏○丨思念也
漢書食貨志下丨古為之有數注陳餘傳丨其勢初
定注吾丨以無益注丨為王實不反注韓信傳丨王

策安決注婁敬傳丨為柰何注司馬遷傳丨自以為
身殘處穢注疏廣傳丨自有舊田廬注○丨丨謂思念
也漢書汲黯傳丨淮陽吏民不相得注○丨猶念也
史記齊悼惠王世家丨而父知田耳索隱○丨者言
能以德行引人者也後漢書黨錮傳○臨終出命故
謂之丨丨將去之意也書顧命鄭注○丨故也禮記
祭統丨上先下後耳疏○丨祖謂丨庸之直或租其
本漢書食貨志上公得丨租注○丨讀如古漢書韋
賢傳軌憲靡丨注

句 丨者聯字以為言詩關雎五章章四句疏○丨者
局也聯字分疆所以局言者也同上○丨則古者
謂之為言同上

墓 說文丨丘也从土莫聲○丨謂壙穴也漢書劉向
傳稱古丨而不墳注○塋域謂之丨詩墓門傳丨

門丨道之門疏○丨謂冢旁之地禮記檀弓上易丨
非古也疏

暮 說文莫日且冥也从日在茻中○莫稚也廣雅釋
言○古丨字作莫詩臣工疏○集本定本丨作莫
古字通用也詩采薇疏○詩臣工維莫之春釋文本
或作丨

慕 說文慕習也从心莫聲○丨謂小兒隨父母啼呼
禮記檀弓上其往也如丨往

募 說文丨廣求也从力莫聲

注 說文丨灌也从水主聲○丨謂丨藥于中周禮瘍
醫注祝當為丨疏○丨屬也左氏成六年傳有鉌
章之跗丨賈服注○丨猶聚也周禮獸人及弊田疏
○丨註註射廣韻引埤蒼○丨柳星也史記律書西至
于丨索隱

註　注者卽解書之名禮記曲禮目疏○言注者注義于經下若水之注物儀禮鄭氏注疏○注者著也言爲之解說使其義著明也詩鄭氏箋疏

澍　說文｜時雨｜生萬物从水尌聲○雨潤萬物名曰｜論衡雷虛

駐　說文｜馬立也从馬主聲

胙　說文｜祭福肉也从肉乍聲○｜謂祭餘酒肉也漢書郊祀志上巳祠｜餘皆燎之注○｜賜也國語齊語反｜于絳注○｜者酢也周禮膳夫親徹｜｜俎疏○｜報也左氏襄十四年傳世｜太師注○｜位也國語齊語反｜于絳賈注

祚　說文新附｜福也从示乍聲○｜位也文選東都賦漢｜中缺注引國語賈注

阼　說文｜主階也从𨸏乍聲○｜主階也漢書匡衡傳適子冠乎｜注○｜主人階也禮記曲禮下踐｜臨祭祀疏○｜謂主人之北也禮記冠義故冠以｜注

裕　說文｜衣物饒也从衣谷聲易曰有孚｜无咎○｜寬也易晉晉如摧如疏引何氏○｜寬大也易繫辭下傳德之｜也疏○｜謂寬｜儀禮喪服傳注必求其寬｜慈惠疏

誤　說文｜謬也从言吳聲

悟　說文｜覺也从心吾聲𢘫古文｜○｜覺也文選寡婦賦怛驚｜兮無聞注○｜者言其可驚｜漢書張陳王周傳贊魁梧奇偉注

寤　說文｜寐覺而有信曰｜从㝱省吾聲一曰晝見而夜㝱也𥧍籀文｜○｜覺也後漢書桓帝紀監寐｜歎注○｜寐之覺也漢書董仲舒傳朕夙｜晨興注○｜夢覺時道之而夢列子周穆王四曰｜夢注

晤　說文｜明也从日吾聲詩曰｜辟有摽○｜遇也詩東門之池可與｜歌傳

住　｜或作柱後漢書鄧禹傳輒停車｜節注○｜當作數列子黃帝百｜而不止注

戍　說文｜守邊也从人持戈○｜守也詩采薇序遣｜役也箋又淮南人閒遣卒｜陳注○｜者屯兵而守也史記陳涉世家適｜漁陽索隱

庫　說文｜兵車藏也从車在广下○｜亦謂之府也左氏昭十八年傳使府人｜人疏

護　說文｜救視也从言蒦聲○｜監視也漢書王嘉傳使者｜作注○｜謂監視之漢書李廣傳有白

馬將出｜兵注○｜謂監領諸將漢書張良傳臥而｜之注○｜謂保佑也漢書張湯傳調｜之九厚注○｜謂保安之漢書張良傳煩公幸卒調｜太子注

頀　湯曰大護者言湯承衰能護民之急也白虎通禮樂○濩言救民也漢書禮樂志又風俗通聲音○言濩者卽救護也周禮大司樂注大濩湯樂也疏

屨　說文｜履也从履省婁聲一曰鞮也○關西呼履謂之｜｜列子黃帝則戶外之｜滿矣釋文○禪底者名曰｜也周禮屨人疏○漢時名複下者爲｜同上○絲作之曰履麻作之曰屝麤者謂之｜左氏僖四年傳共其資糧屝｜其可也疏○｜一作履史記季布欒布列傳集解引徐廣

訴　說文｜告也从言斥聲論語曰｜子路于季孫𧦝｜或从言朔愬｜或从朔心○愬告也呂覽必己

此必愬我於萬乘之主注○愬譖也荀子致仕流愬注○公羊昭卅一年傳負孝公之周愬天子釋文本亦作丨

蠹 說文蠹木中蟲从䖵橐聲𧒉丨或从木象蟲在木中形譚長說○丨內生蟲也素問五常大論其主飛丨蛆雉注○丨蟦蠐也廣雅釋蟲

妒 說文丨婦丨夫也从女戶聲○以色曰丨詩小星序夫人無丨忌之行箋○丨害也文選馬汧督誄注引廣雅

懼 說文丨恐也从心瞿聲愳古文○丨蓋怒中之別出詩烝民箋謂喜怒哀樂好惡也疏○丨則怒中之小別禮記禮運喜怒哀丨愛惡欲疏引熊氏○丨讀曰瞿漢書惠帝紀贊聞叔孫之諫則丨然注鄒陽

傳長君丨然曰注

趣 說文丨疾也从走取聲○丨向也漢書鄭當時傳常趨和承意注○丨謂意所鄉漢書馮奉世傳亡常則節趨不立注○丨讀曰促漢書翟方進傳督丨司隸注外戚傳上王夫人又陰使人丨大臣立栗姬爲皇后注○趨讀曰丨謂丨向之也漢書藝文志荀趨省易注○趨讀曰丨漢書禮樂志文巧則趨末背本者衆注食貨志上亡以趨澤注季布傳方提趨湯注鄭當時傳常趨和承意注司馬遷傳用之所趨異也注王褒傳則趨舍省而功施普注東方朔傳天下侈靡趨末注金日磾傳走趨臥內欲入注王吉傳竊見當世趨務注魏相傳民多背本趨末注李尋傳不可以趨道注韓延壽傳吏民敬畏趨鄉之注蕭望之傳下車趨門注馮奉世傳亡常則節趨不立注薛宣傳吏賦斂以趨辦注楊雄傳下追趨逐嗜注循吏龔遂傳春夏不得趨田畝注游俠傳序專趨人之急注匈奴傳上人人自爲趨利注食降其趨注西南夷傳敗走趨營注○丨音丨舍漢書周勃傳丨爲我語注引蘇林

娶 說文丨取婦也从女从取取亦聲

鑄 說文鑄銷金也从金壽聲

絝 說文丨脛衣也从糸夸聲

袴 丨一作胯史記淮陰侯列傳出我丨下集解引徐廣

胯 說文丨股也从肉夸聲

傅 說文丨相也从人从尃聲○丨相之漢書陳平傳今日丨教帝注○丨者老大夫也漢書東方朔傳

辭殺主丨注引如淳○外丨教學之師也禮記內則十年出就外丨注○丨是姆類詩南山箋及丨姆同處疏○丨猶言隨從者漢書灌嬰傳臣願得大王左右善騎者丨之注引如淳○丨者覆也續漢百官志一注引應劭漢官儀○丨附也禮記祭統注丨著於鐘鼎也疏○丨謂附著漢書五行志上丨以洪範注○丨就也廣雅釋詁三○丨卽付也史記夏本紀興人徒以丨土索隱○丨謂付之考工記匠人爲溝洫里爲式然後可以丨衆力疏○丨三輔曰結縷今關西饒之俗名句屢草也爾雅釋草孫注○丨讀曰敷漢書文帝紀丨納以言注宣帝紀以丨奏其言注成帝紀丨納以言注地理志上豫章郡歷陵注陳湯傳止營丨陳注敍傳下時舉丨納注○其云地丨者先鄭皆以音附爲丨近讀之周禮朝士注以其比畔爲證也疏○孔宙碑祗丨五教敷作丨

付 說文丨与也从寸持物對人○書梓材皇天旣丨中國民釋文馬本作附

諭 說文丨告也从言俞聲○丨曉也周禮師氏注敎之以事而丨諸德者也疏○丨猶曉也禮記學記故君子之教喻也疏罕譬而喻疏○丨猶曉也取事比方以曉人故謂之爲喻也詩螽斯傳螽斯蚣蝑也疏○未丨謂未盡曉其義荀子儒效其言多當矣而未丨也注○喻曉喻也後漢書文苑杜篤傳以喻客意注○丨曉告也漢書文帝紀又不能丨其內志注賈誼傳在於早丨教注○丨曉告之漢書項籍傳丨以所爲注趙充國傳丨以明詔注王莽傳上丨以攝位當反政孺子之意注○丨謂曉告也漢書高五王傳使人丨齊王注董仲舒傳其明以丨朕注匈奴傳下使車騎將軍口丨單于注○丨謂曉解之漢書翼奉傳何聞而不丨注○丨明也呂覽愼小欲丨其信於民注○喻明也淮南修務故作書以喻意注○丨

譬諫也一切經音義廿二引三蒼○劉熊碑孜孜之踰丨作踰

嫗 說文丨母也从女區聲○丨伏以氣剖卵也淮南原道羽者丨伏注

芋 說文芋大葉實根駭人故謂之芋也从艸亏聲○丨蹲鴟也史記項羽本紀士卒食丨菽索隱

捕 說文丨取也从手甫聲

哺 說文丨丨咀也从口甫聲○丨口中所含食也漢書高帝紀上輟飯吐丨注○丨食在口中者也漢書張良傳漢王輟食吐丨注○丨謂所食在口者也漢書匈奴傳贊稚子咽丨注

污 說文丨薉也一曰小池爲丨一曰涂也从水亏聲○丨塗也一切經音義六引字林

忤 說文悟逆也从午吾聲○丨謂相違逆也漢書蕭望之傳繇是大與高恭顯丨注○悟觸也穆天子傳六於是白鹿一悟棄逸出走注

厝 說文厝厲石也从厂昔聲詩曰他山之石可以爲厝

措 說文措置也从手昔聲○丨置也禮記曲禮下丨之廟疏月令丨之于參保介之御閒疏中庸弗丨也疏又一切經音義九引字林又呂覽孟春丨之于參保介之御閒注○錯置也易序卦傳然後禮義有所錯虞注又禮記仲尼燕居加於身而錯於前疏○錯安置也漢書王莽傳下民無所錯手足注○丨者置也置意於言也公羊昭十二年傳注不欲令人妄億錯疏○錯廢也書微子序殷旣錯天命馬注○丨猶用也禮記中庸故時丨之宜也疏○禮記緇衣注則刑可以錯釋文本又作丨

錯 丨爭錯也史記燕昭公世家丙丨齊晉索隱引劉氏○丨謂交丨易繫辭上傳丨綜其數疏○丨慴

猶倉卒也後漢書寒朗傳而二人丨慴不能對注

酢 說文酢醶也从酉乍聲

鮒 說文丨魚名从魚付聲

祔 說文丨後死者合食于先祖从示付聲○丨祭告於其祖之廟禮記檀弓下明日丨于祖父注○丨備也禮記曾子問殤不丨祭疏○丨者丨祭於神當從示旁爲之禮記雜記上大夫附於士疏

仆 說文丨頓也从人卜聲○丨僵丨也漢書鄒陽傳卒丨濟北注引應劭○丨是偃僵之義詩蕩傳顚丨疏○丨者臥其表也史記司馬穰苴列傳丨表決漏索隱

賻 說文新附丨助也从貝尃聲○貨財曰丨周禮職喪注有事謂含襚贈賵之屬疏又左氏隱元年傳

注尸未葬之通稱疏引釋例又公羊隱元年傳又史記魯仲連鄒陽列傳死則不得ㄧ襚正義○ㄧ布帛禮記文王世子至于賵ㄧ承含疏○布帛曰ㄧ漢書朱建傳以辟陽侯故往ㄧ注○送終者布帛曰ㄧ漢書敘傳上ㄧ賵甚厚注○贈終者布帛曰ㄧ漢書何竝傳死雖當得法ㄧ勿受注○助生人營葬曰ㄧ禮記少儀ㄧ馬與其弊疏○ㄧ賵所以佐生也荀子大略

赴 說文赴趨也从走仆省聲○ㄧ猶急疾也喪服小記注報讀爲ㄧ疾之ㄧ疏○凶事謂之ㄧ左氏春秋序ㄧ告策書疏

酺 ㄧ爲之言布也王德布於天下而合聚飲食爲ㄧ漢書文帝紀ㄧ五日注○ㄧ字或作脯漢書文帝紀ㄧ五日注

惡 ㄧ謂讒毀也漢書鄒陽傳ㄧ之孝王注廣川惠王越傳若數ㄧ望卿注○ㄧ謂讒毀之也漢書衡山王賜傳厥姬乃ㄧ徐來於太子注○ㄧ謂言其過惡漢書張禹傳數毀ㄧ之注○ㄧ謂譖毀之言其過惡漢書爰盎傳後雖ㄧ君注○ㄧ謂毀譖言其罪惡也漢書樊噲傳人有ㄧ噲黨於呂氏注○ㄧ謂忌諱漢書夏侯勝傳ㄧ察察言注○ㄧ即矢也漢書昌邑哀王髆傳如是青蠅ㄧ矣注○北海相景君銘分明好惡ㄧ作恩○西狹頌示之以好悳ㄧ作悳

互 說文笡可以收繩也从竹象形中象人手所推握也互笡或省○ㄧ字或作牙謂若犬牙相交入之意也漢書劉向傳宗族磐ㄧ注

孺 說文ㄧ乳子也一曰輸也輸尚小也从子需聲○ㄧ稚也禮記內則祗見ㄧ子疏○ㄧ小也文選幽通賦嫣巢姜於ㄧ簸分注引應劭○ㄧ子幼少稱也文選中山王孺子妾歌注引漢書如淳注○ㄧ之言屬禮記曲禮下大夫曰ㄧ人注

怖 說文悑惶也从心甫聲怖或从布聲○ㄧ肝猶戒懼淮南脩務蕉心ㄧ肝注

煦 說文煦蒸也一曰赤皃一曰溫潤也从火昫聲○ㄧ暖也文選演連珠注引韓詩章句

寓 說文ㄧ寄也从宀禺聲庽ㄧ或从广○ㄧ寄也詩式微序黎侯ㄧ于衛箋又釋文○ㄧ即偶也史記酷吏列傳偶人象索隱

冱 ㄧ凝也漢書五行志上金鐵冰滯涸堅注

瓠 說文ㄧ匏也从瓜夸聲凡ㄧ之屬皆从ㄧ○ㄧ瓢也史記屈原賈生列傳斡棄周鼎兮而寶康ㄧ索

隱○ㄧ落大貌文選謝靈運永初三年詩注引莊子司馬注○瓡即ㄧ字也漢書王子侯表上瓡節侯息注○爾雅釋草ㄧ棲瓣釋文舍人本又作瓡

謼 說文ㄧ評ㄧ也从言虖聲○呼號叫也禮記曲禮上城上不呼釋文○呼謂大喚也漢書陳勝傳遮道而呼涉注○ㄧ字與呼同漢書賈山傳一夫大ㄧ注

泝 說文逆流而上曰泝洄泝向也水欲下違之而上也从水㡿聲遡泝或从朔○ㄧ逆流而上也漢書李廣利傳從ㄧ河山疏○遡謂逆流而上也漢書楊雄傳上楊氏遡江上處巴江州注○愬與遡古字通文選西征賦愬黃卷以濟潼注○愬與遡同文選七命遡九秋之鳴飈注

屢 ㄧ數也易繫辭下傳其爲道也ㄧ遷疏又禮記郊特牲孔子ㄧ歎之疏樂記臨事而ㄧ斷注又國語

晉語子於伯楚丨困注○丨亟也爾雅釋言○婁讀曰丨漢書宣帝紀婁蒙嘉瑞注元帝紀婁遭凶咎注藝文志而婁煩卜筮注○婁古丨字漢書宣帝紀婁蒙嘉瑞注元帝紀婁敕公卿注成帝紀災異婁發注黎民婁困於飢寒注火災婁降注哀帝紀婁敕公卿注食貨志上然婁敕有司以農爲務注公孫宏傳婁舉賢良注嚴助傳婁舉賢良文學之士注趙充國傳婁奏封章注谷永傳婁失中與注災異婁降注婁省無怠注何武傳婁蒙瑞應注師丹傳變婁婁臻注酷吏嚴延年傳婁蒙豐年注外戚傳下日寖婁深注王莽傳上婁省朝政注○詩角弓式居婁驕荀子非相作式居丨驕

跗 丨爲足丨素問刺禁論刺丨上中大脈注

殬 說文殬敗也从歺睪聲商書曰彝倫攸殬○丨古度字也後漢書張衡傳惟盤逸之無丨兮注

捂 丨卽逆也儀禮既夕注謂對相授疏○梧支也後漢書方術徐登傳梧鼎而爨注○梧相支柱不安也漢書司馬遷傳贊或有抵梧注○梧讀曰迕相觸迕也漢書司馬遷傳贊注引如淳

簬 說文丨箘丨也从竹路聲夏書曰惟箘丨楛古文丨从輅

呴 煦吹煦也漢書中山靖王勝傳夫眾煦漂山注引應劭○丨諭溫恤也淮南原道丨諭覆育注○丨噓皆開口出氣也漢書王褒傳丨噓呼吸如僑松注○丨丨言語順也漢書東方朔傳愉愉丨丨注○丨讀以口相呼之吁淮南俶眞陰陽所丨注

瞿 丨爲良士貌詩東方未明疏○丨丨休休皆良士顧禮節之儉也爾雅釋訓舍人注○丨然自失之意也漢書王莽傳中懼然祇畏注○丨然失守貌漢書惠帝紀聞叔孫通之諫則懼然注○丨然無守之貌漢書吳王濞傳膠西王丨然駭曰注鄒陽傳長君懼然曰注○懼然失守之貌也漢書東方朔傳於是吳王懼然易容注○丨丨梅梅不審貌也禮記玉藻視容丨丨梅梅注○丨丨驚遽之貌禮記玉藻疏

莬 丨奚顆涷爾雅釋草

馵 說文丨馬後左足白也从馬二其足讀若注○馬後足白爲丨易說卦傳爲丨馬疏

婺 說文丨不繇也从女敄聲○須女謂之丨女廣雅釋天○丨女一曰須女北方元武之宿淮南時則日丨女中注

枑 說文丨行馬也从木互聲周禮曰設陛丨

籲 說文丨呼也从頁籥聲讀與籥同商書曰率丨眾戚

屬 丨猶接也文選應詔樂遊苑餞呂僧珍詩超乘盡三丨注引顧野王

嫮 丨美貌也漢書楊雄傳上知眾丨之嫉妒兮注○丨美目貌漢書禮樂志眾丨並注引如淳○嫮夸姃也漢書韓安國傳卽以嫮鄙小縣注引服虔

酗 說文酗醉醟也从酉句聲○丨是酒怒書泰誓中淫丨肆虐疏○酗卽丨字也漢書趙充國傳湯數醉酗羌人注○丨從酉以凶爲聲是丨爲凶酒之名書無逸疏

丨又作護同爾雅釋地釋文○爾雅釋地周有焦

穫 丨詩六月釋文作焦護

坿 說文丨益也从土付聲○白丨白石英也漢書司馬相如傳上雌黃白丨注引蘇林

秺 秺音腐蠹漢書景武昭宣元成功臣表秺侯商丘成注引如淳

涸|讀與沍同漢書郊祀志上秋|凍注五行志上
金鐵冰滯|堅注

傃|猶鄉也禮記中庸素隱行怪注

駙說文|副馬也从馬付聲一曰近也一曰疾也○|副馬也漢書百官公卿表上|馬都尉注○|馬箱外之立木承重校者史記司馬穰苴列傳車之左|正義引劉伯莊

足|恭謂便僻也漢書趙敬肅王彭祖傳卑諂|恭注

餔|以食飼人也史記高祖本紀呂后因|之正義

蚹|蠃負螺而行因以名之爾雅釋魚|蠃孫氏正義

蒟||醬也文選蜀都賦|蒻茱萸劉注

擭|捕獸之器也書費誓疏○|所以捕禽獸機檻之屬書費誓王注○|柞鄂也周禮雍氏注溝瀆澮田閒通水者也疏○|謂柞鄂也禮記中庸驅而納諸罟|陷阱之中疏

○以下據廣韻錄

禺說文|母猴屬頭似鬼从甶从内

𦒱說文|老人行才相逮从老省易聲讀若樹

尌說文|立也从壴从寸持之也讀若駐

侸說文|立也从人豆聲讀若樹

鮒說文|魚名从魚付聲

狂說文|黃犬黑頭从犬主聲讀若注

界說文|舉目驚|然也从夰从䀠䀠亦聲○|目驚||然廣韻引埤蒼

䀠說文|左右視也从二目凡|之屬皆从|讀若拘又若良士瞿瞿

昫說文|日出溫也从日句聲北地有|衍縣

隃說文|北陵西|鴈門是也从𨸏俞聲

[illegible]赴同○說文|疾也从三兔闕○赴行也一切經音義七引廣雅

𧿒說文|趣越皃从足卜聲

𦍩說文|六月生羔也从羊孜聲讀若霧

嵍說文嵍山名从山敄聲

敄說文|彊也从攴矛聲

埾說文|土積也从土从聚省

聚說文|會也从㐺取聲邑落曰|

𢒉說文|結也从彡付聲

陚說文|邱名从𨸏武聲

𨘢說文𨘢不行也从𨑥䲨聲讀若住

壴說文|陳樂立而上見也从屮从豆凡|之屬皆从|

豉|勇也廣雅釋詁二

慔 說文丨勉也从心莫聲

詫 說文丨奠爵酒也从宀託聲周書曰王三宿三祭三丨

槶 說文丨丨斗可射鼠从木固聲

遻 丨見也爾雅釋詁〇心不欲見而見曰丨爾雅釋詁舊注〇迕猶驚也穆天子傳六注〇逢遻謂相逢而驚也史記天官書索隱〇遻亦作迕史記天官書其人逢遻化言索隱

婟 說文丨嫪也从女固聲

𥫍 說文丨可以收繩也从竹象形中象人手所推握也互丨或省

⿱罒互 說文罜罟也从网互聲〇丨兔罟也廣雅釋器

⿸虘且 說文丨凡往也从且虘聲

笯 說文丨鳥籠也从竹奴聲

⿰酉苦 說文丨韭鬱也从艸酤聲

荹 說文丨亂艸从艸步聲

〇以下據集韻錄

⿰魚瞿 說文丨魚名从魚瞿聲

⿱艸傅 說文丨華葉布从艸傅聲讀若傅

⿱艸富 說文丨蓄也从艸富聲

䩉 說文丨頰也从面甫聲

覰 說文丨拘丨未致密也从見虘聲

冣 說文丨積也从冖从取取亦聲

裋 說文丨豎使布長襦从衣豆聲

踄 說文丨蹈也从足步聲

⿱艸固 說文丨艸也从艸固聲

⿱宀吾 說文丨寎也从宀吾聲

經籍纂詁卷第六十六補遺終

經籍籑詁卷第六十七

經筵講官南書房行走禮部左侍郎兼署兵部左侍郎提督浙江學政阮元撰集

去聲

八霽

霽｜雨止也爾雅釋天釋文引字林又後漢安帝紀注王允傳注○雨止曰｜一切經音義八引通俗文○濟謂之｜爾雅釋天○今南陽人呼雨止爲｜爾雅釋天注○｜如雨止者雲在上也書洪範曰｜鄭注○｜止也漢書魏相傳集注引臣瓚又淮南本經霜雪不｜注○｜亦止也後漢陳忠傳注○｜齊亦止也書中候臨壇止｜注○｜音限齊之齊漢書魏相傳集注引蘇林○｜子系反爾雅釋天釋文引字林○書洪範曰｜周禮大卜注史記宋微子世家皆作曰濟

制｜裁也國語晉語故能治事以｜百物注又淮南主術猶巧工之｜木也注○｜斷也禮記王制凡｜五刑注又淮南氾論行無專｜注○｜折也廣雅釋詁一○｜禁也廣雅釋詁四又淮南脩務人不能｜注○｜御也國策秦策王因而｜之注○｜者主也呂覽禁塞以告｜兵者注○｜專｜也國語晉語二三子之｜也注○｜謂擅之也莊子庚桑楚而鯢鰌爲之｜釋文引王注○｜猶禽也淮南主術是皆以利見｜於人也注○｜猶從也淮南氾論聖人作法而萬物｜焉注○艮止爲｜易象下傳君子以｜數度虞注○艮手稱｜易象下傳節以｜度虞注○｜｜作也孟子梁惠王上可使｜梃注又楚辭招魂晉｜犀比注○不｜不造新也周書大匡服漱不！注○｜法也國語越語君行｜注又呂覽節喪以軍｜立之注上農此聖人之｜也注又楚辭招魂盛鬋不同｜注○｜度也國語越語必有以知天地之恒｜注○｜法度也禮記曲禮上必告之以其｜注又荀子解蔽王也者盡｜者也注○｜謂｜度素問八正神明論星辰者所以｜日月之行也注○｜謂準度素問六節藏象論天度者所以｜日月之行也注○費用約儉謂之｜節孝經｜節謹度注○｜職分荀子王霸士大夫莫不敬節死｜者矣注○｜亦謂差等也荀子王制處國有｜注○｜作國之典也後漢蔡邕傳○｜｜書也後漢范冉傳注○｜書者｜度之命也獨斷上○｜書者帝者｜度之命後漢光武紀上注○｜謂君教令所使爲之禮記曲禮下士死｜注○｜者王者之言必爲法｜也獨斷上○｜誓也廣雅釋言○｜術數也呂覽去宥威王好｜注○母勝子曰｜淮南天文○｜布帛幅廣狹也禮記王制度量數｜注○｜謂匹長也周禮內宰杜注質人壹其淳｜杜注○丈八尺曰｜儀禮旣夕賵用｜幣注○純｜天子巡守禮所云｜幣丈八尺純四𠬶與

周禮內宰出其度量淳｜注○弓長六尺有六寸謂之上｜上士服之弓長六尺有三尺謂之中｜中士服之弓長六尺謂之下｜下士服之考工記弓人○五離爲一｜管子乘馬○莊子外物自｜河以東釋文｜本作浙○鄭石｜字子服見左宣十二年傳

計｜謀也廣雅釋詁四又一切經音義十四引國語賈注又離騷相觀民之｜極注○｜慮也國語吳語以能遂疑｜惡注○｜者事之機也史記淮陰侯傳○｜者所以定事也韓非子存韓○｜挍也廣雅釋言○前後三考而絀陟命之曰｜春秋繁露考功名○｜上｜也管子立政州長以｜｜于鄉師注○｜會呂覽季冬命司農｜耦耕事注○｜算也國語鄭語｜億事注○｜算術也後漢馮勤傳注○｜數｜算也荀子富國其於貨財取與｜數也注○｜簿書也國策齊策五官之｜注○｜謂人庶名籍若今｜

帳後漢光武紀下注〇丨數剛柔也輕重也大小也實虛也遠近也多少也謂之丨數管子七法

勢 亦作埶〇埶謂形埶考工記弓人射遠者用埶司農注〇丨力也易象上傳地丨坤君子以厚德載物虞注又淮南脩務各有其自然之丨注又國策秦策其丨不能注〇埶埶位也禮記禮運在埶者去注〇丨業權丨事業也荀子王霸雖臧獲不肎與天子易丨業注〇埶列班列也荀子正名無埶列之位而可以養名注〇丨親也法言問神盍丨諸名卿可幾也注

世 丨三十年也論語子路必丨而後仁皇疏〇三十年曰丨論語子路集解引孔注〇三十年爲一丨後漢祭肜傳注〇一丨三十年也論衡宣漢〇丨時也呂覽誣徒羈神於丨注〇丨歲也萬物以歲爲丨禮記曲禮去國三丨釋文引虞王注〇丨後丨也國策秦策澤可以遺丨注〇丨身國策秦策負芻必以

魏歿丨事秦注〇丨猶身也淮南脩務後丨無名注〇終一人之身爲丨呂覽用民古昔多由布衣定一丨者矣注〇沒丨爲丨呂覽觀世以終其丨注〇丨嗣也國語晉語非德不及丨注〇丨謂繼也荀子彊國有天下者之丨也注〇丨繼丨也國語吳語吳國猶丨注〇父死子繼曰丨國策秦策取丨監門子注又呂覽圜道皆欲丨勿失矣注〇父子相繼曰丨史記周本紀丨后稷集解引唐固〇丨及謂父子相繼也後漢朱景王杜馬劉傳堅馬傳注〇丨鄉者父死子繼也公羊隱三年傳譏丨卿注〇父丨子立曰丨周禮大行人丨相朝也注〇父子曰丨書畢命丨變風移傳〇父子爲丨國語晉語丨及武子注〇丨臣父時老臣禮記曲禮下大夫不名丨臣姪娣注〇天子丨子丨天下也穀梁僖五年傳〇丨子天子諸侯之適子也禮記喪服小記丨子不降妻之父母注〇父之兄曰丨父言爲嫡統繼丨也釋名釋親屬〇父之昆弟先生爲丨父爾雅釋親〇父之兄妻爲丨母同上〇父之丨父爲從祖祖父父之丨母爲從祖祖母同上〇本生萬物曰丨周書本典〇丨事謂士農工商之事周禮大司徒十曰以丨事教能注〇丨室猶丨室也丨丨不毀也公羊文十三年傳〇丨室者不毀之名也禮記明堂位文丨室也注〇夫丨之得名緣於君上人之父子相繼亦取其名故以一代之人通呼爲丨文選歎逝賦丨閱人而爲丨注〇丨或爲太禮記曲禮下不敢與丨子同名注〇左氏襄廿九年經衞丨叔儀襄十四年傳作太叔〇書呂刑刑罰丨輕丨重後漢應劭傳作刑罰時輕時重〇宋華丨字子家見左傳文十六年正義

麗 丨美也國策衞策始君之所行於世者食高丨也注中山策佳丨人之所出也注又漢書司馬相如傳上集注東方朔傳集注楊雄傳上集注又淮南精神高臺層榭人之所丨也注又文選西京賦紛瑰丨

以參靡薛注登徒子好色賦玉爲人體貌閑丨注〇丨好也廣雅釋詁一又漢書地理志下集注又文選思元賦旣姱丨而鮮雙兮舊注〇丨美好也楚辭招魂丨而不奇些注〇丨光華也文選甘泉賦于胥德兮丨萬世注羽獵賦未遑苑囿之丨注〇丨靡也漢書司馬相如傳下集注引張揖〇丨離也易象下傳說而丨乎明虞注又廣雅釋言〇丨猶連也易象下傳丨澤注〇丨附也周禮大司寇而未丨於灋注小司寇以八辟丨邦灋注鄉士各丨其灋注又禮記王制郵罰丨於事注又後漢張衡傳注又家語刑政凡罰丨於事注〇丨者附也論衡說日〇丨猶繫也禮記祭義旣入廟門丨於碑注〇丨施也儀禮士喪禮設決丨于擊注又廣雅釋詁三〇丨著也漢書楊雄傳下集注又文選吳都賦安可以儷王公而著風烈也注〇丨着也素問五運行大論五行丨地也注〇丨猶著也易象上傳離丨也注〇未附於灋未著於

瀴也周禮大司寇注○丨過也淮南俶眞猶條風之
時丨也注○丨思也小爾雅廣言○丨兩也同上○
丨偶也漢書楊雄傳上集注○丨耦也周禮夏官序
官鶩馬丨一人注校人丨馬一圉注○偶物爲丨方
言三藏數也注○丨數也詩文王其丨不億傳又小
爾雅廣言○丨億數也孟子離婁上其丨不億注○
眸子明而不正曰通視又謂之丨視丨離也言一目
視天一目視地目明分離所視不同也釋名釋疾病
○西北曰丨風淮南墬形注○丨風乾氣所生也一曰
閶闔風淮南墬形注○丨屋㯼也莊子人閒世求高
名之丨者釋文引司馬注○丨譙高樓也莊子徐無
鬼君亦必無陳鶴列於丨譙之閒注○丨譙樓觀名
也莊子徐無鬼釋文引司馬注○丨小船也莊子人
閒世釋文引司馬注○古文丨亦爲連儀禮士喪禮
設決丨于擘注○杜子春讀丨爲羅周禮小司寇
注○丨與儷同荀子正名累而成文名之丨也注

歲 丨遂也廣雅釋言○丨者遂也白虎通四時○丨
之爲言遂也古微書引春秋元命苞○丨越也越
故限也釋名釋天○丨三百六十五日四分日之一
素問至眞要大論主丨者紀丨注○四時謂之丨素
問六節藏象論○四時終則成丨周書小開武九丨
以紀終注○旦暮積謂之丨荀子儒效○丨謂從攝
提格至赤奮若周禮哲蔟氏十有二丨之號注○乾
爲丨易同人三丨不興虞注坎三丨不得虞注○坎
爲丨丨易漸婦三丨不孕虞注豐三丨不覿虞注○夏
曰丨爾雅釋天○夏曰丨一曰稔也獨斷上○四時
一終曰丨取丨星行一次也爾雅釋天孫注○丨取
丨星行一次爾雅釋天注○中數曰丨周禮大史正
丨年以序事注○正丨謂夏之正月得四時之正以
出敎令者審也周禮小宰正丨注○正丨夏正月朔
日周禮大司徒正丨注○丨謂太丨丨星與日同次
之月斗所建之辰也周禮保章氏以十有二丨之相

注馮相氏掌十有二丨注○丨者總號其成功之稱
公羊隱元年傳丨之始也注○丨年穀也左氏京十
六年傳國人望君如望丨焉注○富丨豐年也孟子
告子上富丨子弟多賴注○樂丨豐年孟子滕文公
上樂丨粒米狼戾注○生丨十有二生十二子皆以
丨名名之山海經海內經噎生丨十有二注○士祭
曰丨事儀禮特牲饋
食禮諏此某事注

衞 丨護也易大畜日閑輿丨注○丨扞也呂覽恃君
爪牙不足以自守丨注○丨蔽扞也國語齊語以
丨諸夏之地注○丨猶護利也呂覽懷寵丨人之讎
者注○丨刺也淮南原道彎棊丨之箭注○丨嘉也
爾雅釋詁○丨者水榖之悍氣也素問痺論○震爲
驚丨易大畜虞注○丨從兵也左氏文七年傳文公
之入也無丨服注○丨尉秦官掌宮門丨屯兵也後
漢安帝紀注○周丨言宿丨周密也文選報任少卿

書出入周丨之巾注○丨坐也爾雅釋詁○丨丨圻
也國語周語侯丨賓服注○四丨四方諸侯守丨者
蠻服以內周禮巾車以封四丨注○四丨四枝也呂
覽審時四丨變彊注○方千里曰國畿其外方五百
里曰侯畿又其外方五百里曰甸畿又其外方五百
里曰男畿又其外方五百里曰采畿又其外方五百
里曰丨畿周禮大司馬○邦畿方千里其外方五百
里謂之侯服歲壹見其貢祀物又其外方五百里謂
之甸服二歲壹見其貢嬪物又其外方五百里謂之
男服三歲壹見其貢器物又其外方五百里謂之采
服四歲壹見其貢服物又其外方五百里謂之丨服
五歲壹見其貢材物周禮大行人○方千里曰王畿
其外方五百里曰侯服又其外方五百里曰甸服又
其外方五百里曰男服又其外方五百里曰采服又
其外方五百里曰丨服周禮職方氏○方千里曰王
圻其外方五百里爲侯服又其外方五百里爲甸服

又其外方五百里爲男服又其外方五百里爲采服
又其外方五百里爲丨服周書職方○矢其旁曰羽
濟人曰丨所以導
丨矢也釋名釋兵

濟 丨渡也爾雅釋言又詩匏有苦葉丨有深涉傳又
禮記檀弓下西討丨於河注又公羊僖廿二年傳
楚人丨泓而來注又爾雅釋水丨有深涉李注又國
語魯語諸侯伐秦及涇莫丨注又史記樂書丨河而
西正義又法言寡見浩浩之海丨注又淮南精神禹
南省方丨于江注又離騷丨沅湘以南征兮注朝吾
將丨于白水兮注湘夫人夕丨兮西澨注涉江旦余
丨乎湘江注靈懷丨湘流而南極注○丨度也國語
晉語雖丨其罪可也注○丨謂度也文選東京賦臣
丨參以陵君薛注○丨丨渡易未濟小狐汔丨虞注
○深曰丨漢書霍去病傳集注引張晏○丨通也淮
南原道強丨天下注○丨遂也周書皇門乃而子于

丨注○丨成也爾雅釋言又禮記樂記事蚤丨也注
祭統夫義者所以丨志也注又左氏文十八年傳世
丨其美注成二年傳樹德而丨同欲焉注襄廿七年
傳而以僭丨之注哀十四年傳彼不臣而丨其言注
又周書小明武丨用金鼓注又國語周語若能有丨
也注肅所以丨時也注又史記五帝紀世丨其美索
隱又後漢鄭興傳注荀悅傳注又楚辭懷沙陷滯而
不丨注○知人曰丨管子白心○丨監也後漢陳寵
傳注○丨益也爾雅釋言又左氏桓十一年傳盍請
丨師於王注又漢書禮樂志集注董仲舒傳集注又
老子丨其事注○丨丨多士貌荀子大略朝廷之美
丨丨鎗鎗注○丨止也詩載馳不能旋丨傳又莊子
齊物論厲風丨則萬竅爲虛注又釋文引向注又淮
南時則三月春風不丨注○既丨定也易雜卦傳○
未丨者未成也易未濟征凶干注○未丨男之窮也
易雜卦傳○未丨易之終也大戴記保傳易之乾巛

注○丨憂也廣雅釋詁二○丨丨敬也廣雅釋訓○
丨郡名也書序丨南釋文○丨丨水四瀆之一至河南
溢爲滎澤後漢順帝紀注○丨丨者齊齊其度量也風
俗通山澤○丨者如雨止之雲氣在上者也書洪範
曰霽鄭注○丨當爲擠國語晉語二帝用師以相
丨也注○周易略例同舟而丨釋文丨本作載

弟 丨次也廣雅釋詁三又小爾雅廣詁又國語周語
由是丨之注○弟次也漢書陳勝傳集注引應劭
又呂覽原亂亂必有弟注○丨次丨也左傳哀十六
年楚國丨釋文又史記陳涉世家集解引服虔○丨
謂有甲乙之次丨後漢安帝紀注○丨宅也有甲乙
之次故曰丨後漢東平憲王蒼傳注○丨館也文選
西京賦北闕甲丨薛注○出不由里門面大道者名
曰丨文選古詩注引魏王奏事○丨但也漢書酈食
其傳集注又後漢崔瑗傳注○弟但也史記五帝紀
顧弟弗深考集解引徐廣又後漢賈復傳注○丨且

也史記晉世家索隱引蘇林陳涉世家集解引蘇林
司馬相如傳丨俱如臨邛索隱引文穎又文選蜀都
賦丨如滇池劉注○弟且也史記五帝紀正義孫子
吳起傳君弟重射索隱又漢書陳勝傳集注引蘇林
司馬相如傳上集注引文穎○丨發語之急耳史記
司馬相如傳索隱引郭璞○丨一音次丨之丨史記
陳涉世家索隱○易
第二釋文丨本作弟

藝 亦作埶○丨植也後漢崔駰傳注又孟子滕文公
上樹丨五穀注○埶種也左氏昭六年傳不采埶
注又史記五帝紀埶五種索隱○埶種也廣雅釋地
○丨理家語禮運協於分丨注丨者理之分注○埶
脩蒔也國語周語墾田若埶注○埶極也國語魯語
貪無埶注晉語貪欲無埶注○丨極也一曰常也左
氏昭十三年傳貢之無丨服注○埶治也廣雅釋詁
三○丨樹也周書糴匡餘子務丨注又文選述祖德

詩傍巖丨枌梓注○蓺樹也詩南山蓺麻如之何傳
鴇羽不能蓺黍稷箋生民蓺之荏菽箋又史記五帝
紀蓺五種集解○丨準也左氏文六年傳陳之丨極
注二○蓺射的也國語越語用人無蓺注○丨文也書
舜典歸格于丨祖傳○丨禰也書舜典馬注○丨播
種荀子子道耕耘樹丨注○丨才技也禮記樂記丨
成而下注○丨法制左氏昭十三年傳貢之無丨注
○丨六經也文選上林賦游乎六丨之囿注魯靈光
殿賦序覩丨於魯注○丨六丨也一曰五禮二曰六
樂三曰五射四曰五御五曰六書六曰九數禮記少
儀游于丨注○丨六丨禮記少儀問道丨注○六丨
禮樂射御書數周禮大司徒又文選上林賦游于六
丨之囿郭注○六丨六經也文選公孫宏傳贊亦講
論六丨注○丨猶才也丨或爲倪禮記禮運故功有
丨也注○丨猶才也禮記禮運義者丨之分仁之節
也注○蓺猶蒔也周禮大司徒以教稼穡樹蓺注○

蓺猶樹也禮記坊記蓺麻如之何注○埶謂謀略也
後漢崔駰傳注○丨謂書數射御後漢伏湛傳注○
丨謂禮樂射御書數周禮宮正會其什伍而教之道
丨司農注春官序官以其丨爲之貴賤之等注又禮
記學記不興其丨注○丨謂多才能也論語雍也求
也丨集解引孔注○曲丨爲小技能也禮記文王世
子曲丨皆誓之注○禮樂春秋易詩書爲六藝後漢
章帝紀注○射準的曰丨史記司馬相如傳丨殪仆
集解引徐廣○體才曰丨文選思元賦雜伎丨以爲
珩舊注○藝古丨字漢書司馬遷傳集注○埶古藝
字漢書楚元王傳集注○書允征丨事以諫釋文丨
本作藝○書禹貢岷嶓既丨史記夏本紀作汶嶓既
蓺○詩楚茨我蓺黍稷
說文丮部作我埶黍稷

惠 丨愛也周書謚法又書皐陶謨安民則丨傳又詩
北風丨而好我傳褰裳子丨思我傳小弁君子不
丨箋民勞丨此中國箋瞻卬則不我丨箋烈文丨我
無疆箋又論語憲問丨人也集解引孔注又國語周
語精潔丨和注寬肅宣丨注晉語柔丨小物注又後
漢順帝紀注左雄傳注又呂覽懷寵下不丨民注○
愛民好與曰丨周書謚法又獨斷下○柔質慈民曰
丨周書謚法○丨所和民也國語周語○丨順也書
舜典亮采丨疇傳又詩燕燕終溫且丨傳抑丨于朋
友箋桑柔維此丨君箋楚茨孔丨孔時箋思齊丨于
宗公箋又國語晉語若丨於父母注又周書大戒丨
咸咸服注又漢書藝文志集注又荀子非十二子甚
察而不丨注辨不丨而察注又管子度地天下之人
皆歸其德而丨其義注○丨猶善也禮記表記節以
壹丨注○丨仁也廣雅釋詁四○丨恩也文選東京
賦丨風廣被薛注○丨恩丨也論語里仁小人懷丨
集解引苞注又荀子王制庶人駭政則莫丨之注○
丨恩丨利人也論語里仁皇疏○丨人之高行也孟

子離婁下可以取章章指○丨賜也廣雅釋言○丨
亦賜也荀子大略賤者丨焉注○丨施也莊子則陽
丨子明之而見戴晉人釋文○丨謂恤其不足也禮
記月令行慶施丨注○丨謂私丨穀梁隱元年傳春
秋貴賤而不貴丨注○心省恤人謂之丨賈子道術
○分人以財謂之丨孟子滕文公上○以賙衣食曰
丨周禮旅師施其丨注○施丨賙䘏之周禮司救而
以王命施丨注○丨猶飾也方言也山海經中山經
祠嬰用圭璧十五五彩丨之注○丨三隅矛書顧命
二人雀弁執丨傳○丨狀蓋斜刃宜芟刈書顧命鄭
注○丨蛄山蟬莊子逍遙游丨蛄不知春秋釋文引
崔注○丨蛄寒蟬也一名蝭蟧莊子逍遙游釋文引
司馬注○丨蛄蛁蟧也莊子逍遙游釋文引崔注○
莊子逍遙游釋文丨本作蟪○書無逸能保丨于庶
民史記魯周公世
家作能保施小人

慧 丨智也史記五帝紀幼而徇齊索隱○知或謂之丨丨方言三○丨解瞭也國語齊語聰丨質仁注○丨丨憭皆意精明方言三注○亟見宛察謂之丨賈子道術○柔質受諫曰丨周書謚法○丨瘉也廣雅釋詁二○丨乾也廣雅釋詁二○丨然謂清爽也素問八正神明論丨然獨悟注○魯讀丨爲惠今從古論語衛靈公好行小丨鄭注

幣 丨帛也禮記曲禮下丨曰量丨注又莊子則陽進所持丨而扶翼釋文○丨東帛也國策齊策請具車馬皮丨注○丨謂元纁東帛也淮南時則用圭璧更皮丨注○丨人所造成以自覆蔽謂束帛也儀禮聘禮記丨美則沒禮注○丨元纁也儀禮既夕賓奉丨由馬西注○丨玉帛也國語鄭語乃布丨焉注○丨繒帛之貨也孟子梁惠王下事之以皮丨注○丨貢繡帛周禮大宰四曰丨貢司農注○丨貢玉馬皮

帛也周禮大宰注○丨圭璧呂覽制樂丨帛以禮豪士注○丨貨國策秦策王其爲君約車并丨注○丨貨財也國策秦策府具丨注○丨錢也史記吳王濞傳亂天下丨集解引如淳○丨者奉御之物莊子則陽史鰌奉御而進所搏丨而扶翼注○丨所用賻也周禮宰夫掌其戒令與其丨器財用注○丨享丨也周禮司儀各稱其邦而爲之丨注○玉丨諸侯享丨也周禮大宰贊玉丨玉獻玉几玉爵注○玉丨丨所以禮神玉與丨各如其方之色周禮大宰贊玉丨爵之事注○丨帛所以贈勞賓客者周禮大宰六曰丨帛之式注○丨禮丨主國君初禮賓之丨也儀禮聘禮執禮丨注○丨謂給公用之餘周禮職幣與凡用邦財者之丨注○丨餘百工之餘周禮大宰九曰丨餘之賦司農注○丨餘謂占賣國中之斥丨周禮大宰注○丨餘占賣國之斥丨周禮大府丨餘之賦以待賜予注○丨餘使者有餘來還也周禮大府司農注○丨號玉曰嘉玉丨曰量丨之屬也獨斷上○丨古文作贅一切經音義十四

桂 丨橘木因名云耳山海經大荒西經西北海外有丨山有橘山注○丨竹今丨陽縣出筆竹又交趾有篥竹亦此類也山海經中山經雲山有丨竹注

滯 丨廢也國語晉語底著丨淫注楚語底則丨注○丨止也淮南原道是故能天運地丨注時則流而不丨注○丨留也楚辭涉江淹回水而凝丨注○丨積也國語周語氣不沈丨注於是乎氣無丨陰注○丨久也國語魯語告敢丨積以紓執事注○丨蟄蟲也國語周語震雷出丨注○丨沛水灑散貌史記司馬相如傳莽揚丨沛索隱引郭璞○丨沛莽揚之貌也文選上林賦莽揚丨沛注○丨讀如沈丨之丨周禮廛人凡珍異之有丨者注○故書丨爲癉杜子春云癉當爲丨周禮泉府斂市之不售貨之丨於民用

者注○故書丨或作廛周禮廛人注○石門頌遰导弗前丨作遰

際 丨界也小爾雅廣詁○丨方也廣雅釋詁四○丨會也同上○丨猶會也列子力命佾之丨眛然注○丨合也廣雅釋詁二又淮南精神與道爲丨注○丨至也呂覽知度奇怪之所丨注又淮南原道高不可丨注○丨機也淮南原道一之解丨天地注○丨接也左氏昭四年傳爾未丨注又小爾雅廣言又孟子萬章下敢問交丨何心也注有丨可之仕注又太元元圖長幼丨也注元告浮以丨乎上注○丨捷也爾雅釋詁○五丨卯酉午戌亥也後漢郎顗傳注

厲 丨惡也詩正月胡然丨矣傳民勞以謹醜丨箋桑柔誰生丨階傳瞻卬降此大丨傳又左氏昭廿四年傳誰生丨階注又國語齊語而無大丨注又太元疑貞丨注沈赤肉鴟梟丨注○莊子齊物論丨與西

施釋文又呂覽察賢疾病妖｜去矣注○｜病也論語子張未信則以爲｜己也集解引王肅又皇疏又漢書王莽傳上集注又後漢張衡傳注又孟子滕文公上不爲｜陶冶注又家語辨樂發揚蹈｜之已蚤注又管子入國歲凶庸人訾｜注○｜危也易噬嗑得黃金貞｜虞注遯有疾｜虞注震來｜虞注艮｜熏心虞注又書金縢遘｜虐疾傳又詩民勞以謹醜｜傳又穀梁定元年傳｜也注又易乾夕惕若｜釋文頤｜吉釋文引王肅又廣雅釋詁一又後漢明德馬皇后紀注又太元閑非石如石｜注狩蚤虱之狩｜注格龜鍋｜注夷夷其角｜注唐勿作｜注常女貞｜注滅｜不至注內喪其蘊袍｜注割及其心腹｜注將元｜注○｜高也廣雅釋詁四又呂覽季冬征鳥｜疾注恃君而｜人主之節也注○｜上也廣雅釋詁一○｜奮也漢書揚雄傳上集注又管子牧民兵弱而士不｜注○｜起也文選高唐賦沫潼潼而高｜注○｜抗也荀子宥坐是以威｜而不試注○｜急也文選洛神賦聲哀｜而彌長注○｜嚴也論語述而子溫而｜皇疏又史記樂書粗｜猛起正義○｜嚴貌也文選陸士衡樂府長安有俠邪行烈心｜勁秋注○｜疾也史記樂書發揚蹈｜之已蚤集解引王肅又漢書嚴安傳集注又莊子人間世以爲不知己者詬｜也釋文引司馬注○｜疾貌也文選曹子建贈白馬王彪詩翩翩｜羽翼注盧子諒贈崔溫詩中原｜迅飈注○｜猛也左氏定十二年傳與其素｜注○｜烈也楚辭招魂｜而不爽些注○殺戮無辜曰｜周書謚法○殺戮不辜曰｜國語楚語請爲靈若｜注又呂覽審分幽｜之臣不獨辟注○犯政爲惡曰｜周禮秋官序官司｜注○暴虐無親曰｜獨斷下○｜惡人也莊子天地｜之人夜半生其子注○｜疾氣也中人如摩｜傷物也釋名釋天○｜風氣不和之疾也列子黃帝札傷疵｜釋文

○｜發疾也管子多靡百姓不夭｜注○｜疾病也管子度地｜一害也注○｜疫病禮記檀弓下斬祀殺｜注○｜疫死管子五行旱札苗死民｜注○｜謂疵｜疾疫死也素問至眞要大論毛蟲迺｜注○｜猶災也左氏襄卅一年傳而大｜不行注○｜癩病也史記范雎蔡澤傳漆身爲｜索隱○｜病癩莊子齊物論｜與西施釋文引司馬注○｜鬼也左氏成十年傳晉侯夢大｜注○｜惡鬼也左氏襄廾六年傳｜之不如注○死而無後爲｜莊子人閒世國爲虛｜釋文引李注○｜主殺罰禮記祭法王爲羣姓立七祀曰司命曰中霤曰國門曰國行曰泰｜曰戸曰竈注○｜列也文選長笛賦激朗淸｜注○｜附也文選西都賦注引韓詩章句○｜近也廣雅釋詁三○｜今也方言十二○｜熟也同上○｜合也廣雅釋詁二○｜方也廣雅釋詁一○｜作也爾雅釋詁又書皐陶謨庶明｜翼鄭注○｜爲也廣雅釋詁三○｜爲也吳曰｜方言六○｜勉也後漢杜詩傳注○｜獎｜也周書和寤王乃｜翼于尹氏八士注○｜嚴｜也易頤｜吉釋文○｜陵｜也後漢張衡傳注○｜剛烈也荀子王制威嚴猛｜注○｜嚴正也論語子張聽其言也｜集解引鄭注又皇疏○｜嚴整也文選射雉賦｜耿介之專心兮徐注○｜矜正也論語陽貨色｜而內荏皇疏○｜謂嚴顏色禮記表記不｜而威注○｜淸正之謂也論語子張皇疏○｜謂抗舉荀子議兵威｜而不試注○｜踊起也管子地員粟焉如屑塵｜注○｜鶩疾鶩也荀子禮論步驟馳騁｜鶩不外是矣注○｜遮例也周禮司隸守王宮與野舍之｜禁注○｜遮列守之周禮山虞司農注○｜塋限遮列處周禮墓大夫帥其屬而巡墓｜注○○物爲之｜每處有藩界也周禮山虞物爲之｜注○｜大帶之垂者左氏桓二年傳鞶｜游纓注○｜帶之垂者詩都人士垂帶而｜傳○

帶之垂者爲丨方言四丨謂之帶注○丨帶也廣雅
釋器○以衣涉水爲丨爾雅釋水○繇帶以上爲丨
同上○以衣涉水爲丨謂由帶以上也詩匏有苦葉
深則丨傳○丨以衣渡水文選上林賦越壑丨水郭
注○不解衣而渡水曰丨爾雅釋水以衣涉水爲丨
李注○丨渡也由膝以上爲丨楚辭靈懷櫂舟杭以
橫丨兮注○由鄰以上爲丨論語憲問深則丨鄭注
○至心爲丨詩匏有苦葉釋文引韓詩○丨深可丨
之旁詩有狐在彼淇丨傳○丨涉水也列子說符方
將丨之注○丨渡也史記司馬相如傳丨飛泉以正
東正義又漢書司馬相如傳下集注又家語致思方
將丨之注○丨度也漢書揚雄傳上音義引鄧展陳
湯傳集注○丨兌穴名在足大指次指之端素問陰
陽離合論陽明根起於丨兌注○丨山氏炎帝也起
于丨山或曰有烈山氏禮記祭法丨山氏之有天下
也注○西北曰丨風呂覽有始○丨風乾氣所生一

曰不周風呂覽有始注○丨風大風莊子齊物論丨
風濟則萬竅爲虛釋文引司馬注○丨風悲風莊子
齊物論釋文引向注○丨讀爲賴論語子張未信則
以爲丨己也鄭注○丨讀曰賴漢書地理志上集注
○丨利聲相近史記陳杞世家是爲丨公索隱○周
禮宗伯注有丨山氏之子曰柱釋文丨本作列○春
秋穀梁序鬼神爲之疵癘釋文丨本作癘○爾雅釋
水深則丨釋文丨本作瀨○莊子大宗師丨乎其似
世乎釋文丨崔本作廣○詩匏有苦葉深則丨說文
水部作深則砅○禮記祭法丨山氏左昭廿九年傳
作烈山氏史記五帝紀正義引世紀作連
山氏○史記秦本紀丨龔公又作刺龔公

涕 丨淚也廣雅釋言○丨泣也無聲而淚曰泣一切
經音義二引字林○自目出曰丨文選長門賦丨
流離而從橫注○丨一作洟史記
宋微子世家曰丨集解引徐廣

契 丨券要也禮記曲禮上獻粟者執右丨注○合之
曰丨管子輕重乙使無券丨之責注○書丨符書
也周禮小宰司農注○書丨取予市物之券也其券
之象書兩札刻其側周禮質人掌稽市之書丨注○
書謂簿書丨其最凡也周禮司會凡在書丨版圖者
之貳注○書丨謂出予受入之凡要凡簿書之最目
獄訟之要辭皆曰丨周禮小宰六曰聽取予以書丨
注○夬爲書丨易象上傳君子以懿文德虞注繫辭
下傳易之以書丨虞注○丨取也後漢傅毅傳注○
丨開也詩緜爰丨我龜傳○契栔憂也廣雅釋訓○
丨丨憂貌也楚辭惜賢孰丨丨而委棟兮注○丨丨
憂苦也詩大東丨丨寤歎傳○佻佻丨丨愈遐急也
爾雅釋訓○丨闊勤苦也詩擊鼓死生丨闊傳○丨
闊謂辛苦也後漢傅毅傳注○丨闊約束也詩擊鼓
釋文引韓詩○丨絕也爾雅釋詁○今江東呼刻斷
物爲丨斷爾雅釋詁注○丨刻也易繫辭易之以書

丨九家注又漢書枚乘傳集注○栔刻也廣雅釋言
○丨猶刻也後漢張衡傳注○丨刻也刻識其數也
釋名釋書契○丨者刻木而書其側書孔傳序釋文
○丨謂丨龜之鑿也周禮菙氏掌共燋丨杜注○丨
一角仰也易睽牛角掣釋文引子夏傳○丨讀爲爰
丨我龜之丨考工記輈人馬不丨需司農注○丨讀
爲挈荀子議兵掎丨司詐注○詩緜釋文丨本作挈
爾雅釋詁丨滅殄絕也釋文丨本作挈○詩緜爰丨
我龜漢書敘傳集注作爰挈我龜周禮菙氏掌共燋
丨儀禮士喪禮注作掌共燋挈○校官碑泉雋挈聖
魏受禪表書挈所錄史晨奏
銘孝經援神挈丨皆作挈

獘 俗作弊○丨仆也周禮大司馬質明丨旗注○弊
仆也周禮獸人及弊田注又太元元數九事九爲
盡弊注○弊踣也國語晉語信反必弊注楚語以弊
於鄢注○弊罷也國策西周策兵弊於周注秦策不

如南攻襄陵以弊魏注○弊壞也國策秦策黑貂之裘弊注○弊敗也論語公冶長弊之而無憾皇疏子罕衣弊縕袍皇疏又國語晉語今吾司寇之刀鋸日弊注鄭語周其弊乎注又史記晉世家弊于韓集解引賈逵又呂覽本味故久而不弊注○弊破也國策西周策是公以弊高都得完周也注○弊惡呂覽音初土弊則草木不長注○弊猶惡也周禮司弓矢句者謂之弊弓注○弊隱也國策秦策南陽之弊幽注○弊竭也管子侈靡澤不弊而養足注○弊猶盡也文選上書諫吳王弊無窮之極樂注○弊極也國策秦策韓楚乘吾弊注○弊斷也周禮大宰以弊邦治注小宰弊羣吏之治注眡祲歲終則弊其事注大司寇以邦成弊之釋文○弊者斷也史記范睢蔡澤傳弊御於諸侯索隱○弊猶斷也周禮掌囚以待弊罪注○弊之斷其獄訟也周禮大司寇以邦成丨之司農注○火弊火止也周禮大司馬火弊注○羅弊罔

止也周禮大司馬羅弊注○弊田田者止也周禮山虞及弊田注○徒乃弊徒止也周禮大司馬徒乃弊注○車弊驅獸之車止也周禮大司馬車弊注○至所弊之處田所當於止也周禮大司馬及所弊注○弊弊經營貌莊子逍遙游孰弊弊焉釋文引簡文注○句者謂之弊弓周禮司弓矢○故書丨爲憋鄭司農云憋當爲弊周禮大司寇以邦成弊之注○獘古文作斃敝二形一切經音義四○公羊定五年注士卒罷弊釋文弊本作敝論語子罕釋文弊本作敝○爾雅釋言丨踣也釋文丨本作斃釋木木自丨柛釋文丨本作斃○莊子逍遙游孰弊弊焉釋文弊司馬本作蔽○楊君石門頌惡蟲蔽狩丨作蔽○孔宙碑口口彫弊

丨作幣

斃 丨死也爾雅釋木木自弊柛李注又國語晉語犬丨丨注又呂覽圜道八虛甚久則身丨注○丨仆也禮記檀弓上吾得正而丨焉注檀弓下丨之丨一人注表記丨而後已注○丨踣也爾雅釋言又左氏閔元年傳難不已將自丨注襄廿七年傳以誣道蔽諸侯服注單丨其死注哀二年傳丨於車中注又後漢公孫瓚傳注○獘踣爾雅釋木木自獘柛注○禮記檀弓丨一人釋文丨本作弊祭義骨肉丨于下釋文丨本作獘表記釋文丨本作弊左傳隱元年必自丨釋文丨本作弊哀二年丨于車中釋文丨本作弊○詩皇矣傳自丨爲翳釋文丨本作蔽

帝 丨諦也廣雅釋詁三○丨者諦也古微書引孝經援神契又後漢劉陶傳又三國王肅傳○丨之言諦也後漢劉陶傳注○丨者諦也象可承也白虎通號○丨者諦也能行天道事天審諦獨斷上○丨者任德設刑以則象之言其能行天道舉錯審諦風俗通皇霸引書大傳○丨也者天下之適也呂覽下賢

注○丨后也左氏僖九年傳順丨之則注昭七年傳以佐事上丨注○丨君也爾雅釋詁又獨斷上○丨大也書洪範丨乃震怒鄭注又詩皇矣既受丨祉箋又禮記文王世子夢丨與我九齡注祭義唯聖人爲能饗丨注又周書酆謀丨命不諂注又國語晉語丨命曰使晉襲於爾門注又漢書地理志下集注又呂覽音初丨令燕往視之注○丨亦天也舊唐書引孝經孔傳○丨謂天也後漢范滂傳注○丨天丨也禮記孔子閒居丨命不違注又論語堯曰敢昭告于皇皇后丨皇疏又老子象丨之先王注又楚辭天問丨降夷羿注○上丨天也書湯誥惟皇上丨傳又禮記表記昭事上丨注○大丨天也文選西京賦昔者大丨說秦繆公而覲之薛注○古丨六也詩烈祖古丨命武湯箋○皇皇后丨謂天也詩閟宮皇皇后丨箋○丨者天號也文選西京賦同天號於丨皇注引書刑德放又白虎通號論○震爲丨易象上傳履丨位而

不疚虞注益王用享于丨虞注象下傳亯亨以享
上丨虞注丨丨乙歸妹虞注象下傳作王以享于丨立
廟虞注〇丨者天之王氣也易說卦傳丨出乎震崔
憬注〇丨者生物之主興益之宗出震而齊巽者也
易益王用享于丨注〇德合天者稱丨初學記引樊
文深七經義綱又公羊成八年傳其餘皆通矣注〇
德合天者曰丨三國王肅傳注引孫盛〇德合天地
稱丨離騷丨高陽之苗裔兮注〇德合天地者稱丨
白虎通號〇德象天地稱丨白虎通號引禮記謚〇
德象天地爲丨文選西都賦注引樂稽耀嘉〇丨天
神也荀子彊國百姓貴之如丨高之如天注〇上丨
元天也周禮大宗伯司農注典瑞以祀天旅上丨司
農注〇丨皇天大丨在北辰之中主總領天地五丨
羣神也公羊宣三年傳丨牲不吉注〇昊天上丨冬
至於圜丘所祀天皇大丨周禮大宗伯以禋祀祀昊
天上丨注〇上丨太乙神書舜典肆類于上丨馬注

〇上丨太微中其所統也書君奭格于上丨鄭注〇
丨宮北辰也後漢蘇竟傳注〇丨五丨也呂覽仲夏
大雩丨注〇丨謂五德之丨所祭於南郊者禮記王
制類乎上丨注〇五丨五色之丨周禮掌次朝日祀
五丨司農注〇五丨五行之神家語五帝其神謂之
五丨注〇五丨謂黃丨顓頊丨嚳丨堯丨舜也穀梁
隱八年傳誥誓不及五丨注〇五丨黃丨嚳顓頊
丨堯丨舜也呂覽用衆此三皇五丨之所以大立功
名也注〇五丨黃丨高陽高辛堯舜呂覽先己五丨
先道而後德注執一五丨以昭注〇五丨軒轅丨顓
頊丨嚳高辛丨堯陶唐丨舜有虞也呂覽孝行三皇
五丨之本務注〇太一佐曰五丨後漢班彪傳下注
〇五丨蒼曰靈威仰大昊食焉赤曰赤熛怒炎丨食
焉黃曰含樞紐黃丨食焉白曰白招拒少昊食焉黑
曰汁光紀顓頊食焉黃丨亦於南郊周禮小宗伯兆
五丨於四郊注〇丨謂蒼丨靈威仰也禮記明堂位

祀丨於郊注〇丨黑丨也詩長發丨立子生商箋〇
丨謂堯也書大禹謨惟丨時克尊〇皇丨丨堯也書
呂刑皇丨哀矜庶戮之不辜傳〇皇丨君也獨斷上
〇上丨喻君也禮記緇衣上丨板板注〇皇丨至尊
之稱獨斷上〇漢天子正號曰皇丨同上〇天子之
社曰王社一曰丨社同上〇卒葬曰丨大戴記誥志
〇措之廟立之主曰丨禮記曲禮下〇丨臺神人名
山海經中山經休與之山其上有石焉名曰丨臺之
棋注〇丨讀爲定其字爲奠奠書亦或爲奠周禮瞽矇
世奠繫杜注〇丨當爲奠奠讀爲定書丨亦或爲奠
周禮小史奠繫世杜注〇丨當作臺丨與
臺字相佀呂覽過理宋王築爲蘖丨注

蔽
丨塞也論語爲政一言以丨之鄭注〇丨障也廣
雅釋詁二〇丨覆蓋也老子故能丨不新成王注
〇丨者蓋覆也史記淮陰侯傳聞道草山索隱〇丨
擁也淮南脩務景以丨日注〇丨隱也廣雅釋詁四

〇丨闇也淮南主術聰明先而不丨注〇丨微也爾
雅釋詁〇丨者匿光榮也老子故能丨不新成注〇
用平弗見之謂丨鶡冠子天權〇丨者言不能通明
滯于一隅如有物蔽丨之也荀子解蔽注〇丨當也
論語爲政皇疏〇丨猶當也論語爲政一言以丨之
集解引包注〇丨至也淮南墬形丨于委羽之山注
〇丨猶極也呂覽當染功名丨天地注〇丨斷也書
大禹謨惟先丨志傳又左氏昭十四年傳叔魚丨罪
邢侯注哀十八年傳惟能丨志注又小爾雅廣言又
家語正論叔魚丨獄邢侯注〇丨決也國語晉語及
丨獄之日注〇令入而不出謂之丨管子法法〇賢
人不至謂之丨同上〇丨芾小貌詩甘棠丨芾甘棠
傳〇丨芾小貌家語廟制丨芾甘棠注〇丨芾葉始
生貌詩我行其野丨芾其樗釋文〇丨藩儀禮既夕
記蒲丨注〇輿竹後謂之丨爾雅釋器〇丨車旁禦
風塵者周禮巾車蒲丨注〇丨所以捍車馬管子乘

馬其丨五注○丨簙箬以玉飾之也楚辭招魂菎丨
象棊注○簙謂之丨秦晉之閒謂之簙吳楚之閒或
謂之丨方言五○絜襦謂之丨方言四○魏宋南
楚之閒謂之大巾自關東西謂之丨郄同上○丨或
作察淮南本經明可見者可得而丨也注○易明夷
注丨僞百姓釋文丨一作弊左傳襄廿七年以誣道
丨諸侯釋文丨本作弊○丨拂史記屈原賈生傳脩
路幽拂楚辭懷沙拂作丨○魏元丕碑蔽芾其縱䘕
睦碑蔽芾以蔽
蔽丨皆作蔽
敝丨敗衣也禮記緇衣苟有衣必見其丨注○丨敗
也詩敝笱序釋文又左氏僖十年傳丨於韓注又
賈注又荀子富國以靡丨之注○丨壞也左氏昭廿
六年傳魯之丨室注○丨疲丨也素問上古天眞論
形體不丨注○丨罷也左氏襄九年傳而還師以丨
楚注又莊子駢拇而丨跬譽無用之言釋文引司馬

注○丨棄也禮記郊特牲冠而丨之釋文○丨盡也
漢書枚乘傳集注又荀子富國以靡丨之注又淮南
原道齒堅於舌而先之丨注又素問上古天眞論故
能壽丨天地注○丨隱蔽也禮記緇衣必見其丨丨釋
文引庾注○坤爲丨易象下傳君子以永終知丨虞
注○丨丨謂政教衰失之時也禮記表記其民之丨注
○靡丨賦稅亟也禮記少儀國家靡丨注○丨讀爲
蔽塞之蔽考工記弓人長其畏而薄其丨司農注○
詩緇衣丨子又改爲兮釋文丨本作弊敝笱序釋文
丨本作弊禮記禮運刑肅而俗丨釋文丨本作弊郊
特牲冠而丨之釋文丨本作弊玉藻冠而丨之可也
釋文丨本作弊○莊子駢拇而丨跬譽無用之言釋
文丨本
作蹩
髩丨絜髮也一切經音義十三引字林○丨竈神莊
子達生竈有丨釋文引司馬注○丨古文作髮一
切經音義十二○旣下作毛爲丨字彙引家訓書證
○左氏襄四年傳注髽麻髮合丨也釋文丨本作紒
又作
結
銳丨利也廣雅釋詁二又國策秦策使輕車丨騎衝
雍門注又漢書宣帝紀集注禮樂志集注又淮南
時則丨而不挫注○丨折也左氏昭十六年傳服注
○丨鏩鏩太元元錯○丨精也左氏哀十一年傳子
羽丨敏注○丨精丨國策齊策約而出丨師注○丨
細小也左氏昭十六年傳不亦丨乎注○丨進也太
元更赤冉方丨注又老子挫其丨注○進躁無崖爲
丨莊子天下丨則挫矣注○丨執一太元元衝○丨
盂也廣雅釋器○丨矛屬也書顧命一人冕執丨傳
又鄭注○丨自言也老子塞其兌釋文○書顧命一
人冕執丨說文金
部作一人冕執鈗

戾丨乖也詩節南山降此大丨箋又後漢胡廣傳注
○丨乖背也荀子榮辱猛貪而丨注○丨違也漢書
張耳陳餘傳贊集注○丨反也淮南覽冥舉事丨蒼
天注○丨相反太元元錯○丨內反太元元衝○丨
曲也一切經音義四引國語注○丨了丨也素問五
常政大論其氣緛丨拘緩注○丨轉也文選射雉賦
丨翳旋把徐注○合得密周謂之調反調爲丨賈子
道術○丨佷也廣雅釋詁三○丨暴也莊子天道𩐈
萬物而不爲丨釋文○丨㬥也荀子儒效虛殷國而
天下不稱丨焉注○丨忿惡也荀子脩身勇膽猛丨
注○丨貪也國策秦策虎者丨蟲注○丨之言利也
禮記大學一人貪丨注○不悔前過曰丨周書謚法
○心兼愛人謂之仁反仁爲丨賈子道術○丨罪也
詩抑亦維斯丨傳又左氏文四年傳其敢干大禮以
自取丨注又周書大匡刑罰之丨注又國語魯語臧

貢業事之不共而獲丨注。丨辠也爾雅釋詁。丨亦罪也後漢度尚傳注。丨來詩泮水魯侯丨止傳。丨待也爾雅釋詁。丨至也爾雅釋詁又詩四月翰飛丨天箋采菽亦是丨矣傳采芑其飛丨天傳小苑翰飛丨天傳又國語周語古者大災降丨注魯語丨於敝邑注又漢書食貨志下集注韋賢傳集注又後漢班彪傳下注張衡傳注又文選東京賦羣后旁丨薛注思元賦紛翼翼以徐丨兮舊注。丨止也爾雅釋詁又詩采菽箋又爾雅釋詁丨待也注釋言疑休丨也注又文選典引乃降丨丨爰茲蔡注。丨定也詩桑柔民之未丨傳雲漢以丨庶正傳雨無止靡所止丨傳又左氏襄廿九年傳乃猶可以丨注昭十六年傳靡所止丨注又廣雅釋詁四。丨勁疾之貌文選秋興賦勁風丨而吹帷注。丨燥也詩瞻卬傳風丨以食之釋文禮記祭義風丨而食之釋文。丨帥也國語晉語夫以果丨順行注。丨善也廣雅釋詁二。丨破也淮南主術曲得其宜無所擊丨注。狠丨猶狠藉也孟子滕文公上樂歲粒米狼丨注。丨力計反曲也字从犬出戶而身曲丨也一切經音義十四引字林。丨三蒼作佷很丨也力計反一切經音義九。丨或為吝禮記大學注

裔 或作𧘂。丨邊也廣雅釋言又淮南原道故雖游於江潯海丨注覽冥注喙江丨注。丨表也廣雅釋詁四。丨末也書微子之命德垂後丨傳又方言十三又廣雅釋詁一又國語晉語使寡君之紹續昆丨注又離騷帝高陽之苗丨兮注。𧘂末也小爾雅廣言。丨餘也太元竄其中丨注。丨遠也左氏文十八年傳投諸四丨注襄十四年傳是四嶽之丨胄也注昭元年傳昔金天氏有丨子曰昧注昭廿九年傳有丨子曰董父注定十年傳而夷之俘注又廣雅釋詁一。丨外也小爾雅廣言。丨出也廣雅釋詁二。丨相也方言十三。丨習也方言十二又廣雅釋詁二。元孫之後為丨左氏昭廿九年傳注。元孫之後稱苗丨太元積至于苗丨注。丨水邊左氏哀十七年傳衡流而方羊丨焉注。丨荒丨也國語晉語以實丨土注。丨夷狄之總名方言十二。邊地為丨亦四夷通以為號也方言十二注。四丨謂四海也文選東京賦逐赤疫於四丨薛注。八丨猶八方也文選海賦迆涎八丨注。容丨高低之貌文選東京賦紛焱悠以容丨薛注。丨丨行也廣雅釋訓。丨丨行貌文選神女賦步丨丨兮曜殿堂注。丨丨羣行貌也史記司馬相如傳班乎丨丨集解引郭璞。丨丨飛貌也文選遊天台山賦覬翔鸞之丨丨注。丨丨飛流之貌漢書禮樂志集注。𧘂古文丨同一切經音義六

袂 丨袖也左氏宣十四年傳投丨而起注又廣雅釋器又山海經大荒西經有人衣青以丨蔽面名曰女丑之尸注。丨衣袖也公羊哀十四年傳反丨拭面釋文又方言四無丨之衣注又呂覽知接蒙衣丨而絕乎壽宮注又楚辭湘夫人捐余丨兮江中注大招長丨拂面注思古泣霑襟而濡丨注。衣袖謂之丨儀禮有司徹以右丨推拂几三注。袪末曰丨禮記深衣丨之長短釋文。丨衣袖末禮記曲禮以丨鉤而退釋文。丨褾也衣袖也一切經音義十引字苑。丨謂衣屬身者也論語鄉黨褻裘長短右丨皇疏。丨衣袖所以為禮容者也易歸妹其君之丨注。丨口丨之飾也易歸妹虞注。丨掣也掣開也開張之以受臂屈伸也釋名釋衣服

繫 丨系也易繫辭釋文。丨屬也鬼谷子中經綴去者謂綴己之丨言注。丨丨續也易繫辭釋文。丨聯綴也周禮大宰以九兩丨邦國之民注。丨因皆連接也周書作雒南丨于洛水北因于郟山注。組

丨爲可結也儀禮士喪禮著組丨注〇丨士謂書其傳襲若今之譜牒也荀子禮論其銘誄丨世敬傳其名也注〇世貫丨謂帝丨諸侯卿大夫世本之屬是也周禮瞽矇世奠丨杜注〇丨讀曰系漢書司馬相如傳上集注〇易同人注心无丨吝釋文丨或作係易兌注無所黨丨釋文丨本作係〇詩何彼襛矣序不丨其夫釋文丨本作繼

【祭】丨之爲言索也說苑權謀〇丨之爲言際也與察也春秋繁露祭義〇丨際也廣雅釋言〇丨之爲言察也藝文類聚禮部上引書大傳〇丨者察也以善逮鬼神之謂也善乃逮不可聞見者故謂之察春秋繁露祭義〇無牲而丨曰薦薦而加牲曰丨穀梁桓八年經己卯烝注〇丨薦也廣雅釋言〇丨者薦也御覽禮儀部三引書大傳〇丨者薦其時也薦其敬也薦其美也非享味也穀梁成十七年傳〇丨者澤之大者也禮記祭統〇丨者所以追養繼孝也同上〇丨者敎之本也已同上〇喪丨之禮所以敎人愛也大戴記盛德〇丨丨先也禮記曲禮上主人延客丨注〇大丨天地中丨宗廟小丨五祀周禮酒正司農注〇大丨者王服大裘袞冕所丨也小丨者王服鷩冕毳冕所丨也小丨者王服希冕元冕所丨也周禮酒正大丨三貳中丨再貳小丨壹貳注〇震爲丨易象下傳先王以享于帝立廟虞注〇丨丨肺也儀禮鄉射禮記皆有丨注〇肺丨刌肺也儀禮特牲饋食禮佐食取黍稷肺丨授尸注〇丨謂刌肺脊也禮飲食必丨示有所先周禮膳夫膳夫授丨注〇丨丨者盛主人之饌也禮記玉藻客丨主人辭曰不足丨丨也注〇禮飲酒必丨示有先也故稱丨酒後漢隗囂傳注〇一坐所尊則先丨酒今稱丨酒相尊敬之詞也後漢班超傳注〇丨酒穀味之芬芬者齊敬共之儀禮特牲饋食禮丨酒注〇丨器人器也禮記檀弓上〇丨器者簠簋鼎俎之屬周禮鄉師〇共丨器注〇丨門廟門也穀梁桓三年傳毋丨出丨門注〇丨也者得多也善其丨而後食之大戴記夏小正獺獸丨魚傳〇周禮大司樂以丨地示漢書郊祀志下作以涘地示

【隸】又作隸〇隸役也國語周語墮替隸圉注魯語子之隸也注晉語其誰非君之羣隸臣也注〇隸臣也廣雅釋詁一〇丨賤也漢書戾太子傳集注〇丨屬也後漢馮異傳注〇丨之言著也漢書貨殖傳集注〇丨附著後漢孔融傳注〇隸閱也史記酷吏傳關東吏隸郡國集解引漢書音義〇隸亦習也史記劉敬叔孫通傳羣臣習隸索隱〇隸猶羣輩也列子仲尼隸人之生注〇隸今之徒也國語晉語其猶隸農也注〇隸人罪人也今之徒役作者也儀禮既夕記隸人涅廁注〇奚丨女奴男奴也周禮禁暴氏凡奚丨聚而出入者則司牧之注〇丨給勞辱之役者漢始置司丨亦使將徒治道溝渠之役後稍尊之使主官府及近郡周禮秋官序官司丨注〇用隸人之省謂之隸書或云言隸者篆捷也水經穀水注〇榱謂之篗其屎謂之丨廣雅釋器〇故書丨或作肆鄭司農云讀爲丨周禮師氏使其屬帥四夷之丨注

【閉】丨塞也廣雅釋詁三又太元守丨朋隰注〇丨壅也國語晉語丨而不通注〇丨謂密丨素問舉痛論寒則腠理丨注〇揵牡丨牝也禮記月令脩鍵丨注〇丨結不解者也呂覽君守魯鄙人遺宋元王丨注〇丨收也春秋考異郵寒以丨也注〇丨守也國語晉語釋其丨修注〇外欲不入謂之丨呂覽君守〇丨丨盛也廣雅釋訓〇丨紲詩小戎竹丨緄縢傳〇丨鍾格也淮南道應若轉丨鍾注〇反丨穤之小者也卻向著之領含於項反於背後丨其襟也釋名釋衣服〇詩小戎釋文丨一本作鞑〇莊子外物而

丨其所譽釋文丨本作門○詩小戎竹䋣緄縢儀禮
士喪禮注既夕記注作竹柲緄縢周禮弓人注作竹
鞃緄
縢
逝丨往也爾雅釋詁又詩東門之枌穀旦于丨傳枤
杜期丨不至傳二子乘舟汎汎其丨傳碩鼠丨將
去女箋車舝思變季女丨兮箋公劉丨彼百泉箋抑
言不可丨矣箋又論語雍也君子可丨也集解引包
注又皇疏子罕丨者如斯夫集解引鄭注又漢書高
帝紀上集注賈誼傳集注又後漢陳寵傳注又呂覽
疑似逐丨迎之注又離騷雄鳩之鳴丨兮注湘夫人
將騰駕兮偕丨注又文選思元賦憑歸雲而遐丨兮
舊注○丨往也丨秦晉語也方言一○丨往去之辭
也論語子罕丨者如斯夫不舍晝夜皇疏○丨之也
詩小弁無丨我梁箋何人斯胡丨我梁箋谷風無丨
我梁傳○丨行也廣雅釋詁一又家語困誓孔子乃

丨注又老子大曰丨王注○丨丨去也後漢蘇竟傳注
又呂覽知分龍俛耳低尾而丨注○丨猶去也詩桑
柔丨不以濯箋○丨止猶去留也文選文賦雖丨止
之無常注○丨逮也詩十畝之閒行與子丨兮箋日
月丨不古處傳○丨及也詩有杕之杜噬肯適我釋
文引韓詩○丨逮也論語陽貨日月丨矣皇疏○丨
猶飛也一曰回也淮南覽冥還至其會丨萬乘之上
注○曲折曰丨莊子山木目般不丨釋文引司馬注
○丨謂死也文選謝宣遠張子房詩丨者如可作注
○易渙注故可以丨行釋文丨本作遊○莊子天地
沛乎其爲萬物丨也釋文丨崔本作啟○
詩桑柔丨不以濯墨子尚賢作鮮不以濯
綴丨連也國語齊語比丨以度注又國策秦策丨甲
厲兵注又後漢班彪傳下注又家語曲禮子夏問
般主丨重焉注○丨謂連丨也後漢馮異傳注○丨
連合也禮記大傳丨之以食釋文○丨䡝也楚辭遠

逝丨鬼谷於北辰注○丨緣也楚辭招魂網戶朱丨
注○丨飾也大戴武王盛德赤丨戶也注○丨亦旒也
文選羽獵賦熊耳爲丨注○丨猶拘也儀禮士喪禮
丨足用燕几注○丨丨然不乖離之貌謂相連丨也
荀子非十二子丨丨然注○丨宅身也淮南精神有
丨宅而無耗精注○丨衣掌衣服書立政丨衣傳○
丨衣幄帳書顧命出丨衣于庭傳○今文丨爲對儀
禮士喪禮丨足用燕几注○公羊襄十四年傳注君
若丨旒然釋文丨本作贅○書顧命丨輅
在阼階面周禮典路注作贅路在阼階面
丨羽葆幢也山海經海外西經夏后啟左手操丨
翳注○丨掩也方言十三○丨蔽也漢書揚雄傳上
集注又離騷百神丨其備降兮注怨思石嶔嵯以丨
日注○丨障也廣雅釋詁二又國語楚語縱過而丨
諫注○丨覆也文選西京賦丨雲芝薛注○丨蔓也
方言六○丨薆也廣雅釋詁一○丨猶屏也一曰滅

也國語周語是去其藏而丨其人也注○𡑆丨障蔽
也廣雅釋訓○𡑆丨陰丨貌楚辭怨思舉霓旌之𡑆
丨兮注○丨目障也華嚴經音義上引文字集略○
丨目丨病也一切經音義十四引三蒼郭注○丨作
瞖同於計反目病也一切經音義一引韻集○丨所
以蔽兵也國語齊語兵不解丨注○丨所以蔽兵謂
脅盾之屬管子小匡兵不解丨注○丨射者所以自
隱也禮記月令畢丨注○丨者所隱以射者也文選
射雉賦序徐注○自斃爲丨詩皇矣其菑其丨傳○
蔽者丨爾雅釋木○丨鷗也一名水鴞詩鳧鷖序釋
文○丨鳥鳳皇屬也廣雅釋鳥○今月令丨作弋禮
記月令注○丨與曀古字通文選張景陽雜詩丨丨
結繁雲注○詩皇矣
釋文丨韓詩作殪
製丨裁也左氏襄卅一年傳不使人學丨焉注又離
騷丨芰荷以爲裳兮注又文選思元賦旌性行以

丨佩兮舊注○丨裘也左氏定九年傳晳幘而衣貍
丨注○丨雨衣也左氏哀廿七年傳成子衣丨杖戈
注
【替】說文本作普○丨廢也詩楚茨勿丨引之傳召旻
胡不自丨傳又儀禮少牢饋食禮勿丨引之注又
左氏桓二年傳兄其丨乎釋文僖七年傳君盟丨矣
注僖廿四年傳又丨隗氏注又國語周語夫執玉卑
丨其摯也注有三姦以求丨其上注又漢書五行志
中之上集注司馬相如傳下集注又後漢趙咨傳注
又楚辭懷沙常度未丨注又文選東京賦怨皇統之
見丨薛注○普廢也爾雅釋言又離騷謇朝誶而夕
普注○普去之廢也爾雅釋言李注○丨去也國語
晉語爲可而丨不注○丨滅也國語晉語令德丨矣
注晉語君之家嗣其丨乎注○普滅也爾雅釋言○
普止也爾雅釋詁普待也注○普廢止住也爾雅釋

經籍纂詁 卷六十七 八霽 替 細 卅九

詁注○普待也爾雅釋詁○晉往也廣雅釋詁一○
丨施也太元永不丨不爽注○古文丨爲袂袂或爲
戴戴丨聲相近儀禮少牢饋食禮勿丨引之注○書
大誥不敢丨上帝命漢書翟方進傳作予不敢僭上
帝命○魏三體石經
左傳不敢替丨作暜
【細】丨微也廣雅釋詁四又漢書禮樂志集注引晉灼
○丨小也廣雅釋詁二又漢書東方朔傳集注又
呂覽首時以魯衛之丨注達鬱鏡之明已也功丨注
務大故丨之安注○丨小人也呂覽去宥丨人也注
○丨弭也弭弭兩致之言也釋名釋言語○丨席講
論之席荀子大略臨患難而不忘丨席之言注○丨
柳西方野也論衡說日○丨條丨辛也廣雅釋草○
丨當讀爲昔尸子作昔荀子大略臨患難而不忘丨
席之
言注

【稅】丨賦也穀梁宣十五年傳初丨畝釋文○丨十取
一大戴記王言○丨釋也呂覽愼大丨牛於桃林
注○丨舍也爾雅釋詁又漢書敘傳下集注○丨舍
車也趙宋陳魏之間謂之丨方言七○丨猶脫也方
言七注○丨謂遺於人禮記檀弓上未仕者不敢丨
人注○丨謂以物遺人也禮記檀弓上釋文○丨亦
變易也禮記服問以有本爲丨注○丨讀如無禮則
丨之丨禮記喪服小記生不及祖父母諸父昆弟而
父丨喪注○丨讀曰總左襄廿七年傳注丨服終身
釋文○說當作繸禮春秋之繸讀皆宜同詩碩人說
于農郊箋○脫與丨古字通文選陸士衡招隱詩丨
駕從所欲注○禮記文王世子不丨冠帶釋文丨本
作脫少儀注降丨屨釋文丨本作脫車則丨綏釋文
丨本作脫投壺注既丨屨升坐釋文丨本作脫○禮
記檀弓丨驂于舊館釋文丨本作說文王世子不丨
冠帶釋文丨本作說少儀注降丨屨釋文丨本作說

經籍纂詁 卷六十七 八霽 稅誓 卌

少儀車則丨綏釋文丨本作說左氏莊
九年傳及堂阜而丨之釋文丨本作說
女子子之夫爲丨爾雅釋親○女子之夫爲丨後
【壻】漢馬援傳注○丨女之夫也儀禮士昏禮注寢丨
之室也釋文禮記昏義丨執雁人釋文○今江東人
呼同門爲僚丨爾雅釋親兩丨相謂爲亞注○詩有
女同車箋丨御輪三周釋文丨本作壻○儀禮士昏
禮注寢丨之室也釋文丨本作壻○禮記昏義丨執
雁入釋文丨本作聟○左文八年傳
復致公丨池之封釋文丨本作壻
【例】周禮司隸注厲遮丨也釋文丨本作列
【誓】約信曰丨禮記曲禮下○丨要信也左氏文十八
年傳作丨命注○丨者信也約也楚辭惜誓序○
丨信也易象下傳矢得勿恤虞注○丨告也周書世
俘用小牲羊犬豕于百神水土于丨社注○丨猶告

也儀禮大射儀司射西面丨之曰注○丨猶命也周禮典命丨於天子注○丨勑也大戴記子張問入官故儀不正則民失丨注○丨謹也爾雅釋言又禮記文王世子曲藝皆丨之注○軍旅曰丨書大禹謨禹乃會羣后丨于師傳甘誓予丨告汝馬注○戎事曰丨文選典引詁丨所不及巳蔡注○丨制也以拘制之也釋名釋言語○書湯丨匡謬正俗二作湯斷

【筮】丨數也左氏僖十五年傳○丨決也易家釋文○丨問也取其所用問神明者謂蓍也儀禮特牲饋食禮丨人取丨于西塾注○丨卜問也蓍曰丨楚辭招魂魂離散汝丨予之注○丨所以問吉凶謂蓍也儀禮士冠禮丨與席注○丨者決疑之物也易蒙初丨告注○丨者丨宅也禮記雜記上如丨注○丨者以蓍問日吉凶於易也儀禮士冠禮丨于𨶹門注○丨也者信也見其卦也白虎通蓍龜○丨人官名也

儀禮特牲饋食禮注○蓍曰丨書洪範擇建立丨丨人傳又詩氓爾卜爾丨傳又禮記冠義丨日丨賓釋文又左氏莊廿二年傳陳侯使丨之注又太元童錯于靈蓍注又漢書藝文志集注○問蓍曰丨其占易周禮春官序官簭人注○筴為丨禮記曲禮上○筴日丨國語晉語決之以卜丨注○史記韓世家陳丨集解引徐廣注作筮

索隱引韓策作茶

【蕙】丨香草也山海經中山經升山其草多丨注又後漢馮衍傳注○丨香草蘭屬也或以爲薰葉失之山海經西山經嶓冢之山有草焉其葉如丨名曰蓇蓉注○丨茝並香草也後漢張衡傳注○丨棠形棠之屬也山海經西山經中皇之山其下多丨棠注

【偈】丨讀曰憩漢書楊雄傳上集注

經籍纂詁卷第六十七

經籍籑詁卷第六十七補遺 去聲

兵部侍郎兼都察院右副都御史巡撫浙江等處地方提督軍務兼理糧餉阮元撰集

八霽

霽 說文丨雨止也从雨齊聲○雨止曰丨漢書溝洫志旬日不丨注○丨兆之光明如雨止書洪範曰丨鄭注

制 說文刜裁也从刀从未未物成有滋味可裁斷一曰止也㓹古文丨如此○丨裁也國語晉語因驕以丨人家注○丨謂裁丨禮記表記義者天下之丨也疏○丨謂裁斷禮記樂記治定丨禮疏○丨折也文選張景陽雜詩注引漢書李奇注○丨割也禮記郊特牲注主人親丨其肝疏○丨謂截割禮記月令注丨肺及心肝爲俎疏○丨縛束也文選解嘲丨以鑕鐵注引服虔○費用約儉謂之丨節孝經丨節謹度鄭注○丨或爲折文選羽獵賦不折中以泉臺注引韋昭○丨折聲相近史記項羽本紀渡浙江索隱○書呂刑丨以刑墨子尚同中作折則刑

計 說文計會也筭也从言从十○丨謂用筭也漢書東方朔傳教書丨注○丨者筭法乘除之名周禮宰夫之職乘猶丨也疏○丨謂出入之數也漢書循吏黃霸傳使領郡錢穀丨注○丨若今之諸州計帳也漢書武帝紀受郡國丨注○丨者上丨簿使也漢書武帝紀令與丨偕注○漢時考吏謂之丨吏周禮大司徒注致事上其丨簿疏○丨者事之本也國策秦策○丨者存亾之機也漢書蒯通傳

勢 說文新附勢盛力權也从力埶聲經典通用埶○丨者勝衆之資也韓非子八說○埶謂謀略也後漢書崔駰傳范蠡錯埶於會稽注○埶事淮南說林觀射者遺其埶注○禮記禮運在埶者去釋文本亦作丨○孟子公孫丑上不如乘丨長短經作不如逢代

世 說文世三十年爲一丨从卅而曳長之亦取其聲也○丨謂繼也詩裳裳者華序絕功臣之丨焉疏○丨丨次先後也國語魯語故工史書丨注○父子曰丨禮記禮運大人丨及以爲禮疏○父子相繼曰丨國語周語昔我先丨后稷注○父子易人曰丨書畢命丨變風移疏○丨子謂諸侯之適子也禮記曲禮下不敢與丨子同名疏○丨子猶丨子也穀梁傳五年傳○丨室言其丨丨不毁左氏成六年經注又作先君武公宮疏○古者丨之與大字義通也左氏桓九年經注故使其子來朝疏○唐扶頌垂後丨兮耿勳碑丨有令名丨皆作丨富春碑各復早丨作丗

麗 說文丨旅行也鹿之性見食急則必旅行从鹿丽聲禮丨皮納聘蓋鹿皮也丽古文丽籀文丨字○丨並駕也漢書楊雄傳上丨鉤芒與驂蓐收兮注○夏后氏駕兩謂之丨詩干旄傳驂馬五轡疏引王肅○丨附也周禮掌戮凡罪之丨于法者疏又文選吳都賦注引爾雅○丨著也左氏宣十二年傳射麋丨龜服注又廣雅釋詁三又文選魏都賦注引周易王注○丨謂附著也易否疇離祉疏離離利貞疏○丨繫也儀禮聘禮注宗廟則丨牲焉疏○丨施也書呂刑越茲丨刑鄭注○丨華靡也漢書地理志下織作冰紈綺繡純丨之物注○離爲丨易漸或得其桷虞注

歲 說文丨木星也越歷二十八宿宣徧陰陽十二月一次从步戌聲律厤書名五星爲五步○丨星木宿也廣雅釋天曹憲音○丨丨星也左氏襄廿八年傳丨在星紀注昭十八傳丨在顓頊之虛注又國語

周語丨在鶉火注晉語丨在壽星注○丨丨星之神也左行於地十二丨而一周左氏昭七年傳丨時日月星辰服注○丨謂大丨也穀梁序丨次大梁疏○從冬日復星爲一丨周髀算經下○從冬至以及明年冬至爲一丨書洪範一日丨疏○冬至日出在牽牛從牽牛周牽牛則爲一丨也周髀算經下注○謂丨爲年者取其丨穀一熟之義左氏桓三年傳有年疏○丨之與年異名而實同詩雲漢傳丨凶年穀不登疏

衛 說文衛宿衛也从韋帀从行行列衛也○丨爲王扞丨也周書職方又其外方五百里爲丨服注○丨丨也既滅殷立武庚爲殷後三監以守丨之也釋名釋州國○丨營也國語魯語有貨以丨身也注○丨羽也列子仲尼綦丨之箭釋文○丨劒鼻也漢書匈奴傳下玉具劒注○丨字本作彘同上

濟 丨度也易既濟釋文引鄭注又左氏昭廿九年傳遂丨窮桑實注又國語齊語乘桴丨河注丨汝踰

方城注又文選洛神賦還丨洛川注○丨渡也國語楚語丨於成臼注○丨者丨渡之名易既濟既丨疏○丨成也易未濟虞注又左氏昭二十年傳先王之丨五味注又國語晉語小事不丨注君國可以丨百姓而釋之注施而不丨注今陽子之貌丨注楚語若是而不丨注以丨其志注吳語可以丨事注○丨諡也左氏昭廿七年傳以丨師注又後漢書陳寵傳必宜丨之以寬注○丨入也呂覽離俗君子丨人於患注○丨止淮南天文大風丨注

弟 說文弟韋束之次第也从古字之象凡弟之屬皆从弟弟古文弟从古文韋省聲○弟次也呂覽原亂亂必有弟注○丨次也周禮天官目錄疏○丨訓次也左氏春秋經傳集解疏引字書○書稱題亦言丨因其丨次也釋名釋書契○有甲乙次丨故曰丨漢書高帝紀下賜大丨室注○丨使也漢書陳勝傳

藉弟令毋斬注引服虔○弟但也史記晉世家君弟毋會索隱又漢書爰盎傳君弟去注賈捐之傳弟從我計注外戚傳上夫人弟但見我注○弟但也發聲之急耳漢書司馬相如傳上弟俱如臨邛注○弟但也語有緩急耳今俗人語稱但者急言之則音如弟矣漢書陳勝傳注○丨但也漢書申屠嘉傳汝丨往注又文選謝靈運還舊園詩如邛願亦愆注○丨但也語聲急也漢書陳平傳陛下丨出僞游雲夢注

藝 說文埶種也从坴丮持而種之詩曰我埶黍稷○蓺種也禮記坊記蓺麻如之何疏○丨法也左氏昭十六年傳而共無丨注○丨法制也左氏昭二十年傳布常無丨注○丨謂準法考工記匠人爲溝洫注稅民無丨疏○丨是準限左氏文六年傳疏○丨猶人之才也禮記禮運協於分丨注○蓺六蓺也漢書司馬遷傳以拾遺補蓺注引李奇○丨祖文祖猶周之明堂書堯典歸格于丨祖鄭注○蓺質也詩行

葦舍矢既均箋○所射準的爲蓺漢書司馬相如傳上蓺殪仆注引文穎○蓺謂射的卽今之梁上縣也漢書司馬相如傳上蓺殪仆注○蓺讀與丨同字亦作臬同上○詩南山蓺麻如之何釋文本或作丨

惠 說文丨仁也从心从叀蕙古文丨从芔○丨愛也爾雅釋詁又國語周語言丨必及龢注晉語而不丨於其君乎注而丨慈二蔡注○丨謂丨愛儀禮喪服傳注必求其寬裕慈丨疏○丨文之慈也國語周語○丨順也詩終風丨然肯來箋又書文侯之命丨康小民疏又爾雅釋詁又國語晉語丨於宗公注而宜丨於教也注○丨伊皆發聲左氏襄廿六年傳寺人丨牆伊戾服注

慧 說文丨儇也从心彗聲○丨謂丨了方言一虔儇丨也注○小丨謂小小之才知論語衞靈公好行小丨集解引鄭注○不丨蓋世所謂白癡左氏成十八年傳周子有兄而無丨注

幣 說文丨帛也从巾敝聲○丨者布帛之名詩氓傳布丨也疏○丨祭神之帛漢書文帝紀其廣增諸祀壇場珪丨注○丨曰量丨禮記曲禮下○丨玉帛也左氏桓六年傳不以器丨注又國語吳語布帛行禮注○丨圭璧也淮南時則丨禱鬼神注○玉馬皮圭璧帛皆稱丨儀禮士相見禮凡執丨者疏○丨聘物左氏成二年傳使介反丨注○丨庭實也禮記郊特牲旅丨無方疏○丨錢也史記太史公自序維丨之行索隱又漢書武帝紀有司以丨輕多姦注引李奇○凡言丨者皆所以通貨物易有無也故金之與錢皆名爲丨也漢書食貨志下量資丨注○丨者所以通有無易貴賤也漢書景帝紀以爲丨用注

桂 說文丨江南木百藥之長从木圭聲○丨赤色漢書五行志中之上

滯 說文丨凝也从水帶聲○丨謂陷丨也易繫辭下傳注則愈丨乎形疏○丨積久也文選冊魏公九錫文注引漢書韋昭注

際 說文丨壁會也从𨸏祭聲○丨接也儀禮喪服傳注治丨會疏○丨當爲瘵易豐天丨翔也釋文引鄭注○靈臺碑□□之際孔耽神祠碑亾新之際丨皆作際張遷碑騰正之際丨作際

厲 說文丨旱石也从厂蠆省聲厲或不省○丨砥丨也漢書儒林傳以丨賢材焉注○丨摩也呂覽上農是謂丨禍注○丨利也國策秦策綴甲利兵注○丨謂勸丨勸勉之也漢書儒林傳以丨賢材焉注○丨謂勸勉之也漢書董仲舒傳士素不丨也注○丨嚴也禮記玉藻色容丨肅疏○丨嚴猛禮記月令征鳥丨疾疏○丨嚴整也文選冊魏公九錫文注引論語鄭注○丨謂威容嚴丨後漢書崔駰傳尚父之丨注○丨顏色勃然如戰色也史記樂書發揚蹈丨之已蚤正義○丨疾飛也漢書息夫躬傳鷹隼橫丨注○丨言

行不隨俗也左氏春秋序危行言孫疏○丨病也詩思齊烈假不瑕箋又漢書嚴安傳民不夭丨注○丨惡也文選潘岳關中詩注引廣雅○丨惡鬼左氏襄十七年傳爾父爲丨注○丨者陰陽之氣相乘不和之名左氏昭七年傳有所反之以取媚也疏○戮殺不辜曰丨左氏襄十三年傳請爲靈若丨注○丨是垂之貌左氏桓二年傳注鞶紳帶也疏○帶之垂者謂之丨小爾雅廣服○以衣涉水爲丨論語憲問深則丨集解引包注○吐谷渾於河上作橋謂之河丨水經河水注引段國沙洲記○丨字當作裂詩都人士箋○丨賴聲相近史記刺客列傳豫讓又漆身爲丨索隱

涕 自目曰丨易萃齎咨丨洟釋文引鄭注又禮記檀弓上垂丨洟釋文○自目出曰丨易萃齎咨丨洟疏○禮記內則父母唾丨釋文本又作洟

契 說文丨大約也从大从㓞易曰後代聖人易之以書丨○挈刻也漢書敘傳上且算祀于丨龜注○丨謂鍥丨皆刻也漢書枚乘傳單極之統斷幹注○丨謂刻木以記事漢書古今人表自書丨之作注○以書書木邊言其事刻於木謂之書丨書序釋文引易鄭注○丨謂兩書一札同而別之禮記曲禮上獻粟者執右丨疏○丨臂刓臂出血也列子湯問刓臂以誓釋文引淮南許注○丨缺也漢書母將隆傳丨國威器注引李奇○丨取也漢書母將隆傳注引晉灼○詩大東丨丨寤歎楚辭十六作挈挈寤歎

獘 說文丨頓仆也从犬敝聲春秋傳曰與犬犬丨獘丨或从死○弊仆也周禮大司馬注旌弊疏又左氏定八年傳與一人俱弊注○弊踣也左氏襄廿七年傳以誣道蔽諸侯釋文引服虔王肅董遇注○獘踣也左氏隱元年傳必自獘注又國語晉語吾不與皆獘注獘以守之注○獘踣也一曰罷也左氏襄廿

七年傳以誣道蔽諸侯服注○斃死也國語晉語且夫禍唯無斃注○斃止也周禮獸人及弊田疏○弊斷罪也漢書刑法志極以待弊注○弊者道之失也漢書董仲舒傳○弊謂久行而無益者管子侈靡請問諸侯之化弊注○弊撥猶雜揉弊音跋涉之跋淮南俶眞不與物相弊撥注○爾雅釋言弊踣也釋文字亦作弊○莊子則陽搏弊而扶翼釋文郭作幣

帝 說文丨諦也王天下之號也从丄朿聲帝古文丨古文諸丄字皆从一篆文皆从二二古文丄字辛言示辰龍童音章皆从古文丄○丨之言諦詩君子偕老傳審諦如丨疏引運斗樞○丨者諦也言天蕩然無心忘於物我言公平通達與事審諦故謂之丨也書堯典序疏○丨尊號也春秋繁露三代改制質文○德象天地曰丨周書謚法○德配天地在正不在私曰丨史記五帝本紀正義引坤靈圖○德配天

地在正不在私稱之曰丨禮記曲禮上疏引坤靈圖○明能見物高能致物物備咸至曰丨周書本典○正及神人曰極世世能極曰丨周書武順○德合五丨坐星者稱丨禮記曲禮上疏引中候勅省圖鄭注○丨天稱禮記曲禮下疏引孟京說○天神曰丨禮記曲禮下立之主曰丨疏○丨天也穀梁定元年傳靡上公疏又國語周語克厭丨心注又史記鄭世家夢丨謂巳集解引賈逵又續漢禮儀志上注引盧植月令注又文選吳都賦亦猶丨之懸解劉注○丨謂天也漢書禮樂志承丨之明注楊雄傳上洒上比於丨室紫宮注○丨天丨也荀子富國百姓貴之如丨注又穆天子傳三我惟丨主○丨謂天丨也論語堯曰敢昭告于皇皇后丨集解引孔注○上丨天也書舜典受終于文祖釋文引王注又禮記月令上丨其饗疏又通鑑音注卅六引孝經王肅注○上丨天丨也呂覽孟春所穀於上丨注○上丨者天之別名詩蕩傳上丨以祀君王也疏○丨天之別名也孝經宗祀文王於明堂以配上丨鄭注○上丨太乙之神在紫微宮天之最尊者通鑑音注卅六引孝經馬融傳○上丨五丨也周禮大宗伯則旅上丨及四望注典瑞以祀天旅上丨注○上丨大微五丨禮記月令以共皇天上丨注○上丨天神五丨也國語周語以供上丨山川百神之祀注○上丨五丨居大微之中迭生子孫更主天下公羊宣三年傳自外至者注○因其生育之功謂之丨丨爲德稱也禮記郊特牲祭丨弗用也疏

蔽 說文丨丨小艸也从艸敝聲○丨芾小樹貌漢書王吉傳甘棠之詩是也注○丨猶拂也史記刺容列傳跪而丨席索隱○大臣厭小臣茲謂丨漢書五行志下之上引京房易傳○丨膝也左氏桓二年傳注以丨膝也疏○靈臺碑永口蔽張遷碑蔽沛棠樹丨皆作蔽

敝 說文敝帗也一曰敗衣从攴从㡀㡀亦聲○衣服破壞謂之敝詩鴻雁序箋宣王承厲王衰亂之丨而起疏○丨敗也禮記緇衣必見其丨釋文○丨衰壞也左氏襄卅一年傳女丨族也注○丨謂凋丨禮記少儀國家靡丨疏○丨猶凋丨也史記平津侯主父列傳靡丨中國索隱○丨凋殘也禮記禮運刑肅而俗丨疏○丨猶勞熟也史記樂書土丨則草木不長正義

髻 說文新附丨總髮也从髟吉聲古通用結○紒鬢後垂也紒郎丨字也文選運命論注引張揖上林賦注○結讀曰丨漢書陸賈傳尉佗魋丨箕踞見賈注李陵傳兩人皆胡服椎結注貨殖程鄭傳賈魋結民注

銳 說文丨芒也从金兌聲劂籒文丨从厂剡○上小下大故曰丨漢書天文志下有三星丨曰罰注引

孟康○丨勇利漢書刑法志秦昭以丨士勝注○丨猶疾也文選五等論夫進取之情丨注

戾 說文丨曲也从犬出戶下丨者身曲丨也○丨背也左氏昭廿五年傳注兩己相丨疏○丨虐也詩頍弁序暴丨無親箋○佷怒也廣雅釋詁二○丨惡氣也漢書食貨志下天降灾丨注○有其功無其意謂之丨漢書宣帝紀丨太子孫也臣瓚注引董仲舒書○丨定也周語晉語可以丨也注○丨乾也禮記祭義風丨以食之疏○書湯誥茲朕未知獲丨于上下墨子兼愛下作未知得罪于上下

裔 說文丨衣裾也从衣㕯聲𠅩古文丨○丨衣末也漢書藝文志亦六經之支與流丨注○丨遠也後漢書章帝紀要荒四丨注○張壽碑盛德之䙞張納功德敘枝䙞滋布陳球碑有虞氏之䙞丨皆作䙞

袂 說文丨袖也从衣夬聲○丨衣袖也禮記曲禮上以丨拘而退疏又漢書鄒陽傳攘丨而正議者注○丨是袪之本詩遵大路傳袪丨也疏○丨是袖之大者詩羔裘傳袪丨也疏○丨屬於幅長於手反屈至肘則從幅盡於袖口總名爲丨左氏僖五年傳注袪丨也疏○丨爲口緣儀禮聘禮注純丨丨半耳疏

繫 說文丨繫也一曰惡絮从糸毄聲○丨丨者以下綴上以末連本之辭左氏春秋序以事丨日疏○文取丨屬之義故字體從丨又音爲係者取綱係之義易周易繫辭上疏○丨帝丨世本也周禮瞽矇世奠丨疏○丨世謂帝丨世本之屬是也周禮小史奠丨世司農注○三阜爲毄周禮校人種馬一物注○毄謂食養之漢書景帝紀無所農桑毄畜注○毄古丨字同上○周禮校人三阜爲毄釋文本又作丨

祭 說文丨祀也从示以手持肉○丨謂報塞也周禮都宗人旣丨反命於國注○凡所祈福曰禱至於得福則曰丨周禮都宗人疏

隸 說文丨附箸也从隶柰聲隸篆文丨从古文之體○丨謂附屬也漢書匈奴傳下易丨以惡注○丨丨丨屬于吏也左氏昭七年傳輿臣丨服注○丨賤丨丨漢書敘傳上夫餓饉流丨注○丨役也國語周語子孫爲丨注○丨奴也賤也役也一切經音義廿五引周禮司厲鄭衆注○丨賤官左氏成十六年傳魯之常丨也注○丨賤臣也左氏定四年傳社稷之常丨也注○丨小臣也文選上林賦以贍萌丨注引司馬彪

閉 說文丨闔門也从門才所以歫門也○丨謂藏也史記趙世家主父開之索隱○丨絕也素問至眞要大論瘕水丨注○丨謂塞而不得出左氏昭元年傳勿使有所壅丨湫底疏○利邪以食茲謂丨漢書五行志下之上引京房易傳○公懼不言道茲謂丨同上○衆不惡惡茲謂丨同上○丨立秋立冬左氏僖五年傳凡分至啟丨注○丨塗不通外使也左氏哀六年傳潛師丨塗注○丨塗卽攢塗也史記楚世家伏師丨塗索隱○坤爲丨易繫辭上傳君不密虞注○坤闔爲丨闢易象上傳先王以至日丨關虞注

逝 說文丨往也从辵折聲讀若誓○詩碩鼠丨將去女公羊昭十五年傳疏作誓將去女

綴 說文丨合箸也从叕从糸○丨連也文選西京賦丨以二華注引國語賈注○丨丨謂連丨禮記月令注作樂於大寢以丨恩也疏○丨言不絕也漢書高帝紀下丨之以祀注○丨旌也文選羽獵賦熊耳爲丨注引張晏○丨所以懸旌也漢書楊雄傳上熊耳爲丨注○詩長發爲下國丨疏玉篇田部作下國畷流

翳 說文丨華蓋也从羽殹聲○丨舞者所持謂丨舞也詩君子陽陽左執丨箋○丨隱也漢書甘泉賦

迺登夫鳳皇兮而丨華芝注引韋昭○伯丨伯益聲轉字異猶一人也詩秦譜堯時有伯丨者疏○丨鳥鳳屬也山海經海內經名曰丨鳥注

製 說文丨裁也从衣从制○丨謂裁衣之形丨漢書敘傳通傳服短衣楚丨注○丨雨衣也左氏哀廿七年傳成子衣丨杖戈釋文○丨衰也左氏定九年傳哲幘而衣貍丨釋文○貍丨貍裘也左氏定九年傳服注

替 說文普廢一偏下也从竝白聲普或从曰替或从兟从曰○丨廢也國語鄭語十世不丨注楚語唯獨居思念前世之崇卜注○丨廢惰也漢書五行志中之上卑俯丨也注○丨止也爾雅釋詁

砌 說文新附丨階甃也从石切聲○丨阤也文選西都賦於是元墀釦丨注引廣雅○切門限也漢書

外戚傳下切皆銅沓冒黃金塗注○切與丨古字通文選西京賦設切厓隒注

細 說文䊷微也从糸囟聲○丨小也淮南墬形沙土人丨注○丨丨聲謂角徵羽也國語周語丨鈞有鍾無鎛注

稅 說文丨租也从禾兌聲○丨卽租也史記張釋之馮唐列傳軍市之租索隱○丨者田租也漢書刑法志有丨有賦注○丨謂收其田入也漢書食貨志上有賦有丨注○丨謂公田什一及工商衡虞之入也漢書食貨志上○田丨如今租矣周禮閭師疏引鄭志○丨斂也文選東京賦征丨盡注引毛詩傳○丨說舍也左氏宣十二年傳日中而說注又禮記表記於我歸說疏○丨舍也文選西征賦注引法言李注○說丨也史記高祖功臣侯者年表柏至靖侯許溫索隱○丨衞謂軍行初舍之時止爲衞也同上○丨

駕猶解駕言休息也史記李斯列傳吾未知所丨駕也索隱○丨卽繐也當是聲相近而字改易耳左氏襄廿七年傳如丨服終身疏○日月已過乃聞喪而服曰丨禮記檀弓上小功不丨注

壻 說文丨夫也从士胥聲詩曰女也不爽士二其行士者夫也讀與細同婿丨或从女○同門謂之丨廣雅釋親○唐公房碑期聓谷口山上丨作聓

例 說文丨比也从人㓷聲

誓 說文丨約束也从言折聲○丨者告勑也禮記玉藻唯君有黼裘以丨省疏○丨謂敎勑詩緇衣箋掌十二敎疏○丨制也廣雅釋言

筮 說文䈞易卦用蓍也从竹从𢍰𢍰古文巫字○蓍曰丨公羊莊四年傳丨之曰注○丨者以蓍問吉凶于易也儀禮士冠禮丨于廟門注○丨數左氏僖四年傳丨短龜長注○丨問也易蒙初丨告釋文引鄭注周禮春官序官大卜注大卜卜丨官之長疏又禮記曲禮上疏引劉氏表記易曰初丨告疏○丨決禮記曲禮上疏引師說

蕙 丨香草也史記司馬相如列傳丨圃衡蘭索隱引司馬彪○丨薰草也漢書司馬相如傳上揜以綠丨注引張揖○菌薰也其葉謂之丨廣雅釋草○丨或作羔山海經西山經中皇之山其下多丨棠注

偈 丨息也文選甘泉賦度三巒兮偈棠棃注引韋昭○丨丨輕舉之貌詩匪風傳丨丨疾驅疏○詩匪風匪車丨丨兮白帖十一作匪車揭兮

經籍籑詁卷第六十七補遺終

經籍籑詁卷第六十七下

經筵講官南書房行走禮部左侍郎兵部左侍郎提督浙江學政阮元撰集

去聲

八霽下

【詣】丨至也文選洞簫賦注引蒼頡又漢書揚王孫傳集注○丨進也小爾雅廣詁○左昭五年傳叔丨公羊作叔倪

【礪】一作厲○厲砥石也史記高祖功臣侯年表泰山若厲集解引應劭○砥丨磨石也精爲砥粗爲丨也山海經西山經若水其中多砥丨注○丨磨也廣雅釋詁三○厲磨也漢書地理志上集注又荀子性惡鈍金必將待礱厲然後利注○厲摩也呂覽上農是謂厲禍注又文選蕪城賦飢鷹厲吻注○厲謂磨

也史記扁鵲倉公傳厲鍼砥石索隱○丨所以致刃也說苑建本○厲利也國策秦策綴甲厲兵注○丨礱也廣雅釋詁三○丨石石中磨者山海經中山經陰山多丨石注○刀丨小刀及丨礱也禮記內則刀丨注○丨今作厲同力制反一切經音義十八引字詁○厲與丨同荀子性惡鈍金必將待礱厲然後利注○厲古文作丨一切經音義二○詩公劉取厲取鍛釋文厲本作丨○書禹貢丨砥砮丹漢書地理志作厲砥砮丹

【勵】丨勉也小爾雅廣言又後漢劉虞公孫瓚陶謙傳注又鬼谷子決丨于一言注○丨勸也廣雅釋詁一又小爾雅廣詁○書皐陶謨庶明丨翼史記夏本紀作衆明高翼三國先主傳作庶明厲翼

【瘞】丨埋也詩雲漢上下奠丨釋文又大戴記曾子天圓割列禳丨注又漢書武帝紀集注引鄭展劉向傳集注張湯傳集注引如淳尹賞傳集注引如淳外戚傳上集注又後漢杜篤傳注又山海經南山經凡鵲山之首其祠之禮用一璋玉丨注○丨埋之山海經北山經其祠毛用一雄雞彘丨注○丨微也爾雅釋詁○丨幽也爾雅釋言○瘱隱也悊也太元睟中自瘱也注○瘱猶協也太元廓陰氣瘱而念之注○祭地曰丨薶爾雅釋天○祭地曰丨埋後漢班彪傳下注○祭士曰丨呂覽任地有年丨士注○埋牲曰丨禮記禮運丨繒注○丨謂若祭地祇有埋牲玉者也周禮司巫守丨注○祭地以玉埋地中丨亦埋也爾雅釋天李注○丨者翳也既祭翳藏地中也爾雅釋天孫注○丨謂埋祭也周禮犬人伏丨亦如之司農注○丨謂祭祀之丨家語禮運丨繒宣祝嘏注○丨培謂壙中埋藏處深培也管子侈靡巨丨培所以使貧民也注○古文丨作殪儀禮覲禮祭地丨注○爾雅釋言釋文丨本作陸○詩燕燕傳塞丨也釋文

丨本作實

【噬】丨齧也易噬嗑釋文又左氏哀十二年傳國狗之瘈無不丨也注又廣雅釋詁三又文選西京賦韓盧丨於緤末薛注西征賦履虎尾而不丨注○丨嚙也一切經音義一引三蒼又後漢周磐傳注○丨者齧也易噬嗑注○丨食也易噬嗑虞注又方言十二又廣雅釋詁二又漢書董賢傳集注引孟康又文選思元賦雖逢昆其必丨舊注○丨咍也一切經音義一引字林○丨憂也方言十二又廣雅釋詁一○丨逮也詩有杕之杜丨肯適我傳○丨逮也北燕曰丨方言七○丨齧也齧者刑克之謂也易噬嗑丨膚滅鼻注○丨嚙挫折也後漢班彪傳上注○丨膚齧柔也易噬嗑厥宗丨膚注○丨嗑食也易雜卦傳○頤中有物曰丨嗑易象上傳○丨嗑合也易繫辭下傳蓋取諸丨嗑注○詩有杕之杜釋文丨韓詩作逝

繼｜續也呂覽上德而｜其業者也注又離騷折瓊
枝以｜佩注○｜謂不絕也易象上傳大人以｜
明照于四方注○｜統也易繫辭上傳｜之者善也
虞注○｜主君者賓主君也周禮司儀賓｜主君注
○｜亦當作賡山海經大荒北經又有無腸之國
無｜子注○爾雅釋蟲密肌｜英釋文｜本作蠀
脃亦作膬俗作脆○膬者耎易破周禮小宗伯注聲
如竊｜之｜釋文○脆弱也廣雅釋詁一○脃薄
猶輕薄也後漢許荊傳注○周禮小宗伯注釋文｜｜
本作脺○周禮小宗伯注釋文｜本作膬老子其｜
易泮釋文｜
河上本作膬
諦｜讀為啼古字通用荀子禮論哭泣｜號注
系｜繫也後漢張衡傳注又文選思元賦｜曰舊注
○｜猶繫也後漢光武紀下注○｜繫也相聯繫

也釋名釋衣服○｜連也廣雅釋詁四又漢書敘傳
上集注引應劭又文選幽通賦｜高項之元胄兮曹
注○｜繼也後漢班彪傳下注又文選東京賦雖｜
以隤牆塡壍薛注○十者系也文選魏都賦本前修
以作｜劉注○｜謂易繫辭也後漢班彪
傳注○｜音羿顏氏家訓音辭引聲類
叡又與睿同○｜聖也周書謚法○睿聖也廣雅釋言
又文選東京賦睿哲元覽薛注○｜明也國語楚
語謂之｜聖武公注又呂覽審時心意｜智注○｜
智也廣雅釋詁三○睿通也書洪範思曰睿馬注○
睿通也漢書五行志中之上集注引應劭○睿通于
政事書洪範鄭注○｜深也通也漢書河閒獻王德
傳集注○睿寬也漢書五行志中之下引洪範五行
傳○思曰容容者言無不容春秋繁露五行五事○
容古文作睿漢書五行志中之上集注○｜古文作
睿壡二形一切經音義廿三○容一作睿洪範五行

傳思心之不容是謂不聖注○書洪範思曰睿睿作
聖漢書五行志作思曰睿睿作聖春秋繁露五行五
事作思曰容容作聖○大戴記五帝德
幼而｜齊史記五帝紀作幼而徇齊
毳｜毛也廣雅釋器○｜細羊毛也一切經音義十
四引字林○｜羊細毛也一切經音義二引三蒼
○｜毛毛細縟者周禮掌皮共其｜毛為氈注○冷
毛｜毛別聚於不解者也禮記內則羊冷毛而｜擅
注○｜罽衣也周禮司服司農注○｜毳名詩大車
｜衣如菼釋文○｜毳｜芮也畫藻文於衣象水草
之｜芮溫暖而潔也釋名釋首飾○｜畫虎蜼謂宗
彝也周禮司服祀四望山川則｜冕注○鳥之縟細
者為｜後漢烏桓鮮卑傳注○北｜貚貂之屬文選
恩倖傳論南金北｜注○素｜白虎也文選顏延年
曲水詩序頳莖素｜并柯共穗之瑞注○｜讀為脆
荀子議兵是事小敵｜則偷可用也注○詩烝民箋

柔猶濡｜也釋
文｜本作脆
㓷｜剪絕也太元永其命｜也注
曳｜引也楚辭怨思｜彗星之皓旰兮注○｜猶頓
也後漢馮衍傳注○｜亦踰也或為跇文選洞簫
賦超騰踰｜注○以為｜易說卦傳履跛而履虞注
睽見輿｜虞注未濟｜其輪虞注○古文｜作栧儀
禮士相見禮武
舉前｜踵注
蔕｜花本也文選吳都賦杌白｜劉注○｜果鼻也
音帝文選西京賦注引聲類
睇｜視也廣雅釋詁一又小爾雅廣言又後漢張衡
傳注○｜傾視也禮記內則｜視注○顧視曰｜
一切經音義廿二引纂文○｜眄也史記屈原賈生
傳離婁微｜正義○｜微眄貌也楚辭山鬼既含｜

兮又宜笑注〇丨眄也文選幽通賦養流丨而猿號兮曹注〇丨者眄也大戴記夏小正來降燕乃丨傳〇丨眄也陳楚之閒南楚之外曰丨方言二

憩 丨息也詩甘棠召伯所丨傳又華嚴經音義引珠叢又後漢張衡傳注又家語廟制邵伯所丨注又文選西京賦旋丨乎昆明之池注〇憩息也爾雅釋詁〇憩止之息也爾雅釋詁舊注〇憩臥之息也爾雅釋詁舍人注〇丨作㕎同㠊㕎反一切經音義一引蒼頡〇詩甘棠釋文丨本作揭〇爾雅釋詁釋文丨本作愒

彗 丨帚也史記孟子荀卿傳擁丨先驅索隱〇丨星光梢似丨也釋名釋天〇丨埽也後漢光武紀下注〇天之有丨以除穢也新序雜事四〇丨星者所以除舊布新也後漢杜篤傳注〇丨星者天地之旗

也文選羽獵賦注引河圖〇若丨如丨星狀山海經海外南經三株樹其為樹若丨注〇丨因芮反一切經音義二引字林

睨 丨視也左氏哀十三年傳余與褐父丨之注又廣雅釋詁一又後漢張衡傳注又莊子庚桑知者之所不知猶丨也釋文又離騷忽臨丨夫舊鄉注又文選東京賦右丨元圃薛注〇丨邪視也莊子山木雖羿逢蒙不能眄丨也釋文引李注又文選洞簫賦魚瞰雞丨注〇丨側視也莊子天下日方中方丨釋文引李注〇丨睥丨也禮記中庸丨而視之釋文〇顧視為丨楚辭惜賢丨玉石之嵾嵯注〇丨明也方言十三

埧 丨城上小垣也玉篇引蒼頡

罽 一作罽〇罽毛布也後漢杜篤傳注〇罽織毛為布者後漢李恂傳注〇織毛曰罽一切經音義一引通俗文〇罽罔也廣雅釋器

醊 丨祭酹也後漢盧植傳注

貰 丨賒也史記高祖紀丨酒集解引韋昭索隱引廣雅蕭相國世家賤丨貸以自污正義汲鄭傳從民丨馬索隱酷吏傳乃丨貸索隱又漢書高帝紀上集注食貨志上集注蕭何傳集注〇丨貸也周禮司市注則賒丨而予之釋文〇丨字訓貸匡謬正俗七〇丨寬貸也後漢魯恭傳注〇丨寬也漢書蘇武傳集注又後漢岑彭傳注張敞傳注〇丨緩也漢書張敞傳集注尹齊傳集注〇丨猶緩也漢書東平思王宇傳集注〇丨赦也國語吳語不丨不忍注又後漢廉范傳注虞延傳注周紆傳注〇丨丨猶赦也後漢祭遵

傳注〇丨式制反漢書高帝紀注引聲類字林

疐 丨仆也爾雅釋言〇丨跲也爾雅釋言〇棗李曰丨之爾雅釋木〇丨之去柢也爾雅釋木孫注〇丨不中裂橫斷去丨而已禮記曲禮上庶人丨之注〇詩豳風載丨其尾鹽鐵論鍼石作載躓其尾

穧 丨穫也詩大田此有不斂丨釋文〇丨穫也爾雅釋詁〇穫禾為丨爾雅釋詁注〇爾雅釋詁釋文丨本作齊

柢 丨本也爾雅釋言又周禮泉府買者各從其抵注又儀禮士喪禮進丨注士虞禮記載猶進丨注〇邸謂之丨有邸僢共本也考工記玉人孝邸以祀地注〇今文丨為胝儀禮士虞禮記祇猶進丨注〇今文丨皆為胝儀禮士喪禮注〇老子是謂深根固丨釋文丨亦作蔕〇爾雅釋言丨本也周禮典瑞注作

郎本
也
沴丨殄也洪範五行傳惟金丨木注○丨害也漢書
五行志中之上集注引服虔○丨陵亂也莊子大
宗師陰陽之氣有丨注○丨謂皇極五行之氣相丨
戾不和音持軫反漢書匡張孔馬傳音義引韋昭○
丨音戾漢書匡張孔馬傳音義引服虔○丨音拂戾
之戾漢書五行志中之上集注引如淳○莊子大宗
師釋文丨
崔本作澶
栧丨櫂也淮南道應佽非謂丨船者曰注○丨檝也
言如以楫櫂進舟船也荀子非相楱人則用栧注○
丨船旁板也楚辭湘君桂櫂兮蘭丨注○丨者槳丨
也正弓弩之器
也荀子非相注

逮丨及也易象下傳上丨也虞注又公羊成二年傳
丨于袁婁而與之盟注又論語里仁恥躬之不丨
也皇疏季氏政丨於大夫皇疏又後漢魯恭傳注梁
商傳注張皓傳注又呂覽謹聽奚自知其身之不丨
也注又淮南脩務人才之所能丨注○丨訓及也史
記秦始皇紀以罪過連丨索隱項羽紀櫟陽丨捕索
隱○丨亦及也爾雅
釋詁丨及曁與也注
禘丨諦也冊府元龜引禮記盧注又漢書韋元成傳
集注○丨者諦也說苑修文○丨之爲言諦也序
昭穆諦父子也白虎通宗廟○丨之爲言諦審昭
穆尊卑之義後漢章帝紀注○丨之爲言諦諦定昭
穆尊卑之義也後漢張純傳○丨者諦也謂諦視昭
穆也論語八佾丨自旣灌而往者皇疏○丨猶諦也
審諦無所遺失公羊文二年傳五年而再殷祭注○
大祭以審昭穆謂之丨穀梁閔二年經吉丨于莊公

注○丨者諦其德而差優劣也說苑修文○丨諟也
廣雅釋詁三○丨帝也事尊明帝故曰丨舊唐書引
禮記盧注○丨大祭也爾雅釋天又禮記明堂位以
丨禮祀周公於太廟注喪服小記王者丨其祖之所
自出注學記未卜丨不視學注又呂覽察微丨於襄
公之廟注○凡大祭曰丨禮記大傳不王不丨注○
丨五年大祭也爾雅釋天孫注○丨三年大祭之名
左氏僖八年經丨于大廟注○丨王者之大祭也春
秋闕疑引趙匡春秋集傳○丨又祭也論語八佾釋
文○丨祭名舊唐書引禮記盧注○丨嘗祭宗廟也
淮南人閒郊望丨嘗注○丨者陽之盛也禮記祭統
○礿丨陽義也同上○丨謂祭天禮記喪服小記禮
不王不丨注○祭昊天於圜丘曰丨國語魯語故有
虞氏丨黃帝而祖顓頊注○此丨謂祭昊天于圜丘
也禮記祭法有虞氏丨黃帝而郊嚳注○丨郊謂祭
天於南郊也文選東京賦供丨郊之粢盛薛注○丨

殷祭也詩長發序大丨也釋文引王注○夏祭曰丨
禮記祭統○夏曰丨禮記王制○春丨者夏殷禮也
周以丨爲殷祭更名春祭曰祠禮記祭義春丨秋嘗
注○此丨當爲禴字之誤也禮記郊特牲故春丨而
秋嘗
注
芮丨水涯也詩公劉丨鞫之卽傳○丨之言內也詩
公劉箋○丨絮也呂覽必已不衣丨溫注○瞀丨
生乎腐蠸莊子至樂○瞀丨小蟲也列子天瑞瞀丨
生乎腐蠸釋文○丨國名書泰誓傳虞丨質厥成釋
文詩桑柔序丨伯刺厲王也釋文左桓三年傳丨伯
萬之母釋文○丨伯周同姓書旅巢命序丨伯作旅
巢命傳又鄭注○晉郤丨字子公見國語周語○丨
與汭通文選海賦雲錦散文於沙汭之際注○詩公
劉釋文丨本作汭○詩公劉丨鞫
之卽周禮職方氏注作汭坭之卽

【掣】丨拽也詩抑箋非但以手提丨之釋文○丨牽也文選西征賦注引字書○丨制也制頓之使順己也釋名釋姿容○丨開也釋名釋衣服○丨洩洩任風之貌文選海賦或丨丨洩洩於裸人之國注○易睽牛角丨釋文丨子夏傳作挈荀本作觭○爾雅釋訓傳夆丨曳也釋文丨本作犘

【傺】丨住也楚人謂失志悵然住立爲侘丨也楚辭惜誦心鬱邑余侘丨兮注○丨猶住也楚人名住曰丨離騷忳鬱邑余侘丨兮注○楚人名住曰丨也楚辭九辯然欲丨而沈藏注○丨逗也南楚謂之丨方言七○丨逗也廣雅釋詁二

【鄐】丨縣今城內西北隅有丨邱因邱以名邑也猶㽞之曲阜齊之營邱矣水經濼水注○丨或爲續禮記樂記封黃帝之後於丨注

【穄】丨大黍也似黍而不黏關西謂之糜一切經音義十一引蒼頡○丨似黍而不粘穆天子傳五丨麥百載注○丨關西謂之糜冀州謂之緊呂覽本味陽山之丨注

【妻】以女適人曰丨詩有女同車序齊侯請丨之釋文

【擠】丨排也文選長門賦注引字林又史記項羽紀爲楚所丨集解引臣瓚又荀子仲尼抑有功而丨有罪注又莊子人間世因其脩而丨之釋文引簡文注○丨推也廣雅釋詁三○丨墜也漢書杜周傳集注杜欽傳集注賈捐之傳集注薛宣傳集注○丨陷也莊子人間世釋文引司馬注○丨毒也同上○丨摧折屈也楚辭憫上魁纍丨摧兮常困辱注○丨音濟民之濟史記項羽紀爲楚所丨集解引服虔○丨子計反文選長門賦注引字林

【眥】丨目際也列子湯問拭丨揚眉而望之釋文○衣

【褉】丨衣領之襟爾雅釋器衣丨謂之襟李注丨祭也廣雅釋天○丨者潔也風俗通祀典

【弟】丨敬愛兄謂之悌賈子道術○能以事兄謂之丨荀子王制○悌丨也釋名釋言語○丨易也爾雅釋詁又禮記表記凱丨君子注又漢書張禹傳集注史丹傳集注○丨順也漢書蕭望之傳集注引蘇林○悌順也孟子滕文公下出則悌注告子下徐行後長者謂之丨注○丨德之序也大戴記衞將軍文子○凱丨樂易也禮記孔子閒居凱丨君子注

【墆】丨貯也文選蜀都賦賈貿丨鬻劉注○丨貯積也管子五輔輸丨積注○丨久積也管子法法財無砥丨注○丨停也漢書食貨志下集注引孟康○丨高貌也爾雅釋宮注坫丨也釋文○丨霓高貌也文選西京賦直丨霓以高居薛注○長沙謂隄爲丨一切經音義十三引埤蒼○爾雅釋宮注釋文丨本作端又作端

【暳】亦作嘒○詩雲漢有嘒其星說文言部作有譿其聲

【遾】丨逮也爾雅釋言○丨遠也廣雅釋詁一

【鈦】丨踏腳鉗也史記平準書索隱引三蒼○丨大計反史記平準書索隱引字林

【汏】丨滑也佐戾切文選洞簫賦注引字林

【鷩】丨畫以雉謂華蟲也周禮司服享先公饗射則丨冕注○丨裨衣也周禮司服司農注

【璏】丨劍鼻也藝文類聚六十引字林○璏字本作丨從玉彘聲後傳寫者訛也漢書王莽傳集注

蹛｜停也史記平準書｜財役貧集解引漢書音義○｜謂貯也史記平準書留｜無所食索隱○｜謂積也史記平準書索隱引韋昭○｜今滯字史記平準書索隱引古今字詁

槸木相磨｜爾雅釋木

寱夢語謂之｜一切經音義廿三引通俗文○｜眠內不覺妄言也一切經音義二引聲類○｜驚也廣雅釋詁一○｜于劇反謊言也一切經音義十四引三蒼

覞｜覛也詩小宛｜彼脊令傳又小爾雅廣言○｜之爲言覛睇也詩小宛箋○｜定也小爾雅廣服

瘱｜靜也漢書外戚傳下集注

潎｜淸也方言十二

颲｜急風貌也或云飄風也山海經北山經其風如｜注

瞖｜目障病也一切經音義廿二引韻集○｜目障也華嚴經音義下引文字集略

睥｜睨也廣雅釋詁二○｜睨邪視也史記魏其武安侯傳索隱引埤蒼○俾倪不正視也史記信陵君傳俾倪故久立正義○俾倪普米五禮反傾側不正也一切經音義八引字林○俾倪城上小垣也一切經音義二引埤蒼○城上垣曰｜睨言於其孔中｜睨非常也釋名釋宮室○俾倪戟中環持蕃杠者也華嚴經音義上引聲類

䉶｜箭也廣雅釋草○｜音衞竹譜注引三蒼

嚔｜噴鼻也一切經音義十一引蒼頡○｜疐也聲作疐而出也釋名釋姿容○｜當爲不敢｜咳之｜詩終風願言則｜箋

盭○｜草名以戾草染綬因以爲名後漢南匈奴傳注○｜音戾草名也似艾可染綠後漢光武紀上注○｜曲也廣雅釋詁二○｜借也廣雅釋詁二○盭胝也呂覽遇合長肘而｜注○盭古戾字史記司馬相如傳盭夫爲之垂涕索隱引張揖又漢書張耳陳餘傳贊集注賈誼傳集注二見膠西于王端傳集注董仲舒傳集注霍去病傳集注司馬相如傳上集注司馬相如傳下集注匈奴傳下集注又文選上林賦宛潬膠盭注○｜或作綟晉書音義上

竁｜壙謂之｜小爾雅廣名○｜穿也廣雅釋詁三○鄭大夫讀｜皆爲穿杜子春讀｜爲毳皆謂葬穿壙也今南陽名穿地爲｜聲如腐脆之脆周禮小宗伯甫｜亦如之注

枘｜柱也廣雅釋詁四○｜柱頭｜也莊子在宥釋文引三蒼○莊子在宥仁義之不爲桎梏鑿｜也釋文｜向本作內

篲｜帚也莊子達生開之操拔｜以侍門庭釋文

遞｜臾也小爾雅廣詁又國策齊策六國之｜甚也注○｜迭也爾雅釋言○｜者更迭爾雅釋言李注○｜代也廣雅釋詁三○｜去也文選褚淵碑文注引春秋緯鄭注○｜繞也漢書王莽傳上集注○｜音｜迭之｜漢書王褒傳集注引晉灼

遰｜往也大戴記夏小正｜鴻鴈傳○｜刀鞞也禮記內則右佩玦捍管｜注○禮記明堂位釋文｜本作滯

愒丨息也詩菀柳不尚丨焉傳民勞汔可小丨傳〇
翫丨皆貪也左氏昭元年傳翫歲而丨日注〇丨
作愒一切經音
義廿五引蒼頡
猘猘九世反狂犬也左傳襄十七年釋文引字林〇
狾作丨狛二形一切經音義二十引字書〇狾作
丨同昌制居世二反狂犬也
一丨切經音義二十引纂文
鱖丨几綴巨月二反爾雅釋魚釋文引字林
糲丨粗也淮南精神丨粢之飯注〇丨麤米也史記
太史公自序索隱引服虔〇丨麤米也後漢伏湛
傳注〇丨猶麤米也脫粟也史記刺客傳麤丨之費
正義〇丨麤粟飯也史記李斯傳粢丨之食索隱〇
丨粃米不碎列子釋文下引聲類〇丨礲也史記太
史公自序丨粢之食集解引韋昭〇丨讀賴恃之賴

淮南精
神注
癘又作痾〇丨惡疾也一切經音義八引字林〇丨
丨疾惡病也莊子逍遙游使物不疵丨釋文引李注〇
疫也左氏哀元年傳天有菑丨注〇痾者民疾
疫也公羊莊二十年傳大瘠者何痾也注〇丨疫病
也或曰惡創山海經西山經英山有鳥名曰肥遺食
之已丨注〇丨惡氣也左氏昭四年傳丨疾不降注
〇痾者邪亂之氣所生公羊莊二十年傳注〇脈風
成爲丨素問脈要精微論〇丨者有榮氣熱胕其氣
不清故使其鼻柱壞而色敗皮膚瘍潰素問經風論
〇丨疾氣不和之疾周禮疾醫四時皆有丨疾注〇
丨氣不和之氣也文選蜀都賦味蠲丨痟劉注〇無
丨無時氣病也山海經東山經澧水其中多珠蟞魚
食之無丨注〇丨厲莊子逍遙游使物不疵丨釋文
引李注〇丨殺也管子五行不丨雛㲉注〇公羊莊

二十年傳痾也漢書
五行志上作疫也
嬖丨愛也漢書劉向傳集注外戚傳下集注又後漢
袁紹劉表傳注又楚辭愍命斥讒夫與便丨注〇
丨親也廣雅釋詁三〇丨幸也文選西京賦是時後
宮丨人昭儀之倫薛注〇丨親幸也左氏隱三年傳
公子州吁丨人之子也注〇丨媟也詩綠衣序母丨
而州吁驕釋文〇丨卑也同上〇賤而得愛曰丨後
漢楊震傳注〇賤而得幸曰丨禮記緇衣釋文左氏
隱三年傳丨人之子也釋文〇以邪僻取愛曰丨國
語鄭語而丨丨是女也注〇無德而寵曰丨後漢皇甫
規傳注〇丨丨人愛幸小人也孟子梁惠王下丨人臧
倉者請曰注〇丨御士愛臣也禮記緇衣毋以丨御
士疾莊士大夫卿士注〇丨丨御人愛妾也禮記緇衣
毋以丨御人疾莊后注〇丨方
豉反禮記緇衣釋文引字林

蹶或作蹷〇丨急遽貌禮記曲禮釋文〇丨然疾貌
周書太子晉師曠丨然起曰注〇蹷驚而起也莊
子在宥成子蹷然而起曰釋文〇丨起也史記酈生
陸賈傳釋文引埤蒼〇丨行遽貌禮記曲禮上足毋
丨注〇蹷跳也後漢班彪傳上注〇丨動也爾雅釋
詁又詩緜文王丨厥生傳板天之方丨傳又孟子離
婁上天之方丨注〇蹷動也文選風賦蹷石伐木注
〇丨搖動貌爾雅釋詁注〇丨丨敏也爾雅釋訓〇
丨嘉也爾雅釋詁〇丨泄苦棗爾雅釋木〇丨古文
作蹷一切經音義十〇爾雅釋木釋文丨本作蹻
齊丨和也禮記少儀凡羞有湇者不以丨注〇丨和
分也呂覽本味其丨甚微注〇丨限也列子楊朱
百年壽之大丨注〇丨分限也文選長笛賦各得其
丨注〇丨謂分丨也詩楚茨既丨既稷釋文〇丨多
少之量周禮亨人以給水火之丨注〇丨者每有
祀以度量節作之周禮酒正辨五丨之名注〇丨益

也左氏昭二十年傳｜之以味注○｜五｜也禮記
郊特牲祭｜加明水注○｜事和五味之事周禮鹽
人凡｜事鬻鹽以待戒令注○火｜腥熟之調也禮
記月令火｜必得注○｜醬屬也禮記曲禮上徹飯
｜以授相者注○｜謂食羹醬飲有｜和者也禮記
少儀凡｜執之以右居之於左注○明｜新水也言
以新水浚釀此酒也或曰當爲明視今文曰明粢儀
禮士虞禮記明｜浚酒注○｜讀｜和之｜淮南時
則秫稻必｜注○｜讀爲嚌荀子禮論祭｜大羹而
飽庶羞注○｜音分劑之劑史記孝武紀事化丹砂
諸藥｜爲黃金矣索隱○故書｜爲齍周禮司尊彝
鬱｜獻酌注○｜讀皆爲粢周禮司尊彝杜注○杜
子春讀｜皆爲粢周禮酒正注○｜當爲齍周禮醢
人以五｜七醢七菹三臡實之注○禮記祭統君執
鸞而羞｜釋
文｜本作嚌

棣 常｜｜爾雅釋木○｜唐｜也詩晨風山有苞｜
傳○｜山櫻桃也文選閒居賦梅杏郁｜之屬注
○｜實似櫻桃也文選上林賦隱夫薁｜郭注○｜｜
移也陳留酸棗縣西南有｜城集韻引字林○｜｜｜
富也賈子容經○｜｜富而閑習也詩柏舟威儀｜｜
｜傳○｜｜閑習之貌漢書韋元成傳集注○｜大
內反詩何彼襛矣釋文引字林○詩柏舟釋文｜
本作逮左襄卅一年傳威儀｜｜釋文｜本作逮

說 ｜舍也易繫辭故知死生之｜釋文引宋注又詩
甘棠召伯所｜傳株林｜于株野釋文又左氏宣
二年傳日中而｜注○｜猶舍息也詩蜉蝣於我歸
｜箋○｜解舍公羊定八年傳皆｜然息注○｜謂
舍車也周禮典路與其用｜司農注○｜猶置也易
睽後｜之壺虞注○｜赦也詩瞻卬女覆｜之傳○
脫赦也後漢王符傳注○｜猶意也考工記梟氏有
｜注○今文｜皆作稅儀禮鄉射禮弟子｜束注○

｜讀曰稅漢書高惠高后孝文功臣表集注○｜讀
爲稅荀子正論而務｜人以勿辱也注○劉氏讀｜
士爲銳士史記魯仲連鄒陽傳以資｜士索隱○詩
甘棠釋文｜本作脫○禮記郊特牲明水｜齊釋文
｜本作涗○詩甘棠釋文｜本作稅頌人｜于農郊
釋文｜本作稅禮記檀弓不｜齊衰釋文｜本作稅
玉藻無｜笏釋文｜本作稅公羊定八年傳釋文｜
本作稅○詩甘棠召伯所｜爾雅釋詁注作召伯所
稅

彘 ｜豕也廣雅釋獸又素問五常政大論其畜｜注
金匱眞言論其畜｜注○｜豬也小爾雅廣獸○
豬關東西謂之｜方言八○｜水屬也呂覽孟冬食
黍與｜注○｜水畜也禮記月令食黍與｜注天子
乃以｜嘗麥注又淮南時則其畜｜注○｜水畜夏
所宜食也呂覽孟夏以｜嘗麥注○｜者北方之牲

也賈子胎教○毫｜豬也吳楚呼爲鸞豬山海經
西山經竹山有獸焉名曰毫｜注○豕後蹄廢謂之
｜爾雅釋獸釋文引字林○｜晉地漢爲｜縣屬河
東今曰永安國語周語乃流王於｜注○莊子達生
以臨牢筴說｜曰釋文｜本作豕○孟子狗｜食人
食鹽鐵論水旱作狗豕食人食○魯孟武伯｜字子
洩見左哀
十年傳注

曀 陰而風爲｜爾雅釋天○陰而風曰｜詩終風終
風且｜傳○陰而風曰｜｜翳也言雲氣掩翳日
光使不明也釋名釋天○｜冥也小爾雅廣詁○｜
｜陰晦貌也後漢馮衍傳注○淫｜闇昧也楚辭逢
紛經淫｜而道壅注惜賢曰陰｜其將暮注○｜古
文作曀一切經音義一○｜古文作壇一切經音義
十○詩終風｜｜其陰蘳
氏引韓詩作壇壇其陰

【離】丨著也漢書揚雄傳下集注○丨偶也禮記月令宿丨不忒釋文○丨縱謂丨於俗而放縱違俗自高之貌荀子非十二子丨縱而跂訾者也注○丨跂違俗自得之貌謂丨於物而跂足也荀子非十二子綦谿利跂注○丨與麗古字通文選潘安仁爲賈謐作贈陸機詩婉婉長丨注

【荔】萆丨香草也山海經西山經小華之山其草有萆丨注○丨馬薤後漢陳寵傳注○丨挺馬薤也禮記月令丨挺出注○丨馬藺顏氏家訓書證引通俗文○丨馬丨草也淮南時則丨挺出注○丨馬丨呂覽仲冬丨挺出注

【汭】丨者水相入也水經注十九引字林○水所入曰丨書堯典釐降二女于嬀丨馬注○丨入也水經渭水注引王肅○丨內也左氏莊四年傳且請爲會於漢丨而還注○丨之言內也書禹貢涇屬渭丨鄭注○丨水之內也書堯典釋文○丨水曲左氏昭廿四年傳越大夫胥犴勞王於豫章之丨注○水曲曰丨左莊四年傳會于漢丨而還釋文○水之隈曲曰丨左氏閔元年傳虢公敗戎於渭丨注○丨隈曲中也書召誥攻位于洛丨鄭注○嬀丨嬀水之曲書堯典馬注○丨水口也方言一荊吳淮丨之閒注○水之北謂之丨小爾雅廣器○水北曰丨書禹貢涇屬渭丨傳又後漢明帝紀注○丨在豳地周禮職方氏其川涇丨注○書禹貢涇屬渭丨釋文丨本作內書五子之歌傒于洛之丨釋文丨本作內

【泥】丨謂滯陷不通論語子張鄭注○丨謂陷滯不通後漢蔡邕傳注○丨滯也漢書藝文志集注二見○丨難不通也論語子張致遠恐丨集解引苞注○丨謂丨難也論語子張皇疏○丨少才力爾雅釋獸威夷長脊而丨注○穀梁莊元年傳注致遠則丨矣釋文丨本作滯

經籍籑詁〈卷六十七　八霽下　離荔汭泥　七

【蛻】丨去皮也史記屈原賈生傳蟬丨於濁穢正義○丨蟬蛇所解皮也後漢陽球傳注○丨蟬皮也一切經音義十三引字林

【贅】贅肬也廣雅釋言○丨疣丨也老子餘食丨行釋文○丨瘤結也莊子駢拇附丨懸疣釋文○丨屬也橫生一肉屬著體也釋名釋疾病○丨屬也詩桑柔具丨卒荒傳又廣雅釋言又小爾雅廣言○丨猶綴也三國武帝紀注○丨次書顧命丨路在阼階面鄭注○丨聚也漢書王莽傳中集注○贅聚也廣雅釋詁三○丨會也漢書武帝紀集注引如淳○丨謂假相連屬也文選爲袁紹檄豫州操丨閹遺醜注○越職行恩曰丨管子法禁則大臣之丨下而射人心者必多矣注○贅具也廣雅釋詁三○丨質也漢書賈誼傳集注嚴助傳集注○丨定也廣雅釋詁四○贅得也廣雅釋詁三○丨貪也老子餘食丨行注○丨猶惡也後漢馮衍傳注○丨肬過也楚辭惜誦反離羣而丨肬注○丨衣主衣之官丨綴也後漢班彪傳上注○丨繫屬之辭若今俗名就壻爲丨壻矣公羊襄十六年傳君若丨旒肬注○公羊襄十六年傳釋文丨本作綴周禮巾車注丨路在阼階面釋文丨本作綴

【儷】丨偶也儀禮士昏禮束帛丨皮釋文又國語周語棄其伉丨妃嬪注又漢書楊雄傳上音義引韋昭又後漢皇甫張段傳注○丨耦也左氏成十一年傳鳥獸猶不失丨注又廣雅釋詁四○丨齊也偶也後漢朱景王杜馬劉傳堅馬傳注○丨偕也淮南精神鳳皇不能與之丨注○丨兩也儀禮士冠禮釋文士昏禮丨皮注○丨猶兩也儀禮聘禮丨皮注○丨皮兩鹿皮也儀禮士冠禮束帛丨皮注○魚丨猶相次比也後漢袁紹劉表傳注○古文丨爲離儀禮士冠禮注○公羊莊廿一年傳注士受丨皮釋文丨本作

經籍籑詁〈卷六十七　八霽下　蛻贅儷　六

麗

揭 丨褰衣渡水也爾雅釋水淺則丨釋文〇褰衣涉水曰丨論語憲問皇疏〇丨褰衣也詩匏有苦葉淺則丨傳又史記司馬相如傳涉水丨河集解引郭璞又後漢張衡傳注〇丨褰衣裳也爾雅釋水孫注〇丨者丨衣也爾雅釋水〇丨丨衣論語憲問淺則丨集解引包注〇丨擔也小爾雅廣言〇繇膝以下爲丨爾雅釋水〇詩匏有苦葉傳釋文丨本作褰

帨 丨巾也廣雅釋器〇丨佩巾也詩野有死麕無感我丨兮傳又儀禮士昏禮記毋施衿結丨注又禮記曲禮上尊卑垂丨注又左氏昭元年傳子皮賦野有死麕之卒章注又禮記內則紛丨釋文周禮內司服注紛丨線纊鞶袠之屬釋文又後漢儒林傳注又法言寡見又從而繡其鞶丨注〇丨事人之佩巾也

禮記內則女子設丨於門右注〇挩手者于丨丨佩巾儀禮有司徹坐挩手注〇丨拭手也禮記內則注以丨手釋文〇禮記內則注以丨手釋文丨本作挩少儀注坐丨手釋文丨本作挩

唳 丨鶴鳴也晉書音義中

薙 丨謂迫地芟草也禮記月令燒丨行水注〇丨讀如鬀小兒頭之鬀書或作夷此皆剪草也字從類耳周禮秋官序官丨氏注〇周禮薙氏釋文丨本作雉

泄 亦作洩〇丨丨和樂也左氏隱元年傳其樂也丨丨注〇洩洩形形皆和貌文選思元賦展洩傳又形形舊注〇丨丨猶沓沓也詩板無然丨丨傳又孟子離婁上〇丨丨多人之貌詩十畝之閒桑者丨丨兮傳〇憲憲丨丨制灋則也爾雅釋訓〇飛而鼓其翼丨丨然詩雄雉丨丨其羽傳〇洩洩淫淫飛翔之貌文選海賦注〇爾雅釋訓釋文丨或作呭〇詩板無然丨丨說文言部作無然詍詍爾雅釋訓作洩洩

殪 丨死也爾雅釋詁又左氏隱九年傳衷戎師前後擊之盡丨注昭廿一年傳城射之丨釋文昭廿六年傳聲子射其馬斬鞅丨注定八年傳中頰丨釋文又國語晉語擊人盡丨注又後漢張衡傳注又家語六本丨而不避注又呂覽決勝搏攫則丨注又楚辭國殤左驂丨兮右刃傷注又文選思元賦鼈令丨而尸亡兮舊注〇丨盡也左氏宣六年傳將可丨也注〇丨仆也後漢光武紀上注〇丨殺也文選東京賦丨野仲而殲游光薛注〇一發而死曰丨國語晉語丨以爲大甲注〇一發矢爲丨漢書司馬相如傳上集注引文穎〇丨翳也就隱翳也釋名釋喪制〇丨因也因高塡下也詩皇矣其菑其翳釋文引韓詩〇丨古文作壹一切經音義八〇丨或作噎後漢光武紀上注

娣 丨似先後也廣雅釋親〇丨丨社先後也同上〇諸侯一娶九女二國媵之諸丨衆妾也詩韓奕諸丨從之傳〇丨母弟也左隱元年傳注孟子之姪丨也釋文〇丨音次第之第漢書宣帝紀集注

澨 三丨水名也書禹貢過三丨傳〇丨水涯也楚辭湘夫人夕濟兮西丨注

嚌 丨嘗也儀禮士冠禮釋文鄉飲酒禮丨之注鄉射禮尚左手丨之注又廣雅釋詁三〇丨丨嘗之儀禮士冠禮丨之注〇丨至齒也書顧命祭丨傳又荀子禮論祭齊大羹而飽庶羞注〇丨啐皆嘗也丨至齒啐入口禮記雜記下主人之酢也丨之衆賓兄弟則皆啐之注〇丨丨肺祭肺之屬也禮記祭統君執鸞刀羞丨注〇丨肺離肺也儀禮有司徹丨肺一注〇丨丨衆聲也文選北征賦鵾雞鳴以丨丨注〇丨丨憂悲也太元樂管絃丨丨注〇丨當爲祭字之誤也儀禮士冠禮加俎丨之注〇儀禮鄉飲酒禮尚左手

丨之釋文
丨本作嚙

劌 丨傷也禮記聘義廉而不丨注又荀子榮辱廉而不見貴者丨也注法行廉而不丨行也注又老子廉而不丨王注○丨利傷也禮記聘義釋文引字林○丨利也廣雅釋詁二釋言○丨箴也廣雅釋詁二○凡草木刺人自關而東或謂之丨方言三○丨者傷割人名方言三注○丨割也有廉隅而不割傷也家語問玉廉而不丨義也注○廉而不見貴者丨也荀子榮辱○丨之言會也太元元告日月相丨注○丨一作沬管子大匡曹丨之爲人也注○老子釋文丨河上本作害○左莊九年傳魯曹丨史記刺客傳作曹沬史記魯世家索隱引作昧呂覽貴信作曹劌

薛 丨草名莊子知北遊在芧丨釋文引李注○丨破裂也考工記旊人髻墾丨暴不入市注○莊子知

北遊釋文丨本作秤

懘 丨敗也禮記樂記則無沾丨之音釋文又史記樂書則無沾丨之音矣正義○怗丨敝敗不和貌禮記樂記則無怗丨之音矣注

轊 丨車軸頭也穀梁昭八年傳注謂車兩丨頭釋文又方言九車丨注又史記田單傳以丨折車敗集解引徐廣又後漢馬融傳注○轊車軸頭也文選子虛賦轊陶駼郭注○丨轑也廣雅釋器○丨又名轄方言九齊謂之轆注

髸 丨暴也顏氏家訓書證引漢書注

懠 丨怒也爾雅釋言又詩板天之方丨傳○丨怒聲爾雅釋言舍人注○丨疾怒也詩民勞天之方丨釋文○丨愁也爾雅釋詁四

袣 丨衣長貌也史記司馬相如傳索隱引埤蒼

囈 亦作㦤○㦤寱也廣雅釋言○㦤夢言意不慧也于例反左傳哀廿四年釋文引字林

濞 史記魯世家眞公丨索隱引世本作摯或作聘別本作鼻鄒誕本作嚊詩正義引史記作僎漢書律麻志作埶

羿 丨諸侯名書五子之歌有窮后丨傳○有窮后丨慕丨射故號此名也山海經海內經丨是始去恤下地之百艱注○李登聲類以系音丨顏氏家訓音辭○丨一或作聖山海經海內西經赤水之際非仁丨莫能上岡之巖注○書五子之歌有窮后丨說文作羿又作羿

髢 丨髲也詩君子偕老不屑丨也箋又禮記曲禮上斂髮毋丨注又左氏哀十七年傳使髡之以爲呂姜丨注又莊子天地禿而施丨釋文引司馬注○丨髦髮也莊子天地釋文引李注○丨髮垂如髮禮記曲禮釋文○丨或爲鬄禮記曲禮上注○周禮追師注若今髲丨釋文丨本作鬄○詩君子偕老不屑丨也周禮追師注作不屑鬄也

杕 丨特貌詩杕杜有丨之杜傳○丨音大第之第顏氏家訓書證引韻集○詩云有丨之杜江南本竝木傍施大而河北本皆爲夷狄之狄讀亦如字此大誤也顏氏家訓書證

憓 丨順也史記司馬相如傳義征不丨集解引漢書音義又文選魏都賦荊南懷丨劉注

蜧 黑丨神蛇也淮南齊俗其於以致雨不若黑丨注又文選江賦注引淮南許注

欐丨屋棟也列子湯問而餘音繞梁丨釋文力命居則連丨釋文

痸與瘈同○瘈狂也左氏哀十二年傳國狗之瘈注○丨疑病也山海經北山經單張之山有鳥焉名曰白鵺可以已丨注○左襄十七年傳國人逐瘈狗漢書五行志中之上作國人逐猘狗

綟綟丨綵也廣雅釋器○紫丨綵也同上○貴人緺丨金印緺丨色似綟獨斷上

第第析也方言十三○第篾也篾小者南楚謂之篾自關而西秦晉之間謂之第同上

締丨結也廣雅釋詁四又漢書陳勝項籍傳贊集注又文選吳都賦丨交翩翩劉注○丨閉也小爾雅廣言

甈康瓠謂之丨爾雅釋器○丨裂也廣雅釋詁二○丨燥也法言先知剛則丨注○丨皸也廣雅釋器

○丨當爲毀周禮牧人凡外祭毀事用尨可也杜注

𥉻丨視也廣雅釋詁一

泣丨視也爾雅釋詁又周禮司市師丨焉司農注天宗伯丨王鬯注又禮記文王世子成王幼不能丨阼注

蜹同蚋○丨小蚊也華嚴經音義上引字林○小蚊曰蚋一切經音義三引通俗文○蚋小蟲蚊之類後漢崔駰傳注○蚋謂蚊蚋小飛蟲也列子湯問有蚊蚋者注○秦人謂蚊爲丨爾雅釋蟲注小蟲似丨釋文○丨人劣反爾雅釋蟲釋文引字林○丨諸本或作蟉誤也孟子音義上引張音○爾雅釋蟲注釋文丨本作蚋

嘒丨丨聲也詩小弁鳴蜩丨丨傳○丨丨然和也詩那丨丨管聲傳○丨丨中節也詩采菽鸞聲丨丨傳○丨丨微貌詩小星丨彼小星傳○丨衆星貌詩雲漢有丨其星傳○儵儵丨丨翟禍毒也爾雅釋訓

晢亦作晣○晣明也廣雅釋詁四○晣晣明也詩庭燎庭燎晣晣傳又廣雅釋訓○丨丨猶煌煌也詩東門之楊明星丨丨傳○丨白也爾雅釋器

觢角皆踊丨爾雅釋畜○牛角一低一仰觭丨易睽其牛丨虞注○丨之世反爾雅釋畜釋文引字林○爾雅釋畜釋文丨本作挈

擿丨所以擿髮也詩君子偕老象之丨也傳○丨擿也所以擿髮也釋名釋首飾○丨戲也廣雅釋詁二○丨語也廣雅釋詁一○丨或爲禘禘猶去也文選文賦意徘徊而不能丨注

淠同淠○丨舟行貌詩棫樸丨彼涇舟傳○丨丨動也詩采菽其旂丨丨傳○丨丨衆也詩小弁萑葦丨丨傳○淠淠茂也廣雅釋詁

忕丨狃丨過度爾雅釋詁注貫貫丨也釋文○丨訓習史記漢興以來諸侯年表丨邪臣索隱○丨窣也管子小匡曹孫宿之爲人小廉而苛丨注

切丨猶慨也楚辭惜賢丨淟涊之流俗注○一丨猶一例史記李斯傳請一丨逐客正義○丨與砌古字通文選西京賦設丨厓隒注

踶丨蹋也漢書武帝紀集注食貨志上集注又晉書音義中又莊子馬蹄怒則分背相丨釋文引李注○小蹋謂之丨莊子馬蹄釋文引通俗文○丨蹋也杜計切文選漢武帝詔注引聲類○丨跛促遽貌文

選吳都賦狼跋予紹中劉注

【螮】一作蝃〇丨蝀虹也爾雅釋天〇蝃蝀虹也詩蝃蝀蝃蝀在東傳〇丨德也太元堅〇丨其蝴蝴注〇鼄蝥今江東呼蝃蝥方言十一注〇禮記月令注蝃蝀謂之虹釋文蝃本作丨

【蟪】丨蛄蛁蟟也廣雅釋蟲又家語子路初見丨蛄之聲猶在於耳注〇丨蛄蛁蟟也淮南道應丨蛄不知春秋注〇蛥蚗楚謂之丨蛄方言十一

【医】丨矢藏也廣雅釋器

【鱀】丨鯀魚出東萊晉書音義中引字林

【褹】丨複襦也廣韻引字林〇複襦江湘之閒或謂之丨筩方言四〇丨卽袂字耳方言四注〇襼與袂同當作襼複襦也晉書音義中

【槥】丨棺也廣雅釋器

【劓】丨斷也廣雅釋詁一〇丨截也廣雅釋詁四

〇以下據廣韻錄【瘱】丨審也齊楚曰丨方言六

【䲸】丨音如鉗釱之釱山海經中山經首山多丨鳥注

【嚖】丨丨鳴也廣雅釋訓

【瘛】丨解也方言十二〇丨音掣引之掣漢書藝文志集注引服虔〇丨亦作瘈史記高祖功臣侯年表惠侯許丨索隱

【係】丨繼也爾雅釋詁〇丨卽繼也後漢安帝紀注〇丨繫也國語越語丨妻孥注〇丨縛也國語吳語丨累其子弟注〇丨馬舌注〇丨累猶縛結也孟子梁惠王下丨累其子弟注〇巽繩爲丨易遯丨遯虞注〇丨古文作繫繼二形一切經音義二〇易坎丨用徽纆穀梁宣二年傳注作繼用徽纆

【亞】兩壻相謂爲丨爾雅釋親

【栵】丨栭也詩皇矣其灌其丨傳〇丨音例爾雅釋木釋文引字林

【盻】丨丨勤苦不休息之貌孟子滕文公上使民丨丨然注

【骶】背謂之丨廣雅釋親〇脊窮之謂丨素問刺熱榮在丨也注

【涗】丨水以灰所泲水也考工記㡛氏以丨水漚其絲注〇丨酌者捝拭勺而酌也周禮司尊彝盎齊丨

酌司農注〇故書丨作湄考工記㡛氏注

【䚕】丨索視之貌師蟣切文選吳都賦注引蒼頡

【鰶】丨魚出東萊晉書音義下引字林〇鯯亦作丨晉書音義下引文字集略

【疐】丨音欬嚏之嚏漢書息夫躬傳集注引蘇林〇丨音戴嚏其尾之嚏漢書息夫躬傳集注引晉灼

【遰】丨去也春秋運斗樞黃龍五采負圖出置舜前丨入水而前去注〇丨古文逝字一切經音義三引古文奇字〇丨音帝一切經音義三引三蒼

【暨】丨盡也爾雅釋詁〇今江東呼厭極爲丨爾雅釋詁注

【鬄】丨露髻曰丨以麻雜爲髻如今撮也文選西京賦注引通俗文

【舡】｜艏水戰船廣韻引字林

【齌】齌挽曰｜一切經音義七引通俗文

【稊】｜小也凡草生而初達謂之｜方言二○｜鋒萌始出方言二注

【蟿】｜口地反爾雅釋蟲釋文引字林

【滯】霝滴謂之｜渧一切經音義二引通俗文

【脊】｜肥大也玉篇引埤蒼

【剆】｜傷也集韻引字林○｜音邸許廣雅音釋引字林

【怈】｜明也一切經音義十三引蒼頡○｜習也一切經音義十三引字林

【餲】｜乙例反爾雅釋器釋文引字林

【腸】｜肝胸也｜讀精神歇越無之歇也淮南精神｜下迫頤注

【𤺌】｜竹世反赤痢病也一切經音義二引字林○下｜重而赤白曰𦢊言厲𦢊而難也釋名釋疾病○｜創也廣雅釋詁一

【瘵】｜側例反詩瞻卬釋文引字林

【饐】飯臭曰｜御覽八百五十引通俗文○饐餲臭味變也論語鄉黨食饐而餲集解引孔注○饐臭變也論語鄉黨皇疏

【撎】｜舉首下手也左傳成十六年釋文引字林

【捖】｜五第反漢書揚雄傳音義引字林

【䁦】｜覘也凡相竊視或謂之｜｜中夏語也方言十○｜亦言瞟也方言十注

【𧗳】｜刻也方言十三

【㥟】｜他欺謾之語也方言十

【諦】｜審也秦晉曰｜方言六

【譩】｜諦審也吳越曰｜諦方言六

【𢿤】｜數也方言三

【䟷】踏蹊蹄跳也楚曰｜方言一

【抴】｜泄也發泄出之也釋名釋言語

【繐】｜惠也齊人謂涼爲惠言服之輕細涼惠也釋名釋采帛○｜細如｜也釋名釋喪制○｜衰小功之縷而四升半之衰禮記檀弓下請｜衰而環經注

【瀱】｜井一有水一無水爲｜汋爾雅釋水○井一有水一無水曰｜汋｜竭也汋有水聲汋汋也釋名釋宮室

【跇】｜渡也漢書揚雄傳上集注○｜迣也弋世反漢書揚雄傳音義引字林○｜謂超踰也史記樂書｜騁容與兮｜萬里集解引如淳○｜一作世史記樂書索隱引鄒誕生

【焍】｜灼龜木也史記龜策傳梁卯｜黃索隱○｜音次第之第史記龜策傳索隱

譓 丨順也漢書司馬相如傳下集注引文穎
細 丨度也漢書楊雄傳上集注
𧭈 丨亦狂也後漢馬融傳注
隮 丨墜書微子今爾無指告予顛隮丨傳○書微子告予顛丨說文足部作告予顛躋
以下據〔春〕丨古有此姓晉書音義下
○
集韻録
齌 丨疾也離騷反信讒而丨怒注
蠮 丨螉小細腰蠭也方言十一蠭其小者謂之丨螉注
蠡 丨瓠勺也方言五丨注
𥰭 箄自關而西或謂之丨方言五○今云丨篾篷也方言五注
蕝 束茅以表位爲丨史記劉敬叔孫通傳注茅丨索隱引賈逵
第 丨簀也左氏襄廿七年傳牀丨之言不踰閾注
𡟷 丨病也廣雅釋詁一
渫 丨烝蔥也禮記曲禮上葱丨處末注
孋 丨亦儷也後漢皇后紀注
𨌨 丨輗猶祕轄也在車軸上正輪之祕轄前卻也釋名釋車
蕞 立表爲丨史記劉敬叔孫通傳爲緜丨索隱引韋昭

楔 丨渠例反木釘也一切經音義十四引字林
㝞 丨安也玉篇引蒼頡
㤤 丨寧丨心安也集韻引字林
倠 丨扶也廣雅釋言
嫛 丨是也釋名釋長幼

經籍纂詁卷第六十七下

經籍籑詁卷第六十七下補遺 去聲

兵部侍郎兼都察院右副都御史巡撫浙江等處地方提督軍務兼理糧餉阮元撰集

八霽下

【詣】說文｜候至也从言旨聲

【礪】說文新附｜礱也从石厲聲經典通用厲○厲卑石也漢書枚乘傳磨礱底厲注○｜者磨刀劍之名詩公劉箋取鍛厲斧斤之石疏

【勵】｜者勖已之稱文選勸勵題注

【瘞】說文｜幽薶也从土㾜聲○｜薶也文選西征賦注引字書○｜祭地也漢書終軍傳奉燔｜於郊

宮注○祭地曰｜薶漢書郊祀志下｜地於北郊注楊雄傳上將｜后土注

【噬】說文｜啗也喙也从口筮聲○｜齧也左氏成十二年傳注爲搏｜之用疏○｜嚙也後漢書班固傳上捉猛｜注○｜謂齧也詩駟驖箋謂逹其搏｜疏

【繼】說文｜續也从糸㡭一曰反㡭爲繼

【脃】說文｜小耎易斷也从肉从絕省

【諦】說文｜審也从言帝聲○諟與｜同文選魯靈光殿賦若鬼神之髣髴注○諟即｜字文選甘泉賦猶彷彿其若夢注

【系】說文｜繫也从糸丿聲凡｜之屬皆从｜𦃇｜或从毄處𦃇籀文｜从爪絲

【叡】說文｜深明也通也从𣦼从目从谷省睿古文｜壡籀文｜从土○睿通也書洪範思曰睿王注○｜哲也文選南都賦宏懿明｜注○｜慧皆智也史記五帝本紀幼而徇齊索隱

【毳】說文｜獸細毛也从三毛凡｜之屬皆从｜○｜細毛也漢書鼂錯傳鳥獸｜毛注○｜謂毛頭｜結禮記內則羊泠毛而｜氈疏○｜謂毛別聚結者周禮內饔牛泠毛而｜疏○｜衣大夫之服詩大車｜衣如菼傳○｜幙氈帳也文選荅蘇武書韋韝｜幙注○｜形如箕擿行泥上漢書溝洫志泥行乘｜注引孟康○｜音茅蕝之蕝謂以板置泥上以通行路也漢書溝洫志泥行乘｜注引如淳○｜讀與脃同漢書丙吉傳數奏甘｜食物注

【劑】說文｜齊也从刀从齊齊亦聲○齊藥之分齊也漢書郊祀志上而事化丹沙諸藥齊爲黃金矣注

【曳】說文臾曳也从申丿聲○｜拽也禮記曲禮下車輪｜踵疏○｜引也一切經音義十九引廣雅○坎爲｜易夬其行次且虞注漸跛能履虞注歸妹遲歸有時虞注

【蔕】說文｜瓜當也从艸帶聲

【睇】說文｜目小視也从目弟聲南楚謂眄曰｜○旁視曰｜易明夷夷于左股釋文引鄭陸注

【彗】說文｜掃竹也从又持甡篲｜或从竹簪古文｜从竹从習○｜帚也漢書王褒傳忽若｜氾畫塗注○｜埽箒也左氏昭十七年傳疏○｜者所以掃也漢書高帝紀下太公擁｜注○｜埽也後漢書班固傳下戈鋋｜雲注○｜即孛也左氏昭廿六年傳注出齊之分野疏○｜所以除舊布新也漢書天文志○｜者邪亂之氣埽故置新之象公羊昭十八年傳記異也注

睨說文｜衺視也从目兒聲○｜邪視也漢書李廣傳｜其傍有一兒騎善馬注司馬相如傳上｜部曲之進退注○｜不正視也漢書揚雄傳上行｜陔下與彭城注引應劭

堄四尺爲倪墨子備城門｜

罽說文｜西胡毳布也从糸罽聲○罽織毛也即氍毹之屬漢書東方朔傳狗馬被繢罽注○罽織毛若今氍及氍毹之類也漢書高帝紀下賈人毋得衣錦繡綺縠絺紵罽注○毛氂爲罽爾雅釋言氂罽也孫注

餟說文餟祭酹也从食叕聲○｜祭酹也後漢書黨錮何顒傳以頭｜其墓注○腏字與｜同謂聯續而祭也漢書郊祀志上爲腏食羣神從者注○餟作｜同一切經音義十一引聲類

貰｜寬縱也漢書車千秋傳良久乃｜之注○｜謂寬其罪漢書梁平王襄傳得見｜赦注游俠原涉傳責以辠惡赦｜注○｜謂緩恕其罪也漢書劉向傳遂｜寬注○｜貸假取之也漢書酷吏甯成傳迺｜貸陂田千餘頃注

疐｜謂脫華處禮記曲禮上士｜之疏○｜音欬嚏之嚏漢書息夫躬傳卑爰｜強盛注引蘇林

穧說文｜穫刈也一曰撮也从禾齊聲○｜者禾之鋪而未束者詩大田疏○定本集注｜作積詩大田此有不斂｜疏

沴說文｜水不利也从水㐱聲五行傳曰若其｜作○氣之相傷謂之｜續漢五行志一○氣相傷謂之｜｜猶臨莅不和意也漢書五行志中之上○｜惡氣也漢書孔光傳六｜之作注○｜灾氣也漢書

谷永傳六｜作見注○｜亦神怒洪範五行傳則本不曲直注○｜渚也漢書揚雄傳上注引晉灼○｜河岸之坻也漢書揚雄傳上跖魂負｜注引服虔

栧｜柂也漢書司馬相如傳上揚旌｜注引張揖○栧楫也文選西京賦齊栧女注引韋昭漢書注○栧船舷文選子虛賦揚旌栧注引郭璞

逮｜及也禮記禮器季氏祭｜闇而祭疏樂記恐不｜事也注又爾雅釋言又漢書文帝紀以匡朕之不｜注禮樂志跂行畢｜注○｜遝也爾雅釋言○｜｜閑習之貌漢書韋元成傳棣棣其則注

禘說文｜諦祭也从示帝聲周禮曰五歲一｜○｜祭也左氏昭廿五年傳將｜于襄公注○｜謂春祭宗廟也禮記郊特牲饗｜有樂而食嘗無樂疏○｜大祭在于夏禮記學記未卜｜疏引皇氏○夏祭

曰｜國語魯語嘗｜烝享注○｜大祭也大於四時而小於祫詩雝序｜大祖也箋○｜大祭也言其大於四時之祭左氏僖八年經疏○｜三年大祭左氏襄十年傳魯有｜樂注○｜三年大祭之名穀梁僖八年經｜于大廟注○｜祀三年喪畢之大祭左氏襄十六年傳以寡君之未｜祀注○｜取毀廟之主皆升合食于太廟通典四十九引韓詩內傳○｜者次第也禮記王制夏曰｜疏引皇氏○｜者諦也言使昭穆之次審諦而不亂也左氏閔二年經吉｜于莊公疏○｜者諦也取已遷廟主合食太祖廟中御覽五百廿八引五經通義○｜者遞也禮記王制祫｜疏引賈逵說○｜者遞也審諦昭穆遷主遞位孫居王父之處左氏閔二年經賈注○｜者郊天之名詩長發箋帝黑帝也疏○｜謂郊天禮記喪服小記禮不王不｜疏○｜謂郊祀天也禮記大傳不王不｜注○｜謂夏正郊天禮記學記未卜｜疏引熊氏

○大丨郊祭天也詩長發序大丨也箋○丨猶去也文選文賦意徘徊而不能去注

芮 說文丨丨艸生皃从艸內聲讀若汭○丨謂櫫楯之紛綬也史記蘇秦列傳吠丨索隱

掣 易睽其牛丨釋文鄭作挈○詩板箋女攜摩民釋文本又作丨

傺 丨逗也廣雅釋詁二

薊 說文丨芙也从艸㔉聲

穄 說文丨穈也从禾祭聲

妻 丨嫁女與之也漢書吳芮傳黥布歸芮芮丨之注

擠 說文丨排也从手齊聲○丨排丨也史記項羽本紀漢軍却爲楚所丨集解引臣瓚

眥 說文丨目厓也从目此聲

禊 三月上巳臨水祓除謂之丨史記外戚世家武帝祓霸上集解引徐廣

悌 說文新附悌善兄弟也从心弟聲經典通用弟○弟者言能以順道事其兄也漢書惠帝紀舉民孝丨力田者注○丨者事長次第之名禮記曲禮上僚友稱其丨也疏○不悌不遜順也周書謚法迷而不悌曰丁注○弟與丨同荀子脩身端慤順弟注子道入孝出弟注

墆 丨障蔽也廣雅釋訓

遾 北燕曰丨爾雅釋言丨逮也注

鈦 說文丨鐵鉗也从金大聲○丨足鉗也漢書食貨志下丨左趾注又後漢書光武帝紀下注引前書音義○丨以鐵爲之著左趾以代刖也史記平準書丨左趾集解引韋昭

璏 說文丨劍鼻玉也从玉彘聲○璏劍鼻也漢書王莽傳上欲獻其璏耳注

槸 說文丨木相摩也从木埶聲槸丨或从艸

呭 說文丨多言也从口世聲詩曰無然丨丨

寱 說文丨瞑言也从㝱省臬聲

栔 丨刻也廣雅釋言

砅 說文丨履石渡水也从水从石詩曰深則丨濿丨或从厲

蠇 說文丨蚌屬似蜌微大出海中今民食之从虫萬聲讀若賴

㥷 說文㥷靜也从心疢聲○丨深邃也文選洞簫賦注引曹大家列女傳注○丨審也集韻引廣雅○丨猶協也太元廓陰氣丨而念之注

潎 說文丨於水中擊絮也从水敝聲○丨丨遊貌也文選秋興賦玩遊儵之丨丨注

睥 辟睨傍視也漢書灌夫傳辟睨兩宮閒注○辟字本作睥同上

嚏 說文丨悟解气也从口疐聲詩曰願言則丨○丨跲也詩終風願言則嚏傳

盭 說文丨弼戾也从弦省从盩讀若戾○丨綠也漢書百官公卿表上金璽丨綬注引如淳○丨草名也似艾可染綠因以爲綬名也漢書百官公卿表上金璽丨綬注引晉灼○戾草名也漢書匈奴傳下黃金璽丨丨綬注

【竁】說文｜穿地也从穴毳聲一曰小鼠周禮曰大喪甫｜○｜謂穿地周禮遂師注｜復土也疏○｜穿壙之名周禮量人注｜亦有俎實疏○｜壙中也周禮司烜氏則爲明｜焉疏○｜謂壙內周禮量人掌喪祭奠｜之俎實疏

【彗】爾雅釋天｜星爲欃槍釋文本今作彗

【遞】說文｜更易也从辵虒聲○｜代呂覽先己詐術｜用注○｜迭也文選上林賦族居｜奏注引郭璞舞賦於是合場｜進注○周禮稍人注使勞逸｜焉釋文本又作遆

【遰】說文｜去也从辵帶聲○｜讀如明星哲哲易大有釋文引鄭注

【愒】說文｜息也从心曷聲○偈息也文選甘泉賦度三巒兮偈棠梨注引韋昭○｜貪也書高宗肜日疏

【猘】說文狾狂犬也从犬折聲春秋傳曰狾犬入華臣氏之門○狾狂也廣雅釋詁四又漢書五行志中之上宋國人逐狾狗注

【鱖】說文｜魚名从魚厥聲

【癘】｜謂｜疾周禮疾醫疏○｜疾謂民病左氏昭四年傳疏

【嬖】說文｜便｜愛也从女辟聲○｜便嬖愛妾禮記緇衣毋以｜御人疾莊后釋文○｜謂愛幸也漢書項籍傳張耳｜臣也注○｜人所愛幸者穆天子傳六天子使｜人注○｜人王所幸愛者穆天子傳六｜人羣女倍之注○賤而得愛曰｜一切經音義二十引謚法○｜御寵妾也周書祭公汝無以｜御疾莊后注○｜卑賤婢妾媚以色事人得幸者也一切經音義二十引釋名

【蹶】｜走也文選射雉賦或｜或啄注引賈逵○蹷跳也後漢書班固傳上狂兕觸蹷注引廣雅○｜動而敏於事詩蟋蟀良士｜｜傳○禮記曲禮上足毋｜釋文本又作蹷○詩十月之交｜維趣馬漢書五行志下之下作蹷維趣馬

【棣】說文｜白棣也从木隶聲○｜今之山櫻桃漢書司馬相如傳上隱夫薁｜注○｜｜富而閑也左氏襄卅一年傳威儀｜｜注○｜｜謂通意也漢書律麻志上萬物｜通注○詩柏舟威儀｜｜禮記孔子閒居作威儀逮逮

【彘】說文｜豕也後蹏廢謂之｜从彑矢聲从二匕｜足與鹿足同○｜郎豕漢書食貨志上雞豚狗｜注○凡言｜者皆豕之別名漢書五行志中之上以爲人｜注

【曀】說文｜陰而風也从日壹聲詩曰終風且｜○｜雲風｜｜日光爾雅釋天陰而風｜孫注

【荔】說文｜艸也似蒲而小根可作㕞从艸劦聲○｜草似蒲史記司馬相如列傳葴薪苞｜集解引徐廣○｜馬薤月令七十二候集解引蔡邕章句○｜馬｜也漢書司馬相如傳上葴析苞｜注引張揖○馬｜今之馬藺也漢書司馬相如傳葴析苞｜注

【汭】說文｜水相入也从水从內內亦聲○芮水內也詩公劉芮鞫之即疏○水內曰｜書召誥攻位于洛｜疏○水北曰｜漢書地理志上注○水所出曰｜水經注四引書堯典馬注○｜水涯穆天子傳四斲多之｜注○水曲流爲｜左氏昭元年傳館于洛｜注○水曲曰｜漢書律麻志下處虞之媯｜注元

后傳舜起嬀丨注○丨卽隩也而丨字以內爲聲明
是水之隈曲之內也左氏閔二年傳疏○內讀曰丨
漢書溝洫志及盟津雒內注

泥 丨謂陷滯不通也漢書東平思王宇傳致遠恐丨
注○丨者丨溺於水不能自拔漢書五行志中之
上震遂丨注引李奇

蛻 說文丨蟬蛇所解皮也从虫稅省

贅 說文丨以物質錢从敖貝敖者猶放貝當復取之
也○丨謂居窮有子使就其婦家爲丨壻史記秦
始皇本紀丨壻賈人集解引臣瓚○丨從嫁也淮南
本經丨妻鬻子注○丨猶綴也文選西都賦注引公
羊傳劉越石勸進表有若丨旒注褚淵碑文康國祚
於綴旒注○丨猶綴也謂繫綴而屬之詩桑柔疏○

行之無當爲丨後漢書皇后紀上注引老子河上公
注○丨或作賃淮南本經丨妻鬻子注

儷 丨偶也文選景福殿賦注引國語賈注○丨配偶
也荀子正名累有成文名之麗也注○丨兩也左
氏成十一年傳疏○丨者兩也公羊莊廿二年傳注
丨皮者疏○儀禮士昏禮束帛丨皮白虎通嫁娶引
作離皮

揭 說文丨高舉也从手曷聲○丨褰衣也漢書司馬
相如傳上涉水丨河注○丨舉衣也文選上林賦
涉水丨河注引司馬彪○丨褰衣渡水也詩匏有苦
葉淺則丨釋文○丨褰衣而渡也漢書司馬相如傳
下北丨石瀨注

帨 說文帥佩巾也从巾自帨帥或从兌○丨卽佩巾
儀禮公食大夫禮注丨栻疏○古文丨作說儀禮

有司徹坐丨手注○帥弦也廣雅釋器

唳 說文新附丨鶴鳴也从口戾聲○丨鶴聲也文選
舞鶴賦丨清響於丹墀注

薙 說文丨除艸也明堂月令曰季夏燒丨从艸雉聲
○書薙或作夷周禮秋官序官薙氏疏

泄 說文丨水受九江博安洵波北入氐从水世聲○丨
洩洩舒散也文選思元賦注引左氏傳杜注○丨
去也詩民勞俾民憂丨傳○丨猶出也發也詩民勞
箋○孟子離婁上丨丨猶沓沓也玉篇作呭呭

殪 說文殪死也从歺壹聲壼古文丨从死○丨死也
左氏襄廿五年傳必丨注○丨壹發而死詩吉日
丨此大兕傳○丨殺也書康誥丨戎殷疏

娣 丨女弟也詩鵲巢箋言衆媵姪丨之多釋文○丨
者何女弟也白虎通嫁娶○女弟曰丨穀梁隱七

年經叔姬歸于紀釋文○丨是妻之妹禮記曲禮下
大夫不名世臣姪丨疏○古謂之丨姒今關中俗呼
爲先後吳楚俗呼之爲妯娌漢書郊祀志上注

澨 說文丨埤增水邊土人所止者从水筮聲夏書曰
過三丨○丨水涯左氏成十五年傳則決睢丨注
○丨杜預曰水際及邊地名也水經注四十引京相
璠說

嚌 說文丨嘗也从口齊聲周書曰太保受同祭丨○
丨謂至齒嘗之儀禮冠禮丨嘗之疏○禮記祭統
君執鸞刀羞齊釋文本亦作丨

劌 說文丨利傷也从刀歲聲○左莊九年傳曹丨國
策齊策作曹沫

薜 說文丨牡贊也从艸辟聲

懘 說文新附｜惉｜也从心滯聲

轊 說文軎車軸耑也从車象形杜林說轊軎或从彗○｜車軸頭也史記萬石張叔列傳注櫟機｜索隱○｜頭車轂小頭也禮記少儀注軌與軹於車同謂｜頭也疏○｜即轂末周禮大馭注軹謂兩｜也疏○轊謂軸頭衝而殺之也漢書司馬相如傳上轊騊駼注○｜與槥古字通文選陽給事誄注引漢書服虔注

熭 說文｜暴乾火也从火彗聲○｜乾也廣雅釋詁二○｜謂暴曬之也漢書賈誼傳日中必｜注

袣 ｜褏也漢書司馬相如傳上曳獨繭之褕｜注引張揖

濞 ｜水暴至聲也文選高唐賦注引字林○｜音滂｜漢書高帝紀下沛侯｜重厚注

蠇 ｜蛤燕雀所化也秦曰牡｜一切經音義十六引字林○莊子天運其知憯于蠣蠆之尾釋文本亦作厲

羿 說文羿羽之羿風亦古諸侯也一曰射師从羽幵聲

髢 說文鬄髲也从髟易聲髢鬄或从也聲○｜髮也漢書揚雄傳上資娵娃之珍｜兮注引孟康

謎 說文新附｜隱語也从言迷迷亦聲

軑 說文｜車輨也从車大聲

鴃 ｜鴂字也漢書揚雄傳上徒恐鷤｜之將鳴兮注

杕 說文｜樹皃从木大聲詩曰有｜之杜○｜舟尾讀詩有杕之杜也淮南說林心所說毀舟爲｜注○詩杕杜序釋文本或作夷狄字

䓞 說文｜艸也可以染留黃从艸戾聲○戾草名也漢書匈奴傳下黃金璽盭綟注

蘻 說文｜狗毒也从艸繫聲○｜狗毒爾雅釋草○俗語苦如｜爾雅釋草樊注

綟 ｜草名也續漢輿服志下諸國貴人相國皆綠綟注引徐廣○｜紫色也續漢輿服志下注引何承天○｜字亦盭音同也續漢輿服志下諸國貴人相國皆綠綟注

𡔛 說文｜天陰塵也詩曰｜｜其陰从土壹聲○｜天陰塵也讀詩紀四引韓詩章句

締 說文｜結不解也从糸帝聲○｜連結也文選過秦論合從｜交注引張晏

甈 說文｜康瓠破罌从瓦臬聲𤮊｜或从埶

䁟 說文｜察也从目祭聲○｜察也文選琴賦明嫿｜惠注

蜹 說文秦晉謂之｜楚謂之蚊从虫芮聲○蜹蚊屬也漢書枚乘傳譬猶蠅蜹之附羣牛注○秦人謂蚊爲｜通鑑周威烈王紀音注引字林

嘒 說文｜小聲也从口彗聲詩曰｜彼小星嚖或从慧

憓 ｜淑善也文選神女賦澹淸靜其愔｜兮注○｜悅也文選神女賦注引韓詩章句○｜密也文選神女賦注引蒼頡○｜深邃也文選女史箴注引曹大家列女傳注○｜音翳桑之翳文選女史箴注引漢書服虔注

晢 晣明也大戴記文王官人晣日守也注又後漢書張衡傳雖司命其不晣注○晣昭晣文選高唐賦

序晰兮若姣姬揚袂注○嘶昭晰也文選思元賦雖司命其不嘶舊注

㵝 溶ㄧ猶蕩動也文選高唐賦洪波淫淫之溶ㄧ注

觢 說文ㄧ一角仰也从角㓞聲易曰其牛ㄧ○牛角皆踊曰觢易睽其牛掣釋文引鄭注

揥 ㄧ嬈也廣雅釋詁二

淠 說文ㄧ水出汝南弋陽垂山東入淮从水畁聲

忕 ㄧ習也左氏桓十三年傳注狃忕也疏○ㄧ串也習也禮記表記注以本ㄧ於鬼神虛無之事疏○詩四月傳廢ㄧ也釋文一本作廢大也

踶 說文ㄧ躗也从足是聲○ㄧ蹋也莊子馬蹄釋文引廣雅

螮 說文ㄧㄧ蝀虹也从虫帶聲○螮蝀亦日光氣詩螮蝀箋朝有升氣於西方疏

蟪 說文新附ㄧㄧ蛄蟬也从虫惠聲○三輔以西爲蜩梁宋以東謂蜩爲蝘楚地謂之ㄧ蛄爾雅釋蟲蜋蜩螗蜩舍人注

医 說文ㄧ盛弓弩矢器也从匸从矢國語曰兵不解医

髢 ㄧ舂也廣雅釋詁四

槥 說文ㄧ棺櫝也从木彗聲○ㄧ櫝謂小棺漢書成帝紀給ㄧ櫝葬埋注○ㄧ小棺也漢書韓安國傳中國ㄧ車相望注○ㄧ小棺也今謂之櫝漢書高帝紀下令士卒從軍死者爲ㄧ注引應劭

○以下據廣韻錄

摕 說文ㄧ撮取也从手帶聲讀若詩曰螮蝀在東桀ㄧ或从折从示兩手急持人也○ㄧ取也廣雅釋詁一

𧿹 ㄧ蹋也廣雅釋詁二

𨣧 ㄧ醬也廣雅釋器

𤑈 說文ㄧ炊餔疾也从火齊聲

鬀 說文ㄧ鬄髮也从髟弟聲大人曰髡小兒曰ㄧ盡及身毛曰鬄○剃鬄也廣雅釋詁一

洟 說文ㄧ鼻液也从水夷聲

擿 ㄧ種也廣雅釋地

𡠄 ㄧ極也廣雅釋詁一

𧨍 ㄧ諟也廣雅釋詁三

懘 說文ㄧ高也一曰極也一曰困劣也从心帶聲

鯷 ㄧ鮎也廣雅釋魚

𢳚 ㄧ挑取也一切經音義十一引埤蒼

𣳚 說文ㄧ水汝南新鄭入潁从水囟聲

𢏚 說文ㄧ帝嚳䠶官夏少康滅之从弓幵聲論語曰𢏚善䠶

䚘 說文ㄧ旁視也从見兒聲

係 說文ㄧ絜束也从人从系系亦聲○結讀曰ㄧ漢書張釋之傳釋之跪而結之注○ㄧ繫也文選長

楊賦注引國語賈注

⿰契阝 說文｜周封黃帝之後于｜也从邑契聲讀若薊上谷有｜縣

檕 說文｜繘耑木也从木毄聲○｜迷一名挈榼詩將仲子無折我樹檀陸疏○爾雅釋木杌｜梅釋文本亦作檕檕本作槅

檵 說文｜枸杞也从木繼省聲一日監木也

盻 說文｜恨視也从目兮聲○孟子滕文公上使民｜｜然音義｜丁作肹

閉 ｜屏也廣雅釋宮

罊 說文｜器中盡也从缶毄聲○爾雅釋詁｜盡也釋文本或作罄

蟿 ｜螽螇蚸爾雅釋蟲

⿰舟契 ｜舟也廣雅釋水

⿱毄心 說文｜惱也从心毄聲○｜極也廣雅釋詁一

⿱啟目 說文｜省視也从目啟省聲

⿱宀契 說文｜靜也从宀契聲

蘻 ｜草之蘻薈也文選江賦標之以翠蘻注

殹 說文｜擊中聲也从殳医聲

⿰言壹 ｜諟也廣雅釋詁三

譓 譓辨察也國語晉語今陽子之情譓矣注

⿰惠羽 ｜羽也廣雅釋器○⿰惠羽六翮之末也淮南人間則奮翼揮⿰惠羽注

炅 炔同○｜｜見也廣雅釋詁三○炔字或作快漢書王子侯表下徐鄉侯｜注

𥷚 ｜箙也廣雅釋器

⿰歹夬 ｜極也廣雅釋詁一

婗 說文｜妃也从女兒聲

⿰足兒 ｜踦也廣雅釋言

⿰酉畢 說文｜擣榆醬也从酉畢聲

⿰韱刂 鑯與｜同○鑯兮分判貌荀子賦鑯兮其相逐而反也注

⿰氵隶 滯｜漉也廣韻引埤蒼

縑 ｜箙也廣雅釋器

戾 悷｜悲傷貌文選高唐賦悷｜憯悽注

珕 說文｜蜃屬从玉劦聲禮佩刀士｜琫而珧珌

⿸疒麗 說文｜癰也从疒麗聲一曰瘦黑讀若隸○｜癰也廣雅釋詁二

⿰麗見 說文｜求也从見麗聲讀若池

⿰木隸 說文｜木也从木隸聲

䅬 丨盛也廣雅釋詁二○丨丨肥也廣雅釋訓

繐 說文丨細疏布也从糸惠聲○丨布疏者漢南陽鄧縣能作之禮記檀弓上絺衰丨裳疏○丨者繐細而希疎也左氏襄廿七年傳如稅服終身疏○凡布細而粗者謂之丨荀子禮論菲丨注○布細而疎曰丨禮記檀弓上絺衰丨裳釋文○繐不灰治曰丨儀禮士冠禮不屨丨屨疏○丨丨衰也荀子禮論菲丨注○丨屨喪屨也儀禮士冠禮不屨丨屨注

獩 說文丨豚屬从豕衛聲讀若罽

⿰心衛 說文丨寱言不慧也从心衛聲

讏 丨譽惡也管子形勢篇丨之人也注○推譽不肖之謂丨管子形勢篇

⿴衛牛 說文丨牛踶丨也从牛衛聲

𣪠 說文楚人謂卜問吉凶曰丨从又持祟祟亦聲讀若贅

啐 丨嘗也集韻引廣雅

⿰鄭斤 丨戳也廣雅釋詁四

⿰厥刂 丨傷也廣雅釋詁四

銴 說文丨車樘結也一曰銅生五色也从金折聲讀若誓

笍 說文丨羊車騶箠也箸箴其耑長半分从竹內聲

裞 說文贈終者衣被曰丨漢書朱建傳迺奉百金丨注○贈喪衣服曰丨漢書鮑宣傳丨以衣衾注○衣服曰丨史記酈生陸賈列傳乃奉百金往丨集解引韋昭○丨當爲裞同上

涗 說文丨財溫水也从水兌聲周禮曰以丨漚其絲○丨泲也禮記郊特牲醆酒丨于清疏○丨謂新亦謂泲之也周禮司尊彝注醆酒丨于清疏○凡丨新之也禮記郊特牲○丨猶清也禮記郊特牲明水丨齊注○丨盎齊也禮記祭統夫人薦丨水注○丨水是明水禮記祭統夫人薦丨水疏○丨齊或爲汎齊禮記郊特牲明水丨齊注

⿱埶巾 說文丨禮巾也从巾从執

㡀 說文丨敗衣也从巾象衣敗之形凡丨之屬皆从丨○丨敗也廣雅釋詁三○丨小也廣雅釋詁二

䬽 說文丨小餟也从食兌聲

鏏 說文丨鼎也从金彗聲讀若彗○丨鼎也廣雅釋器○丨小鼎又曰鼎無耳爲丨丨讀曰彗淮南說林卜在其間注

鄨 說文丨牂柯縣从邑敝聲讀若鷩雉之鷩

⿰巾祭 說文丨殘帛也从巾祭聲

瘛 說文丨小兒丨瘲病也从疒恝聲○丨小兒病也漢書藝文志金創瘲丨方三十卷注○丨瘲也廣雅釋言○丨筋脈相引而急病名曰丨素問玉機眞藏論

㩮 說文引縱曰丨从手瘛省

𢡱 說文丨小怒也从心壴聲

靳 丨刀削也廣雅釋器

[illegible] 丨臭也廣雅釋器

迣 說文丨迾也晉趙曰丨从辵世聲讀若寘○丨遮也廣雅釋詁二○丨超踰也漢書禮樂志注引孟康○丨讀與厲同漢書禮樂志丨萬里注○丨古迾字漢書禮樂志注引晉灼

玴 說文丨石之似玉者从玉曳聲

勩 說文丨勞也詩曰莫知我丨从力世聲

詍 說文丨多言也从言世聲詩曰無然丨丨○丨多言也荀子解蔽辨利非以言是則謂之丨注

怈 說文怈習也从心曳聲○丨明也廣雅釋詁四

䎅 丨丨飛也廣雅釋訓

跇 說文丨述也从足世聲○丨超踰也文選羽獵賦丨巒阬注引如淳○丨度也文選洞簫賦超騰踰曳注引鄭德

厂 說文丨抴也明也象抴引之形凡丨之屬皆从丨虒字从此

抴 說文丨捈也从手世聲○丨數也廣雅釋詁四○丨牽引也荀子非相接人則用丨注○丨當爲枻同上

餲 說文丨飯丨也从食曷聲論語曰食饐而丨

茜 說文丨以艸補缺从艸西聲讀若陸或以爲綴一曰約空也○丨補也廣雅釋詁四

䮋 說文丨次弟馳也从馬剡聲

䅀 黍穰謂之丨廣雅釋草

巁 說文丨巍高也从山蠆聲讀若厲

㤠 㓞餘也廣雅釋詁三

濿 說文丨井一有水一無水謂之丨汋从水厲聲

罽 說文罽魚网也从网𠟭聲𠟭籀文銳○丨魚罔也御覽引廣雅

彑 說文丨豕之頭象其銳而上見也凡丨之屬皆从丨讀若罽

蘮 說文蘮艸之小者从艸𠟭聲𠟭古文銳字讀若芮○丨䔢竊衣爾雅釋草

紲 丨丨超踰也文選羽獵賦亶觀夫剽禽之丨踰注○丨與跇同漢書楊雄傳上亶觀夫票禽之丨踰注又文選羽獵賦注

𧽇 說文丨超特也从走契聲

䟸 丨跳也廣雅釋詁二

揳 丨裂也廣雅釋詁二

○以下據集韻錄**[illegible]**注 丨謂挈斷之也管子大匡頜而㓞頸者

儢 丨丨憭也廣雅釋訓

【褅】說文｜緥也从衣啻聲詩曰載衣之｜

【睼】說文｜迎視也从目是聲讀若珥瑱之瑱

【瑅】｜玉也文選洛神賦抗瓊｜以和予兮注

【遞】｜音迭遞之遞文選聖主得賢臣頌雖伯牙操｜鐘注引晉灼

【[illegible]】｜布也廣雅釋詁三

【[illegible]】說文｜伺人也一曰恐也从頁契聲讀若禊

【韢】說文｜橐紐也从韋惠聲一曰盛虜頭橐也

【撎】說文｜舉手下手也从手壹聲

【[illegible]】說文｜軗也从攴兒聲

【潓】說文｜水出廬江入淮从水惠聲

【橞】說文｜木也从木惠聲

【[illegible]】｜臀也集韻引廣雅

【眭】｜讀曰桂淮南原道今人之所以｜｜然能視注

【[illegible]】說文｜謹也从心𣪊聲讀若毳

【[illegible]】說文｜數也从示毳聲讀若舂麥爲[illegible]之[illegible]

【䌄】說文｜蜀細布也从糸彗聲

【筕】｜席也廣雅釋器

【[illegible]】說文｜不成遂急戾也从弦省曷聲讀若瘞葬

【幆】直衿謂之｜廣雅釋器

【[illegible]】｜禿也集韻引廣雅

【躛】說文｜衛也从足衛聲

○附錄

【徯】說文｜待也从彳奚聲蹊｜或从足

經籍纂詁卷第六十七下補遺終

經籍纂詁卷第六十八

經筵講官南書房翰林戶部左侍郎兼署兵部左侍郎提督浙江學政阮元撰集

去聲

九泰

【泰】古作大○丨大也易泰釋文引馬注○丨善大之稱也論語泰伯丨伯其可謂至德也已矣皇疏○丨通也廣雅釋詁一又華嚴經音義下引珠叢○丨者通也易序卦傳○丨大通也易泰釋文○丨者物大通之時也易彖上傳丨注○丨者陰陽交通之時後漢荀爽傳注○丨初氣之始也莊子天地丨初有無釋文引易說○丨謂太極也太元元圖丨柄雲行注○丨甚也孟子滕文公下不亦丨乎注○丨驕丨也論語子罕今拜乎上丨也皇疏○丨謂不吝賞也荀子議兵用財欲丨注○大廟始祖廟也禮記祭統然後會於大廟注○丨謂宮室臺榭老子去丨注○丨臺高臺也管子山權數之龜爲無貲而藏諸丨臺注○丨罇也廣雅釋器○丨有虞氏之尊也禮記明堂位○大尊大古之瓦尊周禮司尊彝其朝踐用兩大尊司農注○西風謂之丨風爾雅釋天○五丨五帝也荀子賦請占之五丨注○丨山山之尊者風俗通山澤○右陵丨邱爾雅釋邱○丨或謂忲習之忲文選西京賦心奓體忲薛注○丨與汏同荀子王霸縣樂奢丨游抏之脩注○奓篆作丨列子周穆王奓偈爲右釋文○詩閟宮丨山巖巖說苑雜言作太山巖巖

【會】丨合也爾雅釋詁又詩杕杜丨言近止箋大明丨朝清明箋又儀禮聘禮丨諸其幣注士虞禮命佐食啟丨注又洪範五行傳則丨批之六沴注○丨遇也合也素問五運行大論左右周天餘而復丨也注○丨猶合也皆也禮記樂記丨守拊鼓注○丨猶最也公羊隱元年公及邾儀父盟于眛傳○丨聚也廣雅釋詁三○丨猶聚也禮記月令以丨天地之藏注○丨樂記濫以立丨注○丨集也漢書周勃傳集注○丨猶集也後漢耿弇傳注○丨成也周禮食醫凡丨膳食之宜注○丨際也後漢周章傳注○丨至也廣雅釋詁二○丨對也爾雅釋詁○丨甲也詩大明丨朝清明傳○丨蓋也儀禮士喪禮敦啟丨注○丨篕蓋也儀禮公食大夫禮宰夫東面坐啟簋丨注○丨謂敦蓋也儀禮士虞禮命佐食啟丨注○丨謂盟也禮記檀弓下周人作丨而民始疑注○時見曰丨詩車攻丨同有繹傳又周禮大宗伯又周禮大宰大朝覲丨同注又後漢班彪傳下注○諸侯時見曰丨論語先進如丨同集解引鄭注○相見於郤地曰丨禮記曲禮下○丨者何期辭也公羊桓十年傳○丨謂同盟誓之辭周禮大祝四曰丨注○際丨昏禮交接之丨也禮記大傳異姓主名治際丨注○朝覲宗遇丨同君之禮也周禮小行人○時丨卽時見也周禮大行人時丨以發四方之禁注○丨及暨皆與也公羊隱元年傳○凡師出與謀曰及不與謀曰丨左氏宣七年傳○言丨明非一人之辭穀梁文元年傳葬曰丨注○丨謂王官之伯命事於丨周禮大祝四曰丨司農注○丨之者使之輩作輩學相勸帥且寄宿衞之令周禮宮正丨其什伍注○丨節丨也文選琴賦激淸響以赴丨注○丨四丨之道文選舞鶴賦指丨規翔注○逆流曰丨書禹貢丨于渭汭傳○丨飯謂黍稷也儀禮公食大夫禮賓卒食丨飯注○丨古文作洽一切經音義九○晉叔仲丨字子期見史記仲尼弟子傳○詩大明其丨如林說文㫃部作其旝如林○禮記樂記丨守拊鼓史記樂書作合守拊鼓○書禹貢又東丨于涇漢書地理志上作又東至于涇

帶　丨蔕也著於衣如物之繫蔕也釋名釋衣服○丨束也廣雅釋詁三○丨所以申束衣詩有狐之子無丨傳○丨所以自結束也禮記少儀葛經而麻丨注○丨大丨所以束身也文選蜀都賦冠丨混并注○丨所以持身也禮記喪服小記齊衰丨惡笄以終喪注○丨下體之上也儀禮士虞禮記不說丨注○丨猶飾也文選洞簫賦丨以象牙注○丨行也廣雅釋詁一又方言十三○左丨左袒也文選辯命論左丨沸脣注○其丨伊絲謂大丨也詩鳲鳩其丨伊絲箋○厲謂之丨方言四○巽爲要丨易訟或錫之鞶丨虞注○丨所以介其名也考工記鳧氏鍾丨謂之篆注○丨蛇也莊子齊物論蝍且甘丨釋文引崔注○丨小蛇也莊子齊物論釋文引司馬注○鄭駟丨字子上見左襄三十年傳

外　注○丨表也廣雅釋詁四又淮南覽冥翺翔四海之丨注○丨路門之表也考工記匠人丨有九室注○丨

丨謂已前也荀子非相五帝之丨無傳人注○丨上也易繫辭下傳吉凶見乎丨虞注○丨內猶上下禮記中庸合內丨之道也注○出乾爲丨易繫辭下傳丨內使知懼虞注○丨棄也呂覽有度則貪汙之利丨矣注又淮南俶眞達則嗜欲之心丨矣注○丨遺也管子明法動無非法者所以禁過而丨私也注○丨猶遺也莊子大宗師參日而後能丨天下注○丨猶除也淮南精神丨此其餘無足利矣注○丨威儀也法言修身其爲丨丨也肅括注○內恕丨度曰知丨大戴記小辨○丨賢疏賢也荀子王霸人主則丨賢而偏舉注○丨卿大夫也周禮內豎掌內丨之通令凡小事注○丨兄弟異姓有服者也儀禮士喪禮丨兄弟在其南注○母之考爲丨王父母之妣爲丨王母母之王考爲丨曾王父母之王妣爲丨曾王母爾雅釋親○妻之父爲丨舅舅之母爲丨姑同上○妻之父曰丨舅母曰丨姑言妻從丨來謂至己家爲歸故反以此義稱之夫妻匹敵之義也釋名釋親屬○妻之舅弟曰丨甥其姊妹女也來歸己內爲妻故其男爲丨姓之甥同上○國語又曰丨傳春秋以魯爲內以諸國爲丨丨國所傳之事也釋名釋典藝○皐門內曰丨朝書大傳○丨骨䯝屬考工記梓人丨骨內骨注

蓋　丨覆也左氏成二年傳所丨多矣注又小爾雅廣詁又孟子萬章上謨丨都君咸我績注又楚辭悲回風萬變其情豈可丨兮注○丨者覆也史記楚世家還丨長城以爲防索隱○丨亦覆之意爾雅釋言弇丨也孫注○丨戴覆也後漢班彪傳上注○丨所以覆物者荀子大略言之信者在乎區丨之閒注○丨在上覆丨人也釋名釋車○丨掩也左氏昭二十年傳其丨失數美注又國語周語惡其丨人也注楚語以謀丨人注又家語曲禮子貢問不丨非義注○丨猶蔽也淮南說林日月欲明而浮雲丨之注○丨

加也加物上也釋名釋言語○丨猶尚也國語吳語夫固知君王之丨威以好勝也注○丨合也史記司馬相如傳丨號以況榮索隱引文穎○丨黨也廣雅釋言○丨欲也史記司馬相如傳索隱引大顏○丨猶皆也詩黍苗丨云歸哉箋○丨猶略也孝經丨天子之孝也注○丨辭也漢書郊祀志上集注引晉灼○丨者謙辭孝經丨天子之孝也鄭注○丨苫之别名左氏襄十四年傳被苫丨注○白丨茅苫也爾雅釋器孫注○三丨車名耕根車一名芝車親耕耤田乘之獨斷下○丨步丨也淮南氾論蹠蹻丨注○爾雅釋言丨割裂也釋文丨舍人作害○史記吳太伯世家使公子丨餘索隱曰春秋作掩餘○莊子天地於乎以丨衆釋文丨司馬本作善

大　丨巨也漢書劉向傳集注○丨者大也白虎通五行○丨者太也御覽廿七引風俗通○丨老也爾

雅釋木｜而散楸舍人注○｜重也荀子性惡｜齊
信焉而輕貨財注○｜長也呂覽慎大江河之｜也
注○｜猶廣也詩泮水｜賂南金箋○｜謂富之廣
也禮記少儀不願于｜家注○｜猶衆也管子法法
故仁者知者有道者不與｜慮始注○｜通也呂覽
勿躬神合乎｜一注○｜者文也說苑修文○｜肥
也太元元衝○｜謂盛作之也穆天子傳六｜奏廣
樂注○｜也外太元元錯○｜猶徧也禮記郊特牲
｜報天而主日也注○｜者象地虛縱也大戴記易
本命注○｜有包容豐富之象易大有釋文○充實
而有光輝之謂｜孟子盡心下○不同同之之謂｜
莊子天地○得其盛位謂之｜易彖下傳尚｜也姚
信注○｜謂德美廣博也詩椒聊碩｜無朋箋○｜
壯威盛強猛之名易大壯釋文○乾爲｜易同人｜
師克相遇虞注益利用爲｜作虞注繫辭下傳小徵
而｜戒虞注知小而謀｜虞注○乾爲｜人易革｜

人虎變九家注繫辭下傳通神明之德九家注○｜
謂乾道易繫辭下傳其道甚｜虞注○｜者陽也易
坤直方｜荀注○｜謂陽也易象上傳泰小往｜來
蜀才注○陽稱｜易革｜人虎變宋注渙渙汗其｜
號虞注象上傳｜者過也虞注彖下傳是以不可｜
事也虞注○陽氣稱｜人易象上傳｜人以繼明照
于四方虞注○小｜猶輕重禮記王制必察小｜之
比以成之注○廣｜猶博厚也禮記中庸致廣｜而
盡精微注○｜美謂覆載之美也莊子知北遊天地
有｜美而不言釋文○｜氣謂造化之氣任持太虛
者也素問五運行大論｜氣舉之也注○｜化者皆
化也荀子議兵夫是之謂｜化至一注○｜巧謂多
才術也老子｜巧若拙注○｜過超過也易大過釋
文○｜布龘布也莊子山木莊子衣｜布而補之釋
文引司馬注○｜路玉路書顧命｜輅在賓階面鄭
注○｜路殷路也禮記明堂位月令乘｜路注○｜

寢路寢也周禮大僕建路鼓于｜寢之門外注又禮
記月令反執爵于｜寢注○｜侯君侯也詩賓之初
筵｜侯既抗傳○｜人謂君國孟子離婁下｜人者
注○｜弓者武王之戎弓也穀梁定八年傳○往體
來體若一曰唐｜周禮司弓矢唐弓｜弓注○｜野
在鉅野周禮職方氏其澤藪曰｜野注○｜讀爲泰
荀子榮辱糧食｜侈注○｜讀爲泰侈泰也荀子富
國儒術誠行則天下｜而富使有功注○｜讀曰太
荀子非十二子上功用｜儉約而僈差等注羣天下
之英傑而告之以｜古注○｜讀爲太荀子禮論兩
者合而成文以歸｜一注君子莫敢犯｜上之禁注
○詩桑柔｜風有隧爾雅釋天注作泰風有隧○漢
書古今人表｜几史記秦本紀作太几○左傳昭七
年宋樂｜心公羊昭廿五年傳作世心○左傳文十
三年｜室屋壞公羊作世室○易莫｜
乎蓍龜漢書藝文志作莫善乎蓍龜

旆｜大旗也左氏僖廿八年傳狐毛設二｜而退之
注宣十二年傳拔｜投衡注○｜斿左氏昭十三
年傳建而不｜注○繼旐曰｜爾雅釋天又左氏莊
廿九年傳耿之不比爲｜注僖廿八年傳亡大｜之
左旆注定四年傳明日或｜以會注○繼旐如燕尾
曰｜公羊宣十二年傳莊王親自手旌注○白｜殷
旌也以帛繼旐末也釋名釋兵○｜｜旆垂貌詩出
車胡不｜｜傳○｜｜然長也詩生民荏菽｜｜傳
○｜旌旗之垂者旆旗以羽爲飾故云羽｜文選沈
休文鍾山詩羽｜臨崇基注○｜先驅車也左氏哀
二年傳以兵車｜之注○｜前軍也文選東京賦｜
已反乎郊畛薛注○｜謂幡幔也易豐豐其沛釋文
頮｜湍也楚辭湘君石｜兮淺淺注○｜急湍也文
瀨選吳都賦混濤并｜劉注○石｜湍也文選魏都
賦石｜湯湯劉注○｜急流也淮南本經抑減怒｜
注○｜水大波文選吳都賦直衝濤而上｜劉注○

丨水流沙上也一切
經音義十二引字林
頼 丨恃也左氏襄十四年傳緊伯父是丨注又廣雅
釋詁三又國語楚語丨子之善善之也注丨君之
用也注又漢書食貨志下集注又後漢明帝紀注○
丨者恃也漢書高帝紀下集注引應劭○丨利也國
語周語先王豈有丨焉注晉語君得其丨注臣何丨
於鼓注又國策衛策爲秦則不丨矣注又史記高帝
紀以臣無丨集解引晉灼樗里子甘茂傳爲秦則不
爲丨矣索隱又漢書高帝紀下集注引晉灼食貨志
下集注楊雄傳上集注敘傳下集注又太元養志在
丨也注○丨利也一曰善也呂覽離俗則必不之覽
注○丨善也廣雅釋詁一又孟子告子上富歲子弟
多丨注○丨取也方言十三又廣雅釋詁一○丨得
也漢書楊雄傳上集注引孟康○丨贏也小爾雅廣
言又國語齊語相示以丨注晉語已丨其地注○丨

蒙也國語魯語實永饗而丨之注晉語至於今是丨
注○丨雠也南楚之外曰丨方言二○丨亦惡名方
言二注○央亡嘿屎婚獪也江湘之閒或謂之無丨
方言十○丨惡瘡疾病也史記刺客傳漆身爲厲索
隱○左傳昭四年遂城
丨公羊穀梁作遂城厲
籟 丨簫也史記司馬相如傳吹鳴丨集解引漢書音
義又莊子齊物論女聞人丨而未聞地丨注又釋
文○丨三孔籥也風俗通聲音又淮南說山視丨與
竽注○丨二孔籥也呂覽遇合客有以吹丨見越王
者注○地丨則衆竅是已人
丨則比竹是已莊子齊物論
蔡 丨法也書禹貢二百里丨傳又馬注又小爾雅廣
詁又漢書地理志上集注○丨之言殺減殺其賦
書禹貢二百里丨鄭注○丨猶衰也書大傳秋伯之
樂舞丨俶注○丨龜名也左氏襄廿三年傳子以大
丨納請釋文○丨大龜也論語公冶長臧文仲居丨
皇疏又楚辭匡機著丨兮踴躍注○臧氏有守龜焉
名曰丨家語好生○丨國名書蔡仲之命傳○丨蒙
二山名書禹貢丨蒙旅平傳○丨倫紉也廣雅釋器
害 丨割也如割削物也釋名釋天○丨割也廣雅釋
言○丨傷也漢書蕭何傳集注又老子廉而不劌
釋文○丨猶妨也漢書董仲舒傳集注○丨危也國
策秦策而無伐楚之丨注○坤爲丨易大有无交丨
虞注象上傳鬼神丨盈而福謙虞注象下傳不丨民
虞注象下傳未感丨也虞注遠丨也虞注繫辭下傳
損以遠丨虞注情僞相感而利丨生虞注或丨之悔
且吝虞注○鬭怒丨也荀子臣道○丨殺氣也素問
皮部論名曰丨蜚注○丨勝也漢書蕭何傳集注引
蘇林○丨大也孟子梁惠王上時日丨喪注○丨毒
物及蟹噬之蟲獸周禮山師與其利丨注○丨神姦
鑄鼎所象百物也周禮職方氏周知其利丨注○禮

記曲禮注圖後有丨釋文丨本作難○穀梁文十一
年傳俠丨中國釋文丨本作岩○莊子應帝王以避
矰繳之丨釋文
丨崔本作菑
最 俗作冣○丨聚也莊子聽充符物何爲丨之哉釋
文引司馬注又管子靁國執拘則丨注禁藏丨萬
物注地數民舉所丨粟注○丨亦聚也文選鵩鳥賦
憂喜聚門兮注○丨聚也丨之爲言聚若今聚民爲
投丨公羊隱元年傳會猶丨也注○丨叢也小爾雅
廣詁○丨要也同上○丨要言也書中候乃拜稽首
受丨注○丨凡要之首也言課居先也後漢光武紀
下注○上功曰丨史記絳侯周勃世家攻槐里好畤
丨集解引孫檢○丨者凡也漢書周勃傳集注○丨
都凡也史記絳侯周勃世家丨從高帝索隱○丨爲
第一後漢崔寔傳注○丨絶也管子水地秦之水泔
丨而稽注○冣木之冣高長者顏氏家訓書證○丨

亦古之聚字史記周本紀則固有周聚以收齊集解
引徐廣〇丨才句切文選過秦論注引字林〇丨一
作聚史記殷本紀大丨戲
樂于沙邱集解引徐廣

貝 丨貨也廣雅釋詁四〇丨寶貨也易震億喪丨于
注〇丨古以爲貨書大傳大丨注〇丨資貨糧用
之屬也易震億喪丨注〇丨水物易震干注又書禹
貢厥篚織丨丨傳〇丨丨水中蟲也爾雅釋魚丨居陸贆
舍人注〇丨甲蟲山海經西山經濛水其中多黃丨
注〇紫丨水蟲名楚辭逢紛紫丨闕而玉堂注〇大
丨如車渠書顧命大丨傳〇大丨鼉之最神者也易
損十朋之龜崔憬注〇丨水物古者以爲貨江水出
焉儀禮士喪禮丨三實于笄注〇丨錦名書禹貢鄭
注〇丨錦錦文也詩巷伯成是丨錦傳又文選蜀都
賦丨錦斐成劉注〇丨冑丨飾也詩閟宮丨冑朱綅
傳〇丨父藥實也廣雅釋草〇左氏文十六年傳子

丨自仞釋文
丨丨本作員

靄 丨雲狀靄亦丨也文選雪賦注引文字集略

藹 丨丨盛也廣雅釋訓〇丨丨盛貌文選吳都賦丨丨
翠幄注〇丨丨茂盛貌文選補亡詩其林丨丨
注〇丨丨盛多貌楚辭逢紛讒夫丨丨而曼著兮注
〇丨丨止也爾雅釋訓〇丨丨萋萋臣盡力也同上
〇丨丨賢士之貌爾雅釋訓舍人注〇丨丨猶濟濟
也詩卷阿丨丨王多吉士傳〇丨丨月光微闇之貌
文選長門賦望中庭之丨丨兮注〇丨丨油潤貌管子
侈靡丨然若夏之靜雲注〇丨與靄古字同文選陸
士衡挽歌詩傾
雲結流丨注

沛 丨大澤也管子揆度焚丨澤注〇丨滂丨也易豐
釋文引姚注〇丨流也莊子天地釋文引字林〇

丨丨流也廣雅釋訓〇丨水波流也一切經音義十
九引三蒼〇丨行貌楚辭湘君丨吾乘兮桂舟注〇丨
丨行貌文選吳都賦常丨丨以悠悠劉注〇丨丨雨
貌文選思元賦涷雨丨其灑塗舊注〇丨雨貌也後
漢張衡傳注〇太暗謂之丨易豐九家注〇日在雲
下稱丨丨不明也易豐虞注〇丨大也廣雅釋詁一
〇丨多貌文選洞簫賦丨焉競溢注〇丨然寬廣之
意後漢李固傳注〇丨有餘貌公羊文十四年傳力
丨若有餘注〇丨有餘優饒貌後漢耿純傳注〇丨丨
焉者怒有餘之貌公羊宣十二年傳是以使君王丨
焉注〇水從河出曰雍丨言在河岸限內時見雍出
則丨然也釋名釋水〇水所生曰丨禮記王制注謂
萊丨釋文〇水草兼處曰丨管子揆度焚丨澤注〇
丨水草相半後漢崔駰傳注又孟子滕文公下丨澤
多而禽獸至劉注〇草棘曰丨公羊僖四年傳大陷
于丨澤之中注〇丨者草木之所生也孟子滕文公

下園囿汙池丨澤多注〇丨者草木之蔽茂禽獸之
所蔽匿也風俗通山澤〇丨拔也詩蕩顛丨之揭傳
〇丨幡幔所以禦盛光也易豐豐其丨注〇
易豐釋文丨本作旆干本作韋子夏傳作芾

艾 丨老也禮記曲禮上五十曰丨注又左氏定十四
年傳盍歸吾丨豭注又廣雅釋詁一又小爾雅釋
言〇丨長老也東齊魯衛之間凡尊老或謂之丨方
言六〇五十曰丨禮記曲禮上又後漢韋彪傳注〇
五十曰丨丨乂也乂治也治事能斷割芟刈無所疑
也釋名釋長幼〇七十曰丨周書諡法保民耆丨曰
胡注〇丨久也詩庭燎夜未丨傳〇丨長也楚辭少
司命竦長劍兮擁少丨注〇丨養也詩鴛鴦福祿丨
之傳南山有臺保丨爾後傳又孟子音義下引張音
〇丨大也小爾雅廣詁〇丨數詩訪落朕未有丨箋
〇丨報也國語周語丨人必豐注晉語必有丨注〇
丨美好也孟子萬章上則慕少丨注〇沛丨作姿容

貌也文選東京賦齊騰驤而沸丨薛注○丨蒼白色
荀子正論共丨畢注○丨卽藍綠色也後漢馮魴傳
注○以丨草染之故曰丨後漢張奐傳注○丨冰臺
爾雅釋草○丨白蒿也一名冰臺離騷戶服丨以盈
要兮注○丨所以療疾詩采葛彼采丨兮傳○丨讀
爲刈荀子王制使民有所耘丨注○楚薳丨獵字叔
敖見左氏宣八年傳○左氏桓十五年公會齊侯于
丨公羊作鄗穀梁作蒿○列子力命丨孔梁邱據釋
文丨孔一
本作史孔

【兌】丨說也物得備足皆喜悅也釋名釋天○丨說也
易彖下傳說卦傳又廣雅釋詁三○丨悅也荀子
脩身佞丨而不曲注不苟見由則丨而倨注又莊子
德充符豫通而不失乎丨釋文引李注又管子七臣
七主重賦斂多丨道以爲上注○丨者說也易序卦
傳○丨言也老子釋文引簡文注○丨猶聚也荀子
議兵丨則若莫邪之利鋒注○丨易直也詩皇矣松
柏斯丨傳○丨成蹊也詩緜行道丨矣傳○丨目也
老子塞其丨注○丨見易雜卦傳○丨正秋也易說
卦傳○幘或曰丨上小下大丨丨然也釋名釋首飾
○生瀹蔥薤曰丨言其柔滑丨丨然也釋名釋飲食
○丨和古之巧人書顧命丨之戈和之弓傳○老子
釋文丨河上本作銳○史記天官
書隋北端丨漢書天文志作銳

【匄】丐同○丨乞也左氏昭六年傳不強丨服注昭十
六年傳毋或丨奪釋文又漢書陳湯傳集注又後
漢寇榮傳注班超傳注蔡邕傳注○丐者乞也史記
外戚世家丐沐沐我索隱○丨亦乞也後漢袁紹傳
注○丨求也廣雅釋詁三○求願曰丨一切經音義
三引通俗文○丨予也廣雅釋詁三○亡人爲丨左
氏昭六年傳釋文○丨乞行謂丨也字體从人从亡
言人亡財物則行求丨也一切經音義二引蒼頡○

楚陽丨字子瑕見左襄卅一年
傳疏○晉士丨字伯瑕同上
【奈】丨那也廣雅釋言○丨何者疾時主傷痛之辭老
子丨何萬乘之主注

【繢】丨畫也畫之成文謂之爲丨也論語八佾丨事後
素皇疏○丨畫文也詩何彼襛矣箋勒面丨總釋
文又論語八佾集解引鄭注又文選射雉賦身拕黼
丨徐注○繢畫文也周禮司几筵蒲筵繢純注巾車
勒面繢總注○凡畫者爲丨書益稷作會鄭注○雜
彩曰丨小爾雅廣訓○會讀爲丨書益稷鄭注○書
益稷作會周禮司服注續漢輿
服志作作繢說文糸部作作丨

【檜】丨木名詩竹竿丨楫松舟釋文○丨柏葉松身爾
雅釋木○丨上飾左氏成二年傳棺有翰丨注○
詩檜風序釋
文丨本作鄶

【膾】丨割也廣雅釋詁二○丨會也細切肉令散分其
赤白異切之已乃會合和之也釋名釋飲食○丨
細切細切豬羊馬肉使如丨也同上○肉腥細者爲
丨禮記內則○宗丨國名莊子齊物論欲伐宗丨胥
敖釋文引
司馬注

【澮】注溝曰丨丨會也小溝之所聚會也釋名釋水○
注溝曰丨爾雅釋水○丨小溝也荀子解蔽醉者
越百步之溝以爲蹞步之丨也注○丨所以通水于
川也書益稷鄭注○同閒廣二尋深二仞謂之丨考
工記匠人○方百里之閒廣二尋深二仞曰丨書益
稷濬畎丨距川傳○丨峴嶰壑深平之貌文選長笛
賦嶰壑丨峴注○書益稷濬畎丨
距川說文巜部作濬く巜距川

【獪】丨擾也廣雅釋詁四○古文猾狘二形一切經音
義十八

會 ｜計也大戴記盛德司｜均入以爲納注又國語周語月｜注○｜大計也周禮大宰歲終則令百官府各正其治受其｜注○｜計謂總其數而算後漢靈思何皇后紀注○｜計計人口數責其稅斂也淮南本經財用殫於｜賦注○｜大計也司｜主天下之大計計官之長若今尚書周禮天官序官司｜注○要｜謂計最之簿書月計曰要歲計曰｜周禮小宰八曰聽出入以要｜司農注○｜稽者｜計也史記夏本紀○｜稽山名國語魯語墮｜稽注○｜稽在山陰周禮職方氏其山鎭曰｜稽注○｜縫中也周禮弁師｜五采玉璂注○｜謂上領縫也禮記雜記下｜去上五寸注○｜撮髻也莊子人閒世｜撮指天釋文引司馬注○｜撮項椎也莊子人閒世釋文引崔注○｜撮兩肩聳而上｜撮然也莊子人閒世釋文引向注○｜及五味也廣雅釋草○故書｜作膾周禮弁師｜五采玉璂注○｜讀如大｜之

｜同上○｜稽或作滄海淮南汜論東至｜稽浮石注○｜讀曰鄶漢書地理志下集注○｜或作襘同上○詩淇奧｜弁如星說文骨部作膾弁如星○左氏僖廿八年傳注｜弁如星釋文｜本作瑜○爾雅序｜稡舊說釋文｜本作檜

儈 ｜合市人也一切經音義六引聲類○｜謂平會兩家賣買之價後漢逢萌傳注

襘 ｜領會左氏昭十一年傳衣有｜注

旝 ｜旃也通帛爲之若今大將之麾也左氏桓五年傳｜動而鼓注○｜亦旃也後漢馬融傳注○｜建大木置石其上發以擊敵也晉書音義下○｜爲發石一曰飛石左氏桓五年傳｜動而鼓賈注

鄶 ○｜姬姓也國語鄭語是其子男之國虢｜爲大注○｜今新鄭也國語鄭語妘姓鄔｜路偪陽注○｜妘姓之國國語周語｜由叔妘注○國語鄭語｜人漢書古今人表作會人

襘 ｜除也周禮凡以神仕者杜注庶氏司農注○除災害曰｜｜猶刮去也周禮女祝掌以時招梗｜禳之事注○｜祭也廣雅釋天○類造｜禜攻說皆祭名也周禮大祝一曰類二曰造三曰｜四曰禜五曰攻六曰說司農注○｜禜告之以時有災變也周禮大祝注○此｜讀如潰癰之潰周禮凡以神仕者以｜國之凶荒注庶氏以攻說｜之注

廥 ｜倉也廣雅釋室○｜芻稾藏後漢蘇不韋傳注○｜積芻藁之處史記趙世家邯鄲｜燒索隱○｜廄之名史記趙世家集解引徐廣

薈 ｜翳也廣雅釋詁一○｜障也廣雅釋詁二○潛｜｜水中茂盛也文選江賦潛｜蔥蘢注○｜蔚雲

霧露潤也文選海賦｜蔚雲霧注

礚 通作磕○礚聲也廣雅釋詁四○礚大聲也文選洞簫賦注引字林又文選甘泉賦注引字指○礚訇並聲也後漢馬融傳注

壒 又作堨○堨埃也文選西都賦注引淮南許注

太 經典本作大○｜大也廣雅釋詁一○｜亦大也白虎通五行○｜猶甚也後漢樊準傳注○飢而不損茲曰｜後漢樊準傳○｜上極尊之稱漢書高帝紀集注○｜上德之最上者大戴記曾子立事｜上樂善注○｜史史官之長也後漢光武紀注○｜古遠古也後漢班彪傳下注○｜極無也易繫辭釋文○｜極者无稱之稱易繫辭上傳易有｜極注○｜清謂天也後漢蔡邕傳注○｜清無爲之化也後

漢班彪傳上注○丨陰北方極陰之地也後漢張衡傳注○西風謂之大風詩桑柔大風有隧箋○大原地名國語周語乃料民於丨原注○丨華山也後漢班彪傳上注○丨阿劒也廣雅釋器○丨樽名禮記禮運注甒丨也釋文○太尉公墓中畫像伏尉公丨作伏

忕 丨奢侈也後漢南蠻西南夷傳注

汏 丨波也廣雅釋水○丨水波也楚辭涉江齊吳榜以擊丨注○丨自矜大禮記檀弓丨哉叔氏釋文○厚志隱行謂之潔反潔爲丨賈子道術○禮記檀弓釋文丨本作大

汰 丨過也左氏宣四年傳伯棼射王丨輈注○丨侈也荀子仲尼般樂奢丨注○丨驕也左氏昭三年傳伯石之丨也注○丨洒也廣雅釋詁二

釱 鈦錧也廣雅釋器○丨足鉗也後漢光武紀下注○丨踏腳鉗也史記平準書釱左趾索隱引三蒼

軑 丨車轄也離騷看玉丨而並馳注○輪韓楚之間謂之丨方言九○輨丨鍊鐫關之東西曰輨南楚曰丨方言九

癩 丨或作甲淮南精神夫丨者趨不變注

霈 丨謂大雨也華嚴經音義上引文字集略○丨然注雨貌孟子梁惠王沛然下雨劉注

蛻 丨解也廣雅釋詁一

濊 丨濁也廣雅釋詁三○丨貊東夷號也後漢杜篤傳注○丨或作薉漢書匈奴傳上集注○丨與穢同晉書音義上○禮記少儀注有似八丨釋文丨本作穢

翽 丨丨飛聲也詩卷阿釋文引字林○丨丨飛也廣雅釋訓○丨丨羽聲也詩卷阿丨丨其羽箋○丨丨衆多也詩卷阿傳○詩卷阿丨丨其羽說苑奉使作噦噦其羽○丨口外反詩卷阿釋文引字林

噦 丨丨和鳴聲文選東京賦鑾聲丨丨薛注○丨丨言其聲也詩泮水鸞聲丨丨傳○丨丨徐行有節也詩庭燎鸞聲丨丨傳○丨丨猶嘒嘒也詩斯干丨丨其冥箋○气逆曰丨一切經音義廿二引通俗文○丨謂丨噫胃氣所生素問陰陽應象大論在變動爲丨注○丨謂聲濁惡也素問寶命全形論病深者其聲丨注

醊 以酒沃地謂之丨後漢張奐傳注

懀 丨惡也廣雅釋詁三○丨眉目閒貌也一切經音義五引字書

狽 狼丨猶狼跋也文選西征賦注引文字集略

茷 丨丨言有法度也詩泮水其旂丨丨傳○詩泮水其旂茷茷羣經音辨人部作其旂伐伐○詩六月白丨央央釋文丨本作旆

祋 丨殳也詩候人何戈與丨傳○丨亦殳也後漢馬融傳注

藾 丨蔭也莊子人閒世隱將芘其所丨釋文引向注○莊子人閒世釋文丨崔本作賴

愒 丨貪也爾雅釋言又漢書五行志中之上集注

馤 丨與薆音義同文選上林賦晻薆咇茀注

娩 丨好也方言十三又廣雅釋詁一○脫舒也淮南精神得茠越下則脫然而喜矣注○脫脫安舒左

氏昭元年傳子皮賦野有死麕之卒章注〇
侻與丨同文選神女賦嫷被服侻薄裝注

眛 丨暗也厭也楚人謂厭爲丨喩無知也淮南精神
故覺而若丨注

〇以下據廣韻録

⿰豕艾 丨豭也廣雅釋獸〇丨音艾三毛聚居者左傳定十四年釋文引字林

鴱 桃蟲鷦其雌丨爾雅釋鳥

餀 丨謂之餘爾雅釋器〇丨餘皆穢臭也爾雅釋器
李注〇丨火刈反爾雅釋器釋文引字林

妎 丨妬也廣雅釋詁一〇丨疾害妒也廣韻引字林
〇丨覆也國語楚語丨其讒慝注

⿸疒帶 丨下病也一切經音義二引三蒼

⿰𧾷貝 狠丨顛丨也一切經音義十五引聲類

艜 丨舟也廣雅釋水〇艜長而薄者謂之丨方言九

⿰木帶 丨槌也廣雅釋器〇槌宋魏陳楚江淮之閒謂之
丨方言五

⿰黑會 丨黑也廣雅釋器

鐬 丨丨盛也廣雅釋訓

⿰忄巿 丨丨意不說好也詩白華視我邁邁釋文引韓詩

沬 丨微昧之光也易豐日中見丨釋文〇丨微昧之
明也易豐注〇丨小星也易豐虞注〇丨斗杓後
小星也易豐九家注〇艮爲丨易豐
虞注〇丨衛邑詩桑中丨之鄉矣傳

綐 丨紬也廣雅釋器

⿰歹歲 丨病也廣雅釋詁

頪 丨疾也廣雅釋詁一

劊 丨斷也廣雅釋詁一

⿰衤頪 丨瞶也廣雅釋言

⿰有毛 丨解也廣雅釋詁一

⿰車兌 丨補也廣雅釋詁四

⿰木末 丨榃也廣雅釋木

跢 跌蹷偃地也江東言丨方言十三跌蹷也注

⿰禾會 丨麄糠一切經音義二引字書〇米皮曰丨一切
經音義二引通俗文

鬠 丨笄用桑長四寸纋中儀禮士喪禮〇古文丨皆
爲桰儀禮士喪禮丨用組注

⿰扌會 丨收也廣雅釋詁三

駾 丨突詩緜混夷丨矣傳〇詩緜混夷丨矣左傳注
作昳夷喙矣說文口部作犬夷呬矣

⿰壹袁 丨小貌左氏昭七年傳丨爾國注

〇以下據集韻録

⿰壹袁 丨壞也方言十三

⿰禾彗 丨鈹也廣雅釋器

綷 丨同也宋衛之閒謂混爲丨也文選射雉賦丹臆
蘭丨徐注

【㾊】江東呼極爲丨倦聲之轉也方言十三丨極也注

【䔡】今長沙人呼野蘇爲丨方言三蘇沅湘之閒或謂之丨注

【鋇】丨鋋也廣雅釋器

經籍籑詁卷第六十八

經籍籑詁卷第六十八補遺 【去聲】

兵部侍郎兼都察院右副都御史巡撫浙江等處地方提督軍務兼理糧餉臣纂

九泰

【泰】說文丨滑也从廾从水大聲𡗜古文丨〇丨通也易泰釋文引鄭注又禮記月令天氣下降地氣上騰疏〇丨者通而治也漢書劉向傳〇丨者陰陽交通之時也易泰帝乙歸妹注〇丨者大也左氏哀九年傳遇丨之需疏〇丨者大之極也書泰誓疏引顧氏說〇丨大中之大也禮記曲禮上假爾丨龜有常疏〇大者善大之稱史記吳太伯系家索隱引論語范甯注〇丨言甚也詩巧言昊天丨憮箋〇飢而不損茲謂丨漢書谷永傳〇諸侯爭美於上茲謂丨漢書五行志下之下引京房易傳〇丨元天也漢書禮樂志惟丨元尊注〇太上謂三皇五帝之世禮記曲禮上太上貴德釋文〇岱宗謂之丨山廣雅釋山〇穀梁桓元年傳而祭大山之邑也釋文本亦作丨

【會】說文丨合也从亼从曾省曾益也凡丨之屬皆从丨給古文丨如此〇丨合也書禹貢丨于渭汭疏又呂覽季秋以丨天地之藏注〇丨謂合其數管子問出入死生之丨注〇丨兩水合處也方言十一湘沅之丨注〇逆流曰丨漢書地理志上注〇丨朝丨也文選應詔詩應丨皇都注〇時見曰丨詩巧言君子屢盟箋〇丨朝禮之經也左氏襄廿一年傳〇丨者外爲主焉爾穀梁隱九年傳〇丨謂逢遇之也詩小毖箋集丨也疏〇丨猶期也禮記哀公問不廢其丨節疏〇丨猶趣也禮記月令以丨天地之藏疏〇丨謂丨集書洪範丨其有極疏〇丨謂集聚也漢書蘇武傳單于召丨武官屬注〇一丨卽一辰也禮記月

令注聖王因其丨而分之疏○丨者日月交丨一終
也大元圖章丨統元注○丨謂篕蓋也禮記曲禮
上毋放飯疏

【帶】說文丨紳也男子鞶革婦人鞶絲象繫佩之形佩
必有巾从巾○丨衣丨也漢書高惠高后文功臣
表使黃河如丨注引應劭○禮記雜記上率帶釋文
本亦作丨

【外】說文丨遠也卜尚平旦今夕卜于事丨矣外古文
丨○丨疏也禮記大學丨本內末疏○丨謂疏斥
之漢書霍光傳盡丨我家注○丨曲表也爾雅釋水
厓內爲隩丨爲鞫孫注○筮之畫卦從下而始故以
下爲內上爲丨左氏僖十五年傳注內卦爲貞疏

【盇】說文丨苫也从艸盇聲○丨覆也左氏莊三十一
年傳能投丨于于稷門注又淮南精神衣足以丨
形注○丨覆丨之左氏襄十七年傳不如丨之服注
○丨覆蔽也漢書鄒陽傳以爲衆不可丨注○丨謂
覆掩其事也漢書五行志中之上不如丨之注○丨
謂舍宇禮記王制注今時喪葬築丨嫁娶卜數文書
疏○丨車丨也荀子禮論版丨斯象拂也注○丨張
帛也廣韻引通俗文○丨裂也爾雅釋言○丨者謙
爲疑辭禮記禮運丨歎魯也疏深衣丨有制度疏○
丨者疑辭也史記秦始皇本紀丨得聖人之威正義
○丨是疑辭禮記檀弓上有子丨既祥疏○丨爲疑
辭詩關雎序箋哀丨字之誤也疏○稱丨者是疑之
辭易文言傳丨言順也疏○丨者疑辭亦爲發端詩
黍苗箋丨猶皆也疏○丨者不終盡之辭孝經疏引
劉瓛○丨語辭也漢書禮樂志神夕奄虞丨孔享注
○丨發語辭也漢書郊祀志上丨若獸爲符注司馬
相如傳下丨號以況榮注○丨者發語之辭也漢書
儒林傳疑者邱丨不言注文選封禪文丨號以況榮
注引漢書音義○丨猶略也孝經丨天子之孝也疏
引魏注○丨者辜較之辭孝經丨天子之孝也疏引
孔傳○丨猶是也公羊宣元年傳孔子丨善之也疏

【大】說文丨天丨地丨人亦丨故丨象人形古文丨也
凡丨之屬皆从丨○光華萬物爲丨易彖上傳含
宏光丨崔注○得其盛位謂之丨易象下傳尚丨也
姚注○丨者高而無上羅而無外無不包容故曰丨
也老子强爲之名曰丨注○丨者廣遠之言詩閟宮
箋丨東極東疏○丨謂誇丨禮記表記不自丨其事
疏○丨人卽聖人論語季氏畏丨人集解○聖人在
位謂之丨人史記索隱廿六引易乾向秀注○丨人
謂天子三公四輔也管子幼官則丨人從注○丨人
謂天子諸侯爲政敎者論語季氏畏丨人鄭注○丨
人謂公卿大夫也左氏昭十八年傳而後及其丨人
疏○丨人長老之稱後漢書蘇章傳三輔號爲丨人

注○丨道天道也周書周祝維彼丨道注○丨時謂
天時也禮記學記丨時不齊疏○丨猶初也禮記文
王世子丨昕鼓徵疏○丨半過半也淮南覽冥殫盡
丨半注○丨者老也爾雅釋木丨而皵樕疏引樊注
○丨者有顧之辭也穀梁莊廿八年傳○陽稱丨易
象上傳丨哉乾元九家注丨者過也虞注○陽主生
息故稱丨易否丨往小來疏○詩執競傳其成丨功
釋文本或作天功○左氏昭十八年傳將有丨祥釋
文本或作火

【旆】說文丨繼旐之旗也沛然而垂从㫃𣎵聲○白丨
繼旐者也詩六月白丨央央傳○丨帛續旐末爲
燕尾者爾雅釋天注○丨帛續旐末亦長尋爾雅釋
天孫注○繼旐曰茷詩六月白茷央央釋文○丨謂
旗尾左氏昭十三年傳注不曳其丨疏○丨是旆尾
左氏定四年傳注綪茷大赤疏○丨旗也詩長發武

王載丨傳○丨軍前大旗左氏宣十二年傳令尹南
轅反丨注○大丨旗名左氏僖廿八年傳以大丨之
左旃注○茷與丨古今字也詩六月傳白丨繼旐者
也疏○詩長發武王載丨荀子議兵作武王載發
瀨 說文丨水流沙上也从水賴聲○丨湍也文選洛
神賦注引漢書傳贊注○丨湍也吳越謂之丨中
國謂之磧漢書武帝紀甲爲下丨將軍注引臣瓚○
丨急流也漢書揚雄傳上何必湘淵與濤丨注○丨
疾流也漢書司馬相如傳上泣泣下丨注○丨水流
沙上也史記南越列傳爲戈船下厲將軍集解引應
劭○石而淺水曰丨漢書司馬相如傳下北揭石丨
注
賴 說文丨贏也从貝剌聲○丨恃也國語齊語必足
丨也注○江淮之閒謂小兒多詐狡獪爲以丨漢
書高帝紀下注引晉灼

籟 說文丨三孔籥也大者謂之笙其中謂之丨小者
謂之箹从竹賴聲
蔡 說文丨艸也从艸祭聲○丨草莽也文選魏都賦
注引楚辭王注○丨是大龜之名也漢書食貨志
下注引臣瓚○丨謂國君之守龜也文選七命注引
論語鄭注○丨國君之守龜也出丨地因以爲名焉
論語公冶長居丨集解引包注○元龜爲丨漢書食
貨志下○丨是龜之名耳左氏襄廿三年傳注大丨
大龜疏
害 說文丨傷也从宀从口宀口言从家起也丯聲○
丨傷也國語楚語於倚相何丨注○丨患也淮南
脩務時多疾病毒傷之丨注○丨所得而惡也墨子
經上○丨者利之反也韓非子六反
最 說文丨犯而取也从冃从取○丨功第一也漢書
樊噲傳灌嬰邸丨注引張晏○上功曰丨文選荅

賓戲猶無諠於殿丨也注引漢書音義○第上曰丨
文選文賦注引漢書韋昭注○丨善也文選文賦注
引漢書項岱注○丨亦凡也漢書霍去病傳丨大將
軍靑凡七出擊匈奴注○丨凡要也漢書嚴助傳願
奉三年計丨注引晉灼○丨凡要之首也漢書宣帝
紀課殿丨以聞注○丨謂凡計也史記衛將軍驃騎
列傳及諸裨將名丨索隱○丨凡謂計要之多少以
爲契要周禮司會注契其丨凡也疏○孔耽神祠碑
君㝡長丨作㝡
貝 說文丨海介蟲也居陸名猋在水名蜬象形古者
貨丨而寶龜周而有泉至秦廢丨行泉凡丨之屬
皆从丨○丨水物周禮巾車注丨面丨錦飾勒之當
面也疏又儀禮既夕記注丨勒疏○丨水蟲也古以
爲貨漢書地理志上厥棐織丨注○丨水中介蟲古
以爲貨也漢書司馬相如傳上鈞紫丨注○丨水中

介蟲也龜鼈之屬大者爲蚢小者爲鰿詩巷伯成是
丨錦陸疏○丨者水蟲甲有文章也詩閟宮傳丨胄
丨錦也疏○丨海螺其色白文選登徒子好色賦齒
如含丨注
靄 說文新附丨雲皃从雨藹省聲
譪 說文譪臣盡力之美从言葛聲詩曰譪譪王多吉
士
沛 說文沛水出遼東番汗塞外西南入海从水巿聲
○丨疾皃漢書禮樂志神哉丨注○丨然感動之
意也漢書司馬相如傳下丨然改容注○丨者怨遽
離本之言詩蕩疏○丨然自恣縱貌也後漢書袁術
傳丨然俱起注○丨然泛貌也漢書禮樂志丨施祐
注○丨艾駿駿也漢書司馬相如傳下丨艾赳螑注
引張揖○小闇謂之丨易略例○孟子梁惠王上丨
然下雨初學記御覽引作霈盡心上丨然莫之能禦

也藝文類聚引作霈

艾 說文丨冰臺也从艸乂聲○丨謂青而微白詩出其東門傳蒼丨色疏○丨老也謂蒼丨色也禮記曲禮上五十曰丨釋文○五十曰丨荀子致仕者丨而信可以爲師注○五十已上曰丨老鹽鐵論未通○五十以上血脈溢剛曰丨壯同上○七十曰丨禮記曲禮上疏引中候運衡注中候準讖哲注○丨長也爾雅釋詁○丨歷也同上○丨相也同上○丨至也廣雅釋詁一○台胎陶鞠養也汝潁梁宋之閒曰胎或曰丨方言一

兌 說文丨說也从儿㕣聲○丨爲和說禮記緇衣易曰疏○丨澤也易象上傳澤滅木集解○丨爲澤左氏襄九年傳注震下丨上疏襄廿五年傳遇困之大過疏○丨秋易彖下傳天地節而四時成虞注○西方丨丨爲口禮記禮運疏引異義○丨耳目鼻口也淮南道應則塞民於丨注

匃 丨亦乞也漢書文帝紀丨以啟告朕注西域傳上乞丨無所得注○丨乞與也漢書西域傳下我丨若馬注○丨乞遺之也漢書廣川惠王越傳盡取善繒丨諸宮人注○禮記曲禮注晉士丐釋文本亦作丨○左氏昭六年傳不強丨釋文本或作丐昭六年傳士丨相士鞅釋文本或作丐成十六年傳范丨趨進釋文本又作丐○左氏昭六年傳士丨相士鞅釋文古本士丨或作王正

柰 說文丨果也从木示聲

奈 丨何猶言如何也禮記曲禮下丨何去社稷也疏

繪 說文丨會五采繡也虞書曰山龍華蟲作丨論語曰丨事後素从糸會聲○會五采也書益稷作會傳○書益稷作會周禮司服注作繢○書益稷作會釋文馬鄭作繪○詩何彼襛矣箋勅面丨總釋文本又作繢論語八佾丨事後素釋文本又作繢

檜 說文丨柏葉松身从木會聲

膾 說文丨細切肉也从肉會聲○生肉爲丨漢書東方朔傳○論語鄉黨丨不厭細釋文又作鱠

澮 說文丨水出霍山西南入汾从水會聲○丨田閒通水者也周禮遂氏掌溝瀆澮池之禁注○丨田尾去水大溝周禮稻人以丨寫水注

獪 說文丨狡丨也从犬會聲○剝蹶丨也秦晉之閒曰丨方言二○丨古狡狡字方言二注

會 丨計也周禮大司徒以土丨之法注鄉大夫皆丨政致事注泉府歲終則丨其出入注○歲計曰丨周禮小宰贊冢宰受歲丨疏宰夫則令羣吏正歲丨疏司會以歲丨攷歲成疏○丨謂弁之縫中詩淇澳丨弁如星箋○丨謂韠之領縫也禮記雜記下丨去上五寸疏○韠上緣謂之丨同上○詩淇澳丨弁如星呂氏春秋上農注作冠弁如星

儈 說文新附丨合市也从人會會亦聲○丨者合市也史記貨殖列傳節駔會索隱○丨者合會二家交易者也漢書貨殖傳節駔丨注○會亦是丨也史記貨殖列傳節駔會集解引漢書音義

襘 說文丨帶所結也从衣會聲春秋傳曰衣有丨○丨領之交會也漢書五行志中之上衣有丨注

旝 說文丨建大木置石其上發以機以追敵也从㫃會聲春秋傳曰丨動而鼓詩曰其丨如林○丨發石車也御覽三百卅七引春秋舊說○丨字從㫃旌旗之類左氏桓五年傳注丨旃也疏

鄶 說文鄶祝融之後妘姓所封潧洧之閒鄭滅之从邑會聲○會讀曰|字或作檜漢書地理志下虢會爲大注

禬 說文|會福祭也从示从會會亦聲周禮曰|之祝號○|爲會合之義周禮凡以神仕者杜注|除也疏○|是除去之義周禮太祝注|禜告之以時有災變也疏

廥 說文|芻藁之藏从广會聲○芻槀積爲|漢書天文志其南眾星曰|積注引如淳

薈 說文|艸多皃从艸會聲詩曰|兮蔚兮○|蔚雲興貌詩候人|兮蔚兮傳

磕 說文磕石聲从石盍聲○|擊鼓聲也漢書楊雄傳上登長平兮雷鼓|注

壒 說文新附|塵也从土蓋聲○堨與|同文選西都賦軼埃堨之混濁注

太 |極天地始形之時也淮南覽冥引類於|極之上注○|上至尊之號荀子君子莫敢犯|上之禁注○|上上德之人也老子釋文引顧注○|上天子也漢書淮南厲王長傳望於|上注引如淳○|上天子之子稱|子白虎通爵○大廟|大廟之大者左氏僖八年經注大廟周公廟疏○|室清廟中央之室書洛誥王入|室祼王注○|室明堂之中央室也書大傳尚考|室之義注○|學者中學明堂之位也續漢祭祀志中注引魏文侯孝經傳○|室中嶽左氏昭四年傳周幽王爲|室之盟注○|室嵩高也漢書郊祀志上○|牢牢之大者左氏桓六年傳注大牢牛羊豕也疏

汰 |矢激左氏昭廿六年傳繇輈|輈注

汏 說文|淅瀾也从水大聲

鈦 |或爲鈸管子幼官刑則交寒害|注

軑 鈦車轄也漢書楊雄傳上肆玉鈦而下馳注引晉灼○|車轄也文選甘泉賦肆玉|而下馳注引晉灼○|輪也廣雅釋器

癘 說文|惡疾也从疒蠆省聲

糲 說文糲粟重一秳爲十六斗大半斗舂爲米一斛曰糲从米萬聲○一斛粟七斗米爲糲漢書司馬遷傳注引張晏○糲粗米也漢書司馬遷傳糲粱之食注引服虔

㟯 澮|嶰壑深平之貌文選長笛賦嶰壑澮|注

濊 說文|水多皃从水歲聲

翽 說文|飛聲也从羽歲聲詩曰鳳皇于飛||其羽

噦 說文䜶聲也从言歲聲詩曰有䜶其聲

醊 說文|餟祭也从酉叕聲○|以酒祭地也文選上蕭太傅固辭奪禮啓注引聲類○|以酒沃地也漢書外戚傳下飲酒|地注

祋 說文|殳也从殳示聲或說城郭市里高縣羊皮有不當入而欲入者暫下以驚牛馬曰|故从示殳詩曰何戈與|○詩候人何戈與|禮記樂記注作荷戈與綴

愒 傳|貪也詩雲漢箋時旱|雨釋文又左氏昭元年傳主民翫歲而|日釋文○詩雲漢箋|雨釋文|本又作渴

娧 說文｜好也从女兌聲
○以下據廣韻錄 蕩 說文｜蓋也从艸渴聲
渿 說文｜沛也从水柰聲
夆 說文｜相遮要害也从夂丰聲南陽莘野有夆亭
妎 說文｜妒也从女介聲
蹛 說文｜踶也从足帶聲○｜者繞林木而祭也漢書匈奴傳上大會｜林注○｜林地名也史記匈奴列傳大會｜林索隱引鄭氏
犻 說文｜二歲牛从牛市聲

邿 說文紀國郡从邑市聲
鯑 說文｜魚名出樂浪潘國从魚市聲
𨁜 說文｜步行獵跋也从足貝聲
逹 說文｜無違也从辵羍聲讀若害
巜 說文巜水流澮澮也方百里爲巜廣二尋深二仞凡｜之屬皆从｜
䯤 說文｜骨擿之可會髮者从骨會聲詩曰｜弁如星○沛國人謂反紒爲｜周禮弁師會五采玉璂注
劊 說文｜斷也从刀會聲

蟸 說文｜蟲也从虫叡聲
𥢔 說文｜穅也从禾會聲
嬒 說文｜女黑色也从女會聲詩曰｜兮蔚兮○可惡曰｜御覽三百八十二引通俗文
黵 說文｜沃黑色从黑會聲
蕞 ｜聚貌也文選西征賦注引字林○｜謂以茅翦樹地爲纂位史記劉敬叔孫通列傳爲綿｜集解引如淳○立表爲｜史記劉敬叔孫通列傳索隱引韋昭
𡫊 說文𡫊塞也从宀𢽷聲讀若虞書曰｜三苗之｜
𥎞 說文｜矛屬从矛害聲

敳 ｜辱也廣雅釋詁三
犡 說文｜牛白膂也从牛厲聲
鯠 說文｜魚名从魚賴聲
餀 說文｜食臭也从食艾聲爾雅曰｜謂之餯
駾 說文｜馬行疾來皃从馬兌聲詩曰昆夷｜矣○詩緜混夷駾矣孟子梁惠王下注作昆夷兌矣文選魯靈光殿賦張載注作昆夷突矣廣韻二十廢作昆夷𤜊矣
○以下據集韻錄 戾 鈦同 說文｜輜車旁推戶也从戶大聲讀與
賚 說文｜賜也从貝來聲周書曰｜介秬鬯

瀨 說文瀨寒也从仌賴聲

脫 丨丨舒遲也詩野有死麕舒而丨丨兮傳○丨丨舒貌詩野有死麕疏引定本毛傳○丨丨舒遲之貌詩野有死麕疏

蔌 說文丨艸也从艸敹聲

萃 丨聚也爾雅序會丨舊說釋文

嘅 說文丨嘆也从口既聲詩曰丨其嘆矣

鉞 說文丨車鑾聲也从金戉聲詩曰鑾聲丨丨

刉 說文丨劃傷也从刀气聲一曰斷也又讀若殪一曰刀不利于瓦石上刉之

○附錄 欬 說文丨屰气也从欠亥聲

經籍籑詁卷第六十八補遺終

經籍籑詁卷第六十九

經筵講官南書房翰林戶部左侍郎兼署兵部左侍郎前提督浙江學政阮元撰集

去聲

十卦

卦 丨象也易說卦傳觀變於陰陽而立丨注○丨挂也廣雅釋言○丨匕也廣雅釋詁三○蓍曰丨文選劇秦美新神丨靈兆注○筮曰丨漢書文帝紀集注引應劭○丨者識爻丨畫地者儀禮士喪禮丨者在左注○丨者有司主畫地識爻者也儀禮士冠禮丨者在左注○丨者主畫地識爻爻備以方寫之儀禮特牲饋食禮丨者在左注○丨者史之屬也儀禮少牢饋食禮丨者在左坐注○所丨者所以畫地記爻儀禮士冠禮所丨者注○丨以木者每一爻畫地以識之六爻備書於板儀禮少牢饋食禮丨以木注○丨賣丨挂也自挂於市而自賣之自可無慙色言此似之也釋名釋姿容

挂 俗作掛○丨縣也漢書嚴安傳集注○丨懸也楚辭招魂丨曲瓊些注○掛別也易繫辭掛一以象三釋文莊子漁父變更易常以掛功名釋文○丨止也廣雅釋詁三○掛礙也穀梁昭八年注擊掛則不得入門釋文○古文丨作卦儀禮特牲饋食禮丨于季指注少牢饋食禮丨于季指注○丨古文作卦一切經音義十七○易繫辭再扐而後掛釋文掛京本作卦

懈 丨怠也爾雅釋言又漢書董仲舒傳集注又後漢傅毅傳注○丨惰也孝經夙夜匪丨注又淮南脩務為民興利除害而不丨注○丨嬾也廣雅釋詁二○丨緩也同上○丨解也骨節解緩也釋名釋疾病○丨者極也爾雅釋言丨怠也舊注○解讀曰丨漢書武帝紀集注宣帝紀集注元帝紀集注郊祀志下集注五行志中之上集注五行志中之下集注藝文志集注張良傳集注賈山傳集注董仲舒傳集注趙充國傳集注貢禹傳集注二見尹翁歸傳集注淮陽憲王欽傳集注薛宣傳集注翟方進傳集注黃霸傳集注王莽傳上集注王莽傳中集注王莽傳下集注○詩烝民箋不解于位釋文解本作丨○孝經釋文丨本作解

廨 丨猶署也文選吳都賦丨署基布劉注○藏官物曰公丨同上

隘 丨陋也廣雅釋詁一○丨窄也詩殷武箋謂踰方城之丨釋文○丨小左氏昭三年傳湫丨囂塵注○丨窮也荀子禮論不至於丨懾傷生注○丨陰也文選東京賦不恃丨害薛注○丨猶狹陋也禮記禮器君子以爲丨矣注○禮記禮器釋文丨本作阨

賣 故書丨爲買周禮賈師凡國之丨儥注

畫 丨形也爾雅釋言○丨者爲形像爾雅釋言注○丨繪也以五色繪物象也釋名釋書契○彩色爲丨書顧命丨純傳○丨飾容之具莊子庚桑楚釋文引司馬注○丨所以飾容貌也莊子庚桑楚介者移丨外非譽也注○丨姓名於奏上曰丨刺作再拜起居字皆達其體使書盡邊徐引筆書之如丨者也釋名釋書契○丨當爲書周禮司常皆丨其象焉杜注

瘥 通作差○丨癒也廣雅釋詁一○差愈也南楚病愈者謂之差方言三

派 水流別爲丨文選吳都賦劉注引字說○水別流爲丨文選江賦流九丨乎潯陽注○水自汾出爲丨廣雅釋水

債古作責○丨猶借穆天子傳丨車受載注○稱責謂貸子周禮小宰四曰聽稱責以使別司農注

怪丨異也書禹貢鉛松丨石傳又周書大戒六出觀好丨注又莊子逍遙游齊諧者志丨者也釋文齊物論恢恑譎丨釋文引李注徐無鬼不與之爲丨注○丨丨異也論語述而丨力亂神集解引王肅注又皇疏○詭異爲丨淮南主術珍丨奇物注○丨惑也淮南說林知者不丨注○丨者疑也風俗通怪神○凡言丨者皆謂貌狀倔奇不常也山海經南山經猨翼之山多丨獸多丨魚注○丨民狂易周禮閽人奇服丨民不入宮注○丨錯奇丨雜錯也文選江賦爾其水物丨錯注○丨石丨異好石似玉者後漢馬融傳注○丨丨石似玉也山海經中山經苟牀之山多丨石注○丨石碔砆之屬書禹貢釋文○丨鴟爾雅釋鳥○丨蛇鉤蛇又呼馬絆蛇山海經中山經江水其中多丨蛇注

壞與敷同○丨毀也爾雅釋詁又漢書溝洫志集注○敷公丨反毀也書序釋文引字林○丨坼也史記秦始皇紀墮丨城郭正義○自頹曰丨同上○丨自敗也下怪反爾雅釋詁釋文引字林○丨是漸敗之名論語陽貨禮必丨皇疏○禮失則丨大戴記虞戴德○禮是形化形化故言丨論語陽貨皇疏○丨瘣也謂傷病也詩小弁譬彼丨木傳○敷音怪禮記問喪釋文引字林○左氏襄十四年傳王室之不丨釋文丨服本作懷○詩小弁譬彼丨木說文疒部作譬彼瘣木

誡丨敎也荀子彊國發丨布令而敵退注

戒丨備也左氏襄三年傳不虞之不丨注襄十三年傳必易我而不丨注哀元年傳甚澆能丨之注又方言十三又廣雅釋詁二又國語晉語君與二三臣其丨之注又孟子梁惠王下大丨於國注又荀子儒效勝敵而愈丨注又淮南精神且人有丨形而無損於心注○丨猶備也禮記曾子問以三年之丨注○丨有丨備不虞之心也孟子公孫丑下辭曰聞丨注○防患曰丨易繫辭上傳聖人以此齊丨注○丨儆也國語吳語息民不丨注○丨警也告也儀禮士冠禮主人丨賓注鄉飲酒禮主人丨賓注○丨猶警也語也儀禮鄉射禮主人丨賓注○丨猶命也儀禮聘禮丨上介亦如之注○丨勑令左氏宣十二年傳軍政不丨而備注○思惡勿道謂之丨賈子道術○丨散齊也禮記禮器七日丨注○丨至詩烈祖既丨既平傳○丨書丨敕刺史及三邊營官被敕文曰有詔敕某官是爲丨敕也獨斷上○古文丨作誡一切經音義七○故書丨爲駭周禮大僕始崩丨鼓注

界丨也國策齊策三國之與秦壞丨而患急注○丨猶畍竟也廣雅釋詁三○丨垂也爾雅釋詁○丨比比也國策齊策故三國與秦壞丨注○丨猶限也後漢馬融傳注○丨道謂爲道疆丨也文選遊天台山賦瀑布飛流以丨道注

介丨丨大也易晉受茲丨福虞注又釋文又詩甫田攸丨攸止釋文生民攸丨攸止傳思文無此疆爾丨釋文又左氏襄廿八年傳寡君之貴丨弟也注哀十四年傳有丨麋焉注又周書武順集固戒德注又爾雅釋詁又國語吳語余一人兼受而丨福注又漢書司馬相如傳下集注引服虔王莽傳下集注又孟子盡心上不以三公易其丨注又太元竈黃鼎丨注積君子丨心注又老子使我丨然注又離騷彼堯舜之耿丨兮注又文選思元賦遇九皋之丨鳥兮舊注○丨景皆大也詩小明丨爾景福傳又儀禮士冠禮丨爾景福注○丨善也爾雅釋詁又漢書諸侯王表集注○丨助也詩七月以丨眉壽箋楚茨以丨景福箋

甫田以丨我稷黍箋旱麓以丨景福箋行葦以丨景
福箋旣醉丨爾景福箋潛以丨景福箋酌是用大丨
箋又漢書董仲舒傳集注又家語五儀於是帝享丨
雀之德注又荀子勸學丨爾景福注○丨副也儀禮
聘禮戒上丨亦如之釋文又禮記檀弓下子服惠伯
爲丨注曾子問爲丨子某薦其常事注文王世子一
獻無丨語釋文禮器天子七丨七牢釋文又左氏宣
十八年傳復命於丨注又荀子大略諸侯相見卿爲
丨注○丨副也稱也列子黃帝不用丨意釋文○丨
副使也穀梁文十八年使舉上客而不稱丨釋文襄
十九年傳而歸命于丨釋文○丨紹也漢書谷永傳
集注○丨紹丨也文選運命論不丨而自親注○丨
次也左氏昭四年傳丨卿以葬注○丨特也史記張
耳陳餘傳獨丨居河北集解引瓚曰又漢書陳餘傳
集注匈奴傳上集注又後漢朱暉傳注欒恢傳注又
文選思元賦子不羣而丨立舊注○丨特也獸無偶

曰丨方言六○丨獨也廣雅釋詁三○丨特也漢書
南粵王傳集注○丨因也左氏僖七年傳而求丨於
大國注文六年傳丨人之寵注成十六年傳敢丨大
國以求厚焉注襄廿四年傳以陳國之丨恃大國注
又後漢符融傳注○丨者因也史記南越尉佗傳丨
漢使者權索隱引志林○丨亦因也左哀十四年傳
注丨達之釋文○丨舍也詩甫田攸丨攸止箋○丨
被也漢書南粵王傳集注引李奇○丨繫也漢書匡
衡傳集注○丨操也孟子盡心上不以三公易其丨
劉注○丨節也楚辭悲回風丨眇志之所惑兮注○丨
丨耿丨也後漢崔駰傳注張衡傳注○丨別也爾雅
釋言李孫顧舍人注○丨界也文選魏都賦注引韓
詩章句○丨隔也易兌丨疾有喜注又釋文又左氏
昭二十年傳偪丨之關注又漢書五行志中之上集
注陳餘傳集注杜欽傳集注南粵王傳集注○丨猶
閡爾雅釋言繘丨也注○丨猶閒也左氏襄九年傳

丨居二大國之閒注襄三十年傳以丨於大國注襄
卅一年傳丨於大國注又後漢竇融傳注馮衍傳注
○丨者夾也史記十二諸侯年表楚丨江淮索隱○
丨近也穀梁莊十八年不使戎邇于我也釋文○丨
微也一切經音義十五引易劉瓛注○丨微也列子
楊朱無丨然之慮者釋文○丨纖也易豫丨于石虞
注繫辭上傳憂悔吝者存乎丨虞注○丨纖丨也易
豫丨于石釋文繫辭傳注又釋文引王肅干注○丨
甲也詩清人駟丨旁旁傳小戎傳四丨馬也釋文瞻
卬舍爾丨狄箋臣工嗟嗟保丨箋又禮記曲禮丨胄
注月令措之于參保丨之御閒注丨蟲敗穀注其蟲
丨注又左氏成二年傳不丨馬而馳之注昭廿五年
傳季氏丨其雞賈注又公羊宣六年傳吾君孰爲丨
注又史記老莊申韓傳丨胄之士正義又後漢桓譚
傳注又呂覽孟冬其蟲丨注察微郈氏丨其雞注又
太元元數類爲丨注又淮南時則其蟲丨注又素問

五運行大論其蟲丨注又文選東京賦戎士丨而揚
徽薛注○丨亦甲也後漢何進傳注○丨刖也莊子
養生主惡乎丨也釋文引司馬注庚桑丨者移畫釋
文○丨者相助之義爾雅釋詁丨右也孫注○丨賓
之輔也禮記少儀丨爵酢爵僎爵皆居右注○丨輔
相威儀者左氏成十三年傳王以爲丨而重賄之注
○丨媒丨也左傳哀十四年注丨達之釋文○丨賓
之輔以贊爲之尊之飲酒之禮賢者爲賓其次爲丨
儀禮士冠禮贊冠者爲丨注○一丨一人國語吳語
一丨嫡女注○一丨猶一槩公羊文十二年傳惟一
丨斷斷兮無他技注○丨偏刖之名莊子養生主是
何人也惡乎丨也注○丨猶蔕芥也後漢孔融傳注
○丨謂自得無悶也文選與山巨源絕交書得并丨
之人注○丨謂特立之行孟子音義下引陸注○丨
謂狷丨也孟子音義上引丁音○丨特謂孤丨特立
也後漢馬融傳注○丨丨猶耿耿也後漢馬援傳注

○丨丨有害也太元傒傒禍丨丨注○丨然堅固貌荀子脩身善在身丨然必以自好也注○丨倪丨倪猶睥睨也莊子馬蹄而馬知丨倪釋文引李注○丨倪丨出睥睨也莊子馬蹄釋文引崔注○圭長二寸謂之丨詩崧高錫爾丨圭箋○圭長尺二寸謂之丨也後漢張衡傳注○丨鎧也廣雅釋器又楚辭愍命韓信蒙於丨冑注○甲亦曰丨釋名釋兵○丨被甲也史記衛康叔世家太子與五人丨集解引賈逵○丨者兵之象也隋書五行志上引洪範五行傳○丨國名左傳僖廿九年丨葛盧來朝釋文○丨國也魚之先淮南墬形丨潭生先龍注○丨次市亭之屬別小者也周禮司市胥師賈師涖于丨次注○丨甲蟲也家語執轡丨鱗夏食而冬蟄注○丨甲黿鼈之屬淮南墬形丨鱗者夏食而冬蟄注○丨物黿鼈之屬水居陸生者周禮大司徒其動物宜丨物注○丨鱗鱗蟲之先淮南墬形丨鱗生蛟龍注○丨鱗熊羆魚蛇之

屬大戴記易本命注○丨古文作砎易豫釋文○丨字多作分誤也孟子音義上引丁音○易略例其分不可慢也釋文丨本作分周禮內宰注敘丨次也釋文丨本作分大宗伯注雜取其守丨釋文丨本作分莊子庚桑丨尚離山釋文丨本作分○易豫釋文丨馬本作扴○左傳昭廿五年季氏丨其雞釋文丨本作芥○書秦誓若有一丨臣釋文丨本作个○莊子養生主惡乎丨也釋文丨崔本作尣德充符而未嘗知吾丨者也釋文丨本作兀庚桑丨者移畫釋文丨崔本作兀○莊子養生主惡乎丨也釋文丨崔本作跀○書顧命太保承丨圭說文玉部作稱奉玠圭詩崧高錫爾丨圭爾雅釋器注作錫爾玠圭○史記周本紀貞定王名丨集解引皇甫謐作應

芥 丨辛菜也一切經音義七引字林○丨苦味也春秋繁露天地之行○蕪菁趙魏之郊謂之大丨其小者謂之辛丨或謂之幽丨方言三○丨屮也淮南俶眞視天下之間猶飛羽負丨也注○丨草丨也孟子離婁下君之視臣如草丨注○丨小草也莊子逍遙游則丨爲之舟釋文引李注○丨草也自關而西或曰草或曰丨方言三○蔕丨刺鯁也文選西京賦注引張揖子虛賦注○丨醬丨實醬也儀禮公食大夫禮丨醬注

械 丨器之總名也禮記王制釋文引郭璞三蒼解詁又孟子滕文公上以粟易丨器者注○丨器也荀子王制喪祭丨用注又呂覽貴因因其丨也注愛類巳爲攻宋之丨矣注又法言君子斯丨也君子不丨注○丨器丨也莊子天地有丨于此釋文引李注○丨器用也淮南本經人丨不足注○丨用器用也荀子王霸喪祭丨用皆有等宜注○丨猶兵也周禮司書以知民之財器丨之數注○丨兵器也禮記少儀

不度民丨注○有攻守之器曰丨公羊莊卅二年傳俄而牙殺丨成注○丨謂器丨甲兵之屬後漢崔駰傳注○丨戒也所以警戒使爲善也御覽六百四十四引風俗通○拘罪人曰桁丨謂穿木加足曰丨大丨曰桁一切經音義一引通俗文○丨謂桎梏也文選報任少卿書淮陰王也受丨於陳注○桎梏謂丨呂覽孟秋具桎梏注○在手曰丨後漢吳祐傳注○外成曰丨史記秦始皇紀器丨一量正義律書兵丨尣所重正義○外盛曰丨後漢公孫述傳注○字林丨作掝莊子天地釋文○丨本又作戒列子力命動君丨釋文

薤 韭丨皆山菜山海經北山經丹熏之山其草多韭丨注

拜 丨服也禮記郊特牲○丨之言服也白虎通姓名○丨之言拔也詩甘棠勿翦勿丨箋○丨謝也呂

覽分職明日不丨樂已者注○平衡曰丨荀子大略○丨手首至手書太甲中伊尹丨手稽首傳召誥丨手稽首曰傳○丨蔏藋爾雅釋草○詩甘棠勿翦勿丨廣韻十六怪作勿剪勿扒

快丨爲愃方言二逞苦了丨也注○公羊昭廿七年丨丨一也一切經音義十四引字林○今江東人呼郲婁丨來奔釋文丨本作噲

邁丨丨行也書大禹謨皋陶丨種德傳說命下予惟克丨乃訓傳又詩黍離行丨靡靡傳蟋蟀日月其丨傳東門之枌越以鬷丨傳都人士言從之丨箋棫樸周王子丨箋崧高申伯信丨箋時邁時丨其邦傳泮水從公于丨箋又爾雅釋言又漢書地理志下集注司馬相如傳下集注又後漢張衡傳注傳穀傳注又太元沈利征丨也注元告而日月逾丨注又文選思元賦咎繇丨而種德兮舊注○丨亦行爾雅釋言注

○丨往也廣雅釋詁又後漢皇甫規傳注○丨勉也左氏莊八年傳皋陶丨種德注○丨丨不說也詩白華視我丨丨傳○長丨不回之意文選吳都賦寂寥長丨劉注○詩白華釋文丨丨韓詩作怖怖

話丨言也爾雅釋詁又廣雅釋詁四○丨善也左氏文六年傳著之丨言注文十八年傳不知丨言注襄元年傳告之丨言注又小爾雅廣言○丨善言也書盤庚中乃丨民之弗率傳又詩板出丨不然傳抑愼爾出丨傳又禮記緇衣愼爾出丨注○丨政之善言也爾雅釋詁舍人注○丨言古之善言也詩抑傳○丨告也言也書盤庚中馬注○丨訛言也一切經音義七引聲類○丨治也小爾雅廣詁○丨調也廣雅釋詁四○丨恥也同上○丨古文作𦧧譮誠三形一切經音義七○丨籀文作譮一切經音義十七

敗丨壞也詩民勞無俾正丨箋又廣雅釋詁一○丨毀也呂覽尊師能全天之所生而勿丨之注又淮南說林若脣之與齒堅柔相摩而不相丨注○丨破也呂覽義賞丨楚入於城濮注○丨覆也爾雅釋言○丨潰也釋名釋言語○丨傷呂覽君守深思慮之務丨矣注○丨害也國策秦策紛彊欲丨之注○丨猶沒也淮南說林愈醫愈丨注○丨謂禍烖也禮記孔子閒居四方有丨注○丨滅亡也呂覽情欲故每動爲亡丨注○凡臨佗曰丨公羊隱十年傳公丨宋師于菅釋文○大崩曰丨績書典寶序夏師丨績傳○多知爲丨莊子在宥○寒暑移易其處謂之丨歲春秋繁露陽尊陰卑○丨謂凶年穀梁莊廿八年傳豐年補丨注○四體偏斷曰丨穀梁成十六年傳○肉謂之丨爾雅釋器○丨當字誤爲皸大戴記少閒草木根皸傷則枝葉必偏枯注○莊子天下未丨墨子過釋文丨本作毀○莊子庚桑天鈞丨之釋文丨元嘉本作則○書微子我與受其丨說文辵部作我興受其退

稗丨禾別名也爾雅釋草釋文引字林○丨草之似穀者左氏定十年傳用秕丨也注又後漢光武帝紀下注○丨小也廣雅釋詁二○丨待也廣雅釋詁二○偶語爲丨漢書藝文志集注引如淳○蒼頡訓詁反丨爲逋賣顏氏家訓音辭○丨音如梯丨之丨漢書藝文志集注○丨與粺古字通文選七啟芳菰精粺注

曬丨曝也廣雅釋詁二

噫心氣爲丨素問至眞要大論善丨注○丨飽出息也乙戒切文選長門賦注引字林

瘵丨病也詩菀柳無自丨焉傳瞻卬士民其丨傳又爾雅釋詁○丨接也詩菀柳箋○今江東呼病皆曰丨齊東曰瘼一切經音義十一引三蒼○今江東呼病曰丨爾雅釋詁注

屆 丨至也書大禹謨無遠弗丨傳又詩節南山箋小弁不知所丨箋○丨極也爾雅釋言又詩采菽君子所丨箋蕩靡丨靡究傳瞻卬靡有夷丨箋閟宮致天之丨傳節南山君子如丨傳

疥 丨病也廣雅釋詁二○丨創也同上○丨齘也癢搔之齒類齘也釋名釋疾病○左氏昭二十年傳齊侯丨釋文丨本作痎

玠 珪大尺二寸謂之丨爾雅釋器

聵 丨聾也廣雅釋詁三○生聾曰丨一切經音義引國語賈注○生而聾曰丨國語晉語聾丨不可使聽注○丨古文作丨聵二形今作顡一切經音義二十

憊 丨與憊同○丨疲也列子天瑞知老之丨釋文黃帝單丨於戲笑釋文○丨困也荀子賦往來惛丨通

于大神注○丨羸困也禮記檀弓注虛丨之聲釋文○丨困劣也易既濟丨也釋文引陸注○丨疾亟也後漢西羌傳注○疲極曰憊一切經音義七引通俗文○憊極也廣雅釋詁一○易遯有疾丨也釋文丨王肅作斃○易遯釋文丨荀作備既濟釋文丨陸作備作病○莊子山木士有道德不能行丨也釋文丨司馬作病

鎩 丨山瘵反張翼也一切經音義引字林

殺 丨降也莊子天運堯之治天下也使民心親民有爲其親丨其丨而民不非也注又釋文○丨差也禮記文王世子親親之丨也注○丨減也廣雅釋詁二又荀子正論故賞以富厚而罰以丨損也注禮論緦小功以爲丨注大略冰泮丨內注○丨猶減也周禮稟人詔王丨邦用注○丨省也公羊僖廿二年傳春秋詞繁而不丨者正也注○丨猶薄也史記禮書以隆丨爲要索隱○丨衰也漢書楊雄傳下集注○丨猶衰也儀禮士冠禮記德之丨也注○丨衰小之也考工記輪人參分其幅之長而丨其一注○丨減降也荀子禮論以隆丨爲要注○丨漸也漢書韋元成傳集注○丨差等也荀子大略仁之丨也注○丨猶杼也禮記玉藻其丨六分而去一注○丨害也書咸有一德傳終始不衰丨釋文○丨謂穀不孰也禮記禮器是故年雖大丨注○丨謂縫之也論語鄉黨非帷裳必丨之皇疏○上曰質下曰丨質正也其用之先以丨韜足而上後以質韜首而下齊手上元下纁象天地也儀禮士喪禮冒緇質長與手齊䞓掩丨足注

夬 丨決也易彖下傳雜卦傳夬履貞厲干注又釋文象下傳干注繫辭下傳蓋取諸丨注○丨者決也

易序卦傳○丨決也丨或作使呂覽辯土丨心中央注○丨決也有所破壞決裂之於終始也釋名釋言語○丨者明法而決斷之象也易彖下傳注○丨與剥反者也易夬注○詩車攻丨拾既佽釋文丨本作抉

噲 丨咽也一切經音義十四引字林○丨丨猶快快也詩斯干丨丨其正箋○丨讀不悅懌外之丨淮南俶真蚑行丨息注○丨亦快字也一切經音義六引蒼頡○魯顏丨字子聲見史記仲尼弟子傳

嚵 丨一舉盡臠禮記曲禮上毋丨炙注○丨食疾之貌也太元翕翕食丨丨注○丨攢其食之也孟子滕文公上蠅蚋蛄丨之注

蠆 丨螫蟲也詩都人士卷髮如丨箋○丨蠍也廣雅釋蟲○丨蝎也後漢齊武王縯傳注○丨蠚蟲也

詩彼都人士卷髮如丨釋文○丨士螽也楚辭哀歲下堂兮見丨注○關西謂蝎爲丨一切經音義十六引字林○長尾爲丨莊子天運釋文引通俗文○丨當作蠍莊子天運其知憯于蠆丨之尾釋文○丨與蔕同文選西京賦睚眦丨芥注○蠆丑介反左氏僖廿二年傳釋文引字林○左傳鄭獻公名丨公羊作蠆○鄭公孫丨字子蟜見左襄九年傳
○齊公孫丨字子尾見左昭三年傳

喝 丨嘶聲晉書音義上○丨聲之幽也後漢張酺傳注引廣蒼

解 丨舍也漢書五行志上○丨止也漢書五行志上集注○丨節丨也史記呂后紀君知其丨乎正義○丨果陋險也荀子儒效丨果其冠注○丨垢詭曲之辭莊子胠篋丨垢同異之變多釋文○丨垢隔角也莊子胠篋釋文引司馬注崔注○詩烝民夙夜匪丨韓外傳作夙夜匪懈

祭 丨丨公邑穆天子傳五乃宿于丨注○左昭十二年傳丨公穆天子傳作鄒公

齘 丨怒也廣雅釋詁二○丨怒也小怒曰丨方言二○丨鳴齒也一切經音義十四引三蒼○丨謂如齒丨考工記函人衣之欲其無丨也司農注

蒯 丨草也儀禮喪服傳藨丨丨菲也釋文○丨草中爲索苦怪切文選西京賦注引聲類○丨音菅丨之丨史記傅靳蒯成傳集解引服虔○袈丨與蔕芥古字通文選鵩鳥賦細故蔕芥兮注○左傳昭九年屠丨禮記檀弓作杜蕢

蕢 丨土塊也禮記禮器丨桴而土鼓釋文○丨本作蒯晉書音義上○論語荷丨說文作臾

韛 又作橐○丨作鞴一切經音義二十引埤蒼○橐作鞴又作排同蒲戒反鍛家用吹火令熾者也一切經音義十四引埤蒼

犗 丨犍也廣雅釋獸○丨犍牛也莊子外物巨緇五十丨以爲餌釋文又華嚴經音義下引切韻○丨騬牛也後漢陳忠傳注○丨騬牛也以刀去陰也一切經音義十四引字書○丨犧牛也莊子外物釋文引司馬注

餲 食饐謂之丨爾雅釋器○丨飯饐臭爾雅釋器注○丨食敗也爾雅釋器釋文○餲臭也廣雅釋器

繲 莊子人間世挫鍼治丨釋文丨崔本作繲

絓 丨挂也後漢劉陶傳注○丨縣也廣雅釋詁四○丨懸楚辭哀郢心丨結而不解兮注悲回風心結丨而不懈兮注○丨紬也廣雅釋器○丨羅也太元于何戟解解遘注○丨止也史記齊太公世家車丨

于木而止正義○丨獨也廣雅釋詁三○丨特也晉曰丨方言六○丨羅猶流離也太元元䇸而禍福丨羅注○紬又謂之丨丨挂也挂於杖端振舉之也釋名釋采帛

粺 米之率糲十丨九鑿八侍御七詩召旻彼疏斯丨箋○丨草之似穀者家語相魯是用粃丨注

眦 丨裂也廣雅釋詁二○丨瞋目貌也後漢黨錮傳注

魪 形如十字各長三寸方似丨左右丨一目所謂比目魚也文選吳都賦罩兩丨劉注

䯰 丨髻也廣雅釋詁四

价 丨善也詩板丨人維藩傳○詩板丨人維藩爾雅釋詁注漢書諸侯王表王莽傳作介人惟藩

喟 丨息也楚辭懷沙永歎丨兮注○丨歎聲後漢杜篤傳注○丨然歎聲也論語子罕顏淵丨然歎曰

集解○丨嘆貌離騷丨憑心而歷茲注愍命行唫累欷聲丨丨兮注○丨歎貌也後漢班彪傳下注

獪 丨擾也廣雅釋詁三

慸 丨介鯁刺也史記屈原賈生傳細故丨薊索隱引張揖

詿 丨誤也廣雅釋詁三○丨亦誤也後漢光武紀下注冦恂傳注○丨欺也廣雅釋詁二

勱 丨强也勉也勤也一切經音義引埤蒼

簣 丨籠也廣雅釋器

唄 魏陳思王曹植曾登魚山忽聞巖岫有誦經聲清婉遒亮遠谷流響遂依擬其聲而製梵丨至今傳之一切經音義引宣驗記

經籍籑詁　卷六十九　十卦　獪至洒　十五

欬 丨謂丨嗽所以利咽喉也素問陰陽應象大論在變動爲丨注○魯樂丨字子聲見史記弟子傳

○以下據廣韻録

罣 丨網礙也一切經音義二引字書○丨作罫同胡卦反網礙也一切經音義一引字略

邂 丨逅不期而會詩野有蔓草丨逅相遇傳○丨逅解說之貌詩綢繆見此丨逅傳○丨逅不固之貌詩綢繆釋文引韓詩○詩綢繆釋文丨本作解

丨褋縢也廣雅釋器

衩 丨裂也廣雅釋詁二○丨字或作襬漢書楊雄傳

睚 下集注

丨灑也詩山有樞弗丨弗掃傳東山丨掃穹窒箋

洒 抑丨掃庭內傳○丨與汎同文選劇秦美新况盡汎掃前聖數千載功業注

砎 丨堅也晉書音義下引字林

悈 丨慬也廣雅釋詁四○丨急也爾雅釋言○丨鰓老也方言十○爾雅釋言釋文丨本作悈又作亟

艐 丨至也爾雅釋詁又史記司馬相如傳踊以丨路集解引徐廣○丨至也丨宋語也方言一○艐著也漢書司馬相如傳下集注引張揖○丨古界字史記司馬相如傳索隱引孫炎

衸 丨褋縢也廣雅釋器

⿰馬介 丨尾結也太元元文車軨馬丨注

欸 丨恚聲也一切經音義八引蒼頡訓詁

經籍籑詁　卷六十九　十卦　砎至嘳　十六

⿰口戒 丨訶也一切經音義八引韻集

齂 丨息也爾雅釋詁

韰 丨鴻薈爾雅釋草○丨狹也漢書楊雄傳上集注引應劭○丨露今之挽歌也後漢周舉傳注

⿰亻韰 丨陿也廣雅釋詁一

譺 丨欺調也一切經音義引字林

欳 丨息也爾雅釋詁○丨氣息貌爾雅釋詁注○爾雅釋詁釋文丨本作快又作嘳

⿰侖殳 丨箭也廣雅釋草

嘳 丨息憐也集韻引字林○丨憐也沅澧之原凡言相憐哀謂之丨方言十○丨與喟同文選舞賦丨

息激
昂注

蘾 丨烏蘾爾雅釋草

韎 丨赤色左氏成十六年傳有丨韋之跗注注○一
染曰丨同上○丨韐縕韍也士縕韍而幽衡合韋
為之士染以茅蒐因以名焉今齊人名蒨為丨韐韍
之制似韠儀禮士冠禮丨韐注○東方曰丨獨斷上
○杜子春讀丨為菋荎著之菋元謂讀如丨韐之丨
周禮春官序官丨師注○鄭司農說以明堂位曰丨
東夷之樂讀如味飲食之味同上○四夷之
樂東方曰丨周禮鞮鞻氏掌四夷之樂注

躗 丨過也左氏哀廿四年傳是丨言也注○丨偽不
信言也左氏哀廿四年傳服注○丨言謂過繆之
言左哀廿四
年傳釋文

咶 丨息也廣雅釋詁二

閷 丨者薄其上考工記匠人其丨參分去一注○丨
接中考工記弓人必動於丨注○丨殺字之異者
考工記玉人注杼丨也釋文○考工記玉人注釋文
丨本作殺矢人參分其長而丨其一釋文丨本作殺

鹺 丨鹽也廣雅釋器

嘬 啜通俗文作丨今通謂細食物曰丨也一切經音
義十九

啐 丨嘗也廣雅釋詁三

○以下據
集韻録 乔 丨大也東齊海岱之閒曰丨方言一

剬 丨斷也廣雅釋詁一

忦 丨恨也方言十二

鄺 丨音菅蒯之蒯漢書周緤傳集注引服虔

經籍纂詁卷第六十九

經籍纂詁卷第六十九補遺　去聲

兵部侍郎兼都察院右副都御史巡撫浙江等處地方提督軍務兼理糧餉阮元譔集

十卦

卦 說文｜筮也从卜圭聲○｜者掛也言懸掛物象以示於人故謂之｜易乾乾元亨利貞疏引易緯

挂 說文｜畫也从手圭聲○罫｜同文選射雉賦屬剛罫以潛擬注

懈 說文｜怠也从心解聲○｜惰也孝經夙夜匪｜鄭注○張納功德敘匪懈于職｜作懈陳球碑夙夜匪解｜作解

隘 說文𨼹陋也从𨸏𦤃聲𦤃籒文嗌字隘籒文𨼹从𨸏益○｜狹也禮記禮器君子以爲｜矣釋文○阨小也文選吳都賦邦有湫阨而踡跼劉注○｜險固也漢書刑法志其生民也陿阸注○阸者所以隘也管子山權數○｜謂疾惡太甚無所容文選注引孟子伯夷｜綦毋邃注

賣 說文賣出物貨也从出从買

派 說文｜別水也从水从𠂢𠂢亦聲

債 說文新附｜負也从人責責亦聲○責謂假貸人財物未償者也漢書淮陽憲王欽傳博言負責數百萬注○責讀如左傳施舍已責之責責謂負人物也書金縢是有丕子之責于天疏○左氏昭二十年傳薄斂已責釋文本或作｜

怪 說文｜異也从心圣聲○詭於衆而突出曰｜論衡自紀○｜物慶雲之屬也禮記祭法見｜物疏

壞 說文｜敗也从土褱聲𡊁古文｜省𣀔籒文｜○詩小弁譬彼｜木爾雅釋木樊注作譬彼瘣木

誡 說文｜敕也从言戒聲○譏惡爲｜越絕書篇敘外傳記

戒 說文｜警也从廾持戈以｜不虞○｜警勅軍事也詩采薇豈不日｜箋○｜猶告也儀禮公食大夫禮使大夫｜注覲禮天子使大夫｜曰注有司徹宗人｜侑注又文選東京賦先期｜事注○｜謂令語之也左氏莊廿九年傳注｜民以土功事疏○｜謂散齊也禮記坊記七日｜注○｜謂散齊七日周禮大史｜及宿之日疏○散齊七日爲｜儀禮公食大夫禮記注此所以不宿｜者疏○｜或作革淮南精神且人有｜形注

界 說文畍境也从田介聲

介 說文｜畫也从八从人人各有｜○｜閒也考工記梟氏注｜在於鼓鉦舞甬衡之閒疏○｜者閒也史記南越列傳｜漢使者權索隱○｜謂閒廁也漢書鄒陽傳｜於羊勝公孫詭之閒注○｜隔也礙也漢書翼奉傳後｜大河注○｜甲也詩板价人維藩箋又左氏昭五年傳或夢伯有｜而行注又穀梁成十六年傳雨｜冰疏引徐邈說又儀禮疏十六引左傳鄭衆注又漢書南粵王傳｜弟兵就舍注敘傳下稅｜免冑注○｜者甲也禮記月令其蟲｜蔡邕章句又漢書五行志上○｜甲鎧也禮記曲禮上｜者不拜疏○｜被甲周禮旅賁氏軍旅則｜而趨注又左氏哀十五年傳大子與五人｜注○｜被甲者淮南精神夫癩者趨不變注○｜龜鼈之屬禮記月令其蟲｜注○｜蟲龜屬呂覽孟秋｜蟲敗穀注○｜蟲魚鼈屬淮南說山｜蟲之動以固注○｜蟲諸有赤色甲殼者也素問五常政大論｜蟲不成注○

五行以木爲丨穀梁成十六年傳甬丨氷疏引徐邈
說○丨被也恃也史記南越列傳丨弟兵就舍索隱
○丨助也詩小明丨爾景福箋又左氏襄七年傳丨
爾景福注又爾雅釋詁○丨左右也詩生民攸丨攸
止箋○丨猶近也穀梁文十五年傳不以難丨我國
也注○丨副也周禮內宰注敘丨次也疏啚人共丨
啚疏又左氏成二年傳使丨反幣注昭元年傳伍舉
爲丨注○丨者副也禮記玉藻君入門丨拂闑疏○
丨副使也左氏昭十二年傳逃丨而先注○賓副曰
丨禮記曲禮上每門讓於客疏○丨輔賓者禮記鄉
飲酒義丨僎象陰陽也釋文○在賓爲丨國語周語
仲孫蔑爲丨注○在主人曰擯在客曰丨禮記檀弓
下子游擯由左疏○丨輔已行禮者也周禮大行人
丨九八注○丨者賓主所由也史記南越列傳丨漢
使者權索隱○丨謂一丨之人漢書孔光傳援納一斷
斷之丨注○一丨獨使也左氏襄八年傳亦不使一

丨行李注○丨然特異之意漢書律麻上丨然有常
注○丨然猶耿耿漢書陳湯傳使百姓丨然有秦民
之恨注○一丨謂一心耿丨書秦誓如有一丨臣疏
○丨纖丨也易繫辭上傳憂悔吝者存乎丨注○丨
大也左氏昭廿四年傳而問於丨衆注文選魯靈光
殿賦錫丨珪以作瑞張注○丨者大也易晉受茲丨
福于其王母疏○一讀丨爲芥擣芥子爲末播其雞
羽左氏昭廿五年傳注擣芥子疏○孟子萬章上一
丨不以與人一丨不以取諸人意林作不以一芥與
人亦不取一芥於人

芥 說文丨菜也从艸介聲○丨草也左氏哀元年傳
以民爲土丨注又廣雅釋草○丨藉水蔬也廣雅
釋草○丨醬也禮記內則秋用丨注○蔕丨小鯁
也漢書賈誼傳細故蔕丨注

械 說文丨桎梏也从木戒聲一曰器之總名一曰持
也一曰有盛曰丨無盛曰器○丨謂桎梏也漢書
婁敬傳丨繫敬廣武注公孫賀傳不足爲我丨注○
桎梏俱名爲丨左氏襄六年傳注若丨之在手疏○
丨卽兵器也考工記目注造宮室車服器丨疏○丨
兵器總名也大元元數爲丨注○丨器淮南脩務作
雲梯之丨注○丨者器也史記孟子荀卿列傳注爲
雲梯之丨索隱○丨者器之揔名也漢書宣帝紀贊
工匠器丨注貨殖傳器丨之資注○有盛爲丨漢書
宣帝紀贊注

䪥 說文丨菜也葉似韭从韭㕡聲○禮記內則膏用
丨釋文俗本多作薤

拜 說文𢷎首至地也从手𠦬𠦬音忽丨楊雄說丨从
兩手下𢫶古文丨○丨言人心之丨小低屈也詩
甘棠勿翦勿丨唐施土丙說○丨手頭至地書召誥
丨手稽首疏

快 說文丨喜也从心叏聲○丨樂也國策秦策文信
侯去而不丨注○遑曉佼若丨也自關而西曰丨
方言三

邁 說文邁遠行也从辵蠆省聲蠆丨或不省○丨行
也詩小宛我日斯丨箋菀柳後予丨焉箋

話 說文話合會善言也从言𠯑聲傳曰告之丨言譮
籀文話从會○丨善人之言也爾雅釋詁孫注

敗 說文敗毀也从攴貝敗賊皆从貝會意𣪉籀文敗
从賏○丨謂氣終盡而丨壞也素問診要經終論
此十二經之所丨也注○陳楚名司寇爲司丨左氏
文十年傳臣歸死於司丨也注○江南學士讀左傳
口相傳述自爲凡例軍自丨曰丨打破人軍曰丨顏
氏家訓音辭

稗 說文丨禾別也从禾卑聲琅邪有丨縣○丨草之
似穀者家語相魯是用秕丨注○今世亦謂偶語
爲丨漢書藝文志注○丨音鍛家排九章細米爲丨
漢書藝文志盍出於丨官注引如淳

噫 說文｜飽食息也从口意聲○｜者發聲之辭易繫辭下傳｜亦要存亾吉凶疏

瘵 說文｜病也从疒祭聲○｜病也易豐天際翔也釋文引鄭注

屆 說文｜行不便也一曰極也从尸凷聲○艘古｜字爾雅釋詁艘至也釋文引孫炎又方言一艘至也注

疥 說文｜搔也从疒介聲○｜當爲痎左氏昭二十年傳齊侯｜疏引梁主說

玠 說文｜大圭也从玉介聲周書曰稱奉｜珪○圭長尺二寸謂之介文選魯靈光殿賦錫介珪以作瑞張注

瀣 說文新附沆｜气也从水𩐁省聲○沆｜北方夜半氣也文選琴賦飡沆｜兮帶朝霞注

湃 彭｜相戾也漢書司馬相如傳上洶涌彭｜注○澎｜波相戾也文選上林賦洶涌澎｜注引司馬彪

聵 說文｜聾也从耳貴聲䫲｜或从𠭊○｜陽不聞周書芮良夫爾乃｜禍𦍅戎注

憊 說文𢟍㥷也从心葡聲𤺺或从疒○｜困也易遯釋文引鄭注○｜力極也漢書樊噲傳又何｜也注○｜劣弱也易既濟｜也釋文引鄭注

鎩 說文｜鈹有鐔也从金殺聲○｜翼從翼也淮南覽冥飛鳥｜翼注

殺 ｜衰也呂覽長利子孫彌｜注○｜謂親益疏者禮記喪服小記上｜下｜旁｜注○｜漸也禮記祭統此之謂親疏之｜也疏○｜漸降也漢書韋元成傳親疏之｜注○｜謂減降也漢書杜鄴傳谿義

｜也注○｜謂細小禮記樂記注聲之鴻｜也疏○｜冒之下帬韜足上行者也禮記喪大記君錦冒黼殺注○上者曰質下者曰｜禮記喪大記疏○｜或作小呂覽審時大本而莖｜注○禮記樂記志微噍｜之音作說苑修文作感激憔悴之音作

夬 說文叏分決也从又屮象決形

噲 說文｜咽也从口會聲讀若快一曰嚵｜也○｜亦快字也一切經音義五引三蒼

嘬 併食之曰｜禮記曲禮上毋｜炙疏

蠆 說文蠆毒蟲也象形蠤｜或从虫○｜蝎也漢書蒯通傳不如蠭｜之致蠚注○李翊夫人碑飛蠭蠤兮｜作蠤

喝 說文｜㵣也从口曷聲○｜謂大呵出聲也素問生氣通天論煩則喘｜注○｜一爲喝同上

解 說文｜判也从刀判牛角一曰｜廌獸也○｜支節也漢書賈誼傳皆衆理｜也注○｜止也漢書五行志上歸獄不｜注引張晏○｜謂折呼文選蜀都賦百果甲宅注引周易鄭注○｜除猶謝過也後書蔡邕傳雖有｜除注○｜讀｜除之｜淮南修務以身｜於陽盱之阿注

祭 說文䣜周邑也从邑祭聲

齘 說文｜齒相切也从齒介聲○｜言噤｜也方言二注

蒯 說文蔽艸也从艸㪁聲○｜草名音蒯聵之蒯史記孟嘗君列傳耳又｜緱索隱

蕢 ｜赤莧爾雅釋草○｜蕢呂覽達鬱草鬱則爲｜注○杜｜或作屠蒯禮記檀弓下杜｜自外來注

鞴 鞴靫矢藏也廣雅釋器○排橐卽今囊袋也後漢書楊旋傳以排囊盛石灰於車上注○排當作橐古通用字也後漢書杜詩傳造作水排注

犗 說文丨騬牛也从牛害聲

繲 丨浣衣廣韻引埤蒼○丨浣衣也莊子人閒世挫鍼治丨釋文引司馬注

絓 說文丨繭滓丨頭也一曰以囊絮練也从糸圭聲○丨讀與挂同漢書敘傳上不丨聖人之罔注

粺 說文丨毀也从米𤰞聲

⿰介彡 說文丨髻結也从彡介聲

价 說文丨善也从人介聲詩曰丨人維藩

喟 丨歎息也漢書楊雄傳上丨然稱曰注○丨歎息貌漢書高帝紀上丨然大息曰注○丨是歎之形貌禮記禮運蓋歎魯也疏○丨歎息貌也漢書儒林傳然後丨然興於學注○丨歎息之貌也漢書藝文志聖上丨然而稱曰注○丨然歎息貌也漢書劉向傳丨然歎曰注司馬遷傳廼丨然而歎曰注鮑宣傳丨然動衆心注

獪 詩隰有萇楚序箋謂狡獪釋文本亦作丨

詿 說文丨誤也从言圭或从言佳省聲○丨亦誤也漢書文帝紀丨誤吏民注

勱 說文丨勉力也周書曰用丨相我邦家讀若厲从力萬聲

繣 繂丨乖戾也楚辭離騷忽繂丨其難遷注○丨卽兩頭繫也周禮大司馬之職注有丨結項中疏○丨謂以組爲之繫著兩頭於項後結之周禮秋官序官銜枚氏注爲之丨疏

○廣韻錄 癜 說文丨劇聲也从疒殿聲 以下據說文

邂 說文新附丨丨逅不期而遇也从辵解聲

睚 說文新附丨目際也从目厓○丨眦瞋目貌也漢書杜欽傳報丨眦怨注楊雄傳下羌戎丨眦注○丨眦謂相嗔怒而見齒也史記范睢蔡澤列傳丨眦之怨必報索隱○丨眥瞋目貌也又猜忌不和貌文選長楊賦羌戎丨眥注引晉灼

𠂢 說文丨水之衺流別也从反永凡丨之屬皆从丨讀若稗縣

⿰糸𠂢 說文丨散絲也从糸𠂢聲

⿰氵箄 說文丨水在丹陽从水箄聲○丨種也廣雅釋地

𣏟 說文丨葩之總名也丨之爲言微也微纖爲功象形凡丨之屬皆从丨

⿰木𠂢 丨藤屬蜀人以織布廣韻引埤蒼

⿱殸女 說文丨難也从女殸聲

⿰敝邑 說文丨汝南安陽鄉从邑蔽省聲

洒 丨謂以水溼地而掃之詩山有樞傳丨灑也疏

⿰言咼 說文丨疾言从言咼聲

⿰襄攴 說文丨毀也从攴襄聲

【𢃑】丨幘也廣雅釋器
【砎】丨謂磨丨也易豫釋文引鄭注
【尬】說文丨𡯁丨也从尢介聲
【悈】說文丨飾也从心戒聲司馬法曰有虞氏丨于中國○丨鰓老者皮色枯瘁之形也方言十注
【鴧】說文丨鳥似鶡而青出羌中从鳥介聲
【衸】說文丨䄟也从衣介聲
【丯】說文丨艸蔡也象艸生之散亂也凡丨之屬皆从丨丨讀若介
【䮎】說文丨系馬尾也从馬介聲

【𪖙】說文丨卧息也从鼻隶聲
【噧】說文丨高气多言也从口蠆省聲春秋傳曰丨言
【𧬐】說文丨諴也从言萬聲
【屆】說文丨卧息也从尸自
【𡘵】說文丨瞋大也从大此聲
【忦】說文丨忽也从心介聲孟子曰孝子之心不若是丨
【閞】說文丨門扇也从門介聲
【譺】說文丨騃也从言疑聲

【浿】說文丨水出樂浪鏤方東入海从水貝聲一曰出丨水縣
【𩔗】說文丨頭蔽丨也从頁家聲
【韎】丨東夷樂名詩鼓鐘傳東夷之樂曰昧釋文○東夷之樂曰丨詩鼓鐘以籥不僭傳又周禮旄人疏引孝經鉤命訣○丨昧皆東夷之樂文選魏都賦丨昧任禁之曲注○丨草名齊魯之閒言丨韐聲如茅蒐字當作丨陳留人謂之蒨詩瞻彼洛矣傳丨韐者茅蒐染草也疏引駁異義○丨即赤色儀禮聘禮丨韋之弁疏○丨韐即緼之類是也儀禮士冠禮注衣不言色者疏○丨韐者衣服之名詩瞻彼洛矣疏○詩鼓鐘傳東夷之樂曰丨釋文丨本又作昧

【烗】丨熾也一切經音義七引廣雅
【顡】說文丨癡不聰明也从頁豪聲
【退】說文丨數也从辵貝聲周書曰我興受其丨
○以下據說文丨憂也从心介聲○丨憧也廣雅集韻錄𢃑釋詁四
【𡘋】說文丨大也从大介聲讀若蓋
【𨡓】丨醬也集韻引廣雅
○附錄【砎】丨觸小石聲易豫釋文引馬注

經籍纂詁卷第六十九補遺終

經籍纂詁卷第七十

經筵講官南書房翰林戶部左侍郎兼署兵部左侍郎前提督浙江學政阮元撰集

去聲

十一隊

隊｜部也左氏文十六年傳分爲二｜注又服注又
漢書李陵傳集注司馬相如傳上集注匈奴傳上
集注○｜陳也廣雅釋詁二○百人爲｜左氏襄十
年傳以成一｜注又後漢班彪傳下注○｜軍二百
人爲一｜淮南齊俗襄子疏｜而擊之注○｜謂汭
也左氏閔二年傳虢公犬戎於渭汭服注又水經渭
水注○｜謂谷中險阻道也音遂穆天子傳二于是
得絕鈃山之｜注○｜隕也左氏僖廿八年傳俾｜
其師注又漢書翟義傳集注又淮南天文丙子于壬
子星｜注○｜落也考工記輪人般畝而馳不｜注

○｜失也左氏成十二年傳俾｜其師注又國語楚
語自先王莫｜其國注晉語敬不｜命注又漢書韋
賢傳集注○｜與墜同荀子王制職而不通則職之
所不及者必｜注○｜古墜字荀子禮論其理誠高
矣暴慢恣睢輕俗以爲高之屬入焉而｜注○｜古
文隧同一切經音義十二○詩小旻傳恐｜也釋文
｜本作墜召旻傳貶｜也釋文｜本作隊墜禮記檀弓
墜諸淵釋文｜本作墜孝經注臨深恐｜釋文｜本
作
隊墜

内｜入也一切經音義七引字書又漢書霍光傳集
注○｜猶入也史記范睢蔡澤傳惡｜諸侯客索
隱○｜謂收斂入之也禮記月令無不務｜注○職
｜主入也若今之泉所入謂之少｜周禮天官序官
職｜注○入坤爲｜易繫辭下傳外｜使知懼虞注
○｜中也漢書文帝紀集注引臣瓚○｜裏也廣雅

釋言○｜猶親也漢書劉向傳集注引如淳○｜者
對外立名莊子逍遙遊｜篇第一釋文○｜顧謂不
外視臣下之私也文選東京賦車中｜顧薛注○｜
心也文選射雉賦｜無固守徐注○｜猶後也論語
鄉黨不｜顧皇疏○｜初也易繫辭下傳爻象動乎
｜虞注○｜學謂圖讖之書也後漢方術傳注○上
以陽爲｜下以陰爲｜因其宜可也儀禮大射儀皆
｜還注○｜在席太元元錯○｜女懷也太元元衝
○｜御女御也儀禮既夕記其母之喪則｜御者浴
注○｜子卿之適妻也禮記雜記｜子以鞠衣褒衣
素沙注○｜子大夫適妻也禮記曾子問大夫｜子
有殷事注○｜子卿之妻也禮記喪大記｜未命則
死於下室注○卿之妃曰｜子子女子也在閨門之
｜治家也釋名釋親屬○｜命夫卿大夫士之在宮
中者周禮閽人凡外｜命夫命婦出入注○｜命男
朝廷卿大夫士也周禮肆師禁外｜命男女之衰不

中灋者注○｜兄弟｜賓宗婦也儀禮特牲饋食禮
洗獻｜兄弟于房中注○｜女王同姓之女謂之｜
宗周禮春官序官｜宗凡｜女之有爵者注○｜命
女王之三夫人以下周禮肆師禁外｜命男女之衰
不中灋者注○｜命婦謂九嬪世婦女御周禮內宰
凡喪事佐后使治外｜命婦注○｜賓姑姊妹及宗
婦儀禮有司徹主人洗獻｜賓于房中注○｜賓姑
姊妹也儀禮特牲饋食禮記｜賓立于其北注○｜
史中大夫也掌爵祿廢置殺生予奪之法詩十月之
交聚子｜史箋○｜宰宮中官之長周禮天官序官
｜宰注○｜小臣奄人掌君陰事陰令后夫人之官
也儀禮燕禮遂獻左右正與｜小臣注大射儀遂獻
左右正與｜小臣注○｜司服王宮中裁縫官之長
周禮天官序官｜司服注○｜羞謂房中之羞周禮
世婦凡｜羞之物注○｜祭祀六宮之中竈門戶周
禮女祝掌王后之｜祭祀注○｜路寢之裏也考工

記匠人丨有九室注○正丨路寢周禮天官序官王
之正丨丨五人注○丨朝路門外之朝也周禮槁人掌
共外丨丨朝宂食者之食注○丨朝在路門丨周禮朝
士掌建邦外朝之灋司農注○丨者署名後漢梁商
傳注○丨署掌丨府衣物後漢殤帝紀注○河丨河
水從岐山而南從雷首而東從譚首而北郡在其丨
也釋名釋州國○丨虛黃芩也廣雅釋草○丨骨蠻
屬考工記梓人外骨丨骨注○丨讀曰納荀子富國
婚姻娉丨送逆無禮注○丨與納同荀子臣道時關
丨之注○丨或爲用荀子禮論薄器不成丨注○丨
當爲固荀子議兵然而國晏然不畏外而明丨者注
○考工記輪人注謂其鑿丨而合之釋文丨本作枘
塞丨臨處也國策秦策而世主不敢交陽侯之丨注
○險阻曰丨呂覽有始山有九丨注○丨外境外
也荀子彊國築明堂於丨外注○四丨謂夷服鎮服
蕃服在四方爲蔽丨者禮記明堂位四丨世告至注

○丨博之類也莊子駢拇則博丨以遊釋文○丨謂
報神恩也文選爲鄭冲勸晉王牋西丨江源注○丨
報祠也字當爲賽通
用後漢曹節傳注
愛丨惠也左氏昭二十年傳古之遺丨也賈注○丨
仁也廣雅釋詁四○自丨仁之至也法言君子○
丨施者仁之端也說苑說叢○乾爲丨易象下傳交
相丨也虞注繫辭下傳丨惡相攻虞注○丨猶通也
國策齊策有與君之夫人相丨者注○積思爲丨說
苑修文○丨心不能忘也呂覽節喪慈親之丨其子
也注○丨慕也論語憲問丨之能勿勞乎皇疏○丨
惜也詩烝民箋又漢書東平思王宇傳集注又管子
白心大明之明非丨人不予也注又呂覽長利不足
丨也注○丨猶惜也禮記表記丨莫助之注又史記
魏其武安侯傳豈以爲臣有丨索隱又漢書竇嬰傳
集注○丨吝也國語魯語人其以子爲吝注○丨嗇

也孟子梁惠王上百姓皆以王爲丨也注○嗇於賜
與曰丨丨周書謚法○丨僾也廣雅釋言○丨隱也詩
烝民丨丨莫助之傳○丨或爲哀禮記樂記肆直而慈
丨者宜歌商注○詩靜女丨而不見說文人部作僾
輩丨類也後漢韋彪傳注循吏傳注又太元元攡位
各殊丨注○丨比一切經音義六引蒼頡○詩桑
柔箋其鹿相丨耦
行釋文丨本作配
佩俗作珮○丨倍也言其非一物有倍貳也有珠有
玉有容刀有帨巾有觿之屬也釋名釋衣服○丨
飾也離騷紉秋蘭以爲丨兮注○珮爲行容文選東
京賦珮以制容薛注○丨帶也文選東京賦丨玉璽
薛注○丨謂帶其皮尾山海經南山經杻陽之山有
獸名鹿蜀丨之宜子孫注○丨者服用之稱初學記
引蔡謨疑字義○丨衷之旗也左氏閔二年傳○珮
者玉器之名初學記引蔡謨疑字義○丨丨玉也詩

子衿青青子丨傳○丨玉者王之所帶者周禮玉府
共王之服玉丨玉珠玉注○丨瓊琚之屬也楚辭湘
君遺余丨兮澧浦注○雜丨者珩璜琚瑀衝牙之類
詩女曰雞鳴雜丨以贈之傳○丨刀在丨旁之刀也
釋名釋兵○丨刀或曰容刀同上○丨或爲倍
荀子大略蘭茝槀本漸於蜜醴一丨易之注
代丨更也儀禮士喪禮乃丨哭注又禮記喪大記乃
官丨哭注又左氏昭十二年傳與君丨興注又國
語魯語自是齊楚丨討於魯注晉語國家丨有注又
史記樂書丨相爲經正義又後漢延篤傳注又管子
君臣上丨相序也注又呂覽孝行丨進而後用之注
又淮南俶眞二者丨謝舛馳注又離騷春與秋其丨
序注禮魂傳芭兮丨舞注○丨亦更也周禮挈壺氏
縣壺以丨哭者注○丨遞也漢書地理志下集注○
丨迭也漢書刑法志集注○丨易也漢書食貨志上
集注○凡以異語相易謂之丨也方言十皆南楚江

湘之閒丨語也注○丨世也後漢竇何傳注○丨謝
也文選東京賦四時迭丨薛注○丨止也素問脉要
精微論數動一丨者注○三丨夏殷周也後漢郅惲
傳注○五丨謂唐虞夏殷周也後漢王符傳注○九
丨馬名山海經海外西經大樂
之野夏后啟于此儛九丨注

退 古作𢓴○丨卻也國語晉語誰能丨敵注○功遂
自卻謂之丨賈子道術○丨謂大夫降逡遁儀禮
聘禮丨負右房而立注○三丨三逡遁也儀禮聘禮
賓三丨負序注○少丨少逡遁也儀禮鄉射禮賓少
丨注○少丨少辟儀禮鄉飲酒禮主人少丨注○少
丨猶少辟也儀禮鄉射禮主人少丨注○丨反位也
儀禮聘禮君不許乃丨注○丨謂旁側也禮記玉藻
侍坐則必丨席注○丨止也呂覽仲夏丨嗜慾注○
丨去也禮記檀弓下君丨注又離騷丨將復修吾初
服注○丨猶去也儀禮鄉飲酒禮主人丨注○丨去

也歸也儀禮士冠禮主人丨注○退歸也廣雅釋詁
二○丨罷也詩碩人大夫夙丨釋文引韓詩○朝廷
曰丨禮記少儀○朝廷曰丨也論語鄉黨子丨朝皇
疏○朝廷云退也論語子路冉子丨朝皇疏○退緩
也方言十二又廣雅釋詁二○退減也廣雅釋詁二
○丨食減膳也後漢宋宏傳注○丨食謂減膳也後
漢楊秉傳注○丨墜也釋名釋言語○退改悔也國
語晉語雖欲有退注○丨柔和貌禮記檀弓下文子
其中丨然如不勝衣注○消卦為丨易繫辭上傳進
丨之象也荀注○巽為進丨易說卦傳觀我生進丨
虞注大壯不能丨不能遂虞注巽進丨利武人之貞
虞注遯鄭注○進丨猶損益也周禮小司寇以圖國
用而進丨之注○丨或為妥禮記檀
弓下文子其中丨然如不勝衣注

載 丨始也書益稷乃賡丨歌曰鄭注又詩駟鐵丨獫
歇驕箋皇矣丨錫之光箋載見丨見辟王傳載芟
丨芟丨柞箋閟宮秋而丨嘗箋又爾雅釋天唐虞曰
丨丨注又漢書地理志上集注韋元成傳集注王莽傳
上集注又孟子滕文公下自葛丨注萬章上朕丨自
亳注又太元夷丨幽貳注又法言五百月未望則丨
魄於西注○丨歲也爾雅釋天○唐虞曰丨爾雅釋
天又釋名釋天○丨取萬物終而復始爾雅釋天孫
注○丨取物終更始爾雅釋天注○丨一歲莫不覆
丨也爾雅釋天李注○丨生物也釋名釋天○丨生
也管子侈靡地重人丨注○丨猶生也文選晉紀總
論然懷帝初丨注○丨事也周書謚法又書舜典有
能奮庸熙帝之丨傳大禹謨祗丨見瞽瞍傳又文選
顏延年皇太子釋奠會詩注引王肅書注又詩文王
上天之丨傳又小爾雅廣詁又漢書禮樂志集注敘
傳下集注又後漢竇憲傳注班彪傳下注禰衡傳注
南匈奴傳注又孟子萬章上祗丨見瞽瞍注○丨之
言事也周禮地官序官丨師注○丨職也後漢楊賜

傳注○丨猶任也荀子富國以國丨之注○丨行也
書舜典有能奮庸熙帝之丨鄭注又小爾雅廣言又
國語周語登年以丨注又後漢李固杜喬傳注又家
語致思周公丨己行化注又管子形勢虎豹得幽而
威可丨也注侈靡丨祭明盟注又淮南俶眞日月無
所丨注○丨行也任之也荀子榮辱使人丨其事而
各得其宜注○丨猶行也文選弔魏武帝文運神道
以丨德注○丨為也周禮大宗伯大賓客則攝而丨
果注○丨成也書益稷乃賡丨歌曰傳又小爾雅廣
詁又國語周語奕世丨德注天地之所丨也注晉語
君若求置晉君而丨之注晉侯曰丨其怨注○丨安
也老子或丨或隳注○丨重也後漢張曹鄭傳注楊
震傳注穀梁傳注○丨猶處也老子丨營魄王注○
丨子也廣雅釋詁三○丨施也國語晉語重耳若獲
集德而歸丨注○丨設也詩旱麓清酒既丨薛君章
句又法言先知丨使子草律注○丨飾也淮南兵略

丨以銀錫注○丨者統於執設者統於席儀禮士喪
禮設豆右菹注○煑於鑊曰亨在鼎曰升在俎曰丨
儀禮士冠禮丨合升注○丨者置也史記禮書側丨
臭茝索隱○丨䟦也廣雅釋詁三○丨乘也漢書敘
傳上集注○丨㮚也廣雅釋詁四○丨猶乘也漢書
曹參傳集注○丨猶戴也詩絲衣丨弁俅俅箋○丨
戴也戴在其上也釋名釋姿容○丨謂其車蓋管子
問師車之丨幾何乘注○丨言也爾雅釋詁○丨辭
也詩載馳丨馳丨驅傳又左氏定三年傳丨祀六百
注又賈注又孟子離婁上丨胥及溺注又文選陸士
衡贈從兄車騎詩注引鍾會老子注○丨則也國語
周語丨戢干戈注○丨之言則也詩七月春日丨陽
箋湛露在宗丨考箋沔水丨飛丨止箋小宛丨飛丨
鳴箋楚茨皇尸丨起箋江漢王心丨寧箋時邁丨戢
干戈箋有駜在公丨燕箋○丨識詩大明文王初丨丨
傳○丨記也國語晉語子犯授公子丨璧注○丨丨

於書也書禹貢冀州既丨釋文○丨丨書也左氏僖
廿六年傳丨在盟府注○丨盟辭也後漢隗囂傳注
○丨盟辭也盟者書其辭於策殺牲取血坎其牲加
書於上而埋之謂之丨書周禮司盟掌盟丨之灋注
○丨僞也爾雅釋詁○丨者言而不信爾雅釋詁注
○十選謂之丨御覽七百五十引風俗通○道出其
前曰丨邸在前故丨也釋名釋邸○丨讀曰栽禮記
中庸上天之丨注○丨讀爲菑栗之菑詩大田俶丨
南畝箋○丨讀爲戴荀子解蔽唐鞅蔽於欲權而逐
戴○詩絲衣丨弁俅俅爾雅釋言注作戴弁俅俅○
丨子注○列子黃帝曩者章丨釋文章丨一本作章
書舜典有能奮庸熙帝之丨史記五帝紀作有能奮
庸美堯之事者○書皋陶謨丨
采采史記夏本記作始事事

碎 丨敬也廣雅釋詁三○丨壞也廣雅釋詁一○列
子黃帝其丨之之怒也釋文丨一本作決

態 丨姿也楚辭招魂容丨好比注大招滂心綽丨注
○丨謂姿丨也文選舞賦狗媮致丨注○丨巧也
文選西京賦盡變丨乎其中薛注○丨嬌媚意也文
選西京賦要紹修丨薛注○丨古文作𢣟一切經音
義二○丨他代反一
切經音義二引字林

背 丨者脅中之府素問脉要精微論○丨爲陽素問
金匱眞言論○艮爲丨易睽見豕負塗虞注解負
且乘虞注艮列其夤虞注○丨者无見之物也易艮
艮其丨注○丨倍也在後稱也釋名釋形體○鳥語
謂丨爲九水
經葉榆河注

背 丨倍也楚辭招魂工祝招君丨行先些注○丨後
也詩蕩時無丨無側釋文又廣雅釋詁四○丨北
也廣雅釋親○丨北堂也詩伯兮言樹之丨傳○丨
違也楚辭惜誦忘儇媚以丨衆兮注○丨弃去也荀

子解蔽丨而走注○丨僞去雕飾也後漢班彪傳下
注○丨戾也呂覽尊師命之曰丨注○丨竈雚雀也
廣雅
釋鳥

穢 丨蕪也文選西都賦並蹈潛丨注引字書○丨不
絜清也文選東都賦於是百姓滌瑕盪丨而鏡至
清注引字書○丨謂榛蕪之林虎兕之所居也後漢
班彪傳上注○丨韓丨東夷別種周書王會丨人前
兒注○禮記樂記注慝
丨也釋文丨本作歲

菜 丨草也廣雅釋草○丨謂芹藻之屬禮記學記皮
弁祭丨注○丨謂采地丨之言采也孟子音義下
引丁音○奠丨者以篚祭丨也蓋用菫儀禮士昏禮
乃奠丨注○祭丨禮先聖先師禮記學禮皮弁祭丨
注○禮記月令命樂正習舞釋丨周禮大胥司農注
作命樂正習舞釋采○禮記大學注有采地者也釋

文采本
作丨
【對】古作對○丨荅也書說命下敢丨揚天子之休命
傳又詩皇矣箋江漢箋桑柔聽言則丨箋又儀禮
鄉射禮賓丨注燕禮賓丨注大射儀賓丨注鄉飲酒
禮賓丨注燕禮記相者丨曰注又禮記文王世子及
三宥不丨走出注又文選典引丨越天地者蔡注○
丨畣也廣雅釋言○丨荅問也儀禮聘禮丨曰非禮
也敢辭注○丨應也儀禮士冠禮冠者丨注又禮記
仲尼燕居子貢越席而丨注○對謂應對漢書王莽
傳中集注○丨遂也爾雅釋言又詩皇矣以丨于天
下傳江漢丨揚王休傳蕩流言以丨傳又禮記祭統
丨揚以辟之注○丨治也廣雅釋詁三○丨揚也廣
雅釋詁四○丨嚮也廣雅釋詁四○丨當也廣雅釋
詁三○丨等也呂覽審時本大而莖葉格丨注○丨
偶也後漢周黃徐姜申屠傳注○丨配也易无妄茂

丨時釋文又詩皇矣帝作邦作丨傳清廟丨越在天
箋般裒時之丨箋又管子宙合物至而丨形注○對
配也漢書揚雄傳上集注引李奇○丨醬婦醬也儀
禮士昏禮設丨醬于東注○丨當爲尌荀子正論非
丨屨注○丨
或爲蒯同上
【廢】丨置也廣雅釋詁四又小爾雅廣言又莊子徐無
鬼丨一于堂釋文列禦寇曾不發藥乎釋文引司
馬注又列子黃帝曾不丨藥乎注○丨置也置者不
去也齊人語公羊宣八年傳丨其無聲者注○不用
曰丨楚辭丨周邵於遐夷注○丨不收也史記淮陰
侯傳千人皆丨集解引晉灼○丨舍也爾雅釋詁○
丨猶放也周禮大宰七曰丨以馭其罪注○丨棄也
莊子讓王左手攫之則右手丨釋文引李注○丨去
也詩楚茨丨撤不遲箋又禮記檀弓下三臣者丨輴
而設撥注喪大記丨牀徹褻衣加新衣注○丨猶去
也禮記禮器天子諸侯之尊丨禁注○丨猶退也周
禮大宰三曰丨置以馭其吏注○丨止也管子內業
飢不廣思飽而不丨注○丨猶罷止也禮記中庸半
塗而丨注○丨喻力極罷頓不能復行則止也禮記
表記中道而丨注○丨伏也史記淮陰侯傳千人皆
丨索隱引孟康○丨偃也史記淮陰侯傳索隱引張
晏○丨弛禮記學記教之所由丨也注○丨失呂覽
誣徒道術之丨也注○丨隋也左氏定三年傳丨於
鑪炭注○丨壞也呂覽壹行王者行之丨注又漢書
臨江閔王榮傳集注○丨政教壞亂無可因也禮記
少儀丨則少而更張之注○丨病也莊子讓王左手
攫之則右手丨釋文引司馬注○丨疾謂癈病也周
禮小司徒以辨其貴賤老幼丨疾注○丨虐毀殘也
列子楊朱丨虐之主釋文○心有四佐不和曰丨周
書武順○不順不恕爲丨家語顏回作而不順施不
恕也夫注○丨大也爾雅釋詁又詩四月釋文又列

子楊朱丨虐之主注○丨忕也詩四月丨爲殘賊傳
○丨出賣也史記平準書丨居居邑索隱引劉氏○
丨舉謂買賤賣貴也史記仲尼弟子傳索隱引王肅
○丨舉謂停貯也史記仲尼弟子傳好丨舉集解○
爵無足曰丨爵儀禮士虞禮主人洗丨爵注○丨敦
敦無足者所以承米也儀禮士喪禮新盆槃瓶丨敦
重鬲皆濯注○丨讀爲撥考工記梓人則於眡必撥
爾而怒司農注○爾雅釋詁丨稅赦舍也釋文丨本
作癈
【誨】丨教也易繫辭慢藏丨盜釋文又禮記檀弓上夫
子丨之髮注又左氏襄十四年傳使師曹丨之琴
注又論語爲政皇疏述而丨人不倦皇疏憲問忠焉
能勿丨乎皇疏又廣雅釋詁四又孟子告子上大匠
丨人注又太元事十年不丨注又呂覽樂成子產丨
之注又淮南本經丨之不變注○丨猶教也論語爲

政由丨汝知之乎孔注○丨示也華嚴經音義上引
易劉瓛注○丨魯讀爲悔字今從古論語述而吾未
嘗無丨焉鄭注○易繫辭慢
藏丨盜釋文丨虞本作悔

晦 丨冥也爾雅釋言又穀梁僖十五年傳又莊子逍
遙遊朝菌不知丨朔釋文又國語魯語丨而休注
又楚辭靈懷羣阿容以丨光兮注○丨瞑也漢書五
行志下之上集注又淮南時則窮夏丨之極注○丨
者冥也易象上傳君子以嚮丨入宴息翟元注○丨
者何冥也公羊僖十五年傳成十六年傳○丨也晉
太元元錯○丨昧也詩酌遵養時丨傳○丨暗也漢
書高帝紀上集注又素問徵四失論受以明爲丨注
○丨昏也詩風雨風雨如丨傳○丨夜也左氏昭元
年傳丨淫惑疾注○陰盡爲丨素問陰陽類論一陰
至絶作朔丨注○丨月終陰之盡左氏成十七年傳
陳不違丨注○月終爲丨穆天子傳一賜語丨注○

三十日日月合宿謂之丨論衡四諱○丨月盡之名
也丨灰也火死爲灰月光盡似之也釋名釋天○坤
爲丨易象上傳侯注彖下傳丨其明也虞注象下傳
用丨而明虞注○丨尚休太元元衡○丨亡幾也文
選幽通賦鮮生民之丨在曹注○凡草木華實榮茂
謂之明枝葉彫傷謂之丨文選江文通雜體王徵君
詩寂歷百
草丨注

昧 丨冥也書堯典曰丨谷傳牧誓時甲子丨爽傳又
廣雅釋詁四又小爾雅廣詁又華嚴經音義上引
蒼頡又楚辭懷沙日丨丨其將暮注○丨瞑也後漢
延篤傳注○丨暗也漢書中山靖王勝傳集注嚴助
傳集注又後漢蘇竟傳注○丨闇荀子哀公君丨爽
而櫛冠注○丨謂暗也素問至眞要大論平野丨注
○丨丨暗也廣雅釋訓○丨丨不明也淮南原道神非
其所宜而行之則丨注○丨昏亂左氏宣十二年傳

兼弱攻丨注○丨迷也太元聚狂作丨注○丨盲也
文選吳都賦相與丨潛險劉注○丨猶貪冒左氏襄
廿六年傳楚王是故丨於一來注○丨貪也漢書匈
奴傳贊集注敘傳上集注○蔽公者謂之丨荀子大
略○丨者萬物衰老取晦丨之義也白虎通禮樂○
兌爲暗丨易困鄭注○坤冥爲丨易象上傳天造草
丨虞注○丨未旦也書牧誓馬注○丨早也文選東
京賦丨旦丕顯薛注○丨旦早起也左氏昭三年傳
丨旦丕顯注○丨丨爽也文選天監三年策秀才文
注引易鄭注○丨日旁作未言丨爽也漢書王莽傳
音義引字林○丨爽早旦也書牧誓釋文○丨旦清
晨也文選吳都賦丨旦永日劉注○丨明始明也家
語五儀丨爽夙興注○丨亡太反斗杓後星易豐釋
文引字林○丨輔星也易豐日中見沫釋文引薛注
○丨星之小者易豐釋文引子夏傳○丨丨純厚也
淮南俶眞其道丨丨芒芒然注○丨莫廣大貌文選

吳都賦相與聊浪乎丨莫之埛劉注○丨割也公羊
襄廿七年傳丨雉彼視注○丨東夷之樂也禮記明
堂位○北夷之樂曰丨公羊昭廿五年傳以舞大夏
注○丨與茷同荀子議兵兵殆於垂沙唐茷死注○
易略例明微故見丨釋文丨本作妹又作沬○禮記
明堂位丨東夷之樂也周禮韎師司農注作韎東夷
之樂○書堯典宅西曰丨谷
周禮縫人注作度西曰柳穀

礙 丨止也廣雅釋詁三○丨距也廣雅釋言○丨閡
也同上○丨挂也淮南繆稱洞同覆載而無所丨
注○丨至也廣雅釋詁二○丨限法言問道丨諸以
禮樂注○限至曰丨一切經音義四引通俗文○閡
與丨同後漢虞詡傳注○閡郭璞以爲古文丨字一
切經音義二○丨古文硋同一切經音義二○楊君
石門頌遰导
弗前丨作导

戴丨載也載之於頭也釋名釋姿容○丨覆也小爾
雅廣詁○在上曰丨孝經援神契曰抱丨注○丨
奉也國語周語欣丨武王注晉語然而民不能丨其
上久矣注○丨心所感也淮南繆稱凡行丨情注○
丨欣丨也國語晉語民實丨之注○丨値爾雅釋地
丨北丨斗極爲空桐注○丨之言値也禮記喪大記皆
丨綏注○丨眼謂睛不轉而仰視也素問診要經終
論丨眼反折瘈瘲注○丨嗟也淮南繆稱意而不丨
注○○愛民好治曰丨周書謚法○典禮不寋曰丨同
上○丨故國在陳留左傳隱十年釋文引字林○途
出其前丨邱爾雅釋邱○丨白父老也後漢鄧禹傳
注○丨勝鳥名禮記月令釋文○丨勝織紝之鳥禮
記月令丨勝降于桑注○丨紝丨勝也廣雅釋鳥○
丨鳲丨勝也同上○鳸鳩自關而東謂之丨鶬東齊
海岱之閒謂之丨南南猶鶬也或謂之丨鳲或謂之
丨勝方言八○禮記月令釋文丨本作載爾雅釋山
石丨土釋文丨本作載莊子庚桑昭景也著丨也釋
文丨本作載○左氏隱十年經宋人蔡人衛人伐丨
穀梁作載

貸丨假也漢書元帝紀集注○丨猶假也漢書王訢
傳集注○丨者謂從官借本賈也周禮泉府凡民
之丨者司農注○丨予也廣雅釋詁三○丨施與也
莊子天運不丨無出也釋文引司馬注○以財投長
曰丨大戴記千乘○丨駃丨者言以物丨予駃者言
必去之不復得也不相量事者之稱也釋名釋姿容
○丨丨盈也廣雅釋詁一○丨僭也廣雅釋詁二○
差丨丨謂失誤有善有惡也禮記月令毋有差丨注

配古通作妃○丨匹也楚辭守志丨稷契兮恢唐功
注○妃合也左氏桓二年傳嘉耦曰妃注昭五年
傳妃以五成注○合食曰丨儀禮少牢饋食禮以某
妃丨某氏注○丨媲也詩皇矣天立厥丨傳○丨對
也漢書王莽傳上集注又文選東京賦推光武以作
丨薛注○丨猶對也文選遊天台山賦應丨天於唐
典注○丨當也廣雅釋詁三○妃輩也一人獨處一
人往輩耦之也釋名釋親屬○丨成夫婦也左氏隱
八年傳先丨而後祖賈注○某妃某妻也儀禮少牢
饋食禮以某妃丨某氏注○丨林林名禮記禮器必
先有事於丨林注○詩皇矣釋文丨本作妃○詩匏
有苦葉箋爲之求妃耦釋文妃本作丨雞鳴注妃其
君子釋文妃本作丨周禮大司樂注姜嫄無所妃釋
文妃本作丨儀禮聘禮注天地妃合之象也釋文妃
本作丨左氏文十四年傳子叔姬妃齊昭公釋文妃
本作丨襄廿五年傳庸以元女大姬妃胡公釋文妃
本作
丨

妹男子謂女子後生爲丨爾雅釋親○夫之女弟爲
女丨同上○女子後生曰丨詩碩人東宮之丨傳

○丨者少女之稱也易歸妹注○丨者少女之稱易
歸妹釋文○丨爲少女之稱後漢皇后紀注○丨娟
也爾雅釋親注釋文引纂文○丨末也廣雅釋親○
丨者末也白虎通三綱六紀○丨昧也猶日始入歷
時少尚昧也釋名釋親屬○兌爲丨易泰帝乙歸丨
虞注歸妹征凶虞注序卦傳故受之以歸丨虞注○
歸丨女之終也易雜卦傳○歸丨天地之大義也易
象下傳○歸丨衰落之女也易象下傳歸妹干注○
歸丨人之終始也易象下傳○丨邦邦郎牧養之地書
酒誥明大命于丨邦馬注○丨邦紂之都所處也書
酒誥鄭注○丨喜見
晉語荀子作末喜

喙丨口也左氏昭四年傳深目而豭丨釋文爾雅釋
畜黑丨騧釋文又廣雅釋親○丨鳥口也詩候人
傳咮丨也釋文○獸口曰丨一切經音義七引通俗
文○丨主尚食洪範五行傳逐功臣注○艮爲黔丨

之厲易說卦傳○丨息也廣雅釋詁二又莊子徐無
鬼邱願有丨三尺釋文引司馬注○丨息自關而西
秦晉之閒或曰丨方言二○丨短氣貌國語
晉語余病丨注○丨困也詩緜維其丨矣傳
【潰】丨決也漢書廣川惠王越傳集注○丨旁決也文
選西都賦注引蒼頡○丨旁決也文選長笛賦注
引字林○丨傍決也後漢班彪傳上注○不遵其道
曰降亦曰丨水經河水注○丨水相交過也文選高
唐賦丨淡淡而並入注○丨渱泮汗謂直望無崖也
文選吳都賦劉注○丨亂流也文選海賦沸丨渝溢
注○丨亂也詩召旻無不丨止箋又呂覽首詩猶狗
丨之注○丨丨亂也詩召旻丨丨回遹傳○丨壞散
也荀子議兵當之者丨注○丨爛也後漢劉陶傳注
又素問五常政大論分丨癰腫注○丨爛泥也素問
氣交變大論其災霖丨注○丨瘍癰而合膿血者周
禮瘍醫掌腫瘍丨瘍金瘍折瘍之祝藥注○丨衆散

流移若積水之丨自壞之象也左氏文三年傳凡民
其上曰丨注○凡民逃其上曰丨左氏文三年傳又
荀子彊國如是下比周賁丨以離上矣注○民逃其
上曰丨也史記齊太公世家蔡丨集解引服虔○下
逃其上曰丨漢書食貨志上集注○下叛其上曰丨
周書作雒殷大震丨注○丨之爲言上下不相得也
穀梁僖四年傳昭廿九年傳文三年傳沈丨注○丨
者何下叛上也國曰丨邑曰叛公羊僖四年傳○舉
國曰丨一邑曰叛左氏文三年傳賈注○丨遂也詩
小旻是用不丨于成傳○丨丨不善之貌詩谷風釋
文引韓詩○丨丨怒也詩谷風有洸有丨傳○丨茂
之丨當作蕢詩召旻草不丨茂箋○丨古文殨同一
切經音義九○丨胡對切
文選西都賦注引蒼頡
丨代也滅眉毛去之以此畫代其處也釋名釋首
【黛】飾○染靑石謂之點丨御覽七百十九引通俗文

【賚】丨與也書湯誓予其大丨汝傳○丨予也爾雅釋
詁又詩楚茨徂丨孝孫傳○丨予也言所以錫予
善人也詩賚序○丨賜也爾雅釋詁又書湯誓鄭注
又詩烈祖丨我思成傳又論語堯曰周有大丨集解
又皇疏又文選東京賦丨皇寮薛注○丨讀如往來
之來詩烈祖箋○書湯誓予其大丨汝史記殷本紀
作予其
大理女
【吠】丨鳴也廣雅釋詁二
【逮】丨及也爾雅釋言又詩桑柔荓云不丨箋又禮記
曲禮上丨事父母注王制恤孤獨以丨不足注禮
逮某未之丨也注樂記恐不丨事也注大學菑必丨
夫身注又公羊隱十六年傳儺丨是月也釋文孝經
注行步不丨釋文又國語晉語丨鰥寡注又漢書文
帝紀集注元帝紀集注成帝紀集注禮樂志集注刑

法志集注郊祀志下集注梁懷王揖傳集注韋賢傳
集注韋元成傳集注淮陽憲王欽傳集注杜鄴傳集
注楊雄傳上集注又文選東京賦丨至顯宗薛注丨
輿臺薛注甘泉賦鬼魅不能自丨兮注○丨與也爾
雅釋詁○丨遝也爾雅釋言○丨捕也漢書常山憲
王舜傳集注○丨丨安和之貌也禮記孔子閒居威
儀丨丨注○遝字或作丨漢書外戚恩澤侯表集注
○州輔碑遝事和熹后孝安帝石經公羊殘碑祖之
所遝聞劉寬碑未遝誅討陳
球碑遝完徂齊丨皆作遝
【槩】亦作概○丨平斗斛者淮南時則端權丨注○概
平斗斛者禮記月令正權丨注又呂覽仲春正權
概注○丨平斗斛木一切經音義十七引蒼頡○概
平斗斛之木也荀子宥坐盈不求概似正注○丨工
内反謂平斗斛者一切經音義九引字林○丨量也
禮記曲禮上食饗不爲丨注○異丨謂異量也凡丨

以平量文選謝宣遠荅靈運詩翻飛各異丨注○丨
平也楚辭惜誓同權丨而就衡注○概猶格也史記
老莊申韓傳則無以其難概之索隱○丨猶操也文
選逸民傳論或垢俗以動其丨注○丨節也後漢周
黃徐姜申屠傳注李固杜喬傳注○丨猶節也文選
長笛賦老莊之丨也注○丨志節也文選江文通雜
體盧中郎詩常慕先達丨注○丨猶屑也後漢馮衍
傳注○丨感貌莊子至樂我獨何能無丨然釋文引
司馬注○丨哀亂貌同上○概尊以朱帶者周禮鬯
人注○脩蜃概散皆漆尊也周禮鬯人廟用脩凡山
川四方用蜃凡祼事用概凡疈事用散注○脩讀概
散皆器名周禮鬯人司農注○古文扢概二形今作
丨同一切經音義十二○丨與扢同古字通文選曹
子建又贈丁儀王粲詩承露丨泰清注○丨與漑同
文選七發於是澡丨胷中注○左氏定四年傳吳
夫丨廣韻作既又作漑史記項羽紀正義作夫概

岱 丨泰山也書舜典至於丨宗釋文禹貢海丨釋文
又文選東京賦登丨勒封薛注乘輿巡乎丨嶽薛
注○丨丨宗泰山也公羊桓十六年傳越在丨陰齊
注○丨宗泰山也爾雅釋山河東丨注又後漢光武
紀下注○東丨謂泰山後漢皇甫規傳注○丨東岳
泰山也爾雅釋山河東丨李注○河東丨爾雅釋山
○丨宗東嶽禮記王制東巡守至于丨宗注○丨宗
者東嶽名也書舜典至于丨宗鄭注○東岳曰丨山
書禹貢海丨惟青州鄭注○丨山在博周禮職方氏
其山鎭曰丨山注○丨者始也風俗通山澤○太山
王者告代之處爲五嶽之宗故曰丨宗後漢安帝紀
注○東岳謂之丨者代謝之義陽春用事除故生新
萬物更生相代之義御
覽引崔靈恩禮記義宗

肺 丨者金之精白虎通情性○丨者金之精制割立
斷古微書引春秋元命苞○丨義白虎通情性○
丨爲氣淮南精神○丨氣之主也儀禮特牲饋食禮
舉丨脊以授尸注○丨者氣之主也周人尚焉儀禮
士昏禮舉丨脊二注○丨火也故爲氣淮南精神丨
爲氣注○丨金也祭禮之先進丨用其勝也一曰丨
火自用其藏呂覽孟夏祭先丨注○丨金也祭祀之
肉先用所勝也一曰丨火自用其藏也淮南時則祭
先丨注○丨者太陰也素問水熱穴論○丨勃也言
其氣勃鬱也釋名釋形體○丨之言敷也太元元數
藏丨注○丨之爲言費也白虎通情性○丨費也廣
雅釋親○丨者相傳之官治節出焉素問靈蘭秘典
論○丨者藏之蓋也素問病能論○丨者藏之長也
爲心之蓋也素問痿論○丨者氣之本魄之處也其
華在毛其充在皮素問六節藏象論○削曰丨太元
親丨附乾餱注○丨丨猶牂牂也詩東門之楊其葉
丨丨傳○丨石赤石也周禮大司寇以丨石達窮民
注○丨碎木札也史記魏其武安侯傳蚡以丨腑正

義○詩桑柔自有丨
腸釋文丨本作胇

漑 或作漑○丨灌也漢書溝洫志集注○丨滌也詩
匪風丨之釜鬵傳○概拭也周禮世婦帥女宮而
濯概注○丨清也詩泂酌可以濯丨傳○丨謂陶梓
之器不丨謂萑竹之器也禮記曲禮上器之丨者不
寫注○儀禮少牢饋食禮注滌丨丨濯祭器釋文丨本
作濯○詩匪風丨之釜鬵釋文丨本作概○周禮宗
伯注滌濯丨祭器釋文丨本作概○詩
匪風丨之釜鬵說文手部作摡之釜鬵

耒 丨犁也莊子胠篋丨耨之所剌釋文引李注○丨
來也亦推也釋名釋用器○丨耜柄也莊子胠篋
釋文引李注○丨耜之上曲也禮記月令天子親載
丨耜注○丨耜之上曲者也後漢列女傳注○丨耜
上句木也易繫辭下揉木爲丨釋文引京注○丨耜
耔器也易繫辭下傳斲木爲耜柔木爲丨虞注○丨

耜農器也丨其柄耜其刃後漢章帝紀注○丨耜曲
木垂所作力佳反易繫辭釋文引字林○丨謂耕丨
考工記車人
爲耒司農注

慨丨歎息也文選東京賦丨長思而懷古薛注○丨
太息也文選思元賦丨含唏而增愁注○丨丨歎
貌也楚辭怨思情丨丨而長懷兮注○丨僾貌禮記
檀弓下丨焉如不及注○丨壯士不得志也許旣切
文選秋興賦注引字林○
丨與愾同音書音義下

愾丨歎息之聲詩下泉丨我寤歎箋○丨恨怒也左
氏文四年傳敵王所丨注○丨很也詩彤弓箋諸
侯敵王所丨釋文○
丨滿也廣雅釋詁一

塊古作凷○丨堛也爾雅釋言又儀禮旣夕記寑用
丨注枕丨注○丨土也儀禮喪服傳寑苫枕丨釋

文又禮記問喪寑苫枕丨釋文○凷土丨也一切經
音義七引三蒼○丨墣也國語晉語野人舉丨以與
之注○丨獨處貌楚辭初放丨鞠兮當道宿注○丨
然獨居之貌也荀子性惡則傀然獨立天地之閒而
不畏注○大丨謂地也文選張茂先荅何劭詩大丨
稟羣生注○大丨自然也文選江賦注引莊子司馬
注○大丨或以爲無莊子齊物論夫大丨噫氣釋文
○大丨或以爲无同上○大丨或以爲元氣同上○
大丨大朴之貌莊子齊物論釋文引司馬注○大丨
或以爲混成莊子齊物論釋文○丨古文凷同一切
經音義二○莊子齊
物論釋文丨本作槐

繢丨畫也禮記曲禮上飾羔鴈者以丨注又法言孝
至被我純丨注○丨畫文也周禮巾車勒面丨總
注司几筵蒲筵丨純注又禮記深衣衣純以丨注○
丨讀曰繪凡畫者爲繪文選景福殿賦注引書鄭注
○丨似纂色赤文選神女賦注引蒼頡
○丨或爲繪禮記玉藻縞布冠丨緌注

乂又作艾○丨治也爾雅釋詁又周書謚法又大戴
記曾子立事戰戰惟恐不能丨注又洪範五行傳
言之不從是謂不丨注又國語楚語猶自謂未丨注
又漢書食貨志贊集注郊祀志上集注五行志中之
上集注齊懷王閎傳集注谷永傳集注酷吏傳集注
王莽傳下集注又太元減減於丨注○艾治也詩小
旻或肅或艾傳又漢書五行志上集注引應劭五行
志中之上集注又孟子萬章上自怨自艾注盡心上
有私淑艾者注又孟子音義下引丁音○丨治以佐
從也太元元數事言用從撟丨注○丨理也史記平
津侯主父傳海內丨安索隱又後漢禰衡傳注○艾
安也左氏哀十六年傳是得艾也注又漢書王莽傳
中集注引應劭○艾息也左氏襄九年傳大勞未艾
注○丨養也書益稷萬邦作丨鄭注○艾養也爾雅

釋詁○艾長也同上○艾相也同上○艾歷也同上
○艾止也小爾雅廣言○艾讀曰丨漢書郊祀志上
集注五行志上集注五行志中之上集注二見公孫
宏卜式兒寬傳贊集注王褒傳集注金安上傳集注
傳介子傳集注丙吉傳集注馮奉世傳集注淮陽憲
王欽傳集注孔光傳集注二見谷永傳集注二見酷
吏傳集注匈奴傳下集注二見西域傳集注王莽傳
中集注王莽傳下集注二見○史記楚世家熊艾三
代世表作熊丨○書皐陶謨俊丨在官漢書谷永傳
作俊艾在官書洪範次六曰丨用三德漢書五行志
作次六曰艾用三德洪範從作丨五行志作從作艾
○書堯典有能俾丨史記五帝紀作有能使治者堯
典烝烝丨五帝紀作烝烝治益稷萬邦作丨夏本紀
作萬國爲治禹貢淮沂其丨夏本紀作淮沂其治禹
貢雲土夢作丨夏本紀作雲土夢爲治洪範曰丨宋
微子世家作曰治洪範丨用明宋微子世家作治用

明洪範丨用昏不明宋微子世家作治用昏不明○
書君奭巫咸丨王家史記燕召公世家作巫咸治王
家

碓 丨機梢也方言五丨機注

賽 丨謂報神福也史記封禪書冬丨禱祠索隱

刈 亦作艾○丨穫也草曰丨離騷願竢時乎吾將丨
注○芟草曰丨國語吳語而又丨亡之注○芟末
曰艾詩庭燎夜未艾箋○丨鎌也國語齊語挾其槍
丨耨鎛注又管子小匡挾其槍丨耨鎛注○丨翦大
戴記用兵以丨百姓注○丨斷也廣雅釋詁一○丨
殺也同上○艾謂滅刈也管子侈靡地與他若一者
從而艾之注○○丨絕也漢書五行志中之上集注匈
奴傳下集注○艾絕也左氏昭元年傳國未艾也注

○丨取也詩葛覃是丨是濩釋文引韓詩○是丨丨
取之爾雅釋訓是丨是濩舍人注○草艾謂艾取草
也禮記祭統草艾則墨注○○又創也漢書金安上傳
集注淮陽憲王欽傳集注○又亦懲也後漢竇融傳
注○艾讀曰丨漢書五行志中之上集注地理志下
集注賈誼傳集注朱買臣傳集注匈奴傳下集注○
爾雅釋訓釋文又本作丨○禮記
表記注謂創又釋文又一本作艾

耐 丨忍也一切經音義一引蒼頡又荀子仲尼能丨
任之則慎行此道也注○丨猶任也漢書高帝紀
下集注引如淳○丨謂堪任其事荀子正名能有所
合謂之能注○丨輕刑之名後漢光武紀下注○漢
令稱完而不髡曰丨史記廉頗藺相如傳邯鄲許歷
請復諫索隱引江遂○丨杜林以爲法度之字皆從
寸後改如是丨音若能史記集解引三蒼
○耏古丨字漢書高帝紀下集注引應劭

悖 丨惑也漢書五行志中之上集注二見五行志下
之上集注二見賈誼傳集注趙禹傳集注又荀子
王霸是丨者也注又呂覽蕩兵欲丨天下之食丨注
正名足以喻治之所丨注○丨謬也淮南原道疏達
而不丨注○丨違也荀子正名以其所受丨其所辭
注性惡皆反於性而丨於情者也注○丨乖也漢書
高五王傳集注張延壽傳集注霍光傳集注匡衡傳
集注谷永傳集注師丹傳集注儒林傳集注王莽傳
上集注○丨誤也國策秦策計有一二者難丨也注
○丨逆也易頤道大丨也釋文鼎未丨也釋文說卦
傳雷風不相丨釋文詩桑柔覆俾我丨釋文又漢書
東方朔傳集注又後漢周章傳注又呂覽季春無丨
於時注○丨猶逆也禮記月令毋丨於時注大學是
故言丨而出者亦丨而入注○丨亂也後漢黃昌傳
注又荀子王霸俳優侏儒婦女之請謁以丨之注又
呂覽誣徒問事則前後相丨注審問無使放丨注○

爲上而矯丨也管子君臣上○老而受刑謂之丨御
覽刑法部一引書大傳○坎爲丨易象下傳以解丨
也虞注○丨薄食也莊子胠篋上丨日月之明釋
文引司馬注○丨古文詩悖二形一切經音義七

瞹 丨不明也文選宋孝武宣貴妃誄金釭丨兮玉座
寒注○丨丨闇昧貌離騷時丨丨其將罷兮注○
丨猶翳也後漢周黃徐姜申屠傳注○丨曖翳薈
也廣雅釋訓○丨暗也老子注奧猶丨也釋文

倅 丨副也周禮戎僕掌王丨車之政注又禮記文王
世子注掌國子之丨釋文又周書糴匡餘子丨運
注又漢書霍光傳集注趙充國傳集注○丨車戎車
之副周禮射人乘王之丨車注○丨盈也廣雅釋詁
一○故書丨爲卒鄭司農云卒讀如物
有副丨之丨周禮諸子掌國子之丨注

淬 丨染也史記刺客傳以藥丨之索隱司馬相如傳
將割輪丨集解引郭璞○丨丨猶淨也方言十三注

○火與水合爲丨漢書天文志○丨寒也方言十三
又廣雅釋詁四○儀禮士昏禮注辭易醬者嫌丨汙
釋文丨
本作染

敦 丨盂也爾雅釋邱如覆丨者丨邱注○盭盂也廣
雅釋器○丨器似盂爾雅釋邱孫注○丨器名也
周禮戎右盟則以玉丨辟盟司農注○玉丨歃血玉
器周禮玉府則共珠槃玉丨司農注○丨有足則丨
之形如今酒丨儀禮士喪禮丨敦會面足注○丨槃
類珠玉以爲飾古者以槃盛血以丨盛食周禮玉府
則共珠槃玉丨注○丨有虞氏之器
也儀禮特牲饋食禮佐食分簋鉶注

憒 丨亂也廣雅釋詁三又莊子大宗師釋文引蒼頡
又楚辭逢尤心煩丨兮意無聊注○憒憒亂也廣
雅釋訓○丨丨亂
也後漢何進傳注

闠 丨闤也廣雅釋室○丨市外內門也文選蜀都賦
闤丨之裏劉注○丨中隔門也文選西京賦通闤
帶丨
薛注

磑 丨堅也方言十二○輸班作丨一切經音義十四
引世本○丨丨高貌文選高唐賦振陳丨丨注

纇 丨磐若絲之結丨也淮南氾論明月之珠不能無
丨注○丨戾也左氏昭廿八年傳忿丨無期注○
丨不平也左氏昭十六年傳刑之頗丨服注○丨納
也老子夷道若丨王注○丨節也廣雅釋言○多節
曰丨一切經音義十二引通俗文○丨疵也老子夷
道若丨釋文引簡文注○左昭廿八年傳忿丨無期
釋文丨本作類老子
釋文丨河上本作類

在 丨存也左氏僖九年傳丨亂乎注○丨猶存也大
戴記曾子立事存往者丨來者注○丨尻也廣雅

釋詁二○丨察也禮記文王世子必丨視
寒煖之節注○州輔碑𢦏貴不濡丨作𢦏

再 過言不丨注○周禮司刺丨刺丨宥丨赦漢書刑
法志作二刺二宥二赦大戴記朝事儀樊纓
十有丨就儀禮覲禮注作樊纓十有二就

欸 丨歎也一切經音義二引字林○齊部謂歎曰丨
一切經音義十引蒼頡○喊蒼頡訓詁作丨息聲
也一切經
音義二十

孛 丨彗也左氏文十四年經有星丨入於北斗注○
丨者何彗星也公羊文十四年傳昭十七年傳哀
十三年傳○丨之爲言猶茀也穀梁文十四年傳○
丨者邪亂之氣篲者埽故置新之象也公羊文十四
年傳其言入
于北斗何注

邶 丨鄘同○邶方代反詩邶風釋文引字林○邶或作
丨漢書地理志下集注○詩邶風釋文邶本作丨
左氏成八年傳注綠衣詩
邶風也釋文邶本作丨

痗 丨病也爾雅釋詁又詩伯兮使我心丨傳十月之
交亦孔之丨傳○詩十月之交釋文丨本作悔

薉 丨穢字之異者考工記總目注粵地塗泥多草丨
釋文引劉注○丨古穢字漢書武帝紀集注引晉
灼○丨與穢同荀子王霸涂丨則塞注天論耘耨失
丨注大略國之丨孽也注○周禮蜡氏注不欲見人
所丨惡也釋文丨本作穢考工記
函人無敗丨也釋文丨本作穢

柿 丨札也一切經音義十三引蒼頡○丨木札也史
記惠景閒侯者年表諸侯子弟若肺腑索隱

霨 丨征貌文選江賦丨如晨霞孤征注

憝 廣韻同憞○丨惡也周書世俘凡丨國九十有九國注又廣雅釋詁三又晉書音義上引字林又後漢寇榮傳注宦者傳注○憞惡也法言重黎楚憞羣策注○憞溷煩濁之貌文選風賦狀直憞溷鬱邑注○書康誥凡民罔弗丨孟子萬章下作不譈

礧 丨石也後漢杜篤傳注○丨音力輩反謂以石投物也今守城者下石擊賊曰丨一切經音義十七引韻集

酹 以酒沃地曰丨文選潘安仁哀永逝文注引字林○丨㠯酒祭地也力外反文選固辭奪禮啟注引聲類

簺 行棊相塞謂之丨後漢梁冀傳注

薆 丨隱也爾雅釋言○丨謂隱也史記司馬相如傳觀衆樹之塕丨索隱○丨蔽也華嚴經音義上引珠叢又漢書律麻志上集注○丨字或作隱漢書司馬相如傳上集注

靉 雲覆日爲丨靆一切經音義六引通俗文○丨靆昬闇貌文選海賦丨靆雲布注

鐓 錞同○丨鐏也廣雅釋器○錞鐏也詩小戎厹矛鋈錞傳○鐏或名爲丨方言九矛鐏謂之釬注○平底曰丨取其丨也禮記曲禮上進矛戟者前其丨注

睞 丨旁視也文選洛神賦明眸善丨注○內視曰丨也一切經音義六引蒼頡○丨視也廣雅釋詁一又文選射雉賦瞵悍目以旁丨徐注

靆 丨音代一切經音義六引埤蒼

靧 頮同○丨洗面禮記檀弓注丨也釋文○頮字謂洗面也玉篇引聲類○頮頮面也書顧命王乃洮頮水馬注○洮頮爲濯澣衣成事書顧命鄭注○注古丨字漢書禮樂志集注引晉灼○沬古頮字漢書司馬遷傳集注○頮古沬字文選報任少卿書沬血飲泣注○書顧命王乃洮頮水漢書律麻志作王乃洮沬水

采 本作埰○丨食稅也法言重黎西丨雍梁注○埰冢也廣雅釋邱○冢秦晉之閒或謂之埰方言十三

⿱⺮發 亦作⿱⺮廢○蕟廗也廣雅釋器○江東呼籧篨爲⿱⺮廢方言五簟其麤者謂之籧篨注

回 丨繞也曲也漢書李廣傳集注

焠 丨鋻也廣雅釋言○丨作刀鋻也文選得賢臣頌注引郭璞解詁○丨灼也荀子解蔽有子惡臥而丨掌注○丨染也文選子虛賦脟割輪丨郭注

栽 丨設版築左氏定元年傳庚寅丨注哀元年傳里而丨注○丨才代反左氏莊廿九年釋文引字林

誖 丨乖也漢書律麻志上集注禮樂志集注二見食貨志上集注梁懷王揖傳集注董仲舒傳集注李尋傳集注王商傳集注翟方進傳集注楊雄傳下集注龔遂傳集注南粵王傳集注元后傳集注○丨惑也漢書五行志中之上集注五行志下之上集注司馬遷傳集注疏廣傳集注孫寶傳集注王莽傳上集注○丨亂也漢書郊祀志下集注藝文志集注濟北王傳集注貢禹傳集注王莽傳中集注○丨違也漢書外戚傳下集注二見○丨亂也惑也漢書地理志下集注

北 ｜古背字漢書高帝紀上集注引韋昭

縡 ｜事也廣雅釋詁三又漢書楊雄傳上集注

薱 ｜｜茂也廣雅釋訓

劾 皋罪曰｜漢書敘傳上音義引石曹

瑇 ｜瑁珍名文選東京賦｜瑁不蔟薛注○｜瑁形似龜出南海後漢杜篤傳注○｜瑁似龜而大出南海後漢王符傳注○｜瑁形似龜出南海巨延州也後漢賈琮傳注○｜瑁如龜生南海中大者如籧篨背上有鱗將欲用煑之其皮則柔隨意所作也一切經音義十一引異物志○｜瑁古文作蝳蝐二形一切經音義十一

誶 ｜告也爾雅釋詁又漢書賈誼傳集注引李奇敍傳上集注又後漢張衡傳注○｜猶宜也史記屈原賈生傳｜曰索隱○｜諫也廣雅釋詁四○｜猶罵也漢書賈誼傳集注引服虔

悔 ｜恨也國策秦策此講之｜也注

㒁 通作豙○｜傍也方言十二○豙極也方言十三○｜極也廣雅釋詁一

鼐 ｜鼎絕大謂之｜爾雅釋器○大鼎謂之｜詩絲衣｜鼎及鼒傳○｜小鼎說文引魯詩○｜鼎也廣雅釋器

○以下據廣韻錄

綷 ｜合也漢書司馬相如傳下集注○｜會也漢書景帝紀集注○｜同也宋衞之閒曰｜方言三○｜猶雜也文選景福殿賦｜以紫榛注○琗粲｜同文選江賦瑤珠怪石琗其表注

捘 ｜擠也左氏定八年傳涉佗｜衞侯之手注

僾 ｜唈也詩桑柔亦孔之｜傳又爾雅釋言○｜心唈也爾雅釋言孫注○｜微見貌禮記祭儀｜然必有見乎其位釋文

餯 餀｜皆穢臭也爾雅釋器餀謂之｜李注

轛 ｜式之植者衡者也考工記輿人參分軹圍去一以為｜鄭注○｜讀如繫綴之綴謂車輿軨立者也立者為｜橫者為軹書｜或作軨考工記輿人注○｜者以其鄉人為名考工記輿人注司農注

偝 ｜立不正鄉前也禮記投壺毋｜立注○禮記明堂位注負之言｜也釋文｜本作背○禮記大學注倍或作｜釋文｜本作倍

鼣 ｜鼠爾雅釋獸○｜音狗吠之吠山海經中山經倚帝之山有獸焉其狀如｜鼠名曰狙如注○爾雅釋獸釋文｜本作鼥

㒓 ｜篷奄也廣雅釋器○今呼車子弓為｜方言九車枸簍宋魏陳楚之閒謂之｜注

䃜 麤磨曰｜御覽七百六十二引通俗文○磑或謂之｜方言五○｜郎磨也方言五注

扢 ｜磨也廣雅釋詁三

㞂 ｜翳也廣雅釋詁一

怖 ｜怒也廣雅釋詁二

詸 ｜誒也廣雅釋詁三

恔|苦也廣雅釋詁四○恚愁曰|一切經音義十二引通俗文

晬|春也廣雅釋詁四

簂|忮也恔廓覆髮上也釋名釋首飾○|字或爲幗婦人首飾也後漢烏桓鮮卑傳注

𩭁|髻也廣雅釋詁四○|帶幧頭也方言四○幘巾或謂之覆|同上○幧頭其偏者或謂之|帶

同上

袚 褔祿謂之|䄌方言七

螝|蛹爾雅釋蟲○|亦古之虺字顏氏家訓勉學引古今字詁○|音潰爾雅釋蟲釋文引字林

䐨|大腹也山海經北山經丹熏之山有獸焉名曰耳鼠食之不|注

譈|殺也孟子萬章下凡民罔不|注

濊|測也廣雅釋言

𣪠|耦也廣雅釋詁四

譮|評喟歎也廣雅釋訓

䘹 覆|禪衣也廣雅釋器

濧|漬也廣雅釋詁二

酨|漿也廣雅釋器

戕|甘也廣雅釋器

餩|臭也廣雅釋器○|食臭敗也爾雅釋器釋文引蒼頡○|乙大反爾雅釋器釋文引字林

儹|長也廣雅釋詁二

閡|限也小爾雅廣言

薆|障也廣雅釋詁二

穟|稅也廣雅釋詁二

蘱|茅蔽也廣雅釋草

䵋|黑也廣雅釋器

祽|祭也廣雅釋天

隧|菹也廣雅釋器○淹薤曰|御覽八百五十五引通俗文

繀 織纖謂之|御覽八百卄五引通俗文

导|得二字同體一切經音義一引衞宏古文官書

啐|嘗也儀禮士昏禮|醴注鄉射禮席末坐|酒注○|亦嘗也儀禮鄉飲酒禮席末坐|酒注○嚌|皆嘗也嚌至齒|入口禮記雜記下主人之酢也嚌之衆賓兄弟則皆|之注○|歃也廣雅釋言○|呼也孟子音義下引丁音○古文|爲呼儀禮士冠禮|醴注

𣀶|設也廣雅釋言

悷|忘也廣雅釋詁二○|緩也同上

○以下據集韻錄**𡾡**｜音載爾雅釋器釋文引字林

瘣｜病也廣雅釋詁一

貣｜求也一切經音義十五引字林

縩｜綃煞也淮南要略氾論者所以箴縷縩｜之閒注

柿｜木片也晉書音義中

緫｜當爲總書亦或爲總周禮巾車錫面朱總司農注

瞨｜茂貌如瞨瞞也文選高唐賦｜兮若松榯注

對｜高貌也文選魏都賦｜若崇山崫起以崔嵬注

晬｜亦闇也文選吳都賦旭日晻｜注

黱｜亦黑也文選魏都賦黮｜階隋注

○以下附錄**熱**｜形也淮南俶眞蘘九｜注

哦｜音吠竝同文選獄中上書自明則桀之狗可使吠堯注

經籍纂詁卷第七十

經籍纂詁卷第七十補遺 去聲

兵部侍郎兼都察院右副都御史巡撫浙江等處地方提督軍務兼理糧餉臣阮元撰集

十一隊

隊說文隊從高｜也从𨸏㒸聲○｜亦部也漢書楊雄傳上曲｜堅重注○二｜分兵爲二部左氏襄廿三年傳爲二｜注

內說文｜入也从冂自外而入也○｜猶心也禮記禮器無節於｜者疏雜記下兄弟之喪｜除疏○｜謂情實鬼谷子飛箝見｜外之辭注○｜親也禮記大學外本｜末疏○｜曲裏也爾雅釋邱厓｜爲隩孫注○｜正寢之中禮記檀弓上不晝夜居於｜注○｜羞房中之羞詩楚茨傳豆謂｜羞釋文○｜

人謂婦女周禮宮正注分別外人｜人疏○｜治婦學之法也禮記昏義以聽天下之｜治注○｜子卿之適妻詩葛覃傳卿之｜子大帶疏○｜實寶物妻妾也左氏襄廿八年傳則以其｜實注○｜謂諸夏也詩魚麗序文王以天保以上治｜箋○詩楚茨傳謂｜羞釋文或作肉羞禮記樂記注｜敗曰殰釋文或作肉

塞說文塞隔也从土从𡫳○｜者以鄣｜爲名漢書佞幸鄧通傳注○築城守道謂之｜書秦誓序疏○｜紫｜也文選赭白馬賦簡偉｜門注○要｜邊城要害處也禮記月令完要｜注○東北謂之｜西南謂之徼漢書佞幸鄧通傳盜出徼外鑄錢注

愛說文㤅行皃从夊㤅聲○｜仁也禮記大傳五曰存｜疏○親至結心爲｜孝經｜親者不敢惡於

人疏引沈宏○丨惜呂覽達鬱厥也丨君之醜也注○丨亦惜也呂覽長利不足丨也注○丨者隱惜而結於內孝經疏引劉炫○丨者悋惜之言詩烝民疏○丨郎好也詩烝民箋謂喜怒哀樂好惡也疏○丨謂貪丨禮記禮運故人皆丨其死而患其生疏○丨謂已所親幸禮記曲禮上丨而知其惡疏○丨者憎之始也管子樞言○詩靜女丨而不見方言六注作薆而不見

輩 說文丨若軍發車百兩爲輩从車非聲

佩 說文丨大帶丨也从人从凡从巾丨必有巾巾謂之飾○丨丨玉也左氏定三年傳蔡昭侯爲兩丨注○丨所以章德服之表也續漢輿服志下○丨所以表中心漢書五行志中之上丨表之旗也注○丨帶之漢書五行志下之上解帷組結丨之注

代 說文丨更也从人弋聲○丨更也國語晉語使子父丨處注鄭語丨相干也注而秦晉齊楚丨興注又呂覽長攻且夫饑丨事也注又淮南墬形燕鴈丨飛注○丨止也素問三部九候論其脈丨而鉤者注

退 說文復却也一曰行遲也从彳从日从夂衲復或从內退古文从辵○丨謙丨也國語楚語夫子踐位則丨注○丨謂丨避易大壯不能丨疏○丨避位也左氏哀三年傳康子請丨注○丨遷也禮記曲禮上以袂拘而丨疏○應進而遷曰丨禮記曲禮上丨讓以明禮疏○丨謂還私職也左氏宣十二年傳丨思補過疏○丨使去左氏昭廿五年傳公丨之注○丨食謂減膳也詩羔羊丨食自公箋

載 說文載乘也从車𢦏聲○丨亦乘也漢書董仲舒傳身寵而丨高位注○丨祖丨也穆天子傳六大哭殤祀而丨注○丨郎登牲體於俎也周禮御僕注乃七丨疏○丨行也書皋陶謨丨采采傳又左氏昭

十年傳陳錫丨周注又史記五帝本紀丨時以象天索隱○丨者運行之義書皋陶謨疏○丨生也文選琴賦披重壤以誕丨兮注○丨始也春秋疏一引爾雅釋天孫注○丨事也文選謝元暉和徐都曹詩注引王肅毛詩注○丨之言事書禹貢冀州既丨鄭注○丨亦書也左氏春秋序躬覽丨籍疏○丨書盟書左氏襄九年傳晉士莊子爲丨書注○丨則也文選高唐賦注引廣雅○丨之言則也詩載馳箋○書禹貢作十有三丨釋文馬鄭本丨作年○禮記郊特牲丨晁璪釋文本亦作戴○禮記中庸注讀如文王初丨之丨釋文本或作哉○丨一說言當作再字孟子滕文公下自葛丨注○詩小戎丨寢丨興文選注十作再寢再興

碎 說文丨𥓊也从石卒聲

態 說文丨意也从心从能能或从人

背 說文背𦟝也从肉北聲○丨俞也素問長刺節論○丨爲胷府素問金匱眞言論俞在肩丨注○丨爲胷中之府素問藏氣法時論肩丨痛注氣交變大論肩丨爇注○艮爲丨易象上傳後夫凶虞注繫辭下傳服牛乘馬引重致遠虞注○艮爲多節故稱丨易艮虞注○丨爲陽腹爲陰周禮典瑞注璧在丨在腹疏○丨者陰也史記梁孝王世家有獻牛足出丨上索隱引張晏○丨者鄉北之義詩伯兮疏

背 丨負也廣雅釋詁四○丨卻也文選高唐賦丨穴偃蹠注○丨去而走也漢書高帝紀上項羽追北注引韋昭○在旁如半環向日爲抱向外爲丨漢書天文志注引如淳○內臣外鄉茲謂丨漢書五行志下之下引京房易傳○聽從不盡力命之曰丨呂覽尊師○丨形如丨字也漢書天文志暈適丨穴注引

孟康○倍讀曰丨漢書賈誼傳下無倍畔之心注

穢 濊與丨同也漢書李尋傳以盪滌濁濊注○脩舉獄碑荒淫腝濊丨作濊度尚碑葳貊寧輯丨作葳

菜 說文丨艸之可食者从艸采聲○五丨者世所謂五辛之菜也穀梁宣十五年傳注以種五丨疏○五丨謂葵藿薤葱韭也素問藏氣法時論五丨爲充注○丨卽蘋蘩之屬周禮大胥舍采注○丨讀爲菑荀子大略爲禱丨敝而不反其常注

對 說文對譍無方也从丵从口从寸丨對或从士漢文帝以爲責丨而爲言多非誠丨故去其口以从士也○丨當也易象上傳先王以茂丨時育萬物疏

廢 說文丨屋頓也从广發聲○丨頓也淮南覽冥四極丨注○丨置也周禮春官序官籥師疏引鄭志

○丨休也淮南原道輪轉而無丨注○丨止也爾雅釋詁○丨猶罷止也禮記中庸半途而丨疏○丨猶除也禮記曾子問丨喪疏○凡物無足稱丨儀禮士喪禮注丨敦敦無足者疏○丨腳跛蹇也淮南覽冥走獸丨腳注○丨謂物貴而賣之史記仲尼弟子列傳子貢好丨舉索隱○丨居者貯畜之名也史記平準書丨居居邑集解引徐廣○論語微子丨中權釋文鄭作發

誨 說文丨曉教也从言每聲○丨教也詩鶴鳴序丨宣王也箋又周禮太宰注丨爾序爵疏○丨謂教所未知詩鶴鳴序疏

晦 說文丨月盡也从日每聲○月盡爲丨書允征疏○丨者月盡無月言其闇也同上○丨是月之終書洪範疏○丨猶終也書洪範曰悔鄭注○丨朔者日月之會也左氏桓十七年經十月朔注○丨宴也易象上傳君子以嚮丨入宴息鄭注○丨是夜也左氏昭元年傳丨淫惑疾疏○丨昧也左氏宣十二年傳注須暗昧者疏○丨冥皆謂暗也漢書高帝紀上是時雷電丨冥注○丨盲言人莫之識也荀子賦闇乎天下之丨盲也注○丨亦微也左氏成十四年傳志而丨注○丨無幾也漢書敘傳上爲生民之丨在注引應劭

昧 說文丨爽旦明也从日未聲一曰闇也○丨爽謂初曉當暗之時荀子哀公君丨爽而櫛冠注○丨丨欲明而未也淮南俶眞而知乃始丨丨昧昧注○丨不明爲丨書仲虺之誥兼弱攻丨疏○丨日中而昏也易豐日中見沬釋文引服虔○目不別五色之章爲丨左氏僖廿四年傳○丨謂冥丨易象上傳天造草丨疏○丨微物易象上傳天造草丨疏引董遇章句○丨者物生根也詩鼓鍾傳東夷之樂曰韎疏○

丨从日从未斗杓後星也韻會引新字林○不丨不忘也周書王會佩之令人不丨注○夏侯等書丨谷曰柳谷書虞書疏○史記堯本紀丨谷徐廣曰一作柳谷

礙 說文丨止也从石疑聲

戴 說文戴分物得增益曰戴从異𢦏聲𢍰籀文丨○丨奉也國語周語衆非元后何丨注又文選東京賦注引國語賈注○丨値也周禮縫人注君纁丨六疏○凡氣在日上爲冠爲丨漢書天文志抱珥虹蜺注引如淳○丨鵀丨勝鳥也淮南時則丨鵀降于桑注

貸 說文丨施也从貝代聲○丨假也廣雅釋詁二○丨假與也漢書食貨志下貰丨賣買注○丨謂假與之漢書貨殖宣曲任氏傳唯毋鹽氏出捐千金丨注○丨者卽今之舉物生利周禮泉府凡民之丨者

疏○行貣行气也荀子儒效行貣而食注○定本及集注丨皆作貣詩甫田箋民得賒貣取食之疏

配 說文丨酒色也从酉已聲○嘉耦曰妃易豐遇其丨主釋文引鄭注○丨食也公羊宣三年傳王者必以其祖丨注○丨藜披離也漢書楊雄傳上丨藜四施注引張晏○妃字音亦爲丨詩皇矣傳丨媲也疏○易豐遇其丨主釋文鄭作妃○詩皇矣天立厥丨爾雅釋詁舊注作天立厥妃

妹 說文丨女弟也从女未聲○丨郎女弟詩大明箋尊之如天之有女弟疏○女子先生爲姊後生爲丨白虎通三綱六紀○男謂女先生爲姊後生爲丨公羊莊三年傳請後五廟以存姑姊丨注○古人謂姑爲姑姊丨若父之姊爲姑姊父之丨爲姑丨左氏襄十二年傳及姑姊丨疏○新序雜事丨喜作末喜

喙 說文丨口也从口彖聲○丨口也禮記少儀羞首者進丨祭耳疏又漢書匈奴傳下以摧餓虎之丨

注○丨謂有口能息者也漢書公孫宏傳蚑行丨息注○丨息凡以口出氣者也漢書匈奴傳上蚑行丨息蠉動之類注

潰 說文潰漏也从水貴聲○丨土崩丨也素問五運行大論其眚淫丨注○丨横決也漢書溝洫志東丨金隄注○旁決曰丨漢書文帝紀大水丨出注○水旁決曰丨漢書賈山傳天下已丨而莫之告也注○丨者衆散流遁之辭也左氏文三年傳疏○丨者深辭公羊僖四年傳丨者何疏○丨遂也詩召旻草不丨茂傳

黱 說文丨畫眉也从黑朕聲

賚 丨與也詩賚序釋文

吠 說文丨犬鳴也从口犬

逮 說文逮唐丨及也从辵隶聲○丨及也書禹貢傳屬丨也疏又儀禮鄉飲酒禮可以丨下也疏又廣雅釋詁二又國語晉語乃丨於讒注非死丨之注又後漢書魯恭傳丨捕一人注梁商傳以止丨捕之煩注張晧傳悔之何丨注○蝎噬丨也丨通語也方言七○丨丨捕之也漢書王莽傳下丨治黨與注○丨追捕之也漢書淮南厲王長傳丨諸縣傳淮南王不發封餽侍者注○書呂刑羣后之丨在下墨子尚賢中作羣后之肆在下○禮記中庸所以逮賤也釋文本又作丨

槩 說文丨杚斗斛从木既聲○丨平也一切經音義九引廣雅○丨所以丨平斗斛之上者也漢書律厤志上以井水準其丨注○丨者平量者也韓非子外儲說○丨量也一切經音義九引廣雅○丨度量

也漢書楊惲傳漂然皆有節丨注○概者横槩之義周禮鬯人注概尊以朱帶者疏○概是梗概謂畧也史記伯夷列傳不少概見索隱○一丨者一端詩載馳傳進取一丨之義疏○概一作漑音同史記范睢蔡澤列傳而不概於王心邪集解引徐廣

岱 丨太山方言一東齊海丨之閒曰埼注○丨泰山也漢書酈食其傳負海丨注○丨宗泰山書舜典至于丨宗傳○丨宗泰山也漢書郊祀志上○東方爲丨宗者言萬物更相代於東方也白虎通巡狩

帒 說文新附帒囊也从巾代聲或从衣

胏 說文丨金藏也从肉市聲○丨者氣之主儀禮有司徹注以胏代之疏○丨象金王於秋素問四氣調神大論逆之則傷丨注刺禁論丨藏於右注○丨者金也禮記月令疏引異義今文尚書歐陽說○丨

火也禮記月令疏引異義古尚書說○丨腑言如肝
丨之相附史記魏其武安侯列傳蚡以丨腑索隱○
丨附如肝丨之相附著也漢書田蚡傳注引舊解○
丨附謂肝丨相附著猶言心膂也漢書劉向傳臣得
託丨附注引舊解

漑 說文丨水出東海桑瀆覆甑山東北入海一曰灌
注也从水既聲○丨灌也淮南詮言日月廋而無
丨於志注○丨滌也禮記曲禮上器之丨者不寫疏
○丨亦是洗名詩泂酌傳濯滌也疏○丨洗器之名
詩匪風疏○槪卽拭也周禮大宗伯注丨祭器也疏
○丨本或爲槩音義同文選長笛賦丨盥汙濊注○
丨亦作漑史記司馬相如列傳澎濞沆丨索隱○詩
匪風丨之釜鬵陳明府修孔子廟碑作漑之釜鬵

耒 說文耒手耕曲木也从木推丯古者垂作耒梠以
振民也凡耒之屬皆从耒○丨手耕曲木也漢書

食貨志上煣木爲丨注酈食其傳農夫釋丨注○丨
耕曲木也禮記月令釋文引字林又漢書王莽傳中
必躬載丨注○耜柄曰丨國語周語民無懸耜注○
丨耜耕器也呂覽孟春紀天子親載丨耜注

慨 說文丨忼丨壯士不得志也从心既聲

愾 丨恨也詩彤弓序箋諸侯敵王所丨疏○詩下泉
丨我寤歎楚辭注十六文選注廿三作慨我寤歎
玉篇口部作嘅我寤歎

塊 說文凷墣也从土一屈象形丨凷或从鬼○凷塥
也謂摶土爲桴也禮記禮運蕢桴而土鼓注○丨
然安然也穀梁傳五年傳丨然受諸侯之尊疏引徐
邈說○丨然獨處之意漢書陳湯傳使湯丨然注○
大丨天地之閒也淮南俶眞夫大丨載我以形注○
魁讀曰丨漢書東方朔傳魁然無徒注○儀禮喪服
傳寢苫枕丨釋文本又作凷

繢 說文繢織餘也从糸貴聲○丨五綵也漢書東方
朔傳狗馬被丨罽注○丨者會五采也漢書王莽
傳中赤丨方領注○丨繡也繪五綵而爲之漢書食
貨志下緣以丨注○丨畫也春秋卅一疏引書益稷
作會鄭注又周禮司服注書曰作丨疏○丨猶畫也
禮記禮運注畫丨事也疏○初畫曰畫成文曰丨同
上○丨謂畫之也詩大車箋衣丨而裳繡疏

乂 說文丨芟艸也从丿从乀相交刈丨或从刀○丨
治也書舜典有能俾丨傳又書序咸乂釋文又釋
名釋長幼○艾治也書序作咸乂馬注○丨者治理
之名詩小旻箋有艾者疏○丨創也漢書淮陽憲王
欽傳懲丨霍氏注○才德過千人爲俊百人爲丨書
皋陶謨俊丨在官馬鄭注○言之不從是謂不丨書

洪範疏引五行傳○詩小毖箋懲艾也釋文字或作
忞○禮記表記注謂創丨釋文本又作艾○爾雅釋
詁丨治也釋文字又作嬖亦作刈○漢書例以艾爲
丨漢書郊祀志上天下艾安注

忞 說文丨懲也从心乂聲

碓 說文丨舂也从石隹聲○周禮鼓人注圜如丨頭
釋文本又作椎

賽 說文新附賽報也从貝塞省聲○塞謂報其所祈
也漢書郊祀志上冬塞禱祠注

刈 詩葛覃是丨是濩釋文本亦作艾

耐 說文耏鼻不至髡也从而从彡耐或从寸諸法度
字从寸○二歲刑以上爲丨漢書文帝紀丨以上
注引蘇林○丨能任其罪也漢書文帝紀丨以上注
引蘇林○丨忍也一切經音義廿二引三蒼○能讀

日丨漢書食貨志上能風與旱注鼂錯傳其性能寒注趙充國傳漢馬不能冬注

悖 丨逆也易象下傳以解丨也疏又禮記中庸建諸天地而不丨疏○君臣故弼茲謂丨漢書五行志下之上引京房易傳○丨繆也淮南修務豈不丨哉注○丨惑呂覽知接今不接而自以爲智丨注離謂鑒其表而棄其意丨注

倅 說文新附丨副也从人卒聲○丨副也禮記文王世子注掌國子之丨疏○萃猶副也周禮車僕掌戎車之萃注○戎車之副曰丨禮記少儀注戎獵之副曰佐疏○戎車之貳曰丨禮記檀弓上注戎車之貳曰佐疏○若旁置人者是副丨之丨若不置人者則百人爲卒之卒禮記燕義卒讀爲丨疏

晬 說文丨周季也从日卒卒亦聲

淬 說文丨滅火器也从水卒聲○丨浴淮南修務身丨霜露注

敦 丨黍稷器禮記明堂位有虞氏之兩丨注○丨牟黍稷器也禮記內則丨牟巵匜注○丨有首者尊者器飾也儀禮少牢饋食禮執一金丨黍有蓋注○丨則周禮有玉丨今之杯盂也禮記內則丨牟巵匜疏

憒 說文丨亂也从心貴聲○丨心亂也漢書息夫躬傳丨眊不知所爲注○丨眊不明也漢書王莽傳中丨眊不明注

闠 說文丨市外門也从門貴聲

磑 說文丨䃺也从石豈聲古者公輸班作丨

纇 說文丨絲節也从糸頪聲

在 說文在存也从土才聲○丨察也漢書郊祀志上舜丨璿璣玉衡注又文選謝靈運從宋公戲馬臺集詩注引莊子司馬注

再 說文丨一舉而二也从一冓省○丨猶重也禮記玉藻酒肉之賜弗丨拜疏○丨失爲復失也周書大開武無丨失注○孟子告子下丨不朝初學記作二不朝

欬 丨聲丨也禮記曲禮上車上不廣丨疏

孛 說文𣞤也从宋人色也从子論語曰色丨如也○穀梁昭十七年經有星茀于大辰釋文本或作丨

邶 說文邶故商邑在河內朝歌以北是也从邑北聲○自紂城而北曰邶詩邶釋文○自紂城而北謂之丨南謂之鄘東謂之衞詩邶鄘衞譜

薉 說文丨蕪也从艸歲聲○丨與穢同漢書嚴安傳略丨州建城邑注○丨字與穢同漢書夏侯勝傳東定丨貉朝鮮注○濊字或作丨漢書地理志下皆朝鮮濊貉句驪蠻夷注○濊與穢同亦或作丨漢書匈奴傳上是時東漢拔濊貉朝鮮以爲郡注○濊與穢同也漢書李尋傳以盪滌濁濊注蕭望之傳以行汙濊不進注楊雄傳上濊南巢之坎坷兮注

柹 說文丨削木札樸也从木朩聲陳楚謂櫝爲丨○肺斫木札也漢書田蚡傳蚡以肺附爲相注○肺謂斫木之肺札也漢書劉向傳注○丨木札附木皮也史記魏其武安侯列傳蚡以肺腑索隱○丨札也

今江南謂斫削木片爲丨關中謂之札或曰丨札一切經音義廿二引三蒼

䨴 說文新附丨䨴丨雲黑皃从雨對聲

憝 說文憝怨也从心敦聲周書曰凡民罔不憝

礧 丨推石自高而下也集韻引埤蒼○丨石轉石也漢書司馬相如傳上丨石相擊注○丨丨與礨竝同文選馬汧督誄丨而又昇焉注

簺 說文行棊相塞謂之簺从竹从塞塞亦聲

薆 褐與丨音義同文選上林賦晻丨咇茀注

鐓 說文鐏矛戟柲下銅鐏也从金𦎫聲詩曰厹矛沃鐓○錞矛戈之錞也讀若頓淮南原道猶錞之與刃注○丨平底也廣川書跋三引字林○詩小戎厹矛鋈錞御覽三百五十三作厹矛鋈丨

睞 說文丨目童子不正也从目來聲

勑 說文勑勞也从力來聲○來勤也爾雅釋詁○來勑也一切經音義廿二引廣雅○倈者以恩招倈也漢書平當傳勞倈有意者注○爾雅釋詁釋文來本又作賴本或作賚

靧 說文沬洒面也从水未聲湏古文沬从頁○頮洒面也漢書司馬遷傳沬飲泣注○丨洗面也禮記玉藻沬稷而丨粱疏○沬洗面也漢書律麻志下王乃洮沬水注○丨頮字謂洗面也玉篇頁部引聲類○沬丨也荀子禮論陶器不成物注○沬者言祓面如頮也字從午未之未漢書禮樂志注○沬洒也廣雅釋詁二○沬即頮字也漢書律麻志下注○沬亦頮字也漢書淮南厲王長傳沬風雨注○沬或作頮文選赭白馬賦注引漢書如淳注○沬音丨面之丨漢書禮樂志沬流赭注引李奇○沬音水沬面之沬漢書外戚傳上滂沬悵兮注引晉灼

儗 丨不前也史記司馬相如傳沛艾赳螑仡以儗丨兮集解引漢書音義○儗丨不前也漢書司馬相如傳沛艾赳螑仡以儗丨兮注引張揖

采 埰古者卿大夫有丨地死葬之因名也方言十三注

[illegible] 江南謂籧篨直文而麤者爲笪斜文者爲丨一切經音義十八引方言注

顪 丨頤下毛也莊子外物釋文丨本亦作嶡莊子外物壓其丨釋文引司馬注○

焠 說文丨堅刀刃也从火卒聲○丨謂燒而內水中以堅之也漢書王襃傳清水丨其鋒注○丨鍼火鍼也素問調經論丨鍼藥熨注○丨染也史記刺客列傳以藥丨之索隱○丨亦揾染之義耳漢書司馬相如傳上脟割輪丨注

栽 說文栽築牆長版也从木𢦏聲春秋傳曰楚圍蔡里而栽

琲 琲貫也珠十貫爲一琲文選吳都賦珠琲闌干劉注○珠百枚曰丨孫權貢百丨丨貫也又云珠五百枚也廣韻引埤蒼

誖 丨惑亂也漢書外戚傳下長書有丨謾注

縡 說文新附丨事也从糸宰聲○丨事也文選甘泉賦上天之丨注○丨讀與載同漢書楊雄傳上上天之丨注○丨與載同文選甘泉賦上天之丨注

劾 說文丨法有辠也从力亥聲○舉罪曰丨文選幽通賦姚聆呱而劾石兮注引項岱○劾本或爲丨文選幽通賦注引應劭

瑇 丨瑁文甲也漢書賈捐之傳又非獨珠厓有珠犀瑇瑁也注東方朔傳宮人簪丨瑁注○雄曰毒冒雌曰觜蠵漢書楊雄傳上抾靈蠵注引應劭○爾雅釋魚注丨瑁釋文字又作蝳蝐○丨瑁古文作蝳蝐二形一切經音義十一

誶 丨問之也莊子山木虞人逐而丨之注○丨責讓也漢書賈誼傳立而丨語注引張晏

棌 丨柞木也漢書司馬遷傳丨椽不斲注楊雄傳上唐虞丨椽注○采柞木也字作丨漢書藝文志茅屋采椽注

悔 說文丨恨也从心每聲○丨恨也淮南氾論而丨不殺湯於夏臺注

癈 說文癈固病也从疒發聲

㱩 今江東呼極爲丨方言十二丨倦也注

鼐 說文丨鼎之絕大者从鼎乃聲魯詩說丨小鼎○鼎絕大者謂之丨漢書郊祀志上丨鼎及鼒注

眛 說文丨目不明也从目未聲

朏 日登于扶桑爰始將行是謂丨明淮南天文

○以下據廣韻錄

⿱隊非 說文丨靡也从非隊聲

䃔 說文丨陊也从石豙聲

譺 諄辠也廣雅釋詁三

⿰每卜 說文丨易卦之上體也商書曰貞曰丨从卜每聲

詯 說文丨膽气滿聲在人上从言自聲讀若反目相睞

轛 立者爲丨橫者爲軹考工記輿人爲車參分軹圍司農注

⿰亻對 說文丨市也从人對聲

啐 說文丨驚也从口卒聲○丨入口也禮記雜記下釋文○丨之謂入口乃奠之於地也周禮小宰注丨之奠之疏

⿰黹卒 說文丨會五采繒色从黹綷省聲○雜采曰丨文選射雉賦注引小雅○丨縩衣聲也漢書外戚傳下丨縩兮紈素聲注

幗 說文新附丨婦人首飾从巾國聲

慖 丨恨也集韻引埤蒼

⿷匚國 亦作槶○說文槶筐當也从木國聲

殨 說文丨爛也从歺貴聲

蝍 丨卽是雄蝒卽是雌埤雅十引爾雅釋蟲丨蝒孫叔然正義

讉 說文讉中止也从言貴聲司馬法曰師多則人讉讉止也○丨謉調歎也廣雅釋訓

⿰卒瓦 說文丨破也从瓦卒聲

【繀】說文丨箸絲于筟車也从糸崔聲

【䒳】說文䒳耕多艸从艸耒耒亦聲

【𨛫】說文耜今桂陽耜陽縣从邑耒聲

【𠡷】說文丨推也从力畾聲

【酨】說文酨酢漿也从酉𢦏聲○丨酢醬也漢書食貨志(下)及醋丨灰炭注○丨之言載米汁相載漢時名爲丨漿周禮酒正注漿今丨漿疏○丨之言載以其汁滓相載故云丨漢法有此名故也儀禮公食大夫禮注漿飲丨漿也疏

【𨞪】說文丨故國在陳畱从邑𢦏聲

【𩚵】說文丨設飪也从丮从食才聲讀若載○丨詞也廣雅釋詁四

【摡】說文丨滌也从手既聲詩曰丨之釜鬵

【𧶠】說文丨𣦼深堅意也从𣦼从貝貝堅寶也讀若概

【閡】說文丨外閑也从門亥聲○丨與礙同後漢書虞詡傳不令有所拘丨而已注

【懝】說文丨騃也从心从疑疑亦聲一曰惶也

【㤅】說文㤅惠也从心旡聲𢟪古文

【僾】說文僾仿佛也从人㤅聲詩曰僾而不見

【𥳈】說文𥳈蔽不見也从竹𢝊聲

【㤥】說文丨苦也从心亥聲

【𣈙】說文丨埃丨日無光也从日能聲

【䚄】說文丨內視也从見來聲

【㾢】丨癘也廣雅釋言

【𧤴】說文丨雉射收繳具也从角發聲

【櫠】丨椵爾雅釋木○丨柚屬也爾雅釋木注

【㤽】說文丨恨怒也从心市聲詩曰視我丨丨

【饖】說文丨飯傷熱也从食歲聲

【𨐨】說文丨治也从辟乂聲虞書曰有能俾丨

【𧆞】說文丨虎皃从虎乂聲

○以下據集韻錄

【頪】說文丨難曉也从頁米一曰鮮白皃从粉省

【頛】說文頛頭不正也从頁从耒耒頭傾也讀又若春秋陳夏齧之齧

【韎】說文丨茅蒐染韋也一入曰丨从韋末聲

【沬】丨者斗㪷謂斗之輔星義海撮要六引易豐陸希聲傳○丨微昧之光也易豐日中見丨釋文○易豐日中見丨釋文鄭作昧

【䀛】說文丨目冥遠視也从目勿聲一曰从也一日旦明也

【顯】說文｜昧前也从頁㬎聲讀若昧

【綣】｜短也廣雅釋詁二

【隶】說文｜及也从又从尾省又持尾者从後及之也

凡｜之屬皆从｜

【𨽿】說文｜及也从隶枲聲詩曰｜天之未陰雨

【蚮】蟒宋魏之間謂之｜方言十一

【洅】說文｜雷震｜｜也从水再聲

【褖】｜短也廣雅釋詁二

【䌆】周禮巾車注故書朱總爲｜釋文本或作緦

〇附錄

【匃】說文｜气也逯安說亾人爲｜

經籍纂詁卷第七十補遺終

經籍籑詁卷第七十一

去聲

經筵講官南書房行走禮部左侍郎兼管兵部左侍郎事提督浙江學政阮元撰集

十二震

震 ｜雷也詩十月之交燁燁｜電傳又公羊隱九年大雨｜電注又穀梁隱九年傳僖十五年傳又廣雅釋天又漢書五行志中之上五行志下之上○｜者雷也漢書五行志下之上○｜霆也左氏昭四年傳雷出不｜注○｜動也易說卦傳豫鄭注隨鄭注震釋文繫辭上傳｜无咎者存乎悔注又釋文引王肅注又書舜典｜驚朕師傳又詩生民載｜載夙傳常武徐方｜驚箋時邁薄言｜之傳莫不｜疊韓詩閟宮不｜不騰傳又左氏成二年傳畏君之｜注又穀梁文九年傳又爾雅釋詁又國語周語土氣｜發注西周山川皆｜注又漢書宣帝紀集注引蘇林五行志上集注賈山傳集注張湯傳集注又後漢靈帝宋皇后紀注李固傳注又太元釋陽氣和｜注｜于利注元圖輿物旁｜注又呂覽大樂萌芽始｜注又楚辭哀郢何百姓之｜愆注招魂宮庭｜驚注○｜者動也易序卦傳○｜驚也易繫辭釋文引馬注又漢書宣帝紀集注引服虔又文選東京賦旁｜八鄙薛注○｜威也左氏文六年傳其子何｜之有注又賈注又國語周語君之武｜注○｜猶威也詩長發有｜且業箋○｜懼也國語周語玩則無｜注又太元差｜自衛也注○｜恐也荀子正論通達之屬莫不振動從服以化順之注○｜怒也太元釋｜于廷注○｜起也易雜卦傳○｜救也易繫辭釋文引周注○｜夒也廣雅釋詁二○｜雷也車也國語晉語○｜者雷電擊之左氏僖十五年傳｜夷伯之廟注○｜霆霹靂也文選思元賦豐隆軒其｜霆兮舊注

○｜以動之國語晉語內有｜雷注○地｜者何地也公羊文九年傳○｜驚懼也爾雅釋詁○｜之爲義威駭怠懈肅隋慢者也易震｜來厲注○｜東方也易說卦傳○｜者木也獨斷下○｜爲土左氏閔元年傳○｜長男也國語晉語○｜專爲易繫辭下傳定其爻而後求虞注○｜爲管淮南天文明庶風至注○｜也者鼓其翼也大戴記夏小正雉｜呴傳○｜｜盛也文選藉田賦｜｜塡塡注○｜之者何猶曰振振然公羊僖九年傳○｜｜爚爚奔走貌後漢班彪傳上注○｜｜爚爚光明貌也文選西都賦注○｜澤吳南大湖名書禹貢｜澤厎定傳○｜有娠也詩生民載｜載夙釋文○｜懷妊也左昭元年傳方｜太叔釋文○｜一作振史記夏本紀｜澤致定索隱○詩采菽傳殿鎭也釋文｜本作塡又作珍○左傳昭元年方｜太叔釋文｜本作娠○莊子應帝王萌乎不｜不正釋文｜崔本作誫○書舜典｜驚朕師史記五帝紀作振驚朕衆○書盤庚曷｜動萬民以遷漢石經｜作祗

信 ｜誠也詩九罭於女｜處箋又廣雅釋詁一又國語周語吾以爲｜畜矣注又荀子脩身禮｜是也注○｜實也漢書揚雄傳上集注○｜審也國語周語言以｜名注晉語封疆｜注○｜知也淮南氾論乃始｜於異衆也注○｜明也呂覽禁塞以｜其事注○｜者明也鬼谷子摩○｜猶明也左氏昭廿五年傳｜罪之有無注定八年傳盟以｜禮也注○｜符也法言修身○｜驗也老子其中有｜王注○｜從也呂覽勸學師尊則言｜矣注○｜任也漢書賈誼傳集注○｜亦任也荀子哀公明主任計不｜怒闇主｜怒不任計注○｜敬也廣雅釋詁二○｜猶保也漢書五行志上集注○｜不欺也論語學而｜近於義皇疏○｜者誠也專一不移也白虎通情性○｜言合于意也墨子經上○｜者不妄之禁也

顏氏家訓歸心○丨中也言以相申束使不相違也
釋名釋言語○中稱丨易象上傳行險而不失其丨
荀注○期果言當謂之丨賈子道術○有諸己之謂
丨孟子盡心下○定身以行事謂之丨國語晉語○謂
守之者見謂丨賈子修政語上○民不求其所欲而
得之謂之丨禮記經解○澤命不渝丨也管子小問
○制義庶乎丨也國語周語○所謂丨者無二嚮者
也鶡冠子學問○丨者丨此者也大戴記曾子大孝
又禮記祭義○丨丨丨也疑疑亦丨也荀子非十二
子○名以出丨大戴記四代○言之所以爲言者丨
也穀梁僖廿二年傳○丨言之瑞也左氏襄九年傳
○丨文之孚也國語周語○丨義之重也大戴記四
代○丨德之厚也大戴記衛將軍文子○丨者人之
幹也列女傳貞順○丨所以守也國語周語○有丨
德之美也賈子道德說○忠丨禮之本也禮記禮器
○乾爲丨易繫辭上傳人之所助者丨也虞注○宮

爲丨漢書律厤志上○土爲丨漢書魏相傳集注引
張晏○水神則丨禮記中庸天命之謂性注○大蒙
之人丨爾雅釋地○正東揚州曰丨土後漢張衡傳
注○再宿爲丨詩九罭于女丨處傳又爾雅釋訓有
客丨丨注又國語周語回祿丨於聆遂注又後漢光
武紀下注又穆天子傳五次于雀梁注又離騷夕歸
次於窮石兮注湘君鳥丨兮屋上注○再宿曰丨詩
有客有客丨丨傳又漢書文帝紀集注引臣瓚○有
客丨丨言四宿也爾雅釋訓○几師一宿爲舍再宿
爲丨左氏莊三年傳○丨申字古今所共用穀梁隱
元年傳丨道而不丨丨邪注○丨卽古伸字也詩擊鼓
不我丨兮釋文○丨丨讀爲伸古字通用荀子不苟剛
强猛毅靡所不丨注臣道諫爭輔拂之人丨則君過
不遠注天論老子有見於詘無見於丨注○古者新
丨同音漢書王莽傳上集注○易繫辭以求丨也釋
文丨本作伸○禮記表記丨誓旦旦釋文丨本作矢

○晉韓不丨字伯音
見左昭卅三年傳
印 璽謂之丨小爾雅廣服○丨信也所以封物爲信
驗也亦言因也封物相因付也釋名釋書契○丨
驗也一切經音義七引蒼頡○丨者信也獨斷上○
丨臂丨也一切經音義廿二引字書○丨爲也廣雅
釋詁三○丨爲也甌越曰丨方言六○丨信也
檢也字从爪卩也一切經音義十七引三蒼
進 丨前也詩常武丨厥虎臣箋又儀禮士冠禮丨受
命於主人注鄉射禮司正猶挾一个以丨注大射
儀丨東反位注又公羊莊十三年傳曹子丨曰注又
漢書鼂錯傳集注○丨行也周禮大司馬徒銜枚而
丨注又廣雅釋詁二○丨猶行也考工記輪人丨而
眡之注○丨欲行太元元錯○丨引也引而前也釋
名釋言語○丨薦也漢書灌夫傳集注又呂覽論人
貴則觀其所丨注○丨勝也漢書陳遵傳集注○丨

善也文選東京賦因丨距袁薛注○丨多謀太元元
衝○去惡就善曰丨公羊隱元年傳漸丨也注○丨
謂自勉强也禮記樂記禮減而丨注○丨丨取也國
語晉語夫事君者量力而丨注○丨謂御見也禮記
月令止聲色毋或丨注○丨謂冠在前也荀子非十
二子士君子之容其冠丨注○少丨差在前也儀禮
鄉射禮賓少丨注○少丨前於列儀禮士喪禮諸公
門東少丨注○丨就賓也儀禮聘禮丨西鄉注○古
者謂候爲丨禮記曲禮上聞子有客使某羞注○丨
仕荀子大略君子丨則能益上之譽注○大樂正論
造士之秀者以告于王而升諸司馬曰丨士禮記王
制○丨士可丨受爵祿也禮記王制注○丨者財也
史記呂不韋傳丨用不饒索隱引小顏○丨者會禮
之財史記高祖紀主丨索隱引顏師古○巽爲丨易
象上傳柔丨而上行虞注象下傳日丨无疆虞注漸
丨得位虞注○息卦爲丨易繫辭上傳丨退之象也

荀注○巽爲丨退易說卦傳觀我生丨退虞注大壯不能退不能遂虞注巽丨退利武人之貞虞注○丨退動靜也孝經丨退可度注○丨退猶損益也周禮小司寇以圖國用而丨退之注○楚人謂精丨爲精撘淮南兵略精撘靡覽注○丨當爲餕聲之誤也丨徹或俱爲餕禮記祭統百官丨徹之注○丨或聲誤爲揩大戴記子張問入官敎不能勿揩注○丨當爲盡列子天瑞終丨乎不知也注○丨字本作費又作贐音皆同耳古字假借故轉而爲丨漢書高帝紀上集注

潤 丨澤也易繫辭上傳丨之以風雨虞注○丨潰也廣雅釋詁二○丨溼也廣雅釋詁二○丨膩也文選吳都賦林木爲之丨黷注○丨益也廣雅釋詁一○丨飾也廣雅釋詁二○丨或爲濡禮記聘義溫丨而澤注

陳 經典作陳○丨列也呂覽簡選以爲前丨注○兩敵稱陳太元中其陳陰陽注○下陳猶後列也文選上秦始皇書所以飾後宮充下陳注○太公六韜有天陳地陳人陳雲鳥之陳顏氏家訓書證○諸陳隊竝作陳鄭之陳夫行陳之義取於陳列耳此六書爲假借也同上

鎮 丨重也廣雅釋詁三又國語周語爲摯幣瑞節以丨之注魯語予以君命丨無敝邑注又後漢馮衍傳注○丨安也周禮大宗伯王執丨圭注又廣雅釋詁一又國語晉語而丨定大事注又漢書高帝紀上集注高帝紀下集注○丨止也楚辭抽思覽民尤以自丨注○丨撫也廣雅釋言○丨按也一切經音義十七引蒼頡○丨圭尺有二寸天子守之考工記玉人○丨圭者蓋以四丨之山爲瑑飾圭長尺有二寸周禮大宗伯王執丨圭注○丨名山安地德者也周禮職方氏其山丨曰會稽注○四丨山之重大者謂

揚州之會稽青州之沂山幽州之醫無閭冀州之霍山周禮大司樂凡日月食四丨五嶽崩大傀異烖注○方千里曰國畿其外方五百里曰侯畿又其外方五百里曰甸畿又其外方五百里曰男畿又其外方五百里曰采畿又其外方五百里曰衛畿又其外方五百里曰蠻畿又其外方五百里曰夷畿又其外方五百里曰丨畿周禮大司馬○方千里曰王畿其外方五百里曰侯服又其外方五百里曰甸服又其外方五百里曰男服又其外方五百里曰采服又其外方五百里曰衛服又其外方五百里曰蠻服又其外方五百里曰夷服又其外方五百里曰丨服周禮職方氏○方千里曰王圻其外方五百里爲侯服又其外方五百里爲甸服又其外方五百里爲男服又其外方五百里爲采服又其外方五百里爲衛服又其外方五百里爲蠻服又其外方五百里爲夷服又其外方五百里爲丨服周書職方○故書丨作瑱周禮典瑞執丨圭注○故書丨作瑱鄭司農云瑱讀爲丨周禮天府凡國之玉丨大寶器藏焉注

刃 丨矛戈之丨也淮南原道猶錞之與丨注○丨大丨刀劒之屬考工記輈人桃氏爲丨注○丨五丨也刀劒矛戟矢也淮南氾論鑄金而爲丨注○丨滿也太元失刺虛滅丨注

順 丨循也淮南時則丨彼遠方注○丨循也循其理也釋名釋言語○丨從也儀禮特牲饋食禮記南丨注又國策秦策以丨王與儀之策注又荀子議兵而丨暴悍勇力之屬注禮論非丨孰脩爲之注又呂覽高義萬國之丨也注○丨猶從也儀禮特牲饋食禮南丨注○丨敘也爾雅釋詁○丨承呂覽懷寵上不丨天注○丨愛也孟子萬章上爲不丨於父母注○丨猶服也禮記月令丨彼遠方注○丨行也太元事到耳丨止注○丨緒也爾雅釋詁○丨陳也同上○丨退也小爾雅廣言○丨放之也儀禮大射儀丨

左右隈注○丨謂不逆也論語爲政六十而耳丨皇疏○從者爲丨素問方盛衰論何者爲丨注○以善從爲丨列女傳賢明○從命利君謂之丨說苑臣術○從命而利君謂之丨荀子臣道○能以事上謂之丨荀子王制○以善和人者謂之丨荀子脩身○慈和偏服曰丨左氏昭廿八年傳又周書謚法又詩皇矣克丨克比傳又禮記樂記克丨克俾注○慈惠和民曰丨獨斷下○行歸而過謂之丨賈子道術○以敬事長則丨孝經○丨謂與己和丨詩女曰雞鳴知子之丨之箋○丨諫出辭遜丨不逆君心也後漢李雲傳注○坤爲丨易坤鄭注象上傳行險而丨干注象下傳丨天命也虞注丨乎天而應乎人虞注象上傳丨天休命虞注象下傳丨以巽也虞注繫辭上傳履信思乎丨虞注○天曰丨呂覽序意○丨祝丨豐年也周禮大祝一曰丨祝司農注○丨祝願豐年也獨斷上○好目謂之丨方言二○丨言流澤也方言

二注○今文丨爲循儀禮大射儀丨左右隈注○莊子天下己之大丨釋文丨本作循○丨一作慎管子小匡惟丨端愨注○丨常爲慎荀子彊國爲人上者不可不丨也注○丨墨當爲慎墨荀子脩身術丨墨而精雜汙注○禮記禮器丨之至也釋文丨本作慎莊子列禦寇有丨懁而避者釋文丨王本作慎○孟子王丨漢書古今人表作王慎○易履霜堅冰至蓋言丨也春秋繁露作履霜堅冰蓋言遜也

愼 丨誠也詩白駒丨爾優游傳巧言予丨無罪傳巷伯丨爾言也箋○丨謹也易坤注施丨則可釋文又廣雅釋言○丨重也呂覽節喪慈親孝子之所丨也注○丨成詩桑柔考丨其祖箋○丨敕也廣雅釋詁四○丨慎也廣雅釋言○丨恐也廣雅釋詁四○丨憂也廣雅釋詁一○丨憂也宋衛或謂之丨方言一○丨恖也廣雅釋詁二○丨思也秦晉或曰丨凡思之貌亦曰丨方言一○丨巽也淮南墬形肅丨民

注○丨謹密也荀子堯問其爲人寬好自用以丨注○丨德注○八門主敬升堂主丨周禮大司徒則民丨德謂矜其善德勸爲善也儀禮聘禮記○僶勉就善謂之丨賈子道術○艮爲丨易象下傳君子以丨德虞注丨所之也虞注君子以明丨用刑虞注○五歲爲丨周禮大司馬大獸公之小禽私之司農注○脊古丨字晉書音義下○禮記表記則丨慮而從之釋文丨本作脊○丨讀曰順荀子富國將脩小大強弱之義以持丨之注○丨讀爲順荀子仲尼能耐任之則丨行此道也注君子患者悖丨此者也注成相請布基丨聖人注○丨或爲順荀子彊國爲人上者必將丨禮義注○易坤注施丨則可釋文丨本作順大壯注而丨禮也釋文丨本作順繫辭丨斯術也釋文丨本作順詩小戎傳丨篤其所以止入也釋文丨或作順維天之命傳溢丨釋文丨本作順禮記玉藻注丨于尊卑釋文丨本作順中庸注君子以丨德釋

文丨本作順莊子列禦寇丨于兵故行有求釋文丨本作順列子楊朱丨耳目之觀聽釋文丨一本作順史記孔子世家子丨漢書孔光傳作子順○丨讀爲麎周禮大司馬大獸公之注○丨當爲引禮家讀然聲之誤也禮記檀弓上其丨也注○禮記檀弓上釋文丨本作引○古今人表魯丨公史記魯世家作眞公詩譜序疏作貞公左氏文十六年疏作順公

鬢 丨髮類也國語晉語美丨長大則賢注○其上連髮曰丨丨濱也濱厓也爲面額之崖岸也釋名釋形體○左宣二年傳注多丨之貌釋文丨本作鬒○莊子說劍皆蓬頭突丨釋文丨司馬本作賓

晉 丨進也易象下傳又爾雅釋詁又廣雅釋詁二又漢書敘傳上集注引服虔又文選幽通賦盍孟丨以迨羣兮曹注○丨者進也易序卦傳○丨晝也易雜卦傳○丨肅貌書大傳見梓丨然實而俯注○丨

猶抑也周禮田僕諸侯丨注〇丨大國也新序雜事
一〇丨強國也新序雜事四〇叔虞成王封之于唐
縣有丨水後改名爲丨水經晉水注〇三丨謂韓趙
魏也後漢馮衍傳注〇丨鼓長六尺六寸周禮鼓人
以丨鼓鼓金奏注〇丨謂矛戟下銅鐏也考工記廬
人去一以爲丨圍司農注〇丨讀如王搢大圭之搢
考工記廬人注〇丨讀爲搢紳之搢周禮典瑞王丨
大圭司農注〇丨當爲箭書亦或爲箭周禮職方氏
其利金錫竹箭杜注〇易晉釋文丨孟本作齊〇周
禮典瑞王丨大圭考工記廬人注作王搢大圭〇周
書王子丨潛
夫論作子喬

駿 丨之言俊也詩長發爲下國丨厖箋〇丨大也爾
雅釋詁又書武成丨奔走傳又詩文王丨命不易
傳文王有聲遹丨有聲箋崧高丨極于天傳清廟箋
意嘻釋文長發爲下國丨厖傳又漢書翼奉傳集注

又荀子榮辱爲下國丨蒙注又家語弟子行爲下國
丨厖注〇丨長也爾雅釋詁又詩雨無正不丨其德
傳清廟丨奔走在廟傳又方言一〇丨疾也噫嘻丨
發爾私箋又後漢章帝紀注〇丨速也爾雅釋詁〇
丨猶迅爾雅釋詁注〇丨名馬也穆天子傳五天子
賜許男丨馬十六注〇丨者馬之美稱穆天子傳一
天子八丨注〇良馬爲丨楚辭謬諫駑丨雜而不分
兮注〇天子之丨赤驥盜驪白義踰輪山子渠黃華
騮綠耳穆天子傳二〇爾雅釋詁釋文丨本作俊〇
詩蕩箋丨刑法也釋文丨本作峻爾雅釋詁釋文丨
本作峻〇詩文王丨命不易禮記大學作峻命不易
崧高丨極于天禮記孔子閒居注作峻極于天〇詩
清廟丨奔走在廟禮記
大傳注作逡奔走在廟

閏 丨者陽之餘白虎通日月〇丨月者附月之餘日
也積分而成於月者也穀梁文六年傳〇丨月者
所以補小月之減日以正歲數故三年一閏五年再
閏獨斷上〇丨是歲殘之數穀梁文六年傳天子不
以告朔而喪事不數也注〇王在門謂之丨周禮大
史丨月詔王居門司農注〇丨月非常月也禮記玉
藻丨月則闔門左扉注
〇丨使也廣雅釋詁一

峻 〇丨高也左氏昭五年傳垂不丨注又小爾雅廣詁
〇丨大也禮記大學克明丨德注丨命不易注〇
丨高大也書五子之歌丨宇彫牆傳又禮記孔子閒
居丨極于天注中庸丨極于天注〇丨長也離騷冀
枝葉之丨茂兮注〇丨峭也國語晉語高山丨原注
〇丨嚴急也後漢朱浮傳注〇丨嶢謂山也後漢崔
駰傳注〇丨幹長枝也淮南本經山無丨幹注〇丨
幹美材也淮南覽冥山無丨幹注〇丨謂簫也考工
記弓人方其丨
而高其柎注

釁 俗作舋〇丨罪也左氏宣十二年傳觀丨而動注
〇丨過也左氏昭元年傳吳濮有丨注〇丨瑕也
國語晉語久約而無丨注又漢書藝文志集注〇丨
隙也後漢崔駰傳注〇舋隙也文選東京賦巨猾閒
舋薛注〇丨孔也國語魯語惡有丨雖貴罰也注〇
丨閒也左氏宣十二年傳觀丨而動服注〇丨瑕隙
也左氏桓八年傳讐有丨注〇丨猶讐也國語晉語
少丨於難注〇丨動也左氏襄廿六年傳丨於勇注
又賈注〇丨兆也國語魯語若鮑氏有丨注〇丨熏
也漢書賈誼傳集注〇丨祭也漢書高帝紀集注引
應劭〇丨祭也殺牲以血塗鼓曰丨史記高祖紀而
丨鼓集解引應劭〇新鑄鐘殺牲以血塗其丨郤因
以祭之曰丨孟子梁惠王上將以丨鐘注〇殺牲祭
以血塗之曰丨呂覽愼大丨鼓旗甲兵注〇殺牲以
血塗之爲丨呂覽贊能丨以犧猳焉注〇丨以牲血
塗之曰丨呂覽本味丨以犧猳注〇塗以牲血謂之

丨御覽引蔡邕月令章句○丨謂殺牲以血血之周
禮天府上春丨寶鎮及寶器注○丨者殺牲以血之
神之也周禮龜人上春丨龜注○隋丨謂薦血也凡
血祭曰丨周禮大祝隋丨注○殺而以血塗鼓謂之
丨鼓左氏僖卅三年傳不以纍臣丨鼓賈注○以血
塗鼓爲丨左氏成三年傳執事不以丨鼓注○殺人
以血塗鼓謂之丨後漢竇憲傳注○丨謂丨鼓也周
禮小祝大師掌丨祈號祝司農注○殺生以血澆落
於社曰丨社管子小問桓公踐位令丨社塞禱注○
丨丨廟之屬周禮雞人面禳丨注○以香塗身曰丨
國語齊語三丨三沐之注○丨浴謂以香熏草藥沐
浴周禮女巫掌歲時祓除丨浴注○獸曰丨爾雅釋
獸○丨讀爲徽或曰丨鼓之丨周禮天府司農注○
丨讀爲徽周禮鬯人共其丨鬯司農注雞人面禳丨
司農注○衅丨字也禮記樂記車甲衅而
藏之府庫注○禮記樂記釋文衅本作丨

振丨動也易恒丨恒釋文引馬注又禮記月令蟄蟲
始丨注又左氏莊廿八年傳而丨萬焉注又廣雅
釋詁一又荀子榮辱果敢而丨注彊國非丨之以誅
殺注又呂覽適音橫塞則丨注又淮南原道蟄蟲始
丨蘇注又文選長笛賦寒熊丨頷注○丨動也擊也
史記禮書舉若丨槁索隱○丨舉也起也漢書嚴助
傳集注○丨舉也漢書食貨志上集注霍去病傳集
注王莽傳上集注又荀子王制明丨毫末注堯問天
使夫子丨寡人之過也注○丨發也左氏文十六年
傳丨廩同食注○丨揚也孟子萬章下金聲而玉丨丨
之也注○丨奮也文選廿泉賦注引韓詩章句○丨
起也國語晉語丨廢淹注又史記高祖紀集解引如
淳又漢書高帝紀上集注引如淳文帝紀集注揚雄
傳下集注南粵王傳集注又鬼谷子中經謂丨窮趨
急注○丨拔也漢書司馬相如傳上集注引張揖又
家語六本而弗可丨也注○丨救也左氏昭十四年

傳分貧丨窮注又小爾雅廣言又國語周語踣弊不
丨丨注吳語無姬姓之丨也注又史記刺客傳禍必不
丨矣索隱又管子大匡賢者死忠以丨疑注○丨者
救也史記蒙恬傳過可丨而諫可覺也索隱○丨拯
也國語周語以丨救民注晉語救乏丨滯注○丨猶
拼也檢也周禮職幣丨掌事者之餘財注○丨濟也
易蠱丨民釋文○丨救也呂覽季春丨乏絕注音初
辛餘靡丨王北濟注○丨猶救也禮記月令丨乏絕
注○丨整也左氏隱五年傳入而丨旅注成七年傳
中國不丨旅注昭三年傳而辱使董丨擇之注又穀
梁莊八年傳入曰整旅注又國語齊語春以獮丨旅
注又史記五帝紀乃修德丨兵正義高祖紀秦軍復
丨集解引李奇又漢書高帝紀上集注引李奇主父
偃傳集注陳湯傳集注王莽傳上集注又後漢皇甫
規傳注又管子權修丨之刑罰注○丨正也管子小
問以丨其淫注○丨猶收也禮記中庸丨河海而不
洩注○丨古也爾雅釋言○丨訊也同上○丨怒也
素問氣交變大論其變丨發注○丨擊也荀子王霸
若丨槁然注○丨棄也左氏昭十八年傳丨除火災
注又廣雅釋詁一○丨猶掉也文選西京賦丨朱屣
於盤樽薛注○丨猶灑之也史記司馬相如傳丨谿
通谷索隱引郭璞○丨去塵也禮記曲禮下丨書端
書於君前有誅注○丨散之以施惠也周書克殷乃
命南宮忽丨鹿臺之財注○丨窮拼捄天民之窮者
也周禮大司徒三曰丨窮注○丨整理也文選西京
賦丨天維薛注○丨者奮迅爾雅釋言丨訊也注○
丨謂丨怒素問五常政大論其變丨拉摧拔注○動
發威嚴謂之丨也管子七臣七主丨主喜怒無度注
○入爲丨旅反尊卑也爾雅釋天○兵入曰丨旅言
整衆書大禹謨班師丨旅傳○丨動戰栗變動之拜
周禮大祝四曰丨動注○至祭之末禮殺之後但擩
肝鹽中丨之擬之若祭狀弗祭謂之丨祭周禮大祝

五曰丨祭司農注○丨丨羣飛貌詩振鷺丨鷺于飛
傳○丨古文宸栕二形一切經音義七○丨讀爲丨
鐸之丨周禮大祝四曰丨動杜注○丨祭丨讀爲愼
禮家讀丨爲丨旅之丨周禮大祝五曰丨祭杜注○
丨讀爲袗禮記玉藻丨絺綌不入公門注○丨與震
同荀子正論莫不丨動從服以化順之注○易恒丨
恒釋文丨張注本作震○史記殷本紀冥子丨古
文人表作垓山海經竹書作亥索隱引世本作核

儁 一作俊亦省作雋○才過千人爲丨淮南氾論天
下雄丨豪英注○才敵千人爲俊楚辭沈江賢俊
慕而自附兮注○才德過千人爲俊書臯陶謨俊乂
在官馬鄭注○才千人爲俊淮南脩務四俊之才難
注○千人才爲俊楚辭懷沙非俊疑傑兮注○千人
才曰俊史記屈原賈生傳誹俊疑桀索隱引尹文子
○千人者謂之俊淮南泰族○千人謂之俊後漢崔
駰傳注○千人者曰俊春秋繁露爵國○千人爲丨
呂覽孟夏贊傑丨注○千人曰丨呂覽孟秋簡練桀
丨注○德萬人者謂之俊鶡冠子能天○百人曰俊
白虎通聖人引禮別名記○俊德賢才兼人者書堯
典克明俊德鄭注○俊美才出衆者也孟子公孫丑
上俊傑在位注○俊者言人之英也後漢黨錮傳○
俊者所以智滲羣情水經沙水注○傑俊能者也禮
記月令命太尉贊傑俊注○司徒論選士之秀者而
升之學曰俊士禮記王制○知哲聖人之謂俊法言
孝至○雋絕異也左氏宣十五年傳酆舒有三雋才
注○俊者大也大戴記夏小正時有俊風傳○俊也
者大也大戴記夏小正初俊羔助厥母粥傳○丨良
馬之善者後漢馬融傳注○俊壇水狀似土壇因名
舜壇也山海經大荒東經有水四方名曰俊壇注○
俊亦舜字假借音也山海經大荒東經帝俊生中容
注○俊宜爲嚳山海經大荒西經帝俊生后稷注○
雋與俊同晉書音義上○左氏莊十一年傳得克曰

丨釋文丨本作俊○書太甲旁求俊彥釋文俊本作
畯說命旁求俊乂釋文俊本作畯○書洪範俊民用
章俊民用微史記宋微子世家作畯民用章畯民用
微○書堯典克明俊德史記五帝紀作能明馴德○
書俊民用章漢樊
毅碑作穚民用章

舜 丨者准也循也言其准行道德循堯緒也風俗通
皇霸○丨猶僢僢也言能推信堯道而行之白虎
通號○丨者推也循也風俗通皇霸引書大傳○舜
推也廣雅釋詁三○丨之言充也禮記中庸其斯以
爲丨乎注又漢書古今人表集注引張晏○仁聖盛
明曰丨國策秦策丨伐三苗注又漢書古今人表集
注引張晏又獨斷下○仁聖盛明謚曰丨白虎通謚
引禮謚法○丨名書堯典曰虞丨傳又鄭注○丨謚
也書堯典馬注○丨木槿也詩有女同車顏如丨華
傳○丨當爲嚳字之誤也國語魯語商人禘丨而祖
契注○書帝丨山海經作俊○詩有女
同車顏如丨華說文艸部作蕣如蕣華
俗作夋○丨小疵也易蒙以往丨虞注○丨惜也

吝 後漢張衡傳注又荀子解蔽無邑憐之心注○丨
難惜之也論語堯曰出納之丨皇疏○丨貪也後漢
黃憲傳注○悋嗇甚也家語致思商甚悋於財注○
丨者窮急不卹之謂也顏氏家訓治家○坤爲丨嗇
易說卦傳象下傳用過乎儉虞注○丨恥也後漢楊
賜傳注張衡傳注二見○丨恨也易屯往丨釋文引
馬注○㤓恨也文選思元賦柏舟悄悄㤓不飛舊注
○㤓悒也廣雅釋詁四○丨猶恨也後漢馬援傳注
○荆汝江湘之郊凡貪而不施或謂之悋悋恨也方
言十○易說卦爲丨釋文丨京本作遴
○論語泰伯使驕且丨釋文丨本作悋

燼 同𤑔○丨餘也廣雅釋詁三又小爾雅廣詁又國
語吳語然後安受其丨注○丨火餘木也左氏成

二年傳請收合餘丨注又後漢段熲傳注○災餘
曰丨詩桑柔具禍以丨箋○叏灺也廣雅釋詁四

訊 丨問也詩正月丨之占夢傳又大戴記曾子事父母弗丨不言注又國語晉語君其丨射也注考丨其阜注又史記淮南衡山傳卽丨太子索隱引樂產衞將軍驃騎傳執丨獲醜正義又漢書刑法志集注藝文志集注淮南厲王長傳集注臨江閔王榮傳集注又後漢章德竇皇后紀注鄧騭傳注馮衍傳注延篤傳注又家語弟子行吾子有命而丨賜注又莊子山木虞人逐而丨之釋文列禦寇金木丨之釋文又管子入國禹立諫鼓於朝而備丨唉注又楚辭怨思丨九魁與六神注○丨猶問也禮記學記多其丨注又文選袁陽源倣古詩丨此倦遊士注○丨書問也荀子賦行遠疾速而不可託丨者與注○上問下曰丨公羊僖十年傳君嘗丨臣矣注○執丨通丨問之宣左氏文十二年傳執丨而與之書注○丨詰也大

元元圖乃丨感天注○丨告也詩雨無正莫肯用丨箋又國語吳語丨讓日至注又史記屈原賈生傳丨曰集解引李奇又文選思元賦占水火而妄丨舊注○丨告讓也國語吳語乃丨申胥注○丨諫也詩墓門歌以丨之釋文引韓詩○丨言也爾雅釋言又詩出車執丨獲醜箋又周禮小司寇用情丨之注一曰丨羣臣注司刺壹刺曰丨羣臣注○丨辭也詩出車執丨獲醜傳○丨動也廣雅釋詁一○丨者始入之貌御覽時序部九引書大傳○丨馘所生獲斷耳者禮記王制以丨馘告注○丨或爲訾禮記學記多其丨注○丨與信通文選王僧達和琅邪王依古詩聊丨與亡言注○丨本或作訓荀子賦行遠疾速而不可託丨者與注○詩雄雉箋奮丨其形貌釋文丨本作迅七月傳羽成而振丨之釋文丨本作迅禮記樂記注奮丨也釋文丨本作迅公羊莊八年傳注振丨士衆言之釋文丨本作迅○詩墓門歌以丨之釋文丨本作誶正月釋文丨本作誶皇矣執丨連連釋文丨本作誶禮記王制以丨馘告釋文丨本作誶學記多其丨釋文丨本作誶○詩墓門丨予不顧楚辭章句一作誶予不顧○詩皇矣釋文丨本作誶

允 敬避廟諱○允繼也爾雅釋詁又文選吳都賦允陽阿劉注○允續也漢書楊雄傳上集注引應劭又文選劇秦美新允殷周之失業注○允嗣也書堯典允子朱啟明馬注高宗肜日罔非天允傳○允繼世也爾雅釋詁舍人注○允習也詩旣醉永錫祚允傳○允亦曲也字或爲引文選長笛賦詳觀夫曲允之繁會叢雜注○允國書堯典傳○允臣名書允征序允往征之鄭注○書堯典允子朱啟明史記五帝紀作嗣子丹朱開明○書高宗肜日罔非天允史記殷本紀作罔非天繼

仞 七尺曰丨書旅獒釋文又儀禮鄉射禮記杠長三丨注又禮記祭義丨有三尺釋文又論語子張皇

疏又華嚴經音義下引何承天纂要又莊子達生縣水三十丨釋文庚桑步丨之邱陵釋文又呂覽功名出魚乎十丨之下注適威若決積水於千丨之谿注又淮南覽冥連鳥于百丨之上注說林鳳凰高翔千丨之上注又楚辭招魂長人千丨注○七尺曰丨也論語子張夫子之牆數丨集解引苞注○先儒以七尺爲丨孟子音義下引丁音○八尺曰丨書旅獒爲山九丨傳又釋文又家語致思有懸水三十丨注又管子乘馬十分去一四則去三注又淮南原道夏鯀作三丨之城注○丨八尺也山海經西山經太華之山其高五千丨注○四尺謂之丨小爾雅廣度○度深曰丨左氏昭卅二年傳丨溝洫注又淮南覽冥蛇蟬着泥百丨之中注○丨滿也史記司馬相如傳虛宮觀而勿丨正義又後漢張讓傳注又文選上林賦虛宮館而勿丨郭注○書旅獒釋文丨本作刄左氏昭卅二年傳釋文丨本作刄論語子張釋文丨本作

【迅】丨疾也爾雅釋詁又左僖十六年傳注遇丨風而
退飛釋文又論語鄉黨丨雷風烈必變皇疏又周
書王會麃者若鹿丨走注又爾雅釋獸狠絶有力丨
孫注猰貐丨走注又漢書溝洫志集注又楚辭招魂
參丨衆些注又文選西京賦紛縱體而丨赴薛注東
京賦若疾霆轉雷而激丨風也薛注陸士衡樂府長
歌行年往丨勁矢注○狠絶有力丨爾雅釋獸
○列子黃帝狗丨視而盛氣釋文丨一本作速

【瞬】一作瞚亦作眴○目動曰眴一切經音義二引通
俗文○瞚動也莊子庚桑楚終日視而目不瞚釋
文○眴眩也史記屈原賈生傳眴兮窈窕集解引徐
廣○眴驚也莊子德充符少馬眴若釋文引司馬注
○瞚作眴同尸閏反一切經音義三引通俗文○丨
古文旬同一切經音義十二○莊子庚桑楚釋文瞚
本作丨又作瞑○莊子
德充符釋文眴本作丨

【櫬】空棺謂之丨小爾雅廣名○丨棺也禮記雜記上
其轜有裧注又左氏僖六年傳士輿丨注襄二年
傳以自爲丨注又昭四年傳士袒輿丨釋文又廣雅
釋器○丨親身棺也左氏襄四年傳無丨注又後漢
鄧騭傳注○丨木堇爾雅釋草○丨梧爾雅
釋木○爾雅釋草丨木槿釋文丨本作藽

【儭】丨字書或作寴字同且吝反又义覲反丨至也近
也一切經音義四

【譐】譐苦也廣雅釋詁四○丨丨忠謹之貌也後漢卓
茂傳注○丨佐也國語晉語以丨趙鞅之故注○
譐罪也方言三○譐皐也廣雅釋詁三○丨憎所疾
也宋魯凡相惡謂之丨憎若秦晉言可惡矣方言七

【蓋】丨進也爾雅釋詁又詩文王王之丨臣傳又周書
皇門朕丨臣夫注○丨草名也一切經音義三引
字林○丨草可以染流黃作金色生蜀中一切經音
義三引本草○丨餘也周鄭之閒曰丨自關而西秦

又○列子周穆王蕿丨
人鹿釋文丨一本作認

【軔】丨礙車木也詩小旻箋動丨則泥陷釋文又集韻
引字林○丨止車木也後漢馮衍傳注○丨楮輪
木也離騷朝發丨於蒼梧兮注○丨車下支淮南兵
畧車不發丨注○車輪謂之丨文選懷舊賦注引顏
延年纂要解○丨謂以頭止車輪也後漢申屠剛傳
注○丨牢固之名也管子制分攻堅則丨注○丨柔
也亦怠惰之義荀子富國芒丨優楛注○丨八尺也
孟子盡心上掘井九丨注盡心下堂高數仞注○丨
義與仞同借用耳孟子音義下引丁
音○丨如戰反詩小旻釋文引字林

【殯】丨窆棺也左氏僖卅二年傳將丨於曲沃注○丨
大斂也淮南兵畧丨文王於兩楹之閒注○以大
斂而徙棺曰丨公羊莊四年傳以爲雖遇紀侯之丨
亦將葬之也注○棺在肂中斂尸焉所謂丨也儀禮
士喪禮主人奉尸斂于棺注○欑木如椁塗之曰丨
穀梁僖九年傳今背丨而出會注○塗木曰丨國語
晉語與哀丨喪注○於西壁下塗之曰丨丨賓也賓
客遇之言稍遠也釋名釋喪制○丨當爲賓聲之誤
也禮記曾子問奠而后辭於丨注○禮
記雜記注載柩將丨釋文丨本作賓

【儐】丨贊也漢書揚雄傳上集注引張晏○丨進之也
周禮大宗伯王命諸侯則丨注○丨謂贊引賓客
者也管子小問桓公令丨者延而止注○丨謂通客
之人莊子列禦寇丨者以告列子釋文○敵者曰丨
周禮司儀賓亦如之注○丨敬也禮記禮運所以丨
鬼神也釋文引皇注○丨陳詩常棣丨爾籩豆傳○
丨棄也後漢張衡傳注○周禮宗伯注出接賓曰丨
釋文丨本作賓○儀禮聘禮丨勞者釋文丨劉注作
擯同禮記文王世子退丨于東序釋文丨
本作擯雜記注丨者傳焉釋文丨本作擯

楚之閒炊薪不盡曰｜方言二○｜與燼同文選長
笛賦｜滯抗絕注○詩桑柔具禍以｜釋文｜本作
燼○爾雅釋詁餘晉
寅｜釋文｜本作燼

憖

｜且也左氏哀十六年傳不｜遺一老注又家語
終記不｜遺一老注○｜願也國語晉語乾歸諸
下執政以｜御人注○｜猶願也國語楚語吾｜寘
之於耳注○｜發語之聲左氏昭廿八年傳｜使吾
君聞勝與臧之死也以爲快注○｜發語之音也後
漢張衡傳注○｜傷也廣雅釋詁二○｜傷也楚潁
之閒謂之｜方言一○｜憂也廣雅釋詁一○｜缺
也左氏文十二年傳兩軍之士皆未｜也注○｜閒
也詩十月之交釋文○｜謹敬也文選思元賦注引
字林○｜問也牛吝反左傳文十二年釋文引字林
○憖強也小爾雅廣言○｜者心不欲自彊之詞也
詩十月之交不｜遺一老箋○｜笑貌也後漢張衡

傳注引張揖字詁又文選思元賦戴勝｜其既歡兮
舊注○左氏哀十一年晉悼公子｜亡在衞釋文｜
本作整○左昭十二年公子｜出奔齊公羊作公子
整○左昭十一年會于厥｜公羊作屈銀○楊著碑
不我慭遺｜作慭○平輿令
薛君碑不慭遺君｜作慭

殣

道殣謂之｜也文選王命論夫餓｜流隸注○道
家曰｜國語楚語道｜相望注○｜道死人也荀
子禮論不得盡行以昏｜凡緣而往埋之注○餓死
爲｜左氏昭三年傳道｜相望注又後漢馬融傳注
疏不熟爲｜爾雅釋天○疏不熟曰｜詩雨無正

饉

降喪饑｜傳又周禮大宰八曰臣妾聚斂疏材注
○蔬不熟曰｜楚辭哀時命曰饑｜而絕糧注○可
食之菜皆不熟爲｜爾雅釋天李注○乏菜爲｜論
語先進因之以饑｜皇疏○三穀不升謂之｜穀梁
襄廿四年傳又韓外傳八○三穀不升曰｜廣雅釋

天又後漢光武紀上注○一穀不收謂之｜墨
子七患○｜或爲殣文選王命論餓｜流隸注

藺

｜莞屬也爾雅釋草釋文引字林○莊子山木｜
且從而問之釋文｜本作蔺

濬

｜深也爾雅釋言又詩韓奕箋｜俗是壑釋文又
長發｜哲維商傳又史記五帝紀幼而徇齊索隱
又文選魏都賦於是崇墉｜洫劉注魯靈光殿賦｜
哲欽明張注述祖德詩隨山疏｜潭注○｜亦深也
爾雅釋言注○｜下之深也爾雅釋言舍人注○史
記五帝紀幼而徇齊索隱曰舊本亦有作｜齊蓋古
字假借徇爲｜○書益稷｜畎澮距川史記夏本紀
作浚畎澮致之川說文谷部作容畎澮距川○書舜
典｜川史記五
帝紀作決川

徇

一作徇○｜求也一切經音義二十一引蒼頡又
史記伯夷傳貪夫｜財正義又後漢李固杜喬傳

注又文選吳都賦聊襲海而｜珍劉注○｜營也廣
雅釋言又史記項羽紀而｜其私索隱引崔浩又後
漢丁鴻傳注鄧張徐張胡傳注崔駰傳注又文選鵩
鳥賦注引莊子司馬注七命於是｜華大夫聞而造
焉注○｜干求也亦營也一切經音義一引書注○
｜偏也爾雅釋言○徇偏也一切經音義一引三蒼
○｜巡也書泰誓釋文引字詁○狥巡也漢書食貨
志上集注○｜循也書泰誓中王乃｜師而誓傳○
｜行也國語周語乃命其旅曰｜注○｜行示也史
記司馬穰苴傳以｜三軍正義○｜宣令也左氏桓
十三年傳莫敖使｜于師注○｜舉以示其地之衆
也周禮司市中刑｜罰注○｜猶繞也後漢班彪傳
上注○｜謂周行也山海經西山經槐江之山神招
英司之｜于周行注○狥肆也小爾雅廣言○｜衞
也太元馴｜其勞注勤躬｜國也注○｜猶徧也呂
覽忠廉殺身出生以｜之注○｜略也史記項羽紀

丨下縣集解引李奇鄺生陸賈傳諸將丨地正義又漢書高帝紀上集注陳勝傳集注引李奇魏豹傳集注又後漢光武紀上注○丨疾也素問上古天眞論幼而丨齊注六節藏象論卜蒙招尤注○丨德也史記五帝紀幼而丨齊索隱○丨迷也廣雅釋言○丨使也莊子人閒世夫循耳目內通釋文引李注○丨從也營也漢書司馬遷傳集注○丨從死也史記韓世家將以楚丨韓索隱○丨營也亡身從物曰丨文選吳都賦丨蹲鴟之沃劉注○巳身從物曰丨漢書賈誼傳集注引臣瓚○夸物示人亦曰丨文選吳都賦劉注○丨音撫丨之丨史記項羽紀集解引如淳○丨今巡爾雅釋言釋文引張揖字詁左桓六年傳注以木鐸丨曰釋文丨本作殉

○爾雅釋言釋文丨樊本作徇

殉　丨從也漢書李陵傳集注又孟子盡心上以道丨身注盡心下故驅其所愛子弟以丨之注○丨營也史記屈原賈生傳貪夫丨財集解引應劭又漢書李陵傳集注敘傳上集注又莊子駢拇小人則以身丨利釋文引司馬注○丨求也書伊訓敢有丨于貨色傳○丨求也亦營也一切經音義十七引蒼頡○丨巡也後漢李固傳注○亡身從物謂之丨史記屈原賈生傳貪夫丨財索隱引臣瓚○殺身從之曰丨莊子駢拇小人則以身丨利釋文引崔注○以人從死曰丨禮記檀弓用丨乎哉釋文○殺人以從死謂之丨家語曲禮公西赤問不殆於用丨乎注○以人從葬爲丨左氏文六年傳以子車氏之三子奄息仲行鍼虎爲丨注○殺人以衛死者曰丨禮記檀弓下不殆於用丨乎哉注○丨殺生送死也漢書敘傳音義引字林○丨殺人以葬國策秦策必以魏子爲丨注○殺人以葬璇環其左右曰丨左氏文六年傳服注○丨弋絹反左氏文六年傳釋文引字林

覲　丨見也爾雅釋詁又書舜典乃日丨四岳羣牧傳又詩韓奕韓侯入丨傳又禮記王制丨諸侯注又左氏隱四年傳王丨爲可釋文又穀梁昭卅二年傳諸侯不享丨注又文選東京賦當丨乎殿下者薛注○丨見也諸侯秋見天子之禮儀禮目錄○秋見曰丨周禮大宗伯又禮記曲禮下注○諸侯秋見天子曰丨詩韓奕箋○天子當依而立諸侯北面而見天子曰丨禮記曲禮下○丨之言勤也欲其勤王之事周禮大宗伯注○丨謂就見尊老也華嚴經音義上引珠叢○丨裁也呂覽長見至於丨存注○丨當爲瑾荀子正論瑱玕龍茲華丨以爲實注○書舜典乃日丨四岳羣牧史記五帝紀作見四嶽諸牧漢書郊祀志作見四嶽諸牧○書舜典肆丨東后史記五帝紀作遂見東方君長漢書郊祀志作遂見東后

畯　丨農夫也爾雅釋言○丨田大夫也穀梁宣十五年傳注田丨也釋文○丨主田官也文選東京賦嘉田丨之匪懈薛注○田丨田大夫也詩七月田丨至喜傳○田丨古之先敎田者周禮籥章以樂田丨司農注○田丨司嗇今之嗇夫也詩甫田田丨至喜箋○丨與俊同文選陸韓卿奉荅內兄希叔詩自古多俊民注○詩甫田釋文丨本作俊

餕　食餘曰丨論語爲政先生饌鄭注○食人之餘曰丨禮記曲禮上丨餘不祭注○丨食朝之餘也禮記玉藻日中而丨注○丨者祭之末也禮記祭統○丨熟食也太元劇爻母采丨若注○丨孰食公羊昭廿五年傳丨饔未就注○孰食謂之丨饔廣雅釋器

擯　丨斥也後漢趙壹傳注○丨棄也莊子徐無鬼以丨寡人久矣釋文引司馬注○丨落謂被斥丨而漂落也文選江賦丨落江山注○丨贊儀禮有司徹宗人丨注○出接賓曰丨周禮大宗伯朝覲會同則

爲上相注司儀掌九儀之賓客丨相之禮注○丨爲
主國之君所使出接賓者也儀禮聘禮卿爲上丨注
○丨謂揖之使前也周禮小司寇小司寇丨注○丨注
爲后傳辭周禮內小臣若有祭祀賓客喪紀則丨注
○丨者傳毋之屬也禮記內則丨者以其子見注○
丨相侑喪禮者禮記檀弓正子游丨由左注○丨者
有司佐禮者儀禮士昏禮丨者出請事注○丨者有
司佐禮者在主人曰丨在客曰介儀禮士冠禮丨者
請期注○言丨者賓在公館如家之義亦以來者爲
賓儀禮聘禮賓用束錦丨勞者注○卿爲上丨大夫
爲承丨士爲紹丨儀禮聘禮○論語鄉黨君召使丨
釋文丨本作賓又作儐○禮記曲禮其丨于天子釋
文丨本作儐檀弓注丨者釋文丨本作儐
聘義注賓見主人陳丨丨釋文丨本作儐

敁 荆楚之間謂蒿爲丨爾雅釋草蒿丨孫注○江湖
閒曰丨爾雅釋草某氏注○今人呼青蒿香中炙

啗者爲丨爾雅釋草注○詩鹿鳴蒿丨也
釋文丨本作墪爾雅釋草釋文丨本作墪

進 丨與瑨同晉書音義中

酳 丨嗽口也禮記曲禮注謂丨也釋文○丨漱也所
以潔口後漢明帝紀注○以酒曰丨禮記曲禮注
釋文○丨漱也丨之言演也安也漱所以潔口且演
安其所食丨酳內尊儀禮士昏禮酳丨主人注○丨
猶衍也是獻尸也云丨者尸既卒食又却頤衍養樂
之儀禮特牲饋食禮酳丨尸注○丨猶羨也既食之
而又飲之所以樂之儀禮少牢饋食禮乃丨尸注○
丨安食也儀禮士虞禮酳酒丨尸注○古文丨作酌
儀禮士虞禮注少牢饋食禮乃丨尸注
○今文丨皆爲酌儀禮特牲饋食禮注

僅 丨丨裁國策齊策邯鄲丨存注○丨猶裁國策秦策
丨以救亡者注又呂覽遇合丨至於魯司寇注○

丨才能也一切經音義十五引字林○丨劣也公羊
僖十六年傳丨逮是月也釋文○丨猶劣也公羊桓
三年傳丨有年也注又國語周語余一人丨亦守府
注楚語而丨得以來注○丨少也漢書董仲舒傳集
注陳湯傳集注○丨古文尟
麈二形同一切經音義一

牣 丨滿也詩靈臺於丨魚躍傳又廣雅釋詁一又小
爾雅廣詁○丨塞也小爾雅廣詁○丨本作仞孟
子音義上
引丁音

遴 遴難也廣雅釋詁三又漢書杜欽傳集注引李奇
○丨貪也廣雅釋詁二○遴遻也廣雅釋詁三○
丨郄大戴記子張問入官雖行必丨注○丨集
者類聚羣遊得其所也法言問明鷦明丨集注

賮 或作贐○丨財貨也文選魏都賦注引蒼頡○丨
禮贄也文選魏都賦𥙓貢丨贄劉注○贐送行者

贈賄之禮也後漢張衡傳注○贐送行者贐賄之
禮也時人謂之贐孟子公孫丑下行者必以贐注

襯 丨仍也廣雅釋言

晙 丨早也爾雅釋詁○丨亦明也爾雅釋詁注

鬊 丨亂髮也儀禮士喪禮巾櫛丨蚤釋文又禮記喪
大記君大夫丨瓜實于綠中注○髮謂之鬊廣雅
釋器

瑾 亦丨美玉也楚辭愍命捐赤丨於中庭注

趁 關西以逐物爲丨也一切經音義十九引纂文

齔 俗作齓○丨毀齒也管子小問未丨不入軍門注
○齓毀齒也後漢安思閻皇后紀注邊讓傳注○

毀齒謂之齓廣雅釋親○毀齒曰丨丨
洗也毀洗故齒更生新也釋名釋長幼
丨小鼓名周禮小師鼓丨司農注○應與丨及朔
朄皆小鼓也周禮小師擊應鼓注○丨小鼓也先擊
小鼓乃擊大鼓小鼓爲大鼓先引故曰丨周禮
大師鼓丨司農注○丨讀爲道引之引同上
韌與肕同○丨柔也一切經音義十九引字林○柔
堅曰肕一切經音義十四引通俗文○肕堅也管
子地員注
而不肕注
訒丨難也論語顏淵仁者其言也丨集解引孔注又
皇疏又廣雅釋詁三又荀子正名非是者謂之丨
注○丨不忍言也論語顏淵鄭
注○論語顏淵釋文丨本作仞
侲丨子逐疫之人也後漢和熹鄧皇后紀注○丨子
童男童女也文選東京賦丨子萬童薛注○丨之

言善也後漢和熹鄧皇后注又文選西京賦丨
僮程材薛注○丨養馬人也後漢杜篤傳注
轥亦作轔○轔轢也廣雅釋言又漢書揚雄傳上集
注又後漢耿弇傳注杜篤傳注○轔蹸也史記司
馬相如傳觀徒車之所轔轢正義○轔車轢
史記司馬相如傳揜兎轔鹿集解引徐廣
磷丨磗也廣雅釋詁一○州輔碑摩而不鄰丨作鄰
躪韻會作蹸○丨轢也漢書王商傳集注○蹸轢也
後漢班彪傳上注○丨與蹸同文選西都賦蹂丨
其十二
三注
粦詩東山熠燿燐也釋文丨本作蟒
驎丨毛色有深淺班駁隱粼今之連驄也詩駟青驪
丨曰驒釋文○丨良振反詩駟釋文引字林○詩

駟傳青驪丨曰驒
釋文丨本作甐
浚丨深也易恒丨恒侯果注又釋文又詩小弁莫丨
匪泉傳又穀梁莊九年丨洙釋文又大戴記文王
官人丨窮而能達注又漢書禮樂志集注又後漢寇
榮傳注○丨深之左氏莊九年經冬丨洙注○丨之
者何深之也公羊莊九年傳○丨洙者深洙也穀梁
莊九年傳○丨溢也廣雅釋詁二○丨煎也國語晉
語丨民之膏澤以實之注○丨取也左氏襄廿四年
傳而謂子丨我以生乎注○丨須也書皋陶謨夙夜
丨明有家傳○丨大也書皋陶謨馬注○丨敬也廣
雅釋詁一○丨敬也齊曰丨方言六○丨衛邑也詩
凱風在丨之下傳干旄在丨之郊傳○丨儀縣北
有丨水像而儀之故曰丨儀水經渠水注引陳留風
俗傳○古文濬濬二形今作丨一切經音義四○詩
噫嘻丨發爾私釋文丨本作駿○書皋陶謨夙夜丨

明有家史記夏本紀
作蚤夜翊明有家
墐塗也詩七月塞向丨戶傳又廣雅釋室○丨謂
塗閉之禮記月令皆丨其戶注○丨路冢也詩小
弁尚或丨之傳○丨路旁冢也孟子音義下引丁音
○丨溝上之道也九夫爲井井閒有溝國語齊語陸
阜陵
丨注
縉丨赤色也後漢朱景王杜馬劉傅堅馬傳注○丨
赤白色也後漢蔡邕傳注○丨插也漢書郊祀志
上集注引李奇○丨與搢同荀子禮論丨紳而
無鉤帶矣注○丨或作薦漢書郊祀志上集注
搢丨插也禮記內則釋文又穀梁僖三年傳桓公委
端丨笏而朝諸侯注又周書王會丨珽注又廣雅
釋詁二又史記封禪書丨紳者不道集解引李奇又
後漢朱景王杜馬劉傅堅馬傳注陳忠傳注楊彪傳

注又家語五儀紳帶丨笏注又呂覽季秋司徒丨朴注又淮南時則司徒丨朴注〇丨猶插也禮記樂記裨冕丨笏注〇丨插也插於帶右儀禮鄉射禮丨三而挾一个注〇丨插也插於帶之右旁儀禮士喪禮丨笏注〇丨扱也儀禮大射儀丨三挾一个注又荀子禮論縉紳而無鉤帶矣注〇丨猶扱也禮記內則丨笏注〇丨紳謂扱於帶荀子禮論注〇丨猶帶也穆天子傳一丨曶注〇丨本去珽荼佩士笏也禮記玉藻君衣布丨本注〇丨丨郎兩切振也國語吳語挺鈹丨鐸注

娠 丨懷身也左氏哀元年傳后緡方丨注〇懷胎爲丨後漢靈思何皇后紀注〇丨動也爾雅釋詁〇丨猶震也爾雅釋詁注

引 丨車索禮記檀弓必執丨釋文〇丨所以丨柩車在軸輴曰紼古者人丨柩儀禮既夕屬丨注

袗 丨同也儀禮士冠禮兄弟畢丨元注士昏禮女從者畢丨元注〇古文丨爲均也儀禮士冠禮注

診 丨亦視也後漢王喬傳注〇丨占夢也莊子人間世匠石覺而丨其夢釋文引司馬注

瑱 充耳謂之丨詩淇奧充耳琇瑩傳〇丨或曰充耳釋名釋首飾〇丨鎮也縣當耳傍不欲使人妄聽自鎮重也同上〇丨謂珠玉壓座爲飾也華嚴經音義上引漢書訓纂〇丨古文顚一切經音義十五〇丨與磌通後漢班彪傳上注〇丨與磌古字通文選西都賦雕玉丨以居楹注

疢 丨病也廣雅釋詁一〇丨猶病也詩小弁丨如疾首箋〇詩小弁釋文丨本作疹左氏成六年傳注惡疾丨釋文丨本作疹哀六年傳則有疾丨釋文丨本作疹

揗 丨順也廣雅釋詁一

〇以下據**囟**丨峻也所生高峻也釋名釋形體〇丨廣韻録古文胴脖二形一切經音義四

鋑 丨竹實中齊民要術十引字林

栒 經梳謂之丨廣雅釋器〇丨几織先經以丨梳絲使不亂玉篇引埤蒼

瀙 丨水名在豫州廣韻引字林〇丨水山海經謂之視水也水經瀙水注

鵕 丨鸃鳳皇屬也廣雅釋鳥〇丨鸃山雞也水經浪水注引南越志〇丨鸃神鳥也飛竟天者也太平御覽引蒼頡〇丨鸃漢以爲侍中冠太平御覽引蒼頡

⿵門夋 丨踐也漢書司馬相如傳上集注引郭璞

厪 丨劣也漢書賈誼傳集注〇丨少也漢書鄒陽傳集注

挋 丨拭也禮記喪大記丨用浴衣注〇丨清也爾雅釋詁〇丨晞也清也儀禮士喪禮丨用巾注〇古文丨皆作振同上

䀼 丨眩懣也朝鮮洌水之間顛眴謂之丨眩方言七

迿 丨出表辭猶先也公羊定四年傳而不相丨注

螼 丨蚓蜸蠶爾雅釋蟲

阠 東陵丨爾雅釋地

陖 丨急也廣雅釋詁一〇丨陡也文選西京賦修路丨險薛注〇丨翟隗姓國也音峻穆天子傳五丨翟致路注

[㠴] 丨巾也廣雅釋器

[㕰] 丨吐也廣雅釋詁四

[儁] 丨聚也廣雅釋詁一

[贐] 丨益也廣雅釋詁一

[徇] 丨疾也廣雅釋詁一

[甐] 丨亦敝也考工記輪人不丨於鑿注○攷工記輪人釋文丨本作鄰

○以下據集韻錄

[臺] 古文丨作餕儀禮有司徹乃丨如儐注○古文丨皆作餕儀禮特牲饋食禮丨者舉奠許諾注

 完

[㬐] 丨晉國也呂覽悔過於東邊侯丨之道注

[廑] 丨少也史記貨殖傳丨丨物之所有集解引應劭○丨丨少也漢書地理志下集注○丨讀曰僅同上

[䘳] 丨甬也漢書司馬相如傳上集注引張揖

經籍籑詁卷第七十一

經籍籑詁卷第七十一補遺 [去聲]

兵部侍郎兼都察院右副都御史巡撫浙江等處地方提督軍務兼理糧餉阮元纂集

十二震

[震] 說文丨劈歷振物者从雨辰聲春秋傳曰丨夷伯之廟𩆝籀文丨○雷之甚者爲丨左氏隱九年經大雨丨電疏○丨謂靁電也漢書刑法志以類天之丨曜殺戮也注○丨戰也所擊輒破若攻戰也又曰辟歷釋名釋天○丨動易象下傳剛以動荀注○丨動也易震丨亨疏易恆丨恆凶疏又左氏僖十五年傳遇歸妹之睽疏昭卅二年傳始丨而卜疏又國語周語弗丨弗渝注又後漢書李固傳注引韓詩章句○丨爲動禮記月令注雷始收聲在地中疏又左氏宣六年傳注豐上六疏○丨懼也易繫辭上傳丨无

咎者釋文引鄭注又國語晉語四莫不丨動注楚語滯久不丨注又後漢書樂成靖王黨傳不丨厥教注○丨威也國語晉語車有丨武也注○丨騰皆謂僭踰相侵犯也詩閟宫不丨不騰箋○丨聲也易象上傳自求口實集解○丨喜易象下傳君子以赦過宥罪虞注○丨春易象下傳天地節而四時成注○丨庚也易巽先庚三日虞注○丨生象易觀觀我生君子无咎虞注○懷胎爲丨左氏昭元年傳方丨太叔注○丨爲長子左氏昭卅二年傳注丨爲諸侯疏

[信] 說文丨誠也从人从言會意㐰古文从言省訫亦古文○丨也者實也高麗本孟子○丨不欺也禮記禮運講丨脩睦疏○丨者內不欺隱者也禮記聘義孚尹旁達丨也疏○丨者外不欺於物也禮記禮器忠丨禮之本也疏○丨謂使人不疑荀子王制丨其友敵之道注○丨言必行之國語晉語申生甚好

丨而彊注○臣能承命爲丨左氏宣十五年傳○守命其時之謂丨左氏僖七年傳○周仁之謂丨左氏哀十六年傳○處和應坤曰丨易文言傳庸言之丨荀注○丨德之固也左氏文元年傳○丨者德之固也賈子道德說○丨國之寶也左氏僖廿五年傳又呂覽爲欲○丨明也左氏定元年傳以自丨也疏○丨猶保也國策秦策則慈母不能丨也注○於文人言爲丨詩皇皇者華箋中和謂忠丨也疏○人言爲丨謂言不虛妄也左氏桓六年傳而丨于神也疏○乾爲丨易大有自天右之虞注○土爲丨左氏哀十四年經西狩獲麟服注○土性丨易晉衆允虞注○丨再宿也左氏襄十八年傳丨于城下而還注○再宿爲丨左氏哀廿五年傳揮出丨弗納注

印 說文印執政所持信也从爪从卪凡丨之屬皆从丨○丨信也一切經音義七引蒼頡

進 說文丨登也从辵閵省聲○丨謂濟言周禮大宗伯注禮濟虛疏○丨謂祭也文選高唐賦進純犧注○丨退亦謂貴賤也荀子正名道者丨則近盡退則節求注○先丨後丨謂士先後輩也論語先進集解引包注○丨退猶改易也國語晉語且可以丨退注○丨者會禮之財也漢書高帝紀上主丨注游俠陳遵傳敷負注○巽爲丨易序卦傳漸者丨也虞注○巽爲丨退易恆不恆其德鄭注益立心勿恆虞注豐折其右肱鄭注旅射雉一矢亡干注彖上傳觀乎天文以察時變虞注

潤 說文水曰丨下从水閏聲○丨澤有光也淮南俶眞珠玉丨澤注○丨色謂光飾之漢書終軍傳必待明聖丨色注

陣 說文敶列也从攴陳聲○戰陳之義本因陳列爲名而音變耳字則作陳更無別體而末代學者輒改其字旁從車非經史之本文也今宜依古不從流俗也漢書刑法志善師者不陳注

鎮 說文丨博壓也从金眞聲○丨笮也一切經音義十八引廣雅○丨重也國語晉語使寡人過殺社稷之丨注社稷之丨也注楚語而丨其浮注○丨星土宿也廣雅釋天曹憲音○土之精氣上爲丨星二十八年一周天素問金匱眞言論上爲丨星注○塡與丨同漢書高帝紀下塡國家注○塡讀與丨同漢書王莽傳中以土塡水注○詩采菽傳殿丨也釋文本又作塡

刃 說文丨刀堅也象刀有丨之形凡丨之屬皆从丨

順 說文丨理也从頁从川○丨從也詩泮水丨彼長道箋○丨者心不違也易象上傳丨以巽也集解引虞注○丨莫敢違左氏襄三年傳師衆以丨爲武注○卜否猶臧否謂善惡也詩烝民邦國若否箋○

自上而下曰丨周禮宰夫之職注自下而上曰逆疏○坤爲丨易大有自天右之虞注鼎得妾以其子鄭注○易升君子以丨德釋文本又作愼○莊子天下己之大丨釋文丨或作循○詩下武應侯丨德正義引定本作應侯愼德

愼 說文丨謹也从心眞聲昚古文丨○丨謂謹丨儀禮喪服傳注丨而寡言者疏○丨其身者謹安護之禮記文王世子丨其身以輔翼之注○丨靜也爾雅釋詁○丨誠也爾雅釋詁○丨德之守也國語周語○丨謂以紼引棺就殯所也史記孔子世家葢其丨也正義○丨引聲相近禮記檀弓上其丨也疏

鬢 說文丨頰髮也从髟賓聲

晉 說文晉進也日出萬物進从日从臸易曰明出地上晉○丨進也易晉康侯用錫馬蕃庶虞注丨如

摧如虞注○丨之爲義進長之名易晉疏○丨進也其地在北有事於中國則進而南也又取丨水以爲名其水迅進也釋名釋州國

駿 說文丨馬之良材也从馬夋聲○丨驪馬也讀詩記卅二引齊詩

閏 說文丨餘分之月五歲再丨告朔之禮天子居宗廟丨月居門中从王在門中周禮曰丨月王居門中終月也○丨所以正中朔也漢書律厤志下○弩機銘延光三年閏月丨作閏

峻 丨者高險之名詩蕩箋丨刑法也疏○丨謂峭刻也漢書杜延年傳吏爲丨詆注

釁 說文丨血祭也象祭竈也从爨省从酉酉所以祭也从分分亦聲○凡殺牲以血祭者皆爲丨漢書高帝紀上而丨鼓注○丨隙也國語晉語聲章過數則有丨注冠知其丨注離則有丨注楚語苟國有丨

注○丨謂閒隙也漢書佞幸傳贊國多丨矣注○丨是閒隙之名左氏宣十二年傳注丨罪也疏○丨呼爲釁史記高祖記而丨鼓索隱引應劭○丨兆也文選上責躬應詔詩表注引國語賈注○今人謂瓦裂龜裂皆爲丨左氏宣十二年傳注丨罪也疏○丨謂自矜奮以夸人左氏襄廿六年傳丨動也疏引王肅說○丨或爲熏國語齊語三丨三浴之注

振 說文丨舉救也从手辰聲一曰奮也○丨舉救之漢書劉德傳則以丨昆弟注○丨謂舉救也漢書游俠郭解傳既已丨人之命注○丨救也國語魯語陷而不丨注又淮南時則丨乏絕注又文選長楊賦丨人之所乏注引國語賈注○丨亦救也左氏昭十一年傳不可沒丨疏○丨猶救也禮記哀公問物恥足以丨之注○丨奮也國語晉語治兵丨旅注○丨動也禮記喪大記丨容疏又淮南本經共工丨滔洪水注○丨張起也漢書王莽傳上出丨車騎注○丨謂丨怒素問五常政大論其變丨拉推拔注○丨擊也荀子議兵秦師至而鄢郢舉若丨槁然注○丨搖落也易恆丨恆釋文引鄭注○丨收也文選上林賦丨溪通谷注引張揖○丨整也文選上林賦盤石丨崖注引李奇○丨亦整也漢書楊雄傳下丨師五莋注○丨旅整衆也漢書刑法志春丨旅以搜注○丨自也詩載芟丨古如茲傳○丨亦古也詩載芟箋○丨羽樂章也禮記仲尼燕居徹以丨羽注○今人之作文書者以其事涉貨財輒改丨爲賑匡謬正俗七○詩振鷺丨鷺于飛文選蜀都賦注引作鶖鷺于飛

儁 說文俊材千人也从人夋聲○十人曰選倍選曰俊禮記月令疏引蔡氏辨名記禮運疏引同○十人曰選倍選曰儁左氏宣十五年傳注儁絕異也疏引辨名記○傑俊謂多才藝禮記月令命大尉贊傑俊疏

䑞 說文䑞艸也楚謂之葍秦謂之藑蔓地連華象形从舛舛亦聲凡䑞之屬皆从䑞𩔵古文䑞○受禪成功曰丨禮記中庸丨其大知也與疏引謚法○仁義盛明曰丨書堯典序疏引謚法又禮記中庸疏引同

吝 說文丨恨惜也从口文聲易曰以往丨咳古文丨从彡○坤爲丨嗇易頤其欲逐逐虞注

燼 樵燭既燒之餘名之曰丨左氏襄四年傳注丨遺民疏○丨遺民左氏襄四年傳收二國之丨注丨遺之注又文選西征賦注引廣雅又國語晉語穆公丨之注可徵丨也注又文選稽叔夜幽憤詩對荅鄙丨

訊 說文丨問也从言卂聲訩古文丨从鹵○丨問也禮記學記多其丨釋文又左氏昭廿一年傳而丨

注○丨考問也漢書張湯傳丨鞫論報注○丨謂考
問之漢書王子侯表上安檀侯福丨未竟注○丨謂
鞫問也漢書鄒陽傳卒從吏丨注○丨言也詩皇矣
執丨連連箋○丨告也詩墓門歌以丨之傳又爾雅
釋詁○丨猶宣也史記屈原賈生列傳丨曰索隱引
劉伯莊○丨亦奮丨也漢書楊雄傳上猋駭雲丨注
敬避　廟諱說文允子孫相承續也从冈
允 从八象其長也从幺象重累也胤古文允○允嗣
也左氏僖廿四年傳周公之允也注又孝經言有父
也疏○允繼也左氏隱十一年傳大岳之允也注
仞 說文丨伸臂一尋八尺从人刃聲○八尺曰丨取
人申臂之一尋也漢書食貨志上注○八尺曰丨
書旅獒疏引聖證論又漢書賈誼傳鳳皇翔于千丨
兮注司馬相如傳上長千丨注○七尺曰丨書旅獒
爲山九丨疏引鄭注又文選上林賦長千丨注引司
馬彪○丨五尺六寸也漢書食貨志上有石城十丨

注引應劭○丨亦名也漢書儒林孟喜傳喜因不肯
丨注○無極山碑浚谷千刃丨作刃
軔 說文丨礙車也从車刃聲○丨止車之木漢書楊
雄傳上既發丨於平盈兮注引服虔○丨車止仕
也國策秦策陛下嘗丨車於趙矣注
殯 說文丨死在棺將遷葬柩賓遇之从歺从賓賓亦
聲夏后丨于阼階殷人丨于兩楹之閒周人丨于
賓階○丨則欑置於西序亦是下棺於地故丨爲窆
棺也左氏僖卅二年傳注丨窆棺也疏○以尸入棺
名歛亦名丨也儀禮士喪禮注所謂丨也疏○丨謂
葬也荀子禮論三月之丨注
儐 說文丨導也从人賓聲擯或从手○丨贊禮儀丨
相穆天子傳六內史賓侯注○擯謂天子接賓客
之人也禮記曲禮下其擯於天子也疏○在主人曰
擯在客曰介禮記檀弓下子游擯由左疏○敵者曰
丨儀禮聘禮注不丨賓疏○丨賓也禮記禮器天子
無介疏
迅 說文丨疾也从辵卂聲
瞚 說文瞚開闔目數搖也从目寅聲○眴目動也漢
書項籍傳梁眴籍曰可行矣注
櫬 說文丨棺也从木親聲春秋傳曰士輿丨○丨親
身棺也以親近其身故以丨爲名也左氏襄二年
傳注丨棺也疏○丨今梧桐爾雅釋木丨梧注○丨
梧者丨者其理也爾雅釋木丨梧舍人注○謂丨采
薪爾雅釋木○丨名采薪又名即薪爾雅釋木謂丨
采薪采薪即薪舍人注
藎 說文丨艸也从艸盡聲
憖 說文丨問也謹敬也从心猌聲一曰說也甘也春
秋傳曰昊天不丨又曰兩君之士皆未丨○丨願

也小爾雅廣言又國語晉語丨庇州犂焉注○丨願
也強也且也詩十月之交不丨遺一老釋文引爾雅
○丨亦恨傷之言也方言一丨傷也注○丨者缺之
貌今人猶謂缺爲丨也左氏文十二年傳注丨缺也
疏○丨且辭也漢書五行志中之上不丨遺一老注
引應劭○丨發語音也左氏昭廿八年傳丨使吾君
聞勝與臧之死也以爲快釋文
殣 說文殣道中死人人所覆也从歺堇聲詩曰行有
死人尚或殣之
饉 說文蔬不孰曰饉从食堇聲○蔬不熟爲丨漢書
元帝紀救民饑丨注
藺 說文丨莞屬从艸閵聲○丨石可投人石也漢書
鼂錯傳具丨石布渠荅注引服虔○丨石城上雷
石也漢書鼂錯傳注引如淳

濬 說文容深通川也从谷从𣦵𣦵殘地阬坎意也虞書曰容畎澮距川濬容或从水丨古文容。丨深也書舜典丨哲文明傳

徇 說文袀行示也从彳勻聲司馬法斬以袀。丨行示也漢書高帝紀上使斬之以丨注陳勝傳車裂畱以丨注季布傳高祖以丁公丨軍中注劉屈氂傳載屈氂廚車以丨注。丨巡也廣雅釋言。丨音巡撫其民人也漢書高帝紀上時張良丨韓地注引蘇林。丨亦略也漢書酈食其傳諸將丨地注。丨順也左氏文十一年傳國人弗丨注。丨猶隨也呂覽貴生危身棄生以丨物注。丨疾也史記五帝紀幼而丨齊集解

殉 丨從也文選幽通賦豈余身之足丨兮注引項岱。以人從葬謂之丨左氏定三年傳注故先納車

及丨疏。丨求也易繫辭下傳注丨吉則未離乎凶疏

覲 說文諸侯秋朝曰覲勞王事从見堇聲。秋見曰丨儀禮覲禮疏

畯 說文丨農夫也从田夋聲。丨農官也詩七月疏引爾雅釋言孫注。丨今之嗇夫是也爾雅釋言注。丨主田大夫嗇夫也爾雅釋言丨農夫也釋文。選俊人主田謂之田丨詩七月傳田丨田大夫也疏

餕 說文新附丨食之餘也从食夋聲。食餘曰丨禮記郊特牲婦丨餘疏

擯 丨棄也淮南說林賢者丨於朝注。丨郤謂斥退也漢書中山靖王勝傳使夫宗室丨郤注。丨一作損周書大武三丨厥親注

菣 說文丨香蒿也从艸臤聲𦱊或从堅

酳 丨飯畢蕩口也禮記曲禮上疏引隱義。丨者少少飲酒謂食已而蕩口也漢書賈山傳執爵而丨注。丨演也謂食畢飲酒演安其氣禮記昏義合巹而丨疏。用酒曰丨丨訓演禮記曲禮上客不虛口疏

僅 說文僅才能也从人堇聲。丨猶言纔能也文選歎逝賦注引國語賈注。廑無幾也漢書敘傳下賈廑從旅注引晉灼。勵少也禮記射義蓋勵有存者釋文。廑與丨同漢書賈誼傳其次廑得舍人注董仲舒傳廑能勿失耳注陳湯傳而廑獲駿馬三十匹注

牣 說文丨滿也从牛刃聲詩曰於丨魚躍。丨滿也文選赭白馬賦注引漢書如淳注。仞亦滿也史

記司馬相如列傳虛宮館而勿仞正義又漢書司馬相如傳上注。三公山碑臣仞不數丨作仞

遴 說文遴行難也从辵粦聲易曰以往遴僯或从人。丨與吝同猶言貪嗇也漢書魯恭王餘傳晚節丨注。丨與吝同漢書地理志下民以貪丨爭訟注。杜欽傳不可以丨注王莽傳上班賞亾丨注無丨周公之報注。丨讀與吝同漢書高惠高后文功臣表丨柬布章注王莽傳下性實丨嗇注

賮 說文賮會禮也从貝㶳聲、孟子公孫丑下行者必以贐辭曰餽贐論衡皆作丨公孫丑下行者必以贐文選魏都賦注引作行者必以丨

晙 說文丨明也从日夋聲

鬊 說文鬊鬊髮也从髟春聲

瑾 丨瑜玉之美名左氏宣十五年傳注雖美玉之質
疏
趁 說文趁邅也从走㐱聲讀若塵
齔 丨毀齒也左氏僖五年傳注童丨之子釋文○丨
毀齒男子八歲女子七歲而毀齒矣漢書刑法志
與未丨者注
蕣 說文蕣木堇朝華莫落者从艸䑞聲詩曰顏如蕣
華
朄 說文朄小鼓引樂聲也从申柬聲○朄引也爾雅
釋樂注釋文○朄小鼓在大鼓旁應鞞之屬也聲
轉字誤變而作田詩有瞽應田縣鼓箋○爾雅釋樂
注應朄縣鼓釋文本亦作朄
韌 說文丨柔而固也从韋刃聲

訒 說文丨頓也从言刃聲論語曰其言也丨
侲 說文新附丨僮子也从人辰聲
汛 說文丨灑也从水卂聲
轥 轔轢也文選子虛賦掩兔轔鹿注引司馬彪○轔
謂車踐轢之也漢書司馬相如傳掩菟轔鹿注
躪 說文蹸轢也从足粦聲○丨踐也文選上林賦丨
元鶴注引郭璞○躪躐也禮記曲禮上疏引何允
○躪雷刺也禮記曲禮上注馳善躪入也疏
粦 說文粦兵死及牛馬之血爲粦粦鬼火也从炎舛
驎 丨色有深淺斑駁隱鄰爾雅釋畜青驪丨驒注○
丨色有深淺似魚鱗也爾雅釋畜孫注

浚 說文丨抒也从水夋聲○丨抒治之也漢書王莽
傳上丨井得白石注○丨深治也漢書趙充國傳
丨溝渠注○丨謂治道之令其深漢書溝洫志其處
易丨注○丨深也易象下傳丨恆之凶虞注又左氏
莊九年經冬丨洙釋文又公羊莊九年經丨洙釋文
○易恆丨恆釋文鄭作濬
墐 說文墐涂也从土堇聲○丨塗塗有穰草也禮記
內則塗之以謹塗注○丨者埋藏之名耳詩小弁
傳丨路冢也疏
縉 說文縉帛赤色也春秋傳曰丨雲氏禮有丨緣从
糸晉聲○丨赤繒也左氏文十八年傳注丨雲疏
引字書又史記五帝紀丨雲氏有不才子正義○丨
赤白色也漢書郊祀志上丨紳者勿道注引臣瓚○
丨紳儒者之服也漢書酈陸朱劉叔孫傳贊而丨紳
之徒注○丨雲黃帝時官名左氏文十八年傳丨雲

氏有不才子注○丨或作搢後漢書朱景王杜馬劉
傳堅馬傳論遂使丨紳道塞注
搢 說文新附搢插也从手晉聲搢紳前史皆作薦紳
○丨插也禮記月令司徒丨扑疏○晉插也周禮
典瑞王晉大圭疏○丨者插也詩行葦箋射禮丨三
挾一个疏○丨挺也史記孝武紀薦紳之屬索隱○
丨佩紟淮南齊俗無皮弁丨笏之服注○丨今作薦
字者古字假借耳史記孝武紀薦紳之屬索隱
濥 說文丨水脈行地中丨丨也从水寅聲
疢 說文疢熱病也从疒从火○丨今疹字廣雅釋詁
一曹憲音
○以下據
廣韻錄**挋** 說文丨給也从手臣聲一曰約也
囟 說文丨頭會匘葢也象形凡丨之屬皆从丨脖或
从肉宰㐀古文丨字○丨是首腦之上縫禮記內

則注夾丨曰角疏

卂　說文丨疾飛也从飛而羽不見凡丨之屬皆从丨

杒　說文丨桎丨也从木刃聲

㠴　說文丨枕巾也从巾刃聲

䏖　說文丨瘢也从肉引聲一曰遽也

鈏　說文丨錫也从金引聲

䫰　說文䫰䫙䫰也从頁粦聲一曰頭多髮

𤇾　說文丨火皃从火𨳇省聲讀若粦

疄　說文疄轢田也从田粦聲

甐　不丨於鑿謂不動於鑿中也考工記輪人爲輪不丨於鑿司農注○丨故書或作鄰考工記鮑人之事察其線而藏則雖敝不丨注

閵　說文丨今閵似雊鴝而黃从隹𨳇省聲藺籀文不省

䚔　說文丨暫見也从見賓聲

𨳇　說文丨登也从門二二古文下字讀若軍敶之敶

璶　說文璶石之似玉者从玉盡聲

猌　說文丨犬張齗怒也从犬來聲又讀若銀

垽　說文丨澱也从土沂聲

蘄　說文丨艸名从艸靳聲汝南平輿有丨亭讀若晉

庢　丨蔭也集韻引廣雅

瀙　說文丨水出南陽舞陽中陽山入潁从水親聲

𨐭　說文𨐭臥也从氏𦣞聲

𣎵　說文丨分枲莖皮也从屮八象枲之皮莖也凡丨之屬皆从丨讀若髕

寴　說文丨至也从宀親聲

稕　說文稕束稈也从禾𦎫聲

𥈏　說文𥈏謹鈍目也从目𦎫聲

崚　說文丨高也从山陵聲

鵔　說文丨丨鸃鷩也从鳥夋聲○丨鸃鷩通志器服略引蒼頡解詁○丨鸃鷩鳥也漢書司馬相如傳上射丨鸃注○丨鸃鷩雉也文選吳都賦注引淮南子許注○丨鸃山雞也史記司馬相如列傳射丨鸃索隱引司馬彪○丨鸃神鳥也史記司馬相如列傳索隱引李彤佞幸列傳索隱引三蒼○丨鸃鳥似鳳也史記司馬相如列傳射丨鸃集解引漢書音義

迿　丨者謂不顧步伍勉力先往之意公羊定四年傳注丨出表辭疏

佝　說文丨瘊也从人句聲

○以下據集韻錄

【梭】說文丨木也从木夋聲

【㚃】丨大也文選上林賦實葉丨楙注引司馬彪

【攸】說文攸埋也从攴伸聲

【酌】說文丨少少歙也从酉勻聲

【𠬝】公羊成五年經鄭伯丨卒釋文本又作堅

經籍籑詁卷第七十一補遺終

經籍籑詁卷第七十二　去聲

經筵講官南書房行走禮部左侍郎兼署兵部左侍郎提督浙江學政阮元撰集

十三問

問｜猶言也易象下傳勿｜之矣崔注○｜道也詩
女曰雞鳴雜佩以｜之傳○清｜清訊也書呂刑
皇帝清｜下民馬注○｜告國策齊策或以｜孟嘗
君注○震爲｜易益勿｜元吉虞注繫辭上傳｜焉
而以言虞注○時聘曰｜周禮大宗伯○小聘曰｜
詩緜亦不隕厥｜箋又周禮大行人歲相｜也注又
儀禮聘禮○｜者謂更相聘｜也論語鄉黨｜人於
他邦皇疏○○於天子曰朝於諸侯曰問儀禮聘禮記
｜諸侯注○閒瀆則｜周禮司儀三｜皆三辭注○
｜｜謂訪其國事荀子大略｜士以璧注○｜遺也久

無事曰｜禮記雜記｜與賜與注○｜遺也左氏哀
十一年傳使｜茲多以琴注哀二十年傳使｜趙孟
注又廣雅釋詁三又國語晉語君厚｜以召呂甥郤
偁冀芮而止之注吳語莫如此以環瑱通相｜也注
又後漢魯恭傳注○｜猶遺也禮記曲禮上凡以弓
劒苞苴簞笥｜人者注○｜猶遺也謂獻也儀禮聘
禮記若兄弟之國則｜夫人注○相｜嘗相惠遺也
禮記雜記下相｜也既封而退注○通｜謂相稱謝
也禮記曲禮上嫂叔不通｜注○｜名也漢書禮樂
志集注匡衡傳集注二見○禮記檀弓｜喪于夫子
乎釋文｜本作聞莊子庚桑楚
因失吾｜釋文｜元嘉本作聞

聞｜名也法言君子序君子純終領｜注○｜聲問
禮記學記足以謏｜釋文○｜謂聲所至也華嚴
經音義上引珠叢○書堯典傳名｜充溢釋文｜本
作問詩車攻有｜無聲釋文｜本作問文王有聲箋
有令｜之聲者釋文｜本作問卷阿令｜令望釋文
｜本作問左襄卅一年傳令｜長世釋文｜本作問
論語公冶長｜一以知十釋文｜本作問莊
子逍遙遊乃今以久特｜釋文｜崔本作問

運｜行也後漢朱穆傳注又管子形勢受辭者名之
｜也注又淮南原道故能天｜地滯注終身｜枯
形於連嶁列埒之門注○｜猶行也方言十二注○
｜徙也爾雅釋詁又莊子逍遙遊是鳥也海｜釋文
引簡文注○｜亂移也周書史記民｜於下注○｜
動也莊子山木｜物之泄也釋文引司馬注○｜旋
也淮南天文｜之以斗注○｜轉也公羊定十五年
傳三卜之｜也注又廣雅釋詁四又莊子逍遙遊釋
文引司馬注○｜周也周髀算經下凡日月｜行四
極之道注○｜回也楚辭哀郢將｜舟而下浮兮注
○｜正迴也淮南氾論奉帶｜履注○｜違易繫辭
日月｜行釋文引姚注○｜謂所及者遠書大禹謨

帝德廣｜傳○｜褱迴旋相纏也文選長笛賦｜褱
穿洿注○｜籙｜也文選爲石仲容與孫皓書注引
春秋緯宋注○｜錄｜也文選皇太子釋奠會詩｜
蒙則正注○｜謂五德更｜帝王所稟以生也文選
運命論題注○天｜猶天命也後漢公孫瓚傳注○
南北爲｜國語越語廣｜百里注○｜謂五行應天
之五｜各周三百六十五日而爲紀者也素問天元
紀大論論言五｜相襲而皆治之注○五｜謂五行
之氣應天之｜而主化者也素問六節藏象論五｜
相襲而皆治之注○五｜五行用事之｜也文選北
征賦注引春秋緯宋注○｜讀連圍之圍也｜者軍
也有軍事相圍守則月｜出也淮南覽冥晝隨灰而
月｜闕注○｜澤謂玩夭也禮記少儀｜笏澤劒首
注○｜或爲緷當爲煇周禮大卜其經｜｜十注○周
禮保章氏注日有薄食｜
珥釋文｜本作暈又作煇

暈丨捲也氣在外捲結之也日月俱然釋名釋天○
丨丨讀曰運漢書天文志集注引如淳○周禮眡祲
注四面反鄉如暈狀
也釋文丨本作煇
韻丨丨謂德音之和也文選盧子諒贈劉琨詩光闡遠
丨丨注○短丨小文也文選文賦或託言於短丨注
訓丨丨教也詩抑四方其丨之傳又廣雅釋詁四又國
語周語修其丨典注若啟先王之遺丨注魯語所
以丨民也注天子有虎賁習武丨也注又太元元告
實告大丨注又文選東京賦不窮樂以丨儉薛注幽
通賦實棐諶而相丨曹注思元賦仰先哲之元丨兮
舊注○丨告也漢書楊雄傳下集注○丨道也詩烝
民古丨是式傳烈文四方其丨之傳又周禮夏官序
官丨方氏注又爾雅釋詁○丨導法言學行序丨諸
理注○丨順也廣雅釋詁一又史記五帝本紀能明
馴德索隱引徐廣又後漢謝夷吾傳注又法言修身

上士之耳丨乎德注問神或問文曰丨注○丨理也
漢書韋元成傳集注○事得其序之謂丨法言問神
○丨者謂字有意義也爾雅釋訓釋文○丨典先王
之書左氏文六年傳告之丨典注○大丨虞書典謨
書顧命大丨傳○大丨謂禮法先王禮教即虞書典
謨是也書顧命鄭注○丨人師長書康誥矧惟外庶
子丨人鄭注○丨讀爲馴周禮地官序官稻人司農
注○史記衛世家聲公名丨索隱作馴○書洪範于
帝其丨是丨是行史記宋微子世家作于帝其順是
順是行詩烈文四方其丨之左哀廿六年傳作四方
其順之國語周語上能導丨
諸侯者史記魯世家丨作順
坌廣韻同糞○糞除也廣雅釋詁三○糞盡也廣雅
釋詁二○丨者丨田也老子却走馬以丨注○丨
除猶掃除也後漢第五倫傳注○凡所以糞種者皆
謂煑取汁也周禮草人凡糞種注○糞饒也廣雅釋
詁四○禮記中庸注謂埽丨也釋文丨本作糞又
作拚○論語公冶長丨土之墻釋文丨本作糞
奮丨起也書舜典有能丨庸熙帝之載傳又後漢伏
侯宋蔡馮趙牟韋傳注又淮南天文赤丨若之水
注○丨動也易象上傳雷出地丨鄭注又廣雅釋詁
一又後漢郎顗傳注又文選思元賦丨余榮而莫見
兮舊注○丨猶動也禮記樂記丨至德之光注○丨
振也廣雅釋言○丨發也史記樂書丨至德之光集
解引孫炎○丨明書舜典馬注○丨舒也廣雅釋詁
四○丨迅也禮記樂記丨之以風雨注又史記樂書
丨疾而不拔也正義又漢書張騫傳集注引孟康○
丨迅聲也文選西京賦丨隼歸鳧薛注○丨訊也廣
雅釋言○丨勇也國策秦策是貴丨也注○丨進也
廣雅釋詁二○丨壯也淮南原道羽翼丨也注○丨
彊呂覽去宥將丨於說以取少主也注任數以好唱
自丨注○丨厲也淮南說林人莫不丨于其所不足

注○丨憤激也史記高祖紀項羽怨秦破項梁軍丨
索隱引韋昭○丨振矜也荀子子道丨於言者華丨
於行者伐注○丨謂起而爭競也荀子富國則民心
丨而不可說也注○丨信振起貌管子勢大周之先
可以丨信注○丨振去塵也禮記曲禮上丨不由右
上注○丨末動使四支也禮記樂記丨末廣賁之音
作注○丨覆敗也詩行葦箋丨軍之將釋文○雉絕
有力丨爾雅釋鳥○雞絕有力丨爾雅釋畜○羊絕
有力丨同上○丨奪
從雚顏氏家訓書證
忿丨怒也廣雅釋詁二
醞丨酒母也一切經音義十二引蒼頡
郡丨者羣也類聚六引風俗通○丨羣也人所羣聚
也釋名釋州國○丨國也廣雅釋詁四○丨官也

廣雅釋室○五家爲伍十伍爲里四里爲扁十扁爲鄉五鄉爲縣十縣爲丨鶡冠子王鈇○丨守泰官也後漢光武紀上注○丨丨之爲言君也改公侯之封而言君者至尊也今丨字君在其左邑在其右君爲元首邑以載民故取名于君謂之丨水經河水注引黃義仲十三州記○丨乃也爾雅釋詁

分 丨制也荀子榮辱先王之道仁義之統詩書禮樂之丨乎注○丨位也國語楚語世敘天地而別其丨主者也注○丨猶職也禮記禮運男有丨注○丨猶界也淮南本經各守其丨注○丨猶部曲也禮記樂記丨夾而進注○丨當也文選神女賦含然諾其不丨兮注○丨猶等也史記禮書是儒墨之丨正義○丨猶志也文選潘安仁金谷集詩投丨寄石友注曹子建贈白馬王彪詩在遠丨日親注○丨猶節也文選盧子諒贈劉琨詩丨隨昵加注謝靈運詩亮乏伯昏丨注○丨丨義也文選七啟感丨遺身注○丨

謂甘慼也文選上責躬應詔詩表自丨黃耇永無執珪之望注○丨均謂貴賤敵也荀子王制丨均則不偏注○丨或爲糞禮記王制百畝之丨注○丨或作介漢書杜欽傳集注

紊 丨亂也書盤庚上有條而不丨傳

汶 丨齊水名國語吳語遵丨之上注○丨水在魯北考工記總目貉踰丨則死司農注○丨水名周禮考工記釋文論語雍也吾必在丨上矣釋文○丨爲灛爾雅釋水○丨丨猶昏暗不明也史記屈原賈生傳受物之丨丨索隱

僨 丨僵也爾雅釋言又大戴記曾子制言中衡塗而丨注又國語晉語重丨可疾注又呂覽順民接頸交臂而丨注愼能丨南門之外表者注○丨仆也左氏昭十三年傳牛雖瘠丨於豚上注又左氏隱三年傳鄭伯之車丨于濟釋文莊子天運一丨一起釋文引司馬注又漢書鼂錯傳集注引服虔匈奴傳上集注引如淳○丨僵仆也史記韓王信盧綰傳丨於吳索隱引張晏○丨隕也國語周語高位寔疾丨注○丨猶斃也漢書韓王信傳集注引孟康○丨動也左氏僖十五年傳亂氣狡丨注○丨猶覆敗也丨或作奔禮記大學此謂一言丨事注○賁讀爲丨丨猶覆敗也禮記射義賁軍之將注○丨驕者不可禁之勢也莊子在宥丨驕而不可係者其唯人心乎注○國語周語高位寔疾丨漢書五行志中之上作高位實疾顚

慍 丨怨也論語學而人不知而不丨鄭注又史記吳王濞傳吳王丨日正義○丨恨也易夬有丨釋文又一切經音義十九引蒼頡又孟子萬章下繆公之於子思也注○丨猶恨也後漢仲長統傳注○丨怒

也詩柏舟丨于羣小傳又論語學而人不知而不丨集解又皇疏又詩柏舟丨于羣小釋文左氏哀十七年傳劉般丨而行釋文又廣雅釋詁二又國語晉語秦莫不丨注楚語夫民心之丨也注又漢書吳王濞傳集注劉向傳集注又孟子盡心下肆不殄厥丨注又荀子宥坐丨于羣小注又呂覽誣徒於師丨注○丨猶怒也禮記檀弓下舞斯丨注○丨恚也詩緜肆不殄厥丨傳車舝以慰我心釋文引韓詩○丨怨恚也禮記檀弓丨哀之變也釋文引庾皇注○丨怨也怒也左氏襄廿三年傳丨而不出釋文襄廿九年傳晉悼人丨曰釋文○丨愁也廣雅釋詁二○丨哀之變也禮記檀弓下○丨積也禮記檀弓下釋文引庾皇注

燬 亦作炘○炘爇也廣雅釋詁二○丨炙也左氏昭十八年傳行火所丨注○丨晞也小爾雅廣言

斬 丨取也小爾雅廣言○丨固惜之也後漢崔寔傳注○戲而相愧曰丨左氏莊十一年傳宋公丨之注○恥而惡之曰丨左氏莊十一年傳服注○弸轅謂之丨廣雅釋器○丨車中馬也左氏定九年傳如驂之丨注○丨者言無常處詩小戎傳游環丨環也釋文○詩小戎傳釋文丨本作靮○史記太史公自序孫丨集解引徐廣曰丨一作靳

近 丨猶迫也呂覽處方水不可得丨注○丨猶知也呂覽執一唯有其材者爲丨之注○丨所以爲親也華嚴經音義下引顧野王

斤 明明丨丨察也爾雅釋訓○丨丨明察也詩執競丨丨其明傳○丨丨物精詳之察也爾雅釋訓舍人注○丨丨精詳之察也爾雅釋訓李注○丨丨重慎之察也爾雅釋訓孫注○丨丨仁也廣雅釋訓

絻 亦作免○丨喪冠也左氏哀十二年傳季氏不丨注又左哀二年傳釋文○丨者始發喪之服左氏哀二年傳使太子丨注○弔所執紼曰丨公羊昭廿五年傳齊侯唁公于野井注○免悲哀哭踊之時禮記玉藻當事免則說之注○免新生者禮記內則免薨注○今文免皆作丨儀禮士喪禮眾主人免于房注○今文免作丨儀禮既夕商祝免袒執功布入注

鄆 丨莒邑國語魯語季武子伐莒取丨注○左氏文十二年城諸及丨公羊作運

餫 丨饋也廣雅釋言○野饋曰丨左氏成四年傳故宣伯丨諸穀注○詩黍苗箋營謝轉丨之役釋文丨本作運

緼 丨謂今纊及舊絮也禮記玉藻丨爲袍注○丨枲著也論語子罕衣弊丨袍集解引孔注又皇疏○碎麻爲丨故絮亦曰丨論語子罕皇疏○丨故絮也後漢羊續傳注○丨絮也論語子罕鄭注○丨賸謂分弊麻絮之衣也列子楊朱常衣丨賸釋文○丨亦亂也法言孝至齊桓之時丨注○丨赤也小爾雅廣詁○丨藏也易繫辭上傳乾坤其易之丨耶虞注○丨淵奧也易繫辭上傳注

璺 丨微裂也素問六元正紀大論爲丨啟注○器破而未離謂之丨方言六○丨玉之坼也周禮大卜注其象似玉瓦原之亹罅釋文亹本作丨

拚 埽席前曰丨禮記少儀○丨謂灑埽也儀禮聘禮既丨以俟矣釋文○周禮隸僕注埽席曰丨釋文丨本作扮○禮記少儀釋文丨本作攢

攗 一作捃○丨取也方言二○捃取也後漢馮衍傳注○捃拾穗也一切經音義十三引國語賈注○捃古文丨一切經義十一

韗 同韗○韗讀爲歷運之運考工記總目函鮑韗韋裘司農注○韗書或爲鞠考工記韗人爲皐陶司農注

隱 丨翳也廣雅釋詁一○丨築也漢書賈山傳集注○丨謂伏而不行管子君臣下故法不丨則下無怨心注○丨蔽蕃蔽國策齊策且趙之於燕齊丨蔽也注

薀 俗作蘊○蘊積也莊子齊物論而以是相蘊注

○以下據廣韻錄

殰 丨歺也廣雅釋詁三

璺 丨裂也廣雅釋詁二

秎 丨穧也廣雅釋詁四

劤 丨力也廣雅釋詁二○丨多力也玉篇引埤蒼

懚 丨絭也廣雅釋詁四○丨裹也廣雅釋詁四

鼤 丨鼠爾雅釋獸

濆 體蚌沸曰丨泹音扶分才與反一切經音義十四引通俗文

瀵 丨大出尾下爾雅釋水○丨水本同而出異爾雅釋水釋文○丨水爾雅異出同流爲丨水經注四引字林○丨汾陰有水中如車輪許大濆沸涌出其无底名曰丨列子湯問名曰神丨釋文

嬔 丨息也同時生爲丨一切經音義九引周成雜字○爾雅釋獸兔子嬔釋文嬔本作丨

經籍籑詁 卷七十二 十三問 秎至攢 九

檼 丨隱也所以隱㮠也釋名釋宮室○丨棟也廣雅釋室○丨或謂之棟釋名釋宮室○丨棼也爾雅釋宮釋文引字林

湓 丨濆也廣雅釋詁二○丨涌也漢書溝洫志集注○丨水聲也文選難蜀父老注引三蒼解詁○含水潠曰丨一切經音義四引通俗文○丨匹寸切文選難蜀父老注引字林

○以下據集韻録

攟 丨取也廣雅釋詁二○丨拾也國語魯語收丨而烝納要也注○丨收拾也管子小匡丨載而歸注

攢 丨令升案諸家書並無此字李善注文選作儹或作攢非也柳碩言浮沸反晉書音義中

經籍籑詁卷第七十二

經籍籑詁卷第七十二補遺 去聲

兵部侍郎兼都察院右副都御史巡撫浙江等處地方提督軍務兼理糧餉阮元纂

十三問

問 說文丨訊也从口門聲○丨謂論難也禮記學記善丨者如攻堅木疏○丨猶學也列子說符所爲丨道者爲富注○小聘曰丨周禮掌客注言其特來聘丨疏又禮記經解聘丨之禮注○丨卽聘也左氏昭五年傳朝聘有珪疏○丨遺也左氏成十六年傳丨之以弓注又國語晉語王使工尹襄丨之以弓注○遺人以物謂之爲丨左氏成十六年傳注丨遺也疏○禮以物遺人謂之丨左氏哀十一年傳使丨弦多以琴疏○丨遺謂餉饋之也漢書婁敬傳數丨遺注○丨命也左氏莊八年傳公丨不至注

經籍籑詁補遺 卷七十二 十三問 問至訓 一

聞 丨聲丨也禮記學記足以謏丨疏○丨謂聲之丨也漢書賈山傳而令丨不忘也注

運 說文丨迻陡也从辵軍聲○丨轉也文選幽通賦渾元丨物曹注○丨動也禮記少儀丨笏疏○丨行也淮南覽冥星燿而元丨注○孟子公孫丑上猶丨之掌也文選注作猶反掌也○莊子天運釋文司馬本作天員

暈 說文丨日月气也从日軍聲○丨日旁氣也漢書天文志丨適背穴注引孟康○丨讀爲君國子民之君氣圍繞日周匝有似丨營稍圍守故曰丨也呂覽明理有丨珥注

韻 說文新附丨和也从音員聲裴光遠曰與均同未知其審

訓 說文丨說敎也从言川聲○丨敎也國語晉語是爲明丨注圖在明丨注鄭語周丨而能通之注楚

語丨及諸夏注○丨者道也道物之貌以告人也詩周南關雎詁訓傳疏○丨卽遜後漢書周舉傳五品不丨注○丨或爲順文選幽通賦實棐諶而相丨注

糞 說文糞棄除也从廾推華棄釆也官溥說似米而非米者矢字○周禮草人凡糞種釋文本亦作丨

奮 說文丨翬也从奞在田上詩曰不能丨飛○丨發也文選答賓戲李斯丨時務而要始皇注引項岱○丨盛管子宙合○丨盛起漢書刑法志魏惠以武卒丨注○丨彊也呂覽君守丨能自殃注○丨憤激也漢書高帝紀上注引晉灼下式傳未有丨繇直道者也注○丨末浸疾史記樂書集解引禮記樂記王肅注○禮記樂記丨之以風雨釋文易作潤之

醞 說文丨釀也从酉𥁑聲○丨釀猶和調也淮南本經以相嘔咐丨釀注○丨言如丨釀也漢書薛廣德傳溫雅有丨藉注○丨投也文選南都賦注引廣雅

郡 說文周制天子地方千里分爲百縣縣有四郡故春秋傳曰上大夫受郡是也至秦初置三十六郡以監其縣从邑君聲

分 丨決也文選答賓戲烈士有不易之丨注引項岱○丨次也文選魯靈光殿賦注引爾雅○丨上下貴賤之丨謂尊卑之丨荀子非十二子見端不如見本丨注○丨謂上下有丨荀子彊國丨義則明注○大丨謂忠孝之大義也荀子非十二子大丨注○丨謂已所當得也文選盧子諒贈劉琨詩處雁乏善鳴之丨注○丨珍寶之器左氏昭十二年傳四國皆有丨注○丨謂封疆爵土也史記五帝紀未有丨職正義

紊 說文丨亂也从糸文聲商書曰有條而不丨

汶 說文丨水出琅邪朱虛東泰山東入濰从水文聲桑欽說丨水出泰山萊蕪西南入泲○湣讀丨水之丨淮南氾論湣王專用淖齒注○史晨後碑文陽馬琮丨作文

僨 說文丨僵也从人賁聲○丨僵也左氏襄廿四年傳象有齒以焚其身服注○丨謂僵仆而倒也漢書韓王信傳此伍子胥所以丨於吳世也注○丨背踣意也爾雅釋言舍人注○禮記大學此謂一言僨事釋文本又作丨

愠 說文丨怒也从心𥁑聲○丨怒也國語晉語舅犯丨曰注吳語吳王若丨而又戰注又呂覽愛士丨曰注○丨恚也一切經音義九引廣雅○丨怨也後漢書馮衍傳下丨去疾之遭惑注

靳 說文丨當膺也从革斤聲○丨或作鄿後漢書崔寔傳悔不小丨注

近 說文丨附也从辵斤聲岸古文丨○丨謂親之書五子之歌民可丨傳

斤 丨丨明察也漢書敘傳下平津侯丨丨注

絻 免喪服左氏襄廿五年傳陳侯免注○異國之君免或爲弔禮記喪服小記異國之君免也注○丨當爲俛荀子非十二子其冠丨注

鄆 說文鄆河內沁水鄉从邑軍聲魯有丨地○丨莒魯所爭者城陽姑幕縣南有員亭左氏文十二年經季孫行父帥師城諸及丨注○員郎丨也左氏文十二年經注○琅邪姑幕縣南四十里員亭故魯丨邑世變其字非也水經沂水注引京相璠說

餫 [說文]野饋曰丨从食軍聲

璺 丨玉之坼也龜兆文似之[周禮大卜注][釋文]引聶氏○[周禮大卜注]其象似玉瓦原之璺鏬釋文依字一作丨

拚 [說文]埽除也从土弁聲讀若糞○埽席前曰丨[周禮隸僕]掌五寢之埽除糞洒之事注又[儀禮有司徹]埽堂注又[管子弟子職]既丨盥漱注

攗 [說文]攗拾也从手麇聲○攗摭謂敀拾也[漢書刑法志]攗摭秦法注○捃摭謂拾取之[漢書藝文志]捃摭遺逸注○攗古捃字[方言二]攗取也注

韗 [說文]丨攻皮治鼓工也从革軍聲讀若運韗丨或从韋○詩簡兮傳祭有畀煇胞翟閽者[釋文]字亦作丨○[考工記總目]函鮑韗韋裘釋文本或作丨

隱 丨嶙絕起貌[文選西征賦]裁岥陀以丨嶙注○丨築也文選七啟注引[漢書]服虔注

蘊 丨畜也[左氏]昭十年[傳]蘊利生孽注○包裹曰蘊[詩小宛箋]猶能溫藉自持以勝疏○蘊蘊暑氣附人之氣詩雲漢[傳]蘊蘊而暑疏○蘊藉者定本及箋作溫字詩小宛疏

○以下據廣韻錄

緷 [說文]丨緯也从系軍聲

䚃 [說文]丨外博衆多視也从見員聲讀若運

㾆 [說文]頻病也从疒員聲

鋇 [說文]丨鐵屬从金貟聲讀若熏

溢 丨溢也[文選難蜀父老]氾濫丨溢注引張揖

瀵 [說文]瀵水浸也从水糞聲爾雅曰丨大出尾下○丨山頂之泉曰丨[列子湯問]名曰神丨注

殰 丨死也[廣雅釋詁三]

脪 [說文]丨創肉反出也从肉希聲

𢹂 [說文]𢹂拭也从手堇聲

㦥 [說文]丨謹也从心䨮聲

櫺 [說文]丨梦也从木霻聲

○以下據集韻錄

兔 新生曰丨[禮記內則]丨薨釋文

圓 [說文]丨圜全也从口員聲讀若員

經籍纂詁卷第七十二補遺終

經筵講官南書房翰林戶部左侍郎兵部左侍郎前提督浙江學政阮元撰集

去聲

十四願

願 丨猶慕也荀子榮辱小人莫不延頸舉踵而丨曰注○丨念也詩二子乘舟箋伯兮丨言思伯箋○丨思也爾雅釋詁又詩終風丨言則嚏箋又方言一又楚辭惜誦丨陳志而無路注○丨欲思也方言一○丨每也詩二子乘舟丨言思子傳

論 丨倫也有倫理也釋名釋典藝○丨議也漢書郊祀志下集注○丨者評也論語憲問世叔討丨之皇疏○丨辨說也荀子解蔽由辭謂之道盡丨矣注○丨謂丨說賞罰也荀子王制王者之丨注○丨以評議臧否以當爲宗文選文賦丨精微而朗暢注○發言爲丨荀子解蔽以正志行察丨則萬物官矣注○丨者告也陳也史記張儀傳臣請丨其故索隱○丨擇也國語齊語丨比協材注○丨謂考其德行道藝禮記王制凡官民材必先丨之注○丨謂先聖格言荀子正名章之以丨注○丨語記孔子與諸弟子所語之言也釋名釋典藝○莊子秋水言之所不能丨釋文丨本作論

怨 丨恨也論語述而曰丨乎皇疏○丨悒也廣雅釋詁四○丨咎家語五儀而心不丨注○丨悲呂覽侈樂其民必丨注○丨望也國語周語丨而不怒注○施行得理謂之德反德爲丨賈子道術○坤爲丨易繫辭下傳困以寡丨虞注○丨讀爲蘊荀子哀公富有天下而無丨財注○孟子雖死不丨殺者三國諸葛亮傳作雖死不忿

恨 丨悔也漢書郊祀志下集注劉向傳集注李廣傳集注又荀子成相不知戒後必有丨注○丨限也漢書敘傳上音義引韋昭

萬 丨盈數也左氏閔元年傳又風俗通皇霸○十千爲丨書洛誥公其以予丨億年敬天之休傳○十千謂之丨御覽七百五十引風俗通○號物之數謂之丨莊子秋水○丨大也廣雅釋詁一○丨倍呂覽貴當此功之所以相丨也注○丨乘天子也文選東京賦雖丨乘之無懽薛注○諸侯曰丨民風俗通皇霸○丨舞也左氏隱五年傳將丨焉注莊廿八年傳而振丨焉注昭廿五年傳使其衆丨于季氏注○丨舞名左氏宣八年經丨入去籥注○丨者何干舞也公羊宣八年傳○丨舞干也文選東都賦丨舞奕奕薛注○丨大舞也初學記引韓詩○丨者其篇名武王以丨人服天下民樂之故名之云爾公羊宣八年傳丨者何注○丨蟲名也廣韻引字林

飯 丨食呂覽本味丨之美者元山之禾注○丨飤也爾雅釋言注今呼餐丨爲饋釋文○丨大擘指本也儀禮士喪禮自丨持之注○儀禮喪服傳丨素食釋文丨本作飰周禮膳夫注食丨也釋文丨依字作飰

獻 丨進也儀禮鄉飲酒禮西北面丨賓注又廣雅釋詁二又國語吳語大夫種乃丨謀注又呂覽愼人丨諸繆公注又文選東京賦然後以丨精誠薛注○丨猶進也周禮鄉大夫丨賢能之書于王注又禮記坊記民猶有自丨其身注表記拜自丨其身注○凡進物曰丨儀禮鄉射禮西北面丨賓注○丨貢也國語楚語公貨足以賓丨注又國策秦策臣請王丨商於之地注又文選東京賦丨琛執贄薛注○丨奏也

詩瓠葉酌言｜之傳○｜猶奏也詩賓之初筵｜爾
發功箋○｜致也國策秦策果｜西河之外也注又
呂覽季冬無不咸｜其力注○｜猶致也屬也周禮
大司馬｜禽以祭社注○凡｜皆薦也儀禮燕禮｜
庶子于阼階上注○｜上也呂覽異寶願｜之丈人
注○｜奉上之詞左氏莊卅一年經齊侯來｜戎捷
注○｜下奉上之辭也穀梁莊卅一年經齊侯來｜
戎捷注○｜者下奉上之辭公羊隱五年經初｜六
羽注又穀梁隱五年經初｜六羽注○於尊者曰｜
禮記少儀若｜人注○古者致物於人尊之則曰｜
通行曰饋周禮玉府凡王之｜金玉注○｜致饗也
國語晉語齊侯來｜之以得隕命之禮注○進酒于
客曰｜詩行葦或｜或酢箋○｜謂舉奠洗爵酌入
也禮記文王世子其登餕｜受爵則以上嗣注○致
其歲終之貢於王謂之｜也禮記曲禮下五官致貢
曰享注○｜猶軒軒在物上之稱也文選景福殿賦

注引孟子劉注○｜迎也淮南天文大淵｜之歲注
○｜近也爾雅釋天太歲在亥曰大淵｜李注○｜
聖也爾雅釋言○｜善也莊子大宗師｜笑不及排
釋文引向注○｜賢也書益稷萬邦黎｜傳又論語
八佾皇疏又漢書藝文志集注○｜猶賢也論語八
佾文｜不足故也集解引鄭注○聰明叡哲曰｜周
書謚法○聽明睿智曰｜獨斷下○｜章也莊子大
宗師釋文引王注○｜猶言也禮記內則其一｜之
州史注○｜古文爲獻杜子春云
當爲｜周禮庖人賓客之禽｜注

健 ｜者强也國策秦策使者多｜注○｜乾也易象
上傳能｜止虞注象下傳｜而說虞注○｜爲剛
｜易象上傳文明以｜何妥注○震爲｜易說卦傳
○｜建也能有所建爲也釋名釋言語○｜驕也韓
外傳四○｜貪
也荀子哀公

寸 十分爲｜賈子六術○十分爲一｜說苑辨物○
按指爲｜公羊僖卅一年傳膚｜而合注○｜者
忖也漢書
律厤志上

困 ｜窮也易困釋文又廣雅釋詁四又國語越語曰
｜窮而還注又荀子脩身橫行天下雖｜四夷注○
｜極也論語堯曰四海｜窮集解引苞注又皇疏又
廣雅釋詁一○｜猶危也呂覽情欲身以｜窮注又
淮南主術效忠者希不｜其身注○｜苦也漢書西
域傳上集注○｜悴也廣雅釋言○｜逃也方言十
三又廣雅釋詁三○｜亂也論語子罕不爲酒｜集
解引馬注○患至而後慮者謂之｜荀子大略○謀
不中爲｜國語晉語謀而｜人注○無衣食曰｜呂
覽愼大以振窮｜注○｜窮謂天民之無告者書大
禹謨四海｜窮傳○居而無食謂之｜周禮遺人疏
引書大傳○心省恤人謂之惠反惠爲｜賈子道術

○｜相遇也易雜卦傳○｜剛揜也易象下傳○｜
德之辨也易繫辭下傳○｜窮悴掩蔽之義易困釋
文○｜謂有所不通也論語季氏｜而學之集解引
孔注○｜悛猶刻賊不通也莊子天地薰臭｜悛中
顙釋文引李注○｜滯謂疲羸微隱者也管子中匡
薨溺｜滯皆法度不亡注○｜畏怯弱者也莊子列
禦寇緣循偃佒｜畏不若人三者俱通達注○子勝
毋曰｜淮南天文○太陰在子歲名曰｜敦同上○
｜敦混沌也言萬物初萌混沌於黃泉之下也爾雅
釋天太歲在子曰｜敦孫注○｜混淮南天文｜敦
之歲注○｜祓祭爾雅釋草
○莊子天地釋文｜本作惘

頓 ｜首拜頭叩地也周禮大祝二曰｜首注○｜止
也漢書李廣傳集注○｜猶止也文選張季鷹雜
詩｜足託幽深注○｜猶舍也文選陸士衡赴洛道
中詩｜轡倚嵩巖注演連珠臣聞飛轡西｜注安陸

昭王碑文六龍丨轡注○丨猶拾也文選七啟丨綱
縱網注七命於是撤圍丨罔注○丨止舍也文選陸
士衡於承明作與士龍詩北邁丨承明注○丨猶廢
也後漢劉趙淳于江劉周趙傳注○丨罷也國策秦
策吾甲兵丨注○丨偃也廣雅釋詁四○丨困躓也
荀子禮論是君子之所以爲憚詭其所敦惡之文也
注○丨謂困躓也荀子仲尼丨窮則從之注○丨卒
猶困苦管子版法丨卒怠倦以辱之注○丨猶弊也
文選在元城與魏太子牋先取沈丨注○丨損也華
嚴經音義上引文字集略○丨壞也漢書嚴助傳集
注○丨敗也國語周語其無乃廢先王之訓而王幾
丨乎注○丨亂也廣雅釋詁三○丨愍愔也江湘之
閒謂之丨愍南楚飲毒藥懣亦謂之丨愍猶中齊言
眠眩也方言十○丨整也文選陸士衡樂府吳趨行
矯首丨世羅注○丨猶整也文選演連珠臣聞丨綱
探淵不能招龍注○丨挈也荀子勸學詘五指而丨

之注○丨挫猶抑揚也後漢鄭孔荀傳注○邱一成
爲丨邱詩蜈至于丨邱傳○邱一成曰丨邱一丨而
成無上下大小之殺也釋名釋邱○丨讀曰鈍漢書
陳平傳集注賈誼傳集注二見嚴助傳集注翟方進
傳集注○丨讀爲鈍史記屈原賈生傳莫邪爲鈍索
隱○禮記檀弓注魯丨也釋文丨本作鈍言雖魯丨
釋文丨本作鈍○詩蜈至
于丨邱爾雅釋邱作敦邱

遯或作遁○遁逃也後漢楊倫傳注又家語正論齊
軍遁注○遁隱也廣雅釋詁四又後漢郅惲傳注
又離騷後悔丨而有他注○丨去也廣雅釋詁二○
遁失也後漢劉趙淳于江劉周趙傳注○丨匿也禮
記緇衣則民丨心注○遁猶回避也後漢杜林傳注
○遁甲推六甲之陰而隱丨也後漢方術傳注○遁
爲巡字匡謬正俗五○國語周語上陰遁
而不能蒸史記周本紀作陰迫而不能蒸

建丨立也周禮天官序官惟王丨國注大宗伯掌丨
邦之天神人鬼地示之禮注量人掌丨國之灋注
又禮記王制州丨百里之國三十注又洪範五行傳
皇之不極是謂不丨注又廣雅釋詁又國語周語則
順而丨德注魯語夫位政之丨也注又漢書五行志
下之上食貨志上集注賈誼傳集注鮑宣傳集注韋
元成傳集注韓延壽傳集注引晉灼何並傳集注王
莽傳上集注又後漢楊賜傳注張衡傳注梁鴻傳注
又老子善丨者不拔注又淮南主術丨以爲基注又
素問六節藏象論先丨其母注又文選思元賦意丨
始而思終舊注高唐賦偈兮若駕駟馬丨羽旗注晉
紀總論注引書考靈耀宋注○丨猶立也老子故丨
言有之王注○丨謂丨立也素問五運行大論考丨
五常注○丨樹也書大傳九十杖而朝見君丨杖注
○丨猶樹也儀禮大射儀丨鼓在阼階西注○震爲
丨易象上傳先王以丨萬國虞注○丨設也老子故

丨言有之注○丨及也國語周語使於晉者道相丨
也注○丨猶扱也儀禮士昏禮丨柶興注○丨明布
告之周禮小宰掌丨邦之宮刑注○丨國封諸侯也
禮記祭法分地丨國注○丨木長木也後漢馬融傳
注○丨柶扱柶於醴中儀禮士冠禮丨柶注○丨讀
爲鍵字之誤也禮記樂記名之曰丨櫜注○楚屈丨
即令尹子木見左襄廿五年傳○楚太子丨字子木
見左哀十六年傳○古今人表衛丨嗣伯子史記衛
世家作虔○古今人表衛嗣
伯子丨史記三代世家作建

㥔丨法也書益稷慎乃丨傳又說命中惟聖時丨傳
又詩六月萬邦爲丨傳桑扈百辟爲丨傳又禮記
內則凡養老五帝丨注學記發慮丨注又左氏襄廿
八年傳此君之丨令注又爾雅釋詁又國語周語以
爲丨令注楚語軀足以丨臧否注又漢書藝文志集
注董仲舒傳集注又後漢崔駰傳注又管子立政布

丨于國注宙合猶迹求履之丨也注又淮南脩務者
於丨法注又文選東京賦丨先靈而齊軌薛注魯靈
光殿賦上丨觜陬張注永明九年策秀才文注引春
秋保乾圖宋注○丨敎令也穆天子傳一受勅丨注
○丨謂法令穆天子傳三乃發丨命注○丨洩洩
制法則也爾雅釋訓○丨章猶法則也後漢班彪傳
下注○丨表也詩崧高文武是丨箋又周禮秋官序
官布丨注○丨標表也荀子勸學不道禮丨注○丨
表也周禮小司寇丨刑禁注布憲掌丨邦之刑禁注
○丨表縣之周禮小司徒令羣束丨禁令注胥師丨
刑禁焉注○丨謂表縣之若今新有法令云周禮小
宰以宮刑丨禁于王宮注○丨謂幡書以明之周禮
朝士則令邦國都家縣鄙慮刑貶杜注○博聞多能
曰丨周書謚法○丨丨興盛之貌禮記中庸丨丨令
德注○丨丨猶欣欣也詩板無然丨丨傳○丨罰播
其肆也周禮司市小刑丨罰司農注○漢書古今人

表秦丨公史記秦本紀作秦寧公
○魯原丨字子思見史記弟子傳

勸 丨勉也後漢馬嚴傳注○丨助也廣雅釋詁二○
丨力也小爾雅廣詁又國策宋策許救甚丨注○
丨敎也廣雅釋詁四又呂覽孟夏勞農丨民注○丨
進也國策秦策則楚之應之也必丨注又呂覽至志
人知之不爲丨注壹行則不足以丨也注○丨樂呂
覽爲欲則是三者不足以丨注○丨善呂覽上德不
賞而民丨注○丨講猶侍講也後漢楊秉傳注○丨
防引柩也周禮喪祝掌大喪丨防之事司農注○丨
猶倡帥前引者周禮喪祝注○莊子天運熟居無事
淫樂而丨釋文丨司馬本作倦○列子楊朱故不爲
名所丨釋文
丨一本作觀

蔓 丨延也詩野有蔓草野有丨草傳又後漢史弼傳
注○丨衍廣延也楚辭怨上菽藟今丨衍注○丨
衍長也文選閒居賦磊丨衍乎其側注○軒檻丨延
謂長不絕也一切經音義六引王延壽○丨亂也楚
辭憫上鬒髮丨頟兮顛鬢白注○丨丨雜察之事也
太元元瑩故夫抽天下之丨丨注○丨藻海藻之屬
也文選吳都賦彫啄丨藻劉注○爾雅釋草菌丨于
釋文丨本作曼○詩谷風箋丨菁與葍之類釋文丨
本作
蕪

券 丨綣也相約束繾綣以爲限也釋名釋書契○丨
契也淮南泰族非丨之所責也注○丨要也史記
田敬仲完世家公常執左丨索隱○丨分也莊子庚
桑楚丨內者行乎無名注○分之曰丨管子輕重乙
使無丨契之責注○丨分明也莊子庚桑釋文引崔
注○禮記曲禮注釋文丨本作劵○莊子庚桑釋文
丨本
作卷

鈍 丨遲也廣雅釋詁四○丨與頓同文選檄吳將校
部曲兵不丨鋒注

悶 丨煩也楚辭惜誦中丨瞀之忳忳注○丨憂家語
弟子行處賤不丨注○丨不爽貌素問風論悶則
熱而丨注○丨然不覺貌莊子德充符丨然而後憂
釋文引李注○丨然有頃之閒也莊子德充符釋文
引崔注○丨丨無所割
截老子我獨丨丨注

遜 丨順也書舜典五品不丨傳太甲下有言丨于汝
志傳又論語憲問危行言丨集解又漢書竇田灌
韓傳贊集注董仲舒傳集注又後漢胡廣傳注又呂
覽順民寃侮雅丨注士容辭令丨敬注○孫順也詩
文王有聲詒厥孫謀箋又考工記匠人水屬不理孫
注又儀禮聘禮記辭無常孫而說注又禮記內則孫
友視志注學記不陵節而施之謂孫注緇衣則民有
孫心注又史記晉世家鄭不孫集解引服虔○孫猶

恭順也禮記學記孫其業也注○孫順理也考工記
輈人凡揉輈欲其孫而無弧深注○大學之法不陵
節而施之謂孫禮記學記○丨遁也書堯典序將丨
于位傳○丨遜也爾雅釋言○孫猶遁也公羊莊元
年傳孫者何注○丨去也廣雅釋詁二○丨讓也後
漢獻帝紀注東平憲王蒼傳注○孫猶孫也內諱奔
謂之孫公羊莊元年傳○孫之爲言猶孫也諱奔也
穀梁莊元年傳閔二年傳昭廿五年傳○諱奔故曰
孫若自孫讓而去位者左昭廿五年經公孫於齊注
○孫孫遁而去穀梁莊元年傳注○內諱奔謂之孫
左氏莊元年經夫人孫於齊注○孫讀如公孫于齊
之孫孫之言丨遁也詩狼跋公孫碩膚箋○孫讀曰
丨漢書禮樂志集注五行志中之上集注○丨與巽
同文選魏都賦巽其神器注○左莊元年傳釋文丨
本作孫○書舜典五品不丨史記五帝紀作五品不
馴後漢鄧禹傳作五品不訓說文心部作五品不愻

○劉修碑其於鄉黨丨丨如也恂恂
作丨丨○州輔碑以病孫位丨作孫

販 賤買貴賣曰丨漢書貢禹傳集注

愿 丨謹也詩衡門序丨而無立志釋文又小爾雅廣
言又漢書食貨志下集注又後漢江革傳注劉寵
傳注○丨謹丨也論語泰伯皇疏○丨謹厚也左氏
襄卅一年傳丨吾愛之注○丨慤也考工記弓人則
莫能以丨中注又國語楚語吾有妾而丨注又後漢
梁冀傳注○丨慤也廣雅釋言○丨慤愼也周禮大
司寇上丨糾暴注○丨善也論語泰伯侗而不丨鄭
注又廣雅釋詁一○専謹曰丨漢書鄧通傳集注○
思厚不爽曰丨周書謚法○無利於上謂之丨韓非
子詭使○丨謂容貌恭正書皋陶謨鄭注○丨當聲
誤爲願也大戴記文王
官人言願以爲質注

溷 丨濁也易噬嗑注不丨乃明釋文又廣雅釋詁三
又漢書賈誼傳集注○丨汚也漢書翼奉傳集注
○丨辱也漢書陸賈傳集注引服虔○丨亂也易噬
嗑注釋文又文選風賦注引字林又漢書陸賈傳集
注王褒傳集注又後漢傳毅傳注又離騷世丨濁而
不分兮注涉江世丨濁而莫余知兮注○丨穢也易
噬嗑注釋文○丨謂穢亂爾雅釋水注衆水丨淆釋
文○廁或曰丨言丨濁也釋名釋宮室○爾雅釋水
注丨本作渾○宋樂丨
字子明見左定九年傳

遠 丨離也漢書成帝紀集注五行志上集注二見五
行志下之下集注賈誼傳集注鼂錯傳集注張安
世傳集注張騫傳集注東方朔傳集注貢禹傳集注
韋元成傳集注匈奴傳上集注○丨疏也廣雅釋詁
三○丨違也漢書公孫宏傳集注○丨去也論語顏
淵不仁者丨矣皇疏○丨疏外也國語晉語諸侯丨

已注○老子注故毋不
可丨釋文丨本作弃

巽 丨散也物皆生布散也釋名釋天○丨爲順漢書
王莽傳下集注○丨伏也易雜卦傳○丨入也易
說卦傳○丨者入也易序卦傳○丨德之制也易繫
辭下傳○丨所以申命明制也易繫辭下傳注○丨丨
東南也易說卦傳○卜風也左氏莊廿二年傳○丨
爲淸明風淮南墬形淸明風之所生也注○丨順也
書堯典汝能庸命丨朕位傳又廣雅釋詁一○丨讓
也書堯典馬注○丨恭也論語子罕丨與之言集解
引馬注○丨恭遜也論語子罕皇疏○書堯典丨朕
位史記五帝紀作踐朕位○魯邦丨字子欽見史記
仲尼弟子傳索
隱引家語作選

潠 丨噴也一切經音義二十引三蒼又後漢郭憲傳
注○丨潰也音巽後漢郭憲傳注引埤蒼○水溢

曰丨一切經音義五引通俗文

【曼】丨延也漢書禮樂志集注○丨長也詩閟宮孔且碩傳又文選四子講德論注引韓詩章句又漢書司馬遷傳集注引如淳○丨丨長也廣雅釋訓○丨丨長也一作漫漫文選長門賦夜丨丨其若歲兮注○丨修也廣也詩閟宮箋○丨美也後漢杜篤傳注○丨澤也漢書司馬相如傳上集注引張揖佞幸傳贊集注又楚辭招魂娥眉丨睩注長髮丨鬋注大招蛾眉丨只注○丨輕細也文選七發衣裳則雜遝丨嫚注○曼無也廣雅釋言○丨突也莊子馬蹄闉扼鷙丨釋文引李注○丨丨衍也楚辭大招丨鶤鶬只注○丨衍無極也莊子齊物論因之以丨衍釋文引司馬注○丨衍分布也文選甘泉賦駢交錯而丨衍兮注○丨聲引聲也列子湯問韓娥因丨聲哀哭釋文○丨聲猶長引也列子湯問釋文○丨頰細理也淮南脩務丨頰皓齒注○丨延者獸名也張衡西京賦所云巨獸百尋是爲丨延後漢安帝紀注○丨邱毋邱語有緩急耳漢書高帝紀下集注○丨當爲萬荀子正論丨而饋注

【噴】廣韻歕同○歕吐也廣雅釋詁四○歕吹氣也文選東都賦歕野歕山注○丨竝也廣雅釋言○歕鷁也善問切穆天子傳五其馬丨沙注

【艮】丨限也時未可聽物生限止之也釋名釋天○丨止也易彖下傳說卦傳雜卦傳○丨者止也易序卦傳○丨者止而不相交通之卦也易艮丨其背注○丨東北之卦也易說卦傳○丨爲山家語好生在周易山下有火謂之賁注○丨堅也方言十二○丨難也太元守象丨有守注

【敦】丨豎也莊子列禦寇丨杖蹙之釋文引司馬注又列子黃帝丨杖注○丨盛也史記天官書丨牂歲

經籍纂詁　卷七十三　十四願　曼至敦　十一

索隱引孫炎

【坌】亦作坋○坋塵也後漢東夷傳注○丨並也漢書司馬相如傳下集注引張揖○丨音馬丨叱之丨漢書司馬相如傳下集注引蘇林

【慁】丨憂也廣雅釋詁一○丨亂也廣雅釋詁三○丨辱家語儒行不丨君王注○丨猶辱也禮記儒行不丨君王注○丨污辱也史記酈生陸賈傳無久丨公爲也集解引韋昭○丨患也左氏昭六年傳主不丨賓注又小爾雅廣言又史記酈生陸賈傳索隱○丨猶汩亂之意史記范雎蔡澤傳是天以寡人丨先生索隱

【[illegible]】本作鄹○鄹引爲價也後漢崔寔傳注

經籍纂詁　卷七十三　十四願　坌至獿　十二

【楦】本作楥○楥瀆也廣雅釋詁一○楥柜柳爾雅釋木

【圈】丨臼万反公羊文十一年傳釋文引字林

○以下據廣韻錄

【願】丨欲也廣雅釋詁一

【搵】丨抐沒也集韻引字林

【閞】丨謂之槉爾雅釋宮○爾雅釋宮釋文丨本作弁

【虇】爾雅釋草其萌丨釋文丨本作藋

【腝】丨柔脆也一切經音義十一引字苑

【獿】丨音幔狼屬一曰貆也爾雅釋獸釋文引字林○今山民呼貆虎之大者爲貆豻爾雅釋獸注

䖑 ｜和也廣雅釋詁三

娩 ｜兔子也廣雅釋獸

敦 ｜舂也廣雅釋詁四

挍 ｜按也廣雅釋詁三

蒷 ｜鉤吻也廣雅釋草

甂 ｜瓢也廣雅釋器

焌 ｜讀爲英俊之俊書亦或爲俊周禮菙氏杜注○｜讀如戈鐏之鐏謂以契柱燋火而吹之也周禮菙氏遂歛其｜契注

婏 ｜耦也宋潁之閒或曰｜方言二○｜卷並翱翔自恣之貌也後漢張衡傳注

絭 ｜音卷文選閒居賦注引字林

𩜒 ｜食也廣雅釋詁二○凡陳楚之郊南楚之外相謁而餐或曰飵秦晉之際河陰之閒曰｜䭘此秦語也方言二○今關西人呼食欲飽爲｜䭘方言一注

䭘 ｜食也廣雅釋詁二

扽 ｜引也廣雅釋詁一

嫨 ｜女饋也音乃管反北戸録注引字林

奆 ｜曲也廣雅釋詁二○｜詘也廣雅釋詁四

圂 ｜廁也廣雅釋室○誠動可畏謂之威反威爲｜賈子道術○｜豕所居也字从口豕在其中也一切經音義九引蒼頡○｜與豢同禮記少儀不食｜腴釋文

𢿢 ｜抒也廣雅釋詁二○汲取曰｜一切經音義四引通俗文

鐏 矛下頭曰｜｜入地也釋名釋兵○銳底曰｜取其｜也禮記曲禮上進戈者前其｜注

𤵸 ｜惡也廣雅釋詁三○｜惡也南楚凡人殘罵又謂之｜方言十

○以下據集韻録

淬 ｜撓並入水貌也後漢馬融傳注

噀 ｜吐也廣雅釋詁四

圂 ｜路厠也周禮宮人司農注○｜豬謂霤下之池受畜水而流之者周禮宮人爲其井｜注

悶 ｜懣也廣雅釋詁二

經籍籑詁卷第七十三

經籍纂詁卷第七十三補遺 去聲

兵部侍郎兼都察院右副都御史巡撫浙江等處地方提督軍務兼理糧餉阮元撰集

十四願

願 說文｜大頭也从頁原聲

論 ｜敘也淮南脩務惟聖人｜之注○｜辨也呂覽應言不可不熟｜也注○｜明呂覽適音以｜其教注○｜猶別也呂覽振亂不可以不熟察此｜也注○｜選擇也荀子王霸｜一相注○｜猶擇也呂覽情欲勞于｜人注○｜謂｜議禮記王制必卽天｜疏○｜謂｜說禮記祭統銘者｜譔其先祖之有德善功烈勳勞慶賞聲名列於天下疏○｜道也初學記一引廣雅○｜道謂謀慮治國之政令也考工記序或坐而｜道注○｜者語中之別與言不同周禮大司樂注答述曰語疏

怨 說文｜恚也从心夗聲○｜者情所恚恨詩擊鼓序｜州吁也疏○｜亦憎變文爾淮南說山不｜人棄之注○｜亦刺之類詩譜序刺｜相尋疏○詩車舝傳慰｜也釋文本或作慰安也

恨 說文｜怨也从心艮聲○爾雅釋言鬩｜也釋文孫炎作很○定本｜作限恐非也詩伐木箋反可以｜兄弟乎疏

萬 說文萬蟲也从内象形○｜盈數也史記晉世家○｜滿數也史記魏世家○諸侯曰｜民左氏閔元年傳又史記晉世家○｜舞名也詩簡兮傳以干羽爲｜舞疏○｜者舞之總名干戚與羽籥皆是詩簡兮傳以干羽爲｜舞疏○｜干舞也禮記檀弓下｜入去籥注○｜舞干舞也詩簡兮方將｜舞箋閟宮｜舞洋洋箋○｜舞干戚也詩簡兮箋｜舞干舞也疏引孫毓○｜卽武舞詩鼓鐘箋雅｜舞也疏○｜城或作方字水經汝水注

飯 說文｜食也从食反聲○爾雅釋言注釋文飰字又作餅俗作｜

獻 說文宗廟犬名羹｜犬肥者以｜之从犬鬳聲○｜是奉上之辭書洛誥疏○｜者臣奉於尊之辭詩鴟鴞序疏○上於下曰饋下於上曰｜周禮玉府注右者致物於人疏○臣取於君曰取與於君曰｜周禮玉府疏○君有饋焉曰｜儀禮士相見禮士則曰寡君之老注○｜者奏也奏進聲樂以娛神也左氏隱五年經初｜六羽疏○進爵於前謂之｜漢書五行志上飲食有享｜之禮注○始主人酌賓爲｜詩楚茨｜醻交錯箋○主人酌酒於賓曰｜左氏莊十八年傳注則命以幣物疏○｜謂是見精表之也左氏僖三十年傳以｜其功疏○｜體解衣左氏昭廿七年傳｜體改服于門外注○｜民士大夫也周書作雒俘殷｜民于九畢注○聰明睿智曰｜漢書河閒獻王德傳引謚法○書大誥民｜有十夫書大傳｜作儀

健 說文｜伉也从人建聲○｜者强壯之名易象上傳天行｜疏○仰頭爲｜漢書王章傳不自激卬注

寸 說文｜十分也人手卻一寸動脈謂之寸口从又从一凡｜之屬皆从｜○十分爲｜漢書律麻志上○十分爲一寸淮南主術天｜生於稞注○布指知｜大戴記主言○｜者陽分位也素問平人氣象論尺熱曰病溫注

困 說文丨故廬也从木在口中朱古文困○丨乏也禮記中庸則不丨疏○丨謂有所不通也漢書古今人表丨而學之注○丨謂至所不勝也素問玉機眞藏論言知至其所丨而死注○丨者窮厄委頓之名易困丨亨疏○行而無資謂之乏居而無食謂之丨周禮稾人疏引書傳○丨謂逃叛也方言十三丨逃也注○丨丨謂其地境埆不可種藝管子地圖丨殖之地注○丨丨讀羣淮南天文歲名曰丨敦注

頓 說文丨下首也从頁屯聲○丨首者爲空首之時引頭至地首丨地卽舉周禮大祝二曰丨首疏○丨首頭不至地暫一叩之而已左氏僖五年傳士蔿稽首疏○丨折也書多士傳不丨兵傷士疏○丨謂挫傷折壞左氏襄四年傳注丨壞也疏○丨壞也左氏襄四年傳甲兵不丨注○丨罷淮南脩務丨兵挫銳注

遯 說文丨逃也从辵从豚○丨欺也廣雅釋詁二

建 說文丨立朝律也从聿从廴○丨立國策秦策然後可丨大功注○丨立也周禮大宰而丨其牧疏大司徒乃丨王國焉疏小宗伯掌丨國之神位疏大司樂以治丨國之學政疏又左氏哀十三年傳丨鼓整列疏又國語周語顓頊之所丨也注晉語皆利丨侯注善德之丨也注鄭語丨九紀以立純德注○丨丨亦立也書洪範擇丨立卜筮人疏○丨謂立議漢書鄒陽傳爰盎等皆丨以爲不可注○丨謂立其議漢書東平思王宇傳丨欲使我輔佐天子注○丨丨六星在斗上也周髀筭經下日月俱起丨星注○丨當爲卷水經潕水注

憲 說文丨敏也从心从目害省聲○丨法也禮記中庸丨章文武疏又國語周語布丨施舍于百姓注○丨謂法式也禮記樂記發慮丨疏○丨者表縣之也周禮鄉大夫各丨之於其所治疏○丨命穆天子傳六天子出丨注○丨謂月朔之丨管子立政然後可以布丨注○丨讀爲軒聲之誤也禮記樂記致右丨左注

勸 說文丨勉也从力雚聲○丨者進善之名文選勸勵題注○丨獎者佐助之意左氏僖廿八年傳注獎助也疏○坎爲丨易象下傳君子以勞民丨相虞注○丨讀曰隨莊子天運淫樂而丨釋文引司馬注

蔓 說文丨葛屬从艸曼聲○丨延也左氏隱元年傳無使滋丨服注○丨丨言其長久日以茂盛也漢書禮樂志丨丨日茂注

券 說文券契也从刀𢍏聲𢍏別之書以刀判契其旁故曰契券○別丨謂分契也管子問有別丨者注

鈍 說文丨錭也从金屯聲○俗謂愚爲丨椎史記絳侯周勃世家其椎少文如此索隱引大顏○丨悶無情也淮南覽冥丨悶以終注

悶 說文丨懣也从心門聲○丨丨似若不明老子其政丨丨注

遜 說文丨遁也从辵孫聲○內諱奔謂之丨詩狼跋箋孫之言丨遁也疏○愻順也謙也恭也一切經音義廿二引字林○古之丨字借孫爲之詩狼跋箋孫讀當如公孫于齊之孫疏○書舜典五品不丨論衡順鼓引尚書大傳作五品不訓○禮記學記不陵節而施之謂孫說苑建本作不陵節而施之曰馴○穀梁莊元年經夫人孫于齊釋文本亦作丨

嫩 廣韻媆同丨○媆弱也廣雅釋詁一○媆好也廣雅釋詁一

販 說文丨買賤賣貴者从貝反聲

愿 說文丨謹也从心原聲○丨愨也禮記緇衣而民作丨疏○丨者愨謹良善之名書皐陶謨丨而恭疏

溷 說文丨亂也一曰水濁皃从水圂聲○丨肴謂雜亂漢書五行志中之上丨肴亡別注○丨濁也文選弔屈原文世謂隨夷爲丨兮注引韋昭○丨亦濁也漢書諸葛豐傳濁丨之氣注○丨軒廁屋後漢書黨錮李膺傳郡舍丨軒有奇巧注○丨或爲渾文選西征賦風流丨淆注

遠 丨謂疏而離之也漢書劉向傳黜丨外戚注○丨志逋逃也國語周語將有丨志注

巽 說文巽具也从丌𢀳聲𢁉古文丨巽篆文丨○丨者卑順之名易巽丨小亨疏○丨者外迹相卑下也易象上傳順以丨也虞注○丨爲進退易象上傳下觀而化也虞注又禮記緇衣易曰不恒其德疏○丨謂貌順易象上傳順以丨也疏○丨當作遜易蒙釋文引鄭注

潠 說文丨含水噴也从水巽聲

曼 說文曼引也从又冒聲○丨長淮南氾論侯同丨聲之歌注○丨長也一切經音義六引廣雅○丨衍猶聯延也漢書鼂錯傳丨衍相屬注○丨美廣散也文選封禪文汾澹丨美注引音義○丨美也漢書司馬遷傳丨辭以自解注引如淳○丨與蔓同漢書王莽傳下遂至延丨連州注

噴 丨吒也文選長笛賦注引蒼頡○歕潠也一切經音義十九引廣雅○丨嚏也廣雅釋言

艮 說文艮很也从匕目匕目猶目相匕不相下也易曰艮其限匕目爲艮匕目爲眞也○丨之言很也易艮釋文引鄭注○丨堅也廣雅釋詁一○丨山也左氏昭五年傳○丨爲山左氏昭五年傳遇明夷之謙疏

敦 丨頓邸也文選答賓戲欲從堥丨而度高乎泰山注引服虔

坌 丨涌貌也文選薦禰衡表溢氣丨涌注

慁 說文丨憂也从心圂聲一曰擾也

郾 說文郾潁川縣从邑匽聲

堰 丨潛丨也文選沈休文三月三日率爾成篇詩注引廣雅○丨堨塢三字義同而音則異也文選沈休文三月三日率爾成篇詩東出千金丨注○隁字作丨其字義則同但異體耳後漢書董卓傳僞立隁以爲捕魚注

○以下據廣韻錄

顚 說文丨頂也从頁眞聲

傆 說文丨黠也从人原聲

⿰言夗 說文丨慰也从言夗聲

韏 說文韏革辨謂之韏从韋𠔉聲

絭 說文絭攘臂繩也从糸𠔉聲

獌 說文丨狼屬从犬曼聲爾雅曰貙丨似貍○蟃蜒大獸似貍長百尋漢書司馬相如傳上蟃蜒貙豻注引郭璞

鄤 說文鄤蜀廣漢鄉也从邑蔓聲

贎 說文丨貨也从貝萬聲

閞 丨朱儒下小方木爾雅釋宮舍人注○丨柱上欂也亦名枅又曰楮爾雅釋宮丨謂之槉注

⿱䋣泉 說文丨泉水也从泉䋣聲讀若飯

嬎 說文丨生子齊均也从女从生免聲

疲 丨恎惡腹也方言十丨惡也注

⿱弁酉 說文丨酒疾孰也从酉弁聲

⿰算攴 說文丨小舂也从攴算聲

嬔 說文丨兔子也丨疾也从女兔

傿 說文丨引爲賈也从人焉聲

嫣 說文丨長皃从女焉聲

⿱䀠大 說文丨大皃从大䀠聲或曰拳勇字一曰讀若傿

⿺走䖒 說文⿺走䖒走意从走䖒聲

楥 說文丨履法也从木爰聲讀若指撝

鬳 說文丨鬲屬从鬲虍聲

⿱䜌斗 說文丨抒滿也从斗䜌聲

圂 說文丨廁也从口象豕在口中也會意○丨者豢豕之牢也漢書五行志中之下豕出丨壞都竈注○丨豬犬也禮記少儀君子不食丨腴疏○周禮丨作豢謂犬豕之屬禮記少儀君子不食丨腴注

俒 說文丨完也逸周書曰朕實不明以俒伯父从人从完

顨 說文丨巽也从丌从顛此易丨卦爲長女爲風者

愻 說文丨順也从心孫聲唐書曰五品不丨

搵 說文丨没也从手𥁕聲

⿰食㥯 說文秦人謂相謁而食麥曰丨⿰食豈从食㥯聲

懣 說文丨煩也从心从滿

鐏 說文丨柲下銅也从金尊聲

栫 說文丨以柴木雝也从木存聲

睴 說文丨大目出也从目軍聲

溢 丨溢也文選難蜀父老氾濫衍溢注引張揖

遁 說文丨遷也一曰逃也从辵盾聲

焌 說文丨然火也从火夋聲周禮曰遂籥其丨丨火在前以焞焯龜

捘 說文丨推也从手夋聲春秋傳曰丨衛侯之手

⿰食豈 說文丨⿰食㥯丨也从食豈聲

○以下據集韻錄謜說文丨徐語也从言原聲孟子曰故丨丨而來

⿰女冤說文丨宴丨也从女冤聲

⿰夗力說文丨筋之木也从筋从夗省聲腱丨或从肉建

楗說文丨限門也从木建聲

⿰貝匽丨當也廣雅口口三

頣說文頣頰後也从頁𦣞聲

枘丨栟也廣雅釋詁二○丨再生也一切經音義十一引通俗文

○以下附錄㝃說文丨生子免身也从子从免

經籍籑詁卷第七十三補遺終

經籍籑詁卷第七十四

去聲

經筵講官南書房行走禮部左侍郎兼署兵部左侍郎提督浙江學政阮元撰集

十五翰

【翰】｜幹也爾雅釋詁 又詩桑扈之屏之｜傳 文王有聲｜王后維｜傳 板大宗維｜傳 崧高維周之｜傳 又禮記孔子閒居爲周之｜注 又漢書諸侯王表集注 又後漢張衡傳注 又家語問玉唯周之｜注○｜高也易賁白馬｜如釋文引荀馬注 中孚｜音登于天虞注 又詩小宛｜飛戾天傳 四月｜飛戾天箋 又太元應龍｜于天注○｜高飛也易中孚｜音登于天注 又釋文 又文選劉越石荅盧諶詩｜撫西翼注○｜馬舉頭高卬也易賁釋文引黄注○｜猶長也禮記曲禮下雞曰｜音注○｜白色馬也禮記檀弓

上戎事乘｜注 又家語五帝戎事乘｜注○｜筆毫也文選秋興賦於是染｜操紙注○｜筆毛也文選劉公幹公讌詩投｜長歎息注○｜林文｜之多若林也文選長楊賦序注○｜所以當牆兩邊障土者也爾雅釋詁舍人注○｜旁飾左氏成二年傳棺有｜檜注○｜天雞爾雅釋鳥○｜天雞爾雅釋蟲○｜｜字林作螒爾雅釋蟲釋文

【岸】｜崖也荀子宥坐三尺之｜而虛車不能登也注○｜重厓｜爾雅釋邱○兩厓累者爲｜爾雅釋邱注○視厓峻而水深者曰｜爾雅釋邱望厓洒而高｜注○｜高也小爾雅廣詁○｜高位也詩皇矣誕先登于｜傳○｜訟也詩小宛宜｜宜獄傳皇矣誕先登于｜箋○詩小宛釋文｜韓詩作犴○詩小宛宜｜宜獄周禮射人注作宜犴宜獄鹽鐵論論菑作宜犴宜獄○屠｜賈見史記趙世家古今人表作屠顏賈

【漢】｜水名也國語魯語襄公如楚及｜注 又楚辭思古容與｜渚注○｜楚之川也禮記祭統隨難于｜陽注○｜爲潛爾雅釋水○｜漾也東爲滄浪水水經漾水注引闞駰○｜天｜也大戴記夏小正｜案戸傳○天河謂之天｜廣雅釋天○｜天河也詩大東維天有｜傳○雲｜｜天河也詩棫樸倬彼雲｜傳 又文選思元賦浮雲｜｜之湯湯舊注○雲｜謂天河也詩雲漢倬彼雲｜箋○｜土德也論衡驗符○｜火行也三國魏文紀注引魏略○｜洼也廣雅釋水〆｜皐卽萬山之異名也水經沔水注○｜灉也廣雅釋詁二○｜怒也方言十二 又廣雅釋詁二

【難】｜困苦也左氏哀十二年傳而藩其君舍以｜之注○｜遇乎詘太元元衡○｜仇讎周禮典瑞穀

圭以和｜注○｜相與爲仇讎周禮調人掌司萬民之｜而諧和之注○｜謂相與爲仇也御覽引周禮馬注○｜兵｜也公羊隱四年傳請作｜注○｜猶敵也國策秦策以與秦爲｜注○｜頡頏太元元錯○｜拒也書舜典而｜任人傳○｜說呂覽樂成盡｜攻中山之事也注○｜猶說也史記五帝紀存亡之｜索隱○杜子春｜讀爲｜問之卜其字當作儺周禮占夢遂令始｜毆疫注○書舜典而｜任人史記五帝紀作遠佞人

【斷】莊子天地其｜在溝中釋文｜本作故

【斷】｜決也漢書司馬遷傳集注 又荀子禮論然而禮以是｜之者注至親以期｜注○｜猶決也禮記樂記臨事而屢｜注 又文選晉紀總論覽而能｜注○｜多決太元元錯○｜分也易繫辭上傳剛柔｜

矣虞注○丨猶判也荀子富國故爲之出死丨亡以
覆救之注○丨方也莊子天下椎拍輐丨釋文○丨
齊也廣雅釋詁四○丨猶治也淮南說林是而行之
故謂之丨注○丨謂支節絶也禮記王制瘖聾跛躃
丨者注○丨多事太元元衡○丨丨誠也廣雅釋訓
○丨丨誠一之貌也禮記大學丨丨兮注○丨丨猶
專一也公羊文十二年傳丨丨兮注又後漢卓茂傳
注○丨丨專一之貌漢書孔光傳集注○丨丨是專
一之義史記魯周公世家丨丨如也索隱○丨虵劒
也廣雅釋器○公羊莊廿四年傳丨修云乎釋文丨
本作腶○書秦誓丨丨兮說文斤部作𢇍𢇍猗○禮
記門外之治義丨恩公羊莊廿七年傳注作義揜恩

亂 丨治也書皐陶謨丨而敬傳盤庚中茲予有丨政
同位傳又左氏襄廿八年傳武王有丨臣十人注
又爾雅釋詁又廣雅釋詁三又後漢邊讓傳注又孟
子音義上引張音○丨治之理也爾雅釋詁孫注○

丨義之治也爾雅釋詁舍人注○丨謂剛柔治理書
皐陶謨鄭注○丨宜訓治方言十三注○丨理也論
語泰伯予有丨臣十人集解引馬注又皇疏又廣雅
釋詁二又史記孔子世家關雎之丨正義又漢書外
戚傳上集注又離騷丨曰注大招娛人丨只注又文
選東京賦丨以收罝解罘薛注幽通賦丨曰天造草
昧曹注○丨者理也漢書楊雄傳上集注又鬼谷子
中經丨其前注又論衡案書又文選雪賦起而爲丨
注○丨雜也荀子解蔽故學丨術足以爲先王者也
注○丨渾也釋名釋言語○丨惡也國語魯語丨在
前矣注○丨猶難也呂覽爲欲不敢丨矣注○丨惑
呂覽論人此不肖主之所以丨也注○丨昏也文選
登徒子好色賦惑丨之邪臣注○丨變也漢書終軍
傳集注○人反物爲丨左氏宣十二年傳○人反德
爲丨後漢鄭興傳注○兵作於外爲宼作於內爲丨
周禮大宗伯以恤禮哀宼丨注○兵作於內爲丨左

氏文七年傳○百事失紀曰丨家語執轡○貴而忘
賤謂之丨韓外傳九○逆命病君謂之丨說苑臣術
○人主肆意陳欲曰丨韓非子八說○畏死而棄義
者丨也列女傳節義○好道煩言丨也大戴記曾子
立事○是故聽而不寬是丨也御覽刑法部五引書
大傳○四正不正五官不官曰丨管子君臣下○臣
當罪而不誅謂之丨同上○爲人君者倍道弃法而
好行私謂之丨同上○坤爲丨易萃乃丨虞注旣濟
終丨虞注象上傳其命丨也虞注象下傳不可丨也
虞注繫辭上傳丨之所生也虞注○丨之爲言事未
有所成也穀梁昭廿二年傳○喜怒移易其處謂之
丨世春秋繁露陽尊陰卑○丨謂作丨漢書鼂錯傳
集注○丨反丨也大戴記子張問入官爭之至又反
於丨注○丨淫丨也大戴記本命丨家子不取注○
丨謂失行列也禮記樂記武丨皆坐注○丨謂賢否
不別禮記表記易進而難退則丨也注○丨謂違廢

事君之禮禮記表記而不可使爲丨注○丨絶也漢
書楊王孫傳集注○正絶流曰丨書禹貢丨于河傳
又詩公劉涉渭爲丨傳又爾雅釋水○丨旁爲舌顏
氏家訓書證○禮記王制丨名改作釋文丨本作循
○書皐陶謨丨而敬史記夏本紀作治而敬書微子
殷其弗或丨正四方史記宋微子世家作不有治政
不治四方○北海景
君銘爾曰丨作爾

歎 同嘆○嘆傷也廣雅釋詁二○丨者傷也息也楚
辭九歎序○嘆吟也廣雅釋詁二○丨猶歍也文
選與吳季重書鳳觀虎視注○丨吟息禮記檀弓下
慼斯丨注○丨謂有憂慼之聲也禮記坊記慼而不
丨注○嘆古文丨鸝二
形一切經音義十二

幹 或作榦○丨本也廣雅釋詁三又文選琴賦亘睎
丨於九陽注○丨者本白虎通姓名○丨枝華嚴

經音義上引字林○榦枝榦也一切經音義二引三蒼○丨枝也謂麗枝也華嚴經音義上引字書○㫄曰榦書費誓峙乃楨榦傳○榦柘也書禹貢杶榦栝柏傳○榦柘榦書禹貢鄭注○丨柘也可以爲弓弩之丨考工記總目荊之丨注○丨小竹也文選洞簫賦原夫簫丨之所生兮注○榦楨也左氏宣十一年傳平板榦注○丨器之木也禮記月令羽箭丨注○竹丨竹箭也後漢公孫述傳注○榦強也淮南兵略此善爲充榦者也注○丨正也易蠱丨父之蠱虞注又廣雅釋詁一又後漢明德馬皇后紀注○榦正也詩韓奕榦不庭方韓詩章句○丨貞也太元疑顛疑遇丨客注○丨安也廣雅釋詁一○丨事也廣雅釋詁三○丨體也楚辭招魂去君之恒丨注○丨主也後漢伏湛傳注何敞傳注○丨猶主也後漢欒巴傳注○丨主也或曰古管字後漢竇憲傳注○丨脇也公羊莊元年傳搚丨而殺之注又釋文○丨脅爾雅

釋畜在丨茀方注○丨骸骨也左氏昭卄五年傳惟是楄柎所以藉丨者注○丨正脅也儀禮少牢饋食禮上佐食舉尸牢丨注○丨長脅也儀禮特牲饋食禮佐食舉丨注○甲乙爲丨丨者日之神也廣雅釋天○較謂之丨小爾雅廣器○丨也者以爲遠也考工記弓人○旋蟲謂之丨考工記鳧氏○丨府吏之類也後漢欒巴傳注○古文丨爲肝儀禮少牢饋食禮注○丨或作翰漢書郊祀志下集注○爾雅釋詁楨榦儀丨也釋文丨本作翰○鄭季宣碑陰直事干司馬整碑陰有諸曹干十三人干郎丨字

觀 丨諦眂也列子仲尼不知務內丨釋文○丨視也文選述祖德詩貞丨邱壑美注○丨示也易觀釋文考工記㮚氏以丨四國釋文莊子大宗師以丨衆人之耳目釋文又漢書宣帝紀集注敘傳下集注引張晏○丨猶示也漢書張釋之傳集注○丨猶顯也漢書嚴安傳集注引孟康○丨丨也於上丨望也釋

名釋宮室○丨闕也禮記禮運出遊於丨之上注○丨謂之闕爾雅釋宮○宮門雙闕舊章縣焉使民丨之因謂之丨爾雅釋宮孫注○天子外闕兩丨諸侯內闕一丨公羊昭廿五年傳設兩丨注○丨宮門外闕丨家語禮運遊於丨之上注○兩丨闕名家語始誅戮之于兩丨之下注○丨魏門闕也後漢班彪傳下注○丨宮丨也文選月賦連丨霜縞注○丨猶樓也楚辭大招丨絕霤只注○丨臺榭左氏哀元年傳宮室不丨注○地上之木爲丨丨漢書五行志上○丨多也詩采綠薄言丨者箋文王有聲遹丨厥成箋臣工奄丨銍艾箋○詩采綠釋文丨韓詩作覩

散 丨布也太元元告丨而聚注○𢿱布也廣雅釋詁三○丨放也公羊莊十二年傳丨舍諸宮中注又莊子人閒世而況丨焉者乎釋文引李注○丨猶放也禮記樂記馬丨之華山之陽注○丨猶雜也太元

元瑩晝夜丨者注○丨不拘檢者也荀子脩身庸衆駑丨注○丨渙分布也文選洞簫賦馳丨渙以遝律注○陂聲丨周禮典同○舊說云爵一升觚二升觶三升角四升丨五升儀禮特牲饋食禮記實二爵二觚四觶一角一丨注○五升曰丨禮記禮器賤者獻以丨注○丨爵名容五升儀禮大射儀實一丨于篚注○丨方壺之酒也儀禮大射儀酌丨注○酌丨者酌方壺酒也於膳爲丨儀禮燕禮酌丨注○丨角皆以璧飾其口也禮記明堂位加以璧丨璧角注○不在可用之數曰丨木莊子人閒世匠石曰已矣勿言之矣丨木也注○丨盬湅治者周禮盬人祭祀共其苦盬丨盬司農注○丨盬鬻水爲盬周禮盬人注

畔 或作泮○丨界也廣雅釋詁三又國語周語脩其疆丨注又楚辭逢紛吟澤丨之江濱注愍命江河之丨無隱夫注思古步周流于江丨注○丨疆界也後漢杜篤傳注○泮坡也詩氓隰則有泮傳○丨舍

也國語楚語丨者半矣注○丨離也廣雅釋詁三又
漢書楊雄傳上集注引李奇○丨反也漢書敘傳下
集注引孟康○丨者倍之半也荀子大略言而不稱
師謂之丨注○丨違背也論語雍也亦可以弗丨矣
夫皇疏顏淵亦可以弗丨矣夫皇疏○丨背叛也論
語陽貨公山不擾以費丨皇疏○改衣服制度爲丨
白虎通巡狩引書大傳○言而不稱師謂之丨荀子
大略○丨援猶跋扈也詩皇矣無然丨援箋○丨援
武強也詩皇矣釋文引韓詩○丨與叛同孟子公孫
丑下親戚丨之音義引張音○史晨奏銘飲酒畔宮
泮作
丨

【旦】丨明也詩葛生誰與獨丨箋東門之枌穀丨于差
箋板昊天曰丨傳又楚辭涉江丨余濟乎湘江注
離世身憔悴而考丨注○丨早也爾雅釋詁○丨朝
呂覽順民以與吳王爭一丨之死注○丨者日方出

時公羊哀十三年傳見于丨也注○丨明丨日質明
儀禮少牢饋食禮宗人曰丨明行事注○丨晝日晝
也孟子告子上則其丨晝之所爲注○丨暮朝夕也
國策齊策丨暮進食注○丨昔猶朝夕也管子小匡
丨昔從事於此注○晏晏丨丨悔爽忒也爾雅釋訓
○盍丨夜鳴求丨之鳥也禮記坊記相彼盍丨向猶
患之注○丨當爲神篆字之誤也禮記郊特牲所以
交於丨明之義也注○詩東門之枌穀丨于差釋文
丨本作且○爾雅釋訓釋文丨本作悬○莊子大宗
師有丨宅而無情死釋文李本作怛悒崔作靼○莊
子大宗師其有夜丨之常天也釋文丨崔本作
靼○詩氓信誓丨丨說文心部作信誓悬悬

【算】或作算又作笇○算數也儀禮鄉飲酒禮無算爵
注燕禮無算爵注大射儀無算爵注喪服記親則
月算如邦人注士喪禮明衣不在算注特牲饋食禮
爵皆無算注有司徹爵無算注又禮記檀弓下爲之

節文也有算注哀公問然後言其喪算注又公羊隱
三年傳注何足算釋文又論語子路何足算也集解
引鄭注又皇疏又爾雅釋詁又小爾雅廣言又漢書
敘傳上集注引李奇○釋數之曰算爾雅釋詁舍人
注○笇籌也論語八佾集解多笇飲少笇釋文○算
長尺有握握數也禮記投壺注○算長尺二寸禮記
投壺又大戴記投壺○一算百二十也後漢烏桓鮮
卑傳注○算口錢也後漢左雄傳注○算猶智也列
子力命算之所亡若何注○古文算皆爲筴儀禮既
夕執算從柩東注○丨古文祘一切經音義三○論
語子路何足算也漢書公孫劉田
王楊蔡陳鄭傳贊作何足選也

【玩】通作翫○丨習也列子黃帝丨其文也久矣釋文
又楚辭哀時命誰可與丨此遺芳注○翫習也左
氏僖五年傳寇不可翫注又廣雅釋詁二又後漢臧
宮傳注又家語正論民狎而翫之注又文選東京賦

目翫阿房薛注翫其所以先入薛注○丨弄也一切
經音義六引字林又國語吳語將還丨吳國於股掌
之上注又呂覽精諭終日丨之而不去注又淮南精
神丨天地於掌握之中注○翫弄也易繫辭上傳而
翫其辭虞注○丨貪也易繫辭所樂而丨者釋文引
馬注又左氏昭廿六年傳丨求無度服注○丨偷也
國語晉語今忨日而潄歲注○翫猶悅也文選張茂
先荅何劭詩流目翫儵魚注○丨愛也漢書五行志
中之上集注○丨猶愛也文選潘正叔贈陸機詩丨
爾清藻注○丨猶愛弄也文選劉越石荅盧諶詩序
執丨反覆不能釋手注○翫戲狎也荀子禮論介則
翫注○丨丨弄之物國語楚語若夫白珩先王之丨
也注○丨黷也國語周語觀則丨注無乃丨而頓乎
注○丨研丨也易繫辭釋文○翫愒皆貪也左氏昭
元年傳翫歲而愒日注○丨與翫古字通文選陸士
衡荅賈長淵詩國丨凱入注○丨與翫同荀子非十

二子而好治怪說｜琦辭注｜敍而
澤注○｜古文𤆒一切經音義六
爤同○爤䰞也廣雅釋詁三○｜孰也自河以北
爛趙魏之間火熟曰｜方言七○｜腐淮南說山｜
灰生蠅注○｜失飪呂覽本味孰而不｜注○｜亦
明也文選西都賦登降炤｜注○｜光貌也楚辭雲
中君｜昭昭兮未央注○燦｜盛明也後漢班彪傳
下注○十｜｜燦然鮮明且衆多之貌詩韓奕｜其盈
門箋○渙｜文章貌也後漢延篤傳注○奐｜言衆
多也禮記檀弓美哉奐焉釋文○｜漫猶消散也楚
辭哀時命忽｜漫而無成注○
漢修堯廟碑蘭然成就｜祚蘭
貫｜事也詩碩鼠三歲｜女傳又周禮職方氏使同
｜利注又論語先進仍舊｜集解引鄭注又皇疏
又周書職方使同｜利注又爾雅釋詁又漢書武帝
紀集注段會宗傳集注外戚傳下集注又後漢郎顗

傳注○｜習也禮記學記注仍見則｜釋文又左氏
襄卅一年傳射御｜注昭廿六年傳｜瀆鬼神注又
爾雅釋詁又國語魯語貫而講｜注又孟子滕文公
下我不｜與小人乘注又荀子王制爲之｜之注解
蔽其所以｜理焉注○｜猶習也左氏宣六年傳以
盈其｜注○｜之何習之詩六月正義引書大傳○
｜｜快也爾雅釋詁注○｜通也淮南時則｜大人
之國注主術｜萬世而不絕注○｜猶通也史記樂
書｜乎人情矣正義○｜中也詩猗嗟射則｜兮傳
○｜猶中也儀禮鄉射禮不｜不｜不釋注大射儀不｜
不釋注○｜穿也易剝｜魚以宮人寵釋文又廣雅
釋言又漢書司馬相如傳下集注引張揖又後漢張
衡傳注又列子周穆王｜金不釋文○｜猶穿也論
語衛靈公予一以｜之皇疏○｜穿也以繩穿物曰
｜一切經音義十引蒼頡○｜出也楚辭招魂路｜
廬江兮注○｜猶連也文選秋胡詩峻節｜秋霜注

○｜同呂覽過理亡國之主一｜注○｜行也廣雅
釋詁二○｜道也漢書武帝紀集注引孟康○｜猶
統也論語里仁吾道一以｜之皇疏○｜位也淮南
俶眞使各有經紀條｜注○｜累也廣雅釋詁四又
離騷｜薜荔之落蘂注○｜日積日也荀子王霸若
夫｜日而治詳注｜日而治注○｜行謂一皆遵奉
也後漢東平憲王蒼傳注○｜鏑也莊子田子方引
之盈｜釋文引司馬注○｜｜革射穿甲革也禮記樂
記｜革之射息也注○羈｜謂交午翦髮以爲飾穀
梁昭十九年傳羈｜成童注○崇｜封父皆國名禮
記明堂位崇鼎｜鼎大璜封父龜注○十葉爲｜周
禮鬱人和鬱鬯司農注○｜節｜衆也廣雅釋草○
古文｜作關儀禮鄉射禮不｜不｜不釋注大射儀不｜
不釋注○詩碩鼠三歲｜女漢石經作三歲宦女
半凡數三分有二爲太｜一爲少｜史記項羽紀漢
有天下大｜集解引韋昭○五升曰｜漢書李陵

傳集注○｜五升器也史記項羽紀士卒食芋
菽集解引徐廣○｜讀曰判漢書李陵傳集注
｜據也荀子不苟井｜亂而治之之謂也注○｜
案依也漢書司馬相如傳上集注○｜視也淮南時
則｜程度注○｜察之也後漢鍾離意傳注○｜次
第也史記高帝紀皆｜堵如故集解引應劭○｜然
後也荀子富國我按起而治之注○｜尋也漢書衞
靑傳集注引如淳○｜界也國語齊語參國起｜以
爲三官注○｜發聲荀子王制｜謹募選閱材伎之
士注○｜衍不平貌文選琴賦｜｜衍陸離注○｜衍
窳下也史記司馬相如傳｜衍壇曼索隱引司馬彪
○｜節言頓轡也史記司馬相如傳｜節未舒索隱
引郭璞○｜戶也者直戶也大戴記夏小正漢｜戶
傳○｜陳楚宋魏之閒謂之欘自關東西謂之｜方
言五○｜玉｜也考工記玉人｜十有二寸司農注
○｜玉飾｜也考工記玉人注○重｜牀重席也周

禮掌次設重帟重丨注○帳氈丨以氈爲牀於幄中周禮掌次則張氈丨注

【按】丨止也詩皇矣以丨徂旅傳又爾雅釋詁又呂覽期賢篇以十人者丨趙之兵注○丨抑也管子霸言丨彊助弱注○丨下也廣雅釋詁二○丨依也漢書楊雄傳上集注○丨行也史記衛將軍驃騎傳丨榆谿絶塞集解引如淳○丨尋也史記衛將軍驃騎傳集解○丨徐也楚辭招魂陳鐘丨鼓注○丨抑丨也文選文賦思丨之而逾深注○丨抑止住也爾雅釋詁注○丨謂丨摩素問金匱眞言論冬不丨蹻注○詩皇矣釋文丨本作遏○詩皇矣以丨徂旅孟子梁惠王下作以遏徂莒

【炭】丨炨也廣雅釋詁四○丨墨也孟子公孫丑上坐於塗丨注

【汗】丨者精氣也素問評熱病論○丨涆也出在於表涆涆然也釋名釋形體○丨潤澤也太元闘飲丨

吭吭注○丨濁也廣雅釋詁三○丨衣近身受丨垢之衣也詩謂之澤受丨澤也釋名釋衣服○丨出而不反者也後漢胡廣傳注○丨血謂勞力也後漢崔駰傳注○禮記曲禮注爲丨手釋文丨本作汗

【贊】丨木作贊○贊佐也書大禹謨益贊于禹口傳又周禮大卜贊三兆三易三夢之占注掌固以贊其不足者注服不氏射則贊張侯注趣馬掌贊正良馬注司民以贊王治注又儀禮士冠禮宰自右少退贊命注士昏禮贊者酌醴注鄉飲酒禮記主人之贊者西面北上注鄉射禮命弟子贊工遷樂于下注大射儀司士戒士射與贊者注又禮記明堂位卿大夫贊君注又左氏襄廿七年傳能贊大事注昭廿六年傳是攝是贊注又周書克殷召公奭贊采注又小爾雅廣詁又國語齊語升以爲上卿之贊注晉語子若能以忠信贊君注比德以贊事比也注又史記周本紀召公奭贊采正義又漢書張山拊傳集注又太元元圖

寅贊柔徵注○贊猶佐也周禮外宗王后以樂羞齍則贊注○贊助也周禮州長以贊鄉大夫廢興司農注充人碩牲則贊注大行人以贊諸侯之喜注又禮記中庸可以贊天地之化育注又左氏閔二年傳以此贊國注又漢書匡衡傳集注敘傳下集注又後漢光武紀下注又荀子解蔽以贊稽之萬物可兼知也注又呂覽務大交相爲贊注○贊引也後漢班彪傳下注○贊導也國語周語太史贊王注晉語韓宣子贊授客館注○贊道也廣雅釋詁○贊道也國語周語內史贊之注○贊告也書咸乂序伊陟贊于巫咸傳又史記信陵君傳徧贊賓客索隱○贊白也呂覽孟夏贊傑儁注又淮南時則贊傑俊注○贊說也漢書郊祀志上集注引孟康○贊明也易說卦傳幽贊於神明而生蓍注又釋文又書皐陶謨思曰贊贊襄哉注又漢書兒寬傳集注敘傳下集注又文選神女賦序不可勝丨注○贊進也漢書東方朔傳集注二

見孔光傳集注敘傳下集注○贊見也易說卦傳荀注○贊求也易說卦傳干注○贊佐助也左氏昭元年傳天贊之也注○贊佐也達也儀禮特牲饋食禮宰自主人之左贊命注○贊治若今起文書草也周禮宰夫六曰史掌官書以贊治注○贊佐食者儀禮士虞禮丨闔牖戶注○丨冠者佐賓爲冠事者儀禮士冠禮宿贊冠者注

【讚】丨解也方言十三○丨明也小爾雅廣詁○丨猶稱也後漢崔駰傳注○稱人之美曰丨丨纂也纂集其美而敘之也釋名釋典藝○丨當爲歎列子黃帝乃喟然丨曰注○孔龢碑幽丨神明贊作丨

【漫】丨散也列子黃帝漫言曰釋文○丨放也漢書藝文志集注○丨猶偏也公羊定十五年傳丨也釋文○丨丨平也廣雅釋訓○丨丨曠遠貌管子四時五丨丨注○丨丨長遠貌文選吳都賦廓廣庭之丨

丨劉注○丨丨無厓際之貌也文選甘泉賦指東西
之丨丨注○丨丨猶縱逸也後漢仲長統傳注○丨
敗也廣雅釋詁三○丨誕丨荀子性惡所見者汙丨
淫邪注○丨欺誑也荀子儒效行不免于汙丨注○
濊丨水廣貌廣韻引字林○丨丨衍流溢貌文選洞簫
賦或丨丨衍而駱驛兮注○漢丨瀠也朝鮮洌水之閒
煩瀠謂之漢丨方言七○丨與曼古字通文選北征
賦泝長城之丨丨注○詩蕩傳滔丨也釋文丨本作
漫又作慢○莊子馬蹄澶
丨為樂釋文丨本作曼
冠丨要也文選東京賦冠南山薛注○丨猶首也後
漢黨錮傳注○丨者禮之始也禮記冠義○丨婚
人之始也大戴記保傅禮之丨婚注○丨成人之服
左氏襄九年傳丨而生子注○丨謂以士禮始丨國
語晉語超文子丨注○丨二十也國語晉語其丨也
注○丨謂二十加丨也後漢黃香傳注○日傷危氣

在上內向爲丨呂
覽明理有暈珥注
灌丨叢生也詩皇矣其丨其栵傳○木叢生爲丨爾
雅釋木○木叢生曰丨文選吳都賦丹桂丨叢劉
注○木叢生曰丨木爾雅釋木李注○涯丨涯側叢
生也文選江賦涯丨芊萰注○丨叢也小爾雅廣詁
○丨木叢木爾雅釋木○丨木叢木也詩葛覃集于
丨木傳○丨聚也大戴記夏小正丨荼傳又廣雅釋
詁三○丨者聚生者也大戴記夏小正啟丨藍蓼傳
○丨瀆也廣雅釋詁二○丨習也後漢雷義傳注○
丨謂鑄之文選七命萬辟千丨注○丨猶飲也禮記
投壺奉觴曰賜丨注○丨獻也禮記禮器丨用鬱鬯
注○丨者獻也論語八佾禘自既丨而往者皇疏○
丨是獻尸皇侃論語疏引書大傳注○丨酌鬱尊以
獻也禮記明堂位丨用玉瓚大圭注○丨丨猶欵欵
也詩板老夫丨丨傳○丨丨慅慅憂無告也爾雅釋

訓○禮記郊特牲丨用鬱鬯釋文丨本作祼○爾雅
釋訓釋文丨本作權○左襄四年傳斟丨史記夏本
紀作斟戈○高彪碑
貧笞藋檀丨作藋
爨丨竈也儀禮特牲饋食禮主婦視饎丨于西堂下
魚腊丨亞之北上注○丨今之竈主於其竈煑物周
禮亨人職外內饔之丨亨煑注○丨炊也左氏宣十
五年傳析骸而炊注又廣雅釋言又孟子滕文公上
許子以釜甑丨注○丨炊也字从臼持缶缶甑也冂
爲竈口廾以推柴內火一切經音義十七引三蒼○
丨炊竈也楚辭憂苦丨土鸞於中宇注○丨銓也銓
度甘辛調和之處也釋名釋宮室○丨火上儀禮士
昏禮大羹湆在丨注○丨饔丨廩丨也詩楚茨執丨
踖踖傳○丨籀文爨
一切經音義十七

竄丨逃也易訟注歸逋丨也釋文○丨逃也七外反
左傳昭廿六年釋文引字林○丨走也後漢班彪
傳上注又文選高唐賦飛揚伏丨注○丨匿也左氏
定四年傳而君又丨之注又國語周語自丨於戎翟
之閒注又荀子正名百家無所丨注○丨藏也莊子
駢拇丨心遊心釋文又廣雅釋詁四又呂覽首時隱
匿分丨注○丨隱也國語晉語棄寵求廣土而丨伏
焉注○丨容也荀子大略貧窶者有所丨其手注○
丨猶容呂覽審分無所丨其姦矣注○丨微也爾雅
釋詁又國語晉語敏能丨謀注○丨句謂邪說隱微
穿鑿文句也莊子駢拇釋文引司馬注○丨千外反
左傳僖廿六年釋文引字林○書舜典丨三苗于三
危史記五帝紀作
遷三苗于三危
幔丨漫也漫漫相連綴之言也釋名釋牀帳○丨帳
也廣雅釋器○丨覆也廣雅釋詁二○丨闇也廣

雅釋言○丨車無文也
國語晉語乘丨不舉注
【粲】 亦作㛼○丨明也廣雅釋詁四又漢書宣帝紀集
注○丨鮮也廣雅釋言○丨鮮明貌詩伐木於丨
洒埽傳○丨文也廣雅釋詁三○丨文采法言孝至
丨也晏也注○丨丨鮮盛貌詩大東丨丨衣服傳○
丨然明白之貌荀子非相欲觀聖王之跡則於其丨
然者矣注○丨然精絜貌荀子榮辱俄而丨然有秉
芻豢稻粱而至者注○丨爛鮮明貌史記司馬相如
傳皓齒丨爛索隱引郭璞○三女爲丨詩綢繆如此
丨者何傳○女三爲丨國語周語又列女傳仁智○
丨衆意詩羔裘三英丨兮箋○丨然盛笑貌穀梁昭
四年傳軍人丨然皆笑注○宴宴丨丨尼居息也爾
雅釋訓○丨餐也詩緇衣還予授予之丨兮傳又爾
雅釋言○今河北人呼食爲丨爾雅釋言注○丨作
㛼詩綢繆釋文引字林○詩大東丨丨衣服文選注

引韓詩作
采采衣服
【燦】 丨爛炳煥潔白鮮明之貌文選東京賦薛注
【換】 丨易也小爾雅廣詁又漢書敘傳下集注引孟康
○穀梁桓元年注擅相丨易釋文丨本作逭
【煥】 丨明也論語泰伯丨乎其有文章集解又漢書儒
林傳集注又後漢班彪傳下注○丨文章貌後漢
馮衍傳注○丨字書亦奐字同呼換反丨亦明
也一切經音義一○魯峻碑[目奐]矣昀丨作[目奐]
【喚】 廣韻嚾同○嚾鳴也廣雅釋詁二○囂呼召也一
切經音義十三引聲類
【悍】 丨彊也史記河渠書水湍丨集解引韋昭○丨勁
也漢書嚴延年傳集注○丨急也後漢馮衍傳注
○丨凶暴也荀子王制析愿禁丨注○楚幽王名丨
史記春申傳索隱作捍六國表作悼高祖紀索隱作
擇
【扞】 又作捍○丨衛也左氏桓十二年傳請無丨採樵
者以誘之注文六年傳親帥丨之注○丨禦也國
策西周策而設以國爲王丨秦注又漢書鄒陽傳集
注又呂覽恃君肌膚不足以丨寒暑注○丨蔽也左
氏成十二年傳此公侯之所以丨城其民也注又荀
子彊國白刃丨乎胸注○丨距也漢書董仲舒傳集
注○丨突也漢書董仲舒集注引文穎○丨張也淮
南原道射者丨烏號之弓注○丨格不入也禮記學
記釋文○丨格堅不可入之貌禮記學記則丨格而
不勝注○丨䊢也廣雅釋器○丨挽也山海經大荒
南經有人方丨弓射黃蛇名曰蜮人注○捍謂拾也
言可以捍弦也禮記內則右佩玦捍管遰注○捍堅
貌管子地員五浮之狀捍然如米注○丨衛謂羅闉
狗附也國語晉語候遮丨衛不行注○丨馬突馬家

語致思懍懍焉若持腐索之丨馬注○丨卽捍也史
記游俠傳時丨當世之文罔索隱○丨作捍華嚴經
音義下引聲類○古文𢼛戟捍仟四形今作丨同一
切經音義九○書文侯之命汝多修丨我于艱說文
支部作𢼛我於艱○捍亦作悍史記漢
興以來將相名臣年表屬國捍索隱
【彈】 丨行丸者又栟也栟使戰動掉丨也御覽三百五
十引字林○踶謂之丨廣雅釋器○坎爲弓丨易
小過公弋取彼在穴虞注○丨謂掉也考工記廬人
句兵欲無丨司農注○丨憸彈也言非其事東齊陳
宋江淮之間曰丨憸方言七○
故書丨或作但考工記廬人注
【憚】 丨丨難也詩緜蠻豈敢丨行箋又左氏僖七年傳何
丨于病注又論語學而過則勿丨改集解引鄭注
又皇疏又禮記中庸小人而無所忌丨也釋文左宣
四年傳畜老猶丨殺之釋文莊子達生以鉤注者丨

釋文又廣雅釋詁三又國語魯語夫莒太子不以丨
吾故注又國策秦策王之威亦丨矣注又後漢班彪
傳注荀爽傳注又楚辭離騷豈余身之丨殃兮注思
美人丨舉趾而緣木注悲回風丨涌湍之磕磕兮注
又文選典引豈蔑清廟丨敕天命也蔡注○丨强也
廣雅釋詁二○丨敬也漢書東方朔傳集注引應劭
○丨驚也廣雅釋詁一又楚辭招魂君王親發兮丨
青兕注○丨懼懼也國語周語丨其犧也注晉語小罪
丨之注○丨猶畏也詩雲漢我心丨暑箋○丨苦也
詩雲漢釋文引韓詩○丨惡也方言十三又廣雅釋
詁三○丨怒也廣雅釋詁二○丨怒也楚曰丨方言
六○旁驚曰丨一切經音義三引通俗文○丨忌惡
也莊子達生釋文○丨丨憂惶也大戴記曾子立事
君子終身守此丨丨注曾子制言中無丨丨於不聞
注○驚丨謂皆使駭怖也文選西京賦驚蝄蜽丨蛟
蛇薛注○丨悇貪欲也丨悇讀慘探之探也淮南脩

務無不丨悇癢心注○故書丨或作怛鄭司農云讀
當爲丨之以威之丨考工記矢人亦弗之能丨矣注
○丨與坦同荀子王霸是丨丨非變也注○詩大東
哀我丨人釋文丨本作癉小明丨我不暇釋文丨本
作癉

段 丨謂離散不成管子五行然則羽卵者不丨注○
周禮典瑞注晉侯使丨嘉平戎于王釋文丨本作
假又作瑕○儀禮士昏禮受奔丨脩釋文丨本作腶
禮記昏義棗栗丨脩釋文丨本作腶○禮記曲禮注
丨桃釋文丨本作鍛昏義棗栗丨脩釋文丨本作鍛
○鄭印丨字子石見左襄二十年傳鄭公孫丨字伯
石見左襄
三十年傳

判 通作胖○丨半也周禮媒氏掌萬民之丨注又公
羊定八年傳璋丨白注○胖半也楚辭九章補注

引字林○丨之言片也漢書翟義傳集注○丨分也
詩訪落繼猶丨渙傳又左氏莊三年傳紀於是乎始
丨注又廣雅釋詁二又國語周語若七德離丨注○
胖分也楚辭惜誦背膺胖合以交痛兮注○丨散也
小爾雅廣言○丨離也國語晉語則上下既有丨矣
注○丨別也離騷丨獨離而不服注○丨半分而合
者周禮朝士凡有責者有丨書注○胖合合其半以
成夫婦也集韻引字林○宮縣四面縣軒縣去其一
面丨縣又去其一面周禮小胥王宮縣諸侯軒縣卿
大夫丨縣司農注○丨縣左右之合又空北面周禮
小胥卿大夫丨縣注○丨故書丨爲辨周禮朝
士注○丨古文胖又作胖同一切經音義二

叛 丨亂也廣雅釋詁三又文選蜀都賦丨衍相傾劉
注幽通賦丨迴穴其若茲兮曹注○丨換也呂覽
尊師命之曰丨注○丨倍也楚辭逢紛信中塗而丨
之注○丨猶煥也文選西京賦丨赫戲以煇煌薛注

○國曰潰邑曰丨公羊僖四年傳○諫不以禮而去
曰丨公羊定八年傳丨者五人注○丨換猶恣睢也
文選魏都賦雲撤丨換劉注○丨衍猶
漫衍也文選蜀都賦注引莊子司馬注

腕 亦作捥膞○丨宛也言可宛屈也釋名釋形體○
掔手後節中也儀禮士喪禮設決麗于掔注○掔
掌後節中也儀禮既夕記繫鉤中指結于掔注○掔
古手丨之字也漢書郊祀志上集注○掔古手丨字
也漢書游俠傳集注○古文掔作捥儀禮士喪禮注
○捥古丨字史記刺客傳搤捥而進索隱○捥一作
搤史記刺客傳
集解引徐廣

渙 丨散也易渙注○詩訪落繼猶判丨傳又易渙釋
文○丨離也易雜卦傳又廣雅釋詁三○丨丨者離
也易序卦傳○丨丨盛也詩溱洧溱與洧方丨丨兮
傳○丨者解散老子丨兮注○丨者乘理以散通也

易繫辭下傳葢取諸丨注〇丨之爲義內險而外安
者也易渙丨其躬注〇丨者賢也呂覽召類又說苑
奉使〇丨讀人謂貴家爲膜主之膜也淮南說山丨
乎其有似也注〇詩溱洧釋文丨丨韓詩作洹洹〇
劉熊碑丨乎成功戚伯
著碑功德丨彰煥作丨
奐 丨盛也漢書韋元成傳集注〇丨散貌文選琴賦
注引蒼頡〇禮記曲禮美哉丨焉釋文丨本作煥
〇左傳襄廿七年陳孔丨公羊作
孔瑗〇王純碑丨矣王君煥作丨
絆 靽半也拘使半行不得自縱也釋名釋車〇靽縶
也左僖廿八年傳釋文〇在後靽左氏僖廿八年
傳韅靷鞅靽注〇重足曰
丨詩白駒傳縶丨也釋文
惋 丨嘆驚異也一切經音義三引字略〇丨謂內爍
也素問解精微論夫志悲者丨注

雚 鸛同〇鸛鸛雀也後漢班彪傳上注〇鸛水鳥也
詩東山鸛鳴于垤箋〇鸛水鳥巢處知風穴處知
雨文選注引韓詩章句〇鸛雞卽鶤雞鵲屬也穆天
子傳一鸛雞飛八百里注〇鸜鵒猶權欲公羊昭廿
五年傳有鸜鵒來巢注〇詩東山釋文鸛本作丨〇
周禮考工記鸜鵒不踰濟釋文鸜本作鸛〇莊子寓
言如鸛雀蚊虻釋文鸛本作觀〇詩東
山鸛鳴于垤說文雚部作丨鳴于垤
偄 又作愞懦〇懦柔也漢書兒寬傳集注〇懦弱也
穀梁僖二年傳達心而懦注〇丨弱也廣雅釋詁
一〇丨讓丈反弱也左傳僖二年
釋文引字林〇愞音乃亂反同上
鑽 鑴謂之丨廣雅釋器〇丨臏刑謂丨去其髕骨也
後漢陳寵傳注
緩 丨寬心也莊子齊物論丨者窖者釋文引簡文注
〇丨丨齊死生貌莊子齊物論大恐丨丨釋文引

李注〇杜子春讀緩爲怠慢之慢周禮磬師教丨樂
燕樂之鍾磬注〇丨讀爲丨錦之緩周禮磬師注
鍛 丨椎也廣雅釋詁二又後漢章彪傳注〇丨椎也
都亂切文選長笛賦注引蒼頡〇丨謂捶破之莊
子列禦寇取石來丨之釋文〇丨石也詩公劉取厲
取丨傳〇丨丨革也考工記函人凡甲丨不摯司農
注〇丨丨脯也穀梁莊廿四年傳釋文〇椎之而施薑
桂曰丨脩周禮腊人凡田獸之脯腊膴胖之事注〇
丨脩取斷斷自脩整穀梁莊廿四年傳棗栗丨脩注
〇丨讀炳燭之炳淮南原道勁策利丨注〇公羊莊
廿四年傳棗栗云乎腶脩
云乎穀梁傳作棗栗丨脩
旰 丨晚也左氏哀十三年傳日丨矣注又廣雅釋詁
三又小爾雅廣言又漢書張湯傳集注又後漢尹
敏傳注烏桓鮮卑傳注〇丨日晏也左氏襄十四年
傳日丨不召注又服注〇丨日光出也爾雅釋天注

言氣皓丨釋文〇丨丨煌煌皆盛貌文
選景福殿賦皓皓丨丨丹彩煌煌注
閈 丨里門也後漢成武孝侯順傳注又文選蜀都賦
里丨對出劉注〇丨城外郭內里門也御覽百八
十二引風俗通〇丨里也楚人名里曰丨也楚辭招
魂去君之恒幹注〇丨里也廣雅釋室〇丨尻也廣
雅釋詁二〇丨垣也文選西京賦注引蒼頡〇
丨閉也左襄卅一年傳高其丨閎釋文引沈注
釬 丨鐴也廣雅釋器〇鐴謂之丨方言九〇丨所以
扞弦管子戒施弓脫丨注〇丨丨情貌相反莊子列
禦寇有緩而丨釋文〇丨
急也莊子列禦寇釋文
骭 丨脛也史記魯仲連鄒陽傳索隱引埤蒼〇丨自
膝以下脛以上也丨讀閈收之閈也淮南俶眞雖
以天下之大易丨之一毛注〇爾
雅釋訓骭瘍爲微釋文丨本作扞

豻　｜下旦反野狗似狐黑喙爾雅釋獸疏引字林○一｜｜胡犬也周禮巾車｜｜禖雀飾注射人｜侯一獲一谷注又禮記玉藻青｜褎注○｜胡地野犬也儀禮聘禮注麛裘青｜褎釋文又禮記檀弓注青｜褎釋文玉藻釋文○｜者獸名也周禮射人｜侯一獲一容司農注○鄉亭之繫曰｜詩小宛宜岸宜獄釋文引韓詩○大射禮｜作干讀如宜｜宜獄之｜周禮射人注○｜侯者｜鵠｜飾也儀禮大射儀干五十注

胖　｜半也廣雅釋詁四○｜之言片也析肉意也周禮腊人凡祭祀共豆脯薦脯膴｜凡腊物注○｜謂脅側薄肉也禮記內則鵠鴞｜注○禮家以｜為半體周禮腊人大夫注○｜如脯而腥者周禮內饔凡掌共羞脩刑膴｜骨鱐共膳注○｜宜為脯而腥周禮腊人注○膴｜皆謂夾脊肉周禮腊人大夫注

○｜讀為判杜子春讀為版周禮腊人大夫注○古人｜皆作辯儀禮少牢饋食禮司馬升羊右｜注

暵　｜乾也廣雅釋詁二○熯謂以火乾也管子禁藏荻室熯造注○｜熱｜也易說卦莫熯乎火釋文引徐注

騂　｜鞍也廣雅釋器

爟　｜爇也廣雅釋詁二○｜炬也廣雅釋器○｜讀如權衡呂覽贊能被以｜火注○｜讀曰權衡之權呂覽本味爝以｜火注○｜讀如予若觀火之觀今燕俗名湯熱為觀則｜火謂熱火與周禮夏官序官司｜注○故書｜為燋杜子春云燋當為｜書亦或為｜｜為私火同上

𤩽　｜珪也左氏昭十七年傳若我用｜斝玉瓚注○齊陳｜字子玉見左氏哀十五年傳

鄯　縣鄙｜里鄰遂之屬別也周禮地官序官遂大夫注○｜聚名晉書音義上○｜本為鄯中古呂來借｜字為之耳漢書地理志上集注○左襄廿六年傳注譙國｜縣釋文｜本作贊

汧　｜｜水流行聲埶也文選吳都賦㶁㶁｜｜劉注

喭　｜剛強也論語先進由也｜皇疏引王弼

衎　｜樂也詩南有嘉魚嘉賓式燕以｜傳賓之初筵烝｜烈祖箋那｜我烈祖傳又爾雅釋詁○｜｜和也廣雅釋訓○｜｜和樂貌也後漢袁安傳注樊準傳注○｜｜饒衍易漸飲食｜｜釋文引馬注○｜｜寬饒之貌也文選魏都賦劉注引易王肅注○｜｜彊敏之貌漢書趙尹韓張兩王傳贊集注○

冸　｜通作泮○泮散也詩匏有苦葉迨冰未｜傳又家語本命冰｜而農桑起注○｜釋也淮南俶真冰

迎春則｜而為水注○｜釋反水也淮南說山冰之｜愈其凝也注○｜解凍史記封禪書因｜凍集解引服虔○冰解曰泮御覽六十八引風俗通

泮　禮記作頖○諸侯曰頖宮頖言半也獨斷上○頖半也諸侯半天子之宮後漢崔駰傳注○｜半也半有水半無水也詩泮水釋文○｜之言半也通典引許慎五經通義又漢書郊祀志上集注○類之言班也於以班政教也禮記明堂位注○頖之言班也禮記王制注○諸侯曰頖宮禮記王制○頖宮周學也禮記明堂位○頖宮宮也廣雅釋宮○｜水｜宮之水也詩泮水思樂｜水傳○頖郊之學也字或為郊宮禮記禮器必先有事於頖宮注○詩泮水在｜獻馘禮記王制注作在頖獻馘

逭　｜逃也書太甲中自作孽不可｜傳又禮記緇衣皆作孽不可｜注又爾雅釋言○｜行也廣雅釋

詁一二○丨轉也廣雅釋詁四○丨周也方言十三○丨轉也丨步也同上○行相避逃謂之丨爾雅釋言樊注

祼 丨祭也廣雅釋天○丨灌也國語周語王丨鬯注○丨灌鬯也家語冠頌以丨享之禮注○丨之言灌灌以鬱鬯謂始獻尸求神時也周禮大宗伯以肆獻丨享先王注○爵行曰丨周禮典瑞以丨賓客注○以圭璋爲柄酌鬱尊曰丨禮記祭統君執圭瓚丨尸注○丨謂灌鬯酒也左氏襄九年傳君冠必以丨享之禮行之注○丨讀爲灌周禮大行人王禮再丨而酢司農注○丨之言灌也或作淉或作果考工記玉人丨圭尺有二寸注○故書丨作果周禮大行人注

彖 丨斷也易乾丨曰釋文○丨者斷也易彖上傳劉瓛注○丨材也廣雅釋詁四○丨者材也易繫辭

下傳○丨挩也廣雅釋言○丨者言乎象者也易繫辭上傳○丨舉象之要也易繫辭觀其丨辭釋文引王肅注○丨辭卦辭也易繫辭釋文引馬注

毈 卵不成鳥曰丨淮南原道鳥卵不丨注○丨敗法言先知其卵丨矣注

榦 丨楨丨也國語晉語政之丨也注○榦楨築牆版之屬也法言五百然後知幹楨之克立也注○丨舟小船也一曰大舟也淮南主術越人乘丨舟而浮於江湖注

矸 丨者白淨貌也史記魯仲連鄒陽傳索隱○丨音下諫反史記鄒陽傳索隱引字林

謾 丨誑也史記淮南衡山傳謾吏曰索隱○丨猶曼也書大傳夏伯之樂舞丨或注

瀾 丨漫分散也文選洞簫賦悼怳丨漫注○丨汗長貌文選海賦洪濤丨汗注

碫 丨礪也廣雅釋器○丨大喚反詩公劉釋文引字林

褖 黑衣裳赤緣謂之丨丨之言緣也所以表袍者也儀禮士喪禮丨衣注○緣衣褖緣也方言四注○丨衣丨然黑色也釋名釋衣服○褘揄狄展聲相近緣字之誤也周禮內司服掌王后之六服注○古文丨爲緣儀禮士喪禮丨衣注○丨或作稅禮記玉藻士丨衣注

攤 丨按也廣雅釋詁三

悹 悺同○悺憂也廣雅釋詁二○丨今作心旁官卽丨字也今相傳音綰後漢桓帝紀注

館 丨舍也詩緇衣適子之丨兮傳公劉于豳斯丨傳○詩公劉于豳斯丨白虎通京師作于邠斯觀

晏 丨晚也離騷及年歲之未丨兮注山鬼歲既丨兮孰華余注離世懼年歲之既丨注○丨暮也呂覽

愼小二子侍君日丨注○丨安呂覽仲夏以定丨陰之所成注○丨丨盛貌也楚辭九辯被荷裯之丨丨兮注

盥 古文丨皆作浣儀禮士冠禮贊者丨升注鄉射禮丨洗注

○以下據廣韻錄

穳 丨古文錄丨二形今作穳同麁亂反丨小矛也一切經音義十一引字詁

稬 丨乃亂反黏稻也爾雅釋草釋文引字林

椴 丨杙也廣雅釋宮○丨柂爾雅釋木○丨木堇爾雅釋草○丨木似白楊一名柂爾雅釋木釋文引字林○橛燕之東北朝鮮洌水之閒謂之丨方言五○丨楬杙也江東呼都方言五注

忓 丨善也廣雅釋詁一○丨好也廣雅釋詁一

嬻 丨好也廣雅釋詁一○丨婍也一切經音義七引
聲類
𢿭 丨壞也廣雅釋詁一
忨 丨貪也廣雅釋詁二
⿰彖彡 丨文也廣雅釋詁三○丨明也廣雅釋詁四
杆 丨柘也廣雅釋木
⿰耒曼 丨種也廣雅釋地
⿰日難 丨熯也廣雅釋詁三
⿰𠦝余 丨濁也廣雅釋詁三

妧 丨好也廣雅釋詁一○丨好貌集韻引字林
雗 丨雉鶾雉爾雅釋鳥○丨今白鶾也江東呼白丨
爾雅釋鳥注
犴 鄉亭之獄曰丨後漢皇后紀注崔駰傳注○丨亦
獄也獄字从二犬象所以守者丨胡地野犬亦善
守故獄謂之丨也荀子宥坐獄丨不治不可刑
也注○丨司空也御覽六百四十三引風俗通
僤 丨明也廣雅釋詁四
嗳 丨愁也廣雅釋詁二○丨哀而恚也方言十二注
嚾 丨呼也一切經音義二十引聲類○大呼曰丨一
切經音義十三引通俗文○丨丨喧譊之貌謂爭
辯也荀子非十二子○丨丨然而不知其所非也注○
咀丨者九竅而胎生大戴記易本命○咀丨入及獸

屬大戴記
易本命注
涫 丨沸也史記龜策傳腸如丨湯索隱
腶 丨脯也儀禮士昏禮受笄丨修釋文○丨脩者脯
也白虎通瑞贄○丨脩者脯也丨脩取其斷斷自
脩正公羊莊廿四年傳○丨脩云乎注○丨脩捶脯施
薑桂也禮記內則○丨脩蚳醢注○鍛脯加薑桂曰丨
修禮記郊特牲尚丨脩而已矣釋文○加薑桂以脯
而鍛之曰丨脩儀禮有司徹取糗與丨脩釋文○丨
脩擣肉之脯儀禮有司徹入于房取糗與
丨脩注○儀禮有司徹釋文丨本作段
暵 丨耕麥地也又作䅵玉篇引埤蒼
灒 丨汙灑也江南言丨山東言湔一切經音義十八
引三蒼

穳 丨小矛也一切經音義十一引字林
渙 古文丨作湪荆沔之閒語儀禮士喪禮丨濯棄于
坎注
鴅 自關而東倒縣或謂之丨鴅方言八
糷 丨飯涥糜相著也爾雅釋器摶者謂之丨李注
囋 問一而告二謂之丨荀子勸學○丨郎讚字也謂
以言強讚助之今贊禮謂之讚丨古字口與言多
通荀子
勸學注
捍 丨謂射丨禮記內則玦丨釋文
澶 丨漫牽引也莊子馬蹄丨漫為樂釋文○丨漫猶
縱逸也莊子馬蹄釋文引李注○莊子馬蹄釋文

｜本作僨崔作但

乾 ｜謂長毛也爾雅釋畜注狗子未生｜毛者釋文

但 ｜曼淫衍也莊子馬蹄釋文引崔注

熯 ｜火氣也易說卦莫｜乎火釋文引王肅○易說卦釋文｜本作暵

○以下據集韻錄

[illegible] ｜塞也廣雅釋詁三

𣘦 ｜敗也廣雅釋詁三

𦔳 ｜耕也廣雅釋地

拌 ｜割也史記龜策傳鐫石｜蚌索隱

㬸 緩脣謂之｜脣脣音昌若反一切經音義四引通俗文

㬱 ｜當爲漫漫亦汗也水冒物謂之漫荀子榮辱汗｜突盜注

𠈇 正論流淫汙｜注

犴 高彪碑獄｜生㞢犴作｜

姅 ｜齊也廣雅釋詁四又列子力命釋文引字林○｜好也廣雅釋詁一○｜好也南楚之外通語也方言十○｜所容止峭嬎也列子力命釋文

經籍纂詁卷第七十四

經籍纂詁卷第七十四補遺 去聲

兵部侍郎兼都察院右副都御史巡撫浙江等處地方提督軍務兼理糧餉臣阮元撰集

十五翰

翰 說文｜天雞赤羽也从羽倝聲逸周書曰文｜若翬雉一名鷐風周成王時蜀人獻之○｜毛也文選陸士衡樂府日出東南隅行注引尚書大傳注○｜筆也文選長楊賦序故籍｜林以爲主人注引韋昭○｜猶幹也易賁白馬｜如鄭注又禮記檀弓上戎事乘｜疏○｜則在兩邊障土即板是也左氏莊二十九年傳注榦板榦疏

岸 說文｜水厓而高者从屵干聲○｜者有廉稜如崖｜之形漢書江充傳充爲人魁｜注

漢 說文㵄漾也東爲滄浪水从水難省聲㵄古文○｜河｜也漢書天文志｜者亦金之散氣注引孟康○天｜水也或曰天河左氏昭十七年傳有星孛于大辰西及｜賈注○雲｜天河也詩雲漢序箋○｜者亦金之散氣史記天官書○｜水之精也詩大東傳｜天河也疏引楊泉物理論○｜水祥也左氏昭十七年傳

難 ｜畏憚也易屯剛柔始交而｜生釋文引賈逵國語注○｜一作亂列子說符民果作｜釋文

斷 說文｜截也从斤从㡭㡭古文絕𢇍古文｜从皀皀古文叀字周書曰𢇍𢇍猗無他技𢇍亦古文

斷 是而行之故謂之｜淮南說林○｜｜守善之貌書秦誓｜｜猗王注○｜如字或讀如｜割之｜非也孟子公孫丑下有私龍｜焉音義引張音

亂 說文丨治也从乙乙治之也从𤔔○丨治也禮記樂記復丨以飭歸疏又論語泰伯予有丨臣十人集解引馬注又國語周語故謂之亂丨注○丨理也禮記樂記治丨以相疏○丨謂犯悖人倫詩雄雉序箋注丨者疏○非禮義之爲丨也荀子不苟○非而行之必謂之丨淮南說林○政荒爲丨書仲虺之誥取丨侮亾疏○政悖德隱兹謂丨漢書五行志下之上引京房易傳○公常於利兹謂丨同上○爲君不能飾下而自飾者謂之丨韓非子難三○臣安祿樂逸兹謂丨漢書五行志中之下引京房易傳○君疾善下謀上兹謂丨漢書五行志下之下引京房易傳○臣下反逆爲丨也孝經禍丨不作疏引皇侃○民反德爲丨左氏宣十五年傳漢書五行志下之下○人反德爲丨呂覽孟春紀無丨人之紀注○丨謂殺也國語周語及厲公之丨注○陰爲丨太元元文丨不極注○坤稱丨易小過終丨虞注○丨直橫渡也

爾雅釋水正絕流曰丨孫注○正絕流曰丨漢書地理志上丨于河注又後漢書張衡傳丨弱水之潺湲兮注

歎 說文歎吟也从欠鷬省聲歎籀文歎不省○詩關雎序故嗟丨之釋文本亦作嘆

幹 丨質也淮南原道生之丨也注○丨郎身也周禮大司樂注孫竹竹枝根之末生者疏○丨脅也左氏昭廿五年傳注丨骸骨也疏○丨是脅之別名左氏僖廿三年傳注駢脅合丨疏○丨謂馬脅詩駉傳良馬腹丨肥張也疏○樹木以本根爲丨左氏成十三年傳身之丨也疏○器之材樸總謂之丨禮記月令注丨器之木也疏○矢其體曰榦言挺榦也釋名釋兵○丨弓丨也史記田完世家弓膠昔丨索隱○丨舟小船也一曰大舟也淮南主術而不能與越人乘丨舟注○丨彊也文選辯亾論上注引淮南許注○大撓作甲乙以名日謂之丨續漢律厤志上注引月令章句○十二辰子丑之等是支甲乙丙丁之等是丨周禮鄉士注和合支丨善日疏○十月爲陽爲丨公羊昭廿五年傳注又日爲君疏

觀 說文丨諦視也从見雚聲舊古文丨从囧○丨亦視也漢書匡衡傳又丨以禮樂注○丨反臨也易象上傳丨而不薦虞注○丨謂形也漢書楊雄傳上崔嶉而成丨注○丨闕也漢書司馬相如傳上丨乎成山注引張揖○丨闕門邊兩丨也漢書禮樂志設兩丨注引應劭○榮丨謂宮闕老子雖有榮丨燕處超然注○積尸封土其上謂之京丨左氏宣十二年傳而收晉尸以爲京丨注

散 說文散雜肉也从肉㪔聲○丨雜亂貌淮南精神不與物丨注○丨謂分派也漢書叙傳下師徒彌丨注○丨者言其分布書武成丨鹿臺之財疏○丨謂丨布而出也素問脈要精微論陽氣未丨注○丨

者不相從也漢書天文志○丨謂不精明後漢書黃瓊傳日闇月丨注○丨略猶疏略也後漢書曹褒傳此制丨略注○丨謂物飄零而丨落也素問氣交變大論其災丨落注○五升曰丨丨訕也飲不自節爲人所謗訕也詩卷耳疏引韓詩說○丨綏副綏也禮記少儀以丨綏升疏

畔 說文丨田界也从田半聲○丨涯也詩氓箋○丨者水涯之名詩氓傳泮坡也疏○丨岸自縱之貌也漢書司馬相如傳下放散丨岸注○丨亂貌也漢書敘傳上丨回穴其若兹兮注○丨換跋扈也文選述高帝紀項氏丨換注引韋昭○丨換強恣之貌猶言跋扈也漢書叙傳下項氏丨換注○泮讀爲丨詩氓箋○禮記緇衣注起背丨也釋文本或作叛左氏莊十八年傳使鬭緡尹之以丨釋文本或作叛

旦 說文丨明也从日見一上一地也凡丨之屬皆从丨○丨明也文選新刻漏銘序注引五經要義○

丨猶明也詩大東傳日丨出疏○丨日明日也史記
扁鵲倉公列傳當丨日日夕死索隱又漢書高帝紀
上丨日合戰注○丨日猶明日也穀梁宣八年傳祭
之丨日之亭賓也注○丨是夜屈之限詩庭燎傳央
丨也疏○丨者日方出地未相去離之辭公羊哀十
三年傳注丨者日方出疏○日至于曲阿是謂丨明
淮南天文○禮記表記信誓丨丨釋文丨字林作悬
○定本丨丨猶怛怛詩氓傳信誓丨丨然疏

【筭】說文筭長六寸計歷數者从竹从弄言常弄乃不
誤也○丨數也易繫辭下傳若夫雜物撰德釋文
引鄭注○丨數也禮記喪大記君大夫士祭服無丨
疏○今之丨泉民或爲之賦周禮大宰以九賦斂財
賄疏○論語子路何足丨也鹽鐵論雜事作何足選
哉○爾雅釋詁丨數也釋文字又作筭

【玩】說文丨弄也从玉元聲貦丨或从貝○丨謂丨弄
言精熟也素問寶命全形論可丨往來注○丨愛

也文選顏延年和謝監靈運詩興丨究辭悽注○丨
好謂明器琴瑟笙竽之屬荀子大略丨好曰贈注○
易繫辭上傳所樂而丨者釋文鄭作翫禮記樂記注
丨習之久釋文又作翫

【爛】說文爤孰也从火蘭聲○丨火熟也詩節南山箋
皆憂心如火灼丨之矣疏○丨爇也一切經音義
七引廣雅○丨光貌也漢書禮樂志丨揚光注○丨
然章明之貌漢書王莽傳上功德丨然注○丨然分
明之貌也漢書梅福傳丨然可睹矣注○丨漫分散
貌文選思元賦丨漫麗靡藐以迭逷注

【貫】說文丨錢貝之丨从毌貝○丨者穿也左氏襄六
年傳注張弓以丨其頸疏○丨謂穿侯詩猗嗟傳
丨中也疏○丨經也禮記禮器故丨四時而不改柯
易葉疏○丨聯續也漢書谷永傳以次丨行注○丨
謂上弦也史記陳涉世家士亦不敢丨弓而報怨索
隱○丨謂滿張弓史記伍子胥列傳丨弓執矢嚮使
者索隱

【半】說文半物中分也从八从牛牛爲物大可以分也
凡半之屬皆从半○凡數三分有二爲太丨有一
分爲少丨漢書高帝紀上今漢有天下太丨注引韋
昭○丨爲中氣書允征疏○丨謂偏枯呂覽別類可
以爲丨注○丨猶端也墨子經說下○丨量器名容
丨升也史記項羽本紀索隱引王劭○丨五斗器名
也漢書項籍傳卒食丨菽注引孟康○丨讀曰片漢
書李陵傳一丨冰注引如淳

【案】說文丨几屬从木安聲○丨謂牀也周禮掌次則
張旜丨丨疏

【按】說文丨下也从手安聲○丨丨次第也漢書高帝
紀上吏民皆丨堵如故注引應劭又文選子虛賦
車丨行注引應劭○案謂切診也漢書王嘉傳丙侍
案脈注○丨謂抑丨皮肉素問異法方宜論其治導

引丨蹻注○案杌亦謂丨摩而玩弄身體使調也史
記扁鵲倉公列傳鑱石橋引案杌毒熨索隱

【炭】說文丨燒木餘也从火岸省聲○火所燒餘木曰
丨丨亦灰也一切經音義廿二引釋名

【汗】說文丨人液也从水干聲○心液爲丨素問藏氣
法時論寢丨出注○心在液爲丨素問刺熱篇無
丨注○五藏化液心爲丨素問宣明五氣篇○陽加
於陰謂之丨素問陰陽別論○丨出而不反者也漢
書劉向傳

【贊】說文丨見也从貝从兟○丨明也詩譜序次第以
立斯譜疏又禮記雜記下丨大行曰疏又漢書匡
衡傳可以丨天地之化注○丨者明也佐也書孔序
疏○丨佐也國語周語丨陽出滯也注丨陽秀也注
晉語叔魚爲丨理注○因而佐成曰丨書孔序丨易
道以黜八索疏○丨助也周禮大宰丨玉幣爵之事

疏大朝覲會同疏小宰丨冢宰受歲會疏內宰丨九嬪之禮事疏九嬪丨玉齍疏又禮記少儀丨幣自左疏又國語周語瓦以丨之注晉語亦天不丨注楚語問誰丨事注○丨佐助之也漢書五行志中之上天丨之也注○丨猶出也禮記月令命太尉丨傑俊注○丨謂祭祝之辭也漢書王莽傳上延登丨曰注丨曰假皇帝注○丨饗謂祝詞漢書郊祀志上其丨饗曰注○丨丨猶丨丨奏也書皋陶謨思曰丨丨襄哉王注○易說卦傳幽丨於神明而生蓍釋文本或作讚

讚 丨錄也省錄之也釋名釋言語

漫 丨汗也呂覽離俗不丨於利注○丨謂丨丨長夜貌荀子正名長夜丨首注○曼漶不分別貌猶言濛鴻也漢書揚雄傳下爲其泰曼漶而不可知注○漢丨漶也廣雅釋詁二○丨謂欺誑也荀子彊國汗

丨爭奪貪利是也注

冠 丨謂居其首漢書蕭何曹參傳贊位丨羣臣注○丨丨嘉禮也政和五禮新儀十一引五經要義○丨者人道之始也嘉事之善也政和五禮新儀十一引石渠禮議○徐氏紀產碑弱冠仕口丨作冦

灌 說文丨水出廬江雩婁北入淮从水雚聲○丨丨水流盛也漢書地理志下方丨丨兮注○丨謂丨丨洗素問脈要精微論當病丨汗注○丨謂以圭瓚酌鬯始獻神也禮記郊特牲丨以圭璋注○丨猶獻也禮記郊特牲丨用鬱鬯疏○丨猶飲也禮記少儀勝則洗而以請疏○丨謂叢生也禮記月令注啟丨藍蓼疏引熊氏○爾雅釋木丨木釋文字又作丨木叢生爲檟釋文或作丨

爨 說文丨齊謂之炊丨臼象持甑冂爲竈口廾推林內火凡丨之屬皆从丨䙴籀文丨省○丨灼也文選七命注引漢書韋昭注○丨然也禮記喪大記甸人取所徹廟之西北扉薪用丨之疏○丨者是老婦之祭禮記禮器夫奧者疏○周禮儀禮皆言丨論語王孫賈云寧媚於竈禮記祭法天子七祀之中亦言竈若然自孔子已後皆言竈周禮亨人注丨之竈疏○辰星謂之丨星廣雅釋天

竄 說文丨匿也从鼠在穴中○丨隱匿也荀子儒效不敢丨其察注○丨隱也國語晉語不通可以丨惡注○丨者投棄之名書舜典丨三苗于三危疏○丨謂廁著也漢書王莽傳上章因自丨姓名注

幔 說文丨幕也从巾曼聲

粲 說文丨稻重一秅爲粟二十斗爲米十斗曰毇爲米六斗大半斗曰粲从米𣦼聲○丨餐也禮記緇衣目錄○丨明貌漢書董仲舒傳丨然有文以相接注○丨然明貌漢書兒寬傳天文丨然注○丨亦美

貌文選陸士龍爲顧彥先贈婦詩注引國語賈注○丨者衆女之美稱也詩綢繆傳三女爲丨疏○女三爲丨史記周本紀

燦 說文新附丨燦爛也明淨皃从火粲聲○丨爛盛明也後漢書班固傳下備哉丨爛注

璨 說文丨玉光也从玉粲聲

換 說文丨易也从手奐聲

煥 說文新附丨火光也从火奐聲

喚 說文新附丨評也从口奐聲古通用奐

悍 說文丨勇也从心旱聲○丨勇也一切經音義廿二文選蜀都賦注竝引廣雅又漢書高帝紀上慓

丨禍賊注地理志下巳患氐剽丨注溝洫志水湍丨注吳王濞傳上患吳會稽輕丨注梁其王買傳彭離驕丨注賈誼傳雖有丨如馮敬者注韓安國傳且匈奴輕疾丨亟之兵也注霍去病傳誅獟丨注陳湯傳且其人剽丨注匈奴傳下饒燕士果丨注閩粵王傳閩粵丨數反覆注又後漢書鄭太傳素乏精丨注袁紹劉表傳論則丨夫爭命注文苑杜篤傳介冑剽丨注○丨勇銳漢書儒林韓嬰傳其人精丨注○丨者利也素問腹中論石藥之氣丨注

扞 說文丨忮也从手干聲○丨謂拒丨也禮記學記則丨格而不勝疏○丨禦難也漢書刑法志若手足之丨頭目注○丨者丨禦寇難左氏成十二年傳注丨蔽也疏○丨其賊謂爲賊之丨蔽也荀子議兵百姓有丨其賊則是亦賊也注○丨蔽猶言籓屏也漢書陳餘傳請以南皮爲丨蔽注○丨引也呂覽壅

塞因丨弓而射之注○丨臂衣也漢書酷吏尹賞傳被鎧丨持刀兵者注

彈 說文丨行丸也从弓單聲弛或从弓持丸

憚 說文丨忌難也从心單聲一曰難也○丨畏難也漢書賈誼傳陛下誰丨而久不爲此注○丨難也禮記禮運注勞事不丨疏又國語晉語何敢丨罰注晉語故不丨勤遠而聽于楚注師大讎以丨小國注○丨勞也詩大東哀我丨人傳小明丨我不暇傳雲漢我心丨暑傳

段 說文丨椎物也从殳耑省聲

判 說文丨分也从刀半聲○丨半也考工記玉人注凡圭琰五寸丨疏又素問五常政大論少角與丨商同注○丨大片也漢書李陵傳一半冰注

叛 說文丨半也从半反聲○丨者判也左氏襄廿六年傳入于戚以丨疏○丨直丨也穀梁昭廿一年傳定十三年傳○丨違也左氏襄三十一年傳不吾丨也疏引劉炫說○丨者反背之辭也左氏襄廿六年傳入于戚以丨疏引釋例○丨者背其本國之大辭也左氏襄廿一年經注以邑出爲丨疏○丨者背君之名左氏襄廿六年經注猶爲丨也疏○所言丨者或據邑而距其君或竊地他國皆爲有地隨巳故稱爲丨左氏襄廿六年傳入于戚以丨疏○披其邑故曰丨左氏昭廿一年傳自陳入于宋南里以丨注○侯不朝茲謂丨漢書五行志下之上引京房易傳○諸侯更制茲謂丨漢書五行志下之下引京房易傳○說義不稱師命之曰丨呂覽尊師○書康誥序傳周公懲其數丨釋文丨亦作畔

腕 說文擥手擥也楊雄曰擥握也从手臤聲○掌後曰丨史記刺客列傳搤捥而進索隱○捥作掔史記刺客列傳索隱引字書

渙 說文丨流散也从水奐聲○丨然散貌漢書刑法志則丨然離矣注○丨丨春水盛也詩溱洧方丨丨兮釋文○丨者發暢而無所壅滯易序卦傳丨者離也注○丨然郎有文章也文選物色題注○丨爛文章貌也後漢書延篤傳丨爛兮其溢目也注○詩溱洧方丨丨兮漢書地理志作方灌灌兮

奐 說文丨取奐也一曰大也从廾敻省○丨言衆多禮記檀弓下美哉丨焉注○丨爛言衆多也禮記檀弓下美哉丨焉釋文○丨言其文章之貌也禮記檀弓下疏

絆 說文丨馬縶也从糸半聲

雚 說文丨小爵也从雈吅聲詩曰丨鳴于垤○鸛鶴雀也詩東山鸛鳴于垤陸疏○鸛鵲皆陳名左氏

昭廿一年傳鄭翩願爲鸛注○丨莞藺爾雅釋草

偄 說文丨弱也从人从耎○愞柔弱也漢書王貢兩龔鮑傳序愞夫有立志注○左氏僖二年傳懦而不能强諫釋文本又作愞

縵 說文丨繒無文从糸曼聲漢律曰賜衣者丨表白裏○丨車無文也國語晉語乘丨不舉注○丨樂雜樂也漢書禮樂志丨樂鼓員十三人注○丨田謂不爲甽者也漢書食貨志上常過丨田晦一斛以上注○丨丨教化廣遠也書大傳禮縵縵兮注

鍛 說文丨小冶也从金段聲○丨石所以爲丨質也詩公劉箋○丨練猶成熟也後漢書韋彪傳丨練之吏注○詩公劉取厲取丨釋文本又作碫

旰 說文丨晚也从日干聲春秋傳曰日丨君勞

閈 說文丨門也从門干聲汝南平輿里門曰丨○南楚汝沛名里門曰丨文選述韓英彭盧吳傳注引應劭

瀚 丨丨廣大貌淮南俶眞浩浩丨丨注

釬 說文丨臂鎧也从金干聲

骭 說文丨骹也从骨干聲○丨音下諫反史記魯仲連鄒陽列傳索隱引字林

豻 說文丨胡地野狗从豸干聲犴丨或从犬詩曰宜犴宜獄○丨胡地野犬也漢書司馬相如傳上蟃蜒貙丨注引郭璞○丨貙類故呼貙丨六書故引字林○鄉亭之獄曰丨漢書刑法志獄丨不平之所致也注引服虔又後漢書皇后紀上家嬰縲絏於圄犴之下注○犴獄淮南說林亾犴不可再注

胖 說文丨半體肉也一曰廣肉从半从肉半亦聲○不乾而腥則謂之丨周禮內饔注丨如脯而腥者疏

暵 說文暵乾也耕暴田曰暵从日𦰩聲易曰燥萬物者莫暵于離○丨熱氣也周禮女巫旱丨疏○丨者旱之熱氣周禮稻人旱丨供其雩歛疏○丨字以日爲形以漢爲聲周禮舞師注丨熱氣也疏

讕 丨音粲爛漢書藝文志丨言十篇注

駻 說文丨馬突也从馬旱聲○丨馬突馬也淮南氾論而御丨馬也注

蒜 說文丨葷菜从艸祘聲○丨菜之美者雲夢之葷菜爾雅釋草蒿山丨釋文

爟 說文丨取火于日官名舉火曰丨周禮曰司丨掌行火之政令从火雚聲烜或从亘○丨火官史記封禪書通丨火索隱

瓘 說文丨玉也从玉雚聲春秋傳曰丨斝○丨是玉名左氏昭十七年傳注丨珪也疏

鄼 五里爲丨淮南時則制百縣注

喭 論語由也丨書無逸疏引作由也諺○爾雅釋訓美士爲丨釋文本今作彥

泮 說文丨諸侯鄉射之宮西南爲水東北爲墻从水从半半亦聲○丨之言半也詩泮水思樂丨水傳○諸侯曰丨宮半於天子宮也明尊卑有差所化少也白虎通辟雍引詩訓○諸侯不得觀四方故缺東以南半天子之學故曰頖宮藝文類聚卅八引五經通義○丨宮郊之學也公羊成十七年傳注必先有

事於丨宮疏○丨宮學名詩泮水序頌僖公能修丨宮也疏○頖是分判之義禮記王制注頖之言班也疏○詩泮水箋修頖宮之水釋文本多作丨○周禮大司樂注丨宮周學也釋文本亦作頖○禮記禮器必先有事于頖宮釋文本或作丨○公羊成十七年傳注必先有事于丨宮釋文本又作郊

【逭】說文丨逃也从辵官聲爟丨或从雚从兆○丨亦行不相逢也爾雅釋言丨逃也樊注○禮記緇衣不可以⿰𧾷官釋文本亦作丨

【祼】說文丨灌祭也从示果聲○丨者灌也書洛誥王入太室丨疏○丨之言灌也周禮小宰丨將之事注○丨灌鬯也詩文王丨將于京傳又漢書劉向傳丨將于京注○丨者以鬯酒灌尸詩文王傳丨灌鬯也疏○丨謂以圭瓚酌鬱鬯始獻尸也周禮司尊彝丨用雞彝鳥彝注○贊王酌鬱鬯以獻尸謂之丨周

禮小宰丨將之事注○丨謂始獻酌奠也考工記玉人丨圭尺有二寸注○丨是祭初之禮左氏襄九年傳注丨謂灌鬯酒也疏○丨當爲埋字之誤也周禮鬯人凡丨事用概注

【彖】說文丨豕走也从彑从豕省○丨斷也史記孔子世家序丨繫象說卦文言正義引莊氏○周易卦下之辭謂之爲丨左氏襄九年傳注義異則論丨疏○卦下總爲之辭名之曰丨左氏莊廿二年傳注觀卦六四爻辭疏○孔子述卦下總謂之爲丨左氏昭二年傳注易象疏○丨者統論一卦之體明其所由之主左氏襄九年傳疏○凡丨者統論一卦之體者也易畧例

【鴠】說文丨渴丨也从鳥旦聲

【榦】說文丨築牆耑木也从木倝聲○楨丨皆築具楨在前丨在兩旁書費誓峙乃楨丨馬注○丨在牆之兩端樹立之即楨是也左氏莊廿九年傳注樹板丨疏○丨正也文選西京賦注引韓詩章句○丨柘也漢書地理志上杶幹栝柏注○爾雅釋詁楨丨也釋文本又作幹又作翰

【衦】丨字與岸同漢書鄒陽傳甯戚飯牛車下注

【謾】丨或爲謗書大傳夏伯之樂舞丨彧注

【褖】稅衣若元端而連衣裳者也禮記雜記上襐衣裳與稅衣纁袡爲一注○稅謂黑衣也同上疏○禮記喪大記士妻以稅衣周禮內司服注引作士妻以丨衣

【侃】丨和悅貌漢書韋賢傳我徒丨爾注

【馯】說文丨馬頭有發赤色者从馬岸聲

【悹】說文丨憂也从心官聲○丨憂也後漢桓帝紀具婺左悹注

【館】說文丨客舍也从食官聲周禮五十里有市市有丨丨有積以待朝聘之客

【晏】丨晚也禮記禮器丨朝而退疏又廣雅釋詁三又文選顏延年夏夜呈從兄散騎車長沙詩注引國語賈注○宴暮也呂覽慎小日丨公不來至注○丨猶日暮也素問瘧論其作日丨注○丨晡謂申後九刻向昏之時也素問標本病傳論夏丨晡注○日至于桑野是謂丨食淮南天文○丨食謂寅後二十五刻素問標本病傳論夏丨食注

【盥】說文盥澡手也从臼水臨皿春秋傳曰奉匜沃盥○丨謂洗手也左氏僖廿三年傳注丨器也疏○丨者進爵灌地以降神也易觀丨而不薦馬注

○以下據廣韻錄鼾說文｜臥息也从鼻干聲讀若汗

捍｜謂拾也禮記內則右佩玦｜注

雗說文｜｜鷽也从隹倝聲

䮧說文｜馬毛長也从馬倝聲

𣯁說文｜獸豪也从毛倝聲

𢼛說文｜止也从攴旱聲周書曰｜我于艱

嘆說文｜呑｜也从口歎省聲一曰太息也

洝說文｜渜水也从水安聲

𥝩說文｜欙禾也从禾安聲

荌說文｜艸也从艸安聲

疸說文疸黃病也从疒旦聲

怛說文｜憯也从心旦聲悬或从心在旦下詩曰信誓悬悬

僤說文｜疾也从人單聲周禮曰句兵欲無｜

澶｜水沙｜也莊子至樂遊之壇陸釋文引司馬注○｜漫淫衍也荀子榮辱注引莊子馬蹄崔注○｜漫猶縱逸也後漢書仲長統傳｜漫瀰流注○壇曼平博也史記司馬相如列傳案衍壇曼索隱引司馬彪

倝說文｜日始出光｜｜也从旦㫃聲凡｜之屬皆从｜

杆｜郎棔也史記夏本紀維箘簵棔集解引徐廣

𧹞說文｜赤色也从赤倝聲讀若浣

靬說文｜｜乾革也武威有麗｜縣从革干聲

熯｜亦燥也易說卦傳莫｜乎火崔注

糷｜力但反爾雅釋器釋文引字林

𣌭說文｜安｜溫也从日難聲

奻說文｜三女爲奻奻美也从女奻省聲

𥳂說文｜竹器也从竹刪聲

𣀾說文｜繳｜也从隹㪔聲一曰飛｜也

饡說文｜以羹澆飯也从食贊聲

灒說文｜汙灑也一曰水中人从水贊聲

𡤉說文｜白好也从女贊聲

肒說文｜搔生創也从肉丸聲

垸說文｜以桼和灰而髹也从土完聲一曰補｜

矔說文｜目多精也从目雚聲益州謂瞋目曰｜○｜者怒其目眥也漢書楊雄傳下羌戎睚眦注

【鑵】說文新附｜器也从缶雚聲
【懽】說文｜喜歎也从心雚聲爾雅曰｜｜愮愮憂無告也
【翫】說文｜習厭也从習元聲春秋傳曰｜歲而愒日 ○｜心不惕周書芮良夫解乃瞶禍｜裁注
【忨】說文｜貪也从心元聲春秋傳曰｜歲而激日
【椴】｜白｜也爾雅釋木注
【⿰𤔔攴】說文｜煩也从攴从𤔔𤔔亦聲
【𤔔】說文｜治也幺子相亂受治之也讀若亂同一曰理也𤔔古文
【腶】今文｜爲斷儀禮有司徹取糗與｜脩注 ○左氏哀十一年傳進稻醴粱糗｜脯焉釋文字亦作鍛

【⿱臤玉】說文｜石之似玉者从玉臤聲
【祘】說文｜明視以筭之从二示逸周書曰士分民之｜均分以｜之也讀若筭
【姅】說文｜｜婦人污也从女半聲漢律曰見｜變不得侍祠
【𣁔】說文｜量物分半也从斗从半半亦聲
【稬】說文沛國謂稻曰｜从禾耎聲
【渜】潘水既經溫煑名之曰爲｜儀禮士喪禮沐浴餘潘水疏
【⿰金款】｜燒鐵久也一曰灼鐵以識筋次集韻引埤蒼
○以下據集韻錄【鶾】說文｜雗肥｜音者也从鳥倝聲魯郊以丹雞祝曰以斯｜音赤羽去魯侯之咎

【旱】說文｜不雨也从日干聲
【⿰旱戈】說文｜盾也从戈旱聲
【⿱艹鶾】說文｜艸也从艸鶾聲
【衦】說文｜摩展衣从衣干聲
【澣】說文澣濯衣垢也从水榦聲浣澣或从完
【袢】說文｜無色也从衣半聲一曰詩云是紲｜也讀若普
【⿰車曼】說文｜衣車蓋也从車曼聲

【⿲木攴木】說文｜分離也从攴从林林｜之意也
【瓚】說文｜三玉二石也从玉贊聲禮天子用全純玉也上公用駹四玉一石侯用｜伯用埒玉石半相埒也
【癉】說文癉勞病也从疒單聲
【⿰韋段】說文｜履後帖也从韋段聲緞｜或从糸
【⿸鹿耎】說文｜鹿麛也从鹿耎聲讀若便弱之便
○以下附錄【⿰素爰】說文｜綽也从素爰聲緩｜或省

經籍籑詁卷第七十四補遺終

經籍纂詁卷第七十五

經筵講官南書房禮部左侍郎兼署戶部左侍郎前提督浙江學政阮元撰集

去聲

十六諫

諫 丨正也廣雅釋詁一○丨者正也楚辭七諫序○丨猶正也以道正人行周禮地官序官司丨注○丨者以禮義正之周禮保氏掌丨王惡注○丨止也呂覽恃君內之則丨其君之過也注○丨之爲言閒也論衡譴告○丨者閒也更也是非相閒革更其行也白虎通諫諍○有能盡力於君用則留之不用則去之謂之丨說苑臣術○大臣父兄有能進言於君用則可不用則去謂之丨荀子臣道○丨有五一曰諷丨二曰順丨三曰直丨四曰爭丨五曰贛丨公羊莊廿四年傳三丨不從注○東方有鳥名丨珂說苑

辨物○丨或作謀淮南主術耳能聽而執正進丨注○穆天子傳音丨爲閒顏氏家訓音辭○詩板是用大丨左氏成八年傳作是用大簡

鴈 大曰鴻小曰鴈左氏襄十六年傳賦鴻鴈之卒章注○小曰丨詩鴻鴈鴻丨于飛傳○小曰鴈後漢班彪傳上注○舒丨鵝也禮記內則舒丨翠注○孔丨鳥之知禮也太元禮孔丨之儀注○丨取其候時而行周禮大宗伯大夫執丨注○丨取知時飛翔有行列也儀禮士相見禮注○凡婚禮皆用鴈取其知時候公羊莊廿二年公如齊納幣注○下大夫用丨取其知時飛翔有行列也穀梁莊廿四年傳羔丨雉腒注○下大夫相見以丨儀禮士相見禮○鴈之言鴈鴈起聖以招期知晚蚤故南北以陽動也古微書引春秋說題辭○丨門水名山海經北山經脩水東流注于丨門注○丨門丨之所育水經河水注○故書丨或爲鶉杜子春云當爲丨周禮醢人箈菹丨醢司農注○詩匏有苦葉雝雝鳴丨鹽鐵論結和作雍雍鳴

馯

患 丨憂也國策秦策王勿丨也注必無危亡之丨矣注齊策齊王丨之注此臣之所以爲山東之丨注王勿丨注三國之與秦壤界而丨急注西周策何丨焉注又呂覽愼大天下顫恐而丨之注○丨難也國語齊語設之以國家之丨而不疚注又國策秦策而無後丨注又呂覽愼人然後免於凍餒之丨注○丨害也呂覽重己此陰陽不適之丨也注貴生惡爲君之丨也注誣徒此不能學者之丨也注○丨疾也國語晉語公丨之注○丨苦也廣雅釋詁四○丨惡也廣雅釋詁三○天丨謂裁害也周禮司救凡歲時有天丨民病注○書文止於一者謂之忠持二忠者謂之丨丨人之忠不一者也春秋繁露天道無二

澗 亦作㵎○山夾水丨爾雅釋山○山夾水曰丨詩采蘩于丨之中傳又釋文考槃考槃在丨傳禮記射義注南丨之濱釋文○山夾水曰丨丨閒也言在兩山之閒也釋名釋水○丨閒也廣雅釋水○山閒有水者名丨爾雅釋山山夾水丨李注○有水曰丨呂覽察微若高山之與深谿注○㵎者成大隙也鬼谷子抵巇注○㵎與丨同文選江賦幽㵎積岨注○詩考槃釋文丨韓詩作干

閒 丨隙也左氏哀廿七年傳故君臣多丨注又賈注又爾雅釋詁虛無之言丨也釋文又小爾雅廣詁又國語吳語以司吾丨注又後漢馬皇后紀注又荀子王霸形體好佚而安重丨靜莫偷焉注彊國得丨則散注○丨隔也漢書西域傳下集注又荀子王制無幽丨隱僻之國注又管子權勢上好詐謀丨欺注又列子天瑞丨矣釋文○丨遠也淮南俶眞則醜美有丨矣注○丨離也國語晉語且夫丨父之愛注○

丨加也廣雅釋詁二〇丨猶與也左氏莊九年傳又何丨丨焉注〇丨代也詩桓皇以丨之傳又儀禮燕禮乃丨丨歌魚麗注鄉飲酒禮乃丨歌魚麗注又爾雅釋詁又國語周語新不丨舊注又漢書杜欽傳集注〇丨廁之代也爾雅釋詁孫注〇丨猶代也儀禮聘禮記及馬相丨可也注〇丨迭也後漢班彪傳下注〇丨頃也呂覽去私居有丨注〇丨少時也列子黃帝立有丨釋文〇丨須臾也國策秦策乃留止丨曰注〇丨驛也廣雅釋詁四〇丨候也國語魯語齊人丨晉之禍注吳語以丨陳蔡注又文選東京賦巨猾丨亹薛注〇丨覘也廣雅釋詁三〇丨俔也爾雅釋言〇丨私也後漢鄧禹傳注譙元傳注〇丨非也方言三又廣雅釋言又小爾雅廣言又漢書敘傳上集注又後漢殤帝紀注張衡傳注又孟子離婁上政不足丨也注〇丨猶非也論語先進人不丨於其父母昆弟之言皇疏〇丨諓也廣雅釋詁二〇丨差也左氏昭七年傳晉侯有丨注又楚辭自悲身被疾而不丨兮注〇丨疾差也左氏文十六年傳請俟君丨釋文〇丨病差也列子周穆王疾並少丨釋文〇病少差曰丨也論語子罕病丨集解引孔注〇少差曰丨論語子罕皇疏〇丨猶瘳也禮記文王世子旬有二日乃丨注〇丨瘉也廣雅釋詁一〇丨愈也南楚病愈者或謂之丨方言三〇丨言有丨隙方言三注〇丨雜亂也管子任法無丨識博學辨說之士注〇丨廁其丨也荀子禮論期九月以爲丨注〇丨猶迫也左氏成十六年傳丨蒙甲冑注〇陰爲丨太元元瑩六丨爲呂注〇丨謂隔礙不通也管子君臣上則百姓之與丨注〇丨隙瑕釁也國語晉語使無有丨隙注〇丨執猶塞也左氏僖廿八年傳願以丨執讒慝之口注〇丨謂私候之管子制分築堵之牆十人之聚日五丨之注〇丨諜也謂伺候丨隙也後漢光武紀注〇丨猶非覗也論語泰伯禹吾無丨然矣皇疏〇

以中情出小曰丨大曰講大戴記千乘〇爲丨者有頌之丨也孟子滕文公上夷子憮然爲丨曰注〇丨出猶微行後漢馮異傳注〇丨道卽他道也史記黥布傳先從丨道索隱〇丨色紅碧之色荀子正論衣被則服五采丨色注〇古文丨作干儀禮聘禮記皮馬相丨可也注〇丨音諫穆天子傳三山川丨之注

〇左莊十五年傳郳人丨之而伐宋釋文丨本作閒

宦 丨學也左氏宣二年傳丨三年矣注〇丨仕也禮記曲禮上丨學事師注又左氏宣二年傳乃丨鄉之適子注又國語越語納丨其子注〇丨爲臣隸也國語越語與范蠡入丨於吳注〇丨者養也養閹人使其看宮人此是小臣文選宦者傳論題注

晏 丨安也漢書司馬相如傳下集注谷永傳集注〇丨安也陰稱丨禮記月令以定丨陰之所成注〇丨陽也小爾雅廣言〇丨無雲也淮南繆稱暉日知丨丨注〇丨無雲之處也文選羽獵賦注引淮南許注〇日出清濟爲丨漢書郊祀志上集注引如淳〇丨鮮盛貌詩羔裘羔裘丨兮傳〇丨晚也論語子路何丨也皇疏又小爾雅廣言又國語越語蚤晚無失注又漢書嚴助傳集注東方朔傳集注匈奴傳贊集注又後漢安思閻皇后紀注耿國傳注〇丨晚暮也列子湯問丨陰之閒注〇丨晚也日暮而駕歸太陰也國策秦策一日丨駕注〇丨陰微陰也淮南時則以定丨陰之所成注〇丨丨柔也爾雅釋訓〇丨丨和柔也詩氓言笑丨丨傳〇丨丨溫和也後漢第五倫傳注何敞傳注陳寵傳注〇丨丨和柔法言孝至粲也丨也注〇寬容覆載謂之丨後漢馮衍傳注郅壽傳注〇丨丨悔爽忒也爾雅釋訓〇丨樂沈荒淫瀆也論語季氏樂丨樂集解引孔注〇丨衍邪聲也文選長楊賦抑止絲竹丨衍之樂注〇易屯注非爲丨安

釋文丨本作晏○史記孝武紀丨溫封禪書作曣㬈

慢 一作僈○丨易也左氏襄卅一年傳我遠而丨之注又呂覽貴當桀紂丨其行而天下畔注處方而長不簡丨矣注○丨傷也廣雅釋詁三○丨易不敬也呂覽上德荆成王丨焉注○丨怠惰也荀子不苟君子寛而不僈注○丨簡略也家語儒行其大讓如丨注○僈輕也荀子非十二子上功用大儉約而僈差等注○丨薄公羊隱三年傳丨葬也注○丨疏也史記樂書嘽緩丨易正義○丨遲詩大叔于田叔馬丨忌傳○丨緩也廣雅釋詁二○寛而不察是丨也御覽刑法部五引書大傳○丨漫也漫漫心無所限忌也釋名釋言語○過時而不葬曰丨謂丨傲不念早安神也釋名釋喪制○丨猶塗也莊子徐無鬼郢人堊丨其鼻端釋文引李注○僈與丨同荀子不苟君子寛而不僈注富國芒軔僈楛注○禮記樂記丨易釋文丨本作僈緇衣可敬不可丨釋文丨本作僈表記注不褻丨也釋文丨本作僈○左昭廿七年傳注滔丨也釋文丨本作漫莊子徐無鬼郢人堊丨其鼻端釋文丨本作漫○易繫辭上丨下暴漢書敘傳下作上嫚下暴

辦 丨通作辨○辨猶具也考工記總目以辨民器注○丨猶成也後漢耿弇傳注○辨偏也廣雅釋詁二

盼 丨美目也詩碩人釋文引字林○丨目之美也太元沈丨得藥注○丨美目也目白黑分也一切經音義十引字書○丨白黑分詩碩人美目丨兮傳○丨黑色也詩碩人釋文引韓詩○丨動目貌也論語八佾美目丨兮集解引馬注又皇疏○丨姓黃帝時姓也山海經大荒北經深目民之國丨姓注○丨音美目丨兮之丨山海經西山經浮山多丨木注黃山丨水出焉注○丨匹閒反詩碩人釋文引字林

豢 丨養也穀食曰丨左氏昭廿九年傳服注○丨養也左氏昭廿九年傳故國有丨龍氏注哀十一年傳是丨吳也夫注又史記樂書丨豕爲酒正義吳太伯世家是棄吳也索隱又後漢馮衍傳注蔡邕傳注○穀食曰丨國語楚語芻丨幾何注又淮南時則案芻丨注○穀食曰丨孟子告子上猶芻丨之悅我口注○以穀食犬豕曰丨禮記樂記夫丨豕爲酒注○養犬豕曰丨周禮槁人掌丨祭祀之犬注○犬豕曰丨大戴記曾子天圓注又荀子榮辱今使人生而未嘗睹芻丨稻粱也注又呂覽仲秋案芻丨注季冬供寢廟之芻丨注○養牛羊曰芻犬豕曰丨禮記月令案芻丨注○丨圈也以穀食於圈中荀子榮辱注○芻丨猶犧牲禮記月令共寢廟之芻丨注○宗廟曰芻丨山川曰犧牲大戴記曾子天圓○丨讀宦學之宦淮南時則注

鷃 或作鴳○鴳鴳雀也莊子逍遙遊斥丨笑之曰釋文引司馬注○鴳扈小鳥也國語晉語平公射鴳不死注○丨丨亦聲音爲名也左氏昭十七年傳九扈爲九農正賈注又服注○鴳一名冠爵於五行傳羽蟲之孽呂覽明理雉亦生鴳注○莊子達生樂丨以鐘鼓也釋文丨本作鴳

轏 亦作轏○轏仕諫反卧車左氏成二年釋文引字林

慣 或作貫○貫習也爾雅釋詁又詩猗嗟射則貫兮箋○爾雅釋詁釋文丨本作貫又作遺○詩三歲丨女漢石經作宦女

串 丨習也詩皇矣丨夷載路傳又爾雅釋詁又荀子大略國法禁拾遺惡民之丨以無分得也注○丨厭丨爾雅釋詁注○丨夷卽混夷西戎國名也詩皇矣箋○丨古文作摜遺二刑又作慣同一切經音義

九○詩皇矣釋
文|本作患

轘 車|謂車裂也周禮條狼氏誓馭曰車|注

莧 |笑也廣雅釋詁一○|蕢也易夬|陸夬夬釋
文引虞注○|說也|讀夫子|爾而笑之|易
夬虞注○|陸苋之柔脆者也易夬注○|陸一名
商陸易夬馬注○|陸木根草莖易夬子夏傳○|
陸獸名易夬孟喜章句○易夬釋文|本作
莞論語陽貨夫子|爾而笑釋文|本作莞

綻 |猶解也禮記內則衣裳|裂注

幻 |惑也書無逸民無或胥譸張爲|傳

訕 |誹也一切經音義廿一引蒼頡又漢書王尊傳
集注○|非也後漢黨錮傳注○|謗也漢書諸

侯王表集注劉歆傳集注朱雲傳集注石顯傳集注
又後漢陳禪傳注梁鴻傳注○謗上曰|荀子大略
有諫而無|注○|謗毀也後漢桓思竇
皇后紀注○|謂謗毀也後漢孔融傳注

丱 |幼穉也詩甫田總角|兮傳

骭 |脛也史記鄒陽傳索隱引埤蒼○|腳脛也詩
巧言傳|瘍爲微釋文又爾雅釋訓|瘍爲微注
○|音下諫反史記
鄒陽傳索隱引字林

縵 |讀爲|錦之|周禮磬師教|樂燕樂之鍾磬
注○杜子春讀|爲怠慢之慢同上

嫚 |易也漢書高帝紀下集注○接遇肅正謂之敬
反敬爲|賈子道術○|與慢同晉書音義上又
荀子宥坐|令謹誅賊也○詩大
叔于田叔馬|忌釋文|本作慢

謾 |詑也漢書景武昭宣元成哀功臣表集注淮南
厲王長傳集注杜欽傳集注貢禹傳集注薛宣傳
集注朱博傳集注南粵王傳集注○|欺也漢書文
帝紀集注○|猶詑也漢書灌夫傳集注○周禮禁
暴氏注侵陵稱詐|
詑釋文|本作慢

汕 ||樔也詩南有嘉魚烝然||傳

疝 |者寒氣結聚之所爲也素問大奇論腎脈大急
沈肝脈大急沈皆爲|注○陰腫又曰|亦言詵
也詵詵引小腹急痛也釋名釋疾病○心痛曰||
詵也氣詵詵然上而痛也釋名釋疾病○腹痛不得
大小便病名曰|
素問長刺節論

瓣 |瓠中|也爾雅釋草瓠棲|孫注○|瓜中實
也父莧反爾雅釋草釋文引字林○|與練字通

文選祭古冢文小中有甘
蔗節及梅李核瓜|注

薍 |或謂之荻至秋堅成卽刈謂之萑齊民要術十
引詩義疏○萑荻名|至秋盛則謂之萑一切經
音義十二引詩草木疏○|江東
呼之烏蓲詩碩人傳菼|也釋文

擐 |貫也國語吳語乃令服兵|甲注又後漢何進
傳注○|著也廣雅釋詁三○禮記王制注謂|
衣釋文|
本作擐

篡 |取也爾雅釋詁又後漢逸民傳注又文選逸民
傳論注引法言宋注又莊子秋水差其時逆其俗
者謂之|釋文○|者奪取也爾雅釋詁注○|猶
劫也奪也史記衛將軍驃騎傳與壯士|取之索隱
○逆取曰|漢書成帝紀集注梁懷王揖傳集注衞
青傳集注趙廣漢傳集注匡衡傳集注○自關而西

秦晉之閒凡取物而逆謂之丨方言二○盜位曰丨爾雅釋詁舊注○察孰非以分是則謂之丨荀子解蔽○逆命而不利君謂之丨荀子臣道○丨猶奪也取也欲言庶奪嫡孽奪宗引奪取其位白虎通誅伐

【鏟】丨削平也文選蕪城賦注引蒼頡

【覸】或作瞯○丨視也廣雅釋詁一○丨以俠甂謂雜之兩甂禮記祭義見閒以俠甂注○丨音古莧反史記宋世家集解引字林○孟子將瞯良人之所之儀禮士昏禮注作將丨良人之所之

【蝬】蟬大而黑者謂之丨方言十一

【犴】丨逐虎犬也初學記廿九引字林

【孿】一作孌○丨二也廣雅釋詁四○丨雙生也一切經音義十七引字林○丨一生兩子也一切經音

義十七引蒼頡○重生爲孿太元捖兄弟不孿注○凡人嘼乳而雙產自關而東趙魏之閒謂之丨生方言三○孿引也易小畜有孚孿如虞注○孿如者繫其信之辭也易中孚注

○以下據廣韻錄【鐗】丨閒也丨釭軸之丨使不相摩也釋名釋車○丨鏟也廣雅釋器

【騴】馬尾本白丨爾雅釋畜

【婩】丨嫈也集韻引字林

【繯】丨絡也廣雅釋器所以懸檽宋魏陳楚江淮之閒謂之丨方言五○

【組】丨縫也廣雅釋詁二

【矔】丨轉目也梁益之閒瞋目曰丨轉目顧視亦曰丨方言六○丨音貫習之貫漢書楊雄傳下音義引蘇林

○以下據集韻錄【[illegible]】丨者相脊之義太元狩全丨其首尾注

【圂】禮記少儀君子不食丨腴儀禮既夕注作君子不食溷腴

經籍籑詁卷第七十五

去聲

兵部侍郎兼都察院右副都御史巡撫浙江等處地方提督軍務兼理糧餉阮元撰集

十六諫

諫 說文丨証也从言柬聲○丨干也干君之意而告之詩淇澳序又能聽其規丨疏

鴈 說文丨鵝也从鳥人厂聲又雁鳥也从隹从人厂聲讀若丨○大曰鴻小曰雁文選嘯賦又似鴻雁之將雛注○丨是隨陽之鳥妻從夫之義也禮記昏義是以昏禮納采疏○丨行參差節級禮記玉藻注大夫介士介丨行於後疏

悳 說文丨惪也从心上貫吅吅亦聲悶古文从關省悳亦古文丨○丨憂也一切經音義十二引廣雅

又國策西周策臣爲王有丨也注又呂覽愼大大臣同丨注別類此丨臣之所丨也注○丨苦也漢書儒林申公傳戊不好學丨申公注○丨害也禮記樂記論倫無丨注○丨謂丨難也素問徵四失論不問其始憂丨注

澗 說文丨山夾水也从水閒聲一曰丨水出宏農西安東南入洛

閒 丨隙也左氏昭十三年傳諸侯有丨矣注又國語晉語一丨也注越語事將有丨注又荀子彊國得丨則散注○丨隙也或讀爲閑荀子王霸形體好佚而安重丨靜莫愉焉注○丨伺丨鈇左氏襄四年傳楚人使頓丨陳注○丨謂丨雜左氏莊十年傳注丨猶與也疏○丨謂居其丨左氏隱三年傳遠丨親疏○丨猶與也左氏昭廿六年傳以丨王政注○有丨中也墨子經上○丨日謂隔日素問瘧論其丨日而作者注○丨謂夾者也墨子經說上○丨別也禮記內則夫婦之禮唯及七十同藏無丨疏○丨非也左氏襄十五年傳注獻子友于兄疏又後漢范升傳子以人不丨於其父母爲孝注○丨差也左氏昭十四年傳請待丨而盟注○丨疾差也左氏襄十年傳晉侯有丨注○丨疾瘳左氏文十六年傳請俟君丨注○丨謂多也素問標本病傳論謹察丨芸注

宧 說文丨仕也从宀从臣○丨學也左氏宣二年傳丨三年矣服注○丨官閹寺也漢書惠帝紀丨官尚食比郎中注引應劭

晏 說文丨天清也从日安聲○丨無雲也漢書楊雄傳上於是天清日丨注○丨安也文選三都賦序元丨先生曰注○丨如安然也漢書諸侯王表而海內丨如注○丨然自安息也漢書董仲舒傳丨然自以如日在天注

慢 說文丨惰也从心曼聲一曰丨不畏也○丨易淮南脩務偷丨懈惰注○丨疏也禮記樂記嘽諧丨易疏○丨謂忽言語書大禹謨侮丨自賢疏○丨詑也史記淮南衡山列傳謾吏曰索隱○過期而葬謂之緩丨左氏隱元年傳天子七月而葬疏○丨不牢也淮南時則工事苦丨注○禮記雜記注時人倨僈釋文本亦作丨

辦 說文丨致力也从力辡聲

盼 說文丨詩曰美目丨兮从目分聲○丨視也一切經音義十引廣雅

豢 說文豢以穀圈養豕也从豕𢍏聲○丨養也禮記樂記注以穀食犬豕曰丨疏○食草曰芻食穀曰

丨禮記月令案芻丨疏引王肅
鴳 說文鴳雇也从鳥安聲○老扈丨丨趣民收麥令
不得晏起者也左氏昭十七年傳九扈爲九農正
賈注又爾雅釋鳥扈丨舍人注樊注○左氏昭十七
年傳注靑鳥鶬鴳也釋文本亦作丨莊子逍遥遊斥
鴳笑之釋文本亦作丨
棧 轏與丨字異音義同耳左氏成二年傳注轏士車
疏
慣 貫亦習也漢書賈誼傳習貫如自然注
轘 說文丨車裂人也从車睘聲春秋傳曰丨諸栗門
○丨車裂以徇左氏襄廿二年傳丨觀起於四竟
注

莧 說文丨丨菜也从艸見聲○丨丨菜也易夬丨陸
夬夬釋文引宋衷○丨蕢周易輯聞五引易宋注
○丨陸商陸也易夬丨陸夬夬釋文引馬鄭注○丨
其也易夬疏引虞注
綻 說文袒衣縫也从衣旦聲○禮記內則衣裳丨裂
釋文字或作䘺後漢書崔寔傳注引作䘺
幻 說文𢆶相詐惑也从反予周書曰無或譸張爲丨
○丨眩也惑亂之名書無逸疏
訕 說文丨謗也从言山聲○丨誹毁也一切經音義
五引蒼頡○丨非也一切經音義七引蒼頡○丨
謂道說君之過惡禮記少儀有諫而無丨疏
骭 丨脛也漢書鄒陽傳甯戚飯牛車下注
嫚 說文丨侮易也从女曼聲○丨易猶相欺侮也漢
書匈奴傳下則生丨易分爭之漸注○丨易言不

急刻也漢書禮樂志闡諧丨易之音作注○丨倨也
淮南繆稱丨生乎小人注○丨褻汙也漢書枚乘傳
爲賦頌好丨戲注佞幸淳于長傳丨易無不言注○
丨者渫汙也漢書高帝紀下上丨罵曰注○丨謂辭
語褻汙也漢書季布傳丨呂太后注○丨讀與慢同
漢書高帝紀下陛下丨而侮人注季布傳單于嘗爲
書丨呂太后注○丨讀慢緩之慢淮南主術而職事
不丨注○丨與慢同漢書武帝紀單于待命如丨注
刑法志刑蕃而民愈丨注韓信傳王素丨無禮注張
良傳皆以上丨嫚士注薛宣傳頗職解丨注
謾 丨誑言也漢書宣帝紀務爲欺丨以避其誅注○
丨欺誑也漢書王子侯表上離石侯綰坐上書丨
注季布傳面丨注匈奴傳上是面丨也注○丨媟汙
也漢書外戚傳下長書有詩丨注○丨讀與慢同漢
書灌夫傳廼丨好謝蚡注兩龔傳婧丨亡狀注翟方
進傳輕丨宰相注○丨與慢同漢書董仲舒傳故桀

紂暴丨注外戚傳下長書有詩丨注
汕 說文丨魚游水皃从水山聲詩曰烝然丨丨
疝 說文疝腹痛也从疒山聲○丨心腹氣病漢書藝
文志五藏六府丨十六病方四十卷注
辦 說文丨瓜中實从瓜辡聲
薍 說文丨菿也从艸亂聲八月丨爲葦也○菼初生
葸騂色海濱曰丨爾雅釋草菼丨樊注
擐 說文丨貫也从手睘聲春秋傳曰丨甲執兵
篡 說文屰而奪取曰篡从厶算聲○今人謂以計數
取物爲丨丨亦取也後漢書逸民傳序弋者何丨
焉注○丨謂以庶奪正穀梁序弒逆丨盜者疏○差
其時逆其俗者謂之丨夫莊子秋水

覸孟子滕文公上成丨說文廣韻竝作成覸○孟子
閒離婁下王使人瞯夫子禮部韻略作丨○孟子離
婁下吾將瞯良人之所之也儀禮士昏禮注瞯作見

孿 說文孿一乳兩子也从子䜌聲

○以下據廣韻錄 鐗 說文丨車軸銕也从金閒聲

獮 說文丨惡健犬也从犬刪省聲

倌 說文丨小臣也从人从官詩曰命彼丨人

摜 說文丨習也从手貫聲春秋傳曰丨瀆鬼神

釆 說文丨辨別也象獸指爪分別也凡丨之屬皆从
丨讀若辨𢘅古文丨

⿰目辡 說文丨小兒白眼也从目辡聲

組 說文丨補縫也从糸旦聲○丨急也淮南繆稱大
紱丨注

○以下據集韻錄 妟 說文丨安也从女日詩曰以丨父母

⿱厂⿰火隹 說文丨火色也从火雁聲讀若鴈

遦 說文丨習也从辵貫聲

姍 說文丨誹也一曰翼便也从女刪省聲

⿰弓雚 說文丨弓曲也从弓雚聲

辧 說文丨判也从刀辡聲

○以下附錄 儇 丨字書無所見蓋環繞四拘之貌荀子儒效丨然若終身之虜注

經籍纂詁卷第七十五補遺終

經籍籑詁卷第七十六　去聲

經筵講官南書房翰林院侍讀學士兵部左侍郎前提督浙江學政阮元撰集

十七霰

霰又作霓○丨星也水雪相搏如星而散也釋名釋
天○雨霓為霄雪爾雅釋天○丨冰雪雜下者故
謂之消雪爾雅釋天注○丨消雪也詩頍弁釋文○
丨暴雪也詩頍弁先集維丨傳○丨霙也文選雪賦
注引韓詩章句○丨者陽脅陰也初學記天部下引
洪範五行傳○陰之氣專為丨南齊書五行志引洪
範五行傳○陰之專氣為丨丨雹者一氣之化也大
戴記曾子天圓○陰氣在雨凝滯為雪陽氣薄之不
相入散而為丨大戴記曾子天圓注○詩頍弁釋文
丨本作霓○詩頍弁先集維丨爾雅釋天注作先集
維霓

殿丨大堂也初學記引蒼頡○屋之大者古通呼為
丨也後漢蔡茂傳注○丨有丨鄂也釋名釋宮室
○紫丨紫宮也文選謝元暉
直中書省詩紫丨肅陰陰注

殿丨鎮也詩采菽丨天子之邦傳又左氏成二年傳
丨此車一人丨之注襄十一年傳丨天子之邦注○
丨塡也詩采菽丨天子之邦釋文又小爾雅廣言○
丨之言塡也漢書周勃傳集注○丨後也廣雅釋詁
四又漢書宣帝紀集注蕭育傳集注又後漢光武紀
下注○在後曰丨後漢岑彭傳注○丨在軍後者也
前曰啟後曰丨論語雍也奔而丨集解引馬注○在
軍後曰丨史記絳侯周勃世家擊章邯車騎丨集解
引臣瓚○軍後曰丨論語雍也皇疏○丨後軍也左
氏襄十六年傳寘諸戎車之丨注又文選東京賦丨
未出乎城闕薛注○丨鎮後也言兵敗而衛其後也
後漢馬武傳注○下功曰丨史記絳侯周勃世家集
解引孫檢○丨不進也史記絳侯周勃世家集解引
如淳○丨屎呻也爾雅釋訓○丨屎呻吟也詩板民
之方丨屎傳○爾雅釋訓釋文丨屎或作歛吹又作
殿屎○詩板民之方丨屎說文口部作民之方唸吚

面丨前也書顧命大輅在賓階丨傳又儀禮士冠禮
丨丨葉注士相見禮結于丨注鄉射禮丨鼓注聘禮
記委其餘于丨注又禮記少儀巾之丨注又文選長
笛賦夫其丨旁則重巘增石注○丨向也國策秦策
皆西丨而望天下注又史記司馬相如傳回首丨內
集解引韋昭又太元羨丨貞注○丨鄉也廣雅釋詁
四○丨者向也孟子梁惠王下東丨而征西夷怨注
○丨猶鄉也周禮撢人使萬民和說而正王丨注考
工記匠人丨朝後市注又禮記玉藻唯君丨尊注○
丨猶偝也儀禮鄉射禮丨鏃注大射儀丨鏃注○丨

偝也漢書夏侯嬰傳集注○丨偝也後漢光武帝紀
上注張衡傳注○丨漫也釋名釋形體○丨猶覿也
儀禮聘禮丨不升注○丨亦見也儀禮聘禮賓丨如
覿幣注○私丨私覿也周禮司儀及禮私丨私獻注
○丨不正視也史記項羽紀馬童丨之集解引如淳
○丨猶迴向也書召誥丨稽天若鄭注○丨貌謂以
顏色慰悅之荀子大略君子之於
子愛之而勿丨使之而勿貌注

縣四甸為丨周禮小司徒○五鄙為丨周禮遂人○
距王城三百里至四百里曰丨周禮秋官序官丨
士注○三百里以外至四百里曰丨周禮縣士掌野
注○四百里為丨周禮載師司農注引司馬法○四
百里曰丨周禮地官序官丨師司農注○四甸為丨
方二十里周禮小司徒注○四甸為丨丨方六十里
國語周語丨無施舍注○六遂五百家為鄙五鄙為
丨周禮宰夫掌治灋以攷百官府羣都丨鄙之治注

○五家爲伍十伍爲里四里爲扁十扁爲鄉五鄉爲丨鶡冠子王鈇○四郊去國百里邦甸二百里家削三百里邦丨四百里周禮大宰五曰邦丨之賦注○甸去國二百里稍三百里丨四百里周禮司會掌國之官府郊野丨都之百物財用注○丨畿內之丨丨二千五百家也呂覽孟夏命司徒循行丨鄙注○百丨畿內之百丨大夫也呂覽仲夏乃命百丨注○丨內夏時天子所居州界名也殷曰畿周亦曰畿禮記王制天子之丨丨內注○丨鄙鄉遂之屬周禮司士周知邦國都家丨鄙之數注○百丨鄉遂之屬禮記月令命四監大合百丨之秩芻注○丨鄙鄰里鄰遂之屬別也周禮地官序官遂大夫注○丨國也廣雅釋詁四○丨猶邑也山海經海外北經丨居海水中注○丨官也廣雅釋室○丨官謂天子也後漢劉盆子傳注○丨丨也丨係於郡也釋名釋州國○丨元也首也從糸倒首舉首易偏矣言當元靜平徭役也御

覽百五十七引風俗通○丨弦也弦以貞直言下體之居鄰民之位不輕其誓施繩用法不曲如弦弦聲近丨故以取名水經河水注引黃義仲十三州記○丨平也御覽百五十七引風俗通○州丨字本作寰後借丨字爲之

匡謬正俗八

變 丨易也詩猗嗟四矢反兮釋文引韓詩又小爾雅廣詁又國語吳語今王既丨鮌禹之功注又楚辭惜誦情與貌其不丨注惜誓眩黑白之美惡注○丨敫也廣雅釋詁三○丨猶易也周禮司爟四時丨國火以救時疾注○丨化也漢書匈奴傳上集注○丨七也廣雅釋詁三○丨猶化也淮南墬形丨宮生徵丨徵生商注○丨動也禮記檀弓上不可以丨注又國語楚語故丨而不勤注又淮南精神無丨於己注○丨更也禮記王制一成而不可丨注又莊子則陽予來年丨齊釋文引司馬注又國語晉語闕而不丨注又呂覽知分子丨子言注又淮南原道通而不丨注本經誨之不丨注○丨猶更也周禮大司樂一丨而致羽物注○丨改也國策齊策則楚之計丨注又呂覽達鬱恐君之不丨也注又淮南氾論夫殷丨夏夏丨周注○丨見也易繫辭下傳丨動不居虞注○丨奇也文選西京賦盡丨態乎其中薛注○丨亂也漢書尹翁歸傳集注○丨毀也呂覽至忠顏色不丨注○丨猶戾也呂覽孟春無丨天之道注○丨更相生也淮南原道而五音之丨不可勝聽也注○丨者非常也白虎通災變○丨謂教之使自新也荀子非相盜賊得丨此不得丨也注○丨改惡爲善也禮記中庸動則丨注○丨日食也禮記曾子問止哭以聽丨注○丨謂異禮禮記曾子問食有食之則丨乎注○丨謂死喪穀梁昭十五年傳大夫以丨注○東北曰丨天呂覽有始又淮南天文○在天爲丨易繫辭上傳丨化見矣虞注此所以成丨化虞注○在陽稱

丨易繫辭上傳知丨化之道者虞注○春夏爲丨易象下傳四時丨化虞注繫辭上傳丨化者荀注○一闔一闢謂之丨易繫辭上傳○化而裁之謂之丨同上○物極謂之丨素問天元紀大論○改其舊質謂之丨荀子不苟丨化代興注○春生冬落則爲丨荀子不苟注○大夫死宗廟謂之丨禮記禮運○言反爲丨顏氏家訓雜藝○丨舊作樂易繫辭上傳所丨而翫者虞注○書堯典黎民於丨時雍漢書成帝紀作黎民於蕃時雍

箭 丨矢竹也御覽三百四十九引字林○丨篠也周禮職方氏其利金錫竹丨注又儀禮鄉射禮記丨籌八十注大射儀綴諸丨注又禮記禮器如竹丨之有筠也注又山海經西山經竹水其陽多竹丨注○竹丨篠也周書職方其利金錫竹丨注又爾雅釋地注○丨者竹名方言九注○丨笄篠竹也儀禮喪服

注○矢又謂之丨丨進也釋名釋兵○簫吳楚之閒或謂之丨裏方言五○東南之美者有會稽之竹丨焉爾雅釋地○故書丨爲晉杜子春曰晉當爲丨書亦或爲丨周禮職方氏注○古文丨作晉儀禮大射儀注

戰 丨鬭也廣雅釋言又史記平準書用船丨逐集解引韋昭○丨交也小爾雅廣言○丨攻呂覽上農不可以丨注○丨憚也廣雅釋言○丨悸法言吾子見豺而丨注○丨丨蹌蹌動也爾雅釋訓○丨丨懼也廣雅釋訓○丨丨恐也詩小旻丨丨兢兢傳又家語觀周丨丨兢兢注○丨慄懼也爾雅釋詁○丨丨恐懼論語泰伯丨丨兢兢皇疏又孝經丨丨兢兢鄭注○丨者危事也書鈔引孟子○丨者延改也白虎通誅伐引春秋讖○丨者憚警之也白虎通誅伐引書大傳○陰陽爭爲丨太元中神丨于元注○合兵

血刃曰丨公羊莊十年傳丨不言代注○皆陳曰丨左氏莊十一年傳○丨危事後漢法雄傳○丨者逆德後漢隗囂傳○丨者內敗文也公羊隱六年傳然則何以不言丨注○凡丨者以正合以奇勝者也後漢皇甫嵩傳注袁紹傳注

扇 丨扉也廣雅釋室○丨屏也呂覽知接蓋以楊門之丨注○用竹葦曰丨禮記月令乃脩闔丨注○丨布也形如手巾文選射雉賦倏丨舉而淸叫徐注○箑謂之丨廣雅釋器○丨自關而東謂之箑自關而西謂之丨方言五○丨疾也廣雅釋詁一○丨助也方言十二又廣雅釋詁二○蠅醜丨爾雅釋蟲通作扇○丨熾也詩十月之交豔妻丨方處傳又

煽 爾雅釋言又漢書五行志下之下集注又文選蜀都賦高燭飛丨於天垂劉注○扇熾也漢書谷永傳集注敘傳下集注○詩十月之交豔妻丨方處說文人部作豔妻傓方處魯詩作閻妻扇方處

膳 丨之爲言善也漢書杜欽傳集注○丨之言善也今時美物曰珍丨周禮天官序官丨夫注○君物曰丨丨之言善也儀禮燕禮主人酌丨注○丨美食也禮記玉藻丨於君注○丨肉也廣雅釋器○丨牲肉也周禮膳夫掌王之食飲丨羞注○丨離也廣雅釋詁三○丨猶進也儀禮公食大夫禮宰夫丨稻于粱西注○丨胙之也呂覽上德太子祠而丨於公注○丨謂進庶羞儀禮士相見禮徧嘗丨注○丨所以閒禮賓客周禮牛人共其牢禮積丨之牛注○爲已祭而致丨於君子曰丨禮記少儀○丨夫上士也掌王之飲酒丨羞詩十月之交仲允丨夫箋○丨夫宰夫也文選西京賦丨夫馳騎薛注○丨夫食官之長也周禮天官序官丨夫注○丨宰天子曰丨夫掌君飲食丨羞者也儀禮燕禮丨宰具官饌于寢東注○

丨服卽羞服也周禮大府關市之賦以待王之丨服注○丨尊君尊也儀禮大射儀丨尊兩甒在南注

傳 丨以丨述爲義易乾傳釋文○丨謂訓詁公羊定元年傳主人習其讀而問其丨注○丨信也漢書文帝紀集注引張晏○丨考證驗也史記酷吏傳丨爰書集解引張晏○丨丨也以丨示後人也釋名釋典藝○丨轉也轉移所在執以爲信也釋名釋書契○丨字或作傳漢書五行志上集注

傳 丨驛也左氏成四年傳晉侯以丨召伯宗注又國語晉語以丨召伯宗注○丨舍也廣雅釋室○丨驛舍也後漢范滂傳注○丨客舍也後漢史弼傳注○丨舍客館也後漢光武紀上注○丨次也史記秦始皇紀推始終五德之丨索隱○丨遽也莊子外物大儒臚丨釋文引向注○丨丨也人所止息而去後人復來轉轉相丨無常主也釋名釋宮室○丨猶轉也史記衞將軍驃騎傳搏戰獲王索隱○丨謂丨次

漢書任敖傳集注○以車曰丨詩江漢箋則使丨遽
告功于王釋文○丨遽以車馬給使者也禮記玉藻
士曰丨遽之臣注○丨遽若今時乘丨騎驛而使者
也周禮行夫掌邦國丨遽之小事注○丨謂符也後
漢陳蕃傳注○丨謂符牒後漢申屠蟠傳注○丨如
今移過所文書周禮司關則以節丨出之注○丨食
言轉食也孟子滕文公下以丨食於諸侯音義引丁
音○丨音亭丨之丨漢書郊祀志贊集注引服虔○
丨音椽丨之丨史記孝景
紀用丨出入集解引如淳

見 丨示也易乾丨龍在田釋文又廣雅釋詁四又漢
書婁敬傳集注匈奴傳上集注○丨明呂覽明理
有霄丨注○丨猶至也漢書司馬相如傳上集注○
丨猶知也淮南脩務而明弗能丨者何注○丨猶感
也淮南覽冥昔雍門子以哭丨于孟嘗君注○丨立
也孟子盡心上修身丨於世注○丨謁也呂覽適威

顏闔入丨注○離爲丨易蹇利丨大人虞注萃利丨
大人虞注升利丨大人虞注豐日中丨斗虞注巽利
丨大人虞注彖上傳復其丨天地之心乎虞注丨惡
人虞注丨輿曳虞注丨豕負塗虞注象下傳君子以
丨善則遷虞注○兌爲丨易蒙丨金夫虞注蠱往丨
吝虞注繫辭上傳丨乎遠虞注○丨棺衣也禮記雜
記實丨釋文○丨棺飾也更謂之丨者加此則棺柩
不復丨矣儀禮既夕藏器於旁加丨注○丨及丨開
皆當爲覸字之誤也禮記祭義丨以蕭光丨閒以俠
甒注○丨讀如鄉皆丨之丨周禮掌客親丨鄉注○
丨或爲敗禮記緇衣唯尹躬天丨于西邑夏注○易
略例以所丨釋文丨本作知○詩角弓丨晛曰消釋
文丨韓詩作曣○莊子在宥尸居而龍丨釋文丨崔
作晛○莊子天下常反人不丨觀釋文丨本作聚○
左氏隱五年傳注傳丨
其事釋文丨本作具

見 俗作現○丨顯也漢書五行志中之上集注五行
志下之下集注公孫宏傳集注杜周傳集注嚴助
傳集注東方朔傳集注又荀子勸學天丨其明注○
丨猶顯也荀子賦功業甚博不丨賢良注○丨猶出
呂覽開春天故使欒水丨之注○丨謂出仕也論語
泰伯天下有道則丨皇疏○詩角弓丨晛曰消釋文
引韓詩作
曣晛聿消

硯 丨研也研墨使和濡也釋名釋書契○研與丨同
文選江賦綠苔鬖髿乎研上注

選 丨齊詩猗嗟舞則丨兮傳○丨者謂其倫等最上
詩猗嗟箋○丨謂備其精練管子七法是故器成
卒丨則士知勝矣注○丨音丨撰之丨史記平準書
名曰白丨索隱引蘇林○詩猗嗟舞則丨兮韓詩作
舞則
纂兮

練 丨爛也煮使委爛也釋名釋采帛○煮絲令熟曰
丨華嚴經音義下引珠叢○丨猶熟也漢書薛宣
傳集注○丨白也淮南說林墨子見丨絲而泣之注
○丨小祥也荀子子道魯大夫丨而牀禮邪注○大
丨大帛也後漢明德馬皇后紀注○被丨爲甲裏也
文選謝元暉和伏武昌登孫權故城詩注引左傳馬
注○丨簡也漢書西南夷傳集注又離騷苟余情其
信姱以丨要兮注○丨選也漢書禮樂志集注鄒陽
傳集注○丨擇也文選月賦注引埤蒼○丨委也文
選諷諫詩時靡不丨注○丨猶汰也文選七發灑丨
五藏注○丨與揀音義同文選月賦於是絲桐丨響
注○丨字書作鍊華嚴經音義上○古文鍊潄湅三
形今作丨同一
切經音義十

鍊 鎔金使精曰丨華嚴經音義下引珠叢○丨猶治
也淮南墬形丨土生木丨本生火注○丨錧也廣

雅釋器○輨軑丨鏅關之東西曰輨南楚曰軑趙魏之閒曰丨鏅方言九○丨與練古字通文選江文通雜體王徵君詩丨藥矚虛幌注○翼州從事郭君碑服職鍛湅丨作湅

讌 古無西今通用亦作宴又作讌○燕燕飲也詩閟宮魯侯燕喜箋○不脫屨升堂曰宴一切經音義一引國語賈注○飲酒之禮下跣而上坐者謂之宴文選東都賦注引韓詩章句○燕樂房中之樂所謂陰聲也周禮磬師教縵樂燕樂之鍾磬注○燕私樂之禮崇恩殺敬也儀禮聘禮記燕則上介爲賓注○燕養平常所用供養也儀禮既夕記燕養饋羞湯沐之饌注○燕謂勞使臣若與羣臣飲酒而射考工記梓人則王以息燕注○詩頍弁序不能燕樂同姓釋文燕本作宴禮記曲禮注燕食之禮釋文燕本作宴○詩鹿鳴嘉賓式燕以敖列女傳母儀作嘉賓式讌以樂○詩六月吉甫燕喜漢書陳湯傳作吉甫宴喜

燕 丨乙也大戴記夏小正來降丨乃睇傳○丨丨鳦爾雅釋鳥○丨丨鳦也詩燕燕丨丨于飛傳○元鳥者丨也大戴記夏小正陟元鳥蟄傳○丨白脰烏爾雅釋鳥○丨爵與鷰雀同荀子禮論小者是丨爵是有啁噍之頃焉注○丨或作雀列子天瑞丨之爲蛤釋文

宴 通作燕○丨安也易需飲食丨樂釋文又後漢班彪傳上注仇覽傳注○燕安也詩新臺燕婉之求傳鹿鳴以燕樂嘉賓之心傳蓼蕭孔燕豈弟箋文王有聲以燕翼子傳韓奕燕師所完箋雝燕及皇天傳又禮記樂記宋音燕女溺志注表記以燕翼子注又左氏文三年傳以燕翼子注又詩韓奕韓姞燕譽釋文又後漢班彪傳下注又家語正論以燕翼子注又素問陰陽類論黃帝燕坐注○晏安也文選三都賦序元晏先生曰注○丨樂也左氏成二年傳衡父不忍數年之不丨注○燕樂也後漢鄭興傳注○燕燕安息貌詩北山或燕燕居息傳○丨丨安息之貌漢書五行志下之下集注○安息曰丨漢書賈山傳集注○退朝而處曰燕居禮記仲尼燕居釋文○燕猶褻也禮記樂記燕朋逆其師注○燕歡悅也史記樂書宋音燕女溺志集解引王肅○丨安居也華嚴經音義上引漢書音義○燕燕粲粲尼居息也爾雅釋訓○內朝之在路門內者或謂之燕朝周禮朝士掌建邦外朝之灋注○丨室郟室次於寢也亦曰側室大戴記保傅七月而就丨室注○丨石經爲古文燕一切經音義一○故書燕爲舞周禮樂師燕射帥射夫以弓矢舞注○詩谷風丨爾新婚釋文丨本作燕○詩君子陽陽箋于燕舞之位釋文燕本作丨論語述而子之燕居釋文燕鄭作丨爾雅釋訓燕燕粲粲釋文燕本作丨○詩氓言笑晏晏釋文晏本作丱○詩北山或燕燕居息漢書五行志作或丨丨居息

卷 今作卷○卷施草拔心不死爾雅釋草○卷耳幽州人謂之爵耳詩卷耳序釋文○蟦螬自關而東或謂之丨蠾方言十一○魏元丕碑施舍弗卷倦作卷

賤 丨卑也廣雅釋言○丨踐也卑下見踐履也釋名釋言語○無位曰丨論語里仁貧與丨皇疏○丨者貴之充也管子樞言○丨者謂庶孫之妾也儀禮士虞禮記不使丨者注○丨猶惡也荀子正論下危則止丨上注○丨丨謂廢也太元元文巳用則丨注○以丨爲羨顏氏家訓音辭

電 丨雷光也翻譯名義十引五經通義○丨者火氣也春秋繁露五行五事○激氣爲丨呂覽仲春始丨注又淮南原道十以爲鞭策注○陰陽激爲丨古微書引春秋元命苞○陰陽和合爲丨古微書引易稽覽圖○交則丨大戴記曾子天圓○離爲丨易說卦傳○丨者陽氣也有聲名曰雷無聲名曰丨公羊

隱九年大雨震丨注○丨霆也穀梁隱九年傳

饌膳並同○丨進也廣雅釋詁二○饌具也詩卷

【籑】阿箋尊之豫饌几釋文又廣雅釋詁三又後漢寇怐傳注○饌陳也儀禮士冠禮具饌于西塾注○丨食也廣雅釋詁二○饌飲食也論語爲政先生饌集解引馬注○饌猶飲食也論語爲政皇疏○饌與膳同文選盧子諒贈劉琨詩不免饌賓注○詩卷阿箋釋文饌本作撰○論語爲政釋文饌鄭作餕

【薦】丨進也易象上傳殷丨之上帝鄭注又書中候丨之帝堯注又儀禮士昏禮贊者丨脯醢注鄉射禮丨脯醢注鄉飲酒禮丨脯醢注燕禮士丨脯醢注聘禮丨脯醢注旣夕丨車直東榮北輈注特牲饋食禮某丨歲事注少牢饋食禮用丨歲事于皇祖伯某注又禮記祭義卿大夫有善丨於諸侯注又左氏宣十四年傳詠而丨賄注襄卅一年傳若獲丨幣注昭五年傳求昏而丨女注哀廿四年傳使丨諸夫人之宰注又穀梁莊廿四年傳以丨舍於前注又爾雅釋詁又爾雅釋詁丨臻也注又廣雅釋詁二又國語晉語亡人而國丨之注又國策中山策善以微計丨中山之君久矣注又後漢和帝紀注郎顗傳注班超傳注又呂覽季春丨鮪於寢廟注賛能筵几而丨之注又淮南時則丨鮪於寢廟注天子嘗新先丨寢廟注又文選高唐賦序願丨枕席注○丨亦進也備品物曰丨致滋味乃爲羞周禮庖人與其丨羞之物注○丨羞皆進也未食未飲曰丨旣食旣飲曰羞周禮籩人凡祭祀共其籩丨羞之實注○丨先也淮南道應夫子丨賢注○丨至也藝文類聚禮部上引書大傳○丨仍也漢書張湯傳集注引蘇林○丨獻也左氏昭十五年傳故能丨彝器於王注○丨陳也爾雅釋詁○丨臻也同上○丨重也左氏昭十八年傳丨爲敝邑不利注哀十五年傳丨伐吳國注○丨之爲言在也御覽禮儀部三引書大傳○無牲而祭曰丨丨而加牲曰祭穀梁桓八年經己卯烝注○無牲而祭謂之丨公羊桓八年傳冬曰蒸注○丨謂卒哭之祭儀禮士虞禮記將旦而祔則丨注○丨脯醢也周禮宰夫以式灋掌祭祀之戒具與其丨羞注又禮記雜記下告賓祭丨而不食注○丨謂脯醢也禮記祭義俎豆牲體丨羞注○丨菹醢儀禮士昏禮祭丨黍稷肺注○嘉丨菹醢也儀禮士虞禮記嘉丨普淖注少牢饋食禮嘉丨普淖注○普丨鉶羹儀禮士虞禮記普丨注○丨所以自丨藉也釋名釋牀帳○丨藉也漢書張湯傳集注引服虔○丨席也廣雅釋器○丨臥席也楚辭逢紛薜荔飾而陸離丨兮注○江淮家居篨中謂之丨方言九○丨版在上如丨席也釋名釋車○丨搢挺也史記孝武紀丨紳之屬索隱○丨黍蓬爾雅釋草○六畜所食曰丨莊子齊物論釋文引

三蒼郭注○丨茂草也管子八觀丨草多衍注○丨美草也莊子齊物論麋鹿食丨釋文引司馬注○丨甘草也莊子齊物論釋文引崔注○丨謂細草也素問異法方宜論其民不衣而褐丨注○草稠曰丨後漢馬融傳注○丨讀曰荐漢書終軍傳集注翟義傳集注王莽傳下集注敘傳下集注○丨當作進列子湯問穆王丨之注○詩雲漢饑饉荐臻丨臻春秋繁露郊祀作飢饉荐臻

【絹】丨繒也其絲細厚而疏也釋名釋采帛○綃謂之丨廣雅釋器○丨繫也與罥通後漢馬融傳注

【彥】美士爲丨爾雅釋訓又後漢班彪傳上注○美士曰丨書太甲上旁求俊丨傳○丨士之美稱詩羔裘邦之丨兮傳○美士曰丨丨或作盤禮記大學人之丨聖注

【椽】丨司徒之丨史也後漢王良傳注

甸 四井爲邑四邑爲邱四邱爲丨丨六十四井也禮記祭義五十不歸丨徒注○四邱爲丨丨乘也出兵車一乘釋名釋州國○四邱爲丨丨讀維禹敶之之敶同其訓曰乘周禮稍人掌令邱乘之政令注○丨之六十四井爲丨詩信南山維禹丨之箋○千里之內曰丨禮記王制○方千里曰國畿其外方五百里曰侯畿又其外方五百里曰丨畿周禮大司馬○方千里曰王畿其外方五百里曰侯服又其外方五百里曰丨服周禮職方氏○邦畿方千里其外方五百里謂之侯服歲壹見其貢祀物又其外方五百里謂之丨服二歲壹見其貢嬪物周禮大行人○方千里曰王圻其外方五百里爲侯服又其外方五百里爲丨服周書職方○四郊去國百里邦丨二百里周禮大宰三曰邦丨之賦注○丨去國二百里周禮司會掌國之官府郊野縣都之百物財用注○郊外曰丨周禮天官序官丨師注又通典引盧植禮記注又左氏襄卅一年傳罪重于郊丨注○丨在遠郊之外周禮甸師共野果蓏之薦注○王田也國語周語邦內丨服注○丨之言田也周禮春官序官丨祝注○丨之爲言田也漢書地理志上集注○丨之言挺也太元元圖天丨其道注○丨治也詩信南山維禹丨之傳韓奕維禹丨之傳○丨田獵也周禮司服凡丨冠弁服注○丨謂田野之物禮記少儀納丨於有司注○丨師掌田之官也穀梁桓十四年傳丨粟而納之三宮注○丨人有司主田野者儀禮士喪禮丨人掘坎于階閒注○丨人冢宰之屬兼亨人者儀禮公食大夫禮丨人陳鼎七注○丨人掌共薪蒸者儀禮燕禮丨人執大燭於庭注大射儀丨人執大燭於庭注○丨人掌薪蒸之官也國語周語丨人積薪注○丨讀曰田周禮小宗伯若大丨注○詩信南山維禹丨之周禮稍人注作維禹敶之

便 丨利也國策秦策或謂救之丨注齊策必不丨於王也注又漢書趙充國傳集注又呂覽愛類可以丨之注○丨安也漢書馮野王傳集注○丨猶安也楚辭大招恣所丨只注○丨猶成也呂覽忠廉以丨事也注○丨宜也荀子解蔽由埶謂之道盡丨矣注○丨利亦謂言辭敏捷也荀子非十二子齊給丨利而不順禮義注

眷 丨睠同○丨嚮也廣雅釋詁四○丨顧也廣雅釋言○丨視書大禹謨皇天丨命傳○丨猶戀也文選謝靈運經湖中瞻眺詩覽物丨彌重注○睠反顧也詩大東睠言顧之傳○丨顧貌楚辭靈懷魂丨丨而獨逝注○丨戀思慕也文選補亡詩丨戀庭闈注○詩皇矣乃丨西顧釋文丨本作睠又作劵○詩大東睠言顧之釋文睠本作丨○詩小明睠睠懷顧文選注引韓詩作丨丨懷顧

麪 丨細麩也御覽引蒼頡解詁○䵖謂之丨廣雅釋器

線 丨又作綫○丨縷也周禮縫人掌王宮之縫丨之事司農注○綫縷也漢書五行志下之下集注韋元成傳集注○綫縫帛縷公羊僖四年傳中國不絕若綫注○故書丨或作綜杜子春云綜當爲糸旁泉讀爲絤謂縫革之縷考工記鮑人察其丨注○綫今爲丨縷字也漢書高惠高后孝文功臣表集注引晉灼○丨古文綫一切經音義八○禮記內則丨纊釋文丨本作綫

倦 丨或作勌○丨疲也漢書司馬相如傳上集注引文穎○丨勞也國語晉語用而不丨注○劵勞也廣雅釋詁一○丨懈也國語晉語則偏而不丨注○丨而不敢罷呂覽論人致遠復食而不丨注下賢立丨而不敢息注○劵止也廣雅釋詁三○丨極也文選西征賦丨狹路之迫隘注○劵極也廣雅釋詁一○丨讀曰

隨莊子天運釋文引司馬注○勸與丨同音書音義
中○券今丨字也考工記輈人終日馳騁左不楗注
丨餘也詩十月之交四方有丨傳又詩采芑箋丨
羨 卒盡起釋文又孟子滕文公下以丨補不足注又
管子國蓄均丨不足注○丨饒也周禮小司徒以其
餘爲丨司農注又史記平準書以致富丨索隱又漢
書食貨志下集注董仲舒傳集注司馬相如傳上集
注楊雄傳上集注○丨長也周禮典瑞璧丨以起度
司農注○丨過淮南精神有天下不丨其神注○丨
慕也文選思元賦丨上都之赫戲兮舊注○丨願也
文選遊天台山賦注引韓詩章句又淮南說林臨河
而丨魚注○丨欲也廣雅釋詁一○丨貪欲也文選
歸田賦注引字林○丨延也周禮玉人璧丨度尺釋
文又文選東京賦乃丨公侯卿士薛注○丨猶延考
工記玉人璧丨注○丨溢也史記司馬相如傳功丨
於五帝索隱引司馬彪○丨道也廣雅釋室○丨徑

也考工記玉人司農注○丨車道禮記檀弓注夾丨
道爲位釋文○丨弱也廣雅釋詁一○丨邪也太元
羨丨于微注○丨曲太元元錯○丨私曲太元元衝
○丨不圜之貌蓋廣徑八寸袤一尺周禮典瑞注○
詩板及爾游丨
釋文丨本作衍
奠 丨定也書禹貢丨高山大川傳又周禮職幣皆辨
其物而丨其錄注又漢書地理志上集注又太元
元攡天地丨位注○丨置也詩采蘋于以丨之傳又
廣雅釋詁四又國語晉語里克辟丨注又太元止杜
丨廬蓋蓋注○丨調也廣雅釋詁四○丨停也儀禮
士冠禮贊者丨纚笄櫛于筵南端注士昏禮坐丨觶
注○丨停地也禮記內則丨之而后取之注○丨薦
也廣雅釋言○丨猶獻也禮記玉藻唯世婦命於丨
繭注○非時而祭曰丨禮記祭統而舍丨于其廟注
○喪所薦饋曰丨周禮牛人喪事共其丨牛注○喪

祭曰丨丨停也言停久也亦言棜丨合體用之也釋
名釋喪制○丨謂薦孰時也丨或爲薦禮記郊特牲
故既丨然後焫蕭合羶薌注○丨讀爲定周禮司市
平肆展成丨賈注考工記弓人寒丨體注○丨讀爲
停考工記匠人凡行丨水司農注○丨或爲荐禮記
郊特牲注○古文丨爲尊儀禮士喪禮冪丨用功布
注○今文丨爲委儀禮公食大夫禮坐丨于鼎西注
○書禹貢丨高山大川史記夏本紀作定高山大川
俗作遍○丨周匝也易象下傳莫益之丨辭也虞
徧 注又易益偏辭也釋文○丨古遍字詩北門交丨
讁我釋文周禮外府注其流行無不丨釋文爾雅釋
言宣徇丨也釋文又漢書宣元六王傳贊集注○丨
與遍同晉書音義中○禮記玉藻注必先丨嘗之釋
文丨本作備○書舜典丨于羣神史記五帝紀作辯
於羣神續漢祭祀志作班于羣神○公羊傳不崇朝
而雨丨天下者唯泰山耳論衡明雩作不崇朝而辨

雨天下
泰山也
戀 丨思也易小畜有孚攣如釋文引子夏傳
眩 丨縣也目視動亂如縣物搖搖然不定也釋名釋
疾病○丨目不明也一切經音義二十引蒼頡○
丨惑也廣雅釋言又漢書董仲舒傳集注又荀子正
論上周密則下疑元矣注又淮南原道照物而不丨
注精神同變化則明不丨矣注又楚辭天問丨妻爰
謀注丨弟並淫注○丨亂也廣雅釋詁三又一切經
音義一引字林又後漢馬融傳注○丨亂也惑也一
切經音義廿二引字林○瞑或謂之丨方言三○丨
丨視貌楚辭逢尤目丨丨兮寤終朝注○丨風疾也
後漢韋彪傳注○丨旋轉也素問五常政大論其動
掉丨巔疾注○丨謂目視丨轉也素問腹中論四支
清目丨注○丨瞤顛瞤也一切經音義十二引國語

賈注○瞑卜頓瞀攻巳急也國語楚語若藥不瞑丨注○丨曜惑亂貌離騷世幽昧以丨曜兮注○丨耀光貌楚辭惜賢揚精華以丨耀兮注○丨眩疾貌後漢張衡傳注○丨涽混合也史記司馬相如傳紅杳渺以丨涽索隱引晉灼○丨音郡縣之縣漢書董仲舒傳集注○丨音州縣之縣漢書地理志下集注同馬相如傳下集注揚雄傳上集注匈奴傳上集注引服虔敍傳上集注○丨古文迿眴二形一切經音義十一○丨古文姁迿二形一切經音義一○莊子至樂馬乃丨覫憂悲釋文丨司馬本作元

釧環臂謂之丨御覽七百十八引通俗文

蒨丨染赤色者也禮記雜記上其輤有裧注○丨舉木名也山海經中山經敖岸之山北望河林其狀如丨如舉注○丨丨鮮明貌文選補亡詩丨丨士子注○爾雅釋草注今之丨也釋文丨本作茜

倩丨借也方言十二○東齊之閒壻謂之丨方言三○丨者女壻也史記扁鵲倉公傳黃氏諸丨集解引徐廣○丨言可借丨也今俗呼女壻為卒便是也方言三注○丨士之美稱漢書朱邑傳集注○丨好口輔詩碩人巧笑丨兮傳○丨丨巧笑貌論語八佾皇疏○丨笑貌論語八佾巧笑丨兮集解引馬注○丨美也晉書音義中○丨蒼白色詩碩人釋文引韓詩○南上草木通曰冬生故曰丨文選吳都賦夏曄冬蒨劉注○詩碩人釋文丨本作蒨

卞丨魯邑也左襄廿九年傳季武子取丨釋文又國語魯語聞季武子襲丨注○丨躁疾也左氏定三年傳莊公丨急而好潔注○手搏為丨漢書哀帝紀贊集注引蘇林○孔宙碑於丨時雍變作丨○左隱元年傳注丨縣南有姑城釋文丨本作弁昭九年傳豈如丨髦而因以敝之釋文丨本作弁○莊子讓王丨隨詩關雎序疏作弁隨○論語丨丨莊子漢書東方朔傳作弁

弁禮記周丨注○丨名出於槃槃大也言所以自光大也儀禮士冠白虎通紼冕○丨如兩手相合抃時也釋名釋首飾○丨冠也詩甫田突而丨兮傳○丨者古冠之大稱委貌緇布曰冠周禮夏官序官丨師注○丨皮丨所以會髮詩淇奧會丨如星傳○皮丨者天子之朝朝服也儀禮覲禮王使人皮丨用璧勞注○皮丨者以白鹿皮為冠象上古也儀禮士冠禮皮丨服注○丨丨以鹿子皮為之左氏僖廿八年傳楚子玉自為瓊丨丨玉纓注○丨鹿皮冠呂覽上農庶人不冠丨注○爵丨者冕之次其色赤而微黑如爵頭然或謂之緅其布三十升儀禮士冠禮爵丨服注○爵丨者制如冕黑色但無繅耳同上○丨髦太古布冠冠而敝之者也小爾雅廣服○丨經王弔所服也其丨如爵丨而

素所謂素冠也周禮弁師王之丨經注○皮丨武冠爵丨文冠夏曰收殷曰冔周曰丨公羊宣元年傳巳練可以丨冕注○冕冠周曰爵丨獨斷下○丨皮丨丨也詩鳲鳩其丨伊騏傳頍弁有頍者丨傳○丨爵丨丨也書金縢王與大夫盡丨鄭注又詩絲衣載丨俅俅箋又禮記雜記大夫冕而祭於公丨而祭於己注○丨冕冠也淮南泰族故丨冕輅輿注○丨馬冠也文選西京賦璯丨玉纓薛注○丨疾也漢書王莽傳下集注○丨急也禮記玉藻丨行釋文○魯讀丨為絻今從古論語子罕冕衣裳者鄭注鄉黨見冕者鄭注○故書丨作緐鄭司農緐讀為丨周禮司服凡弔事丨經服注○左成十八年傳丨糾御戎釋文丨本作卞襄廿九年傳季武子取丨釋文丨本作卞○書金縢王與大夫盡丨史記魯周公世家作成王與大夫朝服

【抃】抃同○兩手相擊曰抃呂覽古樂帝嚳乃令人抃注○擊手曰抃楚辭天問鼇戴山抃注○抃手搏也文選思元賦鼇雖抃而不傾舊注○抃俯手也後漢張衡傳注○抃當爲析荀子王制抃急禁悍注

【嚥】咽同○咽吞也漢書蘇武傳集注匈奴傳贊集注○丨丨物也釋名釋形體○丨或謂之嚶在頭下纓理之中也同上○咽古文⿰口垔一切經音義十二

【片】丨半也論語顏淵鄭注又廣雅釋詁四○丨禪也廣雅釋言○丨猶偏也論語顏淵丨言可以折獄者集解引孔注又皇疏

【禪】古作⿰礻亶○丨傳也廣雅釋詁四又淮南繆稱丨於家國注又文選思元賦取蜀丨而引世舊注○丨者傳也史記惠景閒侯者年表丨五世索隱○丨授也書堯典傳遂丨之釋文○丨其訓授也三國杜瓊傳注引襄陽記○丨讓也書堯典傳釋文○丨傳位也後漢張衡傳注○丨授子也莊子山木而不知其丨之者釋文引司馬注○丨謂相傳授也後漢崔駰傳注○丨謂除地於梁甫之陰爲墠以祭地也變墠爲丨神之也大戴記保傅封泰山而丨梁甫注○爲墠祭地曰丨漢書霍去病傳集注○言丨者明以成功相傳也白虎通封禪○丨謂壇墠風俗通正失○封丨刻石紀號也文選吳都賦注引孝經鉤命訣○丨祭也廣雅釋天○丨闡也漢書武帝紀集注引服虔○丨傍棺也莊子人閒世求丨傍者斬之釋文引司馬注○棺之全一邊者謂之丨傍莊子人閒世釋文引司馬注○⿰礻亶古丨字也後漢梁竦傳注○嬗古丨字史記秦楚之際月表號令三嬗索隱○⿰礻亶古丨字漢書武帝紀集注引晉灼異姓諸侯王表集注眭宏傳集注蓋寬饒傳集注○莊子人閒世釋文丨本作檀

經籍籑詁 卷七十六 十七霰 抃至禪 十九

【譴】丨責也漢書賈誼傳集注董仲舒傳集注外戚傳上集注又後漢郎顗傳注第五倫傳注第五訪傳注○丨賷也廣雅釋詁一○丨讓也廣雅釋詁二○丨呵也一切經音義三引蒼頡○丨告也漢書董仲舒傳集注○丨丨讓也家語五刑聞而丨發注○丨喘轉也方言十三

【絢】文成曰丨一切經音義廿二引字林○采成文曰丨儀禮聘禮記丨組注○文章成謂之丨文選蜀都賦劉注引鄭元○丨文貌也論語八佾素以爲丨兮集解引馬注又皇疏○丨練疾貌也文選赭白馬賦丨練夐絕注○今文丨作約儀禮聘禮記注

【諺】丨俗之善謠也國語越語丨有之曰注○丨俗語也禮記大學故丨有之曰釋文○丨俗言也左氏隱十一年傳周丨有之曰釋文○丨傳言也後漢虞詡傳注○丨傳也廣雅釋詁四又漢書季布傳集注

【緣】丨謂之純爾雅釋器○丨緆也禮記深衣純袂丨丨純邊注○丨飾邊也禮記玉藻丨廣寸半注○丨謂繫約而漆之爾雅釋器孫注○丨者緻纏之卽令究轉也爾雅釋器注○書顧命傳雜白黑繒丨之釋文丨作純

【顫】四支寒動謂之丨頻一切經音義十一引通俗文○丨頭不正也一切經音義十三引蒼頡○丨驚呂覽愼大天下丨恐而患之注○鼻通曰丨列子楊朱謂之閼丨注○鼻徹爲丨莊子外物○丨丨讀天寒凍丨之丨字亦如此淮南說山故寒丨懼者亦丨注○丨與⿺走亶同列子楊朱釋文○丨古文膻又作⿰骨亶同一切經音義十二

【擅】丨專也易坤注不丨其美釋文詩狡童序權臣丨命也釋文又漢書高帝紀下集注食貨志上集注

經籍籑詁 卷七十六 十七霰 譴至擅 二十

五行志中之下集注彭越傳集注賈誼傳集注公孫宏傳集注吾邱壽王傳集注又後漢光武帝紀上注又管子法法此所謂丨也注又呂覽貴生不得丨行注○丨猶專也史記魏豹彭越傳丨將其兵索隱○丨與禪同荀子儒效非丨也注正論堯舜丨讓注

援 丨助也詩君子偕老釋文引韓詩

媛 美女爲丨詩君子偕老邦之丨也傳又爾雅釋訓○丨美也廣雅釋詁一○詩君子偕老釋文丨韓詩作援

瑗 好倍肉謂之丨爾雅釋器○好倍肉曰丨管子輕重丁丨中五百注○丨玉佩名爾雅釋器釋文引蒼頡○衞蘧丨字伯玉見左襄廿六年傳

佃 易繫辭以丨以漁漢書律厤志作呂田呂漁

淀 丨者如淵而淺也文選魏都賦掘鯉之丨劉注○丨陂水之異名也水經汝水注

澱 丨謂之垽爾雅釋器○丨滓丨也今江東呼垽爾雅釋器注○丨與淀古字通文選江賦栫丨爲涔注○丨古文⿰黑殿一切經音義九

繕 丨治也丨之言善也一切經音義七引三蒼○丨之言勁也善也周禮夏官序官丨人注○凡治故造新皆謂之丨也華嚴經音義上引珠叢○丨善也後漢盧植傳注又莊子繕性丨性于俗釋文引崔注○丨治也左氏僖十五年傳征丨以輔孺子注成十六年傳丨甲兵注襄九年傳丨守備注又廣雅釋詁三又莊子繕性釋文引崔注○丨修也後漢公孫瓚傳注○丨補也廣雅釋詁四又漢書高帝紀上集注

元帝紀集注息夫躬傳集注趙充國傳集注匈奴傳上集注王莽傳中集注○丨具食也史記張儀傳丨兵不傷衆正義○丨讀曰勁禮記曲禮上急丨其怒注

鄯 丨善本西域樓蘭國也後漢班超傳注

狷 丨介也漢書楊胡朱梅云傳贊集注○丨疾也後漢陰興傳注○丨急也漢書劉輔傳集注○丨狂丨也後漢第五倫傳注楊倫傳注

罥 丨卦也華嚴經音義下引切韻○丨猶結也文選蕪城賦荒葛丨塗注○以繩取物曰丨也一切經音義十五引字書○丨以繩係取鳥獸也一切經音義十引聲類○丨謂以繩繫取鳥也字又作羂也華嚴經音義上引珠叢○丨古文作⿱罒繯一切經音義二引三蒼

睊 丨丨視也廣雅釋訓○丨丨側目視貌孟子梁惠王下丨丨胥讒音義引張音

瑱 丨充耳也儀禮士喪禮丨用白纊注又禮記檀弓下角丨注又左氏昭廿八年傳縳一如丨注○丨塞耳也詩君子偕老玉之丨也注○丨所以塞耳也國語楚語其又以規爲丨也注○玉丨塞耳者周禮弁師玉丨注○丨用白纊儀禮士喪禮○丨琫謂文采相雜文選江賦金精玉英丨其裏瑤珠怪石琫其表注○丨讀爲鎭周禮天府凡國之玉鎭大寶器藏焉司農注典瑞執鎭圭司農注○考工記鞄人注摶讀如縳一如丨之縳釋文卜本作顚

唁 弔生曰丨一切經音義十三引韓詩又北堂書鈔引邱季彬禮統又左氏襄十七年傳齊侯使夙沙衞丨之注又太元衆師孕丨之注○弔失國曰丨詩載馳歸丨衞侯傳又穀梁昭廿五年傳又左氏昭廿

五年傳齊侯丨公于野井釋文○弔亡國曰丨公羊
昭廿五年傳齊侯丨公于野井注○左氏襄十四年
傳臧紇如齊丨衞
侯釋文丨本作唁

窆 丨穿也周禮遂人及丨陳役釋文○鄭大夫讀丨
皆爲穿杜子春讀丨爲毳皆謂葬穿壙也今南陽
名穿地爲丨聲如腐脆之脆周禮小宗伯甫
丨亦如之注○周禮遂人釋文丨本作窆

甗 丨牛建反士甗也左傳成二年釋文引字林○丨
無底甑考工記陶人司農注○丨如甑一孔儀禮
少牢饋食禮甗人概甑丨匕與敦于甗爨注○陶人
爲丨實二鬴厚寸脣寸考工記陶人○山上大下
小曰丨甗也甑一孔者丨
形孤出處似之也釋名釋山

楝 丨木名或作𣝁山海經中山經歷兒之山多橿木
其實如丨注○丨讀練染之練也淮南時則其樹
丨注○丨古文柬
一切經音義十二

先 丨猶道也周禮大司馬右秉鉞以丨注○乘之丨
者道之也儀禮士昏禮壻乘其車丨注○丨謂倡
道之也禮記郊特牲天丨乎地注○相道前後曰丨
後詩緜予曰有丨後傳○丨後相導也後漢伏湛傳
注○丨後猶左右也周禮士師以五戒丨後刑罰注
○兄弟妻相謂曰丨後史記孝武紀見神于丨後宛
若集解引孟康○丨姒後娣史記孝武紀索隱引韋
昭○丨後卽今妯娌也史記孝武紀索隱引鄒誕生

衒 丨賣也廣雅釋詁三○行賣曰丨楚辭疾世欲丨丨
鬻兮莫取注○丨自媒丨也後漢蔡邕傳注○丨丨
音州縣之縣漢書東方朔傳集注○丨古縣字禮記
內則注或爲丨釋文○丨古文眩衒二形一切經音
義二○禮記內則注或
爲丨釋文丨本作御

袨 好衣曰丨華嚴經音義上引切韻○丨服謂盛服
也文選蜀都賦丨服靚糚劉注引蘇林

炫 丨光貌文選長門賦注引埤蒼○丨丨明也廣雅
釋訓○丨丨光耀之貌漢書敘傳下集注○丨熿
猶熿光也國策秦策丨熿於道注○丨
音州縣之縣漢書司馬相如傳上集注

眴 目動曰丨一切經音義二引服虔○丨丨目搖也
管子小問苗始其小也丨丨乎何其孺子也注○
丨丨目視不明貌文選思元賦舊注引蒼頡○丨視
不明也侯徧切文選西都賦注引蒼頡○丨丨柔順
貌管子小問注○丨煥粲爛鮮明貌文選風賦注○
丨音州縣之縣漢書楊雄傳上集注○丨與眩古字
通文選劇秦美新
臣嘗有顚丨病注

善 丨佳也廣雅釋言

遣 丨猶送也儀禮旣夕書丨於策注○丨者入壙之
物君使史來讀之成其得禮之正以終也儀禮旣
夕讀丨注○丨謂祖廟之庭大奠將行時也周禮大
史丨之日讀誄注○丨車一曰鸞車周禮巾車大喪
飾丨
車注

嫙 丨婉好貌文選西京賦注引韓詩○丨婉美好之
貌文選西京賦從丨婉薛注

猭 丨走也後漢馬融傳注

韅 丨馬腹帶也一切經音義十三引蒼頡解詁

瞑 凡飮藥傳藥而毒東齊海岱之閒謂之丨方言三

塡 丨塞耳國語吳語莫如此以環丨通相問也注○
詩小宛哀我丨寡釋文丨本作瘨

洊 丨再也易象上傳水丨至陸注○丨仍也易坎水
丨至釋文引劉注又文選永明九年策秀才文注
引字書○易坎釋文
丨于作荐京作瀳
栫 丨籬也廣雅釋室○丨柴木擁也在見反漢書翟
方進傳音義引字林
蜆 丨縊女爾雅釋蟲○丨下研反爾雅釋蟲釋文引
字林
晛 丨日氣也詩角弓見丨曰消傳
研 爾雅釋畜騉蹄丨釋文丨本作研
澌 湞丨淼漫山水闊遠無崖之狀文選吳都賦劉注
莚 丨相連不斷爾雅釋言注皆謂蔓丨相被及釋文
○爾雅釋言注釋文丨本作延釋草注蔓丨生釋

文丨本
作延
俔 丨磬也詩大明丨天之妹傳○丨譬喻也後漢胡
廣傳注○丨候風者也世所謂五兩淮南齊俗辟
若丨之見風也注○詩
文王釋文丨韓詩作磬
譔 丨妹也廣雅釋言
眄 丨斜眄也列子黃帝一丨而已釋文仲尼一丨而
已釋文
衍 丨廣也廣雅釋詁二
輾 詩關雎丨轉伏枕釋文丨本亦作展澤陂丨轉伏
枕釋文丨本作展
轉 車運曰丨史記平準書漕丨山東粟索隱

縓 凡染絳一入謂之丨儀禮士冠禮爵弁服纁裳注
○一染謂之丨爾雅釋器又儀禮喪服記麻衣丨
緣注○一染謂之丨今紅也儀禮既夕記丨緣緆注
○丨淺絳也儀禮喪服記注○丨卽紅也後漢東海
恭王彊傳注○丨淺赤色今之紅也禮記檀弓丨緣
釋文○衣以緇裳以丨象天地也儀禮既夕記注
偭 丨背也漢書賈誼傳集注引應劭又離騷丨規矩
而改錯注
涀 丨水水經注廿一引字林
鏈 未成雞丨爾雅釋畜○江東呼雞少者曰丨爾雅
釋畜注○凡人畀乳而雙產秦晉之閒謂之丨子
方言三○丨孿
也廣雅釋詁三
餞 丨送行者之酒儀禮士虞禮記乃丨注○丨子扇
反送去食也詩崧高釋文引字林○古文丨爲踐

儀禮士虞
禮記注
○以下據
廣韻錄
厰 亦作廠○廠舍也廣雅釋室
輤 丨載柩將殯之車飾也丨取名於櫬與蒨讀如蒨
旆之蒨禮記雜記上其丨有裧注
帑 丨幧頭也方言四又廣雅釋器○自河以北趙魏
之閒幧頭或謂之丨方言四
紘 丨成也廣雅釋詁三
駽 丨呼縣反爾雅釋畜釋文引字林
拘 丨擊也廣雅釋詁三
讂 丨遠也管子宙合丨充言心也注○丨求也廣雅
釋詁三

瓹甕覽下孔曰丨御覽七百五十八引通俗文
懁丨急也史記貨殖傳民俗丨急集解引徐廣
獧丨急也廣雅釋詁一○丨與狷同孟子盡心下必也狂丨乎音義引丁音
彁丨辯也廣雅釋器
壂漢修堯廟碑繕飭丨廟殿作丨
萰丨菟荄爾雅釋草
曕丨煥也廣雅釋詁三
緊𥿡摖也廣雅釋草

驠馬白州丨爾雅釋畜
嬿丨安也後漢邊讓傳注
曣丨日生無雲暫見也晉書音義上○丨見日出也詩角弓釋文引韓詩○丨煥也廣雅釋詁三
瞍或作腰○腰視也廣雅釋詁一
荐丨再也爾雅釋言又漢書敘傳下集注○丨仍也左氏襄廿二年傳不虞丨至注又漢書王莽傳下集注○丨重也左僖十三年傳晉丨饑釋文又小爾雅廣言又國語楚語禍災丨臻注吳語都鄙丨饑注○丨屢也漢書終軍傳集注○丨聚也左氏襄四年傳戎狄丨居注又國語晉語戎翟丨處注○丨集也史記麻書禍災丨至索隱○丨重也聚也漢書翟義傳集注○丨草也左氏襄四年傳服注又釋文○丨草生之再也爾雅釋言孫注○仍饑為丨爾雅釋天○仍饑曰丨國語晉語今又丨饑注○歲不熟曰丨爾雅釋天李注○丨栫左哀八年傳丨之以棘釋文○丨與薦同晉書音義上○丨字或作薦古字假借用耳史記麻書索隱
袸衿謂之丨爾雅釋器
傿丨態也廣雅釋言
褑佩衿謂之丨爾雅釋器○丨佩紟也爾雅釋器釋文引埤蒼
諯丨讓也廣雅釋詁二
襢丨之言亶周禮內司服展衣注○丨衣丨坦也坦然正白無文采也釋名釋衣服

𥳑傳箸謂之丨廣雅釋器
葥丨王蔧爾雅釋草○丨山莓同上
桊丨枸也廣雅釋器○丨牛拘也一切經音義十二引埤蒼○丨牛拘也今江南以北皆呼牛拘以南皆曰丨一切經音義四引字書
帣丨囊也廣雅釋器
犈牛黑腳丨爾雅釋畜
卷丨曲也廣雅釋詁一
䖭丨蠾蚰蜒也廣雅釋蟲

勬 丨㑜也廣雅釋詁四

鞪 革中辨謂之丨爾雅釋器

襈 丨緣也青綠爲之緣也釋名釋衣服

䜌 丨音人足丨蹸之攣漢書蕭何傳集注引蘇林○丨姓也漢有丨秘爲南郡太守廣韻引何承天姓苑

鶨 丨鵙老爾雅釋鳥○丨向喙鳥爾雅釋鳥釋文引字林○丨鵙丨也俗呼爲癡鳥爾雅釋鳥注○丨孫炎勬亂反爾雅釋鳥釋文

䁵 丨視也廣雅釋詁一

匴 丨笥也廣雅釋器

頩 丨面也太元視粉其題丨注

鏇 丨作㯶同囚絹反謂以繩轉軸裁木爲器曰丨一切經音義九引周成難字

縼 丨係也廣雅釋詁二

䍺 丨羔也廣雅釋畜○丨音選未晬羊也匡謬正俗六引字林

繏 丨索也廣雅釋器○所以懸㡌東齊海岱之間謂之丨方言五

僎 丨見也廣雅釋詁三○論語大夫僎釋文作撰古今人表作選

騗 騗躍上馬者也一切經音義七引字略○丨謂躍上馬也一切經音義十三引纂文

搷 丨時訓切垂臬望也李誡營造法式二引字林

叀 丨縣也漢書陳遵傳集注

縳 十羽謂之丨爾雅釋器○十摶爲丨周禮羽人○丨束也廣雅釋詁三

辨 丨半也爾雅釋木注

驏 丨馬臥土中也御覽引字林○以下據集韻錄

蝝 丨允絹反周禮鼈人釋文引字林○丨尹絹反螽子也左氏宣十五年釋文引字林

幀 丨目用緇方尺二寸經裏著組繫儀禮士喪禮○丨目覆面者也丨讀若詩曰葛藟縈之之縈儀禮士喪禮注

煉 丨埶也廣雅釋詁二

還 丨謂遶也史記楚世家丨葢長城以爲防索隱

汳 陰溝卽蒗蕩渠也亦言丨水經汳水注

餋 丨祭也廣雅釋天

佪 丨俏也廣雅釋詁二

惓 丨悶也出玉篇晉書音義下

嫸 案丨字呂忱音仕眷反勉也東觀記作譏字此雖作丨葢亦譏刺之意也後漢馮衍傳注

【雝】丨雝也廣雅釋言
【蒨】古文蒨茜二形今作丨一切經音義十四
【漏】張公神碑公神日著聲洞丨徧作丨
【衜】孫叔敖碑丨節高義猶作丨
【拵】丨擁也左氏哀八年傳丨之以棘注
【壖】丨官之餘地也前書音義曰丨城郭旁地後漢桓帝紀注
【摶】𦐣羽也廣雅釋器○丨讀為縳一如瑱之縳謂卷縳韋革也考工記鮑人卷而丨之司農注
【帴】丨讀為翦謂以廣為狹也考工記鮑人則是以博為丨也司農注

【瑑】丨文飾也考工記玉人丨圭璋八寸注
【絣】鄭司農丨讀為弁周禮司服凡弔事弁經服注
【侟】丨存也太元元數丨志注

經籍纂詁卷第七十六

經籍纂詁卷第七十六補遺　去聲

兵部侍郎兼都察院右副都御史巡撫浙江等處地方提督軍務兼理糧餉阮元撰集

十七霰

【霰】說文霰稷雪也从雨散聲霓霰或从見○丨者陽脅陰也漢書五行志中之下引劉向○丨者陽脅陰之符也大戴禮注引春秋穀梁說○將大雨雪始必微溫雪自上下遇溫氣而摶謂之丨詩頍弁箋○盛陰雨雪凝滯而冰寒陽氣薄之不相入則散而為丨漢書五行志中之下引劉向○雨雪而徭陽為之則合而為丨左氏昭四年傳注開冰室以薦宗廟疏○丨雨雪雜下漢書五行志中之下注○爾雅釋天雨霓為霄雪釋文本或作丨霹

【殿】古者屋之高嚴通呼為丨漢書循吏黃霸傳先上丨注
【殿】說文殿擊聲也从殳屍聲○丨屎呻吟之聲爾雅釋訓丨屎呻也注○丨屎人愁苦呻吟之聲也爾雅釋訓孫注○丨後軍左氏襄十四年傳子囊丨注○大丨後軍左氏襄二十三年傳大丨注○軍行在後曰丨詩采菽傳丨鎮也疏○軍在前曰啟在後曰丨周禮鄉師注杜子春讀為在後曰丨疏○下功曰丨文選答賓戲猶無益於丨最也注引漢書音義○極下曰丨文選文賦注引漢書韋昭注○丨負也廣雅釋詁四又文選文賦注引漢書項岱注
【面】說文面顏前也从百象人面形凡面之屬皆从面○丨前也儀禮士喪禮扱諸丨之右疏○丨者以丨首向臨之也漢書夏侯嬰傳丨雍樹馳注引蘇林○丨亦見也禮記聘儀賓私丨私覿疏○丨猶覿也

儀禮聘禮注致至也疏○南丨嚮南也禮記喪服小記門外之右南丨疏○丨縛者縛手於背而丨向前也史記宋微子世家肉袒丨縛索隱○丨謂偝之也漢書張歐傳爲涕泣丨而封之注○丨謂背之不丨向也漢書項籍傳馬童丨之注

縣 五鄙爲丨周禮鄙師各掌其鄙之政令祭祀注○五鄙爲丨然則丨二十五家也淮南時則制百丨注○丨二千五百家也呂覽孟夏命司徒循行丨鄙注○三鄉爲丨國語齊語○四百里爲丨周禮載師以小都之田任丨地疏○丨謂四百里周禮遺人丨都之委積疏○四百曰丨周禮地官序官縣師司農注四百里曰丨疏○百里曰同總名爲丨水經河水注引風俗通○丨鄙鄉遂之屬禮記月令命司徒循行丨鄙注○丨鄙謂六遂之內周禮朝士則令邦國都家丨鄙慮刑貶疏○百丨謂鄉遂禮記月令注百

丨言受朔日疏○丨人遂屬左氏昭四年傳丨人傳之注○丨官謂天子也史記絳侯周勃世家庸知其盜買丨官器索隱○巾國名赤丨詩北山傳濱涯也疏引鄒子○九州之內名曰赤丨穀梁桓五年傳在乎冀州注

變 說文變更也从攴䜌聲○丨卽更之義左氏隱六年傳注故經書渝平疏○○丨攺也淮南氾論夫殷丨夏周丨殷春秋丨周注○丨者攺常之名詩七月序箋周公遭丨者疏○丨謂後來攺前以漸移故謂之丨也易象上傳乾道丨化疏○丨謂丨攺素問移精變氣論惟其移精丨氣注○丨謂四時丨攺也太元元攡常丨錯注○丨丨謂氣至而丨易素問寶命全形論八動之丨注○丨謂丨易常候素問經脉引論皆爲丨也注○丨謂丨易天常素問六節藏象論非常則丨矣注○丨謂丨易容質也素問五常政大論草木丨注○丨謂易其常也素問皮部論則絡脉盛色丨注○丨動也呂覽安死不丨人徒注○丨謂丨動禮記樂記性術之丨疏○丨謂發動也漢書高后紀待呂氏丨而共誅之注○丨謂氣動丨也素問四時刺逆從論則依其藏之所丨候注○物極謂之丨素問氣交變大論善言化言丨者注○氣無漸而卒至曰丨論衡自紀○初漸謂之丨禮記中庸注丨之久則化而性善也疏○遊魂爲丨易繫辭上傳○丨故患難事故也荀子榮辱夫起於丨故注○冠敵同郄曰有丨管子侈靡夫邊日丨注○丨謂不恒一聲禮記樂記丨成方謂之音疏○丨通者趣時者也易繫辭下傳○無丨不易也荀子天論百王之無丨注○丨當爲辯聲之誤也禮記禮運大夫死宗廟謂之丨注

箭 說文箭矢也从竹歬聲○丨自關而東謂之矢江淮之閒謂之鍭關西曰丨方言九○丨笴也古今

韻會引字林○丨⿱竹執也廣雅釋草

戰 說文丨鬬也从戈單聲○丨者共鬬之辭公羊莊十一年傳注堅而有備疏○春秋敵者言丨公羊莊三十年傳○夫丨勇氣也左氏莊十年傳○丨大機也呂覽察微○丨危事也漢書鼂錯傳○丨懼也呂覽審應公子沓相周申向說之而丨注○丨者懼之甚也漢書高五王傳股丨而栗注

扇 說文丨扉也从戶从翄省○丨拂相佐助也方言十二丨助也注

㷠 說文新附丨熾盛也从火扇聲

膳 丨具食也食之善者也漢書宣帝紀損丨省宰注○具食曰丨丨之言善也漢書杜欽傳親二宮之饔丨注○丨善也禮記少儀爲已祭而致丨於君子曰丨疏○丨善食也禮記王制七十貳丨疏○丨美

食名〔禮記曲禮下〕君丨不祭肺疏○丨者美食之名
〔左氏閔二年傳注〕丨廚丨疏○丨廚丨〔左氏閔二年
傳〕以朝夕視君丨者也注○煎和謂之丨〔周禮庖人
注〕謂煎和之以獻王疏○丨獻禽羞俶獻也〔周禮宰
夫之職〕凡朝覲會同賓客注
【傳】丨者丨通其義也〔詩周南關雎詁訓傳〕疏○丨者
使可丨述〔周禮目疏〕○丨者丨也博釋經意丨示
後人〔左氏春秋經傳集解〕疏○丨謂丨述爲義或親
承聖旨或師儒相丨故云〔禮記曲禮目疏〕○丨謂
轉次之〔漢書郊祀志上〕推終始丨注○丨謂解說經
義者也〔漢書古今人表〕丨曰注○丨謂解說之若毛
詩丨〔漢書淮南王安傳〕使爲離騷丨注○凡言丨者
謂爲之解說若今詩毛氏丨也〔漢書楚元王傳〕申公
始爲詩丨注

【傳】〔說文〕丨遽也从人專聲○丨者若今之驛〔漢書高
帝紀下〕乘丨詣洛陽注○丨丨車〔爾雅釋言〕馹遽丨
也孫注○丨車驛馬〔爾雅釋言〕馹遽丨也舍人注○
丨乘丨送之〔史記扁鵲倉公列傳〕當丨西之長安索
隱○丨置驛之舍也〔漢書王莽傳中〕廚丨勿舍注○
丨符也〔漢書王莽傳上〕有事府第皆用丨注引孟康
○丨丨符也〔漢書宣帝紀〕得毋用丨注○丨所以出
關之符也〔漢書酷吏甯成傳〕詐刻丨出關歸家注○
丨棨也〔漢書文帝紀〕除關無用丨注引李奇
【見】〔說文〕丨視也从儿从目凡丨之屬皆从丨○丨者
自彼加己之辭〔詩蹇裳序〕思丨正也疏○有丨謂
睹其才藝也〔禮記坊記〕不有丨焉注○相丨謂于郯
地爲會〔荀子大略〕諸侯相丨注○自上詣下曰丨〔禮
記曲禮上〕丨父之執疏○丨者目也〔賈子道德說〕○
離目爲丨〔易巽〕利丨大人虞注○丨無雲也〔漢書劉

向傳〕丨晛聿消注○丨謂道上帳帷荒〔周禮司几筵
注〕既窆則加丨疏○〔詩角弓〕丨晛曰消〔荀子非相〕作
宴然聿消○〔孟子梁惠王下〕父子不相丨〔文選注〕引
作父子不相顧
【見】丨謂顯露也〔漢書鄒陽傳〕鄉使濟北丨情實注○丨
顯也〔漢書韓信傳〕情丨力屈注○丨顯示〔漢書
元帝紀〕天丨大異注○丨顯示也〔漢書禮樂志〕神所
丨注〔五行志上〕前是天不丨災者注〔五行志中之下〕
皇天數丨災異注〔賈山傳〕故君子不常丨其齊嚴之
色注〔董仲舒傳〕丨素王之文焉注〔張騫傳〕欲以丨漢
廣大注〔朱買臣傳〕少丨其綬注〔西域傳下〕或以爲欲
以丨彊注〔元后傳〕故天爲丨異注故天丨戒注○丨
顯示之也〔漢書鄒陽傳〕丨情素注○丨謂顯示也〔漢
書武帝紀〕所旨丨愛也注上天丨象注〔息夫躬傳〕天
之丨異注○丨謂彰顯也〔漢書禮樂志〕畏敬之意難
丨注〔萬石君傳〕神物並丨注○丨謂呈丨之〔漢書外

戚傳上〕及愈丨馬注○出潛離隱故曰丨龍〔易乾〕丨
龍在田注○丨謂丨在也〔漢書王莽傳下〕倉無丨穀
注○丨謂丨在之人〔漢書申屠嘉傳〕餘丨無可者注
○丨謂來朝也書周官疏引先儒〔周禮〕注○自下朝
上曰丨〔禮記曲禮上〕丨父之執疏○丨謂爲之紹介
〔左氏昭廿年傳〕乃丨鱄設諸焉疏
【硯】〔說文〕丨石滑也从石見聲
【院】丨垣也〔廣雅釋宮〕
【練】〔說文〕丨湅繒也从糸柬聲○丨猶閱歷之〔漢書韋
賢傳〕昔靡不丨注○丨濯〔國策秦策〕簡丨以爲揣
摩注○丨材拳勇有力之材〔呂覽簡選〕可以勝人之
精士丨材注○丨冠蓋如喪服斬衰既丨之後布冠
也〔左氏昭卅一年傳〕季孫丨冠麻衣疏○丨小祥也
〔禮記檀弓上〕丨丨衣也疏○丨小祥祭也〔禮記曾子

問主人丨祭而不旅疏○丨謂十三月小祥丨祭周
禮大祝付丨祥疏
【鍊】說文丨冶金也从金柬聲
【醼】燕燕禮也左氏僖廿九年傳加燕好注○宴享宴
也易象上傳君子以飲食宴樂釋文引鄭注○燕
謂與之燕飲酒也詩湛露序天子燕諸侯也箋○燕
禮者公燕大夫之禮也左氏昭廿七年傳注比公於
大夫也疏○燕禮者諸侯燕臣之禮也左氏襄廿七
年傳客一坐所尊疏○燕禮者諸侯燕聘問之賓與
己之羣臣詩女曰鷄鳴箋與異國賓客燕時疏○燕
與宴同漢書五行志中之上既除喪而燕注
【燕】說文燕元鳥也籋口布翄枝尾象形凡丨之屬皆
从丨○丨元鳥也淮南墬形丨鴈代飛注○丨一
名元鳥齊人呼鳦爾雅釋鳥丨丨鳦注○巂周名丨
丨又名鳦爾雅釋鳥舍人注○丨丨即今之丨也古

人重言之詩燕燕傳丨丨鳦也疏○或單呼爲丨或
重名丨異方語也左氏昭十七年傳元鳥丨丨也疏○
丨戲如今之絕倒投佽者列子說符又能丨戲者注
○丨衣黑衣也禮記王制注夏而改之尚黑而黑衣
裳疏
【宴】說文丨安也从宀晏聲○晏安呂覽仲夏以定晏
陰之所成注○燕安也易中孚有它不燕疏又儀
禮士喪禮綴猶拘也疏又禮記射義則燕則譽疏又
史記衛世家集解引易中孚有它不燕陸希聲傳○又
燕安息也漢書蔡義傳願賜淸閒之燕注○丨謂安
居漢書賈誼傳是與太子丨者也注○燕謂安閑之
居也漢書周昌傳昌嘗燕入奏事注○退朝而處曰
燕居禮記仲尼燕居目錄○燕處后妃所居也老子
雖有榮觀燕處超然注○燕寢夫人常居之處詩采
蘩箋自廟反其燕寢疏○盤盂之屬爲燕器禮記坊
記敬則用祭器注○燕食者閒燕無事召臣與之共
食耳左氏襄十四年傳注欲共丨食疏○燕樂燕私
之樂也漢書成帝紀樂燕樂注○丨樂沈荒淫瀆論
語樂丨樂集解引孔注○陽在內稱丨易象上傳君
子以飲食丨樂虞注○今詩見晛曰消作丨然盍聲
之誤耳荀子非相丨然聿消注○詩谷風燕爾新昬
列女傳二作讌爾新昬○詩新臺燕婉之求玉篇女
部作嬿婉之求
【婘】卷是曲貌也詩卷阿傳卷曲也疏
【賤】說文丨賈少也从貝戔聲○丨謂棄而不用也禮
記樂記是以君子丨之也疏○丨謂占會販賣者
周禮小司徒以辨其貴丨老幼廢疾注○丨事家之
私事丨小者也漢書司馬遷傳又追丨事注引晉灼
○丨謂陰也易象上傳以貴下丨疏

【電】說文丨陰陽激燿也从雨从申䨓古文○陰擊陽
爲丨丨者即雷之光與穀梁隱九年傳震雷也疏
○激揚爲丨淮南墬形○激氣爲丨呂覽有始雷丨
之所以生注○丨殄也言乍見即殄滅也釋名釋天
○丨所以照物易噬嗑先王以明罰敕法侯注
【籑】饌餔並謂食也後漢書張衡傳則簋飱饌餔注○
撰謂供置之詩卷阿箋尊之豫撰几疏○丨讀與
撰同漢書司馬遷傳仍父子相繼丨其職注○丨與
撰同漢書司馬遷傳贊至孔氏丨之注○饌字或作
丨漢書谷永杜鄴傳蕭該音義引聲類
【薦】說文丨獸之所食艸从廌从艸古者神人以廌遺
黃帝帝曰何食何處曰食丨夏處水澤冬處松柏
○丨草也漢書終軍傳北胡隨畜丨居注引蘇林○
丨草之美者管子問令丨者注○麋鹿食曰丨漢書

景帝紀或地饒廣丨草莽水泉注如淳引莊周○丨
稠草漢書趙充國傳今虜亡其美地丨草注○草稠
曰丨漢書景帝紀或地饒廣丨草莽水泉注引如淳
○丨梅草實也狀如桑椹其色赤生江濱淮南覽冥
入榛薄食丨梅注○丨藉也荀子儒效以相丨擣注
○丨者舉藉也漢書胡建傳所以尉丨走卒注○丨
進也禮記雜記上既丨馬疏又國語晉語丨積德注
臣請丨所能擇注丨可而替不注○丨進黍稷也荀
子禮論几筵饋丨注○丨之謂進熟也禮記祭義其
丨之也注○丨陳猶獻見也左氏襄卅一年傳非丨
陳之注○丨謂所丨陳之物籩豆之屬也荀子正論
五祀執丨者百人侍西房注○丨器謂陳明器也荀
子禮論丨器則冠有鍪而毋縰注○丨羞牲也易象
上傳盥而不丨虞注○丨謂既灌之後陳丨籩豆之
事易彖上傳盥而不丨疏○丨至也廣雅釋詁一○
丨擣皆謂相陵駕也荀子儒效以相丨擣注○丨重

詩雲漢饑饉丨臻傳○丨重也詩節南山天方丨瘥
傳又荀子富國天方丨瘥注○丨與荐文異義同詩
節南山傳丨重疏○丨與荐字異義同詩雲漢傳丨
重疏○丨或爲荐荀子富國天方丨瘥注○易豫殷
丨之上帝釋文本又作薦或作廌○易觀盥而不丨
釋文王又作薦○詩那箋薦饌則又敬也釋文本又
作丨○儀禮士冠禮丨脯釋文本又作薦○史晨後
碑而無公出享獻之慶費鳳碑上書而慶君丨皆作
慶孔霱碑薦可黜否丨作薦魯峻石壁殘畫象廌士
生丨作廌

絹 說文丨繒如麥稍从糸肙聲○丨讀爲悁色之悁
考工記廬人刺兵欲無蜎司農注

彥 說文丨美士有文人所言也从彣厂聲○丨人所
喭詠爾雅釋訓美士爲丨注○丨國有美士爲人
所言道也爾雅釋訓舍人注

掾 說文丨緣也从手彖聲

甸 說文丨天子五百里地从田包省○規方千里之
內謂之丨服爲天子服治田書禹貢五百里丨服
傳○丨服謂天子畿內共職貢者左氏昭十三年傳
今晉丨服也注○二百里曰丨周禮地官序官縣師
司農注四百里曰縣疏○五十里爲之郊百里爲丨
文選西京賦郊丨之內薛注○郊外爲丨左氏成十
六年傳注師丨疏昭九年傳入我郊丨注○郊外曰
丨周禮大宰邦郊之賦疏大司馬之職注野謂公邑
大夫疏○郊外曰丨丨在遠郊之外周禮載師以公
邑之田任丨地疏○丨丨人掌郊野之官禮記文王世
子則磬于丨人注○丨人主爲公田者左氏成十年
傳使丨人獻麥注○以其治田則謂之丨荀子王制
司馬知師旅甲兵乘白之數注○丨田也禮記少儀
納丨於有司疏○丨田也治田入穀也周禮職方又

其外方五百里爲丨服注○丨者田也詩韓奕傳丨
治也疏○丨之言田周禮職方又其外方五百里曰
丨服疏○丨之言乘也讀如衷丨之丨周禮小司徒
四邱爲丨注○丨卽乘也四邱爲丨出車一乘故以
丨爲名左氏哀十七年傳注衷丨疏○丨卽乘也六
十四井出車一乘是故以丨爲名左氏成元年傳注
四邱爲丨疏○四邱爲丨周禮小司徒又管子侈靡
乘馬丨之衆注○四邱爲丨丨六十四井左氏成元
年經作邱甲服注○四邱爲丨丨六十四井也漢書
刑法志○丨謂四時田臘周禮肆師凡師丨疏○丨
役謂天子四時田臘周禮司几筵丨役則設以熊席
疏

便 丨利也呂覽本生以丨一生注又淮南說林爲其
不丨以得所丨注○丨安也漢書馮野王傳賜告
養病而私自丨注○丨安利也漢書李尋傳人人自
丨注○丨所丨習大戴記勸學則謹其所丨注○丨

謂輕巧荀子性惡齊給丨敏而無類注

眷 說文睠顧也从目𢍜聲詩曰乃丨西顧

麪 說文丨麥末也从麥丏聲

綫 說文綫縷也从糸戔聲丨古文綫○綫曰絲也淮南要略中國之不絕如綫注○周禮內宰注謂織紝組紃縫丨之事釋文字亦作綫

倦 說文𠞰勞也从力𢍜省聲○楚人謂倨爲丨淮南道應方丨龜殼而食蛤梨注○勌亦丨字漢書嚴助傳則士卒罷勌注○禮記內則注不敢解勌釋文本亦作丨表記不繼之以丨釋文本又作勌論語顏淵居之無丨釋文亦作券

羨 說文丨貪欲也从次从羑省○丨餘也詩采芑箋丨卒盡起疏又管子國蓄均丨不足注○丨溢也詩板及爾游丨釋文○丨饒溢也漢書食貨志下吕收奇丨注○丨謂家之副丁也詩公劉箋以其餘卒爲丨疏○丨道謂入壙道上無負土爲丨道儀禮既夕注侇丨道爲位疏○丨讀與衍同漢書溝洫志然河災之丨溢注董仲舒傳富者奢侈丨溢注

奠 說文奠置祭也从酋酋酒也下其丌也禮有奠祭者○丨置也禮記檀弓下有司以几筵舍丨於墓左疏又文選東京賦璧羔皮帛之贄既丨注○丨謂置之於地詩雲漢傳丨其禮疏○丨定也周禮瞽矇世丨繫疏小史丨繫世疏司士以久丨食疏○禮定器於地通名爲丨書禹貢丨高山疏○丨之言停周禮甸祝舍丨於祖廟疏○非時而祭卽曰丨周禮甸祝舍丨於祖廟疏○丨謂始死至葬之時祭名以其時無尸丨置於地故謂之丨也禮記檀弓下丨以素器疏○故書丨或爲帝周禮瞽矇世丨繫注○杜子春云丨讀爲定書帝亦或爲丨周禮小史丨繫世注

徧 說文丨帀也从彳扁聲○丨匝也禮記曲禮上殺之序丨祭之疏○無不丨卽布之義也周禮外府注其流行無不丨疏○敎施而宣則丨國語周語○丨猶盡也淮南主術則天下丨爲儒墨矣注○丨謂兼行好惡也周書度訓丨行於此尚有頑民注

戀 攣又讀曰丨漢書外戚傳上上所以攣攣顧念我者注

眩 說文丨目無常主也从目玄聲○丨謂目丨視如轉也素問玉機眞藏論丨冒注○丨視亂也漢書元帝紀靡瞻不丨注○丨亂視也漢書元帝紀使人丨於名實注○丨視不明也一切經音義四引蒼頡

又一切經音義廿二引三蒼○丨目視不明貌文選思元賦注引蒼頡○丨泯目不安也漢書司馬相如傳下祇丨泯而亡見兮注○丨惑也淮南本經焜昱錯丨注又文選南都賦注引國語賈注○丨亦惑也禮記中庸敬大臣則不丨疏○丨相詐惑史記大宛列傳國善丨集解引應劭○丨相詐惑也漢書張騫傳及犛靬丨人獻於漢注引應劭○丨人變化惑人也史記大宛列傳善丨人索隱引韋昭○瞑丨困極也書說命上若藥不瞑丨釋文○丨讀與幻同漢書張騫傳及犛靬丨人獻於漢注西域傳上善丨注○孟子滕文公上若藥不瞑丨音義瞑丨又作眠眴

釧 說文新附丨臂環也从金川聲

蒨 丨草也禮記雜記上其輤有裧疏○茅蒐一名丨可以染絳爾雅釋草茹藘茅蒐孫注

【倩】說文丨人字从人青聲東齊壻謂之丨
【卞】丨射皮丨而射也漢書哀帝紀贊時覽丨射武戲
注引應劭
【汴】說文汳水受陳留浚儀陰溝至蒙爲雝水東入于
四从水反聲
【弁】說文覍冕也周曰覍殷曰吁夏曰收从皃象形舁
籒文覍从廾上象形弁或覍字○丨亦冠也左氏
昭九年傳注故言丨髦疏○丨者冠名也儀禮士冠
禮注丨名出於槃疏○丨者冠之大名詩頍弁傳丨頍
丨貌疏○丨者冠之大號詩甫田傳丨冠也疏○丨
是古冠之大號儀禮士冠禮注丨名出於槃疏○丨
者古冠之大號也詩都人士序箋服謂冠丨衣裳也
疏○冕丨君之尊服禮記禮運冕丨兵革注○丨高
五寸前後玉飾隋書十二引五經通義○皮丨三王
之服也禮記明堂位皮丨素積疏○皮丨天子之朝

朝服也禮記學記皮丨祭菜注○爵丨者士服也禮
記雜記下皆爵丨純衣疏○丨謂緇布冠左氏昭九
年傳豈如丨髦疏○丨冕冠也左氏昭元年傳吾與
子丨冕端委注○丨冕者謂白虎皮爲丨穀梁僖八
年傳丨冕雖舊疏○丨冕冠中之小別左氏昭元年
傳注丨冕冠也疏○丨經如爵丨而素加經也釋名
釋喪制○丨經者大夫錫衰相弔之服也如爵丨而
素加環經曰丨經禮記雜記上大夫之哭大夫丨經
注○丨急也禮記玉藻丨行剡剡起屨疏○左氏僖
廿八年傳楚子玉自爲瓊丨玉纓釋文本又作玣
【抃】說文丨拚手也从手弁聲○弁撫手也漢書王莽
傳下子甚弁焉注○弁謂撫手也漢書酷吏嚴延
年傳吏皆股弁注○弁手搏漢書甘延壽傳試弁爲
期門注引孟康○手搏爲丨文選吳都賦注引漢書
贊孟康注

【片】說文丨判木也从半木凡丨之屬皆从丨○丨言
卽單辭也書呂刑疏
【禪】說文丨祭天也从示單聲○禪祭也漢書武帝紀
脩天文禪注引文頴○除地曰丨史記衛將軍驃
騎列傳丨於姑衍正義○丨者除地爲墠禮記禮器
疏引書說○丨廣土地續漢祭祀志上丨祭地于梁
陰注引服虔○丨闡廣土地也史記秦始皇紀丨梁
父正義○明其代與則謂之丨續漢祭祀志上注引
袁宏○丨讀爲墠謂除地爲墠禮記禮器注丨乎梁
甫疏○嬗古丨字漢書文帝紀而嬗天下焉注引晉
灼
【譴】說文丨謫問也从言遣聲○丨告謂作丨責以告
人禮記祭法注作丨告者爾疏○丨喘猶宛轉也
方言十三丨喘轉也注

【絢】說文丨詩云素以爲丨兮从糸旬聲○丨是文章
之名儀禮聘禮注采成文曰丨疏○文成章曰丨
論語八佾素以爲丨兮鄭注
【諺】說文丨傳言也从言彥聲○丨俗所傳言也漢書
五行志中之上丨所謂老將知而耄及之者注
【緣】說文丨衣純也从糸彖聲○丨謂喪服之內中衣
丨用布丨之儀禮喪服傳帶丨各視其冠者疏○
丨襹襹施丨也釋名釋衣服○丨褚褚施丨也釋名
釋衣服○丨讀爲緆謂深衣之下純也禮記深衣純
袂疏
【顫】說文丨頭不正也从頁亶聲
【擅】說文丨專也从手亶聲

【媛】說文｜美人也人所援也从女从爰爰引也詩曰
邦之｜兮○｜者邦人所依倚以爲援助也詩君
子偕老箋○｜所以結好援爾雅釋訓美女爲｜注
○｜君子之援助然爾雅釋訓孫注
【瑗】說文｜大孔璧人君上除陛以相引从玉爰聲爾
雅曰好倍肉謂之｜肉倍好謂之璧
【佃】說文｜中也从人田聲春秋傳曰乘中｜一轅車
【澱】說文澱滓垽也从水殿聲
【繕】說文｜補也从糸善聲○｜謂補修之也漢書五
行志上｜守備注○｜治戰備左氏哀廿四年傳
軍吏令｜將進注○｜善也詩叔于田序｜甲治兵
釋文○｜之言善也詩叔于田序｜甲治兵箋
【鄯】說文䣹鄯善西胡國也从邑从善善亦聲

【狷】說文新附｜褊急也从犬肙聲○｜者守分有所
不爲也國語晉語小心｜介注○孟子盡心下必
也狂獧乎音義引丁音獧與｜同
【罥】｜係也文選海賦注引聲類
【睊】說文｜視皃从目肙聲○孟子梁惠王下｜｜胥
讒音義｜字亦作誚
【瑱】說文｜以玉充耳也从玉眞聲詩曰玉之｜兮鄭
｜或从耳○｜充耳詩君子偕老玉之｜也釋文
○｜充耳也詩都人士充耳琇實箋
【唁】說文｜弔生也从口言聲詩曰歸｜衛侯○弔生
曰｜詩節南山箋皆以災害相弔｜釋文○禮弔
生曰｜詩何人斯箋而不入弔｜我乎疏○｜謂｜
生詩節南山

【茜】說文｜茅蒐也从艸西聲○｜一名紅藍其花染
繒赤黃也史記貨殖列傳若千畝卮｜集解引徐
廣○｜草卮子可用染也漢書貨殖傳若千畝卮｜
注引孟康
【楝】說文｜木也从木柬聲
【先】｜後謂進退也後漢書皇甫規傳未聞國家有所
｜後注○古謂之娣姒今關中俗呼爲｜後吳楚
俗呼之爲妯娌漢書郊祀志上見神於｜後宛若注
【衒】說文衙行且賣也从行从言｜衙或从玄○｜行
賣也漢書東方朔傳自｜鬻者以千數注
【袨】說文新附｜盛服也从衣玄聲○｜服盛服也漢
書鄒陽傳｜服叢臺之下者注○｜墨齋衣也淮
南齊俗尸祝袀｜注○｜音州縣之縣漢書賈山傳
注鄒陽傳注

【眴】說文眴目搖也从目勻省聲｜眴或从旬○｜眩
也史記屈原賈生列傳｜兮窈窕集解引徐廣
【善】所｜謂所好也荀子非相凡人莫不好言其所｜
注○所｜謂已所好尚也荀子非相注
【遣】｜車送葬載牲體之車也禮記雜記上｜車視牢
具疏
【嬿】說文嬿女字也从女燕聲○｜安也後漢書文苑
邊讓傳展中情之｜婉注
【韅】韅馬腹帶也史記禮書寢兕持虎鮫韅索隱○韅
者當馬掖之革史記禮書集解引徐廣
【瞑】冥眴視不諦也漢書楊雄傳上目冥眴而亾見注
○冥眴昏亂貌文選甘泉賦目冥眴而亾見注○
孟子滕文公上若藥不｜眩音義｜眩又作眠眴○
孟子滕文公上注先使之｜眩憒亂音義｜或作傎
【洊】說文洊水至也从水荐讀若尊○｜者重也因仍
也易象下傳｜雷疏

丨柂也廣雅釋器

晛 說文丨日見也从日从見見亦聲詩曰見丨曰消○丨日氣也漢書劉向傳見丨聿消注又荀子非相宴然聿消注

趼 說文丨獸足企也从足幵聲

狿 丨獸名也漢書楊雄傳斮巨丨注○巨丨獸名也文選羽獵賦斮巨丨注引服虔○巨丨麠也怒走者爲丨文選西京賦圈巨丨薛注

鄄 說文鄄衞地今濟陰縣丨城从邑垔聲○公羊莊十四年經會于丨釋文本亦作甄

昪 說文丨喜樂皃从日弁聲

俔 說文丨譬喻也一曰閒見从人从見詩曰丨天之妹○丨磬義同也詩大明傳丨磬也疏

眄 說文丨目偏合也一曰衺視也秦語从目丏聲

榗 說文榗木也从木晉聲書曰竹箭如丨

轉 說文丨運也从車專聲

綪 說文丨赤繒也从茜染故謂之丨从糸青聲○丨茷大赤也左氏定四年傳賈注○丨茷大赤也取染草名也左氏定四年傳丨茷注○丨茷旆名也史記衛世家賜衛寶祭器集解引鄭衆左氏章句○丨是染赤之草左氏定四年傳注丨茷大赤疏○丨屈也儀禮士喪禮丨絞橫三縮一注

縓 說文丨帛赤黃色一染謂之丨再染謂之䞓三染謂之纁从糸原聲○丨纁之類禮記檀弓上練練

衣黃裏丨緣注○丨爲淺絳色也禮記檀弓上丨緣疏

偭 說文偭鄉也从人面聲少儀曰尊壺者偭其鼻

餞 說文丨送去也从食戔聲詩曰顯父丨之○丨送行饋餞也書學正韻引字林

○以下據廣韻錄

輲 丨喪車邊牆也禮記曲禮下注士丨葦席以爲屋疏○丨其蓋也禮記雜記上疏布丨注○言丨者達名也禮記雜記上大夫以布爲丨而行注

鑴 說文丨瓦器也从缶薦聲

讀 說文丨流言也从言賣聲

繯 說文繯网也从网繯繯亦聲一曰綰也

懁 說文懁急也从心瞏聲讀若絹

衘 說文丨車搖也从車从行一曰衍省聲

獧 說文獧疾跳也一曰急也从犬瞏聲

𡳐 說文丨偫也从尸奠聲

湅 說文丨澣也从水柬聲

鰊 丨似鱦文選江賦鯖丨鰷鮋注引舊說

㵻 說文丨辟丨鐵也从攴从湅

鋻 說文丨剛也从金臤聲

嬫 說文丨人姓也从女然聲

㳭 說文丨水也从水刃聲

猏 說文丨獟犬也从犬幵聲一曰逐虎犬也

驠 說文驠白馬州也从馬燕聲

曣 說文曣星無雲也从日燕聲

𡧍 說文丨冥合也从宀丏聲讀若周書若藥不眄眩

荐 說文丨薦席也从艸存聲○丨草也左氏襄四年傳戎狄丨居服注○丨重也國語魯語飢饉丨臻注○丨數也左氏定四年傳以丨食上國注

唸 說文丨吚也从口念聲詩曰民之方丨吚

嬗 說文丨緩也从女亶聲一曰傳也○丨相傳與也漢書賈誼傳變化而丨注引蘇林○丨蟬蔓相連也史記屈原賈生列傳化變而丨集解○丨謂變蛻也漢書賈誼傳變化而丨注引服虔○丨嬗也廣雅釋詁四○丨古禪字漢書王莽傳上拜受金匱神丨注受丨于唐注○丨古禪讓字也漢書律麻志下堯丨以天下注

諯 說文丨數也一曰相讓也从言耑聲讀若專

展 說文襄丹縠衣从衣𧘝聲○襢展也禮記玉藻一命襢衣疏○襢音聲與丨相似周禮內司服丨衣注

葥 說文葥山莓也从艸前聲○丨今之木莓也爾雅釋草丨山莓注○丨王帚也江東呼之曰落帚爾雅釋草丨王蔧注

硟 說文丨以石扞繒也从石延聲

傓 說文丨熾盛也从人扇聲詩曰豔妻丨方處

蝙 說文丨蠅醜搖翼从虫扇聲

帣 說文帣囊也今鹽官三斛爲一帣从巾𢍏聲

桊 說文桊牛鼻上環也从木𢍏聲

𢍏 說文丨摶飯也从廾釆聲釆古文辨字讀若書卷

弮 丨弩弓也文選閒居賦引漢書張晏注○丨弓也文選閒居賦注引漢書李奇注

𧯷 說文𧯷豆屬从豆𢍏聲

蜷 丨蠲蟦螬也廣雅釋蟲

勬 丨勤也廣雅釋詁四

鶨 說文丨欺老也从鳥彖聲

䡝 說文丨治車軸也从車算聲

𥈅 說文𥈅相顧視而行也从目从延延亦聲

閞 說文丨門欂櫨也从門弁聲○爾雅釋宮丨謂之㮴釋文本亦作弁

【鏇】說文丨圜鑪也从金旋聲

【縼】說文丨以長繩繫丨也从糸旋聲

【僝】說文丨具也从人孨聲讀若汝南潺水虞書曰方鳩丨功

【㞕】說文弜二尸也孱从此

【㒞】說文丨遮丨也从人㳄羨聲

○以下據集韻錄

【谸】說文丨望山谷丨丨青也从谷千聲

【煉】說文丨鑠治金也从火柬聲

【⿴行戔】說文丨迹也从行戔聲

【⿰氵算】說文丨飲插也一曰吮也从水算聲

【縳】百羽爲丨穆天子傳三天子於是載羽百車注○丨聲類以爲今作絹字周禮內司服釋文

【䪿】說文丨選具也从二頁

【⿱䀠ㄏ】說文丨目圍也从䀠ㄏ讀若書卷之卷古文以爲醜字

【瑑】說文丨圭璧上起兆瑑也从玉篆省聲周禮曰丨圭璧

經籍纂詁卷第七十六補遺終

經籍籑詁卷第七十七　去聲

經筵講官南書房翰林吏部左侍郎兼署戶部左侍郎提督浙江學政阮元撰集

十八嘯

嘯　激於舌端而淸謂之丨封氏聞見記○丨者蹙口而出聲詩江有汜其丨也歌箋○丨謂耳中鳴如丨聲也素問經脈別論一陽獨丨注○丨者謂若有所召命若齊莊撫楹而歌耳匡謬正俗三○丨籀文爲歗文選嘯賦注○丨讀爲叱禮記內則不丨不指注○詩中谷有蓷條其歗矣釋文歗本作丨白華歗歌傷懷釋文歗本作丨

笑　丨喜聲也素問陰陽應象大論在聲爲丨注○丨喜弄也一切經音義廿五引蒼頡○丨心樂也爾

雅釋詁舍人注○謔浪丨敖戲謔也爾雅釋詁○丨鈔也頰皮上鈔者也釋名釋姿容○丨者懦劣之貌也易萃一握爲丨注○震爲丨易萃虞注旅先丨後號咷虞注○震爲大丨易說卦傳兌說也虞注○震爲丨言易夬莧陸夬夬虞注○震爲喜丨易彖下傳民說无疆虞注○震爲後丨易同人先號咷而後丨虞注○丨喜也字從竹從天天聲竹爲樂器君子樂然後丨也一切經音義二引字林○咲古丨字漢書史丹傳集注外戚傳下集注○关古丨字漢書薛宣傳集注谷永傳集注敘傳上集注

照　廣韻炤同○炤明也廣雅釋詁四○炤炤明也廣雅釋訓○炤炤明見之貌荀子儒效炤炤兮其用知之明也注○丨曉淮南繆稱丨惑者以東爲西注○丨知也楚辭靈懷指日月使延丨兮注○炤與丨同荀子脩身炤之以禍災注天論日月遞炤注儒效炤炤兮其用知之明也注○炤燿與丨曜同晉書音義下○炤亦丨字晉書音義上○詩大明箋徵應丨晢見于天釋文丨本作灼

廟　丨貌也孝經爲之宗丨以鬼享之鄭注○丨皃也廣雅釋言○丨者貌也白虎通宗廟○丨之言貌也詩淸廟於穆淸丨箋○丨者貌也其以貌言之也藝文類聚禮部上引書大傳○丨貌也先祖形貌所在也釋名釋宮室○丨之爲言貌也思想儀貌而事之公羊桓二年傳納于太丨注○丨之言貌也宗丨者先祖之尊貌也禮記祭法王立七丨注○取其宗祀之淸貌則曰淸丨蔡邕明堂論○丨者所以尊祖也古微書引孝經援神契○丨者先祖所居也楚辭逢紛始結言於丨堂兮注○鬼神所居曰丨一切經音義十四引韓詩○鬼神所在則曰丨尊言之儀禮士虞禮側亨于丨門外之右東面注○凡宮有鬼神曰丨儀禮士喪禮巫止于丨門外注○丨中者竟內之象也禮記祭統○丨主也荀子彊國負三王之丨

而辟於陳蔡之閒注○丨受命祖之丨也周禮大行人丨中將幣三享注○丨謂大祖之丨及三昭三穆周禮守祧掌守先王先公之丨祧注○丨太丨也後漢申屠剛傳注○小丨高祖以下也始祖曰太丨周禮祭僕復于小丨注○周公曰太丨禮記明堂位以禘禮祀周公于太丨注○南向中央室曰太丨呂覽季夏天子居太丨太室注○太丨中央室呂覽仲春天子居靑陽太丨注仲夏天子居明堂太丨注○室有東西廂曰丨爾雅釋宮○凡丨前曰丨後曰寢禮記月令寢丨必備注○前曰丨後曰寢周禮隸僕掌五寢之埽除糞灑之事注○前曰丨呂覽季春薦鮪於寢丨注○艮爲宗丨易益王用享于帝虞注萃王假有丨虞注渙王假有丨虞注象下傳出可以守宗丨社稷虞注○自官師以上有丨有寢工商則寢而已儀禮聘禮記卿館於大夫大夫館於士士館於工商注○丨在中門之外周禮閽人蹕宮門丨門注○

丨殯宮禮記喪服小記無事不辟丨門注又大戴記諸侯遷廟從至于丨注〇丨所殯宮禮記雜記上注於丨門注〇古者謀事必就祖故言丨策也後漢班勇傳注〇淸丨頌文王之德禮記仲尼燕居升歌淸丨示德也注〇廟古丨字儀禮士冠禮箋于庿門釋文〇丨古文庿一切經音義六

竅 丨孔也禮記禮運丨於山川注又莊子庚桑楚入無丨釋文又廣雅釋言又漢書律厤志上集注引應劭〇丨謂孔丨也鬼谷子本經陰符知類在丨注〇丨穢穴也列子仲尼設令發于餘丨釋文〇丨通也淮南俶眞丨領天地注〇丨阸也方言十三〇丨之變謂開閉非常陽丨七陰丨二周禮疾醫兩之以九丨之變注〇上丨謂耳目鼻口下丨謂前陰後陰素問陰陽應象大論淸陽出上丨濁陰出下丨注〇九丨者內屬於藏外設爲官素問生氣通天論九丨不通注〇九丨人及獸屬家語執轡齕者九丨而

胎生注〇八丨鳥屬家語執轡齕吞者八丨而卵生注〇莊子齊物論大木百圍之丨穴釋文丨本作竅亦作竗〇丨好也廣雅釋詁一〇丨猶美也後漢

妙 班彪傳下注〇丨善也莊子寓言九年而大丨注〇丨美善也太元格幽貞丨也注〇丨勤精丨功勤也文選魯靈光殿賦咨用力之丨勤注〇丨要也老子以觀其丨注〇丨微呂覽審分所知者丨矣注〇丨猶微也文選盧子諒贈劉琨詩丨哉蔓葛注〇丨者微之極也老子王注〇紗小也廣雅釋詁二〇易說卦丨萬物釋文丨王肅本作眇〇鄭固碑淸眇冠乎羣倫孔褒碑幼眇丨皆作眇

詔 丨告也周禮大卜以丨救政注大僕丨灋儀注又儀禮大射儀小臣師丨揖諸公卿大夫注又禮記曲禮下出入有丨於國注禮記檀弓下不以丨注又左氏成二年傳爕之丨也注又一切經音義二引蒼頡又一切經音義六引字林又國策齊策今主君以趙王之敎丨之注又漢書高帝紀下集注引如淳又後漢和熹鄧皇后紀注又莊子人閒世若唯無丨釋文又列子天瑞嘗丨伯昬瞀人釋文又呂覽應言願大王之更以他人丨之也注〇丨誥也後漢班彪傳下注又離騷丨西皇使涉予注〇丨猶告也獨斷上〇丨告也助也周禮大宰以八柄丨王馭羣臣注〇丨書者丨告也後漢光武帝紀上注〇丨書者丨誥也有三品獨斷上〇丨相左右敎告之也周禮大行人則丨相諸侯之禮注〇以丨者以禮告王周禮司儀以丨儀容辭令揖讓之節注〇丨王告王以禮事周禮大史執書以丨王注〇丨相告以其辭及威儀周禮卜師以授命龜者而丨相之注〇丨其位告客以其位次也周禮掌訝丨其位司農注〇丨之者讀其載書以告之也周禮司盟北面丨明神注〇丨謂告其神以辭也周禮司勳司勳丨之注〇丨言也莊

子人閒世若唯無丨釋文〇丨謂語之穆天子傳二以丨後世注〇丨道也爾雅釋詁〇擯丨者道賓主者也禮記禮器故禮有擯丨注〇丨敎也莊子盜跖爲人父者必能丨其子釋文又呂覽審分問而不丨注〇丨亦敎呂覽審分多其敎丨注〇丨召也後漢馮衍傳注〇丨勴也爾雅釋詁〇丨書也廣雅釋詁四〇丨書丨照也人暗不見事宜則有所犯以此照示之使昭然知所由也釋名釋典藝〇丨或爲紹禮記禮器注〇莊子人閒世若唯無丨釋文丨崔本作詺

召 丨呼也廣雅釋詁二〇丨請也漢書司馬相如傳上集注又呂覽分職令丨客者酒酣注〇丨謏也廣雅釋言〇丨猶請也淮南脩務楚人有烹猴而丨其鄰注〇丨致也呂覽重己惑丨之也注應同人或丨之也注君守此之謂以陽丨陰注〇丨猶致也淮南兵略獸不可以虛氣丨也注〇以言曰丨楚辭招

魂序〇丨者高也水經穎水注引闞駰說〇丨讀曰邵漢書高惠高后孝文功臣表集注二見古今人表集注二見五行志上集注五行志中之下集注地理志上集注地理志下集注三見藝文志集注陳勝傳集注項籍傳集注陳勝項籍傳贊集注齊悼惠王肥傳集注蕭何傳集注蘇武傳集注公孫宏卜式兒寬傳贊集注司馬遷傳集注二見燕剌王旦傳集注梅福傳集注王吉傳集注龔奉傳集注二見蓋寬饒傳集注孫寶傳集注蕭望之傳集注二見谷永傳集注循吏傳集注召信臣傳集注王莽傳上集注二見〇郊祀志集注

丨讀曰劭漢書

劭 丨勉也爾雅釋詁〇丨美也爾雅釋詁舊注

邵 一作召〇召地名也詩序繫之召公釋文〇召召公所食也儀禮燕禮遂歌鄉樂注〇召召公所食儀禮鄉飲酒禮乃合樂注〇丨高也廣雅釋詁四又法言修身公儀子董仲舒之才之丨也注〇丨美也小爾雅廣詁又法言重黎賢皆不足丨也注〇召或作丨同晉書音義上〇宋書以召刀爲丨顏氏家訓書證〇公羊隱五年傳丨公主之釋文丨本作召莊九年傳注丨忽死之釋文丨本作召定四年傳于丨陵釋文丨本作召〇書武成傳周召之徒釋文召本作丨詩序繫之召公釋文召本作丨公劉序召康公戒成王也釋文召本作丨蕩序召穆公傷周室大壞也釋文召本作丨禮記曲禮下注召公主之釋文召本作丨曾子問召公曰釋文召本作丨緇衣注召公名也釋文召本作丨左氏襄廿九年傳爲之歌周南召南釋文召本作丨〇召本作丨列子力命管仲與召忽釋文〇書召公周書和寤作丨公左氏莊八年傳召忽公羊莊九年傳作丨忽

要 丨約也廣雅釋言〇丨當也荀子禮論以隆殺爲丨注〇丨謂丨最禮記王制注死刑之罪而丨之釋文〇丨謂禁丨素問脈要精微論是門戶不丨也注〇丨道禮樂也孝經先王有至德丨道釋文引鄭注〇丨樞紐也素問天元紀大論至數之丨注〇丨凡數也周禮職金入其丨注〇丨謂其簿周禮小司徒則受邦國之比丨司農注〇丨簿書也淮南時則舉五穀之丨注〇丨者簿書也周禮大司馬受其丨司農注〇丨約最簿書呂覽具備五歲而言其丨注〇丨會謂計最之簿書月計曰丨歲計曰會周禮小宰八曰聽出入以丨會司農注〇治丨若歲計也周禮宰夫一曰正掌官灋以治丨注〇丨主每月之小計周禮小宰注〇役丨所遣民徒之數周禮鄉師既役則受州里之役丨注〇丨之爲其罪灋之丨辭周禮鄉士異其死刑之罪而丨之注〇丨害地險隘也文選蜀都賦內函丨害於膏腴劉注〇丨紹曲貌文選魯靈光殿賦曲枅丨紹而環句注〇丨紹謂娟嬋作姿容也文選西京賦丨紹修態薛注

曜 丨燿也光明照燿也釋名釋天〇丨光也文選西京賦流景丨之韡曄薛注〇丨明也後漢蓋曜傳注又太元元數丨會越卓注〇丨示也國語楚語而丨之以大利注〇靈丨謂天也文選陳太邱碑文苞靈丨之純注〇丨靈日也廣雅釋天又楚辭天問丨靈安藏注又文選思元賦燿靈忽其西藏舊注〇晞丨向日也文選江賦瓊蚌晞丨以瑩珠注〇北辰謂之丨魄北堂書鈔天部二引書大傳〇丨威謂治兵也文選東京賦丨威中原薛注

燿 丨明也國語周語先王丨德不觀兵注晉語八以丨德於廣遠也注〇中丨天王也後漢襄楷傳

燿 丨照也左氏昭三年傳焜丨寡人之望服注又廣雅釋詁三〇丨明也國語鄭語以淳丨惇大注又

廣雅釋詁四又淮南原道化育元丨注說山丨蟬者
務在明其火注○丨眩丨也淮南脩務察於辭者不可
丨以名注○丨眩丨也後漢班彪傳下注○丨焜光丨
也後漢馬融傳注○丨靈曰也後漢張衡傳注○丨
爚也廣雅釋詁二○丨有淮南覽冥星丨而元運注
○丨古文曜一切經音義四○丨讀爲哨考工記梓
人大胷丨後注○丨讀
曰哨後漢馬融傳注

調 丨選也史記秦本紀此其丨也正義引劉伯莊袁
盎鼂錯傳丨爲隴西都尉集解引如淳又漢書爰
盎傳集注張釋之傳集注張湯傳集注張安世傳集
注霍光傳集注張敞傳集注匡衡傳集注又後漢安
帝紀注順帝紀注○丨發也漢書匈奴傳下集注西
南夷傳集注又後漢吳漢傳注○丨謂發也後漢光
武帝紀下注○丨猶發也後漢蓋勳傳注○丨徵也
後漢左雄傳注○丨徵發也後漢樊儵傳注○丨謂

徵發也後漢靈帝紀注朱儁傳注○丨賞也廣雅釋
詁三○丨猶運也謂音聲之和也文選謝靈運七里
瀨詩異代可同丨注○丨猶頭也文選秋胡詩聲急
由丨丨起注○丨猶辭也文選秋胡詩義心多苦丨注
丨取也漢書公孫宏傳集注○丨鉤也廣雅釋器

釣 問凶曰丨史記宋微子世家魯使臧文仲往丨水

弔 集解引賈逵○卜死曰丨北堂書鈔引邱季彬禮
統○丨傷也詩匪風中心丨兮傳又左氏僖廿四年
傳昔周公丨二叔之不咸注○丨至也爾雅釋詁○
丨恤也左氏襄十四年傳有君不丨注○丨善也家
語終記昊天不丨注○夏堪碑官遼臨吊丨作吊○
張壽碑顗天
不弔丨作吊

叫 丨呼也左氏襄卅年傳或丨於宋大廟注又文選
思元賦丨帝閽使闢扉兮舊注○丨急丨也楚辭
疾世丨我友兮配耦注○丨鳴也文選射雉賦候扇
舉而淸丨徐注○丨譟呼也淮南說林至音不丨注
○丨號呼召也詩北山或不知丨號傳○丨號者猶
言諠呼自恣耳匡謬正俗一○丨者若丨呼聲也莊
子齊物論丨者譹者釋文引司馬注○丨呼譏笑之
也後漢陳寔傳注○丨鼻高皋貌史記司馬相如傳
糾蓼丨鼻索隱引小顏○嗥古丨字漢書息夫躬
傳集注○詩北山或不知丨號釋文丨本作嚻

嘂 大塤謂之丨爾雅釋樂○丨大壎也爾雅釋樂李
注○爾雅釋樂釋文丨本作叫

燎 火田爲丨詩正月丨之方揚箋○丨者取俎上七
體與其珪寶在辨中置於柴上燒之公羊僖卅一
年傳天子秩而祭之注○丨者積聚柴薪置璧與牲
於上而丨之升其煙氣呂覽季冬及百祀之薪丨注
○丨柴祭天也詩旱麓民所丨矣釋文○祭天曰丨
柴後漢光武帝紀上注○丨祭天報之義也白虎通

封禪○丨放火也詩旱麓釋文○丨炙也後漢馮異
傳注○丨地燭也周禮閽人設門丨注○丨大燋儀
禮士喪禮宵爲丨于中庭注○庭丨大燭詩庭燎庭
丨之光傳○火在地曰丨執之曰燭儀禮士喪禮燭
俟于饌東注○樹於門外曰大燭於門
內曰庭丨周禮司烜氏共墳燭庭丨注

嶠 丨山銳而高也列子湯問員丨釋文○嶠山銳而
長也巨照反爾雅釋山釋文引字林○丨嶺也後
漢鄭宏傳注○丨曲名也
周書太子晉王子歌丨注

少 丨小也國語晉語丨滲於豕牢而得文王注又國
策齊策寡人丨注又史記秦始皇紀丨近官索隱
又呂覽當務甚丨矣注長利寬丨者勿識也注○丨
猶小也禮記少儀釋文○丨者小也漢書百官公卿
表上集注引應劭○丨兒猶言小兒方言一丨兒泣
而不止曰咺注○丨幼也漢書吳王濞傳集注○丨

穉也國語晉語午之丨也注〇丨謂年丨漢書賈誼傳集注〇人丨年丨也孟子萬章上人丨則慕父母注〇丨謂三十以前也論語季氏丨之時皇疏〇丨年未多年也後漢南蠻西南夷傳注〇兒爲丨易隨係小子虞注大過老婦得其士夫虞注〇丨城小城也文選蜀都賦亞以丨城劉注〇丨幸細幸也廣雅釋草〇三丨皆上大夫也曰丨保丨傅丨師大戴記保傅〇丨府掌中服御諸物衣服寶貨珍膳之屬後漢岑彭傳注〇丨府掌山海池澤之稅後漢樊準傳注〇丨昊金天氏帝摯之號也山海經西山經長留之山其神白帝丨昊居之注大荒東經丨昊之國注〇丨室之山俗名泰室山海經中山經丨室之山注〇丨牢羊豕國語楚語卿舉以丨牢注〇左氏定十四年傳從我而朝丨君釋文丨本作小〇詩車舝箋孌然美好之丨女

釋文丨本作季

徼 丨巡也後漢董卓傳注又荀子富國其候丨支繚注〇丨道丨巡之道後漢班彪傳上注〇丨遮也史記司馬相如傳丨麋鹿之怪獸集解引漢書音義〇丨歸也老子常有欲以覯其丨注〇丨者歸也列子天瑞德之丨也注〇丨歸終也老子王注〇丨微妙也老子釋文〇丨小道也同上〇丨邊也同上〇丨塞也史記平準書或千里無亭丨集解引晉灼司馬相如傳南至牂牁爲丨索隱引張揖〇丨猶塞也後漢光武紀下注〇丨塞之道也後漢馬融傳注

眺 丨視也文選思元賦流目丨夫衡阿兮舊注〇丨望也漢書禮樂志集注引應劭〇丨見家語辨樂有所睪然高望而遠丨注〇丨疾也廣雅釋詁一〇丨避也廣雅釋詁三

陗 亦作峭〇丨峻也史記袁盎鼂錯傳丨直刻深集解引臣瓚又文選西征賦注引淮南許注〇峭峻也後漢第五倫傳注又晉書音義下又太元大豐牆峭阯注銳陵峥岸峭陁注〇峭峻也高也史記李斯傳峭塹之勢異也索隱〇丨高也廣雅釋詁四〇峭山高山也淮南脩務上峭山注〇峻阪曰峭一切經音義九引通俗文〇術高岸曰丨史記袁盎鼂錯傳丨直刻深集解引韋昭〇丨急也廣雅釋詁一〇峭覈謂其性峻急好窮覈事情後漢第五倫傳注〇峭蒨鮮明貌文選左太冲招隱詩峭蒨青蔥閒注

誚 亦作譙〇丨責也史記樊酈滕灌傳丨讓項羽索隱黜布傳使者丨讓集解引漢書音義又漢書司馬相如傳下集注又後漢馮衍傳注〇譙責也漢書樊噲傳集注〇譙讓責讓也史記萬石張叔傳不譙讓索隱〇丨讓也史記魯周公世家王亦未敢訓周公索隱又呂覽疑似酒醒而丨其子注又文選思元賦又丨余之行遲舊注〇譙讓也廣雅釋詁二〇譙讓也齊楚宋衛荆陳之閒曰譙方言七〇自關而西

秦晉之閒凡言相責讓曰譙讓同上〇譙呵也亦嬈也一切經音義二十引蒼頡〇史記樊酈滕灌傳丨讓項羽索隱

曰丨一作譙

料 丨量也文選赭白馬賦注引字林〇丨數也國策秦策王之丨天下過矣注以上客丨之注〇丨謂簡擇鬼谷子捭闔捭之者丨其情也注

肖 丨似也書大傳堯知丹朱之不丨注又漢書武帝紀集注又後漢來歙傳注又莊子人閒世悅賢而惡不丨釋文又列子楊朱人丨天地之類注〇丨者似也方言七凡言相類亦謂之丨注〇丨似也不似言不如人禮記雜記下某之子不丨注〇不丨不似也小爾雅廣訓〇丨象也淮南墬形丨形而蕃注〇丨爲也廣雅釋詁四〇丨象似也淮南氾論嫌疑丨象者注〇丨類也廣雅釋詁三又法言學行七十子

之丨仲尼注○丨濞也廣雅釋詁一○丨法也西楚
梁益之閒曰丨西南梁益之閒凡言相類者亦謂之
丨方言七○不丨謂擁造不法素問解精微論有賢
不丨未必能十全注○丨善也老子若丨久矣注○
行者惡則謂之不丨矣賈子修政語下○丨小也方
言十二又廣雅釋詁二○丨失散也莊子列禦寇達
於知者丨注○丨翹植物也莊子胠篋丨翹之物釋
文引崔注○丨翹翾飛之屬也莊子胠篋釋文引李
注

尿 一作溺古作屎○屎溲也廣雅釋言○溺即溲也
史記范雎蔡澤傳醉更溺雎索隱○屎小便也一
切經音義十七引字林○出脬曰屎一切經音義十
七引通俗文○溺古丨字史記范雎蔡澤傳醉更溺
雎正義○溺讀曰丨漢書酈食其傳
集注周仁傳集注韓安國傳集注

劉 丨劫也漢書地理志下集注江充傳集注梁孝王
武傳集注賈誼傳集注趙敬肅王彭祖傳集注朱
博傳集注義縱傳集注郭解傳集注西域傳上集注
又後漢劉盆子傳注○丨劫奪也後漢王渙傳注○
丨劫人也晉書音義下○丨劫財物也後漢袁紹傳
注○丨猶攻擊也史記老莊申韓傳用丨剝儒墨正
義○丨堅也管子地員五沃之狀丨杰注○丨悍也
後漢史弼傳注○丨輕也漢書陳湯傳集注○丨疾
也考工記弓人則其爲獸必丨注又後漢千乘貞王
伉傳注○丨亦疾也考工記弓人於挺臂中有柎焉
故丨注○丨遬疾也史記禮書輕利丨遬正義○丨
急疾也後漢杜篤傳注○丨急也輕也漢書地理志
下集注○丨俐也廣雅釋詁三又後漢賈復傳注崔
寔傳注○丨末也荀子賦長其尾而銳其丨者邪注
又莊子庚桑楚丨有所出釋文引崔注○其巾者謂
之丨爾雅釋樂○丨者聲輕疾爾雅釋樂孫注○其

中微小故曰丨丨小也爾雅釋樂李注○丨匹召反
左氏襄元年傳釋文引字林○丨讀爲湖漂絮之漂
考工記弓人司農注○鄭司農讀丨爲瓢周禮鬯人
禜門用瓢齎注○莊子庚桑楚丨有所出釋文丨本
作慓○左氏襄元年傳公孫丨史記衛世家作秋○
左氏襄廿六年傳衛甯戚殺其君丨史記衛世家索
隱引班
氏作猋

掉 丨搖也一切經音義二引字林又漢書蒯通傳集
注司馬相如傳上集注楊雄傳下集注○丨搖動
也素問五常政大論其動丨眩巔疾注○丨懸擿也
文選上林賦丨希閒郭注○丨擭振訊也廣雅釋訓

韒 與鞘同○鞘作削思誚反盛刀者也一切經音義
十二引蒼頡

鷂 丨鷙鳥爾雅釋鳥釋文引字林

糶 丨貴也爾雅釋詁三○丨出穀也史記貨殖傳販
穀丨千鍾集解引徐廣

噭 丨嘹也廣雅釋言○丨鳴也廣雅釋詁二○丨號
呼之聲也禮記曲禮上毋丨應注○丨不正之聲
也太元竈雖丨不毀注○丨誂清暢貌也楚辭傷時
聲丨誂兮清和注○平原謂啼極無聲謂之唴哴楚
謂之丨咷方言一○丨然哭聲貌公羊昭廿五年傳
昭公于是丨然而哭注○丨口也漢書貨殖傳集注
○丨音叫呼之叫漢書
韓延壽傳集注引服虔

轎 丨輈也廣雅釋詁三

窔 俗作穾○室東南隅謂之丨儀禮既夕記聚諸丨
注○東南隅謂之丨爾雅釋宮又荀子非十二子
奥丨之閒注○東南隅曰丨丨幽也亦取幽冥也釋
名釋宮室○穾複室也楚辭招魂冬有穾夏注○丨

亦隱闇爾雅釋宮東南隅謂之｜注○窔好也廣雅
釋詁一○｜烏叫反爾雅釋宮釋文引字林○｜一
弔切文選答賓戲注引字林
○爾雅釋宮釋文｜本作窅

僬 ｜僥短人國名也西南蠻之別名也列子湯問｜
僥國釋文

燒 獵而行火曰｜管子輕重甲齊之北澤｜火注

療 ｜治病也一切經音義六引三蒼○｜治也左氏
襄廿六年傳不可救｜注又廣雅釋詁三又方言
十○｜愈也文選思元賦羞玉芝以｜飢舊注○｜
病消｜也一切經音義五引三蒼○止病曰｜周禮
瘍醫凡｜瘍以五毒攻之注○詩衡門
可以樂饑列女傳賢明作可以｜飢

釂 ｜盡酒也史記游俠傳與人飲使之｜集解引徐
廣○盡爵曰｜禮記曲禮上長者舉未｜注又漢

書郭解傳上集注○｜盡也禮記曲禮上長者舉未
｜釋文又廣雅釋詁一又淮南道應文侯受觴而飲
｜注

噍 ｜嚼也荀子榮辱亦呥呥而｜注○｜食也史記
高祖紀無遺類集解引徐廣○｜躁急也史記樂
書其聲｜以殺正義○禮記
少儀數｜釋文｜本作嚼

漂 以水擊絮曰｜漢書韓信傳集注引韋昭○｜擊
餘響少騰相擊之貌文選洞簫賦聯緜｜撇注○
｜疾也文選洞簫賦迅｜巧
兮注○｜潎也廣雅釋言

醮 ｜祭也廣雅釋天又文選高唐賦｜諸神注○酌
始冠曰｜禮記少儀｜者注○酌而無獻酬曰｜
禮記曾子問有冠｜釋文○酌而無酬酢曰｜儀禮
士冠禮若不醴則｜用酒注○酌而無酬酢曰｜禮
記昏義父親｜子而命之迎注○酒不酧酢曰｜儀
禮士昏禮記則使人｜之注○｜盡也爾雅釋水水
｜曰厬釋文又荀子禮論利爵之不
｜也注○爾雅釋水釋文｜本作潐

蔦 ｜寄生也爾雅釋木釋文引字林

爝 ｜炬火也子召反莊子山木釋文引字林

趬 ｜走也文選吳都賦狂｜獷猤劉注○趬走也漢
書楊雄傳上集注○趬走貌史記司馬相如傳騰
而狂趬集解引漢書音義○｜音
才召反漢書楊雄傳音義引字林

僄 ｜疾也漢書高帝紀上集注

繞 ｜謂曲也文選舞賦眉連娟以增｜兮注

嬈 ｜弱也廣雅釋詁一

覜 一作頫○｜視也爾雅釋詁○頫視也考工記玉
人以頫聘注又國語齊語以驟聘頫於諸侯注○
頫見也左氏昭五年傳享頫有璋注又管子小匡以
極聘頫于諸侯注○衆來曰頫特來曰聘考工記玉
人以頫聘注○大夫衆來曰頫周禮典瑞以頫聘注
○存頫省者王使臣於諸侯之禮所謂閒問也周禮
大行人三歲徧頫注○存頫省
聘問臣之禮也周禮小行人

詨 ｜鳴也廣雅釋詁二○如｜如人呼喚山海經北
山經有獸焉其音如｜名曰那父注

哨 ｜衺也廣雅釋詁二○｜不正也禮記投壺釋文
引王肅注○｜枉｜不正貌禮記投壺某有枉矢
｜壺注○｜小也見考工記
又邪也見廣雅晉書音義上

約 丨劑各所持券也周禮士師正之以傅別丨劑注○丨劑要盟之載辭及券書也周禮大史凡邦國都鄙及萬民之有丨劑者藏焉注○丨言語之丨束周禮秋官序官司丨注○丨讀曰要漢書禮樂志集注

僄 丨輕也廣雅釋詁三又後漢班彪傳上注袁紹傳注又荀子修身怠慢丨弃注○丨亦輕也荀子議兵輕利丨遬注○丨狡獸之輕捷者後漢班彪傳上注○丨狡勇捷後漢馬融傳注○丨疾也漢書谷永傳集注

噭 丨鳴也廣雅釋詁二

箹 小者謂之丨爾雅釋樂

摮 丨擊也公羊宣六年傳注擊猶丨也釋文又廣雅釋詁三○丨謂旁擊頭項公羊宣六年傳以斗摮而殺之注

裱 丨被巾也廣雅釋器

趭 丨越也一切經音義九引韻集

䐹 丨脯也廣雅釋器

嬥 丨丨好也廣雅釋訓

以下據廣韻錄

犳 丨狂也廣雅釋詁四○

謷 丨訏也漢書藝文志集注引晉灼

瓝 丨畓也廣雅釋器

鐐 丨美金也力召反爾雅釋器釋文引字林

獟 丨狂也廣雅釋詁四○丨或作趬漢書霍去病傳集注

嘄 丨呱號咷皆憂聲也太元樂丨呱啞咋號咷倚戶注

陘 丨隄也廣雅釋室

尥 丨腫也廣雅釋詁二

論 丨誤也廣雅釋詁三

瞟 丨瞟也廣雅釋詁二

𦗶 瞟聽也廣雅釋詁四○丨聽纔聞廣韻引字林

嫖 丨驍勇也荀子議兵輕利僄遬注

潲 丨沖峻波也文選海賦丨沖潫而為魁注

俏 丨似也列子力命丨成也注○丨與肖同列子力命釋文○丨本或作肖列子楊朱人丨天地之類

釋文

𥛚 丨祭天也力召反詩旱麓釋文引字林

潐 丨丨明察之貌荀子不苟其誰能以己之丨丨注

嘌 丨疾也漢書王商傳集注○丨禽輕疾之禽也文選長楊賦校武丨禽注○丨鷂勁疾之貌也史記

衞將軍驃騎傳剽姚校尉索隱

髟 髮垂曰丨匹料切文選秋興賦注引通俗文

繳 丨謂煩也史記太史公自序苛察丨繞集解引服虔

癄 丨縮也廣雅釋詁三

窕 屋上薄謂之丨爾雅釋宮

經籍纂詁卷第七十七

經籍纂詁卷第七十七補遺 去聲

兵部侍郎兼都察院右副都御史巡撫浙江等處地方提督軍務兼理糧餉阮元撰集

十八嘯

嘯 說文丨吹聲也从口肅聲歗籒文丨从欠○丨吹聲也一切經音義廿二引三蒼

笑 丨侮之也詩終風顧我則丨傳○震爲丨言易繫辭下傳上交不諂虞注○震爲喜丨易象下傳說之大民勸矣哉虞注○詩終風謔浪丨敖釋文丨本又作咲

照 說文昭明也从火昭聲○丨燿煇煌光澤色貌淮南本經丨燿煇煌注○禮記禮器注金炤物釋文本亦作丨

廟 說文丨尊先祖皃也从广朝聲庿古文○丨之言皃也死者精神不可得而見但以生時之居立宮室象皃爲之耳詩清廟序箋○象其尊皃則謂之爲丨左氏宣十二年傳注大宮鄭祖丨疏○丨者鬼神所居左氏隱五年經注成仲子之宮疏○丨謂殯宮鬼神所在謂之丨左氏僖八年傳不殯於丨服注○丨是接神之處其處尊禮記月令注前曰丨疏○丨者宮室尊嚴之名荀子禮論情貌之盡也注○室有東西廂曰丨公羊宣十六年傳宣公之榭也注○室有東西箱曰丨漢書賈誼傳剡寢戶之簾注○前曰丨後曰寢淮南時則薦鮪於寢丨注○復丨重屋也禮記明堂位復丨重檐注○清丨者祭有清明之德者之宮也詩清廟序箋又清廟釋文○大丨天子明堂禮記明堂位○明堂即太丨也可以序昭穆故謂之太丨詩靈臺疏引禮記明堂位盧注○天丨營室也國語周語日月底於天丨注○輿鬼謂之天丨廣

雅釋天○丨祀祖呂覽季夏以給郊丨祭祀之服注○丨祭先祖也廣雅釋天○艮爲丨易象下傳先王以享于帝立丨虞注○艮爲宗丨社稷易彖下傳出可以守宗丨社稷虞注○詩清廟序釋文本又作庿○定本集注庿字作丨於義爲是詩臣工箋故於丨中正君臣之禮疏

【竅】說文丨空也从穴敫聲○丨空也文選魏都賦注引方言○丨陰穴名在足小指次指之端素問陰陽離合論少陽根起于丨陰注

【妙】丨謂微丨也易繫辭上傳注丨萬物而爲言疏○丨謂微丨之性也史記律書雖丨必効情正義○丨或作眇後漢書班固傳下丨古昔而論功注

【詔】說文丨告也从言从召召亦聲○丨告也周禮鄉師以丨廢置疏保章氏以丨救政疏司儀丨王儀

疏又禮記曲禮上負劍辟耳丨之疏禮器丨侑武方疏故凶事不丨疏納牲丨於庭疏郊特牲丨祝於室疏丨妥尸疏學記大學之禮雖丨於天子無北面疏又後漢書光武帝紀上辛未丨曰注○丨猶告也周禮職幣以丨上之小用賜予疏○丨祝告事於尸也禮記祭統丨祝於室注○丨辭謂爲君傳辭也禮記少儀丨辭自右疏○丨致也呂覽重己惡丨之也注

【召】說文丨許也从口刀聲○丨致也呂覽知度凡朝也者相與丨理義也注適威是以罪丨罪注召類類同相丨注有必丨寇注○詩江漢王命丨虎文選注卅七作王命邵虎

【劭】說文丨勉也从力召聲讀若舜樂韶○丨勸勉也漢書成帝紀注引晉灼○丨精異之意也漢書成帝紀先帝丨農注引蘇林

【邵】說文晉邑也从邑召聲○召是周內之別名也詩周南召南譜周召者疏○雍水又東逕丨亭南世謂之樹亭川蓋丨樹聲相近水經渭水注

【要】丨約也淮南本經德之所總丨注主術此治之丨也注○丨亦約漢書高帝紀上待諸侯至而定丨束耳注○以一管衆爲丨孝經先王有至德丨道疏引殷仲文○丨謂百吏之目也管子君臣上南面而受丨注○大丨大歸也漢書陳咸傳大丨教咸謂也注○丨謂大計丨也周禮宰夫掌官灋以治丨疏○月計日丨周禮小宰受羣吏之丨疏司會以月丨考成疏○丨領丨契也漢書張騫傳竟不能得月氏丨領注引李奇○丨害者在我爲丨於敵爲害也漢書西南夷傳豫調穀積丨害處注○丨褭馬名日行萬里淮南原道馳丨褭注○斥彰長田君斷碑君究屆道奧丨作奧

【曜】七丨日月五星穀梁序七丨爲之盈縮釋文○七丨謂日月五星素問天元紀大論七丨周旋注○日月五星俱照天下故謂之七丨穀梁序七丨爲之盈縮疏

【燿】說文丨照也从火翟聲○丨明也國語楚語明齊肅以丨之臨注又文選長門賦注引國語賈注○穀梁序七丨爲之盈縮釋文本又作曜

【調】丨亦選也漢書宣帝紀丨關東輕車鋭卒注○丨謂發選也漢書昭帝紀丨故吏注○丨謂選發之也漢書食貨志下迺丨旁近郡注○丨謂計發之也漢書鼂錯傳上方與錯丨兵食注○丨謂發取也漢書王莽傳下皆得自丨注○丨謂發取之漢書王莽傳下且丨都內故錢予其祿注○丨謂算度之也漢書鼂錯傳丨立城邑注○丨辦具之也漢書趙廣漢傳豫爲丨棺給斂葬具注

釣 說文｜鉤魚也从金勺聲○｜取淮南主術而晉獻以璧馬｜之注○莊子刻意釣魚閒處釋文本亦作｜

弔 說文弔問終也古之葬者厚衣之以薪从人持弓會歐禽○｜傷也詩常棣序箋周公｜二叔之不咸疏○｜傷俱是悼往之辭左氏僖廿四年傳注｜傷也疏○｜傷皆謂致命辭也禮記曲禮上知生者｜注○｜死國曰｜公羊昭廿五年傳齊侯唁公于野井注○致禮亦名爲｜周禮世婦注王使往｜疏

叫 說文｜嘑也从口丩聲○｜呼也詩北山或不知｜號傳○｜｜遠聲也漢書楊雄傳下大語｜｜注○｜奡相呼也漢書司馬相如傳下糾蓼｜奡注引張揖○｜奡高舉之貌漢書司馬相如傳下糾蓼｜奡注

嘂 說文｜高聲也一曰大呼也从㗊丩聲春秋公羊傳曰魯昭公｜然而哭

燎 說文尞柴祭天也从火从昚昚古文愼字祭天所以愼也○｜祭天也漢書司馬相如傳下休之以｜注○｜大燭儀禮既夕爲哭者爲明疏○但在地曰｜儀禮燕禮注燭｜也疏○庭｜所作依慕容所爲以葦爲中心以布纏之飴密灌之若今之蠟燭周禮司烜氏注於門內曰庭｜疏○｜所以爲明漢書食貨志上所以省費｜火注○｜卽是掫之事左氏襄廿五年傳注干掫疏○｜乾也一切經音義八引廣雅

嶠 說文新附｜山銳而高也从山喬聲古通用喬○｜嶺｜也後漢書馬援傳｜南悉平注

少 ｜年｜也左氏昭三十年傳敝邑之｜卿也注○｜者｜謂幼稚禮記曲禮上｜者賤者不敢辭疏○｜者未成人之辭左氏隱元年傳注不以桓生之年薨疏○｜猶小也禮記少儀目錄○｜長猶言大小左氏僖廿八年傳｜長有禮注○自臍以下曰水腹又曰｜腹｜小也比於臍以上爲小也釋名釋形體○｜腹齊下也素問骨空論引｜腹而痛脹注○｜帛雜帛也左氏定四年傳以大路｜帛注又賈注

徼 ｜塞也漢書食貨志下或千里無亭｜注引晉灼○｜塞也以木柵水爲蠻夷界史記司馬相如列傳南至牂牁爲｜索隱引張揖○｜猶塞也漢書佞幸鄧通傳盜出｜外鑄錢注○東北謂之塞西南謂之｜漢書佞幸鄧通傳盜出｜外鑄錢注○｜是郊外之路史記五宗世家行｜索隱○｜謂邊境亭鄣史記黥布列傳守｜乘塞索隱○｜謂以木石水爲界者也漢書司馬相如傳下南至牂牁爲｜注引張揖○｜遮繞也漢書東方朔傳｜循長楊以東注○｜謂遮繞也漢書百官公卿表上掌｜循京師注㊀

｜者取｜遮之義也漢書佞幸鄧通傳盜出｜外鑄錢注○｜謂巡察也漢書趙敬肅王彭祖傳行｜邯鄲中注○｜亦卒求盜之屬也史記平準書或千里無亭｜集解引如淳○｜謂｜繞不明也史記龜策列傳龜之｜也索隱

眺 說文｜目不正也从目兆聲

陗 說文｜陵也｜自肖聲○峭謂峻㥯也漢書鼂錯傳錯爲人｜直刻深注○峭謂峭峻不正禮記投壺某有枉矢哨壺疏○削音｜峻之｜漢書司馬相如傳上刻削崢嶸注引蘇林○｜字與峭同漢書鼂錯傳注○削與峭同文選四子講德論宰相刻削注

誚 說文譙嬈譊也从言焦聲讀若嚼｜古文譙从肖周書曰王亦未敢｜公○譙責讓也漢書朝鮮王

傳漢使涉河譙諭右渠注○譙讓責之也漢書英布
傳數使使者譙讓召布注○譙讓以辭相責也漢書
高帝紀上噲因譙讓羽注○譙呵者責讓也史記萬
石張叔列傳不譙呵索隱

料 度尚碑敉敵制勝丨作敉

肖 說文丨骨肉相似也从肉小聲不似其先故曰不
丨也○丨謂微弱而省少史記太史公自序申呂
丨矣索隱○不丨者不似也論衡自然○凡言不丨
者謂其鄙陋無所象似也漢書吳王濞傳吳王不丨
注○庸妄之人謂之不丨言其狀須無所象似也漢
書刑法志夫人丨天地之須注

尿 說文𡲻人小便也从尾从水

剽 說文剽砭刺也从刀𤋮聲一曰丨劫人也○丨劫
也史記酷吏列傳俱攻丨爲羣盜索隱○丨一作

標後漢書崔寔傳丨賣田宅注

掉 說文掉搖也从手卓聲春秋傳曰尾大不丨○丨
搖也文選長楊賦丨八列之舞注引國語賈注○丨
丨謂肉中動也素問至眞要大論筋骨丨眩注○丨
磬者齊人謂之差訐禮記內則注不敢丨磬疏引庾
氏

鞘 說文鞘刀室也从革肖聲○削謂刀劒室也漢書
貨殖宜曲任氏傳質氏以洒削而鼎食注

鷂 說文丨鷙鳥也从鳥䍃聲

糶 說文丨出穀也从出从糴糴亦聲○丨者出賣之
名史記平準書物踊騰丨索隱

藋 說文丨釐艸也一曰拜商丨从艸翟聲○莊子徐
无鬼藜丨釋文丨本或作藋同

嗷 說文丨吼也从口敫聲一曰丨呼也

轎 陵絕水曰丨漢書嚴助傳輿丨而隃領注引項昭

窔 說文丨窅丨深也从穴交聲○宎東北隅也莊子
徐无鬼鴳生於宎釋文引司馬注○宎東南隅鴳
火地莊子徐无鬼釋文○宎奧室中之二隅也漢書
敘傳上守宎奧之熒燭注

朓 說文丨祭也从肉兆聲

僬 丨丨行容止之貌也禮記曲禮下庶人丨丨注○
丨丨者卑盡之貌也禮記曲禮下疏

療 說文𤻲治也从疒樂聲𤻲或从尞○愮又憂也或
曰丨方言十○𤻲音義與丨同文選永明十一年
策秀才文豈非丨飢不期於鼎食注

釂 說文釂歃酒盡也从酉爵省聲○丨盡爵也儀禮
士相見禮注若欲其丨然也釋文

噍 說文噍齧也从口焦聲嚼噍或从爵○數丨謂
數數嚼之禮記少儀數丨毋爲口容疏○青州俗
呼無孑遺爲丨類漢書高帝紀上襄城無丨類注引
如淳

醮 說文丨冠娶禮祭从酉焦聲𥛺丨或从示○酌酒
爲丨禮記曾子問於斯乎有冠丨疏○丨者丨盡
之義禮記冠義注若不醴則丨用酒疏

驃 說文驃黃馬發白色一曰白髦尾也从馬𤋮聲

爝 說文爝苣火祓也从火爵聲呂不韋曰湯得伊尹
爝以爟火釁以犧豭

趭 丨奔走也漢書司馬相如傳下騰而狂丨注引張
揖

摽 說文摽擊也从手㮛聲一曰挈鬬牲也
覜 說文諸侯三年大相聘曰覜覜視也从見兆聲○
丨亦見也禮記曲禮下天子當依而立疏○論語
先進注般丨釋文本或作見
窱 說文丨杳丨也从穴條聲
顤 說文丨高長頭从頁堯聲○顟丨顟大首深目之
貌文選魯靈光殿賦顟丨顟而睽睢注
歗 說文丨所謌也从欠嘯省聲讀若叫呼之叫
訆 說文丨大呼也从言丩聲春秋傳曰或丨于宋大
廟
哨 說文丨不容也从口肖聲○丨頎小也考工記梓
人爲筍虡大胷燿後注○丨與頎皆是少小之義

考工記梓人爲筍虡注燿讀爲丨疏
僄 說文僄輕也从人㮛聲○丨輕也史記高祖本紀
索隱引方言○丨或當爲嫖姚之嫖荀子議兵輕
利丨遬注○丨或作剽後漢書袁紹傳丨狡鋒俠注
勡 說文勡劫也从力㮛聲
篎 說文丨小者聲音淸妙也爾雅釋樂管小者謂之丨舍
人注
㩿 說文丨旁擊也从手敫聲
○以下據廣韻錄 歗 說文丨吟也从欠肅聲詩曰其丨也謌
眺 丨音滌濯之滌漢書韓延壽傳噭丨楚歌注引服
虔

窵 說文丨丨窅深也从穴鳥聲
譥 說文丨痛呼也从言敫聲
𨎮 丨轉也廣雅釋器
莜 說文丨艸田器从艸條省聲論語曰以杖荷丨今
作蓧
尥 說文丨行脛相交也从尣勺聲牛行腳相交爲丨
獟 說文丨狃犬也从犬堯聲○丨健行輕貌也漢書
霍去病傳誅丨悍注
卲 丨卜也集韻引廣雅
𧢈 說文丨視誤也从見龠聲

覞 說文丨竝視也从二見凡丨之屬皆从丨
𡯌 說文丨行不正也从尣㫒聲讀若耀
瞟 昲曬皆北方通語或云丨方言十昲曬乾物也注
篍 說文篍吹筩也从竹秋聲
𤏕 說文𤏕炙也从炙尞聲讀若䌨燎
潐 說文潐盡也从水焦聲
○以下據集韻錄 糶 說文丨穀也从米翟聲
稠 丨㪣動搖貌漢書楊雄傳上天地丨㪣注引服虔

躈 ｜馬八髎也史記貨殖列傳馬蹄｜千集解引徐廣○｜謂九竅史記貨殖列傳馬蹄｜千索隱

繳 ｜紛謂｜繞紛亂史記平原君虞卿列傳注｜紛索隱○｜繞猶纏繞也漢書司馬遷傳名家苛察｜繞注引如淳○｜音近叫呼史記太史公自序苛察｜繞集解

𣤩 說文｜盡酒也从欠樵聲

癄 ｜瘁謂減縮也漢書禮樂志是以纖微｜瘁之音作注

卲 說文卲高也从卩召聲

獠 說文獠獵也从犬尞聲

幼 ｜妙精微也漢書中山靖王勝傳每聞｜妙之音注○｜眇猶窈窕也漢書外戚傳上帷｜眇之相羊注○｜眇讀曰要眇漢書元帝紀贊窮極｜眇注

髟 白黑髮雜曰｜文選秋興賦注引字林

票 ｜禽輕疾之禽也漢書楊雄傳下校武｜禽注○｜姚勁疾之貌也漢書霍去病傳爲｜姚校尉注

經籍籑詁卷第七十七補遺終

經籍籑詁卷第七十八

經筵講官南書房戶部左侍郎兼署兵部左侍郎前提督浙江學政阮元譔集

去聲

十九效

【效】俗作効○｜考也廣雅釋言○效具也廣雅釋詁
三○｜獻也漢書元后傳集注○｜致也左氏襄
廿七年傳使諸侯偽｜烏餘之封者注昭卅二年傳
而｜諸劉子注又國策西周策而吾得無｜也注齊
策願｜之王注秦策｜上洛於秦注又史記淮陰侯
傳｜首虜索隱引如淳又漢書韓信傳集注韓安國
傳集注蘇武傳集注司馬遷傳集注夏侯勝傳集注
張敞傳集注王尊傳集注又後漢竇融傳注又荀子
王霸歲終奉其成功以｜於君注又呂覽季春分繭
稱絲｜功注又淮南主術以｜其功注○｜猶致也

史記魏世家韓必｜之索隱○｜明也方言十二又
荀子正論故桀紂無天下而湯武不弑君由此｜之
也注○｜白也荀子儒效鄉也｜門室之辨注○｜
呈也史記燕召公世家而｜之子之索隱引鄭元○
｜見也史記天官書其時宜｜正義○｜猶見也史
記律書雖妙必｜情正義越世家亦｜所重集解引
徐廣○｜猶呈見禮記曲禮上｜馬｜羊者右牽之
注○｜功也法言先知而望其｜注又淮南脩務｜
亦大矣注○｜驗也荀子議兵臣請遂道王者諸侯
彊弱存亡之｜注議兵隆禮｜功上也注又淮南脩
務哭者悲之｜也注○効驗也廣雅釋言又文選長
笛賦致誠効志注○｜猶驗也後漢殤帝紀注班超
傳注○｜授也左氏昭廿六年傳宣王有志而後｜
官注○｜數也史記淮陰侯傳索隱引晉灼○｜放
也荀子大略其行｜其立｜其坐｜其置顏色出辭
氣｜注○｜文也方言十二○莊子列禦寇而｜我
以功釋文
｜本作校

【教】｜效也廣雅釋詁三又漢書儒林傳集注又呂覽
誣徒｜人則不精注○｜效也下所法效也釋名
釋言語○｜者效也上為之下效之白虎通三教○
｜之為言傚也上行之下傚之翻譯名義四引元命
苞○｜誨也效也一切經音義二引三蒼○｜猶告
也呂覽貴公願仲父之｜寡人也注○｜語也廣雅
釋詁一○｜習也國策秦策兵法之｜注又呂覽簡
選欲其｜也注○｜令也淮南主術而行不言之｜
注○｜大議也呂覽用衆○｜之者使識舊事也周
禮師氏以｜國子弟注○｜詩書典籍｜訓也通典
引盧植禮記注○｜者｜以禮樂孟子滕文公上校
者｜也注○｜謂樂也禮記樂記｜者民之寒暑也
注○｜謂禮義禮記王制脩其｜注○脩道之謂｜
禮記中庸○自明誠謂之｜同上○以善先人者謂

之｜荀子脩身○治而廣之人放效之是曰｜禮記
中庸脩道之謂｜注○巽為｜令易象上傳習｜事
虞注○｜謂戒令荀子大略以其｜出畢行注○｜
者訓誘以感心管子侈靡政與｜孰急注○｜文之
施也國語周語○｜政之本也春秋繁露精華○｜
者政之本也賈子大政下○七｜者治民之本也大
戴記王言○｜所以親百姓訓五品有虞氏五而周
十有二焉周禮地官序官使帥其屬而掌邦｜注○
五｜謂父義母慈兄友弟恭子孝也後漢章帝紀注
○｜也者長善而救其失者也禮記學記○｜者所
以追補敗政靡弊溷濁謂之治也白虎通三教○禮
記學記善｜者釋文｜本作學○書皋陶謨無｜逸
欲有邦漢書王嘉傳
作亡敖佚欲有國
本作皃亦作貇○｜形也荀子禮論貌而不功注
【貌】○｜象也荀子禮論三月之葬其貌以生設飾死

者也注○皃容也廣雅釋詁四○丨姿體穀梁桓十四年傳察其丨而不察其形注○皃見也廣雅釋詁三○丨猶意也荀子禮論故壙壠其須象室宮也注○丨恭敬也荀子禮論情丨之盡也注○顏色爲丨楚辭惜誦情與丨其不變注○動容謂之丨論語季氏丨思恭皇疏○丨屬木書洪範一曰丨鄭注又書正義引洪範五行傳○丨謂無實周書周祝故時之還也無私丨注○丨謂外相悅而無實也周書芮良夫王丨受之注○○清濁爲丨後漢郎顗傳注○丨巧也廣雅釋詁三○丨治也同上○丨廟也荀子禮論疏房檖須越席牀第几筵所以養體也注○須古丨字漢書刑法志集注又荀子禮論注○皃古丨字漢書王莽傳下集注○古文皃須二形今作丨一切經音義十二○丨讀爲邈荀子禮論須而不功注疏房檖須越席牀第几筵所以養體也注○丨本作眼列子說符能視盜之丨釋文○書呂刑惟丨有稽史記周本紀作惟訊有稽說文糸部作惟緢有稽○老子銘聃然老旄之貌也丨作貌○嚴訢碑棠棠容貌丨作類

校 校教也廣雅釋詁四○丨教也史記儒林傳夏曰校正義○丨者教也孟子滕文公上○丨效也管子牧民不敬宗廟則民乃上丨注○丨學也左氏襄卅一年傳鄭人遊于鄉丨釋文又後漢明帝紀注任延傳注○丨亦學也後漢李忠傳注○丨交也小爾雅廣言○丨報也禮記中庸注犯而不丨也釋文又論語泰伯犯而不丨集解引包注又皇疏又小爾雅廣言又後漢卓茂傳注劉寬傳注杜篤傳注烏桓鮮卑傳注○丨者報也史記春申君傳足以丨於秦索隱○丨猶亢也國策秦策足以丨於秦矣注○丨考舍也國語齊語比丨民之有道者注○丨計也漢書嚴助傳集注又荀子王霸故憂患不可勝丨也注彊

國然而憂患不可勝丨也注○校度也廣雅釋詁一○丨數也史記平準書貫朽而不丨集解引如淳○丨猶數也周禮鄰長以時丨登其夫家注○丨疾也考工記廬人細則丨注弓人釋之則不丨注今夫茭解中有變焉故丨注○丨謂磬烈之氣管子地員五臭所丨注○丨官也廣雅釋室○鄭人謂學爲丨左氏襄卅一年傳釋文○夏曰丨孟子滕文公上又後漢章帝紀注又獨斷上○六廄成丨周禮校人○丨几足儀禮士昏禮主人拂几授丨注○丨豆中央直者也禮記祭統夫人薦豆執丨注○丨柄也禮記祭統釋文○丨脛也儀禮既夕記丨在南注○丨梪也廣雅釋器○椺亦名丨方言五梪其橫關西曰椺注○坎爲丨易噬嗑屨丨滅趾虞注○丨者以木絞丨者也即械也同上○丨獄謂以木相貫穿爲欄以遮禽獸後漢明帝紀注○丨也者若綠色然婦人未嫁者衣之大戴記夏小正元丨傳○丨柴也廣雅釋木○古文丨爲枝儀禮士昏禮主人拂几授丨注既夕記丨在南注○丨讀爲絞而婉之絞考工記廬人細則丨司農注今夫茭解中有變焉故丨司農注○丨讀作交列子周穆王幡丨四時釋文○莊子說劍王乃丨劍士釋文丨本作教○莊子天地上如標丨釋文丨本作枝

校 丨號也將帥號令之所在也釋名釋兵○五丨軍營也國策中山策乃使五丨大夫注○五百人謂之丨史記衛將軍驃騎傳傳丨獲王索隱引顏秘監○縣道邑及侯國曰丨後漢班彪傳下注○丨人主池沼之吏也孟子萬章上丨人烹之注○丨之爲言丨也周禮夏官序官丨人注

孝 丨就也廣雅釋詁三○丨度也廣雅釋言○丨礜也廣雅釋詁四○丨究也廣雅釋詁四○丨畜也禮記祭統○天子丨曰就諸侯丨曰度卿大夫丨曰礜士丨曰究庶人丨曰畜孝

經疏引孝經援神契○丨好也愛好父母如所說好也丨經說曰丨畜也畜養也釋名釋言語○丨利親也墨子經上○子愛利親謂之丨賈子道術○能以事親謂之丨荀子王制○善父母曰丨周禮大司樂中和祗庸丨友注又論語爲政丨于惟丨皇疏○善父母爲丨詩六月張仲丨友傳又周禮大司徒上德糾丨注又儀禮士冠禮丨友時格注又爾雅釋訓○善事父母爲丨孝經非丨者無親注○善於父母爲丨周禮大司徒丨友睦婣任恤注○善事父母曰丨論語學而其爲人也丨弟皇疏○子以人不閒於其父母爲丨後漢范升傳○繼先祖之志爲丨書文侯之命追丨于前文人傳○慈惠愛親曰丨周書謚法又獨斷下○協時肇享曰丨周書謚法○五宗安之曰丨同上○秉德不回曰丨丨同上○衆之本教曰丨禮記祭義○民之本教曰丨大戴記曾子大孝○夫丨德之本也孝經○丨文之本也國語周語○丨德

之始也大戴記衛將軍文子又家語弟子行○夫丨者天下之大經也大戴記曾子大孝○丨天之經也地之義也民之行也孝經○夫丨者善繼人之志善述人之事者也禮記中庸○夫丨百行之冠衆善之始也後漢江革傳○丨德尊祖愛親守其所以生者也周禮師氏三曰丨德注○嚴恭承命不以身恨君丨也新序節士○丨悌淑行也後漢章帝紀注○丨悌天下之大順也後漢明帝紀注○凡吉祭饗尸曰丨子儀禮士虞禮記哀子某注○丨者謂保母也大戴記保傅丨者繈之注○丨水在河南郡水經注十六引字林○漢書古今人表丨成子列子作老成子○史記燕世家丨公漢書古今人表作考公

橈 撓通用○丨屈也漢書劉向傳集注蕭何傳集注賈山傳集注又後漢明帝紀注○撓屈也史記蕭相國世家上巳撓功臣集解引應劭又後漢酷吏傳注○丨曲也廣雅釋詁一又漢書鄒陽傳集注田蚡傳集注韓安國傳集注中山靖王勝傳集注司馬相如傳上集注公孫劉田王訢楊蔡陳鄭傳贊集注蕭望之傳贊集注敘傳下集注又後漢鄧張徐張胡傳注杜喬傳注又荀子富國詘要丨膕注○撓曲也後漢孔融傳注○丨折也後漢儒林傳注○丨亂也詩長發箋師徒丨敗釋文○丨弱也漢書高帝紀上集注引服虔張良傳集注佞幸傳贊集注○丨屈弱也史記韓長孺傳廷尉當恢逗橈索隱○丨曲也弱也漢書鼂錯傳集注○遠邇爲丨呂覽仲秋無或枉丨注○丨曲木也列子湯問竿不丨釋文○丨橈其幹考工記矢人丨之以眡其鴻殺之稱也注○丨顧望也史記韓長孺傳索隱○丨顧望軍法語也史記韓長孺傳集解引漢書音義

淖 丨泥也左氏成十六年傳有丨於前注○丨深泥也一切經音義十二引蒼頡○丨溼也廣雅釋詁

一○丨濕也素問經絡論注丨澤則黃赤注○丨濁也廣雅釋詁三○丨溺也楚辭怨世世沈丨而難論兮注○丨和也儀禮士虞禮記嘉薦普丨注少牢饋食禮嘉薦普丨注又管子水地夫水丨弱以清而好灑人之惡注○和泥曰丨一切經音義十一引通俗文○濡甚曰丨一切經音義十二引字林○丨濡甚也爾雅釋言釋文引字林○丨衆也廣雅釋訓○丨汋潤也管子內業丨乎如在於海注○丨約好貌莊子逍遙遊丨約若處子釋文引司馬注○丨約柔弱貌莊子逍遙遊釋文引李注○丨讀爲綽荀子宥坐丨約微達似察注○丨丈卓反莊子逍遙遊釋文引字林○國策秦策丨齒史記田單傳作悼呂覽作卓齒潛夫論作踔

豹 丨虎之屬易象下傳君子丨變干注○丨虎類而小者也易革君子丨變陸注○猛丨似熊而小山

海經西山經南山獸多猛丨注○丨似虎貝文爾雅
釋獸釋文引字林○良爲丨易革虞注○兒之陰爻
稱丨易革陸注○丨飾緣以丨皮也詩羔裘羔
裘丨飾傳○晉郤錡字叔虎見國語晉語注

罩 籗謂之丨爾雅釋器○丨籗也編竹籠魚者也文
選吳都賦丨兩鮪劉注○丨丨籗也詩南有嘉魚
烝然丨丨傳○丨掩網家語王言田獵丨弋注○丨
竹卓反捕魚器也詩南有嘉魚釋文引字林○丨古
文罩翰二形一
切經音義十一

踔 丨走也漢書楊雄傳上集注○丨跳也後漢馬融
傳注○丨踰也文選羽獵賦注引三蒼訓詁○丨
猶越也後漢蔡邕傳注○丨縣蹢也史記司馬相如
傳丨稀開集解引郭璞○丨遠騰貌也史記貨殖傳
地丨遠索隱○丨音魚罩之罩
漢書楊雄傳上音義引晉灼

趠 丨走也晉書音義下引字林○丨謂懸擲也一切
經音義一引上林賦郭注

窖 丨入地陷曰丨禮記月令穿竇丨注○藏
穀麥曰丨一切經音義十一引通俗文○穴地藏
穀曰丨莊子齊物論縵者丨者釋文○地藏曰丨荀
子榮辱有囷窌注○丨地藏也一切經音義十一引
蒼頡○丨藏也廣雅釋詁四○丨者穴也莊子齊物
論釋文引李注○丨者深也莊子齊物論釋文引司
馬注○丨者深心也莊子齊物論釋文引簡文注○
丨窌也廣雅釋言○丨讀丨藏人物之丨淮南時則
穿竇
丨注

酵 丨音古孝反酒丨也一切經音義二引韻集

稍 丨盡也廣雅釋詁一○丨漸也漢書郊祀志上集
注溝洫志集注○丨稟食也儀禮聘禮唯丨受之
注聘禮記句而丨注○丨食吏祿稟也周禮內宰均
其丨食注○丨食祿稟周禮宮正均其丨食注○丨
食祿稟周禮稟人賙賜丨食注掌固均其丨食注○
丨人稟也周禮掌客惟芻丨之受注○致丨餼造賓
客納稟食也考工記玉人以致丨餼注○丨秣芻
秣也謂之丨丨用之物也周禮大府四郊之賦以待
丨秣注○丨事爲非日中大舉時而閒食謂之丨事
周禮膳夫凡王之丨事司農注○丨事有小事而飲
酒周禮膳夫注○丨禮非飧饔之禮留閒王丨所給
賓客者周禮漿人共賓客之丨禮注○距王城三百
里曰丨周禮地官序官丨人注○四郊去國百里邦
甸二百里家削三百里周禮大宰四曰家削之賦注
○丨三百里周禮司會掌國之官府郊野縣都之百
物財用注○故書丨或作削周禮載師以家邑之田
任丨
地注

樂 丨好也禮記禮運玩其所丨釋文○丨者貪丨之
稱也丨懽也論語雍也知者丨水皇疏

傚 詩角弓民胥丨矣左氏昭六年傳作民胥效矣○
禮記檀弓注丨孔子也釋文丨本作效左氏襄廿
五年傳尤而丨之釋文丨本作效○儀
禮燕禮注可則丨也釋文丨本作談

較 丨明也後漢明德馬皇后紀注何敞傳注○丨校
量深淺也老子長短相丨釋文○丨猶略也後漢
延篤
傳注

鈔 丨掠也廣雅釋言○丨强也方言十二又廣雅釋
詁二○丨末也管子版法教行於丨注○丨深遠
也同
上

礮 丨石今之拋石也文選閒居賦丨石雷駭注

皰 丨病也廣雅釋詁一

敲 楚凡揮棄物或謂之丨方言十

恔 丨快也孟子公孫丑下於人心獨無丨乎注○丨快也東齊海岱之閒曰丨方言三○丨郇狡狡戲亦快事也方言三注

櫂 棹同○在旁撥水曰丨丨濯也濯於水中也且言使舟櫂進也釋名釋船○楫或謂之丨方言九○丨檝也後漢張衡傳注○丨楫也後漢班彪傳上注又楚辭湘君桂丨兮蘭枻注○朱丨以朱漆飾丨也文選江文通雜體袁太尉詩朱丨麗寒渚注○盌謂之丨方言五○丨盂也廣雅釋器○丨與棹同晉書音義中○棹與丨同文選江文通雜體王侍中詩倚棹汎涇渭注○棹亦丨字晉書音義上

覺 大丨者聖人也莊子齊物論且有大丨而後知此其大夢也注○丨義訓爲校孟子告子上注其相丨者音義引丁音○丨義當作校孟子離婁下注如此賢不肖相丨音義引丁音

斅 丨教也書盤庚上盤庚丨于民傳說命下惟丨學半傳○學教也禮記檀弓下叔仲皮學子柳注學記學不躐等也注文王世子學之爲父焉注○高彪碑爲丨者宗五十以丨學皆作丨

窌 丨窖也荀子榮辱有囷丨注○丨窖也掘地藏穀也荀子富國垣丨倉廩者財之末也注○穿地曰丨考工記匠人囷丨倉城注又呂覽季春發倉丨注○地藏曰丨荀子議兵則必發夫掌丨之粟以食之注○丨藏也廣雅釋詁四○丨當爲窖考工記匠人囷丨倉城釋文○丨音匹孝反史記衛將軍傳索隱引字林

○以下據廣韻錄

鬧 丨誒也廣雅釋詁三又玉篇引聲類

詨 丨斅也廣雅釋詁三○儀禮鄉飲酒禮注可則丨也釋文丨本作傚大射儀注可則丨也釋文丨本作傚

鉸 丨裝飾也文選赭白馬賦寶丨星纏注

輗 丨引也廣雅釋詁一

㡌 軥謂之丨廣雅釋器○簂謂之丨同上○簂齊人曰丨飾形貌也釋名釋首飾

奅 丨音匹孝反史記衞將軍傳索隱引字林

潲 丨滫也廣雅釋器

娋 丨侵也廣雅釋言

稍 丨種也廣雅釋地

濯 丨滫也廣雅釋器○丨讀曰櫂漢書鄧通傳集注○丨亦作櫂漢書劉屈氂傳集注

㕭 丨猥也猥衆也一切經音義三引韻集

抓 丨搔也廣雅釋詁二○丨裂也同上

㑃 丨狠也戾也廣韻引字林

磽 丨猶惡也後漢竇武傳注

○以下據集韻錄

㩭 丨狠也戾也五音篇海引字林

䴹 猸麥麴曰丨御覽八百五十三引通俗文

䏲 丨者目不明也太元晦丨提明德注

經籍纂詁卷第七十八

經籍纂詁卷第七十八補遺 去聲

兵部侍郎兼都察院右副都御史巡撫浙江等處地方提督軍務兼理糧餉阮元撰集

十九效

效 說文丨象也从攴交聲○丨者爲之法也墨子小取○丨驗也荀子議兵隆禮丨功注又文選閒居賦注引廣雅○丨徵驗也漢書外戚傳下是欲陷我丨也注○効謂徵驗也漢書劉向傳以德爲効注○丨猶實驗也禮記禮運注此言兼氣性之丨也疏○効見淮南天文効斗牽牛注○丨猶呈也見也史記蘇秦列傳使臣效愚計索隱○丨功也荀子儒效儒丨注○丨致淮南主術所以丨善也注○丨者致與之義左氏昭廿六年傳注丨授也疏○丨猶致也左氏文八年傳丨節于府人注

敎 說文敎上所施下所效也从攴从孝凡敎之屬皆从敎𢽙古文敎效亦古文敎○丨謂殷勤誨示詩關雎序風風也丨也疏○丨謂丨學禮記燕義與其丨治疏○丨士謂先丨習之士管子小匡君有此丨士三萬人注○便事之謂丨國策趙策○十丨郎十義也荀子大略明十丨注○諸侯言曰丨文選敎題注引蔡邕獨斷

貌 說文皃頌儀也从人白象人面形凡皃之屬皆从皃貌皃或从頁豹省聲丨籀文皃从豹省○丨是容儀舉身之大名書洪範疏○丨者言其動有容儀也書洪範疏○丨謂威儀荀子大略文丨情用相爲內外表裏注○丨若男子之所以恭敬婦人之所以姣好也說苑修文○丨者顏色和順有樂賢之容孟

子生子下禮丨未衰注○夫丨情之華也國語晉語○須像也今謂畫物爲須荀子禮論須而不功注○書洪範一曰丨釋文本亦作須

校 丨考也文選長楊賦丨武禀禽注引國語賈注○丨計荀子彊國憂患不可勝丨也注○丨計量也漢書楊雄傳下丨武票禽注○丨謂計數也漢書食貨志上貫朽而不可丨注○丨謂數計也漢書貫捐之傳貫朽而不可丨注○丨報也左氏僖廿三年傳有人而丨注○丨亦學也漢書韓延壽傳於是令文學丨官諸生注○夏爲學丨丨之言教也御覽五百卅五引五經通義○夏曰丨漢書儒林傳序○鄭國謂學爲丨言可以丨正道藝詩子衿序刺學丨廢也箋

校 說文丨木囚也从木交聲○丨者从木夾足止行也易繫辭下傳屨丨滅趾侯注○丨謂所施之械

也易噬嗑屨丨滅趾疏○屨丨貫械也易噬嗑屨丨滅趾于注○丨人掌馬左氏哀三年傳丨人乘馬注○丨人掌養馬之官也荀子哀公三日而丨來謁曰注○丨正主馬官左氏成十八年傳丨正屬焉注○丨者軍之諸部丨也漢書胡建傳與護軍諸丨注○丨者營壘之稱漢書衞青傳常護軍傳丨獲王注○丨謂以木自相貫穿爲闌丨耳漢書成帝紀從胡客大丨獵注○丨獵者大爲闌丨以遮禽獸而獵取也漢書成帝紀天丨獵注○丨獵者以木相貫穿總爲欄丨遮止禽獸而獵取之漢書司馬相如傳上天子丨獵注

孝 說文丨善事父母者从老省从子子承老也○善事父母爲丨周禮師氏三曰丨德疏○丨謂善事父母者漢書武帝紀初令郡國舉丨廉注○奉身爲丨左氏閔二年傳丨而安民注○慈愛忘勞曰丨從命不違曰丨一切經音義廿五引謚法○夫丨天地之性人之所由靈也文選藉田賦○丨爲百行之首顏氏家訓勉學○丨者子父之高行也管子形勢解○丨人行之所先也漢書杜欽傳○丨禮之始也左氏文二年傳○丨者德之本也孝經人之行莫大於丨注○丨者德之至道之要也孝經先王有至德要道注○丨弟者仁之祖也管子戒○丨弟是事父兄之名儀禮士相見禮與幼者言言丨弟疏○丨悌天下之大順也漢書文帝紀

橈 說文丨曲木从木堯聲○丨亦曲也漢書蓋諸葛劉鄭孫毋將何傳贊孫寶丨於定陵注○丨動曲也漢書司馬相如傳上柔丨嬽嬽注○橈弱曲也淮南主術直立而不橈注○丨亦屈曲也漢書酷吏周陽由傳所愛者丨法活之注○丨屈弱也漢書韓安國傳注○橈弱也淮南時則無或枉橈注修務口曾

撓注○丨謂有理不申應重乃輕應輕更重禮記月令毋或枉丨疏○丨顧望也漢書韓安國傳注引應劭

鬧 說文新附鬧不靜也从市門

淖 說文淖泥也从水卓聲○丨泥也漢書韋元成傳天雨丨注○丨濡甚也漢書郊祀志下堅冰丨溺注○丨弱也漢書文帝紀當受鬻者注○丨字或作卓漢書古今人表丨齒注○丨音泥丨漢書江都易王非傳注引蘇林○丨音卓王孫之卓漢書江都易非傳召易王所愛美人丨姬等注引鄭氏

豹 說文丨似虎圜文从豸勺聲

勡 丨丨犬者露犬也能飛食虎豹周書王會

罩 說文罩捕魚器也从网卓聲○可驚之事爲丨匡謬正俗七○太原俗呼謂事不安帖有可驚嗟爲渴丨匡謬正俗七

踔 說文踔踶也从足卓聲

窖 說文丨地藏也从穴告聲○丨穿地以藏也史記貨殖列傳任氏獨丨倉粟集解引徐廣

稍 說文丨出物有漸也从禾肖聲○丨則丨丨與之則月俸是也周禮宮正注丨食稟祿疏○以其丨丨給之故謂米稟爲丨儀禮聘禮注丨稟食也疏○丨丨小也廣雅釋訓○三百里曰丨周禮地官序官縣師司農注四百里曰縣疏○周禮太宰家削之賦釋文本亦作丨

傚 丨漸也孝經則而丨之鄭注○詩鹿鳴君子是則是丨左氏昭七年傳作是則是效

較 丨者校量也史記田完世家大車不丨索隱○丨見也一切經音義十一引廣雅

鈔 虜丨皆強取物也方言十二虜丨強也注

皰 說文丨面生气也从皮包聲

恔 孟子公孫丑下於人心獨無丨乎廣韻作恔

櫂 說文新附丨所以進船也从木翟聲或从卓史記通用濯○濯者所以刺船也漢書司馬相如傳上濯鷁牛首注○濯船能持丨行船也漢書佞幸鄧通傳曰濯船爲黃頭郎注○丨謂楫也文選六代論注引通俗文○丨今棹也文選上林賦丨鷁牛首注引韋昭○短曰輯長曰濯漢書劉屈氂傳又發輯濯士注○濯與丨同漢書元后傳輯濯越歌注

覺 丨寐之寤也漢書佞幸董賢傳上欲起賢未丨注○丨謂寢寐而寤也漢書高帝紀上高祖丨注佞幸鄧通傳丨而之漸臺注○丨義與校同孟子盡心下注彼此相丨音義

斆 學教也禮記文王世子注學以三者之威儀也疏○學謂教也禮記文王世子凡學世子及學士必時疏○學教之長穉禮記學記學不躐等也注

窌 說文窌窖也从穴卯聲○丨掌主倉稟之官荀子議兵則必發夫掌丨之粟以食之注○丨宜作奅史記衞將軍驃騎列傳封賀爲南丨侯集解引徐廣○丨或作窖史記衞將軍驃騎列傳封賀爲南丨侯索隱引韋昭○丨奅亦同字漢書衞青傳封賀爲南丨侯注

○以下據廣韻錄

鸄 說文鸄解鷹屬从鷹孝聲闕

𦋺 說文𦋺覆鳥令不飛走也从网隹讀若到

輗 軥謂之丨廣雅釋器

奅 說文奅大也从大卯聲○丨窒也史記建元以來侯者年表南丨侯公孫賀索隱引張揖○丨虛大也史記建元以來侯者年表索隱引纂文○大下卯與穴下卯並音匹孝反史記衞將軍驃騎列傳封賀爲南丨侯索隱引字林

䣈 說文䣈國甸大夫稍稍所食邑从邑肖聲周禮曰任丨地在天子三百里之內

○以下據集韻錄

䰍 說文丨桼垸已復桼之从桼包聲

逴 丨蹇也方言六○丨跛者行䟸踔也方言六注

婥 說文婥女病也从女卓聲

○以下附錄 鯙 說文鯙烝然丨丨从魚卓聲

經籍籑詁卷第七十八補遺終

經籍籑詁卷第七十九

去聲

經筵講官南書房行走禮部左侍郎兼署兵部左侍郎提督浙江學政阮元撰集

二十號

號 丨令也文選東京賦注引易鄭注又呂覽懷寵先發聲出丨注○丨丨令也莊子田子方何不丨于國中曰釋文又文選上林賦出德丨郭注○丨謂丨令漢書王莽傳下集注二見○丨召也詩北山或不知叫丨傳又左氏襄十九年傳丨之乃下釋文○丨呼也以其善惡呼名之也釋名釋言語○丨呼也國語越語乃丨令於三軍注○丨告也廣雅釋詁三○巽爲丨易夬孚丨有厲虞注萃若丨虞注○丨丨令所以警衆也禮記樂記鏗以立丨注○丨今之軍法重者書古太誓丨曰鄭注○謞而效天地謂之丨丨之爲言謞而效也春秋繁露深察名號○丨法天也法日也日未出而明白虎通諡○丨者始也同上○丨凡而略春秋繁露深察名號○丨謂尊其名更爲美稱焉周禮大祝辨六丨注○丨功之表也文選典引厥有氏丨蔡注○丨者功之表古微書引春秋說題辭○丨者功之表也周書諡法○丨者功之表也所以表功明德丨令臣下者也白虎通號○丨謂諡丨周禮職喪詔其丨司農注○丨謂爵丨漢書司馬相如傳下集注○丨名位也國語楚語而能知山川之丨注○丨所以書之於綏通典引盧植禮記注○丨名者徽識所以相别也周禮大司馬辨丨名之用注○家之屬謂之丨周禮大司馬家以丨名注○丨者所以尊神顯物也禮記禮運祝其祝丨注○丨神丨幣丨周禮小宗伯則奉玉帛以詔丨注

幘 丨冒也釋名釋首飾

報 丨復也廣雅釋言又淮南天文東北爲丨德之維也注○丨猶反也穆天子傳六丨哭于大次注○丨白也國策秦策請爲張唐先丨趙注又漢書宣帝紀集注引如淳又家語郊問天子皮弁以聽丨注又呂覽權勳荀息操璧牽馬而丨注貴因子以是丨矣注又淮南精神列子行泣丨壼子注○丨猶白也禮記郊特牲王皮弁以聽祭丨注○丨論也漢書食貨志下集注引鄭氏胡建傳集注引蘇林又後漢陳寵傳注○丨猶論也後漢章帝紀注○丨猶合也禮記喪服小記誠而反以丨之注又鬼谷子反應以丨其心注○丨之者若上書詣公府言事矣周禮大司寇凡遠近惸獨老幼之欲有復於上注○丨謂斷決也後漢安帝紀注○丨因謂奏請丨決也後漢魯恭傳注○丨者天下之利也禮記表記○丨謂禮也禮記表記注○丨德之祭也國語魯語有虞氏丨焉注○積習之功爲丨莊子列禦寇夫造物者之丨丨人也

不丨其人而丨其人之天注○丨復也淫親屬之妻曰丨漢律淫季父之妻曰丨左氏宣三年傳文公丨鄭子之妃服注○漢律淫季父之妻曰丨左氏宣三年傳注○下淫曰丨小爾雅廣義○丨婬也廣雅釋詁一○丨讀爲褒禮記樂記故禮有丨而樂有反注○丨皆當爲褒聲之誤禮記祭義故禮有丨而樂有反注○丨讀爲赴疾之赴禮記少儀毋丨往注喪服小記丨葬者丨虞注

導 通作道○丨引也漢書宣帝紀集注禮樂志集注又後漢黨錮傳注呂強傳注○道引也漢書溝洫志集注○丨丨引也史記司馬相如傳使五帝先丨正義○丨謂誘引也論語爲政丨之以政皇疏○丨引謂搖筋骨動支節素問異法方宜論其治宜丨引按蹻注○丨猶先也呂覽適威忠信以丨之注○丨從首起也書禹貢丨岍及岐釋文○丨達也國語周語川氣之達也注○道達也國語晉語夫成子道前

志注○丨通也國語周語爲川者決之使丨注○丨
開也國語周語將丨利而布之上下者也注○道開
也國語楚語教之詩而爲之道注○丨開丨也國語
晉語述意以丨之注○丨治也論語學而道千乘之
國集解引包注又漢書地理志集注三見○道治也
漢書食貨志上集注王嘉傳集注○道治也引也漢
書溝洫志集注○丨猶治也論語學而皇疏○丨涉
呂覽察今嚮其先表之時可丨也注○丨擇也漢書
司馬相如傳下集注引鄭氏張湯傳集注又後漢殤
帝紀注○導擇也史記司馬相如傳導一莖六穗於
庖索隱引鄭注○道勴也爾雅釋詁○丨教也後漢
張敏傳注又淮南繆稱而不可以丨人注○道訓也
國語周語則德以道諸侯注晉語知子之道善矣注
○丨諫也淮南兵略丨於左右注○丨語也廣雅釋
詁二○丨者言古以剴今也周禮大司樂興道諷誦
言語注○道示之以道塗也禮記學記道而弗牽注

○丨陶也陶演己意也釋名釋言語○篤仁而好學
多聞而道慎天子疑則問應而不窮者謂之道道者
丨天子以道者也大戴記保傅○道者有疑則問故
或謂之疑大戴記保傅注○道也者丨也大戴記文
王官人深道以利注○丨官主丨擇米以供祭祀後
漢和熹鄧皇后紀注○丨所以丨櫟鬢髮使入巾幘
之裹也釋名釋首飾○書禹貢丨荷澤史記夏本紀
漢書地理志作道荷澤書禹貢丨河積石史記河渠
書作故道河自積石○書禹貢嶓冢丨漾史記夏本
紀作嶓冢道漾書禹貢岷山丨江史記夏本紀作汶
山道江漢書地理志作嶓山道江○孝經丨之以禮
樂釋文丨本作道○論語道之以德鹽鐵論授時作
教之
以德

盜 丨賊也禮記表記丨言孔甘注○丨亦賊也荀子
哀公文公用其丨注○丨謂小人也詩巧言君子

信丨箋○丨逃也詩巧言傳○丨者逃也漢書惠帝
紀集注引如淳○丨竊也史記秦本紀溫驪索隱引
劉氏又荀子王霸汙漫突丨以先之注○丨猶竊也
後漢馬援傳注○私竊謂之丨荀子正論故丨不竊
注○竊貨曰丨荀子脩身○竊賄爲丨左氏文十八
年傳○作於財賄六畜五穀曰丨大戴記千乘○丨
猶私也漢書陳平傳集注○丨竊者私取之謂也莊
子山木君子不爲丨賢人不爲竊注○非其所取而
取之謂之丨穀梁定八年傳○非所取而取之謂之
丨穀梁哀四年傳○取人之言而棄其身丨也新序
雜事二○微殺大夫謂之丨穀梁哀四年傳○辟中
國之正道以襲利謂之丨同上○坎爲丨易說卦傳
既濟婦喪其髴虞注濡有衣袽終日戒虞注象上傳
災在外也虞注繫辭上傳爲易者其知丨乎虞注丨
思奪之矣虞注繫辭
下傳蓋取諸豫虞注

操 丨志也楚辭謬諫夫何執丨之不固注○丨猶曲
也後漢曹褒傳注○其遇閉塞憂愁而作者命其
曲曰丨丨者言遇菑遭害困厄窮迫雖怨恨失意猶
守禮義不懼不懾樂道而不丨者也風俗通聲音

譟 羣呼曰丨穀梁定十年傳齊人鼓丨而起注又史
記周本紀裸而丨之集解引唐固又漢書五行志
下之上集注引應劭○丨羣呼煩擾也一切經音義
廿二引聲類○丨讙呼也國語鄭語王使婦人不幃
而丨之注○丨讙也周禮大司馬車徒皆丨注○丨
叫呂覽侈樂爲絲竹歌舞之聲則若丨注○雷鼓曰
丨家語相魯齊使萊兵以鼓
相丨注○丨音也方言十二

竈 丨造也創造食物也釋名釋宮室○丨造也廣雅
釋言○竈謂之丨廣雅釋室○丨烱陽漢書五行
志中之上○丨主飲食之事禮記祭法曰丨注○丨
者火之主人所以自養也白虎通五祀○丨夏爲太

陽其氣長養祀之於丨獨斷上○丨者老婦之祭也
風俗通祀典○丨鄰太元元衝○丨好利太元元錯
○杜子春讀丨爲造次之造書亦或爲造周禮大祝
二曰造注○齊公孫造字子雅見左氏昭三年傳
奧丨深也書序雅詁丨義釋文又國語周語野無丨
草注又後漢班彪傳上注○丨猶深也文選陸士
衡樂府塘上行結根丨且堅注○丨深室也後漢梁
冀傳注○丨內也書堯典厥民隩鄭注又論語八佾
與其媚於丨集解引孔注又皇疏○丨內也安也書
大傳壙四丨注○丨藏也廣雅釋詁四又老子萬物
之丨注○丨祕也大元元文冥反其丨注○丨幽也
漢書王褒傳集注引張晏○丨濁也後漢班彪傳下
注又文選典引有沈而丨蔡注○室中西南隅曰丨
不見戶明所在祕丨也釋名釋宮室○西南隅謂之
丨爾雅釋宮又荀子非十二子丨窔之閒注又楚辭
招魂經堂入丨注○室中西南隅謂之丨儀禮士喪

禮設于丨東面注少牢饋食禮司宮筵于丨注又禮
記曲禮上居不主丨注○丨西南隅未地也莊子徐
無鬼吾未嘗爲牧而牂生于丨釋文○丨西南隅論
語八佾與其媚於丨鄭注○東南隅謂之丨後漢周
磐傳注○丨即牖下詩采蘋宗室牖下王肅注○丨
隱處也文選七命吞響乎幽山之窮丨注○丨室中
隱丨之處爾雅釋宮注○丨室中隱隩之處也爾雅
釋宮孫注○丨猶曖也可得庇蔭之辭老子萬物之
丨王注○丨暖也太元樂陽始出丨注又老子道者
萬物之丨釋文○丨猶主也禮記禮運故人以爲丨
也注○夫丨者老婦之祭也禮記禮器○鴇丨脾肶
也禮記內則鴇丨注○丨豕牢也莊子徐無鬼釋文
○丨亦水名詩淇奧釋文引草木疏○丨當爲爨字
之誤也或作竈禮記禮器燔柴於丨注○禮記禮器
燔柴於丨夫丨者儀禮特牲饋食禮記注作燔燎
於爨夫爨者○詩無衣安且丨兮釋文丨本作燠

隩匡內爲丨爾雅釋邱○丨隈同上○丨隈也廣韻
引字林○丨隱也國語鄭語其丨愛太子注○丨
深也莊子天下其塗丨矣釋文引李注○丨藏也文
選蕪城賦注引蒼頡○九丨謂九州之內也文選東
京賦掩觀九丨薛注○室西南隅謂之丨家語問玉
目巧之室則有丨阼注○丨室也書堯典厥民丨傳
○丨煖也書堯典馬注○丨烏到反爾雅釋邱釋文
引字林○書堯典厥民丨史記五帝紀作其民燠○
書禹貢四丨既宅史記夏本紀作四奧既居漢書
地理志作四奧既宅○譙敏碑深明典丨奧作丨
告丨白呂覽贊能敢以丨之先君注○丨示也荀子
禮論輿藏而馬反丨不用也注○丨教也獨斷上
○丨謂教使也禮記玉藻燕居丨溫溫注○丨赴也
禮記曲禮下丨喪曰天王登假注○丨語也廣雅釋
詁二又國策秦策犀首丨臣注又呂覽節喪傳以相
丨注不侵我將丨子其故注又楚辭懷沙明以丨君

子兮注○丨言也荀子禮論注君子天子無妻丨人
無匹也注○丨請也穀梁莊廿八年傳又爾雅釋詁
又儀禮鄉飲酒禮以丨于先生君子可也注鄉射禮
以丨于鄉先生君子可也注又國語魯語鄉出丨糴
注又後漢張湛傳注○震爲丨易益丨公用圭虞注
夬丨自邑虞注○上敕下曰丨覺也使覺悟知己
意也釋名釋書契○丨上曰丨列子楊朱不丨而娶
釋文○禍福曰丨左傳序赴丨策書釋文○祔練曰
丨禮記少儀○丨糴者何請糴也公羊莊廿八年傳
○丨請假也後漢劉趙淳于江劉周趙傳注○丨歸
謂休假歸也後漢樊準傳注○丨歸謂請假歸後漢
張湛傳注○休謁之名吉曰丨凶曰寧史記高祖紀
常丨歸集解引李斐○名吏休假曰丨漢書高帝紀
上集注引孟康○丨讀爲鞫禮記文王世子則丨於
甸人注○丨音丨語之丨史記高祖紀索隱引韋昭
○丨音如嗥呼之嗥漢書高帝紀上集注引服虔○

書序作帝｜史記殷本紀作作帝誥○詩小雅日月｜凶漢書劉向傳作日月鞫凶

誥 ｜告也書序雅｜奧義釋文又爾雅釋詁又國語楚語以自｜也注○｜示也書序釋文○｜敎也廣雅釋詁四○｜謹也爾雅釋言又漢書刑法志集注○｜理也後漢魯恭傳注○｜誓以言辭相誡約也荀子大略｜誓不及五帝注○巽爲｜易象下傳后以施命｜四方虞注○本事曰｜文選典引｜誓所不及已蔡注○發下曰｜列子楊朱不告而娶釋文○會同曰｜書甘誓予誓告汝馬注仲虺之誥傳○｜當爲告書亦或爲告周禮大祝三曰｜杜注○｜號聲相近史記高祖紀乃告歸索隱○書大誥序作大｜釋文｜本作𢍺○史記殷本紀作帝｜索隱一作俈

暴 ｜猝也廣雅釋詁二○｜卒也呂覽察今澭水｜溢注又淮南俶眞｜行越智於天下注○｜猶卒

也素問厥論或令人｜不知人注○｜卒疾也大戴記保傅秦無道之｜注○｜疾也詩終風終風且｜傳○｜者卒也急也史記平津侯主父傳故倒行｜施之索隱○卒怒曰｜楚辭沈江紂｜虐以失位兮注○｜惡也孟子告子上凶歲子弟多｜注○｜虐也後漢崔琦傳注又淮南天文故誅｜則多飄風注○｜亂也孟子公孫丑上無｜其氣注滕文公下｜君代作注○｜虐亂也淮南主術其次賞賢而罰｜注○｜殘｜穀梁宣二年傳而｜彈之注○緩令急誅｜也新序雜事二○欿爲｜易繫辭上傳上慢下｜虞注○言非禮義謂之自｜孟子離婁上○人主輕下曰｜韓非子八說○窮民財力謂之｜列女傳辯通○下陵其上謂之｜呂覽至忠何其｜而不敬也注○｜察謂｜急嚴察也荀子彊國有｜察之威者注○｜僇謂相｜磔惡事方言七言相｜僇爲膊注○｜猶耗也禮記王制注○喪祭用不足曰｜禮記王制○方六里命之曰｜管子乘馬○五連而｜同上○徒搏曰｜虎詩小旻不敢｜虎傳○無兵搏虎曰｜呂覽安死不敢｜虎注○無兵搏虎曰｜虎淮南本經不敢｜虎注○空手搏虎爲｜虎論語述而｜虎憑河皇疏○｜虎空手以搏之詩大叔于田襢裼｜虎傳○｜虎徒搏也爾雅釋訓又論語述而｜虎憑河集解引孔注○｜戲｜也穀梁宣二年傳而｜彈之釋文○｜墳起不堅致也考工記旊人髻墾薜｜不入市注○｜室署名主中婦人疾病也後漢清河孝王慶傳注○日出而風爲｜爾雅釋天○｜讀爲剝考工記旊人司農注○｜有薄音匡謬正俗七引山海圖讚○｜當爲恭字之誤也周禮大司寇上愿糾｜｜注

好 ｜愛也楚辭惜誦父信讒而不｜注○｜喜也荀子解蔽其爲人也善射以｜思注哀公｜肆不守

折長者不爲市竊注又呂覽壅塞齊宣王｜射注○｜說自喜其說也荀子正論今子宋子嚴然而｜說注○｜說也詩彤弓中心｜之傳○言臣說君謂之｜君孟子梁惠王下｜君也注○｜樂法言孝至習亂則｜始治也注○｜善呂覽愼小故賢主謹小物以論｜惡注○｜猶善也詩鹿鳴人之｜我箋○｜猶與也詩小明｜是正直箋○乾爲｜易象上傳人道惡盈而｜謙虞注○｜謂與己和｜詩女曰雞鳴知子之｜之箋○｜合至意合也詩常棣妻子｜合箋○｜私｜也書洪範無有作｜馬注○人心有所去取去取謂之｜惡顏氏家訓音辭○｜用燕｜所賜予周禮大宰九曰｜用之式注○｜賜王所善而賜也周禮內饔凡王之｜賜肉脩注○｜得厚斂也呂覽士容｜得注○｜璧孔也考工記玉人｜三寸司農注又爾雅釋器肉倍｜謂之璧釋文○｜孔也後漢北海靖王興傳注○｜小也易中孚我有｜爵

釋文引孟注○書洪範無有作|說文女部作無有作𡚁

到 |至也爾雅釋詁又國策齊策雖隆薛之城|於天注○|欺也史記韓世家不如出兵以|之索隱○|耳逆聞也太元事|耳順止注○勦拔反之更生者曰|植莊子外物艸木之|植者釋文引司馬注○屆|字子夕見國語楚語

蹈 |道也以足踐之如道路也釋名釋姿容○|履也廣雅釋詁一○|猶履也三國袁張涼國田王邴原管傳注○|足履地也詩大序足之|之也釋文○|履行之名也穀梁隱元年傳|道則未也釋文○|行也廣雅釋訓○|動詩菀柳上帝甚|傳○|讀曰悼詩菀柳箋○詩菀柳上帝甚|國策楚策作上天甚神

勞 |勤也爾雅釋詁○|來不怠也亦約勑也一切經音義七引漢書音義○|之|其道|也儀禮覲禮王|之注○行道則|周禮司儀再|三辭注○|來禮記孔子閒居奉三無私以|天下注○|來猶言佑助詩旱麓神所|矣傳○|謂苦倦之也周禮大行人三問三|注○|賜也管子山權數|若以百金注○|者敘其勤以荅之諸侯相朝逆之以饔餼謂之郊|左氏隱十年傳以|王爵注

傲 說文作敖○|慢也爾雅釋言敖憮|也注○敖慢也漢書郊祀志上集注○傲倨也廣雅釋言○敖倨也史記游俠傳敖而無足數者集解引徐廣○|倨也文選江賦|自足於一嘔注○敖妄也廣雅釋言○敖僞也同上○|輕呂覽士容|小物而志屬於大注○傲傷也廣雅釋詁三○|倨見傷也一切經音義九引字林○敖戲謔也爾雅釋詁○敖亦戲|也荀子勸學故未可與言而言謂之|注○敖意舒也爾雅釋詁謔浪笑敖戲謔也舍人注○|揮斥高大之貌莊子天下圖|乎救世之士哉注○|睨自寬縱不正之貌文選江賦冰夷倚浪以|睨注○|喧噪也荀子勸學不問而告謂之|注○侮慢曰敖離騷保厥美以驕敖注○不問而告謂之|荀子勸學○未可與言而言謂之|同上○弟敬愛兄謂之悌反悌爲|賈子道術○思惡勿道謂之戒反戒爲|同上○再不適謂之|禮記射義正義引書大傳○敖讀曰|漢書禮樂志集注郊祀志上集注五行志中之上集注劉向傳集注東方朔傳集注尹翁歸傳集注蕭望之傳集注王嘉傳集注○|或讀爲嗷荀子勸學注○書益稷無若丹朱|釋文|本作奡○爾雅釋訓仇仇敖敖|也釋文|舍人本作毁○書益稷無若丹朱|漢書劉向傳作毋若丹朱敖說文夰部作若丹絑奡○詩桑扈彼交匪敖漢書五行志中作匪徼匪|○詩絲衣不吳不敖史記武帝紀作不虞不驁○禮記曲禮凡視上於面則敖三國孫皓傳作視上於衡則|

耗 俗作耗○|減也漢書食貨志下集注郊祀志下集注地理志上集注魏豹田儋韓信傳贊集注東方朔傳集注夏侯勝傳集注馮奉世傳集注匈奴傳上集注○耗減也廣雅釋詁二○|損也漢書高帝紀下集注昭帝紀集注宣帝紀集注元帝紀集注成帝紀集注刑法志集注匈奴傳下集注西南夷傳集注又莊子達生未嘗敢以|氣也釋文引司馬注○|虛也漢書董仲舒傳集注二見王莽傳下集注○|虛之意也爾雅釋天元枵虛也孫注○|亦虛意爾雅釋天注○|虛竭也荀子脩身多而亂曰|注○|謂精神竭|荀子王霸勞苦|顇莫甚焉注○輕用曰耗素問上古天眞論以耗散其眞注○耗謂費用也素問五常政大論革金且耗注○凡物多而易盡曰|荀子脩身注○耗空也太元元掜鬼神耗

荒注○秏貧無也史記天官書其虛則秏正義○丨惡也詩雲漢丨斁下土釋文引韓詩○丨亂也漢書食貨志下集注酷吏傳贊集注○丨猶亂也淮南精神弗疾去則志氣日丨注○秏土謂疏薄之地大戴記易本命秏土之人醜注○秏秏字也家語執轡秏土之人醜注

【眊】目少睛曰丨續漢書五行志注引字林○丨者蒙蒙目不明之貌孟子離婁上則眸子丨焉注○丨者老稱漢書平帝紀集注○丨丨思也廣雅釋訓○丨丨好也廣雅釋詁一○毛飾曰丨稍上垂毛亦曰丨也一切經音義二引通俗文○丨古髦字漢書武帝紀集注○周禮小司寇注則眸子丨焉釋文丨本作旄

【耄】丨老也詩抑亦聿既丨傳又楚辭逢紛精越裂而衰丨注○丨惛忘也禮記曲禮上八十九十曰丨注○丨昏亂也書微子吾家丨遜于荒鄭注○丨亂也漢書五行志中之上集注○七十曰丨頭白丨丨然也釋名釋長幼○八十曰丨丨昏惑也國語周語爾老丨矣注○八十曰丨亂也左氏昭元年傳諺所謂老將至而丨及之者注○丨亂也九十曰丨楚辭怨世心悼怵而丨思注○七十曰丨鹽鐵論孝養○八十曰丨詩板匪我言丨傳又左氏隱四年傳老夫丨矣注○八十九十曰丨禮記曲禮上又書大禹謨丨期倦于勤傳又家語觀鄉射丨期稱道而不亂者注○古文耄老二形今作丨一切經音義一○書微子丨遜于荒釋文丨本作旄詩行葦箋丨勤稱道不亂者釋文丨本作旄周禮司刺再赦曰老丨釋文丨本作旄

【躁】丨燥也物燥乃動而飛揚也釋名釋言語○丨動也淮南主術人主靜漠而不丨注○丨猶動也禮記月令處必掩身毋丨注又後漢桓譚傳注○丨擾也廣雅釋詁三○丨擾也亦動也一切經音義十四引國語賈注○丨疾也廣雅釋詁二○丨狡淮南原道其魂不丨注○丨不安靜也論語季氏言未及之而言謂之丨集解引鄭注○丨暴急之人也荀子富國丨者皆化而愨注○好變動民曰丨周書謚法○巽爲丨卦易說卦傳○震爲決丨易說卦傳繫辭下傳丨人之辭多虞注○魯讀丨爲傲今從古論語季氏鄭注○今月令毋丨爲欲靜禮記月令注○漢書古今人表秦丨公史記索隱作趮

【漕】丨水運也史記蕭相國世家轉丨給軍索隱又後漢章帝紀注班彪傳上注○丨水運穀也晉書音義上○水轉曰丨史記平準書丨轉山東粟索隱○水運曰丨後漢鄧訓傳注

【造】丨至也書盤庚中咸丨勿褻在王庭傳呂刑兩丨具備傳又周禮大司寇以兩丨禁民訟注又儀禮士喪禮丨于西階下注又漢書賈誼傳集注司馬相如傳下集注何並傳集注谷永傳集注何武傳集注楊雄傳上集注敘傳上集注又後漢章帝紀注班彪傳注二見○丨猶至也周禮司門凡四方之賓客丨焉注○丨致也孟子離婁下君子深丨之於道注○丨適也小爾雅廣詁又莊子山木愛己而丨哀也釋文引司馬注○丨進也小爾雅廣詁○丨詣也詩酌蹻蹻王之丨釋文又廣雅釋言又莊子大宗師魚相丨于水釋文○丨成也禮記王制曰丨士注又後漢桓帝紀注鄧隲傳注崔駰傳注袁紹傳注又管子地員各有穀丨注○丨並也後漢杜篤傳注○丨猶即也周禮肆師類丨上帝注○丨猶內也禮記喪大記君設大盤丨冰焉注○丨猝也廣雅釋詁二○丨次急遽也論語里仁丨次必於是集解引馬注又皇疏又後漢盧植傳注○丨然驚慘之貌大戴記保傳靈公丨然失容注○升於司徒者不征於鄉升於學者

不征於司徒曰丨士禮記王制○類丨加誠肅求如志周禮大祝一曰類二曰丨曰丨注○丨祭於祖也周禮大祝二曰丨杜注○類宜丨背祭名禮記王制丨乎禰注○天子丨舟詩大明丨舟爲梁傳又爾雅釋水○故書丨作竈杜子春讀竈爲丨㕣之丨書亦或爲丨周禮大祝注

冒 丨覆也易繫辭上傳丨天下之道注又釋文又書康誥怙丨丨釋文又詩日月下土是丨傳又禮記月令注土長丨丨櫬釋文又廣雅釋詁二又小爾雅廣詁又漢書周勃傳集注又莊子繕性德則不丨釋文引崔注又文選思元賦患衆僞之丨真舊注○丨猶覆也山海經西山經積石山石門河水丨以西流注○丨蒙也漢書食貨志下集注地理志下集注○丨觸也易繫辭上傳丨天下之道虞注○丨抵觸也國語周語夫戎翟丨沒輕儳注○丨抵丨國語晉語有丨上而無忠下注○丨犯也文選吳都賦丨霜停雪注○丨貪也左氏襄四年傳丨於原獸注○丨亦貪也左氏文十八年傳丨於貨賄注○丨盛也國語鄭語戎狄必丨注○厚人自薄謂之讓反讓爲丨賈子道術○丨謂丨悶也素問玉機眞藏論忽忽眩丨而巔疾注五常政大論埃丨雲雨注○丨嫉呂覽明理夫妻相丨注○丨突取其觸丨而唐突也後漢岑彭傳注○丨丨頓匈奴單于名也後漢傅燮傳注○古者圭必有丨丨言不敢專達之義考工記玉人疏引書大傳○名玉曰丨者言德能覆蓋天下也考工記玉人天子執丨四寸注○故圭丨者天子所與諸侯爲瑞也御覽珍寶部五引書大傳○丨蒙鼓以革考工記韗人凡丨鼓注○丨覆項也書大傳古之人衣上有丨而句領者注○丨覆面呂覽知化乃爲幎以丨而死注○丨者何也所以掩形也禮記雜記下○以囊韜其形曰丨覆其形使人勿惡也釋名釋喪制○丨緇質長與手齊經殺掩足儀禮士喪禮○丨韜尸者制如直囊儀禮士喪禮注○丨與芼古字通文選七發丨以山膚注○書君奭昭武王惟丨說文目部作武王惟䁯

悼 丨傷也詩氓躬自丨矣傳又淮南脩務墨子聞而丨之注又文選西京賦怵丨慄而聳兢薛注○丨傷也廣雅釋詁二○丨傷也秦謂之丨方言一○丨哀也廣雅釋詁一○丨哀也陳楚之閒曰丨秦晉之閒或曰丨方言一○丨猶哀傷也詩羔裘中心是丨箋○丨動也詩羔裘傳○丨憐愛也禮記曲禮上七年曰丨注○丨病也詩菀柳箋蹈讀爲丨釋文○七年曰丨丨逃也知有廉恥隱逃其情也言是時而死可傷丨也釋名釋長幼○七年曰丨禮記曲禮上又通典引劉智儀禮釋疑○年中早夭曰丨周書諡法○中身早折曰丨獨斷下○肆行勞祀曰丨周書諡法○恐懼從處曰丨同上

纛 丨毛羽幢也史記項羽紀車傳左丨集解引李斐○左丨以旄牛尾大如斗置騑馬頭上以亂馬目不令相見也文選東京賦方釳左丨薛注○丨舞者所持羽也爾雅釋言丨翳也孫注○爾雅釋言釋文丨本作翳

幬 一作幬廣韻幬同○丨覆也書禹貢傳丨以黃土釋文又周禮司几筵每敦一几注又周書作雒丨以黃土注又小爾雅廣詁○幬覆也禮記檀弓下天子龍輴而椁幬注喪大記大夫殯以幬注又左氏襄廿九年傳如天之無不幬也注○幬覆也廣雅釋詁二○幬亦覆也禮記中庸無不覆幬注○丨者冒也公羊文十三年傳魯公丨注○冕弁也廣雅釋言○幬幔轂之革也考工記輪人欲其幬之廉也注○幬亦覆幬與丨同後漢朱穆傳注○幬或作䇛或作埻禮記喪大記注○公羊文十三年傳釋文丨本作燾

○史記吳太伯世家如天之無不
｜也左氏襄廿九年傳｜作幬
倒 ○｜顛｜也禮記曲禮下｜筴側龜於君前有誅注
○｜逆呂覽明理知交相｜注至忠｜於心注似
順事多似｜而順注○｜縣猶困苦也後漢荀彧傳
注○喪己於物失性於俗者謂之｜置之民莊子繕
性○君有過而不改謂之｜管子君臣○草木首地
而生故曰｜生淮南原道｜生挫傷注○大殑謂之
｜頓方言四○｜頓今雹殑也方言四注○｜縣鴞
鳴也廣雅釋鳥○鴞鳴自關而東或謂之｜縣方言
八○｜殺呂覽用民
｜而投之瀨水注
驁 ｜千里馬名呂覽察今不期乎驥｜注○王者乘
之遊｜因曰驥｜同上○｜亦輕呂覽下賢士｜
祿爵者固輕其主注○莊子外物而
｜萬世之患釋文｜本作鶩又作敖

瑁 ｜之為言冒也上有所覆下有所冒也白虎通瑞
贄○｜所以冒諸侯圭書顧命上宗奉同｜傳
媢 ｜妬也禮記大學｜疾以惡之注○｜亦妒也史
記黥布傳妒｜生患集解○｜是妬之別名顏氏
家訓書證○｜丈夫妒也史記五宗世家王后亦以
｜妒索隱引郭注三蒼○男妒曰｜史記五宗世家
索隱
翿 ｜翳也詩宛邱植其鷺｜傳○｜羽葆幢也爾雅
曰纛翳也周禮鄉師及葬執纛司農注○幢謂之
翿廣雅釋器○禮記雜記匠人執羽葆
御柩周禮鄉師注作匠人執｜以御柩
懊 ｜忨也爾雅釋言
慥 ｜｜守實言行相應之貌禮記中庸君子胡不｜
｜爾注

嫪 ｜妬也廣雅釋詁一○｜惜也謂戀不能去也一
切經音義十三引聲類○意若曰｜一切經音義
七引通
俗文
奡 論語憲問｜說文作敖○｜卽澆見左氏襄四年
傳
趮 ｜旁掉也考工記矢人羽殺則｜注○｜古躁字
漢書王子侯年表下集注高惠高后孝文功臣表
集注
菢 雞伏卵北燕謂之｜江東呼蓲音央富反一切經
音義十八引通俗文
虣 司｜禁暴亂周禮地官序官胥師司｜注○虣古
文暴字文選蕪城賦注引字書○虣與暴同文選
吳都賦虣
甝虪注

犒 ｜勞也公羊僖卅三年傳犒以鄭伯之命而｜師
焉注又左氏僖廿六年傳公使展喜｜師釋文公
羊莊四年傳注釋文又廣雅釋詁一又國語魯語展
禽使乙喜以膏沐｜師注又後漢馬融傳注○牛酒
曰｜公羊莊四年經夫人姜氏饗齊侯于祝邱注○
牛羊曰｜共其枯槁也淮南氾論｜以十二牛注○
斥彰長田君碑史見勞
䣗芳馨馥芬䣗同｜
郜 ｜鼎｜國所作也後漢孔融傳注○｜工竺反左
氏傳隱十年釋文引字林
芼 ｜菜也儀禮特牲饋食禮及兩鉶鉶｜設于豆南
注少牢饋食禮皆｜注又禮記內則｜羹注○｜
謂菜釀也禮記內則雉兎皆有｜注○｜搴也爾雅
釋言○｜取也廣雅釋詁一○｜擇也詩關雎左右
｜之傳○爾雅釋言
釋文｜郭音義作毛

埽汜丨曰丨周禮隷僕掌五寢之丨除糞洒之事注

禱丨疾病求瘳也周禮女祝凡內丨祠之事注

旌丨尾也禮記月令注白馬黑鬣釋文○纖微皆審謂之察反察爲丨賈子道術○八十九十曰丨禮記射義丨期稱道不亂者注○丨老耄也孟子梁惠王下反其丨倪注○丨倪老也孟子梁惠王下音義引丁音○禮記曲禮八十九十曰丨釋文丨本作耄禮記射義丨期稱道不亂者釋文丨本作耄○周禮司刺再赦曰老丨漢書刑法志作二曰老眊

鱮丨小鯩也廣雅釋魚

○以下據廣韻録

敎丨老也廣雅釋詁一

勎丨大也爾雅釋詁

謸丨與傲同戲謔也荀子禮論歌謠丨笑注

冃古丨似同三國虞翻傳注引翻別傳

覒丨視也廣雅釋詁一

潦雨水謂之丨禮記曲禮上水丨降釋文

癆丨瘌皆辛螫也方言三注

諛丨語也廣雅釋詁一○丨告也廣雅釋詁三

桌丨字亦作甃方言五注

瘙瘙同○丨疥也一切經音義十五引蒼頡○瘙創也廣雅釋詁一○皮起曰瘙一切經音義十四引通俗文

藃丨丨暴考工記輪人則轂雖敝不丨注○丨當作秏考工記輪人司農注

臑丨若膞胳轂之折以大夫之餘體儀禮鄉射禮記折脊脅肺丨注○肩臂丨肱骨儀禮少牢饋食禮肩臂丨注

○以下據集韻録

燋丨子弔反儀禮大射儀釋文引字林○丨當爲爟書亦或爲爟周禮夏官序官司爟杜注

趭丨丨行也廣雅釋訓

訋丨挐也廣雅釋詁三

經籍籑詁卷第七十九

經籍籑詁卷第七十九補遺　去聲

吏部侍郎兼都察院右副都御史總督浙江等處地方提督軍務兼理糧餉阮元撰集

二十號

號 說文号痛聲也从口在丂上凡号之屬皆从号○丨丨令也易象下傳孚丨有厲疏○丨令猶召呼也詩東方未明序丨令不時箋○巽爲丨令易夬无丨虞注○徽丨旌旗之名也禮記大傳殊徽丨注

帽 說文冃小兒蠻夷頭衣也从冂二其飾也凡冃之屬皆从冃○冒所以覆冒其首漢書雋不疑傳著黃冒注○丨憑盈滿積思之貌淮南脩務丨憑而爲義注

報 說文丨當辠人也从幸从𠬝𠬝服辠也○斷獄爲丨漢書胡建傳辟丨故不窮審注○丨合也儀禮

喪服傳注屈而反以丨之疏○丨白也呂覽樂成已得中山還反丨文侯注○丨孝養也荀子法行有親不能丨注○丨者謂嘗也烝也詩豐年序秋冬丨也箋○丨拜再拜也周禮大祝八曰褒拜鄭大夫注

導 道達也國語周語夫天道道可而省不注○開丨謂開通丨達荀子儒效教誨開丨成王注○丨行也國語楚語而丨之以訓辭注○丨通引也漢書溝洫志決之使道注○丨是師引之言周禮遂師注道野役帥以至墓也疏○丨訓也國語晉語是以丨於民注又史記五帝紀敬道日出正義○道謂教道之也荀子大略所以道之也注○道謂爲之政教論語學而道千乘之國集解引馬注○丨擇也續漢書百官志三丨官令本注○丨亦擇也後漢書光武帝紀下非徒有豫養丨擇之勞注○道讀爲丨周禮大司樂興道諷誦言語注○詩江有汜箋岷山道江釋文本亦作丨蕩箋其教道之釋文本亦作丨○書禹貢

丨菏澤被孟豬周禮職方氏疏引作道柯澤被明都

盜 說文丨私利物也从次次欲皿者○丨謂私之漢書直不疑傳然特毋柰其善丨嫂何也注○丨謂丨取人物周禮朝士注謂丨賊羣輩若軍疏○竊賄爲丨左氏文十八年傳○竊人財賄謂之爲丨左氏文十八年傳疏○丨者竊物之名詩巧言傳丨逃也疏○丨者寇賊之名左氏襄十年經注以丨爲文疏○丨者賤人有罪之稱也左氏春秋序書齊豹丨疏○丨是卑賤之稱公羊定八年傳注不言丨取疏○丨者賤人之稱也左氏定八年經注丨謂陽貨也疏○坎爲丨易賁當位疑也集解繫辭下傳以待暴客鄭注

操 丨謂所執持之志行也漢書張湯傳雖賈人有賢丨注

譟 說文丨擾也从言喿聲○丨羣呼也漢書王莽傳下騎馬丨注○丨鳴也一切經音義二十引廣雅

喿 說文喿鳥羣鳴也从品在木上

竈 說文竈炊丨也从穴鼀省聲竈竈或不省○丨者生養之本漢書五行志中之下○竈謂之丨玉篇引廣雅

奧 說文奧宛也室之西南隅从宀𢍜聲○丨西南隅也管子弟子職必自丨始注○室西南隅謂之丨左氏昭十三年傳國有丨主疏○丨主國內之主同上○泔與丨皆亯和之名荀子大略泔之傷人不若丨之注○丨音爨爨以爨煑爲義也禮記禮器夫丨者蔬○禮記仲尼燕居室無丨阼釋文本又作隩爾雅釋宮西南隅謂之丨釋文本或作隩

隩　說文隩水隈厓也从𨸏奥聲

告　說文丨牛觸人角箸横木所以丨也从口从牛易曰僮牛之丨凡丨之屬皆从丨○丨致丨國策齊策請丨太子注○丨者請謁之言謂請休耳漢書高帝紀上注○丨休假也漢書元帝紀吏從官縣被害者與丨注引臣瓚○丨歸今之歸寧也史記高祖本紀常丨歸之田索隱引戰國策延篤注○丨謂祝辭書金縢乃丨大王王季文王傳○丨祝謂尸命祝以嘏於主人荀子禮論丨祝注○凶事謂之赴他事謂之丨左氏春秋序赴丨策書疏○丨謂問也禮記王制八十月丨存疏○丨古文誥字之誤也禮記緇衣尹吉曰注

誥　說文丨告也从言告聲𧦝古文丨○指其言謂之丨書孔序雅丨奥義疏○丨謂康丨盤庚之屬也周禮大祝三曰丨司農注○易姤后以施命丨四方釋文鄭作詰

暴　說文暴晞也从日从出从廾从米𣋡古文暴从日麃聲○丨疾也一切經音義十一引廣雅○不令而誅謂之丨易蠱先甲三日馬注○不令而伐謂之丨孝經故能成其德教而行其政令鄭注○丨是亂下之稱左氏昭十四年傳注三惡丨虐頗也疏○丨戾謂兇丨而惡戾也史記伯夷列傳丨戾恣睢索隱○丨陰雲不興而大風丨起爾雅釋天日出而風爲丨孫注○無兵搏虎曰暴虎淮南本經不敢暴虎注○丨虎無兵空手搏之爾雅釋訓舍人注○易繫辭下以待丨容釋文鄭作虣書仲虺之誥覆昏丨釋文字或作虣

好　說文玫人姓也从女丑聲商書無有作玫○丨私丨呂覽貴公無或作丨注○丨憎情欲淮南精神孰能無丨憎注○丨憎者心之暴也淮南精神○丨憎者心之過也淮南原道○孟子離婁下禹惡旨酒而丨善言金樓子好作樂

到　說文丨至也从至刀聲

蹈　說文丨踐也从足舀聲○丨者踐履之名詩菀柳傳丨動疏○丨躡也淮南原道丨騰昆侖注○丨頓足蹋地史記樂書發揚丨厲之已蚤正義○丨行也一切經音義九引廣雅

勞　丨者恤其勤丨也漢書平當傳丨俫有意者注○丨者敘其勤以丨之左氏隱十年傳以丨王爵注○丨謂丨賚易象下傳君子以丨民勸相疏○丨謂問遺之漢書淮陽憲王欽傳丨博博不受注○以師枯槁故饋之飲食丨苦謂之丨也左氏僖廿六年傳服注○丨者陳其功丨詩采薇序出車以丨還疏○

丨慰丨也禮記曲禮下君若丨之疏○丨慰問之漢書高后紀持節丨章注○丨慰勉也漢書谷永傳丨二千石注○丨農謂慰勉之漢書元帝紀丨農勸民注○丨來者言慰勉而招延之也漢書宣帝紀丨來不怠注○丨來勸勉也漢書循吏龔遂傳丨來循行注○丨來謂勸勉也漢書平當傳丨俫有意者注○丨來勸勉之意也漢書成帝紀致丨來之注○丨郊丨也穆天子傳一丨用束帛加璧注○迎來曰郊丨左氏僖卅三年傳自郊丨至于贈賄注

傲　說文丨倨也从人敖聲○丨輕也一切經音義十一引廣雅○敖慢也禮記投壺毋敖注○丨慢也國語晉語小國敖注○敖者矜慢在心之名禮記曲禮上敖不可長疏○丨戲謔也荀子禮論歌謠丨笑注○丨不敬左氏文九年傳執幣丨注○敖也者言敖其親不恭敬禮記祭義敖也疏○言不及而言者

丨也鹽鐵論孝養○諸侯貢士再不適謂之丨說苑修文○禮記樂記齊音丨辟喬志釋文字又作敖○左氏襄二十年傳大夫敖釋文本亦作傲服本作放○莊子徐无鬼恃其便以敖予釋文司馬本作倖

【秏】說文丨稻屬从禾毛聲伊尹曰飯之美者元山之禾南海之丨○耗消也文選七啓注引蒼頡○耗減也考工記㮚人爲量改煎金錫則不耗疏○丨零落也淮南時則秋行冬令丨注○耗讀與毦同漢書景帝紀注

【毦】說文丨目少精也从目毛聲虞書耄字从此○丨月闇也漢書息夫躬傳憒丨不知所爲注○丨不明也漢書五行志下之上失在丨悖注董仲舒傳天下丨亂注故政有丨而不行注又續漢五行志五○耗不明也漢書景帝紀不事官職耗亂者注○耗不明也漢書董仲舒傳耗矣哀哉注○丨不明之皃漢

書武帝紀哀夫老丨孤寡鰥獨注○丨亂也續漢五行志五厥咎丨注○丨音老耄漢書五行志下之上厥咎丨注引服虔○丨與耄同漢書彭宣傳年齒老丨注○丨讀與耄同漢書刑法志二曰老耄注

【耄】說文𦒱秊九十曰𦒱从老从蒿省○丨老稱也漢書武帝紀哀夫老眊孤寡鰥獨注○八十九十曰旄禮記射義旄期稱道不亂者釋文○八十曰丨詩行葦箋丨勤稱道不亂者釋文又國語楚語老丨而喪我注○八十曰眊漢書平帝紀全貞信及眊悼之八注○八十曰丨亂也漢書五行志中之上注○丨僻謬也禮記曲禮上疏○守義不進茲謂丨漢書五行志下之上○書呂刑丨荒釋文本亦作𦒱

【躁】丨謂舉動急丨禮記內則狗赤股而丨疏○丨速也素問奇病論人迎丨盛注○丨謂煩丨素問平人氣象論脈三動而丨注○離位之謂丨韓非子喻老○丨定本作操義並得通詩兔爰箋有所丨躄也

疏

【漕】說文漕水轉轂也一曰人之所乘及船也从水曹聲○丨轉周書文傳以丨四方注○水轉運曰丨漢書武帝紀穿丨渠通渭注引如淳○以水通輸曰丨續漢百官志三注引小學漢官篇胡廣注○丨水運也漢書食貨志上歲丨關東穀注

【造】說文丨就也从辵告聲譚長說丨上士也船古文丨从舟○丨成也一切經音義廿二引廣雅○丨詣也國策宋策而丨大國之城下注○丨至也禮記王制丨乎禰疏玉藻注丨於膳宰疏○丨至詣也漢書張湯傳其丨詣諸公注○丨是丨次儀禮士喪禮注以丨言之疏○丨者以其非時而祭丨次之意周禮大祝丨於廟疏○丨次倉卒皆廹促不暇之意左氏隱四年經注草次之期疏○丨本作告列子楊朱

密丨鄧析而謀之釋文

【冒】說文丨蒙而前也从冃从目冃古文丨○丨蒙覆也漢書王商傳水猶不丨城郭注○丨覆蔽也漢書翟方進傳善惡相丨注○丨謂假稱若人首之有覆丨也漢書衛青傳故青丨姓爲衛氏注○丨犯也漢書禮樂志民人抵丨注賈誼傳至丨上也注李陵傳丨白刃注司馬相如傳下丨流矢注司馬遷傳丨白刃注○丨即貪之義史記伯夷列傳衆庶馮生索隱○丨貪蔽也漢書翟方進傳丨濁苟容注○丨者既襲所以韜尸重形也禮記喪大記君錦丨黼殺疏○書君奭迪見丨聞于上帝釋文馬本作勗顧命爾無以釗丨貢于非幾釋文馬鄭王作勗

【悼】說文丨懼也陳楚謂懼曰丨从心卓聲○丨懼也國語晉語隱丨播越注○七年曰丨漢書平帝紀

全貞信及耗丨之人注○丨謂可憐愛也禮記曲禮上七年曰丨釋文○丨者未成爲人於其死亡可哀丨也漢書平帝紀注

【翿】丨翳也爾雅釋言○丨毛羽幢也在乘輿車衡左方上注之漢書高帝紀上黃屋左丨注引李斐○丨雉尾爲之在左驂當鑣上漢書高帝紀上注引應劭○丨以犛牛尾爲之如斗或在騑頭或在衡漢書高帝紀上黃屋左丨注引蔡邕○詩君子陽陽傳翿纛也釋文俗作丨

【燾】說文燾溥覆照也从火壽聲○丨覆也左氏襄廿九年傳如天之無不幬也服注○幬覆也考工記輪人爲輪欲其幬之廉也疏幬必負幹疏又左氏襄廿九年傳釋文○幬亦覆後漢書朱穆傳故夫天不崇大則覆幬不廣注○燾載也廣雅釋言○幬或作丨禮記中庸無不覆幬注

【倒】丨亦逆也呂覽至忠丨於心注

【驁】說文駿馬以壬申日死乘馬忌之从馬敖聲○丨與傲同漢書田蚡傳諸公稍自引而怠丨注王吉傳率多驕丨注匈奴傳上甚丨無道注倨丨其辭注匈奴傳贊其桀丨尚如斯注○丨讀與傲同漢書東平思王宇傳丨忽臣下注

【瑁】說文丨諸侯執圭朝天子天子執玉以冒之似犂冠周禮曰天子執丨四寸从玉冒冒亦聲玥古文省

【媢】說文丨夫妒婦也从女冒聲一曰相視也○丨謂夫妬婦也漢書五行志中之下而桓有妬丨之心注○男妒曰丨史記黥布列傳妒丨生患索隱○妒女爲丨史記五宗世家索隱○丨亦妒也漢書常山憲王舜傳王后以妬丨不常在注○丨是妬之別名史記黥布列傳索隱

【翳】說文丨翳也所以舞也从羽殹聲詩曰左執丨

【㥷】丨咿內悲也文選琴賦注引字林

【嫪】說文丨婟也从女翏聲

【奡】說文丨嫚也从百从夰夰亦聲虞書若丹朱丨讀若傲論語丨盪舟

【趮】說文丨疾也从走喿聲○丨者不靜管子心術上○丨音躁疾漢書王子侯表下東昌丨侯成注引晉灼

【虣】說文新附虣虐也急也从虎从武見周禮

【犒】丨勞左氏昭五年傳蹶由丨師注○丨者以酒食餉饋軍師之名也左氏僖廿六年傳注丨齊師疏

【郜】說文邑周文王子所封國从邑告聲

【芼】丨搴皆擇菜也爾雅釋言丨搴也注○丨菜者菜是地之毛儀禮少牢饋食注丨菜也疏

【鑿】丨謂所穿冢藏者漢書劉向傳羊入其丨注

【瀑】說文瀑疾雨也一曰沫也一曰瀑賁也从水暴聲詩曰終風且瀑

【燠】說文燠熱在中也从火奧聲

【靠】說文丨相違也从非告聲

【楣】說文丨門樞之橫梁从木冒聲

○以下據廣韻錄𤩽 說文ㄧ石之似玉者从玉號聲讀若鎬

𧇊 說文𧇊土鍪也从虍号聲讀若鎬

䆃 說文ㄧ禾也从禾道聲司馬相如曰ㄧ一莖六穗○ㄧ瑞禾也史記司馬相如列傳ㄧ一莖六穗於庖集解引徐廣○ㄧ澤米史記司馬相如列傳索隱引鄭德

菿 說文ㄧ艸木倒从艸到聲

嫯 說文ㄧ侮易也从女敖聲

癆 說文朝鮮謂藥毒曰癆从疒勞聲○ㄧ痛也廣雅釋詁二

䐿 ㄧ鳥胃也廣韻引埤蒼

臑 說文臑臂羊矢也从肉需聲讀若襦

○以下據集韻錄嵪 說文ㄧ山皃一曰山名从山告聲

䫜 說文ㄧㄧ顤高也从頁敖聲

㬥 說文㬥疾有所趣也从日出夲廾之

萺 說文ㄧ艸也从艸冒聲

燥 說文ㄧ乾也从火喿聲

搔 莊子徐无鬼委蛇攫揉釋文本又作搔徐本作揉司馬本作條

經籍籑詁卷第七十九補遺終

經籍籑詁卷第八十　去聲

經筵講官南書房翰林戶部左侍郎兼署兵部左侍郎前提督浙江學政阮元撰集

二十一箇

箇　一作个○丨枚也方言十二又漢書景武昭宣元成哀功臣表集注刑法志集注貨殖傳集注○个枚也國語齊語鹿皮四个注○个猶枚也儀禮大射儀搢三挾一个注有司徹俎釋三个注○个猶枚也今俗言物數有若干個者此讀然儀禮特牲饋食禮俎釋三个注○个猶枚也今俗或名枚曰个音相近儀禮士虞禮俎釋三个注○丨凡也廣雅釋言○个謂所包遣奠牲體之數也禮記檀弓下國君七个注○个讀曰丨漢書刑法志集注貨殖傳集注○禮記少儀大牢則以牛左肩臂臑折九丨少牢則以羊左

肩七丨犆豕則以豕左肩五
丨周禮祭僕注丨皆作个

介　丨猶隔也呂覽孟春天子居青陽左丨注又淮南時則朝于青陽左丨注○丨偏也禮記月令青陽左丨釋文○丨東西廂左氏昭四年傳使寘饋於丨而退注○丨謂廂屋左氏昭四年傳釋文○禮記大學若有一丨臣
釋文丨本作介

賀　丨嘉也廣雅釋言○以禮物相慶曰丨漢書高帝紀上集注○丨加也儀禮士喪禮丨之注○丨儋也自關而西隴冀以往謂之丨凡以驢馬馱馲載物者謂之負佗亦謂之丨方言七○丨今江東語亦言方言七注

佐　丨左也在左右也釋名釋言語○丨助也周禮肆師以丨大宗伯注又廣雅釋詁二又國語周語四岳丨之注晉語狐偃丨之注○丨猶助也周禮天官序官以丨王均邦國注○丨治也大戴記衞將軍文子廉於其事上也以丨其下注○丨猶勸也國語晉語召之使丨食注○丨君位也淮南詮言無害於爲丨注○三伯一長曰丨周書武順○丨亦副周禮田僕掌丨車之政注○貳車丨車皆副車也朝祀之副曰貳戎獵之副曰丨禮記少儀乘貳車則式丨車則否注○戎車之貳曰丨禮記檀弓上丨車授綏注○丨車驅逆之車禮記王制大夫殺則止丨車注○周禮大宗伯以丨王建保邦國釋文丨本作左○齊國丨字賓媚人見左氏成二年傳○齊北郭丨字子車見左氏襄廿八年傳

邏　丨遊兵也晉書音義中○丨謂循行非違也一切經音義十四引韻略

餓　丨飢也廣雅釋詁四○丨困乏也淮南說山無一月丨注

那　丨語餘聲也後漢韓康傳注

過　丨失也大戴記盛德又國語周語若丨其序注又國策齊策君之謀丨矣注齊策而齊燕之計丨矣注又呂覽察微則大物不丨矣注達鬱上無丨舉注審爲知輕重故論不丨注○丨猶失也論語里仁人之丨也皇疏癡也不貳丨皇疏○丨謂失度易象上傳故日月不丨虞注○丨誤也論語子路赦小丨皇疏憲問以告者丨也皇疏又廣雅釋詁三又國策秦策丨聽於張儀注又漢書成帝紀集注哀帝紀集注伍被傳集注鄒陽傳集注引服虔李尋傳集注匈奴傳上集注又後漢鄧隲傳注○丨猶誤也禮記樂記丨制則亂丨作則暴注又漢書劉歆傳集注蒯通傳集注公孫閎傳集注貢禹傳集注石顯傳集注又淮南主術誤無丨事注○丨誤失也國策齊策則爲國計者丨矣注○丨謬也國策秦策王之料天下丨矣

注又孟子公孫丑下然則聖人且有丨與注○丨猶
繆也漢書韋元成傳集注李尋傳集注○丨非也淮
南脩務所以論之丨注○丨賚也廣雅釋詁二○丨
責呂覽適威煩爲敎而丨不識注○坤爲丨易象下
傳有丨則改虞注○小丨丨也易雜卦傳○大丨顛
也同上○丨歷也公羊隱六年傳首時丨則書注○
丨渡也廣雅釋詁二○丨猶至也呂覽異寶五員丨
於吳注○丨見也國策秦策臣不得復丨矣注○丨
猶見呂覽貴當狐援聞而蹶往丨之注○丨猶取也
呂覽論威丨勝之所在也注○丨丨之猶置之也管子
山權數令丨之平盤之中注○丨絶也呂覽決勝巧
拙之所以相丨注○丨猶勝呂覽適威以爲造父不
丨也注○丨多呂覽務本主雖丨與注○丨猶多也
呂覽貴當田獵之獲常丨人矣注○丨長也呂覽舉
難相丨注○丨客一也老子丨客止注○丨無本意
也周禮調人凡丨而殺傷人者注○丨者人所辟也

禮記表記與仁同丨注○貢士一不適謂之丨禮記
射義正義引書大傳○丨謂不忠也呂覽審己此公
玉丹之所以丨也注○丨失亦由衺惡酗醟好訟若
抽拔兵器誤以行傷害人麗於罪者周禮司救掌萬
民之衺惡丨失而誅讓之注○丨飛自關而東或謂
之丨嬴方言八○丨讀責丨之丨淮南覽冥丨歸雁
于碣石注○莊子讓王君丨而遺先生食釋文丨本
作遇漁文今者邱得丨也釋文丨本作遇○杞釐公
名丨見春秋哀八年
經史記杞世家作遂

和 丨應也漢書馮奉世傳集注揚雄傳下集注王莽
傳中集注○丨荅也列子周穆王王丨之注○煎
丨齊以五味周禮內饔掌王及后世子膳羞之割
亨煎丨之事注○丨錞于周禮小師與其丨注

挫 丨折也考工記輪人外不廉而內不丨注又廣雅
釋詁一又漢書蓋寬饒傳集注又淮南時則銳而

不丨注○折其鋒曰丨後漢馮異傳注○丨損也荀
子解蔽蚊虻之聲聞則丨其精注○丨猶毀也國策
秦策丨我於內注○丨毀折也國語吳語而未嘗有
所丨也注○丨搦也老子或丨或隳釋文○丨捉也
楚辭招魂丨糟凍飲注○丨案也莊子人閒世丨鍼
治繲釋文引李注○丨猶止也春秋考異郵清明者
精芒丨收也注○丨鍼縫衣也莊子人閒世釋文引
司馬注○丨讀曰剉漢書王莽傳下集注○老子或
丨或隳釋文丨
河上本作載

課 丨試也廣雅釋言又楚辭天問何不丨而行之注
○丨第也廣雅釋言○今考第爲丨也文選北山
移文常綢繆
於結丨注

堁 丨塵也文選風賦注引淮南許注○丨塵也
楚人謂之丨丨動塵之貌淮南主術譬猶揚丨而

弭塵
注

播 丨揚也左氏昭四年傳丨於諸侯注○丨猶揚也
周禮大師皆丨之以八音注○丨謂發揚其音周
禮瞽矇掌丨鼗柷敔塤簫管絃歌注○丨搖也廣雅
釋言○丨猶搖也論語微子丨鼗武集解引孔注又
皇疏○丨布也書舜典丨時百穀傳又廣雅釋詁三
又國語鄭語周棄能丨殖百穀注又漢書食貨志上
集注地理志上集注溝洫志集注揚雄傳上集注揚
雄傳下集注又文選琴賦蒸靈液以丨雲注○丨之
言被也周禮大司樂丨之以八音注○丨舒也禮記
禮運丨五行于四時釋文○丨散也書禹貢又北丨
爲九河鄭注又文選荅盧諶詩注引聲類又國語晉
語隱悼丨越注又漢書翟義傳集注又呂覽必己盡
揚丨入于河注又文選思元賦丨余香而莫聞舊注
○丨猶施也禮記緇衣丨刑之不迪注○丨放也國

語周語丨其淫心注吳語今王丨棄黎老注○丨遷
也後漢獻帝紀注袁術傳注○丨棄也楚辭思古丨
規榘以背度兮注○丨種也楚辭天問而禹丨降注
惜誦丨江離與滋菊兮注○丨猶種也詩噫嘻丨厥
百穀箋載芟丨厥百穀箋○丨抵也廣雅釋言○丨
蕩流移失所左氏襄廿五年傳成公丨蕩注○丨精
丨卦占兆也莊子人閒世鼓筴丨精釋文引崔注○
故書丨爲藩杜子春云藩當爲丨讀如后稷丨百穀
之丨周禮大司樂注○古文丨爲半儀禮士虞禮尸
飯丨餘于篚注○丨讀曰藩洪範五行傳丨國率相
行祀注○左氏昭四年傳丨于諸侯釋文
丨本作幡○莊子人閒世釋文丨本作數

簸 丨揚也文選西京賦丨林薄薜注

剉 丨缺傷呂覽必己廉則丨注○莊子山木廉則丨
釋文丨本作挫

莝 丨委也詩鴛鴦箋摧今丨字也釋文引韓詩

愞 亦作懦○丨弱也廣雅釋詁一又一切經音義八
引三蒼○懦弱也左氏僖二年傳懦則不能强諫
注昭元年傳吾少懦矣注昭卅三年傳不懦不耆注
又孟子盡心下懦夫有立志注又列子仲尼觀形懦
夫也
注

坐 丨跪也史記樂書武丨致右憲左正義

破 丨壞也廣雅釋詁一

臥 丨化也精氣變化不與覺時同也釋名釋姿容○
丨寢也荀子解蔽心丨則夢注○丨猶息也後漢
隗囂傳注又管子白心丨名利者寫生危注○丨僵
也廣雅釋詁四○丨言佯眠也山海經北山經邊春
之山有獸見人則丨名曰幽頞注○無丨使人少眠
山海經南山經基山有鳥焉名曰鵸鵌食之無丨注
○丨知無知也墨子經上○禮記樂
記則唯恐丨漢書禮樂志作則欲寐

貨 丨天地所化生謂玉也儀禮聘禮記多丨則傷于
德注○丨泉貝也周禮職金掌受士之金罰丨罰
注○丨貢珠貝自然之物也周禮大宰六曰丨貢司
農注○丨物龜貝也周禮大行人其貢丨物注○金
玉曰丨周禮大宰六曰商賈阜通丨賄注○丨珠玉
之屬國語楚語夫古者聚丨注○百丨金玉之屬禮
記禮運而百丨可極焉注○丨貢金玉龜貝也周禮
大宰六曰丨貢注○丨布長二寸五分廣寸首長八
分有奇廣八分其圜好徑二分半足枝長八分其右
文曰丨左文曰布重二十五銖直丨泉二十五周禮
外府掌邦布之入出注○丨泉徑一寸重五銖右文
曰丨左文曰泉直一也同上○財物曰丨論語先進

賜不受命而丨殖焉皇疏○丨賄財賂也呂覽仲秋
入丨賄注○丨摯幣庭實也禮記禮運其行之以丨
力注○漢書以丨泉爲白
水眞人顏氏家訓書證

涴 丨演迴曲貌文選江賦洪瀾丨演而雲迴注○丨
或作涴音宛枉之宛山海經西山經英鞮之山丨
水出
焉注

左 丨右助也易象上傳以丨右民鄭注又釋文又書
益稷予欲丨右有民傳又書大傳舜爲丨右注又
詩關雎丨右流之箋長發實丨右商王傳又周禮士
師以丨右刑罰注又漢書韋元成傳集注師丹傳集
注貨殖傳集注王莽傳中集注又後漢明帝紀注徐
稺傳注董卓傳注○丨右導也爾雅釋詁○丨右勴
也同上○丨右亮也同上○丨讀曰
佐漢書韋元成傳集注師丹傳集注

蓌 丨猶詐也禮記曲禮上爲其拜而丨拜注

銼 丨鑹小釜也亦土釜也一名鎢錥音烏育一切經音義十六引聲類

惰 丨疲懈也論語子罕語之而不丨者皇疏○丨游罷民也禮記玉藻丨游之士也注

嫷 丨古惰字漢書兩龔傳集注韋元成傳集注二見趙尹韓張兩王傳贊集注

癉 丨勞也爾雅釋詁○憚勞也詩大東哀我憚人傳小明憚我不暇傳雲漢我心憚暑傳○丨苦也廣雅釋詁四○憚苦也詩雲漢釋文引韓詩○詩大東哀我憚人爾雅釋詁注作哀我丨人

播 丨書盤庚王丨告之脩說文言部作王譒告之

○以下據廣韻録

袔 丨袖也廣雅釋器

吹 丨丨笑也廣雅釋訓

裹 丨猶房也文選高唐賦緑葉紫丨注

鍋 丨釭也廣雅釋器

剉 丨鍊也廣雅釋器

御 丨和也廣雅釋言

髁 丨髀也廣雅釋親

涶 丨即唾字才卧反漢書楊雄傳音義引字林

毻 丨易也方言十三

㲊 丨落毛也文選江賦注引字書又管子輕重甲發朝鮮不朝請文皮丨服而以爲幣乎注○丨與毻同文選江賦産毻積羽注

礤 丨忙佐反一切經音義十四引字林

㬉 丨土也廣雅釋地

○以下據集韻録

㩭 丨所擊之處丨弊也考工記梟氏于上之丨謂之隧注

拕 丨引也漢書兩龔傳集注

憜 丨古惰字漢書韋元成傳集注

糯 丨粘稻也爾雅釋草疏引字林

經籍籑詁卷第八十

經籍籑詁卷第八十補遺 去聲

兵部侍郎兼都察院右副都御史巡撫浙江等處地方提督軍務兼理糧餉阮元纂

二十一箇

【箇】說文丨竹枝也从竹固聲○竹曰个木曰枚史記貨殖列傳正義引釋名○个者一个兩个漢書貨殖傳注引孟康○丨个古今字也史記貨殖列傳竹竿萬个索隱○个是牢具也禮記檀弓下注遣車視牢具疏○一个爲一具禮記雜記上注天子太牢包九个疏○个讀若齊擠幹之幹考工記梓人爲侯上兩个與其身三下兩个半之注○上个下个皆謂舌也同上○經中个人下豎牽俗語名枚曰個者人傍著固字雖不同音聲相近同是一个之義云儀禮士虞禮注今俗或名枚曰個音相近疏

【个】右丨南頭室也呂覽季春天子居青陽右丨注○丨猶隔也呂覽孟春天子居青陽左丨注

【賀】說文丨以禮相奉慶也从貝加聲

【佐】丨助也國語鄭語丨制物于前代者注○丨車副車左氏成二年傳鄭周父御丨車注○田車之副曰丨禮記少儀注丨車副車也疏○丨疾謂療也呂覽仲秋禦丨疾以通秋氣注○丨覗也廣雅釋詁三

【邏】說文新附丨巡也从辵羅聲

【餓】說文丨飢也从食我聲○有死者曰大餓無死者曰大丨穀梁襄廿四年傳五穀不升爲大饑疏引徐邈說○孟子告子下丨其體膚荀子注作窮餓其體膚

【些】說文新附丨語詞也見楚辭从此从二其義未詳

【過】○丨謂丨誤也禮記雜記下丨而舉君之諱則起疏○丨罪也禮記禮運著有丨疏○丨失也呂覽贊能本則丨無由生矣注似順寡人幾丨注○丨謂丨失素問示從容論子別試通五藏之丨注○丨失非意也漢書刑法志二曰丨失注○丨差猶失錯也漢書禮樂志如有丨差注○諸侯貢士一不適謂之丨說苑修文○德厚而位卑者謂之丨管子立政○丨太丨也素問六元正紀大論丨者折之注○丨謂太丨也素問經脈別論一陽之丨也注○太丨有餘也素問天元紀大論各有太丨不及也注○太丨謂歲氣有餘也素問氣交變大論太丨何如注○丨者丨度之丨也漢書宣帝紀稱丨客使注○丨猶甚也呂覽知士大子之不仁丨頤涿注○丨卽淫也左氏昭元年傳丨則爲菑疏○丨謂異於常候也素問脈要精微論故乃可診有丨之脈注○丨之猶置之也管子山權數令丨之平盤之中注○丨謂遍也素問玉

版論要篇逆行一丨注○盛脂之器名丨史記孟子荀卿列傳炙轂丨髡索隱○丨與鍋字相近蓋卽脂器也史記孟子荀卿列傳炙轂丨髡索隱

【挫】說文挫摧也从手坐聲○丨折也後漢書班固傳上脫角丨脰注○丨屈折也漢書陳湯傳久丨於刀筆之前注○丨辱淮南脩務頓兵丨銳注○侳辱也淮南說山爲其侳廉也注

【課】說文丨試也从言果聲

【唾】說文丨口液也从口垂聲涶唾或从水○腎爲丨素問宣明五氣篇

【播】說文丨穜也一曰布也从手番聲𢾺古文丨○丨布也禮記禮運丨樂以安之注禮器有摲而丨也疏又國語晉語必丨於外注又史記夏本紀北丨爲九河正義又淮南原道神農之丨穀也注○丨謂布

種書大誥厥子乃弗肯丨疏○丨謂布種也漢書百官公卿表上丨百穀注○丨是分散之義書舜典疏○丨敷也書舜典丨時百穀王注○丨揚謂動勞也左氏昭三十年傳將焉用是丨揚焉注○丨謂丨蕩逃亾之意書大誥于伐殷逋丨臣疏○丨是水丨溢之義史記夏本紀縈丨既都索隱○丨聲曰丨周禮大師令奏鼓朄疏○朱龜碑𤰈徽聲丨作𤰈

剉 說文剉折傷也从刀坐聲

莝 說文莝斬芻从艸坐聲○丨斬芻漢書尹翁歸傳使斫丨注○丨斬也素問湯液醪醴論去菀陳丨童虞補注

磨 說文礳石磑也从石靡聲

愞 懦弱穀梁僖二年傳達心而丨注○丨奴課反丨亦弱一切經音義二引三蒼○禮記玉藻注舒懦者所畏在前也釋文又作懦

坐 說文堊止也从土从畱省土所止也此與畱同意丨古文堊○丨跪也禮記玉藻退則丨取屨疏少儀寢則丨而將命疏樂記武丨致右憲左疏○丨亦跪也禮記少儀受立授立不丨疏○丨亦跪也丨通名跪跪名不通丨也禮記曲禮上丨而遷之疏○丨猶跪也禮記少儀丨委之疏○丨行膝行左氏昭廿六年傳丨行而入注

破 說文丨石碎也从石皮聲○丨謂丨敗左氏隱三年傳淫丨義疏○坎爲破易夬其行次且虞注

臥 說文丨休也从人臣取其伏也凡丨之屬皆从丨○丨夢墨子經說上

貨 說文丨財也从貝化聲○丨者金玉布帛之總名書洪範疏○丨謂布帛可衣及金刀龜貝漢書食貨志上○錢布龜貝曰丨也荀子富國等賦府庫者丨之流也注○丨謂珍寶珠玉老子不貴難得之丨注○金玉曰丨周禮大府掌九貢疏司市凡通丨賄疏又禮記曲禮下注司丨艸人也疏○丨謂聚斂及珍異獻君荀子大略下臣事君以丨注○丨者愛之末也管子心術下○丨掌金帛之官書洪範二曰丨鄭注○司丨艸人也禮記曲禮下司丨注

左 說文丨手相丨助也从𠂇工凡丨之屬皆从丨○丨右助也周禮地官序官大司徒相丨右也疏大行人注詔相丨右教告之也疏禮記祭統丨右成公疏又漢書律麻志上以丨右民注○丨右謂扶持之禮記檀弓上丨右就養無方注○丨讀曰佐佑漢書律麻志上注○丨右讀曰佐佑漢書貨殖傳后以財成輔相天地之宜注王莽傳中疊疊在丨右之不得從意注

夎 蓌挫也禮記曲禮上疏○蓌詐也挫也禮記曲禮上釋文○禮記曲禮上爲其拜而蓌拜釋文盧本作蹲

銼 鎢錥謂之丨鑹廣雅釋器

惰 丨不正之言禮記曲禮上言不丨注○丨爲無神也禮記曲禮上臨祭不丨注

媠 丨亦古惰字也漢書韋元成傳無丨爾儀注○丨亦惰字耳漢書谷永傳車馬丨出之具注○丨與惰同漢書外戚傳上妾不敢以燕丨見帝注

譒 說文丨敷也从言番聲商書曰王丨告之

○以下據廣韻錄袪四襌衣有褎者趙魏之間謂之丨衣方言

𡯥說文丨彽𡯥行不正从尣左聲

侳說文侳安也从人坐聲

髁說文丨髀骨也从骨果聲

毻丨謂解丨也方言十三丨易也注

𧜏說文無袂衣謂之𧜏从衣惰省聲

𥪡說文丨㾢也从立𣎆聲

𦃇說文丨不均也从糸𣎆聲

○以下據集韻錄楇說文丨盛膏器从木咼聲讀若過

踒說文丨足跌也从足委聲

經籍籑詁卷第八十補遺終

經籍籑詁卷第八十一

經筵講官南書房行走禮部左侍郎兼署兵部左侍郎提督浙江學政阮元撰集

去聲

二十二禡

禡 丨師祭也爾雅釋天又禮記王制丨於所征之地注○丨謂師祭也周禮大司馬有司表貉司農注○丨師祭名詩皇矣釋文○類也丨也師祭也詩皇矣是類是丨箋○於野曰丨詩皇矣傳○丨者馬也漢書敘傳下集注

駕 馬在軛中曰丨一切經音義八引字林○丨加也莊子庚桑楚譬猶飲藥以加病也釋文引崔注又呂覽貴因不可以丨矣注○馬曰丨一切經音義八引三蒼○六丨六馬也後漢馬融傳注○丨乘也廣

雅釋詁四○丨傳也法言學行仲尼丨說者也注○乘輿或謂之車丨獨斷上○天子出車丨次第謂之鹵簿有大丨有小丨有法丨獨斷下○秋丨法丨也文選魏都賦注引莊子司馬注○丨行也廣雅釋詁一又漢書司馬相如傳下集注引張揖○丨淩也小爾雅廣言○丨猶陵也左氏昭元年傳猶詐晉而丨焉注○丨材木相乘丨也淮南本經大構丨與宮室注○丨辯勞商皆曲名也楚辭大招伏戲丨辯楚勞商只注○丨宜爲駕山海經中山經青要之山北望河曲是多丨鳥注○丨古文貉一切經音義十四

夜 丨莫也詩陟岵夙丨無已箋蒸民夙丨匪解箋又國語周語夙丨基命宥密注○丨暮也廣雅釋言○丨丨漏未盡雞鳴時也周禮雞人丨嘑旦以嘂百官注○丨陰也論衡說日○丨者坤也易繫辭上傳通乎晝丨之道而知荀注○坤爲丨易繫辭上傳晝丨之象也虞注繫辭下傳重門擊柝虞注○坤爲莫丨易夬莫丨有戎虞注○坎爲丨易豐宜日中于注○丨謂脂昧之行也管子侈靡大昏也博丨也注○丨郎西南夷之國也後漢馮緄傳注○西方有木焉名曰丨下荀子勸學○丨讀曰液洪範五行傳時則有脂丨之妖注○丨史爲字誤大戴記保傅暫丨誦詩注○左氏昭廿五年傳孤丨姑釋文丨本作射○左氏莊七年經夏四月辛卯丨丨恒星不見穀梁作辛卯昔○國策齊策今將軍東有丨邑之奉說苑作掖邑

下 丨降也禮記射義丨而飲注又史記陳涉世家蘄下索隱又漢書酈食其傳集注又呂覽知接以書社四十丨衛注○亦降也儀禮士相見禮大夫則辭退丨注大射儀賓丨拜注○丨謂降之也史記酈生陸賈傳令丨足丨正義○以兵威服之曰丨史記項羽紀未能丨丨正義巳丨東陽索隱○丨謂斃之禮

記王制天子殺則丨大綏注○丨猶隕也呂覽功名丨鳥乎百仞之上注○丨猶去也周禮司民歲登丨其死生注○丨猶減也國策西周策溫囿不丨注又後漢仲長統傳注○丨猶後也後漢仲長統傳注○又丨避呂覽慎人讓賢而丨之注○丨謙丨也荀子堯問賜爲人丨而未知也注○丨謂臣也禮記中庸丨焉者注○丨民也國策宋策爲天丨饒注○丨陰也禮記少儀皆尚左手注○上丨猶尊卑也禮記坊記示民有上丨也注○上丨猶豐殺也周禮司儀從其爵而上丨之注○丨丨意猶出氣也後漢和熹鄧皇后紀注○飛而丨曰丨丨音詩燕燕丨上其音傳○魯讀丨爲趨今從古論語鄉黨丨如授鄭注○丨音丨書之丨漢書高帝紀下集注引蘇林

謝 以辭相告曰丨漢書陳餘傳集注引晉灼○丨告也漢書周勃傳集注車千秋傳集注趙廣漢傳集

注〇｜去也廣雅釋詁二又楚辭橘頌願歲并｜注招魂恐後｜之注大招青春受｜注〇｜化也莊子秋水何少何多是謂｜施釋文引司馬注〇｜猶聽也禮記曲禮上若不得｜注〇｜猶慙也文選顏延年贈王太常詩屬美｜繁翰注〇｜猶讐也後漢皇甫規傳注〇｜敘也淮南俶眞二者代｜外馳注｜周之南國也詩崧高于邑于｜傳〇｜邑也詩黍苗肅肅｜功傳〇寵仰者｜爾雅釋魚〇爾雅釋魚釋文｜本作射〇詩崧高既入于｜楚辭注十三作既入于徐

榭｜有木者謂之｜爾雅釋宮又禮記月令可以處臺｜注〇有木謂之｜楚辭招魂層臺累｜注〇臺有木曰｜文選東京賦彩門曲｜薛注〇有木曰｜書泰誓上惟宮室臺｜陂池侈服傳又左氏襄卅一年傳無觀臺｜釋文又左氏哀元年傳次有臺｜陂池焉注又後漢班彪傳上注〇上有屋謂之｜爾雅

釋宮有木者謂之｜李注〇臺有屋曰｜淮南時則處臺｜注〇有屋曰｜呂覽重已其爲宮室臺｜也注〇臺加木爲｜呂覽仲夏可以處臺｜注〇無室曰｜爾雅釋宮又國語楚語故先王之爲臺｜也注〇大殿無內室謂之｜文選魯靈光殿賦陽｜外望張注〇但有大殿無室名曰｜爾雅釋宮無室曰｜李注〇｜但有堂也爾雅釋宮孫注〇｜即今堂堭爾雅釋宮注〇無室曰｜謂屋歇前左氏宣十六年經夏成周宣｜火注〇｜講武堂左氏成十七年傳三郤將謀於｜注〇｜器之所藏也禮記禮運以爲臺｜注〇謝與｜同荀子王霸臺謝甚高注〇禮記禮運釋文｜本作謝穀梁宣十六年傳成周宣｜火釋文｜本作謝〇左氏宣十六年傳成周宣謝火釋文謝本作｜

｜省淮南時則｜官之無事注〇｜猶｜息也論

罷語子罕欲｜不能皇疏〇｜歸也廣雅釋詁二

夏｜大也萬物皆長大也太元元數爲南方爲｜注〇｜暇也廣雅釋言〇｜假也漢書律麻志上集注王莽傳中集注引晉灼又管子四時其時曰｜注〇｜之爲言假也禮記鄉飲酒義〇｜假也寬假萬物使生長也釋名釋天〇｜者假也吁荼萬物養之外者也御覽時序部六引書大傳〇｜之言暇書多方須｜之子孫鄭注〇｜火也呂覽孟春孟春行｜令注又素問金匱眞言論｜勝秋注〇｜火之位後漢荀爽傳注〇｜火氣也春秋繁露天地之行〇火爲｜春秋繁露五行對〇火主｜洪範五行傳厥罰常燠注〇氣爲｜論衡無形〇賞爲｜春秋繁露四時之副〇離爲｜易象上傳而四時不忒虞注萃字乃利用禴虞注既濟不如西鄰之禴祭虞注〇｜爲朱明爾雅釋天〇｜爲長嬴同上〇｜者陽氣在上陰氣在下後漢張純傳〇｜者天之德也春秋繁露威德所生〇｜者太陽之選也春秋繁露官制象天

〇｜爲太陽其氣長養獨斷上〇｜樂氣也故養春秋繁露陰陽義〇｜樂志也春秋繁露天辨在人〇｜整齊萬物周禮目錄〇物至則反冬｜是也新序善謀〇差｜謂立秋之後一十日也素問六元正紀大論物成於差｜注〇｜赤也周禮巾車孤乘｜篆司農注〇｜篆五采畫轂約也周禮巾車注〇｜縵亦五采畫無瑑爾同上〇｜采｜翟羽色禹貢徐州貢｜翟之羽有虞氏以爲緌後世或無故染鳥羽象而用之謂之｜｜采周禮天官序官｜采注〇染｜者染五色謂之｜者其色以｜狄爲飾周禮染人秋染｜注〇｜扈氏農正趣民芸除獨斷上〇半｜藥草禮記月令半｜生注〇書無逸至于日中仄不遑暇食漢靈臺碑作日稷不｜〇鄭公孫｜｜字子西見左氏襄十年傳

｜｜開也國語晉語我教茲｜豫事君注楚語官寮

暇之｜注〇｜一作假列子黃帝試語之有｜釋文

或作伯○丨者長也言爲諸侯之長孟子離婁下
霸 以善服人者音義引丁音○丨者伯也行方伯之
職白虎通號○丨猶迫也把也迫脅諸侯把持其政
同上○丨者把也駮也言把持天子政令糾率同盟
也風俗通皇霸○丨猶把也言把持諸侯之權也一
切經音義二引國語賈注○天子衰諸侯興故曰丨
禮記祭義至弟近乎丨注○丨者王之弊也論衡命
祿○五伯昆吾大彭豕韋齊桓晉文呂覽先己五伯
先事而後兵注○五伯齊桓晉文宋襄楚莊秦繆也
呂覽當務備說非六王五伯注○丨政謂齊桓晉文
也後漢崔寔傳注○自擇友者丨新序雜事一○伯
讀曰丨漢書高帝紀下集注異姓諸王表集注諸侯
王表集注律厤志下集注刑法志集注三見食貨志
下集注郊祀志上集注五行志中之上集注五行志
下之上集注二見五行志下之下集注十一見地理
志上集注地理志下集注五見藝文志集注項籍傳

集注四見陳勝項籍傳贊集注韓信傳集注張良傳
集注蒯通傳集注賈誼傳集注鼂錯傳集注二見馮
唐傳集注鄒陽傳集注二見路溫舒傳集注董仲舒
傳集注二見司馬遷傳集注嚴安傳集注二見王褒
傳集注梅福傳集注二見韋元成傳集注谷永傳集
注楊雄傳下集注游俠傳集注西南夷兩粵朝鮮傳
集注西域傳下集注王莽
傳下集注敘傳上集注
灞 通作霸○霸者水上地名也古曰滋水矣秦穆公
霸世更名滋水爲霸水以顯霸功水經渭水注
嫁 丨往也爾雅釋詁○丨往也自家而出謂之丨由
女而出爲丨也方言一○自家而出謂之丨列子
天瑞將丨於衞注○丨者家也婦人外成以出適人
爲家白虎通嫁娶○凡女行於大夫以上曰丨行於
士庶人曰適人儀禮喪服子丨反注○凡人嫁乳而
雙產自關而東趙魏之閒謂之孿生女謂之丨子方

言三○丨丨責國策西
周策以丨丨之齊也注
敹 丨舍也爾雅釋詁又一切經音義五引三蒼又周
禮司刺掌三刺三宥三丨之灋注又漢書刑法志
集注○丨止者免止之罪辭也公羊昭十八年
傳○丨事也詩小毖自求辛丨釋文引韓詩
借 或作藉○藉假也史記陳涉世家藉第令毋斬集
解引服虔又漢書陳勝傳集注引蘇林吳王濞傳
集注鄒陽傳集注司馬相如傳上集注司馬相如傳
下集注又呂覽任數凡耳之聞也藉於靜注○丨猶
假也後漢和熹鄧皇后紀注○丨助也漢書朱雲傳
集注○不丨履也廣雅釋器○丨丨音以物丨人之丨
漢書文帝紀集注引蘇林○詩抑丨
曰未知漢書霍光傳作藉曰未知
藉 丨借也左氏僖廿八年傳丨丨之告楚釋文又大戴
記衞將軍文子使其臣如丨丨注又小爾雅廣言又

國語周語不丨千畝注又漢書高帝紀上集注文帝
紀集注引韋昭賈山傳集注楊雄傳下集注西域傳
下集注○丨猶借也漢書陳勝傳集注引服虔○丨
亦借也莊子讓王丨夫子者無毀釋文○丨之言借
也周禮甸師掌帥其屬而耕耨王丨注又禮記王制
古者公田丨而不稅注○丨因也莊子寓言寓言十
九丨外論之釋文引李注又管子內業彼道自來可
丨與謀注○丨資丨也文選陶徵士誄故無足而至
者物之丨也注○丨係也莊子讓王丨夫子者無毀
釋文○丨繫也莊子應帝王執斄之狗來丨釋文引
崔注○丨薦也左氏文十二年傳所以丨寡君之命
注成二年傳若苟有以丨口注襄四年傳丨之以樂
注又後漢隗囂傳注○丨猶薦也儀禮士虞禮丨用
葦席注○斷曰丨公羊宣十一年傳左執茅旌注○
在下曰丨易大過丨用白茅釋文引馬注又列子黃
帝丨芀燔林釋文○位在下稱丨易大過丨用白茅

虞注○以草薦地而坐曰丨文選遊天台山賦丨萋
萋之纖草注○丨席也管子山權數賦丨藏龜注○
丨猶辱也呂覽愼人丨夫子者不禁注○丨蹈也史
記魏其武安侯傳人皆丨吾弟索隱引晉灼又漢書
灌夫傳集注引晉灼又後漢明帝紀注○丨猶蹈也
漢書匈奴傳下集注○丨猶蹈丨也後漢廉范傳注
○丨謂蹈丨漢書文帝紀集注引臣瓚○丨踐也荀
子王霸曰欲司閒而相與投丨之注○丨踐履也荀
子正名故窮丨而無極注○丨繩也莊子應帝王釋
文引司馬注○丨繫也莊子讓王丨夫子者無禁釋
文○丨毀也莊子讓王釋文○丨陵丨也莊子讓王
釋文○丨見淩丨也荀子正論丨靡舌縛注○古者
什一而丨公羊宣十五年傳○丨水即洋水也水經
渭水注○丨藻也禮記曲禮上執玉其有丨者則裼
注○丨謂繅也繅所以縕丨玉儀禮聘禮記凡執玉
無丨者襲注○繅丨以五采韋衣板若奠玉則以丨

之周禮大行人繅丨九寸注○古文丨爲席儀禮士
虞禮丨用葦席注○丨本作藉列子仲尼而爲牢丨
釋
文

炙 丨丨也丨於火上也釋名釋飲食○丨燒也漢書
戾太子傳集注○火傍作庶爲丨字顏氏家訓書
證

蔗 荊州出甘丨或作甘柘一物也一切經音義九引
通俗文

假 丨至也易家人王丨有家虞注萃王丨有廟虞注
豐王丨之虞注渙王丨之虞注又詩雲漢昭丨無
贏傳蒸民昭丨于下箋泮水昭丨烈祖傳噫嘻既昭
丨爾箋元鳥四海來丨箋又禮記王制歸丨于祖禰
注祭統公丨于大廟注孔子閒居昭丨遲遲注又廣
雅釋詁一又史記司馬相如傳乘虛無而上丨集解

引徐廣又漢書成帝紀集注孔光傳集注楊雄傳集
注又後漢明帝紀注章帝紀注二見安帝紀注和熹
鄧皇后紀注馮異傳注陳寵傳注楊秉傳注又管子
小匡寵龜丨注又楚辭招魂蘭芳丨些注又文選劇
秦美新登丨丨皇穹注○丨至也邠唐冀兗之閒曰丨
方言一○丨至也升也漢書王莽傳中集注○丨升
也漢書王莽傳上集注○丨上也淮南齊俗其不能
乘雲升丨注○丨因也管子君臣上大臣丨於女之
能以規主情注四稱丨寵驕貴注○丨敗也廣雅釋
詁三○其言以璧丨之何易之也公羊桓元年傳○
丨謂丨借之恩管子小問丨而禮之注○丨已也詩
下武箋此三后既沒登丨釋文又禮記曲禮下告喪
曰天王登丨注○丨嘉也爾雅釋詁又詩假樂丨樂
君子傳維天之命丨以溢我傳雝丨哉皇考傳○詩
皇矣箋天須丨此二國釋文丨本又作暇○詩假樂
丨樂君子禮記中庸作嘉樂君子○詩維天之命丨

以溢我說文言部作誐以溢我廣韻引說文作誐以
謐我左傳襄廿七年作何以恤我○禮記檀弓公肩
丨漢書古今
人表作瑕

化 丨變也後漢張衡傳注又呂覽順民則湯達乎鬼
神之丨注召類此治亂之丨也注又離騷傷靈修
之數丨注○丨亦變也淮南原道而五味之丨不可
勝嘗也注○丨易也書益稷懋遷有無丨居傳又淮
南氾論禮與俗丨注○丨徵易也墨子經上○丨者
改舊形之名荀子正名狀變而實無別而爲異者謂
之丨注○丨猶隨也呂覽大樂皆丨其上注○丨猶
生也周禮柞氏若欲其丨也注又禮記樂記和故百
物皆丨注○丨生丨也素問五運行大論在地爲丨
注○丨謂生丨也素問天元紀大論在地爲丨注人
有五藏丨五氣注○物生謂之丨素問天元紀大論
○能生非類曰丨周禮大宗伯以禮樂合天地之丨

注○丨育呂覽過理剖孕婦而觀其丨注○在地爲
丨易繫辭上傳變丨見矣虞注此所以成變丨虞注
○在陰稱丨易繫辭上傳知變丨之道者虞注○秋
冬爲丨易彖下傳四時變丨虞注繫辭上傳變丨者
荀注○丨施丨也素問天元紀大論注○丨言轉丨
無常也國語晉語勝敗若丨注○丨謂造丨也素問
五常政大論丨不可代注○丨和氣也素問氣交變
大論木不及春有鳴條律暢之丨注○丨道呂覽似
順則可與言丨矣注○丨教呂覽士容淳淳乎純謹
畀丨注○丨從淮南主術昆蟲與之陶丨注○丨謂
教人也後漢張奮傳注○丨謂遷善也荀子不苟神
則能丨矣注○教成於上而易俗於下謂之丨也華
嚴經音義上引珠叢○馴致於善謂之丨荀子不苟
變丨代興謂之天德注○狀變而實無別而爲異者
謂之丨荀子正名○漸也順也靡也久也服也習也
謂之丨荀子七法○行過無禮謂之丨齊人語也公

羊桓六年傳丨我也注○是非之辯爲丨聲莊子齊
物論丨聲之相待若其不相待注○丨祝弭災兵也
周禮大祝四日丨祝司農注又獨斷上○丨當爲訛
字之誤耳史記天官書其人逢俉丨言索隱○今本
丨爲作易繫辭上傳坤丨成物集解○丨當爲作易
繫辭坤作成物釋文引姚本作丨○公羊桓六年傳
正月實來丨我也
穀梁作以其畫我
丨止也易屯釋文又周禮司戈盾及丨注又左氏
舍 僖十五年傳晉大夫反首拔丨從之注又論語述
而丨之則藏釋文又公羊桓十六年傳丨不卽罪注
莊十二年傳散丨諸宮中注又漢書宣帝紀集注平
帝紀集注盧綰傳集注季布傳集注曹參傳集注淮
南王長傳集注韓安國傳集注陳湯傳集注韓延壽
傳集注黃霸傳集注郭解傳集注西域傳下集注又
後漢孔融傳注又管子四稱讒賊是丨注又呂覽遇
合丨故人之家注又離騷余忍而不能丨也注○丨
者止也孟子滕文公上丨皆取諸其宮中而用之注
○丨居止也素問瘧論丨於何藏注○丨息也漢書
高帝紀上集注韓信傳集注李廣傳集注張敞傳集
注外戚傳下集注○丨止息也後漢馮異傳注○丨
猶處也詩羔裘丨命不渝箋○丨居也太元去丨彼
枯園注○丨猶居也素問瘧論此榮氣之所丨也注
○丨受也詩羔裘釋文引王注○丨王出所止宿處
周禮虎賁氏丨則守王閑注○丨所止宿也史記天
官書以其丨命國正義○丨次宿也淮南覽冥日爲
之反三丨注○二十八宿一宿爲一丨文選郭景純
遊仙詩注引淮南許注○凡師一宿爲丨左氏莊三
年傳○凡師出一宿爲丨後漢光武帝紀下注○一
宿爲丨穆天子傳一天子丨于漆皋注五次于雀梁
注○軍行三十里爲一丨呂覽不廣却丨延尸注○
三十里爲丨也穆天子傳六五丨至于重璧之臺注

○丨三十里穆天子傳二天子北征趙行口丨注○
丨於中丨息也釋名釋宮室○丨宅也鬼谷子本經
陰符神歸其丨注○丨猶宮也周禮地官序官丨人
注○丨館也書大傳以朝車送之丨注○賜丨猶致
館也儀禮覲禮天子賜丨注○丨庫也春秋文曜鉤
咸池天潢五星五帝居丨也注○丨行所解止之處
周禮天官序官掌丨注○丨昨日所丨止處也公羊
襄七年傳未至乎丨而卒也注○庶子衛王宮在內
爲次在外爲丨周禮宮伯授八次八丨之職事司農
注○次其宿衛所在丨其休沐之處周禮宮伯注○
次諸吏直宿若今部署諸廬者丨其所居寺周禮宮
正以時比宮中之官府次丨之衆寡注○丨堊室也
親者貴者居倚廬疏者賤者居堊室周禮宮正大喪
則授廬丨注○丨外寢於中門之外屋下壘墼爲之
不塗塈所謂堊室也儀禮喪服傳丨外寢注○上丨
甲第也國策齊策於是丨之上丨注又呂覽知士丨

之上丨注○精丨今讀書齋是也文選謝靈運石壁
精舍詩注○丨字訓止訓息匡謬正俗八○丨卽釋
也周禮大胥春
入學丨菜注

價 丨者物之數也文選琴賦經千載以待丨兮注

射 丨象也淮南人閒百丨重戒注○丨繹也廣雅釋
言○丨之爲言繹也繹者各繹己之志也禮記射
義○丨者繹己之志君子務焉儀禮鄉射禮賓主人
大夫若皆與丨注○丨王極之度也洪範五行傳時
則有丨妖注○丨者仁之道也禮記射義○丨者三
耦四矢以達物導氣也孟子滕文公上序者丨也注
○丨謂燕丨禮記投壺盡用之爲丨禮注○丨五丨
之法周禮大司徒禮樂丨御書數注○五丨白矢參
連剡注襄尺井儀也周禮保氏三曰五丨司農注○
丨器者弓矢楅中之屬儀禮鄉師黨共丨器注○丨

人掌以丨法治丨儀儀禮大射儀丨人戒諸公卿大
夫丨注○丨者兵戎禍亂之象隋書五行志下引洪
範五行傳○司丨丨人也儀禮大射儀司丨適次注
○丨聲謂工丨者也夜中聞聲則丨之因以爲名後
漢光武帝紀下注○丨人爲擯者也今文曰擯者儀
禮燕禮丨人納賓注○丨丨宮也周禮諸子秋合諸
丨注又禮記燕義秋合諸丨丨注○丨宮謂辟雍也文
選東京賦徐至于丨宮薛注○郊丨丨爲丨宮於郊也
禮記樂記散軍而郊丨注○丨堂縣先名上諸暨亦
曰句無矣水經漸江水注○丨卽今之烏扇也後漢
陳寵傳注○西方有木名曰丨干大戴記勸學○丨
于烏翼也後漢馮衍傳注○丨工蜮也廣雅釋魚○
左氏桓九年傳曹世子丨姑史記曹世家作
夕姑○左氏文六年傳狐丨姑穀梁作夜姑

罵 丨詈也一切經音義六引蒼頡又漢書張騫傳集
注引如淳○丨迫也以惡言被迫人也釋名釋言

語

稼 丨禾也謂有稾者也詩甫田曾孫之丨箋○五穀
黍稷稻粱之屬種之曰丨收斂曰穡丨猶嫁也論
語子路樊遲請學丨皇疏○種之爲丨收之爲穡山
海經大荒南經巫載民不丨不穡食也注○種作曰
丨猶種也齊民要術一引楊泉物理論○種穀曰
丨如嫁女以有所生周禮地官序官司丨注○謂之
丨者有似嫁女相生周禮稻人掌丨下地注○丨謂
耕丨也詩桑柔好是丨穡釋文引王注○丨者種穀
之名論語子路皇疏○樹五穀曰丨論語子路集解
引馬注○耕種曰丨詩桑柔丨穡卒痒箋又儀禮少
牢饋食禮宜丨于田注○種之曰丨詩伐檀不丨不
穡傳又漢書五行志上集注○種之爲丨家語在厄
良農能丨注○種曰丨書洪範土爰丨穡傳又一切
經音義廿三引字林又史記周本紀宜穀者丨穡焉

正義又後漢光武帝紀上注又文選東京賦勸丨穡
於原陸薛注補亡詩芒芒其丨注養生論夫爲丨於
湯之世注○震爲禾丨易无妄不耕穫虞注○丨器
耒耜鎡基之屬周禮遂大夫正歲簡丨器注○丨彝
畫禾丨也周禮司尊彝注
裸用斝彝黃彝司農注

架 丨丨材木相乘丨也淮南本經大夏曾加注○丨連
丨淮南泰族曾子丨羊注○詩鵲巢傳冬至丨之
釋文丨
本作加

詐 丨僞也爾雅釋詁○丨欺也廣雅釋詁二○丨欺
誑也荀子議兵椅契司丨注○巧言爲丨淮南俶
眞而巧故萌生注○匿行曰丨荀子脩身○人窮則
丨新序雜事五○丨謂陷阱奇伏之類公羊哀九年
傳丨之也注○丨卒也齊人語也
公羊僖卅三年傳丨戰不日注

【亞】丨次也易繫辭而不可惡也釋文引荀注又書牧誓丨旅傳又書大傳王升舟入水鍾鼓丨注又儀禮公食大夫禮腊腸胃丨之注士喪禮兩胉丨注士虞禮祭丨之注特牲饋食禮丨獻尸注又左氏文六年傳爲丨卿焉注又論語微子丨飯干適楚集解引孔注又皇疏又爾雅釋言又漢書高帝紀上集注引如淳灌嬰傳集注敘傳上集注又列子湯問丨學視而後可釋文又文選西京賦常丨於乘輿薛注○丨之次車而東也儀禮覲禮路下四丨之注

【婭】或作亞○兩婿相謂曰丨史記楚世家故爲婚姻正義又後漢隗囂傳注○兩婿相謂曰亞詩節南山瑣瑣姻亞傳又左氏昭廿五年傳爲父子兄弟姑姊甥舅婚媾姻亞注○兩婿相謂曰亞言一人取姊一人取妹相亞次也又竝來至女氏門姊夫在前妹夫在後亦相亞也釋名釋親屬○亞仲叔也詩載芟侯亞侯旅傳○左氏昭廿五年傳昏媾姻亞釋文亞本作丨爾雅釋親注瑣瑣姻亞釋文亞本作丨

【罅】丨裂也廣雅釋詁二○丨者巇也鬼谷子抵巇注○丨發粟皮折丨而發也文選蜀都賦榹栗丨發劉注○丨古文陓墷二形一切經音義十四

【跨】丨越也荀子儒效丨天下而無蘄注又文選西京賦丨周法薛注丨谷彌阜薛注○丨渡也廣雅釋詁二○丨據也後漢班彪傳下注○○丨猶據也國語晉語不丨其國注○丨踞也亦躡也一切經音義七引字林○丨乘之也史記司馬相如傳丨野馬索隱○丨猶騎也史記司馬相如傳彌山丨谷正義又漢書司馬相如傳上集注○丨謂騎之也文選上林賦丨壄馬注○江南謂開膝坐爲趺丨山東謂之甲趺一切經音義一引俗典○丨兩股間也詩駉釋文引蒼頡○丨一本作夸列子楊朱而欲尊禮義以夸人

釋文

【麝】丨父麢足爾雅釋獸○丨似獐而小有香山海經西山經翠山其陰多旄牛麢丨注○丨音射如小鹿有香爾雅釋獸釋文引字林○爾雅釋獸釋文丨李本作澤

【吒】本作吒○痛惜曰丨一切經音義二引通俗文○吒歎聲也文選郭景純遊仙詩撫心獨悲吒注○○丨誇也孟子梁惠王上顧鴻鴈麋鹿音義引丁音○○丨吒丨也禮記曲禮毋丨食釋文○却行曰丨書顧命三丨鄭注○吒古文咤同一切經音義二○書顧命三丨說文宀部作三託

【訝】丨迎也周禮秋官序官丨士注掌丨注又儀禮士昏禮媵御沃盥交注聘禮丨賓于館注公食大夫禮從者丨受皮注○以君命迎賓謂之丨儀禮聘禮丨賓于館注○丨主國君所使迎待賓者如今使者護客儀禮聘禮記卿大夫丨注○今文丨爲梧儀禮聘禮丨受几于筵前注○丨讀爲跛者丨跛者之丨周禮秋官序官掌丨司農注○爾雅釋詁釋文丨本作迓

【詫】丨誇也史記司馬相如傳子虛過丨烏有先生集解引郭璞○丨誇也咤與丨通後漢王符傳注○丨告也莊子達生踵門而丨子扁慶子曰釋文引司馬注○莊子達生釋文丨李本作託

【嗄】丨氣逆也老子終日號而不丨注○丨憂之聲也太元夷三日不丨注○楚人謂啼極無聲爲丨莊子庚桑楚兒子終日嗥而嗌不丨釋文引司馬注○丨當作噫老子釋文○莊子庚桑楚釋文丨本作嗄崔本作喝

【迓】又詩作御○丨迎也書盤庚中予丨續乃命于天傳又左氏成十三年傳丨晉侯於新宮注又公羊成

二年傳于是使跛者丨跛者使眇者丨眇者注又穀梁成元年傳齊使禿者御禿者注又爾雅釋詁又後漢張衡傳注又文選思元賦僉供職而來丨舊注○丨御也太元親不丨侮注○御迎也詩鵲巢百兩御之箋甫田以御田祖箋思齊以御于家邦傳又漢書敘傳上集注引孟康又列子周穆王御而繫之釋文又文選幽通賦昔衞叔之御昆兮注○御當爲訝儀禮士昏禮媵御沃盥交注○左氏成十三年傳丨晉侯于新楚釋文丨本作訝公羊成二年傳跛者丨跛者釋文丨本作訝○周禮秋官序官掌訝司農注引公羊成二年傳跛者丨跛者作跛者訝跛者考工記輪人牙也者司農注引公羊成二年傳跛者丨跛者作跛者訝跛者○史記周本紀引書牧誓弗丨丨克奔作不禦克奔○公羊成二年傳使跛者丨跛者穀梁作御跛者

蜡 又作䄍○丨祭名也詩羔裘箋大丨而息民釋文又禮記禮運與于丨賓釋文○䄍祭也廣雅釋天○丨者索也禮記禮運昔者仲尼與於丨賓注○丨也者索也禮記郊特牲又禮記雜記子貢觀丨注○丨之言索也祭日索此八神而祭之也獨斷上○丨索也歲十有二月索羣神而祀之今之臘也家語觀鄉射子貢觀於丨注○丨謂十二月大祭萬物也周禮羅氏丨則作羅䄍司農注○周曰大丨獨斷上又風俗通祀典○丨建亥之月周禮羅氏注○丨骨肉腐臭蠅蟲所丨也周禮秋官序官丨氏注○丨讀如狙司之狙周禮秋官序官注○故書丨爲蠶周禮籥章國祭丨注○字林丨作䄍禮記月令釋文

胯 丨股也史記淮陰侯傳出我袴下集解引徐廣○丨奎也廣雅釋言

帊 帛三幅曰丨丨衣幞也廣韻四十禡引通俗文○兩幅曰丨一切經音義十八引通俗文○丨幞也

廣雅釋器○帕腹横帕其腹也釋名釋衣服

柘 丨桑淮南本經林無丨梓注○丨木名禮記投壺以丨若棘釋文○丨榆檟榆也廣雅釋木○丨諸蔗也楚辭招魂有丨漿些注

崋 亦作華○崋者華也風俗通山澤○河南華爾雅釋山○華山爲西嶽同上○華西岳華山也爾雅釋山河南華李注○華山古之惇物山也水經華山爲西嶽注○華霍山名也後漢章帝紀注○華山在華陰周禮職方氏其山鎮曰華山注○華山上下均平莊子天下作爲華山之冠以自表注○華山遠而望之又若華狀水經渭水注○太華之山削成而四方山海經西山經○太華之山卽西嶽華陰山也山海經西山經太華之山注○小華之山卽少華山山海經西山經小華之山注○華陰華山之北也後漢張衡傳注○華之爲言穫也言萬物成熟可得穫也白虎通巡狩

奼 一作姹○姹誇也史記韓長孺傳卽欲以姹鄙縣集解

靶 丨轡革也爾雅釋詁釋文引字林又文選吳都賦迴丨乎行睨劉注○爾雅釋器注以韋靶車軾釋文丨本作鞔

乍 丨暫也廣雅釋言又孟子公孫丑上今人丨見孺子注○丨兩辭也一切經音義十七引蒼頡

杷 丨播也所以播除物也釋名釋用器

○以下據廣韻録

馮 丨創也廣雅釋詁一

隖 丨益也方言十三又廣雅釋詁一

幏 丨南蠻夷布也後漢南蠻西南夷傳注

俹 丨倚也今言丨息丨臥皆是也一切經音義十引字書○丨倚丨也今言丨息却丨並是也一切經音義十四引韻集

⿰亞欠 丨極也廣雅釋詁一

姥 丨葿黃芩也廣雅釋草

髂 丨腰骨也漢書楊雄傳音義引字林○丨要骨也口亞切文選解嘲注引埤蒼○丨古文骰今作⿰骨可一切經音義十一

芐 丨今之蒲苹也禮記閒傳丨翦不納注

篤 丨程也廣雅釋器

蟅 飛丨飛蟅也廣雅釋蟲

唶 丨歎也音子夜反後漢光武帝紀下注

摦 摦橫大不入左氏昭廿一年傳大者不摦注

笡 籊謂之丨廣雅釋器

○以下據集韻錄

廈 丨庵也廣雅釋室

⿰牛舍 丨雌也廣雅釋獸

奓 丨開也莊子知北遊日中丨戶而入釋文引司馬注

⿱穴乇 丨亦窋也文選魯靈光殿賦窋丨垂珠注

⿰豖瓜 丨寬也廣雅釋詁三

經籍籑詁卷第八十一

經籍籑詁卷第八十一補遺　去聲

兵部侍郎兼都察院右副都御史巡撫浙江等處地方提督軍務兼理糧餉阮元譔集

二十二禡

禡 說文丨師行所止恐有慢其神下而祀之曰丨从示馬聲周禮曰丨於所征之地○丨師祭也詩皇矣是類是丨箋桓序講武類丨也箋○丨周禮作貉又或爲貊字古文之異也詩桓序箋類也丨也疏

駕 說文丨馬在軛中从馬加聲格籀文丨○馬之上者謂之上丨詩大叔于田箋上丨者疏○丨謂更其肆也詩大東終日七襄箋

夜 說文夜舍也天下休舍也从夕亦省聲○丨暮也禮記孔子閒居夙丨其命宥密疏又孝經夙丨匪

懈釋文引鄭注○丨幽也書舜典疏引虞喜云○丨即昏也詩行露箋行事必以昏昕疏○昏爲丨詩小星箋或早或丨疏○星見爲丨禮記月令疏引蔡氏○丨者自昏至旦之總名左氏莊七年經注恆常也疏○丨是明之首周禮司寤氏禁宵行者丨遊者疏○丨謂祭祀之先夕之期也詩采蘩箋早丨在事疏○丨者陰周髀算經上○陰則爲丨太元元攡一晝一丨注○坤爲丨易繫辭下傳蓋取諸豫注○丨士今都候之屬續漢百官志二注引周禮干注

下 丨謂入土穆天子傳六七萃之士□士女錯踊九口喪丨注○入地爲下易繫辭下傳上丨无常虞注○日至于連石是爲丨春淮南天文○丨降呂覽爲欲七日而原不丨注○丨之請罪也左氏桓八年傳黃隨不會注○丨報也漢書食貨志下死罪積丨注引蘇林○丨謂失分書五子之歌民可近不可丨傳○丨兵出兵也國策秦策丨兵三川注

謝 說文謝辭去也从言䠶聲○丨謂告辭也漢書蒯通傳語以事而丨之注○丨亦告也漢書高帝紀上高祖嘗告歸之田注○丨猶聽也公羊成十五年傳注若不得丨疏○丨以辭相問也漢書李陵傳霍子孟上官少叔丨女注○詩崧高于邑于丨潛夫論志氏姓作于邑于序

榭 說文新附榭臺有屋也从木䠶聲○丨臺上起屋爾雅釋宮注○臺上有屋謂之丨爾雅釋宮李注○臺有室曰丨漢書五行志上飾臺丨注○臺加木曰丨淮南精神今高臺層丨注○臺加木曰丨也淮南本經崇臺丨之隆注○凡屋無室曰丨儀禮鄉射禮豫則鉤楹內注○無室曰丨公羊宣十六年傳宣宮之丨也注○丨者講武之坐屋漢書五行志上○丨者所以臧樂器漢書五行志上○書泰誓上惟宮

室臺丨釋文本又作謝左氏襄三十一年傳無觀臺丨釋文本亦作謝

罷 丨謂不罪而放遣之史記齊悼惠王世家乃丨魏勃索隱○無行曰丨荀子王霸無國而不有丨士注

夏 丨大也至此之時物已長大故以爲名御覽二十三引崔靈恩三禮義宗○丨者天之所以長也漢書董仲舒傳○丨氣長洪範五行傳厥罰恆燠注○丨主養春秋繁露陽尊陰卑○丨氣樂春秋繁露陽尊陰卑○丨者陽也公羊桓十七年傳五月丙午注○春丨陽也禮記王制冬丨敎以詩書注○丨爲火王禮記禮運注竭猶負戴也疏○丨爲火火主照物而有分別禮記中庸注火神則禮疏引皇氏說○丨南方火禮記內則膳膏臊疏○丨氣熱火也論衡難歲○丨者火始治素問水熱穴論○火爲丨春秋繁

露十指○心主丨素問藏氣法時論太陰陽明論脾不主時注○脾主長丨素問藏氣法時論○離爲丨易升爻乃利用禴虞注象下傳天地節而四時成虞注○丨屬鳥禮記明堂位注春祠夏禴疏引皇氏沈氏

暇 說文丨閑也从日叚聲○丨閒也文選登樓賦注引國語賈注○丨閒丨左氏成十六年傳好以丨注○丨或爲假文選登樓賦聊假日以銷憂注

霸 丨把也把天子之事也禮記祭義疏引中候注○丨猶把也把天子之事也詩譜序五丨之末疏甫田序疏茲引中候丨免注○丨者把也把持王政左氏成十八年傳所以復丨疏○天子衰諸侯興故曰丨丨者把也言把持王者之政教故其字作伯或作丨也論語憲問丨諸侯疏引鄭注○伯者繼空續乏

以成歷數故其道駁漢書王莽傳下○無祿而王故謂之丨漢書郊祀志上自共工氏丨九州注○爲而不貴者丨管子乘馬○謀得眞勝者丨管子兵法○夫豐國之謂丨管子霸言○丨蓋取牧伯長諸侯之義禮部增韻引孟子舊注○都十爲丨國管子度地○齊桓晉文秦繆宋襄楚莊是五丨也風俗通皇霸○伯讀與丨同漢書律厤志下共工氏伯九域注

嫁 說文丨女適人也从女家聲○丨謂女適夫家詩丰序箋謂丨娶之禮疏○丨子言往適人方言三女謂之丨子注○丨歸也易序卦傳故受之以歸妹虞注

赦 說文丨置也从攴赤聲赦丨或从亦○丨謂放免易象下傳君子以丨過宥罪疏○書允征先時者殺無丨釋文亦作赦

借 丨假也詩抑丨曰未知傳○屏或曰不丨言賤易有宜各自蓄之不假丨人也釋名釋衣服○丨音以物丨人漢書薛宣朱博傳贊假丨用權注引鄧展

耤 說文藉祭藉也一曰艸不編狼藉从艸耤聲○丨借也周禮遂人鄭大夫注讀耡爲丨疏里宰注耡讀爲丨疏○丨田借也左氏宣十五年傳穀出不過丨疏○古者使民如借故曰丨田風俗通祀典○丨謂借助也漢書游俠郭解傳以軀丨友報仇注○丨假也史記陳涉世家丨第令毋斬集解引服虔又漢書司馬相如傳上故虛丨此三人爲辭注司馬相如傳下籍蜀父老爲辭注又呂覽任數凡耳之聞也丨于靜注○籍假借漢書五行志中之下故籍秦以爲驗注○丨猶假借也左氏宣十二年傳敢丨君靈注○丨謂貢獻穀梁哀十三年傳其丨于成周注○丨猶丨蹈左氏昭十八年傳注丨蹈蓋履行之疏○丨

踐履之義同上○承玉之物名爲繅丨左氏成二年傳注丨薦疏○丨薦也文選邸希範侍宴樂遊苑詩注引漢書服虔注○丨有所薦丨也漢書薛廣德傳溫雅有醖丨注○丨以丨地也漢書郊祀志上所以爲丨也注○丨謂身臥其上也漢書佞幸董賢傳嘗書寢偏丨上褎注○耤古丨字漢書游俠郭解傳以軀耤友報仇注○孟子公孫丑下章指丨道者優音義丨本亦作籍

炙 火灼曰丨禮記曲禮上毋嚃丨疏

蔗 說文丨諸丨也从艸庶聲

假 丨音休丨漢書文帝紀贊常丨借納用焉注引蘇林

化 說文丨教行也从匕从人匕亦聲○指其教人則爲丨書堯典曰放勳疏○丨治也素問六元正紀

大論以寒清之注○變盡舊體而有新體謂之爲丨丨禮記中庸注變之久則丨而性善也疏○丨謂造丨丨也素問陰陽應象大論在地爲丨注○丨謂成立衆象也素問五運行大論何以生丨注○物生謂之丨素問氣交變大論同天地之丨注○胎孕爲丨書堯典傳乳丨曰孳疏○百丨百物丨生也禮記樂記而百丨興焉注○丨謂一有一无忽然而改謂之爲丨易彖上傳乾道變丨疏○俛仰變異謂之丨列子周穆王篇題注○丨土氣也素問氣交變大論丨氣獨治之注○丨火德也素問氣交變大論夏有炳明光顯之丨注○丨猶死也淮南精神故形有摩而神未嘗丨者注

舍 說文市居曰丨从亼屮象屋也口象築也○丨謂屋丨也漢書高帝紀上欲止宫休丨注○丨其休沐處周禮宫伯授八次八丨之職事疏○丨倚廬也穆天子傳六出造丨注○丨主人家也禮記曲禮上

將適丨疏○丨人猶家人也漢書曹參傳告丨人趣治行注○丨人親近左右之通稱也漢書高帝紀上注○丨人主廄內小史官名也漢書高帝紀上其丨人陳恢注引文穎○丨住也禮記檀弓上丨於子夏氏疏○丨止也史記律書七正二十八丨索隱○丨居止也素問瘧論而皆安丨注○丨謂居止也漢書景武昭宣元成功臣表坐丨衛太子所注○丨止宿也漢書匈奴傳下丨之上林苑蒲陶宫注王莽傳下寒民丨居橋下注丨東宫注○丨止息也漢書韓安國傳定丨以待其勞注王吉傳丨於棠下而聽斷焉注言其取丨同也注儒林申公傳丨魯邸注○丨言止息周禮掌次疏○丨謂留也漢書谷永傳丨昭昭之自過注○丨者舒氣也史記律書○一丨三十里左氏僖廿八年傳退三丨避之注○三丨九十里也左氏僖廿三年傳其避君三丨賈注

價 說文新附丨物直也从人賈賈亦聲○賈讀曰丨漢書宣帝紀而賈咸貴注成帝紀賈級千錢注食貨志上賈平則止注半賈而賣注而裁其賈注增其賈而糴注食貨志下賈貴注爲物上中下之賈注吳王濞傳卒踐更輒予平賈注東方朔傳及其賈直注其賈畝一金注陳湯傳且與穀同賈注趙廣漢傳設欲知馬賈注毋將隆傳隆奏言賈賤注張禹傳極膏腴上賈注薛宣傳賈數不可知注酷吏楊僕傳問君買幾何注貨殖宣曲任氏傳人爭取賤賈注佞幸石顯傳去牢與陳實無賈注王莽傳上君嫌其賈邪注

射 說文躾弓弩發於身而中於遠也从矢从身篆文躾从寸寸法度也亦手也○丨者男子之事也禮記射義○丨之言投丨也漢書蕭望之傳以丨策甲科爲郎注○丨夫衆夫者也詩賓之初筵丨夫既同箋○丨宫澤宫穀梁昭八年傳以習丨于丨宫注○丨宫者西郊之學也詩賓之初筵疏

罵 說文罵詈也从网馬聲

稼 說文禾之秀實爲丨莖節爲禾从禾家聲一曰丨家事也一曰在野曰丨○種之曰丨書盤庚上傳穡耕丨也疏又史記宋世家士曰丨穡集解引書王肅注○種曰丨斂曰嗇禮記郊特牲注先嗇若神農者疏明堂位注春祠夏禴疏○春種曰丨秋斂曰穡周禮遂師巡其丨穡而移用其民疏○震爲丨穡易益利用爲大作侯注○種殖諸穀名爲丨詩七月箋治於場而內之囷倉也疏

詐 說文詐欺也从言乍聲○膠譎丨也丨通語也方言三○丨僞其辭荀子富國有掎挈伺丨注○丨丨者謂詭變而用奇也呂覽義賞繁戰之君不足于丨注○以虛取之爲丨呂覽務本無功伐而求榮富丨也注○丨戰謂不期也穀梁僖廿三年傳以其不教民戰注

【亞】說文丨醜也象人局背之形賈侍中說以爲次弟
也凡丨之屬皆从丨○丨次也左氏襄十九年傳
丨宋子注○丨學本作必學列子湯問丨學視而後
可視小如大釋文
【婭】兩壻相謂爲亞爾雅釋親
【罅】說文丨裂也从缶虖聲缶燒善裂也
【跨】說文丨渡也从足夸聲
【麝】說文麝如小麋臍有香从鹿躲聲
【吒】說文吒噴也叱怒也从口乇聲○丨謂以口舌中
作聲禮記曲禮上毋丨食疏○丨奠尙書顧命三
吒王注○丨懲刈之器謂五刑之流皆有器懲刈五
吒者是五種之器謂桎一梏二拲三書舜典五流有

宅鄭注○丨亦吒字也漢書王吉傳口倦乎吒丨注
○書顧命三丨釋文字亦作宅馬本作詫
【怕】說文丨無爲也从心白聲
【訝】說文丨相迎也从言牙聲周禮曰諸侯有卿丨發
迓丨或从辵○丨迎也禮記曲禮上大夫士必自
御之注又考工記輪人爲輪注牙讀如跛者丨跛者
之丨疏
【詫】姹誇也文選子虛賦子虛過姹烏有先生注引張
揖○姹誇誑之也漢書司馬相如傳上子虛過姹
烏有先生注○姹字本作丨漢書司馬相如傳上注
○姹字當作丨文選子虛賦注○侘一作絝史記韓
長孺列傳集解引徐廣
【迓】丨旅逆旅也荀子榮辱御旅注○書牧誓弗丨克
奔釋文馬作禦○詩鵲巢百兩御之釋文本亦作

訝又作丨○周禮田僕注迓衙還之釋文本又作御
【蜡】說文蜡蠅胆也周禮蜡氏掌除骴从虫㫺聲○丨
索也廣雅釋天○丨者索也禮記月令注此周禮
所謂丨祭也疏○丨謂求索也禮記郊特牲丨也者
注○人君以歲事成熟搜索羣神而報祭之謂之大
丨詩羔裘箋大丨而息民疏○祭百神曰丨禮記禮
運注丨者索也疏○天宗公社門閭謂之丨禮記月
令疏○丨是報田之祭禮記明堂位注伊耆氏古天
子有天下之號也疏○丨之祭主先嗇也禮記雜記
下子貢觀于丨注○伊耆氏始爲丨禮記郊特牲○
周禮黨正注謂十二月大丨之時釋文依字作䄍
【胯】跨下兩股之閒也漢書韓信傳不能出跨下注
【帊】說文新附帊二幅曰丨从巾巴聲

【柘】說文丨桑也从木石聲○丨漿取甘丨汁以爲飲
也漢書禮樂志泰尊丨漿析朝酲注引應劭○柘
郎丨字也漢書地理志上琅邪郡靈門注
【崋】說文崋山在宏農蕐陰从山蕐省聲○華山名國
策秦策見說趙王於華屋之下注○丨山謂之大
丨廣雅釋山○西方丨山少陰用事萬物生丨故曰
丨山初學記五引白虎通○華屋夏屋國策秦策見
說趙王于華屋之下注○爾雅釋山釋文華字林作
崋○禮記中庸載華嶽而不重釋文本亦作山嶽○
周憬碑陰耒陽華蔓華作崋
【卸】說文丨舍車解馬也从卩止午讀若汝南人寫書
之寫
【貰】說文丨貸也从貝世聲

靶 說文丨轡革也从革巴聲○丨謂轡也漢書王褒傳王良執靶注又文選聖主得賢臣頌注引漢書音義

乍 說文乍止也一曰亾也从亾从一

○以下據廣韻錄䣕 說文駈郁丨犍為縣从邑馬聲

[疒馬] 說文[疒馬]目病一曰惡气箸身也一曰蝕創从疒馬聲

鬕 說文丨帶結飾也从髟莫聲

幏 說文丨南郡蠻夷賨布从巾家聲

襾 說文丨覆也从冂上下覆之凡丨之屬皆从丨讀若晉

唬 說文丨嗁聲也一曰虎聲从口从虎讀若暠

[土虖] 說文丨坼也从土虖聲䧞丨或从𠂤

溠 說文丨水在漢南从水𢀩聲荊州浸也春秋傳曰脩涂梁丨

詐 說文詐慙語也从言乍聲

髂 丨骨也漢書楊雄傳下折脅拉丨注○丨為髑骨素問長刺節論刺兩丨髎口脇肋閒注

樜 說文丨木出發鳩山从木庶聲

鷓 說文新附丨鴣鳥名从鳥庶聲

嗻 說文嗻遮也从口庶聲

䗪 說文䗪蟲也从虫庶聲

唶 丨大呼也文選贈白馬王彪詩注引聲類

涻 說文丨水出北囂山入邙澤从水舍聲

摦 說文新附丨橫大也从手瓠聲○丨橫大也漢書五行志下之上大者不丨注○丨聲近橫故為橫大左氏昭二十一年傳大者不丨疏

吳 丨譁諱也漢書郊祀志上不丨不敖注○丨从口下大故魚之大口者名丨詩絲衣不丨不敖釋文引何承天

鱯 說文丨魚名从魚蒦聲

檴 說文丨樗木也以其皮裹松脂从木雩聲讀若華丨或从蒦

䰐 說文丨鬼變也从鬼化聲

匕 說文丨變也从倒人凡丨之屬皆从丨

[魚匕] 說文丨魚名从魚匕聲

[言與] 說文丨相誤也从言與聲

○以下據集韻錄跨 說文丨踞也从足夸聲

○以下附錄[㲋吾] 說文丨獸名从㲋吾聲讀若寫

經籍籑詁卷第八十一補遺終

經筵講官南書房行走禮部左侍郎兼署戶部左侍郎前提督浙江學政阮元撰集

二十三漾

漾 丨水出隴西獂道東至武都爲漢水水經注二十引字林○丨長也文選登樓賦注引韓詩章句○書禹貢嶓冢導丨史記夏本紀作嶓冢道瀁

上 丨長呂覽論威君臣丨下注○丨首也呂覽義賞雍季在丨注○丨陽也禮記少儀皆尚左手注○丨南也素問五運行大論所謂丨下者注○丨最也淮南氾論而令行爲丨注○丨盛也淮南時則堅致爲丨注○丨重也方言十二○丨升也漢書王莽傳下集注○丨賢也國語晉語然而民不能戴其丨久

矣注○丨猶初也淮南覽冥引類于太極之丨注○丨猶前也呂覽安死自此以丨者注長見使文王爲善於丨世也注○丨猶遠也儀禮喪服傳尊者尊統丨注○丨猶加也漢書谷永傳集注○丨猶尚也貴也史記平津侯主父傳丨篤厚索隱○丨君也易象上傳丨以厚下安宅盧氏注又廣雅釋詁一又呂覽圜道所以立丨下注當務而謂之丨注愼小卑則不能以小觀丨注○丨謂君文選東京賦丨下通情辭注○丨謂君也禮記中庸丨焉者注○丨丨位呂覽觀世則賢者在丨注○丨丨者尊位所在也獨斷上○丨者民之表也大戴記王言○丨者民之儀也大戴記子張問入官○丨位尊帝位也孟子萬章下後舉而加諸丨位注○丨帝謂天子後漢李膺傳注○丨謂王侯易繫辭下傳君子丨交不詔侯注○太丨謂大人也老子太丨下知有之王注○太丨謂太古無名之君也同上○丨德謂太古無名號之君老子丨德不德注○丨宗猶太宗書顧命丨宗奉同瑁鄭注○丨賓賓長也謂之丨賓以將獻異之或謂之長賓儀禮有司徹丨賓洗爵以升注○丨老父師也書大傳丨老平明坐于右塾注○丨天也素問五運行大論丨者右行注○丨謂天書文侯之命昭升于丨馬注○丨天位也素問五運行大論厥陰在丨注○乾天爲丨易象上傳君子以辨丨下虞注○冬爲丨天爾雅釋天○冬曰丨天其氣丨騰與地絶也釋名釋天○丨帝天也易象上傳殷薦之丨帝鄭注又後漢靈帝宋皇后紀注班彪傳上注又呂覽順民使丨帝鬼神傷民之命注○丨帝天帝也後漢郎顗傳注又呂覽孟春天子乃以元日祈穀於丨帝注○丨帝太微中五帝也文選東京賦宗丨帝於明堂薛注○丨帝謂天道書大傳帝令大禹步于丨帝注○丨古呂覽蕩兵兵之所自來者丨矣注○太丨太古也文選晉武帝華林園集詩悠悠太丨注○丨古謂元古也

素問上古天眞論丨古之人注○丨日元日御覽時序部十四引書大傳○丨辛猶始辛公羊成十七年傳郊用正月丨辛注○丨日朔日也書舜典正月丨日傳又馬注○丨春孟春也周禮天府丨春注○丨下天地也後漢馮異傳注陳寵傳注○丨下謂天地也後漢班彪傳上注班彪傳下注○丨下君臣也周禮訓方氏與其丨下之志注○丨下猶尊卑也禮記坊記示民有丨下也注○丨仁謂行仁之君老子丨仁爲之注○丨刑重刑也孟子離婁上故善戰者服丨刑注○丨志古記也呂覽貴公嘗試觀於丨志注○丨地謂肥美田也周禮大司馬丨地食者參之二注○丨國中國呂覽知化必行於丨國注○丨謂山書舜典疇若予丨下草木鳥獸傳○丨謂原書舜典馬注○丨宮樓也孟子盡心下館於丨宮注○丨林苑名文選西京賦丨林禁苑薛注東京賦迒丨林薛注○丨環頭刓也禮記玉藻瓜祭丨環注○丨仰者

也周禮卜師辨龜之丨下左右陰陽注〇丨對下立
名易上經釋文〇丨者卦之終易繫辭下傳其丨易
知注〇丨志高太元元錯〇丨觸素太元元衝〇今
文丨作尙儀禮鄉射禮丨握焉注〇丨有市鄧反音
匡謬正俗七引郭璞山海圖讚〇丨有盛音匡謬正
俗七〇詩陟岵尙愼旃哉漢石經尙作丨〇論語顏
淵草丨之風孟子滕文公上作草尙之風〇爾
雅釋天太歲在庚曰丨章史記麻書作商橫

望 丨視也廣雅釋詁一〇丨視遠視也禮記內則冡
丨視而交睫腥注〇丨茫也遠視茫茫也釋名釋
姿容〇丨惘也視遠惘惘也同上〇丨丨瞻丨之貌
也禮記問喪其往送也丨丨然注〇丨丨羊羊陽也言
陽氣在上舉頭高似若丨之然也釋名釋姿容〇丨
至也廣雅釋詁一〇丨覗也廣雅釋詁三〇丨物丨
也後漢第五倫傳注〇丨怨也史記袁盎鼂錯傳絳
侯丨袁盎正義又漢書汲黯傳集注灌夫傳集注司

馬遷傳集注霍光傳集注又後漢賈彪傳注〇丨猶
怨也史記韓王信盧綰傳爲羣臣觖丨集解引如淳
〇丨怨責也史記張耳陳餘傳丨臣深索隱〇丨猶
恨也後漢杜林傳注〇丨丨去之慙愧之貌也孟子
公孫丑上丨丨然去之注〇丨郊之屬也左氏宣三
年傳〇丨郊之細也左氏僖卅一年傳又穀梁僖卅
一年傳猶者可以已之辭也注〇丨祭日月星辰山
川也淮南人閒郊丨禘嘗注〇丨祀五嶽四鎭四瀆
也周禮牧人丨祀各以其方之色牲毛之注〇四丨
五嶽四鎭四瀆周禮大宗伯國有大故則旅上帝及
四丨注〇四丨五嶽四鎭四竇周禮小宗伯四丨四
類亦如之注大司樂以祀四丨注〇四丨日月星海
周禮大宗伯司農注〇丨者祭山川之名也謂海也
岱也淮也非其疆界則不祭穀梁僖卅一年傳猶三
丨注引鄭說〇方丨謂郊時所丨祭四方羣神日月
星辰風伯雨師五嶽四瀆及餘山川凡三十六所公

羊僖卅一年傳天子有方丨之事注〇丨謂祭以謝
過也後漢楊賜傳注〇丨祭也廣雅釋天〇穩或謂
之丨言高可丨也釋名釋宮室〇十五日日月相望
謂之望論衡四諱〇望月滿之名也月大十六日小
十五日日在東月在西遙相丨也釋名釋天〇月御
謂之丨舒廣雅釋天〇丨舒月也後漢蔡邕傳注〇
丨諸明都也在睢陽周禮職方氏其澤藪曰丨諸注
〇丨厓洒而高岸爾雅釋邱〇無丨無界畔也呂覽
下賢神覆宇宙而無丨注〇丨桑車爾雅釋草〇周
禮職方氏其澤藪曰丨丨諸漢書地理志上作藪曰孟
諸〇周呂丨字子
牙見唐書世系表

相 丨視也書盤庚上丨時憸民馬注召誥惟太保先
周公丨宅鄭注又詩相鼠丨鼠有皮傳伐木丨彼
鳥矣箋節南山丨爾矛矣箋小弁丨彼投兔箋四月
丨彼泉水箋棫樸金玉其丨箋韓奕爲韓姞丨攸箋

又周禮春官序宮馮丨氏注又禮記月令善丨邱陵
注禮記禮運丨鼠有體注中庸丨在爾室注又爾雅
釋詁又國語晉語后稷是丨注齊語訾丨其質注又
漢書王尊傳集注又後漢張綱傳注張衡傳注賈彪
傳注又荀子非相注儒效丨高下注王制丨地而衰
政注丨陰陽注又呂覽孟春善丨邱陵注又淮南脩
務丨土地宜燥溼注又離騷悔丨道之不察兮注丨
觀民之計極注丨下女之可詒注又文選東京賦召
伯丨宅薛注思元賦怨高陽之丨寓兮舊注〇丨占
視也周禮大司徒以丨民宅而知其利害注〇丨謂
視擇知其善惡周禮犬人凡丨犬牽犬者屬焉注〇
丨猶擇也考工記矢人凡丨笴注〇丨助也書盤庚
下予其懋簡丨爾傳呂刑今天丨民馬注又詩生民
有丨之道傳抑丨在爾室箋桑柔考愼其丨箋清廟
肅雝顯丨傳雝丨維辟公傳又周禮巫馬丨醫而藥
攻馬疾注又儀禮士昏禮記往迎爾丨注士虞禮記

京顯丨注少牢饋食禮丨從入注皆合執二俎以丨
注又禮記少儀怠則張而丨之注緇衣丨亦惟終注
又左氏僖十五年傳亦無丨也注昭四年傳晉楚唯
天所丨注定三年傳羣臣請丨夫人以償馬注又公
羊隱五年傳天子之丨也注又論語八佾丨維辟公
皇疏又大戴記曾子制言下奉丨仁義注又書洪範
丨協厥居釋文論語八佾丨維辟公釋文又國語周
語德之丨也注晉語上下左右以丨心目注又漢書
五行志上集注引應劭劉向傳集注二見賈山傳集
注韋元成傳集注匡衡傳集注敘傳上集注引應劭
又後漢章帝紀注和熹鄧皇后紀注班彪傳下注又
獨斷上又法言淵騫忠不足丨也注又莊子在宥說
禮邪是丨於技也注又釋文又文選幽通賦實棐諶
而丨訓曹注典引表丨祖宗蔡注○丨猶助也易象
下傳君子以勞民勸丨注○丨者助也漢書百官公
卿表上集注引應劭又類聚四十五引風俗通○顯

丨助祭者也儀禮士虞禮記哀顯丨注○丨佐也禮
記檀弓上莫丨子位爲注又左氏昭元年傳樂桓子
丨趙文子注又國語周語原公丨禮注又淮南時則
五月官丨注○丨左右周禮大僕王燕飲則丨其灋
注○丨扶也論語衛靈固丨師之道也鄭注○丨勴
也爾雅釋詁○丨導也論語衛靈集解引馬注○丨
道也爾雅釋詁○丨導也國語楚語問誰丨禮注
○丨贊也儀禮聘禮記擯者立于閾外以丨拜注○
丨謂爲人贊丨也荀子大略善爲禮者不丨注○入
贊禮曰丨周禮司儀掌九儀之賓客擯丨之禮注○
丨謂贊主人及賓丨拜之辭儀禮鄉射禮遂立于楹
閒以丨拜注○入詔禮曰丨周禮大宗伯朝覲會同
則爲上丨注○丨詔王禮也同上○丨謂詔侑也禮
記郊特牲注○丨謂詔侑尸也禮記郊特牲祭祀之
丨注○丨儀也淮南主術足而行而丨者先導注○
丨丨主人禮也禮記雜記上大夫之喪大宗人丨注

○丨丨主人之禮禮記雜記下丨者由左注○丨饗
之也禮記郊特牲○詔丨左右教告之也周禮大行
人則詔丨諸侯之禮注○丨謂輔丨禮記樂記治亂
以丨釋文引王注○丨猶使也呂覽誠廉丨奉桑林
注○丨治也左氏昭九年傳而楚所丨也注又小爾
雅廣詁○丨謂三公丨王之事也禮記月令命丨布
德和令注○丨三公也出爲二伯一丨處於內也呂
覽孟春命丨布德和令注○邦伯爲丨書顧命伯丨
傳○丨也者百官之長也呂覽舉難○丨者正王服
位之臣謂太僕書顧命丨被冕服鄭注○丨謂主君
擯者及賓之介也周禮司儀每門止一丨注○丨主
人之吏擯贊傳命者儀禮鄉飲酒禮主人一丨注○
丨主人家臣擯贊傳命者同上○丨扶工也儀禮鄉
射禮丨者皆左何瑟注燕禮右手丨注○丨謂扶工
周禮眡瞭丨瞽注○丨扶工也衆賓之少者爲之每
工一人儀禮鄉飲酒禮丨者二人注○丨步扶工也

禮記禮器樂有丨步注○丨拊也所以輔丨於樂奏
樂之時先擊丨御覽五百八十四引風俗通○丨卽
拊也糠一名丨今齊人或謂康爲丨禮記樂記治亂
以丨注○丨謂送杵聲禮記曲禮上春不丨注○丨
謂以音聲丨勸禮記檀弓上春不丨注○方丨猶言
放想可畏怖之貌周禮夏官序官方丨氏注○七月
爲丨爾雅釋天○丨地名書河亶甲序河亶甲居丨
傳○丨本作押義與夾同孟子公孫丑上丨與輔丨
之音義引丁音○禮記祭法丨近于坎壇釋文丨王
肅作祖○書太誓上惟其克丨上帝孟子梁惠王下
作惟曰其
助上帝

將 丨帥也廣雅釋言○丨帥也帥行也謂丨領行也
一切經音義廿二引字略○丨君也廣雅釋詁一
○丨主也呂覽執一軍必有丨注○丨率猶主領也
荀子富國是丨率之事也注○丨謂五官及左右郎

丨也後漢和帝紀注○丨謂五官左右虎賁羽林中郎丨也後漢桓帝紀注○丨謂州丨後漢第五倫傳注○丨指巾指也儀禮鄉射禮注此以食指丨指挾之釋文

狀丨貌也國策秦策王后悅其丨注又淮南脩務不可遯以丨注○丨類也荀子禮論丨乎無形影然而成文注○丨聲之丨也文選洞簫賦丨若捷武注○故書丨作壯杜子春云當爲丨謂鑄金之形丨考工記㮚氏凡鑄金之丨注

帳幬謂之丨爾雅釋訓又後漢宣秉傳注○在上曰丨華嚴經音義上引何承天纂要○丨張也張施於牀上也釋名釋牀帳○丨軍幕也史記袁盎鼂錯傳刀決張道索隱○丨下葬處後漢申屠蟠傳注

浪丨起也詩終風謔丨笑敖釋文引韓詩○丨猶放也文選江文通雜體張廷尉詩丨迹無蚩妍注○丨丨流貌離騷霑余襟之丨丨注○丨戲謔也爾雅釋詁○丨意萌也爾雅釋詁舍人注

唱亦作倡○倡發歌句也禮記樂記壹倡而三歎注○發始爲倡國語吳語大夫種乃倡謀注○倡始也漢書地理志下集注○倡先也禮記檀弓上婦人倡踊注○丨道也廣雅釋詁三○倡能也一切經音義廿一引蒼頡○故書倡爲昌鄭司農云昌當爲倡書亦或爲倡周禮樂師遂倡之注○倡讀曰丨漢書陳勝傳集注陳餘傳集注鼂錯傳集注二見司馬相如傳上集注○倡亦丨字也文選魏都賦晷漏肅丨注引字書○左氏昭十六年傳注取其丨予和女釋文丨本作倡

讓丨辭也楚辭懷沙知死不可丨兮注○丨猶子呂覽行論堯以天下丨舜注○丨猶拒也管子君臣下治斧鉞者不敢丨刑注○事同曰丨事異曰辭儀禮鄉飲酒禮主人坐奠爵于階前辭注○推賢尚善曰丨書堯典允恭克丨鄭注○厚人自薄謂之丨賈子道術○丨推賢也國語晉語○丨廉也論衡定賢○丨文之材也國語周語○丨身之文德之昭也後漢陳蕃傳○丨者禮義之名荀子正論夫禮義之分盡矣擅丨惡用矣哉注○丨者埶位敵之名荀子正論天子者埶位至尊無敵于天下夫有誰與丨矣注○丨責也左氏昭廿五年傳益宮於郈氏且丨之注又漢書陳餘傳集注彭越傳集注曹參傳集注石奮傳集注鼂錯傳集注蘇武傳集注司馬相如傳下集注杜延年傳集注昌邑哀王髆傳集注東方朔傳集注霍光傳集注趙充國傳集注陳湯傳集注丙吉傳集注夏侯勝傳集注馮奉世傳集注申公傳集注外戚傳上集注王莽傳下集注又後漢南匈奴傳注○丨責也廣雅釋詁一○丨猶責也史記齊太公世家魯人以爲丨索隱○丨亦責也史記張儀傳因而數丨之索隱○丨譴責也國語周語丨不貢注○詰責以辭謂之丨小爾雅廣義

曠丨空也書皐陶謨無丨庶官傳又詩何草不黃率彼丨野傳又左氏昭十年傳棄德丨宗注又國語楚語民多丨者注越語無丨其衆以爲亂梯注又漢書元帝紀集注食貨志上集注石奮傳集注貢禹傳集注馮奉世傳集注孔光傳集注薛宣傳集注西南夷傳集注西域傳上集注外戚傳上集注又孟子離婁上丨安宅而弗居注又荀子彊國堂上不糞則郊草不瞻丨芸注又淮南主術實丨來遠者其道備矣注又論衡藝增○丨明也廣雅釋詁四又後漢竇融傳注○丨丨明也廣雅釋訓○丨廣明也華嚴經音義上引老子河上公注○丨廣也漢書鄒陽傳集注○丨大也左氏昭元年傳居於丨林賈注又楚辭招魂其外丨宇些注○丨丨大也廣雅釋訓○丨者寬大老子丨兮其若谷注○丨疏丨也文選荅何邵詩

注引蒼頡○丨遠也廣雅釋詁一又荀子解蔽則廣
焉能弃之矣注○丨久也廣雅釋詁三○丨隔也家
語六本庭不丨山注○丨廢也呂覽無義則無丨事
矣注○丨空也廢也漢書賈山傳集注○丨用志廣
遠家語辨樂丨如望羊注○廣古丨字漢書元
帝紀集注○晉師丨字子野見左氏昭八年傳

壯 丨大也爾雅釋詁又詩采芑克丨其猷傳又太元
元告四時不俱丨注又莊子天下不可與莊語釋
文又楚辭天問何丨武厲注○丨盛也易大壯釋文
引王肅注又呂覽音律安丨養俠注○丨健也廣雅
釋詁二○丨少也後漢任延傳注○丨傷也易大壯
釋文引馬注姤女丨虞注又廣雅釋詁四又方言三
注又漢書敘傳下集注又淮南俶眞形苑而神丨注
○三十曰丨禮記曲禮上○三十曰丨言丁丨也釋
名釋長幼○丨謂三十以上也論語季氏及其丨也
皇疏○年德盛曰丨離騷不撫丨而棄穢兮注○秦

晉之閒凡人之大謂之奘或謂之丨方言一○丨狡
多力之士呂覽仲夏養丨狡注○丨然不可犯之貌
荀子非十二子丨然注○丨事謂速也爾雅釋言
注○丨猶疾也莊子徐无鬼百工有器械之巧則丨
釋文引李注○丨謂摟鍼堅定也素問鍼解手如握
虎者欲其丨也注○丨箴也廣雅釋詁二○八月爲
丨爾雅釋天○雷在天上曰丨三國管輅傳○大丨
則止易雜卦傳○凡草木刺人北燕朝鮮之閒或謂
之丨方言三○丨讀曰莊漢書古今人表集注○丨
或當爲莊荀子非十二子注○丨或爲將禮記射義
幼丨孝弟注○史記秦本
紀相丨徐廣注丨一作狀

放 丨縱也左氏昭十六年傳獄之丨紛注又漢書公
孫劉田王楊蔡陳鄭傳贊集注嚴延年傳集注又
後漢孔融傳注○丨棄也小爾雅廣言又後漢申屠
蟠傳注又淮南脩務丨驩兜于三苗注○丨弃也漢
書哀帝紀集注○丨猶屛也穀梁宣元年傳○丨逐
也周禮大司馬丨弑其君則殘之注○丨丨逐也楚
辭悲回風見伯夷之丨迹注○丨逐山海經南山
經柜山有鳥焉其名曰鴸見則其縣多丨士注○丨
置也論語微子隱居丨言集解引包注又皇疏又廣
雅釋詁四○丨寄淮南兵略丨乎九天之上注○丨
去也廣雅釋詁二○丨至也孟子梁惠王下丨於琅
邪注離婁下丨乎四海注又列子楊朱以丨餓死釋
文○丨猶至也禮記祭義推而丨諸東海而準注○
丨失也漢書敘傳下集注○丨違也御覽引穀梁庾
信注○丨蕩也漢書藝文志集注○丨謂丨蕩文選
與山巨源絕交書重增其丨注○丨妄也廣雅釋言
○不知朝政故曰丨書太甲序伊尹丨諸桐傳○宥
之以遠曰丨左氏莊六年傳丨公子黔牟於周注○
丨者受罪黜免宥之以遠左氏宣元年經晉丨其大
夫胥甲于衞注○丨之者何猶曰無去是云爾公羊

宣元年傳○卿大夫外淫者丨列女傳貞順○丨飯
大飯也孟子盡心上丨飯流歠注○丨手謂貪縱爲
非也後漢明帝紀注○丨讀爲方荀子子道不丨舟
不避風則不可涉也注○書武成丨牛于桃林之野
漢書張良傳作
息牛桃林之壄

向 與鄉嚮通用○丨北出牖也詩七月塞丨墐戶傳
又一切經音義十六引三蒼○丨北丨窻也詩七
月釋文引韓詩○鄉丨牖屬謂夾戶窻也禮記明堂位
刮楹達鄉注○鄉牖一名也儀禮士虞禮記啓牖鄉
如初注○震爲嚮易繫辭上傳其受命也如嚮虞注
○嚮曏也禮記檀弓注曩曏也釋文○鄉方也國語
周語明利害之鄉注越語四鄉地主正之注○嚮對
楚辭惜誦戒六神與嚮服注○鄉仰呂覽音初樂和
而民鄉方矣注○鄉屬也左氏僖廿八年傳鄉役之
三月注○丨趨也荀子仲尼鄉方略注○鄉救也廣

雅釋言○鄉鄉趨飲食之貌荀子榮辱鄉鄉而飽已矣注○今文鄉爲面儀禮士喪禮東鄉注○丨讀曰嚮漢書古今人表集注○鄉讀曰丨漢書李陵傳集注原涉傳集注○鄉讀曰嚮漢書高帝紀上集注二見高帝紀下集注文帝紀集注武帝紀集注宣帝紀集注三見元帝紀集注成帝紀集注平帝紀集注異姓諸侯王表集注禮樂志集注刑法志集注食貨志下集注郊祀志上集注郊祀志下集注五行志上集注五行志中之上集注二見五行志中之下集注五行志下之上集注三見五行志下之下集注二見藝文志集注張耳陳餘傳贊集注韓王信傳集注二見韓信傳集注二見黥布傳集注二見張良傳集注王陵傳集注周勃傳集注二見夏侯嬰傳集注陸賈傳集注叔孫通傳集注蒯通傳集注二見伍被傳集注賈誼傳集注五見爰盎傳集注汲黯傳集注賈山傳集注鄒陽傳集注枚乘傳集注二見田蚡傳集注李

廣傳集注蘇武傳集注董仲舒傳集注司馬相如傳上集注司馬相如傳下集注三見兒寬傳集注二見張湯傳集注二見張安世傳集注杜欽傳集注張騫傳集注司馬遷傳集注二見燕刺王旦傳集注昌邑哀王髆傳集注吾邱壽王傳集注嚴安傳集注東方朔傳集注霍光傳集注金日磾傳集注趙充國傳集注二見陳湯傳集注泗見京房傳集注翼奉傳集注二見李尋傳集注尹翁歸傳集注韓延壽傳集注王尊傳集注蓋寬饒傳集注蕭望之傳集注四見張禹傳集注朱博傳集注王嘉傳集注二見楊雄傳上集注二見楊雄傳下集注儒林傳集注梁邱賀傳集注張山拊傳集注循吏傳集注黃霸傳集注嚴延年傳集注郭解傳集注樓護傳集注董賢傳集注匈奴傳上集注三見匈奴傳下集注二見西域傳上集注西域傳下集注外戚傳上集注外戚傳下集注二見王莽傳上集注二見敘傳上集注二見○莊子天地丨

之人何爲者耶釋文丨本作鄉○左氏定十年傳注見劒丨己釋文丨本作嚮莊子齊物論五者园而幾丨方矣釋文丨本作嚮庚桑楚丨吾見若肩睫之閒釋文丨本作嚮○詩摽有梅箋此夏鄉晚釋文鄉本作丨褰裳箋先鄉齊高宋衛釋文鄉本作丨左氏昭十一年傳注鄉四月之師釋文鄉本作丨昭十八年傳乃毀于而鄉釋文鄉本作丨穀梁僖元年傳是鄉之師也釋文鄉本作丨僖七年傳以鄉之逃歸釋文鄉本作丨成二年傳注然則鄉之驕釋文鄉本作丨論語季氏集解顏色所趣鄉釋文鄉本作丨陽貨集解如鄉墻而立也釋文鄉本作丨莊子應帝王鄉吾示之地文釋文鄉本作丨胠篋然則鄉之所謂知者釋文鄉本作丨○易隨嚮晦釋文嚮本作丨左氏莊廿九年傳注因馬嚮入而修之釋文嚮本作丨僖廿一年傳注其面上嚮釋文嚮本作丨僖廿八年傳注晉侯上嚮釋文嚮本作丨○詩摽有梅箋此夏鄉晚

釋文鄉本作嚮北門傳背明鄉陰釋文鄉本作嚮衛風箋思鄉衛之道釋文鄉本作嚮氓箋鄉其所近而望之釋文鄉本作嚮庭燎夜鄉晨釋文鄉本作嚮斯干傳西鄉戶釋文鄉本作嚮皇矣箋天下鄉周之道釋文鄉本作嚮公劉傳遡鄉也釋文鄉本作嚮桑柔傳遡鄉也釋文鄉本作嚮長發箋爲衆所歸鄉釋文鄉本作嚮儀禮士冠禮注俱升立相鄉釋文鄉本作嚮鄉射禮注東面鄉之釋文鄉本作嚮禮記曲禮注鄉尊者屏氣也釋文鄉本作嚮禮記檀弓予鄉也釋文鄉本作嚮檀弓注鄉其所從來釋文鄉本作嚮中庸注傃猶鄉也釋文鄉本作嚮左氏隱六年傳不可鄉邇釋文鄉本作嚮宣十二年傳注迴車南鄉釋文鄉本作嚮襄廿七年傳不鄉衛國而坐釋文鄉本作嚮昭四年傳何鄉而不濟釋文鄉本作嚮昭十一年傳注鄉四月之師釋文鄉本作嚮莊子天道明此以南鄉釋文鄉本作嚮漁父還鄉而立釋文鄉本作嚮

○易隨嚮晦釋文嚮本作鄉詩出車箋跳躍而嚮望
之釋文嚮本作鄉禮記坊記注汝嚮卜筮釋文嚮本
作鄉○詩伐木箋謂鄉時之鳥釋文鄉本作曏儀禮
士昏禮注鄉爲神釋文鄉本作曏鄉飲酒禮注鄉設
骨體釋文鄉本作曏燕禮西鄉設加席釋文鄉本作
曏左氏僖廿八年傳鄉役之三月釋文鄉本作曏穀
梁成二年傳注然則鄉之驕釋文鄉本作曏昭七年
傳鄉曰齊衞惡釋文鄉本作曏論語顏淵鄉也吾見
于夫子釋文鄉本作曏莊子應帝王鄉吾示之地文
釋文鄉本作曏胠篋然則鄉之所謂知者釋文鄉本
作曏○詩七月塞｜墐戶儀禮士虞禮疏作塞鄉墐
戶○書洪範嚮用五福漢書谷永傳作饗用五福

向｜國名左氏隱二年傳莒人入｜釋文公羊隱二
年傳莒人入｜釋文○許州｜申姜姓也炎帝後
水經陰溝水注○｜邑也詩十月之交作都于
｜傳○呂覽先識｜摯史通通典亦作高摯

仗｜者刀戟之總名也華嚴經音義上引風俗記

暢｜通也史記樂書四｜交於中正義又漢書武帝
紀集注禮樂志集注司馬相如傳上集注楊雄傳
上集注又後漢馮衍傳注○｜達也史記司馬相如
傳上｜九垓集解引漢書音義又漢書司馬相如傳
下集注終軍傳集注又淮南俶眞競｜於宇宙之閒
注說林交畫不｜注○｜道也太元元圖條｜乎四
注○｜申也淮南人閒故交畫不｜注又文選神女
賦不可盡｜注○暘長也廣雅釋詁二○｜猶充也
禮記月令命之曰｜月注○｜條｜也文選西京賦
美聲｜於虞氏注○｜轂長轂也詩小戎文茵｜轂
傳○｜謂鬯酒也孟子離婁上祼將于京注音義引
丁音○其道行和樂而作者命其曲曰｜｜者言其
道之美｜風俗通聲音○｜也者終歲
之用祭也大戴記夏小正初歲祭耒傳

量斗斛曰｜禮記月令同度｜注○｜斗斛也書舜
典同律度｜衡釋文禮記曲禮操｜鼓釋文又王
制度｜數制注大傳立權度｜注又論語堯曰謹權
｜集解引包注又皇疏又國語周語律度｜衡注○
｜斗斛書舜典鄭注又荀子榮辱循法則度｜形辟
圖籍注○嘉｜斗斛也文選劇秦美新懿律嘉｜注
○｜鬴鐘也呂覽仲春則同度｜注仲秋則一度｜｜
注○｜豆區之屬周禮內宰出其度｜淳制注○｜｜
豆區釜也周禮大行人同度｜注○｜豆區鬴也考
工記攻金之工㮚氏爲｜注○｜豆區斗斛也禮記
仲尼燕居｜鼎同其象注○｜豆區斗斛之屬周禮
司市掌市之治教政刑｜度禁令注○｜謂豆區斗
斛筐筥所容受禮記明堂位頒度｜注○｜度者若
今處斗斛及丈尺也周禮司市｜度者注○五｜權
衡升斛尺丈里步十百家語五帝德設五｜注○｜
謂阬受水之處也荀子宥坐其主｜必平似法注○

｜度也國語周語釐改制｜注○｜猶分也禮記禮
運月以爲｜注○｜猶滿呂覽期賢其死者｜於澤
矣注○｜｜其事意合成否禮記少
儀事君者｜而后入不入而后｜注

葬｜藏也廣雅釋詁四又釋名釋喪制○｜也者藏
也禮記檀弓上又三國魏文帝紀又荀子禮論故
｜埋敬藏其形也注又呂覽節喪○｜之爲言藏也
大戴記保傅身死不｜注○｜之爲言下藏之也白
虎通崩薨○｜尸下藏也人生於陰含陽充死入地
歸於陰也古微書引春秋說題辭○｜喪之大事禮
記曲禮上助｜必執紼注○｜字有臧音匡謬正俗
五○易繫辭｜之中野漢書劉向傳作臧之中野○
禮記檀弓杜氏之｜漢
書哀帝紀作杜氏之殯

匠｜梓｜孟子公孫丑上巫｜亦然注○梓｜木工
也孟子滕文公下則梓｜輪輿注○大｜攻木之

工孟子告子上大｜誨人注○｜人工｜之人也孟
子梁惠王下｜｜人斲而小之注○｜師事官之屬其
於司空若鄉師之於司徒也鄉師主役｜師主衆｜｜
其主葬引周禮鄉師以與｜師御匶而治役注○｜｜
師主豐碑之事周禮鄉師及窆執斧以涖｜師注○
｜人主載柩窆儀禮既夕記遂｜納車于階閒注○
能斲削杜梁謂之木｜論衡量知○能穿鑿穴埳謂
之士｜同上○能彫琢文書謂之史｜同上○｜治
也小爾雅廣詁○｜敎也楚
辭哀命念私門之正｜兮注

障｜畛也爾雅釋言○｜界也爾雅釋言釋文○｜
隔也廣雅釋詁一○鄣防也國語周語是鄣之也
注○｜防呂覽上德不能｜矣注○｜衞也釋名釋
宮室○｜蔽也爾雅釋言釋文又後漢郅惲傳注○
｜塞呂覽貴直是｜其源而欲其水也注○｜壅呂
覽季春無有｜塞注○令而不行謂之｜管子法○

蕃隔曰｜一切經音義六引通俗文○｜亭｜也文
選鸚鵡賦踰岷越｜注○｜小城也文選北征賦注
引蒼
頡

謗｜誹也國語周語國人｜王注○｜毀也詩園有
桃箋或時謂我｜君釋文又一切經音義七引蒼
頡又一切經音義六引字林○｜詛也廣雅釋詁二
○｜訕也楚辭沈江反離｜而見攘注○｜詛也左
氏昭廿七年傳進胙者莫不｜令尹注○｜怨呂覽
達鬱國人皆｜注○｜惡也廣雅釋詁三○對人道
其惡曰｜也一切經
音義六引國語賈注

尙｜上也左氏襄廿七年傳｜矣哉注又論語顏淵
草｜之風釋文又廣雅釋詁二又一切經音義廿
五引蒼頡訓詁又國語晉語｜有晉國注又史記五
帝紀學者多稱五帝｜矣索隱又漢書郊祀志上集

注敘傳上集注引應劭又孟子萬章下舜｜見帝注
又｜論古之人注盡心上｜志注又荀子非十二子
｜法而無法注王霸以小人｜民而威注禮論大饗
｜元尊注性惡賢者敢推而｜之注又管子版法立
四義而毋議者｜之於元官注水地欲｜則凌於雲
氣注又呂覽用衆｜矣注又楚辭大招｜三王只注
○｜者上也論衡須頌引尙書或說又古微書引尙
書璿璣鈐又引春秋說題辭○｜高也廣雅釋詁四
又文選東京賦則大庭氏何以｜玆薛注○｜崇也
漢書楊王孫傳集注○｜右也爾雅釋詁○｜加也
論語顏淵釋文又廣雅釋詁二又孟子滕文公上草
｜之風注○｜猶加也論語顏淵皇疏又後漢楊秉
傳注○｜猶飾也詩著｜之以瓊華乎而箋○｜久
也小爾雅廣詁又呂覽古樂故樂之所由來者｜矣
注○｜遠也後漢崔駰傳注列女傳注○｜猶遠也
後漢王充王符仲長統傳注○｜曩呂覽古樂樂所

由來者｜也注○｜猶久古也史記三代世表五帝
三代之記｜矣索隱引劉氏○｜鼎也廣雅釋詁二
又楚辭天問師何以｜之注○｜奉也史記絳侯周
勃世家太子勝之｜之集解引韋昭張耳陳餘傳以
｜魯元故索隱引韋昭○｜猶奉也文選長門賦得
｜君之玉音注○｜謂先薦之禮記郊特牲｜用氣
注○｜好也國語晉語其爲人也剛而｜寵注○｜
猶加勝也論語里仁好仁者無以｜之皇疏○｜願
也漢書敘傳上集注○｜慕也後漢張衡傳注○｜
者嘉之名也老子不｜賢王注○｜配也史記張耳
陳餘傳索隱又漢書齊悼惠王肥傳集注周勃傳集
注○｜猶配也匡謬正俗五引易王弼注又漢書陳
餘傳集注司馬相如傳下集注○｜猶也詩小弁｜
求其雌箋又漢書司馬相如傳下集注又家語五刑
｜必明其法典以申固之注○｜庶家語終記｜行
夫子之志而已注○｜庶幾也詩兔爰｜無爲箋大

【餉】丨饋也漢書高帝紀上集注○丨遺也廣雅釋詁三○丨食也廣雅釋詁二

【藏】治丨丨文書及器物周禮宰夫五曰府掌官契以治丨注

【舫】連舟曰丨一切經音義二引通俗文○丨謂竝兩船也史記張儀傳丨船載卒索隱○丨船也廣雅釋水○丨舟也爾雅釋言○丨泭也同上○枋箄以竹木爲之浮於水上後漢岑彭傳注○枋郎丨字古通用耳同上○丨與方同文選賄蔡子篤詩丨舟翩翩注

【訪】丨謀也詩訪落丨予落止傳又周禮保章氏丨序事注又穀梁昭廿五年傳郊公也注又爾雅釋詁又國語晉語故求元君而丨焉注又後漢張衡傳注又文選思元賦黃靈詹而丨命兮舊注○丨議也國語楚語使丨物官注○丨問也後漢皇甫規傳注○納丨納謀於王也周禮內史受納丨注○丨猶方也漢書齊悼惠王肥傳集注引如淳

【貺】丨賜也詩彤弓中心丨之傳又儀禮士昏禮記吾子有惠丨室某也注吾子有丨命注燕禮君丨寡君多矣注聘禮記君丨寡君注又禮記聘義北面拜丨注又左氏僖十五年傳亦無丨也注文四年傳君辱丨之注成十二年傳丨之以大禮注昭六年傳不敢求丨注定九年傳吾丨子注又爾雅釋詁又左氏襄十年傳其何丨如之釋文○丨與也楚辭悲回風更統世而自丨注○丨惠賜也儀禮聘禮公當楣再拜注○左氏僖十五年傳亦無丨也釋文丨本作況爾雅釋詁錫畀予丨釋文丨本作況

【養】丨猶奉也荀子禮論龍旗九斿所以丨信也注○丨以禮食之也書大傳太子重鄉丨注○丨也者不盡食也禮記月令羣鳥丨羞注○丨受羣餘太元元衝○其行日丨禮記祭義○其行之曰丨大戴記

東丨可載也箋菀柳不丨息焉箋又儀禮士虞禮記丨饗注特牲饋食禮丨饗注少牢饋食禮丨饗注又禮記檀弓上丨行夫子之志乎哉注郊特牲丨曰求諸遠者與注太學丨亦有利哉注又左氏文十八年傳丨無及期注昭十三年傳余丨得天下注又穆天子傳三丨能復來注又文選思元賦丨前良之遺風兮舊注○不丨丨也左氏襄廿九年傳不丨取之服注又國策秦策楚國不丨全事注○丨猶必也家語三恕丨有說也注○丨猶強也國語楚語子丨良食注○丨猶努力公羊襄廿九年傳丨速有悔于予身注○丨主也廣雅釋詁三又史記呂后紀丨符節集解引張晏外戚世家侍丨衣軒中正義司馬相如傳使丨方集解引漢書音義又漢書惠帝紀集注引應劭高后紀集注引張晏司馬相如傳下集注引張揖外戚傳上集注又淮南覽冥位賤丨菓注○丨者主也匡謬正俗五○丨者掌也同上○主天子物曰丨漢書惠帝紀集注引如淳○丨書王之喉舌官也後漢周榮傳注○丨方掌工作刀劍諸物及刻玉爲器後漢和熹鄧皇后紀注○丨子卽長子之異名也水經濁漳水注○丨謂有事尊之於其黨也禮記祭義有虞氏貴德而丨齒注○丨謂上古也荀子禮論縣一鐘丨捎之膈注○丨言丨古猶若稱丨書之丨也同上○丨書丨上也以堯爲上始而書其時事也釋名釋典藝○古文丨作上儀禮覲禮丨左注○丨與上同荀子致仕莫不明通方起以丨盡矣注

【漲】丨水之大貌也文選江文通望荆山詩雲霞肅川丨注○丨水大之貌文選江賦躋江津而起丨注○丨洞皆深廣之貌文選江賦趈丨截洞注○丨者沙始起將成嶼也文選邱希範旦發漁浦潭詩注引山居賦注

曾子大孝○｜猶隱之大戴記曾子事父母兄之行
若不中道則｜之注○｜利也管子國蓄故塞民之
｜注
醟 ｜醢也後漢明帝紀注○｜謂醯醢也周禮膳夫
｜用百有二十罋注○古者｜齊菹三者通名也
論語鄉黨不
得其｜皇疏
抗 ｜舉也詩賓之初筵大侯既｜傳又儀禮既夕甸
人｜重注又詩車攻傳天子發｜大綏釋文禮記
喪大記｜衾而浴釋文又廣雅釋詁一又漢書賈誼
傳集注吾邱壽王傳集注終軍傳集注朱雲傳集注
谷永傳集注楊雄傳上集注楊雄傳下集注敘傳上
集注又後漢靈思何皇后紀注馮衍傳注杜喬傳注
又老子｜兵相加王注又淮南說山百八浮｜注又
文選西京賦疏龍首以｜殿薛注○｜猶舉也禮記

文王世子｜世子法於伯禽注又穆天子傳六｜者
觴夕而哭注○｜鼎也張也考工記梓人故｜而射
女注○｜張也廣雅釋詁一○｜對也史記酈生陸
賈傳與天子｜衡索隱引崔浩○｜拒也荀子臣道
有能｜君之命注○｜禦也儀禮既夕｜木注又荀
子禮論｜折其額以象槾茨番閼也注○｜救也國
語晉語未報楚惠而｜宋注○｜渡也廣雅釋詁二
○｜縣也廣雅釋詁四○｜縣也自山之東西曰｜
方言七○｜高也後漢董卓傳注又淮南說山自沉
于淵而溺者不可以為｜注○｜進也後漢班彪傳
下注○｜極也文選長笛賦注顏延年侍遊蒜山詩
注○｜手舉手而拜者也文選羽獵賦｜手稱臣注
○｜髒高亢婞直之貌也後漢趙壹傳注○逆天虐
民曰｜周書謚法○｜猶敵也讀曰康後漢班彪傳
下注○｜或作亢列子黃帝而以道與世｜釋文○
｜讀抑耳之抑淮南原道形體能｜注○｜讀為亢

其譬之亢周禮服不
氏則｜皮司農注
當 ｜主也荀子正名然而徵知必將待天官之｜簿
其類然後可也注○｜猶主也禮記學記鼓無｜
於五聲注○｜正也呂覽義賞豈非用賞罰｜邪注
○｜中呂覽知度而欲發之｜也注○｜猶中也漢
書兒寬傳集注○｜謂得中也荀子正論聖王之生
民也皆使｜厚優猶不足知而不得以有餘過度注
○｜合也莊子徐無鬼于五者無｜也釋文又呂覽
大樂莫不咸｜注審己雖｜與不知同注君守所作
｜矣注又淮南原道心虛而應｜注是以舉錯不｜
注覽冥羣臣準上意而懷｜注○｜猶稱也禮記哀
公問求得｜欲不以其所注昏義而后｜於夫注○
｜底也文選三都賦序且夫玉巵無｜劉注○｜謂
合禮義也荀子不苟唯其｜之為貴注○｜謂樂不
失其所禮記樂記天地順而四時｜注○｜謂值其

罪禮記月令斬殺必｜注○不｜不功致也呂覽孟
冬工有不｜必行其罪注○書益稷傳亦陳｜言釋
文｜本作讜莊子天下公
而不｜釋文｜本作黨
釀 米麴所作曰｜一切經音義九引三蒼○｜醖也
廣雅釋器○蘖｜以蘖作醴酒也山海經中山經
首山其祠蘖｜注○｜謂切
雜之也禮記內則｜之蓼注
亢 ｜高也廣雅釋詁四又後漢李膺傳注又莊子人
閒世與豚之｜鼻者釋文引司馬注○窮高曰｜
易乾｜龍王肅注又莊子刻意為｜而已矣釋文引
李注○｜仰也莊子人閒世釋文引司馬注○｜極
也易乾｜龍有悔釋文引子夏傳又左氏宣三年傳
可以｜寵注又廣雅釋詁一又後漢陰興傳注又太
元元瑩其禍｜注○｜上極之名也後漢梁冀傳注
○｜過也易乾干注○｜過極也素問六微旨大論

丨則害承迺制注○丨舉也孝經注丨尸而起也釋
文又太元元圖外觝丨貞注○丨遮也廣雅釋詁二
○丨蔽也左氏昭元年傳吉不能丨身焉能丨宗注
○丨當也廣雅釋詁三又漢書陳勝項籍傳贊集注
終軍傳集注趙充國傳集注又呂覽離俗豈丨責也
哉注○丨者當也漢書高帝紀下集注○丨猶當也
左氏僖廿八年傳以丨其讐注襄十四年傳戎丨其
下注○丨禦也左氏宣十三年傳而丨大國之討注
十五年傳結草以丨杜回注昭元年傳可無丨也注
○丨御也禁也周禮馬質綱惡馬司農注○丨者敵
人相拒也史記孫子吳起傳批丨擣虛索隱○丨强
也廣雅釋詁四○泰山在左丨父在右丨父知生粱
父主死水經汶水注○丨迹也廣雅釋詁
三○飛下稱丨易象下傳巳丨也虞注

況 也荀子非十二子成名丨乎諸侯注○丨茲也詩

常棣丨也永歎傳出車僕夫丨瘁箋又廣雅釋言○
兄滋也詩桑柔倉兄塡兮傳○兄茲也召旻職兄斯
引傳○丨益也國語晉語衆丨厚之注丨固其謀注
○丨猶益也荀子非十二子注○丨賜也國語魯語
丨使臣以大禮注晉語問父之愛而嘉其丨注又漢
書武帝紀集注又集注引應劭禮樂志集注又集注
引晉灼石奮傳集注灌夫傳集注夏侯勝傳集注王
莽傳中集注○兄讀曰丨漢書辛慶忌傳集注尹翁
歸傳集注翟義傳集注孟喜傳集注○詩棠棣丨也
永歎釋文丨本作兄○禮記聘義北面拜丨釋文丨
本作貺○修華嶽碑
兄乃盛德丨作兄

臟 通作藏○藏謂五藏素問氣穴論藏俞五十穴注
○藏謂五神藏也素問瘧論舍於何藏注○五藏
謂五神藏也五神藏者肝藏魂心藏神脾藏意肺藏
魄腎藏志而此成形矣素問生氣通天論其氣九州
九竅五藏十二節注○藏之動謂脉至與不至正藏
五又有胃膀胱大腸小腸脉之大候要在陽明寸口
周禮疾醫參之以九藏之動注○藏者神之舍素問
三部九候論五藏已死注○五藏者中之守也素問
脉要精微論○夫五
藏者身之强也同上

王 丨勝也莊子德充符彼兀者也而丨先王釋文引
李注○丨君長也莊子德充符釋文引崔注○莊
子山木而丨長其閒釋文丨司馬本作往○莊子逍
遙遊注順物而丨矣釋文丨本作至今言丨德之人
釋文丨
本作至

續 亦作統○丨綿也絮之細者曰丨也一切經音義
六引三蒼又小爾雅廣服○丨綿也左氏宣二年
傳三軍之士皆如挾丨注又禮記禮器絲丨竹箭釋
文○丨細綿書禹貢厥篚纖丨傳○丨新綿儀禮士

喪禮瑱用白丨注又儀禮既夕屬卜以俟絶氣釋文
○丨今之新綿禮記喪大記屬丨注○丨謂今之新
綿也禮記玉藻丨爲繭注○丨繭也淮南繆稱小人
在上位如寢關曝丨注○丨新絮儀禮既夕記屬丨
以俟絶氣注○統絮也廣雅釋器○丨古文統一切
經音義五○統古丨字文選爲蕭揚州作薦士表道
隱旒丨注○書禹貢厥篚纖丨史記夏本紀
作其篚纖絮○祝睦後碑臨絶統丨作統

鬯 丨香草也築煑合而鬱之曰丨詩江漢秬丨一卣
傳○丨者以百草之香鬱金合而釀之成爲丨白
虎通攷黜○丨香草周禮鬯人共介丨司農注○丨
者芬香之至也白虎通攷黜○丨者百草之本也說
苑修文○丨釀秬爲酒芬香條暢於上下也周禮春
官序官丨人注○秬丨黑黍酒也謂之丨者芬香條
丨也詩江漢箋○丨香酒所以降神左氏僖廿八年
傳秬丨一卣注○丨秬酒也易震不喪匕丨鄭注又

禮記王制然後爲丨注○丨香酒易震注又左氏僖
廿八年傳秬丨一卣賈注昭十五年傳鋮鉞秬丨注
又易震釋文書洛誥秬丨一卣釋文禮記曲禮天子
丨釋文表記秬丨以事上帝釋文公羊莊元年傳注
九曰秬丨釋文穀梁莊元年傳注九曰秬丨釋文○
震爲丨易震虞注○丨圭祼丨之圭長尺二寸有瓚
以祀廟國語魯語文仲以丨圭與玉磬如齊告糴注
○丨樽也家語哀公問明加以鬱丨注○丨弓衣也
詩閟宮傳重弓重于丨中也釋文○丨弓弢弓詩大
叔于田抑丨弓忌傳○丨古暢字漢書禮樂志集注
○丨與暢同文選羽獵賦於是醇洪丨之德注○詩
閟宮傳釋文丨本作韔○禮記雜記丨臼以椈釋文
丨本
作暢

諒丨信也詩柏舟不丨人只傳何人斯丨不我知箋
桑柔職涼善背箋又禮記內則請肄簡丨注祭義

易直子丨之心油然生矣注又論語憲問豈若匹夫
匹婦之爲丨也皇疏高宗丨陰集解引孔注又皇疏
衛靈友丨皇疏君子貞而不丨集解引孔注又皇疏
又漢書楚元王傳贊集注廣川惠王越傳集注谷永
杜鄴傳贊集注師丹傳集注尹齊傳集注元后傳集
注又後漢和熹鄧皇后紀注又離騷惟此黨人之不
丨兮注逢紛丨皇直之屈原注又文選東京賦苟民
志之不丨薛注歸田賦丨天道之微昧注○丨信也
衆信曰丨周南召南衛之語也方言二○丨知也方
言十二○丨智也廣雅釋詁三○丨闇居喪之廬也
後漢和熹鄧皇后紀注○丨闇謂凶廬也論語憲問
書云高宗丨陰鄭注又後漢張禹傳注○丨闇今謂
凶廬裏寒涼幽闇之處故曰丨闇文選閒居賦序今
天子丨闇之際注○或呼倚廬爲丨陰或呼爲梁闇
或呼梁庵論語憲問皇疏○丨古作梁禮記喪服四
制高宗丨闇注○丨今作亮同力尚反一切經音義

十七引
字詁

亮丨明也後漢蘇竟傳注又文選嵇叔夜雜詩皎皎
丨月注○丨猶明也文選謝靈運初發石首城詩
寸心若不丨注○丨相也詩大明涼彼武王釋文引
韓詩又廣雅釋言○丨道也爾雅釋詁○丨右也同
上○丨助也漢書王莽傳上集注敘傳上集注○涼
佐也詩大明涼彼武王傳又小爾雅廣詁○丨信也
書舜典丨采惠疇傳皋陶謨丨采有邦馬注無逸乃
或丨陰馬注又爾雅釋詁又漢書敘傳下集注引如
淳又後漢竇憲傳注班彪傳下注二見袁紹劉表傳
注又孟子告子下君子不丨注又文選典引夫圖書
丨章天哲也蔡注○諒知之信也爾雅釋詁舊注○
書說命王宅憂丨陰釋文丨本作諒詩柏舟不丨人
只釋文丨本作諒○書舜典惟時丨天功史記五帝
紀作惟時相天事○春秋繁露竹林引書丨陰作諒
陰

妄丨之言無也禮記儒行今衆人之命儒也丨注○
丨猶空也國策秦策故不敢丨賀注○丨忘也易
象上傳物與无丨虞注○丨虛丨也禮記儒行釋文
○丨謬也素問五常政大論其動炎灼丨擾注○丨
亂也廣雅釋詁三又太元法法丨态也注○以人自
觀謂之度反度爲丨賈子道術○無驗而言之謂丨
法言問神○丨人丨作之人無知者孟子離婁下此
亦丨人也已矣注○无丨災也易雜卦傳○丨猶凡
也漢書李廣傳集注引張晏○丨猶望易无妄釋文
引馬王注○丨當聲誤爲望大戴記文王官人故得
望譽
注

愴丨悲也廣雅釋詁三○丨丨悲也廣雅釋訓○丨
一作滄列子湯問丨丨涼涼釋文

刱通作創○創始也廣雅釋詁二○創造也國語周
語以創制天下注○創制也論語憲問裨諶草創
之釋
文

喪｜亡也詩皇矣受祿無｜傳又公羊昭卄五年傳
｜人釋文論語先進天｜予釋文又論語憲問奚
而不｜皇疏又國語周語宣王既｜南國之師注偏
｜有咎注又呂覽愼大於得思｜注○｜猶亡也論
語先進皇疏○｜失也易坤東北｜朋釋文引馬注
○｜猶亡失也論語八佾二三子何患於｜乎皇疏
○｜失位也家語曲禮子貢問｜不如速貧之愈注
○｜謂仕失位也禮記檀弓上問｜於夫子乎注○
｜謂陰易文言傳知得而不知｜荀注○坤爲｜易
大壯｜羊于易虞注睽｜馬虞注震不｜匕鬯虞注
億｜貝虞注億无｜有事虞注旅｜其童僕
虞注巽｜其齊斧虞注既濟婦｜其髴虞注

兩車稱｜書牧誓序戎車三百｜傳○車有｜輪故
稱｜後漢吳祐傳注○車一｜爲｜｜相與爲體
也類聚七十一引風俗通○｜車也後漢范滂傳注
○百｜百乘也詩鵲巢百｜御之傳韓奕百｜彭彭
箋又文選蜀都賦歸從百｜劉注○五十乘爲｜左
氏昭元年傳｜於前服注○司馬法二十五人爲｜
宣十二年傳卒偏之｜注成七年傳以｜之一卒適
吳注○二十五人曰｜左氏宣十二年傳卒偏之｜
服注○｜二十五人周禮小司徒五伍爲｜注○二
十有五人爲｜周禮夏官序官○五伍爲｜周禮小
司徒又白虎通三軍○｜一閭周禮夏官序官二十
有五人爲｜注○伍｜卒旅師軍皆衆之名周禮小
司徒五人爲伍五伍爲｜四｜爲卒五卒爲旅五旅
爲師五師爲軍注○軍師旅卒｜伍皆衆名也周禮
夏官序官凡制軍注○｜二也廣雅釋詁四
○｜技也呂覽簡選晉文公造五｜之士注

壙｜藏謂之｜廣雅釋邱○｜墓穴也列子天瑞望其
｜釋文○｜邱壠荀子大略望其｜皐如也注○
｜墓中荀子禮論故｜壠其貌象室屋也注○｜穿
地中也周禮方相氏入｜注○｜謂穿中也周禮喪
祝及｜說載除飾司農注○｜壙也藏於空壙處也
釋名釋喪制○｜空也漢書韋元成傳集注又管子
七法毋｜地利注○邱冢謂之｜埌一切經音義七
引通俗文○｜埌无滯爲名也莊子應帝王以處｜
埌之野釋文引李注○｜埌猶壙蕩也莊子應帝王
釋文引崔注○｜與壙同荀子議兵敬謀無｜注○
武斑碑歷世｜｜遠漢書李夫人
傳託沈陰以｜｜久兮曠皆作｜

宕迴過曰｜一切經音義七引通俗文○｜過也後
漢張衡傳注○｜渠縣名文選蜀都賦外負銅梁
於｜渠劉注○｜渠水朐
潛水渝水矣水經江水注

伉｜儷也文選思元賦疇可與乎比｜舊注○｜偶
也後漢張衡傳注○｜對也國語周語棄其｜儷
妃嬪注○｜敵也儀禮燕禮注以其貪莫敢｜禮也
釋文又左氏成十一年傳已不能庇其｜儷而亡之
注○｜當也國策秦策天下莫之能｜注又呂覽士
節身｜其難注又文選西京賦莫之敢｜薛注○｜
舉也荀子富國｜隆高注○｜强也漢書宣帝紀集
注○｜健也漢書朱博傳集注○｜高大詩緜皋門
有｜傳○｜與閌同文選西京賦高門有閌注○詩
緜皋門有｜釋文｜韓詩作閌○穀梁桓九年傳｜
諸侯之禮釋文｜本作亢桓十八
年傳以夫人之｜釋文｜本作亢

忘｜不記事列子周穆王中年病｜釋文

傍｜依也漢書武帝紀集注○｜近也廣雅釋詁三
○牽｜在轅外輓牛也人御之居其前曰牽居其

旁曰丨周禮牛人其其
兵車之牛與其牽丨注
碭丨過也漢書楊雄傳上集注又文選甘泉賦回猋
肆其丨駭兮注○丨突也文選長笛賦眩丨駭以
奮肆
注
恙丨憂也爾雅釋詁又史記平津侯主父傳何丨不
巳索隱又漢書公孫宏傳集注又後漢蘇竟傳注
○丨憂心也匡謬正俗八引爾雅○今人云無丨謂
無憂也爾雅釋詁注○丨猶著也太元元告歲寧丨
而年病注○丨病也凡人相見及通書問皆曰無丨
御覽三百七十六引風俗通○丨噬人蟲也善食人
心匡謬正俗
人引風俗通
煬丨炙也方言十三○丨炙也丨讀供養之養淮南
俶真抱德丨和注○丨暴也方言十三○丨曝也

廣雅釋詁二○丨爇也漢書楊雄傳上集注○丨爇
也廣雅釋詁二○去禮遠衆曰丨獨斷下○丨音供
養之養漢書
元帝紀集注
張丨施也楚辭湘夫人與佳期兮夕丨注○丨自侈
也左氏桓六年傳隨丨必棄小國注○丨帷帳也
史記高祖紀高祖復留止丨集解引張晏○爲皮丨
治皮腫起山海經中山經豐山多羊桃可以爲皮丨
注
闐丨高貌文選思元賦注引字林○丨丨明大也後
漢張衡傳注○丨空曠也莊子外物胞有重丨注
丨謂隍管子度地郭外爲之土丨注○丨風山名也
在崑崙之上離騷登丨風而緤馬注○丨風山名在
崑崙上後漢張衡傳注○
丨本作閶晉書音義中

脹丨謂丨起素問調經論志有餘則腹丨飧泄注○
張腹滿也左氏成十年傳張如厠注○痕病也廣
雅釋
詁二
行丨丨剛彊貌漢書公孫劉田王楊蔡陳鄭傳贊集
注敘傳上集注○丨丨剛强貌也論語先進皇疏
○丨丨剛强之貌也論語先
進丨丨如也集解引鄭注
廣丨大車也國策西周策載以丨車注○丨車橫陳
之車也周禮車僕丨車之萃注○丨兵車左氏宣
十二年傳晉人或以丨隊不能進注○十五乘爲一
丨左氏宣十二年傳丨有一卒注○凡度丨狹曰丨
周禮凌人注丨八尺釋文儀禮士冠禮注上丨一尺
釋文禮記檀弓丨充幅釋文○丨謂徑也考工記輪
人信其桯圍以爲部丨注○東西爲丨國語越語丨
運百里注又文選西京賦考丨袤薛注○東西曰丨

一切經音義廿四引韓詩又後漢光武紀下注○丨
莫狄地之曠絶也左氏莊廿八年傳狄之丨漠注
悵丨悲也廣雅釋訓○丨帳也廣雅釋詁三○丨
丨猶眷眷也後漢陳蕃傳注
湯丨蕩也詩宛邱子之丨兮傳○丨音丨去豆皮之
丨漢書王式傳音義引服虔○丨或作温丨其酒
温酒兮熱山海經西山經丨其酒百樽注○
詩宛邱子之丨兮楚辭章句一作子之蕩兮
炕丨曝也廣雅釋詁二○丨乾也同上○丨乾極也
一切經音義三引蒼頡○丨絶也漢書楊雄傳下
集注○丨舉也丨與抗古字同文
選甘泉賦丨梓柱之飛榱兮注
韔丨弓衣禮記檀弓下赴車不載櫜丨注○丨弓室
也詩小戎虎丨鏤膺傳○韔弓藏也廣雅釋器○
丨韜也禮記檀弓下丨弓注又家語曲禮子貢問丨
其弓注○丨弢也詩采綠言丨其弓釋文○詩小戎

釋文｜本作暢詩采
緑釋文｜本作㡧
｜增也莊子庚桑楚有｜而無本剽釋文○｜猶
長 增也莊子庚桑楚有｜而無木剽者宙也釋文○
凡度｜短曰｜周禮凌人注｜丈二
尺釋文儀禮士冠禮注｜三尺釋文
創 ｜懲也書益稷予｜若時傳
誑 ｜欺也禮記曲禮常視無｜釋文○誑欺也廣雅
釋詁二○｜猶惑也國語晉語天又｜之注
羕 ｜長也爾雅釋詁
踼 ｜跌也文選吳都賦注引聲類○｜驅馳貌也亦
失跡也一切經音義九引蒼頡○｜跌皆頓伏也
文選吳都賦魂褫氣
懾而自｜跌者劉注

閌 ｜高也文選甘泉賦｜閬其寥廓兮注○｜盛
貌詩緜釋文引韓詩
鄉 ｜曏也儀禮士相見禮｜者吾子辱使某見注又
吕覽察今鄉之壽民注觀表｜者右宰穀臣之觴
吾子也注○｜往也莊子秋水證｜今故釋文引崔
注○｜謂往時也華嚴經音義下引珠叢○儀禮鄉
射禮注｜獲者許
諾釋文｜本作嚮
傍 在前曰牽在旁曰｜周禮罪隸牛助爲牽｜注
掠 ｜笞也吕覽仲春無肆｜注○｜問也後漢章帝
紀注○｜考捶禮記月令毋肆｜釋文○｜奪取
也後漢光武帝紀上注○｜劫奪也後漢鄧訓傳注
○｜謂劫伐之穆天子傳五命虞人｜林注○｜聲
類作剠同力尚反一切經音義二○
｜古文剠掠二形一切經音義九

妨 ｜娉也廣雅釋言
暀 廣韻暀同○暀暀美也爾雅釋詁
迋 ｜往也左氏襄廿八年傳使子展｜勞于東門之
次注○｜音若狂漢書五行志下之上集注引應
劭○左傳襄廿八年使子展｜勞于東門漢
書五行志中之上作使子展往勞于東門
蕩 ｜猶動也禮記樂記天地相｜注又論語陽貨今
之狂也｜皇疏○｜搖也史記齊太公世家蔡姬
習水｜公集解引賈逵○｜無所據也論語陽貨皇
疏○｜無所適守也論語陽貨其蔽也｜集解引孔
注○佚｜緩也漢書楊雄傳上集注引晉灼○｜謂
動之使生奢泰也禮記月令以｜上心注○｜謂物
動將萌芽也禮記月令諸生｜注○｜廣遠之稱
也論語泰伯｜｜乎民無能名焉集解引包注○｜

｜無形無名之稱也論語泰伯皇疏○｜｜
滌去穢惡也禮記昏義｜天下之陽事注
｜瀁水無涯際也史記司馬相如傳灝溔｜瀁正
潢 義引郭云
怏 ｜強也廣雅釋詁一○｜懟也廣雅釋言
盪 ｜推也論語憲問奡｜舟皇疏○｜｜不知所守
也文選幽通賦周賈｜而貢憤兮曹注
盎 罋甒謂之｜方言五○｜猶翁也成而翁翁然蔥
白色如今酇白矣周禮酒正三曰｜齊注○｜於
背如負之於背孟子告子
上｜於背音義引陸注
饟 ｜饋也爾雅釋詁○餉糧也古餉字後漢章帝紀
注○｜古餉字漢書食貨志上集注食貨志下集
注陳餘傳集注吳王濞傳集注枚乘
傳集注灌夫傳集注西南夷傳集注

儻丨未定之詞也史記伯夷傳丨所謂天道正義
〇以下據廣韻録
眼丨明也方言十二
懭丨難也廣雅釋詁三〇丨悍也陳曰丨方言七
蟓丨桑繭爾雅釋蟲
穰丨雜也廣雅釋詁一
鷗女丨工雀也廣雅釋鳥
詇丨告也廣雅釋詁三
弶丨施罟於道集韻引字林〇施罥於道曰丨今畋獵家施丨以取鳥獸者其形似弓也一切經音義十八引字書

軮丨轎也集韻引字林
譡譡責也太元逃冠譡其戸注
胱丨水名集韻引字林
唴丨悲也廣雅釋詁三〇自關而西秦晉之閒凡大人小兒泣而不止謂之丨哭極音絶亦謂之丨平原謂啼極無聲謂之丨哴方言一
埌丨冢也廣雅釋邱又莊子列禦寇闔胡嘗視其良釋文〇冢秦晉之閒或謂之丨方言十三
莨丨蕩毒草也一切經音義七引埤蒼

瀇渠在浚儀曰丨蕩續漢郡國志注引通俗文
黨丨驍也廣雅釋器
抗丨健也廣雅釋詁二

經籍纂詁卷第八十二

經籍籑詁卷第八十二補遺　去聲

兵部侍郎兼都察院右副都御史巡撫浙江等處地方提督軍務兼理糧餉阮元撰集

二十三漾

漾 說文｜水出隴西柏道東至武都爲漢从水羕聲
瀁古文从養
｜大也淮南說山是以能｜之注○｜謂崇尚也
漢書匡衡傳審所｜而已注○｜謂道也易繫辭
上 下傳君子｜交不諂疏○｜亦正也禮記鄉飲酒義
言是席之｜疏○｜者對下生名禮記曲禮目疏○
｜者下之儀也荀子正論○｜者下之本也荀子正
論○本爲｜論語憲問君子｜達集解○｜君也呂
覽當務其父竊羊而謁之｜注○｜謂君也易象上
傳｜下交而其志同也疏又禮記緇衣爲｜易事疏

儒行｜荅之疏孝經君子之事｜也注又周書大戒
｜明仁義注○｜君長也國語齊語不用｜令注○
｜下君臣也國策秦策｜下不相親也注○｜謂天
子也漢書五行志中之下毋得擅｜注○｜物天子
之牢左氏哀七年傳制禮｜物注○｜位大臣也詩
山有扶蘇箋此又言養臣顛倒失其所也疏○｜下
猶尊卑也禮記檀弓上｜下各以其親疏引庾蔚○
｜客尊客國策秦策｜客從趙來注○｜國中國也
左氏昭廿六年傳聘于｜國服注淮南脩務蠶食｜
國注○｜地美地也淮南精神而亾｜地注○｜舍
甲第也呂覽知士於是舍之｜舍注○｜謂席端也
禮記曲禮上席南鄉北鄉以西方爲｜注○｜獻先
獻者左氏襄廿八年傳慶奊爲｜獻注○｜下用年
之豐凶也禮記禮器與年之｜下注○｜謂其事久
遠也漢書百官公卿表上然巳｜矣注○｜志古記
也呂覽務大嘗試觀於｜志注○｜古記｜也古書
也呂覽務本嘗試觀｜古記注○｜帝謂｜古帝君
也素問六節藏象論此｜帝所祕注○｜皇謂伏犧
三皇之最先者故謂之｜｜皇詩譜序誅不於｜皇之
世疏○陽氣在｜故曰｜宮國語周語以夷則之｜
宮畢之注○｜謂天禮記中庸合外內之道也疏又
周書皇門永有口于｜下注○｜帝天也漢書禮樂
志殷薦之｜帝注敘傳上皇矣｜帝注○｜神天神
也禮記禮運以降｜神疏引皇氏熊氏○冬曰｜天
詩黍離傳疏引異義今尚書歐陽說又周禮大宗伯
疏引同又白虎通四時○在天稱｜易繫辭下傳｜
下无常虞注○太歲在庚曰｜章爾雅釋天○申在
庚曰｜章淮南天文○男爲｜儀禮士昏禮下達疏
○｜駕者言爲衆馬之最良也詩太叔于田兩服｜
襄箋○｜者亦邊側之義史記孔子世家唯子貢廬
於冢｜索隱○易小過已｜也釋文鄭作尚

望 說文｜出亾在外｜其還也从亾望省聲○｜比
也禮記表記以人｜人疏○｜怨｜也漢書陳餘
傳不意君之｜臣深也注盧綰傳爲羣臣觖｜注劉
德傳侍御史以爲光｜不受女注○｜猶責｜｜謂恨
之也史記外戚世家景帝以故｜之索隱○｜責怨
之也漢書爰盎傳已而絳侯｜盎曰注○｜謂責而
怨之漢書梁孝王武傳上由此怨｜於梁王注○｜
謂在遠者｜而祭之漢書郊祀志上｜秩于山川注
○｜者遙｜而祭山川也史記五帝紀｜于山川正
義○｜謂｜山川而祭之也漢書王莽傳上郊｜之
禮注○三｜分野之星左氏僖卅一年傳猶三｜注
○三｜分野星國中山川左氏僖卅一年經賈注服
注○三｜分野之星國中山川皆因郊祀｜而祭之
左氏僖卅一年經注○四｜蓋謂日月星海也漢書
郊祀志下○祀其國中山川爲｜左氏哀六年傳祭
不越｜服注

相 丨視也國語齊語丨地而衰征注晉語是丨唐叔注○丨助也易象上傳輔丨天地之宜疏象下傳君子以勞民勸丨虞注又書洪範丨協厥居疏又國語楚語而皇神丨之注二先子其皆丨于注又獨斷上○丨猶助也易象下傳君子以勞民勸丨注○家丨謂助知家事者也禮記曲禮下士不名家丨長妾疏○丨謂攝政書大誥序周公丨成王傳○丨國丨也國語魯語師尹惟旅牧丨注○丨亦輔之義荀子禮論尚拊之膈注○丨也者百官之長也呂覽舉難○丨贊易象上傳輔丨天地之宜虞注○丨佐也左氏宣十六年傳原襄公丨禮注○丨佐助之言也周禮內小臣注詔丨正者疏○丨佐禮左氏成十四年傳甯惠子丨注○丨丨禮者左氏成二年傳使丨告之注○丨謂贊丨其禮漢書五行志中之上甯惠子丨注○丨者主人贊餞者禮記曲禮上徹飯齊以授丨者注○丨者丨主人傳命者也禮記雜記上丨者入告疏○丨謂扶工禮記仲尼燕居譬猶瞽之無丨與疏○在客稱介亦曰丨儀禮士冠禮注在客曰介疏○入詔禮曰丨丨者五人鄉為上擯周禮太宗伯則為擯丨注○丨治也左氏昭廿五年傳丨其室注○拊一名丨荀子禮論尚拊之膈注

將 說文丨帥也从寸牆省聲○丨帥也國語晉語丨止不面夷注○丨謂率領其羣也漢書五行志中之上而不鳴不丨無距注○謂大指為丨指者丨者言其丨領諸子也左氏宣四年傳注第二指疏○足以大指為丨指手以中指為丨指同上

狀 說文丨犬形也从犬爿聲○丨形貌也漢書東方朔傳妾無丨注

帳 說文丨張也从巾長聲○丨帷丨也文選東都賦供丨置乎雲龍之庭注引漢書張晏注○在上曰丨文選寡婦賦注引何承天纂要

浪 說文丨滄丨水也南入江从水良聲

唱 說文丨導也从口昌聲○倡始也呂覽古樂乃令鱓先為樂倡注○倡先也周禮喪祝注勸猶倡帥前引者疏○倡謂先也史記陳涉世家為天下倡索隱○倡盛也太元玄物咸倡倡注

讓 說文丨相責丨也从言襄聲○丨責也漢書王式傳式客罷丨諸生曰注○丨謂責也漢書項籍傳二世使人丨章邯注○丨亦責也漢書張湯傳禹至丨湯曰注○丨者禮之主也左氏襄十三年傳○丨者德之主也左氏昭十年傳○丨謂卑謙禮記儒行其尊丨有如此者疏○應受而推曰丨禮記曲禮上退丨以明禮疏○丨者執位敵之名荀子正論夫有誰與丨矣注有擅國無擅天下注○丨謂舉手平衡也儀禮聘禮記升堂丨注○攘古丨字禮記曲禮上左右攘辟注

曠 說文丨明也从日廣聲○丨空也詩雄雉序箋故男多丨疏○丨空神位也禮記曲禮上祥車丨左注○丨猶疏薄也禮記檀弓下必多丨於禮矣夫疏○廣謂怨丨也漢書五行志中之上注引韋昭○師出過時茲謂廣漢書五行志中之上引京房易傳

壯 說文丨大也从士爿聲○丨謂容體盛大禮記月令養丨佼疏○丨謂苗轉長大管子小問至其丨也注○三十曰丨禮記射義幼丨孝弟注○丨者強盛之名易大壯大丨利貞疏○丨武力暴興老子物丨則老王注○今淮南人呼丨為傷易大壯釋文引郭璞

放 說文放逐也从攴方聲凡放之屬皆从放○丨者宥之以遠左氏襄廿九年傳丨其大夫注○丨者

使之自活書舜典疏○丨者君赦其罪緩步而出左氏宣元年經注丨者受罪黜免疏○殛竄丨流皆誅也書舜典傳○丨縱也呂覽審分無使丨悖注○君樂逸人茲謂丨漢書五行志下之上引京房易傳○春物丨發故曰丨春管子小問桓公丨春三月觀于野注○孟子盡心上摩頂丨踵文選文賦注作摩頂致於踵

向 說文丨北出牖也从宀从口詩曰塞丨墐戶○嚮面也禮記曲禮上請席何嚮疏○鄉仰淮南說林其鄉之誠也注○鄉牖輩類也禮記緇衣故君子之朋友有鄉注○嚮曩也呂覽察今嚮之壽民注○嚮曩昔時也漢書司馬遷傳鄉者僕亦嘗廁下大夫之列注○鄉謂曩時也漢書異姓諸侯王表鄉秦之禁注○丨讀曰嚮漢書賈捐之傳吏民敬鄉注辛慶忌傳朝廷莫不信鄉注○鄉讀曰丨荀子儒效鄉有天

下注鄉是也臧注鼓之而紂卒易鄉注○鄉讀與嚮同漢書郊祀志下若有鄉坐拜者云注○丨字亦作嚮漢書五行志上叔丨曰注○今文鄉爲面儀禮士喪禮爲垼于西牆下東鄉注○禮記檀弓下注曩嚮也釋文本亦作鄉○莊子應帝王鄉吾示之地文釋文崔本作康

伎 丨刀戟之總名也華嚴經音義下引風俗通

暘 說文暘不生也从田昜聲○丨舒也禮記樂記感條丨之氣疏○丨通也文選羽獵賦於是醇洪鬯之德注遊天台山賦注引漢書音義○丨通達也漢書禮樂志四丨交於中注

量 丨者龠合升斗斛也所以丨多少也漢書律麻志上○丨斗斛也漢書律麻志上謹權丨注王莽傳中考丨以銓注引應劭○丨斛斗也漢書郊祀志上同律度丨衡注○丨釜鍾也淮南時則同度丨注○丨數也祭祀之器皆當其數周禮春官序官疏引國語彝器之丨服注○丨謂物善惡之舊法也禮記月令命工師令百工審五庫之丨注

葬 說文葬臧也从死在茻中一其中所以薦之易曰古之丨者厚衣之以薪

匠 說文丨木工也从匚从斤斤所以作器也○丨能作宮室之屬者禮記曲禮下注木工輪輿弓廬丨車梓也疏○丨人工人也禮記雜記下丨人執羽葆御柩疏

障 說文障隔也从阜章聲○丨蔽也淮南精神而丨之以手也注○丨所以自丨蔽也漢書朝鮮王滿傳爲置吏築丨注○丨謂塞上要險之處別築城置吏士守之以扞寇盜也史記酷吏列傳居一丨閒正義○丨防也呂覽達鬱是丨之也注又文選長笛賦注引國語賈注○丨塞者所以防守要路也管子幼

官丨塞不審注○丨陂丨其水也左氏昭元年傳丨大澤服注○爾雅釋言丨畛也釋文亦作彰

謗 說文謗毀也从言旁聲○丨謂言其過失左氏襄十四年傳注聞君過則誹丨疏

尚 說文丨曾也庶幾也从八向聲○丨庶幾也書大禹謨爾丨一乃心力傳又易小過已上也釋文引鄭注○丨庶幾也願也漢書敘傳上丨粵其幾注○不丨丨也左氏襄廿九年傳不丨取之服注又周書大匡二三子不丨助不穀注○其丨丨也呂覽先識其丨終君之身乎注○丨且也文選七發注引國語賈注○丨上也禮記曲禮下操幣圭璧則丨左手疏禮器元酒之丨疏○丨者上也書孔序疏○丨者上也尊而重之若天書然故曰尚書書孔序疏引鄭氏○孔子撰書尊而命之曰丨書丨者上也蓋言若天書然釋文序錄引書贊○上所言史所書故曰丨書書孔序疏引王肅○以其上古之書謂之丨書書孔

安國序○丨考猶言古考書大傳丨考太室之義注○丨言丨古猶若稱丨書之丨也荀子正名丨機筵注○丨貴也孟子盡心下丨志注○丨謂尊丨詩著箋丨猶飾也疏○丨左手尊左也禮記曲禮下操幣圭璧則丨左手注○丨配也易泰得丨于中行疏○丨猶配也易泰朋亡得丨于中行注○詩抑丨可磨也史記晉世家作猶可磨也

餉 說文丨饟也从倉向聲○餉糧也古丨字後漢章帝紀爲雇耕傭種餉注○丨亦饟字漢書嚴助傳老弱轉丨注主父偃傳不足於糧丨注

藏 老子銘老子爲周守藏室史州輔碑遷藏府令丨皆作臧

舫 說文丨舟師也明堂月令曰丨人習水者从舟方聲○丨水中爲泭筏也爾雅釋言丨泭也孫注○爾雅釋言丨泭也釋文詩亦作方樊本作坊

訪 說文汎謀曰丨从言方聲○丨亦謀漢書敘傳上箕子丨周注

貺 說文新附丨賜也从貝兄聲○況賜也國語晉語受君之重況注○丨謂君賜也禮記聘義北面拜丨疏○丨者欲加恩惠也詩彤弓箋

養 丨字本作漾或作瀁漢書地理志下隴西郡氐道注

醬 說文醬鹽也从肉从酉酒以和醬也爿聲𤅸古文𤃷籀文

抗 說文丨扞也从手亢聲杭丨或从木○丨禦也小爾雅廣言○丨所以禦土荀子禮論丨折其額以象槾茨番閼也注○丨違拒也列子黄帝攩拯挨抗釋文○丨衡謂對舉以爭輕重也文選檄吳將校部曲及其丨衡上國注○丨衡言兩衡相對拒率不相涯下也史記酈生陸賈列傳索隱引崔浩○亢舉也禮記明堂位崇坫康圭疏○丨卽舉也周禮服不氏注丨者若聘禮曰有司二人舉皮以東疏

當 丨合呂覽執一而莫不宜丨注○丨合也淮南本經則其言丨注氾論丨於世事注○丨猶應也禮記檀弓下衰與其不丨物也疏○應變不失之謂丨管子宙合○丨者謂中于道穀梁序理未全丨疏○丨主也禮記樂記鼓無丨于五聲釋文○丨猶實也淮南說林不如循理苦其丨注○丨猶底也淮南說林三寸之管而無丨注

釀 說文丨醞也作酒曰丨从酉襄聲

亢 丨高也左氏昭廿二年傳無丨不衷疏○丨謂丨極易乾注上則過丨疏○伉者極之義詩緜傳伉高貌疏○丨者言萬物丨見也史記律書○重丨累棟也周書作雒重丨注○丨讀與抗同漢書陳勝項籍傳贊不丨於九國之師注○丨音人相抗荅漢書高帝紀上沛公還軍丨父注引鄭氏

況 說文丨寒水也从水兄聲○詩桑柔倉兄塡兮釋文本亦作丨

臟 藏五藏也漢書王吉傳吸新吐故以練臧注○五丨者藏精氣而不寫也故滿而不能實素問五藏別論○五藏者何謂也肝心肺腎脾也白虎通情性○五藏謂肝心脾肺腎素問陰陽應象大論人有五藏化五氣注○丨謂五神丨素問陽明脈解篇運丨則死注金匱眞言論則丨者爲陰注○諸陰爲丨素問寶命全形論知腑丨血氣之診注○丨者陰氣素問方盛衰論陰氣不足注○藏水氣也素問氣交變大論藏氣伏注○藏脾也素問脈解篇上則邪容於藏府閒注○丨謂肺丨素問脈要精微論丨滿注○

丨會素問長刺節論
王丨盛也華嚴經音義上引易韓注○丨有天下也國策秦策文王用之而丨注○兼正之國之謂丨管子霸言○擅破一國彊在後世者丨同上○當時者丨生丨者休周禮占夢疏引春秋緯
纊說文丨絮也从糸廣聲春秋傳曰皆如挾丨絖丨或从光○丨綿也漢書東方朔傳黈丨充耳注○丨新綿也禮記喪大記屬丨釋文○丨塞耳示不聽讒也白虎通紼冕○禮記雜記上注絖爲繭釋文字又作丨
鬯說文丨以秬釀鬱艸芬芳攸服以降神也从凵凵器也中象米匕所以扱之易曰不喪匕丨凡丨之屬皆从丨○丨者釀秬黍爲酒和以鬱金之草謂之鬱丨禮記王制注丨秬酒也疏○丨謂丨酒煮鬱金

草和之其氣芬芳調丨也禮記郊特牲鬱合丨疏○凡丨有二若和之以鬱謂之鬱丨若不和丨謂之秬丨禮記表記天子親耕粢盛秬丨以事上帝疏○丨者釀黑黍爲酒其氣芬芳調暢禮記曲禮下凡摯天子丨疏○丨是酒名以黑黍和一秠二米作之詩江漢箋芬香條丨也疏引孫毓○丨香酒所以祭神漢書宣帝紀薦丨之夕注○丨與暢同漢書律厤志上靡不條丨該成注郊祀志上草木丨茂注羽獵賦於是醇洪丨之德注○禮記王制賜圭瓚然後爲丨未賜圭瓚則資丨於天子白虎通考黜俱引作暢
諒說文丨信也从言京聲又左氏昭七年傳注子產貞而不丨疏○亮信也書無逸疏又後漢張衡傳魏顯亮以從理兮注○涼信也漢書五行志中之下涼陰之衷注○丨謂誠信禮記樂記則易直子丨之心疏○涼讀曰丨漢書五行志中之下注○丨闇轉作梁闇書無逸乃或丨闇鄭注○亮丨義同詩大明

傳丨佐也疏○詩大明涼彼武王釋文本亦作丨○詩柏舟不丨人只御覽四百卌九作不涼人只
妄說文丨亂也从女亾聲○丨者亂之始也春秋繁露天道施○丨虛也禮記曲禮上不丨指疏○丨虛丨也易略例物无丨注○丨謂虛丨矯詐不循正理易无妄彖注使有丨之道滅疏○丨者謂非禮相加詩隰有萇楚箋不丨丨蕁蔓草木疏○丨不法左氏哀廿五年傳彼好專利而丨注○丨丨見聞也素問氣交變大論譫丨注○不通於輕重謂之丨言管子山至數○丨辨謂丨爲辨說荀子解蔽丨辨而幾利注○丨之言望後漢書李通傳論注引易无妄鄭注
愴說文丨傷也从心倉聲○丨傷也一切經音義廿三引廣雅
刱說文刱造法刱業也从井刅聲讀若創○創始造之也漢書敘傳下禮義是創注

喪丨亡也國語晉語果丨其田注○丨棄亡也詩葛生序則國人多丨矣箋○丨者死亡之名詩節南山箋而死丨甚大多也疏○丨者亡也人死謂之丨何言其丨亡不可復得見也不直言死稱丨者何爲孝子之心不忍言也白虎通崩薨○丨謂亡失位禮記檀弓下丨亦不可久也注○丨失之也漢書五行志下之上皆丨心也注○少而失其故居名爲弱丨莊子齊物論予惡乎知惡死之非弱丨而不知歸者耶注○丨敗也國語晉語而先紂丨注○坤爲丨易象下傳其義丨也疏
悵說文丨望恨也从心長聲○丨惆丨也漢書外戚傳上涔淚丨兮注○丨惆丨痛也一切經音義二引廣雅
兩一車謂之一丨書牧誓序疏○風俗通說車有兩輪故稱爲丨猶屨有兩隻亦稱爲丨書牧誓序疏

壙 說文丨塹穴也一曰大也从土廣聲○丨與曠同漢書外戚傳上託沈陰以丨久兮注

宕 說文丨過也一曰洞屋从宀碭省聲汝南有項丨鄉

伉 說文丨人名从人亢聲論語有陳丨○丨者相當之言左氏成十一年傳注丨敵也疏○丨儷者言是相敵之匹耦同上

碭 說文丨文石也从石昜聲

恙 說文丨㥑也从心芉聲○丨憂也周禮大行人注問問不丨也疏○丨憂病漢書萬石君傳萬石君尚無丨注李陵傳霍與上官無丨乎注○無丨言無憂病也漢書賈誼傳皆亡丨注

煬 說文丨炙燥也从火昜聲○火熾猛爲丨文選東京賦注引方言郭注

張 丨帳也漢書王莽傳下丨於西廂注引李奇○丨若今言丨設漢書黥布傳丨御食飲從官注

閬 說文丨門高也从門良聲巴郡有丨中縣○丨丨空虛也漢書楊雄傳上閌丨丨其寥廓兮注丨丨剛強之貌也漢書敘傳上固丨丨其必凶兮

行 注

廣 東西爲丨南北爲輪禮記月令注丨五尺輪四尺疏又周禮大司徒周知地域丨輪之數疏引馬融說○橫度爲丨周禮司裘注丨與崇方疏○丨謂去齊橫丨也素問氣府論俠齊丨三寸注

炕 說文丨乾也从火亢聲○凡言丨陽者枯涸之意漢書五行志中之上君丨陽而暴虐注○丨舉也詩瓠葉傳丨火曰炙疏○丨張也爾雅釋木晝聶宵丨釋文引顧野王注○丨與抗同漢書楊雄傳上丨浮柱之飛榱兮注

韔 說文丨弓衣也从韋長聲詩曰交丨二弓○韔者盛弓之器詩大叔于田傳丨弓弢弓疏○韔弓謂弢弓而納之韔中故云韔弓同上○禮記檀弓下赴車不載弓韔釋文本亦作丨

創 丨懲艾也漢書五行志上丨邾之敗注鼂錯傳壹大治則終身丨矣注○丨艾謂懲懼也漢書馮奉世傳羌虜破散丨艾注

誑 說文丨欺也从言狂聲○丨惑也國語周語以丨劉子注○禮記曲禮上常視無丨釋文本或作誆

緉 說文丨履兩枚也一曰絞也从糸从兩兩亦聲

羕 說文丨水長也从永羊聲詩曰江之丨矣

閌 說文新附丨丨閬高門也从門亢聲○丨高門貌漢書楊雄傳上丨閬閬其寥廓兮注

曏 丨明也莊子秋水證丨今故注

醠 說文丨濁酒也从酉盎聲

徬 說文徬附行也从彳旁聲○旁依也莊子齊物旁日月釋文引司馬注○莊子齊物釋文旁崔本作謗

掠 丨謂略奪也漢書高帝紀上毋得鹵丨注○丨笞擊也漢書江都易王非傳不中程輒丨注陳咸傳下獄丨治注

暀 說文暀光美也从日往聲○暀暀美盛之貌爾雅釋詁暀暀美也注○暀暀猶往往也詩泮水烝烝皇皇箋

【迋】說文｜往也从辵王聲春秋傳曰子無我｜

【珦】說文｜玉也从玉向聲

【蕩】｜動也呂覽音初感於心則｜乎音注論威不可搖｜注孟冬以｜上心注有度不｜乎胷中則正注○｜搖也左氏僖三年傳｜公注○｜謂搖動生其奢淫禮記月令毋或作爲淫巧以｜上心注○滌｜猶搖動也禮記郊特牲滌｜其聲注○｜｜平易也呂覽貴公王道｜｜注○｜｜平政無私左氏襄三年傳王道｜｜注○｜｜是廣平之名詩蕩箋｜｜法度廢壞之貌疏○｜無所據論語陽貨今之狂也｜集解引孔注○魯讀坦｜爲坦湯論語述而君子坦｜｜釋文

【潢】｜染書也廣韻引釋名

【怏】說文｜不服懟也从心央聲○｜懟也亦｜｜然心不服也一切經音義十八引蒼頡

【盪】｜動也易繫辭上傳八卦相｜釋文引桓元注

【盎】說文｜盆也从皿央聲㼜｜或从瓦○瓶自關而西或謂之｜方言五○詩宛邱傳｜謂之缶釋文本亦作㼜

【饟】說文周人謂餉曰｜从食襄聲○｜字與餉同漢書食貨志下種｜糧食注○｜亦餉字漢書嚴助傳輓車奉｜者注○｜古餉字漢書灌嬰傳絕其｜道注○詩良耜其｜伊黍禮記郊特牲注作其餉伊黍

○以下據廣韻錄

【⿰兂京】說文⿰兂京事有不善言⿰兂京也爾雅｜薄也从兂京聲

【⿰目良】說文｜目病也从目良聲

【愓】說文｜⿱亟心也从心煬省聲

【⿱艸暘】說文｜艸茂也｜艸暘聲

【⿵門鄉】說文｜門響也从門鄉聲

【⿱艸釀】說文｜菜也从艸釀聲

【⿺走匠】說文⿺走匠行皃从走匠聲讀若匠

【⿱上章】說文｜擁也从上章聲

【詇】說文｜早知也从言央聲

【倡】說文｜樂也从人昌聲

【凔】說文凔寒也从仌倉聲

【朢】說文｜月滿與日相望以朝君也从月从臣从壬壬朝廷也朢古文望省○望也者月之望也大戴記夏小正望乃伏傳○月半爲望書允征疏○月大則十六日爲望月小則十五日爲望周禮鄉士注若今時望後利日也疏

【⿰言朢】說文｜責望也从言朢聲

【俇】說文俇遠行也从人狂聲

【臦】說文｜乖也从二臣相違讀若誑

㤮 說文丨誤也从心狂聲

哾 說文秦晉謂兒泣不止曰丨从口羌聲

踼 丨失據而倒也漢書儒林王式傳陽醉丨墜注

柳 說文丨馬柱从木卯聲一曰堅也

駠 說文丨丨馬怒皃从馬卯聲

甞 說文丨大盆也从瓦尙聲○丨井以甑爲甃者也 漢書游俠陳遵傳爲丨所轠注

犺 說文丨健犬也从犬亢聲

梡 說文梡克也从木光聲

○以下據集韻錄

䵢 說文䵢赤黑也从黑昜聲讀若煬

瑒 說文丨圭尺二寸有瓚以祠宗廟者也从玉昜聲

䣼 說文丨雜味也从酉京聲

坱 說文丨塵埃也从土央聲

⿱髟盎 說文丨髮也从髟盎聲

姎 說文丨女人自偁我也从女央聲

懬 說文丨闊也一曰廣也大也一曰寬也从心从廣廣亦聲

經籍籑詁卷第八十二補遺終

經筵講官南書房行走禮部左侍郎兼署兵部左侍郎前提督浙江學政阮元撰集

二十四敬

敬 丨之言警也詩常武既丨既戒箋○丨警也恒自
肅警也釋名釋言語○丨愼也詩閔予小子夙夜
丨止箋○丨畏愼呂覽孝行敢不丨乎注○丨謂不
敢慢也荀子彊國王者丨日注○猶恭勤也史記
五帝紀丨順昊天正義○丨不解于位也周禮小宰
三曰廉丨注○丨故不慢舊也周禮大宰二曰丨故
注○夫丨丨文之恭也國語周語○丨者禮之本也孝
經禮者丨而已矣注○丨民之主也說苑立節○自
丨禮之至也法言君子○丨宜也文選東京賦丨愼
威儀薛注○乾爲丨易彖上傳丨順不敗也虞注○

盡之謂丨禮記祭統○陳善閑邪謂之丨孟子離婁
上○接遇肅正謂之丨賈子道術○夙夜警戒曰丨
周書謚法○夙夜恭事曰丨同上○象方益平曰丨
同上○善合法典曰丨同上○夙興夜寢曰丨獨斷
下○入門主丨升堂主愼儀禮聘禮記○恭在貌也
而丨又在心禮記少儀賓客主恭祭祀主丨注○外
曰丨漢書五行志中之上○和則丨大戴記保傅○
詩大雅既丨既戒周禮夏官序官注作既儆既戒○
書洪範丨用五事漢書五行志上藝文志孔光傳皆
作羞用五事○史記魯周公世家丨復之集解引徐
廣曰丨一作振○左氏宣六年經葬我小君丨嬴公
羊穀梁作頃熊左氏昭七年傳南宮丨叔說苑襍言
作頃叔左氏文十八年傳
丨嬴公羊穀梁作頃嬴

命 丨令也國語魯語諸侯朝修天子之業丨注又呂
覽孟春丨田舍東郊注○丨者

天之令文選長楊賦注引春秋元命苞○尊君令謂
之丨文選責躬詩廣丨懿親注○丨者制令也賈子
禮容語下○丨使也廣雅釋詁一又呂覽孟夏丨太
尉注又淮南時則丨太尉注○丨猶使也詩卷阿維
君子丨箋○丨爲使令禮記內則不敢並丨注○丨
謂使令所爲周禮內小臣掌王后之丨注○丨告也
儀禮士冠禮宰自右少退贊丨注特牲饋食禮祝丨
嘗食注又爾雅釋詁又國語晉語天以丨矣注吳語
既丨孤矣注○丨敎也禮記樂記故樂者天地之丨
注又淮南時則丨主祠祭禽四方注○丨者敎也周
書皇門丨用迷亂注又漢書食貨志上集注引李奇
○丨猶敎令也詩下武永言配丨箋○丨謂政令也
禮記緇衣甫刑曰苗民匪用丨注○丨謂敎丨禮記
坊記丨以防欲注○丨謂四時政令所以敎民勤事
也禮記表記丨之於民也親而不尊注○丨謂敎之
莊子山木眞泠禹曰釋文○飭遇謂之丨荀子正名

○凡尊者之言曰丨文選閒居賦序忝司空太尉之
丨注○出君下臣名曰丨獨斷上○辭以見許爲得
丨儀禮燕禮某固辭不得丨注○巽爲丨易訟復卽
丨虞注師大君有丨虞注泰自邑告丨虞注否有丨
无咎虞注旅終以譽丨虞注象上傳天丨不右虞注
天之丨也虞注象下傳順天丨也虞注湯武革丨虞
注重巽以申丨虞注象上傳順天休丨虞注象下傳
后以施丨誥四方虞注志不舍丨也虞注君子以致
丨遂志虞注君子以正位凝丨虞注君子以申丨行
事虞注繫辭上傳其受丨如嚮虞注○犯丨犯君敎
令也周禮司盟盟萬民之犯丨者注○丨呼也廣雅
釋詁二○丨子也小爾雅廣言○丨名也廣雅釋詁
三又國語魯語黃帝能成丨百物注又史記天官書
以其舍丨國正義又後漢吳漢傳注又莊子大宗師
無以丨之釋文引崔李注則陽人則從而丨之也釋
文○丨者名也漢書刑法志集注引晉灼張耳傳集

注又後漢王常傳注○丨謂以名丨之也荀子正名
實不喻然後丨注○丨名物也荀子正論故凡言議
期丨是非以聖王爲師注○丨信也詩昊天有成命
夙夜基丨宥密傳又國語周語又家語論禮夙夜基
丨宥密注○丨猶性也禮記檀弓下丨也注○丨則
性也論衡命義○丨者性之終也大戴記本命○丨
謂初所稟得而生也論衡骨相○丨德之理也賈子
六術道德○丨猶道也詩維天之命維天之丨箋○
分於道謂之丨大戴記本命○丨天丨也易師大君
有丨干注又淮南俶眞其志得道行丨也注○丨者
天之丨也論語子罕與丨與仁集解○丨者天之丨
也非人爲也法言問明○丨所受天丨也文選曹子
建贈白馬王彪詩注引易鄭注○丨人所稟受度也
禮記中庸注引孝經說○天丨謂天所丨生人者也
是謂性丨禮記中庸注○丨謂符瑞也後漢班彪傳
下注○丨者生之極易說卦傳以至於丨注○丨者
自然者也鶡冠子環流○丨生之長短也禮記樂記
則性丨不同矣注○丨吉凶之主也論衡偶會○死
生丨也呂覽知接○死生者丨也說苑雜言○丨者
貧富貴賤也論衡命義○貴賤貧富丨也論衡骨相
○禍福吉凶者丨也論衡命義○丨謂窮達之分也
論語堯曰不知丨集解引孔注○丨謂窮通夭壽也
論語堯曰皇疏○大凡生於天地之閒者皆曰丨禮
記祭法○未形者有分且然無閒謂之丨莊子天地
○礐乎堅哉謂之丨賈子禮容語下○丨者天下之
丨也文選運命論題注引春秋元命苞○丨者國之
大事政令也左氏隱十一年傳凡諸侯有丨告則書丨
注○丨君丨也論語憲問爲丨皇疏○丨所受君丨
者也禮記玉藻書思對丨注○丨爵丨也論語先進
賜不受丨皇疏引王弼又後漢李固傳注○丨謂爵
丨漢書食貨志上集注引韋昭○丨謂王遷秩羣臣
之書周禮春官序官典丨注○禮丨謂九賜也周禮

小宰五曰聽祿位以禮丨丨司農注○禮丨禮之九丨
之差等周禮小宰注○丨丨論語所謂爲丨丨周禮大祝
二曰丨司農注○丨期丨大戴記文王官人正靜以
待丨注○丨所以誓告之周禮小司徒誅其犯丨者
注○丨將丨也周禮大司寇上丨糾守注○奉丨傳
辭出入者禮記少儀某固願聞名於將丨者注○丨
詔尸也儀禮特牲饋食禮祝丨挼祭注○丨者加爵
服之名自士至上公凡九等君丨其夫則后夫人亦
丨其妻矣儀禮喪服爲大夫丨婦者注○大夫之妃
曰丨婦夫受丨於朝妻受丨於家也釋名釋親屬○
丨夫者男子之爲大夫也後漢安帝紀注和熹鄧皇
后紀注○丨婦者大夫之妻也後漢安帝紀注和熹
鄧皇后紀注○丨門者藏精光照之所則兩目也素
問陰陽離合論結於丨門注○司丨文昌宮星周禮
大宗伯以槱燎祀司中司丨司農注○司中司丨文
昌第五第四星或曰中能上能也周禮大宗伯注○
文昌宮三能屬軒轅角相與爲體近文昌爲司丨次
司中次司祿次司民周禮司民司寇及孟冬祀司民
之日司農注○司丨主督察三丨禮記祭法王爲羣
姓立七祀曰司丨注○司丨天神也後漢張衡傳注
○丨龜告龜以所卜之事周禮大卜則眂高丨龜注
○丨讀爲慢聲之誤也禮記大學丨也注○易繫辭
而丨之釋文丨孟本作明○周禮大卜注于將卜以
丨龜也釋文丨本作命○左氏襄十一年傳或閒茲
丨丨釋文丨本作盟○左氏桓二年傳丨之曰仇漢書
五行志中之上作名之曰仇昭元年傳余丨而子曰
虞地理志下作余名而子曰虞
【令】丨者丨也春秋繁露三代改制質文又莊子天運
○丨政也書湯誓舍我穡事而割丨夏傳又書大
傳諸侯之有不率丨者注又漢書廣陵厲王胥傳集
注○丨者政也禮記文王世子庶子之丨於公族者

注○丨之言政也周禮地官序官黨丨注○丨猶定
也周禮宰夫歲終則令羣吏丨歲會注○丨方也離
騷不量鑿而丨枘兮注○丨直也考工記輈人上三
丨注又呂覽君守有繩不以丨注又淮南主術羣臣
公丨注○丨者直也鬼谷子摩篇○丨直方之閒語
也禮記玉藻士前後丨注○丨平也離騷名余曰丨
則兮注指九天以爲丨注惜頌指蒼天以爲丨注○
丨中也文選東京賦農祥晨丨薛注○丨適也穀梁
文十四年傳玃且丨也注又國語吳語遠無丨就注
○丨要也廣雅釋言○丨雅也呂覽古樂有丨有淫
矣注○丨善也儀禮士喪禮決用丨王棘若檡棘注
○丨猶善也儀禮士冠禮以歲之丨注○丨治也呂
覽順民湯克夏而丨天下注○丨猶聽也周禮夏官
序官家司馬各使其臣以丨於公司馬注○丨長也
書說命下昔先丨保衡傳又詩鳲鳩丨是四國傳丨
是國人箋斯干噲噲其丨傳節南山覆怨其丨傳正

月令茲之丨箋雨無正丨大夫離居箋皇矣其政不
獲箋烈祖丨域彼四方傳又周禮天官序官宮丨注
又儀禮鄉飲酒禮樂丨先升注大射儀小臣丨辭注
又爾雅釋詁又國語周語則皆官丨涖事注晉語召
軍吏而戒樂丨注齊語立五丨注又史記龜策傳有
士丨集解引徐廣○丨者長師之稱漢書五行志下
之下集注○先丨先君長也禮記緇衣昔吾有先丨
注○丨官長也左氏昭廿九年傳木丨曰句芒注又
爾雅釋詁注○庶丨衆官之長也詩雲漢鞫哉庶丨
箋○樂丨樂官之長呂覽孟春命樂丨入學習舞注
○僕人丨僕人之長儀禮大射儀僕人丨徒相大師
注○大射丨射人之長者也儀禮燕禮若射則大射
丨爲司射注○大射丨射人之長儀禮大射儀大射
丨擯注○射丨司射之長儀禮大射儀射丨莅之注
○酒丨酒官之長周禮天官序官酒丨注○司丨庭
長也儀禮鄉飲酒禮乃息司丨注○丨亭長也莊子

知北遊丨獲之問于監市釋文引李注○丨師胥皆
長也周禮地官序官鄉老注○丨謂嫡長也穀梁隱
四年傳諸侯與丨而不與賢也注○丨也者丨於天
之爲人性命也春秋繁露竹林○丨也者所以丨定
萬物之命也管子法法○丨者稟五常之性也論衡
命義○丨行無傾邪也周禮小宰四曰廉丨注○丨
直中丨之人書洪範一曰丨直注○丨位謂男子純
乾丨陽之位也孟子滕文公下立天下之丨位注○
天政曰丨大戴記少閒○丨直爲丨詩小明丨直是
與傳○雖致之謂丨韓非子詭使○方直不曲謂之
丨賈子道術○三右一長曰丨周書武順○危言不
干德曰丨同上○內外賓服曰丨同上○丨謂問事
是非也論語學而就有道而丨焉集解引孔注○丨
謂政教穀梁僖十九年傳丨名而已矣注○丨樂政
也禮記少儀能丨於樂人注○丨之者執而治其罪
周禮大司馬賊殺其親則丨之注○丨殺之也周禮

大司馬注引王霸記○丨君也廣雅釋詁一○丨主
呂覽君守可以爲天下丨注○先丨先臣書文侯之
命亦惟先丨鄭注○丨公謂三上公天子所取丨者
穆天子傳一乃命丨公郊父注○丨謂冢宰司徒宗
伯司馬司寇司空也周禮大宰而建其丨注○司丨
主禮儀者後漢鄧惲傳注○司丨大射丨也射人小
射丨儀禮大射儀乃薦司丨與射人于觶南注○小
射丨司射之佐儀禮大射儀小射丨作取矢如初注
○樂丨于天子樂師也儀禮燕禮樂丨先升注○小
樂丨於天子樂師也儀禮大射儀小樂丨從之注○
左右丨謂樂丨僕人丨也儀禮燕禮遂獻左右丨與
內小臣注大射儀遂獻左右丨與內小臣注○丨司
馬丨也儀禮大射儀丨坐左右撫之注○司馬丨政
官之屬儀禮大射儀司馬丨適次注○馬丨掌馬之
官呂覽仲夏班馬丨注○丨於周禮鄉師之屬今漢
有丨平丞秦所置禮記王制史以獄告成於丨注○

其有辯護伉健者爲里丨公羊宣十五年傳什一行
而頌聲作矣注○丨室適子也禮記文王世子丨室
守太廟注○丨室適子也將代父當門者也周禮小
宗伯其丨室皆謂之門子注○丨門謂之應門謂朝
門也考工記匠人應門二徹參个注○丨內路寢也
後漢宦者傳注○丨殿前殿也文選皇太子釋奠會
詩丨殿虛筵注○丨殿卽前殿也後漢班彪傳上注
○丨謂上下直丨則聲緩無所動周禮典同丨聲緩
注○丨者不高不下鍾形上下丨傭周禮典同司農
注○丨斗建也素問六節藏象論表丨於中注○丨
謂日月五星不失其次也後漢明帝紀注○丨晝也
詩斯干噲噲其丨箋○日中爲丨陽莊子逍遙游而
御六氣之辨釋文引李注○四時和爲通丨爾雅釋
天○丨月周之丨月周禮大宰丨月之吉注○丨歲
謂夏之丨月得四時之丨以出敎令者審也周禮小
宰丨歲注○丨月夏之四月後漢鄭興傳注○三丨

三微也後漢魯恭傳注○水出其右丨邱爾雅釋邱
○暑之不可使槪至滿而止丨也管子水地○濫泉
丨出丨出涌出也爾雅釋水○故書丨爲政周禮凌
人掌冰丨歲十有二月注○政當爲丨同上○丨當
爲匹字之誤也禮記緇衣唯君子能好其丨注○魯
讀丨爲誠今從古論語述而丨唯弟子不能學也鄭
注○丨或爲政荀子非相起于上所以道于下丨令
是也注○丨當爲性列子黃帝養丨命注○詩大序
丨得失釋文丨本作政周禮都司馬以國法掌其丨
學釋文丨本作政○詩賓之初筵傳舞不能自丨也
釋文丨本作止莊子應帝王萌乎不震不丨釋文丨
本作止○書湯誓舍我穡事而割丨夏史記殷本紀
作舍我嗇事而割政○書微子殷其弗或亂丨四方
史記宋微子世家作殷不有治政不治四方○國語
齊語丨卒伍漢書刑法志作定卒伍○論語憲問齊
桓公丨而不譎漢書鄒陽傳作法而不譎○石門頌

眞雅以方丨作眞○屈原名丨則字靈均見離
騷○晉語晉鄭無丨呂覽作順注作孫無政

命

丨善也書太甲下今王嗣有丨緒傳又詩凱風我
無丨人箋湛露莫不丨德箋賓之初筵維其丨儀
箋角弓此丨兄弟箋文王丨聞不巳箋既醉高朋丨
終箋卷阿丨聞丨望箋蒸民丨儀丨色箋閟宮丨妻
壽母箋又詩韓奕慶既丨居釋文又儀禮士冠禮丨
月吉日注又禮記孔子閒居丨聞不巳注又坊記此
丨兄弟注又公羊宣十二年傳君之不丨注又孝經
則身不離於丨名注又爾雅釋詁又國策秦策不得
事丨注又漢書哀帝紀贊集注禮樂志集注賈山傳
集注終軍傳集注鮑宣傳集注韋賢傳集注韋元成
傳集注三見李尋傳集注匡衡傳集注翟義傳集注
張山拊傳集注王莽傳下集注又太元去三死不丨
注又呂覽安死君之不丨民注又文選琴賦又善始
而丨終注○丨告也詩東方未明自公丨之傳又爾

雅釋詁○丨命也詩韓奕慶既丨居釋文○丨者命
也漢書東方朔傳○丨猶命也周禮大司馬犯丨陵
政則杜之注遂士則王丨三公會其期注○丨亦命
也書說命上臣下罔攸稟丨傳○丨伶也廣雅釋言
○丨亦使呂覽觀世不待禮而丨注○丨敎國策秦
策挾天子以丨天下注謹聞丨注○丨敎丨也論語
子路不丨而行集解又荀子議兵丨不進而進猶丨
不退而退也注○丨謂敎丨文選報任少卿書其次
不辱辭丨注○丨者所以敎民也鹽鐵論刑德○丨
者敎也所以導民人鹽鐵論詔聖○丨者所以丨人
知罪也管子七臣七主○丨謂法丨漢書食貨志下
集注○丨領也理領之使不得相犯也釋名釋典藝
○丨禁也廣雅釋詁四○丨謂時禁也禮記月令命
相布德和丨注○巽爲號丨易象下傳君子以申命
行事虞注○萬戶以上爲丨後漢光武帝紀上注○
天子之言曰丨丨甲丨乙是也諸侯之言曰丨丨儀

之言是也賈子等齊○奉而行之名曰丨獨斷上○丨君也廣雅釋詁一又呂覽去私南陽無丨注○丨避也廣雅釋詁三○丨靚也廣雅釋言○丨完也廣雅釋詁四○丨離聲相近史記齊太公世家北代山戎離枝孤竹集解○左氏僖九年傳丨不及魯釋文丨本作命莊子田子方先君之丨釋文丨本作命○禮記檀弓注虛之不丨釋文丨本作合周禮司儀則丨爲壇三成儀禮覲禮注作則命爲壇三成○書皐陶謨何畏乎巧言丨色孔壬史記夏本紀作何畏乎巧言善色佞人

政丨正也廣雅釋詁一○丨者正也周禮夏官序官使帥其屬而掌邦丨注引孝經說又禮記哀公問又大戴記哀公問於孔子又論語顏淵又家語大昏又管子法法○丨訓中正之正也論語顏淵皇疏○丨正也下所取正也釋名釋言語○丨正也丨所以正不正者也周禮夏官序官注○丨治也淮南氾論聽天下之丨注○丨者職也漢書梅福傳○丨猶職也國語晉語棄丨而役注又一切經音義六引國語賈注○丨者立法以齊物管子侈靡丨與教孰急注○丨丨教也詩皇矣其丨不獲釋文○丨謂丨教也詩大序正得失釋文○丨謂法教也論語爲政道之以丨集解引孔注○丨謂法制也論語爲政皇疏○丨禁令也大戴記小辨制禮以行丨注○丨謂禁令後漢杜林傳注○丨禁令大戴記盛德德不盛則飾丨注○丨謂刑禁禮記王制齊其丨注○丨君也法言先知丨吏駢惡注○丨者君之所以藏身也禮記禮運○順言曰丨周書常訓○著之竹帛名曰丨獨斷上○出令時當曰丨管子正○正之服之勝之飾之必嚴其令而民則之曰丨同上○坤爲庶丨易象上傳君子以明庶丨虞注○順其類者謂之福逆其類者謂之禍夫是之謂天丨荀子天論○德以柔丨曰知丨大戴記小辨○五丨謂天子公卿大夫也大戴記盛德均五丨注○五丨五常之丨也法言問道五丨之所加注○六丨謂道德仁聖禮義也大戴記盛德亦有六丨注○七丨日月五星也太元元瑩以建七丨注○柰丨日月五星也太元元攡運諸柰丨注○丨謂軍丨也周禮小宰一曰聽丨役以比居司農注○爲丨謂司馬也司馬丨丨官主射禮大射儀爲丨請射注○從丨從爲丨丨者敎令謂給繇役禮記雜記下祥而從丨注○丨或爲正禮記深衣以直其丨注○杜子春讀丨爲征周禮閭胥凡春秋之祭祀役丨喪紀之數注○丨或讀爲征荀子王制相地而衰丨注○詩節南山不自爲丨禮記緇衣作不自爲正○左氏文六年傳棄時丨也漢書律厤志上作棄時正也昭十五年傳以爲大丨五行志中之上作吕爲大正○史記秦始皇紀始皇名丨徐廣云丨一作正

性丨生也論語公冶長夫子之言丨與天道皇疏又漢書五行志上集注田蚡傳集注董仲舒傳集注公孫劉田王楊蔡陳鄭傳贊集注外戚傳上集注王莽傳中集注又後漢班彪傳下注又淮南精神天下之所養丨也注又主術近者安其丨注○丨者生也論語陽貨丨相近也皇疏又白虎通情性○丨之言生也禮記樂記則丨命不同矣注○生之謂丨孟子告子上○丨生而然者也論衡初稟○丨者人所受以生者也論語公冶長夫子之言丨與天道集解○生之所以然者謂之丨荀子正名○天生丨也荀子性惡今人之丨生而有好利焉注○丨者天然生知之法言五百或丨或彊注○丨之和所生精合感應不事而自然謂之丨荀子正名○喜怒欲懼憂以其俱生於人而有常故亦謂之丨也大戴記文王官人注○丨謂人受血氣以生有賢愚吉凶後漢桓譚傳注○天地之所生謂之丨情春秋繁露深察名號○丨

質也廣雅釋詁三○丨者生之質禮記中庸注引孝經說又後漢張衡傳注○丨者生之質也莊子庚桑楚○丨者受生之質莊子駢拇而侈于丨釋文引王注○丨者天質之樸也春秋繁露實性○丨謂仁義禮智之等丨者生之質大戴記子張問入官不可以不知民之丨注○如其生之自然之資謂之丨丨者質也春秋繁露深察名號○丨猶姿也淮南脩務不待脂粉芳澤而丨可說者注○丨猶體呂覽壅塞牛之丨不若羊注○丨人之本體也莊子駢拇而侈于丨釋文引司馬注○丨者萬物之本也呂覽貴富○丨命也左氏昭八年傳莫保其丨注又漢書敘傳上集注又呂覽審分此之謂定丨於大湫注○天丨猶命也論衡命祿○天命之謂丨禮記中庸又大戴記本命注○天之所命謂之丨後漢朱穆傳注○丨者天之就也荀子正名性惡○自然如此故曰丨也周髀算經下此天地陰陽之丨自然也注○自誠明謂之丨禮記中庸○不可學不可事而在人者謂之丨荀子性惡○形體保神各有儀則謂之丨莊子天地○丨生於陽論衡初稟○丨者陽之施白虎通情性○丨神氣之所會也賈子道德○形於一謂之丨大戴記本命○湛而潤厚而膠謂之丨賈子道德○丨德之理也賈子六術道德○民有五丨喜怒欲懼憂也大戴記文王官人○操行清濁丨也論衡骨相○操行善惡者丨也論衡命義○丨情丨也國語周語而厚其丨注○情丨也者所以理然不然取舍者也大戴記哀公問五義

鏡　丨景也言有光景也釋名釋首飾○丨猶光明也後漢班彪傳下注○鑑謂之丨廣雅釋器○丨照也廣雅釋詁三又呂覽達鬱孰當可而丨注○明丨者所以察形也大戴記保傅○金丨喻明道也文選皇太子釋奠會詩注引雒書鄭注○璣丨大丨也孝經援神契璣丨出注

盛　丨多也廣雅釋詁三○丨而有餘太元元錯○丨猶長也書大傳周公丨養成王注○丨彊呂覽悔過此其備必已丨矣注○丨壯太元元衡○丨猶嘉也文選東京賦丨夏后之致美薛注○丨謂丨滿素問皮部論其入於絡也則絡脉丨色變注○丨謂大業荀子臣道明主尚賢使能而饗其丨注○丨元氣廣大時也國語越語丨而不驕注○丨哉者歎美之言也太元元測都序丨哉日乎注○山如防者丨爾雅釋山○左氏宣二年傳丨服將朝釋文丨本作成○爾雅釋詁注皆美丨之意釋文丨本作賊

行　丨猶事也禮記坊記民猶貴祿而賤丨注○震爲丨易象上傳君子以果丨育德虞注君子以常德丨虞注繫辭下傳履以和丨虞注○丨此之謂丨賈子道德說○丨者丨此者也大戴記曾子大孝○正義而爲謂之丨荀子正名○所以丨之之謂丨荀子法行○能丨德法者爲有丨大戴記盛德○夫丨也者丨禮之謂也大戴記曾子制言上○德丨內外之稱在心爲德施之爲丨周禮師氏以三德教國子注○丨三丨也禮記樂記丨成而先注○六丨孝友睦婣任恤周禮大司徒○放理潔靜謂之丨賈子道術○羣丨之宗德丨也法言孝至○丨猶視也禮記樂記使之丨商容而復其位注○丨謂案丨漢書文帝紀集注○丨巡丨也荀子王制丨水潦注

聖　丨通也禮記鄉飲酒義注又大戴記盛德司馬之官以成丨注又廣雅釋詁一又國語吳語王曰丨丨注越語丨人不出注又管子白心上丨之人注○丨者通也洪範五行傳思心之不容是謂不丨注○丨通而先識周禮大司徒知仁丨義忠和注○丨無所不通書大禹謨乃丨乃神傳○丨者無所不通之謂也荀子臣道是丨臣也注○於事無不通謂之丨書洪範睿作丨傳○丨者通也道也聲也白虎通聖人

○丨之言生也禮記鄉飲酒義注○産萬物者丨也
禮記鄉飲酒義○丨獻也詩凱風母氏丨善傳○丨
者設也王者心寛大無不容則丨能設施事各得其
宜也春秋繁露五行五事○心明曰丨洪範五行傳
注○聽信之謂丨管子四時○丨也者達於情而遂
於命也莊子天運○通移有常丨也韓外傳五○所
謂丨人者知通乎大道應變而不窮能測萬物之情
性者也大戴記哀公問五義○乾爲丨易象上傳丨
人養賢虞注○乾爲丨人易彖下傳丨人感人心虞
注繫辭下傳丨人成能虞注○仁者爲丨大戴記誥
志○大而化之之謂丨孟子盡心下○神用無方謂
之丨素問天元紀大論○作者之謂丨禮記樂記又
風俗通聲音○以天爲宗以德爲本以道爲門兆於
變化謂之丨人莊子天下○丨者名也莊子徐無鬼
七丨皆迷無所問塗注○丨知之華也大戴記四代
○萬傑曰丨白虎通丨人引禮別名記○丨智才之

善也老子絕丨棄智王注○夫丨人也者賢智之師
也賈子大政上○丨人無我者也莊子齊物論是故
滑疑之燿丨人之所圖也注○丨也者盡倫者也荀
子解蔽○仁義接賓主有事俎豆有數曰丨禮記鄉
飲酒義○○稱善賦簡曰丨周書謚法○敬賓厚禮曰
丨同上○物備興而時用常節曰丨人大戴記誥志
○大亥意闚內中藏丨也呂覽當務○丨言其外莊
子外物丨人之所以駴天下神人未嘗過而問焉注
○備而不矜一自善也謂之丨荀子君子○以德分
人謂之丨莊子徐無鬼○丨人者民得性之迹莊子
馬蹄及至丨人注○丨人者物得性之名耳莊子逍
遙遊丨人無名注○丨人者天下之利器也莊子胠
篋○且明且賢此謂丨人賈子道術○丨人謂庖犧
易繫辭上傳丨人有以見天下之賾虞注丨人以此
洗心虞注○先丨周公也禮記哀公問以繼先丨之
後注○元丨孔子也文選典引故先命元丨注○先

丨周公若孔子禮記文王世子必釋奠于先丨先師
注○倮蟲之精者曰丨人大戴記曾子天圓○丨躬
謂天子也後漢班彪傳下注○丨治世之名列子黃
帝仙丨爲之臣注○丨木食之令人智丨也山海經
海內西經開明北又有丨木注○
書無逸此厥不聽漢石經作不丨

詠 同咏○咏永也漢書禮樂志集注○丨者永也漢
書藝文志集注○咏謳也禮記檀弓下陶斯咏注
○丨風也國語楚語則文丨物以行之注○丨丨詩
也國語周語歌以丨之注○以丨者謂歌詩也書益
稷搏拊琴瑟以丨鄭注○藻丨文藻頌丨也文選魏
都賦綷以藻丨注○咏古丨字漢書禮樂志集注○
詩頌鼠誰之咏號
釋文丨本作永

姓 丨生也左氏昭十一年傳歸丨也注又管子法禁
家無常丨注○丨之言生也禮記曲禮下納女於

天子曰備百丨注喪大記卿大夫父兄子丨立於東
方注○丨者生也人稟天氣所以生者也白虎通姓
名○女生曰丨左氏昭四年傳問其丨釋文○言子
丨者子之所生儀禮特牲饋食禮子丨兄弟如主人
之服注○丨子也廣雅釋親又小爾雅廣言○丨謂
子也左氏昭四年傳釋文○子丨謂衆子孫也禮記
喪大記注○丨者所以繫統百世使不別也翻釋名
義一引西域記○丨者一字之稱也尊卑所同也白
虎通號○丨正丨也始祖爲正丨高祖爲庶丨禮記
大傳繫之以丨而弗別注○族昆弟之子相謂爲親
同丨爾雅釋親○同丨同祖也詩杕杜不如我同丨
傳○異丨婦也儀禮士虞禮記必使異丨注○言丨
卽在上言氏卽在下一切經音義六引世本○百丨
百官也官有世功受丨氏也國語周語百丨兆民注
○百丨百官有世功者國語周語以備百丨兆民之
用注○百丨百官書堯典平章百丨傳○百丨羣臣

之父子兄弟昔堯典鄭注○百乘之家曰百丨獨斷上○坤爲丨易繫辭下傳百丨與能虞注○左氏哀四年傳蔡殺其大夫公孫丨釋文丨本作生

慶 丨賀也公羊昭廿五年傳丨子家駒注又廣雅釋言○丨猶賀也國語魯語國丨其喜而弔其憂注○丨福也國語周語有丨未嘗不怡注○丨善也詩韓奕丨既令居箋又左氏昭卅年傳大國之惠亦丨丨其家注又禮記祭統作率丨士注又孝經一人有丨注又廣雅釋詁一又淮南時則行丨賞注○丨謂休其善也禮記月令行丨施惠注○丨賞也孟子告子下則有丨注○丨猶恩遇也後漢蔡邕傳注○乾爲丨易豐有丨譽虞注象下傳中正有丨虞注象下傳晉往有丨也虞注睽往有丨也虞注豐有丨也虞注兌有丨也虞注○霝丨謂天符也文選後漢書光武紀贊靈丨既啟注○國語魯語匠師丨韋注掌匠大夫御孫之名也

映 同暎○暎猶照也文選陸士衡贈馮文熊遷斥邱令詩雙情交暎注○丨傍照也華嚴經音義上引字書○丨曬也小爾雅廣言○丨不明也華嚴經音義上引字指○丨猶蔽也文選應詔觀北湖田收詩金駕丨松山注○丨蓋謂冠與車蓋相丨也後漢張衡傳注

病 丨困也國策西周策是楚丨也注秦策士民丨注衛策樗里子知蒲之丨也注又呂覽貴公仲父之丨矣注列衆丨矣注知接仲父之疾丨矣注行論委服告丨注○丨疾困也左氏襄十九年傳疾丨而立之服注○丨謂疾困禮記檀弓上曾子寢疾丨注○丨謂疾益困也論語子罕子疾丨鄭注○疾困曰丨禮記喪大記疾丨外內皆埽注又大戴記曾子疾病曾子疾丨注○疾甚曰丨儀禮既夕記疾丨外內皆埽注又論語子罕子疾丨集解引包注述而子疾丨皇疏又孝經丨則致其憂釋文又漢書昭帝紀集注○坎爲心丨易說卦傳○坎爲疾丨易象上傳履帝位而不疚虞注○丨並也與正氣並在膚體中也釋名釋疾病○丨者感衰氣而不神也鬼谷子權○丨者陰也風俗通怪神引晏子春秋○丨憂也家語辨樂丨不得其衆注○丨猶憂也禮記樂記丨不得其衆也注雜記下君子丨之注○丨罷也孟子公孫丑上今日丨矣注○丨苦也廣雅釋詁四○丨難也廣雅釋詁三○丨猶難也論語憲問堯舜其猶丨諸集解引孔注又皇疏又後漢鄭興傳注○丨敗也國語晉語以韓之丨注○丨短也國語晉語舅所丨也注○丨極也孟子滕文公下丨于夏畦注○丨猶患也論語雍也堯舜其猶丨諸皇疏衛靈君子丨無能焉皇疏○丨厭患多也史記扁鵲倉公傳人之所丨丨正義○丨餓也國語魯語國民之殄丨是待注○丨飢困也論語衛靈從者丨皇疏○丨猶辱也儀禮士冠禮恐不能共事以丨吾子注○丨謂力少不自勝也素問宣明五氣氣丨無多食辛注○學而不能行之謂丨新序節上○學而不能行之謂之丨韓外傳一○學而不能行謂之丨莊子讓王○學道不能行者謂之丨家語七十二弟子○性傷謂之丨荀子正名○損於人曰丨後漢羊續傳注○古文丨爲秉儀禮士冠禮恐不能共事以丨吾子注

柄 丨本也易繫辭下傳德之丨也虞注又國語齊語治國家不失其丨注○棅威權也莊子天道天下奮棅而不與之偕釋文引司馬注○六丨生殺貧賤富貴也後漢崔駰傳注○丨所秉執以起事者也周禮大宰以八丨詔王馭羣臣注○丨所操以治事禮記禮運是故禮者君之大丨也注○丨所以持物易繫辭下傳德之丨也干注○坤爲丨易說卦傳繫辭下傳德之丨也虞注○丨謂斗丨所指也太元元圖

泰丨雲行注○秉卽丨字也文選六代論及諸呂擅
權注○古文丨皆爲枋儀禮少牢饋食禮南丨注○
今文枋爲丨儀禮士冠禮面枋注○今文枋作丨儀
禮士昏禮皆南枋注○棅與丨同管子山權數此謂
君棅注○周禮內史掌王之八丨之灋釋文丨本作
枋禮記禮運以四時爲丨釋文丨本作枋○莊子天
道天下奮棅下而不與之偕釋文丨本作棅○禮記
雜記刊其丨與末儀禮特牲饋食禮注作刊其本與
末

鄭 丨重也廣雅釋詁四○丨町也其地多平町町然
也釋名釋州國○南丨今京兆丨縣也穆天子傳
四至于
南丨注

勁 丨强也國策秦策不如與尉以丨之注宋策夫梁
兵丨而權重注又史記韓世家不如出兵以到之

索隱又淮南說林弓先調而後求丨馬注○丨彊呂
覽愼大孔子之丨注順說材雖丨丨注別類木畣枯則
丨注○丨强貌淮南時則角力丨注○丨强也字从
力巠聲一切經音義十九引字林○丨勇也荀子非
相筋力越丨注○丨剛也素問腹中論其氣急疾堅
丨注○丨銳也素問氣交變大論其政丨切注五常
政大論其政丨肅注○丨前銳也素問五運行大論
其政爲丨注○丨力也列子說符孔子之丨注○禮
記樂記廉直丨正莊誠之
音作史記樂書丨作經

競 丨彊也詩抑無丨維人箋桑柔秉心無丨傳烈文
無丨維人傳執競無丨維烈箋又左氏昭三年傳
二惠丨爽猶可注又爾雅釋言又後漢盧植傳注○
丨强也左氏僖七年傳心則不丨注宣元年傳故不
丨於楚注宣二年傳彼宗丨於楚注成九年傳德則
不丨注昭廿年傳不丨不絿注○丨丨武也廣雅釋
訓○丨逐也詩桑柔職丨用力箋長發不丨不絿箋
又小爾雅廣言又淮南原道猶不能與羅者丨多注
倣眞相與優游丨暢于宇宙之間注又文選思元賦
鵰鶚丨於貪婪兮舊注○並逐曰丨莊子齊物論有
丨有爭注○丨並也離騷衆皆丨進而貪婪兮注○
丨進呂覽分職而天下皆丨注○丨遽也左氏哀廿
三年傳使肥與有職丨焉注○丨時謂趨時也後漢
崔駰傳注○丨高也廣雅釋詁四○周禮鍾師以鍾
鼓奏九夏呂叔玉注
引詩執競作執傹

淨 古文作瀞○瀞寒也廣雅釋詁四

竟 丨窮也廣雅釋詁四○丨極也莊子齊物論振于
无丨釋文○丨猶終也詩瞻卬譖始丨背箋又後
漢馬廖傳注○丨修也家語儒行丨信其志注○丨
與境同荀子富國其丨關之政盡察注○詩載驅箋

以入魯丨釋文丨本作境江漢箋兵至丨而期戰地
釋文丨本作境召旻箋國中至邊丨釋文丨本作境
思文箋無此封丨釋文丨本作境長發箋以無丨界
之期釋文丨本作境公羊隱二年傳注不得踰丨釋文
丨本作境左氏莊四年傳注公越丨釋文丨本作
境穀梁隱元年傳不出丨場釋文丨本作境莊子逍
遙遊注游心于絕冥之丨釋文丨本作境齊物論振
乎无丨釋文丨崔本作境齊物論注是非之丨無常
釋文丨
本作境

孟 丨長也書康誥丨侯傳又禮記月令丨春之月注
又爾雅釋詁又漢書地理志下集注王莽傳上集
注又呂覽孟春丨春之月注正名周室之丨侯注○
丨者長也匡謬正俗八○丨姜齊之長女詩有女同
車彼美丨姜傳○丨大也管子任法奇術技藝之人
莫敢高言丨行以過其情注○丨姊也方言十二又

廣雅釋親○丨始也廣雅釋詁一又離騷丨提貞于丨陬兮注○丨勉也爾雅釋詁又漢書敘傳上集注引服虔又文選幽通賦盍丨晉以迨羣兮曹注○丨迎也書大傳天子太子年十八曰丨侯注○丨浪猶較略也莊子齊物論夫子以爲丨浪之言釋文引李注○丨浪虛誕之聲也文選笙賦罔浪丨以惆悵注○丨浪猶莫絡也不委細之意文選吳都賦丨浪之遺言劉注○丨浪鄙野之語文選吳都賦注引莊子司馬注○丨浪無所趣舍之謂莊子齊物論釋文引向注○丨浪不精要之貌莊子齊物論釋文引崔注○丨翼人姓名山海經大荒西經有池名丨翼之攻顓頊之池注○首時爲丨漢書劉向傳集注○丨春正月也文選東京賦於是丨春元日薛注○丨津地名書禹貢又東至于丨津傳○丨諸宋藪也書大傳丨諸注○宋有丨諸爾雅釋地○丨勞力也廣雅釋器○丨鳥亦鳥名也山海經海內西經丨鳥在貊國東北注○丨狼尾爾雅釋草○禮記樂記注觀兵丨津釋文丨本作盟○書禹貢被丨豬史記夏本紀作被明都漢書地理志作被盟豬○書禹貢又東至于丨津史記夏本紀漢書地理志作又東至于盟津○丨門山穆天子傳四作盟門郭注引尸子河出于盟門之上

迸 丨散也文選海賦注引字書○丨散走也一切經音義四引字書○丨猶屏也禮記大學丨諸四夷釋文引皇注○丨古文跰或作迸一切經音義十四

聘 丨問也詩采薇靡使歸丨傳又周禮占夢季冬丨王夢注考工記玉人以頫丨注又儀禮聘禮注又禮記月令丨名士注內則丨則爲妻注又穀梁隱九年傳又爾雅釋言又國語周語定王使單襄公丨於宋注又荀子大略又管子輕重丁君請式璧而丨之注○丨者問也公羊隱七年經齊侯使其弟年來丨注又白虎通朝聘○丨問之也呂覽季春丨名士注○丨問名也荀子富國婚姻娉內送逆無禮注○大問曰丨儀禮目錄又禮記儒行儒有席上之珍以待丨注○諸侯使大夫問於諸侯曰丨禮記曲禮下○大夫來曰丨公羊隱十一年傳又春秋繁露王道○寡來曰丨周禮典瑞以頫丨注○特來曰丨考工記玉人以頫丨注○娶妻及納徵皆曰丨文選沈休文奏彈王源璋之下錢五萬以爲丨禮注○丨求也太元元攡丨取天下之合注○朝丨之禮者所以正君臣之義也大戴記朝事○昏禮享丨者所以別男女明夫婦之義也大戴記盛德

穽 丨坑也廣雅釋言○丨阬也後漢酷吏傳注○丨阬丨也後漢寇榮傳注○陷坑曰丨一切經音義十二引蒼頡○丨陷也國語魯語設丨鄂注○丨謂穿地陷之後漢宋均傳注○丨穿地陷獸也禮記中

庸丨擭陷丨釋文又後漢仲長統傳注○丨謂穿地陷獸也後漢法雄傳注○丨穿地陷獸書費誓敜乃丨傳○山林之田春始穿地爲丨書費誓鄭注○丨謂掘地爲坑張禽獸者也一切經音義一引蒼頡○阱穿地爲塹所以禦禽獸其或超踰則陷焉世謂之陷阱周禮雍氏春令爲阱擭溝瀆之利於民者注○丨古文阱恭二形一切經音義一○丨古文作恭穃文作阱敜華嚴經音義下○書費誓敜乃丨周禮雍氏注作敜乃阱

諍 丨諫也廣雅釋詁四○爭謂諫也孝經昔者天子有爭臣注○丨訟也一切經音義廿四引蒼頡○用則可生不用則死謂之丨說苑臣術○丨鬭也孝經注諫丨之端釋文○柳敏碑諫爭匡弼丨作爭

泳 丨游也爾雅釋言○丨浮也漢書司馬相如傳下集注引孟康○潛行爲丨詩漢廣不可丨思傳谷

風｜之游之箋又禮記緇衣注｜之游之釋文又爾
雅釋水又文選魏都賦或浮｜而卒歲劉注○｜潛
行水中也列子黃
帝｜可得也釋文

請秋曰｜史記吳王濞傳使人爲秋｜集解孟康引
律云魏其武安侯傳不得入朝｜集解引律曰又
漢書宣帝紀集注引如淳吳王濞傳集注引
孟康又後漢和帝紀注和熹鄧皇后紀注

倩婿謂之｜廣雅釋親

禜｜祭也廣雅釋天又後漢第五鍾離宋寒傳注○
｜｜禳祭左氏哀六年傳若｜｜之注○｜日月星辰
山川之祭也周禮大祝四曰｜｜司農注○｜謂營酇
所祭周禮鬯人｜門用瓢齎注○周禮四曰｜祭爲
營欑用幣以祈福祥左氏昭元年傳於是乎｜之注
○｜營欑用幣左氏昭元年傳於是乎｜之賈注○

｜爲營欑用幣也左氏昭元年傳服注○｜謂營欑
用幣以禳風雨雪霜水旱厲疫於日月星辰山川也
後漢臧洪傳注○｜謂雩｜水旱之神蓋亦爲壇位
如祭社稷云周禮黨正春秋祭｜亦如之注○｜如
日食以朱絲縈社周禮大祝四曰｜注○｜設緜蕞
爲營以祈水旱也後漢順帝紀注○周禮族師注蓋
亦爲壝如雩｜
釋文｜本作縈

硬一作鞕○物堅曰硬一切經音義廿五引字略○
鞕牢也一切經音義五引字書

淸｜寒也廣雅釋詁四○周禮宮人注沐浴所以自
潔｜釋文｜本作淸

靚｜謂粉白黛黑也文選蜀都賦袨服｜糚劉注引
張揖○｜糚粉白黛黑也文選上林賦｜糚刻飾
郭注○｜呼也廣雅釋詁二○禮
記雜記注抵｜也釋文｜本作靜

檠｜匪也詩角弓傳不善紲｜巧用釋文

晟賊脜也方言十三

怲｜｜憂也爾雅釋訓○｜｜憂盛滿也詩頍弁憂
心｜｜傳

更｜償也公羊襄卅年傳而｜宋之所喪釋文

橫｜恣也漢書田蚡傳集注○｜放縱也列子黃帝
｜心之所念釋文○｜自縱也文選長楊賦東夷
｜畔注○｜逆者以暴虐之道來加
我也孟子離婁下其待我以｜逆注
酗酒曰｜一切經音義十三引通俗文

榜｜船也史記司馬相如傳｜人歌集解引郭璞

迎穀梁成十四年傳注時｜而月致釋文｜本作逆

娉｜害也廣雅釋詁三○左氏成十一年傳聲伯之
母不｜釋文｜本作聘○樊敏碑再奉朝｜聘作
｜

敻｜遠也詩擊鼓于嗟洵矣釋文引韓詩又廣雅釋
詁二又漢書敘傳上集注引劉德音義引韋昭○
｜猶遠也穀梁文十四年傳｜入千乘之國注○｜
遠邈也文選幽通賦｜冥默而不周胥注○｜邈皆
遠也後漢竇憲傳注○｜絕迥絕也文選赭白馬賦
絢練｜絕注○｜大也遠也｜讀如詩云于嗟｜兮
呂覽蠱數與爲｜明注○｜長也廣
雅釋詁二○｜｜視也廣雅釋訓

輕｜車所用馳敵致師之車也周禮車僕｜車之萃
注

【併】丨除也管子霸形丨歌舞之樂注○丨音卑正反後漢馬援傳注引字林
【儆】丨戒也廣雅釋言又家語五儀所以丨人臣也注
【邴】丨鄭邑也音丙穆天子傳五天子北入于丨注
【証】丨諫也廣雅釋詁四又國策齊策士尉以丨靖郭君注又呂覽知士士尉以丨靜郭君注
【詗】丨偵候之也史記淮南衡山傳爲中丨長安索隱引服虔○丨伺候采察之名也史記淮南衡山傳集解引徐廣○丨捕也史記淮南衡山傳索隱引鄧展○反閒爲丨漢書淮南王安傳集注引孟康
【偵】丨伺也後漢任延傳注又文選安陸昭王碑文丨諜不敢東窺注○丨候也廣雅曰丨問也後漢清河孝王慶傳注○丨覘也後漢烏桓鮮卑傳注○丨廉視也文選馬汧督誄寘壺鍾瓶瓶以丨之注○丨羅也後漢南匈奴傳注

【并】丨猶專也禮記檀弓下行丨植於晉國注○丨兼也廣雅釋言○丨同也廣雅釋詁四○丨猶聚也後漢張衡傳注○丨棄除也莊子天運釋文○丨者除棄之謂也莊子天運至貴國爵丨焉注○丨謂藏去也管子弟子職既徹丨器乃還而立注○丨謂盛實也素問生氣通天論丨乃狂注○丨謂兼善天下也文選與山巨源絶交書得丨介之人注○丨讀爲併荀子儒效丨一而不二注王制無兼丨之心注○禮記王制輕任丨釋文丨本作併
【盟】丨讀曰孟漢書地理志上集注
○以下據廣韻録
【詇】丨問也廣雅釋詁二

【誩】丨競言也集韻引字林
【倞】丨强也廣雅釋詁一○丨猶索也丨或爲諒禮記郊特牲注
【枰】丨平也廣雅釋詁三
【潢】揚州人呼渡津舫爲丨方言九方舟謂之丨注
【鈵】丨固也方言十二又廣雅釋詁二
【絎】丨緣也廣雅釋詁二
【牚】丨肩梁之上也文選魯靈光殿賦枝丨杈枒而斜據張注
【逬】丨丨走也廣雅釋訓

【𧞤】丨采色相映也文選江賦丨以蘭紅注
【甄】丨瓶也廣雅釋器○丨甖也秦之舊都謂之丨方言五
【詤】丨覗也廣雅釋詁三
【詅】丨衒也廣雅釋言○丨賣也廣雅釋詁三
【婧】丨謂妍丨也後漢張衡傳注
【詺】丨相丨目也一切經音義十九引字略
○以下據集韻録
【諍】丨言也廣雅釋詁四
【傹】丨當爲僵荀子仲尼可炊而丨也注

䚢丨驛也廣雅釋詁四

經籍籑詁卷第八十三

經籍籑詁卷第八十三補遺

兵部侍郎兼都察院右副都御史巡撫浙江等處地方提督軍務兼理糧餉臣阮元撰

去聲

二十四敬

【敬】說文敬肅也从攴从苟○丨謂丨肅儀禮喪服傳注必求其寬裕慈惠溫良恭丨疏○丨者嚴肅而形於外孝經丨親者不敢慢於人疏引劉炫○丨卽威莊而安也禮記表記爰而丨疏○丨是恭之類詩文王傳翼翼恭丨疏○丨在心書無逸儼恭寅畏鄭注○在貌爲恭在心爲丨禮記曲禮上疏引何允注○丨者心多貌少孝經若夫慈愛恭丨疏引皇侃○貌多心少爲恭心多貌少爲丨禮記曲禮上是以君子恭丨撙節疏○崇恪表迹爲丨孝經疏引沈宏○肅肅悚悚是爲丨心拜伏擎跪是爲丨迹孝經疏引皇侃○軍事有死無犯爲丨左氏襄二年傳○丨德之聚也左氏僖廿三年傳○丨禮之輿也左氏僖十一年傳○丨者禮之本也孝經禮者丨而已矣鄭注○丨身之基也左氏成十三年傳○丨民之主也左氏襄廿八年傳○左氏宣十五年傳獻狄俘于周不丨釋文一本作而敖

【命】說文丨使也从口从令○丨謂教令史記東越列傳滿亾丨正義○丨者教丨之意左氏成十三年傳所謂丨也疏○丨者政令之丨禮記禮運丨降于社之謂殽地疏○丨呼也文選蜀都賦白龍丨鼈注○丨謂遣八呼非謂自喚也禮記玉藻父丨呼疏○丨有所傳辭也禮記少儀寢則坐而將丨注○丨名也禮記儒行今衆人之丨儒也妄常疏又漢書張耳陳餘列傳嘗亾丨游外黃索隱引崔浩又素問六節藏象論各以氣丨其藏注○丨猶名也禮記月令丨之曰逆疏祭法明丨鬼神注○丨道也廣雅釋詁三

○丨龜告以所問事也禮記雜記上小宗人丨龜注
○丨卽爵也禮記郊特牲注周制爵及丨士疏○丨
謂禮丨貴賤詩小星序知其丨有貴賤箋○丨者何
加我服也公羊莊元年傳○丨如今之哀策左氏昭
七年傳且追丨襄公注○天令之謂丨漢書董仲舒
傳○丨者天之令也漢書董仲舒傳○丨者天之丨
也文選蕪城賦注引春秋元命苞○丨者何謂也人
之壽也天丨已使生者也白虎通壽命○丨者長短
夭壽也史記樂書則性丨不同矣正義○丨者人所
稟受若貴賤夭壽之屬是也易象上傳各正性丨疏
○丨者窮達之數也列子仲尼樂天知丨故不憂注
○丨者冥也言其生育之性得之於冥兆也左氏成
十三年傳疏引劉炫說○丨者必然之期素定之分
也列子力命篇題注○當時所遇謂之丨荀子正名
節遇謂之丨注○丨者所遭於時也淮南繆稱○丨
亾逃也漢書酷吏咸宣傳於是作沈丨法注引孟康

○丨逃亾也漢書刑法志已論丨注引李奇○巽爲
丨易革有孚改丨虞注象上傳其丨亂也虞注說卦
傳以至於丨虞注○司丨者宮中小神禮記祭法曰
司丨疏○書大禹謨咸聽朕丨墨子兼愛下作咸聽
朕言○呂刑乃命三后墨子尚賢中作乃名三后○
丨或作爵非也老子夫莫之丨而常自然注○丨竝
作爵老子夫莫之丨而常自然王注
【正】說文丨是也从止一以止凡丨之屬皆从丨正古
文丨从二二古上字足古文丨从一足足者亦止
也○丨猶止也詩終風序見侮慢不能丨也箋○丨
者所以止過而不及也管子法法○丨謂平之也禮
記月令丨權概注○丨亦政也漢書陸賈傳夫秦失
其丨注○丨國政也後漢書荀悅傳注引國語注○
丨謂政令禮記少儀幼則曰能丨于樂人疏○丨言
謂出政教也禮記哀公問出以治直言之禮注○丨

善也儀禮士喪禮決用丨注○丨直爲丨左氏襄七
年傳○丨者不失下之直左氏襄十年傳則何謂丨
矣注○丨謂丨直禮記樂記柔而丨疏○丨者方丨
不破之言也儀禮喪服傳注上丨一尺疏○丨者體
無傾邪易繫辭下傳注貞者丨也一也疏○丨謂不
衺也直而不衺謂之丨方而不衺亦謂之丨禮記玉
藻士前後丨疏○信丨言無邪也周書謚法彊毅信
丨曰威注○丨謂矜莊也禮記曲禮上丨爾容疏○
丨德之道也國語周語○丨長也周禮太宰而建其
丨疏宰夫注丨辟於治官疏又儀禮大射儀注小臣
師丨之佐也疏又左氏昭廿八年傳注舜典樂之君
長疏廿九年傳稷田丨也疏定四年傳注職官五丨
疏又國語楚語唯其居公侯爲官丨注○丨者長也
詩雲漢傳先丨百辟卿士也疏○丨亦長也禮記王
制卒有丨注○丨伯皆官長爾雅釋詁注○五丨五
官之長左氏隱六年傳翼九宗五丨注○牧丨牧官

之長左氏哀元年傳爲仍牧丨注又史記吳世家爲
有仍牧丨集解引左傳王肅注○樂丨樂官之長禮
記王制樂丨崇四術注月令命樂丨習舞注○人求
長官謂之丨史記日者列傳比周賓丨集解引徐廣
○先丨百辟卿士也詩雲漢毛公先丨傳○丨軍將
命卿也左氏成十八年傳師不陵丨注○丨僕太子
之近官左氏昭十三年傳因丨僕人注○丨謂承嫡
穀梁隱三年傳諸侯日卒丨也注○丨訓長也月丨
言月之最長丨月長於諸月月丨還是丨月也書舜
典月丨元日疏○丨月者十二月之始禮記禮運月
以爲量疏○丨春皆始也後漢書陳寵傳天以爲丨
周以爲春注○水丨水王也淮南天文十一月水丨
而陰勝注○火丨火王也淮南天文故五月火丨而
水漏注○日在于昆吾是謂丨中淮南天文○丨門
謂之應門禮記明堂位應門之外注○書甘誓御非
其馬之丨墨子非鬼下作御非爾馬之政○詩節南

山不自爲政禮記緇衣作不自爲丨○丨當爲止言
止於禮義也荀子儒效有所丨矣注○易夬注丨乃
成功也釋文丨亦作匹○定本丨作政義竝通詩出
車箋憂其馬之不丨疏○此丨得失與雅者丨也丨
始之道本或作政皆誤耳今定本皆作丨字詩關雎
序故丨得失疏

令 說文令發号也从亼卪○丨號丨也左氏文十七
年傳而從於強丨注○丨謂君所號丨之事禮記
大學其所丨疏○丨命也國語楚語王言以出丨也
注○丨號命也漢書高帝紀上丨諸大夫曰注賈誼
傳夷狄徵丨注○丨教命也漢書高帝紀上漢王不
命注○丨教訓也禮記曲禮上畏法丨也疏○丨者
告丨使知其意與命同也左氏文十八年經注以卜
事告龜疏○時主所制曰丨文選爲袁紹檄豫州注
引風俗通○丨先王之官法時丨也國語楚語敎之
丨使訪物官注○丨者人主之大寶也管子法法○

丨也者出制者也鶡冠子度萬○丨不爲所作也墨
子經上○散無方化萬物者丨也鶡冠子度萬○巽
爲號丨易繫辭下傳耒耜之利以教天下虞注○丨
善呂覽上農民舍本而事末則不丨注○丨善也禮
記檀弓上注虛之不丨疏○丨色善其顏色論語學
而巧言丨色集解引包注○丨色無質論語學而巧
言丨色集解引王注

政 說文政正也从支从正正亦聲○丨者正也左氏
昭六年傳糾之以丨疏○丨者有所改更匡正論
語子路有丨集解引馬注○丨者有所節制其事管
子白心以丨爲儀注○執丨執事也國語晉語敢歸
諸下執丨注○丨法律也禮記樂記禮樂刑丨疏○
丨謂禁令禮記樂記丨以行之疏○丨教軍中號令
管子七法存乎丨教注○丨君命所爲禮記檀弓下
惠伯曰丨也注○在君爲丨左氏昭廿五年傳爲丨

事庸力行務注○丨身之守也左氏襄廿一年傳○
七丨者日月五星也書舜典以齊七丨鄭注○七丨
謂日月五星也公羊文十四年傳注玉衡七丨所出
疏○七丨者北斗七星也書舜典馬注○丨是丨教
字周禮淩人注故書正爲丨疏○書序成王丨釋文
馬本作正

性 說文丨人之陽气丨善者也从心生聲○丨生於
陽以就理也白虎通情性引鉤命決○丨生也左
氏昭十九年傳民樂其丨疏又史記樂書則丨命不
同矣正義○丨者所受而生也漢書東平王宇傳情
亂其丨注引張晏○所稟生者謂之丨易乾注竝非
正丨命之情者耶疏○稟生之質謂之丨列子黃帝
注○丨者生之質也漢書董仲舒傳○丨者天生之
質若剛柔遲速之別易象上傳各正丨命疏○丨者
天生之質正而不邪易文言注不丨其情疏○丨者
所受於天也淮南繆稱○丨謂天丨禮記少儀丨之

直者則有之矣疏○丨者成於天之自然荀子正名
丨者天之就也注○自然之感謂之丨禮記樂記是
故先王本之情丨疏○丨稟丨自然剛柔輕重遲速
之屬禮記王制司徒脩六禮以節民丨疏○丨謂稟
其始也易繫辭上傳成丨存存疏○丨謂本丨左氏
昭廿五年傳因地之丨疏○丨者本質也文選情題
注○質樸之謂丨漢書董仲舒傳○五丨者何謂仁
義禮智信也白虎通情性○丨謂五行也漢書翼奉
傳觀丨以歷注引張晏

鏡 說文丨景也从金竟聲○丨鑒照也漢書杜鄴傳
不自丨見注○丨謂鑒照之漢書谷永傳以丨考
已行注○騶氏鏡銘騶氏作竟四夷服丨作竟

盛 丨謂丨滿素問脈要精微論上丨則氣高下盛則
氣服注○丨緊丨滿也素問平人氣象論丨而緊

注○官丨謂宧之丨大禮記中庸官丨任使疏○丨
服謂正其衣冠禮記中庸齋明丨服疏○丨裹也易
說卦莫丨乎艮釋文引鄭注

行 說文在身爲德施之曰丨書堯典疏○在心爲德施之
爲丨左氏桓二年傳昭德塞違疏○德丨內外之
稱在心爲德施之爲丨通典五十三引周禮師氏馬
注○丨者人所履左氏昭廿五年傳民之丨也注○
脩身踐言謂之善丨禮記曲禮上

聖 說文丨通也从耳呈聲○丨通也國語楚語其丨
能光遠宣朗注○丨亦通也荀子仲尼以爲仁則
必丨注○丨者通也詩小宛箋中正通知之人疏○
丨者通也傳達衆務庶事盡通也左氏文十八年傳
齊丨廣淵疏○丨者通達物理禮記樂記作者之謂
丨疏○通明於事則爲丨人荀子儒效明之爲丨人

注○丨者通智之名詩凱風傳叡作丨疏○通智謂
丨詩小宛箋中正通知之人疏○丨是智之上通之
大也書洪範疏○丨者上智之名書多方惟丨罔念
作狂疏○作者之謂丨漢書禮樂志○丨者序物者
也鶡冠子能天○以德分人謂之丨莊子徐無鬼○
善令人知分故名爲丨人管子乘馬丨人之所以爲
丨人者注○丨治世之名列子黃帝仙丨爲之臣注
○能象天地是謂丨人韓非子楊權○神固謂之丨
人荀子儒效○萬人曰傑倍傑曰丨禮記禮運疏引
辨名記又左氏宣十五年傳注傳絕異也疏引同○
丨人也者人之所積也荀子儒效○塗之人百姓積
善而全盡謂之丨人同上○丨者賢之愛也鶡冠子
能天○賢之能者稱丨人易彖下傳丨人亨以享上
帝虞注○丨人者道之極也荀子禮論○思之不睿
是謂不丨書洪範疏引五行傳○丨人謂乾易彖上
傳丨人神道設教虞注彖下傳丨人亨以享上帝虞

注○乾爲丨人易彖上傳丨人養賢以及萬民虞注
彖下傳湯武革命虞注繫辭下傳後世丨人虞注○
孟子盡心下非丨人而能若是乎漢書王貢傳序丨
作賢

詠 說文丨歌也从言永聲咏丨或从口○丨歌也廣
雅釋樂○咏歌也詩碩鼠誰之咏號釋文○長言
曰丨詩關雎序吟丨情性疏

姓 說文丨人所生也古之神聖母感天而生子故稱
天子从女从生生亦聲春秋傳曰天子因生以賜
丨○丨生也周禮司士注此所謂賜王之子丨兄弟
疏又禮記曲禮上注子丨之冠也疏玉藻子丨之冠
也疏祭義注子丨也疏又漢書田蚡傳疏起如子丨
注外戚傳上或不能成子丨注又管子君臣誠人之
丨也注○丨者生也禮記郊特牲戒百丨也疏引皇
氏又左氏隱八年傳注報之以土疏○丨世所由生

禮記大傳其庶丨別於上注○丨者所以統繫百世
使不別也史記五帝紀集解引鄭駁五經異義○丨
命也國語周語不亦瀆丨矣乎注引賈唐○百丨王
之親也禮記郊特牲戒百丨也注○百丨百官也禮
記大傳重社稷故愛百丨疏

慶 說文丨行賀人也从心从夊吉禮以鹿皮爲贄故
从鹿省○丨善也書呂刑咸中有丨疏又禮記緇
衣一人有丨疏

映 說文新附丨明也隱也从日央聲○日陰曰丨文
選王仲宣七哀詩山岡有餘丨注引通俗文

病 說文病疾加也从疒丙聲○丨迟也墨子經下○
丨謂民貧困左氏哀十四年傳孟孫爲成之丨注
○無行曰丨荀子成相愚爲丨國多私注○丨愧謂
罪咎之禮記表記是故君子不以其所能者丨人注

柄 說文丨柯也从木丙聲棅或从秉○斗丨斗前也國語周語辰在斗丨注○丨操也禮記禮運故聖王脩之以丨疏○丨者殺生之制也韓非子八說○今文丨爲方儀禮少牢饋食覆之南丨注○儀禮大射儀有丨釋文劉本作秉

鄭 說文鄭京兆縣周厲王子友所封从邑奠聲宗周之滅丨從潧洧之上今新丨是也○丨重猶言頻煩也漢書王莽傳中然非皇天所以丨重降符命之意注

勁 說文丨彊也从力巠聲○丨強也廣雅釋詁一又淮南原道丨策利鋋注○○丨謂丨強急之甚也素問平人氣象論急益丨注○丨利也禮記曲禮上注繕讀曰丨疏

競 說文競彊語也一曰逐也从誩从二人○丨彊也左氏宣十二年傳注成無彊之業疏○丨爭丨也左氏襄十年傳師丨已甚注○無丨丨也詩抑無丨維人傳執競無丨維烈傳又呂覽求人無丨維人注

淨 說文瀞無垢薉也从水靜聲○丨冷貌也方言十三淺丨也注

竟 說文樂曲盡爲丨从音从人○丨終也禮記儒行起居丨信其志疏○丨者終極之言漢書元帝紀丨寧元年注○丨者卒盡之義詩瞻仰箋丨猶終也疏○丨周徧也漢書王莽傳上恩施下丨同學注○絙筵丨也秦晉或曰丨方言六○定本丨作境詩七月傳彊也疏

孟 說文丨長也从子皿聲㫐古文丨○丨長也書康誥疏○丨是長幼之字也左氏昭元年傳注丨子餘疏○丨仲叔季兄弟姊妹長幼之別字也左氏隱元年傳惠公元妃丨子疏○丨伯俱長也同上○妾子長於妻子則稱爲丨同上○庶長稱丨禮記曲禮上疏引禮含文嘉○庶長稱丨魯大夫丨氏是也白虎通姓名○丨迎也詩豳譜攝政致太平疏引書傳略說注○丨勞者魯之寶刀也穀梁僖二年傳○丨丨者河北地名春秋所謂向盟是也書泰誓序師渡丨津疏○書禹貢丨豬疏云周禮作望諸○書禹貢導菏澤被丨豬周禮職方氏疏引作道柯澤被明都○景北海碑陰呂福字孟口丨作孟

迸 說文新附丨散走也从辵幷聲○丨散走也文選魏都賦注引字書

聘 說文丨訪也从耳甹聲○丨問也禮記曲禮下諸侯使大夫問於諸侯曰丨疏又穀梁隱元年傳丨弓鍭矢疏宣十年傳○丨謂問之也後漢書馮衍傳下丨申叔於陳蔡兮注○丨亦問也儀禮聘禮賓請有事于大夫注○丨問俱是謂問安之義散則通對則別詩采薇傳丨問也疏○不丨無媒禮左氏成十一年傳聲伯之母不丨注

穽 說文阱陷也从𨸏从井井亦聲穽阱或从穴汬古文阱从水○丨穿地爲之所以陷墮之書費誓王注○丨穿地陷獸也後漢文苑趙壹傳機丨在下注○阱穿地以陷獸也漢書食貨志下使入陷阱注○丨掘地以陷獸也漢書司馬遷傳及其在丨檻之中注○丨謂穿地爲塹以張禽獸者也一切經音義二引三蒼○丨捕獸之器也書費誓疏○禮記中庸罟擭陷阱釋文本或作丨○孟子梁惠王下爲阱於國中世說政事篇注作爲丨於國中也

諍 說文丨止也从言爭聲

泳 說文丨潛行水中也从水永聲○水底潛行曰丨列子黃帝復從而丨之注

請 丨問也一切經音義七引廣雅

倩 丨者女壻也史記扁鵲倉公列傳黃氏諸丨集解
引徐廣
禜 說文丨設綿蕝爲營以禳風雨霜雪水旱癘疫於
日月星辰山川也从示榮省聲一曰丨衞使灾不
生禮記曰雩丨祭水旱○丨祭名左氏昭十九年傳
國人請爲丨焉注○丨是祈禱之小祭耳左氏昭元
年傳於是乎丨之注○類造禬丨攻說皆祭名也周
禮大祝二曰造司農注四曰丨司農注○禬丨告之
以時有災變也周禮大祝五曰攻注○丨是禜之義
周禮大祝注以朱絲丨社疏○丨之言營也禮記祭
法幽宗注○丨壇域也禮記祭法疏○丨亦營域也
同上
硬 鞕堅也廣雅釋詁一
凊 說文凊寒也从仌青聲

靚 說文丨召也从見青聲
檠 丨弓匣也詩角弓傳不善紲丨巧用釋文○丨謂
輔也同上
晟 說文新附丨明也从日成聲○爾雅釋言熾晠也
釋文本作盛
横 丨行不順理而行也荀子脩身丨行天下注○孟
子萬章下丨民之所止音義丨或作總
醟 說文丨酗也从酉熒省聲○丨酗酒也漢書敘傳
下中山淫丨注
榜 丨船也廣雅釋水又漢書司馬相如傳上注引張
揖○丨併船也文選江賦涉人於是檥丨注○丨
船櫂也文選江賦注引楚辭王注○丨人船長也漢
書司馬相如傳上丨人歌注張揖
迎 穀梁桓三年傳冕而親丨釋文一本作逆

娉 說文丨問也从女甹聲
夐 說文夐營求也从夏从人在穴上商書曰高宗夢
得說使百工丨求得之傅巖巖穴也
併 說文丨竝也从人并聲○并竝也禮記玉藻并紐
約疏○并兼也國策中山策魏并中山注○并合
也漢書藝文志并爲蒼頡篇注李廣傳而令廣并於
右將軍注董仲舒傳匆猥匆并注終軍傳令野獸并
角注
儆 憼與丨同備也荀子賦憼革貳兵注
証 說文丨諫也从言正聲
詷 說文丨知處告言之从言同聲○丨有所侯伺也
漢書淮南王安傳爲中丨長安注

偵 說文新附丨問也从人貞聲○丨候也史記淮南
衡山列傳爲中詷長安索隱引服虔○丨羅猶今
言探候丨羅也後漢南匈奴傳爲郡縣丨羅耳目注
○西方人以反閒爲丨史記淮南衡山列傳爲中詷
長安索隱引孟康○丨者義與詷同漢書淮南王安
傳爲中詷長安注
盟 丨古孟字史記夏本紀又東至于丨津索隱
以下據 **誩** 說文丨競言也从二言凡丨之屬皆从
○廣韻錄丨讀若競
倞 說文丨彊也从人京聲
坪 說文坪地平也从土从平平亦聲
寎 說文丨臥驚病也从㝱省丙聲

偋 說文丨僻寠也从人屏聲
婧 說文丨竦立也从女青聲一曰有才也讀若韭菁
䫆 說文丨好皃从頁爭聲詩所謂丨首
搒 說文搒掩也从手旁聲
○以下據集韻錄摬 說文丨中擊也从手竟聲
[illegible] 丨雷也廣雅釋天
蛸 說文丨蟲也从虫省聲
[illegible] 說文[illegible]坑也从㪅从井井亦聲

妌 說文妌靜也从女井聲
[illegible] 丨腯也方言十三

經籍纂詁卷第八十三補遺終

經籍纂詁卷第八十四　去聲

經筵講官南書房翰林戶部左侍郎兼署兵部左侍郎前提督浙江學政阮元撰集

二十五徑

徑丨直也史記大宛傳從蜀宜丨集解又漢書溝洫志集注枚乘傳集注張騫傳集注匈奴傳上集注又後漢來歙傳注又周髀算經上丨隅五注又文選上書諫吳王丨而寡失注○丨衺也廣雅釋詁二○丨易也荀子性惡少言則丨而省注○丨疾也史記大宛傳從蜀宜丨集解引如淳○丨由也漢書東方朔傳集注○丨行也淮南本經接丨歷遠注○丨猶行也左氏僖廿五年傳趙衰以壺飧從丨注○丨道也後漢崔駰傳注又莊子徐無鬼藜藋柱乎鼪鼬之丨釋文引司馬注○丨道也廣雅釋室○丨路也楚

辭招魂皋蘭被丨兮注○艮爲丨路易說卦傳○步道曰丨禮記月令審端丨術注又論語雍也行不由丨鄭注又一切經音義七引通俗文○直度曰丨莊子秋水丨流之大釋文引崔注○南北爲丨文選西京賦於是量丨輪薛注○丨容牛馬周禮遂人凡治野注○丨迹也廣雅釋詁三○丨度也文選西京賦丨百常而莖擢薛注○丨過也淮南覽冥丨躡都廣注又楚辭招魂川谷丨復注○丨邪也禮記祭義道而不丨釋文○丨邪路也禮記曲禮送喪不由丨釋文○丨邪道也離騷夫唯捷丨以窘步注○丨邪不平正也老子而民好丨注○丨步邪趨疾也禮記祭義是故道而不丨注○丨謂邪行以趣疾也管子法禁則百姓之立私理而丨於利者必衆矣注○丨捷速也荀子脩身莫丨由禮注○丨謂卒然直指管子兵法丨乎不知注○丨廷激過之辭也文選辯命論注引莊子司馬注○逕庭謂激過也莊子逍遙游大有逕庭釋文引李注○丨踰射邪趨疾越隄渠也周禮野廬氏禁野之橫行丨踰者注○丨行夷狄之道大戴記曾子立事直而不丨注○徯丨禽獸之道也禮記月令塞徯丨注○山丨山之領孟子盡心下山丨之蹊閒注○丨一作衞一作衙列子說符行不從丨也釋文○莊子秋水丨流之大釋文丨崔本作涇○莊子逍遙游釋文丨司馬本作莖○莊子徐无鬼藜藋柱于鼪鼬之逕釋文逕本作跡元嘉本作迹○徐氏紀產碑雝

直丨營經作丨

定丨安也詩六月以丨王國箋又國語晉語吾丨而祿爵注越語有丨傾注又呂覽孝行先王之所以丨天下也注必已無不敬以丨其身注又淮南氾論故終身而無所丨趨注○丨安其牀衽也禮記曲禮上昏丨而晨省注○丨貞也國語齊語丨三革注○丨止也詩日月胡能有丨傳采薇我戍未丨箋豈敢

丨居箋節南山亂靡有丨箋又爾雅釋詁○丨息荀子儒效反而丨三革注○丨猶成也呂覽仲冬以待陰陽之所丨注○丨謂成列易繫辭上傳乾坤丨矣虞注○丨猶孰也儀禮鄉飲酒禮羹丨注鄉射禮羹丨注公食大夫禮羹丨注○大慮靜民曰丨周書諡法○安民大慮曰丨同上○安民法古曰丨同上○純行不二曰丨同上○純行不差曰丨後漢蔡邕傳注○大慮慈民曰丨獨斷下○斪斸謂之丨爾雅釋器○營室謂之丨爾雅釋天○丨營室也詩定之方中丨之方中傳○丨謂之營室國語周語營室之中注○丨星名詩定之方中序釋文○丨正也作宮室皆以營室之中爲正爾雅釋天注○丨正也天下作宮室者皆以營室中爲正爾雅釋天孫注○左澤丨邱爾雅釋邱○丨甲鴠鳴也廣雅釋鳥○鵙鳴周魏齊宋楚之閒謂之丨甲方言八○易屯注得主則丨釋文丨本作寧○詩麟趾麟之丨釋文丨本作顛○丨

爾雅釋器釋文丨本作錠○書堯典以閏月丨四時
史記五帝紀作以閏月正四時○魯公肩丨字子中
見史記仲
尼弟子傳
聽丨靜也靜然後所聞審也釋名釋姿容○丨猶待
也儀禮特牲饋食禮進丨嘏注又禮記雜記下不
丨事焉注○丨者事之候也史記淮陰侯傳又漢書
蒯通傳○丨從也廣雅釋詁一又國語周語民是以
丨注又國策西周策寡人請以國丨注齊策田忌不
丨注秦策魏丨臣矣注○丨從也受也國策秦策則
王勿丨其事注○丨受也國策齊策靖郭君不丨注
秦策寡人不丨也注○丨猶受也左氏成十二年傳
鄭伯如晉丨成注○丨之受之而行也周禮鄭長凡
歲時之戒令皆丨之注○丨順周書周祝被之以刑
民始丨注○丨謂順教令也禮記祭義故丨且速也
注○丨察也國策秦策王何不丨乎注○丨謀也廣

雅釋詁四○丨治也國策齊策不可以不丨也注又
荀子王霸要百事之丨注○丨平治也周禮小宰以
官府之六計注○丨議獄也書大傳諸侯不同丨
注○丨謂平察之周禮鄉師各掌其所治鄉之教而
丨其治注○丨屬水書洪範四曰丨鄭注○丨熒疑
惑也莊子齊物論是黃帝之所丨熒也釋文引司馬
注○丨熒小明不大了也莊子齊物論釋文引崔注
○丨熒不光明貌莊子齊物論釋文引李注○丨宜
爲德家語本命劾匹夫之丨注○禮記樂記小人以
丨過釋文丨本作聖○莊子齊物論釋文丨熒向本
作䁝
榮
勝丨克也爾雅釋詁○丨克敵也或爲陳禮記聘義
用之於戰丨注○丨能也易遯莫之丨說虞注○
丨極也老子躁丨寒注○丨多也論語雍也質丨文
則野皇疏○丨猶多也論語鄉黨不使丨食氣皇疏

○丨謂多也素問六元正紀大論故上丨則天氣降
而下注○勝二也廣雅釋詁四○丨猶益也管子揆
度其丨禽獸之仇注○丨者盛也素問逆調論獨丨
而止耳注○丨猶過也史記樂書樂丨則流正義○
丨猶行也呂覽誣徒理義之術丨矣注○丨有所丨
也呂覽論威過丨之所在也注○丨謂制剋之也素
問金匱眞言論所謂得四時之丨者注○丨猶過也
國語晉語尊明丨患注○是而直者爲丨論衡物勢
○直立而不見知者丨也荀子榮辱○下及上之事
謂之丨管子君臣上○丨謂民辭情短大戴記子張
問入官丨之無犯民之言注○丨減也易繫辭下傳
貞丨者也虞注○丨國亡國也周禮媒氏凡男女之
陰訟聽之于丨國之社注○華丨華丨象草木華也
丨言人形容正等一人著之則丨蔽髮前爲飾也釋
名釋首飾○胡麻粒大者爲巨丨一切經音義十引
本草○書序武王丨殷漢書律厤志作武王克殷○

陳丨字涉見史
記陳涉世家
磬丨磬也其聲罄罄然堅緻也釋名釋樂器○石曰
招叩鍾調丨注○丨石也呂覽仲夏飭鍾丨柷敔注
又淮南氾論語寡人以憂者擊丨注說山遠之則丨
音章注○丨玉丨也詩那依我丨聲箋○乾爲丨淮
南原道不周風注○丨者夷則之氣也象萬物之成
也白虎通禮樂○丨立秋之樂也初學記引雷氏五
經要義○丨音之淸者書舜典予擊石拊石傳○丨
磬之淸者也詩那傳○毋句作丨以石爲之一切經
音義十四引世本○丨石可以爲樂石山海經西山
經小華之山多丨石注○丨折者屈身如丨之曲折
後漢馬援傳注○丨空也淮南覽冥丨龜無腹注○
丨髀也詩大明俔天之妹釋文引韓詩○丨麗繫也
通典引禮記盧注○縣縊殺之曰丨禮記文王世子

則丨於甸人注○騁馬曰丨詩大叔于田抑丨控忌
傳○一柯有半謂之丨折考工記車人○丨當爲罄
字之誤也禮記
樂記石聲丨注

應 丨當也詩麟趾序關雎之丨也釋文又國語周語
以丨成德注又荀子仲尼丨侯順德注又莊子列
禦寇丨其至分而已釋文○丨荅也國語晉語軀往
離散以丨我注又國策齊策齊王不丨注又呂覽順
說宋王無以丨注審應公子沓無以丨注○丨猶隨
也淮南覽冥丨而不藏注○丨和也國策秦策則楚
之丨之也必勸注又呂覽應同聲比則丨注召類聲
比則丨注又淮南原道不爲先唱感而丨之注○丨
擊也廣雅釋詁三又國策齊策使章子將而丨之注
又呂覽察微丨之大棘注處方荆令唐蔑將而丨之
注○丨者丨也白虎通五行又御覽廿七引風俗通
○丨也今太元元錯○丨丨也者以其爲之人者也管

子心術○敵加於己不得已而起者謂之丨兵後漢
臧洪傳注袁紹傳注○正門謂之丨門爾雅釋宮○
王之正門曰丨門詩緜迺立丨門傳○丨門中門也
文選東京賦立丨門之將將薛注○丨門自當門也
莊子讓王縰履杖藜而丨門釋文○朝門曰丨門詩
緜箋○丨門朝門也書大傳然後丨門擊柝注○丨
門聽政之處也後漢明帝紀注○次曰丨門儀禮經
傳通解引書大傳○鼙在後曰丨丨大鼓也釋名釋
樂器○小鼓謂之丨禮記禮器丨鼓在東注○丨小
鼓也詩緜箋謂之丨鼙釋文○丨小鞞也詩有瞽丨
田縣鼓傳○丨鼙也周禮小師擊丨鼓注○丨與朄
及朔皆小鼓也同上○丨鼙丨朔鼙也先擊朔鼙丨
鼙丨之儀禮大射儀丨鼙在其東注○丨長六尺五
寸其中有椎周禮笙師掌教龡竽笙塤籥簫篪篴管
舂牘丨雅司農注○丨鍾陰律也陰丨於陽轉成其
功萬物聚藏故曰丨鍾呂覽孟冬律中丨鍾注○丨
鍾長四寸二十七分寸之二十周禮大師丨鍾注○
丨鍾亥之氣也十月建焉而辰在析木同上○震爲
丨易象上傳丨地无疆虞注象下傳二篇丨有時虞
注繫辭下傳則民不丨也虞注○丨則陰生太元元
衝○丨國名後漢馮異傳注○丨龍龍有翼者也山
海經大荒東經丨龍處南極注○有翼曰丨龍後漢
班彪傳注張衡傳注又楚辭天問丨龍何畫注○丨
龍能興雲雨者也後漢張衡傳注○丨丨對之丨書
大傳次曰
丨門注

乘 棄載也一切經音義三引三蒼○丨猶載也獨斷
上○車曰丨左氏隱元年傳具卒丨注宣十二年
傳而卒丨輯睦注○丨車丨也春秋左傳序晉謂之
丨釋文○丨兵車春秋左傳序釋文○丨車玉路金
路象路也考工記總目丨車之輪注○丨車安車也
書大傳丨車輪輪注○丨輿天子所乘車輿也不敢

斥言尊者故稱丨輿後漢安帝紀注○丨輿天子所
乘車文選西京賦常亞於丨輿薛注○丨輿天子也
文選東京賦丨輿巡乎岱嶽薛注○天子車曰丨輿
諸侯車曰丨輿賈子等齊○萬丨兵車萬丨謂天子
也孟子梁惠王上萬丨之國注○千丨兵車千丨謂
諸侯也孟子梁惠王上必千丨之家注○百丨之家
謂大國之卿食采邑有兵車百丨之賦者也孟子梁
惠王上必百丨之家注○萬丨天子也千丨諸侯也
呂覽不侵萬丨之主千丨之君注○百丨之家子男
之國也獨斷上○所駕之馬爲丨馬詩韓奕丨馬路
車箋○棄式也廣雅釋詁一○棄二也廣雅釋詁四
○丨謂丨行之禽也謂鴈鶩之屬其歸之以雙爲數
儀禮聘禮記宰夫始歸丨禽注○三人共載曰驂丨
國策秦策韓康子御魏桓子驂丨注○丨四也孟子
離婁下發丨矢注又太元迎黃丨否貞注○物四曰
丨儀禮聘禮丨皮設注○丨四數之儀禮大射儀

司馬師坐丨之注○四矢爲丨史記孝武紀路弓丨矢集解引韋昭○四矢曰丨儀禮旣夕記矢翭矢一丨注○四矢曰丨矢周禮司弓矢注每人一弓丨矢釋文○丨矢四矢也儀禮鄉射禮兼挾丨矢注大射儀挾丨矢注又孟子離婁下發丨矢音義引丁音○丨壺四壺也禮記少儀其以丨壺酒注○四馬曰丨易屯丨馬班如釋文禮記檀弓攝束帛丨馬而將之釋文又左氏閔二年傳歸公丨馬注僖二年傳以屈產之丨注又穀梁隱元年傳丨馬曰賵注又呂覽權勳屈產之丨注○駟馬曰丨後漢鄧騭傳注○四馬爲丨周禮夏官序官圉人丨一人注校人丨馬一師四圉司農注又國語晉語有馬二十丨注楚語納其丨馬注○四馬爲丨八十四也左氏僖廿三年傳有馬二十丨注○四馬曰丨一丨甲士三人步卒七十二人五百丨合三萬七千五百人穀梁文十四年傳長轂五百丨注○丨四馬也儀禮聘禮馬丨注又孟

子萬章上與屈產之丨注○丨備駟也公羊僖二年傳請以屈產之丨注○丨馬四馬也詩鴛鴦丨馬在廄釋文崧高路車丨馬傳又荀子解蔽杜作丨馬注○丨馬四匹馬也後漢桓帝懿獻梁皇后紀注○丨黃四馬也詩渭陽路車丨黃傳○四匹曰丨書文侯之命馬四匹傳○四頭爲丨左氏昭廿九年傳帝賜之丨龍服注○四雁曰丨方言六○丨者與於田賦丨馬之事因以爲名孟子離婁下晉之丨注○晉名春秋爲丨者取其善惡無不載孟子離婁下音義引丁音○如乘者乘邱爾雅釋邱○如丨曰丨邱四馬曰丨一基在後似車四列在前似駕馬車之形也釋名釋邱○二耦爲丨周禮校人丨馬注○十井爲一丨公侯封方百里凡千丨伯四百九十丨子男二百五十丨公羊昭元年傳有千丨之國注○四邱六十四井曰甸或謂之丨丨者以於車賦出長轂一丨禮記郊特牲邱丨共粢盛注○以其治田則謂之甸出長轂一丨則謂之丨荀子王制司馬知師旅甲兵丨白之數注○丨田苑囿之吏也主六畜之芻牧者也孟子萬章下嘗爲丨田矣注○丨黃神馬也管子小匡地出丨黃注○丨或爲鄰禮記郊特牲注

媵　丨送也易象下傳丨口說也虞注又儀禮士昏禮丨布席于奧注燕禮丨觚于賓注又儀禮大射儀丨觚于賓注公食大夫禮衆人媵羞者注又儀禮鄉飲酒禮注丨爵者立于洗東釋文左氏莊十九年傳丨陳人之婦釋文又爾雅釋言又後漢張衡傳注又楚辭河伯魚鱗鱗兮來丨注天問丨有莘之國注又文選思元賦迅猋瀟其丨我兮舊注○丨送也漢書平帝紀集注○丨之爲言送也從也穀梁隱七年經叔姬歸于紀注○送女曰丨左氏僖五年傳以丨秦穆姬注又爾雅釋言孫注○古者嫁女必娣姪從之謂之丨儀禮士昏禮丨御餕注○丨者何諸侯娶一國則二國往丨之以姪娣從公羊莊十九年傳

○姪娣曰丨丨承也承事嫡也釋名釋親屬○媵寄也廣雅釋詁三○媵寄也寄物爲媵方言二○媵託也方言十三又廣雅釋言○古文丨皆作媵儀禮大射儀注○今文丨皆作媵儀禮燕禮丨觚于賓注○丨讀或爲揚儀禮燕禮注

贈　丨稱也廣雅釋言又古微書引春秋說題辭○丨之爲言稱也玩好曰丨白虎通崩薨○玩好曰丨丨儀禮旣夕記凡丨幣無常注又古微書引春秋說題辭又荀子大略又說苑修文引傳○丨致丨賄之禮國語周語賓饗丨餞注○丨襚所以送死也說苑修文○丨以幣送死者於壙也禮記檀弓下主人丨而祝宿虞尸注○丨玉既窆所以送先王周禮大宰大喪贊丨玉含玉注○車馬曰賵布帛曰賻珠玉曰唅衣服曰襚總謂之丨禮記文王世子至于賵賻承含釋文○丨增也詩崧高以丨申伯傳○丨送也詩女

曰雞鳴雜佩以丨之箋渭陽何以丨之傳韓奕其丨
維何箋又周禮占夢以丨惡夢注又儀禮士昏禮若
異邦則丨丈夫送者以束錦注聘禮公使卿丨如覿
幣注既夕公使宰夫丨元纁束注丨者將命注又禮
記檀弓下何以丨我注少儀丨從者注又左氏僖廿
三年傳宋襄公丨之以馬二十乘注又廣雅釋詁四
又家語致思取束帛以丨先生注○丨猶送也禮記
文王世子至于賵賻丨含釋文○故書丨爲賵杜子
春云賵當爲丨周
禮男巫冬堂丨注

佞 丨諂也韓外傳四○丨才也左氏成十三年傳寡
人不丨服注成十六年傳諸臣不丨注又小爾雅
廣言又國語魯語寡君不丨注晉語夷吾不丨注○
丨巧也廣雅釋詁三○丨口才也論語雍也不有祝
鮀之丨集解引孔注先進是故惡夫丨者皇疏○口
才曰丨禮記曲禮注爲近丨媚也釋文○我任而不
受丨也新序節士○莫之顧而進之謂之丨莊子漁
父○惡中立功者謂之丨論衡荅佞○以邪導人謂
之丨鹽鐵論刺議○僞善爲丨國語晉語丨之見丨
注○丨言者諂而干忠鬼谷子權注○史記周本紀
爲人丨巧集解引徐廣曰丨一作諂○左氏
襄卅年經天王殺其弟丨夫公羊作年夫

稱 丨宜也漢書刑法志集注○丨謂所宜也荀子正
論明其譬丨注○丨謂各當其宜荀子禮論貧富
輕重皆有丨者也注○丨副也國語晉語丨晉之德
注功庸以丨之注又漢書高帝紀下集注文帝紀集
注宣帝紀集注三見鼂錯傳集注賈誼傳集注公孫
宏傳集注兒寬傳集注魏相丙吉傳贊集注夏侯勝
傳集注淮陽憲王欽傳集注孔光傳集注朱博傳集
注薛宣朱博傳贊集注王嘉傳集注匈奴傳上集注
外戚傳下集注王莽傳上集注王莽傳下集注○丨
好也爾雅釋言○內丨宏殺好也考工記輪人欲其

肉丨也注○丨猶等也考工記輿人謂之參丨注○
丨斤兩也管子版法一丨數注○斗丨量器也淮南
時則角斗丨注○衡有半謂之丨小爾雅廣衡
○衣單複具曰丨左氏閔二年傳祭服五丨注

罄 丨盡也詩天保丨無不宜傳蓼莪缾之丨矣傳又
左氏僖廿六年傳室如縣丨釋文又爾雅釋詁又
後漢陳忠傳注又文選東京賦東京之懿未丨薛注又
○丨竭盡也爾雅釋詁孫注○丨然自嚴整也周書
太子晉師曠丨然又稱曰注○丨古文窒一切經音
義九○左氏僖廿六年傳釋文丨本作磬○詩蓼莪
缾之丨矣說文穴
部作缾之窒矣

鄧 丨曼姓國語周語丨由楚曼注鄭語申呂應丨注
○丨邑名莊子徐無鬼至丨之虛釋文引向注○
丨林林名也文選蜀都賦聿兼丨林劉注○丨猶木
也一曰仙人也淮南墬形夸父棄其策是爲丨林注
○丨猶登也漢
書鄧通傳集注

甑 䰝同○鬵謂之䰝廣雅釋器○丨炊器也一切經
音義十引字林○丨實二鬴厚半寸脣寸七穿考
工記陶人○關東謂丨爲鬵涼州謂丨爲鉹爾雅釋
器孫注○古文丨爲烝儀禮少牢饋食禮廩人摡丨
甗匕與敦于廩爨注○甑類作丨又作䰝籀文作鬵
一切經音義十○䰝音如釜丨之丨山海經大荒東
經有䰝山注○爾雅
釋器釋文䰝本作丨

脛 丨腳也淮南俶眞析才士之丨注○丨丨直貌漢
書楊惲傳集注○赤丨膝以下盡赤色山海經海
內經有赤丨之民注○踁
本作丨同晉書音義下

瑩 丨飾也華嚴經音義上引切韻○丨又作鎣華嚴
經音義上引字統

證|驗也楚辭惜誦所以|之而不遠注○|諭也
廣雅釋詁四○六|六徵大戴記文王官人愼用
六|注○|諫呂覽誣徒不可|移
注○|則也太元從自然|也注

孕|集韻孊同○|任也禮記樂記毛者|鬻注○|
任子也禮記郊特牲故天子牲|弗食也注○|
妊娠也易漸婦|不育虞注○|身也廣雅釋詁四
○任身爲|呂覽本味其母居伊水之上|注○|
任身也國語鄭語既笄而|注○|懷身也山海經
海內經緣婦|三年注○|重身也太元衆師|啎
之注○|懷也後漢班彪傳下注○|懷子也一切
經音義九引三蒼又國語魯語鳥獸|注又文選思
元賦|行產而爲劉舊注○懷子曰|左氏僖十七
年傳梁嬴|過期注○|者懷胎淮南原道毛者|
育注○孊懷也太元沈好孊惡粥注○離爲|易漸
婦|不育虞注婦三歲不|虞注○孊古|字管子
五行孊婦不銷弃注○|古文蠅一切經音義八○
古文|作孊一切經音義九○易漸釋文|荀本作
乘

經籍籑詁　卷八十四　二十五徑　證至經　十一

興|之言喜也歆也禮記學記不|其藝注○|者
託事於物周禮大師曰|司農注○|者以善物
喻善事周禮大司樂以樂語教國子|道諷誦言語
注○|物而作謂之|釋名釋典藝○|見今之美
嫌於媚諛取善事以喻勸之周禮大師曰|注○|
引譬連類也論語陽貨詩可以|集解引孔注○|
謂譬喻也論語陽貨皇疏○|譬喻之意詩關雎傳
|也釋文○|會情|所會也文選宋書謝靈運傳
論靈運之|
會標舉注

經凡地東西爲緯南北爲|大戴記易本命

濘|泥也左氏僖十五年傳晉戎馬還|而止注又
廣雅釋詁三○|清也廣雅釋詁一

甯|晉邑國語晉語陽處父如衛及過|注○|願
也漢書禮樂志集注○左氏僖七年經盟于|母
穀梁作寧母○公羊宣十一年納公孫|左氏
穀梁作寧○史記諸侯表|敖楚世家作霄

錠鐙有足曰|無足曰鐙一切經音義十三引韻集
○有足曰|一切經音義七引聲類

顁|題也爾雅釋言○定題也詩麟之趾麟之定傳
○爾雅釋言釋文|本作定爾雅釋天營室謂之
定釋文
定作|

瞑|眩困極也書說命若藥不|眩釋文

凝|止也楚辭憂苦折銳摧矜|汜濫兮注

經籍籑詁　卷八十四　二十五徑　濘至亘　十二

隥|阪也廣雅釋邱又穆天子傳一乃絕隃之關|
注○|小阪也一切經音義四引蒼頡

磴|猶益也文選江賦|之以瀿瀷注

墱|陛級也後漢班彪傳上注○|閣道也文選西
京賦|道邐倚以正東薛注

凳|牀|廣韻引字林○|牀屬集韻引字林

蹬|履也廣雅釋詁一○蹭|失勢之貌文選海賦
或乃蹭|窮波注

亘|引也文選吳都賦|以緑水注○|徑度也文
選西京賦|雄虹之長梁薛注○|猶橫度也後
漢張衡傳注○恒徧詩生民恒之秬秠恒之糜芑傳
○|竟也漢書諸侯王表集注引孟康又後漢竇憲
傳注○|猶竟也後漢班彪傳下注○彌|字從二
間舟詩云|之秬秠是也今之隸書轉舟爲日而何

法盛中興書乃以舟在二間爲舟航字謬也顏氏家訓書證○丨與絙古字通文選西都賦北彌明光而丨長樂注

○以下據廣韻錄

⿰口巠 丨聲也集韻引字林

俓 丨過也廣雅釋詁三○丨經也人所經由也釋名釋道○直波爲丨爾雅釋水○爾雅釋水釋文丨本作徑

陘 丨隔也廣雅釋詁二

侹 徑丨直也爾雅釋水注言徑丨釋文

掅 丨捽也廣雅釋詁三

⿰黑亘 丨黑也廣雅釋器

⿰衤曾 汗襦江淮南楚之閒謂之丨方言四

嬹 丨喜也廣雅釋詁一

榺 樇謂之丨廣雅釋器○榺經所居機榺一切經音義十四引蒼頡

堩 丨道也儀禮既夕記唯君命止柩于丨注又禮記曾子問葬引至于丨注○堩道也廣雅釋室○丨道路也禮記雜記下無免于丨注

搄 丨竟也考工記弓人恒角而短注

鱛 丨魱丨鮪也文選吳都賦筌魱丨劉注

晅 丨曝也廣雅釋詁二

經籍纂詁卷第八十四

經籍籑詁卷第八十四補遺　去聲

兵部侍郎兼都察院右副都御史巡撫浙江等處地方提督軍務兼理糧餉阮元撰

二十五徑

徑 說文丨步道也从彳巠聲○丨小道也史記高祖本紀索隱引字林又漢書高帝紀夜丨澤中注○步道曰丨田間之道曰丨路易說卦傳爲丨路鄭注○步道曰丨詩生民箋故姜嫄置后稷於牛羊之丨疏○步道謂之丨詩七月傳微行牆下丨也疏○艮爲小丨易漸鴻漸于干虞注○艮爲丨路易大畜何天之衢鄭注睽遇主于巷虞注○其丨者圓中之直者也周髀算經上此夏正日道之丨也注○讀丨爲經左氏僖廿五年傳趙衰以壺飧從丨釋文

定 說文丨安也从宀从正○丨安也國語晉語丨身以行事注秦歲丨注○丨謂改治也漢書王嘉傳上於是丨躬籠告東平本章注○修而不改曰丨書孔序丨禮樂疏○丨論謂不易之論荀子王制夫是之謂丨論注○丨者成也淮南天文秋分蘽丨注○丨孰肉也禮記禮器羹丨詔於堂疏○丨當爲貞國語周語及丨王注

聽 說文丨聆也从耳㥁𡈼聲○丨丨政也荀子王制丨之繩也注○丨受淮南氾論聖王弗丨注○丨者受人言察是非也書洪範疏○丨從也呂覽樂成寡人盡丨子矣注不二丨羣衆人議以治國注審應凡丨必反諸已注○丨猶從也禮記曲禮下三諫而不丨則逃之疏○丨猶說是也淮南修務遊而弗丨也注○丨謂常存於耳左氏宣三年傳戎昭果毅以丨之之謂禮注○丨待也周禮大司徒以丨王命疏○丨者存亡之機國策秦策

勝 先舉其用爲丨素問至眞要大論六氣相丨注○法立令行之謂丨管子正世○辯丨當也墨子經上○丨戰丨公羊宣十二年傳丨乎皇門注○丨謂丨剋也素問脈要精微論以其丨治之注○丨謂强盛于彼之丨也素問瘧論陰陽更丨也注○丨猶過也禮記樂記樂丨則流疏○丨謂好丨人也荀子榮辱直立而不見知者丨也注○不丨猶不直也淮南氾論訟而不丨者注○丨玉丨也史記司馬相如傳戴丨而穴處兮集解引郭璞○丨婦人首飾也漢代謂之華丨漢書司馬相如傳下戴丨而穴處兮注○丨所以纏紝方言八注○丨或作滕淮南精神則志丨而行不僻矣注○孟子公孫丑下環而攻之而不丨晉書段灼陳時宜表作圍圍而攻之有不剋者○莊子盜跖丨子自理釋文本又作甲子自理

磬 說文丨樂石也从石殸象縣虡之形殳擊之也古者毋句氏作丨殸籀文省硜古文从巠○丨者石丨也丨是樂器禮記樂記石聲丨疏○石曰丨漢書律麻志上又淮南說林猶金石之一調注○丨折謂曲體揖之若石丨之形曲折也史記滑稽列傳簪筆丨折正義○丨者謂屈身如丨之折殺禮記曲禮上注丨且聽也疏

應 丨當也以當朝正門故謂之丨門禮記明堂位注正門謂之丨門疏○十月謂之丨鍾何言萬物丨陽而動下藏也白虎通五行○六閒丨鍾均利器用俾丨復也國語周語○丨和淮南主術莫不嚮丨也注○丨者報也易文言傳物各從其類也疏○當期爲丨素問六微旨大論丨則順注○丨爲先兆素問六元正紀大論有怫之丨注○在已爲德施行爲丨左氏昭廿八年傳德正丨和曰莫服注○丨猶擊也

淮南主術不使丨敵注○敵加於己不得已而起者謂之丨兵漢書魏相傳○歲星謂之重華或謂之丨星廣雅釋天○詩皇矣箋路丨也釋文詩本皆作瘠

乘 一丨者四馬也管子乘馬○馬四匹謂之丨馬管子侈靡丨馬甸之衆注○四馬為丨左氏襄十九年傳加璧丨馬注○四馬曰丨書康王之誥皆布丨黃朱疏又詩有駜疏又禮記少儀其以丨壺酒疏又漢書王莽傳上鸞路丨馬注○丨馬使四四相從為駕之易左氏哀三年傳校人丨馬注○丨車駟馬之車也禮記曲禮上注丨車必正立疏○丨黃謂馬也禮記雜記上陳丨黃大路於中庭疏○馬牝牡曰丨易屯丨馬班如釋文引鄭注○如椉者形如車椉也爾雅釋邱如椉者椉邱注又李注○載曰丨一切經音義廿二引三蒼○丨共載左氏僖四年傳與屈完丨而觀之注○丨駕車也漢書高帝紀下操兵丨騎馬注○傳卜丨他車左氏莊九年傳丨而歸注○丨車士左氏成十三年傳晉帥丨和注○在車曰丨左氏襄十三年傳率其卒丨疏○在車者為丨左氏成十八年傳使訓卒丨疏○邱丨者都鄙井田也禮記郊特牲邱丨共粢盛疏○四邱為丨同上○甸亦謂之丨荀子王制司馬知師旅甲兵丨白之數注○四矢謂之丨詩賓之初筵箋發發矢也疏○四矢曰丨漢書郊祀志上路弓丨矢注引韋昭

媵 丨送也禮記曲禮上注妾賤或時非丨疏檀弓下杜蕢洗而揚觶注○丨謂妾也謂之丨者以其從適以送為名也詩江有汜序美丨也疏○妾從嫡而行故謂妾為丨丨之名不專施妾凡送女適人者男女皆謂之丨詩我行其野箋女不以禮為室家疏○丨淺事也穀梁成八年傳九年傳○丨禮之輕者也穀梁莊十九年傳

贈 說文丨玩好相送也从貝曾聲○丨送也禮記文王世子至于賵賻承含疏○丨謂以物送亡人於椁中也禮記雜記上魯人之丨也疏○丨襚所以送死也荀子大畧○丨之者以物與之詩女曰雞鳴傳問遺也疏○堂丨謂逐疫也周禮男巫冬堂丨杜注

佞 說文丨巧讇高材也从女信省○丨是口才捷利之名左氏成十三年傳寡人不丨疏○諄語也廣雅釋詁四○丨才也左氏昭二十年傳臣不丨注又國語晉語諸臣不丨注

稱 丨副也漢書景帝紀而廟樂不丨注○丨亦勝也文選演連珠是以物勝權而衡殆注○丨猶足也禮記禮器丨次之疏○丨猶隨也禮記檀弓上丨家之有亡疏○丨謂當罪荀子成相刑丨陳注○衣單複具曰丨後漢書趙咨傳衣衾丨襲之數注○衣衾三十丨單袷備為一丨白虎通崩薨○不禪謂之丨儀禮士喪禮褖衣注

罄 說文丨器中空也从缶殸聲殸古文磬字詩云缾之丨矣

鄧 說文鄧曼姓之國今屬南陽从邑登聲

甑 說文丨甗也从瓦曾聲鬵籀文丨从𩱧

脛 說文丨胻也从肉巠聲○丨膝以下骨也漢書趙充國傳聞苦腳丨寒泄注○踁即丨字漢書刑法志衣三屬之甲注

瑩 說文丨玉色从玉熒省聲一曰石之次玉者逸論語曰如玉之丨

證 說文丨告也从言登聲

孕 說文孕裹子也从子从几○丨重懷任者也漢書匈奴傳上匈奴丨重墮殰注○丨猶娠也易漸婦丨不育釋文引鄭注○丨是懷任之意也禮記郊特牲故天子牲丨弗食也疏

興 丨謂比喻也漢書劉向傳依丨古事注○比之隱者謂之丨左氏文七年傳故君子以爲比疏

濘 說文丨榮丨也从水寧聲

甯 說文丨所願也从用寧省聲○禮記禮運注孔丨釋文本又作寧

廷 丨縣丨之中也漢書田儋傳從少年之丨注

錠 說文丨鐙也从金定聲

賸 說文賸物相增加也从貝朕聲一曰送也副也

隥 說文隥仰也从𨸏登聲

蹬 說文新附丨蹭丨也从足登聲

懜 說文丨不明也从心夢聲

堋 說文丨喪葬下土也从土朋聲春秋傳曰朝而丨禮謂之封周官謂之窆虞書曰丨淫于家

亘 說文𢘋竟也从木恆聲亙古文𢘋○丨竟也文選西都賦北彌明光而丨長樂注○恆音丨竟之丨漢書敘傳上恆以年歲注引如淳○絙與丨同後漢書蔡邕傳折絙地之基注

○以下據廣韻錄

腥 說文丨星見食豕令肉中生小息肉也从肉从星星亦聲

窒 說文丨空也从穴巠聲詩曰瓶之丨矣

鑋 說文丨金聲也从金輕聲讀若春秋傳曰丨而乘它車

侹 爾雅釋言注侹丨釋文字又作挺

鎣 說文丨器也从金熒省聲讀若銑

倂 說文丨送也从人㚘聲呂不韋曰有侁氏以伊尹倂女古文以爲訓

譍 說文丨以言對也从言䧹聲

䰝 說文丨鬵屬从鬲曾聲

嬹 說文丨說也从女興聲

榺 說文榺機持經者从木朕聲○柧謂之丨集韻引廣雅

瞪 丨直視也文選豪士賦序注引埤蒼

䬝 說文丨馬食穀多气流四下也从食夌聲

鮔 鮔鮔鮪也史記司馬相如列傳鮔鱛螹離集解引郭璞○周洛曰鮪蜀曰鮔鱛漢書司馬相如傳上鮔鱛漸離注引李奇

絙 丨竟也文選答賓戲丨以年歲注引方言○丨音亘竟之亘文選答賓戲注引如淳

蹭 說文新附丨丨蹬失道也从足曾聲

○以下據集韻錄

瀞 說文丨冷寒也从水靚聲

掕 說文丨止馬也从手夌聲

【搽】|搶也【廣雅釋詁三】

經籍籑詁卷第八十四補遺終

經籍籑詁卷第八十五　去聲

經筵講官南書房翰林院侍讀學士禮部左侍郎前提督浙江學政阮元撰集

二十六宥

宥 丨寛也書舜典流丨五刑傳又馬注又詩昊天有成命夙夜基命丨密傳又周禮大司寇則丨而舍之注小司寇聽民之所刺丨注司刺掌三刺三丨三赦之灋注又禮記文王世子公曰丨之注又莊子在宥聞在丨天下釋文又國語周語齊語一再則丨注吳語而又丨赦之注又漢書刑法志集注又後漢朱浮傳注又家語論禮夙夜基命丨密注又呂覽原亂丨罪戾注又文選謝靈運戲馬臺集詩注引莊子司馬注○丨赦也公羊隱元年傳注公曰丨之釋文又廣雅釋言又國語齊語君若丨而反之注丨閒罪注

○丨祐也漢書禮樂志集注○丨利也呂覽去宥此有所丨也注○丨爲同上○丨之也者恐天下之遷其德也莊子在宥○丨與右同荀子宥坐此蓋丨坐之器注○丨與侑同荀子宥坐注○易解丨罪釋文丨京作尤

候 丨覘也廣雅釋詁三○丨視也呂覽貴因武王使人丨殷注悔過於東邊丨瞻之道注壅塞宋王使人丨秦冦之所至注○丨占也列子周穆王夢者六丨注○丨望也廣雅釋詁一又淮南時則九月官丨注○丨覘也望也史記李將軍傳索隱引淮南許注○丨丨望國語晉語丨遮扞衛不行注○軍丨丨望者也淮南兵略此丨之官也注○清丨清道丨望也文選西京賦剡卒清丨注○丨丨館樓可以觀望者也周禮遺人市有丨館注○丨丨迎賓客之來者周禮夏官序官丨人注○丨送逆賓客之官左氏襄廿一年傳使丨出諸轘轅注○丨丨人也國語周語丨不在疆注○丨人謂謁丨之來入國者管子侈靡丨人不可重也注○丨人道路迎送賓客者詩候人彼丨人兮傳○丨護也司護諸事也釋名釋言語○丨尚書中丨也後漢方術傳注○五日謂之丨素問六節藏象論○丨謂日行五度之丨也素問六節藏象論丨亦同法注○雁丨時南北故曰丨雁文選蜀都賦丨雁銜蘆劉注○左氏成十一年傳注懷縣西南有丨人亭釋文丨本作鄇

堠 古作候○候斥候荀子富國其候徼支繚注

就 丨成也周禮典瑞繅藉五采五丨注巾車樊纓十有再丨注弁師丨皆五采玉十有二注又儀禮既夕纓三丨注又禮記孔子閒居日丨月將注又論語顏淵如殺無道以丨有道集解引孔注又皇疏又書

大傳胥與丨膳徹注又爾雅釋詁又漢書高帝紀上集注高帝紀下集注二見禮樂志集注郊祀志上集注郊祀志下集注陳餘傳集注韓信傳集注張良傳集注陳平傳集注任敖傳集注叔孫通傳集注司馬相如傳下集注主父偃傳集注終軍傳集注匡衡傳集注申公傳集注又呂覽貴當所以丨大務也注○丨之爲言成也古微書引孝經援神契又孝經鉤命訣注○未丨未成也公羊昭廿五年傳餕饔未丨注○丨終也爾雅釋詁○成丨亦終也爾雅釋詁注○丨久也廣雅釋詁三○丨猶若也禮記曲禮上丨屨跪而舉之注○丨猶上也後漢皇甫規傳注○丨會也周書謚法○丨歸也廣雅釋詁二○丨因也小爾雅廣詁○丨謂躬下禮記學記丨賢體遠注○丨時猶逐時史記五帝紀丨時於負夏索隱○丨者形順莊子人閒世丨不欲入注○志同曰丨鬼谷子捭闔益損去丨倍反注○丨猶善也儀禮既夕若丨器則

坐負于陳注○五采備爲一丨丨丨成也周禮大行人
樊纓九丨注○采色一成曰丨丨周禮典絲凡祭祀共
黼畫組丨之物注○三丨三重三匝也周禮巾車樊
纓十有再丨司農注○五丨五帀也一帀爲一丨周
禮典瑞繅藉五采五丨司農注○丨丨雕也山海經中
山經景山其獸多麋鹿麢丨注○丨丨讀如由與之
由呂覽下賢確乎其節之不庳也丨丨乎注○
爾雅釋詁求酋在卒丨釋文丨或作噈又作殧

授 丨與也文選東京賦丨鉞四七薛注○丨丨予也廣
雅釋詁三又國語魯語今日必丨注○丨猶付也
周禮鄰長則從而丨之注○丨數也左氏僖廿八年
傳獻俘丨馘注○丨當爲受聲之誤也周禮典婦功
凡丨嬪婦功注○丨當爲受周禮司儀登再拜丨幣
注○論語子罕集解丨王宜敵也釋文丨本作受○
禮記曲禮上丨坐不立
釋文丨坐本作俛仰

售 丨猶行也文選西京賦於是不丨薛注○詩抑物
善則其丨賈貴釋文丨本作讎

壽 丨考也詩閟宮三丨作朋傳○𦒿久也廣雅釋詁
三○丨者期之遠耳莊子天道長於上古而不爲
丨注○上丨百二十中丨百年下丨八十文選孫子
荆征西宮屬詩注引養生經○丨者人之所欲故卑
下奉觴進酒皆言上丨後漢明帝紀注○老死曰丨
終丨久也終盡也生已久遠氣終盡也釋名釋喪制
○三丨三老也文選東京賦送迎拜乎三丨薛注○
三丨三卿也詩閟宮三丨作朋箋○丨者讎也春秋
繁露循天之道○丨之爲言猶讎也同上○丨器棺
也後漢梁商傳注○生而自爲冢爲丨冢後漢侯覽
傳注○丨藏謂冢壙也後漢趙岐傳注○丨命夭也
楚辭怨世傷精神而丨命注○靈丨木名也似竹有
枝節山海經海內經靈丨實華注○年丨之字北人
讀作受音南人則作授音匡謬正俗八○詩七月萬

丨無疆禮記月令注作受福無疆○書召誥則無遺
丨耇漢書孔光傳作則無遺耇老○左氏文六年傳
魏丨餘史記秦本紀作魏讎餘
○新序尹丨荀子大略作君疇

秀 丨不榮而實者謂之丨爾雅釋草○不榮而實謂之
丨御覽引月令章句○不榮而實曰丨詩七月四
月丨葽傳生民實發實丨傳又漢書禮樂志集注又
淮南本經長苗丨注○不華而實謂之丨文選思元
賦含嘉丨以爲敷舊注○榮而不實曰丨國語周語
贊陽丨也注○丨出也廣雅釋詁一○丨出貌也文
選七命丨出中天注○丨者物皆成也釋名釋天○
丨茂也廣雅釋言○丨謂華也文選七命方疏含丨
注○丨華也美也素問四氣調神大論此謂蕃丨注
○丨美也漢書賈誼傳集注○丨異也楚辭招魂獨
丨先些注大招容則丨雅注○丨士儁士呂覽懷寵
舉其丨士注○丨士治士呂覽蕩兵世有賢主丨士

注○三丨芝草也後漢張衡傳注又楚辭山鬼采三
丨於山閒注○詩出其東門箋綦茅丨也釋文丨本
作莠

繡 丨修也文修修然也釋名釋采帛○青與赤五色
備謂之丨呂覽仲秋文丨有常注○五色備謂之
丨詩終南黻衣丨裳傳○五色備曰丨書益稷絺丨
傳又後漢張衡傳注又文選思元賦被禮義之丨裳
舊注○五采備謂之丨考工記畫績之事○五采具
曰丨也淮南主術絺綌綺丨注○刺者爲丨書益稷
鄭注○丨黼也詩揚之水素衣朱丨傳○丨讀爲綃
禮記郊特牲丨黼丹朱中衣注○丨當爲綃御覽引
劉芳詩義疏○詩揚之水素衣朱丨儀禮士昏禮注
引魯詩作素衣朱綃特牲饋食禮注引魯詩作素衣
朱宵

宿｜｜也星各止｜其處也釋名釋天○所謂｜者日月五星之所｜也說苑辨物○｜星｜也文選景福殿賦星居｜陳注○｜列｜也文選王元長曲水詩序既而滅｜澄霞注○｜謂二十八｜素問離合眞邪論故天有｜度注○｜日所在困學紀聞引蔡邕月令章句○｜留待也後漢章彪傳注○｜留猶停留也後漢來歷傳注○｜留遲待之意史記孝武紀遂至東萊｜留之索隱

奏｜進也書舜典敷｜以言傳又小爾雅廣詁又漢書律厤志上集注田蚡傳集注河閒獻王德傳集注司馬相如傳上集注廣陵厲王胥傳集注嚴安傳集注丙吉傳集注韓延壽傳集注又後漢章帝紀注班彪傳上注又文選西京賦秘舞更｜薛注○皋進也廣雅釋詁二○｜謂進於民書益稷暨益｜庶鮮食傳○｜薦家語弟子行敷｜其勇注○｜爲也詩六月以｜膚公傳又小爾雅廣言○｜趣也漢書張釋之傳集注○｜向也漢書金日磾傳集注○｜者趨向之也史記蕭相國世家諸將皆爭走金帛財帛之府索隱○｜猶上也後漢西羌傳注○上書謂之｜論衡對作○｜猶白書大傳御史｜雞鳴于階下注○｜聞也莊子養生主｜刀騞然釋文引崔注○書｜以陳情敘事文選文賦｜平徹以閑雅注○｜書也廣雅釋詁四○｜鄒也鄒狹小之言也釋名釋書契○｜者亦需頭其京師官但言稽首下言稽首以聞獨斷上○｜｜樂也禮記玉藻｜而食注○｜謂堂上所懸隋書引崔靈恩周禮義宗○｜謂皮膚之理也儀禮公食大夫禮載體進｜注○詩緜予曰有奔｜釋文｜本作走○周禮合方氏注津梁相｜釋文｜本作湊爾雅釋獸｜者貆釋文｜本作湊○儀禮鄉飲酒禮皆右體進｜釋文｜本作腠○書益稷暨益｜庶鮮食史記夏本紀作與益予衆庶稻鮮食益稷暨稷播｜庶艱食夏本紀作與稷予衆庶難得之食○詩緜予曰有奔｜楚辭注一作子聿有奔走○書堯典敷｜以言史記五帝紀作徧告以言

富｜之言備也禮記曲禮下不饒｜注表記后稷之祀易｜也注○｜也者福也禮記郊特牲○｜福也詩召旻維昔之｜不如時箋瞻仰何人不｜傳○｜盛也論語顏淵｜哉言乎集解引孔注又皇疏○有萬不同之謂｜莊子天地○臣能世祿曰｜禮記祭義殷人貴｜而尚齒注○積蓄財曰｜論語學而｜而無驕皇疏○｜謂藪中材物周禮大宰九曰藪以｜得民注○｜歲豐年也孟子告子上｜歲子弟多賴注

獸四足而毛謂之｜爾雅釋鳥○走者爲｜楚辭自悲鳥｜驚而失羣兮注○｜守也廣雅釋詁三○｜腊也儀禮特牲饋食禮實｜于其上注○｜牛馬之類周禮天官序官｜醫注○｜｜狐狼之屬周禮庭氏若不見其鳥｜注○六｜麋鹿熊麕野豕兎周禮庖人掌共六畜六｜六禽司農注○｜虎狼嘷鳴也御覽引馬融周禮傳○詩車攻搏｜于敖後漢安帝紀注作薄狩於敖○漢張遷碑帝遊上林問禽狩所有石門頌惡虫幣狩｜皆作狩

鬬二士對戰曰｜孝經注諍｜也釋文○相陵爲｜漢書天文志○星相擊爲｜史記天官書與太白｜集解引韋昭○｜怒辨訟者也周禮調人凡有｜怒者成之注○｜食兩日共｜而相食呂覽明理其日有｜蝕注

漏｜刻也文選魏都賦晷｜肅唱劉注○｜刻謂以筒受水刻節晝夜百刻也華嚴經音義下引文字集略○自上言泄下曰｜公羊文六年傳君｜言也注○｜泄也廣雅釋詁二○｜溢也後漢陳忠傳注

○丨猶滲也文選魏都賦隰壤瀸丨而沮洳洊○丨
穿淮南泰族朱弦丨越注○丨穴也淮南脩務禹耳
參丨注○丨空也河圖靈準聽禹耳參丨注○丨補
空也淮南道應則不能丨理其形也注○易忘曰丨
荀子脩身○丨隱也詩抑箋○西北隅謂之屋丨詩
抑尚不愧于屋丨傳又爾雅釋宮○室西北隅謂之
屋丨禮記中庸尚不愧于屋丨注○西北隅曰屋丨
禮每有親死者輒徹屋之西北隅薪以爨竈煑沐供
諸喪用時若直雨則丨遂以名之也釋名釋宮室○
古者徹屋西北扉以炊浴汲者訖而復之古謂之屋
丨也爾雅釋宮舍人注○屋丨者當室之所白日光
所丨入爾雅釋宮孫注○丨神名莊子達生有沈有
丨釋文引司馬注○丨當爲螻
禮記內則馬黑脊而般臂丨注

陋 丨陝也廣雅釋詁一○丨小也楚辭自悲淩恒山
其若丨兮注又文選東京賦觀者狹而謂之丨薛
注○丨鄙小也淮南脩務今使人生於僻丨之國注
○丨隱也爾雅釋言○少見曰丨荀子脩身○辭令
就得謂之雅反雅
爲丨賈子道術

守 丨大郡曰丨史記南越尉佗傳索隱引十三州記○
丨宿衞者周禮內宰而糾其丨注○丨不失部伍
周禮大司寇
上命糾丨注

狩 尚書作守○丨冬獵也公羊桓四年傳公丨于郎
釋文○冬獵曰丨詩叔于田叔于丨傳伐檀不丨
不獵箋駟鐵從公于丨傳又左氏桓四年經公丨于
郎注哀十四年經西丨獲麟注又文選魏都賦既苗
既丨劉注○冬獵爲丨爾雅釋天又禮記祭義而弟
達乎獀丨矣注○冬曰丨公羊桓四年傳又穀梁桓
四年傳又後漢馬融傳注○冬丨春秋繁露深察名
號○丨者言王之時田冬獵爲丨大戴記夏小正十

有一月王丨傳○歲終田獵名曰丨易明夷明夷于
南丨荀九家注○丨圍守也冬物畢成獲則取之無
所擇也左氏隱五年傳冬丨注○冬田爲丨言守取
之無所擇也周禮大司馬遂以丨田注○冬謂之丨
何守地而取之也白虎通田獵○冬田曰丨圍守而
取之國語周語丨於畢時注○丨圍守而取禽也國
語齊語田丨畢弋注○丨者守留之說苑修文○火
田爲丨爾雅釋天○火田曰丨列子黃帝丨于中山
注○丨守也漢書刑法志集注郊祀志上集注○丨
者守也風俗通山澤○丨猶守也公羊隱八年傳天
子有事于泰山注○丨者何田丨也公羊桓四年傳
○丨者牧也白虎通巡狩○丨猶獸也公羊桓四年
傳冬曰丨注○丨者上所以其承宗廟下所以教習
兵行之義公羊莊四年傳莫重乎其與讐丨也注○
天子適諸侯曰巡丨孟子告子下○天子適諸侯曰
巡丨巡丨者巡所守也孟子梁惠王下○巡丨者巡
其所守也說苑修文○易明夷明夷于南丨釋文丨
本作守左氏僖廿八年經天王丨于河陽釋文丨本
作守論語憲問集解天王丨于河陽釋文丨本作守
○書舜典東巡守釋文守本作丨周官王乃時巡傳
釋文守本作丨詩崧高箋因主方嶽巡守之事釋文
守本作丨時邁序巡守告祭柴望也釋文守本作丨
周禮大宰注謂王巡守在外時釋文守本作丨禮記
王制五年一巡守釋文守本作丨曾子問天子巡守
釋文守本作丨祭義天子巡守釋文守本作丨左氏
莊廿一年傳王巡號守釋文守本作丨公羊隱八年
傳注巡守祭天釋文守本作丨穀梁隱十一年傳注
謂巡守釋文守本作丨孝經五年一巡守釋文守本
作
丨

晝 丨明也廣雅釋詁四○乾爲丨易繫辭上傳丨夜
之象也荀注○離爲丨易豐宜日中干注○丨者

謂乾易繫辭上傳通乎｜夜之道而知荀注○｜當作晝資暇集引梁武帝論語疏

寇｜鈔也廣雅釋言○｜害也周禮目錄又呂覽貴公大兵不｜注○｜劫取也書費誓無敢｜攘鄭注○｜謂羣行攻剽者也一切經音義七引書范甯集解○羣行攻劫曰｜書舜典｜賊姦宄傳又後漢李固傳注○强取爲｜書舜典鄭注○｜兵也呂覽壅塞左右有言泰｜之至者注○｜亦兵也淮南主術｜莫大於陰陽注○於外爲｜左氏文七年傳○兵作於外爲｜作於內爲亂周禮大宗伯以恤禮哀｜亂注○坎爲｜易屯匪｜昏媾虞注蒙利禦｜虞注睽匪｜婚媾虞注解致｜虞注漸利用禦｜虞象下傳君子以除戎器戒不虞虞注○司｜刑名也後漢魯丕傳注○司｜者水也春秋繁露五行相生○凡物盛多謂之｜方言一○｜攘｜盜攘竊也後漢陳忠傳注○｜雉泆泆爾雅釋鳥○今江東有小鳧其多無數俗謂之｜鳧方言一注○易需致｜至釋文｜王肅本作戎繫辭致｜至釋文｜本作戎

茂｜冒也爾雅釋天太歲在戌曰閹｜李注又孫注又淮南天文掩｜之歲注○｜盛也易象上傳先王以｜對時育萬物注又釋文又詩南山有臺德音是｜箋又大戴記衞將軍文子吾子之語審｜注又廣雅釋詁二又後漢梁鴻傳注又離騷夫維聖哲以｜行兮注○｜蕃盛也素問五運行大論其化爲｜注○｜美盛也華嚴經音義上引漢書音義○｜豐也爾雅釋詁○乾盈爲｜易象上傳虞注○｜勉也爾雅釋詁又易无妄釋文引馬注又詩節南山方｜爾惡傳又左氏昭八年傳｜不｜注又周書大匡事節時｜注皇門罔不｜揚肅德注又國語周語｜正其德注叔父其｜昭明德注晉語｜穡勸分注又漢書董仲舒傳集注二見冀奉傳集注○｜美也詩還子之｜兮傳生民種之黃｜傳又周書祭公咸｜厥

功注又漢書武帝紀集注元帝紀集注吳王濞傳集注劉向傳集注丙吉傳集注鄭崇傳集注蕭望之傳集注楚孝王囂傳集注王莽傳上集注○｜善也漢書朱邑傳集注○五人曰｜白虎通聖人引禮別名記○如槐曰｜爾雅釋木○如松柏曰｜同上○爾雅釋詁釋文｜本作懋一作忞○戰國策甘｜說苑難言作甘戊

楙｜勉也書舜典惟時｜哉傳又馬注又後漢明帝紀注又荀子富國惟民其力｜和而有疾注又文選東京賦｜乾乾薛注○｜勉也爾雅釋訓○｜美也後漢章帝紀注○｜悅也文選東京賦四靈｜而允懷薛注○書堯典惟時｜哉史記五帝紀作維是勉哉○書益稷｜遷有無化居漢書刑法志作楙遷有無○爾雅釋訓｜｜漠漠釋文｜本作茂○書盤庚｜建大命漢石經作懋建

舊｜久也詩抑告爾｜止箋又小爾雅廣詁又漢書禮樂志集注又雋不疑傳集注又後漢趙壹傳注○｜猶久也書無逸｜勞于外鄭注○乾爲｜易象下傳｜井无禽虞注○｜故也公羊莊廿九年傳脩｜也注○｜常也｜或作咎也淮南氾論不必循｜注○書無逸｜勞于外｜爲小人史記魯周公世家｜皆作久

冒古作皐○兜鍪謂之｜廣雅釋器○｜兜鍪也書說命中惟甲｜起戎傳又儀禮既夕甲｜干笮注又禮記曲禮上獻甲者執｜注少儀則袒櫜奉｜注儒行儒有忠信以爲甲｜注又左氏僖卅二年傳獲公｜注卅三年傳左右免｜而下注又國語周語左右免｜而下注又史記老莊申韓傳介｜之士正義又後漢桓譚傳注又楚辭愍命韓信蒙於介｜注又文選吳都賦貝｜象弭劉注○軸甲也太元爭爭干

及矛軸注○離爲甲丨易說卦傳○字林丨作軸一
切經音義十六○軸與丨同荀子議兵冠軸帶劒注
○丨古文軸一切經音義一○
丨古文鈾一切經音義廿二
冑 ○丨允也一切經音義九引字林又後漢邊讓傳注
○丨裔也國語魯語而等丨之親疏也注○丨緒
也漢書敘傳上集注引應劭又文選幽通賦系高項
之元丨兮曹注○丨緒也允也一切經音義七引應
劭○丨後也左氏襄十四年傳是四岳之裔丨也注
又國語周語今其丨見注晉仍無道而鮮丨注又楚
辭逢紛伊伯庸之末丨兮注○丨長也書舜典敎丨
子傳○人生而重丈夫謂之丨子周書太子晉○丨
子國子也書舜典王肅注○書舜典敎丨子史
記五帝本紀作教稺子說文𠫓部作教育子
宙 往古來今謂之丨淮南齊俗○往古來今曰丨莊
子齊物論挾宇丨釋文引尸子又史記司馬相如

傳出宇丨正義引張云又漢書司馬相如傳上集注
敘傳上集注引應劭又呂覽下賢神覆宇丨而無望
注又淮南說山況受光於宇丨乎注又文選典引榮
鏡宇丨蔡注○丨往古來今也淮南天文虛廓生宇
丨注○古往今來曰丨也管子宙合注○丨者有古
今之長莊子庚桑楚有長而無本剽者丨也注○闔
宇謂之丨太元元攡夫天丨然示人神矣注元瑩宇
丨祏坦注○天宇所受曰丨漢書敘傳上音義引韋
昭○舟輿所屆曰丨後漢馮衍傳注○丨舟輿所極
也史記司馬相如傳出宇丨正義引許愼○丨凥也
廣雅釋詁二○丨棟梁也淮南覽冥以爲不能與之
爭于宇丨之閒注○中所由爲丨也文選魯靈光殿
賦廓宇丨而作京張注○丨猶
暢也太元元攡闔宇謂之丨注
袖 同褎一作褏○丨由也手所由出入也亦言受也
以受手也釋名釋衣服○褎猶袪也詩羔裘羔裘

豹褎傳○褕謂之丨方言四○褕褕謂之丨同上○
丨衣褾江東呼碗方言四褕謂之丨注○丨襦襪
有丨者因名云方言四褕謂之丨注○攘丨卷袂也
文選曹子建樂府美女篇攘丨見素手注○褏古丨
字漢書淮南厲王長傳集注金日磾傳集注董賢傳
集注又後漢符融傳注○褏古衣丨字漢書廣川惠
王越傳集注楊惲傳集注○禮記檀弓上注袪謂褎
緣袂口釋文褎本作丨論語鄉黨注不以爲領褎緣
也釋文褎
本作丨
褎 丨盛服也詩旄邱丨如充耳傳○褎褎盛貌漢書
敘傳下集注○丨長也詩生民實種實丨傳○丨
枝葉長也詩生民箋○褎進也
漢書董仲舒傳集注引張晏
岫 山有穴爲丨爾雅釋山○山有穴曰丨也文選東
京賦王鮪丨居薛注○丨弋又反爾雅釋山釋文

引字
林
柚 丨似橙而醋孟子音義下引丁音○大曰丨書禹
貢厥包橘丨錫貢傳又文選蜀都賦戶有橘丨之
園劉注○丨條爾雅釋木○丨梀也廣
雅釋木○爾雅釋木釋文丨本作櫾
覆 丨孚也如孚甲之在物外也釋名釋言語○丨蓋
蔽也荀子富國故爲之出死斷亡以丨救之注○
丨蔭也漢書鼂錯傳集注引如淳○丨猶被也漢書
鄒陽傳集注○丨猶衣被也鬼谷子本經陰符神之
丨也注○丨冒謂掩丨冠冒也文選長笛賦丨冒鼓
鍾注○丨伏兵也左氏隱九年傳君爲三丨以待之
注襄十三年傳子爲三丨以待之注○丨謂伏兵也
禮記少儀注出奇丨謏之處也釋文○丨隱也設伏
而敗之左氏莊十一年傳丨而敗之曰取某師服注
○丨謂威力兼備若羅網所掩丨左氏莊十一年傳

注○丨繫今結籠是也方言四丨結謂之丨繫注

復　丨又也論語雍也如有丨我者皇疏○丨重也詩執競傳反丨也釋文左氏僖卅三年傳丨與之冀釋文又左氏桓十七年傳丨惡已甚矣注定四年傳無丨怒注又史記周本紀犯請後可而丨之正義○丨謂再發素問腹中論其時有丨發者何也注○丨反也禮記玉藻丨不過時注○丨還也書舜典卒乃丨傳○丨歸也書舜典鄭注○狃能屈申曰丨爾雅釋言狃丨也李注

救　丨助也廣雅釋詁二又一切經音義九引字詁○丨猶助也禮記檀弓下扶服丨之注○丨治也呂覽勸學是丨病而飲之以堇也注○丨止也孝經匡丨其惡注又素問八正神明論上倏丨之弗能傷也注○丨猶止也論語八佾女弗能丨與集解引馬注又素問評熱病論以丨俛仰注○丨猶諫止也論語八佾皇疏○丨猶禁也以禮防禁人之過者也周禮地官序官司丨注○丨赴急之意穀梁僖元年傳言次非丨也注○丨丨凶災也周禮大司徒使之相丨注○捄古丨字漢書董仲舒傳集注魏相傳集注翼奉傳集注谷永傳集注二見外戚傳集注○古文誅捄二形今作丨同居又反一切經音義九引字詁○武梁祠堂畫像捄者丨作捄

廄　丨舍也廣雅釋室○丨馬舍也後漢和帝紀注○丨養馬之處也論語鄉黨廄焚皇疏○丨勼也勼聚也牛馬之所聚也釋名釋宮室○六繫爲丨周禮校人○丨古文沓飼二形一切經音義九

臭　丨氣也易繫辭上傳其丨如蘭虞注說卦傳巽爲丨虞注又荀子王霸鼻欲綦丨注○古人皆謂氣爲丨也後漢列女傳注○丨謂歆其氣荀子禮論三丨之不食也注○丨香也史記禮書側載丨茝索隱引劉氏又孟子盡心下鼻之於丨也注○凡氣香亦謂之丨荀子王霸注○氣之應鼻者爲丨故香亦謂之丨荀子正名香丨芬鬱腥臊洒酸奇丨以鼻異注○容丨香物也禮記內則皆佩容丨注○丨敗也後漢梁鴻傳注

齅　亦作嗅○嗅謂鼻歆翕其氣也論語鄉黨三嗅而作皇疏○丨古嗅字漢書敘傳上集注○丨音六畜之畜漢書敘傳上集注引應劭

幼　丨少也左氏僖卅七年傳蔿賈尚丨注又廣雅釋詁三又楚辭少司命竦長劍兮擁丨艾注○丨少也言生日少也釋名釋長幼○丨海郎少海也山海經東山經無皐之山南望丨海注○丨小也楚辭橋頌嗟爾丨志注○丨穉也爾雅釋言○丨始也管子幼官注○人生十年曰丨禮記曲禮上○子丨謂年

十五已下儀禮喪服傳子丨注○慈丨爲其近于子也禮記祭義○丨猶愛也孟子梁惠王下丨吾丨注○詩斯干傳冥丨也釋文丨本作窈

佑　一作右○丨助也廣雅釋詁二又國語晉語天命不丨注又漢書蕭何傳集注孔光傳集注王商傳集注谷永傳集注外戚傳下集注王莽傳中集注又後漢張衡傳注○右助也詩大明保右命爾傳又左氏襄十年傳王右伯輿注又禮記祭統啟右獻公注中庸保丨命之注又漢書谷永傳集注元后傳集注○左右助也周禮士師以左右刑罰注○詩假樂保右命之禮記中庸作保丨命之○書大誓上天丨下民孟子梁惠王下作天降下民○易无妄天命不丨釋文丨本作祐馬本作右

祐　丨助也易繫辭可與丨神釋文又漢書李尋傳集注又文選思元賦用棐忱而丨仁舊注○丨者助

也易繫辭上傳又一切經音義一引字林○丨猶助
也漢書李尋傳集注○丨福也漢書楊雄傳下集注
又楚辭天問驚女采薇鹿何丨注○丨配也易繫辭
可與丨神釋文○丨亂也方言十三○丨古文閜佑
二形一切經音義一○易損自上丨也釋文丨本作
佑繫辭自天丨之釋文丨本作佑詩小明箋神明若
丨而聽之釋文丨本作佑○易繫
辭可與丨神釋文丨荀本作侑

右丨陰也禮記內則凡女拜尚丨手注又禮記少儀
卒尚丨注○喪尚丨陰也禮記檀弓上二三子
皆尚丨注○丨西學也禮記樂記丨射騶虞注○丨
尊也漢書灌夫傳集注東方朔傳集注○丨上也漢
書霍光傳集注三見辛慶忌傳集注蕭望之傳集注
董賢傳集注○丨猶上也漢書尹翁歸傳集注○丨
者入者也管子白心○丨助也易大有自天丨之虞
注彖上傳天命不丨虞注又詩假樂保丨命之釋文

時邁實丨序有周釋文雝既丨烈考釋文左氏襄十
年傳王丨伯與釋文○丨者助也易繫辭上傳○丨
比也廣雅釋詁三○丨勸也詩彤弓一朝丨之傳又
周禮大祝以享丨祭祀釋文○古文丨作侑儀禮有
司徹丨几注○丨讀如周公丨王之丨儀禮覲禮太
史是丨注○丨讀爲侑周禮大祝以享丨祭祀注○
丨讀亦當爲侑周禮大祝令鍾鼓丨亦如之注○丨
讀曰祐漢書李尋傳集注二見翟義傳集注二見○
丨讀曰佑漢書律麻志上集注韋元成傳集注二見
孔光傳集注谷永傳集注三見杜鄴傳集注引應劭
師丹傳集注元后傳集注王莽傳中集注
○轉寫者誤以丨爲後漢書武帝紀集注

侑丨勸也詩楚茨以妥以丨傳又儀禮少牢饋食禮
宥獨丨不拜注特牲饋食禮祝丨主人拜注又荀子
宥坐此蓋宥坐之器注○丨猶勸也周禮膳夫以樂
丨食注大司樂三丨注又儀禮公食大夫禮公受宰

失束帛以丨注○丨四輔也禮記禮運卜筮瞽丨注
○丨耦也廣雅釋詁四○丨報也爾雅釋詁○丨寬
也管子法法文有三丨注○古文丨皆作宥儀禮聘
禮朝服致之以丨幣注有司徹乃議丨于賓注○詔
丨或爲詔囿禮記禮器詔丨武方注○禮記禮
器釋文丨本作宥爾雅釋詁釋文丨本作宥

囿丨苑也左氏昭九年傳築郎丨釋文穀梁成十八
年傳築鹿丨釋文昭九年傳築郎丨釋文又國語
周語丨有林池注又楚辭愍命熊羆羣而逸丨注又
文選東京賦鳩諸靈丨薛注○丨今之苑周禮地官
序官丨人注○丨御苑也周禮天官序官丨斿亦如
之注○園有林池曰丨國策西周策周君反見梁丨
而樂之也注○無墻曰丨淮南本經侈苑丨之大注
○無垣曰丨一切經音義十九引字林○小曰丨呂
覽重己昔先聖王之爲苑丨園池也注慎小鴻集于
丨注○丨域也國語楚語王在靈丨注○丨所以域

養鳥獸也詩靈臺王在靈丨傳○丨所以域養禽獸
也後漢班彪傳下注○養禽獸處曰丨一切經音義
十二引三蒼○丨者畜魚鼈之處也丨猶有也御覽
一百九十六引風俗通○丨笠澤也國語越語是故
敗吳於丨注○丨也者園之燕者也大戴記夏小正
丨有見韭傳○丨者山之燕者也大戴記夏小正丨
有見杏傳○天子丨方百里公侯十里伯七里子男
五里皆取一也公羊成十八年傳有丨矣注○丨古
文圞一切經
音義十二

豆一作梪○木丨謂之丨爾雅釋器又淮南詮言丨
之先秦羹注○木謂之丨後漢儒林傳注○木曰
丨論語泰伯籩丨之事皇疏又家語問禮籩丨鉶羹
注○木曰丨薦菹醢也詩生民卬盛于丨傳○丨
醬器以木曰丨以瓦曰登大戴記曾子事父母執觴
觚杯丨而不醉注○丨禮器也爾雅釋器木丨謂之

丨注○丨祭器名狀如鐙公羊桓四年傳一曰乾丨注○丨肉器國語吳語觴酒丨肉注○丨菹醢器也周官掌客丨四十注○丨加葵菹蝸醢四四爲列儀禮公食大夫禮上大夫八丨八簋六鉶九俎注○丨謂內羞庶羞也詩楚茨爲丨孔庶傳○四升曰丨考工記㮚氏量之以爲鬴注○四升爲丨左氏昭三年傳○升四曰桓廣雅釋器○丨實四升考工記旊人丨實三而成觳注○丨四升儀禮士喪禮稻米一丨注○四斗爲丨後漢郎顗傳注○㮴四謂之丨小爾雅廣量○十六黍爲一丨說苑辨物○丨實三而成觳崇尺考工記旊人○丨杯落也廣雅釋器○陳楚宋衛之閒桮落又謂之丨笞方言五○大丨赤也小丨荅也廣雅釋草○天丨雲實也同上○丨當爲斗考工記梓人一獻而三酬則一丨矣注○一丨酒又聲之誤當爲斗考工記梓人飲一丨酒注○丨當爲羞聲之誤也周禮腊人凡祭祀共丨脯蔫脯膴胖注○書武成執丨籩釋文丨本作桓爾雅釋器釋文丨本作桓

脰 丨項也爾雅釋獸麐麕短丨注又廣雅釋親○丨頸也左氏襄十八年傳兩矢夾丨注又爾雅釋鳥燕白丨烏注又考工記梓人以丨鳴者釋文儀禮鄉射禮以鳴丨釋文士虞禮注脰丨肉也釋文莊子德充符其丨肩肩釋文又史記司馬相如傳解丨陷腦索隱引張揖又後漢班彪傳上注馬融傳注○丨脛也齊人語公羊莊十二年傳絕其丨注○咽青徐謂之丨物投其中受而下之也釋名釋形體○丨鳴鼉黽屬考工記梓人以丨鳴者注○丨錯也廣雅釋言○丨饌也廣雅釋言○古文丨脰爲頭嗌也儀禮士虞禮記取諸丨脰注○穀梁僖十年傳刎丨而死釋文丨本作頸

竇 丨穴也漢書五行志中之下集注○丨孔穴也禮記禮運順人情之大丨也注○丨決也國語周語

不丨澤注○入地隋曰丨禮記月令穿丨窖注○周禮大宗伯注不見四丨者釋文丨本作瀆大司樂注四丨釋文丨本作瀆

逗 丨留也一切經音義六引字書○丨止也後漢張衡傳注又文選思元賦丨華陰之湍渚舊注○丨留止也史記韓長孺傳廷尉當恢丨撓索隱○丨曲行避敵也史記韓長孺傳集解引漢書音義○丨脩也廣雅釋器○丨卽今住字也方言七○際胎丨也注

溜 丨水流也文選琴賦據神淵而吐丨注○丨水流貌也文選射雉賦泉涓涓而吐丨注○丨謂水垂下也一切經音義五引蒼頡○丨發也管子宙合○丨屋霤也左氏宣二年傳三進及丨釋文○陰陽相過曰丨素問陰陽別論○爾雅釋水注從上丨下釋文丨作霤

霤 丨流也水從屋上流下也釋名釋宮室○凡水下流曰丨文選補亡詩濛濛甘丨注○丨屋宇也楚辭大招觀絕丨只注○丨室中之祭祭后土也呂覽季夏其祀中丨注○丨神在室祀中丨設主於牖下也獨斷上○中丨亦土神禮記郊特牲家主中丨而國主社注○中丨主堂室居處禮記祭法曰中丨注○中丨猶中室也禮記月令其祀中丨注○中央曰中丨公羊哀六年傳而至于中丨注○中丨者象土在中央也白虎通五祀○中央曰中丨古者複穴後室之丨當今之棟下直室之中古者丨下之處也釋名釋宮室○中丨複穴皆開其上取明故雨丨之是以因名中室爲中丨也公羊疏引庾蔚之禮記月令說

瘤 丨流也血流聚所生丨腫也釋名釋疾病

廇 中丨堂中央也楚辭愍命刜讒賊於中丨兮注

留 丨之謂宿丨而視之也列子黃帝怪而丨之釋文

搆 通作構○丨結也漢書平帝紀集注英布傳集注韓延壽傳集注又荀子勸學怨之所丨注○丨連國策秦策秦楚之兵丨而不離注齊策秦楚丨難注○構連也淮南本經大構駕興宮室注○構交構也國語晉語逐之恐構諸侯注○丨成也詩四月我日丨禍傳又廣雅釋詁三○構成也史記黥布傳事以構索隱○構謀也淮南說林文王與諸侯構之注○丨猶合集也詩四月箋○丨合也詩青蠅丨我二人箋○丨亂也詩青蠅釋文引韓詩

遘 書敘傳上集注敘傳下集注又後漢皇后紀上注丨遇也爾雅釋詁又書金縢丨厲瘧疾釋文又漢

崔駰傳注張衡傳注又太元干何戟解解丨注又楚辭哀時命夫何予生之不丨時注○丨遌也爾雅釋詁○丨見也爾雅釋詁○丨與構同古字通也文選王仲宣七哀詩豺虎方丨患注○詩柏舟丨閔既多釋文丨本作覯○詩野有蔓草邂丨相遇釋文丨本作逅

媾 重婚曰丨國語晉語今將婚丨以從秦注又一切經音義四引國語賈注○重昏曰丨左氏隱十一年傳如舊昏丨注昭廿五年傳爲父子兄弟姑姊甥舅昏丨姻亞注○丨重婚也易屯求婚丨釋文引馬注○丨合也史記刺客傳北購於單于索隱○丨和也史記項羽紀業已講解索隱引蘇林○丨猶和也史記樗里子甘茂傳與魏講罷兵索隱引鄒氏○求和曰丨史記平原君虞卿傳不如發重使而爲丨集解○丨厚也詩候人不遂其丨傳○丨厚於其寵也國語晉語不遂其丨注○易屯釋文丨本作冓或作構

覯 丨見也詩伐柯我丨之子箋車舝鮮我丨爾箋棠裳者華我丨之子箋公劉迺丨于京傳抑莫予云丨傳又莊子天運丨而多責釋文又漢書司馬相如傳下集注○丨遇詩草蟲亦既丨止傳○丨成也左氏成六年傳其惡易丨注○詩綢繆見此邂丨釋文丨本作逅

冓 中丨中夜詩牆有茨中丨之言釋文引韓詩○詩牆有茨釋文丨本作遘

購 丨贖也爾雅釋獸注丨錢三千釋文○以財相賕曰丨後漢魯恭傳注○丨償也廣雅釋言○丨蔏蔞爾雅釋草○史記韓世家將西丨於秦索隱曰戰國策作講

透 丨驚也廣雅釋詁一○丨驚也宋衛南楚凡相驚或曰丨方言二○丨戲也廣雅釋詁二

瘦 膄瘠也廣雅釋言○周禮廛人注久則丨臞腐敗釋文丨本作膄○孝經毀瘠羸丨釋文丨本作病

又作僽

嗽 嗽吮也一切經音義二引三蒼○嗽以水曰嗽禮記曲禮注處口謂酳也釋文○丨口也禮記內則咸盥丨釋文○丨滌口管子弟子職既拚盥丨注○丨蕩也文選張景陽雜詩沈液丨陳根注○丨猶蕩也文選左太沖招隱詩石泉丨瓊瑤注○無垢加功曰丨公羊莊卅一年傳臨民之所丨浣也注○手曰丨禮記內則和灰請丨注○丨澣也禮記曲禮上諸母不丨裳注○丨猶齧也考工記匠人善溝者水丨之注

瘶 嗽同○嗽欬也周禮疾醫冬時有嗽上氣疾注又廣雅釋言

呪 一作祝○祝詛也後漢賈逵傳注

鏤丨刻也左氏哀元年傳器不彤丨注○丨刻金飾也國語周語器無彤丨注○丨彫飾也文選東京賦金鏤丨鍚薛注○金謂之丨爾雅釋器又荀子富國故爲之雕琢刻丨注○金曰丨周禮大宰五曰百工飭化八材司農注○丨體文身也後漢南蠻西南夷傳注○丨簋謂刻而飾之禮記禮器管仲丨簋朱紘注○丨簋刻爲蟲獸也禮記雜記下管仲丨簋而朱紘注○丨膺有刻金飾也詩小戎虎韔丨膺箋○丨鍚有金丨其鍚也詩韓奕鉤膺丨鍚傳○丨剛鐵書禹貢厥貢璆鐵銀丨砮磬傳○丨剛鐵可以刻丨也書禹貢鄭注○丨鋑也爾雅釋器○丨鏽也廣雅釋器○鋄江淮陳楚之閒或謂之丨方言五○爾雅釋器釋文丨字又作鏞

貿丨易也小爾雅廣詁又漢書董仲舒傳集注又後漢彭寵傳注孟嘗傳注又呂覽上農男女丨功以

長生注○交易物爲丨爾雅釋言注○丨易也交易物爲丨也字从貝卯一切經音義六引三蒼○丨市也爾雅釋言○丨買也爾雅釋言又詩氓抱布丨絲釋文○丨敚也廣雅釋詁三○丨丨目不明之貌禮記檀弓下丨丨然來注

鷲丨鶬也廣雅釋鳥○南方有鳥名曰羌丨黃頭赤咽五色皆備一切經音義六引師曠

走丨趨也史記張釋之馮唐傳集解引如淳○丨趣也漢書項籍傳集注陳餘傳集注韓信傳集注李廣傳集注二見張騫傳集注楊雄傳上集注又後漢王昌傳注○丨向也史記伍子胥傳王丨鄖索隱吳王濞傳西丨蜀漢中正義○丨猶向也史記蒙恬傳北丨琅邪索隱黥布傳疾丨漢索隱張釋之馮唐傳此丨邯鄲道也索隱○丨猶赴也後漢張衡傳注

副丨貳也漢書高惠高后孝文功臣表集注○丨貳屬令也後漢景丹傳注○丨稱也漢書禮樂志集注○丨審也爾雅釋詁○丨者婦人之首服周禮追師爲丨編次追衡笄司農注○丨婦人首飾之上詩葛覃傳婦人有丨禕盛飾釋文○丨婦人首服三輔謂之假紒後漢東平憲王蒼傳注○丨首飾也今之步搖是也禮記明堂位夫人丨禕立於房中注○丨者后夫人之首飾編髮爲之詩君子偕老丨笄六珈傳○王后首服爲丨所以丨首爲飾若今步搖也後漢和熹鄧皇后紀注○丨之言覆所以覆首爲之飾其遺象若今步繇矣周禮追師爲丨編次追衡笄注○王后首飾曰丨丨覆也以覆首亦言丨貳也兼用衆物成其飾也釋名釋首飾○法駕有五色安車五色立車各一皆駕四馬是謂五時丨車俗人名之曰五帝車非也獨斷下○丨貳之丨字本爲福從衣畐聲匡謬正俗六○丨本音普力反義訓剖劈字或作

疈同上○丨或作倍呂覽過理帶益三丨矣注

狖丨同○丨蜼也廣雅釋獸又文選謝靈運入彭蠡湖口詩乘月聽哀狖注○丨猿類文選吳都賦丨鼯猓然劉注引異物志○丨猨屬長尾而仰鼻淮南覽冥猨丨顛蹶而失木枝注○狖獸名仰鼻長尾類篇引字林○丨似猫搏鼠出河西似獮猴而大蒼黑色江東養之捕鼠爲物捷健也一切經音義廿一引蒼頡○丨似狸後漢班彪傳上注○丨似狸與救切文選西都賦注引蒼頡○丨讀中山人相遺物之遺淮南覽冥注○丨余繡反一切經音義六引字林○丨古文蜼一切經音義六

詬一作詢○丨罵也後漢鄧禹傳注王允傳注董卓傳注○詢罵也左氏襄十七年傳重丘人閉門而詢之注又廣雅釋詁三又史記伍子胥傳剛戾忍詢索隱○丨詈也荀子解蔽厚顏而忍丨注○丨詈辱

也左氏哀八年傳曹人ㄧ之注又左氏昭十三年傳投龜ㄧ天而呼釋文哀八年傳釋文○ㄧ辱也莊子人間世以爲不知己者ㄧ厲也釋文引司馬注又國策秦策皆有ㄧ醜大詬注又家語儒行常以儒相ㄧ疾注○詬辱也史記太史公自序忍詬於魏齊索隱又後漢崔駰傳注又呂覽離俗彊力忍詬注○ㄧ恥也左氏定八年傳公以晉ㄧ語之注又大戴記曾子立事見惡思ㄧ注又漢書路溫舒傳集注司馬遷傳集注又後漢烏桓鮮卑傳注又離騷忍尤而攘ㄧ注○詬恥也左氏昭廿年傳余不忍其詬注○ㄧ恥辱也史記李斯傳ㄧ莫大於卑賤正義○㖃恥也㖃㖃詈也大戴記武王踐阼口生㖃注○ㄧ病猶恥辱也禮記儒行常以儒相ㄧ病注

糅 ○ㄧ雜也廣雅釋詁一又離騷芳與澤其雜ㄧ兮注○ㄧ者雜也儀禮鄉射禮記無物則以白羽與朱羽ㄧ注○肴雜曰ㄧ一切經音義四引通俗文○ㄧ和也漢書劉向傳集注○ㄧ古文粈䊀二形一切經音義三○今文ㄧ爲縮儀禮鄉射禮記注

酎 ○ㄧ酒之新孰重者爲ㄧ左氏襄廿二年傳見於嘗ㄧ注○ㄧ重釀之酒禮記月令注以將飲ㄧ故也釋文○ㄧ春醞也呂覽孟夏天子飲ㄧ注○正月旦作酒八月成名曰ㄧ者言醇也後漢章帝紀注○ㄧ醇酒也楚辭招魂ㄧ清涼些注大招四ㄧ并孰注○ㄧ之言醇也謂重釀之酒也禮記月令天子飲ㄧ注○ㄧ之言純也漢書景帝紀集注引張晏

究 ○ㄧ窮也爾雅釋言又詩鴻鴈其ㄧ安宅傳節南山以ㄧ王訩箋蕩靡屆靡ㄧ傳又國語越語事不ㄧ不可彊成注又史記五宗世家所以設詐ㄧ變索隱又後漢梁鴻傳注又列子天瑞ㄧ也注又管子宙合其處大也不ㄧ注○ㄧ竟也莊子盜跖窮實ㄧ埶釋文又漢書武帝紀集注劉歆傳集注鼂錯傳集注校乘傳集注董仲舒傳集注杜欽傳集注燕刺王旦傳集注魏相傳集注蕭望之傳集注外戚傳下集注王莽傳上集注○ㄧ終也周書文酌維有永ㄧ注○ㄧ畢也呂覽任地此告民ㄧ也注○ㄧ極也漢書膠西于王端傳集注董仲舒傳集注嚴朱吾丘主父徐嚴終王賈傳贊集注又呂覽孝行ㄧ於四海注又淮南脩務ㄧ事之情注○ㄧ盡也漢書宣帝紀集注司馬遷傳集注匡衡傳集注又後漢班彪傳上注○ㄧ謀也爾雅釋詁又詩小弁不舒ㄧ之箋皇矣爰ㄧ爰度傳○ㄧ度皆謀也左氏文四年傳爰ㄧ爰度注○ㄧ竟也明也漢書劉向傳集注○ㄧ者以明審爲義古微書引孝經援神契○ㄧ深詩棠棣是ㄧ是圖傳○ㄧ窟也廣雅釋室○山溪瀨中謂之ㄧ水經溫水注引竺芝扶南記○ㄧ惡也爾雅釋訓○ㄧㄧ猶居居也詩羔裘自我人ㄧㄧ傳○ㄧ不事人蠻夷別號也後漢南蠻西南夷傳注

湊 ○ㄧ聚也禮記檀弓注題ㄧ也釋文又楚辭逢紛順波ㄧ而下降注○灤聚也廣雅釋詁三○ㄧ會也周書作雒以爲天下之大ㄧ注又淮南主術而四海之雲ㄧ注○ㄧ會處也文選吳都賦果布輻ㄧ而常然劉注○ㄧ水上人所會也一切經音義十一引字林○ㄧ趨也淮南精神衰世ㄧ學注○ㄧ趣也漢書楊雄傳上集注○ㄧ至也太元元掜臚ㄧ羣辟注○灤威也方言十二○ㄧ或作蔟淮南主術注

謬 ○ㄧ誤也廣雅釋詁三又一切經音義十九引通俗文○繆誤也禮記仲尼燕居不能詩於禮繆注○繆詐也漢書司馬相如傳下集注○ㄧ欺也廣雅釋詁二○繆妄也漢書西域傳下集注○繆者妄也漢書張延壽傳集注○ㄧ悠謂若忘于情實者也莊子天下悅之以ㄧ悠之說釋文○易乾注不ㄧ于果釋

經籍籑詁 卷八十五 二十五宥 湊謬

文丨本或作繆爾雅序並多紛丨釋文丨本作繆莊子庚桑楚解心之丨釋文丨本作繆

繆 丨逆也漢書于定國傳集注○丨錯也猶云纏結也史記太史公自序權丨于幽集解引徐廣○丨紕丨也荀子子道衣與丨與不女聊注○紕丨猶錯也禮記大傳五者一物紕丨注○丨形形不同也文選魯靈光殿賦事各丨形注○丨謂綢丨也史記太史公自序權丨于幽集解○丨讀曰謬管子輕重丁惟丨數爲可耳注○丨當爲膠荀子哀公丨丨肫肫注○禮記大傳釋文丨本作謬

疚 丨病也爾雅釋詁又易履履帝位而不丨釋文引馬注又詩采薇憂心孔丨傳杕杜憂心孔丨箋大東使我心丨箋雲漢丨哉冢宰箋江漢匪丨匪棘箋閔予小子嬛嬛在丨傳又禮記中庸行前定則不丨注又左氏昭廿年傳不爲利丨於回注哀十六年傳煢煢余在丨注又論語顏淵內省不丨集解引包注

又皇疏又國語周語行禮不丨注齊語設之以國家之患而不丨注又史記孔子世家煢煢余在丨集解引王肅又漢書匡衡傳集注敘傳下集注後漢光武紀下注章帝紀注和帝紀注二見班超傳注劉梁傳注又家語終記煢煢丨注又文選東京賦恤民事之勞丨薛注○丨久也久在體中也釋名釋疾病○丨患也國語齊語注○凡人喪曰丨文選寡婦賦自仲秋而在丨兮注○丨山名也莊子徐無鬼將見黃帝于具茨之山釋文引司馬注○詩雲漢釋文丨本作㝌又作宄○詩召旻維今之丨不如茲釋文丨本作宄○易履釋文丨陸本作疾

灸 丨爇也廣雅釋詁二○丨猶柱也考工記廬人以眡其蜎也丨諸牆注

彀 丨張也廣雅釋詁一又漢書周勃傳集注匈奴傳上集注又孟子告子上必志於丨注又文選東京賦彤弓斯丨薛注○丨者張也史記絳侯周勃世家丨弓弩索隱○丨張弓也莊子德充符遊于羿之丨中釋文○丨弩張孟子盡心上變其丨率注○丨弓張弓也列子湯問丨弓而獸伏鳥下釋文○丨騎張弓弩之騎也文選吳都賦丨騎煒煌劉注○丨引弓也後漢趙壹傳注○丨謂射質棲皮者也管子小稱羿有以感弓矢故丨可得中也注○丨善也爾雅釋詁

畜 一作嘼○嘼產也爾雅釋畜釋文引字林○丨謂斂而養之周禮夏官序官掌丨注○丨六丨也國語齊語其丨散而無育注○六丨六牲也周禮庖人掌共六丨六獸六禽注○六丨馬牛豕犬雞也後漢童恢傳注○丨字林作嘼爾雅釋畜疏

耨 鎒耨同○耨耡也左氏僖卅三年傳見冀缺耨注○耨鋤也漢書食貨志上集注又莊子胠篋耒耨

之所刺釋文引李注○耨鉏也易繫辭耒耨之利釋文引馬注又禮記禮運講學以耨之釋文○耨以木爲鋤柄莊子胠篋釋文引李注○耨以鋤嫗薅禾也釋名釋用器○鎒似鋤豆具也莊子外物銚鎒于是乎始脩釋文○耨鎡錤也管子小匡挾其槍刈耨鎛注○耨茲其也國語齊語挾其槍刈丨鎛注○芸謂之耨廣雅釋器○耨茠也國語晉語冀缺耨注○耨除草也史記龜策傳鉏之耨之集解引徐廣○耨除穢也家語禮運講學以耨之注○耨耨除苗穢也淮南氾論摩蜃而耨注○耨所以耘苗也呂覽任地其耨六寸注○耨耘除草易繫辭釋文引孟注○耨芸芓也周禮甸師掌帥其屬而耕耨王藉注

雊 亦作呴○丨雊鳴也詩小弁雉之朝丨箋又禮記月令雊丨注又穀梁文二年傳注致雉丨之變釋文○丨鳴也書高宗彤日序有飛雉升鼎耳而丨傳又廣雅釋詁二又法言先知雉之晨丨也注○呴鳴

之怒者春秋潛潭巴里社鳴此
里有聖人出其呴百姓歸宋注
【鷇】生而須哺曰丨列子湯問視來丹猶鶵丨也釋文
○鷇鳥子生哺者晉書音義中引字林○生哺曰
丨國語魯語鳥翼丨卵注又楚辭離世哀枯楊之冤
雛注○生哺丨爾雅釋鳥○丨鳥子欲出者也莊子
齊物論其以爲異于丨音釋文引司馬注○丨雛也
廣雅釋鳥○爵子及雞雛皆謂之丨方言八○爵子
及雞雛關西曰丨方言八注○丨食仰物而足莊子
天地夫聖人鶉居而丨食注○丨食謂仰物而足也
莊子天地釋文○丨工豆
反爾雅釋鳥釋文引字林
【柩】古作匶○在棺曰丨禮記曲禮下問喪又儀禮士
喪禮曰某氏某之丨注又公羊僖卅三年傳吾將
尸爾焉注又淮南氾論夏后氏殯于阼階之上注○
丨棺也廣雅釋器○有屍謂之丨小爾雅廣名○丨

之言究也禮記曲禮下注○丨之爲言究也久也不
復變也白虎通崩薨○尸已在棺曰丨丨究也送終
隨身之制皆究備也釋名釋喪制○丨求也廣雅
釋詁三○匶路載丨車也周禮巾車共匶路注
【繇】丨卦兆之占辭左氏閔二年傳成風聞成季之丨
注○丨卦兆之辭也詩氓箋兆卦之丨釋文○丨
卦兆辭儀禮少牢饋食禮注吉凶之占丨釋文○丨
卜兆辭左氏僖四年傳且其丨曰注○丨兆辭後漢
班彪傳下注○丨卦辭左氏昭七年傳且其丨曰注
○丨爻辭音由穆天子傳五訟之丨注○丨占也文
選典引悉經五丨之碩慮矣蔡注○丨抽也抽出吉
凶也左氏閔二年傳服注○丨抽也史記孝文紀集
解庚其丨文也索隱
○丨於也爾雅釋詁
【縣】丨疾也一切經音義九引國語賈注○丨犇也廣
雅釋室○丨走也楚辭招魂步及丨處兮注○丨

數也左氏文十四年傳公子商人丨施於國注宣三
年傳宣子丨諫服注又哀十四年傳丨顧諸朝釋文
又廣雅釋詁三又小爾雅廣言又國語晉語多而丨
立注又呂覽適威丨戰而丨勝注又楚辭湘夫人時
不可兮丨得注悲回風丨諫君而不聽兮注○丨亦
數也周書太子晉太師何舉足丨注○丨雨急注也
素問氣交變大論其變丨注注○丨雨暴雨也老子
丨雨不終日注○驟音馬丨之丨漢書鼂錯傳集注
引蘇林○徐仙民毛詩音反
丨爲在邁顏氏家訓音辭
【甃】丨井壁也易井釋文引字林○以瓦甓壘井稱丨
易井井丨无咎虞注○丨如闌以塼爲之著井底
闌也莊子秋水入休乎缺丨之崖釋文引司馬注○
丨爲瓦裏下連上也易井釋文引馬注○丨脩治也
易井釋文引子夏傳○丨使之行水也管子四時
丨屋行水注○丨壯謬反莊子秋水釋文引字林

【首】丨嚮也漢書司馬遷傳集注又楚辭遠逝登崑崙
而北丨兮注○背嚮也廣雅釋詁四○丨向也史
記淮陰侯傳北丨燕路正義又漢書王尊傳集注又
太元戾不得其丨也注又楚辭遠逝登崑崙而北丨
兮注
【縐】絺之靡者爲丨詩君子偕老蒙彼丨絺傳○丨絺
絺之蹙蹙者詩君子偕老箋○丨裁也史記司馬
相如傳襞積褰丨
集解引漢書音義
【戊】丨茂也廣雅釋言又太元元數日丨己注○丨者
茂也白虎通五行○丨之言茂也禮記月令其日
丨己注○丨茂也物皆茂盛也釋名釋天○丨土也
國語晉語有此其以丨申乎注又漢書王莽傳下集
注引孟康○丨己土日也呂覽季夏其日丨己注又
淮南時則其日丨己注○丨己中央也鎮覆四方後

漢明帝紀注○維丨順類乘牡也詩吉日吉日維丨
傳○太歲在丨曰著雍爾雅釋天○月在丨曰厲同
上
袤 丨長也廣雅釋詁二又小爾雅廣言又華嚴經音
義上引聲類又漢書溝洫志集注賈捐之傳集注
楊雄傳上集注匈奴傳上集注西域傳上集注又周
髀算經上天地之廣丨注○丨廣也華嚴經音義上
引切韻○南北曰丨後漢光武紀
下注又文選蕪城賦丨廣三墳注
鼬 丨鼠爾雅釋獸○丨鼠江東呼為丨爾雅釋獸注
○丨如鼠赤黃而文爾雅釋獸釋文引字林○丨
音如橘柚之柚山海經大
荒南經有丨姓之國注
僦 丨賃也廣雅釋言又漢書王莽傳中集注又後漢
虞詡傳注○丨顧也漢書食貨志下集注○雇車

載曰丨丨一切經音義十五引通俗
文○丨丨迭也漢書王莽傳中集注
瞀 丨目不明也孟子音義下引丁音○丨目不明之
貌後漢廉范傳注○丨闇也荀子非十二子世俗
之溝猶丨儒注○丨亂也後漢皐彪傳注宦者傳注
郭憲傳注又楚辭惜誦中悶丨之忳忳注抽思煩冤
丨容注○丨悶也素問五常政大論其動鏗禁丨厥
注○丨謂悶也素問氣交變大論民病肩背丨重鼽
嚏血便注下注○丨風眩貌莊子徐無鬼予適有丨
病釋文引李注○丨丨讀曰瞀謂眩瞀也莊子徐無鬼
釋文引司馬注○丨丨然不敢正視之貌荀子非十
二子丨丨然注○丨讀鄭游販之販國策齊策田丨
下注○書益稷傳昬丨墊溺釋文丨本作務
莊子讓王湯又因丨光而謀釋文丨本作務
味 喝同○丨鳥口也詩行露箋乃以丨釋文又文選
射雉賦當丨值胷徐注引字書○喝口也廣雅釋

親○丨喙也詩候人不濡其丨傳○丨謂之柳爾雅
釋天○丨朱鳥之口爾雅釋天注又孫注○丨為鶉
火左氏襄九年傳○詩行露箋釋文丨
本作喝○爾雅釋天釋文丨本或作喙
姆 丨女師也左氏襄卅年傳待丨也注又詩采蘋釋
文引字林○丨婦人年五十無子出而不復嫁能
以婦道教人者若今時乳母儀禮
士昏禮丨纚笄宵衣在其右注
豝 丨尾也文選東京賦日月會於龍丨薛注○丨龍
尾也國語楚語日月會于龍丨注
漚 丨漬也廣雅釋詁二○丨漸也楚人曰丨齊人曰
湊考工記㡛氏涑絲以涚水丨其絲注○丨柔也
詩東門之池
可以丨麻傳
姤 丨遇也易彖下傳雜卦傳又廣雅釋言○丨者遇
也易序卦傳○丨好也管子地員其人夷丨注○

丨惡也文選思元賦咨丨嫮之難竝
兮注○易姤釋文丨薛注古文作遘
腠 丨膚理也史記司馬相如傳躬丨胝無胈集解引
徐廣○腠理也淮南兵略解必中腠注○丨理皮
膚之閒也後漢郭玉傳注○皮之文理曰丨理素問
刺要論病有在毫毛丨理者注○丨理也進理謂前
其本也儀禮鄉飲酒禮記進丨注○丨膚理也進理
謂前其本同上○丨謂津液滲泄之所素問舉痛論
寒則丨
理閉注
蔟 丨奏也禮記月令律中太丨釋文又太元數林
鍾生太丨注○蔟奏也漢書律厤志上○太丨陽
律也太陰氣衰少陽氣發萬物動生丨地而出呂覽
孟春律中太丨注○太蔟者蔟而未出也淮南天文
○大丨寅之氣也正月建焉而辰在娵訾周禮大師
大丨注○律中太蔟言萬物始蔟而生獨斷上○大

丨長八寸周禮大師注

又 丨復也詩南有嘉魚嘉賓式燕丨思箋小宛天命不丨傳賓之初筵室人入丨箋矧敢多丨箋又儀禮燕禮丨命之注小臣丨請媵爵者注大射儀丨命之注聘禮記丨見之以其摯注旣夕丨請注士虞禮記丨朞而大祥注少牢饋食禮尸丨食注又禮記檀弓上丨多乎哉注文王世子及日中丨至注有司丨曰注又穀梁僖廿二年傳丨之注又家語曲禮子貢問丨多乎哉注又呂覽察微丨反伐鄆注又離騷丨申之以攬茝注○丨有繼之詞也穀梁成三年傳○丨有繼之辭也穀梁昭廿五年傳○丨當作宥禮記王制王三丨注○禮記王制釋文丨本作宥○詩葛藟傳王丨無母恩釋文丨本作后

餾 丨稔也爾雅釋言○饋均熟爲丨爾雅釋言注○均之曰丨爾雅釋言孫注○丨餥也廣雅釋器

鷚 雛之暮子爲丨爾雅釋鳥○暮子曰鷚雛一切經音義十一引通俗文○今呼少雛爲丨爾雅釋鳥注○鷚少也廣雅釋詁三○丨天鸙爾雅釋鳥○丨力幼反爾雅釋鳥釋文引字林

輳 丨聚也漢書叔孫通傳集注○丨字或作湊同上

逅 詩綢繆見此邂丨韓詩作見此邂覯

簉 丨倅也小爾雅廣言○丨副也文選西京賦屬車之丨薛注○丨副倅也左氏昭十一年傳僖子使助薳氏之丨注○丨盈也廣雅釋詁二○左氏昭十一年傳釋文丨本作造

蜼 丨卬鼻而長尾爾雅釋獸○丨獸似獮猴鼻露向上尾長四五尺有岐雨則自縣於樹以尾塞鼻古今韻會引字林○丨餘繡反江東名也又音餘秀反建平名也似獮猴而大黑色江東養之捕鼠爲物健捷一切經音義八引字林

收 丨汲也易井井丨勿幕釋文引馬注○丨井幹也易井釋文引陸注○易井釋文丨荀本作甃

鍑 丨鬴也廣雅釋器○丨小釜也一切經音義二引三蒼○丨釜屬也方言五釜或謂之丨注○丨亦釜之總名同上○釜自關而西或謂之釜或謂之丨方言五

狖 丨弋又反爾雅釋獸釋文引字林

瘻 丨癰屬也中多有蟲山海經中山經合水多鰧魚食者不癰可以爲丨注○丨力句反頸腫也一切經音義四引字林○陷脉爲丨素問生氣通天論

後 丨不及時也素問五常政大論收氣迺丨注○丨謂位在下也禮記樂記事成而丨注○先丨猶左

右也周禮士師以五戒先丨刑罰注

仆 丨疋豆反又匹住反漢書楊雄傳音義引字林

后 丨君也周禮量人營丨宮注又禮記內則丨王命冢宰注○三丨夏殷周也後漢馮衍傳下注○天子之妃曰丨禮記曲禮下○天子之妃曰丨丨之爲言後也獨斷上○丨之言後也禮記曲禮下注○帝嫡妃曰皇丨帝母曰皇太丨帝祖母曰太皇太丨獨斷下○丨土土神也黎所食者周禮大宗伯王大封則先告丨土注○而丨猶然後也儀禮聘禮記君還而丨退注○古文而丨作後非也孝經說然後曰丨者後也當從丨儀禮鄉射禮而丨下射射注○書君陳入告爾丨于內禮記坊記丨作君

叩 丨擊也後漢杜篤傳注

琇 丨美石也詩都人士充耳丨實傳○丨瑩美石也
詩淇奧充耳丨瑩傳○丨美也廣雅釋詁二○詩
淇奧充耳丨瑩說文
玉部作充耳璓瑩
梼 丨亦橘之類也文選上林賦黃甘橙丨郭注
慦 丨愚也廣雅釋詁一
㲉 丨乳也廣雅釋言又荀子禮論君子以倍叛之心
接臧丨猶且羞之注○楚人謂乳丨左氏宣四年
傳○丨子也廣雅釋親○論語公冶
長集解姓關名丨釋文丨本作縠
酘 丨重醞也集韻引字林
鍭 丨矢參亭詩行葦四丨旣鈞傳○丨之言候也周
禮司弓矢枉矢絜矢殺矢丨矢鍭矢茀矢恒矢痺
矢注○絜矢丨矢茀矢
痺矢弩所用也同上

輮 丨輞關西曰丨言曲丨也釋名釋車○丨屈荀子勸
學丨以爲輪注○坎爲矯丨易說卦傳渙奔其机
虞注○易說卦釋文丨京本
作柔荀本作橈宋王本作揉
綬 丨者所以貫佩玉相承受者也禮記玉藻天子佩
白玉而元組丨注
櫾 丨似橘而大也山海經中山經荊山多橘丨注○
丨則柚字也文選謝元暉酬王晉安詩南中榮橘
柚注
楙 丨木瓜爾雅釋木○丨勉也漢書食貨志上集注
食貨志贊集注引應劭○丨美也漢書郊祀志上集注
集注鼂錯傳集注○丨古茂字漢書律麻志上集注
司馬相如傳上集注○丨本一作懋晉書音義上○
詩木瓜傳木瓜丨木
也釋文丨本作茂
○以下據
廣韻録
頍 丨頭不正也一切經音義十一引蒼頡
宂 丨貧也廣雅釋詁四
疛 丨跳動腹疾呂覽盡數處腹則爲張爲丨注
牰 黑眥丨爾雅釋畜○丨牛眼黑眥也集韻引字林
○丨音就爾雅釋畜釋文引字林○爾雅釋畜釋
文丨或
作褏
瘷 丨縮也廣雅釋詁三○縮小曰丨皺不申曰縮朒
一切經音義十五引通俗文
癁 丨謂勞復也方言三丨病也注

福 丨藏也史記龜策傳邦丨重寶集解○丨猶同也
文選西京賦仰丨帝居薛注○魏大饗碑以丨海
內欣戴之
望副作丨
翏 丨丨長風之聲莊子齊物論而獨不聞之丨丨乎
注
𤭛 甒謂之丨方言十三○甍謂之丨廣雅釋室
蜏 朝丨孳母也廣雅釋蟲
䅚 丨稅也廣雅釋詁二
嬦 丨好也廣雅釋詁一
鮖 丨鰈也廣雅釋魚

滱 丨水即漚夷之水也[水經滱水注]

怐 丨愚也[廣雅釋詁一]又[荀子非十二子]世俗之溝猶瞀儒注

浢 丨水今之丨津也在河東河北縣音項脰之脰[穆天子傳五]乃次于丨水之陽注

𤭛 丨甂也[廣雅釋器]

裋 丨袖也[廣雅釋器]

寠 丨夜也[廣雅釋詁四]

𥕌 丨伐也[廣雅釋詁四]

鹺 丨鹽也[廣雅釋器]

狗 丨豕鳴也[集韻引字林]

頭 丨勤作[五音集韻引字林]

○以下據[鯦]丨當魱[爾雅釋魚]○今江東呼其最大長三尺者爲當魱[爾雅釋魚注]○丨巨救反[爾雅釋魚釋文引字林]

袧 丨襞也[廣雅釋言]

趬 丨𣏟也[廣雅釋室]

鴢 丨音幼[爾雅釋鳥釋文引字林]

韞 丨韃也邊人謂之丨[集韻引字林]

賕 以財相貨曰丨[後漢第五倫傳注]

經籍纂詁卷第八十五

經籍籑詁卷第八十五補遺　去聲
兵部侍郎兼都察院右副都御史巡撫浙江等處地方提督軍務兼理糧餉阮元撰集
二十六宥
宥 說文｜寬也从宀有聲○｜寬也禮記王制王三
又注又左氏成十八年傳｜罪戾注○｜謂寬｜
易象下傳君子以赦過｜罪疏○｜赦也左氏莊廿
二年傳幸若獲｜注成三年傳以相｜也注
候 說文候伺望也从人侯聲○｜人謂伺｜望敵者
候人彼｜人兮釋文○｜軍｜也史記項羽本紀陰
使｜始成集解引張晏又漢書項籍傳注引鄭注○
｜正主斥｜左氏成二年傳｜正亞旅注○五｜五
方之｜也左氏昭廿三年傳明其伍｜賈注○｜視

也呂覽處方告齊｜者注○古者謂｜爲逆禮記曲
禮上使某羞注
就 說文｜高也从京从尤尤異于凡也就籀文就○
天子之孝曰｜禮記祭統疏引援神契○｜成也
周禮宰夫注器所致明器也疏又禮記禮器大路繁
纓一｜疏又左氏桓二年傳注王五采疏又呂覽分
職功已｜注○｜亦成也漢書陳湯傳後卒不｜注
○｜卽等也周禮典瑞五｜五帀也疏又儀禮聘禮
注飾以三色再｜者疏○五采一成曰｜禮記郊特
牲大路繁纓一｜疏○五｜謂五帀每一帀爲一｜
也左氏桓二年傳注王五采疏○孟子離婁上猶水
之｜下晉書段灼傳作猶水之歸下
授 ｜予也淮南原道禀｜無形注○｜還也國語晉
語子犯｜公子載璧注○｜當爲受周禮司書受
其幣司農注○今文｜爲受儀禮特牲饋食主婦拜
受爵注

售 說文新附｜賣去手也从口雔省聲詩曰賈用不
｜
壽 ｜年也呂覽尊師以終其｜注○｜考老也禮記
曲禮下｜考曰卒疏○死而不亾者｜老子○凡
言爲｜謂進爵於尊者而獻無疆之｜漢書高帝紀
上上莊入爲｜注○｜藏謂冢壙也稱｜者取其久遠
之意也後漢書趙岐傳先自爲｜藏注○｜蔓發聲
吳蠻夷言多發聲數語共成一言｜蔓一言也左氏
襄十年傳會吳子｜蔓也服注
秀 說文｜上諱○｜謂成長也後漢書章帝八王傳
贊或｜或苗注○｜異也文選登樓賦注引廣雅
○｜謂｜異禮記禮運五行之｜疏○｜美也華嚴
經音義上引顧野王○｜士鄉大夫所考有德行道
藝者禮記王制命鄉論｜士升之司徒曰選士注

繡 說文｜五采備也从糸肅聲○五色備曰｜禮記
郊特牲｜黼丹朱中衣疏○五色備謂之｜左氏
昭廿五年傳五章以奉五色注○｜者刺爲衆文漢
書賈誼傳美者黼｜注○｜當爲綃詩揚之水素衣
朱襮箋
宿 ｜次也史記律書七正二十八舍索隱○｜是日
行之道左氏昭四年傳注陸道也疏○月月會於
其處星卽名｜亦名辰亦名次亦名房周禮馮相氏
二十有八星之位疏○若據日月合會於其處則名
｜亦名辰亦名次亦名房也考工記輈人爲輈蓋弓
二十有八以象星也疏○古以建星爲｜今以牽牛
爲｜漢書律歷志上日月在建星注引李奇
奏 說文奏｜進也从夲从廾从屮屮上進之義屛古
文𣪠亦古文○｜是進上之語書舜典疏○言｜

者謂丨進此詩穀梁序則谷風之篇丨疏○丨謂動
作禮記樂記要其節丨疏○丨謂作樂也左氏襄四
年傳金丨肆夏之三疏○丨者作樂之名詩那箋丨
鼓丨堂下之樂也疏○作樂謂之丨左氏成十二年
傳注擊鐘而丨樂疏○鐘以金爲之謂之金丨左氏
成十二年傳疏○丨擊也禮記曾子問則從天子救
日疏○丨則擊也周禮鼓人以晉鼓鼓金丨疏○劾
驗攻事曰丨文選表題注

【富】說文丨備也一曰厚也从宀畐聲○丨謂祿位昌
盛也易家人丨家大吉疏○二曰丨家豐財貨也
書洪範疏○五貴稱丨易小畜丨以其隣虞注○丨
丨於容貌國語楚語使丨都那豎贊焉注

【獸】說文丨守備者从嘼从犬○丨者守也禮記曲禮
上不亦禽丨之心乎疏○丨是毛蟲總號爾雅釋
獸釋文○野生謂之丨左氏昭廿五年傳注馬牛羊
雞犬豕疏○在野自生爲丨書武成序往伐歸丨疏

○巳孕曰丨周禮獸人注大丨公之疏○丨田獵搏
丨也詩車攻搏丨于敖箋○丨臣虞人左氏襄四年
傳丨臣司原注○書序往伐歸丨釋文本或作嘼○
孟子離婁上丨之走壙也晉書段灼傳作禽之走曠
野

【鬭】說文丨遇也从鬥斲聲

【漏】說文丨以銅受水刻節晝夜百刻从水屚聲○丨
盡者謂若夏至晝則日見之丨六十刻夜則四十
刻冬至晝則日見之丨四十刻夜則六十刻周禮闈
人注時丨盡疏○丨屋弊屋丨雨者也荀子儒效窮
閻丨屋注○丨脫丨也素問解精微論有纔患仆丨
之問注○屚與丨同漢書地理志下交趾郡苟屚注

【陋】說文陋阸陝也从阜㔷聲○居處褊隘故言丨書
舜典序疏○百盎無築千聚無社謂之丨管子侈

靡○丨淫猶輕穢也史記宋微子世家今殷民乃丨
淫神祇之祀索隱引劉氏

【守】丨者丨也言諸侯爲天子丨土左氏莊廿一年傳
注巡丨丨于虢國也疏○丨者謂地也丨國以地爲
本故曰丨者荀子王制雖丨者益注○狩牧也文選
東都賦省方巡狩注引逸禮○天子省方謂之巡丨
左氏莊二十一年傳王巡虢丨注○丨犬丨禦宅舍
者也禮儀少儀丨犬疏

【狩】說文丨犬田也从犬守聲易曰明夷于南丨○取
獸于田故曰丨公羊桓四年傳丨者何注○丨得
獸取之無所擇也爾雅釋天冬獵爲丨注○丨圍守
取之無所擇也爾雅釋天李注○丨圍丨也穀梁桓
四年傳冬曰丨注○丨冬獵也左氏昭十二年傳楚
子丨于州來注○冬曰丨御覽八百卅一引韓詩內
傳又說苑修文引春秋傳○冬獵曰丨易象下傳南
丨之志集解○冬丨曰丨言圍守而取之獲禽多也

左氏宣十二年傳以歲之非時疏○丨火田漢書刑
法志冬大閱以丨注○放火燒草獵亦爲丨爾雅釋
天注○丨放火燒草守其下風爾雅釋天孫注○丨
者征伐之類易明夷明夷于南丨注

【晝】說文晝日之出入與夜爲界从畫省从日書籀文
丨○丨者陽周髀算經上○丨則陽剛易繫辭上
傳丨夜之象也注○陽則爲丨太元元攡一丨一夜
注○丨夜猶變化也易畧例通乎丨夜之道而无體
注○孟子公孫丑下三宿而後出丨水經注作濜荀
悅漢紀文帝十四年論作境

【寇】說文寇暴也从攴从完○丨謂攻剽漢書刑法志
丨賊姦軌注○羣行攻劫曰丨書呂刑罔不丨賊
疏○坎爲丨盜易解致丨至虞注

【茂】說文丨艸豐盛从艸戊聲○丨豫美盛而光悅也
漢書禮樂志桐生丨豫注○倍人曰丨禮記禮運

疏引辨名記○丨才則秀才也周禮鄉大夫注興能者謂若今舉丨才疏○丨才者漢光武諱秀時號爲丨才周禮宰夫注丨才異等疏○此字作艸下𠂤疑古丨字穆天子傳二穄麥之所草注○無極山碑楙林茂青丨作楙

懋 說文丨勉也从心楙聲虞書曰時惟丨哉𢝊或省

舊 說文丨雖丨丨留也从萑臼聲鵂丨或从鳥休聲○丨久也書無逸丨勞于外疏畢命席寵怙丨疏○丨謂三代故事荀子王制械用則凡非丨器者舉毀注○丨言平生之言荀子宥坐卒遇故人曾無丨言注○丨貫者常居也漢書元帝紀不足以充入丨貫之居注引應劭○丨是昔酒也周禮司尊彝注猶明清與醆酒於丨澤之酒也疏

冑 說文丨兜鍪也从月由聲韋司馬法丨从革○丨兜鍪也易說卦傳爲甲冑虞注又漢書刑法志冠丨帶劍注王莽傳上甲丨一具注○丨謂兜鍪詩閟宮傳貝丨貝飾也疏

胄 說文丨允也从肉由聲○丨後也國語周語無丨注晉語辱收其逋遷裔丨注○丨子國子也通典五十三引魏文侯孝經傳○丨子卽國子也漢書禮樂志教丨子注

宙 說文丨舟輿所極覆也从宀由聲○古往今來曰丨漢書司馬相如傳上出宇丨注又淮南原道紘宇丨而章三光注○往古來今曰丨莊子庚桑楚釋文引三蒼

袖 說文褎袂也从衣采聲丨俗褎从由○褏袪也史記滑稽列傳帣韝鞠𦝫注引徐廣○詩羔裘羔裘豹褎釋文本又作褎

褎 丨然盛服貌也漢書董仲舒傳今子大夫丨然爲舉首注○丨者禾長之貌詩生民疏

岫 說文丨山穴也从山由聲䆷籀文从穴

柚 說文丨條也似橙而酢从木由聲夏書曰厥包橘丨○丨似橘而大皮厚味酸列子湯問其名爲櫾釋文○丨似橘而大其味尤酸漢書地理志上厥包橘丨錫貢注○小曰橘大曰丨史記司馬相如列傳橘丨芬芳正義○丨卽橙也漢書司馬相如傳上橘丨芬芳注

覆 說文丨覂也一曰蓋也从襾復聲○丨掩蔽也漢書京房傳此上大夫丨陽注○丨謂芮瓦也禮記檀弓上見若丨夏屋者矣注○丨猶照臨也詩日月下土是冒箋○丨設伏兵而待之左氏桓十二年傳而丨諸山下注○丨伏兵也左氏成三年傳使東鄙丨諸鄍注○丨敗也太元元文猶丨秋常乎注○丨

車網可以掩兔者也爾雅釋器疏引孫注○丨車今之翻車也有兩轅中施罥以捕鳥爾雅釋器罦覆車也注

復 丨言言可丨也左氏僖九年傳能欲丨言注

救 說文丨止也从攴求聲○丨止也孝經匡丨其惡疏引王注○丨猶止也詩溱洧序莫之能丨焉箋○丨之賙恤之禮記孔子閒居匍匐丨之注○禮記大學注不能捄之釋文本亦作丨○左氏昭十一年傳注拯猶捄助也釋文本亦作丨○詩谷風匍匐丨之漢書谷永傳作扶服捄之

廄 說文丨馬舍也从广㱿聲周禮曰馬有二百十四匹爲丨丨有僕夫𠩺古文从九○馬之所處謂之丨丨左氏莊廿九年經新延丨疏

臭 說文丨禽走丨而知其迹者犬也从犬从自○通於鼻者謂之丨禮記月令注木之味丨也疏○丨是氣之總名左氏僖四年傳注丨草疏○丨是氣之別名古者香氣穢氣皆名爲丨書盤庚中疏○丨謂氣也禮記文王世子注丨味惡也疏○丨謂皀氣也禮記郊特牲周人尚丨疏○丨謂芬芳丨物禮記內則皆佩容丨疏○巽爲丨易說卦傳

齅 說文丨以鼻就臭也从鼻从臭臭亦聲讀若畜牲之畜

幼 說文丨小也从幺从力

佑 丨助也易大有天命不丨釋文引鄭注又詩假樂箋羣臣保右而舉之疏○詩大明保右命爾釋文字亦作丨

祐 說文丨助也从示右聲

右 說文丨手口相助也从又从口○丨助也易象上傳以左丨民疏又詩雝旣丨文考釋文○丨猶尊也淮南氾論丨鬼非命注○丨猶尊尚也漢書藝文志是以丨鬼注○丨亦上也漢書公孫宏傳遭遇丨武注○丨讀曰祐漢書翟義傳是天反復丨我漢國也注肇有元城沙鹿之丨注○詩大明保丨命爾御覽三百三作保祐命爾

侑 說文姷耦也从女有聲讀若祐丨姷或从人○宥助也左氏莊十八年傳命之宥注僖廿五年傳命之宥注○丨勸也禮記曾子問不丨疏禮器詔丨武方疏○三王有勸戒之器名丨卮荀子宥坐注引文子○丨卮欹器也荀子宥坐注

囿 說文丨苑有垣也从口有聲一曰禽獸曰丨𡈼籀文丨○苑有垣曰丨漢書高帝紀上故秦苑丨園池注○有墻曰丨詩駟鐵序園丨之樂焉疏○丨苑也左氏莊十九年傳取蔿國之圃以爲丨注僖三年傳齊侯與蔡姬乘舟于丨注○古謂之丨漢家謂之苑周禮地官序官丨人疏○丨者域養禽獸之處詩駟鐵疏○丨者所以養禽獸左氏僖卅三年傳注原圃具丨疏○諸侯曰丨同上○丨天子百里大國四十里次國三十里小國二十里御覽百九十六引白虎通

豆 說文丨古食肉器也从口象形凡丨之屬皆从丨𣁳古文丨又梪木丨謂之梪从木豆○木曰丨漢書禮樂志嘉籩列陳注○以木曰丨漢書地理志下飲食以籩丨注又劉歆傳棄籩丨之禮注○丨當爲斗考工記梓人則一丨矣馬注又禮記禮器疏引駁異義

脰 說文丨項也从肉豆聲○丨項也考工記梓人疏又左氏襄十八年傳疏○丨頸也漢書楊雄傳上觸輻關丨注

竇 說文丨空也从穴賣省聲

逗 說文逗止也从辵豆聲○豆謂留止也漢書韓安國傳廷尉奏恢丨橈當斬注○丨曲行避敵也漢書韓安國傳注引應劭○匈奴名家口丨落史記匈奴列傳而無封樹喪服集解引張華○丨讀與住同漢書匈奴傳上丨遛不進注○丨古住字後漢書光武帝紀下不拘以丨留法注

澑 說文丨水出鬱林郡从水畱聲○丨謂簷下水丨之處左氏宣二年傳三進及丨疏

霤 說文丨屋水流也从雨畱聲○丨屋簷禮記玉藻頤丨垂拱疏○承丨以木爲之用行水亦宮之飾

也禮記檀弓上池視重丨注○今宮中有承丨云以銅爲之禮記檀弓上池視重丨疏○丨謂東南兩頭爲屋簷丨下禮記喪大記注天子諸侯言東丨疏○古者穴居故名室中爲中丨漢書郊祀志上大夫祭門戶井竈中丨注○丨亦地神所祭小故變其名左氏昭廿九年傳在家則祀中丨疏

廇 說文丨中庭也从广畱聲

[illegible] 丨或作溜文選魏都賦林藪石丨而蕪穢劉注

構 說文丨蓋也从木冓聲杜林以爲椽桷字○丨架也淮南氾論築土丨木注又文選魯靈光殿賦觀其結丨注○丨謂結起也漢書陳勝傳夜丨火狐鳴注○丨合也易繫辭下傳男女丨精疏○丨會其惡左氏桓十六年傳丨急子注○丨會其過惡左氏桓十六年傳丨急子服注○牛羊乳汁曰丨漢書敘傳上楚人謂乳穀注引如淳

遘 說文遘遇也从辵冓聲

媾 說文丨重婚也从女冓聲易曰匪寇婚丨○重婚曰丨易屯匪寇婚丨疏引馬注○丨厚也重婚曰丨也一切經音義廿二引白虎通○丨與昏同左氏隱十一年傳疏○丨猶會易屯求婚丨釋文引鄭注

覯 說文丨遇見也从見冓聲○丨合也詩草蟲箋男女丨精疏引易注○既丨謂已昏也詩草蟲箋○言丨自彼加我之辭詩柏舟丨閔既多疏○詩柏舟丨閔既多漢書敘傳楚辭十四作遘閔既多

冓 說文丨交積材也象對交之形凡丨之屬皆从丨○丨謂舍之交積材木也漢書梁平王襄傳聽聞中丨之言注○丨夜也漢書文三王傳晉灼注引魯詩○詩牆有茨中丨之言玉篇宀部作中寓之言

購 說文丨以財有所求也从貝冓聲○丨設賞募也漢書高帝紀下乃多以金丨豨將注○丨以財設賞漢書項籍傳吾聞漢丨我頭千金注○丨一名蕳蔞爾雅釋草丨蕳蔞舍人注○今讀丨與爲燕媾同史記刺客列傳北丨於單于索隱

透 說文新附透跳也過也从辵秀聲○丨世人以此爲跳丨字廣雅釋詁一曹憲音○丨驚貌也方言二凡相驚或曰丨注○丨娩也廣雅釋詁二

瘦 說文瘦臞也从疒叜聲○詩素冠箋欒欒然臞瘠也釋文本亦作丨

漱 說文丨盪口也从水軟聲○丨謂丨口禮記內則咸盥丨疏○用漿曰丨禮記曲禮上客不虛口疏

瘶 周禮疾醫冬時有嗽上氣疾釋文本亦作欶

咒 祝屬也以善惡之詞相屬著也釋名釋言語○以言告神謂之祝書無逸否則厥口詛祝疏

鏤 說文丨剛鐵可以刻鏤从金婁聲夏書曰梁州貢丨一曰丨釜也○丨剛鐵也漢書地理志上注○丨謂刻桷國語楚語形丨爲美注○金稱丨周禮巾車所以丨錫也疏○丨釜也廣雅釋器○丨讀婁數之婁淮南本經金器不丨注

貿 說文丨易財也从貝丣聲○丨易也周禮大師注辰與建交錯丨處疏○丨換易也一切經音義九引三蒼

鷲 說文鷲鳥黑色多子師曠曰南方有鳥名曰羌鷲黃頭赤目五色皆備从鳥就聲○就大鵰也漢書匈奴傳下生奇材木箭竿就羽注

走 丨趣向也漢書灌夫傳復還丨漢壁注○丨趨向之也漢書校乘傳丨上天之難注○丨謂趣向之漢書蕭何傳諸將皆爭丨金帛財物之府分之注○丨丨謂趣向也漢書高帝紀上步從閒道丨軍注○丨亦趣向之也史記季布欒布列傳方提趣湯索隱○丨亦謂趨嚮也漢書高帝紀上項王必引兵南走注

副 丨丨助也素問疏五過論爲萬民丨注引靈樞經○丨丨謂後乘也漢書張良傳誤中丨車注○丨者首服之尊詩葛覃傳婦人有丨褘盛飾疏○丨者祭服之首飾詩君子偕老傳丨者后夫人之首飾疏○丨后之上服禮記祭義夫人丨褘立於東房疏○丨覆也禮記玉藻疏引鄭志○丨若今步繇矣同上○注酒于尊中爲丨周禮酒正注三貳三益丨之也疏○尹宙碑位不福德丨作福

貁 說文貁鼠屬善旋从豸穴聲

詬 說文丨謑丨恥也从言后聲訽丨或从句○丨恥也禮記儒行常以儒相丨病釋文又廣雅釋詁四○丨罵也後漢書劉表傳陳兵丨嵩將斬之注○訽讀夏后之后也淮南氾論忍訽而輕辱注○左氏昭十三年傳投龜丨天而呼釋文本又作訽

糅 今文丨爲縚儀禮鄉射禮白羽與朱羽丨注

酎 說文丨三重醇酒也从酉从時省明堂月令曰孟秋天子飲丨○丨三重釀醇酒也漢書景帝紀高廟丨注武帝紀列侯坐獻黃金丨祭宗廟注又文選魏都賦溫丨躍波劉注○正月旦作酒八月成名曰丨漢書景帝紀高廟丨注引張晏○丨酒也廣雅釋器○嘗新飲酒爲嘗丨左氏襄廿二年傳見于嘗丨注○丨音近稠禮記月令天子飲丨疏

究 說文丨窮也从穴九聲○丨窮也國語越語周旋無丨注丨數而止注○丨亦窮也左氏春秋序丨其所窮疏○丨丨窮極人之惡爾雅釋訓疏引孫注○丨極也易說卦傳其丨爲健疏○丨竟盡也漢書食貨志上害氣將丨矣注○士之孝曰丨禮記祭統疏引援神契

湊 說文丨水上人所會也从水奏聲○丨聚也文選傚曹子建樂府白馬篇注引國語賈注○丨所合也淮南原道然而趨舍指丨注○丨嚮也禮記檀弓上注以端題丨也疏○丨鄉也禮記喪大記注欑木題丨疏○丨遽也廣雅釋詁一

謬 說文丨狂者之妄言也从言翏聲○丨謂丨錯易乾注不丨于果疏○丨誤也爾雅序釋文引方言○丨亂也禮記中庸考諸三王而不丨疏○繆紾相纒結也淮南本經以相繆紾注○繆刺者刺絡脈左

取右右取左也素問三部九候論則丨刺之注

籀 說文丨讀書也从竹擂聲春秋傳曰卜丨云

疚 說文宊貧病也从宀久聲詩曰煢煢在宊○丨病也禮記中庸故君子內省不丨注又左氏昭卅一年傳不爲義丨注又國語晉語縱惑不丨注其勇不丨於刑注行刑不丨注○詩閔予小子嬛嬛在丨釋文本又作宊

灸 火艾燒灼謂之丨焫素問異法方宜論其治宜丨焫注○丨謂以蓋案塞其口儀禮既夕皆木桁久之注

彀 說文丨張弩也从弓㱿聲○丨張弩也漢書馮唐傳丨騎萬三千匹注○丨者謂能張弩者也漢書

馮奉世傳坎飛丨者注引劉德○丨騎張弓之騎也史記張釋之馮唐列傳丨騎萬三千索隱引如淳○丨謂能射也史記廉頗藺相如列傳丨者十萬人索隱○丨與句字雖異音義同詩行葦傳天子之弓疏

畜 丨是丨養之名爾雅釋畜釋文○丨謂馬牛羊等也漢書西域傳下發丨食迎漢軍注○六丨卽六牲也左氏昭廿五年傳注馬牛羊雞犬豕疏○六丨牛馬豬羊犬雞周書大聚六丨有羣注○丨謂馬也周書大匡丨不食穀注○易中孚注丨之微賤者也釋文本或作獸○爾雅釋畜釋文本又作嘼

槈 說文丨薅器也从木辱聲鎒或从金○耨鉏也漢書王莽傳中必躬載耨注○鎒頭長六寸柄長一尺詩臣工傳鎛鎒釋文引字詁○耨耘田也漢書食貨志上耒耨之利注○易耨芸苗令簡易也孟子梁惠王上深耕易耨注○詩臣工傳鎛鎒釋文或作耨

雊 呴雉鳴也史記殷本紀有飛雉登鼎耳而呴正義○丨雉鳴也漢書郊祀志上登鼎耳而丨注○雉雉之鳴曰丨也詩匏有苦葉傳鷕雌雉聲也疏○詩小弁雉之朝丨史記殷本紀正義作雉之朝呴

鷇 說文丨鳥子生哺者从鳥㱿聲○丨雀子也生受哺者謂之丨史記趙世家探爵丨而食之索隱引曹大家○鳥子新生而哺者曰丨漢書五行志中之下有二戴丨燒死注○凡鳥哺子而活者爲丨漢書東方朔傳鳥哺丨也注引項昭○丨爵子也史記趙世家探爵丨而食之集解引綦毋邃

柩 說文丨棺也从匚从木久聲匶籀文丨○尸在棺曰丨穀梁宣八年傳先遷丨於廟釋文○匶卽丨也古字通用之周禮大師作匶謚疏

繇 丨由也吉凶所由而出也易繫辭下注爻丨之辭釋文引韋昭○丨抽也所以抽出吉凶之情也史記孝文本紀索隱引荀悅○占兆之書曰丨周禮太卜注頌謂丨也疏○丨兆辭左氏襄十年傳姜氏問丨注○丨者卜之文辭詩小旻箋占丨不中疏○易之爻辭亦名爲丨左氏僖十五年傳注晉丨筮之史疏○丨本作籀漢書文帝紀占曰注

驟 說文丨馬疾步也从馬聚聲○丨是疾行之名左氏成十八年傳丨朝于晉疏○丨數也左氏襄二十年傳邾人丨至注

甃 說文丨井壁也从瓦秋聲○丨聚塼修井也御覽引風俗通義○以甎壘井曰丨易井丨无咎釋文引干注○以磚壘井修井之壞謂之爲丨易井井丨无咎疏○丨亦治也易井丨无咎疏引子夏傳

首 丨謂趣向也漢書韓信傳北丨燕路注○丨猶服也後漢書西域傳雖有降丨注

縐 說文丨絺之細也詩曰蒙彼丨絺一曰䠞也从糸芻聲○丨䵉也詩君子偕老蒙彼丨絺釋文

戊 說文丨中宮也象六甲五龍相拘絞也丨承丁象人脅凡丨之屬皆从丨○丨土也詩文王序疏引乾鑿度注○丨己土也淮南天文其日丨己注○丨己爲土中央午也素問藏氣法時論其日丨己注○中央土爲丨己周禮媒氏注象五行十日相成也疏○丨剛日也故乘壯爲順類也詩吉日箋○六丨爲天門素問五運行大論則天地之門戶也注引遁甲經○丨茂也禮記月令注因以爲日名焉疏

袤 說文丨衣帶以上从衣矛聲一曰南北曰丨東西曰廣𧞨籀文丨从楙○丨長也儀禮喪服傳注廣丨當心也疏

鼬 說文丨如鼠赤黃而大食鼠者从鼠由聲○丨似鼦赤黃色大尾啖鼠爾雅釋獸丨鼠注

僦 說文新附丨賃也从人就就亦聲○丨謂賃之與顧直也漢書酷吏田延年傳初大司農取民牛車三萬兩爲丨注○丨謂受雇賃而載運也漢書鄭當時傳任人賓客丨注○丨人蓋與生財利如今方宜矣史記汲鄭列傳爲大農丨人集解引徐廣

瞀 說文丨低目謹視也从目敄聲

咮 說文噣喙也从口蜀聲○丨鳥口也文選洞簫賦垂喙蟺轉注○啄鳥觜也漢書東方朔傳鶴俛啄也注○丨謂柳也左氏襄九年傳注鶉火星疏

⿰豕尨 丨龍尾也文選東京賦注引國語賈注

漚 說文丨久漬也从水區聲

姤 說文新附丨偶也从女后聲○丨則陰始易象上傳后不省方虞注○丨本多作后古字通後漢書魯恭傳案易五月丨用事注

廖 說文新附丨人姓也从广未詳當是省廫字爾○丨左氏傳作戮同漢書古今人表廖叔安注

腠 丨丨理也文選難蜀父老躬丨胝無胈注引孟康○丨丨膚理也儀禮鄉射記進丨注又爾雅釋獸注皮理丨蹙釋文又爾雅釋畜釋文引埤蒼○揍理也淮南兵略解必中揍注○丨謂皮膚史記扁鵲倉公列傳君有疾在丨理正義

族 大丨言陽氣大丨達於上也國語周語二曰大丨注○二曰大丨所以金奏贊陽出滯也國語周語○太簇正月也簇簇也陰衰陽發萬物簇地而生故曰太簇淮南天文音比太簇注○大丨鐘名禮記月令疏引蔡氏月令章句

又 說文丨手也象形三指者手之𠛬多略不過三也凡丨之屬皆从丨○十盈則更始以奇從盈數故言有也左氏隱十有一年經疏引干寶○又者亞前之辭詩葛藟傳王丨無母恩疏○言又者繫前之辭詩卷耳序丨當輔佐君子疏○丨語爲後復論說也禮記文王世子以待丨語注○易繫辭上丨以尚賢也釋文鄭本作有○定本及諸本丨作后義亦通詩葛藟傳王丨無母恩疏

餾 說文丨飯气蒸也从食畱聲

鷚 說文丨天鷚也从鳥翏聲○爾雅釋鳥丨天鷚釋文字又作鷚

逅 說文新附逅邂逅也从辵后聲

簉 說文䔧艸皃从艸造聲○丨弄蓋小曲也文選長笛賦聽丨弄者注

槱 說文丨積火燎之也从木从火酉聲詩曰薪之丨之周禮以丨燎祠司中司命𥙊柴祭天神或从示

狃 丨串習也漢書刑法志丨之以賞慶注

嗾 說文丨使犬聲从口族聲春秋傳曰公丨夫獒○丨取也左氏宣二年傳公丨夫獒焉服注

鍑 說文鍑釜大口者从金复聲○丨釜之大口者也漢書匈奴傳下多齎鬴丨薪炭注

猶 丨猿類也卬鼻長尾性多疑史記呂后本紀丨與未決索隱

瘻 說文瘻頸腫也从疒婁聲○丨頸腫疾淮南說山雞頭已丨注

仆 前覆曰丨左氏昭十三年傳注僨丨也疏

【后】○|君也易象上傳|以財成天地之道疏又左氏襄四年傳伯明|寒棄之疏昭廿八年傳注舜典樂之君長疏呂覽君守|稷作稼注○|者君也左氏昭廿九年傳故稱|也疏○|王|也左氏莊廿一年傳王以|之鞶鑑予之注○在塗則稱|後漢書皇后紀下○天稱皇天故地稱|土左氏文十八年傳注|土疏○|土地官左氏文十八年傳使主|土注

【叩】|擊也淮南說林𦨶者|舟注○|或作軥讀車軥之軥淮南精神膝上|頭注

【琇】說文琇石之次玉者从玉莠聲詩曰充耳琇瑩

【譳】譳|不能言也集韻引埤蒼

【楱】|小橘也漢書司馬相如傳上黃甘橙|注引張揖○|橘屬史記司馬相如列傳黃柑橙|集解引徐廣

【㝅】說文|乳也从子㱿聲一曰|瞀也○楚人謂乳|漢書敘傳上○㝅生也廣雅釋詁一○㝅春秋之㝅烏菟廣雅釋詁一曹憲音

【鄮】說文鄮會稽縣从邑貿聲

【楙】說文|木盛也从林矛聲○|與茂同漢書食貨志上|遷有無注

【楘】說文|冬桃从木敄聲讀若髦

【蓩】說文|細艸叢生也从艸敄聲

○以下據廣韻錄

【⿱有皿】說文|小甌也从皿有聲讀若灰一曰若賄盇|或从右

【頄】說文|顫也从頁尤聲疣|或从疒

【㽱】說文㽱顫也从疒又聲

【忧】說文|不動也从心尤聲讀若祐

【䞛】說文䞛走也从走有聲讀若又

【⿱艸囿】說文|艸也从艸圞聲圞籀文囿

【𣪘】說文|揉屈也从殳从皀皀古文叀字廏字从此

【匓】說文|飽也从勹𣪘聲民祭祀曰厭|

【⿺辶𣪘】說文⿺辶𣪘恭謹行也从辵𣪘聲讀若九

【⿰言由】說文|訹也从言由聲

【疛】|病也集韻引廣雅

【殠】說文殠腐气也从歺臭聲

【嘼】說文嘼㹌也象耳頭足厹地之形古文|下从厹凡|之屬皆从|

【珛】說文|朽玉也从玉有聲讀若畜牧之畜

【鏉】說文|利也从金欶聲

【僇】說文僇癡行僇僇也从人翏聲讀若雡一曰且也

【⿰示畱】說文|祝|也从示畱聲

翏 說文丨高飛也从羽从㐱

榎 說文榎檝持緍者从木夏聲

鄇 說文鄇晉之溫地从邑侯聲春秋傳曰爭鄇田

滱 說文丨水起北地靈邱東入河从水寇聲滱水卽漚夷水幷州川也

𣫞 說文丨未燒瓦器也从缶㱿聲讀若筩莩同

䩜 說文丨車鞁具也从革豆聲

鬥 說文丨兩士相對兵杖在後象丨之形凡丨之屬皆从丨

軥 說文丨軛下曲者从車句聲○丨丨梔也漢書游俠朱家傳乘不過丨牛注引晉灼○丨重挽也漢

書游俠朱家傳注○丨牛小牛也同上○大牛當軥小爲丨牛史記游俠列傳乘不過丨牛索隱

屚 說文丨屋穿水下也从雨在尸下尸者屋

𠪚 丨姓也集韻引埤蒼

佝 說文丨務也从人句聲

蹘 丨蹘倒貌廣韻引埤蒼

○以下據集韻錄

怞 說文丨朗也从心由聲詩曰憂心且丨

復 說文復重也从勹復聲复或省彳

附 說文坿丨婁小土山也从𨸏付聲春秋傳曰丨婁無松柏

雡 說文丨鳥大雛也从隹翏聲一曰雉之莫子爲丨

𤿍 丨石䨣膜也一曰石墓集韻引埤蒼

敂 說文丨擊也从攴句聲讀若扣

𦈵 說文丨小缶也从缶音聲

蓩 說文丨毒艸也从艸婺聲

𤻮 丨僭丨也漢書敘傳下思心旣丨注

醔 說文丨丨醶𨡜也从酉敄聲

𨡜 說文丨醬丨也从酉俞聲

㔭 說文㔭側逃也从匸丙聲一曰箕屬

䰭 說文䰭鬼鬽聲䰭䰭不止也从鬼需聲

○以下附錄

𠕁 說文丨冃也闕

嫪 丨愀亦蕭條貌也後漢書馬融傳原野丨愀注

經籍籑詁卷第八十五補遺終

去聲

經筵講官南書房行走戶部左侍郎兼署兵部左侍郎提督浙江學政阮元撰集

二十七沁

沁 少水今丨水也水經沁水注引京相璠說○丨水郇湟水也水經沁水注○丨先祚反左氏隱十年釋文引字林○丨音狗丨之丨左氏隱十一年釋文引三蒼

飲 丨罰也左氏哀廿五年傳請丨歠也注○丨酒漿也周禮膳夫掌王之食丨膳羞注○丨食燕饗也周禮宰夫掌其牢禮委積膳獻丨食賓賜之飧牽注○丨酒食之酒周禮酒人共賓客之禮酒丨酒而奉之注

禁 丨止也廣雅釋詁三又國策西周策丨秦之攻周注秦策王不能丨注又漢書金安上傳集注又呂覽功名蠅愈至不可丨注振亂丨之者注簡選天下莫之能丨注壹行則不足以丨也注又文選詠懷詩涕下誰能丨注○丨謂丨止也素問離合眞邪論工不能丨也注○丨令呂覽孟秋丨止姦注○丨戒也淮南氾論是故因鬼神禨祥而爲之立丨注○丨法也呂覽離謂此爲國之丨也注○丨藏也文選東京賦散丨財薛注○丨錄也小爾雅廣言○丨猶謹也禮記緇衣君子道人以言而丨人以行注○丨所以防姦者也周禮秋官序官使帥其屬而掌邦丨注○丨架卽丨術也後漢徐登傳注○丨者酒戒也儀禮少牢饋食禮同於皆有冪注○丨國丨大戴記曾子立事不犯其丨注○丨謂政教禮記曲禮上入竟而問丨注○丨謂爲之厲丨荀子王制以時丨發注○丨謂牢圈圂所養擬供祭祀也管子五行令祝宗選禽獸之丨注○北方曰丨周禮鞮鞻氏掌四夷之樂注又後漢班彪傳下注陳禪傳注又獨斷上○天子所居曰丨中獨斷上○丨中者門戶有丨非侍御者不得入故曰丨中後漢和帝紀注又獨斷上○丨坐猶御坐也後漢循吏傳注○丨所以廢輒者儀禮士昏禮有丨注○丨承尊之器也名之爲丨者因爲酒戒也儀禮士冠禮有丨注○斯丨丨切地無足者也儀禮鄉射禮斯丨注○斯丨丨切地無足者儀禮鄉飲酒禮斯丨注○丨或讀爲紟荀子非十二子其纓丨緌注

任 丨勝也國語魯語不能丨重注○丨堪也漢書霍光傳集注辛慶忌傳集注尹翁歸傳集注蕭望之傳集注匡衡傳集注翟方進傳集注王莽傳中集注○丨能也國策魏策是大王籌筴之臣無能矣注○丨當也左氏成二年傳後之人必有丨是夫釋文襄廿五年傳誰敢丨之釋文又國語魯語事其君而丨

其政注○丨猶當也漢書石顯傳集注○丨亦將呂覽舉難將丨丨車以至齊注○丨猶因也文選雪賦丨地班行注○丨委也管子五行丨君賜賚注○丨用也事也漢書異姓諸侯王表集注○丨用呂覽察今此丨物亦必悖矣注○丨猶用也周禮牛人以載公丨器注司隸爲百官積丨丨器注○丨保也漢書趙充國傳集注又管子大匡吾權丨子以死生注任法世無請謁丨舉之人注○丨者保也漢書哀帝紀集注○丨職也國語周語保丨戒懼注又呂覽誠廉不避其丨注○丨事也漢書韓安國傳集注引如淳○丨猶事也周禮大司馬以丨邦國注○丨猶傳也周禮大宰以丨百官注以九職丨萬民注○丨謂以其丨使之也周禮掌固丨其萬民注○丨其所掌治周禮司士三歲則稽士丨注○丨謂就地所生因民所能周禮大司徒以丨土事注○丨負也楚辭悲回風重石之何益注○丨荷也國語晉語丨大惡三注○丨

丨負荷也國語魯語家欲丨兩國注○丨抱也國語
齊語負丨儋何注○丨所擔持也禮記祭義班白者
不以其丨行乎道路注○丨載呂覽博志則不能數
里丨重也注○丨猶載也謂今之俶裝也管子兵法
鼓所以丨也注○相與信爲丨史記季布欒布傳爲
氣丨俠集解○丨以信相親也大戴記文王官人觀
其丨廉注○丨以恩相親信也詩燕燕仲氏丨只箋
○信交道曰丨史記季布欒布傳爲氣丨俠集解引
孟康○丨信於友道周禮大司徒孝友睦婣丨恤注
○丨謂朋友相丨周禮大司徒五曰不丨之刑司農
注○丨氣力也史記季布欒布傳集解○丨脉衝脉
皆奇經脉也素問上古天眞論丨脉通注○丨負車
丨重之車也荀子宥坐百仞之山丨負車登焉
注○戴丨戴勝鵖也呂覽季春戴丨降于桑注
隂 通作陰○丨日景也左氏昭元年傳趙孟視丨注
○丨木景淮南說林丨不祥之木注○陰謂覆丨

也詩桑柔既之陰女釋文○丨盡也廣雅釋詁一○
陰喝猶噎塞也後漢竇憲傳注○左氏昭元年傳釋
文丨本
作陰
讖 丨驗也漢書賈誼傳集注又後漢張純傳注○丨
論也廣雅釋詁四○丨纖也其義纖微而有效驗
也釋名釋典藝○丨符命之書丨驗也言王者受命
之徵驗也後漢光武帝紀上注○丨書河洛書也丨
文曰丨驗也文選思元賦舊注引蒼頡○河洛所出
書曰丨文選魏都賦藏氣丨緯注○丨祕密書也出
河洛一切經音義九引三蒼○遺丨謂
夢書也文選幽通賦儀遺丨以臆對注
浸 亦作濅寖○丨漬也淮南原道潤丨北房注○濅
漬也廣雅釋詁二○寖積也廣雅釋詁一○丨漸
也漢書成帝紀集注禮樂志集注郊祀志下集注五
行志上集注劉向傳集注董仲舒傳集注嚴安傳集
注劉屈氂傳集注梅福傳集注薛宣傳集注師丹傳
集注瑕邱江公傳集注嚴延年傳集注又後漢東海
恭王彊傳注又莊子大宗師丨假而化子之左臂注
又釋文引向注○濅漸也漢書成帝紀集注哀帝紀
集注外戚恩澤侯表集注禮樂志集注刑法志集注
四見郊祀志上集注五行志上集注五行志中之上
集注地理志下集注藝文志集注五見趙充國傳集
注于定國傳集注王吉傳集注魏相傳集注張敞傳
集注蓋寬饒傳集注蕭望之傳集注張禹傳集注史
丹傳集注何武傳集注王嘉傳集注儒林傳贊集注
咸宣傳集注二見匈奴傳上集注外戚傳上集注外
戚傳下集注元后傳集注王莽傳中集注二見王莽
傳下集注二見又後漢順烈梁皇后紀注張步傳注
馮衍傳注○丨稍也楚辭惜誓上丨以惑注○濅稍
也楚辭大司命不濅近兮愈疏注○濅甚也漢書外
戚傳下集注○濅益也漢書刑法志集注王尊傳集

注張安世傳集注董賢傳集注○濅丨也益也漢書
廣陵厲王胥傳集注○丨潤也文選東京賦澤丨昆
蟲薛注○丨猶潤也淮南時則不丨於肌膚注○丨
灌也莊子天地一日丨百畦釋文引司馬注○丨灌
也文選西京賦丨石菌於重涯薛注○丨潤猶漸漬
也論語顏淵丨潤之譖皇疏○丨潯猶漸丨也史記
司馬相如傳丨潯衍溢索隱○丨潭猶漸冉也史記
司馬相如傳丨潭促節索隱○丨淫猶漸冉相親附
之意也文選洞簫賦丨淫叔子遠其類注○丨潭漸
漬也隨波之貌文選魏都賦綠芰泛濤而丨潭注○
丨潭謂滋液丨潤能生萬物也文選劇秦美新景曜
丨潭之瑞潛注○丨微視也淮南兵略丨想宵類注
○目生膚入眸子曰丨丨侵也言侵明也亦言丨淫
轉大也釋名釋疾病○丨可以爲陂灌漑者周禮職
方氏其丨五湖注○丨淵深淵也呂覽本味丨淵之
草注○丨潭廣衍也淮南本經呼吸丨潭注○濅古

丨字漢書成帝紀集注禮樂志集注溝洫志集注齊悼惠五肥傳集注董仲舒傳集注○寖古丨字漢書五行志上集注地理志上集注廣陵厲王胥傳集注○丨字或作侵漢書薛宣傳集注○丨一本作侵列子湯問丨滅龍伯之國釋文○詩白華箋丨彼稻田釋文丨本作寖周禮職方氏其丨五湖釋文丨本作寖

祲 丨精氣成祥也漢書匡衡傳音義引字林○丨陰陽氣相侵也周禮眡祲一曰丨司農注○丨陰陽相侵之氣荀子王制占丨兆注○丨陰陽氣相侵漸成祥者周禮春官序官眡丨注○丨謂陰陽氣相侵漸以成災也文選東京賦馮相觀丨薛注○丨惡氣貌楚辭守志障覆天兮丨氛注○丨子沁反晉書音義上引字林

譖 丨誣也廣雅釋詁二○丨讒也一切經音義十七引三蒼○丨讒謗也論語顏淵浸潤之丨皇疏○加誣曰丨公羊莊元年傳夫人丨公於齊侯注○加誣言曰丨後漢齊武王縯傳注○詩抑不丨不賊釋文丨本作僭桑柔朋友已丨釋文丨本作僭瞻卬丨始既背釋文丨本作僭○詩巷伯取彼丨人禮記緇衣注後漢馬援傳作取彼讒人

鴆 丨鳥名一名運日其羽有毒漬之酒而飲之立死國語魯語使醫丨之不死注○酖鳥名羽有毒以畫酒飲之則死左氏莊卅二年傳使鍼季酖之注○丨毒鳥也食蝮以其羽畫酒中飲之立死後漢安思閻皇后紀注○丨大如鵰雄名運日雌名陰諧也山海經中山經女几之山多丨注○丨鳥其雄謂之運日其雌謂之陰諧廣雅釋鳥○丨鳥一名運日鳥左氏莊卅二年傳服注○丨運日也國語晉語乃寘丨於酒注又離騷吾令丨爲媒兮注○丨鳥一名雲日文選吳都賦黑丨零劉注○丨此更是一種鳥非食蛇之丨也山海經中山經瑤碧之山有鳥焉食蜚名曰丨注○酖字當作丨晉書音義中

枕 丨臨也漢書嚴助傳集注○丨險礙險害之貌漢上易傳引陸績說

衽 褸謂之丨方言四○丨襟也文選秋興賦且斂丨以歸來兮注○丨衣襟也或曰裳際也方言四注○丨衣下裳當前者公羊昭廿五年傳再拜稽首以丨受注○丨衣際也詩芣苢傳執丨也釋文○丨衣前也離騷跪敷丨以陳辭兮注○丨裳下也左氏襄卅一年傳衰丨如故衰釋文○丨裳際也儀禮喪服傳注下又無丨釋文禮記喪大記扱丨釋文○丨掩裳際也公羊昭廿五年傳釋文○丨謂裳也考工記輈人衣丨不敝注○丨臥席也儀禮士昏禮御衽于奧注○丨臥席儀禮既夕記衽下莞上簟注○丨寢臥之席也亦下莞上簟儀禮士喪禮丨如初注○丨席單席也周禮王府丨席牀笫凡褻器司農注

賃 丨僦也廣雅釋詁二

臨 丨哭也左氏宣十一年傳卜丨于大宮注又漢書文帝紀集注蘇武傳集注○衆哭曰丨漢書高帝紀上集注○丨朝夕哭儀禮士虞禮如丨注

滲 丨盡也廣雅釋詁一○丨淫小水津液也文選海賦瀝滴丨淫注○丨謂丨漉喻祉福也文選宋孝武宣貴妃誄六祈輟丨注

喑 平原謂啼極無聲謂之唴哴齊宋之間謂之丨方言一○丨醷聚氣貌莊子知北遊生者丨醷物也釋文引李注○丨噁懷怒氣史記淮陰侯傳丨噁叱咤索隱

闖　｜馬出門貌丑衽反公羊哀六年傳釋文引字林
○｜出頭貌公羊哀六年傳開之則｜然注

僸　北夷之樂曰｜文選東都賦｜休兜離注引孝經
鉤命決○北夷之樂曰禁白虎通禮樂○西夷之
樂曰禁公羊昭廿五年傳以舞大夏注○禁者言萬
物禁藏白虎通禮樂○｜卬也漢書司馬相如傳下
集注○｜｜仰頭
皃也晉書音義中

妊　或作姙○｜娠也廣雅釋言○｜傳也廣雅釋詁
四○妊孕也後漢章帝紀注獻帝伏皇后紀注

噤　閉口爲｜楚辭思古口｜閉而不言注○｜亦閉
也文選西征賦有｜門而莫啟注

紟　｜帶也荀子非十二子其纓禁緩注○｜單被也
儀禮士喪禮紟｜衾二注

罧　｜山沁反詩潛釋文引字林

深　｜謂高也從上曰｜儀禮覲禮｜四尺注○度淺
｜曰｜周禮凌人注｜三尺釋文儀禮士冠禮南
北以堂｜釋文○測土｜謂南北東西
之｜｜也周禮大司徒測土｜司農注

甚　｜猶勝也論語衛靈公｜於水火皇疏○｜謂多
也素問標本病傳論謹察閒｜以意調之注○｜
忘謂過去之速也莊子田
子方吾服女也｜忘注

沈　｜謂祭川周禮小子凡｜辜侯禳司農注○川澤
曰｜周禮大宗伯以貍｜祭山林川澤注
以下據

○廣韻錄

㯹　｜格也方言十三

瘮　｜心病集韻引字林

經籍籑詁卷第八十六

經籍籑詁卷第八十六補遺　去聲

兵部侍郎兼都察院右副都御史巡撫浙江等處地方提督軍務兼理糧餉阮元撰集

二十七沁

沁　說文｜水出上黨羊頭山東南入河从水心聲

禁　說文｜吉凶之忌也从示林聲○｜謂國中政教
所忌禮記曲禮上入竟而問｜疏○｜止也呂覽
重言不穀｜諫者注恃君勇敢不足以却猛｜悍注
○｜謂防遏禮記王制以時入而不｜疏○｜｜人
妄入也文選西京賦上林｜苑薛注○漢制王所居
曰｜中諸公所居曰省中文選魏都賦注引魏武集
○｜者其蕃衛也周禮囿人掌囿游之獸｜注○秉
輿之物通呼曰｜文選王元長曲水詩序｜軒承幸

注○｜如今方案隋長局高三寸禮記禮器大夫十
棜｜｜注

任　｜當也國語魯語其誰代之｜喪注晉語今我｜
晉國之政注○｜謂任使其氣力漢書季布傳注
○｜謂有堅完可｜託以事也漢書季布傳爲｜俠
有名集解引應劭○｜卽是擔負之義詩元鳥箋謂
當擔負天之多福疏○｜謂有擔負者禮記王制輕
｜并疏○｜負戴也漢書地理志下幼者扶老而代
其｜注○｜力役荀子議兵輕其｜注○｜謂役事
也漢書賈山傳百姓｜罷注○｜保保舉漢書汲黯傳
信｜宏注引蘇林○｜人謂保任見舉者史記汲鄭
列傳莊｜人賓客集解引臣瓚○｜用也呂覽樂成
達乎｜人也注任數去三者不｜則治注舉難將｜
之注○｜好也荀子成相穆公｜之注○｜士損己
而益所爲也墨子經上

蔭 說文丨艸陰地从艸陰聲○陰謂覆蔽之漢書敘傳下陰妻之逆注○丨謂日之丨影也漢書五行志中之上趙孟視丨注○丨讀與陰同同上○陰讀爲依廕之廕禮記祭義陰爲野土注○俗本陰作丨字也禮記祭義疏○詩有杕之杜箋以其特生陰寡也釋文本亦作丨桑柔傳言陰均也釋文本亦作丨○爾雅釋詁注缺落廕疏釋文又作丨

讖 說文丨驗也从言韱聲

濅 說文丨水出魏郡武安東北入呼沱水从水寖聲寖籀文浸字○丨謂引以灌溉者漢書地理志上寖曰五湖注○丨潤積漸之深也漢書谷永傳丨毋聽丨潤之譖愬注○丨潤猶漸染也漢書王尊傳丨潤加誣注○丨淫猶漸染也漢書食貨志下丨淫日廣注○丨淫猶言漸染也漢書高五王傳事丨淫閼於

上注○丨淫猶漸漬也漢書司馬相如傳下丨淫衍溢注○丨者漸進之名易象下傳丨而長也疏○丨近也漢書薛宣傳上丨之源注○詩下泉寖彼苞稂釋文本又作丨

祲 丨陰陽氣相侵漸成祥也詩靈臺序箋釋文○丨謂陰陽氣相浸漸以成災祥者也漢書匡衡傳精丨有以相盪注

譖 說文丨愬也从言朁聲○旁言曰丨文選諷諫詩王赧聽丨注引劉兆

鴆 說文丨毒鳥也从鳥冘聲一名運日○易小過注宴安丨毒釋文本亦作酖○左氏莊卅二年經注飲酖而死釋文本亦作丨公羊莊卅二年傳注酖毒也釋文本亦作丨

袵 丨衣襟也漢書張良傳楚必斂丨而朝注○衣前曰丨漢書五行志中之上衰丨如故衰注○丨席者燕寢中臥席周禮玉府鄭司農注丨席單席也疏

賃 說文丨庸也从貝任聲

臨 丨哭也史記秦始皇本紀其舍人丨者正義○丨哭丨也漢書霍光傳朝暮丨注

滲 說文丨下漉也从水參聲○丨漉謂潤澤下究漢書司馬相如傳下滋液丨漉注○丨灕流貌也漢書揚雄傳上澤丨灕而下降注○丨泄小便也素問至眞要大論淡味丨泄爲陽注

揕 丨謂以劒刺其胷也史記荆軻列傳右手丨其胷索隱

窨 說文丨地室也从穴音聲

紝 說文丨機縷也从糸壬聲絍丨或从任○機縷曰丨漢書食貨志下嬪婦桑蠶織丨注○機縷曰紝

漢書嚴助傳婦人不得紡績織紝注

闖 說文丨馬出門皃从馬在門中讀若彬

僸 北夷之樂曰禁詩鼓鐘以籥不僭傳○禁字書作伒後漢書班固傳下伒佅兜離注

鵀 丨鳲鳩自關而東謂之戴丨東齊吳揚之間謂之丨方言八

妊 任懷任漢書元后傳初李親任政君在身注○任謂懷任也漢書敘傳上初劉媪任高祖注

噤 說文丨口閉也从口禁聲

紟 衿帶也漢書揚雄傳上衿芰茄之綠衣兮注○丨禪被也禮記喪大記布丨疏引皇氏

㸒 說文丨牛舌病也从牛今聲

○以下據⿰木禁丨今之竹木格是也〔方言十三〕丨格也

○廣韻錄⿰木禁注

以下據恁〔說文〕丨下齎也从心任聲

集韻錄恁

朕〔說文〕朕我也闕

經籍籑詁卷第八十六補遺終

經籍籑詁卷第八十七

經筵講官南書房翰林吏部左侍郎兼署兵部左侍郎前提督浙江學政阮元撰集

去聲

二十八勘

暗 通作闇○丨深也廣雅釋詁三○闇夜也廣雅釋詁四又呂覽具備使民闇行注○闇冥也禮記曲禮上孝子不服闇注又小爾雅廣詁○闇昏時也禮記祭義夏后氏祭其闇注○闇默也漢書元后傳集注○闇幽隱也後漢張衡傳注○闇日月食也周禮眡祲五日闇司農注○丨藹衆盛貌也文選甘泉賦儐丨藹兮降清壇注○闇藹者言木蔭水波闇藹然也文選高唐賦隨波闇藹注○丨藹遠貌也後漢張衡傳注○丨丨聲空之貌文選甘泉賦稍丨丨而靚深注○丨古文晻陪二形今作丨丨一切經音義十二

濫 丨泛也後漢班彪傳上注○丨氾也漢書谷永傳音義引蘇林○丨氾丨也漢書敘傳音義引字林○丨溢也左氏哀五年傳不僭不丨注又論語衛靈公小人窮斯丨矣集解○丨漬也國語魯語宣公夏丨於泗淵注○丨過也周書程典不丨其度注○丨失也左氏昭八年傳民聽丨也注○丨覦也淮南俶眞美者不能丨也注○丨竊也論語衛靈公鄭注○丨丨竊也禮記樂記姦聲以丨注○丨亦盜竊也禮記禮器君子以爲丨矣注○丨僭差也禮記樂記狄成滌丨之音作注○丨竊姦聲也禮記樂記鄭音好丨淫志注○丨浴器也莊子則陽同丨而浴釋文○丨施罛罟也文選西京賦澤虞是丨薛注○丨之意猶擥聚也禮記樂記竹聲丨注○謂泛冰於水以求寒所謂丨漿管子禁藏夫冬日之不丨非愛水也注○動有文體謂之禮反禮爲丨賈子道術○以冰置水漿於其中爲丨呂覽節喪鍾鼎壺丨注○丨貪呂覽權勳虞公丨於寶與馬注○桃丨水漬而藏之其味丨丨然酢也釋名釋飲食○水正出曰丨泉丨銜也如人口有所銜口闓則見也釋名釋水○丨脇音不和淮南脩務而不期於丨脇號鍾注○丨讀收斂之斂淮南氾論至刑不丨注

啗 亦作啖廣韻腅或作啖集韻嚂同○丨啖也國語晉語主孟丨我注○丨含也太元元瑩丨函啟化注○腅肉也廣雅釋器○腅肴也音大濫反北戶錄注引字林○丨齰嗽獲中風口動之貌文選風賦注○嚂進說之意史記樂毅傳令趙嚂秦以伐齊之利集解引徐廣○哈與丨字同徒濫反一切經音義十六引字書○丨與啖同後漢班超傳注○啖本作炎列子湯問有啖人之國釋文○詩東門之墠箋栗人所丨食釋文丨本作啖禮記檀弓注示欲丨食釋文丨本作啖爾雅釋草注香中炙丨者釋文丨本作啖

○禮記檀弓注釋文丨本作噉爾雅釋草注釋文丨本作噉

擔 丨舉也管子七法丨竿而欲定其末注○丨猶假也無爵者假之以杖尊其爲主也儀禮喪服傳丨主也注○齊人名小甖爲丨後漢宣秉傳注○丨音丁濫反言一石之儲字或作儋後漢明帝紀注

憾 丨恨也禮記中庸人猶有所丨注又釋文又左氏文十四年傳不可使畜丨釋文又左氏宣二年傳以其私丨注襄廿九年傳猶有丨服注又論語公冶長敝之而無丨集解引孔注又皇疏又小爾雅廣言又國語魯語無丨而後即安注楚語夫事君無丨丨則懼偪注又史記吳太伯世家美哉猶有丨集解引服虔又孟子梁惠王上是使民養生喪死無丨也注盡心下我不丨焉者注又家語正論質諸鬼神而無丨注又淮南本經發怒則有所釋丨矣注○丨悁也廣雅釋詁四○丨恨也漢書張安世傳集注○丨亦

恨也楚辭哀時命志｜恨而不逞兮注○｜悵也國
語齊語則民不｜注○｜不安也一切經音義十三
引字林○禮記中庸人猶有所｜釋文｜本作感左
氏隱三年傳降而不｜釋文｜本作感左氏文十四
年傳釋文｜本作感左氏哀十七年傳令尹有｜于
陳釋文｜本作感○｜或作感字省耳亦讀爲｜史
記吳太伯世家索隱

纜｜維船索也文選謝靈運鄰里相送方山詩解｜
及流潮注○｜維舟索也文選謝靈運登臨海嶠
詩繫｜臨
江樓注

瞰集韻瞷同○｜視也廣雅釋詁一又漢書揚雄傳
上集注二見揚雄傳下集注又文選洞簫賦魚｜
雛睨注○瞷視也孟子滕文公下陽貨瞷孔子之亡
也注離婁下王使人瞷夫子注○俯視曰｜後漢光

武帝紀上注○｜瞻也文選思元賦｜瑤谿之赤岸
兮舊注○｜望也文選東都賦｜四裔而抗稜注引
字書東京賦左
｜暘谷薛注

琀亦作含○口實曰唅緣生象食孝子不忍虛其欲
天子以珠諸侯以玉大夫以璧士以貝唅之爲言
實其口含也古微書引春秋說題辭○珠玉曰含含
口實左氏文五年經王使榮叔歸含且賵注○珠玉
曰含穀梁隱元年傳又後漢趙咨傳注袁安傳注○
玉貝曰唅荀子大略○含以珠貝含其口中也釋名
釋喪制○含以玉珠寶口也後漢趙咨傳注○含口
實也穀梁隱元年傳注文五年經王使榮叔歸含注
○唅口實也後漢梁商傳注○含者何口實也公羊
文五年傳○口實曰唅說苑修文引傳○含珠口實
也呂覽節喪含珠鱗施注○含玉死者口實周禮大
宰大喪贊贈玉含玉注○含玉柱左右顚及在口中
者周禮典瑞大喪共飯玉含玉贈玉注○含玉璧琮
周禮大宰司農注○｜瑚紺反一切經音義二引字
林

憺惔同○｜安也楚辭雲中君蹇將｜兮壽宮注東
君漑者｜兮亡歸注○倓安也廣雅釋詁一○倓
靜也廣雅釋詁四○｜猶動也漢書李廣傳集注引
李奇○｜與澹同文選子虛賦｜乎自持注盧子諒
時興詩澹乎至人心注○莊子刻意
冠注以恬惔爲上者釋文惔本作淡

紺｜青也廣雅釋器○｜含也青而含赤色也釋名
釋采帛○深青之色而揚赤色者謂之｜也華嚴
經音義上引珠叢○｜古暗反青赤色也一切經音
義三引字林○｜薄青色素問六節藏象論如以縞
裹｜注○｜是元色也論語鄉黨君子不以｜緅飾
皇疏○呼｜爲禁故以糸傍作禁代｜字顏氏家訓

書證

闞｜視也廣雅釋詁一又文選琴賦俯｜海湄注○
｜望也廣雅釋詁一

暫蹔同○｜猝也廣雅釋詁二○｜猶卒也左氏僖
卌三年傳婦人｜而免諸國注○蹔蹔其無備國
語晉語爲蹔事也注○｜
古文蹔一切經音義十三

澹｜動也漢書禮樂志集注○｜猶動也後漢班彪
傳下注○｜安也廣雅釋詁一又漢書禮樂志集
注賈誼傳集注司馬相如傳下集注揚雄傳下集注
○｜靜也廣雅釋詁四○｜恬靜也莊子逍遙游注
雖｜然而不待坐忘行忘釋文○｜淡水波水文也
文選高唐賦徙靡｜淡注○｜淡搖蕩之貌也文選
七發湍流遡波又｜淡之注○｜淡蓋隨風之貌也
文選西都賦｜淡浮注○｜泊與憺怕同文選長楊

賦丨泊爲德注○老子丨兮其若海釋文丨本作忽○老子恬丨爲上釋文丨本作惔河上本作恢

淡丨其味似薄也禮記中庸丨而不厭注○丨無酸酢少味也禮記表記君子丨以成注○丨也者五味之中也管子水地○無味謂之丨管子水地注○丨丨安流平滿貌文選高唐賦瀇丨丨而竝入注

憖丨憖也爾雅釋鳥注爲鳥丨急羣飛釋文引字書

鏨鑴謂之丨廣雅釋器○石鏨曰丨御覽七百六十三引通俗文

○以下據廣韻録

蜭丨毛蠹爾雅釋蟲

囟丨廩也廣雅釋器

腤丨美也廣雅釋詁一

憛丨惉也廣雅釋詁二

妠丨娶也後漢皇后紀下注引聲類○丨入也廣雅釋詁三○丨奴紺切文選與魏文帝牋注引聲類

䞶丨怒也廣雅釋詁二

諴丨誕也廣雅釋言○丨調也廣雅釋詁四

經籍籑詁卷第八十七

經籍籑詁卷第八十七補遺

兵部侍郎兼都察院右副都御史巡撫浙江等處地方提督軍務兼理糧餉阮元撰集

去聲

二十八勘

勘說文新附丨校也从力甚聲

暗說文丨日無光也从日音聲○丨不明也文選歐陽堅石臨終詩注引國語賈注○丨丨幽隱漢書楊雄傳上稍丨丨而靚深注○丨藹神之形影也漢書楊雄傳上儐丨藹兮降清壇注

濫說文丨氾也从水監聲一曰濡上及下也詩曰畢沸丨泉一曰清也○丨謂汎汎小流貌孝經序疏引文選江賦臣翰注○丨謂丨佚左氏襄廿六年傳賞不僭而刑不丨疏○丨僭差也史記樂書滌丨之音作集解引禮記樂記王肅注○丨以諸和水也禮記內則漿水醷丨注

啗說文丨食也从口臽聲讀與含同○啖謂使食之漢書王吉傳吉婦取棗以啖吉注○啖亦丨字同上○啖一作淡史記劉敬叔孫通列傳攻苦食啖集解引徐廣○嚪字與丨同史記樂毅列傳索隱

憾丨恨也國語晉語且夫翟之丨者注

瞰丨遠視也漢書楊雄傳下丨烏弋注○丨謂遠視也漢書王莽傳中丨臨左右注○丨眡皆視也漢書楊雄傳上丨帝唐之嵩高兮注○孟子滕文公下陽貨瞯孔子之亡也音義瞯或作丨同

琀說文丨送死口中玉也从玉从含含亦聲○珠玉曰唅禮記文王世子至于賵賻承含釋文○所以有飯唅何緣生食今死不欲虛其口故唅用珠寶物何也有益死者形體故天子飯以玉諸侯以珠大夫

以璧士以貝也白虎通崩薨○周禮太宰贊贈玉含玉釋文本又作唅禮記文王世子至于賵賻承含釋文本又作唅

憺 陳畱人語恐言ㄧ之漢書李廣傳威稜ㄧ乎鄰國注引蘇林

紺 說文ㄧ帛深青揚赤色也从糸甘聲○ㄧ深青而揚赤色也漢書王莽傳下時莽ㄧ袀服注○ㄧ緅紫元之類也論語鄉黨君子不以ㄧ緅飾注

闞 說文ㄧ望也从門敢聲

暫 說文ㄧ不久也从日斬聲

澹 說文ㄧ水搖也从水詹聲○ㄧ安也文選長門賦注引漢書李奇注○ㄧ泊安靜也漢書楊雄傳下ㄧ泊爲德注

淡 ㄧ謂無主味也漢書楊雄傳下大味必ㄧ注○ㄧ謂無味之食也漢書叔孫通傳攻苦食啖注

鏨 說文ㄧ小鑿也从金从斬斬亦聲○ㄧ與蹔古字通文選海賦鑿陵蹔而蹔鏨注

淦 說文ㄧ水入船中也一曰泥也从水金聲泠ㄧ或从今

○以下據廣韻錄

衉 說文ㄧ羊凝血也从血臽聲盬ㄧ或从彖○ㄧ血也廣雅釋器

闇 說文ㄧ閉門也从門音聲

撢 說文撢探也从手覃聲

醰 說文醰酒味長也从酉覃聲

⿰酉監 說文ㄧ泛齊行酒也从酉監聲

𡡾 說文ㄧ過差也从女監聲論語曰小人窮斯ㄧ矣

⿰去虎 說文ㄧ虓屬从虎去聲

譀 說文ㄧ誕也从言敢聲謟俗譀从忘

○以下據集韻錄

⿺走斬 說文⿺走斬進也从走斬聲

經籍籑詁卷第八十七補遺終

經籍纂詁卷第八十八

經讀 南書房翰林戶部左侍郎兼署吏部左侍郎提督浙江學政阮元譔集

【去聲】

二十九豔

【豔】俗作艷○豔好貌也楚辭招魂豔陸離些注○好體曰丨淮南精神獻公丨驪姬之美注○色美曰豔左氏桓元年傳美而豔注○美色曰丨詩十月之交丨妻煽方處傳又漢書五行志下之下集注又文選射雉賦奓雄丨之姱姿徐注○美色爲丨方言二○丨色美也後漢左雄傳注○丨美色也文選思元賦雖色丨而賂美兮舊注○丨美也宋衛晉鄭之閒曰丨方言二○丨美也廣雅釋詁一○丨楚歌也文選吳都賦荊丨楚舞劉注○丨或作閻漢書五行志下之下集注○詩十月之交丨妻師古引魯詩作閻詩疏引中候作剡

【念】丨思也爾雅釋詁又方言一又漢書五行志上集注陸賈傳集注○丨者思也史記陳涉世家丨鬼索隱○丨猶思也漢書蒯通傳集注○丨常思也方言一○丨猶識録也論語公冶長不丨舊惡皇疏○丨黏也意相親愛心黏著不能忘也釋名釋言語○無丨丨也左氏昭廿三年傳無丨爾祖注又孝經無丨爾祖注又小爾雅廣訓○勿丨勿忘也爾雅釋訓○無丨無忘也孝經鄭注

【驗】丨信國策齊策亦丨其辭於王前注○丨效呂覽察傳必丨之以理注○丨劾也淮南主術丨在近而求之遠注○丨功呂覽勿躬責其實以丨其辭注

【贍】丨足也小爾雅廣言又一切經音義五引字書又漢書昭帝紀集注哀帝紀集注戾太子傳集注嚴安傳集注終軍傳集注于定國傳集注西域傳上集注又華嚴經音義下引漢書音義又孟子公孫丑上力不丨也注○澹足也漢書食貨志下集注○丨猶足也呂覽順民愁悴不丨者注○丨給也漢書食貨志上集注東方朔傳集注趙充國傳集注楊雄傳上集注○澹古丨字漢書食貨志上集注司馬遷傳集注東方朔傳集注趙充國傳集注○丨或作贍同一切經音義五引聲類○禮記大傳無不丨者釋文丨本作儋○張納功德敘卹澹凍餧丨作澹

【壍】塹同○塹掘也莊子外物然則厠足而墊之釋文

【占】丨度也漢書敘傳上集注○丨謂口授也後漢袁敞傳注○丨謂自歸首也後漢明帝紀注○獄訟之辨曰丨漢書昭帝紀集注○丨護猶守護也後漢楚王英傳注○丨著謂附名籍後漢明帝紀注

【斂】丨聚也後漢王充王符仲長統傳注又荀子成相妬功毀賢下丨黨與上蔽匿注○丨收聚也列子楊朱君丨則已施釋文○丨藏也儀禮聘禮丨旝注○丨藏之也周禮繕人既射則丨之注○丨然聚集之貌荀子非十二子丨然聖王之文章具焉注○丨也得太元元衡○丨小得太元元錯○丨謂賦丨也書微子用乂讎丨馬鄭注○丨灋者豐年從正凶荒則損若今十傷二三實除減半周禮司稼以年之上下出丨灋注○衣尸棺曰丨丨者丨也丨藏不復見也釋名釋喪制○丨以衣服丨屍也後漢趙咨傳注○丨形謂衣覆其形後漢周磐傳注

【厭】丨飽也國語晉語屬丨而已注又史記游俠傳褐衣疏食不丨索隱貨殖傳不丨糟糠索隱又漢書王莽傳中集注○丨飫也書洛誥萬年丨于乃德馬注○丨者飫也史記伯夷傳索隱○丨丨飫神也禮

記曾子問攝主不丨祭注○丨足也國語周語不可
丨也注○丨極也國語晉語民志無丨注○丨滿也
漢書張延壽傳集注杜鄴傳集注何武傳集注郭解
傳集注王莽傳中集注王莽傳下集注○丨塞也論
語雍也天丨之皇疏又釋文又荀子脩身丨其源注
○丨倦後漢獻帝紀注○丨止也詩還序從禽獸而
無丨釋文○丨合也國語周語克丨天心注○丨服
也漢書景帝紀集注○丨猶損也左氏文二年傳以
丨之也注○丨火國生火出其口中山海經海外南
經○丨讀爲壓荀子王霸然而丨焉注○詩還序釋
文丨本作饜禮記曾子問不丨祭釋文丨本
作饜○繁陽令楊君碑克壓帝心丨作壓

爓 丨火皃也文選西都賦注引字林○湯肉曰丨禮
記祭義丨祭祭腥而退注○丨作焰一切經音義
七引三蒼○焰與燄同晉書音義下
○爓與丨同文選海賦朱爓綠煙注

瀲 丨泛也水波上及也文選江賦注引字書

墊 丨下也莊子外物則廁足而丨之釋文引司馬崔
注○丨下也凡屋而下曰丨方言六○丨陷也書
益稷鄭注又漢書王莽傳下集注○丨藏也廣雅釋
詁四○丨溺也書益稷下民昬丨傳又後漢明帝紀
注崔駰傳注○丨猶掘也後漢方術傳注○丨隘羸
困也左氏成六年傳民愁則丨隘注○丨音丨阸之
丨漢書段會宗傳集注引服虔
○莊子外物釋文丨本作塹

窆 丨下也廣雅釋詁一○丨下棺也儀禮既夕乃丨
注又後漢范式傳注○下棺謂之丨小爾雅廣名
○丨謂葬下棺也春秋傳曰日中而堋禮記所謂封
者周禮鄉師及丨執斧以涖匠師司農注○丨謂下
棺時遂人舉陳役也禮記謂之封春秋謂之堋皆葬
下棺也聲相似周禮遂人及丨陳役司農注○丨謂
葬下棺也春秋傳所謂日中而堋禮記謂之封皆葬
下棺也音相似丨讀如慶封氾祭之氾周禮大僕丨
亦如之司農注○封當爲丨丨下棺也春秋傳作堋
禮記檀弓上縣棺而封注○封周禮作丨丨下棺也
此封或皆作斂禮記喪大記凡封同綍去碑注○封
當爲丨丨下棺也禮記檀弓下殷既封而弔注○封
當爲丨丨禮記檀弓下於其封也注曾子問遂既封而
歸注○封亦當爲丨禮記曾子問注○縣封當爲縣
丨禮記王制庶人縣封注○今文丨爲封儀禮既夕
乃丨注○丨當爲禁周禮朝士則令邦國都家縣鄙
慮刑貶杜注○左氏僖卅二年
傳注殯丨宮也釋文丨本作塗

僭 丨擬也廣雅釋詁四○丨擬也漢書韓安國傳集
注○丨假也文選潘安仁爲賈謐作贈陸機詩注
引字書○丨齊也下儗上之辭公羊隱五年傳譏始
譖諸公也注○下犯上謂之丨穀梁隱五年傳始丨

樂矣注○丨者奢麗論衡言毒○丨差也書湯誥天
命弗丨傳又詩抑不丨不賊傳又左氏哀五年傳不
丨不濫注又廣雅釋詁四又漢書五行志中之上又
後漢楊震傳注又太元周何德之丨否注○丨過差
也左氏僖九年傳不丨不賊注○丨忒也書湯誥天
命弗丨釋文○丨不信也詩巧言丨始既涵箋抑覆
謂我丨箋又左氏昭元年傳不丨不賊注又左氏襄
廿七年傳而以丨濟之釋文昭八年傳丨而無徵釋
文○譖不信也詩桑柔朋友已譖箋瞻卬譖始竟背
箋○丨數詩巧言丨始既涵傳○替古丨字漢書王
子侯表
上集注

坫 丨墆也爾雅釋宮垝謂之丨注○反丨反爵之丨
也禮記郊特牲臺門而旅樹反丨注明堂位反丨
出尊注雜記下旅樹而反丨注○反丨在兩楹之間
人君好會獻酢禮畢反爵於其上也家語曲禮子貢

問旅樹而反丨注○垓丨垠堮也丨讀爲莞氏有反丨之丨淮南俶眞設于無垓丨之宇注○丨在堂角儀禮士冠禮執以待于西丨南注○古文丨爲襜同上

襜 或作襜○襜褕江淮南楚謂之襜褣自關而西謂之襜褕方言四○汗襦陳魏宋楚之間謂之襜襦同上○吳仲山碑收襜遺孤贍作襜

硟 石丨所以丨彈人臃腫也國策秦策扁鵲怒而投其石注

饜 與猒同○丨者飽也史記張儀傳吾請令公丨事可乎索隱○猒安也方言六○猒塞也漢書高帝紀上集注○猒欺也淮南主術彌久而不相猒注○左氏襄廿六年傳注飲丨也釋文丨本作厭

噞 丨喁魚在水中羣出動口貌文選吳都賦丨喁沈浮劉注○丨猶猛也文選魏都賦抗旍則威丨秋

霜注

獫 丨猲驕田犬也長喙曰丨詩駟驖載丨猲驕傳○丨力劒反爾雅釋畜釋文引字林

⿰貝僉 市買先入物曰丨一切經音義十六引通俗文

煔 丨爚也楚辭大招丨鶉敶只注

掞 丨利也淮南俶眞擅丨挺挏注○丨與剡音義同文選長笛賦剸丨度擬注○丨或作豔三國鄧芝傳注○丨或作扶漢書禮樂志集注引孟康○易繫辭丨木爲楫釋文丨本作剡

曊 丨憂也廣雅釋詁一○丨憂也宋衛或謂之愼或曰丨方言一

脅 丨閱猶潤沐也方言一宋衛之閒凡怒而噎噫謂之丨閱注

夌 丨葴也廣雅釋詁二

欿 丨厭也廣雅釋言○丨下也廣雅釋詁一

埝 丨下也方言十三

⿰糸念 丨挽船篾也廣韻引字林

貼 丨覘也凡相竊視南楚或謂之丨自江而北謂之丨方言十

憸 亦作㤿○意足曰㤿一切經音義十三引纂文

○以下據廣韻錄

燄 丨火華也後漢班彪傳下注○丨火花也文選東京賦紛丨悠以容裔薛注○丨弋劒反火花也爾雅釋草釋文引字林○丨丨炎炎畫戈矛車馬之光也後漢班彪傳下注

傔 丨足也呂覽知士苟可以丨劑貌辨者注

○以下據集韻錄

棪 丨樕其爾雅釋木

撊 丨疾貌也文選射雉賦丨降邱以馳敵徐注

經籍籑詁卷第八十八

經籍纂詁卷第八十八補遺 去聲

兵部侍郎兼都察院右副都御史巡撫浙江等處地方提督軍務兼理糧餉阮元撰集

二十九豔

豔 說文丨好而長也从豐豐大也盍聲春秋傳曰美而丨○丨者言其顏色好左氏桓元年傳美而丨疏○丨言光丨也方言二美色爲丨注○丨美色也左氏桓元年傳釋文○丨者文辭可美之稱也穀梁序左氏丨而富疏○歆丨是愛敬之言禮記郊特牲注使歆丨之疏○郯丨古今字耳詩十月之交序箋此篇疾丨妻煽方處疏

念 說文丨常思也从心今聲○丨趨謂審行步也儀禮聘禮記將授丨趨注○無丨丨也詩文王無丨

爾祖傳○毋丨丨也左氏文二年傳毋丨爾祖注

驗 說文丨馬名从馬僉聲

贍 說文新附丨給也从貝詹聲○丨助也華嚴經音義上引聲類○丨足也文選西征賦注引字書○丨是優足之餘也禮記大傳無不丨者疏

塹 說文塹阬也一曰大也从土斬聲

店 丨置也丨所以置貨鬻之物也一切經音義十四引古今注

占 丨隱度也漢書食貨志下各以其物自丨注游俠陳遵傳口丨書吏注○丨謂自隱度其實定其辭也漢書昭帝紀令民得以律丨租注○丨者謂自隱度其戶口而著名籍也漢書宣帝紀流民自丨八萬餘口注

斂 丨聚也爾雅釋詁○棺之入坎爲丨禮記喪大記凡封注

猒 丨足呂覽懷寵求索無丨注○丨足也國語周語丨縱其耳目心腹注晉語各丨其私注○丨飽足也漢書鮑宣傳令貧民柴食不丨注○丨合也文選王命論取舍不丨斯位注引韋昭○丨倦後漢書劉盆子傳而疲敝丨兵注○猒欺也淮南主術是以君臣彌久而不相猒注○無丨言不虛也禮記緇衣服之無射注○祭適殤於廟之奧謂之陰丨王子公子祭其適殤於其黨之廟大夫以下庶子祭其適殤於宗子之家皆當室之白謂之陽丨禮記祭法王下祭殤五注○禮記中庸注射丨也釋文本作猒○論衡知實引孟子我學不丨作我學不猒學不丨者作學不饜者

墊 說文墊下也春秋傳曰墊隘从土埶聲○丨是下溼之名書益稷疏○丨隘猶委頓左氏襄九年傳夫婦辛苦丨隘注

窆 集韻或作封○說文丨葬下棺也从穴乏聲周禮曰及丨執斧○丨下棺也周禮遂師及丨疏又儀禮士虞禮注檀弓曰既封疏又禮記曾子問注封當爲丨疏○丨謂下棺禮記王制庶人縣封疏○丨謂下棺於坎周禮小司徒引丨疏○堋封及此經丨字雖異皆是下棺之事周禮鄉師注丨謂葬下棺也疏○周禮作丨禮記作封此作堋皆是葬時下棺于壙之事左氏昭十二年傳堋下棺疏○封郎丨周禮家人注凡丨用綍疏○封當作丨禮記檀弓上縣棺而封注檀弓下於其封也注○丨當爲丨儀禮士虞禮既丨注○丨堋封三者字雖不同皆是下棺也周禮遂人注禮記謂之丨春秋謂之堋疏○封堋丨聲相

近而字改易耳皆謂葬時下棺之名也左氏僖三十三年傳注丨棺也疏○丨塴封皆以去聲言之故云聲相似也周禮遂人疏

僭 說文丨假也从人替聲○丨不信也左氏昭元年傳楚又行丨注廿五年傳以卜爲信與丨注又漢書翟義傳予不敢丨上帝命注王嘉傳民用丨慝注○丨丨差漢書五行志中之上丨恒陽若注引應劭○丨謂丨差左氏襄廿六年傳賞不丨而刑不濫疏○上緣求妃茲謂丨漢書五行志中之上引京房易傳○庶位踰節茲謂丨同上○詩巧言丨始既涵一切經音義五作譖始既涵

坫 說文丨屏也从土占聲○垝謂之丨爾雅釋宮○堂西南隅謂之丨周禮小祝注士喪禮曰饌於西丨南疏○反丨外向室也周書作雒咸有四阿反丨注○此豐若在宗廟或兩君燕亦謂之丨儀禮大射儀注豐所以承尊也疏

饜 丨飫俱訓爲飽饒裕之意也左氏春秋序丨而飫之疏○孟子離婁下則必丨酒肉而後反文選注丨作厭

噞 丨喁魚出頭也文選長笛賦鱏魚喁於水裔注

獫 丨長喙田小犬也詩駟鐵載丨歇驕釋文

煔 說文丨火行也从炎占聲

鹽 丨豔也禮記郊特牲而丨諸利疏○丨諸爲豔禮記郊特牲而丨諸利注○丨豔聲相近禮記郊特牲疏

𢦔 丨支也廣韻引通俗文

𡫳 說文𡫳屋傾下也从宀執聲

𦒺 說文𦒺老人面如點也从老省占聲讀若耿介之耿

掞 丨卽光炎字也漢書禮樂志長麗前丨光耀明注引晉灼

○以下據廣韻錄

㐁 說文丨舌皃从谷省象形㐁古文丨讀若三年導服之導一曰竹上皮讀若沾一曰讀若誓弼字从此

𩅟 說文𩅟寒也从雨執聲或曰早霜讀若春秋傳墊阨

傔 說文新附丨從也从人兼聲

○以下據集韻錄

𢱧 丨一本或作掴文選射雉賦丨降邱以馳敵徐注

覘 說文丨窺也从見占聲春秋傳曰公使丨之信

栝 說文丨炊竈木从木舌聲

𦈢 說文丨缺也从缶占聲

㓠 說文丨缺也从刀占聲詩曰白圭之丨

簟 說文簟竹席也从竹覃聲

歉 說文丨丨食不滿从欠兼聲

醶 說文丨酢𩠹也从酉僉聲

䶢 說文｜鹵也从鹽省僉聲

經籍籑詁卷第八十八補遺終

經筵講官南書房行走禮部左侍郎兼署兵部左侍郎前提督浙江學政阮元撰集

三十陷

【陷】丨沒也〔楚辭懷沙〕滯而不濟注○丨潰也〔廣雅釋言〕○丨墜也〔國語魯語上〕丨而不振注○丨下也〔論語雍也〕不可丨也集解引孔注○丨少也〔淮南謬稱〕滿如丨注○臽坑也〔廣雅釋水〕○丨謂沒于土〔禮記檀弓下〕毋使其首丨焉注○穿地爲塹所以禦禽獸其或超踰則丨焉世謂之丨阱〔周禮雍氏〕春令爲阱擭溝瀆之利於民者注○丨猶失過也〔國語魯語〕丨而入於恭注○丨諫者義也〔白虎通諫諍〕○〔天井磩堅無丨瀆隸續云臽即丨字

【鑑】亦作監鑒同○丨謂之鏡〔廣雅釋器〕○丨鏡也〔左氏莊廿一年傳〕王以后之鞶丨予之釋文〔昭廿八年傳〕光可以丨釋文又〔國語晉語〕可以丨而鳩趙宗乎注〔吳語〕王盍亦丨於人注又〔太元童〕修其元丨渝注又〔淮南主術〕借明于丨以炤之注〔氾論〕丨見其醜則善丨注○鑒鏡也〔考工記輈人〕金錫半謂之鑒燧之齊注又〔國語周語〕王無不鑒於黎苗之王注〔楚語〕庶懼而鑒前惡乎注○鑒鏡屬取水者世謂之方諸〔周禮司烜氏〕以鑒取明水於月注○鑒燧取水火於日月之器也〔考工記輈人〕金錫半謂之鑒燧之齊注○鑒鏡也鏡所以自省察〔國語晉語〕是天奪之鑒而益其疾注○鑒所以察形也〔詩柏舟〕我心匪鑒傳○明丨所以照形也〔賈子胎教〕○丨者所以能見也〔賈子道德說〕○鑒照也〔廣雅釋詁三〕○丨察也〔呂覽適音〕谿極則不鑒注○監察也〔國語晉語〕監戒而謀注○鑒察也文選西京賦注引〔國語賈注〕○監觀也〔論語八佾〕周監於二代釋文又〔國語周語下〕使永監焉注〔魯語上〕使長監于世注〔齊語〕以監其上下之所好注○監視也〔書太甲上〕天監厥德傳又〔詩大東〕監亦有光箋〔烝民〕天監有周箋〔敬之〕日監在茲箋又〔論語八佾〕集解引孔注又皇疏又釋文又〔爾雅釋詁〕又〔國語魯語〕日入監九御注〔齊語〕而監其鄉之資注〔晉語〕且以監諸侯之爲注〔楚語〕精物以臨監注又〔漢書諸侯王表〕集注〔王莽傳上〕集注○通達空竅奉一出入爲先故謂之丨〔賈子道德說〕○鑒字書作丨同古陷反〔一切經音義八〕○監本亦作丨〔莊子盜跖〕不監於道釋文○〔詩皇矣〕監觀四方
〔漢書敘傳上〕作鑒觀四方

【監】丨謂公侯伯子男各丨一國〔周禮大宰〕立其丨注○三丨管蔡商〔書大誥序〕三丨及淮夷畔傳○四丨主山林川澤之官〔禮記月令〕命四丨大合百縣之秩芻注○丨御史秦官掌丨郡〔漢書百官公卿表上〕

○丨者廷尉之官屬〔漢書宣帝紀〕集注○丨其官也〔漢書武帝紀〕集注○丨姓〔史記田齊世家〕索隱○丨雲氣臨日也〔周禮眡祲〕四曰丨注○丨冠珥也〔同上〕○丨音闞〔史記封禪書〕蚩尤在東平陸丨鄉索隱○丨一作闞〔史記田齊世家〕
田常成子與丨止集解

【汎】又作泛氾○丨浮也〔國語晉語〕是故丨舟於河注○丨丨浮也〔廣雅釋訓〕○泛泛上浮之意也〔漢書禮樂志〕集注引應劭○丨丨流貌〔詩柏舟〕丨彼柏舟傳○丨丨流貌也〔文選思元賦〕舊注○氾猶丨丨搖動貌也〔楚辭招魂〕氾崇蘭些注○泛覆也〔漢書武帝紀〕集注〔食貨志〕集注引孟康○氾普也〔史記司馬相如傳〕氾尃護之索隱引胡廣○氾普也〔廣雅釋言〕○丨普也〔漢書谷永傳〕集注○丨博也〔廣雅釋詁四〕○氾博也〔楚辭思古〕且倘佯而氾觀注○氾衆也〔淮南本經〕普氾無私注○氾遍也〔家語郊問〕氾埽清路注

○氾濆也廣雅釋詁二○氾洿也方言三○氾汚也廣雅釋詁三○氾濫猶沈浮也楚辭憂苦折銳摧矜凝氾濫兮注○氾濫任波搖蕩之貌文選長笛賦氾濫溥漠注○丨濫浮辭也史記老莊申韓傳丨濫博文正義○自關而東或曰洼或曰氾方言三○氾氾灑地也漢書王褒傳集注○丨齊浮蛾在上丨丨然也釋名釋飲食○氾祭遠散所祭左氏襄卅八年傳慶封氾祭注○氾地名國語晉語居于鄭地氾注○氾經典音凡氾在襄城郎周襄王所出南氾也同上○氾音丨今潁川襄城是史記匈奴傳襄王奔于鄭之氾邑索隱引蘇林○西海之水流沙之西有國名曰氾葉山海經海內經○氾天亦山名赤水所窮也山海經西山經而東流注于氾天之水注○水決復入爲氾水經注七引字林○丨古文泛同一切經音義十二同上○泛古文氾同一切經音義十四○禮記王制氾與衆共之釋文氾本又作

丨禮記郊特牲氾埽反道釋文氾本亦作丨○禮記郊特牲注汎齊或爲丨齊釋文丨本又作泛

梵 丨淨行也華嚴經音義下引字苑○丨潔也音扶泛反一切經音義十四引字苑

帆 左氏宣十二年傳注使不丨風釋文丨本又作帆

賺 丨貴也廣雅釋詁三

儳 丨疾也後漢何進傳注引廣雅○丨猶暫也禮記曲禮上毋丨言注○丨進退上下無列也國語周語夫戎翟冒沒輕丨注○丨焉可輕賤之貌也禮記表記君子不以一日使其躬丨焉如不終日注

覽 或作鑑○鑑如甀大口周禮凌人春始治鑑注

闞 丨視也文選琴賦俯丨海溜注

劒 丨檢也所以防檢非常也又斂也以其在身時拱斂在臂內也釋名釋兵○班丨者以虎皮飾之文選王文憲集序注引漢官儀○丨首謂丨環頭小孔也莊子則陽吹丨首者釋文引司馬注○丨謂挾之於旁禮記曲禮上負丨辟咡詔之注

欠 志倦則丨體倦則伸儀禮士相見禮君子丨伸注○張口運氣謂之丨㰦一切經音義二引通俗文○丨欽也開張其口脣欽欽然也釋名釋姿容

淹 丨水一曰復水也水經注卅七引字林

○以下據廣韻錄

陷 丨陷也廣雅釋詁四

⿰監刂 丨利也廣雅釋詁二

⿰亻凡 丨輕也廣雅釋詁三○丨輕也楚凡相輕薄謂之相丨方言十

盜 丨杯也方言五又廣雅釋器○秦晉之郊謂之盜自關而東趙魏之閒曰椷或曰盞或曰丨方言五

⿰忄奄 丨愛也廣雅釋詁一○丨忘也廣雅釋詁二

裺 丨謂之襦方言四○縣丨謂之緣方言四

⿰言奄 丨拏也廣雅釋詁三○丨予也同上○丨與也吳越曰誣荊楚曰丨方言六○拏揚州會稽之語也或謂之惹或謂之丨方言十

○以下據集韻錄

⿰革丸 丨乾屋瓦也集韻引埤蒼

欃 ⿰月毚同○丨水門也集韻引字林○⿰月毚水門也類篇引字林

【銘】丨猶陷穽也莊子外物釋文引字林

經籍籑詁卷第八十九

經籍籑詁卷第八十九補遺

兵部侍郎兼都察院右副都御史巡撫浙江等處地方提督軍務兼理糧餉阮元纂

【去聲】

三十陷

【陷】說文丨高下也一曰陊也从𨸏从臽臽亦聲○丨穽也漢書鼂錯傳而爲之機丨也注○丨阱謂坑也穿地爲坎豎鋒刃於中以丨禽獸也禮記中庸驅而納諸罟擭丨阱之中疏○盾約脅而鄉者曰丨虜言可以丨破虜敵也今謂之曰露見是也釋名釋兵○丨壞也呂覽論威雖有大山之塞則丨之也注○丨溺也荀子天論表不明則丨注○丨古文銘同一切經音義十三○樊敏碑陷附者衆陳君閣道碑穽陷壞絕丨皆作陷

【鑑】說文丨大盆也一曰丨諸可以取明水于月从金監聲○丨如甀大口周禮凌人春始治丨注○丨漢時名爲甀卽今之甕周禮凌人注丨如甀疏○丨是盛冰之器周禮凌人春始治丨疏○丨鏡國語晉語而不獲追丨注○丨鏡也左氏莊二十一年傳注鞶帶而以丨爲飾也疏又莊子則陽入與之丨注又淮南詮言丨見其醜則善丨注脩務執元丨於心注又○鑒鏡也詩柏舟我心匪監釋文又詩文王箋宜以殷王賢愚爲鏡疏○鑒所以自照左氏僖二年傳是天奪之鑒注○監視也詩皇矣序天監代殷莫若周箋又後漢書班固傳下賓監之事注張衡傳彼天監之孔明兮注○鑒視也後漢書班固傳下上帝懷而降鑒注○監謂視見也漢書王莽傳中蓋子之所監也注○監觀也文選思元賦彼天監之孔明兮舊注○監眛猶寤寐也後漢書劉陶傳不能監寐注○詩柏舟我心匪監釋文本又作鑒○周禮凌人春始治

丨釋文本叉作監○左氏莊卅二年傳監其德也釋文本叉作丨○爾雅釋詁監視也釋文字叉作䁈○書泰誓中厥監惟不遠墨子非命下作爲丨不遠○詩文王宜鑒于殷禮記大學作儀監于殷蕩殷鑒不遠漢書杜欽傳作殷監不遠

監三丨管蔡霍書大誥序鄭注○四丨主山林川澤之官也禮記月令乃命四丨收秩薪柴注○丨謂御史丨郡者也漢書樊噲傳擊泗水丨豐下破之注○丨門主門也荀子榮辱或丨門御旅抱關擊柝注○丨閹人也史記秦本紀因景丨求見孝公正義

汎說文丨浮皃从水凡聲叉泛浮也从水乏聲叉氾濫也从水巳聲○丨濫謂丨長濫決平地有水也詩文王有聲箋而豐水亦丨濫爲害疏○丨丨悠悠隨流之貌文選海賦或丨丨悠悠於黑齒之邦注○丨丨然迅疾而不礙也詩二子乘舟丨丨其景傳○泛泛平貌素問脉要精微論泛泛乎注○丨是寬博之語左氏襄廿八年傳注丨祭疏○氾普也漢書伍被傳氾愛蒸庶注司馬相如傳上周覽氾觀注○氾廣也禮記王制疑獄氾與衆共之疏少儀氾埽曰埽疏○氾埽廣埽也禮記郊特牲氾埽反道疏○氾氾灑地也漢書王褒傳忽若篲氾畫塗注○丨拚謂丨水而拚也管子弟子職丨拚席注○丨㳌微小貌叉云波急之聲文選洞簫賦泡溲丨㳌注○氾涯也淮南道應此其外猶有汰沃之氾注○氾水厓也淮南道應而航在一氾注○氾浼皆洿池也方言三氾浼洿也注○氾不係也莊子德充符氾而若辭釋文○丨讀如泛泛楊舟之丨周禮酒正一曰泛齊疏○詩采菽丨丨楊舟白帖十一作泛泛楊舟○詩文王有聲箋豐水亦氾濫爲害釋文字亦作丨○老子大道氾兮釋文氾本亦作丨

梵說文新附丨出自西域釋書未詳意義

賺說文新附丨重買也錯也从貝廉聲

儓丨謂不與之言而傍對也漢書儒林孔僖傳鄰房生梁郁丨和之曰注

蘸說文新附丨以物沒水也此蓋俗語从艸未詳

欠說文丨張口气悟也象气从人上出之形凡丨之屬皆从丨○丨㰦張口頻伸也一切經音義四引埤蒼○腎爲丨素問宣明五氣篇

○以下據廣韻錄

䐄說文丨食肉不厭也从肉臽聲讀若臽○丨銜也銜炙細密肉和以薑椒鹽豉已乃以肉銜裹其表而炙之也釋名釋飲食

臽說文丨小阱也从人在臼上

㛪說文丨誣挐也从女奄聲

○以下據集韻錄

⿰魚臽說文丨魚名从魚臽聲

經籍籑詁卷第八十九補遺終

經籍纂詁卷第九十　入聲

經筵講官南書房翰林禮部左侍郎兼署戶部左侍郎提督浙江學政阮元撰集

一屋

屋　丨具也〈詩權輿〉於我乎夏丨渠渠箋又〈考工記匠
人〉九夫爲井注○丨止也廣韻引〈風俗通〉○丨舍
也〈廣雅釋室〉○丨奥也其中溫奥也〈釋名釋宮室〉○
丨藏蓄之物〈易豐〉豐其丨注○丨者主於覆蓋〈穀梁
文十三年經〉大室丨壞注○夫三爲丨周禮小司徒
九夫爲井注引〈司馬法〉〈小司徒〉考夫丨丨注〈司烜氏〉邦
若丨誅注〈考工記匠人〉九夫爲井注○重丨重棟也
〈文選東京賦〉複廟重丨薛注○王丨王所居丨史記
集解引〈書太誓〉至于王丨馬注○黃丨者蓋以黃爲
裏也〈獨斷下〉○丨殯上覆如丨者也〈禮記喪大記〉畢

塗丨注○丨粟民有田不耕所罰三夫之稅粟〈周禮
旅師〉掌聚野之鋤粟丨粟閒粟注○丨誅謂夷三族
〈周禮司烜氏〉邦若丨誅注○丨小帳也〈詩抑〉尚不愧
于丨漏傳○丨讀如其刑剭之剭〈周禮司烜氏〉邦若
丨誅注○〈周禮司烜
氏〉丨誅注作剭誅

木　丨冒也華葉自覆冒也〈釋名釋天〉○丨之爲言牧
也〈白虎通情性〉○丨之爲言觸也氣動躍也古微
書引〈春秋元命苞〉○丨之爲言觸也陽氣動躍觸地
而出也〈白虎通五行〉○丨質也〈漢書尹齊傳〉集注又
〈後漢章彪傳注〉○丨質樸也〈論語子路〉剛毅丨訥集
解引王注○丨樸慤也〈後漢吳漢傳注〉○丨陽類也
〈鹽鐵論論菑〉○丨者陽〈同上〉○丨者少陽〈公羊成十
六年傳〉雨丨冰者注又隋書五行志上引〈洪範五行
傳〉○丨少陽〈白虎通五行〉○丨五行之始也〈春秋繁
露五行之義〉○丨生于亥壯于卯死于未三辰皆丨

也〈淮南天文〉○丨周德也〈易井〉羸其瓶干注○田官
者丨〈春秋繁露五行相生〉○丨者農也〈春秋繁露五
行相勝〉○丨者司農也〈同上〉○丨者春生之性農之
本也〈春秋繁露五行逆順〉○丨者春生氣之始農之
本也南齊書五行志引〈洪範五行傳〉○巽爲丨〈易說
卦傳〉无妄勿藥有喜虞注〈漸〉鴻漸于丨虞注〈旅〉鳥焚
其巢虞注〈象下傳〉乘丨有功也虞注〈繫辭下傳〉斲丨
爲耜虞注○坎爲丨〈易坎〉尊酒簋虞注○巽爲草丨
〈易象上傳〉百穀草丨麗乎地虞注○坎爲蔾丨〈易屯〉
惟入于林中虞注○坎爲穿丨〈易蒙〉用說桎梏虞注
○離爲槁丨〈易噬嗑〉何校滅耳鄭注○艮爲小丨〈易
大畜〉童牛之告虞注〈漸〉或得其桷虞注〈繫辭下傳〉斲
丨爲耜虞注○巽爲長丨〈易漸〉或得其桷虞注〈繫辭
下傳〉上棟下宇虞注○甲乙爲丨〈素問藏氣法時論〉
其日甲乙注○東方丨母火也〈淮南時則〉東風解凍
注○貌曰丨〈洪範五行傳〉厥罰恒雨注○丨者東方

威儀容貌也隋書五行志上引〈洪範五行傳〉○丨謂
巽〈易象下傳〉地中生丨升荀注○丨爲仁〈漢書魏相
傳〉集注引張晏○丨衆樹之總名〈莊子山木〉釋文引
〈字林〉○一樹十穫者丨也〈管子權修〉○丨者專所以
涉川也〈易象下傳〉乘丨有功也注○丨者以涉大川
爲常而不溺者也易象下〈傳〉丨道乃行注○丨謂丨極
楚桎梏〈莊子列御寇〉爲外刑者金與丨也注○三丨
者謂桎梏及械也〈後漢馬援傳注〉○三丨項及手足
皆有械〈後漢范滂傳注〉○三丨在項及手足也〈文選
報任少卿書〉關三丨注○丨桲材也〈禮記檀弓下〉原
壤登丨曰注○丨謂棺也〈後漢耿純傳注〉○丨蘭樹
也香味似桂而皮薄〈後漢馮衍傳注〉○丨瓜如小瓜
〈山海經西山經〉實大如丨瓜名曰櫰注○丨堇一名
舜華〈禮記月令〉丨堇榮釋文○丨柷敔也〈周禮大師〉
金石土革絲丨匏竹注又〈太元元挩〉革丨土金注○
丨路不漆者〈周禮巾車〉丨車注○丨梮丨檋也〈國語〉

晉語韋藩丨楗以過於朝注○丨產謂巢棲之類也
後漢馬融傳注○八推十爲丨八者陰合十者陽數
古微書引春秋元命苞○丨當爲朱春秋作戍禮記
檀弓上公叔丨注○詩公劉箋伐取材丨釋文丨本
作末

竹 丨壂也廣雅釋言○丨者壂也白虎通喪服○丨
陽也周禮典同以辨天地四方陰陽之聲以爲樂
器司農注○丨者陽也白虎通喪服○丨萹蓄爾雅
釋草○丨萹丨也詩淇奧綠丨猗猗傳○丨謂簡冊
後漢和熹鄧皇后紀注○金石絲丨樂之器也禮記
樂記○丨管簫也周禮大師絲木匏丨注○丨簫管
也國語楚語上而以金石匏丨之昌大囂庶爲樂注
○丨簫篪也太元元棿雕剳匏丨注○震爲蒼筤丨
易說卦傳○詩淇奧傳釋文丨韓詩作薄石
經同○爾雅釋草丨萹蓄釋文丨本作筑

目 丨默也默而內識也釋名釋形體○丨者其竅也
素問解精微論○丨者肝之使白虎通情性引春
秋元命苞○丨者心之符也大戴記曾子立事又韓
詩外傳四○丨者氣之清明者也禮記郊特牲○離
爲丨易說卦傳屯泣血漣如虞注小畜夫妻反丨虞
注象下傳喪過乎哀虞注繫辭下傳作結繩而爲網
罟虞注象下傳眇而視侯注○丨視也廣雅釋詁一
又文選東京賦丨翫阿房薛注○丨猶視也望也漢
書楊雄傳集注○丨者極視精不轉也左氏桓元年
傳丨逆而送之服注○丨見也公羊桓二年傳此其
丨言之何注○丨要也小爾雅廣詁○丨綱丨也文
選五等論譬猶衆丨營方注○丨題丨也後漢襄楷
傳注○丨罪名也後漢王吉傳注○丨者徧辨其事
也春秋繁露深察名號○丨謂事衆筮其要所當也
周禮簭人四曰巫丨注○丨擊謂孰視之也後漢鄧
惲傳注○丨幹節丨考工記弓人斵丨必荼司農注

○治丨若今曰計也周禮宰夫三曰司掌官灋以治
丨注○丨夷字子魚左氏僖八年傳丨夷長且仁注

服 集韻犕通作服○丨事也詩關雎寤寐思丨箋六
月共武之丨箋下武昭哉嗣丨箋板我言維丨箋
噫嘻亦丨爾耕箋又禮記曲禮上孝子不丨闇注祭
統纂乃祖丨注又大戴記子張問入官羣臣丨汙矣
注又爾雅釋詁又史記周本紀我維顯丨正義又漢
書食貨志上集注五行志下之上集注徐樂傳集注
又山海經西山經是司帝之百丨注又素問八正神
明論用鍼之丨注又楚辭天問舜丨厥弟注讒諂是
丨注○丨丨事也楚辭離騷孰非善而可丨注惜誦
戒六神與嚮丨注又文選拜陵廟詩早丨身義重注
○丨所丨事也文選思元賦固終始之所丨舊注○
丨丨政事也詩蕩曾是在丨傳○丨丨事天子也周
禮職方氏其外方五百里曰侯丨注○丨言丨王事
也周書職方其外方五百里爲侯丨注○丨行也左

氏文十八年傳丨讒蒐慝注昭八年傳康叔所以丨
閎大也注又荀子宥坐上先丨之注又家語入官察
里言而丨之注又管子牧民上丨度則六親固注權
修上身丨以先之注幼官丨忠用信則王注法法先
民丨也注四稱君若有憂則臣丨之注修靡強使丨
事注白心何道之近而莫之與能丨也注任法百官
丨事者離法而治則不祥注又呂覽貴生丨是也辱
是也注○丨用也荀子賦讒人丨矣注又莊子寓言
直丨人之口而已矣注又管子正丨信以聽注○丨丨
猶用也後漢梁竦傳注○丨從也書舜典五刑有丨
傳又史記厤書三苗丨九黎之德正義又呂覽先己
期年而有扈氏丨注○丨習也楚辭橘頌橘徠丨兮
注○丨猶習也禮記孔子閒居君子之丨之也注○
丨整也詩葛覃丨之無斁箋葛屨好人丨之箋又爾
雅釋言○丨飾也楚辭東皇太一靈偃蹇兮姣丨注
雲中君龍駕兮帝丨注○丨執也國語吳語夜中乃

令丨兵擐甲注○丨謂執持也論語爲政有事弟子
丨其勞皇疏○丨得也老子是謂早丨注○丨便也
管子七法存乎丨習而丨習無敵注○丨退也呂覽
不廣莎隨賁丨注○丨敗也周書謚法○丨降呂覽
論威敵已丨矣注○丨約謂屈丨隱約也管子任法
賤人以丨約卑敬悲色告愬其主注○丨慊也國策
秦策勝而不驕故能丨世注○丨者身之表也孝經
非先王之法丨不敢丨注○丨貌之飾也洪範五行
傳時則有丨妖注○丨心之文也國語魯語○丨者
容行之謂也莊子天道吾丨也恒丨注○丨者思存
之謂也莊子田子方吾丨女也甚忘注○丨章丨也
文選陸士衡答賈長淵詩丨舛義稠注○丨器丨也
山海經西山經是司帝之百丨注○丨帶呂覽順民
丨劍臂刃注○丨佩也呂覽孟春丨青玉注又淮南
時則丨蒼玉注○丨謂鞶帶易象上傳以訟受丨虞
注○丨戎丨也詩六月載是常丨傳○丨韋弁丨也

詩六月載是常丨箋○命丨爵命之丨丨也文選安陸
昭王碑文軍麾命丨之序注○吉丨丨元端也儀禮
士喪禮及宗人吉丨注○上丨丨如特牲士元端也儀
禮士虞禮記尸丨卒者之上丨注○朝丨冠元端緇
帶素韠白屨儀禮鄉飲酒禮鄉朝丨注○朝丨日視
朝之丨也元衣素裳儀禮既夕道車載朝丨注○朝
丨者諸侯與其羣臣日視朝之丨也儀禮燕禮燕朝
丨丨於寢注○朝丨者十五升布衣而素裳也儀禮士
冠禮朝丨注○爵弁丨丨純衣纁裳也儀禮士喪禮以
爵弁丨注○皮弁之丨丨五升白布衣積素以爲裳
周禮司服眡朝則皮弁丨丨注○皮弁丨者視朔之丨
儀禮既夕載皮弁丨注○祭丨爵弁丨皮弁丨皆從
君助祭之丨儀禮士喪禮祭丨襚衣次注○丨丨弁喪
冠也其丨斬衰齊衰周禮司服凡凶事丨弁丨注○
五丨斬衰至緦麻之親禮記學記師無當于五丨注
○五丨十二也九也七也五也三也書皐陶謨五丨

五章哉鄭注○五丨謂天子諸侯大夫士之丨也後
漢張敏傳注○禮以冠名丨儀禮士喪禮以爵弁丨
注○丨玉冠飾十二玉周禮玉府共王之丨玉佩玉
珠玉司農注○丨謂衣丨及宮室車旗周禮都宗人
正都禮與其丨注○丨色車馬也禮記大傳易丨色
注○丨貢絺紵也周禮大宰七曰丨貢注○丨物元
纁絺纊也周禮大行人其貢丨物注○五丨侯甸男
采衞書周官五丨一朝傳○五丨甸侯綏要荒也後
漢邊讓傳注○丨九丨也後漢董卓傳注○丨丨其
職業也國語周語邦內甸丨注○丨不司馬之屬掌
養猛獸而教擾之者儀禮大射儀獻丨不注○上丨
劓墨也下丨宮刖也周禮小司寇以施上丨下丨之
刑注司刺而施上丨下丨之罪注○不丨不應罰也
書呂刑五罰不丨傳○丨駕也後漢張衡傳注○丨丨
車丨也周禮大宰四曰羞丨之式釋文引干注○丨丨
車箙儀禮既夕禮賓奠幣于棧左丨注○丨牝丨也

詩大東不以丨箱注○丨牝丨車之材周禮山虞凡
丨耜注○丨車丨事者之車周禮巾車丨車五乘注
○牝丨謂車箱周禮車人牝丨二柯有參分柯之二
司農注○牝丨長八尺謂較也同上○丨丨馬也文
選陽給事誄配丨驂衡注○丨馬猶乘馬也詩叔于
田巷無丨馬箋○夾轅者爲丨丨馬後漢章帝紀注○
兩馬在中爲丨呂覽愛士右丨失而埜人取之注○
在中曰丨呂覽執一今御驪馬者注○在轅曰丨楚
辭謬諫丨罷牛而驂驥注○轅中曰丨國策衞策柎
驂而笞丨注○丨丨轅也文選思元賦縶驌驦以丨
箱舊注○丨謂中央兩馬夾轅者文選陽給事誄配
丨驂衡注○鳫鳩自關而西謂之丨丨鳴方言八○蝙
蝠自關而東謂之丨翼同上○丨黑色鳴自呼史記
屈原賈生傳楚人名鶚曰丨索隱引異錄○犕古丨
字後漢皇甫嵩傳注○丨讀爲箙周禮巾車小丨皆
疏注○丨讀爲負周禮車人牝丨二柯有參分柯之

二司農注○丨與伏同古字通文選陸士衡吳王郎中時從梁陳詩誰謂伏事淺注○丨本或作般荀子賦忠臣危殆讒人丨矣注○丨一本作曉列子黃帝客之以說丨寡人也釋文○易繫辭下傳丨牛乘馬說文作犕牛乘馬○周禮大宰四曰羞丨之式釋文丨或作膳○爾雅釋詁丨宜貫公釋文丨本作⿰舟复又作般

【福】丨備也廣雅釋詁二○丨者備也禮記祭統又書洪範九五丨鄭注○丨之言備也禮記禮運是謂承天之丨注○丨也者備也禮記郊特牲富也者丨也注○丨富也釋名釋言語○丨盈也廣雅釋詁一○丨謂丨祚也方言十三禔丨也注○陽稱丨易象下傳恐致丨也虞注○乾爲丨易象上傳鬼神害盈而丨謙虞注繫辭下傳此小人之丨也虞注○乾爲介丨易晉受茲介丨虞注○安利之謂丨賈子道德說○順其類者謂之丨荀子天論○爵命爲丨詩瞻彼洛矣丨祿如茨箋○丨謂富貴之位太元交在丨則冲注○丨謂水物之利文選西征賦艮無要於後丨注○爲人祭曰致丨禮記少儀○致丨謂諸臣祭祀進其餘肉歸胙于王周禮膳夫凡祭祀之致丨者注○丨者禍之門也說苑說叢○易謙丨謙釋文丨京作富○史記晉世家厲侯丨索隱引世本作厲侯輻○漢書古今人表丨陽子左氏襄十年經作偪陽穀梁作傅陽○劉修碑鬼神富謙丨作富

【祿】丨福也詩旣醉天被爾丨注又爾雅釋詁○丨善也廣雅釋詁一○丨者錄也白虎通京師又古微書引孝經援神契○丨者爵也漢書百官公卿表上集注引應劭○丨之言穀也周禮天府若祭天之司民司丨注○丨之言消也白虎通崩薨○丨奉也國語楚語成王每出子文之丨注○丨若今月奉也周

禮大宰四曰丨位以馭其士注○丨食呂覽懷寵皆益其丨注○丨所受食禮記王制王者之制丨爵注○丨次之食也國語魯語上○丨位也論語爲政子張學干丨集解引鄭注又皇疏○天「丨天位也後漢桓帝紀注○丨田邑也國語魯語則請納丨與車馬而違署注○丨也者人之所以持生也韓非子解老○乾爲丨易象上傳不可營以丨虞注象下傳君子以施丨及下虞注○賞賜爲丨詩瞻彼洛矣福丨如茨箋○食禀爲丨孝經然後能保其丨位注○無丨死也爾雅釋詁○士曰不丨禮記曲禮下又大戴記四代又釋名釋喪制○上死曰不丨國語晉語又重之以寡君之不丨注○短折曰不丨禮記曲禮下○不丨不終其丨禮記曲禮下士曰不丨注○司丨文昌第六星周禮天府若祭天之司民司丨注○天丨獸也後漢靈帝紀注○古文丨爲福儀禮少牢饋食禮使女受丨于天注

【穀】丨善也詩東門之枌丨旦于差傳黃鳥不我肯丨傳小宛式丨似之箋四月曷云能丨箋小明式丨與女箋甫田以丨我士女傳桑柔不胥以丨箋有駜君子有丨箋又周禮典瑞丨圭以和難以聘女注又禮記曲禮下於內自稱曰不丨注又論語泰伯不至於丨集解引孔注又周書命訓無以丨之注又爾雅釋詁又太元傒維以傒丨注釋今獄後丨注文彫鐵丨布亡注止車丨均疏注又管子禁藏氣情不營則耳目丨注○丨言善言呂覽聽言其與人丨言也注○丨生也詩小宛自何能丨箋大車丨則異室傳又爾雅釋言釋天東風謂之谷風孫注又漢書哀帝紀集注外戚傳下集注又後漢張衡傳注又穆天子傳五皇人受丨注又文選思元賦丨崑崙之高岡注○丨猶生也漢書五行志中之下○丨所仰以生也國語晉語是焚丨也注○丨祿也詩正月蔌蔌方有丨箋天保俾爾戩丨傳又禮記表記式丨以女注又論

語泰伯不至於丨集解引孔注釋文引鄭注皇疏引
孫綽憲問邦有道丨集解引孔注又皇疏又大戴記
用兵讒貸處丨注又爾雅釋言又太元昆五丨不丨
注○丨所以爲祿也孟子滕文公上丨祿不平注○
丨養也詩小弁民莫不丨傳蓼莪民莫不丨傳四月
民莫不丨傳甫田以丨我士女箋又廣雅釋詁一又
鬼谷子謀則可與丨遠近之義注○丨所以養人周
禮大宗伯子執丨璧注○丨培也廣雅釋言○丨食
也文選高唐賦公樂聚丨注○一樹一穫者丨也管
子權修○丨民之命國語周語夫民之大事在農注
○丨者民之司命也管子山權數○五丨者種之美
者也孟子告子上○五丨者以奉宗廟養萬民也說
苑修文○中有岱嶽與其五丨魚鹽生焉爾雅釋地
○五丨麻黍稷麥豆也周禮疾醫以五味五丨五藥
養其病注○五丨黍稷麻麥菽也大戴記曾子天圓
成五丨之名注○五丨黍稷麥麻菽也後漢明帝紀

注○五丨黍稷菽麥稻也後漢班彪傳上注○五丨
謂稻黍稷麥菽也孟子滕文公上樹藝五丨注○六
丨稌黍稷粱麥苽周禮膳夫食用六丨司農注○九
丨黍稷秫稻麻大小豆大小麥周禮大宰三農生九
丨司農注○九丨無秫大麥而有粱苽周禮大宰三
農生九丨注○震爲百丨易彖上傳百丨草木麗乎
地虞注○丨蓋牟麥也書古太誓五至以丨俱來鄭
注○丨萊生水中齊民要術十引字林○玉有粟文
所謂丨璧也山海經西山經堅粟精密注○丨圭其
飾若粟文然周禮典瑞丨圭注○孤寡不丨諸侯謙
辭左氏僖四年傳豈不丨是爲注○孺子曰丨荀子
禮論臧丨猶且羞之注又莊子駢拇臧與丨二人釋
文引崔注○丨齊也國語晉語四丨戊注○丨今河
南死水水經注十五引字林○丨水即睢水也水經
注廿四○丨水世謂慈澗山海經中山經瞻諸之山
少水東流注于丨水注○丨洛二水名國語周語靈

王十二年丨洛鬬注○布丨鴶鵴也爾雅釋鳥疏引
埤蒼○丨當爲告聲之誤也禮記檀弓下齊丨王姬
之喪注○丨或讀爲鬬穀於菟之穀荀子禮論臧丨
猶且羞之注○左氏僖卅七年傳郤丨可釋文丨本
又作穀穀梁文二年晉士丨釋文丨本又作穀九年
同○穀梁宣十三年晉殺其大夫先穀釋文穀一本
作丨○左氏莊卅年傳鬬丨於菟釋文引漢書敘傳
丨作穀○呂覽觀表衛右宰丨臣文選劉孝標廣絶
交論注
作轂臣

熟 又作孰○丨成也孟子告子上苟爲不丨注○孰
精也荀子禮論非順孰修爲之注○孰精孰也荀
子富國須孰精察注○孰謂精審荀子議兵凡慮事
欲孰注○孰察精孰而察荀子性惡思索孰察注○
丨猶善也周髀算經上思之未丨注○丨猶知也呂
覽重己此論不可不丨注適威有無之論不可不丨

注○丨熟也素問疏五過論五
藏菀丨注大奇論五藏菀丨注

谷 丨窮也詩桑柔進退維丨傳○丨者空虛不有老
子曠兮其若丨注○與爲丨易井井丨射鮒虞注
○水注谿曰丨公羊僖三年傳無障丨注又爾雅釋
水○注谿爲丨楚辭招魂川丨徑復注○水注壑曰
丨文選蜀都賦含谿懷丨劉注○水相屬曰丨爾雅
釋水注谿曰丨李注○丨丨者澂爾雅釋邱○丨之言
穀爾雅釋天東風謂之丨風孫注○丨養也老子丨
神不死注○丨去也廣雅釋詁二○肉之大會爲丨
素問氣穴○飛丨日所行道也楚辭遠遊橫飛丨以
南征注○東風謂之丨風詩谷風習習丨風傳又箋
又爾雅釋天○書堯典宅西曰昧丨周禮縫人注作
度西曰柳穀○老子丨神不死釋文丨河上本作浴
丨柔也釋名釋形體○丨肥也史記樂書寬裕丨

肉 好正義又鬼谷子符言其被飾無不丨注○丨肥

也丨或爲潤禮記樂記寬裕丨好注○丨骨丨也大
元親子其丨注○丨物蕺燔之屬周禮內饔辨體名
丨物注○丨俎也禮記曾子問不歸丨注○陰稱丨
易噬嗑噬乾丨虞注○今江東呼麋鹿之屬通爲丨
爾雅釋器丨曰脫之注○丨身也爾雅釋器丨倍好
謂之璧孫注○丨邊也爾雅釋器丨倍好謂之璧注
○丨璧邊也爾雅釋器釋文○丨刑墨劓剕宮也荀
子正論治古無丨刑注○丨角謂麟也後漢班彪傳
下
注

族 丨屬也國語齊語工立三丨注○公丨公屬詩汾
沮洳殊異乎公丨傳○丨湊也廣雅釋言○丨者
湊也聚也白虎通宗族○丨叢也爾雅釋木木丨生
爲灌注又孫注○丨衆也莊子養生主丨庖月更刀
折也釋文引崔注○丨聚也莊子在宥雲氣不待丨
而雨下釋文引司馬注又廣雅釋詁三又漢書司馬

相如傳上集注又呂覽辯土是故三以爲丨乃多粟
注又淮南要畧丨鑄大鐘注○丨亦叢聚也顏氏家
訓書證○丨類也書堯典方命圮丨傳又左氏襄卄
四年傳必取其丨注又國語魯語非是丨也不在祀
典注晉語生之丨也注又史記五帝紀負命毀丨正
義又淮南俶眞萬物百丨注又文選西京賦殄水丨
薛注○丨猶類也周禮大司徒二曰丨墳墓注又禮
記祭法非其丨也注○丨謂羣也周書程典工不丨
居注○丨雜也莊子養生主釋文引司馬注○丨嗣
也國語晉語天祚將在武丨注○丨姓也國語魯語
老請守龜卜室之丨注又國策秦策有與曾子同名
丨者注又呂覽異寶問其名丨注○百丨百姓也周
禮司市百丨爲主司農注○丨親丨同姓也國語楚
語在中軍王丨而已注○丨親丨也國語晉語自卿
以下不過其丨注○丨家也左氏襄八年傳謀之多
丨注○丨百家也禮記內則宰告閭史注又周禮大

司徒四閭爲丨注○百家爲丨周禮族師各掌其丨
之戒令政事司農注○四閭爲丨周禮大司徒族師
又禮記內則宰告閭史注○交錯聚結爲丨莊子養
生主每至於丨吾見其難爲注○乾爲丨易象上傳
君子以類丨辨物虞注○丨人謂絕屬者大戴記曾
子制言上丨人之雠不與聚鄰注○丨長有司掌丨
人親疏者儀禮士喪禮丨長泣丨注○公丨公同祖
也詩麟之趾振振公丨傳○公丨丨主君同姓昭穆也
詩汾沮洳殊異乎公丨箋○一丨一父子也國語周
語王御不參一丨注○三丨父子孫也禮記仲尼燕
居故三丨和也注○三丨謂父子孫人屬之正名周
禮小宗伯掌三丨之別注○三丨謂父昆弟己昆弟
子昆弟儀禮士昏禮惟是三丨之不虞注○三丨父
丨母丨妻丨大戴記保傳三丨輔之注又後漢楊終
傳注宦者傳注○上自高祖下至元孫凡九丨書堯
典九丨既睦馬注鄭注○九丨謂上二高祖下至元

孫後漢光武紀下注○父之從祖昆弟爲丨父丨父
之子相謂爲丨昆弟爾雅釋親○父之從祖祖父爲
丨曾王父父之從祖祖母爲丨曾王母同上○丨曾
祖父者曾祖昆弟之親也儀禮喪服丨曾祖父母注
○丨祖父者祖父之從父昆弟之親也儀禮喪服丨
祖父母注○丨當爲奏書大傳貢正聲而九丨具成
注○史記晉世家晉侯子寧丨索隱
引世本作曼期引古史考作曼旗

鹿 震爲丨易比王用三驅失前禽虞注○震爲麋丨
易屯即丨无虞虞注○丨鳴小雅篇也人君與臣
下及四方之賓燕講道脩政之樂歌也儀禮大射儀
乃歌丨鳴三終注○五丨衞地國語晉語取五丨注
○員曰囷方曰丨國語吳語而囷丨空虛注○丨中
謂射於榭也儀禮鄉射禮釋獲者執丨中注○丨中
髹前足跪鑿背容八筭儀禮鄉射禮記○遣軌謂之
丨車廣雅釋器○丨腸元蔘也廣雅釋草○涿丨者

竿人頭也古微書引尚書刑德放○易也卽丨无虞
釋文丨王肅本作麓○國策燕策丨毛壽史記燕召
公世家索隱引春
秋後語作厝毛壽

腹 丨厚也詩蓼莪出入丨我傳又禮記月令水澤丨
堅注又爾雅釋詁○丨厲也廣雅釋親○丨複也
富也釋名釋形體○丨生也廣雅釋詁一○丨懷抱
也詩蓼莪出入丨我箋○坤爲丨易說卦傳大畜輿
說丨虞注大壯壯于大轝之丨虞注明夷入于左丨
苟注象上傳先王以建萬國親諸侯虞注○離爲大
丨易說卦傳泰帝乙歸妹以祉元吉虞注睽後說之
壺虞注艮艮其身虞注○丨爲陰素問金匱眞言論
○自臍以下曰水丨釋名釋形體○少丨小腸也素
問脉要精微論少丨當有形也注○丨或作輹易大
畜輿說丨虞注○禮記月令
水澤丨堅釋文丨本作複

菊 又作蘜○丨艸名也爾雅翼引蔡邕月令章句○
蘜治蘠爾雅釋草○大丨蘧麥爾雅釋草
丨厚也廣雅釋詁三○丨平水經鮑邱水注引文

陸 頹說○丨中也爾雅釋天北丨虛也孫注○丨道
也左氏昭四年傳日在北丨而藏冰注又服注○丨
漉也水流漉而去也釋名釋地○丨高之頂也易漸
鴻漸于丨注又釋文○高平曰丨爾雅釋地又釋名
釋地又國語齊語丨阜陵堇注又穆天子傳三爰有
陵衍平丨注○高平稱丨易漸鴻漸于丨虞注○廣
平曰丨左氏定元年傳而田於大丨注引爾雅又史
記孝武紀河溢皋丨正義司馬相如傳散渙夷丨索
隱引司馬彪○山上高平曰丨易漸鴻漸于丨馬注
○大阜曰丨楚辭憂苦巡丨夷之曲衍兮注○土地
豐正名爲丨爾雅釋地高平曰丨李注○晉有大丨
爾雅釋地○北丨虛也爾雅釋天○西丨昴也同上
○知古不知今謂之丨沈論衡謝短○丨丨猶碌碌

也後漢馬援傳注○丨離參差也廣雅釋訓○丨離
猶參差也文選南都賦澶漫丨離注○丨離猶參差
衆貌也離騷長余佩之丨離注○丨離紛散也離騷
斑丨離其上下注○丨離分散也文選蜀都賦毛羣
丨離劉注○丨梁東西倡佯也文選西京賦怪獸丨
梁薛注○丨離美玉也楚辭逢紛薜荔飾而丨離蔦
兮注○丨吾卽肩吾也山海經西山經崑崙之邱神
丨吾司之注○丨商也易夬莧丨夬夬釋文引虞注
○丨商丨也易夬釋文引宋注○丨和睦也易夬莧
丨虞注○丨跳也莊子馬蹄翹足而丨釋文引司馬
注○易夬莧丨釋文丨蜀才本作睦○
莊子馬蹄翹足而丨釋文丨字書作踛

軸 丨車丨也後漢馮異傳注○萬丨謂車也文選顏
延年侍遊曲阿後湖詩注○服重任行遠道正直
而固者丨也列女傳母儀○軸謂之丨方言九又廣
雅釋器○丨輁丨也儀禮士喪禮升棺用丨注又旣

夕遷于祖用丨注○丨抽也入轂中可抽出也釋名
釋車○丨狀如轉轔刻兩頭爲軹儀禮旣夕遷于祖
用丨注○丨進也詩考槃碩人之丨傳○丨病也詩
考槃碩人之丨箋○丨河上地也詩淸人淸人在丨
傳

逐 丨從也楚辭河伯乘白黿兮丨文魚注○丨進也
漢書五行志下之上○丨馳丨也文選南都賦羣
士放丨注○丨競也漢書食貨志下集注馮奉世傳
集注○丨爭也後漢馮異傳注○丨求也國語晉語
厭邇丨遠注○丨彊也爾雅釋言○丨流蕩也荀子
儒效故風之所以爲不丨者注○丨病也爾雅釋詁
○震爲丨易睽喪馬勿丨虞注震勿丨七日得虞注
○競走曰丨漢書五行志上集注引晉灼○在上位
而不能進賢者丨說苑臣術引泰誓○丨丨速也易
頤其欲丨丨釋文引薛注○丨丨疾並驅之貌易大

畜艮馬丨釋文引姚注○丨丨心煩貌易頤其欲丨
丨虞注○丨丨敦實也易頤其欲丨丨釋文○丨卽
豚字山海經中山經苦山有獸焉名曰山膏其狀如
丨注○丨字或作逐漢書郊祀志上集注○易頤其
欲丨丨釋文丨丨子夏傳作攸攸荀作悠悠
劉作跾○費鳳別碑白駒以潻隍丨作潻
牧 丨養也易象上傳卑以自丨也注又爾雅釋地郊
外謂之丨釋文又廣雅釋詁二又一切經音義二
引三蒼又後漢楊震傳注公孫瓚傳注侯瑾傳注又
莊子天道使天下無失其丨乎釋文引司馬注○丨
飤也方言十二○丨人養牲於野田者周禮地官序
官注○丨正養禽獸之長也列子黃帝周宣王之丨
正釋文○養牛曰丨左氏僖廿年傳誰扞丨圉釋文
又左氏昭七年傳牛有丨注○牛曰丨左氏僖廿八
年傳誰扞丨圉注又淮南覽冥厮徒馬圉注○丨使
也廣雅釋詁一○丨司也方言十二○丨臨也小爾

雅廣言○丨察也方言十二○丨事也左氏昭卅一
年傳此二丨者注○丨謂法也周書周祝爲天下者
用丨注○丨治荀子成相請丨基賢者思注○丨臣
也廣雅釋詁二○丨田官也詩靜女自丨歸荑傳○
丨州丨也周禮大司馬建丨立監注○丨州長也周
禮大宰一曰丨以地得民注○九州之長入天子之
國曰丨禮記曲禮下○以侯伯有功德者加命作州
長謂之丨周禮大宰而建其丨注○養其民則謂之
九丨荀子解蔽此其所以喪九丨之地注○殷之州
丨曰伯虞夏及周曰丨書立政宅乃丨鄭注○殷之
州長曰伯虞夏及周皆曰丨禮記王制千里之外設
方伯注○八命作丨周禮大宗伯○丨丨地孟子公
孫丑下則必爲之求丨與芻矣注○丨放丨之地國
語周語國有郊丨注○丨丨田在遠郊畜丨之地周
禮大宰四曰藪丨養蕃鳥獸注○丨田者丨六畜之
田周禮載師以官田牛田賞田丨田任遠郊之地司

農注○牛田丨田畜丨者之家所受田也周禮載師
注○經丨制田界與井也周禮遂師經丨其田野注
○井丨者春秋傳所謂井衍沃丨隰皋者也周禮小
司徒而井丨其田野司農注○隰皋之地九夫爲丨
二丨而當一井周禮小司徒乃經土地而井丨其田
野注○郊外謂之丨爾雅釋地○紂近郊三十里地
名丨書牧誓王朝至于商郊丨野傳○丨野紂南郊
地名書牧誓序與受戰于丨野鄭注○九丨猶九州
也文選論盛孝章書九丨之人所共稱歎注○黑腹
丨爾雅釋畜○丨丨養之丨書舜典四岳羣丨釋文
禹貢萊夷作丨釋文○詩大明丨野洋洋水經注九
作坶野洋洋○爾雅釋地郊外謂之丨釋文李本丨
作田○莊子齊物論君乎
丨乎釋文崔本作跂乎
伏 丨服也易繫辭古者包犧氏之王天下也釋文引
孟京○丨覆也禮記曲禮上寢毋丨注又釋名釋

姿容○丨藏也廣雅釋詁四又國語晉語物莫丨於
蠱注又呂覽孟夏無丨于都注○丨隱也國語晉語
將丨也注又素問五常政大論其動彰丨變易注○
丨猶處也左氏定四年傳未獲所丨注○丨去也國
語晉語宵靜女德以丨蠱慝注○丨者別也變也風
俗通皇霸引禮含文嘉○丨猶憑也文選西京賦丨
櫺檻而頫聽薛注○丨下身也史記屈原賈生傳禍
兮福所倚索隱○丨謂不爲之用周書史記其臣忠
艮皆丨注○巽爲丨易同人丨戎于莽虞注○坎爲
隱丨易說卦傳困臀困于株木干注艮不見其人虞
注繫辭下傳將叛者其辭慙虞注○丨也者入而不
見也大戴記夏小正望乃丨傳辰則丨傳○丨者非
亡之辭也星無時而不見我有不見之時故曰丨云
大戴記夏小正三月參則丨傳○丨者何也金氣丨
藏之日也後漢明帝紀注又文選閒居賦注引厤忌
釋○丨術丨膺於術荀子性惡丨術爲學注○節假

直日謂之丨豹封氏聞見記○丨豹者言衆官皆出
己獨留如藏丨之豹何候待搏故云丨豹同上○丨
謂丨犬以王車轢之周禮犬人丨瘞亦如之司農注
○丨車軾也史記酷吏傳未嘗敢均茵丨索隱○展
又曰丨兎在軸上似之也釋名釋車○丨豬木禾也
廣雅釋草○丨翼蚳螺也廣雅釋鳥○故書丨作偪
考工記輈人不丨其轅注○左氏昭十三年傳奉壺
飲冰以蒲丨焉釋文丨本作匐○列子天瑞小人丨
焉釋文丨焉荀卿作休焉○伏羲氏易繫辭傳下作
包犧氏漢書律厤志下作炮列子黃帝作庖尚書序
釋文丨古作虙漢
書古今人表作宓

宿丨久也小爾雅廣詁又漢書徐樂傳集注○丨積
久也莊子徐無鬼枯槁之士丨名釋文○丨舊也
漢書霍去病傳集注又後漢安帝紀注○丨留也廣
雅釋言又漢書嚴安傳集注○丨素也孟子公孫丑

下弟子齊丨而後敢言注○丨舍也廣雅釋詁四○
丨猶舍也鬼谷子本經陰符而神丨矣注○丨猶處
也詩九罭於女信丨傳○丨止也廣雅釋詁三又漢
書枚乘傳集注又荀子非十二子則倜然無所歸丨丨
注○丨道止於道也荀子王霸使臣下百吏莫不丨
道鄉方而務注○丨進也儀禮士冠禮乃丨賓注○
丨猶逆也論語顏淵子路無丨諾皇疏○丨猶豫也
論語顏淵子路無丨諾集解○丨猶先也管子地圖
丨定所征伐之國注○丨猶安也左氏昭廿九年傳
官丨其業注○夜止曰丨楚辭初放塊鞠兮當道丨
注○一丨曰丨詩有客有客丨丨傳又漢書文帝紀丨
集注引臣瓚○有客丨丨言再丨也爾雅釋訓○丨
思也左氏昭廿九年傳官丨丨其業服注○丨者先誡
之辭公羊桓元年傳魯朝丨之邑也注○丨丨申戒也
周禮大宗伯丨眡滌濯注○申戒爲丨儀禮公食大
夫禮記不丨戒注○再戒爲丨戒儀禮鄉飲酒禮記

不丨戒注○丨致齊也禮記禮器三日丨注○丨猶
齋戒也史記封禪書上丨郊見集解引李奇○丨先
丨祭之夕周禮肆師丨爲期注○丨謂丨衞也周禮
脩閭氏掌比國中丨互櫜者司農注○丨息廬之屬
賓客所丨及晝止者也周禮野廬氏丨息井樹注○
丨可止丨若今亭有室矣周禮遺人三十里有丨注
○朝天子所丨之邑謂之朝丨穀梁桓元年傳魯朝
丨之邑也注○丨國名公羊隱元年及宋人盟于丨
釋文○丨草謂陳根也禮記檀弓上有丨草而不哭
焉注○楚人名冬生草曰丨莽離騷夕攬中洲之丨
莽注思美人搴長洲之丨莽注○丨古文夙周書寤
儆戒維丨注○古文丨皆作羞儀禮少牢饋食禮丨
注○丨或作速記作肅周禮亦作丨儀禮特牲饋食
禮乃丨尸注○丨讀爲肅儀禮特牲饋食禮乃丨尸
注又少牢饋食禮丨注又禮記祭統宮宰丨夫人
注○禮記玉藻丨丨如也釋文丨丨本或作蹜

讀丨抽也詩牆有茨不可丨也傳又小爾雅廣言○
丨說也廣雅釋詁二○丨猶語也莊子則陽號而
丨之也釋文引李注○丨謂經公羊定元年傳主人
習其丨而問其傳注○丨當爲續周禮巾車歲時更
續杜
注

犢牛子丨爾雅釋畜○牛子爲丨太元元數爲丨注
○丨藾栗之丨也周禮掌客則國君膳以牲丨注
○丨者誠慤未有牝牡之情禮記郊特牲諸侯膳用
丨注○鐸丨及賓其聲相近漢書劉輔傳集注○禮
記禮器諸侯膳以丨釋文丨本作特○史記孔
子世家鳴丨集解引徐廣作鳴鐸說苑作鳴澤

瀆丨水竇也荀子脩身開其丨注○丨小渠也史記
屈原賈生傳彼尋常之汙丨兮索隱○洿丨小溝
也楚辭離世漸藁本於洿丨注○丨坑也廣雅釋水
○坎爲溝丨易說卦傳○注澮曰丨爾雅釋水○水

流不絶曰丨爾雅釋水舊注○溝丨澮田閒通水者也周禮雍氏掌溝丨澮池之禁注○丨獨也各獨出其所而入海也釋名釋水○丨者濁也中國垢濁發源東注海其功著大故稱丨也白虎通巡狩○丨者通也所以通中國垢濁風俗通山澤○丨四丨也文選顏延年曲水詩序山丨效靈注○江河淮濟爲四丨爾雅釋水又公羊隱五年傳濟上之邑也注○四丨者發源注海者也爾雅釋水○自河入濟自濟入淮自淮達江水徑周通故有四丨之名也水經河水注

【牘】丨版也廣雅釋器○丨書板也後漢北海靖王興傳注蔡邕傳注○丨睦也手執之以進見所以爲恭睦也釋名釋書契○舂丨舂丨也丨築也以舂築地爲節也釋名釋樂器○舂丨以竹大五六寸長七尺短者一二尺其端有兩空髤畫以兩手築地周禮笙師舂丨應雅司農注

【櫝】丨櫃也論語季氏龜玉毁於丨中集解引馬注又國語魯語使求得之金丨注鄭語丨而藏之注○丨匱也後漢崔駰傳注又家語辯物公使人求得之金丨注○丨函也儀禮聘禮西面坐啟丨釋文又論語季氏龜玉毁於丨中皇疏○丨謂劍函也禮記少儀斂則啟丨蓋襲之注○丨櫨三輔舉水具也一切經音義十五引蒼頡○松丨長三尺丨速丨也前刺之言也釋名釋兵○丨棺也左氏昭廿九年傳公將爲之丨釋文又廣雅釋器○丨與韣古字通文選劇秦美新布濩流衍而不韞韣注

【黷】集韻通作瀆○丨黑也一切經音義六引聲類○丨黑茂貌文選吳都賦林木爲之潤丨注○丨垢也一切經音義六引蒼頡○丨垢濁也後漢陳元傳注○丨持垢也杜木切文選王簡棲頭陀寺碑文注引字林○丨汙也漢書谷永傳集注○瀆褻也易蒙再三瀆釋文○丨媟也後漢陳蕃傳注○瀆泄也太元瑩吉凶交瀆注○瀆之言褻也禮記表記再三瀆注○丨渫丨也公羊桓八年傳亟則丨注○未瀆辭謂時王不尚辭民不褻爲也禮記表記夏道未瀆辭注○瀆輕也國語晉語瀆其信也注○瀆易也左氏昭十三年傳其可瀆乎注昭二十六年傳貫瀆鬼神注○丨狎也廣雅釋言○瀆數也左氏昭十三年傳瀆貨無厭注○瀆謂數而不敬禮記少儀毋瀆神注○瀆慢也左氏昭元年傳瀆齊盟注昭廿六年傳國有外援不可瀆也注○丨猶慢也數也後漢劉虞傳注○瀆敗也太元難凍冰瀆注○瀆亂也易蒙再三瀆釋文○坎爲瀆易繫辭下傳下交不瀆虞注○瀆古丨字也易蒙再三瀆崔憬注○丨古文作遺嬻二形一切經音義十四○論語雍也集解釋文瀆今作丨

【讟】丨誹也左氏昭元年傳民無謗丨注○丨謗也左氏宣十二年傳君無怨丨注又方言十三又後漢王梁傳注張衡傳注○丨誣也方言十三丨痛也注○丨痛也方言十三又廣雅釋詁二○丨忘也廣雅釋詁三

【轂】丨埆也體堅埆也釋名釋車○軝謂之丨廣雅釋器○重丨者丨外復有一丨施牽其外乃復設牽施銅獨斷下○以經緯之交爲丨周髀算經下車輻引繩就中央之正以爲丨注○丨也者以爲利轉也考工記輪人○丨推也史記李斯傳集解引徐廣○不丨踰不能如車丨爲衆丨所湊老子孤寡不丨注○丨下喩在輦丨之下文選上責躬應詔詩表注引胡廣漢官解詁注潘安仁在懷縣詩注求通親親表注齊竟陵文宣王行狀注○丨祿也後漢蔡邕傳下注○丨本又作轂列子天瑞鶡之爲布丨釋文

【復】集韻寝通作丨○丨覆也國語魯語夕而習丨注○丨猶覆也論語學而言可丨也集解引孔注○

丨反覆也詩蓼莪顧我丨我箋又後漢張奐傳注○
丨丨反也易雜卦傳易復釋文又詩黃鳥丨我邦族箋
我行其野言歸思丨傳又儀禮大射儀揚觶掘丨注
士喪禮曰皐某丨三注又禮記喪大記君弔則丨殯
服注又左氏襄廿八年傳迷丨凶注又公羊宣六年
傳人弑爾君而丨國注又論語顏淵克己丨禮爲仁
集解引孔注又書大傳德施有丨注又國語魯語明
日有司丨命注晉語丨產害矣注又漢書五行志中
之上集注引應劭楚元王傳集注司馬相如傳上集
注又後漢張衡傳注又呂覽當貴故丨右主然之罪
注又楚辭招魂川谷徑丨注○丨返也爾雅釋言又
漢書終軍傳集注又荀子大略丨自道注又文選思
元賦又何往而不丨舊注○丨猶反也論語先進南
容三丨白圭皇疏顏淵克己丨禮爲仁皇疏○丨者
各反其所始易繫辭下傳丨德之本也注○丨者反
本之謂也易象上傳丨其見天地之心乎注○丨反

丨也後漢梁竦傳注○丨反還也史記孝文紀郎中
令武爲丨丨土將軍索隱○丨還也易復釋文又書舜
典卒乃丨丨傳又小爾雅廣言又國策齊策恐田忌欲
以楚權丨丨於齊注又漢書高帝紀下集注又後漢桓
帝紀注○丨歸也漢書董仲舒傳集注○丨猶歸也
漢書禮樂志集注○丨者歸本之名易復何妥注○
丨謂息內易泰无往不丨虞注○丨者如故時公羊
襄卅年傳死者不可丨生注○丨謂丨舊也素問瘧
論病極則丨注○丨重也廣雅釋詁四又漢書藝文
志集注賈山傳集注韓安國傳集注又管子牧民不
行不可丨者注○丨重也因也漢書律麻志上集注
叔孫通傳集注○丨因也漢書武帝紀集注○丨周
也漢書敘傳下集注引張晏○丨旋也後漢趙咨傳
注○丨過也淮南時則轉而不丨注○丨者伏也史
記樂書丨亂以飾歸正義○丨報也儀禮聘禮丨見
之以其摯注又左氏昭六年傳丨書曰注又公羊隱

三年傳與夷丨曰注又漢書江充傳集注董仲舒傳
集注王尊傳集注師丹傳集注又荀子臣道以德丨
君而化之注又素問六元正紀大論五運之氣亦丨
歲乎注○丨猶報也周禮大司寇凡遠近惸獨老幼
之欲有丨於上注又漢書蒯通傳集注○丨之言報
也反也周禮宰夫諸侯之丨注○丨償也漢書陳湯
傳集注○丨猶償也禮記曾子問除喪則不丨昏禮
乎注○丨補也漢書翼奉傳集注○丨猶補也漢書
段會宗傳集注○丨白也禮記曲禮上願有丨也注
又左氏成二年傳而丨于寡君注又大戴記曾子立
事承閒觀色而丨之注又小爾雅廣言又國語齊語
正月之朝鄉長丨事注選其官之賢者而丨用之注
又孟子梁惠王上有丨於王者曰注又管子立政以
丨於里尉注中匡管仲懼而丨之注小匡正月之朝
鄉長丨事注又呂覽勿躬管子丨於桓公注高義公
上過往丨於子墨子注又淮南人閒費無忌丨於荆

平王曰注○丨猶白也後漢崔駰傳注○丨謂白也
管子桓公問武王有靈臺之丨而賢者進也注○丨
謂奏事也周禮大僕掌諸侯之丨逆注○丨請也周
禮宰夫諸臣之丨司農注○丨荅也史記司馬相如
傳王辭而不能丨索隱引郭璞○丨語也廣雅釋詁
一○丨者發語之聲史記越世家丨鞬靡長沙索隱
引劉氏○丨亦盛也呂覽季冬水澤丨注○丨猶驗
也論語學而言可丨也皇疏○丨招魂也周禮玉府
大喪共含玉丨衣裳司農注○丨謂招魂禮記檀弓
下丨盡愛之道也注○丨始死招魂禮記曾子問公
館丨注○丨謂始死招魂丨魄周禮夏采以冕服丨
于大祖司農注○丨招魂丨魄也禮記雜記則其丨
如於其國注丨諸侯以褒衣冕服爵弁服注喪大記
丨有林麓注○丨者有司招魂丨魄也天子則夏采
祭丨僕之屬諸侯則小臣爲之儀禮士喪禮丨者一人
注○丨廟重屋也禮記明堂位丨廟重檐注○丨隋

雨衣也左氏昭十二年傳桼丨陶釋文○坤爲丨易
彖上傳丨其見天地之心乎虞注○丨德之本也易
繫辭下傳○丨者冬至之卦易彖上傳丨其見天地
之心乎荀注○冬至陰之丨夏至陽之丨故爲丨後
漢章帝紀注○丨火氣也素問氣交變大論則夏有
炎暑燔爍之丨注○丨土變也素問氣交變大論則
不時有埃昏大雨之丨注○寢窟也廣雅釋室○丨
者丨于上上詩緜陶丨陶穴箋○丨者土於地上也
詩緜釋文○丨土主穿壙塡墓事也後漢明帝紀注
○丨土校尉主葬事丨土于壙也後漢樊儵傳注○
丨盡愛之道也禮記檀弓下○丨者溫丨之謂也莊
子庚桑楚丨謂不餽而忘人釋文○丨謂優寬也後
漢杜詩傳注○丨謂除其賦役也後漢光武紀上注
○丨統謂廢而丨之後漢張衡傳注○丨言明明相
代書大傳旦丨旦兮注○丨綴反位止也禮記樂記
六成丨綴以崇注○丨者事畢也穀梁宣八年傳○

丨者事畢之辭穀梁文八年傳未丨而日丨注○丨
音嫂國語補音一引字林○丨讀曰複漢書郊祀志
下集注張良傳集注孔光傳集注○丨或作複呂覽
季冬水澤丨注○丨或爲服禮記喪大記君弔則丨
殯服注○今文丨爲反儀禮特牲饋食禮賓出主人
出皆丨外位注○易乾反丨道也釋文本亦作反覆
詩節南山箋可反丨也釋文本又作反覆公劉箋言
反丨之釋文本亦作反覆抑箋誰能反丨之釋文本
亦作反覆○詩緜陶丨陶
穴說文穴部作陶複陶穴

粥 一作鬻○丨饘也廣雅釋器○丨糜也儀禮旣夕
歠丨注○鬻糜也爾雅釋言○鬻淖糜也爾雅釋
言鬻糜也孫注○丨淖糜也與六反爾雅釋言釋文
引字林○丨濁於糜丨丨然也釋名釋飲食○鬻餘
飯以飯尸餘米爲鬻也儀禮士喪禮夏祝鬻餘飯注
○丨丨敬懼貌漢書禮樂志集注引晉灼○丨丨卑
謙貌禮記儒行丨丨若無能也釋文○古文精今作
丨一切經音義十三○禮記儒行釋文丨丨徐本作
鬻

肅 丨敬也詩何彼襛矣曷不丨雝傳清廟丨雝顯相
傳又左氏僖廿三年傳丨而寬注文十八年傳忠
丨共懿注昭十三年傳下善齊丨注又周書武稱丨
勝怒注皇門罔不茂揚丨德注又洪範五行傳貌之
不恭是謂不丨注又國語晉語知羊舌職之聰敏丨
給也注楚語明齊丨以耀之臨注又漢書禮樂志集
注二見五行志中之上申屠嘉傳集注兒寬傳集注
韋元成傳集注二見谷永傳集注王莽傳中集注引
應劭又後漢章帝紀注皇后紀上注又法言修身其
爲外也丨括注又文選東京賦紀禪丨然之功薛注
○丨丨敬也詩兎罝丨丨兎罝傳思齊丨丨在廟傳
烝民丨丨王命箋雝至止丨丨箋又禮記樂記又爾

雅釋訓又漢書韋元成傳集注揚雄傳上集注又太
元禮足丨丨注○丨丨敬貌文選東京賦丨丨習習
薛注○丨丨恭也爾雅釋訓○丨敬以佐恭也太元
元數事貌用恭撟丨注○丨祗恭敬也後漢班彪傳
下注○丨嚴也書太甲上罔不祗丨傳○丨整也國
語周語寬丨宣惠注○丨丨嚴正之貌詩黍苗丨丨
謝功箋○丨中列嚴整也素問氣交變大論其政凝
丨注○丨進也詩桑柔民有丨心箋又儀禮特牲饋
食禮乃宿尸注少牢饋食禮宿注又禮記曲禮上主
人丨客而入注又爾雅釋詁○丨駿也禮記禮運刑
丨而俗敝注○丨疾也爾雅釋詁又國語齊語父兄
之敎不丨而成注○丨丨疾貌詩小星丨丨宵征傳
○丨速也爾雅釋詁又國語周語俾莫不任丨純恪
也注○丨急也洪範五行傳側匿則侯王丨注又淮
南本經丨而不悖注○丨嚴急之言也禮記月令天
地始丨注○丨靜也素問六元正紀大論終爲丨注

五運行大論其化爲丨注〇丨丨清也後漢張衡傳
注〇丨清也靜也素問五常政大論其政丨注〇丨丨
寒也管子幼官春行冬政丨注又文選江文通望荆
山詩雲霞丨川漲注〇丨殺也呂覽孟秋天地始丨
注又淮南時則天地始丨注〇丨聲也爾雅釋言〇
氣容丨似不息也禮記玉藻氣容丨注〇丨手至地
若今撎左氏成十六年傳敢丨使者注〇丨拜拜低
跪也禮記少儀丨拜注〇丨拜但俯下手今時撎是
也周禮大祝九曰丨擽司農注〇剛德克就曰丨周
書諡法〇執心決斷曰丨同上〇丨縮也霜降而收
縮萬物詩七月九月丨霜傳〇丨謂枝葉縮栗禮記
月令草木皆丨注〇草木上竦曰丨淮南時則草木
皆丨注〇丨丨羽聲也詩鴻鴈丨丨其羽傳〇丨丨
鴇羽聲也詩鴇羽丨丨鴇羽傳〇丨丨愼國名國語魯
語此丨愼氏之矢也注〇丨愼氏之國今名之爲挹
婁國山海經大荒北經有丨愼氏之國注〇詩鴻鴈

丨丨字釋文本或作翿翿〇書序丨
愼來賀史記周本紀作息愼來賀

育
丨生也易漸婦孕不丨虞注又禮記樂記萬物丨
焉注中庸可以贊天地之化丨注洋洋乎發丨萬
物注又左氏昭廿九年傳鬱湮不丨注又廣雅釋詁
一又華嚴經音義上引國語賈注又國語鄭語不天
而丨注又後漢張禹傳注又淮南原道毛者孕丨注
又楚辭天問死則又丨注又文選思元賦卉既凋而
已丨舊注〇丨養也易象上傳君子以果行丨德虞
注又詩思文帝命率丨箋又爾雅釋詁又孟子盡心
上得天下英才而教丨之注又國語齊語其畜散而
無丨注又漢書韋元成傳集注又後漢班彪傳下注
〇丨丨長也書盤庚中無遺丨傳又詩谷風昔丨恐丨
鞠傳生民載生載丨傳又左氏哀十一年傳則劓殄
無遺丨注又爾雅釋詁又國語周語子孫蕃丨之謂
也注晉語正名丨類注丨門子注楚語堯復丨重黎

之後注又呂覽開春則草木丨矣注又淮南原道呴
諭覆丨注生丨萬物注〇丨養亦爲長爾雅釋詁丨丨
長也注〇丨生也長也禮記中庸萬物丨焉注〇丨
覆丨也詩蓼莪長我丨我箋〇丨遂也國語晉語至
於今不丨注〇丨成也呂覽察賢則萬物丨矣注〇
丨賣也莊子人間世是以人惡有其美也釋文引崔
注本〇齊人謂車枕以前曰縮充鬻曰丨御者坐中
執御丨丨然也釋名釋車〇易蠱丨德釋文引王肅
本作毓德〇周禮大司樂注若舜命夔典樂教丨子
釋文作胄子〇淮南原道毛者孕丨禮記樂記作毛
者孕
鬻

六
丨者戮也漢書王莽傳中〇丨主律大戴記易本
命〇丨爲律家語執轡〇丨者兼三才之數管子
五行入道以丨制注〇丨月亦歲之中山海經中山
經嶽在其中以丨月祭之注〇丨合天地四方也文

選東京賦丨合殷昌薛注〇八丨者豆數也儀禮聘
禮堂上之饌八西夾丨注〇天子之卿丨命車旗衣
服以丨爲節詩無衣
豈曰無衣丨兮傳

縮
丨藏也淮南覽冥春秋丨其和注〇丨退也一切
經音義二十引國語賈注〇丨短也淮南時則孟
秋始丨注本經贏丨卷舒淪於不測注又文選東京
賦不丨不盈薛注〇丨直也禮記投壺注奇則丨諸
純釋文〇丨從也儀禮鄉飲酒禮磬階閒丨霤注鄉
射禮十純則丨而委之注大射儀十純則丨而委之
注士喪禮絞橫三丨一注士虞禮東丨注實于俎丨
注二尹丨注少牢饋食禮丨執俎肝亦丨注又禮記
檀弓上古者冠丨縫注喪大記小斂布絞丨者一注
〇丨抽也小爾雅廣言〇丨引也國語周語而丨取
備物注〇丨取也國語楚語丨於財用則匱注又國
策秦策丨劍將自誅注〇丨義也孟子公孫丑上自

反而不丨注○丨亂也爾雅釋詁○丨浚也周禮甸
師祭祀共蕭茅大夫注○丨酒泲酒也同上○束茅
而灌之以酒爲丨酒左氏僖四年傳無以丨酒注○
立丨順其牲儀禮特牲饋食禮載心立舌丨俎注○
丨者約束之爾雅釋器繩之謂之丨之注○丨小曰
麻皺不申曰丨腑一切經音義十五引通俗文○掣
丨亂法也爾雅釋詁丨亂也注○丨綸也爾雅釋詁
○丨乘謂之丨詩緜丨版以載傳○○繩束築板謂之丨
爾雅釋器繩之謂之丨之孫注○炊奠謂之丨方言
五○丨漉米奠也方言五炊奠謂之丨注○齊人謂
車枕以前曰丨言局丨也釋名釋車○古文丨爲蹙
儀禮鄉飲酒禮磬階間丨霤注士虞禮東丨注二尹
丨注少牢饋食禮丨執俎肝亦丨注○古文丨皆爲
蹙儀禮鄉射禮十純則丨而委之注有司徹西丨注
○古文丨皆作蹙儀禮大射儀十純則丨而委之注
○故書丨爲數周禮司尊彝醴齊丨酌注○丨字書

作樎同所六反一切經音義二十一○詩
巷伯傳丨屋而繼之釋文本作樎屋

哭 丨哀聲也素問陰陽應象大論在聲爲丨注○丨
猶歌也淮南覽冥昔雍門子以丨見於孟嘗君注
○丨者死亡之表近夜妖也隋
書五行志下引洪範五行傳

幅 丨廣也詩長發丨隕既長傳○丨者所以正曲枉
也列女傳母儀○半丨一尺終丨二尺儀禮士喪
禮亡則以緇長半丨經末長終丨注○邪丨偪也
所以自偪束也詩采菽邪丨在下傳○邪丨如今行
縢也詩采菽箋○巾者以一丨爲之也後漢符融
傳注○邊丨猶有邊緣以自矜持後漢公孫述傳注
○禮記喪大記絞一丨
爲三釋文本作一畐

斛 丨啓角也御覽八百卅引風俗通○丨量也太元
元挩日月相丨注○十斗曰丨儀禮聘禮記○斛

與丨同晉書音義中○莊子田子方觙丨
不敢入于四竟釋文丨司馬本丨作斛

戮 丨辱也廣雅釋詁三又國語晉語受君之罰死丨
注○丨猶辱也周禮秋官序官掌丨注○丨病也
爾雅釋詁○丨辠也廣雅釋詁三○丨暴也呂覽貴
因讒慝勝良命曰丨注○讒慝勝良命曰丨呂覽貴
因○丨殺也廣雅釋詁一又華嚴經音義上引國語
賈注○丨猶殺也禮記月令豺乃祭獸丨禽注又淮
南時則豺乃祭獸丨禽注○丨者殺也呂覽季秋豺
則祭獸丨禽注○丨亦死也呂覽貴信丨於君前注
○丨謂膊焚辜肆周禮掌戮斬殺刑丨注○陳尸爲
丨國語晉語請殺其生者而丨其死者注○刑丨通
語耳亦含輕重也論語公冶長免於刑丨皇疏○丨
或作剹列子力命子產執而丨之釋文○書甘誓不
用命丨于社史記夏本紀作不用命僇于社湯誓予
則孥丨汝殷本紀作予則帑僇汝匡謬正俗二作予

則孥昜汝○禮記表記則刑
丨之民也釋文丨本作僇

僕 丨御也左氏文十八年傳而使歜丨注宣十五年
傳申叔時丨注哀二年傳子南丨注哀十一年傳
使其女丨而田注又孟子離婁下問其丨曰注又國
語晉語魏絳斬其丨注又史記齊世家使丙戎丨集
解引賈逵又離騷丨夫悲余馬懷兮注○丨將車者
也詩正月屢顧爾丨箋○丨御車也論語子路冉有
丨皇疏○丨御莊子人間世適有蚉䖟丨緣釋文
引崔注○丨侍御於尊者之名周禮夏官序官大丨
注○丨夫御夫也詩出車召彼丨夫傳○丨夫謂御
車人也文選思元賦丨夫儼其正策兮舊注○丨主
也史記秦始皇紀丨射集解引應劭又漢書百官公
卿表上集注又後漢光武帝紀上注○丨附也詩既
醉景命有丨傳又管子地員累然如丨累注○丨謂
附著於人文選子虛賦注引廣雅○丨從者公羊宣

廿七年傳則是臣丨庶孽之事也注○丨亦臣禮也
賈子服疑○丨大丨也禮記儒行悉數之乃留更丨
未可終也注○丨天子衛御號爲大丨賈子等齊○諸
侯之御號曰大丨賈子服疑○丨射秦官也後漢光
武帝紀上注○仕於家曰丨禮記禮運○丨使也廣
雅釋詁一○人之尊卑有十等丨第九臺第十詩正
月并其臣丨箋○艮爲僮丨易旅得僮丨貞虞注喪
其僮丨虞注○丨隱也左氏昭七年傳作丨丨區之法
服注○丨丨煩猥貌孟子萬章下使已丨丨爾亟拜
也注○丨丨緣丨丨然羣著馬莊子人間世適有蚉䖟
丨緣注○丨丨牛牛人姓名山海經大荒東經王亥託于
有易河伯丨丨牛注○丨纍蝸牛也山海經中山經墠
渚是多丨纍注○丨古文蹼同一切經音義六
○莊子則陽是聖人丨也釋文丨司馬本作樸

畜 丨養也易象上傳君子以容民丨衆虞注又詩日
月丨我不卒箋我行其野爾不我丨傳節南山以

丨萬邦箋又禮記曲禮上丨鳥者則勿佛也注又左
氏宣四年傳從其母丨于邧注成八年傳武從姬氏
丨于公宮注哀廿六年傳丨諸公宮注又廣雅釋詁
一又釋名釋言語又國語晉語昔者吾丨於趙氏注
又荀子王制安職則丨注又太元斂丨槃而行注又
楚辭大招丨鸞皇只注○丨謂斂而養之周禮夏官
序官掌丨注○始養曰丨將用曰牲周禮庖人掌其
六丨六獸六禽辨其名物注○丨猶容也左氏哀廿
六年傳天下誰丨之注○丨者含丨爲義古微書引
孝經援神契○丨丨好呂覽適威民善之則丨也注○
丨君者好君也孟子梁惠王下○丨孝也禮記孔子
閒居以丨萬邦注坊記以丨寡人注○丨謂順於德
教禮記祭統孝者丨也注○順於道不逆於倫是之
謂丨禮記祭統○丨丨行仁貌莊子徐無鬼夫堯丨
丨然仁釋文引李注○丨丨卹愛勤勞之貌莊子徐
無鬼釋文引王注○丨起也詩蓼莪拊我丨我箋○

犬丨時也易雜卦傳○小丨寡也易雜卦傳○丨讀
曰蓄漢書景帝紀集注刑法志集注食貨志上集注
食貨志下集注五見五行志上集注地理志下集注
溝洫志集注藝文志集注賈誼傳集注李陵傳集注
董仲舒傳集注二見司馬遷傳集注東方朔傳集注
趙充國傳集注二見陳湯傳集注王吉傳集注二見
魏相傳集注夏侯勝傳集注翼奉傳集注二見匡衡
傳集注谷永傳集注二見龔遂傳集注召信臣傳集
注西域傳下集注敘傳上集注○易小畜釋文丨本
又作蓄大畜釋文丨本又作蓄中孚注小畜釋文丨
本亦作蓄序卦比必有所丨釋文丨本亦作蓄○詩
七月傳豫丨萑葦釋文丨本又作蓄鴟鴞予所丨租
釋文丨本亦作蓄左傳文十四年不可使多丨憾釋
文丨本亦作蓄襄九年丨水潦釋文丨本又作蓄昭
廿五年衆怒不可丨也釋文丨本作蓄○莊子知北
遊萬物丨而不知釋文丨本亦作滀○莊子胠篋驪

丨氏漢書古今
人表作驪連氏

蓄 稸同本亦作畜○丨積也後漢和帝紀注又文選
東京賦洪恩素丨薛注○稸積也文選高唐賦注
引字林○丨聚也廣雅釋詁三又漢書藝文志集注
董仲舒傳集注又文選典引丨炎上之烈精蔡注○
畜聚也易師君子以容民丨衆釋文○畜積也聚也
易小畜釋文○丨積也聚也一切經音義四引字書
○稸聚也積也一切經音義十六引蒼頡○丨積者
天下之大命也賈子無蓄○丨養也國語晉語丨力
一紀注○丨猶待後漢張衡傳注○丨菜乾苴之屬
呂覽仲秋務丨菜注○宛丨音宛樂也方言十三注
○丨古文稸同一切經音義十七○稸與畜同文選
高唐賦臨大阺之稸水注○稸字書作丨同勑六反
一切經音義四○衡立碑無儋石之稸丨丨作稸○詩
谷風我有旨丨釋文丨本亦作畜○禮記王制無三

年之丨三國司馬芝傳陸凱
傳華覈傳皆作無三年之儲
【叔】丨少也廣雅釋詁三又釋名釋親屬二見○丨者
少也白虎通姓名○丨屬也廣雅釋言○父之舅
弟後生爲丨父爾雅釋親○仲父之弟曰丨父釋名
釋親屬○父之弟妻爲丨母爾雅釋親○夫之弟爲
丨同上○婦人謂夫之弟爲丨公羊莊十二年傳徒
歸于丨爾也注○丨似也見嫂似然卻退也釋名釋
親屬○丨伯兄弟之稱詩蘀兮丨兮伯兮箋○丨伯
言羣臣長幼也詩蘀兮丨兮伯兮傳○伯仲丨季長
幼之稱儀禮士冠禮伯某甫仲丨季唯其所當注○
同姓小邦則曰叔父其異姓小邦則曰丨舅儀禮覲
禮○丨封字書康誥傳○丨字書君奭亦惟有若虢
丨傳○丨季猶末代也後漢酷吏傳論注○丨末猶
季末也後漢黨錮傳序注○丨拾也詩七月九月丨
苴傳又小爾雅廣詁○宋蕭丨字大心見左氏莊十

二年傳○丨均商均也山海經大
荒南經舜與丨均之所葬也注
【俶】丨善也詩關雎窈窕丨女傳燕燕丨慎其身箋中
谷有蓷遇人之不丨矣箋鳴鳩丨人君子傳鼓鐘
丨人君子箋桑柔其何能丨箋韓奕丨旂綏章傳泮
水丨問如皐陶箋又禮記雜記寡君使某如何不丨
注緇衣丨慎爾止注又公羊莊十二年傳甚矣魯侯
之丨注又孝經丨人君子注又鄭注又爾雅釋詁又
國語楚語周而不丨注又漢書劉向傳集注司馬相
如傳下集注引應劭杜欽傳集注匡衡傳集注楊雄
傳上集注引應劭敘傳下集注又後漢張衡傳注二
見曹世叔妻傳注又孟子離婁上其何能丨注離婁
下予私丨諸人也注盡心上有私丨艾者注又太元
從從其丨注又楚辭橋頌丨離不淫注遠遊絶氛埃
而丨尤今注招魂九侯丨女注又文選東京賦終然
允丨薛注文賦識前修之所丨注○丨丨美也荀子

賦涽涽丨丨注○丨淸也廣雅釋詁一○丨詭奇異
也莊子德充符蘄以丨詭幻怪之名釋文引李注○
詩東門之池彼美叔姬釋文本亦作丨○穀
梁名丨漢書藝文志注作名喜論衡作名寘
【菽】本作尗○丨豆也穀梁莊卅一年傳戎丨也注又
山海經中山經陰山其中多彫棠其實如赤丨注
海內經有都廣之野爰有膏丨注又法言孝至子有
合丨緼絮注又呂覽孟夏食丨與雞注又淮南墬形
其地宜丨注又文選射雉賦梯丨薿糅徐注○叔豆
也漢書昭帝紀集注○丨大豆也詩采菽采丨采丨
箋又閟宮稙穉丨麥釋文禮記檀弓啜叔飲水釋文
又左氏成十八年傳不能辨丨麥注又公羊定元年
經冬十月霣霜殺丨注○叔大豆也莊子列禦寇食
以芻叔釋文○丨者衆豆之總名齊民要術一引楊
泉物理論○丨者稼最強古微書引春秋考異郵○
丨者少類爲稼強公羊定元年傳異大乎災也注○

丨者屬也春生秋熟理通體屬也古微書引春秋說
題辭○丨藿也詩小宛中原有丨傳七月亨葵及丨
釋文○巴丨巴豆也文選蜀都賦其中則有巴丨巴
戟劉注○丨藟小草也楚辭怨上丨藟兮蔓衍注○
丨所以芼太牢而待君子也詩采菽采丨采丨傳○
詩七月亨葵及丨釋文丨本亦作叔采菽序釋文丨
本亦作叔○詩生民蓺之荏叔釋文叔或作丨禮記
檀弓啜叔飲水釋文叔或作丨左氏定元年傳隕霜
殺叔釋文叔本或作丨○三
公山碑叔粟如火丨作叔
【獨】丨單也詩正月哀此惸丨傳○無子曰丨書洪範
無虐煢丨傳又淮南時則存孤丨注○老而無子
曰丨孟子梁惠王下又詩白華俾我丨兮箋○老而
無子者謂之丨禮記王制又御覽百十八引書大傳
○老而無子曰丨丨隻丨也言無所依也釋名釋親
屬○無子孫曰丨周禮大司寇凡遠近惸丨老幼之

欲有復於上注○無夫曰丨後漢劉翊傳注○一足
曰丨莊子養生主天之生是使丨也釋文引司馬注
○偏刖曰丨莊子養生主注○無卿相輔佐足任者
謂之丨荀子君道○丨不與民同欲也莊子人間世
回聞衞君其年壯其行丨注○丨猶孰也呂覽必已
丨如嚮之人注○丨坐言驕貴無偶也後漢單超傳
注○牀小者曰丨坐主人無二丨所坐也釋名釋牀
帳○丨春鶪鳴也廣雅釋鳥○鶪鳴周魏齊宋楚之
閒或謂之丨春方言八○丨讀爲濁周禮秋官序官
壺涿氏司農注○丨鹿與屬鏤同本或作屬鏤荀子
成相到而丨
鹿弃之江注

卜 丨赴也爆見兆也白虎通著龜○問龜曰丨周禮
春官序官大丨注○灼龜曰丨呂覽制樂其吏請
丨其故注○龜爲丨禮記曲禮上○龜曰丨書洪範
擇建立丨筮人傳又詩定之方中丨云其吉傳氓爾

丨爾筮傳又左氏僖卅一年經四丨郊不從注又國
語晉語決之以丨筮注又漢書藝文志集注○龜曰
丨丨者所以決疑太元童焯于龜資注○丨擇也呂
覽樂難丨相曰注○丨葬丨日也禮記喪大記聽
丨有事於尸則去杖注○丨數猶術數也史記日者
傳試之丨數索隱○丨報也詩大田秉畀炎火釋文
引韓詩○丨予也詩天保君曰丨爾傳楚茨丨爾百
福箋又爾雅釋詁○丨當爲僕聲之誤也禮記檀弓
上丨人師扶右注○左傳閔元年丨偃國語晉
語作郭偃墨子所染作高偃呂覽當染作郄偃

馥 丨香氣也一切經音義十四引韓詩丨芬孝祀注
○丨香氣盛也華嚴經音義上引字林○丨丨香
也廣雅
釋訓

沐 丨治也禮記檀弓下夫子助之丨椁注○丨潤澤
也後漢明帝紀注○丨洒也廣雅釋詁二○丨洗

也文選神女賦丨蘭澤含若芳注謝元暉休沐重還
道中詩題注○丨者去首垢也論衡譏日○丨浴所
以自潔清周禮宮人其王之丨浴注○湯丨所以洗
去汙垢儀禮既夕燕養饋羞湯丨之饌注○丨者其
心覆新序雜事五○丨禿丨者髮下垂禿者無髮皆
無上貌之稱也釋名釋姿容○丨休丨也文選沈休
文和謝宣城詩晚丨臥郊園注○丨謂將虞祭時也
禮記喪服四制三月而丨注○當丨浴潔齊以致其
敬故謂之湯丨邑也公羊隱八年傳諸侯皆有湯丨
之邑焉注○丨米潘也史記外戚世家丐丨丨我索
隱○丨管人所煑潘也儀禮士喪禮外御受丨
入注○丨出東莞周禮職方氏其浸沂丨注

速 籒文作遬○丨疾也考工記總目不微至無以爲
戚丨也注弓人則莫能以丨中司農注又禮記檀
弓上豈若丨反而虞乎注學記其去之必丨注祭義
故聽且丨也注又左氏襄廿六年傳對曰欲丨服注

又公羊襄廿九年傳尚丨有悔於予身注又孟子梁
惠王下王丨出令注又爾雅釋詁又國語晉語驪姬
請使申生處曲沃以丨縣注楚語丨其怒也注又呂
覽審分分地則丨注又楚辭大司命吾與君兮齋丨
注又文選鵩鳥賦淹丨之度兮注○遬疾也呂覽辯
土弱不相害故遬大注○丨亦疾也爾雅釋詁遄丨
也注○丨疾去也孟子公孫丑上可以丨則丨注○
丨疾也東齊海岱之閒曰丨方言二○丨謂發辭捷
丨荀子性惡析丨粹孰而不急注○遬猶蹙蹙也禮
記玉藻見所尊者齊遬注○丨蹙蹙惟逑鞠也爾
雅釋訓○遬密也管子小匡別苗莠列疏遬注○遬
猶化也呂覽貴直士之遬弊注○丨召也易需不丨
之客釋文引馬注又書太甲中以丨戾于厥躬傳又
詩行露何以丨我獄傳伐木以丨諸父箋又儀禮鄉
飲酒禮主人丨賓注鄉射禮乃丨賓注公食大夫禮
親戒丨注又左氏昭廿四年傳吳不動而丨之注又

國語晉語離民且丨寇注又後漢張衡傳注二見又家語觀鄉射主人親丨賓及介注○丨召也疾也左氏閔二年傳與其危身以丨罪也注○丨召賓儀禮鄉射禮使人丨注○丨謂卽家召之禮記鄉飲酒義主人親丨賓及介注○丨徵也爾雅釋言又文選思元賦丨燭龍令執炬兮舊注○丨丨陋也後漢蔡邕傳下注⊙丨丨不親附貌楚辭逢紛躬丨丨而不吾親注○鹿其迹丨爾雅釋獸○丨鹿子爾雅釋獸釋文引字書○丨籒文作遫一切經音義十三○丨古文作誓同上○遫與丨同荀子議兵輕利僄遫注○遫古丨字漢書宣帝紀集注高惠高后孝文功臣表集注曹參傳集注周勃傳集注息夫躬傳集注霍去病傳集注匈奴傳上集注匈奴傳下集注○故書丨或作數考工記弓人則莫能以丨中注○丨書或作數考工記總目不微至無以爲戚丨也注○丨一本作造列子楊朱密造鄧析而謀之釋文○左氏成二年經衛侯丨公羊作衛侯遫○左傳襄十六年孟孺子丨徵之釋文丨本亦作遫○莊子人閒世以爲棺槨則丨腐釋文丨崔本作數○左傳僖廿六年公會莒子衛甯丨盟于向公羊作甯遫

祝 丨祈國策齊策爲儀千秋之丨注○丨主丨祈也國語楚語虔其宗丨注○丨將命也禮記郊特牲○丨接神者也禮記曾子問祫祭於祖則丨迎四廟之主注○丨所以導神也大戴記諸侯遷廟奉衣服者皆奉以從丨注○丨通孝子語於祖先家語問禮丨以孝告注○丨夏丨也儀禮士喪禮丨淅米于堂注○夏丨丨習夏禮者也儀禮士喪禮夏丨鬻餘飯注○商丨丨習商禮者儀禮士喪禮商丨襲祭服注○丨習周禮者也儀禮士喪禮丨取銘置于重注○男巫曰丨楚辭招魂工丨招君背行先些注○傳鬼神辭曰丨莊子逍遙遊尸丨不越樽俎而代之矣釋文○丨屬也釋名釋言語○丨者屬也白虎通號○丨者屬續也白虎通五行○丨織也詩干旄素絲丨之傳○丨斷也書泰誓下丨降時喪傳又公羊哀十四年傳天丨予注又穀梁哀十三年傳丨髮文身注又廣雅釋詁一○丨斷絕其髮也列子湯問丨髮而裸釋文○丨始也釋名釋親屬釋樂器又國語鄭語故命之曰丨融注○丨甚也御覽引崔靈恩禮記義宗○丨猶章也太元數神丨融注○丨融火神也山海經海外南經南方丨融注○丨融卽重黎也山海經大荒西經老童生丨融注○丨融高辛氏火正號山海經海內經戲器生丨融注○守宮北燕謂之丨蜓方言八○丨或爲鑄禮記樂記封帝堯之後於丨注○丨當作屬詩于旄素絲丨之箋○丨當爲注讀如注病之注聲之誤也周禮瘍醫掌腫瘍潰瘍金瘍折瘍之丨藥劀殺之齊注○丨一本作祓列子湯問釋文○左昭廿九年傳丨融北魏孝文帝弔比干碑作柷融○魯相謁孔廟殘碑東海況基以況基爲丨其

麓 林屬於山爲鹿穀梁僖十四年傳○林屬於山曰鹿左氏僖十四年經沙鹿崩服注○林屬於山曰丨淮南泰族既入大丨烈風雷雨而不迷注○丨林屬於山者也風俗通山澤○鹿者林之大者也水經濁漳水注○鹿林也易屯卽鹿无虞虞注○山足稱鹿易屯卽鹿无虞虞注○山足曰鹿國語周語瞻彼旱鹿注○山足曰丨周禮地官序官林衡每大林丨注柞氏掌攻草木及林丨注又禮記王制山陵林丨注又書大傳致天下于大丨之野注○山足曰丨丨陸也言水流順陸燥也釋名釋山○丨者山足也風俗通山澤○丨山足也書舜典納于大丨馬注鄭注又詩旱麓瞻彼旱丨傳又禮記王制林丨川澤注又後漢班彪傳上注○丨山足易屯卽鹿无虞釋文引王肅注○鹿山足左氏僖十四年經沙鹿崩服注又

穀梁僖十四年傳林屬於山爲鹿注○鹿在山下平
地穀梁僖十四年注引劉向說○丨主君苑囿之官
國語晉語主將適螻而丨不聞注○林丨守山澤吏
漢書楊雄傳音義引字林○丨録也書舜典納于大
丨傳又漢書王莽傳上集注又後漢和熹鄧皇后紀
注○丨者録也書大傳致天下于大丨之野注○丨
古文麓同一切經音義七○詩序旱丨釋文丨本亦
作鹿○周禮地官序官注釋文丨本亦作麓○魏公
卿上尊號奏遵大鹿之遺訓魏受
禪表書陳納于大鹿丨皆作鹿
【鏃】丨鏑也廣雅釋器○丨箭鏑也一切經音義二引
字林○丨矢鏑也莊子天下釋文引三蒼○矢齊
人謂之丨丨族也言其所中皆族滅也釋名釋兵○
丨矢輕利也小曰丨矢大曰篇矢呂覽貴卒所爲貴
丨矢者注○丨音子木反史記
廣川惠王世家索隱引字林

【蹙】又作蹴○丨促也詩小明政事愈丨傳召旻今也
日丨國百里傳○丨猶促也儀禮士相見禮容彌
丨注○丨遒也遒迫之也釋名釋姿容○丨迫也廣
雅釋詁三又後漢光武紀上注○丨近也考工記弓
人丨於剸而休於氣注○丨急也廣雅釋詁一○蹴
成也文選爲袁紹檄豫州獎蹴威柄注○丨屈聚也
管子水地堅而不丨義也注○丨縮小之貌詩節
南山丨丨靡所騁傳○丨頞愁貌孟子梁惠王下舉
疾首丨頞注○丨愿貌禮記禮器不然則已丨注○
丨踧行貌廣韻引字林○丨痛也公羊莊卅年傳蓋
已丨操之爲已丨矣注○丨皐也廣雅釋詁三○速速
丨丨惟逑鞠也爾雅釋訓○蹴與丨同文選羽獵賦
題注蹴注○丨蹙古字通文選羽獵賦浸淫蹙部注
○詩江有汜箋丨口而出聲釋文丨本亦作蹴禮記
曲禮以足丨路馬芻有誅釋文本又作足蹴○禮記
禮器不然則已丨釋文丨本亦作慼○詩兔爰箋有

所操丨也釋文丨本亦作慼○莊子至樂髑髏深矉
丨頞曰釋文丨本又作顣又作䠞○莊子田子方諸
大夫丨然曰釋
文丨或作愀
【築】丨堅實稱也釋名釋言語○丨實土其中堅之儀
禮既夕記甸人丨坅坎注○丨謂丨其根書金縢
盡起而丨之釋文○丨杵也史記黥布傳身負板丨
集解引李奇○丨木杵也楚辭離世破荆和以繼丨丨
注○丨杵頭鐵沓也文選蕪城賦注引三蒼解詁○
丨牆杵也史記秦始皇紀身自持丨臿正義○丨刺
也廣雅釋詁二○始造曰丨公羊莊廿九年傳新延
廄者何注○邑曰丨左氏莊廿八年傳又淮南時則
是月可以丨城郭注○丨謂建也史記梁孝王世家
丨東苑索隱○丨拾也書金縢盡起而丨之馬注鄭
注又史記魯周公世家盡起而丨之集解引徐廣○
百二十貫爲丨周禮鬱人和鬱鬯司農注○丨娌匹

也方言十二○今關西兄弟婦相呼爲丨娌方言十
二注○妯娌先後也廣雅釋親○今相呼先後或云
妯娌爾雅釋親長婦謂稚婦爲娣婦娣婦謂長婦爲
姒婦注○丨古文篫同一切經音義十五○書金縢
盡起而丨之釋
文丨本亦作筑
【穆】丨敬也書金縢我其爲王丨卜傳又楚辭東皇太
一丨將愉兮上皇注○丨丨敬也論語八佾天子
丨丨皇疏又爾雅釋詁又漢書司馬相如傳下集注
引文穎○丨猶敬也後漢班彪傳下注○丨者敬
之詩清廟正義引書大傳○丨美也詩清廟於丨清
廟傳又史記太史公自序受命於丨清正義又漢書
司馬遷傳集注韋元成傳集注又後漢班彪傳下注
又呂覽至忠可謂丨行矣注又淮南原道物丨無窮
注○丨丨美也書舜典四門丨丨傳又詩文王丨丨
文王傳那丨丨厥聲箋又爾雅釋詁又漢書王褒傳

集注揚雄傳上集注又後漢鍾離意傳注又荀子大
略言語之美丨丨皇皇注〇丨丨和也詩烝民丨如清
風箋又淮南覽冥宓丨休於太祖之下注〇雍丨和
也漢書揚雄傳上集注〇丨丨和美貌楚辭大招三
公丨丨注〇丨純也周書謚法布德執義曰丨注〇
丨信也西甌毒屋黃石野之閒曰丨方言一〇丨丨
靜也漢書揚雄傳上集注〇丨猶默靜思貌也文選
非有先生論於是吳王丨然注〇布德執義曰丨周
書謚法又獨斷下〇中情見貌曰丨周書謚法〇父
曰昭子曰丨周禮小宗伯辨廟祧之昭丨注〇子曰
丨丨取其北面尚敬公羊文二年傳陳于太祖注〇
子爲丨穀梁文二年傳祫祭者毀廟之主注又後漢
章帝紀注馮衍傳注張純傳注〇丨子姓也禮記祭
義君牽牲丨荅君注〇昭丨者所以別父子遠近長
幼親疏之序而無亂也禮記祭統〇昭丨猶特牲少
牢饋食之禮衆兄弟也禮記祭統凡賜昭爲一丨爲

一注〇丨猶悅也管子君臣下丨君之色注〇敫古
丨字漢書王子侯表上集注〇丨者誤亂之名論衡
福虛〇古書丨字多作繆史記魯周公世家集解引
徐廣〇禮記中庸所以序昭丨也釋文丨本作繆仲
尼燕居所以仁昭丨
也釋文丨本作繆

睦丨親也易夬莧陸夬夬釋文引蜀才又書堯典九
族旣丨鄭注又國語周語和協輯丨注晉語能內
丨而後圖外注又家語禮運講信脩丨注〇丨親於
九族周禮大司徒孝友丨婣任恤注〇丨敬史記司
馬相如傳旼旼丨丨集解引漢書音義〇丨信也廣
雅釋詁一〇丨厚也禮記坊記丨於父母之黨注〇
丨親厚也左氏定四年傳于周爲丨注〇丨和厚也
禮記祭義教民丨也注〇丨和也左氏昭七年傳衛
事晉爲丨注又孟子滕文公上則百姓親丨注〇丨
通也易夬莧陸夬夬釋文引蜀才本〇丨密也漢書

韋賢傳
集注

啄丨齧也廣雅釋詁三又楚辭招魂丨害下人些注
〇丨鳥食也文選射雉賦注引字林〇鳥曰丨釋
名釋飮食〇鳥窮
則丨新序雜事五

覆丨反也詩雨無正丨出爲惡傳桑柔丨俾我悖傳
又廣雅釋言又國語晉語沐則心丨注又漢書酷
吏嚴延年傳集注又楚辭天問丨舟斟尋注〇丨猶
反也詩抑丨謂我僭箋瞻卬女丨奪之箋〇反丨猶
軒輖考工記盧人車不反丨注〇丨敗也禮記王制
不丨巢注中庸傾者丨之注緇衣毋越厥命以自丨
也注又左氏閔元年傳丨昏亂注又國語晉語欒書
實丨宗注又漢書韓安國傳集注又太元文然猶丨
秋常乎注又文選東京賦亦所以丨舟薛注〇丨滅
也周書周祝國丨國事注〇丨盡也漢書鄒陽傳集

注引蘇林〇丨索也廣雅釋言〇丨審也爾雅釋詁
又文選思元賦神逵昧其難丨兮舊注〇復謂重審
察也華嚴經音義序引珠叢〇丨校所爲審諦爾雅
釋詁丨審也注〇丨猶毀也周禮哲蔟氏掌丨夭鳥
之巢注〇丨猶重也後漢班彪傳下注〇丨察也管
子五輔下愈丨驁而不聽從注〇丨猶察也考工記
弓人丨之而角至注〇丨治也漢書江都易王非傳
集注〇丨服也詩瞻卬女丨說之釋文〇心丨者言
悖新序雜事五〇其上板曰
丨言所丨處也釋名釋船

鶩丨鴨也儀禮士相見禮注庶人之摯丨釋文禮記
曲禮庶人之摯匹釋文左傳襄廿八年饔人竊易
之以丨釋文又爾雅釋鳥舒鳧丨注又莊子達生注
没人謂能丨没于水底釋文又後漢馬援傳注〇丨
家鴨名也爾雅釋鳥舍人注又李注〇舒鳧卝也禮
記內則舒鳧翠注〇在家曰丨後漢班彪傳上注〇

丨取其不飛遷周禮大宗伯庶人執丨注○庶人之摯丨儀禮士相見禮君荅壹拜注○丨疾也淮南主術魚得水而丨注○丨者丨丨也說苑脩文

麴 集韻或作麴○丨朽也鬱之使生衣朽敗也釋名釋飲食○薄宋魏陳楚江淮之閒或謂之丨方言五○麴本又作丨列子楊朱積麴成封釋文

禿 丨無髮也禮記問喪丨者不免釋文又呂覽盡數輕水所多丨與癭人注○丨者無髮釋名釋姿容○丨無髮沐丨也釋名釋疾病○丨翁卽乃翁也後漢南匈奴傳注

縠 丨絹也廣雅釋器○丨紗也後漢章帝紀注引釋名安帝紀注○丨今之輕紗文選神女賦動霧丨以徐步兮注○無染練之治名丨麤論衡量知○左氏僖廿七年傳郤丨釋文丨本又作穀○左傳文二年晉士丨釋文丨本又作穀○左傳宣十三年晉殺其大夫先丨公羊穀梁並作先穀

扑 亦作撲○丨箠也左氏文十八年傳歐以丨扶職注○丨擊也史記刺客傳舉筑丨秦皇帝索隱○丨撻也周禮司市大刑丨罰注○丨榎楚也書舜典丨作教刑傳○朴榎楚也史記集解引書鄭注○丨教刑也國語魯語薄刑用鞭丨注○丨所以教也呂覽季秋司徒搢丨注○丨所以撻犯教者儀禮鄉射禮取丨搢之以反位注○丨所以撻犯教者也儀禮大射儀遂取丨搢之注○丨撲持也三輔謂之撲淮南時則具撲曲筥筐注○爭到曰撲一切經音義六引通俗文○連杖曰撲一切經音義十四引通俗文○丨一作仆史記周本紀秦破韓魏丨師武集解引徐廣○丨本一作莍晉書音義上

衄 俗作衂○衂縮也廣雅釋言○衂折傷也文選吳都賦莫不衂銳挫鋩注○衂折挫也文選奏彈曹

景宗自胎虧衂注○衂猶挫折也文選求自試表師徒小衂注○丨謂鼻中血出素問金匱眞言論春不鼽丨注○傷敗曰衂後漢段熲傳注

鬻 亦作粥○丨賣也詩鴟鴞丨子之閔斯釋文又周書糴匡問隨鄉不丨熟注又國語齊語市賤丨貴注吳語妻子丨注又國策齊策是必與衍丨吾國矣注又漢書刑法志集注食貨志上集注五行志下之上集注王褒傳集注又後漢郭丹傳注又莊子逍遙遊今一朝而丨枝百金釋文引司馬注又楚辭疾世欲衒丨兮莫取注又文選西京賦丨者兼贏薛注○粥賣也周禮巫馬則使其賈粥之司農注又禮記曲禮上不粥祭器注檀弓請丨庶弟之母釋文王制田里不粥注戎器不粥於市注又左氏昭三年傳有丨踊者釋文十四年傳鬻也丨獄釋文又家語刑政命服命車不粥於市注又文選閒居賦注引字書○丨自衒賣也後漢郅惲傳注○丨買也淮南說山鄢人有丨其母注○丨生也禮記樂記毛者孕丨注○丨稚詩鴟鴞丨子之閔斯傳○粥出也太元沈好婳惡粥注○丨養也莊子德充符四者天丨也釋文○粥養也周禮脩閭氏與其國粥注又大戴記夏小正雞桴粥傳○粥也者養也大戴記夏小正初俊羔助厥母粥傳○粥也者相粥之時也大戴記夏小正雞桴粥傳○粥謂嫁之也禮記檀弓上請粥庶弟之母注○天丨也者天食也莊子德充符○以湯去毛曰丨一切經音義九引通俗文○丨讀與粥同漢書古今人表丨熊集注○粥與丨音義同文選閒居賦灌園粥蔬以供朝夕之膳注○丨本作粥列子黃帝丨子曰釋文○丨一作粥晉書音義上○丨夏育也古字同文選洞簫賦桀跖丨博傴以頓頷注○儀禮士喪禮夏祝丨餘飯釋文丨本又作粥禮記檀弓上釋文丨本又作粥左氏隱十一年注𩱧丨也釋文丨本又

作粥左莊十九年傳丨拳漢書古今人表作粥拳

燠又作奧○丨煖也詩無衣安且丨兮傳又爾雅釋言○丨暖也禮記內則問衣丨寒釋文穀梁桓十四年傳常丨也釋文又後漢明帝紀注○丨燠也廣雅釋詁三○丨暝也漢書五行志中之下○奧煖也詩小明日月方奧傳○丨溫也漢書五行志中之上集注王褒傳集注又論衡寒溫又楚辭天問烏何丨之注○奧溫也漢書李尋傳集注○丨溫煖也爾雅釋言舍人注○奧燠也荀子富國使民夏不宛暍注○丨暑也漢書王莽傳中集注引應劭○丨火氣也書洪範曰丨注○丨厚也左氏昭三年傳而或丨休之賈注○丨休痛念之聲左氏昭三年傳注○丨休痛其痛而念之若今時小兒痛父母以口就之曰丨休代其痛也左氏昭三年傳服注○書洪範曰丨時丨若史記宋微子世家作曰奧時奧若洪範恒丨若宋微子世家作常奧若○禮記內則問衣丨寒釋文本又作奧寒

澳又作隩集韻通作奧○奧隈詩淇奧瞻彼淇奧傳○丨隈崖也禮記大學瞻彼淇丨注○丨厓也廣雅釋邱○厓內近水爲隩爾雅釋邱厓內爲隩李注○今江東呼爲浦隩爾雅釋邱隩隈注○隩內也國語周語宅居九隩注○隩居也後漢蔡邕傳注○丨濁也廣雅釋詁三○詩淇奧瞻彼淇奧禮記大學作瞻彼淇丨○詩公劉箋水之內曰丨釋文丨本亦作隩○禮記大學瞻彼淇丨釋文丨本亦作奧

輻丨車下縛也易小畜輿說丨釋文引馬注○丨也者以爲直指也考工記輪人○以圓度爲丨周髀算經下車丨引繩就中央之正以爲轂注○丨檀丨也詩伐檀坎坎伐丨兮傳○丨湊如丨之湊於轂也後漢班彪傳下注○易小畜輿說丨釋文丨本亦作輹

瀑水濆起曰丨一切經音義十八引蒼頡篇

漉丨滲也廣雅釋言○丨竭也禮記月令毋丨陂池釋文○丨極也方言十三○丨丨言汗大出也素問瘧論無刺丨丨之汗注

蔌菜謂之丨爾雅釋器○丨者菜茹之總名爾雅釋器注○丨丨菜殺也詩韓奕其丨維何傳○丨丨陋也詩正月丨丨方有穀傳○丨丨風聲勁疾之貌文選蕪城賦丨丨風威注○詩正月丨丨方有穀後漢蔡邕傳作速速方穀○爾雅釋草丨牡茅釋文丨本亦作藗

恧又集韻或作聏聽○丨[illegible]也方言六又廣雅釋詁一又一切經音義十九引三蒼又後漢張衡傳注○恧[illegible]也廣雅釋詁二○聽[illegible]也玉篇引埤蒼○聏[illegible]也太元睟聏于中注○山之東西自愧曰丨方言六○丨愧也漢書司馬相如傳下集注鄭崇傳集注王莽傳上集注○恧憂貌文選洞簫賦注引蒼頡○心愧爲丨丨方言六注○心慙曰丨丨小爾雅廣義

鵬楚命鵶曰丨賈子本傳

竺丨厚也爾雅釋詁○爾雅釋詁釋文丨又作篤○平輿令薛君碑講此丨昊篤作丨

筑丨拾也爾雅釋言○丨以竹鼓之釋名釋樂○丨五絃之樂也後漢延篤傳注

簇胡餅家用丨丨刺也一切經音義十六引廣蒼

蔟丨猶聚也書大傳丨以爲八注○丨者湊也言萬物始大湊地而出也白虎通五行○丨讀爲爵丨之丨謂巢也周禮秋官序官硩丨氏司農注

【暴】丨曬也小爾雅廣言○丨乾荀子勸學雖有枯丨注○丨露也穀梁隱五年注丨師經年釋文又漢書馮奉世傳集注又後漢竇融傳注馮衍傳注○丨偃臥日中也史記司馬相如傳丨於南榮索隱○丨猶章也漢書李陵傳集注○丨布白布也管子乘馬丨布百兩當一鎰注○丨丨卒起之貌荀子富國丨丨如邱水注○暴曬字與暴疾字相似唯下少異後人專輒加傍日耳顏氏家訓書證○左氏宣十二年傳丨骨釋文丨本或作曝公羊文八年傳于丨釋文丨本又作曝穀梁隱五年注丨師釋文丨本或作曝○爾雅釋詁丨樂釋文丨本又作爆

【挶】丨局也使相局近也釋名釋姿容○丨離也燕之外郊朝鮮洌水之閒曰挶方言七○禮記禮運注手丨之也釋文丨本作臼

【箙】通作服○服箭服文選蜀都賦服魚文劉注○服矢服也詩采薇象弭魚服箋○服矢房也國語鄭語檿弧箕丨注○丨盛弩箭器也方言九所以藏箭弩謂之丨注○丨盛矢器也以獸皮爲之周禮司弓矢中秋獻矢丨注○矢室名曰服史記司馬相如傳右夏服之勁箭集解引韋昭○步义謂之服史記司馬相如傳集解引呂靜○所以藏箭弩謂之丨方言九○其受矢之器以皮曰服柔服之義也釋名釋兵○魚服魚皮也詩采薇象弭魚服傳○儀禮既夕注矢丨釋文丨本亦作服

【濮】丨水名也禮記樂記丨上之音釋文又左氏昭九年傳然丹遷城父人于陳以夷丨西田益之服注○丨陳地水也莊子秋水莊子釣于丨水釋文○丨夷也文選蜀都賦百丨所充劉注○大戴記帝繫昌丨漢書古今人表作昌僕

【鞫】本作簐通作鞠○丨窮也詩谷風昔育恐育丨傳雲漢丨哉庶正箋瞻卬丨人忮忒箋又爾雅釋言又史記酷吏傳訊丨論報集解引蘇林○簐窮也楚辭天問皆歸䠶簐注○丨問也漢書車千秋傳集注○丨究也詩公劉芮丨之卽傳○厓外爲丨爾雅釋邱○水之內曰隩水之外曰丨詩公劉芮丨之卽箋○厓內近水爲隩其外爲丨爾雅釋邱厓內爲隩外爲丨李注○詩公劉芮丨之卽周禮職方氏注作汭垠之卽○詩谷風昔育恐育丨釋文丨本亦作諊○爾雅釋言丨究窮也釋文丨本又作鞠

【鞠】丨窮也書盤庚中爾惟自丨自苦傳又詩南山曷又丨止傳小弁丨爲茂草傳又漢書刑法志集注引李奇張湯傳集注義縱傳集注敘傳上集注引應劭又後漢鄧騭傳注又楚辭懷沙離愍而長丨注○丨窮盡也爾雅釋言丨窮也注○丨告也詩采芑陳師丨旅傳又漢書劉向傳集注敘傳上集注又後漢皇甫嵩朱儁傳注○丨之言告也文選東京賦陳師丨旅薛注○丨生也爾雅釋言○丨養也書盤庚下丨人謀人之保居注又詩蓼莪母兮丨我傳○丨養也陳楚韓鄭之間曰丨方言一○丨稚也爾雅釋言○丨盈也詩南山曷又丨止箋節南山降此丨訩傳又爾雅釋詁○丨曲也史記滑稽傳𧰟韝丨䐉集解引徐廣○丨高貌也文選南都賦丨巍巍其隱天注○丨曲斂也論語鄉黨丨躬如也皇疏○匍匐爲丨楚辭初放塊丨兮當道宿注○丨草也大戴記夏小正榮丨傳○丨衣黃衣也周禮內司服丨衣司農注○丨衣色黃也詩綠衣箋丨衣爲上釋文○丨衣黃桑服也色如丨塵象桑葉始生周禮內司服注○丨衣言如丨塵之色詩綠衣箋釋文○丨衣如麴塵禮記月令釋文○丨衣黃桑之服禮記月令天子乃薦丨衣于先帝注○丨衣如菊花也禮記月令釋文○丨衣黃如丨華色也釋名釋衣服○丨衣言如菊花之

色也詩綠衣箋丨衣爲上釋文○丨蹵丨也一切經
音義二十引劉向別錄○丨毛丸可蹋戲者文選名
都篇注引三蒼○毛丸謂之丨御覽七百五十四引
通俗文○蹋丨兵勢也所以陳武士簡材力也一切
經音義二引三蒼郭注○蹋丨黃帝所作或曰起戰
國時記云黃帝也一切經音義二引新書注○丨者
何也星名也大戴記夏小正丨則見傳○禮記月令
丨有黃華釋文丨本又作菊○晉續丨居字簡伯見
左氏文六
年傳注

匊 集韻或从手○兩手曰丨詩椒聊蕃衍盈丨傳采
綠不盈一丨傳○兩手謂之丨小爾雅量○兩手
曰掬禮記曲禮受珠玉者以掬釋文又左氏宣十二
年傳舟中之指可掬也注○以兩手曰掬公羊宣十
二年傳舟中之指可掬矣注
○詩椒聊釋文丨字又作掬

郁 丨丨文章貌漢書哀帝紀集注禮樂志集注王莽
傳上集注○丨丨有文章貌荀子賦丨丨乎其遇
時之不祥也注○丨丨文章明著也論語八佾丨丨
乎文哉皇疏○丨丨猶穆穆也史記五帝紀其色丨
丨索隱○丨毓盛多也文選蜀都賦蜜房丨毓被其
阜注○丨烈香氣之甚文選洛神賦踐椒塗之丨烈
注○丨丨香氣也後漢馮衍傳注○丨將口循孔貌
文選笙賦丨將劫悟注○丨郅縣名也山海經海內
東經涇水出長城北山注○丨今之丨李文選閒居
賦杏梅丨棣之屬注○物實無中核者謂之丨論衡
量知○丨丨與薁音義同文選閒居賦梅杏丨棣之屬
注○丨與燠古字通也文選廣絕交論敘溫丨則寒
谷成暄注○左氏昭廿四年傳杞伯丨釐卒
公羊作鬱釐○祝睦後碑文黝彬彧丨作彧

籲 丨齊平也文選蕪城賦丨似長雲注

複 丨重也廣雅釋詁四○丨廟重覆也文選東京賦
丨廟重屋薛注○丨陸丨道閣也文選西京賦丨
陸重閣薛注○有裏曰丨釋名釋衣
服○履中有木者謂之丨舃方言四

簏 亦作箓○箓節也廣雅釋器○丨謂之匱筒御覽
七百五十引通俗文○圓爲丨楚辭愍命匏蠡蠹於
筐丨
注

塾 門側之堂謂之丨爾雅釋宮又書顧命先輅在左
丨之前鄭注又儀禮聘禮賓立接西丨注又禮記
學記家有丨注○丨門側堂也詩絲衣傳基門丨之
基釋文又後漢齊武王縯傳注引字林○丨夾門堂
也爾雅釋宮孫注○西丨門外西堂也儀禮士冠禮
具饌于西丨注○東丨門內東堂負之北面儀禮士
冠禮賓
東丨注

樸 丨叢也小爾雅廣詁○丨樕小木也詩野有死麕
林有丨樕傳○丨抱者爾雅釋木○丨抱木也詩
棫樸芃芃棫丨傳○丨者相追附也爾雅釋木舍人
注○丨屬猶附著堅固貌也考工記總目欲其丨屬
而微至注○丨讀如子南僕之僕考工記總目欲其
丨屬而微至司農注○爾雅釋木丨抱者釋文丨又
作
僕

蹴 集韻或書作蹵○丨蹋也孟子告子上丨爾而與
之注○蹵蹋也廣雅釋詁二○丨然敬貌禮記哀
公問孔子丨然避席而對注○蹵然猶蹵踖也孟子
公孫丑上曾西蹵然曰注○蹵然變色貌莊子大宗
師仲尼蹵然曰釋文引崔注○蹵然改色之貌莊子
應帝王陽子居蹵然曰釋文○丨鞠兵勢也所以講
武知有材也後漢梁冀傳注○蹵鞠亦有治國之象
文選景福殿賦其西則有左城右平注○蹵鞻近俗

聲謪蹋踘爲毬字亦從而變焉非古也封氏聞見記

熤 |熾也廣雅釋詁三○|盛貌也一切經音義五引埤蒼○華|聲之盛文選東都賦管絃華|注○|音弋叔反又于立反漢書敘傳音義引字林

謖 |起也詩楚茨箋神醉而尸|釋文又儀禮特牲饋食禮尸|祝前主人降注少牢饋食禮尸|注士虞禮尸|釋文又禮記祭統尸|釋文曾子問注尸|之後釋文又爾雅釋言又列子黃帝而|操之者也注○|起也所六反晉書音義上引字林○|然翕斂之貌後漢蔡邕傳注○|或作休儀禮少牢饋食禮尸|注○古文|作休儀禮士虞禮尸|注○古文|或爲休儀禮士虞禮祝入尸|注○|莊子作便列子黃帝而|操之者也釋文

娽 |頗項妻名集韻引埤蒼

琭 ||喻少老子不欲||如玉注

盝 廣韻盝同○|竭也爾雅釋詁○盝涸也方言十二○盝盡也廣雅釋詁一

踘 九毛謂之|御覽七百五十四引風俗通

醭 |醭醬敗壞也醬敗則醭生也|音普木反一切經音義十五引埤蒼

韇 |束也廣雅釋詁三○|弓韜也呂覽仲春帶以弓|注○|弓藏也廣雅釋器○|弓衣也禮記少儀弓則以左手屈|執拊注又初學記引蔡邕月令章句又詩生民箋帶以弓|釋文禮記月令帶以弓|釋文玉藻載弧|釋文○|弓衣也以緇布爲之儀禮既夕有|注○弓衣曰|儀禮覲禮載龍旂弧|注○弧旌旗所以張幅也其衣曰|禮記明堂位載弧|注○詩葛生傳|而藏之釋文|本亦作韣又作櫝

毓 |長也稚也廣雅釋言○|鬻育字生也國語晉語災|滅姓注○|生也周禮大司徒以|草木注○|亦育也後漢班彪傳下注○|古育字易蠱君子以振民育德釋文引王肅本周禮大宰二曰園圃|草木釋文○|與育同文選琴賦盤桓|養注○||與育音義同文選東都賦豐圃草以|獸注○

舳 ||船前也文選吳都賦宏舸連|劉注○船頭謂之|小爾雅廣器○船後曰||制水也方言九○|船後持柁處也後漢袁紹劉表傳注○今江東呼柁爲|方言九注

柚 |作也東齊木作謂之|方言六○詩大東杼|其空釋文|本亦作軸

蝠 蝙|服翼爾雅釋鳥○蝙|自關而東謂之服翼自關而西秦隴之間謂之蝙|方言八○|卽蝙|也後漢崔琦傳注

楅 |逼也詩閟宮釋文○|柳也廣雅釋器○|衡設牛角以|之也詩閟宮夏而|衡傳○|衡所以|持牛也周禮封人設其|衡司農注○|衡所以持牛令不得抵觸人周禮封人杜注○橫木於牲角端以備抵觸謂之|衡文選東京賦設其|衡薛注○|設於角衡設於鼻如椵狀也周禮封人注○|猶幅也所以承笴齊矢者儀禮鄉射禮立于所設|之南命弟子設|注○|長如笴博三寸厚寸有半龍首其中蛇交韋當儀禮鄉射禮記○|承矢器儀禮大射儀總衆弓矢|注○周禮籩人注鮑者于|室中糗乾之釋文|本又作偪

昱丨明也廣雅釋詁四又太元告日以丨乎晝注
菔蘆丨蕪菁屬紫花大根俗呼雹葖爾雅釋草葖蘆
萉注
轆載喪車謂之丨輲御覽七百七十六引通俗文
朒朝而月見東方謂之丨埤雅廿引洪範五行傳○
縮小曰厤皺不申曰縮丨一切經音義十五引通
俗文○丨音忸怩之忸漢書
五行志下之下集注引服虔
慉丨興也詩谷風釋文○丨養也詩谷風不我能丨
傳○丨驕也詩谷風不我能丨箋○丨與畜通後
漢馬融
傳注
踧集韻或省作踈○丨踖恭敬貌也論語鄉黨丨踖
如也集解引馬注又皐疏○丨踖敬恭貌論語鄉
黨鄭注○踧踖畏敬也廣雅釋訓○丨踖謙讓貌後
漢東平憲王蒼傳注○丨爾驚貌法言學行或人丨
爾曰注○丨踖不進也一切經音義十二引字林○
踾丨廹蹙貌文選長笛賦踾丨攢仄注○丨沮蹙聚
也文選海賦葩華丨沮注○禮記燕義
注爲其始入丨踖釋文本亦作蹴踖
樕丨樸心爾雅釋木○樸丨槲丨也爾雅釋木某氏
注○爾雅釋木注樹似槲丨而庳小釋文丨或作
樕
稑亦作穋○先種後孰謂之穜後種先孰謂之丨周
禮內宰而生穜丨之種司農注○晚種早熟爲丨
呂覽任地種丨禾不爲丨注○後種先熟謂之丨晉
書音義中○先熟曰穋詩七月黍稷重穋傳○丨和
也國語越語五穀曰孰注○詩七月黍稷重穋周禮
內宰注作黍稷穜丨說文禾部作黍稷穜丨○詩七
月黍稷重穋釋文穋字又作丨閟宮黍稷重穋釋文
穋本又作丨○周禮內宰而生穜丨之種釋文丨本
又作
穋
夙丨早也易解有攸往丨吉虞注又書舜典丨夜惟
寅傳皐陶謨丨夜浚明有家傳又詩采蘩丨夜在
公傳行露豈不丨夜箋小星丨夜在公箋定之方中
星言丨駕箋東方未明不丨則莫傳陟岵丨夜無已
箋生民載震載丨傳烝民丨夜匪解箋閔予小子丨
夜敬止箋有駜丨夜在公箋又儀禮士冠禮丨興注
士昏禮丨興注丨夜毋違命注特牲饋食禮丨興注
又孝經丨丨夜匪懈注又爾雅釋詁又漢書董仲舒傳
集注二見韋元成傳集注又後漢桓彬傳注袁術傳
注又賈子禮容語下又家語五儀昧爽丨興注○丨
蚤也國語周語丨夜基命宥密注晉語丨夜征行注
○丨舊也後漢郭伋傳注○丨猶舊也後漢劉虞傳

注○丨之言肅也詩生民載震載丨箋○丨夜恭也
周語下○書皐陶謨丨夜浚明有家史記夏本紀作
蚤夜翊
明有家
蹜丨蹙聚貌文選海賦㕭波則洪漣踧丨注○丨丨
猶蹴蹴也論語鄉黨足丨丨如有循皇疏
蝮丨大蛇也楚辭招魂丨蛇蓁蓁注○丨虺博三寸
首大如擘爾雅釋魚○丨一名虺江淮以南曰丨
江淮以北曰虺爾雅釋魚舍人注○江淮以南謂虺
爲丨爾雅釋魚孫注○丨蛇色如綬文文閒有鬐鬣
鼻上有針大者長七八尺有牙最毒一切經音義二
引三蒼○丨虫蚖也山海經南山經羽山多丨虫注
○丨蜻蛻也廣雅釋蟲○丨蜻蟬皮也猶
蛣蟯變爲蟬也一切經音義十三引字林
彧亦作稶○丨丨文也廣雅釋詁三○丨丨容也廣雅
釋訓○丨丨茂盛貌詩信南山黍稷丨丨傳○丨

長貌言萬物之滋曼丨然也書大傳夏伯之樂舞謾丨注○䮭疾貌也後漢張衡傳注

餗 說文作鬻○丨食也漢書敘傳上集注○丨健也易鼎覆公丨釋文引馬注○丨謂糜也穀梁疏引易鼎覆公丨馬注○丨鼎實也後漢謝弼傳注○丨鼎食實也漢書敘傳音義引字林○丨八珍之具也易鼎覆公丨釋文引虞注○丨或作鬻漢書敘傳上音義引字林○鬻與丨同文選王命論覆公丨注○易繫辭覆公丨釋文丨馬本作粥

柷 丨始也白虎通禮樂○丨所以作樂書益稷合止丨敔釋文○丨鼗皆所以節樂禮記王制則以丨將之注○丨木椌也詩有瞽鞉磬丨圉傳○丨狀如漆箭中有椎書益稷合止丨敔鄭注○丨如漆箭中有椎周禮小師掌教鼓鼗丨敔塤簫管絃歌司農注○丨如漆桶中有木椎左右擊以節樂呂覽仲夏飭

鍾磬丨敔注○丨狀如桼桶丨如物始見丨丨然也故訓丨爲始以作樂也釋名釋樂器○丨敔乾音也白虎通禮樂引樂記○丨敔所以作止樂書益稷合止丨敔傳○丨敔者終始之聲萬物之所生也白虎通禮樂○異爲丨淮南天文清明風至注○木曰丨丨風俗通聲音○木曰丨敔白虎通禮樂引樂記○丨州木髦柔英爾雅釋木○爾雅釋木丨州釋文丨本作祝○堯廟碑鞀磬祝圉郎丨丨敔字

匐 丨伏也伏地行也釋名釋姿容○丨伏也一切經音義十二引字林○詩生民匍匐丨釋文丨本亦作服

滑 丨水出鄘縣西北山中南入漢晉書音義中引字林○丨古育字管子宙合天丨陽無計量注

傪 丨辱也史記楚世家丨越大夫常壽過索隱○丨古戮字漢書五行志中之下集注五行志下之上集注二見季布欒布田叔傳贊集注○丨與戮同荀子非相爲天下大丨注○禮記月令丨禽釋文丨本或作戮

殰 丨敗也漢書匈奴傳上集注○丨胎敗禮記樂記釋文引字林○懷任在內而死曰丨史記樂書胎生者不丨正義○胎不成獸曰殰淮南原道獸胎不殰注○內敗曰丨禮記樂記胎生者不丨注○丨懷任不成也禮記樂記胎生者不丨釋文○殰謂胎敗濆也管子五行毛胎者不殰注

俶 丨始也詩大田丨載南畝釋文既醉令終有丨傳又書允征丨擾天紀傳又儀禮聘禮燕與羞丨獻無常數注禽羞丨獻比注又書大傳秋伯之樂舞蔡丨注又爾雅釋詁又漢書律麻志上集注又管子弟子職丨衽則請注又呂覽傪樂丨詭殊瑰注又淮南俶眞注又文選思元賦簡元辰而丨裝舊注○丨始

怒也公羊隱九年傳丨甚也注○丨整也後漢張衡傳注○丨猶厚也詩既醉令終有丨箋○丨動也方言十二○丨作也詩崧高有丨其城傳又爾雅釋詁○丨儻卓異也後漢賈逵傳注○丨儻卓異貌也後漢馮衍傳注○丨儻猶卓異也後漢馮衍傳下注○丨儻猶非常也文選子虛賦若乃丨儻瑰瑋注○丨載當作熾蓄詩載芟丨載南畝箋○丨讀爲熾詩大田丨載南畝箋○古文丨作淑儀禮聘禮燕與羞丨獻無常數注○書允征丨擾天紀釋文丨亦作叔○詩崧高有丨其城釋文丨本又作俶

摵 丨到也方言十三

繆 名實過爽曰丨獨斷下○丨讀曰穆漢書息夫躬傳集注○丨讀爲穆荀子王制分未定也則有昭丨注○丨讀爲穆聲之誤也禮記大傳序以昭丨注○丨然深思貌家語辨樂孔子有所丨然思焉注○

禮記坊記陽侯猶殺丨侯而竊其夫人周禮內宰注作陽侯役穆侯而竊其夫人○穀梁隱五年葬宋丨公釋文丨本亦作穆

【輹】丨束也廣雅釋詁三○丨車下縛也易大畜輿說丨釋文又左氏僖十五年傳車脫其丨注○丨車之鉤心夾軸之物易象上傳輿說丨盧注○坤爲丨易小畜輿說丨虞注○易大畜輿說丨釋文或作說輻大壯大輿之丨釋文丨本又作輻

【䑿】艒丨舟也廣雅釋水

【䍡】罝丨小網也國語魯語水虞於是乎禁罝丨注

【蓼】丨長大貌詩蓼蕭丨彼蕭斯傳○丨丨長大貌詩蓼莪丨丨者莪傳○丨聚薪也詩東山釋文引韓詩

【倏】丨忽也後漢張衡傳注○丨忽疾也文選東都賦指顧丨忽注○丨忽疾貌也文選甘泉賦電儵忽於牆藩注○丨眒疾速也文選蜀都賦鷹犬丨眒劉注○丨丨光也廣雅釋訓

【鵴】隹其謂之丨鳩一切經音義十六引通俗文○鳩自關而西秦漢之閒謂之丨鳩方言八○左氏昭十七年注鳲鳩鴶丨也釋文丨本亦作鞠

【澓】丨復流也文選江賦迅丨增澆注○丨洄水深也一切經音義廿五引三蒼○丨深也華嚴經音義上引三蒼

【踘】集韻或作趗○趗音局促促長廣雅音釋引聲類

【觳】丨受三斗考工記陶人鬲實五丨司農注○豆實三而成丨則丨受斗二升考工記陶人鬲實五丨注○丨讀爲斛考工記陶人司農注

【剭】丨刑也漢書敘傳下集注引晉灼

【莤】丨蔓于爾雅釋草○丨謂以茅泲之而去其糟也詩伐木傳湑丨之也釋文

【蓫】丨惡菜也詩我行其野言采其丨傳○丨牛蘈也詩我行其野箋○丨蓨馬尾爾雅釋草○幽陽謂之丨一名蓨齊民要術十引詩義疏○丨與蓄音義同也文選七啟霜蓄露葵注○詩我行其野言采其丨釋文丨本又作蓄

【梀】丨椽也廣雅釋室○梀白者丨爾雅釋木

【薁】丨蘡丨也詩七月六月食鬱及丨傳○燕丨蘡舌也廣雅釋草○詩七月六月食鬱及丨說文艸部作食鬱及藿

【葍】集韻或作葍○丨葍爾雅釋草○丨葍也詩我行其野言采其丨箋○丨惡菜也詩我行其野言采其丨傳○丨蕢茡爾雅釋草○河東關內謂之丨幽兖謂之燕丨齊民要術十引詩義疏○葍音福宋書謝靈運山居賦自注引字林○詩谷風箋蔓菁與丨之類釋文丨本又作葍

【翏】丨好也方言十三○丨丨小好貌也方言十三注○丨丨謹愿之貌漢書鮑宣傳集注引如淳

【楘】丨歷録也詩小戎五丨梁輈傳○丨複也重複非一之言也釋名釋車○丨曲輈上束也詩小戎釋文○詩小戎釋文丨本又作鞪○考工記輈人注五丨釋文丨本作鞪

【腴】丨臾也藏肉於臾內稍出用之也〔釋名釋飲食〕
【纀】裳削幅謂之丨〔爾雅釋器〕
【𥖁】元丨黑砥石也〔山海經北山經〕京山其陰有元丨
注○元丨黑砥石生水中〔山海經中山經〕門水其
中多元丨注○丨音竹篠
之篠〔山海經北山經注〕
【𥷚】丨古文鞠〔一切經音義二〕○丨居六反一切經音
義二引〔字林〕
【儵】丨黑也〔廣雅釋器〕○南海之帝爲丨〔莊子應帝王〕
○丨過也〔文選幽通賦〕辰丨忽其不再曹注○丨
疾也〔廣雅釋詁一〕○丨疾貌〔莊子大宗師〕丨然而往
釋文引司馬注○丨爍疾也〔楚辭憫上〕雲濛濛兮電
丨爍注○丨忽疾也〔文選西京賦〕奇幻丨忽薛注○
丨忽疾急貌〔楚辭招魂〕往來丨忽注○丨眒皆疾貌

史記司馬相如傳丨眒淒浰集解引〔漢書音義〕○丨
忽長逝也〔文選上林賦〕丨敻遠去郭注○丨忽電光
也〔楚辭天問〕丨忽焉在注○丨儵有餘光也〔文選西
京賦〕遺光丨儵薛注○丨忽取神速爲名〔莊子應帝
王〕南海之帝爲丨釋文引李注○丨喻有象也〔莊
子應帝王〕釋文引簡文注○丨丨嚐嚐罹禍毒也〔爾雅
釋訓〕○〔爾雅釋訓〕釋
文丨丨樊本作攸攸
【噈】丨嗚丨也〔玉篇引聲類〕○丨古文齇同〔一切經音
義十二〕
【槭】丨至也〔廣雅釋詁一〕
【祑】丨神丨蓐也〔廣雅釋草〕
【涑】丨音速〔左氏成十三年傳釋文引字林〕

【䎘】丨飛也〔廣雅釋詁三〕○丨丨飛也〔廣雅釋訓〕
【睩】丨善也〔廣雅釋詁一〕○丨丨視貌〔楚辭招魂〕蛾眉曼
丨注○丨丨視貌〔楚辭憫上〕哀世兮丨丨注
【髑】廣韻顱同○顱顥頭骨〔玉篇引埤蒼〕○頊顱謂之
丨髏〔廣雅釋親〕○丨髏古文作顱顥二形〔一切經
音義
九〕
【虙】丨今伏羲字也〔顏氏家訓書證引孟康漢書注〕○
丨與伏同〔素問氣厥論〕小腸移熱於大腸爲丨瘕
爲沈注○丨讀曰伏〔漢書郊祀志上集注〕〔楊雄傳上〕
集注三見○宓字本作丨轉寫者訛謬耳〔漢書百官
公卿表
上〕集注
【瘯】〔左氏桓六年傳〕不疾丨蠡也釋文丨本又作蔟

【偪】丨滿也腹滿曰丨〔方言六〕○丨言勑丨也〔方言六
注〕○丨行縢〔禮記內則〕丨屨著綦注○〔左氏襄十
年傳〕丨陽釋文丨本或作逼○〔左傳
襄十年〕遂滅丨陽〔穀梁〕作遂滅傅陽
【勠】丨幷也〔國語齊語〕與諸侯丨力同心注〔晉語〕勠力
一心注○勠幷也〔國語吳語〕勠力同德注又〔後漢
竇融傳注〕○丨力幷力也〔一切經音義十三〕引〔國語
賈注〕又〔後漢劉虞傳注〕○丨力勉力也其字從力〔國
策中山策〕丨力同憂注○〔公羊桓十年注〕當勠力拒
之釋文勠亦作丨〔僖五年注〕勠力一心釋文勠本又
作丨
【孰】丨誰也〔禮記檀弓上〕天下其丨能宗予注又〔公羊
隱元年傳〕王者丨謂注又〔論語八佾〕丨不可忍也
集解引馬注又皇疏丨謂鄹人之子知禮乎皇疏丨
不知禮皇疏〔公冶長〕女與回也丨愈皇疏〔述而〕君而

知禮丨不知禮皇疏先進子貢問師與商也丨賢皇
疏顏淵君丨與不足集解引孔注又皇疏微子丨爲
夫子皇疏子張丨先傳焉皇疏又大戴記曾子制言
上庸丨能親汝乎注又爾雅釋詁又國語晉語丨是
入斯而有是臭也注越語丨是君也注又漢書成帝
紀集注二見英布傳集注二見劉向傳集注衞綰傳
集注引李奇又素問靈蘭秘典論丨知其原注氣穴
論丨能窮其道焉注又老子丨能濁以靜之徐清注
丨爲此者天地注丨知其故王注又莊子列禦寇莫
覺莫恠何相丨也釋文引王注又列子力命丨知其
故注又呂覽異用非桀其丨爲此也注下賢非至公
其丨能禮賢注又楚辭山鬼歲既晏兮丨華予注哀
郢丨丨兩東門之可蕪注又文選神女賦丨者克尚注
〇丨成也漢書五行志上集注又後漢楊賜傳注〇
丨猶思也呂覽愼行行不可不丨注〇丨祝也釋名
釋親屬〇丨甚也荀子禮論丨知夫出死要節之所

經籍纂詁　卷九十　一屋　摝穀㪊　卅九

以養生也注解蔽察丨非以分是則謂之纂注〇荆
豫人謂長婦曰丨釋名釋親屬〇丨或爲郭荀子成
相不能制丨公
長父之難注
摝　丨者止行息氣也周禮大司馬三鼓丨鐸注〇掩
上振之爲丨周禮大司馬注〇丨讀如弄周禮大
司馬司農注〇丨讀如涿
鹿之鹿周禮大司馬注
穀　佩文韻府拾遺補〇丨楮也廣雅釋木又書咸乂
序桑丨共生于朝釋文〇丨楮也皮作紙山海經
南山經祝餘狀如丨而黑理注〇丨惡木也詩鶴鳴
其下維丨傳〇丨亦名構山海經南山經祝餘狀如
丨而黑
理注
〇以下據廣韻錄　㪊　丨字亦或作𧈧山海經中山經甘棗之
山有獸焉其狀如丨鼠注

襡　丨韜也禮記內則斂簟而丨之注
韇　集韻或从皮〇丨函也儀禮士喪禮筮者東面抽
上丨釋文〇丨藏筴之器也儀禮士冠禮抽上丨
注士喪禮抽上丨注〇韇䩨矢藏也廣雅釋器〇藏
弓矢者謂之丨丸儀禮士冠禮注〇所以藏弓謂之
鞬或謂之牘
丸方言九
匵　集韻通作櫝〇丨匱也論語子罕韞丨而藏諸集
解引馬注又鄭注又後漢周榮傳注〇匵謂之丨
廣雅釋器〇丨謂匣櫃也論語子罕
皇疏〇論語子罕釋文丨本又作櫝
殰　丨歺也廣雅釋詁三
螜　丨天螻爾雅釋蟲〇丨天螻也大戴記夏小正丨
則鳴傳

經籍纂詁　卷九十　一屋　襡至殐　卌

⿰齒告　丨齒不相值也御覽三百六十八引字林
⿱夋麥　丨麴也廣雅釋器〇丨麴也自關而西秦豳之閒
曰丨方言十三
⿸广絲　丨綃也廣雅釋器
豰　斗擻丨穀也一切經音義十四引難字〇丨音
都穀反下古祿反一切經音義十八引難字
⿱殸女　丨補也廣雅釋詁四
⿸鹿束　丨鹿迹爾雅釋獸釋文引字林〇爾雅釋獸其迹
丨釋文丨本又作速
藗　丨牡茅爾雅釋草〇丨白茅屬爾雅釋草注
殐　丨歺也廣雅釋詁三

𤮊　｜甎也廣雅釋室○狹長者謂之｜甎一切經音義十五引通俗文

螰　｜聽似蜥蜴居樹上輒下齧人上樹垂頭聽聞哭聲乃去廣韻引字林○｜聽蟲名似蜥蜴出魏興居樹閒輒下齧人人必死復上樹垂聽聞人哭乃去集韻引字林

廘　｜倉也廣雅釋室

趢　｜趗局小貌也文選東京賦狹三王之｜趗薛注

蔍　爾雅釋草圈｜藨釋文｜本作鹿

嗀　｜吐也廣雅釋詁四

轐　｜伏兔也廣雅釋器○｜謂伏兔也考工記總目加軫與｜焉司農注○屐又曰｜｜伏也伏於軸上也釋名釋車○｜讀爲旃僕之僕考工記總目加軫與｜焉司農注

蹼　集韻或省作蹼○鳧雁醜其足蹼爾雅釋鳥○爾雅釋鳥釋文｜本又作蹼

鳪　｜雉爾雅釋鳥

鸔　｜方沃反爾雅釋鳥釋文引字林

艒　艖謂之｜𦪇方言九

鶝　｜鶔戴勝也廣雅釋鳥○鳸鳩燕之東北朝鮮洌水之閒謂之｜鶔方言八○爾雅釋鳥｜鵖釋文｜亦作福

踾　｜蹋地聲也文選長笛賦注引埤蒼

蕧　｜盜庚爾雅釋草

𤩘　置弩於｜曰｜弩文選東京賦｜弩重旃薛注

瘯　集韻瘯同○｜瘨也廣雅釋言○瘯病也東齊海岱之閒瘼或曰瘯方言三

鵩　戴鵀自關而西或謂之｜鶝方言八

䡐　｜伏也在前人所伏也釋名釋車

樎　｜歷也廣雅釋器○櫪梁宋齊楚北燕之閒或謂之｜方言五

𢷬　｜擊也廣雅釋詁三

摍　｜引也廣雅釋詁一

鵱　｜鷜爾雅釋鳥○｜今之野鵝爾雅釋鳥注

騼　｜馬健也莊子馬蹄翹足而陸釋文引字書作｜

鯥　柢山有魚焉其狀如牛陵居其名曰｜山海經南山經

淕　凝雨曰｜文選蜀都賦注引蔡邕

踛　｜跳也文選江賦注引莊子司馬注

鱁　爾雅釋魚鱁是｜釋文｜本亦作逐

𧒂　｜馬爾雅釋蟲釋文引字林○馬｜馬蚿也廣雅釋蟲

坭　｜隈也廣雅釋邱○｜隈崖外也九六反爾雅釋邱釋文引字林

【鮂】丨出樂浪一曰出江東爾雅釋魚釋文引字林○
丨魚有兩乳同上
【栩】丨柏也禮記雜記上暢臼以丨注
【餾】丨饙也廣雅釋器
【翹】體不申謂之丨一切經音義十三引通俗文
【玻】璋大八寸謂之丨爾雅釋器
【賣】債同○丨賣也廣雅釋詁三○債賣也周禮胥師
察其詐僞飾行價慝者注○價買也周禮司市以
量度成賈而徵價注掌其賣價之事注賈師凡國
之賣價注○價他竺反周禮司市釋文引字林
【萿】丨山韭爾雅釋草

【逌】丨行也廣雅釋詁一○丨轉也方言十二又廣雅
釋詁四○丨步也方言十二
【虪】集韻省作儵○丨黑虎爾雅釋獸○黑虎名丨山
海經海內經幽都之山上有元虎注○爾雅釋獸
釋文儵本
今作丨
【倏】集韻或作儵○丨遠也易頤其欲逐逐釋文引劉
注○丨疾也廣雅釋詁一○儵疾也同上
【鮛】丨書育反爾雅釋魚釋文引字林
【婌】丨好也廣雅釋詁一○丨姤也同上
【蓫】丨艸名似冬藍蒸食之酢齊民要術十引字林○
丨羊蹏也廣雅釋草
【感】慼慼也廣雅釋詁二○楚郢江湘之閒怞伲或謂
之丨咨方言十

【䐹】集韻或从心○䐹脚丨玉篇引埤蒼
【裓】丨好也廣雅釋詁一
【珿】丨齊也廣雅釋詁四
【䖡】丨蚭蚰蜓也廣雅釋蟲○蚰蜒北燕謂之丨蚭方
言十一
【衄】丨刺也廣雅釋詁一
【䰗】假結謂之丨廣雅釋器
【噢】丨咿內悲也一切經音義四引埤蒼
【𥳐】丨漉米籔也音一六反史記司馬相如傳索隱引
字林

【鷫】丨鷞鳳皇屬也廣雅釋鳥○丨鷞鴈類一曰鳳之
別類淮南本經鴻鵠丨鷞注○丨鷞鳥名也長頸
綠身其形似雁一曰鳳皇之別名也
淮南原道鉤射丨鷞之為樂乎注
【驌】丨驦馬名後漢馬融傳注○丨驦馬也文選吳都
賦招丨驦劉注○丨驦鳥也馬似之文選吳都賦
注引左傳馬注○丨鷫鴈也馬似
之也文選七命注引左傳馬注
【颾】丨風也廣雅釋詁四
【潚】丨清也廣雅釋詁二○丨深清也文選思元賦注
引字林○丨疾貌文選思元賦迅焱丨其媵我兮
舊注○丨率吸鼻之貌文選羽獵賦吸鼻丨率
注○丨箾罕形也文選西京賦飛罕丨箾薛注
【橚】丨矗長直貌文選吳都賦丨矗森萃注

莜 爾雅釋草注葉似ー蓿釋文本亦作目蓿

哊 ー吐也廣雅釋詁四

滀 ー聚也莊子大宗師ー乎進我色也釋文引簡文注○ー結聚也莊子達生忿ー之氣釋文引李注○ー喻急也後漢公孫瓚傳注○ー漯ー色憤起貌莊子大宗師文選海賦滀漯淪而ー漯注○ー色憤起貌莊子大宗師釋文引司馬注○ー富有德充也莊子大宗師釋文引王注○莊子大宗師釋文ー本又作傗

𥖁 ー齊也廣雅釋詁四○ー齊頭也文選長笛賦注引字林

○以下據集韻錄

檏 爾雅釋木檄ー心釋文ー本今作樸

𥉖 ー微視美目貌漢書敘傳音義引字林

靏 ー昱疾貌文選海賦ー昱絕電注

褔 左傳襄卅年注褚ー也釋文ー本又作畜

○以下附錄

趚 ー匿也莊子達生視其後者而鞭之釋文引崔注

俶 ー動也廣雅釋詁一

竺 ー竹也其表曰篾其裏曰笨廣雅釋草

㣙 字書無ー字諸家並曰ー㑃爲粟𧶽西域國名也傳讀如此不知所出今有肅特國恐是也後漢杜篤傳注

溵 ーー雨也廣雅釋訓

經籍籑詁卷第九十

經籍纂詁卷第九十補遺　入聲

兵部侍郎兼都察院右副都御史巡撫浙江等處地方提督軍務兼理糧餉阮元撰集

一屋

屋 說文丨居也从尸尸所主也一曰尸象丨形从至至所至止室丨皆从至屋籀文丨从厂𡱂古文丨○乾爲丨宇易豐豐其丨干注○丨具也周禮小司徒注夫三爲丨疏○黃丨謂車上之葢也漢書陸賈傳去黃丨稱制注

木 說文丨冒也冒地而生東方之行从屮下象其根凡丨之屬皆从丨○丨之言踊也陽氣踊躍爾雅釋木釋文引白虎通○丨謂質樸漢書周勃傳勃爲人丨強敦厚注○丨曰敷和素問五常政大論○木曰委和同上○丨曰發生同上○震爲丨易繫辭下傳葢取諸豫荀注又左氏傳十五年傳姪其從姑注○丨火母也左氏昭十八年傳是謂融風注又呂覽孟春東風解凍注○丨爲金妻周禮大司徒測土深疏○仁爲丨易文言傳何晏注○甲乙寅卯爲丨淮南天文○丨柷圉也國語周語革丨一聲注○司丨山虞也禮記曲禮下司丨注○丨工輪輿弓廬匠車梓也禮記曲禮下丨工注○丨堇王蒸也禮記月令丨堇榮注○丨實狐桃也廣雅釋草○丨欄桂欄也廣雅釋木○丨鷸鳥冠也知天文者冠鷸淮南道應乃去其鷸而載之丨注

竹 說文丨冬生艸也象形下垂者箁箬也凡丨之屬皆从丨○丨聲爲震禮記樂記丨聲濫疏○震爲丨葦易遯羝羊觸藩侯注○丨即管也儀禮大射禮注笙從工而入疏○丨爲管禮記月令疏引易通卦驗注○丨簫管也國語周語匏丨利制注○丨篪笛也禮記郊特牲匏丨在上釋文

目 說文丨人眼象形重童子也凡丨之屬皆从丨𡇀古文丨○丨司視管子宙合○丨所以司見形色素問陰陽應象大論在竅爲丨注○離爲明丨易象下傳利見大人集解○坤爲丨易頤自求口實虞注○丨或作刑莊子大宗師夫盲者釋文引崔注

服 說文丨用也一曰車右騎所以舟旋从舟𠬝聲䑄古文丨从人○丨者所以便用也國策趙策○丨事也禮記曲禮上丨官政疏又素問八正神明論用鍼之丨注又荀子仲尼昭哉嗣丨注○丨從左氏文十八年傳疏○丨謂聽從書武成而萬姓悅丨疏○丨謂爲之任使荀子王制賢良丨注○丨猶畏也淮南說林鳥力勝日而丨於雝注○丨思之也詩關雎寤寐思丨傳○丨法丨也呂覽樂成都鄙有丨注○丨佩也淮南說山君子丨之注○丨牝丨也詩大東不以丨箱傳○轅兩馬謂之丨馬詩叔于田疏○丨馬中央馬也淮南泰族丨欲步注○馬在中曰丨續漢輿服志上在左騑馬軛上注引徐廣○丨貌之飾也洪範五行傳時則有丨妖注○丨色也漢書郊祀志上急於改正丨鬼神之事注○利身之謂丨國策趙策○御丨皆器用之名尊者謂之御卑者謂之丨荀子大略大夫丨笏注○丨謂冠弁衣裳也詩都人士序周人刺衣丨無常也箋○丨丨杖也是喪丨之數故呼杖爲丨禮記檀弓下天子崩三日祝先丨疏○邦畿方千里其外每五百里謂之一丨左氏桓二年傳注諸侯而在甸丨者疏

福 說文丨祐也从示畐聲○丨者大慶之辭詩瞻彼洛矣疏○丨祥是吉慶之事周禮大祝注吉祝祈丨祥也疏○全壽富貴之謂丨韓非子解老○得非已力故謂之丨論衡累害○世所謂丨者謂受鬼神

之祜助也賢者之所謂丨者謂受大順之顯名也禮記祭統必受其丨注○作丨專爵賞也書洪範惟辟作丨鄭注○丨胙肉也國語晉語必速祠而歸丨注

祿 說文丨福也从示彔聲○丨者吉祉之謂詩瞻彼洛矣疏○丨者錄也取上所以敬錄接下下所以謹錄事上詩樛木疏引孝經援神契○丨者穀也禮記王制王者之制丨爵疏○丨謂賜之以穀詩緇衣傳受采丨疏○丨所得賞也國語晉語敢歸丨注○士曰不丨公羊隱三年傳○士曰不丨不復食丨也釋名釋喪制○君死未葬曰不丨通典八十三引石渠禮議○丨當爲錄周禮職幣皆辨其物而奠其錄杜注

穀 說文丨續也百丨之總名从禾㱿聲○丨是養人之物左氏僖四年傳注孤寡不丨疏○五丨食物

之性也春秋繁露祭義○五丨菽麥黍稷稻也淮南修務播種五丨注○丨實謂爲飯食者也詩賓之初筵箋凡非丨而食之曰穀疏○不丨不祿也人君謙以自稱也淮南人間不丨親傷注○楚人謂乳丨漢書敘傳上○詩正月蔌蔌方有丨後漢書蔡邕傳作速速方穀

熟 說文丨食飪也从丮𦎫聲易曰丨飪○孰謂亨煑禮記禮運注丨冶萬物疏○丨甚也荀子榮辱非丨修爲之君子注○丨甚也猶成丨也荀子不苟丨計之注○孰諫謂純孰殷勤而諫若物之成孰然禮記內則寧孰諫疏○丨知猶審知也史記禮書孰知夫士出死要節正義

谷 說文泉出通川爲丨从水半見出於口凡丨之屬皆从丨○丨中央無者也老子丨神不死釋文○山之溝一有水一無水者命曰丨水管子度地○丨竹溝也漢書律麻志上取竹之解丨注引孟康○水注谿曰丨漢書司馬如傳上振溪通丨注引張揖○丨風東風也詩谷風序釋文○丨風生長之風爾雅釋天孫注

肉 說文丨胾肉象形凡丨之屬皆从肉○二在膚裏故稱丨易噬嗑噬腊丨虞注○丨爲陰易說卦傳爲瘠馬崔注○丨謂厚重者也禮記樂記寬裕丨好疏○丨謂肥滿禮記樂記使其曲直繁瘠廉丨節奏疏○丨好言音之洪美史記樂書寬裕丨好集解引王肅○體爲丨孔爲好漢書律歷志上令之丨倍好者注引如淳○丨錢形也漢書食貨志下丨好皆有周郭注引韋昭

族 說文丨矢鋒也束之丨丨也从㫃从矢○丨屬也禮記仲尼燕居注三丨父子孫也疏又左氏定四年傳輯其分丨疏○丨者屬也左氏成十六年傳注二丨強疏引劉炫說○丨卽屬也左氏宣二年傳注

以其故官丨疏○丨部屬也國語楚語王丨而已注○丨衆也禮記祭法曰丨厲疏○丨聚也易象上傳君子以類丨辨物疏又周禮朝士禁慢朝錯立丨談者疏又文選上林賦丨居遞奏注引張揖○生相親愛死相哀痛有會聚之道故謂之丨白虎通宗族○丨者氏之別名也史記五帝本紀集解引鄭駁五經異義○別而稱之謂之氏合而言之則曰丨左氏隱八年傳注命氏曰陳疏引釋例○九丨者上從高祖下至元孫凡九皆爲同姓詩葛藟序疏引古尚書說○九丨乃異姓有屬者父丨四母丨三妻丨二書仲虺之誥疏引禮戴及尚書緯歐陽說○詩有杕之杜序兼其宗丨釋文本亦作宗矣

鹿 說文丨獸也象頭角四足之形鳥丨足相似从匕凡丨之屬皆从丨○大者曰丨小者曰麛禮記檀弓上注丨裘亦用絞乎疏○丨何澤鞠也廣雅釋草○魏受禪表書陳納於大丨陳球後碑口升大丨麓

作丨
腹 說文腹厚也从肉复聲○丨者至陰之所居素問
評熱病論○詩蓼莪出入丨我初學記十七作出
入復我
菊 說文丨大丨蘧麥从艸匊聲又蘜治牆也从艸鞠
聲○蘜今之秋華丨爾雅釋草蘜治蘠注○丨者
草名花色黃禮記月令注鞠衣黃桑之服疏○爾雅
蘜治蘠釋文字或作丨又作鞠
陸 說文丨高平地从𨸏从坴坴亦聲𨺐籀文丨○丨
平漢書霍光傳光爲博丨侯注○高平曰丨詩天
保如山如阜傳又漢書五行志中之上而田於大丨
注萬石君傳河水滔丨注公孫宏卜式兒寬傳贊皆
以鴻漸之翼注東方朔傳此所謂天下丨海之地注
○廣平曰丨漢書郊祀志上河溢皋丨注○丨道也

禮記月令注北丨謂虛也疏○丨徑衺徑也丨地也
淮南墬形丨徑三千里注○丨離參差也漢書司馬
相如傳下疹以丨離注引張揖○丨離美好貌淮南
本經流漫丨離注○丨亦取葉柔根堅也易夬莧丨
苜注○陸英莓也廣雅釋草○唐扶頌內和丨兮外
奔赴睦作丨
軸 說文丨持輪也从車由聲
逐 說文丨追也从辵从豚省○丨謂隨丨也史記田
完世家秦丨張儀索隱○丨猶競也左氏昭元年
傳諸侯丨進注○十丨兩馬走也易大畜良馬丨釋
文引鄭注○丨與軸蓋古今字異詩考槃傳軸進也
疏
牧 說文丨養牛人也从攴从牛詩曰丨人乃夢○丨
養也易象上傳卑以自丨也鄭注又禮記曲禮下

入天子之國曰丨疏又周禮大宗伯注一州之丨疏
○丨養飲也華嚴經音義下引三蒼○丨郎藪丨周
禮遂人注分其農丨衡虞之職疏○丨州丨也國語
魯語師尹惟旅丨相注又漢書百官公卿表上十有
二丨注引應劭○侯爲丨也詩旄邱序衞不能修方
伯連率之職箋○周之州長自名爲丨詩譜序下無
方伯疏○丨謂丨御天下之政教周書職方王設其
丨注○唐虞謂之丨者何尚質使大夫往來丨視諸
侯故謂之丨白虎通封公侯○隰皋之地九夫爲丨
左氏襄廿五年傳丨隰皋賈注○丨草名也楚辭天
問中央共丨后何怒注○定本丨馬字作牡馬詩駉
駉駉牡馬疏○詩大明箋坶野乃誓釋文本又作牧
伏 說文丨司也从人从犬○丨隱也國語晉語龍尾
丨辰注○丨不見也漢書天文志是爲亟而丨注
引晉灼○丨宿不見爲丨左氏僖五年傳龍尾丨辰
疏○丨者隱丨避盛暑也史記秦本紀二年初丨正

義○與爲退丨易繫辭上傳吉凶與民同患虞注○
丨靈者千歲松根也史記龜策列傳○丨犧字或作
宓犧音亦同書孔序疏○宓讀與丨同漢書律厤志
上宓羲氏注藝文志宓戲氏注宓子十六篇注○宀
下著必是古之丨字禮記月令注大皡宓犧氏疏
宿 說文宿止也从宀㐌聲㐌古文夙○丨者止丨之
義漢書百官公卿表上御羞注○丨猶停也管子
君臣不丨其罰注○丨久留也漢書韓安國傳孝文
寤於兵之不可丨注○丨留謂有所須待也漢書郊
祀志上丨留海上注○丨久舊也漢書翟方進傳是
時丨儒有清河胡常注酷吏尹賞傳賞所置皆其魁
丨注○丨謂致齊三日周禮大史戒及丨之日疏○
致齊三日爲丨儀禮公食大夫禮注此所以丨戒者
疏○丨郎肅也書顧命王三丨疏○丨之言肅肅敬
之義也禮記禮器三日丨疏

讀 說文丨誦書也从言賣聲○丨止謂道丨之丨匿謬正俗一

犢 說文丨牛子也从牛瀆省聲○用丨貴誠也禮記郊特牲

瀆 說文丨溝也从水賣聲一曰邑中溝○丨田謂穿溝丨而溉田管子地員丨田悉徙注○丨者發源而注海者也漢書郊祀志上四丨視諸侯注○江河淮濟爲四丨書大傳又漢書郊祀志上注○丨山蜀之岷山也漢書郊祀志上

牘 說文丨書版也从片賣聲○丨木簡也漢書昌邑哀王髆傳持丨趨謁注游俠原涉傳削丨爲疏注外戚傳下手書對丨背注○丨木簡以書辭也漢書周勃傳吏乃書丨背示之注

櫝 說文丨匱也从木賣聲一曰木名又曰大梡也○丨匱也左氏昭七年傳賂以瑤罋玉丨斝耳注○丨小棺也漢書楊王孫傳窾木爲匵注

黷 說文丨握持垢也从黑賣聲易曰再三丨○丨垢丨也文選江文通雜體王徵君詩注引蒼頡○丨垢濁也漢書枚乘傳以故得媟丨貴幸注○丨汙渫也漢書郊祀志上敬而不丨注○瀆煩汙也漢書韋元成傳數則瀆注○丨媟也文選思歸引序注引國語賈注○瀆慢也禮記少儀毋瀆神疏○丨易也左氏昭廿六年傳不可瀆也服注○瀆數也周禮大宗伯注不敢瀆爲小禮疏○瀆濫也禮記緇衣則爵不瀆疏○丨蒙也一切經音義廿一引廣雅○瀆謂慣瀆書呂刑傳丨於亂政疏○瀆謂褻瀆禮記表記夏道未瀆辭疏

讟 說文丨痛怨也从誩賣聲春秋傳曰民無怨丨○丨痛怨之言也漢書五行志上怨丨動於民注

轂 說文丨輻所湊也从車𣪊聲○丨車也漢書食貨志下轉丨百數注引李奇

復 說文丨往來也从彳复聲○丨反也玉藻丨不過時注又左氏成十六年傳其卦遇丨服注又國語晉語其卒將丨注楚語王止而後丨注○丨謂反丨易復彖丨疏○丨是反丨之義禮記曾子問注丨猶償也疏○丨還也禮記玉藻丨不過時疏○丨歸也書堯典卒乃丨鄭注○丨報也左氏定四年傳我必丨楚國注○丨亦報也漢書谷永傳報德丨怨注匈奴傳下以丨天子厚恩注○丨報丨也素問五常政大論所謂丨丨也注○丨謂報丨素問至眞要大論六氣之丨注○丨者報命于君左氏成二年傳疏○丨白也周禮內豎注則侯朝而自丨疏掌訝入丨及退亦如之疏又呂覽高義不丨于王而遁注○丨是報白之義周禮宰夫疏○丨猶告也管子小問以丨管仲注○丨荅也文選子虛賦是以王辭不丨注引司

馬彪○丨償也禮記聘義注財可遙丨疏○丨亦貫習之義詩大叔于田傳狃習也疏○丨謂有之周書大武取威信丨注○丨生除喪及生者之事也禮記三年問丨生有節也哉注○丨招魂也禮記檀弓上丨楔齒綴足疏○丨重求也左氏昭十六年傳弗敢丨也注○丨猶安也左氏昭廿七年傳季氏之丨注○丨丨除也漢書晁錯傳不得一算之丨注○丨丨者除其賦役也漢書高帝紀上丨勿租稅二歲注○丨謂免其賦稅也漢書刑法志中試則丨其戶注○丨家蠲賦役也漢書王子侯表上德哀侯廣元孫猛詔丨家注○丨陶主衣服之官左氏襄三十年傳使爲君丨陶注○丨徽上下手也淮南修務參彈丨徽注○丨丨定本作覆詩執競傳反丨也疏

粥 厚曰饘希曰丨禮記檀弓上饘丨之食疏○淖者曰鬻左氏昭七年傳鬻於是疏○鬻淖糜也漢書

文帝紀當受鬻者注○丨丨是柔弱專愚之貌禮記儒行丨丨若無能也疏○左氏隱十一年傳注餬鬻也釋文本又作丨

肅 說文丨持事振敬也从聿在𣶒上戰戰兢兢也肅古文丨从心从卪○丨敬也禮記樂記丨雝和鳴疏又國語楚語而又能齊丨衷正注又漢書劉向傳丨雝顯相注又淮南墬形丨愼民注○丨者敬也左氏文十八年傳忠丨恭懿疏○丨猶戒也禮記祭統宮宰丨夫人注○丨威也禮記玉藻色容厲丨疏○丨疾也國語楚語故齊丨以承之注○丨謂靜丨素問診要經終論刺鍼必丨注○徐行前曰丨書顧命王三宿鄭注○丨拜下手至地也國語晉語爲使者故敢三丨之注○丨丨鸞和聲之形狀禮記少儀丨丨雝雝疏○丨音近縮詩七月疏○書序丨愼來賀釋文馬本作息愼

育 說文丨養子使作善也从𠫓肉聲虞書曰教丨子毓丨或从每○丨長也後漢書殤帝紀誕丨百餘日注○丨生長也詩有狐序所以丨人民也箋○丨謂長老也詩谷風既生既丨箋

六 說文易之數陰變於丨正於八从入从八凡丨之屬皆从丨○重陰故稱丨易坤初丨干注○丨者天地之中國語周語夫丨中之色也注○丨合四方上下也呂覽審分神通乎丨合注○丨者所以合陰陽之施楙之於丨合之內令剛柔有體也漢書律厤志上

縮 說文丨亂也从糸宿聲一曰蹴也○丨不及也文選幽通賦故遭羅而羸丨注引項岱○退舍曰丨史記天官書○退舍爲丨漢書天文志○晩出爲丨同上○晷進爲盈晷退爲丨周禮馮相氏冬夏致日疏○丨直也禮記檀弓上古者冠丨縫疏○丨縱也禮記檀弓上丨二疏又周禮司巫注士虞禮曰東丨疏○丨去滓也禮記郊特牲丨酌用茅注○丨泲也禮記郊特牲疏○束茅立之祭前沃酒其上酒滲下去若神飲之故謂之丨周禮甸師祭祀共蕭茅大夫注○丨束物之名用繩束板故謂之丨詩緜傳乘謂之丨疏

哭 說文丨哀聲也从吅獄省聲凡丨之屬皆从丨○丨者所以告哀也漢書王莽傳下則丨以厭之注○有聲曰丨禮記喪大記兄弟丨疏○丨猶弔也淮南說林湯使人丨之注

幅 說文丨布帛廣也从巾畐聲○布帛廣二尺二寸爲丨漢書食貨志下

斛 說文丨十斗也从斗角聲○十斗爲丨漢書律歷志上○丨者角斗平多少之量也同上

戮 說文丨殺也从戈翏聲○丨辱也國語晉語魏絳丨寡君之弟注又呂覽情欲爲天下丨注○公羊桓十年傳注當丨力拒之釋文字亦作勠僖五年傳注丨力一心釋文又作勠力○書甘誓不用命丨于社墨子明鬼下作是以賞於祖而僇于社

僕 丨御也左氏襄三年傳魏絳戮其丨注又史記衛世家令子郢丨集解引賈逵○丨御者也禮記服問唯近臣及丨驂乘從服疏○丨御者也禮記少儀丨者右帶劍疏○丨即御車者也禮記曲禮上則丨執策立於馬前疏○丨丨豎主藏者也左氏昭七年傳僚臣丨注○丨遬凡短之皃也漢書息夫躬傳丨遬不足數注○丨區刑書名左氏昭七年傳作丨區之法注

畜 說文丨田丨也淮南子曰玄田爲丨𤲸魯郊禮丨从茲从田茲益也○丨養也易師君子以容民丨眾釋文引王肅注離丨牝牛吉虞注小畜釋文引鄭注又左氏成十七年傳背吾丨于趙氏注昭廿五年

傳注六丨不相爲用疏○人家養之爲丨書武成序往伐歸獸疏○家養謂之丨野生謂之獸左氏昭廿五年傳疏○始養之曰丨將用之曰牲同上○丨謂愛養也漢書陳湯傳示弃捐不丨注○丨謂牧放也漢書景帝紀無所農桑毄丨注○丨者有也老子德丨之注○庶人之孝曰丨禮記祭統疏引援神契○丨牲一物左氏桓六年傳不以丨牲疏○養之則爲丨共用則爲牲同上

蓄 說文丨積也从艸畜聲○丨積聚也漢書谷永傳丨衆多之灾異注○丨聚積也漢書趙充國傳虜皆當畜食注○丨謂丨積詩雨無正箋乏於朝夕之丨疏○丨謂障遏聚之也漢書五行志上畜水潦注○丨縮謂厺於事也漢書息夫躬傳健而丨縮不可用注○稸即丨字漢書貨殖傳稸足功用注○萹丨亦呼爲篇竹爾雅釋草釋文引陶宏景

叔 說文丨拾也从又尗聲汝南名收芌爲丨村丨或从寸○丨小也禮記曲禮下天子同姓謂之丨父疏○丨者長幼稱也公羊文元年傳會葬禮也注○丨伯是長幼之異字詩蘀兮疏○夏殷質則稱仲周文則稱丨儀禮士冠禮丨仲季惟其所當疏○丨世謂衰世左氏文十八年傳注誓命以下疏○丨世言晚時也漢書刑法志皆丨世也注○丨或作升後漢書周章傳字次丨注

淑 說文丨清湛也从水叔聲○丨善也書畢命旌別丨慝疏又文選思元賦悲丨人之希合舊注

菽 說文尗豆也象尗豆生之形也凡尗之屬皆从尗○丨豆也史記項羽本紀士卒食芌丨索隱又漢書貨殖傳唅丨飲水注又呂覽任地而樹麻與丨注又淮南主術大火中則種黍丨注○丨豆總名淮南說林魚食巴丨而死注○丨謂豆也漢書項籍傳卒食半丨注劉向傳八月殺丨注○丨大豆也漢書五行志中之下隕霜殺丨注○丨者大豆詩小宛疏○丨者大豆之苗又是耐霜之穀左氏定元年傳隕霜殺丨注○丨豆連皮也淮南時則食丨與雞注○丨草之彊者漢書五行志中之下引董仲舒○丨草之難殺者也漢書五行志中之下

獨 說文丨犬相得而鬬也从犬蜀聲羊爲羣犬爲丨也一曰北嚻山有丨浴獸如虎白身豕鬣尾如馬○丨鹿也鹿鹿無所依也禮記王制疏引釋名○丨少也禮記禮器是故君子愼其丨也疏○丨與人異也莊子人閒世其行丨釋文引向注○丨立者無匹雙老子獨立而不改注○丨猶專也易象下傳丨行正也疏○丨自專也莊子人閒世釋文引崔注○初一陽爻故稱丨易復中行丨復虞注○丨爲陽始易象上傳后不省方虞注○無子曰丨衛集說卅六引成伯璵禮記外傳○老而無子者爲丨管子揆度○丨音與豖相近書亦或爲濁周禮秋官序官蟈氏注字从蟲國聲也疏○鄭固碑獸曷敢忘丨作獸

卜 說文丨灼剝龜也象灸龜之形一曰象龜兆之從橫也凡丨之屬皆從丨𠁽古文丨○龜曰丨左氏莊廿二年傳懿氏丨妻敬仲注公羊莊四年傳丨之日注又國語吳語請貞于陽丨注○龜稱丨易繫辭上傳以丨筮者尚其占虞注○丨覆也禮記曲禮上龜爲丨疏引師說○丨赴也赴來者之心故曰丨周禮春官序官丨大疏

馥 說文新附丨香气芬丨也从香复聲○丨香貌也文選蘇子卿古詩注引薛君韓詩章句

沐 說文丨濯髮也从水木聲○丨丨髮也禮記玉藻丨稷而靧粱疏

速 說文丨疾也从辵束聲遬籒文从欶警古文从欶从言○丨召也易需有不丨之客疏又國語楚語

其丨怨于民多矣注○遬謂蹙斂禮記玉藻見所尊者齊遬疏引皇氏

【祝】說文丨祭主贊詞者从示从人口一曰从兌省易曰兌爲口爲巫○丨謂主祭之贊詞者漢書郊祀志上以爲丨注○丨謂主人之辭告神禮記禮運丨嘏辭說疏○丨丨爲主人饗神辭也禮記禮運修其丨嘏注○丨祈福祥之辭淮南說山尸丨齊戒注○丨丨是讀書之名書洛誥作冊逸誥疏○讀策告神謂之丨書洛誥逸丨冊疏○丨說神也太元元數爲巫丨丨注○丨上壽酒左氏哀廿五年傳武伯爲丨注○丨丨呪也禮記郊特牲詔丨於室疏○丨願也呂覽樂成王爲羣臣丨注○丨宗接神之官左氏定四年傳丨宗卜史疏○丨宗主祭祀祈禱者左氏成十七年傳使其丨宗祈死注○丨大史記楚世家命曰丨融集解引虞翻○丨甚也左氏昭廿九年傳火正曰丨融賈注○丨注也注藥于瘡周禮瘍醫疏○丨鳩鷦鳩也左氏昭十七年傳丨鳩氏注○丨餘或作柱荼山海經南山經注

【麓】說文丨守山林吏也从林鹿聲一曰林屬於山爲丨春秋傳曰沙丨崩禁古文从彔○林屬於山曰丨漢書五行志下之上引穀梁傳○山足曰丨史記五帝本紀堯使舜入山林川澤索隱又漢書王莽傳注上納於大丨注又文選七命注引曹大家列女傳注○山足曰鹿漢書地理志上鉅鹿郡鉅鹿注引臣瓚○鹿林之大者也漢書地理志上注引應劭○丨錄也書舜典納于大丨釋文引王注○丨聲近錄書舜典疏○春秋僖十四年經沙鹿崩風俗通山澤作沙丨崩

【鏃】說文丨利也从金族聲○丨矢丨也漢書鼂錯傳中不能入與亾丨同注○丨矢鋒也漢書地理志下木弓弩竹矢或骨爲丨注陳勝項籍傳贊秦無亾丨遺矢之費注○丨以金爲箭鏑也文選過秦論注引爾雅李注○丨矢大丨之矢今所謂兵箭者也漢書膠東康王寄傳私作兵車丨矢注

【蹙】說文新附丨迫也从足戚聲○丨鶡謂鼻丨眉史記范雎蔡澤列傳魋顏丨鶡膝攣索隱○孟子滕文公下已頻顣曰文選弔魏武帝文注作頞丨

【築】說文丨擣也从木筑聲篁古文○丨者丨杵也周禮鄉師注周輦加二版二丨疏○丨者丨土之杵左氏宣十一年傳稱畚丨疏

【穆】說文丨禾也从禾㣎聲○丨丨肅肅敬出心也大元禮○丨美也禮記中庸於丨不已疏又漢書劉向傳肅雍顯相注○丨是美之貌詩烝民疏○丨丨皇皇皆美大之狀禮記少儀丨丨皇皇疏○天子丨丨丨者威儀多貌也禮記曲禮下疏○丨丨天子之容也漢書韋元成傳天子丨丨注匡衡傳昭丨丨以視之注○丨順也續漢祭祀志下注引決疑要注○丨然靜思貌漢書東方朔傳於是吳王丨然注○丨忞隱閔皆無形之類也淮南原道丨忞隱閔注○子爲丨國語魯語非昭丨也注又漢書韋元成傳○凡丨或作繆禮記檀弓下丨公召縣子而問然注

【睦】說文丨目順也从目坴聲一曰敬和也𡙁古文丨○丨親也禮記禮運講信修丨注又左氏昭三年傳又卑一丨焉疏

【隊】卵生曰椓文選東征賦注引尸子○丨與椓古字通文選東征賦諒不登樔而椓蠡兮注

【覆】丨反也左氏文元年傳丨俾我悖注○丨猶背也詩節南山疏引王肅○丨謂丨白之也漢書馮唐傳不從中丨也注

鶩 說文丨舒鳧也从鳥敄聲○丨卽今之鴨周禮大宗伯注丨取其不飛遷疏掌畜注鷄鴨之屬疏○匹丨也野鴨曰鳧家鴨曰丨禮記曲禮下庶人之摯匹疏○說者以匹爲丨禮記曲禮下注

麴 說文䊮酒母也从米䊮省聲麴䊮或从麥鞠省聲

禿 說文丨無髮也从人上象禾粟之形取其聲凡丨之屬皆从丨王育說蒼頡出見丨人伏禾中因以制字未知其審○丨無髮呂覽明理盲丨傴尪注○丨者無髮禮記喪服四制丨者不髽注○齊人謂無髮爲丨楬禮記明堂位夏后氏以楬豆注

縠 說文丨細縛也从糸𣪊聲○輕者爲紗縐者爲丨漢書江充傳充衣紗丨襌衣注

朴 丨箠也左氏文十八年傳歜以丨抶職注○丨捶也漢書陳勝項籍傳贊執敲丨以鞭笞天下注引鄧展○丨杖也左氏襄十七年傳親丨注又漢書刑法志薄刑用鞭丨注○短曰敲長曰丨文選過秦論注引臣瓚

衄 說文丨鼻出血也从血丑聲

鬻 丨賣也國語晉語鮒也丨獄注齊語使八丨之四方注鄭語有夫婦丨是器者注○丨亦賣也漢書東方朔傳自衒丨者以千數注

燠 丨煖也公羊成元年傳注釋文○火爲丨禮記禮器饗帝於郊注○丨是熱之始書洪範疏○奧讀曰丨漢書五行志中之上悊時奧若注五行志中之下厥罰恆奧與若注○公羊成元年傳注尚書曰舒恆奧若釋文本又作丨

澳 說文丨隈厓也其內曰丨其外曰隈从水奧聲○水之內曰隩詩公劉芮鞫之卽箋○奧水隈也漢書地理志下瞻彼淇奧注○土之可居者曰隩漢書郊祀志上神明之隩注○奧亦水名詩淇奧序釋文引草木疏○爾雅釋丘隩隈釋文本或作丨○禮記大學瞻彼淇丨釋文本又作隩

輻 說文丨輪轑也从車畐聲○丨車劇也易小畜注說征之丨疏引子夏傳○丨湊言如車輻之歸於轂也漢書劉向傳眾丨湊於前注

漉 說文丨浚也从水鹿聲淥丨或从彔

蔌 丨者菜茹之總名詩韓奕疏

恧 說文丨慚也从心而聲

鵩 服似鴞不祥鳥也漢書賈誼傳

竺 說文丨厚也从二竹聲

筑 說文丨以竹曲五弦之樂也从竹从巩巩持之也竹亦聲○丨曲二十一弦淮南泰族高漸離宋意爲丨擊丨注○丨古樂有弦擊之不鼓史記高祖本紀擊丨集解引韋昭○丨狀似瑟而大頭安弦以竹擊之故名曰丨漢書高帝紀上擊丨注引應劭

蔟 說文丨行蠶蓐从艸族聲

㬥 丨謂章露也漢書王嘉傳宜丨賢等本奏語言注西域傳上前親逆節惡丨西域注○丨謂章顯也漢書淮陽憲王欽傳過惡丨列注○丨謂顯揚也漢書西域傳上因丨兵威注○丨謂披布之漢書中山

靖王勝傳數奏丨其過惡注

箙 說文丨弩矢丨也从竹服聲周禮仲秋獻矢丨○服矢服也國語齊語服無矢注○服盛箭器也漢書司馬相如傳上右夏服之勁箭注引伏儼又文選子虛賦注引張揖○服盛箭者卽今之步叉也漢書五行志下之上檿弧箕服注○服卽今步叉也文選七發右夏服之勁箭注○丨今謂之步叉續漢輿服志上注引周禮干注○小丨刀劒短兵之衣周禮巾車小服皆疏注

濮 說文丨水出東郡丨陽南入鉅野从水僕聲○丨南夷也左氏昭十九年傳爲舟師以伐丨注

鞫 說文𥷻窮理辠人也从㚔从人从言竹聲𥷻或省言○丨窮也漢書張湯傳訊丨論報注○丨謂劾囚之要辭周禮小司寇注如今時讀丨疏○讀書用法曰鞫禮記文王世子亦告于甸人注○漢世問罪謂之丨書呂刑傳謂上其丨劾文辭疏○丨水外也詩公劉芮丨之卽疏○阸讀與鞠同漢書地理志上右扶風汧注○爾雅釋邱外爲丨釋文字林作垠○詩公劉芮丨之卽漢書地理志上作芮鞠之卽注

鞠 說文丨蹋丨也从革匊聲𥷻丨或从𥷻○丨窮也文選西征賦注引漢書張晏注○丨盡也禮記文王世子注告讀爲丨疏○丨者以其辭決罪也漢書景武昭宣元成功臣表丨獄不實注○以囚辭決獄事爲丨漢書刑法志與郡丨獄注引如淳○丨養也書盤庚下王注○丨曲躬也史記滑稽列傳帣韝丨䐟索隱○丨躬謹敬貌漢書馮奉世傳贊丨躬履方注○丨以韋爲之中實以物蹵蹋爲戲樂也漢書枚乘傳狗馬蹵丨刻鏤注○丨戲以皮爲之中實以毛蹵蹋爲戲也史記衛將軍驃騎列傳穿域蹋丨索隱○鞻以韋爲之實以物蹵蹋之以爲戲也漢書藝文志蹵鞠二十五篇注○丨名與麴同詩君子偕老傳以丹縠爲衣疏引孫毓○丨塵不爲麴字者古通用周禮內司服注色如丨塵疏○丨一作毓詩鳲鳩疏引爾雅釋言鬻稚也郭璞音義○丨詩蓼莪母兮丨我一切經音義五作母兮掬我

匊 說文在手曰丨从勹米○掬手中禮記曲禮上受珠玉者以掬注

郁 集韻戫通作丨○說文戫有文章也从有惑聲又栯右扶風丨夷也从邑有聲○丨丨文章盛貌漢書儒林傳丨丨乎文哉注

複 說文丨重衣也从衣复聲一曰褚衣○丨重底周禮屨人注丨下曰舄疏○丨道閣道也史記劉敬叔孫通列傳迺作丨道集解引韋昭○上下有道故謂之丨漢書高帝紀下從複道上注引如淳

簏 說文丨竹高篋也从竹鹿聲箓丨或从彔

塾 說文新附丨門側堂也从土孰聲○門側之堂曰丨漢書食貨志上鄰長坐於左丨注○禮門側之堂謂之丨詩丰俟我乎堂兮疏引孫毓○所以必有丨何欲以飾門因取其名也明臣下當見於君必先熟思其事也詩絲衣疏引白虎通

樸 說文樸棗也从木僕聲○丨棗也爾雅釋木丨枹者舊注○丨本也呂覽論人則復歸于丨注○丨大質也漢書循吏黃霸傳澆淳散丨注○丨猶質也淮南精神契大渾之丨注○爾雅釋木樕丨心釋文樸本今作丨

蹴 說文丨躡也从足就聲○蹵足蹵之也漢書枚乘傳狗馬蹵鞠刻鏤注○蹵亦蹋也史記蘇秦列傳六博蹋鞠者索隱○丨踘謂打毬也史記扁鵲倉公列傳處後丨踘正義

熀 說文｜燿也从火晃聲○｜雪光貌也漢書敘傳上｜雪其間者注

謖 ｜起也禮記曾子問注尸｜之後疏

碌 說文新附｜石皃从石彔聲

娽 說文｜隨從也从女彔聲

韣 說文｜弓衣也从韋蜀聲○｜韜也考工記輈人注有衣謂之｜疏○｜弓衣也漢書王莽傳下皆佩印韍執弓｜注

毓 ｜生也國語晉語怨則｜災注○｜與育同漢書敘傳上鳥魚之｜川澤注○｜字與育同漢書五行志中之上則孕｜根核注

舳 說文｜艫也从舟由聲漢律名船方長爲｜艫一曰舟尾○｜船後持拖處也漢書武帝紀｜艫千里注引李斐

蝠 說文｜蝙｜服翼也从虫畐聲

楅 ｜者相迫｜之義周禮封人疏○｜者兩頭爲龍頭中央共一身而倚箭於｜身上禮記少儀侍射則約矢疏○訓｜爲幅者義取若布帛有邊幅整齊之義儀禮鄉射禮｜猶幅也疏

昱 說文｜明日也从日立聲

朒 說文朔而月見東方謂之縮朒从月內聲○｜行遲貌洪範五行傳注

慉 說文｜起也从心畜聲詩曰能不我｜○｜養也詩谷風不我能｜釋文引王肅○｜謂動而痛也

漢書賈誼傳一二指｜注

踧 說文｜行平易也从足叔聲詩曰｜｜周道

樕 說文｜樸｜木从木敕聲

稑 說文｜疾孰也从禾坴聲詩曰黍稷種｜穋｜或从翏○｜早也續漢禮儀志上力田種各穋訖注引賀循○後種先熟曰｜詩七月黍稷重｜釋文○｜陵穀黍稷之屬續漢禮儀志上注引周禮干注○詩七月黍稷重穋呂覽任地注作黍稷重｜

夙 說文𡖊早敬也从丮持事雖夕不休早敬者也𠈇古文｜从人囟佪亦古文｜从人西宿从此○｜早也禮記孔子閒居｜夜其命宥密疏○｜郎昕也詩行露箋行事必以昏昕疏

蝮 說文｜虫也从虫复聲○｜惡蛇也漢書嚴助傳林中多｜蛇猛獸注○｜一名虺漢書田儋傳｜蠚手則斬手注引應劭

餗 說文鬻鼎實惟葦及蒲陳留謂鍵爲鬻从𩰫速聲餗鬻或从食束聲○｜鼎實也漢書王商傳有鼎折足之凶注○｜謂鼎之實穀梁僖廿三年傳注故易訊鼎折足注○｜食也漢書彭宣傳則覆亂美實注○｜菜也易鼎覆公餗釋文引鄭注○｜者雉膏之屬易鼎集解○｜糝也易鼎疏○糝謂之｜周禮醢人疏引易鄭注○｜美饌周禮司烜氏疏引易鄭注

柷 說文｜樂木空也所以止音爲節从木祝省聲○｜如漆筩禮記喪大記君容｜疏○｜狀如漆筩中有椎將作樂先擊之禮記王制疏引漢禮器制度○｜狀如漆桶中有椎連底動之令左右擊漢書律

歷志上水曰丨注○丨與俶同漢書律歷志上注

湇 說文丨水出宏農盧氏山東南入沔从水育聲或曰出驪山西

霂 說文丨霂丨也从雨沭聲

僇 丨謂刑丨也禮記大學辟則為天下丨矣疏

殰 說文丨胎敗也从歺賣聲

俶 說文丨善也从人叔聲詩曰令終有丨一曰始也○丨始也文選和徐都曹詩注引詩大田王肅注

繆 名與實爽曰丨周書謚法○丨讀與穆同漢書韓安國傳昔秦丨公都雍注

輹 說文丨車軸縛也从車复聲易曰輿脫丨○丨車下伏菟也今人謂之車屐形如伏菟以繩縛於軸因名縛也左氏僖十五年傳疏引子夏易傳

麗 說文麗罜麗也从网鹿聲

倏 說文丨忝也从犬攸聲讀若叔○丨忽疾也漢書敘傳上辰丨忽其不再注○丨忽電光也漢書楊雄傳上電丨忽於牆藩注

熇 說文丨火熱也从火高聲詩曰多將丨丨

鵴 說文鵴秸鵴鳴鳩从鳥𥷚聲

觳 說文丨盛觵卮也一曰射具从角𣪊聲讀若斛

劀 丨誅謂所殺不於市而以適甸師氏者也周禮司烜氏邦若屋誅注

莤 說文丨禮祭束茅加於裸圭而灌鬯酒是為丨象神歆之也一曰丨榼上塞也从酉从艸春秋傳曰爾貢包茅不入王祭不供無以丨酒○丨讀為縮周禮甸師大夫注

蓫 丨牛蘈揚州人謂之羊蹄幽州人謂之丨詩我行其野陸疏

薁 說文丨蘡丨也从艸奧聲○丨蘡者亦是鬱類而小別耳詩七月疏○丨李郎丨同上○丨山梨也文選上林賦隱夫丨棣注引張揖○丨卽今之郁李也漢書司馬相如傳上隱夫丨棣注○詩七月食鬱及丨宋書謝靈運傳注作食鬱及薁

葍 說文丨䔰也从艸畐聲○丨類謂菲也詩谷風箋蔓青與丨之類也疏○丨一名䔰幽州人謂之燕丨詩我行其野陸疏

毣 丨丨猶蒙蒙也漢書鮑宣傳極竭丨丨之思注

楘 說文丨車歷錄束交也从木孜聲詩曰五丨梁輈

纀 說文裳削幅謂之丨从糸僕聲

䃙 丨礵也集韻引廣雅

毱 丨毛丸可戲者也一切經音義廿二引三蒼

儵 說文丨青黑繒發白色也从黑攸聲○丨爚電光也文選西都賦震震爚爚注引字指

噈 說文歡歠歠也从欠鼀聲丨俗歠从口从就

槭 說文丨木可作大車輮从木戚聲

茯 丨苓千歲松脂也淮南說山下有丨苓注

睩 說文丨目睞謹也从目彔聲讀若鹿

髑 說文丨髏頊也从骨蜀聲

虙 說文丨虎皃从虍必聲○丨讀與伏同漢書司馬遷傳丨戲至純厚注五行志上丨羲氏繼天而王注五行志下之下丨羲木德注敘傳下丨羲畫卦注○丨讀與伏字同字本作丨漢書司馬相如傳上青琴丨妃之徒注○丨戲卽伏羲字異音義同也詩陳譜大皞丨戲氏之墟疏○禮記明堂位注承宓羲者釋文本又作丨

瘯 丨蠡畜之小病左氏桓六年傳疏

偪 禮記內則丨屨著綦釋文本又作幅

勠 說文丨幷力也从力翏聲○丨幷也文選文賦非余力之所丨注○戮併力也文選子虛賦注引國語戮力一心賈注○戮力幷力也漢書高帝紀上戮力攻秦注○戮力猶勉力也書湯誥與之戮力疏

孰 丨誰也穀梁宣二年傳丨為盾釋文又呂覽審應詩問丨病哉注難則問樂騰與王孫苟端丨賢注達鬱丨當可而鋭注

穀 說文丨楮也从木㱿聲○丨卽今之楮樹也漢書郊祀志上有桑丨生於廷注○丨幽州人謂之丨桑或曰楮桑荆揚交廣謂之丨中州人謂之楮詩鶴鳴其下維丨陸疏○丨木名皮可為紙史記貨殖列傳材竹丨䍁索隱

○以下據廣韻錄

遺 說文丨媟丨也从辵賣聲

隫 說文丨通溝也从𨸏賣聲讀若瀆𧮯古文丨从谷

韇 說文丨弓矢丨也从革賣聲

嬻 說文丨媟丨也从女賣聲

匵 說文丨匱也从匚賣聲○丨匱也漢書五行志下之上乃丨去之注○丨卽櫝字也漢書楊王孫傳窾木為丨注

𪌂 說文丨餅籟也从麥㱿聲讀若庫

𪎊 說文丨未練治纑也从麻後聲

𪋻 說文丨鹿迹也从鹿速聲

藗 說文丨牡茅也从艸遬聲遬籒文速

觻 說文丨角也从角樂聲張掖有丨得縣

娽 說文丨隨從也从女彔聲

𥩟 說文丨兒皃从立从彔彔籒文彪字讀若虙羲氏之虙

彔 說文丨刻木丨丨也象形凡丨之屬皆从丨

濼 說文丨齊魯閒水也从水樂聲春秋傳曰公會齊侯于丨

𤞞 說文𤞞犬屬腰已上黃腰已下黑食母猴从犬㱿聲讀若槈或曰𤞞似牂羊出蜀北囂山中犬首而

馬尾

支 說文丨小擊也从又卜聲凡丨之屬皆从丨

轐 說文丨車伏兔也从車菐聲周禮曰加軫與丨焉○丨今人謂之車屐是也考工記總目疏

鸔 說文鸔鳥鸔也从鳥暴聲

𢄐 說文丨鬆布也一曰車上衡衣从巾秋聲讀若頊

鞪 說文丨車軸束也从革敄聲

踾 丨蹴迫蹙貌文選長笛賦丨丨蹴攢仄注

蕧 說文丨盜庚也从艸復聲

⿲王車王 說文丨車笭間皮篋古者使奉玉以藏之从車珏讀與服同○丨皮篋盛弩也漢書張安世傳送以輕車介士注

𥨍 說文丨地室也从穴復聲詩曰陶丨陶穴○復穴重窟也淮南氾論古者民澤處復穴注○複穴者謂窟居也禮記月令注古者複穴疏○複謂地上累土禮記月令疏引庾蔚

复 說文丨行故道也从夊畐省聲

畗 說文丨滿也从高省象高厚之形凡丨之屬皆从丨讀若伏

搐 說文丨蹴引也从手畜聲○丨謂抽也詩巷伯傳縮屋而繼之疏

鵱 說文鵱蔞鷙也从鳥坴聲

坴 說文丨土塊丨丨也从土圥聲讀若逐一曰丨梁

𡴆 說文丨菌丨地蕈叢生田中从屮六聲𡵁籀文丨从三屮

妯 古謂之娣姒今關中俗呼爲先後吳楚俗呼之爲丨娌漢書郊祀志上注

蘜 說文丨日精也似秋華从艸𥷚省聲蓻丨或省

𢷎 說文丨撮也从手𥷚省聲

𡩶 說文丨窮也从宀𥷚聲𥷚與𥷚同𥨊丨或从穴

鮙 說文丨魚名出樂浪潘國从魚匊聲一曰丨魚出江東有兩乳

趜 說文丨窮也从走匊聲

璹 說文丨玉器也从玉𠷎聲讀若淑

琡 說文新附丨玉也从玉叔聲

⿰止叔 說文丨至也从止叔聲

埱 說文丨气出土也一曰始也从土叔聲

鬻 說文丨鬻也从䰜毓聲鬻丨或省从米

⿰糸育 說文丨帛青經縹緯一曰育陽染也从糸育聲

𧶠 說文丨衒也从貝𡕥聲𡕥古文睦讀若育

儥 說文丨賣也从人賣

雈 說文丨艸也从艸隹聲詩曰食鬱及丨

𢍏 說文丨兩手盛也从廾𡴀聲

喅 說文丨音聲丨丨然从口昱聲

⿱艹育 說文丨艸也从艸育聲

驧 說文丨馬曲脊也从馬鞠聲

⿰虫匊 說文丨鼀詹諸以脰鳴者从虫匊聲○丨蜿蟺也集韻引廣雅

匔 說文丨曲脊也从勹窮省聲

鼁 說文丨𠑹丨詹諸也其鳴詹諸其皮丨丨其行𠑹𠑹从黽从𠑹𠑹亦聲𪓿丨或从酋

喌 說文丨呼雞重言之从吅州聲讀若祝

虪 說文丨黑虎也从虎儵聲

跾 說文丨疾也長也从足攸聲

⿰女畜 說文丨媚也从女畜聲○不媚曰丨太平御覽三百八十二引通俗文

鄐 說文鄐晉邢侯邑从邑畜聲

慼 丨恣慼也易離慼嗟若釋文

⿰赤欠 說文丨愁然也从欠赤聲孟子曰曾西丨然

椷 丨汩飂戾𪉳疾貌也後漢書張衡傳丨汩飂戾沛以罔象兮注○丨汩飄淚皆疾貌文選思元賦注

⿰土輿 說文丨四方土可居也从土輿聲堪古文丨○輿讀曰丨謂土之可居者也漢書地理志上四輿旣宅注

籅 說文丨漉米籔也从竹輿聲○丨浙箕也史記司馬相如列傳索隱引纂要

⿰或欠 說文丨吹气也从欠或聲

鷫 說文丨丨鷞也五方神鳥也東方發明南方焦明西方丨鷞北方幽昌中央鳳皇从鳥肅聲鷞司馬相如說从鳥叜聲○丨丨鷞也漢書司馬相如傳上鳴丨鵠鵖注引郭璞

驌 集韻通作肅○肅爽駿馬名左氏定三年傳有兩肅爽馬注○肅爽鴈也其羽如練高首而脩頸馬似之左氏定三年傳疏引馬融說

潚 說文丨深清也从水肅聲○丨疾也後漢書張衡傳迅飇丨其勝我兮注○丨率聚斂也漢書楊雄傳上吸嗥丨率注

坶 說文坶朝歌南七十里地周書武王與紂戰于坶野从土母聲

㣎 說文丨細文也从彡㝷省聲

○以下據集韻錄

𡕥 說文丨行丨丨也从夊闕讀若僕

⿰乇頁 說文丨顫也从頁乇聲

鱳 說文丨魚名出樂浪潘國从魚樂聲

逯 說文丨行謹丨丨也从辵彔聲

【𠬝】說文丨治也从又从卪卪事之制也

【媨】說文丨醜也一曰老嫗也从女酋聲讀若蹴

【豖】說文丨豕絆足行丨丨从豕繫二足

【苖】說文丨蓨也从草由聲

○以下附錄【賣】說文丨貿也从貝𧶠聲

【牿】說文丨牛馬牢也从牛告聲周書曰今惟淫舍丨牛馬

【斣】說文相易物俱等爲丨从斗蜀聲

經籍纂詁卷第九十補遺終

經籍籑詁卷第九十一　入聲

經筵講官南書房翰林戶部左侍郎兼署兵部左侍郎提督浙江學政阮元譔集

二沃

【沃】丨肥也文選西京賦地丨野豐注○丨肥美也國
語魯語丨土之民不材注○丨美也國語晉語雖
獲丨田注○丨盛也淮南墬形正南次州曰丨土注
○丨柔也詩隰桑其葉有丨傳○丨濆也廣雅釋詁
二○丨低也廣雅釋詁四○丨猶白也西方白故曰
丨野淮南墬形西方曰丨野注○丨丨壯佼也詩隰
有萇楚夭之丨丨傳○有溉曰丨左氏襄廿五年傳
井衍丨服注又國語周語猶其有原隰衍丨也注又
史記周本紀猶其有原隰衍丨也集解引唐固○溉
灌曰丨一切經音義四引通俗文○丨猶灌也素問

痺論若丨以湯注○丨沫也素問五常政大論其動
漂泄丨涌注○丨泉縣出縣出下出也爾雅釋水○
丨從上霤下爾雅釋水丨泉縣出注○丨水泉從上
溜下出爾雅釋水丨泉縣出李注○丨水泉從上溜
下也列子黃帝丨水之潘為淵釋文○縣出曰丨泉
水從上下有所灌丨也釋名釋水○丨上之民不材
淫也列女傳母儀○淳丨稍注之儀禮特牲饋食禮
淳丨注○有丨之國言其土丨饒也山海經大荒西
經有丨之國丨民是處注○丨曲丨也詩揚之水從
子于丨傳○丨邑名詩揚之水序分國以封丨釋文
○丨古文茯同一切經音義十二○史
記殷本紀丨甲索隱引世本作開甲

【俗】丨習也廣雅釋詁二○丨土也呂覽長攻以望代
丨注○丨常也淮南氾論循丨未足多也注○丨
欲也丨人所欲也釋名釋言語○丨謂土地所生習
也周禮大司徒六曰以丨教安注○丨謂常所行與
所惡也禮記曲禮上入國而問丨注○柔弱為丨易
象下傳君子以居賢德善丨虞注○隨君上之情欲
謂之丨後漢班彪傳注史弼傳注○禮丨昏姻喪紀
舊所行也周禮大宰六曰禮丨以馭其民注○丨主
凡君也呂覽情欲丨主虧情注○丨當
為欲荀子解蔽由丨謂之道盡嗛矣注

【玉】丨圭也儀禮聘禮君使卿皮弁還丨十館注又淮
南原道執丨帛者萬國注○丨珪璧也國語吳語
執丨之君皆入朝注○丨璋圭之屬也論語陽貨丨
帛云乎哉集解引鄭注○丨者德美之至也白虎通
考黜○丨者貞德為也賈子道德說○丨者陽之陰
也故勝水大戴記勸學○丨者陰之陰也故勝水管
子侈靡○丨之為言溝刻也瑕而不掩折而不傷古
微書引禮斗威儀○丨曰嘉丨獨斷上○執之曰瑞
陳列曰丨書舜典五丨鄭注○乾為丨易說卦傳鼎
鼎丨鉉虞注○西方之美者有霍山之多珠丨焉爾

雅釋山○大丨華山之球也書顧命大丨夷丨鄭注
○水丨令水精也山海經南山經堂庭之山多水丨
注○丨丨山此山多丨石因以名山海經西山經丨山
注○丨山西王母之所居也山海經西山經○丨淵
水深之處美丨所出也文選吳都賦翫其磧礫而不
窺丨淵者劉注○丨門君門楚辭離世背丨門以犇
鶩兮注○丨磬鳴璆也國語魯語文仲以鬯圭與丨
磬如齊告糴注○丨瓚圭瓚也詩旱麓瑟彼丨瓚傳
○丨瓚者器名也所以灌鬯之器也白虎通攷黜○
丨鬯鬯酒之圭長尺一寸有瓚所以灌地降神之器
國語周語奉犧牲丨鬯注○丨胏帝顓頊之胏周禮
大卜一曰丨胏杜注○丨食美食書洪範惟辟丨食
馬注○丨脯猶丨食管子七臣七主瑤臺丨脯不足
處注○丨色色不變也禮記玉藻丨色注○丨女美
女也呂覽貴直身好丨女注○丨音言宏殺之調也
書大傳皆莫不磬折丨音金聲丨色注○四氣和謂

之丨燭爾雅釋天○外規爲丨衡史記天官書索隱
引書大傳注○故書丨爲王杜子春讀爲丨周禮九
嬪凡祭祀贊丨盞注○今文丨
爲璧儀禮覲禮乃朝以瑞丨注
足 丨止也老子常德乃丨注○丨者止也漢書五行
志下之上○丨得也老子視之不丨見注○丨猶
得也禮記禮器百官皆丨注○丨猶成也左氏襄廿
五年傳言以丨志文以丨言注○丨猶擁也管子五
行苗丨本注○丨謂無闕失荀子禮論法禮丨禮謂
之有方之士注○國無九年之蓄曰不丨禮記王制
○丨續也言續脛也釋名釋形體○丨謂四丨也禮
記明堂位夏后氏之鼓丨注○丨謂踏也文選上林
賦丨蹵羊郭注○震爲丨易說卦傳泰用馮河虞注
噬嗑屨校滅趾虞注賁賁其趾虞注剝剝牀以丨虞
注大過過涉滅頂虞注坎尊酒簋虞注困劓鼻虞注
鼎鼎折丨虞注○震爲馬丨爲作丨易說卦傳○木

以根爲丨釋名釋兵○矢本曰丨同上○國無九年
之蓄謂之不丨賈子憂民禮○皇鳴曰丨丨詩卷阿
正義引白虎通又論
衡講瑞引禮記瑞命
曲 丨局也釋名釋言語○丨詘也易繫辭下傳其言
○丨丨而中虞注○丨邪國策秦策以丨合於趙王注
○丨謂僻也文選吳都賦固亦丨士之所歎也劉注
○丨折也廣雅釋詁一又史記樂書回邪丨直正義
○丨猶事也禮記禮器禮三千注○丨猶小小之
事也禮記中庸其次致丨注○丨直猶能不也荀子
非相知行淺薄丨直有以縣矣注○丨知言不通於
大道者也荀子解蔽丨知之人觀於道之一隅注○
丨當謂委丨皆當荀子王制其餘雖丨當猶將無益
也注○丨成者乘變以應物不係一方者也易繫辭
上傳丨成萬物注○心丨心之委丨也詩小戎亂我
心丨傳○三丨一舉聲而三折也禮記閒傳大功之

哭三丨而偯注○五丨丨同五重山海經中山經和
山五丨注○河水屈而東北流逕析支之地是爲河
丨水經河水注○河丨河千里一丨一直山海經中
山經青要之山北望河丨注○河丨百里一小丨千
里一丨一直爾雅釋水○丨章丨也國語周語少丨
與焉注○丨薄也禮記月令具丨植籧筐注○丨薄
也青徐謂之丨呂覽季春具挾丨籧筐注又淮南時
則具撲丨筥筐注○丨蠶薄莊子大宗師或編丨釋
文引李注○丨葦薄也史記絳侯周勃世家勃以織
丨薄爲生索隱引淮南許注○丨道楬也廣雅釋器
○所以行棊謂之局或謂之丨道方言五○車紂自
關而東周洛韓鄭汝潁而東謂之緻或謂之丨綯或
謂之丨綸方言九○丨沃晉宗邑國語晉語驪姬請
使申生處丨沃注○丨轅道名莊子人間世至于丨丨
轅釋文引崔注○丨轅丨道也莊子人間世釋文引
司馬注○丨屋周閣也楚辭大招丨屋步壛注○丨

縣衛君之樂體也賈子審微○丨領在內所以禁中
衣領上橫壅頸其狀丨也釋名釋衣服○丨音邱欲
反史記司馬相如傳索隱引字林○詩韓奕釋文丨
顧字書作回顧○左氏桓十二年經盟于丨池公羊
作盟于
歐蛇
粟 桌續也廣雅釋詁二○桌穀也廣雅釋言○丨謹
促之名也管子小問未敢自恃自命曰丨注○丨
米者人主之上食也賈子春秋○穀之始熟曰丨論
衡量知○穀末春蒸曰丨同上○三變而祭謂之丨
古微書引春秋運斗樞○丹丨細丹沙如丨也山海
經南山經英水多丹丨注○禮記聘義縝密以栗山
海經西山經注引禮記
曰瑱密似丨丨或作栗
燭 丨燋也儀禮燕禮司宮執丨於西階上注大射儀
宵則庶子執丨於阼階上注士喪禮丨俟于饌東

注○丨照也文選雜體詩注引蒼頡篇又漢書武帝
紀集注二見宣帝紀集注成帝紀集注鼂錯傳集注
董仲舒傳集注嚴助傳集注翼奉傳集注匡衡傳集
注師丹傳集注楊雄傳上集注楊雄傳下集注三見
又後漢班彪傳上注班彪傳下注二見又太元增朱
車丨分注又呂覽士容火丨一隅注又文選西京賦
光炎丨天庭薛注○丨猶明也文選謝宣遠張子房
詩明兩丨河陰注○丨陰華也淮南精神丨營指天
注○丨者百草之未灰山海經西山經○丨所以照
饌也禮記喪大記君堂上二丨下二丨注○執之曰
丨儀禮士喪禮丨俟于饌東注○樹於門外曰大丨
周禮司烜氏共墳丨庭燎注○丨龍北山之神也後
漢張衡傳注○丨營讀曰括撮淮南精神丨營指天
注○漢書古今人表顏丨雛左氏哀廿七年傳作顏
涿聚○左氏昭廿七年傳吳
子丨庸史記刺客傳作屬庸

屬丨續也廣雅釋詁二又漢書鼂錯傳集注又荀子
儒效周公屛成王而及武王以丨天下注又楚辭
哀時命抒中情而丨詩注○丨續也恩相連續也釋
名釋親屬○丨猶續也後漢仲長統傳注○不丨者
不相續也儀禮鄉飲酒禮皆不丨焉注○丨著也左
氏僖廿三年傳右丨櫜鞬注又漢書郊祀志上集注
○丨猶著也儀禮士冠禮丨于缺注喪服傳條丨注
既夕丨引注○丨謂丨著也莊子駢拇丨其性于仁
義者釋文○丨注也儀禮士昏禮酌元酒三注于尊
注○丨猶注也國語晉語則恐國人之丨耳目於我
也注又漢書燕刺王旦傳集注蓋寬饒傳集注○丨
綴也漢書兒寬傳集注楊雄傳上集注○丨猶綴也
文選顏延年贈王太常詩丨美謝繁翰注○丨猶合
也禮記經解丨辭比事注○丨猶合也聚也周禮州
長各丨其州之民而讀灋注○丨會也左氏哀廿七
年傳陳武子丨孤子服注又孟子梁惠王乃丨其耆

老而告之注又國語晉語公丨百官注又史記孝武
紀丨國封事集解引服虔又漢書郊祀志上集注引
服虔又呂覽順民於是丨諸大夫而告之注又淮南
天文龍舉而景雲丨注○丨亦會也國語齊語兵車
之丨六注晉語三丨諸侯注楚語以丨諸侯注○丨
猶會也穆天子傳二天子丨六師之人注○丨猶朝
會也考工記梓人不丨于王所注○丨會聚也孟子
梁惠王乃丨其耆老而告之音義○丨謂聚會之也
周禮大司馬丨其植司農注○丨猶聚也周禮遂大
夫丨其地治者注大行人七歲丨象胥諭言語注禮
記王制五國以爲丨丨有長注○丨足也左氏昭廿
八年傳丨厭而已注○丨適也左氏成二年傳丨當
戎行注又公羊隱十年注釋文昭四年丨其宗祧之
事于武城釋文又國語魯語吾丨欲美之注晉語丨
見不穀而下注丨厭而已注○丨至國策齊策舉齊
丨之海注○丨猶至也呂覽明理其氣有上不丨天

下不丨地注○丨猶至也通也國策西周策除道丨
之於河注○丨致也詩出車箋釋文○丨近也漢書
張良傳集注傅介子傳集注谷永傳集注又後漢來
歷傳注清河孝王慶傳注又一切經音義十引漢書
音義○丨猶近也後漢吳漢傳注○丨逮也小爾雅
廣義又漢書地理志集注司馬相如傳下集注又文
選東京賦誰謂駕遲而不能丨薛注○丨及也漢書
郊祀志上集注○丨向也後漢朱輝傳注○丨繫也
漢書公孫閎傳集注又荀子王制不能丨於禮義注
○丨猶繫也禮記雜記上綏丨于池下注○以此係
彼爲丨莊子駢拇且夫丨其性乎仁義者注○丨連
也漢書賈山傳集注路溫舒傳集注司馬相如傳下
集注引郭璞兒寬傳集注武五子傳集注東方朔傳
集注楊雄傳上集注外戚傳上集注又後漢班彪傳
上注班彪傳下注又呂覽順民孤雖知要領不丨注
知化壤交通丨注又文選子虛賦下丨江河郭注長

笛賦㒺連㟤丨注褚淵碑文注引莊子司馬注〇丨
猶連也儀禮喪服記袂丨幅注又山海經大荒南經
北丨黑水南丨大荒注〇丨綴連也管子小匡幸以
獲生以丨其署領注〇丨聯也漢書高帝紀上集注
刑法志集注二見郊祀志集注五行志下之上集注
西域傳上集注三見〇丨結也國語晉語必丨怨焉
注〇丨解也廣雅釋詁一〇丨付也國語越語請委
管籥丨國家注又史記高帝紀乃以秦王丨吏正義
魏其武安侯傳夫起舞丨丞相索隱又漢書灌夫傳
集注王莽傳上集注〇丨委也漢書高帝紀上集注
呂后紀集注郊祀志上集注五行志下之下集注項
籍傳集注韓信傳集注張良傳集注周勃傳集注周
昌傳集注鼂錯傳集注二見張釋之傳集注燕刺王
旦傳集注霍光傳集注二見趙充國傳集注夏侯勝
傳集注朱博傳集注何武傳集注楊雄傳上集注石
顯傳集注王莽傳中集注敘傳上集注〇丨猶委也

史記魏其武安侯傳夫起舞丨丞相索隱儒林傳上
丨所二千石索隱〇丨託也公羊桓十六年傳丨頁
茲注又荀子榮辱我欲丨之狂惑疾病耶注又呂覽
貴公寡人將誰丨國注上德我將丨鉅子於宋之用
襄子注〇丨謂付託之荀子禮論丨諸侯注〇丨累
付託也後漢烏桓鮮卑傳注〇丨請也荀子彊國舍
丨二三子而治其地注〇丨語也穀梁定十年傳退
而丨其二三大夫注〇丨猶勸也後漢蔡邕傳注〇
丨戒也漢書黃霸傳注〇丨念也左氏哀十三年傳
丨徒五千注〇丨也者謂著於事業也荀子國富誅
而不賞則勸丨之民不勸注〇丨言非一也周禮龜
人掌六龜之丨注〇丨敬也廣雅釋訓〇丨婦妾
之事妻也書梓材至于丨婦釋文〇妾婦之賤者謂
之丨婦小爾雅廣義〇丨幅不倒幅也儀禮既夕袂
丨幅注〇丨禽別其種類周禮甸祝乃丨禽注〇丨
禽猶致禽而珥焉周禮澤虞植虞旗以丨禽注〇丨

茨令茨相連丨而已荀子禮論丨茨倚廬注〇僕丨
猶附著堅固貌也考工記總目欲其樸丨而微至注
〇三鄉爲丨管子小匡〇山丨者嶧爾雅釋山〇副
車曰丨言相連也文選東京賦丨車九九薛注〇五
丨謂五服內親也後漢靈帝紀注〇丨鹿劍也廣雅
釋器〇丨鏤劍名也文選運命論蓋知伍子胥之丨
鏤於吳注〇丨玉水鳥也後漢班彪傳上注〇古文
丨爲燭儀禮既夕注〇丨或爲厲荀子富國誅而不
賞則勸丨之民不勸注〇書梓材
至于丨婦說文女部作至于嫋婦

錄
丨第也國語吳語今大國越丨注〇丨具也廣雅
釋詁三〇丨領丨也莊子漁父祿祿而受變于俗
釋文引司馬注〇丨謂總領之也後漢和帝紀注〇
丨檢束也荀子脩身程役而不丨注〇故書丨爲祿
杜子春云祿當爲丨周禮職幣皆辨其物而奠其丨
注〇丨與祿同荀子性惡文王之丨注〇詩小戎傳

歷丨釋文一
本作歷祿

錄
丨節也廣雅釋器〇丨與錄同文選永
明十一年策秀才文朕秉丨御天注

辱
丨汙也廣雅釋詁三〇丨惡也廣雅釋詁四〇丨
屈丨也呂覽愼行不足以丨令尹注素問氣交變
大論黑氣迺丨注〇丨衄也言折衄也釋名釋言語
〇丨失也老子寵丨若驚釋文引簡文注〇丨猶逆
也管子侈靡丨舉其死注〇丨謂被以不義國語晉
語丨之近行注〇陰爲丨易繫辭下傳名必丨虞注
〇壯稱無德焉丨也大戴記曾子立事〇慕善人而
不與焉丨也同上〇以白造緇曰丨儀禮士昏禮今
吾子丨注〇丨厓也廣雅釋邱
〇禮記月令釋文丨暑本作溽

獄
丨埆也詩行露何以速我丨傳〇丨犴也廣雅釋
室〇丨訟也國語周語夫君臣無丨注魯語余聽

丨注○丨罪也國語鄭語褒人有丨注○丨确也言實确人情僞也釋名釋宮室○丨政之末也春秋繁露精華○丨謂相告以罪名者周禮大司寇以兩劑禁民丨注○丨者陰也御覽六百四十三引風俗通○坎爲丨易噬嗑利用丨虞注象上傳毋敢折丨虞注象下傳而不留丨虞注君子以議丨緩死虞注○朝廷曰丨詩小宛釋文引韓詩○爭罪曰丨周禮大司徒而有丨訟者注又呂覽孟秋決丨訟注○唐虞曰士官夏曰均臺周曰囹圄漢曰丨獨斷上○丨字從二犬象所以守者荀子宥坐丨犴不治不可刑也注

綠 丨閒色詩綠衣丨分衣兮傳○丨猶青也楚辭橘頌丨葉素榮注○丨瀏也荆泉之水於上視之瀏然丨色此似之也釋名釋采帛○丨王芻也詩淇奧丨竹猗猗傳采綠終朝采丨箋○丨車名曰皇孫車天子有孫棄之以從獨斷下○丨當爲祿字之誤也詩綠衣丨兮衣兮箋○丨當爲角聲之誤也禮記喪大記君大夫鬊爪實於丨中注○丨或爲簍同上○詩采綠終朝采丨楚辭注二作終朝采菉○詩淇奧丨竹猗猗禮記大學作菉竹猗猗○左氏成九年釋文丨衣本作禒○爾雅釋畜注釋文丨耳本或作騄駬○漢書古今人表丨圖荀子大略注引新序作綠圖

毒 說文作𣫭○丨痛也廣雅釋詁二○丨苦也廣雅釋詁四又後漢蘇不韋傳注又列子周穆王闔室丨之釋文○丨荼苦也易象上傳以此丨天下干注○丨害也國語周語其丨必亡注又荀子不苟慝則丨賊而亂注議兵莫不丨孽注○丨憎也廣雅釋言○丨惡也廣雅釋詁三○丨恚也楚辭靈懷哀僕夫之坎丨兮注○丨恨也後漢馮衍傳注袁紹傳注○丨病也列子湯問仙聖丨之釋文○𣫭安也廣雅釋詁○丨治也易師以此丨天下釋文引馬注又莊子人間世無門無丨釋文○丨役也易師以此丨天下釋文○丨猶暴也國語吳語丨不可與戰注○丨陽氣也論衡言毒○丨太陽之熱氣也同上○坎爲丨易噬嗑噬腊肉遇丨虞注○丨謂矢丨也同上○味之害人者謂之丨鶡冠子環流○丨藥藥之辛苦者周禮醫師聚丨藥以共醫事注○丨鼠殺鼠山海經西山經礜可以丨鼠注○五丨五藥之有丨者○天丨卽天竺國山海經海內經天丨其人水居注○道南名丨曰短狐論衡言毒○書微子天丨降災荒殷邦史記宋微子世家作天篤下災亡殷國○老子亭亭丨丨釋文丨本作育○莊子人間世無門無丨釋文丨本作每

局 丨分也爾雅釋言○丨部也後漢袁紹傳注○丨部分也禮記曲禮上左右有丨注○丨謂分部爾雅釋言丨分也注○丨曲也詩正月不敢不丨傳又家語賢君不敢不丨注○丨卷也詩采綠予髮曲丨傳○丨近也廣雅釋詁三又小爾雅廣詁○丨以觀功大戴記四代○丨丨大笑之貌莊子天地季徹丨丨然笑曰釋文○丨促小見之貌文選舞賦哀蟋蟀之丨促注○所以行棊謂之丨方言五○丨與跼古字通文選寡婦賦馬悲鳴而跼顧注○詩正月不敢不丨釋文丨本作跼

欲 丨貪也孟子萬章人之所丨也注又呂覽大樂天使人有丨注論威人情丨生而惡死注○丨貪丨也論語憲問克伐怨丨集解引馬注又皇疏又呂覽貴當治天子者不於天子於丨注○丨利丨也孟子盡心養心莫善於寡丨注○丨情丨也呂覽重已使生不順者丨也注○丨多情丨也論語顏淵苟子之不丨孔注○丨者情之應也荀子正名○丨謂邪淫也禮記樂記小人樂得其丨注○丨婉順貌禮記祭

義其薦之也敬以丨注○坎水爲丨易頤其丨逐逐虞注○坎陰吝嗇爲丨易象下傳君子以懲忿窒丨虞注○樂色曰丨素問上古天眞論以丨竭其精注○六丨生死耳目口鼻也呂覽貴生六丨皆得其宜也注○丨或爲數禮記玉藻疾趨則丨發而手足毋移注○易損窒丨釋文丨孟作浴○詩文王有聲匪棘其丨禮記禮器作匪革其猶三國魏明帝紀注作匪棘其猶○禮記王制嗜丨不同通其志達其丨周禮大行人注作者慾不同通其志達其慾○孟子梁惠王求若所丨三國魏高堂隆傳作求若所致

東 丨聚也漢書食貨志集注引李奇○丨促也相促近也釋名釋言語○丨縛也小爾雅廣言○丨絆之也左氏襄廿八年傳士皆釋甲丨馬注○丨整結之示親也儀禮大射儀進丨反位注○丨脩謂謹丨脩潔也後漢劉般傳注○丨脩謂丨帶脩飾後漢延篤傳注○丨阨拘丨其民由於湫厄也文選魏都賦

由重山之丨阨注○丨縛謂自潔淸如枸執也後漢仲長統傳注○丨帛也後漢第五倫傳注○丨謂帛也管子君臣下丨布之罰注○丨帛十端也儀禮士冠禮丨帛儷皮注士昏禮元纁丨帛注○丨帛十端帛也儀禮公食大夫禮公受宰夫丨帛以侑注○丨十疋也管子治國春糴以丨注○丨十制五合儀禮既夕襲贈用制幣元纁丨注○五匹爲丨左氏襄十九年傳賄荀偃丨錦注又易賁丨帛戔戔釋文引子夏傳○兩有五謂之丨小爾雅度○五兩爲一丨穆天子傳一勞用丨帛注○凡物十曰丨儀禮聘禮釋幣制元纁丨注○十箇爲丨貴成數禮記雜記下納幣一丨丨五兩注○五十矢爲丨詩泮水丨矢其搜傳○古者一弓百矢丨矢其百个與周禮大司寇入丨矢於朝注

鶡 丨覺也詩賓之初筵箋釋文○丨直也同上又禮記中庸失諸正丨釋文○丨之言較周禮司裘設其丨司農注又儀禮大射儀大侯之崇見丨於參注○丨之言較較直也儀禮大射儀大侯之崇見丨於參注○丨之言梏梏直也禮記射義發而不失正丨者注○丨鳥名也禮記射義發而不失正丨者注又中庸失諸正丨釋文○丨形似鵲色蒼黃一切經音義二引廣志⊖丨鶚屬晨丨猶云晨梟耳山海經西山經其音如晨丨注○丨鴿也詩賓之初筵箋釋文○正丨皆鳥之捷黠者儀禮大射儀大侯之崇見丨於參注○鳱丨小鳥而難中周禮司裘設其丨注○丨白也爾雅釋器象謂之丨釋文○丨髮白髮也後漢宣張二王杜郭吳承鄭趙傳注○丨所射也考工記梓人而丨居一焉注○丨所射之主儀禮大射儀大侯之崇見丨於參注○棲皮曰丨禮記射義發而不失正丨者注○方十尺曰侯四尺曰丨周禮司裘設其丨司農注○侯中者謂之丨小爾雅廣器○象謂之丨爾雅釋器○丨曲沃邑也詩揚之水從子

于丨注○丨或爲鵠禮記內則鵠奥注○丨或爲結周禮巾車木路前樊丨纓杜注○丨讀如浩浩昊天之浩呂覽下賢丨乎其羞用智慮也注○莊子天運夫丨不日浴而白釋文丨本作鵠○爾雅釋器象謂之丨釋文

丨本作齵

蜀 丨式也廣雅釋詁一○丨猶獨耳方言十二一丨也注○獨者丨爾雅釋山○丨亦孤獨爾雅釋山注○一南楚謂之丨方言十二○丨叟也後漢劉焉傳注○丨魯地國語楚語懼之以丨之役注○丨西僰之國而戎狄之偷也新序善謀○丨西僰之國而戎狄之長也同上○丨郡廣漢犍爲三丨水經江水注○三丨丨郡廣漢犍爲也文選蜀都賦三丨之豪劉注○丨祠器也管子形勢抱丨不言而廟堂旣脩注

促 一作趣○丨速也漢書高帝紀集注○趣急也史
記孫子吳起傳趣使使下令集解○丨急也漢書
欒布傳集注○丨迫丨也莊子庚桑楚而丨將內揵
釋文引崔注○趣謂催丨也史記陳涉世家趣趙兵
亟入關集解○丨恭愨貌也儀禮士相見禮容彌蹙
注○丨近也廣雅釋詁三○趣織蟋蟀也立秋女功
急故趣之文選古詩注引春秋考異郵宋注
○爾雅釋蟲注今丨織也釋文丨本作趗
觸 丨畜也呂覽過理乃丨廷槐而死注○丨動也易
繫辭上傳丨類而長之虞注○丨挨也廣雅釋詁
四○牟古文丨字晉書音義下○新序
雜事獸窮則丨淮南齊俗作獸窮則牟
續 丨猶屬也禮記深衣丨衽鉤邊注○丨繼也爾雅
釋詁又管子乘馬十仞見水不大潦注○丨相丨
也孝經丨莫大焉釋文○丨嗣也國語晉語使寡君
之紹嗣昆裔注○丨謂補丨君之過荀子大略子謂

子家駒丨然大夫注○丨絲也廣雅釋器○丨丨鞹
也詩小戎陰靷鋈丨傳○丨丨靷端也釋名釋車○
丨或爲裕禮記深衣丨衽鉤邊注○故書更丨爲受
讀周禮巾車歲時更丨注○丨一作贖史記扁鵲倉
公傳刑者不可復丨集解引徐廣○論語振也慾疏
引家語申丨字周史記仲尼弟子傳正義作申繚
督 丨正也爾雅釋詁又周禮大祝禁丨逆祀命者注
又大元周立丨慮也注○丨理也方言六又廣雅
釋詁二○丨言正理也方言六丨理也注○丨謂御
正爾雅釋詁丨正也注○丨中也莊子養生緣丨以
爲經釋文引李注又文選魏都賦注引莊子司馬注
○丨察也漢書王莽傳下集注又管子心術故事丨
乎法注又文選藉田賦注引字書○丨者察也史記
李斯傳行丨責之術索隱○丨視也漢書車千秋傳
集注楊惲傳集注翟方進傳集注西域傳上集注○
丨責也漢書尹翁歸傳集注○丨促也廣雅釋言又

後漢張純傳注○丨謂大將後漢郭躬傳注○丨郵
主司察愆過後漢何敞傳注○丨使土蕃國之使也
後漢李恂傳注○督今字書作丨同都木反一切經
音義十六○左氏昭廿二年傳司馬丨廿八年傳作
司馬烏漢書古今人表作司馬篤○孟子
梁惠王經使勿亟注音義引丁音丨作踧
贖 丨卽續也後漢趙壹傳注○丨猶夫也管子五行
丨蟄蟲卵菱注○意善功惡使出金丨罪坐不戒
愼者書舜典金作丨刑馬注○
放過謂之丨帖封氏聞見記
篤 丨厚也詩椒聊實大且丨傳大明丨生武王傳皇
矣則丨丨其慶箋公劉丨公劉傳又禮記中庸必因
其材而丨焉注表記丨以不揜注又左氏文十八年
傳明允丨誠注又公羊十二年傳是以君子丨于禮
而薄于利注又論語泰伯君子丨於親皇疏先進論
丨是與皇疏子張信道不丨皇疏博學而丨志皇疏

又爾雅釋詁又漢書惠帝紀集注五行志上集注賈
山傳集注公孫閎傳集注二見張安世傳集注金日
磾傳集注卓顏傳集注李尋傳集注匡衡傳集注翟
方進傳集注谷永傳集注王莽傳上集注又後漢章
帝紀注延篤傳注又楚辭天問帝何丨之注○丨惇
也史記五帝紀堯九男皆益丨正義○丨固也爾雅
釋詁又後漢班彪傳注○丨信也呂覽孝行朋友不
丨注○丨理也廣雅釋詁二○丨困也後漢光武帝
紀下注○丨病也楚辭大招察丨夭隱
注○丨築也築堅實稱也釋名釋言語
浴 丨洒也廣雅釋詁二○丨者養也老子谷神不死
釋文引河上本○丨也者飛乍高乍下也大戴記
夏小正黑鳥丨傳○丨去身垢論衡譏日○沐丨所
以自潔淸周禮宮人其王之沐丨注○丨卽黑水也
山海經北山經錞于毋
逢之山丨水出焉注

酷 丨熟也穀熟曰丨方言七○丨裂香氣盛也後漢張衡傳注○丨猶甚也文選洞簫賦憤伊鬱而丨馝注○丨烈嚴刑罰也荀子議兵其使民也丨烈注○丨古文佶喾焅三形一切經音義四

縟 丨繁也漢書王莽傳下集注○丨數也廣雅釋詁三○丨猶數也儀禮喪服其文丨注○丨繁采也文選江賦丨組爭映注○丨繁綵飾也禮記服問注文不丨耳釋文又後漢延篤傳注○丨繡言草木花光似繡文文選吳都賦綢繆丨繡注

矚 丨視也華嚴經音義上引韻略

躅 丨迹也漢書敘傳上集注引鄭氏○三輔謂牛蹄處爲丨一切經音義二十引漢書音義○束丨蹋也周書太子晉師曠束丨其足注○易垢躅丨釋文丨本作躅古文作䟉○爾雅序企望塵丨釋文丨本

作矚

褥 丨薦也一切經音義三引三蒼○丨辱也人所坐褻辱也釋名釋牀帳

旭 丨明也廣雅釋詁四○丨丨未明之間大元從方出丨丨注○丨日始出也集韻引字林○丨丨憍也爾雅釋訓○丨丨小人得志憍蹇之貌爾雅釋訓丨丨憍也注○丨卉幽昧之貌文選甘泉賦杳丨卉兮注○詩匏有苦葉丨日始旦易釋文姚氏引作盱日始旦

蓐 丨厚也方言十二又廣雅釋詁三○丨縮也白虎通五行○丨薦也一切經音義廿一引三蒼又華嚴經音義上引聲類○丨席也後漢段熲傳注○丨寢丨也後漢趙岐傳注○丨謂之茲爾雅釋器○丨馬茲也周禮圉師春除丨注○丨食早食於寢丨也左氏文七年傳秣馬丨食注○丨食早起食於寢丨中也後漢廉范傳注○丨收金神也山海經西山經泑山神丨收居之注海外西經西方丨收注○丨收西方神也後漢張衡傳注○丨收西方白虎金正之官也國語晉語如君之言則丨收也注○左氏昭廿九年傳金正曰丨收釋文丨本作辱

慾 丨多情丨也論語公冶長棖也丨集解引孔注○詩文王有聲匪亟其丨釋文丨本作欲周禮大行人通其丨釋文丨本作欲論語顏淵集解多情丨也釋文丨本作欲陽貨集解善生淫丨也釋文丨本作欲

頊 丨猶愉通典引五經通義左氏說○丨者正也白虎通號○丨者信也慤也風俗通皇霸引書大傳○丨丨自失貌莊子天地丨丨然不自得行釋文引李注○顓丨者寒縮也白虎通五行○莊子天地釋

文丨本作旭

梏 丨直也禮記射義發而不失正鵠者注○丨正直也爾雅釋詁丨直也注○丨大也直也禮記緇衣有丨德行注○丨謂悔吝利害也孟子告子上有丨亡之矣音義引丁音○丨猶繫縛也山海經海內西經帝乃丨之疏屬之山注○丨械也左氏成十七年傳執而丨之注○丨手械也列子楊朱重囚纍丨釋文○丨今之杻也禮記月令去桎丨釋文○丨木在手也莊子德充符解其桎丨釋文○木在手曰丨周禮大司寇桎丨而坐諸嘉石注又後漢范滂傳注○械在手曰丨後漢南匈奴傳注○在手曰丨周禮掌囚中罪桎丨注又禮記月令去桎丨注又易蒙用說桎丨釋文又後漢鍾離傳注又呂覽仲春去桎丨注孟秋具桎丨注又淮南時則去桎丨注○手曰丨左氏莊卅年傳則執而丨之注○參著曰丨偏著曰桎

周禮掌囚上罪丨桊而桎釋文引張揖○偏著曰桎參著曰丨一切經音義十六引蒼頡篇○著足曰桎著手曰丨呂覽士容欲其取鼠也則桎之注○桎丨今械也禮記月令去桎丨注○桎丨者兩手各一木也周禮掌囚中罪桎丨司農注○杆謂之丨廣雅釋室○丨桺也廣雅釋器○禮記緇衣有丨德行毛詩抑作有覺德行

幞 帊衣曰丨御覽七百四引通俗文○近古用幅巾周武帝裁出脚後丨髮故俗謂之丨頭封氏聞見記

纛 丨翳也爾雅釋言○左丨者以氂牛尾爲之獨斷下○周禮鄉師及葬執丨注作執翿

蠋 丨藿中蟲管子水地欲小則化如蠶丨注○詩東山蜎蜎者丨說文虫部作蜎蜎者蜀

歜 或作斶○丨丨一作鄐史記衛康叔世家邴丨索隱○說苑王丨史記田單傳作王蠋○左氏文十八年傳邴丨史記齊世家作邴鄐○國策齊策顏斶漢書古今人表作顏丨

裻 丨在中左右異故曰偏國語晉語衣之偏丨之衣注○禮記檀弓下注司馬丨釋文丨本作督左氏昭十二年傳司馬丨釋文丨本亦作督

溽 丨溼也禮記月令釋文又廣雅釋詁二○丨溼也素問氣交變大論其德丨蒸注五常政大論其候丨蒸注○丨之言欲也禮記儒行其飲食不丨注○潤丨謂塗溼也禮記月令上潤丨暑注○溛滋味爲丨禮記儒行其飲食不丨注○禮記月令上潤丨暑釋文作辱暑

斸 同钃○钃刺也荀子榮辱所謂以狐父之戈钃牛矢也注○丨誅也主以誅鉏根株也釋名釋器用○丨音如斤丨之丨山海經中山經縣丨之山注○或讀丨爲斫荀子榮辱所謂以狐父之戈钃牛矢也注○爾雅釋器斫丨謂之定考工記車人注作句欘謂之定爾雅釋文丨本作欘

瘃 丨病也廣雅釋詁一○丨古文瘃同一切經音義十二

苖 一作笛○笛䈢也廣雅釋器○笛謂之簿同上○薄宋魏陳楚江淮之間謂之丨或謂之麴方言五○丨麴此直語楚轉聲耳方言五注

跼 丨曲也後漢仲長統傳注李固傳注○丨傴僂也文選東京賦豈徒丨高天蹐厚地而已哉薛注○丨跧行不申也文選赭白馬賦注引字林○丨蹐恐懼之貌也文選東京賦薛注○偏舉一足曰丨文選江賦注引聲類

挶 丨戟持也漢書揚雄傳音義引字林○丨擊持也几足反音書音義中引字林○丨舁土之器國語周語侍而畚丨注

輂 丨載也方言十二又廣雅釋詁二○丨駕馬周禮鄉師正治其徒役與其丨輂注○大車駕馬曰丨史記淮南衡山傳謀丨車四十乘集解引徐廣○丨柳車也廣雅釋器

勗 丨勉也書泰誓中丨哉夫子傳君奭迪見冒馬注又詩燕燕以丨寡人傳又周禮士昏禮丨帥以敬先妣之嗣注又爾雅釋詁又漢書宣帝紀集注王莽傳上集注王莽傳下集注又後漢傳毅傳注又揚子孝至亦丨而已注○丨勵也後漢謝夷吾傳注○丨勔亦訓勉也方言一齊魯曰丨茲注○書牧誓夫子丨哉爾所弗丨史記周本紀作夫子勉哉爾所不勉

逯　丨行也方言十二又廣雅釋詁一○丨及也廣雅釋詁二○丨丨衆也廣雅釋訓○丨秦邑也後漢郅惲傳時注引風俗通

騄　丨駿馬也楚辭絕世赴崑山兮騄丨注○丨驥善馬也後漢靈帝紀注○丨驥馬之名也文選南都賦丨驥齊鑣注

嚳　集韻俈通作丨○丨者考也成也風俗通皇霸引書大傳○丨分也廣雅釋詁二○丨堯父號高辛山海經海外南經狄山帝丨葬于陰注○丨契父商之先國語魯語商人禘舜而祖契注○俈與丨同文選西征賦與自高陽注○禮記祭法帝丨史記三代世表封禪書管子侈靡武梁祠堂畫像作帝俈史記五帝本紀索隱引世紀作帝夋山海經大荒西經作帝俊

梏　丨楅也易大畜童牛之告侯注○丨之言角也易大畜釋文引劉注○丨桎丨之書費誓今惟淫舍丨牛馬鄭注○丨當爲角易大畜釋文引陸注○易大畜童牛之丨九家作童牛之告

襮　丨領也詩揚之水素衣朱丨傳○丨黼領也禮記郊特牲繡黼丹朱中衣節注○丨黼衿也方沃反漢書敘傳上音義引字林○黼領謂之丨爾雅釋器

郈　丨地邑也水經穀水注引京相璠說

鵠　鸐丨鳥也考工記總目鸐丨不踰濟注

告　丨示也易蒙初筮丨釋文○丨語也同上○丨求請也爾雅釋言丨請也注○丨謂以木楅其角易大畜童牛之丨虞注

鋈　丨沃也冶白金以丨灌靭環也釋名釋車○丨白金也詩小戎陰靷丨續傳○白銅謂之丨廣雅釋器○詩小戎丨以觼軜說文車部作⿱艹沃以觼軜

○以下據廣韻錄

䈞　丨篇筑也詩淇奧釋文引韓詩

蝳　鼅鼄北燕朝鮮洌水之閒謂之丨方言十一

⿰礻舄　繞緇謂之丨裺方言四○丨裺衣督脊也方言四注

⿰禾告　丨穀也廣雅釋詁三

鏷　丨鍏矢廣韻引字林○丨或爲鐷文選七命丨越鍛成注

穛　禾稽謂之菩丨一切經音義十四引通俗文

艒　丨艄舟也廣雅釋水

搙　丨弁或爲振非當言帚掃書大傳丨弁者爲文注

傶　丨近也廣雅釋詁三

犦　丨方沃反爾雅釋畜釋文引字林

鸀　丨山烏爾雅釋鳥○丨鳿水鳥也文選吳都賦鷗鳿丨鳿劉注

蠾　丨蛈蝳蜍也廣雅釋蟲○鼅鼄自關而東趙魏之郊或謂之丨蝓方言十一

⿰骨鹿　丨亦作頊丨顱也玉篇骨部引聲類

㬥　丨舉也廣雅釋詁一○丨輿也廣雅釋器

【綦】丨連也廣雅釋詁四○丨纏也廣雅釋詁四

【𦓾】丨耕也廣雅釋地

【𧞤】丨屬也衣裳上下相聯屬也釋名釋衣服○丨連要衣也晉書音義下引字林

【襡】丨長襦也廣雅釋器

【𢧵】戟鋒謂之㦸其孑謂之丨廣雅釋器

【鬻】丨鼎也廣雅釋器

【菉】丨王芻爾雅釋草又楚辭離騷薋丨葹以盈室兮王注又招魂丨蘋齊葉兮注○丨蓐也爾雅釋草丨丨王芻注○丨卽蓐草也今呼爲鴟脚莎爾雅釋草丨丨王芻孫注○丨鹿蓐也爾雅釋草丨王芻某氏注○

草似竹高五六尺淇水側人謂之丨竹詩淇奧釋文引草木疏○丨錄諸侯之幣也周書王會堂下之東面郭叔掌爲天下丨幣焉注

【孎】丨善也廣雅釋詁一

【欘】丨斫也國語齊語惡金以鑄鉏夷斤丨注○一宣有半謂之丨考工記車人○丨斸斤柄長二尺考工記車人注○丨枝回曲也山海經海內經百仞無枝有九丨注○丨音如斤斸之斸山海經海內經注

【𩍐】丨履也廣雅釋器

【誎】丨促也廣雅釋言

【趗】集韻或書作趗○趗急也廣雅釋詁一○丨織蜻蛚也廣雅釋蟲

【藚】丨牛脣爾雅釋草又詩汾沮洳釋文○丨水舃也詩汾沮洳言采其丨傳

【毾】丨毾罽也廣雅釋器

○以下據集韻錄

【灟】丨讀以鐵頭斫地之斫淮南天文洞洞灟灟丨丨注

【擉】丨音竹足反爾雅序釋文引字林

【緑】緑或从帛○丨青也廣雅釋器

經籍籑詁卷第九十一

經籍籑詁卷第九十一補遺　入聲

兵部侍郎兼都察院右副都御史巡撫浙江等處地方提督軍務兼理糧餉阮元纂

二沃

【沃】說文渼溉灌也从水芺聲○丨卽溉也漢書地理志下丨野千里注○丨灌溉也文選登樓賦注引漢書孟康注○丨者溉灌也漢書張良傳丨野千里注○丨水之所丨灌也漢書貨殖傳邱陵衍丨注○丨饒土平有溉曰丨水經涑水注引左氏成六年傳丨饒而近鹽服注○丨謂澆水也左氏僖廿三年傳奉匜丨盥疏○丨溼也美也一切經音義十三引廣雅○丨丨沫也素問至眞要大論傳爲赤丨注○丨若猶丨丨然詩氓其葉丨若傳

【俗】說文丨習也从人谷聲○丨謂人之生處習學不同周禮大司徒疏○丨謂風丨荀子富國凡主相臣下百吏之丨注○丨謂民之風丨禮記王制脩其教不易其丨疏○丨謂民所承襲周禮合方氏注謂風丨所高尚疏○丨者續也周禮土均禮丨喪紀祭祀疏○丨本國禮法所行也禮記曲禮下君子行禮不求變丨疏○丨謂從其丨也荀子性惡下不丨於亂世之民注○隨其趨舍之情欲故謂之丨孝經移風易丨疏引韋昭

【玉】說文王石之美有五德潤澤以溫仁之方也䚡理自外可以知中義之方也其聲舒揚尃以遠聞智之方也不撓而折勇之方也銳廉而不忮絜之方也象三玉之連丨其貫也凡丨之屬皆从丨𤣩古文丨○丨者堅剛而有潤者也易鼎鼎丨鉉疏○丨是火精周禮玉府疏○丨是陽精之純者食之以禦水氣

周禮玉府王齊則共食丨注○丨曰嘉丨禮記曲禮下○丨謂佩也禮記曲禮下君無故丨不去身疏○丨謂所執之圭也左氏成三年傳將授丨疏○五丨五等諸侯之瑞璧也續漢祭祀志下注引書舜典范甯集解○丨朝者之贄左氏定十五年傳邾子執丨高注○公侯以丨爲贄者玉取其燥不輕溼不重明公侯之德全也白虎通瑞贄○丨食備珍美也書洪範鄭注○詩旱麓瑟彼丨瓚白帖七作瑟彼圭瓚○周公禮殿記王衡失統丨作王

【足】說文丨人之丨也在下从止口凡丨之屬皆从丨○在下故稱丨易象上傳剝牀以丨虞注○丨所以行也漢書五行志下之上○無事曰趾陳設曰丨御覽一百四十六引易鼎鼎顚趾鄭注○丨猶厭也呂覽義賞不丨於文注○書泰誓謂敬不丨行墨子非命下作謂敬不可行

【曲】說文𠙹象器丨受物之形或說丨蠶薄也凡丨之屬皆从丨𠃊古文丨○丨屈淮南主術而旋丨中規注○丨折猶言委丨也漢書灌夫傳吾言知吳壁丨折注李廣傳失軍丨丨折注○丨行謂屈丨而行禮記玉藻注丨行也疏○丨謂聲音迴丨禮記樂記使其丨直繁瘠廉肉節奏疏○丨故丨巧也淮南俶眞不以丨故注○丨故巧詐也淮南脩務而丨故不得容者注○一丨一事也淮南繆稱察一丨者注○丨謂細小之事禮記中庸其次致丨疏○丨士鄉丨之士也莊子秋水丨士不可以語于道者釋文引司馬注○北方謂薄爲丨史記絳侯周勃世家勃以織薄丨爲生索隱引韋昭○丨隈崖岸委丨淮南原道以丨隈深潭相予注

【粟】說文粟嘉穀實也从鹵从米孔子曰粟之爲言續也𠧢古文粟○粟祿也廣雅釋詁四○丨卽粢也

周禮舍人掌米廩之出入疏〇丨粱稻之屬也禮記曲禮上獻丨者執右契疏〇丨米兵糧也孟子盡心下丨米之征注〇丨謂治丨漢書王莽傳中每縣則丨注

燭 說文丨庭燎火丨也从火蜀聲〇丨照也呂覽知度若何而爲及日月之所丨注士容故火丨一隅注〇丨亦照也漢書宣帝紀丨燿齊宮注〇丨謂照也漢書武帝紀一夜三丨注〇在地曰燎執之云丨於地廣設之則曰大丨其燎亦名大丨儀禮燕禮宵則庶子執丨於阼階上注〇古者未有蠟丨唯呼火炬爲丨也禮記曲禮上丨不見跋疏

屬 說文丨連也从尾蜀聲〇丨連也呂覽精通其根不丨也注〇丨連及也漢書溝洫志與東山相丨注〇丨聯及也漢書項籍傳騎能丨者百餘人注陳餘傳築甬道丨河注〇丨謂相連丨書禹貢涇丨渭

汭疏〇丨連續也漢書五行志中之下木斷自丨注游俠陳遵傳酒肉相丨注〇丨者言相連續不絕也漢書司馬相如傳下犯丨車之清塵注〇丨聯續也漢書食貨志下使者冠蓋相丨於道護之注〇丨猶續也儀禮喪服傳注親者丨疏〇丨逮也書禹貢涇丨渭汭傳〇丨逮及也漢書田蚡傳相丨於道注〇丨謂綴輯之也漢書賈誼傳以能誦詩書丨文注〇丨者骨血連續以爲親也禮記喪服小記丨從者疏〇丨是繫丨禮記王制五國以爲丨疏〇丨會也國語晉語寡人丨諸侯注楚語司天以丨神注吳語丨兵將殘伐越國注〇丨聚也儀禮鄉飲酒禮注以禮丨民疏喪服傳注同姓從宗合族丨疏〇丨猶聚也周禮內宰各有所丨疏〇丨役謂丨聚下役也左氏昭卄二年傳丨役賦丈疏〇丨著也詩干旄素絲祝之箋又禮記雜記上亦條丨右縫疏〇丨謂丨著也書呂刑丨于五極疏〇丨猶綴也文選文賦序每自丨文注〇丨委付也漢書王莽傳上丨予以天下兆民注〇丨謂委棄之也漢書淮南厲王長傳大王欲丨國爲布衣注〇丨意猶言注意也漢書文帝紀其丨意非止此也注〇丨官丨也漢書武帝紀御史乘丨注引服虔〇丨臣丨也左氏哀十一年傳不丨者非魯人也注〇丨者以昭穆相次序詩常棣和樂且孺箋〇丨言非一也禮記玉藻注謂靈射之丨疏〇五國爲丨公羊桓二年傳隱賢而桓賤也注〇十縣爲丨國語齊語〇丨猶言甫爾也漢書杜欽傳察近丨之符驗注〇丨者謂近時也漢書李尋傳故丨者頗有變改注〇丨丨專謹也漢書谷永傳洞洞丨丨注〇丨丨婉順貌也丨讀犁攦之攦也淮南氾論洞洞丨丨注〇丨丨專一之貌禮記禮器丨丨乎其忠也疏〇丨獨也書盤庚中爾忱不丨馬注〇丨之謂徒也韓非子解老〇丨謂徵識也大傳謂之徵號周禮司常各有丨注〇祝融之樂曰丨續周禮大司樂疏引孝經緯〇丨鏤利劍也一曰長劍𠜂施鹿盧鋒曳地丨錄而行之也淮南氾論然而身伏丨鏤而死注〇丨玉水鳥似鵁鶄漢書宣帝紀丨玉觀注引晉灼

錄 說文丨金色也从金彔聲〇丨謂存視也漢書董仲舒傳丨德而定位注〇丨丨言循衆也漢書灌夫傳此特帝在郎丨丨注〇丨丨謂循常也漢書蕭望之傳不肯丨丨注〇丨丨猶鹿鹿言在凡庶之中也漢書蕭何曹參傳贊當時丨丨注

辱 說文丨恥也从寸在辰下失耕時於封畺上戮之也辰者農之時也故房星爲辰田候也〇丨汙也文選聖主得賢臣頌去卑丨奧渫而升本朝注引張晏〇丨國言必見陵丨也荀子富國是丨國已注

獄 說文獄确也从犾从言二犬所以守也〇丨者埆也囚證於角核之處周禮謂之圜土詩行露疏引

鄭異義駁○丨者核實道理之名詩行露疏○丨訟
也左氏襄十年傳坐丨于王庭注又國語周語及伯
輿之丨注晉語梗陽人有丨注○丨亦訟淮南氾論
有丨訟者搖軺注○丨訟皆爭罪之事也左氏僖廿
八年傳注不躬坐丨訟疏○丨謂爭罪周禮鄉士辨
其丨訟疏○丨重事也漢書景帝紀○丨人之大命
同上○丨者萬民之命漢書宣帝紀○夫丨者天下
之大命也漢書路溫舒傳

綠 說文丨帛青黃色也从糸彔聲○丨是閒色禮記
玉藻君朱丨疏○丨是東方閒禮記玉藻裳閒色
疏○丨東方之閒色也詩綠衣序釋文○丨蒼青之
閒色詩綠衣疏○丨王芻也漢書司馬相如傳上揜
以丨蕙注引張揖○丨郎棺角也禮記喪大記君大
夫鬊爪實於丨中疏○丨與角聲相近同上○定本
經中丨字皆作琢禮記喪大記注

毒 說文毒厚也害人之艸往往而生从屮从毒蔔右
文丨从刀蓄○丨暴也國語吳語以與楚昭王丨而
逐於中原柏舉注○丨者陰爲賊害管子宙合丨而
無怒注○丨者苦惡之物也易噬嗑遇丨疏○夫丨
者皆五行標盛暴烈之氣所爲也素問五常政大論
寒丨不生注○丨者螫蟲詩桑柔箋故安爲苦丨之
行相侵暴疏○丨熨謂丨病之處以藥物熨貼也史
記扁鵲倉公列傳案杌丨熨索隱○丨治也莊子人
間世無門無丨注○丨猶役也易師以此丨天下注

局 說文丨促也从口在尺下復卜之一曰博所以行
棊象形○丨趣踧小之貌也漢書灌夫傳丨趣效
轅下駒注引應劭

欲 說文丨貪也从欠谷聲○丨貪也廣雅釋詁二
○丨貪丨也禮記坊記命以防丨疏○心所貪愛
爲丨禮記曲禮上丨不可從疏○丨卽樂也詩烝民
箋謂喜怒哀樂好惡也疏○丨勝也淮南詮言不在
於丨注○丨專寵也國語楚語驕有丨焉注○孟子
告子上生我所丨也義亦我所丨也舊唐書忠義傳
序丨皆作有所丨有甚於生者中論夭壽丨作好

束 說文丨縛也从口木凡丨之屬皆从丨○丨縛也
淮南齊俗綸組節丨注○丨帛五匹湘山野錄引
易賁丨帛戔戔賈服說○丨五兩禮記雜記下○丨
帛十端也禮記曾子問執丨帛疏○丨者十端每端
丈八尺皆兩端合卷總爲五匹故云丨帛也周禮大
宗伯注丨帛而表以皮爲之飾疏○丨者每卷一丈
八尺爲制儀禮聘禮釋幣制元纁丨疏○幣帛錦十
卷者皆名丨至於脯十脡亦曰丨同上○丨脩謂年
十五以上也後漢書延篤傳注引論語鄭注○丨脩
丨帶脩飾書泰誓傳疏引論語孔注

鵠 說文丨鴻丨也从鳥告聲○丨水鳥也史記司馬
相如列傳弋白丨正義○丨水鳥也其鳴聲丨丨
云漢書司馬相如傳上弋白丨注○震爲丨易說卦
釋文引九家集解○丨謂大射之侯禮記中庸失諸
正丨疏○丨者直也禮記射義注正丨之名疏○謂
之丨者取名於鳱丨周禮司裘設其丨注○四尺曰
正二尺曰丨周禮射人九節五正注○丨讀告退之
告淮南氾論乾丨知來而不知往注○莊子庚桑楚
越雞不能服丨卵釋文本亦作鶴

蜀 說文丨葵中蠶也从虫上目象丨頭形中象其身
蜎蜎詩曰蜎蜎者丨○丨西僻之國也而戎狄之
長也國策秦策○丨石石次玉者也漢書司馬相如
傳上丨石黃碝注引張揖○漢代謂丨爲叟後漢書
董卓傳呂布軍有叟兵內反注劉焉傳焉遣叟兵五
千助之注

【促】說文丨迫也从人足聲○趣數音丨速而數變也史記樂書衛音趨數煩志集解引王肅○趨讀爲丨速也荀子哀公趨駕召顏淵注○趨急也讀曰丨後漢書文苑張升傳何足趨明威戮乎注○趣讀曰丨漢書高帝紀下因趣丞相急定行封注成帝紀督趣逐捕注○趨讀曰丨漢書高帝紀上令趨銷印注若不趨降漢注食貨志上使者馳傳督趨注酷吏咸宣傳爲檄告縣趨具食注○趨讀如丨禮記祭義注○趨數讀爲丨速聲之誤也禮記樂記衛音趨數煩志注

【觸】說文丨牴也从角蜀聲

【續】說文丨連也从糸賣聲賡古文丨从庚貝○丨猶傳也淮南脩務教順施丨注

【督】說文丨察也一曰目痛从目叔聲○丨察視也漢書王褒傳離婁丨繩注車千秋傳丨二千石求捕

注酷吏王溫舒傳而縱使丨盜賊注○丨謂察視也漢書百官公卿表上丨大姦猾注公孫賀傳丨責大臣注王莽傳下抑強丨姦注○丨謂察視之漢書雋不疑傳丨課郡國注丙吉傳丨笞汝注○丨視察也漢書息夫躬傳孰當丨之注趙敬肅王彭祖傳願丨國中盜賊注王莽傳中乘傳丨酒利注○丨視責也漢書董仲舒傳殷人執五刑以丨姦注主父偃傳固不程丨注○丨謂視責也漢書高帝紀上聞將軍有意丨過之注○丨謂監視之也漢書蕭何傳何嘗爲丞丨事注○丨正也左氏僖十二年傳謂丨不忘疏又呂覽先己勿身丨聽注○丨拾也小爾雅廣詁○穀梁桓二年經宋丨弒其君與夷釋文本又作昝

【篤】說文丨馬行頓遲从馬竹聲○丨猶純也禮記儒行丨行而不倦疏○書微子之命曰丨不忘釋文本又作竺

【浴】說文丨洒身也从水谷聲○老子銘丨神不死谷作丨

【酷】說文丨酒厚味也从酉告聲○丨重厚也漢書刑法志其使民也丨烈注

【縟】說文丨繁采色也从糸辱聲○丨細也周禮大宗伯注文有麤丨耳疏

【躅】說文丨蹢丨也从足蜀聲

【旭】說文丨日旦出皃从日九聲讀若勖一曰明也○丨日始出謂大昕之時詩匏有苦葉丨日始旦傳○丨者明著之名詩匏有苦葉疏○丨卉速疾也漢書楊雄傳上沓丨卉歺注

【蓐】說文丨陳艸復生也从艸辱聲一曰蔟也凡丨之屬皆从丨蓐籀文丨从茻○丨謂臥土之草左氏宣十二年傳注草丨疏○禮記祭法其神丨收釋文本亦作辱

【頊】說文丨頭丨丨謹皃从頁玉聲

【梏】說文丨手械也从木告聲○在手曰丨易蒙用說桎丨疏又左氏襄六年傳疏○械在手曰丨漢書刑法志上罪丨拲而桎注○木在足曰桎在手曰丨周禮大司寇疏引易蒙鄭注○張弓以貫其頸若械之在手故曰丨左氏襄六年傳以弓丨華弱于朝注○丨直也爾雅釋詁

【幞】說文新附丨帊也从巾菐聲

【蠋】丨桑蟲也詩東山蜎蜎者丨釋文

【歜】說文丨盛气怒也从欠蜀聲

【裻】說文丨新衣聲一曰背縫从衣叔聲○丨衣背縫也史記趙世家王夢衣偏丨之衣正義○丨衫襦

之橫腰者史記佞幸列傳顧見其衣丨索隱
溽 說文丨溼暑也从水辱聲
斸 說文丨斫也从斤屬聲
瘃 說文丨中寒腫覈从疒豖聲○丨寒創也漢書趙充國傳手足皸丨注引文穎
苖 說文苖蠶薄也从艸曲聲
挶 說文丨戟持也从手局聲○丨土轝左氏襄九年傳陳畚丨注
輂 說文丨大車駕馬也从車共聲○丨直轅車也書盂稷予乘四載疏○丨轝亦載物者也方言十二注○丨所以轝土也漢書五行志上陳畚丨注引應劭

勖 說文勖勉也周書曰勖哉夫子从力冒聲○丨勉厲也漢書楚孝王囂傳將何丨哉注○儀禮士昏禮記丨帥以敬荀子大略作隆率以敬
淥 丨澤澤名漢書禮樂志淫丨澤注
逯 丨謂無所為忽然往來也丨讀詩綠衣之綠淮南精神丨然而來注○丨字或作逮漢書翟方進傳丨竝為橫壄將軍注
嚳 說文丨急告之甚也从告學省聲○謂之帝丨者何也丨者極也言其能施行窮極道德也白虎通號
牿 丨牛馬牢也史記魯周公世家無敢傷丨正義

襮 說文丨黼領也从衣暴聲詩曰素衣朱丨○丨為領之別名也詩揚之水疏○丨表也呂覽忠廉臣請為丨注
鄏 說文驅河南縣直城門官陌地也从邑辱聲春秋傳曰成王定鼎於郟丨
鵒 說文丨鴝丨也从鳥谷聲古者鴝丨不踰泲鵴丨或从隹从臾
狢 說文丨獨丨獸也从犬谷聲
告 丨請也爾雅釋言
鋈 說文丨白金也从金渓省聲
僕 說文丨給事者从人从菐菐亦聲䑑古文从臣

○以下據廣韻錄 䓯 說文丨水篇茿从艸从水毒聲讀若督
竺 集韻或作䈞○說文䈞厚也从亯竹聲讀若篤
䙱 說文丨衣躬縫从衣毒聲讀若督
焅 說文丨旱气也从火告聲
隺 說文丨高至也从隹上欲出冂易曰夫乾丨然
熇 說文丨灼也从火隺聲
皓 說文丨大白也一曰右扶風有丨自从自告聲
嚛 說文丨食辛丨也从口樂聲

傶丨湊理也漢書司馬相如傳下躬丨骿胝無胈注引張揖

趨說文丨行皃从走蜀聲讀若燭

蠾丨蝓者侏儒語之轉也方言十一

韣說文丨弓衣也从韋蜀聲

臼說文丨叉手也从Eヨ凡丨之屬皆从丨

梮丨舁土之器國語周語偫而畚丨注〇丨木器如今輿牀人舉以行也漢書溝洫志山行則丨注引韋昭〇丨謂以鐵如錐頭長半寸施之履下以上山不蹉跌也漢書溝洫志注引如淳〇丨或作檋書益稷疏引漢書溝洫志應劭注

輂說文丨直轅車轒也从車具聲

𣕰說文丨舉食者从木具聲

𥿮說文丨約也从糸具聲

𦃇說文丨素屬从素火聲

襡說文丨短衣也从衣蜀聲〇丨韜也禮記內則斂簟而丨之注

鋊說文丨可以句鼎耳及鑪炭从金谷聲一曰銅屑讀若浴

𧡸說文丨笑視也从見彔聲

菉說文丨王芻也从艸彔聲詩曰丨竹猗猗〇丨王芻也禮記大學丨竹猗猗疏〇丨丨一名王芻爾雅釋草疏引舍人注

趢說文丨趗丨也从走彔聲

孎說文丨謹也从女屬聲讀若人不孫爲不丨

欘說文丨斫也齊謂之鎡錤一曰斤柄性自曲者从木屬聲

誎說文丨餔旋促也从言束聲

藚說文丨水舃也从艸賣聲詩曰言采其丨〇丨今澤蕮也詩汾沮洳陸疏

梀說文丨短椽也从木束聲

亍說文丨步止也从反彳讀若畜

〇以下據集韻錄

㴵說文丨灌也从水隺聲

菐說文丨瀆丨也从丵从廾廾亦聲凡丨之屬皆从丨

豰說文丨椎毄物也从殳豕聲

螸說文丨蠭醜丨垂腴也从虫欲聲

𡇒說文丨骫曲也从曲玉聲

𢹿說文丨爪持也从手瞿聲

𠃨說文丨亦持也从反丮闕

鴭說文丨鳥也从鳥臼聲

○以下附錄
【䵎】說文一日出之赤从赤穀省聲
【𦲷】說文一篇一也从艸筑省聲

經籍籑詁卷第九十一補遺終

經籍籑詁卷第九十二　入聲

經筵講官南書房行走禮部左侍郎兼署戶部左侍郎前提督浙江學政阮元撰集

三覺

覺　丨悟也公羊昭卅一年傳叔術丨焉注又孟子萬章上使先知丨後知注○丨寤也廣雅釋言○丨告也釋名釋姿容○丨知也荀子王霸此夫過舉蹞步而丨跌千里者夫哀哭之注○丨兮謂先知者書大傳丨兮注○丨皙也廣雅釋詁三○丨明也左氏文四年傳以丨報宴注○丨發也廣雅釋詁四○丨直也詩斯干有丨其楹箋抑有丨德行傳又左氏昭五年傳有丨德行注又家語正論有丨德行注○丨較然正直左氏襄廿一年傳夫子丨者也注○丨較也楚辭遠逝服丨酷以殊俗兮注○丨大也孝經有

丨德行注又鄭注又廣雅釋詁二○有丨言高大也詩斯干有丨其楹傳○字書覺字從學學字從敎敎字從孝孝字從爻因聲義轉相生也華嚴經音義上○詩抑有丨德行禮記緇衣作有梏德行

角　丨者生於頟丨也釋名釋形體○牛羊有觓曰丨史記樂書丨觡生索隱○夾囟曰丨禮記內則男丨女羈注○丨犀謂顏丨有伏犀國語鄭語惡丨犀豐盈注○丨觡也廣雅釋言○丨觡生也淮南原道○丨鹿丨也淮南原道注○社稷之牛丨尺詩良耜有捄其丨傳○丨端似牛丨可爲弓後漢烏桓鮮卑傳注○丨也者以爲疾也考工記弓人○北方之美者有幽都之筋丨焉爾雅釋地○丨禽也大元窮山無丨注○丨猶校也漢書東方朔傳集注○丨校也競也漢書賈誼傳集注○丨競也漢書谷永傳集注○丨猶競也文選舞鶴賦丨丨睞分形注○丨猶試呂覽孟冬肄射御丨力注○丨試力也列子說符强食靡丨釋文○丨力猶爭力也後漢隗囂傳注○丨者丨材也史記李斯傳方作瞉抵優俳之觀集解引應劭○丨抵即瞉抵同上○丨邪也文選射雉賦奮勁骹以丨槎徐注○丨觸也廣雅釋言又漢書律厤志上○丨觸也物觸地而出戴芒丨也爾雅釋樂丨謂之經釋文引劉歆○丨者躍也陽氣動躍白虎通禮樂○丨者氣動躍也白虎通五行○丨謂之經爾雅釋樂○丨爲民漢書律厤志上○丨爲物禮記樂記○徵丨在右事也民也可以勞禮記玉藻右徵丨注○丨木也淮南天文其音丨注○丨爲木漢書律厤志上○木謂丨白虎通禮樂○丨木聲也素問金匱眞言論其音丨注陰陽應象大論在音爲丨注○丨木也位在東方也呂覽孟春其音丨注又淮南時則其音丨注○丨亢東方星楚辭天問丨宿未旦注○丨星名也國語周語夫辰丨見而雨畢注○丨兵象也隋書五行志下引洪範五行傳○丨主天兵洪範

五行傳田獵不宿注○丨爲天門洪範五行傳出入不節注○丨亢蒼龍之星後漢獻帝紀注○壽星丨亢也爾雅釋天○丨平也淮南時則丨斗稱注○丨謂平之也禮記月令丨斗甬注○丨量也管子七法○斠量也廣雅釋詁三○丨猶量也呂覽簡選選練丨材注○丨亦器量之名管子七法丨量也注○丨四升儀禮特牲饋食禮記一丨一散注○四升曰丨禮記禮器卑者舉丨注又廣雅釋器○丨謂觥罰爵也禮記少儀不丨注○散丨皆以璧飾其口也禮記明堂位加以璧散璧丨注○丨觴刀劒羽閒之覆丨也淮南齊俗丨觴不厭薄注○

丨古文作斠同一切經音義二

桷　丨椽也易漸或得其丨虞注又釋文又左氏莊廿四年經刻桓宮丨注襄廿八年傳子尾抽丨擊扉三注又公羊莊廿四年經刻桓宮丨釋文又廣雅釋室又淮南精神而堯樸丨不斲注○丨屋椽爾雅釋

宮丨謂之榱注○丨榱也易漸或得其丨釋文引馬陸注又詩閟宮松丨有舃傳又穀梁莊卄四年經刻桓宮丨釋文○丨榱頭也國語魯語嚴公丹桓宮之楹而刻其丨注引唐云○丨一名榱今北土云亦然國語魯語注○齊魯名榱曰丨爾雅釋宮釋文引字林○齊魯名丨周人名榱爾雅釋宮丨謂之榱沈旋注○方曰丨易漸或得其丨釋文引翟注詩閟宮松丨有舃釋文穀梁莊卄四年經刻桓宮丨釋文○方者謂之丨易漸或得其丨虞注○丨硧也其形細而疏硧也釋名釋宮室○丨槌也廣雅釋器

摘 集韻摘擉同○丨掎也廣雅釋言○擉刺也莊子則陽冬則擉鱉于江釋文引司馬注○摘謂以杈刺泥中搏取之周禮鼈人以時擉魚鼈龜蜃凡貍物司農注○丨恭也廣雅釋言

鸒 丨肥澤貌也後漢馬融傳注○丨丨肥澤也詩靈臺白鳥丨丨傳○丨鳥白肥澤詩靈臺釋文引字林○丨白也廣雅釋器○丨下沃反詩靈臺釋文引字林○丨與睢音義同文選景福殿賦睢睢白鳥注○詩靈臺白鳥丨丨孟子梁惠王上作白鳥鶴鶴賈子禮作白鳥皜皜

玨 瑴同○雙玉爲瑴左氏莊十八年傳賜玉五瑴注僖卅年傳納玉於王與晉侯皆十瑴注襄十八年傳獻子以朱絲係玉二瑴注○雙玉曰瑴國語魯語行玉二十瑴注○蒼頡篇瑴作丨雙玉爲丨故字从兩玉左氏莊十八年傳正義○爾雅釋器注雙玉曰瑴釋文瑴本或作丨

較 車箱曰丨續漢輿服志注引通俗文○丨在箱上爲辜丨也釋名釋車○丨兩輢上出式者考工記輿人以其隧之半爲之丨崇注○丨車兩旁上出軾者詩淇奧猗重丨兮釋文○重丨其丨重卿所乘也釋名釋車○丨直也爾雅釋詁又儀禮大射儀大侯之崇見鵠於參注○丨者直也周禮司裘王大射則

其虎侯熊侯豹侯設其鵠注○丨兮謂直道者也書大傳丨兮注○丨專也一切經音義二十引漢書音義○丨丨明也廣雅釋詁四又史記伯夷傳此其尤大彰明丨著者也索隱平津侯主父傳丨然著明索隱○大丨大法也史記律書闔於大丨索隱○大丨猶大略也史記貨殖傳此其大丨也索隱又文選景福殿賦此其大丨也注○獵丨者田獵相丨奪禽獸孟子萬章下魯人獵丨注○丨丨古文搉同一切經音義七○故書丨作搉杜子春云當爲丨考工記輿人以其隧之半爲之丨崇注

榷 丨獨梁也廣雅釋室

搉 丨揚丨略也文選魏都賦注引淮南許注○丨引也漢書敘傳下集注○丨麄略也文選吳都賦商丨萬俗劉注○丨敲也莊子徐無鬼釋文引三蒼○丨擊也廣雅釋詁三○丨專也後漢靈帝紀注烏桓

鮮卑傳注○榷專也後漢翟義傳集注敘傳上集注○丨猶專也漢書敘傳上音義引韋昭○丨者獨也史記汲鄭傳索隱○榷競也漢書敘傳上集注○丨效也漢書敘傳上音義引劉氏敘傳下音義引劉氏○丨見也盡也漢書敘傳上音義引晉灼敘傳下音義引晉灼

嶽 岳同○丨确也廣雅釋山○丨之爲言捔也捔功德也白虎通巡狩○丨者埆功考德黜陟幽明也風俗通山澤○丨五丨也文選思元賦二女感於崇丨兮舊注○五丨東曰岱宗南曰衡山西曰華山北曰恒山中曰嵩高山周禮大宗伯以血祭祭社稷五祀五丨注○五丨岱在兗州衡在荆州華在豫州丨丨在雍州恒在幷州周禮大司樂凡日月食四鎮五丨崩大傀異烖注○丨四丨也詩崧高崧高維丨傳○四丨三塗陽城太室荆山終南九州之險也新序善謀○河西丨爾雅釋山○丨吳丨也周禮職方氏其

山鎭曰丨山注又爾雅釋山河西丨注又周書職方
其山鎭曰丨山注○丨雍州鎭有吳丨山爾雅釋山
孫注○岳太岳書禹貢至于岳陽傳○高丨岱宗也
詩時邁及河喬丨傳○岳山卽狄山也山海經大荒
南經帝堯帝嚳帝舜葬于岳山注○岳岳立貌文選
魯靈光殿賦神仙岳岳於棟閒注○丨丨長角之貌
漢書朱雲傳集注○書堯典四岳史記五帝本紀作
四丨書舜典詢于四岳史記五帝本紀作謀于四丨
書舜典覲四岳羣牧史記五帝本紀漢書郊祀志作
見四丨諸牧書禹貢至于岳陽史記夏本紀漢書地
理志作至于丨陽書禹貢至于太岳史記夏本紀漢
書地理志作至于太丨○詩峙邁及河喬丨淮南泰
族作及
河嶠岳

樂 佮倫作丨一切經音義五引世本○丨六丨之歌
舞周禮大司徒禮丨射御書數注○六丨謂雲門

咸池大招大夏大濩大武周禮大司徒以六丨防萬
民之情司農注○六丨雲門大咸大韶大夏大濩大
武也周禮保氏二曰六丨注○丨器鐘磬之屬後漢
光武紀下注○比音而丨之及干戚羽旄謂之丨禮
記樂記又說苑修文○八音並作克諧曰丨禮記樂
記惟君子爲能知丨注○丨者音之所由生也禮記
樂記又說苑修文○應律乃爲丨禮記樂記夫丨者
與音相近而不同注○至丨至德之丨淮南原道無
不丨則至極丨矣注○丨者丨也禮記樂記二見又
白虎通禮樂又荀子樂論又說苑修文○丨者此之
丨者也賈子道德說○丨也者聖人之所丨也禮記
樂記○丨者聖人之所丨也說苑修文○行而丨之
丨也禮記仲尼燕居○丨也者丨其所自成禮記禮
器○丨丨其所生禮記檀弓上樂記○丨者丨生之
具莊子大宗師回忘禮丨矣注○丨生也淮南本經
地載以丨注○夫丨者先王之所以飾喜也禮記樂
記又白虎通禮樂○丨者和之不變者也荀子樂論
○丨言是其和也荀子儒效○丨者天地之和也禮
記樂記二見○故丨者所以崇和順比物飾節白虎
通禮樂○調和丨也荀子臣道○丨陽氣也禮記郊
特牲○丨者陽也白虎通禮樂○丨由陽來者也禮
記郊特牲○丨爲陽故在左大戴記保傅太師持銅
而御戶左注○丨也者施也禮記樂記○丨也者節
也禮記仲尼燕居○丨所以蕩正民之情思使其心
應和也周禮大司徒以六丨防萬民之情而教之和
注○丨所以蕩滌反其邪惡也白虎通禮樂○丨者
通倫理者也禮記樂記○丨統同同上○丨者異文
合愛者也同上○丨也者情之不可變者也同上○
中純實而反乎情丨也莊子繕性○故丨者天地之
命中和之紀人情之所不能免焉也白虎通禮樂○
丨者心之動也禮記樂記又說苑修文○丨所以脩
內也禮記文王世子○丨也者動於內者也禮記樂

記祭義○丨也者動於外者也禮記祭義○丨者德
之風說苑修文○德音之謂丨禮記樂記○丨者德
之華也禮記樂記又說苑修文○丨者所以象德也
禮記樂記○丨者所以象德表功而殊名也白虎通
禮樂○夫丨者象成者也禮記樂記○丨所以移風
易俗也淮南時則擇下旬吉日大合丨注○丨正丨
官之長掌國子之教禮記王制丨正崇四術注○丨
池卽元池也穆天子傳六天子南葬盛姬于丨池之
南
注

鸑 丨鷟鸑鳳之別名國語周語丨鷟鳴於岐山注○
丨鷟鳳之別名也後漢賈逵傳注○丨鷟鳳雛也
文選吳都賦丨鷟食其實劉注
○丨鷟鳳皇屬也廣雅釋鳥

浞 丨漬也廣雅釋詁二○丨羿相也楚辭天問丨娶
純狐注

灂 不丨不瞧目也或作瞧山海經北山經小侯之山
有鳥焉名曰鴣鸐食之不丨注
捉 丨促也使相促及也釋名釋姿容○丨持也廣雅
釋詁三○莊子庚桑楚而丨將內揵釋文丨崔本
作促
穱 丨擇也擇麥中先熟者楚辭招魂稻粢丨麥注
穛 生穛曰丨禮記內則稰丨注
斮 丨斫也爾雅釋器魚曰丨之樊注○丨斬也公羊
成二年傳曰法丨注又後漢董卓傳注○丨斷也
楚辭怨世羌兩足以畢丨注○丨
擊也文選東京賦丨矯狂薛注
娖 丨丨持整之貌史記張丞相傳丨丨廉謹集解引
小顏○丨丨一作斷斷史記張丞相傳集解引徐

廣○史記張丞相傳丨丨廉謹
漢書申屠嘉傳作躖躖廉謹
朔 丨蘇也漢書武帝紀集注引應劭○丨穌也廣雅
釋言○丨者蘇也革也白虎通三正○丨蘇也月
死復蘇生也釋名釋天○丨之言蘇也明消更生故
言丨白虎通四時○丨生也後漢馬融傳注○陰生
爲丨素問陰陽類論一陰至絕作丨晦注○月終紀
光盡而復生曰丨呂覽季冬月窮于紀注○丨始也
儀禮大射儀丨鼙在其北注又御覽時序部十一引
書大傳又廣雅釋詁一又漢書成帝紀集注○丨猶
始也漢書武帝紀集注○丨亦初也禮記禮運皆從
其丨注○丨月初之名也釋名釋天○丨旦也莊子
逍遙游朝菌不知晦丨釋文○夏以平旦爲丨白虎
通三正引書大傳○殷以雞鳴爲丨同上○周以夜
半爲丨同上○丨月月丨日也儀禮士喪禮丨月奠
注○丨北也書洛誥我卜河丨黎水釋文又文選西

京賦秦里其丨薛注○北稱丨書堯典宅丨方傳○
丨北方也爾雅釋訓又書禹貢丨南暨鄭注又文選
幽通賦雄丨野以颺聲曹注出師頌丨風變楚注○
丨方北方也詩出車城彼丨方傳○丨盡也北方萬
物盡故言丨也爾雅釋訓舍人注○丨狄北狄也後
漢馬融傳注○丨謂上谷也後漢景丹傳注○鼙在
前曰丨丨始也釋名釋樂器○應與輔及丨皆小鼓
也周禮小師下管擊應鼓徹歌注○書堯典宅丨方
史記五帝本紀作居北方○書堯典平在丨易史記
五帝本紀作便在伏物○左傳文十六年公四不視
丨周禮大僕注作不視朝○左氏文六
年注故闕不告丨釋文本或作告月
數 丨頻也史記游俠傳每至踐更丨過索隱○丨屢
也漢書賈山傳集注○丨不疏左氏文十六年傳
無日不丨于六卿之門注○丨近家語賢君故夫不
比於丨而比於疎注○丨疾也爾雅釋詁○丨猶疾

也淮南說林丨之則弗中注○丨速也史記屈原賈
生傳淹丨之度兮集解引徐廣○丨之言速也禮記
祭義其行也趨趨以丨注○丨謂速丨之丨也論語
里仁事君丨集解引孔注○丨猶促速大戴記曾子
立事行無求丨有名事無求丨有成注○丨猶促也
爾雅釋草葤丨節釋文○丨猶迫促意也莊子逍
遙游未丨丨然也釋文引崔注○丨丨猶汲汲也莊
子逍遙游未丨丨然也釋文引司馬注○丨細也詩
魚麗傳庶人不丨罟釋文○丨猶槪也後漢崔駰傳
注○忿丨者獄之所由生也大戴記子張問入官○
丨罟密網也孟子梁惠王上丨罟不入洿池注○丨
當爲縮周禮司尊彝醴齊縮酌杜注○丨讀爲速禮
記曾子問不知其已之遲丨注○趨丨讀爲促丨聲
之誤也禮記樂記衛音趨丨煩志注○丨音朋友丨
斯疏矣史記陳涉世家自
辨丨乃置集解引晉灼

矟｜矛也廣雅釋器○｜長一丈八尺一切經音義
二引埤蒼○矛長丈八者謂之｜藝文類聚六十
引通俗文○矛長丈八尺曰｜馬上
所持言其｜｜便殺也釋名釋兵
嗽同○嗽促也用口急促也釋名釋飲食○嗽吮
欶也一切經音義二引通俗文又文選風賦啗齰嗽
獲注○含吸曰嗽也一
切經音義四引通俗文
斵集韻或作㓸○｜斫也漢書食貨志上集注又楚
辭湘君｜冰兮積雪注懷沙巧倕不｜兮注○㓸
斫也廣雅釋言○｜削也穀梁莊廿四年傳｜之礱
之釋文○｜古文斲同一切經音義二○｜古文斲
同一切經音義二○｜或作
琢淮南本經不工不｜注
卓｜高也後漢祭遵傳注○｜高遠貌也論語子罕
如有所立｜爾皇疏○｜爾高遠之貌也後漢安

帝紀注○｜爾絶望之辭論語子罕如有所立｜爾
鄭注○｜遠也史記衛將軍驃騎傳遠行殊遠索隱
又法言先知其子不膠者｜矣注又楚辭逢尤世既
｜兮遠眇眇注○｜明也廣雅釋詁四○｜猶的也
儀禮覲禮匹馬｜上注○｜者獨化之謂也莊子大
宗師而況其｜乎注○｜犖殊絶也後漢班彪傳下
注○｜躒絶異也文選薦禰衡表英才｜躒注○｜
鷙行不平也莊子在宥天下始喬詰｜鷙釋文引崔
注○｜犖與｜躒音義同文選魏都賦魏都之｜犖
注○｜讀如｜王孫之｜儀禮覲禮匹馬｜上注○
｜一作悼史記魯周公世家里克殺其君奚齊｜子
集解引徐廣○莊子秋水吾以一足跉｜而行釋文
｜本亦作踔○左氏莊廿八年傳｜子史記秦本紀
集解作倬子晉世家作悼子○史記齊太公世家里
克殺奚齊淖子集解引
徐廣曰史記｜多作淖

諑｜訴也廣雅釋言○｜愬也楚以南謂之｜方言
十○｜譖也廣雅釋言○｜猶譖也離騷謠｜謂
余以善淫注○｜譖亦通語也方言十｜愬也注○
｜毀也楚辭逢尤｜譖兮虛獲尤注○｜訨也廣雅
釋詁三○｜資
也廣雅釋詁二
涿｜鹿地名莊子盜跖與蚩尤戰于｜鹿之野釋文
引司馬注○｜瀆也廣雅釋詁二○｜擊之也周
禮秋官序官壺｜氏注○故書｜爲獨鄭司農云獨
讀爲濁其源之濁音與｜相近書亦或爲獨同上○
莊子盜跖與蚩尤戰于｜鹿之野釋文｜本或作濁
○左氏哀廿七年傳顏｜聚漢書古今人表作顏燭
雛淮南氾論作顏喙聚說苑正諫作顏燭趨晏子
春秋作顏燭鄒○張公神碑刊鑿｜摩琢作｜
｜啄也太元夗三歲不｜注○｜畢星名詩盧令
噣箋畢｜也釋文○詩盧令箋畢｜也釋文｜本亦

作濁○詩漸漸之石箋畢｜也釋文｜本又
作濁○爾雅釋鳥生｜雛釋文｜義當作啄
倬｜大也詩棫樸｜彼雲漢傳○｜明大貌詩桑柔
｜彼昊天箋○｜明貌詩甫田｜彼甫田傳韓奕
有｜其道釋文○｜著也詩雲漢釋文○｜然天河
水氣也詩雲漢｜彼雲漢箋○詩甫田｜彼甫田韓
詩作箌彼甫田○詩韓奕有
｜其道韓詩作有䏭其道
琢｜治玉也爾雅釋訓如｜如磨釋文○治玉曰｜
禮記學記玉不｜不成器釋文論語學而如｜如
磨釋文○｜治玉名也爾雅釋器雕謂之｜注○玉
曰｜詩淇奧如｜如磨傳棫樸追｜其章傳又周禮
大宰五曰百工飭化八材司農注又論衡量知○玉
詣之｜爾雅釋器又荀子富國故爲之雕｜刻鏤注
○雕謂之｜爾雅釋器○｜采｜磨也管子五輔雕
｜采注○卵生曰｜文選東征賦注引尸子○｜當

爲篆字之誤也禮記禮器大圭不丨注郊特牲大圭
不丨注○丨與椓古字通文選東征賦諒不登橾而
椓鑑兮注○禮記禮器大
圭不丨釋文丨本亦作琢

礐 亦作礐○山多大石曰礐礐學也大石之形學學
然也釋名釋山○多大石礐爾雅釋山○爾雅釋
山釋文礐字或作
确又作墧又作埆

椓 丨謂擿土也詩斯干丨之橐橐箋○丨夭丨也詩
召旻昬丨靡共傳○丨訴也左氏哀十七年傳太
子又使丨之釋文○丨椎也廣雅釋詁二○丨擊也
孟子滕文公上捆屨織席注音義引丁音○丨破之
也後漢蔡邕傳注○丨丨謂丨破陰書呂刑爰始淫爲
劅刵丨黥鄭注○丨丨斀陰者也詩召旻昬丨靡共
箋○斀去陰刑集韻引字林○書呂刑刖劅丨黥說
文攴部作刖劅斀黥○禮記喪大記注所以丨者衷

釋文丨字
本又作琢

剝 丨落也易剝釋文引馬注又廣雅釋詁三○丨脫
也廣雅釋詁四○丨脫謂剝去其生澀荀子彊國
然而不丨脫不砥礪注○丨離也廣雅釋詁三○丨
擊也詩七月八月丨棗傳又廣雅釋詁三○丨取也
廣雅釋詁二○丨也者取也大戴記夏小正丨棗傳
○丨爛也易雜卦傳○丨丨也易象上傳○丨者丨
也易序卦傳○丨傷害也書泰誓中丨喪元良傳○
丨之爲義小人道長之謂易兌孚于丨注○革曰丨
周禮大宰五曰百工飭化八材司農注○丨猶亂也
後漢董卓傳注○丨猶倮也禮記檀弓上喪不丨奠
也與注○丨丨瓜畜瓜之時也大戴記夏小正八月丨
瓜傳○刊丨互言耳皆謂斫去次地之皮周禮柞氏
夏日至令刊陽木而火之冬
日至令丨陰木而水之注

爆 丨爇也廣雅釋詁二○丨熚起也一切經音義二
引聲類○木枝葉稀疏不均爲丨爍爾雅釋詁眺
劉暴樂也舍人注○丨古文
皺曝二形同一切經音義六

駮 丨如馬倨牙食虎豹爾雅釋畜又詩晨風隰有六
丨傳○丨多力獸爾雅釋畜舍人注○丨獸名詩
晨風隰有六丨釋文○丨馬木名
梓榆也詩晨風釋文引草木疏

駁 丨馬色不純也爾雅釋畜釋文引字林○駮不純
也太元睟冥駮昌睟注○班丨色不純也一切經
音義十七引字林○黃白雜謂之丨犖一切經音義
十七引通俗文○形白雜毛曰駮文選赭白馬賦注
引劉芳毛詩義證○駵白丨爾雅釋畜○駵白曰丨
詩東山皇丨其馬傳○駮雜也詩有客箋故言亦駮
以美之釋文又後漢袁術傳注又荀子王霸駮而霸
注○駁乖舛也後漢馬援傳注○其有疑事公卿百

官會儀若臺閣有所正處而獨執異議者曰駮議獨
斷上○駮犖采點也史記司馬相如傳赤瑕駮犖索
隱引司馬彪又文選上林賦赤瑕駮犖郭注○丨赤
李爾雅釋木○丨方卓反爾雅釋畜釋文引字林○
爾雅釋木釋文
丨字亦作駮

邈 丨遠也廣雅釋詁一又漢書司馬相如傳下集注
又後漢張衡傳注又文選思元賦允塵丨而難虧
舊注○丨丨遠也廣雅釋訓○丨丨遠貌離騷神高
馳之丨丨注○丨離也方言六○丨丨悶也爾雅釋
訓○丨丨憂悶也
爾雅釋訓舍人注

雹 丨跑也其所中物皆摧折如人所蹴跑也釋名釋
天○丨之爲言合也古微書引春秋感精符考異
郵○丨之爲言合也陰氣專精積合爲丨白虎通災
變○丨雨冰也晉書音義上○雨凝曰丨北堂書鈔

引禮記邱季彬注○雨暴遁｜素問至眞要大論○寒水勝火則爲冰｜素問六元正紀大論○｜者陰薄陽之象也南齊書五行志引洪範五行傳○陽爲雨陰起脅之凝爲｜禮記月令則｜凍傷穀注○陽之專氣爲｜霰｜者一氣之化也大戴記曾子天圓○陽氣在雨溫暖如湯陰氣薄之不相入轉而爲｜大戴記曾子天圓注○陽氣之在水雨則溫熱陰氣薄而脅之不相入轉而成｜穀梁僖廿九年經大雨｜注○雨｜君臣之象也南齊書五行志引洪範五行傳

擈 亦作撲集韻或作扑爆○｜擊也太元格不瘁其體｜注○扑擊也廣雅釋詁三○撲擊也淮南說林蔭不祥之木爲雷電所撲注○爆擊也廣雅釋詁三○｜盡也南楚凡物盡生者曰｜生方言三○｜屬藂相著貌方言三｜聚也注○今種物皆生云｜地生也方言三凡物盡生者曰｜生注○擔爆中聲也文選西京賦流鏑擔爆薛注

謈 今人痛甚則稱阿｜漢書東方朔傳舍人不勝痛阿｜集注○｜音爪犳之犳漢書東方朔傳集注引鄧展

懪 ｜｜邈邈悶也爾雅釋訓○爾雅釋訓釋文｜本又作暴

鰒 ｜似蛤偏著石後漢伏湛傳注引三蒼郭注○｜無鱗有殼一面附石細孔雜雜或七或九後漢伏湛傳注引廣志○石決明一名｜魚後漢伏湛傳注引本草

瓟 廣韻瓟同○｜小瓜也詩緜傳瓞｜也釋文○瓟小瓜也爾雅釋草釋文引字林○｜九葉爾雅釋草○爾雅釋草釋文｜樊本作駮

骲 ｜骨鏃也爾雅釋文引埤蒼○骨鏃曰｜唐六典十六注引通俗文

𦢊 ｜謂皮皺起也山海經西山經松果之山有鳥名曰螐渠可以已｜注

豰 ｜｜豭也廣雅釋獸○｜｜一名執夷爾雅釋獸其子｜注○貔其子｜爾雅釋獸○斗藪謂之｜𣫭一切經音義十四引通俗文

璞 ｜玉之未理者文選南都賦金彩玉｜注○鄭人謂玉未理者曰｜莊子天下犬可以爲羊釋文引司馬注○周人謂鼠腊者亦曰｜莊子天下釋文○爾雅釋器注五者皆謂｜之名釋文｜字又作樸

樸 ｜朴同○｜質也後漢仲長統傳注又文選東京賦尚素｜薛注○朴質也漢書卜式傳集注又荀子性惡生而離其朴注又文選魯靈光殿賦鴻荒朴略張注○｜猶質也淮南精神契大渾之｜注○｜本也呂覽論人故知知一則復歸於｜注○｜者眞也老子｜散則爲器王注○朴者形未分老子敦兮其若朴注○｜愨願貌家語王言民敦而俗｜注○｜未成器也書梓材既勤｜斲馬注○無刀斧之斷者謂之｜論衡量知○｜屬猶附著堅固貌也考工記總目欲其｜屬而微至注○朴木皮也文選洞簫賦注引蒼頡篇○朴大也廣雅釋詁一又楚辭天問恒秉季德焉得夫朴牛注○壯大爲朴楚辭懷沙材朴委積兮注○朴離也廣雅釋詁三○｜采也淮南精神而堯｜桷不斲注○朴猝也廣雅釋詁二○｜馬未調習之馬荀子臣道若馭｜馬注○老子敦兮其若｜釋文｜又作朴○孔耽碑蹈仁義兮履玤純｜作玤

墣 ｜塊也國語吳語王寐疇枕王以｜而去之注

彀 俗作殼○殼寵甲也後漢張衡傳注○殼卽核也凡物內盛者皆謂之殼文選七命剖椰子之殼注○殼善也廣雅釋詁一

確 礭堅也廣雅釋詁一○丨堅貌也後漢李固杜喬傳注○丨堅貌莊子應帝王丨乎能其事者而已矣釋文引李注○丨剛貌也易繫辭下傳丨然示人易矣注又馬注文言傳丨乎其不可拔虞注○碻磝津名也水經河水注○丨墩蒼作塙同苦學反一切經音義十三○丨字書作碻同口角反一切經音義十○莊子應帝王丨乎能其事者而已矣釋文丨字崔本作嗀

慤 丨謹也漢書刑法志集注東方朔傳集注傅喜傳集注又後漢竇融傳注○慤慬也廣雅釋詁四○丨謹敬荀子非十二子其容丨注○丨質也家語曲禮公西赤問其親也丨注○丨實也後漢馮衍傳注又荀子榮辱然後使丨祿多少厚薄之稱注○丨成也淮南主術其民樸重端丨注○丨愿貌禮記禮器不然則已丨注○丨者得哀之始未見其甚禮記檀弓下殷已丨注○行見中外曰丨周書謚法○丨與趨趨言少威儀也禮記祭義其行也趨趨以數注○丨親之奉薦也家語曲禮公西赤問其親也丨注○禮記檀弓下殷已丨釋文丨本又作殼

埆 丨謂薄土也後漢陳寵傳注○丨獄名詩行露傳獄丨也釋文○丨枘質殼爭訟者也詩行露釋文引盧植說○丨者丨正之義詩行露釋文引崔注○詩邱中有麻傳邱中墝丨之處也釋文丨本又作遠

觳 丨薄管子地員剛而不丨注○丨盡也爾雅釋詁○丨謂盡也史記秦始皇本紀不丨於此索隱○丨今直語耳爾雅釋詁注○丨嘔吐也左氏哀廿五年傳君將丨之注○丨足跗也儀禮既夕記長及丨注○丨後足儀禮特牲饋食禮記主婦俎丨折注○丨觫恐貌孟子音義上引丁音○丨觫牛當到死地處恐貌孟子梁惠王上吾不忍其丨觫注○古文丨皆作觳儀禮特牲饋食禮記注

㲉 丨卵也外堅也一切經音義二引字書○丨字書作殼同口角反吳會間音口木反同上

濁 丨瀆也汁滓演瀆也釋名釋言語○丨者觸也史記律書○丨猶汙也後漢齊武王縯傳注○行善決夷謂之清反清為丨賈子道術○清丨謂陰陽也大戴記少閒先清而後丨者天地也注○丨亂也國策秦策書策稠丨注又呂覽振亂當今之世丨甚矣注○丨謂混跡荀子解蔽丨明外景清明內景注○丨貪也離騷世溷丨而不分兮注涉江世溷丨而莫余知兮注○丨謂潤厚山海經西山經丨澤而有光注○丨者不照然也老子渾兮其若丨注○丨水一名涵水水經注廿六引字林○丨水一曰涵水水經濁水注○丨水卽白水之異名也水經漾水注○丨氣殼氣也素問經脈別論丨氣歸心注○丨宮呂覽執一而聞清卜之聲注○丨謂黃鐘至中呂禮記樂記倡和清丨注○丨謂之畢爾雅釋天○掩兔之畢或呼為丨因星形以名爾雅釋天注○掩兔之畢或呼為丨因名星爾雅釋天孫注○莊子天地丨口使口厲爽釋文丨本又作噣

擢 丨拔也廣雅釋詁三又莊子駢拇丨德塞性以收名聲釋文引司馬注○丨拔也自關而西或曰拔或曰丨方言三○拔根曰丨小爾雅廣物○丨抽也爾雅釋木釋文引蒼頡篇○丨引也廣雅釋詁一又文選陸士龍為顧彥先贈婦詩注引淮南許注七啟注又華嚴經音義上引淮南徐重注○丨取也淮南俶真丨德攫性注○丨出也廣雅釋詁一○丨獨出貌也文選西京賦徑百常而莖丨薛注○丨去也謂

徹也禮記少儀不一馬注○一本高聳貌文選吳都賦一本弇尋劉注○一首長咽山海經海內經韓流一首注○史記魯周公世家厲公一索隱曰世本作翟

鐲 一鈴也廣雅釋器○一鉦也形如小鍾軍行鳴之以爲鼓節周禮鼓人以金一節鼓注○一讀如濁其源之濁周禮大司馬辨鼓鐸一鐃之用司農注

鸐 一山雉爾雅釋鳥

濯 一洗也國語周語王乃淳一饗醴注○一酒也廣雅釋詁二○一滌也詩泂酌可以一罍傳○一溉也儀禮特牲饋食禮視壺一及豆籩注○一滌溉也儀禮士喪禮新盆槃瓶廢敦重鬲皆一注○一謂溉祭器也禮記喪服小記練筮日筮尸視一注○滌一謂溉祭器及甑甗之屬周禮大宰及執事眂滌一注

○一衣浣衣也後漢周磐傳注○洮類爲一三國志虞翻傳注引翻別傳○一大也爾雅釋詁又詩常武一征徐國傳文王有聲王公伊一傳○一大也荆吳揚甌之郊曰一方言一○一美也詩文王有聲釋文引韓詩○一一肥也廣雅釋訓又漢書司馬相如傳下集注引文穎○一一光明也詩崧高鉤膺一一傳○一一娛遊也詩靈臺麀鹿一一傳○一一嬉遊也史記司馬相如傳一一之麟索隱○一一無草木之貌孟子告子上是以若彼一一也注○一一龍園名也後漢明德馬皇后紀注○一丁音作濯孟子音義上○一讀爲祧周禮守祧掌守先王先公之廟祧司農注

幄 一屋也以帛依板施之形如屋也釋名釋牀帳○一幕也小爾雅廣服又淮南氾論燕雀處帷一而兵不休息注○一帳也左氏昭八年傳私于一注又呂覽權勲龔王駕而往視之入一中注○一帳也聽政之處左氏哀十四年傳子我在一注○一王所居之帳也周禮幕人掌帷幕一帟綬之事注○覆帳謂之一小爾雅廣服○在上曰一後漢仲長統傳注○四合象宮室曰一周禮幕人掌帷幕一帟綬之事注又左氏昭十三年傳子產以一幕九張行釋文○四合象宮殿謂之一也華嚴經音義上引何承天纂要

⿰黑屋 ○一若位處之具也爾雅釋言握具也李注又作剭○剭刑也廣雅釋詁四

偓 一促拘急之貌楚辭憂苦一促談於廊廟兮注

葯 一即虉山海經中山經崍山其草多一注○一白芷別名虉香草也山海經西山經號山其草多一虉注

握 一持也廣雅釋詁三又管子戒一路家五十室注○一本所持處也儀禮鄉射禮記長尺有一注○在手爲一楚辭懷沙懷瑾一瑜注○捲手曰一莊子庚桑楚終日一而手不掜釋文引李注○兩手相拱著而不申者謂之一遞管子入國聾盲喑啞跛躄偏枯一遞注○一具也爾雅釋言○一四寸也穀梁昭八年傳流旁一注○一長不出把者國語楚語烝嘗不過把一注○一謂長不出膚禮記王制宗廟之牛角一注○一謂中央也儀禮鄉射禮上一焉注○一齱小節也史記酈生陸賈傳其將皆一齱索隱引韋昭○一齱急促之貌史記酈生陸賈傳集解引應劭○一齪局促也史記司馬相如傳委瑣一齪索隱引孔文祥○一一者小之貌也易萃一一爲笑注○一手用元纁裹長尺二寸廣五寸牢中旁寸著組繫儀禮士喪禮○手無決者以一繫一端繞掔還從上自貫反與其一端結之儀禮既夕記設一注○設一者

以綦繫鉤中指田手表與決帶之餘連結之儀禮士
喪禮設丨乃連擘注○丨以物著尸手中使丨之也
釋名釋喪制○秦古丨字也文選任彥昇出郡傳舍
哭范僕射詩夫子值狂生注○丨當讀爲夫三爲屋
之屋易萃一丨爲笑鄭注○易萃一丨爲笑釋文丨丨
傳氏作渥○周禮巾車翟車貝面組總有丨釋文丨
馬本作幄爾雅釋言丨
具也釋文丨李本作幄

渥 丨霑濡也史記老莊申韓傳周澤未丨也正義○
丨沾濡之貌也易鼎其形丨注○丨沾也易鼎其
形丨釋文○丨濆也廣雅釋詁二○丨厚漬也詩簡
兮赫如丨赭傳終南顏如丨丹箋○丨厚也廣雅釋
詁三又漢書賈誼傳集注王商傳集注外戚傳下集
注又楚辭惜賢芳鬱丨而純美注○丨美也太元視
雨其丨須注○丨光潤也後漢班彪傳上注○丨濁
也廣雅釋詁三○丨大刑也易鼎其刑丨虞注○丨

者厚大言皐重也易鼎九家注○丨讀如鄭人丨菅
之丨考工記㡛氏丨淳其帛注○丨與渥同考工記
㡛氏丨淳其帛釋文○詩終南顏如丨丹釋文丨韓
詩作沰○詩簡兮赫如丨赭漢修堯廟碑作赤如屋
赭

捉 丨捉也後漢臧洪傳注又文選江賦舟子於是丨
棹注○丨拔也漢書敘傳上集注

晫 丨明也廣雅釋詁四又晉書音義中

逴 丨又作趠○丨遠也廣雅釋詁一○趠絕也廣雅釋
詁四○丨者謂超踰不依次第匡謬正俗六○丨
行路丨也方言六丨蹇也注○丨躒猶超絕也文選
西都賦丨躒諸夏注○丨蹇也廣雅釋詁三○丨蹇
也齊楚晉曰丨方言六○丨驚也自關而西秦晉之
閒凡蹇者或謂之丨體而偏長短亦謂之丨方言二

○丨與卓同史記衛將軍
驃騎傳丨行殊遠索隱

犖 黃白雜謂之駁丨一切經音義十七引通俗文○
丨丨事之分明也史記天官書此其丨丨大者索
隱○左氏莊卅二年傳圉人丨
丨公羊閔元年傳作鄧扈樂

學 丨丨覺也御覽引禮記成伯璵注又廣雅釋詁四○
丨丨之爲言覺也以覺悟所未知也白虎通辟雍○
丨覺也悟也論語學而丨而時習之皇疏○丨教也
儀禮燕禮亦教國子以丨丨釋文文王世子凡丨世子
釋文又廣雅釋詁四○丨丨效也書大傳又廣雅釋詁
三○丨識也廣雅釋詁二○丨所以益才也說苑建
本○夫丨者崇名立身之本也同上○丨者丨其所
不能丨也莊子庚桑楚○丨者所以反情治性盡才
者也說苑建本○丨禮義之府禮記文王世子念終
始典于丨注○丨謂政教禮樂之丨也老子爲丨日

益注○丨修德學道周禮都司馬以國灋掌其政丨
注○近而逾明者丨也書大傳又大戴記勸學又說
苑建本○如切如磋道丨也爾雅釋訓○丨官也廣
雅釋室○丨者所丨之官也賈子保傅○小丨者所
丨之官也大戴記保傅○丨所以丨士之宮禮記王
制天子命之教然後爲丨注○丨大丨也儀禮諸子
春合諸丨注又禮記王制七十養於丨丨注燕義春合
諸丨注○入丨也者大丨也謂今時大舍采也大戴
記夏小正丁亥萬用入丨傳○小丨在公宮南之左
大丨在郊禮記王制○小丨謂虎門師保之丨也大
丨王宮之東者大戴記保傅古者年八歲而出就外
舍注○四丨者東序瞽宗虞庠及西郊之丨也大戴
記保傅帝入東丨注○辟國曰丨後漢班彪傳下注
○丨則三代同名皆謂之丨孟子滕文公上丨則三
代共之注○丨鳩小鳩也莊子逍遙游蜩與丨鳩笑
之釋文引司馬注○丨鳩鶻鵰也莊子逍遙游釋文

引崔注○丨或爲御禮記曲禮上宦丨事師注○丨讀爲滑莊子逍遥游蜩與丨鳩笑之曰釋文引崔注○莊子逍遥游釋文丨本又作鷽或作鸒○莊子庚桑楚是蜩與丨鳩釋文丨本或作鷽○禮記中庸好丨近乎知漢書公孫閎傳作好問近乎知

鷽 丨山雀爾雅釋鳥○丨乙竺反爾雅釋鳥釋文引字林

齱 又作齺集韻或作齵○齺齱好苛局小之貌文選吳都賦齺齱而算劉注○齵齺持槧之貌漢書申屠嘉傳集注

捳 丨捽也廣雅釋詁三

○以下據觷角謂之丨爾雅釋器○廣韻録

澩 山夏有水冬無水丨爾雅釋山○水自渭出爲丨廣雅釋水○丨火篤反爾雅釋山釋文引字林

篧 集韻篧同或作籗○篧箄也廣雅釋器○籗編細竹以爲罩捕魚也爾雅釋器丨謂之罩李注

齺 丨齵也廣雅釋詁三○齵齺也管子輕重戊車轂齺注○丨齒相迎也荀子王霸丨然上下相信注

⿰火集 丨附子也廣雅釋草

⿱𦥯刃 丨緘也廣雅釋器

⿰木删 柵謂之丨廣雅釋室

⿰豖攵 丨擿也廣雅釋詁四

豝 豚同○豚臀也廣雅釋親

嚗 丨然放杖聲也莊子知北遊丨然放杖而笑釋文引李注

⿱罒毛 丨音忙角反思貌也三國志張裔傳注引字林

跑 丨趵也廣雅釋言

⿱竹雹 丨音雹性柔弱竹譜注引三蒼

犦 丨牛爾雅釋畜○丨卽犎牛也爾雅釋畜注○丨卽今之腄領牛爾雅釋畜釋文

窖 丨窌也廣雅釋室

㱿 丨音㱿擊也呂覽當務下見六王五伯將丨其頭矣注

蠗 丨音翟史記司馬相如傳索隱引字林

箹 小者謂之丨爾雅釋樂又風俗通聲音○小者聲音細小曰丨也爾雅釋樂舍人注

腛 丨讀如沾渥之渥考工記鮑人而丨脂之司農注

媉 丨好也廣雅釋詁一○丨丨容也廣雅釋訓

⿰角弱 丨出也廣雅釋詁一

搙 丨拄也廣雅釋詁四

确 丨薄也文選吳都賦同年而議豐丨乎注○丨瘠薄地也一切經音義一引孟子注○丨實也後漢冦榮傳注○丨堅正也後漢崔寔傳注

灂 瀥同○丨瀑水沸之聲也文選蜀都賦龍池丨瀑濆其隈注○瀥瀑沸湧貌文選長笛賦瀥瀑噴沫

注

箹｜畚帶也廣雅釋器○｜卽畚帶也方言九車枸篗其上約謂之｜注

以下據獉｜陵也後漢馮衍傳注

○集韻錄趠｜起蹇也廣雅釋詁三

○以下附錄觳｜無潤也莊子天下其道大｜注

稊｜刼稻今年死來年自生曰｜齊民要術二引字林

逴｜菜味辛南人食之去冷氣北戶錄引字林

㺢｜狶聲文選吳都賦封狶｜注

經籍纂詁卷第九十二

經籍纂詁卷第九十二補遺

兵部侍郎兼都察院副都御史巡撫浙江等處地方提督軍務兼理糧餉阮元纂集

入聲

三覺

覺說文｜寤也从見學省聲一曰發也○｜者悟知之意左氏文四年傳疏○｜者著也春秋繁露郊祭○形之所極謂之｜列子周穆王注

角說文｜獸｜也象形｜與刀魚相似凡｜之屬皆从｜○｜木也淮南天文其音｜注○｜屬木禮記月令其音｜注○｜試也一切經音義廿二引廣雅○｜平呂覽仲春｜斗甬注○四升曰｜觸也不能自適觸罪過也詩卷耳疏引異義韓詩說○｜是爵之所受之名異禮記明堂位加以璧散璧｜疏

○天子曰罼諸侯曰｜禮記郊特牲畢罼｜疏○｜芒｜漢書天文志動搖｜大兵起注引李奇○｜者言萬物皆有枝格如｜也史記律書○｜者｜技也漢書武帝紀作｜抵戲注引應劭○｜者領｜也漢書諸侯王表厥｜稽首注引應劭○｜之謂執其｜也左氏襄十四年傳晉人｜之疏

桷說文｜榱也椽方曰｜从木角聲春秋傳曰刻桓公之｜○｜榱也漢書五行志上刻｜丹楹注引臣瓚○｜謂之榱左氏莊廿四年經疏○｜椽也漢書貨殖傳諸侯刻｜丹楹注○｜者椽也詩殷武傳梴長貌疏○｜之與榱是椽之別名詩閟宮疏

翯說文｜鳥白肥澤皃从羽高聲詩云白鳥｜｜

珏說文二玉相合爲一｜凡｜之屬皆从｜𣪍｜或从㱿○雙玉爲㱿穆天子傳二於是載玉萬㱿注

○左氏莊十八年傳賜玉五瑴釋文字又作丨

較 丨謂車輿兩箱今人謂之平鬲也考工記輿人疏○丨明貌也漢書張安世傳賢不肖丨然注谷永傳白氣丨然注王莽傳上卽羣下丨然輸忠注

榷 說文丨水丨橫木所以渡者也从木隺聲丶以木渡水曰丨漢書武帝紀初丨酒酤注引韋昭○丨者步渡橋爾雅謂之石杠今之略彴是也漢書武帝紀注

搉 說文丨敲擊也从手隺聲○丨謂敲擊去其精也漢書五行志中之上丨其眼以爲人彘注○榷謂專其利使入官也漢書車千秋傳自以爲國家興榷筦之利注

嶽 岳同○說文丨東岱南靃西華北恒中泰室王者之所以巡狩所至从山獄聲𡴀古文象高形○丨者何丨之爲言桷也桷功德也禮記王制至于岱宗疏○丨卽山也文選思元賦二女感於崇丨兮注○四丨卿士之官掌四時者也詩崧高維丨降神箋○書禹貢至于岳陽釋文字又作丨○詩時邁及河喬嶽釋文本亦作丨

樂 說文丨五聲八音總名象鼓鞞木虡也○丨者聖人之所樂也荀子樂論又漢書禮樂志○故丨者所以道樂也荀子樂論○丨者先王之所以飾喜也同上○丨者欣喜歡娛事合於愛左氏僖廿七年傳禮丨德之則也疏○丨者盈於內而動發於外者也春秋繁露楚莊王○丨感人情者也孝經莫善於丨鄭注○丨者象成者也家語辯樂解○丨爲同也禮記樂記而樂興焉注○丨者節也家語論禮○丨所以聽耳左氏昭九年傳女爲君耳注○丨應天也大戴記迭丨序注○丨言法天也禮記樂記丨由天作注○丨者調暢陰陽禮記樂記丨者天地之和也疏

鸑 說文丨丨鷟鳳屬神鳥也从鳥獄聲春秋國語曰周之興也丨鷟鳴于岐山江中有丨鷟似鳧而大赤目○丨鷟鸑鳳之別名也文選南都賦注引國語賈注

浞 說文丨濡也从水足聲

灂 說文丨水小聲从水爵聲○丨謂漆考工記輈人良輈轘丨疏○丨讀爲丨酒之丨考工記輈人司農注

鷟 說文丨鸑丨也从鳥族聲

捉 說文丨搤也从手足聲

穛 廣韻同糕○說文糕早取穀也从米焦聲一曰小○丨是斂縮之名禮記內則疏

斮 丨斬呂覽貴直吏曰丨注

娖 集韻娕或作丨○說文娕謹也从女束聲讀若謹敇數數

朔 說文丨月一日始蘇也从月屰聲○丨者蘇也言月死而更蘇也書允征疏○丨始也禮記禮器應鼓在東疏○月言丨白虎通四時○丨謂月初禮記大傳改正丨疏○月初爲丨書允征疏○月之始日謂之丨日書舜典傳上日丨日也疏○丨北也書禹貢丨南暨釋文○丨北方也漢書地理志上丨南泉注賈捐之傳丨南暨聲教注敘傳上雄丨野以颺聲注引應劭敘傳下龍荒幕丨注

數 丨者非一也漢書汲黯傳上常賜告者丨注引如淳

䅗 集韻通作槊○說文新附槊矛也从木朔聲
箾 說文｜以竿擊人也从竹削聲虞舜樂曰｜韶
欶 說文｜吮也从欠束聲
斲 說文｜斫也从斤𠁁𣃔｜或从畫从丮○｜雕飾也禮記檀弓上木不成｜疏○｜斤卽爾雅句一也考工記車人注｜斤柄疏
卓 說文卓高也早匕爲卓匕卪爲卬皆同義𠦝古文卓○｜高遠也漢書劉輔傳必有｜詭切至注○｜亦遠意漢書霍去病傳｜行殊遠注○｜然高遠之貌也漢書成帝紀使｜然可觀注○｜爾高遠貌也漢書淮南淮陽憲王欽傳｜爾非世俗之所知注○｜爾爲高遠之稱詩天作箋｜爾與天合其德疏

○十日卜爲｜續漢五行志一
涿 說文｜流下滴也从水豖聲上谷有｜縣昵奇字｜从日乙
倬 說文倬箸大也从人卓聲詩曰｜彼雲漢○｜絕也文選魏都賦注引廣雅
琢 說文｜治玉也从王豖聲○玉曰｜淮南本經羸鏤雕｜注○爾雅釋訓如｜如磨釋文本或作瑑
嶨 亦作礐○說文｜山多大石也从山學省聲又礐石聲从石學省聲
椓 說文｜擊也从木豖聲○｜擊也文選東征賦注引周禮鄭注○｜如｜杙之｜謂打之也詩正月箋又復｜破之疏
剝 說文｜裂也从刀从彔彔刻割也彔亦聲㓟｜或从卜○｜者｜落也易剝｜不利有攸往疏○萬物零落故謂之｜也易彖上傳｜不利有攸往鄭注○｜爲傷易彖下傳｜不傷財虞注
爆 詩桑柔箋則葉｜爍而疏釋文本又作暴
駮 說文｜獸如馬鋸牙食虎豹从馬交聲○茲白一名｜周書王會義渠以茲白注○｜一名九葉爾雅釋草㕙九葉釋文引樊注
駁 說文｜馬色不純从馬爻聲○｜不純色也一切經音義十七引蒼頡○駁白色名曰｜也爾雅釋畜舍人注○白黑雜合謂之駁漢書梅福傳○駁色雜不同也文選魏都賦注引莊子司馬注○駁不周普也漢書谷永傳解偏駁之愛注○駁者執意不同漢書薛宣傳兄弟相駁不可洿○推覆平論有異事進之曰｜文選表觀注

邈 說文新附邈遠也从辵貌聲○｜遠也文選幽通賦黃神｜而靡質兮注引應劭○｜遠絕之意漢書武帝紀｜而無紀注○｜緜｜也文選左太沖詠史詩注引漢書臣瓚注○｜淩｜也文選謝平原內史表注引漢書臣瓚注
雹 說文｜雨冰也从雨包聲靁古文｜○雨水而伏陰薄之則凝而爲｜左氏昭四年傳注開冰室以薦宗廟疏○凡｜皆冬之愆陽夏之伏陰也漢書五行志中之下○盛陽雨水溫煖而湯熱陰氣脅之不相入則轉而爲｜漢書五行志中之下引劉向○｜者陰脅陽也同上○｜者陰脅陽君侵臣之象穀梁僖廿九年經大雨｜注○左氏昭四年經大雨雹穀梁作大雨雪
撲 亦作撲○說文｜挨也从手菐聲○手𢳆搏曰撲一切經音義十一引字林○撲持也三轉謂之撲

樸讀南陽人言山陵同曲薄也淮南時則具樸曲筥筐注○丨聚也楚謂之丨方言三

𧬳 說文𧬳大呼自勉也从言暴省聲○丨自冤痛之聲也漢書東方朔傳舍人不勝痛呼丨注

鰒 說文丨海魚名从魚复聲○丨海魚也漢書王莽傳下亶飲酒啗丨魚注

咆 關西俗謂得杖呼及小兒啼呼為呼丨漢書灌夫傳謼服謝罪注引晉灼

豰 說文丨小豚也从豕㱿聲○丨白狐子也漢書司馬相如傳上獑胡丨蛫注引張揖○丨似䶂而大要以後黃一名黃要食獼猴漢書司馬相如傳上注引郭璞

璞 昔鄭人以乾鼠為丨後漢書應劭傳○鄭人謂玉未理者丨國策秦策

樸 說文丨木素也从木菐聲又朴木皮也从木卜聲○朴質也後漢書王充王符仲長統傳論文朴遞行注○朴木皮也漢書司馬相如傳上亭柰厚朴注○朴猝也方言十二○周人謂鼠未腊者丨國策秦策

墣 說文丨塊也从土菐聲圤丨或从卜

㱿 說文丨从上擊下也一曰素也从殳青聲○殼甲也文選思元賦元武縮於丨中兮舊注

確 丨堅貌也一切經音義十三引易繫辭下傳韓注○礭堅也一切經音義廿四引廣雅○丨堅高之貌易文言傳丨乎其不可拔釋文引鄭注○晉鄭烈碑秉礭然之大節丨作礭

愨 說文丨謹也从心㱿聲○丨謂質丨禮記祭義其親也丨疏○禮記禮器注致誠愨釋文字又作丨

觳 丨抵卽角抵史記李斯列傳方作丨抵優俳之觀集解○丨義與瘠同荀子富國若是則瘠注

硞 說文丨石聲从石告聲

濁 說文丨水出齊郡厲嬀山東北入鉅定从水蜀聲

擢 說文丨引也从手翟聲○丨對貯水器也淮南說林浴則具丨對注

鐲 說文丨鉦也从金蜀聲軍法司馬執丨○丨亦名鉦也詩采芑傳鉦以靜之疏○丨卽丁寧左氏宣四年傳著於丁寧疏

濯 說文丨澣也从水翟聲○丨滌俱是洗浣之名詩洞酌疏○已將沐浴謂之為丨儀禮士喪禮注沐浴餘潘水疏○丨謂不淨之汁也禮記喪大記濡丨棄于坎疏引皇氏

幄 丨帳也左氏襄廿四年傳二子在丨注○四合象宮曰丨周禮幕人疏引顏延之纂要○帳上四下而覆曰丨漢書禮樂志照紫丨注○丨幕軍旅之帳左氏昭十三年傳以丨幕九張行注○幕大而丨小丨在幕下張之左氏昭十三年傳疏

[illegible] 又作剭○剭刑也漢書敘傳下底剭鼎臣注引晉灼○剭者厚刑謂重誅也漢書敘傳下注

喔 說文丨雞聲也从口屋聲○丨䠱急促之貌也文選難蜀父老豈特委瑣丨䠱注

偓 說文丨佺也从人屋聲○丨佺仙人也漢書司馬相如傳上丨佺之倫注引郭璞

楃 說文丨木帳也从木屋聲

握 說文丨搤持也从手屋聲𡕥古文丨○𡕥特也文選出郡傳舍哭范僕射詩注引淮南高注○一丨則四寸也周禮醢人注切之四寸為菹疏○丨數也禮記投壺筭長尺二寸注○丨所以牽就也素問陰

陽應象大論在變動爲丨注○丨踦局陋也漢書司馬相如傳下豈特委瑣丨躖注

渥 說文丨霑也从水屋聲○丨者浸潤之名詩簡兮疏○丨淳漬也詩終南顏如丨丹釋文○易鼎其形丨釋文鄭作剭

搠 丨摩也文選荅賓戲丨杇摩鈍注引韋昭

踔 丨高遠也漢書孔光傳非有踔絕之能注

逴 又作趠○說文丨遠也从辵卓聲一曰蹇也讀若掉苕之倬又趠遠也从走卓聲○丨犖猶超絕也後漢書班固傳上丨犖諸夏注

犖 說文丨駁牛也从牛勞省聲○躒與丨同文選左太沖詠史詩卓丨觀羣書注

學 說文斆覺悟也从教从冂冂尚矇也臼聲丨篆文斆省○丨者尋經藝左氏宣二年傳注宦丨也疏○丨也者固丨一之也荀子勸學⊙初習謂之丨重習謂之脩禮記大學道丨也疏○丨也者禮法也荀子脩身○丨大丨禮記王制司徒論選士之秀者而升之丨曰俊士注○小丨者經藝之宮大丨者辟雍鄉射之宮白虎通辟雍○三王教化之宮總名爲丨御覽五百卅五引五經通義○丨官謂庠序之舍也漢書韓延壽傳脩治丨官注○論語季氏不丨禮無以立風俗通作不爲禮無以立○禮記中庸好丨近乎知說苑建本作好問近乎智

鷽 說文丨雗丨山鵲知來事鳥也从鳥學省聲鸄丨或从隹

齱 齷齪小節也文選西京賦獨儉嗇以齷齪注引漢書注

○以下據廣韻錄斠 說文斠平斗斛也从斗冓聲

較 說文丨車騎上曲銅也从車爻聲

𩦦 說文丨馬行徐而疾也从馬學省聲

顎 說文丨面前岳岳也从頁岳聲

觷 說文新修字義丨治角也从角學省聲

𤛓 說文丨白牛也从牛寉聲

丵 說文丨叢生艸也象丵嶽相竝出也凡丨之屬皆从丨讀若浞

澩 說文夏有水冬無水曰丨从水學省聲澩丨或不省

篧 說文籗罩魚者也从竹靃聲籗籱或省或作篧

齱 丨然上下相向之貌荀子王霸丨然上下相信注

揱 說文丨人臂皃从手削聲周禮曰輻欲其丨

穛 說文穛持止也从稽省卓聲

啄 說文丨鳥食也从口豖聲

斀 說文丨去陰之刑也从攴蜀聲周書曰刖劅丨黥

𣀤 說文丨擊也从攴豖聲

箹 說文丨手足指節鳴也从筋省勺聲肑丨或省竹

【藐】說文藐茈艸也从艸貇聲○丨遠也漢書嚴助傳丨然甚慙注

【瓝】說文丨小瓜也从瓜交聲

【窇】丨窖也廣韻引廣雅

【鞄】說文丨柔革工也从革包聲讀若朴周禮曰柔皮之工丨氏丨即鮑也

【毃】說文丨擊頭也从殳高聲

【塙】說文丨堅不可拔也从土高聲

【蠗】說文丨禺屬从虫翟聲

【箹】說文丨小籟也从竹約聲

【觲】同觲○說文觲調弓也从角弱省聲

【确】說文丨磬石也从石角聲㱿丨或从㱿○丨謂競勝敗也漢書李廣傳數與虜丨注

【嗀】說文丨歐皃从口㱿聲春秋傳曰君將丨之

○以下據集韻錄

【潅】說文丨灌也从水雈聲

【懇】說文丨美也从心貇聲

【⿰爿角】說文丨角長皃从角爿聲

【⿱斲衣】說文丨衣至地也从衣斲聲

經籍籑詁卷第九十二補遺終

經籍籑詁卷第九十三 入聲

經筵講官南書房行走禮部左侍郎兼署兵部左侍郎提督浙江學政阮元撰

四質

質丨實也論語雍也丨勝文則野皇疏○丨由實也大戴記衛將軍文子子貢以其丨告注○丨誠也左氏襄九年傳要盟無丨服注又國語楚語忠信之丨注無有要丨注又史記張釋之馮唐傳具以丨言集解引如淳又漢書張釋之傳集注匈奴傳下集注○丨誠信也史記大宛傳以爲丨於外國集解引如淳○丨謂淳樸也文選大將軍讌會詩遺華反丨注○丨信也左氏昭十六年傳與蠻子之無丨也注又小爾雅廣言又國語晉語而賜之盟丨注魯語所以爲明丨也注又漢書張騫傳集注引李奇匈奴傳下集注○丨盟信也左氏哀廿年傳先主與吳王有丨注○丨本也易繫辭下傳以爲丨也虞注又論語衛靈公君子義以爲丨皇疏又史記樂書禮之丨也正義○丨猶本也禮記曲禮上禮之丨也注樂記禮之丨也注○丨正也周禮大司馬丨明注司弓矢以授射甲革椹丨者注又儀禮士冠禮丨明行事注士喪禮冒緇丨長與手齊經殺掩足注既夕丨明注又禮記月令莫不丨良注又書大傳然後少師奏丨明於陛下注又廣雅釋詁一又小爾雅廣言又漢書劉歆傳集注梅福傳集注循吏傳序集注陳遵傳集注王莽傳中集注又後漢來歙傳注寇榮傳注馬融傳注皇甫嵩傳注又荀子王霸丨律禁止而不偏注又太元元數聲以情丨注元圖則陰丨北斗注又家語好生曷往丨之注又莊子刻意而道德丨之也釋文又呂覽達鬱喜丨我於人中注又楚辭怨思北斗爲我丨中兮注○丨謂正自相當禮記聘義君子於其所

尊弗敢丨注○丨正也成也周禮詛祝以丨邦國之劑信注○丨主也廣雅釋詁三又莊子庚桑楚因以己爲丨注又管子君臣下通者丨注小問丨信極忠注○丨定也廣雅釋詁四○丨猶止也家語曲禮子夏問君人不舉人以丨事注○丨保也國策秦策而以順子爲丨注○丨平也周禮夏官序官馬丨注又儀禮士昏禮丨明注又禮記王制司會以歲之成丨於天子注○丨明平明家語曲禮公西赤問丨明而始行事注○丨成也詩天保民之丨矣傳緜虞芮丨厥成傳抑丨爾人民傳又禮記曲禮上疑事無丨注少儀毋身丨言語注又左氏成十一年傳齊盟所以丨信也注又爾雅釋詁又廣雅釋詁三○丨地也廣雅釋言○丨美也淮南時則青黃白黑莫不丨良注○丨重也漢書石奮傳集注○丨猶少也禮記緇衣君子多聞丨而守之注○丨略白虎通姓名○丨謂形丨也素問厥論此人者直壯以秋冬注○丨體也

易繫辭下傳以爲丨也注又荀子臣道仁人之丨也注○丨軀也廣雅釋言○丨性也列子天瑞丨之始也注又淮南說林少自其丨注本經丨直而素樸注又楚辭惜誦恐情丨之不信兮注○丨猶性也禮記禮器增美丨注○丨直呂覽知度賢不肖各反其丨注○丨僅也廣雅釋詁四○丨有賢行也國語楚語王公之子弟之丨注○名實不爽曰丨周書謚法○忠正無邪曰丨後漢質帝紀注○丨問也廣雅釋詁二又太元元數爰丨所疑注又一切經音義五引宋忠注○丨對也漢書王陵傳集注○丨猶對也禮記曲禮上雖丨君之前注又史記孫子吳起傳及臨丨索隱○丨要也小爾雅廣詁○丨亦贄也書大傳則君子不饗其丨注○丨所期處也史記建元以來侯者年表不至丨集解引漢書音義○丨大賈也文選魏都賦丨劑平而交易劉注○丨大賈劑小賈周禮質人凡賣儥者丨劑焉司農注○長曰丨短曰劑周

禮小宰七曰聽賣買以丨劑注〇丨要券契也左氏
文六年傳趙盾爲國政由丨要注〇丨劑猶今分支
契也後漢張衡傳注〇丨劑者爲之券藏之也周禮
質人凡賣價者丨劑焉注〇傅別丨劑皆今之券書
也周禮小宰七曰聽賣買以丨劑注〇丨平也主平
定物賈者周禮地官序官丨人注〇丨劑月平周禮
司市以丨劑結信而止訟司農注〇丨劑月平賈也
周禮質人司農注〇丨劑謂市中平賈今時月平是
也周禮小宰司農注〇丨劑謂兩書一札同而別之
周禮小宰注〇丨劑謂兩書一札而別之也周禮司
市注〇丨布者丨人之所罰犯丨劑者之泉也周禮
廛人掌斂市絘布總布丨布罰布廛布注〇上曰丨
下曰殺儀禮士喪禮冒緇丨長與手齊經殺掩足注
〇丨附也公羊定八年傳弓繡丨注〇丨匕也廣雅
釋詁三〇丨椹也穀梁昭八年傳以葛覆丨注又史
記張丞相傳解衣伏丨索隱引小顏〇丨丨木椹考工

記弓人射利革與丨注〇丨堥椹也史記索隱引三
蒼郭注〇丨斬椹也史記項羽紀身伏鈇丨索隱引
崔浩〇丨剉刃也史記范雎蔡澤傳不足以當椹丨
索隱〇丨射侯荀子勸學是故丨的張而弓矢至焉
注〇方十尺曰侯四尺曰鵠二尺曰正四寸曰丨周
禮司裘王大射則共虎侯熊侯豹侯設其鵠司農注
〇丨的射者之準執也淮南原道先者則後者之弓
矢丨丨的也注〇丨當爲夔呂覽古樂乃命丨爲樂注
〇丨讀爲贄古字通荀子大略錯丨之臣不息雞
豚注〇詩抑丨爾人民鹽鐵論世務作誥爾人民

日 丨實也廣雅釋詁四〇丨者實也孝經以養父母
丨嚴釋文〇丨之爲言實也白虎通日月〇丨實
也光明盛實也釋名釋天〇丨者實也形體光實御
覽引邱季彬禮統〇丨節也廣雅釋言〇丨二也廣
雅釋詁四〇丨陽也漢書天文志又管子白心化物
多者莫多於丨月注〇丨太陽也文選與稽茂齊書
注引正厤〇丨者太陽後漢郎顗傳〇丨爲陽精顏
氏家訓歸心〇丨者陽精後漢丁鴻傳〇丨太陽之
精也禮記郊特牲大報天而主丨注〇丨者陽德之
母文選七發注引春秋內事〇丨者陽之精譬猶火
光周髀算經上故丨兆月注〇丨火也論衡感虛說
日亂龍〇丨者大火也論衡說日〇丨者天之火也
同上〇丨者火之精也同上〇丨氣也論衡感虛〇
丨者陰也風俗通怪神引晏子春秋〇丨者天之明
周禮九嬪注引孝經援神契〇丨者照明之大表光
景之大紀羣陽之精衆貴之象也御覽三引洪範五
行傳〇丨離也易繫辭上傳丨月運行虞注〇離爲
丨易說卦傳訟終朝三拕之虞注大畜丨閑輿衛虞
注蹇夙吉虞注革已丨乃孚虞注震七丨得虞注既
濟終丨戒虞注象上傳故丨月不過虞注輝光丨新
虞注丨月麗乎天虞注象下傳丨月得天虞注丨進
无疆虞注繫辭下傳丨月之道者注〇丨君也廣雅

釋詁一〇丨爲君公羊昭廿五年傳又雩者何注〇
丨君道也後漢安帝紀注〇丨君象也詩柏舟丨居
月諸傳又洪範五行傳側匿則侯王其肅注又太元
中丨正于天注從丨幽嬪之注〇丨君德也易象上
傳明出地上崔憬注〇丨中者明之盛也易豐丨中
見斗注〇丨食者月掩丨後漢丁鴻傳注〇丨德也
鶡冠子夜行〇丨者德也漢書天文志〇丨幹也月
令乃以元丨蔡邕章句〇丨數十大戴記易本命〇
丨從甲至癸也呂覽孟春天子乃以元丨祈穀於上
帝注〇丨謂從甲至癸周禮哲蔟氏以方書十丨之
號注〇十丨謂甲乙丙丁戊己庚辛壬癸之丨也素
問六節藏象論天有十丨注〇甲乙謂之丨史記龜
策傳丨辰不全集解〇丨旦明也周禮大宰及祀之
丨注〇一丨猶一旦也國策秦策一丨山陵崩注〇
一丨二丨猶丨丨也書皐陶謨一丨二丨萬幾馬注
〇丨一丨猶丨丨也法言孝至丨丨一丨勞注〇丨

謂往丨漢書五行志中之下集注淮南厲王長傳集
注○丨者猶往丨也後漢竇融傳注○丨謂別丨列
子湯問丨與偕來注○剛爲晝丨易象上傳七丨來
復虞注○丨官史官也後漢張衡傳注○丨者卜筮
掌丨之術也後漢方術傳序注○占候時丨謂之丨
者文選辯命論豈丨者卜祝之流乎注○丨角謂庭
中骨起狀如丨後漢光武紀上注引書中候注○大
荒之中有山名曰丨月山天樞也山海經大荒西經
○丨或作曰誤孟子滕文
公上放勳丨音義引丁音

筆 不律謂之丨爾雅釋器○丨述也述事而書之也
釋名釋書契○丨謂書具之屬禮記曲禮上史載
丨注○丨謂增益也華嚴經序音義引漢書音義○
丨星星氣有一枝末鋭似丨也釋名釋天○蜀人呼
丨爲不律也語之
變轉爾雅釋器注

出 丨生也易說卦傳萬物丨乎震虞注又後漢竇融
傳注又莊子庚桑楚丨無本釋文又管子四時其
德喜嬴而發丨節注又呂覽大樂太一生兩儀注音
初流辟誂越慆濫之音丨注○丨猶生也國策齊策
無所丨其計矣注又史記秦本紀爾後嗣將大丨索
隱又呂覽大樂安由丨哉注○始之謂丨韓非子解
老○震爲丨易小畜血去惕丨虞注離王用丨征虞
注節不丨戸庭虞注象上傳泣血漣如虞注山下丨
泉虞注象下傳君子以思不丨其位虞注繫辭上傳
丨其言善虞注言丨乎身虞注○丨推也推而前也
釋名釋言語○丨猶作也禮記月令丨土牛以送寒
氣注○丨猶成也史記趙世家而功有所丨集解○
丨猶捐也呂覽上農不丨糞注○丨行也荀子儒效
丨三日而五災至注又莊子應帝王告我君人者以
已丨行釋文引司馬注○丨去也荀子大略乘其丨
者是其反者也注又呂覽忠廉殺身丨生以徇其君

注○丨猶去也詩賓之初筵既醉而丨箋又儀禮喪
服丨妻之子爲母注又書大傳不醉而丨注又呂覽
忠廉殺身丨生以徇之注騎恣趨而丨注○丨者去
也史記韓長孺傳而丨於忠厚索隱○丨歸也國策
西周策秦王丨楚王以爲和注○婦人大歸曰丨國
策秦策薛公入魏而丨齊女注○丨罷呂覽達鬱君
可以丨矣注○丨降也國語晉語乃丨陽人注○丨
逐也左氏文十八年傳遂丨武穆之族賈注又史記
宋微子世家丨武繆之族集解引賈逵○丨謂逃亡
周禮大司寇其不能改而丨圜土者殺注○丨猶外
也荀子仲尼丨忘其讎注○丨典法也莊子應帝王
告我君人者以已丨經釋文引崔注○丨謂受上言
宣於下後漢劉愷傳注○丨納謂尚書喉舌之官也
同上○男子謂姊妹之子爲丨爾雅釋親○姊妹之
子曰丨左氏莊廿二年傳陳厲公蔡丨也注僖七年
傳初申侯申丨也注又穀梁文十四年傳貜且齊丨

也注○姊妹之子曰丨丨嫁於異姓而生之也釋名
釋親屬○丨外孫也公羊文十四年傳貜且齊丨也
注○丨居謂與父母判居者後漢何敞傳注○丨死
猶處死也史記禮書孰知夫士丨死要節正義○丨
瑱狀如凝膏在水上書大傳丨
瑱注○丨隧蘧蔬爾雅釋草

室 丨實也廣雅釋詁四○丨實也人物實滿其中也
釋名釋宮室○宮謂之丨爾雅釋宮又荀子儒效
是君子之所以騁志意於壇宇宮庭也注○丨宮也
國語晉語趙文子爲丨注○丨猶宮也詩定之方中
作于楚丨傳○艮爲宮丨易觀闚觀虞注繫辭下傳
易之以宮丨虞注○丨猶居也詩葛生歸于其丨傳
○丨寢也呂覽重己其爲宮丨臺榭也注○寢丨通
耳禮記喪大記內子未命則死於下丨遷尸於寢注
○丨謂路寢後漢袁紹傳注○大丨清廟書洛誥王
入太丨祼傳○大丨廟中之夾丨書洛誥王入太丨

祼丨馬注○巨丨大宮也孟子梁惠王下為巨丨注○
貳丨副宮也孟子萬章下帝館甥於貳丨注○下丨
燕寢禮記文王世子諸子諸孫守下宮下丨注○下
丨其燕處也禮記喪大記內子未命則死於下丨遷
尸於寢注○下丨如今之內堂儀禮既夕記若薦新
則不饋于下丨注○小曰丨管子國蓄夫以丨廡藉
謂之毀成注○城郭之宅曰丨周禮大司徒以其丨
數制之注○窻戶之內曰丨論語先進未入於丨也
皇疏○偩丨謂偩佪曲房也楚辭招魂挂曲瓊些注
○魯公曰世丨禮記明堂位以禘禮祀周公于太廟
注○丨妻之所居文選秋胡詩入丨問何之注○丨
妻也左氏昭十九年傳建可丨矣注又國語魯語公
父文伯之母欲丨文伯注○丨猶妻也儀禮士昏禮
記既丨某也注又禮記內則三十而有丨注○有丨
有妻也妻稱丨禮記曲禮上三十曰壯有丨注○丨
妻妾貨賄也國語晉語納其丨以分婦人注○丨家

資也國語楚語施二帥而分其丨注○丨身也淮南
假真是故虛丨生白注○正丨適子也將代父當門
者也周禮小宗伯其正丨皆謂之門子注○丨人謂
女姑女叔諸婦也禮記昏義和於丨人注○丨老家
相也儀禮喪服公卿大夫丨老士注○宗丨大宗之
廟也詩采蘋宗丨牖下傳○宗丨大宗之家儀禮士
昏禮記則教于宗丨注○宗丨宗子之家禮記喪大
記忌日則歸哭于宗丨注○巨丨大家也孟子離婁
上不得罪於巨丨注○丨穴也大戴記夏小正來降
燕乃睇傳○丨猶巢也詩鴟鴞無毀我丨箋○丨劍
削名也詩清人箋矛矜近上及丨題釋文○乃之削
謂之丨小爾雅廣器○劍削自河而北燕趙之閒謂
之丨方言九○蝦蟆之口營丨東辟也爾雅釋天○
營丨北方宿名爾雅釋天營丨謂之定注○丨櫛藏
也呂覽節喪題湊之丨注○丨猶塚壙詩葛生歸于
其丨箋○少丨山在雍氏一曰緜氏山海經海內東

經○詩東山伊威在
丨釋文丨本作堂
實
丨塞也廣雅釋詁三又小爾雅廣詁○丨滿也詩
節南山有丨其猗傳又小爾雅廣詁又國語周語
以惡丨心注晉語令司正丨爵與史蘇注又史記司
馬相如傳丨陂而弗禁正義又楚辭招魂丨羽觴些
注○丨猶充也左氏宣十二年傳丨其言注○丨者
外堅充滿素問調經論○丨丨廣大也詩閟宮丨丨
枚枚傳○有者為丨素問調經論○丨有也詩小星
丨命不同釋文引韓詩○丨財也左氏文十八年傳
聚斂積丨注又國語晉語吾有卿之名而無其丨注
楚語令尹問蓄聚積丨注又淮南原道丨出於虛注
本經丨不聚而名不著注○丨謂財貨也禮記表記
恥費強丨注○丨猶富也禮記哀公問好丨無厭注
○丨美也淮南精神有天下無天下一丨也注○丨
榮也墨子經上○丨地也淮南原道猷蹠丨而走注

○丨子穀梁僖卅三年傳丨之為言猶丨也注○丨
種子也詩載芟丨函斯活箋○丨質也淮南泰族知
械機而丨丨哀注○丨誠也廣雅釋詁二又國語周語
忠文之丨丨也注又呂覽審應必有其丨注又離騷羌
無丨而容長注逢紛后聽虛而黜丨分注○丨猶誠
也盡也禮記禮運此順之丨也注○能言之能行之
者謂之丨賈子大政下○艮為篤丨易家人富家大
吉虞注○陽稱丨易象上傳獨遠丨也注○陽為丨
太元元攡虛丨盈注○丨德行之丨也呂覽審應取
其丨以責其名注○丨功丨也呂覽觀世嬰聞祭丨
者不留聲注○丨猶爵祿也呂覽下賢既受吾丨注
○丨謂驗丨之也後漢順帝紀注○丨是也爾雅釋
詁又詩韓奕丨墉丨壑箋又楚辭抽思丨沛徂分注
○丨猶是也詩頍弁丨維伊何箋○故丨故事之是
者國語周語而咨於故丨注○丨之為言猶丨也穀
梁僖卅三年傳○丨之言適也詩生民丨覃丨訏箋

○丨猶終也呂覽務大其丨無不安者注○丨丨謂譴
讓也左氏襄廿二年傳而以爲卩丨服注○丨丨謂邪
氣盛也素問調經論陰之生丨奈何注○丨謂邪氣
盛丨素問玉機眞藏論此謂五丨注○丨者氣入也
素問刺志論○頤中有物曰口丨易頤自求口丨鄭
注○在木曰丨呂覽貴信則果丨不生注○草木之
丨蔆芡榛栗之屬禮記祭統草木之丨注○庭丨乘
馬儀禮聘禮庭丨設注○庭丨四馬儀禮聘禮庭丨
從注○庭丨貢獻之物也後漢班彪傳注○今文丨
作寔儀禮覲禮伯父丨來注○故書丨柴或爲賓柴
周禮大宗伯以丨柴祀日月星辰司農注○丨當爲
至此讀周泰之入聲之誤也禮記雜記使某丨注○
丨當作寔趙魏之東丨寔同聲
詩韓奕丨墉丨壑丨畝丨藉箋

疾 丨病也論語陽貨古者民有三丨皇疏又國語晉
語吾不幸有丨注又呂覽明理長短頡許百丨注

又楚辭天問而鮌丨脩盈注○丨猶病也易象上傳
出入无丨注又論語衛靈公君子丨没世而名不稱
焉皇疏○丨病氣也素問五常政大論其動掉眩癲
丨注○丨廢丨也國語晉語恤孤丨注○丨者謂若
今廢不可事者復之周禮鄉大夫老者丨者皆舍司
農注○丨疫癘也國語魯語譬之如丨注○惡丨謂
痟聾盲癘禿跛傴不逮人倫之屬也公羊昭廿年傳
惡丨也注○丨丨也客氣中入急丨也釋名釋疾病
○天子有丨稱不豫諸侯稱負茲大夫稱犬馬士稱
負薪公羊桓十六年傳屬負茲舍不卽罪注○坎爲
丨易豫貞丨虞注復出入无丨虞注无妄无妄之丨丨
虞注遯係遯有丨虞注損損其丨虞注鼎我仇有丨丨
虞注○坎爲疑丨易豐往得疑丨虞注○丨痛也左
氏成十三年傳痛心丨首注又公羊莊四年傳緣恩
丨者可也注僖廿三年傳丨重故也注又荀子彊國
丨養緩急之有相先者也注正名丨養滄熱滑鈹輕

重以形體異注○丨首頭痛也孟子梁惠王下舉丨
首蹙頞注○丨苦荀子大略湯旱禱曰使民丨與注
○丨患也淮南說山食草之獸不丨易藪注○丨謂
患苦也管子小問凡牧民者必知其丨注○丨害也
後漢傅毅傳注○丨過也史記天官書丨其鄉凶集
解引蘇林○丨猶非也禮記緇衣邇臣不丨注○丨
亦非也禮記緇衣毋以嬖御人丨莊后注○丨惡也
禮記少儀有亡而無丨注又周書酆謀愛微無丨注
又楚辭惜誦丨親君而無他注○丨視惡視也孟子
梁惠王下夫撫劒丨視曰注○丨謂憎嫌之也管子
小問夫牧民不知其丨則民丨注○丨急也左氏襄
十一年傳晉不吾丨也注又廣雅釋詁二又漢書兩
龔傳集注二見○丨猶急也詩召旻昊天丨威箋○
丨謂急丨也方言十二柎撫丨也注○丨高急也論
語鄉黨不丨言皇疏○丨速也國語周語高位寔丨
僨注齊語深耕而丨耰之注又史記樂書奮丨而不

拔也正義又漢書田延年傳集注又荀子臣道事人
而不順者不丨者也注○丨力謂速力而作也荀子
榮辱輓録丨力注○丨截也有所越截也釋名釋言
語○丨趨也呂覽勸學聖人生於丨學注○丨力呂
覽尊師丨諷誦注○丨力勤力也荀子仲尼丨力以
申重之注○丨壯也爾雅釋言○丨美也管子七臣
七主嗚呼美哉成事丨注○丨謂激揚之聲穀梁桓
十四年傳聽遠音者聞其丨而不聞其舒注○丨趨
謂直行也禮記玉藻丨趨則欲發而手足毋移注○
奮丨謂舞者也禮記樂記奮丨而不拔注○下謂之
多丨大戴記少閒○百丨變詐也呂覽明理長短頡
許百丨注○前丨謂駟馬車轅前胡下垂拄地者周
禮大行人立當前丨司農注○衛大叔丨字齊見左
氏哀十一年傳○丨與嫉同荀子不苟不上同以丨
下注性惡生而有丨惡焉注大略有亡而無丨注○
禮記曲禮注憂或爲丨釋文本作爲疢○左氏哀元

年傳去丨莫如盡釋文本又作去惡○
列子仲尼凡此衆丨釋文丨一本作庶
丨法也文選廣絕交論注引薛君韓詩章句又禮
術 記文王世子不以犯有司正丨也注又荀子脩身
丨禮義而情愛人注致仕師丨有四注禮論反生丨
矣注○丨瀆也廣雅釋詁二○丨猶法也禮記祭統
惠丨也注○丨猶藝也禮記鄉飲酒義古之學丨道
者注○丨謂醫方卜筮後漢伏湛傳注○丨道也廣
雅釋室○丨道也國語魯語皆是丨也注晉語盡戒
之丨也注魄意之丨也注又史記樂書不接於心丨
正義又呂覽誣徒理義之丨勝矣注又淮南主術注
又文選蜀都賦當衢向丨劉注魏都賦永巷壼丨劉
注○丨猶道也禮記樂記不接心丨注大傳服丨有
六注又穀梁宣十五年傳滅國者三丨注○丨大道
也太元兒執其丨注○丨道路也史記袁盎鼂錯傳
德丨岸高索隱引或云○丨路也後漢馮衍傳注○

丨所由也禮記樂記然後心丨形焉注○丨心丨也
大戴記曾子立事可以知其丨也注○丨者接物之
隊賈子道術○丨也者所從制物也動靜之數也同
上○道者所從接物也其末者謂之丨同上○邑中
道曰丨一切經音義十九引蒼頡又一切經音義十
引字林○州者謂之丨管子度地○宋公子丨字樂
甫左氏文七年正義引世本○左氏僖卅三年傳西
乞丨公羊文十二年傳作西乞遂史記晉世家作西
乞秫○丨周禮作遂禮記月令審端徑丨注○丨當
爲述聲之誤也禮記祭義結諸心形諸色而丨省之
注○丨當爲遂聲之誤也禮記樂記丨有序注○易
繫辭愼斯丨也釋文本作斯用○漢脩堯廟碑歌丨
功稱韓勑後碑共丨韓君德政張表碑方伯丨職
樊敏碑臣子裦丨靈臺碑陰州里稱丨述皆作丨
一 丨少之極也老子抱丨爲天下式王注○丨者質
也說苑反質○丨數之始而物之極也老子昔之

得丨者王注○丨者形變之始也列子天瑞○丨元
者大始也春秋繁露玉英○丨者有之初至妙者也
莊子天地丨之所起有丨而未形注○丨者氣質未
分至丨者也管子法法明丨者皇注○丨者丨也春
秋繁露天道無二○丨謂無也管子內業丨物能化
謂之神丨事能變謂之智注○所謂無形者丨之謂
也淮南原道○所謂丨者無匹合於天下者也卓然
獨立塊然獨處淮南原道○丨道也呂覽論人知神
之謂得丨注君守夫丨能應萬注○丨謂道也淮南
精神故曰丨生二注○丨者道也淮南精神通達耦
於丨注○丨者道本淮南俶眞條貫得丨之道注○
丨者道之本淮南原道所謂無形者丨之謂也注○
丨者道德之形體也太元常體丨形也注○丨也者
萬物之本也無敵之道也淮南詮言○丨原道之原
也淮南俶眞弗得丨原孰能至於此哉注○上丨道
也下丨物也淮南精神能知丨則無丨之不知也不

能知丨則無丨之能知也注○丨人之眞也老子抱
丨爲天下式王注○丨者善之謂也周書命訓其極
丨也注○丨謂乾元易繫辭下傳貞夫丨者也虞注
○丨言仁言也淮南脩務丨言而萬言齊注○三百
四歲爲丨德後漢郎顗傳○丨猶專也後漢馮緄傳
注○丨情專也淮南說山用心丨也注○丨謂精專
也管子心術執丨之君子執丨而不失注○丨謂不
雜管子水地故水丨則人心正注○丨謂不分散荀
子禮論性僞合然後聖人之名丨注○丨分也呂覽
舉難故擇務而貴取丨也注○丨蜀也南楚謂之獨
方言十二○丨謂不變荀子禮論古今之所丨也注
○丨猶常也淮南說林而又況丨不信者乎注○丨
齊也淮南原道是故聖人丨度循軌注俶眞是故其
德煩而不能丨注○丨猶等也呂覽情欲欲之若丨
注○丨同也國語晉語勠力丨心注又國策秦策諸
侯不可丨注又呂覽仲秋日夜分則丨度量注爲欲

其爲欲使丨也注又淮南精神萬物統而爲丨注本
經由近知遠而萬殊爲丨注丨和于四時注說山所
行則異所歸則丨注說林雖異路所極丨也注鳥獸
弗辟與爲丨也注脩務膚知疾痛寒暑人情丨也注
見利而就避害而去其情丨也注○丨同心也淮南
覽冥勢逸若丨注○丨皆也大戴記衛將軍文子則
丨諸侯之相也注又荀子勸學丨可以爲法則注臣
道端而言腝而動而丨可以爲法則注君子備而不
矜丨皆善也謂之聖注○丨猶皆也後漢順帝紀注
又呂覽貴直丨若此乎注○丨陽淮南墜形天丨地
二人三注○丨生月大戴記易本命又淮南墬形○
丨體天也莊子則陽周盡丨體釋文○丨北方也素
問五常政大論青於丨注○丨切猶權時也後漢王
霸傳注○丨切謂權時也後漢李通傳注○丨切謂
權時非久制也後漢光武紀上注○丨日猶昨日也
後漢李充傳注○丨猶乃也呂覽知士丨至此乎注

經籍籑詁 卷九十三 四質 乙 壹

○丨身也莊子徐無鬼上之質若亡其丨釋文○丨
人天子也書君奭故丨人有事于四方傳又孝經丨
人有慶注○丨丈夫天子也周書文傳從生盡以養
丨丈夫注○夫數丨爲特侯御覽七百五十引風俗
通○丨介單使也後漢鄭范陳賈張傳贊注
○列子湯問丨里老幼釋文丨一本作十
丨木日也呂覽孟春其日甲丨注○甲丨木日也
【乙】淮南時則其日甲丨注○甲丨皆木也淮南天文
其日甲丨注○丨軋也廣雅釋言又後漢公孫述傳
注○丨之言軋也禮記月令其日甲丨注又太元素
日甲丨注○丨軋也自抽軋而出也釋名釋天○丨
難出之貌文選文賦思丨丨其若抽注○丨者物蕃
屈有節欲出白虎通五行○坤爲丨易泰帝丨歸妹
虞注歸妹帝丨歸妹虞注○震象稱丨易泰九家注
○丨西齊也淮南天文○丨東夷同上○月在丨曰
橘爾雅釋天○太歲在丨曰旃蒙爾雅釋天○太丨

天之尊神也曜魄寶也文選東京賦致高煙于太丨
薛注○魚腸謂之丨爾雅釋魚○秦白丨名丙見左
僖卅二年傳○國策楚策
江丨韓子七術作江乞
【壹】○丨專丨也荀子大略君子丨敎弟子丨學亟成注
丨謂專心於善禮記表記欲民之有丨也注○丨是
專行是也禮記大學丨是皆以脩身爲本注○丨無
貳心左氏文三年傳與人之丨也注○丨不委曲周
禮謚法丨德不解曰簡注○不以夫一害此一謂之
丨荀子解蔽○丨均一也國語晉語鎭靖者修之則
丨注○丨同也左氏昭十年傳而丨用之注○丨猶
聚也禮記玉藻丨食之人一人徹注○丨皆家語弟
子行丨諸侯之相也注○丨猶稍也儀禮公食大夫
禮丨以授賓注○丨式也廣雅釋詁一○丨讀爲一
禮記表記節以丨惠注○古文丨作一儀禮士相見

經籍籑詁 卷九十三 四質 壹吉 壹

禮君荅丨拜注鄉飲酒禮主人丨揖丨讓升注聘禮
公丨拜送注公食大夫禮丨以授賓注○古文丨爲
一儀禮士相見禮主人荅丨丨拜注○古文丨爲一也
儀禮少牢饋食禮主人荅丨丨拜注○古文丨丨皆作一
儀禮士冠禮丨揖丨讓升注鄉射禮丨揖丨讓以賓
升注公食大夫禮公丨揖丨讓注○古文丨皆爲一
儀禮聘禮丨食再饗注○今文丨爲一儀
禮有司徹衆賓門東北面皆荅丨拜注
丨善也書皐陶謨丨哉傳又詩摽有梅迨其丨兮
【吉】傳天保丨蠲爲饎傳又廣雅釋詁一又漢書元帝
紀集注陳湯傳集注又後漢鄭均傳注又呂覽貴當
此所謂丨人也注○令丨皆善也儀禮士冠禮令月
丨日注○丨猶善也山海經中山經和山丨神泰逢
司之注○丨福也文選東京賦祚靈主以元丨薛注
○丨祝祈福祥也周禮大祝三曰丨祝司農注○丨
者言無凶夭山海經大荒西經江山之南棲爲丨注

○禮義順祥曰丨周書武順○丨實也有善實也釋名釋言語○丨行也廣雅釋詁二○丨謂朔日周禮大宰正月之丨注○月丨每月朔日也周禮族師月丨則屬民而讀邦灋司農注○正月之丨周正月朔日也周禮大司徒正月之丨注○丨事四時祭也周禮天府凡丨凶之事注○丨服者祭服也周禮鄉師比共丨凶二服注○丨器若閭祭器者也周禮鄉師鄉共丨丨凶禮樂之器注○丨拜拜而后稽顙周禮大祝五曰丨擽注○丨笄者象笄也儀禮喪服記傳○丨玉玉如采色者也山海經西山經其祠之禮用一丨丨玉注○丨讀爲姞詩都人士謂之尹丨箋○尹丨亦尹告也禮記緇衣尹丨曰注○丨當爲告告古文誥字之誤也同上○故書丨或爲告周禮大宗伯以丨禮事邦國之鬼神示注○詩天保丨𩞄爲饎大戴記諸侯遷廟注

作絜𩞄爲饎

秩 丨祿也左氏莊十九年傳而收膳夫之丨注又荀子王霸重其官丨注○丨祿稟也周禮宮伯行其丨敘注○丨祿告謂稟食也荀子彊國官人益丨庶人益祿注○丨積也管子國蓄故人君御穀物之丨相勝注○丨次也書舜典望丨于山川鄭注又廣雅釋詁三又漢書百官公卿表上集注郊祀志上集注谷永傳集注又管子輕重乙以是與天子提衡爭丨於諸侯注○丨序也書堯典平丨東作傳舜典汝作丨宗傳又文選東京賦注引書王肅注又廣雅釋言又漢書郊祀志上集注又後漢章帝紀注胡廣傳注傅毅傳注又文選赭白馬賦靈物咸丨注○丨敘也漢書刑法志集注○丨丨順序之貌荀子仲尼貴賤長少丨丨丨焉注○丨常也爾雅釋詁又詩賓之初筵不知其丨傳烈祖有丨斯祜傳又周禮酒正凡有丨酒者司農注鄉師凡邦事令作丨敘注又禮記王制九十日有丨注月令命四監大合百縣之丨芻注文王世子興丨節注又國語周語於是乎脩執丨以爲晉法注又呂覽季夏命四監合百縣之丨芻注又文選東京賦章漢祚之有丨薛注○丨有常也詩假樂德音丨丨傳○丨者隨其大小尊卑高下所宜公羊僖卅一年傳天子丨而祭之注○丨宗虞官也掌郊廟之事周謂之宗伯秦漢不置王莽改大常爲丨宗後漢光武紀上注○丨丨清也爾雅釋訓又詩假樂德音丨丨箋○丨丨肅敬也詩賓之初筵左右丨丨傳○丨丨美也後漢傅毅傳注○丨丨智也爾雅釋訓○丨丨知也詩賓之初筵左右丨丨箋○丨丨有知也詩小戎丨丨德音傳○丨丨進知也詩巧言丨丨大猷傳○丨丨流行也詩斯干丨丨斯干傳○丨丨樹木名山海經海內西經開明南有丨丨樹注○丨丨海雉爾雅釋鳥○禾失爲丨後漢蔡茂傳○爾雅釋鳥釋文丨本又作失失○書堯典平丨東作平丨南訛平丨西成史記五帝本紀丨皆作程○書堯

典平丨東作說文豐部作平豑東作○詩巧言丨丨大猷說文大部作𢦏𢦏大猷俗作秩

密 ○丨靜也爾雅釋詁又書舜典四海遏丨八音傳又後漢崔寔傳注又文選東京賦京室丨丨淸薛注○密靜也禮記孔子閒居夙夜其命宥密注又漢書楊雄傳下集注王莽傳上集注○密靜也安也漢書敘傳上集注○丨率安靜也文選洞簫賦愀慄丨率注○丨無聲也孟子萬章上四海遏丨八音注○丨寧也詩昊天有成命夙夜基命宥丨傳○密比也國語魯語以魯之密邇於齊注吳語孤以下密邇於天子注○丨邇比近也左氏文十七年傳以陳蔡之丨邇於楚注○丨小也易小畜丨雲不雨虞注小過丨雲不雨虞注○密密理國語晉語加密石焉注○密隱曲處也禮記少儀不窺密注○丨不可閒太元元衡○密之言閉也禮記樂記陰而不密注○密蜜也如蜜所塗無不滿也釋名釋言語○丨也成

用一太元元錯○密審也正也考工記廬人傳人則
密注○｜者德之高也賈子道德說○有｜德之美
也同上○兌爲｜易小畜｜雲不雨虞注小過｜雲
不雨虞注○坤爲｜易繫辭上傳是以君子愼｜而
不出也虞注○｜勿僶俛也文選爲宋公求加贈劉
前軍表｜勿軍國注引韓詩○｜勿黽勉也後漢胡
廣傳注傅毅傳注○｜勿猶黽勉也後漢班彪傳下
注○｜勿祗畏言勤勞戒懼也後漢蔡邕傳注○密
今安定陰密縣近涇國語周語一年王滅密注○山
如堂者｜爾雅釋山○西北曰｜山後漢張衡傳注
○｜石砥之也書大傳天子斲之注○密須姞姓也
國語周語密須由伯姞注○莒密州字買朱鉏左氏
襄卅一年傳注○荷其本曰｜淮南說山譬若樹荷
山上注○｜肌繄英爾雅釋鳥○｜肌繼英爾雅釋
蟲○詩昊天有成命夙夜基命宥｜賈子禮容作宥
謐○禮記樂記陰而不密漢書禮樂志作陰而不集

率｜循也爾雅釋詁又書大禹謨惟時有苗弗｜傳
君奭罔不｜俾鄭注又詩吉日悉｜左右箋沔水
｜彼中陵箋北山｜土之濱傳采菽亦是｜從箋緜
｜西水滸傳假樂｜由舊章箋常武｜彼淮浦箋思
文帝命｜育箋訪落｜時昭考傳又禮記樂記｜神
而從天注祭統作｜慶士注中庸｜性之謂道注表
記過行弗｜注又左氏僖廿六年傳其｜桓之功注
又書大傳諸侯之有不｜正者注又史記司馬相如
傳｜邇者踵武集解引徐廣又漢書武帝紀集注郊
祀志下集注司馬相如傳下集注引文穎蕭望之傳
集注又後漢東平憲王蒼傳注又三國武帝紀注又
孟子梁惠王下｜西水滸注萬章上｜土之濱注又
孟子音義下引丁音又荀子哀公雖不能盡道術必
有｜也注又管子心術去知則奚｜求矣注○｜者
循也大戴記夏小正農｜均田傳○｜遵也左氏宣
十二年傳今鄭不｜注○｜謂奉順也周書大匡三

州諸侯咸｜注○｜行也左氏哀十六年傳｜義之
謂勇注○｜猶行也家語五儀必有｜也注○｜用
也詩思文帝命｜育傳○｜自也爾雅釋詁○｜猶
導也春秋元命苞律之爲言｜也注○｜傾也荀子
王霸若夫論一相以兼｜之注○｜勸也小爾雅廣
詁○｜使也淮南時則立春之日天子親｜三公九
卿大夫注○｜斂也文選東京賦悉｜百禽薛注○
｜猶類也史記老莊申韓傳大柢｜寓言也正義○
｜猶計也類也漢書外戚傳下集注○｜計也漢書
高帝紀下集注○｜校也廣雅釋言○｜述也同上
○｜修也易繫辭下傳初｜其辭侯果注○｜法也
孟子盡心下變其彀｜陸注○｜綷也禮記玉藻士
練帶｜注雜記上｜帶注○｜然輕舉之貌文選非
有先生論今先生｜然高舉注○十邑爲｜管子小
匡○｜爲敘布左氏桓二年傳藻｜鞞鞛服注○｜
有律音匡謬正俗六○｜字自有律音强改爲別顏

氏家訓書證○｜與帥同荀子富國將｜不能則兵
弱注議兵凡在大王將｜未事也注○｜當爲帥周
禮樂師燕射帥射夫以弓矢舞司農注○詩噫嘻｜
時農夫韓詩作帥時農夫詩采菽亦是｜從左氏襄
十一年傳作亦是帥從○大戴記朝事儀｜諸侯而
朝日東方儀禮覲禮注作帥諸侯而朝日東方○詩
召旻箋之｜釋文字又作繂○禮記王制注三十年
之｜釋文｜本作繂○考工記梓人注是取象｜焉
釋文｜本又作類○史記周本紀其罰百｜索隱曰
舊本｜作選○莊子人間世注｜然將之釋文｜本
或作
卒

律｜率也廣雅釋言又御覽引蔡邕月令章句○｜
之爲言率也所以率氣令達也古微書引春秋元
命苞○｜述也爾雅釋言又禮記中庸上｜天時注
又史記律書索隱引釋名○｜述氣者也以銅爲之

周禮典同掌六丨六同之和注〇丨候氣之管以銅
爲之禮記月令丨中大簇注〇截竹爲管謂之丨北
堂書鈔引蔡邕月令章句〇聖人截十二管察八音
之清濁謂之丨呂後漢明帝紀注〇截十二管以索
八音之上下清濁謂之丨也丨居陰而治陽大戴記
曾子天圓〇陽曰丨禮記禮運五聲六丨十二管注
〇丨謂之分爾雅釋器〇六始爲丨太元元瑩〇丨
籟也文選吳都賦鳴條丨暢注〇丨六丨也禮記樂
記丨大小之稱注又文選劇秦美新懿丨嘉量注〇
丨謂六丨也太元元攡丨則成物注〇丨謂六丨六
呂書舜典丨和聲傳〇丨謂六丨黃鍾太蔟姑洗蕤
賓無射夷則後漢桓譚傳注〇六丨黃鍾太蔟姑洗
蕤賓夷則無射呂覽孝行正六丨注〇六丨陽丨大
蔟姑洗蕤賓夷則無射黃鍾孟子離婁上不以六丨
注〇六丨合陽聲者也周禮大司樂以六丨六同五
聲八音六舞大合樂注〇六丨六氣之丨陽爲丨陰

爲呂合十二也呂覽察傳夔於是正六丨注〇丨十
二丨也後漢張衡傳注又文選思元賦考治亂於丨
均兮舊注〇十二丨者十二月之丨也法言吾子或
問交五聲十二丨也注〇八風從丨應節至也禮記
樂記八風從丨而不姦注〇丨五聲陰陽之法也國
語周語丨度量衡注〇丨法也爾雅釋詁又書舜典
同丨度量衡馬注後漢班彪傳注引太誓鄭注又禮
記王制加地進丨注又左氏哀十六年傳無自丨注
宣十二年傳師出以丨注又周書太子晉立義治丨
注又史記孔子世家毋自丨集解引王肅又漢書律
麻志上集注郊祀志下集注又後漢王劉張李彭盧
傳注班彪傳下注又荀子非十二子勞知而不丨注
又太元元圖以丨七百二十九贊注又楚辭憂苦丨
魁放乎山閒注〇丨者法也藝文類聚五十四引風
俗通〇丨法制書舜典同丨度量衡傳〇坎爲法丨
易師師出以丨九家注坎寘于叢棘九家注象下傳

順以則也九家注〇丨度也淮南覽冥以治日月之
行丨注〇丨銓也爾雅釋言〇丨亦平爾雅釋言樊
注〇丨者所以定分止爭也管子七臣七主〇丨累
也累人心使不得放肆也釋名釋典藝〇夫丨之者
爲測之也賈子六術〇質丨質劑也可使爲法故言
質丨也荀子王霸質丨禁止而不偏注〇丨常也爾
雅釋詁〇丨始也方言十二〇丨主禽鹿大戴記易
本命〇麋鹿角長短大小似丨大戴記易本命丨注
〇丨理髮也荀子禮論不沐則濡櫛三丨而止注〇
丨丨惡貌莊子庚桑楚津津乎猶有惡也釋文引崔
注〇丨丨猶烈烈也詩蓼莪南山丨丨
傳〇丨當爲硉文選七發上擊下丨注

逸

逸通作佚〇丨逃也左氏桓八年傳隨侯丨注〇丨
逸遁也漢書成帝紀集注〇丨奔也國語晉語馬丨
不能止注又荀子哀公其馬將失注〇丨奔丨也荀
子宥坐若有決行之其應佚若聲響注〇丨謂奔竄

也荀子宥坐身不佚者志不廣注〇丨亡也國語鄭
語以丨逃於褒注〇佚獲者已獲而逃亡也公羊成
二年傳其佚獲奈何注〇丨去也廣雅釋詁二〇丨
毀也廣雅釋詁四〇丨放也漢書吳王濞傳集注韋
賢傳集注引臣瓚〇丨縱也左氏成十六年傳乃丨
楚囚注又後漢張衡傳注鄭孔荀傳注〇丨失也廣
雅釋詁二〇佚失也書盤庚上惟予一人有佚罰傳
〇丨過也爾雅釋言又書允征天吏丨德傳盤庚上
予亦拙謀作乃丨傳又廣雅釋詁三又國語周語是
有丨罰注〇佚猶過也公羊宣十二年傳令之還師而
佚晉寇注〇丨謂過於衆類文選劉越石荅盧諶詩
丨珠盈椀注〇丨疾也文選舞賦良駿丨足注〇丨
駭言出疾也文選海賦翔陽丨駭於扶桑之津注〇
丨丨往來次序也詩賓之初筵舉醻丨丨傳〇丨古
文軼同一切經音義九〇書皋陶謨無教丨欲有邦
漢書王嘉傳作亡敖佚欲有國〇書君奭遏佚前人

光漢書王莽傳作過失前人光○論語夷丨漢石經
丨作佚○公羊成二年傳佚獲也釋文本亦作失○
莊子田子方夫子奔丨絕
塵釋文丨司馬本作徹
佚 通作逸○丨樂也廣雅釋詁一又漢書司馬相如
傳下集注司馬遷傳集注○逸樂也國語吳語而
又不自安怙逸注又文選東京賦居之者逸薛注○
丨安樂也荀子王霸必欲綦丨注○逸安也呂覽重
己足以逸身㛮惔而已矣注○丨蕩也亦樂也一切
經音義五引蒼頡○丨蕩之也一切經音義九○丨
揚也文選閒居賦注引蒼頡○丨蕩唐丨也莊子天
地敖若丨蕩釋文引司馬注○丨婬也方言六○逸
淫也國語楚語耳不樂逸聲注○逸閒也漢書王襃
傳𥱼注○逸逸豫也詩十月之交民莫不逸箋○逸
不勞也呂覽察賢國治身逸注○逸者用之不使甚
勞安其血氣也周禮廋人以阜馬丨特注○丨遊出

入不知節也論語季氏樂丨遊皇疏○丨美也離騷
見有娀之丨女注○丨猶更也穀梁文十一年傳丨
宕巾國注○丨代也齊曰丨方言三○丨猶引也荀
子性惡若丨之以繩注○丨古文泆同一切經音義
廿三○古文丨今作㑄一切經音義三○丨與逸同
荀子性惡骨體膚理好愉丨注宥坐若有決行之其
應丨若聲響注身不丨者志不廣注○丨與軼通文
選蕪城賦丨周令注○丨當爲逸周禮廋人以阜馬
丨特杜注○論語季氏樂丨遊釋文丨本亦作逸○
孟子以丨道使民三國諸葛亮傳作以逸道使民○○
詩魚麗序終于逸樂釋文逸本或作丨○書無逸乃
逸乃諺漢石經作乃劮○書五子之歌以逸豫滅厥
德釋文逸
本又作佾
失 丨猶去也禮記禮運故人情不丨注○丨大亡太
元元錯○丨亡福太元元衝○丨本謂喪身也老

子輕則丨本王注○丨合謂喪其配偶也荀子富國
如是則人有丨合之憂而無爭色之禍矣注○丨猶
不知也淮南說山有相馬而丨馬者注○丨丨禮者
也周禮師氏掌國中丨之事注○丨謂不能節其教
者也禮記經解故詩之丨愚注○爲之僞謂之丨莊
子庚桑楚○丨謂丨其容止之節也禮記表記君子
不丨足於人注○過丨亦由蒙惡酗醟好訟若抽拔
兵器誤以行傷害人麗於罪者周禮司救掌萬民之
衺惡過丨而誅讓之注○四肢不通六道不達曰丨
管子君臣下○丨謂氣候不相類也素問三部九候
論三部九候皆相丨者死注○丨猶易也淮南原道
徒樹者丨其陰陽之性注○丨驚竦若飛也莊子徐
無鬼若卹若丨釋文引李注○丨者順也莊子大宗
師○丨累多也老子丨者同於丨王注○丨讀曰泆
漢書地理志下集注原涉傳集注○丨讀曰佚漢書
五行志下之下集注杜欽傳集注主父偃傳集注○

丨讀爲逸荀子哀公其馬將丨注○易晉丨得勿恤
釋文丨孟馬虞王肅本作矢○莊子養生主秦丨弔
之釋文丨本又作佚○大戴記則長幼之序丨漢書
禮樂志作則長幼之序亂○國語周語不丨其序漢
書五行志下之上作不過其序○列子說
符故不班白語道丨釋文丨一本作矣
桼 通作漆○漆也者以爲受霜露也考工記弓人○
漆車黑車也周禮巾車漆車注○漆木名詩山有
樞山有漆釋文○漆似樗也山海經西山經號山其
木多漆注○丨莖澤丨也廣雅釋草○漆漆者容也
自反也禮記祭義○故書漆林爲丨林杜子春云當
爲丨林周禮載師唯其漆林之征司農注○漆漆讀
如朋友切切禮記祭義
漆漆者容也自反也注
漆 丨水也詩緜自土沮丨傳○丨沮二水名亦曰洛
水書禹貢又東過丨沮傳○丨沮岐周之二水也

詩潛衕與丨沮傳○丨鄉郲邑也水經泗水注引應
劭十三州記○左氏襄廿一年經郲庶其以丨閭邱
來奔釋文丨
本或作涑
栗 㮚同○丨堅貌禮記聘義縝密以丨注○丨成就
也詩生民實穎實丨箋○丨其實丨丨然詩生民
傳○丨丨衆也爾雅釋訓○丨丨衆多也詩良耜積
之丨丨傳○丨丨積聚之衆也爾雅釋訓李注○丨丨
木名御覽引韓詩○丨猶戰丨謹敬貌公羊文二年
傳練主用丨注○丨者所以自戰慄白虎通宗廟○
丨取其敬丨穀梁莊廿四年傳棗丨鍛脩注○㮚取
敬㮚國語魯語夫婦贄不過棗㮚注○棗丨取其早
自謹敬公羊莊廿四年傳然則曷用棗丨云乎注○
丨丨脯加籩之實也儀禮有司徹婦贊者執丨脯注○
丨丨行上丨也詩東門之栗東門之丨傳○練主用丨
虞主用桑國語周語設桑主注○今秦俗猶以桃髮

爲丨荀子禮論不沐則濡櫛三律而止注○丨廣野
名山海經大荒西經女媧之腸化爲神處丨廣之野
注○必丨者羌胡樂器名也一切經音義十九引纂
文○蚻㮚蚻床也廣雅釋草○㮚古丨字漢書敘傳
上集注○丨析也古者聲丨裂同也詩東山烝在丨
薪箋○丨讀爲裂繻之裂考工記弓人菑丨不迆注
○丨讀爲榛丨之丨考工記弓人司農注○㮚古文
或作歷考工記㮚氏㮚氏爲量注○丨義當作慄古
字借用孟子音義上引丁音○詩東山烝在丨薪釋
文丨韓詩作蓼○公羊哀二年傳戰于丨釋文丨一
本作
秩
畢 丨竟也廣雅釋詁三又文選高唐賦言辭已丨注
○丨盡也爾雅釋詁又禮記玉藻笏丨用也注又
國策秦策羣臣聞見者丨賀注又史記魏其武安侯
傳將軍貴人也屬之索隱又漢書淮南厲王長傳集

注賈山傳集注鄒陽傳集注引張晏嚴助傳集注東
方朔傳集注又荀子成相春申道綴基丨輸注又呂
覽盡數丨其數也注愛士丨力爲繆公疾鬬於車下
注又文選東京賦六變既丨薛注○丨猶盡也儀禮
士冠禮兄弟丨袗元注又漢書賈誼傳集注○丨由
盡也呂覽長見西河丨入秦注○丨止也爾雅釋天
濁謂之丨李注○丨猶皆也儀禮士昏禮從者丨元
端注又禮記月令寢廟丨備注○丨疾也淮南覽冥
體便輕丨注○丨罔也太元格丨格鶵鳥之貞注○
丨掩網也淮南時則止田獵丨弋注○丨掩雉兔之
網也國語齊語田狩丨弋注○兔網曰丨莊子胠篋
夫弓弩丨弋機變之知釋文引李注○小而柄長謂
之丨禮記月令田獵罝罘羅網丨翳注○簡謂之丨
爾雅釋器又禮記學記呻其佔丨注○丨所以敎助
執事者儀禮大射儀以弓爲丨注○丨所以助主人
於載者禮記雜記上丨用桑注○丨用桑長三尺禮

記雜記上○丨狀如叉蓋爲其似丨星取名焉儀禮
特牲饋食禮宗人執丨先入注○車下鐵陳宋淮楚
之間謂之丨方言九○丨西方宿也後漢蘇竟傳注
○丨噣也詩漸漸之石月離于丨傳○丨網也象丨
星也文選西京賦天丨前驅薛注○濁謂之丨爾雅
釋天○丨爲天網後漢蘇竟傳○丨主邊兵洪範五
行傳侵邊境注○雨師神丨星也其象在天能興雨
獨斷上○木神謂之丨方廣雅釋天○丨方老父神
如鳥兩足一翼者常銜火在人家作怪災也文選東
京賦況魃蜮與丨方薛注○丨堂牆爾雅釋邱○名
崖似堂牆曰丨爾雅釋邱李注○今終南山道名丨
其邊若堂室之牆爾雅釋邱注○丨終南山之道名
邊如堂之牆然詩終南有紀有堂箋○丨地名周書
作雒葬武王于丨注○丨文王墓地名也史記集解
引書太誓馬注○丨與韠同荀子正論共艾韠注○
爾雅釋器釋文丨李本作韠○國語晉語陽丨漢書

古今人表作陽罕○荀子哀公
東野丨莊子達生作東野稷

恤通作卹○丨憂也爾雅釋詁又易小畜血去惕出
釋文引馬注泰勿丨其孚虞注象下傳矢得勿丨
虞注又詩谷風遑丨我後箋杕杜而多為丨傳祈父
胡轉予于丨傳蓼莪出則銜丨箋又周禮大宗伯以
丨禮哀寇亂注又禮記大學上丨孤而民不倍注又
左氏襄廿七年傳何以丨我注又國語周語勤丨民
隱注魯語班相丨也注齊語死喪同丨注晉語君欲
勿丨注又漢書刑法志集注東方朔傳集注匡衡傳
集注又後漢龐參傳注張衡傳注又太元密或益之
丨注又文選東京賦勤丨民隱而除其眚薛注射雉
賦忘其身丨徐注○卹憂也周書皇門我聞在昔有
國誓王之不綏于卹注祭公而莫卹其外注又漢書
揚雄傳上集注引應劭又後漢班超傳注崔駰傳注
董卓傳注又太元少懷其卹注減損其卹注○丨亦

憂也詩桑柔告爾憂丨箋○丨謂相憂周禮大司徒
六曰不丨之刑司農注○丨救之憂也爾雅釋詁丨
憂也孫注○丨振憂貧者周禮大司徒孝友睦婣任
丨注○丨謂災危相憂周禮大司徒八曰以誓敎丨丨
注○卹憂懼卒至之貌也太元失卹而竦而注○丨丨
丨憂患左氏昭十二年傳丨丨乎注○丨顧國策秦
策不丨楚交注○丨安也漢書韋元成傳集注○丨丨
敗也廣雅釋詁三○卹驚竦若飛也莊子徐無鬼若
卹若失釋文引李注○卹然驚恐貌文選七發則卹
然足以駭矣注○坎為丨易萃勿丨虞注升勿丨虞
注○書舜典惟刑之丨哉史記五帝紀作惟刑之靜
哉○左氏哀二年傳郵無丨漢書古今人表作郵亡
郵國語晉語
作郵無正

卹丨者閭府庫振救之周禮典瑞以丨凶荒注○丨丨
優也後漢郭鎮傳注○丨削刻除貌也史記司馬
相如傳揚袘丨削索隱引張揖○丨削如刻畫作之
也文選上林賦眇閻易以丨削郭注○丨削裁制貌
也史記司馬相如傳集解引漢書音義○曹丨字子
循見史記仲尼弟子傳○周禮典瑞注丨彼玉瓚釋
文丨本
作卹

蜜丨赤蜂名山海經中山經平逢之山實惟蜂丨之
廬注○丨筩瓜屬也廣雅釋草

橘小曰丨丨書禹貢厥包丨柚傳又文選蜀都賦戶有
丨柚之園劉注

溢丨滿也廣雅釋詁一又一切經音義十六引字林
又後漢張衡傳注又荀子不苟以驕丨人注○滿
手曰丨儀禮喪服傳朝一丨米釋文引王肅劉逵袁
準孔倫葛洪注○一手之盛謂之丨小爾雅廣量○
丨盈也爾雅釋詁○丨盈丨之言也詩維天之命假
以丨我箋○丨出也廣雅釋詁一又後漢陳寵傳注

○丨流出也史記封禪書銀自山丨集解引蘇林○
丨沒也小爾雅廣詁○丨過也莊子人間世夫兩喜
必多丨美之言注又文選東京賦規摹踰丨薛注○
奢泰為丨孝經滿而不丨注○丨盛也廣雅釋詁二
○丨愼也爾雅釋詁又詩維天之命假以丨我傳○
丨行之愼也爾雅釋詁舍人注○丨靜也爾雅釋詁
○丨古文泆同一切經音義十六○書禹貢丨為滎
史記夏本紀作泆為滎漢書地理志作軼為滎○詩
維天之命假以丨我說文言部作誐以謐我左氏襄
廿七年傳作何以恤我○書禹貢傳以殺其丨釋文
丨本
作隘

瑟丨庖犧作丨爾雅釋樂釋文引字林○丨施弦張之
丨丨然也釋名釋樂器○丨者嗇也閑也所以懲
忿窒欲正人之德也白虎通禮樂○丨衆貌詩旱麓
丨彼柞棫傳○丨矜莊貌詩淇奧丨兮僩兮傳○丨

潔鮮貌詩旱麓｜彼玉瓚箋○｜兮僩兮恂慄也爾雅釋訓○詩旱麓｜彼玉瓚周禮典瑞注作衈彼玉瓚說文玉部作瑮彼玉瓚

膝 ｜臏家語曲禮公西赤問而瓦不成｜注○｜者筋之府素問脈要精微論○｜伸也可屈伸也釋名釋形體

匹 ｜配也詩文王有聲作豐伊｜傳○｜偶也禮記三年問失喪其羣｜注○｜偶也與其妻爲偶陰陽相成之義也白虎通嫁娶○｜辟也往相辟偶也釋名釋親屬○｜合也爾雅釋詁又公羊宣三年傳無｜不行注○｜雙也楚辭懷沙獨無｜兮注○｜二也廣雅釋詁四○｜辭也廣雅釋詁三○｜輩也廣雅釋詁二○｜敵也左氏僖廿三年傳秦晉｜也注又國語晉語秦晉｜也注○倍兩謂之｜小爾雅廣

度○｜丈爲一端二端爲一兩所謂｜也左氏昭廿六年傳以幣錦二兩注○五兩五尋則每卷二丈也合之則四十尺今謂之｜猶｜偶之云與禮記雜記下納幣一束束五兩兩五尋注○｜者中人之度也淮南天文○失其民制爲｜夫說苑指武○｜夫一夫也孟子梁惠王下君所爲輕身以先於｜夫者注○｜馬一馬也公羊僖卅三年傳片馬隻輪無反者注○｜謂鶩也白虎通瑞贄○說者以｜爲鶩禮記曲禮下庶人之摯｜注○｜雛作疋雛孟子音義下引丁音○禮記禮器｜士太牢而祭釋文｜本作正

述 ｜循也書五子之歌｜大禹之戒以作歌傳又詩日月報我不｜傳又儀禮士喪禮不｜命注少牢饋食禮遂｜命曰注又漢書司馬相如傳上集注○｜命者循君之言重失誤儀禮聘禮既｜命注○｜修也漢書藝文志集注又後漢曹褒傳注○｜謂訓其義也禮記樂記識禮樂之文者能｜注○｜者傳於舊章也論語述而｜而不作皇疏○｜者｜其故事也詩定之方中傳山川能說釋文引鄭志○既受命而申言之曰｜儀禮士喪禮不｜命注○諸侯適天子曰｜職左氏昭五年傳小有｜職注○｜職者｜其所職也說苑修文○古文｜皆作術儀禮士喪禮不｜命注○｜讀如遂事不諫之遂詩定之方中釋文引鄭志○古｜字讀聿爾雅釋詁適自也孫注○詩日月報我不｜韓詩作報我不術○詩日月釋文｜本亦作術

慄 ｜通作栗○｜懼也莊子人閒世吾甚｜之釋文引李注○｜｜懼也詩黃鳥惴惴其｜傳○慄慄懼也廣雅釋訓○慄戰也廣雅釋言○栗戰栗也書舜典寬而栗釋文○｜謂戰｜素問瘧論乃作寒｜鼓頷注陰陽應象大論在變動爲｜注○｜謂振｜也素問調經論故寒｜注○怢｜卒振寒貌素問風論

使人怢｜而不能食注○栗烈寒氣也詩七月二之日栗烈傳○｜慼也爾雅釋言○｜憂戚也文選西京賦怵悼｜而聳兢薛注○戰｜者憂慼爾雅釋言注○栗危也太元應貞栗其鱗注○栗謹敬也左氏桓六年傳嘉栗旨酒注○栗蹙也謂越等急趨君命也儀禮燕禮記凡公所辭皆栗階注○｜階趨君命尚疾不連步儀禮聘禮栗階升注○栗實栗也不拾級連步趨主國君之命儀禮公食大夫禮賓栗階升不拜注

黜 亦作絀○｜貶也楚辭逢紛后聽虛而｜賓兮注愍命蔡女｜而出帷兮注○｜貶退也書序周公相成王將｜殷鄭注○｜退也書序湯既｜夏命傳又一切經音義九引書范甯集解又論語微子柳下惠爲士師三｜皇疏又國語晉語何以｜朱也注又漢書郊祀志上集注又莊子徐無鬼君將｜嗜欲釋

文又文選東京賦省幽明以｜陟降注○絀退也禮記王制注君絀爵釋文又漢書申屠嘉傳集注○｜退其幽者書舜典｜陟幽明傳○｜猶出逐公羊襄廿七年傳｜公者非吾意也注○｜去也廣雅釋詁二又國語周語以揚沈伏而｜散越也注○｜猶放也左氏襄廿八年傳使無｜嫚注○｜廢也國語周語王｜翟后注晉語公將｜太子申生注又漢書司馬遷傳集注○｜減也廣雅釋詁二○｜減損左氏襄十年傳而｜其事注○｜絕也書序周公相成王將｜殷傳○｜色易服色也後漢班彪傳下注○絀與｜同荀子不茍不能則恭敬繜絀以畏事人注○書舜典三考｜陟幽明史記五帝紀作三考絀陟遠近○詩有客箋成王既絀殷命釋文絀本作｜左傳僖廿三年注絀稱伯釋文本又作｜稱伯穀梁莊廿七年注時王所絀也釋文本亦作｜也○莊子徐無鬼君將｜嗜欲釋文｜司馬本作咄本又作出

【蹕】與趩同○趩止也廣雅釋詁三○｜止行者周禮闇人｜宮門廟門注○｜止行也周禮大司寇使其屬｜注又禮記曾子問主出廟入廟必｜注○趩止行者也文選吳都賦齊鑣駐｜劉注○｜止行人也左氏襄廿五年傳不｜注又後漢楊秉傳注○｜止人行也史記劉敬叔孫通傳數｜煩人索隱引韋昭○｜謂止行者清道若今時儆｜周禮隸僕掌｜宮中之事司農注○｜止行人不得迫王宮也周禮師氏且｜朝在野外則守內列注○趩與｜同後漢銚期傳注○故書｜作避周禮大司寇使其屬｜注○魏大饗碑乃備俾衞｜作俾

【弼】與弼同古作弻○｜輔書大禹謨以｜五教傳○｜俌也爾雅釋詁○｜所以輔正弓弩者也荀子臣道謂之拂注○｜戾也漢書韋賢傳集注○弻擊也廣雅釋詁三○｜者拂天子之過者也大戴記保傅○矯過爲｜國語越語愲輔遠｜注○絜廉而切直匡過而諫邪者謂之｜大戴記保傅○有能亢君之命反君之事竊君之重以安國之危除主之辱攻伐足以成國之大利謂之｜說苑臣術○右曰｜禮記文王世子正義引書大傳○｜高也方言十二○弼高也廣雅釋詁四○弼上也廣雅釋詁一○｜重也爾雅釋詁○書益稷｜成五服史記夏本紀作輔成五服說文卩部作𢀿成五服○孝經注左輔右｜釋文｜本又作拂

【七】陽數｜白虎通嫁娶○｜歲之陽也同上○｜主星大戴記易本命○｜政日月五星各異政書舜典以齊｜政傳○｜政日月五星之政也後漢方術傳序注○｜西方也素問五常政大論告於｜注○｜謂一命者也儀禮公食大夫禮下大夫則若｜若九注○｜鼎一大牢也儀禮公食大夫禮甸人陳鼎

｜注○｜尺謂二十後漢班超傳注○以叱爲｜顏氏家訓書證○故書｜爲十考工記總目凡攻木之工｜注○｜事故書爲小事杜子春云當爲｜事書亦爲｜事周禮小宰｜事者令百官府供其財用注○以方三百里之積以九約之得十一有奇云｜伯者字之誤也周禮職方氏方三百里則｜伯注

【叱】｜呵也一切經音義九引蒼頡又國策秦策奚以遽言｜也注○大呵爲｜一切經音義四引蒼頡○｜罵之公羊莊十二年傳手劒而｜之注○｜者若｜咄聲莊子齊物論｜者吸者釋文引司馬注○｜咤怒聲也後漢皇甫嵩傳注○｜咤發怒聲史記淮陰侯傳喑噁｜咤索隱○迮而吐之曰｜一切經音義四引通俗文

【卒】｜終也爾雅釋詁又書舜典｜乃復傳又詩日月畜我不｜箋七月何以｜歲箋節南山｜勞百姓

箋蓼莪我獨不丨箋又儀禮既夕記乃丨注又禮記
曲禮下大夫曰丨注又左氏襄卅年傳丨與之注哀
八年傳丨三百八注又莊子山木而外人丨不得實
釋文又漢書高帝紀上集注文帝紀集注藝文志集
注項籍傳集注二見楚元王傳集注劉向傳集注二
見夏侯嬰傳集注任敖傳集注淮南王傳集注鄒陽
傳集注董仲舒傳集注司馬相如傳上集注司馬相
如傳下集注二見司馬遷傳集注賈捐之傳集注楊
惲傳集注趙充國傳集注陳湯傳集注二見兩龔傳
集注韋元成傳集注夏侯勝傳集注京房傳集注翼
奉傳集注蕭望之傳集注馮奉世傳贊集注淮陽憲
王欽傳集注孔光傳集注王商傳集注薛宣傳集注
翟義傳集注王嘉傳集注施讎傳集注酷吏傳序集
注匈奴傳下集注朝鮮傳集注西域傳上集注外戚
傳上集注外戚傳下集注二見又後漢祭肜傳注仇
覽傳注傳毅傳注又孟子離婁下丨於鳴條注又大

元挸或以事之骩丨注又法言重黎丨之屏營注又
家語五帝德丨采之辨注又呂覽孝行丨爲難注愼
大而丨敗亡注楚辭天問丨其異方注何丨官湯注
又文選東京賦丨開項而受沛薛注封禪文王者之
丨業注○丨猶終也公羊隱三年傳大夫曰丨注○
丨病之終也爾雅釋詁丨終也孫注○丨之爲言終
於國也白虎通崩薨○丨盡也爾雅釋詁又詩節南
山國既丨斬傳楚茨禮儀丨度箋桑柔稼穡丨痒箋
又儀禮鄉飲酒禮賓西階上北面坐丨爵注鄉射禮
賓西階上北面坐丨爵注又禮記坊記禮儀丨度注
緇衣下民丨擅注又公羊僖四年傳丨怙荆注又後
漢李固傳注又莊子伏水入丨九州釋文引崔注又
國語魯語民羸幾丨注晉語史蘇丨爵注又史記麻
書丨於冬分時索隱趙世家而丨世不見也正義又
漢書五行志中之上集注引應劭劉向傳集注又荀
子脩身笑語丨獲注○丨丨盡也呂覽愼大夏命其

丨注○丨已也爾雅釋詁又公羊隱八年疏引書鄭
注又儀禮士冠禮丨箴注士昏禮丨食注鄉射禮左
右丨射如初注公食大夫禮賓丨食會飯注既夕丨
命哭注特牲饋食禮丨載加匕于鼎注有司徹丨升
注丨乃羞于賓兄弟內賓及私人辯注又禮記投壺
丨投注○丨事之已也爾雅釋詁丨已也李注○丨
止也釋名釋喪制○丨猶止也禮記奔喪三日五哭
丨注○丨斯也史記麻書雞三號丨明集解引徐廣
○丨既也爾雅釋言○丨後也孟子盡心下丨爲善
士注○丨猶後也儀禮燕禮丨受者以虛觶降奠于
篚注○丨竟也詩漸漸之石維其丨矣傳又漢書鼂
錯傳集注二見○丨死也爾雅釋詁○孝子諱死曰
丨通典引石渠禮議○壽考曰丨禮記曲禮下○丨
之爲言絕於邦也通典引許愼五經通義○大夫曰
丨禮記曲禮下又大戴記四代又公羊隱三年傳○
大夫曰丨言丨竟也釋名釋喪制○丨哭三虞之後

祭名始朝夕之閒哀至則哭至此祭止也朝夕哭而
已儀禮既夕丨哭注○虞爲喪祭丨哭爲吉祭儀禮
士虞禮記三虞丨哭注○丨槩也史記司馬相如傳
丨然索隱引廣雅○丨倉丨史記平準書隴西守以
行往丨集解引漢書音義○丨或作本漢書司馬相
如傳下集注○丨或作丕同上○詩彤弓箋乃末席
坐丨爵釋文
丨本或作啐
猶丨胡麻也廣雅釋草

盭

悉

丨盡也爾雅釋詁又穀梁莊廿九年傳爲已丨矣
注又書大傳又漢書元帝紀集注成帝紀集注二
見哀帝紀集注食貨志下集注二見項籍傳集注陳
勝傳集注陳餘傳集注英布傳集注吳王濞傳集注
蕭何傳集注賈誼傳集注董仲舒傳集注司馬相如
傳上集注公孫閎傳集注于定國傳集注二見翼奉

傳集注淮陽憲王欽傳集注王嘉傳集注二見董賢傳集注又後漢安帝紀注又管子版法偕習以丨注又楚辭沈江遭値君之不聰注遠逝丨靈園而來謁注又文選東京賦丨率百禽薛注○丨盡也具也史記平準書占不丨索隱○丨謂盡其力穀梁宣十五年傳以公之與民爲巳丨矣注○丨猶知也後漢周紆傳注

謐 丨靜也爾雅釋詁又素問五運行大論其政爲丨注氣交變大論其化淸丨注○丨者寧也億也賈子禮容語下

朮 亦作𦬸○丨山薊爾雅釋草○𦬸山薊也山海經中山經首山草多𦬸芫注○丨似薊也山海經中山經名曰栯木其狀如𦬸注○丨葉其體似薊顏氏家訓書證○白𦬸牡丹也廣雅釋草○爾雅釋草釋文丨本或作𦬸

佚 丨過也廣雅釋詁三又漢書地理志上集注司馬相如傳上集注引張揖二見司馬相如傳下集注楊雄傳上集注楊雄傳下集注黃霸傳集注又後漢馮衍傳注班彪傳上注二見馬融傳注又文選東京賦丨五帝之長驅薛注蕪城賦佚周令注○自後過前曰丨淮南覽冥丨鶤鷄於姑餘注○丨從後出前也文選西都賦注引三蒼○丨輙也莊子徐無鬼若是者超丨絶塵釋文引崔注○丨者車轍也史記田敬仲完世家佚式結丨索隱

詰 丨問也廣雅釋詁二○丨呵問也淮南時則取之不丨注○丨責也漢書刑法志集注○丨賁也廣雅釋詁一○丨猶責也穆天子傳以丨其成注○丨讓也廣雅釋詁二又呂覽處方丨車令各避舍注○丨誅也呂覽仲冬取之不丨注○丨猶禁也周禮大宰五曰刑典以丨邦國注○丨猶窮治也周禮大司馬制軍丨禁注○丨謂問其罪窮治之也禮記月令丨誅暴慢注○丨彈正糾察也周禮大宰釋文引干注○丨實也書立政其克丨爾戎兵馬注○丨謹也周禮大司寇丨四方注布憲以丨四方邦國注○丨朝明旦也小爾雅廣訓○丨或作詰漢書刑法志集注○書呂刑度作刑以丨四方漢書刑法志作度時作刑以詰四方

帙 與袠同○袠刺也禮記內則施鞶袠熊疏○袠謂之袠廣雅釋器

戌 丨恤也物當收斂矜恤之也亦言脫也落也釋名釋天○丨者滅也白虎通五行又淮南天文○丨鮮也漢書司馬相如傳上集注引張揖○丨爲成淮南天文○丨者溫氣也風俗通祀典○丨土也其禽犬也論衡物勢○太歲在丨曰閹茂爾雅釋天○丨亥之閒爲天門後漢郞顗傳注○公羊成十五年傳宋世子丨釋文丨本或作成

佶 丨正也詩六月四牡既丨傳○丨健也文選東京賦旣丨且閑薛注○丨壯健之貌詩六月四牡既丨箋

鳦 詩燕燕傳燕燕丨也釋文丨本又作乙爾雅釋鳥燕燕丨釋文丨本或作乙

櫛 本作楖○丨梳也禮記內則丨縰笄總釋文○丨笄者以丨之木爲笄或曰榛笄儀禮喪服傳惡笄者丨笄也注○不丨未在於飾也儀禮士虞禮記沐浴不丨注○丨比喩其多也文選吳都賦屯營丨比劉注○丨謂燭盡管子弟子職丨之遠近乃承厭火注○古文丨爲節儀禮士冠禮贊者奠纚笄丨于筵

南端注○枊讀如巾丨之丨考
工記總目玉枊雕矢磬司農注

暱 一作昵○丨近也爾雅釋詁又詩菀柳無自丨焉
傳又左氏閔元年傳諸夏親丨注又國語齊語野
處而不丨注晉語大其私丨注夫正國者不可以丨
於權注○昵近也書高宗肜日典祀無豐于昵傳泰
誓中昵比罪人傳又左氏昭廿五年傳私降曼昵注
又書高宗肜日釋文又釋名釋典藝又文選雪賦顧
低帷以昵枕注○丨親近也爾雅釋詁丨近也注○
丨親之近也爾雅釋詁孫注○丨戚之近也爾雅釋
詁舍人注○丨親也左氏僖廿四年傳丨近傳賢注
成十三年傳丨就寡人注又左氏隱元年傳不義不
丨釋文又國語魯語諸侯其誰丨之注○昵親也左
氏昭十六年傳皆昵燕好也注○昵考也謂禰廟也
書高宗肜日典祀無豐于昵馬注○丨亟也爾雅釋
言○故書昵或作樴考工記弓人凡昵之類不能方
司農
注

窒 丨塞也爾雅釋言又詩七月穹丨熏鼠傳東山洒
埽穹丨箋○丨丨塞也論語陽貨惡果敢而丨者
集解○丨謂丨塞也易訟有孚丨注○丨塞止也易
訟虞注○丨猶止也易訟惕中丨釋文○丨滿也廣
雅釋詁一○丨不通呂覽盡數處鼻則爲鼽爲丨注
○丨古文懫同一切經音義九○魯讀丨爲室今從
古論語陽貨惡果敢而丨者鄭注○丨讀爲躓易訟
惕中丨釋文○易訟惕中丨釋文丨馬本作咥○易
損君子以懲忿丨欲釋文丨劉本作懫○周禮
司刑注先刻其面以墨丨之釋文丨本又作涅

必 丨極也漢書匈奴傳下集注○丨敕也廣雅釋詁
四○丨苟也法言君子丨進易儷也注○丨不已
也墨子經上○克行遂節謂之丨賈子道術○丨栗
者羌胡樂器名也一切經音義十九引纂文○丨讀

如鹿車縪之縪考工記
弓人天子圭中丨注

姪 丨兄之子儀禮士昏禮媵御餕注○丨者何兄之
子也公羊莊十九年傳○兄子曰丨左氏襄十九
年傳其丨鬷聲姬生光注○女子謂晜弟之子爲丨
爾雅釋親○丨者何也謂吾姑者吾謂之丨儀禮喪
服傳○丨丈一反詩
鵲巢釋文引字林

蛭 丨蟣爾雅釋魚○丨蟻也淮南人間世人莫蹪於
山而蹪於丨注○下地之澤其蟲曰丨論衡商蟲
○丨蚰蜒也廣雅釋蟲○丨蝚至掌爾雅釋蟲
○丨蜩二獸名史記司馬相如傳索隱引字林

鎰 集韻通作溢○二十兩爲丨孟子梁惠王下雖萬
丨注又後漢張衡傳注又穆天子傳黃金四十丨
注○二十兩曰溢禮記喪大記朝一溢米注○二十
兩爲一丨呂覽異寶金千丨注○丨二十兩也孟子
滕文公下王餽兼金一百注○溢二十兩也禮記間
傳朝一溢米釋文引劉注○二十兩曰溢爲米一升
二十四分升之一儀禮喪服傳朝一溢米夕一溢米
注既夕記朝一溢米夕一溢米注○一溢爲米一升
二十四分升之一禮記喪大記朝一溢米注○一丨
二十四兩文選詠懷詩十七首注引國語賈注○二
十四兩爲丨國語晉語黃金四十丨注○金二十四
兩爲丨文選吳都賦金丨磊砢劉注○萬溢萬金也
二十兩爲一溢也國
策秦策黃金萬溢注

秫 丨稬也廣雅釋草○丨黏稷爾雅釋草釋文引字
林○丨黏粟也爾雅釋草衆丨孫注○丨謂黏粟
也爾雅釋草注○丹丨赤粟考工
記鍾氏染羽以朱湛丹丨司農注

苾 丨香也廣雅釋器○丨大香也一切經音義四引
埤蒼○詩楚茨丨芬孝祀韓詩作馥芬孝祀

[蟋] 蟋丨今促織也一名蜻蛚楚謂之蟋丨或謂之蛬南楚謂之王孫御覽九百四十九引劉芳詩義○爾雅釋蟲蟋丨蛬釋文丨本或作蟋

[嫉] 害賢爲丨離騷各興心而丨妬注○丨妬也廣雅釋詁一○丨惡也廣雅釋詁三又荀子大略有亡而無疾注○丨賊也廣雅釋詁三○丨古文𧩁㑵㤸三形同一切經音義六○丨音自易旅釋文引字林○易旅注衆之所丨也釋文丨本亦作疾

[唧] 丨丨鼠聲也一切經音義八引通俗文

[遹] 丨述也爾雅釋言又書康誥今民將在祗丨乃文考馬注又詩文王有聲丨駿有聲箋○丨自也爾雅釋詁○丨循也同上○丨辟詩小旻謀猶回丨傳○丨皇行貌也後漢張衡傳注○丨皇往來貌也文選思元賦察二紀五緯之綢繆丨皇注○不丨不蹟也爾雅釋訓○丨古述字爾雅釋訓釋文○詩文王有聲丨追來孝禮記禮器三國魏明帝紀注作聿追來孝○詩文王有聲丨求厥寧說文欠部作欥求厥寧○詩召旻謀猶回丨釋文丨韓詩作欥

[鷸] 丨鳥名也莊子天地皮弁丨冠釋文○丨翠鳥也左氏僖廿四年傳好聚丨冠釋文○丨翠別名也史記索隱引蒼頡篇○丨一名翠似燕莊子天地皮弁丨冠釋文○丨水鳥天將雨卽鳴古人以其知天時乃爲冠象此鳥之形使掌天文者冠之匡謬正俗四○丨子鷸也廣雅釋鳥○丨疾貌文選海賦丨如驚鳧之失侶注○丨字音聿亦有術音匡謬正俗四○莊子天地皮弁丨冠釋文丨本又作鴻

[篳] 丨籬也廣雅釋室○丨門荊竹織門也禮記儒行丨門圭窬注○丨路柴車方言三丨路襤褸注

[肸] 丨振也漢書禮樂志集注○晉羊舌丨字叔向見左氏襄十一年傳○羊舌丨字叔譽見禮記檀弓周書太子晉○丨音墍塗之墍漢書禮樂志集注引蘇林

[隲] 丨定也書洪範惟天陰丨下民傳又漢書五行志上集注○丨升也書洪範馬注○丨陞也爾雅釋詁○丨雄也廣雅釋獸○今江東呼駁馬爲丨爾雅釋畜牡曰丨注○書洪範惟天陰丨下民史記宋微子世家作維天陰定下民

[佾] 丨列也論語八佾八丨舞於庭集解引馬注又廣雅釋詁一又漢書禮樂志集注劉向傳集注董仲舒傳集注○丨者列也公羊隱五年傳天子八丨注又白虎通禮樂○丨猶列也禮記祭統八丨以舞大夏注○丨猶行列也論語八佾皇疏○丨之言列穀梁隱五年傳天子八丨注○丨列也謂舞者行列也後漢明帝紀注○丨列也謂舞者之行列後漢獻帝紀注○丨舞行也後漢班彪傳下注○天子八丨八八六十四人八者象八風所以風化天下也公之樂六丨象六律也侯之樂四丨象四時也獨斷上丨丨惕也家語六本丨於待祿注○丨然猶惕然

[怵] 淮南原道丨然若有所誘慕注○丨恐也文選西京賦丨悼慄而聳兢薛注○丨懼也廣雅釋詁二○丨惕恐懼也廣雅釋訓又國語周語猶曰丨惕懼怨之來也注○丨止也管子心術是以君子不丨乎好注○丨誘也漢書食貨志下集注引李奇兩粵傳集注○丨者誘也史記屈原賈生傳丨迫之徒索隱○丨感念親之貌也禮記祭統心丨而奉之以禮注○丨攸者是不聽之刑也丨攸謂若老夫嚾嚾小子蹻蹻誨爾純純聽我眊眊之類洪範五行傳禦聽於丨攸注○丨臭奔走也史記司馬相如傳丨臭以梁倚集解引漢書音義○丨讀曰獸不狘之狘洪範五行

傳禦聽於丨攸注〇丨音如戊亥之戊漢書武帝紀
集注〇丨或爲遹禮記祭統心丨而奉之以禮注

〔繂〕亦作紼〇紼索爾雅釋水紼繂也注〇繂索也廣
雅釋器〇丨大索也爾雅釋水孫注〇丨竹爲索
所以維持舟者爾雅釋水李注〇懸下壙
曰丨捋也徐徐捋下之也釋名釋喪制

〔珌〕集韻或从畢〇丨佩刀下飾詩瞻彼洛矣釋文〇
丨下飾詩瞻彼洛矣鞞琫有丨傳〇理佩刀飾也
御覽三百四十六引字林〇丨鞞之飾也小爾雅
廣器〇詩瞻彼洛矣鞞琫有丨釋文丨又作琿

〔鑕〕丨鍖也後漢耿弇傳注〇丨椹也後漢馮魴傳注
〇鈇丨要斬之罪公羊昭廿五年傳君不忍加之
以鈇
丨注

〔師〕丨循也禮記王制簡不丨教者以告注曾子問奉
丨天子注文王世子武王丨而行之注內則共丨

時注欽有丨注又國語周語能丨舊德注丨意能忠
注又漢書五行志上集注魏相傳集注王莽傳中集
注又文選東京賦五精丨而來權薛注〇丨遵也漢
書循吏傳集注〇丨道也儀禮士昏禮祝丨婦以入
注聘禮丨大夫以入注〇丨猶道也周禮九嬪大喪
丨敘哭者亦如之注又儀禮聘禮請丨貪幣注聘禮
記訝丨之注〇丨猶先也論語顏淵子丨而正皇疏
〇丨聚也漢書揚雄傳上集注引晉灼〇丨正也易
繫辭下傳初丨其辭虞注〇丨將也呂覽權勳達子
又丨其餘卒注〇丨猶將也周禮校人則丨驅逆之
車注〇丨行也謂將領行也一切經音義廿二引字
略〇三鄉爲丨管子小匡〇丨巾也廣雅釋器〇故
書丨爲率周禮樂師燕射丨射夫以弓矢舞注〇今
文丨作率儀禮覲禮伯父丨乃初事注〇古文丨爲
率儀禮聘禮丨大夫以入注〇古文丨皆作率儀禮
大射儀丨衆介夕注聘禮丨衆介夕注〇丨字或作

師漢書谷
永傳集注

〔韠〕丨紱也荀子正論共艾丨注〇丨之言蔽也禮記
氏五經要義〇丨蔽膝也儀禮士冠禮緇帶素丨釋
文〇丨蔽膝也所以蔽膝前也釋名釋衣服〇丨韋
蔽膝國語晉語端委丨帶注〇素丨白韋丨也長三
尺上廣一尺下廣二尺其頸五寸肩革帶博三寸儀
禮士冠禮
素丨注

〔崒〕崪高也廣雅釋詁四〇崪高峻也文選蕪城賦崪
若斷岸注〇丨者崔嵬詩十月之交山冢丨崩箋
〇山丨者厜㕒爾雅釋山〇崪聚也文選高唐賦崪
中怒而特高兮注〇丨才沒子出二反爾雅釋山釋
文引字林〇詩十月之交釋文丨本
亦作卒漢書劉向傳作山冢卒崩

〔潏〕人所爲爲丨爾雅釋水〇人所爲之曰丨丨術也
偃水使鬱術也魚梁水碓之謂也釋名釋水〇丨
丨水微轉細涌之貌史記司馬相如傳丨丨淈淈索
隱引郭璞〇丨水出杜陵縣水經注十九引字林〇
丨水即巢山之水也水經汾水注〇丨述決二音爾
雅釋水釋文引字林〇丨音如譎詐之譎山海經中
山經勞水西流注于丨水
注大荒東經有丨水注

〔聿〕丨述也詩文王丨脩厥德傳大明丨懷多福箋又
禮記禮器丨追來孝注表記丨懷多福注又左氏
昭廿三年傳丨脩厥德注又孝經丨脩厥德注又書
湯誥丨求元聖釋文又漢書匡衡傳集注又後漢班
彪傳下注李固傳注又太元飾舌柑黃丨注又文選
射雉賦丨采毛之英麗兮徐注〇丨循也後漢傅毅
傳注〇丨自也詩緜丨來胥宇箋〇丨遂也書湯誥
丨求元聖傳又詩蟋蟀歲丨其莫傳又後漢蔡邕傳

注○丨辭也文選江賦注引薛君韓詩章句又漢書劉向傳集注又後漢傳毅傳注○丨曰也漢書食貨志上集注敘傳上集注○丨猶曰也穆天子傳丨將六師注○丨惟也左氏昭廿六年傳丨懷多福注又文選幽通賦丨中龢爲庶幾兮曹注○丨皇疾貌文選長笛賦丨皇求索注○丨皇輕疾貌文選羽獵賦武騎丨皇注○丨越豹走貌文選吳都賦丨越巉險劉注○詩文王丨脩厥德漢書東平思王宇傳作述脩厥德○詩大明丨懷多福春秋繁露郊祭作允懷多福

姞 丨吉人也左氏宣三年傳○丨蹶父姓也詩韓奕爲韓丨相攸傳

抶 丨擊也左氏文十八年傳歜以扑丨職注又廣雅釋詁三又莊子則陽釋文引三蒼又漢書五行志下之上集注○丨笞也漢書楊雄傳上集注○丨鐵也其處皮熏黑色如鐵也釋名釋姿容

馹 丨傳也爾雅釋言又左氏昭五年傳楚子以丨至于羅汭注又左氏襄廿一年傳乘丨而見宣子釋文又國語晉語乘丨自下注○丨傳車也呂覽士節乘丨而自追晏子注○丨舍者之傳也爾雅釋言丨傳也舍人注○爾雅釋言釋文丨郭音義云本作遷

郅 丨至也漢書司馬相如傳下集注引文穎○丨大也盛也史記司馬相如傳爰周丨隆索隱○丨可見之大也爾雅釋詁晊大也樊注○丨登也魯衛曰丨方言一○丨偈竿之貌也文選甘泉賦夫何旟旐丨偈之旖旎也注○丨或爲晊史記司馬相如傳集解

桎 丨械也山海經海內西經帝乃梏之疏屬之山丨其右足注又呂覽士容欲其取鼠也則丨之注○丨械謂之丨廣雅釋室○丨今之械也禮記月令釋文○丨梏今械也禮記月令去丨梏注○丨梏謂械呂覽孟秋具丨梏注○丨梏者兩手各一木也周禮掌囚中罪丨梏注○丨木在足也莊子德充符解其丨梏釋文○木在足曰丨在手曰梏周禮大司寇丨梏而坐諸嘉石注○在足曰丨在手曰梏易蒙用說丨梏釋文又呂覽仲春去丨梏注孟秋具丨梏注又淮南時則去丨梏注○足曰丨手曰梏左氏莊卅年傳則執而梏之注○著足曰丨著手曰梏呂覽士容欲其取鼠也則丨之注○在手曰梏在足曰丨周禮掌囚注又禮記月令注又後漢鍾離意傳注○參著曰梏偏著曰丨周禮掌囚上罪梏拲而丨釋文引張揖注○偏著曰丨參著曰梏一切經音義十六引蒼頡○丨實也言其下垂至地然後吐情首實御覽六百四十四引風俗通○丨閡也莊子達生故其靈臺一而不丨釋文引司馬注

庢 丨或爲底古字也文選七發發怒丨沓注

銍 丨穫也詩臣工奄觀丨艾傳○丨斷去藁也書禹貢二百里納丨鄭注○丨刈謂禾穗書禹貢傳○丨穫禾鐵也丨丨斷禾穗也釋名釋用器○截穎謂之丨小爾雅廣物

挃 丨擣也淮南兵略不若捲手之一丨注○丨刺也廣雅釋詁二○丨丨穫也爾雅釋訓○丨丨穫聲也詩良耜穫之丨丨傳又爾雅釋訓孫注

眰 丨大也爾雅釋詁○爾雅釋詁釋文丨本又作至又作胵

泆 丨湯疾速如湯沸丨也莊子天地數若丨湯釋文引李注○丨陽豹頭馬尾一云神名也莊子達生則丨陽處之釋文引司馬注○書多士誕淫厥丨史記魯周公世家作誕淫厥佚○周禮大宗伯注以防其淫丨釋文淫失本亦作佚禮記坊記淫丨而亂于族釋文丨又作佚莊子天地釋文丨湯司馬本作佚

蕩○書酒誥淫丨于匪彝釋文丨又作逸○書多士大淫丨有辭釋文丨作佾馬本作屑○莊子天地釋文丨本或作溢

繘 丨汲水綆也禮記喪大記不說丨釋文○丨汲水索也方言五丨注○丨者綆汲之具也易彖下傳汔至亦未丨荀注○丨綆也儀禮士喪禮不說丨釋文○丨綆也廣雅釋器○綆關西謂丨方言五○丨者所以出水通井道也易彖下傳荀注○巽繩爲丨易井亦未丨井虞注

茁 丨出也詩騶虞彼丨者葭傳

紩 丨索也廣雅釋器○丨納也廣雅釋言

罼 丨率也廣雅釋器○掩飛禽曰丨御覽八百卅二引蔡邕月令章句○小而柄長謂之丨禮記月令

田獵罝罘羅網畢翳注○丨宿名也楚辭守志舉天丨兮掩邪注○爾雅釋天注獠獵丨弋釋文丨本又作畢

佖 丨滿也漢書揚雄傳上集注

駜 丨馬肥彊貌詩有駜有丨有丨傳○丨父必反詩有丨釋文引字林

櫍 丨椹也廣雅釋器又一切經音義五引埤蒼

觱 丨沸泉出貌詩采菽丨沸檻泉傳○丨沸出貌詩瞻卬丨沸檻泉箋○丨發風寒也詩七月一之日丨發傳○詩七月一之日丨發說文仌部作一之日滭沷

鷅 爾雅釋鳥鳥少美長醜爲鶹丨釋文本亦作鶹栗或作留離

麜 麕牝丨爾雅釋獸

蛣 丨蜣蜣蜋爾雅釋蟲○丨蟬也廣雅釋蟲

衵 丨近身衣晉書音義中○丨服近身衣左氏宣九年傳皆衷其丨服以戲于朝注○丨日日所衣裳也左傳宣九年釋文引字林○丨婦人近身內衣也仁一反同上

溧 丨冽甚寒也素問氣交變大論其變丨冽注

汩 與曶同○丨疾也廣雅釋詁一又列子湯問丨流之中釋文又文選吳都賦丨乘流以砰宕劉注○丨疾行也南楚之外曰丨方言六○丨去貌疾若水流也離騷丨余若將弗及兮注○丨谿丨水流疾也文選七發澥丨潺湲注○澥丨去疾貌文選琴賦澥丨澎湃注○丨水聲急也爾雅釋水釋文引字林○

丨丨急流也方言六丨疾行也注○回伏而湧出者丨也莊子達生與齊俱入與丨皆出注○丨涌波也列子黃帝與丨偕出釋文○丨流也楚辭懷沙分流丨兮注○曶曶流也廣雅釋訓○丨流貌也華嚴經音義下引珠叢○丨流冰也爾雅釋水注丨漱沙壤釋文○丨湟水流貌文選長笛賦絞槩丨湟注○丨行貌後漢馮衍傳注又楚辭懷沙丨徂南土注○丨深水也文選東廣微補亡詩注引字林○丨淨貌文選魯靈光殿賦丨磑磑以璀璨注○丨越光明貌文選景福殿賦羅疏柱之丨越注

蔤 荷其本丨爾雅釋草○丨莖下白蒻在泥中者爾雅釋草注

驈 驪馬白跨丨爾雅釋畜○驪馬白跨曰丨詩駉有丨有皇傳○丨于必反爾雅釋畜釋文引字林○爾雅釋畜釋文丨字或作駙

霱 本亦作矞○矞雲者外亦内青也文選魏都賦矞雲翔龍劉注○矞矞物長春風之聲貌也太元交矞矞皇皇注○矞穿也廣雅釋詁三○矞與譎同荀子非十二子矞宇嵬瑣注○周禮大司樂注故鳥不矞釋文本又作獝亦作䫻○禮記禮器故鳥不矞釋文矞本作獝

獝 ｜狂無頭鬼後漢禮儀志中注引埤蒼○｜狂惡戾之鬼名文選東京賦斮｜狂薛注○｜狘飛走之貌也禮記禮運故鳥不｜注○禮記禮運故鳥不｜周禮大司樂注作故鳥不矞

飶 ｜芬香也詩載芟有｜其香傳○詩載芟釋文｜字又作苾

尼 ｜止也爾雅釋詁又易姤繫于金柅釋文引蜀才注又孟子梁惠王下止或｜之注又山海經大荒北經相繇食于九土其所歍所｜即為源澤注○｜者止也爾雅釋詁｜定也注○｜定也爾雅釋詁○

經籍籑詁 卷九十三 四霽 霱至澤 罣

｜者私之定也爾雅釋詁舍人注○｜近也小爾雅廣詁○｜者近也爾雅釋詁郎｜也注又孫注○｜作尼居字孟子音義上引丁音○爾雅釋詁郎｜也釋文｜本亦作昵

堲 ｜疾也書舜典朕｜讒說傳○火熟曰｜燒土冶以周於棺也或謂之土周由是也禮記檀弓上夏后氏｜周注○書舜典朕｜讒說殄行史記五帝紀作朕畏忌讒說殄行

柣 ｜砌也廣雅釋室○｜大一反爾雅釋宮釋文引字林

蒺 ｜蔾茨草易困釋文○｜蔾木名易困據于｜蔾虞注○｜蔾蝍蛆爾雅釋蟲○圤為｜蔾易困虞注○爾雅釋蟲釋文｜字本亦作螏

澤 ｜沸盛貌史記司馬相如傳｜浡滵汩索隱引司馬彪○｜浡水壁䋈繆聚之貌也一切經音義十七引漢書音義

鴥 ｜飛也廣雅釋詁三○鴥疾飛也詩晨風鴥彼晨風傳○｜疾貌也文選蜀都賦鵰鶚｜其陰劉注○｜急疾之貌也後漢謝該傳注○｜鷸飛貌爾雅釋鳥釋文引字林○｜於寂反詩晨風釋文引字林○詩晨風鴥彼晨風韓外傳作鷸彼晨風

拮 ｜据撠挶也詩鴟鴞予手｜据傳○口足為事曰｜据詩鴟鴞釋文引韓詩

誺 ｜不知也沅澧之間凡相問而不知荅曰｜方言十

○以下據廣韻錄

懫 ｜止也廣雅釋詁三

侄 ｜鷙也廣雅釋詁一

經籍籑詁 卷九十三 四霽 鴥至蟋 哭

翐 ｜｜羽翼聲莊子山木翂翂｜｜釋文引李注○｜｜飛｜｜舒遲貌莊子山木釋文引司馬注○｜｜不高貌莊子山木釋文○莊子山木釋文｜｜或作泆泆

蟋 ｜蟀蛬爾雅釋蟲○｜蟀蛬也詩蟋蟀｜蟀在堂傳○｜蟀促織也後漢襄楷傳注○｜蟀今促織也亦名青蛩爾雅釋蟲注○｜蟀蜻蛚也梁國謂蛬爾雅釋蟲孫注○｜蟀蜻蛚呂覽季夏｜蟀居宇注○｜蟀蜻蛩也爾雅釋蟲李注○｜蟀蜻蛚趣織也淮南時則｜蟀居奧注○蜻蛚楚謂之｜蟀方言十一○｜蟀蟲名世謂之蜻蛚也文選聖主得賢臣頌注引蔡邕月令章句又文選四子講德論注○｜蟀蟲名螽斯莎雞之類世謂之蜻蛚藝文類聚九十七引蔡邕月令章句○爾雅釋蟲｜蟀蛬釋文｜本或作蟋

鶂 集韻或作鳧○鳧居楚烏爾雅釋鳥鸒斯｜鶋孫注

趌 ｜趨凶豎也亦跳起也一切經音義十五引纂文

䵒 暱同○｜黏也廣雅釋詁四○䵒黏也考工記弓人凡昵之類不能方杜注○䵒黏也齊魯青徐自關而東或曰䵒方言二○䵒膠也爾雅釋言

劮 ｜婬也廣雅釋詁一○｜戲也廣雅釋詁三○｜爲也廣雅釋言

欥 ｜詞也廣雅釋詁四○｜古聿字漢書敘傳上集注

款 ｜喜也廣雅釋詁一○｜｜喜也廣雅釋訓

眣 ｜瞚也公羊文七年傳釋文引字書○以目通指曰｜公羊文七年傳注○公羊文七年傳釋文｜本作眣又作眹

踁 ｜踁疾行貌史記司馬相如傳｜踁輵轄索隱引張揖○｜踁作前作卻也史記司馬相如傳集解引徐廣

剸 ｜斷也廣雅釋詁一

綶 䙲｜綵也廣雅釋器

喹 ｜咄也廣雅釋言

䛟 ｜苦也廣雅釋詁四

剩 剩同○｜割也廣雅釋詁二○剩斷也廣雅釋詁二

沘 迮而吐之曰｜一切經音義四引通俗文

䤑 ｜醬也廣雅釋器

宓 ｜安也廣雅釋詁一○｜寗淮南覽冥｜穆息于太祖之宇注○｜祕｜廣韻引埤蒼○｜字從宀顏氏家訓書證○史記仲尼弟子傳｜不齊淮南泰族作宓子

鴓 ｜鳩人面鳥身集韻引字林

㜚 ｜母也廣韻釋親

縪 ｜縫也廣雅釋詁二○｜謂縫著於武也儀禮既夕記外｜注○韍謂之｜廣雅釋器

鮅 ｜鱒爾雅釋魚○｜魴也爾雅釋魚釋文引字林

馝 ｜馞馝茀音義同文選上林賦晻薆馝茀注

坒 ｜相連也文選吳都賦注引淮南許注

怭 ｜｜嫳嫚也詩賓之初筵威儀｜｜傳○詩賓之初筵威儀｜｜說文人部作威儀佖佖

咇 ｜喞聲出貌文選洞簫賦啾｜喞而將吟兮注

齣 ｜齧也廣雅釋詁三

滵 ｜滵流貌文選南都賦玉膏｜滵流其隅注○｜汩去疾也史記司馬相如傳潷浡｜汩索隱引司馬彪

榓 ｜集韻榓同○榓香木也似槐集韻引字林○｜亡一反一切經音義六引字林

鵖 爾雅釋鳥｜肌繫鵯釋文｜本今作客

⿰壹乚 ｜貪也廣雅釋詁二

滭 ｜盜也廣雅釋詁二○去汁曰｜一切經音義五引通俗文

⿰扌畢 亦作抋○抋擊也廣雅釋詁三○抋刺也廣雅釋詁二○抋方言凡相推搏曰抋又推擊也列子黃帝攩抋挨抌釋文○抋椎毗必反晉書音義上引字林

嗶 ｜危也爾雅釋詁○｜事之危也爾雅釋詁舊注

鱊 ｜鮬鱖鯞爾雅釋魚○｜于一反爾雅釋魚釋文引字林

蓽 ｜子菜也廣雅釋草

⿰酉矞 ｜醬也廣雅釋器

⿰風矞 ｜風疾貌文選海賦䬒｜島濱注

⿱艹聿 ｜欒爾雅釋草

⿰矞羽 ｜與獝同文選江賦鼓翅｜𤐣注

崪 ｜竟也廣雅釋詁三○｜絕也廣雅釋詁四

䱣 ｜鯈也廣雅釋魚

珬 ｜老鵰化西海爲｜已裁割若馬勒者謂之珂｜者珂之本璞也文選吳都賦致遠流離與珂｜劉注

訹 集韻或作鉥○｜誘也廣雅釋詁二又漢書韓安國傳集注○｜者誘也漢書武帝紀集注○鉥導也國語晉語吾請爲子鉥注○鉥鍼也廣雅釋器○鉥長鍼也管子輕重乙一女必有一刀一錐一箴一鉥注

膟 ｜血祭禮記祭義釋文引字林○｜膋血與腸閒脂也禮記祭義取｜膋乃退注

⿱率土 ｜始也廣雅釋詁一○｜出也同上

⿰亻出 ｜中也方言十二

逫 ｜律出遲貌文選洞簫賦馳散渙以｜律注

泏 ｜水定也集韻引字林

絀 ｜短也方言十三又廣雅釋詁二

怴 ｜者狂也齊人語公羊桓五年傳曷爲以二日卒之｜也注○｜怒也廣雅釋詁二○｜｜亂也廣雅釋訓

颰 ｜風也廣雅釋詁四

䬕 ｜蕭條清涼之貌文選魯靈光殿賦｜蕭條而清冷注○｜｜風也廣雅釋訓

○以下據集韻錄

⿰魚桼 ｜音七爾雅釋魚釋文引字林

鳴 ｜邑也廣雅釋鳥

蠠 ｜沒勉也爾雅釋詁○｜沒猶黽勉爾雅釋詁注

䀛 山之東西自愧曰恧趙魏之閒謂之丨方言六

銍 丨一作銍史記秦本紀乞食丨人集解引徐廣

袟 丨程也廣雅釋言○下丨謂妾御也楚辭愍命逐下丨於後堂兮注

昳 丨疾貌也文選甘泉賦薌丨肸以棍批兮注

鴶 丨音吉爾雅釋鳥釋文引字林

偖 丨狂也廣雅釋詁四○丨自矜之危氣也在上反出爲丨呂覽明理有偖丨注

茟 丨蔾也廣雅釋草

○以下附録

𧦝 丨忿戾丨讀似質緩氣言之者在舌頭乃得淮南脩務胡人有知利者而人謂之丨注

[illegible] 玲丨无瓆皆玉名字皆無聞玲丨音鈐瓆穆天子傳四玲丨无瓆注

忞 丨窋也管子地員五沃之狀剽丨注

䀸 丨病也廣雅釋詁一

經籍籑詁卷第九十三

經籍籑詁卷第九十三補遺　入聲

兵部侍郎兼都察院右副都御史巡撫浙江等處地方提督軍務兼理糧餉阮元撰集

四質

質 說文丨以物相贅从貝从所闕○丨信也左氏昭廿年傳以三公子爲丨注○丨正也禮記禮器丨明而始行事疏中庸丨諸鬼神而無疑疏又後漢朱浮傳浮以書丨責之注又呂覽知度賢不肖各反其丨注○丨者正也周禮司裘注又方制之以爲臯疏○丨主也左氏襄九年傳且要盟無丨注○丨平也周禮馬質疏○丨成也素問三部九候論必指而導之注○丨者平治成就之義詩抑傳丨成也疏○丨謂形卜易坤注極於地卜疏○丨物之形丨荀子正名丨請而喻注○丨體也禮記禮運五行以爲丨疏

○丨形體也左氏僖廿三年傳注名書於所臣之策疏○丨性也國語齊語聰慧丨仁注○丨對之也漢書汲黯傳黯丨責湯於上前注○丨椹也詩公劉箋所以鍛丨也疏○丨鑕也漢書英布傳伏斧丨淮南市注張蒼傳解衣伏丨注王訢傳訢已解衣伏丨注○楊雄傳下製以丨鈇注敘傳上然卒潤鑊伏丨注○丨謂鍖也漢書項籍傳孰與身伏斧丨注○四寸曰丨詩賓之初筵傳疏引王肅○丨謂堋史記孫子吳起列傳及臨丨索隱○丨郎革之別名考工記函人爲甲注摯之言致疏○詩抑丨爾人民說苑修文作告爾人民

日 說文丨實也太陽之精不虧从口一象形凡丨之屬皆从丨囗古文象形○丨者實也周禮馮相氏冬夏致丨疏○丨之爲言實也禮記月令疏引春秋元命包○丨暘也書洪範曰暘疏○丨爲陽精禮記

月令疏又左氏成十八年傳注晦月終疏○丨者陽
之精左氏莊廿五年傳注臣不宜掩君疏○丨者太
陽之精詩十月之交箋疏又續漢五行志六○丨者
陽之主也淮南天文○丨者稜陽之長漢書李尋傳
○丨者陽精之宗續漢天文志上引張衡靈憲○丨
火也在天爲丨在地爲火論衡詰術○火氣之精者
爲丨淮南天文○震爲丨易節則嗟若虞注文言傳
與丨月合其德荀注○丨君道也詩十月之交此丨
而微傳又左氏莊廿五年傳注疏○丨爲人君左氏
哀六年傳○丨者萬物由之以煦萬象由之以顯管
子樞言道之在天者丨也注○丨甲至癸也禮記月
令乃以元丨盧注○丨從甲至癸也淮南時則擇元
丨注○丨謂丨丨從甲至癸也左氏昭七年傳疏○
斗建從甲至癸十者謂之丨左氏襄廿七年傳注謂
斗建指申疏○甲乙丙丁等謂之丨禮記月令天子
乃以元丨祈穀於上帝疏○丨朔望與六甲也禮記

內則九年教之數丨注○丨三百六十丨漢書郊祀
志上合時月正丨注○從旦至旦爲一丨也周髀算
經下注○丨之行天一丨一夜行一度故謂一度爲
一丨穀梁文六年傳注一歲三百六十丨疏○從夜
半以至明丨夜半周十二辰爲一丨書洪範疏○丨
往丨也左氏文七年傳丨衛不睦注昭廿年傳丨宋
之盟注又國語晉語丨吾來此也注○丨謂往丨也
左氏昭七年傳丨我先君共王疏○丨者往丨也漢
書卜式傳丨者北邊有興注○丨者猶往丨也漢書
高帝紀下丨者荊王兼有其地注○丨者猶言往丨
也漢書韓延壽傳丨者燕王爲無道注外戚傳下丨
者建始元年正月注○丨月者天之使也淮南天文
○丨官天子掌麻者左氏桓十七年傳丨官居卿以
底丨注○丨官丨御典麻數者左氏桓十七年傳丨天
子有丨官諸侯有丨御注服注○詩十月之交朔丨
辛卯左氏昭七年疏作朔月辛卯

筆 說文秦謂之丨从聿从竹○丨者謂有所增益以
丨就而書也漢書禮樂志丨丨則丨注○臧伯著碑
貨墨敏疾嚴訢碑發憤授貨丨皆作貨

出 說文丨進也象艸木益滋上丨達也凡丨之屬皆
从丨○丨猶生也史記樂書樂由中丨正義又淮
南隆形桑麻魚鹽丨焉注○向上謂之丨考工記玉
人注射玫丨者也疏邸射剡而丨也疏○上湧曰丨
漢書文帝紀大水潰丨注○丨猶作也淮南修務邯
鄲師有丨新曲者注○丨去也呂覽知分負侯敢辭
而丨注開春封人子高丨注貫直先丨也衣綿紵注
○丨謂丨去也禮記內則父母不說丨疏○丨謂有
所之適禮記檀弓上二三子皆經而丨注○丨謂欲
適他國管子大匡丨欲通注○丨謂國外也孟子告
子下丨則無敵國外患者注○丨謂所當給爲禮記
王制量入以爲丨注○丨入猶往來左氏成十三年

傳余雖與晉丨入注○丨入猶去來也左氏僖廿八
年傳丨入三覲注○丨入謂喘息也素問六微旨大
論丨入廢則神機化滅注○姊妹之子曰丨漢書五
行志上子鼂楚之丨也注五行志下之下子鼂楚丨
也注○丨者謂犯七丨而見絕者也左氏莊廿七年
傳丨曰來歸疏

室 說文丨實也从宀从至至所止也○丨之爲言實
也禮記曲禮上三十曰壯有丨疏○因其貯物充
實則曰丨禮記曲禮上疏○居處謂之丨禮記文王
世子注下丨燕寢疏○人居謂之丨詩鴟鴞箋丨猶
巢也疏○戶內曰丨左氏桓十八年傳男有丨疏○
丨猶家也書立政傳丨家大强疏○丨燕寢也詩鵲
巢維鳩居之箋○丨人主人也詩賓之初筵丨人入
又傳○丨家謂夫婦也詩桃夭箋家人猶丨家也疏
○男子謂妻爲丨左氏宣十四年傳注故以女妻之
疏○女在房丨故以丨言之左氏昭元年傳是謂近

女丨疏○婦人主閨門之事故爲丨也左氏桓十八
年傳疏○妻處夫之丨故書傳通謂妻爲丨左氏隱
元年傳注謂之繼丨疏○丨謂鞘也史記刺客列傳
劍長操其丨索隱○丨劍削也廣雅釋器○丨謂矛
之鋈孔詩清人箋喬矛矜近上及丨題疏○韓勅後
碑舟口犢域庫室中郎丨作室

【實】說文丨富也从宀从貫貫貨貝也○丨滿也禮記
玉藻盛氣顚丨疏又淮南主術丨曠來遠者注○
丨猶充也禮記表記則丨以君子之德疏○丨是也
詩燕燕丨勞我心傳釋文○丨明淮南精神吾將舉
類而丨之注○丨謂陽也易鼎鼎有丨疏○陽主消
息故稱丨易蒙注陽稱丨也疏○丨幣帛貨財之丨
淮南精神名丨不入注○丨幣之屬也一曰仁義之
功賞也淮南原道則名丨同居注○丨治國惠民之
功丨也孟子告子下先名丨者爲人也注○丨長淮
南時則四月草木不丨注○丨穀也國語晉語已賴

其地而又受其丨注○軍所討獲曰丨文選吳都賦
數軍丨乎桂林之苑劉注引鄭氏○丨俎肉也公羊
定十四年傳俎丨也疏○丨寔義同詩頍弁箋丨猶
是也疏○詩燕燕丨勞我心釋文本亦作寔○詩椒
聊丨大且篤唐石經作碩大且篤

【疾】說文丨病也从疒矢聲𤵸古文丨𤶬籀文丨○丨
廢疾也國語魯語于是乎有鰥寡孤丨注○丨首
謂頭痛也詩小弁傳擣心丨也疏○丨患左氏桓六
年傳不以隱丨注○丨惡也左氏昭九年傳謂之丨
日注又文選陸士衡樂府君子行注引國語賈注○丨
丨急也左氏襄五年傳而丨討陳注又呂覽愛士丨
鬭于車下注○丨速也淮南說山破乃愈丨注○丨
急速也漢書灌嬰傳戰丨力注○丨捷速也禮記月
令征鳥厲丨疏○丨猶爭呂覽禁塞而丨取救守注

【術】說文丨邑中道也从行朮聲○丨大道也漢書刑
法志園囿丨路注引如淳○丨道丨也荀子非相
不如擇丨注○丨道路也漢書燕剌王旦傳橫丨何
廣廣兮注引臣瓚○丨謂道路禮記樂記性丨之變
疏○丨道徑也漢書禮樂志然後心丨形焉注○丨
數也淮南本經用兵有丨矣注○丨數刑名之書也
漢書鼂錯傳以知丨數也注引張晏○丨數謂法制
治國之書也漢書鼂錯傳注引臣瓚○丨述也禮記
祭義注丨當爲述疏○丨亦作述漢書賈山傳丨追
厥功注

【一】說文丨惟初太始道立於丨造分天地化成萬物
凡丨之屬皆从丨弌古文丨○丨數之始也孝經
開宗明義章第丨疏○丨者數之始禮記曲禮目疏
引呂靖又周禮天官目錄疏又左氏隱元年春秋經
傳集解疏○丨者十數之始周禮羽人注丨羽有名
疏○丨者萬物之所從始也漢書董仲舒傳○初稱

丨易萃丨握爲笑虞注○丨謂无也易繫辭上傳丨
陰丨陽之謂道疏○空之謂丨鶡冠子環流○丨道
也呂覽過理亡國之主丨貫注○丨謂道也呂覽士
容若失其丨注○丨亦道也文選頭陁寺碑文注引
老子鍾會注○道無雙故曰丨韓非子揚權○丨者
元氣也淮南精神丨生二注○丨者道始所生太和
之精氣也老子抱丨能無離注○丨謂號令不貳管
子幼官必明其丨注○丨謂專丨禮記禮運欲丨以
窮之疏○丨皆也荀子禮論丨使足以成文理注引
王肅○丨者衆之所歸易繫辭下傳陽卦多陰疏○
丨謂誠也禮記禮器其致丨也注○丨也俱趨誠也
禮記禮器三代之禮丨也注○丨謂豫也禮記中庸
所以行之者丨也疏○丨謂當豫也禮記中庸疏○
丨日甲子之日也國策秦策領戰丨日注○丨月周
之正月書武成惟丨月注○丨切權時也漢書路溫
舒傳媮爲丨切注引如淳翟方進傳奏請丨切增賦

注引張晏○丨人謂君也荀子仲尼媚茲丨人注○丨人君上也荀子富國所以養丨人也注○丨壹得通用儀禮士冠禮注古文壹皆作丨疏○丨人或謂二人禮記鄉飲酒儀丨人揚觶注

乙

說文丨象春艸木冤曲而出陰气尚彊其出丨丨也與丨同意丨承甲象人頸凡丨之屬皆从丨○丨者言萬物生軋軋也史記律書○丨抽也文選文賦思丨丨其若抽注○丨軋聲相近禮記月令注丨之言軋也疏○丨魚體中害人者名也今東海鰌魚有骨名丨在目旁狀如篆丨食之鯁人不可出禮記內則魚去丨注

壹

說文壹專壹也从壺吉聲凡壹之屬皆从壹○丨專也左氏昭廿六年傳丨行不若注○丨者專也同也詩都人士序則民德歸丨箋○丨者齊一之義詩都人士序疏○丨者言其一心不貳意也左氏莊卅二年傳聰明正直而丨者也疏○丨者決定之辭也禮記檀弓下丨似重有憂者疏○丨志氣閉而爲丨也孟子公孫丑上志丨則動氣注○丨鬱猶拂鬱也漢書賈誼傳子獨丨鬱其誰語注○丨切謂權時也漢書張敞傳願得丨切比三輔尤異注引如淳○禮記明堂位注疾服蔵丨見釋文又作一

吉

說文丨善也从士口○丨者善也詩卷阿序疏○丨猶善也詩卷阿序言求賢用丨士也箋○丨士者善士也詩野有死麕箋丨士使媒人道成之疏○丨事祭祀冠取之屬也禮記曲禮上丨事先近日注○丨祝祈福祥也獨斷上○丨服朝服也禮記喪服小記大祥丨服而筮尸疏○丨上王者所卜而居之土也禮記禮器因丨土以饗帝於郊注○丨月月朔也論語鄉黨丨月集解引孔注

秩

說文丨積也从禾失聲詩曰積之丨丨○丨次也周禮春官序官注女作丨宗疏典命注謂王遷丨

丨羣臣之書疏○丨謂制其差等書皋陶謨天丨有禮疏○丨常也禮記內則大夫無丨膳注又國語楚語令尹丨之注又淮南時則令百縣之丨芻注○丨丨流行也漢書劉向傳斯干之詩是也注

密

說文丨山如堂者从山宓聲○丨靜管子大匡天詐丨而後動者勝注○丨寧也國語周語夙夜基命宥密注又家語論禮夙夜基命宥丨注○丨安也詩公劉止旅乃丨傳○丨勿猶黽勉從事也漢書劉向傳丨勿從事注

率

說文丨捕鳥畢也象絲罔上下其竿柄也凡丨之屬皆从丨○丨循也易繫辭下傳初丨其辭疏又禮記大傳自仁丨親注又後漢書朱穆傳故丨性而行謂之道注張綱傳丨由舊章注又家語在厄丨彼曠野注正論丨彼天常注又荀子君子丨土之濱注○丨法也禮記祭義其丨用此與疏○丨者總計之

言也漢書宣帝紀丨常在下杜注○言丨者非一之辭詩賓之初筵箋丨如此也疏○丨猶行也左氏昭十二年傳丨事以信爲共注○丨使也呂覽孟春天子親丨三公九卿諸侯大夫注○丨然猶蹶然漢書東方朔傳今先生丨然高舉注○丨鍰也史記周本紀其罰百丨集解引徐廣○古以六兩爲丨周禮職金疏引書夏侯歐陽說○一丨十一銖二十五分銖之十三也周禮職金疏引古尚書說○古之丨多作鍰周禮職金疏引古尚書鄭注○公羊隱五年傳注責元丨釋文本又作帥○詩緜丨西水滸文選干令升晉紀總論作帥西水滸

律

說文丨均布也从彳聿聲○丨之言率所以丨氣令生也白虎通五行○丨者清濁之丨法也續漢律厤志上注引月令章句○丨六丨也漢書郊祀志上同丨度量衡注○丨謂六丨六呂也國語周語丨

所以立均出度也注〇丨管音也淮南時則丨中太簇注〇丨鍾丨也國語周語問丨於伶州鳩注〇陽爲丨太元元攡丨則成物注〇陽聲爲丨左氏昭廿年傳五聲六丨注〇丨法也易師師以丨疏又禮記月令疏〇丨法也莫不取法焉漢書律厤志上〇丨所以銓量輕重爾雅釋言注

逸 說文丨失也从辵兔兔謾訑善逃也〇丨謂縱體書大禹謨罔遊于丨疏〇丨卽佚也佚是淫縱之名故丨爲過也書允征傳疏〇丨民謂有德而隱處者漢書律厤志上舉丨民注〇丨民者節行超丨也論語微子丨民集解

佚 說文丨丨民也从人失聲一曰丨忽也〇逸安也淮南修務非以逸樂其身也注〇丨蕩緩也漢書楊雄傳上爲人簡易丨蕩注〇逸樂謂閑豫也漢書李廣傳而其士亦丨樂注〇丨游出入不節論語季

氏樂丨游集解引王注〇丨讀與逸同漢書刑法志男女淫丨注司馬相如傳下居位甚安丨注佞幸淳于長傳具言長驕丨注〇丨與逸同漢書李廣傳注董仲舒傳淫丨衰微注杜欽傳言失欲之生害也注梅福傳丨民不舉注司馬相如傳下而終於丨樂者也注司馬遷傳主勞而臣丨注韋元成傳嗣王孔丨注薛宣傳而亡丨豫之樂注匈奴傳下以爲不壹勞者不久丨注〇丨字與逸同漢書外戚傳下熊丨出圈注王莽傳上以輿馬聲色丨游相高注〇丨亦逸字一切經音義廿二引三蒼〇丨音義與逸同或作迭或作失孟子公孫丑上遺丨而不怨音義〇公羊成二年傳丨獲也釋文一本作失〇書無逸論衡儒增作毋丨

失 說文手縱也从手乙聲〇丨謂不得其意孝經不敢丨於臣妾疏引劉炫〇丨丨言謂放言穀梁廿五年傳莊公丨言疏〇德薄而位尊者謂之丨管子立政〇周禮大宗伯注以防其淫丨釋文本亦作佚〇莊子徐無鬼若卹若丨釋文司馬本作佚

桼 說文丨木汁可以髤物象形丨如水滴而下凡丨之屬皆从丨〇丨姑澤軺也廣雅釋草〇周禮載師唯其丨林之征釋文本又作漆劉本作丨〇爾雅釋木注亦類丨釋文字又作漆

漆 說文丨水出右扶風杜陵岐山東入渭一曰入洛从水桼聲

㮚 說文㮚木也从木其實下垂故从卤𣡌古文㮚从西从二卤徐巡說木至西方戰㮚〇丨堅也家語問玉縝密以丨智也注〇丨謂堅剛禮記聘義縝密以丨疏〇丨肅也禮記曲禮下椇榛脯脩棗丨疏〇丨竦縮也漢書楊惲傳不寒而丨注〇丨水果也素問五常政大論其果李丨注〇丨者亦取破之義考

工記弓人疏〇〇丨謂以鋸副析幹考工記弓人菑丨不迤司農注〇詩良耜積之丨丨說文作穦之秩秩

畢 說文丨田罔也从華象丨形微也或曰由聲〇丨盡也禮記檀弓上丨塗屋疏月令注火出而丨賦疏郊特牲國人丨作疏喪大記丨塗屋疏又周禮占夢注月令以丨春氣疏又儀禮士喪禮丨塗屋疏又呂覽審分丨競勸騁騖矣注貴信則天地之物丨爲用矣注觀表而使我丨能注賈直一鼓而士丨乘之注自知臣聞忠臣丨其忠注〇丨亦盡也周禮封人注國人丨作疏〇丨單皆盡呂覽禁塞道丨說單而不行注〇丨終也書大誥攸受休丨疏〇丨者竟也左氏莊廿九年傳龍見而丨務疏引釋例〇丨田罔也漢書楊雄傳上其餘荷垂天之丨注〇丨罼也詩盧令序襄公好田獵丨弋箋〇噣陰氣濁起陽氣必止故曰丨爾雅釋天濁謂之丨李注〇丨西方宿呂覽孟夏日在丨注孟秋旦丨中注〇丨西方白虎之

宿淮南時則旦丨中注○丨月雄也史記麻書月名丨聚索隱○爾雅釋邱丨堂牆釋文本又作嵲○詩鴛鴦丨之羅之呂覽季春作罼之羅之

【恤】說文丨憂也收也从心血聲○丨憂也書大誥不卬自丨疏又詩羔裘序不丨其民也箋又禮記表記遑丨我後注○卹憂也後漢書郭鎮傳亦不卹諱忌注○丨供給也禮記月令丨孤寡疏○書舜典惟刑之丨哉史記徐廣注引今文作惟刑之謐哉

【卹】說文丨憂也从血卪聲一曰鮮少也○丨然驚恐貌文選七發則丨然足以駭矣注○丨謐聲相近史記五帝本紀惟刑之靜哉索隱○詩羔裘序不丨其民也釋文本亦作恤

【蜜】說文蠠蠭甘飴也一曰螟子从䖵鼏聲蜜蠠或从宓○丨爲蜂液論衡言毒

【橘】說文丨果出江南从木矞聲○小曰丨大曰柚史記司馬相如列傳丨柚芬芳正義

【溢】說文丨器滿也从水益聲○丨流出也漢書郊祀志上銀自山丨注引蘇林○丨者言其有餘也漢書東方朔傳丨于文辭注○丨與佾同漢書禮樂志千童羅舞成八丨注

【瑟】說文丨庖犧所作弦樂也从珡必聲𤨿古文丨○丨僩者自矜持之事詩淇澳傳疏○詩旱麓丨彼玉瓚釋文字亦作璱

【膝】說文厀脛頭卪也从卪桼聲

【匹】說文丨四丈也从八匸八揲一丨八亦聲○丨猶丨偶也禮記雜記下注今謂之丨疏緇衣小人毒其正疏○二人爲丨四人爲疇一切經音義三引楚辭王注○布帛廣二尺二寸爲幅長四丈爲丨漢書食貨志下○合卷爲丨儀禮聘義注制丈八尺疏○謂之丨者兩兩合卷若丨耦然也左氏閔二年傳注三十丨丨也疏○丨一作疋方言二臺敵丨也注

【述】說文丨循也从辵术聲遹籀文从秫○丨謂明辨其義而循行也漢書禮樂志丨者之謂明注○顯而明之曰丨書孔序丨職方以除九邱疏○丨者丨其古事詩定之方中傳山川能說疏引鄭志○丨職者丨所職也孟子梁惠王下○丨職者丨其所職也文選上林賦注引書大傳○詩燕燕報我不丨釋文本亦作術

【慄】丨懼也文選藉田賦注引廣雅

【黜】說文丨貶下也从黑出聲○丨退也左氏襄廿六年傳何以丨朱於朝注○絀抑退也史記大宛列傳皆絀其勞集解引徐廣○丨去也左氏昭廿六年傳咸丨不端注

【蹕】說文趕止行也一曰竈上祭名从足畢聲○丨止行人也史記張釋之馮唐列傳聞丨匿橋下集解引如淳又漢書司馬相如傳下祝融警而丨御兮注○趕止行人也漢書梁孝王武傳出稱警入言趕注○韓安國傳故出稱趕入言警注○周禮大司寇使其屬趕釋文本亦作丨

【弼】集韻或作拂通作佛○說文弼輔也重也从弜丙聲𢐀弼或如此㢸𢐊並古文弼○佛輔也詩敬之佛時仔肩箋○廉潔而切直謂之丨華嚴經音義下引書大傳○丨猶相戾也漢書五行志下之上君臣故丨茲謂悖注○拂讀曰丨漢書蓋寬饒傳匡拂天子注王莽傳上甄豐爲大阿右拂注○拂與丨同漢書東方朔傳上以拂主之邪注

七 說文丨陽之正也从一微陰从中衺出也凡丨之屬皆从丨○丨者天地四時人之始也漢書律厤志上○震爲丨易既濟丨日得虞注○丨亦大之成數管子幼官用丨數注○南方有火二土五故數丨南齊書十一引月令章句○新莽侯鉦重五十來斤丨作來

叱 說文丨訶也从口七聲○丨嫌有隱使也禮記內則不嘯不指注

卒 丨終也禮記雜記上疏引異義又左氏襄廿四年傳以待其丨注昭十五年傳貴忘無丨注哀十一年傳丨曰注○丨亦終也漢書楊惲傳丨與禍會注○丨盡也漢書翼奉傳丨其終始注○丨竟也公羊宣八年傳丨名也注○丨畢竟也禮記曲禮下大夫曰丨疏○丨者人之終左氏僖廿三年傳注故於丨貶之疏○大夫曰丨精耀終也通典八十三載五經通義引春秋說題辭又白虎通崩薨○丨斬盡滅之稱詩節南山箋其國已盡絕滅疏○爾雅釋詁丨泯忽滅釋文字或作碎

蝨 說文丨齧人蟲从䖵卂聲

悉 說文丨詳盡也从心从釆恖古文丨○丨盡其事也漢書食貨志上至孅至丨也注○丨謂詳盡也漢書張釋之傳對上所問禽獸簿甚丨注

謐 說文丨靜語也从言𥁋聲○丨靜也素問五常政大論其政丨注

朮 亦作荒○說文荒山薊也从艸朮聲○朮古文秫字廣雅釋草曹憲音

軼 說文丨車相出也从車失聲○丨亦過也漢書楊雄傳上丨五帝之遐迹兮注○丨與溢同漢書地理志上丨爲滎注○丨與逸同漢書王襃傳因奏襃有丨材注楊雄傳下機駭蠭丨注敘傳上良樂丨能於相御注

詰 說文丨問也从言吉聲○丨問也易恆注不可致丨疏○丨責問也左氏昭十四年傳丨姦慝注○丨治也左氏襄卅一年傳子盍丨盜注○丨猶窮也書周官疏引周禮馬注○丨止也易姤后以施命誥四方釋文引鄭注○丨朝明旦左氏襄十四年傳丨朝之事注○丨朝平旦左氏成二年傳丨朝請見注○丨朝猶明朝左氏成十六年傳丨朝爾射死藝注

帙 說文丨書衣也从巾失聲袠丨或从衣

戌 說文丨滅也九月陽气微萬物畢成陽下入地也五行土生於戊盛於戌从戊含一凡丨之屬皆从丨○丨者言萬物盡滅史記律書○丨畢也禮記月令注觀斗所建疏○丨削裁制貌也文選子虛賦揚衪丨削注引張揖○丨削言如刻畫作之史記司馬相如列傳眇閻易以丨削集解引徐廣

佶 說文丨正也从人吉聲詩曰既丨且閑

鳦 舊周名燕燕又名丨爾雅釋鳥燕燕丨舍人注○丨燕今齊人呼丨爾雅釋鳥注○丨乙字異音義同詩燕燕傳燕燕丨也疏

櫛 集韻或作扻○說文丨梳比之總名也从木節聲○莊子庚桑楚簡髮而扻釋文又作丨亦作楖

昵 說文丨日近也从日匿聲春秋傳曰私降丨燕昵丨或从尼○丨親也左氏襄廿五年傳而知匿其丨注○丨嫌私恨列子湯問以丨嫌殺邸郮章注○左氏襄二年傳其誰丨我釋文本又作昵

窒 說文丨塞也从穴至聲○丨塞也易訟有孚丨疏又列子黃帝至人潛行不空釋文○丨丨塞也漢

書揚雄傳下丨㖩蹈瑕而無所詘也注○丨者閉其
將來易象下傳君子以懲忿丨欲疏○丨皇寑門闕
左氏宣十四年傳屨及于丨皇注○易損君子以懲
忿丨欲釋文丨鄭本作懫孟作恎陸作𠼪

必 說文丨分極也从八弋弋亦聲○丨謂丨信之漢書韓信傳且漢王不可丨注

姪 兄子曰丨御覽百四十六引左氏傳服注○謂之丨者何兄之子也白虎通嫁娶○兄弟之女則謂之丨漢書杜欽傳娣丨雖缺不復補注○女子謂昆弟之子男女皆曰丨國語周語則我皇妣大姜之丨注○丨是妻之兄女禮記曲禮下大夫不名世臣丨丨娣疏○丨名雖通男女竝是對姑之稱顏氏家訓風操

蛭 說文丨蟣也从虫至聲○丨水蟲史記屈原賈生列傳夫豈從蝦與丨螾集解引韋昭又漢書賈誼傳注引服虔

鎰 集韻通作溢○二十兩爲丨史記平準書黃金以丨名集解引孟康○二十兩爲溢漢書食貨志下黃金以溢爲名注引孟康○二十兩曰丨漢書張良傳賜良金百丨注引服虔○二十兩曰溢爲米一升二十四升之一儀禮喪服傳朝一溢米釋文引謝慈注○秦以丨名金若漢之論斤也漢書張良傳注

秫 說文丨稷之黏者从禾术象形术丨或省禾

苾 說文丨馨香也从艸必聲

蟀 說文蟹悉蟹也从虫帥聲

嫉 說文㑵妎也从人疾聲一曰毒也嫉㑵或从女○丨者色行俱有又取怨憎之名詩螽斯序箋忌有

所諱惡於人疏

卹 丨衆夷聲也一切經音義七引蒼頡○丨丨閑猥也韻會引通俗文

遹 說文丨回避也从辵矞聲○丨古述字讀聿爾雅釋言孫注

鷸 說文丨知天將雨鳥也从鳥矞聲禮記曰知天文者冠丨䲣丨或从遹○丨一名爲翡翠其羽可以飾物也爾雅釋鳥翠丨李注○丨今翠鳥也漢書五行志中之上鄭子臧好聚丨冠注引韋昭○丨大鳥即戰國策所云啄蚌者也漢書五行志中之上注○丨鳥名左氏僖廿四年傳好聚丨冠注

篳 說文丨藩落也从竹畢聲春秋傳曰丨門圭窬○丨門柴門左氏襄十年傳丨門圭竇之人注○丨路柴車素木車也史記楚世家華路集解引左傳服注○丨門荊竹織門也家語儒行丨門圭窬注

膟 說文丨䜌布也从十从𠬞○丨過也文選上林賦相如傳上丨䜌布寫注○丨䜌盛作也漢書司馬相如傳上丨䜌布寫注

騭 說文丨牡馬也从馬陟聲讀若郅○丨升也漢書五行志上惟天陰丨下民注引應劭

佾 說文新附丨舞行列也从人肖聲○丨列也後漢書獻帝紀丨八丨舞注○丨列也每丨八人御覽五百七十四引月令章句○丨舞行列也文選王元長曲水詩序葆佾陳階注

怵 說文丨恐也从心朮聲○丨丨惕也漢書賈誼傳丨迫之徒注○丨惕驚懼也素問宣明五氣篇幷於腎則恐注○丨爲利所誘丨也漢書賈誼傳注引孟康○周禮聓瞭注以丨懼其動釋文北本作休

繂 說文繂綆屬从絲率聲○丨即紼也禮記檀弓下注棺以丨繞疏○丨謂綆繂也禮記玉藻士練帶

卒下辟疏○丨是縫𧝑之名同上

【珌】說文丨佩刀下飾也天子以玉从玉必聲○佩刀之飾上曰琫下曰丨漢書王莽傳上瑒琫瑒丨注引孟康

【帥】說文丨佩巾也从巾𠂤帨丨或从兌○丨循也國語魯語丨長幼之序注晉語君知士貞子之丨志博注楚語先王懼其不丨注○丨率也呂覽辨土丨為冷風注○丨將也左氏宣十二年傳丨七覆于敖前注

【韠】說文丨韍也所以蔽前以韋下廣二尺上廣一尺其頭五寸一命縕丨再命赤丨从韋畢聲○丨韍也禮記雜記下丨長三尺疏○丨謂蔽膝禮記玉藻素帶終辟疏○凡丨以韋為之必象裳色禮記玉藻

丨君朱注○丨下廣二尺上廣一尺其頸五寸肩革帶博二寸禮記玉藻注○祭服謂之韍其他服謂之丨儀禮士冠禮韍之制似丨疏又左氏宣十六年傳注韍冕命鄉之服疏○冕服謂之芾其他服謂之丨詩采菽赤芾在股箋又左氏桓二年傳注韍韋丨疏○丨即韍也祭服謂之韍朝服謂之丨也儀禮士冠禮注素丨注○士朝服謂之丨詩瞻彼洛矣傳所以代丨也疏

【崒】集韻或作卒○卒者崔嵬也詩漸漸之石維其卒矣箋○卒亦石之形也故讀為丨詩漸漸之石箋疏

【潏】丨人力所為居止爾雅釋水人所為為丨舍人注○人亦於水作洲而小不可止住者名丨水中地也爾雅釋水釋文引郭圖○丨泉貌文選封禪文汭丨曼羨注引服虔○丨涌出聲也漢書司馬相如傳上鄷鎬潦丨注引應劭○丨水涌出聲也漢書司馬相如傳上注引晉灼○丨字或作水旁穴漢書司馬相如傳上注

【礩】說文新附丨柱下石也从石質聲

【聿】說文丨所以書也楚謂之丨吳謂之不律燕謂之弗从聿一聲凡丨之屬皆从丨○丨述也後漢書宦者呂強傳述修厥德注○丨訓遂也述前所以申遂故丨為遂也書湯誥丨求元聖疏○丨皇疾貌漢書揚雄傳上武騎丨皇注○丨遹字異義同禮記禮器丨追來孝疏○詩楚茨神保丨歸宋書樂志二作神保遹歸

【姞】說文丨黃帝之後百鯀姓后稷妃家也从女吉聲○丨南燕姓左氏宣三年傳有賤妾曰燕丨注又

史記鄭世家集解引左傳賈注

【抶】說文丨笞擊也从手失聲○丨笞擊也文選羽獵賦注引埤蒼

【馹】說文丨驛傳也从馬日聲

【郅】說文郅北地郁丨縣从邑至聲○丨偈竿杠之狀也漢書揚雄傳上夫何旟旐丨偈之旖旎也注

【桎】說文丨足械也从木至聲○丨礙也詩節南山箋為周之丨鎋釋文○在足曰丨周禮大司寇疏引易蒙鄭注又漢書刑法志上罪梏拲而丨注○丨是鎋之別名耳詩節南山箋氏當作丨鎋之丨疏○坎為丨梏易說卦釋文引九家集解

【庢】說文丨礙止也从广至聲

銍 說文丨穫禾短鐮也从金至聲○丨謂所刈卽禾穗也漢書地理志上二百里內丨注

颬 說文丨大風也从風日聲

挃 說文丨穫禾聲也从手至聲詩曰穫之丨丨○丨丨刈禾聲爾雅釋訓注

眰 丨大也爾雅釋詁疏引尸子廣澤

泆 說文丨水所蕩丨也从水失聲○丨謂放恣無藝左氏隱三年傳驕奢淫丨注

繘 說文丨綆也从糸矞聲𦃃古文从絲𦃃籒文丨○丨綆也易彖下傳汔至亦未丨井釋文引鄭注○丨汲水瓶索也禮記喪大記不說丨疏

踤 丨聚也文選長楊賦帥軍丨阹注引漢書音義○丨足蹵之也漢書楊雄傳下帥軍丨阹注○丨蹴蹋也文選長楊賦注引方言

經籍纂詁補遺 卷九十三 四質 銍至駜 六

紩 說文丨縫也从糸失聲

罼 丨掩網也呂覽季春田獵丨弋注

佖 說文丨威儀也从人必聲詩曰威儀丨丨○丨滿也文選羽獵賦駢衍丨路注引音灼○丨次比也漢書楊雄傳上駢衍丨路注

熚 說文丨㸌火皃从火畢聲

⿰木畢 說文丨木也从木畢聲

駜 說文丨馬飽也从馬必聲詩曰有丨有丨

櫍 說文新附丨柎也从木質聲

觱 說文觱羌人所吹角屠觱以驚馬也从角𤋴聲𤋴古文誖字○詩采菽丨沸檻泉說文作畢沸檻泉

蛣 說文丨丨蚰蝎也从虫吉聲

衵 說文丨日日所常衣从衣从日日亦聲

凓 說文凓寒也从仌栗聲

汩 𡿨同○說文丨治水也从水曰聲又𡿨水流也从川曰聲○丨疾皃也漢書司馬相如傳上丨乎混流注○丨減疾皃也漢書司馬相如傳下丨減歘以永逝兮注○丨㴔急轉皃也史記司馬相如列傳丨㴔漂疾索隱引郭璞○丨㴔水聲也文選上林賦丨㴔漂疾注引司馬彪○丨往意也漢書楊雄傳上丨低回而不能去兮注

經籍纂詁補遺 卷九十三 四質 櫍至尼 九

蔤 說文丨芙蕖本从艸密聲

驈 說文丨驪馬白胯也从馬矞聲詩曰有丨有騜

霱 本亦作矞○說文矞以錐有所穿也从矛从冏一曰滿有所出也○矞出也廣雅釋詁二

璱 說文丨玉英華相帶如瑟弦从玉瑟聲詩曰丨彼玉瓚

獝 丨驚飛也禮記禮運故鳥不丨疏○丨狂亦惡鬼也漢書楊雄傳上捎夔魖而抶丨狂注引孟康

飶 說文丨食之香也从食必聲○丨芬芳也詩載芟有丨其香釋文○丨者香之氣詩載芟疏

尼 丨安也廣雅釋詁一○丨與昵音義同書高宗彤曰典祀無豐於昵疏

〔堲〕丨聲近疾書舜典朕丨讒說殄行疏

〔蒺〕丨蔾害體之物左氏襄廿五年傳身必危疏

〔颲〕說文丨風雨暴疾也从風利聲讀若栗

〔鴥〕說文鴥鷐飛皃从鳥穴聲詩曰鴥彼晨風○丨者鳥飛之狀詩晨風傳鴥疾飛貌疏○詩采芑鴥彼飛隼後漢書儒林謝該傳注作丨彼飛隼一切經音義六作丨彼飛鶽

〔抭〕丨投也集韻引廣雅

○以下據廣韻錄〔⿰口質〕說文丨野人之言从口質聲

〔懫〕丨止也易損君子以懲忿窒欲釋文

〔臸〕說文丨到也从二至

〔豑〕說文丨爵之次弟也从豊从弟虞書曰平丨東作

〔⿺走𢦏〕說文丨走也从走𢦏聲讀若詩威儀秩秩

〔𢧢〕說文丨大也从大𢦏聲讀若詩丨丨大猷

〔蟋〕說文新附丨丨蟹也从虫悉聲○丨蟀蛬也今謂之促織漢書食貨志上十月丨蟀入我牀下注○丨蟀今之促織也漢書王襃傳丨蟀俟秋唫注○丨蟀謂蜻蛚也初學記引爾雅[illegible]劭注○丨蟀一名蛬一名蜻蛚楚人謂之王孫幽州人謂之趣織詩蟋蟀丨蟀在堂陸疏

〔⿰桼阝〕說文⿰桼阝齊地也从邑桼聲

〔⿰桼鳥〕說文丨鳥也从鳥桼聲

〔⿰木⿰桼刂〕說文丨木可爲杖从木⿰桼刂聲

〔鵯〕詩小弁傳卑居釋文本亦作丨

〔趌〕說文趌趌趨怒走也从走吉聲丨

〔䵒〕說文丨黏也从黍日聲春秋傳曰不義不丨⿰黍刃丨或从刃○⿰黍刃言黏⿰黍刃也方言二注○爾雅釋言⿰黍刃膠也釋文字又作丨

〔欥〕說文丨詮詞也从欠从曰曰亦聲詩曰丨求厥寧

〔欯〕說文丨喜也从欠吉聲

〔眣〕說文丨目不正也从目失聲

〔跮〕丨踱互前卻也漢書司馬相如傳下丨踱轕螛注引張揖

〔溧〕說文溧水出丹陽丨陽縣从水𣎆聲

〔瑮〕說文瑮玉英華羅列秩秩从玉𣎆聲逸論語曰玉粲之璱兮其瑮猛也

〔⿰齒至〕說文丨齒堅也从齒至聲

〔⿺辶⿱臸土〕說文丨近也从辵⿱臸土聲

〔槉〕開謂之丨爾雅釋宮○丨亦儒下小方木爾雅釋宮舍人注○丨柱上欂也亦名枅又曰楶爾雅釋宮注

剌 剌同○剌割也斷也廣韻引埤蒼

⿰酉𥁕 說文—歓酒俱盡也从酉𥁕聲

𥁕 說文—械器也从皿必聲

宓 說文—安也从宀必聲○—汩去疾也漢書司馬相如列傳滭沸—汩注又文選上林賦注引司馬彪○世人以山如堂者密作祕—子失之矣廣雅釋詁一曹憲音

⿰畢攴 說文—盡也从支畢聲

⿰冫畢 說文⿰冫畢風寒也从仌畢聲

彃 說文—䠶也从弓畢聲楚詞曰羿焉—日

縪 說文—止也从糸畢聲

鮚 說文—蚌也从魚吉聲漢律會稽郡獻—醬○—蚌也長一寸廣二分有一小蟹在其腹中漢書地理志上會稽郡鄞注

邲 說文邲晉邑也从邑必聲春秋傳曰晉楚戰于—

⿰革必 說文—車束也从革必聲

鮅 說文—魚名从魚必聲

⿱艹述 說文—艸也从艸述聲

⿺辶率 說文—先道也从辵率聲

⿴行率 說文—將衛也从行率聲

⿰齒出 說文—齚齒也从齒出聲

⿱否日 說文—不見也从日否省聲 毄

泌 說文—瀄相揳也漢書司馬相如傳上偪側—瀄注又文選上林賦注引司馬彪

⿰扌筆 亦作⿰扌必○⿰扌必推也南楚凡相推持曰⿰扌必方言十

沭 說文—水出青州浸从水朮聲

嘺 說文—危也从口喬聲

鱊 —鮬小魚也俗呼爲魚婢江東呼爲妾魚爾雅釋魚—鮬注

⿺走夐 說文—走意也从走夐聲讀若繘

趫 說文—狂走也从走喬聲

⿰酉喬 說文—⿰爿酋也从酉喬聲

蟜 說文——蟥也从虫喬聲

芛 今俗呼草木華初生者爲—爾雅釋草注

⿰歺卒 說文大夫死曰—从歺卒聲

訹 說文—誘也从言朮聲○—音如戌亥之戌漢書武帝紀—於邪說注

⿰祟鳥 說文—鳥也从鳥祟聲

膟 說文 脅血祭肉也从肉帥聲丨膟或从率○丨膋腸間脂也 禮記郊特牲 取丨膋燔燎升首注

寽 說文 丨五指持也从受一聲讀若律

律 說文 丨艸也从艸律聲

欪 說文 丨咄丨無慙一曰無腸意从欠出聲讀若卉

絀 說文 丨絳也从糸出聲○丨亦綖紩之別名也 史記趙世家 却冠秫丨集解引徐廣

泏 說文 丨水皃从水出聲讀若窋

焌 說文 丨然火也从火夋聲周禮曰遂籥丨其丨丨火在前以焞焯龜

潏 丨泌波相擊也 文選七發 丨汨潺湲注

○以下據 切 集韻錄 說文 丨輔信也从卪比聲虞書曰丨成五服

靈 爾雅釋詁 丨沒釋文本或作靈

㚕 說文 丨大也从大弗聲讀若予違汝弼

劼 說文 丨慎也从力吉聲周書曰汝丨毖殷獻臣

鉥 說文 丨綦鍼也从金术聲○丨𦆯綦鍼也 史記趙世家 却冠秫絀集解引徐廣

䬍 說文 丨小風也从風术聲

𤵃 說文 丨狂走也从疒术聲讀若欻

頣 說文 丨頭頡丨也从頁出聲讀又若骨

○以下附錄 怷 中土曰五丨五丨之狀稟焉如塏 管子地員

經籍纂詁卷第九十三補遺終

經籍籑詁卷第九十四　入聲

經筵講官南書房行走禮部左侍郎兼署兵部右侍郎提督浙江學政阮元撰集

五物

物　｜萬｜也文選幽通賦渾元運｜曹注○｜萬｜陰也亦事也禮記中庸誠者｜之終始注○萬｜衆也易彖上傳天地養萬｜翟元注○造｜謂道也文選宣德皇后令注引莊子司馬注到大司馬記室牋注石闕銘注齊故安陸昭王碑文注○乾爲｜易象上傳稱｜平施虞注繫辭上傳備｜致用虞注○｜謂坤易繫辭上傳坤作成｜荀注○｜事也易繫辭下傳唯其時｜也注又詩烝民有｜有則傳又左氏宣十五年傳謂此｜也夫注昭十一年傳｜以無親注哀元年傳不失舊｜注又周書命訓凡此｜攘

之屬也注又大戴記文王官人難投以｜注又國語齊語不見異｜而遷焉注晉語官方定｜注又史記五帝本紀節用水火材｜正義樂書感於｜而動集解引王肅厤書民以｜享正義引劉伯莊又漢書郊祀志上集注匡衡傳集注又後漢光武紀下注又孟子離婁上是絶｜也注離婁下此｜奚宜至哉注告子上而蔽於｜注告子下儀不及｜注盡心上萬｜皆備於我矣注堯舜之知而不徧｜注又荀子大略志卑者輕｜注堯問不聞卽｜少至注士至而後見｜注又家語問玉有｜將至其兆必先注又莊子應帝王｜徹疏明釋文引司馬注又呂覽貴公其於｜也注不廣公子糾外｜則固難必注舉難｜之情也注又淮南原道｜至而神應注本經行快而便於｜注又文選文賦雖茲｜之在我注○｜猶事也周禮大司徒以鄉三｜教萬民而賓興之注又儀禮鄉射禮記｜長如笴注又禮記月令兼用六｜注文王世

子行一｜而三善皆得者注內則方｜出謀發慮注大傳五者一｜紕繆注祭義致｜用以立民紀也注哀公問｜恥足以振之注不過乎｜注仁人不過乎｜注儒行遽數之不能終其｜注大學致知在格｜注又大戴記衞將軍文子好學有｜而不勤注又漢書武帝紀集注引如淳又後漢周磐傳注○庶｜猶衆事也禮記哀公問則庶｜從之矣注○｜謂事驗也禮記緇衣言有｜而行有格注｜類也國語晉語如草木之產也各以其｜注又漢書五行志中之上集注○｜猶類也左氏宣十二年傳百官象｜而動注昭元年傳言以知｜注昭九年傳事有其｜注○｜質也老子復歸於無｜注○｜職也左氏哀元年傳不失舊｜賈注○｜名也國語楚語不可方｜注○｜器也呂覽孟冬｜勒功名注○賤而不可不任者｜也莊子在宥○｜者外境也史記樂書｜使之然也正義○｜禮｜也文選東京賦｜有其容辭

注○爲｜猶爲禮也禮記祭統夫祭之爲｜｜大矣注○｜者所以治蕪與莫也列女傳母儀○｜色也周禮保章氏以五雲之｜注大人用牲｜司農注又國語楚語毛以示色注○｜謂毛色也周禮雞人辨其｜注○｜毛也呂覽仲秋察毛色注○｜謂氣色災變也後漢明帝紀注○｜色謂形狀也後漢寒朗傳注○｜色之以知其所宜之事周禮載師以｜｜地事注○｜地占其形色知鹹啖也周禮卝人則｜其地圖而授之注○｜｜地占其形色周禮草人掌土化之灋以｜地注○｜識也左氏定十年傳叔孫氏之甲有｜注○相也左氏昭廿二年傳｜土方注○｜猶相也儀禮既夕記冢人｜土注○｜之謂相其土地可以居民立邑周禮遂師｜之可以封邑者注○｜謂地所有也周禮縣師辨其｜注○｜謂凡｜可以養人者也孟子盡心上君子之於｜｜也注○｜｜謂殖生者也禮記樂記｜以羣分注○｜家中之

財周禮小司徒辨其丨以歲時入其數注〇丨衣服
兵器之屬周禮司隸辨其丨而掌其政令注〇丨雜帛
爲丨周禮司常〇雜帛爲丨大夫之所建也儀禮士
喪禮爲銘各以其丨注〇雜帛爲丨大夫士之所建
也儀禮鄉射禮記旌各以其丨注〇丨大夫士以雜
色綴其邊爲燕尾將帥所建象丨雜色也釋名釋兵
〇丨謂射時所立處也儀禮鄉射禮記丨長如笴注
〇丨馬齊其力周禮校人丨馬而頒之注〇丨畜獸
也周禮宰夫凡失財用丨辟名者注〇丨謂禽獸也
文選東京賦不彈丨以昭仁薛注〇丨牲謂祭祀之
牲丨文選東京賦丨牲辯省薛注〇丨謂牢鼎之實
周禮膳夫鼎十有二丨皆有俎注〇海丨海魚也書
禹貢海丨惟錯鄭注〇丨六丨秋稻䴸蘋水火也呂覽
仲冬兼用六丨注〇五丨五地之丨也周禮大司徒
辨五丨九等注〇名丨者十等之名與所生之丨周
禮大司徒辨其山林川澤邱陵墳衍原隰之名丨注

〇丨貢雜丨魚鹽橘柚周禮大宰九曰丨貢注〇丨
貢九州之外各以其所貴爲摯肅愼氏貢楛矢之屬
是也周禮大宰九曰丨貢司農注〇丨謂鬼丨漢書
郊祀志上集注二見〇丨無也史記張丞相傳集解
引高堂隆荅魏朝訪又後漢馬廖傳注〇
莊子天道中心丨愷釋文丨本亦作勿

佛 丨戾也禮記曲禮上獻鳥者丨其首注又後漢呂
強傳注〇丨違也法言寡見丨乎正注又文選非
有先生論注引字書〇丨不審也又選寡婦賦注引
字林〇丨鬱不安貌文選笙賦注引埤蒼〇丨大也
詩敬之丨時仔肩傳〇丨者滅言覺也將以覺悟聾
生也後漢楚王英傳注〇西方有神名曰丨水經穀
水注〇丨讀爲勃荀子非十二子丨然平世之俗起
焉注〇詩敬之丨時仔肩韓詩作弼時仔肩〇禮記
學記其求之也丨
釋文丨本又作拂

拂 丨去也廣雅釋詁二又太元從丨其惡注〇丨去
塵也儀禮既夕禮商祝丨柩用功布注〇丨弓去塵
儀禮大射儀一小射正授弓丨弓注〇推丨去塵示
新儀禮有司徹以右袂推丨几三注〇丨丨塵埃貌
楚辭怨思飄風蓬埃丨丨兮注〇丨拭也儀禮士昏
禮主人丨几校校注又楚辭大招長袂丨面注〇丨
除也廣雅釋詁三又太元元攡而丨其所有餘注〇
丨放也淮南齊俗丨於四達之衢注〇丨絕也國語
吳語而無丨吾慮注〇丨擊也一云蔽也離騷折若
木以丨日兮注〇丨搏也廣雅釋言〇丨猶博也埤
雅引蔡邕月令章句〇丨拔也方言三又廣雅釋詁
三〇丨褰也國語晉語丨衣從之注〇丨至也文選
東京賦雲旗丨霓薛注〇丨猶過一曰至淮南天文
丨于扶桑注〇丨扶也一切經音義十四引聲類〇
丨薄也楚辭招魂蒻阿丨壁注〇丨汨鼓動之貌文
選甘泉賦帷弸環其丨汨兮注〇丨輔也廣雅釋詁

四〇潔廉而切直匡過而諫邪者謂之丨丨者丨天
子之過者也賈子保傅〇有能抗君之命竊君之重
反君之事以安國之危除君之辱功伐足以成國之
大利謂之丨荀子臣道〇丨戾也大戴記易本命食
木者多力而丨注〇丨弗也詩生民茀厥豐草釋文
引韓詩〇丨郎茀也荀子禮論棺椁其須象版蓋斯
象丨也注〇丨髦或爲繆髦也禮記內則丨髦衿纓
綦屨注〇丨悟當爲咈忤古字假借耳史記老莊申
韓傳大忠無所丨辭悟言無所擊拂正義〇丨讀爲
弼荀子臣道功伐足以成國之大利謂之丨注〇丨
或讀爲咈同上〇丨亦作弗古字通文選顏延年應
詔讌曲水詩滯瑕難丨注〇易頤丨經于邱頤釋文
丨子夏傳作弗〇儀禮既夕禮注爲有所丨坊也釋
文本又作仿佛〇禮記曲禮上獻鳥者丨其首釋文
丨本又作佛〇莊子天運孰居無
事而披丨釋文丨司馬本作翇

屈
｜抑退也史記大宛傳皆詘其勞集解引徐廣○｜謂退｜也素問調經論大氣乃｜注○｜挫其志也孟子滕文公下威武不能｜注○｜節謂臣事也後漢蘇竟傳注○｜纍者斂之儀禮聘禮｜纍注○｜竭也荀子榮辱俄則｜安窮矣注王制使國家足用而財物不｜注禮論使欲必不窮乎物物必不｜於欲注案｜然巳注又老子虛而不掘釋文又管子心術虛則不｜注又淮南原道悅兮忽兮用不｜兮注○｜絕也漢書司馬相如傳上集注引應劭○｜窮也法言先知｜人孤注又管子國蓄出二孔者其兵不詘注○｜盡也漢書食貨志上集注五行志下之下集注韓信傳集注伍被傳集注鄭當時傳集注司馬相如傳下集注匈奴傳上集注又太元達迴迴不｜注又法言重黎漢｜羣策注又呂覽安死智巧窮｜注○｜然空然也荀子禮論案｜然巳注○｜收詩泮水｜此羣醜傳○｜聚也爾雅釋詁○｜

客國策秦策寡人｜於內注○｜僞也老子大直若｜釋文○｜短也一切經音義十二引淮南許注○｜禜也儀禮士喪禮不說繙｜之注○｜猶錯也儀禮聘禮其南醢醢｜注○｜潭郎汨羅淵也水經湘水注○｜龍游龍鴻也淮南墜形海閭生｜龍注○｜起猶勃起也後漢朱景王杜馬劉傳堅馬傳注○｜者音聲與闕相似周禮內司服掌王后之六服司農注○｜讀秋雞無尾｜之｜也淮南原道悅兮忽兮用不｜兮注○｜周禮作闕禮記玉藻君命｜狄注○｜或爲尾漢書天文志集注引李奇○莊子駢拇｜折禮樂釋文｜崔本作詘知北遊問乎狂｜釋文｜崔本作詘○史記楚世家｜固左氏哀十八年傳作遺固

鬱
｜香草家語哀公問政加以｜鬯注○｜｜金香草宜以和鬯周禮春官序官｜人注○｜｜金香草宜以和鬯酒也國語周語｜人薦鬯注○｜草名十葉爲貫百二十貫爲築以煮之焦中停於祭前｜爲草若蘭周禮鬱人和｜鬯司農注○｜芳草也百草之華煮以合釀黑黍以降神者也或說今｜金香是也一曰｜人所貢因氏郡矣水經溫水注○｜郁香也文選廣絕交論言｜郁於蘭茝注○｜鬯｜鬯之器也禮記明堂位｜鬯用黃目注○｜氣也爾雅釋言○｜盛氣也爾雅釋言｜氣也李注○｜攸火氣也左氏定二年傳｜依從之注○｜化也太元鬩藏｜於泉注○｜長也方言十二又廣雅釋詁二○｜盛也素問五運行大論其令｜蒸注○｜盛貌文選海賦｜泐迭而隆頹注○｜茂盛也文選古詩｜｜園中柳注○｜積也詩晨風｜彼北林傳又漢書路溫舒傳集注○｜聚也漢書楊雄傳上集注○｜幽也廣雅釋器○｜滯也左氏昭廿九年傳｜湮不育注又賈注○｜滯不通也呂覽達鬱精氣｜也

注○｜謂穀帛滯積者也周書成開二發｜注○｜湮也淮南氾論濁之則｜而無轉注○｜塞也管子君臣下｜令而不出者幽其君者也注○｜濁謂穢塞不潔清者也管子中匡｜濁困滯皆法度不亡注○｜臭也廣雅釋器○｜腐臭也荀子正名香臭芬｜腥臊洒酸奇臭以鼻異注○｜腐草也禮記內則鳥皫色而沙鳴｜注○｜怨也廣雅釋詁二○｜悠思也晉宋衞魯之閒謂之｜悠方言一○｜陶憂思也書五子之歌｜陶乎予心釋文○｜陶言哀思也書五子之歌｜陶乎予心傳○｜愁也楚辭憂苦志紆｜其難釋注○｜邑愁貌也楚辭惜誦心｜邑余侘傺兮注○｜邑憂也離騷曾歔欷余｜邑兮注○｜悒不通也文選報任少卿書是以獨｜悒而誰與語注○｜伊不申之貌後漢崔寔傳注○｜怨呂覽佟樂故樂愈佟而民愈｜注○｜暴怒也文選射雉賦｜軒翥以餘怒徐注○｜怒氣遲留不發也文選

舞賦或有宛足｜怒注○｜陶喜也爾雅釋詁○｜
搖喜悅也樂稽耀嘉酌酒｜搖注○｜謂奔迫也素
問至眞要大論諸氣膹｜注○｜決雲起貌後漢李
固傳注○｜律烟上貌文選江賦時｜律其加烟注○
○｜結隆高之貌也文選七發中｜結之輪菌注○
｜｜孰酒貌莊子庚桑楚汝自灑濯孰哉｜｜乎釋
文引崔注○鬱企䋵也廣雅釋器○弁聲｜周禮典
同○｜律小聲也文選甘泉賦雷｜律於嶘崒兮注
○｜水旬夜郎豚水也水經溫水注○｜棣屬詩七
月六月食｜及薁傳○｜栖蟲名莊子至樂陵舄得
｜栖釋文引司馬注○｜栖蕡壤也莊子至樂釋文
引李注又列子天瑞陵舄得｜栖釋文○鬱郎｜也
管子地員葉下於鬱注○詩晨風｜彼北林周禮函
人注作宛彼北林○史記陳杞世家平公｜索隱曰
一作郁釐譙
周曰名｜來

乞｜不保得之辭左氏僖廿六年經公子遂如楚｜
師注○｜者處其所而請與也穀梁僖八年傳○｜
莊子盜跖操瓢而｜
者釋文｜或作走

掘｜猶竭也老子虛而不｜釋文引顧注○｜猶窮
也淮南說林土中有水弗｜無泉注○｜盡也大
元文｜變極注○｜閱｜地解閱詩蜉蝣蜉蝣｜閱
傳○今文｜爲玲儀禮既夕記｜坎南順注○詩蜉
蝣蜉蝣｜閱說文土部作蜉蝣堀閱○左氏僖廿五
年注｜地爲坎釋文本作闕地○老子虛而不｜釋
文｜河上本作屈○左氏哀廿六年傳
｜褚師定子之墓釋文｜本或作搰

訖｜止也爾雅釋詁又穀梁僖九年傳毋｜糴注又
洪範五行傳禦言於｜衆注又漢書孔光傳集注又
谷永傳集注○｜猶止也禮記祭統防其邪物｜其
者欲注○｜旣也周書皇門｜亦有孚注○｜竟也
漢書西域傳上集注王莽傳中集注又後漢和帝紀
注伏湛傳注○｜猶竟也漢書王莽傳下集注○｜
盡也漢書地理志上集注張敞傳集注○｜｜無所
省錄之貌書秦誓仡仡勇夫馬注○書禹貢聲教｜
于四海漢書藝文志
作聲敎迄于四海

吃｜重言也一切經音義一引聲類○｜古文欯同
一切經音義九○謰極｜亦北方通語也方言十
謰極｜也
楚語也注

紱｜綬也廣雅釋器又後漢杜喬傳注引蒼頡篇又
文選西京賦懷璽藏｜薛注○朱｜宗廟之服易
困朱｜方來集解○赤｜天子祭服之飾易困于
赤｜崔憬注○赤｜大夫之服也後漢東平憲王蒼
傳注○坤爲｜易困虞注○莊子逍遙
游足以纓｜其心矣釋文｜字或作紼

黻｜黼也文選思元賦襲溫恭之｜衣兮舊注○｜
冕｜紩也畫｜紩文采於衣也釋名釋首飾○黑
與青謂之｜考工記畫繢之事又書益稷黼｜釋文
又詩終南｜衣繡裳傳又左氏桓二年傳火龍黼｜
注又荀子富國黼｜文章注又家語五帝德作爲｜
黼注又呂覽季夏黼｜文章注○青與黑曰｜爾雅
釋言黼｜彰也釋文○｜兩已相戾左氏桓二年傳
火龍黼｜注○｜爲兩已相背書益稷黼｜傳○｜
若兩已相背後漢蔡茂傳注○｜文如兩己相背爾
雅釋言黼｜彰也注○｜謂刺繡爲己字相背以靑
黑線繡爾雅釋言黼｜彰也孫注○｜戾也爾雅釋
言釋文○｜與紱通文選江文通雜體謝光祿詩雲
裝信解｜注○｜與紱古今字同文選揚荊州誄亦
朱其紱注○｜與芾古字通文選范蔚宗樂遊應詔
詩探已謝丹｜注江文通雜
體陸平原詩朱｜威髦士注

韍 經典作芾○丨韠也釋名釋衣服○芾韠也詩候
人三百赤芾傳○丨冕服之韠也禮記明堂位有
虞氏服丨注○祭服謂之芾詩候人釋文○冕服謂
之芾詩采菽赤芾在股箋○芾者天子純朱諸侯黃
朱詩斯干朱芾斯皇箋○丨之言亦蔽也禮記玉藻
一命緼丨幽衡注○紱者蔽也白虎通紱冕○丨蔽
膝儀禮士喪禮注一命緼丨釋文○紱蔽膝也莊子
在宥于是乎股無胈釋文引或云○芾太古蔽膝之
象也詩采菽箋○丨或作韍禮記明堂位有虞氏服
丨注○詩采芑朱芾斯皇白虎通紱冕作朱紱斯皇
詩車攻赤芾金舃白虎通紱冕作赤紱金舃
詩采菽赤芾在股白虎通紱冕作赤紱在股
又作紱○紼繂也爾雅釋水又詩采菽紼纚維之

紼 傳○紼大索禮記緇衣其出如紼釋文○紼引車
索禮記曲禮上助葬必執紼注○紼輴車索禮記王
制爲越紼而行事注○紼輓索也左氏昭卅年傳先
君有所助執紼矣注○紼棺索禮記曲禮上助喪皆
執紼釋文○丨引棺索也禮記緇衣王言如綸其出
如丨注○紼引棺索也呂覽節喪引紼者左右萬人
以行之注○紼引棺索也左氏宣八年傳始用葛紼
釋文○丨舉棺索也周禮遂人及葬帥而屬六丨注
○從前引之曰紼紼發也發車使前也釋名釋喪制
○引所以引柩車在軸輴曰紼儀禮既夕屬引注○
棺曰紼禮記檀弓下從柩及壙皆執紼注○廟中曰
丨禮記雜記諸侯執丨五百人注○在棺曰丨至壙
將窆又曰丨禮記喪大記君葬用輴四丨二碑注○
丨或爲率同上○爾雅釋水紼縭
維之釋文紼字本或作丨又作紱

弗 丨不也周禮諸子司馬丨正注又禮記燕義司馬
丨正注又論語公冶長丨如也皇疏又廣雅釋詁
四○丨者不之深者也公羊僖廿六年傳侈也注○
丨去也詩生民以丨無子傳○丨之言祓也詩生民

箋○丨治也爾雅釋詁○丨輔弼也易頤拂經于邱
頤釋文引子夏傳作丨注○丨丨猶發發也詩蓼莪
飄風丨丨傳○亟古丨字漢書韋賢傳集注○古文
丨爲不儀禮士昏禮記又丨能教注○禮記檀弓士
丨丨能亦也釋文丨本作不祭義如丨勝釋文丨本亦
作不○書堯典績用丨成史記五帝本紀作功用不
成後漢張衡傳作績用不成書舜典舜讓于德丨嗣
漢書王莽傳作舜讓于德不嗣書舜典烈風雷雨丨
迷漢書王莽傳論衡書說作烈風雷雨不迷書益稷
苗頑丨即工史記夏本紀作苗頑不即功書湯誓有
衆率怠丨協史記殷本紀作有衆率怠不和書西伯
戡黎今我民罔丨欲喪史記殷本紀作今我民罔不
欲喪書牧誓爾所丨勗史記周本紀作爾所不勉書
牧誓丨迓克奔史記周本紀作不禦克奔書洪範彊
丨友剛克史記宋微子世家作彊不友剛克書君奭
大丨克恭上下漢書王莽傳作大不克共上下禮記
玉藻丨敢即乘服也周禮弁師注作不敢即乘服禮
記學記五聲丨得不和儀禮大射儀注作五聲不得
不和左氏襄四年傳使臣丨敢與聞周禮鍾師注作
使臣不敢與聞○魯惠公名丨皇見世本釋文作不
皇○史記十二諸侯年表晉穆侯丨
生索隱引系本作費生或作濆生

茀 丨草穢塞路爲丨國語周語道丨不可行也注○丨
丨茂也廣雅釋訓○丨丨彊盛詩皇矣臨衝丨丨
傳○丨小也詩卷阿丨祿爾康矣傳○丨之言刜也
周禮司弓矢矰矢丨矢注○丨治也詩生民丨厥豐
草傳○丨飾也易既濟婦喪其丨釋文○丨首飾也
易既濟注○丨蔽也詩碩人翟丨以朝傳○丨之言
蔽也詩采芑簟丨魚服箋○車之蔽曰丨詩載驅簟
丨朱鞹傳○簟丨漆簟以爲車蔽今之藩也詩韓奕
簟丨錯衡箋○丨弩矢周禮司弓矢矰矢丨矢釋文
○丨矢弩所用也周禮司弓矢矰矢丨矢注○丨馬

髴也易既濟婦喪其丨釋文引干注○馬同毛在幹
丨方爾雅釋畜○丨白雲逶蛇若蛇者也楚辭天問
白蜺嬰丨注○丨離卽彌離彌離猶蒙龍耳爾雅釋
詁覭髳丨丨離也注○丨當爲殺考工記矢人丨矢參
分注○丨丨與紱同文選責躬詩要我朱紱注○易既
濟婦喪其丨釋文丨子夏傳作髴荀作紱董作髢○
詩采芑朱丨丨斯皇釋文丨本又作芾或作紱○漢書
古今人表丨丨肸集注曰卽佛肸也○詩碩人翟丨以
朝周禮巾車注作翟蔽以朝○詩生民丨厥豐草韓
詩作拂厥豐草○詩卷阿丨祿爾康矣爾雅釋詁注
作祓祿
康矣

髴 髣髴亦作彷彿○丨髮謂鬒髮也一名婦人之首
飾易既濟婦喪其茀虞注○俗說丨爲婦人蔽膝
之茀非也同上○髣丨謂相似見不諦也一切經音
義二引聲類○彷彿聲類作髣丨同芳往敷物二反

一切經音義二○彷彿古文作肪胇一切經
音義二○丨或作茀易既濟婦喪其茀虞注

祓 丨福也爾雅釋詁○茀福也詩卷阿茀祿爾康矣
箋○丨除之福爾雅釋詁孫注○丨祭也廣雅釋
天○丨除也左氏襄廿五年傳祝丨社注又漢書司
馬相如傳下集注外戚傳下集注引孟康○丨除之
也荀子議兵若丨不祥注○丨除凶之禮左氏僖六
年傳受其璧而丨之注○丨謂除其凶邪之氣管子
小匡鮑叔丨而浴之注○丨齊戒丨除也國語周語
王其祇丨監農不易注○歲時丨除如今三月上巳
如水上之類周禮女巫掌歲時丨除釁浴注○丨猶
拂也國語周語故丨除其心注又史記司馬相如傳
挍飾厥文集解引徐廣○丨除猶埽除也國
語周語敬其丨除注○丨潔也小爾雅廣詁

詘 丨屈也廣雅釋詁一○丨折也同上○丨枉也呂
覽壅塞宋王因怒而丨殺之注○丨服也國策秦
策丨敵國注又荀子議兵敵國不待試而丨注○丨
還也文選江文通雜體謝臨川詩注引春秋元命苞
宋注○丨反國策秦策丨令韓魏歸帝重於秦注○
丨盡也史記司馬相如傳徼𡚸受丨集解引郭璞又
漢書司馬相如傳上集注○丨斷絕貌家語問玉其
終則丨然樂矣注○丨絕止貌也禮記聘義其終丨
然注○丨充丨形容喜貌也禮記祭義其立之也敬
以丨注○丨音黜強之黜漢書司馬相如傳上集注
引蘇林○丨古屈字漢書揚雄傳下音義引諸詮○
丨與屈同荀子勸學丨五指而頓之注富國丨要橈
膕注又管子國蓄出二孔者其兵不丨注又文選子
虛賦徼𡚸受丨注○禮記喪服小記丨而反以報之
儀禮喪服傳注作屈而反以報之○周
禮庭氏注嘻嘻丨丨釋文丨本亦作出

崛 丨高貌文選西京賦神明丨其特起薛注○丨特
起也魚勿切文選西京賦注引埤蒼○丨崎皆隆

屈窳折貌史記司馬相如傳摧崣丨崎索隱引郭璞
○崫礨嵬𥗦不平也史記司馬相如傳正義引張云
○丨與倔同文選
王命論注引埤蒼

勿 丨無也詩東山丨士行枚箋又小爾雅廣詁又淮
南脩務寡人敢丨軾乎注又呂覽季夏丨敢詐僞
注○丨无也易象下傳矢得丨恤虞注又國策秦策
願王之丨易也注○丨猶無也詩賓之初筵式丨從
謂箋又儀禮少牢饋食禮丨替引之注○丨猶莫也
論語學而過則丨憚改皇疏○丨非也廣雅釋詁四
○丨猶不也論語雍也雖欲丨用皇疏又文選東京
賦經始丨亟薛注○丨易不變也荀子禮論禮之中
焉能丨易謂之能固注○丨用者不可也賈子容經
○丨憂者勸勉之言也易豐丨憂宜日中干注○丨
丨猶勉勉也禮記禮器丨丨乎其欲其饗之也注又
大戴記曾子立事君子終身守此丨丨也注○丨丨

猶勉勉也愨愛之貌禮記祭義〡〡諸其欲其饗之也注○易井井收〡幕釋文〡干本作网

熨 火斗曰〡御覽七百十二引通俗文

欻 〡卒起也亦忽也一切經音義六引蒼頡篇○〡之言忽也文選西京賦〡從背見薛注○〡輕舉貌文選思元賦〡神化而蟬蛻兮舊注○〡疾貌也後漢張衡傳注○〡吸疾貌文選江文通雜體王徵君詩〡吸鶗鴂悲注

劂 〡鋸尺淮南本經無所錯其剞〡剞鋸注○〡者規度刺畫墨邊箋也淮南俶眞鏤之以剞〡注○〡讀詩蹶角之蹶也淮南俶眞注

沕 〡潛藏也史記屈原賈生傳〡深潛以自珍集解引徐廣○〡穆深微貌史記屈原賈生傳〡穆無

窮索隱○〡穆不可分別也文選鵩鳥賦〡穆無窮兮注

仡 〡勇也廣雅釋詁二○〡然壯勇貌公羊宣六年傳〡然從乎趙盾而入注○〡〡強狀書秦誓〡〡勇夫釋文○〡〡武也廣雅釋訓○〡舉頭也史記司馬相如傳〡以佁儗索隱引張揖又文選魯靈光殿賦〡奮亹而軒鬐注○〡〡搖也詩皇矣崇墉〡〡釋文○〡〡猶言言也詩皇矣崇墉〡〡傳○詩皇矣崇墉〡〡說文土部作崇墉圪圪

釳 方〡者鐵也廣數寸在鍐後有三孔插翟尾其中獨斷下○方〡謂轅旁以五寸鐵鏤錫中央低兩頭高如山形而貫中以翟尾結著之轅兩邊恐馬相突也文選東京賦方〡左纛薛注

迄 〡至也爾雅釋詁又詩生民以〡于今傳維清肇禋〡用有成傳臣工〡用康年箋又國語周語〡

於天下注又漢書元帝紀集注司馬相如傳下集注賈捐之傳集注楊雄傳下集注又後漢班超傳注又楚辭天問吳獲〡古注又文選東京賦〡上林薛注○〡至也火乞反漢書楊雄傳音義引字林○〡竟也後漢孔融傳注

汔 〡涸也易未濟小狐〡濟干注○〡盡也廣雅釋詁一○〡近也爾雅釋詁譏〡也孫注○〡謂相摩近爾雅釋詁譏〡也注○〡其也左氏昭廿年傳〡可小康注又後漢班超傳注○〡幾也易井〡至亦未繘井虞注又釋文又詩民勞〡可小康箋○〡危也詩民勞〡可小康傳○詩民勞〡可小康漢書元帝紀作迄可小康

怫 〡鬱也後漢來歷傳注引字林○〡鬱心不安也一切經音義二十引字林○〡怒也素問刺瘧痛

篇〡然腫注○〡悖也史記太史公自序五家之文〡異索隱○〡詭也家語三恕陳道而弗〡注○〡悅難出之貌文選文賦於是沈辭〡悅注○〡音扶勿反後漢來歷傳注引字林

刜 〡斫也廣雅釋言又楚辭離世執棠谿以拂蓬注○〡擊也國語齊語〡令支斬孤竹而南歸注○〡斷也廣雅釋詁二○〡去也楚辭愍命〡讒賊於中霤兮注

不 〡發聲爾雅釋丘夷上洒下〡漘注○〡急謂非要後漢和帝紀注○〡世猶言非常也後漢袁譚傳注○服〡服〡服之獸者周禮夏官序官服〡氏注○履麻作之者謂之〡借方言四○西北風曰〡周風後漢黃瓊傳注○〡周西北方山也後漢張衡傳注○〡夊之山郎員邱也山海經海內經名曰〡夊之山注○〡蜩王蚥爾雅釋蟲○〡過蟠蠰同上○今文〡爲非儀禮士相見禮主人對曰某〡敢爲

儀注賓對曰某丨敢爲儀注○丨當作㑄詩常棣鄂丨韡韡箋○禮記禮運猶耕而丨種也釋文丨亦作弗禮器夏父丨綦釋文丨本作弗祭統知而丨傳釋文丨本亦作弗哀公問丨親丨正釋文一本丨皆作弗○書洪範丨畀洪範九疇漢書五行志作弗畀洪範九疇詩皇矣丨識丨知賈子君道作弗識弗知左氏桓二年傳使賴人追之丨及漢書五行志中之上作使賴人追之弗及左氏襄卅一年傳丨能終也漢書五行志中之上作弗能終也左氏閔二年傳丨獲而尨漢書五行志中之上作弗獲而尨左氏哀十六年傳生丨能用漢書五行志中之上作生弗能用○莊子天地大愚者終身丨靈釋文本又作無靈○詩四牡傳騅夫丨也釋文丨字又作䳕

屹 丨崒高峻貌文選江賦虎牙嵥豎以丨崒注○丨猶孽也高大貌文選魯靈光殿賦丨山峙以紆鬱

張注○丨嶭斷絕之貌也文選南都賦嶮巇丨嶭注

芴 丨與忽同荀子正名故愚者之言丨然而粗注○莊子天下丨漠無形釋文丨元嘉本作寂

䘿 襜褕其短者自關而西謂之裗丨方言四○秦晉之閒無緣之衣謂之裗丨同上○裗丨俗名丨掖方言四注○字書無䘿字續漢書作丨並音其物反後漢光武紀上注

黦 丨黑也廣雅釋器

岪 說文作岪○岪蔚特起貌文選魯靈光殿賦下岪蔚以璀錯注○岪岪與起貌管子白心美哉岪岪注○丨鬱山貌扶勿切文選吳都賦注引埤蒼

咈 集韻通作拂○丨戾也書堯典丨哉傳大禹謨罔丨百姓以從己之欲傳○咈戾也大戴記易本命

食木者多力而拂汗又漢書王莽傳上集注又孟子音義下引丁音又莊子則陽至有所拂者釋文又淮南本經曲拂邅回注主術豈能拂道理之數注○丨忿戾也書堯典丨哉釋文○拂違戾也荀子性惡若是則兄弟相丨奪矣注○丨違也史記老莊申韓傳正義○拂違也易頤拂經于邱頤注又釋文又詩皇矣四方以無拂釋文又周書柔武四方無拂注又漢書王莽傳上集注又後漢桓譚傳注又荀子臣道事暴君者有補削無橋拂注賦拂乎其欲禮義之大行也注又莊子人閒世以下拂其上者也釋文引崔注又管子重令姦上拂之事注勸形寡人不善將拂於道注○丨盭也廣雅釋詁四○拂猶佹也詩皇矣四方以無拂箋又禮記大學是謂拂人之性注

坲 丨丨塵埃貌楚辭怨思飄風蓬龍埃丨丨兮注

倔 掘強謂強梁也後漢王劉張李彭盧傳注

尉 丨與鬱古字通後漢仲長統傳注

○以下據廣韻錄

𨑐 丨遠也廣雅釋詁一

昒 丨冥也廣雅釋詁四○丨昕晨旦明也文選幽通賦丨昕寤而仰思兮曹注

柫 丨撥也撥使聚也釋名釋用器○僉自關而西或謂之丨方言五

⿱弗大 丨大也廣雅釋詁一

帗 丨韍也天子赤丨穆天子傳二丨帶注○丨縷毳也陳宋鄭衛之閒謂之丨縷方言二○丨舞者全羽周禮樂師有丨舞司農注○丨析五采繒今靈星舞子持之是也周禮樂師注○丨列五采繒爲之有

秉皆舞者所執周禮鼓人鼓兵舞｜舞者
注○社稷以｜周禮樂師有｜舞司農注

笰 ｜箭也廣雅釋器○｜車後戶名也爾雅釋器後謂之｜李注○輿革後謂之｜爾雅釋器

灪 ｜碨高峻貌文選海賦澎濞｜碨注

⿱夗食 集韻同䬴○䬴飴中著豆屑也北堂書鈔引蒼頡篇○餚謂之䬴廣雅釋器

鶌 ｜鳩鶻鵃爾雅釋鳥○｜鳩今之班鳩也爾雅釋鳥舍人注

䟴 集韻或作趉○｜力也廣雅釋詁二○｜力也東齊曰｜方言六○律｜多力貌方言六注○趉衝也廣雅釋言

⿰火豖 集韻或从彖○｜乾也廣雅釋詁二○⿰火彖煴也廣雅釋詁四

⿰足弗 ｜跳也方言一又廣雅釋詁二

忔 ｜喜也廣雅釋詁一

⿰言希 ｜大語也一切經音義十二引通俗文○｜｜語也廣雅釋訓

齒 ｜音如迄今之迄三國孫休傳注引吳錄

疙 ｜癡也廣雅釋詁三○小癡曰｜｜一切經音義十六引通俗文

圪 ｜｜高也廣雅釋訓

經籍纂詁卷第九十四

經籍纂詁卷第九十四補遺

兵部右侍郎兼都察院右副都御史巡撫浙江等處地方提督軍務兼理糧餉阮元撰集

入聲 一

五物

物 說文｜萬｜也牛爲大｜天地之數起於牽牛故从牛勿聲○｜萬｜也漢書律麻志上建氣｜分數注引孟康又荀子賦皇天隆｜注○四時之散精爲萬｜淮南天文○｜也者洪名也春秋繁露天地陰陽○｜也者大共名也荀子正名○｜事也易彖下傳君子以言有｜疏繫辭上傳遂知來｜疏又周禮太宰注統所以合率以等｜也疏鄉大夫退而以鄉射之禮五｜詢衆庶疏又禮記學記比｜醜類疏又左氏襄二年傳建一官而三｜成注昭十四年傳任良｜官注廿一年傳是何｜也注廿五年傳禮之善｜也注卅一年傳此二｜者注又國語周語昭明｜則以訓之注｜得其常注若能類善｜注晉語｜備矣注知右行辛之能以數宣｜之功也注能勤小｜注鄭語而講以多｜注佐制｜于前代者注楚語教之令使訪｜官注以敘百｜注又呂覽先識去苛令三十九｜注又小爾雅廣詁○｜猶事也禮記中庸｜之終始疏○｜謂事｜禮記祭統夫祭之爲｜大矣疏○｜類也易繫辭下傳爻有等故曰｜疏又左氏桓六年傳與吾同｜注昭元年傳言以知｜○｜亦類也左氏文十八年傳注醜亦惡也疏○｜象也易略例｜无妄注○精氣爲｜易繫辭上傳○｜猶神也漢書武帝紀輯江淮｜注引如淳○｜亦鬼漢書東平思王宇傳或明鬼神信｜怪注○｜謂鬼神也漢書郊祀志上有｜曰蛇注○｜外境也禮記樂記其本在人心之感於｜也疏○｜自定也史記晉世家○｜禮｜

也文選五等論損益有丨注○丨權勢左氏昭七年
傳用丨精多注○丨者材也周禮酒正辨三酒之丨
疏○取材以彰丨采謂之丨左氏隱五年傳○丨故
死也漢書司馬相如傳下士卒多丨故注○丨故謂
死也漢書劉向傳丨故流離注○丨色也周禮小宗
伯辨其名丨疏龜人各有名丨疏各以其丨疏○丨
卽是色周禮校人注丨馬齊其力疏○丨毛丨也詩
六月比丨四驪傳○丨謂毛色也穆天子傳三收皮
效丨注○丨謂精怪及藥丨也史記晉侯世家然言
有丨索隱○丨謂射者所立之處丨長三尺濶一尺
二寸禮記投壺注間相去如射丨疏○丨者衰絰之
制禮記檀弓下有以故興丨者注○易同人注丨黨
相分釋文丨或作朋

佛 說文丨見不審也从人弗聲○丨戾也禮記學記
其求之也丨疏○丨謂取首戾轉之恐其喙害人

也禮記曲禮上丨其首疏

拂 說文丨過擊也从手弗聲○丨也者丨也大戴記
夏小正丨桐葩傳○丨違也易頤顚頤丨經于邱
頤釋文又詩皇矣四方以無丨釋文引王注又漢書
王莽傳上丨世矯俗注○丨戾也淮南本經曲丨邅
回注主術豈能丨道理之數注○丨違戾也漢書東
方朔傳丨於耳注○丨謂違戾也漢書杜欽傳言之
則丨心逆指注○丨猶佹也詩皇矣箋又禮記大學
是謂丨人之性注○丨之摩之考工記弓人和弓轂
摩注○丨仿猶言丨拭儀禮既夕注爲有所丨仿也
疏○丨髦振去塵著之禮記內則丨髦注○丨所以
擊治禾者也今謂之連枷漢書王莽傳中必躬載丨
注○丨汩亦風動貌漢書楊雄傳上惟弸彋其丨汩
兮注

屈 說文屈無尾也从尾出聲○丨短也淮南詮言聖
人無丨奇之服注又集韻引廣雅○丨蹶也禮記
玉藻君命丨狄疏○丨竭也呂覽愼勢莞且丨力注
○丨廢也淮南氾論何小節伸而大略丨注○丨治
詩泮水丨此羣醜箋○丨收也詩泮水釋文引韓詩
○丨者句而陳之儀禮聘禮注鉶羹器也疏○丨起
特起也漢書叙傳上而得丨起在此位者也注○丨
奇奇異也漢書廣川惠王越傳謀丨奇起自絕注○
丨強謂不柔服也漢書陸賈傳丨強於此注○丨橋
言壯捷貌漢書楊雄傳上萬騎丨橋注○丨居盧茹
也廣雅釋草○丨作涺音義同詩泮水箋疏

鬱 集韻鬱通作丨○說文丨木叢生者从林鬱省聲
又鬱芳草也十葉爲貫百廿貫築以煑之爲鬱从
臼冖缶鬯彡其飾也一曰鬱鬯百艸之華遠方鬱人
所貢芳艸合釀之以降神鬱今鬱林郡也○丨草名

禮記郊特牲丨合鬯疏引馬氏○丨是草名今之丨
金煑以和酒者也詩江漢箋秬鬯黑黍酒也疏引孫
毓○丨謂丨鬯酒禮記明堂位丨尊用黃目疏○丨
丨金草也禮記郊特牲疏○丨熱氣也漢書王褒傳
不苦盛暑之丨燠注○丨然氣出爾雅釋言丨盛氣
也注○丨謂丨丨抑天氣之甚也素問六元正紀大論
土丨之發注○丨燠不舒暢素問五常正大論其氣
丨注○丨不通也漢書宣帝紀丨于大道注引孟康
○丨不通之意也漢書元帝紀深惟丨悼注○丨謂
腐臭周禮內饔鳥皫色而沙鳴貍疏○丨律雷聲也
漢書楊雄傳上雷丨律而巖突兮注○丨律小聲也
文選甘泉賦雷丨律於巖窔兮集注○丨車下李也
史記司馬相如列傳隱夫丨棣集解引郭璞○車下
李郁丨詩七月傳丨棣也疏○鳥皫色而沙鳴丨禮
記內則○丨丨郁鬱來聲相近史記陳杞世家平公丨
立索隱○丨丨一作蕢史記司馬相如列傳集解引徐

廣
【乞】丨謂行匄也一切經音義二引蒼頡○丨重辭也
必得之辭穀梁僖五年傳廿六年傳○丨者執謙之意不保
凡丨者深求過理之辭執謙以逼成其討同上引釋
例○丨之與丨一字也取則入聲與則去聲也左氏
昭十六年傳毋或匄奪疏
【掘】說文搰也从手屈聲○丨猶平也淮南墜形丨丨
昆侖虛以下地注○丨閱容閱也詩蜉蝣蜉蝣丨
閱傳
【訖】說文訖止也从言气聲○丨止也禮記祭統丨其
者欲釋文○丨盡也書秦誓民丨自若疏
【吃】說文吃言蹇難也从口气聲○丨言之難也漢書
周昌傳昌爲人丨注

【紱】丨綬也文選秋興賦注引字林○丨者印之組也
漢書匈奴傳下授單于印丨注○紱繫印之組也
漢書丙吉傳上將使人加紱而封之注○丨祭服也
易困朱丨方來疏○堯廟碑印紱相承丨作紱
【黻】說文丨黑與青相次文从黹友聲○青與黑爲丨
淮南時則黼丨文章注○黑與青謂之丨周禮縫
人注丨三列疏又禮記月令命婦官染采疏又左氏
昭廿五年傳六采疏又荀子非相美於黼丨文章注
○丨黑與青爲形則兩已相背取臣民背惡向善周
禮司服注書曰黼丨疏○丨祭服之衣論語泰伯而
致美乎丨冕鄭注○丨裳祭服也黑與青爲丨荀子
哀公黼衣丨裳注○青與赤爲丨淮南說林黼丨之
美注○丨若兩已相戾左氏昭廿五年傳爲九文注
○丨之言戾同上疏○丨綬也漢書班固傳上注引
蒼頡○穀梁桓十四年傳注以爲黼丨文章釋文丨
俗作黻○爾雅釋言黼丨彰也釋文丨字或作黻

【韍】說文市韠也上古衣蔽前而已市以象之天子朱
市諸侯赤市大夫葱衡从巾象連帶之形凡市之
屬皆从市丨丨篆文市从韋从犮○丨韠丨漢書王莽
傳上受綠丨丨袞冕衣裳注○黻韋韠以蔽膝也左氏
桓二年傳袞冕丨珽注○丨黻蔽膝也左氏宣十六年
傳注丨冕命卿之服疏○丨謂蔽膝也漢書王莽傳
上注○丨如巾蔽膝續漢輿服志下上有丨注引徐
廣○古者丨如今蔽膝左氏桓二年傳注疏引徐廣
車服儀制○芾祭祀之蔽膝易豐豐其沛釋文引鄭
注○芾是當股之衣左氏桓二年傳注疏○紱者行
以蔽前者爾有事因以別尊卑彰有德也天子朱紱
諸侯赤紱白虎通紱冕○丨所以執事禮之共也續
漢輿服志下○丨舜始作之以尊祭服禮記明堂位
有虞氏服丨注○紱上廣一尺下廣二尺法天一地
二也長三尺法天地人也白虎通紱冕○丨亦謂組
也漢書王莽傳上丨如相國注○丨璽之組也漢書

諸侯王表奉上璽丨注○丨所以繫印也漢書翟義
傳持黃金印赤丨縌注○經傳作黻或作丨或作芾
音義同也左氏桓二年傳注疏○以其用絲故字或
有爲紱者同上○詩甘棠蔽芾漢書王吉傳作蔽茀
家語廟制作蔽茀○詩候人三百赤丨漢書東平憲
王倉傳注作三百赤紱
【綍】又作紼○說文紼亂系也从糸弗聲○丨卽紼也
禮記檀弓下廢輴而設撥疏○紼是撥舉之義禮
記檀弓下若從柩及壙皆執紼疏○紼引車索也漢
書郊祀志下爲越紼而行事注○紼是大繩也左氏
昭卅年傳注紼輓索也疏○紼爲葬之所用是輓索
也同上○紼者所以牽持棺者也白虎通崩薨○紼
引棺索也禮記檀弓下疏○引棺車謂之紼漢書郊
祀志下注引李奇○茀所以引柩左氏宣八年傳始
用葛茀注○據在棺則曰丨據在道則曰引周禮遂
人注丨舉棺索也疏○紼禮或作丨左氏昭卅年傳

注疏○弗字禮或作紼或作丨繩之別名也左氏宣八年傳注疏

弗 說文丨撟也从丿从乀从韋省○丨者不之深也公羊桓十年傳其言丨遇何注○丨內辭也穀梁桓十年傳○丨鬱憂不樂也漢書溝洫志鮮丨鬱兮柏冬日注○書湯誥爾有善朕丨敢蔽罪當朕躬丨敢自赦墨子兼愛下作有善不敢蔽有罪不敢赦○丨書泰誓上遺厥先宗廟丨祀墨子天志中作棄厥先神祇不祀非命上作禍厥先神禔不祀書泰誓上乃夷居丨事上帝神祇墨子天志中作紂越厥夷居不肯事上帝非命上作紂夷居不肯事上帝鬼神○書呂刑苗民丨用靈墨子尚同中作苗民否用練○詩生民以丨無子御覽五百廿四作以拂無子五百廿九引鄭記作以祓無子○孟子盡心上食而丨愛論語何注文選注作食而不愛

茀 說文丨道多艸不可行从艸弗聲○丨車蔽也詩碩人傳丨蔽也疏○丨者車之蔽詩韓奕箋簟丨疏○丨小也詩卷阿丨祿爾康矣傳

髴 說文丨若似也从髟弗聲○佛與丨同漢書眭兩夏侯京翼李傳贊仿佛一端注

祓 說文丨除惡祭也从示犮聲○丨者除惡之祭也漢書五行志中之上三月丨霸上注○丨禳皆除凶之祭左氏昭十八年傳丨禳於四方疏

詘 說文丨詰丨也一曰屈襞从言出聲譎丨或从屈○丨曲儡也漢書高帝紀上無所丨注○丨折曲委也漢書司馬相如傳下丨折隆窮注引張揖○往者丨周髀算經下○從夏至南往日益短故曰丨同上注○丨古屈字文選長楊賦迺展人之所丨注

崛 說文崛山短高也从山屈聲○丨特貌也漢書揚雄傳上洪臺丨其獨出兮注引應劭○崫特立也一切經音義九引埤蒼

勿 說文丨州里所建旗象其柄有三游雜帛幅半異所以趣民故遽稱丨丨凡丨之屬皆从丨㫃丨或从㫃○丨無也易豐丨憂宜日中疏又呂覽精諭丨丨言之而不成注○丨猶無也易益立心丨恒疏○丨者禁止之辭詩節南山傳丨罔上而行也疏○丨猶不也禮記檀弓下雖欲丨殤也疏曾子問非弗能丨丨除也疏○故悤遽者稱爲丨丨顏氏家訓勉學○丨丨述無所遊誤之貌文選洞簫賦趣從容其丨述兮注○丨當作未詩節南山丨罔君子箋○書立政時則丨有閒之論衡譴告作時則物有閒之○孟子梁惠王上丨奪其時荀子注作無失其時

欻 說文丨有所吹起从欠炎聲讀若忽

剧 說文剧剞丨也从刀屈聲

歾 丨沒也文選封禪文丨喬曼羨注引徐廣○丨藏也文選弔屈原文丨深潛以自珍注引張晏○丨穆湥微貌漢書賈誼傳丨穆無窮注

仡 說文仡勇壯也从人气聲周書曰仡仡勇夫○丨丨壯健也漢書李尋傳任丨丨之勇注○丨丨勇健狀漢書楊雄傳上金人丨丨其承鍾虡兮注○書泰誓丨丨勇夫釋文作訖訖○詩皇矣崇墉丨丨文選魯靈光殿賦張載注作崇墉屹屹

釳 說文釳乘輿馬頭上防釳插以翟尾鐵翮象角所以防網羅釳去之从金气聲

【迄】說文新附迄至也从辵气聲○丨至也禮記表記以丨於今注○丨亦至也漢書王莽傳中丨于四表注

【汔】說文汔水涸也或曰泣下从水气聲詩曰汔可小康○丨幾也易未濟小狐丨濟虞注○丨者將盡之名易象下傳小狐丨濟注○丨危也家語正論丨可小康注

【怫】說文丨鬱也从心弗聲○丨鬱藴積也漢書鄒陽傳則大后丨鬱泣血注

【刜】說文丨擊也从刀弗聲

【不】丨非也禮記中庸苟丨至德疏○丨當爲丕荀子大略從諸侯丨注○書伊訓惟上帝丨常墨子非樂上作上帝弗常○孟子滕文公上厥疾丨瘳周禮注作厥疾無瘳

【芴】說文丨菲也从艸勿聲

【岪】說文弗山脅道也从山弗聲

【咈】集韻通作拂○說文丨違也从口弗聲周書曰丨其耇長○丨者相乖詭之意書堯典丨哉疏○拂違君之意也荀子臣道謂之拂注

【蔚】丨牡蒿也一名馬新蒿詩蓼莪匪莪伊丨陸跡

以下據○寶韻錄

【昒】曶音勿文選難蜀父老注引字林

【翇】說文丨樂舞執全羽以祀社稷也从羽友聲讀若紱

【柫】說文丨擊禾連枷也从木弗聲○自關而西謂之丨今之農器連枷也荀子性惡則兄弟相丨奪矣注○丨打之別名也方言五僉自關而西或謂之丨注

【冹】說文冹一之日熚冹从仌犮聲

【㷇】廣韻說文作㷇○說文㷇熚㷇也从火𡿦聲𡿦籀文悖

【甶】說文丨鬼頭也象形凡丨之屬皆从丨

【帗】丨縷謂物之扞蔽也方言二丨縷毳也注

【茀】丨車蔽詩載驅簟丨朱鞹釋文

【鶌】說文鶌鶌鳩也从鳥屈聲

【⿰虫出】說文丨蛣丨也从虫出聲

【⿰足屈】集韻或作趉○說文趉走也从走出聲讀若無尾之屈

【屈】丨短尾犬也集韻引埤蒼

【⿰風胃】說文丨大風也从風胃聲

【乀】說文丨左戾也从反丿讀與弗同

【⿰足弗】說文丨跳也从足弗聲

【忔】丨者風痺丨然不得動也史記扁鵲倉公列傳數丨食飲索隱

【芞】說文芞芞輿也从艸气聲

【圪】說文圪牆高皃詩曰崇墉圪圪从土气聲

⿰乞虎 說文⿰乞虎虎皃从虎乞聲

趌 說文趌直行也从走乞聲

⿰幾乞 丨⿰齒幾也玉篇𢆶部引埤蒼

○以下據集韻錄

費 丨猶佹也禮記中庸君子之道丨而隱注○丨本又作拂禮記中庸釋文

⿺走弗 說文⿺走弗走也从走弗聲

肸 說文丨振丨也从肉八聲

⿱艸屈 說文⿱艸屈叔也从艸屈聲

經籍籑詁卷第九十四補遺終

經筵講官南書房翰林戶部左侍郎兼署兵部左侍郎提督浙江學政阮元撰集

六月

月 丨闕也廣雅釋言○丨之爲言闕也文選月賦注引春秋元命苞○丨闕也滿則闕也釋名釋天○丨之爲言闕也有滿有闕也白虎通日月○丨陰也管子白心化物多者莫多於日丨注○丨者陰也公羊桓十七年經五丨丙午注○丨者羣陰之長也白虎通三軍○丨太陰之精儀禮覲禮丨與四瀆於北門外注○丨者太陰之精儀禮覲禮祭地瘞注又大戴記易本命蚌蛤龜珠與丨盛虛注○丨爲陰精顏氏家訓歸心○丨者陰精之宗文選月賦注引張衡靈憲○丨者陰之宗也是以丨虛而魚腦減丨死

而蠃蛖瞧淮南天文○丨者陰之精地之理也文選宋文皇帝元皇后哀策文注引春秋感精符○丨者陰之精譬猶水光周髀算經下故日兆丨注○夜光謂之丨廣雅釋天○坎爲丨易說卦傳中孚丨幾望虞注彖上傳故日丨不過而四時不忒虞注日丨麗乎天虞注彖下傳日丨得天而能久照虞注○辰爲丨家語執轡○辰主丨大戴記易本命○丨坎也易繫辭上傳日丨運行虞注繫辭下傳日丨之道貞明者也荀注○丨水也論衡說日亂龍○丨水之精也太元中丨闕其博注○丨者水之精也論衡說日○丨者土地之精也公羊莊廿五年傳以朱絲營社注○丨者陰精盈毀有常臣之表也後漢丁鴻傳○丨臣象也洪範五行傳側匿則侯王其肅注又詩柏舟日居丨諸傳又太元從丨冥隨之注○丨者大臣之體後漢李固傳○丨者衆陰之長妃后大臣諸侯之象也後漢李固傳注○丨刑也鶡冠子夜行○丨者刑也漢書天文志○丨爲刑漢書王莽傳中集注引張晏○丨契天駟於上大戴記易本命丨主馬注○日丨者天之使也淮南天文○日者天之明丨者地之理周禮九嬪注引孝經援神契○丨三丨一者三日則成魄三丨則成時禮記鄉飲酒義○三丨一時也孟子滕文公下孔子三丨無君注○丨謂從娵至荼周禮䃺蔟氏十有二丨之號注○丨正丨也大戴記公冠維某年某丨上日注○夜光之珠有似明丨故曰明丨也文選西都賦注引淮南許注

骨 丨猾也丨堅而滑也釋名釋形體○丨幹也太元劇丨㬎其肉注○丨者髓之府素問脉要精微論○丨牲體也周禮内饔凡掌共羞脩刑膴胖丨鱐以待共膳注○丨所以鯁刺人也國語晉語挾以衡丨注○丨鯁喻正直也後漢來歙傳注○丨直謂强毅考工記弓人丨直以立注○丨倣屈屬也考工記梓人以胷鳴者釋文引干注○考工記梓人釋文胸字本亦作丨又作肎干本作丨賈馬作胷劉本作胷○莊子達生其功專而外丨消釋文丨本亦作滑

髮 丨拔也拔擢而出也釋名釋形體○丨猶毛也莊子逍遙游窮丨之下釋文引李注○丨額上毛也文選赭白馬賦垂梢植丨注○束丨謂成童大戴記保傅束丨而就大學注○結丨始成人也謂男年二十女年十五時取笄冠爲義也文選蘇子卿古詩結丨爲夫妻注○丨秀猶秀眉也文選王文憲集序至若齒危丨秀之老注○巽爲寡丨易說卦傳○十豪爲丨賈子六術○丨一本作北列子湯問終丨之北釋文

闕 丨丨也在門兩旁中央丨然爲道也釋名釋宮室○丨門丨也於周禮爲象魏呂覽仲冬塗丨庭門

閒注○丨兩觀也在祭門之外穀梁桓三年傳不出丨門注○丨者上有所失下得書之于丨所以求論與于人故謂之丨矣水經穀水注引潁容說○丨門觀也後漢班彪傳上注○丨猶門也淮南天文天阿者羣神之丨也注○艮爲門丨易說卦傳遯遯亨小利貞鄭注○丨者何丨疑也爾雅釋宮疏引白虎通○丨缺也國語魯語信抑丨矣注晉語丨從補之注又荀子性惡大公之丨注○丨隙也小爾雅廣詁○丨空也左氏昭二十年傳以當其丨注○丨過也左氏宣二年傳衮則有丨注襄元年傳謀事補丨注襄四年傳命百官官箴王丨注○丨短呂覽君守故博聞之人彊識之士丨矣注任數其所以知識甚丨注○丨猶毀呂覽孝行父母全之子弗敢丨注○丨去也廣雅釋詁二○丨猶除也周禮羃人亡者丨之注○建章圓丨臨北道銅鳳在上故號鳳丨文選顏延年曲水詩序方且排鳳丨以高游注○丨車所用補丨之車也周禮車僕丨車之萃注○丨翟刻而不畫周禮內司服丨狄注○丨翟翦丨繪爲翟雉形以綴衣也釋名釋衣服○丨洩多紐爾雅釋獸

○論語丨黨董子漢書古今人表作厥黨

越

丨歷也呂覽長攻丨十七阸注○丨渡也廣雅釋詁二○丨度也楚辭天問嚴何丨焉注○丨踰也漢書司馬相如傳下集注引文穎○丨逸也後漢袁術傳注○丨過也漢書賈誼傳集注又家語五儀由然若將可丨而不可及者注○丨猶躐也禮記王制爲丨紼而行事注○丨違也後漢東平憲王蒼傳注臣者傳注○丨迂也國語周語聽聲丨遠注魯語展禽曰丨哉臧孫之爲政也注○丨猶走也公羊桓十六年傳丨在岱陰齊注○丨去也楚辭逢紛精丨裂而哀悲注○丨之言墜也禮記緇衣毋丨厥命以自覆也注○丨墜也書盤庚中顛丨不恭傳又左氏成二年傳丨于車下注又史記吳太伯世家有顛丨勿

遺集解引服虔又楚辭惜誦行不羣以巔丨兮注○丨墜失也書太甲上無丨厥命以自覆傳○丨失也國語齊語恐隕丨於下注又呂覽士容而處義不丨注又淮南精神嗜欲者使人之氣丨注○散也左氏昭四年傳風不丨而殺注又後漢馬融傳注又淮南俶眞神丨者其言華注精神已丨於外注上衍精神勞則丨注○丨揚也爾雅釋言又國語周語汨丨九原注以揚沈伏而黜散丨也注又淮南俶眞暴行丨智於天下注○丨猶揚也禮記聘義叩之其聲淸丨以長注○丨疾也廣雅釋詁二○丨遠也左氏襄十四年傳而丨在他竟注又廣雅釋詁二又小爾雅廣言又國語周語氣不沈滯而亦不散丨注晉語隱悼播丨注又莊子徐無鬼子不聞夫丨之流人乎釋文○丨治也廣雅釋詁三○丨于也書微子丨至于今馬注又大戴記夏小正丨有小旱傳○丨於也書盤庚上丨其罔有黍稷傳呂刑丨茲麗刑鄭注又詩東門之楊丨以殷邁箋淸廟對丨在天箋又周書世俘丨若來注又後漢班彪傳下注○丨于皆於也孟子萬章下殺丨人于貨注○丨曰也漢書楊雄傳上集注○丨發聞也國語晉語使丨於諸侯注○丨予也廣雅釋詁三○丨過人也荀子非相筋力丨勁注○丨謂非次也後漢桓帝紀注○離楚謂之丨方言六○丨國名也禮記明堂位丨棘大弓注○丨夷蠻之國度丨禮義無所拘也釋名釋州國○丨人自名於丨君子名之曰丨公羊定五年傳於丨者何未能以其名通也丨者能以其名通也注○丨今之蒼梧鬱林合浦交趾九眞南海日南皆丨地文選吳都賦包括于丨劉注○丨戲方紂三邑也周書世俘呂他命伐丨戲方注○丨嘗遠國也孝經注丨嘗重譯釋文○丨裳南蠻今九眞是也文選東京賦南諧丨裳薛注○丨王丨地所獻玉也書顧命丨玉五重馬注○丨椒茱萸也廣雅釋木○丨猛虎也呂覽順民○

丨雜判雜也莊子庚桑楚釋文○
丨丨雜小雜也莊子庚桑楚釋文引司馬向注○丨一
本作翼列子湯問丨日釋文○書太甲上釋文丨丨本
又作粤盤庚上釋文丨本又作粤公羊桓元年經及
鄭伯盟于丨釋文丨本亦作粤書高宗肜日丨有雊
雉漢書外戚傳作粤有雊雉書大誥丨天棐忱漢書
翟方進傳作粤天輔誠○書武成丨翼
日癸巳漢書律厤志作若翼日癸巳
【謅】丨請也禮記曲禮下能典丨矣注又左氏昭十六
年傳宣子丨諸鄭伯注又爾雅釋言又方言一相
丨而發注又國語越語臣固請之注又史記吳太伯
世家而丨王僚飲索隱又漢書高帝紀上集注李尋
傳集注引服虔谷永傳集注又後漢皇后紀注劉隆
傳注廉范傳注周防傳注又荀子大略婦丨盛與注
又列子天瑞弟子敢有所丨釋文○丨告也爾雅釋
詁又儀禮聘禮乃丨闕人注覲禮擯者丨諸天子注

又禮記月令先立春三日大史丨之天子注先立夏
三日大史丨之天子注先立秋三日大史丨之天子
注先立冬三日大史丨之天子注又左氏隱十一年
傳惟我鄭國之有請丨焉注又周書世俘丨戎殷于
牧野注又國語魯語又何丨焉注晉語謂丨者日注
不丨而歸注又國策秦策請丨事情注齊策使太子
丨之君注又穆天子傳五祭父自圃鄭來丨注又漢
書鄒陽傳集注司馬相如傳下集注引文穎又後漢
張衡傳注又列子說符使遽人丨之注又呂覽孟春
太史丨之天子注當務其父竊羊而丨之上注長攻
襄子丨於代君注○丨猶告也儀禮覲禮擯者丨注
○丨謂有所告之也管子小稱故臣且丨之注○丨
詣也詣告也書其姓名於上以告所至詣者也釋名
釋書契○丨白也小爾雅廣言又國策秦策臣請丨
其故注○丨請也白也漢書百官公卿表集注引應
劭○風雨是丨言能請致風雨山海經大荒北經有

章尾山有神人風雨
是丨是謂燭龍注
丨丨滅也小爾雅廣詁○丨丨沈滅之言左氏襄廿
【沒】四年傳何丨丨也注○丨猶竟也禮記雜記下如
末丨喪而毋死注○丨無也小爾雅廣詁○丨盡也
詩漸漸之石曷其丨矣傳又儀禮聘禮丨其竟注又
論語鄉黨丨階趨集解引孔注又漢書翟方進傳集
注○丨猶盡也論語鄉黨皇疏○丨入也國語周語
夫戎翟冒丨輕儳注○丨溺也漢書匈奴傳贊集注
○丨貪也國語晉語不丨爲後也注○得利爲乾失
利爲丨史記酷吏傳始爲小吏乾丨集解引如淳○
心內不合爲丨史記酷吏傳正義○丨人謂能鶩丨
於水底莊子達生若乃夫丨人則未嘗見舟而便操
之也注○丨地名國語越語又敗之於丨注○丨水
世謂之禮水山海經中山經太水東南流注于丨丨
水注○左氏昭廿八年傳晉閻丨晉語九作閻明

【伐】集韻或作傠○凡師有鍾鼓曰丨左氏莊廿九年
傳○有鍾鼓曰丨詩殷武奮丨荊楚箋○聲罪致
討曰丨春秋本義引陸希聲左傳通例○丨者敵國
相征丨也孟子告子下天子討而不丨注○丨者凶
事白虎通三軍○反義爲傠太元斷勇侏之傠注○
丨擊也詩甘棠勿翦勿丨傳采芑鉦人丨鼓傳又廣
雅釋詁三又白虎通誅伐又文選東京賦丨靈鼓薛
注風賦壓石丨木注思元賦丨河鼓之磅硠舊注○
丨猶擊也禮記郊特牲二日丨鼓何居注○丨謂擊
刺書牧誓不愆于四丨五丨傳○丨謂擊刺之詩皇
矣是丨是肆箋○一擊一刺曰丨書牧誓鄭注○一
擊一刺爲一丨禮記樂記天子夾振之而駟丨注○
丨殺也廣雅釋詁二○丨亦誅也荀子議兵堯丨驩
兜注○丨敗也廣雅釋詁三○丨之爲言敗之也古
微書引春秋說題辭○丨取也老子不自丨故有功
注○狗者曰侵精者曰丨公羊莊十年傳○丨謂自

相攻丨也後漢徐防傳注○蛟言丨者以其有兵衛也禮記月令命漁師丨蛟注○丨功也左氏莊廿八年傳且旌君丨注成十六年傳驟稱其丨注又周書諡法剛克爲丨曰翼注又國語周語吾有三丨注好自丨其功注晉語月旌君丨注軍丨有賞注又管子小匡公令官長期而書丨以告注○戰功曰丨管子臣道功丨足以成國之大利注○積功曰丨漢書高帝紀上集注項籍傳集注引張晏○奮於行者丨也說苑雜言○明其等曰丨史記高祖功臣侯年表○自功曰丨書大禹謨汝惟不丨傳○丨自丨其功也論語憲問克丨怨欲集解引馬注○丨謂有功而自稱論語憲問皇疏○有善而自稱曰丨善也論語公冶長願無丨善皇疏○功遂自卻謂之退反退爲丨賈子道術○丨矜也漢書霍光傳集注○丨美也小爾雅廣詁○斬樹木壞宮室曰丨穀梁隱五年傳○丨謂斫斷也管子霸形於是丨鍾磬之縣注○丨爲參丨也公羊昭十七年傳丨爲大辰注○丨屬白虎宿與參連體而六星考工記輈人熊旗六斿以象丨也注○丨人者爲客讀丨長言之齊人語也公羊莊廿八年傳春秋丨者爲客注○見丨者爲主讀丨短言之齊人語也公羊莊廿八年傳丨者爲主注○丨宜爲代洪範五行傳時則有下人丨上之痾注○詩泮水其旂丨丨釋文

丨丨本又作茷茷

罰 丨猶辠也國語周語是有逸丨注○丨上報下之罪也墨子經上○丨刑楚辭惜誦忠何罪以遇丨兮注○丨謂撻擊之也周禮司救三讓而丨注○丨殺也廣雅釋詁一○丨折也同上○丨丨贖也周禮職金掌受士之金丨貨丨注○丨布者犯市令者之泉也周禮廛人掌斂布紩布總布質布丨布廛布注○坎爲丨易象上傳則刑丨清而民服虞注○淫爲大丨列女傳孽嬖○刑丨者人之御轡後漢虞詡傳

○刑丨者人之鞭策也後漢虞詡傳注○賞丨者失得之報也莊子天道是非已明而賞丨次之注○丨者白虎其宿主兵後漢郎顗傳○

丨當爲軷周禮大馭及犯軷杜注

卒 司馬法百人爲丨左氏隱十一年傳鄭伯使丨出豭注宣十二年傳廣有一丨注成七年傳以兩之一丨適吳注○軍法百人爲丨禮記燕義合其丨伍注○百人爲丨周禮夏官序官諸子合其丨伍注又國語晉語上大夫一丨之田注又國策西周策君迎之以丨注○丨百人周禮小司徒四兩爲丨注○四兩爲丨周禮小司徒又白虎通三軍○丨一丨旅周禮夏官序官百人爲丨注○丨二十五人之師周書武順丨必力注○在車曰士步曰丨淮南覽冥質壯輕足者爲甲丨注○步曰丨車曰乘左氏隱元年傳具丨乘注宣十二年傳而丨乘輯睦注○步曰丨呂覽簡選銳丨千人注又淮南本經武王甲丨三千注脩務不過一丨之才注○丨步兵也左氏隱元年傳具丨乘釋文○丨丨伍荀子議兵聚則成丨注○丨士也國策秦策而丨不上注○丨衆也莊子秋水人丨九州釋文引司馬注至樂人丨聞之相與環而觀之釋文引司馬注○伍兩丨旅師軍皆衆之名周禮小司徒五人爲伍五伍爲兩四兩爲丨五丨爲旅五旅爲師五師爲軍注○軍師旅丨兩伍皆衆名也周禮夏官序官凡制軍注

竭 丨盡也禮記大傳人道丨矣注又國語周語其丨也無日矣注晉語丨力以從事注又漢書成帝紀集注又荀子王霸百里之地足以丨執矣注成相成相丨辭不壓注又家語禮運五行之動共相丨也注又管子八觀則國之情僞丨在敵國矣注又呂覽下賢精充天地而不丨注又淮南精神腹滿而河不爲之丨注本經上丨其孝注說林江水之原淵泉不能丨注脩務故力丨功沮注又文選思元賦願丨力以

守詐兮舊注○丨敗也左氏宣十二年傳且律丨也
注○丨猶負戴也禮記禮運五行之動迭相丨也注○丨
○丨蹶顛倒也荀子儒效遠者丨蹶而趨之注○丨
蹷顛仆猶言匍匐也荀子議兵遠者丨蹷而趨之注
○禮記禮運迭相丨
也釋文丨本亦作揭
○歇穴曰丨一切經音義八引通俗文○兔之所息
【窟】謂之丨小爾雅廣獸
【笏】丨忽也君有教命及所啟白則書其上備忽忘也
釋名釋書契○丨以記事者也穀梁僖三年傳搢
丨而朝諸侯注○丨所以記事也禮記內則搢丨注
○丨所以記事防忽忘隋書引雷氏五經要義○曶
者臣見君所秉書思對命者也史記五帝紀集解引
書鄭注○丨所以書思對命者儀禮士喪禮竹丨注
○丨所以執書思對命家語五儀紳帶搢丨注○丨
天子以球玉諸侯以象大夫以魚須文竹士竹本象
可也禮記玉藻○丨佩玉也淮南齊俗無皮弁搢丨
之服注○丨度二尺有六寸其中博三寸其殺六分
而去一禮記玉藻○丨畢用也因飾焉同上○曶長
三尺杼上椎頭一名珽亦謂之大圭穆天子傳一搢
曶注○今文丨作忽
儀禮士喪禮竹丨注
【鉞】本作戉○戉鉞也所向莫敢當前豁然破散也釋
名釋兵○戉斧也廣雅釋器○丨斧也後漢李固
傳注引蒼頡篇又小爾雅廣器又後漢馮勤傳注公
孫瓚傳注又太玄圖乃後有丨注○丨大斧書顧命
一人冕執丨鄭注○丨王斧也御覽三百四十一引
字林○丨斧丨也文選東京賦授丨四七薛注○丨
以黃金飾斧書牧誓王左杖黃丨傳○黃丨以黃金
飾之後漢馮勤傳注又文選東京賦戴金鉦而建黃
丨薛注○丨古文戉同一切經音義二○丨當為越
文選王元長曲水詩序文丨碧砮之琛注○書牧書

王左仗黃丨釋
文丨本又作戉
【歇】丨泄也廣雅釋詁二○丨涸也方言十二○丨竭
也爾雅釋詁○丨盡也左氏宣十二年傳憂未丨
也注襄廿九年傳難未丨也注○丨音遏絕
之遏史記高祖紀趙丨為王索隱引鄭德
【發】丨撥也撥使開也釋名釋言語○丨開也廣雅釋
詁三又文選東京賦丨丨京倉薛注○丨猶出也禮
記月令雷乃丨聲注○丨丨見也左氏昭元年傳丨為
五色注又荀子禮論是吉凶憂愉之情丨於顏色者
也注○丨猶見也禮記禮器故君子樂其丨也注又
文選毛詩序情丨於聲注○丨初也史記樂書丨揚
蹈厲之已蚤正義○丨起也書微子我其丨出狂鄭
注又禮記大學仁者以財丨身注又國語周語土氣
震丨注又呂覽音律無丨大事注又淮南時則禁民
無丨火注○丨舉也廣雅釋詁一又文選東京賦丨
鯨魚薛注○丨動貌論語微子廢中權鄭注○丨猶
揚也禮記樂記其聲丨以散注○丨猶致也呂覽報
更因丨酒於宣孟注○丨行也詩東方之日履我丨
兮傳長發遂視既丨箋又漢書宣帝紀集注引文穎
蕭望之傳集注又荀子彊國既楚丨其賞注又呂覽
重言謀未丨而聞於國注又爾雅釋言愷悌丨也今
人注又李注孫注○丨丨行也爾雅釋言注○丨去
也廣雅釋詁二○丨猶往也周髀算經上日道丨斂
之所生也注○丨遣也國策齊策王何不丨將而擊
之注又列子湯問乃厚賂丨之注又呂覽具備遂丨丨
所愛注○丨洩也楚辭大招春氣奮丨注○丨盡丨丨
也詩生民實丨實秀傳○丨謂機丨也禮記祭統諸
德之丨也注○丨謂散丨也素問四氣調神大論惡
氣不丨注氣交變大論其變振丨注○丨明也詩長
發釋文引韓詩又廣雅釋詁四○丨丨明也論語述
而不悱不丨皇疏○丨丨明義理也論語為政亦足

以丨皇疏○丨謂攻其惡也列子力命不相謫丨釋
文○丨謂汗之令其踈散也素問六元正紀大論火
鬱丨之注○丨亂也詩谷風無丨我笱釋文引韓詩
○丨伐也詩噫嘻駿丨爾私箋○丨疾貌詩蓼莪
飄風丨丨傳四月飄風丨丨箋○丨泄猶布散也呂
覽季春陽氣丨泄注○丨越氣傷射也後漢馮衍傳
注○丨射楚辭招魂君王親丨兮憚青兕注○丨猶
射也禮記射義丨彼有的注○丨矢也詩賓之初
筵丨彼有的箋○丨舍車也東齊海岱之閒謂之丨
方言七○丨氣舍氣也儀禮聘禮記丨氣焉盈容注
○丨氣舍息也儀禮聘禮記丨氣怡焉注○丨旦也
詩載驅齊子丨夕韓詩○春夏爲丨漢書律厤志上
集注○丨丨飄風貌漢書王吉傳集注○丨東夷周
書王會丨人鹿注○晨鳴曰丨明說苑辨物○丨駭
走也文選西京賦獸不得丨薛注○丨或爲射禮記
射義循聲而丨注丨而不失正鵠者注○丨讀爲旆

荀子議兵武王載丨注○丨一作廢列子仲尼廢無
知釋文○莊子列禦寇曾不丨藥乎釋文丨司馬本
作廢○衛公叔丨亦名拔見禮記檀弓
注鄭公子丨字子國見左氏襄六年傳
突丨猝也廣雅釋詁二○江湘之閒凡卒相見謂之
棄相見或曰丨方言十○丨湯骨反暫出易離釋
文引字林○丨唐丨也文選魯靈光殿賦序盜賊奔
丨張注○丨陵觸荀子王霸汙漫丨盜以先之注○
丨丨謂相凌犯也同上○丨凌丨不順也荀子榮辱陶
誕丨丨謂盜注○丨謂短髮可凌丨人者荀子非相丨禿
長左注○丨欺也廣雅釋詁二○丨扤高貌文選海
賦丨扤孤遊注○丨理出豐高也呂覽任地子能以
窐爲丨乎注○丨門守城之門後漢竇融傳注○丨
騎言能衝丨軍陣後漢光武紀上注○傳謂之丨爾
雅釋宮○丨竈丨也淮南人閒百尋之屋以丨隙之
烟焚注○窨謂之竈其脣謂之陘其窻謂之堗廣雅

釋室○爾雅釋宮傳謂之丨釋文丨本又作
揬○晉狐丨字伯行見左氏閔二年傳注
忽丨疾也廣雅釋詁一○丨疾貌離騷丨反顧以遊
目兮注○丨速貌左氏莊十一年傳其亡也丨焉
注○丨輕也廣雅釋詁三又後漢齊武王縯傳注○
丨忘也廣雅釋詁二又漢書杜欽傳集注又文選東
京賦丨下叛而生憂也薛注○丨怠也漢書楚元王
傳集注○丨丨亡也漢書陳湯傳集注○丨滅也詩皇
矣是絕是丨丨傳○丨盡也爾雅釋詁○丨治也漢書
王嘉傳集注○丨丨然言易也荀子彊國劉盤盂刎牛
馬丨然耳注○丨然無根本貌荀子正名故愚者之
言芴然而粗注○丨謂丨然而去也文選謝元暉
和伏武昌登孫權故城詩參差世祀丨注○丨丨迷
貌文選高唐賦悠悠丨丨注○丨丨不爽也素問玉
機眞藏論丨丨眩冒而巔疾注○丨勃皆無心而應
之貌莊子天地丨然出勃然動注○丨似謂若亂於

是非象龔滔天及不辨鹿馬之類也書大傳禦視於
丨似注○北海之帝爲丨莊子應帝王○丨一蠶口
出絲也史記太史公自序閒不容丨正義○丨者
惣文之微也史記太史公自序索隱○丨一本作總
列子湯問涼風丨至釋文○春秋鄭昭公丨說
文日部作曶論語仲丨漢書古今人表作中曶
韈丨末也在腳末也釋名釋衣服○丨足衣也左氏
哀廿五年傳丨而登席釋文○古文韈或作怽妹
二形一切經音義三
勃丨展也廣雅釋詁三○丨仂也廣雅釋詁四○丨
盛也後漢陳蕃傳注○丨盛也廣雅釋訓○丨
盛貌文選長笛賦氣噴丨以布覆兮注○丨盛貌也
後漢馮衍傳注○丨然興起貌荀子非十二子佛然
平世之俗起焉注○丨爭也莊子外物則婦姑丨谿
釋文○丨懟也廣雅釋言○丨谿反戾也莊子外物

釋文引司馬注○丨壤粉解者周禮草人丨壤用狐注○丨肩猶槃姍膝行貌楚辭怨世嫫母丨肩而日侍注○丨鬱煩冤風迴旋之貌文選風賦注○莊子庚桑楚徹志之丨釋文丨本又作悖○楚蹷丨字子上見左氏僖廿八年傳

【蹶】亦作蹷○丨僵淮南脩務丨沙石注○丨顛淮南精神形勞而不休則丨注○丨顛丨呂覽貴直狐援聞而丨往過之注○丨猶蹟也後漢皇甫嵩朱雋傳注○蹷踶也廣雅釋言○丨走也國語越語丨而趨之注○丨踏也文選羽獵賦丨松柏注○蹷蹋也漢書司馬相如傳上集注○蹷蹋也距也漢書敘傳上集注引李奇○丨蹴也漢書揚雄傳上集注○丨跳也廣雅釋詁二○丨蹈也呂覽知化子胥兩袪高丨而出於廷注○蹷顛覆也荀子成相國乃蹷注○蹷顛倒也荀子富國是之謂國蹷注○蹷蹟顛頓也呂覽愼小人之行不蹷于山注○丨行遠之貌也後漢張衡傳注○蹷逆疾也呂覽盡數處足則爲痿爲蹷注○丨猶鬈也史記孫子吳起傳丨上將軍索隱○蹷猶拔也左氏襄十九年傳是謂蹷其本注○丨猶挫也史記孫子吳起傳集解引魏武帝○蹷短也漢書王莽傳中集注○蹷敗也廣雅釋詁三○丨猶也楚或曰丨方言二○丨嘉也爾雅釋詁○北方有獸其名曰蹷鼠前而兔後淮南道應○鼠前足短兔後足長故謂之蹷淮南道應注○丨音馬蹄丨之丨漢書楊雄傳上集注引鄭氏○蹷渠月切文選七發注引聲類

【鶻】丨鳩斑鳩也莊子逍遙游蜩與學鳩笑之釋文引詩草木疏○丨鳩斑鳩也桂陽人謂之斑佳爾雅釋鳥鶻鳩丨鵃釋文引詩草木疏○丨鵃鶻鳩也廣雅釋鳥○丨鵃小種鳩也詩小宛釋文引字林○丨鳩一名滑雕莊子逍遙游釋文引李注

【搰】亦作揭○搰舉也僭也負也莊子胠篋釋文引三蒼○搰立舉也文選過秦論注引埤蒼○搰謂負也後漢馮衍傳注

【稄】穇謂之丨方言九○竹曰丨爾雅釋言舫泭也注○通俗文丨作䑺一切經音義三○韻集丨作橃同上○宋樂丨字子潞見左氏哀廿六年傳

【欮】丨其也爾雅釋言又書堯典丨民析傳皐陶謨允迪丨德傳又詩生民丨初生民箋瞻卬懿丨哲婦箋又周禮鄉大夫丨明注又考工記㮚氏永啟丨後注又儀禮士冠禮丨明夕注特牲饋食禮丨明夕注又禮記學記丨修乃來注坊記丨辟不辟忝丨祖注緇衣毋越丨命以自覆也注又孝經聿脩丨德注又書大傳禹乃共辟丨德注又國語周語緝熙亶丨心注又太元元文不易丨位注又離騷浞又貪夫丨家注天問舜服丨弟注危害丨兄注丨利惟何注○丨逆氣從下丨起上行入心脅也釋名釋疾病○丨謂逆行上衝也素問調經論不足則丨注○丨逆氣病山海經中山經大砦之山有草焉其名曰牛傷服者不丨注○丨謂氣逆也素問生氣通天論使人煎丨注陰陽應象大論丨氣上行注脈要精微論丨成爲顚疾注○丨氣逆也凌上也倒行不順也素問五常政大論其病丨注○丨謂足逆冷也素問六節藏象論凝於足者爲丨注○丨足冷卽氣逆也素問陰陽別論及爲痿丨腨痛注○凝於足者爲丨素問六節藏象論○丨盡也素問陰陽離合論丨陰根起於火敦注○丨者頓也漢書諸侯王表集注引應劭○丨掘也山海經海外北經相柳之所抵丨爲澤谿注○丨石也荀子大略和之璧井里之丨也注○書堯典丨

民析丨民因丨民夷丨民隩史記五帝本紀作其民
析其民因其民夷易其民燠大禹謨允執丨中三王
世家作允執其中皋陶謨彰丨有常夏本紀作章其
有常皋陶謨愼丨身修思永夏本紀作愼其身修思
長益稷用殄丨世夏本紀作用絕其世禹貢丨土黑
墳夏本紀作其土黑墳禹貢丨貢漆絲夏本紀作其
貢漆絲禹貢丨篚織文夏本紀作其篚織文禹貢丨
篚檿絲夏本紀作其篚酓絲禹貢丨土赤埴墳夏本
紀作其土赤埴墳禹貢丨草惟夭夏本紀作其草惟
夭禹貢丨木惟喬夏本紀作其木惟喬禹貢丨土惟
塗泥夏本紀作其土塗泥禹貢丨篚織貝夏本紀作
其篚織貝禹貢丨包橘柚錫貢夏本紀作其包橘柚
錫貢禹貢三邦厎貢丨名夏本紀作三國厎貢其名
禹貢丨篚元纁璣組夏本紀作其篚元纁璣組禹貢
丨土惟壤夏本紀作其土壤禹貢丨篚纖纊夏本紀
作其篚纖絮禹貢丨土青黎夏本紀作其土青驪禹

貢丨土惟黃壤夏本紀作其土黃壤禹貢丨篚元纖
縞夏本紀作其篚元纖縞洪範相協丨居宋微子世
家作相和其居洪範用敷錫丨庶民宋微子世家作
用傳錫其庶民○漢書古今人表吳丨由集注作蹶
由○左氏宣十二年傳韓丨公羊襄元年經作韓屈
○春秋文十年經楚子蔡侯次于丨貉公羊作楚子
蔡侯次
于屈貉

厥 丨虌爾雅釋草○丨虌也詩草蟲言采其丨傳○
丨山菜也文選謝靈運酬從弟惠連詩注引毛詩
義疏○秦曰丨齊魯曰虌亦謂丨齊民要術九引詩
義疏○周秦曰丨詩草蟲釋文引詩草木疏○丨江
西謂之虌爾
雅釋草注

掘 集韻或作闕○丨穿也廣雅釋詁三又管子山權
數北郭有丨闕而得龜者注○闕穿也國語吳語
闕爲石郭注闕爲深溝於商魯之閒注○穿地至泉
曰闕管子山權數注○丨猶平也淮南墬形丨昆侖
虛以下注○今文丨爲坽
儀禮既夕記丨坎南順注

閥 明其等曰丨後漢章帝紀注章彪傳注

訥 論物明辯謂之辯反辯爲丨賈子道術○丨者鈍
也楚辭初放言語丨訒兮注○丨遲鈍也論語里
仁君子欲丨於言而敏於行集解引包注又皇疏又
後漢章彪傳注○丨遲鈍也論語子路剛毅木丨集
解引王肅注○丨者言語遲鈍論語子路皇疏○丨
遲也廣雅釋詁四○丨遲也漢書萬石衛直周張傳
贊集注○丨遲于言也春秋穀梁序釋文引字詁○
吶者言之疑韓非子八經○丨忍於言也後漢吳漢
傳注○丨古文吶同一切經音義十二○吶古丨字
漢書瑕邱江公傳集注○丨字多作詘史記萬石張

叔傳欲丨於言
集解引徐廣

殁 又作歾通作沒○丨終也廣雅釋詁四又後漢周
舉傳注○沒終也易繫辭下傳庖犧氏沒虞注又
儀禮士昏禮若舅姑既沒注又禮記檀弓下不沒其
身注祭統沒則喪注坊記未沒不稱君注又論語憲
問沒齒無怨言皇疏又小爾雅廣言又國語周語長
劉其不沒乎注吳語用能援持盈以沒注又後漢清
河孝王慶傳注又太元元圖與月蝕
俱沒注○歾盡也太元㕒其所歾注

粤 丨辭也漢書翟方進傳集注○丨者審愼之辭也
史記周本紀丨詹雒伊正義○丨曰也爾雅釋詁
○丨於也爾雅釋詁又漢書敘傳上集注引應劭○
丨于也爾雅釋詁又書盤庚越其罔有黍稷釋文○
丨厚也管子五行然則天爲丨宛注○
丨古越字漢書異姓諸侯王表集注

悖 ｜逆也國語周語是以事行而不｜注○｜彊也廣雅釋詁一○｜盛貌左氏莊十一年傳其興也｜焉注○左氏莊十一年傳釋文｜本亦作勃

刖足曰｜莊子德充符魯有｜者釋文引李注○

兀 ｜無知之貌也文選遊天台山賦｜同體於自然注

碣 集韻或从山○｜石海畔山書禹貢夾右｜石入于河傳又後漢馮衍傳注班彪傳上注○｜石山名也文選魏都賦恒｜礁碍於青霄劉注○｜石石山也後漢盧植傳注○圓者謂之｜後漢竇憲傳注○嵑碣也後漢竇憲傳注○嵑與｜同文選封燕然山銘封神邱兮建隆嵑注

卒 ｜急也漢書杜欽傳集注引鄭氏○｜謂急遽也後漢馮衍傳注○｜爾謂無禮儀也論語先進子

路｜爾而對皇疏○｜讀曰猝漢書成帝紀集注平帝紀集注食貨志上集注二見五行志中之下集注二見劉向傳集注婁敬傳集注息夫躬傳集注李廣傳集注司馬相如傳下集注杜欽傳集注李廣利傳集注司馬遷傳集注東方朔傳集注霍光傳集注二見趙充國傳集注四見辛慶忌傳集注陳湯傳集注二見丙吉傳集注諸葛豐傳集注張山柎傳集注義縱傳集注匈奴傳下集注

｜暴也漢書五行志中之下集注○｜謂急速也

猝 方言十二○｜懸朴｜也注

樾 ｜樹陰也集韻引字林

橜 亦作橛○｜謂之闑爾雅釋宮○橛杙也廣雅釋室○｜杙也同上○橛門中木禮記曲禮上注闑門橛釋文○橛鑣也莊子馬蹄前有橛飾之患釋文引崔注○橛銜也莊子馬蹄釋文引司馬注○｜騑

馬口長銜也史記司馬相如傳銜｜之變索隱引張揖○｜騑馬口中長銜也文選西征賦注引莊子司馬注○橛几也廣雅釋器○厥豎也莊子達生吾處身也若厥株拘釋文引李注又列子黃帝吾處也若｜株駒注○厥猶豎也漢書諸侯王表集注引晉灼○橛猶擊也山海經大荒東經橛以雷獸之骨注○｜本或作橛列子黃帝釋文○

莊子達生釋文｜本或作橛

羯 ｜犍也廣雅釋獸○羖羊羠曰｜同上○｜羠並犍羊也一切經音義五因徐廣

汩 ｜治也書序作｜作傳又楚辭天問不任｜鴻注○｜亂也書洪範｜陳其五行傳又小爾雅廣言又漢書五行志上集注引應劭又莊子徐無鬼遊于天地釋文引司馬注○｜通也國語周語決｜九川注○｜漏波也莊子達生與｜俱出釋文引司馬注○｜滅疾貌史記司馬相如傳｜滅㴔習索隱○｜

活疾貌文選長笛賦｜活澎濞注○｜急轉貌也史記司馬相如傳｜急漂疾索隱引郭璞○書無逸｜陳其五行漢石經作曰陳其五行

呫 ｜叱也孟子告子上嘑爾而與之注音義引丁音又一切經音義二引字書○｜啐也文選送於陟陽侯詩注引蒼頡篇○｜相呵也一切經音義廿四引字林○｜丁兀反一切經音義二引字林

惚 通作曶○忽怳無形貌也淮南原道怳兮忽兮注○怳忽無之象也淮南原道驚怳忽注○忽吻無形也莊子應帝王北海之帝爲忽釋文引李注○忽芒也方言十三○曶劒光采惚忽難視以形爲名也荀子性惡莊君之曶注○禮記祭義夫何怳｜之有乎釋文｜本亦作忽

捽 ｜交對也國語晉語戎夏交｜注○｜持頭也荀子正論詈侮｜搏注

凸 ｜起者也一切經音義十四引字苑

渤 ｜澥海別名也漢書揚雄傳音義引字林○｜海海岸曲崎頭也山海經南山經丹水南流注于｜海注○海旁曰勃史記高祖紀北有勃海之利索隱引齊都賦○勃勃海也後漢盧植傳注○勃大也淮南天文賁星墜而勃海決注○勃旁趺也史記高祖紀索隱引崔浩

齕 齕齧也廣雅釋詁三又漢書田儋傳集注○｜齒斷也莊子駢拇枝于手者｜之則啼釋文○｜不橫斷禮記曲禮上庶人｜之注○｜吞者八竅而卵生大戴記易本命○｜吞鳥屬也大戴記易本命注

蠍 長尾爲蠆短尾爲｜｜莊子天運釋文引通俗文

滑 集韻或作汨○｜稽猶俳諧也史記滑稽傳索隱引姚察○｜亂也小爾雅廣言又國語周語而｜

夫二川之神注晉語則不如置不仁以｜其中注又史記樗里子甘茂傳｜稽多智索隱引鄒誕又漢書五行志中之下集注公孫宏卜式兒寬傳贊集注又後漢周磐傳注又荀子議兵君臣上下之閒｜然有離德者也注解蔽案直將治怪說玩奇辭以相撓｜也注又莊子齊物論｜疑之耀釋文引司馬注置其｜滑釋文繕性｜欲于俗釋文又淮南精神不以｜心注不便於性者不以｜和注趣舍｜心注○相亂也呂覽本生物者相之注○｜亂淮南俶眞不足以｜其和注○｜壞亂之名荀子正名疾養滄熱｜鈹輕重以形體異注○｜混也後漢周燮傳注袁紹傳注○｜治也莊子繕性釋文引崔注○｜滑未定之謂莊子齊物論釋文引向注○｜栝口木也莊子齊物論釋文引崔注○｜讀爲淈史記樗里子甘茂傳正義○｜讀曰骨也淮南原道混混｜｜注○｜與汨同荀子正名注成相吏謹將之無披｜注○左氏昭廿六年傳無助狡｜釋文｜又作猾○莊子齊物論釋文｜向本作汨○莊子天地｜心使性飛揚釋文｜本亦作潏○莊子至樂支離叔與｜介叔釋文｜崔本作滑○墨子公輸禽｜釐列子楊朱作禽骨釐漢書古今人表作禽屈釐○國語周語中鄭武公名｜突史記鄭世家作掘突

刖 跀跀並同○斷足曰｜易困劓｜虞注又左氏莊十六年傳｜強鉏注又爾雅釋言跳｜也李注○｜斷足也書大傳其刑臏注又周禮司刑｜罪五百注○跀斷足也莊子養生主惡乎介也釋文引崔注○｜斷也廣雅釋詁一○｜絕也書呂刑｜辟之屬五百釋文○｜古文跀跀二形同一切經音義二○跀古｜字也文選中山王孺子妾歌子瑕矯後駕注○易困劓｜釋文｜京作劊

軏 ｜者轅端上曲鉤衡者也論語爲政小車無｜集解引包注

劂 ｜刀也廣雅釋器

崒 ｜才沒子出二反爾雅釋山釋文引字林

腯 ｜肥也文選吳都賦鳥獸｜膚劉注○｜亦肥也禮記曲禮下豚曰｜肥注又左氏桓六年傳吾牲牷肥｜注○｜亦充也禮記曲禮下注○｜｜肥充也方言十三賊｜也注○｜盛也廣雅釋詁二○豕曰｜左氏桓六年傳吾牲牷肥｜服注○禮記曲禮釋文｜本或作豚○禮記檀弓舍其孫｜釋文｜徐本作遁

孛 集韻通作茀○茀彗星也文選劇秦美新大茀經賁注○｜星星旁氣｜｜然也釋名釋天○穀梁昭十七年經有星茀于大辰釋文茀本亦作｜

紇 〔左氏襄十年傳〕郰人|紇名|字叔梁

浡 |作也〔爾雅釋詁〕○|盛也〔廣雅釋詁二〕○|湧也〔淮南原道〕原流泉|注○|然興作貌〔爾雅釋詁〕|作也注○|滃盛也〔漢書楊雄傳下〕集注○|滈沸涌貌〔文選海賦〕天綱|滈注○|亦勃字同蒲没反一切經音義四引〔聲類〕

暍 |中熱也〔山海經北山經〕北嚻之山有鳥焉名鶯鶡食之已|注○|傷暑也〔大戴記保傅〕暑而|注又〔荀子富國〕使民夏不宛|注

矻 |健作貌〔漢書王褒傳〕集注引如淳○||勞極貌〔漢書王褒傳〕集注引應劭

淈 |治也〔爾雅釋詁〕○|亂也〔後漢張衡傳注〕○|水通貌〔文選江賦〕注引〔蒼頡篇〕○||決流也史

記司馬相如傳滈滈||索隱引〔廣雅〕○||水微轉細涌之貌史記司馬相如傳索隱引郭璞○||一國並亂也〔楚辭怨上〕哀哉兮||注○|書序作汩音同耳〔爾雅釋詁注〕○|讀爲屈〔荀子宥坐〕其洸洸乎不|盡似道注

鶻 |王雎也爾雅釋鳥釋文引〔字林〕

餑 |長也〔廣雅釋詁四〕

垡 集韻通作伐○耜上曰伐〔考工記匠人〕一耦之伐注○伐之言發也〔同上〕

瞂 或作瞂集韻通作伐○|盾也〔周書王會〕鮫|利劒爲猷注又〔廣雅釋器〕又〔小爾雅廣器〕○瞂楯也〔文選吳都賦〕去瞂自閭劉注○伐中干也〔詩小戎〕蒙伐有苑傳○盾自關而東或謂之|〔方言九〕○〔詩小戎〕釋文伐本或作瞂

馞 ||香也〔廣雅釋訓〕

搰 |發也〔國語吳語〕狐埋之而狐|之注○||用力貌〔莊子天地〕||然用力甚多而見功釋文

蟨 西方有比肩獸焉與邛邛岠虛比爲邛邛岠虛齧甘草卽有難邛邛岠虛負而走其名謂之|〔爾雅釋地〕○西方有獸名曰|〔韓外傳五〕○北方有獸其名曰|〔說苑復恩〕

梲 ||杖也〔廣雅釋器〕○|大杖也〔後漢禰衡傳注〕○||木杖也或作樸普木反穀梁宣十八年釋文引字林

抈 |折也〔廣雅釋詁一〕又〔太元羨〕其衡|注○|動也〔國語晉語〕故不可|也注

撅 |搖也〔廣雅釋詁二〕○|投也〔廣雅釋詁三〕○|揭衣也〔禮記內則〕不涉不|注○敲今汝穎閒語亦然或云|也〔方言十〕楚凡揮棄物或謂之敲注

鱖 〔爾雅釋魚〕鱊鯞|鯞釋文|本亦作厥

狘 |飛走之貌〔家語禮運〕鳥不|注

閼 |氏匈奴后之號也音焉支〔後漢和帝紀注〕

卼 通作杌○阢高也〔廣雅釋詁四〕○阢阢高也〔廣雅釋訓〕○||危也〔廣雅釋訓〕○杌隉不安〔書秦誓〕邦之杌隉傳○〔易困〕臲|釋文|本或作杌○〔書秦誓〕邦之杌隉〔說文𠂤部〕作邦之阢隉

扤 |搖也〔史記司馬相如傳〕|紫莖集解引郭璞又〔文選吳都賦〕|白蔕劉注○|動也〔詩正月〕天之

丨我傳又廣雅釋詁一○丨丨搖動貌考工記輪人
則是以大丨注○僞謂之丨丨不安也方言九

屼 屼屼山也文選吳都賦注引字指

楬 丨著其物也周禮泉府物丨而書之司農注○丨
欲令其識取之今時揭櫫者也周禮蜡氏則令埋
而置丨焉司農注○丨之若今時爲書以著其幣周
禮職幣丨以書丨之司農注○丨而璽之者丨書其數
量以著其物也周禮職金丨而璽之司農注○既丨
書揃其數量又以印封之今時之書有所表識謂之
丨櫫周禮職金丨而璽之司
農注○丨杙也廣雅釋室

榾 狗丨木名也一切經音義十五引埤蒼

勃 丨古文誖悖二形同一切經音義十八

誖 集韻亦作悖○悖亂也廣雅釋詁三○丨癡也同
上○悖惛也楚揚或謂之悖方言十

嗢 丨笑也廣雅釋詁一○樂不勝謂之丨噱丨烏沒
切噱卜略切文選琴賦注引通俗文

堀 丨堁風動塵也文選風賦○丨堁揚塵注○丨與窟
同荀子法行夫魚鼈黿鼉猶以淵爲淺而丨其中
注○左氏昭廿七年傳光伏
甲于丨室釋文丨本或作窟

朏 丨曲脚也廣雅釋親

椊 丨杜頭枘也集韻引字林

扢 丨摩也漢書禮樂志集注引孟康○丨拭也淮南
要略濡不給丨注○丨奮舞貌莊子讓王丨然執
干而舞釋
文引李注

抇 丨發也呂覽安死不可不丨注○丨掘也廣雅釋
言又荀子堯問深丨之而得甘泉焉注又家語困
誓丨之深注○丨穿也廣雅釋詁三又荀子正論亂
今厚葬飾棺故丨也注○丨裂也廣雅釋詁二○丨
古掘字列子說符俄而丨其谷注○丨讀曰掘呂覽
節喪葬淺則狐貍丨之注○丨讀曰骨呂覽本生士
者丨
之注

狘 猶丨飛走之貌也禮記禮運故獸不丨注

猲 歇同○獫歇驕田犬也長喙曰獫短喙曰歇驕詩
駟鐵載獫歇驕傳○犬短喙丨獢爾雅釋畜○詩
駟鐵載獫歇驕說文
犬部作猲獫丨獢

昁 丨春也一切經音義十五引廣雅○丨晹米也一
切經音義十五引埤蒼○丨晹米也今中國言丨
江南言晹一切經
音義十八引韻集

艴 丨然慍怒色也孟子公孫丑上曾西丨然不悅曰
注

揬 丨指也一切經音義五引字書

曰 丨辭也儀禮士虞禮記丨哀子某注又孟子梁惠
王上丨王丨叟注又文選東京賦丨止丨時薛注○
丨詞也廣雅釋詁四○丨語辭也孝經孔子丨釋文
○丨於也詩園有桃子丨何其箋○丨言也廣雅釋
詁四○丨猶言也易大畜丨閑輿衛釋文引劉注○
丨猶云也論語子路始有丨苟合矣皇疏○丨者謂
也論語八佾丨使民戰栗皇疏憲問丨今之成人者
皇疏丨未仁乎皇疏○不丨猶不謂也論語衛靈公
不丨如之何皇疏○丨語更端也書大誥丨有大艱
于西土傳○丨者發語之端也論語學而子丨皇疏

○凡九州及山鎭澤藪言｜者以其非一｜其大者耳周禮職方氏正北｜并州其山鎭｜恒山其澤藪｜昭餘祈注○古文｜爲日儀禮士喪禮占｜某日從注○詩角弓見晛｜消釋文引韓詩作聿劉向同抑｜喪厥國釋文引韓詩作聿喪○詩大明｜嬪于京爾雅釋親注作聿嬪于京○詩七月｜爲改歲漢書食貨志作聿爲改歲○禮記曲禮下玉｜嘉玉幣｜量幣周禮大祝注作玉云嘉玉幣云量幣

堨 ｜埃淮南兵略揚塵起｜注

訐 兩相斥曰｜漢書趙廣漢傳集注

钀 ｜馬勒旁鐵爾雅釋器鑣謂之｜注

屈 ｜齝堆壟不平貌史記司馬相如傳邱虛｜齝正義

○以下據廣韻錄

罰 爾雅釋草攣｜釋文｜本或作罰

⿰女戉 ｜愚也廣雅釋詁一○｜輕也廣雅釋詁三

泧 ｜｜流也廣雅釋訓

⿺走厥 趉｜凶豎也亦跳起也一切經音義十五引纂文

⿱厥力 ｜强也廣雅釋詁一

欮 ｜穿也廣雅釋詁三

鐝 ｜磨｜也一切經音義九引埤蒼○磨齊曰｜一切經音義九引通俗文

⿰氵厥 ｜水在義陽水經注卅一引字林

⿰足戉 ｜疾也廣雅釋詁一

綪 ｜結也廣雅釋詁四

啒 ｜｜憂也廣雅釋訓

蓇 ｜嶓冢之山有草焉黑華而不實名曰｜蓉山海經西山經

屈 ｜刷也集韻引字林

⿰禾弗 ｜秤禾秀集韻引字林

桲 ｜杖也廣雅釋器○僉齊楚江淮之閒或謂之｜方言五○｜瀴也廣雅釋詁一

挬 ｜拔也廣雅釋詁三

鼵 鳥鼠同穴其鳥爲鵌其鼠爲｜爾雅釋鳥○鳥名曰鵌鼠名曰｜山海經西山經鳥鼠同穴之山注

葖 ｜蘆萉爾雅釋草

鶟 ｜鶦鳥爾雅釋鳥○爾雅釋鳥釋文｜本亦作突

鈯 ｜鈍也廣雅釋詁三

⿰禾突 ｜耕也廣雅釋地

殟 ｜鳥｜欲死也一切經音義七引聲類○｜殁鳥踰跳也文選舞賦注引字林○｜殁舒緩貌文選舞賦縱弛｜殁注

揾 ｜擩也廣雅釋言

𤸰 —狂也廣雅釋詁四

昒 —旦明也文選難蜀父老注引郭璞三蒼解詁〇留爽早朝也留音昧史記司馬相如傳索隱引三蒼

寣 —覺也廣雅釋詁四

𩭿 —覺也廣雅釋詁四

緫 —微也廣雅釋詁四

𩗓 集韻或从豕〇—疾也廣雅釋詁一〇颮風也廣雅釋詁四

顝 —大也廣雅釋詁一〇—獨也文選思元賦—羈旅而無友兮舊注〇—醜也廣雅釋詁二〇—相

抵觸玉篇引蒼頡篇

𩑛 —頭禿無毛也一切經音義六引三蒼〇白禿曰—一切經音義六引通俗文〇—禿也廣雅釋詁二

𢯏 —擊也廣雅釋詁三〇南楚凡相推搏曰𢯏或曰—方言十

𩨨 —力作也一切經音義一引埤蒼〇—仂也廣雅釋詁四

抐 —擩也廣雅釋言

㧓 —磨也廣雅釋詁三〇—摩也集韻引字林

紉 —索也廣雅釋詁三

𪘰 —齧也廣雅釋詁三

𧤴 —挾也廣雅釋詁四

𪑗 —春秋地也玉篇引埤蒼

𩩓 —骨差也玉篇引聲類

〇 以下據集韻錄

𩗴 —風也廣雅釋詁四

怴 —懿貌集韻引字林

孓 —無左臂也爾雅釋魚釋文引字林〇—短也廣雅釋詁二

嶡 —為之距禮記明堂位俎用梡—注〇—之言蹷也周禮謂之距禮記明堂位夏后氏以—注〇俎夏后氏以—禮記明堂位

瘚 —病也廣雅釋詁一

瀱 —鹽池五音集韻引字林

幭 襎裷謂之—方言四

倅 —強也方言十二〇—懟也同上〇—恨也廣雅釋詁四

脺 —音卒周禮小宗伯釋文引字林

怢 —忽忘也文選四子講德論注引廣蒼

袟 幝無襠者謂之—廣雅釋器

○以下附錄儆樊敏碑不顧倡丨倡丨卽猖獗

鼿丨以鼻搖動也文選七命丨林蹷石注○丨以鼻搖物晉書音義中

經籍纂詁卷第九十五

經籍纂詁卷第九十五補遺 入聲

兵部侍郎兼都察院右副都御史巡撫浙江等處地方提督軍務兼理糧餉阮元撰集

六月

月 說文丨闕也太陰之精象形凡丨之屬皆从丨○丨者闕也周禮馮相氏春秋致丨疏○丨者陰鹽鐵論論菑○丨爲陰禮記禮器爲朝夕必放於日丨疏○丨爲陰在內禮記祭義祭丨於西疏○丨掌陰管子四時○丨爲陰精左氏成十六年傳注晦丨終疏○丨者陰之精左氏莊廿五年傳注臣不空掩君疏○丨是陰精禮記月令目疏○丨者太陰風俗通十反○丨者太陰之精周禮司盟注謂日丨山川也疏○衆陰之精丨也論衡順鼓○丨者衆陰之長漢書李尋傳○丨也者羣陰之本也呂覽精通○丨者

水精易象上傳水流而不盈虞注○水氣之精者爲丨淮南天文○丨者金之精文選海賦注引河圖帝覽嬉○丨與日合爲一丨周髀算經下○丨所以紀分至也漢書律麻志上○丨臣道也詩十月之交彼丨而微傳又左氏莊廿五年傳注疏○丨掌罰管子四時○日丨照察萬物者也管子形勢○左氏文六年經閏丨不告丨釋文丨或作朔

骨 說文丨肉之覈也从冎有肉凡丨之屬皆从丨○丨卽體也儀禮有司徹亦所謂腊如牲體注○丨爲陽易說卦傳爲瘠馬崔注○丨濁也呂覽本生物者扣之注○丨亦木之類也管子四時風生木與丨注

髮 說文丨根也从髟犮聲𩠐丨或从首須古文○丨者腦之所養素問六節藏象論其華在丨注

闕 說文丨門觀也从門欮聲○丨去也周禮太宰注
象魏丨丨也疏○丨象魏也左氏莊廿一年傳鄭伯
享王于丨丨西辟注○丨卽象魏也史記秦本紀築冀
丨正義引劉伯莊○兩觀爲丨漢書五行志上雉門
及兩觀注○丨丨是人君宮門詩子衿傳乘城而見丨
疏○門必有丨者丨者所以飾門別尊卑也水經穀
水注引白虎通○丨法令所從出也漢書五行志上
○丨缺也國語周語單若有丨注晉語聚必有丨注
而禪諸侯之丨注○丨失左氏成二年傳其晉實有
丨注○丨謂過失也左氏襄四年傳注丨過也疏又
漢書東平思王宇傳前東平王有丨注○丨不合也
漢書王莽傳下圍城爲之丨注○丨亦謂減削之漢
書谷永傳丨更減賦注○丨不共也左氏襄四年傳
丨而爲罪注○丨謂月光虧損禮記禮運三五而丨
疏○丨穿也國語吳語丨爲石郭陂漢注丨爲深溝
注○丨空也左氏昭二十年傳以當其丨注○穿地

至泉曰丨管子山權數北郭有掘丨而得龜者注

越 說文越度也从走戉聲○丨踰也禮記曲禮上戒
勿丨疏又文選顏延年五君詠注引國語賈注○丨
丨者踰丨超遠之義書泰誓上予曷敢有丨厥志疏
○丨遠也同上傳梓材丨厥疆土疏○丨揚也國語
晉語而丨於民注○丨謂丨揚也素問陰陽應象大
論因而丨之注○丨丨輕易之貌呂覽本味豈丨丨
多業哉注○丨於也周禮天府注書顧命曰丨七日
癸酉疏○丨琴瑟兩頭也淮南泰族朱弦漏丨注○
丨讀經無重丨之丨也淮南精神得茠丨下注

謁 說文丨白也从言曷聲○丨告也左氏襄廿七年
傳使驛丨諸王注又穆天子傳六邢侯丨之哭於
廟注又呂覽慎大老人中人使使者來丨之注愼小
來丨吳起注○丨請也詩卷耳序而無險詖私丨之

心箋○丨見也左氏昭四年傳入弗丨注○丨舍今
之客舍也漢書食貨志下坐肆列里區丨舍注

没 說文没沈也从水从𠬛○丨沈溺也左氏襄廿
四年傳何丨丨也釋文○丨過也禮記坊記不以
美丨禮疏○丨滑澀滴疾流之貌也文選南都賦注
○，終後漢書清河孝王慶傳以爲丨齒之恨注

伐 說文丨擊也从人持戈一曰敗也○丨猶擊也左
氏文十五年傳丨鼓于社注○丨謂擊刺也禮記
疏四引書牧誓鄭注○丨一擊一刺爲一丨也史記樂
書夾振之而四丨集解引禮記樂記王肅注○擊鼓
斬木俱名爲丨左氏莊廿九年傳有鍾鼓曰丨疏○
丨者何丨敗也欲敗去之一切經音義六引白虎通
○丨者加兵之名左氏襄十九年經公至自丨齊疏
○丨者討有罪之辭左氏桓十二年經注既書丨宋
疏○丨者聲其鍾鼓左氏成三年傳注故討之疏○
鳴鍾鼓以聲其過曰丨左氏莊廿九年傳疏引釋例

○丨功也國語齊語期而書丨注○丨功勞也漢書
朱博傳齎丨閱詣府注○丨積功也漢書劉屈氂傳
又無丨閱功勞注○吏上功曰丨論衡謝短○自言
巳功曰丨書大禹謨汝惟不丨疏○丨謂矜其功力
漢書匈奴傳下或讒伊秩訾自丨其功注○丨矜尚
也漢書五行志中之上叔迂季丨注○丨謂矜持也
漢書酷吏楊僕傳爲其丨前勞注○丨自矜大其善
淮南修務事成而身弗丨注○自稱其能爲丨左氏
襄十三年傳小人丨其技以馮君子注○丨發也續
漢禮儀志上注引盧植禮記注○丨斫也呂覽上農
山不敢丨材下木注○言丨柯斫也禮記中庸丨柯
丨柯疏

罰 說文罰辠之小者从刀从詈未以刀有所賊但持
刀罵詈則應丨○丨謂責丨其身禮記王制郵丨注
麗於事疏○憲丨播其肆也周禮司市小刑憲丨注
○月掌丨丨爲寒管子四時○丨伐也廣雅釋詁四

【卒】說文隸人給事者衣爲卒卒衣有題識者○丨百人周禮大司徒凡會萬民之丨伍而用之注○百人爲丨周禮鄉師脩其丨伍疏虎賁氏掌先後王而趨以丨伍疏又左氏宣十二年傳廣有一丨服注成七年傳以兩之一丨適吳注昭三年傳丨列無長注又漢書翟方進傳及田園過更注又管子小匡○人則百人爲丨周禮縣師會其車人之丨伍疏○五五二十五曰元丨周書武順○三連爲丨公羊桓六年傳隱賢而桓賊也注○丨猶聚也禮記王制三十國以爲丨注○鄭司農丨讀如物副倅之倅周禮諸子掌國子之倅注○若考置人者是副倅之倅若不置人者則百人爲丨之丨禮記燕義注丨讀爲倅疏○詩黍苗箋其士丨有步行者釋文一本作士衆

【竭】說文丨負擧也从力曷聲○丨盡也左氏僖十五年傳外疆中乾疏又周書周祝善用道者終不丨

注又呂覽驕恣辭受則原丨注又淮南本經酌焉而不丨注○丨涸也國語周語昔伊洛丨而夏亾注○丨是水涸之名左氏宣十二年傳注丨敗也疏○丨滅淮南主術耳目淫則丨注○丨亾也呂覽權勳脣丨而齒寒注○不丨不窮也荀子修身齊明而不丨注○丨負擔也禮記禮運迭相丨也釋文○爾雅釋訓注小國困丨釋文本亦作渴

【窟】集韻堀同○說文堀兔堀也从土屈聲

【笏】說文新附丨公及士所搢也从竹勿聲案籀文作回象形義云佩也古丨佩之此字後人所加○丨所以記事禮記玉藻丨天子以球玉疏○丨者臣見於君以書思對命北堂書鈔一百廿八引雷氏五經要義○古者貴賤皆執丨即今手板也左氏桓二年傳注疏引徐廣車服儀制

【鉞】本作戉○說文戉斧也从戈乚聲司馬法曰夏執元戉殷執白戉周左杖黃戉右秉白髦凡戉之屬皆从戉○大柯斧重八斤一名天丨書牧誓王左杖黃丨傳引六韜

【歇】說文丨息也一曰气越泄从欠曷聲○丨氣越泄也文選顏延年和謝監靈運詩芬馥丨蘭若注○丨前者無壁也如今廳是也左氏宣十六年傳注謂屋丨前丨前疏

【發】說文丨䠶丨也从弓發聲○丨開也文選荅賓戲夷險芟荒注引晉灼○丨者言其開出書武成丨鉅橋之粟疏○丨起也禮記中庸丨強剛毅疏○丨謂起也素問氣交變大論其化甚注○丨謂起丨禮記樂記丨慮憲疏○丨動也淮南原道非謂其底滯而不丨注○丨作也淮南本經丨動而成於文注○丨生淮南主術是故草木之丨丨若烝氣注○丨行也管子任法君臣貴賤上下皆丨焉注又呂覽當賞卒

與吏其始丨也注○丨猶見也詩關雎序情丨於聲箋○丨遣也淮南說林非弦不能丨矢注○丨丨管時也詩生民實丨實秀箋○丨四矢曰丨後漢書南匈奴傳矢四丨注○丨十二矢也漢書匈奴傳下矢四丨注引服虔○丨猶今言箭一放兩放也今則以一矢爲一放也同上注○剛克爲丨周書謚法○丨禮也禮記檀弓下晉大夫丨焉疏○丨謂情欲既生也禮記學記丨然後禁疏○丨猶徵召也漢書韓安國傳若是則北丨月氏注○丨謂許民採取荀子王制以時禁丨注○丨越疾貌也漢書李尋傳太白丨越犯庫注引張晏○丨泄猶布散也淮南時則陽氣丨泄注○丨讀射百丨之丨淮南說林以玉鉒者丨注○孟子梁惠王塗有餓莩而不知丨鹽鐵論引作野有餓殍不知收也○淮南道應子丨丨論衡逢遇作子反

突 說文丨犬从穴中暫出也从犬在穴中一曰滑也○丨穿也左氏襄廿五年傳宵丨陳城注○火光宣揚故丨如也易離丨如其來如荀注○丨竈丨也漢書敘傳上罣丨不黜注○丨惡馬也漢書刑法志是猶以鞿而御馯丨注引如淳

忽 說文丨忘也从心勿聲○丨怠也漢書王嘉傳丨丨於小過注○丨丨忽也漢書食貨志下柰何而丨注○丨遺忽也漢書東平思王宇傳丨於道德注○丨丨怠忽也漢書文帝紀不敢丨注五行志下之下丨而不戒注賈誼傳願幸毋丨注淮陽憲王欽傳何可以丨注外戚傳下豈可以丨哉注○丨謂怠忽也漢書王莽傳下丨於詔策注○丨亦數也素問靈蘭祕典論恍惚之數注○丨然盡貌爾雅釋詁丨盡也注○丨恍無形貌也淮南原道丨兮恍兮注○丨區丨恍無形之區旁也淮南精神而游於丨區之旁注○

似有似無爲丨素問靈蘭祕典論注引算書○丨微若有若無細於髮者也漢書律麻志上無有丨微注○丨蜘蛛網細者也漢書敘傳下造計秒丨注引劉德

韈 說文丨足衣也从韋蔑聲

勃 說文丨排也从力孛聲○丨大也淮南天文賁星墜而丨海決注○不擇于事曰丨也淮南說山病而不就藥則丨矣注

蹶 說文丨僵也从足厥聲一曰跳也亦讀若橜蹶丨或从闕○丨頓也文選羽獵賦丨浮麋注引應劭○丨蹋也文選上林賦蹷石闕注引郭璞思元賦丨白門而東馳兮注引漢書音義韋昭○蹷傾竭也漢書食貨志上何得不丨注引應劭○蹷者倒也左氏襄十九年傳注蹷猶拔也疏○丨謂倒也詩蕩箋揭丨貌疏○蹷逆寒疾也呂覽重已多陰則蹷注○丨走也文選射雉賦注引賈逵○丨起也史記酈生陸賈列傳索隱引埤蒼○丨疾起貌文選七命引莊子司馬注○丨然驚起之貌也漢書陸賈傳於是佗廼丨然起坐注○今之弩以手張者曰擘張以足蹋者曰丨張漢書申屠嘉傳以材官丨張注○材官之多力能脚踏彊弩張之故曰丨張同上引如淳○蹷謂拔而取之漢書賈誼傳蹷六國注

鶻 說文丨丨鵃也从鳥骨聲○丨鳩丨鵰也左氏昭十七年傳丨鳩注○丨鳩一名鳴鳩爾雅釋鳥鶌鳩丨鵃孫注

厥 說文丨發石也从厂欮聲○丨其也易大有丨孚交如疏又書孔序疏又周禮太宰注凡丨正人疏又禮記曲禮上注丨中有帝疏郊特牲丨明疏表記貽丨孫謀疏○丨猶豎也漢書諸侯王表丨角䭬首

注引晉灼○丨弛動搖貌漢書李尋傳熒惑丨弛注引張晏○丨猶盡也素問陰陽類論一陰至注○丨氣逆也素問疏五過論丨氣上行注○丨謂足逆令也素問五藏生成篇疑于足者爲丨注○書泰誓中丨監惟不遠墨子非命下作爲鑑不遠○書泰誓下丨類惟彰墨子非命下作其行甚彰

蕨 說文丨虌也从艸厥聲○丨一名虌爾雅釋草丨虌舍人注

閥 說文新附丨自序也从門伐聲義當通用

訥 說文丨言難也从言从內○丨或作吶穀梁序釋文引字林○吶亦丨字漢書李廣傳廣吶口少言注鮑宣傳臣宣吶鈍於辭注

歿 又作殁通作沒○說文𣧩終也从歺勿聲𣧩丨或从𠬛○沒終也國語魯語將壽寵得沒注晉語君

未修命而不沒注管仲沒矣注沒平公軍無秕政注
韓厥必不沒矣注吳語以長沒也注于歸沒而父母
之世注
【粵】說文丨亏也審愼之詞者从亏从宷周書曰丨三
日丁亥○丨發語辭也漢書翟義傳丨其聞日注
○丨卽今之越字也考工記序丨無鎛疏
【悖】丨惑也淮南說山自掩其耳丨矣注○丨麤惡也
淮南說山行者爲之丨戾注
【兀】說文丨高而上平也从一在人上讀若敻茂陵有
丨桑里
【碣】說文丨特立之石東海有丨石山从石曷聲○丨
山特立貌漢書楊雄傳上丨以崇山注○丨猶表
也文選羽獵賦注引東京賦薛綜注○丨丨石也漢
書地理志下薊南通齊趙丨石之閒注○丨揭同文

選景福殿賦於是丨以高昌崇觀注
【卒】丨謂急也漢書成帝紀與丨暴之作注○丨謂急
丨丨也史記仲尼弟子列傳不可以應丨索隱○丨
倉丨也漢書食貨志下行西踰隴丨注○丨言倉丨
漢書司馬遷傳丨丨無須臾之閒注引文穎○丨暴
也史記司馬相如列傳索隱引廣雅○丨謂暴也漢
書辛慶忌傳則亾以應丨注○丨謂暴疾也漢書司
馬相如傳下丨然遇逸材之獸注○丨丨促遽之意
也漢書司馬遷傳注○丨丨忽遽之貌也漢書霍光
傳見雲家丨丨注○丨讀曰猝漢書蕭望之傳固爲
軍旅丨暴之事也注谷永傳丨起之敗注師丹傳丨
暴無漸注難丨變易注
【猝】說文丨犬從艸暴出逐人也从犬卒聲○丨嗟猶
咄嗟也漢書韓信傳項王意烏丨嗟注引李奇○

丨嗟形發動也同上引晉灼○丨嗟暴丨嗟歎也同
上注
【樾】丨下衆樹之虛也淮南人閒武王蔭暍人於丨下
注
【橜】亦作橛○說文丨弋也从木厥聲一曰門梱也○
鉤逆者謂之丨史記司馬相如列傳猶時有銜丨
之變集解引徐廣○鉤逆上者爲丨同上索隱引周
遷輿服志○橛車鉤心也漢書王吉傳其樂豈徒銜
橛之閒哉注○丨謂車之鉤心也漢書司馬相如傳
下猶時有銜丨之變注
【羯】說文丨羊羖犗也从羊曷聲
【汩】丨亂也華嚴經音義下引書大傳
【咄】說文丨相謂也从口出聲○丨叱丨之聲漢書東
方朔傳丨口無毛注○丨嗟猶歎息公羊定十四

年傳注丨嗟貌疏○丨音豽褻之豽漢書東方朔傳
注引鄧展
【捽】說文丨持頭髮也从手卒聲○丨持頭髮也漢書
賈誼傳上不使丨抑而刑之也注○丨持頭也漢
書昌邑哀王髆傳郎丨善屬衞士長行法注王尊傳
丨搏其頰注○丨拔取也漢書貢禹傳丨屮杷土注
【渤】說文郣海地从邑孛聲一曰地之起者曰郣○丨
澥海別支也文選子虛賦浮丨澥注引應劭○勃
澥海別枝也漢書司馬相如傳上浮勃澥注
【齕】說文齕齧也从齒乞聲○丨齧也禮記曲禮上庶
人丨之疏○丨齩也漢書田儋傳則齮丨首用事
者注引如淳
【滑】說文丨利也从水骨聲○丨亂也淮南精神何足
以丨和注○丨者通和往來周禮食醫調以丨甘

疏〇丨稽酒器可轉注吐酒不已史記樗里子甘茂列傳丨稽多智索隱

刖 丨跀䟟竝同〇說文丨絕也从刀月聲又跀斷足也从足月聲䟟跀或从兀〇丨斷足也漢書百官公卿表上傳注斷足曰丨疏〇丨絕也左氏莊十六年咎繇作士注刑法志丨罪五百注〇跀謂器不正欹邪者也考工記旊人注髻讀爲跀疏

軏 說文丨車轅耑持衡者从車兀聲

劂 丨曲鑿也漢書揚雄傳上般倕弃其剞丨兮注引應劭

崒 詩十月之交山冢丨崩釋文本又作卒

腯 說文牛羊曰肥豕曰丨从肉盾聲

孛 丨彗類也是謂妖星所以除舊布新也漢書高帝紀上有星丨于大角注引李奇〇丨之爲言猶茀也文選劇秦美新大茀經霄注〇丨者惡氣之所生也謂之丨者言其丨丨有所妨蔽闇亂不明之貌也漢書五行志下之下〇茀與丨同漢書李尋傳則伏不見而爲彗茀注〇茀讀與丨同漢書息夫躬傳又角星茀於河鼓注

紇 說文紇絲下也从糸乞聲春秋傳有臧孫紇〇京師人謂麤屑爲丨頭漢書陳平傳亦食糠覈耳注引晉灼

暍 說文丨傷暑也从日曷聲〇丨死中熱而死也漢書武帝紀民多丨死注

淈 說文丨濁也从水屈聲一曰滒泥一曰水出皃〇丨水出貌文選上林賦潏潏丨丨注〇丨讀爲屈

竭也荀子宥坐其洸洸乎不丨盡注

鷢 說文丨白丨王鵙也从鳥厥聲〇白丨鷹也初記記引廣雅

麧 說文麧堅麥也从麥气聲

垡 集韻通作伐〇代發也續漢禮儀志上注引禮記月令盧注

瞂 說文丨盾也从盾犮聲〇㕦與丨同謂楯也史記蘇秦列傳㕦芮索隱〇丨音伐盾也山海經海內西經鳳凰鸞鳥皆戴丨注

馞 馝丨香也集韻引廣雅

搰 說文丨掘也从手骨聲

蟨 說文丨鼠也一曰西方有獸前足短與蛩蛩巨虛比其名謂之丨从虫厥聲

捝 丨捶打也穀梁宣十八年傳丨殺也釋文

抈 說文丨折也从手月聲

抏 說文丨動也从手兀聲〇丨搖也文選長笛賦注引上林賦張揖注

楬 說文丨丨桀也从木曷聲春秋傳曰丨而書之〇丨即今之板書周禮職金注既丨書揃其數量疏〇丨杙也漢書酷吏尹賞傳丨著其姓名注

誖 說文丨亂也从言孛聲悖丨或从心𧦝籀文丨从二或

嗢 說文丨咽也从口𥁑聲

堀 說文｜突也詩曰浮游｜閱从土屈省聲○｜突也文選風賦注引廣雅○｜與窟同漢書鄒陽傳則士有伏死｜穴巖藪之中耳注

扢 ｜摩也文選吳都賦注引廣雅○｜喜貌莊子讓王｜然執干而舞釋文引司馬注

抇 ｜亂也呂覽本生物者｜之注

狘 說文｜獸走貌从犬戉聲

猲 說文｜短喙犬也从犬曷聲詩曰載獫｜獢爾雅曰短喙犬謂之｜獢○獝獢短喙田犬也詩駟鐵載獫歇驕釋文○歇本又作｜同上○詩駟鐵載獫歇驕爾雅釋詁注漢書地理志注作載獫｜獢文選西京賦注作載獫獝獢

愲 結｜亂也漢書息夫躬傳心結｜兮傷肝注

曰 說文｜詞也从口乙聲亦象口气出也凡｜之屬皆从｜○｜發語端也禮記雜記下贊大行｜疏○｜者人言之辭詩角弓見晛｜消疏○｜者思謀之辭也易困｜動悔有悔疏○｜者斷絕吏生事之辭詩賓之初筵是｜既醉疏○｜者大其義書洪範｜皇極之敷言傳○上｜爲辭下｜爲於也詩緜箋卜從則｜可止居於是疏○詩角弓見晛｜消荀子非相作宴然聿消

訐 說文｜面相斥辠相告訐也从言干聲○｜面相斥罪也文選三都賦序莫不誣｜其研精注○｜謂相斥罪也漢書貫誼傳所上者告｜也注

屈 崛崎斗絕也漢書司馬相如傳上摧崣崛崎注引張揖

○以下據廣韻錄

橃 說文｜海中大船从木發聲

茷 說文｜艸葉多从艸伐聲春秋傳曰晉糴｜

⿺辶戉 說文越踰也从辵戉聲易曰雜而不｜

⿰糸戉 說文｜采彰也一曰車馬飾从糸戉聲

⿰女戉 說文｜輕也从女戉聲

氒 說文｜木本从氏大於末讀若厥

𠢓 說文｜彊也从力厥聲

𠄌 說文｜鉤識也从反｜讀若捕鳥罬

噦 說文｜气啎也从口歲聲

黦 說文作黦○說文黦黑有文也从黑冤聲讀若飴登字

⿰角厥 說文｜角有所觸發也从角厥聲

⿰骨厥 說文｜臀骨也从骨厥聲

亅 說文｜鉤逆者謂之｜象形凡｜之屬皆从｜讀若橛

⿰足戉 說文｜輕也从足戉聲

⿸广曷 說文｜屋迫也从广曷聲

趨 說文趨趆趨也从走曷聲

玫 說文瓔玉屬从玉𠬛聲讀若𣳚

𩓜 說文𩓜內頭水中也从頁𠬛𠬛亦聲

𠬛 說文𠬛入水有所取也从又在回下回古文回回淵水也讀若沫

縎 說文丨結也从糸骨聲

䰯 說文丨吹釜溢也从䰜孛聲

䯝 丨音窟穴漢書楊雄傳下西厭月丨注引服虔

𠫓 說文丨不順忽出也从到子易曰突如其來如不孝子突出不容於內也凡丨之屬皆从丨𠫯或从到古文子即易突字

㤸 說文丨肆也从心隶聲

鼵 丨如人家鼠而短尾爾雅釋鳥其鼠爲丨注

殟 說文丨胎敗也从歺昷聲

昒 說文丨尚冥也从日勿聲○丨昕早旦也漢書敘傳上丨昕寤而仰思兮注引孟康○丨爽謂日尚冥蓋未明之時也漢書郊祀志上冬至丨爽注○曶爽未明也漢書司馬相如傳下曶爽闇昧注

匫 說文匫古器也从匚曶聲

乾 丨急繫縛也集韻引埤蒼

曶 說文曶出气詞也从曰象气出形春秋傳曰鄭太子丨曶籀文丨一曰佩也象形○丨霍疾皃文選甘泉賦翕赫丨霍注○丨謂輕也漢書楊雄傳贊於時人皆丨之注○丨與忽同漢書楊雄傳上蠁丨如神注楊雄傳贊注又文選羽獵賦注舞賦雲轉飄丨注○丨讀與忽同漢書楊雄傳上翕赫丨霍注○丨音勿文選難蜀父老注引字林

𣐌 說文丨高皃从木曶聲

𧰨 說文𧰨豕屬从㣇曶聲

𩗓 說文丨疾風也从風从忽忽亦聲

𦨶 說文丨船行不安也从舟从刖省讀若兀

𤵜 說文丨病也从疒出聲

顝 說文丨大頭也从頁骨聲讀若魁○丨獨也後漢書張衡傳丨羈旅而無友兮注

泏 說文丨水皃从水出聲讀若窋

䫘 說文丨禿也从頁气聲

圣 說文丨汝潁之閒謂致力於地曰丨从又从土又讀若兔窟

䯊 丨勤也一切經音義一引廣雅

窣 說文丨从穴中卒出从穴卒聲

𪘲 說文丨丨齰也从齒卒聲

䯏 說文丨厀病也从尢从骨骨亦聲

捆 說文丨手推之也从手圂聲

○以下據明說文 **聅**?

孑 說文丨無左臂也从了丿象形

嶡 直有脚曰梡加脚中央橫木曰丨禮記明堂位俎用梡丨疏引賀氏○夏俎名丨丨亦如梡而橫柱四足中央如距也同上引禮圖○禮記明堂位俎用梡丨釋文丨本又作橛

瘚 說文瘚屰气也从疒从屰从欠欮丨或省疒

䅬 說文丨禾舉出苗也从禾曷聲

幭 說文丨蓋丨也从巾蔑聲一曰禪被○丨字禮記作幦周禮作𧜀字異而異同詩韓奕傳丨覆式也

疏

藒 說文丨芞輿也从艸䅬聲

嶏 說文丨崩聲屵配聲讀若費

犻 說文丨過弗取也从犬市聲讀若孛

踤 說文丨觸也从足卒聲一曰駭也一曰蒼丨

怢 丨忽忘也後漢書崔寔傳丨不自覩注

𠦬 說文丨疾也从夲卉聲拜从此

涾 說文丨青黑色从水沓聲

杚 說文杚平也从木乞聲

阢 說文丨石山戴土也从𨸏从兀兀亦聲

○以下附錄

汲 丨灌也文選海賦決陂潰而相丨注

腸 丨肝胃也丨讀精神歇越無之歇也淮南精神丨下追頤注

缺 丨不滿也淮南繆稱自視猶丨如也注

經籍纂詁卷第九十五補遺終

經筵講官南書房行走禮部左侍郎兼署兵部左侍郎前提督浙江學政阮元撰集

七曷

曷丨何也易損丨之用二簋可用享崔注又書五子之歌嗚呼丨歸傳盤庚上汝丨弗告朕傳又詩何彼襛矣丨不肅雝箋雄雉丨云能來箋君子于役丨至哉箋鴇羽丨其有所箋有杕之杜丨飲食之箋漸漸之石丨其没矣箋雲漢丨惠其寧箋又廣雅釋詁三又漢書司馬相如傳下集注王褒傳集注翟義傳集注又後漢趙壹傳注又老子王注丨爲唯用是施釋文又楚辭逢紛丨其不舒予情注○害何也詩葛覃害澣害否傳泉水不瑕有害箋又廣雅釋詁三又小爾雅廣言又後漢蔡邕傳注○丨之言何也詩四

月丨云能穀箋○丨盍也爾雅釋言○丨逮也詩四月傳○丨止也爾雅釋詁○丨辭也易彖下傳丨之用二簋可用享注○丨害也詩菀柳丨予靖之傳長發則莫我敢丨傳○害讀曰丨漢書翟義傳集注二見○書大誥予丨其不于前寧人圖功攸終予丨敢不于前寧人攸受休畢予丨敢不終朕畝漢書翟方進傳作予害敢不於祖宗安人圖功所終予害敢不於祖宗所受休輔予害敢不終于晦○書湯誓時日丨喪孟子梁惠王上作時日害喪○詩長發則莫我敢丨漢書刑法志作則莫我敢遏

達丨通也孟子盡心上丨之天下也注又史記樂書丨神明之德正義又法言問神昔仲尼潛心於文王矣丨之注又莊子達生丨生之情者釋文又呂覽重己理塞則氣不丨注誣徒丨師之教也注又素問寶命全形論土得木而丨注○達通也廣雅釋詁一○丨通丨也儀禮士昏禮下丨注○丨謂通丨不拘禮也文選秋懷詩雖好相如丨注○丨謂身命通丨也論語顏淵子張問士何如斯可謂之丨矣皇疏○丨謂通於物理也論語雍也賜也丨集解引孔注○丨思通太元元錯○丨芒也方言十三○丨生也詩生民先生如丨傳○丨暢也莊子達生釋文○丨進也後漢范升傳注○丨猶出也史記樂書區萌丨正義○丨通也出也行也素問五常政大論土疏泄蒼氣丨注○丨具也禮記樂記非丨禮也注○丨猶皆也禮記禮器君子丨亹亹焉注○丨穿也淮南脩務蹠丨膝注○丨射也詩載芟驛驛其丨傳○丨徹也釋名釋言語○丨決也周禮小宰小事則專丨釋文引干注○丨致也國語吳語寡人其丨王於甬句東注○丨至也國語晉語夯而易丨注○丨猶至也考工記匠人專丨於川注○丨謂明丨素問寶命全形論能丨虛實之數者注○丨猶曉也論語顏淵樊遲未丨皇疏子路授之以政不丨皇疏○丨猶曉解也

論語鄉黨丘未丨皇疏○丨者聞之實論語顏淵非丨也皇疏引繆協○丨宦丨也文選拜陵廟詩晚丨生戒輕注○丨者無滯於一方莊子齊物論唯丨者知通爲一注○丨謂巡行通之使不陷絕也周禮野廬氏掌丨國道路注○丨吏察舉勤勞之小吏也周禮大宰七曰丨吏注○不下丨不以禮事自通於君也禮記表記事君不下丨注○丨謂自天子至於庶人禮記三年問夫三年之喪天下之丨喪也注○丨者常行百王所不變也禮記中庸天下之丨道五注○丨於道之謂丨呂覽慎人○丨日益其類太元元衝○丨謂吐之令其條丨也素問六元正紀大論木鬱丨之注○丨謂其形微大也丨則聲有餘若大放也周禮典同丨聲贏注○丨出地也詩載芟驛驛其丨箋○因水入水曰丨書禹貢丨于河傳○四隅皆丨言淵四角皆旁通也山海經大荒南經有淵四方四隅皆丨注○八丨謂室有八窻也文選東京賦八

丨九房薛注○履尊者曰丨履小爾雅廣服○書舜
典丨四聰後漢郅壽傳作開四聰○書禹貢丨于河
史記夏本紀漢書地理志作通于河○書禹貢丨于
濟史記夏本紀作通于濟○書禹貢丨于淮泗漢書
地理志作通于淮泗○禮記中庸五者天下之丨道
也漢書公孫宏傳作五者天下之通道也○書顧命
用克丨殷集大命
漢石經丨作通

末　丨猶勿也禮記文王世子丨有原注○丨無也禮
記檀弓下不忍一日丨有所歸也注丨吾禁也注
又公羊隱六年傳吾與鄭人丨有成也注成十六年
傳丨言爾注又論語子路丨由也已皇疏吾丨如之
何也已矣皇疏憲問丨之難矣集解又皇疏陽貨丨
之也已皇疏又小爾雅廣詁又漢書外戚傳上集注
又法言吾子拾舟航而濟乎瀆者丨矣注○丨猶無
也呂覽開春吾丨有以言之注○丨端也淮南墜形

丨有十日其華照下地注○丨緒也方言十○丨小
也呂覽精諭淺智之所爭則丨矣注○丨遠也楚辭
離世故退伏於丨庭注○丨薄也左氏昭十四年傳
不爲丨減注又家語正論不爲丨減曰義注○丨者
淺也公羊桓十五年傳丨言爾注○丨者淺耳公羊
僖三年傳曷爲丨言丨言耳注○丨之猶微哉禮記檀弓
上丨之卜也注○丨衰也廣雅釋言○丨猶老也禮
記中庸武王丨受命注○丨終周書皇門萬子孫用
丨被先王之靈光注又小爾雅廣言○丨逐也廣雅
釋詁三○丨隨也方言十二○丨垂也廣雅釋言○
丨學謂不經根本文選東京賦所謂丨學膚受薛注
○丨規猶下計也後漢馬援傳注○丨流猶下流也
後漢班彪傳下注○丨賈也同上○丨臣也易象上
傳本丨弱也侯注○元首曰丨周書武順○丨四肢
也左氏昭元年傳風淫丨疾注○丨支體也史記樂
書奮丨廣賁正義○四丨謂四支也素問繆刺論而

布于四丨注○奮丨動使四支也禮記樂記奮丨廣
賁之音作注○丨猶脊也淮南墜形其人面丨僂脩
頸注○丨僂謂背膂也莊子外物丨僂而後耳釋文
引李注○肺離上爲本下爲丨儀禮鄉射禮與取肺
坐絕祭注○論語子張抑丨也釋文丨本作未○左
氏昭十五年傳吳夷丨公羊作夷昧漢書古今人表
作餘眛○丨水經作沬山海經中山經丨山丨水
出焉注○丨一本作來列子仲尼矣丨眸子釋文

闊　丨廣也廣雅釋詁二又史記司馬相如傳迴丨沬
沬集解引漢書音義○丨遠也爾雅釋詁又一切
經音義七引字林又太元斷爾仇不丨注○丨濶遠也
廣也列子黃帝緩步濶視釋文○丨寬也漢書王莽
傳上集注王莽傳下集注○丨稀也漢書溝洫志集
注○丨疏也廣雅釋詁三○丨猶闊也漢書外戚傳
下集注○濶涂也管子輕重戊左右伯受沭涂
樹之枝濶注○丨達大度也後漢馬武傳注

活　丨生也詩載芟實函斯丨箋又楚辭天問巫何丨
焉注

活　丨丨流也詩碩人北流丨丨傳

脫　肉曰丨之爾雅釋器○肉去其骨曰丨爾雅釋器
李注○丨謂剝皮也列子天瑞其狀若丨釋文○
丨解也國語齊語丨衣就功注○說解也易遯莫之
勝說虞注又儀禮鄉射禮司馬命弟子說侯之左下
綱而釋之注又太元釋終說桎梏注○丨離也廣雅
釋詁三○丨免也漢書高帝紀上集注項籍傳集注
二見陳餘傳集注韓信傳集注齊悼惠王肥傳集注
李陵傳集注蕭育傳集注郭解傳集注外戚傳上集
注二見○丨失也後漢隗囂傳注○丨出也管子霸
形言丨于口而令行乎天下注○丨易也左氏僖卅
二年傳無禮則丨注○丨遺也廣雅釋言○丨誤也
荀子正名說故喜怒哀樂愛惡欲以心異注○丨過

去也莊子天道夫巧知神聖之人吾自以爲丨焉注○丨簡丨也國語周語無禮則丨丨注○丨猶疎略也史記禮書凡禮始乎丨索隱○丨然疾除貌也公羊昭十九年傳則丨然愈注○丨剟解剟也家語辯樂虎賁之士丨劒注○丨故猶律文之故誤也荀子正名說故喜怒哀樂愛惡欲以心異注○稅猶免也古者說或作稅禮記服問唯公門有稅齊衰注○說古丨字猶除也國語魯語求說其侮注○說言丨也儀禮士昏禮主人說服于房釋文○丨卽奪也史記陳涉世家尉挺劒索隱○今文說作稅儀禮士昏禮主人說服于房注○今文說爲稅儀禮鄉飲酒禮說屨注士虞禮記尸坐不說屨注丈夫說經帶于廟門外注○今文說皆作稅儀禮既夕記既殯主人說髦注○禮記少儀說屨于戶內釋文說本亦作丨雜記爲說于廟門外釋文說本亦作丨○禮記檀弓下注丨君祭服釋文丨本亦作說又作稅○禮記喪大記主人袒說髦釋文說本作稅同左氏定八年傳陽貨說甲釋文說本或作稅○史記齊太公世家成公丨十二諸侯年表作成公說

奪 古作敓廣韻奪同○敓取也廣雅釋詁一○丨取也淮南本經子之與丨也注○丨敗也廣雅釋詁三○丨去也素問腹中論勿動亟丨注○丨猶亂也禮記仲尼燕居給丨慈仁注○丨誤也廣雅釋詁三○丨謂易其常分者也後漢鄭泰傳注○丨謂臣有大罪沒入家財者周禮大宰六曰丨以馭其貧注○丨謂精氣減少如丨去也素問通評虛實論精氣丨則虛注○施丨施其刼丨之情也禮記大學爭民施丨注○奪百言其能作百種物聲也或曰奪百物名山海經西山經翼望之山有獸焉名曰讙其音如奪百聲注○隧丨聲相近或爲兌禮記檀弓下齊莊公襲莒于丨注○丨或作奮字呂覽審時穗鉅而芳

丨注○丨一作徇史記秦本紀以丨其志集解引徐廣○書呂刑丨撟虔說文攴部作敓攘撟虔

褐 葛或爲丨釋文○丨毛布也詩七月無衣無丨箋○穀梁昭八年注○丨謂毛布也素問異法方宜論其民不衣而丨薦注○丨毛布衣家語三恕彼丨而懷玉何如注○丨毛布如今之馬衣也淮南覽冥短丨不完注○丨織毛爲布賤者之服也後漢陳元傳注○丨織毛布之衣貧者所服後漢趙典傳注○丨編衣也史記秦始皇紀寒者利裋丨索隱○丨大布淮南齊俗裋丨不完者注○丨寒賤之人左氏哀十三年傳余與丨之父睨之注○短丨處器物之人也淮南覽冥注○丨寬博獨夫被丨者孟子公孫丑上不受於丨寬博注○莊子讓王丨以爲塞釋文丨字或作褐

割 丨斷也廣雅釋詁一○○丨截也廣雅釋詁四○丨絕也後漢劉元傳注○丨裁也廣雅釋詁二○丨分也呂覽應言今丨國之錯鍾矣注○丨猶分也國策秦策必丨地以交於王矣注寡人欲丨河東以講注齊策天下爲秦相丨注○丨裂也爾雅釋言○丨損也漢書楊雄傳下集注○丨取國策齊策然後王可以多丨地注可以益丨於楚注○丨謂掘徙之也管子七臣七主無丨大陵注○丨犯血太元元錯○丨丨牲也大戴記曾子天圓丨列禳瘞注○丨牲制體也周禮司士帥其屬而丨牲注○丨肆解肉也周禮內饔掌王及后世子膳羞之丨亨煎和之事注○丨者丈夫淫丨其勢也古微書引尚書刑德放○丨僁太元元衝○丨之言蓋也禮記緇衣周田觀文王之德注○丨害也書堯典湯湯洪水方丨傳○雜桂林之中謂之丨雜方言八○書湯誓率丨夏邑史記殷本紀作率奪夏國

沫 丨水高低貌文選高唐賦丨潼潼而高厲注○丨口中汁也莊子至樂餘乾骨之丨爲斯彌釋文引

李注又列子天瑞乾餘骨之丨釋文○丨血水丨如
血後漢杜篤傳注○丨斗檗謂斗之輔星易義海撮
要引陸績注○丨已也廣雅釋詁四又離騷芬至今
猶未丨注招魂身服義而未丨注○丨音本末之末
漢書溝洫志集注○丨劇聲相近史記刺客傳曹丨
索隱○莊子德充符人莫鑑于丨水釋文丨崔本作
流

拔 丨引也一切經音義三引蒼頡篇○丨除也廣雅
釋詁三○丨猝也後漢寇恂傳注○丨卒也後漢
實融傳注○丨猶卒也後漢耿純傳注○丨疾也史
記黥布傳丨與之暴索隱○丨急疾也禮記少儀釋
文○丨赴皆疾也禮記少儀毋丨來毋報往注○丨
括也詩駟鐵舍丨則獲箋○丨傾側也史記樂書奮
疾而不丨也正義○丨撥分散也文選洞簫賦或丨
撥以奮棄注○丨箭也廣雅釋器○丨矢末也詩駟

鐵舍丨則獲傳○丨刺彎弓貌文選思元賦彎威弧
之丨刺兮舊注○丨蘢葛爾雅釋草○丨草左氏僖
十五年傳晉大夫反首丨舍從之注○丨音
卒丨之丨漢書陳勝項籍傳贊集注引晉灼

葛 丨所以爲絺綌也詩采葛彼采丨兮傳○蕉丨丨
之細者文選吳都賦蕉丨升越劉注○丨履夏屨
也詩大東糾糾丨屨箋○丨丨絰周禮旅賁氏喪紀
則衰丨注○丨覃言后妃之職儀禮鄉飲酒禮乃合
樂注燕禮遂歌鄉樂注○丨國書湯征序丨伯不
祀傳○丨或爲褐穀梁昭八年傳以丨覆質注

闥 丨門內也詩東方之日在我丨兮傳○門屏之間
曰丨詩東方之日釋文引韓詩○闈謂之丨後漢
桓帝紀注○小閨謂之丨後漢宦者傳注引爾雅○
宮中之門小者曰丨文選西京賦重闈幽丨薛注○
飛丨突出方木也文選西
京賦上飛丨而仰眺薛注

渴 古文作漱○丨喻急也公羊隱三年傳丨葬也注
○漱遲也國語晉語今恍日而漱歲注○丨盡也
廣雅釋詁二○日月未滿而葬曰丨言謂欲速葬無
恩也釋名釋喪制○丨鳥爲曲筒以氣引水上也後
漢張讓
傳注

撥 丨理也公羊哀十四年傳丨亂世釋文又後漢明
帝紀注梁統傳注陳元傳注○丨析理也淮南齊
俗撥斷丨棧注○丨治也詩長發元王桓丨傳又廣
雅釋詁三又楚辭懷沙孰察其丨正注惜賢丨詔訣
而匡邪兮注○丨猶治也公羊哀十四年傳丨亂世
注○丨絕也廣雅釋詁四○丨猶絕也詩蕩本實先
丨箋○丨除也廣雅釋詁三○丨任也淮南本經扶
丨以爲正法注○丨發措禮記曲禮釋文○丨發揚
貌禮記曲禮衣毋丨注○丨播也播使移散也釋名
釋言語○丨刺不正淮南脩務琴或丨刺枉橈闊解

漏越注○丨刺張弓貌也後漢張衡傳注○丨弓不
正之弓荀子正論不能以丨弓曲矢中注○丨可丨
引輔車所謂綿禮記檀弓下哀公欲設丨注○故書
丨作廢考工記梓人則於眡必丨爾而怒注○詩長
發元王桓丨釋
文引韓詩作發

豁 丨達也史記高祖紀意丨如也集解引服虔○丨
開也漢書揚雄傳上集注○丨空也廣雅釋詁三
○丨深貌也文選蜀都賦丨險吞若巨防劉注○丨
達門通之貌文選景福殿賦開南端之丨達注○丨
閜空虛也史記司馬相如傳谽呀丨閜索隱引司馬
彪○丨閜谷之形容也史記司馬相如傳集解引
郭璞○丨古文奯賊
二一形一切經音義八

括 丨閉也方言十二○丨塞也廣雅釋詁三○丨結
也易坤丨囊無咎無譽虞注又釋文繫辭動而不

丨汴又釋文春秋公羊序故道㥷丨釋文又廣雅釋詁四又漢書公孫劉田王楊蔡陳鄭傳贊集注王嘉傳集注又淮南齊俗羌人丨領注○丨約束也文選劉越石荅盧諶詩注引韓詩章句○丨至也詩君子于役羊牛下丨傳又廣雅釋詁一○丨會也詩車舝德音來丨傳又太元羨四馬就丨注○丨作也易繫辭下傳動而不丨虞注○丨法也法言修身其爲外也肅丨注○丨濩也廣雅釋詁一○丨猶量也文選郭有道碑文注引孟子劉注○因就木枚曰丨周書文傳丨柱茅茨注○丨謂丨髮也莊子寓言向也丨而今也被髮釋文○丨古文髺髺二形一切經音義十二○詩車舝德音來丨釋文丨本亦作佸○魯南宮丨字子容見史記弟子傳○衛北宮丨字子結見左傳襄卅年注○書君奭南宮丨書大傳作南宮适

聒 多聲亂耳爲丨楚辭疾世鴝鵒鳴兮丨余注○丨擾亂耳孔也一切經音義廿一引倉頡篇○丨諠

語也一切經音義十二引字林○丨讙也左氏襄卅六年傳丨而與之語注○丨丨難告之貌書盤庚上今汝丨丨鄭注○丨丨拒善自用之意書盤庚上馬注○丨丨無知之貌書盤庚上傳○丨讀如丨耳之丨書盤庚上鄭注

抹 丨搬滅也集韻引字林

秣 丨者以粟置馬口中公羊宣十五年傳柑馬而丨之注○丨穀馬也詩鴛鴦釋文雲漢傳則趣氏不丨釋文禮記少儀馬不常丨釋文又左氏成十六年傳丨馬利兵注○丨食馬穀禮部韻略釋疑引字林○丨粟也詩鴛鴦摧之丨之傳又國語吳語令丨馬食士注○丨養也詩漢廣言丨其馬傳又漢書元帝紀集注貢禹傳集注○芻丨養牛馬禾穀也周禮大宰七曰芻丨之式注

遏 丨遮也一切經音義一引蒼頡篇又漢書王莽傳下集注○丨絕也易象上傳君子以丨惡揚善虞注又書舜典四海丨密八音傳又楚辭天問永丨在羽山注○丨謂丨絕素問離合眞邪論早丨其路注○丨止也爾雅釋詁又易大有君子以丨惡揚善釋文又書湯誓夏王率丨衆力馬注又詩文王無丨爾躬傳民勞式丨寇虐箋武勝殷丨劉箋又周禮鍾師肆夏呂叔玉注又公羊莊卅二年傳季子之丨惡也注又孟子萬章上四海丨密八音注又漢書刑法志集注路溫舒傳集注武五子傳贊集注王商傳集注王莽傳上集注又荀子議兵則莫敢丨注○今以逆相止爲丨爾雅釋詁注○丨訟者丨止欲訟者也周禮禁殺戮丨訟者以告而誅之司農注○丨逮也爾雅釋言○丨病也詩文王無丨爾躬釋文引韓詩○丨古文閼同一切經音義二○詩文王釋文丨或作遏○禮記樂記注以丨其欲釋文丨本亦作節○書

舜典丨密八音春秋繁露作閼密八音○書湯誓夏王率丨衆力史記殷本紀作夏王率止衆力○周憬功勳銘陬隅壅藹丨作藹○左氏襄廿五年經吳子丨公羊穀梁作吳子謁

撻 丨打也列子黃帝斫丨無傷痛釋文○丨扑也周禮閻胥凡事掌其比觵丨罰之事注○丨擊也禮記文王世子成王有過則丨伯禽釋文內則而丨之流血注又廣雅釋詁三○丨丨猶扶也周禮小胥巡舞列而丨其怠慢者注○丨疾意也詩殷武丨彼殷武傳○丨達也詩殷武釋文引韓詩○丨弼側矢道也以韋爲之儀禮既夕記設依丨焉注○今文丨爲銛同上○丨古文韃同一切經音義二○書益稷丨以記之說文手部作遽以記之

㮤 丨餘也爾雅釋詁○蘖餘也詩長發苞有三蘖傳○丨槁木之餘也爾雅釋詁李注○丨餘也陳鄭

之閒曰丨方言一○蘖絶也詩長發苞有三蘖釋文引韓詩○斬而復生曰丨文選東京賦山有槎丨薛注○顛木而肄生曰丨書盤庚上若顛木之有由蘖馬注○丨伐木餘晉書音義下○蘖與丨古字同文選東京賦尋木起於蘖栽注○詩長發苞有三蘖漢書敘傳下注作包有三丨○爾雅釋詁烈丨餘也釋文丨或作枿又作不

掇 丨拾也詩芣苢薄言丨之傳又漢書賈誼傳贊集注又後漢陳元傳注又莊子達生承蜩猶丨之也釋文又淮南要略覽取撟丨注

喝 嘐同○丨啞也莊子庚桑楚兒子終日嘷而嗌不嗄釋文引崔注○嘐怒也廣雅釋詁二○丨謂大呵出聲也素問生氣通天論煩則喘丨注

跋 丨躐也爾雅釋言又詩狼跋狼丨其胡傳○丨躐也漢書楊雄傳上集注引張晏○草行曰丨詩載馳大夫丨涉傳又史記楚世家丨涉山林集解引服虔又後漢章帝紀注○草行爲丨左氏成十三年傳丨履山川注昭十二年傳丨涉山林服注襄卅八年傳丨涉山川釋文○不由蹊遂而涉曰丨涉詩載馳釋文引韓詩○丨本也禮記曲禮上燭不見丨注又小爾雅廣言○丨扈彊梁也後漢崔駰傳注○丨扈猶彊梁也後漢馮衍傳注梁冀傳注○丨扈猶暴橫也後漢朱浮傳注○拔與丨古字通文選西京賦雕玕拔扈注○詩狼跋序釋文丨本亦作拔○詩皇矣箋畔援猶拔扈也釋文拔字或作丨○詩載馳大夫丨涉儀禮聘禮疏作大夫軷涉○左氏襄卅八年傳丨涉山川儀禮聘禮記注作軷涉山川○漢耿勳碑經營拔涉丨作拔

魃 丨旱神也詩雲漢旱丨爲虐傳○丨音如旱丨之丨山海經大荒北經有人衣青衣名曰黃帝女丨注

獺 丨獱也孟子離婁上故爲淵敺魚者注○丨獱水禽也呂覽孟春丨祭魚注

撮 丨聚家語始誅其居處足以丨徒成黨注○丨持也廣雅釋詁三又後漢袁紹傳注○丨捽也擊捽取之也釋名釋姿容○丨手小取也一切經音義六引字林○繃丨繃布冠也詩都人士臺笠繃丨傳○丨七活反一切經音義六引字林○莊子秋水鴟鵂夜丨釋文丨崔本作最

怛 集韻或作⿱制心○丨傷也詩匪風中心丨兮傳○制傷也漢書王吉傳集注○丨悼也漢書武帝紀集注元帝紀集注外戚傳上集注○丨痛也方言一又廣雅釋詁二又史記屈原賈生傳疾痛慘丨正義○

丨慘丨也詩匪風釋文○丨恨也漢書文帝紀集注○丨惡也方言十三○丨驚也廣雅釋詁一又莊子大宗師叱避無丨化釋文○丨驚丨也禮記儒行注不愊丨也釋文○丨然驚也列子黃帝丨然內熱釋文○丨恅驚惋之貌莊子大宗師有旦宅而無情死釋文引李注○丨憂也廣雅釋詁二○丨丨憂也廣雅釋訓○丨丨猶切切也詩甫田勞心丨丨傳○丨驕也淮南繆稱丨生於不足注○克行遂節謂之必反必爲丨賈子道術○制古丨字漢書王吉傳集注○丨或作悟列子力命易丨也哉釋文○禮記儒行注不愊丨也釋文丨本或作恨○莊子大宗師叱避者無丨化釋文丨崔本作靼○詩匪風中心丨兮漢書王吉傳作中心制兮

閼 丨止也爾雅釋天在卯曰單丨李注又尚書中候義明禮丨鄭注又漢書楊雄傳上集注引孟康又

莊子逍遙游而莫之夭｜者釋文引司馬注又淮南天文單｜之歲注○｜猶止也漢書中山靖王勝傳集注○｜塞也莊子逍遙遊而莫之夭｜者釋文引李注又列子楊朱謂之｜聰注○｜謂門戶壅｜風塵者荀子禮論抗折其額以象槾茨番｜也注○寅在甲曰｜蓬言萬物鋒芒欲出攡遏未通故曰｜蓬也淮南天文寅在甲曰｜蓬注○｜與遏同列子楊朱勿壅勿｜釋文○｜讀曰遏止之遏呂覽古樂民氣鬱｜而滯著注○｜音遏穆天子傳三｜氏胡氏注○左氏襄廿五年傳虞｜父隱三年疏魯語下注史記陳世家索隱並作遏父○鄭公孫｜字子都見左氏隱十一年傳

【剌】○｜戾也漢書杜欽傳集注○｜衺也廣雅釋詁二○｜痛也方言二○禮記禮運注不乖｜釋文｜本或作制

【辢】俗作辣○｜辛也廣雅釋言○辛甚曰辣一切經音義八引通俗文○江南曰辣中國曰辛韻會引聲類○｜字苑作莿同盧葛反一切經音義十八

【栝】｜柏也廣雅釋木○｜白｜也書禹貢杶榦栝柏馬注○｜柏葉松身文選西京賦木則樅｜椶柟薛注○柏葉松身曰｜書禹貢傳又鄭注

【筈】通作栝栝○矢其末曰栝栝會也與弦會也釋名釋兵○栝箭羽之間國語魯語故銘其栝注○栝箭栝之御弦者文選西京賦尋景追栝薛注○栝箭栝也莊子齊物論其發若機栝釋文又淮南兵略夫栝淇衞箘簵注○栝箭也淮南人聞一鼓民被甲栝矢注

【輵】｜轄前却也史記司馬相如傳跮踱｜轄索隱引張揖

【軷】｜道祭也詩生民取羝以｜｜傳又儀禮聘禮注引詩傳又詩泉水傳祖而舍｜｜釋文烝民箋將行犯｜之祭也釋文○｜出必告道神爲壇而祭爲｜｜犮末反詩生民釋文引字林○｜祭也廣雅釋天○｜讀爲別異之別謂祖道轢｜磔犬也周禮大馭及犯｜王自左馭杜注○行山曰｜周禮大馭注○｜山行之名也儀禮聘禮記釋｜注○古文｜作祓同上○故書｜作罰周禮大馭注

【茇】｜根也廣雅釋草○｜杜根也東齊或曰｜方言三○｜草舍也詩甘棠召伯所｜傳又左氏定九年傳召伯所｜注○｜舍草止之也軍有草止之灋周禮大司馬中夏教｜舍注○槀｜香草山海經西山經皋塗之山有草焉其狀如槀｜名曰無條注○黃華名蕒白華名｜爾雅釋草茖白華｜舍人注○｜舍也漢書王吉傳集注○｜讀如萊沛之沛周禮大司馬注

【頞】｜鼻莖也一曷反漢書楊雄傳音義引字林○｜鼻莖也後漢周燮傳注○｜謂鼻｜也素問氣厥論膽移熱於腦則辛｜鼻淵注○｜鞍也偃仰如鞍也釋名釋形體○｜頞也廣雅釋親○額卽額字孟子盡心下若崩厥角注音義引丁音○馮君開道碑蹴賓｜作賓｜窗｜也一切經音義二十引周成難字

【栘】

【越】｜瑟底孔也禮記樂記朱絃而疏｜注○｜瑟下孔也儀禮鄉飲酒禮挎｜注燕禮執｜注○｜瑟下孔所以發｜其聲也儀禮鄉射禮執｜｜注大射儀挎｜注○｜下孔也書大傳大瑟練弦達｜注○｜席蒻蒲席也禮記禮運與其｜席注又荀子禮論疏房檖額｜席牀第几筵所以養體也注○｜席結蒲爲席荀子正論乘大路趨｜席以養安注○禮記禮運與其｜席釋文｜字書作趏

斡 丨轉也廣雅釋詁四又史記屈原賈生傳丨棄周鼎集解引如淳又漢書賈誼傳集注二見敘傳上集注又楚辭天問丨維焉繫注又文選勵志詩大儀丨運注○丨主也漢書百官公卿表上集注引如淳○丨蠡柄也義亦訓轉匡謬正俗七○丨音管匡謬正俗七引字林

剟 丨亦刺也史記張耳陳餘傳吏治榜笞數千刺丨索隱

捋 丨取也詩芣苢薄言丨之傳

輵 丨幭也廣雅釋器○丨帞頭也帞頭幧頭也列子湯問丨巾而衆釋文

鴰 丨笛鳳皇屬也廣雅釋鳥

鶡 集韻或从旱或作鴇○丨鷺鳥也鬬至死乃止文選東京賦虎夫戴丨薛注○丨旦求旦之鳥也禮記月令丨旦不鳴注○丨鳴鶡鴠也廣雅釋鳥○鶡鴠自關而西秦隴之內謂之丨鴠方言八○丨旦山鳥陽物也呂覽仲冬丨旦不鳴注○曷旦鳥名禮記月令曷旦不鳴釋文○丨本作鶡列子黃帝鵰丨鷹鳶爲旗幟釋文○禮記月令釋文曷本或作丨

髺 丨罽也廣雅釋器○丨白也儀禮士喪禮丨笄兩注○丨頭生創也頭有創曰瘍丨亦然也釋名釋疾病○丨雛似雉而太青色後漢南蠻西南夷傳注

暍 丨傷熱也一切經音義十八引字林○丨丨亦熱盛也素問刺瘧論先寒後熱熇熇丨丨然注○丨煩也廣雅釋詁三

鱍 發同○發發魚著網尾發發然詩碩人釋文引馬注○發發盛貌詩碩人鱣鮪發發傳○詩碩人釋文發發韓詩作丨丨○詩碩人鱣鮪發發說文魚部作鱣鮪鱍鱍

囋 哮與丨及巘同文選文賦務嘈丨而妖冶注

巘 丨丨長貌詩碩人庶姜孽孽釋文引韓詩○丨丨高也廣雅釋訓○丨丨高貌文選西京賦飛檐丨丨丨薛注

适 論語憲問南宮丨釋文丨本亦作括

撥 側手曰丨公羊莊十二年傳萬臂丨仇牧注○丨手擊也公羊莊十二年傳釋文○丨讀楚人言殺淮南原道不與物相弊丨注

澾 丨滑也集韻引字林

襏 三尺衣謂之丨一切經音義十五引通俗文○丨襏襫蔽衣也國語齊語身衣丨襫注○丨襫謂麤堅之衣管子小匡身服丨襫注

馛 馞香也廣雅釋器○丨丨香也廣雅釋訓

猲 丨喘息恐懼國策齊策是故恫疑虛丨注○丨相恐也晉書音義上○丨犬遏反爾雅釋畜釋文引字林

濊 丨丨流貌詩碩人釋文引韓詩○丨丨大魚罔目大豁豁也詩碩人釋文引馬注○丨丨施之水中詩碩人施罛丨丨傳○詩碩人施罛丨丨說文水部作施罟濊濊

佸 丨會也詩君子于役曷其有丨傳○丨至也詩君子于役釋文引韓詩

秳 一茇一草名也文選甘泉賦攢并閭與茇一兮注

犮 赤一猶言捇拔也周禮秋官序官赤一氏注

羍 亦作達○達羊子也詩生民先生如達箋○一美也廣雅釋畜

鶡 一鳩冠雉爾雅釋鳥

眓 一一視也廣雅釋訓○一視高貌莊子大宗師成然寐釋文

𦬸 爾雅釋草離南活一釋文一本亦作莌

呾 一嗟語不正也一切經音義一引韻集

咄 一音衲婁之衲漢書東方朔傳集注引鄧展

𥺝 一放也左氏昭元年傳周公殺管叔而一蔡叔注

餲 廣韻作腸○一味變也論語鄉黨皇疏○饐一臭味變也論語鄉黨食饐而一集解引孔注○寒具謂之一御覽八百六十引通俗文○一音曷同上○胺敗也廣雅釋詁三

○以下據廣韻錄

猲 一狚獸名似狼赤眉一切經音義十四引字林

蝎 一桑蠹爾雅釋蟲○一蛣蝠同上○一木蟲也爾雅釋蟲李注又孫注又國語晉語雖一焉避之注○一逮也東齊曰一方言七○蠐螬梁益之閒或謂之一方言十一

䯦 一肻也廣雅釋親

暍 一白也廣雅釋器

馤 一香氣廣韻引字林

靼 一怛也莊子大宗師有旦宅而無情死釋文引崔注

逹 一逃也方言十三○達逃也廣雅釋詁三

躂 及地曰一一切經音義十五引字書

咹 一止也廣雅釋詁三

掔 一孯也廣雅釋言

瘌 一痛也方言三又廣雅釋詁二○一傷也廣雅釋詁四○凡飲藥傅藥而毒南楚之外謂之一方言三

𤷋 集韻廁同○廁庵也廣雅釋室

㿹 一病也廣雅釋詁一

擨 一擊也廣雅釋詁三

𠯗 集韻或从幸○一聲也廣雅釋詁四○嘈嗱聲貌嗱與囋及囐同才曷切文選懷舊賦注引埤蒼

歺 一極也廣雅釋詁一

𥰭 一簸桃支也廣雅釋草

匃 一予也廣雅釋詁三

捺 一搦捎也集韻引字林

蛆 ｜痛也廣雅釋詁二
眜 ｜音本末之末漢書張騫傳集注○公羊昭十五年經吳子夷｜卒釋文｜本亦作末
昒 ｜｜視也廣雅釋訓
醲 ｜醬也集韻引字林
粖 ｜饘也廣雅釋器
怽 ｜忘也廣雅釋詁二
抹 ｜塵也廣雅釋詁三
鴸 ｜鵖也廣雅釋鳥

袚 ｜褅也廣雅釋器○｜蔽厀也同上○蔽厀江淮之閒或謂之｜方言四
鮵 ｜鱦小者｜爾雅釋魚○今青州呼小鱦爲｜爾雅釋魚注
𦪇 ｜舟也廣雅釋水
髺 ｜髮者去笄纚而紒儀禮士喪禮主人｜髮袒注○古文｜作括儀禮士喪禮注○｜讀爲刮考工記旊人｜墾薜暴不入市司農注○｜讀爲跀考工記旊人注
苦 ｜栝樓齊人謂之天瓜爾雅釋草果蠃之實栝樓孫注○爾雅釋草釋文栝本亦作｜
葀 ｜麋舌爾雅釋草○｜今麋舌草爾雅釋草注
䯏 ｜䯏也廣雅釋親

蛞 ｜螻蛄也廣雅釋蟲○螻蛄南楚或謂之蛞螻方言十一
秳 ｜生也廣雅釋詁一
姡 ｜姡娗也方言十○姡獪也凡小兒多詐而獪或謂之姡姡同上○獪楚鄭或曰姡方言二
𣁳 ｜抒也廣雅釋詁二
瞎 ｜塞也廣雅釋詁三
鏺 ｜鎌也廣雅釋器○｜殺也言殺草也釋名釋用器
袜 ｜袂也廣雅釋器
侻 ｜可也廣雅釋詁三○侻猶脫耳方言十二解輸脫也注○侻謂捶打殘賊而殺穀梁宣十八年傳

侻殺也注
刮 ｜削也廣雅釋詁三
蛶 爾雅釋蟲｜螭何釋文｜本或作捋
酦 ｜酒氣也集韻引字林
胈 ｜腫也史記司馬相如傳躬腠胝無｜集解引徐廣○｜白肉也莊子在宥于是乎股無｜釋文引李注○｜膚毳皮史記李斯傳而股無拔集解○｜戚中小毛也史記司馬相如傳索隱引韋昭○｜廡也莊子在宥釋文引崔注○莊子在宥釋文或云｜字當作紱
坺 ｜塵也廣雅釋詁三

○以下據禓𤸇謂之丨廣雅釋器

集韻録

蹳丨音足跋物之跋漢書夏侯嬰傳集注引晉灼

經籍籑詁卷第九十六

經籍籑詁卷第九十六補遺　入聲

兵部侍郎兼都察院右副都御史巡撫浙江等處地方提督軍務兼理糧餉阮元撰集

七曷

曷 說文丨何也从曰匃聲○丨何同音故丨爲何也書盤庚上汝丨弗告朕疏○丨臯謂臯如蝎蟲也史記范睢蔡澤列傳先生丨臯巨肩索隱

達 說文達行不相遇也从辵羍聲詩曰挑兮達兮䢟丨或从大或曰迭○丨通也周禮遂大夫以四丨戒其事功疏又禮記郊特牲以丨天地之氣也疏明堂位刮楹丨鄉疏又呂覽誣徒又況乎丨師與道術之言乎注遇合必丨于五聲注長利諸侯四面以丨注知分有充實丨遂注又淮南脩務貴其所欲丨注○丨謂通丨禮記禮器君子之人丨疏○丨者通顯之名也禮記聘義孚尹旁丨疏○疏丨謂疏朗通卜禮記樂記疏丨而信疏○丨謂曉丨禮記禮運故禮丨而分定疏○丨謂聽至遠書舜典丨四聰疏○丨謂長於淵幹考工記弓人恒角而丨注○丨夾室禮記內則左丨五注○詩子衿挑兮丨兮御覽四百八十九作挑兮撻兮○高彪碑敏達義理丨作達

末 說文木上曰丨从木一在其丨○丨猶上也易象上傳志丨也集解○丨爲終儀禮少牢饋食禮進腠羊其體家疏○丨訓爲終書立政我則丨惟成德之彥疏○丨拄地頭也禮記曲禮上獻杖者執丨疏○丨猶淺也易象下傳志丨也疏○丨無也禮記文王世子丨有原疏內則注丨有原也疏○丨老也禮記中庸武王丨受命釋文○丨晚暮也漢書外戚傳下念雖丨有皇子注○四丨四支管子內業氣不通

於四丨注○四支爲丨左氏昭元年傳丨四支也疏○丨謂禮節荀子大略反本成丨注○丨謂變詐荀子議兵索之於丨注○緒南楚皆曰緤或曰端或曰紀或曰丨皆楚轉語也方言十○丨猶纂也考工記弓人丨應將興注○丨與蔽同荀子禮論絲丨注

闊 說文丨疏也从門活聲○丨廣也漢書司馬相如傳迥丨泳沫注引孟康

活 詩碩人北流丨丨說文作北流活

脫 說文丨消肉臞也从肉兌聲○肉曰丨之禮記內則○丨治擇之名也同上注○丨治肉除其筋膜同上疏引皇氏○說解也易蒙用說桎梏干注○說猶置也易睽後說之壺虞注○丨舒也淮南精神則丨然而喜矣注○說赦也詩瞻卬女覆說之傳○丨者免於禍也漢書枚乘傳百舉必丨注○丨誤也文選運命論注引廣雅○丨粟纔丨穀而已言不精鑿也史記平津侯主父列傳丨粟之飯索隱○爾雅釋草活丨釋文字又作苦○詩瞻卬女覆說之後漢書王符傳注引作汝覆丨之

奪 古作敓○說文丨手持隹失之也从又从奞又敓彊取也周書曰敓攘矯虔从攴兌聲○丨取也呂覽愼行無忌勸王丨注○丨者不義之名荀子臣道丨然後義注○丨謂易其常分者也後漢書盧植傳論未有不允豫丨常者也注○孟子梁惠王勿丨其時荀子注作奪失其時

褐 說文丨編枲韤一曰粗衣从衣曷聲○丨編枲衣也漢書貨殖傳短丨不完注○衣丨以毳織之若今馬衣也或曰丨枲衣也一曰粗布衣也孟子滕文公上許子衣丨注○丨以毛爲衣也詩七月無衣無丨釋文○丨毛布之衣也漢書季布傳廼髡鉗布衣丨注貢禹傳裋丨不完注○毛布曰丨文選王命論

思有短丨之褻注引韋昭○丨賤者之所服今關亦用爲之御覽八百十六引韋輝光毛詩問○楚人謂袍爲短丨後漢書王望傳注引淮南許注

割 說文丨剝也从刀害聲○大丨殺牲也呂覽孟冬大丨祠于公社注○刀害爲丨書堯典湯湯洪水方丨疏○丨蓋聲相近禮記緇衣注丨之言蓋也疏○書大誥天降丨于我家釋文馬本作害○孝經注宮丨釋文或作犗字

沫 說文丨水出蜀西徼外東南入江从水末聲○丨靧也禮記檀弓上瓦不成味注○丨者言汗流丨出也字从水旁本末之末漢書禮樂志丨流赭注○丨雨雨潦上覆瓮也丨雨或作流潦淮南說山人莫鑑於丨雨注

拔 說文丨擢也从手犮聲○丨謂出本素問五常政大論其變振拉摧丨注○丨疾也禮記樂記奮疾而不丨疏○覆取之曰丨呂覽愼行圍朱方丨之注○丨舍止也漢書禮樂志丨蘭堂注○丨舍草止不妨農也漢書刑法志夏丨舍以苗注○丨江東呼爲龍尾亦謂之虎葛爾雅釋草丨龍葛注○禮記少儀毋丨來釋文王本作校

葛 說文丨絺綌艸也从艸曷聲○丨越南方布名書禹貢傳草服丨越疏○丨藟引蔓纏繞之易困困于丨藟疏

闥 說文新附闥門也从門達聲○丨小門也漢書王莽傳下斧敬法丨注○丨宮中門也後漢書張步傳郎帶劍至宣德丨門注○丨宮中小門漢書高后紀贊不出房丨注樊噲傳噲廼排丨直入注○宮中

小門謂之｜漢書霍光傳出入禁｜注○｜門屏也
漢書樊噲傳注

【渴】古文作漱○說文｜盡也从水曷聲又漱欲歠也从欠渴聲○｜澤故水處也周禮草人｜澤用鹿注○爾雅釋詁涸｜也釋文本或作竭

【撥】說文｜治也从手發聲○｜棄也一切經音義十四引廣雅○詩蕩本實先｜列女傳七作本實先敗

【豁】說文｜通谷也从谷害聲○｜虛呂覽適音則耳｜極注○｜然開大之貌漢書高帝紀上意｜如也注

【括】說文括絜也从手昏聲○｜結也易略例語成而後有格注又後漢書鄭元傳論｜囊大典注崔寔

傳｜囊守祿注楊賜傳｜囊避咎注○｜謂檢｜公羊序故道隱｜疏○｜謂矢末書太甲上往省｜于度疏

【聒】說文聒讙語也从耳昏聲○｜讙也御覽一百四十七引左氏襄廿六年傳｜而與之語服注○聲亂叫謂之｜左氏襄廿六年傳注｜讙也疏○｜｜拒善自用之意也書盤庚上今汝｜｜疏

【抹】末殺掃滅也漢書谷永傳欲末殺災異注

【秣】｜謂食馬以粟後漢書馮衍傳下｜吾馬於潁滸注○｜以粟米飤馬也漢書魏相傳禁｜馬酤酒貯積注

【遏】說文｜微止也从辵曷聲讀若桑蟲之蝎○｜止也左氏襄四年傳注部夏一名｜疏昭廿年傳式

｜寇虐注○｜止絕之義書舜典四海｜滅八音疏○臣進善君不試茲謂｜漢書五行志下之上引京房易傳○東齊曰｜爾雅釋言｜逮也注

【撻】說文撻鄉飲酒罰不敬｜其背从手達聲遽古文｜周書曰遽以記之

【枿】｜是樹生之餘禮記玉藻注孽當爲｜聲之誤疏○晉衛之閒曰蘖爾雅釋詁｜餘也注

【掇】說文｜拾取也从手叕聲○｜猶拾｜也易象上傳患至｜也疏○｜采拾也漢書董仲舒傳｜其切當世施朝廷者注○｜猶短也莊子秋水｜而不跂注

【喝】說文｜潚也从口曷聲○｜嘶也文選宋孝武宣貴妃誄注引廣雅

【跋】說文｜蹎｜也从足犮聲○｜蹋也文選羽獵賦｜扈聲注引韋昭○｜反戾也漢書楊雄傳上｜

扈聲注○｜與疐皆是顛倒之類詩狼跋傳｜躐疐跲也疏○｜者山行之名也詩載馳箋草行曰｜疏○不蹊遂曰｜涉准南脩務｜涉谷行注○不從蹊遂曰｜涉准南脩務｜涉山川注○｜本行草之名詩載馳箋疏○草行爲｜後漢書崔駰傳｜涉赴谷注○｜扈凶橫自恣之貌詩皇矣箋畔援猶｜扈也疏

【魃】說文｜旱鬼也从鬼犮聲周禮有赤｜氏除牆屋之物也詩曰旱｜爲虐○｜旱神也後漢書皇甫規傳旱｜爲虐注

【獺】說文｜如小狗也水居食魚从犬賴聲○｜猵也淮南主術｜未祭魚注○｜如狗在水中食魚漢書楊雄傳上蹈獱｜注○｜水居而食魚漢書郊祀志上豺｜有祭注

撮 說文｜四圭也一曰兩指｜也从手最聲○四圭曰｜三指｜之也漢書律厤志上不失圭｜注引應劭○｜揔取也漢書司馬遷傳｜名法之要注藝文志｜其旨意注

怛 說文｜憯也从心旦聲悬或从心在旦下詩曰信誓悬悬○｜懼也文選魏都賦注引國語賈注○｜心｜懷亦惡難也方言十三｜惡也注○｜者驚痛之言詩匪風傳｜傷也疏

閼 說文｜遮攡也从門於聲○｜所以壅水漢書循吏召信臣傳起水門提｜注○太歲在甲曰｜逢爾雅釋天○萬物鋒芒欲出擁遏未通故曰｜逢爾雅釋天李注○陽氣推萬物而起故曰單｜爾雅釋天在卯曰單｜李注○｜與容貌也漢書楊雄傳上窮允｜與注引晉灼○｜與容暇之貌也同上注

剌 說文｜戾也从束从刀刀者｜之也○愎佷遂過曰｜周書謚法○不思忘愛曰｜同上○暴戾無

親曰｜漢書武五子傳注引謚法

栝 說文桰檃也从木昏聲一曰矢栝築弦處○｜樓一名地樓爾雅釋草釋文引本草○檜字亦作｜｜漢書霍光傳樅木外臧椁十五具注○爾雅釋草｜樓釋文本或作苦

筈 通作栝○｜箭｜也淮南兵略夫｜洪衛箘簵注

輵 ｜螛搖目吐舌也漢書司馬相如傳下踁踱｜螛注引張揖

軷 說文出將有事於道必先告其神立壇四通樹茅以依神爲｜既祭｜轢於牲而行爲範｜詩曰取羝以｜从車犮聲○｜道祭謂祭道路之神詩泉水傳祖而舍｜疏引詩傳○｜山行之名也同上疏又禮記曾子問注出祖釋｜疏又左氏昭十七年傳注祖祭道神疏○｜者山行之名以祭道路之神求無險難故取名焉詩泉水傳疏○｜者｜壞之名同上

茇 說文｜艸根也从艸犮聲春艸根枯引之而發土爲撥故謂之｜一曰艸之白華爲｜○｜者草也詩甘棠傳｜草舍也疏○茗白華｜爾雅釋草○蔈｜苕華色異名者同上孫注

頞 說文｜鼻莖也从頁安聲齃或从鼻曷

越 ｜謂爲之孔也國語周語｜之匏竹注○｜席蒲席也禮記禮器大路素而｜席疏○｜席不緣也史記禮書故大路｜席集解引王肅○｜席結蒲爲席左氏桓二年傳注｜席結草疏○｜席結括草以爲席也左氏桓二年傳大路｜席服注

斡 說文｜蠡柄也从斗倝聲楊雄杜林說皆以爲軺車輪○｜轉也文選幽通賦｜流遷其不濟兮注

引項岱○｜或作幹漢書百官公卿表上｜官鐵市兩長丞注引如淳

嶭 說文｜巀｜山也从山辥聲

捋 說文｜取易也从手寽聲○｜以腳自摩｜爾雅釋蟲強醜｜注○｜以口｜其翅同上李注孫注

鴰 說文鴰麋鴰也从鳥昏聲○鶬又謂｜捋｜鹿｜捋皆象其鳴聲也漢書司馬相如傳上雙鶬下注

鶡 說文｜似雉出上黨从鳥曷聲○｜者勇雉也續漢輿服志下｜鴠周魏齊宋楚之間或謂之鶡鴠方言八○鶡鴠色似雞五色冬無毛赤倮晝夜鳴方言八注○盍旦夜明求旦之鳥也禮記坊記相彼曷旦注

鱍 集韻鱍或作䱽亦从魚○說文鱍鱣鮪鱍鱍从魚犮聲○鮇字蓋當爲鱍鯈魚一名鯈鱍荀子榮辱

僚之者浮陽之魚也注○詩碩人鱣鮪發發呂覽季春注作鱣鮪潑潑

轍 說文丨載高皃从車钀省聲

适 說文逿疾也从辵𠯑聲讀與括同

蹩 莊子馬蹄蹩丨爲仁釋文丨本又作薛𦨴崔本作殺

猲 丨謂以威力脅之也漢書王莽傳中恐丨良民注○卜謂以威力脅人也漢書王子侯表上恐丨受賕注

佸 說文佸會也从人𠯑聲詩曰曷其有佸一曰佸佸力皃

犮 說文丨走犬皃从犬而丿之曳其足則剌丨也

羍 說文丨小羊也从羊大聲讀若達羍丨或省

笪 說文丨笞也从竹旦聲

泧 說文丨瀎丨也从水戉聲讀若椒椴之椴

䊛 說文丨悉丨散之也从米殺聲○丨爲放散之義左氏昭元年傳而蔡蔡叔疏○蔡放也同上注○蔡音楚言蔡漢書李廣利傳名昧蔡爲宛王注○

妭 說文丨婦人美也从女犮聲○丨亦魃也後漢書張衡傳夫女魃北而應龍翔注

糲 丨礲也史記大史公自序丨粱之食集解引韋昭○丨粗米也漢書外戚傳下妾誇布服丨食注引孟康○丨麤米也史記太史公自序索隱引服虔○一丨者麤粟飯也史記李斯列傳粢丨之食索隱○一斛粟七斗米爲丨史記太史公自序集解引張晏○五斗粟三斗米爲丨同上引臣瓚

○以下據廣韻錄

蝎 說文丨蝤蠐也从虫曷聲○蝤蠐丨爾雅釋蟲○丨木蟲也國語晉語雖丨譖之注○丨木中蠹蟲爾雅釋蟲丨蛣蜛注○丨郎蛣蜛也爾雅釋蟲丨桑蠹注孫注

妲 說文新附文字丨己紂妃从女旦聲

炟 說文丨上諱从火旦聲

䵣 說文丨白而有黑也从黑旦聲五原有莫丨縣

𣥠 說文丨蹈也从反止讀若撻

瘌 說文丨楚人謂藥毒曰痛丨从疒剌聲

庲 丨庵也廣韻引廣雅

㡃 說文㡃剌也从巾剌聲

齺 說文齺齒分骨聲从齒剫聲讀若剌

𤦡 說文丨玉也从玉剌聲

楋 說文丨木也从木剌聲

蝲 蠆蝲也一切經音義九引廣雅

巀 說文丨嶭山在馮翊池陽从山𢧵聲○丨嶭郎所謂嵳峩山也漢書楊雄傳豩丨嶭而爲弋注

屵 說文丨岸高也从山厂厂亦聲凡丨之屬皆从丨

巘 說文|伐木餘也从木獻聲商書曰若顛木之有皀|櫱|或从木辥聲不古文|从木無頭枿亦古文|

㖾 說文|語相訶歫也从口歫辛辛惡聲也讀若櫱

啈 集韻或从幸○啈與嚬及嚙同文選文賦務嘈啈而妖冶注

歺 說文歺骨之殘也从半冎凡|之屬皆从|讀若櫱岸之櫱歺古文|

䣞 說文䣞南陽陰鄉从邑葛聲

眛 |音本末之末漢書李廣利傳名|蔡爲宛王注

蛆 蠍毒傷人曰|左氏僖廿二年傳疏引埤蒼

䬴 說文|食馬穀也从食末聲

䊳 說文|麩也从米蔑聲

眛 說文|目不明也从目末聲○公羊隱元年經公及邾婁儀父盟於|釋文左氏作蔑東夷之樂曰|文選東都賦僸|兜離注引孝經鉤命決

佅

瀎 說文|拭滅皃从水蔑聲

袚 說文|蠻夷衣从衣犮聲一曰蔽厀

盋 說文新附|器盂屬从皿犮聲或从金从本

鴂 說文鴂鳥也从鳥犮聲讀若撥

适 說文适前頡也从辵戉聲賈侍中說一讀若拾又若郅

帗 說文|一幅巾也从巾犮聲讀若撥

鬠 說文鬠潔髮也从髟昏聲

萿 說文萿妻果蓏也从艸昏聲

頢 說文|短面也从頁昏聲

䯏 說文䯏骨耑也从骨昏聲

懖 說文懖善自用之意也从心銛聲商書曰今汝|
|聾古文从耳

祮 說文|祀也从示昏聲

秳 說文秳舂㮚不潰也从禾昏聲

姡 說文姡面醜也从女昏聲○|言黠|也方言十凡小兒多詐而獪或謂之|注○|言黠|也今建平人呼狡爲|方言二獪楚鄭或曰|注

痥 說文痥馬脛瘍也从疒兌聲一曰將傷

奯 說文|空大也从大歲聲讀若施罟濊濊

濊 說文|礙流也从水薉聲詩曰施罟||

捾 說文|搯|也从手官聲一曰援也

䁯 說文|短深目皃从目取聲

䀹 說文|揞目也从目叉

鏺 說文|兩刃木柄可以刈艸从金發聲讀若撥

𢪽 說文|擢也从手朮聲

䣨 說文|酒色也从酉朮聲

侻 |倘易也|讀射|取不覺之 淮南本經 其行|而順情注

梲 說文|木杖也从木兌聲

捝 說文|解|也从手兌聲

废 說文|舍也从广犮聲詩曰召伯所|

炦 說文|火氣也从火犮聲

癹 說文|以足蹋夷艸从癶从殳春秋傳曰|夷蘊崇之○|𩠚蟠戾也 文選上林賦 崔錯|𩠚注引郭璞

胈 |毳膚皮也 漢書司馬相如傳下 躬胝胼胝無|注引孟康

坺 說文|治也一曰臿土謂之|詩曰武王載|一曰塵皃从土犮聲

○以下據集韻錄

蠽 說文|蝬蛅也从蚰犮聲

駒 說文|馬疾走也从馬匃聲

亣 說文|籀文大改古文亦象人形凡|之屬皆从|

𠯑 說文|塞口也从口氏省聲氏音厥𠯑古文从甘

齰 說文|噍聲从齒昏聲

銽 說文|斷也从金昏聲

𣥠 說文|足剌|也从止出凡|之屬皆从|讀若撥

𣎵 說文|艸木盛||然象形八聲讀若輩凡|之屬皆从|

柭 說文|棓也从木犮聲

炥 說文|火皃从火弗聲

迊 說文|迊行皃从辵市聲

潠 說文|飲歃也一曰吮也从水算聲

○以下附錄

奎注|百物名 山海經西山經 其音如|百聲

經籍纂詁卷第九十六補遺終

經籍籑詁卷第九十七 入聲

經筵講官南書房翰林禮部左侍郎兼署兵部左侍郎提督浙江學政阮元撰集

八黠

黠 丨慧也廣雅釋詁一○虔儇慧也自關而東趙魏之閒謂之丨方言一○丨惡也漢書趙充國傳集注

札 丨櫛也編之如櫛齒相比也釋名釋書契○丨簡也後漢章帝紀注劉盆子傳注儒林傳注○丨牒也後漢循吏傳注○櫂又謂之丨形似丨也釋名釋船○丨截也氣傷人如有斷截也釋名釋天○丨折也莊子人閒世名也者相丨也釋文引李注○丨拔也家語觀周毫末不丨注○越人名死爲丨列子黃

帝而土無丨傷釋文○疫死曰丨國語周語然則無夭昏丨瘥之憂注晉語其夭丨也注○大死曰丨左氏昭十九年傳丨瘥夭昏注又賈注○夭死爲丨左氏昭四年傳民不夭死注○丨夭死也左氏昭十九年傳釋文又管子五行旱丨苗死民厲注○丨夭也莊子人閒世釋文引崔注○丨謂疾疫死亡也越人謂死爲丨周禮司關國凶丨司農注○丨疫癘也周禮大司樂大丨注○大丨疫癘也周禮膳夫大丨則不舉注○大丨大疫病也周禮大司徒大荒大丨丨注○莊子人閒世名也者相丨也釋文丨崔本作禮○王丨子郎王子捷見左氏宣十五年傳

扱 丨把也莊子達生閒之操丨箠以侍門庭釋文引李注○丨出也廣雅釋詁一○丨得也國策秦策明日鼓之丨宜陽注○丨盡也爾雅釋詁○丨私老子善建者不丨釋文引顧注○覆取之曰丨呂覽愼行圍朱方丨之注○丨謂出本素問五常政大論其變振拉摧丨注○丨距謂兩人以手相按能丨引之也文選吳都賦丨距投石之部劉注○丨河古謂之牽鉤封氏聞見記六○丨輔也廣雅釋詁四○丨或作校荀子彊國丨戟加乎首注○丨或作枝同上○左氏定三年經仲孫何忌及邾子盟于丨公羊作盟于枝

猾 丨狡也史記劉敬叔孫通傳專言大丨何也索隱引類集又漢書武帝紀集注又文選東京賦巨丨閒舋薛注○丨弄也國語晉語齒牙爲丨注○丨黠惡也一切經音義一引三蒼○丨惡黠也一切經音義十二引字書○婚或謂之丨方言十○丨擾也廣雅釋詁四○丨亂也書舜典蠻夷丨夏傳又一切經音義十二引書范甯集解又左氏僖廿二年傳蠻夷丨夏釋文又廣雅釋詁三又漢書刑法志集注匈奴

傳贊集注敘傳下集注○丨夏侵亂中國也書舜典蠻夷丨夏鄭注○陽馮煥詔側輕狡猾丨作猾

鶻 鳩自關而西秦漢之閒其小者或謂之丨丨鳩方言八○野梟南楚之外大者謂之丨號同上

八 陰數丨丨白虎通嫁娶○丨少陰之數管子五行地理以丨丨制注○丨歲之陰也白虎通嫁娶○丨者維綱也大戴記本命○丨爲方維丨卦之數也大戴記本命丨者維綱也注○丨主風大戴記易本命○風之大數盡於丨也大戴記易本命丨主風注○丨世謂三皇五帝也後漢崔寔傳注○丨六者豆數也儀禮聘禮堂上之饌丨西夾六注○丨眉者如丨字初學記帝王部引書大傳○丨皆宜爲六字之誤也周禮校人丨麗一師丨師一趣馬丨趣馬一馭夫注○二十丨書或爲二十四非也周禮掌客鉶二十有丨注

察 丨審也爾雅釋詁又周禮鄉士丨其辭注又國語楚語而以丨清濁爲聰也注又離騷悔相道之不丨兮注○丨猶審也書大傳寬之術歸於丨注○丨明也禮記禮器五獻丨注又漢書谷永傳集注又呂覽審分丨乘物之理注又楚辭離世世殺亂猶未丨注○丨明貌也禮記玉藻而色洒如也釋文引王肅注○丨清也爾雅釋言○丨理也國語吳語今君王不丨注○丨省呂覽本味丨丨其所以然注○丨視離騷覽丨草木其猶未得兮注○丨深也大戴記少閒汙池土丨注○丨至也廣雅釋詁一○丨者至也儀禮經傳通解續引書大傳○丨猶著也禮記中庸言其上下丨也注○丨猶別也大戴記曾子天圓合五味之調以丨民情注○丨苛也呂覽貴公處大官者不欲小丨注○丨見也呂覽離俗人之所不能卜注○丨觀也文選東京賦目丨區陬薛注漢書武帝紀集注○丨識也孟子離婁下丨丨於人倫注又莊子徐无鬼丨士無凌誶之事釋文引李注○丨知也楚辭懷沙孰丨其撥正注○丨猶知也禮記喪服四制皆可得而丨焉注又呂覽功名不可不丨注○丨舉也後漢班彪傳上注○丨之爲言丨也御覽禮儀部三引書大傳○纖微皆審謂之丨賈子道術○丨聽丨荀子不苟說不貴苟丨注○丨謂心懷忖惻之也論語爲政丨其所安皇疏○丨沈吟用心忖度之也同上○丨猶丨丨嚴殺之貌也丨或爲殺禮記鄉飲酒義愁以時丨守義者也注○丨丨著也廣雅釋訓○丨丨急且疾也老子俗人丨丨注○丨廉皆視也文選西京賦丨貳廉空薛注○詧古丨字也顏氏家訓書證○易繫辭上傳俯以丨於地理釋文丨一本作觀

殺 罪人曰丨丨竄也埋竄之使不復見也釋名釋喪制○丨克也爾雅釋詁○丨猶亡也莊子大宗師丨生者不死釋文引李注○丨治也初學記廿八引風俗通○丨賊也廣雅釋詁三○丨死也楚辭國殤嚴丨盡兮棄原壄注○丨死刑也周禮司刑丨罪五百注○自外則皆曰丨穀梁昭十三年經丨其君虔于乾溪釋文○吳越曰丨初學記廿八引風俗通○丨氣淮南天文地氣不藏乃收其丨注○丨氣陰氣呂覽仲秋丨氣浸盛注○丨生斬伐荀子王制丨生時則草木殖注○丨謂以藥食其惡肉周禮瘍醫劀丨之齊注○丨矢用諸田獵之矢也考工記冶氏爲丨矢注○丨青者以火炙簡令汗取其青易復不蠹謂之丨青後漢吳祐傳注○丨或作小呂覽審時大本而莖丨注○丨讀曰弒漢書高帝紀集注宣帝紀集注異姓諸侯王表集注五行志下之下集注司馬相如傳下集注○詩墓門序箋丨君而自立釋文本又作弒同周禮大司寇注亂國簒丨叛逆之國釋文本亦作弒儀禮士冠禮注簒丨所由生釋文本又作

弒亦作試同左氏文十七年注雖以無道見丨釋文本或作弒文十八年注魯人諱丨釋文本或作弒穀梁文十四年經齊公子商人丨其君舍釋文本亦作弒○左氏僖九年經晉里克丨其君之子奚齊公羊作弒○論語不教而丨漢書董仲舒傳集注作不教而誅

軋 車轢曰丨御覽七百七十三引通俗文○丨輾也史記匈奴傳罪小者丨大者死索隱引三蒼○丨歷也史記匈奴傳索隱引鄧展○丨轢挟也史記匈奴傳索隱引如淳○丨吃也廣雅釋詁二○吃或謂之丨方言十○丨委曲穀梁襄十九年傳丨辭也注又釋文○丨刀割面也史記匈奴傳索隱引服虔○丨坱無垠貌也文選七發丨盤涌裔注

舝 又作鎋○丨車軸頭金也詩泉水載脂載丨釋文○丨車軸頭鐵也詩車舝序釋文○鎋車轄也孟

子題辭五經之館鎋音義引丁音○轄害也車之禁害也釋名釋車○丨古轄字漢書天文志集注引晉灼○轄古文丨鎋二形一切經音義十六○祝睦後碑七政館鎋丨作鎋

刖 丨斷足也周改臏作丨周禮司刑丨罪五百注○丨危也廣雅釋詁二

蚻 丨蜻蜻爾雅釋蟲○丨者𧕲蠽也大戴記夏小正鳴札傳

菝 丨挐狗脊也廣雅釋草○丨菝瑞草也集韻引字林

劼 丨固也爾雅釋詁又書酒誥汝丨毖殷獻臣傳○丨仂也廣雅釋詁四○爾雅釋詁丨鞏堅篤釋文丨本或作咭

䯦 廣韻鬄同○丨秃也廣雅釋詁二○鬄秃也同上

螖 丨蠌小者蟧爾雅釋魚○丨螺屬見埤蒼或曰卽蟚丨也爾雅釋魚注○丨音骨爾雅釋文引字林

貀 說文作貀○貀無前足爾雅釋獸○貀獸無前足似虎而黑爾雅釋獸釋文引字林○丨猴屬也後漢烏桓鮮卑傳注○爾雅釋獸釋文貀亦作丨

肭 丨再生也一切經音義十一引通俗文

戛 丨戟也廣雅釋器○丨長矛也文選東京賦立戈迤丨薛注○丨敔也形如伏獸背上有二十七刻以木長尺櫟之所以止樂後漢馬融傳注○丨櫟也書益稷丨擊鳴球馬注又鄭注○丨猶櫟也文選海賦丨嚴嶅注○丨常也爾雅釋詁又書康誥不率大丨傳○丨禮也爾雅釋言○說文音丨爲棘顏氏家訓音辭

秸 亦作稭鞂○丨稾也書禹貢三百里納丨服傳○稭稾也廣雅釋草○稭木稾也史記封禪書席用苴稭集解引應劭○穗去實曰鞂禹貢三百里納鞂服禮記禮器稾鞂之設注○丨去其穎也書禹貢三百里納丨服馬注又鄭注○稭讀如戛漢書郊祀志上集注引如淳○書禹貢釋文丨本亦作稭

扴 丨觸小石聲易豫介于石釋文引馬注

揠 丨拔也廣雅釋詁三○揠出也廣雅釋詁一○拔心曰丨小爾雅廣物○丨挺拔之孟子公孫丑上而丨之者注○丨拔也東齊海岱之閒曰丨方言三○今呼拔心草爲丨方言三注

㹤 丨貐類貙虎爪食人迅走爾雅釋獸○爾雅釋獸丨字亦作猰或作窫

藙 茱萸一名丨也文選蜀都賦蒟蒻茱萸劉注

汃 丨大聲也文選南都賦注引埤蒼

榝 集韻或从艸○丨茱萸也爾雅釋木茱丨醜莍李注又廣雅釋木○蔱茱萸也文選南都賦注引字書○丨茱萸也似椒而非離騷丨又欲充夫佩幃注○丨似茱萸而實赤小禮記內則注爾雅謂之丨釋文○丨似茱萸出淮南爾雅釋木釋文引字林

疺 丨病也廣雅釋詁一

圿 丨垢也廣雅釋言

茁 丨出也廣雅釋詁一○丨生長貌也孟子萬章下牛羊丨壯長而巳矣注

砎 丨堅也晉書音義中引字林○礣丨雷大聲也一切經音義十五引字指

楬 丨敔也禮記樂記釋文○椌丨謂柷敔也禮記樂記聖人作爲鞉鼓椌丨檯篪注○丨無異物之飾也齊人謂無髮爲禿丨禮記明堂位夏后氏以丨豆注○儀禮士虞禮注則豆不丨釋文丨本或作毦

鶡 鶌丨似伯勞而小爾雅釋鳥釋文引字林

瞎 丨一目合之也一切經音義九引字書○丨迮也膚幕迮迫也釋名釋疾病

獺 丨毛蟲西方白虎之屬水居而殺魚者也爾雅翼引蔡邕月令章句

刮 丨丨摩也禮記明堂位刮楹達鄉注○丨減也廣雅釋詁二○故書丨作捖考工記總目丨摩之工五注

錣 策端有針以刺馬謂之丨淮南道應倒杖策丨上貫頤注○丨杖末鋒列子說符丨上貫頤注○丨籌也管子國蓄且君引丨量用耕田發草注

帕 絈與丨同方言丨頭幧頭也南楚江淮之間曰丨頭自關以西秦晉之郊曰絡頭字書丨頭巾者也晉書音義上○丨額巾也一切經音義十三引字書

搳 丨折也廣雅釋詁一○丨檵也廣雅釋詁二

刷 丨埽也詩七月釋文引三蒼○丨清也爾雅釋詁○所以理髮謂之丨文選養生論注引通俗文

鎩 丨翼從翼也淮南覽冥飛鳥丨翼注

頢 丨音戞擊之戞漢書王子侯表上集注引服虔

滑 丨澤也廣雅釋言○丨美也廣雅釋詁一○丨美貌也文選石門新營詩注引埤蒼○丨者往來流利素問六節藏象論夫脈之小大丨濇浮沈注○丨姬姓小國國語周語鄭人伐丨注○丨菫荁之屬儀禮公食大夫禮記皆有丨注○凡諸丨物通利往來似竅周禮瘍醫以丨養竅注○左氏莊三年經公次于丨公羊穀梁並作公次于郎

○以下據廣韻録

⿰歹乚 丨壯列反夭死也左氏昭十九年傳釋文引字林

硈 丨鞏也爾雅釋言○丨然堅固爾雅釋言注

⿰麥穴 丨麴也廣雅釋器○丨麴也齊右河濟曰丨方言十三

⿰木穴 無齒爲丨方言五杷宋魏之閒謂之渠挐注

⿰女殳 丨怒也廣雅釋詁二

婠 容美曰丨烏活反御覽三百八十一引通俗文

⿰穴欠 大咽曰丨一切經音義十一引通俗文

檫 丨草木動搖聲五音篇海引字林

劀 丨刮去膿血周禮瘍醫掌腫瘍潰瘍金瘍折瘍之祝藥丨殺之齊注

鴰 丨鶬布穀也廣雅釋鳥○丨鶬今之布穀也江東呼爲䅘穀爾雅釋鳥鳲鳩丨鶬注○左氏昭十九年注鳲鳩丨鶬也釋文丨本亦作秸

忦 丨怛也廣雅釋詁四○丨憂也廣雅釋詁一○丨懼也廣雅釋詁二

秸 執袿謂之丨爾雅釋器

樺 丨鼓也廣雅釋詁三

穵 丨深也廣雅釋詁三

礣 丨砎雷大聲也一切經音義十五引字指○堅硬不消曰丨砎音莫八胡八反一切經音義十四引通俗文

鶷 白頭鳥謂之丨鶷初學記三十引通俗文

菅 蘇沅湘之閒或謂之丨方言三

鬝 丨禿也廣雅釋詁二

姡 丨面醜也詩何人斯傳靦丨也釋文

聉 丨聾也廣雅釋詁三○聾之甚者秦晉之閒謂之丨吳楚之外郊凡無耳者亦謂之丨其言丨者若秦晉中土謂㰫耳者明也方言六

明 秦晉中土謂㰫耳者丨也方言六

詽 丨怒也廣雅釋詁二

眣 丨目出也一切經音義一引字書○丨目露貌廣韻引聲類

恝 丨無愁之貌孟子萬章上爲不若是丨注

搳 丨搔也廣雅釋詁二

經籍籑詁卷第九十七

經籍籑詁卷第九十七補遺 入聲

兵部侍郎兼都察院右副都御史巡撫浙江等處地方提督軍務兼理糧餉阮元譔集

八黠

黠 說文黠堅黑也从黑吉聲

札 說文札牒也从木乙聲○丨木簡之薄小者也漢書郊祀志上卿有丨書注司馬相如傳上上令尚書給筆丨注○丨謂疫病周禮司市國凶荒丨喪疏○丨厲疫死也列子湯問亡丨厲注○夭死曰丨左氏昭四年傳民不夭丨釋文○左氏昭四年傳釋文丨字林作死○莊子人閒世名也者相丨也釋文丨亦作軋

拔 說文丨擢也从手犮聲○丨取也國策秦策丨燕酸棗注○丨移也易乾確乎其不可丨釋文引鄭注○丨距超距也史記白起王翦列傳方投石超距集解引張晏○得城爲丨史記高祖本紀攻下邑丨之索隱引范氏○丨者破城邑而取之言若丨樹木幷得其根本也漢書高帝紀攻碭三日丨之注○衛文子名丨或作發禮記檀弓下公叔文子卒注

猾 丨亂也後漢書安帝紀夷狄丨夏注馮緄傳蠻夷丨夏注烏桓鮮卑傳書戒丨夏注

八 說文丨別也象分別相背之形凡丨之屬皆从丨○東方有木三土五故數丨南齊書十一引月令章句○丨七木火之數也易繫辭上傳精氣爲物鄭注

詧 廣韻詧同○說文丨覆也从宀祭又詧言微親詧也从言察省聲○丨微視也漢書食貨志下吏益

慘急而法令丨注○丨審也左氏莊十年傳雖不能丨注○丨覞所爲審諦爾雅釋詁注○丨明也淮南主術而寡丨其實注法令丨而不苛注脩務丨分秋豪注○丨見淮南俶眞而不能丨方圓注脩務可得而丨注○丨知也呂覽愼勢不可不丨注審應田詘不丨注恃君忠臣幸於得丨注召亂猶弗丨也注○丨猶知也呂覽分職此不可不丨也注又淮南脩務丨於人情注○丨別淮南說林覞之可丨注○丨猶分辨也禮記禮器觀物弗之丨矣注○丨廉皆視也文選西京賦丨貳廉空薛注○丨猶選之也史記刺客列傳乃丨舉吾弟索隱

殺 說文丨戮也从殳杀聲凡丨之屬皆从丨𢼛古文丨㣲古文丨殺古文丨布古文丨䊒籒文丨○丨死刑也漢書刑法志丨罪五百注○丨當爲弗考工記矢人丨矢七分注○武梁祠堂畫象穆讓煞身孫叔敖碑陰爲賊殺所煞丨皆作煞

刹 說文新附丨柱也从刀未詳殺省聲

軋 說文丨輾也从車乙聲○丨謂輾轢其骨節若今之厭踝者也漢書匈奴傳上小者丨注○丨踐轢也漢書刑法志鰓鰓然常恐天下之一合而丨己也注引張晏○丨謂委曲穀梁宣十九年傳丨辭也注○丨忽長遠之貌也漢書禮樂志假清風丨忽注○丨芴緻密也漢書司馬相如傳上縝紛丨芴注引孟康○丨刀刻其面也漢書匈奴傳上注引服虔

舝 廣韻舝轄同○說文丨車軸耑鍵也兩穿相背从舛萬省聲萬古文偰字又轄車聲也从車害聲一曰轄鍵也○左氏昭廿五年傳昭子賦車轄釋文本又作丨○左氏哀三年傳巾車脂轄釋文轄本又作鎋

○詩節南山箋爲周之桎鎋釋文字又作轄○詩泉水載脂載丨文選注廿四作載脂載轄

蛪 蟬其小者謂之麥丨方言十二○丨小蟬也爾雅釋蟲疏引舍人注○丨鳴丨丨者爾雅釋蟲舊注

劼 丨勤也集韻引廣雅

貀 說文貀獸無前足从豸出聲漢律能捕豺貀購百錢○丨豹也御覽引廣雅

戛 說文丨戟也从戈从百讀若棘○丨稾也漢書地理志上三百里内丨服注○桔櫟也文選長楊賦拮隔鳴球注引韋昭○丨卽櫟也書益稷丨擊鳴球疏○桔隔擊考也漢書楊雄傳下桔隔鳴球注○桔隔彈鼓也同上○丨猶楷也書康誥不率大丨疏

秸 亦作稭○說文丨禾稾去其皮祭天以爲席从禾皆聲○稭稾本也漢書郊祀志上席用苴稭注

扴 說文丨刮也从手介聲

揠 說文丨拔也从手匽聲

猰 說文新附猰貐獸名从犬契聲○丨貐獸名也狀若龍首或曰似貍善走而食人在西方也淮南本經丨貐鑿齒注○丨讀車軋履人之軋同上

蔱 丨茱萸也文選南都賦蘇丨紫薑注引字書

榝 說文丨似茱萸出淮南从木殺聲

茁 說文丨艸初生出地皃从艸出聲詩曰彼丨者葭

齾 說文丨缺齒也从齒獻聲

獺 丨水居而食魚漢書郊祀志上豺丨有祭注○丨獱也淮南時則丨祭魚注

錣 丨馬策端有利鋒所以刺不前也列子說符釋文引淮南許注○丨揣頭箴也淮南氾論是猶無鏑銜橜策丨注

鵽 說文丨丨鳩也从鳥叕聲

帕 丨頭幧頭也丨又作鞨又作帓列子湯問鞨巾而裹釋文

擖 說文丨刮也从手葛聲一曰撻也

刷 丨謂拭除之也漢書貨殖傳丨會稽之恥注

鎩 丨鈹也漢書陳勝項籍傳贊不敵於鉤戟長丨也注○丨殘也文選蜀都賦注引淮南許注

滑 說文丨利也从水骨聲

○以下據廣韻錄

䶤 說文䶤齧骨聲从齒从骨骨亦聲

㓞 說文丨巧丨也从刀丰聲凡丨之屬皆从丨

硈 說文丨石堅也从石吉聲一曰突也

麧 說文丨餅籺也从麥乞聲

[馬八] 說文丨馬八歲也从馬从八

朳 廣韻捌同○說文新附捌方言云無齒杷从手別聲

娺 說文丨疾悍也从女叕聲讀若唾

聉 說文丨無知意也从耳出聲讀若孼

䯣 說文丨咽中息不利也从欠骨聲

㕯 說文丨言之訥也从口从內凡丨之屬皆从丨

劀 說文丨刮去惡創肉也从刀矞聲周禮曰丨殺之齊

[韧夬] 說文丨齘丨刮也从韧夬聲一曰丨畫堅也○丨括也集韻引廣雅○丨戲也廣雅釋詁三

袺 說文丨執衽謂之丨从衣吉聲○丨扱衣衽爾雅釋器執衽謂之丨注○丨持衣上衽爾雅釋器孫注

穵 說文丨空大也从穴乙聲

帴 說文丨帬也一曰帗也一曰婦人脅衣从巾戔聲讀若末殺之殺

[目舌] 丨怒視貌廣韻引埤蒼

[齒吉] 說文丨齒堅聲从齒吉聲

[玉𡙁] 說文丨石之似玉者从玉𡙁聲讀若曷

[土㕡] 說文丨四突出也从土㕡聲

[艹茬] 丨茬蘇也廣雅釋草

[門曷] 說文丨門聲也从門曷聲

窡 說文丨穴中貝也从穴叕聲

[耳闋] 說文丨吳楚之外凡無耳者謂之丨言若斷耳爲盟从耳闋聲○丨言聉無所聞知也方言六注

【⿱算黑】說文丨黃黑而白也从黑算聲一曰短黑讀若以芥爲齏名曰芥荃也

【搳】說文丨擖也从手害聲

○以下據集韻錄

【乙】說文丨元鳥也齊魯謂之丨取其鳴自呼象形凡丨之屬皆从丨鳦丨或从鳥

【⿱寥言】說文丨臥驚也一曰小兒號丨丨一曰河內相評也从寥省从言

【蠿】說文蠿蠿蝥作网蛛蝥也从䖵𢇍聲𢇍古絕字

【⿱竅口】說文丨口滿食从口竅聲

【窋】說文丨物在穴中皃从穴出聲

【⿱竅女】說文丨短面也从女竅聲

【柮】說文丨斷也从木出聲讀若爾雅貀無前足之貀

【刮】說文丨掊把也从刀𠯑聲

經籍籑詁卷第九十七補遺終

經筵講官南書房行走禮部左侍郎兼署兵部左侍郎前督浙江學政阮元撰集

入聲

九屑

屑 說文作屑○丨潔也詩谷風不我丨以傳又孟子公孫丑上是亦不丨就已注告子下予不丨之敎誨也者注盡心下欲得不丨不潔之士而與之注又方言三又廣雅釋詁三又小爾雅廣詁○丨絜也莊子則陽而心不丨與之俱釋文○丨猶介也後漢王良傳注張衡傳注○屑過也書多士大淫屑有辭馬注○丨過也小爾雅廣詁○丨碎也文選思元賦丨瑤蘂以爲粻兮舊注○丨猶碎也文選海賦或丨沒於黿鼉之穴注○屑勞也方言十二○丨勞也廣雅釋詁二○丨禦也詩君子偕老不丨髢也傳○丨顧

也後漢馬廖傳注○屑猶也方言十二○丨丨不安也廣雅釋訓○屑屑不安也秦晉謂之屑屑方言十○屑屑往來皆劬勞也方言十二屑往勞也注○屑屑動作之貌漢書董仲舒傳集注○丨丨猶區區也後漢崔駰傳注○丨薑桂之丨也儀禮旣夕醯醢丨注○莊子則陽釋文丨本亦作肯

節 丨制也國語魯語夫祀國之大丨也注越語有丨事注○丨者天之制也春秋繁露循天之道○丨丨度也法言重黎天子制公侯伯子男也庸丨注又離騷依前聖之丨中兮注○丨制度也荀子非相丨族久而絕注○丨法度也禮記樂記好惡無丨于內注○丨猶禮也禮記文王世子興秩丨注○丨者禮也禮記喪服四制○丨丨文也荀子儒效行禮要丨而安之注○丨猶和也呂覽重己丨乎性也注○丨丨體也國語周語昭明大丨而已注○丨準荀子性惡故善言古者必有丨於今注○丨適也呂覽情欲情有丨注古樂有丨有侈注○丨猶適也考工記工人是故厚其液而丨其帑注○丨有限丨也釋名釋形體○丨止也易雜卦傳象下傳亦不知丨也虞注又節釋文又漢書嚴安傳集注又呂覽大樂必丨嗜慾注○丨巳也廣雅釋言○丨視也詩節南山序釋文引韓詩○丨猶驗也禮記禮器無丨于內者注○丨猶量也周禮趣馬簡其六丨注○丨省也左氏成十八年傳丨器用注○丨儉也呂覽召類其惟仁且丨與注○艮爲丨易象下傳亦不知丨也虞注○艮爲堅多丨易說卦傳○好謙自克曰丨周書謚法○伏羲誠必謂之丨賈子道術○費弗過適謂之丨同上○丨限制之也荀子榮辱是注錯習俗之丨異也注○丨支解也莊子胠篋比干剖釋文引崔注○丨分段支解之義易節釋文○節丨少易也禮記樂記繁文節丨之音作注○大關丨腰膝也素問至眞要大論客勝則大關丨不利注○丨謂居處故事禮記文王

世子其有不安丨則內豎以告世子注○丨猶操也文選盧子諒覽古詩屈丨邯鄲中注○丨謂志操後漢安帝紀注○丨者死生此者也荀子君子○丨信也左氏文十二年傳以爲瑞丨注又公羊哀六年傳與之玉丨而走之注○丨符信也國策西周策而焚周之丨注○丨國之符信也左氏文八年傳司馬握丨以死注○丨猶信也行者所執之信周禮地官序官掌丨注○丨所以明信令漢使者擁丨禮記玉藻凡君召以三丨注○丨所以爲信也以竹爲之柄長八尺旄牛尾爲其眊三重後漢光武紀上注○丨旄丨也周禮司救則以丨巡國中及郊野注○丨玉丨也孟子離婁下若合符丨注○丨皆號令賞罰之丨也釋名釋兵○丨以爲行信周禮掌交掌以丨與幣注○丨所仗信丨也文選子虛賦弭丨徘徊郭注○丨六丨周禮大司徒令無丨者不行於天下注○九丨丨析羽九重設於長杠也周禮射人九丨五正司農

注○邦｜者珍圭牙璋穀圭琬圭琰圭也周禮掌節
掌守邦｜而辨其用注○｜策也淮南主術執｜於
掌握之閒注○柄謂之｜｜禮記禮器山｜藻棁注○
｜柄也論語公冶長山｜｜藻棁鄭注○｜者柄也論
語公冶長集解引包注○｜柄也刻爲山雲家語曲
禮子貢問山｜藻棁注○山｜刻欂盧爲山也禮記
明堂位山｜藻棁注○山｜欂盧刻之爲山禮記雜
記山｜而藻棁注○和樂謂之｜爾雅釋樂○｜曲
｜也文選長笛賦薄湊會而淩｜兮注○｜期也國
語越語天｜不遠注又荀子儒效變埶次序｜然也
注○｜時也左氏僖十二年傳若｜春秋注又賈注
又荀子正名｜遇謂之命注○｜猶氣也詩推度災
雄生八月仲｜｜注○十二｜十二氣也天之十二｜
氣人之十二經脈素問生氣通天論其氣九州九竅
五藏十二｜｜注○｜高峻貌詩節南山｜彼南山傳
○鳳雄鳴曰｜｜詩卷阿正義引白虎通○｜度或

爲郎席大戴記保傅進退｜度無禮注○禮記玉
藻童子之｜也儀禮士冠禮注作童子之飾也

雪 ｜綏也水下遇寒氣而凝綏綏然也釋名釋天○
｜者陰之畜積甚也南齊書五行志引洪範五行
傳○陰陽搏爲｜古微書引春秋元命苞○陰氣勝
則凝爲霜｜大戴記曾子天圓○平地尺爲大｜左
氏隱九年傳○｜｜雨也廣雅釋訓○｜拭也家語
子路初見黍者所以｜桃注又呂覽觀表吳起｜泣
而應之注○｜除也廣雅釋詁三又呂覽不苟故｜
殺之恥注又淮南說山流言｜污注○｜｜宮離宮之
名也孟子梁惠王下齊宣王見孟子於｜宮注
又劉注○｜或爲雹穀梁昭四年經大雨｜注

絕 ｜截也如割截也釋名釋言語○｜猶截也穆天
子傳二天子北征乃｜漳水注○｜斷也廣雅釋
詁二又國策秦策必｜其謀注又史記秦始皇紀舉
鼎｜臏正義○｜猶斷也呂覽孟春無｜地之理注
○｜落也廣雅釋詁三又離騷雖萎｜其亦何傷兮
注○｜止也呂覽權勳嗜酒甘而不能｜于口注○
｜猶極也後漢吳良傳注○｜猶盡也文選鮑明遠
還都道中詩｜目盡平原注○｜竭也淮南本經江
河山川｜而不流注○｜無也論語子罕子｜四皇
疏○｜滅也廣雅釋詁四○直渡曰｜漢書高帝紀
上集注○直度曰｜史記天官書後六星｜漢正義
匈奴傳益北｜幕集解引瓚曰又漢書武帝紀集注
引臣瓚五行志中之下集注匈奴傳上集注又後漢
竇憲傳注西域傳注○｜猶截渡也山海經海內東
經濟水｜鉅鹿澤注○｜｜渡也廣雅釋詁二又史記
司馬相如傳抗｜浮渚集解引漢書音義又漢書李
廣傳集注○｜度也史記天官書後六星｜漢索隱
李將軍傳南｜幕正義又漢書衛青傳集注引如淳
司馬相如傳下集注引張揖又文選西京賦橫西洫
而｜金鏞薛注○｜過也後漢郭泰傳注又呂覽異

寶丈人渡之｜江注又淮南時則自昆侖東｜兩恒
山注○｜猶過也淮南墜形｜流沙南至南海注于
術乘舟機者不能游而｜江海注○｜遠也文選長
楊賦殊鄰｜黨之域注遊天台山賦邈彼｜域注○
出而不入謂之｜管子法法○諸侯外淫者｜列女
傳貞順○居而無食曰｜呂覽季春振乏｜注○｜
謂脈斷｜而不通素問奇病論胞之絡脈｜也注○
｜祭不循其本直｜肺以祭也周禮大祝七曰｜祭
司農注○｜席別也後漢梁冀傳注○｜席謂尊顯
之也後漢王常傳注○｜末學也後漢范升傳○｜
緒言｜無後也後漢張衡傳注○
𢇍古｜字漢書路溫舒傳集注

列 ｜次也小爾雅廣詁又漢書薛宣傳集注又管子
四時賦爵｜注○｜猶次也文選東京賦清道案
｜薛注○｜位也左氏僖十五年傳入而未定｜注
昭十三年傳輕重以｜注又國語晉語君入而｜未

成注在丨者獻詩使勿兜注又後漢鄧張徐張胡傳
注又呂覽務本丨近則持諫注○丨言位也華嚴經
音義上引列子張注○丨位次也國語周語夫翟無
丨於王室注○丨等比也禮記服問上附下附丨也
注○丨行丨荀子議兵散則成丨注○丨整也漢書
楊雄傳上集注○丨別也呂覽孝行丨文章注○丨
猶別也周髀算經上此丨士之遇智注○丨序也太
元元攡丨敵度宜之謂義也注○丨陳也廣雅釋詁
二又小爾雅廣言又漢書司馬遷傳集注○丨布也
廣雅釋詁三○丨業也管子法禁家富于其丨注○
丨治也廣雅釋詁三○丨侯伺徹侯也稱丨者言見
序丨也後漢光武紀上注○丨士者所以參大夫也
說苑臣術○丨采正服禮記玉藻非丨采不入公門
注○八丨八佾也文選長楊賦掉八丨之舞注○丨
鈇䃂也文選思元賦丨鈇䃂其照夜舊注○丨之言
遮丨也禮記玉藻山澤丨而不賦注○內丨藩營之

在內者也周禮師氏朝在野外則守內丨注○丨田
之畦畮也周禮稻人以丨舍水注○丨埒不平均也
淮南原道終身運枯形於連嶁丨埒之門注○丨陽
厲燕山海經海內北經○丨姑射山名也莊子所謂
藐姑射之山也山海經海內北經丨姑射在海河洲
中注○丨亦水名也今在帶方帶方有丨口縣山海
經海內北經注○列制也文選射雉賦前列重膺徐
注雀尤列生𧄍注○丨騙犖也大戴記曾子天圓割
牲禳瘞注○丨與裂同荀子哀公兩驂丨兩服入廐
注○丨裂同管子五輔大袂丨注○書禹貢傳條丨
所治水釋文丨本亦作別○禮記服問上附下附丨
也釋文丨本或作例莊子達生非知巧果敢之丨釋
文丨本
亦作例

【烈】丨光也爾雅釋詁又詩烈文丨文辟公傳雖既右
丨考箋又孟子滕文公下武王丨注○丨明也國

語晉語君有丨名注○丨顯也左氏哀二年傳丨祖
康叔注又國語晉語丨祖康叔注○丨威也書洛誥
越乃光丨考武王鄭注又國語周語觀武無丨注能
定武丨者也注○丨丨威也爾雅釋訓又詩長發相
土丨丨傳又漢書宣帝紀集注引文穎蕭望之傳集
注○丨丨威武貌詩長發傳○丨美也詩賓之初筵
烝衎丨祖箋又史記秦始皇紀正義○丨功也國語
晉語君驕泰而有丨注又淮南要略此鴻丨之泰族
也注○丨業也爾雅釋詁又書大傳歌先人之功丨
德澤也注又詩思齊丨假不瑕傳武無競維丨傳又
禮記祭法此皆有功丨於民者也注祭統功丨勳勞
慶賞聲名列于天下注表記后稷天下之爲丨也注
又左宣十二年傳無競惟丨注又國語晉語唯無德
而功丨多注又漢書宣帝紀集注元帝紀集注地理
志下集注陳勝項籍傳贊集注魏豹田儋韓信傳贊
集注司馬相如傳下集注韋賢傳集注韋元成傳集

注二見匡衡傳集注翟義傳集注二見楊雄傳下集
注王莽傳上集注敘傳下集注二見又淮南脩務功
丨不成注○有功安民曰丨周書謚法○秉德遵業
曰丨同上○執德遵業曰丨後漢光烈陰皇后紀注
○猛火曰丨漢書鼂錯傳集注○貫之加于火曰丨
詩生民載燔載丨傳○丨之言爛也詩生民箋○丨
熾也孟子滕文公上益丨山澤而焚之注○烈爇也
廣雅釋詁二○丨暴也方言十三○烈曝也廣雅釋
詁二○丨猛也漢書五行志下之上集注敘傳下集
注○丨酷也漢書敘傳下集注又文選幽通賦戎女
丨而喪孝兮曹注○丨猶酷也呂覽盡數無以丨味
重酒注○丨酷丨文選上林賦吐芳揚丨注○丨慘
也後漢馮衍傳注○丨丨猶栗栗也詩四月冬日丨丨
丨箋○丨餘也爾雅釋詁○丨餘也晉衛之閒曰丨
方言一○丨謂餘丨漢書異姓諸侯王表集注○丨
丨盛也太元將日失丨丨注○丨丨憂貌詩采薇憂

心｜｜箋○烈烈憂也廣雅釋訓○｜｜然至難也詩蓼莪南山｜｜傳○｜列詩大叔于田火｜具舉傳○書舜典｜｜風雷雨史記五帝紀作暴風雷雨○詩大叔于田火｜具舉文選注三作火列具舉○詩思齊｜假不瑕唐公房碑作厲蠱不遐集韻作厲假不瑕

結｜束也釋名釋姿容｜｜縛也文選西京賦罝羅之所羂｜薛注○｜連也楚辭招魂青驪｜駟兮注又文選東京賦｜雲閣薛注○｜猶聯也楚辭逢紛始｜言於廟堂兮注○｜謂繫束鬼谷子捭闔｜其誠也注○｜謂收斂之也禮記曲禮上德車｜旌注○｜續也廣雅釋詁二○｜交也呂覽勿躬車不｜軌注○｜猶構也後漢李陳龐陳橋傳注又文選陶淵明雜詩二首｜廬在人境注○｜固也國策秦策不足以｜秦注○｜猶固也文選南都賦｜根竦本注遊天台山賦｜根彌於華岱注○｜旋也楚辭遠逝｜余軫於西山兮注○｜曲也廣雅釋詁一○｜詘也廣雅釋詁四○｜屈也漢書司馬相如傳下集注○｜猶屈也史記司馬相如傳｜軌還轅集解引張揖○｜屈｜也淮南時則虹蜺｜注○｜止也文選東京賦｜徒營薛注○｜猶積也文選陸士衡挽歌詩傾雲｜流藹注○｜猶聚也淮南氾論不｜於一迹之塗注○｜要也春秋元命苞精華｜紐注○｜終也廣雅釋詁四○｜要終也淮南繆稱故君子行思乎其所｜注○｜約餘也禮記玉藻紳｜三齊注○｜頭髻也楚辭招魂激楚入｜注○｜縎不解也廣雅釋訓○｜愲亂也漢書息夫躬傳集注○｜構謂｜連構架以成屋宇也文選謝元暉郡內高齋閑坐詩｜構何迢遞注○｜構謂交｜構架也文選左太冲招隱詩巖穴無｜構注○｜引謂繫於軸所以引車也荀子王霸縣縣常以｜引馳外爲務注○｜風回風亦急風也文選七發於是乃發激楚之

｜風注○｜匈國其爲人｜匈山海經海外南經○布穀自關東西梁楚之閒謂之｜誥方言八○｜或爲軫禮記玉藻紳｜三齊注○莊子在宥地氣鬱｜釋文｜崔本作縎○魯公子｜字御孫見左氏莊十九年傳○楚公子｜字子期見左氏定四年傳

穴｜鼻時萠注○｜孔也文選高唐賦背｜偃蹇注○｜辟也文選幽通賦叛迴｜其若茲兮曹注○｜者陰之路也易需出自｜注○兌爲孔｜易困臀困于株木干注○｜謂冢壙中也詩大車死則同｜箋黃鳥臨其｜箋○氿泉｜出｜出仄出也爾雅釋水○同｜梔貴之屬也後漢杜篤傳注○｜也者言蟄也大戴記夏小正熊羆貉貊鼷鼬則｜傳○｜摶蟄獸所藏者周禮秋官序官｜氏注

說｜釋也淮南俶真辨者不能｜也注○｜述也宣述人意也釋名釋言語○｜告也國語吳語使人｜於子胥注○｜道也呂覽當務備｜非六王五伯注○｜論也廣雅釋詁二○｜解也易大有輿｜輹釋文引馬注又詩氓猶可｜也箋又國語越語句踐｜於國人注又莊子說劍孰能｜王之意釋文又淮南道應穆公聞之素服廟臨以｜於衆注○｜猶解也禮記檀弓下天下其孰能｜之注○｜解｜也易遯莫之勝｜釋文引王肅注又周禮司市注則施惠以爲｜也釋文又大戴記曾子立事不｜人之過注○｜猶分別解｜也文選西京賦願聞所以辨之之｜薛注○｜所以明也墨子經上○｜言也國策秦策王不聞夫管與之｜乎注又淮南脩務故爲道者必託之於神農黃帝而後能入｜注○言經爲｜荀子正名｜合于心注○｜猶今之疏也後漢孔奮傳注○｜者｜其形勢也詩定之方中傳山川能｜釋

文引鄭志○攷丨祈名周禮庶氏以攷丨禬之注○
攷丨則以辭責之周禮大祝五曰攷六曰丨注○類
造禬禜攷丨皆祭名也周禮大卜一曰類二曰造三
曰禬四曰禜五曰攷六曰丨司農注○丨古通以爲
悅字大戴記曾子立事近於丨其言注○丨讀爲悅
字大戴記曾子制言中有丨我則顧也注○丨讀曰
悅漢書高帝紀上集注二見高帝紀下集注三見惠
帝紀贊集注景帝紀集注武帝紀集注三見成帝紀
集注哀帝紀集注高惠高后孝文功臣表集注二見
古今人表集注四見禮樂志集注七見刑法志集注
二見食貨志上集注食貨志下集注郊祀志上集注
三見郊祀志下集注二見五行志上集注五行志中
之上集注五行志中之下集注二見五行志下之下
集注地理志下集注藝文志集注二見陳勝傳集注
項籍傳集注二見陳餘傳集注韓王信傳集注韓信
傳集注燕王澤傳集注劉向傳集注二見季布傳集

注田叔傳集注蕭何傳集注三見曹參傳集注陳平
傳集注王陵傳集注靳歙傳集注陸賈傳集注二見
淮南厲王長傳集注蒯通傳集注伍被傳集注息夫
躬傳集注張歐傳集注梁孝王武傳集注賈誼傳集
注三見爰盎傳集注馮唐傳集注二見汲黯傳集注
賈山傳集注鄒陽傳集注四見田蚡傳集注韓安國
傳集注李陵傳集注衛青傳集注霍去病傳集注董
仲舒傳集注司馬相如傳上集注四見司馬相如傳
下集注三見公孫宏傳集注三見卜式傳集注兒寬
傳集注杜延年傳集注杜欽傳集注張騫傳集注司
馬遷傳集注戾太子傳集注昌邑哀王髆傳集注嚴
助傳集注朱買臣傳集注終軍傳集注二見王褒傳
集注東方朔傳集注四見車千秋傳集注楊惲傳集
注蔡義傳集注公孫劉田王楊蔡陳鄭傳贊集注梅
福傳集注辛慶忌傳集注疏廣傳集注二見薛廣德
傳集注鮑宣傳集注二見魏相傳集注京房傳集注

王尊傳集注蓋寬饒傳集注孫寶傳集注三見毋將
隆傳集注蕭望之傳集注馮奉世傳集注淮陽憲王
欽傳集注二見匡衡傳集注二見張禹傳集注孔光
傳集注薛宣傳集注二見申公傳集注龔遂傳集注
三見王溫舒傳集注鄧通傳集注韓嫣傳集注董賢
傳集注三見匈奴傳上集注三見匈奴傳下集注三
見匈奴傳贊集注南粵王傳集注閩粵王傳集注外
戚傳上集注三見外戚傳下集注三見元后傳集注
三見王莽傳上集注六見王莽傳中集注王莽傳下
集注四見○丨讀爲悅荀子王制諸侯丨之矣注富
國則民心奮而不可丨也注忠信均辨丨乎賞慶矣
注禮論苟情丨之爲樂若者必滅注丨豫娩澤注成
相莫不丨教名不移注大略近者丨則親遠者丨則
附注○丨或讀爲悅荀子榮辱辯而不丨者爭也注
○丨或作侻荀子臣道巧敏佞丨注○丨讀爲脫荀
子正名丨故喜怒哀樂愛惡欲以心異注○丨或爲

申禮記少儀游于丨注○丨或曰述詩定之方中釋
文引鄭志○卜一本作僞列子楊朱丨以說辭亂我
之心
釋文

血 丨穢也出於肉流而濊濊也釋名釋形體○丨氣
者人之神素問八正神明論○丨氣者風雨也淮
南精神○丨以告殺詩信南山取其丨膋箋○丨祀
謂祭廟殺牲取丨以告神也後漢鄧騭傳注○獻丨
以丨祭也山海經中山經尸水祠之刏一牝羊獻丨
注○丨卽淚也文選荅蘇武書戰士爲陵飲丨注○
丨謂可用染玉作光彩山海經南山經侖者之山有
木名白䓘可以丨玉注○丨憂也太元從有女承其
丨匡注沈丨如剛注○丨憂色也大戴記少閒丨者
猶丨注○坎爲丨易屯泣丨漣如九家注虞注小畜
丨去惕出虞注渙渙其丨去逖出虞注○坎爲丨卦
易說卦傳需需于丨虞注○丨當作恤易小畜釋文

引馬注○公羊僖十九年傳叩其鼻以｜
社也周禮肆師注作叩其鼻以衈社也
舌｜泄也舒泄所當言也釋名釋形體○｜言也太
元飾吐黃酋｜注○｜所以司辨五味也素問陰
陽應象大論在竅爲｜注○兌爲口｜易說卦傳咸
咸其輔頰｜虞注○心｜知滋味儀禮少牢饋食禮
佐食上利升牢心｜注○心｜知食味者儀禮特牲
饋食禮記心｜皆去本末注○｜維持侯者考工記
梓人出｜尋縝寸矣司農注○倍弓以爲左右｜儀
禮鄉射禮記○居兩旁謂之个左右出謂之｜儀禮
鄉射禮記倍躬以爲左右｜注○个或謂之｜者取
其出而左右也考工記梓人上兩个與其身三注○
｜人能達異方之志象胥之官也國語周語而使人
｜人體委與之注○重｜謂曉夷狄語者文選東京
賦重｜之人九譯薛注○雞｜香是草萎可合香箋
翻譯名義六引南洲異物志○｜者機也說苑說叢

○｜者兵也同上○｜繅或引莊子作口呿荀子正
論藉靡｜繅注○左氏宣十五年傳羊｜職說苑難
善作
羊殖
絜通作潔○｜白也廣雅釋器○｜清也後漢列女
傳注○絜猶清也禮記鄉飲酒義主人之所以自
絜而以事賓也注○絜靜也廣雅釋言○絜明也史
記五帝紀直哉維靜絜正義○絜鮮靜也文選補亡
詩絜爾晨餐注○不污曰｜楚辭招魂朕幼清以廉
｜兮注○鮮而不垢｜也管子水地○｜確也確然
不羣貌也釋名釋言語○厚志隱行謂之｜賈子道
術○｜廉謂不營於貨色大戴記文王官人｜廉而
果敢者也注○國語周語姑洗所以修｜百物儀禮
大射儀注作姑洗所以修絜百物○左氏桓六年傳
絜粢豐盛儀禮少牢饋食禮注作｜粢豐盛○校官
碑蹈公儀之絜桐柏碑齋絜沈祭夏承碑忠絜清肅

白石神君碑絜其粢盛｜皆作絜○
衛廉絜字肅見史記仲尼弟子傳
別遠曰｜離騷余既不難夫離｜兮注
鈌｜隙也小爾雅廣詁○｜闕也漢書司馬相如傳
下集注引應劭○｜猶廢也後漢郎顗傳注○｜
亦廢也後漢靈帝紀注○｜去也廣雅釋詁二○｜
盆肯也廣雅釋親○以鐵著足曰｜也後漢朱穆傳
注
裂｜分也廣雅釋詁一又淮南覽冥九州｜注又楚
辭逢紛精越｜而衰耄注○｜分離也莊子天下
道術將爲天下｜注○｜裁也廣雅釋詁二○｜衣
壞貌方言三南楚凡人貧衣被醜敝或謂之褸｜注
○｜眦瞋目貌後漢竇憲傳注○｜死也後漢楊倫
傳注○｜或作分列子仲尼能｜犀兕之革釋文○

禮記內則衣裳綻｜釋文｜本或作列○左
氏隱二年經紀｜繻公羊穀梁作紀履繻
熱｜爇也如火所燒爇也釋名釋天○｜火令也素
問五常變大論肺其畏｜注○｜復氣也素問六
元正紀大論其運風清｜注○｜者生之源老子靜
勝｜注○多飲數溲謂之｜中素問腹中論夫子數
言｜中
消中注
決俗作决○｜流也廣雅釋訓○｜溢也淮南天
文貢星墜而勃海｜注○決壞也左氏成十五年
傳則決睢澨注○｜傷也淮南說山故｜指而身死
注○｜猶闓也儀禮士喪禮｜用正王棘注○｜亦
開也文選甘泉賦天閫｜兮地垠開注○決斷也淮
南時則審決獄注○｜猶斷也禮記曲禮上濡肉齒
｜注○｜必國策秦策寡人｜講矣注○｜理也太
元斷大腹｜脫注○｜奪也險易也利害也難易也

開閉也殺生也謂之丨塞管子七法○兌爲決易旅
射雉一矢亡于注○兌爲附決易說卦傳○丨者智
之君也後漢馮衍傳○疾走不顧爲決莊子齊物論
麋鹿見之丨驟釋文引崔注○決疾貌莊子逍遙游
我決起而飛槍榆枋釋文引李注齊物論釋文引李
注○丨曹主罪法事後漢王霸傳注○丨曹主罪丨
事後漢黃昌傳注○丨猶闓也以象骨爲之著右巨
指所以鉤弦而闓之儀禮大射儀袒丨遂注○丨猶
闓也以象骨爲之著右大擘指以鉤弦闓體也儀禮
鄉射禮袒丨遂注○丨以象骨著右手巨指所以鉤
弦也文選東京賦丨拾既次薛注○丨射韝也楚辭
天問馮珧利丨注○丨鉤弦也詩車攻丨拾既佽傳
又國語吳語百夫丨拾注○丨以韋爲之藉有彄彄
內端爲紐外端有橫帶設之以紐擐大擘本也儀禮
士喪禮設丨麗于擘注○丨用正王棘若檡棘組繫
纊極二儀禮士喪禮○詩車攻丨拾既佽周禮繕人

注作抉拾既次集
韻作夬拾既次

鐵 銕丨名廣韻引字林○丨衛地國語晉語丨之戰
注○丨在戚城南左氏哀二年經戰于丨注○丨
驪詩駟鐵駟丨孔阜傳○丨驪
色如丨禮記月令駕丨驪注

滅 丨盡也爾雅釋詁又一切經音義一引聲類○丨
注○絕也爾雅釋詁○丨亦絕也荀子大略流言丨之
注○丨沒也小爾雅廣詁又國策西周策前功盡丨
注又後漢趙典傳注又太元割丨項于血注又淮南
原道丨而無形注覽冥馳鶩若丨注○丨掩沒也荀
子臣道闇主妬賢畏能而丨其功注○丨消也楚辭
初放賢者丨息注怨世清泠泠而殲丨兮注○丨除
也國語晉語丨其前惡注○丨不見也莊子應帝王
已丨矣釋文引崔注○君死位曰丨淮南精神虞君
利垂棘之璧而擒其身注○君死乎位曰丨公羊莊

廿六年傳○君死于位曰丨生得曰獲公羊昭廿三
年傳○國雖存君死曰丨左氏昭廿三年經胡子髡
沈子逞丨注又穀梁昭廿三年經注○丨猶亡穀梁
襄六年傳國有既丨注○丨者亡國之善辭也丨者
上下之同力者也公羊僖五年傳○取其國曰丨公
羊莊十年傳丨不言入注○用大師焉曰丨左氏襄
十三年傳○凡勝國曰丨之左氏文十五年傳○令
求不出謂之丨管子明法○故請入而不出謂之丨
管子法法○鹵莽丨裂輕脫末略不盡其分莊子則
陽君爲政焉勿鹵莽治民焉勿丨裂注○丨裂斷其
草也莊子則陽治民焉弗丨裂釋文引司馬注○丨
裂猶短草也莊子則陽釋文○丨當爲厲周禮戎右
贊牛耳桃茢杜注○左氏哀二年傳欲禮晉國而丨
其君釋文丨本亦作㓕○魯澹臺丨明字子羽見史
記仲尼
弟子傳

折 丨曲也廣雅釋詁一又漢書郊祀志集注又後漢
董卓傳注又淮南覽冥河九丨注於海注○丨亦
曲也後漢周燮傳注○丨屈也國策西周策則周必
丨而入於韓注○丨紫曲也荀子宥坐其萬丨也必
東似志注○丨猶分也楚辭惜誦令五帝以丨中兮
注○丨還曲行也宜方禮記玉藻丨還中矩注○丨
腰步者足不任體後漢梁冀傳注○丨枝若今之案
摩也孟子梁惠王上劉注○丨枝按摩丨手節罷枝
也孟子梁惠王上爲長者丨枝注○丨猶庋也方鑿
連木爲之蓋如牀而縮者三橫者五無簀窔事畢加
之壙上以承抗席儀禮既夕丨橫覆之注○丨承席
也禮記雜記而后丨入注○丨形如牀無足也禮記
雜記釋文○丨築也廣雅釋器○東方曰丨山海經
大荒東經○壇丨封土謂祭處也丨昭晳也禮記祭
法瘞埋于泰丨注○丨丨明貌
管子內業丨丨乎如在於側注

折｜斷也易豐君子以｜獄致刑釋文又國策秦策
剞腹｜頤注又史記孔子世家言六藝者｜中於
夫子索隱引宋均又漢書貢禹傳集注師丹傳集注
○｜斷分之也禮記少儀以牛左肩臂臑｜九箇注
○｜截也漢書鄒陽傳集注引蘇林○｜損也荀子
脩身良賈不爲｜閱不市注○｜挫也漢書蒯通傳
集注○｜下也廣雅釋詁二○｜難也後漢李育傳
注○｜猶堅也呂覽審時斬木不時不｜必穗注○
｜言傷害也詩將仲子無｜我樹杞傳○｜棄敗之
言也禮記祭法萬物死皆曰｜注○兌爲｜易豐｜
其右肱虞注○兌爲毀｜易說卦傳○｜未三十書
洪範凶短｜傳又周書謚法慈仁短｜曰懷注○未
婚曰｜洪範五行傳厥極凶短｜注○父喪子曰｜
漢書五行志下之上○｜瘍蹶跌者周禮瘍醫掌腫
瘍潰瘍金瘍｜瘍之祝藥劀殺之齊注○｜劀敗也
史記淮陰侯傳｜北不救集解引張晏○萬物死皆

曰｜禮記祭法○傷草木曰｜漢書五行志下之上
○｜枝｜草樹枝孟子梁惠王上音義引陸注○｜
者擇取牢正體餘骨｜分用之儀禮少牢饋食禮其
俎｜一膚注○｜分後右足以爲佐食俎儀禮特牲
饋食禮記主婦俎觳｜注○｜俎牲體骨也儀禮燕
禮膳宰設｜俎注○｜俎謂主婦以下俎也體盡人
多｜骨以爲之儀禮士虞禮記用專膚爲｜俎注○
凡節解者皆曰｜俎儀禮特牲饋食禮設｜俎注○
今本｜爲科易說卦傳爲｜上稾集解○魯讀｜爲
制今從古論語顏淵片言可以｜獄者鄭注○周禮
瘍醫金瘍｜瘍釋文｜劉本作㪿○公羊桓十一年
經盟于｜釋文｜本今作析○左氏哀元年傳無｜
骨周禮大祝司
農注作無破骨

拙｜鈍也廣雅釋詁三又離騷理弱而媒｜兮注○
｜屈也使物否屈不爲用也釋名釋言語○古｜

字亦作掘史記貨殖傳田農｜業集解引徐廣
○書盤庚予亦｜謀說文火部作予亦炪謀

切｜割也廣雅釋詁二○｜膾也廣雅釋言○｜斷
也廣雅釋詁一○｜刻也漢書貢禹傳集注○｜
按也史記扁鵲倉公傳不待｜脈正義引楊元操○
｜摩也淮南原道可｜循把握而有數量注○｜猶
磨｜也文選長笛賦絞灼激以轉｜注○｜相摩｜
也文選舞賦經營｜擬注○｜近也廣雅釋詁三又
小爾雅廣詁○｜謂迫近也後漢襄楷傳注○｜急
也後漢史弼傳注又素問五常政大論其候清｜注
氣交變大論其政勁｜注○｜猶急也論語子張｜
問而近思皇疏○｜謂急也素問調經論必｜而出
注是謂大寫必｜而出注○｜要也漢書楊雄傳下
集注○｜深也漢書霍光傳集注○｜義也廣雅釋
詁二○｜責也後漢陳忠傳注○｜敬也廣雅釋
訓○｜猶勤勤也後漢竇憲傳注○｜勸競貌

論語子路｜｜偲偲怡怡如也皇疏○｜｜偲偲相
｜磋之貌也論語子路皇疏○｜｜偲偲相｜責之
貌論語子路集解引馬注○｜謂以指｜近於脈也
素問脈要精微論｜脈動靜而視精明注○骨謂之
｜爾雅釋器○治骨曰｜詩淇奧如｜如磋傳又論
語學而如｜如磋釋文○骨曰｜後漢書馬援傳注
盧植傳注又論衡量知○珠曰｜周禮大宰五曰百
工飭化八材司農注○今文｜皆爲刌儀禮少牢饋
食禮心皆安下｜上注○爾雅釋器釋文｜本亦作
鬋○儀禮少牢饋食禮祭肺三皆｜士虞禮注作祭
肺三
皆刌

悅｜喜也廣雅釋詁一○說喜也國語吳語諸侯必
說注又楚辭天問而黎伏大說注○說所喜也周
禮掌交達萬民之說注○｜樂也爾雅釋詁又文選
東京賦海內同｜薛注○說樂也國語周語且其語

說昊天有成命注晉語平公說新聲注又淮南俶眞
與其有天下也不若有說也注○丨服也爾雅釋詁
○說敬也國策秦策敝邑之王所說甚者注齊策孟
嘗君有舍人而弗丨注○說猶敬也呂覽不苟賢主
之所說注○說好也國語周語厲王說榮夷公注仲
孫蔑爲介王孫說與之語說讓注○說媚也國語楚
語又能上下說乎鬼神注○丨蘇也楚通語也方言
十○說易也淮南要略以爲其禮煩擾而不說注○
說數也詩擊鼓與子成說傳○丨猶敎也莊子天下
上說下敎釋文○兌爲說易夬莧陸夬夬虞注萃王
假有廟鄭注困乃徐有說虞注繫辭下傳能說諸心
虞注○其利之之謂丨莊子天地○曰內曰丨論語
學而不亦丨乎釋文○說以感動爲先文選文賦說
煒曄而譎誑注○說者情之導也家語入官○調丨
者情之道也大戴記子張問入官○丨若懷抱欣暢
之謂也論語學而皇疏○說古丨字國語周語厲王

說榮夷公注仲孫蔑爲介王孫說與之語說讓注○
說古通以爲丨字大戴記曾子立事近於說其言注
○以說爲丨顏氏家訓書證○兌當爲說禮記緇衣
兌命曰注○兌當爲說字之誤也禮記樂記兌命曰
念終始典于學注○兌當爲說說命尚書篇名禮記
文王世子兌命曰注○書說命釋文本亦作兌命○
國語周語中王孫說漢書古今人表作王孫閱○左
氏昭七年傳南宮說禮記檀弓作南宮閱○宋公子
說字好父見左氏隱
八年傳疏引世本

轍 車跡曰丨漢書賈誼傳集注○丨迹也廣雅釋詁
三○轍跡也列子說符絕塵弭轍注

訣 丨別也華嚴經音義上引切韻又史記孔子世家
相丨而去索隱又後漢第五倫傳注○決別也史
記外戚世家與我決於傳舍中索隱○丨絕之也一
切經音義九引字略○與死者辭曰丨一切經音義
七引通俗文○丨厲謂決斷清洌也文選笙賦丨厲
情切注○丨與決同文選鮑明遠樂府東門行將去
復還丨注○丨與決音義同文選別賦瀝泣共丨
注○詩谷風箋君子與己丨別釋文丨本亦作決

泄 通作洩○丨漏也左氏襄廿二年傳丨命重刑釋
文○泄漏也廣雅釋言○丨漏丨也左氏昭廿五
年傳言若丨臣不獲死釋文○丨發也莊子山木運
物之丨也釋文引司馬注○丨猶出也文選魏都賦
窮岫丨雲注○丨失也春秋潛潭巴君精丨注○丨
去也詩民勞俾民憂丨傳○丨猶出也發也詩民勞
箋○丨歇也丨息也楚揚謂之丨方言十○丨猶雜也
後漢郭伋傳注○丨狎孟子離婁下武王不丨邇注
○丨謂滲丨之素問六元正紀大論金鬱丨之注○
丨吐也漢書嚴助傳集注○泄沫也廣雅釋言○丨
謂利也素問六元正紀大論爲腸痛嘔丨注至眞要

大論酸苦涌丨爲陰注○丨利言其出漏丨而利也
釋名釋疾病○丨古文呭同一切經音義十六○丨
洩同莊子人閒世小枝丨釋文引崔注○丨與媟同
荀子榮辱憍丨者人之殃也注○左氏哀二年傳洩
庸哀廿六年傳作后庸國語吳語作舌庸吳越春秋
作曳庸漢書董仲舒傳作丨庸文選王襃四子講德
論作渫庸○左氏昭廿六年傳疏周
靈王名丨心國語韋注作大心

噎 又作咽○粜喉曰丨一切經音義廿二引通俗文
○丨憂不能息也詩黍離中心如丨傳○丨謂憂
也方言一宋衞之閒凡怒而丨噫注○不嚥食不丨
也山海經中山經堵山其上有木名曰天楄服者不
噎
注

傑 或作桀○萬人曰丨萬丨曰聖白虎通聖人引別
名記○材過萬人曰桀千人曰俊呂覽孟秋簡練

桀俊注○千人爲俊萬人爲｜呂覽孟夏命太尉贊
｜儁注○千人曰俊萬人曰桀史記屈原賈生傳誹
俊疑桀索隱引尹文子○萬人者稱｜孟子公孫丑
上俊｜在位注○倍萬人曰｜荀子非相天下之｜
也注儒效英｜化之注○萬人才曰｜楚辭大招豪
｜執政注○才勝萬人曰英千人曰｜國策齊策小
國英｜之士注○才過百人曰豪千人曰桀呂覽功
名人主賢則豪桀歸之注○才過千人爲｜淮南時
則命太尉贊俊｜注○百人者曰｜春秋繁露爵國
○一國高者爲｜楚辭懷沙非俊疑｜兮注大招舉
｜歷陛注○賤爵祿不撓上者謂之｜韓非子詭使
○桀英桀言賢也詩伯兮邦之桀兮箋○｜俊能者
也禮記月令命太尉贊｜俊注○桀特立也詩伯兮
傳○｜先長者詩載芟有厭其｜箋○爾雅釋邱注
更有魁梧｜大者
釋文｜本亦作桀

徹｜通也論語顏淵盍｜乎集解引鄭注又廣雅釋
詁一又小爾雅廣言又國語楚語攝而不｜注又
莊子應帝王物｜疏明釋文引司馬注○｜者通也
後漢陸康傳○｜達也小爾雅廣詁又國語周語其
何事不｜注魯語焚烟｜於上注晉語果無不｜注
楚語其聰能聽｜之注越語不敢｜聲聞於天王注
○｜明也華嚴經音義下引國語賈注○｜道也詩
十月之交天命不｜傳○亦道也爾雅釋訓注○
不｜不道也爾雅釋訓○｜動也管子內業俯仰磬
折拚毋有｜注◉｜治也詩公劉｜田爲糧傳崧高
｜申伯土田傳○｜稅也廣雅釋詁二○｜取也孟
子公孫丑上｜彼桑土注○｜去也禮記曲禮上客
｜重席注又左氏宣十二年傳軍衞不｜注襄廿三
年傳平公不｜樂注又文選長笛賦食舉雍｜注○
｜猶去也儀禮燕禮司宮｜之注大射儀司宮｜之
注又禮記曲禮下｜緣注○｜除也儀禮大射儀乃

｜豐與觶注○｜猶除也儀禮鄉射禮乃｜豐與觶
注○｜去也斂也儀禮士冠禮｜筮席注○｜剝也
詩鴟鴞｜彼桑土傳又家語好生｜彼桑土注○徹
壞也廣雅釋詁二又楚辭天問何令｜｜彼岐社注○
｜達妙之道莊子大宗師而後能朝｜｜釋文引司馬
注○｜列也東齊曰｜方言三○｜侯羣臣異姓有
功封者稱曰｜侯避武帝諱改曰通侯或曰列侯獨
斷上○｜者｜也孟子滕文公上○什一而稅謂之
｜詩公劉｜田爲糧箋○｜猶人｜｜取物也孟子滕
文公上｜者｜也注○栅又謂之｜｜緊也詵詵然
緊也釋名釋宮室○｜帷扆之儀禮士喪禮｜帷注
○｜或爲徹也大戴記本命三月而｜眄注○｜或
爲廢禮記喪大記賓出｜帷注○儀禮有司徹釋文
｜字又作撤○爾雅釋木楊｜齊棗釋文｜本亦作
撤

別｜分也漢書東方朔傳集注張禹傳集注○剮分
也廣雅釋詁二○｜猶辨也大戴記小辨大夫學
德｜義注又列子楊朱我又欲與若｜之注○｜猶
明也禮記鄉飲酒義貴賤之義｜矣注○｜猶决也
荀子宥坐三月不｜注○｜治也方言三○傳｜謂
券書也聽訟責者以券書決之傳傅著約束於文書
別｜｜爲兩兩家各得一也周禮小宰四曰聽稱責以
傳｜｜司農注○傳｜謂爲大手書於一札中字｜之
周禮小宰注○傳｜中｜手書也周禮士師正之以
傳｜約劑注○｜券謂分契也管子問問人之貨粟
米有｜券者幾何家注○｜謂生育與毋分｜也荀
子王制黿鼉魚鱉鰌鱣孕｜之時注富國黿鼉魚鱉
鰌鱣以時｜注○傳｜故書作傳辨周禮小宰司農
注○故書｜｜爲辯周禮士師注○易繫辭注以｜貴
賤釋文｜
本亦作辯

【晢】哲喆並同○丨智也爾雅釋言又書舜典濬丨文
明傳皐陶謨知人則丨傳又漢書雋疏于薛平當
彭傳贊集注引應劭薛宣傳集注楊雄傳下集注王
莽傳上集注王莽傳下集注引應劭又後漢安帝紀
注班彪傳下注二見又太元元數事視用明撝丨注
又法言先知序在丨民情注又離騷夫維聖丨以茂
行兮注又文選魯靈光殿賦濬丨欽明張注○丨知
也詩下武世有丨王箋瞻卬丨夫成城丨婦傾城傳
又文選五臣注引洪範五行傳注○丨智也廣雅釋
詁三○悊智也書呂刑折民惟刑馬注○悊知也漢
書五行志中之下刑法志集注五行志上集注谷永
傳集注二見○丨者知也春秋繁露五行五事○丨
知也齊宋之閒謂之丨方言一○丨大智也爾雅釋
言舍人注○悊明也漢書五行志中之上集注引應
劭○丨謂多謀慮也詩瞻卬箋○悊悊憂也廣雅釋
訓○丨古文喆悊二形一切經音義十二○嚞作喆
今作丨同知列反一切經音義二十引字書○丨本
或作喆與丨同晉書音義上○禮記中庸既明且丨
釋文丨徐本作知○穀梁桓十四年注是謂不丨釋
文丨本亦作哲○書皐陶謨知人則丨史記夏本紀
作知人則智能丨而惠作能知而惠洪範曰丨宋微
子世家作曰知明作丨作明作智○書呂刑折民惟
刑漢書刑法志作悊民惟刑○詩小旻或丨或謀漢
書敘傳作或悊或謀詩瞻卬懿厥丨婦谷永傳作懿
厥悊婦○郭旻碑
旣明且嚞丨作嚞

【鼈】俗作蟞○離爲丨易說卦傳○三足丨名能山海
經中山經從水多三足丨注○輿棺之車其蓋曰
柳亦曰丨甲似丨甲然也釋名
釋喪制○蟞蜉螘也廣雅釋蟲

【設】丨陳也禮記月令整丨于門外注又廣雅釋詁二
○丨施也儀禮士冠禮丨纚注又公羊桓十一年

傳權之所丨注又廣雅釋詁三又漢書張騫傳集注
東方朔傳集注匡衡傳集注又呂覽重言胡不丨不
穀矣注又淮南俶眞丨於無垓坫之宇注本經丨樹
險阻注又楚辭大招丨菰粱只注又文選東京賦丨
業丨虡薛注○丨置也國策秦策張樂丨飮注○丨
合也廣雅釋詁二○丨假法言重黎丨秦得人如何
注○丨猶脫也漢書灌夫傳集注○丨者脫也史記
魏其武安侯傳丨百歲後索隱○丨謂制置荀子議
兵丨何道何行而可注○陳丨謂彈畫也
禮記經解規矩誠丨不可欺以方圓注

【齧】丨鈌也淮南人閒於隙劍之折必有丨注○丨掣
掣卷掣也丨嗌丨也語說卷掣與人相持丨也釋
名釋姿容○獸曰丨丨齧也所臨則禿齧也釋名釋
飮食○安柔不苛謂之艮反艮爲丨賈子道術○丨
彫蓬爾雅釋草○丨苦堇同上○丨齒艾爾雅釋鳥
○爾雅釋地爲邛邛駏驉丨甘草釋文丨本或作噬

【劣】丨弱也廣雅釋詁二○丨鄙也廣雅釋言○丨少
也廣雅釋詁三○丨減也廣雅釋詁二○丨古文
捋同一切經
音義十二

【碣】丨碑之類也封氏聞見記○丨其字本从木後人
以石爲墓丨因變爲丨同上

【掣】丨制也制頓之使順己也釋名釋姿容○丨卷丨
也同上○丨拔也一切經音義六引字林

【譎】丨詐也易睽注恢詭丨怪釋文又詩關雎序主文
而丨諫釋文又後漢吳漢傳注鄭均傳注馮衍傳
注荀彧傳注王渙傳注○丨亦詐也後漢袁安傳注
○丨者詐也論語憲問晉文公丨而不正集解引鄭
注○丨詐也自關而東西或曰丨方言三○丨詭詐
也論語憲問皇疏又荀子非十二子喬宇嵬瑣注○
丨欺也廣雅釋詁二○丨乖也易睽注釋文○丨變
也文選東京賦合二九而成丨薛注○丨異也文選

舞賦瑰姿丨起注○丨美也廣雅釋言○丨詭變化
也文選東京賦瑰異丨詭薛注○丨諫注○丨諫詠歌依違不
直諫也文選毛詩序主文而丨諫注○奉姤睐者謂
之交丨荀子大略○日旁五色氣在兩邊外向爲丨
淮南覽冥君臣乖心則背丨見於天注○丨決也莊
子天下而倍丨不同釋文引崔注○丨與決同荀子
儒效若夫謫德而定次注○易睽注釋文丨
本亦作決○費鳳碑卓丨而超倫喬作丨

玦 丨如環而缺以金爲之國語晉語佩之金丨注○
半環曰丨以飾帶也後漢馬魴傳注○丨玉佩也
楚辭湘君捐余丨兮湘中注○丨決也後漢齊武王
縯傳注○丨猶決也國語晉語而丨之以金銑者寒
甚矣注○詩芄蘭箋鞢
丨也釋文丨本又作決

𢧵 或作截○丨斷也廣雅釋詁一○丨齊也漢書蕭
望之傳集注○截整齊也詩長發海外有截箋○

截治也詩常武截彼淮浦傳○截直度也文選江賦
趄漲截洞注○截猶阻也穆天子傳四截春山以北
注○截截盛也廣雅釋訓○丨丨辭語丨削省要也
書秦誓惟丨丨善諞言馬注○截謂疫厲周禮大宗
伯以荒禮哀凶札注○書秦誓截截善諞言說文言
部作丨丨善諞言○詩長發海外有截漢書宣帝紀
蕭望之傳作
海水有丨

竊 丨盜也周禮山虞凡丨木者有刑罰注又論語衞
靈其丨位者與皇疏又廣雅釋詁四又後漢鄧惲
傳注○丨猶盜也論語述而丨比於我老彭皇疏顏
淵雖賞之不丨皇疏○往盜曰丨書微子今殷民乃
攘丨神祇之犧牷牲用馬注○丨私也廣雅釋詁四
又呂覽知士孟嘗君丨以諫靖郭君注○丨取也廣
雅釋詁二○盜丨者私取之謂也莊子山木君子不
爲盜賢人不爲丨注○無益而厚受祿丨也大戴記

曾子立事○丨著也廣雅釋詁三○丨淺也爾雅釋
獸虎丨毛謂之虦貓注又廣雅釋言○丨猶察察丨
也莊子齊物論丨丨然知之釋文引司馬注○丨
計校之貌莊子庚桑楚丨丨乎又何足以濟世哉釋
文○丨丨細語也莊子庚桑楚釋文引司馬注○丨
轡齧轡也莊子馬蹄詭銜丨轡釋文○小青雀曲觜
肉食者爲丨脂山海經中山經崌山有鳥焉其名
曰丨脂注○莊子庚桑楚釋文丨丨崔本作察察

孼 俗作孽○孽妖孽謂相爲災害也詩十月之交下
民之孽箋○孽謂妖孽荀子議兵莫不毒孽注大
略國之蔵孽也注○孽妖害也左氏昭十年傳蘊利
生孽注○丨蘖也遇之如物見髡蘖也釋名釋天○
孽災也書太甲中天作孽傳又漢書董仲舒傳集注
又後漢楊賜傳注又荀子成相海內賓主之孽注○
孽茷也漢書劉向傳集注○孽亦茷也後漢班彪傳
下注○丨憂也楚辭天問卒然離丨注○禮記禮運

注妖孽之疾釋
文孽本亦作丨

綴 丨連也廣雅釋詁四○丨猶聯也禮記檀弓下殷
人丨重焉注○丨猶結也詩長發爲下國丨旒箋
○丨止也荀子成相春申道丨基畢輸注○丨猶止
也禮記樂記禮者所以丨淫也注○丨猶拘也儀禮
士喪禮丨足用燕几注○丨飾也大戴記盛德赤丨
戶也注○丨表也詩長發傳又禮記樂記行其丨兆
注○丨謂酇舞者之位也禮記樂記丨兆舒疾注○
丨與輟同荀子成相春申道丨基畢輸注○今文丨
爲對儀禮士喪禮丨足用燕几注○詩長發爲下國
丨旒禮記樂記注作爲下國畷郵○禮記樂記舞行
丨遠舞行丨短史記樂書
作舞行級遠舞行級短

闋 丨具數也漢書朱博傳音義引字林○丨具也小
爾雅廣詁○丨數也廣雅釋詁四○丨猶數也左

氏襄九年傳商人丨其禍敗之釁注又文選顏延年
應詔讌曲水詩仰丨豐施注○丨簡也大元圖丨入
庶物注○丨歷也漢書王貢兩龔鮑傳集注○丨猶
歷也漢書孔光傳集注○丨總也淮南俶眞此皆生
一父母而丨一和也注○丨稟也老子以丨衆甫注
○丨謂省視管子度地常以秋歲末之時丨其民注
○丨爲簡練穀梁桓六年傳丨兵車也注○三年簡
車謂之大丨公羊桓六年傳注○大丨者何簡車徒
也公羊桓六年傳○大丨者何丨兵車也穀梁桓六
年傳○大丨講武也文選魏都賦大丨以義舉劉注
○丨蒐也左氏昭七年傳有亡荒丨注○積日曰丨
史記高祖功臣年表○明其等曰閥積其功曰丨後
漢章帝紀注韋彪傳注○丨容也詩谷風我躬不丨
傳小弁我躬不丨釋文○丨猶容也禮記表記我躬
不丨注○丨賣也荀子脩身良賈不爲折丨不市注
○㮇直而遂謂之丨爾雅釋宮○詩谷風我躬不丨

左傳襄廿五年
作我躬不說

埒
丨庢也廣雅釋邱○丨隄也廣雅釋室○山上有
水丨爾雅釋山○山上水流曰丨列子湯問分爲
四丨注○山上有水曰丨丨脫也脫而下流也釋名
釋山○水潦所還丨邱爾雅釋邱○丨等也史記平
準書富丨天子集解引或曰佞幸傳丨如韓嫣也集
解引徐廣又漢書食貨志下集注猗頓傳集注程鄭
傳集注又後漢鄧寇傳注○丨形也淮南本經含氣
化物以成丨類注○丨兆朕也淮南要略而以明事
丨事者也注○形丨兆朕也淮南繆稱道之有篇章
形丨者注○爾雅釋山釋文丨本亦作浖○形畤淮
南子作形丨乾鑿度作形畤
列子天瑞易无形畤釋文

訐
丨而相斥罪也漢書王商傳音義引字林○丨謂
面發人之陰私也論語陽貨惡丨以爲直者皇疏
○丨謂攻發人之陰私也論語陽貨集解引包注○
丨謂發揚人之惡後漢袁安傳注○丨謂橫議是非
也後漢申屠蟠傳注○丨正也後漢李雲傳注○丨
攻也後漢王符傳注○丨紀列反論語陽貨釋文引
字林○公羊莊十二年注故丨
閔公以此言釋文丨本或作揭

餮
說文作飻○飻貪也廣雅釋詁二○貪財爲饕貪
食爲丨左氏文十八年傳謂之饕丨注又服注又
後漢袁紹傳注○丨切微動之聲
文選射雉賦忌上風之丨切徐注

瞥
丨裁見也文選思元賦遊塵外而丨天兮舊注○
丨視也後漢張衡傳注馬融傳注

撆
亦作撇○丨擊也廣雅釋詁三又晉書音義中引
字林○撇拂也文選甘泉賦注引張揖三蒼注○
撇猶拂也漢書楊雄傳上集注○丨與撇同
也文選四子講德論故膺騰撇波而濟水注

茢
丨勃丨爾雅釋草○丨藾豕首同上○丨萑茗禮
記檀弓下以巫祝桃丨執戈注○丨茗帚所以埽
不祥周禮戎右贊牛耳桃丨注○丨菼帚也禮記玉
藻有葦桃丨注○丨黍茗穰也周禮喪祝注以巫祝
桃丨執戈釋文○丨黍穰左氏襄廿九年傳以桃丨
先注○故書丨爲滅周禮戎右贊牛耳桃丨司農注

蛚
丨蟋蟀也爾雅釋蟲釋文引字林

臬
集韻或作槷○丨極也小爾雅廣言○丨法也小
爾雅廣詁○丨灋也廣雅釋詁二○丨橛也穀梁
昭八年注槷門中丨釋文○在地者謂之丨爾雅釋
宮○槷撥也蜀人言撥曰槷考工記輪人牙得則無
槷而固司農注○正中者謂之槷槷方六寸小爾雅
廣器○槷讀如涅從木熱省聲考工記輪人注○槷
古文丨假借字考工記匠人置槷以縣注○故書
槷或作弋同上○槷當爲弋考工記匠人杜注

【闑】丨門橛也儀禮士冠禮布席于門中丨西注○丨門橛禮記曲禮上由丨右注玉藻介拂丨釋文○丨朱也廣雅釋室○槷門中臬穀梁昭八年傳以葛覆質以爲槷注○古文丨作槷儀禮士喪禮席于丨西閾外注特牲饋食禮席于門中丨西閾外注○古文丨爲槷儀禮士冠禮布席于門中丨西注

【鴂】丨者百鷯也大戴記夏小正丨則鳴傳○鴂博勞也詩云七月鳴鴂應陰而殺物者也孟子滕文公上今有南蠻鴂舌之人注○鸋丨鵙也文選陳孔璋檄吳將校部曲文注引字林○鸋丨工雀也廣雅釋鳥○桑飛自關而東謂之鸋丨方言八○鸋丨似黃雀而小俗呼之巧婦詩鴟鴞傳鴟號鸋丨也釋文又爾雅釋鳥鴟鴞鸋丨也釋文

【媟】丨狎也方言十三又漢書賈山傳集注枚乘傳集注谷永傳集注又後漢陳元傳注○丨嬻也廣雅釋言○丨嫚也荀子榮辱憍泄者人之殃也注○丨言丨慢漢書五行志下之上集注引韋昭○接遇慎容謂之恭反恭爲丨賈子道術○相狎習謂之丨嬻一切經音義十四引通俗文

【昳】日陰曰丨文選七哀詩注引通俗文○日昃曰丨後漢章帝紀注○丨讀曰逸國策齊策身體丨麗注

【臲】丨軏不安貌易困劓刖釋文引荀王肅注○臲臲危也廣雅釋訓○槷刖危貌文選長笛賦巔根跱之槷刖兮注

【鍥】丨刻也左氏定九年傳丨其軸注又漢書枚乘傳集注又後漢劉陶傳注又荀子勸學丨而舍之注○丨鎌也廣雅釋器○刈鉤自關而西或謂之丨方言五

【耋】集韻亦作耊○丨老也爾雅釋言○丨老也八十曰丨詩車鄰逝者其丨傳○八十曰丨丨鐵也皮膚變黑色如鐵也釋名釋長幼○八十曰丨易離則大丨之嗟釋文引王肅注又禮記射義者丨好禮釋文又鹽鐵論孝養○八十爲丨爾雅釋言注又方言一注○七十曰丨易離釋文引馬注又禮記射義者丨好禮釋文又左氏僖九年傳以伯舅丨老注又服注○六十稱丨公羊宣十二年傳使率一二丨老而綏焉注○丨年六十稱也爾雅釋言舍人注○丨鐵也老人面如鐵色也爾雅釋言孫注○丨老也宋衛兗豫之內曰丨方言一○耊老也漢書孔光傳集注○者丨皆老也禮記射義者丨稱道不亂者注○易離釋文丨京作絰蜀才作咥

【抉】丨擿也左氏襄十年傳鄅人紇丨之以出門者注又服注○丨挑也漢書薛宣傳集注又荀子正論若是則有何尤抇人之墓丨人之口而求利矣哉注○丨穿也廣雅釋詁三○丨謂引弦彄也周禮繕人掌王之用弓弩矢箙矰弋丨拾司農注○丨者所以縱弦也同上○丨挾矢時所以持弦飾也著右手巨指周禮繕人注

【挈】丨結也結束也束持之也釋名釋姿容○丨特也荀子議兵掎契司詐注○丨提也廣雅釋詁四○丨猶提也公羊襄廿七年傳丨其妻子注○丨舉也荀子勸學若丨裘領注又淮南俶眞提丨天地注○丨提舉也荀子王霸丨國以呼禮義而無以害之注○丨猶提丨也公羊桓十一年傳丨乎祭仲也注○丨丨要也莊子大宗師以丨天地釋文引司馬注○丨獨也廣雅釋詁三○丨特也秦曰丨方言六○丨猶言垂也史記司馬相如傳絜三辰之讙集解引徐廣○丨刻也漢書敘傳上集注○丨絕也漢書司馬相

如傳集注引應劭○契鈌也漢書毋將隆傳集注引
李奇○絜鈌也廣雅釋言○丨鈌也史記司馬相如
傳集解引韋昭○丨成也莊子大宗師以丨天地釋
文引崔注○丨知也莊子庚桑楚其妾之丨然釋文
引向注○椅丨猶言椅摭也荀子議兵椅契司詐注
○丨讀如絜髮之絜周禮夏官序官丨壺氏注○杜
子春丨讀爲騂周禮草人騂剛用牛注○詩文王有
聲傳必丨灼龜而卜之釋文丨本作契儀禮士喪禮
注令不丨指也釋文丨劉本作契丨以待上事釋文
丨本或作契莊子庚桑楚其妾之丨然釋文丨本又
作契同爾雅釋天霓爲
貳釋文丨本亦作契

洌 丨清也廣雅釋詁二○丨潔也易井井丨寒泉食
注○丨絜也易井釋文○丨清潔也易井崔注○
丨清澄貌文選東京
賦元泉丨清薛注

楔 丨荆桃爾雅釋木○丨似松有刺也文選蜀都賦
楔樧丨樅劉注○棖謂之丨爾雅釋宮○丨貌如
軏上兩末儀禮既夕記○丨
鼓也楚辭招魂丨梓瑟些注

莊子馬蹄丨蹩爲仁釋文丨向崔本作敝

蹩

褻 重衣曰丨一切經音義十五引通俗文○丨重衣
也一切經音義十四引字林○丨衷衣也丈篋反
漢書敘傳音義引字林○丨衣親身之衣也荀子禮
論說丨衣注○衣破壞之餘曰丨漢書敘傳上集注
○丨狎也廣雅釋言○丨慢也禮記曲禮注不欲人
丨之釋文○丨嬖也禮記檀弓下君之丨臣也注○
丨謂數相見也論語鄉黨雖丨必以貌集解引周生
烈注○丨謂無親而卑數者也論語鄉黨皇疏○丨
器振篩頮沐之器周禮內豎執丨器以從遣車注○
丨器清器虎子之屬周禮玉府凡丨器司農注○丨

古文紲媟暬渫四
形一切經音義十

瓞 丨瓝其紹丨爾雅釋草○丨瓝也詩緜緜瓜丨
傳○丨小瓜子如瓝其本子小紹先歲之瓜曰丨
爾雅釋草孫注○丨名瓝小瓜也爾雅釋草舍人注
○漢中小瓜曰丨同上○俗呼瓝瓜爲丨爾雅釋草
注○丨小瓜也文選潘安仁在
懷縣詩注引薛君韓詩章句

襭 扱衽謂之丨爾雅釋器○扱衽曰丨詩芣苢薄言
丨之傳

絰 丨實也傷摧之實也釋名釋喪制○丨也者實也
禮記檀弓上○丨之言實也儀禮士喪禮苴丨大
鬲注○丨實也廣雅釋詁四○丨履爾雅釋草○麻
在首在要皆曰丨丨之言實也明孝子有忠實之心
故爲制此服焉首丨象緇布冠之鈌項要丨象大帶
儀禮喪服苴丨注○齊衰之丨斬衰之帶也去五分

一以爲帶大功之丨齊衰之帶也去五分一以爲帶
小功之丨大功之帶也去五分一以爲帶緦麻之丨
小功之帶也去五分一以爲帶儀禮喪服傳○弁丨
王弔所服也周禮弁師王之弁丨注○弁丨者如爵
弁而素加環丨周禮司服凡弔事弁丨服注○弁丨
者大夫錫衰相弔之服也加爵弁而素加環丨曰弁
丨禮記雜記上大夫之哭大夫弁丨注○苴丨斬衰
之丨也儀禮士喪禮注○苴丨者麻之有蕡者也儀
禮喪服傳○環丨者大如緦之麻丨緦而不糾周禮
弁師弁而加環丨注○牡麻丨者齊衰以下之丨也
儀禮士喪禮
牡麻丨注

衊 丨血也廣雅釋器○丨謂汙血也素問氣厥論傳
爲衄丨瞑目注○丨汙血亦脂也素問六元正紀
大論少陰所至
爲悲妄衄丨注

隉 丨危也廣雅釋詁一

揑 丨捺也一切經音義十四引字林○丨捺搦治也一切經音義十六引埤蒼

篞 管中者謂之丨爾雅釋樂○中者聲相密故曰丨丨窋也爾雅釋樂舍人注

醊 丨謂以酒澆地祭也一切經音義十五引字林

竭 丨滅淮南主術耳目淫則丨注○丨澤漏澤也淮南本經丨澤而漁注

契 或作偰又作禼○丨皐陶二臣名書舜典讓於稷丨暨皐陶傳○禼蟲名也廣韻引字林○丨或作禼漢書五行志上集注○丨字本作偰漢書王褒傳集注敘傳上集注○丨讀曰偰漢書五行志上集注○丨讀與禼同漢書東方朔傳集注○詩元鳥箋始合祭于丨之廟釋文丨本又作偰同又作禼古字也○左氏文十八年注稷丨朱虎熊羆之倫釋文丨字當作偰古文作禼○書舜典丨史記司馬相如傳漢書古今人表並作禼說文作偰

鐍 丨紐也莊子胠篋固扃丨釋文引李注○丨環舌也莊子胠篋釋文引崔注○鈌環曰丨續漢輿服志注引通俗文

讞 集韻讞同○丨之言白也禮記文王世子獄成有司丨于公注○丨請也後漢申屠蟠傳注孔融傳注○丨疑也後漢襄楷傳注○讞疑也廣雅釋言○丨言也禮記文王世子獄成丨于公釋文

齕 丨肱蟷蜋也廣雅釋蟲○蟷蜋有斧蟲也江東呼爲石蜋又名丨肱方言十一蟷蜋謂之髦注

巀 丨嶭高峻貌也文選上林賦九嵕丨嶭郭注

涅 丨黑也廣雅釋器又淮南說山譬猶以丨拭素也注○丨泥也廣雅釋詁三○丨礬石也淮南俶真今以丨染紫則黑於丨注○石丨即礬石也楚人名爲丨石秦名爲羽丨也山海經西山經女牀之山其陰多石丨注○丨休也方言十三○丨匕也廣雅釋詁三○丨化也燕朝鮮洌水之閒曰丨雞伏卵而未孚始化之時謂之丨方言三○爵子及雞雛皆謂之鷇其卵伏而未孚始化謂之丨方言八○丨塞也儀禮既夕記隸人丨廁注○丨沒也廣雅釋詁二

頡 丨頏上下也文選歸田賦交頸丨頏注○丨頏猶上下也後漢史弼傳注○飛而上曰丨飛而下曰頏詩燕燕丨之頏之傳○丨䀏猶丨頏也文選甘泉賦魚丨而鳥䀏注○丨滑謂錯亂也莊子徐無鬼丨滑有實釋文引向注○丨滑不正之語也莊子胠篋丨滑堅白釋文○丨滑謂難料理也同上○丨滑稽也莊子胠篋釋文引李注○丨滑纏屈也莊子胠篋釋文引崔注○丨如青狗山海經中山經葴山視水出焉多丨注

撤 丨去也論語鄉黨不丨薑食集解引孔注○丨除也論語鄉黨皇疏○丨除也去也華嚴經音義下引字書○撤滅也廣雅釋詁二○撤取也廣雅釋詁一○撤治也廣雅釋詁三○論語八佾三家者以雍丨釋文丨本或作徹

趹 丨蹷也方言十三又廣雅釋言○丨蹶也一切經音義十引字書○丨蹠也後漢張衡傳注邊讓傳注○丨差也荀子王霸此夫過舉蹞步而覺丨千里者夫哀哭之注○丨仆也淮南繆稱若丨而據注○丨足蹶也文選舞賦蹈躡摩丨注○丨失蹶也一切經音義十二引字林○丨失跖也一切經音義十引

字書○失躡曰丨一切經音義八引通俗文○丨疾
行也淮南脩務夫墨子丨蹏而趨千里注○丨過也
太元差大丨注○丨過度公羊莊廿二年傳肆者何
丨也注○丨蕩無儀檢也後漢孔融傳注○拜於丈
夫爲丨丨然詘折下
就地也釋名釋姿容
【蔑】丨無也易剝丨貞凶釋文引馬注又詩板喪亂丨
資傳又左氏僖十年傳丨不濟矣注又小爾雅廣
詁又國語晉語吾丨從之矣注又漢書楚孝王囂傳
集注○丨无也易剝剝牀以足丨貞凶虞注○丨末
也小爾雅廣言○丨小也書君奭文王丨德鄭注又
國語周語王而卜之注○丨小貌也方言二小江淮
陳楚之內謂之丨注○丨滅易象上傳以滅下也虞
注○丨猶滅也國語周語而丨殺其民人注○丨猶
削也易剝剝牀以足丨貞凶注○丨輕也後漢班彪
傳下注又文選典引豈丨清廟憚敕天命也蔡注○

丨猶輕也詩桑柔國步丨資箋○丨棄也國語周語
不丨民功注○丨欺也國語周語是丨先王之官也
注○丨猶甚極之辭也易剝剝牀以辨丨貞凶注○
丨蠓疾也漢書揚雄傳上集注引晉灼○丨蒙飛揚
也史記司馬相如傳丨蒙踴躍集解引漢書音義○
木細枝謂之杪江淮陳楚之內謂之丨方言二○丨
蒙氣也後漢張衡傳注○丨與䁾古字通文選風賦
得目爲丨注○丨與懱古字同文選奏彈王源丨祖
辱親注○易剝釋文丨荀本作滅○書顧命敷重丨
席說文苜部作布重莫席○左氏隱元年經公及邾
儀父盟于丨公羊穀梁作盟于眛文七年經晉先丨
奔秦公羊作先眛商子弱民唐丨國策楚策作唐眛
○鄭醆丨郎然明見左氏襄廿五年傳注
○晉先丨字士伯見左氏文六年傳注
【䳾】丨雉爾雅釋鳥○赤丨郎丨雉也山海經中山經
牡山鳥多赤丨注○赤丨山雞之屬山海經西山
經小華之山鳥多赤丨注○丨晝以雉謂華蟲也周
禮司服享先公饗射則丨冕注○丨褲衣也周禮司
服司
農注
【瀎】丨泧水波浪貌文選琴賦漂繚丨泧注○丨泧流
輕疾也史記司馬相如傳轉騰丨泧索隱引蘇林
【烕】丨滅也詩正月褒姒丨之傳又廣雅釋詁四又漢
書五行志下之上集注○丨齊人語也詩正月釋
文○丨武劣反詩
正月釋文引字林
【趹】丨奔也後漢班彪傳上注
【䁾】丨驚視上也文選魯靈光殿賦注引聲類○丨然
驚視貌荀子榮辱則丨然視之曰此何怪也注○
丨暫視也文選江賦獱獺睒丨乎廞空注○眏
與丨同文選魯靈光殿賦仡欺㥜以鵰眏注

【篾】丨析竹皮也一切經音義十七引埤蒼○丨析竹
之次青者書顧命敷重丨席鄭注○丨纖蒻書顧
命馬注○丨桃
枝竹書顧命傳
【蕝】丨謂束茅而立之所以縮酒國語晉語置茅丨注
【揲】丨積也廣雅釋詁一○丨猶數也易繫辭丨之以
四以象四時釋文
【澈】詩揚之水傳粼粼清丨也釋文丨本亦作徹
【蛭】蟦螬梁益之閒或謂之丨蛒方言十一
【揭】丨舉也廣雅釋詁一又後漢馬融傳注又管子君
臣上猶丨表而令之止也注又淮南精神蘇者丨
钁注齊俗爲行者相丨以高注○丨立舉也巨列切
文選過秦論注引埤蒼○丨猶表也文選東京賦丨

以熊耳薛注○丨持也後漢馮衍傳注○丨擔也文
選齊故安陸昭王碑文注引莊子司馬注○丨蹶貌
詩蕩箋○丨見根貌詩蕩顛沛之丨傳○丨低昂貌
也後漢張衡傳注○丨丨長也詩碩人葭菼丨丨傳
○丨丨高貌也楚辭遠逝貌丨丨以巍巍注○丨丨
疾驅貌漢書王吉傳集注○丨丨欲拔也淮南兵畧
擿其丨丨注○丨孽高貌文選魯靈光殿賦飛陛丨
孽注○丨驕志意肆也楚辭丨驕字作拮撟文選射
雉賦眄箱籠以丨驕徐注○丨卬貌
文選思元賦修劒丨以低昂舊注

垤 丨蚍蜉其塲謂之坻或謂之丨方言十一○丨螘冢
也詩東山鸛鳴于丨傳○丨蟻封也孟子公孫丑
上泰山之於邱丨注又呂覽愼小不躓於山而
躓於丨注○丨塲也方言十一又廣雅釋詁三

孑 丨無右臂古熱反爾雅釋魚釋文引字林○丨餘
也廣雅釋詁三○丨餘也周鄭之閒或曰丨青徐

楚之閒曰丨方言二○丨短也廣雅釋詁二○丨俊
也方言二○丨然全體之貌國語周語胡有丨然其
效戎翟也注○丨丨干旄之貌詩干旄丨丨干旄傳
○狹而短者曰丨盾車上所持者也丨小稱也釋名
釋兵○丨戟也廣雅釋器○丨孑蜎也廣雅釋蟲○
丨蜺延首之貌文選魯靈光殿賦白鹿丨蜺於欂櫨
注

孽 丨支子也書大傳丨伐其宗注○丨子庶子也文
選洞簫賦注引字林○丨若是庶丨匡謬正俗三
○丨庶也漢書劉向傳集注淮南王傳集注枚乘傳
集注常山憲王舜傳集注○庶丨衆賤子猶樹之有
丨生公羊襄廿七年傳則是臣僕庶丨之事也注○
丨賤子也後漢杜喬傳注○丨賤也後漢王符傳注
○丨病也呂覽遇合賢聖之後反以丨民注○丨疑
也漢書鼂錯傳集注引如淳○丨憂也楚辭天問革

丨夏民注○孺子爲丨漢書韓王信傳集注引張晏
○丨子愛利親謂之孝反孝爲丨賈子道術○丨丨戴
也爾雅釋訓○丨丨盛飾詩碩人庶姜丨丨傳○丨
當爲枿聲之誤禮記玉藻公子曰臣丨注○詩碩人
釋文丨丨韓
詩作巘巘

凸 蒼頡篇凹丨作容突同烏交反下徒結反容墊下
也突突也一切經音義十

閉 丨闔也易坤釋文引字林○丨方結反左氏桓五
年傳釋文引字林

節 丨別也大書中央中破別之也釋名釋書契

闋 曲終爲丨漢書張良傳集注○丨謂曲終也史記
留侯世家歌數丨索隱○丨終也禮記文王世子
有司告以樂丨注又文選東京賦王夏丨薛注○丨
盡也漢書張良傳集注王莽傳上集注王莽傳中集

注王莽傳下集注○丨訖也文選七命注引蒼頡篇
又廣雅釋詁四○丨止也儀禮大射儀樂丨注又禮
記檀弓注既獻而樂丨釋文郊特牲卒爵而樂丨釋
文又後漢馬融傳注○丨息也詩節南山俾民心丨
傳又後漢張法滕馮度楊傳注○丨空也莊子人閒
世瞻彼丨者釋文引司馬注○回毛在背丨廣爾雅
釋畜○丨古文作闕同苦穴
反一切經音義七引三蒼

櫱 丨伐木更生也後漢虞延傳注○以株生曰丨國
語魯語且夫山不槎丨注○蘖餘也廣雅釋詁三
○丨始也廣雅釋詁一○丨絕也詩長發苞有三丨
釋文引韓詩○丨蘖也廣雅釋言○丨臯也廣雅釋
詁三○栓丨淮南俶眞則必無餘栓注○栓讀詩頌
包有三丨同淮南俶眞百事之莖葉條栓注○丨古
文巘栓不三形
一切經音義四

鋝　倍舉曰｜小爾雅衡○｜量名史記周本紀注鍰黃鐵也索隱引馬融○｜量名也讀爲刷考工記冶人重三｜司農注○｜鍰也考工記弓人膠三｜注

齛　牛曰齝羊曰｜爾雅釋獸○今江東呼齝爲｜爾雅釋獸注○禮記曲禮注犬｜齧人釋文｜本或作噬

辥　｜妘姓國語鄭語滕｜鄒莒注

紲　亦作緤俗作靾緤同○｜馬繮左氏僖廿四年傳臣負羈｜注○緤馬繮也後漢張衡傳注○犬繮曰｜古者行則有犬左氏僖廿四年傳臣負羈｜服注○犬曰｜國語晉語從者爲羈｜之僕注○｜韁也後漢仲長統傳注○｜索也廣雅釋器○｜攣也論語公冶長雖在縲｜之中集解引孔注又皇疏○

緤攣也文選西京賦韓盧噬於緤末薛注○｜係也廣雅釋詁二○｜繫也漢書王莽傳下集注又後漢蓋勳傳注○紲繫也後漢皇后紀上注○緤繫也後漢馬融傳注○｜猶繫也文選東京賦｜子嬰於軹塗薛注○緤緒也方言十○｜制也牽制之也釋名釋車○緤馬繫馬也離騷登閬風而緤馬注○緤紉靮皆所以繫制之者禮記少儀犬則執緤注○｜弓韔也詩角弓傳不善｜檠巧用則翩然而反釋文又考工記弓人譬如終｜注○紲繑謂連續也管子輕重戊純繑而踵相隨注○繆而紾之爲紲小爾雅廣器○詩君子偕老是｜袢也說文衣部作是褻袢也

楶　｜欂櫨也爾雅釋宮釋文引字林○｜侕也文選吳都賦彫欒鏤｜劉注○｜櫨也法言學行若斧藻其｜者歟注○｜與節同文選魯靈光殿賦雲｜藻梲注

泬　｜水亦謂是水爲潏水也水經渭水注○｜寥曠蕩而虛靜也楚辭九辯將送歸｜寥兮注○｜寥猶蕭條蕭條者無雲貌同上

渫　｜不停污之謂也易井井｜不食注○｜治也易井釋文引黃注○｜散也漢書食貨志上集注○｜散也徹也漢書王莽傳中集注○｜狎也汙也漢書王褒傳集注引張晏

偈　｜健也廣雅釋詁二○｜邱竭反健也一切經音義六引字林○｜桀侹也疾驅貌文選高唐賦序注引韓詩○｜｜用力之貌莊子天道又何｜｜乎釋文○公羊襄廿四年經仲孫｜釋文｜本又作褐亦作羯同

啜　｜茹也爾雅釋言○｜食也廣雅釋詁二○｜嘗也廣雅釋詁三○｜茹食也爾雅釋言｜食也含

人注○｜者拾食爾雅釋言｜茹也注○｜絕也乍｜而絕於口也釋名釋飲食○熬豆而食曰｜菽禮記檀弓｜菽飲水釋文○｜惙也心有所念惙然發此聲也釋名釋言語○｜泣貌詩中谷有蓷｜其泣矣傳○嚽與｜同荀子富國嚽菽飲水注○詩中谷有蓷｜其泣矣韓外傳作惙其泣矣

楬　物有標榜皆謂之｜封氏聞見記六

糵　｜米麴也楚辭大招吳醴白｜注○｜缺也漬麥覆之使生芽開缺也釋名釋飲食

蛥　｜蚗蚻也廣雅釋蟲○｜蚗楚謂之蟪蛄秦謂之｜｜蚗方言十一

軼　｜突也左氏隱元年傳懼其侵｜我也注○｜轍也國策齊策車｜之所能至注○｜途轍之道也國策齊策｜主者循｜之途也注

【蜺】｜寒蜩爾雅釋蟲○｜寒蜺也爾雅釋蟲注

【桀】殘義損善曰｜呂覽功名｜紂貴爲天子注○殘人多壘曰｜獨斷下○｜健也詩碩人庶士有朅釋文引韓詩○｜堅也漢書趙充國傳集注匈奴傳下集注○｜去也廣雅釋詁二○｜擔也左氏成二年傳｜石以投人注○｜｜猶驕驕也詩甫田維莠｜｜傳○雞棲于杙爲｜詩君子于役雞棲于｜傳○雞棲於弋爲榤爾雅釋宮○榤杙也爾雅釋宮釋文引字林○｜與揭音義同文選謝靈運擬鄴中集劉楨詩暮坐括揭鳴注

【㕞】刷同○刷除也漢書武帝紀集注○刷清也周禮凌人秋刷注○刷謂拭刷漢書梁孝王武傳集注○刷猶飲也文選魏都賦刷馬江洲注○刷小嘗也文選魏都賦劉注○筬謂之刷廣雅釋器○｜帥也帥髮長短皆令上從也亦言瑟也｜髮令上瑟然也釋名釋首飾

【輟】｜已也爾雅釋詁○｜止也穀梁文七年傳｜戰而奔秦注又論語微子耰而不｜集解引鄭注又皇疏又華嚴經音義上引珠叢又國語晉語亂兵不｜注又國策秦策齊王有｜志注齊策｜薛城注又漢書高帝紀上集注陳勝傳集注韓信傳集注張耳傳集注酈食其傳集注爰盎傳集注東方朔傳集注楊雄傳上集注楊雄傳下集注敘傳下集注又後漢張曹鄭傳注班彪傳上注又荀子宥坐鄉者賜觀於太廟之北堂吾亦未｜注又太元衆農｜馬穀社唐社鬼｜哭注又法言學行否則｜注又家語三恕未既｜注又莊子在宥拊髀雀躍不｜釋文引李注又列子天瑞歌不｜釋文又呂覽論人冬夏不｜注貴因武王疾行不｜注又淮南脩務｜不攻宋注又文選東京賦饗祀不｜薛注底柱｜流薛注射雉賦彳亍中｜徐注○｜猶止也禮記曲禮下｜朝而顧注○｜掇古字通文選魏都賦剞劂罔掇注

【爇】廣韻焫同○｜燒也左氏僖廿八年傳｜僖負羈氏注昭廿七年傳遂合攻郤氏且｜之注○焫燒也禮記郊特牲焫蕭釋文又文選檄豫州注引聲類又一切經音義十一引通俗文○｜燒然也一切經音義七引蒼頡篇○焫｜也廣雅釋詁二○｜灼也史記張耳陳餘傳吏治榜笞數千刺剟索隱○然火曰焫一切經音義十一引通俗文○火艾燒灼謂之灸焫素問異方法宜論其治宜灸焫注○燒焫猶滅壞國策秦策則秦且燒焫滅君之國注○焫古文｜同一切經音義十二

【哲】晣同○晣明也大戴記文王官人喜怒之如度晣注又後漢張衡傳注○晣明也後漢馮衍傳注○晣｜｜大光明也文選東京賦庭燎｜｜薛注○易大有明辨｜也釋文引王廙作晣又作哲字鄭本作遰

陸本作逝虞作折○左氏僖十五年傳蛾｜謂慶鄭曰釋文｜本或作析○書皋陶謨知人則｜能｜而惠史記夏本紀作知人則智能智而惠○史記弟子傳曾點字｜家語弟子解作字子晢史記弟子傳公｜哀廣韻注引作公晢京

【逝】｜遞也易說卦傳｜用剛柔虞注又晉書音義下○｜更也小爾雅廣詁又太元元文陰陽｜循注元造五行｜王注又文選東京賦四時｜代薛注○｜猶更也公羊襄廿九年傳弟兄｜爲君注○｜代也廣雅釋詁三○｜互也漢書律麻志上集注刑法志集注郊祀志上集注郊祀志下集注地理志上集注劉向傳集注劉歆傳集注貢禹傳集注章賢傳集注章元成傳集注劉輔傳集注敘傳上集注○｜或作佚誤孟子萬章下｜爲賓主音義引張音○｜與軼古字通文選陽給事誄軼我河縣注○詩柏舟胡

丨而徵釋文丨韓詩作䗁○莊子天運四時丨起釋文丨本亦作遞○禮記樂記丨相爲經史記樂書作代相爲經○書洛誥史丨周書去殷作史遞
歠丨飲也楚辭大招不丨役只注○丨丨歠也禮記檀弓下丨主人主婦室老爲其病也注○丨古文映同一切經音義十五
姪丨者何也謂吾姑者吾謂之丨儀禮喪服傳○謂吾姑者吾謂之丨詩鵲巢傳衆媵丨娣之多釋文○女子謂兄弟之子爲丨左氏襄廿三年傳繼室以其丨注○兄女曰丨詩鵲巢傳衆媵丨娣之多釋文○丨兄女也左氏隱元年傳釋文引字林○姑謂兄弟之女爲丨丨迭也共行事夫更迭進御也釋名釋親屬

咥丨齧也易履不丨人亨釋文又廣雅釋詁三○丨齕易履釋文引馬注
惙丨憂也一切經音義十九引字林○丨丨憂也爾雅釋訓又詩草蟲憂心丨丨傳又一切經音義四引聲類○丨怛憂也後漢梁鴻傳注○丨中也方言十二○丨短气貌也一切經音義四引聲類○莊子秋水匡人圍之數匝而弦歌不丨丨釋文丨本亦作輟
吶丨丨舒小貌禮記檀弓下其言丨丨然注○丨與訥同荀子非相其辯不若其丨也注
冽丨寒也詩下泉丨彼下泉傳○丨寒貌文選嘯賦注引字林○丨寒意也詩大東有丨沈泉傳○丨寒風也文選高唐賦注引字林
颲猛風曰丨御覽九引風俗通

掇丨拾也小爾雅廣詁又列子黃帝猶丨之也注○丨丨取也廣雅釋詁一○丨拾取也列子黃帝釋文○丨丨讀曰劉漢書王嘉傳集注
吷丨丨然如風過莊子則陽丨而已矣釋文引司馬注
畷丨井田閒道周禮宗伯注爨農及郵表丨釋文
剟丨削也廣雅釋詁三又漢書王嘉傳集注○丨殺也淮南繆稱是故聖人制丨材無所不用矣注○集韻通作棳○㮟廇謂之梁其上楹謂之梲爾雅釋宮○梁上楹謂之丨禮記禮器山節藻丨注○
梲丨者梁上楹也論語公冶長山節藻丨集解引包注○丨梁上楹文選魯靈光殿賦雲楶藻丨張注○丨梁上短柱也論語公冶長釋文○丨梁上侏儒柱禮記禮器山節藻丨釋文○丨柱也管子侈靡是丨傳

革注○棳儒梁上短柱也棳儒猶侏儒短故以名之也釋名釋宮室○藻丨畫侏儒柱爲藻文也禮記明堂位山節藻丨注○丨侏儒柱畫之爲藻文禮記雜記山節而藻丨注○丨梁上楹畫藻文也家語曲禮子貢問山節藻丨注
批丨本作捥○丨擊也文選甘泉賦蠁吷肸以棍丨兮注○捥擊也廣雅釋詁三○丨反擊也史記司馬相如傳丨巖衝壅正義引司馬彪○丨者排也史記魏其武安侯傳引繩丨根索隱○丨者相排丨也史記孫子吳起傳丨亢擣虛索隱○丨與捥同文選琴賦䦆捥如志注
絜丨麻一耑也一切經音義十六引字林○丨繞也漢書高帝紀上集注○丨約也荀子非相不揳大注○丨約束也莊子人閒世丨之百圍釋文○丨匝也文選過秦論注引莊子司馬注○丨猶結也挈也

禮記大學是以君子有丨矩之道也注○丨圜度也
管子版法六舉而丨知事變注○丨脩整也荀子不
荀君子丨其辭而同焉者合矣注○丨言河水多山
石治之苦丨丨苦也爾雅釋水丨李注○丨弩矢也
周禮司弓矢枉矢丨矢釋文○丨音丨東之丨史記
秦始皇紀度長丨大集解引漢書音義○丨古文作
窫同一切經音義十六○揳
與丨同荀子非相不揳大注

觖 丨猶覬也史記韓王信盧綰傳爲羣臣丨望集解
引韋昭又後漢陰興傳注臧洪傳注○丨望也後
漢李通傳注○丨猶望之也後漢陰興傳注○丨望
猶怨望也史記韓王信盧綰傳索隱○丨謂相丨漢
書盧綰傳集注○丨音觖别之訣
史記韓王信盧綰傳集解引如淳
以下據 **㤞** 丨聲也爾雅釋言○丨動草聲也爾雅
○廣韻録 釋言釋文○爾雅釋言釋文丨字又作

僁

[月+屑] 丨脂也廣雅釋言釋器

沏 丨摩也文選海賦激勢相丨注○丨迭疾皃文選
海賦礮丨迭而隆頹注
莊子徐無鬼丨梗也釋文丨本亦作結

桔 機汲謂之丨槹一切經音義十四引通俗文

[木+絜] 丨執袵也詩芣苢薄言丨之傳

袺 丨割也廣雅釋詁二

魝 丨佗佗也玉篇引蒼頡篇

眞

爝 丨炧也廣雅釋詁四

詇 丨怒也廣雅釋詁二

闋 丨空也廣雅釋詁三

駃 丨犇也廣雅釋室○丨騠駿馬也後漢杜篤傳注
○丨騠北翟之良馬也淮南齊俗故六騏驥四丨
騠注○丨騠馬父贏子北方之
良馬史記鄒陽傳索隱引字林

泆 丨明羊角也廣雅釋草○爾雅釋草薢茩芵光釋
文芵本亦作决

趃 丨疾也廣雅釋詁一

鉄 丨刺也廣雅釋詁一

奊 丨狭也廣雅釋獸

柣 丨盂也廣雅釋器

憰 丨乖也莊子齊物論恢恑憰怪釋文引李注

[衤+矞] 丨袖也廣雅釋器

[穴+夫] 丨空也廣雅釋詁三

胅 丨腫也廣雅釋詁二

蛈 丨至爾雅釋魚○丨蝮屬大眼最有毒今淮南人
呼蛈子爾雅釋魚丨蛈注

鴂 丨鋪敊爾雅釋鳥

【挃】丨擿也廣雅釋詁四

【恎】丨佷也廣雅釋詁三○丨懼也廣雅釋詁二

【詄】丨忘也廣雅釋詁二○丨誤也廣雅釋詁三○丨讀如迭漢書禮樂志集注引如淳

【摕】丨捎取之也文選西京賦丨飛鼯薛注

【蛈】丨母螲蟷也似蜘蛛在穴中有蓋鬼谷子內揵若丨母之從其子也注○螲蟷似鼅鼄在穴中有蓋今河北人呼丨蝪爾雅釋蟲王丨蝪注○丨音秩爾雅釋蟲釋文引字林

【擮】丨插丨貌廣韻引字林

【𢹂】束縛謂之丨一切經音義十三引通俗文○丨束也廣雅釋詁三○丨圍係也一切經音義十二引

埤蒼

【𦞂】丨膜也廣雅釋器

【𢈪】丨衺也廣雅釋詁二

【垤】丨下也廣雅釋詁一○丨下也凡柱而下曰丨方言六

【𧀼】丨治也廣雅釋詁三

【懱】丨末也廣雅釋詁一○丨輕也廣雅釋詁三○丨小也廣雅釋詁二○丨栻滅也一切經音義十三引埤蒼○自關而西秦飛或謂之丨䁾方言八

【䁾】俗作瞡○目眥傷赤曰䁾瞡末也創在目兩末也釋名釋疾病○瞡眵也呂覽盡數處目則爲瞡爲眥注

【㩸】丨擊也廣雅釋詁三

【𢅋】丨幭也廣雅釋器○丨帊幭也方言四襎裷謂之丨注

【絤】丨微也廣雅釋詁四○丨細也廣韻引蒼頡篇

【覕】丨割也莊子徐無鬼譬之猶一丨也注○丨暫見貌莊子徐無鬼釋文引司馬注

【𢐗】集韻或作彆○彆弓末反戾也詩采薇釋文引埤蒼

【𧝑】丨袂也廣雅釋器

【𠠲】丨大也廣雅釋詁一

【蠮】蠭其小者謂之丨螉方言十一

【㼭】丨瓶也廣雅釋器

【𥁑】丨音結晉書音義上引蒼頡篇

【𡝦】丨怒也廣雅釋詁二

【𩗗】丨風也廣雅釋詁四

【鐅】江東又呼鍫刃爲丨方言五注

【䭯】集韻或作馝○丨丨香也廣雅釋訓○馝馝香也同上

【蛂】丨蟥蛢爾雅釋蟲○丨大替反爾雅釋蟲釋文引字林

秘 ｜栘也廣雅釋器

襒 ｜拂也史記孟子荀卿傳側行｜席索隱引張揖三蒼訓詁○｜猶拂也史記刺客傳跪而｜席索隱○｜音疋結反史記孟子荀卿傳索隱引字林

鐅 ｜椎也廣雅釋詁二

瞥 ｜近也國語楚語居寢有｜御之箴注○｜御侍御也詩雨無正曾我｜御傳

㡜 ｜餘也廣雅釋詁三

迾 泄同○｜﹂遮也漢書昌邑哀王髆傳集注引李奇○泄古列字漢書鮑宣傳集注引晉灼○泄古｜字漢書禮樂志集注引晉灼

鮤 ｜鱴刀爾雅釋魚○｜今之鱭魚也亦呼爲魛魚爾雅釋魚注

鴷 ｜斲木爾雅釋鳥

栵 ｜栭爾雅釋木

㛃 ｜犇也廣雅釋室

㤠 ｜美也廣雅釋詁一

蜇 ｜痛也列子楊朱｜於口釋文

嵥 ｜特立貌文選江賦虎牙｜豎以屹屹崒注

滐 ｜與傑同文選海賦㴔㴒｜而爲魁汴

櫭 ｜釘也廣雅釋器

靼 ｜音淅柔革也御覽三百五十八引埤蒼

䐲 ｜脂也廣雅釋器

摵 ｜捽也廣雅釋詁三

朅 ｜去也廣雅釋詁二又文選蜀都賦殆而｜來相與劉注思元賦迴去｜來從元謀舊注○｜武貌詩伯兮伯兮｜兮傳○｜武壯貌詩碩人庶士有｜傳○詩碩人釋文｜韓詩作桀

䅥 ｜車芞輿爾雅釋草

虌 ｜其初生似鼈腳故名詩草蟲傳蕨｜也釋文○｜即今蕨菜也葉初出鱉蔽因以名爾雅釋草蕨｜釋文○齊魯曰｜詩草蟲釋文引詩草木疏

𡐎 ｜大阜在左馮翊池陽縣北玉篇引字林

憋 ｜惡也方言十又廣雅釋詁三○｜憋急性也列子力命｜憋釋文○｜嘗爲弊周禮大司寇以邦成弊之司農注

𦳒 ｜小也廣雅釋詁二

蝃 虹又曰｜蝀其見每於日在西而見於東啜飲東方之水氣也釋名釋天○爾雅釋蟲注今江東呼｜蝥釋文｜或作蚍

𡳐 蹶｜短小貌音剟方言十三｜短也注

【餟】—餽也方言十二

【[足叕]】—跳也廣雅釋詁二

【叕】—短也淮南人閒愚人之思—注

【[牜孑]】—牛白脊也廣韻引字林

【蛶】—螪何爾雅釋蟲

【釨】—戟也廣雅釋器○孑或謂之—方言九○戟楚謂之孑凡戟而無刃秦晉之閒謂之—同上

【蔎】——香也廣雅釋訓

【殘】—盡也廣雅釋詁一

【蠽】—茅蜩爾雅釋蟲○—江東呼為茅截爾雅釋蟲注

【𡮐】—小也方言十二又廣雅釋詁二○蟬有文者謂之蜻蜻其雌蜻謂之—方言十一

【硩】—者言其如—擿文選吳都賦—陊山谷劉注○—讀為擿周禮秋官序官—蔟氏司農注○—古字从石折聲周禮秋官序官—蔟氏注

【婜】—喜也廣雅釋詁一

【劑】—斷也廣雅釋詁一

○以下據集韻錄

【峌】—峴高貌文選海賦—峴孤亭注

【[言至]】—怒也廣雅釋詁二

【[犭頡]】—音蒼頡之頡山海經中山經潚潚之水有獸焉名曰—注

【㛃】魯峻碑樂於陵灌園之——節潔字

【靾】—韁也儀禮既夕記革—注○古文—為殺同上

【[疒截]】—癤也廣雅釋詁二

【[虫旦]】—螫也一切經音義十引字林○—蠚皆蟲行毒也一切經音義十九引字林○蠍毒傷人曰—張列反字或作蜇春秋僖廿二年正義引通俗文

【[羊殳]】—病也廣雅釋詁一

○以下附錄

【娍】—[女此]也莊子外物釋文引字林

【[黑至]】—黠也管子侈靡長喪以—其時注

【蛃】—蛺鳥名也如今之所謂山鷄文選蜀都賦—蛺山棲劉注

【簚】—覆笭也禮記曲禮下鞮屨素—注

經籍纂詁卷第九十八

經籍籑詁卷第九十八補遺　入聲

兵部侍郎兼都察院右副都御史巡撫浙江等處地方提督軍務兼理糧餉阮元撰集

九屑

屑 說文屑動作切切也从尸𠑹聲○丨丨猶切切動作之意也漢書王莽傳上晨夜丨丨注○屑屑往來之皃也方言十屑屑不安也注○丨然疾意也漢書外戚傳上丨兮不見注○屑然雜碎衆多之皃荀子儒效屑然藏千溢之寶注

節 說文丨竹約也从竹卽聲○丨使者所擁也史記高祖本紀封皇帝璽符丨索隱○丨所仗信丨也文選長楊賦靡丨西征注引漢書音義○丨以毛爲之上下相重取象竹丨因以爲名將命者持之以爲

信漢書高帝紀上封皇帝璽符丨注○丨制也禮記仲尼燕居樂也者丨也疏又文選東京賦注引國語賈注○丨制斷也禮記檀弓下品丨斯疏○丨法度也禮記曲禮下是以君子恭敬撙丨疏○丨謂法度荀子成相言有丨注○丨明禮有制度之名易節釋文○丨奏有法度也荀子彊國禮義丨奏是也注○丨奏闋作進止所應也禮記樂記使其曲直繁瘠廉肉丨奏注○丨奏謂或作或止作則奏之止則丨之禮記樂記疏○進退之謂丨國策趙策注○丨正也禮記哀公問丨醜其衣服疏○丨卽謂限禁也荀子彊國內丨於人注○費用儉約謂之制丨孝經制丨謹度鄭注○丨者死生此者也荀子君子注○丨忠義也荀子王霸士大夫莫不敬丨死制者矣注議兵重祿貴丨注○丨仁義也荀子議兵諸侯有能微妙之以丨注○丨謂所遇之時命也荀子天論是丨然也注○丨栭也漢書貨殖傳大夫山丨藻梲注○丨謂丨

氣素問寶命全形論人有十二丨注○丨高峻皃漢書董仲舒傳丨彼南山注○孟子離婁下若合符丨後漢書注作若合符契

雪 說文䨮凝雨說物者从雨彗聲○寒凝爲丨文選雪賦注引五經通訓

絕 說文丨斷絲也从糸从刀从卩𢇍古文丨象不連體丨二絲○丨謂暫斷丨也素問平人氣象論盛喘數丨者注○丨謂無允嗣也漢書楊雄傳贊蓋誅丨之罪也注○丨若三代之末祚數盡也呂覽振亂天子旣丨注○丨世猶言棄也左氏哀十五年傳丨世于良注○丨過也荀子勸學而丨江湖注又呂覽知接又丨諸侯之地以襲國注○丨猶過也淮南墬形東流丨漢入海左還注○丨遠淮南脩務丨國殊俗僻遠幽閒之處注○丨橫度也漢書成帝紀不敢丨馳道注○直度曰丨文選東京賦注引漢書如淳

注○丨謂飛而直度也漢書張良傳橫丨四海注○莊子至樂得水則爲䍿釋文司馬本作繼本或作斷

列 說文削分解也从刀𡿪聲○丨亦分也管子法禁故下與官丨法注○丨決之也管子五輔大袂丨次注○丨次也禮記月令次諸侯之丨疏○丨與作有次第禮記禮運故事可丨也注○丨者見序丨也漢書高帝紀下通侯諸將注引如淳○丨行也禮記喪大記火三丨疏又周禮縫人注火三丨疏○丨謂行丨左氏昭廿九年傳實丨授氏疏○丨置於丨位也荀子王霸相者論丨百官之長注○丨肆也漢書劉向傳不改其丨注引晉灼○丨者若今市中賣物行也漢書食貨志上小者坐丨販賣注○丨隴也漢書劉向傳注引如淳○丨國謂大國也左氏莊十一年傳注丨國諸侯無凶疏○丨星有丨位者二十八宿也荀子天論丨星隨旋注○丨缺天閃也漢書司馬相如傳下貫丨缺之倒景兮注引服虔

【烈】說文丨火猛也从火𠛱聲○丨猛威也漢書刑法志其使民也酷丨注○丨酷丨也淮南齊俗若事嚴主丨君注○丨酷丨之氣也漢書司馬相如傳上吐芳揚丨注○丨丨咸武貌詩黍苗丨丨征師箋○丨明也淮南高紋○丨業也詩執競無競維丨傳又左氏宣十二年傳無競維丨注又後漢書袁安傳論可謂王臣之丨注又淮南脩務功丨不成注又文選赭白馬賦盛丨光乎重葉注荅賓戲丨炳乎後人注引項岱○丨功淮南脩務丨藏廟堂注○丨餘也詩雲漢序宣王承厲王之丨箋○爛熟謂之丨詩大叔于田傳丨列疏○詩七月二之日栗丨文選注廿九作二之日栗列

【結】說文丨綈也从糸吉聲○丨成也左氏襄十二年傳使陰里丨之注○丨紆也呂覽仲冬蚯蚓丨注○丨猶屈也禮記月令蚯蚓丨疏引蔡氏○丨猶連及逮至也史記南越列傳犁旦城中皆降伏波集解引徐廣○丨謂紐約禮記玉藻并紐約疏○丨帶丨也左氏昭十一年傳帶有丨疏○丨紳帶之丨也漢書五行志中之上帶有丨注○丨謂車轍回旋錯丨也史記孝文本紀丨軼於道索隱引司馬彪○丨愲亂也漢書息夫躬傳心丨愲兮傷肝注○丨正其罪也漢書酷吏嚴延年傳以丨延年注又後漢書儒林楊倫傳坐不敬丨鬼薪注○丨風回風亦急風也史記司馬相如列傳激楚丨風注引文穎○丨風亦曲名也漢書司馬相如傳上激楚丨風注

【穴】說文丨土室也从宀八聲凡丨之屬皆从丨○謂之丨則穿地也禮記月令注古者複丨疏引庾蔚○丨冢壙也漢書哀帝紀死則同丨注○丨見言不見也後漢書陳忠傳不敢丨見注

【說】說文丨丨釋也从言兌一曰談丨○丨解也左氏昭十八年傳猶可丨也注○丨解丨也漢書王莽傳中是欲以我爲丨於匈奴也注○丨謂解丨荀子致仕誦丨而不陵不犯可以爲師注○丨自解丨左氏昭九年傳佐下軍以丨焉注○丨言也呂覽禁塞大上以丨注○丨謂論丨禮記少儀游於丨疏○丨謂所丨之義也漢書鼂錯傳不問書丨也注○丨者謂諸子雜記也史記伯夷列傳而丨者曰索隱

【血】說文丨祭所薦牲丨也从皿一象丨形凡丨之屬皆从丨○丨祭盛氣也禮記郊特牲○丨氣也禮記郊特牲郊丨疏○丨是氣之所舍禮記郊特牲丨祭疏○丨氣者人之華也淮南精神○丨以喻陰也易坤其丨元黃九家注象上傳有孚惕出荀注○丨以喻陰順陽也易文言傳故稱丨焉荀注○丨在膚內故稱陰丨左氏僖十五年傳陰丨周作疏○丨傷也易渙渙其丨去疏○丨者陰憂象也漢書昌邑哀王髆傳○凡稱丨者陰陽相傷者也易需需于丨注○丨亦水之類管子四時寒生水與丨注

液白虎通情性

【舌】說文舌在口所以言也別味也从干从口干亦聲凡丨之屬皆从丨○丨能知味亦能出音聲吐滋

【潔】說文新附丨瀞也从水絜聲○絜淨也禮記曲禮上注爲汗生不絜也疏○丨者飾也詩谷風傳屑丨也疏○絜者言陽氣布暢萬物訖止始絜定矣續漢禮儀志上

【缺】說文丨器破也从缶決省聲○若缺者滅名藏譽如毀缺不備也老子大成若缺注○丨盆人乳房上骨名也史記扁鵲倉公列傳入丨盆死索隱○丨讀如有頍者弁之頍儀禮士冠禮緇布冠丨項注

【裂】說文裂繒餘也从衣𠛱聲

【熱】說文丨溫也从火埶聲○積溫爲丨素問至眞要大論佐以苦甘注○陽爲火氣故爲丨素問脉要

精微論皆在陽則爲丨注○丨中心中恐懼也孟子
萬章上則丨中注
【泱】說文丨行流也从水从夬廬江有丨水出於大別
山○丨分泄也漢書溝洫志治水有丨河深川注
○大丨謂斷丨之大也荀子仲尼是天下之大丨也
注○丨射韝也史記蘇秦列傳革抉索隱○詩車攻
夬拾既佽釋文本又作丨或作抉
【鐵】說文丨黑金也从金戴聲鐵丨或省銕古文丨从
夷○黑者曰丨漢書食貨志上及金刀龜貝注
【滅】說文丨盡也从水威聲○丨盡也詩桑柔丨我立
王箋○丨沒也禮記內則膏必丨之疏又呂覽愛
類盡皆丨之注○丨亡也呂覽慎勢以小畜大丨注
○丨者絕也禮記樂記國之丨亡無日矣疏○君死
於位曰丨詩載馳序衛懿公爲狄人所丨箋○靈臺
碑興滅繼絕丨作威

【折】丨猶庋也禮記禮器注抗本在上疏○抗所以禦
土丨所以承抗荀子禮論抗丨其額注○丨炤哲
也禮記祭法瘞埋於泰丨祭地也注
【折】說文斮斷也从斤斷艸譚長說斮籀文折从艸在
仌中仌寒故丨折篆文斮从手○丨斷也易賁无
敢丨獄釋文引鄭注○丨絕其首周書克殷丨縣諸
太白注○丨馘斷耳左氏宣十二年傳右入壘丨馘
注○丨俎體解節丨升之於俎左氏襄廿七年傳司
馬置丨俎注○丨謂夭也漢書敘傳下懷丨亡嗣注
○未婚曰丨史記宋微子世家集解引書洪範鄭注
○丨口杜口家語賢君忠士丨口注○丨坒者郎是
正除之義禮記檀弓上注右手丨坒疏○書呂刑丨
民惟刑墨子尚賢中作哲民惟刑
【拙】說文丨不巧也从手出聲○不利於人謂之丨墨
子貴義

【切】說文丨刌也从刀七聲○丨磨呂覽先識男女丨
倚注○丨近也文選羽獵賦入西園丨靈光注引
張晏長楊賦請略舉其凡而客自覽其丨焉注引
張晏○丨急也素問氣交變大論其政勁丨注○丨
丨勸競貌詩常棣疏引論語子路鄭注○丨丨節節
者相丨磋勉勵之貌詩常棣傳丨丨然疏○丨磋是
治玉之名詩卷阿箋以禮義相丨磋疏○丨謂指按
也素問離合眞邪論丨而散之注○丨謂以指按脈
也素問疏五過論丨脈問名注○定本丨丨作偲偲
詩常棣傳丨丨然疏
【悅】廣韻經典通用說○說服也詩草蟲我心則說傳
○丨是歡喜書武成而萬姓丨服疏○說兌也易
彖上傳說而順虞注彖下傳丨以動虞注文明以說
虞注彖上傳說而應乎乾虞注○兌爲說易蒙用說
桎梏虞注又左氏僖廿五年傳用公用亨于天子之
卦注○說謂愛樂之左氏僖廿七年傳說禮樂而敦

詩書疏○說讀曰丨漢書谷永傳將軍說其狂言注
杜業傳則孰敢不說諭注無不說喜注王嘉傳天下
雖不說注於是上寖不說注西域傳上天子大說注
國人不說注
【轍】說文新附丨車迹也从車徹省聲本通用徹後人
所加○蹴一本作撤列子說符絕塵弭蹴釋文○
徹應車邊今作彳者古字少也老子善行無徹迹釋
文引梁注
【訣】說文新附丨別也一曰法也从言決省聲○決別
也漢書蘇武傳與武決去注○死別曰丨一切經
音義十三引通俗文
【泄】丨發也一切經音義廿五引廣雅○丨謂發丨素
問平人氣象論宗氣丨也注○丨謂丨出也素問
示從容論血丨者脈急注○丨溢也一切經音義八
引廣雅○洩散也管子山至數而天下不吾洩矣注

○丨猶通也淮南本經精丨於目注○丨者淺治去泥濁也史記屈原賈生列傳丨不食集解引易井向秀注○丨利史記萬石張叔列傳陰重不丨集解引韋昭

噎 說文丨飯窒也从口壹聲○丨咽喉蔽塞之名詩黍離疏○嘶噎丨也秦晉或曰噎亦曰丨方言六○餲古饐字謂食不下也漢書賈山傳祝餲在前注

傑 說文丨敖也从人桀聲○桀特也呂覽下賢桀乎其必不渝移也注○丨言桀然獨出也漢書高帝紀下三者皆人丨注○萬人曰丨左氏宣十五年傳注俊絶異也疏引辨名記○丨者俊秀之名詩伯兮疏○丨謂其中特美者詩載芟傳言丨苗厭然特美也疏○丨俊謂多才藝禮記月令命大尉贊丨俊疏

徹 說文丨通也从彳从攴从育徹古文丨○丨者通也穀梁哀十二年傳注周謂之丨疏○丨達也左

氏昭二年傳丨命于執事注○丨道也小爾雅廣言○丨亦去也禮記曲禮下大夫無故不丨縣疏○丨卽剝脫之義詩鴟鴞疏○丨司人之過也老子無德司丨王注○丨家耕百畝丨取十畝以爲賦也孝經疏引孟子劉熙注

別 說文八分也从重八八丨也亦聲孝經說曰故上下有丨○丨謂分系緒也漢書楊雄傳上不知伯僑周何丨也注○丨不相連也爾雅釋山小山丨大山鮮孫注○丨謂形體異也禮記樂記序故羣物皆丨注○丨宜謂分丨其所宜禮記樂記禮者丨宜疏○丨猶識也穀梁襄六年傳由丨之而不丨也注○無丨亂同也周書成開七荒樂無丨注

哲 說文丨知也从口折聲悊丨或从心嚞古文丨从三吉又悊敬也从心折聲○丨知也左氏襄二年傳其惟丨人注又漢書楊雄傳下在於丨民情注○悊智也漢書王莽傳中熒惑司悊注引應劭○丨者智也詩抑疏○喆當爲譎或曰當爲梏也荀子大略多言無法而流喆然注○書伊訓敷求丨人釋文本又作喆○書說命上知之曰明丨釋文本又作喆○詩下武世有丨王釋文本又作悊又作喆○丨字王肅及漢書五行志皆云悊智也鄭本作晢則讀爲丨書洪範明作丨疏○詩抑靡丨不愚文選注廿二作靡喆不愚

鼈 俗作鼈○說文丨甲蟲也从黽敝聲○易說卦傳爲鼈釋文本又作丨○考工記梓人注內骨鼈屬釋文本又作鼈○儀禮大射儀注或有炮鼈釋文本又作丨○爾雅釋魚丨三足能釋文字又作鼈

設 說文丨施陳也从言从殳殳使人也○丨施也淮南脩務丨以攻宋注○丨置也漢書文帝紀故高

帝丨之以撫海內注○丨謂置丨禮記經解規矩誠丨疏○丨謂置於列位荀子臣道正義之臣丨注○丨宴也荀子大略丨衣不踰祭服注○丨謂開許之也漢書趙充國傳丨苡子女貂裘注○丨貪也國策奏策丨策於前注○丨大也周禮疏四十引易繫辭下傳益長裕而不丨鄭注○後鄭意訓丨爲大考工記桃氏注謂從中以郤稍大之也疏

齧 說文丨噬也从齒㓞聲○左氏哀十二年傳注噬丨也釋文本或作嚙

劣 說文丨弱也从力少

碣 說文丨特立之石東海有丨石山从石曷聲𥕢古文○丨丨然特立之貌也漢書武帝紀至丨石注

譎 說文丨權詐也益梁曰謬欺天下曰丨从言矞聲○丨恑也廣雅釋言○丨觚之人謂丨詐傑出觚

角非常周禮宮正注｜觚非常疏○｜者權詐之名託之樂歌依違而諫亦權詐之義故謂之｜諫詩關雎序箋｜諫詠歌依違不直諫

玦 說文｜玉佩也从玉夬聲○｜如環而缺荀子大略絕人以｜注○｜如環而缺不連左氏閔二年傳金寒｜離注○半環曰｜漢書五行志中之上佩之金｜注○｜離左氏閔二年傳○｜示以當決斷左氏閔二年傳以此贊國注○金｜猶決去不反意也漢書五行志中之上金｜不復注引應劭

𢧵 說文｜斷也从戈雀聲○｜者斬斷之義詩長發疏○旁出爲截國語晉語不如截而行注○截截猶察察書秦誓截截善諞言疏

竊 說文盜自中出曰｜从穴从米禼廿皆聲廿古文疾禼古文偰○｜盜也詩桑中序相｜妻妾箋○｜者盜也禮記禮運小臣｜疏○｜淺青色史記秦本紀得驥溫驪驊騮騄耳之駟索隱○｜丹淺赤也左氏昭十七年傳注棘扈｜丹疏○｜郎古之淺字同上○｜宜爲察荀子哀公｜其有益與其無益注

𧖴 俗作孽○說文｜衣服歌謠草木之怪謂之祅禽獸蟲蝗之怪謂之｜从虫辥聲○蟲豸之類爲蠥左氏宣十五年傳地反物爲妖疏○蟲豸之類謂之蠥孽則牙蠥矣漢書五行志中之上○蠥者何謂也曰介蟲生爲非常白虎通災變○蠥邪氣也漢書息夫躬傳蠥杳冥兮未開注○虹蜺覆日月光明謂之蠥漢書息夫躬傳注引如淳○傷甚曰蠥禮記中庸必有妖蠥疏○蠥謂爲生其罪釁也漢書司馬遷傳隨而媒蠥其短注引臣瓚○蠥如麴蘖之蘖漢書司馬遷傳注

綴 說文叕｜聯也象形凡叕之屬皆从叕○｜連也國語齊語比｜以度注○｜爲連結之義詩長發

疏○｜謂舞者行列相連｜也禮記樂記｜兆舒疾疏○｜謂酇也禮記樂記其舞行｜遠疏○｜謂纘列也史記樂書其舞行級遠正義○｜舞者酇列也史記樂書級兆舒疾索隱

闋 說文｜具數於門中也从門癸省聲○｜經歷也漢書車千秋傳又無伐｜功勞注○｜所經歷也漢書朱博傳齎伐｜詣府注○｜猶更歷也漢書文帝紀｜天下之義理多矣注○大｜簡車馬也漢書刑法志冬大｜以狩注○｜者悅懌之意詩蜉蝣傳掘｜容｜也疏

埒 說文｜卑垣也从土寽聲○｜等齊漢書佞倖李延年傳其愛幸｜韓嫣注○｜者疇等之名史記佞倖列傳｜如韓嫣也集解引徐廣○｜者隣畔言隣相次史記貨殖列傳富｜卓氏索隱○｜者際畔言鄰接相次也史記平準書富｜天子集解引徐廣

訐 面相斥曰｜漢書趙廣漢傳吏民相告｜注○｜告斥其罪也漢書王商傳父子相｜注○發人之私曰｜蔡節集說九引論語陽貨惡｜以爲直者孔注

飻 說文飻貪也从食㐱省聲春秋傳曰謂之饕飻

瞥 說文｜過目也又目翳也从目敝聲一曰財見也

撆 說文｜別也一曰擊也从手敝聲

茢 說文茢芀也从艸列聲○｜一名石芸爾雅釋草｜勃｜注引本草○｜萑苕可埽不祥左氏襄廿九年傳乃使巫以桃｜先祓殯疏○｜菼帚所以埽不祥周禮喪祝注以巫祝桃｜執戈疏

蛚 說文｜蜻蛚也从虫列聲

臬 說文｜射準的也从木从自○｜卽表也考工記注中央樹八尺之｜疏○｜爲準限之義書康誥汝陳時｜疏○槷門橜也穀梁昭八年傳以葛覆質以爲槷釋文○｜卽謂橜也漢書鼂錯傳矢道同的注○槷亦謂柱也考工記匠人置槷以縣疏○槷讀如涅謂涅物於孔中之涅考工記輪人疏○先鄭讀槷爲危槷之槷考工記輪人注槷𢫬也疏○今之槷從木槷聲之省者也古之槷爲｜法字考工記匠人注槷古文｜疏○書多方爾罔不克｜釋文馬本作剌

闑 說文｜門梱也从門臬聲○｜門橜也漢書五行志下之上明離｜內注王尊傳｜內不理注○門中橜爲｜漢書馮唐傳｜以內寡人制之注引韋昭○｜一名橛也儀禮士冠禮疏

鴂 說文｜寧｜也从鳥夬聲○｜今之巧婦鳥爾雅釋鳥鴂鴞鸋｜也釋文

媟 說文｜嬻也从女枼聲○｜謂侮狎之也漢書敘傳上魚鼂｜之注○尊卑不別茲謂｜漢書五行志下之上○夫妻不嚴茲謂｜同上

昳 說文新附｜日厢也从日失聲○｜者差｜之言周禮司市注日厢｜中也疏○日｜謂蹉跌而下也左氏昭五年傳注日｜爲臺疏

䮿 ｜卼動搖不安之皃易困于｜卼疏

鍥 說文｜鎌也从金契聲

耋 說文年八十曰耋从老省从至○七十曰｜後漢書明帝紀注引禮記又禮記射義注耆｜皆老也疏引左傳服注○易大｜之嗟謂年餘七十也禮記射義疏引易鄭注○臷常也詩柏舟胡迭而微釋文引韓詩○臷讀與｜同漢書孔光傳犬馬齒臷注

抶 說文｜挑也从手失聲○｜挑也漢書辥宣傳宋祁校本引字林○｜亦泆也史記伍子胥列傳而｜吾眼索隱

挈 說文｜縣持也从手㓞聲○｜持也莊子在宥釋文引廣雅○｜謂執提也漢書韓信傳信｜其手注○｜猶傳也穀梁宣十一年傳｜國之辭也注○或以｜爲舉同上○｜舉其過荀子富國有掎｜伺詐注○｜獄訟之要也漢書張湯傳廷尉｜令注○｜壺者縣繫之名詩東方未明序箋｜壺氏掌漏刻者疏○禮記曲禮上注井上｜皐釋文本又作契｜作絜依字作桔槔○禮記王制斑白不提契釋文本又作｜○穀梁隱四年傳祝吁之｜釋文本文作契

洌 說文洌水淸也从水列聲易曰井洌寒泉食

楔 說文｜櫼也从木契聲○｜杜也禮記檀弓上復｜齒綴足疏喪大記小臣｜齒用角柶疏

蹩 說文｜踶也从足敝聲一曰跛也

褻 說文｜私服从衣埶聲詩曰是｜袢也○｜服私居服也蔡節集說五引論語鄉黨紅紫不以爲｜服孔注○｜服私居非公會之服者也論語鄉黨集解引王肅注○｜謂親身之衣也漢書敘傳上思有短褐之｜注○｜衣袍襗也詩無衣疏引論語鄉黨鄭注

瓞 說文｜㼊也从瓜失聲詩曰緜緜瓜｜𤬪｜或从弗

襭 說文以衣衽扱物謂之｜从衣頡聲擷｜或从手○｜扱衣上衽於帶爾雅釋器李注

經 說文丨喪首戴也从糸至聲○丨首丨也禮記檀弓上注卒哭變丨而已疏○丨葛丨也禮記檀弓下麻不入疏○丨之言實也左氏襄十七年傳苴丨斝疏○丨者實也表其有喪躄之情實也御覽五百四十七引成伯璵禮記外傳

衊 說文丨污血也从血蔑聲○丨謂塗染也漢書梁孑王褱傳汙丨宗室注

蠛 說文新附丨丨蠓細蟲也从虫蔑聲○丨蠓蚊也漢書楊雄傳上浮蔑蠓而撇天注引晉灼○丨蠓蟲小於蚊文選甘泉賦注引爾雅孫注

隉 說文隉危也从𨸏从毀省徐巡以爲丨凶也賈侍中說丨法度也班固說丨不安也周書曰邦之阢丨讀若虹蜺之蜺

竭 說文丨負舉也从立曷聲○丨盡也淮南說林淵泉不能丨注

契 或作偰又作禼○說文偰高辛氏之子堯司徒殷之先从人契聲又禼蟲也从禸象形讀與偰同禼古文禼

鐍 說文觼環之有舌者从角敻聲丨觼或从金矞○丨穴多作丨其形如玉丨也漢書天文志暈適背穴注引孟康○有氣刺日爲丨漢書天文志注引如淳○丨抉傷也同上

讞 集韻讞同○說文讞議皋也从水獻與法同意○丨平議也漢書景帝紀當丨之注于定國傳冬月治請丨注○丨白也謂諳白疑辨之事周禮訝氏注謂丨疑辨事疏

岊 說文丨陬隅高山之節从山从卩

涅 說文丨黑土在水中也从水从土日聲○丨卽黑色也考工記鍾氏注染布帛者疏○丨可以染皁論語陽貨丨而不緇集解引孔注○丨汙泥也漢書敘傳下丨而不緇注

頡 說文丨直項也从頁吉聲○丨胻上下也漢書楊雄傳上魚丨而鳥胻注○丨亢上下不定也漢書楊雄傳下以丨亢而取世資注○丨頏奇怪之辭也文選解嘲以丨頏而取世資注引蘇林○丨猶大呂覽明理丨許百疾注○丨音提挈之挈文選解嘲注引蘇林

撤 說文勶發也从力从徹徹亦聲

跌 說文丨踼也从足失聲一曰越也○丨差也文選思元賦注引廣雅○丨足失據也漢書鼂錯傳丨而不振注○丨足失厝也漢書楊雄傳下不知一丨將赤吾之族也注

蔑 說文丨勞目無精也从苜人勞則丨然从戍○丨無也左氏成十六年傳丨從晉矣注又國語晉語丨天命注丨不欲矣注又家語辯政喪亂丨資注○丨輕慢易剝丨貞凶釋文引鄭注○丨削也易剝丨貞凶疏○丨謂微丨物之見削則微丨也易象上傳注猶甚極之辭也疏○丨小也小謂精微也書君奭文王丨德疏○丨蒙言其疾也淮南脩務手若丨蒙注○丨一作滅文選鄰里相送方山詩音塵慰寂丨注

浙 說文丨江水東至會稽山陰爲丨江从水折聲

鷩 說文丨赤雉也从鳥敝聲周禮曰孤服丨冕○丨憋也性急憋不可生服必自殺故畫其形於衣以象人執耿介之節釋名釋首飾○南方有鳥焉三首六月六足三翼其名曰丨鴝廣雅釋地

潎 丨洌相潎也〔漢書司馬相如傳上〕轉騰丨洌注引孟康

𥧑 〔說文〕丨空皃从穴矞聲

烕 〔說文〕丨滅也从火戌火死於戌陽氣至戌而盡〔詩〕曰赫赫宗周褒姒丨之○丨亦滅也〔漢書谷永傳〕褒姒丨之注○〔詩正月〕褒姒丨之釋文本亦作滅

趹 〔說文〕丨馬行皃从足決省聲○丨趣也〔淮南脩務〕敕驥丨注○丨謂後足抉地〔史記張儀列傳〕探前丨後索隱

篾 丨篾也今蜀及關中皆謂竹丨爲篾一切經音義十引〔聲類〕○丨席纖蒻苹席〔書顧命〕敷重丨席王注

蕝 〔說文〕丨朝會束茅表位曰丨从艸絕聲〔春秋國語〕曰致茅丨表坐○束茅以表位爲丨〔史記劉敬叔孫通列傳注〕茅丨索隱○蕞與丨同〔漢書叔孫通傳〕爲緜蕞野外注○丨今之纂字〔史記劉敬叔孫通列傳〕索隱引〔纂文〕

揲 〔說文〕丨閱持也从手枼聲○丨取也〔易繫辭上傳〕丨之以四釋文引鄭注

揭 〔說文〕丨高舉也从手曷聲○丨謂豎之也〔漢書陳勝項籍傳贊〕丨竿爲旗注○丨標皆表也〔文選江賦〕峨嵋爲泉陽之丨注○丨卬皃〔文選思元賦〕修劍丨以低昂注○丨擔也一切經音義三引〔廣雅〕

垤 〔說文〕丨螘封也〔詩〕曰鸛鳴于丨从土至聲

孑 〔說文〕丨無右臂也从了乚象形○丨然獨立皃〔漢書高惠高后文功臣表〕靡有丨遺耗矣注○丨然遺失也〔詩雲漢〕靡有丨遺箋

孽 〔說文〕丨庶子也从子辥聲○丨謂庶耳〔漢書韓王信傳〕故韓襄王丨孫也注○丨亦庶也〔漢書吳王濞傳〕故丨子悼惠王注○丨支庶也〔詩白華序〕以丨代宗疏○非嫡正之子曰丨〔史記呂不韋列傳〕子楚秦諸庶丨孫索隱○孽庶賤者〔漢書賈誼傳〕庶人孽接注○丨災也〔漢書董仲舒傳〕而妖丨生矣注○丨者蘖也樹木斬而復生謂之蘖〔詩白華〕疏

闋 〔說文〕丨事已閉門也从門癸聲○丨息也〔書太甲中〕疏○丨謂樂息〔禮記樂記注〕丨作進止所應也疏○樂息爲丨〔左氏莊元年經注〕然喪制未丨疏○丨止也〔禮記郊特牲〕樂三丨疏○丨終〔呂覽古樂〕投足以歌八丨注

櫱 丨㞕斬之也〔漢書貨殖傳〕然猶山不槎丨注○蘖木斬而復特生〔文選劉越石荅盧諶詩注〕引〔漢書音義〕○丨當作櫱〔呂覽過理〕宋王築爲丨帝注○丨與巘其音同耳〔同上〕○〔書盤庚上〕若顛木之有由丨釋文本又作枿

鋝 〔說文〕丨十銖二十五分之十三也从金寽聲〔周禮〕曰重三丨北方以二十兩爲丨○丨郎鋝也〔漢書蕭望之傳〕有金選之品注○丨量名當與呂刑鍰同〔書呂刑疏引考工記〕戈矛重三丨馬融注○丨重十一銖二十五分銖之十三也〔書呂刑〕其罰百鍰馬注○俗儒以丨重六兩〔書呂刑釋文〕引賈逵說○丨與鍰爲一物皆是六兩大半兩也〔考工記弓人〕疏

齛 〔說文〕丨羊粻也从齒世聲○丨羊粻也〔爾雅釋獸〕釋文引〔埤蒼〕

薛 說文｜艸也从艸辥聲○｜賴蒿也史記司馬相如列傳｜莎青薠集解引漢書音義○詩閟宮箋在薛之旁釋文或作｜

紲 說文｜系也从糸世聲春秋傳曰臣負羈｜緤｜或从枼○｜是係之別名係馬係駒皆得稱｜左氏僖廿三年傳注羈馬羈疏○緤謂以長繩係之也文選思元賦縱余緤乎不周注○｜長繩也漢書司馬遷傳幽於纍紲漢書賈誼傳係緤之注○｜繫也史記管晏列傳在縲｜中正義○｜牽犬繩也禮記少儀犬則執｜疏○｜卽緄縢也詩角弓箋不善｜縶巧用疏

楶 說文楶欂櫨也从木咨聲○栭謂之｜爾雅釋宮○｜卽薄櫨所謂枅也漢書敘傳上｜棁之材注○欂櫨一名節皆謂斗栱也爾雅釋宮李注○｜字亦或作節漢書敘傳上注○爾雅釋文｜本或作楶舊本作節

泬 說文｜水从孔穴疾出也从水从穴穴亦聲

渫 說文｜除去也从水枼聲○｜治去穢污之名易井井｜不食疏○｜去穢濁清潔之意易井荀注○｜者浚治去泥濁也史記屈原列傳集解引易井向秀注○｜音｜水之｜漢書匈奴傳上今聞｜惡民注引晉灼○｜字或作緤漢書高惠高后文功臣表成敬侯董｜注

偈 ｜疾也集韻引廣雅

啜 說文｜嘗也从口叕聲一曰喙也○｜泣貌後漢書張奐傳論｜其泣矣注

楬 府別各爲一牌書知善惡價數多少謂之｜周禮職幣注｜之若今時爲書以著其幣疏

糱 說文｜牙米也从米辥聲○｜麴也漢書李廣傳隨而媒｜其短注引孟康

蜺 雄曰虹雌曰｜漢書天文志抱珥虹｜注引如淳○｜讀若齧同上

桀 說文｜磔也从舛在木上也凡｜之屬皆从｜○凫土之次曰五｜五｜之狀甚鹹以苦管子地員

㕞 刷同○說文｜拭也从又持巾在尸下又刷刮也从刀｜省聲禮布刷巾○刷刮也一切經音義九引廣雅○刷削也爾雅釋詁釋文引廣雅

輟 說文｜車小缺復合者从車叕聲○｜止也呂覽期賢乃按兵｜不敢攻之注求人晉人乃｜攻鄭注又淮南說林累積不｜注

爇 說文｜燒也从火蓺聲春秋傳曰｜僖負羈○｜燒也詩生民傳克禋而後｜蕭合馨香也疏又淮南兵略毋｜五穀注

晢 說文｜昭｜明也从日折聲禮曰晢明行事

迭 說文｜更｜也从辵失聲一曰达○｜更也左氏昭十七年傳皆｜對注○｜互也禮記樂記五者皆亂｜相陵疏又史記樂書｜相陵謂之慢正義又文選諷諫詩｜彼大彭注引應劭○｜過也文選思元賦爛漫麗靡藐以｜逿注○禮記樂記｜相爲經｜相陵謂之慢作代相爲經說苑修文作代相陵謂之慢

歠 說文｜飲也从歙省叕聲吷｜或从口从夬

姪 說文｜兄之女也从女至聲

【咥】說文丨大笑也从口至聲詩曰丨其笑矣ㄟ丨噬齧也文選注十引易履鄭注○丨覺悔貌易訟有孚窒釋文引鄭注

【惙】說文丨憂也从心叕聲詩曰憂心丨丨一曰意不定也○丨憂也易訟患至掇也釋文引鄭注○丨丨爲傷性也淮南原道其爲悲不丨丨注

【冽】丨寒貌文選長笛賦瀏溧以風丨注○丨丨風貌也漢書王襃傳故虎嘯而丨風注

【颲】說文丨列風也从風列聲讀若列

【惒】惒惒憂也集韻引廣雅

【揤】丨捩也廣韻引埤蒼

【掇】丨拾也淮南要略覽取撟丨注○丨亦刺也史記張耳列傳刺剟身無可擊者索隱○易訟患至丨也釋文鄭本作惙

【畷】說文丨兩陌間道也廣六尺从田叕聲○丨止也周禮大宗伯注郵表丨疏○丨謂井畔相連丨於此田畔相丨之所禮記郊特牲郵表丨疏

【剟】說文丨刊也从刀叕聲○丨謂割取之也漢書賈誼傳丨寢戶之簾注

【準】丨音拙漢書高帝紀上隆丨而龍顏注引服虔○頰權頻字豈當借丨爲之漢書高帝紀上注

【棿】說文丨木杖也从木兌聲○丨梁上楹也左氏文三年傳疏引論語公冶鄭注○丨梁上短柱也爾雅釋宮李注○丨侏儒柱也爾雅釋宮注又漢書貨殖傳大夫山節藻丨注又文選王命論棼丨之材注引應劭○丨梁上侏儒柱也爾雅釋宮孫注○禮記禮器山節藻丨釋文依字當作棳○爾雅釋宮釋文棳本或作丨○老子揣而丨之釋文丨河上作銳

【拮】說文丨手口共有所作也从手吉聲詩曰予手丨据

【批】丨謂觸擊之史記刺客列傳欲丨其逆鱗哉索隱○丨患謂擊而卻之史記范雎蔡澤列傳丨患折難索隱○丨謂糾閉之也漢書王莽傳中函谷丨難注

【絜】說文丨麻一耑也从糸㓞聲○丨謂圍束之也漢書陳勝項籍傳贊與陳涉度長丨大注○丨者言陽氣布暢萬物訖出始丨之矣續漢禮儀志上○丨水多約丨爾雅釋水丨注又孫注

【䀗】丨謂相丨而怨望也文選吳都賦注引漢書臣瓚注

○以下據廣韻錄

【榍】說文丨限也从木屑聲

【僁】說文丨聲也从人悉聲讀若屑

【齥】說文丨齒差也从齒屑聲讀若切

【桔】說文丨丨梗藥名从木吉聲一曰直木

【⿺丟㓞】說文丨丟意从丟㓞聲讀若鬠結之結

【⿰契鳥】說文丨丨鸛鳥屬从鳥契聲

【魝】說文丨楚人謂治魚也从刀从魚讀若鍥

【⿱吉夨】說文丨頭傾也从夨吉聲讀若孑

卪 說文｜瑞信也守國者用玉｜守都鄙者用角｜使山邦者用虎｜土邦者用人｜澤邦者用龍｜門關者用符｜貨賄用璽｜道路用旌｜象相合之形凡｜之屬皆从｜

𩯭 說文｜束髮少也从髟截聲

𦬒 說文｜艸也从艸皿聲

坱 ｜深也集韻引廣雅

潏 說文｜涌出也一曰水中坻人所爲爲｜一曰｜水名在京兆杜陵从水矞聲

眏 說文｜涓目也从目夬聲

駃 說文｜｜騠馬父驘子也从馬夬聲

趹 說文｜踶也从走決省聲

鈌 說文｜刺也从金夬聲○｜謂斧也史記仲尼弟子列傳｜屈盧之矛索隱

𤝞 說文｜獸也似狌狌从昆夬聲

疦 說文｜瘍也从疒決省聲

蚗 說文｜蚗｜蛁蟟也从虫夬聲○｜蛪龍屬也史記龜策列傳｜蛪伏之集解引徐廣

憰 說文｜權詐也从心矞聲

肤 說文｜孔也从冋決省聲讀若決水之決

紩 說文｜縷一枚也从糸穴聲

突 說文｜穿也从穴決省聲

焆 說文｜｜煙皃从火肙聲

𥨍 說文｜深抉也从穴从抉

肤 說文｜骨差也从冎失聲

驖 說文｜馬赤黑色从馬戴聲詩曰四｜孔阜

䭾 說文｜馬有疾足从馬失聲

墆 ｜霓高皃也文選西京賦直｜霓以高居薛注

戜 說文｜利也一曰剔也从戈呈聲

苵 說文｜蕛｜也从艸失聲

镻 說文｜蛇惡毒長也从長失聲

鴩 說文鴂餔豉也从鳥失聲

詄 說文｜忘也从言失聲

頁 說文｜頭也从百从儿古文𩠐首如此凡｜之屬皆从｜百者𩠐首字也

奊 說文｜頭衺骫｜態也从夨圭聲○｜詬謂無志分也漢書賈誼傳｜詬亡節注

苶 ｜極皃也文選謝靈運過始寧墅詩注引莊子司馬注

懱 說文｜輕易也从心蔑聲商書曰以相陵｜

䁾 說文丨目眵也从目蔑省聲

幭 說文丨蓋丨也从巾蔑聲一曰禪被○丨所以覆軨也管子小稱乃援素丨以裹首而絕注

𦾛 說文丨火不明也从苜从火苜亦聲周書曰布重丨席織蒻葉也讀與蔑同

覕 說文丨蔽不相見也从見必聲

穖 說文丨禾也从禾蔑聲

𩱧 說文涼州謂鬻爲丨从䰜穖聲粖丨或省从末

絜 說文緐扁緒也一曰弩罥鉤帶从糸緐聲

契 丨闊勤苦之狀詩擊鼓傳丨闊勤苦也疏

嫳 說文丨易使怒也从女敝聲讀若擊擎

鐅 說文丨河內謂臿頭金也从金敝

䏟 說文丨肥肉也从肉必聲

柲 丨柄也左氏昭十二年傳以爲鏚丨注

辥 說文丨辠也从辛𡴎聲

𥼶 說文丨粲也从米悉聲

暬 說文丨日狎習相慢也从日執聲

絬 說文丨論語曰丨衣長短右袂从糸舌聲

𠞰 說文丨斷也从刀辥聲

迾 說文丨遮也从辵𠛱聲○丨遮也文選西京賦丨卒清候注引禮記鄭注

栵 說文丨栭也从木𠛱聲詩曰其灌其丨○丨栭詩皇矣其灌其丨陸疏

𡿪 說文丨水流𡿨𡿨也从川列省聲

𥟍 說文𥟍黍穰也从禾𠛱聲

搩 丨強暴也一切經音義十四引字林

靼 說文丨柔革也从革旦聲𩏼古文丨从亶

𡴎 說文丨危高也从𠂤屮聲讀若臬

搣 說文丨批也从手威聲

朅 說文丨去也从去曷聲○丨去也後漢書張衡傳回志丨來從元謀注○丨去意也漢書司馬相如傳下丨輕舉而遠游注○詩碩人庶士有丨文選注六作庶士有揭

藒 丨車香草爾雅釋草丨車芞輿注

虌 詩草蟲傳蕨丨也釋文丨本又作鱉

憋 丨怤急性也方言十丨惡也注

䒦 丨小也方言二○凡草生而初達謂之丨同上

炪 說文丨火光也从火出聲商書曰予亦丨謀讀若巧拙之拙

餟丨以酒沃地祭也一切經音義十一引字林

罬說文丨捕鳥覆車也从网叕聲輟丨或从車

腏說文丨挑取骨閒肉也从肉叕聲讀若詩曰啜其泣矣

䩢說文丨車具也从革叕聲

𤙭說文丨牛白脊也从牛寽聲

脟說文丨脅肉也从肉寽聲一曰丨腸閒肥也一曰膫也

蛶說文丨商何也从虫寽聲

浖丨庢也廣雅釋地

㭁說文丨木也从木寽聲

扒丨擘也廣雅釋言

啐說文丨小歓也从口率聲讀若叔

釨丨取名於鉤丨也方言九戟楚謂之丨注

蔎說文丨香草也从艸設聲

𥄎說文丨舉目使人也从攴从目凡丨之屬皆从丨讀若颰○丨舉目使人也漢書戾太子傳以湖閿鄉邪里聚爲戾園注

妜說文丨鼻目閒皃讀若煙火炔炔从女決省聲

蠽說文丨小蟬蜩也从䖵截聲

𪄻說文丨鳥也从鳥截聲

𡭴說文丨少也从小乀聲讀若輟

屮說文丨艸木初生也象丨出形有枝莖也古文或以爲艸字讀若徹凡丨之屬皆从丨尹彤說

硩說文丨上摘山巖空青珊瑚墮之从石折聲周禮曰有丨蔟氏

娎說文丨丨婡也从女折聲

𣱹說文丨觸也从氐失聲

○以下據集韻錄

佚丨愓緩也方言六

𥄕說文丨目不正也从𦫳从目凡丨之屬皆从丨莧从此讀若末

𪖱說文丨鼻窒也从鼻決省聲

𩫨說文丨缺也古者城闕其南方謂之丨从𩫖缺省聲讀若拔物爲決引也

鑯丨鋋也集韻引廣雅

揳丨塞也淮南要略攕丨哯䶗之郄也注

棳說文丨木也从木叕聲益州有丨縣

聅說文丨軍法以矢貫耳也从耳从矢司馬法曰小罪丨中罪刖大罪剄

㕞說文丨撮也从又从已

膬 說文—耎易破也从肉毳聲

甈 說文—康瓠破罌从瓦臬聲䙷—或从埶

𡴫 說文—槷—不安也从出臬聲易曰槷—

堨 說文—壁閒隙也从土曷聲讀若謁

䳠 說文—鳥也从鳥說省聲

䀋 說文—視高皃从目戉聲讀若詩曰施罛濊濊

○以下附錄

媙 莊子外物背—可以休老釋文本亦作撼

脥 人斂身謂之—肩文選射雉賦雉—肩而旋踵徐注

㓼 說文—傷也从刀桼聲

𪈁 說文𪈁𪅴𪈁也从鳥辥聲

剮 說文—分解也从冎从刀

經籍纂詁卷第九十八補遺終

經籍籑詁卷第九十九　入聲

經筵講官南書房翰林戶部左侍郎兼署吏部左侍郎提督浙江學政阮元撰集

十藥

藥　|謂金玉土石草木菜果蟲魚鳥獸之類皆可以祛邪養正者也素問藏氣法時論毒|攻邪注○|養五|草木蟲石穀也周禮疾醫以五味五穀五|養其病注○|療也家語正論不如吾聞而|之注○|猶醫也荀子富國彼得之不足以|傷補敗注○|熱貌也後漢張衡傳注

薄　|微也文選神女賦注引蒼頡又後漢趙咨傳注○|輕也漢書董仲舒傳集注○|輕少也呂覽報更雖得則|矣注○|猶輕易也文選謝宣遠張子房詩慶霄|汾陽注○|輕鄙之也文選左太冲詠史詩骨肉還相|注○|賤|也文選陶徵士誄隨踵而立者人之|也注○|征輕租稅也周禮大司徒二曰|征司農注○|猶損也呂覽仲夏|滋味注○|迫也書益稷外|四海傳又左氏僖廿三年傳|而觀之注文十二年傳|諸河注又廣雅釋詁三又小爾雅廣言又國語晉語設微|而觀之注吳語今會日|矣注又漢書劉向傳集注鼂錯傳集注司馬遷傳集注引李奇嚴助傳集注又集注引如淳陳湯傳集注王吉傳集注楊雄傳集注又後漢班彪傳上注又荀子天論寒暑未|而疾注又淮南天文陰陽相|盛而爲雷注本經共工振滔洪水以|空桑注又文選洞簫賦|索合沓注○|者迫也淮南精神|蝕無光注○|迫也畢|相偪迫也釋名釋言語○|近也淮南本經旁|衆宜注○|附也廣雅釋言又楚辭涉江芳不得|兮注招魂蘭|戶樹注怨世安眇眇而無所歸|注○|相附|也易說卦雷風相|釋文引陸注○|依也史記司馬相如傳掩|草渚正義○|止也漢書鄒陽傳集注又楚辭哀郢忽翱翔之焉|注○|至也廣雅釋詁一○|致也廣雅釋言○|入也易說卦傳陰陽相|虞注又釋文引馬注○|謂以體著之莊子秋水非謂其|之也釋文引崔注○求諸人謂之|春秋繁露仁義法○|勉也泰晉或曰|故其鄙語曰|努猶勉努也南楚之外曰|努方言一○|懼也廣雅釋詁二○|怒也廣雅釋詁三○|猶嫌也漢書張安世傳集注○|辭也詩芣苢|言采之傳時邁|言震之韓詩○|猶甫也甫始也詩時邁箋○|疾驅聲也詩載驅載驅|傳○|買也廣雅釋詁三○|聚也同上○|猶集也漢書司馬相如傳集注引郭璞又文選上林賦奄|水渚郭注○|叢生也文選江賦注引字林○草蘩生爲|廣雅釋草○草叢生曰|文選補亡詩注引纂要○深草曰|淮南原道隱於榛|之中注假眞獸走叢|之中注○草木交錯曰|楚辭涉江露申辛夷死林|兮注○|旁|也大戴記公冠|之土注○旁|地之形也太元元告地旁|而向乎上注○旁|猶彭魄也地之形也太元中昆侖旁|幽注○||謂旁|廣大之貌荀子榮辱||之地不得履之注○|簾也禮記曲禮帷|之外釋文又莊子達生高門縣|無不走也釋文引司馬注○|猶飾也史記禮書注金|璆龍索隱引劉氏○日月無光曰|漢書天文志集注引孟康○日月赤黃爲|同上○日赤黃爲|史記天官書日月|蝕集解引京房易傳○氣往迫之爲|漢書天文志集注引韋昭○不交而食曰|漢書天文志集注引孟康○凡日蝕皆於晦朔不於晦朔蝕者名曰|文選謝宣遠張子房詩注引京房易飛候占○|湯所居也周書殷祝以|之居注○|山郇襄山也水經河水注○|一名曲史記絳侯

周勃世家勃以織曲｜爲生集解引蘇林〇｜宋魏
｜陳楚江淮之閒謂之苖自關而西謂之｜方言五〇
｜器竹葦之器荀子禮論｜器不成內注〇｜平履
也廣雅釋器〇｜讀享｜之｜淮南精神｜蝕無光
注〇｜與泊同文選謝靈運富春渚詩赤亭無淹｜
注〇｜與泊同古字通文選登池上樓詩｜霄愧雲
浮注〇｜與亳同荀子議兵古者湯以｜注〇禮記
郊特牲｜社北牖釋文｜本作亳〇爾雅釋訓凡以
｜爲魚苟者釋文｜令作簿〇詩蓼
蕭序注外｜四海也釋文｜本作數
惡
｜過也左氏定五年傳吾以志前｜注〇｜謂不
正穀梁隱四年傳晉之名｜也注〇｜者人心之
所疾｜也老子斯｜已王注〇｜扼也扼困物也釋
名釋言語〇｜者美之充也管子樞言〇美｜說之
是非也禮記學記君子知至學之難易而知其美｜｜
注〇美｜猶喜怒也老子天下皆知美之爲美斯｜｜

已王注〇坤爲｜易象下傳不｜而嚴虞注〇坤爲
積｜易繫辭下傳｜不積虞注〇坤爲遏｜易象上
傳君子以遏｜揚善虞注〇衺｜謂侮慢長老語言
無忌而未麗於罪者周禮司救掌萬民之衺｜過失
而誅讓之注〇修其｜則爲｜人法言修身〇｜醜
也莊子德充符衛有｜人焉注又呂覽去尤魯有｜
者注遇合雖｜奚傷注〇｜貌醜也左氏昭廿八年
傳鬷蔑｜注哀廿七年傳｜而無禮注又莊子德充
符有｜人焉釋文〇｜醜陋書洪範五曰｜傳〇｜
人醜類者也孟子離婁下雖有｜人注〇｜麤也國
語齊語｜金以鑄鉏夷斤斸注〇｜垢穢也管子水
地夫水淖弱以清而好灑人之｜注〇｜喪荒也周
禮行夫媺｜而無禮者注〇｜謂害氣也素問四氣
調神大論｜氣不發注〇地有五行不通曰｜周書
武順〇｜卒怯卒呂覽簡選與｜卒無擇注〇｜笄
者櫛笄也儀禮喪服記〇古文｜作堊儀禮既夕記

主人乘｜車注〇｜｜上安西顏氏家訓書證
〇易繫辭而不可｜也釋文｜荀爽本作亞
略
｜簡也漢書王莽傳上集注〇｜要也廣雅釋言
又孟子滕文公上此其大｜也注〇｜約要也淮
南本經其言｜而循理法〇｜猶殺也公羊哀五年
傳喪數｜也注〇｜減少也荀子天論養｜而動希
注〇用功少曰｜書禹貢嵎夷既｜傳又馬注〇｜
粗｜也文選王命論又可｜開矣注〇｜粗也荀子
儒效｜法先王注〇｜麤也孟子萬章下嘗聞其｜
也注〇｜野｜文選魯靈光殿賦鴻荒朴｜張注〇
｜大也淮南氾論總其｜行注〇｜智也文選七發
雖有心｜辭給注〇｜濂也廣雅釋詁一〇｜治也
廣雅釋詁三〇｜利也詩載芟有｜其耜傳〇｜達
淮南脩務誦詩書者期於通道｜物注〇｜行也廣
雅釋詁一又小爾雅廣言〇｜總攝巡行之名左氏
隱五年傳吾將｜地焉注〇｜猶過也後漢吳漢傳

注〇｜道也左氏定四年傳吾子欲復文武之｜注
〇｜猶道也淮南氾論然而功名不滅者其｜得也
注〇｜路也書武成以遏亂｜傳〇｜界也左氏莊
廿一年傳與之武公之｜注定四年傳封畛土｜注
又小爾雅廣詁〇｜分界也一曰遠界爲經｜也文
選吳都賦故其經｜劉注〇｜求也廣雅釋詁三又
小爾雅廣言〇｜求也就室曰搜於道曰｜強取
也方言二〇｜取也左氏宣十五年傳以｜狄土注
成十二年傳｜其武夫注又廣雅釋詁一又小爾雅
廣詁又後漢杜篤傳注〇行取曰｜漢書司馬相如
傳下集注〇不以道取爲｜左氏襄四年傳季孫曰
｜注〇｜獲得也淮南兵略貪金玉之｜注〇｜奪
也國語齊語犧牲不｜注〇｜犯也國語晉語｜則
行志注〇｜古作䂮匡謬正俗六引張揖古今字詁
〇詩載芟有｜其耜釋文｜字書本作䂮〇詩蜉蝣
傳蜉蝣渠｜也釋文｜本作蛒〇爾雅釋蟲蜉蝣渠

丨釋文丨
本作蠱
作 丨爲也穀梁文二年傳成元年傳襄十一年傳又
爾雅釋言又書五子之歌內丨色荒傳又詩皇矣
帝丨邦丨對箋下武世德丨求箋江漢丨召公考箋
又周禮小司徒以丨田役注又論語憲問丨者七人
矣集解引苞注又太元耎耎其心丨疾注又法言問
道莫知丨上丨下注又楚辭天問啟代益丨后注○
大丨大臣之所爲也禮記緇衣毋以小謀敗大丨注
○丨丨爲也有加其度也穀梁傳二十年傳定二年傳
○有所增益曰丨公羊莊廿九年傳修舊也注○丨
行也詩常武王舒保丨箋○丨用也易離明兩丨釋
文引荀注又左氏成八年傳遐不丨人注○丨猶用
也周禮羅氏蜡則丨羅襦注○丨猶治也周禮稻人
以涉揚其芟作田注○丨謂營丨也後漢樊準傳注
○丨使也周禮象胥凡丨丨事注又儀禮鄉飲酒禮丨

相爲司正注鄉射禮西階上北面丨衆賓射注丨上
耦射注燕禮小臣丨下大夫二人媵爵注大射儀小
臣丨下大夫二人媵爵注擯者丨大夫長升受旅注
丨上耦射注聘禮則公丨大夫致之以酬幣注公食
大夫禮則公丨大夫朝服以侑幣致之注○丨謂使
之也周禮司士丨六軍之士注○丨動也漢書元帝
紀集注又荀子解蔽丨之則將注○丨猶變也禮記
哀公問孔子愀然丨色而對注○丨興也書汩作序
丨汩丨傳又文選兩都賦序王澤竭而詩不丨注○
丨起也易乾聖人丨而萬物覩釋文引馬注繫辭下
傳神農氏丨虞注又書說命下昔先正保衡丨我先
王傳無逸丨其卽位注又詩無衣與子偕丨傳卷伯
丨爲此詩箋桑柔丨爲式穀箋又周禮胥掌其坐丨
出入之禁令注大司馬以丨邦國注羣吏丨旗注考
工記總目或丨而行之注又儀禮鄉飲酒禮記以爵
拜者不徒丨注鄉射禮記以爵拜者不徒丨注特牲

饋食禮三獻丨止爵注又禮記檀弓上丨而曰注孔
子蚤丨注檀弓下死者如可丨也注禮運後聖有丨
注禮器非丨而致其情注祭統丨卒慶士注又論語
子罕雖少者必丨集解引苞注鄉黨必變色而丨集
解引孔注又皇疏三嗅而丨皇疏先進鏗爾舍瑟而
丨皇疏又釋名釋船又國語晉語死者若可丨也注
越語天時不丨注又漢書地理志下集注引如淳李
尋傳集注敘傳下集注二見又後漢鄭興傳注班彪
傳下注列女傳注又荀子議兵諸侯有能微妙之以
節則丨而兼殆之耳注又家語終記孔子晨丨注又
文選西京賦恒由此丨薛注○丨猶起也考工記梓
人丨其鱗之而注又史記樂書禮自外丨正義○丨
民謂起役也周禮鄙師凡丨民則掌其戒令注○丨
始也詩駉思馬斯丨傳又廣雅釋詁一○丨生也詩
天作天丨高山傳又國語晉語天丨高山注又老子
萬物並丨注○丨長也老子未知牝牡之合而全丨

王注○丨成也易象上傳明兩丨虞注○震爲丨易
益利用爲大丨虞注說卦傳爲丨足虞注○五丨五
敎也書大傳五丨十道注○大丨謂耕播耒耨之利
易益利用爲大丨虞注○太陰在酉歲名曰丨鄂淮
南天文○丨索也爾雅釋天太歲在酉曰丨噩李注
○丨鄂零落也萬物皆陊落淮南天文丨鄂之歲注
○丨鄂皆物芒枝起之貌爾雅釋天李注○丨愕者
物落而枝起之貌爾雅釋天孫注○丨猶灼也儀禮
士喪禮卜人坐丨龜興注○丨龜謂鑿龜令可爇也
周禮大卜則眡高丨龜司農注○丨之魚骨小無所
去爾雅釋器魚曰斮之李注○丨謂牧之使可乘駕
也詩駉箋○今月令丨爲爲詐僞禮記月令毋或丨
爲注○丨讀如丨止爵之丨周禮射人丨大夫介注
○書舜典汝丨司徒史記五帝紀作汝爲司徒伯禹
丨司空作伯禹爲司空命汝丨納言作命汝爲納言
益稷萬邦丨乂夏本紀作萬國爲治卒丨與事作卒

爲興事禹貢大陸既｜夏本紀作大陸既爲萊夷｜
牧作萊夷爲牧雲土夢｜乂作雲土夢爲治洪範立
時人｜卜筮宋微子世家作立時人爲卜筮○左氏
昭八年傳怨讟並｜漢書五行志上作怨讟並興孟
子梁惠王上天油然｜雲華嚴經音義下作天油然
興雲○易繫辭坤｜成物釋文｜虞姚本作化○詩
蕩侯｜侯祝釋
文｜本作詛

樂 ｜喜也一切經音義二引蒼頡○｜歡也莊子至
樂天下有至｜無有哉釋文○｜安也史記樂書
而民康｜正義○｜佚湯太元元錯○｜上揚太元
元衡○｜｜也使人好｜之也釋名釋言語○自外
曰｜論語學而不亦｜乎釋文引譙注○無患曰｜
大戴記小辨○人事曰｜大戴記虞戴德○人曰作
｜｜大戴記誥志○｜聲色也國語越語今吳王淫於
｜而忘其百姓注○所謂｜者無蓄者也鶡冠子學

問○｜適會也易繫辭所｜而玩釋文○｜夏之荅
也春秋繁露爲人者天○｜氣爲太陽而當夏春秋
繁露陽尊陰卑○援則｜大戴記誥志○｜易歡｜
平易也荀子榮辱安利者常｜易注○｜易詩所謂
愷悌者也同上○志｜謂悅懌忘憂也素問血氣形
志篇形｜志｜注○｜歲豐年孟子滕文公上｜歲
粒米狼戾注○與人和者謂之人｜與天和者謂之
天｜莊子天道○天機不張而五官皆備此之謂天
｜莊子天運○長｜少府掌皇太后宮後漢光武郭
皇后紀注○易繫辭所｜而玩釋文｜虞作變｜天
知命釋文｜虞作變○詩衡門可以｜飢釋文｜本
作瘵○詩斯干箋安燕爲歡以｜之釋文｜本作落
○爾雅釋詁毗劉暴｜也釋文｜本作爍
○詩衡門可以｜飢韓詩作可以療飢
○｜墮也離騷及榮華之未｜兮注○｜殞也國語

落 吳語民人離｜注○｜零｜也莊子逍遙游則瓠

｜無所容釋文引司馬注○｜謂隊｜漢書霍去病
傳集注○零｜皆隊也離騷惟草木之零｜兮注○
木曰｜同上○｜穫也漢書司馬相如傳上集注引
郭璞○｜散也漢書鄭當時傳集注○｜猶廢也莊
子天地無｜吾事釋文○｜死也爾雅釋詁○｜始
也爾雅釋詁又詩斯干箋歌斯干之詩以｜之釋文
訪落訪予｜止傳○｜始也類也周書文酌物無不
｜注○宮室始成祭之曰｜左氏昭七年傳願與諸
侯｜之注○以豭豬血釁鐘曰｜左氏昭四年傳饗
大夫以｜之注○釁以豭豚曰｜左氏昭四年傳服
注○｜居也後漢劉平傳注又晉書音義中○｜尻
也廣雅釋詁二○｜居也桼今人謂院爲｜也後漢
仇覽傳注○｜藩也後漢列女傳注○｜繫也漢書
揚雄傳上集注○｜邪行也文選遊天台山賦｜五
界而迅征注○｜｜稀貌文選歎逝賦親｜｜而日
稀注○｜｜疎寂貌文選左太冲詠史詩｜｜窮巷

士注○｜｜猶疏闊也後漢耿弇傳注○｜｜喻多
老子｜｜如石注○｜魄志行衰惡之貌史記酈生
陸賈傳家貧｜魄集解引應劭○｜架水名也水經
泝水注○｜帶壁帶也文選景福殿賦｜帶金釭注
○｜與絡古字通同上○詩斯干箋釋文｜本作樂
○左傳閔元年公及齊侯盟于｜姑公羊穀梁作洛
○爾雅釋天太歲在巳曰大
荒｜史記天官書作大荒駱

閣 注○｜以板爲之庋食物禮記內則大夫七十而有｜
｜載也廣雅釋詁二○｜止也廣雅釋詁三○所以
止扉謂之｜爾雅釋宮○栈長者謂之｜同上○｜｜
長杙卽門閣也爾雅釋宮所以止扉謂之｜注○｜｜
｜猶歷歷也詩斯干約之｜｜傳○｜有四阿謂之｜
阿｜文選古詩阿｜三重階注○祕書省亦爲祕｜
文選陸士衡荅張士然詩絜身躋祕｜注○祕｜卽

尚書省也文選陸士衡荅賈長淵詩升降祕丨注○
絶漢抵營室曰丨道後漢張衡傳注○詩斯干約之
丨丨考工記匠人
注作約之格格
鶴 丨陽鳥也文選舞鶴賦注引鶴經○丨水鳥也春
秋說題辭丨知夜半注○丨白鳥也楚辭遠逝騰
白丨於瑤光注○元丨俊鳥也楚辭憂苦聽元丨丨之
晨鳴兮注○離爲丨易中孚鳴丨在陰虞注○丨丨列
陳兵也莊子徐無鬼盛丨列於麗譙之間注○丨丨列
鐘鼓也莊子徐無鬼釋文引司馬注○鍬齊人謂其
柄曰櫺頭曰丨似丨頭也釋名釋用器○矛骹細如
雁脛者謂之丨鄀方言九○丨膝矛也矛骹如丨脛
上大下小謂之丨膝文選吳都賦家有丨膝劉注○
鶮古丨字史記秦始皇紀屯卒留蒲鶮索隱○崔古
文作丨一切經音義二○鶮一作
鶡史記秦始皇紀集解引徐廣

爵 離爲丨丨位也易中孚我有好丨虞注○丨秩次
也禮記王制王者之制祿丨注○丨主掌也荀子
王制宰丨知賓客祭祀饗食犧牲之牢數注○丨者
盡也各量其職盡其才也白虎通爵○丨者醮也所
以醮盡其材也左氏隱元年傳未王命故不書丨服
注○丨者尊號也白虎通攷黜○丨謂天子諸侯卿
大夫士也無丨謂庶人也儀禮喪服傳杖者何丨也
無丨而杖者何擔主也注○丨謂公侯伯子男卿大
夫士也周禮大宰一曰丨以馭其貴注○丨謂公卿
大夫士也禮記中庸序丨注○丨卿也大夫也士也
周禮司儀以其國之丨丨注○異丨謂卿大夫也儀禮
士相見禮若先生異丨者注○異丨卿大夫也儀禮
士喪禮他國之異丨者注○殷大夫以上爲丨禮記
檀弓上士之有誄注○有丨其嫁於大夫及士者周
禮春官序官內宗注○丨殷以斝周以丨禮記明堂
位○丨一升觚二升觶三升角四升散五升儀禮特
牲饋食禮實二丨二觚四觶一角一散注引舊說○
凡觴一升曰丨禮記禮器貴者獻以丨注○一升曰
丨儀禮士昏禮實四丨合巹注又廣雅釋器○丨一
升考工記梓人爲飲器○丨飲酒器也左氏桓二年
傳舍丨策勳焉注○丨飲丨呂覽孟春反執丨于太
寢注○丨射丨也詩賓之初筵以祈爾丨箋○丨所
以獻齊酒周禮大宰贊玉幣丨之事注○丨君所進
於師也禮記明堂位丨用玉琖仍雕注○玉丨王禮
諸侯之酢丨周禮大宰贊玉幣玉獻玉几玉丨注○
丨弁者冕之次其色赤而微黑如丨頭然或謂之緅
其布三十升儀禮士冠禮丨弁服注○丨弁者制如
冕黑色但無繅耳儀禮士冠禮丨弁注○以丨韋爲
之謂之丨弁釋名釋首飾○丨釵釵頭施丨也同上
○其上屋曰廬其上重屋曰飛廬又在其上曰丨室
於中候望之如鳥丨之警視也釋名釋船○栝上入
曰丨頭形似丨頭也釋名釋宮室○金丨卽銅鳳也

文選西都賦上觚
稜而棲金丨注
弱 丨柔也淮南原道志丨而事強注○丨劣也離騷
理丨而謀拙兮注○丨尫劣書洪範六曰丨傳○
愚懦不壯毅曰丨書洪範鄭注又洪範五行傳厥極
丨注○兩爭曰丨周書武順○衆散爲丨左氏哀十
二年傳○丨少也後漢丁鴻傳注○丨小也國策秦
策是其所以丨也注○丨猶稺也國語周語王而丨
之注○丨年少也左氏文十二年傳有寵而丨注○
二十曰丨禮記曲禮上○二十曰丨冠也後漢張衡
傳注○二十曰丨言柔丨也釋名釋長幼○丨衄也
又言委也釋名釋言語○丨者仁之助也後漢臧宮
傳○丨者道之用老子○丨水其水不勝鴻毛山海
經大荒西經崑崙之邱其下有丨水之淵環之注○
丨蒻也今人謂蒲本在水中者爲丨是其類也考工
記輪人以爲之丨注○易大過注拯丨與衰釋文丨

本作溺書禹貢導丨水釋文丨本作溺○漢書古今
人表陳哀公丨春秋昭八年作溺○左傳昭元年齊
國丨公羊
作國酌
約 丨束也詩斯干丨之閣閣傳又論語雍也丨之以
禮皇疏又廣雅釋詁三又漢書胡建傳集注○丨
猶束也漢書陳遵傳集注○丨丨束之也釋名釋書
契○丨言語之丨束周禮秋官序官司丨注○丨結
也國策秦策彼若以齊丨韓魏注臣請爲王丨從注
齊策今君丨天下之兵注又荀子非十二子閑丨而
無解注○丨具國策秦策請爲子丨車注王其爲臣
丨車弁幣注○丨繩也左氏哀十一年傳人尋丨注
又儀禮既夕記丨綏丨轡注○丨屈也漢書司馬遷
傳集注朱邑傳集注又楚辭招魂土伯九丨注○丨
縮也考工記匠人凡任索丨注○丨謂縮板也詩斯
干丨之閣閣箋○丨儉也廣雅釋言又後漢趙典傳

注陳忠傳注○丨儉嗇也荀子榮辱丨者有筐篋之
藏注○丨省也漢書文帝紀集注○丨少也廣雅釋
詁三又漢書河閒獻王德傳集注朱博傳集注匈奴
傳下集注又荀子不苟故操彌丨而事彌大注○丨
縛也廣雅釋詁二○丨卑也國語吳語卑辭行成注
○丨弱也荀子宥坐淖丨微達似察注○丨衰也國
語楚語不爲豐丨與注○丨猶窮也禮記坊記小人
窮斯丨注○丨猶貧困也論語里仁不可以久處丨
皇疏○丨要也漢書高帝紀上集注公孫宏傳集注
○丨要丨荀子正名是謹於守名丨之功也注○丨
盟也呂覽淫辭秦趙相與丨注○丨好也廣雅釋詁
一○丨謀丨也國策秦策以幣帛丨乎諸侯注○文
丨丨謂文書要丨也後漢南蠻西南夷傳注○丨劑各
所持券也周禮士師正之以傳別丨劑注○丨劑要
盟之載辭及券書也周禮大史凡邦國都鄙及萬民
之有丨劑者藏焉注○地丨謂經界所至田萊之比

也周禮司約治地之丨次之注○弃星爲約丨
爾雅釋天○丨亦的字也文選七發注引字書
脚脛也廣雅釋親○丨卻也以其坐時卻在後也
腳 釋名釋形體○丨踦也史記司馬相如傳射麋丨
麟索隱引司馬彪○丨踦足史記司馬相如傳集解
引郭璞○丨古脚字荀子正論捶笞臏丨注
雀 丨鳥之通稱文選高唐賦衆丨嗷嗷注○丨者賞
也古微書引春秋考異郵○赤黑曰丨書顧命二
人丨弁執惠鄭注○丨丨黑多赤少之色韋也周禮巾
車丨犴禋丨飾注○龍丨飛廉也文選東京賦龍丨蟠
蜿薛注○丨目蔽當也廣雅釋器○禮記三年問小
者至盡丨釋文丨本作爵莊子在宥方將拊脾丨躍
而遊釋文
丨本作爵
帷 丨帳也穀梁定十年傳舞於魯君之丨下注又廣
雅釋器又國語吳語乃退就丨而會注○丨大帳

也楚辭招魂離榭脩丨注○帳曰丨文選別賦注引
纂要○在上曰丨左傳昭十三年以幄丨九張行釋
文又一切經音義三引字林○在旁曰帷在上曰丨
丨或在地展陳于上帷丨丨皆以布爲之周禮幕人掌
帷丨幄帟綬之事注○丨丨布帷丨之布儀禮既夕用
丨布注○毳幙氊帳也文選荅蘇武書韋韝毳幙以
禜風雨注○丨帷覆上者周禮天官序官丨人注○
丨所以覆棺上也禮記檀弓上布丨衛也注○丨覆
也易井井收勿丨釋文又方言十二又廣雅釋詁二
又莊子則陽解朝服而丨之釋文引司馬注○丨猶
覆也易井井收勿丨注○丨蓋也易井虞注○丨丨
絡也在表之稱也釋名釋牀帳○丨絡也釋名釋衣
服○丨庵也廣雅釋室○丨暮也爾雅釋言○丨丨
罔貌後漢張衡傳注○沙土曰丨史記匈奴傳益北
絕丨集解引臣瓚○沙土曰丨即今磧也後漢光武
紀下注○丨漫也漫丨同義猶今人呼帳幔亦曰丨

文選嘯賦羣鳴號乎沙漠注〇丨今書或作漠同上
〇纈與丨通後漢馬融傳注〇禮記檀弓布丨釋文
丨本作冪〇莊子盜跖願望
履丨釋文丨司馬本作綦
丨宗周詩瞻彼洛矣瞻彼丨矣傳〇丨卽成周也
洛 穆天子傳四曰自宗周瀍水以西注〇丨陽周公
所營丨邑也水經洛水注〇八方之廣周丨爲中謂
之丨邑水經洛水注引孝經援神契〇丨出懷德周
禮職方氏其浸渭丨注〇丨爲波爾雅釋水〇丨驛
也廣雅釋水〇丨之爲言繹也繹其燿也言水繹繹
光燿也古微書引春秋說題辭〇丨竭也楚辭憫上
冰凍兮丨澤注〇丨丨水流下之貌也山海經西山
經槐江之山爰有淫水其清丨丨注〇雒鵙鳥廣
韻引字林〇黑身白鬣曰雒詩駉有驒有雒傳〇雒
與丨通文選江賦聿經始於丨汭注〇易繫辭丨出
書釋文丨王肅本作雒〇書禹貢浮于丨史記夏本

紀作浮于雒逾于丨作踰于雒東過丨汭作東過雒
汭書召誥大保朝至于丨周禮天官序官注作大保
朝至于雒攻位于丨汭作攻位於雒汭書多士今朕
作大邑于茲丨漢石經丨作雒爾雅釋鳥伊丨而南
周禮內司服注作伊雒而南〇詩淸廟序既成雒邑
釋文雒本作丨周禮天官注使居雒邑治天下釋文
雒本作丨左傳桓二年乃營雒邑釋文雒本作丨〇
詩駉有驒有雒釋文雒本作駱漢書古今人表大雒
史記秦本紀作大駱〇穀梁閔元年盟于丨姑釋文
丨本作路史記建元以來王子侯者年表丨陵索隱
一作路陵〇漢書古今
人表雒陶尸子作雄陶
壑 丨丨溝也爾雅釋言隍丨也舍人注又國語晉語谿
丨可盈注〇丨谿丨也爾雅釋詁丨虛也注〇丨
阬谷也文選西京賦陵巒超丨薛注〇丨路旁坑丨
也孟子滕文公上則舉而委之於丨注〇丨城池也

詩韓奕實墉實壑釋文〇丨虛也爾雅釋詁〇城池
空者爲丨爾雅釋言隍丨也注〇大丨在東海外一
切經音義一引郭璞江賦注〇王母之山丨山海山
皆壑大靈之山山海經大荒西經西有王母之山丨
山海山注〇丨乃施豁顏氏家訓
書證〇爾雅釋詁釋文丨本作叡
索 丨絞也淮南主術〇大者謂之丨小
爾雅廣器〇合爲丨楚辭惜誓幷紉茅絲以爲丨
注〇車紂今江東通呼丨綸方言九車紂自關而東
周洛韓汝潁而東或謂之曲綸注〇丨盡也書牧誓
惟家之丨傳又左氏襄八年傳悉丨敝賦注又廣雅
釋詁一又國策秦策積蓄丨注又漢書五行志中之
上集注溝洫志集注東方朔傳集注引如淳孫寶傳
集注外戚傳下集注又後漢安帝紀注馬援傳注蔡
邕傳注崔琦傳注〇丨盡也亦賜也一切經音義三
引蒼頡〇丨盡也一曰丨丨法呂覽下賢而以心與人

相丨注〇丨猶盡也儀禮鄉射禮命曰取矢不丨注
〇丨也者盡也說苑權謀〇丨盡貌文選歎逝賦序
丨然已盡注〇丨散盡也素問調經論邪氣乃丨注
〇丨空也小爾雅廣言〇丨猶散也禮記檀弓上吾
離羣而丨居注〇丨獨也廣雅釋詁三〇丨數也易
說卦一丨而得男釋文引馬注又太元元攡陰陽分
丨注元挽上丨下丨注〇丨法也左氏定四年傳疆
以周丨注〇八丨丨法家語正論八丨九邱注〇八
丨丨素也著素王之法若孔子者聖而不王制此法
者有八也釋名釋典藝〇八卦之說謂之八丨後漢
張衡傳注〇丨丨懼也易震震丨丨釋文〇丨丨內
不安貌易震釋文引馬注〇丨然涕下貌莊子徐無
鬼子綦丨然出涕曰釋文引司馬注〇丨音繩丨之
丨漢書地理志上集注引如淳〇丨丨郎反語爲桑落
也水經河水注亡〇書孔安國序八丨釋文丨本作素
左傳昭十二年廿八丨九邱釋文丨本作素〇公羊宣

十二年注多丨丁夫釋文丨本作策丨城外大丨公羊文十五年傳㡉丨也注○城外

郭 爲之丨管子度地○丨城丨也一切經音義十七引蒼頡○丨廓也廓落在城外也釋名釋宮室○丨大也意林引風俗通○丨皮也素問湯液醪醴論津液充丨注○弩牙外曰丨爲牙之規丨也釋名釋兵○鄣劒衣也廣雅釋器○丨鄰中國之外地名書蔡仲之命囚蔡叔于丨鄰傳○丨叔號叔文王弟周書王會堂下之東面丨丨叔掌爲天下菜幣焉注○虢作城丨丨一切經音義七引世本○詩皇矣憎其式丨釋文丨本作廓○國策秦策丨君注古文言號也○公羊僖二年傳夏陽者何丨之邑也穀梁傳作夏陽者虞號之蔽邑也穀梁昭元年會于丨左氏作會于號

博 丨廣也考工記治氏是故倨句外丨注磬氏其丨爲一注又儀禮士冠禮純丨寸注鄭射禮記椁長

如笴丨三寸注喪服記適丨四寸注又左氏桓六年傳丨碩肥腯注又論語雍也君子丨學於文皇疏子罕丨學而無所成名皇疏丨我以文皇疏子張丨學而篤志皇疏又爾雅釋魚蝮虺丨三寸釋文又漢書武帝紀集注哀帝紀贊集注又後漢杜林傳注又孟子離婁下丨學而詳說之注又文選魯靈光殿賦豐麗丨敞張注○丨大也詩泮水戎車孔丨釋文引王注又廣雅釋詁一又漢書食貨志下集注敘傳下集注又水經鮑邱水注引文穎又太元元攡兼制而丨用者注又呂覽上德故義之爲利丨矣注○丨者大也素問病能論○丨衆也荀子議兵和傳而一注○丨平也楚辭招魂倚沼畦瀛兮遙望丨注○多聞曰丨荀子脩身○觀異書爲丨莊子知北遊且夫丨之不必知釋文○丨貫謂究極深幽耳後漢章帝紀注○文丨者必質之飾也莊子繕性文滅質丨溺心注○丨士泰官後漢和帝紀注○丨士泰官也後漢朱浮傳注○丨士掌通古今後漢桓帝紀注○丨通士也者國之尊也新序雜事四○丨戲名也公羊莊十二年傳與閔公丨釋文○丨謂六丨後漢王符傳注○投六箸行六棊故曰六丨後漢梁冀傳注○丨六丨用六箸六棊謂之六丨一切經音義十二引纂文○丨者十二棊而擲釆者也論語陽貨不有丨弈者乎皇疏○丨石可以爲丨棊石山海經南山經漆吳之山多丨石注○烏曹作丨一切經音義八引世本○丨戲掩取人財物也一切經音義十四引纂文○丨謂股丨也考工記磬氏其丨爲一注○丨齊別都國語吳語避汶代丨注○丨南山名也縣以氏之水經若水注○丨浪陽武南地名也水經渠水注引服虔○故書丨或爲搏杜子春云當爲丨考工記車人其丨三寸注○丨當作傅詩泮水戎車孔丨箋○丨古文簙同一切經音義二○公羊莊十二年傳與閔公丨釋文丨字書作簙

錯 丨雜也書禹貢厥賦惟上上丨傳又詩漢廣翹翹丨薪傳韓奕簟茀丨衡釋文又小爾雅廣訓又漢書禮樂志集注地理志上集注中山靖王勝傳集注司馬相如傳上集注李尋傳集注西域傳上集注又太元元錯注元攡常變丨注元告萬物丨離乎其中注又淮南本經焜昱丨眩注○丨亂也書微子序殷既丨天命傳○丨猶乖也後漢第五種傳注○逆上稱丨易繫辭上傳丨綜其數虞注○動靜攝次謂之比反比爲丨賈子道術○丨互也漢書于定國傳集注楊雄傳上集注又穆天子傳六士女丨踊注○丨交也文選江賦注引易王肅注又楚辭國殤車丨轂兮短兵接注○丨絣也太元元掜○丨分也書中候考河命圖出水壇畔赤文綠丨注○丨磨也廣雅釋詁三○丨摩也易說卦傳八卦相丨虞注○丨猶治也文選景福殿賦鉤丨矩成注○丨者所以治鋸列女傳仁智○治玉石曰丨書禹貢錫貢磬丨傳○鏤

謂之丨廣雅釋器○丨丨鏤也國語晉語文丨其服
注○金銀要飾謂之丨丨鏤御覽七百五十六引通俗
文○丨石也詩鶴鳴可以爲丨傳○丨石名也法言
學行有玉者丨諸注○錯廁也廣雅釋詁四○丨廁
也楚辭天問九州安丨注○丨丨藏也廣雅釋詁四○
丨藏也周秦曰丨方言六○丨丨施也淮南俶眞[illegible]丨
釋名利注○丨廢也書微子序般既丨天命馬注○
邪行爲丨詩楚茨獻醻交丨傳○丨鴈行父黨隨行
兄黨鴈行也家語正論不丨則隨注○丨交丨也後
漢張衡傳注○交丨猶言東西儀禮特牲饋食禮衆
賓及衆兄弟交丨以辯注○丨紾交結也後漢馬融
傳注○丨繆聊亂貌文選吳都賦雜襲丨繆劉注○
丨迕雜丨丨交迕也文選風賦迴穴丨迕注○丨雜非
一種書禹貢海物惟丨傳○丨繆雜亂貌也文選南
都賦谿壑丨繆而盤紆注○隔丨失其性也楚辭惛
上心爲兮隔丨注○丨然者謷順之貌也易離履丨
然注○丨衡文衡也詩采芑約軝丨衡傳韓奕簟茀
丨衡傳○丨石雜衆石也文選長門賦緻丨石之佩
甓兮注○丨者賓主人之觶以之次賓也實賓長之
觶以之次大夫儀禮鄉射禮而丨皆不拜注○丨者
賸餞舅餘御餞姑餘也儀禮士昏禮於是與始飯之
丨注○易小過无所丨足釋文丨本作厝○詩鶴鳴
可以爲丨說文厂部作可以爲厝○書禹貢賦厥下
上上丨史記夏本紀作賦下上上雜厥賦丨上中作
賦雜上中○易小過注釋文丨本作措繫辭舉而丨
之釋文丨本作措苟丨諸地釋文丨本作措○史記
六國年表晉出公丨索隱曰系本作鑿
○滕侯丨字叔繡見左隱七年正義

躍 丨跳也廣雅釋詁二又山海經北山經灌題之山
有鳥焉見人則丨注又孟子告子上搏而丨之注
又文選西京賦鋋不苟丨薛注東京賦渚戲丨魚薛
注○丨謂跳丨也素問脈解所謂甚則丨者注○丨

上也廣雅釋詁二○丨進也廣雅釋詁二○丨者暫
起之言易乾或丨在淵干注○丨丨跳走也國策秦
策丨丨毚兔注○丨丨迅也爾雅釋訓
○爾雅釋訓釋文丨丨樊光本作濯

若 丨順也易觀有孚永丨荀注巽用史巫紛丨荀注
又書堯典曰丨稽古帝堯傳又詩大田曾孫是丨
箋烝民天子是丨傳邦國丨否箋閟宮魯侯是丨傳
又禮記天子問丨丨義也注禮器致其敬而誠丨注又
左氏宣三年傳不逢不丨丨注昭廿六年傳王昏不丨
注又穀梁莊元年傳不丨於道者注又周書寤儆奉
丨稽古維王注芮良夫芮伯丨曰注又書大傳丨是
共禦注又爾雅釋天太歲在丑曰赤奮丨李注又史
記張丞相傳丨百工集解引如淳司馬相如傳罔丨
淑而不昌集解引徐廣又漢書律麻志上集注禮樂
志集注二見食貨志下集注任敖傳集注引如淳司
馬相如傳集注引應劭楊雄傳上集注王莽傳中集
注二見敘傳上集注又後漢明帝紀注魯恭傳注郎
顗傳注班彪傳下注楊震傳注張衡傳注又孟子梁
惠王上以丨所爲注告子上乃丨其情注又荀子王
霸出丨入丨注又太元務用則臧丨注劇父母采餞
丨注元數不丨不筮注又管子戒桓公退再拜請丨
此言注又列子黃帝四時常丨注又鬼谷子捭闔粤
丨稽古聖人之在天地閒也注又淮南天文赤奮丨
之歲注又論衡寒溫又楚辭天問而后帝不丨注招
魂抑鶩丨通兮注又文選魯靈光殿賦粤丨稽古張
注○丨善也爾雅釋詁又漢書禮樂志集注韋元成
傳集注○丨猶然也漢書賈誼傳集注○丨示也爾
雅釋言○丨如也考工記梓人毋或丨女不寧侯注
又公羊莊四年傳則襄公得爲丨行乎注又國語魯
語丨我往注越語自丨以處注又漢書陳平傳集注
司馬相如傳下集注又後漢班彪傳下注又荀子不
苟民猶丨未從也注非相鄉則不丨注又莊子德充

符與仲尼相丨釋文又呂覽下賢堯論其德行智達
而不丨注又素問生氣通天論丨春無秋丨冬無夏
注八正神明論丨神髣髴注又文選東京賦以莫已
丨也薛注丨僕所聞薛注〇丨似也管子小問與丨
之多虛而少實注〇丨汝也書中候何斯丨真注又
小爾雅廣詁又國語晉語命曰三日丨宿而至注又
史記齊悼惠王世家丨生而爲王子索隱又漢書高
帝紀上集注項籍傳集注三見陳餘傳集注韓信傳
集注二見吳王濞傳集注欒布傳集注齊悼惠王肥
傳集注周昌傳集注酈食其傳集注叔孫通傳集注
蒯通傳集注石奮傳集注灌夫傳集注廣川惠王越
傳集注蘇武傳集注司馬相如傳下集注東方朔傳
集注匈奴傳上集注西域傳下集注又後漢彭寵傳
注祭肜傳注李固杜喬傳注陽球傳注又管子山權
數賜丨服中大夫注又呂覽愼大丨國有妖乎注〇
丨女也管子白心吾語丨大明之極注〇丨者汝也

史記張儀傳始我從丨飲索隱〇丨猶女也考工記
梓人惟丨寧侯注又儀禮士昏禮記丨則有常注〇
丨而皆汝也莊子齊物論丨不吾勝我果是也而果
非也邪注〇丨乃猶女也禮記祭統丨纂乃祖服注
〇丨至也老子貴大患丨身注〇丨及也後漢陳忠
傳注〇丨預及之辭史記張丞相傳丨百工集解引
晉灼〇丨辭也易豐有孚發丨注節不節丨注〇丨
乃也小爾雅廣言〇丨猶乃也國語周語丨能有濟
也注〇丨而也老子寵辱丨驚釋文引顧注〇丨之
也國語晉語丨夫二公子而立之注〇丨猶然後管
子海王丨其事立注〇丨性猶自然也後漢桓郁傳
注〇丨如此也史記禮書丨者必死正義又荀子王
霸出丨入丨注〇丨如故也國策秦策織自丨注〇
丨言如此之言荀子王霸亦可以祭丨言矣注〇莫
丨猶莫過也老子莫丨嗇王注〇丨丨長貌漢書石
顯傳集注〇丨子者爲所爲後之親如親子儀禮喪

服傳丨子注〇丨海神莊子秋水望洋向丨而嘆曰
釋文引司馬注〇海丨海神文選西京賦海丨遊於
元渚薛注〇丨杜也文選舞賦順微風揮丨芳注〇
丨杜丨也楚辭雲中君華采衣兮丨英注〇大木之
奇靈者爲丨丨山海經西山經其陰多榣木之有丨注
〇北龜曰丨丨屬周禮龜人〇龜右倪不丨爾雅釋魚
〇今文丨爲如儀禮有司徹丨是以辯注〇書微子
丨之何其史記宋微子世家作如之何其左傳莊十
一年丨之何不弔周禮大宗伯注作如何不弔〇書
堯典欽丨昊天漢書藝文志作敬順昊天書堯典疇
咨丨時登庸史記五帝紀作誰可順此事疇丨予工
作誰能馴予工疇丨予上下草木鳥獸作誰能馴予
上下草木鳥獸〇莊子至樂丨果養乎釋文丨本作
汝〇列子湯問何丨而不平釋文丨一本作苦〇魯
有丨字子有
見家語弟子

縛 丨薄也使相薄著也釋名釋言語

酌 丨挹也公羊僖八年傳蓋丨之也注〇丨益也廣
雅釋詁一〇丨行也國語周語而後王斟丨焉注
一切經音義十四引國語賈注〇丨取也易損丨損
之虞注又漢書禮樂志集注〇丨猶取也禮記坊記
上丨民言注〇丨取之也呂覽情欲非徒萬物丨之
也注〇丨猶尋淮南本經丨焉而不竭注〇丨漱也
潠也廣雅釋言〇丨酒斗也楚辭招魂華丨既陳注
〇清丨酒也廣雅釋器〇丨告成大武也言能丨先
祖之道以養天下也詩酌序〇古文丨爲爵儀禮有
司徹主人受丨降注〇詩酌序釋文丨本作汋左傳
宣十二年荀子禮論皆作汋儀禮禮記內則漢書禮
樂志皆作勺〇公羊僖八年鄭伯乞盟蓋丨之也穀
梁作汋〇莊子天地丨焉
而不竭釋文丨本作取

託|寄也禮記檀弓下久矣予之不|於音也注又山海經大荒東經王亥|于有易注又孟子萬章下士之不|諸侯注又淮南說山此以善|其醜注又楚辭招魂東方不可以|些注又文選思元賦|山阪以孤魂舊注○|寄也几寄爲|方言二○|舍猶寄居也管子山權數|舍於若注○|屬也莊子達生踵門而|子扁慶子曰釋文引李注○|依也管子水地唯知其|者能爲之正法○|付也呂覽貴生可以|天下注○|附國策齊策|於東海之上注○|謂憑|也論語泰伯可以|六尺之孤皇疏○淮南脩務說林項|漢書董仲舒傳孟康注作項橐

削|刻也呂覽孟冬無或敢侵|衆庶兆民注○|減也廣雅釋詁二○|分也國策秦策夫齊|地而封田嬰注○|殺也淮南本經衣無隅差之|注○|猶殺也儀禮喪服記外|幅注○|弱也呂覽觀表魏國從此|矣注○|謂|去華嚴經音義上引漢書衛靑傳音義○|謂除去其惡荀子臣道事暴君者有補|無撟拂注○名過其實者|說苑政理○|雕|毀其雕巧之具也管子五輔刻鏤|注○|謂簡也一曰|書刀也後漢蘇竟傳注○|則札也後漢楊田傳注○或卽謂札爲|顏氏家訓書證○|然反琴聲莊子讓王|然反琴而弦歌釋文引李注○刀其室曰|陗也其形陗殺裹刀體也釋名釋兵○劒|自闕而東謂之|方言九○|偃曲却刃考工記築氏築氏爲|馬注○|格所以施羅網也莊子胠篋|格羅落罝罘之知釋文引李注○|成今山形上大下小峭峻也山海經西山經太華之山|成而四方注○|杖桐也儀禮喪服傳又禮記喪服小記○|與峭同文選四子講德論宰相刻|注○易剝注剝猶|也釋文|本作消○莊子讓王|然反琴而弦歌釋文|亦作梢

鐸|鈴也廣雅釋器又通典引王肅禮記注○|今之鈴北堂書鈔引阮諶周禮圖○|大鈴也振之以通鼓周禮鼓人以金|通鼓注○|施號令而振之也文選吳都賦命官帥而擁|劉注○|木鈴也金口木舌爲|所以振告萬民也淮南時則振|以令於兆民注○|木鈴也金口木舌爲木|金舌爲金|呂覽仲春奮|以令于兆民注○|鈴金口木舌淮南氾論告寡人以事者擊|注○木|金鈴木舌所以振文教書允征遒人以木|徇于路傳○木|木舌也文事奮木|武事奮金|周禮小宰徇以木|注○|度也號令之限度也釋名釋兵

灼|燒也素問五常政大論其用燔|注○|爇也廣雅釋詁二○|燃也淮南氾論不可|也注○|炙也漢書江充傳集注○|炙也楚辭怨世唐虞點|而毀議注○|謂燔也史記龜策傳徼絲|之索隱○|驚也方言十三○|盛貌也文選射雉賦|繡頸而衮背徐注○|明也廣雅釋訓○|明白貌漢書外戚傳下集注○|爍艷色也文選蜀都賦暉麗|爍劉注○|○|華之盛也詩桃夭||其華傳

鑿|有所穿|也釋名釋用器○|穿也廣雅釋詁三又淮南氾論喉中有病無害於息不可|也注○|竅也荀子哀公五|爲正注○|開也漢書張騫傳集注引蘇林○|造意也公羊成十三年傳公|行也釋文○|猶更造之意公羊成十三年傳注○||鮮明貌詩揚之水白石||傳○|齒亦人也齒如|山海經海外南經|齒持盾注○|精米也詩生民箋趣于|也釋文左傳桓二年粢食不|釋文○|頭生毀顏氏家訓書證○晉出公名|見史記索隱六國表作錯

郤 俗作却○丨退也國策秦策一怠戰慄而丨注又漢書郊祀志下集注項籍傳集注衡山王賜傳集注路溫舒傳集注兒寬傳集注東方朔傳集注諸葛豐傳集注谷永傳集注史丹傳集注匈奴傳上集注閭粵王傳集注王莽傳上集注○丨遐也廣雅釋言○却退也後漢史弼傳注又楚辭愍命却騏驥以轉運兮注又文選東京賦却走馬以糞車薛注○丨讓也廣雅釋詁二○却猶止也呂覽用民遽擊金而却之注爲欲不敢却也注○却除也老子却走馬以糞釋文○郤逆之也呂覽任地使其民而郤之注○郤閑也素問四時刺逆從論血氣內却注○丨息也莊子天道今吾心正丨矣釋文○丨閒也禮記曲禮下相見于丨地曰會注又莊子養生主批大丨釋文引崔李注德充符使日夜無丨釋文引李注○郤問也問書寳典喜怒不郤注○郤閑也列子黃帝其神无郤釋文○郤中委中也素問刺腰痛篇刺其郤中注○丨行蠙衍之屬考工記梓人丨行仄行注○古文丨爲綌儀禮士昏禮丨于敦南注○郤古䣞隙字也文選重答劉秣陵沼書雖隙駟不留注○郤義與隙同孟子音義下引丁音○莊子知北遊若白駒之過丨釋文丨本作隙○莊子人閒世吾行丨曲釋文丨字書作只

絡 丨綆也廣雅釋器○丨絹也同上○丨猶經丨也後漢隗囂傳注○丨謂正經之傍支素問繆刺論故丨病者注○支而横者爲丨素問調經論則爲其小丨之血注○丨維絡也論語摘輔象地典受州丨注○丨纏也廣雅釋詁四○丨猶遶也山海經海內經有九邱以水丨之注○丨縛也楚辭招魂鄭緜丨些注○丨網也文選西京賦衍地丨薛注○丨支脈也素問五常政大論其實丨濡注○自關而東周洛韓魏之間綆或謂之丨方言五○丨襆張羅貌也後漢馬融傳注○丨幕施張之貌也文選蜀都賦罻羅丨幕劉注○丨頭幧頭也廣雅釋器○丨頭帞頭也自關而西秦晉之郊曰丨頭方言四○丨讀道路之路謂車之垂丨也淮南覽冥黃雲丨注

鵲 丨巢言國君夫人之德儀禮鄉飲酒禮乃合樂注燕禮遂歌鄉樂注○丨字林作䧿詩鵲巢釋文

度 丨丈尺也周禮內宰出其丨量淳制注司市掌市之治敎政刑量丨禁令注大行人同丨量注又禮記王制丨地注用器不中丨注丨量數制注大傳立權丨量注又孟子梁惠王上丨然後知長短注又淮南時則令官市同丨量注○丈尺曰丨禮記月令同丨量注○丨尺丈也荀子榮辱循法則丨量形辟圖籍注又呂覽仲春同丨量注仲秋則一丨量注○丨尺寸也國語晉語不能深知君之心丨注○丨尺也書舜典同律丨量衡釋文○丨謂丈尺高卑廣狹也禮記明堂位頒丨量注○量丨者若今處斗斛及丈尺也周禮司市量丨者注○丨量也禮記王制丨地居民釋文又左氏文十八年傳事以丨功注又漢書楊雄傳上集注又列子說符丨諸法士賢人之言釋文又素問經脈別論揆丨以爲常也注○丨謂量也素問三部九候論必先丨其形之肥瘦注○丨謂丨量也素問血氣形志篇先丨其兩乳間中折之注○丨擬量丨比擬也文選長笛賦剌揆丨擬注○丨揆也國語晉語君不丨而賀注謀丨而行注○以人自觀謂之丨賈子道術○丨謀也爾雅釋詁又詩皇矣丨其鮮原箋又儀禮士喪禮丨茲幽宅兆基注又禮記坊記丨是鎬京注又左氏哀十一年傳圍豈敢丨其私注又家語正論民狎而翫之注○丨亦謀也詩皇矣爰究爰丨箋○丨造謀也書呂刑何丨非及馬注○咨禮爲丨左氏襄四年傳○咨義爲丨國語魯語○心能制義曰丨左氏昭廿八年傳又詩皇矣帝丨其心傳○咨禮義所宜爲丨詩皇皇者華周爰咨

丨傳○丨丨計也禮記少儀不丨民械釋文又國策齊
策臣竊丨丨之注又漢書食貨志下集注溝洫志集注
張湯傳集志張騫傳集注二見終軍傳集注趙充國
傳集注翼奉傳集注○丨計丨也後漢李通傳注○
丨法也文選東京賦不丨不臧薛注○丨己猶正己
也荀子非相君子之丨己則以繩注○丨居也詩緜
丨之蘉蘉傳皇矣爰究爰丨傳又左氏文十八年傳
不丨于善注又小爾雅廣言又漢書韋元成傳集注
敘傳下集注又後漢班彪傳下注又太元元告周行
九丨注又莊子則陽而上皆丨釋文又文選典引正
位丨宗蔡注○丨凥也方言三○丨就也廣雅釋詁
三○丨塡也詩緜丨之蘉蘉韓詩又釋文○丨猶投
也詩緜箋○僉宋魏之間或謂之丨方言五○丨者
得其病處以四時丨之也素問病能論○古文宅丨
同漢書韋元成傳集注○書呂刑何丨非及史記周
本紀作何居非其宜○左氏隱十一年傳山有木工

則丨之爾雅
釋器注作㓹

諸 丨譍也廣雅釋詁一○丨應聲也詩閟宮莫敢不
丨箋○丨許也荀子王霸刑賞已丨注○丨猶許
也論語顏淵子路無宿丨皇疏○丨者受語辭公羊
宣十五年傳司馬子反曰丨注○丨順呂覽知士剸
貌辨荅曰敬丨注○丨止不出孟子梁惠王下公曰
丨注○丨已皆自畢語公羊僖元年傳此奚斯之聲
也丨
已注

蕚 集韻或从噩○承華者曰丨齊民要術十引詩義
疏○蘁當爲驚愕之愕列子周穆王二曰蘁夢注

橐 丨囊也廣雅釋器又後漢馬融傳注○丨囊也無
底曰囊有底曰丨國策秦策負書擔丨注○丨囊
之無底者也一切經音義一引蒼頡○無底曰丨史
記酈生陸賈傳索隱引埤蒼○小曰丨詩公劉于丨

于囊傳○丨衣囊左氏僖卅八年傳甯子職納丨饘
焉注○丨排丨也老子其猶丨籥乎王注○丨冶鑪
排丨也淮南本經鼓丨吹埵以消銅鐵注○丨冶鑄
者用以吹火使炎熾文選文賦同丨籥之罔窮注○
丨丨用力也詩斯干椓之丨丨傳○丨土謂其土多
竅穴若丨多竅管子地員丨土蟲易全處注○丨或
作櫜晉書音義上○詩斯干釋文丨本作柝○爾雅
釋畜注狀如丨駝釋文丨又作駞○童子逢盛碑才
亞后橐
丨作囊

漠 丨沙丨也後漢杜篤傳注又楚辭疾世踰隴堆兮
渡丨注○沙土曰丨後漢竇憲傳注西域傳注○
丨靜也漢書賈誼傳集注○丨清也爾雅釋言○丨
然清貌爾雅釋言樊注○丨謀也爾雅釋詁○丨心
之謀也爾雅釋詁舍人注○丨病也史記扁鵲倉公
傳爪幕索隱○丨丨合也楚辭疾世壓丨丨兮木睎

注○丨丨無聲也荀子解蔽聽丨丨而以爲呴呴注
○沖丨沖虛恬丨也文選七命沖丨公子含華隱曜
注

鑰 集韻闢或从金○投謂之闢廣雅釋室○戶丨自
關而東謂之鍵自關而西謂之丨方言五○闢古
文丨同一切經音義二○孝經
注開入闔闢釋文闢本作丨

著 丨附也國語晉語底丨滯淫注又太元元攡必丨
乎情注○丨相附丨也一切經音義三引字書○
丨之言處也禮記樂記樂丨大始注○丨位次左氏
昭十二年傳則固有丨矣注○丨罇也廣雅釋器○
箸者樽也史記十二諸侯年表紂爲象箸而箕子唏
索隱○丨般尊也禮記明堂位○丨丨地無足禮記
明堂位注○丨尊者丨略尊也或曰丨尊丨丨足無地
周禮司尊彝其朝獻用兩丨尊司農注○丨丨充之以

絮也儀禮士喪禮｜組繫注○浮｜水也廣雅釋水
○｜音｜幘之｜漢書景帝紀集注引蘇林○爾雅
釋天在戊曰｜雍
釋文｜本作祝
【虐】｜暴也書金縢遘厲｜疾傳○｜害也淮南覽冥
天而不夭於人｜也注氾論刑推則｜注○虐惡
也廣雅釋詁三○賊善曰｜楚辭沈江紂暴｜以失
位兮注○兄敬愛弟謂之友反友爲｜賈子道術○
書洪範無｜煢獨史記宋
微子世家作無侮鰥寡
【掠】｜取也左氏昭十四年傳己惡而｜美爲昏注又
小爾雅廣詁○｜奪取也左氏昭廿年傳輸｜其
聚注○｜謂棰治人禮記月令毋肆｜注○｜問也
謂搒棰治人也一切經音義九引蒼頡○槌而死曰
｜｜狠也用威大暴如豺狼也釋名釋喪制
○｜作剠用力灼反一切經音義十引聲類

【穫】｜刈也廣雅釋言○｜艾也詩大東無浸｜薪傳
○穀曰｜離騷願俟時乎吾將刈注○｜禾可｜
也詩七月八月其｜傳○｜收也國語吳語以歲之
不｜也注○｜得也呂覽審時稼就而不｜注○詩
臣工傳銍｜也釋文｜本作鑊○爾雅釋詁注｜禾
爲穧釋文｜本作獲○爾雅釋地周有焦｜釋文｜
又作
護
【泊】｜猶靜也後漢蔡邕傳注○｜汁也後漢邊讓傳
注○嶕峭竹密貌漠與嶕同｜與峭同文選洞簫
賦密漠｜以歡豫注○｜與薄古字通文
選謝惠連西陵遇風詩曲汜薄停旅注
【搏】｜擊也廣雅釋詁三又史記魏其武安侯傳夫醉
｜甫索隱衞將軍驃騎傳｜戰獲王索隱又漢書
項籍傳集注司馬相如傳上集注主父偃傳集注王
尊傳集注又後漢荀彧傳注○｜手擊也荀子正論

詈侮捽｜注○｜手｜也穀梁僖元年傳屏左右而
相｜釋文○｜鬭也荀子富國是猶烏獲與焦僥｜
也注○｜猶攫也取也史記李斯傳盜跖不｜索隱
○｜取也左氏莊十一年傳若顓孫生｜之注○｜
之言拍也考工記總目｜埴之工二注○｜猶脅也
山海經西山經東望恆山有窮鬼居之各在一｜注
○｜博也四指廣｜亦以擊之也釋名釋姿容○｜
以手擊水孟子音義下引張音○｜撫皆拾取之名
文選西京賦撫紫貝｜耆黿薛注○｜負負荷而欑
｜也文選魯靈光殿賦互黝糾而｜負注○屏或曰
不借齊人云｜腊｜腊猶把作麤貌也釋名釋衣服
○｜壁以席｜著壁也釋名釋牀帳○｜拊以韋爲
之實之以糠所以節樂書益稷｜拊琴瑟傳○｜拊
以韋爲之裝之以糠所以節樂書益稷鄭注○拊｜
以葦爲之充之以穅形如小鼓禮記明堂位拊｜玉
磬揩擊注○｜拊以韋盛穅形如鼓以手拊拍之也

釋名釋樂器○｜飛而上也莊子逍遙遊｜扶搖羊
角而上者釋文引司馬注○｜拊翼徘徊而上也莊
子逍遙遊釋文引崔注○｜黍鳥名也詩葛覃傳黃
鳥｜黍也釋文○｜當爲膊諸城上之膊字之誤也
周禮掌戮掌斬殺賊諜而｜之注○｜字或作博漢
書高惠高后孝文功臣表集注二見貨殖傳集注○
｜之丁作搏孟子音義下○詩無羊箋｜禽獸以來
歸也釋文｜本作捕○禮記月令注｜鍵器也釋文
｜本作傳○禮記月令注｜勞釋文｜本作伯○
左傳昭十七年注水火合而相｜釋文｜本作薄
【籥】｜如笛三孔禮記少儀筴｜注又穆天子傳六竽
｜注○｜如篴三空周禮笙師掌教龡竽笙塤｜｜
籥篪篴管舂牘應雅注○｜三孔也爾雅釋樂大｜
謂之產釋文○｜如笛六孔後漢郎顗傳注邊讓傳
注○｜六孔詩簡兮左手執｜傳○｜籥或曰｜若
笛短而有三孔孟子梁惠王下管｜之音注○｜管

也詩賓之初筵|舞笙鼓箋又左氏宣八年傳萬入
去|注又穀梁宣八年傳萬入去|注○|籥也廣
雅釋器○|樂器詩鼓鐘以|不僭釋文○|樂之
器風俗通聲音○|樂|也老子其猶橐|乎王注
○|躍也氣躍出也釋名釋樂器○|以竹爲之長
三尺執之以舞詩簡兮釋文○|所吹以節舞也吹
|而舞文樂之長公羊宣八年傳|者何注○|舞
者所吹周禮春官序君|師注○||舞也禮記檀
弓下萬入去|注○|者何|舞也公羊宣八年傳
○|舞文舞也詩鼓鐘以|不僭箋○夏|文舞也
禮記仲尼燕居夏|序興注○|章吹|以爲詩章
周禮春官序官|章注○關西以書篇爲書|一切
經音義二引纂文○|書儀笘也一切經音義二引
字林○|藏卜兆書管書金縢啟|見書馬注○|
開藏之管也書金縢鄭注○管|搏鍵器也禮記月
令愼管|注○鍵謂之|小爾雅廣服○齊魯之間
名門戶及藏器之管曰|文選鮑明遠樂府注引
易鄭注○爾雅釋樂大|謂之產釋文|本作籥

崿 |崖也文選西京賦注引文字集略

鍔 |刃也後漢竇憲傳注○|刃刃也文選七命注
引聲類○|劒刃也莊子說劒齊岱爲|釋文引
司馬注○|劒稜也同上○||
列列皆高貌文選西京賦薛注

藿 |豆葉也儀禮公食大夫禮記牛|注又楚辭愍
命菽藜|與蘘荷注○|豆大戴記曾子制言下
聚橡栗藜|而食之注○豆角謂之莢其葉謂之|
廣雅釋草○|草名也楚辭天問莆|是營注○|
猶苗也詩白駒食我場|傳○|蠋豆|中大青蟲
也莊子庚桑楚奔蜂不能化|蠋釋文引司馬注

嚼 |咀也爾雅釋獸注復出|之釋文引字書又一
切經音義十六引字林○咀齧曰|一切經音義
六引通俗文○噍茹也廣雅釋言○|削也稍削也
釋名釋言語○|飲酒相强之辭也後漢竇武傳注
○|音才弱反一切
經音義六引通俗文

杓 |引也史記天官書|雲如繩者索隱引淮南許
注○莊子庚桑楚我其|之人耶釋文引向云馬
氏作
魡

勺 |一升考工記梓人○|尊升也考人記梓人注
○|尊升所以斢酒也儀禮士冠禮賓|注○|
謂酒尊中|也考工記玉人黃金|杜注○酌器所
用注尊中者周禮酒正皆有酌數注○|言能斟|
先祖之道也風俗通聲音○|頌篇告成大武之樂
歌也儀禮燕禮記若舞則|注○|沾也楚辭招魂
瑤漿蜜|注○|藥熱貌文選思元賦心|藥其若
湯舊注○|水出陽城山水經注廿二引字林○|

藥香草詩溱洧贈之以|藥傳○|藥離草也言將
離別贈此草也詩溱洧釋文引韓詩○支離之山有
鳥焉其名曰嬰|其尾若|山海經中山經○若|
似酒|形山海經中山經注○|讀曰酌漢書禮樂
志集注三見○|故書或作約杜子春云當爲|考
工記玉人黃金|注○詩賓之初筵發彼有|釋文
|本作的○詩旱麓箋黃
金爲|釋文|本作杓

簙 |弈也廣雅釋言○|謂之蔽秦晉之間謂之|
吳楚之間或謂之|毒方言五○|箸一名箭方
言五|或謂
之箭裏注

酪 |漿也廣雅釋器○|漿酢家語問禮以爲醴||
注○|酢截禮記禮運以爲醴|注雜記食鹽||
可也注○|澤也乳汁所作
使人肥澤也釋名釋飲食

謔｜浪笑敖戲｜也爾雅釋詁○｜戲｜也爾雅釋
詁舍人注○｜｜然喜樂詩板無然｜｜傳○｜
｜謔謔崇讒慝也爾雅釋訓○
｜｜盛烈貌爾雅釋訓舍人注

廓｜空也一切經音義十二引字林○廓空也廣雅
釋詁三○｜虛也淮南精神處大｜之宇注○｜
大也爾雅釋詁又文選西京賦｜開九市薛注○｜
張之大也爾雅釋詁孫注○｜落亦爲大也爾雅釋
詁注○張小使大謂之｜方言一○｜張也淮南原
道｜四方注○｜開也禮記檀弓祥而｜然釋文○
｜猶開也文選海賦｜如靈變注○｜寛也華嚴經
音義下引通俗文○｜無方太元元錯○｜外邊太
元元衝○｜猶規也文選東京賦是｜是極薛注○
｜除貌文選長楊賦｜然已昭矣注○剝削自闢而
東或謂之｜方言九○老子我獨
｜今其未化釋文｜河上本作泊

綽｜寬也孟子公孫丑下豈不｜｜然有餘裕哉注
又文選洛神賦柔情｜態注○｜｜寬也詩角弓
｜有裕傳○｜｜寬大也詩角弓釋文○｜寬
裕貌也禮記坊記｜｜有裕注○｜緩也詩淇奧寬
兮｜兮傳又漢書禮樂志集注○｜猶多也楚辭大
招滂心｜態注○｜約美貌文選舞賦｜約閒靡注
○｜約柔弱也荀子宥坐淖約微達似察注○｜約
婉約也文選上林賦便嬛｜約郭注○｜人人名山
海經大荒北經修鞈殺｜人注○左傳襄廿五年孟
公｜釋文｜本作卓哀九年公孟｜辭師于吳釋文
｜本作卓○莊子大宗師｜
乎其殺也釋文｜崔本作淖

霍｜之爲言護也言太陽用事護養萬物也白虎通
巡狩○｜者萬物盛長垂枝布葉｜然而大風俗
通山澤○南嶽謂之｜者｜護也言陽氣用事盛夏
之時護養萬物故以爲稱御覽引崔靈恩禮記義宗
○｜山爲南嶽爾雅釋山○｜山在冀周禮職方氏
其山鎮曰｜山注○大山宮小山｜爾雅釋山○｜
國今在平陽永安縣西南有城穆天子傳五｜侯舊
告薨注○｜疾貌也文選七發｜然病已注○詔｜
疾貌文選廿泉賦翕赫曶｜注○｜濩盛貌文選琴
賦｜濩紛葩注○｜焉猶渙焉也荀子議兵｜焉離
耳注○公羊僖廿一年
會于｜穀梁作會于雩

爍｜消也莊子胠篋下｜山川之精釋文引崔注○
｜言消也素問逆調論是人當肉｜也注○｜亦
熱也文選七發燀｜熱暑注○｜燒斷之也莊子胠
篋｜絕竽瑟釋文引崔注○｜崩竭也莊子胠篋下
｜山川之精釋文引司馬注○詩桑柔傳劉暴｜而
希也釋文｜本作樂又作落○考工記總目｜金以
爲刃釋文｜本作鑠○莊子胠篋下
｜山川之精釋文｜崔向本作櫟

鑊｜無足曰｜淮南說山嘗一臠肉知一｜之味注○
｜亨牲器也周禮大宗伯省牲｜注○｜所以煮
肉及魚腊之器既孰乃脀于鼎周禮亨人掌共鼎｜
注○呼｜字爲霍字故以金旁作霍代｜字顔氏家
訓書證○爾雅釋訓是
乂是｜釋文｜本作濩

莫｜無也書伊訓亦｜不寧傳又詩谷風德音｜違
箋天保以｜不庶箋沔水｜肯念亂箋楚茨式禮
｜愆箋角弓｜肯下遺箋行葦｜遠具爾箋抑｜捫
朕舌傳蕩曾是｜聽箋時邁｜不震疊韓詩又禮記
檀弓上｜相弔位焉注又論語雍也何｜由斯道也
皇疏述而文｜吾猶人也皇疏憲問｜我知也夫皇
疏陽貨何｜學夫詩皇疏又廣雅釋言又華嚴經音
義上引珠叢又國語周語｜匪爾極注又國策秦策
｜言大王之法注又後漢李固傳注又孟子萬章上
｜之爲而爲者注盡心上｜非命也注又莊子山木

而獨與道遊于大丨之國釋文又呂覽禁塞則禍丨大焉注又淮南本經機械詐僞丨藏於心注又文選東京賦以丨己若也薛注○丨无也易遯丨之勝說虞注益丨益之虞注漸終丨之勝虞注○靡丨皆無也詩雲漢寧丨我聽箋○丨丨大也小爾雅廣詁又史記廉頗藺相如傳皆輸入丨府集解引如淳張釋之馮唐傳上功丨府索隱又漢書李廣傳集注引晉灼又後漢吳漢傳注又莊子逍遙游廣丨之野釋文引簡文注又淮南脩務丨翼大心撫其御之手注○丨定也詩皇矣貉其德音釋文引韓詩又漢書敘傳上集注又莊子大宗師丨然有閒釋文引崔注○丨靜也漢書外戚傳下集注○丨強也廣雅釋詁一○丨稚也廣雅釋言○丨去也廣雅釋詁二○丨布也廣雅釋詁三○丨散也文選關中詩注引韓詩章句○丨猶削也管子制分屠牛坦解九牛而刀可以丨鐵注○丨漠也怕也廣雅釋言○丨然疑之莊子人間世妄則其信之也丨注○丨虛無也禮記禮運是爲合丨注○丨無所貪慕也論語里仁無丨也鄭注○適丨猶厚薄也論語里仁無適也無丨也皇疏○丨丨寂寞言閑也荀子成相悖亂昏丨不終極注○丨丨茂也廣雅釋訓又文選蜀都賦秔稻丨丨劉注○丨丨塵埃貌漢書楊雄傳上集注○丨丨成就之貌詩葛覃維葉丨丨傳○坎爲廣丨風太元丨丨擬之八風注○煮繭曰丨丨幕也貧者著衣可以幕絡絮也釋名釋采帛○丨邪大戟也史記屈原賈生傳丨邪爲鈍集解引許慎○丨貈蟷蜋蛑爾雅釋蟲○詩巧言聖人丨之釋文丨又作漠一本作謨禮記內則注魄丨也釋文丨本作漠莊子齊物論注取其寂丨之情耳釋文丨本作漠○爾雅釋蟲釋文丨或作蟆○詩巧言聖人丨之漢書敘傳注作聖人謨之○詩皇矣求民之丨漢書作求民之瘼○國策楚策丨敖子華漢書古今人表作鄭敖子華

鑠 丨銷也漢書叔孫通傳集注又楚辭惜誦故衆口其丨金注招魂流金丨石些注○丨消也國語周語衆口丨金注又史記魯仲連鄒陽傳衆口丨金索隱引賈逵○丨消丨也國策秦策秦先得齊宋則韓氏丨注○丨磨也廣雅釋詁三○丨摩也方言七○火與金合爲丨漢書天文志○丨美也爾雅釋詁又詩酌於丨王師傳又左氏宣十二年傳於丨王師注又漢書楊雄傳上集注楊雄傳下集注引張晏又後漢竇憲傳注班彪傳下注又太元斷乃後有丨注○丨言光明也方言二䁔瞳之子宋衛韓鄭之閒曰丨注○丨雙也宋衛韓鄭之閒曰丨方言二○丨與爍同文選長笛賦或丨金礱石注

繳 丨弋射也史記留侯世家雖有矰丨集解引韋昭○丨弋綸也文選吳都賦精衛銜石而遇丨劉注○丨大綸淮南說山好弋者先具丨與矰注○丨生絲縷也易遯正義引字林○丨以縷係箭而射者也後漢趙壹傳注○丨繫箭線也文選鷦鷯賦然皆負矰纓丨注○丨以繫箭也後漢班彪傳上注○繫纏也廣雅釋詁四○論語述而集解以丨繫釣釋文丨本作綸

諤 丨丨語也廣雅釋訓○費汜碑蹇鄂質直丨作鄂

鄂 丨垠也漢書楊雄傳上集注○丨垠丨也文選甘泉賦紛披麗其亡丨注景福殿賦齬坻丨之鏘鏘注○丨直言也文選長笛賦注引字林○丨直也從邑者乃地名也非此所施也文選長笛賦不占成節丨注○丨猶丨丨然言外發也詩常棣丨不韡韡傳○丨丨辨厲也大戴記曾子立事是故君子出言以丨丨注○作丨零落也萬物皆隕落淮南天文作丨之歲注○承華者曰丨詩常棣箋○丨柞格所以誤獸也國語周語弆丨注○丨與萼同文選江文通雜體殷東陽詩青松挺秀萼注○詩常棣丨不韡韡說

文咢部作蕚不韡韡○禮記坊記注不用丨丨釋文
丨本作諤○史記魯仲連傳丨丨侯徐廣注一作邪一
作邪

亳 丨郎殷也殷都于丨故因謂之丨穀梁哀四年傳
丨亡國也注○丨今河南偃師縣有湯亭書帝告
釐沃序湯始居丨鄭注○丨地名詩元鳥箋始居丨
之殷地釋文○周謂亡殷之社爲丨社周禮士師若
祭勝國之社稷注○穀熟爲南丨水經淮水注引帝
王世紀○三丨蓋東成皐南轘轅西降谷也書立政
三丨鄭注○左氏襄十一年同盟于丨城北公羊穀
梁作京城北○左氏哀四年丨社災公羊作蒲社災

恪 丨敬也爾雅釋詁又詩那執事有丨傳又左氏昭
七年傳叔父涉丨注又國語周語傑莫不任肅純
丨也注魯語執事有丨注又漢書王莽傳中集注敘
傳下集注又家語困誓執事有丨注○丨恭也一切

經音義三引字林○丨古文作愙一切經音義三
○魏修孔子廟碑追存二代三恪之禮丨作愘

攫 丨搏也莊子徐無鬼釋文引三蒼又淮南說山
羆之動以丨搏注脩務奮翼丨肆注○丨取也莊
子讓王左手丨之則右手廢釋文引李注○丨撮也
淮南覽冥鷙鳥丨老弱注精神造化者之丨援物注
○攫去也大元瑩故不攫所有注○手把曰丨一切
經音義廿五引通俗文○丨拏相搏持也文選魯靈
光殿賦奔虎丨拏以梁倚注○攫橐含爾雅釋草○
周禮獸人注備獸觸丨釋文丨本作攫○公羊莊十
二年注乳犬丨虎
釋文丨本作持

涸 丨竭也爾雅釋詁又禮記月令水始丨注又國語
周語天根見而水丨注晉語故川丨山崩注又史
記封禪書秋丨凍索隱引字林又管子牧民積于不
丨之倉注又呂覽仲秋水始丨注又淮南俶眞三川
丨注○丨凝竭淮南時則水始丨注○丨盡也廣雅
釋詁一○丨水盡也文選文賦豁若丨流注○丨枯
也呂覽愼大商丨旱注○丨塞也楚辭謬諫孰江河
之可丨注○丨澤漉池也淮南主術不丨澤而漁注
○丨音下各反史記封禪書索隱引字林○丨讀與
冱同史記封禪書秋丨凍索隱引小顏○丨或作盛
淮南時
則注

汋 井一有水一無水曰瀱丨瀱竭也丨有水聲丨丨
也釋名釋宮室○丨澤也有潤澤也釋名釋形體
○丨爚菜也爾雅釋天注新菜可丨釋文○丨取也
莊子田子方夫水之于丨也釋文引李注○丨約好
貌楚辭哀郢外承歡之丨約兮注○丨讀如
酌酒尊中之酌周禮士師一曰邦丨司農注

彴 丨獨梁也廣雅釋室

鬻 同淪又同瀹○以湯煮物曰瀹一切經音義二十
五引通俗文○瀹煮也爾雅釋草釋文引字林○
瀹治也孟子滕文公上瀹濟漯注○瀹漬
也莊子知北遊汝齊戒疏瀹而心釋文

瘧 丨病也左傳昭十九年許悼公丨釋文○丨酷虐
也凡疾或寒或熱耳而此疾先寒後熱兩疾似酷
虐也釋名
釋疾病

爚 丨光也史記屈原賈生傳爚融丨正氣引顧野王
○爚丨電光也文選兩都賦注引字指○震震丨
丨光明貌也文選西都賦注○丨散也莊子
胠篋而以丨亂天下者也釋文引司馬崔注

钁 丨大鋤也爾雅釋器釋文引字林○楷謂之丨廣
雅釋器○丨斫也淮南精神繇者揭丨注兵略剡
摲荼奮儋丨注○丨斫屬淮南
齊俗今之修干戚而笑丨插注

鴮 ｜鶘也廣雅釋鳥又文選鸚鵡賦彼鶖｜鶘鴻注○｜大鶘也後漢龐參傳注禰衡傳注○｜雝屬也山海經西山經欽鵄化爲大｜注

龠 千二百黍爲一｜說苑辨物

礿 同禴○禴祭也爾雅釋詁○夏祭曰｜爾雅釋天○夏祭曰禴穀梁桓八年經己卯烝注又說苑修文○夏曰｜公羊桓八年傳又春秋繁露深察名號○夏曰禴詩天保禴祠烝嘗傳○夏｜禮記明堂位○春曰祠夏曰｜禮記王制春曰｜注○禴夏祭名爾雅釋詁釋文○禴夏祭也易萃孚乃利用禴虞注升孚乃利用禴虞注既濟不如西鄰之禴祭虞注○｜宗廟之夏祭也周禮大司馬獻禽以享｜注○夏曰禴者麥熟進之白虎通宗廟○夏曰｜｜者以四月始食麥也春秋繁露四祭○麥始熟可汋故曰｜公羊桓八年傳夏曰｜注○夏約故曰｜貴所初｜也春秋繁露祭義○夏祭曰｜音藥｜薄也後漢明帝紀注○禴薄也夏時百穀未登可薦者薄也爾雅釋天夏祭曰｜孫注○｜者新菜可汋同上○禴祭之薄者也易既濟注○｜祭之薄者易既濟釋文○非時而祭曰禴易萃干注升干注○春祭曰｜禮記祭統○春曰｜禮記王制○禴殷春祭名易萃利用禴釋文○禴殷春祭名也四時祭之省者也易萃利用禴注○｜禴陽義也禮記祭統易萃釋文禴劉本作禴蜀才本作躍○易既濟不如西鄰之禴祭漢書郊祀志下作西鄰之瀹祭○詩天保禴祠烝嘗禮記王制注作｜祠烝嘗

郝 ｜｜耕也爾雅釋訓○釋釋猶藿藿解散之意爾雅釋訓｜｜耕也舍人注○國策楚策馮｜漢書古今人表作馮赫

屩 ｜草屩也｜蹻也出行著之蹻蹻輕便因以爲名也釋名釋衣服○｜鞋類也莊子天下以跂蹻爲服釋文○｜以藉鞋下也同上○麻曰｜莊子天下以跂蹻爲服釋文引李注○｜與蹻同同上

駱 白馬黑鬣｜爾雅釋畜○白馬黑鬣曰｜詩四牡嘽嘽｜馬傳駟有驒有｜傳又禮記月令駕白｜注明堂位夏后氏｜馬黑鬣注又呂覽孟秋駕白｜注○白馬黑毛曰｜淮南時則乘白｜注○白馬朱鬣｜廣雅釋畜○｜者越別名後漢馬援傳注○｜繹連續後漢郭伋傳注○｜驛不絕文選魯靈光殿賦縱橫｜驛注○｜驛不絕貌文選舞賦｜驛飛散注嘯賦聲｜驛而響連注○｜驛相連延貌文選洞簫賦或漫衍而｜驛兮注○｜漠｜驛汾漠奔馳之貌文選舞賦｜漠而歸注

膜 ｜幕也幕絡一體也釋名釋形體○｜謂鬲間之｜素問舉痛論｜原之下注○肓｜謂五藏之間鬲中｜也素問痺論熏於肓｜注○西｜沙漠之鄉穆天子傳二西｜之所謂鴻鷺注○｜音模穆天子傳二吾乃｜拜而受注

粕 ｜巳漉之精也淮南道應是直聖人之糟｜耳注○巳盞酒曰｜也一切經音義三引淮南許注○爛食曰｜文選文賦注引莊子司馬注

鏌 ｜釾劍也廣雅釋器○｜鄒大戟也後漢杜篤傳注○莊子達生復仇者不折｜干釋文｜本作莫

飥 餅謂之｜方言十三

遌 遻見也爾雅釋詁○｜遇也文選幽通賦乘高而｜神兮曹注思元賦幸二八之｜虞兮舊注○｜逢楚辭懷沙重華不可｜兮注○楚辭懷沙重華不可｜兮史記屈原賈生傳｜作牾

妁　丨酌也廣雅釋詁四○媒丨謂媒氏酌二姓之可否故謂之媒丨也孟子音義上引丁音

礴　丨與魄同文選吳都賦旁魄而論都注

鄗　丨口郭口獲二反左傳襄十九年釋文引字林

濼　丨貫衆爾雅釋草○溼丨謂似酸痛也而無力也素問骨空論溼丨脛痠不能久立注

褋　丨表也廣雅釋詁四又漢書敘傳上集注又文選幽通賦張修丨而內逼曹注

拓　丨舉也列子說符能丨國門之關注○丨猶折也後漢張衡傳注○丨開也小爾雅廣詁又後漢竇憲傳注○丨廣也廣雅釋詁一○丨落廣大之貌文選魏都賦或橫朗而丨落兮○丨落猶遼落不諧偶也文選解嘲何爲官之丨落也注○丨古文斥祏二形一切經音義二○列子說符釋文丨一作招

蠖　丨蚇丨爾雅釋蟲○丨詘行蟲蝍蝛也易繫辭下傳尺丨之屈侯果注○丨蟲名也易繫辭下傳釋文○丨於郭反爾雅釋蟲釋文引字林

鎛　丨鍾也國語晉語戚施直丨注○丨小鍾國語周語細鈞有鍾無丨注○丨如鍾而大周禮春官序官丨師注○丨者時之氣聲也節度之所生也白虎通禮樂○丨耨詩臣工庤乃錢丨傳○丨鉏也廣雅釋器又國語齊語挾其槍刈耨丨注又管子小匡挾其槍刈耨丨注○丨鉏屬國語周語日服其丨注○丨田器考工記總目粵無丨注○丨器田器錢丨之屬考工記輈人段氏爲丨器注○丨亦鋤田器也丨迫也迫地去草也釋名釋用器○丨今之金尊也淮南俶眞華藻丨鮮注

格　集韻或作落○落籬也廣雅釋室○丨鼓閣也史記梁孝王世家竇太后被丨索隱引周成雜字○丨起也史記天官書攝提丨歲索隱引李巡○丨止也漢書梁孝王武傳集注引張晏○丨拒也素問四氣調神大論是謂內丨注○丨彊悍也史記李斯傳嚴家無丨虜索隱○丨以銅爲之布火其下以人置上人爛墮火而死呂覽過理肉圃爲丨注○丨讀曰閣漢書義縱傳集注○費鳳碑歲格于大荒丨作俗

昨　丨隔日也文選悼亡詩注引蒼頡○夏曰復丨爾雅釋天○丨席於主階設席王所坐也周禮司几筵丨席亦如之司農注○丨讀曰酢周禮司几筵注○丨讀亦曰酢周禮司几筵丨席莞筵紛純注○丨讀爲酢字之誤也周禮司尊彝諸臣之所丨也注○爾雅釋天夏曰復丨釋文丨本作祚○爾雅釋天釋文丨本作胙

柝　周禮作欜○丨行夜木也後漢張衡傳注○丨守夜所擊木也文選東京賦故函谷擊丨於東薛注○丨戒守者所擊也周禮宮正夕擊丨而比之司農注○丨兩木相擊穀梁莊廿五年傳士擊丨注○欜兩木相擊以行夜也易繫辭下傳重門擊欜九家注○丨兩木相擊以行夜易繫辭釋文引馬注○丨以兩木相擊以行夜也左傳哀七年魯擊丨聞于邾釋文○擊欜兩木相敲行夜時也周禮挈壺氏縣壺以序聚欜司農注○欜謂行夜擊欜周禮脩閭氏掌比國中宿互欜者司農注○丨門關之木也或曰丨行夜所擊木也孟子萬章下抱關擊丨注○欜欜聲也廣雅釋訓○丨開也丨讀重門擊丨之丨也淮南原道丨八極注○欜他各反易繫辭釋文引字林○丨與欜同音文選西京賦城尉不施丨注○左傳哀七年魯擊丨聞于邾釋文丨本作欜

酢 丨報也爾雅釋詁又詩楚茨萬壽攸丨傳瓠葉酌言丨之傳又儀禮鄉射禮東南面丨主人注又國語周語獻酬交丨也注○醋報也儀禮士虞禮尸以醋主人注特牲饋食禮尸以醋主人注○報祭曰丨書顧命秉璋以丨傳○客報主人曰丨廣韻引蒼頡○客酌主人酒名曰丨者報也文選魏都賦蓋亦明靈之所酬丨劉注○進酒于客曰獻客荅之曰丨詩行葦或獻或丨箋○丨所以丨主人也丨或爲作禮記少儀介爵丨爵僎爵皆居右注○而丨報飲王也周禮大行人王禮再祼而丨司農注○陰來爲丨易繫辭上傳是故可與酬丨九家注○飢自關而東或謂之丨餾方言五○古文醋作丨儀禮特牲饋食禮尸以醋主人注○今文醋曰丨儀禮有司徹尸以醋主婦注○丨或爲作禮記少儀介爵丨爵僎爵皆居右注○易繫辭酬丨釋文丨京本作醋○論語八佾集解其獻丨之禮釋文丨本作酬

臛 無菜曰丨楚辭招魂露雞丨蠵注

醵 丨飲也廣雅釋詁四

蘀 丨落也詩七月十月隕丨傳鶴鳴其下維丨傳又廣雅釋木○丨槁也詩蘀兮丨兮丨兮傳

蹻 丨健也廣雅釋詁二○丨蹻也廣雅釋詁三○丨蹻也山之東西或曰丨方言七○御丨燥蹻貌方言七注○丨謂舉也素問鍼解巨虛者丨足注○丨謂如丨捷者之舉動手足素問金匱眞言論冬不按丨注○丨丨壯貌詩崧高四牡丨丨傳○丨丨憍也爾雅釋訓○丨丨驕貌詩板小子丨丨傳○丨字本作屩漢書卜式傳集注○漢書古今人表嚴丨後漢南蠻傳作豪淮南主術作蹻○丨字企足見呂覽異用

斫 揚越之郊凡人相侮以爲無知或謂之丨方言十○丨卻丨頎直之貌今關西語亦皆然方言十注

摸 丨撫也方言十三○丨捺也一切經音義丨八引字林○丨索捫搎也一切經音義十六引埤蒼○張小使大謂之丨廓陳楚之閒謂之丨方言一

蠚 亦作蠚○丨螫也漢書田儋傳集注引應劭○丨毒也漢書蒯通傳集注嚴助傳集注○丨蟲行毒也一切經音義廿二引字林○丨痛也廣雅釋詁二○蠚痛也廣雅釋詁二

貉 丨似狐善睡獸也列子湯問丨踰汶釋文○貈似狐善睡爾雅釋獸釋文引字林○丨狐之類丨貒狸也初學記引劉楨毛詩義問○今江東呼丨爲貅貗爾雅釋獸貈子貆注○于丨謂取狐狸皮也詩七月丨之日于丨傳○丨獸名詩七月釋文○丨獸名依字作貈考工記總目釋文○丨定也爾雅釋詁○

丨靜也同上○德正應和曰丨詩皇矣丨其德音箋○丨綸也爾雅釋詁○狢健也廣雅釋詁二○丨惡也廣雅釋詁三○言丨丨舉惡也白虎通禮樂○丨師祭也周禮肆師祭表丨注○北方曰丨狄周禮職方氏辨其邦國都鄙四夷八蠻七閩九丨五戎六狄之人民司農注○丨或作貊古字山海經中山經扶豬之山有獸焉其狀如丨注○丨讀爲十百之百周禮肆師祭表丨注○丨或爲貘考工記總目丨踰汶則死司農注○禮記中庸施及蠻貊釋文丨本作貊○詩伐檀箋丨子曰貆釋文丨本作貈周禮大司徒注貂狐貍丨之屬釋文丨本作貈禮記月令注狐丨之屬釋文丨本作貈論語子罕與衣狐丨者立釋文丨本作貈

雘 丨丨丹也廣雅釋器○丨善丹也書梓材惟其塗丹丨馬注○丨赤色者或曰美丹也音尺蠖之蠖山

海經南山經雜山多丹｜注○｜
讀與霍同書梓材釋文引字林
【愕】｜驚也廣雅釋詁一又文選西都賦注引字書又
後漢班彪傳上注○｜直言也文選三國名臣序
贊注引字書○｜與遻同文選高唐賦卒｜異物
注○｜或作咢同五各反一切經音義五引字書
【怍】｜慙也禮記曲禮容無｜釋文又論語憲問其言
之不｜集解引馬注又皇疏又廣雅釋詁一又荀
子儒效以相恥｜注○｜慚也後漢皇甫規傳注列
女傳注○怍慙也太元上階天不怍注○｜慙貌公
羊宣六年傳靈公心｜焉注○｜羞也後漢禰衡傳
注○｜顔色變也禮記曲禮上容毋｜注又後漢劉
元傳注○｜謂變其容貌管子弟子職顔色毋｜注
○色不和曰｜禮記祭義是故孝子臨尸而不｜注
○怍與｜同荀子
儒效無所儗怍注

【鞟】皮去毛曰｜詩韓奕｜鞹淺幭釋文又論語顔淵
語虎豹之｜集解引孔注○｜者皮去毛之稱也論
語顔淵皇疏○｜革也詩韓奕｜鞹淺幭傳又論語
顔淵鄭注又呂覽贊能乃使吏｜其拳注又楚辭離
世筐澤瀉以豹｜兮注○｜
羊也詩載驅簟茀朱｜釋文
【柞】｜櫟也詩緜｜棫拔矣箋又山海經西山經大時
之山上多穀｜注○｜木名詩采菽維｜之枝釋
文○｜邪斫木也後漢馬融傳注○除木曰｜詩載
芟載芟載｜傳○｜除木之名除木者必先刊剝之
周禮秋官序官｜氏注○長楊五｜並以樹名宮亦
猶陶氏以五柳立稱水經渭水注○｜與槎同文選
西京賦｜木翦棘注○｜讀爲音聲唶唶之唶屋笮
之笮周禮秋官序官｜氏司農注○｜讀爲迫唶之
唶考工記輪人轂小而長則｜司農注○｜
讀爲咋咋然之咋考工記梟氏後則｜注

【堊】｜白土也穀梁莊廿三年傳天子諸侯黝｜釋文
又一切經音義十一引蒼頡又列子周穆王黼｜
之色釋文○｜似土白色後漢呂強傳注○｜似土
色甚白山海經西山經大次之山其陽多｜注○｜
白也周禮司祧其祧則守祧黝｜之司農注○｜土
也山海經北山經澠水其中多黃｜注○｜塗也廣
雅釋室○牆謂之｜爾雅釋宮○黝｜｜室之飾也
牆謂之｜禮記喪大記既祥黝｜注○｜亞也次也
先泥之次以白灰飾之也釋名釋宮室○｜墁有泥
墁之也後漢尹敏傳注○黝｜或爲要期禮記喪大
記既祥黝｜注○周禮守祧則守祧黝｜之釋文
｜本作惡禮記雜記廬｜室之中釋文｜｜本作惡
【寞】｜靜也文選西征賦諒惠聲之寂｜注○老子宋
兮｜兮釋文｜河上本作寥○老子釋文｜鍾本
作廖

【笮】｜同笮○｜迮也編竹相連迫迮也釋名釋宮室○｜
｜謂壓｜也後漢耿恭傳注○｜矢箙也儀禮既
夕甲胄干｜｜注既夕記干｜注○其受矢之器織竹
曰｜相迫｜之名也釋名釋兵○引舟者曰笮笮作
也作起也起舟使動行也釋名釋船○｜黥刑也國
語魯語其次用鑽｜注○笮本爲｜晉書音義下○
｜與鑿音義同也文選長笛賦刻鏤鑽｜注○詩雨
無正箋其急｜且危急釋文｜本作迮○周禮司兵
注有甲胄干｜
釋文｜本作笮
【玃】獼猴八百歲化爲｜｜壽千歲一切經音義九引
抱朴子
【膊】｜迫也薄椓肉迫著物使燥也釋名釋飲食○｜
磔也左氏成二年傳殺而｜諸城上注○｜謂去
衣磔之周禮掌戮掌斬殺賊諜而搏之注○破鮑不
相離謂之｜史記貨殖傳索隱引聲類○｜脯也廣

雅釋器○丨兄也荆揚之鄙謂之丨方言十○丨曝也廣雅釋詁二○丨㬥也東齊及秦之西鄙言相㬥僇爲丨燕之外郊朝鮮洌水之閒凡㬥肉發人之私披牛羊之五藏謂之丨方言七

鑮 丨大鐘也爾雅釋樂注亦名丨釋文引字書○丨如鍾而大奏樂以鼓丨爲節儀禮大射儀其南丨注○丨鈴也廣雅釋器○丨四各反爾雅釋樂釋文引字林○丨當作鎛晉書音義上○儀禮燕禮注丨人鼓人釋文丨本作鎛大射儀其南丨釋文丨本作鎛

臄 口上曰丨詩行葦釋文引通俗文○丨函也詩行葦嘉殽脾丨傳○詩行葦釋文丨本作醵

斮 丨斬也爾雅釋器釋文引字林又漢書劉向傳集注引應劭楊雄傳集注○丨斫也爾雅釋器魚曰丨之樊注○丨斷也廣雅釋詁二○魚曰丨之爾雅釋器○爾雅釋器犀謂之丨釋文丨本作厝

嗼 丨舌也廣雅釋親

瘼 丨病也爾雅釋詁又詩四月亂離丨矣傳桑柔丨此下民傳又左氏宣十二年傳亂離丨矣注又後漢仲長統傳注又家語辨政亂罹丨矣注○丨病也東齊海岱之閒曰丨方言三○今江東呼病皆曰瘵齊東曰丨一切經音義十引三蒼

爝 丨炬火也淮南道應丨火甚盛注○丨人所然火也莊子逍遙游日月出矣而丨火不息釋文引向注○丨然也莊子逍遙游釋文引司馬注○丨火小火也後漢周衧傳注○莊子逍遙游釋文丨本作燋

蒻 丨草也其根名丨文選蜀都賦蒟丨茱萸劉注○丨丨席楚辭招魂丨阿拂壁注

魄 丨然安定意也書古太誓其聲丨馬注○丨有閒隙爾雅釋詁丨間也注

猎 丨音鵲宋良犬也初學記廿九引字林

烙 丨一作格晉書音義下

濼 丨在泚陽水經注廿九引字林

彠 集韻彠或从尋矢○丨度也廣雅釋詁一○彠度也離騷求矩彠之所同注○彠尺也後漢崔駰傳注○丨亦彠字文選長笛賦規摹丨矩注

葯 丨白芷也楚辭湘夫人辛夷楣兮丨房注○丨白芷香草也淮南脩務身若秋丨被風注○白芷其葉謂之丨廣雅釋草○丨蒻也同上○丨薄也方言十三○丨猶纏也方言十三注

灼 丨爇也廣雅釋詁二○丨古灼字漢書楊雄傳上集注又文選羽獵賦丨爍其陂注

鄗 丨者臛左氏哀四年傳釋文引郭璞解詁○丨音羹臛之臛漢書韓信傳集注引李奇○丨火沃反左氏哀四年傳釋文引字林

謞 謞謞丨丨崇讒慝也爾雅釋訓○丨丨盛烈貌爾雅釋訓舍人注

嗃 丨丨嚴也易家人家人丨丨侯果注○丨丨悅樂自得貌易家人釋文引馬注○丨大呼也文選長笛賦注引埤蒼○丨鳴也廣雅釋詁二○易家人釋文丨丨劉本作熇荀本作確

籰 亦作篗○篗椸也方言五○椸謂之篗廣雅釋器

熇 丨丨盛熱也素問瘧論無刺丨丨之熱注○丨丨甚熱狀素問刺瘧篇先寒後熱丨丨暍暍然注○丨丨然熾盛也詩板多將丨丨傳

厝 ｜古錯字漢書地理志下集注引晉灼

噩 ｜當爲驚愕之愕謂驚愕而夢周禮占夢二曰｜夢注○爾雅釋天太歲在酉曰作｜釋文｜本作咢○爾雅釋天在酉曰作｜史記麻書作作鄂索隱引李巡注亦作作鄂○漢書天文志在酉曰作詻殽阬碑光和四年作詻之歲｜作詻

咢 徒擊鼓謂之｜爾雅釋樂○徒擊鼓曰｜詩行葦或歌或｜傳○｜一作岌並冠高貌也後漢張衡傳注○｜字林作咢爾雅釋樂釋文○爾雅釋樂釋文｜本作鄂○史記楚世家熊｜索隱曰｜亦作噩○史記楚世家楚熊｜十二諸侯表作鄂

碏 左傳隱三年石｜漢公羊石經作石踖

矍 ｜視遽之貌後漢班彪傳下注○｜｜視也廣雅釋訓○｜｜中未得之貌易震視｜｜釋文引馬注○｜鑠勇貌也後漢馬援傳注○｜已謂有所有驚懼而問未止也管子戒君請｜已乎注

硌 ｜磊｜大石貌也山海經西山經上申之山多｜石注○｜｜長而多有貌也楚辭憫上山島兮｜｜｜注

各 ｜詞也廣雅釋詁四

皵 ｜皴也廣雅釋言○｜棤皮也爾雅釋木大而｜楸舍人注○棤皵爾雅釋木

猎 ｜或作猲音夕同山海經大荒北經有黑蟲如熊狀名曰｜｜注

踖 ｜猶超遽不暇以次公羊宣六年傳｜階而走注○公羊宣六年傳釋文｜與踧同又作趞

芍 ｜鳧茈爾雅釋草○｜藥一名辛怡亦香草屬山海經北山經繡山其草多｜藥注○｜藥以蘭桂調食也文選魯靈光殿賦注引伏儼子虛賦注

婼 左傳昭七年叔孫｜如齊涖盟公羊作叔孫舍

躩 ｜盤辟貌也論語鄉黨足｜如也集解引苞注又皇疏○｜速貌也論語鄉黨皇疏引江熙○｜疾行也莊子山木褰裳｜步釋文引司馬注○｜跳也漢書司馬相如傳下集注引張揖

糳 ｜精米也今江南謂師米爲｜音賴一切經音義十八引三蒼○糲米一斛舂八斗曰｜互注禮部韻略引字林○｜舂也廣雅釋詁四○｜小也廣雅釋詁二

踖 ｜耤也以足耤也釋名釋姿容

踱 徒跣作｜跣又作跅音大各反以脚踐土也一切經音義十四引三蒼

沰 ｜渚也詩終南顏如渥丹釋文引韓詩○｜磓也廣雅釋言

禚 ｜地名詩南山箋會齊侯於｜釋文○春秋莊二年經冬夫人姜氏會齊侯於｜論衡書虛作會齊侯于部○左傳莊二年夫人姜氏會齊侯于｜公羊作部莊四年公及齊人狩于｜公羊作部

𤻲 ｜病也廣雅釋詁一○｜病消｜也一切經音義五引三蒼

剫 木謂之｜爾雅釋器○｜判也廣雅釋言○｜分也廣雅釋詁一○爾雅釋器木謂之｜玉篇作木謂之梯

戄 集韻或作㦜○｜驚也一切經音義十一引蒼頡又廣雅釋詁一○｜敬貌也文選非有先生論於

是吳王丨然易容注

岿 丨嵍山不齊也文選南都賦注引埤蒼

鮥 丨鮇鮪爾雅釋魚○今宜都郡自京門以上江中通出鱏鱣之魚有一魚狀似鱣而小建平人呼丨子卽此魚也爾雅釋魚注○丨音格當魠也爾雅釋魚釋文引字林

都 丨楚邑楮斫反左傳僖廿五年釋文引字林○丨國名左傳僖廿五年釋文

燋 丨炬也所以燃火者也儀禮士喪禮楚焞置于丨注○丨所以然持火者子約反莊子逍遙遊釋文引字林○未爇曰丨禮記少儀執燭抱丨注○丨謂炬其存火周禮菙氏掌共丨契注○丨火謂小火也莊子逍遙遊日月出矣而爝火不息釋文引司馬注○丨當爲爟書亦或爲爟周禮夏官序官司爟杜注

○丨讀爲細目丨之丨或曰如薪樵之樵謂所爇灼龜之木也故謂之樵周禮菙氏杜注○儀禮士喪禮注燋火丨釋文丨本作燭

迮 丨起也倉卒意公羊襄廿九年傳今若是丨而與季子注○丨迫也後漢陳忠傳注

逴 丨驚也廣雅釋詁一○丨龍山名楚辭大招北有寒山丨龍赩只注

㲋 丨似菟而鹿脚山海經中山經綸山其獸多閭麈麢丨注

彍 彍同○引滿曰丨漢書吾邱壽王傳集注○彍張也廣雅釋詁一

玃 廣韻同玃集韻或从虫○丨父善顧爾雅釋獸○蠼龍之形貌也史記司馬相如傳蠼以連蜷索隱引韋昭○左氏成十七年傳郤子丨且漢書古今人表作玃且

皭 丨白也廣雅釋器○丨丨白也廣雅釋訓○丨疎靜之貌史記屈原賈生傳丨然泥而不滓集解引徐廣

鯌 鐇丨有橫骨在鼻前狀如斧斤江東呼斧斤爲丨故謂之鐇丨也此類有二十種各異名如鋸丨等鹵利如鋸卽名鋸丨也一切經音義二引薛翊異物志

○以下據廣韻錄

蕍 丨雀麥爾雅釋草

䵑 丨練也廣雅釋器○名丨自稱爲獡顏氏家訓音辭

蹫 集韻或从蘥○丨登也方言一○丨履也廣雅釋詁一○蹫行也方言十三○丨拔也廣雅釋詁三○蹫拔也出火爲蹫方言十三○蹫一作丨方言十三注

繳 丨絣也廣雅釋詁二

擽 丨讀爲落石貌也荀子王霸丨然扶持心國注

䂮 丨利也爾雅釋詁

䀩 丨視也廣雅釋詁一○丨視也吳揚曰丨方言六○丨眄也吳揚江淮之閒或曰丨方言二

㣿 丨驚也廣雅釋詁一○丨痛也廣雅釋詁二

謶 丨譋也廣雅釋言

篧 丨籅也廣雅釋器

䶂 丨音灼丨鼠出塞地爾雅釋獸釋文引字林

獡 丨虘也廣雅釋言○丨驚也廣雅釋詁一○丨驚也宋衛南楚凡相驚曰丨方言二

⿰女樂 媚容茂曰丨芊灼切御覽三百八十一引通俗文○魯峻碑令德孔丨郭究碑於丨我君爍作丨

楉 丨榴石榴也廣雅釋木

膈 丨膜也廣雅釋器○丨肉也同上

惹 丨挐也廣雅釋詁三

婥 丨好也廣雅釋詁一

⿰石脣 ⿰糹幾脣謂之⿱山脣丨丨音昌若反一切經音義四引通俗文

辵 不拾級而下曰丨儀禮公食大夫禮賓栗階升不拜注○丨犇也廣雅釋室

擠 丨擇也廣雅釋詁一

趞 丨丨行也廣雅釋訓

御 丨勞也廣雅釋詁一○丨極也同上○丨笑也同上

谷 丨笑也廣雅釋詁一

矡 丨視也廣雅釋詁一○丨大視文選魏都賦丨焉相顧注

⿰車矍 丨輞也廣雅釋器

鐯 斫謂之丨爾雅釋器○丨竹略反爾雅釋器釋文引字林○爾雅釋器釋文丨字又作櫡

擆 丨擊也廣雅釋詁三

⿰忄度 丨忩也廣雅釋言

⿰言度 丨欺也廣雅釋詁二

侂 丨依也廣雅釋詁四

鄚 左傳昭七年注東北至河閒丨縣釋文丨本作莫

嗼 爾雅釋詁貉丨安定也釋文丨本作莫

⿱雨各 丨溼也廣雅釋詁二○丨丨雨也廣雅釋訓

笿 丨東也廣雅釋詁三○丨杯籠也一切經音義十六引字林

⿰各刂 去節曰丨一切經音義十一引通俗文○丨剔也廣雅釋詁一○古文丨骼二形同一切經音義十二

鴼 丨烏鸔爾雅釋鳥○鴼鳥名音路穆天子傳五有皎者鴼注

⿰歹各 爾雅釋詁卒殂丨殪釋文丨本作落

⿰樂鳥 丨似鵰山海經西山經三危之山有鳥焉其狀如丨其名曰鴟注

祏 丨丨褖膝也廣雅釋器

馲 丨駞似鹿而大肉鞌出繞山爾雅釋畜釋文引字林○丨力各反一切經音義六引字林○丨作驝又作橐一切經音義六引字書

侘 丨寄也廣雅釋詁三

𥑮 丨丁各反又竹格反山名也一切經音義廿二引字林

遺 遒迒也廣雅釋言○丨借也廣雅釋詁二

剒 犀謂之丨爾雅釋器

胳 肘後曰丨一切經音義五引埤蒼○儀禮有司徹肩臂肫丨臑釋文丨本作骼

袼 丨袖也廣雅釋器○丨腋也禮記深衣丨之高下釋文○緊丨次衣也廣雅釋器○禮記深衣釋文丨本作胳

䡛 丨柳車也廣雅釋器○䡛縛也在車下與輿相連縛也釋名釋車

胉 丨脅也儀禮士喪禮兩丨注又廣雅釋親○今文丨爲迫儀禮士喪禮兩丨注兩丨亞注

臛 丨蒿也香氣蒿蒿也釋名釋飲食○丨火郭反儀禮聘禮釋文引字林

䩦 丨鞾屨也廣雅釋器○丨鞾之鈌前壅者胡中所名也丨鞾猶速獨足直前之言也釋名釋衣服

矐 丨望也廣雅釋詁一

莋 丨夷也汶山曰夷南中曰昆彌蜀曰邛漢嘉越巂曰丨皆夷種也水經若水注

飵 丨食也陳楚之內相謁而食麥饘謂之餥楚曰丨凡陳楚之郊南楚之外相謁而餐或曰丨方言一

葃 丨菇烏芋也廣雅釋草

噂 丨噗聲也一切經音義十五引廣蒼

蟳 丨蟭螵蛸也廣雅釋蟲

犦 吳羊犗曰丨廣雅釋畜

瀖 丨濆也廣雅釋詁二○丨泋濩渭泉波之聲文選海賦注

劐 丨裂也廣雅釋詁二

椁 槨同○丨周棺也周禮閭師不樹者無丨注○周棺爲槨孝經爲之棺槨衣衾而舉之注○槨之爲言廓所以開廓辟土無令迫棺也白虎通崩薨○槨廓也廓落在表之言也釋名釋喪制○丨廓也廣雅釋言○丨大也禮記檀弓上殷人棺丨注○丨席藏中神坐之席也周禮司几筵其柏席用萑注○丨者度兩漆之內相距之尺寸也考工記輪人丨其漆內司農注

檴 丨落爾雅釋木○丨落木名也詩大東無浸穫薪箋

劐 丨解也方言十三又廣雅釋詁一○劐裂也廣雅釋詁二

篧 丨箄也廣雅釋器

○以下據集韻錄

婩 丨斫八不解語貌列子力命丨斫釋文

欔 丨烏階爾雅釋草

蠌 丨大各反爾雅釋魚釋文引字林

檴 丨落也廣雅釋木

毇 丨細也淮南主術粢食不丨注

皠 丨白也廣雅釋器○丨丨白也廣雅釋訓○白而不純謂之丨元內丨頭內其稚婦注

[illegible] 重甗曰｜甗音言甑也山如重甑曰｜一切經音義一引通俗文

擴 ｜廓也孟子公孫丑上知皆｜而充之注

箹 車枸簍其上約謂之｜方言九

矟 ｜矛長九尺者也所中霍然即破裂也釋名釋兵

經籍纂詁卷第九十九

經籍纂詁卷第九十九補遺　入聲

兵部侍郎兼都察院右副都御史巡撫浙江等處地方提督軍務兼理糧餉阮元撰集

十藥

藥 說文｜治病艸从艸樂聲○巽爲木艮爲石故稱｜易无妄勿｜有喜虞注○｜者酖毒也公羊莊三十二年傳季子和｜而飲之注

薄 說文｜林｜也一曰蠶｜从艸溥聲○｜輕也呂覽任地當時而｜之注○｜少也淮南要略悉索｜賦注○｜迫也左氏成十六年傳楚師｜於險注又淮南精神喘息｜喉注○｜者逼近之意左氏僖廿三年傳注｜迫也疏○｜至也文選射雉賦飛鳴｜廩注○｜勉也廣雅釋詁三○｜辭也後漢書李固傳注引韓詩章句○｜語助也漢書嚴助傳王居遠事｜遽注○｜不入之叢文選吳都賦傾藪｜劉注○草叢生曰｜漢書司馬相如傳上奄｜水陼注引張揖揚雄傳上列新雉於林｜注○深草爲｜淮南主術入榛｜險阻也注○｜亦暴也今俗語亦云｜曬漢書宣帝紀爲取暴室嗇夫許廣漢女注○凡日食不以晦朔者名曰｜漢書五行志下之下引京房易傳○｜靡者若塵埃飛揚之貌淮南天文｜靡而爲天注○｜枅也漢書揚雄傳上擊｜櫨而將榮注○｜櫨柱上枅即今所謂楷也漢書王莽傳下爲銅｜櫨注○｜或作亳呂覽具備湯嘗約于郭｜矣注○｜或作息呂覽任地注○檢鄭注尚書經作外｜今定本作外敷恐非也詩蓼莪序箋外｜四海疏

惡 說文｜過也从心亞聲○｜疾疢左氏成六年傳其｜易覯注○｜猶害也淮南說林反爲｜注○

丨謂威也漢書匈奴傳下易隸以丨注○人情愛陽而惡陰故謂陰爲丨左氏莊廿五年傳注慝陰氣疏○丨垢穢左氏成六年傳有汾澮以流其丨注○五曰丨貌狀醜陋書洪範疏○丨謂刑戮荀子富國或美或丨注○丨弃者榛木爲弃也禮記喪服小記齊衰丨弃以終喪疏○丨當爲亞亞次也書大傳鍾鼓丨注

略 說文丨經丨土地也从田各聲○丨簡也文選恨賦注引國語賈注○丨是簡易之名書禹貢嵎夷旣丨疏○丨言用功少也漢書地理志上嵎夷旣丨注○丨禮謂不繁也管子侈靡丨近臣注○丨謂舉其大綱荀子非相丨則舉大注○丨智丨也漢書司馬相如傳上觀士大夫之勤丨注○丨經丨法度左氏成二年傳侵敗王丨注○丨行也左氏宣十一年傳丨基趾注昭廿二年傳荀吳丨東陽注廿四年傳

以丨吳疆注○丨巡行也文選上林賦觀士大夫之勤丨注○丨行道也淮南主術是故有大丨者注○丨猶數也淮南脩務達丨天地注○是謂征伐爲丨也詩魯頌譜謀東丨疏○渠丨俗本作渠螻者誤也詩蜉蝣傳蜉蝣渠丨也疏

作 說文作起也从人从乍○丨爲也呂覽審分今以紀厤注○丨者興事之辭左氏僖廿年經注言丨以興事疏○丨者造立之言詩天作傳丨生疏○丨謂有所興造也漢書禮樂志丨者之謂聖注○丨起爲也禮記檀弓上設帷堂並丨疏○丨起也周禮宮伯丨宮衆又令之疏胥掌其坐丨出入之禁令注又禮記郊特牲國人畢丨疏少儀客丨而辭疏雜記下丨而辭曰疏又論語鄉黨三嗅而丨集解又呂覽長利利自此丨注又淮南氾論聖人乃丨爲之注○丨謂

動搖也禮記內則魚曰丨之疏引皇氏○丨有感動禮記內則丨而自問之注○丨發丨也素問瘧論是以日丨注○丨謂丨務素問陰陽應象大論此陰陽反丨注○大丨大事也周書祭公汝無以小謀敗大丨注○大丨謂丨大事也易益利用爲大丨疏○丨起兵也左氏襄廿三年傳而後丨焉注○丨謂農功周書太子晉士率衆時丨謂之曰丨注○丨謂丨文也文選文賦序余每觀才士之丨注○丨使也周禮射人注丨讀如丨止爵之丨疏諸子羣子從疏○丨灼也禮記郊特牲丨龜于禰宮疏○丨治擇之名禮記內則魚曰丨之注○丨讀昨淮南天文歲名曰丨鄂注○丨之郭氏爾雅今本作斮之禮記內則疏

樂 丨謂適心書大禹謨罔淫于丨疏○丨謂性與天道無所不適荀子解蔽聖人之思也丨注○丨願也呂覽務大然後皆得其所丨注○亦和也左氏文十八年傳注愷丨也疏○丨易言志度宏簡忻丨丨

而和易也左氏僖十二年傳注言丨爲君子疏○好物丨也左氏昭廿五年傳○震爲丨易象上傳君子以飲食燕丨虞注○丨生也淮南本經地載以丨注○孟子盡心下般丨飲酒文選注作盤遊飲酒

落 說文凡艸曰零木曰丨从艸洛聲○丨猶零丨謂散也史記汲鄭列傳賓客益丨索隱○丨驛希疏之意書洪範疏○丨纍也文選羽獵賦注引晉灼○丨亦籬也文選西京賦指柧丨注○丨謂經絡也漢書李尋傳丨脉通注○丨魄失業無次也漢書酈食其傳家貧丨魄注○丨薄丨託義同史記酈生陸賈列傳家貧丨魄集解引晉灼○丨與絡同漢書李廣傳禹從丨中以劍斫絕纍注西域傳贊丨以隨珠和璧注○清水逕阜丨城北世謂之倚亳城蓋讀聲相近水經河水注

閣 說文丨所以止扉也从門各聲○丨門辟旁長橛也爾雅釋宮所以止扉謂之丨注○丨架橙之屬

禮記檀弓上其餘丨也與疏○險絕之處傍鑿山巖而施版梁爲丨史記高祖紀輒燒絕棧道索隱引崔浩

鶴 說文丨鳴九皋聲聞于天从鳥隺聲○丨者善鳴之鳥詩鶴鳴箋丨在中鳴焉疏○周禮囿人注至於狐狸梟丨釋文又作鶴

爵 說文禮器也象爵之形中有鬯酒又持之也所以飲器象爵者取其鳴節節足足也爵古文爵象形○丨者位次高下之稱也儀禮士冠禮注德大者丨以大官疏○丨謂正其秩次禮記王制任事然後丨之注○丨者祿位漢書高帝紀上賜民丨注引臣瓚○丨飲酒器左氏莊廿一年傳王予之丨注○周曰丨詩行葦洗丨奠斝傳○丨者盡也禮記王制王者之制祿丨疏○小盡也足也禮記禮器疏引異義

○一升曰丨論語雍也觚不觚集解○一升曰丨丨盡也足也詩卷耳疏引異義韓詩說○對文一升曰丨二升曰觚散文則通觚亦稱丨儀禮燕禮注坐奠觚疏○總名曰丨其實曰觴禮記禮器疏引異義○丨酒器之大名詩行葦傳斝丨也疏○丨弁者何謂也其色如丨頭周人宗廟士之冠也白虎通紼冕○燕丨與鸞雀同荀子禮論小者是燕丨注○孟子離婁上爲叢驅丨者晉書段灼傳作爲藪驅雀者

弱 說文丨橈也上象撓曲彡象形毳橈丨也丨物弁故从二弓○力少爲丨書仲虺之誥兼丨攻昧疏○六曰丨志力尫劣也書洪範六曰丨疏○丨敗也左氏襄廿六年傳頡遇王子丨焉注○丨侵易之左氏襄十七年傳華臣丨皋比之室注○丨小也呂覽辨土苗其丨也欲孤注○丨謂幼丨時也史記五帝紀丨而能言索隱○方丨未二十國語楚語昔莊王方丨注○順亡所制茲謂丨漢書五行志下之下引

京房易傳○丨緆細布也淮南齊俗丨緆羅紈注

約 說文丨纏束也从糸勺聲○丨謂言契也漢書江都易王非傳丨有急相助注○丨儉也文選笙賦始泰終丨注○丨卑也國語吳語故婉丨其辭注○四陰小故丨易坎納丨自牖虞注○丨要也淮南主術事鮮者丨所持也注○丨要也少也淮南主術所守甚丨注○丨謂期要也禮記學記大信不丨疏○準依其事曰丨書孔序丨史記疏○丨飾也一曰丨美也呂覽本味旄象之丨注○丨謂以絲膠橫纏之今之弓猶然考工記弓人注不皆爲丨纏之繳疏

腳 說文丨脛也从肉卻聲○丨謂持其丨也文選子虛賦射麋丨麟注引韋昭○丨言持引其丨也漢書司馬相如傳射麋格麟注

雀 說文丨依人小鳥也从小隹讀與爵同○赤丨鳳凰之雛詩文王序疏

幕 說文丨帷在上曰丨覆食案亦曰丨从巾莫聲○丨帳也左氏莊廿八年傳楚丨有烏注○丨帷也上曰丨旁曰帷淮南說山針成丨注○丨覆也易井井收勿丨虞注○丨沙丨史記匈奴列傳益北絕丨集解引應劭○丨沙丨匈奴之南界也漢書武帝紀衞青復將六將軍絕丨丨注引應劭○沙土曰丨漢書武帝紀注引臣瓚○丨丨沙磧也漢書五行志中之上絕大丨丨注○丨者即今之突厥中磧耳漢書武帝紀注○丨錢背也史記大宛列傳錢如其王面索隱又文選嘯賦羣鳴號乎沙漠注引韋昭○丨或爲幕禮記檀弓上布丨衞也注○丨即沙漠古字少耳史記衞將軍驃騎列傳不能度丨索隱○丨今書或作漠音訓同文選嘯賦注○丨即漫耳無勞借音漢書西域傳上丨爲人面注

洛 說文丨水出左馮翊歸德北夷界中東南入渭从水各聲○丨水名字从水後漢都丨陽以火德爲水尅火故改爲各旁隹詩淸廟序旣成雒邑釋文

壑 說文叡溝也从𣦼从谷讀若郝丨叡或从土○丨猶坑也禮記郊特牲水歸其丨注○丨坑坎也同上疏○丨谷窟室左氏襄卅年傳吾公在丨谷注○丨讀赫赫明明之赫淮南原道而蹪蹈于汚丨穽陷之中注

索 說文丨艸有莖葉可作繩丨从𣎵糸杜林說𣎵亦朱木字○丨謂求丨易繫辭上傳探賾丨隱疏○丨功也淮南氾論緂麻丨縷注○丨丨猶蹜蹜足不正也易震震丨丨釋文引鄭注○丨丨心不安之貌同上疏○丨室左氏昭十二年傳注皆古書名疏引張平子說○十尋而丨大戴記主言○八丨三王之

法左氏昭二年傳是能讀三墳五典八丨九邱賈注○丨簡擇好者左氏襄二年傳以丨牛馬注

郭 說文𩫏度也民所度居也从回象城𩫏之重兩亭相對也或但从口凡𩫏之屬皆从𩫏又䣄齊之丨氏虛善善不能進惡惡不能退是以亡國也从邑𩫏聲○丨外城也禮記禮運城丨溝池以爲固疏○丨謂郛丨周禮載師注有山陵林麓川澤溝洫城丨宮室涂巷疏○丨之爲言廓華嚴經音義上引風俗通○丨之爲言廓也大也玉篇一引白虎通○丨謂四周之內也漢書酷吏尹賞傳致令辟爲丨注○丨劍削也廣雅釋器

搏 說文丨大通也从十从尃尃布也○丨廣也易略例義雖丨注又禮記學記不學丨依疏又呂覽報更唯丨之爲可注○丨謂所及廣遠禮記中庸溥丨如天疏○丨大也漢書霍光傳光爲丨陸侯注又素問標木病傳論淺而丨注○丨謂廣記土風鳥獸草木及政事也荀子勸學詩書之丨也注○丨者多聞見老子丨者不知注○丨依廣譬喻也禮記學記注○丨喻廣曉也禮記學記然後能丨喻疏○丨習謂廣丨學習也禮記學記五年視丨習親師疏○繁稱文辭者丨也鬼谷子權篇○丨謂所懸係時日多也荀子彊國其懸日也丨注○丨是寬狹之稱儀禮喪服傳注丨廣也疏○丨碩言其形狀大左氏桓六年傳注雖告神以丨碩肥腯疏○丨帶大帶淮南氾論豈必褒衣丨帶句襟委章甫哉注○丨六丨也漢書高惠高后文功臣表搏揜注貨殖宣曲任氏傳又況掘冢丨揜注

錯 說文錯金涂也从金昔聲○丨雜也易略例故六爻相丨注○丨者雜也詩采芑傳丨衡文衡也疏○丨閒雜也漢書谷永傳親疏相丨注○丨謂閒雜也漢書何武傳親疏相丨注○言丨者閒雜而陳之

儀禮聘禮注鉶羹器也疏○丨鴈行也禮記祭義不丨則隨注○丨丨然不潤澤也考工記工人司農注昔讀爲履丨然之丨疏○丨治玉之石漢書地理志上錫貢磬丨注○丨小鼎淮南說山鼎丨日用而不足貴注

躍 說文丨迅也从足翟聲○丨跳也易乾或丨在淵疏○丨是鄉上之名禮記喪大記魚丨拂池疏○丨是舉身向上之言左氏僖二十八年傳注距丨疏○丨丨盛疾之貌爾雅釋訓丨丨迅也注○趯字與躍同漢書李尋傳涌趯邪陰注

若 說文丨擇菜也从艸右右手也一曰杜丨香艸○丨順也書微子王丨曰猷疏泰誓民說自丨疏又禮記曾子問注丨康子者疏又公羊成元年傳注舒恆煥丨疏又爾雅釋言○丨猶然也詩猗嗟傳頎長

貌疏又漢書賈誼傳苟丨而可注○丨如也易乾厲无咎疏又詩鼓鍾傳丨是爲和而不僭矣疏又周禮州長丨國作民而師田行役之事疏又儀禮士喪禮小斂以夾自丨矣疏又禮記曲禮上儼丨思疏禮運猶丨可以致其敬於鬼神疏喪服小記注自丨絞垂疏樂記丨此則周道四達疏閒傳丨往而不反疏儒行注平行自丨也疏又左氏昭六年傳丨吾子之言疏昭廿年傳抑君有命可丨何疏又公羊隱二年傳則不丨愛女疏又國語晉語丨怨注又呂覽本味其狀丨鯉而有翼注下賢堯論其德行達智而弗丨注執一吾不丨子注召類故三代之所貴無丨賢也注○丨猶如也呂覽壅塞夫登一山而視牛丨羊注○丨訓如也書文侯之命丨汝予嘉疏○丨何猶如何左氏僖卅三年傳以閒敝邑丨何注○奚丨何如也禮記檀弓下吾欲暴尫而奚丨注○丨汝也國語吳語其歸丨已注○丨亦汝也漢書高五王傳丨生而

爲王子注張良傳吾爲丨楚歌注申屠嘉傳吾今使人召丨注元后傳且丨自以金匱符命爲新皇帝注○丨及也漢書高帝紀上丨一郡降者封萬戶注○丨預及之言也漢書惠帝紀丨不滿十歲注○丨者豫及之辭也漢書文帝紀丞丨尉致注武帝紀爲復子丨孫注○丨豫及之辭漢書任敖傳丨百工天下作程品注引晉灼○丨不定之辭也周禮內小臣丨有祭祀疏縣師丨將有軍旅會同田役之戒疏○丨爲不定之辭也周禮稍人丨有會同疏○丨是不定之辭禮記文王世子注先聖周公丨孔子疏郊特牲注先嗇丨神農者疏○言丨者不定之辭儀禮鄉飲酒禮或有無疏○言丨者不定辭儀禮喪服傳注凡五服之衰疏○云丨者不定之辭儀禮燕禮丨以樂納賓疏○言丨者是不定之辭儀禮士冠禮丨殺則特豚疏○丨干者數不定之辭儀禮鄉射禮注丨干純疏○丨干豫設數也漢書賈誼傳各爲丨干國注○丨干且設數之言也漢書食貨志下百加丨干注○凡數法一二以上皆得稱丨干儀禮鄉射禮注疏○丨是語辭也易離出涕沱丨丨疏○丨猶耳也詩甫田箋突耳加冠爲成人也疏○言丨者皆然耳之義古人語之異耳同上○丨言猶直言也呂覽貴直已不用丨丨言注○丨蹈足貌文選上林賦注引廣蒼○丨杜丨丨也漢書司馬相如傳衡蘭芷丨注引張揖○皵古文丨皆如此易離釋文○斥彰長田君斷碑養善皵春陽丨作皵

縛 說文丨束也从糸尃聲

酌 說文丨盛酒行觴也从酉勺聲○丨猶斟也禮記郊特牲縮丨用茅注○丨斟丨也禮記曲禮下酒曰淸丨疏祭統而丨之祭器疏○丨者將酢主人儀禮有司徹尸升坐取爵丨注○周公之樂曰丨白虎

通禮樂○周公曰丨者言周公輔成王能斟丨文武之道而成之也同上○丨左傳作約古今字耳詩酌序言能丨先王之道疏

託 說文丨寄也从言乇聲○丨寄也呂覽不廣此以其所能丨其所不能注論衡實知項橐作項丨

削 說文丨鞞也一曰析也从刀肖聲○丨刊也禮記曲禮上爲天子丨瓜者疏○丨殺也禮記喪服小記丨杖疏○丨平也一切經音義四引蒼頡○丨小也呂覽長利是故地日丨注○丨衣刻除貌也漢書司馬相如傳上揚袘戌丨注引張揖○丨者謂有所刪去以刀丨牘也漢書禮樂志丨則丨注○丨謂劍室也漢書貨殖傳質氏以洒丨而鼎食注○丨是刀之類左氏桓二年傳注丨上飾疏○刀一名丨書顧命傳寶刀赤刀丨疏○丨書刀也禮記曲禮下注金工築冶鳧㮚鍛桃也疏○酸丨則酸嘶也周禮疾

醫注痟酸丨也疏

鐸 說文丨大鈴也軍法五人爲伍五伍爲兩兩司馬執丨从金睪聲○丨大鈴也漢書食貨志上行人振木丨注○丨大鈴出於尖淮南繆稱丨以聲自毀注○丨大鈴也金口木舌爲木丨金石爲金丨淮南說林心所欲毀鐘爲丨注○丨金口木舌左氏襄十四年傳遒人以木丨狥于路注○丨皆以金爲之以木爲舌則曰木丨以金爲舌則曰金丨周禮小宰注木丨木舌也疏○丨犢及竇其聲相近漢書劉輔傳殺其大夫鳴犢注

灼 說文丨炙也从火勺聲○丨炙燒也詩節南山箋皆憂心如火丨爛之矣疏

鑿 說文丨穿木也从金糳省聲○丨空開通也史記大宛列傳張騫丨空集解引蘇林○丨之爲縣簪

孔也儀禮士喪禮重木刊丨之注○五丨謂耳目鼻口及心之竅荀子哀公五丨爲正注○丨即灼也周禮大卜司農注作龜丨龜令可爇也疏○丨黥刑也漢書刑法志其次用鑽丨注引韋昭○丨齒獸名齒長三尺其狀如丨下徹頷下而持戈盾淮南本經猰貐丨齒注○丨甘聲相近水經甘水注

郤 俗作却○說文丨節欲也从卩谷聲○丨猶却也儀禮既夕舉柩丨丨下而載之疏○丨謂退而卑之也漢書爰盎傳盎引丨慎夫人坐注○却猶止呂覽召類舜却苗民注○丨仰也禮記少儀注襲丨丨合之疏○丨者仰也儀禮公食大夫禮亦一一合丨之疏○丨仰也謂仰於地也儀禮士昬禮敵會丨於敦南疏○丨不用呂覽知接無由接固丨其忠言注○却死猶避死也史記魯仲連鄒陽列傳勇士不却死而滅名索隱

絡 說文丨絮也一曰麻未漚也从糸各聲○十繞也文選西都賦籠山丨野注引方言○丨丨脉也素問至眞要大論丨滿色變注○經脉爲裏支而横者爲丨素問三部九候論治其經丨注引靈樞經○盾以縫編版謂之木丨釋名釋兵

鶻 捉丨音同字異耳故鄭亦爲丨字禮記少儀注名謂若韓盧宋丨之屬疏

度 丨計量也漢書韓信傳信丨何等已數言注爰盎傳自丨孰與陳平絳侯注○丨謂量計之漢書文帝紀夫丨田非益寡注陳勝傳丨已失期注○丨謀也書呂刑何丨非極王注又左氏昭廿四年傳同德丨義注○不丨猶不意也左氏桓十七年傳而備其不虞注○心能制義曰丨周書謚法○丨亦居也周禮縫人注書曰丨西疏又漢書韋元成傳今我丨茲注○山林之地九夫爲丨九丨而當一井也左氏襄

廿五年傳丨山林疏引賈注○古文庑與丨字相似周禮縫人注丨西曰柳穀釋文

諾 說文丨譍也从言若聲○丨相然許之辭也文選傚曹子建樂府白馬篇一朝許人丨注○丨承領之辭也禮記投壺大師曰丨疏○今人稱丨猶古之稱唯禮記曲禮上注恭於丨疏

槖 說文丨囊也从槖省石聲○丨契囊也漢書趙充國傳安世本持丨簪筆注引張晏○無底曰丨漢書刑法志爲之囊丨注陸賈傳賜賈丨中裝注趙充國傳注王吉傳所載不過囊衣注○丨所以盛書也漢書趙充國傳注○丨駝背上有肉似丨故曰丨駝也文選上林賦騊駼丨駝注引韋昭○丨駝背肉似丨故云丨也史記匈奴列傳其奇畜則丨駝注

漠 說文丨北方流沙也一曰清也从水莫聲○沙土曰丨文選封燕然山銘經磧鹵絕大丨注引臣瓚

○丨定也淮南俶真時旣者其神丨注○丨無聲也漢書馮奉世傳元成等丨然注○丨泊也文選勵志詩注引廣雅○丨瞖猶鈍瞖不知足類淮南原道丨瞖於勢利注

【鑰】說文闟闟下牡也从門龠聲

【著】丨補也一切經音義二引廣雅○太歲在戊曰丨雍爾雅釋天○午在戊曰丨雝淮南天文

【虐】說文虐殘也从虍虎足反爪人也䖈古文丨如此○丨訓爲暴書金縢遘厲丨疾疏○丨害淮南脩務丨始於楚注○丨是殺害之名左氏昭十四年傳注三惡暴丨頗也疏○威丨皆惡也論衡譴告○丨士死者左氏哀十五年傳無穢丨士注○不教而殺謂之丨荀子王制元惡不待教而誅注○不教而誅茲謂丨漢書五行志中之下引京房易傳○不令而誅謂之丨周禮大司徒注徵衆刻日疏○書洪範無丨煢獨釋文馬本作亾侮○書呂刑惟作五丨之刑曰法墨子尚同中作唯作五殺之刑曰法

【掠】說文新附丨奪取也从手京聲本音亮唐韻或作櫟

【穫】說文丨刈穀也从禾蒦聲○禾在手中故稱丨易无妄不耕丨虞注

【泊】丨安靜也漢書楊雄傳下丨如也注○丨澹皆安靜意也漢書司馬相如傳上丨乎無爲澹乎自持注○丨水貌也漢書禮樂志丨如四海之池注

【搏】說文丨索持也一曰至也从手尃聲○丨擊也左氏成十二年傳注爲丨噬之用疏○丨謂擊之史記魏其武安侯傳夫醉丨甫索隱○丨手丨左氏僖廿八年傳晉侯夢與楚子丨注○丨以手擊之漢書灌夫傳夫醉丨甫注○丨謂丨觸於手也素問陰陽別論陰丨陽別注○丨謂以翼擊物禮記月令注鷹學習攫丨也疏○凡鳥翼擊物曰丨史記李斯列傳盜跖弗丨索隱○以腳取之謂之攫以翼擊之謂之丨禮記儒行鷙蟲攫丨疏○丨取也淮南說山雖貧者不丨注○丨揜謂丨擊揜襲人而奪其物也漢書高惠高后文功臣表安丘懿侯張說某注○丨磔也周禮掌戮掌斬殺賊諜而丨之釋文○丨者殺獸之名詩駟鐵箋謂達其丨噬疏○丨捷也淮南說山慶忌死劍鋒不給丨注○丨圓也淮南要略說捭丨困注○布丨聲相近禮記月令注鳩丨穀也疏○丨或作簿山海經西山經西望帝之丨獸之丘注○周禮夏官序官注能以羅罔丨獸者釋文本又作捕○詩車攻丨獸于敖後漢安帝紀注文選東京賦注作薄獸于敖

【籥】說文丨書僮竹笘也从竹龠聲○丨笛也禮記文王世子秋冬學羽丨疏少儀莢丨疏○丨如笛三孔禮記明堂位葦丨注○葦丨伊耆氏之樂也禮記明堂位○丨鑰匙也史記魯仲連鄒陽列傳魯人投其丨正義○丨藏占兆書管也史記魯周公世家周公喜開丨集解引王肅○丨開藏占兆書管也書金縢啟丨見書王注

【鍔】說文㖾劍刃从刃㖾聲䂭籀文㖾从㓞从各○丨刃旁也漢書蕭望之傳底厲鋒丨注○㖾刃旁也漢書王褒傳越砥斂其㖾注○丨卽鋒考工記桃人司農注殺趨丨疏

【藿】集韻作䕏藿或省○說文䕏尗之少也从艸靃聲○丨豆葉也史記太史公自序藜丨之食正義又漢書司馬遷傳注○霍豆葉也漢書鮑宣傳漿酒霍肉注○菽葉謂之丨詩小宛傳菽丨也疏

【嚼】復丨者京都飲酒相強之辭也續漢五行志一

杓 丨所以抒挹也字與勺同漢書息夫躬傳將行於杯丨注

勺 說文丨挹取也象形中有實與包同意凡丨之屬皆从丨○丨籥也禮記內則舞丨疏引熊氏○丨五升口徑六寸曲中博三寸長三寸柄長二尺四寸漆赤中柄末亦丹三禮圖十三引舊圖○丨周樂也漢書禮樂志簫丨羣慝注引晉灼○丨言能丨先祖之道也漢書禮樂志○丨樂周公樂也斟酌文武之道廣雅釋樂曹憲音○丨卽周頌酌周禮樂師注十三舞丨疏○丨藥藥草名漢書司馬相如傳上丨藥之和注○丨藥五味也史記司馬相如列傳丨藥之和集解引郭璞○丨藥以蘭桂調食漢書司馬相如傳上注引伏儼○丨讀與酌同漢書董仲舒傳於周莫盛於丨注○丨或作多山海經南山經于虖丨注

簙 說文丨局戲也六箸十二棊也从竹博聲古者烏胄作丨

酪 說文新附丨乳漿也从酉各聲○熅羊乳曰丨御覽八百五十八引通俗文○今梁州亦名馬丨爲馬酒漢書百官公卿表上更名家馬爲挏馬注引如淳

謔 說文丨戲也从言虐聲詩曰善戲丨兮○丨戲言也漢書地理志下伊其相丨注○丨笑之貌也爾雅釋詁丨浪笑敖戲丨也舍人注

廓 丨大也詩皇矣憎其式丨傳又爾雅釋詁疏引尸子廣澤○詩皇矣憎其式丨潛夫論班祿作憎其式惡

綽 說文繛緩也从素卓聲丨繛或省○丨緩也亦謂延長也漢書禮樂志克丨永福注○丨丨緩也爾雅釋訓○丨約善容止也漢書楊雄傳上閨中容競丨約兮注○丨兮謂仁於施舍詩淇澳寬兮丨兮箋○論語憲問孟公丨釋文本又作繛

爍 說文新附丨灼丨光也从火樂聲

鑊 說文丨鑴也从金蒦聲○鼎大而無足曰丨漢書刑法志有鑿顚抽脅丨亨之刑注鄺陸朱劉叔孫傳贊猶不免鼎丨注

莫 丨無也周禮師氏注而行丨尊焉疏又禮記大傳民丨得其死疏祭統天子諸侯非丨耕也疏中庸丨見乎隱疏又論語述而文丨吾猶人也集解又呂覽驕恣羣臣丨敢諫王注自知敗丨大於不自知注愼小丨有償表者注○丨猶定也左氏襄卅一年傳民之丨矣注○丨丨紛紛風塵之貌也文選羽獵賦丨丨紛紛注○丨府者以軍幕爲義古字通單用耳漢書李廣傳丨府省文書注○丨當爲幕史記張釋之馮唐列傳上功丨府索隱

籜 丨竹皮也文選謝靈運經湖中瞻眺詩初篁苞綠丨注○甘棗之山有草焉葵本而杏葉黃華而莢實名曰丨可以已瞢山海經中山經

鑠 說文丨銷金也从金樂聲○丨銷也文選江文通雜體謝法曹詩注引國語賈注○火與水合爲淬與金合爲丨漢書天文志○爍與丨同謂削也漢書藝文志爍金爲刃注

繳 說文繁生絲縷也从糸敫聲○丨弋射也漢書張良侯傳雖有矰丨注○丨射謂以繩繫矢而射也詩女曰雞鳴箋弋丨射也疏○出繩繫矢而射鳥謂之丨射也詩盧令序箋弋丨射也疏○丨生絲縷也漢書司馬相如傳上纖丨施注蘇武傳武能網紡丨注

謣 丨直言也文選三國名臣序贊注引字書○丨丨正直貌文選諷諫詩丨丨黃髮注○綏民校尉熊君碑臨朝謇鄂丨作鄂

鄂 說文䣊江夏縣从邑咢聲○凡言丨者皆謂阻礙不依順也漢書霍光傳羣臣皆驚丨失色注

亳 說文丨京兆杜陵亭也从高省乇聲○丨亦薄也漢書郊祀志上丨人謬忌注引如淳○丨字摩滅容或爲宅書盤庚序疏○書盤庚序將治丨殷疏引束皙說孔子壁中尚書作將始宅殷

恪 說文愙敬也从心客聲春秋傳曰以陳備三愙○丨敬也書洪範傳儼丨疏又左氏襄廿五年傳注○謂之丨疏○丨者敬也詩陳譜以備三丨疏又禮記郊特牲疏引駁異義○丨謂恭敬禮記祭義嚴威儼丨疏○魯峻碑敬恪恭儉帝堯碑若不虔恪丨皆作恪

攫 說文丨扟也从手矍聲○丨搏也文選南都賦注引蒼頡○丨搏持之也漢書楊雄傳上熊羆之拏丨注循吏黃霸傳鳥丨其肉注○丨拏妄有搏執牽引也漢書楊雄傳下丨拏者亡注○丨援掇也淮南脩務丨援摽拂注○丨以爪持也史記田完世家丨之深集解引徐廣又文選射雉賦注引埤蒼○丨謂以足取物禮記月令注鷹學習丨搏也疏○以腳取之謂之丨禮記儒行鷙蟲丨搏疏○凡鳥翼擊物曰搏足取曰丨史記李斯列傳盜跖弗丨索隱○丨掇亦黃帝時捷疾者也淮南脩務丨掇之捷注○丨丨讀屈直木令句欲句此木之句淮南脩務注

涸 說文丨渴也从水固聲讀若狐貈之貈丨亦从水鹵舟○丨竭也文選海賦注引國語賈注○丨謂竭也方言十二盝歇丨也注○丨水竭也漢書公孫宏傳澤不丨注

汋 說文丨激水聲也从水勺聲井一有水一無水謂之瀱丨○武丨桓皆周頌篇名荀子禮論韶夏護武丨桓箾簡象注引賈逵

䰞 同瀹○說文丨內肉及菜湯中薄出之从䰜翟聲○瀹祭謂瀹煑新菜以祭漢書郊祀志下不如西鄰之瀹祭注○孟子滕文公上瀹濟漯文選注作踰

瘧 說文瘧熱寒休作从疒从虐虐亦聲○丨者風寒之氣不常也素問瘧論○丨者陰陽更勝也同上○丨疾寒熱所爲也禮記月令民多丨疾注

爚 說文丨火飛也从火龠聲一曰爇也○丨火光也文選景福殿賦光明熠丨注○丨火光銷也莊子胠篋釋文引三蒼

钁 說文丨大鉏也从金矍聲

鶚 丨大鵰也漢書鄒陽傳不如一丨注○鵰之大者又名丨詩四月傳丨鳶貪殘之鳥也疏○丨金啄鳥也見則天下兵能殺麞鹿御覽九百廿六引蒼頡解詁

龠 說文丨樂之竹管三孔以和眾聲也从品侖侖理也凡丨之屬皆从丨○一丨容千二百黍重十二銖漢書律厤志上○粒百爲銖是爲一丨國語周語律度量衡注○丨黃鍾律之實也躍微動氣而生物也漢書律厤志上

礿 同禴○說文丨夏祭也从示勺聲○周改夏祭曰丨禮記王制天子犆丨注○丨者麥始熟可丨也穀梁桓八年傳注夏祭曰禴疏○丨薄也禮記王制春曰丨疏引皇氏○禴殷春祭之名易既濟高宗伐

鬼方虞注○禴殷春祭之名祭之薄者也易既濟不
如西鄰之禴祭疏○公羊桓八年傳夏曰丨釋文本
又作禴○爾雅釋天夏祭曰丨釋文本或作禴

郝 說文䣢右扶風鄠鄉盩厔縣从邑赤聲○丨蟬丹
蓼也廣雅釋草

髆 說文丨肩甲也从骨尃聲○丨許愼以爲肩丨字
漢書武帝紀立王子丨邑王注引晉灼

屩 說文丨屐也从履省喬聲○丨以繩爲屩也文選
聖主得賢臣頌離蔬釋丨而享膏粱注引臣瓚○
丨字亦作蹻又作僑史記孟嘗君列傳躡丨而見之
索隱

駱 說文丨馬白色黑鬣尾也从馬各聲○丨白黑相
閒也禮記明堂位夏后氏丨馬黑鬣疏○丨驛言
不絕漢書王莽傳下丨驛道路注○丨驛繽紛往來
衆多貌文選南都賦注○定本集注及徐音皆作丨

字而俗本多作駁字詩駉傳黑身白鬣曰雒疏

膜 說文丨肉閒胲丨也从肉莫聲

粕 說文新附丨糟丨酒滓也从米白聲

鏌 說文丨丨釾也从金莫聲○丨丨鋣良劒也呂覽察
今不期乎丨鋣注○莫邪良劒也呂覽用民莫邪
不爲勇者與注○丨邪大戟也漢書楊雄傳上杖丨
邪而羅者以萬計注○莫邪美劒名淮南脩務而不
期於墨陽莫邪注○莫邪古之良劒荀子彊國剖刑
而莫邪已注

霩 說文霩雨止雲罷皃从雨郭聲

遻 說文遻相遇驚也从辵从咢咢亦聲○心不欲見
而見曰丨爾雅釋詁丨見也舊注

妁 說文丨酌也斟酌二姓也从女勺聲

漷 說文漷水在魯从水郭聲

襮 黼謂刺之在領爲黼文名爲丨儀禮士昏禮素衣
朱丨疏

拓 丨落不耦也漢書楊雄傳下何爲官之丨落也注

蠖 說文丨尺丨屈伸蟲也从虫蒦聲○丨蝍蝛爾雅
釋蟲丨蚇丨注○㡿丨屈蟲也考工記弓人㡿筋
㡿丨潛注

鎛 說文丨丨鏻也鐘上橫木上金華也一曰田器从
金尃聲詩曰庤乃錢丨○丨小鐘也國語晉語及
寶丨注○丨大鐘禮書百廿引周禮孫炎注○鐘特
懸者謂之丨初學記十六引三禮舊圖○丨是鋤類

詩良耜傳趙刺也疏○君臣有節度則萬物昌無節
度則萬物亡亡與昌正相迫故謂之丨白虎通禮樂

格 集韻或作落○落桅也廣雅釋室○復丨累芝栭
也周書作雒復丨藻棁注○丨謂丨閣不行史記
梁孝王世家竇太后義丨索隱引服虔○丨謂祓閣
不行之漢書淮南王安傳丨明詔注○古村落字亦
作丨史記酷吏列傳置伯丨長集解引徐廣

昨 說文丨壘日也从日乍聲

柝 說文欜夜行所擊者从木橐聲易曰重門擊欜又
柝判也从木㡿聲易曰重門擊柝○擊丨擊木所
以警夜者荀子榮辱抱關擊丨注

酢 說文醋客酌主人也从酉昔聲○丨訓報也書顧
命秉璋以丨疏○丨謂客酌禮記少儀介爵丨爵

俱爵皆居右注○賓答主人曰丨左氏莊十八年傳注則命以幣物疏

【臛】說文臛肉羹也从肉隺聲

【醵】說文丨會飲酒也从酉豦聲酟丨或从巨○丨會聚食史記貨殖列傳進丨飲食集解引徐廣

【蘀】說文艸木凡皮葉落陊地爲丨从艸擇聲詩曰十月隕丨○落葉謂之丨詩蘀兮傳丨槁也疏

【蹻】說文丨舉足行高也从足喬聲詩曰小子丨丨○丨謂捷舉手足素問異法方宜論其治宜導引按丨注○丨丨謂驕慢之貌爾雅釋訓丨丨憍也孫注○丨草履也史記平原君虞卿列傳躡丨擔簦集解引徐廣○丨即今之鞋也南方謂之丨漢書卜式傳布衣丨丨而牧羊注○丨亦作繑史記平原君虞卿列傳索隱○詩板小子丨丨尚書大傳注作小子蟜蟜

【斫】說文丨擊也从斤石聲

【蠚】說文蠚螫也从虫若省聲

【貉】丨兵祭也周禮甸祝喪丨之祝號注○丨之言百祭祀此神求獲百倍詩桓序箋疏○必名此祭爲丨者以其取應十得百爲十倍之義周禮肆師注丨師祭也疏○丨即濊也史記匈奴列傳以臨胡丨索隱○丨夷狄之人在荒服者也孟子告子下丨道也注○丨讀爲禡周禮大司馬之職有司表丨司農注○杜子春讀丨爲百爾所思之百書亦或爲禡周禮甸祝注○詩皇矣丨其德音釋文本又作貊左傳作莫

【雘】說文丨善丹也从丹蒦聲周書曰惟其敷丹丨讀若隺○丨是彩色之名有青色者有朱色者書梓材惟其塗丹丨疏

【愕】丨驚貌也漢書張良傳良丨然欲毆之注○詻者景君墓表京師鄂驚丨作鄂

【怍】說文丨慙也从心作省聲

【鞹】說文鞹去毛皮也論語曰虎豹之丨从革郭聲○丨革也詩載驅傳有朱革之質而羽飾疏○丨是革之別名同上○丨者去毛之皮也詩韓奕傳丨革也疏

【柞】說文丨木也从木乍聲○吳越之閒名丨爲櫪水經河水注○丨字或作莋漢書宣帝紀五丨宮注○莋與丨同漢書張延壽傳南至長楊五莋注楊雄傳下振師五莋注○丨讀與莋同漢書燕剌王旦傳待詔五丨宮注

【堊】說文丨白涂也从土亞聲○丨白也禮記喪大記既祥黝丨疏○丨白土也文選子虛賦其土則丹青赭丨注引張揖○丨謂塗丨室之牆禮記喪大記注○丨即白蜃考工記匠人營國注以蜃灰丨牆疏

【嗼】說文嗼啾嗼也从口莫聲

【笮】說文丨迫也在瓦之下棼上从竹乍聲

【玃】說文丨母猴也从犬矍聲爾雅云丨父善顧攫持人也○丨猳丨獸名也呂覽察傳故狗似丨注○丨色蒼黑能丨搏人故云丨丨也史記司馬相如列傳蜼丨飛鸓索隱引郭璞○丨似獮猴也文選江賦孤丨登危而雍容注○丨似獮猴而大漢書司馬相如傳上蜼丨飛蠝注引張揖○猨五百歲化爲丨也一切經音義九引古今注

膊 說文丨薄脯丨之屋上从肉尃聲○丨謂脅也或曰豚拍肩也今河間名豚脅聲如鍛鎛周禮醢人豚拍魚醢注○厚丨厚切肉也淮南繆稱故同味而嗜厚丨者注○一丨一脡也淮南說林一丨炭熯注

鑮 說文丨大鐘淳于之屬所以應鐘磬也堵以二金樂則鼓丨應之从金薄聲

臄 說文谷口上阿也从口上象其理凡谷之屬皆从谷唂谷或如此丨或从肉从豦

斮 說文丨斬也从斤昔聲○丨斬也後漢書董卓傳論夫以刳肝丨趾之性注又文選羽獵賦丨巨狿注引韋昭

噱 說文丨大笑也从口豦聲○丨丨笑聲也漢書敘傳上談关大丨注○丨謂脣口之中漢書敘傳上注○口之上下名爲丨文選羽獵賦遙丨乎紘中注引晉灼○口內之上下名爲丨漢書楊雄傳上遙丨虖紘中注

瘼 說文瘼病也从疒莫聲○丨散也文選爲范尚書讓吏部傣第一表注引韓詩章句○今江東呼病曰瘵東齊曰丨爾雅釋詁丨病也注

箬 說文楚謂竹皮曰丨从竹若聲

蒻 說文丨蒲子可以爲平席从艸弱聲○丨細也淮南主術匡牀丨席注

⿰犭足 集韻或作狊○說文狊犬狊狊而附人也从犬昜聲南楚謂相驚曰狊讀若愬○丨鵙音同字異耳故鄭亦爲鵙字禮記少儀注名謂若韓盧宋鵲之屬疏

烙 說文新附丨灼也从火各聲

濼 丨水出泚陽文選南都賦注引字書

彠 說文蒦規蒦商也从又持萑一曰視遽皃一曰蒦度也丨蒦或从尋尋亦度也楚詞曰求矩丨之所同○丨度法也淮南汜論而以知榘丨之所周者也注○蒦持也廣雅釋詁三

葯 丨白芷別名山海經西山經其草多丨蘼芎藭注

焯 說文丨明也从火卓聲周書丨見三有俊心○丨爍光貌漢書楊雄傳上丨爍其陂注

擢 丨讀鎬京之鎬淮南俶真物豈可謂無大揚丨乎注

鄗 說文鄗常山縣世祖所卽位今爲高邑从邑高聲

嗃 說文新附丨丨嚴酷皃从口高聲○丨丨嚴酷之意也易家人家人丨丨疏○丨丨苦熱之意易家人釋文引鄭注

熇 詩板多將丨丨說文繫傳作多將嗃嗃

咢 說文咢譁訟也从吅屰聲○徒歌曰丨詩行葦或歌或丨釋文引毛傳○丨丨直言也漢書韋賢傳丨丨黃髮注○丨與諤同文選諷諫詩諤諤黃髮注

碏 說文新附左氏傳衛大夫石丨唐韻云敬也从石未詳昔聲

矍 說文丨隹欲逸去也从又持之丨丨也讀若詩云穬彼淮夷之穬一曰視遽皃○丨丨目不正易震視丨丨釋文引鄭注○丨丨視不專之容易震視丨丨疏○丨踢驚動之貌漢書楊雄傳上河靈丨踢注

各 說文丨異辭也从口夊夊者有行而止之不相聽也○亦丨不一之辭詩載馳箋行道也疏

皵 丨楷皮也爾雅釋木大而丨楸樊注

婼 說文丨不順也从女若聲春秋傳曰叔孫丨

躩 說文丨足丨如也从足矍聲

糳 說文糲米一斛舂爲九斗曰丨从毇丵聲

靃 說文丨飛聲也雨而雙飛者其聲丨然

敫 說文丨光景流也从白从放讀若龠

剫 說文丨判也从刀度聲

鮥 說文丨叔鮪也从魚各聲

鸙 爾雅釋鳥鷚天丨釋文作蘥

㲋 說文㲋獸也似兔青色而大象形頭與兔同足與鹿同凡㲋之屬皆从㲋𠭃篆文

彉 集韻或作彍○說文彍弩滿也从弓黃聲

欂 丨枅也淮南本經標株丨櫨注○丨櫨也爾雅釋宮釋文引字林○丨櫨柱枅也蕭該漢書楊雄傳音義引字林

玃 說文丨桀丨也从犬矍聲○蠼猱獮猴也史記司馬相如列傳蛭蜩蠼蝚索隱引司馬彪○西方有獸焉如鹿白毛馬足人首四角其名曰丨如廣雅釋地○蠼字或作丨史記司馬相如列傳索隱引顧氏

皭 丨白色也廣韻引埤蒼

魹 說文丨哆口魚也从魚乇聲○丨多口魚史記司馬相如列傳鰅鱅鰬丨集解引徐廣○丨鯫也一名黃頰漢書司馬相如傳上鰅鰫鰬丨注引郭璞

𧕎 說文丨蟲丨也一曰蜉蝣朝生莫死者从虫𥦷聲

○以下據廣韻錄

蘥 說文丨爵麥也从艸龠聲○丨即燕麥也爾雅釋草注

瀹 說文丨漬也从水龠聲

約 說文約白約縞也从糸勺聲

𡵀 說文丨岸上見也从厂从之省讀若躍

纅 說文丨絲色也从糸樂聲

䟑 說文趫趯丨也从走龠聲

䅗 說文丨禾皮也从禾羔聲

𠛱 爾雅釋詁丨利也釋文詩本作略

鼩 說文丨胡地風鼠从鼠勺聲

溺 說文丨水自張掖刪丹西至酒泉合黎餘波入於流沙从水弱聲桑欽所說

叒 說文丨日初出東方暘谷所登榑桑叒木也象形凡丨之屬皆从丨𣏃籀文

辵 說文丨乍行乍止也从彳从止凡丨之屬皆从丨讀若春秋公羊傳曰丨階而走

趞 說文䞣趞丨也一曰行皃从走昔聲

【䇌】說文丨驚皃从立昔聲

【㣉】說文丨徼丨受屈也从人卻聲

【矆】說文丨大視也从目蒦聲

【彏】說文丨弓急張也从弓矍聲○丨急張也漢書楊雄傳上丨天狼之威弧注

【篗】說文丨收絲者也从竹蒦聲䈗丨或从角从閒

【𧾐】說文𧾐大步也从走矍聲

【䃴】說文丨斫也从石箸聲

【櫡】說文斫謂之丨从木箸聲

【襗】說文襗絝也从衣睪聲

【鄚】說文鄚涿郡縣从邑莫聲

【𣩔】說文𣩔死宋𣩔也从歺莫聲

【䨣】說文丨雨零也从雨各聲

【笿】說文丨桮丨也从竹各聲

【𩊚】說文丨生革可以爲縷束也从革各聲

【鉻】說文丨鬄也从金各聲

【𪕭】說文丨鼠出胡地皮可作裘从鼠各聲

【雒】說文丨鵋鵙也从隹各聲

【鵅】說文丨烏鸔也从鳥各聲

【袼】丨衣袂當掖之縫也禮記深衣丨之高下注

【䀩】說文丨眄也从目各聲

【袥】說文丨衣衸从衣石聲

【跅】跅者跅落無檢局也漢書武帝紀跅弛之士注

【侂】說文丨寄也从人厇聲厇古文宅

【逪】說文丨迹丨也从辵昔聲

【䍙】說文丨亦下也从网各聲

【蛢】說文丨似蜥易長一丈水潛吞人即浮出日南从虫并聲

【𩌏】說文軶裹曰丨从革尃聲

【蒪】丨苴蘘荷也漢書司馬相如傳上諸柘芭苴注引張揖

【𦥹】說文齊謂舂曰丨从臼并聲讀若膊

【蝁】說文丨虺屬从虫亞聲

【貈】說文丨似狐善睡獸从豸舟聲論語曰狐丨之厚以居

【𩧗】說文丨苑名一曰馬白額从馬隺聲

苲 說文新附丨越巂縣名見史記从艸作聲

筰 說文丨筊也从竹作聲

飵 說文楚人相謁食麥曰丨从食乍聲

秨 說文丨禾搖皃从禾乍聲讀若昨

嚩 說文丨噍皃从口尃聲

䶈 說文丨噍堅也从齒博省聲

䪙 說文丨車下索也从革尃聲

崞 說文崞山在雁門从山𩫏聲

椁 說文椁葬有木𩫏也从木𩫏聲 ○丨[illegible]周棺者也 禮記喪大記君松丨注○周棺爲槨孝經爲之棺槨衣衾而舉之鄭注○丨聲與寬廓相近禮記檀弓上注丨大也疏

檴 丨今椰榆也詩大東無浸丨薪陸疏

濩 說文丨雨流霤下皃从水蒦聲

○以下據集韻錄

趯 說文趯踊也从走翟聲

娋 說文丨小小侵也从女肖聲

谻 說文丨相踦丨也从丮谷聲

⿰忄卻 說文丨勞也从心卻聲

欔 丨即烏杙也爾雅釋草丨烏階注

⿱㲋木 說文丨木葉陊也从木㲋聲讀若薄

狛 說文丨如狼善驅羊从犬白聲讀若蘗寧嚴讀之若淺泊

暴 說文丨頸連也从系暴省聲

䨣 說文丨雨濡革也从雨从革讀若膊

○以下附錄

⿱䀠車 蟬丨車類丨讀如孔子射於矍相之矍淮南說林則推車至今無蟬丨注

經籍籑詁卷第九十九補遺終

入聲

經筵講官南書房行走禮部左侍郎兼署兵部左侍郎前提督浙江學政阮元撰集

十一陌

陌 ｜遵也廣雅釋室○｜塍分界也楚辭憫上率彼兮眇｜注○東西曰｜史記秦本紀索隱引風俗通又史記商君傳開阡｜封疆正義○東西爲｜後漢光武紀上注鮑永傳注○河東以南北爲｜史記秦本紀開阡｜索隱引風俗通○綃頭或謂之｜頭言其從後橫｜而前也釋名釋首飾

石 山體曰｜｜格也堅捍格也釋名釋山○｜之爲物堅而不納者也易困困于｜注○｜者陰德之專者也公羊僖十六年霣｜于宋五注○｜者陰類也漢書五行志中之上○｜謂砥也國語晉語加密｜焉注○｜柘也廣雅釋山○｜擿也廣雅釋詁四○｜鐵之母也呂覽精通慈｜召鐵或引之也注○金鐵曰｜書五子之歌關｜和鈞傳○｜含玉之｜也淮南墬形西南方之美者有華山之金｜焉注○西南之美者有華山之金｜焉爾雅釋山○艮爲｜易豫介于｜虞注无妄勿藥有喜虞注漸鴻漸于磐虞注象下傳君子以除戎器虞注○艮爲小｜易說卦傳○｜大也漢書匈奴傳下集注引鄧展○｜者大也漢書律厤志上○厚聲｜周禮典同○｜磬也書舜典予擊｜拊｜傳又鄭注又周禮大師金｜土革絲木匏竹注又國語周語｜尚角注楚語而以金｜匏竹之昌大囂庶爲樂注又太元元挩擊｜彈絲注○｜如磬｜之聲周禮典同注○｜之爲言託也託立法也古微書｜春秋說題辭○｜今之斛也國語周語關｜龢鈞注○十斗爲一｜說苑辨物○｜稱也｜百二十斤呂覽仲春鈞衡｜注○衡｜稱也百二十斤爲｜淮南時則鈞衡｜注○百二十斤爲｜國語周語重不過｜注○百二十斤曰｜禮記月令鈞衡｜注○｜百二十斤史記秦始皇紀衡｜量書集解○四鈞爲｜後漢馮衍傳注陳忠傳注○鈞四謂之｜小爾雅廣衡又家語正論趙簡子賦晉國一鼓鐵注○四鈞重一｜說苑辨物○｜砭｜也素問病能論夫氣盛血聚者宜｜而寫之注○｜謂砭｜漢書藝文志集注○｜謂以｜鍼開破之素問腹中論｜之則狂注○｜謂發｜以投人也後漢堅鐔傳注○鼓陽至而絕曰｜素問陰陽別論○｜冬脉水氣也素問平人氣象論胃而有｜曰冬病注○｜豐碑也呂覽求人故功績勒乎金｜注○碑碣也文選文賦被金｜而德廣注○｜記刻｜書傳記也文選吳都賦玉牒｜記劉注○有人名曰｜夷來風曰韋山海經大荒西經○｜材柱下質也青大傳大夫有｜材注○｜承當柱下而已書大傳庶人有｜承注○｜門魯城外門也後漢王龔傳注蔡邕傳注○｜紐鄉禹所生水經沫水注○｜林大｜山也後漢馬融傳注○｜桐水卽綿水也水經汾水注○｜帆生海嶼｜上草類也文選吳都賦｜帆水松劉注○｜菌芝也後漢張衡傳注○｜榴卽若榴也文選閒居賦｜榴蒲陶之珍注○螳螂有斧蟲也江東呼爲｜螂方言十一螳螂謂之髦注○｜晉鰳也廣雅釋魚○以｜爲射顏氏家訓音辭○莊子外物無｜師而能言釋文｜本作碩又作所○

晉揚｜字食我見左襄廿九年傳○

格 ｜賓｜也禮記祭義濟濟者｜也釋文○｜上｜也國語周語子國爲｜注○｜敬也呂覽自知終座以爲上｜注○過｜一也老子過｜止注○後至爲｜素問陰陽類論○｜謂｜止於人形也素問玉機眞藏論今風寒｜於人注○｜謂諸侯使臣來弔者周禮象胥詔相國｜之禮儀注○濟濟者｜也遠

也家語曲禮子夏問○詩公劉箋謂安民館丨釋文
丨本作舍○論語鄉黨居不丨釋文丨本作容○周
禮司儀丨從拜辱于朝儀禮聘禮注作賓從拜辱于
朝禮記曲禮主人敬丨則先拜丨儀禮士相見禮注
作主人敬賓
則先拜賓
白 丨者西方之色也爾雅釋水河出崑崙虛色丨孫
注○西方謂之丨考工記畫繢之事○丨者殷之
色也論衡指瑞○丨者殷家之正色書古太誓丨魚
入于王舟馬注○丨殷之正色周禮司常雜帛爲物
注○丨者殷正也書古太誓鄭注○丨者陰氣白虎
通三正又後漢陳寵傳注○金氣丨故曰丨門淮南
隆形西南方曰編駒之山曰丨門注○丨肺色也素
問風論其色丨注○震爲丨易賁丨馬翰如陸注○
巽爲丨易說卦傳○丨素也易賁丨賁于注又淮南
本經野莽丨素注○丨明也漢書陳餘傳集注吳王

濞傳集注田叔傳集注貢禹傳集注又呂覽士節吾
將以死丨之注○丨明丨也荀子王霸丨人之所務
丨也注○丨彰明也荀子榮辱身死而名彌丨注○
丨道明道也荀子正名正說不行則丨道而冥窮注
○丨者日光所照也莊子人閒世虛室生丨釋文引
崔注○丨黑猶賢愚也後漢馮衍傳注○丨謂句徒
猶今之丨丁也荀子王制司馬知師旅甲兵乘丨之
數注○丨徒謂不練之卒無武藝管子七法擊毆衆
丨徒注○丨屋匹夫也後漢高彪傳注○丨虎門名
後漢丁鴻傳注○丨登臺名水經㶟水注○丨罰爵
名也文選吳都賦飛觴舉丨劉注○丨楊刀也廣雅
釋器○五丨者簿齒也楚辭招魂呼五丨些注○丨
熬稻儀禮有司徹婦贊者執丨黑以授主婦注○稻
曰丨周禮籩人其實麷蕡丨黑形鹽膴鮑魚鱐司農
注○丨駒日也莊子知北遊若丨駒之過郤釋文○
丨爲喪周禮保章氏辨吉凶水旱降豐荒之祲象司

農注○丨旆殷旌也以帛繼旐末也釋名釋兵○大
丨殷之旗猶周大赤蓋象正色也周禮巾車建大丨
注○丨啟也如冰啟時色也釋名釋采帛○宗彝丨
御覽服章部七引書大傳○丨越越布後漢明德馬
皇后紀注○正中冀州曰丨土後漢張衡傳注○丨
山即天山也後漢魯恭傳注○丨芝一名玉芝後漢
張衡傳注○丨魚蛃魚也廣雅釋蟲○丨牡周公牲
也詩閟宮丨牡騂剛傳○丨牡殷牲也禮記明堂位
牲用丨牡注○辨丨馬之名爲丨莊子齊物論故以
堅丨之昧終釋文引崔注○半達晉言丨也水經河
水注○孔丨字子上見史記孔子世家○丨當爲百
荀子王制注○莊子天下以此丨心釋文丨本作任
○儀禮士喪禮冬丨屨
周禮屨人注作冬皮屨
澤 下而有水曰丨言潤丨也釋名釋地○水草交厝
名之爲丨丨者言其潤丨萬物以阜民用也風俗

通山澤○丨水所鍾也周禮地官序官丨虞注○丨
水之鍾也國語周語○水鍾曰丨周禮大司徒辨其
山林川丨邱陵墳衍原隰之名物注○有水曰丨呂
覽仲冬山林藪丨注有始丨有九藪注○丨水也孟
子滕文公下園囿汙池沛丨多注○川壅爲丨左氏
宣十二年傳○漸洳曰丨公羊僖四年傳大陷于沛
丨之中注○丨池也廣雅釋地○丨河邊溢漫處山
海經海內北經宵明燭光處河大丨注○兌爲丨易
說卦傳又後漢郎顗傳注張衡傳注○兌爲丨妻象
也後漢荀爽傳注○兌爲雨丨易大過枯楊生稊虞
注○兌爲水澤易大過過涉滅頂虞注○丨虞主水
丨官文選西京賦丨虞是濫薛注○丨潤丨也詩無
衣與子同丨傳○丨有潤丨也荀子宥坐順非而丨
注○丨顏色潤丨也荀子禮論說豫娩丨注○丨質
之潤也離騷芳與丨其雜糅兮注○丨者滋潤之丨
孟子離婁下君子之丨注○丨者液也素問疏五過

論令丨不息注○丨潤液也素問經絡論熱多則淖
丨丨注○丨洪潤也素問氣交變大論有丨有燥性○
丨丨者鑑也賈子道德說○丨祿也孟子公孫丑下則
是干丨也注○丨射宮也書大傳已祭取餘獲陳于
丨注○丨丨宮也禮記郊特牲王立于丨注○丨宮
名也禮記射義必先習射於丨注○丨宮宮也家語
郊問王親立於丨宮注○丨習禮之處禮記郊特牲
正義引書大傳○丨丨宮也所以習射選士之處也
司禮司弓矢丨共射椹質之弓矢司農注○天子將
祭必先習射於丨丨者所以擇士也禮記射義○丨
丨蘭也儀禮既夕記實綏丨焉注○丨謂挼莎也禮
記曲禮上共飯不丨手注○運丨謂玩弄也禮記少
儀運笏丨劒首注○尺丨肺脈氣也素問至眞要大
論尺丨絕注○丨器謂滑丨之器考工記虢氏實諸
丨器司農注○丨丨言子滑丨山海經中山經泰室之
山有草焉黑實丨如蘡薁注○丨烏蘱爾雅釋草○

陵丨甘遂也廣雅釋草○八日丨鼁爾雅釋魚○鉅
定丨丨也書大傳鉅定螺注○丨虞戴勝也廣雅釋鳥
○丨或爲擇禮記曲禮上共飯不丨手注○丨讀曰
醳周禮司尊彝醴齊縮酌注○丨讀爲醳舊醳之酒
禮記郊特牲猶明清與醆酒于舊醳之酒也注○古
釋字作丨史記孝武紀先振兵丨旅集解引徐廣○
丨虞注林作鷃鸕爾雅釋鳥釋文○莊子則陽比于
大丨釋文丨本作宅○史記河渠書溉丨鹵之地索
隱曰丨一作烏本或作斥○宋蕩丨字子山見左氏
成十四年傳○宋公孫丨字碩甫見左氏文十八年
傳○國策趙策尹丨
國語韓非子作尹鐸

伯 丨長也爾雅釋詁又詩正月將丨助予傳又周禮
天官序官宮丨注又周禮目錄又左傳僖十九年
諸侯無丨注又論語泰伯泰丨其可謂至德也已矣
皇疏又白虎通封公侯又漢書諸侯王表集注五行
志中之上集注賈誼傳集注谷永傳集注嚴延年傳
集注王莽傳中集注又荀子仲尼五尺之豎子言羞
稱乎五丨注又莊子人閒世南丨子綦釋文引李注
又管子侈靡衆能丨不然將見對注又楚辭天問丨
林雉經注○丨者長也孝經而況於公侯丨子男乎
鄭注又白虎通姓名○丨長子也詩載芟侯主侯丨
傳○丨位之長也爾雅釋詁丨長也舍人注○丨官
長爾雅釋詁注○五官之長曰丨禮記曲禮下○丨
諸侯長左氏哀十三年傳丨合諸侯注○爲諸侯之
長曰丨荀子王霸五丨是也注○長諸侯爲方伯周
禮大宗伯九命作丨司農注○般之州長曰丨禮記
王制千里之外設方丨注○丨者長也白也言其咸
建五長功實明白風俗通皇霸○丨者白也白虎通
爵○丨者丨之爲言白也明白於德也古微書引春
秋元命苞○丨者白也明白於德其地方七十里獨
斷上○丨君也廣雅釋詁一○丨爵也書湯征序葛

丨不祀傳旅巢命序巢丨來朝傳又鄭注又周書芮
良夫芮丨若曰注又穆天子傳一河宗之子孫鄘柏
絮注○丨丨侯牧也家語辨物則侯率子男以見於丨
注○郇丨郇侯也詩下泉郇丨勞之傳○丨王官家
語辨物則丨率侯牧以見於王注○丨州丨也詩伯
兮丨兮朅兮傳○丨謂爲三公者禮記曲禮下五官
之長曰丨注○丨上公九命分陝者禮記玉藻丨曰
天子之力臣注○上公有功德者加命爲二丨周禮
大宗伯九命作丨注○同姓大國則曰丨父其異姓
則曰丨舅同姓小邦則曰叔父其異姓小邦則曰叔
舅儀禮覲禮○父之兄又曰丨父丨把也把持家政
也釋名釋親屬○丨仲喻兄弟之次也文選典論論
文傳毅之於班固丨丨仲之閒耳注○丨仲叔季兄弟
之次後漢光武紀上注○丨仲叔季長幼之稱儀禮
士冠禮曰丨某甫仲叔季唯其所當注○四卒成衞
曰丨周書武順○丨卒名周書武順注○士卒衆時

作謂之曰丨周書太子晉○丨謂師節也後漢馬融
傳注○丨道也後漢曹節傳注○丨迫也淮南人閒
陽虎將舉劒而丨頤注○丨强大厲疫鬼也楚辭天
問丨强何處注○丨夷爻顓頊師山海經海內經丨
夷爻生西岳注○丨廬國一曰相慮山海經海內南
經○丨馬祖也詩吉日既丨既禱傳○既丨既禱馬
祭也爾雅釋天○丨祭馬祖也將用馬力必先祭其
先爾雅釋天注○虎自關東西或謂之丨都方言八
○丨趙鵙也廣雅釋鳥○古丨字多以木穆天子傳
一河宗之子孫蒯柏絮注○書舜典丨與漢書古今
人表作柏譽左傳昭廿八年丨封漢書古今人表作
柏封國語周語逢丨陵漢書古今人表作逢柏陵列
子丨益漢書古今人表作柏益尸子丨陽漢書古今
人表作柏陽○書西伯戡黎釋文丨本作拍○丨讀
爲霸荀子仲尼五尺之豎子言羞稱乎五丨注儒效
一朝而丨注王霸五丨是也注○丨讀曰霸荀子王

霸勇者五丨注成相穆公任之强配五丨注大略交
質子不及五丨注○左傳莊十七年注齊桓如丨釋
文丨本作霸襄八年注晉悼復脩丨業釋文丨本作
霸○書立政常丨常任說文攴部作常敀常任○詩
吉日既丨既禱說文示部作既禡既禂○禮記王制
州有丨漢書刑法志作州有牧○史記伍子胥傳丨
嚭吳越春秋作白
喜論衡作帛喜

迹 跡同○丨蹤也呂覽必己不若相與追而殺之以
滅其丨注○跡蹈也小爾雅廣言○所履爲丨楚
辭惜誦言與行其可丨兮注○丨者履之所出管子
宙合猶丨求履之憲也注○丨履之所出莊子天運
○丨行也楚辭悲回風見伯夷之放丨注○丨道也
楚辭天問昏微循丨注○不蹟不道也詩沔水念彼
不蹟傳○跡猶尋也後漢儒林傳注○丨之言跡知
禽獸處周禮地官序官丨人注○丨舊丨也論語先
進不踐丨皇疏○蹟止也廣雅釋詁三○跡者基也
論衡奇怪○丨功業也文選弔魏武帝文遠跡頓於
促路注○丨行丨謂功績也文選顏延年應詔讌曲
水詩注引春秋合誠圖宋注○跡積也積累而前也
釋名釋言語○丨丨不安也廣雅釋訓○丨丨不安
也江沅之閒謂之丨丨方言十○丨丨屑屑皆往來
之貌也方言十注○
跡丨也廣雅釋詁三

宅 丨居也爾雅釋言又易象上傳上以厚下安丨盧
氏注又書堯典丨嵎夷傳立政丨乃事傳又詩皇
矣此維與丨傳文王有聲丨是鎬京箋閟宮遂荒徐
丨傳又周禮眡祲掌安丨敘降注土方氏以土地相
丨注又儀禮士喪禮爲其父某甫筮丨注又國語晉
語非吾丨也注又漢書郊祀志下集注地理志上集
注敘傳下集注引顏德又呂覽貴直今得見王而家
丨乎注又文選西京賦然而四海同丨西秦注東京

賦召伯相丨薛注歎逝賦哀緣情而來丨注○丨居
處也荀子大略故家五畝丨注○丨謂邑內居也荀
子王制定廛丨注○丨幽謂居北方幽都之地後漢
張衡傳注○丨擇也擇吉處而營之也釋名釋宮室
○丨者謂致仕者去官而居丨或在國中或在野儀
禮士相見禮丨者注○民丨曰丨丨田者以備益多
也周禮載師以丨田士田賈田任近郊之地司農注
○丨田致仕者之家所受田也周禮載師注○丨章
之次也國語魯語○丨根也易解甲坼釋文引馬陸
注○丨謂天也淮南原道縱志舒節以馳大區注○
丨葬居也儀禮士喪禮筮丨注○丨墓穴也孝經卜
其丨兆注又鄭注○丨葬地也禮記喪服小記祔葬
者不筮丨注又廣雅釋邱○丨兆葬之營域也後漢
趙咨傳注○今文丨或爲託儀禮士相見禮注○今
本丨作坼易象下傳百果草木皆甲丨集解○丨讀
曰咤書舜典五丨三居鄭注○書堯典丨嵎夷丨南

交丨西丨朔方史記五帝紀作居郁夷居南交居西土居北方書禹貢是降邱丨土史記夏本紀作於是民得下邱居土書禹貢四隩既丨史記夏本紀作四奧既居○書堯典丨西曰昧谷周禮縫人注作度西曰柳穀書舜典五流有丨史記五帝紀作五流有度書禹貢三危既丨史記夏本紀作三危既度書顧命恤丨宗後漢班彪傳下作恤度宗詩文王有聲丨是鎬京禮記坊記作度是鎬京詩皇矣此維與丨論衡初稟作此惟予度

席 丨釋也可卷可釋也釋名釋牀帳○藉之曰丨周禮春官序官司几筵注○丨所以禦塵儀禮既夕加抗丨三注○五丨莞藻次蒲熊周禮司几筵掌五几五丨之名物注○重丨重蒲筵繢布純也儀禮燕禮司宮兼卷重丨注○几丨素几葦丨也儀禮士虞禮記尸出執几從丨從注○丨者神之所憑止也山

海經中山經熊山丨也注○丨猶坐也論語鄉黨必正丨先嘗之皇疏○丨猶鋪陳也禮記儒行丨上之珍以待聘宋本正義○丨陳也禮記儒行儒有丨上之珍以待聘注○丨敷丨也儀禮鄉飲酒禮乃丨賓主人介注○丨籍也漢書賈誼傳集注引臣瓚○丨因也漢書蒯通傳集注○丨猶因也漢書劉向傳集注○丨大也漢書賈誼傳集注引應劭○丨上謂儒也後漢王充王符仲長統傳注○丨卷言無餘也後漢馮衍傳注虞詡傳注○席與丨古字通文選上林賦逡巡避丨注○丨中加帶顏氏家訓書證○古文丨爲筵儀禮士虞禮記猶出几丨注○今文丨爲筵儀禮大射儀賓升就丨注○詩行葦肆筵設丨楚辭章句九作肆筵設机

筴 亦作筞○丨謀也禮記仲尼燕居田獵戎事失其丨注又國策秦策以順王與儀之丨注○丨謀術呂覽簡選此勝之一丨也注○丨簸也廣雅釋詁二○丨數也史記五帝紀迎日推丨集解引晉灼又漢書律厤志上集注引蘇林○丨蓍也國策秦策錯龜數丨注○丨簡也儀禮聘禮記百名以上書於丨注既夕書遣於丨注又禮記中庸布在方丨注○丨書丨者簡也獨斷上○筴簡書也國語魯語使書以爲三筴注○筴竹簡也莊子駢拇則挾筴讀書釋文○筴編簡也禮記曲禮書筴琴瑟釋文○丨書者編簡也其制長二尺短者半之後漢光武紀上注○百名以上書於丨不及百名書於方儀禮聘禮記○丨受命之書左氏昭三年傳授之以丨注○丨謂以簡丨書王命周禮內史則丨命之司農注○丨書教令於上所以驅丨諸下也釋名釋書契○玉丨玉牒也文選魏都賦闚玉丨於金縢劉注○丨馬捶也左氏襄十七年傳左師爲己短丨服注又公羊定八年傳臨南投丨而墜之注○丨馬錘淮南道應倒杖丨錣上

貫頤注○丨馬檛也左氏文十三年傳繞朝贈之以丨注又後漢王常傳注○丨箠也廣雅釋器○丨御者之丨也考工記輈人輈前十尺而丨半之注○丨箠也呂覽審爲杖丨而去注又楚辭謬諫駕蹇驢而無丨兮注○丨杖也論語雍也丨其馬皇疏又莊子齊物論師曠之枝丨也釋文引司馬注又淮南墜形夸父棄其丨注又文選西征賦注引淮南許注○金丨錫杖也文選遊天台山賦振金丨之鈴鈴注○丨小也方言二又廣雅釋詁二○小箕曰筴莊子人閒世鼓筴播精釋文引司馬注○木細枝謂之杪燕之北鄙朝鮮洌水之閒謂之丨方言二○凡草木刺人北燕朝鮮之閒謂之丨方言三○筴木欄也莊子達生元端以臨牢筴釋文引李注○丨祝遠罪疾也獨斷上○天丨尾上一星名曰天丨一名傅說國語晉語天丨焞焞注○丨古文册笧𠕋三形一切經音義十七○丨古文𠕋閑簡三形一切經音義十五○簡

丨字竹下施朿末代隸書似杞宋之宋亦有竹下遂
爲夾者顏氏家訓書證○易繫辭乾之丨釋文丨本
作筴○左傳序大事書于丨釋文丨本作冊
○禮記筴爲筮一切經音義二作蓍爲筮
碧 丨青也廣雅釋器○丨有縹丨有綠丨文選南都
賦注引廣志○丨青玉也淮南墬形丨樹瑤樹在
其北注○丨亦玉類也山海經西山經高山其下多
青丨注○丨亦玉屬山海經西山經章莪之山多瑤
丨注○丨玉謂水玉也文選蜀都賦或隱丨玉劉注
○水丨亦水玉類山海經東山經耿山多水丨注
籍 丨書也左氏成二年傳非禮也勿丨注○丨書丨
書孔序文丨釋文○六丨六經也後漢班彪傳下
注張衡傳注又文選東京賦蓋六丨所不能談注思
元賦六丨闕而不書舊注○丨錄也史記趙世家公
孫支書而藏之索隱○丨謂疏錄之也後漢梁冀傳
注○丨其禮差之書也周禮大司馬乃以九畿之丨

注○丨禮丨名位尊卑之書周禮小行人掌邦國賓客
之禮丨注○丨謂名簿也史記梁孝王世家著引丨
正義○丨謂書其戶口之數也荀子榮辱循法則度
量形辟圖丨注○丨謂天下之圖丨也荀子儒效履
天下之丨注○丨丨也所以丨疏人名戶口也釋名
釋書契○丨稅也詩韓奕實畝實丨箋○丨公家之
常徭書大傳急則不賦丨注○丨丨田也禮記祭義
天子爲丨千畝注○丨蹈丨也史記周本紀不修丨
于千畝集解引臣瓚孝文紀其開丨田集解引臣瓚
○丨假也漢書霍光傳集注○丨借也御覽五百卅
七引成伯璵禮記外傳又史記孝文紀集解引應劭
陳杞世家空丨五歲矣索隱又漢書趙充國傳集注
○丨者借也猶人相借力助之也孟子滕文公上助
者丨也注○丨丨從橫貌漢書燕刺王旦傳集注○
丨之謂殺其身執其家瀦其宮詩破斧正義引書大
傳○史記晉世家獻侯名丨索隱引世本譙周又作

蘇○項丨字子羽見
史記高祖功臣表
格 丨正也論語爲政有恥且丨集解又方言三又漢
書刑法志集注又後漢朱景王杜馬劉傅堅馬傳
注范滂傳注又孟子離婁上惟大人爲能丨君心之
非注○丨好也是太元元衝○丨法家語五儀口不
吐訓丨之言注○丨舊法也禮記緇衣言有物而行
有丨注○丨猶標準也後漢傳燮傳注○丨量度也
文選蕪城賦注引蒼頡○丨木長貌也文選上林賦
注引埤蒼○丨射之椹質也淮南兵略射儀度不得
則丨的不中注○丨攱架也一切經音義十三引蒼
頡○絡謂之丨方言五○丨至也爾雅釋詁又書堯
典丨于上下傳又詩抑神之丨思傳又儀禮士冠禮
孝友時丨注又禮記月令暴風來丨注又周書程典
遠丨而邇安注大開武今而言維丨注成開禍丨無
日注皇門周公丨左閎門注又書大傳吾大命丨兮

注又漢書酷吏傳集注又太元法丨我無邪注又素
問方盛衰論脉事因丨注又文選劇秦美新丨來甚
勤注○丨至也亦枉也素問氣交變大論陰厥且丨
注○㣝至也邠唐冀兗之閒或曰㣝方言一○丨謂
至於天也書君奭天壽平丨鄭注○丨來也爾雅釋
言又書舜典丨汝舜傳湯誓丨汝衆釋文又詩楚茨
神保是丨傳又禮記中庸神之丨思注緇衣則民有
丨心注大學致知在丨物注又論語爲政鄭注又後
漢杜林傳注班彪傳下注○㣝亦訓來方言一㣝登
也注○㣝來也自關而東周鄭之郊齊魯之閒或謂
之㣝方言二○丨陞也爾雅釋詁○假升也詩雲漢
昭假無贏箋那湯孫奏假箋烈祖以假以享箋○丨
登也書呂刑庶有丨命鄭注○㣝登也梁益之閒曰
㣝方言一○丨起也爾雅釋天太歲在寅曰攝提丨
李注○丨起言萬物承陽而起也淮南天文攝提丨
之歲注○丨丨舉也爾雅釋訓○丨攱也淮南時則

夏行冬令丨注○丨止也小爾雅廣詁○丨不容太
元元錯○丨也乖同上○丨謂相拒捍者荀子議兵
丨者不舍注○丨鬬也周書武稱窮寇不丨注○丨
擊也後漢陳寵傳注○丨拘執也後漢鍾離意傳注
○丨捞楚也淮南覽冥身枕丨而死注○相拒而殺
之曰卜後漢劉盆子傳注○丨五今之塞也後漢蔡
邕傳注○簺有四采塞白乘五是也至五卽丨不得
行故謂之丨五後漢梁冀傳注引鮑宏簺經○丨古
文㪇同一切經音義九○今文丨爲椵儀禮士冠禮
注○丨讀如凍洛之洛禮記學記則扞丨而不勝注
○公羊隱八年注歸丨于禰祖釋文丨本作假○書
堯典丨于上下說文人部後漢明帝紀皆作假于上
下書益稷祖考來丨後漢章帝紀作祖考來假書高
宗肜日惟先丨王漢書成帝紀五行志中之下孔光
傳外戚傳下皆作惟先假王書西伯戡黎丨人元龜
史記殷本紀作假人元龜書君奭丨于皇天丨于上

帝史記燕召公世家皆作假○書堯典不丨姦史記
五帝紀作不至姦書舜典歸丨于藝祖用特史記五
帝紀作歸至于祖禰廟用特書舜典舜丨于文祖史
記五帝紀作舜乃至於文祖○爾雅釋詁丨戾懷摧
詹釋文丨本作佫○易略例語
成而後有丨釋文丨本作括

役 丨事也左氏成二年傳以丨王命注昭十三年傳
爲此丨也注又國語晉語國有大丨注又國策西
周策雍氏之丨注秦策宜陽之丨注又呂覽貴生生
之丨也注○丨爲也書牧誓以丨西土馬注又禮記
少儀謂之社稷之丨注又廣雅釋詁三又國語周語
以丨上令注晉語竭力以丨事注○丨之言爲也禮
記表記君子恭儉以求丨仁注○丨有爲人也莊
子胠篋而悅夫丨丨之佞釋文引李注○丨營也國
語鄭語正七體以丨心注○丨助也廣雅釋詁二○
丨之使助之周禮華氏遂丨之注○丨使也淮南本

經乘時應勢以服丨人心也注○役使也廣雅釋詁
一○丨爲之使周禮瞽矇以丨大師注○丨之作使
之周禮典祀徵丨于司隸而丨之注○丨勞丨荀子
脩身程丨而不錄注○丨功力之事周禮小司徒以
作田丨注○丨爲給丨也周禮甸師以薪蒸丨外內
饔之事注○丨給其小丨周禮罪隸掌丨百官府注
○丨車給丨之車也釋名釋車○丨田丨丨也周禮閭
胥凡春秋之祭祀丨政喪紀之數注○丨謂師田若
有功作也周禮遂人若起野丨注○丨謂發兵起徒
丨也周禮小宰一曰聽政丨以比居司農注○役兵
也國語吳語寡人師不腆吳國之役注○丨賤也楚
辭大招不歠丨只注○丨猶賤也後漢馮衍傳注○
丨所莅之職也文選鄰里相送方山詩祇丨出皇邑
注○丨列也詩生民禾丨穟穟傳○丨猶弟子列子
仲尼國澤之丨注○丨學徒弟子也莊子庚桑楚老
聃之丨釋文引司馬注○汲水漿者曰丨公羊宣十

二年傳厮丨扈養注○丨亭毒也莊子大宗師聶許
聞之需丨釋文引王注○丨丨鬼黠貌莊子胠篋釋
文引李注○詩生民禾丨丨穟
穟說文禾部作禾穎穟穟

帛 丨元纁也淮南原道執玉帛者萬國注○丨今之
璧色繒也儀禮聘禮束丨加璧注○丨如今璧色
繒也周禮大宗伯孤執皮丨注○丨謂縑素後漢和
熹鄧皇后紀注○丨束丨之屬也論語陽貨玉丨云
乎哉集解引鄭注○皮丨丨儷皮束丨也儀禮士昏禮
記皮丨必可制注○幣丨丨所以贈勞賓客者周禮大
宰六曰幣丨之式注○巽爲丨易賁束丨戔戔虞注
○丨屐以丨作之如屩也釋名釋衣服○丨似丨華
山有之爾雅釋草○丨當爲白聲之誤也禮記玉藻
大丨不緌注○紀子丨字裂繻見左氏隱二年經注
○左傳隱二年紀子丨莒子盟于密公羊穀梁作伯
○國策秦策大敗秦人於李丨之下史記作李伯

戟丨格也旁有枝格也釋名釋兵○戟有枝兵也長
六尺一切經音義一引字林○丨形傍出兩刃也
華嚴經音義上引論語圖○丨今三鋒丨也考工記
治氏丨廣寸有半注○丨盾也御覽三百五十六引
埤蒼○丨亦兵也呂覽離俗○丨車丨也國語齊語
贖以犀甲一丨注○丨車丨常也詩無衣修我矛丨
箋○車丨常
考工記廬人
璧丨者方中圓外白虎通瑞贄○方中圓外曰丨白
虎通瑞贄引禮○丨圜象天周禮大宗伯以蒼丨
禮天注○丨玉環也肉倍好曰丨國策衛策白丨一
注○肉倍好謂之丨爾雅釋器又後漢北海靖王興
傳注○圭其邸爲丨周禮典瑞圭丨注考工記玉人
圭丨注○大丨大琬大琰皆度尺二寸者書顧命宏
丨鄭注○大丨琬琰之珪書顧命傳○丨者所以祈
神也後漢隗囂傳注○丨以聘公羊定八年傳璋判

白注○君享用丨夫人用琮天地配合之象也儀禮
聘禮束帛加丨束帛加琮注○五等諸侯享天子用
丨享后用琮周禮小行人丨以帛琮以錦注○辟雍
所以行禮樂宣德化也辟者丨也象丨圓以法天也
白虎通辟雍○丨雍環之以水圓而如丨也後漢崔
駰傳注○天子曰辟雍謂流水四面如丨以節觀者
獨斷上○辟雍謂以土雍水外圓如辟故曰辟雍通
典引許愼五經異義○水旋邱如丨曰辟雍詩靈臺
於樂辟廱傳○丨之爲言積也白虎通瑞贄○辟之
爲言積也積天下之道德白虎通辟雍○丨帶壁中
橫木也後漢琅邪孝王京傳注○丨文襲重言用之
煩數皆鈍無復文理也丨讀辟也淮南覽冥丨襲無
理
注
驛丨傳車也左氏文十六年傳楚子乘丨注○丨丨
盛貌詩載芟丨丨其達韓詩○丨丨盛也廣雅釋

訓○圛者色澤而光明者也書洪範曰丨鄭注○丨
古文作悌今文爲圛詩正義引賈逵書古文同異○
書洪範曰丨周禮大卜注作曰圛○書
洪範曰丨史記宋微子世家作曰涕
麥丨者穀之始也管子輕重戊○丨實者五穀之先
見者大戴記夏小正祈丨實傳○五穀之長者丨
素問金匱眞言論其穀丨注○丨金穀也淮南時則
食丨與羊注○丨金也淮南墬形丨秋生夏死注○
丨之爲言殖也寢生觸凍而不息精射刺直故丨含
芒事且立也古微書引春秋說題辭○大丨麰也小
丨麳也廣雅釋草○蜱其
小者謂之丨蛪方言十一
額丨說文作頟○丨鄂也有垠鄂也故幽州人謂之鄂
也釋名釋形體○頟顙也中夏謂之頟方言十○
查名該訶爲丨封氏聞見記
○頟本亦作丨晉書音義上

柏丨椈爾雅釋草○丨憂也廣雅釋詁一○丨猶迫
也公羊文二年傳練主用栗注又史記河渠書丨
冬日集解引徐廣○丨者所以自迫促白虎通宗廟
○丨人者迫於人也史記張耳陳餘傳○丨人者迫
于人也漢書高帝紀集注陳餘傳集注○丨席迫地
之席葦居其上周禮司几筵其丨席用萑司農注○
丨席載黍稷之席周禮司几筵司農注引或曰○丨丨
高丨子高仙者也山海經海內經肇山有人名曰丨丨
高注○丨車山車考工記車人丨車轂長一柯注○
丨車丨伯也大也丁夫服任之大車也釋名釋車○
丨谷晉地也國語晉語及丨谷注○丨榑字磨滅之
餘周禮司几筵注○左傳定四年戰于丨舉公羊作
伯
舉
魄丨形也左氏昭七年傳人生始化曰丨注又國語
晉語其丨兆於民矣注又太元視陰成丨注○丨

者陰之形也楚辭大招隱無遠遙只注○形體謂之
丨御覽五百四十九引成伯璵禮記外傳○死氣爲
魂丨其形爲丨太元中蘱靈氣形反注○形氣爲丨文
選陸士衡贈從兄車騎詩注引老子鍾會注弔魏武
帝文注○地氣爲丨淮南主術○丨者生氣之源也
越絕書外傳枕中○丨者性之決也楚辭招魂魂丨
離散汝筮予之注○丨意之精也國語晉語○丨者
萬物之精體而未變者也太元元告隱丨榮也注○
心之精爽是謂魂丨賈子禮容語下○耳目之聰明
爲丨禮記祭義丨也者鬼之盛也注○靈爲丨大戴
記曾子天圓陰之精氣曰靈注○丨陰神淮南精神
其丨不抑注○丨也者鬼之盛也禮記祭義○人生
始化曰丨左氏昭七年傳○丨者白也白虎通情性
○丨白也白明白也古微書引孝經援神契○丨者
猶迫然著人也白虎通情性○丨閒也爾雅釋詁○
糟爛爲丨莊子天道古人之糟丨丨已夫釋文○爛食

曰丨莊子天道釋文引司馬注○丨謂魂丨也莊子
天道釋文○丨樸榼爾雅釋木○丹丨虎丨也文選
恩倖傳論素練丹丨注○虎丨生地中其上及旁不
生草木深者八九尺大如斛削去上皮中成虎丨有
汁初如桃膠凝堅乃成其方人用以爲蜜也一切經
音義六引廣志○欺丨字書作欺顛人面醜也列子
仲尼是若欺丨焉釋文○
莊子天道釋文丨本作粕

積 積聚也廣雅釋詁三○丨聚也後漢楊賜傳注又
列子湯問聚柴丨而焚之釋文○丨儲也國語楚
語無一日之丨注○丨精猶儲丨也後漢明帝紀注
○丨謂歸湊也大戴記子張問入官源泉不竭故天
下丨也注○丨多也漢書食貨志下集注○丨多財
太元元衡○丨也多太元元錯○積重也廣雅釋詁
四○丨謂重也素問著至教論丨幷則爲驚病起注
○丨叢也小爾雅廣詁○丨塡委也荀子脩身不窮

窮而通者丨焉注○丨謂丨滯不通莊子天道天道
運而無所丨釋文○坤爲丨丨易象下傳丨小以成高
大虞注○坎習爲丨易象上傳得丨載也虞注○丨
習也荀子儒效有師法則隆丨矣注解蔽私其所丨
注○丨丨習荀子榮辱安知廉恥隅丨注○丨久也
漢書嚴助傳集注○丨謂襞丨漢書外戚傳下集注
○丨猶辟也以素爲裳辟蹙其要中儀禮士冠禮素
丨注○丨猶辟也辟蹙其腰中故謂之素丨也荀子
富國士皮弁服注○素丨素裳也辟丨其要中使蹴
因以名之也釋名釋衣服○丨石山名今在金成河
關縣南河出北山而東南流穆天子傳一丨石之南
河注○銅末鑄鑠曰丨石論衡量知○丨竹刺杖者
騎蹇少年杖也御覽七百十引新序○丨與績同荀
子禮論丨厚者流澤廣丨薄者流澤狹也注○丨與
迹同古字通用後漢鄧晨傳注○丨亦與迹同古字
通也後漢南匈奴傳注○公羊莊十七年傳瀸丨也

釋文丨本作漬○詩良耜丨之栗栗說文禾部作稽
之秩秩○齊宣公名丨又名就匜見史記齊世家

脉 又作脈權文作衇○丨理也國語周語上乃丨發
注○丨者血之府素問六節藏象論諸丨者皆屬
於目注調經論病在丨調之血注○夫丨者血之府
也素問脉要精微論○脈視也漢書楊雄傳上集注
○脈脈視貌漢書東方朔傳集注○脈蜴欺謾之語
也方言十○脈蜴中國相輕易蚩弄之言也方言十
注○南楚以南凡相非議人謂之謫或謂之衇衇又
慧也方言十○衇摘猶謫摘也如醫別人衇知疾之
意見事者之稱
也釋名釋姿容

夕 丨莫也周禮宮正丨擊柝而比之注○暮曰丨禮
記文王世子朝丨釋文○初昏爲丨也洪範五行
傳星辰莫同注○將晨爲丨同上○晡時至黃昏爲
日之丨洪範五行傳日之丨注○下旬爲月之丨洪

範五行傳月之丨注○自九月盡至十二月爲歲之丨洪範五行傳歲之丨注○丨猶昔也史記楚世家其樂非特朝丨之樂也索隱○丨問鄉之丨也儀禮聘禮丨夫人使下大夫韋弁歸禮注○朝丨朝朝暮丨周禮道僕以朝丨燕出入注○秋出補人之不足者謂之丨管子戒○景丨謂日昳景乃中立表之處大東近日也周禮大司徒日東則景丨多風司農注○山西曰丨陽詩公劉度其丨陽傳○丨袞也廣雅釋詁二○左傳昭廿年終丨與于燎釋文丨本作多○史記管蔡世家曹莊公丨姑索隱曰卽射姑也○詩頍弁樂酒今丨楚辭章句十作樂酒今昔

液 丨汁也文選思元賦注引字林○丨津丨也莊子入開世以爲門戶則丨橘釋文引司馬注○清丨清水也素問腹中論鼻出清丨注○丨與掖同古字通用漢書王莽傳上集注○丨讀爲醳考工記弓人冬析幹而春丨角司農注○丨音悅懌之懌山海經北山經丨女之水注○史記穰侯傳乃使仇丨之秦索隱曰戰國策作仇郝

冊 古文作篇○篇書也廣雅釋詁四○漢制約敕封侯曰丨丨賾也敕使整賾不犯之也釋名釋書契○丨古文篇同一切經音義十九○書金縢公歸乃納丨于金縢之匱中史記魯周公世家作周公藏其策金縢匱中書洛誥王命作丨漢書律厤志作命作策

尺 丨十寸爲丨賈子六術又淮南道應終日行不離咫丨注○十寸爲一丨說苑辨物○夏以十寸爲丨獨斷上○殷以九寸爲丨同上○周以八寸爲丨同上○丨者蒦也漢書律厤志上集注○六丨卽十五也後漢班彪傳注○六丨謂年十五巳下後漢明帝紀注李燮傳注○百丨帆檣也文選海賦榻百丨注○丨澤言小也文選對楚王問夫丨澤之鯢注○丨蠖蟦蠘也廣雅釋蟲

隙 丨壁孔也荀子禮論若駟之過丨注○丨壁際孔文選雪賦注引字林○丨孔也莊子知北遊若白駒之過丨釋文○丨卽穴也後漢陳忠傳注○丨者閒孔也史記貨殖傳居雍丨集解引徐廣○丨閒也國語周語蒐於農丨注二閒夾鍾出四丨之細也注又文選東京賦三農之丨薛注○丨閒丨也文選勸進表伺國瑕丨注○丨謂閒丨漢書高帝紀上集注○丨豐也一切經音義十四引國語賈注○丨瑕釁也國語周語則可以上下無丨矣注○丨際也漢書地理志下集注引如淳○丨空閒時也國語楚語四時之丨注○丨空丨之地也禮記三年問若駟之過丨釋文○丨從阜傍二小夾日也文選雪賦注引字林○丨古文𡭴同一切經音義十二○周禮黨正注至此農丨釋文丨本作郤禮記三年問釋文丨本作

郤左傳襄廿八年注宋盟有東甲之丨釋文丨本作郤

逆 丨迎也爾雅釋言又周禮小祝丨時雨注大史掌建邦之六典以丨邦國之治注又國語周語上卿丨於境注行理以節丨之注以丨天休注齊語桓公親丨之於郊注又漢書翟方進傳集注又管子小稱除怨無爭以相丨也注○丨者迎也論語憲問不丨詐皐疏○丨迎也自關而東曰丨方言一○丨親迎也國語晉語乃歸女而納幣且丨丨之注又荀子富國婚姻娉內迎丨無禮注○車丨主人以車迎賓於館也周禮司儀車丨拜辱司農注○丨迎受之周禮小宰以丨邦國都鄙官府之治注○丨迎受王命者周禮宰夫萬民之丨司農注○丨河言相迎受矣水經河水注引鄭元○丨猶受也儀禮聘禮衆介皆丨命不辭注○丨盛受饋人之盛以入周禮小宗伯丨盛注○丨謂受下奏周禮大僕掌諸侯之復丨注○自

下而上曰丨丨謂上書周禮宰夫注○丨受而鉤考
之周禮司會以丨邦國都鄙官府之治注司書以丨
羣吏之徵令注○丨猶鉤考也周禮鄉師以丨其役
事注○丨謂丨知也太元元掜知陰者丨注○丨丨
刺也文選東方朔畫贊支離覆丨之數注○丨拒國
策齊策故專兵一志以丨秦注○丨猶卻也考工記
匠人丨牆六分注○丨逆也廣雅釋言○丨反也國
語晉語未退而丨之注○反者爲丨素問方盛衰論
何者爲丨注○行歸而過謂之順反順爲丨賈子道
術○丨亂也廣雅釋詁三○丨者乖於常理荀子非
十二子言辯而丨注○丨者謂違背常候與平人異
也素問通評虛實論氣滿發丨注○丨逆也逆不從
其理則生殿逆不順也釋名釋言語○勇而不中禮
謂之丨禮記仲尼燕居又家語論禮○崇玩好威嚴
令謂之丨列女傳辯通○禁而不止謂之丨管子法
法○夫見利而反上者丨也列女傳節義○爲下而

勝丨也管子君臣上○見色而悅謂之丨韓外傳九
○丨謂縮反明經天宇舍之類也洪範五行傳星辰
丨行注○丨風氣之由也故命之曰丨也淮南時則
命之曰丨注○丨氣亂氣也淮南覽冥丨氣戾物注
○丨謂濇也素問通評虛實論實而丨則死注○所
謂丨丨者手足寒也同上○丨旅客舍也左氏僖二年
傳保于丨旅注又後漢黃憲傳注周防傳注○濡水
枉渚迴湍率多曲復亦謂之爲曲丨水也水經濡水
注○丨衙還之使不出闈周禮田僕設驅丨之車注
○馬丨丨毛居駝爾雅釋畜○書禹貢同爲丨河漢書
溝洫志作同爲迎河○齊陳
丨字子行見左氏哀十年傳

【晝】丨丨計也漢書鄒陽傳集注二見東方朔傳集注○
計丨丨計丨也史記屈原賈生傳章丨職墨索隱○丨
計策也列子天瑞丨其終釋文○丨謂丨策漢書周
昌傳集注○丨分也左氏襄四年傳丨謂九州注○

丨止也論語雍也今女丨集解引孔注又皇疏又法
言學行是故惡夫丨也注○丨亡也列子天瑞丨其
終注○丨言端直也文選蜀都賦丨方軌之廣塗劉
注○丨訓直史記曹相國世家顴若丨一索隱○丨
訓明同上○丨者所以均不均服不服也列女傳母
儀○丨是相過穀梁桓六年傳以其丨我注○途出
其右而還之丨邱爾雅釋邱○道出其右曰丨邱人
尚右凡有指丨皆用右也釋名釋邱○丨象者其衣
服象五刑也後漢酷吏傳注○列子天瑞
釋文丨一作畫湯問丨然釋文丨一作畫

【百】丨丨舉成數也國語晉語庭實旅丨注○十十謂之
丨丨御覽七百五十引風俗通○丨言衆多也後漢
明帝紀注○丨重言多也後漢班彪傳上注○丨言
非一後漢班彪傳下注○穀類非一種故言丨也詩
噫嘻播厥丨穀韓詩○丨數謂以丨而數之也後漢
班彪傳上注○乾爲丨易訟其邑人三丨戶虞注繫

辭下傳丨官以治虞注丨姓與能虞注○震爲丨易
象下傳震驚丨里虞注○丨丨官也管子七法丨匿
傷上威注○丨姓丨官族姓也詩天保羣黎丨姓傳
○丨鐘林鐘也淮南時則律中丨鐘注○丨蠻夷狄
之總稱也後漢杜篤傳注○穀梁僖卅三年傳丨里
子釋文丨本作伯○孟子丨里奚韓非子難言作伯
里奚

經典多作辟○丨開也易繫辭上傳丨戶謂之乾
【闢】虞注其動也丨釋文又廣雅釋詁三又小爾雅廣
詁又漢書文帝紀集注又溝洫志集注司馬相如傳上
集注王莽傳中集注又太元元攡丨其戶注又文選
思元賦叫帝閽使丨扉兮舊注○辟開也詩召旻日
辟國百里傳又儀禮士喪禮辟門注又禮記禮運辟
其義注又公羊昭九年注辟門虛心待之釋文又穀
梁莊卅一年傳爲燕辟地注又爾雅釋訓注言墾辟

也釋文又國語魯語今一言而辟境注晉語辰往則
寢門辟矣注文漢書楊雄傳上集注又後漢蔡邕傳
注又莊子庚桑楚形之與形亦辟矣釋文又管子四
時辟故窮注又呂覽大樂嗜欲不辟注又文選笙賦
修檛內辟注○辟開也通也史記貨殖傳山澤不辟
索隱○丨謂開天地晝夜之稱爾太元元攡丨宇謂
之宙注○丨闢也太元元圖九虛設丨注○丨啟也
書大傳告丨也注○丨避也周禮閽人則爲之丨釋
文○丨屏除也荀子解蔽是以丨耳目之欲注○辟
辟行人周禮野廬氏至則爲之辟注○闢古丨字匡
謬正俗二○周禮閽人釋文！本作辟爾雅釋宮開
丨也釋文丨本作辟○書舜典丨四門史記五帝紀
作辟四門說文
門部作闢四門

赤

南方謂之丨考工記畫繢之事○丨者陽氣後漢
陳寵傳注○丨者盛陽之氣也白虎通三正○丨

赫也太陽之色也釋名釋采帛○丨者太陽天上之
正色也後漢襄楷傳注○太陽爲丨易說卦傳爲大
丨虞注○丨者火色也水經渭水注引洪範五行傳
○丨者心色也素問風論其色丨注○丨者周之應
氣也論衡指瑞○丨爲兵荒周禮保章氏辨吉凶水
旱降豐荒之祲象司農注○乾爲大丨易說卦傳○
坎爲丨同上○丨謂誅滅也文選解嘲不知一跌將
丨吾之族也注○丨友猶言赫拔也周禮秋官序官
丨友氏注○丨奮若天神也淮南墬形丨奮若清明
風之所生也注○太陰在丑歲名曰丨奮若淮南天
文○丨奮若言陽奮物而起之無不順其性也丨陽
色淮南天文丨奮若之歲注○丨子嬰兒也孟子離
婁下不失其丨子之心者也注又荀子臣道若養丨
子注○丨臭惡人也太元閑丨臭播關注○丨疫疫
鬼惡者也文選東京賦逐丨疫於四裔薛注○丨刀
者武王誅紂時刀丨爲飾周正色書顧命丨刀鄭注

○藻火丨御覽服章部七引書大傳○大丨九旗之
通帛周禮巾車建大丨注○輕疾者曰丨馬舟其體
正丨疾如馬也釋名釋船○丨澤水水色丨也山海
經大荒北經竹南有丨澤水注○丨水出東南隅而
東北流穆天子傳二遂宿于昆侖之阿丨水之陽注
○小丨水即山海經之灌水也水經渭水注○丨草
朱草也後漢光武紀下注○丨草即朱草也後漢曹
褒傳注○丨抱薊爾雅釋草○丨即斥史記晉世家
虜秦將丨索隱○魯公西丨字子華見史記仲尼弟
子傳○晉羊舌丨字伯華見左傳昭五年疏○左傳
僖卄四年曹僖公丨史記曹世家作夷
○壞駟丨字子徒見史記仲尼弟子傳

易

丨變也國語晉語子常丨之注又漢書禮樂志集
注司馬遷傳集注匡衡傳集注二見○丨丨也言
變丨也釋名釋典藝○丨謂變丨易繫辭丨以貢釋
文○丨改也考工記玉人以丨行釋文又漢書賈誼

傳集注公孫宏傳集注楊王孫傳集注鮑宣傳集注
韋元成傳集注又文選補亡詩六氣無丨注○好更
改舊曰丨周書謚法○緣法循理謂之軌反軌爲丨
賈子道術○丨謂以物相丨荀子正名丨者以一丨
一注○乾爲丨易大壯喪羊于丨虞注旅喪牛于丨
虞注彖下傳君子以立不丨方虞注繫辭下傳丨其
心而後語虞注○丨反也國語晉語是哀樂喜怒之
節丨也注好惡不丨是謂君注○丨猶反也左氏哀
元年傳子常丨之注○丨猶違呂覽禁塞古之道也
不可丨注○丨猶異也國語晉語中外丨矣注○丨
猶交也管子問審刑當罪則人不丨訟注○丨代也
漢書陳餘傳集注周昌傳集注○丨始也方言十三
○丨亦也素問骨空論丨髓無空注○丨庵也廣雅
釋室○丨經名也易周丨釋文○丨者象也易繫辭
下傳○丨逆數也易說卦傳○丨者不窮滯之稱列
子天瑞太丨者注○生生之謂丨易繫辭上傳○丨

者渾元之始是曰大丨大戴記易本命○太丨者未
有見氣也大戴記易本命注引易說○丨者所以守
凶吉成敗也管子山權數○丨者揲蓍變丨之數可
占者也周禮大卜掌三丨之灋注○丨謂民衆不說
筮所改丨也周禮簭人五曰巫丨注○丨者此之占
者也賈子道德說○凡爵不相襲者於尊者言更自
敵以下言丨更作新丨有故之辭也儀禮大射儀丨
觶與洗注燕禮丨觶洗注○郊內謂之丨周禮縣師
而辨其夫家人民田萊之數注○丨鄉回鄉也荀子
成相紂卒丨鄉注○丨出故安周禮職方氏其浸淶
丨注○丨在壁曰蝘蜓在草曰蜥蜴爾雅釋魚釋文
引字林○守宮其在澤中者謂之丨蜴方言八○魯
讀丨爲亦今從古論語述而五十以學丨鄭注○丨
讀河間丨縣之丨淮南俶眞以覩其丨也注○丨音
改丨之丨漢書景十三王傳集注○丨與埸同管子
富國觀國之治亂臧否至於疆丨而端已見矣注○

詩載芟傳畛丨也釋文丨本作埸○呂君碑愼守畺
易埸作丨○書堯典平在朔丨史記五帝紀作便在
伏物○管子戒丨牙
大戴記保傅作狄牙

革 丨改也易革鄭注又書堯典鳥獸希丨傳又漢書
百官公卿表上集注禮樂志集注任敖傳集注嚴
助傳集注劉屈氂傳集注王莽傳中集注敘傳下集
注又後漢順帝沖帝質帝紀注王劉張李彭盧傳注
班彪傳下注張衡傳注又呂覽執一天地陰陽不丨
而成注又淮南精神且人有戒形注又文選東京賦
湯武誰丨而用師哉薛注○丨更也詩皇矣不長夏
以丨傳又左氏襄十四年傳失則革之注又公羊成
二年傳曰丨取淸者注又國語周語工協丨注厲始
丨典注又漢書五行志上集注引張晏又太元元攡
因循無丨天下之理注元數形丨注又管子山權數
丨築室注又呂覽蕩兵武者不能丨注又論衡譴告

又楚辭天問何后益作丨注丨孽夏民注○丨變也
漢書吳姓諸侯王表集注○丨去故也易雜卦傳○
丨老也方言十○丨急也禮記檀弓上夫子之病丨
矣注子之病丨矣注檀弓下若疾丨注禮器匪丨其
猶注又爾雅釋天錯丨鳥曰旟孫注○丨翼也詩斯
干如鳥斯丨傳○丨戒也文選三國名臣序贊注引
蒼頡○二女同居其志不相得曰丨易象下傳○丨
謂皮丨亦謂丨易也素問五常政大論火見燔焫丨
金且耗注○丨皮也後漢西羌傳注又管子侈靡是
梲傳丨注又素問調經論我將深之適人必丨注○
丨猶皮也詩羔羊羔羊之丨傳○丨皮膚也管子水
地肝生丨注○丨犀皮書禹貢齒丨傳○丨犀兕也
國語楚語皮丨羽毛注○去毛曰丨御覽三百五十
七引蔡邕月令章句○丨鼓也太元元掜丨木土金
注○丨鼗鼓也國語周語丨木一聲注○丨鼓鼗也
周禮大師金石土丨絲木匏竹注○丨鞸首也詩蓼

蕭鞗丨沖沖傳○鞸首謂之丨爾雅釋器○丨車輗
也荀子禮論金丨轡靷而不入注○丨甲也後漢西
羌傳注○丨猶甲也國策秦策兵丨大强注○甲丨
皆鎧胄也公羊閔二年傳桓公使高子將南陽之甲
注○三丨甲胄盾三也一切經音義一引國語賈注
○丨謂干盾考工記弓人利射丨與質注○丨猶兵
也三國彭羕傳注○丨車兵車也禮記明堂位丨車
千乘注又孟子盡心下丨車三百兩注又淮南本經
湯乃以丨車三百乘注○丨古文革悈諱三形同一
切經音義十四○禮記檀弓若疾丨釋文丨本作亟
○詩斯干如鳥斯丨釋文丨韓詩作勒
○湯大夫夏丨字子棘見列子湯問注

脊 丨積也積續骨節終上下也釋名釋形體○丨正
體之貴者儀禮特牲饋食禮舉肺丨以授尸注○
丨者體之正也食時則祭之飯必舉之貴之也儀禮
士昏禮舉肺丨二注○丨脅正丨正脅也儀禮士虞

禮記丨脅注○坎爲丨易咸咸其脢虞注艮列其夤虞注漸或得其桷虞注○坎爲美丨易說卦傳○丨理也詩正月有倫有丨傳○丨丨相踐藉也莊子在宥天下丨丨大亂釋文○丨令離渠也詩常棣丨令在原傳○丨丨讀爲殰周禮蜡氏掌除骴司農注○詩常棣釋文丨本作即又作鵖○詩常棣丨令在原左傳昭七年作䳭鴒在原○莊子在宥釋文丨丨本作脊脊

獲 丨得也詩皇矣其政不丨箋又周禮大司馬丨者取左耳注又禮記坊記笑語卒丨注中庸不丨乎上注又左氏昭廿三年傳丨陳夏齧注又公羊莊十年傳丨也注又論語雍也仁者先難而後丨皇疏又廣雅釋詁三又小爾雅廣言又史記春申君傳遇犬丨之集解引韓嬰章句又後漢朱浮傳注又孟子萬章下耕者之所丨注又荀子脩身笑語卒丨注又呂覽至忠非不知活王之死而身丨死也注又楚辭天

問吳丨迄古注○丨猶得也書微子乃罔恒丨鄭注○丨得時也詩楚茨笑語卒丨傳○射者中則大言丨丨得也儀禮鄉射禮丨者坐而丨注○餘丨餘算也儀禮鄉射禮釋丨者遂以所釋餘丨升自西階注大射儀釋丨者遂以所執餘丨注○賢丨勝黨之算也儀禮鄉射禮釋丨者遂進取賢丨注大射儀取賢丨執之注○凡丨器用曰得得用曰丨左氏定九年傳○侵而言丨者適得之也公羊襄八年傳○臣得曰丨穀梁昭廿三年傳上下之稱也注○君死于位曰滅生得曰丨大夫生死皆曰丨公羊昭廿三年傳○大夫生死皆曰丨左氏僖元年傳丨莒拏注○丨生死通名左氏宣二年傳丨樂呂注○爭取曰丨禮記曲禮上毋固丨注○俘取曰丨漢書昭帝紀集注○俘而取之曰丨周禮朝士凡得丨貨賄人民六畜者注○丨爲人所係得也或曰丨主禽者也楚辭哀時命釋管晏而任臧丨兮注○丨人也墨子小取○

丨辱也廣雅釋詁三○丨婢也廣雅釋詁四○婦奴之子謂之丨莊子駢拇臧與穀二人釋文引張注○荊淮海岱雜齊之間罵婢曰丨齊之北鄙燕之北郊女而婦奴謂之丨亡婢謂之丨方言三○丨誤也淮南兵略八風屈伸不丨五度注○丨恢廓也莊子庚桑楚夫外韄者不可繁釋文引崔注○古文丨皆作護非也儀禮大射儀丨者興注○儀禮大射儀釋丨者遂以所執餘丨注古文曰餘算○丨讀爲矱荀子富國一歲而再丨丨之注○丨與嚄古字通文選風賦啗齰嗽丨注○丨或作種呂覽辯士營而無丨者注○丨疑作穫周髀算經下物有朝生暮丨注○易无妄注所以爲丨釋文丨本作穫禮記儒行不隕丨于貧賤釋文作穫○莊子庚桑楚釋文丨本作韄○魯展丨字禽見左氏僖廿六年傳注

翮 羽本謂之丨爾雅釋器○丨羽本周禮羽人掌以時徵羽丨之政于山澤之農注○丨謂鳥羽之本

也華嚴經音義下引珠叢○丨大鳥羽荀子王制南海則有羽丨齒革曾青丹干焉注○空足曰丨史記楚世家吞三丨六翼索隱○丨管也其形類羽故曰丨也文選笙賦擒纖丨以震幽簧注○史記楚世家吞三丨六翼索隱曰亦作融

屐 丨屩也廣雅釋器○丨木屩也一切經音義十四引三蒼○木曰丨莊子天下以跂蹻爲服釋文引李注○介子推抱樹燒死晉文公伐以制丨也一切經音義十四引異苑○丨似人丨也釋名釋車○丨楮也爲雨足楮以踐泥也釋名釋衣服○丨與跂同莊子天下釋文引李注

適 丨之也書盤庚上民不丨有居傳又詩北門王事丨我傳緇衣丨子之館兮傳叔于田叔丨野箋有杕之杜噬肯丨我箋四月爰其丨歸傳又周禮小行人使丨四方注又禮記少儀丨有喪者曰比注內則

以丨父母舅姑之所注又論語子罕可與丨道集解
又國語晉語將安丨注又呂覽士節夫子將焉丨注
又淮南氾論未可以丨道也注○丨猶如也之也穀
梁哀十四年傳故大其丨也注○丨往也爾雅釋詁
又詩巷伯誰丨與謀箋又論語子路子丨衛皇疏又
漢書董仲舒傳集注又荀子禮論無丨不易之術也
注又離騷欲自丨而不可注○丨往也丨宋魯語也
方言一○丨人往與人也荀子王霸審吾所以丨人
丨人之所以來我也注○丨謂往嫁也文選寡婦賦
丨人而所天又殞注○凡女行於大夫以上曰嫁行
於士庶人曰丨人儀禮喪服子嫁反注○丨歸也左
氏昭十五年傳民知所丨注○丨行也國語周語其
丨來班貢注○丨至也莊子天地以二缶鍾惑而所
丨不得矣釋文引司馬注○丨猶遇也文選王命論
以爲適遭暴亂注○丨近也始也又往也一切經音
義二十四引三蒼○丨猶所也後漢南匈奴傳注○

丨當也漢書賈誼傳集注○丨猶得也後漢蔡邕傳
注又書大傳一丨謂之攸好德注○丨宜也呂覽適
威不能用威丨注○丨時也呂覽明理其風雨則不
丨注○丨然者有時而然也鬼谷子本經陰符事有
丨然注○丨猶調也史記日者傳歲穀不熟不能丨
索隱○丨調丨也素問離合眞邪論丨而自護注○
丨玉之美澤調丨之處也荀子法行瑕丨並見情也
注○丨中丨也呂覽侈樂此六者非丨也注適音和
心在于行丨注○何謂丨衷音之丨也呂覽適音○
丨和也漢書王吉傳集注又管子白心兵之勝從於
丨注又呂覽大樂寒暑丨注○丨猶節也呂覽重己
故聖人必先丨欲注○丨猶等也呂覽處方其右攝
其一靷丨之注○丨善也廣雅釋詁一○丨悅也一
切經音義一引三蒼○丨快也漢書賈山傳集注○
丨閑也小爾雅廣言○丨悟也廣雅釋言○丨牾也
方言十三○丨丨驚視自失貌莊子秋水丨丨然驚

釋文○氣之害人者謂之不丨鶡冠子環流○補滿
爲丨漢書黃霸傳集注引孟康○丨辟領也喪禮喪
服記丨注○丨博四寸出於衰儀禮喪服記○丨古
文商這二形同之尺反一切經音義三引三蒼○丨
讀爲匹敵之敵禮記雜記大夫訃於同國丨者注○
丨讀爲敵荀子君子四海之內無客禮告無丨也注
○丨或讀爲敵荀子禮論無丨不易之術也注○丨
讀曰謫漢書文帝紀集注異姓諸侯王表集注袁盎
傳集注鼂錯傳集注○丨讀曰讁漢書食貨志下集
注五行志中之上集注陳勝項籍傳贊集注吳王濞
傳集注申屠嘉傳集注酈食其傳集注萬石君奮傳
集注賈誼傳集注張安世傳集注李廣利傳集注二
見嚴助傳集注薛宣傳集注儒林傳集注陳遵傳集
注匈奴傳上集注南粵王傳集注○丨讀曰嫡漢書
宣帝紀集注恩澤侯表集注五行志上集注二見五
行志中之上集注二見五行志下之上集注二見五

行志下之下集注四見齊悼惠王肥傳集注二見婁
敬傳集注叔孫通傳集注韓安國傳集注公孫宏傳
集注杜欽傳集注戾太子傳集注主父偃傳集注梅
福傳集注韋元成傳集注匡衡傳集注史丹傳集注
翟義傳集注二見外戚傳上集注外戚傳下集注元
后傳集注二見王莽傳上集注王莽傳下集注敘傳
下集注○丨音翅國策秦策疑臣者不丨三人注○
儀禮大射儀降丨阼階下注古文曰降造阼階下○
莊子至樂而形有所丨也釋文丨本作適○史記絳
侯周勃世家與戰卻丨集解曰丨漢書作敵○書呂
刑上刑丨輕下服下刑丨重上服後
漢劉愷傳作上刑挾輕下刑挾重

幘 丨蹟也下齊眉蹟然也釋名釋首飾○丨巾覆結
也廣雅釋器○丨巾所以覆髻也後漢劉盆子傳
注○覆結謂之丨巾方言四○丨者古之卑賤執事
不冠者之所服也獨斷下○丨或曰耿耿折其後也

釋名釋首飾

劇 ｜甚也漢書楊雄傳上集注引鄭氏又文選蜀都賦｜談戲論劉注劇秦美新何其｜與注○｜猶難也後漢列女傳注○｜繁多也荀子非十二子猶然而材｜志大注○｜囂煩也荀子解蔽不以夢｜亂知謂之靜注○三達謂之｜旁爾雅釋宮孫注○三達曰｜旁古者列岐多故曰｜爾雅釋宮○旁出樹以表道道有夾溝以通水潦恒見脩治此道旁轉多用功稍｜也釋名釋道○｜惡不息太元元衡○｜無赦太元元錯○｜舌也廣雅釋親○｜或作遽漢書楊雄傳上集注引晉灼○公羊宣六年注猶超｜釋文｜本作遽○史記孟子荀卿傳｜子之言集解引應劭作處子

戹 戹同○戹困也一切經音義十二引蒼頡○戹會也漢書翟義傳集注引服虔○戹烏蠋也詩韓奕

鞗革金戹傳○䡅古戹字漢書翟義傳集注引晉灼○易解注能濟其戹釋文戹本作危○詩谷風箋戹難勤苦之事也釋文戹本作阸

磧 ｜水中沙堆也一切經音義廿二引三蒼○｜小渚有石也晉書音義中引字林○｜礫淺水見沙石之貌文選吳都賦㲹其｜礫而不窺玉淵者劉注○上｜山名也仲雍謂之大小竹｜也水經江水注

隔 ｜在脾土也管子水地脾生｜注○｜會水即深水之別名也水經河水注

益 ｜加也廣雅釋詁二○｜者加也周髀算經下氣損｜九寸九分六分分之一注○｜猶加也國語周語而｜之以三怨注○｜多也國策齊策可以｜割於楚注又漢書高帝紀上集注郊祀志上集注郊祀志下集注灌夫傳集注張湯傳集注李廣利傳集注文翁傳集注西域傳下集注○｜畐也呂覽貴當

其家必日｜注○｜助也國策秦策於是出利金以｜公賞注○｜長呂覽察今澭水暴｜注○｜增長之名易益釋文○以道相成曰｜鬼谷子捭闔｜損去就倍反注○｜猶過也國策齊策｜一言臣請烹注○｜大也國策中山策中山雖｜廢王注○｜宏裕易益釋文○｜德之裕也易繫辭下傳○損｜盛衰之始也易雜卦傳○｜息也呂覽審時如此者不｜注○｜之爲言隘也謂物類並決其氣急切泆列矣古微書引春秋元命苞○｜州｜阨也所在之地險阨也釋名釋州國○｜智龍眼也廣雅釋木○｜母充蔚也廣雅釋草○菻古｜字漢書百官公卿表上集注○騺｜聲相近漢書地理志下集注○書舜典｜史記秦本紀作騺漢書百官公卿表作菻

柵 ｜蹟也以木作之上平蹟然也釋名釋宮室○木垣曰｜一切經音義十四引通俗文○｜編豎木也晉書音義上○｜編豎木也側白切晉書音義上引字林○｜杙也廣雅釋室

窄 ｜陿也廣雅釋詁一

覈 通作核○｜實也後漢賈逵傳注盧植傳注又文選東京賦研｜是非薛注○｜猶實也後漢郭泰傳注○｜考實事也後漢和帝紀注○核研核也史記律書核其華道者正義○｜驗也文選西京賦何以｜諸薛注○核中堅者素問五常政大論其實濡核注○核物李梅之屬周禮大司徒其植物宜｜物注○桃李醜核爾雅釋木○｜骨也爾雅釋器○肴｜食也肉曰肴骨曰｜文選典引肴｜仁誼之林藪蔡注○核加籩也詩賓之初筵殽核維旅傳○｜亦核也後漢班彪傳下注○核與｜古字通文選長笛賦序精核數術注

舄 複其下曰｜｜腊也行禮久立地或泥溼故複其
下使乾腊也釋名釋衣服○複下曰｜禪下曰履
周禮屨人掌王及后之服屨注○複下曰｜隋書引
禮圖○屨複下曰｜後漢明帝紀注○｜複履左氏
桓二年傳帶裳幅｜注○｜履也廣雅釋器○｜達
屨也詩車攻赤芾金｜傳○達履謂之金｜｜而金
絇也小爾雅廣服○赤｜人君之盛履也詩狼跋赤
｜几几傳○｜大貌詩閟宮松桷有｜傳○｜奕者
猶蟬聯不絕也後漢班彪傳下注○｜奕光曜流行
貌文選典引｜奕乎千載蔡注○生於陵屯則爲陵
｜莊子至樂○斥爲｜古今
字也文選海賦襄陵廣｜注

責 ｜讀爲債管子山至數某月某日苛從｜者注○
｜讀曰債管子輕重乙使無券契之｜注

塉 亦作坼○坼裂也詩閟宮箋不坼不副釋文又廣
雅釋詁二○坼燥裂也淮南本經天旱地坼注○

坼裂也亦分也一切經音義十五引字林○坼分也
廣雅釋詁一○坼開也廣雅釋詁三○坼兆璺也周
禮占人卜人占坼注○坼作㡿同恥革反一切經音
義十七引坤蒼○㩵古文坼㡿二形一切經音義十
三○詩生民不坼不副
說文土部作不｜不䮘

惜 憯痛也廣雅釋詁二○｜者哀也楚辭惜誓序○
｜愛也呂覽長利爲天下｜死注○｜㤅也廣雅
釋詁一○｜貪也楚辭
惜誦｜誦以致愍兮注

僻 辟同○｜邪也詩板民之多｜釋文又後漢張衡
傳注又家語子路初見民之多｜注又呂覽論人
樂之以驗其｜注又文選思元賦覽烝民之多｜兮
舊注○辟邪也詩蕩其命多辟釋文殷武天命多辟
釋文引王注又左氏宣九年傳民之多辟注昭六年
傳楚辟我衷注又呂覽處方少不悍辟注○辟側也
禮記曲禮辟咡詔之釋文○辟旁也淮南說山畏馬
之辟也不敢騎注○辟小也呂覽審時辟米不得恃
注○辟小邪｜也淮南齊俗一曲而辟注○襲常緣
道謂之道反道爲辟賈子道術○｜遠也呂覽愼行
而荆｜也注○辟遠也後漢班彪傳下注又呂覽大
樂人弗得不辟注○｜左也楚辭涉江雖｜遠之何
傷注○辟陋也左氏哀七年傳辟君之執事注○｜
隱也漢書蕭何傳集注○辟幽也離騷扈江離與辟
止兮注○｜飾過差也論語先進師也｜皇疏引王
弼○｜宜爲辟家人入官邇臣便｜者羣僕之倫也
注○莊子駢拇淫｜于仁
義之行釋文｜本作辟

癖 ｜宿食不消也一切經音義二十引聲類

經籍籑詁卷第一百

經籍纂詁卷第一百補遺 【入聲】

兵部侍郎兼都察院右副都御史巡撫浙江等處地方提督軍務兼理糧餉阮元撰集

十一陌

【陌】東西曰伯漢書食貨志下開仟伯注○佰者田之東西界也漢書匡衡傳南以閩佰爲界注○丁魴碑口流疇佰丨作佰

【石】說文丨山丨也在厂之下口象形凡丨之屬皆从丨○丨之言堅也素問示從容論沈而丨者注○丨言堅固如丨也漢書匈奴傳下丨畫之臣甚衆注○丨陰類也穀梁僖十六年經隕丨于宋五注○丨山物漢書五行志下之下○丨山險之限漢書地理志下鍾代丨北注○艮爲丨地文也易貢鄭注○丨

磬淮南主術故古之爲金丨管絃者注○丨爲磬禮記月令疏引易通卦驗注○丨謂磬也漢書禮樂志擊丨拊丨注般般鐘丨注○丨丨工玉人磬人也禮記曲禮下丨丨工注○丨百二十斤也漢書刑法志曰縣石之一注引服虔枚乘傳至丨必差注○百廿觔爲丨淮南說林萬丨俱熼注○一百二十斤曰丨考工記輪人爲輪注稱兩輪鈞丨同疏○依算法百二十斤爲丨儀禮喪服傳注二十兩曰鎰疏○四鈞爲丨漢書律厤志上○丨砭丨也南史王僧孺傳引春秋傳美疢不如惡丨服注○丨砭所以砭彈人臃腫也國策秦策扁鵲怒而投其丨丨注○丨藥英乳也素問腹中論禁芳草丨藥注○丨丨耳菜名也呂覽本味漢上丨耳注

【客】說文丨寄也从宀各聲○丨敬呂覽觀世晏子遂以爲丨注○丨一座所尊敬左氏襄廿七年傳趙孟爲丨注○丨爵謂主人所酬賓之爵也禮記少儀丨爵居左注○起兵伐人者謂之丨禮記月令注爲丨不利疏

【白】說文丨西方色也般用事物色丨从入合二二陰數凡丨之屬皆从丨白古文丨○丨丨明顯之貌荀子儒效則貴名丨而天下治也注○丨著謂顯明也漢書馮奉世傳威功丨著注○丨道也淮南俶眞是故虛室生丨注○丨者般之正也周禮大司馬之職疏引鄭志○外內貞復曰丨周書謚法○丨黑謂淸濁也漢書王莽傳中丨黑紛然注○丨晝晝日也言丨者謂不陰晦也漢書賈誼傳丨晝大都之中注○丨駒謂日景也漢書魏豹傳如丨駒過隙注○丨者罰爵之名也漢書敘傳上皆引滿舉丨注○丨熬稻左氏僖卅七年傳丨黑形鹽注○熊脂謂之熊丨詩韓奕有熊有羆陸疏○丨事酒昔酒也禮記內則酒

清丨注○丨華野菅也詩白華丨華菅兮傳○丨華野菅草也其性柔刃堪用御覽九百九十六引毛詩題綱○詩六月丨旆央央爾雅釋天孫注作帛旆英英

【澤】說文丨光潤也从水睪聲○丨者水也易象下傳鼎象也荀注○丨居水也國語周語不實丨注○有水則爲丨周禮地官序官丨虞疏○有水之處謂之丨禮記月令山林藪丨疏○水鍾謂之丨書武成萃淵藪疏○水之所鍾曰丨周禮地官序官丨虞疏引纂要○水積而爲厝曰丨水經河水注○丨是委水左氏宣十五年傳川丨納汙疏○丨者卑下流潦歸之易象下傳丨上於地荀注○兌爲水丨易象上傳剛浸而長虞注○兌爲雨丨易說卦傳說言乎兌虞注○丨則雨也文選月賦從星丨風注○丨雨之潤丨也漢書食貨志上迟以趨丨注○丨雨露也漢書楊雄傳上丨滲灕而下降注○丨謂光丨也禮記

曲禮上共飯不丨手疏少儀丨刎首疏○不丨謂枯
燥也素問玉機眞藏論色夭不丨注○汗衣詩謂之
丨受汗丨也釋名釋衣服○丨習禮之處禮記郊特
牲王立子丨疏○丨瀉一名水瀉一名及瀉一名芑
芋一名鵠瀉爾雅釋草蕍蕮疏引本草○丨城郎古
城皐亭皐丨字相似水經穎水注○左氏襄十七年
傳丨門之皙釋文本或作皐門○詩無衣與子同丨
周禮玉府疏作與子同澤○孟子公孫丑下則是干
丨也風俗通作則是干祿也

伯 說文丨長也从人白聲○丨之言白明白于德公
羊隱元年傳疏引春秋說○丨長也書多方越有
胥丨疏又詩緇衣傳丨州丨也疏巷伯序箋巷丨奄
宮疏又禮記曲禮下注宗丨疏○丨者長也詩車鄰
傳寺人內小臣也疏吉日傳丨馬祖也疏鴻鴈箋侯
丨卿士疏又史記吳太伯世家索隱引論語范甯注

○丨亦長也禮記王制千里之設方丨注○丨者長
稱左氏襄廿一年傳以公姑姊妻之疏○丨者子最
長迫近父也白虎通姓名○適長稱丨同上○嫡長
稱丨禮記曲禮上疏引禮緯含文嘉○適妻之子長
者稱丨左氏隱元年傳惠公元妃孟子疏○丨是兄
弟之長左氏定四年傳文武成康之丨疏○丨仲者
是兄弟之字禮記檀弓上丨氏不出而圖吾君疏○
丨爵也左氏隱元年經祭丨來注隱七年經天王使
凡丨來聘注莊元年經單丨送王姬注文元年經天
王使毛丨來錫公命注文五年經王使召丨來會葬
注又國語周語有密丨緜注○丨亦長帥之稱也漢
書酷吏王溫舒傳置丨落長以收司姦注○丨者長
也爲一國之長也孝經而況於公侯丨子男乎疏引
舊解○丨者長也言爲諸侯之長也左氏成二年傳
注夏丨昆吾疏○丨者長也謂與諸侯爲長也詩譜
序下無方丨疏○州丨則州長也禮記內則州史獻

諸州丨疏○般之州長曰丨詩周南召南譜命其子
王季爲西丨疏○般曰丨禮記曲禮下九州之長疏
○丨即牧也禮記王制疏引鄭志又周禮大司徒注
凡諸侯爲牧正師長及有德者疏○春秋時丨亦得
稱子子亦得稱丨禮記王制注合丨子男以爲一疏
○丨謂百錢也今俗猶謂百錢爲一丨漢書食貨志
上有仟丨之得注○莊子人閒世匠丨不顧釋文崔
本亦作石○孟子滕文公上或相什丨禮部增韻作
或相什佰

迹 說文丨步處也从辵亦聲蹟或从足責速籀文丨
从束○丨謂尋其蹤丨也漢書季布傳丨且至臣
家注○丨謂求其蹤丨也漢書平當傳宜深丨其道
注○詩羔羊傳行可從丨也釋文丨又作跡○老子
善行無徹跡釋文河上作丨楊統碑勳速藐矣丨作
速

宅 說文丨所託也从宀乇聲宅古文丨庑亦古文丨
○丨居也易略例待才用之丨也注文選蜀都賦
百果甲丨注○丨亦居也漢書地理志上四奧旣丨
注○丨安也禮記郊特牲土反其丨疏○皮曰甲根
曰丨文選蜀都賦注引周易鄭注○丨葬地也禮記
雜記上大夫卜丨疏○古文丨度同漢書韋元成傳
先后茲度注引臣瓚○書禹貢是降邱丨土風俗通
山澤引作民乃降邱度土

席 說文丨籍也禮天子諸侯丨有黼繡純飾从巾庶
省囥古文丨从石省○丨即藉也漢書賈捐之傳
相枕丨於道路注○設之曰筵坐之曰丨禮記祭統
鋪筵設同几疏○初在地者一重謂之筵重在上者
卽謂之丨周禮司几筵設莞筵紛純加繅丨畫純疏

策 說文丨馬箠也从竹朿聲○丨謀也淮南主術揄
丨于廟堂之上注○丨簡丨也左氏僖廿三年傳

注名書於所臣之丨疏○丨篇簡也禮記曲禮上先生書策琴瑟在前疏○編連爲丨儀禮既夕禮疏○丨編竹爲之後易之以玉焉也荀子大略受天子一丨注○單執一札謂之爲簡連編諸簡乃名爲丨左氏春秋序大事書之于丨疏○丨或作冊象其編簡之形同上○丨長二尺四寸書孔序疏引顧氏○丨萿讖丨之辭史記屈原賈生列傳丨言其度索隱○丨箠也淮南原道勁丨利鍛注○丨轡丨也呂覽執一使四八一丨注○丨所以擊馬也漢書王褒傳亦傷吻敝丨而不進於行注○丨所以檛馬也漢書陳勝項籍傳贊振長丨而駁宇內注○丨馬杖也禮記曲禮上則僕執丨立於馬前疏國中以丨彗卹勿驅疏○禮記曲禮上先生書筴琴瑟在前釋文本又作丨○左氏定四年傳備物典筴釋文本又作冊亦作丨或作篛

碧 說文丨石之青美者从玉石白聲○丨謂玉之青白色者也漢書司馬相如傳上錫丨金銀注

籍 說文丨簿書也从竹耤聲○丨借也穀梁宣十五年傳丨而不稅疏引徐邈○丨者借也借此簡書以記錄政事故曰丨書孔序由是文丨生焉疏○丨書丨也文選荅賓戲劉向司丨注引項岱○丨謂爲簿丨漢書高帝紀上丨吏民注○丨謂名錄也漢書高惠高后文功臣表以昭元功之侯丨云注○丨謂名簿也漢書外戚傳上必置我丨趙之伍中注○丨圖丨也淮南氾論履天子之丨注○丨者帝王典丨之常也漢書文帝紀其開丨田注引應劭○丨吏士名丨也史記陳陟世家丨第令毋斬集解引應劭○丨丨者總入丨錄而取之漢書武帝紀丨吏民馬注○丨耕也續漢禮儀志上注引月令盧注○丨之言借也借民力治之故謂之丨田詩載芟序春丨田而祈社稷也箋○古者使民如借故曰丨田風俗通祀典

○丨蹈也言親自履蹈于田而耕之後漢明帝紀注引五經要義○丨謂蹈丨也漢書文帝紀注引臣瓚○丨丨猶紛紛也漢書劉屈氂傳事丨丨如此注○丨丨諠聒之意漢書江都易王非傳國中口語丨丨注○丨或作作淮南氾論注○詩韓奕實畝實丨唐石經作實畝實藉

格 集韻格假通○說文丨木長皃从木各聲○丨至也書洛誥王賓殺禋咸丨疏召誥天迪丨保疏又後漢書安帝紀假于祖禰注○假至也易萃王假有廟虞注豐王假之虞注又漢書成帝紀惟先假王正厥事注○丨來也公羊定四年傳注懷丨意也疏○假大也易象下傳尚大也姚注又詩烈祖以假以享箋○丨拒也素問四氣調神大論是謂內丨注○丨猶拒也公羊莊卅一年傳注諸侯交丨而戰者疏定四年傳注疏○丨者丨鬭漢書梁孝王武傳太后議丨注引服虔○丨強扞也史記李斯列傳而嚴家無丨虜者索隱○丨謂堅強禮記學記則扞丨而不勝疏○丨謂檢括書冏命丨其非心疏○丨作括易略例語成而後有丨注

役 說文丨戍邊也从殳从彳役古文丨从人○丨事也左氏襄十七年傳何以丨爲注又淮南主術而爲之服丨者注○丨爲也國語晉語周旋變動以丨耳心注○丨謂使丨周禮小宰一曰聽政丨以比居注○丨謂使用也書牧誓以丨西土疏○丨謂所任也文選悼亡詩迴心反初丨注○丨謂丨作周禮州長若國作民而師田行丨之事疏○丨成丨也詩杕杜序勞還丨也箋○丨謂士卒也詩漸漸之石序丨久病在外箋○丨謂共官力丨則今之丁也左氏襄十一年傳以其丨邑入者疏

帛 說文丨繒也从巾白聲凡丨之屬皆从丨○丨謂繒也漢書婁敬傳臣衣丨衣丨見注○大丨厚繒

左氏閔二年傳大丨之冠注○坤爲丨易說卦釋文引九家集解○丨所以薦玉也史記五帝本紀五玉三丨集解引書鄭注

戟 說文戟有枝兵也从戈倝周禮戟長丈六尺讀若棘○丨車丨也長丈六尺淮南氾論出犀甲一丨注○凡丨而無刃秦晉之閒謂之孑或謂之鏔吳揚之閒謂之戈東齊秦晉之閒其大者謂之曼胡其曲者謂之句孑曼胡考工記冶氏疏

璧 丨徑九寸五代會要三引鄭元三禮圖○蒼丨所以禮天其長尺有二寸蓋法天之十二時五代會要三引崔靈恩三禮義宗○圜之以水似璧故謂之辟廱詩靈臺疏引禮記明堂位盧注○費鳳別碑諸姑咸丨踊擗作丨

驛 說文丨置騎也从馬睪聲○丨傳也左氏襄廿七年傳使丨謁諸王注○丨馬左氏昭二年傳釋文引爾雅釋言孫注○曰圛兆氣落丨不連屬也書洪範曰丨疏○圛霍丨消滅如雲陰書洪範王注○圛即丨也書洪範疏

麥 說文丨芒穀秋種厚薶故謂之丨丨金也金王而生火王而死从來有穗者从夊凡丨之屬皆从丨○丨薶也廣雅釋言○丨者接絕續乏之穀禮記月令乃勸種丨注

額 說文頟顙也从頁各聲○頟頟是不休息之意書益稷罔晝夜頟頟疏○頟字或作丨漢書景武昭宣元成功臣表龍頟注地理志上平原郡龍頟注衞青傳封說爲龍頟侯注○頟字或作雒漢書韓王信傳封龍頟侯注

柏 說文丨鞠也从木白聲○丨者鬼之廷也漢書東方朔傳○丨與迫同漢書溝洫志魚弗鬱兮丨冬日注○詩柏舟序釋文字又作栢

魄 說文丨陰神也从鬼白聲○附形之靈爲丨左氏昭七年傳丨陽曰魂疏○丨人陰神也淮南說山丨問於魂曰注○陰精爲丨呂覽禁塞費神傷丨注○丨體也禮記祭義疏○耳目聰明爲丨周禮大宗伯注形丨歸於地疏夏采注謂始死招魂復丨疏○耳目聰明謂之丨儀禮士喪禮注復丨疏

積 丨丨聚之物也漢書刑法志完者使守丨注○丨丨聚財物也禮記儒行不祈多丨疏○丨弩連弩也淮南兵略丨弩陪後注

脈 說文䖇血理分衺行體者从𠂢从血脈䖇或从肉䖇籒文○丨者血之府素問刺志論丨實血實注○丨者神之用素問診要經終論神變而止注

夕 說文丨莫也从月半見凡丨之屬皆从丨○丨莫見左氏昭十二年傳子革丨注○莫見君謂之丨左氏成十二年傳朝而不丨疏○山西曰丨陽爾雅釋山○坤爲丨易乾丨惕若虞注○丨猶朝也詩白駒以永今丨傳○月丨月末也荀子禮論月丨卜宅注

液 說文丨盡也从水夜聲○精之滲於空竅留而不行者爲丨也素問調經論人有精氣津丨注引鍼經

冊 說文冊符命也諸侯進受於王也象其札一長一短中有二編之形凡丨之屬皆从丨箭古文丨从竹

尺 說文丨十寸也人手卻十分動脈爲寸口十寸爲丨丨所以指丨規榘事也从尺从乙乙所識也周制寸丨咫尋常仞諸度量皆以人之體爲法凡丨之屬皆从丨○十寸爲丨漢書律麻志上○十寸爲一丨淮南主術夫寸生於稞注○周猶以十寸爲丨禮記王制注引禮制○或言周丨八寸禮記王制古者以周丨八丨爲步注

隙 說文丨壁際孔也从𨸏从𡭴𡭴亦聲○丨壁際也漢書魏豹傳如白駒過丨注○丨謂孔穴也周禮赤犮氏凡丨屋疏○丨謂空丨禮記三年問若駟之過丨疏○丨閒也周禮黨正注至此農丨疏○丨空閑也漢書刑法志皆於農丨以講事焉注○丨裂也廣雅釋詁二○丨地閒田左氏哀十二年傳宋鄭之閒有丨地焉注

逆 說文丨迎也从辵屰聲關東曰丨關西曰迎○丨迎也書呂刑爾尚敬丨天命疏又左氏僖二年傳疏又國語魯語使季冶丨注晉語丨公子黑臀注荊之丨諸侯也注又文選甘泉賦丨釐三神者注引韋昭○丨謂迎受句考之也周禮小宰疏○丨鉤考也周禮司會注本丨邦國之治疏○丨鉤考六宮之計周禮女史丨六宮注○丨亦參互鉤考之周禮職內及會以丨職歲疏○下尾合各曰丨河言相向迎受也書禹貢同爲丨河鄭注○丨者向上之言周禮宰夫疏○下臨上爲丨素問五運行大論寒暑相臨注○陰犯陽爲丨左氏莊廿五年傳注陰陽順丨之事疏○丨謂丨亂禮記仲尼燕居疏○弒君獲位茲謂丨漢書五行志下之下引京房易傳○祭天不順茲謂丨同上○丨命謂性不恭順左氏昭四年傳慶封惟丨命注○行所不勝曰丨素問玉版論要篇○丨氣謂違丨之氣禮記樂記丨氣成象疏○氣異謂之丨素問六元正紀大論從丨柰何注○天文以東行爲順西行爲丨漢書天文志○丨折旋回也文選上林賦橫流丨折注引司馬彪

畫 說文畫界也象田四界聿所以丨之凡丨之屬皆从丨𤱪古文丨省劃亦古文丨○丨計策也漢書匈奴傳下石丨之臣甚衆注○丨謂分別其所授事管子君臣上是故主丨之注○丨謂爲之界也漢書地理志上丨壄分州注○丨一言整齊也漢書曹參傳講若丨一注○丨猶設也公羊襄廿九年傳注與大辟而五疏

百 說文丨十十也从一白數十丨爲一貫相章也百古文丨从自○言丨者舉其全數也禮記檀弓下虞人致丨祀之木疏○言丨者舉大數也漢書百官公卿表上用於丨事注○言丨者假成數也禮記祭法有天下者祭丨神注○穀之種類多言丨舉成數也左氏襄十九年傳如丨穀之仰膏雨焉疏宋本正義○丨言物饒左氏莊廿二年傳庭實旅丨注○丨舌鳥名淮南說山猶丨舌之聲注

闢 說文丨開也从門辟聲闢虞書曰闢四門从門从𠁼○辟開也禮記喪服小記無事不辟廟門疏又周禮大史注辟法者皆校讀其然否疏又漢書文帝紀而野不加辟注○辟除也小爾雅廣言○丨屏除也荀子解蔽是以丨耳目之欲注○辟謂屏去之漢書外戚傳上顯因生心辟左右注○辟擘也禮記喪大記不辟疏○辟穿藏也左氏襄廿三年傳孟氏將辟注○辟亦禦扞之義耳漢書東方朔傳置守宮盂下注○丨戶謂吐生萬物者也易繫辭上傳丨戶謂之乾疏○辟易謂開張而易其本處漢書項籍傳辟易數里注○辟易言人馬俱驚開張易舊處史記項羽本紀辟易數里正義○辟與丨同開也荀子議兵

故辟門除涂以迎吾入注○古字假借讀辟爲擘也禮記喪大記疏

【赤】說文烾南方色也从大从火凡丨之屬皆从丨烾古文从炎土○朱深曰丨易困困于丨紱鄭注○色淺曰丨色深曰朱禮記月令駕丨騂疏○丨是南方正禮記玉藻衣正色疏○丨南方火色周禮屨人注丨繶者王黑舄之飾疏○丨者陽氣後漢書章帝紀重三正愼三微也注○丨子言其新生未有眉髮其色丨漢書賈誼傳故自爲丨子而致固己行矣注○丨子謂心所愛之子禮記大學如保丨子疏○丨丨地旱也淮南天文殺不辜則國丨地注覽冥晉國丨地注

【易】說文丨蜥丨蝘蜓守宮也象形祕書說日月爲丨象陰陽也一曰从勿凡丨之屬皆从丨○丨丨也詩板牖民孔丨箋○丨變丨也國語齊語其事丨注○丨謂變丨素門陰陽別論發病爲偏枯痿丨注○

夫丨者陰陽變化之謂易繫辭上傳乾坤成列而丨立乎其中矣疏○丨者陰陽之象天地之所變化政教之所生禮記題疏引六藝論○丨亦希爲之別稱也列子天瑞故曰丨也注○丨者察八之精德之理與弗循而占其吉凶賈子道德說○丨反丨左氏宣二年傳丨之數也注○勿丨不變也荀子禮論能勿丨謂之能固注○丨彊丨也漢書禮樂志吾丨久遠注引晉灼○丨種轉生種類左氏哀十一年傳無俾丨種于茲邑注○丨官名禮記祭義立以爲丨注○易大壯喪羊于丨釋文鄭作埸○管子戒丨牙論衡譴告作狄牙

【革】說文丨獸皮治去其毛丨更之象古文革之形凡丨之屬皆从丨革古文丨从三十三十年爲一世而道更也臼聲○丨改也周禮司刑丨輿服制度疏○丨者改變之名也易革疏○丨更也呂覽論人不可丨也注當務尚胡丨求肉而爲注○去毛爲丨左氏隱五年傳皮丨齒牙疏○皮去毛曰丨周禮巾車注鹿淺複疏○獸皮治去毛曰丨詩載驅傳有朱丨之質而羽飾疏○丨謂無文章者去毛而獻之周禮冥氏則獻其皮丨齒須備疏○丨生皮也漢書東方朔傳足履丨舃注○孰曰韋生曰丨漢書鄭崇傳每見曳丨履注○丨是膚內之厚皮丨丨也禮記禮運膚丨充盈疏○丨謂甲胄之屬以皮丨爲之詩出其東門序兵丨不息疏○丨甲鎧也禮記樂記而貫丨之射息疏○貫丨射穿甲丨也禮記樂記注○丨車兵車也國策秦策丨車百乘注齊策乃具丨車三十乘注○丨路木路之卑者左氏襄十九年傳注大路疏○○馬轡所靶之外有餘而垂者謂之丨詩蓼蕭疏○丨爲鼓禮記月令疏引易通卦驗注○丨蕀字異義同禮記禮器匪丨其猶疏○今詩本丨作蕀同上○詩羔羊羔羊之丨說文繫傳作羔羊之黬

【脊】說文脊背呂也从𠦬从肉○詩正月有倫有丨春秋繁露作有倫有迹

【獲】說文丨獵所丨也从犬蒦聲○丨得也易略例見情者丨注○不丨不得安左氏昭元年傳楚公子不丨注○艮爲手故稱丨易巽田丨三狐虞注○丨謂係虜之禮記檀弓下不丨二毛注○丨四俘左氏襄十年傳尉止丨注○戰伐得囚俘亦曰丨儀禮鄉射禮疏○射著正鵠亦曰丨同上○以其唱丨則釋算故名算爲丨儀禮鄉射禮疏○丨奴婢賤稱也方言三○羌人以婢爲妻生子曰丨文選報任少卿書臧丨婢妾注引韋昭○書湯誥茲朕未知丨戾于上下墨子兼愛下作未知得罪于上下

【翮】說文丨羽莖也从羽鬲聲○羽本曰丨周禮秋官序官翨氏注翨鳥丨也疏又漢書王莽傳下取大鳥丨爲兩翼注

屐 說文丨屩也从履省支聲

適 說文適之也从辵啻聲丨宋魯語○丨之也呂覽貴因丨越者坐而至注蹇塞若將安丨注○丨往也禮記少儀疏雜記上丨兄弟之送葬者弗及疏○丨猶往也禮記曲禮上將丨舍疏○丨宜丨也淮南說山不若得事之所丨注○動中禮儀之謂丨呂覽過理不丨也注○丨猶節也淮南精神丨情辭餘注○丨已猶向已也管子弟子職以葉丨已注

幘 說文髮有巾曰幘从巾責聲○丨者賾也頭首嚴賾也續漢輿服志下○丨齒上下相値左氏定九年傳皙丨而衣貍製注

劇 丨亦疾也漢書揚雄傳上口吃不能丨談注○易渙注不在厄丨釋文本又作處

戹 說文丨隘也从戶乙聲○易渙注不在厄劇釋文本又作危

磧 說文磧水陼有石者从石責聲○丨歷沙石之貌也漢書司馬相如傳上下丨歷之坻注○丨歷淺水中沙石也史記司馬相如列傳下丨歷之坻正義○丨歷不平也文選上林賦下丨歷之坻注引張揖○丨歷阪名也史記司馬相如列傳集解引郭璞○吳越謂之瀨中國謂之丨漢書武帝紀甲爲下瀨將軍注引臣瓚

隔 說文丨障也从𨸏鬲聲○丨謂丨遠素問方盛衰論五部丨無徵注○上下皆蔽茲謂丨漢書五行志中之上引京房易傳○丨并謂水旱不節也後漢書陳忠傳丨并屢臻注○古文丨爲擊文選長楊賦拮丨鳴球注引韋昭

益 說文丨饒也从水皿皿丨之意也○丨者增足之名易益丨利有攸往疏○丨多猶云彌多也儀禮少牢饋食禮丨多注○丨亦過也國策宋策而貴不丨爲王注○丨漸也禮記坊記故亂丨亡疏○丨謂受說不了欲師更明說之禮記曲禮上請丨則起注

柵 說文丨編樹木也从木从冊冊亦聲○丨木欄也列子仲尼釋文引莊子以臨牢丨李注

窄 華山亭碑齋室逼窄脩華嶽碑以口窄狹丨作窄

覈 說文丨實也考事襾笮邀遮其辭得實曰丨从襾敫聲覈丨或从雨○核究其實也漢書刑法志其審核之注○核堅實也漢書司馬遷傳贊其事核注○核桃梅之屬也文選蜀都賦肴槅四陳注○丨麥糠中不破者也漢書陳平傳亦食糠丨耳注引孟康

舄 重底者名曰丨周禮屨人疏○丨者屨之小別左氏桓二年傳疏○丨卽斥鹵也謂鹹鹵之地也漢書溝洫志終古丨鹵兮生稻粱注

責 說文責求也从貝朿聲

坼 說文丨裂也詩曰不丨不疈从土𣑭聲○坼堛皆裂也詩生民傳生則坼副疏○易解百果草木皆甲坼釋文馬陸作宅

惜 說文丨痛也从心昔聲○丨痛也文選歎逝賦注引國語賈注

僻 丨邪也淮南精神而行不丨矣注○辟陰也素問陰陽別論陰陽虛腸辟死注○辟是旁側之語也左氏莊廿一年傳鄭伯享王于闕西辟疏○辟遠淮南脩務今使人生於辟陋之國注○辟讀曰丨漢書

鼂錯傳使主內無邪辟之行注董仲舒傳邪辟之說息注杜欽傳反因時信其邪辟注王褒傳今臣辟在西蜀注東方朔傳徑淫辟之路注霍光傳行淫辟不軌注蕭望之傳窮辟之處注匡衡傳淫辟之意縱注王商傳而回辟下媚注薛宣傳而栗邑縣小辟在山中注翟方進傳行辟無功效注谷永傳蕩滌邪辟之惡志注佞幸石顯傳知顯專權邪辟注○古辟辟字同音異耳左氏昭廿八年傳民之多辟無自立辟疏○詩板民之多辟釋文又作丨

經籍纂詁卷第一百補遺終

經筵講官南書房行走禮部左侍郎兼署兵部左侍郎前提督浙江學政阮元撰集

十一陌下

辟　丨君也書洪範惟丨作福馬注又詩桑扈百丨爲憲箋棫樸濟濟丨王箋文王有聲皇王維丨箋蕩下民之丨傳韓奕以佐戎丨釋文雝相維丨公釋文殷武天命多丨傳又禮記坊記厥丨不丨注中庸百丨其刑之注又穀梁文六年傳爲燕丨地注又論語八佾相維丨公釋文又周書武順三卿一長曰丨注祭公我亦維丕以我丨險于難注又爾雅釋詁又國語魯語及百丨神祇注又史記樂書封君世丨索隱又漢書五行志中之上集注集注引如淳又引李奇五行志中之下集注五行志下之上集注引韋昭五

行志下之下集注引孟康司馬相如傳下集注京王傳集注引孟康翟義傳集注董賢傳集注王莽傳中集注二見又後漢桓帝紀注皇后紀注張衡傳注延篤傳注又大元廓百丨馮馮注唐道義之丨注常陽以知丨注元瑩一丨丨三公九卿注元文治之所因曰丨注○丨君也羣丨諸侯也大元元挩臚湊羣丨注○丨猶諸侯也論語八佾相維丨公皇疏○丨彊天子之號也賈子審微○來丨猶來王也詩殷武歲事來丨箋○丨除也文選上林賦注引韓詩章句又小爾雅廣言又莊子庚桑楚至信丨金釋文○丨明也禮記王制天子曰丨雍注祭統對揚以丨之注又書大傳禹乃共丨厥德注○三卿一長曰丨周書武順○丨卷不開也莊子田子方口丨焉而不能言釋文引司馬注○丨相著也莊子庚桑楚形之與形亦丨矣釋文引崔注○丨謂疊之文選七命萬丨千灌注○丨謂丨疊也素問調經論聶丨氣不足注○緝績

其麻曰丨孟子滕文公下妻丨纑注○絣續其麻曰丨文選張景陽雜詩注引劉熙孟子注○丨讀爲弭禮記郊特牲有由丨焉注○丨讀如裨冕之裨禮記玉藻素帶終丨注○丨當讀爲丨邪惡之丨匡謬正俗三○丨音邪丨之丨漢書五行志中之下集注引服虔○丨讀曰僻漢書高帝紀下集注平帝紀集注王子侯表下集注禮樂志集注四見五行志下之上集注地理志下集注藝文志集注二見蕭何傳集注淮南厲王長傳集注馬宮傳集注文翁傳集注匈奴集上集注匈奴傳贊集注南粤王傳集注二見西域傳上集注二見王莽傳上集注又荀子宥坐行丨而堅注○丨讀爲僻荀子脩身丨違而不慤注非十二子行丨而堅注王制聽之丨也注王霸則雖幽閒隱丨注議兵旁丨曲私之屬注正名凡邪說丨言之離正道而擅作者注不利傳丨之辭注成相邪枉丨回失道途注○丨音刑丨之丨漢書五行志下之上集

注引服虔○丨讀曰壁漢書古今人表集注地理志上集注地理志下集注○丨讀曰闢漢書文帝紀集注二見溝洫志集注楚元王傳集注齊悼惠王肥傳集注韓國安傳集注司馬相如傳上集注司馬相如傳下集注嚴安傳集注梅福傳集注張禹傳集注朱博傳集注楊雄傳上集注元后傳集注王莽傳中集注○丨與闢同荀子議兵丨門除涂以迎吾入注○丨與躄同荀子正論不能以丨馬毀輿致遠注○丨讀曰譬漢書禮樂志集注二見藝文志集注王褒傳集注東方朔傳集注貨殖傳集注○丨讀爲譬荀子仲尼丨之是猶伏而咶天注富國丨之若屮木注彊國丨稱比方則欲自並乎湯武注性惡丨則陶埏而生之也注○丨讀爲避荀子榮辱不丨丨死傷注大略所以丨君也注劫迫於暴國而無所丨丨之注○丨或讀爲避荀子彊國負三王之廟而丨於陳蔡之閒注○丨讀爲嬖荀子儒效事其便丨注○禮記曲禮注

軍丨也釋文丨本作壁左傳昭十三年注欲築壘丨
釋文丨本作壁爾雅釋天營室東丨也釋文丨本作
壁○宋丨公名丨兵史記索隱引紀年作壁○袁良
碑詔書辟口堯廟碑呂君諸辟史晨奏銘臣伏見臨
辟廱日
丨作辟

辟 丨法也書金滕我之弗丨傳又詩雨無正丨言不
信傳文王有聲皇王維丨釋文抑丨爾爲德箋板
無自立丨傳又周禮鄉師以攷司空之丨司農注又
禮記曲禮下天曰皇丨注又周書祭公天子自三公
上下丨于文武注又書大傳犧牲中丨注又爾雅釋
詁又廣雅釋言又一切經音義九引字林又國語晉
語里克丨奠注又漢書刑法志集注匈奴傳上集注
又後漢張衡傳注酷吏傳注又家語子路初見無自
立丨注正論僻則有丨注又莊子馬蹄摘丨爲禮釋
文又管子宙合故諭教者取丨焉注又楚辭惜誦設

張丨以娛君兮注又文選思元賦畏立丨以危身舊
注○丨瀆也周禮戎右盟則以玉敦丨盟司農注小
司寇以八丨麗邦瀆注○丨治也書金滕我之弗丨
釋文○治之所因曰丨太元元文○丨猶理也左氏
文六年傳丨刑獄注○丨刑也管子君臣上論法丨
衡權斗斛注○丨誅也左氏襄廿五年傳各致其丨
注又家語正論各致其丨注○丨罪也禮記王制司
寇正刑明丨注又左氏僖廿七年傳貳乃丨也注又
後漢張衡傳注○丨辠也爾雅釋詁又國語周語丨
在司寇注魯語愆則有丨注○丨亦罪也禮記文王
世子某之罪在小丨注○丨罪丨也大戴記用兵法
言法行處丨注○丨瀆者考校讀其然否周禮大史
若約劑亂則丨瀆注○丨功作章程周禮鄉師以攷
司空之丨注○丨名詐爲書以空作見文書與實不
相應也周禮宰夫凡失財用物丨名者注○丨布市
之羣吏考實諸泉入及有遺忘周禮司市丨布者注

○丨丨便黠貌也方言三丨商人醜稱也注○丨罔
也莊子逍遙遊中于机丨釋文引司馬注○丨歷也
爾雅釋言○丨捐也公羊莊十三年注摽劍置地釋
文引劉兆○丨猶召也文選詣蔣公奏記丨書始下
注郭有道碑文遂丨司徒掾注○丨不當也周禮宰
夫凡失財用物丨名者釋文引干注○丨半也廣雅
釋詁四○丨易狂疾國語吳語員不忍稱疾丨易注
○南楚凡罵庸賤謂之田儓或謂之丨丨商人醜稱
也方言三○丨閭鍛也廣雅釋器○丨丨閭郎湛盧也
荀子性惡鉅闕丨丨閭注○丨歷丨析也所歷皆破析
也釋名釋天○丨丨耳山名國語齊語與丨耳之谿拘
夏注○丨親身棺也左傳哀二年不設屬丨釋文○
丨古文作𨐨𨐨二形一切經音義四○書金滕我之
弗丨說文辟部作我之不𨐨○故書丨爲辭周禮司
市丨布者注○詩柏舟寤丨有摽釋文丨本
作擗○爾雅釋訓丨拊心也釋文丨本作擗

掖 張丨言張國臂丨以威羌狄水經河水注引應劭
地理風俗記○丨庭今官主後宮文選西京賦歷
丨庭薛注○端門左右星爲丨門後漢襄楷傳注○
大丨之衣大袂襌衣也禮記儒行衣逢丨之衣注○
禮記深衣注當丨之
縫也釋文丨本作腋

腋 丨在肘後文選答魏子悌詩注引埤蒼○胳謂之
丨廣雅釋親○丨繹也言可張翕尋繹也釋名釋
形體

釋 丨解也左氏襄廿九年傳丨不朝正于廟也注又
小爾雅廣言又國語晉語惑不丨也注去而罪丨
注吳語乃使行人奚斯丨言於齊注又漢書田儋傳
集注樊噲傳集注韓安國傳集注王尊傳集注谷永
傳集注二見咸宣傳集注西南夷傳集注又後漢蔡
邕傳注又淮南本經發怒則有所丨憾矣注又楚辭

惜誦謇不可丨注招魂彼皆習之魂往必丨些注○丨丨亦解也太元釋圖煦丨注○丨推也太元元衝○丨丨也柔太元元錯○丨理也呂覽上德太子不肯自丨注○丨服也爾雅釋詁○丨舍也左氏哀八年傳乃請丨子服于吳注又國語晉語若其丨申生也注丨其閑脩注又國策秦策而天下乃齊丨注又呂覽知分以為不可為故丨之注又淮南說山琬玉之玉在洿泥之中雖廉者弗丨注○丨捨也漢書文帝紀集注○丨置也國語魯語其亦使聽從而丨之注又漢書南粵王傳集注又呂覽權勳子丨之注又楚辭天問丨舟陵行注惜誦欲丨階而登天兮注○丨放也左氏襄廿八年傳丨盧蒲嫳于北竟注又漢書劉屈氂傳集注○丨放也置也漢書韓信傳集注二見趙充國傳集注○丨解也放也漢書吳王濞傳集注○丨廢也書大禹謨丨茲在茲傳又漢書趙充國傳集注匡衡傳集注○丨棄呂覽長見視丨天下若丨

躧注○丨除也左氏襄廿一年傳丨茲在茲注○丨猶去也禮記禮器禮丨回注○丨亦去也呂覽論人丨智謀注○丨猶除也去也禮記三年問則丨之矣注○丨散也漢書谷永傳集注○丨者消亡老子渙兮若冰之將丨注○丨猶遺也儀禮士虞禮俎丨三个注○丨稅淮南說山其出致丨駕而僵注○丨服說朝服儀禮鄉射禮主人丨服注○古文丨為舍儀禮大射儀獲而未丨獲注○古文丨作舍儀禮鄉飲酒禮主人丨服注○儀禮聘禮記丨輟周禮大馭注作乃舍軷○禮記月令冰凍消丨釋文丨本作液○史記周本紀丨箕子之囚集解引徐廣曰丨一作原

舶 丨舟也廣雅釋水○丨大船也一切經音義一引埤蒼○丨大船也今江南泛海船謂之舶崑崙及高麗皆乘之大者受萬斛也一切經音義十引字林○吳船曰編晉船曰丨長二十丈載六七百人者是也丨音泊一切經音義一引通俗文

拍 丨擊也廣雅釋詁三○拍擊也同上○拍搏也廣雅釋言○丨搏也以手搏其上也釋名釋姿容○丨搏壁也楚辭湘君薜荔丨兮蕙綢注○短刀曰丨髀帶時丨髀旁也釋名釋兵○短刀又曰露丨言露見也同上○鄭大夫杜子春皆以丨為膊周禮醢人豚丨魚醢司農注

索 丨索同○丨求也廣雅釋詁三○索求也易說卦一索而得男釋文引王肅注書序八索釋文考工記梟氏時文思索釋文禮記曲禮索牛釋文又小爾雅廣言又國語齊語索訟者注晉語唯其索之注越語彊索者不祥注又史記禮書禮之中能思索索隱又漢書律麻志上集注藝文志集注燕刺王旦傳集注楊雄傳上集注又後漢順帝紀注馮衍傳注又荀子王霸故君人勞於索之而休於使之注又管子侈靡

使君親之察同索屬故也注又呂覽論人其索之彌遠者注又楚辭招魂唯魂是索些注又文選洞簫賦薄索合沓注○索搜也史記范雎蔡澤傳志丨之索隱又漢書張良傳集注淮南厲王長傳集注韓安國傳集注江都易王非傳集注蕭望之傳集注嚴延年傳集注○索度也周禮方相氏以索室毆疫注○丨取也自關而西曰丨方言六○丨取也廣雅釋詁一○索取也小爾雅廣詁又離騷索藑茅以筳篿兮注○索求得而用之禮記曲禮上大夫以索牛注○索求神也禮記郊特牲索祭祝于祊注○丨鬼神求廢祀而修之周禮大司徒十有一曰丨鬼神司農注○索音求索之索漢書高帝紀上集注

擇 丨選也淮南本經是以不丨時日注○丨別呂覽簡選與惡劒無丨注○丨取也呂覽驕恣存其所丨注又淮南俶真而錯丨名利注

磔丨開也廣雅釋詁三○丨張也廣雅釋詁一○張
申曰丨一切經音義十四引通俗文○丨壤也禮
記月令旁丨注○丨禳也史記秦本紀以狗禦蠱正
義○祭風曰丨爾雅釋天○丨車裂也荀子正論斬
斷枯丨注宥坐吳子胥不丨姑蘇東門外乎注○丨
車裂之也後漢董卓傳注○丨丨牲也禮記月令釋
文○丨古文尾同
一切經音義九
軶丨輗前也荀子正論三公奉丨持納注○丨謂車
輗端橫木也華嚴經音義上引珠叢○軶謂輗端
壓牛領者後漢列女傳注○今文
軶作厄儀禮既夕記楔貌如丨注
摘丨取也廣雅釋詁一○丨以指丨取也一切經音
義十四引蒼頡○丨擾也後漢隗囂傳注○舒而
無窮者丨也列女傳母儀○詩君子偕老傳所以丨
髮也釋文丨本作擿又作擿又作讁○列子黃帝丨

經籍籑詁 卷一百下 十二陌下 磔至射 七

矢復沓釋文
丨一本作鏑
射丨集韻䠶或从寸○丨厭也易說卦水火不相丨釋
文引虞陸董姚王肅注又詩車舝好爾無丨箋抑
斁可丨思箋清廟無丨于人斯釋文又禮記中庸斁
可丨思注在此無丨注緇衣服之無丨注又爾雅釋
詁又漢書律厤志上又後漢列女傳注又太元少三
曰丨谷注疑三歲不丨注元數夾鍾生無丨注○䠶
行也廣雅釋詁二又楚辭天問皆歸䠶籥注○丨剡
也周禮典瑞璋邸丨司農注○邸丨剡而出也考工
記玉人璋邸丨素功注○丨炎出者也考工記玉人
丨四寸注○丨者終也白虎通五行○凡戲爭能取
中皆曰丨列子說符博者丨注○丨獲謂矢中人也
儀禮鄉射禮無丨獲注○丨獲矢中之也儀禮大射
儀毋丨獲注○丨其外驅牙考工記玉人大琮十有
二寸丨四寸注○無丨者無厭也白虎通五行○無

丨戌之氣也九月建焉而辰在大火周禮大師無丨
注○無丨長四寸六千五百六十一分寸之六千五
百二十四同上○易井丨鮒釋文丨荀本作耶○穀
梁桓九年世子丨姑來朝釋文丨糜氏作亦穀梁莊
卅三年曹伯丨姑卒釋文丨本作亦○爾雅釋詁豫
丨厭也釋文丨本作斁○詩清廟無丨於人斯禮記
大傳注作無斁于人斯○左氏文
六年狐丨姑出奔狄穀梁作夜姑
繹丨長也方言一又廣雅釋詁二○丨陳也詩車攻
會同有丨傳常武徐方丨騷傳賚敷時丨思傳又
左氏宣十二年傳鋪時丨思注又論語子罕丨之為
貴鄭注又爾雅釋詁又後漢班彪傳下注○丨充也
廣雅釋詁四○丨窮也廣雅釋詁四○丨終也同上
○丨厭也詩泮水徒御無丨釋文○丨搯也廣雅釋
言○丨猶緒也文選劇秦美新神歇靈丨注○丨理
也絲曰丨之方言六○丨尋續也論語八佾皇疏子

經籍籑詁 卷一百下 十二陌下 繹 八

罕皇疏○丨言解丨也方言六丨理也絲曰丨之注
○丨抽也解也一切經音義九引三蒼○丨者各丨
己之志也禮記射義○丨明已功成而去德者居之
丨丨者無所指斥也風俗通正失○丨調達之貌後
漢班彪傳下注○丨如志意條達之貌論語八佾丨
如也鄭注○丨丨和調之貌漢書韋元成傳集注○
丨又祭也爾雅釋天又家語曲禮公西赤問宗老不
具則不丨注○丨祭之明日又祭也家語曲禮子貢
問壬午猶丨注又詩絲衣序丨賓尸也釋文周禮籥
師注壬午猶丨釋文○丨者何祭之明日也公羊宣
八年傳○丨者祭之旦日之享賓也穀梁宣八年傳
○丨又祭陳昨日之禮所以賓尸左氏宣八年經壬
午猶丨注○天子諸侯明日祭於祊而丨儀禮有司
徹注○殷曰肜周曰丨書高宗肜日傳○周又祭曰
丨爾雅釋天○丨又祭也唐尚書云祭之明日也昭
謂天子諸侯曰丨丨國語魯語宗不具不丨注○丨丨

生也爾雅釋訓○｜｜善走也詩駉以車｜｜傳○｜｜善足也詩駉釋文○｜｜盛貌文選甘泉賦注引韓詩章句○｜｜光采貌漢書五行志下之下集注○｜｜相連貌漢書楊雄傳上集注○｜｜者無窮之意也白虎通封禪○｜山也詩閟宮保有鳧｜傳○地龜曰｜屬周禮龜人○詩板辭之｜矣釋文｜本作懌泮水釋文｜又作懌那莫不夷｜釋文｜本作懌左傳襄卅一年辭之｜矣釋文｜本作懌○詩泮水釋文｜本作斁○詩閟宮釋文｜本作嶧○詩緜衣釋文｜本作釋周禮籥師注壬午猶｜釋文｜本作釋○詩泮水釋文｜本作射○詩駉釋文｜本作驛○書高宗肜日傳釋文｜本作釋爾雅釋天釋文｜本作釋○左氏宣十年伐邾取｜公羊作取蘱

懌 ｜悅詩板辭之｜矣傳○｜悅也漢書敘傳上集注蕭何傳集注灌夫傳集注○｜悅｜禮記文王

世子是故其成也｜注○｜怡也一切經音義七引字林○｜樂也爾雅釋詁又漢書司馬相如傳上昆蟲闓｜集注引文穎○｜意解之樂也爾雅釋詁舊注○｜服也詩節南山既夷既｜傳又爾雅釋詁○｜更也廣雅釋詁三○｜改也自山而東或曰｜方言六○不｜疾不解書顧命王不｜馬注○說｜當作說釋詩靜女說｜女美箋○詩頍弁庶幾說｜釋文｜本作繹○詩板辭之｜矣說苑善說作辭之繹矣

斥 ｜卻也漢書曹參傳集注東方朔傳集注楊雄傳下集注○｜却也文選思元賦｜西施而弗御兮舊注○｜遠也史記天官書｜小疏弱集解引蘇林○｜棄也漢書丙吉傳集注○｜不用也一切經音義十四引漢書音義○｜指也後漢孔融傳注○｜指｜穀梁僖五年傳目晉侯｜殺注○｜度也史記李將軍傳然亦遠｜候索隱引淮南許注○｜推也一切經音義十四引三蒼又廣雅釋詁三又素問調經論勿之深｜注○｜開也小爾雅廣詁又史記貨殖傳塞之｜也索隱又漢書惠帝紀集注引如淳燕刺王旦傳集注韋元成傳集注匈奴傳下集注○｜見也左氏襄卅一年傳寇盜充｜注又後漢郭伋傳注○｜大也文選魏都賦注引蒼頡○｜遠也漢書天文志集注引蘇林又後漢張衡傳注梁鴻傳注○｜廣也史記司馬相如傳闢盆｜索隱引張揖○卜｜廣大之貌也文選魏都賦墳衍｜｜注○｜條也左氏襄十八年傳｜山澤之險注○｜｜候也淮南兵略相爲｜闉要遮者注○五百斛以上還有小屋曰｜候以覘敵進退也釋名釋船○｜厓也廣雅釋邱○｜池也廣雅釋地○｜小澤也莊子逍遙遊｜鷃賢之曰釋文引司馬注○｜澤崖也文選西京賦絕阬踰｜薛注○｜潟鹵管子地員乾而不｜注○｜

謂地鹹鹵書禹貢海濱廣｜鄭注○土地｜鹵故曰｜邱後漢袁紹傳注○｜讀｜邱之｜淮南墬形有｜山之文皮焉注○鴳與｜同晉書音義下○｜與尺古字通文選七啟山鷄｜鷃注○莊子逍遙遊｜鷃賢之曰釋文｜本作尺○書禹貢海濱廣｜史記夏本紀作海濱廣潟漢書地理志作海瀕廣潟

奕 ｜大也爾雅釋詁又方言一又漢書敘傳下集注又太元格往小來｜注○｜｜大也詩韓奕｜｜梁山傳○｜｜大貌詩巧言｜｜寢廟傳○｜｜盛也廣雅釋訓○｜｜盛貌文選秋懷詩注引韓詩章句○｜｜行也廣雅釋訓○｜｜憂也爾雅釋訓○｜｜光明文選東京賦六元虬之｜｜薛注○｜｜舞形也文選東京賦萬舞｜｜薛注○｜｜輕靡之貌文選吳都賦儐從｜｜注○｜重也後漢袁譚傳注○｜猶重也後漢班彪傳下注楊秉傳注袁術傳注○｜亦前人也國語周語｜世載德注○｜｜然

無所薄也詩頍弁憂心｜｜傳○｜｜然閑也詩那萬舞有｜傳○寢廟｜｜言相連也獨斷下○詩閟宮新廟｜｜周禮隸僕注作繹繹

弈｜容也廣雅釋詁四○｜｜容也廣雅釋訓○奕容也自關而西凡美容謂之奕陳楚汝潁之間謂之奕方言二○奕奕姣美也詩閟宮新廟奕奕箋○｜圍棊也論語陽貨不有博｜者乎皇疏○｜圍局也後漢張衡傳注○棊局謂之｜小爾雅廣服○圍棊謂之｜自關而東齊魯之間皆謂之｜方言五

帟｜帳也周書王會墠上張赤｜陰羽注○奕帳也廣雅釋器○｜平帳也周禮幕人掌帷幕幄｜綬之事司農注又文選蜀都賦張｜幕劉注○｜幕之小者禮記檀弓上君于士有賜幕注○小幕曰｜張在人上｜｜然也釋名釋牀帳○｜幄中坐上承塵也後漢皇后紀注○｜在幕若幄中坐上承塵幄

｜皆以繒爲之周禮幕人注○張｜柩上承塵周禮掌次凡喪王則張｜三重注

迫｜近也廣雅釋詁三又太元劇厥德｜也注又素問長刺節論｜藏刺背二俞也注○｜附也離騷望崦嵫而未｜注○｜促也漢書王莽傳中集注又呂覽貴生｜生爲下注○｜陿也廣雅釋詁一○｜｜急也廣雅釋詁一○｜脅近附也楚辭哀時命外｜｜脅於機臂兮注○｜古文敀同一切經音義十四

疫｜病流行也集韻引字林○｜役也言有鬼行役也釋名釋天○｜疾也史記天官書氐爲天根主｜索隱引宋均○｜病也廣雅釋詁一又後漢楊終傳注○｜癘氣也後漢第五種傳注○詩節南山箋重以｜疾釋文｜本作疢

譯｜傳也廣雅釋詁四○｜見也廣雅釋詁三○｜傳也｜見也方言十三○｜傳四夷之語也後漢和帝紀注○｜之言易也翻｜名義一引宋僧傳○北方曰｜禮記王制又後漢馬融傳注○九｜九度｜言始至中國者也文選東京賦重舌之人九｜辟注○孝經注越裳重｜釋文｜本作驛○漢修堯廟碑各相土｜居擇作｜

昔｜往也老子｜之得一者注又離騷｜三后之純粹兮注○｜者往也孟子離婁上曰｜｜者注○｜猶前也禮記檀弓上予疇｜之夜注○｜始也詩采薇｜我往矣釋文引韓詩又廣雅釋詁一又老子｜之得一者王注○｜古也書堯典序｜在帝堯釋文又孝經｜者明王之以孝治天下也鄭注○｜久也詩墓門誰｜然矣傳○｜久舊也史記田敬仲完世家弓膠｜幹索隱○｜終也呂覽任地孟夏之｜注○｜夜也穀梁莊七年辛卯｜釋文莊子天運則通｜不寐矣釋文又廣雅釋詁四又後漢張衡傳注又

楚辭大招以娛｜只注○｜｜夜夜也列子周穆王｜｜夢爲國君釋文○｜夕也莊子齊物論今日適越而｜至也釋文引崔注○日入至於星出謂之｜穀梁莊八年傳○古曰在｜詩那自古在｜傳○誰｜｜也爾雅釋訓○｜者昨日也孟子公孫丑下｜者辭以疾注○｜者昨日之謂也莊子齊物論今日適越而｜至也釋文引向注○｜酒今之酋久白酒所謂舊醳者也周禮酒正二曰｜酒注○｜酒無事而飲也周禮酒正司農注○｜邪烏韭也在屋曰｜邪在牆曰垣衣廣雅釋草○｜讀爲交錯之錯考工記弓人老牛之角紾而｜司農注○｜讀履錯然之錯考工記弓人注○穀梁莊七年辛卯｜釋文｜本作窨

瘠｜瘦也左氏襄廿一年傳｜則甚矣注又禮記曲禮毀｜不形釋文又漢書婁敬傳集注○｜瘦也

史記劉敬叔孫通傳羸丨老弱索隱○膌瘦也管子入國必知其食飲飢寒身之丨胜而哀憐之注○丨臞也周禮大司徒其民皙而丨注○丨薄荀子禮論注○大丨者何痢也公羊莊二十年傳○丨病也齊人語也公羊莊二十年傳注○丨健之甚者爲多骨也易說卦爲丨釋文引王廙○肉腐爲丨漢書食貨志上集注引孟康○墝确爲丨國語魯語擇丨土而處之注○送死不忠厚不敬文謂之丨荀子禮論○丨古文膌同一切經音義二○丨古文瘠瘵膌二形一切經音義二○易說卦爲丨釋文丨本作柴

赫○丨赤也廣雅釋器○丨赤貌詩簡兮丨如渥赭傳丨顯也詩生民以丨厥靈傳又小爾雅廣言○丨明也小爾雅廣詁○丨丨明也廣雅釋訓○丨丨盛貌詩出車丨丨南仲傳又漢書成帝紀集注五行志下之上集注○丨然盛貌文選高唐賦巫山丨其無疇兮注○丨丨然盛也詩常武丨丨明明傳丨丨

業業傳○丨戲盛貌也後漢張衡傳注○丨戲炎盛也文選西京賦叛丨戲以煇煌薛注○丨戲盛貌文選思元賦羨上都之丨戲兮舊注○丨丨顯盛也國語楚語丨丨楚國而君臨之注又後漢郎顗傳注○丨丨顯盛貌詩節南山丨丨師尹傳○丨丨明盛貌也孝經丨丨師尹注○丨戲光明貌離騷陟陞皇之丨戲兮注○丨虛也太元爭丨河臞注○丨恐也詩大明丨丨在上釋文○丨炙也詩桑柔反予來丨傳○丨覺也廣雅釋詁四○丨怒也廣雅釋詁二○丨怒也丨發也方言十二○丨怒意詩皇矣王丨斯怒箋○丨丨濯濯迅也爾雅釋訓○丨丨旱氣也詩雲漢丨丨炎炎傳○丨丨明著之迅爾雅釋訓孫注○丨有明德丨丨然詩淇奧丨兮咺兮傳○丨然已支解之貌公羊宣六年傳則丨然死人也注○丨兮咺兮威儀也爾雅釋訓○丨胥氏古之帝號後漢王充王符仲長統傳注○丨音兄弟鬩牆之鬩漢書外戚傳下集注引鄧展○赫與丨同晉書音義上○丨字或作擊漢書外戚傳下集注○詩桑柔釋文丨本作嚇○詩江漢丨丨明明釋文丨本作爀○孝經釋文丨本作赤○爾雅釋訓釋文丨本作奭○莊子馬蹄夫丨胥氏之時釋文丨本作赫○漢書古今人表高丨呂覽義賞作高赦○莊子馬蹄丨胥氏釋文作赫胥氏

炙丨爇也廣雅釋詁二○丨貫之火上禮記禮運以亨以丨注○炮之曰丨家語問禮以烹以丨注○炕火曰丨詩瓠葉燔之丨之傳○丨丨肉也詩楚茨或燔或丨傳○丨肝丨也詩楚茨箋○丨用肝詩行葦或燔或丨箋○丨鼠螻姑也廣雅釋蟲○史記刺客傳置七首魚丨之腹中集解引徐廣曰丨一作炮

讁同亦作適○謫責也詩北門室人交徧謫我傳

謫南山箋公謫之釋文左傳桓十八年公謫之釋文

又漢書五行志中之上集注又後漢順烈梁皇后紀注○丨責也漢書王莽傳集注○丨貴也廣雅釋詁二○適責也漢書文帝紀集注○適者責也史記蘇秦傳適燕者索隱○適之言責也禮記昏義適見于天注○讁讓也廣雅釋詁二○丨譴也左氏桓十七年傳公丨之注昭七年傳則自取丨于日月之災注又史記屈原賈生傳又以適去集解引韋昭○丨譴責也左氏成十七年傳國子丨我注又老子善言無譴丨釋文○謫譴責也國語齊語桓公擇是寡功者而謫之注○丨怒也方言三○讁怒也廣雅釋詁二○謫責怒也淮南說山春至旦不中員呈猶謫之注○丨罰也後漢光武帝紀下注○謫過周書大戒外姓無謫注○適過也詩殷武勿予禍適傳又孟子離婁上人不足與適也注○丨過責也一切經音義十四引字林○謫過也南楚以南凡相非議人謂之謫方言十○謫猶咎也國語周語秦師必有謫注○謫

譴也責也後漢和帝紀注○讁謂責其過也列子力
命不相讁發釋文○罰罪曰｜丈戹切史記酈陸傳
索隱引通俗文○｜變氣也左氏昭卅一年傳日始
有｜注○讀轉也廣雅釋詁四○｜丈戹切文選賈
誼弔屈原文注引字林○左傳昭卅一
年日始有｜周禮占夢注作日始有適
號｜國書君虩亦惟有若｜叔傳○｜國名左傳隱
元年｜叔死焉釋文○書君虩｜叔公羊僖二年
國策秦策周書王會俱作郭○左
氏昭元年會于｜公羊作會于漷
腊｜脯也廣雅釋器○｜乾昔也釋名釋飲食○｜
爲庶羞儀禮有司徹無｜與膚注○｜小物全乾
儀禮腊人凡田獸之脯｜膴胖之事注○士｜用兎
儀禮既夕魚｜鮮獸注○｜兎｜也儀禮士昏禮｜
一肫注○魚｜乾魚穆天子傳六魚｜注○｜肉晞
于陽而煬于火曰｜肉易噬嗑噬｜肉釋文引馬注

○｜久也禮記郊特牲注味厚｜毒也釋文引劉義
又漢書五行志中之上集注○｜極也國語鄭語毒
之酋｜者注○｜亟也讀若廟昔酒焉國語周語其
厚味實｜毒注○｜之言夕也周禮天官序官｜人
注○已｜治體皴｜山海經西山經錢來
之山有獸名曰羬羊其脂可以已｜注
簀｜牀第也小爾雅廣服○｜牀版也方言五牀齊
魯之閒謂之｜注○｜謂床第也禮記檀弓上大
夫之｜與注○｜第也謂無茵席也後漢袁術傳注
○牀齊魯之閒謂之｜方言五○簀杠也廣雅釋器
○｜積也詩淇奧綠竹如｜傳又文選西京賦芳草
如積注○｜綠蓐盛如積也文選西京賦注引韓詩
章
句
碩｜大也詩考槃｜人之寬箋碩人｜人其頎箋碩
鼠｜鼠｜鼠箋狼跋公孫｜膚傳巧言蛇蛇｜言

箋白華念彼｜人箋大田旣庭且｜箋崧高其詩孔
｜箋閟宮路寢孔｜箋又左氏桓六年傳博｜肥腯
注又周書大戒五｜信傷辯注又爾雅釋詁又漢書
楊雄傳上集注又後漢班彪傳下注左周黃傳注又
穆天子傳二爰有大木｜草注又荀子富國珪璧將
甚｜注又太元斷我心孔｜注○｜大也齊宋之間
曰｜方言一○｜人大德也詩簡兮｜人俁俁傳○
｜謂壯貌佼好也詩椒聊｜大無朋箋○｜遠也小
爾雅廣言○艮爲｜易蹇往蹇來｜吉虞注○｜人
謂賢者後漢周黃徐姜申屠傳注○｜與石古字通
文選爲曹公作書與
孫權明棄｜交注
賾｜深也小爾雅廣詁又後漢崔駰傳注方術傳注
又荀子正名賾然而不類注○｜幽深也後漢順
帝紀注班彪傳下注○易繫辭言天下之賾釋
文｜九家作冊京作嘖探｜釋文｜九家作冊

奭 古文作奭○奭赤貌詩采芑路車有奭傳○｜赤
貌詩瞻彼洛矣韎韐有｜釋文○奭名書君奭傳
○詩瞻彼洛矣韎韐有奭白虎通爵作韎韐有赩○
史記樗里子甘茂傳公孫｜索隱引國策作公孫衍
螫｜蟲行毒也爾雅釋蟲釋文引字林○｜怒也史
記魏其武安侯傳有如兩宮｜將軍集解引張晏
○｜猶螫也爾雅釋蟲注八角｜｜蟲釋文○螫郎｜
也史記魏其武安侯傳索隱○｜｜讀解釋之釋淮南
俶眞蜂蠆｜指而神不能憯注○詩彼都人士箋蠆
｜蟲也釋文｜本作螫○詩小毖自求辛｜釋文｜
韓詩
作赦
耤｜猶辱也呂覽愼人｜夫子者不禁注○｜｜夢
死狀也素問方盛衰論見人斬血｜｜注○｜｜
葢地名也文選七發
合戰於｜｜之口注

翟丨隗姓也國語周語○丨隗姓之國國語周語王怒將以丨伐鄭注○丨相國名國語晉語獻公田見丨相之氛注

襞丨卷衣也一切經音義十五引字林○丨卷衣也音必益反晉書音義中引字林○丨積衣襵也後漢張衡傳注○丨積衣縫也文選思元賦美丨積以酷烈兮舊注○丨積簡齰也史記司馬相如傳丨積蹇縐集解漢書音義○

嗌丨咽也今吳人呼咽爲丨山海經北山經單張之山有鳥焉名曰白鵺食之已丨痛注○咽又謂之丨氣所流通阨要之處也釋名釋形體○丨咽也莊子庚桑兒子終日畢而丨不嗄釋文引司馬注○丨喉也莊子庚桑釋文引崔注○丨喉上也列子湯問使我丨疾而腰急釋文○丨謂喉下也史記扁鵲倉公傳飲食下丨集解○丨謂喉之下接連胸中肺兩葉之閒者也素問至眞要大論丨塞而咳注○丨厄咽喉也莊子大宗師其丨言若哇釋文○丨噎也秦晉或曰丨又曰噎方言六○丨謂噎也莊子庚桑釋文引李注○丨舌也廣雅釋親○丨䏬也楚辭大招不澀丨只注○丨喔容媚之聲楚辭憫上誐誐兮丨喔注

穸丨夜也左氏襄十三年傳惟是春秋窀丨之事注又後漢趙咨傳注劉陶傳注

砉丨然皮骨相離聲莊子養生主丨然嚮然釋文引司馬注

祏丨廟主石函左氏昭十八年傳使祝史徙主丨于周廟注○丨藏主石函左氏哀十六年傳反丨于西圃注○丨藏主石函也左傳莊十四年典司宗丨釋文○桐柏碑開丨神門殺阬碑宏丨其祠白石神君碑開丨舊兆無極山碑恢丨宇室拓作丨

亦丨猶重也論語學而不丨說乎皇疏○丨者兩相須之意公羊昭十七年傳北辰丨爲大辰注○丨丨治也廣雅釋詁三○丨易也素問氣厥論謂之食丨注○丨猶實也後漢竇融傳注○不丨者丨也孟子滕文公上不丨善乎注○丨大也詩豐年丨有高廩箋噫嘻丨服爾耕箋○丨本作易列子黃帝二人丨知釋文○漢書古今人表曹嚴公丨姑師古曰即射姑也○詩文王不顯丨世後漢袁術傳作不顯奕代

鬲丨搤也中人之手搤圍九寸經帶之差自此出焉儀禮士喪禮苴絰大丨注○丨謂轅端厭牛領者考工記車人丨長六尺司農注○丨謂隔絕於上荀子大略丨如也注○丨縣名在平原晉書音義中○丨偃姓咎繇後水經河水注引應劭○儀禮士喪禮苴絰大丨釋文丨本作搹○楊君石門頌坸丨尤艱隔作丨

擗詩作辟○辟拊心也爾雅釋訓又詩柏舟寤辟有摽傳又禮記檀弓下歎斯辟注問喪辟踊哭泣注○辟撫心也禮記檀弓釋文○丨折也楚辭湘夫人丨蕙櫋兮既張注○孝經丨踊哭泣釋文丨本作躃

踖丨丨斂也爾雅釋訓○丨丨慙媿貌也太元勤勞丨丨注○丨躐也禮記曲禮毋丨席釋文○丨丨言爨竈有容也詩楚茨執爨丨丨傳

貘丨白豹爾雅釋獸○丨似紅而白黃出蜀郡一曰白豹爾雅釋獸釋文引字林

虩丨者驚貌公羊宣六年傳丨而再拜注○丨丨恐懼貌易象上傳丨丨終吉侯注又釋文引子夏傳○易履釋文丨丨馬作虩虩

觡｜角也史記司馬相如傳犧雙｜共抵之獸集解
引漢書音義又淮南主術桀之力制｜伸鉤注○麋鹿
｜麋角也｜讀曰格淮南原道角｜生也注○麋
屬角爲｜山海經東山經其神皆獸身人面戴｜注
○無觡曰｜禮記樂記角｜生注○麋鹿無觡曰
｜史記樂書角｜生索隱○鹿｜鉤也廣雅釋器

骼｜骨也廣雅釋器又文選吳都賦鸒鸒笑而祓格
劉注○｜骨有肉淮南時則掩｜薶骴注○骨枯
曰｜禮記月令掩｜埋胔注又後漢質帝紀注○露
骨曰｜禮記月令釋文引蔡注○白骨曰｜呂覽孟
春掩｜薶髊注○膊｜股骨儀禮少牢饋食禮膊｜
注○｜大也漢書陳湯傳集注○古文｜爲胳儀禮
有司徹羊｜一注○今文胳作
｜儀禮鄉飲酒禮記介俎注

雋｜踦也公羊僖卅三年傳匹馬｜輪無反者注○
公羊僖卅一年傳釋文｜本作易注｜踦也釋文
｜本
作易

珀虎｜生地中其上及旁不生草木深者八九尺大
如斛削去上皮中是虎｜翻譯名義六引廣志

䶒麋鹿曰｜爾雅釋獸○江東名咽爲｜｜者齝食
之所在依名云爾雅釋獸注

膈｜塞也隔塞上下使氣與穀不相亂也釋名釋形
體○｜擊也韋昭曰古文｜爲擊荀子禮論縣一
鐘尚拊之｜注○｜縣鐘格也史記禮書縣一鐘尚
拊｜索隱○｜當爲搏大戴禮作搏荀子禮論注○
｜讀爲
戛同上

嘖｜初也易繫辭上傳聖人有以見天下之｜虞注
探｜索隱虞注○｜至也左氏定四年傳｜有煩
言注又賈注○｜情也易繫辭釋文引京注又太元
礥化在｜也注元瑩陰陽所以抽｜也注○｜爭言

也荀子正名｜然而不類注○嘖嘖鳴也廣雅釋訓
○宵鳸｜｜爾雅釋鳥○｜與賾同荀子正名注○
莊子天地注俗人得｜曲釋文｜本作嗑○督郵斑
碑｜意五業范式碑探｜研機張平子碑有極探｜
之思祝睦碑探｜
窮神賾皆作｜

搤扼扼同○｜塞也管子度地因而｜之可也注○
｜持也廣雅釋詁三又後漢馬援傳注○扼持也
後漢隗囂傳注○扼取也廣雅釋詁一○｜捉也｜
與扼通後漢班彪傳上注○｜挑持也史記孝武紀
莫不｜腕集解引瓚曰○｜謂捉持之也後漢荀彧
傳注○滿手曰｜史記孝武紀集解引服虔○｜乂
馬頸者也莊子馬蹄夫加之以衡｜釋文○｜與扼
古字通文選西都賦｜猛噬注○詩韓奕箋往往縛
｜也釋文｜本作戹○儀禮士
喪禮注鬲｜也釋文｜本作軛

躅｜躅跓足不進也一切經音義八引字林○｜躅
猶踟躕後漢隗囂傳注○｜躅謂上下不去也後
漢蘇竟傳注○｜躅以足擊地也荀子禮論則必徘
徊焉鳴號焉｜躅焉踟躕焉注○｜躅與蹢躅同文
選司馬紹統贈山濤詩撫劍起｜躅注○｜躅與
蹢躅同文選陸士衡荅張士然詩｜躅千畝田注

埸｜界也廣雅釋詁三又後漢班彪傳上注○｜畔
也詩信南山疆｜翼翼傳○｜謂疆｜也易大壯
喪羊于易釋
文引陸注

蜴｜蜥也詩正月胡爲虺｜傳○｜蠑螈也後漢楊
賜傳注○詩正月胡爲虺｜說文虫部鹽鐵論周
秦作胡
爲虺蜥

幗｜婦人首飾晉書音義上

蹐丨累足也詩正月不敢不丨傳又後漢仲長統傳
注李固傳注又家語賢君不敢不丨注又文選東
京賦豈徒跼高天丨厚地而巳哉薛注○
詩正月不敢不丨說文丕部作不敢不趚
嫿丨好也廣雅釋詁一○丨奔馳貌後漢馬融傳注
摵丨擊也廣雅釋詁三
嶧丨今下邳西葛丨山也書禹貢丨陽孤桐鄭注○
丨言駱驛相連屬爾雅釋山屬者丨注
斁丨猒也詩葛覃服之無丨傳駉思無丨箋又禮記
大傳無丨于人斯注又詩思齊古之人無丨釋文
振鷺在此無丨釋文又後漢張衡傳注蔡邕傳注又
文選魏都賦復之而無丨劉注○丨擇也詩思齊釋
文○丨丨然盛也詩那庸鼓有丨傳○詩葛覃服之
無丨禮記緇衣作服之無射○詩振鷺在此無丨韓

詩作在
此無射
綌葛之精者曰絺麤者曰丨小爾雅廣服○麤曰丨
詩葛覃爲絺爲丨傳○丨粗葛儀禮士昏禮丨冪
注○丨麤葛儀禮士喪禮皆用丨注又禮記月令巾
以丨釋文○丨麤葛也禮記檀弓丨衰釋文又論語
鄉黨袗絺丨釋文○丨葛也儀禮鄉飲酒禮記尊丨
冪注○丨大葛練也論語鄉黨皇疏○絺丨葛也論
語鄉黨袗絺丨
集解引孔注
蓆丨大也詩緇衣緇衣之丨兮傳又爾雅釋詁○丨
儲也詩緇衣釋文引韓詩
貊丨靜也詩皇矣丨其德音傳又荀子非十二子莫
莫然注○丨大如驢狀似熊後漢列女傳注○丨
丨夷丨之人在荒者也後漢仲長統傳注○丨國今
扶餘國即濊丨故地山海經海內西經丨國在漢水

東北注○丨炙全體炙之各自以刀
割出於胡丨之爲也釋名釋飲食
擘丨分也淮南要略丨畫人事之終始者也注○丨
剖也廣雅釋言○丨大指也爾雅釋魚釋文引郭
注三蒼又儀禮鄉射禮注著右大丨指釋文士喪禮
注擐大丨本也釋文○巨丨大指也孟子滕文公下
吾必以仲子爲巨丨焉注○手足大
指俱名丨爾雅釋魚首大如丨釋文
蹠丨蹋也一切經音義五引蒼頡○蹠履也廣雅釋
詁一○丨蹈也漢書楊雄傳上集注○跖蹈也同
上○丨踏也文選舞賦注引淮南許注○丨踐也楚
辭哀郢眇不知其所丨注○丨行也廣雅釋詁一○
丨跳也廣雅釋詁二○踏蹻跳跳也楚曰丨方言一
○丨至也淮南齊俗致其所丨注說林丨越者或以
舟或以車注○足下曰丨漢書賈誼傳集注○丨足
淮南脩務丨達滕注○丨謂足也素問通評虛實論

丨跛寒風濕之病也注○丨足也丨讀摭之摭淮
南原道獸丨實而走注○跖雞足踵跖讀如摭之
摭呂覽用衆必食其跖注○跋古丨字漢書賈誼傳
集注○丨與跖同孟子盡心上丨之徒也音義引張
音○跖與丨同文選七命下無跖實之蹊
注○丨應作手旁庶漢書楊雄傳上音義
擿丨投也廣雅釋詁三又漢書史丹傳集注○丨搔
也廣雅釋詁二又列子黃帝指丨无痟癢釋文○
丨刻也莊子胠篋丨玉毀珠釋文○丨搥也漢書史
丹傳集注○丨他翟反除也一切經音義十四引字
林○丨猶開也淮南本經丨蚌蜃注○丨猶投棄之
也莊子胠篋釋文○丨擋鼓聲猶鏜鞈也管子宙合
丨擋則擊注○丨與擲同古字史記刺客傳以丨
秦王索隱○詩北門傳猶投丨也釋文丨本作摘
馘或作聝○丨獲也爾雅釋詁○丨獲也不服者殺
而獻其左耳曰丨詩皇矣攸丨安安傳○聝截耳

詩皇矣釋文引字林○丨截耳也禮記王制釋文又
家語致思搴旗執丨注○丨所截耳左氏僖廿二年
傳楚子使師示之俘丨注○截耳曰丨漢書律厤志
下集注○丨所格者之左耳詩泮水在泮獻丨箋○
丨謂所殺者之左耳後漢曹節傳注○今以獲賊耳
爲丨爾雅釋詁注○丨獻首詩皇矣釋文引字林○
丨戰所獲左傳僖廿二年師縉示之俘丨
釋文○丨或爲國禮記王制以訊丨告注
阸丨塞也漢書西域傳上集注○阸阻也史記商君
傳魏居嶺阸之西索隱○丨者狹也漢書諸侯王
表集注引應劭○丨謂迫蹙荀子議兵除丨其下注
○阸小也文選吳都賦邦有湫阸而踦跼劉注○優
賢不逮謂之寬反寬爲阸賈子道術○丨或爲險荀
子議兵注○易大畜注不憂險阸釋文阸本作厄○
左傳昭元年所遇又阸釋文阸本作
隘定四年直轅冥阸釋文丨本作隘

磶丨與舄古字通文選西京賦雕楹玉丨注
撠丨著也漢書揚雄傳下音義引如淳○丨㧙也漢
書揚雄傳下集注○丨㧙也音戟漢書揚雄傳下
音義引字林○詩鴟鴞傳拮
据撠㧙也釋文丨本作戟
啞丨丨笑也廣雅釋詁一○丨丨笑也廣雅釋訓○丨
丨笑聲易震笑言丨丨釋文引馬注○丨笑聲也
一句反一切經
音義六引字林
摭丨拾也小爾雅廣詁又漢書司馬遷傳贊集注又
後漢馮衍傳注又文選思元賦丨若華而躊躇舊
注○丨取也方言二又廣雅釋詁一○丨取也陳宋
之間曰丨方言一○今文丨爲揲儀禮有司徹乃丨
于魚腊
俎注

醳○丨酒也史記淮陰侯傳丨兵集解引魏都賦劉注
○丨酒久釀酉澤也釋名釋飲食○丨古釋字史
記張儀傳丨之索隱○石門頌丨艱𨚗安鄐閣頌
丨散闗之嶄漯北海相景君碑農夫丨耒釋作丨
嘖丨大呼也子夜切文選贈白馬王彪詩注引聲類
○行厲丨丨爾雅釋鳥
霢小雨謂之丨霂爾雅釋天○小雨曰丨霂詩信南
山益之以丨霂傳○霢霂小雨也言裁霢歷霑漬
如人沐頭惟及其上枝而根不濡也釋名
釋天○霢亡革反爾雅釋天釋文引字林
齚齰齩曰丨一切經音義二引通俗文○丨古文作
齰同一切經音義二
咋丨嚙也漢書東方朔傳集注○丨齧也淮南脩務
齚丨足以噆肌碎骨注○丨暫也左氏定八年傳
桓子丨謂
林楚注

嚇口拒人謂之丨詩桑柔反予來赫箋○丨怒其聲
莊子秋水仰而視之曰丨釋文引司馬注○丨猶
開也文選江賦或丨鰓乎巖間
注○莊子秋水釋文丨本作呼
郤丨鄉在河內一切經音義二引聲類
躄丨跛也史記平原君虞卿傳民家有丨者正義○
丨跛不能行也文選七發猶將伸傴起丨注○丨
不能行也呂覽盡數重水所多尰與丨人注○丨兩
足不能行也禮記王制瘖聾跛丨釋文○丨謂攣丨
足不得伸以行也素問痿
論急薄著則生痿丨也注
刺丨猶剗除也儀禮士相見禮注○庶人則曰刺草
之臣儀禮士相見禮
莫丨定也詩皇矣求民之丨傳板民之丨矣傳○丨
謀也詩巧言聖人丨之傳○德正應和曰丨左氏

昭廿八年傳又周書謚法又禮記樂記｜其德音注○｜｜言清靜而敬至也詩楚茨君婦｜｜傳○｜｜施貌詩早麓｜｜葛藟傳○｜讀爲貊荀子非十二子｜｜然注

潟 ｜鹵也周禮草人鹹｜用貆注○史記夏本紀海濱廣｜集解引徐廣曰｜｜一作澤

眡 ｜凳也廣雅釋室

幗 ｜幞謂之帊廣雅釋器

覛 ｜相也爾雅釋詁○脈視也廣雅釋詁一釋訓○覓視也廣雅釋詁一○｜視也國語周語古者太史順時｜土注又後漢杜篤傳注又文選西京賦｜往昔之遺館薛注○｜謂相視也爾雅釋詁注○脈脈狋狋視貌文選魯靈光殿賦徒脈脈而狋狋張注○爾雅釋詁又歷｜疔釋文｜本作脈

蟈 ｜蛙也禮記月令釋文○螻｜蛙也禮記月令螻｜鳴注○｜蝦蟇也淮南時則螻｜鳴注○螻｜蝦蟇也呂覽孟夏螻｜鳴注○｜今御所食蛙也字从蟲國聲也周禮秋官序官｜氏注○齊魯之閒謂鼃爲｜周禮蟈氏掌去鼃黽注○｜讀爲蜮周禮秋官序官司農注

襗 ｜袍長襦也廣雅釋器

鼫 ｜鼠爾雅釋獸○｜五技鼠也爾雅釋獸釋文引字林○｜鼠五技鼠也易晉釋文○易晉釋文｜子夏傳作碩

耤 稭稅也廣雅釋詁二○｜古籍字漢書郭解傳集注

霸 通作魄○｜月始生｜然也釋名釋天○魄朏也書康誥惟三月哉生魄馬注○魄光也法言五百月未望則載魄於西注○魄者死之體也書曰明死而魄生故知魄爲體也太元元數衍魄注○｜古魄字同漢書律厤志下集注

○以下據廣韻錄

帞 ｜頭幧頭也廣雅釋器○絡頭南楚江湘之閒曰｜頭方言四

袹 ｜襠謂之｜腹廣雅釋器○禮記問喪注耶巾｜頭釋文｜本作貊

募 ｜靜也廣雅釋詁四

嗼 ｜定也爾雅釋詁又廣雅釋詁四○｜安也廣雅釋詁一

趏 ｜猶越也文選江賦｜漲截洞注

蚝 ｜蜢也爾雅釋蟲注今謂之土蠑釋文○蜙蝑江東呼｜蜢方言十一春黍謂之蜙蝑注

舶 ｜艊舟也廣雅釋水

䵑 ｜黏也廣雅釋詁四

鮊 ｜鱎也廣雅釋魚

谻 ｜倦也史記司馬相如傳徼｜受詘索隱引司馬彪○｜疲極也史記司馬相如傳集解引郭璞

趚 ｜僵也廣雅釋詁四

簎 ｜刺也後漢馬融傳注○｜謂以杈刺泥中搏取之周禮鼈人以時｜魚鼈龜蜃凡貍物司農注

嚄 ｜大笑史記信陵君傳正義引聲類○｜大喚也文選風賦注引聲類○｜嗑悛之辭爾史記外戚世家武帝下車泣曰｜索隱○｜責失聲驚愕貌也史記外戚世家正義

迫 —迫也阻格切文選歎逝賦注引聲類

笮 —迮也廣雅釋詁二○—矢箙也儀禮既夕記干—注○榕謂之—廣雅釋室○笮讀爲行扈唶唶之唶周禮典同修聲笮杜注

蚱 —蜢淮南名去父也卽蟾蠩也一切經音義十二引字書

齰 齚齧也廣雅釋詁三○—齧也漢書灌夫傳集注鄧通傳集注

岝 —嶺高貌文選海賦啟龍門之—嶺注

詻 ——語也廣雅釋訓○——教令嚴也禮記玉藻言容——注○逆擊曰—莊子人閒世若唯無—釋文引崔注○—音五格反爾雅釋天釋文引聲類

鞴 —補也廣雅釋詁四

虩 ——懼也廣雅釋訓○——恐懼也易履愬愬終吉釋文引馬注震震來——釋文引馬注○——恐懼之貌易震注○—蠅虎始在穴中跳躍而出易義海撮要引易陸績注○易震釋文—荀作愬

縌 —者系也漢書翟義傳集注引服虔

䬶 —飢也廣雅釋詁四

怕 —靜也廣雅釋詁四

泊 —柏小波也文選海賦潤—柏而迆颺注○怕與—同文選子虛賦怕乎無爲注

趦 —僵也廣雅釋詁四

茖 —山葱爾雅釋草○山葱名—山海經北山經邊春之山多葱注○—山葱格與—古字通後漢馬融傳注

鴼 —鵋鶀爾雅釋鳥○今江東呼鵂鶹爲鵋鶀亦謂之鴶—爾雅釋鳥注

鮥 —亂也廣雅釋魚

挌 —謂堅禦也管子地員乾而不—注

蛒 —蚰蜒也廣雅釋蟲○蠐螬梁益之閒謂之—方言十一

敋 —擊也廣雅釋詁三

彠 —度法也淮南氾論以矩—之所周注

韄 —佩刀靶韋也莊子庚桑釋文引蒼頡

劃 錐刀曰—文選遊天台山賦注引字林

鱯 —下號反爾雅釋魚釋文引字林

膕 —曲腳也廣雅釋親○—曲脚中荀子富國詘要橈—注○—謂膝後曲脚之中也素問至眞要大論—如結注○—謂膝解之後曲脚之中委中穴素問骨空論膝痛痛及拇指治其—注

薜 —山蘄爾雅釋草○—白蘄同上○—山麻同上○—庾草同上○—牡贊同上○—破裂也考工記旊人髻墾—暴不入市注○—讀爲藥黃蘗之蘗考工記旊人司農注

糪 食米者謂之—爾雅釋器○米飯半腥半熟曰—爾雅釋器李注

【繴】丨謂之罿爾雅釋器

【鰿】貝小者丨爾雅釋魚○鰿鮒也廣雅釋魚○丨子翟反音績爾雅釋魚釋文引字林

【蟦】丨小而橢爾雅釋魚○爾雅釋魚釋文丨本作𧕚又作鰿

【趚】丨急丞也廣韻引字林

【矠】丨擉也國語魯語丨魚鼈注

【憡】丨痛也廣雅釋詁二○丨痛也自關而西秦晉之閒或曰丨方言一

【𢡆】丨情也廣雅釋言

【褔】丨禣也廣雅釋詁一

【繣】丨破聲也文選西征賦丨瓦解而冰泮注

【捇】丨裂也廣雅釋詁二

【摵】丨裂也廣雅釋詁二

【嘁】丨聲也方言十三

【焃】丨赫也方言十三○丨赤也廣雅釋器

【蒚】今西方人呼蒲爲莞蒲丨謂其頭臺首也爾雅釋草莞苻蘺其上丨注○西方亦名蒲中莖爲丨爾雅釋草注

【搹】丨持也廣雅釋詁三○盈手曰丨丨扼也儀禮喪服傳苴絰大丨注

【槅】丨扼也所以扼牛頭也釋名釋車○丨大車軛晉書音義中○丨與核義同文選蜀都賦肴丨四陳注

【䈗】丨子竹障廣韻廿一麥引通俗文

【慉】丨智也廣雅釋詁三

【諽】丨更也廣雅釋詁三

【𩋾】丨勒也廣雅釋器

【鞠】丨翼也廣雅釋器

【樀】丨摶也廣雅釋詁三

【吒】蟒亦呼丨陌方言十一蟒南楚之外謂之蟅蟒注○吒與磔同古今字異耳史記李斯傳吒死於杜索隱

【豟】豕絕有力丨爾雅釋獸○今漁陽呼豬大者爲丨爾雅釋畜注

【蚅】丨烏蠋爾雅釋蟲

【栜】爾雅釋木栜赤丨釋文丨本作𣗳

【鷊】爾雅釋草丨綬釋文丨本作鶂

【搣】丨批也莊子外物釋文引字林

【謈】丨嬾也廣雅釋詁二

眲 揚越之郊凡人相侮以爲無知謂之丨丨耳目不相信也方言十

蔦 爾雅釋草蕍丨釋文丨本作烏茦苜馬丨釋文丨本作鳥

⿱髟益 丨解也儀禮士喪禮四丨注○今文丨爲剔同上

⿰氵易 丨音丑尼反匡謬正俗六引字林

鵖 丨鴒雝渠爾雅釋鳥○丨鴒雝渠也左氏昭七年傳丨鴒在原注○左傳昭七年鶺鴒在原釋文鶺本作卽

謚 丨笑聲音呼益反五經文字引字林

膉 丨豕伏槽玉篇引埤蒼○丨脰肉也古文曰左股上字從肉殳殳矛之殳聲儀禮士虞禮記取諸左丨上注○古文脰丨爲頭嗌也儀禮士虞禮記取諸脰丨注

⿱艹益 爾雅釋草注又名丨母釋文丨本作益

睪 丨高貌家語困誓則丨如也注○丨蓋香草也荀子正論側載丨芷以養鼻注○丨牢新序作皋牢荀子王霸丨牢天下而制之注○丨讀如以嫭荼蓼之嫭荀子王霸注○丨讀爲藁郎所謂蘭茝本也荀子正論代丨而食注○丨或當爲澤澤蘭也俗書澤字作水傍丨傳寫誤遺其水耳同上○丨或作畢荀子王霸注○國語魏策戰勝丨子史記作睪子○孫叔敖碑收九丨之利澤作丨

裓 丨袖也廣雅釋器○襋謂之丨方言四○丨衣裓下也方言四注

⿸疒易 丨病也廣雅釋詁一○丨癡也廣雅釋詁三

⿰火夜 丨火光也集韻引字林

燡 丨明也小爾雅廣詁○丨光明貌文選魯靈光殿賦赫丨丨而爥坤注

⿰炎睪 丨炎也廣韻引字林

墿 丨道也廣雅釋室

⿰米睪 丨淅米也詩生民丨之叟叟傳○詩生民丨之叟叟爾雅釋訓釋文作淅之溞溞

檡 今文丨爲澤儀禮士喪禮若丨棘注

鬄 丨剔也別刑人之髮爲之也釋名釋首飾

⿰目睪 丨明也方言十三

蚇 蠙蝛謂之丨蠖方言十一○爾雅釋蟲蠖丨蠖釋文丨本作尺

⿸疒尺 丨蠖屈蟲也考工記弓人麋筋丨蠖灂注

⿰石鳥 丨鳥雁也廣雅釋鳥

廦 丨垣也廣雅釋室○廦幽也廣雅釋器

⿺麥適 丨粡也廣雅釋器

蹢 丨躅跢跦也廣雅釋訓○丨躅不靜也易姤丨躅釋文○丨與躑同文選別賦知離夢之躑躅注文賦始躑躅於燥吻注○易姤釋文丨本作躑又作蹢

皵皺皮皴丨也樹皮甲錯麤厚亦曰皴丨丨音土約反一切經音義二十引埤蒼
嫧嫧善也廣雅釋詁一○嫧齊也廣雅釋詁四○嫧好也廣雅釋詁一○丨好也南楚之外通語也方言十
蹟丨踐也一切經音義九引字書
䣢丨地名在蜀又姓廣韻引蒼頡
𥕢丨歺也廣雅釋詁三
䓈丨芡鷄頭也廣雅釋草○雞頭今江東亦名丨耳方言三丨芡雞頭也北燕謂之丨注
坄丨塊竈儀禮士喪禮爲丨于西牆下注○古文丨爲役儀禮既夕記丨用塊注

炈丨禁也廣雅釋詁四
𪀦丨鳩鵴鳩也廣雅釋鳥○丨鳩今荊鳩也方言八注○鳩自關而西秦漢之間其小者謂之丨鳩方言八
瞁驚視曰丨一切經音義十三引通俗文
鐴丨土犂具也一切經音義十六引埤蒼
癖丨瘽也廣雅釋言
彳丨亍止貌也文選射雉賦丨亍中輟徐注
○以下據集韻錄
鵖丨鵖鳥名似鶡出縣雍山集韻引字林

騞丨破聲列子湯問丨然而過釋文
迟丨曲也廣雅釋詁一
𠨘丨疲極也文選子虛賦徼丨受詘郭注
躆丨與據同謂之足戟持之文選荅賓戲超忽荒而丨昊蒼也注
㑟丨傍也方言十二
覛丨音脈字亦從脈文選射雉賦無見自丨徐注
𥧆丨窟也廣雅釋室
茦丨刺爾雅釋草

槭丨枝空之貌文選秋興賦庭樹丨以灑落兮注○丨彫柯貌也文選射雉賦陳柯丨以改舊徐注○丨槌也廣雅釋器○槌齊部謂之丨方言五
𣐼丨碑打草田器廣韻引字林
礭丨變也荀子禮論丨詭唈僾而不能無時至也注
愅丨慧也廣雅釋詁一
諽丨更也手有所改更故字從手也太元元數丨繫
𢫶其名注
焟焟乾也廣雅釋詁二
靚覛視也廣雅釋詁一

【螪】｜蟲名集韻引字林○｜之亦反爾雅釋蟲釋文引字林

【窢】｜然逆風所動之聲莊子天下其風｜然注

經籍籑詁卷第一百下

經籍籑詁卷第一百下補遺　入聲

兵部侍郎兼都察院右副都御史巡撫浙江等處地方提督軍務兼理糧餉阮元撰集

十一陌下

【辟】｜君也穆天子傳五百辟家卿注○｜天子也漢書五行志上｜遏有德注引應劭○｜百｜也漢書劉向傳相維｜公注○百｜畿內諸侯也詩假樂百｜卿士箋○｜大也爾雅釋詁疏引尸子廣澤○｜除也一切經音義廿一引廣雅○｜謂除菆塗椁也周禮喪祝及｜司農注○｜弭也禮記郊特牲有由｜焉疏○｜猶聚也史記扁鵲倉公列傳則邪氣｜矣索隱

【辟】說文｜法也从卩从辛節制其辠也从口用法者也凡｜之屬皆从｜○｜法也左氏宣九年傳無

自立｜注○｜罪也左氏襄八年傳｜殺子狐子熙子侯注○｜辠也國語晉語其罪｜也注○｜罪法漢書楊雄傳下行殊者得｜注○大｜也注白虎通五刑○大｜死刑也書舜典傳釋文○｜讀如忌｜之｜周禮掌交使咸知王之好惡｜行之注

【掖】說文｜以手持人臂投地也从手夜聲一曰臂下也○｜扶持也詩衡門序以誘｜其君也箋又釋文○｜謂在傍扶之詩衡門序疏○｜臂也同上○｜本持臂之名遂謂臂下脅上爲｜是因名轉而相生也左氏僖廿五年傳｜以赴外疏○｜謂掖之而投於城外也後漢書張衡傳禮至以｜國作銘注○｜門在兩傍言如人臂｜也漢書成帝紀闕入尚方｜門注○｜門者正門之傍小門也漢書成帝紀注引應劭○左氏襄四年傳注東萊｜縣北釋文漢書作夜

【繹】丨解也國語晉語亦丨宋之圍注吳語申胥丨劍
而對注○丨舍也國語晉語丨來注丨夫子而動
注○丨置也國語晉語君國可以濟百姓而丨之注
盍姑丨丨荆與鄭注○丨廢置也漢書東方朔傳服膺
而不丨丨注○丨廢弃也漢書馮野王傳今丨令與故
事注○丨置也解也漢書酷吏郅都傳欲丨之注○
丨置也放也漢書趙充國傳丨有罪誅亾辜注○丨丨
謂解脫也漢書霍光傳未丨服未可御故食注○丨
謂解說令散也文選遊天台山賦丨二名之同出注
○丨丨猶藿蘿解散之意爾雅釋訓郝郝耕也舍人
注○古書丨萊丨萯多作舍字周禮占夢乃舍萌于
四方注

【拍】說文指拊也从手百聲

【索】說文丨入家搜也从宀索聲○索求也國語晉語
子盍亟索懋庇州犂焉注又漢書杜林傳吹毛索

疵注又呂覽侍君以子之材而索事襄子注又文選
甘泉賦迺搜逑索偶注引韋昭○索亦求也漢書東
方朔傳使自索之注王莽傳中思索廣求注○索搜
求也漢書楊雄傳上薄索蛟螭注○索數也易說卦
傳一索而得男釋文引馬注

【擇】說文丨柬選也从手睪聲○丨別也呂覽情欲與
死無丨注○丨猶異呂覽離謂其與橋言無丨注
○丨失也呂覽審應其自藏之與在于上奚丨注○
丨謂創艾也漢書韋元成傳申此丨辭注

【磔】說文丨辜也从桀石聲○丨謂裂其肢體而殺之
史記李斯列傳十公主矺死於杜索隱○丨謂張
其尸也漢書景帝紀改丨曰棄市注○祭風以牲頭
蹄及皮破之以祭故曰丨爾雅釋天李注○矺與丨
同古今字異耳史記李斯列傳索隱

【軶】說文丨轅前也从車戹聲○丨者戹馬領不得出
考工記輈人注謂兩丨之閒也疏

【摘】說文摘拓果樹實也从手啻聲一曰指近之也○
丨取也一切經音義十六引蒼頡

【射】丨厭也禮記祭統奔走無丨注○無丨入無厭也
淮南天文○丨則繹也禮記玉藻注謂靈丨之屬
疏○無丨所以宣布哲人令德示民軌儀也國語周
語○丨當為達詩車攻大庖不盈箋

【繹】說文丨抽絲也从糸睪聲○丨尋也文選四子講
德論注引論語馬注○丨謂抽引而出也漢書循
吏黃霸傳語次尋丨注○丨陳也周禮州長注各丨
己之志疏又禮記射義射之為言丨也疏○丨謂陳
己之志意也儀禮鄉射禮注丨己之志疏○謂之丨
者陳昨日禮也穀梁宣八年傳疏○丨又祭也天子
諸侯曰丨以祭之明日詩絲衣序丨賓尸也箋○周
曰丨詩絲衣序箋又公羊宣八年傳丨者何注○丨

是接尸之稱禮記郊特牲注丨又於其堂疏○丨是
堂上接尸同上○丨丨穀皆生之貌爾雅釋訓疏引
舍人注○丨當作驛詩常武徐方丨騷箋○丨當作
傳驛之驛詩常武箋疏○爾雅釋天丨又祭也釋文
本作禩字書為鐸鐸二字○詩閟宮保有鳧丨初學
記八作保有鳧嶧

【懌】說文新附丨說也从心睪聲經典通用釋○丨悅
也書金縢疏○丨和樂也漢書陸賈傳高帝不丨丨
注○書顧命王不丨釋文馬本作不釋○詩板辭之
丨矣左氏襄卅一年傳作辭之輯矣

【斥】丨謂棄逐之漢書武帝紀無諠於民者丨注○丨
謂退棄之漢書江都易王非傳擊吉丨之注○丨
不用者也漢書郊祀志上乘輿丨車馬帷帳器物注
○丨開廣也漢書司馬相如傳下除邊關諠丨注○
丨大謂開丨廣大禮記王制注丨大九州之界制疏
○丨謂檢行之也書禹貢傳丨候而服事疏○丨鹹

鹵之地漢書刑法志除山川沈丨注○東方謂之丨
西方謂之鹵左氏襄廿五年傳注淳鹵埆薄之地疏
○丨爲舄古今字也文選海賦襄陵廣舄注引史記
奕 說文丨大也从大亦聲詩曰丨丨梁山○丨丨憂
之狀詩頍弁疏○寢廟丨丨言相通也續漢祭祀
志下
弈 說文丨圍碁也从廾亦聲論語曰不有博丨者乎
○丨傑皆輕麗之貌方言二注○丨丨圍棋也左氏
襄廿五年傳不如丨棋注○丨丨圍碁也漢書游俠陳
遵傳相隨博丨注○圍棋稱丨者取其落丨之義也
左氏襄廿五年傳疏○丨今之圍碁也漢書王襃傳
不有博丨者乎注○丨博也或曰圍棋孟子告子上
今夫丨之爲數注

帟 說文新附在上曰丨从巾亦聲
迫 說文丨近也从辵白聲○丨切也淮南精神丨而
動注又素問玉機眞藏論丨近以微注
疫 說文疫民皆疾也从疒役省聲○丨癘病也漢書
刑法志竊棺者欲歲之丨注
譯 說文丨傳丨四夷之言者从言睪聲○丨謂傳言
也漢書平帝紀越裳氏重丨貢白雉一注○丨陳
也禮記王制疏○丨即易周禮秋官序官象胥疏○
北方曰丨周禮秋官序官象胥注
昔 說文㫺乾肉也从殘肉日以晞之與俎同意籒
文从肉○丨者古也前也公羊序丨者孔子有云
疏○丨訓久也書無逸丨之人無聞知疏○據今而
稱上世謂之丨者也易說卦傳丨者聖王之作易也
疏○誰丨丨也詩墓門誰丨然矣箋○丨酒者久釀
乃孰周禮酒正二曰丨酒疏○言丨爲久周禮酒正

疏○丨謂牛角觕理錯也考工記弓人老牛之角紾
而丨司農注○烏韭在屋者曰丨邪在牆者曰垣衣
山海經西山經狀如烏韭注
瘠 集韻或作膌○說文膌瘦也从肉脊聲𤸬古文膌
从疒从朿朿亦聲○丨瘦也禮記月令瞻肥丨疏
○丨瘦病也漢書食貨志上而國亾捐丨者注○丨丨
謂省約禮記樂記使其曲直繁丨廉肉節奏疏○丨
奉養薄也荀子富國若是則丨注○胔讀曰丨丨瘦
也漢書婁敬傳徒見羸胔老弱注○胔或爲丨後漢
書東海恭王彊傳皆吐血毀胔注○公羊莊廿年傳
大丨者何釋文本或作㾊一本作漬○詩正月不敢
不丨說文作不敢不趚○孟子萬章上寺人丨環說
苑至公作寺人脊環
赫 說文赫火赤皃从二赤○丨明貌漢書韋賢傳於
丨有漢注○丨丨顯盛也漢書董仲舒傳丨丨師

尹注○丨丨顯盛貌禮記大學丨丨師尹疏○丨丨
爆熱之狀詩雲漢疏○丨喧者容儀發揚之言詩淇
澳疏○丨虩薄小紙也漢書外戚傳下有褁藥二枚
丨虩書注引應劭○詩桑柔反予來丨一切經音義
作反予來嚇○國策西周策仇丨史記作机郝○孔
龢碑赫赫彌章丨作赫
炙 說文丨炮肉也从肉在火上凡丨之屬皆从丨𤏹
籒文○丨燒也書泰誓上焚丨忠良疏又漢書戾
太子傳丨胡巫上林中注引服虔○丨者遠火之稱
詩楚茨疏○火傍作庶爲丨字顏氏家訓書證
謫 說文讁罰也从言啇聲○讁責也小爾雅廣言又
後漢書王符傳討讁物情注○丨譴也國語周語
必皆無丨注○丨譴責也左氏昭卅一年傳疏○讁
責罰也漢書食貨志下故吏皆適令伐棘注○適數
也詩殷武勿予禍適釋文引韓詩○適者災變咎徵
也史記天官書日月暈適集解引徐廣○適日之將

食先有黑氣之變也漢書天文志暈適背穴注引孟
康○詩北門室人交徧丨我孟子離婁下注作交徧
適我

虢 說文丨虎所攫畫明文也从虎寽聲○丨亭俗謂
之平咷城或亦謂之號咷城葢號丨字相類字轉
失實也水經濟水注

腊 乾曰丨朝曝於夕乃乾周禮天官序官丨人疏○
丨小物全乾周禮腊人凡田獸之脯丨膴胖之事
注○丨久也文選七命注引國語賈注○丨是堅剛
之肉也易噬嗑疏

簀 說文簀牀棧也从竹責聲○丨是牀板左氏襄廿
七年傳注第丨也疏○丨名亦得統牀同上○丨
謂葦荻之薄也史記范睢蔡澤列傳郎卷以丨索隱
○丨讀功績之績也淮南說山死而棄其招丨注

碩 說文丨頭大也从頁石聲○丨大也易蹇疏又禮
記大學莫知其苗之丨注又文選甘泉賦熛訛丨
麟注引韋昭○丨者美大之稱詩簡兮注

賾 丨亦深也漢書律厤志上探丨索隱注○丨亦深
之義也左氏昭四年傳嘖有煩言疏○丨謂幽深
難見易繫辭上聖人有以見天下之丨疏探丨索隱
疏○丨當爲動易繫辭上言天下之至動釋文引鄭
注

奭 說文丨盛也从大从皕皕亦聲此燕召公名讀若
郝史篇名醜奭古文丨○丨赤貌詩瞻彼洛矣疏
○丨怒貌也漢書竇嬰傳有如兩宮丨將軍注

螫 說文丨蟲行毒也从虫赦聲○丨讀解釋之釋
也淮南說山貞蟲之動以毒丨注

藉 說文丨祭丨也一曰艸不編狼丨从艸耤聲

翟 丨北丨也國語鄭語北有衞燕丨鮮注

襞 說文襞韏衣也从衣辟聲○丨疊衣也漢書楊雄
傳上固不如丨而幽之離房注○丨積卽今之帬
𧝎古所謂皮弁素積者卽謂此積也漢書司馬相如
傳上丨積褰縐注

嗌 說文丨咽也从口益聲𦬁籀文丨上象口下象頸
脈理也○丨喉也穀梁昭十九年傳丨不容粒注
○丨咽喉也穀梁昭十九年傳釋文又老子終日號
而丨不嗄注○丨喉咽也漢書昌邑哀王髆傳我丨
痛不能哭注

穸 說文丨窀丨也从穴夕聲

祏 說文丨宗廟主也周禮有郊宗石室一曰大夫以
石爲主从示从石石亦聲○十世則爲丨管子山
至數○丨字從示神之也左氏莊十四年傳疏

亦 說文亦人之臂丨也从大象兩丨之形凡丨之屬
皆从丨○丨者兩相須之意也左氏昭廿年傳丨
有和羹疏○丨已也詩泉水丨流于淇疏○言丨者
不必之辭易井丨未繘井疏○丨作奕音義同詩噫
嘻疏○帝堯碑奕孔禎純丨作奕武榮碑丨世載德
奕作丨

鬲 丨咽謂食飲入而復出也素問至眞要大論丨咽
不通注○丨津者河水狹小可隔以爲津故曰丨
津爾雅釋水李注○丨津者水多阸狹可隔以爲津
而橫渡也爾雅釋水孫注○丨與隔同漢書五行中
之下丨閉門戶注溝洫志有徒駭胡蘇丨津注楊王
孫傳厚葬以丨眞注曹參傳收著濕陰平原丨盧注

戾太子傳丨塞而不通注薛宣傳則陰陽否丨注西川丨絶注欲以丨塞聰明注游俠郭解傳軹人楊季主子爲縣掾丨之注南粵王傳丨絶器物注王莽傳中其以平原潔陰丨重邱凡戶萬注〇丨讀與隔同漢書地理志上平原郡丨注云敞傳非莽丨絶衞氏注

擗 丨分也一切經音義九引廣雅〇擗踊哀之至也禮記檀弓下〇撫心爲辟禮記檀弓下疏〇詩柏舟寤辟有摽玉篇作寤丨有摽

踖 說文丨長脛行也从足昔聲一曰踧丨〇丨席猶逆席禮記曲禮上毋丨席疏

貘 說文丨似熊而黃黑色出蜀中从豸莫聲〇丨白豹文選上林賦其獸則㺎旄丨犛注

愬 丨懼也呂覽慎大故易曰丨丨履虎尾注

觡 說文丨骨角之名也从角各聲〇鉤宋楚陳魏之閒謂之鹿丨方言五

骼 說文禽獸之骨曰丨从骨各聲〇枯骨曰丨漢書陳湯傳月令春掩丨埋胔之時注引臣瓚〇禽獸之骨曰丨漢書陳湯傳注引應劭〇取丨謂取膊下股骨也禮記雜記上注包牲取下體疏

隻 說文丨鳥一枚也从又持隹持一隹曰丨二隹曰雙

齸 說文丨鹿麋粻从齒益聲〇丨鹿粻爾雅釋獸釋文引埤蒼

借 說文新修字義丨假也从人昔聲

嘖 說文嘖大呼也从口責聲讀丨或从言

搤 說文丨捉也从手益聲〇丨捉持也漢書郊祀志上莫不丨掔注游俠傳序丨掔而游談者注〇丨捉持之也漢書楊雄傳下丨熊羆注〇丨謂捉持之也漢書婁敬傳不丨其亢注〇扼謂捉持之也漢書李陵傳力扼虎射命中注〇丨謂急持之漢書楊雄傳下丨其咽注〇丨與扼同漢書婁敬傳注

躑 說文蹢住足也从足適省聲或曰蹢躅賈侍中說足垢也〇丨躅與蹢躅同文選古詩沈吟聊丨躅注

埸 說文新附丨彊也从土易聲

蜴 詩正月胡爲虺丨釋文字又作蜥

蹐 說文丨小步也从足脊聲詩曰不敢不丨

嫿 說文丨靜好也从女畫聲〇丨靜好也荀子儒效解果其冠注

摵 丨拂著又捎摵也廣韻引通俗文

嶧 說文丨葛丨山在東海下邳从山睪聲夏書曰丨陽孤桐〇屬者丨爾雅釋山

斁 說文丨解也从攴睪聲詩曰服之無丨丨猒也一曰終也〇丨作射音義同詩葛覃疏〇詩葛覃服之無丨釋文本又作斁〇詩泮水徒御無丨釋文本又作射或作懌

綌 說文丨粗葛也从糸谷聲㡁丨或从巾〇丨葛也禮記檀弓上丨衰繐裳疏〇丨麤葛也禮記曲禮上帀以丨疏喪大記注絺丨紵不入疏〇葛之粗者曰丨儀禮燕禮冪用丨疏

蓆 說文丨廣多也从艸席聲

貊 集韻貉或從百〇說文丨北方豸種从豸谷聲孔子曰丨之爲言惡也〇德正應和曰丨詩皇矣丨

其德音箋○丨者四夷之名詩韓奕傳追丨北狄也疏○九丨卽九夷也詩韓奕疏引鄭志○貉東北夷也漢書楊雄傳上胡貉之長注○貉狄之别周書職方解七閩八貉注○詩皇矣丨其德音釋文本作貉○詩皇矣丨其德音禮記樂記作莫其德音○孟子告子下大貉小貉穀梁疏作大丨小丨書疏作大貊小貊禮記王制疏作大輅小輅

擘 說文丨撝也从手辟聲○丨破裂也文選西京賦丨肌分理注引周禮鄭注○丨者八手大指也漢書田儋傳蝮螫手則斬手注○今之弩以手張者曰丨張以足蹋者曰蹶張漢書申屠嘉傳以材官蹶張注○足大指皆得名丨爾雅釋魚疏引蒼頡○禮記禮運其燔黍捭豚釋文本又作丨

檗 說文丨黃木也从木辟聲○丨黃丨也漢書司馬相如傳上丨離朱楊注○丨皮可染者文選子虛賦丨離朱楊注引張揖

蹠 廣韻跖同○說文楚人謂跳躍曰丨从足庶聲又跖足下也从足石聲○丨足淮南氾論丨距者舉遠注○丨蹈淮南主術一人丨耒而耕注○跖蹈也漢書楊雄傳上跖魂負沴注○丨適也淮南原道自無丨有自有丨無注○丨顧也淮南繆稱各從其丨而亂生焉注○丨雞足踵也淮南說山必食其丨注

擿 說文擿搔也从手適聲一曰投也○丨猶發也後漢書張衡傳嬴丨讖而戒胡兮注○丨謂發動之漢書谷永傳密丨永令發去注○丨謂動發之也漢書趙廣漢傳其發姦丨伏如神注○丨謂指發之也漢書劉向傳乃著疾讒丨要救危注○丨觖謂挑發之也漢書孫寶傳故欲丨觖以揚我惡注

馘 說文聝軍戰斷耳也春秋傳曰以爲俘聝从耳或聲馘聝或从首○丨截耳也詩泮水在泮獻丨釋文○折取左耳謂之丨周禮獸人注若斬首折丨疏○死者取左耳曰丨周禮環人注折丨執俘而還疏○丨者殺其人截取其左耳左氏僖廿二年傳疏○詩皇矣攸丨安安釋文字又作聝○爾雅釋詁丨獲也釋文本又作聝

阸 說文阸塞也从𠂤戹聲○丨僻陋小也文選羽獵賦狹三王之丨僻注引鄭氏

汐 言夕者據夕至也文選江賦注引抱朴子

磶 丨礩也文選西京賦注引廣雅

撠 丨謂搹持之也漢書五行志中之上丨高后掖注○丨謂以手持丨刺人也史記孫子吳起列傳救鬭者不搏丨索隱

啞 說文丨笑也从口亞聲易曰笑言丨丨○丨丨樂也易震笑言丨丨釋文引鄭注

摭 說文拓拾也陳宋語从手石聲丨拓或从庶○丨拾取也漢書楊雄傳上往往丨離騷文而反之注○丨猶拾取也禮記禮器有順而丨也疏

醳 丨是和丨醴釀之名卽今卒造之酒也禮記郊特牲注舊丨之酒疏○舊丨之酒謂昔酒也禮記郊特牲猶明清與醆酒于舊澤之酒也注○丨酒郎事酒也周禮司尊彝注猶明清與醆酒於舊澤之酒也疏

唶 丨丨鳴也廣雅釋訓○丨丨嘖嘖鳥聲貌也爾雅釋鳥行鳸丨丨李注

霡 說文霡霂小雨也从雨脈聲

郤 說文郤晉大夫叔虎邑也从邑谷聲○丨與隙同漢書孫寶傳與紅陽有丨注

躄 廣韻躄同○說文躄人不能行也从止辟聲○辟足病漢書賈誼傳又類辟且病痱注

百 丨勵也左氏僖廿八年傳距躍三丨曲踊三丨釋文○丨猶勵也左氏僖廿八年傳注

莫 丨定也漢書敘傳上求民之丨注○詩巧言聖人丨之漢書敘傳上作聖人謨之

潟 丨鹹鹵之地漢書地理志上海瀕廣丨注○潟鹵鹹地也史記貨殖列傳地潟鹵集解引徐廣

驀 說文丨上馬也从馬莫聲

襗 丨褻衣近汚垢詩無衣與子同澤箋○丨是袍類詩無衣疏

鼫 說文丨五技鼠也能飛不能過屋能緣不能窮木能游不能渡谷能穴不能掩身能歪不能先人从鼠石聲

耤 說文丨帝丨千畝也古者使民如借故謂之丨从耒昔聲

霸 說文丨月生丨然也承大月二日承小月三日从月䨣聲周書曰哉生丨○㿗古文丨○魄者形也書武成旁死魄疏○魄月魄也漢書王莽傳上公以八月載生魄庚子注又文選謝惠連秋懷詩頹魄不再圓注○魄月始生魄然也文選月賦朏魄示沖注○魄月質也漢書律厤志下旁死丨注引孟康○月三日始生兆朏名曰魄書康誥哉生魄釋文引馬注○死丨朔也生丨望也漢書律厤志上○朔後爲死魄周書世俘既死魄注○書康誥哉生魄釋文字又作⿱白鬼

霹 丨靂雷也文選羽獵賦丨靂列缺注引應劭○震又曰辟歷辟析也所歷皆破析也釋名釋天

○以下據廣韻錄

⿱莫夕 說文丨宗也从夕莫聲

佰 說文丨相什佰也从人百

洦 說文丨淺水也从水百聲

蚝 說文新附丨丨蛅艸上蟲也从虫毛聲○爾雅釋蟲注今謂之土蠂釋文字又作丨

鮊 說文丨海魚名从魚白聲

敀 說文敀迮也从攴白聲周書曰常敀常任

谻 谻音倦谻之谻漢書司馬相如傳上徼谻受詘注引蘇林○谻音與劇同漢書司馬相如傳上注

丮 說文丨持也象手有所丨據也凡丨之屬皆从丨讀若戟

碌 說文丨碎石隕聲从石彔聲

簎 說文丨刺也从手籍省聲周禮曰丨魚鼈○丨謂以竹木圍繞又刺也列子仲尼長幼羣聚而爲牢藉釋文

諎 說文丨大聲从言昔聲讀若笮唶丨或从口

嚄 丨唶謂多詞句也史記信陵君列傳晉鄙丨唶索隱

迮 說文丨丨起也从辵作省聲○丨迫也後漢書陳忠傳共相壓丨注

笮 說文丨迫也在瓦之下棼上从竹乍聲○丨謂壓丨也後漢書耿恭傳丨馬糞汁而飲之注○措讀與丨同漢書王莽傳下迫丨青徐盜賊注○詩雨無正箋急丨且危釋文本又作迮

【齰】說文丨齧也从齒昔聲齚丨或从乍○丨齧也文選南都賦注引埤蒼

【峉】丨峉山不齊貌文選南都賦注引埤蒼

【[illegible]】說文丨際見之白也从白上下小皃

【詻】說文丨論訟也傳曰丨丨孔子容从言各聲

【屰】說文屰不順也从干下凵屰之也

【虩】集韻覤或作丨○說文丨易履虎尾丨丨恐懼一曰蠅虎也从虎𠂤聲○覤覤驚懼之貌莊子天地覤覤然釋文

【縌】說文丨綬維也从糸逆聲○丨者古佩璲也佩綬相迎受故曰丨續漢輿服志下○丨卽今之綬也漢書蔡義傳持黃金印赤韍丨注引服虔○今名璲爲丨續漢輿服志下晉其係璲注引徐廣

【[illegible]】說文丨飢也从食尼聲讀若楚人言恚人

【怕】說文丨無爲也从心白聲

【泊】丨與岶同文選洞簫賦密漠丨以獭猭注

【佫】亦作假○說文假非真也从人叚聲一曰至也虞書曰假于上下

【垎】說文丨土乾也一曰堅也从土各聲

【茖】說文丨艸也从艸各聲

【挌】說文丨擊也从手各聲

【[illegible]】說文丨土得水沮也从水[illegible]聲讀若麵

【㶁】說文丨水裂去也从水虢聲

【擭】說文丨擊丨也一曰布丨也一曰握也从手蒦聲○丨持也一切經音義十二引廣雅○丨謂握取之也文選西京賦丨獑猢薛注

【彠】說文蒦規蒦商也从又持萑一曰視遽皃一曰蒦度也彠蒦或从尋尋亦度也楚詞曰求矩彠之所同

【搦】說文丨按也从手弱聲

【欂】說文丨壁柱从木薄省聲

【韄】說文丨佩刀絲也从革蒦聲

【眽】說文丨目財視也从目𠂢聲

【劃】說文丨錐刀曰丨从刀从畫畫亦聲

【膕】輔上爲丨素問骨空論○膕下爲丨素問骨空論注

【讗】說文丨言壯皃一曰數相怒也从言巂聲讀若畫

【辟】丨亦僻字也漢書楊雄傳上陿三王之阨丨注

【糪】說文炊米者謂之丨从米辟聲

【繴】說文丨謂之罿罿謂之罬罬謂之罦捕鳥覆車也从糸辟聲

𦢊 丨豆中小硬者廣韻引新字林

積 丨種也廣雅釋地

䐿 丨子魚子脯廣韻引新字林

䶡 說文䶡齒相值也一曰齧也从齒責聲春秋傳曰皙丨

𣌭 說文𣌭告也从曰从冊冊亦聲

矠 說文丨矛屬从矛昔聲讀若笮

礊 說文丨堅也从石毄聲

繣 丨者結礙也漢書高帝紀上章邯夜銜枚注

經籍籑詁補遺　卷一百下　十一陌下　𦢊至⿰犭易　十六

捇 說文丨裂也从手赤聲○丨拔除去之也周禮秋官序官赤犮氏疏

䃒 說文丨石地惡也从石鬲聲

搹 說文丨把也从手鬲聲扼丨或从戹

槅 說文丨大車枙从木鬲聲

諽 說文丨飾也一曰更也从言革聲讀若戒

⿰毄虎 說文丨虎聲也从虎毄聲讀若隔

⿰革羽 說文丨翅也从羽革聲○丨翅也詩斯干如鳥斯革釋文引韓詩

⿰犭易 說文丨犬張耳皃从犬易聲

呃 說文丨喔也从口戹聲

䶒 說文丨鼠屬从鼠益聲貖或从豸

⿰木朿 說文新附丨棟也从木策省聲

⿰氵昔 說文丨所以攤水也从水昔聲漢書曰及其門首洒丨

捲 丨擽中聲也文選西京賦流一丨擽薛注

摵 說文新附丨捎也从手戚

疒 說文丨倚也人有疾病象倚箸之形凡丨之屬皆从丨

⿱臥食 說文丨楚謂小兒嬾丨从臥食

經籍籑詁補遺　卷一百下　十一昔下　呃至釋　十七

⿰羊易 羊丨所謂豚解也周禮小子羞羊丨羊殽肉豆注

鷁 丨鶂水鳥也左氏昭七年傳疏

⿰魚脊 說文鰿魚名从魚脊聲

謚 說文丨笑皃从言益聲

睪 說文丨司視也从橫目从㚔令吏將目捕罪人也

⿰𠂢易 說文丨脈丨也从𠂢易聲

圛 說文丨回行也从口睪聲尚書曰丨丨升雲半有半無讀若驛

釋 說文丨漬米也从米睪聲

睗 說文|目疾視也从目易聲○|疾視也文選吳都賦忘其所以睒|注

暘 說文|日覆雲暫見也从日易聲

皀 說文|飯剛柔不調相箸从皀冂聲讀若適

㡿 說文|卻屋也从广屰聲

䄷 說文|百二十斤也稻一|爲粟二十斤禾黍一|爲粟十六斤太半升从禾石聲

䴬 說文|麥覈屑也十斤爲三斗从麥啻聲

皵 |豬皮也爾雅釋木大而|疏引樊注

趚 說文|側行也从走朿聲詩曰謂地蓋厚不敢不|

洓 說文|小雨零皃从水朿聲

嫧 說文嫧齊也从女責聲

䣢 說文䣢蜀地也从邑耤聲

坄 說文|陶竈窗也从土役省聲

豛 說文|上谷名豬|从豕役省聲

𨐨 說文|治也从辟从井周書曰我之不𨐨

彳 說文|小步也象人脛三屬相連也凡|之屬皆从|

○以下據集韻錄

䋿 說文|履也一曰青絲頭履也讀若阡陌之陌从糸戶聲

瞙 |或从水○|䑲竹密貌文選洞簫賦密漠泊以㵠猭注○漠與|同同上

乇 說文|艸葉也从垂穗上貫一下有根象形凡|之屬皆从|

𣜷 說文𣜷角械也从木卻聲一曰木下白也

格 說文|枝|也从木各聲

迟 說文|曲行也从辵只聲

赩 |赤皃也一切經音義九引字林

躆 |以足據持也漢書敘傳上超忽荒而|灝蒼也注

𦺍 說文|以穀萎馬置莝中从艸敇聲

𢼊 說文|擊馬也从攴朿聲

茦 說文|莿也从艸朿聲○凡艸木刺人北燕朝鮮之閒謂之|方言三

𣙙 說文|槌也从木特省聲

𧝜 說文𧝜衷裏也从衷鬲聲讀若擊

舍 |釋也禮記檀弓下有司以几筵|奠於墓左疏○|卽釋禮記月令釋菜疏

𢍰 說文|引給也从廾睪聲

𣐺 說文|穜樓也一曰燒麥柃|也从木役聲

䩹 說文|繫牛脛也从革見聲

○以下附錄

飾 說文丨刷也从巾从人食聲讀若式一曰襐丨

寔 說文丨止也从山是聲

趧 說文丨行聲也一曰不行皃从走異聲讀若敕

墑 丨謂堅不相著管子地員沙土之次曰五丨注

經籍籑詁卷第一百下補遺終

經籍纂詁卷第二百一　入聲
經筵講官南書房行走禮部左侍郎兼署兵部左侍郎提督浙江學政阮元撰集
十二錫
錫　丨賜也爾雅釋詁又易訟或丨之鞶帶釋文夬惕
號釋文引荀翟注又左氏莊元年經王使榮叔來
丨桓公命注宣十五年傳陳丨載周注又國語周語
陳丨載周注又後漢周舉傳注又離騷肇丨余以嘉
名注○丨者何賜也公羊莊元年傳文元年傳○丨
與也書堯典師丨帝曰傳又周書謚法祭公天之所
丨武王時疆土注又漢書楊雄傳上集注引應劭又
後漢荀彧傳注○丨謂王之丨命易訟虞注○丨謂
之釰爾雅釋器○丨釰也周禮丱人掌金玉丨石之
地注○丨鐵也周禮職方氏其利金丨竹箭注○白

丨今白鑞也山海經中山經讙山多白丨注○赤銅
謂之丨廣雅釋器○丨布也史記司馬相如傳被阿
丨集解引漢書音義○丨細布也儀禮大射儀冪用
丨若絺注又列子周穆王衣阿丨注○丨緆丨易也
治其麻使滑易也釋名釋喪制○丨者何也麻之有
丨者也丨者十五升抽其半無事其縷有事其布曰
丨儀禮喪服傳○丨麻之滑易者十五升去其半有
事其布無事其縷周禮司服王爲三公六卿丨衰司
農注○謂之丨者治其布使之滑易也丨者不治其
縷哀在內也緦者不治其布哀在外也儀禮喪服注
○今文丨或作緆儀禮大射儀冪用丨若絺注○今
文丨爲緆儀禮燕禮冪用丨若絺注○被丨讀爲髲
鬄儀禮少牢饋食禮主婦被丨注○儀禮少牢饋食
禮主婦被丨周禮追師注作主婦髲鬄○書禹貢九
江納丨大龜史記夏本紀作九江入賜大
龜書禹貢丨土姓史記夏本紀作賜土姓

壁　丨辟也所以辟禦風寒也釋名釋宮室○丨亦土
也續漢五行志注引風俗通○丨營丨也文選思
元賦覿丨壘於北落兮舊注○丨謂築壘丨也後漢
耿弇傳注○西丨堂之西牆下儀禮特牲饋食禮記
饎爨在西丨注○丨東丨也後漢張衡傳注○東丨
北方宿名爾雅釋天李注○娵觜之口營室東丨也
爾雅
釋天
敬避　廟諱○麻者聖人所以揆天行而紀
麻　萬國也北堂書鈔引洪範五行傳○麻以治時大
戴記曾子天圓麻居陽而治陰注○麻謂治麻明時
編次歲事也大元元攡麻則編時注○聖人愼守日
月之數以察星辰之行以序四時之順逆謂之麻麻
居陽而治陰大戴記曾子天圓○麻數之元也漢書
兒寬傳集注引如淳○麻數也爾雅釋詁又管子海
王此其大麻也注又離騷喟憑心而麻茲注○麻麻

數也爾雅釋詁注○麻命麻數天命也文選辯亡論
上麻命應化而微注○麻紀麻數綱紀也文選劇秦
美新麻紀圖典之用注○麻紀謂日月行麻於天二
十八宿三百六十五度之分紀也素問三部九候論
上應天光星辰麻紀注○麻象謂日月星辰也易革
君子以治麻明時虞注○麻術也淮南本經星月之
行可以麻推得也注○麻猶算也漢書司馬相如傳
上集注引張晏○麻者適也論衡譴告○麻古歷字
莊子天下麻物之意釋文○易革治麻明時漢書律
麻志上作治歷明時書堯典麻象日月星辰漢書律
麻志上藝文志作歷象日月星辰論語堯曰天之麻
數在爾躬漢書律麻志作天之歷數在爾躬○書堯
典麻象日月星辰史記五
帝本紀作數法日月星辰
歷　丨經也漢書司馬相如傳上集注楊雄傳上集注
又文選東京賦丨世彌光薛注○丨猶經也離也

漢書東方朔傳集注〇丨涉也後漢杜篤傳注〇丨
行也廣雅釋詁一又國策秦策橫丨天下注〇丨過
也廣雅釋詁三又漢書鄒陽傳集注引張晏又楚辭
天問河海何丨注〇丨猶次也禮記月令命宰丨卿
大夫至于庶民土田之數注〇丨逢也廣雅釋言又
離騷委厥美而丨茲注〇丨久也小爾雅廣詁〇丨
疏也管子地員其民甗赤壚丨壚肥注〇丨猶疏也
文選登徒子好色賦齞脣丨齒注〇上通下達謂之
洞丨論衡超奇〇丨試也文選魏都賦優賢著於揚
丨劉注〇丨傳也爾雅釋詁〇丨相也爾雅釋詁又
方言十三〇丨者獄之所由生也大戴記子張問入
官〇丨亂也大戴記子張問入官注〇丨指猶丨
樓貌莊子天地交臂丨指釋文引司馬注〇丨𡿺𡿺
從耳鼻中出丨丨然也釋名釋疾病〇丨卽釜鬲也
史記滑稽傳銅丨爲棺索隱〇維車謂之丨鹿廣雅
釋器〇維車趙魏之閒謂之轣轆車方言五〇舜所
耕田于山下多柞樹吳越之閒名柞爲櫪故曰丨山
水經河水注引周處風土記〇爾雅釋草蕇亭丨釋
文丨本
作藶

櫪 丨養馬器也方言五丨注〇考具謂之丨撕一切
經音義十二引通俗文〇丨撕柙其指也一切經
音義十二引字林〇丨與櫟
同文選南都賦楓柙櫨丨注

擊 丨椎之也孟子萬章下抱關丨柝注〇丨打也列
子說符丨搏樓上注〇丨治也易蒙丨蒙釋文〇
丨動也莊子田子方目丨而道存矣釋文引司馬注
〇丨殺也國語楚語封羊丨豕注〇封丨皆謂殺之
儀禮少牢饋食禮司馬封羊司士丨豕注〇丨掌也
淮南主術曲得其宜無所丨戾注〇丨相當國策秦
策車轂丨注〇丨戾猶言了戾也荀子脩身非丨戾
也注〇丨戾謂項曲戾不能仰者也荀子脩身注〇

丨柷也象桶中有椎柄連底撞之所以作樂後漢馬
融傳注〇丨轂布轂也廣雅釋鳥〇布轂周魏之閒
謂之丨轂方言八〇丨閣狀如鮎魚大五六尺晉大
傳丨閣注〇丨讀爲覡荀子王制傴巫跛丨之事也
注〇易蒙釋文丨本作繫〇
郭仲奇碑鷹偫電毄丨作毄

績 丨緝也一切經音義十四引字林〇丨繼也爾雅
釋詁〇丨功也爾雅釋詁又書堯典庶丨咸熙傳
又詩文王有聲維禹之丨箋又公羊桓十三年經齊
師宋師衛師燕師敗丨注僖四年傳序丨也注又穀
梁宣十二年傳成五年傳注又國語周語莫非嘉丨
注魯語男女效丨注齊語世法文武遠丨以成名注
晉語國無敗丨注又漢書食貨志上集注地理志上
集注又後漢明帝紀注章帝紀注班彪傳下注王景
傳注又孟子萬章上謨蓋都君咸我丨注又家語正
論女事紡織注又離騷恐皇輿之敗丨注〇丨業也

爾雅釋詁又詩文王有聲維禹之丨傳〇丨功業也
荀子禮論積厚者流澤廣積薄者流澤狹也注〇丨
事也爾雅釋詁〇丨成也同上〇大崩曰敗丨左氏
莊十一年傳〇丨古文作勣一切經音義十四〇丨
或作績穀梁成五年傳伯尊其無丨乎注〇丨字或
作積漢書外戚傳下集注〇左氏哀元年復禹之丨
釋文丨本作迹〇穀梁成五年傳其無丨乎釋文丨
本作績〇書堯典庶丨咸熙史記五帝紀作衆功皆
興漢書律厤志作衆功皆美書堯典丨用弗成史記
五帝紀作功用不成舜典庶丨咸熙五帝紀作遠近
衆功咸興舜典三載考丨五帝紀作三歲一
考功禹貢覃懷厎丨夏本紀作覃懷致功

勣 丨功也一切經音義四引聲類

篴 丨滌也其聲滌滌然也釋名釋樂器〇笛者滌也
所以蕩滌邪穢納之於雅正也風俗通聲音〇杜

子春讀蓫爲蕩滌之滌今時所吹五空竹|周禮笙師掌教龡竽笙簫箎|管春牘應雅司農注○壺蠭今黑蠭穿竹木作孔亦有蜜者或呼笛師方言十一蠭其大而蜜者謂之壺蠭注○笛古文|同一切經音義十六

敵|匹也爾雅釋詁又方言二又太元元攡列|度宜之謂義也注○|當也爾雅釋詁又禮記少儀|者曰某固願見注又廣雅釋詁三又史記衛康叔世家|子路集解引服虔○|猶當也左氏文四年傳|王所愾注哀十五年傳|子路注○|猶對也左氏文六年傳|惠|怨注○|讎國策秦策鄰國|也注又列子仲尼有讎不疑注○|輩也廣雅釋詁二○||體也國語楚語且夫自|以下注○|體|也國語周語在禮必|三讓注○|位|也國語周語|國賓至注○|謂爵同者也禮記雜記大

夫訃於同國適者注○|主也廣雅釋詁三○|正也廣雅釋詁一○却|冠前高四寸通長四寸後高三寸監門衛士服之獨斷下○公羊傳君請勿自|春秋繁露王道作君無自適○禮記玉藻|者不在釋文|本作適

滴||或作滂滂流蕩貌列子力命若何||釋文

鏑|矢鏃也文選射雉賦馥焉中|徐注○矢又謂之||敵也言可以禦敵也釋名釋兵○|箭也史記匈奴傳作爲鳴|集解引漢書音義○|髇箭也史記匈奴傳索隱引應劭○鉟鑪|也廣雅釋器○史記秦楚之際月表銷鋒|集解引徐廣曰|作鍉

檄|書也廣雅釋詁四○||謂|書漢書韓信傳集注○|板書後漢陳寔傳注○|軍書也若今之露布也後漢鮑昱傳注○|激也下官所以激迎其上之書文也釋名釋書契○|召也後漢劉趙淳于江劉周趙傳注○|長也廣雅釋詁二○長|猶今長牒也後漢安帝紀注○若有急郎插以雞羽謂之羽|後漢光武紀上注引魏武奏事○|翟疾貌文選笙賦劉|翟以奔邀注○無枝爲|爾雅釋木○|擢直上爾雅釋木注

激|流急曰|一切經音義十四引莊子司馬注○|揚也後漢班彪傳下注○|發也漢書揚雄傳上集注敘傳上集注又呂覽恃君所以|君人者之行注○|感也楚辭招魂|楚之結注又文選東京賦詎方|而遐騖薛注○|明也莊子盜跖脣如|丹釋文引司馬注○|湍也方言十二○|清聲也楚辭招魂發|楚些注○|嚁清淚貌文選嘯賦聲|嚁而清厲注○|者聲若|嘂也莊子齊物論|者

謞者釋文引司馬注○|者如水|也莊子齊物論釋文○|楚曲名也後漢邊讓傳注○|矛|戟也可以|戟敵陳之矛也釋名釋兵○|有古躍音匡謬正俗七○儀禮特牲饋食禮注今文淳作|釋文|劉本作徼本作淳○樊安碑慷慨憿憤|作噭○童子逢盛碑感憿三成|作憿

寂|宋同○宋靜也廣雅釋詁四○宋安靜也江湘九疑之郊謂之宋方言十○|無聲之貌也文選西征賦注引韓詩章句○|者無音聲老子|兮注○|寞靜貌文選思元賦經重瘖乎|寞兮舊注○|歷彫疎貌文選江文通雜體王徵君詩|歷百草晦注○|寥無人也一切經音義一引埤蒼○|寥曠遠之貌也文選四子講德論|寥宇宙注○|寥空無人民之貌也楚辭遠逝聲嗸嗸以|寥兮注○|寥無形體也老子|兮寥兮王注○淑與|音義同也文選七發淑漻薵蓼注

翟 ｜雉也詩何彼襛矣箋車乘厭｜釋文〇｜雉名周禮內司服揄狄闕狄注〇｜似雉而大長尾山海經西山經女牀之山有鳥其狀如｜注〇｜｜羽也詩簡兮右手秉｜傳〇｜｜車也夫人以｜羽飾車詩碩人｜茀以朝傳〇揄｜｜闕｜羽飾衣也詩君子偕老其之｜也傳〇重｜重｜雉之羽也周禮巾車重｜錫面朱總注〇｜謂敎羽舞者也禮記祭統注〇｜者樂吏之賤者也禮記祭統〇｜鮮虞也列子說符使新穉穆子攻｜注〇｜道在隴西穆天子傳四逕絕｜道注〇｜或作鸐山海經西山經注〇書禹貢羽畎夏｜周禮染人注作羽畎夏狄漢書地理志作羽畎夏狄左氏僖廿九年盟于｜泉公羊作狄泉

覿 ｜見也爾雅釋詁又穀梁莊廿四年傳又易困三歲不｜釋文又儀禮士昏禮請｜注聘禮賓奉束

錦以請｜注私面私｜釋文又左氏莊廿四年傳大夫宗婦｜用幣釋文昭十九年傳龍不我｜也注又論語鄉黨私｜集解引鄭注又皇疏又國語周語武不可｜注火朝｜矣注又漢書敘傳上集注二見又文選東京賦故曠世而不｜薛注思元賦｜天皇于瓊宮舊注〇｜者何見也公羊莊廿四年傳〇左氏莊廿四年傳宗婦｜用幣漢書五行志上作宗婦見用幣

逖 集韻古从易或省文〇｜遠也易渙渙其血去｜出注又書牧誓｜矣西土之人傳又左氏僖廿八年傳糾｜王慝注又史記司馬相如傳｜聽者風聲集解引徐廣又漢書司馬相如傳下集注又集注引文穎谷永傳集注又後漢王渙傳注〇逷遠也爾雅釋詁又詩抑用逷蠻方傳又廣雅釋詁一又後漢西域傳注〇狄遠詩瞻卬舍爾介狄傳〇｜｜欲利貌也楚辭悲回風吾怨往昔之所冀兮注〇坎爲｜｜憂也易渙虞注〇逷當作剔詩抑箋〇書牧誓｜矣西土之人爾雅釋詁注作逷史記周本紀作遠矣西土之人〇漢書古今人表箭逷大戴記帝繫史記殷本紀楚辭天問皆作狄史記索隱引舊本作易淮南墬形作翟

糴 ｜買也廣雅釋詁三〇買穀曰｜公羊莊廿八年傳告｜者何注〇市穀曰｜國語魯語君盍以名器請｜於齊注〇｜｜也穀梁莊廿八年傳〇凡斬不施惠者曰夜｜御覽四百九十引風俗通

析 ｜分也廣雅釋詁一又漢書宣帝紀集注禮樂志集注溝洫志集注鄒陽傳集注昌邑哀王髆傳集注楊雄傳下集注又華嚴經音義下引漢書音義〇｜中分也史記司馬相如傳｜珪而爵索隱引如淳〇｜分異也荀子王制｜愿禁悍注〇｜解也漢書禮樂志集注引應劭又淮南俶眞｜才士之脛注〇

｜劈也一切經音義十五引聲類〇｜破公羊宣十五年傳｜骸而炊之注〇羽曰｜周禮大宰五曰百工飭化八材司農注〇脾｜牛百葉也周禮醢人脾｜鸁醢司農注〇｜生水中可食史記司馬相如傳索隱引埤蒼〇史記弟子傳伯虔字子｜正義引家語字子哲〇左傳僖廿五年秦人過｜釋文｜本作㭊

晳 ｜白也周禮大司徒其民｜而瘠注又左氏襄十七年傳澤門之｜釋文定九年傳｜幘而衣貍製注〇｜白｜詩君子偕老揚且之｜也傳〇｜無實枲爾雅釋木〇｜當爲析春厥民析書大傳名曰｜陽注

溺 ｜沒也廣雅釋詁二又文選述祖德詩拯｜出道情注〇｜｜沒也文選高唐賦巨石｜｜之瀺灂

兮注○丨瀆也廣雅釋詁二○死於水者曰丨丨弱也不能自勝之言也釋名釋疾病○不丨言體浮輕也沙棠爲木不可得沈山海經西山經崑崙之邱有木焉名曰沙棠食之使人不丨注○左傳文五年注沈潛猶滯丨也

釋文丨本作弱

【狄】北方曰丨禮記王制○北辟之民曰丨大戴記千乘○北方曰貉丨周禮職方氏辨其邦國都鄙四夷八蠻七閩九貉五戎六丨之人民司農注○西方曰丨鞮禮記王制又後漢馬融傳注○夷丨者與中國絕域異俗白虎通王者不臣○丨者易也辟易無別也白虎通禮樂○丨辟也廣雅釋言○丨者辟也通鑑注漢紀廿五引風俗通○丨敀也廣雅釋詁三○丨逹也詩泮水釋文引王注○丨驛也廣雅釋詁四○丨羽也廣雅釋器○揄丨翮丨畫羽飾周禮內司服揄丨翮丨司農注○丨人樂吏之賤者禮記喪大記丨人設階注○丨下士書顧命丨設黼扆綴衣傳○丨滌往來疾貌也禮記樂記丨成滌濫之音作注○丨山一曰湯山山海經海外南經○丨臧槔貢綦爾雅釋木○麋絕有力丨爾雅釋獸○共鼓貨丨黃帝二臣名也一切經音義九引世本宋注○劉丨字伯㐱見左昭廿二年傳○丨讀爲趯荀子非十二子丨丨然注○丨當爲翟周禮內司服揄丨闕丨注○丨當作剔詩泮水丨彼東南箋○詩泮水釋文丨韓詩作鬄○史記殷本紀母曰簡丨索隱曰丨舊本作易又作逷○詩瞻卬舍爾介丨說文辵部作舍爾介逖

【荻】集韻藡或从狄○藡萑也廣雅釋草○丨亦蒿也山海經中山經泰山有草焉名曰梨其葉狀如丨注○丨萷也言其聲音丨丨名自定也風俗通聲音引漢書注○丨今戟吏所吹者穆天子傳六簫丨注

【冪】一作幎○冪覆尊巾也儀禮大射儀冪用錫若絺注鄉飲酒禮記尊綌冪注○丨覆尊也禮記禮運疏布以丨注○冪覆酒巾也家語問禮疏布以冪注○以巾覆物曰冪周禮天官序官冪人注○大巾謂之丨小爾雅廣服○冪巾也儀禮公食大夫禮記簋有蓋冪注○丨覆也儀禮既夕冪用疏布注○幎覆也廣雅釋詁二又淮南原道舒之幎於六合注○鼏覆也儀禮士冠禮釋文○鼏覆之儀禮士昏禮設扃鼏注○冪繫謂帽覆也國策魏策其自冪繫也完矣注○幎目覆面者也儀禮士喪禮幎目用緇注○冪歷分布覆被貌文選吳都賦冪歷江海之流劉注○幎均致貌也考工記輪人欲其幎爾而下迆也注○執冪者執瓦大之冪也方圜壺無冪儀禮燕禮請執冪者與羞膳者注○凡鼎鼏蓋以茅爲之長則束本短則編其中央儀禮公食大夫禮鼏若束若編注○幎目用緇方尺二寸䞓裏著組繫儀禮士喪禮○丨墁也文選魏都賦葺牆丨室劉注○鼏闔也廣雅釋言○幎讀若詩曰葛藟縈之之縈儀禮士喪禮注○鼏或作冪禮記禮器犧尊疏布鼏注○古文鼏作密儀禮士虞禮記皆設扃鼏注○古文鼏皆作密儀禮公食大夫禮設扃鼏注士喪禮冪用疏布注特牲饋食禮佐食升肵俎鼏之注○古文鼏爲密儀禮士冠禮設扃鼏注士喪禮設扃鼏注取鼏注士虞禮左人抽扃鼏注特牲饋食禮有鼏注有司徹乃設扃鼏注○今文鼏皆作密儀禮士昏禮設扃鼏注既夕冪用疏布注○古文冪皆爲密儀禮少牢饋食禮皆設扃冪注○今文丨作鼏儀禮少牢饋食禮皆有冪注○今文冪或作鼏儀禮公食大夫禮記簋有蓋冪注○詩絲衣箋舉鼎丨告潔釋文丨本作鼏禮記禮運疏布以丨釋文丨本作鼏儀禮士喪禮丨用疏布釋文丨本作鼏既夕禮丨用疏布釋文丨本作鼏

鷁 鶂同○丨水鳥左氏僖十六年經六丨退飛過宋都注○鶂水鳥也公羊僖十六年六鶂退飛過宋都釋文爾雅釋鳥注似鶂而短頸釋文又後漢班彪傳上注○丨白鶂也後漢馬融傳注○丨者陽禽左傳僖十六年正義引洪範五行傳○丨者鳥中之耿介者公羊僖十六年注○丨作鷁同五歷反水鳥善高飛者也一切經音義十九引埤蒼○鶂作丨同五歷反水鳥也善高飛也一切經音義十九引字書○鶂鳥高飛似雁目相擊而孕吐而生子其色蒼白白孔六帖引三蒼○丨鳥名也今江東貴人船前作靑雀是其像也方言九或謂之艗艏注○鶂鳥子也莊子天運夫白鶂之相視釋文引司馬注又列子天瑞視而生曰鶂釋文○鶂鶂鵝也孟子音義上引丁音○鶂鶂鵝鳴之聲孟子滕文公下惡用是鶂鶂者爲哉注○左氏僖十六年六丨退飛過宋都穀梁作六鶂

戚 丨親也孟子告子上丨之也注又家語曲禮子貢問而不敢丨君注又管子侈靡通於侈靡而士可丨注見本爲國者反民性然後可以與民丨注又呂覽求人丨愛習故注又楚辭愍命丨宋萬於兩楹兮注○丨丨內相親也詩行葦丨丨兄弟傳○丨近也書金縢未可以丨我先王傳又周書文酌三取丨免梏注大戒惠丨咸服注又小爾雅廣詁又漢書杜鄴傳集注匈奴傳贊集注又呂覽審爲丨不得也注○丨猶促也家語曲禮子夏問周以丨注○丨腠理也史記司馬相如傳躬腠胝無胈索隱引張揖○丨施面柔也爾雅釋訓又詩新臺箋○丨施僂也淮南脩務蘧篨丨施注○丨施不能仰者詩新臺得此丨施傳○丨施蟾蜍御覽引韓詩章句○齊人有名疾爲丨者考工記總目不微至無以爲丨速也注○丨音子笠反史記高祖紀索隱引聲類○丨音憂丨之丨漢書高帝紀上集注引鄭氏○爾雅釋訓釋文丨施本作規頍○詩新臺得此丨施說文黽部作得此𪓰𪓿○國語齊語𠷎丨呂覽勿躬作𠷎遬亢倉子賢道作𠷎籧淮南道應作越韓子外儲作武

鏚 本作戚○丨斧也左氏昭十五年傳丨鉞秬鬯注又小爾雅廣器○戚斧也詩公劉干戈戚揚傳又禮記文王世子大樂正舞干戚注明堂位朱干玉戚注樂記及干戚羽旄謂之樂注祭統朱干玉戚以舞大武注又公羊昭廿五年傳玉戚注又通典引許愼五經通義又廣雅釋器又後漢郎顗傳注又山海經海外西經形天操干戚以舞注又孟子梁惠王下干戈戚揚注又呂覽仲夏執干戚戈羽注貫直其干戚之音注又淮南時則執干戚戈羽注又文選上林賦舞干戚郭注○戚鉞也後漢崔寔傳注儒林傳注○戚慼也斧以斬斷見者皆感懼也釋名釋兵

慼 丨憂也公羊僖廿四年傳自貽伊丨注又廣雅釋詁一○慼憂也易復注頻慼之貌也釋文又書金縢未可以慼我先王鄭注又詩小明自貽伊慼傳又後漢皇甫規傳注又荀子彊國僅存之國危而後慼之注○慼者憂也鬼谷子權慼言權而干信注○丨丨憂也廣雅釋訓○慼慼常憂懼也後漢明帝紀注○長慼慼多憂懼貌也論語述而小人長慼慼集解引鄭注○慼猶惕也國語吳語慼然服士以司吾閒注○慼然心有動也孟子梁惠王上於我心有慼慼焉注○丨悲也廣雅釋詁三○慼哀過禮也論語八佾喪與其易也寧慼皇疏○慼憤恚禮記檀弓下慍斯慼注○慼醮顦顇也莊子盜跖滿心慼醮釋文引李注○易離慼嗟若釋文慼子夏傳作嘁

滌 丨除也周禮秋官序官條狼氏注又後漢班彪傳下注○丨蕩也後漢隗囂傳注○丨蕩去也文選

東京賦｜饕餮之貪欲薛注○｜蕩猶搖動也禮記郊特牲｜｜蕩其聲注○｜｜洒也廣雅釋詁二又漢書司馬相如傳上集注○｜｜埽也詩七月十月｜場釋文○｜濯謂洗｜也文選東京賦｜濯靜嘉薛注○○｜謂溉器埽除射宮儀禮大射儀射人宿視｜注○｜溉濯祭器埽除宗廟儀禮少牢饋食禮宗人命｜注○｜濯謂溉祭器及甑甗之屬周禮大宰及執事眂｜濯注○清｜水也廣雅釋水○｜｜旱氣也詩雲漢｜｜山川傳○｜也者變也變而燰也大戴記夏小正寒日｜注○狄｜謂往來疾貌也禮記樂記狄成｜濫之音作注○｜養牲宮也禮記曲禮注養于｜也釋文又公羊宣三年傳釋文○｜宮名養帝牲三牢之處也謂之｜者取其蕩｜潔清公羊宣三年傳帝牲在于｜三月注○｜牢中所搜除處也禮記郊特牲帝牛必在｜三月注○｜古文滌同一切經音義十四○詩雲漢｜｜山川說文艸部作蔋蔋

山

川

的 ｜質也詩賓之初筵發彼有｜傳○｜實也家語觀鄉射發彼有｜注○的明也廣雅釋詁四○｜礰明也後漢張衡傳注○｜皪明貌文選思元賦顏｜皪以遺光舊注○｜皪光明也文選魏都賦丹藕凌波而｜皪注○｜皪照也史記司馬相如傳｜皪江靡索隱引郭璞○｜｜白也爾雅釋畜駒顙白顛舍人注又廣雅釋器○｜｜白顙額也易說卦傳爲｜顙九家注○以丹注面曰的的灼也此本天子諸侯羣妾當以次進御其有月事者止而不御重以口說故注此丹於面灼然爲識女史見之則不書其名於第録也釋名釋首飾○｜射質也文選樂府白馬篇控弦破左｜注○｜射準也淮南兵略射儀度不得則格｜不中注○質｜射者之準秩也淮南原道先者則後者之弓矢質｜也注○｜謂所射之識也禮記射義發彼有｜注○｜正鵠也荀子勸學是故質｜張而弓矢至焉注○埻中木曰｜一切經音義十三引通俗文○｜｜獲也淮南說林｜｜者獲注○｜琴徽也文選七發九寡之珥以爲約注○｜古文玓同一切經音義二

菂 通作的○荷其中的爾雅釋草○的蓮中子也爾雅釋草注○的蓮實也爾雅釋草李注○的菂爾雅釋草○｜與芍同文選魯靈光殿賦綠房紫｜注○爾雅釋草其中的釋文的本作｜○爾雅釋草｜菂釋文｜本作的

喫 ｜詬多力也莊子天地使｜詬索之而不得也釋文引司馬注

甓 瓴甋謂之｜爾雅釋宮○瓴甋一名｜爾雅釋宮李注○｜瓴甋也詩防有鵲巢中唐有｜傳○｜

瓴甋也廣雅釋室

霹 ｜靂陽氣之動也後漢蔡邕傳注○｜靂者金氣也其音商也春秋繁露五行五事

瀝 液微流也後漢張衡傳注○｜酒也廣雅釋器○｜清酒也楚辭大招和楚｜只注

虉 大室｜也廣雅釋草

惕 ｜懼也易訟有孚窒｜中吉虞注夬｜號虞注又左氏襄廿二年傳無日不｜注又廣雅釋詁二又國語周語是以爲之日｜注楚語是之爲日｜注又漢書司馬遷傳集注王莽傳上集注又後漢明德馬皇后紀注張衡傳注○｜｜懼也國語楚語豈不使諸侯之心｜｜焉注○｜｜然恐懼也國語周語夫

見亂而不丨所殘必多注○丨怵丨也易文言傳因
其時而丨注又易乾夕丨若釋文○坎爲丨丨憂也
易小畜血去丨出虞注○丨驚也文選東京賦猶怵
丨於一夫薛注○丨疾也易象上傳有孚丨若荀注
又國語吳語一日丨注○丨丨愛也爾雅釋訓○丨
丨猶忉忉也詩防有鵲巢心焉丨丨傳○丨古文愁
同一切經音義十三○愁古丨字漢書王商
傳集注○易夬丨號釋文丨荀翟本作錫
裼 丨袒也廣雅釋詁四又史記張儀傳徒丨以趨敵
索隱○袒而有衣曰丨禮記玉藻錦衣以丨之注
○丨者免上衣見丨衣儀禮聘禮丨降立注○丨衣
謂之丨丨之言露可見之辭初學記引雷氏五經要
義○裘之丨也見美也禮記玉藻○君在則丨盡飾
也同上○不文飾也不丨同上○丨主於有文飾之
事禮記玉藻不文飾也不丨注○古文丨皆作賜儀
禮聘禮丨降立注○詩斯干載衣之丨說文衣部作

載衣
之褅
剔 集韻古作𢾛○去骨曰丨一切經音義十一引通
俗文○剔除也太元夷陽氣傷剔注○丨翦也莊
子馬蹄釋文引字林○丨洩去也淮南要略丨河而
道九歧注○𢾛屠也廣雅釋詁二○丨罵也同上○
剔憂也太元增往益來剔注○丨亦鬄字音他計反
謂𠜾去髮也後漢馮魴傳注引聲類○丨與惕古字
通文選射雉賦邪眺旁丨注○漢書古今人表丨成
君索隱引紀年作易○詩皇矣攘之丨之釋文丨本
作揚又作鬄○莊子馬蹄燒
之丨之釋文丨崔本作鬄
緆 丨與錫古字通文選子虛賦被阿丨注
礫 丨小石也後漢黨錮傳注又文選贈五官中郎將
詩涼風吹沙丨注○小石爲丨楚辭惜誓相與貴

夫丨石注沈江懷沙丨而自沈兮注○石細者曰丨
文選西京賦爛若磧丨薛注○小石曰丨丨料也小
石相枝柱其間料料然出內氣也釋名釋山○
丹丨丹沙也文選江賦其下則金礦丹丨注
櫟 丨丨木也詩晨風山有苞丨傳○丨木名莊子人間
世見丨社樹釋文引司馬注○丨郎柞山海經西
山經白於之山下多丨檀注○吳越之間名柞爲丨
齊民要術十引周處風土記○丨其實梂爾雅釋木
○丨梢也漢書司馬相如傳上集注引張揖○丨采
也莊子人間世見丨社樹釋文○丨擊搏也文選射
雉賦丨雌始異徐注○丨今河南陽翟縣穆天子傳
五西虞曰丨邸注○丨鄭之大都水經潁水注○丨
音沙礫之礫山海經西山經天帝之山有鳥焉名曰
丨注○左傳昭五年張骼輔丨釋文丨本作轢昭十
五年晉荀丨如周釋文丨本作轢公羊昭卅一年會
荀丨于適歷釋文丨本作轢穀梁昭三十年會荀丨

于適歷釋文丨本作轢○公
羊昭卅一年釋文丨本作濼
轢 車所加爲丨文選西京賦值輪被丨薛注○丨輾
也一切經音義四引蒼頡又史記司馬相如傳觀
徒車之所轔丨正義又文選
上林賦徒車之所轔丨郭注
皪 詩淇奧箋丨丨而處釋文丨本作礫
鬲 丨鬴也廣雅釋器○鼎款足者謂之丨爾雅釋器
○鼎足相去疏閒曰丨也爾雅釋器舍人注○丨
實五觳厚半寸脣寸考工記陶人○鍑吳揚之閒謂
之丨方言五○重丨丨將縣於重者也儀禮士喪禮
新盆槃瓶廢敦
重丨皆濯注
汩 丨去貌離騷丨余若將弗及兮注

適 丨猶從也後漢荀爽傳注○丨主也詩伯兮誰丨爲容傳又漢書項籍傳集注張騫傳集注又呂覽下賢帝也者天下之丨也注○丨莫猶厚薄也論語里仁無丨也無莫也釋文引范甯注又皇疏○丨單也周書寶典八心私慮丨注○丨數也詩殷武勿予禍丨釋文引韓詩

嫡 通作適○丨君也廣雅釋詁一○丨正也一切經音義四引字書○丨正夫人也詩江有汜序丨能悔過釋文○丨敵也與匹相敵也釋名釋親屬○適謂適夫人之子尊無與敵公羊隱元年傳立適以長不以賢注○適諸侯之世子也管子版法十年重適入正禮義注○適室正寢之室也儀禮士喪禮死於適室注

靮 丨紖也禮記檀弓下孰執羈靮丨以從注○丨馬轠也晉書音義下○丨馬轠鞚也控制之義也初學

記廿三引埤蒼○緤紖丨皆所以繫制之者禮記少儀馬則執丨注

闃 丨靜也易豐釋文引字林又文選登樓賦注引埤蒼○丨空也易豐丨其无人虞注又文選吳都賦嶰澗丨劉注○丨窺也楚辭疾世丨睄窕兮靡睹注○丨无人貌也易豐干注○易豐釋文丨姚本作閴

鬩 丨猶鬭也禮記曲禮注很丨也釋文○丨訟爭貌左氏僖廿四年傳兄弟丨于牆注○丨很也詩常棣兄弟丨于牆傳○丨恨也爾雅釋言○丨相怨恨也爾雅釋言李注○丨佷也國語周語兄弟讒丨注○丨懼也廣雅釋詁二○丨鳴也同上

鶪 丨伯勞也爾雅釋鳥又御覽引蔡邕月令章句又呂覽仲夏丨始鳴注又楚辭悼亂左見兮鳴丨注○鶪伯勞也詩七月七月鳴鶪傳○鶪博勞也禮記月令鶪始鳴注○鶪伯勞鳥也淮南時則鶪始鳴注○丨工役反詩七月釋文引字林○詩七月七月鳴鶪孟子滕文公上注作七月鳴鴃

蹢 丨蹄也詩漸漸之石有豕白丨傳又爾雅釋獸四豴皆白豥注又孫注○丨豕蹄也晉書音義下○丨足也廣雅釋獸○丨投也莊子徐無鬼齊人丨子于宋者釋文○丨躅不行也禮記三年問丨躅焉釋文○禮記三年問釋文丨本作躑

迪 丨進也爾雅釋詁又書泰誓下其上丨果毅傳又詩桑柔弗求弗丨傳又漢書禮樂志集注敘傳下集注引劉德又荀子儒效弗求弗丨注○丨道也爾雅釋詁又書大禹謨惠丨吉傳又禮記緇衣播刑之不丨注又法言君子序蠢丨檢押注又楚辭懷沙初易本丨兮注○丨道也由也漢書楊雄傳下集注○丨蹈也書皐陶謨允丨厥德傳又廣雅釋言又後漢和帝紀注班彪傳下注又法言先知爲國不丨其法

注○丨作也爾雅釋詁○丨至也漢書敘傳下集注引劉德○書益稷各丨有功史記夏本紀作各道有功益稷丨朕德夏本紀作道吾德○書牧誓昬棄厥遺王父母弟不丨史記周本紀作遺其王父母弟不用

覡 丨巫也廣雅釋詁四○男曰丨女曰巫公羊隱四年傳於鍾巫之祭焉注○男曰丨呂覽侈樂作爲巫音注○在男曰丨國語楚語注又後漢張衡傳注

踧 丨丨平易也詩小弁丨丨周道傳

菥 丨蓂大薺爾雅釋草○丨蓂馬辛也廣雅釋草

淅 丨漬也淮南兵略丨米而儲之注○丨漬米也孟子音義下引張晉丁音○丨汏也儀禮士喪禮祝

丨米于堂注○汏米曰丨丨一切經音義十二引通俗文○丨洒也廣雅釋詁二○匝江東呼丨鑯方言五炊䉛或謂之匝注

蜥丨蜴蝘蜓爾雅釋魚○秦晉西夏守宮或謂之丨易方言八

頙丨好也廣雅釋詁一

籊丨丨長而殺也詩竹竿丨丨竹竿傳

弔丨至也書盤庚下丨由靈傳又詩天保神之丨矣傳節南山不丨昊天傳瞻卬不丨不祥箋又左氏昭廿六年傳率羣不丨之人注哀十六年傳昊天不丨注又周書祭公不丨天注又漢書司馬相如傳下集注引文穎又莊子齊物論其名爲丨詭釋文○丨至也至猶善也詩節南山不丨昊天箋○丨至猶善

也書費誓無敢不丨注○左氏哀十六年傳昊天不丨周禮大祝司農注作閔天不淑

䨢丨丨雨也廣雅釋訓

鷊丨綬草也詩防有鵲巢邛有旨丨傳○詩防有鵲巢邛有旨丨說文鳥部作邛有旨鷊

趯丨躍也後漢班彪傳下注○丨驚也廣雅釋詁一○丨丨躍也詩草蟲丨丨阜螽傳○丨丨跳也廣雅釋訓○丨跳躍之貌荀子非十二子狄狄然注○丨丨往來貌史記春申君傳集解引韓嬰章句○詩巧言躍躍毚兔史記春申君傳作丨丨毚兔

獥狼其子丨爾雅釋獸

鸐丨綬爾雅釋鳥

倜集韻俶或作倜○丨儻非常也文選魯靈光殿賦迢嶢丨儻注○俶儻卓異也廣雅釋訓○丨然疏遠貌荀子非十二子及紃察之則丨然無所歸宿注○丨然高遠貌荀子彊國丨然莫不明通而公也注○丨然高舉之貌荀子彊國俶而天下丨然舉去桀紂而犇湯武注○丨張也太元去物咸丨倡注

毄丨拂也考工記弓人和弓丨摩注

惄丨飢也爾雅釋言○丨飢意也詩汝墳丨如調飢傳○丨然飢意爾雅釋言注○丨宿不食之飢也爾雅釋言李注○丨思也爾雅釋詁又詩汝墳箋小弁丨焉如擣傳又漢書中山靖王勝傳集注又後漢張衡傳注○丨志而不得之思也爾雅釋詁舍人注○丨思也凡思之貌亦曰愼或曰丨方言一○丨憂也廣雅釋詁二○丨憂也自關而西秦晉之閒或曰丨方言一○丨悵也方言十二又廣雅釋詁三○丨

傷也廣雅釋詁二○丨傷也汝謂之丨方言一○丨痛也廣雅釋詁二○平原謂啼極無聲謂之唴哴齊宋之閒謂之喑或謂之丨方言一○自關而西秦晉之閒凡志而不得欲而不獲高而有墜得而中亡謂之涇或謂之丨方言一○惄古文丨愵二形一切經音義十六

塓丨塗也左氏襄卅一年傳圬人以時丨館宮室注

狊鳥曰丨爾雅釋獸○丨張兩翅爾雅釋獸注○公羊襄十六年丨梁釋文丨本作湨

殈丨猶裂也今齊人語有丨者禮記樂記卵生者不丨注○卵坼不成子曰丨史記樂書卵生者不丨正義

薂爾雅釋草菂丨釋文丨本作敫

馰 丨丁歷反馬白頟也爾雅釋畜釋文引字林

樀 檐謂之丨爾雅釋宮又國語吳語王背檐而坐注○丨亦楣也爾雅釋宮舊注○磨牀曰丨御覽七百六十二引通俗文

艗 丨艏舟也廣雅釋水○船首謂之閤閭或謂之丨艏方言九

○以下據廣韻錄

蛓 蠢蠍也廣雅釋蟲○蛪蛝蛩也同上

𣦸 丨歺也廣雅釋詁三○丨極也廣雅釋詁一

轚 丨挂穀梁昭八年傳御丨者注

鸊 丨鷉鷈爾雅釋鳥

劈 丨分也廣雅釋詁一○丨裂也廣雅釋詁二○丨剖也一切經音義十九引埤蒼○丨古文釽脈二形一切經音義十四

憵 丨猝也廣雅釋詁二○丨朴猝也方言十二

釽 丨破也漢書藝文志集注○丨裁也廣雅釋詁二○丨裁也梁益之閒裁木爲器曰丨方言二○丨又斲也晉趙之閒謂之丨丨同上○丨覛皆析破之名也方言二注

秝 丨疏也廣雅釋詁三

䥢 丨亦羯也一切經音義五引三蒼

磿 丨下車也周禮遂師及窆抱丨司農注○丨者適歷執綍者名也同上

蒚 丨山蒜爾雅釋草○苻蘺其上丨同上

躒 左傳昭九年使荀丨佐下軍釋文丨本作櫟○左昭卅一年經晉荀丨公羊穀梁作櫟史記十二侯表晉趙世家作濼

櫟 丨雜也廣雅釋詁一

擽 丨擊也廣雅釋詁三○丨謂超踰之也史記萬石張叔傳集解丨機轉索隱○導或曰丨鬢以事名之也釋名釋首飾

甋 丨甎也廣雅釋室

罗 丨猶繫也文選西征賦貫鰓丨尾注

𥔲 丨伐也廣雅釋詁四○丨磓也廣雅釋言

扚 丨擊也廣雅釋詁三

𣂅 丨量也廣雅釋詁三

𢗎 丨痛也方言一

𤛗 丨雄也廣雅釋獸

燩 丨乾也廣雅釋詁二

幦 集韻或作幭○丨覆笭儀禮既夕記鹿淺丨注○丨覆笭也禮記玉藻君羔丨虎犆注少儀拖諸丨注○覆笭謂之丨廣雅釋器○丨車覆笭公羊昭廿五年傳以丨爲席注○丨覆笭也以狗皮爲之取其

幦也儀禮既夕記白狗｜注○犬𧝑以犬皮爲覆笭周禮巾車犬𧝑尾櫜司農注○鹿淺𧝑以鹿夏皮爲覆笭周禮巾車鹿淺𧝑司農注○古文｜爲冪儀禮既夕記白狗｜注

【系】｜徽也廣雅釋詁四

【覛】｜犇帶也廣雅釋器○車枸簍其上約或謂之｜方言九

【絸】｜索也廣雅釋器

【鷊】｜鶂鶔鵖也廣雅釋鳥○｜鸍鶥鷊也同上○鸊鷉野鳧也甚小好沒水中膏可以瑩刀劍後漢馬融傳注

【椑】｜櫬尸棺禮記檀弓釋文○｜櫬尸棺謂椑棺也禮記曾子問釋文○親身棺曰｜禮記曾子問三年之戒以｜從注○｜謂椑棺親尸者｜堅著之言也禮記檀弓下君即位而爲｜注

【𡢃】｜極也廣雅釋詁一

【湨】｜水名在河南軹縣東南至溫入河後漢馮衍傳注

【鼳】｜鼠爾雅釋獸○｜鼠身長須而賊秦人謂之小驢同上○爾雅釋獸釋文｜本作狊

【犑】｜牛爾雅釋畜

【糴】｜穀也廣雅釋言

【鼜】｜夜戒守鼓也周禮鼓人凡軍旅夜鼓｜注○｜擊｜警守鼓也周禮掌固夜三｜以號戒注○一夜三擊備守｜也周禮鎛師凡軍之夜三｜皆鼓之杜注○守｜備守鼓也鼓之以鼖鼓周禮鎛師守｜亦如之注○杜子春｜讀爲憂戚之戚謂戒守鼓也擊鼓聲疾數故曰戚周禮眡瞭｜愷獻亦如之注○讀｜爲造次之造謂擊鼓行夜戒守也周禮掌固杜注

【磩】｜碝類也文選西都賦碝｜綵緻注

【潤】｜沐怖愫也廣雅釋訓○｜沐湟遽也江湘之閒凡窘猝怖遽謂之｜沐方言十○｜沐喘喈貌方言十

【鬲】｜亦籬屬也方言五注○斛注謂之｜廣雅釋器○所以注斛陳魏宋楚之閒謂之｜方言五

【祋】｜矛也廣雅釋器○據集韻錄

【幭】｜覆式也詩韓奕鞹鞃淺｜傳

經籍籑詁卷第一百一

經籍籑詁卷第一百一補遺 入聲

兵部侍郎兼都察院右副都御史巡撫浙江等處地方提督軍務兼理糧餉阮元撰集

十二錫

錫 說文丨銀鉛之閒也从金易聲○丨靑金也漢書司馬相如傳上丨碧金銀注○丨細布也漢書禮樂志曳阿丨注引如淳司馬相如傳上被阿丨注引張揖○謂之丨者治其布使之滑易也儀禮大射儀注丨細布也疏○易師王三丨命釋文鄭本作賜○書序平王丨晉文侯釋文馬本作賜

壁 說文丨垣也从土辟聲

厤 敬避廟諱○說文新附厤厤象也从日厤聲史記通用歷○厤者正行也漢書天文志○厤者天地之大紀漢書律厤志上○日月運轉於天猶如人之行步故稱厤謂之步厤左氏文元年傳注步厤之始疏○筭厤謂算具陳列之也禮記郊特牲厤其卒伍注○厤正主治厤數正天時之官左氏昭十七年傳注厤正之官疏

歷 說文丨過也从止厤聲○經之爲丨漢書天文志陵丨鬭食注引韋昭○丨者適也論衡譴告○丨謂丨觀之漢書劉向傳丨周唐之所進以爲法注○丨丨選也文選甘泉賦注引上林賦郭璞注○丨干也文選羽獵賦立丨天之旂注引韋昭○丨錄蓋文章之貌也詩小戎箋束有丨錄疏

櫪 說文丨𣚚椑指也从木歷聲

擊 說文丨攴也从手毄聲

績 說文績緝也从糸責聲○丨緝麻之名詩七月傳載丨疏○丨功也國語晉語無大丨於民故也注○丨亦功也左氏昭元年傳遠丨禹功疏

篴 廣韻笛同○說文笛七孔筩也从竹由聲羌笛三孔○禮記明堂位注籥如笛釋文本又作丨○爾雅釋樂注籥如笛釋文字或作丨

敵 說文丨仇也从攴啻聲○丨者當也詩彤弓序箋諸侯丨王所愾疏○丨者相當之言左氏文四年傳注丨猶當也疏○丨彊弱等也國策秦策四國之兵丨注○禮記燕義莫敢適之義也釋文本亦作丨○左氏成二年經注非匹丨和成之類釋文本或作適

滴 說文丨水注也从水啻聲

鏑 集韻通作鍉○說文丨矢鏠也从金啻聲○鐵鏃曰丨唐六典十六注引通俗文○鍉箭鏃也漢書陳勝項籍傳贊銷鋒鍉注引如淳○鍉是杆頭鐵也文選過秦論注引鄧展○丨與鍉同即箭鏃也漢書陳勝項籍傳贊

檄 說文丨二尺書从木敫聲○丨木書也長二尺漢書申屠嘉傳嘉爲丨召通注○丨者以木簡爲書長尺二寸用徵召也其有急事則加以鳥羽插之示速疾也漢書高帝紀下吾以羽丨徵天下兵注

激 說文丨水凝衺疾波也从水敫聲一曰半遮也○丨揚謂水急丨而飛揚波流疾之意也詩揚之水傳揚丨揚也疏○丨衝丨急風也史記司馬相如列傳丨楚結風索隱引文穎○丨感發也漢書高五王傳贊丨秦孤立亡藩輔注○丨卬怒也文選解嘲丨卬萬乘之主注○丨急動也漢書王莽傳上敢爲丨

發之行注○丨楚歌曲也漢書司馬相如傳上丨楚結風注引郭璞

【寂】宋同○說文宋無人聲从宀尗聲諔宋或从言○丨寞恬淡也淮南原道湫漻丨寞注○莊子齊物論注取其家寞無情耳釋文本亦作丨漠大宗師其容家釋文本亦作丨崔本作宋○孔霓碑家分冥冥丨作家

【翟】說文丨山雉尾長者从羽从隹○丨丨羽謂雉之羽也詩簡兮傳丨丨羽也疏○丨鳥名雉屬也同上引爾雅說○南方曰丨雉左氏昭十七年傳五雉爲五丨正注○丨卽狄也古字通用禮記祭統注丨謂敎羽舞者也疏○詩何彼襛矣箋服則揄丨釋文丨或作狄○禮記檀弓下注是時在丨釋文本又作狄

【覿】集韻覿或作丨○說文覿目赤也从見𣶃省聲又新附丨見也从見賣聲○丨見也左氏襄五年傳穆叔丨鄫太子于晉注昭四年傳西陸朝丨而出之疏又國語魯語公使大夫宗婦丨用幣注又文選幽通賦丨幽人之髣髴注引項岱○丨觀之也淮南主術便史黯往丨焉注

【逖】說文丨遠也从辵狄聲逷古文丨

【糴】說文丨市穀也从入从糴

【析】說文丨破木也一曰折也从木从斤○丨亦分也漢書楊雄傳下丨人之圭注○丨者是除去之辭詩車舝箋必丨其木以爲薪疏○析昔音相近史記田完世家弓膠昔幹索隱○張遷碑陽氣厥析魯峻碑析薪弗何丨作析

【晳】說文丨人色白也从白析聲○丨潔白也漢書霍光傳白丨疏眉目注○左氏僖十五年傳蛾丨釋文本或作析○樊敏碑丨爲韓魏析作丨

【溺】集韻休或作丨○說文休沒也从水从人○丨沒也禮記樂記宋音燕女丨志疏○沒水謂之丨左氏昭元年傳淫丨惑亂之所生也注○丨謂覆沒不能自理出也禮記緇衣小人丨於水注○丨謂不乘橋船而入水死者禮記檀弓上死而不弔者三疏

【覓】同脈○脈卽丨字漢書楊雄傳上脈隆周之大寧注

【摘】擿猶發也後漢書光武帝紀下聽羣盜自相糾擿注○丨相摩切也文選舞賦丨齊行列注

【狄】說文丨赤丨本犬種丨之爲言淫辟也从犬亦省聲○北方曰丨公羊隱四年傳又周書職方辨其邦國都鄙四夷八蠻七閩九貉五戎六丨之人民注○北方曰六丨白虎通禮樂○丨者北夷之號詩旄邱序丨人迫逐黎侯疏○西方曰丨鞮周禮秋官序官象胥注○丨卽敵也同上疏○丨滌皆往來疾速也史記樂書丨成滌濫之音作疏○丨亦翟也禮記玉藻君命屈丨疏○丨羽也禮記樂記干戚旄丨以舞之疏○丨讀如翟禮記玉藻夫人揄丨疏○詩云踧踧周道字雖異與此丨同禮記樂記丨成滌濫之音作疏

【冪】一作幎○說文幎幔也从巾冥聲周禮有幎人○鼏覆也禮記禮器犧尊疏布鼏疏○丨爲覆蓋之名詩韓奕傳幭覆式也疏○凡丨者皆爲塵埃故加設之儀禮鄉射禮記以綌爲丨疏○幎讀如縈荀子禮論設掩面儇目注○禮記禮器犧尊疏布幎釋文本又作冪又作鼏

鷁 鶂同○說文鶂鳥也从鳥兒聲春秋傳曰六鶂退飛鷊鶂或从鬲鶃司馬相如說鶂从赤○丨水鳥也穀梁疏引左氏僖十六年經賈注又漢書司馬相如傳上浮文丨注引張揖○鶂水鳥也漢書五行志下之下劉向傳六鶂退飛注○河澤之鳥視而生曰鶂列子天瑞○丨字或作鶂左氏僖十六年傳注丨水鳥疏○左氏僖十六年經六丨退飛過宋都釋文本或作鶂

戚 丨親也禮記大傳丨單於下疏○丨是親近之義書金縢未可以丨我先王疏○丨丨猶親親然詩行葦傳丨丨內相親也疏○丨丨內相親也漢書梁平王襄傳注○丨言族外禮記曲禮上兄弟親丨稱其慈也疏○六丨六親也呂覽論人又必以六丨四隱注○丨憂也後漢書皇甫規傳臣誠丨之注○丨丨常憂懼也後漢書明帝紀小人長丨丨注○丨施面柔不能仰也詩新臺得此丨施釋文○丨施令色誘人爾雅釋訓丨施面柔也舍人注○夏承碑君之羣慼丨作慼

鏚 本作戚○說文戚戉也从戉尗聲○戚鉞也漢書董仲舒傳朱干玉戚注○丨斧也左氏昭十二年傳以爲丨柲注○戚斧也禮記樂記干戚旄狄以舞之疏又左氏宣八年經注萬舞名疏又公羊昭廿五年傳玉戚注又呂覽仲夏干戚戈羽注又淮南氾論揚干戚注

滌 說文丨洒也从水條聲○丨謂蕩丨周禮司烜氏司農注明齍謂以明水滫丨粢盛黍稷疏○洗器謂之丨詩七月傳丨場功畢入也疏○丨濯溉祭器也周禮大宗伯宿眡丨濯注○丨放盪史記樂書狄成丨濫之音作集解引王肅○今齊人命浩酒曰丨周禮司尊彝凡酒脩酌注○詩雲漢丨丨山川太平御覽卌五作悠悠山川

旳 說文旳明也从日勺聲易曰爲旳顙○丨者明白之言詩賓之初筵傳丨質也疏○丨皪光貌也漢書司馬相如傳上丨皪江靡注○丨謂所射之準臬也漢書鼂錯傳矢道同丨注○丨者謂熊侯白質者也詩賓之初筵傳疏○爾雅釋畜丨顙釋文字林作馰

菂 通作的○的卽蓮實爾雅釋草的薂注

喫 說文新附丨食也从口契聲

甓 說文丨瓴丨也从瓦辟聲詩曰中唐有丨○丨令適也詩防有鵲巢中唐有丨釋文○莊子知北遊在瓦丨釋文本又作礕

霹 丨靂有聲有光雷電之大者耳左氏僖十五年傳注震者雷電擊之疏

瀝 說文丨浚也从水歷聲一曰水下滴丨

惕 說文丨敬也从心易聲悐或从狄○丨懼也易乾夕丨若釋文引鄭注○丨疾也文選長楊賦注引國語賈注

裼 說文丨袒也从衣易聲○丨謂袒上衣而露丨也禮記樂記周旋丨襲疏○丨表裘也禮記檀弓上袪丨之可也注○丨謂裘上又加衣也同上疏○裘上有衣謂之丨左氏哀十七年傳注食而熱故偏袒疏○丨示之方也詩斯干疏引侯苞韓詩翼要○丨褓也詩斯干載衣之丨傳

剔 集韻或作肆○說文新修字義丨解骨也从刀易聲○丨治也詩抑用遏蠻方箋泮水狄彼東南箋○今人去肉至骨謂之丨去書泰誓上刳丨孕婦疏○肆丨也禮記郊特牲腥肆爓腍祭疏○肆解也周

禮大司徒羞其肆疏○肆肆解也詩楚茨箋肆其骨體于俎者釋文○肆解骨體周禮大宗伯以肆獻祼享先王釋文○肆者進所解牲體謂薦熟時也周禮大宗伯注○肆解牲體以祭因以爲名周禮典瑞以肆先王注○治肉曰肆禮記郊特牲注○丨是翦髮之名詩采蘩傳被首飾也疏○肆讀爲鬄周禮小子羞羊肆羊殽肉豆注○丨與逖通後漢書循吏王渙傳糾丨姦盜注

緆 說文丨細布也从糸易聲緆丨或从麻

礫 說文丨小石也从石樂聲○丨小石也漢書霍去病傳沙丨擊面注

櫟 說文丨木也从木樂聲○丨采木也漢書司馬相如傳上沙棠丨櫧注引應劭○丨蓋木蓼也同上注○丨果名也同上引張揖注○丨實橡也爾雅釋木丨其實梂疏引孫注○丨謂超踰之也史記萬石

張叔列傳注丨機轉索隱○丨謂以杓歷釜旁使爲聲史記楚元王世家嫂詳爲羹盡丨釜索隱

轢 說文丨車所踐也从車樂聲○丨謂陵踐也漢書酷吏傳序刻丨宗室注

鬲 集韻或作䰛○說文丨鼎屬實五觳斗二升曰觳象腹交文三足凡丨之屬皆从丨𤮍丨或从瓦㽁漢令丨从瓦厤聲又䰛歷也古文亦丨字象孰飪五味气上出也凡䰛之屬皆从䰛○足中空不實者名曰丨漢書郊祀志上其空足曰丨注引蘇林○丨形如鼎列子天瑞丨如也注○丨是搤物之稱儀禮士喪禮注丨搤也疏○重丨者謂縣重之罌也是瓦瓶受三升禮記喪大記陶人出重丨疏

汨 說文丨長沙丨羅淵屈原所沈之水从水冥省聲

適 分布稀疏得所名爲丨歷也周禮遂師注元謂磿者丨歷疏○論語里仁無丨也釋文鄭本作敵

嫡 通作適○說文丨孎也从女啻聲○丨謂妻也詩江有汜序丨能悔過也疏○丨謂正后也漢書杜欽傳此必適妾將有爭寵相害而爲患者注○適適子也漢書五行志中之上亂辟無適注引如淳○適承嗣者也漢書宣帝紀又賜功臣適後注○適讀曰丨漢書外戚恩澤侯表以殷後孔子世吉適子注五行志上殊別適庶注適庶數更注五行志下之上適庶不明注○詩文王箋適爲天子釋文字或作丨○左氏卷首傳注明始適夫人也釋文本又作丨○爾雅釋親注世有爲適者釋文本或作丨

靮 說文丨馬羈也从革勺聲

閴 說文新附丨靜也从門狊聲○丨无人貌易豐丨其无人釋文引馬鄭注○易豐釋文丨孟作窒

鬩 說文丨恒訟也詩曰兄弟丨于牆从鬥从兒兒善訟者也○今謂薄小物爲丨䶵漢書外戚傳下有

褁藥二枚赫䶵書注引晉灼

鶪 說文丨伯勞也从鳥狊聲鶪丨或从隹○伯勞一名丨爾雅釋鳥丨伯勞也李注○伯趙丨也以夏至來冬至去同上樊注

蹢 丨躅不靜也易姤羸豕孚丨躅釋文○丨一本作躑古文作蹢同上

廸 說文丨道也从辵由聲○丨道也書君奭茲丨彝教疏○丨亦道也漢書翟義傳丨知上帝命注○書多方不克終日勸于帝之丨釋文馬本作攸

覡 說文丨能齋肅事神明也在男曰丨在女曰巫从巫从見○男曰丨荀子正論出戶而巫丨有事注○男曰丨女曰巫列子黃帝有神巫自齊來釋文○在男曰丨漢書郊祀志上○神在男曰丨淮南精神

鄭之神巫注○醫師在男曰丨淮南說山巫之用糈藉注

酈 說文酈南陽縣从邑麗聲○丨音蹢躅之蹢漢書高帝紀上與偕攻析注引蘇林地理志上南陽郡丨注引如淳

蓆 丨似燕麥也文選子虛賦葴丨苞荔注引張揖

淅 說文丨汏米也从水析聲

蜥 說文丨丨易也从虫析聲

弔 丨至也爾雅釋詁

虉 ○丨者雜色如綬文之草也爾雅釋草注小草有雜色似綬疏○爾雅釋草丨綬釋文作鷊

倜 集韻俶或作倜○說文新附丨丨儻不羈也从人从周未詳○俶儻卓異也文選封禪文俶儻窮變注引漢書音義○俶儻大節也漢書司馬遷傳扶義俶儻注

毄 說文丨相擊中也如車相擊故从殳从軎

惄 說文丨飢餓也一曰憂也从心叔聲詩曰丨如朝飢

塓 說文新附丨塗也从土冥聲○丨亦泥也左氏襄卅一年傳圬人以時丨館宮室疏

狊 說文丨犬視皃从犬目聲

殈 卵坼不成曰丨禮記樂記卵生者不丨釋文

駒 說文丨馬白額也从馬的省聲一曰駿也易曰爲丨顙

樀 說文丨戶丨也从木啻聲爾雅曰檐謂之丨讀若滴

墼 說文丨瓴適也一曰未燒也从土毄聲

○以下據廣韻錄

轚 說文丨車轄相擊也从車从毄毄亦聲周禮曰舟輿擊互者○丨挂也穀梁昭八年傳御丨者釋文○丨絓也同上引劉兆○丨謂挂著穀梁昭八年傳流旁握注引徐邈○丨繼也詩車攻傳釋文引劉兆穀梁注○穀梁釋文丨本或作擊○詩車攻傳丨則不得入釋文本又作擊

⿱艹毄 說文丨艸也从艸毄聲

劈 說文丨破也从刀辟聲

釽 說文新附丨裂也从金爪○丨裁也方言二

瓅 說文丨玓丨从玉樂聲

秝 說文丨稀疏適也从二禾凡丨之屬皆从丨讀若歷

厤 說文丨治也从厂秝聲

磿 說文丨石聲也从石厤聲○丨歷也史記樂毅列傳故鼎反乎丨室集解引徐廣○丨室宮名史記樂毅列傳索隱○國策楚策遂自棄於丨山漢書李通傳注引作歷山

蒚 說文丨夫蘺上也从艸鬲聲○丨謂其頭臺首也今江東謂之苻[illegible]西方亦名蒲中莖爲丨用之爲席爾雅釋草莞苻蘺其上丨注○白蒲一名苻蘺楚謂之莞蒲其上臺別名丨同上疏引本草

⿺走樂 說文丨動也从走樂聲讀若春秋傳曰輔丨

𤪌 說文丨玉也从玉毄聲讀若鬲

𡳐 說文丨履下也从履省歷聲

玓 說文丨瓅明珠色从玉勺聲○丨瓅與的皪音義同文選上林賦丨瓅江靡注

𪃍 說文丨雉屬戇鳥也从鳥適省聲

𥕐 丨碓也御覽引廣雅

𨑩 說文丨至也从辵弔聲

𧥄 說文丨杖耑角也从角敫聲

𠩺 說文丨石地惡也从厂兒聲

虉 說文丨綬也从艸鷊聲詩曰邛有旨丨

邮 說文邮左馮翊高陵从邑由聲

𢓊 說文丨行丨丨也从彳由聲

𩩲 說文丨骨閒黃汁也从骨易聲讀若易曰夕惕若厲

鬄 說文丨鬀髮也从髟从刀易聲

𤆍 說文丨望火皃从火皀聲讀若馰顙之馰

𥌓 說文丨失意視也从目脩聲

惕 集韻或作悐○悐憂貌文選洞簫賦注引蒼頡

𠱽 說文丨嘆也从口叔聲

幦 說文丨髼布也从巾辟聲周禮曰駹車犬丨○丨車覆闌也禮記少儀拖諸丨疏

糸 說文丨細絲也象束絲之形凡丨之屬皆从丨讀若覛𢇁古文丨

鼏 說文丨以木橫貫鼎耳而舉之从鼎冂聲周禮廟門容大鼏七箇卽易玉鉉大吉也

冂 說文丨覆也从一下垂也凡丨之屬皆从丨

蓂 說文丨析丨大薺也从艸冥聲

鷿 說文鷿鷿鷉也从鳥辟聲○丨鷉雞也廣雅釋獸 雞陳楚宋魏之閒謂之丨鷉方言八

𠪷 說文丨反也从厂辟聲

鄍 說文鄍蔡邑也从邑冥聲春秋傳曰丨陽封人之女奔之

廦 說文丨牆也从广辟聲

鼜 說文鼜夜戒守鼓也从壴蚤聲禮昏鼓四通爲大丨夜半三通爲戒晨旦明五通爲發明讀若戚○丨謂夜戒守之鼓周禮眡瞭丨愷獻疏○昏鼓四通爲大丨夜半三通爲戒晨周禮鼓人注引司馬法

慽 說文丨憂也从心戚聲

○以下據集韻錄

幭 丨卽幦也又周禮巾車作𧞤但古字耳三者同也禮記玉藻君羔幦虎犆疏

萆 說文丨雨衣一曰衰衣从艸卑聲一曰丨藨似烏韭

爑 丨蠡乾酪也漢書揚雄傳下燒丨蠡注引張晏

【髳】丨剔髮以被首也〔詩采蘩〕被之僮僮疏○〔詩采蘩〕箋主婦髲丨〔釋文〕丨本亦作髢

【妯】〔說文〕丨動也从女由聲

【仢】〔說文〕丨約也从人勺聲

【[酉鬲]】〔說文〕丨酳也从酉鬲聲

【[木役]】〔說文〕丨穜樓也一曰燒麥柃丨从木役聲

【[毄欠]】〔說文〕丨且唾聲一曰小笑从欠毄聲

○以下附錄

【蔐】丨苗荻秀楚人謂之丨丨讀敵戰之敵幽冀謂之荻苕也〔淮南說林〕丨苗類絮注

經籍纂詁卷第一百一補遺終

經筵講官南書房翰林戶部左侍郎兼署禮部左侍郎提督浙江學政阮元撰集　入聲

十三職

職丨主也爾雅釋詁又詩蟋蟀丨思其居傳十月之交丨競由人傳大東丨勞不來箋桑柔丨涼善背箋抑亦丨維疾傳召旻丨兄斯引箋又周禮亭人丨外內饔之爨亭羹注春官序官丨喪注夏官序官丨方氏注秋官序官丨金注又左氏僖廿六年傳太師丨之注襄八年傳丨競作羅注襄十四年傳則丨女之由注又國語楚語非子丨之其誰乎注又史記張丞相傳爲丨志索隱又漢書郊祀志下集注地理志上集注朱博傳集注又後漢張升傳注又太元劇厥德迫也注又列子天瑞故天丨生覆注又管子心術

世人之所丨者精也注又呂覽應同天降災布祥並有其丨注○丨主丨也禮記曲禮下是丨方注燕義庶子官丨諸侯卿大夫士之庶子之卒注○丨常也爾雅釋詁又漢書景帝紀集注武帝紀集注宣帝紀集注成帝紀集注季布傳集注又後漢廣陵思王荆傳注○丨猶常也後漢光武紀下注○丨同周書大聚立勤人以丨孤注○丨業也廣雅釋詁四○丨事也廣雅釋詁三又淮南俶眞大夫安其丨注○丨事脩理周禮大司寇上能糾丨注○執丨猶執事也穆天子傳六執丨之人倍之注○丨謂守與任周禮掌固民皆有丨焉注○丨謂九丨也周禮小司徒施其丨而平其政注○民丨民九丨也周禮大司徒以作民丨注○地丨農圃之屬周禮均人均地丨注○婦丨謂織紝組紃縫線之事周禮內宰以婦丨之灋教九御注○丨業謂官丨及四人之業也荀子富國丨業無分注○衮丨謂三公也文選陳太邱碑文每在衮丨注○諸侯朝於天子曰述丨述丨者述所丨也孟子梁惠王下○諸侯朝於天子曰述丨孟子告子下○丨貢也淮南原道四夷納丨注○丨謂賦稅也周禮大司馬施貢分丨注○丨記微也廣韻引字林○丨丨緐德貌莊子至樂萬物丨丨釋文引李注○丨丨猶祝祝也莊子至樂釋文引司馬注○丨讀爲織周禮肆師頒于丨人注牛人以授丨人而芻之注○左傳文十八年閻丨說苑作織○莊子漁父貢丨丨不美釋文

丨丨本作賦

國丨邦也廣雅釋言○丨都也呂覽明理有狼入于國丨注○丨城中也周禮士師三曰丨禁注又禮記曲禮上入丨而問俗注○丨中城中也周禮司士掌丨中之士治注脩閭氏掌比丨中宿互欜者注又儀禮鄉射禮記君丨中射注○丨中城內也考工記匠人丨中九經九緯注○丨中城郭中也周禮鄉大夫

丨中自七尺以及六十注○丨宅城中宅也周禮載師司農注○丨門謂城門司門之官周禮充人繫于丨門注○中丨京師也荀子致士惠此中丨注○在丨謂都邑也孟子萬章下在丨曰市井之臣注○丨宅凡官所有宮室吏所治者也周禮載師凡任地丨宅無征注○丨家屋也列女傳辯通○丨諸侯也論語季氏聞有丨有家者集解引孔注又大戴記文王官人使是治丨家而長百姓注○丨謂諸侯之丨孟子離婁上皆曰天下丨家注○諸侯爲百姓立社曰丨社獨斷上○丨謂公侯之丨孟子離婁上丨之所以廢興存亡者亦然注○丨謂諸侯王丨也後漢光武紀上注○丨天子諸侯所理也周禮大宰釋文引干注○丨謂王之丨邦丨諸侯丨也周禮詛祝以敘丨之信用以質邦丨之劑信注○大曰邦小曰丨邦之所居亦曰丨周禮大宰以佐王治邦丨注○方千里曰丨畿周禮大司馬○九州之外曰丨書大傳重

譯來朝者六丨注○四丨天下象也公羊昭十八年
傳爲天下記異也注○坤爲丨易師開丨承家虞注
觀觀丨之光虞注○坤爲萬丨易象上傳先王以建
萬丨虞注○丨爲邑丨易謙征邑丨虞注○丨謀也
廣雅釋詁四○丨子謂諸侯卿大夫士之子周禮諸
子司農注○丨子公卿大夫之子弟周禮師氏以三
德教丨子注○丨子者是公卿大夫士之副貳周禮
諸子掌丨子之倅注○丨之子弟公卿大夫之子弟
當學者謂之丨子周禮大司樂而合丨之子弟焉注
○丨子諸子也禮記燕義則率丨子而致于天子注
○丨華謂懷道隱逸之士也後漢方術傳注○丨馬
謂種馬戎馬齊馬道馬考工記輈人丨馬之輈注○
丨貉蟲蠻爾雅釋蟲○鄭
丨字子徒見史記弟子傳

德

丨丨得也禮記玉藻立容丨釋文又廣雅釋詁三○
丨者得也禮記樂記又論語爲政爲政以丨皇疏

又管子心術又老子上丨不丨王注又列子天瑞丨
之微也張注○得之謂丨太元元攡○丨得也得事
宜也釋名釋言語○丨也者得於身也禮記鄉飲酒
義○丨者得其性者也論語爲政導之以丨皇疏引
郭象○得其天性謂之丨後漢朱穆傳○所得以生
謂之丨賈子道德說○物得以生謂之丨莊子天地
○丨者物之所得也老子貴丨王注○所謂丨者能
得人者也鶡冠子環流○丨者得人及物之謂也太
元元攡得之謂丨也注○施行得理謂之丨賈子道
術○能得丨法者爲有丨大戴記盛德○事得以成
物得以和謂之丨也莊子德充符注○動以不得已
之謂丨莊子庚桑楚○因循無革天下之理得之謂
丨也太元元攡○在心爲丨通典引周禮師氏馬注
○實行爲丨論衡書說○丨行內外之稱在心爲丨
施之爲行周禮師氏以三丨敎國子注○不失天性
是謂丨後漢朱穆傳注○丨者性之端也說苑修文

○丨者性之端者也禮記樂記○丨者性之所扶也
淮南繆稱○丨也者人之所以建生也韓非子解老
○丨者人之綱要莊子天地執丨之謂紀注○丨者
全生之本莊子駢拇而修于丨王注○丨者本也禮
記大學○丨一也老子丨畜之注○丨謂道丨也論
語爲政導之以丨集解引包注○丨道之用也老子
釋文○丨者道由以成者也管子法法通丨者王注
○丨者道之澤也賈子道德說○丨者所以尊道也
大戴記王言○丨行謂道丨之行孝經非先王之丨
行不敢行注○丨能躬行者周禮大司樂凡有道者
有丨者注○丨謂賢者周禮司士以丨詔爵注○丨
此之謂丨賈子道德說○丨者自彼所循莊子大宗
師以丨爲循注○丨者神人迹也莊子天地此謂丨
人之容注○通於天地者丨也莊子天地○至精而
妙乎天地之閒者丨也韓外傳五○始治天下爲丨
賈子數寧○化育萬物謂之丨管子心術○愛之生

之養之成之利民不丨天下親之曰丨管子正○愛
民無私曰丨同上○丨者變及物理之所出也賈子
道德說○丨者政之始也大戴記子張問入官○禮
以體長幼曰丨禮記鄉飲酒義○丨者養善而進闕
者也說苑政理○能督民過者丨也周書本典○諫
爭不威曰丨周書謚法○善善爲丨國語晉語丨義
之樂則未也注○忠和純淑曰丨後漢明德馬皇后
紀注○順理有成謂之丨鬼谷子本經陰符是以丨
養五氣注○知徹爲丨莊子外物○舍之之謂丨管
子心術○無爲言之之謂丨莊子天地○神不淫于
外則身全身全之謂丨韓非子解老○外內參意曰
知丨大戴記小辨○中而不可不高者丨也莊子在
宥○腒如竊膏之理謂之丨賈子道德說○丨猶容
也莊子駢拇釋文引崔注○丨猶教也禮記內則降
丨于衆兆民注○丨謂善教也禮記月令命相布丨
和令注○丨謂教化使知分義也荀子富國不以丨

爲政注○丨和也莊子繕性○丨者成和之脩也莊
子德充符○丨恩也國策秦策西丨於秦注必不丨
王注是不敢倍丨畔施注齊策必丨王注○丨猶恩
也呂覽報恩張儀所丨于天下者注○丨猶福也禮
記哀公問百姓之丨也注○夫丨福之基也國語晉
語○丨猶利也國語周語下非地丨注○乾爲丨易
剝君子丨車虞注益有孚惠我丨虞注象上傳君子
以懿文丨虞注君子以振民育丨虞注君子以常丨
行虞注象下傳君子以自昭明丨虞注居丨則忌虞
注議丨行虞注文言傳君子進丨脩業虞注繫辭上
傳有功而不丨虞注繫辭下傳丨之基也虞注丨之
制也虞注○乾爲盛丨易繫辭上傳丨言盛虞注繫
辭下傳丨之盛也虞注○乾爲賢丨易象下傳君子
以居賢丨善俗虞注○乾爲舊丨易訟食舊丨虞注
○山爲積丨大戴記易本命○山積陽陽爲丨大戴
記易本命注○陽曰丨大戴記四代○太陰所居曰

丨淮南天文○陰陽交通謂之丨易繫辭下傳通神
明之丨九家注○慶賞之謂丨後漢荀悅傳注○地
以厚爲丨白虎通封禪○地理含藏故主丨大戴記
盛德司徒之官以成丨注○秋物成貴故貴丨大戴
記保傳上賢而貴丨注○丨三丨也禮記樂記丨成
而上注○丨三丨也一曰至丨二曰敏丨三曰孝丨
禮記少儀士依于丨注○有天丨有地丨有人丨此
謂三丨大戴記四代○三丨剛柔正直後漢陳寵傳
注○三丨三老也大戴記曾子立事任善不敢臣三
丨注○五丨五行也後漢班彪傳下注○丨六丨也
周禮大司寇上丨糾孝注○六丨知仁聖義忠和周
禮大司徒○天道曰至丨地道曰敏丨人道曰孝丨
大戴記衞將軍文子孝丨之始也注○動而樂施者
天丨也安而待化若地丨也自餘禮義忠信以下皆
爲人丨同上○上丨謂太古無名號之君老子上丨
不丨注○下丨謂號謚之君老子下丨不失丨注○

丨以監位大戴記四代○丨法者御民之本也大戴
記盛德○丨法者御民之銜勒也同上○丨音者所
謂聲也未聞音出而響過其聲者也鶡冠子博選○
丨輝明惠也史記樂書丨輝動乎內集解引孫炎○
丨猷令丨徽猷也文選褚淵碑文丨猷靡嗣注○婦
丨謂貞順周禮九嬪婦丨婦言婦容婦功注○立容
丨如有予也禮記玉藻立容丨注○丨星歲星也後
漢襄楷傳注○地丨五穀淮南俶真食于地丨注○
九丨九夷所極故以名郡水經溫水注引林邑記○
丨車亦乘車禮記曲禮上丨車結旌注○鳳鳥首文
曰丨山海經海內經○五采而文名曰鳳皇首文曰
丨山海經南山經○春秋說以人十四心爲丨顏氏
家訓書證○悳與丨同晉書音義下○悳古丨字漢
書地理志上集注賈誼傳集注○易升以順丨釋文
丨姚本作得○易繫辭有功
而不丨釋文丨蜀才本作置

食 丨殖也所以自生殖也釋名釋飲食○丨者萬物
之始人之所本也北堂書鈔酒食部一引書大傳
○丨者乃有國之所寶生民之至貴也後漢劉陶傳
○丨母生之本也老子而貴丨母王注○止居曰丨
謂米也周禮廩人則治其糧與其丨注又書大傳居
而無丨謂之困注○丨祿也周禮醫師以制其丨注
○丨謂祿也禮記坊記君子與其使丨浮於人也注
又國語晉語君丨之注○丨祿之多少周禮小宰四
曰以敘制其丨注○丨稍丨也周禮司士以久奠丨
注○稍丨祿稟周禮宮正均其稍丨注○丨糧也國
策西周策而藉兵乞丨於西周注○六丨六穀之飯
周禮饎人共王及后之六丨注○或言丨或言飯丨
大名小數曰飯儀禮少牢饋食禮尸又丨注○丨丨
粥也禮記喪服四制三日而丨注又大戴記本命三
日而丨注○丨猶饗也漢書敘傳下集注○時丨四
時祭也禮記中庸薦其時丨注○空丨猶素餐文選

顏延年侍遊蒜山詩空丨疲廊肆注〇丨乳也莊子
德充符適見㹠子丨於其死母者注〇太古之民秀
長以壽者丨也大戴記千乘〇丨飲者充虛之滋味
素問上古天眞論丨飲有節注〇飲丨爲陰故在右
大戴記保傅太宰持升而御戶右注〇丨用也易象
下傳井泥不丨虞注又國策衞策始君之所行於世
者丨高麗也注又老子而貴丨母注〇丨消也左氏
僖十五年傳我丨吾言注哀元年傳不可丨已注〇
虧毀曰丨漢書天文志集注引韋昭〇丨謂毀明而
生魄也周書周祝月之望也丨注〇丨者見道有虧
傷也禮記昏義日爲之丨注〇日月虧曰丨稍稍侵
虧如蟲丨草木葉也釋名釋天〇日月之丨陰陽相
勝之變也周禮庭氏則以救日之弓與救月之矢射
之注〇丨盡書湯誓朕不丨言傳〇丨僞也爾雅釋
詁又國語晉語虢之會魯人丨言注又後漢張衡傳
注又法言重黎不丨其言注又文選思元賦疾防風

之丨言舊注〇丨言之僞也爾雅釋詁孫注〇丨謂
吉兆文選東京賦卜惟洛丨薛注〇丨閻勸也廣雅
釋詁一〇丨閻勸也南楚凡己不欲喜而旁人說之
不欲怒而旁人怒之謂之丨閻方言十〇斯彌爲丨
醯莊子至樂〇丨醯苦酒上蠛蠓也亦曰醯雞列子
天瑞丨醯頤輅釋文〇詩十月之交日有丨之漢書
劉向傳作日有蝕之〇易豐月盈則丨釋文丨或作
蝕左氏隱三年日有丨之釋文丨本作蝕穀梁隱三
年日有丨之釋文丨本作蝕莊子至
樂斯彌爲丨醯釋文丨司馬本作蝕

蝕 丨虧毀爲丨史記天官書日月薄丨集解引韋昭〇
丨醯若酒上蠛蠓也莊子至樂斯彌爲食醯釋文
引司
馬注

色 丨顏丨也文選報任少卿書其炎不辱理丨注〇
五丨面貌青赤黃白黑也周禮疾醫以五聲五氣

五丨眡其死生注〇五丨青赤白黑黃家語禮運五
丨六章十二衣注〇丨者神之旗素問三部九候論
其丨必夭注〇丨然驚駭貌公羊哀六年傳皆丨然
而駭注〇丨兆氣也周禮占人大夫占丨注〇丨五
丨也荀子正名形體丨理以目異注〇五丨五行之
方丨也太元元測都序五丨淳光注〇閒丨有五紺
紅縹紫流黃也文選別賦注引環濟要略〇巳用謂
之丨書益稷以五采彰施于五丨鄭注〇丨縫也廣
雅釋詁二〇形丨天性也孟子盡心上〇丨女丨書
五子之歌內作丨荒傳〇丨謂婦人妖麗之容孟子
盡心上注〇丨或作包漢書王莽傳中集注
〇公羊哀六年傳釋文丨本作危又作垝

力 丨筋骸強者也禮記禮運其行之以貨丨注〇丨
謂竭丨丨漢書匈奴傳上集注〇丨丨行也荀子勸
學眞積丨丨久則入注〇丨勤也漢書司馬遷傳集注
王莽傳下集注〇丨猶勤也詩烝民威儀是丨箋又

漢書黃霸傳集注〇丨勤丨周禮大司寇上功糾丨
注〇丨功也國語晉語與丨而不務德注子之丨也
夫注〇治功曰丨周禮司勳〇丨苦戰也後漢銚期
傳注〇丨猶務也禮記坊記食時不丨珍注〇丨甚
也後漢寇榮傳注〇丨行謂盡丨行善道也後漢馮
衍傳注〇丨行謂盡丨行善也後漢杜密傳注〇丨
田勤勞也後漢章帝紀注〇丨田爲生之本也後漢
明帝紀注〇丨術彊兵之術荀子彊國丨術止注〇
丨刑之所以奮也墨子經上〇丨者德之役也荀子
富國〇丨謂傜役國語魯語任丨以夫注〇弛丨息
傜役也周禮大司徒四曰弛丨司農注〇戎事齊丨
爾雅釋畜〇左傳襄二年是棄丨與言釋文丨服本
作
功

翼 集韻或作翊〇丨羽丨也呂覽本味其狀若鯉而
有丨注〇丨丨飛也廣雅釋訓〇丨丨飛貌也後

漢張衡傳注又文選贈蔡子篤詩｜｜飛鸞注○｜
疾貌文選琴賦騁馳｜驅注○｜猶驅也書多士非
我小國敢｜殷命注○｜放縱貌文選神女賦｜放
縱而綽寬注○｜｜壯健貌詩采芑四騏｜｜箋○
｜｜衆貌漢書禮樂志集注○｜如言端正也論語
鄉黨｜如也集解引孔注○｜如謂端正也論語鄉
黨皇疏○在旁曰｜詩行葦以引以｜箋○｜佐也
左氏昭九年傳｜戴天子注又漢書東平思王宇傳
集注又呂覽古樂去殷三淫而｜文王注又淮南脩
務故立三公九卿以輔｜之注○｜助也詩卷阿有
馮有｜箋又漢書律麻志上集注鼂錯傳集注董仲
舒傳集注王商傳集注王莽傳上集注二見○｜輔
也廣雅釋詁四又國語楚語求賢良以｜之注又後
漢竇憲傳注○｜奉書中候欽｜皇象注○｜猶承
也文選遊天台山賦彤雲斐亹以｜標注○｜送也
小爾雅廣言○｜進也漢書董賢傳集注○｜取也

書多士非我小國敢｜殷命馬注○｜成也左氏文
三年傳以燕｜子注又國語魯語鳥｜鷇卵注○｜
法也文選典引降承龍｜注○｜美也廣雅釋詁一
○｜敬也爾雅釋詁又詩六月有嚴有｜傳文王有
聲以燕｜子傳行葦以引以｜傳卷阿以引以｜傳
又周書程典愼下必｜上注又國語周語｜其上也
注又後漢鄭與傳注班彪傳上注又家語正論以燕
｜子注又離騷鳳凰｜其承旂兮注○｜｜敬也詩
常武緜緜｜｜傳又廣雅釋訓又漢書禮樂志集注
司馬相如傳下集注王莽傳上集注敘傳下集注又
後漢班彪傳下注○｜｜敬愼也後漢安帝紀注○
｜｜恭也爾雅釋訓○｜｜共也左氏昭廿六年傳
小心｜｜注○｜｜恭敬詩文王厥猶｜｜傳○｜
｜恭肅貌漢書董仲舒傳集注○小心｜｜恭愼貌
詩大明小心｜｜箋○｜｜和貌離騷高翔翔之｜
｜注○｜｜和也廣雅釋訓○｜｜閑也詩采薇四

牡｜｜傳○｜｜盛也廣雅釋訓○｜｜禮儀盛貌
文選東京賦京邑｜｜薛注○｜｜讓畔也詩信南
山疆場｜｜傳○｜明也書武成越｜日癸巳傳金
縢王｜日乃瘳傳又後漢袁紹傳注○｜｜明也廣
雅釋訓○｜｜元氣也同上○思慮深遠曰｜周書
謚法○剛克爲伐曰｜同上○翊繳也太元逃維翊
其繩注○｜屋之四阿也後漢班彪傳上注○千｜
謂舟也文選顏延年侍遊曲阿後湖詩注○｜南方
宿也後漢郎顗傳注○｜軫者南方鶉尾之宿後漢
郅惲傳注○｜主天倡洪範五行傳逐功臣注○｜
晉都也文選西征賦升曲沃而惆悵注○｜晉別都
也國語周語晉侯殺於｜東門注○｜鳴發皇屬考
工記梓人以｜鳴者注○伏｜蛓螺也廣雅釋鳥○
｜魚腮邊兩鬣也文選高唐賦振鱗奮｜注○｜本
或作翌與｜同晉書音義上○書益稷汝｜史記夏
本紀作女輔之○書武成越｜日癸巳漢書律麻志

作若翌日癸巳金縢｜日乃瘳爾雅釋言注作翌○
爾雅釋地南方有比｜鳥焉釋文｜本作翌又作㺹

墨
｜黑也廣雅釋器又孟子滕文公上面深｜注○
｜黑氣也國語吳語臣觀吳王之色類有大憂注
○｜晦也言似物晦黑也釋名釋書契○｜謂蔽塞
也荀子解蔽｜以爲明注○｜謙也太元盛盛不｜
注○｜氣色下左氏哀十三年傳肉食者無｜注○｜
｜不潔之稱左氏昭十四年傳注○貪以敗官爲｜
左氏昭十四年傳○刻死而附生謂之｜荀子禮論
○｜尿江淮之閒謂之无賴列子力命｜尿釋文○
｜黥面也後漢酷吏傳注○｜｜者｜其額也白虎通
五刑○｜黥也先刻其面以｜窒之周禮司刑｜罪
五百注○｜刻其額而涅之以｜孝經注｜劓剕宮
大辟也釋文○刻其顙而涅之曰｜刑書呂刑｜辟
疑赦傳○刀｜謂以刀刻其額而｜窒之國語周語
有斧鉞刀｜之民注○｜黥世俗以爲古之重罪以

丨涅其土而已荀子正論丨鰥注○丨象斗華古微
書引書刑德放○丨謂緪丨也太元法物仰其丨注
○五尺爲丨國語周語丨丈尋常之閒注○五尺曰
丨華嚴經音義下引纂要○五尺謂之丨小爾雅廣
度○丨兆廣也周禮占人史占丨注○丨視兆坼也
禮記玉藻史定丨注○致其丨者熟灼之明其兆周
禮卜師致其丨注○丨燒田也文選七發微丨廣博
注○丨綬謂令長後漢左雄傳注○丨綬謂令長之
屬也後漢安帝紀注○丨車漆車儀禮士昏禮乘丨
車注○丨車漆之正黑無文飾大夫所乘也釋名釋
車○丨車大夫制也儀禮覲禮乘丨車注○丨陽劒
也廣雅釋器○丨家流也文選思元賦歐儒丨以
爲禽注○力丨或作力牧論語摘輔象黃帝七輔力
丨受準斥注○書呂刑丨辟疑赦史記周本紀作黷
辟疑赦○左昭廿九年傳蔡丨呂
覽召類作史默說苑尊賢作史黶

亟丨中也易象下傳失時丨也虞注說卦爲亟心釋
文引荀注又書洪範建用皇丨傳又詩氓士也罔
丨傳園有桃謂我士也罔丨傳楚茨永錫爾丨箋民
勞以謹罔丨箋江漢王國來丨箋思文莫匪爾丨傳
殷武四方之丨箋又周禮天官序官以爲民丨注考
工記梟氏允臻其丨注又左氏文六年傳陳之藝丨
注文十年傳以謹罔丨注成八年傳士也罔丨注成
十六年傳莫匪爾丨注又洪範五行傳皇之不丨注
又周書度訓口爵以明等級注大戒慵謀不丨注周
祝知其丨注又廣雅釋言又國語周語無不得其丨
注莫匪爾丨注物得其常曰樂丨注吳語則不知民丨
之丨注又漢書律厤志上集注五行志上集注引應
劭五行志下之上集注宣帝紀集注成帝紀集注賈
誼傳集注二見董仲舒傳集注二見匡衡傳集注孔
光傳集注谷永傳集注又後漢班彪傳下注王符傳
注楊賜傳注周舉傳注謝夷吾傳注又太元永三綱

得于中丨注元攡繫之泰始丨焉注又淮南詮言內
修丨而橫禍至者注又楚辭抽思何回丨之浮浮注
怨思引日月以指丨兮注遠逝徵九神於回丨注○
皇丨大中也文選晉紀總論注引書考靈耀宋注○
丨中也本也荀子正名辭足以見丨注○丨正也漢
書兒寬傳集注○正及神人曰丨周書武順○丨至
也爾雅釋詁又易繫辭釋文引陸注又書微子傳亟
行暴虐釋文又詩菀柳後予丨焉傳緜蠻異不能丨
箋楙高駿丨于天傳又禮記樂記其丨一也注及夫
禮樂之丨乎天而蟠乎地注祭義樂丨和禮丨順注
表記朋友以丨之注又國語魯語齊朝駕則夕丨於
魯國注又史記樂書其丨一也正義又漢書高帝紀
下集注武帝紀集注引李斐敘傳下集注引張晏又
管子形勢淵深而不涸則沈玉丨矣注又呂覽謹聽
少人則說者持容而不丨注又淮南俶眞故能致其
丨注主術非積則禍丨注又周髀算經下凡日月運

行四丨之道注又楚辭天問有莘爰丨注○丨亦至
也淮南原道無不樂則至丨樂矣注說林雖異路所
丨一也注○丨治化之至也淮南繆稱猶未足以至
於丨也注○丨致也文選東京賦是廓是丨薛注○
丨猶致也後漢王充王符仲長統傳注○丨終也後
漢儒林傳注又周髀算經上至晝夜長短之所丨注
周髀算經下七首爲一丨注○丨猶終呂覽制樂衆
人焉知其丨注○丨止也詩南山曷又丨止傳又漢
書成帝紀集注賈誼傳集注二見司馬遷傳集注貨
殖傳集注○丨已也詩鴇羽曷其有丨箋又禮記檀
弓以爲丨亡釋文又廣雅釋詁四又後漢梁竦傳注
又楚辭湘君揚靈兮未丨注○丨猶已也詩青蠅讒
人罔丨箋○丨竟也穆天子傳一以丨西土注又楚
辭謬諫又何路之能丨注○丨窮也漢書溝洫志集
注又呂覽論人不可丨也注又離騷相觀民之計丨
注天司命老冉冉兮既丨注○丨猶窮也禮記樂記

是故樂之隆非丨音也注○丨盡也漢書董仲舒傳
集注翟義傳集注又淮南精神游無丨之野注精神
澹然無丨注又文選東京賦馬足未丨薛注○丨猶
盡也禮記表記祭丨敬注大學是故君子無所不用
其丨注○不丨不問所從出也禮記儒行流言不丨
注○丨高也廣雅釋詁四○丨遠也廣雅釋詁二又
楚辭湘君望涔陽兮丨浦注又文選吳都賦行乎東
丨之外注○丨急也淮南精神隨其天資而安之不
丨注○丨吃也廣雅釋詁二○丨吃也楚語也方言
十○丨困也漢書匈奴傳上集注○丨病也呂覽適
音以危聽清則耳谿丨注○氣之散易故曰丨素問
天元紀大論物丨謂之變注○丨誅也詩苑柳後予
丨焉箋○丨猶放也所以韜指利放弦也儀禮大射
儀朱丨三注○丨猶放弦也以沓指放弦令不挈指
也儀禮士喪禮纊丨二注○丨屋棟也莊子則陽有
夫妻臣妾登丨釋文引司馬注○丨殿梁也後漢蔡

茂傳注○三輔名梁爲丨文選西京賦跱遊丨於浮
柱薛注○丨平頭屋也莊子則陽釋文引司馬注○
丨崖也文選辯命注引莊子司馬注○丨北丨也後
漢梁冀傳注又太元元瑩丨植中央注又文選西京
賦譬衆星之環丨薛注○丨北丨星也後漢杜篤傳
注○丨北辰也文選大將軍讌會詩注引孝經鉤命
決注○丨謂北辰星也楚辭怨思引日月以指丨兮
注○琁機謂之北丨御覽時序部十四引書大傳○
北丨謂之北辰爾雅釋天○北丨北辰也後漢荀爽
傳注○丨星謂北辰考工記匠人夜考之丨星注○
丨星辰星也呂覽有始丨星與天俱游而天丨不移
注○丨者藏也古微書引春秋元命苞○北丨雨府
也素問六元正紀大論雲朝北丨注○南丨雨府也
素問六元正紀大論雲奔南丨注○丨天也文選求
通親親表注引書考靈曜宋注○太丨太一也易繫
辭上傳是故易有太丨虞注○太丨者无稱之稱易

繫辭上傳注○三丨三才也易繫辭上傳三丨之道
也注○三丨三統也易繫辭釋文引馬注○十載謂
之丨御覽七百五十引風俗通○四和者謂之丨周
髀算經下天地四丨四和注○宇中六指謂之丨荀
子儒效○東至於泰遠西至於邠國南至於濮鉛北
至於祝栗謂之四丨爾雅釋地○八丨八方之丨也
淮南墬形九州八丨丨注精神離爲八丨注○讀爲
亟荀子賦出入甚丨莫知其門注反覆甚丨注○丨
忌聲相近史記楚世家使費無忌如秦索隱○詩殷
武四方之丨後漢樊準傳作四方是則○左昭十五
年傳費無丨史記侯表作無忌○漢書古今人表嬌
丨大戴記帝繫史記楚世家集解引世本並作高絧
山海經大荒西經
注引世本作驕福
丨止也詩殷其靁莫敢遑丨傳葛生誰與獨丨傳
【息】蜉蝣於我歸丨傳民勞汔可小丨傳又史記周本

紀不以善丨索隱又漢書郊祀志集注董仲舒傳集
注韋元成傳集注又管子七法猶左書而右丨之注
又淮南精神曷能久熏勞而不丨乎注詮言章人者
丨道者也注又文選東京賦乃宴斯丨薛注○丨安
也廣雅釋詁一又後漢朱穆傳注又呂覽適威而不
得丨注○丨猶安也禮記檀弓上細人之愛人也以
姑丨注○丨寧靜也左氏昭八年傳臣必致死禮以
丨楚國注○丨休也廣雅釋言又國策秦策戰攻不
丨注甘茂欲丨兵注又文選西京賦丨行夫薛注○
丨休丨荀子大略願丨事君注○丨猶休止也禮記
樂記著不丨者天也注○丨謂作勞休止於之丨禮
記樂記丨焉遊焉注○丨者休農丨老物也考工記
梓人則王以丨燕注○兌爲休丨易象上傳君子以
嚮晦入宴丨侯果注○陽用事爲丨易升利于不丨
之貞荀注○丨耗猶言善惡也後漢章德竇皇后紀
注○丨猶處也詩小明無恒安丨傳○動丨猶出處

文選謝元暉觀朝雨詩動丨無兼遂注○丨返也廣
雅釋言○丨歸也方言十三又廣雅釋詁二○宿丨
廬之屬賓客所宿及晝丨者也周禮野廬氏宿丨井
樹注○丨塞也言物滋丨塞滿也釋名釋言語○丨
生也史記高帝紀臣有丨女正義又漢書高帝紀上
集注律厤志上集注禮樂志集注刑法志集注二見
董仲舒傳集注下式傳集注貨殖傳集注又管子版
法戒審四時以別丨注又文選七發消丨陽陰注○
丨者生也史記孔子世家自大賢之丨索隱○丨者
生變之謂也易象下傳水火相丨注○丨長也易象
下傳虞注又孟子告子上其日夜之所丨注又素問
五運行大論在氣爲丨注○丨繁育也荀子大略有
國之君不丨牛羊注○丨二也廣雅釋詁四○丨壤
者言土自長丨無限山海經海內經緜竊帝之丨壤
以堙洪水注○丨土謂衍沃之田大戴記易本命丨
土之人美注○丨氣丨山海經海外北經山海之神

名曰燭陰丨爲風注○丨亦氣也論語鄉黨屏氣似
不丨者皇疏○累丨累氣後漢任延傳注○丨歎丨
也文選長門賦舒丨悒而增欷兮注○丨頃也史記
張耳陳餘傳閒不容丨索隱○丨勞也儀禮鄉飲酒
禮乃丨司正注○丨猶勞也儀禮鄉射禮乃丨司正
注○丨消淮南覽冥水浩洋而不丨注○丨猶銷也
禮記樂記使其文足論而不丨注○丨滅也易革釋
文又漢書宣帝紀集注引李斐又呂覽論人不可丨
也注懷龍侵奪之術丨也注○丨猶滅也禮記中庸
則其政丨注○丨猶弃史記周本紀百發盡丨索隱
○丨項也死肉也素問病能夫癰氣之丨者宜以鍼
開除去之注○丨姬姓之國國語周語丨由陳嬀注
○丨愼北夷也書序肅愼來貢馬注○丨愼或謂之
肅愼東北夷書序鄭注○南陵丨愼爾雅釋地○左
傳莊十年丨嬀隋
書列女傳作鄎嬀

直
丨正也禮記曲禮上丨而勿有注郊特牲丨祭祝
于主注又廣雅釋詁一又漢書張良傳集注○丨
猶正也詩碩鼠爰得我丨箋又禮記郊特牲告之以
丨信注哀公問出以治丨言之禮注又爾雅釋水濫
泉正出注○丨言正也史記留侯世家丨墮其履圯
下索隱引崔浩○丨正丨史記樂書則易丨子諒之
心集解引王肅○丨謂身行正丨書皐陶謨丨而溫
鄭注○丨剛正也易繫辭上傳其動也丨注○正曲
爲丨左氏襄七年傳○能正人之曲曰丨詩小明正
丨是與傳○所謂丨者義必公正立心不偏黨也韓
非子解老○丨義也廣雅釋詁二○丨丨其道也淮
南汜論小枉而大丨注○丨不邪也史記樂書回邪
曲丨正義○丨無曲也周書謚法剛彊理丨曰武注
○是謂是非謂非曰丨荀子脩身○丨指無屈橈也
後漢孔融傳注○頭容丨不傾顧也禮記玉藻頭容
丨注○骨丨謂強毅考工記弓人骨丨以立注○巽

爲繩丨易說卦傳○肇敏行成曰丨周書謚法○丨
者文之素也太元元文○丨生太元元文丨酋相勑
注○丨東方也春也質而未有文也太元元文○丨
之言殖也太元元文注○丨柄也禮記明堂位注飾
其丨釋文○丨參也墨子經上○丨當也禮記喪大
記注丨君北釋文又史記天官書前列丨斗口三星
索隱引劉氏又漢書禮樂志集注郊祀志下集注溝
洫志集注吳王濞傳集注霍去病傳集注趙充國傳
集注谷永傳集注二見義縱傳集注郭解傳集注匈
奴傳上集注匈奴傳下集注匈奴傳贊集注王莽傳
上集注○丨者當也史記伯夷傳注集解丨宏農索
隱○丨猶當也史記樗里子甘茂傳武庫正丨其墓
索隱又漢書郊祀志上集注又管子輕重乙君丨幣
之輕重以決其數注○丨相當值也詩柏舟實維我
特釋文引韓詩○丨值也史記封禪書遂因其丨北
集解引孟康○丨當日丨使也國策齊策丨使送之

注○｜事若今之當｜也文選魏都賦｜事所繇注
○｜但也荀子禮論｜無由進之耳注○｜猶但也
漢書司馬遷傳集注又淮南精神非｜夏后氏之璜
注｜雕琢其性注○｜猶故也史記留侯世家｜墮
其履圯下索隱引崔浩又漢書張良傳集注○｜語
發聲也史記龜策傳骨｜｜空枯正義○曲｜歌之曲
折也禮記樂記使其曲｜繁春廉肉節奏注○｜目
目從也山海經大荒北經有神人｜目正乘是謂燭
龍注○｜領邪｜而交下亦如丈夫服袍方也釋名
釋衣服○祖飾謂之｜衿方言四○｜｜波也詩伐
檀河水清且｜猗傳○｜泉涌泉也廣雅釋水○｜
泉者何涌泉也公羊昭五年傳○濆泉者何｜泉也
｜泉者何涌泉也同上○｜讀曰值漢書霍去病傳
集注朱買臣傳集注張敞傳集注孫寶傳集注朱邑
傳集注義縱傳集注○古字例以｜爲值史記匈奴
傳｜上谷索隱引姚氏○｜或爲犆也禮記郊特牲
首也者｜也注○詩大東其｜如矢楚辭章句九作
其平如砥○莊子田子方｜士梗耳釋文｜本作眞

得

｜猶取也呂覽報更臣弗｜也注○｜猶足也禮
記王制必參相｜也注○｜者生於失也莊子秋
水至德不｜注○｜謂陽易文言傳知｜而不知喪
荀注○｜少也老子德者同於德王注○｜貪也後
漢陳蕃傳注○｜貪｜也論語季氏戒之在｜集解
引孔注又皇疏○｜貪嗇也後漢明德馬皇后紀注
○｜謂卜事之宜也禮記大學慮而后能｜注○｜
序各當其任荀子議兵百官｜序注○｜者時也莊
子大宗師○當所遇之時世謂之｜莊子大宗師注
○樂全之謂｜志莊子繕性○｜猶便也呂覽淫辭
子豈不｜哉注○｜猶制御也後漢郅惲傳注○｜
也者其謂所｜以然也管子心術○｜猶知也呂覽
先己故心｜而聽｜注又淮南說山蒐曰吾聞｜之
矣注○｜相親說也左氏哀廿四年傳｜太子適郢

注○不自｜｜坐忘之謂也莊子天運蕩蕩默默乃不
自｜注○｜｜猶出也呂覽貴公平｜于公注○凡獲
器用曰｜｜左氏定九年傳○｜來之者齊人語也齊
人名求｜爲｜來公羊隱五年傳登來之也注○｜
謂倨句磬內相應也考工記輪人牙｜則無槷而固
注○㝵｜二字同體一切經音義一引衞宏古文官
書○｜今本作德易小畜尚｜載集解○｜或作德
漢書項籍傳集注引晉灼○｜｜當爲德荀子禮論貴
始｜之本也注成相尚｜推賢不失序注○易剝君
子｜輿釋文｜京本作德論語泰伯民無｜而稱焉
釋文｜本作德季氏戒之在｜釋文｜本作德
莊子徐無鬼無藏逆于｜釋文｜司馬本作德

北

｜伏也廣雅釋詁三又漢書律麻志上王莽傳中
集注引晉灼○｜方者伏方也萬物伏藏也白虎
通五行○｜方者何也伏方也伏方者萬物伏藏之
方御覽時序部十一引書大傳○｜者極也古微書
引春秋元命苞○｜者陰也漢書梁孝王武傳集注
引張晏○｜爲陰漢書天文志集注引孟康○｜陰
位也國語楚語命火正黎司地以屬民注○｜方陰
也論衡說日○｜方者陰氣在黃泉之下白虎通五
行○｜方者天之所終始也陰陽之所合別也春秋
繁露陰陽終始○｜方寒涼而不毛詩巷伯投畀有
｜傳○｜方水白虎通情性○｜方者水春秋繁露
五行相生○｜方水萬物所幽藏也白虎通五行○
｜方水也其星元武也論衡物勢○｜行向水位也
山海經大荒北經魃時亡之所欲逐之者令曰神｜
行注○坎爲｜易豐日中見斗虞注○｜奔也漢書
蒯通傳集注○｜奔｜史記淮陰侯傳折｜不救集
解引張晏○｜走也左氏桓九年傳以戰而｜注又
呂覽決勝怯則｜注忠廉將衆則不必撓｜矣注○
｜猶退也後漢張衡傳注○｜退走也國策宋策將
出而還與｜同注○｜者敗也史記樂書又後漢臧

宮傳注〇丨敗走也左氏昭卄一年傳華氏丨注又
荀子議兵遇敵處戰則必丨注〇軍走曰丨書甘誓
傳奔丨者釋文又左氏文十六年傳七遇皆丨注又
後漢南匈奴傳注〇師敗曰丨漢書高帝紀上集注
引服虔〇軍敗曰丨史記天官書戰敗爲丨軍正義
又莊子則陽逐丨旬有五日釋文〇軍敗奔走曰丨
國語吳語吳師大丨注〇丨者乖背之名故以敗走
爲丨也荀子議兵遇敵處戰則必丨注〇人喜陽而
惡陰丨方幽陰之地故軍敗者皆謂之丨後漢臧宮
傳注〇丨面謂臣也後漢班彪傳下注〇丨風寒涼
之風詩北風丨風其涼傳〇丨至夏至也後漢明帝
紀注〇日丨謂立表處大丨遠日也周禮大司徒日
丨則景長多寒司農注〇景長於土圭謂之日丨是
地於日爲近丨也周禮大司徒注〇丨落星名也文
選思元賦觀壁壘於丨落兮舊注〇丨斗第一天樞
第二琁第三機也後漢明德馬皇后紀注〇禮丨方
以立冬謂黑精之帝而顓頊元冥食焉周禮大宗伯
以元璜禮丨方注〇丨寺獄名屬黃門署後漢千乘
貞王伉傳注〇丨宮后之六宮周禮內宰憲禁令于
王之丨宮注〇丨堂神主所在也荀子宥坐子貢觀
於魯廟之丨堂注〇丨岳恒山書舜典十有一月朔
巡守傳〇丨海海在其丨也釋名釋州國〇丨叟塞
上叟也後漢蔡邕傳注〇丨林林名也詩晨風鬱彼
丨林傳〇丨假地名也水經河水注〇丨猶別也書
舜典分比三苗鄭注〇丨古別字三國虞翻傳注引
翻別傳〇穀梁隱十年注戰不逐丨釋文丨本作奔
〇史記天官書隋丨端兌索
隱曰丨漢書天文志作比

黑 丨晦也如晦冥時色也釋名釋采帛〇坤爲丨易
說卦傳〇北方謂之丨考工記畫繢之事〇丨爲
水周禮保章氏辨吉凶水旱降豐荒之祲象司農注
〇丨脣色也素問風論其色丨注〇丨齒齒如漆也

山海經大荒東經有丨齒之國注〇丨首謂民也禮
記祭義以爲黔首則釋文〇黍曰丨周禮籩人其實
麷蕡白丨形鹽膴鮑魚鱐司農注〇丨熬黍儀禮有
司徹婦贊者執白丨以授主婦注〇丨水亦出崑崙
山西北隅而東南流穆天子傳二至于丨水注〇丨
羊家也詩大田以其騂丨傳〇鄭公孫丨字子晳見
左襄卄九年傳楚公子丨肱字子晳見左昭元年傳
衛公子丨背字子晳見左昭卄年傳狄丨字晳見史
記弟子傳〇罕父丨字子索見史記弟子傳〇
衛公孫丨背字子叔見左傳襄卄六年正義

側 丨旁也廣雅釋言又楚辭思古傾容幸而侍丨注
〇邱丨邱旁也詩緜蠻止于邱丨箋〇丨階亦旁
階也禮記雜記升自丨階注〇丨邊也史記平準書
鑄鐘官赤丨索隱引韋昭〇丨邊丨史記禮書丨載
臭茝索隱引劉氏〇丨偪也釋名釋姿容〇丨縮也
廣雅釋詁三〇丨伏也淮南原道丨谿谷之閒注〇
丨謂迫丨亦充滿之義荀子解蔽處一危之其榮滿
丨注〇丨傾也詩賓之初筵丨弁之俄箋〇丨傾丨
也書洪範無反無丨馬注〇丨不正也莊子列禦寇
醉之以酒而觀其丨釋文〇丨謂凡爲不正也同上
〇丨席謂不正坐後漢章帝紀注〇丨反丨也禮記
曲禮上倒筴丨龜於君前有誅注〇反丨猶背違瀆
度也周禮匠人使無敢反丨注〇丨猶特也禮記曲
禮上有憂者丨席而坐注又國語吳語丨席而坐注
又後漢逸民傳注〇丨猶特也無偶曰丨儀禮士冠
禮丨尊注〇丨持也史記禮書丨載臭茝索隱引劉
氏〇丨猶獨也儀禮聘禮公丨襲注〇丨喻多長
有國也周書大聚天民丨丨注〇丨昳也謂將過中
之時儀禮既夕曰日丨注〇朔而月見東方謂之丨
匿周禮保章氏疏引洪範五行傳〇朔而月見東方
爲丨丨變之貌也太元元告聖人察乎朓丨匿之變
注〇朔而月見東方曰丨匿亦名朒周禮保章氏注

月有盈虧朓丨匿之類釋文〇丨匿猶縮縮行遲貌洪範五行傳朔而月見東方謂之丨匿注〇丨猶厓也詩伐檀寘之河之丨兮傳〇丨室謂夾之室次燕寢也禮記內則居丨室注〇丨者無元酒儀禮士冠禮丨尊注〇丨尊亦言無元酒儀禮士昏禮丨尊無醴于房中注〇丨酌者言無爲之薦者儀禮士冠禮丨酌醴注〇丨殺殺一牲也儀禮特牲饋食禮視丨殺注〇丨度也廣雅釋詁一〇丨當爲仄考工記車人行山者仄輮司農注〇丨稷音相近史記田敬仲完世家是以齊稷下學士復盛索隱〇詩賓之初筵丨弁之俄說文人部作仄弁之俄詩蕩時無背無丨漢書五行志中之下作以亡背亡仄〇楚公子丨字子反見左宣十二年傳魯孟之丨字反見左哀十年傳論語集解〇莊子列禦寇醉之以酒而觀其丨釋文丨或作則

飭丨拭也物穢者拭其上使明由他物而後明猶加文於質上也釋名釋言語〇丨謂文丨也史記秦始皇紀丨省宣義正義〇夫遠而光者丨也書大傳〇遠而有光者丨也大戴記勸學又說苑建本〇丨著也廣雅釋詁三〇丨情之章表也禮記三年問所以爲至痛丨也注〇〇丨治也淮南本經丨曲岸之際注時則丨喪紀注〇丨好也淮南主術若欲丨之乃是賊之注〇丨自好太元元錯〇丨巧也淮南本經其事素而不丨注〇丨虛呂覽知度情者不丨注〇丨哀也太元元衝〇丨漆之書大傳然後得乘丨車駢馬注〇丨猶褒也禮記王藻豹丨注〇袖謂之丨管子揆度卿大夫豹丨注〇丨謂純緣也論語鄉黨君子不以紺緅丨皇疏引鄭注〇丨者衣之領袖緣也論語鄉黨皇疏〇丨排銜也謂加丨于馬鑣也莊子馬蹄前有橛丨之患釋文引司馬注〇丨城者脩守備穀梁襄廿五年傳小邑必丨城而請罪注〇丨

讀曰勑呂覽貴公日醉而丨服注〇舉難難爲非則行丨注〇易坤注裳下之丨也釋文丨或作飭莊子漁父丨禮樂釋文丨木作飭

賊丨害也漢書趙幽王友傳集注又呂覽不屈不工而治丨注又淮南說林丨心亡注又楚辭招魂恐自遺丨些注多丨姦些注〇丨猶害也論語先進丨夫人之子皇疏又漢書司馬相如傳下集注〇丨謂丨害也論語憲問老而不死是爲丨也集解〇丨傷害也左氏僖九年傳不僭不丨注〇丨害人也左氏昭元年傳不僭不丨注〇丨丨害人也荀子宥坐嫚令謹誅丨也注〇害良曰丨荀子脩身〇丨謂私害素問刺要論反爲大丨注〇丨敗也害也淮南說林人生事反自丨注〇丨敗也淮南主術若欲飾之乃是丨之注〇丨殺也書舜典怙終丨刑傳泰誓中丨虐諫輔傳又後漢朱穆傳注又呂覽過理沮麛見之不忍丨注〇殺人曰丨書舜典寇丨姦宄傳又鄭注又後漢李固傳注〇殺人不忌爲丨左氏昭十四年傳又家語正論〇殺人而不戚也丨也大戴記曾子立事〇刦殺謂之丨荀子正論丨不刺注〇丨謂損刦素問寶命全形論百姓聞之以爲殘丨注〇飭五兵及木石曰丨大戴記千乘〇刑殺不正謂之丨列女傳辯通〇不赦有過謂之丨御覽刑法部一引書大傳〇殺生而送死謂之丨荀子禮論〇傷民故謂之丨也孟子告子下古之所謂民丨也注〇丨仁者謂之丨孟子梁惠王下〇保利非義謂之至丨荀子脩身〇攻禮者爲丨說苑指武〇毀則者爲丨國語魯語〇有勇非以持是則謂之丨荀子解蔽〇姦勇爲丨國語周語〇析交離親謂之丨莊子漁父〇稱人之惡謂之丨春秋繁露仁義法〇從下制上謂之丨史記李斯傳〇吾君不能謂之丨孟子離婁上〇誣君不諫故謂之丨孟子離婁上章指〇嫚令謹誅

丨也荀子宥坐○不䘏君之榮辱不䘏國之臧否偷
合苟容以持祿養交而已耳謂之國丨荀子臣道○
丨曹主盜丨之事後漢銚期傳注○丨曹主盜賊事
後漢王昌傳注○丨器盜丨之任器周禮閽人潛服
丨器不入宮注○丨星娭星也淮南原道丨星不行
注○食節丨爾雅釋蟲○食節曰丨詩大田及其蟲
丨傳桑柔降此蟊丨箋又後漢明帝紀注○食禾
節者言貪狠故曰丨也爾雅釋蟲食節丨李注
刻丨鏤也左氏莊廿四年經丨桓宮桷注又楚辭招
魂丨方連些注○木謂之丨爾雅釋器又荀子富
國故為之雕琢丨鏤注○木曰丨周禮大宰五曰百
工飭化八材司農注○丨畫也廣雅釋詁四○丨削
也莊子刻意丨意尚行釋文引司馬注○丨剄也廣
雅釋詁四○丨分也廣雅釋詁一○丨損減荀子禮
論丨死而附生謂之墨丨生而附死謂之惑注○丨
侵丨也書微子馬注○丨盡呂覽達鬱人主賢則人

臣之言丨注○丨急也國策秦策然深丨寡恩注○
丨亦急也呂覽處方其辭甚丨注○丨猶責也後漢
申屠剛傳注○丨貧也廣雅釋詁四○丨病也書微
子我舊云丨子傳○丨漏也文選劉越石荅盧諶詩
序求數丨之暫歡注○丨漏丨也太元元攡故推之
以丨注又文選謝靈運擬鄴中集陳琳詩飲讌遺景
丨注○丨丨漏詩含神霧丨曰王英生注○漏丨謂
以筒受水丨節晝夜百丨也華嚴經音義下引文字
集略○丨丨畫鬚髯也文選上林賦靚糚丨飾郭注
○丨意丨削其意不得自恣也後漢黨錮傳注○丨
肌謂墨劓臏刖後漢梁統傳注○丨著五藏謂銘之
於心也後漢第五倫傳注○丨陗升高也文選西京
賦下丨陗其若削薛注○丨若今龍頭儀禮特牲饋
食禮記棘心匕丨注○豕其跡丨爾雅釋獸○丨古
文剬同一切經音義十一○書微子我舊云丨子論
衡本性作我舊云孩子○魯顏丨史記弟子傳作顏

高論語釋文丨或作剋○魯
顏丨子驕通典作子精史記索隱引家語丨又名産
丨法也爾雅釋詁又易象下傳後有丨也虞注又
則書五子之歌有典有丨傳又詩伐柯其丨不遠箋
六月閑之維丨傳烝民有物有丨傳抑維民之丨箋
泮水維民之丨箋又禮記祭義明命鬼神以為黔首
丨丨注哀公問過動則民作丨注中庸其丨不遠注又
左氏僖九年傳順帝之丨注昭六年傳聖作丨注又
論語泰伯唯堯丨之集解引孔注又皇疏又大戴記
夏小正將閒諸丨傳又白虎通五行又國語周語昭
明物丨以訓之注威儀有丨注丨順而建德注晉語
略丨行志注又史記禮書小人不能丨也正義又漢
書成帝紀集注哀帝紀集注律厤志上集注二見禮
樂志集注二見又引孟康刑法志集注五行志中之
上集注賈誼傳集注兒寬傳集注匡衡傳集注朱博
傳集注外戚傳下集注又家語觀周考明堂之丨注

又太元元數大呂生夷丨注又莊子人閒世願以所
聞思其丨釋文引崔李注又呂覽上農是謂背本反
丨注又淮南時則注律中夷丨注又周髀算經下未
如其丨注又離騷名余曰正丨兮注願依彭咸之遺
丨注大招容丨秀雅注又文選東京賦辯方位而正
丨薛注○丨灋也周禮大司馬均守平丨注○丨者
灋也周禮大宗伯司農注○丨亦灋也典灋丨所用
異異其名也周禮大宰二曰灋丨以馭其官注○典
丨亦灋也周禮大史掌建邦之六典以逆邦國之治
掌灋以逆官府之治掌丨以逆都鄙之治注○灋丨
其官之制度周禮大宰注○坎為丨易象下傳後有
丨也虞注○丨效也漢書五行志上集注又後漢楊
賜傳注○丨常也爾雅釋詁○丨准下也約也素問
八正神明論必有法丨焉注○丨地未成國之名周
禮大宗伯五命賜丨注○根天地之氣寒暑之和水
土之性人民鳥獸草木之生物雖不甚多皆均有焉

而未嘗變也謂之丨管子七法○丨剏也廣雅釋言
○丨盡其辭也大戴記夏小正鷹丨爲鳩傳○是每
事言丨者設濟也周禮職方氏封公以方五百里丨
四公注○丨當爲明禮記禮運百姓丨君以自治也
注○丨當爲財與纔同荀子勸學口耳之閒丨四寸
耳注○易繫辭聖人丨之三國魏文帝紀注引獻帝
傳作聖人效之○書多士傳丨不
丨德義之經釋文丨本作測
塞
丨實也漢書敘傳下集注○丨猶實禮記中庸不
變丨焉注○丨滿也禮記孔子閒居志氣丨乎天
地注又漢書禮樂志集注齊悼惠王肥傳集注汲黯
傳集注兒寬傳集注嚴助傳集注王褒傳集注鮑宣
傳集注劉輔傳集注蕭望之傳集注元后傳集注又
淮南原道故植之而丨于天地注○丨充滿也詩定
之方中秉心丨淵箋又禮記祭義致禮樂之道而天
下丨焉注○丨猶充也荀子富國必將芻豢稻粱五

味芬芳以丨其口注○丨當也漢書項籍傳集注公
孫宏傳集注張湯傳集注王褒傳集注外戚傳下集
注王莽傳中集注王莽傳下集注○丨猶當也漢書
刑法志集注○丨當也滿也漢書陳餘傳集注○丨
荅也漢書終軍傳集注○丨補也漢書東方朔傳集
注楊惲傳集注丁定國傳集注○丨猶補也漢書淮
陽憲王欽傳集注○丨猶蔽也禮記郊特牲臺門而
旅樹注○丨掩也荀子大略故丨而避所短注○丨
閉也淮南主術公道通而私道丨矣注○丨猶閉也
淮南主術治道之所以丨注○丨過也呂覽論人不
可丨也注○丨謂不通後漢烏桓鮮卑傳注○丨謂
行不通也荀子王霸涂薉則丨注○丨亦控也管子
度地涵則丨注○丨瘞詩燕燕其心丨淵傳○丨充
窒儀禮既夕記瑱丨耳注○丨止也漢書刑法志集
注金安上傳集注又管子君臣下愚而易丨注○丨
斷也國策秦策丨轘轅緱氏之口注又呂覽孤徒則

邪僻之道丨矣注○丨絕也國語晉語是自背其信
而丨其忠也注又漢書杜欽傳集注又呂覽季春無
有障丨注○丨謂杜絕也文選曹子建雜詩國讎亮
不丨注○道德純備謂之丨後漢郅壽傳注○忠臣
不用謂之丨管子法法○下情求不上通謂之丨管
子明法○下情不上通謂之丨同上○丨安也方言
六○丨丨不安也廣雅釋訓○迹迹屑屑不安也秦
晉或謂之丨丨方言十○瓊有五采刻爲一畫者謂
之丨後漢梁冀傳注○丨釋聲相近漢書張騫傳集
注○丨或爲色禮記中庸不變丨焉注○書皐陶謨
剛而丨史記夏本紀作剛而實說文心部作剛
而寨○莊子胠篋丨曠之耳釋文丨崔本作杜
式
丨法也周書謚法又詩楚茨丨禮莫愆箋如幾如
丨丨傳下武下土之丨傳蕩不義從丨箋崧高南國
是丨箋烝民古訓是丨箋江漢丨辟四方箋又禮記
緇衣下土之丨注又漢書敘傳下集注又後漢馬援

傳注班彪傳下注崔寔傳注荀爽傳注傅毅傳注又
孟子公孫丑下皆有所矜丨注又荀子儒效禮者人
主之所以爲羣臣寸尺尋丈檢丨也注又太元少人
主之丨注常履靈丨注又莊子應帝王丨義度人釋
文引司馬注又管子弟子職中心必丨注又楚辭天
問天丨從橫注又文選宋孝武宣貴妃誄皇允璿丨
注○丨丨濬也廣雅釋詁一○丨謂籤制作濬丨也周
禮籥人三曰巫丨注○丨表也漢書百官公卿表上
集注東方朔傳集注楊雄傳上集注○丨模則也老
子爲天下丨王注○丨猶則之也老子抱一爲天下
丨注○婦丨婦人事之模範周禮典婦功掌婦丨之
濬注○丨敬也後漢明帝紀注○丨謂小俛以禮主
人也儀禮士喪禮君丨之注○丨用也爾雅釋言又
書仲虺之誥丨商受命傳又詩式微丨微丨微傳南
有嘉魚嘉賓丨燕以樂箋節南山丨夷丨已傳丨月
斯生箋小宛丨穀似之箋小明丨穀與女箋車舝丨

燕且喜箋苑柳｜居斐驕箋思齊不聞亦｜箋民勞｜過冠虐箋而｜宏大箋蕩冠攘｜內箋桑柔作爲｜穀箋崧高｜遄其行箋瞻卬｜救爾後箋泮水｜固爾猶箋長發帝命｜于九圍箋又賓之初筵｜勿從謂釋文又禮記孔子閒居帝命｜于九圍注表記｜穀以女注又左氏成二年傳不｜王命注襄廿九年傳榮成伯賦｜微注昭十二年傳｜昭德音注昭二十年傳｜過冠虐注又周書成開｜皇敬哉注又國語齊語｜權以相應注吳語先王之鐘鼓實｜靈之注又漢書董仲舒傳集注又後漢章帝紀注鄭元傳注張衡傳注左雄傳注又法言重黎謀越謀齊不｜注又家語弟子行｜夷｜巳注又莊子應帝王｜義度人釋文引崔注又管子輕重丁君請｜璧而聘之注又文選東京賦｜宴且盤薛注劇秦美新｜軨軒旂旗以示之注○｜皆用也國策秦策｜於政不｜於勇｜於廊廟之內不｜於四境之外注○｜度也荀子儒效禮者人主之所以爲羣臣寸尺尋丈檢｜也注○｜謂用財之節度周禮大宰以九｜均節財用注○｜謂載也禮記仲尼燕居車得其｜注○｜軾也論語鄉黨凶服者｜之皇疏○｜卽栻也史記日者傳旋｜正棊索隱○｜發聲也詩式微｜微｜微箋○｜讀曰騷詩賓之初筵｜勿從謂箋○｜與拭同荀子禮論不浴則濡巾三｜而止注○｜或作軾漢書李廣傳集注引服虔○書武成｜商容閭史記留侯世家作表商容之閭後漢盧植傳作封商容之閭○呂氏春秋｜夷漢書古今人表作視夷○詩蕩｜號｜呼

釋文｜本作或

軾 ｜車前橫木也後漢張湛傳注○｜車橫覆膝人所馮也文選魏都賦馮｜撫馬劉注○｜式也所伏以式敬者也釋名釋車○｜謂撫｜漢書石奮傳集注○｜謂小俛也後漢張湛傳注○｜所以禮之

後漢高獲傳注○鞃謂之｜廣雅釋器○兵車之｜高三尺三寸穀梁文十一年傳眉見於｜注○詩小戎箋揜軓在｜

釋文｜本作式

域 ｜居也史記禮書人｜是｜索隱○｜民居民也孟子公孫丑下｜民不以封疆之界注○｜國也廣雅釋詁四○｜界也漢書禮樂志集注○｜營｜也詩葛生蘞蔓于｜傳○｜謂身也文選豪士賦序存夫我者隆殺止乎其｜注○｜有也詩烈祖正｜彼四方傳○九｜九州也文選册魏公九錫文注引韓詩章句○｜葬地也廣雅釋邱○｜兆表之塋｜周禮典祀皆有｜注○故書｜爲邦杜子春云當爲｜周禮小司徒乃分地｜｜而辨其守注

殖 ｜生也書仲虺之誥不｜貨利傳又左氏襄三十年傳子產｜之注又漢書高后紀贊集注禮樂志集注食貨志上集注張安世傳集注張禹傳集注循吏傳集注王莽傳中集注王莽傳下集注又後漢段熲傳注西域傳注又管子小匡則民｜矣注○｜長也左氏昭元年傳其生不｜注昭二年傳宿敢不封｜此樹注又國語周語豐｜九藪注楚語生乃不｜注又太元增日宣而｜注又呂覽孟春五穀所｜注○｜生長也左氏昭十八年傳夫學｜也注○｜生也長也漢書敘傳上集注○｜積也廣雅釋詁一○｜立也廣雅釋詁四又國語周語上得民心以｜義方注吳語今天王既封｜越國注○｜｜言平正也詩斯干｜｜其庭傳○｜種也文選閒居賦注引蒼頡○｜蕃也國語晉語攀輦卽利而舍注惡不｜也注○｜貨｜列子楊朱子貢｜于衛注○｜謂壤田可播｜者也管子地圖名邑廢邑困｜之地注○種藝曰｜論語先進賜不受命而貨｜焉皇疏○左傳襄廿三年杞｜古今注作植○齊杞｜字梁見左襄

廿三
年傳
植｜種也廣雅釋地○｜猶種也文選東京賦｜華
平於春圃薛注○｜樹也周禮田僕令獲者｜旌
注○｜猶樹也周禮山虞｜虞旗于中注又後漢馬
融傳注○｜長淮南主術五穀蕃｜注○｜多也廣
雅釋詁三○｜立也左傳定十年皆至而立如｜釋
文又周書周祝地之生也固有｜注又方言十二又
漢書賈誼傳集注二見又荀子非相傳說之狀身如
｜鰭注又莊子外物草木之到｜者釋文又管子七
臣七主昏則緩急俱｜注又呂覽知度相與｜法則
也注又淮南原道故｜之而塞于天地注俶眞草木
無所｜注○｜志也管子法法上無固｜注又楚辭
招魂弱顏固｜注○｜立志也晉書音義中○｜建
也漢書賈誼傳集注○｜置也書金縢｜璧秉珪傳
○｜謂材也淮南覽冥井｜生梓而不容甕溝｜生

條而不容舟注○｜柱也文選西京賦｜鎩懸瞂薛
注○｜戶｜也淮南本經縣聯房｜注○｜謂之傳
爾雅釋宮○｜槌也禮記月令具曲｜籧筐注○槌
宋魏陳楚江淮之閒謂之｜方言五○｜築城楨也
周禮大司馬屬其｜注○｜謂部曲將吏周禮大司
馬司農注○｜物草木文選西京賦｜物斯生薛注
○｜物根生之屬周禮大司徒其｜物宜阜物司農
注○｜耳竦耳而聽也淮南人閒諸侯必｜耳注○
｜睹枉尾也淮南人閒使狐瞋目｜睹注○｜或爲
特禮記檀弓下行并｜於晉國注○｜古置字書金
縢鄭注○書金縢｜璧秉珪史記魯周公世家作戴
璧秉珪○論語｜其杖而芸漢石經作置其杖○莊
子外物木之到｜
者釋文｜本作置
敕 敕同今相承用勑○｜飭也使自警飭不敢廢慢
也釋名釋書契○｜謹也廣雅釋言○｜正也小

爾雅廣言又文選典引亹亹清廟憚｜天命也蔡注
○勑正也後漢班彪傳下注○勑正也書益稷勑天
之命傳○｜整也漢書郊祀志下集注息夫躬傳集
注谷永傳集注佞幸傳集注石顯傳集注元后傳集
注王莽傳上集注二見又文選思元賦懼余身之未
｜舊注○勑整也易噬嗑勑法釋文又後漢張衡傳
注又文選東京賦亭候修勑薛注○｜｜固也詩楚茨
既匡既｜傳○勑勞也爾雅釋詁○｜理也廣雅釋
詁二○｜備也方言十三又漢書王莽傳上集注○
勑書也廣雅釋詁四○｜語也廣雅釋詁一○勑顯
也小爾雅廣言○｜進也廣雅釋詁二○｜丑力反
爾雅釋詁釋文引字林○字林｜作勑古易音訓○
書皐陶謨勑天之命史記夏本紀作陟天之
命○爾雅釋詁倫勩卭｜釋文｜本作飭
飭｜整也漢書高后紀集注文帝紀集注武帝紀集
注宣帝紀集注成帝紀集注藝文志集注劉向傳

集注枚乘傳集注燕刺王旦傳集注趙充國傳集注
二見文翁傳集注敘傳下集注○｜正也詩六月戎
車既｜傳又呂覽音律修法｜刑注季秋祗敬必｜
注達鬱今樂而瓮｜注○｜整治也易雜卦傳蠱則
｜也注又釋文○｜整齊也家語五刑簠簋不｜注
○｜謂整矗之也家語執轡亂則｜冢宰注○｜治
也國語吳語周軍｜壘注○｜謹也漢書高惠高后
孝文功臣表集注鮑宣傳集注翟方進傳集注○｜
者謹也敬也匡謬正俗八○｜教也國語齊語以｜
其子弟注○｜讀作勑呂覽孟春田事既｜注○｜
讀如勑呂覽音律修法｜刑注○｜古勑字史記五
帝本紀信｜百官集解引徐廣○｜音與勑同字从
食从力匡謬正俗八○禮記樂記復亂以｜歸史記
樂書作復亂以飾歸○易雜卦蠱則｜也釋文｜王
肅本作飾禮記樂記合情｜貌者釋文｜本作飾穀
梁莊廿四年注斷斷自脩｜釋文｜本作勑或作整

棘 丨急也詩素冠丨人欒欒兮傳采薇玁狁孔丨箋出車維其丨矣箋雨無正孔丨且殆箋文王有聲匪丨其欲箋江漢匪疚匪丨箋又漢書匈奴傳上集注〇丨戟也詩斯干如矢斯丨箋又禮記明堂位越丨注又小爾雅廣器〇丨門以戟爲門周禮掌舍爲壇壝宮丨門司農注〇丨陳也廣雅釋詁三又楚辭天問啓丨賓商注〇丨箴也廣雅釋詁二〇丨廉也太元元掜丨木爲杍注〇丨棱廉也詩斯干如矢斯丨傳〇丨羸瘠也呂覽任地丨者欲肥肥者欲丨注〇丨狹小也莊子逍遙遊湯之問丨也是已釋文引簡文注〇丨棗也詩園有桃園有丨傳〇小棗爲丨楚辭懸命樹枳丨與薪柴注〇丨赤心也詩大東有捄丨匕傳又太元禮乃貫以丨注〇丨者西方之草也秋木也賈子胎教〇丨橘枝刺若丨也楚辭橘頌曾枝剡丨注〇樹丨以爲位者取其赤心而外刺象以赤心三刺也周禮朝士左九丨孤卿大夫位焉注

〇左九丨孤卿大夫位也羣士在其後右九丨公侯伯子男位也羣吏在其後獨斷上〇丨矢箭也文選東京賦桃弧丨矢薛注〇凡草木刺人江湘之閒謂之丨方言三〇坎爲丨易渙渙奔其机虞注〇坎爲叢丨易坎寘于叢丨九家注〇丨楚邑國語吳語乃匍匐將入丨闈注〇丨津猶孟津也水經河水注〇西方曰丨禮記王制〇丨扈氏農正掌人百果獨斷上〇世俗謂王丨矺鼠儀禮士喪禮決用正王丨注〇丨藺爾雅釋蟲〇丨門或爲材門周禮掌舍爲壇壝宮丨門杜注〇丨當作棘禮記王制西方曰丨注〇詩斯干如矢斯丨韓詩作如矢斯朸〇公羊僖二年傳垂丨之白璧釋文丨本作棘〇禮記王制東方曰丨釋文丨本作棘〇論語丨子成漢書古今人表作革子成

惑 丨迷也漢書李廣傳集注〇丨疑也國策秦策諸侯亂丨注〇丨疑丨也論語先進赤也丨皇疏爲政四十而不丨皇疏〇懷疑曰丨鬼谷子決終無丨偏注〇丨謑呂覽不屈察而以飾非丨愚注〇丨眩呂覽本生其於聲色滋味也多丨者注論人不可丨也注〇丨眩丨也呂覽謹聽今夫丨者非知反性命之情注〇丨怪也呂覽審爲世必丨之注〇丨疑怪也國語魯語吾丨之注〇丨猶嫌怪也論語述而門人丨皇疏〇丨悖也呂覽誣徒丨于嗜欲注安死以爲大丨注〇丨亂也廣雅釋詁三又國策秦策聽無失本末者難丨注〇丨謂丨亂過禮也荀子禮論刻生而附死謂之丨注〇喜怒畢慮丨也大戴記曾子立事〇貪奸者丨也說苑反質〇從外制中謂之丨史記李斯傳〇責人以備謂之丨春秋繁露仁義法〇知惡而不改謂之丨賈子大政上〇刻生而附死謂之丨荀子禮論〇大丨者終身不解莊子天地〇論語顏淵崇德脩慝辨丨釋文丨本作或

默 或作嘿〇嘿靜也華嚴經音義下引漢書音義〇丨寂楚辭惜賢丨順風以偃仰兮注〇丨無也列子力命丨之成之注〇嘿嘿不自得意史記屈原賈生傳于嗟嚜嚜集解引應劭〇坤爲丨易繫辭上傳或丨或語虞注〇丨黑也廣雅釋器〇丨諒闇也國語楚語於是乎三年丨以思道注〇貪以賂官爲丨家語正論〇丨猶冒苟貪不畏罪家語正論注〇窈冥昏丨皆了無也莊子在宥至道之精窈窈冥冥至道之極昏昏丨丨注

織 治絲曰丨丨繒也小爾雅廣服〇丨染絲丨之禮記玉藻士不衣丨注〇丨細紵書禹貢厥篚丨貝傳〇丨金罽書禹貢熊羆狐貍丨皮傳〇文丨畫及繡錦周禮玉府兵器文丨注〇丨文錦綺之屬書禹貢厥篚丨文傳〇丨紝丨布者後漢崔寔傳注〇丨紝丨繒布也後漢班彪傳下注麗參傳注〇丨皮毛

布書禹貢丨皮崐崘析支渠搜傳○丨絡猶經緯往來也後漢張衡傳注○丨女星名也大戴記夏小正丨女正北鄉傳○丨皮謂西戎之國也水經桓水注引書鄭注

匿 丨藏也論語公冶長丨怨而友其人皇疏又廣雅釋詁四又漢書婁敬傳集注卜式傳集注又呂覽重言桓公管仲雖善丨注又淮南說山無內無外不丨瑕穢注○丨亦藏也左氏宣十五年傳瑾瑜丨瑕注○丨隱也廣雅釋詁四又國語周語文不可丨注又漢書季布傳集注又管子立政築障塞丨注○丨微也爾雅釋詁○丨藏之微也爾雅釋詁舍人注○丨縮也廣雅釋詁三○丨避也漢書灌夫傳集注○丨猶逃也淮南說林清則見物之形弗能丨也注○丨屖伏屖也後漢李固傳注○竹器邊緣曰丨御覽七百五十六引通俗文

億 十萬曰丨書五子之歌予臨兆民傳泰誓紂有臣丨萬釋文洛誥公其以予萬丨年敬天之休傳又詩伐檀箋楚茨箋假樂子孫千丨箋又國語鄭語計丨事注又後漢王景傳注○夫言丨者十萬曰丨也周髀算經上東西二萬八千里注○十萬謂之丨御覽七百五十引風俗通○丨今十萬禮記王制爲田九十丨畝注○十萬曰丨古數也今人乃以萬萬爲丨國語楚語官有十醜爲丨醜注○萬萬曰丨詩伐檀胡取禾三百丨兮傳楚茨我庾維丨傳又左氏昭廿年傳雖其善祝豈能勝丨兆人之詛注又後漢班彪傳下注○萬丨今萬萬也禮記王制爲田九萬丨畝注○數萬至萬曰丨詩豐年萬丨及秭傳○丨數也孟子離婁上其麗不丨注○丨安也左氏隱十一年傳不能供丨丨注昭廿一年傳心丨則樂注昭三十年傳我盍姑丨丨吾鬼神注又國語晉語丨寧百神注吳語丨負晉衆庶注又漢書禮樂志集注○丨度也左氏襄廿五年傳不可丨逞注又論語先進丨則屢中釋文○丨謂以意度之荀子賦暴至殺傷而不丨忌者與注○丨度之言無限也文選四子講德論今子執分寸而罔丨度注○丨丨必也論語憲問不丨不信皇疏○丨惜易震丨喪貝虞注○丨歎辭也易震干注○丨辭也易震注○丨與抑同荀子賦暴至殺傷而不丨忌者與注○論語丨則屢中漢書貨殖傳作意則屢中○易震釋文丨本作噫禮記文王世子丨可以爲之也釋文丨本作噫○張納功德敘光乎意載魯峻碑永傳意齡孔宙碑意載揚聲丨俱作意

臆 臆匈也廣雅釋親○丨膺也文選射雉賦丹丨蘭綷徐注○丨猶抑也抑氣所塞也釋名釋形體○丨滿也方言十三○臆滿也廣雅釋詁一○周禮酒正注漿水丨釋文丨本作醷

丨丨度也論語先進丨則屢中皇疏引王弼○丨

憶 意也恒在意中也釋名釋言語

特 丨獨也廣雅釋詁三又國策秦策我丨以三國城從之注又漢書高帝紀上集注引文穎高帝紀下集注張良傳集注灌嬰傳集注賈誼傳集注又後漢張衡傳注又呂覽論人懼之以驗其丨注又文選子虛賦蓋丨其小小者耳郭注○丨猶獨也儀禮大射儀丨升飲注○丨匹也詩柏舟實維我丨傳○丨一也國語晉語子爲我具丨羊之饗注楚語諸侯舉以丨牛注○丨猶一也儀禮士昏禮其實丨豚注○丨豚一豚也儀禮士冠禮若殺則丨豚注○一舟曰丨舟爾雅釋水士丨舟李注○士丨丨舟爾雅釋水○丨揖一揖之周禮司士孤卿丨揖注⊙物無耦曰丨方言六○丨意謂人人殊意荀子大略天下之人惟各丨意哉注○丨猶直也荀子正論先王明之豈丨元之耳哉注又呂覽忠廉丨王子慶忌爲之賜而不

殺耳注○丨猶言直也荀子勸學安丨將學雜識志
順詩書而已耳注○丨但也漢書高帝紀上集注引
蘇林禮樂志集注韓信傳集注叔孫通傳集注灌夫
傳集注霍光傳集注匈奴傳上集注又家語賢君豈
丨一身者哉注又呂覽適音非丨以歡耳目注○丨
徒也漢書賈誼傳集注○丨辭也莊子齊物論而丨
不得其朕釋文引崔注何其无丨操與釋文引崔注
○丨丨牛也禮記王制用丨注○丨牲豕也國語楚
語大夫舉以丨牲注○豕生一丨爾雅釋獸○獸三
歲曰丨詩伐檀胡瞻爾庭有縣丨兮傳○三歲爲丨
周禮大司馬大獸公之小禽私之司農注○獸四歲
爲丨廣雅釋獸○丨雄也同上○攻丨謂騬之周禮
校人攻丨司農注○古文丨爲徂儀禮既夕丨鮮獸
注○詩柏舟實維我丨韓詩作實維我直○禮記少
儀不丨弔釋文丨本作犆爾雅釋水士丨舟釋文丨
本作犆○史記宋世家宋公子丨自立是爲昭公索

隱曰丨一作得○莊子逍遙遊乃今以久丨聞釋文
丨崔本作待○易大過注心无丨吝釋文丨本作持
莊子齊物論何其无丨操與釋文丨本作持

【勒】
丨馬轡後漢崔寔傳注○丨馬銜也後漢烏桓鮮
卑傳注○丨謂銜丨也後漢杜篤傳注○丨馬鑣
銜也一切經音義十六引字書○丨絡也絡其頭而
引之也釋名釋車○貝丨貝飾丨儀禮既夕記纓轡
貝丨注○丨面謂以如王龍丨之韋周禮巾車丨面
纘總注○丨猶勞也穆天子傳三丨七萃之士注○
丨刻也禮記月令物丨工名注○丨刻也刻識之也
釋名釋言語○丨翅也詩斯干如鳥斯革釋文引韓
詩○丨姐羌號也後漢桓帝紀注○丨與
肋古字通文選景福殿賦丨分翼張注

【劾】
案罪曰丨後漢周黃徐姜申屠傳注

【慝】
丨惡也書大禹謨負罪引丨傳又詩民勞無俾作
丨傳瞻卬伊胡爲丨箋又周禮胥師察其詐僞飾
行債丨者注小行人其悖逆暴亂作丨猶犯令者爲
一書注又禮記曾子問注無日而丨作釋文又左氏
僖廿八年傳糾逖王丨釋文文十八年傳服讒蒐丨
注又穀梁隱九年注以除邦國之丨釋文又論語顏
淵敢問崇德修丨集解引孔注又皇疏又周書寶典
安上無丨注又廣雅釋詁三又國語周語觀其苛丨
注魯語民旁有丨注晉語內無苛丨注又史記五帝
紀好行凶丨正義又漢書禮樂志集注翟義傳集注
王嘉傳集注又後漢孝和孝殤帝紀注順烈梁皇后
紀注班彪傳下注又莊子讓王仁義之丨釋文又呂
覽貴因讒丨勝良注又淮南泰族離羣丨之紛注又
文選東京賦忿姦丨之干命薛注○丨猶惡也周禮
大行人殷頫以除邦國之丨注○丨奸惡也左氏昭
廿五年傳日入丨作注○丨姦惡者也管子君臣下

則國平而民無丨矣注○丨姦僞之惡也周禮匡人
匡邦國而觀其丨注○丨邪也詩柏舟之死矢靡丨
傳○丨穢也禮記樂記世亂則禮丨而樂淫注○丨丨
言隱匿其情以飾非爾雅釋訓崇讒丨也釋文○丨
態也有姦態也釋名釋天○丨陰氣也左氏莊廿五
年傳丨未作注昭十七年傳丨未作注又後漢馬融
傳注○丨陰姦也周禮環人察軍丨注○稱譽詐僞
以敗惡人謂之丨莊子漁父○方丨四方言語所惡
也周禮誦訓掌道方丨注○地丨若障蠱然也周禮
土訓道地丨注○地丨丨地所生惡物害人者若虺蝮
之屬周禮土
訓司農注

【昃】
昃跌也廣雅釋言○日昳曰丨國語楚語文王至
於日中丨注○日昃昳中也周禮司市大市日昃
而市注○日丨日覆也書中候摘洛戒至于日丨注
○丨日西也下丨蓋哺時公羊定十五年經日下丨

注○下丨謂晡時穀梁定十五年經日下稷注○易
離日丨之離釋文丨王嗣宗作仄書無逸日中昃釋
文昃本作仄○左定十五年日下丨穀梁作
日下稷○易豐日中則昃釋文昃孟本作稷
仄 丨陋也廣雅釋詁一○丨跌也周書周祝故日之
中也丨注○丨行蟹屬考工記梓人卻行丨行注
○故書丨爲側考工記車人行山者丨蘇注○丨古
側字漢書五行志上集注五行志中之上集注五行
志中之下集注息夫躬傳集注賈誼傳集注鼂錯傳
集注汲黯傳集注陳湯傳集注薛宣傳集注鮑宣傳
集注蕭望之傳集注循吏傳集注○爾
雅釋水穴出丨出也釋文丨本作側
稷 丨粟也爾雅釋草粢丨孫注又穆天子傳四膜丨
三十車注○丨粟也今江東呼粟爲丨也爾雅釋
草舍人注○丨粱也國語晉語黍丨無成注○丨五
穀之長白虎通五祀○丨者五穀之長後漢光武紀

上注又風俗通祀典○丨者得陰陽中和之氣而用
尤多白虎通社稷○丨牛皆屬土也淮南時則食丨
與牛注○丨五穀之長也因以丨名其神也獨斷上
○丨百穀之神也御覽引成伯璵禮記說○丨百穀
之神荀子禮論丨祭丨也注○丨神蓋厲山氏之子
柱也獨斷上○丨棄也書舜典讓于丨契暨皐陶鄭
注○丨田正也左氏昭廿九年傳○社丨后土及田
正之神周禮大司徒設其社丨之壝注○社丨土穀
之神有德者配食焉周禮大宗伯以血祭祭社丨五
祀五嶽注○丨社之細也周禮封人掌設王之社壝
注○丨澤后丨神所馮因名云山海經西山經峚山
丹水出焉西流注于丨澤注○艮爲社丨易象下傳
出可以守宗廟社丨虞注○丨側也書中候宋注又
太元應君子應以大丨注○丨昃也穀梁定十五年
經日下丨注○丨疾詩楚茨既齊既丨傳○丨之言
即也詩楚茨箋○丨丨嗟其已應素問寶命全形論

見其丨丨注○丨慎肅慎也周書王會西面者正北
方丨慎大麈注○丨地名左傳昭十年庚辰戰于丨丨
釋文○丨桑皐落翟地國語晉語至於丨桑注○丨
古文穊同一切經音義三○丨古文穊同一切經音
義十○丨讀曰側下之側書中候舜至於下丨注孝
經鉤命訣日丨而亦光起注○秦昭襄王名丨見史
記趙世家廿
茂傳作側
識 丨知也詩瞻卬君子是丨箋又國語魯語祖丨地
德注又呂覽長見子不丨注○丨猶知也史記魏
世家丨亡不聽索隱○丨命謂知天命者後漢王昌
傳注○丨審也周禮司刺壹宥曰不丨注○丨性也
後漢馬融傳注○丨心之別名湛然不動謂之心分
別是非謂之丨文選五君詠丨密鑒亦洞注○丨如
字亦讀爲志也荀子成相治亂是非亦可丨託於成
相以喻意注○莊子繕性心與心丨釋文丨向本作
職

逼 與偪同○丨迫也爾雅釋言○偪迫也國語周語
不可偪也注又後漢張衡傳注○丨近也小爾雅
廣詁○偪古丨字漢書賈誼傳集注楊雄傳上集注
○偪與丨同晉書音義下○偪字與丨同文選上林
賦偪側泌瀄注○偪當作伏考工記輈人不伏其轅
杜注○丨或作福晉書音義中○詩烝民箋諸侯之
居丨隘釋文丨本作偪爾
雅釋言釋文丨本作偪
克 丨能也爾雅釋言又書堯典允恭丨讓傳洪範二
曰剛丨三曰柔丨鄭注又詩南山匪斧不丨傳伐
柯匪斧不丨箋生民丨禋丨祀箋蕩鮮丨有終箋思
文丨配彼天箋泮水丨明其德箋又考工記輈人既
丨其登注又禮記坊記匪斧不丨注緇衣若己弗丨
見注大學丨明德注丨配上帝注又左氏莊二十年

傳鄭伯和王室不丨注僖廿八年傳無丨祚國注成二年傳丨遂有功於齊注又一切經音義廿二引字林又國語周語丨配彼天注將殺單子未丨而奔注又漢書劉向傳集注又後漢梁統傳注東海恭王彊傳注又太元䞇不丨也注差過小善不丨注居子丨爻注大包荒以中丨注常丨承貞注又法言修身序動不丨咸注問神問武曰丨注又家語好生孰丨如此注六本丨讓以接下注又文選思元賦𧬈丨謀而從諸舊注神女賦孰者丨讓注○丨猶能也淮南繆稱力優而丨不能及也注○丨者何能也何能也能殺也穀梁隱元年傳○丨勝也書洪範二曰剛丨三曰柔丨馬注又詩小宛飲酒温丨傳桑柔如云不丨箋又禮記曲禮下執輕如不丨注禮器我戰則丨注坊記子丨紂注又左氏昭十二年傳不能自丨注又公羊文十四年傳大其弗丨納也注又論語憲問丨伐怨欲皇疏又國語周語晉既丨楚於鄢注魯語若

楚之丨魯注又後漢段熲傳注高彪傳注又太元周小人不丨也注增要不丨注法摹法以中丨注內內不丨婦注勤大人有丨注又法言問明好大累丨注重黎屈人者丨注又管子七臣七主飾臣丨親貴以爲名注又呂覽懷寵故丨其國注○丨亦勝也荀子大略然而能使其欲利不丨其好義也注○丨好勝人也論語憲問丨伐怨欲集解引馬注又大戴記衞將軍文子不丨不忌注文王官人獨而不丨注○丨謂勝伏管子七臣七主數出重法而不丨其罪注○勝己之私之謂丨法言問神○丨殺也書牧誓弗禦丨奔以役西土鄭注○丨之者何殺之也公羊隱元年傳○丨者詰爲殺亦爲能公羊隱元年傳己殺之注○丨責也論語顏淵克己復禮爲仁皇疏引范甯○丨堪也太元中時不丨也注○丨成也左氏宣八年經日中而丨葬注○得雋曰丨左氏莊十一年傳○愛民在刑曰丨周書謚法○丨者如祲氣之色相

犯也書洪範曰丨鄭注○丨刻也刻物有定處人所丨念有常心也釋名釋言語○丨當作刻詩雲漢后稷不丨箋○書堯典丨明俊德史記五帝紀作能明馴德丨諧以孝作能和以孝五典丨從作五典能從惟明丨允作維明能信○書太甲罔卜胥匡以生三國駱統傳作無能胥以寧書文侯之命丨慎明德史記晉世家作能慎明德○書洪範曰丨周禮大卜注作曰尅左閔二年鄭高丨詩淸人釋文作尅○詩淸人序高丨好利釋文丨本作尅○左傳文十六年而後可丨釋文丨本作掣○呂覽適威李丨塞難作李充○郲子丨字儀父見左傳隱元年王子丨郎子儀見左傳桓十八年楚鬭丨字子儀見左僖廿五年傳

剋 丨能也後漢鄭興傳注又一切經音義廿五引字林○丨勝也後漢郅惲傳注張衡傳注又老子則無不丨注○尅勝也爾雅釋詁○尅猶約也論語顏淵尅己復禮爲仁皇疏○尅截淮南說山至伐大木

非斧不尅注○弱而受形謂之丨御覽刑法部十八引書大傳○論語子罕集解弟子顏丨釋文丨本作亥

蜮 丨猶惑也公羊傳莊十八年疏引洪範五行傳又漢書五行志下之上○蜮之猶言惑也公羊莊十八年秩有蜮注○丨短狐也詩何人斯爲鬼爲丨傳又山海經大荒南經注又楚辭大招丨傷躬只注○丨乃短狐與周禮秋官序官蟈氏注○蜮射人者也穀梁莊十八年傳○丨射人者也藝文類聚災異部引洪範五行傳○丨謂之射工左氏莊十八年釋文穀梁莊十八年釋文引本草○丨短狐也或謂之射工公羊莊十八年釋文○蜮短狐也蓋含沙射人穀梁莊十八年經有蜮注○蜮短狐也蓋以含沙躲人爲災左氏莊十八年經秋有蜮注○丨一名短狐今之水弩含沙射人爲災後漢明帝紀注○丨射人生

於南越謂之短狐後漢馬融傳注○丨狀如鼈三足一名射工俗呼之水弩在水中含沙射人詩何人斯釋文○短狐南方盛暑所生其狀如鷩古無今有含沙射人入皮肉中其瘡如疥偏身濩濩丨丨左氏莊十八年經服注○丨蝦蟆也周禮秋官序官司農注○丨也者或曰屈造之屬也大戴記夏小正鳴丨傳○齊魯之閒謂鼃爲蟈周禮蟈氏掌去鼃黽注○蟈今御所食蛙也字从黽國聲也周禮秋官序官蟈氏注○螻丨螻姑也廣雅釋蟲○丨或作螣食心曰螟食葉曰丨兖州謂丨爲螣音相近也呂覽任地又無螟丨注○蟈謂爲丨周禮秋官序官司農注

卽 丨就也易屯丨鹿无虞虞注又詩氓來丨我某箋東門之墠子不我丨傳東方之日履我丨兮箋板我丨爾謀箋又儀禮士冠禮丨席坐注將冠者丨筵坐注士昏禮賓丨筵坐注鄉飲酒禮丨席注聘禮賓

丨館注公食大夫禮席末取梁丨稻注喪服丨葛五月者注又禮記王制必丨天倫注雜記宰夫朝服丨喪屨注哀公問丨安其居注又左氏文六年傳而後丨命注成二年傳固丨死也注又公羊桓二年傳非有丨爾注又論語子張丨之也溫皇疏又大戴記保傳我丨死注又方言十二又廣雅釋詁三又國語周語無丨慆淫注魯語而後丨安注又史記淮南衡山傳丨訊太子索隱引樂產又漢書高帝紀下集注武帝紀集注宣帝紀集注禮樂志集注食貨志下集注二見郊祀志下集注項籍傳集注吳王濞傳集注樊噲傳集注淮南厲王長傳集注鼂錯傳集注江都易王非傳集注趙敬肅王彭祖傳集注衛青傳集注董仲舒傳集注終軍傳集注霍光傳集注金安上傳集注趙充國傳集注二見段會宗傳集注兩龔傳集注谷永傳集注引李奇何武傳集注卓氏傳集注董賢傳集注匈奴傳下集注西域傳下集注敘傳上集注

又後漢寇恂傳注朱景王杜馬劉傳堅馬傳注朱穆傳注崔駰傳注陳蕃傳注野王二老傳注南蠻西南夷傳注又荀子宥坐已此三者然後刑可丨也注又太元密我心丨次注又家語始誅勿庸以丨汝心注刑政必丨天倫注又淮南繆稱丨鹿無虞注又文選思元賦丨岐趾而臚情舊注○丨者就也公羊桓元年公丨位注又史記吳王濞傳丨山鑄錢索隱○丨猶就也漢書兩龔傳集注○丨訓就史記平準書以丨丨山鑄錢索隱○丨鹿猶從禽也後漢何進傳注○丨丨近也公羊宣元年傳不丨人心注○丨尼也爾雅釋詁○丨猶今也爾雅釋詁注又孫注○丨半也方言十二○丨猶若也漢書西南夷傳集注○雄鳴曰丨丨論衡講瑞引禮記瑞命○丨周燭頭燼也禮記檀弓釋文○○丨周冶土爲甎回周于家禮記檀弓釋文引何注○丨或爲則禮記王制必丨天倫注○丨一作助方言十二丨圍就也丨半也注○禮記檀弓

釋文丨本作塈曾子問注夏后氏之丨周釋文丨本作塈

拭 丨清也爾雅釋詁又周禮世婦注概丨也釋文又儀禮聘禮賈人北面坐丨圭注○丨靜也禮記雜記雍人丨丨羊注○按丨所以爲潔清爾雅釋詁注○丨丨捝大戴記諸侯釁廟雍人丨羊注

弋 丨射也易小過公丨取彼在穴注又太元疑丨木之鳥注又楚辭惜誦矰丨機而在上兮注○丨繳淮南脩務銜蘆而翔以備矰丨注○丨繳射也詩女曰雞鳴丨鳧與鴈箋又考工記弓人利射侯與丨注又左氏哀七年傳好田丨釋文又論語述而丨不射宿集解引孔注又國語齊語田狩畢丨注又後漢馬融傳注又穆天子傳一田獵釣丨注又家語王言田獵罼丨注又淮南時則止田獵罼丨注又文選吳都賦丨磻放劉注○繳射曰丨莊子胠篋夫弓弩畢丨機變之知釋文引李注○丨丨繳射之也呂覽功名善

丨者下烏乎百仞之上注○丨繳射飛也呂覽季春田獵畢丨注○丨繒繳射易小過公丨取彼在穴虞注○繒丨射身短矢也淮南俶眞繒繳機而在上注○丨獵也呂覽處方韓昭釐侯出丨注○丨取也書多士敢丨殷命傳又管子侈靡觀危國過君而丨其能者注○丨厚也後漢王符傳注○丨姓也詩桑中美孟丨矣傳○丨也者禽也大戴記夏小正十有二月鳴丨傳○詩君子于役雞棲于丨釋文丨本作杙

【陟】丨陞也爾雅釋詁○丨升也書舜典汝丨帝位傳又詩卷耳丨彼崔嵬傳公劉丨則在巘箋又禮記檀弓注丨方乃死釋文又大戴記夏小正魚丨負冰傳丨元鳥蟄傳又漢書郊祀志下集注五行志上集注引應劭揚雄傳上集注又文選吳都賦鳥聞梁岷有丨方之館注○丨昇也文選東京賦省幽明以黜丨薛注○丨登也詩車舝丨彼高岡箋皇矣丨我高岡箋又左氏昭七年傳叔父丨恪注○丨降上下也詩閔予小子丨降庭止箋○山三襲丨爾雅釋山○伊丨伊尹之子書君奭時則有若伊丨臣扈鄭注○丨之言得也讀如王德翟人之德周禮大卜三曰咸丨注○丨古作敕史記封禪書伊丨集解引徐廣○書舜典汝丨帝位史記五帝紀作女登帝位

【測】丨意度也禮記少儀毋丨未至注○丨猶度也國語晉語抑欲丨吾心也注○丨猶度也不知廣深故曰丨周禮大司徒丨土深注○度深曰丨一曰盡也淮南原道深不可丨注○丨知也太元元測都序夜則丨陰注○丨猶淸也考工記弓人漆欲丨注○丨深也淮南本經贏縮卷舒淪於不丨注○丨亦水深之別名爾雅釋言潛深丨也注○丨盡也呂覽下賢昏乎其深而不丨也注又淮南原道深不可丨注主術深不可丨注○丨盡極也呂覽論人不可丨也注○丨讀如丨度之丨考工記弓人漆欲丨注○丨

讀爲惻隱之惻考工記弓人司農注

【冒】丨犯也漢書禮樂志集注賈誼傳集注李陵傳集注霍去病傳集注董仲舒傳集注司馬相如傳下集注司馬遷傳集注王吉傳集注○丨揆也廣雅釋詁四○丨抵丨也國語周語其君貪丨辟邪注

【翊】丨佑也漢書百官公卿表上集注引張晏○翋飛也廣雅釋詁三○丨丨敬也漢書禮樂志集注

【抑】丨按也禮記內則而敬卜搔之注又廣雅釋詁三又淮南精神捧心丨腹注又楚辭惜誦情沈丨而不達兮注懷沙俛屈以自丨注丨心而自強注○丨遏也荀子成相禹有功丨下鴻注○丨者遏也史記河渠書禹丨鴻水索隱○丨塞也同上○丨沒也淮南本經民之滅丨天隱注○丨猶推也禮記學記強而弗丨注○丨屈也史記劉敬叔孫通傳皆伏丨首集解引如淳又漢書叔孫通傳集注○丨枉也國語晉語叔魚丨邢侯注○丨貶也國語楚語而爲之聳善而丨惡焉注○丨退也後漢班彪傳下注○丨止也淮南本經丨減怒瀫以揚激波注又楚辭招魂丨鶩若通兮注○丨安也方言十三又廣雅釋詁二○丨治也廣雅釋詁三又孟子滕文公下昔者禹丨洪水注○丨丨密也爾雅釋訓又詩假樂威儀丨丨箋抑丨丨威儀傳又漢書馮奉世傳贊集注敍傳下集注又後漢東平憲王蒼傳注○丨丨愼密也詩賓之初筵威儀丨丨傳○丨丨美也詩假樂威儀丨丨傳又後漢班彪傳下注○丨丨美色詩猗嗟丨若揚兮傳○丨語助也論語學而丨與之與皇疏○丨辭也詩十月之交丨此皇父釋文又禮記中庸丨而強與注又孟子梁惠王上丨王興甲兵注又太元飾丨亦飛如注○丨疑辭左氏昭八年傳丨臣又聞之注○丨意也詩十月之交釋文引韓詩○丨之言噫詩十月之交箋○史記河渠書禹丨鴻水索隱云漢書溝洫

志作堙○易大畜注丨
銳之始釋文丨本作挫
【惻】丨悲也廣雅釋詁三○丨痛也漢書文帝紀集注
鮑宣傳集注淮陽憲王欽傳集注○愳痛也廣雅
釋詁二○丨痛心也太元翕翕繳丨丨注○丨傷悼
也易象下傳行丨也干注○丨丨悐切也後漢張酺
傳注○丨愊傷痛也文選洞簫賦悲愴悢以丨愊兮
注○丨古文作愳一切經音義四○丨聲類作愳同
楚力反一切經音義二○平輿
令薛君碑側爾酸辛丨作側
【扐】丨指閒也易繫辭歸奇于丨釋文引馬注○丨別
也易繫辭釋文引荀注○芀猶成也太元元數并
餘於芀注○丨音勒穆
天子傳五是以選丨注
【泐】丨謂石解散也考工記總目石有時以丨司農注
○丨讀如再扐而後卦之扐同上

經籍籑詁〈卷一百三〉 十三職 惻至亟 卌五

【肋】丨勒也所以撿勒五臟也釋名釋形體○幹謂之
丨廣雅釋親
【亟】丨急也詩北風既丨只且傳七月丨其乘屋箋靈
臺經始勿丨箋又禮記檀弓若疾革釋文少儀注
賦稅丨也釋文左氏隱十一年傳乃丨去之釋文成
九年傳勿丨遣使詣晉釋文襄廿四年傳公孫之丨
也注昭五年傳習儀以丨釋文定五年傳以周丨矜
無資注又廣雅釋詁一又史記陳涉世家趣趙兵丨
入關索隱司馬相如傳丨下縣道索隱又漢書高帝
紀下集注武帝紀集注五行志中之下集注陳勝傳
集注吳王濞傳集注陳平傳集注賈誼傳集注張釋
之傳集注韓安國傳集注司馬相如傳下集注戾太
子傳集注昌邑哀王髆傳集注段會宗傳集注于定
國傳集注薛廣德傳集注丙吉傳集注劉輔傳集注
馮奉世傳集注二見匈奴傳上集注匈奴傳下集注
元后傳集注王莽傳上集注四見王莽傳下集注三

見又後漢光武紀上注公孫述傳注馮異傳注王龔
傳注盧植傳注又荀子大略君子壹教弟子壹學丨
成注丨其乘屋注賦出入甚極注反覆甚極注又莊
子盜跖丨去走歸釋文又列子說符王丨封我矣注
又文選東京賦經始勿丨薛注喻巴蜀檄丨下縣道
注○丨猶急也史記老莊申韓傳子丨去索隱又素
問通評虛實論春丨治經絡注○丨訓急也史記秦
楚之際月表若斯之丨也索隱○丨疾也爾雅釋詁
又詩何人斯爾之丨行箋又禮記少儀小飯而丨之
注又左氏昭廿一年傳丨言之注又公羊宣九年傳
諱丨也注又國語魯語而丨於前之入注晉語子盍
丨索士注又後漢張衡傳注又家語困誓丨其乘屋
注又淮南原道火逾然而消逾丨注又文選思元賦
爰整駕而丨行舊注○丨言治軍隧道疾也淮南兵
略隧道丨注○丨速也爾雅釋詁又國策齊策可以
令楚王丨入下東國注宋策欲霸之丨成注○丨數

經籍籑詁〈卷一百三〉 十三職 亟 卌六

也書微子丨行暴虐釋文又詩桓箋屢丨也釋文又
禮記少儀丨見曰朝夕注又左氏僖廿七年傳臣丨
聞其言矣釋文成九年注勿丨遣使詣晉釋文成十
六年傳吾先君之丨戰也有故注昭十一年傳而丨
暴于三王釋文又公羊桓八年譏丨也注又穀梁文
十二年秦晉之戰已丨注又論語陽貨好從事而丨
失時皇疏又大戴記曾子立事丨達而無守注又國
語吳語而天祿丨至注又孟子盡心上見且猶不得
丨注又列子說符城市人患其數也注又素問生氣
通天論陰者藏精而起丨也注○丨亦數也爾雅釋
言屢暱丨也注○丨屢也漢書刑法志集注地理志
下集注○丨極淮南主術雖馳傳騖置不若此其丨
注○丨敬也廣雅釋詁一○丨受也列子仲尼先丨
犇佚釋文○丨愛也東齊海岱之閒曰丨自關而西
秦晉之閒凡相敬愛謂之丨方言一○易說卦爲丨
心釋文丨荀本作極書微子丨行暴虐釋文丨本作

極禮記少儀注賦稅丨也釋文丨本作極莊子盜跖丨去走歸釋文丨本作極○詩文王有聲釋文丨本作棘爾雅釋詁釋文丨或作棘本作急○詩文王有聲匪棘其欲禮記禮器作匪革其猶

殛 丨誅也爾雅釋言又書舜典丨鯀于羽山傳又馬注又左氏僖廿八年傳明神丨之注僖卅三年傳鯀丨而禹興釋文成二年傳明神亟之注襄十一年傳明神丨之注又國語魯語鯀鄣洪水而丨死注晉語丨鯀注又漢書禮樂志集注刑法志集注五行志上集注王尊傳集注王莽傳中集注又後漢隗囂傳注朱浮傳注又呂覽開春丨鮌于虞而用禹注○丨亦誅也後漢傅燮傳注○丨誅死也後漢張衡傳注○丨窮也漢書禮樂志集注○書洪範鯀則丨死釋文丨本作極多士大罰丨之釋文丨本作極左傳僖廿八年明神丨之釋文丨本作極昭七年昔堯丨鯀于羽山釋文丨本作極

忒 丨差也易象上傳觀天之神道而四時不丨虞注又詩抑昊天不丨釋文又左氏文二年傳享祀不丨注又孝經其儀不丨注又鄭注又廣雅釋詁四又漢書禮樂志集注引臣瓚魏相傳集注又後漢楊震傳注傅毅傳注獨行傳注又家語六本其命不丨注又老子常德不丨王注又釋文又莊子大宗師終古不丨釋文又管子內業然而不反此生之丨注又呂覽先己其儀不丨注○丨差迭也易象上傳故日月不過而四時不丨虞注○丨爽也老子釋文引河上公注○丨疑也詩鳲鳩其儀不丨傳○丨變也詩瞻卬鞫人忮丨傳閟宮享祀不丨箋○丨變雜不一爾雅釋言爽丨也孫注○丨惡也書洪範民用僭丨注○書洪範民用僭丨漢書王嘉傳作民用僭慝○書洪範衍丨史記宋微子世家作衍貣○易豫釋文丨京本作貣○禮記緇衣其儀不丨釋文丨本作貣

湜 丨清也廣雅釋詁一○丨丨持正貌詩谷風丨丨其沚箋

緎 丨縫也詩羔羊素絲五丨傳○丨羔裘之縫也爾雅釋訓○丨縫之界域爾雅釋訓孫注

棫 丨白桵爾雅釋木○丨白桵也詩緜柞丨拔矣箋棫樸芃芃丨樸傳又山海經西山經羭次之山其上多丨橿注○丨白蕤也文選西京賦梓丨楩楓薛注○丨即柞也詩緜釋文引三蒼○丨于臭反爾雅釋木釋文引字林

淢 丨怒水也淮南本經抑丨怒瀨以揚激波注○丨成溝也詩文王有聲築城伊丨傳○方十里曰成丨其溝也廣深各八尺詩文王有聲箋○漻丨濜溳參差相次也文選江賦注○丨讀郁乎文哉之郁淮南本經淌游瀷丨注○丨與惐同文選笙賦愀愴惻丨注○詩文王有聲釋文丨韓詩作洫

罭 緵罟謂之九丨九丨魚罔也爾雅釋器○九丨緵罟小魚之網也詩九罭九丨之魚鱒魴傳○九丨謂魚之所入有九囊也爾雅釋器孫注○九丨取鰕芘也御覽引韓詩章句○丨與緎古字通文選西京賦布九丨注

畟 丨丨耜也爾雅釋訓○丨丨耜入地之貌爾雅釋訓舍人注○丨丨猶測測也詩良耜丨丨良耜傳○爾雅釋訓釋文丨本作稷

崱 丨嶷山峯貌也華嚴經音義下引字指

愊 丨悥也廣雅釋詁一○丨吃也列子力命注引字林○丨急也吃也譢丨謂語急而吃又誷澁貌又疾也又急性相背也或作殛極列子力命譢丨釋文

螣 食葉曰丨詩大田去其螟丨傳○丨食苗葉蟲禮記月令百丨時起釋文○蝗食葉曰丨今兗州謂蝗爲丨呂覽不屈蝗丨農夫得而殺之注○丨食草葉晉書音義下○百丨動股之屬也丨讀近殆兗州人謂蝗爲丨呂覽仲夏百丨時起注○詩大田去其螟丨說文虫部作去其螟蟘○詩大田釋文丨本作或

閾 柣謂之丨爾雅釋宮○丨門限也儀禮士冠禮闑西丨外釋文又禮記曲禮上不踐丨注玉藻不履丨注又左氏僖十二年傳見兄弟不踰丨注又釋文襄廿七年傳牀第之言不踰丨注又論語鄉黨行不履丨集解引孔注又爾雅釋宮柣謂之丨注又孫注又國語魯語皆不踰丨注又後漢和熹鄧皇后紀注班彪傳上注○丨限也論語鄉黨皇疏○丨閫也儀禮士冠禮闑西丨外注○古文丨爲蹙儀禮士冠禮闑西丨外注聘禮記擯者立于丨外以相拜注○古文丨作蹙儀禮士喪禮席于闑西丨外注特牲饋食禮席于門中闑西丨外注○丨古文閾同一切經音義四

嶷 丨識也詩生民克岐克丨傳○丨丨德高也史記五帝紀其德丨丨索隱○丨崱山峯貌華嚴經音義上引字指○詩生民克岐克丨說文口部作克岐克㘈

僰 丨夷中最仁有仁道故字从人水經江水注引地理風俗記○丨道縣縣本丨人居之水經江水注○丨讀如匍匐之匐呂覽恃君丨人野人注

纆 丨索也廣雅釋器又史記屈原賈生傳何異糾丨集解引臣瓚又後漢西羌傳注○丨繩索也華嚴經音義下引珠叢○徽丨黑索也易坎係用徽丨虞注○丨徽也史記屈原賈生傳何異糾丨索隱引韋昭○丨繩名穀梁宣三年注繼用徽丨釋文○丨三合繩也史記賈生傳索隱引字林○兩股曰丨唐律表注引劉子元易說又穀梁宣三年注繼用徽丨釋文○兩股曰丨索名易坎釋文引劉注○丨音墨史記賈生傳索隱引字林

襋 丨領也詩葛屨要之丨之傳

洫 丨溝也左氏襄三十年傳田有封丨注又呂覽樂成使田有封丨注又淮南兵略穎汝以爲丨注○丨城溝也文選魏都賦於是崇墉濬丨劉注○丨田畔溝也左氏襄十年傳子駟爲田丨注○成閒廣八尺深八尺謂之丨考工記匠人○廣深四尺爲溝倍深爲丨文選蜀都賦溝丨脈散劉注○遂溝丨澮皆所以通水於川也遂廣深各二尺溝倍之丨倍溝澮廣二尋深二仞周禮遂人凡治野注○丨深池詩文王有聲釋文引韓詩○丨城池也文選西京賦經城丨薛注橫西丨而絕金墉薛注○丨城下池文選東京賦邪阻城丨薛注○丨渠也以石爲之猶今之水門也後漢鮑昱傳注○丨小水也太元達不要止丨注○丨坑也廣雅釋水○丨虛也管子小稱滿者丨之注○丨濫也莊子則陽所行之備而不丨釋文引李注○丨壞敗也莊子則陽釋文引王注○莊子齊物論以言其老丨也釋文丨本作溢

踣 又作仆○丨斃也左氏襄十一年傳丨其國家注又國語魯語紂丨於京注○丨僵也左氏襄十四年傳與晉丨之注又莊子外物釋文引字林又國語周語丨斃不振注○仆僵也廣雅釋詁四○丨僵尸也周禮掌戮凡殺人者丨諸市注○前覆曰丨爾雅釋言斃丨也孫注○丨頓也莊子外物申徒狄因以丨河釋文引李注○丨赴也莊子秋水赴水則接掖持頤釋文引司馬注○丨謂散亡管子七臣七主故

設用無度國家丨注○爾雅釋木注斃丨釋文丨本作仆

熄丨滅也呂覽本味則名號必廢丨注○丨音息漢書敘傳音義引字林

寔丨實也左氏桓六年經丨來注又文選西京賦丨繁有徒薛注○丨是也詩小星丨命不同傳又文選西京賦丨爲咸陽薛注○丨來者是來也穀梁桓六年傳○丨來者何猶曰是人來也公羊桓六年傳○丨置也易坎寘于叢棘釋文引姚注○詩小星丨命不同韓詩作實命不同

穡禮記作嗇○丨斂也管子國蓄是人君非發號令收丨而戶籍也注○丨猶收也齊民要術一引楊泉物理論○丨謂收丨也詩桑柔稼丨釋文引王注○收斂曰丨詩桑柔稼丨卒痒箋又齊民要術一引楊泉物理論○收斂曰嗇儀禮少牢饋食禮出宰夫以籩受丨黍注○收曰丨一切經音義廿三引

字林又文選東京賦勸稼丨於原陸薛注○收聚曰丨漢書五行志上集注○斂曰丨書洪範土爰稼丨傳又史記周本紀宜穀者稼丨焉正義又後漢光武紀上注又文選補亡詩參參其丨注○斂之曰丨詩伐檀不稼不丨傳○斂之爲丨家語在厄不必能丨注○斂稅曰丨詩信南山曾孫之丨箋○種曰農收曰丨左氏襄九年傳其庶人力於農丨注○種之爲稼收之爲丨山海經大荒南經巫載民不稼不丨食也注○丨耕稼也書盤庚上若農服田力丨傳○嗇者農力之成功儀禮特牲饋食禮主人出寫嗇于房注○丨鉤也管子度地上相丨著者所以爲因也注○丨儉也左氏僖廿一年傳務丨注○丨愛也左氏昭元年傳大國省丨而用之注○書湯誓舍我丨事史記殷本紀作舍我嗇事書盤庚上服田力丨漢書成帝紀作服田力嗇

嗇丨愛也家語冠頌丨於時注又呂覽情欲論早定則早知丨注先己丨其大寶注○丨愛惜也後漢周磐傳注○丨客也史記貨殖傳愈於纖丨正義○丨悋也管子五輔纖丨省用以備飢饉注○丨貪悋也史記五宗世家晩節丨正義○丨貪也左氏襄廿六年傳丨于禍注又廣雅釋詁二又老子治人事天莫若丨注○嗇貪也荆汝江湘之郊凡貪而不施或謂之嗇方言十○丨若省也續漢百官志注引風俗通○少費謂之丨韓非子解老○丨積也廣雅釋詁一○嗇積也方言十二○丨收也大戴記少閒順天丨地注○嗇合也方言十二○坤爲吝丨易說卦傳象下傳用過乎儉虞注○丨農夫老子治人事天莫若丨王注○丨夫官名也後漢章彪傳注○丨夫主幣之官書允征丨夫馳傳○丨夫主知廟事後漢蓋延傳注○丨夫蓋司空之屬也儀禮覲禮丨夫承命注

埴丨黏土也考工記總目摶丨之工二注又荀子性惡故陶人埏丨而爲器注又老子埏丨以爲器釋文引杜注○丨黏土者也書禹貢厥土赤丨墳鄭注○土黏曰丨書禹貢傳○丨壚黏疏者周禮草人丨壚用豕注○土黃而細密曰丨丨職也黏肥如脂之職也釋名釋地○丨土也廣雅釋地又老子埏丨以爲器注又莊子馬蹄我善治丨者釋文引崔注又一切經音義十三引淮南許注○丨土爲也文選長笛賦注引淮南許注○丨土可以爲器老子釋文引司馬注○丨泥也淮南齊俗若璽之抑丨注○丨猶植後漢黨錮傳注○丨書或爲植考工記總目司農注

鉽鼎附耳外謂之丨爾雅釋器

芅爾雅釋草長芅銚丨釋文丨本作弋

默 丨黑也廣雅釋器

瀷 丨湊漏之流也管子宙合泉踰丨而不盡注又文選江賦注引淮南許注○丨雨濆疾流者淮南覽冥澤受丨丨而無源者注○丨讀燕人强春言勅同也同上○丨丨讀燕人强春言勅之勅淮南本經淌游丨減注

植 丨獨也穀梁隱十一年傳丨言釋文○丨猶一也禮記王制天子丨礿注○丨丨言謂別言也穀梁隱十一年傳○丨縣縣於東方或於階閒而已周禮小胥注○宮縣四面縣軒縣去其一面判縣又去其一面丨縣又去其一面周禮小胥王宮縣諸侯軒縣卿大夫判縣士丨縣司農注○丨讀如直道而行之直禮記玉藻君羔幦虎丨注○禮記少儀丨豕則以豕左肩五箇周禮祭僕注作特牲則以豕左肩五个○

周禮小胥釋文丨本作特穀梁隱十一年傳釋文丨本作特

膱 丨亦黏也考工記弓人凡昵之類不能方注

[木畟] 丨似松有刺細理山海經西山經巵陽之山其木多丨注

繶 丨緊也廣雅釋器○繶束也廣雅釋詁三○丨縫中紃也周禮屨人赤丨黃丨注又儀禮士冠禮青絇丨純注○丨亦謂以采絲礫其下周禮屨人司農注引禮家說○赤丨者王黑舄之飾黃丨者王后元舄之飾周禮屨人司農注○赤丨黃丨以赤黃之絲爲下緣同上○丨辟日足之閒有篆又彌飾儀禮士虞禮賓長洗丨爵三獻注

檍 丨讀爲億萬之億考工記弓人丨次之司農注○爾雅釋木杻丨釋文丨本作億

防 丨謂脈理考工記匠人凡溝逆地丨注○丨三分之一也考工記輪人以其圍之丨捎其藪注

湢 丨浴室也禮記內則不共丨浴注○丨測相迫也史記司馬相如傳丨測泌瀄索隱引司馬彪

赩 丨赤也廣雅釋器○丨赤貌也一切經音義十九引字林又文選蜀都賦注引詩毛傳○丨赫赤色貌文選射雉賦摛朱冠之丨赫徐注○丨赤色無草木貌楚辭大招北有寒山逴龍丨只注○青黑曰丨一切經音義十九引通俗文○丨色也廣雅釋詁二

餩 丨餲也廣雅釋言

蠈 集韻蠈或作蠈○蠈螚蝨也廣雅釋蟲

蟔 丨蛅蟴爾雅釋蟲

魊 丨鬼也漢舊儀○丨與蜮古字通文選東京賦況魊蜮與畢方薛注

鱡 同鰂○鰂魚名周書王會口鰂之醬注○烏鰂以其懷板含墨故號小史魚也一切經音義十七引臨海記○鰞鰂魚腹中有骨出南郡背有一骨濶二寸許有鬐甚長口中有墨瞋則潠人一切經音義十七引埤蒼

貣 丨減也廣雅釋詁二

樴 丨可以繫牲者周禮肆師頒于職人注○丨脂膏膩敗之膱考工記弓人凡昵之類不能方注○丨讀爲不義不昵之昵或爲䵒考工記弓人杜注

幅 丨滿也廣雅釋詁一○丨若今之行縢者左氏桓二年傳帶裳丨舄注○丨所以自偪束今謂之行

滕言可以裹脚可以跳
騰輕便也釋名釋衣服
樴謂之｜爾雅釋宮○樴謂之｜可以繫牛周禮

杙
牛人以授職人而芻之注○｜者繫牲者也書大
傳椓｜｜者有數注○｜縻也漢書廣川惠王越傳集
注○｜｜謂縻也爾雅釋宮李注○詩兔罝傳椓｜聲
釋文｜本作弋○莊子人閒世求狙猴
之｜｜者釋文｜崔本作杙司馬本作朳

愊
｜謂｜恒也禮記儒行注不｜恒也釋文○｜憶
猶鬱結也後漢馮衍傳注

副
｜析也禮記曲禮上為天子削瓜者｜之注○｜
判也匹亦反詩生民釋文引字林○｜謂破羊骨
磔之以祭也音愊愊之愊山海經中山經其祠泰逢
熏池武羅皆一牡羊｜注○詩生民不坼不｜說文
土部作不
㘨不疈

仂
｜勤也今皆為力字一切經音義七引字書○｜
與力同晉書音義下

或
｜有也易恒｜承之羞釋文又書大禹謨罔｜于
子正傳微子殷其弗｜亂正四方傳又考工記梓
人毋｜若女不寧侯注又小爾雅廣
言又後漢應劭傳注又孟子公孫丑下夫既｜治之
注又呂覽貴公無｜作好注又淮南說林人之從事
｜時相似注○｜猶有也禮記祭義庶｜饗之注○
｜之言有也詩天保無不爾｜承箋又論語為政｜
謂孔子曰鄭注又太元元文｜曰昆侖旁薄幽注○
｜常也易恒釋文又論語子路｜承之羞皇疏又老
子｜不盈注○｜他人也左氏昭廿八年傳｜賜二
小人酒注○｜賤者也左氏定四年傳明日｜旆以
會注○人不顯其名而略偁為｜論語為政｜謂孔
子曰鄭注○｜曰者｜人辭其義各異也公羊莊廿
五年傳｜曰脅之注○｜猶惑也大戴記曾子制言

貧賤吾恐其｜失也注○｜疑辭也史記老莊申韓
傳｜言二百餘歲正義○｜之者疑之也易文言傳
○｜迷也漢書霍去病傳集注○｜怪也孟子告子
上無｜乎王之不智也注○邠｜當為邠或聲字之
誤也大戴記公冠遵並大道邠｜注○｜左傳作咸
家語正論不為末｜曰義注○書無逸亦罔｜克壽
漢書鄭崇傳作
亦罔有克壽

愎
｜很也左氏宣十二年傳剛｜不仁注襄三十年
傳伯有侈而｜注哀廿六年傳君虐而｜注○｜
佷周書史記業形而｜者危注○｜佷也廣雅釋詁
三○｜戾也左氏僖十五年傳｜諫違卜注又呂覽
誣徒｜過自用注○去諫曰｜
周書諡法｜佷遂過曰刺注

醷
｜梅漿禮記內則漿水｜濫注○禮記內則釋文
｜本作臆

翌
｜明也爾雅釋言又漢書武帝紀集注引應劭王
莽傳上集注

侐
｜淸淨也詩閟宮閟宮有｜傳

栻
｜梮也廣雅釋器

墄
｜限也謂階齒也文選西京賦右平左｜薛注○
｜者為階級後漢班彪傳上注○｜者為陛級也
言階級勒｜然文選西都賦注引摯虞決疑要注○
｜猶國也言有國當治之也文選景福殿賦其西則
有左｜
右平注

薏
荷其中的的中｜爾雅釋草○｜中心苦者也爾
雅釋草李注

疈
｜｜牲胷也｜而磔之謂磔禳及蜡祭周禮大宗
伯以｜辜祭四方百物注

⿰或鳥 —鵖戴勝也廣雅釋鳥○戴鵀燕之東北朝鮮洌水之閒謂之—方言八

○以下據廣韻錄

戠 —聚會也舊讀作撍作宗也易豫朋盍—虞注

蟙 蝙蝠北燕謂之—蠌方言八

蘵 亦作藏○藏黃蒢爾雅釋草

淔 —灌爾雅釋草○—灌茵芝也爾雅釋草釋文引聲類

侙 —愼也廣雅釋言

慗 ——誠也廣雅釋訓

遫 —張也方言十二又廣雅釋詁一

稙 —早也廣雅釋言○先種曰—詩閟宮—穉菽麥傳○—長稼也詩閟宮釋文引韓詩○青徐人謂長婦曰—長禾苗先生者曰—取名於此也釋名釋親屬

鄎 —左傳隱十一年鄭—有違言釋文—本作息

瘜 —惡肉也一切經音義二引三蒼

⿰月息 ⿰月鼻—謂息肉也方言十三⿰月鼻—也注

⿰食息 —長也廣雅釋詁四○—息也周鄭宋沛之閒曰—自關而西秦晉之閒或曰—方言二

⿰黑喜 —色也廣雅釋詁二

肊 —匈也廣雅釋親

⿰畐欠 —恐懼也一切經音義五引埤蒼○小怖曰——一切經音義五引通俗文

⿰糹畐 —合也廣雅釋詁二○—縫也同上

⿰王棘 —垂—地名出美玉玉篇二引埤蒼

蕀 —苑遠志也其上謂之小草廣雅釋草

⿰虫羽 —國也太元堅蠕其——注

蝍 —蛆吳公也廣雅釋蟲○—且蟲名也莊子齊物論—且甘帶釋文引李注○蝍蛉倉螘也廣雅釋蟲○蜻蛉謂之—蛉方言十一○—蛾蚗蠖爾雅釋蟲釋文引字林

揤 —拭也廣雅釋詁二

⿱或大 —方也廣雅釋詁一○—大力貌廣韻引字林

堛 —土塊也爾雅釋言塊—也孫注

揊 —擊也廣雅釋詁三

稫 —乾也廣雅釋詁二○稫古文𥟍䅺二形一切經音義七

⿰片畐 ——版廣韻二十四職引通俗文

⿰畐頁 —中鏃聲也文選射雉賦—焉中鏑徐注

朸 —隅也詩斯干如矢斯棘釋文引韓詩○—木理也玉篇引韓詩

⿰扌㝵 —擊也廣雅釋詁三

㥶|安也廣雅釋詁一

垘|崩也史記天官書川塞谿|集解引孟康○|流也史記天官書集解引蘇林○土雍曰|史記天官書集解引徐廣

嗇|醜也廣雅釋詁二○|農夫之醜稱也南楚田儓或謂之|方言三○|丁健貌也方言三南楚凡罵庸賤或謂之|注

膱|臭也廣雅釋器○|猶脡也爲記者以下據○集韻錄膱異耳儀禮鄉射禮記五|注○|脯如版然者或謂之挺皆取直貌焉儀禮聘禮記薦脯五|注○古文|爲胾今文或作植儀禮鄉射禮注

惐|慙也廣雅釋詁一○|愧也晉或曰|秦晉之閒凡愧而見上謂之赧梁宋曰|方言二○赧|亦慙貌也

嬑|密也文選神女賦注引蒼頡方言二注

⿰耒異|耕也廣雅釋地

掝|惜也荀子不苟其誰能以己之潐潐受人之|者哉注○|當爲惑同上

⿱冂貝|沒猶輕觸也一切經音義九引國語賈注

瀄|泌|波相揳也文選七發|汩潺湲注

偪|塞也大戴記曾子立事儉而好|者注

經籍籑詁卷第一百二

經籍籑詁卷第一百二補遺

入聲

兵部侍郎兼都察院右副都御史巡撫浙江等處地方提督軍務兼理糧餉阮元撰集

十三職

職|說文|記微也从耳戠聲○|主也詩巧言|爲亂階箋又禮記曲禮下是|方注燕義庶子官|諸侯卿大夫士之庶子之卒注○|謂主也周禮天官序官各有所|疏○|所主也左氏昭廿一年傳天子之|也注○凡言|者主其業也禮記曲禮下疏引干寶○|主掌其事也漢書季布傳臣各爲其主用|耳注○|機聲相近誤爲|故讀从樴周禮牛人注|讀爲樴疏○脩華嶽碑周禮識方氏|作識

國|說文|邦也从口从或○|都也呂覽懷寵以|聽者注○|郊以內也國語齊語參其|而伍其鄙注○|中謂郊內也詩甫田疏○|謂城中也周禮天官序官體|經野疏○|謂天子所都禮記學記|有學疏○列侯所食縣曰|漢書百官公卿表上○|謂諸侯禮記禮運故天下|家可得而正也疏○言|者諸侯之辭詩節南山箋其|已盡絕滅疏○|是風化之界詩國風疏○坤爲衆|易象下傳照四|也侯注○周禮體例單言|者皆據王|邦|連言者皆據諸侯周禮祖祝注|謂王之|疏○|子諸侯之子國語周語宣王欲得|子賈注○|子者卿大夫之子弟也漢書禮樂志○|子謂諸侯大夫士之適子詩簡兮傳敎|子弟疏○|子謂諸侯能治|子養百姓者國語周語唐尚書注○|猶軍國策秦策得兩|之衆注○|門謂城門也禮記祭法曰|門疏○|讀如圍公羊桓十年傳近乎

圍也疏○丨與蟈爲聲所謂左形右聲者也周禮秋
官序官蟈氏注字从蟲丨聲也疏
德 說文丨升也从彳悳聲又悳外得於人內得於己
也从直从心悳古文○丨得也禮記玉藻立容丨丨
疏○丨亦爲得義周禮大卜注讀如王丨翟人之丨
疏○丨者得也自得於心書泰誓上同力度丨疏又
左氏文十八年傳則以觀丨疏○在心爲丨左氏桓
二年傳昭丨塞違疏○丨者得身也韓非子解老○
在身爲丨周禮大宗伯以地產作陽丨疏○丨者得
也自得於身人行之總名詩關雎序后妃之丨也疏
○丨者內也韓非子解老○丨是行之未發者也左
氏桓二年傳疏○丨者在內未見之言詩車舝箋古
人有高丨者疏○揆度於內舉措得中謂丨左氏僖
二十七年傳丨義疏○得其天性謂之丨淮南齊俗
○丨謂人之性行左氏成十六年傳民生厚而丨正
疏○於行謂之丨易繫辭上傳盛丨大業疏○丨丨者

得也謂內得於心外得於物左氏桓二年傳疏○在
心爲丨施之爲行周禮大司樂注丨能躬行者疏○
在己爲丨施行爲應詩皇矣疏引左氏昭廿八年傳
丨正應和曰莫服注○丨有所施與之名也禮記玉
藻疏引賀氏○荷其恩者謂之丨左氏僖廿四年傳
王丨狄人疏○丨加於彼彼荷其恩故謂荷恩爲丨
左氏成三年傳然則丨我乎疏○丨者得於理也孝
經丨義可尊疏引劉炫○丨者得理之稱禮記曲禮
上道丨仁義疏○丨謂丨行易文言傳君子進丨脩
業疏○丨謂善行禮記曲禮上道丨仁義疏○丨行
謂孝友之徒禮記王制注有丨行道藝疏○丨始生
也淮南天文故曰冬至爲丨注○丨者道之功韓非
子解老○丨者道之舍管子心術上○道之所舍之
謂丨也管子心術上舍之之謂丨注○丨者道之用
人之生也素問解精微論是以人有丨也注○丨者
道之用素問寶命全形論天地合氣注○丨謂有道

丨者禮記文王世子或以丨進疏○丨音先王道丨
之敎也詩鹿鳴丨音孔昭箋○丨者離無而之有賈
子道德說○丨是資賢之實書仲虺之誥佑賢輔丨
疏○精神不亂之謂有丨韓非子解老○丨者調良
之謂論語憲問稱其丨也集解引鄭注○陽爲丨易
象上傳君子以厚丨載物虞注○日新之謂盛丨易
繫辭上傳○丨義者行之美者也管子形勢○丨者
賢人所修爲故能生賢也管子四時丨出賢人注○
卒乎無窮者丨也管子兵法○丨謂孝悌也禮記禮
運天子以丨爲車疏○丨義利之本也左氏僖廿七
年傳○丨謂恩施也論語憲問何以報丨鄭注○丨
恩惠之丨也論語憲問集解○丨恩丨謂福慶之事
禮記哀公問百姓之丨也疏○慶賞之謂丨韓非子
二柄○丨者君之所以養也漢書董仲舒傳○恤民
爲丨左氏襄七年傳○丨者政之始也家語入官○
丨國家之基也左氏襄廿四年傳○丨也者萬民之

宰也呂覽精通○讓之爲懿丨左氏昭十年傳○詩
碩鼠莫我肯丨呂覽舉難作莫我肯得
食 說文丨一米也从皀亼聲或說亼皀也凡丨之屬
皆从丨○丨謂穀也史記貨殖列傳丨太陰在卯
穰索隱○丨謂農殖嘉穀可丨之物漢書食貨志上
○丨猶飧也禮記禮器天子一丨疏○丨亦米飯也
儀禮喪服傳注謂復平生時丨也疏○丨時謂丨四
時之膳也禮記坊記丨時不力珍注○丨即月俸故
以祿解丨周禮醫師疏○丨祿也國語晉語嗛嗛之
丨注○丨謂噉之左氏莊六年傳不丨吾餘疏○丨
所以肥體也管子形勢○丨者人之天也管子牧民
守在倉廩注○丨者民之本也淮南主術○丨者國
之寶也墨子七患○丨謂掌民丨之官若后稷者也
書洪範鄭注○不丨謂不墾耕禮記檀弓上我死則
擇不丨之地而葬我焉注○丨僞也國語晉語言不
可丨注○丨猶受納也漢書谷永傳不丨膚受之愬

注○丨干歷之也漢書鄒陽傳太白丨昴注引蘇林

蝕 說文餘敗創也从虫人食食亦聲○丨者陽不克也續漢五行志六○○日月敫會相掩名曰薄丨呂覽明理其月有薄丨注

色 說文丨顏气也从人从卪凡丨之屬皆从丨䨏古文○丨謂顏丨素問五藏生成篇五丨微診注○丨丨是形之貌左氏昭廿五年傳注酸鹹辛苦甘疏○丨丨溫潤也詩泮水載丨載笑傳○丨美丨也淮南時則去聲丨注○通謂女人爲丨詩關雎序不淫其丨疏○采施曰丨禮記月令疏引書益稷鄭注○有物有文曰丨文選物色題注

力 說文丨筋也象人筋之形治功曰丨能圉大災凡丨之屬皆从丨○內血爲丨左氏僖十五年傳外

彊中乾疏○丨功也國語晉語吾君將伐知而多丨注齊侯好示務施與丨注○治功曰丨左氏昭廿五年傳爲政事庸丨行務注○丨强丨也漢書灌嬰傳戰疾丨注○丨盡丨也漢書南粵王傳樓船丨攻燒敵注○丨勉丨漢書王莽傳上丨周公正先天下注○丨謂勤作之也漢書食貨志上丨農數耘注○丨役民負荷厮養之役也孟子盡心下丨役之征注○丨丨者可以重任也老子樸雖小天下莫能臣也王注○丨謂甚也漢書汲黯傳今病丨注

翼 說文䶒翄也从飛異聲丨篆文䶒从羽○丨助也禮記文王世子愼其身以輔丨之疏表記以燕丨子疏○丨佐助也漢書韋賢傳以丨大商注○丨左右甄也文選七命縱輕丨於中荒注○丨者贊成之義左氏文三年傳疏○丨丨恭敬也漢書禮樂志其鄰丨丨注○丨丨是閑暇之名詩信南山疏○丨丨取

也書多士非我小國敢弋殷命王注○丨亦爲驅也詩騶虞傳虞人丨五豝疏○丨者言萬物皆有羽丨也史記律書○爾雅釋地南方有比丨鳥焉釋文又作䶒

墨 說文丨書丨也从土从黑黑亦聲○丨黥也鑿其面以丨涅之漢書刑法志丨罪五百注○丨謂以丨黥其面也漢書武帝紀畫象而民不犯注○丨黥其額而涅以丨也漢書百官公卿表上咎繇作士正五刑注○丨一名黥書呂刑疏○丨刑刻其面禮記文王世子宮割臏丨劓刵疏○丨丨是刑之輕者左氏昭五年傳注刖足使守門疏○丨無聲也史記屈原賈生列傳孔靜幽丨正義○丨取法火之勝金也金得火亦變而爲丨也御覽六百四引白虎通

極 說文丨棟也从木亟聲○丨棟也三輔閒名棟爲丨漢書天文志後流星下燕萬載宮丨東去注引

李奇○丨屋梁也三輔閒名爲丨同上○西方人名屋梁爲丨漢書枚乘傳單極之統斷幹注引孟康○丨中也易象下傳亦不知丨也集解又考工記匠人注丨星謂北辰疏又續漢五行志五○丨是中正左氏文六年傳疏○丨至也詩載馳誰因誰丨傳南山曷又丨止傳又國語晉語使知其丨注而丨于此注越語無過天丨注又周髀算經下欲知北丨樞璿周四丨注○丨卽至也易文言傳注處一體之丨疏○丨盡也呂覽先識與丨言之士注直諫言丨則怒注○丨者盡也公羊序聖人之丨致疏○丨窮呂覽大樂丨則復反注○丨謂窮丨禮記儒行流言不丨疏○丨者窮盡之義詩瞻卬箋屆丨也疏○丨謂盡其本原管子弟子職所受是丨注○丨終也易乾注卦處下體之丨疏○丨者藏也公羊昭十七年傳注天之中也疏引春秋說○丨出也太元元圖催丨萬物注○丨謂限丨左氏昭十三年傳貢獻無丨疏○丨

保之也漢書匈奴傳下能必其衆不犯約哉注○丨
者惡而困之也孟子離婁下又丨之於其所往注○○
丨戰若戰也荀子富國與之遠舉丨戰則不可注○
太丨天也易繫辭上傳易有太丨釋文
息 說文丨喘也从心从自自亦聲○丨喘丨也漢書
司馬遷傳視徒隸則心惕丨注○丨謂喘丨詩桑
柔箋如仰疾風不能丨也疏○丨謂出氣也漢書蘇
武傳半日復丨注○丨出入氣也漢書楊雄傳下尚
不敢惕丨注○丨謂處也詩小明無恒安丨傳○丨
謂賓客晝止之處周禮野廬氏宿丨廬之屬疏○乾
者陽生爲丨史記曆書起消丨正義引皇侃○丨謂
生長也漢書宣帝紀刑者不可丨注○丨謂蕃滋也
漢書五行志下之下不能則災丨而禍生注○丨猶
利也史記孟嘗君列傳貸錢多者不能與其丨索隱
○丨滅也易革水火相丨馬注又呂覽審分姦僞邪
辟之塗可以丨注○五壞爲丨士書禹貢疏引九章

算術○詩漢廣不可休丨釋文本或作休思
直 說文丨正見也从乚从十从目㮚古文丨○丨正
也呂覽必已弗敢丨視注○丨謂正丨禮記樂記
則易丨子諒之心油然生矣注○丨猶正爾漢書匈
奴傳下丨欲從單于求之注○丨者能正人曲左氏
莊卅二年傳聰明正丨而壹者也疏○丨謂不邪也
禮記樂記其聲丨以廉疏○丨則不邪易文言傳則
不疑其所行也疏○丨謂繩墨得中也禮記月令先
定準丨疏○丨者唯無阿曲未能圓通左氏昭十四
年傳注以丨傷義疏○丨其身謂中立而不倚無回
邪也荀子性惡天下有中敢丨其身注○乾爲丨易
說卦釋文引荀爽集解○丨柄也禮記明堂位注雕
刻飾其丨疏○丨謂聲音放丨禮記樂記使其曲丨
繁瘠廉肉節奏疏○丨當也禮記喪大記丨君北疏
投壺馬各丨其算疏又儀禮士冠禮丨東房疏○丨

亦當也漢書刑法志不可以丨秦之銳士注地理志
下報仇過丨注元后傳正丨其地注○丨猶但也淮
南精神丨宏殖性閑欲注○丨丨來無事而來也公羊
莊廿七年傳丨來日丨注○丨來者無事而來也左
氏莊廿七年傳丨來日丨注○丨祭謂薦孰時也禮
記郊特牲注○丨謂緣也禮記玉藻君羔幦虎犆注
○張平子碑豈值取足於身中丨作值
得 說文得行有所丨也从彳㝵聲㝵古文省彳又㝵
取也从見从寸寸度之亦手也○丨知呂覽任數
則丨之矣注○丨猶知也呂覽義賞武王丨之矣注
君守此則姦邪之情丨注上德變容改俗而莫丨其
所受之注審爲審所以爲而輕重丨矣注○丨謂曉
其義禮記樂記禮丨其報則樂注○丨政爲政也國
語晉語不丨政何以逞怒注○丨者外也韓非子解
老○齊人謂登來爲丨來也聲有緩急丨爲登禮記

大學注登戾之疏○星經傳丨字作德漢書天文志
行丨盡勝之注引晉灼○論語述而必丨我師焉釋
文本或作必有
北 說文丨乖也从二人相背凡丨之屬皆从丨○丨
方者天地閉藏之域也素問異法方宜論○萬物
盡於丨方蘇而復生故言丨方爾雅釋訓朔丨方也
注○丨者高也公羊昭十七年傳疏引春秋說○丨
極雨府也素問六元正紀大論雲朝丨極注○丨走
也呂覽首時追丨千里注權勳卒丨注離俗亦必不
丨矣注○丨逐走淮南泰族子囊丨而全楚注○丨
謂敗退漢書鼂錯傳凡民守戰至死而不降丨者注
○師敗曰丨南丨之丨文選魏都賦注引漢書服虔
注○丨幽陰之處故謂退敗奔走者爲丨漢書高帝
紀上項羽追丨注○丨古背字也背去而走也漢書
高帝紀上注引韋昭

黑說文丨火所熏之色也从炎上出囪囪古窗字凡
丨之屬皆从丨○丨是北方正禮記玉藻衣正色
疏○丨氣水氣也素問氣交變大論丨氣廼辱注○
赤雲爲陽丨雲爲陰周禮眡祲注祲陰陽氣相侵也
疏○丨熬黍儀禮有司徹執白丨以授主婦注又左
氏僖三十年傳白丨形鹽注○丨子今所謂黶字也
漢書賈誼傳厘如丨子之著面注

側說文丨旁也从人則聲○丨者不正之言謂反丨
也詩雲漢序丨身修行疏○丨猶在左右也呂覽
達鬱有況乎在簡子之丨哉注○不在朝廷謂之丨
書舜典序虞舜丨微疏○丨猶特也書顧命立丨階
疏○丨者特也儀禮鄉飲酒禮注賓介不從疏○丨
猶獨也禮記曲禮上有憂者丨席而坐疏○無偶特
一爲丨儀禮士冠禮疏○丨近也儀禮公食大夫禮
丨其故處疏○丨慝行遲也漢書孔光傳謂眺丨慝

注引孟康○丨痤埋之左氏襄廿五年傳崔氏丨葬
莊公注

飾丨謂刷治潔清之也周禮封人丨其牛牲注○丨
巧也國策秦策文士並飭注○丨覆也禮記曲禮
上丨羔雁者以繢疏○丨謂車服荀子王制上以丨
賢良注○丨謂容丨也俗本作飭非也禮記月令疏
引定本○周禮司尊彝注稅丨勺而酌也釋文本或
作拭

賊說文賊敗也从戈則聲○毀則爲丨左氏文十八
年傳○保利非義謂之至丨荀子脩身○量其君
之所不能爲丨後漢書鄧惲傳○丨殺也國語晉語
使鉏麑丨之注○殺人曰丨書呂刑罔不寇丨疏○
丨謂殺人漢書刑法志寇丨姦軌注○殺人謂之丨
書泰誓中丨虐諫輔疏

刻說文丨鏤也从刀亥聲○丨識也詩雲漢后稷不
克箋○丨謂器上所銘記漢書郊祀志上已而桉

其丨注○丨謂丨石而記識之書孔序疏引易緯通
卦驗注○丨者傷害之義書微子我舊云丨子疏○
丨漏丨也漢書鮑宣傳願賜數丨之閒注○丨者以
漏言時也漢書宣帝紀十有餘丨注○丨謂置箭壺
內丨以爲節而浮之水上令水漏而丨下以記晝夜
昏明之度數也詩東方未明序箋挈壺氏掌漏丨者
疏

則說文丨等畫物也从刀从貝貝古之物貨也𠟭古
文丨𠟭亦古文丨𠟭籀文丨从鼎○丨法也詩卷
阿四方爲丨箋又禮記曲禮上必丨古昔疏禮運故
聖人作丨疏又左氏文十八年傳丨以觀德注又國
語周語五曰夷丨注而蔑棄五丨注晉語毀丨者爲
賊注晉語是反天地而逆民丨也注楚語使知上下
之丨注神狎民丨注又呂覽應同其事丨土注○丨
謂法丨也素問移精變氣論治之大丨注○不丨言

丨也周書祭公我不丨寅哉寅哉注○丨者陳下事
左氏春秋序然丨春秋疏○詩終風願言丨嚏一切
經音義十五作願言卽嚏

塞集韻㙑或作丨○說文㙑窒也从𡍮从廾窒宀中
𡍮猶齊也○丨不行也漢書爰盎傳其後語丨注
又呂覽權勳則安內繇之說丨矣○丨謂不通也漢
書刑法志疑丨治道注○丨亦當也漢書京房傳毋
使臣丨涌水之異注○城郭牆塹謂之丨左氏僖二
十年傳凡啟丨從時注○丨匿陰忌周書大戒丨匿
勿行注

式說文丨法也从工弋聲○丨法也老子是以聖人
抱一爲天下丨注○丨是法丨禮記文王世子注
庶幾陳丨之疏○丨亦表也漢書張良傳丨箕子門
注○丨用也左氏昭廿六年傳丨歌且舞注又儀禮

大射儀注｜序在位疏○｜謂依常多少用財法｜也周禮太宰以九｜均節財用疏○｜小俛禮之禮記曾子問尸必｜注○｜謂人所馮依而｜敬考工記輿人爲車以揉其｜疏○｜謂俯下頭也禮記曲禮上尸必｜疏○｜車前橫木也漢書周勃傳改容｜車注薛宣傳｜路馬注○｜者車前橫木也漢書李廣傳登車不｜注引服虔○｜者車上之橫木書武成｜商容閭疏○｜撫車之｜以禮敬人也漢書李廣傳注引服虔

軾 說文｜車前也从車式聲○｜車前橫版隆起者也漢書酈食其傳馮｜下齊七十餘城注○去車版三尺三寸橫施一木名之曰｜也穀梁文十一年傳注五丈四尺疏○｜今小車中隆起者史記淮陰侯列傳且酈生一士伏｜集解引韋昭○｜者兩較之閒有橫木可憑者也詩韓奕傳靷｜中也疏○｜

伏｜敬有德淮南脩務魏文侯過其閭而｜之注○名之曰｜得使人立於其後時依倚之左氏莊十年傳登｜而望之疏

域 說文或邦也从口从戈以守一一地也｜或又从土○｜謂封邑也漢書韋元成傳以保爾｜注○｜界局也漢書賈誼傳故其在大譴大何之｜者注○無稱不可得而名曰｜也老子｜中有四大注王注○大｜猶辜較也家語入官大｜之中而公治之注○孫根碑九䧙口口｜作䧙

殖 說文｜脂膏久｜也从歺直聲○｜長也國語周語財蕃｜注樂以｜財注夫旱麓之榛楛｜注生何以｜注魯語所以生｜也注鄭語周棄能播｜百穀疏注○弘土之次曰五｜五｜之狀甚澤以疏離析以礭埆管子地員

植 說文｜戶｜也从木｜聲植或从置○｜亦立也漢書韓延壽傳｜羽葆注○｜爲樹立左氏襄卅年傳其君弱｜疏○｜長也呂覽樂成而子產｜之注○｜種也文選景福殿賦注引蒼頡○｜倚也論語微子｜其杖而芸集解引孔注○｜謂剛而專已禮記檀弓下行幷｜於晉國注○｜郎柱也考工記匠人注於四角立｜而縣疏○｜郎稜也周禮大宗伯注幾｜謂之桓疏○｜者疆界頭造屋山以待諫者也莊子田子方則列士壞｜釋文

敕 ○今相承用勑○說文｜誡也臿地曰｜从攴束聲也注○勑正也後漢書班固傳下豈蔑清廟憚勑天命也注○勑是正齊之意書益稷勑天之命疏○勑猶理也易噬嗑君子以明罰勑法釋文引崔注○｜謹敬之貌漢書禮樂志｜身齊戒注引應劭○勑順也廣雅釋詁一○｜猶箸也淮南脩務｜蹻趹注○潩

水時人謂之勑水勑音相類故字從聲變水經洧水注

飭 說文｜致堅也从人从力食聲讀若敕○｜者治其器物習其事之言禮記月令｜鍾磬柷敔注○｜者整頓器物同上疏○｜勤也周禮天官序官｜紀八材疏考工記序｜力以長地財疏○｜謂正也禮記月令具｜衣裳疏○｜備也廣雅釋詁二○｜讀如勑呂覽制樂｜其辭令注○｜讀曰敕呂覽季冬乃與公卿大夫｜國典注○｜讀與敕同漢書高惠高后文功臣表愛敬｜盡注五行志上又｜衆官注藝文志先王以明罰｜法注劉向傳以行脩｜注鮑宣傳皆以明經｜行注循吏文翁傳明經｜行者與俱注王莽傳上其人脩｜注敘傳下用儉｜身注○｜讀與勑同漢書高后紀匡｜天下注武帝紀｜躬齊戒注宣帝紀今復｜兵重屯注燕刺王旦傳｜武備注循吏黃霸傳明｜長吏守丞注○｜讀與敕

字同謂整也漢書禮樂志五音丨注○丨與敕同漢書宣帝紀朕丨躬齊戒注楊惲傳欲令戒丨富平侯延壽注谷永傳丨身修政注昔舜丨正二女注師丹傳故屢以書丨君注循吏文翁傳親自丨厲注匈奴傳上律丨胡巫注外戚傳下卽丨椒房及掖庭耳注○丨與勑同漢書宣帝紀丨躬齋精注佞幸董賢傳故以書丨注

【棘】說文丨小棗叢生者从竝朿○丨棗酸棗也淮南兵略伐丨棗而爲矜注○坎多心故叢丨易坎寘于叢丨虞注○丨偪也禮記王制西方曰丨釋文○丨戟也左氏隱十一年傳子都拔丨以逐之注又史記陳涉世家鉏耰丨矜索隱平津侯主父列傳奮丨矜索隱又漢書主父偃傳注○古者謂丨爲戟詩斯于箋丨戟也疏○越丨天子之戎器也禮記明堂位○丨矢者丨赤有箴取其名也左氏昭四年傳桃弧

丨矢以除其災疏○丨作戒音義同詩素冠傳丨急也疏○丨作棘音義同詩江漢箋丨急疏○丨水自新野縣東南流入于清水謂之力○丨力聲相近當爲丨口也水經清水注

【惑】說文丨亂也从心或聲○丨謂丨亂素問移精變氣論用之不丨注○丨疑呂覽離謂賢主猶丨之也注○丨眩淮南主術不丨於詳注○丨動也呂覽知分有所達則物弗能丨注○迷於事爲丨禮記曲禮上注懾猶怯丨疏○丨者謂心所嬖愛使情迷丨詩碩人序莊公丨於嬖妾疏○棄正作淫茲謂丨漢書五行志下之上○丨煩惱也文選頭陀寺碑文理勝則丨已注

【默】說文丨犬暫逐人也从犬黑聲讀若墨○丨亦闇義書說命上傳陰丨也疏○丨丨不得意也漢書賈誼傳吁嗟丨丨注引應劭○詩小弁箋猶有丨存者焉釋文丨本作嘿○左氏哀十一年傳我不欲戰

而能丨釋文本亦作嘿○左氏昭十五年傳注猶當靜嘿釋文本或作丨

【織】說文丨作布帛之總名也从糸戠聲𢇍樂浪挈令丨从糸从式○丨謂細布也漢書地理志上厥棐丨貝注○丨皮謂罽也漢書地理志上熊羆狐貍丨皮注○丨室所以奉宗廟衣服漢書五行志上○詩六月丨文鳥章周禮司常疏作識文鳥章

【匿】說文丨亡也从匸若聲讀如羊騶箸○丨藏也左氏襄廿五年傳而知丨其暱注○丨猶伏也呂覽論人不可丨也注○丨謂隱丨其情荀子天論丨則大惑注

【億】說文意滿也从心啻聲一曰十萬曰意意籀文省○十萬曰丨易震丨喪貝釋文引鄭注○十萬爲丨禮記內則注萬丨曰兆疏○古數十萬曰丨書五子之歌予臨兆民疏○古十萬爲丨今之算術乃萬

萬爲丨也書洛誥公其以予萬丨年敬天之休疏○或以十萬爲丨或以萬萬爲丨或以一萬爲丨禮記王制爲田九十丨畝疏○丨安也國語楚語丨其上下注○丨謂有所擬度公羊昭十二年傳注不欲令人妄丨錯疏○發語爲丨禮記文王世子注丨可以爲之也疏○丨是發語之聲同上

【臆】說文肊胸肉也从肉乙聲丨肊或从意○丨胸丨也漢書敘傳上儀遺讖以丨對注引應劭○愊丨氣滿之也方言十三丨滿也注

【特】說文丨朴丨牛父也从牛寺聲○丨者獨也書舜典用丨疏○丨猶獨也禮記禮器祭天丨牲疏○丨一也同上○丨一牛書舜典疏○丨謂不用他物媲之也禮記禮器疏○丨但呂覽君守夫國豈丨爲車哉注○丨猶直也呂覽分職豈丨宮室哉注

勒 說文丨馬頭絡銜也从革力聲○丨馬轡也漢書匈奴傳下橐丨一具注

劾 說文丨法有辠也从力亥聲○丨實也周禮鄉士注如今丨矣疏○舉罪曰丨文選幽通賦姚聆呱而劾石兮注引項岱○漢世問罪謂之鞫斷獄謂之丨書呂刑傳謂上其鞫丨文辭疏

慝 禮丨惡也書畢命旌別淑丨疏又禮記樂記世亂則禮丨而樂淫疏又左氏莊廿五年傳注丨陰氣疏昭十七年傳丨未作疏又國語周語有過丨之度注晉語下無姦丨注晉語偏躬無丨注以歸則國家多丨注○丨訓惡也左氏僖十五年傳注隱惡非法所得疏○人情愛陽而惡陰故謂陰爲丨左氏昭十七年傳疏

昃 說文厢日在西方時側也从日仄聲易曰日厢之離○厢者傾側之義周禮司市注日厢昳中也疏

○丨是傍側亦爲特義轉爲丨者取差昳之義故從丨也儀禮既夕丨昳也疏○丨亦名昳言日蹉跌而下謂未時也書無逸自朝至于日中丨疏○丨亦昊字漢書董仲舒傳至於日丨不暇食注○郙閣頌劬勞日稷兮丨作稷

仄 說文丨側傾也从人在厂下仄籀文从矢矢亦聲○丨慝者不進之意漢書五行志下之下○朔而月見東方謂之丨慝同上引京房易傳

稷 說文丨齋也五穀之長从禾畟聲稷古文丨省○丨粟也禮記曲禮下丨曰明粢疏○丨即粟也漢書平當傳上尊酒十石注○丨五穀之長禮記月令倉丨與牛注郊特牲疏引異義○丨者五穀之長也周禮大司徒注社丨后土及田土之神疏又續漢祭祀志下引孝經援神契○丨是諸穀之長左氏桓二年傳注黍曰粢疏○丨者百穀之主漢書郊祀志下○丨秋夏乃熟歷四時備陰陽穀之貴者續漢書祭祀志下引月令章句○丨土穀也素問五常政大論其穀黍注○卜五穀之長亦爲土神孝經然後能保其社丨疏引皇侃○丨爲穀神書召誥疏引孝經說○米之神爲丨風俗通祀典○丨者原隰之神周禮大宗伯疏引孝經援神契○丨乃原隰所生故以丨爲原隰之神禮記郊特牲社祭土而主陰氣也疏○丨官也國語周語昔我先世后丨注○丨是田正禮記郊特牲疏引左氏說○丨是田官之長左氏昭廿九年傳丨田正也疏○丨是田官之神呂覽季冬以供皇天上帝社丨之享注○丨合也大元常終不丨注○丨不見之也呂覽權勳齊桓公見小臣丨注○莊子達生東野丨釋文孫卿本作東野畢

識 說文丨常也一曰知也从言戠聲○丨知也禮記哀公問子志之心也注又呂覽上德而民不丨注

適威煩爲教而過不丨注長利則未之丨注又淮南本經可以矩表丨也注

逼 與偪同○說文新附丨近也从辵畐聲○偪迫也淮南兵畧是故入小而不偪注又文選思元賦舊注引國語賈注○偪廁相丨也漢書司馬相如傳上偪側泌瀄注○偪側相迫也文選上林賦偪側泌瀄注引司馬彪○偪偪上也國語楚語懾則權偪注○丨奪其權勢左氏襄二年傳以丨子重子辛注○偪字與丨同漢書司馬相如傳上注○禮記雜記下下不偪下釋文本亦作損

克 說文克肩也象屋下刻木之形凡丨之屬皆从丨𠅏古文丨㐭亦古文丨○丨能也禮記表記民鮮丨舉之疏又國語周語丨厭帝心注吳語夫差丨有成事注又大元逃役乃丨飛注○丨勝也左氏昭廿三年傳作事威丨厥愛注廿五年傳以求丨事疏又國語晉語伐果不丨注昔丨潞之役注又丨之注

又呂覽愛士遂大丨注又淮南脩務澤戰必丨注又大元內內不丨歸注○丨者勝也詩蕩傳掊丨疏○丨者戰勝獲賊之名左氏隱元年傳注以丨爲文疏○卂丨兆相交也書洪範曰丨疏○丨者兆相侵入同上王注○繁陽令楊君碑亯歷帝心丨作亯

蜮 說文丨短狐也似鼈三足以气䠶害人从虫或聲蟈丨又从國○丨短尾狐也漢書劉向傳有丨蜚注○丨短弧即今所謂水弩也漢書五行志中之下有蜚有丨注○丨魅也漢書東方朔傳人主之大丨注○丨短狐也一名射影江淮水皆有之人在岸上影見水中投人影則殺之故曰射影也詩何人斯爲鬼爲丨陸疏○穀梁莊十八年經有蜮釋文本亦作丨

卽 說文丨丨食也从皀卪聲○丨就也易訟復丨命疏鼎不我能丨疏旅旅丨次九家注又周禮喪祝

注檀弓曰所以丨遠也疏又儀禮既夕禮記膈肩頭也疏又禮記曲禮上將丨席疏祭統丨宮于宗周疏又左氏定四年傳用丨命于周注又論語子路亦可以丨戎矣集解引包咸注又晉語攀輦丨利而舍注敢丨私利注又漢書翟義傳丨軍中拜授注又呂覽愛士請丨刑焉注○丨亦就也漢書淮南王安傳丨訊驗王注○丨訓就也左氏僖廿四年傳丨聾從昧疏○丨是依就之意也同上○丨從也易訟注處上訟下疏○丨至也素問氣交變大論其眚丨也注○丨丨充實也漢書禮樂志美芳磑磑丨丨注引孟康○丨邱縣故春秋之祝邱也丨祝聲之音蓋字承讀變水經沭水注

弋 說文丨橜也象折木衺銳著形从丨象物挂之也○丨橜也爾雅釋宮雞棲於丨爲榤疏引李注○丨射也書多士敢丨殷命疏又太元唐丨彼三飛注○丨繳射也詩盧令序襄公好田獵畢丨箋又漢書

賈山傳馳騁丨獵之娛注貨殖傳㱓丨不施於俠隣注○丨卑也漢書文帝紀贊身衣丨綈注引如淳○丨黑色也同上注○書多士敢丨殷命釋文馬本作翼○書多士敢丨殷命疏鄭元王肅本丨作翼

陟 說文丨登也从㠯从步億古文丨

測 說文丨深所至也从水則聲○丨知也禮記樂記窮高極遠而丨深厚疏○丨猶知也呂覽觀表淵深難丨注○丨所以知其情大元元挩

翊 說文丨飛皃从羽立聲○丨輔也華嚴經音義引書大傳○丨明也漢書王莽傳上越若丨辛丑注又續漢郡國志一在馮丨注引決錄注

抑 說文𢑏按也从反印丨俗从手○丨謂按之也漢書賈誼傳上不使捽丨而刑之也注○丨爲揚之

貌詩猗嗟傳丨美色疏○丨丨威儀審諦爾雅釋訓丨丨密也注○丨丨威儀密靜也同上舍人注○丨辭也左氏宣十一年傳丨人亦有言曰注○丨語辭漢書敘傳上其丨者從橫之事注○丨發語辭也漢書五行志中之上丨人故也注○丨語助也禮記中庸丨而強與疏又左氏昭二十一年傳丨君有命可若何疏○國語周語敢問天道丨人故也賈子禮容語下作意人故也

惻 說文丨痛也从心則聲○丨隱皆痛也漢書鮑宣傳豈有肯加丨隱於細民注○詩蝃蝀箋言其愍丨欸誠釋文本亦作惻

扐 說文易筮再丨而後掛从手力聲

泐 說文丨水石之理也从水从阞周禮曰石有時而丨

肋 說文丨脅骨也从肉力聲

亟 丨疾也國語楚語經始勿丨注又呂覽音律以丨以故注○丨數也禮記曾子問昔者齊景公丨舉兵疏少儀子丨食於某乎疏又左氏昭卅年傳丨肄以罷之注又素問腹中論勿動丨奪注○爾雅釋詁丨疾也釋文字又作苟經典亦作棘

殛 說文殛殊也从歺亟聲虞書曰丨鯀於羽山○丨誅也國語周語堯用丨之於羽山注越語乃可以致天地之丨注○丨者誅責之稱書舜典丨竄放流皆誅也疏

忒 說文丨更也从心弋聲○丨差也易豫而四時不丨釋文引鄭注又禮記大學其儀不丨疏又呂覽孟春宿離不丨注○張表碑糾剔荷慝丨作慝

湜 說文丨水清底見也从水是聲詩曰丨丨其止

緎 說文黬羔裘之縫从黑或聲

棫 說文丨白桵也从木或聲

淢 說文丨疾流也从水或聲○丨洫音同詩文王有聲傳丨成溝也疏○詩文王有聲築城伊丨釋文字作洫

罭 說文新附罭魚網也从网或或亦聲

畟 說文丨治稼丨丨進也从田从人从夂詩曰丨丨良耜

崱 丨丨嶷然文選魯靈光殿賦丨繒綾而龍鱗張注

㥛 說文丨疾也从心亟聲一曰謹重皃

螣 丨食苗葉之蟲也漢書五行志中之下謂螟丨之類注○食葉蟘爾雅釋蟲○蟘食禾葉者言假貸無厭故曰蟘同上李注○丨蝗也詩大田去其螟丨陸疏○丨蝗之屬禮記月令百丨時起注○百丨動股蝗屬也淮南時則百丨時起注○丨讀近殆緩氣言之淮南本經飛蛩滿野注○蟘與丨蟊與蝨古今字耳詩大田傳疏○詩大田去其螟丨唐公碑作去其螟蟘孫叔敖碑作野無蟘貸

萴 說文丨烏喙也从艸則聲

閾 說文丨門榍也从門或聲論語曰行不履丨𨵩古文丨从洫○丨門梱也漢書王莽傳上思不出乎門丨注

嶷 丨然有所識也後漢書桓彬傳岐丨也注

僰 說文丨犍爲蠻夷从人棘聲○丨之言偪禮記王制西方曰棘注

纆 徽丨索也易坎係用徽丨馬注○兩股爲丨同上劉注○二糾繩曰丨穀梁宣三年疏引易坎釋文○丨三股索文選征西官屬送於陟陽候詩吉凶如糾丨注○三股謂之丨文選長笛賦注引漢書張晏注

襋 說文丨衣領也从衣棘聲詩曰要之丨之○詩葛屨要之丨之白帖十二作要之棘之

㚤 說文丨婦官也从女弋聲

洫 說文十里爲成成間廣八尺深八尺謂之丨从水血聲論語曰盡力乎溝丨

踣 說文丨僵也从足音聲春秋傳曰晉人丨之○前覆謂之丨左氏襄十四年傳與晉丨之疏○前覆曰丨謂倒地死也左氏襄廿七年傳單斃其死疏○丨謂斃之也漢書刑法志凡殺人者丨諸市注○丨破也呂覽行論舉矣而不丨注○丨者陳尸使人見之周禮掌戮殺之於甸師氏疏

熄 說文丨畜火也从火息聲亦曰滅火○孟子滕文公下安居而天下丨意林作息○孟子離婁下王者之迹丨而詩亡左傳疏文選注作息

寔 說文丨丨止也从宀是聲○丨是也爾雅釋詁○丨實也禮記坊記丨受其福疏

穡 禮記作嗇○說文丨穀可收曰丨从禾嗇聲○種曰稼斂曰嗇禮記郊特牲注先嗇若神農者疏明堂位注春祠夏禴疏○春種曰稼秋斂曰丨周禮遂師巡其稼丨而移用其民疏○收斂曰丨周禮地官

序官司稼注種穀曰稼疏○斂之曰丨史記宋微子世家集解引書洪範王肅注又周禮大司徒一曰稼丨疏又左氏莊七年經注及五稼之苗疏○斂之曰丨丨是秋收之名書盤庚上服田力丨疏○丨是惜也言蓄聚之可惜也書洪範土爰稼丨疏○丨愛也言愛惜而收斂之也左氏襄九年傳注種曰農疏○丨是愛惜之義故爲儉也左氏僖廿一年傳注丨儉也疏

嗇 說文嗇愛濇也从來从㐭來者㐭而藏之故田夫謂之嗇夫凡嗇之屬皆从嗇𤱪古文丨从田○丨愛恡也漢書貨殖宛孔氏傳瘉於孅丨注

埴 說文丨黏土也从土直聲○丨黏土也史記夏本紀其土赤丨墳集解引徐廣又漢書地理志上厥土赤丨墳注○書禹貢厥土赤丨墳釋文鄭作戠

菔 說文丨蘆丨似蕪菁實如小尗者从艸服聲○丨字或作匐後漢書劉盆子傳掘庭中蘆丨根注

匐 集韻通作䟦○說文丨伏地也从勹畐聲○䟦崩也文選吳都賦魂褫氣懾而自踢䟦者注引漢書音義

隿 說文丨繳䠶飛鳥也从隹弋聲

瀷 說文丨水出河南密縣東入潁从水翼聲

䐈 丨膏敗也周禮弓人釋文引字林○若今人頭髮有脂膏者則謂之丨考工記弓人注丨亦黏也疏

轖 說文丨車籍交錯也从車丨聲

繶 丨是牙底相接之縫綴絛於其中周禮屨人注爲屨有絇有丨有純者飾也疏○丨謂絛在牙底

相接之縫中儀禮士喪禮緇絇丨純統○丨者牙底接處縫中有絛儀禮喪服傳注吉屨無絇也疏○丨謂牙底相接之縫中有絛紃也儀禮士冠禮注丨縫中紃也疏

檍 說文丨杶也从木意聲

阞 說文丨地理也从𨸏力聲

玏 瑊丨石之次玉者漢書司馬相如傳瑊丨元厲注引應劭又文選子虛賦瑊丨元厲注引應劭○瑊丨皆次玉者史記司馬相如列傳瑊丨元厲集解引徐廣

楅 說文丨以木有所逼束也从木畐聲詩曰夏而丨衡

湢 禮記內則不共丨浴釋文本又作偪

赨 說文新附丨大赤也从赤色色亦聲
蟔 丨蛓屬也今江東人呼蛓為蛅蟴爾雅釋蟲注
鰂 同鯽○說文丨鰞丨魚名从魚則聲鯽丨或从卽
樴 說文丨弋也从木戠聲
幅 屬丨者謂整丨儀禮喪服記注屬猶連疏○丨與行縢今古之異名左氏桓二年傳注若今行縢者疏○邪纏束故名邪丨同上
杙 說文丨劉劉丨从木弋聲○丨橜也爾雅釋宮樴謂之丨注
愊 說文丨誠志也从心畐聲○丨緻密也漢書劉向傳發憤悃丨注引張晏○丨億憤怒之貌也漢書

陳湯傳策慮丨億注○丨怚謂急促之意禮記儒行不丨怚也疏
副 說文丨判也从刀畐聲周禮曰丨辜祭疈籒文丨○丨四析也禮記曲禮上為天子削瓜者丨之釋文
仂 丨勤也廣雅釋詁四
或 丨有也禮記月令毋丨作為滛巧以蕩上心疏又淮南本經若丨通焉注○丨之言有也易象上傳以訟受服疏○丨者言有也易損丨益之疏○丨也者不盡也墨子小取○丨者不定之辭書微子殷其弗丨亂正四方疏○丨是不定之辭禮記檀弓下注君丨於是弔焉疏○言丨者不必之辭也易小過從丨戕之疏○丨疑也易乾丨躍在淵疏○丨外辭也穀梁隱三年傳○言丨者道異說也詩周南召南譜

丨謂之房中之樂者疏○易咸丨承之羞釋文鄭本作咸承
愎 丨狠也左氏昭四年傳汏而丨諫注
侐 說文丨靜也从人血聲詩曰閟宮有丨○詩閟宮閟宮有丨文選注六作閟宮有洫十六別賦注作閟宮有恤
拭 拭所以占時日天文郎今之用拭者也漢書王莽傳下天文郎按拭於前注
衋 說文丨傷痛也从血聿皕聲周書曰民罔不丨傷心
蔏 說文蔏蔏苜从艸啇聲一曰蔏英
○以下據廣韻錄
戠 說文闕从戈从音○丨埴音義同書禹貢厥土赤埴墳疏○丨叢合也易豫朋

盍簪釋文引虞注
蘵 亦作蘵○爾雅釋草蘵黃蒢釋文字亦作職
淔 說文丨水也从水直聲
侙 說文丨惕也从人式聲春秋國語曰於其心丨然
鷘 廣韻鶒同○說文新附丨谿丨水鳥从鳥式聲
稙 說文丨早穜也从禾直聲詩曰丨稚尗麥○西狹頌民昌貸丨殖作丨
楒 說文丨木也从木息聲
瘜 說文丨寄肉也从疒息聲

【䭒】|息也集韻引廣雅
【𡋯】說文|遏遮也从土則聲
【𧥷】說文|快也从言从中
【澺】說文|水出汝南上蔡黑閭澗入汝从水意聲
【檍】說文|杶屬大者可爲棺椁小者可爲弓材从木意聲
【𣤊】說文𣤊悲意从欠嗇聲
【茍】說文|自急敕也从羊省从包省从口口猶愼言也从羊羊與義善美同意凡|之屬皆从|羗古文羊不省

【廙】說文|行屋也从广異聲
【潩】說文|水出河南密縣大隗山南入潁从水異聲
【𠥾】說文|田器也从匚異聲
【𧾊】說文|趨進|如也从走翼聲
【𨠔】說文|酒色也从酉弋聲
【𣘦】說文|細理木也从木畟聲
【蝍】卽蛆似蝗大腹食蛇腦也史記龜策列傳殆於卽且集解引郭璞○卽且卽吳公也同上正義○|蛆蟋蟀淮南說林而殆於|蛆注

【揤】說文|捽也从手卽聲魏郡有|裴侯國
【𦈇】說文|瓦器也从缶或聲
【𤷪】說文|頭痛也从疒或聲讀若溝洫之洫
【堛】說文|凷也从土畐聲
【稫】集韻或作糒煏熍○說文|以火乾肉从火稫聲𤐫籒文不省○熍火乾也凡以火而乾五穀之類關西隴冀以往謂之熍方言七
【𤗚】說文|判也从片畐聲
【夨】說文|傾頭也从大象形凡|之屬皆从|

【㘈】說文|小兒有知也从口疑聲詩曰克岐克|
【朸】說文|木之理也从木力聲平原有|縣
【协】說文|材十人也从十力聲
【貣】說文|从人求物也从貝弋聲
【𡫳】說文𡫳實也从心塞省聲虞書曰剛而𡫳○塞訓實也書皋陶謨傳剛斷而實|疏○塞滿也淮南說林卭夷而淵塞注○外邪不入謂之塞淮南主術
【垘】|音羅菔謂谿|崩也漢書天文志川塞谿|注引孟康○|塡塞不通也同上引如淳
【䖟】|蝱也廣雅釋蟲

䞳 說文｜僵也从走咅聲讀若匐

䵌 說文｜治黍禾豆下潰葉从黍畐聲

○以下據集韻錄 膱 儀禮鄉飲酒禮注挺猶｜也釋文本又作樴

窢 ｜逆風聲莊子天下其風｜然釋文引向注○同上釋文字亦作㦽又作閾

䩯 說文｜急也从革亟聲

𡿧 說文｜水流也从川或聲

勀 說文｜尤劇也从力克聲

皕 說文｜二百也凡｜之屬皆从｜讀若秘

㤕 說文｜失常也从心代聲

𤩆 說文｜玪｜也从玉勒聲

嫼 說文｜怒貌从女黑聲

纆 說文｜索也从糸黑聲

𪑴 ｜形也淮南俶眞重九｜注

帠 ｜幡也廣雅釋器

經籍籑詁卷第一百二補遺終

經籍纂詁卷第一百三 入聲

經筵講官南書房翰林戶部左侍郎兼署兵部左侍郎提督浙江學政阮元撰集

十四緝

緝 丨光也爾雅釋詁○丨明也詩昊天有成命於丨熙傳又國語周語○丨熙皆明也禮記緇衣於丨熙敬止注○丨熙光明也詩文王於丨熙敬止傳維淸維淸丨熙箋敬之學有丨熙于光明箋又禮記大學於丨熙敬止注又後漢章帝紀注竇憲傳注班彪傳下注○丨猶續也詩行葦授几有丨御箋○西州人謂績爲丨詩東門之池箋丨績作衣服釋文○丨會聚也文選陽給事誄以丨華裔之衆注○丨合也後漢王允傳注○丨叶也後漢蔡茂傳注○所以縣櫂謂之丨方言九○丨繫櫂頭索也方言九注○丨丨口舌聲詩巷伯丨丨翩翩傳○丨御蹴踖之容也詩行葦授几有丨御傳○丨與輯同文選褚淵碑文衣冠未丨注○詩巷伯丨丨翩翩說文口部作咠咠幡幡

輯 丨和也爾雅釋詁又詩板辭之丨矣傳抑丨柔爾顏傳又國語魯語契爲司徒而民丨注晉語與衆之信丨睦焉注丨訓典注又漢書禮樂志集注賈誼傳集注鼂錯傳集注又後漢光武紀上注竇融傳注劉焉傳注又文選補亡詩元化內丨注○丨亦和也後漢班超傳注○丨丨風聲和也文選補亡詩丨丨和風注○丨成也國語魯語其丨之亂注○丨合也漢書武帝紀集注引如淳瑕邱江公傳集注○丨聚也國語周語和協丨睦於是乎興注○丨斂也書舜典丨五瑞傳又禮記檀弓有餓者蒙袂丨屨注喪大記寢門之內丨之注○丨車輿也列子湯問齊丨乎轡銜之際釋文○丨古集字後漢盧芳傳注○丨與集同文選上林賦雜襲絫丨注○丨與習同文選補亡詩丨丨和風注○書舜典丨五瑞史記五帝紀漢書郊祀志上作揖五瑞○詩公劉思丨用光孟子梁惠王下作思戢用光○詩板辭之丨矣新序雜事二作辭之集矣○左傳僖廿四年注國未丨睦釋文丨本作集左傳襄十九年其天下丨睦釋文丨本作集

戢 丨斂也詩鴛鴦丨其左翼箋白華丨其左翼箋又小爾雅廣言又漢書刑法志集注又文選劉越石荅盧諶詩永丨東羽注○丨聚也爾雅釋詁又詩桑扈不丨不難傳時邁載丨干戈傳又一切經音義十八引蒼頡又國語周語夫兵丨而時動注又漢書五行志上集注○丨藏也左氏宣十二年傳載丨干戈注襄廿四年傳兵不丨注又文選歎逝賦惜此景之屢丨注○丨捷也詩鴛鴦丨其左翼釋文引韓詩○丨捷也同上○丨插也廣雅釋詁二○丨孴衆貌文選魯靈光殿賦芝栭欑羅以丨孴注

立 丨猶行也呂覽貴因如秦者丨而至有車也注○丨平丨也禮記曲禮上丨視五嶲注○丨置也呂覽蕩兵故丨君注○丨猶定也後漢郎顗傳注○丨丨杜也如林木森然各駐其所也釋名釋姿容○少丨自脩正愼其位也儀禮鄉射禮退少丨注○少丨自正愼其位也儀禮鄉飲酒禮退共少丨注○丨見淮南主術德無所丨注○丨猶見也呂覽適威故功名丨注○丨涖也史記范雎蔡澤傳明主丨政索隱○丨逼也廣雅釋詁二○丨謂當其王時素問寶命全形論丨勝更丨注○丨國人丨之曰丨他國丨之曰納公羊莊六年傳注○丨成也廣雅釋詁三又漢書朱雲傳集注又後漢張奮傳注又呂覽用民功名猶可丨注又淮南覽冥太公並世故武王之功丨注又離騷恐脩名之不丨注○丨猶成也禮記冠義而後禮義丨注○丨成功也國策秦策卯其可與丨功注○德成之謂丨荀子天地○丨謂丨功丨事也後漢周

章傳注〇丨者行之極也說苑說叢〇乾爲丨易
象下傳君子以丨不易方虞注〇鼻下曰丨人取丨
於鼻下狹而長似人丨也釋名釋形體〇丨人象人
丨也釋名釋車〇丨當作粒詩思文丨我烝民箋〇
丨當爲涖周禮司市市師涖焉司農注〇丨讀爲涖
周禮鄉師及窆執斧以涖匠師司農注〇丨讀爲位
古者丨位周字古文春秋經公卽位爲
公卽丨周禮小宗伯掌建國之神位注
集丨聚也廣雅釋詁三又文選東京賦總丨瑞命薛
注〇丨會也爾雅釋言又詩小毖予又丨于蓼箋
又國語周語極之所丨曰聲注又楚辭天問載尸丨
戰何所急注怨思雲霏霏而隕丨注〇丨合也書允
征辰弗丨于房傳又漢書萬石君奮傳集注薛宣傳
集注〇丨齊也漢書鼂錯傳集注〇丨和也史記衞
康叔世家爲武庚未丨索隱又漢書武帝紀集注馮
奉世傳集注〇丨就也詩小旻是用不丨傳大明有

命既丨傳又左氏襄八年傳是用不丨注又廣雅釋
詁三〇丨取也廣雅釋詁一〇丨正也同上〇丨成
也左氏桓五年傳可以丨事注成二年傳可以丨事
注成十三年傳用丨我文公注哀二年傳以丨大事
注又廣雅釋詁三又小爾雅廣詁又國語晉語將襲
天行注今日之事幸而丨注〇丨猶成也詩黍苗我
行既丨箋又漢書陸賈傳集注〇丨皆成也呂覽盡
數丨於聖人注〇丨安也左氏昭十七年傳辰弗丨
於房注〇丨止也詩鴇羽丨于苞栩傳又國語晉語
人皆丨於苑注〇丨至也國語晉語不其丨亡注〇
丨同也廣雅釋詁四〇丨雜也孟子公孫丑上是丨
義所生者注〇丨丨衆也廣雅釋訓〇丨羣鳥駐木
上廣韻引字林〇丨穆當爲輯穆孟子音義上引張
音〇詩小旻是用不丨韓詩作是用不就〇左傳成
十六年丨睦以事
君釋文丨本作輯

邑丨國也廣雅釋詁四〇丨國都也爾雅釋地丨外
謂之郊注又孫注〇丨都丨也楚辭大招隱田丨
千畛注〇凡丨有宗廟先君之主曰都無曰丨左氏
莊廿八年傳〇天丨天子所都也後漢班彪傳下注
〇公丨所食曰丨水經河水注引史記百官表〇丨
公丨大戴記文王官人使是長鄉丨而治父子注〇
丨猶里也周禮里宰掌比其丨之衆寡注〇四井爲
丨周禮小司徒又公羊成元年傳譏始邱使也注又
莊子則陽何謂邱里之言釋文引李注又釋名釋州
國〇四井爲丨方二里周禮小司徒四井爲丨注〇
五里爲丨初學記州郡部引書大傳又廣雅釋地〇
六軌爲丨管子小匡〇丨多田少稱丨公羊桓元年
傳〇丨猶俋也丨人聚會之稱也釋名釋州國〇坤
稱丨易訟其丨人荀注升升虛丨虞注〇坤爲丨易
比丨人不戒虞注晉維用伐丨虞注夬告自丨虞注
井改丨不改井虞注〇坤爲自丨易泰自丨告命虞

注〇丨丨微弱貌也楚辭遠逝風丨丨而蔽之注〇
丨與悒同荀子解蔽無丨憐之心注〇丨音人相悒
納之悒漢書酷吏傳贊集注引蘇林〇丨或爲子禮
記緇衣惟尹躬天見于西丨夏注〇丨或作色漢書
酷吏傳贊集注〇書湯誓率割夏丨史記夏本紀作
率奪夏國書牧誓以姦宄于商丨史記周本紀作以
姦軌于
商國
急丨及也操切之使相逮及也釋名釋言語〇丨猶
先呂覽情欲邪利之丨注〇丨猶堅也禮記曲禮
上丨繕其怒注〇丨盡也廣雅釋詁一〇丨謂困難
也管子問舉知人丨丨則衆不亂注〇無六年之蓄謂
之丨賈子憂民〇丨謂如弦張之丨素問通評虛實
論丨則死注〇丨張者良材也說苑尊賢〇丨當爲
愿荀子王制朴丨禁悍注〇詩六月
我是用丨鹽鐵論繇役作我是用戒

入 丨內也內使還也釋名釋言語○丨還國策齊策
將軍無解兵而丨齊注秦策齊女丨魏注○丨猶
還也漢書武帝紀集注引晉灼○丨者還與同莊子
人閒世就不欲丨注○丬猶來也禮記喪服小記非
養者丨主人之喪注○丨享謂來助祭也後漢馬融
傳注○丨納也國策秦策丨其社稷之臣於秦注○
丿猶紲也呂覽無義公孫與見而後丨注○丨猶致
也國策齊策可以令楚王亟丨下東國注○丨猶與
也國策魏策令無敢丨之事注○丨受也國語吳語
其臣箴諫以不丨注○丨猶充也史記范睢蔡澤傳
墾草丨邑索隱引劉氏○丨收也舊唐書引蔡邕月
令章句○丨下也淮南脩務九攻而墨子九却之弗
能丨注○丨猶下也呂覽愛類墨子九却之不能丨
注○丨猶墮也呂覽任數煤炱丨甑中注○坎爲丨
易象上傳習坎丨坎虞注○巽爲丨易象上傳君子
以儉德避難虞注遯虞注困丨于其宮虞注○萃之

謂丨韓非子解老○丨者以兵丨也公羊僖二年傳
丨丨者何得而不居也注○克內曰丨春秋之義引陸
希聲左傳通例○從外曰丨公羊莊六年傳纂辭也
注○得而不居曰丨公羊莊十年傳丨不言圍注○
丨者何得而不居也公羊隱二年莒人丨向傳○弗
地曰丨左氏襄十三年傳○丨者非已至之文難辭
也公羊隱八年傳我丨邴注○獲大城焉曰丨之左
氏文十五年傳○凡諸侯去其國國逆而立之曰丨
以惡曰復丨左氏成十八年傳○丨子者謂嫁女者
也周禮媒氏凡娶判妻丨子者司農注○丨子者容
媵姪娣不聘之者同上○丨死也莊子庚桑楚丨無
竅釋文○出丨者變化之謂耳莊子知北遊注然勃
然莫不出焉油然漻然莫不丨焉注○蚰蜒或謂之
丨耳方言十一○丨或爲人禮記表記大言丨則望
大利注○丬或作人漢書武帝紀集注引晉灼
○左傳昭十三年將欲丨鄢釋文丨本作至

泣 無聲而淚曰丨一切經音義二引字林○淚下無
聲曰丨也華嚴經音義下引漢紀崔皓注○丨淚
也廣雅釋言○丨謂哭也素問解精微論不丨者神
不慈也注○丨憂也太元裝丨于之道注○凝於脈
者爲丨素問六節藏象論○丨謂血行不利素問六
節藏象論注○丨謂如水中居雪也素問八正神明
論則六血凝丨而衞氣沈注○丨謂如雲在水中凝
住而不行去也素問調經論寒則丨不能流注○詩
氓丨涕漣漣楚辭
注作波涕漣漣

溼 又作濕○丨謂雨露呂覽重己足以辟燥丨而巳
矣注○濕謂地濕氣也素問生氣通天論秋傷於
濕注○丨土氣也素問五常政大論腎其畏濕注○
太陰爲濕素問天元紀大論寒暑燥丨風火注○丨
氾也釋名釋言語○丨謂自卑下如地之下乚然也
荀子脩身卑丨重遲貪利注○濕猶生也考工記弓

人必因角幹之丨以爲之柔注○丨猶遲久之也呂
覽貴卒勝之同則丨爲下注○丨憂也廣雅釋詁一
○丨憂也陳楚或曰丨自關而西秦晉之閒或曰惄
或曰丨自關而西秦晉之閒凡志而不得欲而不獲
高而有墜得而中亡謂之丨方言一○丨者失意潛
沮之名方言一注○左傳哀十七年注犂邱濕也釋
文濕本作隰穀梁襄八年獲
蔡公子濕釋文濕本作隰

習 丨學也呂覽審己退而丨之注○丨曉國策秦策
不丨於誦注○丨簡丨也國語周語是皆丨民數
者也注○丨是脩故之稱也論語學而學而時丨之
皇疏○丨重也易象上傳○丨坎陸注又釋文○丨坎
重險也易象上傳○水流行不休故曰丨易坎丨坎
釋文引劉注○坎爲丨易象下傳君子以朋友講丨
虞注○丨積也易象上傳丨坎入坎虞注○丨因也
書大禹謨卜不丨吉傳金縢一丨吉傳○丨狎也漢

書五行志中之下○丨猶便也漢書張騫傳集注○
丨便丨也易坎丨坎釋文○丨謂便丨之也易坎丨丨
坎注又文選謝靈運富春渚詩泝至宜便丨注○丨
調節也大戴記子張問入官既知其以生有丨注○
丨丨和也後漢班彪傳下注○丨丨和舒貌詩谷風
丨丨谷風傳○丨丨和調之貌詩谷風箋○丨丨行
貌文選東京賦
肅肅丨丨薛注

給 丨供也國語周語且財不丨注楚語於是不丨注
又國策秦策恐不能丨也注又漢書張安世傳集
注張騫傳集注嚴助傳集注朱買臣傳集注酷吏傳
贊集注○丨供丨也荀子臣道齊丨如響注又文選
報任少卿書廣救死扶傷不丨注○丨足也國語周
語事之供丨注晉語伎蓺畢丨則賢注又漢書高帝
紀下集注昭帝紀集注禮樂志集注二見食貨志下
集注二見郊祀志上集注西域傳上集注王莽傳上

集注王莽傳中集注又後漢卓茂傳注又呂覽開春
古費又恐不丨注又淮南本經古者上求薄而民用
丨注○丨備也國語周語外內齊丨注○經丨謂經
營丨濟丨之後漢鍾離意傳注○丨及也國語晉語豫
而後丨注○丨暇也漢書王莽傳下集注○丨急也
荀子非十二子齊丨便利而不順禮義注○丨續括
也莊子徐無鬼王射之敏丨注○丨敏也後漢酈炎
傳注○丨捷也論語公冶長禦人以口丨皇疏又漢
書東方朔傳集注○丨得之速也穆天子傳六取槳
而丨注○應事而至謂之丨荀子臣道齊丨如響注
○丨謂應之速如供丨者也荀子性惡齊丨便敏而
無類注○接丨謂應所問而對大戴記文王官人取
接丨而廣中者注○接丨謂應所問而丨也大戴記
保傅接丨而善對注○恭而不中禮謂之丨禮記仲
尼燕居又
家語論禮

十 通作什○丨陰數也太元事丨年不誨注○丨者
天之數也春秋繁露陽尊陰卑○丨者天數之所
止也春秋繁露官制象天○丨者天地之至數也素
問六節藏象論天有丨日注○丨終也太元度丨年
不復注○二五爲什漢書刑法志集注鼂錯傳集注
○五人爲伍二五爲什周禮宮正會其什伍而教之
道藝注○丨夫爲什周書大聚○丨家爲什管子立
政○坤爲丨易復至于丨年虞注○坤數丨丨謂神
靈攝寶文筮山澤水火之龜也易損丨朋之龜虞注
○什丨倍也孟子滕文公上或相什伯注○什一謂
丨中之一也文選報孫會宗書逐什一之利注○丨
二者歲之度也春秋繁露官制象天○丨世百年舉
全數也後漢班彪傳上注○什伍士卒部曲也禮記
祭義軍旅什伍注○軍之部署丨官必伍什則有長
故曰丨官管子七法兵也者審於地圖謀丨官注○
丨丨一謂三命者也儀禮公食大夫禮魚腸胃倫膚若

九若丨有一注○丨當爲七考工記總目凡攻木之
工七司農注又荀子禮論有天下者事丨世注○丨
或作七考工記輈人軌前丨尺而策半之注○周
禮丨轂師近郊丨一考工記匠人注作近郊什一
丨者猶言一一丨取匡謬正俗三○丨者所以引

拾 弦也周禮繕人掌王之用弓弩矢箙矰弋抉丨司
農注○丨斂也所以蔽膚斂衣也儀禮鄉射禮袒決
遂注○丨遂也詩車攻決丨既佽傳又儀禮大射儀
說決丨注○丨韘也廣雅釋器○丨謂射韝禮記曲
禮下以韝丨矢注○丨捍也國語吳語百夫決丨注
○丨謂韝扞也周禮繕人掌王之用弓弩矢箙矰弋
抉丨司農注○丨韝捍著左臂也文選東京賦決丨
既次薛注○遂射韝也以韋爲之所以遂弦者也其
非射時則謂之丨儀禮鄉射禮袒決遂注○丨室劍
削也廣雅釋器○丨更也儀禮鄉射禮各與其耦讓
取弓矢丨注大射儀丨發以將乘矢注既夕及丈夫

丨踊三注士虞禮記男女丨踊三注又禮記投壺請
丨丨更注奔喪主人丨丨踊注又詩賓之初筵箋與其耦
丨丨發釋文又漢書敘傳上集注引應劭〇丨當爲涉
聲之誤也禮記曲禮上丨級聚足注〇丨音負丨之
丨漢書敘傳上
集注引蘇林
什 詩每十篇同卷故曰丨也文選宋書謝靈運傳論
紛披風丨注〇丨聚也雜也吳楚閒謂資生雜具
爲丨物也華嚴經音義上引三蒼〇軍法五人爲伍
二五爲丨則其其器物故通謂生生之具爲丨物後
漢宣秉
傳注
襲 丨因也禮記中庸下丨水土注表記卜筮不相丨
也注又廣雅釋詁四又小爾雅廣詁又漢書韓安
國傳集注又淮南俶眞丨九竅注又文選典引丨四
宗之緝熙蔡注〇卜猶因也亦入淮南精神憂患不

能入也而邪氣不能丨注〇丨仍也楚辭懷沙重仁
丨義兮注〇丨謂承丨如嫡之承丨也素問六節藏
象論五運相丨而皆治之注〇丨及也廣雅釋詁一
又楚辭少司命芳菲菲兮丨予注哀時命邪氣丨余
之形體注〇丨繼也漢書楊雄傳上集注引服虔〇
丨受也左氏昭廿八年傳故丨天祿注〇丨重也左
氏哀十年傳卜不丨吉注又廣雅釋詁四又漢書賈
誼傳集注引鄧展又鄒陽傳集注匈奴傳贊集注又後
漢張衡傳注又呂覽順民衣禁丨注節喪棺椁數丨
注〇丨亦重也爾雅釋山山三丨丨陟注又管子輕重
丁使其牆三重而門九丨注〇丨丨和也淮南天文而
天地丨矣注〇丨合也小爾雅廣言又國語周語三
丨焉注又淮南天文天地之丨精爲陰陽注〇丨郤
合之禮記少儀劒則啟櫝蓋丨之注〇丨入也國語
晉語使晉丨於爾門注又莊子大宗師以丨氣母釋
文引司馬注又管子君臣下衩婦丨主之請而資游

慝也注又文選吳都賦聊丨海而徇珍劉注風賦注
引莊子司馬注又文選別賦注詣建平王上書注〇
丨掩也周書小明武無丨門戶注又國語晉語楚令
尹子木欲丨晉軍注〇丨覆也史記屈原賈生傳丨
九淵之神龍集解引鄧展〇丨猶淪也春秋元命苞
沙鹿丨邑是注〇丨者嘿陷入于地中公羊僖十四
年傳丨邑也注〇丨猶取也文選五等論新都丨漢
注〇丨者何謂也行不假途掩人不備也白虎通誅
伐〇輕行掩其不備曰丨穀梁襄廿三年傳齊侯丨
莒注〇輕行疾至不戒以入曰丨公羊僖卅三年傳
秦伯將丨鄭注〇師輕曰丨國語周語秦師將丨鄭
注〇密聲取敵曰丨孟子公孫丑上非義丨而取之
也注〇輕行無鍾鼓曰丨漢書高帝紀集注引臣瓚
〇以兵伐國不擊鼓密聲曰丨淮南氾論秦穆公興
兵丨鄭注〇凡師有鍾鼓曰伐無曰侵輕曰丨左氏
莊廿九年傳〇丨衣穀梁哀十三年傳而請冠端而

丨注又文選思元賦丨溫恭之黻衣兮舊注〇丨服
也文選西京賦張甲乙而丨翠被薛注〇丨服衣也
禮記奔喪丨經于序東注〇丨事謂衣服也儀禮士
喪禮陳丨事于房中注〇丨謂重衣禮記內則寒不
敢丨注〇單複具謂之丨後漢卓茂傳注〇衣單複
具曰丨後漢東平憲王蒼傳注楊賜傳注〇衣單複
具爲一丨一切經音義十八引史記音義〇加朝服
謂之丨初學記引雷氏五經要義〇服之丨也充美
也禮記玉藻〇弔則丨不盡飾也同上〇衣尸曰丨
丨匝也以衣周匝覆衣之也釋名釋喪制〇丨復衣
也儀禮士喪禮主人丨反位注〇丨布衣牀上儀禮
士喪禮商祝丨注〇凡執玉無藉者丨儀禮聘禮記
〇丨大篋也文選王命論注引字林〇丨與習通文
選齊竟陵文宣王行狀籠謀丨吉注〇丨古文戳褶
二形一切經音義二〇故書丨爲習杜子春云當
爲丨謂掩捕其不正者周禮胥丨其不正者注

及 丨至也儀禮燕禮賓入丨庭注大射儀于不丨地
武注賓丨庭注聘禮丨竟注士虞禮記丨門如出
戶注丨大門內踊如初注少牢饋食禮若不吉則丨
遠日注又禮記曲禮下諸侯未丨期相朝曰遇注曾
子問將冠子而未丨期日注又論語衛靈公丨階皇
疏又廣雅釋詁二又國語周語以丨此難注魯語樂
丨鹿鳴之三注又荀子彊國丨都邑官府注又呂覽
明理其福無不丨也注〇丨亦至也文選陸士衡樂
府短歌行注引論語摘輔象讖注李少卿與蘇武詩
注〇丨猶至也儀禮聘禮丨期注〇丨祖至祖廟也
周禮喪祝丨祖飾棺司農注引或說〇丨如也管子
大匡豈丨彭生而能止之哉注〇丨與也爾雅釋詁
又詩谷風丨爾顛覆箋丨爾同死箋氓丨爾偕老箋
中谷有蓷何嗟丨矣箋七月殆丨公子同歸傳何人
斯丨爾如貫箋采芑元衮丨瀨箋大明乃丨王季箋
緜爰丨姜女箋棫樸六師丨之箋桑柔載胥丨溺箋

版丨爾同僚箋丨爾出王箋又儀禮士昏禮記丨揖
讓入注特牲饋食禮丨佐食舉牲鼎注又禮記祭義
大何神明之丨交注又左氏襄四年傳臣不敢丨注
成十三年傳白狄丨君同州注又史記孔子世家丨
齊平索隱〇丨者何與也會丨暨皆與也公羊隱元
年公丨邾儀父盟于眛傳〇丨黨與也管子立政罰
有罪不獨丨注〇凡師出與謀曰丨左氏宣七年傳
〇丨猶預也管子君臣上是以上丨下之事謂之矯
注〇丨連也廣雅釋詁四〇丨猶就也管子大匡丨
齊君之能用之也注〇丨繼也荀子儒效周公屏成
王而丨武王注〇丨猶繼也後漢宋宏傳注〇相丨
猶相繼也管子輕重戊魯梁之民餓餒相丨注〇兄
死弟繼曰丨公羊莊卅二年傳一生一丨注〇丨猶
汲汲也公羊隱元年公丨邾儀父盟于眛傳〇丨追
也國語晉語往言不可丨注〇丨者言其能導人追
宗者也後漢黨錮傳〇書呂刑何度非丨史記周本

紀作何居非其宜〇詩摽有梅序男女得以丨時也
釋文丨本作得〇左傳僖廿四年子臧之丨釋文丨
本作服〇論語雍也集解而丨
如宋朝之美釋文丨本作反

級 丨等也禮記曲禮上拾丨聚足注又左氏僖九年
傳賜一丨注又廣雅釋言又漢書高帝紀集注賈
誼傳集注又呂覽懷寵加其丨注又淮南時則授車
以丨注〇丨等差論語摘輔象明由曉升丨注〇丨
等次也禮記月令授車以丨注〇丨次序論語摘輔
象五聖受道丨注〇丨階等禮記曲禮上釋文〇丨
階次也一切經音義廿一引聲類〇丨階陛呂覽重
言分丨而立注〇歷丨遽登階不聚足家語曲禮子
貢問歷丨而救焉注〇斬首一名爲丨也華嚴經音
義下引珠叢〇秦法斬首一賜爵一丨故因謂斬首
爲丨後漢光武紀上注〇左傳昭
十二年與呂丨釋文丨本作汲

歰 又作澀〇丨難也廣雅釋詁三〇丨吃也廣雅釋
詁二〇丨語丨難也方言十或謂之丨注〇丨猶
吃者方言十忸怩慙丨也注〇吃或謂之丨方言十
〇歰古文澀一切經音義七〇周禮喪祝注四丨之
屬釋文丨本作翣〇石
門頌道路澀難丨作澀

粒 丨米也書益稷烝民乃丨鄭注〇穀曰丨一切經
音義七引通俗文〇穀謂之丨小爾雅廣物〇米
食曰丨書益稷烝民乃丨傳〇
蜀土呼丨爲逼顏氏家訓勉學

揖 推手曰丨儀禮鄉飲酒禮賓丨介注〇上手爲丨
楚辭大招隱丨辭讓只注〇手著胷曰丨論語述
而丨巫馬期而進之釋文〇以手通指曰丨公羊僖
二年傳獻公丨而進之注〇土丨推手小下之也周
禮司儀土丨庶姓注〇天丨推手小舉之周禮司儀
天丨同姓注〇時丨平推手也周禮司儀時丨異姓

注○丨舉手也淮南道應子佩疏丨北面立於殿下
注○丨推之也儀禮大射儀丨弓注鄉射禮西南面
丨弓注○丨禮羣臣儀禮聘禮公丨入注○丨之人
之也儀禮燕禮公丨卿大夫注○丨讓也後漢劉祐
傳注○丨進也廣雅釋詁二○丨召也周書克殷遂
丨之注○丨別也儀禮聘禮乃退丨注○丨挾也書
大傳八十者杖於朝見君丨杖注○丨下無耳顏氏
家訓書證○今文丨爲升儀禮鄉射禮皆丨就席注
○丨當爲去書大傳七十
者杖於朝見君丨杖注

汁 丨合也周禮鄉士丨日刑殺釋文○丨合也和也
周禮鄉士丨日州殺司農注○丨叶也周禮大行
人注叶當爲丨釋文○丨猶叶也文選吳都賦皆謠
俗丨協注○丨謂和協也或曰滑丨方言三斟協丨
也注○丨渫也渫渫而出也釋名釋形體
○周禮鄉士丨日刑殺釋文丨本作協

芨 丨學士所以負書箱晉書音義下引風土記○丨
學士所以負書相如冠籍箱也御覽七百十一引
風俗
通

蟄 丨靜也爾雅釋詁○丨潛藏也易繫辭下傳龍蛇
之丨虞注○丨獸熊羆之屬冬藏者也周禮穴氏
掌攻丨獸注○丨丨蟲也家語辨物火伏而後丨者
畢注○丨丨和集也詩螽斯丨丨兮傳○丨讀付伍
之什淮南原道昆蟲丨藏注○丨讀如詩文王之
什呂覽孟春丨蟲始振蘇注音律丨蟲入穴注

笠 丨所以禦暑詩無羊何簑何丨傳又後漢蔡邕傳
注○丨所以禦雨也詩都人士臺丨緇撮傳○丨
所以禦暑雨也詩良耜其丨伊糾傳○簑丨備雨服
儀禮既夕記藁車載簑丨注○丨竹簝蓋也儀禮既
夕燕器杖丨翣注○簦謂之丨廣
雅釋器○丨戶牡也廣雅釋室

執 丨持也詩執競丨競武王箋又論語堯曰允丨其
中皇疏又詩執競序釋文又文選東京賦獻琛丨丨
贄薛注○側持弦矢曰丨儀禮大射儀左丨弓右丨丨
一个注鄉射禮左丨弓右丨一个注○丨操也大戴
記夏小正丨養宮事傳○丨守也老子丨丨大象注○
丨猶守也禮記曲禮上丨爾顏注○丨丨轡謂守之
也禮記少儀丨君之乘車注○丨拘也禮記檀弓下
則將肆諸市朝而妻妾丨注○丨猶拘也周禮校人
丨駒注○丨四也呂覽愼行使丨連尹注○丨猶結
也國語越語而又與大國丨讎注○艮爲丨易師利
丨言虞注○艮爲手稱丨易遯丨之用黃牛之革虞
注○丨攝也使畏攝己也釋名釋姿容○丨脅也廣
雅釋言○丨服也詩執競釋文引韓詩○丨猶處也
禮記樂記而吾子自丨焉注○丨猶待也荀子堯問
貌丨之士者百有餘人注○丨蟄淮南天文丨徐之
歲注○丨徐伏蟄之物皆散舒而出也淮南天文丨

徐之歲注○伏蟄之物皆振舒而出故曰丨徐丨蟄
徐舒也爾雅釋天太歲在辰曰丨徐李注○太陰在
辰歲名曰丨徐淮南天文○丨友志同者禮記曲禮
上丨友稱其仁也注○丨駒無令近母猶攻駒也周
禮校人丨駒司農注○丨也者始丨駒也丨駒也者
離之去母也丨而升之君也大戴記夏小正丨陟攻
駒傳○丨者治文也公羊隱七年傳不與夷狄之丨
中國也注○丨組猶織組也楚辭靈懷丨組者不能
至兮注○丨讀曰慹漢書陳萬年傳集注○丨或爲
持荀子禮論始卒沐浴鬠體飯唅象生丨也注○禮
記月令則丨騰駒釋文丨蔡本作縶○莊子人
閒世吾食也丨粗而不臧釋文丨簡文本作熱

隰 下溼曰丨爾雅釋地又詩車鄰丨有栗傳又呂覽
孟春阪險原丨注○下濕曰丨書禹貢原丨厎績
傳又詩傷兮丨有萇傳皇皇者華于彼原丨傳又周
禮大司徒辨其山川林澤邱陵墳衍原丨之名物注

又詩隰桑正義引書大傳又國語周語猶其有原丨
衍沃也注又後漢班彪傳上注公孫瓚傳注○下溼
曰丨丨墊也墊溼意也釋名釋地○下者曰丨爾雅
釋地○丨溼也爾雅釋地下者曰丨李注○丨濕墊
也爾雅釋地下溼曰丨舊注○下濕者丨也古微書
引春秋說題辭○下溼謂土地窊下常沮洳名爲丨丨
也爾雅釋地下溼曰丨李注○下而平者謂之丨丨
之猶言濕也御覽地部廿二引書大傳○丨皋水崖
下溼左氏襄廿五年傳收丨皋注○丨下澤也管子
形勢平原之丨注○丨皋也淮南時則邱丨水潦注
○上平曰原下平曰丨公羊昭元年傳○丨謂新發
田也詩載芟徂丨徂畛箋○左傳哀十年注犂一名
丨釋文丨
亦作濕

汲 丨引也考工記匠人大丨其版注○丨猶引也穀
梁襄十年傳丨鄭伯注○丨取也廣雅釋詁一○

丨丨劇也廣雅釋訓○故書丨作沒杜子春云當爲
丨考工記匠人注○莊子盜跖狂狂丨丨釋文丨本
作伋

吸 或作噏○丨謂氣入素問離合眞邪論丨則內鍼
注○丨者若噓丨聲也莊子齊物論丨者叫者釋
文引司馬注○丨飲也廣雅釋詁四○丨取也太元
元圖邪謨高丨注○丨丨雲動貌楚辭思古雲丨丨
以湫戾注○噏呷衣裳張也史記司馬相如傳噏呷
萃蔡集解引漢書音義○丨古文歙噏二形一切經
音義
四

唈 丨僾氣不舒憤鬱之貌荀子禮論悍詭丨僾而不
能無時至焉注○歍丨失聲也丨讀如左傳嫈人
姻姶之姶淮南覽冥孟
嘗君爲之增欷歍丨注

縶 丨絆也詩白駒丨之維之傳有客言授之丨箋又
廣雅釋器又莊子秋水釋文引三蒼又楚辭國殤
霾兩輪兮丨四馬注○丨馬絆也左氏成二年傳韓
厥執丨馬前注又公羊襄廿七年傳夫負羈丨注○
丨羈也文選思元賦丨騕褭以服箱舊注○丨拘也
莊子秋水而右膝已丨已釋文引司馬注○丨拘執
左氏成九年傳南冠而丨者誰也注○左氏昭廿一
年盜殺衛侯之兄丨公羊穀梁作輒○老子注無所
縶丨釋文
丨本作執

葺 丨覆也左氏襄卅一年傳繕完丨牆注又廣雅釋
詁二又文選魏都賦丨墻幂室劉注○丨蓋屋也
楚辭湘夫人芷丨兮荷屋注○覆蓋曰丨一切經音
義三引通俗文○丨補治也左氏昭廿三年傳必丨
其牆屋注○丨累也楚辭悲回風魚丨鱗以自別兮
注又文選吳都賦丨鱗鏤甲注○丨襲重貌文選笙

賦漁衍
丨襲注

褶 丨袷也禮記喪大記君丨衣丨衾注○丨裌也禮
記玉藻帛爲丨釋文

潗 集韻或作湒○湒沸鬲一切經音義十二引字林
○丨潛沸聲文選海賦澒濘丨潛注○湒湒雨也
廣雅
釋訓

苙 丨圂也方言三○白丨菻蕡也廣雅釋草

伋 丨讀曰播播然變動貌書大傳丨然淵其志注○
魯孔丨字子思見史記孔子世家燕丨字思見史
記仲尼弟子傳○詩新臺序衛丨子左氏桓十六年
傳作急子○書顧命齊侯呂丨左氏昭十二年傳作
呂級○史記齊太公世家丁公
呂丨集解引徐廣曰一作及

岌 集韻通作圾○丨高也爾雅釋山小山丨大山峘
釋文○丨丨高也廣雅釋訓○丨丨高貌後漢馮
衍傳注又離騷高余冠之丨丨兮注○丨丨盛也廣
雅釋訓○丨謂高過爾雅釋山小山丨大山峘注○
圾危也莊子天地殆哉圾乎天下注列禦寇殆哉圾
乎仲尼注○丨丨危動貌漢書韋賢傳集注○丨丨
乎不安貌也孟子萬章上天下殆哉丨丨乎注○
岋音岋岋動搖之岋漢書楊雄傳上集注引蘇林
翕 丨合也爾雅釋詁又書皐陶謨丨受敷施傳又詩
常棣兄弟既丨傳大東載丨其舌傳般允猶丨河
傳又禮記中庸兄弟既丨注○丨也者合也大戴記
夏小正匽之興五日丨望乃伏傳○丨聚也方言三
又廣雅釋詁三○丨斂也易繫辭上傳其靜也丨注
又釋文又漢書楊雄傳下集注又荀子議兵伐丨伐
張注○丨猶引也詩大東載丨其舌箋○丨也入太
元元衝○丨也內太元元錯○丨猶閉也易繫辭上

傳其靜也丨宋注○丨習也論語八佾皇疏○丨順
也太元翕丨其志注丨冥中注○丨炎也方言十三
○丨熾也方言十二又廣雅釋詁三○丨盛也後漢
班彪傳下注○丨如盛也論語八佾丨如也集解○
丨赫盛貌文選甘泉賦丨赫曶霍注○丨習盛貌文
選魯靈光殿賦祥風丨習以颯灑注鷫鷞賦翔不丨
習注○丨艴盛貌文選琴賦瑤瑾丨艴注○丨如變
動之貌論語八佾鄭注○丨忽疾貌文選吳都賦神
化丨忽劉注○丨響謂奄忽之閒也一切經音義九
引文選蜀都賦注○丨丨訿訿莫供職也爾雅釋訓
○丨讀脅翕之脅淮
南墬形其人丨形注
歙 丨斂也後漢張衡傳注又莊子山木則呼張丨之
釋文○丨讀曰脅淮南本經開闔張丨注○丨讀
脅也淮南精神開閉張丨注○丨讀協淮南主術索
鐵丨金注○丨音翕然之翕史記傅靳蒯成傳靳丨

索隱○老子丨丨爲天下渾其心
釋文一本作渫渫河上本作惵
濈 丨水行出也文選南都賦注引埤蒼○丨疾貌也
文選七啓丨然鳧沒注○詩無羊其角丨丨釋文
丨本作戢
又作艥
裛 丨纏也後漢班彪傳上注○丨廁謂丨纏其塡廁
之處也文選琴賦鏤會丨廁注○丨坌衣香也文
選陶淵明雜詩注引文字集略○露坌花亦
謂之丨也文選陶淵明雜詩丨露掇其英注
浥 丨溼也廣雅釋詁一○詩行露厭丨行露釋文丨
本作挹
熠 丨丨盛光照也一切經音義十引字林○丨爚光
明貌文選笙賦爛丨爚以放豔注○丨燿燐也燐
螢火也詩東山丨燿宵行傳○丨燿
其羽羽鮮明也詩東山丨燿其羽箋

槢 丨械楔也文選景福殿賦注引莊子司馬注○凡
楔皆謂之丨文選景福殿賦丨似瓊英注○莊子
在宥聖知之不爲桁楊椄
丨也釋文丨崔本作熠
揖 丨斂也書舜典輯五瑞馬注○丨合也漢書郊祀
志上集注○丨丨會聚也詩螽斯丨丨兮傳
丨丨不善之貌詩小旻丨丨訿訿釋文引韓詩○
潝 詩小旻丨丨訿訿漢書劉向傳作歙歙訿訿荀子
脩身作噏
噏呰呰
霫 丨雨貌廣韻引字林○丨丨雨也廣雅釋訓
悒 丨快也荀子解蔽無邑憐之心注○丨於丨也文
選長門賦舒息丨而增欷兮注○丨丨憂念也大
戴記曾子立事君子終身守此丨丨注○邑邑不樂
也文選與滿公玉書艮增邑邑注○丨丨不舒之貌

也一切經音義四引蒼頡○丨丨不暘之貌素問刺瘧腹中丨丨注

挹 丨酌荀子宥坐弟子丨水而注之注○丨斞也詩大東不可以丨酒漿傳○凡以器斟酌於水謂之丨華嚴經音義上引珠叢○丨抒也廣雅釋詁二○丨損也文選爲幽州牧與彭寵書注引蒼頡又後漢朱浮傳注○丨亦退也荀子宥坐此所謂丨而損之之道也注○丨斞一名肅愼後漢孔融傳注○今文丨皆爲扱儀禮有司徹二手執挑匕枋以丨湆注

[illegible] [illegible]下也廣雅釋詁一

馽 丨絆也莊子馬蹄連之羈丨釋文○丨絆前兩足也莊子馬蹄釋文引崔注○莊子馬蹄釋文丨本作馵崔本作縶

○以下據廣韻錄

諿 丨謀也太元戾覆夫丨注

慹 丨不動貌莊子齊物論慮嘆變丨釋文引司馬注田子方丨然似非人釋文引司馬注

鰼 丨鰌爾雅釋魚

騽 驪馬黃脊丨爾雅釋畜

葺 丨苫也廣雅釋草

[illegible] 丨戶牡也廣雅釋室

熠 丨熻也廣雅釋詁二

俋 丨勇壯貌莊子天地釋文引字林○丨丨耕貌莊子天地丨丨乎耕而不顧釋文引李注○丨丨耕人行貌莊子天地丨丨乎耕而不顧釋文

㞒 丨少也廣雅釋詁三

霅 丨不止也除立切文選吳都賦注引蒼頡

鴗 丨天狗爾雅釋鳥○丨小鳥也青似翠食魚江東呼爲水狗爾雅釋鳥注

芨 丨堇草爾雅釋草

岌 丨危也廣雅釋詁一

㬤 丨曝也廣雅釋詁二○欲燥曰丨一切經音義廿二引通俗文

湆 丨汁也詩采蘋箋于魚丨之中釋文爾雅釋器注廣雅曰丨釋文○丨肉汁也儀禮士虞禮泰羹丨自門入注少牢饋食禮又進二豆丨于兩下注○大羹丨煮肉汁也儀禮士昏禮大羹丨在爨注公食大夫禮大羹丨不和注特牲饋食禮設大羹丨于醢北注○肉丨肉在汁中者以增俎實爲尸加也儀禮有司徹羊肉丨注○嚌丨者明丨肉加耳嘗之以其汁尚味儀禮有司徹坐祭嚌之注○臇謂之湆廣雅釋器○丨羹汁也口恰口劫二反儀禮士昏禮釋文引字林○丨溼也廣雅釋詁一○今文丨爲汁儀禮公食大夫禮注有司徹羊肉丨注○今文丨皆爲汁儀禮特牲饋食禮注○今文丨皆作汁儀禮士昏禮注

翜 丨捷也飛之疾也山立反晉書音義下引字林

熻 丨爇也廣雅釋詁二

闟 丨鋋也文選東京賦丨戟轇輵薛注○丨之言函也取四函函車邊續漢輿服志注引薛綜○丨住

立貌管子小問｜然止注○｜與鈒音義同也文選藉田賦瑣鈒八蘂注

湁 ｜潗水沸之貌也史記司馬相如傳｜潗鼎沸索隱引周成襍字○｜潗水微轉細涌之貌史記司馬相如傳索隱引郭璞

霫 ｜｜雨也廣雅釋訓

囟 ｜卒也廣雅釋器

鵖 ｜鴔戴鵀爾雅釋鳥○｜鴔猶鶝鷗語聲轉耳爾雅釋鳥注○｜方立反爾雅釋鳥釋文引字林

皀 ｜粒顏氏家訓勉學引三蒼○｜方力反顏氏家訓勉學引通俗文

届 ｜少也廣雅釋詁三

埴 ｜堸枝柯相重疊貌文選吳都賦｜堸鱗接注

𧭾 ｜不及也文選琴賦紛｜譶以流漫注○｜譶聲多也同上

○以下據集韻錄

[illegible] ｜音徒荅反又音風幽反一切經音義七引纂文

鷑 ｜鳩鵧｜爾雅釋鳥

[illegible] ｜猶合也太元廓陰氣[illegible]而｜之注

鴔 ｜房立反爾雅釋鳥釋文引字林

經籍籑詁卷第一百三

經籍籑詁卷第一百三補遺　入聲

兵部侍郎兼都察院右副都御史巡撫浙江等處地方提督軍務兼理糧餉臣阮元纂

十四緝

緝 說文｜績也从糸咠聲○｜下橫縫｜其下也釋名釋衣服○｜則今人謂之緶也儀禮喪服傳文｜也疏○｜熙光明也漢書楊雄傳下則不足以揚鴻烈而章｜熙注

輯 說文｜車和｜也从車咠聲○｜和也漢書孔融傳寧｜東夏注○｜合也書舜典｜五瑞釋文引王注又左氏定四年傳｜其分族疏○｜與集同漢書高帝紀上得｜河北趙地注高帝紀下同安｜之注武帝紀上下未｜注頗未｜睦注｜江淮物注景武昭宣元成功臣表｜而序之注禮樂志稍稍增｜

注｜萬國注食貨志下散幣於邛僰以｜之注郊祀志下萬福降｜注地理志下故｜而論之注藝文志故有｜略注門人相與｜而論纂注周勃傳懷｜死士久矣注賈誼傳化｜於下矣注鼂錯傳和｜士卒注和｜其心者注和｜其心而勿侵削注謀不｜注司馬遷傳贊左卬明論｜其本事注朱雲傳因而｜之注趙充國傳揃循和｜注段會宗傳使安｜烏孫注孫寶傳蠻夷安｜注馮奉世傳而西域諸國新｜注薛宣傳｜小過注儒林瑕邱江公傳比｜其議注南粵王傳使和｜百粵注西域傳上可安｜安｜之注敘傳上招｜英俊注敘傳下綴｜所聞注○｜與集字同漢書王莽傳上大眾方｜注○｜字與集同上安｜海內也注○｜楫與集三字並同漢書兒寬傳統楫羣元注○詩公劉思｜用光書無逸傳作思集用光

戢 說文丨藏兵也从戈咠聲詩曰載丨干戈○丨歛
也書洪範傳民丨有道疏又漢書武五子傳贊弗
丨必自焚注○不丨丨也詩桑扈不丨不難傳
立 說文大住也从大丨一之上凡丨之屬皆从丨○
丨倚也禮記曲禮上婦人不丨乘疏曲禮下丨則
磬折垂佩疏○丨成也呂覽傅志此功名之所以丨
也注士容不能丨功注○丨置也淮南氾論丨之于
本朝之上注○丨謂不廢絕左氏襄廿四年傳既沒
其言丨注
集 說文雧羣鳥在木上也从雥从木丨雧或省○隹
在木上爲丨左氏襄二年傳親丨矢于其目疏○
丨是鳥止之名同上○矢有羽似鳥故亦稱丨同上
○丨合也呂覽慎行其事已丨矣注○丨謂合聚也
漢書東方朔傳丨上書囊以爲殿帷注○丨謂聚滯
也漢書禮樂志陰而不丨注○丨和也漢書荆燕吳

傳贊天下未丨注○丨成也左氏襄廿三年傳知不
丨也注廿六年傳今日之事幸而丨注又國語晉語
重耳若獲丨德而歸載注軍事丨矣注吳語恐事之
不丨注以丨其謀故也注○丨下也淮南說山雨之
丨無能霑注○丨安也廣雅釋詁一
邑 說文丨國也从口先王之制尊卑有大小从卪凡
丨之屬皆从丨邑从反丨𨙨字从此闕○丨亦國
也左氏桓十一年傳以衆四丨注○天子治居之城
曰都舊都曰丨華嚴經音義上引風俗通○丨有先
君之主曰都無曰丨周禮家宗人注與都同疏○埤
爲丨人易无妄丨人之災虞注○皇太后皇后公主
所食曰丨漢書百官公卿表上○皇后公主所食曰
丨漢書高帝紀下今天下縣丨城注引張晏○公
主所食曰丨漢書昭帝紀帝姊鄂丨公主注引應劭
○丨於丨也漢書谷永傳忿丨非之注

急 廣韻說文作㤂○說文㤂褊也从心及聲○丨要
也文選應詔觀北湖田收詩通丨戒無年注○丨
促自用也書洪範曰丨鄭注○丨謂成功也呂覽首
時似緩而丨注○國無六年之蓄曰丨禮記王制○
丨者謂強剛士也呂覽任地丨者欲緩注○伋丨也
淮南繆稱伋於不知己者注
入 說文丨內也象从上俱下也凡丨之屬皆从丨○
丨者自外之辭左氏桓十五年經注乃丨居位疏
○自外至故曰丨左氏昭廿一年傳自陳丨于宋南
里以叛注○丨猶投也呂覽必已舟中之人盡揚播
丨於河注○順投爲丨禮記投壺○丨猶受也禮記
表記事君大言丨疏○丨謂君受之同上注○凡水
首從水出謂之受流歸他水謂之丨左氏僖十五年
傳注雎水受汴疏○丨者內弗受也穀梁莊三年傳
昭六年傳廿一年傳廿二年傳○丨中淮南主術而
曲直之不相丨注○丨得也廣雅釋詁三

泣 說文丨無聲出涕曰丨从水立聲○無聲曰丨血
詩雨無正鼠思丨血傳○言丨無聲如血出禮記
檀弓上丨血三年注○丨謂淚也漢書外戚傳上太
后發喪哭而丨不下注○丨目中淚也漢書高帝紀
下丨數行下注○丨猋風疾貌也漢書楊雄傳上猋
丨雷厲注
溼 說文溼幽丨也从水一所以覆也覆而有土故丨
也㬎省聲○坤者純陰故曰溼也易文言傳水流
濕苟注○爾雅釋地下丨曰隰釋文俗作濕
習 說文丨數飛也从羽从白凡丨之屬皆从丨○丨丨
學也呂覽聽言造父始丨于大豆注○丨是學丨丨
之義周禮胥師注故書襲爲丨疏○博丨謂廣博學
丨也禮記樂記五年視博丨親師疏○丨常也易坎
丨坎虞注○丨近丨呂覽任數丨者曰注○丨是後
因前書大禹謨丨不丨吉疏○不丨謂卜不吉左氏

襄十三年傳不丨丨則增脩德而改丨注○丨與襲同書大禹謨疏

【給】說文丨相足也从糸合聲○丨足也國語晉語知羊舌職之聰敏肅丨也注又呂覽應言且何地以丨之注○丨亦足也漢書司馬遷傳則人丨家足之道也注○丨供也國語周語民不丨注○丨猶供也漢書司馬遷傳虜救死扶傷不丨注○丨謂捷丨禮記仲尼燕居恭而不中禮謂之丨疏○丨謂相連及漢書鼂錯傳弗能丨也注

【十】說文十數之具也一爲東西丨爲南北則四方中央備矣凡丨之屬皆从丨○丨者數之極易屯丨年乃字疏○丨者數之小成左氏襄廿八年傳注言失道遠者疏○丨是數之小成左氏僖四年傳注丨年有臭疏○丨爲百數之始周禮羽人注一羽有名蓋失之矣疏○丨千者數之大成詩甫田傳丨千言

多也疏○坤數丨易豐雖旬无咎虞注復至于丨年不克征集解○什一謂丨取其一也漢書食貨志上稅謂公田什一注○什一者謂通于百而計之丨分而得其一文選歎逝賦得丨一於千百注

【拾】說文丨掇也从手合聲○丨斂也禮記內則注拚謂丨也疏○丨是收斂之意也同上○丨涉也禮記曲禮上丨級聚足疏○丨更也禮記喪大記與主人丨踊者疏○丨一名遂以韋爲之著於左臂所以遂弦與抉別詩芄蘭傳韘抉也疏

【什】說文丨相丨保也从人十○二五爲丨周禮士師與其民人之丨伍疏○十人謂之丨也詩鹿鳴之丨疏○丨吏謂十人長也左氏襄十三年傳使其丨吏疏○丨伍者部別聚居之名詩鹿鳴之丨疏○丨十也丨聚也雜也亦會數之名也又謂資生之物也一切經音義二引三蒼○丨器爲生之具也漢書薛宣傳處置丨器注○丨器丨數也蓋人家常用之器非一故以十爲數猶今云丨物也史記五帝紀作丨器於壽邱索隱○王君鄉道碑汁邡王君丨作汁

【襲】說文丨左衽袍从衣龖省聲𧟌籀文丨不省○丨謂掩上衣也禮記樂記周旋裼丨疏○丨謂掩所袒之衣禮記喪服小記袒降踊丨疏○重衣謂之丨書大禹謨疏又詩公劉傳三單相丨也疏○丨是重衣之名書金縢疏○丨者重衣之名左氏莊廿九年傳有鐘鼓曰伐疏○丨衣也文選上林賦丨朝服注引司馬彪○丨重也禮記表記注歲丨其祥疏又後漢書班固傳下丨四宗之緝熙注○丨重累也漢書外戚傳下災變相丨注○丨亦重累淮南氾論此聖人所以重仁丨恩注○丨因也禮記祭統不相丨處疏又淮南氾論不相丨而王注○丨掩也穀梁哀四年傳辟中國之正道以丨利注○丨是掩丨之義周

禮胥師注故書丨爲習疏○掩其不備曰丨左氏莊廿九年傳疏引釋例○輕行掩其不備曰丨左氏襄廿三年傳齊侯丨莒注○不鳴鐘鼓密聲曰丨呂覽悔過昔秦穆公興師以丨鄭注○掩人不備行不假途人銜枚馬纏勒晝伏夜行爲丨也白虎通誅伐○輕曰丨國語晉語丨侵之事陵也注○丨入也國語晉語小國入焉注又淮南覽冥丨穴而不敢咆注○丨者藏也老子是謂丨常注○丨覆也猶言祭也文選弔屈原文注引漢書音義○丨還也文選哀永逝文注引國語賈注○丨受也文選赭白馬賦注引國語賈注○丨賤者之事禮記檀弓下使之丨注○丨合也荀子不苟齊秦丨注○丨是脩容之禮儀禮鄉射禮將丨先言賓疏○一丨一稱也猶今言一副也漢書昭帝紀賜衣被一丨注○一丨上下皆具也今人呼爲一副漢書叔孫通傳衣一丨注

【及】說文丨逮也从又从人乁古文丨秦刻石丨如此弓弓亦古文丨遴亦古文丨○𠂆與也左氏隱元年經公丨邾儀父疏○丨訓與也書洛誥王如弗敢丨天基命定命疏○丨至也周禮職歲丨會疏小司徒丨三年則大比疏鄉師丨窆疏黨正丨四時之孟月吉日疏丨大比亦如之疏遂師丨窆疏冢人丨葬疏喪祝丨葬疏丨壙疏司儀丨將幣疏又禮記檀弓下若從柩丨壙疏又國語周語丨陳注魯語丨淫莫濟注晉語大丨罰將丨注丨栢谷注將丨之注孤始願不丨此注○丨猶至也周禮大宰丨執事疏丨納亨疏丨丨祀之日疏喪祝丨朝疏又禮記內則夫婦之禮唯丨七十同藏無閒注○丨者何累也公羊莊十二年傳○丨者內爲志焉爾穀梁莊廿二年傳○丨猶如也淮南脩務堯舜之聖不能丨注○言丨者汲汲之辭詩標有梅序男女得以丨時也疏○弟代兄位謂之丨也漢書高惠高后文功臣表子繼弟丨注○丨罪呂覽懷寵不丨其民注○不丨不足也素問天元紀大論各有太過不丨也注○關之東西曰遝或曰丨方言三

【級】說文丨絲次弟也从糸及聲

【𣸈】集韻或作澀○說文丨不滑也从四止又澀不滑也从水嗇聲○○往來不利是謂澀也素問至眞要大論短而澀注○考工記廬人注牆丨釋文本又作澀又作歰

【粒】說文丨糂也从米立聲𩚁古文丨

【揖】說文丨攘也从手咠聲一曰手箸胸曰丨○推手曰丨引手曰撎周禮大祝司農注今時撎是也疏推手○凡丨皆推手至於撎則引手周禮司儀注土丨推手小下之也疏○丨謂讓而不當也漢書王莽傳上丨大福之恩注

【汁】說文丨液也从水十聲○丨叶也文選西京賦注引方言○柔之爲丨和也禮記內則柔其肉注○雨丨者水雪雜下也禮記月令則天時雨丨注○斟協丨也關西曰丨方言三○北土呼丨爲瀋左氏哀三年傳猶拾瀋也釋文

【蟄】說文蟄藏也从虫執聲

【笠】說文丨簦無柄也从竹立聲○丨所以禦暑考工記輪人爲輪注禮所謂轑車疏○丨者所以禦暑著儀禮既夕注丨竹簦蓋也疏○丨亦如蓋其形正圓戴之所以象天周髀算經上丨以寫天注

【執】說文㚔捕罪人也从丮从㚔㚔亦聲○丨捉也禮記曲禮上丨食與辭疏○丨持也禮記曲禮下丨

天子之器則上衡疏曾子問丨束帛疏○丨取也周禮環人注折馘丨俘而還疏○丨制淮南主術人主之所以丨下注○丨猶斷也禮記中庸足以有丨也疏○丨主也淮南說山獄牢者無病注○丨秩主爵秩之官左氏僖廿七年傳作丨秩以正其官注○丨一專意也荀子堯問丨一無失注○丨者操持營爲禮記月令丨干戚戈羽疏○丨者治其器物習其事之言同上注○丨事猶言左右也後漢書蘇竟傳君丨事無恙注○瓡丨字漢書地理志上北海郡瓡注○丨或爲槷禮記喪大記士與其丨事則歛注

【隰】說文丨丨阪下溼也从𨸏㬎聲○丨下也呂覽季夏則邸丨水注○下溼曰丨漢書地理志上原丨底績注司馬相如傳上循阪下丨注貨殖傳於是辨其土地川澤邱陵衍沃原丨之宜注○下濕者曰丨周禮遂大夫注善相邱陵阪險原丨土地所宜疏○丨爾雅釋地下溼曰隰釋文本或作丨

【汲】說文丨引水於井也从水从及及亦聲○丨丨欲速之義漢書楊雄傳上不丨丨於富貴注

【吸】說文丨內息也从口及聲○丨鼻開張也漢書楊雄傳上丨鼻潚率注

【縶】說文馽絆馬也从馬口其足春秋傳曰韓厥執丨前讀若輒縶馽或从糸執聲

【葺】說文丨茨也从艸咠聲○丨屋謂草屋考工記匠人丨屋三分疏○丨牆謂草覆牆也左氏襄卅一年傳繕完丨牆疏

【褶】有著爲複無著爲丨儀禮士喪禮注雖複與禪同疏

【湒】集韻或作湒○說文湒雨下也从水咠聲一曰沸涌皃○湒湒雨也廣雅釋訓

【芷】丨欄也孟子盡心下卽入其丨注○丨公明草也史記周本紀衞康叔封布茲索隱

【伋】說文丨人名从人及聲

【岌】說文新附丨山高皃从山及聲○丨動貌也文選羽獵賦天動地岋注引韋昭○丨丨危也文選謳謌詩丨丨其國注引司馬彪○丨丨欲毀壞也漢書韋賢傳丨丨其國注引應劭

【翕】說文丨起也从羽合聲○丨呷衣張起也漢書司馬相如傳上丨呷萃蔡注引張揖○丨引也一切經音義四引廣雅○丨習容裔音樂之狀文選吳都賦劉注○丨脅之聲相近義則同漢書王莽傳中動靜辟脅注○翖與丨同漢書張騫傳傳父布就翖侯注○翖卽丨字也漢書常惠傳昆彌自將翖侯以下五萬餘騎注西域傳上有五翖侯注○詩大東載丨其舌玉篇口部作載吸其舌

【歙】說文丨縮鼻也从欠翕聲丹陽有丨縣○丨丨危懼貌老子丨丨爲天下渾其心釋文引顧注○丨亦脅也後漢書張衡傳我不忍以丨肩注○丨卽翕字也漢書辛慶忌傳與丨侯戰注○老子丨丨釋文引簡文云河上本作怵

【濈】說文丨和也从水戢聲

【浥】說文丨溼也从水邑聲○丨窊陷也漢書司馬相如傳上踰波趨丨注引郭璞

【熠】說文丨盛光也从火習聲詩曰丨燿宵行○丨燿螢火也詩東山丨燿宵行釋文○丨燿者螢火之蟲飛而有光之貌詩東山傳丨燿燐也疏

【槢】說文丨木也从木習聲

【揖】丨與輯同漢書郊祀志上丨五瑞注

【潝】說文丨水疾聲从水翕聲○丨丨爲小人之勢詩小旻傳丨丨然患其上疏

【悒】說文丨不安也从心邑聲○丨丨不安也一切經音義四引字林

【挹】說文丨抒也从手邑聲

【𡑞】說文𡑞下入也从土㬎聲

【戢】丨租也後漢書馬融傳茈萁芸蒩注引廣雅○蕺與丨同文選南都賦蓼丨蘘荷注

【霵】丨或爲驜同文選洞簫賦嚌丨瞸踕注

○以下據廣韻錄

【咠】說文丨聶語也从口从耳詩曰丨丨幡幡

【慹】說文慹悑也从心執聲

鰼 說文丨鰌也从魚習聲○丨鰼也埤雅引爾雅釋魚丨鰌孫炎正義○丨今泥鰌爾雅釋魚注

騽 說文丨馬豪骭也从馬習聲○爾雅釋畜驪馬黃脊丨釋文本亦作驔

蓞 丨茵水草廣韻引埤蒼

亼 說文丨三合也从入一象三合之形凡丨之屬皆从丨讀若集

𠦃 說文詞之丨矣从十咠聲

鏶 說文丨鍱也从金集聲鍓丨或从咠

廿 說文丨二十幷也古文省

㗱 說文丨噍也从口集聲讀若集

䌖 說文丨合也从糸从集讀若捷

蓻 說文蓻艸木不生也一曰茅芽从艸執聲

⿰衤疌 說文丨衽緣也从衣疌聲

屟 說文丨屟丨也从尸乏聲

鴗 說文丨天狗也从鳥立聲

芨 說文丨堇艸也从艸及聲讀若急○丨卽烏頭也江東呼爲堇爾雅釋草丨堇草注

彶 說文丨急行也从彳及聲○丨丨劇也廣雅釋訓

湆 說文丨幽溼也从水湆聲○丨汁也禮記少儀凡羞有丨者不以齊疏引庾云○丨與汁一也儀禮士昏禮大羹丨疏○鑊中煮肉汁一名丨周禮亨人注大羹肉疏○凡丨皆謂大羹禮記少儀疏引賀瑒

⿰翕阝 說文⿰翕阝地名从邑翕聲

闟 丨安定意也史記匈奴列傳丨然更始集解引徐廣○丨亦作鈒同史記商君列傳持矛而操丨戟者索隱

㗊 說文丨衆口也从四口凡丨之屬皆从丨讀若戢又讀若呶

湁 說文丨湒鬻也从水拾聲

鵖 說文丨鴔丨也从鳥皀聲

皀 說文丨穀之馨香也象嘉穀在裹中之形匕所以扱之或說丨一粒也凡丨之屬皆从丨又讀若香

𠦪 說文丨丨盛也从十从甚汝南名蠶盛曰丨

○以下據集韻錄

謵 說文丨言丨讋也从言習聲

⿰亻丸 禮記喪大記注執或爲丨釋文丨本作執

翕 丨閉塞也老子將欲丨之釋文引顧注○老子丨丨梓文引簡文作歙又作洽河上本作噏

鴿 丨鴿小黑鳥鳴自呼江東名爲烏鴟爾雅釋鳥丨鳩注

鴔 說文鵖鴔鵖也从鳥乏聲

經籍纂詁卷第一百三補遺終

經籍籑詁卷第一百四　入聲

經筵講官南書房行走禮部左侍郎兼署戶部左侍郎前提督浙江學政阮元撰集

十五合

合　丨同也周禮小行人丨六幣注又廣雅釋詁四又淮南說林異形者不可丨於一體注○丨會也國語楚語於是乎丨其州鄉朋友婚姻注又史記樂書丨守拊鼓正義又呂覽遇合丨大夫而告之注○丨和也呂覽有始丨物丨而成注○丨和諧呂覽古樂以比黃鍾之宮適丨注○丨謂和丨羣衆也荀子非十二子丨羣者也注○丨應也史記樂書丨生氣之和正義○丨謂中外相應素問五運行大論在人丨之奈何注○丨交呂覽論威才民未丨注○丨對也爾雅釋詁○丨匹也離騷湯禹儼而求丨兮注○丨

配也詩大明天作之丨傳又荀子富國男女之丨注○丨結也國語楚語丨其嘉好注○丨作也漢書律厤志上集注引孟康○丨成也國語魯語詩所以丨意注○丨猶蒸也史記樂書天地欣丨正義○丨堅密也考工記弓人秋丨三材則丨注○丨還盛多貌文選洞簫賦鶩丨還以詭譎注○丨沓重沓也文選洞簫賦薄索丨沓注○同舍爲丨漢書天文志○丨天天神之所馮也山海經海外南經注○六丨謂四方上下也素問生氣通天論六丨之內注脈要精微論六丨之內注○四方上下爲六丨也後漢班彪傳上注又山海經海外南經六丨之閒注○孟春與孟秋爲丨仲春與仲秋爲丨季春與季秋爲丨孟夏與孟冬爲丨仲夏與仲冬爲丨季夏與季冬爲丨故曰六丨一曰四方上下爲六丨淮南原道舒之幎於六丨注○黃帝明堂以草蓋之名曰丨宮文選東京賦是黃帝丨宮薛注○丨樂謂歌樂與衆聲俱作儀禮

鄉飲酒禮乃丨樂注○丨巹破匏也儀禮士昏禮實四爵丨巹注○丨升丨左右胖升於鼎也儀禮士昏禮丨升注○載丨升者明亨與載皆合左右胖儀禮士冠禮載丨升注○丨讀爲洽考工記弓人春液角則丨注○易文言與日月丨其明後漢鄧隲傳注作日月齊其明○周禮司儀將丨諸侯儀禮覲禮注作將會諸侯○周禮鬯人注蚌曰丨槃釋文丨本作含

合　十圭爲一丨廣韻引孟子○十龠爲一丨說苑辨物○龠二曰丨廣雅釋器

塔　丨佛堂也音他合反一切經音義六引字苑

荅　丨對也儀禮鄉射禮記既發則丨君而俟注又禮記郊特牲丨陽之義也注祭義穆丨君注又漢書郊祀志上集注五行志下之上集注又後漢班彪傳下注○丨應也漢書郊祀志下集注○畣然也爾雅

釋言○畣者應也亦爲然爾雅釋言注○丨報也漢書五行志下之上集注○丨問也書牧誓鄭注○丨當也書牧誓昏棄厥肆祀弗丨傳○丨猶距也詩雨無正聽言則丨箋○丨布白疊布也後漢馬援傳注○畣古丨字爾雅釋言俞畣然也釋文○詩雨無正聽言則丨新序雜事五漢書賈山傳作聽言則對○莊子齊物論丨焉似喪其耦釋文丨本作嗒

納　丨內也詩七月十月丨禾稼箋又儀禮鄉射禮命弟子丨射器注大射儀命有司丨射器注又禮記曲禮上俯而丨屨注又漢書王莽傳上集注引孟康○稱丨者內難之辭左氏宣十一年經丨公孫寧儀行父于陳賈注成十八年傳諸侯丨之曰歸賈注○丨入也書禹貢九江丨錫大龜馬注又周禮泉府歲終則會其出入而丨其餘注又廣雅釋詁三○丨猶入也儀禮少牢饋食禮丨諸內注○丨者入辭也公

羊桓二年傳丨于太廟注○丨者何入辭也公羊莊
九年傳文十四年傳○丨者出道入也儀禮聘禮擯
者又丨士介注○丨者以公命引而入也儀禮燕禮
小臣丨卿大夫注○丨藏也文選琴賦夕丨景于虞
淵兮注○丨猶藏也漢書枚乘傳集注○丨歸也國
語魯語則請丨祿與車服而違署注○丨取也國語
晉語丨其室以分婦人注○丨收餘也儀禮既夕記
屨外丨注○丨謂聽下言傳於上後漢劉愷傳注○
丨言虞官也掌出丨王命後漢光武紀上注○丨者
何也丨之君也大戴記夏小正丨卵蒜傳○他國立
之曰丨公羊莊六年傳○丨女猶致女也禮記曲禮
下丨女於天子注○丨謂薦獻時也書大傳丨以考
成注○丨丨濡濕貌也楚辭逢紛衣丨丨而掩露注
○丨驂馬家語執轡司會均人以爲丨注○丨似豹
無前足後漢東夷傳注○丨與軜同荀子正論三公
奉軶持丨注○故書丨作內杜云內當爲丨周禮鍾

師丨夏注○書益稷以出丨丨五言漢書律厤志作以
出內五言書禹貢百里賦丨丨總漢書地理志作百里
賦內總書禹貢二百里丨銍漢書地理志作二百里
內銍書禹貢三百里丨秸漢書地理志作三百里內
戛○書堯典夙夜出丨朕命惟允史記五帝紀作夙
夜出入朕命惟信書舜典丨于大麓論衡書說作入
于六麓書禹貢九江丨錫大龜史記夏本紀作九江
入賜大龜○書金縢乃丨册于金縢之匱中史記魯
周公世家作周公藏其策金縢匱中○詩烝民出丨
王命釋文丨本作內書禹貢丨總釋文丨本作內
牀三尺五曰丨初學記廿五引通俗文○人所坐
榻 臥牀曰牀長狹而卑曰丨言其丨然近地也釋名釋
牀帳○丨登施之承大牀前小丨丨上登
以上牀也同上○丨枰也廣雅釋器
小閤謂之丨爾雅釋宮○船首謂之丨閤方言九
閤 ○丨閤今江東呼船頭屋謂之飛閭是也方言九

注○丨門河即浩亹
河也水經河水注
雜 丨集也方言三○丨合也國語鄭語故先王以土
與金木水火丨注○丨會也國語楚語古者民神
不丨注又呂覽仲秋四方來丨注○丨聚也廣雅釋
詁三○丨共也漢書雋不疑傳集注○丨猶俱也國
語越語丨受其刑注○丨猶僉也列子湯問丨然相
許注○丨猶匝呂覽論人圜周復丨注○丨帀也從
子至亥爲一帀淮南詮言以數丨之壽注○丨猶飾
也禮記玉藻丨帶君朱綠注○丨猶駮淮南說山貂
裘而丨注○丨猝也方言十三又廣雅釋詁二○丨
亂也易雜卦傳釋文引孟注○丨廁也廣雅釋詁四
○丨廁也楚辭招魂來丨陳些注○所治非一故曰
丨也莊子天下而九丨天下之川釋文引崔注○丨
錯非一也文選南都賦破服丨錯注○俗不純爲丨
方言三荆淮海岱丨齊之閒注○陰陽錯居稱丨易

繫辭下傳六爻相丨虞注○丨遝衆貌文選洛神賦
爾乃衆靈丨遝注○丨遝言多也後漢賈逵傳注○
丨遝衆多貌也文選洞簫賦或丨遝以聚斂兮注鍇
田賦丨長幼丨遝以交集注○丨襲重疊也文選吳都
賦丨襲錯繆劉注○丨能多異術也荀子性惡丨能
旁魄而無用注○丨布麤布荀子賦丨布與錦不知
異也注○丨帛者以帛素飾其側周禮司常丨帛爲
物注○丨裳者前元後黃儀禮士冠禮丨裳注○丨
服冕服皮弁之屬丨或爲雅禮記學記不學丨服注
○莊子天下而九丨天下之川釋文丨本作衆○史
記司馬相如傳丨雨其閒
集解引徐廣一云插遝
臘 丨祭也廣雅釋天○丨歲終祭神之名也後漢城
陽王祉傳注○丨歲終祭衆神之名左氏僖五年
傳虞不丨矣注○丨者歲終祭衆神之名後漢陳寵
傳注○丨者歲終大祭縱吏民宴飲非迎氣故但送

不迎〔獨斷下〕○丨索也〔廣雅釋天〕○丨接也新故交
接故大祭以報功也〔後漢陳寵傳注〕○丨者接也新
故交接〔風俗通祀典〕○丨者所以迎刑送德也〔同上〕
○丨者獵也言因獵取獸以祭祀其先祖也〔同上〕○
丨謂以田獵所得禽祭也或言祈年或言大割或言
丨五文〔禮記月令〕丨先祖注○夏曰嘉平殷曰清祀
周曰大蜡總謂之丨〔五經異義〕禮記與於蜡賓說○
夏曰嘉平殷曰清祀周曰大蜡漢曰丨〔獨斷上〕○丨
腊也法言問道不臘丨也歟注○丨謂兩
刃〔考工記桃氏〕爲劍丨廣二寸有半寸注

【帀】丨偏也〔廣雅釋詁二〕○〔禮記檀弓注〕周丨也釋文
丨本作迊

【闔】丨門扇也〔左氏襄十七年傳〕以枚數丨注又〔公羊
莊十三年傳〕齒著于門丨釋文又〔荀子儒效〕外丨
不閉注○丨扇〔公羊莊十二年傳〕齒著乎門丨注○
丨扇門扇也〔呂覽仲春〕乃脩丨扇注○丨扉也〔管子

八觀〕闔閉不可以毋丨注○用木曰丨〔禮記月令〕乃
脩丨扇注○丨閉也〔漢書武帝紀〕集注〔楊惲傳〕集注
〔孫寶傳〕集注又〔後漢鄧騭傳注〕又〔楚辭謬諫〕欲丨口
而無言兮注○丨之者閉也〔鬼谷子捭闔〕○丨閉翕
也〔易繫辭上傳〕是故丨戶謂之坤〔虞注〕○丨閉藏也
〔鬼谷子捭闔注〕○丨謂元府閉封〔素問生氣通天論〕
開丨不得注○丨閉也大聚萬物而閉之故曰閶丨
之門也〔淮南墬形〕西方曰西極之山曰閶丨之門注
○丨者藏也〔史記律書〕○丨之者結其誠也〔鬼谷子
捭闔〕○丨謂呼吸也〔老子〕天門開丨注○丨天地晝
夜之稱〔太元元攡〕是故丨天謂之宇注○開丨謂終
始五際也〔老子〕天門開丨注○兌爲閶丨風〔太元元
捝〕捝擬之八風注○吳人以步屈名桑丨一切經音
義二引〔纂文〕○丨苦也〔周禮圉師〕茨牆則翦丨注○
丨語助也〔莊子列禦寇〕丨胡嘗視其良釋文
○〔莊子天地〕夫子丨行耶釋文丨本作盍

【蛤】丨燕雀所化也秦曰牡蠣一切經音義十六引〔字
林〕○小曰丨大曰蜃皆介物蚌類也〔國語晉語〕雉
入於淮爲丨注○丨今海旁有焉〔考工記㡆氏〕淫之丨
以蜃注○丨梨海蚌也〔淮南道應〕方倦龜殼而食丨
梨注○月望則蚌丨實月晦則蚌丨虛也一切經音
義廿二引〔字林〕○桂林之中守宮大者而能鳴謂之
丨解〔方言八〕○丨解似蛇醫
江東八呼爲丨蚧〔方言八注〕

【沓】丨合也〔廣雅釋詁二〕又〔小爾雅廣言〕又〔楚辭天問〕
天何所丨注○重丨是多饒積厚之言〔顏氏家訓
書證〕○丨猶丨丨〔詩十月之交〕噂丨背憎傳○丨讀
也〔國語鄭語〕其民丨貪而忍注○丨丨釜沸出也徒荅
切〔文選七發〕
注引〔埤蒼〕

【踏】通作蹋○蹋履也〔廣雅釋詁二〕○丨下也〔漢書司
馬相如傳下〕集注引張揖○丨著地〔史記索隱引

三蒼〕○蹋榻也榻著地也〔釋名釋姿容〕○蹋鞠兵勢
也〔文選景福殿賦注引七略〕○蹋頓匈奴王號〔後漢
獻帝紀注〕○〔魏大饗碑〕上丨崇踰高蹋作踰

【颯】丨丨風也〔廣雅釋訓〕○丨然吹木葉落貌〔文選安
陸昭王碑文〕城府丨然注○丨戾清涼貌〔楚辭怨
思〕遊淸霧之丨戾兮注○颯擖屈折貌〔文選舞賦〕颯
擖合并注○丨沓羣飛貌〔文選舞鶴賦〕丨沓矜顧注
○丨纚長袖貌也〔後漢班彪傳上注〕
又〔文選西都賦〕紅羅丨纚注引薛綜

【拉】拹同○拹折也〔廣雅釋詁一〕○拹折聲也〔公羊莊
元年傳〕拹幹而殺之注○丨謂中折〔素問五常政
大論〕其變振丨摧拔注○丨頓折也〔文選吳都賦〕丨
捭摧藏注○丨摧也〔漢書鄒陽傳〕集注○丨風聲也
〔文選羽獵賦〕猋丨雷厲注○丨揩飛貌〔文選舞賦〕丨
揩鵲驚注○〔公羊莊元年傳〕協幹而殺之釋文協本

作|又
作擔

【遝】|召也廣雅釋言○|及也關之東西曰|方言三

【韐】|帶用革儀禮士喪禮設|帶注○韎|緼韍儀禮士喪禮韎|注○韎|緼韍也士緼韍而幽衡合韋爲之士染以茅蒐因以名焉今齊人名蒨爲韎|儀禮士冠禮韎|注○古文|爲合也儀禮士喪禮設|帶注

【漯】|水今濟陰|陰縣音沓穆天子傳六天子飲于|水之陽注○|水戴延之謂之武水也水經河水注○濟|兩水名書禹貢浮于濟|傳○|作溼誤也孟子音義上引丁云

【盇】說文作盇○|何也廣雅釋詁三○|何不也禮記檀弓上子盍言子之志於公乎注檀弓下|嘗問焉注又左氏桓十一年傳|請濟師於王注襄廿一年傳子|詰盜服注昭三十年傳女|從舊注又論語公冶長|各言爾志鄭注又皇疏顏淵|徹乎皇疏又左傳莊二十年|納王乎釋文昭元年子|亦遠績禹功釋文又莊子盜跖|不爲行釋文又爾雅釋言曷|也注又後漢張衡傳注二見又孟子公孫丑下子|爲我言之注離婁下盍至|去諸注又法言問神|勢諸名卿可幾也注又家語好生|往質之注又楚辭東皇太一|將把兮瓊芳注又文選幽通賦|孟晉以迨羣兮注○盇何不也國語魯語君盇以名器請糴於齊注○|者何不也論語顏淵集解引鄭注○|猶何不也文選東京賦|亦覽東京之事以自寤乎薛注○|者疑詞史記伯夷傳|往歸焉索隱引劉氏○|合也爾雅釋詁又易豫朋|簪注又釋文○坤爲|易豫朋|戠虞注○|戶扇也荀子宥坐復瞻被九蓋皆繼注

【欱】|合也爾雅釋詁○欱猶合也太元元告下欱上欱注○哈古文欱齡二形一切經音義十二

【盇】|裂也爾雅釋言

【鞈】通作韐○鞨鼓聲文選上林賦注引字書○鞈堅貌荀子議兵楚人鮫革犀兕以爲甲鞈如金石注○防汗謂之鞈廣雅釋器○|革重革當心著之可以禦矢管子小匡輕罪入蘭盾鞈革二戟注○鞈音如單鞈之鞈山海經大荒北經役采生脩鞈注○鞨與鞈古字通文選上林賦鏗鎗闛鞈注

【唈】嗚|短氣爾雅釋言僾|也注

【靸】|屐也廣雅釋器○|韋履深頭者之名也|襲也以其深襲覆足也釋名釋衣服○|霅走疾貌文選吳都賦|霅警捷注○|鞮素合都奚反一切經音義十四引字苑

【馺】|及也廣雅釋詁二○|馳也廣雅釋言○|馬馳也方言十三○||疾貌也方言十三注○|遝多貌文選文賦紛葳蕤以|遝注

【趿】||行也廣雅釋訓

【噆】|齧也莊子天運蚊虻|膚釋文引司馬注○|齧膚也一切經音義二十引埤蒼

【闒】|里也廣雅釋室○|下也漢書司馬遷傳集注○|猶下也後漢公孫瓚傳注○|獰劣也文選報任少卿書注引張揖訓詁○|茸不肖之人也史記屈原賈生傳|茸尊顯索隱引字林○|茸猥賤也文選報任少卿書在|茸之中注○|茸眾賤之稱漢書外戚傳集注○|茸駑頓也楚辭憂苦雜斑駁與|茸注

誻 ｜｜多言也荀子正名｜｜然而沸注

軜 ｜驂內轡也詩小戎鋈以觼｜傳○｜謂驂馬內轡繫軾前者荀子正論三公奉軶持｜注○｜在軾前大戴記盛德司會均入以爲｜注

溘 溘依也廣雅釋詁四○｜猶奄也離騷寧｜死而流亡兮注

嗑 ｜合也易噬嗑注又釋文○｜者合也易序卦傳○｜笑聲也莊子天地則｜然而笑釋文引李注○噬｜食也易雜卦傳○頤中有物曰噬｜易彖上傳○莊子天地則｜然而笑釋文｜本作榼又作嗑

涾 ｜沲相重之貌文選海賦長波｜沲注

荅 ｜者厚之貌也史記貨殖傳正義引顏師古

嚃 ｜歠也一切經音義十五引埤蒼○｜爲不嚼菜禮記曲禮上毋｜羹注

䵬 䵬黏蓋無所不施無所不容之意也顏氏家訓書證○黏呼爲嚃羹之嚃同上

嗒 ｜焉解體貌莊子齊物論荅焉似喪其耦釋文○｜焉解體莊子齊物論｜焉似喪其耦注

○以下據廣韻錄

郃 ｜合也爾雅釋詁○穀梁桓八年注在｜之陽釋文｜本作洽

耠 ｜耕也廣雅釋地

鉿 ｜鋌也廣雅釋器○｜陷聲也太元干｜然有穿注

匌 ｜帀也廣雅釋言○匌｜重疊也文選海賦磊匌｜｜而相匼注

⿸尸合 ｜門也禮記雜記注則施其｜釋文○｜戶臘反閉也禮記雜記釋文引字林

踏 ｜跳也廣雅釋詁二○｜跳也秦晉之間或曰｜方言一

榙 ｜㯓果名似李集韻引埤蒼

⿰扌沓 ｜古文韜同一切經音義十四

⿰石沓 ｜舂也廣雅釋詁四

⿰糸度 ｜絹重也集韻引字林○｜子絹廣韻引字林

⿱罒沓 ｜相署｜廣韻引字林

礏 礏｜高貌也史記司馬相如傳嵳峩嶪｜索隱引埤蒼○｜｜五匝反同上

⿰口巿 人口曰｜一切經音義六引通俗文○｜古文噍一切經音義十二

嘁 ｜咨慼也易離戚嗟若釋文引子夏傳

菈 ｜擸雷破崩弛之聲文選吳都賦注○｜蓫蘆菔也爾雅釋草○蘆菔東魯謂之｜蓫方言三

納 ｜草樹也葉似栟櫚而小文選吳都賦藋｜豆蔻劉注

軜 ｜弱也廣雅釋詁一

衲 ｜補也廣雅釋詁四

魶 ｜鯢也廣雅釋魚

妠 ｜｜娶也後漢順烈梁皇后紀注

⿸厂內 左右有岸⿸厂內爾雅釋山

砐 ｜礒搖動貌文選江賦㟂峩｜礒以岸起注

瘩 ｜肥貌集韻引字林○｜肥瘩疲廣韻引字林

盫 籧篨自關而東或謂之｜掞方言五

鐯 爾雅釋器注白｜釋文｜字或作鐯

剻 ｜著也｜鉤｜索打｜等皆作此一切經音義十九引字書

毾 ｜毾毛席也後漢西域傳注引埤蒼○｜毾毛有文章也一切經音義十四引廣蒼○毛蓐細者曰毾一切經音義十一引通俗文○織毛褥曰｜毿細者謂之｜毾一切經音義二引通俗文

鰈 東海之魚名曰｜韓外傳五○東方有比目魚焉不比不行其名謂之｜爾雅釋地○比目魚一名｜一名王餘不比不行江東呼爲板魚後漢邊讓傳注○鰨按眞經本或作魚大博經作｜列子說符反爾鰨魚而笑注○爾雅釋地其名謂之｜釋文｜本作鰨

猛 ｜｜貪欲之意也太元狩焚狩｜｜注

瓶 ｜瓶也廣雅釋器

翱 ｜飛也廣雅釋詁三

㤅 ｜惡也廣雅釋詁三

皷 ｜跂起也五音集韻引字林

蟦 ｜蝔蛘也廣雅釋蟲

䲓 ｜山傍穴也文選南都賦潛｜洞出注○以下據集韻録㽬文｜石經作凬列子周穆王喬｜爲右釋

墕 ｜墮也廣雅釋詁二

㕩 ｜亦窟之類也文選江賦鼓｜窟以漰渤注

韐 ｜靸屐也廣雅釋器

經籍籑詁卷第一百四

兵部侍郎兼都察院右副都御史巡撫浙江等處地方提督軍務兼理糧餉阮元撰集

十五合

合 說文丨丨口也从亼从口○丨會也周禮司儀將
丨諸侯疏又呂覽大樂離則復丨注精諭齊桓公
丨諸侯疏召類氣同則丨注○丨聚也詩民勞以爲
民逑箋○得耦爲丨周禮媒氏注○丨者相配耦之
言耳漢書貨殖傳蘖麴鹽豉千丨注○丨同舍也漢
書天文志丨散犯守注引孟康○節奏齊同謂之丨
樂禮記月令命樂正習舞疏○丨者上下之樂竝作
禮記郊特牲陰陽和而萬物得疏○丨猶交亂也詩
青蠅構我二人箋○丨謂陰陽交錯也大元元攡一
闔一丨注○丨謂道相丨漢書郊祀志上丨則見八

注○丨閉也漢書兒寬傳丨袪於天地神祇注○丨
謂習錄所當共之事也周禮太史讀禮書而協事注
○丨猶荅也左氏宣二年傳既丨而來奔注○丨是
聚丨言語同上疏○丨要者使其各爲要約言語兩
相辨荅左氏襄十年傳與伯輿丨要疏○六丨天地
四方也文選東京賦六丨殷昌薛注○春夏爲丨管
子侈靡丨離也注

合 丨龠爲丨漢書律麻志上○丨者丨龠之量也同
上

塔 說文新附塔西域浮屠也从土荅聲

荅 亦作荅○丨猶對也詩雨無正箋丨猶距也疏○
荅者重厚之貌漢書貨殖傳榻布皮革千石注○
荅布麤厚之布也同上○荅布白疊也同上引孟康
○畣今人以荅字爲對畣失之矣廣雅釋詁四曹憲
音○爾雅釋言畣然也釋文本作荅

納 說文丨絲溼丨丨也从糸內聲○丨入也禮記少
儀丨甸於有司疏○丨者進名詩采蘋序箋丨酒
漿籩豆葅醢疏○丨歸諸公左氏襄廿九年傳子速
丨邑與政注○丨者內不受也穀梁昭十二年傳哀
二年傳○丨猶著也禮記玉藻坐左丨右疏○內讀
曰丨漢書地理志上百里賦內總注○左氏昭廿七
年傳內我者死釋文本又作丨

榻 說文新附丨牀也从木𦐇聲

閤 說文丨門旁戶也从門合聲○丨者小門也漢書
公孫宏傳開東丨注

雜 說文丨五彩相合从衣集聲○丨謂相參也漢書
谷永傳丨焉同會注○丨焉總萃貌同上○丨糅

也淮南本經故不得丨焉注○丨聚也易略例丨物
撰德注○丨襲相因也漢書司馬相如傳上丨襲紊
輯注○丨襲重積也漢書外戚傳上芳丨襲以彌章
注○丨襲猶沓言相丨而累積漢書蒯通傳魚鱗
丨襲注○丨遝重累也漢書司馬相如傳下丨遝膠
輵以方馳注○丨遝聚積之貌漢書劉向傳丨遝衆
賢注○爾雅釋鳥爰居丨縣釋文字亦作雜

臘 說文丨冬至後三戌丨祭百神从肉巤聲○丨者
冬至後丨祭百神也漢書武帝紀五日祠門戶比
丨注○秦曰丨廣雅釋天

帀 說文丨周也从反㞢而丨也凡丨之屬皆从丨周
盛說○一采爲一丨五采則五丨周禮典瑞注用
韋衣而畫之疏

闔 說文闔門扇也一曰閉也从門盍聲○丨門扇也荀子儒效好丨不閉注○丨謂門扇禮記少儀排丨說屨於戶內者疏○丨謂門戶閉塞左氏襄十七年傳皆有丨廬注○坤爲丨戶易豐闚其戶虞注○丨者所以操禁固之權素問陰陽離合論陽明爲丨注○莊子人閒世顏丨釋文崔本作盧

蛤 說文丨蜃屬有三皆生於海千歲化爲蛤秦謂之牡厲又云百歲燕所化魁蛤一名復累老服翼所化从虫合聲○丨似蜯而圓漢書地理志下果蓏蠃丨注○蛤蒲盧也廣雅釋魚

沓 說文丨語多丨丨也从水从曰遼東有丨縣○丨合也文選羽獵賦天與地丨注引應劭○丨丨疾行也漢書禮樂志騎丨丨注○丨風病之名也史記扁鵲倉公列傳病苦丨風索隱

榼 說文丨酒器也从木盍聲

鴿 說文丨鳩屬从鳥合聲

颯 說文丨翔風也从風立聲○颯纚長袖貌也文選西京賦奮長袖之颯纚薛注

拉 說文丨摧也从手立聲

遝 說文丨迨也从辵眔聲

韐 丨帶韎丨緇帶儀禮士喪禮設丨帶搢笏注○言丨者韋旁著合謂合韋爲之故名丨也儀禮士冠禮注合韋爲之疏

漯 廣韻濕同○說文濕水出東郡東武陽入海从水㬎聲桑欽云出平原高唐

盇 說文盇覆也从血大○丨何不也左氏成十六年傳子丨從眾注又國語晉語丨殺我注又漢書王貢兩龔鮑傳丨執諸名卿可幾注引孟康又敘傳上丨孟晉以迨羣兮注引服虔又呂覽長利夫子丨行乎注○丨訓何不也詩緜傳丨往質焉疏

欱 說文丨合會也从攴从合合亦聲

蓋 丨當爲盍禮記檀弓上子丨言子之志於公乎注

鞳 丨鼓鞺聲淮南兵略若鏜之與丨注

靸 說文丨小兒履也从革及聲讀若沓○丨然輕舉意也漢書司馬相如傳下汨淢丨以永逝兮注

馺 說文丨馬行相及也从馬从及讀若爾雅小山岌大山峘○丨然疾意也漢書楊雄傳上輕先疾雷而丨遺風注

趿 說文丨進足有所擷取也从足及聲爾雅曰丨謂之擷

噆 說文丨嗛也从口朁聲

闒 說文丨樓上戶也从門𦐇聲○丨茸不才之人史記屈原賈生列傳丨茸尊顯索隱引應劭胡廣○丨茸下材不肖之人也漢書賈誼傳丨茸尊顯兮注

誻 說文丨𧭍丨也从言沓聲

軜 說文丨驂馬內轡繫軾前者从車內聲詩曰渼以觼丨○丨內也詩小戎鋈以觼丨釋文

溘 說文新附丨奄忽也从水盍聲

嗑 說文丨嗑多言也从口盍聲讀若甲

姶 說文丨女字也从女合聲春秋傳曰嫠人姶丨一曰無聲

湆 說文丨涫溢也今河朔方言謂沸溢爲丨从水咅聲

鞜 丨烏也文選長楊賦革丨不穿注引服虔○丨革履漢書楊雄傳下革丨不穿注

荅 說文丨小尗也从艸合聲○丨是鋪名周禮掌客注秅讀爲秅秭麻丨之秅疏

卅 說文丨三十幷也古文省凡丨之屬皆从丨

嗒 莊子齊物論荅焉似喪釋文本又作丨

磕 說文丨石聲从石盇聲

○以下據廣韻錄

郃 說文郃左馮翊丨陽縣从邑合聲詩曰在丨之陽

詥 說文丨諧也从言合聲

鮯 東方有魚焉如鯉六足鳥尾其名曰丨廣雅釋地

匌 說文丨帀也从勹从合合亦聲

佮 說文丨合也从人合聲

𢩥 說文丨閉也从戶劫省聲○丨古闔字禮記雜記注則施其丨釋文引纂文

岋 說文丨蒲席齡也从巾及聲讀若蛤

踏 說文丨跛也从足荅聲○丨古蹋字方言一丨跳也注

榙 說文丨丨㯚果似李从木荅聲讀若遝○丨㯚似李史記司馬相如列傳丨㯚荔枝集解引郭璞○荅遝似李出蜀漢書司馬相如傳上丨遝離支注引張揖

𢕍 說文丨行皃从彳遝聲一曰此與駁同

鈒 說文丨鋋也从金及聲

搭 說文丨縫指丨也一曰韜也从手沓聲讀若眔

榙 丨析柱上方木也一名丨亦名欂櫨一切經音義十五引蒼頡

龖 說文丨飛龍也从二龍讀若沓

譶 說文丨疾言也从三言讀若沓

㯚 說文丨榙丨木也从木遝聲

䃮 說文舂已復擣之曰丨从石沓聲

誻 說文丨語相反丨也从言遝聲

眔 說文丨目相及也从目从隶省

錔 說文丨以金有所冒也从金沓聲

㚇 說文丨俛伏也从女沓聲一曰伏意

䑙 說文䑙歠也从舌沓聲

𪔂 說文丨鼓聲也从鼓合聲鞈古文丨从革

碟 丨五匝反史記司馬相如列傳索隱引字林

【㕇】說文｜石聲也从厂立聲

【魶】｜鯢魚史記司馬相如列傳禺禺魼｜集解引漢書音義○｜一作鰨同上引徐廣

【䩎】說文｜車具也从革奄聲

【鞥】說文｜轡｜从革弇聲讀若譍一曰龍頭繞者

【欱】說文｜歠也从欠合聲

【㾀】說文｜病劣也从疒及聲

【㬎】說文｜眾微杪也从日中視絲古文以爲顯字或曰眾口皃讀若唫唫或以爲繭繭者絮中往往有小繭也

【䣝】說文䣝地名从邑盇聲

【毼】說文新附毼毼㲪也从毛曷聲

【鰈】說文｜比目魚也从魚枼聲○｜比目魚也列子說符反兩｜魚而笑注○各有一目不比不行其名曰｜管子封禪東海致比目之魚注

【鰨】說文｜虛｜也从魚𦐇聲○｜鯢魚也漢書司馬相如傳上禺禺魼｜注引郭璞

【𦐇】說文｜飛盛皃从羽从曰

【狧】說文｜犬食也从犬从舌讀若比目魚鰈之鰈

【𧮑】說文｜嗑也从言闟聲

【𦈓】說文｜下平缶也从缶乏聲讀若易

【儑】｜當爲濕荀子不苟窮則弃而｜注

【𤸞】說文𤸞跛病也从疒盇聲讀若脅又讀若掩

○以下據集韻錄

【柆】說文｜折木也从木立聲

【魶】說文｜魚似鼈無甲有尾無足口在腹下从魚納聲

【盦】說文｜覆蓋也从皿酓聲

【𪔂】說文｜鼓鼙聲从鼓缶聲

經籍纂詁卷一百四補遺終

經籍籑詁卷第一百五　入聲

經筵講官南書房翰林戶部左侍郎兼署兵部左侍郎前提督浙江學政阮元撰集

十六葉

葉｜世也詩長發昔在中｜傳又廣雅釋言又文選
文賦俯貽則於來｜注○｜猶世也文選吳都賦
雖累｜百疊劉注○｜聚也方言三又廣雅釋詁三
○｜猶支也詩芄蘭芄蘭之｜箋○｜拱兩手薄其
心也家語辨樂｜拱而對曰注○｜褕毳也燕之北
郊朝鮮洌水之閒曰｜褕方言二○今名短度絹爲
｜褕也方言二注○｜柶大端儀禮士冠禮面｜注
○｜箕舌禮記曲禮注執箕膺｜釋文○鍱其板曰
｜象木｜也釋名釋用器○｜草名管子地員｜下
於轝注○古文｜爲擖儀禮士冠禮注○古文｜作

經籍籑詁　卷一百五　十六葉　葉至接　一

擖儀禮士昏禮加角柶面｜注○
國策趙策｜陽君秦策作華陽君
題賦曰｜｜一切經音義十四引通俗文○牀前帷
帖曰｜言｜｜而垂也釋名釋牀帳
牒｜宋也廣雅釋言○｜版也廣雅釋器○｜者記
系諡之書也史記三代世表余讀諜記索隱○｜
郎今疊布也後漢王符傳注○牀其上版衞之北郊
趙魏之閒謂之｜方言五○槢讀爲｜莊子在宥聖
知之不爲桁楊椄
槢也釋文引崔本
接｜續也廣雅釋詁二又國策秦策故使工人爲木
材以｜乎注又淮南精神聖人食足以｜氣注又
楚辭哀郢憂與愁其相｜注○｜猶續也儀禮聘禮
｜聞命注又漢書賈誼傳集注○｜亦祭也後漢班
彪傳注○｜猶近也儀禮聘禮賓立｜西塾注○｜
疾也淮南本經｜經歷遠注○｜捷也爾雅釋詁○

｜合也廣雅釋詁二又國語吳語兩君偃兵｜好注
○｜猶會也儀禮喪服傳以時｜見乎天子注○｜
交也淮南原道知與物｜而好憎生矣注○｜達也
小爾雅廣詁○｜徧也廣雅釋詁二○｜見也呂覽
知接目無由｜也注又淮南氾論目無以｜物也注
○｜猶見也淮南說林盲者不觀無以｜物注○｜
持也廣雅釋詁三○先事慮事謂之｜荀子大略○
｜給謂應所問而給也大戴記保傳｜給而善對注
○｜給謂應所問而對大戴記文王官人取｜給而
廣中者注○凡物飛迎前射之曰｜文選曹子建樂
府白馬仰手｜飛猱注○古文疌今作｜同一切經
音義十七引字詁○｜或爲交禮記表記故君子之
｜如水注○｜讀爲捷禮記內則｜以大牢注又荀
子大略先事慮事謂之｜注○｜讀爲一扱再祭之
扱周禮廩人則共其｜盛注○公羊僖卅二年鄭文
公｜左氏穀梁皆作捷○莊子則陽｜子古今人表

經籍籑詁　卷一百五　十六葉　獵　二

作捷子○公羊僖卅二年鄭文公｜史記鄭世
家作啑○詩關雎傳荇｜余也釋文本作菨荼
獵｜捷也初學記引蔡邕月令章句○｜捕也太元
殺吏所｜也注○｜震也國語吳語以犯｜吳國
之師徒注○｜虐也爾雅釋言○｜歷也文選風賦
｜蕙草注○｜攬也史記日者傳｜纓正襟危坐索
隱○｜聲也文選洞簫賦｜若枚折注○｜捷相接
之貌文選景福殿賦｜捷相加注○｜攦不齊也文
選笙賦駢田｜攦注○淩｜暴虐爾雅釋言注○宵
田曰｜詩伐檀不狩不｜箋○從犬爲｜儀禮大射
儀射｜獲注○｜矢從犬儀禮鄉射禮無｜獲注○
｜車所乘以畋｜｜也釋名釋車○龜後弇諸｜爾雅
釋魚○南龜曰｜屬周禮龜人○｜與躐同荀子議
兵不｜禾稼注○｜化爲獦顏氏家訓書證○楚蔿
艾｜字叔敖見左
氏宣十一年傳

妾丨接也廣雅釋親○丨之言接也禮記內則奔則
爲丨注○丨者接也以時接見也白虎通嫁娶○
丨接也以賤見接幸也釋名釋親屬○兌爲丨易說
卦傳遯畜臣丨虞注鼎得丨以其子虞注○不聘曰
丨左氏僖十七年傳女曰丨注又史記晉世家女爲
丨集解引服虔○丨賤者禮記曲禮下有丨注○丨
給使者國語晉語納女工丨三十人注○丨女子賤
稱孝經不敢失於臣丨鄭注○女曰丨書費誓臣丨
逋逃傳○臣丨男女貧賤之稱周禮大宰八曰臣丨
聚斂疏材注○貴丨姪娣也儀禮喪服貴丨注○諸
侯之丨貴者視卿賤者視大夫儀禮喪服君之所不
服注○左氏襄廿六年傳共姬之丨漢書五行志中
之下作共
姬之御

蝶一作蛈○丨蛈丨也文選張景陽雜詩注引莊子
司馬注○蛈蛈螫蛈也廣雅釋蟲○烏足之根爲

蠐螬其葉爲蝴丨蝴
丨胥也莊子至樂

疊丨重也積也一切經音義九引蒼頡○丨詘也廣
雅釋詁四○丨積也一切經音義十四引三蒼又
太元樂首與舒丨注○丨厚也廣雅釋詁三○丨應
也詩時邁莫不震丨韓詩○丨懷也廣雅釋言○丨
懼詩時邁莫不震丨傳○丨振丨也文選吳都賦鉦
鼓丨山劉注○丨墮也廣雅釋詁二○小擊鼓謂之
丨文選謝元暉鼓吹
曲丨鼓送華輈注
隋方曰丨儀禮士冠禮同丨注○莊子天運盛以

筴丨衍釋文丨本作篋

涉丨度也國語吳語衍枚潛丨注○丨渡也廣雅釋
詁二又呂覽異寶至江上欲丨注又離騷詔西皇
使丨余注○丨猶入也漢書高帝紀集注引晉灼○○
丨然深入之貌荀子正名君子之言丨然而精注○○

水行曰丨詩載馳大夫跋丨傳又史記楚世家跋丨
山林集解引服虔又後漢章帝紀注○水行爲丨左
氏襄廿八年傳跋丨山川釋文○淺曰丨漢書霍去
病傳集注引張晏○繇膝以上爲丨爾雅釋水○由
膝以上爲丨詩匏有苦葉濟有深丨傳○不由蹊遂
而丨曰跋丨詩釋文引韓詩○過度謂之丨濟方言
七○無舟而渡水曰徒丨爾雅釋訓馮河徒
丨也李注○丨濟猶今云濟度方言七注

鬣丨髦也爾雅釋畜青驪繁丨騥釋文○丨毛也廣
雅釋器○丨首毛也文選七發翠丨紫纓注○丨
須也左氏昭七年傳使長丨者相注○長丨美須頷
也國語楚語而使長丨之士相焉注○丨馬騣也爾
雅釋畜青驪繁丨騥舍人注○丨謂帚也禮記少儀
拚席不以丨注○禮記月令注白馬黑丨釋文丨本
作髦一本作旄○詩四牡傳白馬黑丨曰駱釋文丨
本作髦○爾雅釋畜白馬黑丨駱釋文丨本作髦

捷丨疾也易豫朋盍簪陸績注又小爾雅廣詁又後
漢張衡傳注趙壹傳注又呂覽貴卒可謂丨矣注
又離騷夫唯丨徑以窘步注又文選西京賦趫丨之
徒薛注○丨速也荀子君子長幼有序則事業丨成
而有所休注大略先事慮事謂之接注又莊子徐無
鬼博丨矢注又列子湯問得之丨乎注○捷亟也廣
雅釋言○丨疾取也淮南兵略百族之子丨捽招杼
船注○丨及也小爾雅廣詁又漢書楊雄傳上集注
引晉灼○○丨引續也莊子人閒世必將乘人而鬭其
丨釋文○丨謂相接續也爾雅釋詁接丨也注○丨
邪也文選東京賦邪徑丨乎轘轅薛注○丨邪出左
氏成廿六年傳不如丨之速也注○旁出爲丨國語
晉語不如丨而行注○丨勝也詩采薇一月三丨傳
又爾雅釋詁又國語周語且獻楚丨注吳語事若不
丨注又後漢朱景王杜馬劉傳堅馬傳注○丨克也
左氏莊八年傳丨吾以女爲夫人注又周書謚法○

丨穫也左氏莊卅一年經齊侯來獻戎丨注又穀梁
莊卅一年經齊侯來獻戎丨釋文○戰所獲物曰丨
公羊莊卅一年齊侯來獻戎丨注○丨軍得也穀梁
僖卅一年傳○軍得曰丨穀梁莊卅一年傳○丨法
也後漢荀彧傳注○丨慧也廣雅釋詁一○丨武言
丨巧文選洞簫賦狀若丨武注○丨養也呂覽論威
丨于肌膚也注○丨成也小爾雅廣詁○丨丨猶緝
緝也詩巷伯丨丨幡幡傳○丨丨言樂事也詩烝民
征夫丨丨傳○丨獵參差也文選洞簫賦羅鱗丨獵
注○丨獵高頰貌文選吳都賦施榮楯而丨獵劉注
○丨獵相接貌文選魯靈光殿賦丨獵鱗集注○獵
丨相接之貌文選景福殿賦獵丨相加注○兩有牛
日丨小爾雅衡○左氏莊十二年宋萬弒其君丨公
羊作接僖卅二年鄭伯丨卒公羊作接文十六年晉
人納丨菑于邾公羊作接菑又莊子人閒世必將乘
人而鬬其丨釋文丨本作接○儀禮士冠禮丨柶與
釋文丨本作插又禮記樂記注猶丨也釋文丨本作
插○儀禮士冠禮丨柶與釋文丨本作扱大射儀注
揩丨也釋文丨本作扱○漢書古今人表宋愍公丨
公羊作接○齊公子丨字子車見左昭廿四年傳齊子
淵丨字子車見左昭八年傳○論語泰伯集解仲
孫丨也釋文丨本作踕○詩還傳便丨之貌釋文丨
本作
旋

頰 丨夾也面旁稱也亦取挾斂食物也釋名釋形體
○頤或曰丨車亦所以載物也釋名釋形體○輔
謂之丨廣雅釋親○耳目之閒稱輔丨易咸其輔丨
舌虞注○易咸丨舌釋文丨孟本作俠○莊子漁父
兩容丨適釋
文丨本作顏

楫 丨丨櫂也詩棫樸烝徒丨之傳○丨船櫂楚辭哀郢
丨齊揚以容與兮注○丨所以櫂舟也詩竹竿檜
丨松舟傳○丨所以行舟也莊子大宗師不以心捐
道釋文引崔注○櫂謂之丨一切經音義十引通俗
文○櫂又謂之丨丨捷也撥水使舟捷疾也釋名釋
船○丨聚也漢書兒寬傳集注引張揖○丨林木也
呂覽明理有若山之丨注○丨當作輯漢書兒寬傳
集注引臣瓚○丨作檝同資獵反一切經音義十九
○詩棫樸烝徒丨之春秋繁
露四祭郊祀作烝徒檝之

攝 丨持也儀禮士喪禮橫丨之注又左氏成十六年
傳請丨飲焉注昭廿六年傳是丨是贊注又國語
魯語故能丨固不解以久注晉語若下丨上與上丨
下注乃能丨固保其土房注楚語所以丨固者也注
又後漢馮緄傳注又文選吳都賦土壤不足以丨生
劉注丨烏號劉注○丨謂張弓注矢而持之也文選
踰巴蜀檄皆丨弓而馳注○丨執也國語吳語丨少
司馬茲注○丨摳也論語鄉黨丨齊升堂皇疏○丨

收也莊子胠篋則必丨緘縢釋文引崔注○丨猶言
斂著也史記酈生陸賈傳起丨衣正義○丨猶感也
荀子禮論不至於隘丨傷生注○丨迫也論語先進
丨乎大國之閒皇疏○丨結也莊子胠篋則必丨緘
縢釋文引李注○丨因也國語楚語悛而不丨注○
丨猶整也儀禮士冠禮丨酒注又史記刺客傳目丨
之索隱○丨猶正也後漢銚期傳注○丨佐也左氏
襄卅一年傳朋友攸丨注○丨並也論語八佾皇疏
○丨猶兼也論語八佾官事不丨集解引苞氏○丨丨
猶貸也禮記檀弓上冉子丨帛乘馬而將之注○丨
猶屈也呂覽下賢卑為布衣而不瘁丨注○丨猶辟
也儀禮士昏禮執皮丨之注○丨猶緣也儀禮既夕
白狗丨服注○丨猶視也史記刺客傳目丨之正義
○丨安也漢書嚴助傳集注引孟康○丨養也老子
蓋聞善丨生者注○內丨丨之者兩手相鄉也儀禮聘
禮毛在內內丨之注○丨之者右手并執前足左手

并執後足儀禮聘禮庭實皮則丨之注○丨葉不舒
展貌楚辭哀時命衣丨葉以儲與兮注○丨形如今
要扇國語晉語屏丨之位注○丨殳亦杖名也方言
五合宋魏之閒謂之丨殳注○太歲在寅曰丨提格
後漢張純傳注又離騷丨提貞于孟陬兮注○丨提
星名形似車文選思元賦倚招搖丨提以低佪劉流
今舊注○三曰丨龜爾雅釋魚○今文丨
爲聶儀禮士冠禮注有司徹司宮丨酒注

躡 丨攝也登其上使丨服也釋名釋姿容○丨登也
自關而西秦晉之閒曰丨方言一○丨蹈也淮南
覽冥縱矢丨風注○丨履也廣雅釋詁一○丨至也
淮南覽冥經丨都廣注○丨之言疾也文選七啓忽
丨景而輕鶩注○丨急也方言十二又廣雅釋詁一
○丨蹀小步貌文選南都賦羅襪丨蹀而容與注○
丨或作絕淮
南覽冥注

諜 丨伺也左氏桓十二年傳使伯嘉丨之注○丨閒
也左氏莊廿八年傳丨告注僖廿五年傳丨出注
哀十一年傳宵丨日注○丨閒丨也莊子人閒世大
多政法而不丨釋文引崔注○丨閒也今謂之細作
左氏宣八年傳晉人獲秦丨釋文○丨謂姦寇反閒
者周禮掌戮掌斬殺賊丨而搏之注○丨賊反閒爲
國賊周禮環人搏丨賊注○丨候也左氏哀元年傳
使女艾丨澆注又國語晉語丨其將落注○丨閒候
也國語晉語丨出曰注○丨譜也漢書楊雄傳上集
注引應劭○丨譜第也與牒通後漢張衡傳注○丨
驛也廣雅釋詁四○丨安也莊子人閒世大多政法
而不丨釋文引李注○丨便僻也莊子列禦寇形丨
成光
釋文

堞 丨女牆也左氏襄六年傳傅於丨注又廣雅釋室
又一切經音義十二引字書○丨城上女墻也文
選魏都賦嬰丨帶淏劉注○城上垣或名丨取其重
疊之義也釋名釋宮室○丨短垣左氏襄廿七年傳
崔氏丨其宮而守之注○丨亦謂之俾睨左傳襄
六年傳于丨釋文○左傳襄六年釋文丨本作俾

協 古作叶集韻協古从日十○丨和也書洪範丨用
五紀傳又禮記孔子閒居丨此四國注又左氏昭
廿五年傳乃能丨於天地之性注又周書成開立忠
丨義乃作注又爾雅釋詁又國語周語瞽告有丨風
至注又史記天官書丨洽索隱引李巡又漢書五行
志上集注又集注引應劭又太元元瑩律呂既丨注
元數聲律相丨注又淮南天文丨洽之歲注又楚辭
天問干丨時舞注又文選舞賦形態和神意丨注○
叶和也漢書五行志上集注○丨和說也呂覽長利
丨而耰遂不顧注○丨汁也自關而東曰丨關西曰
汁方言三○丨合也書堯典丨和萬邦傳又周禮大
史與羣執事讀禮書而丨事注小行人丨九儀賓客

之禮注又禮記禮運丨于分藝注丨諸義而丨注又
左氏昭七年傳告之夢夢丨注又周書謚法丨時肇
享曰孝注又國語周語和丨輯睦注司民丨孤終注
將斂丨典禮注丨於州朱注又後漢班彪傳上注又
管子弟子職是丨是稽注又周髀算經下於是天與
地丨注又文選赭白馬賦精曜丨從注○叶合也漢
書五行志上集注引應劭○丨亦合也國語周語朕
夢丨于朕卜注○丨同也國語周語紀農丨功注又
莊子列禦寇孰丨唐許釋文又文選東京賦清風丨
於元德薛注○丨服也爾雅釋詁○太歲在未曰丨
洽爾雅釋天○太陰在未歲名曰丨洽淮南天文○
丨洽言陰欲化萬物和合淮南天文丨洽之歲注○
叶讀曰叶漢書五行志上集注○故書丨作叶周禮
大史與羣執事讀禮書而丨事注○叶丨也書亦或
爲丨或爲汁周禮大史與羣執事讀禮書而丨事杜
注○叶當爲汁書或爲叶辭命周禮大行人丨辭命

司農注〇故書丨辭命作叶詞命周禮大行人注〇書湯誓有衆率怠弗丨史記殷本紀作有衆率怠不和〇書洪範相丨厥居史記宋微子世家作相和其居〇書堯典丨和萬邦史記五帝紀作合和萬國〇書舜典丨時月正日史記五帝紀作合時月正日〇書堯典丨時月漢書郊祀志上作合時月〇書舜典丨時月後漢書律厤志作叶時月〇書洪範次四曰丨用五紀漢書五行志作叶用五紀〇禮記月令注叶光紀釋文叶本作汁禮記大傳注叶光紀釋文叶本作汁

俠 丨之言挾也漢書季布傳集注〇丨粤也史記季布欒布傳爲氣任丨集解引或說〇丨輕也淮南說山喜武非丨也注〇丨少也呂覽音律安壯養丨注〇丨敗也廣雅釋詁三〇同是非爲丨漢書季布傳集注引如淳〇人臣肆意陳欲曰丨韓非子八說〇丨美人之稱漢書禮樂志集注〇丨棟棟相丨也文選吳都賦丨棟陽路注

莢 丨蓍也禮記少儀丨簫注〇丨草實也爾雅釋木釋文引字林〇丨物莢丨王棘之屬周禮大司徒其植物宜丨物注〇豆角謂之丨廣雅釋草

曄 集韻或作曅〇丨明也廣雅釋詁四〇曅賊也方言十二〇曅盛也後漢馮衍傳注〇丨盛貌文選長笛賦丨然復揚注神女賦序丨兮如華注〇丨丨盛貌漢書敘傳下集注〇丨煜盛貌也後漢班彪傳下注〇丨丨猗猗茂美之貌後漢班彪傳上注〇燁與丨同晉書音義中

厭 丨伏也儀禮既夕記纓條屬丨注又後漢蔡邕傳注〇丨猶伏也禮記曲禮下丨冠不入公門注〇丨伏冠也周禮大司馬則丨而奉主車注〇丨服也後漢桓榮傳注胡廣傳注〇丨然順服貌荀子正論天下丨焉與鄉無以異也注〇丨然順從之貌荀子儒效天下丨然猶一也注〇丨當也漢書王莽傳下集注敘傳上集注引劉德〇丨合也漢書敘傳上音義引韋昭又國語周語克丨天心注〇丨持也淮南氾論丨文播法注〇丨掩也荀子儒效丨旦於牧之野注禮論禮者謹於吉凶不相丨者也注〇丨謂掩其不備也國語晉語荊丨晉軍注〇丨柳也漢書辛慶忌傳集注翼奉傳集注〇推手曰揖引手曰丨儀禮鄉飲酒禮賓丨介注〇引手曰丨儀禮鄉射禮賓丨衆賓注〇丨眠內不祥也一切經音義一引字苑〇伏合人心曰丨亦眠內不祥也一切經音義七引蒼頡篇〇不丨不丨夢也山海經西山經翼望之山有鳥焉名曰鵸鵌服之使人不丨注〇丨翟次其羽使相迫也周禮巾車丨翟勒面繢總注〇今文丨皆爲揖儀禮鄉飲酒禮賓丨介升注〇丨讀爲壓荀子彊國如牆丨之注〇丨或曰眯山海經西山經注〇丨浥濕意也詩行露丨浥行露傳

㥦 廣韻㥦同〇丨快也一切經音義三引字林〇㥦快也漢書文帝紀集注〇丨猶快也文選文賦丨心者貴當注〇㥦可也廣雅釋詁三〇㥦滿也漢書文帝紀集注引應劭

氎 丨毛布也一切經音義十三引字林〇丨古文𣯾同一切經音義十一〇丨古文𣯾同一切經音義

十

九

勰 丨和也爾雅釋詁

睫 說文作䀹〇丨插也接也插於眼匡而相接也釋名釋形體〇丨本作䀹目瞬也列子仲尼而瞚而丨釋文〇䀹皆毛也爾雅釋鳥釋文引三蒼〇䀹卽丨也史記扁鵲倉公傳忽忽承䀹索隱〇爾雅釋鳥

注取以爲丨𢿤
釋文丨本作瞮

浹 集韻通作挾○丨洽也後漢和帝紀注宋宏傳注班彪傳下注又荀子王霸政令以浹注○丨合也文選應詔觀北湖田收詩注引字書○丨周也荀子解蔽雖億萬已不足以丨萬物之變注○丨周洽也荀子儒效盡善浹洽之謂神注○丨偏也文選東京賦饔飧丨乎家陪薛注○丨匝也小爾雅廣言又國語越語丨日而令大夫朝之注又後漢段熲傳注○丨帀也後漢袁紹傳上注又荀子禮論於是其中焉方皇周浹注○周丨猶周帀史記禮書房皇周丨索隱○丨通也淮南原道不丨於骨髓注○丨徹也爾雅釋言又漢書禮樂志集注司馬相如傳下集注昌邑哀王髆傳集注又後漢獻帝伏皇后紀注○從甲至甲謂之浹日凡十日周禮大宰浹日而斂之司農注○浹日十日也周禮大司馬浹日而斂之注○從甲至甲爲丨國語越語丨日而令大夫朝之注○丨渫水浹漃也文選江賦注引埤蒼○丨或當爲接荀子解蔽雖億萬已不足以丨萬物之變注○公羊哀十四年注人道丨釋文丨本作帀○周禮大宰釋文浹字又作丨
干本作帀

笈 丨謂學士所以負書箱如冠箱而卑者也一切經音義三引風土記

懾 集韻或作慴○丨懼也史記樂書柔氣不丨正義又後漢光武帝紀上注班彪傳上注趙壹傳注又家語困誓爲無丨也注又呂覽論威威所以丨之也注下賢貧無衣食而不憂丨注又文選述祖德詩萬邦咸震丨注○懾懼也廣雅釋詁二○丨猶懼也淮南主術據義行理而志不丨注○丨猶恐懼也禮記樂記柔氣不丨注○丨慴恐懼也史記衛將軍驃騎傳丨慴者弗取集解引文穎○丨恐也漢書禮樂志集注東方朔傳集注○丨猶怯惑禮記曲禮上則志不丨注○丨失常也一切經音義十二引字書○丨持也後漢朱暉傳注○丨服也一切經音義九引字林又淮南氾論聲丨四海注○丨般也廣雅釋言○丨聲類作慴同止葉反一切經音義七○丨古文慹一切經音義九

慴 丨懼也爾雅釋詁又晉書音義上又莊子達生是故遝物而不丨釋文○丨恐也漢書陳湯傳集注○丨卽懾也爾雅釋詁丨懼也注

蹀 丨躡也文選魏都賦注引聲類○丨履也廣雅釋詁一○丨蹈也文選南都賦注引淮南許注○桐柏碑丨襪濟遠丨蓋渫字

挾 丨夾也在傍也釋名釋姿容○在傍曰丨後漢班彪傳上注○在掖曰丨國語齊語丨其槍刈耨鎛注○右掖曰丨管子小匡時雨既至丨其槍刈耨鎛注○丨猶帶也文選登樓賦丨清漳之通浦兮注○丨持也國語晉語亡人之所懷丨嬰壤注又後漢鄭泰傳注又楚辭天問何馮弓丨矢注惜賢懷芬香而丨蕙兮注懸命丨人箏而彈緯注○方持弦矢曰丨儀禮鄉射禮兼丨乘矢注大射儀丨乘矢注○丨藏也爾雅釋言又漢書惠帝紀集注引應劭○丨銷也淮南人閒世秦皇丨錄圖注○丨護也廣雅釋詁四○丨輔也同上○丨接也孟子盡心上丨貴而問注○丨達也詩大明使不丨四方傳○丨至也淮南要略丨日月而不姚注○丨猶會也國語晉語丨以銜骨注○丨猶着也管子弟子職右執丨匕注○丨斯敗也南楚凡人貧衣被醜敝或謂之丨斯器物敝亦謂丨斯方言三○丨斯猶丨變也方言三注○古文丨皆作接儀禮鄉射禮兼丨乘矢注大射儀丨乘矢注○丨讀爲浹荀子儒效盡善丨洽之謂神注王霸

政令以丨注以是用丨於萬物注致仕能以禮丨而貴名白天下注禮論於是其中焉方皇周丨注○詩大明使不丨四方韓外傳作使不俠四方○左傳隱九年丨卒穀梁作俠卒○莊子齊物論丨宇宙釋文丨崔本作扶

鈌 丨兩刃鈹也管子問衣夾丨注○長丨劍名也楚辭涉江帶長丨之陸離兮注○丨刀身劍鋒有長丨短丨文選吳都賦毛羣以齒角爲矛丨劉注

屟 古文丨今作蹀同一切經音義十四

喋 丨丨利口也史記匈奴傳丨丨而佔佔集解○丨丨多言也史記張釋之馮唐傳嗇夫諜諜索隱○嚶丨猶深算也淮南覽冥至虛無純一而不嚶丨苛事也注○今江東又名吃爲喋方言十讘極吃也注○唼丨鳥食之聲也史記司馬相如傳唼丨菁藻正義○丨履也史記孝文紀喋血京師索隱引廣雅○丨猶蹀也史記魏豹彭越傳索隱○丨一作唼史記魏豹彭越傳丨血乘勝集解引徐廣○丨本字當作蹀漢書文帝紀集注○丨音蹀屣履之蹀漢書文帝紀集注引服虔○涉與丨同文選與陳伯之書朱鮪涉血於友于注

箑 丨扇也文選寡婦賦覽巾丨以舒悲注○丨扇也楚人謂扇爲丨淮南精神知冬日之丨注○扇自關而東謂之丨方言五○今江東亦通名扇爲丨方言五注

燮 丨和也書洪範丨友柔克傳又詩大明丨伐大商傳又爾雅釋詁又史記五帝紀以丨北狄索隱宋微子世家索隱又漢書敘傳下集注○丨諧皆和也文選東京賦北丨丁令南諧越裳薛注○書洪範丨

友柔克史記宋微子世家作內友柔克○左氏襄八年獲蔡公子丨穀梁作公子濕

褶 丨襲也覆上之言也釋名釋衣服○帛爲丨無絮雖複與禪同儀禮士喪禮襚者以丨注○古文丨爲襲同上○鰼音褶丨之丨山海經北山經囂水其中多鰼鰼之魚注

鑷 丨攝也攝取髮也釋名釋首飾○拔減髮謂之丨御覽七百十四引通俗文

韘 丨決也詩芄蘭童子佩丨傳○丨之言沓所以彄沓手指詩芄蘭箋

曄 敬避 廟諱○華盛也廣雅釋詁二○曄光貌文選思元賦列缺曄其照夜舊注

燁 燁燁光貌漢書李尋傳集注○燁燁震電貌詩十月之交燁燁震電傳

讋 丨失氣也晉書音義下引字林○丨懼也後漢班彪傳下注○丨忌也淮南氾論因其資以丨之注○丨與慴同文選羽獵賦竦丨怖注○丨說文讀慴晉書音義上

摺 丨折也廣雅釋詁一又淮南脩務攝捲一擣則丨脅傷幹注○丨古拉字漢書楊雄傳上集注引晉灼○漢書古今人表夷王丨竹書作燮

讘 丨與囁同○囁嚅多言也玉篇五引埤蒼○呫囁附耳小語聲史記魏其武安侯傳呫囁耳語集解引韋昭

饁 丨饋也詩七月丨彼南畝傳又周禮小宗伯若大甸則帥有司而丨獸于郊注甸祝及郊丨獸注又爾雅釋詁又漢書食貨志上集注○丨餉也後漢馮衍傳注○丨野之餉爾雅釋詁孫注○丨饟饋也詩甫田丨彼南畝箋○丨饋饟也詩載芟有噴其丨箋○野饋曰丨左氏僖卅三年傳其妻丨之注又國語

晋語其妻丨之注○丨野饋也于
劫反左氏僖卅三年釋文引字林
【跕】躡足爲丨漢書地理志下集注引臣瓚○丨丨嶞
貌也後漢馬援傳注○丨音蹀足之蹀漢書地理
志下集注
引如淳
【欸】丨亦脅也後漢張衡傳注○丨丨危懼貌老子丨
丨爲天下渾其心釋文引顧注○老子釋文丨丨
簡文河上
本作怵
【霅】丨雨也後漢馬融傳注○丨丨雨也廣雅釋訓○
丨震電也一曰衆言也于甲反漢書敘傳音義引
字林○丨散也漢書楊雄傳上集注引晉灼○丨曄
急疾貌文選笙賦丨曄岌岌注○丨音曅爾之曅漢
書敘傳上音
義引服虔

【欇】丨虎櫐爾雅釋木○今江東呼爲欇丨爾雅釋木
注○丨杖也廣雅釋器○僉宋魏之閒謂之丨殳
方言五○爾雅釋
木釋文丨又作聶
【褋】丨襌衣也廣雅釋器○襌衣江淮南楚之閒謂之
丨方言四○丨襜襦也楚辭湘夫人遺余丨兮醴
浦
注
【擪】擫同○丨按也廣雅釋詁三○厭指按也荀子解
蔽厭目而視者視一以爲兩注○擫謂指擫也文
選笙賦厭焉乃揚注○丨一指按也莊子外物釋文
引字林○厭猶捻也文選笙賦厭焉乃揚注○丨與
擫同文選南都賦彈琴擫籥注○厭亦作擫文
選笙賦注○莊子外物壓其顪釋文壓本作丨
【怗】丨靜也廣雅釋詁四○丨服也公羊僖四年傳卒
丨荆注○丨今作慄同他頬反一切經音義十七
引字詁○公羊僖四年傳卒丨
荆釋文丨一本作拈一本作貼
【躐】丨踐也楚辭國殤凌余陣兮丨余行注○丨踐也
此字宜从手後漢崔駰傳注○跋前行曰丨爾雅
釋言跋丨
也李注
【擸】丨持也廣雅釋詁三
【輒】兩足不能相過齊謂之綦楚謂之踂衛謂之丨穀
梁昭二十年傳○丨如見仵縶也穀梁昭二十年
傳衛謂之丨釋文○丨然不動貌莊子達生丨然忘
吾有四肢形體也釋文○穀梁昭二十年傳衛謂之
丨釋文丨本作縶○左氏昭卄一年經叔丨卒公羊
作叔痤○列子湯問有丨休之國釋文丨休諸家本
作輙沐
者誤

【緁】同摺○丨獵相次貌也文選羽獵賦鴻絧丨獵注
○緝緁也廣雅釋詁二
【襵】便縫曰丨一切經音義十四引通俗文○丨衣
也今人言丨疊是也一切經音義十四引埤蒼○
丨詘也廣
雅釋詁四
【謵】丨傷讋不止也一切經音義二十引聲類○丨歆
也莊子庚桑楚復丨不餽而忘人釋文○慴或作
謵莊子在宥聖知之不爲桁楊椄槢也釋文引崔本作
○莊子徐無鬼張若丨朋前馬釋文丨元嘉本作謂
【苶】丨然忘貌莊子齊物論丨然疲役釋文引崔注
【慄】丨懼也後漢章德竇皇后紀注○丨猶恐懼也文
選東都賦丨然意下注○丨丨懼也後漢鍾離宋
寒傳注○丨觫
也方言十二

偞 —厭也禮記玉藻若祭為已—卑釋文

煠 —爚也廣雅釋詁二

𥳑 —觚也廣雅釋器

殜 —微也方言二○殜病也廣雅釋詁一

㵄 —裁有水也文選洞簫賦注引埤蒼○汎—微小貌文選洞簫賦泡溲汎—注○汎—波急之聲同上

儠 —長也廣雅釋詁二

犣 —牛爾雅釋畜○—牛名也爾雅釋畜釋文引字林○—旄牛也爾雅釋畜注○爾雅釋畜釋文—本作鬣

𤭢 瓦破聲曰—一切經音義十一引通俗文

𠟍 —斷也廣雅釋詁一○—削也廣雅釋詁三

䌕 —餘聚顏氏家訓勉學引字林

疌 詩終風願言則—釋文—本作嚏○史記衞康叔世家疌伯索隱引系本作摯伯

緁 —蠻夷貨名也文選吳都賦—賄紛紜劉注

𨧮 —機下所履御覽八百卅五引字林

㸎 —煗也廣雅釋詁三

鍱 集韻鏶或省作鍱○鍱鏝也廣雅釋器○鏶謂之—同上

婕 —承史記外戚世家尹—好索隱引韋昭○—好美好也同上○—好幸也史記外戚世家索隱引聲類

牒 周禮醢人注皆—而切之釋文—本作牃

聶 —合也爾雅釋木書—宵炕注又釋文○—謂—縐素問調經論—辟氣不足注○—之言牒也禮記少儀—而切之為膾注○—耳之國為人兩手—其耳山海經海外北經○禮記少儀皆—而不切皆—而切之周禮醢人注—皆作牒○禮記內則注—而切之釋文—本作牒一作攝

鑷 集韻亦作鑈鈒○鑈正也方言十二○鑷正也廣雅釋詁一○鈒鉆也廣雅釋言

緁 —縫也廣雅釋詁二

梜 —猶箸也今人或謂箸為—提禮記曲禮上羹之有菜者用—注

椄 —槢楔莊子在宥聖知之不為桁楊—槢也釋文引司馬注○—槢桎梏梁也莊子在宥釋文引崔注

倢 集韻捷或从人亦作唼○倢疾也廣雅釋詁一○—健也廣雅釋詁二○—佽也廣雅釋詁三○虞儇慧也宋楚之閒謂之—方言一○—言便—也方言一注○唼音詩唼唼幡幡之唼漢書揚雄傳上音義引蘇林

○以下據廣韻録

揲 —舌也管子弟子職執箕膺—注○—荒膏肓也史記扁鵲倉公傳—荒索隱

䟶—聚合不解也穀梁昭二十年傳釋文引劉注○楚謂之—穀梁昭二十年傳○—行也廣雅釋訓

踥—小葉爾雅釋草

苝—鞢鞍具廣韻引字林

鞊—穧也廣雅釋詁四

⿰禾夾—安也廣雅釋詁一

怗—下也廣雅釋詁一

埝—塞也廣雅釋詁三○捦古文—同一切經音義十一

敜

⿰土内—空也廣雅釋詁三○—深也同上○—靜也廣雅釋詁四

⿰革念—鞍—薄也廣韻引字林

聑—耳垂玉篇引埤蒼

笘—箛也廣雅釋器

○以下據集韻錄

僷—容也自關而西凡美容或謂之—宋衞曰—方言二○——容也廣雅釋訓○—詘也廣雅釋詁四

⿰馬聶—字或作⿰馬瓜馬行疾也晉書音義下

袩⿰衤肖謂之—方言四○褸謂之—同上

⿰豕巤豬毛曰—一切經音義十九引通俗文

⿰聶刂—刺也廣雅釋詁一

擫—指捻也文選笙賦○—纖翮以震幽簧注

渫—音牒水之牒漢書匈奴傳上集注引晉灼

經籍纂詁卷第一百五

經籍籑詁卷第一百五補遺　入聲

兵部侍郎兼都察院右副都御史巡撫浙江等處地方提督軍務兼理糧餉阮元撰集

十六葉

葉　說文|艸木之|也从艸枼聲○|世也淮南脩務稱譽|語注○|散也列子天瑞其|爲胡蝶注○|揄謂物之扞蔽也方言二|揄毼也注

帖　說文|帛書署也从巾占聲

貼　說文新附|以物爲質也从貝占聲

牒　說文|札也从片枼聲○|札也左氏昭二十五年傳受卜而退注○|者小木札也史記孟子荀卿列傳注以|爲械索隱○小簡曰|漢書路溫舒傳截以爲|注○|譜也文選謝靈運入華子崗詩注引漢書蘇林注○|累淮南本經積|旋石注○|與諜同文選吳都賦玉|石記注

接　說文|交也从手妾聲○|交呂覽懷寵兵不|刃注○|交戰也呂覽愛士則刃無與|注○|捷也禮記曾子問注|祭而已疏○|讀爲翣周禮縫人衣翣柳之材注

獵　說文|放|逐禽也从犬巤聲○在田逐禽謂之|詩南山傳橫|之疏○|取也文選羽|賦注引國語賈注○|者捷取之名也左氏隱五年傳注疏引蔡邕月令章句○|是行步踐履之名詩南山傳疏○|車之形今之鉤車是也禮記曲禮上疏引隱義○今月令|爲射禮記月令執弓挾矢以|注

妾　說文|有辠女子給事之得接於君者从辛从女春秋傳曰女爲人|||不娉也○|爲副室左氏昭十一年傳注簉副倅也疏○|是賤者之定名詩正月箋人之尊卑有十等疏○|謂內外命婦禮記月令注|子始蠶疏引皇氏

蝶　一作蜨○說文蜨蛺蜨也从虫疌聲

疊　說文疊楊雄說以爲古理官決罪三日得其宜乃行之从晶从宜亡新以爲疊从三日太盛改爲三田○|應也後漢書李固傳注引韓詩章句○|毛織也史記貨殖列傳荅布皮革千石索隱引廣志○有九德郡布名曰白疊史記貨殖列傳索隱引吳錄○|作熠音義同詩時邁傳|懼疏

篋　說文匧藏也从匸夾聲|匧或从竹○|箱類也史記老莊申韓列傳胠|正義

涉　說文𣵠徒行厲水也从𣵠从步|篆文从水○|渡也呂覽忠廉乃與要離俱|于江注察今楚人有|江者注○|度也呂覽知分還反|江注○|者渡水之名詩匏有苦葉傳由膝以上爲|疏○|行水之稱儀禮聘禮注軷|山川疏○水行曰|周禮大馭注行山曰軷疏○|謂|水也漢書霍去病傳|獲單于章渠注○||謂無舟楫而渡也漢書英布傳使布先|河注○||猶歷也穀梁襄廿七年傳與之|公事矣疏引徐邈

鬣　說文|髮||也从髟巤聲𣰷|或从毛獵或从豕○|領上||也漢書五行志下之上公取而朱其尾|注○詩小戎箋赤身黑鬣釋文本又作鬛

捷　說文|獵也軍獲得也从手疌聲春秋傳曰齊人來獻戎|○軍之所獲爲|淮南泰族非不|也注○|勝也禮記內則接以太牢注又左氏莊廿一年經注|獲也疏文十三年傳注一月三|疏○|

速也禮記曾子問注接祭而已疏○丨亦速也左氏成五年傳注丨邪出疏○丨丨者舉動敏疾之貌詩烝民傳丨丨言樂事也疏○丨盧若鋸牙然周禮典瑞司農注駔外有丨盧也疏

頰 說文丨面旁也从頁夾聲𩕳籀文从貣○丨之與輔口旁肌之名也左氏僖五年傳注牙車疏

楫 說文丨舟櫂也从木咠聲○丨所以刺舟也漢書王莽傳下不用舟丨注○丨所以刺船也漢書賈誼傳亡維丨注○短曰楫長曰濯漢書劉屈氂傳又發楫濯士注○楫爲櫂之短者也今吳越之人呼爲橈漢書元后傳楫濯越歌注○檝橈也文選吳都賦槁工檝師劉注○丨濯船官也漢書百官公卿表上楫濯注引如淳○楫與丨同漢書元后傳注○楫讀與丨同漢書百官公卿表上注○詩竹竿檜丨松舟釋文丨本又作檝○爾雅釋訓注無舟檝釋文本或作楫又作接

攝 說文丨引持也从手聶聲○丨持也後漢書朱穆傳徒感王綱之不丨注○丨訓持也左氏隱元年傳丨也疏○丨訓爲持也左氏昭十八年傳丨其首焉疏○丨謂引持之漢書陳餘傳耳丨使受笞注○丨收持也漢書五行志下之上丨乎晉楚之閒注○丨者收歛之言詩既醉箋其所以相丨佐威儀之事疏○丨代也禮記明堂位注周公丨王位疏○丨訓爲代周禮大宗伯注代行其祭祀疏○丨兼官也左氏昭十三年傳羊舌鮒丨司馬注○丨迫也論語先進丨乎大國之閒集解引包注○太歲在寅曰丨提格爾雅釋天○太陰在寅歲名曰丨提格淮南天文

躡 說文丨蹈也从足聶聲

諜 說文丨軍中反閒也从言枼聲○丨譜第之也漢書禮樂志披圖案丨注引蘇林

協 說文丨衆之同和也从劦从十叶古文丨从日十叶或从口○丨和也國語鄭語虞幕能聽丨風注○丨和也文選西京賦注引方言注○丨合也書洪範相丨厥居疏又周禮春官序官典同注書曰丨時月疏○陽氣欲化萬物故曰丨洽爾雅釋天太歲在未曰丨洽李注○書堯典丨和萬邦論衡齊世作叶和萬國○史晨奏銘汁光之紀叶作汁

俠 說文丨俜也从人夾聲○丨與挾同漢書禮樂志丨嘉夜注叔孫通傳殿下郎中丨陛注

莢 說文丨艸實从艸夾聲

瞱 丨光也後漢書張衡傳列缺丨其照夜注

厭 猒塞也漢書高帝紀上於是東游以猒當之注○丨謂當之也漢書周勃傳處尊位以丨之注○丨

躡重而密也文選射雉賦表丨躡以密緻徐注○丨丨翟次其羽相迫故曰丨也詩何彼穠矣箋謂車乘丨翟釋文○丨冠者喪冠也禮記曲禮下丨冠不入公門疏○丨字或作撎字者古字義亦通也儀禮鄉飲酒禮注引手曰丨疏

㥦 廣韻㥦同○說文㥦快也从心匧聲

勰 說文丨同思之和从劦从思○爾雅釋詁丨和也釋文本又作協

睫 丨目旁毛也漢書賈誼傳陛下不交丨解衣注

浹 說文新附丨洽也徹也从水夾聲○丨周也文選顏延年贈王太常詩注引漢書蘇林注○丨爲周匝也左氏成九年傳注丨辰十二日也疏○丨卽今之匝義同也詩大明傳挾達也疏

堞 說文堞城上女垣也从土葉聲○丨城上女牆淮南兵略傳丨而守注

懾 說文丨失气也从心聶聲一曰服也○丨猶戚也荀子禮論不至於隘丨傷生注

慴 說文丨懼也从心習聲讀若疊

蹀 丨謂履涉之耳漢書文帝紀新喋血京師注

挾 說文丨俾持也从手夾聲○在腋曰丨國語吳語丨經秉枹注○丨者周匝之義詩大明傳丨達也疏

鋏 說文丨可以持冶器鑄鎔者从金夾聲讀若魚人筴魚之筴一曰若挾持○丨從棱閒刃也莊子說劒韓魏爲夾釋文

喋 口舌爲丨史記匈奴列傳丨丨而佔佔索隱引服虔○丨丨利口也漢書匈奴傳上顧無丨丨佔佔注○殺人流血滂沱爲丨漢書文帝紀新丨血京師注引如淳

燮 說文丨和也从言从又炎籀文丨从羊羊音飪讀若溼

褶 丨裌也禮記玉藻帛爲丨釋文

靨 說文新附丨姿也从面厭聲○靨輔著頰上窐也淮南說林靨輔在頰則好注○靨輔頰邊文婦人之媚也淮南脩務靨輔搖注

韘 說文丨射決也所以拘弦以象骨韋系著右巨指从韋枼聲詩曰童子佩丨○丨或从弓○詩芄蘭童子佩丨唐石經作童子佩韘御覽六百九十二作童子佩韘

燁 敬避廟諱○丨丨聲之盛文選東都賦管絃丨煜注

爗 說文爗盛也从火𡍮聲詩曰丨丨震電○丨丨光盛漢書揚雄傳上颺丨丨之芳苓注

讋 說文丨失气言一曰不止也从言龖省聲傅毅讀若慴讋籀文不省○丨恐懼也文選詠霍將軍北代詩注引漢書文穎注○丨失氣漢書武帝紀爲匈奴丨焉注項籍傳府中皆丨伏注諸將丨伏注張湯傳羣臣震丨注

摺 說文丨敗也从手習聲○丨與拉音義同詩南山序使公子彭生乘公而搚殺之疏

譶 說文丨多言也从言聶聲河東有狐丨縣

饁 說文饁餉田也从食盍聲詩曰丨彼南畝○丨野饋也詩七月丨彼南畝釋文

跕 丨謂輕躡之也漢書地理志下女子彈弦丨躧注○丨屣也史記貨殖列傳鼓鳴瑟丨屣集解引張晏

歙 丨讀脅也淮南精神開閉張丨注○丨讀協淮南主術索鐵丨金注

曅 丨煜光明之貌也文選荅賓戲丨煜其閒者注○丨音曅爾之曅同上引晉灼

欇 說文欇木葉搖白也从木聶聲

褋 說文丨南楚謂襌衣曰丨从衣枼聲

擪 說文丨一指按也从手厭聲

躐 丨踰越也禮記樂記學不丨等也疏○丨踐也荀子議兵不丨禾稼注

擸 說文｜理持也从手巤聲

輒 說文｜車兩輢也从車耴聲

緁 說文｜緶衣也从糸疌聲䌌｜或从習○｜獵相差次也漢書楊雄傳上鴻絅｜獵注

襵 ｜孤卿之襢禮記檀弓上注翣以布衣木如｜與疏

捻 說文新附｜指｜也从手念聲

惵 ｜者猶恐懼也後漢書班固傳下｜然意下注

鍱 說文｜鏶也从金枼聲齊謂之｜○鍱鋌也廣韵引廣雅

婕 廣韻｜好亦作倢伃○說文｜女字也从女疌聲○倢接幸也漢書昭帝紀母日趙倢伃注○倢言接幸於上也漢書外戚傳上至武帝制倢伃娙娥傛華充依注

𦟝 說文｜薄切肉也从肉枼聲

聶 說文｜附耳私小語也从三耳○｜合也初學記廿八引爾雅釋木畫｜宵炕孫注○｜牒聲相近耳禮記內則注菹軒｜而不切疏

籋 說文｜箝也从竹爾聲

梜 ｜者筋也史記龜策列傳象箸而羹索隱○｜字作筴禮記曲禮釋文

椄 說文｜續本也从木妾聲

菨 說文｜｜餘也从艸妾聲

倢 說文｜佽也从人疌聲○捷健也後漢書方術任文公傳惟文公大小負糧捷步注

淁 說文｜水也从水妾聲

鯜 說文｜魚名出樂浪潘國从魚妾聲

蛺 說文｜｜蜨也从虫夾聲

○以下據廣韻錄 **揲** ｜讀｜脈之｜淮南說山｜挺其土而不益厚注

偞 說文偞宋衞之閒謂華｜｜从人葉聲○｜厭也禮記玉藻若祭爲己｜卑疏

枼 說文｜楄也｜薄也从木𠀐聲

𥯛 說文｜籥也从竹枼聲

儠 說文｜長壯｜｜也从人巤聲春秋傳曰長｜者相之

𤭈 說文｜蹈瓦聲从瓦耎聲

邋 說文｜搚也从辵巤聲

巤 說文｜毛｜也象髮在囟上及毛髮｜｜之形此與籀文子字同

疌 說文｜疾也从止从又又手也屮聲○詩終風願言則｜釋文本又作嚏又作疐

𤴓 說文｜機下足所履者从止从又入聲

㚔 說文｜所以驚人也从大从羊一曰大聲也凡｜之屬皆从｜一曰｜讀若瓠一曰俗語以盜不止爲｜｜讀若籋

聿　說文丨手之疌巧也从又持巾凡丨之屬皆从丨

䮕　說文丨馬步疾也从馬耴聲

㚲　說文丨小弱也一曰女輕薄善走也一曰多技藝也从女占聲或讀若占

嵒　說文丨多言也从品相連春秋傳曰次於丨北讀與聶同

讋　說文讋讋讘也从言執聲

极　說文丨驢上負也从木及聲或讀若急

耴　說文丨耳垂也从耳下垂象形春秋傳曰秦公子丨者其耳下垂故以為名

鮿　丨膊魚也史記貨殖列傳丨千石集解引徐廣○丨膊魚也即今不著鹽而乾者也漢書貨殖傳丨鮑千鈞注

帄　說文丨領耑也从巾耴聲

皣　說文丨艸木白華也从華从白

䶇　或作䶇○說文䶇鼓無聲也从鼓咠聲

鞊　說文丨韋飾从革占聲

呫　丨嘗也儀禮士相見禮注今云丨嘗膳釋文○丨囁附耳小語聲史記魏其武安侯列傳乃效女兒丨囁耳語集解引韋昭

綊　說文丨紝丨也从糸夾聲

劦　說文丨同力也从三力山海經曰惟號之山其風若丨凡丨之屬皆从丨

唊　說文丨妄語也从口夾聲讀若莢

㾜　說文丨病息也从疒夾聲

㥦　說文丨思皃从心夾聲

褺　說文褺重衣也从衣執聲巴郡有褺江縣

䠟　說文䠟䠟足也从足執聲

敜　說文丨塞也从攴念聲周書曰丨乃穽

屟　說文丨履中薦也从尸枼聲

𤩪　說文丨石之次玉者从玉燮聲

燮　說文丨大孰也从又持炎辛辛者物孰味也

䎽　說文丨使也从攴耴省聲

聑　說文丨安也从二耳

㧖　說文丨拈也从手耴聲

婡　說文丨得志丨丨一曰丨息也一曰少气也从女夾聲

僷　丨輕麗之貌方言二丨容也注

鉵　說文丨鉆也从金耴聲

【媥】說文丨疾言失次也从女臿聲讀若懾

【劦】說文丨同心之和从劦从心

○以下據集韻錄【俺】說文丨大也从人奄聲

經籍籑詁卷第一百五補遺終

經籍籑詁卷第一百六　入聲

經筵講官南書房翰林戶部左侍郎兼署兵部左侍郎提督浙江學政阮元撰集

十七洽

洽　丨合也詩正月丨比其隣傳賓之初筵以丨百禮箋板民之丨矣傳載芟以丨百禮箋又禮記仲尼燕居則無以祖丨於衆也注又史記天官書索隱引李巡又家語論禮則無以祖丨四海注又淮南天文協丨之歲注又文選東京賦仁丨道豐薛注〇丨通也管子國蓄故民愛可丨於上也注輕重丁寡人欲復業產此何以丨注〇丨偏也後漢杜林傳注〇丨偏徹也一切經音義六引蒼頡〇丨溥也漢書終軍傳集注〇丨霑也漢書禮樂志集注王陵傳集注又文選東京賦仁丨道豐注〇丨浹也後漢班彪傳下注〇丨潤淮南要略內丨五藏注〇丨水也詩大明在丨之陽傳〇以丨爲狎顏氏家訓音辭〇詩正月丨比其鄰左氏僖廿二年傳襄廿九年傳作協比其鄰〇詩江漢丨此四國禮記孔子閒居作協此四國〇詩大明在丨之陽說文邑部作在郃之陽〇爾雅釋天太歲在未曰協丨史記厤書作協汁漢童子逢盛碑作協給〇易略例丨乃疑亡也釋文丨本作合

狹　陝陿並同〇丨謂陋也文選東京賦丨三王之趩趩薛注〇丨漏也楚辭怨思皐陰丨而幽險兮注〇陿阸謂秦地險固也荀子議兵其生民也陿阸注〇丨聲急也史記樂書丨則思欲正義〇丨謂聲急也禮記樂記丨則思欲注〇陝輸不定貌後漢列女傳注〇詩葛屨序魏地陿隘釋文陿本作丨〇漢金廣延母紀產碑耕陿陝少丨作陝

峽　兩山之閒爲丨淮南原道仿洋于山丨之旁注〇陝兩山之閒也本或作丨晉書音義下〇夾岸閒爲陿文選上林賦赴隘陿之口郭注〇丨崥山足也太元增賴彼丨崥注

法　丨常也爾雅釋詁〇丨謂常丨漢書張釋之傳集注〇丨謂丨則也老子人丨地王注〇丨效也荀子不苟畏丨流俗而不敢以其所獨甚注〇灋合也廣雅釋詁二〇丨象也呂覽情欲必丨天地也注又素問八正神明論必有丨則焉注〇灋猶數也周禮司書凡稅斂掌事者受灋焉注〇丨亦律也書大傳丕天之大律注〇丨刑也國語魯語不共有刑注〇丨逼也人莫不欲從其志逼正使有所限也釋名釋典藝〇殺戮禁誅謂之丨管子心術〇丨者刑罰也所以禁強暴也鹽鐵論詔聖〇丨者所以督姦也鹽鐵論刑德〇丨惡刻太元元錯〇丨禁者俗之隄防後漢虞詡傳〇丨者禁於巳然之後大戴記禮察〇

禮義之謂丨荀子法行〇丨者治之端也荀子君道〇丨者所以愛民也新序善謀〇丨者所以敬宗廟尊社稷說苑至公〇丨八丨呂覽孟春守典奉丨注〇丨德丨大戴記盛德德盛則脩丨注〇德丨者御民之銜勒也大戴記盛德〇五丨謂仁義禮智信大戴記盛德齊五丨注〇丨謂守丨度也荀子不苟愚則端愨而丨注〇灋守灋不失也周禮小宰五曰廉丨注〇丨則其官之制度周禮大宰二曰丨則以馭其官注〇灋尊卑之差周禮酒正皆有灋以行之注〇灋謂其禮灋也周禮小宰以丨掌祭祀朝覲會同賓客之戒具注〇丨言謂禮丨之言孝經非先王之丨言不敢言注〇丨服謂衣服並有丨度文選東京賦乃整丨服薛注〇坎爲丨易象上傳以正丨也虞注〇形乃謂之丨周髀算經下地丨覆槃注〇制而用之謂之丨易繫辭上傳〇丨者妙事之迹也莊子在宥麤而不可不陳者丨也注〇丨者天下之儀也

管子禁藏〇丨易與天下同也太元元衝〇丨者所
以同出不得不然者也管子心術〇當故不改曰丨
管子正〇如四時之不貣如星辰之不變如宵如晝
如陰如陽如日月之明曰丨同上〇尺寸也繩墨也
規矩也衡石也斗斛也角量也謂之丨管子七法〇
灋天小丈尺周禮掌次掌王次之灋注〇丨謂規矩
尺寸之數也禮記少儀工依於丨注〇丨門謂天子
諸侯皆南面而治丨令之所出入故謂之丨門穀梁
僖二十年傳南門者丨門也注〇丨物好物也老子
丨物滋彰注〇丨物謂大駕鹵簿儀式也後漢光武
紀下注〇丨冠執丨者服之後漢朱樂何傳注〇丨
冠楚冠也一曰柱後惠文冠獨斷下〇丨服謂天子
服日月星辰山龍華蟲藻火粉米黼黻十二章後漢
楊秉傳注〇灋羊食饗積膳之羊周禮羊人共其丨
羊注〇禮記祭法丨施於民漢書郊
祀志下韋元成傳皆作功施於民

甲
丨者萬物孚丨也白虎通五行〇丨孚丨也萬物
解孚丨而生也釋名釋天〇丨仁也太元斷庚斷
丨注〇丨日也楚辭哀郢丨之鼂吾以行注〇六丨
日之幹也太元元測都序巡乘六丨注〇丨乙者幹
也白虎通姓名〇丨乙木日也呂覽孟春其日丨乙
注又淮南時則其日丨乙注〇丨木也淮南天文七
十歲而復至丨子注〇丨乙皆木也淮南天文其日
丨乙注〇丨乙寅卯木也淮南天文〇太歲在丨曰
閼逢爾雅釋天〇月在丨曰畢同上〇丨者一旬之
始已有之祕也法言先知先丨一日易注〇丨戌燕
也淮南天文〇乾爲丨易訟終朝虞注〇丨齊淮南
天文〇丨乙謂相次也後漢馬融傳注〇丨丨言第一
也文選西京賦北闕丨第薛注〇丨者創制之令也
易象上傳先丨三日注〇丨兵國策秦策秦下丨而
攻逌注〇丨兵象也漢書五行志上〇離爲丨易蹇
夙吉虞注〇離爲丨胄易說卦傳〇丨鎧也書說命

惟丨胄起戎傳又儀禮既夕丨胄干笮注又禮記曲
禮上獻丨者執胄注少儀丨若有以前之注樂記車
丨衅而藏之府庫注儒行儒有忠信以爲丨胄注又
公羊成元年經三月作邱丨注哀六年傳吾有所爲
丨注又穀梁成元年經作邱丨注又廣雅釋器又國
語齊語齊國寡丨兵注晉語壇以爲大丨注又國策
秦策不用一領丨注又呂覽愛士投而擊繆公之丨
注又淮南人閒世一鼓民被丨括矢注覽冥質壯輕
足者爲丨卒注又楚辭國殤操吳戈兮被犀丨注〇
丨今之鎧也周禮夏官序官司丨注〇丨革皆鎧胄
也公羊閔二年傳桓公使高子將南陽之丨注〇組
丨以組爲丨也文選吳都賦注引左傳馬融注〇丨
似物有孚丨以自禦也釋名釋兵〇丨闔也釋名釋
形體〇丨押也廣雅釋言〇丨狎也詩芄蘭能不我
丨傳又爾雅釋言〇有丨言體有鱗丨山海經中山
經依軲之山有獸焉虎爪而有丨注〇丨謂龜丨也

文選吳都賦葺鱗縷甲劉注〇詩
芄蘭能不我丨韓詩作能不我狎

業
丨大版也詩靈臺虡丨維樅傳〇丨大版也所以
飾栒爲縣也詩有瞽設丨設虡傳〇簨以大版爲
之謂之丨禮記明堂位夏后氏之龍簨虡注〇丨栒
上板刻爲雁齒捷丨然文選東京賦設丨設虡薛注
〇丨所以飾栒刻版捷丨如鋸齒也爾雅釋器孫注
〇筍上之板曰丨刻爲牙捷丨如鋸齒也釋名釋樂
器〇當簨下爲兩飛獸以背負又以板置上名爲丨
文選西京賦負簨丨而餘怒薛注〇丨築牆版也爾
雅釋器注〇丨謂篇卷也禮記曲禮上請丨則起注
〇丨大也爾雅釋詁〇丨言高大也詩烝民四牡
丨丨傳〇丨丨盛也廣雅釋訓〇丨丨然壯也詩采
薇四牡丨丨傳〇丨峨高也後漢班彪傳上注〇丨
事也易文言傳君子進德脩丨宋衷注又爾雅釋詁
又國語魯語非故丨也注敢不承丨注晉語武公之

丨注楚語其事不煩官丨注又國策秦策驕忿非伯
主之丨也注又史記項羽紀丨巳講解索隱又漢書
司馬相如傳下集注又淮南氾論百姓殊丨而皆務
於治注○丨捷也事捷乃有功丨也釋名釋言語○
秉道德仁義而施之之謂丨也太元元攡○坤爲丨
易文言傳君子進德脩丨虞注○坤爲大丨易家人
富家大吉虞注○丨猶創也國語齊語檡其善者而
丨用之注○丨者本也史記司馬相如傳丨巳建之
索隱○丨猶本先也史記留侯世家良丨爲取履索
隱○丨始也廣雅釋詁一○丨猶次也國語晉語則
民從事有丨注○丨敘也爾雅釋詁○丨緒也同上
○丨危也詩長發有震且丨傳○丨丨危也詩雲漢
兢兢丨丨傳召旻兢兢丨丨箋又爾雅釋訓又漢書
元帝紀集注孔光傳集注王莽傳上集注又太元差
累卵丨丨注○丨丨危懼也書臯陶謨兢兢丨丨傳
又後漢班彪傳下注楊震傳注○丨丨然動也詩常

武赫赫丨丨傳○丨左益片顏氏家訓書證○爾雅
釋器大版謂之牒釋文牒本作丨○左氏文五年許
男丨公羊釋
文丨丨本作辛

【叵】丨亦函也史記刺客傳秦地圖丨索隱○丨琴丨
也文選宋孝武宣貴妃誄丨有遺絃注○論語季
氏虎兕出于丨
釋文丨本作柙

【壓】集韻厭或作壓○丨鎭也廣雅釋言○厭鎭也史
記高祖紀因東游以厭之索隱引廣雅○丨鎭丨
也楚辭離世傷丨次而不發兮注○丨鎭也笮也一
切經音義十七引蒼頡○丨笮也國語魯語吾懼丨
焉注○丨作窜窜㮸也一切經音義六引周成難字
○丨亦殺也國策齊策刑馬丨羊注○丨抑也楚辭
大招舉傑丨陛注○丨服也公羊文十四年傳子以
大國丨之注○丨著也廣雅釋詁三○厭可也廣雅

釋詁三○左氏襄廿六年傳楚晨厭晉軍而陳釋文
厭本作丨襄卅一年僑將厭焉釋文厭本作丨昭廿
三年注爲屋所厭而
死釋文厭本作丨

【鴨】丨古文鶴一切經音義五

【之】行而無資謂之丨周禮遺人疏引書大傳○行而
無資曰丨呂覽季春振丨絶注○丨廢也莊子天
地無丨吾事釋文○凡丨用革儀禮大射儀○丨以
革爲之護旌者之禦矢也文選東京賦設三丨薛注
○容謂之丨所以爲獲者之禦矢儀禮大射儀與所
設丨注○容謂之丨所以爲獲者御矢也儀禮鄉射
禮丨參侯道注○丨讀爲匱丨之丨持獲者所蔽周
禮服不氏以旌居丨而待獲杜注○丨讀爲匱丨之
丨周禮車僕其三丨司農注○
反正爲丨左氏宣十五年傳

【怯】丨無勇呂覽務本將衆則罷丨注○持節不恐謂
之勇反勇爲丨賈子道術○憚所行爲丨禮記曲
禮注懾猶丨也釋文○丨脅也見敵恐脅也釋名釋
言語○丨死猶避死也史記魯仲連鄒陽傳勇士不
丨死而滅名索隱○丨去也廣雅釋詁二○史記廉
頗藺相如傳然士或丨懦集解引徐廣一作恇懦

【劫】俗作刼○刦奪去也荀子脩身刦之以師友注○
丨迫也荀子解蔽故口可丨而使墨云注又淮南
精神不可丨以死生注○刼脅也國策秦策已珉欲
以齊秦刼魏而困薛公注○丨丨脅也禮記儒行丨
之以衆注○丨謂興兵脅之管子大匡於是丨魯注
○丨悟氣相衝激文選笙賦郁捋丨悟注○祛音丨
古字通後漢馬融傳注○詩終風傳疌丨也釋文丨
本作跲○莊子田子方盜人不得刦釋文丨元嘉本
作丨
却

脅 丨方也廣雅釋詁四○腋下謂之丨左氏僖廿三
年傳釋文引通俗文○丨挾也在兩旁臂所挾也
釋名釋形體○丨謂兩乳之下及胠外也素問至眞
要大論兩丨裹急注○盾或署之於丨故曰丨盾管
子版法兵尚丨盾注○丨驅在服馬外丨也釋名釋
車○丨驅愼駕具所以止入也詩小戎游環丨驅傳
通作脅○脅刼也國語晉語乃脅欒中行注○脅
愶 迫也漢書鄒陽傳集注又淮南本經淫而相脅注
○丨畏迫也一切經音義十三引公羊劉兆注○脅
恐也淮南本經明於性者天地不能脅也注○丨怯
也廣雅釋詁四○脅懼也廣雅釋詁二○脅閱懼也
齊楚之閒曰脅閱宋衛之閒凡怒而噎噫謂之脅閱
方言一○脅翕也漢書吳王濞傳集注鄒陽傳集注
○脅斂也漢書嚴延年傳集注又文選長門賦翡翠
脅翼而來萃兮注○脅肩竦體也孟子滕文公下脅
肩諂笑注○脅息猶翕息也文選高唐賦股戰脅息

注○脅息縮氣也文選高唐賦脅息增欷欷注○翕
脅之聲相近漢書王莽傳中集注○丨又作脅列子
力命丨魯殺
子糾釋文
鍤 與臿同○臿舂也廣雅釋詁四○丨鍼也廣雅釋
器○臿鍬也史記秦始皇紀身自持築臿正義○
臿刃也後漢戴就傳注引張揖字詁○臿今之鍬也
後漢戴就傳注○臿鏵也青州謂之鏵三輔謂之鍤
也淮南精神今夫繇者揭钁臿負籠土注○臿燕之
東北朝鮮洌水之閒謂之斛江淮南楚之閒謂之臿
方言五○鍦古丨字爾
雅釋器斛謂之鍦注
歃 丨丨血也左傳隱七年丨如忘釋文○丨飲血也
國語晉語楚人固請先丨注○丨血飲血也素問
三部九候論丨血而受注○挑謂之丨儀禮
有司徹二手執挑匕枋以挹湆注于疏匕注

押 丨輔也廣雅釋詁四○丨音狎習之狎漢書息夫
躬傳集注引文穎
狎 丨習也禮記表記丨侮死焉釋文又爾雅釋詁又
國語周語未丨君政注晉語陽人未丨君德注又
漢書燕刺王旦傳集注○丨習也近也禮記曲禮上
賢者丨而敬之注○丨習也傷也一切經音義
十九引字林○丨安習也左氏昭廿三年傳民丨其
野注○丨相習知者禮記檀弓下丨則入哭注○丨
親習也左氏襄六年傳少相丨注○丨者素相親丨
也論語鄉黨雖丨必變集解引孔注○丨謂素相親
丨也論語鄉黨皇疏○媟丨相親丨也方言十三媟
丨丨也注○丨近也書太甲上予弗丨于弗順傳○丨
易家語正論民丨而翫之注○丨慣忽也論語季氏
丨大人鄭注○丨戲也荀子正論今俳優侏儒丨徒
詈侮而不鬬者注○丨輕也左氏昭二十年傳民丨
而翫之注又廣雅釋詁三○丨猶輕也穀梁莊十七

年傳此謂丨敵也注○丨輕侮也荀子臣道人不肖
而不敬則是丨虎也注○丨更也左氏襄廿七年傳
且晉楚丨主諸侯之盟也久矣注昭廿一年傳不丨
鄙注又服注又國語晉語今將與丨主諸侯之盟注
○丨謂多而相排也文選舞賦車騎竝丨注○丨獵
飾之貌文選南都賦琢琱丨獵注○丨獵重接貌文
選西京賦披紅葩之丨獵韡注○丨
古文虖狹二形一切經音義十四
袷 丨重也廣雅釋詁四○丨衣無絮也史記匈奴傳
服繡丨綺衣索隱引字林○丨衣無絮也音公袷
反一切經音義廿一引字林○丨交領也禮記曲禮
下天子視不上於丨注玉藻視帶以及丨注深衣曲
丨如矩以應方注○丨曲領也禮記玉藻丨二寸注
○丨軩次車也文選東京賦結飛雲之丨軩薛注
丨合也詩雝箋大于四時而小于丨釋文又穀梁
祫 文二年傳著丨嘗注又漢書五行志中之上集注

韋元成傳集注○丨者合也後漢章帝紀注又說苑修文○丨猶合也公羊文二年傳五年而再殷祭注○丨者合也毁廟之主皆合食於太祖也白虎通宗廟○丨合也天子諸侯之喪畢合先君之主於祖廟而祭之謂之丨禮記王制丨禘注○丨者大合祭於祖廟說苑修文○大丨者何合祭也公羊文二年傳又後漢張純傳○始虞謂之丨事者主欲合先祖也以與先祖合爲安今文曰合事儀禮士虞禮記哀薦丨事注○丨大祭公羊文二年傳大丨也釋文○丨大祭名也詩雝箋大于四時而小于丨釋文○丨三年喪畢之名也詩元鳥箋祀當爲丨釋文○詩豐年以丨百禮釋文丨本作洽

【帢】帛幘曰丨御覽六百八十六引通俗文○丨士服制如榼四角苦洽反晉書音義中引字林

【翣】丨扇也禮記少儀不丨也正義釋文引盧注又儀禮既夕燕器杖笠丨注又莊子德充符不以丨資

釋文又淮南俶眞冬日之不同丨注○翣扇也呂覽有度冬不用翣注○大扇謂之丨小爾雅廣服○丨武飾也莊子德充符不以丨資釋文引宋注○丨者武所資也莊子德充符不以丨資注○丨棺飾也周禮女御后之喪持丨注御僕持丨注○丨棺衣飾也淮南齊俗葬牆置丨注○丨棺飾也畫黼黻之狀如扇丨於僂邊天子八諸侯六大夫四也呂覽節喪僂丨以督之注○丨齊人謂扇爲丨此似之也象丨扇爲清涼也丨有黼有畫各以其飾名之也釋名釋喪制○丨以竹爲之高二尺四寸廣三尺衣以白布柄長五尺葬時令人執之於柩車傍也後漢趙咨傳注○武王作丨一切經音義十九引世本○丨讀騀鷰食唼喋之唼淮南俶眞冬日之不同丨注○祝睦碑萎蔞以席丨作萎○左氏襄廿五年傳四丨不蹕周禮縫人注作四翣不蹕○故書丨爲⿰既毛杜子春云當爲丨書亦或爲⿱髟妾周禮巾車有丨注○故書丨柳作接楨周禮縫人衣丨丨柳之材注

【搯】丨爪也文選長笛賦注引埤蒼○爪按曰丨一切經音義十引通俗文○丨作创入也江南今有创寶器一切經音義十引韻集

【啑】集韻或从妾○唼鴨食也一切經音義八引埤蒼聲類○水鳥食謂之丨文選上林賦注引通俗文○蟲食曰唼一切經音義廿二引通俗文○蟲食曰唼血也一切經音義四引字林○丨喋也書亦作歃所洽反謂以口微吸之也一切經音義八引字書○丨與唼同文選上林賦唼喋菁藻注○丨埤蒼聲類作唼一切經音義八○唼古文嗛一切經音義六

【夾】丨輔也一切經音義十二引蒼頡○丨把也莊子說劒韓魏爲丨釋文引司馬注○丨帶也書禹貢

丨右碣石釋文○丨近也書多方爾曷不丨介乂我周王傳梓材懷爲丨釋文又廣雅釋詁三○在左右曰丨儀禮既夕圉人丨牽之注○丨佩左右兩佩穆天子傳二左右丨佩注○丨者孚甲也言萬物孚甲種類分也白虎通五行○丨室在堂兩頭故曰丨丨也釋名釋宮室○丨鐘者種始莢也淮南天文○丨丨陽聚地而生故曰丨丨鐘也淮南時則律中丨鍾注○丨鍾卯之氣也二月建焉周禮大師丨鍾注○丨鍾長七寸二千一百八十七分寸之千七十五同上○丨鐘一名圜鐘周禮大司樂歌丨鐘注○往體多來體寡曰丨庾周禮司弓矢丨弓庾弓注○往體多來體寡謂之丨與之屬考工記弓人○王弧丨庾唐大六者弓異體之名也周禮司弓矢王弓弧弓丨弓庾弓唐弓大弓注○丨讀爲甲周禮射鳥氏則以并丨取之司農注○左氏定十年公會齊侯于丨谷公羊穀梁作頰谷○史記吳世家楚丨敖左傳襄廿九年作

爪○禮記檀弓賓主｜｜之也釋文｜本作梜○莊子說劍韓魏爲｜｜釋文｜本作鋏○列子仲尼汝之意失矣釋文｜一本作失○魏大饗碑衝｜｜踰鋒鋏作｜

筴 ｜著也禮記月令太史豐龜｜注○｜祝遠罪疾周禮大祝六曰｜祝司農注○｜亦箸也一切經音義十五引字林○并夾矢籋也周禮司弓矢并夾注○并夾鍼箭具周禮射鳥氏則以并夾取之司農注○｜或爲著禮記曲禮上｜爲筴注○｜古叶反禮部韻略引字林

眨 ｜目曰｜一切經音義一引通俗文○｜莊狹反目䁋開閉也一切經音義十一引字苑○通俗文｜作䁋一切經音義十一

胛 ｜背上兩膊間後漢張宗傳注

萐 ｜莆者樹名也其葉大於門扇不搖自扇於飲食清涼助供養也白虎通封禪

柙 ｜檻也論語季氏虎兕出於｜集解引馬注又皇疏又後漢仲長統傳注又穆天子傳五命之爲｜注○僉｜猶隱括也法言君子蠢迪檢｜注○｜與匣同列子湯問｜而藏之釋文○｜古文匣字一切經音義六

郟 ｜洛邑國語周語晉文公既定襄王於｜注○｜王城也國語晉語遂定之於｜注○｜山名郟地邑也水經穀水注引京相璠說○｜室門｜之室一日東西廂也大戴記諸侯釁廟｜室割雞於室中注

扱 ｜取也廣雅釋詁一○｜攫也方言十三○｜插也廣雅釋詁二○｜引也廣雅釋詁一○｜猶汲也方言十三｜攫也注○｜收也廣雅釋詁三○｜斂也禮記曲禮上釋文○｜地手至地也婦人｜地猶男子稽首儀禮士昏禮婦拜｜地注○｜讀曰吸禮記曲禮上以箕自鄉而｜之注○禮記內則注猶｜也釋文｜本作捷一本又作插

擖 ｜舌也禮記少儀執箕膺｜注

跲 ｜躓也禮記中庸言前定則不｜注又家語哀公問政言前定則不｜注○｜代也廣雅釋詁三○郭究碑幼而有｜｜給作｜

噆 ｜合也莊子天運予口張而不能｜釋文

渫 浹｜謂冰凍相著也一切經音義九引字林

鉀 ｜凡箭其小而長中穿二孔者謂之｜鑪方言九○｜鑪今箭鉀鑿空兩邊者也方言九注

○以下據廣韻錄

䁍 ｜視也廣雅釋詁一○｜陷也廣雅釋詁四

㛼 ｜怯也廣雅釋詁四

㰰 ｜貟也廣雅釋詁二

𢾞 ｜臿也廣雅釋器

凹 蒼頡｜作容烏狹反容埶下也一切經音義廿三

𤸴 ｜病也廣雅釋詁一

庘 物欲壞曰｜廬一切經音義九引通俗文

㹇 ｜豕牝也廣雅釋獸

帹　帍帥謂之丨廣雅釋器

⿱㓞女　丨捷也爾雅釋詁

劄　丨續也廣雅釋詁二○丨續也秦晉繩索謂之丨方言六

抾　丨抱也廣雅釋言

⿰糸劫　丨縫也廣雅釋詁二

腌　丨酢淹肉也玉篇引蒼頡

⿰禾奄　丨種也廣雅釋地

⿰女奄　丨病也廣雅釋詁一○丨微也宋衞之閒曰丨自關而西秦晉之閒凡病而不甚曰丨㵎方言二○丨㵎病半臥半起也方言二注○丨重也葉重疊貌文選吳都賦重葩丨葉注

⿰忄奄　丨㡇頭也方言四○絹頭齊人謂之丨言斂髮使上從也釋名釋首飾○自河以北趙魏之閒㡇頭或謂之丨方言四

⿰金奄　丨椎也廣雅釋詁二

⿰飠邑　丨臭也廣雅釋器

⿰飠奄　丨餌也廣雅釋器○餌或謂之丨方言十三

⿰女之　丨好也廣雅釋詁一

○以下據集韻錄

脥　人斂身謂之丨肩文選射雉賦雉丨肩而旋踵徐注

岬　丨山旁文選吳都賦注引淮南許注○赤丨山如人祖胛故謂之赤丨山水經江水注

附錄

貟　馬鞅謂之丨廣雅釋器

嘉慶四年七月江南經生臧鏞堂勘於南海古藥洲

經籍籑詁卷第一百六終

經籍纂詁卷第一百六補遺　入聲

兵部侍郎兼都察院右副都御史巡撫浙江等處地方提督軍務兼理糧餉阮元纂

十七洽

洽　說文丨霑也从水合聲○丨漬也華嚴經音義下引廣雅○丨浹丨也後漢書朱宏傳博學丨聞注○丨徧徹也一切經音義廿二引三蒼○丨謂沾漬優渥書大禹謨丨于民心疏

狹　陜陿竝同○說文陜隘也从𨸏夾聲○陿謂褊隘漢書景帝紀郡國或磽陿注○陿地小也漢書刑法志其生民也陿阸注○夾岸間爲陿文選上林賦赴隘陿之口注引郭璞○山峭而夾水曰陿漢書趙充國傳遣騎候四望陿中亡虜注○爾雅釋蟲注身陜而長釋文本今作狹

峽　陜兩山之間也漢書地理志下武威郡蒼枀注

法　說文灋刑也平之如水从水廌所以觸不直者去之从去丨今文省佱古文○惟作五虐之刑曰丨書呂刑○丨則也呂覽必已此神農黃帝之所丨注○丨典則也禮記曲禮上畏丨令也疏○丨謂則而效之漢書賈誼傳是不丨聖智也注○丨者天下之至道也管子任法○丨者天下之程式也萬事之儀表也管子明法解○丨度者萬民之儀表也管子形勢解○丨者上之所以一民使下也管子任法○夫丨者所以興功懼暴也管子七臣七主○丨度者主之所以制天下而禁姦邪也管子明法解○丨者天子所與天下公共也漢書張釋之傳○丨令者君臣之所共立也管子七臣七主○灋則謂官之制度周禮大宰二曰灋則疏○國灋卽國服周禮朝士令以國灋行之疏○丨謂行丨也漢書酷吏王溫舒傳雖有百罪弗丨注○丨所若而然也墨子經上○丨謂丨度禮記王制注律丨也疏○丨所以銓量輕重爾雅釋言坎律銓也注○丨度丈尺也漢書律麻志上審丨度注○月爲丨也周書小開武月以紀刑注

甲　說文甲位東方之孟陽气萌動从木戴孚甲之象一曰人頭宜爲甲甲象人頭凡丨之屬皆从丨命古文甲始于一見於十成於木之象○丨在東方易蠱先丨三日馬注○東方木爲丨乙周禮媒氏注象五行十日相成也疏○丨乙爲木東方干也素問藏氣法時論其日丨乙注○丨孚丨也禮記月令注時萬物皆解孚丨疏○丨取孚丨而生大元元數日丨乙注○丨者言萬物剖符丨而出也史記律書○丨是旬日之初禮記郊特牲日用丨疏○丨爲十日之首易蠱馬注○丨歲雄也史記麻書歲名焉逢索隱○丨乙者麻之紀也左氏桓十七年傳十月朔注○乾爲丨易彖上傳先丨三日虞注○丨鎧也詩叔于

田序繕丨治兵箋又國語吳語服兵擐丨注又家語相魯家不藏丨注又呂覽順說丨惡於此注愼行令尹好丨兵注○丨者所以制禦非常左氏文十二年傳裹糧坐丨疏○汗襦自關而東謂之丨襦方言四○丨者令篇之次也漢書韓彭英盧吳傳贊著于丨令而稱忠也注○皮曰丨根曰宅文選蜀都賦百果丨宅注引周易鄭注○書多方因丨于內亂正義鄭王皆以丨爲狎

業　說文丨大版也所以飾縣鐘鼓捷丨如鋸齒以白畫之象其鉏鋙相承也从丵从巾巾象版詩曰巨丨維樅[illegible]古文丨○丨事也國語魯語豹之丨注楚語民神異丨注又呂覽本味豈越多丨哉注又淮南精神當世而樂其丨注主術臣守其丨注男女不得專耕織之丨注○於事謂之丨易繫辭上傳盛德大丨疏○事成謂之丨易文言傳發于事丨疏○丨謂所學禮記檀弓上大功廢丨疏○正丨謂先王正

典〔禮記學記〕教必有正丨疏○丨謂功丨〔易文言傳〕
君子進德修丨疏○富有之謂大丨〔易繫辭上傳〕○
舉而錯之天下之民謂之事丨〔同上〕○丨丨動之貌
〔詩烝民傳〕丨丨言高大也疏○丨丨危懼也〔漢書董
仲舒傳〕而舜丨丨日致其孝注○丨貢賦之丨〔左氏
昭十三年傳〕有事而無丨注

鄴 〔說文〕䣜魏郡縣从邑業聲

匣 〔說文〕丨匱也从匸甲聲○丨匱也〔漢書王莽傳下〕
廢藏在室丨中者注○丨是匱之別名匱之小者
書禹貢匭丨也疏○丨字或作柙〔後漢書梁竦傳〕賜
東園畫棺玉丨衣衾注

壓 〔說文〕丨壞也一曰塞補从土厭聲○厭謂行止危
險之下爲崩墜所厭殺也〔禮記檀弓上〕死而不弔
者三疏○厭揞按也〔荀子解蔽〕厭目而視者注○丨
本又作壓〔列子湯問〕彼其丨我哉釋文

鴨 〔說文新附〕丨鶩也俗謂之丨从鳥甲聲

乏 〔說文〕乏春秋傳曰反正爲乏○〔左氏襄十四年傳〕
匱神丨祀釋文本或作之祀

劫 〔說文〕丨人欲去以力脅止曰丨或曰以力止去曰
丨○丨謂威脅之〔漢書高帝紀上〕因以丨衆注○
爲君不能禁下而自禁者謂之丨〔韓非子難三〕

脅 〔說文〕丨兩膀也从肉劦聲○丨是腋下之名其骨
謂之肋〔左氏僖廿三年傳〕注駢丨合幹疏○丨盾
也〔管子中匡〕刑罰以丨盾一戟注○〔詩節南山〕箋丨
下以刑辟釋文本又作脇

愶 脅劫也〔禮記禮運〕是謂脅君疏○脅謂以威迫之
也〔漢書常惠傳〕使使脅求公主注○脅收斂也〔漢
書王莽傳中〕動靜辟脅注○脅肩聳體也〔文選解嘲〕
注引〔孟子〕劉注○〔詩抑〕箋胎肩諂笑釋文本又作脇
○〔孟子滕文公下〕脅肩諂笑〔詩鄭箋〕〔文選張衡賦〕脅
作胎〔漢書揚雄傳〕作翕〔後漢張衡傳〕作歙

插 〔說文〕丨刺肉也从手从臿

鍤 與臿同○〔說文〕丨郭衣鍼也从金臿聲又疀𣂑也
古田器也从臿疌聲○丨鍫也〔漢書王莽傳上〕負
籠荷丨注○臿鍫也〔漢書溝洫志〕舉臿爲雲注○丨
插也插地起土也〔釋名釋用器〕○〔爾雅釋器〕𣂑謂之
疀釋文本或作鍤

歃 集韻歃或作丨○〔說文〕丨歠也从欠臿聲春秋傳
曰丨而忘○丨謂口含血也〔左氏隱七年傳〕丨如
忘疏○歃嘗也集韻引〔廣雅〕○〔公羊桓三年傳〕注時
盟不丨血釋文本又作啑〔穀梁桓三年傳〕注不丨
血釋文本又作啑〔僖廿九年傳〕注所謂無丨血之盟
釋文本又作啑

押 丨至言相因而至也〔漢書息夫躬傳〕羽檄重迹丨
丨至注

狎 〔說文〕丨犬可習也从犬甲聲○丨習也〔左氏襄四
年傳〕民丨其野注又〔國語楚語〕神丨民則注○丨
習是相近之義故訓爲近〔書太甲上〕予弗丨于弗順
疏○丨慣忽也〔書大禹謨〕疏引〔旅獒〕丨侮君子鄭注
○丨謂慣忽〔書伊訓〕傳丨侮聖人之言疏○丨是相
褻慢相負習之名也〔左氏襄六年傳〕注丨親習也疏

袷 〔說文〕丨衣無絮从衣合聲○丨者衣無絮也〔漢書
匈奴傳上〕服繡丨綺衣注○丨交領也〔儀禮士相
見禮〕注中視抱疏○丨謂朝祭服之曲領也〔禮記曲
禮下〕天子視不上於丨疏

祫 〔說文〕丨大合祭先祖親疏遠近也从示合周禮三
歲一丨○丨合也〔詩元鳥序〕祀高宗也箋又〔禮記
曾子問〕丨祭於祖疏○三年一丨〔禮記王制〕疏引〔禮
緯〕〔曾子問〕疏○丨者祭之大〔禮記曾子問〕君之喪除

服而後殷祭疏○大饗爲丨也禮記月令大饗帝疏○祭宗廟所以禘丨何尊人君貴功德廣孝道也位尊德盛所及彌遠藝文類聚卌八引白虎通

帢 又作帢○帢帽也廣韻引埤蒼

翣 說文丨棺羽飾也天子八諸侯六大夫四士二下垂从羽妾聲○丨以木爲筐衣以白布畫爲雲氣如今之攝也荀子禮論皆有丨萋文章之等注○丨以布衣木如攝與禮記檀弓上置丨注○蔞丨棺之牆飾禮記檀弓下設蔞丨注○丨扇也禮記明堂位周之璧丨疏○丨扇也楚人謂之丨也淮南說林被褰而以丨翼注○丨是扇之類也左氏襄廿五年傳注諸侯六丨疏○丨者所以招涼儀禮既夕注丨扇疏○丨萋當爲蔞萋荀子禮論注○禮記明堂位周之璧丨釋文本又作萋少儀不丨也釋文本又作

招 說文新附丨爪刺也从手舀聲

啑 集韻或从妾○唼小歠也漢書王陵傳始與高帝唼血而盟注○唼喋銜食也漢書司馬相如傳上唼喋菁藻注○唼喋鳥食之聲也史記司馬相如列傳唼喋菁藻正義○唼佞讒言也漢書揚雄傳注靈修既信椒蘭之唼佞兮注

夾 說文丨持也从大俠二人○丨輔者左右之辭也詩旄丘序使伯佐牧疏○二閒丨鍾出四隙之細也國語周語○丨鐘二月也丨丨也萬物去陰丨陽地而生故曰丨鐘也淮南天文音比丨鐘注○丨鍾者夷則之所生三分益一律長七寸二千一百八十七分寸之千七十五禮記月令律中丨鍾疏○丨聲近甲古文甲與丨通用書多方因甲于內亂疏○任伯嗣碑郟河阻山丨作郟○華山亭碑吏卒俠路丨

作俠

筴 丨箸也禮記少儀丨籥注○小箕曰丨莊子人閒世鼓丨播精釋文引李注

恰 說文新附丨用心也从心合聲

呷 說文丨吸丨也从口甲聲

萐 說文丨丨莆瑞艸也堯時生於庖廚扇暑而涼从艸疌聲

箑 說文丨扇也从竹疌聲䈉丨或从妾

柙 說文丨檻也以藏虎兕从木甲聲[illegible]古文丨○丨檻管子小匡遂生束縛而丨以予齊注○丨匱也漢書平帝紀義陵寢神衣在丨中注

郟 說文郟潁川縣从邑夾聲

霅 說文丨丨震電皃一曰衆言也从雨譶省聲○丨散也漢書揚雄傳上丨然陽開注引晉灼○丨曄忽疾皃文選笙賦丨曄岌岌注

扱 說文丨收也从手及聲○爾雅釋器丨衽謂之襭說文足部引作䟣謂之擷

擖 丨箕舌也禮記曲禮上注執箕膺丨釋文○丨箕之舌也禮記少儀執箕膺丨疏

跲 說文丨躓也从足合聲○丨與劫音義同也詩終風傳噎丨也疏

[illegible] 說文丨翕气也从欠脅聲

[illegible] 說文丨目陷也从目咸聲

韐 說文士無市有丨制如榼缺四角爵弁服其色韎賤不得與裳同司農曰裳纁色从市合聲䩡丨或从韋

鞈 說文丨鞮丨沙也从革从夾夾亦聲

䩡 說文丨防汗也从革合聲

眨 說文新附丨目動也从目乏聲

㞚 說文丨從後相丨也从尸从臿

𡇒 說文丨下取物縮藏之从口从又讀若聶

䀹 丨視皃廣韻引埤蒼

翈 丨羽也廣雅釋器

𠗊 丨業冰凍相著也一切經音義九引字林

𥥛 說文入脈刺穴謂之丨从穴甲聲

閘 說文丨開閉門也从門甲聲

梜 說文丨檢柙也从木夾聲

𠩄 說文丨廦也从厂夾聲

翜 說文丨捷也飛之疾也从羽夾聲讀若濇一曰俠也

㧺 說文丨摺也从手劦聲一曰拉也

㹤 說文丨多畏也从犬去聲怯杜林說丨从心

抾 丨捧也文選羽獵賦丨靈蠵注引韋昭○丨挹取也漢書楊雄傳上丨靈蠵注

胠 說文丨亦下也从肉去聲

鉣 說文丨組帶鐵也从金劫省聲讀若劫

腌 說文丨漬肉也从肉奄聲

罨 說文丨罕也从网奄聲

裛 說文丨書囊也从衣邑聲

姂 說文丨婦人皃从女乏聲

○以下據集韻錄

㭘 說文丨劒柙也从木合聲

岬 丨山旁也水經江水注引淮南注

○以下附錄

𩵽 丨鰈裝飾重疊皃文選笙賦丨鰈參差注

㗳 丨喋猶深算也淮南覽冥而不丨喋苛事也注

哈 丨口也淮南氾論嘗一丨水注

經籍纂詁卷第一百六補遺終